**Münchener Kommentar
zum Wettbewerbsrecht**

Kartellrecht · Beihilfenrecht · Vergaberecht

Band 3: VergabeR I

Die einzelnen Bände des
Münchener Kommentars zum Wettbewerbsrecht

Band 1: Europäisches Wettbewerbsrecht

Band 2: Deutsches Wettbewerbsrecht

Band 3: Vergaberecht I

Band 4: Vergaberecht II

Band 5: Beihilfenrecht

Münchener Kommentar zum Wettbewerbsrecht

Band 3
VergabeR I

Herausgegeben von

Prof. Dr. Dr. Dres. h.c. Franz Jürgen Säcker
em. Professor an der Freien Universität Berlin

Dr. Matthias Ganske
Rechtsanwalt in Bonn
Fachanwalt für Vergaberecht und Fachanwalt für Verwaltungsrecht

Prof. Dr. Matthias Knauff
Professor an der Universität Jena
Richter am Thüringer Oberlandesgericht (Vergabesenat)

4. Auflage 2022

Zitiervorschlag:
MüKoWettbR/Bearbeiter Einl. VergabeR Rn. …
MüKoWettbR/Bearbeiter Gesetz § … Rn. …

www.beck.de

ISBN 978 3 406 75873 7

© 2022 Verlag C. H. Beck oHG
Wilhelmstraße 9, 80801 München

Druck: Eberl & Kösel GmbH & Co. KG
Am Buchweg 1, 87452 Altusried-Krugzell
Satz: Meta Systems Publishing & Printservices GmbH, Wustermark
Umschlag: Elmar Lixenfeld, duodez.de

chbeck.de/nachhaltig

Gedruckt auf säurefreiem, alterungsbeständigem Papier
(hergestellt aus chlorfrei gebleichtem Zellstoff)

Vorwort

Das zuletzt im Jahr 2016 grundlegend reformierte Vergaberecht zählt heute zu den Kernbereichen des Wettbewerbsrechts. Dem trägt der Münchener Kommentar mit einer Berücksichtigung in zwei seiner fünf Bände Rechnung. Band 3 erläutert ausführlich das im 4. Teil des GWB geregelte formellgesetzliche Vergaberecht sowie die wichtigsten darauf bezogenen Verordnungen (VgV, KonzVgV, SektVO). Weitere spezialgesetzliche Vergaberegeln des Bundes und der Länder sowie das untergesetzliche Vergaberecht im Übrigen werden in Band 4 dargestellt. Die Erläuterungen befinden sich auf dem Stand von Sommer 2021, teils jünger.

Die Platzierung des Vergaberechts im deutschen Kartellgesetz bringt den wettbewerbsbezogenen Charakter dieses Rechtsgebietes sichtbar zum Ausdruck. Der Wettbewerbsbezug ist nicht nur bei Vergaben oberhalb der Schwellenwerte zu beachten, sondern auch bei Aufträgen der öffentlichen Hand unterhalb der Schwellenwerte; denn auch für diese Vergaben gilt der Grundsatz der harmonischen Einfügung der Auftragsvergabe in eine möglichst kompetitive soziale Marktwirtschaft, wie Art. 3 Abs. 3 EUV formuliert. Deshalb werden in Band 4 auch das Haushaltsrecht, das bei Vergaben zu beachten ist, die UVgO sowie das Preisrecht der öffentlichen Hand eingehend dargestellt. Besonders ausführlich erläutert werden auch die Vorschriften über die elektronische Auftragsvergabe, die in der Vorauflage erstmals von Herrn Dr. Peter Schäfer breit kommentiert worden sind, um sie auf kommunaler Ebene aus ihrem Dornröschenschlaf zu erwecken.

Der Kommentar legt die vergaberechtlichen Vorschriften konsequent unter Berücksichtigung des einschlägigen Europarechts und der darauf bezogenen Rechtsprechung des Europäischen Gerichtshofs aus. Das deutsche Vergaberecht ist kein in sich abgeschlossenes, autonomes Territorium, das im Zeichen nationaler Identität steht, sondern ein im permanenten Wandel begriffener Teil des europäischen Rechtsraums. Es muss daher als Teil dieses Ganzen ausgelegt werden. Durch Orientierung am europadimensionalen Charakter des Wettbewerbs sucht der Kommentar die rationalitätsstiftende Wirkung einer systematischen, auf Vermeidung von Widersprüchen angelegten Auslegung zu erreichen. Trotz mancher Divergenzen als Folge unterschiedlicher Auslegung ist dieses Ziel im Kommentar im Großen und Ganzen erreicht worden. Betont sei, dass alle Autoren – unabhängig von ihrer beruflichen Haupttätigkeit – in diesem Band ihre persönliche wissenschaftliche Überzeugung zum Ausdruck bringen.

Als neue Mitherausgeber der vergaberechtlichen Bände des Münchener Kommentars sind Dr. Matthias Ganske (Redeker Sellner Dahs, Bonn) und Prof. Dr. Matthias Knauff, LL.M. Eur. (Friedrich-Schiller-Universität Jena / Thüringer Oberlandesgericht) zum Begründer des Kommentars, Prof. Dr. Franz Jürgen Säcker, hinzugetreten. Die Herausgeber danken allen Autoren, die die Mühsal der Neuauflage auf sich genommen haben, zugleich im Namen des Verlages für ihre kompetenten und präzisen Erläuterungen in diesem Band. Den ausgeschiedenen Autoren der Vorauflagen, deren Beiträge dem „Verzeichnis der ausgeschiedenen Bearbeiter" entnommen werden können, danken die Herausgeber herzlich für ihre bisherige Mitwirkung. Für die hervorragende verlagsseitige Betreuung sei Frau Nadine Harder und Frau Hella Graf ebenfalls herzlich gedankt. Anregungen und Hinweise der Nutzer sind unter ls-knauff@uni-jena.de jederzeit willkommen.

Die 3. Auflage des Münchener Kommentars zum Wettbewerbsrecht wurde nach dem Erscheinen der Bände 1 und 2 beendet. Daher überspringt dieser Band die eigentlich anstehende 3. Auflage und erscheint wie die übrigen Bände des Kommentars direkt in der 4. Auflage. Damit wird gewährleistet, dass alle Bände des Werks in kurzem Abstand in 4. Auflage erscheinen können.

Berlin/Bonn/Jena, im Juli 2021

Franz Jürgen Säcker
Matthias Ganske
Matthias Knauff

Die Bearbeiter des dritten Bandes

Dr. Katrin Arend, MJur
Rechtsanwältin in Berlin

Prof. Dr. Frank Bayreuther
Universität Passau

Tobias Birk
Wissenschaftlicher Mitarbeiter an der Friedrich-Schiller-Universität Jena

Johannes Bosselmann
Rechtsanwalt in Berlin

Dr. Eckhard Bremer, LL.M. (Harvard)
Rechtsanwalt in Berlin

Dr. Jochen Eichler
Rechtsanwalt in Berlin

Dr. Dominik Eisenhut, LL.M. (UCL)
Airbus Defence an Space GmbH, Ottobrunn

Bernhard Fett
Leitender Regierungsdirektor Staatsbetrieb Sächsische Informatik Dienste, Dresden

Katja Frischmuth
Wissenschaftliche Mitarbeiterin bei einer Rechtsanwaltsgesellschaft in Berlin

Dr. Daniel Fülling
Bundesministerium für Wirtschaft und Energie, Berlin

Dr. Marc Gabriel, LL.M. (NTU UK)
Rechtsanwalt in Berlin
Fachanwalt für Medizinrecht, Fachanwalt für Vergaberecht und Fachanwalt für Verwaltungsrecht

Dr. Matthias Ganske
Rechtsanwalt in Bonn
Fachanwalt für Vergaberecht und Fachanwalt für Verwaltungsrecht

Dr. Lajana von zur Gathen
Rechtsanwältin in Berlin

Jochem Gröning
Richter am Bundesgerichtshof a.D., Karlsruhe

Dr. Felix Helmstädter
Rechtsanwalt in Berlin

Prof. Dr. Steffen Hindelang, LL.M. (Sheffield/UK)
Universität Uppsala und Süddänische Universität Odense

Dr. Clemens Holtmann
Rechtsanwalt in Brüssel

Die Bearbeiter

Dr. Franz Josef Hölzl, LL.M. (Nottingham)
Rechtsanwalt in Berlin

Dr. Florian Huerkamp, MJur (Oxford)
Rechtsanwalt in Düsseldorf

Wolfgang Jaeger
Vorsitzender Richter a.D. am OLG Düsseldorf

Wiltrud Kadenbach
Vorsitzende der 1. Vergabekammer des Freistaates Sachsen, Leipzig

Dr. Bernhardine Kleinhenz-Jeannot
Rechtsanwältin in Hamburg

Prof. Dr. Matthias Knauff, LL.M. Eur. (Würzburg)
Universität Jena
Richter am Thüringer Oberlandesgericht (Vergabesenat)

Julia Krüger
Syndikusrechtsanwältin, BWI GmbH in Bonn

Dr. Oliver Kruse
Syndikusrechtsanwalt in Bayreuth

Prof. Dr. Jürgen Kühling, LL.M. (Brüssel)
Universität Regensburg

Dr. Simone Kühnast
Rechtsanwältin in Berlin
Fachanwältin für Arbeitsrecht

Dr. Jan Mädler
Rechtsanwalt in Bonn

Dr. Fridhelm Marx[†]
Ministerialdirigent a. D.
Rechtsanwalt in Alfter

Dr. Thomas Mestwerdt
Rechtsanwalt in Potsdam

Prof. Dr. Jochen Mohr
Universität Leipzig

Hans-Peter Müller
Diplom-Verwaltungswirt, ehem. Bundesministerium für Wirtschaft und Energie, Bonn

Dr. Marc Pauka
Rechtsanwalt in Frankfurt am Main

Dr. Moritz Püstow, D.E.A. (Sorbonne)
Rechtsanwalt in Berlin
Fachanwalt für Vergaberecht

Dr. Georg Queisner
Rechtsanwalt in Berlin

Daniel Rusch, LL.M. (Europa-Institut der Universität des Saarlandes)
Rechtsanwalt in Berlin

Die Bearbeiter

Prof. Dr. Dr. Dres. h. c. Franz Jürgen Säcker
Freie Universität Berlin

Dirk Sauer
Vergabekammer des Landes Berlin

Dr. Rebecca Schäffer, MJI (Brüssel)
Rechtsanwältin in Köln

Dr. Stefan Schmidt
Rechtsanwalt in Düsseldorf

Dr. Christoph Seebo, LL.M. (Newcastle upon Tyne/UK)
Rechtsanwalt in Leipzig
Fachanwalt für Bau- und Architekturrecht

Dr. Susanne Wende, LL.M. (Trinity College Dublin)
Rechtsanwältin in München

Victoria von Werder
Wissenschaftliche Mitarbeiterin an der Freien Universität Berlin

Prof. Dr. Maik Wolf
Freie Universität Berlin

Die Bearbeiter

Prof. Dr. Dr. Dres. h.c. Franz Jürgen Säcker
Freie Universität Berlin

Dr. Saito
Vertretsbeamter des Landes Berlin

Dr. Roberto Schäfer, MJI (Utrecht)
Rechtsanwältin in Köln

Dr. Stefan Schmitt
Rechtsanwalt in Düsseldorf

Dr. Christoph Sessa, LL.M. (Newcastle upon Tyne/UK)
Rechtsanwalt in Leipzig
Fachanwalt für Bau- und Architektenrecht

Dr. Susanne Wende, LL.M. (Trinity College Dublin)
Rechtsanwältin in München

Kharin von Planta
Wissenschaftliche Mitarbeiterin an der Freien Universität Berlin

Prof. Dr. Mark Wolf
Freie Universität Berlin

Im Einzelnen haben bearbeitet

1. Teil Einleitung zum Vergaberecht
A. Europarechtliche Grundlagen
I. Primärvergaberecht .... Jürgen Kühling/Florian Huerkamp
II. Sekundärvergaberecht .... Wolfgang Jaeger
B. Ablauf des Vergabeverfahrens .... Jochen Eichler

2. Teil GWB – Gesetz gegen Wettbewerbsbeschränkungen
§ 97 Abs. 1, 2, 4, 6 .... Matthias Knauff
Anhang § 97 Abs. 1 .... Franz Jürgen Säcker
§ 97 Abs. 3 .... Simone Kühnast
§ 97 Abs. 5 .... Franz Jürgen Säcker
§§ 98, 99 .... Matthias Ganske
§ 100 .... Marc Gabriel
§ 101 .... Jochen Mohr
§ 102 Abs. 1–3, 6, 7 .... Marc Gabriel
§ 102 Abs. 4, 5 .... Eckhard Bremer/Felix Helmstädter
Anhang § 102 .... Susanne Wende
§ 103 Abs. 1–6 .... Jan Mädler
§ 104 .... Steffen Hindelang/Dominik Eisenhut
§ 105 .... Jochen Mohr
§ 106, § 107 Abs. 1 Nr. 1, 2, 4 .... Susanne Wende
§ 107 Abs. 1 Nr. 3 .... Simone Kühnast
§ 107 Abs. 2 .... Jan Mädler
§ 108 .... Franz Jürgen Säcker/Maik Wolf
§ 109 .... Katrin Arend/Franz Josef Hölzl
§§ 110–112 .... Jochen Mohr
§§ 113–115 .... Lajana von zur Gathen
§ 116 .... Fridhelm Marx†
§ 117 .... Steffen Hindelang/Dominik Eisenhut
§ 118 .... Lajana von zur Gathen
§ 119 Abs. 1–5 .... Bernhard Fett
§ 119 Abs. 6 .... Jochen Eichler
§ 119 Abs. 7 .... Moritz Püstow
§ 120 .... Bernhard Fett
§ 121 .... Marc Pauka/Julia Krüger
§ 122 .... Franz Josef Hölzl
§§ 123, 124 .... Marc Pauka/Julia Krüger
§ 125 .... Wolfgang Jaeger
§ 126 .... Marc Pauka
§ 127 .... Franz Josef Hölzl
§§ 128, 129 .... Marc Pauka/Tobias Birk
§ 130 .... Marc Gabriel
§ 131 Abs. 1, 2 .... Eckhard Bremer/Felix Helmstädter
§ 131 Abs. 3 .... Frank Bayreuther
§§ 132, 133 .... Wolfgang Jaeger
§§ 134, 135 .... Bernhard Fett
§§ 136–143 .... Fridhelm Marx†
§§ 144–147 .... Steffen Hindelang/Dominik Eisenhut

XI

Im Einzelnen haben bearbeitet

§§ 148–154	Jochen Mohr
§§ 155–158	Wiltrud Kadenbach
§ 159	Matthias Ganske
§§ 160–164	Wolfgang Jaeger
§ 165	Jochem Gröning
§§ 166, 167	Katja Frischmuth/Matthias Knauff
§ 168	Bernhard Fett
§§ 169, 170	Clemens Holtmann
Vorbemerkung, §§ 171, 172	Jochem Gröning
§§ 173–177	Victoria von Werder
§§ 178–181	Jochem Gröning
§§ 182–186	Victoria von Werder

3. Teil Verordnungen zum GWB
I. VgV – Vergabeverordnung

§§ 1–3	Daniel Fülling
§ 4	Hans-Peter Müller
§ 5	Matthias Ganske
§§ 6–8	Hans-Peter Müller
§§ 9–13	Franz Jürgen Säcker
§§ 14–17	Bernhard Fett
§ 18	Jochen Eichler
§ 19	Moritz Püstow
§ 20	Hans-Peter Müller
§ 21	Jan Mädler
§ 22	Marc Pauka
§§ 23, 24	Georg Queisner
§§ 25–27	Franz Jürgen Säcker
§§ 28–30	Hans-Peter Müller
§§ 31–34	Christoph Seebo
§§ 35, 36	Hans-Peter Müller
§§ 37–39	Bernhardine Kleinhenz-Jeannot
§§ 40, 41	Stefan Schmidt
§§ 42–47	Franz Josef Hölzl
§§ 48, 49	Marc Pauka/Julia Krüger
§§ 50	Marc Pauka/Tobias Birk
§ 51	Bernhard Fett
§§ 52–55	Jochen Eichler
§§ 56, 57, 63	Marc Pauka/Julia Krüger
§§ 58–60, 62	Marc Pauka/Katja Frischmuth
§ 61	Marc Pauka/Tobias Birk
§§ 64–68	Daniel Rusch
§ 69–75	Dirk Sauer
§ 76	Thomas Mestwerdt/Dirk Sauer
§ 77–80	Dirk Sauer
§§ 81, 82	Daniel Fülling

II. VergStatVO – Vergabestatistikverordnung

III. KonzVgV – Konzessionsvergabeverordnung

Vorbemerkung, §§ 1–6	Fridhelm Marx†
§§ 7–11	Franz Jürgen Säcker
§§ 12–32	Fridhelm Marx†
§ 33	Bernhard Fett
§§ 34–36	Franz Jürgen Säcker

Im Einzelnen haben bearbeitet

IV. SektVO – Sektorenverordnung

Vorbemerkung, §§ 1–16	Fridhelm Marx†
§ 17	Jochen Eichler
§ 18	Moritz Püstow
§§ 19–25	Fridhelm Marx†
§§ 26, 27	Hans-Peter Müller
§§ 28–32	Christoph Seebo
§§ 33, 34	Hans-Peter Müller
§§ 35–44	Rebecca Schäffer
§§ 45–48	Franz Josef Hölzl
§ 49	Marc Pauka/Julia Krüger
§ 50	Franz Josef Hölzl
§§ 51, 55, 57	Oliver Kruse
§§ 52–54, 56	Johannes Bosselmann
§§ 58, 59	Daniel Rusch
§§ 60–63	Dirk Sauer
§§ 64, 65	Daniel Fülling
Sachverzeichnis	Sophia Steffensen

XIII

Verzeichnis der ausgeschiedenen und teilweise ausgeschiedenen Bearbeiter

Prof. Dr. Ulrich Ehricke, LL.M., M.A.: § 97 Abs. 1–3 GWB: 1. Aufl. 2011,
Dr. Franz Josef Hölzl: § 97 Abs. 4 S. 1, § 97 Abs. 4a und Abs. 5, Anlage zu § 98 Nr. 4, § 100 Abs. 2 lit. d, e, §§ 111–115a GWB, §§ 1–25 SektVO: 1. Aufl. 2011
Dr. Marc Gabriel. LL.M.: § 98, Vorbemerkung SektVO: 1. Aufl. 2011
Dr. Thomas Mestwerdt: §§ 69–75, 77–80 VgV, §§ 60–63 SektVO: 2. Auf. 2018
Marian Niestedt M.E.S.: Vor §§ 97 ff., § 99 GWB, §§ 26–34 SektVO: 1. Aufl. 2011; § 103 Abs. 5 GWB, § 21 VgV, §§ 51–57 SektVO: 2. Aufl. 2018
Gerda Reider: § 98 Nr. 1–3, §§ 99, 100 Abs. 1, 2 lit. a–c, Abs. 2 lit. g–n, s, t; §§ 101–106a, §§ 125–131 GWB, VgV: 1. Aufl. 2011; §§ 98, 99, 103 Abs. 1, 3, 6, §§ 155–159, 166, 167, 169, 170, 182–184 GWB: 2. Aufl. 2018
Prof. Dr. Dr. Dres. h.c. Franz Jürgen Säcker: § 99 GWB: 1. Aufl. 2011; §§ 185, 186 GWB: 2. Aufl. 2018
Dr. Peter Schäfer: § 97 Abs. 5 GWB, §§ 9–13, 25–27 VgV, §§ 7–11, 34–36 KonzVgV: 2. Aufl. 2018
Guido Thiele: §§ 104, 107 Abs. 2, 117, 144–147 GWB, § 5 VgV: 2. Aufl. 2018
Bettina Tugendreich: § 99 GWB: 1. Aufl. 2011; § 103 Abs. 2 u. 4 GWB: 2. Aufl. 2018
Reinhard Wilke: §§ 116–124 GWB: 1. Aufl. 2011; §§ 173–177 GWB: 2. Aufl. 2018
Dr. Maik Wolf: § 99 GWB: 1. Aufl. 2011

Inhaltsübersicht

Band 3

Inhaltsverzeichnis	XVII
Verzeichnis der Abkürzungen und der abgekürzt zitierten Literatur	XXV
1. Teil Einleitung zum Vergaberecht	1
A. Europarechtliche Grundlagen	2
B. Ablauf des Vergabeverfahrens	73
2. Teil GWB – Gesetz gegen Wettbewerbsbeschränkungen	101
3. Teil Verordnungen zum GWB	1351
I. VgV – Vergabeverordnung	1351
II. VergStatVO – Vergabestatistikverordnung	1889
III. KonzVgV – Konzessionsvergabeverordnung	1929
IV. SektVO – Sektorenverordnung	2011
Sachverzeichnis	2179

Band 4

Inhaltsverzeichnis	XV
Verzeichnis der Abkürzungen und der abgekürzt zitierten Literatur	XXV
1. Teil Vergaben durch Träger der Sozialversicherung (SGB V)	1
2. Teil Haushaltsvergaberecht	45
I. Haushaltsvergaberecht	45
II. UVgO – Unterschwellenvergabeordnung	85
3. Teil Öffentliches Preisrecht	115
VO PR Nr. 30/53 über die Preise bei öffentlichen Aufträgen	115
Anlage zur VO PR Nr. 30/53: Leitsätze für die Preisermittlung auf Grund von Selbstkosten (LSP)	174
4. Teil WRegG – Wettbewerbsregistergesetz	233
WRegG – Wettbewerbsregistergesetz	233
WRegV – Wettbewerbsregisterverordnung	269
5. Teil VOB/A – Vergabe- und Vertragsordnung für Bauleistungen Teil A	277
6. Teil Grundzüge der VOB/B	929
7. Teil PersonenverkehrsVO – VO (EG) 1370/2007	947
8. Teil VSVgV – Vergabeverordnung Verteidigung und Sicherheit	1071
9. Teil Landesvergabegesetze	1237
Sachverzeichnis	1403

Inhaltsverzeichnis

Verzeichnis der Abkürzungen und der abgekürzt zitierten Literatur XXV

1. Teil Einleitung zum Vergaberecht

A. Europarechtliche Grundlagen 2
   I. Primärvergaberecht 4
   II. Sekundärvergaberecht 56
B. Ablauf des Vergabeverfahrens 73
   I. Einführung: Entwicklung des deutschen Vergaberechts 74
   II. Ablauf des Vergabeverfahrens im Anwendungsbereich des GWB-Vergaberechts 76

2. Teil GWB – Gesetz gegen Wettbewerbsbeschränkungen
Teil 4. Vergabe von öffentlichen Aufträgen und Konzessionen
Kapitel 1. Vergabeverfahren
Abschnitt 1. Grundsätze, Definitionen und Anwendungsbereich

§ 97 Grundsätze der Vergabe 101
§ 98 Auftraggeber 234
§ 99 Öffentliche Auftraggeber 240
§ 100 Sektorenauftraggeber 286
§ 101 Konzessionsgeber 297
§ 102 Sektorentätigkeiten 315
Anh. § 102: Post- und Telekommunikationsunternehmen 343
§ 103 Öffentliche Aufträge, Rahmenvereinbarungen und Wettbewerbe 344
§ 104 Verteidigungs- oder sicherheitsspezifische öffentliche Aufträge 415
§ 105 Konzessionen 422
§ 106 Schwellenwerte 466
§ 107 Allgemeine Ausnahmen 471
§ 108 Ausnahmen bei öffentlich-öffentlicher Zusammenarbeit 483
§ 109 Ausnahmen für Vergaben auf der Grundlage internationaler Verfahrensregeln 523
§ 110 Vergabe von öffentlichen Aufträgen und Konzessionen, die verschiedene Leistungen zum Gegenstand haben 525
§ 111 Vergabe von öffentlichen Aufträgen und Konzessionen, deren Teile unterschiedlichen rechtlichen Regelungen unterliegen 534
§ 112 Vergabe von öffentlichen Aufträgen und Konzessionen, die verschiedene Tätigkeiten umfassen 544
§ 113 Verordnungsermächtigung 549
§ 114 Monitoring und Vergabestatistik 554

Abschnitt 2. Vergabe von öffentlichen Aufträgen durch öffentliche Auftraggeber
Unterabschnitt 1. Anwendungsbereich

§ 115 Anwendungsbereich 557
§ 116 Besondere Ausnahmen 558
§ 117 Besondere Ausnahmen für Vergaben, die Verteidigungs- oder Sicherheitsaspekte umfassen 564
§ 118 Bestimmten Auftragnehmern vorbehaltene öffentliche Aufträge 569

Unterabschnitt 2. Vergabeverfahren und Auftragsausführung

§ 119 Verfahrensarten 571
§ 120 Besondere Methoden und Instrumente in Vergabeverfahren 596
§ 121 Leistungsbeschreibung 603
§ 122 Eignung 614
§ 123 Zwingende Ausschlussgründe 644

Inhaltsverzeichnis

§ 124 Fakultative Ausschlussgründe 650
§ 125 Selbstreinigung 660
§ 126 Zulässiger Zeitraum für Ausschlüsse 686
§ 127 Zuschlag 687
§ 128 Auftragsausführung 728
§ 129 Zwingend zu berücksichtigende Ausführungsbedingungen 733
§ 130 Vergabe von öffentlichen Aufträgen über soziale und andere besondere Dienstleistungen 735
§ 131 Vergabe von öffentlichen Aufträgen über Personenverkehrsleistungen im Eisenbahnverkehr 740
§ 132 Auftragsänderungen während der Vertragslaufzeit 785
§ 133 Kündigung von öffentlichen Aufträgen in besonderen Fällen 815
§ 134 Informations- und Wartepflicht 822
§ 135 Unwirksamkeit 840

Abschnitt 3. Vergabe von öffentlichen Aufträgen in besonderen Bereichen und von Konzessionen
Unterabschnitt 1. Vergabe von öffentlichen Aufträgen durch Sektorenauftraggeber

§ 136 Anwendungsbereich 857
§ 137 Besondere Ausnahmen 857
§ 138 Besondere Ausnahme für die Vergabe an verbundene Unternehmen 862
§ 139 Besondere Ausnahme für die Vergabe durch oder an ein Gemeinschaftsunternehmen 862
§ 140 Besondere Ausnahme für unmittelbar dem Wettbewerb ausgesetzte Tätigkeiten 865
§ 141 Verfahrensarten 867
§ 142 Sonstige anwendbare Vorschriften 868
§ 143 Regelung für Auftraggeber nach dem Bundesberggesetz 870

Unterabschnitt 2. Vergabe von verteidigungs- oder sicherheitsspezifischen öffentlichen Aufträgen

§ 144 Anwendungsbereich 873
§ 145 Besondere Ausnahmen für die Vergabe von verteidigungs- oder sicherheitsspezifischen öffentlichen Aufträgen 873
§ 146 Verfahrensarten 879
§ 147 Sonstige anwendbare Vorschriften 880

Unterabschnitt 3. Vergabe von Konzessionen

§ 148 Anwendungsbereich 881
§ 149 Besondere Ausnahmen 885
§ 150 Besondere Ausnahmen für die Vergabe von Konzessionen in den Bereichen Verteidigung und Sicherheit 909
§ 151 Verfahren 932
§ 152 Anforderungen im Konzessionsvergabeverfahren 943
§ 153 Vergabe von Konzessionen über soziale und andere besondere Dienstleistungen 985
§ 154 Sonstige anwendbare Vorschriften 992

Kapitel 2. Nachprüfungsverfahren
Abschnitt 1. Nachprüfungsbehörden

§ 155 Grundsatz 1008
§ 156 Vergabekammern 1016
§ 157 Besetzung, Unabhängigkeit 1023
§ 158 Einrichtung, Organisation 1034
§ 159 Abgrenzung der Zuständigkeit der Vergabekammern 1038

Abschnitt 2. Verfahren vor der Vergabekammer

§ 160 Einleitung, Antrag 1051
§ 161 Form, Inhalt 1100
§ 162 Verfahrensbeteiligte, Beiladung 1108
§ 163 Untersuchungsgrundsatz 1115
§ 164 Aufbewahrung vertraulicher Unterlagen 1128

§ 165 Akteneinsicht 1133
§ 166 Mündliche Verhandlung 1151
§ 167 Beschleunigung 1159
§ 168 Entscheidung der Vergabekammer 1165
§ 169 Aussetzung des Vergabeverfahrens 1194
§ 170 Ausschluss von abweichendem Landesrecht 1215

Abschnitt 3. Sofortige Beschwerde

Vorbemerkungen vor §§ 171 ff. 1215
§ 171 Zulässigkeit, Zuständigkeit 1220
§ 172 Frist, Form, Inhalt 1233
§ 173 Wirkung 1242
§ 174 Beteiligte am Beschwerdeverfahren 1255
§ 175 Verfahrensvorschriften 1257
§ 176 Vorabentscheidung über den Zuschlag 1267
§ 177 Ende des Vergabeverfahrens nach Entscheidung des Beschwerdegerichts 1275
§ 178 Beschwerdeentscheidung 1278
§ 179 Bindungswirkung und Vorlagepflicht 1291
§ 180 Schadensersatz bei Rechtsmissbrauch 1299
§ 181 Anspruch auf Ersatz des Vertrauensschadens 1306
§ 182 Kosten des Verfahrens vor der Vergabekammer 1331
§ 183 Korrekturmechanismus der Kommission 1343
§ 184 Unterrichtungspflichten der Nachprüfungsinstanzen 1345

Teil 5. Anwendungsbereich der Teile 1 bis 3

§ 185 Unternehmen der öffentlichen Hand, Geltungsbereich 1347

Teil 6. Übergangs- und Schlussbestimmungen

§ 186 Übergangsbestimmungen 1349

3. Teil Verordnungen zum GWB
I. VgV – Vergabeverordnung
Abschnitt 1. Allgemeine Bestimmungen und Kommunikation
Unterabschnitt 1. Allgemeine Bestimmungen

§ 1 Gegenstand und Anwendungsbereich 1351
§ 2 Vergabe von Bauaufträgen 1355
§ 3 Schätzung des Auftragswerts 1358
§ 4 Gelegentliche gemeinsame Auftragsvergabe; zentrale Beschaffung 1369
§ 5 Wahrung der Vertraulichkeit 1373
§ 6 Vermeidung von Interessenkonflikten 1381
§ 7 Mitwirkung an der Vorbereitung des Vergabeverfahrens 1386
§ 8 Dokumentation und Vergabevermerk 1388

Unterabschnitt 2. Kommunikation

§ 9 Grundsätze der Kommunikation 1394
§ 10 Anforderungen an die verwendeten elektronischen Mittel .. 1398
§ 11 Anforderungen an den Einsatz elektronischer Mittel im Vergabeverfahren 1403
§ 12 Einsatz alternativer elektronischer Mittel bei der Kommunikation 1409
§ 13 Allgemeine Verwaltungsvorschriften 1411

Abschnitt 2. Vergabeverfahren
Unterabschnitt 1. Verfahrensarten

§ 14 Wahl der Verfahrensart 1413
§ 15 Offenes Verfahren 1441
§ 16 Nicht offenes Verfahren 1453
§ 17 Verhandlungsverfahren 1467
§ 18 Wettbewerblicher Dialog 1488

Inhaltsverzeichnis

§ 19 Innovationspartnerschaft 1497
§ 20 Angemessene Fristsetzung; Pflicht zur Fristverlängerung 1507

Unterabschnitt 2. Besondere Methoden und Instrumente in Vergabeverfahren

§ 21 Rahmenvereinbarungen 1510
§ 22 Grundsätze für den Betrieb dynamischer Beschaffungssysteme 1527
§ 23 Betrieb eines dynamischen Beschaffungssystems 1535
§ 24 Fristen beim Betrieb dynamischer Beschaffungssysteme 1538
§ 25 Grundsätze für die Durchführung elektronischer Auktionen 1541
§ 26 Durchführung elektronischer Auktionen 1548
§ 27 Elektronische Kataloge 1551

Unterabschnitt 3. Vorbereitung des Vergabeverfahrens

§ 28 Markterkundung 1556
§ 29 Vergabeunterlagen 1559
§ 30 Aufteilung nach Losen 1566
§ 31 Leistungsbeschreibung 1569
§ 32 Technische Anforderungen 1582
§ 33 Nachweisführung durch Bescheinigungen von Konformitätsbewertungsstellen 1585
§ 34 Nachweisführung durch Gütezeichen 1588
§ 35 Nebenangebote 1592
§ 36 Unteraufträge 1595

Unterabschnitt 4. Veröffentlichungen, Transparenz

§ 37 Auftragsbekanntmachung; Beschafferprofil 1600
§ 38 Vorinformation 1608
§ 39 Vergabebekanntmachung; Bekanntmachung über Auftragsänderungen 1613
§ 40 Veröffentlichung von Bekanntmachungen 1617
§ 41 Bereitstellung der Vergabeunterlagen 1621

Unterabschnitt 5. Anforderungen an Unternehmen; Eignung

§ 42 Auswahl geeigneter Unternehmen; Ausschluss von Bewerbern und Bietern 1626
§ 43 Rechtsform von Unternehmen und Bietergemeinschaften 1631
§ 44 Befähigung und Erlaubnis zur Berufsausübung 1641
§ 45 Wirtschaftliche und finanzielle Leistungsfähigkeit 1645
§ 46 Technische und berufliche Leistungsfähigkeit 1651
§ 47 Eignungsleihe 1662
§ 48 Beleg der Eignung und des Nichtvorliegens von Ausschlussgründen 1668
§ 49 Beleg der Einhaltung von Normen der Qualitätssicherung und des Umweltmanagements 1672
§ 50 Einheitliche Europäische Eigenerklärung 1674
§ 51 Begrenzung der Anzahl der Bewerber 1680

Unterabschnitt 6. Einreichung, Form und Umgang mit Interessensbekundungen, Interessensbestätigungen, Teilnahmeanträgen und Angeboten

§ 52 Aufforderung zur Interessensbestätigung, zur Angebotsabgabe, zur Verhandlung oder zur Teilnahme am Dialog 1687
§ 53 Form und Übermittlung der Interessensbekundungen, Interessensbestätigungen, Teilnahmeanträge und Angebote 1694
§ 54 Aufbewahrung ungeöffneter Interessensbekundungen, Interessensbestätigungen, Teilnahmeanträge und Angebote 1702
§ 55 Öffnung der Interessensbestätigungen, Teilnahmeanträge und Angebote 1705

Unterabschnitt 7. Prüfung und Wertung der Interessensbestätigungen, Teilnahmeanträge und Angebote; Zuschlag

§ 56 Prüfung der Interessensbestätigungen, Teilnahmeanträge und Angebote; Nachforderung von Unterlagen 1709
§ 57 Ausschluss von Interessensbekundungen, Interessensbestätigungen, Teilnahmeanträgen und Angeboten 1715

Inhaltsverzeichnis

§ 58 Zuschlag und Zuschlagskriterien 1721
§ 59 Berechnung von Lebenszykluskosten 1730
§ 60 Ungewöhnlich niedrige Angebote 1734
§ 61 Ausführungsbedingungen 1739
§ 62 Unterrichtung der Bewerber und Bieter 1740
§ 63 Aufhebung von Vergabeverfahren 1745

Abschnitt 3. Besondere Vorschriften für die Vergabe von sozialen und anderen besonderen Dienstleistungen

§ 64 Vergabe von Aufträgen für soziale und andere besondere Dienstleistungen 1751
§ 65 Ergänzende Verfahrensregeln 1752
§ 66 Veröffentlichungen, Transparenz 1758

Abschnitt 4. Besondere Vorschriften für die Beschaffung energieverbrauchsrelevanter Leistungen

§ 67 Beschaffung energieverbrauchsrelevanter Liefer- oder Dienstleistungen 1761
§ 68 [aufgehoben; bis 1.8.2021: Beschaffung von Straßenfahrzeugen – weiterhin kommentiert] 1778
Anlage 2 (zu § 68 Absatz 1 und 3) 1778
Anlage 3 (zu § 68 Absatz 3) 1779
Anhang zu § 68: SaubFahrzeugBeschG – Saubere-Fahrzeuge-Beschaffungs-Gesetz 1789

Abschnitt 5. Planungswettbewerbe

§ 69 Anwendungsbereich 1796
§ 70 Veröffentlichung, Transparenz 1801
§ 71 Ausrichtung 1804
§ 72 Preisgericht 1811

Abschnitt 6. Besondere Vorschriften für die Vergabe von Architekten- und Ingenieurleistungen
Unterabschnitt 1. Allgemeines

§ 73 Anwendungsbereich und Grundsätze 1825
§ 74 Verfahrensart 1831
§ 75 Eignung 1832
§ 76 Zuschlag 1845
§ 77 Kosten und Vergütung 1859

Unterabschnitt 2. Planungswettbewerbe für Architekten- und Ingenieurleistungen

§ 78 Grundsätze und Anwendungsbereich für Planungswettbewerbe 1870
§ 79 Durchführung von Planungswettbewerben 1875
§ 80 Aufforderung zur Verhandlung; Nutzung der Ergebnisse des Planungswettbewerbs 1881

Abschnitt 7. Übergangs- und Schlussbestimmungen

§ 81 Übergangsbestimmungen 1885
§ 82 Fristenberechnung 1886
Anlage 1 (zu § 31 Absatz 2) 1888

II. VergStatVO – Vergabestatistikverordnung

§ 1 Anwendungsbereich und Grundsätze der Datenübermittlung 1889
§ 2 Art und Umfang der Datenübermittlung 1889
§ 3 Zu übermittelnde Daten 1889
§ 4 Statistische Aufbereitung und Übermittlung der Daten; Veröffentlichung statistischer Auswertungen; Datenbank 1890
§ 5 Datenübermittlung für die wissenschaftliche Forschung 1891
§ 6 Anwendungsbestimmung 1891
§ 7 Übergangsregelung 1891
Anlage 1 (zu § 3 Absatz 1 Nummer 1) 1893
Anlage 2 (zu § 3 Absatz 1 Nummer 2) 1899
Anlage 3 (zu § 3 Absatz 1 Nummer 3) 1903

Inhaltsverzeichnis

Anlage 4 (zu § 3 Absatz 1 Nummer 4) 1907
Anlage 5 (zu § 3 Absatz 1 Nummer 5) 1911
Anlage 6 (zu § 3 Absatz 1 Nummer 6) 1915
Anlage 7 (zu § 3 Absatz 1 Nummer 7) 1919
Anlage 8 (zu § 3 Absatz 2) 1923
Anlage 9 1927

III. KonzVgV – Konzessionsvergabeverordnung
Abschnitt 1. Allgemeine Bestimmungen und Kommunikation
Unterabschnitt 1. Allgemeine Bestimmungen

Vorbemerkung 1929
§ 1 Gegenstand und Anwendungsbereich 1935
§ 2 Berechnung des geschätzten Vertragswerts 1936
§ 3 Laufzeit von Konzessionen 1941
§ 4 Wahrung der Vertraulichkeit 1941
§ 5 Vermeidung von Interessenkonflikten 1943
§ 6 Dokumentation und Vergabevermerk 1945

Unterabschnitt 2. Kommunikation

§ 7 Grundsätze der Kommunikation 1947
§ 8 Anforderungen an die verwendeten elektronischen Mittel 1952
§ 9 Anforderungen an den Einsatz elektronischer Mittel im Vergabeverfahren 1956
§ 10 Einsatz alternativer elektronischer Mittel bei der Kommunikation 1961
§ 11 Allgemeine Verwaltungsvorschriften 1962

Abschnitt 2. Vergabeverfahren
Unterabschnitt 1. Allgemeine Verfahrensvorschriften

§ 12 Allgemeine Grundsätze 1964
§ 13 Verfahrensgarantien 1965
§ 14 Umgehungsverbot 1967

Unterabschnitt 2. Vorbereitung des Vergabeverfahrens

§ 15 Leistungsbeschreibung 1968
§ 16 Vergabeunterlagen 1971
§ 17 Bereitstellung der Vergabeunterlagen 1971
§ 18 Zusätzliche Auskünfte zu den Vergabeunterlagen 1971

Unterabschnitt 3. Bekanntmachungen

§ 19 Konzessionsbekanntmachung 1973
§ 20 Ausnahmen von der Konzessionsbekanntmachung 1973
§ 21 Vergabebekanntmachung, Bekanntmachung über Änderungen einer Konzession 1974
§ 22 Konzessionen, die soziale und andere besondere Dienstleistungen betreffen 1974
§ 23 Form und Modalitäten der Veröffentlichung von Bekanntmachungen 1974

Unterabschnitt 4. Auswahlverfahren und Zuschlag

§ 24 Rechtsform von Unternehmen und Bietergemeinschaften 1977
§ 25 Anforderungen an die Auswahl geeigneter Unternehmen; Eignungsleihe 1979
§ 26 Beleg für die Eignung und das Nichtvorliegen von Ausschlussgründen ... 1981
§ 27 Fristen für den Eingang von Teilnahmeanträgen und Angeboten 1982
§ 28 Form und Übermittlung der Teilnahmeanträge und Angebote 1984
§ 29 Prüfung und Aufbewahrung der ungeöffneten Teilnahmeanträge und Angebote 1986
§ 30 Unterrichtung der Bewerber oder Bieter 1989
§ 31 Zuschlagskriterien 1991
§ 32 Aufhebung von Vergabeverfahren 1993

Abschnitt 3. Ausführung der Konzession

§ 33 Vergabe von Unteraufträgen 1996

Inhaltsverzeichnis

Abschnitt 4. Übergangs- und Schlussbestimmungen
§ 34 Übergangsbestimmungen für die elektronische Kommunikation und elektronische Übermittlung von Teilnahmeanträgen und Angeboten 2009
§ 35 Elektronische Kommunikation durch Auslandsdienststellen 2009
§ 36 Fristberechnung 2010

IV. SektVO – Sektorenverordnung
Vorbemerkung 2011

Abschnitt 1. Allgemeine Bestimmungen und Kommunikation
Unterabschnitt 1. Allgemeine Bestimmungen
§ 1 Anwendungsbereich 2012
§ 2 Schätzung des Auftragswerts 2013
§ 3 Antragsverfahren für Tätigkeiten, die unmittelbar dem Wettbewerb ausgesetzt sind 2017
§ 4 Gelegentliche gemeinsame Auftragsvergabe 2018
§ 5 Wahrung der Vertraulichkeit 2020
§ 6 Vermeidung von Interessenkonflikten 2021
§ 7 Mitwirkung an der Vorbereitung des Vergabeverfahrens 2024
§ 8 Dokumentation 2025

Unterabschnitt 2. Kommunikation
§ 9 Grundsätze der Kommunikation 2027
§ 10 Anforderungen an die verwendeten elektronischen Mittel 2027
§ 11 Anforderungen an den Einsatz elektronischer Mittel im Vergabeverfahren ... 2027
§ 12 Einsatz alternativer elektronischer Mittel bei der Kommunikation 2028

Abschnitt 2. Vergabeverfahren
Unterabschnitt 1. Verfahrensarten, Fristen
§ 13 Wahl der Verfahrensart 2028
§ 14 Offenes Verfahren; Fristen 2030
§ 15 Nicht offenes Verfahren und Verhandlungsverfahren mit vorherigem Teilnahmewettbewerb; Fristen 2030
§ 16 Fristsetzung; Pflicht zur Fristverlängerung 2031
§ 17 Wettbewerblicher Dialog 2033
§ 18 Innovationspartnerschaft 2036

Unterabschnitt 2. Besondere Methoden und Instrumente im Vergabeverfahren
§ 19 Rahmenvereinbarungen 2037
§ 20 Grundsätze für den Betrieb dynamischer Beschaffungssysteme 2041
§ 21 Betrieb eines dynamischen Beschaffungssystems 2041
§ 22 Fristen beim Betrieb eines dynamischen Beschaffungssystems 2042
§ 23 Grundsätze für die Durchführung elektronischer Auktionen 2042
§ 24 Durchführung elektronischer Auktionen 2043
§ 25 Elektronische Kataloge 2044

Unterabschnitt 3. Vorbereitung des Vergabeverfahrens
§ 26 Markterkundung 2044
§ 27 Aufteilung nach Losen 2045
§ 28 Leistungsbeschreibung 2046
§ 29 Technische Anforderungen 2048
§ 30 Bekanntmachung technischer Anforderungen 2048
§ 31 Nachweisführung durch Bescheinigungen von Konformitätsbewertungsstellen 2050
§ 32 Nachweisführung durch Gütezeichen 2050
§ 33 Nebenangebote 2051
§ 34 Unteraufträge 2052

Inhaltsverzeichnis

Unterabschnitt 4. Veröffentlichung, Transparenz

§ 35 Auftragsbekanntmachungen, Beschafferprofil 2053
§ 36 Regelmäßige nicht verbindliche Bekanntmachung 2055
§ 37 Bekanntmachung über das Bestehen eines Qualifizierungssystems 2059
§ 38 Vergabebekanntmachungen; Bekanntmachung über Auftragsänderungen 2061
§ 39 Bekanntmachungen über die Vergabe sozialer und anderer besonderer Dienstleistungen 2064
§ 40 Veröffentlichung von Bekanntmachungen 2065
§ 41 Bereitstellung der Vergabeunterlagen 2067
§ 42 Aufforderung zur Interessensbestätigung, zur Angebotsabgabe, zur Verhandlung oder zur Teilnahme am Dialog 2071
§ 43 Form und Übermittlung der Angebote, Teilnahmeanträge, Interessensbekundungen und Interessensbestätigungen 2075
§ 44 Erhöhte Sicherheitsanforderungen bei der Übermittlung der Angebote, Teilnahmeanträge, Interessensbekundungen und Interessensbestätigungen 2077

Unterabschnitt 5. Anforderungen an die Unternehmen

§ 45 Grundsätze 2082
§ 46 Objektive und nichtdiskriminierende Kriterien 2085
§ 47 Eignungsleihe 2090
§ 48 Qualifizierungssysteme 2097
§ 49 Beleg der Einhaltung von Normen der Qualitätssicherung und des Umweltmanagements 2105
§ 50 Rechtsform von Unternehmen und Bietergemeinschaften 2107

Unterabschnitt 6. Prüfung und Wertung der Angebote

§ 51 Prüfung und Wertung der Angebote; Nachforderung von Unterlagen 2117
§ 52 Zuschlag und Zuschlagskriterien 2132
§ 53 Berechnung von Lebenszykluskosten 2139
§ 54 Ungewöhnlich niedrige Angebote 2143
§ 55 Angebote, die Erzeugnisse aus Drittländern umfassen 2147
§ 56 Unterrichtung der Bewerber oder Bieter 2152
§ 57 Aufhebung und Einstellung des Verfahrens 2155

Abschnitt 3. Besondere Vorschriften für die Beschaffung energieverbrauchsrelevanter Leistungen

§ 58 Beschaffung energieverbrauchsrelevanter Leistungen 2165
§ 59 [aufgehoben; bis 1.8.2021: Beschaffung von Straßenfahrzeugen] 2171
Anlage 2 (zu § 59) 2172
Anlage 3 (zu § 59 Absatz 2) 2172

Abschnitt 4. Planungswettbewerbe

§ 60 Anwendungsbereich 2174
§ 61 Veröffentlichung, Transparenz 2175
§ 62 Ausrichtung 2175
§ 63 Preisgericht 2175

Abschnitt 5. Übergangs- und Schlussbestimmungen

§ 64 Übergangsbestimmungen 2176
§ 65 Fristenberechnung 2176
Anlage 1 (zu § 28 Absatz 2) 2177

Sachverzeichnis 2179

Verzeichnis der Abkürzungen und der abgekürzt zitierten Literatur

aA	am Anfang; anderer Ansicht
aaO	am angegebenen Ort
Abb.	Abbildung
abgedr.	abgedruckt
Abh.	Abhandlung
Abk.	Abkommen
ABl.	Amtsblatt der Europäischen Union (bis 31.12.2002 Amtsblatt der Europäischen Gemeinschaften)
abl.	ablehnend
ABl. BNetzA	Amtsblatt der Bundesnetzagentur
ABl. EGKS	Amtsblatt der Europäischen Gemeinschaft für Kohle und Stahl
Abs.	Absatz
Abschn.	Abschnitt
Abt.	Abteilung
abw.	abweichend
abzgl.	abzüglich
AcP	Archiv für die civilistische Praxis (Zeitschrift)
AdR	Ausschuss der Regionen
aE	am Ende
AEG	Allgemeines Eisenbahngesetz
AEntG	Gesetz über zwingende Arbeitsbedingungen für grenzüberschreitend entsandte und für regelmäßig im Inland beschäftigte Arbeitnehmer und Arbeitnehmerinnen (Arbeitnehmer-Entsendegesetz)
AEUV	Vertrag über die Arbeitsweise der Europäischen Union in der Fassung der Bekanntmachung vom 9.5.2008
aF	alte Fassung
AFDI	Annuaire Français de Droit International (Zeitschrift)
AfP	Archiv für Presserecht (Zeitschrift)
AG	Aktiengesellschaft; Die Aktiengesellschaft (Zeitschrift)
AGB	Allgemeine Geschäftsbedingungen
AGK	Allgemeine Geschäftskosten
AgrarR	Agrarrecht (Zeitschrift)
AGVO	Verordnung (EU) Nr. 651/2014 der Kommission vom 17.6.2014 zur Feststellung der Vereinbarkeit bestimmter Gruppen von Beihilfen mit dem Binnenmarkt in Anwendung der Artikel 107 und 108 des Vertrags über die Arbeitsweise der Europäischen Union
AGVO 800/2008	Verordnung (EG) Nr. 800/2008 der Kommission vom 6.8.2008 zur Erklärung der Vereinbarkeit bestimmter Gruppen von Beihilfen mit dem Gemeinsamen Markt in Anwendung der Artikel 87 und 88 EG-Vertrag (Allgemeine Gruppenfreistellungsverordnung)
AHK	Alliierte Hohe Kommission
AJCL	American Journal of Comparative Law (Zeitschrift)
AktG	Aktiengesetz
allg.	allgemein
allgA	allgemeine Ansicht
allgM	allgemeine Meinung
Alt.	Alternative
aM	anderer Meinung
Amsterdamer Vertrag	Vertrag von Amsterdam zur Änderung des Vertrags über die Europäische Union, der Verträge zur Gründung der Europäischen Gemeinschaften sowie einiger damit zusammenhängender Rechtsakte
Amtl. Begr.	Amtliche Begründung
ÄndG	Änderungsgesetz
Anh.	Anhang
Anl.	Anlage
Anm.	Anmerkung
Ann. eur.	Annuaire européen (= EuYB, Zeitschrift)
AO	Abgabenordnung

XXV

Abkürzungs- und Literaturverzeichnis

AöR	Archiv des öffentlichen Rechts (Zeitschrift)
Arbeitnehmerentsende-RL	Richtlinie 96/71/EG des Europäischen Parlaments und des Rates vom 16.12.1996 über die Entsendung von Arbeitnehmern im Rahmen der Erbringung von Dienstleistungen
ARE	Arbeitsgemeinschaft Regionaler Energieversorgungsunternehmen
arg.	argumentum
ARGE	Arbeitsgemeinschaft
Art.	Artikel
AStV	Ausschuss der Ständigen Vertreter
AT	Allgemeiner Teil
Aufl.	Auflage
ausf.	ausführlich
AusfVO	Ausführungsverordnung
Auslegungsmitteilung PersonenverkehrsVO	Mit. d. Kom. über die Auslegungsleitlinien zu der Verordnung (EG) Nr. 1370/2007 über öffentliche Personenverkehrsdienste auf Schiene und Straße
AVMD-RL	Richtlinie 2010/13/EU des Europäischen Parlaments und des Rates zur Koordinierung bestimmter Rechts- und Verwaltungsvorschriften der Mitgliedstaaten über die Bereitstellung audiovisueller Mediendienste (Richtlinie über audiovisuelle Mediendienste)
AVV-EnEff	Allgemeine Verwaltungsvorschriften zur Beschaffung energieeffizienter Produkte und Dienstleistungen
AWD	Außenwirtschaftsdienst des Betriebs-Beraters (Zeitschrift), ab 1975: Recht der Internationalen Wirtschaft (s. auch RIW)
AWG	Außenwirtschaftsgesetz
AWR	Archiv für Wettbewerbsrecht (Zeitschrift)
AWV	Außenwirtschaftsverordnung
Ax/Schneider/Nette VergabeR-HdB	Ax/Schneider/Nette, Handbuch Vergaberecht, Monografie, 1. Aufl. 2002
Az.	Aktenzeichen
AZO	Allgemeine Zollordnung
B-	Bundes-
Bader/Funke-Kaiser/Stuhlfauth/v. Albedyll	Bader/Funke-Kaiser/Stuhlfauth/von Albedyll, Verwaltungsgerichtsordnung, Kommentar, 7. Aufl. 2018
BAFA	Bundesamt für Wirtschaft und Ausfuhrkontrolle
BAG	Bundesarbeitsgericht
Bankenmitt.	Mitteilung über die Anwendung der Vorschriften für staatliche Beihilfen auf Maßnahmen zur Stützung von Finanzinstituten im Kontext der derzeitigen globalen Finanzkrise
BAnz.	Bundesanzeiger
Bartels Präqualifikation	Bartels, Präqualifikation im Vergaberecht, Monografie, 1. Aufl. 2015
Bartosch	Bartosch, EU-Beihilfenrecht, Kommentar, 3. Aufl. 2020
Baumbach/Hopt	Baumbach/Hopt, Handelsgesetzbuch: HGB, Kommentar, 40. Aufl. 2021
Baumeister Recht des ÖPNV-HdB	Baumeister/Barth, Recht des ÖPNV, Band 2: Kommentar, Handbuch, Band 2, 1. Aufl. 2013
Baumgärtel/Laumen/Prütting Beweislast-HdB	Baumgärtel/Laumen/Prütting, Handbuch der Beweislast, Handbuch, Band 1, 2, 3, 4. Aufl. 2018
BauR	Zeitschrift für das gesamte öffentliche und private Baurecht (Zeitschrift)
BayObLG	Bayerisches Oberstes Landesgericht
BayVBl.	Bayerische Verwaltungsblätter
BB	Der Betriebs-Berater (Zeitschrift)
BBauG	(Bundes-)Baugesetzbuch
BBB	Bundesbaublatt (Zeitschrift)
BbgVergG	Brandenburgisches Gesetz über Mindestanforderungen für die Vergabe von öffentlichen Aufträgen (Brandenburgisches Vergabegesetz)
Bd., Bde.	Band, Bände
BDI	Bundesverband der Deutschen Industrie
Bearb., bearb.	Bearbeiter; bearbeitet
Bechtold/Bosch	Bechtold/Bosch, GWB, Kommentar, 9. Aufl. 2018
Bechtold/Bosch/Brinker	Bechtold/Bosch/Brinker, EU-Kartellrecht, Kommentar, 3. Aufl. 2014

Abkürzungs- und Literaturverzeichnis

Beck AEG	Hermes/Sellner, Beck'scher AEG-Kommentar, Kommentar, 2. Aufl. 2014
Beck PostG	Badura/von Danwitz/Herdegen/Sedemund/Stern, Beck'scher PostG-Kommentar, Kommentar, 2. Aufl. 2004
Beck TKG	Geppert/Schütz, Beck'scher TKG-Kommentar, Kommentar, 4. Aufl. 2013
Beck VergabeR	Beck'scher Vergaberechtskommentar, Kommentar, Band 1, herausgegeben von Burgi/Dreher/Opitz, 4. Aufl. 2021; Band 2, herausgegeben von Burgi/Dreher, 3. Aufl. 2019
Beck VOB/A	Dreher/Motzke, Beck'scher Vergaberechtskommentar, VOB Teil A (nur online erschienen), Kommentar, 2. Aufl. 2013
Beck VOB/A, 1. Aufl. 2001	Motzke/Pietzcker/Prieß, Beck'scher VOB-Kommentar, VOB Teil A, Kommentar, 1. Aufl. 2001
Beck VOB/B	Ganten/Jansen/Voit, Beck'scher VOB- und Vergaberechts-Kommentar, VOB Teil B – Allgemeine Vertragsbedingungen für die Ausführung von Bauleistungen, Kommentar, 3. Aufl. 2013
Beck VOB/C	Englert/Katzenbach/Motzke, Beck'scher VOB-Kommentar, VOB Teil C, Kommentar, 3. Aufl. 2014
BeckEuRS	Beck online Rechtsprechung des EuGH, EuG und EuGöD
BeckOGK	Beck'scher Online-Großkommentar, Zivilrecht hrsg. v. Gsell/Krüger/Lorenz/Reymann, Handels- und Gesellschaftsrecht hrsg. v. Henssler, 2021
BeckOK BGB	Hau/Poseck, BeckOK BGB, Kommentar, 58. Aufl. 2021
BeckOK OWiG	Graf, BeckOK OWiG, Kommentar, 30. Aufl. 2021
BeckOK StPO	Graf, BeckOK StPO mit RiStBV und MiStra, Kommentar, 39. Aufl. 2021
BeckOK VergabeR	Gabriel/Mertens/Prieß/Stein, BeckOK Vergaberecht, Kommentar, 2021
BeckOK VwGO	Posser/Wolff, BeckOK VwGO, Kommentar, 57. Aufl. 2021
BeckOK VwVfG	Bader/Ronellenfitsch, BeckOK VwVfG, Kommentar, 51. Aufl. 2021
BeckRS	Beck online Rechtsprechung (Elektronische Entscheidungsdatenbank in beck-online)
Begr.	Begründung
begr.	begründet
Begr., RegE VgRÄG	Begründung des Regierungsentwurfs zum Vergaberechtsänderungsgesetz
Bek.	Bekanntmachung
Bekl.	Beklagter
Bellamy/Child EU Competition Law	Bellamy/Child, European Community Law of Competition, Handbuch, 8. Aufl. 2018
Benelux-Staaten	Belgien, Niederlande, Luxemburg
ber.	berichtigt
Bericht 1957	Schriftlicher Bericht des Ausschusses für Wirtschaftspolitik über den Entwurf eines GWB (BT-Drs. II/3644)
Bericht 1965	Schriftlicher Bericht des Ausschusses für die Entwürfe zu einem Gesetz zur Änderung des GWB (BT-Drs. IV/3533)
Bericht 1973	Unterrichtung des Ausschusses für Wirtschaft zu dem Entwurf eines Zweiten Gesetzes zur Änderung des GWB (BT-Drs. 7/765)
Bericht 1976	Bericht und Antrag des Ausschusses für Wirtschaft zu dem Entwurf eines Dritten Gesetzes zur Änderung des GWB (BT-Drs. 7/4768)
Bericht 1980	Beschlussempfehlung und Bericht des Ausschusses für Wirtschaft zu dem Entwurf eines Vierten Gesetzes zur Änderung des GWB (BT-Drs. 8/3690)
Bericht 1989	Beschlussempfehlung und Bericht des Ausschusses für Wirtschaft zu dem Entwurf eines Fünften Gesetzes zur Änderung des GWB (BT-Drs. 11/5949)
Bericht 1998	Beschlussempfehlung und Bericht des Ausschusses für Wirtschaft zu dem Entwurf eines Sechsten Gesetzes zur Änderung des GWB (BT-Drs. 13/10633)
Bericht 2005	Beschlussempfehlung und Bericht des Ausschusses für Wirtschaft und Arbeit zu dem Entwurf eines Siebten Gesetzes zur Änderung des GWB (BT-Drs. 15/5049)
BerlAVG	Berliner Ausschreibungs- und Vergabegesetz
Berlit WettbR	Berlit, Wettbewerbsrecht, Handbuch, 10. Aufl. 2017
BerlKommEnergieR	Säcker, Berliner Kommentar zum Energierecht, Kommentar, Band 1, 2, 3, 4, 5, 6, 4. Aufl. 2017 ff.
bes.	besonders
Beschl.	Beschluss
bestr.	bestritten
Beteiligungsmitteilung	Mitteilung der Kommission über Kapitalzuführungen durch den Staat, Bulletin EG 9–1984, abgedruckt in: Wettbewerbsrecht der Europäischen Gemeinschaften, Band II A, 133
betr.	betreffend

Abkürzungs- und Literaturverzeichnis

Betriebsübergangs-RL …	Richtlinie 2001/23/EG des Rates vom 12.3.2001 zur Angleichung der Rechtsvorschriften der Mitgliedstaaten über die Wahrung von Ansprüchen beim Übergang von Unternehmen, Betrieben oder Unternehmens- und Betriebsteilen
Bez.	Bezeichnung
BFH	Bundesfinanzhof
BGB	Bürgerliches Gesetzbuch
BGBl.	Bundesgesetzblatt
BGebG	Gesetz über Gebühren und Auslagen des Bundes (Bundesgebührengesetz)
BGH	Bundesgerichtshof
BGHSt	Entscheidungen des Bundesgerichtshofs in Strafsachen
BGHZ	Entscheidungen des Bundesgerichtshofs in Zivilsachen
BGK	Baustellengemeinkosten
BGW	Bundesverband der deutschen Gas- und Wasserwirtschaft
BHO	Bundeshaushaltsordnung
Bieber/Ress Dynamik …	Bieber/Ress, Die Dynamik des Europäischen Gemeinschaftsrechts, Monografie, 1. Aufl. 1987
Biermann Bioenergie …	Biermann, Bioenergie und Planungsrecht, Monografie, 1. Aufl. 2014
BIP	Bruttoinlandsprodukt
BKartA	Bundeskartellamt
BKR	s. RL 93/37/EWG
Bl.	Blatt
BMAS	Bundesminister(ium) für Arbeit und Soziales
BMF	Bundesminister(ium) der Finanzen
BMI	Bundesminister(ium) des Inneren
BMJV	Bundesminister(ium) der Justiz und für Verbraucherschutz
BMPT	Bundesminister(ium) für Post und Telekommunikation (bis zur Auflösung 1997)
BMWi	Bundesministerium für Wirtschaft und Energie
BNetzA	Bundesnetzagentur für Elektrizität, Gas, Telekommunikation, Post und Eisenbahnen
Boesen	Boesen, Praxiskommentar Kartellvergaberecht, Kommentar, 2. Aufl. 2014
Bos/Stuyck/Wytinck Concentration Control ..	Bos/Stuyck/Wytinck, Concentration Control in the European Economic Community, Monografie, 1. Aufl. 1992
BPatG	Bundespatentgericht
BPatGE	Entscheidungen des Bundespatentgerichts
BR	Bundesrat
br.	britisch
BRAGO	Bundesgebührenordnung für Rechtsanwälte
BRD	Bundesrepublik Deutschland
BR-Drs.	Drucksachen des Deutschen Bundesrates
BReg.	Bundesregierung
BremTtVG	Bremisches Gesetz zur Sicherung von Tariftreue, Sozialstandards und Wettbewerb bei öffentlicher Auftragsvergabe (Tariftreue- und Vergabegesetz)
BR-Prot.	Protokolle des Deutschen Bundesrates
BS	Der Bausachverständige (Zeitschrift)
BSchVG	Gesetz über den gewerblichen Binnenschifffahrtsverkehr
BSG	Bundessozialgericht
Bsp.	Beispiel
Bspr.	Besprechung
bspw.	beispielsweise
BStBl.	Bundessteuerblatt
BT	Bundestag
BT-Drs.	Drucksache des Deutschen Bundestages
BT-Prot.	Protokolle des Deutschen Bundestages
Buchholz	Buchholz, Sammel- und Nachschlagewerk der Rechtsprechung des Bundesverwaltungsgerichts, Entscheidungssammlung, 9. Aufl. 2012
Buchst.	Buchstabe
Bull.	Bulletin der Europäischen Gemeinschaften
Bunte/Stancke KartellR	Bunte/Stancke, Kartellrecht, Lehrbuch, 3. Aufl. 2016
Burgi VergabeR	Burgi, Vergaberecht, Lehrbuch, 3. Aufl. 2021
BVerfG	Bundesverfassungsgericht
BVerfGE	Entscheidungen des Bundesverfassungsgerichts
BVerwG	Bundesverwaltungsgericht
BVerwGE	Entscheidungen des Bundesverwaltungsgerichts
BW	Baden-Württemberg

Abkürzungs- und Literaturverzeichnis

BWLTMG	Tariftreue- und Mindestlohngesetz für öffentliche Aufträge in Baden-Württemberg (Landestariftreue- und Mindestlohngesetz)
BYIL	British Yearbook of International Law (Zeitschrift)
Byok/Jaeger	Byok/Jaeger, Vergaberecht, Kommentar, 4. Aufl. 2018
bzgl.	bezüglich
bzw.	beziehungsweise
ca.	circa
Calliess/Ruffert	Calliess/Ruffert, EUV/AEUV, Kommentar, 5. Aufl. 2016
CC	französischer Code Civil
CEEP	Europäischer Zentralverband der öffentlichen Wirtschaft
chap.	chapter
cic	culpa in contrahendo
CMLR	Common Market Law Reports (Zeitschrift)
CMLRev.	Common Market Law Review (Zeitschrift)
Contag/Zanner VergabeR	Contag/Zanner, Vergaberecht nach Ansprüchen, Lehrbuch, 2. Aufl. 2019
CPA	Classification of Products According to Activities (Statistische Güterklassifikation in Verbindung mit den Wirtschaftszweigen in der Europäischen Wirtschaftsgemeinschaft)
CPC	Central Product Classification (Zentrale Güterklassifikation der Vereinten Nationen)
CPN	Competition Policy Newsletter (Zeitschrift)
CPV	Common Procurement Vocabulary (Gemeinsames Vokabular für öffentliche Aufträge)
CR	Computer und Recht
Creifelds Recht-WB	Creifelds/Weber/Cassardt/Dankelmann/Hakenberg/Kainz/König/Kortstock/Weidenkaff, Rechtswörterbuch, Lexikon, 23. Aufl. 2019
Dageförde VergabeR	Dageförde, Einführung in das Vergaberecht, Lehrbuch, 2. Aufl. 2013
dass.	dasselbe
Daub/Eberstein VOL/A	Daub/Eberstein, Kommentar zur VOL – Teil A, Kommentar, 5. Aufl. 2000
Daub/Eberstein VOL/B	Daub/Eberstein, Kommentar zur VOL – Teil B, Kommentar, 5. Aufl. 2003
Dauses/Ludwigs EU-WirtschaftsR-HdB	Dauses/Ludwigs, Handbuch des EU-Wirtschaftsrechts, Handbuch, 52. Aufl. 2021
DAWI	Dienstleistung(en) im allgemeinen wirtschaftlichen Interesse
DAWI-De-minimis-VO	Verordnung (EU) Nr. 360/2012 der Kommission vom 25.4.2012 über die Anwendung der Artikel 107 und 108 des Vertrags über die Arbeitsweise der Europäischen Union auf De-minimis-Beihilfen an Unternehmen, die Dienstleistungen von allgemeinem wirtschaftlichem Interesse erbringen
DAWI-GFE	s. GFE-DAWI
DB	Der Betrieb (Zeitschrift)
DDR	Deutsche Demokratische Republik
ders.	derselbe
dh	das heißt
Dieckmann/Scharf/Wagner-Cardenal	Dieckmann/Scharf/Wagner-Cardenal, VgV, UVgO, Kommentar, 2. Aufl. 2019
Dienstleistungs-RL	Richtlinie 2006/123/EG des Europäischen Parlaments und des Rates vom 12.12.2006 über Dienstleistungen im Binnenmarkt
Dienstleistungs-RL 1992	Richtlinie 92/50/EWG des Rates vom 18.6.1992 über die Koordinierung der Verfahren zur Vergabe öffentlicher Dienstleistungsaufträge
dies.	dieselbe(n)
diff.	differenzierend
DIHT	Deutscher Industrie- und Handelstag
DIN	Deutsche Industrienorm
Dippel/Sterner/Zeiss VSVgV	Dippel/Sterner/Zeiss, VSVgV, Kommentar, 2. Aufl. 2018
DiskE	Diskussionsentwurf
Diss.	Dissertation (Universitätsort)
dJ	des Jahres
DKR	s. Dienstleistungs-RL 1992
Dobmann Neues VergabeR	Dobmann, Das neue Vergaberecht, Handbuch, 2. Aufl. 2017
Dok.	Dokument
DÖV	Die öffentliche Verwaltung (Zeitschrift)
Dreher/Kulka WettbR	Dreher/Kulka, Wettbewerbs- und Kartellrecht, Lehrbuch, 11. Aufl. 2021

XXIX

Abkürzungs- und Literaturverzeichnis

DRiG	Deutsches Richtergesetz
DRiZ	Deutsche Richterzeitung (Zeitschrift)
Drs.	Drucksache
DRZ	Deutsche Rechtszeitschrift (Zeitschrift)
DS-GVO	Verordnung (EU) 2016/679 des Europäischen Parlaments und des Rates vom 27.4.2016 zum Schutz natürlicher Personen bei der Verarbeitung personenbezogener Daten, zum freien Datenverkehr und zur Aufhebung der Richtlinie 95/46/EG (Datenschutz-Grundverordnung)
DStZ	Deutsche Steuerzeitung (Zeitschrift)
DVA	Deutsche Vergabe- und Vertragsausschuss für Bauleistungen
DVAL	Deutscher Vergabe- und Vertragsausschuss für Lieferungen und Dienstleistungen
DVBl	Deutsches Verwaltungsblatt (Zeitschrift)
DVG	Deutsche Verbundgesellschaft
DVO	Verordnung (EG) Nr. 802/2004 der Kommission vom 21.4.2004 zur Durchführung der Verordnung (EG) Nr. 139/2004 des Rates über die Kontrolle von Unternehmenszusammenschlüssen
DW	Der Wettbewerb (Zeitschrift)
DZWir	Deutsche Zeitschrift für Wirtschaftsrecht (Zeitschrift)
E	Entwurf
EAG	Europäische Atomgemeinschaft
EAGFE	Europäische Agentur für Forschung und Entwicklung
EAGV	Vertrag zur Gründung der Europäischen Atomgemeinschaft (Euratom)
ebd.	ebenda
Ebisch/Gottschalk/Hoffjan/Müller	Ebisch/Gottschalk/Hoffjan/Müller, Preise und Preisprüfungen bei öffentlichen Aufträgen, Kommentar, 9. Aufl. 2020
EBJS	Ebenroth/Boujong/Joost/Strohn, Handelsgesetzbuch (HGB), Kommentar, Band 1, 2, 4. Aufl. 2020
EC	European Community; European Community Treaty
ECA	European Competition Authorities
ECJ	Court of Justice of the European Union
Eckebrecht Auftragsvergaben	Eckebrecht, Auftragsvergaben extraterritorialer Einrichtungen, Monografie, 1. Aufl. 2015
ECLR	European Competition Law Review (Zeitschrift)
ECR	European Court Report
ed./éd.	edited; edition; editor, edizione, éditeur, edition
EEA	Einheitliche Europäische Akte
EEC	European Economic Community
EEE	Einheitliche Europäische Eigenerklärung
EEG	Gesetz für den Ausbau erneuerbarer Energien (Erneuerbare-Energien-Gesetz) vom 21.7.2014
EEG 2009	Gesetz für den Vorrang Erneuerbarer Energien (Erneuerbare Energien Gesetz vom 25.10.2008
EFSF	European Financial Stability Facility (deutsch: Europäischen Finanzstabilisierungsfazilität)
EFTA	European Free Trade Association
EG	Europäische Gemeinschaft; Vertrag zur Gründung der Europäischen Gemeinschaften idF vom 2.10.1997, durch Art. 2 des Vertrages von Lissabon zum 1.12.2009 in den Vertrag zur Arbeitsweise des Europäischen Union (AEUV) umbenannt
EG-Bauaufträge-KoordinierungsRL	s. RL 93/37/EWG
EGKS	Europäische Gemeinschaft für Kohle und Stahl
EGKSV	Vertrag über die Gründung der Europäischen Gemeinschaft für Kohle und Stahl
EG-Lieferkoordinierungs-Richtlinie	s. RL 93/36/EWG
EGMR	Europäischer Gerichtshof für Menschenrechte
EGovG	Gesetz zur Förderung der elektronischen Verwaltung (E-Government-Gesetz)
EG-Sektorenüberwachungs-Richtlinie	s. RL 92/13/EWG
EG-Überwachungsrichtlinie	s. RL 89/665/EWG
EGV-Nizza	Vertrag zur Gründung der Europäischen Gemeinschaft vom 25.3.1957 idF des Vertrages über die Europäische Union vom 7.2.1992

Abkürzungs- und Literaturverzeichnis

Ehlers/Pünder AllgVerwR	Ehlers/Pünder, Allgemeines Verwaltungsrecht, Lehrbuch, 15. Aufl. 2015
Ehlers/Wolffgang/ Schröder Subventionen	Ehlers/Wolffgang/Schröder, Subventionen im WTO- und EG-Recht, Monografie, 1. Aufl. 2007
eIDAS-VO	Verordnung (EU) Nr. 910/2014 des Europäischen Parlaments und des Rates vom 23.7.2014 über elektronische Identifizierung und Vertrauensdienste für elektronische Transaktionen im Binnenmarkt und zur Aufhebung der Richtlinie 1999/93/EG
Einf.	Einführung
Einl.	Einleitung
einstw.	einstweilig
Eisenbahnraum-RL	Richtlinie 2012/34/EU des Europäischen Parlaments und des Rates vom 21.11.2012 zur Schaffung eines einheitlichen europäischen Eisenbahnraums
EisenbahnRL	s. Eisenbahnraum-RL
EJIL	European Journal of International Law (Zeitschrift)
EKMR	Europäische Kommission für Menschenrechte
EL	Ergänzungslieferung
ELJ	European Law Journal (Zeitschrift)
ELR	European Law Reporter (Zeitschrift)
ELRev	European Law Review (Zeitschrift)
Emmerich/Lange KartellR	Emmerich/Lange, Kartellrecht, Lehrbuch, 14. Aufl. 2018
EMRK	Konvention zum Schutz der Menschenrechte und Grundfreiheiten
endg.	endgültig
Energieeffizienz-RL	Richtlinie 2012/27/EU des Europäischen Parlaments und des Rates vom 25.10.2012 zur Energieeffizienz, zur Änderung der Richtlinien 2009/125/EG und 2010/30/EU und zur Aufhebung der Richtlinien 2004/8/EG und 2006/32/EG
Ent.	Entscheidung
entspr.	entsprechend
Entw.	Entwurf
Entwurf 1952	Entwurf eines Gesetzes gegen Wettbewerbsbeschränkungen (BT-Drs. II/1158, Anl. I)
Entwurf 1964	Entwurf eines Gesetzes zur Änderung des GWB (BT-Drs. IV/2564)
Entwurf 1971	Entwurf eines Zweiten Gesetzes zur Änderung des GWB (BT-Drs. IV/2520), übernommen vom SPD/FDP-Entwurf 1973 (BT-Drs. 7/76)
Entwurf 1974	Entwurf des Dritten Gesetzes zur Änderung des GWB (BT-Drs. 7/2954)
Entwurf 1978	Entwurf eines Dritten Gesetzes zur Änderung des GWB (BT-Drs. 8/2136)
Entwurf 1989/1	Entwurf eines Fünften Gesetzes zur Änderung des GWB (BT-Drs. 11/4610)
Entwurf 1989/2	Entwurf eines Sechsten Gesetzes zur Änderung des GWB (BT-Drs. 13/9720)
Entwurf 2004	Entwurf eines Siebten Gesetzes zur Änderung des GWB (BT-Drs. 15/3640)
EnWG	Gesetz über die Elektrizitäts- und Gasversorgung (Energiewirtschaftsgesetz)
EnWR	Energiewirtschaftsrecht
EP	Europäisches Parlament
EPL	European Public Law (Zeitschrift)
ERechV	Verordnung über die elektronische Rechnungsstellung im öffentlichen Auftragswesen des Bundes (E-Rechnungsverordnung)
Erl.	Erläuterung
Erman	Erman, BGB, Kommentar, 16. Aufl. 2020
Eschenbruch/Opitz/ Röwekamp	Eschenbruch/Opitz/Röwekamp, Sektorenverordnung, Kommentar, 2. Aufl. 2019
ESM	European Stability Mechanism (deutsch: Europäischer Stabilitätsmechanismus)
ESM-Vertrag	Vertrag zur Einrichtung des Europäischen Stabilitätsmechanismus zwischen dem Königreich Belgien, der Bundesrepublik Deutschland, der Republik Estland, Irland, der Hellenischen Republik, dem Königreich Spanien, der Französischen Republik, der Italienischen Republik, der Republik Zypern, dem Großherzogtum Luxemburg, Malta, dem Königreich der Niederlande, der Republik Österreich, der Portugiesischen Republik, der Republik Slowenien, der Slowakischen Republik und der Republik Finnland
EStAL	European State Aid Law Quarterly (Zeitschrift)
EStG	Einkommensteuergesetz
etc	et cetera
EU	Europäische Union, entstanden durch den Vertrag von Lissabon zur Änderung des Vertrages über die Europäische Union und des Vertrages zur Gründung der Europäischen Gemeinschaft (ABl. 2007 C 306, 1), zuletzt bekanntgemacht durch Abdruck der konsolidierten Textfassung im ABl. 2010 C 83, 1 und ABl. 2010 C 84, 1

Abkürzungs- und Literaturverzeichnis

EU-Berufsanerkennungs-richtlinie	Richtlinie 2005/36/EG des europäischen Parlaments und des Rates vom 7.9.2005 über die Anerkennung von Berufsqualifikationen
EuG	Europäisches Gericht Erster Instanz
EuGH	Gerichtshof der Europäischen Union
EuGHE	Entscheidungen des Gerichtshofes der Europäischen Gemeinschaften
EUK	Europa kompakt (Zeitschrift)
EU-Kom.	Europäische Kommission
EU-Kom. Wettbewerbsbericht	Bericht über die Wettbewerbspolitik durch die Europäische Kommission
EU-KonzessionsvergabeRL	s. RL 2014/23/EU
EuMeSat	Europäische Organisation für die Nutzung meteorologischer Satelliten
EU-Öffentliche-AuftragsvergabeRL	s. RL 2014/24/EU
EUR	Euro
EuR	Europarecht (Zeitschrift)
Euratom	Europäische Atomgemeinschaft
EUV	Vertrag über die Europäische Union vom 9.5.2008
EuVR	Europäisches Vergaberecht (Zeitschrift), ab 2001: Zeitschrift für das gesamte Vergaberecht (s. VR)
EUVRL	s. Sektoren-RL 2004
EuYB	European Yearbook (Zeitschrift)
EuZW	Europäische Zeitschrift für Wirtschaftsrecht (Zeitschrift)
eV	eingetragener Verein
evtl.	eventuell
EVU	Elektrizitätsversorgungsunternehmen
EW	Elektrizitätswirtschaft (Zeitschrift)
EWG	Europäische Wirtschaftsgemeinschaft
EWGV	Vertrag zur Gründung der Europäischen Wirtschaftsgemeinschaft vom 25.3.1957
EWiR	Entscheidungen zum Wirtschaftsrecht (Zeitschrift)
EWR	Europäischer Wirtschaftsraum
EWS	Europäisches Wirtschafts- und Steuerrecht (Zeitschrift)
Eyermann	Eyermann, Verwaltungsgerichtsordnung: VwGO, Kommentar, 15. Aufl. 2019
EZB	Europäische Zentralbank
EZBK	Ernst/Zinkahn/Bielenberg/Krautzberger, Baugesetzbuch: BauGB, Kommentar, 140. Aufl. 2020
EzEG-VergabeR	Fischer/Noch/Münkemüller, VergabE, Entscheidungssammlung, 1. Aufl. 2002
f.	folgend
Fabry/Meininger/Kayser VergabeR	Fabry/Meininger/Kayser, Vergaberecht in der Unternehmenspraxis, Handbuch, 2. Aufl. 2013
FAO	Ernährungs- und Landwirtschaftsorganisation der Vereinten Nationen
FAZ	Frankfurter Allgemeine Zeitung
Ferber Bieterstrategien VergabeR	Ferber, Bieterstrategien im Vergaberecht, Handbuch, 1. Aufl. 2014
Ferber Praxisratgeber VergabeR	Ferber, Fristen im Vergabeverfahren, Ratgeber, 4. Aufl. 2017
FernmAG	Fernmeldeanlagengesetz
ff.	fortfolgende
FFV	Verordnung über die Förderung von Frauen und die Vereinbarkeit von Beruf und Familie bei der Vergabe öffentlicher Aufträge (Frauenförderverordnung)
FGO	Finanzgerichtsordnung
Finanzmarkt-RL 2004/39/EG	Richtlinie 2004/39/EG des Europäischen Parlaments und des Rates vom 21.4.2004 über Märkte für Finanzinstrumente, zur Änderung der Richtlinien 85/611/EWG und 93/6/EWG des Rates und der Richtlinie 2000/12/EG des Europäischen Parlaments und des Rates und zur Aufhebung der Richtlinie 93/22/EWG des Rates
FIW	Forschungsinstitut für Wirtschaftsverfassung und Wettbewerb eV, Köln
FIW-Schriftenreihe	Schriftenreihe des Forschungsinstituts für Wirtschaftsverfassung und Wettbewerb eV, Köln
FK-KartellR	Jaeger/Kokott/Pohlmann/Schroeder, Frankfurter Kommentar zum Kartellrecht, Kommentar, 99. Aufl. 2021
FKVO	Verordnung (EG) Nr. 139/2004 des Rates vom 20.1.2004 über die Kontrolle von Unternehmenszusammenschlüssen („EG-Fusionskontrollverordnung")

Abkürzungs- und Literaturverzeichnis

FKVO aF	Fusionskontrollverordnung alte Fassung: Verordnung (EWG) Nr. 4064/89 des Rates vom 21.12.1989 über die Kontrolle von Unternehmenszusammenschlüssen
Fn.	Fußnote
Forum Vergabe	Forum Vergabe eV, Berlin
forum vergabe monatsinfo	forum vergabe monatsinfo (Zeitschrift)
Franke/Kemper/Zanner/ Grünhagen/Mertens	Franke/Kemper/Zanner/Grünhagen/Mertens, VOB Kommentar: Bauvergaberecht, Bauvertragsrecht, Bauprozessrecht, Kommentar, 7. Aufl. 2020
franz.	französisch
Frenz EuropaR-HdB III	Frenz, Handbuch Europarecht, Band 3: Beihilfe- und Vergaberecht, Lehrbuch, 1. Aufl. 2007
FS	Festschrift
FS Marx, 2013	Prieß/Lau/Kratzenberg, Wettbewerb – Transparenz – Gleichbehandlung 15 Jahre GWB-Vergaberecht – Festschrift für Fridhelm Marx 2013, Festschrift, 1. Aufl. 2013
FuE/F&E	Forschung und Entwicklung
FuE-GVO	Verordnung (EU) Nr. 1217/2010 der Kommission vom 14.12.2010 über die Anwendung von Artikel 101 Absatz 3 des Vertrags über die Arbeitsweise der Europäischen Union auf bestimmte Gruppen von Vereinbarungen über Forschung und Entwicklung
FuE-GVO aF	Verordnung (EG) Nr. 2659/2000 der Kommission vom 29.11.2000 über die Anwendung von Artikel 81 Absatz 3 des Vertrages auf Gruppen von Vereinbarungen über Forschung und Entwicklung
FVG	Gesetz über die Finanzverwaltung (Finanzverwaltungsgesetz)
G	Gesetz
GA	Generalanwalt
Gabriel/Krohn/Neun VergabeR-HdB	Gabriel/Krohn/Neun, Handbuch Vergaberecht, Handbuch, 3. Aufl. 2021
GAP	Gemeinsame Agrarpolitik
GASP	Gemeinsame Außen- und Sicherheitspolitik
GATS	General Agreement on Trade in Services (Allgemeines Übereinkommen über den Handel mit Dienstleistungen)
GATT	Allgemeines Zoll- und Handelsabkommen
GBl.	Gesetzblatt
GbR	Gesellschaft bürgerlichen Rechts
GD	Generaldirektion
Geheimnisschutz-RL	Richtlinie (EU) 2016/943 des Europäischen Parlaments und des Rates vom 8.6.2016 über den Schutz vertraulichen Know-hows und vertraulicher Geschäftsinformationen (Geschäftsgeheimnisse) vor rechtswidrigem Erwerb sowie rechtswidriger Nutzung und Offenlegung
Geiger/Khan/Kotzur	Geiger/Khan/Kotzur, EUV/AEUV, Kommentar, 6. Aufl. 2017
gem.	gemäß
Gemeinschaftsrahmen „F&E&I-Beihilfen"	Mitteilung der Kommission – Gemeinschaftsrahmen für staatliche Beihilfen für Forschung, Entwicklung und Innovation
GemHVO	Gemeindehaushaltsverordnung
GemS	Gemeinsamer Senat
GeschGehG	Gesetz zum Schutz von Geschäftsgeheimnissen
GesR	Gesundheitsrecht, Zeitschrift für Arztrecht, Krankenhausrecht, Apotheken- und Arzneimittelrecht (Zeitschrift)
GewArch	Gewerbearchiv (Zeitschrift)
GewO	Gewerbeordnung
GFE-DAWI	Entscheidung der Kommission vom 28.11.2005 über die Anwendung von Artikel 86 Absatz 2 EG-Vertrag auf staatliche Beihilfen, die bestimmten mit der Erbringung von Dienstleistungen von allgemeinem wirtschaftlichem Interesse betrauten Unternehmen als Ausgleich gewährt werden
GG	Grundgesetz für die Bundesrepublik Deutschland
ggf.	gegebenenfalls
ggü.	gegenüber
GKG	Gerichtskostengesetz
GK-KartellR	Müller-Henneberg/Schwartz/Hootz, Gesetz gegen Wettbewerbsbeschränkungen und Europäisches Kartellrecht, Kommentar, 5. Aufl. 1999
GlüStV	Staatsvertrag zum Glücksspielwesen in Deutschland (Glücksspielstaatsvertrag)
GmbHG	Gesetz betreffend die Gesellschaften mit beschränkter Haftung
GMBl.	Gemeinsames Ministerialblatt

XXXIII

Abkürzungs- und Literaturverzeichnis

GMP	Garantierte-Maximal-Preis
GmS-OGB	Gemeinsamer Senat der obersten Gerichtshöfe des Bundes
GO	Geschäftsordnung
Goede/Stoye/Stolz VergabeR-HdB	Goede/Stoye/Stolz, Handbuch des Vergaberechts, 2. Aufl. 2021
Göhler	Göhler, Gesetz über Ordnungswidrigkeiten: OWiG, Kommentar, 18. Aufl. 2021
GP	Gesetzgebungsperiode
GPA	Agreement on Government Procurement
GPC	Government Procurement Code
Grabitz/Hilf/Nettesheim	Grabitz/Hilf/Nettesheim, Das Recht der Europäischen Union, Kommentar, 71. Aufl. 2020
Graf-Schlicker	Graf-Schlicker, InsO, Kommentar, 5. Aufl. 2020
GRCh	Charta der Grundrechte der Europäischen Union
grdl.	grundlegend
grds.	grundsätzlich
Greb/Müller	Greb/Müller, Kommentar zum Sektorenvergaberecht, Kommentar, 2. Aufl. 2017
GrS	Großer Senat
Gruber/Gruber/Sachs EurVergabeR	Gruber/Gruber/Sachs, Europäisches Vergaberecht, Monografie, 1. Aufl. 2005
Grünbuch Partnerschaften	Grünbuch zu öffentlich-privaten Partnerschaften und den gemeinschaftlichen Rechtsvorschriften für öffentliche Aufträge und Konzessionen vom 30.4.2004
Grünbuch Verteidigungsgüter	Grünbuch Beschaffung von Verteidigungsgütern vom 23.9.2004
GRUR	Gewerblicher Rechtsschutz und Urheberrecht (Zeitschrift)
GRUR-Int	Gewerblicher Rechtsschutz und Urheberrecht – International
GU	Gemeinschaftsunternehmen
GüKG	Güterkraftverkehrsgesetz
GVBl.	Gesetz- und Verordnungsblatt
GVG	Gerichtsverfassungsgesetz
GVO	s. AGVO
GVO 651/2014	s. AGVO
GWB	Gesetz gegen Wettbewerbsbeschränkungen
GYIL	German Yearbook of International Law (Zeitschrift)
Hailbronner/Klein/Magiera/Müller-Graff	Hailbronner/Klein/Magiera/Müller-Graff, Handkommentar zum EU-Vertrag, Kommentar, 1. Aufl. 1998
Halbbd.	Halbband
Hancher/Ottervanger/Slot EU State Aids	Hancher/Ottervanger/Slot, EU State Aids, Handbuch, 4. Aufl. 2012
Hänsel/Grosse Vergabe	Hänsel/Grosse, Vergabe von Architekten- und Ingenieurleistungen, Handbuch, 2. Aufl. 2012
Haratsch/Koenig/Pechstein EuropaR	Haratsch/Koenig/Pechstein, Europarecht, Lehrbuch, 12. Aufl. 2020
Hattig/Maibaum	Hattig/Maibaum, Praxiskommentar Kartellvergaberecht, Kommentar, 2. Aufl. 2014
HdB	Handbuch
HdBStR III	s. Isensee/Kirchhof StaatsR-HdB
Heidenhain EU-BeihilfenR-HdB	Heidenhain, Handbuch des Europäischen Beihilfenrechts, Handbuch, 1. Aufl. 2003
Heidenhain European State Aid Law	Heidenhain, European State Aid Law, Kommentar, 1. Aufl. 2010
Heiermann/Riedl/Rusam	Heiermann/Riedl/Rusam, Handkommentar zur VOB, Kommentar, 14. Aufl. 2017
Heinze/Fehling/Fiedler	Heinze/Fehling/Fiedler, Personenbeförderungsgesetz, Kommentar, 2. Aufl. 2014
Hertwig Öff. Auftragsvergabe	Hertwig, Praxis der öffentlichen Auftragsvergabe, Monografie, 6. Aufl. 2016; 7. Aufl. s. Hertwig VergabeR
Hertwig VergabeR	Hertwig, Praxis des Vergaberechts, Monografie, 7. Aufl. 2021; 6. Aufl. s. Hertwig Öff. Auftragsvergabe
Hettich/Soudry VergabeR	Hettich/Soudry, Das neue Vergaberecht, Monografie, 1. Aufl. 2014
HGB	Handelsgesetzbuch
HGrG	Gesetz über die Grundsätze des Haushaltsrechts des Bundes und der Länder (Haushaltsgrundsätzegesetz)

Abkürzungs- und Literaturverzeichnis

HHKW	Heuvels/Höß/Kuß/Wagner, Vergaberecht: Gesamtkommentar zum Recht der öffentlichen Auftragsvergabe (GWB 4. Teil: VgV, KonzVgV, SektVO, VSVgV, VO(EG)1370/2007, VOB/A, VOL/A), Kommentar, 1. Aufl. 2012
HK-InsO	s. Kayser/Thole
HK-VergabeR	Pünder/Schellenberg, Vergaberecht, Kommentar, 3. Aufl. 2019
hL	herrschende Lehre
hM	herrschende Meinung
HmbVgG	Hamburgisches Vergabegesetz
HOAI	Verordnung über die Honorare für Architekten- und Ingenieurleistungen (Honorarordnung für Architekten und Ingenieure)
Höfler/Bayer BauVergabeR-HdB	Höfler/Bayer, Praxishandbuch Bauvergaberecht, Handbuch, 3. Aufl. 2012
Holoubek/Fuchs/Holzinger VergabeR	Holoubek/Fuchs/Holzinger, Vergaberecht, Lehrbuch, 5. Aufl. 2018
Hölzer VergabeR	Hölzer, Vergaberecht im Verteidigungs- und Sicherheitsbereich der Europäischen Union, Monografie, 1. Aufl. 2017
HRR	Höchstrichterliche Rechtsprechung
Hrsg., hrsg.	Herausgeber, herausgegeben
Hs.	Halbsatz
Hüffer/Koch	Hüffer/Koch, Aktiengesetz, Kommentar, 15. Aufl. 2021
HVTG	Hessisches Vergabe- und Tariftreuegesetz
HwO	Gesetz zur Ordnung des Handwerks (Handwerksordnung)
ICLQ	International Comparative Law Quarterly (Zeitschrift)
idB	in der Bekanntmachung
idF	in der Fassung
idR	in der Regel
idS	in diesem Sinne
iE	im Einzelnen
iErg	im Ergebnis
ieS	im engeren Sinne
IHK	Industrie- und Handelskammer
ILA	International Law Association
Immenga/Mestmäcker	Immenga/Mestmäcker, Wettbewerbsrecht, Kommentar, Band 4: VergabeR, 6. Aufl. 2021, Bd. 1–3, 5, 6. Aufl. 2019 ff.
Ingenstau/Korbion	Ingenstau/Korbion, VOB Teile A und B, Kommentar, 21. Aufl. 2019
inkl.	inklusive
insbes.	insbesondere
InsO	Insolvenzordnung
IntHK	Internationale Handelskammer
IP	Pressemitteilung der EU
iRd	im Rahmen der/des
iS	im Sinne
iSd	im Sinne der/des
Isensee/Kirchhof StaatsR-HdB	Isensee/Kirchhof, Handbuch des Staatsrechts der Bundesrepublik Deutschland, Handbuch, Band 1, 2, 3, 4, 5, 6, 7, 8, 9, 10, 11, 12, 3. Aufl. 2003 ff.
ITBR	IT-Rechtsberater (Zeitschrift)
iÜ	im Übrigen
iVm	in Verbindung mit
IWF	Internationaler Währungsfond
iwS	im weiteren Sinne
iZw	im Zweifel
JA	Juristische Arbeitsblätter (Zeitschrift)
Jarass/Pieroth	Jarass/Pieroth, Grundgesetz für die Bundesrepublik Deutschland: GG, Kommentar, 16. Aufl. 2020
Jb.	Jahrbuch
JBl	Juristische Blätter (Zeitschrift)
Jg.	Jahrgang
JMBl.	Justizministerialblatt
JR	Juristische Rundschau (Zeitschrift)
jur.	juristisch
Jura	Juristische Ausbildung (Zeitschrift)
jurisPK-BGB	Herberger/Martinek/Rüßmann/Weth/Würdinger, juris PraxisKommentar BGB, Kommentar, Band 1, 2, 3, 4, 5, 6, 9. Aufl. 2020

Abkürzungs- und Literaturverzeichnis

jurisPK-VergabeR	Heiermann/Summa/Zeiss, juris PraxisKommentar Vergaberecht, Kommentar, 5. Aufl. 2016
JuS	Juristische Schulung (Zeitschrift)
JW	Juristische Wochenschrift (Zeitschrift)
JZ	Juristenzeitung (Zeitschrift)
K. Schmidt GesR	Schmidt, Gesellschaftsrecht, Unternehmensrecht II, Kommentar, 4. Aufl. 2002
KAG	Kommanditaktiengesellschaft
Kap.	Kapitel
Kapellmann/Messerschmidt	Kapellmann/Messerschmidt, VOB Teile A und B, Kommentar, 7. Aufl. 2020
KartB	Kartellbehörde
Kartellbericht	Bericht der Bundesregierung über die Änderung des GWB (BT-Drs. IV/617)
KartellR	Kartellrecht
KAV	Verordnung über Konzessionsabgaben für Strom und Gas (Konzessionsabgabenverordnung)
Kayser/Thole	Kayser/Thole, Insolvenzordnung, Kommentar, 10. Aufl. 2020
KG	Kammergericht (Berlin), Kommanditgesellschaft
KGaA	Kommanditgesellschaft auf Aktien
KKMPP	Kulartz/Kus/Marx/Portz/Prieß, Kommentar zur VgV, Kommentar, 1. Aufl. 2016
KK-OWiG	Mitsch, Karlsruher Kommentar zum Gesetz über Ordnungswidrigkeiten: OWiG, Kommentar, 5. Aufl. 2018
KKP GWB	Kulartz/Kus/Portz, Kommentar zum GWB-Vergaberecht, Kommentar, 3. Aufl. 2014 (5. Aufl. s. RKPP)
KKPP GWB	Kulartz/Kus/Portz/Prieß, Kommentar zum GWB-Vergaberecht, Kommentar, 4. Aufl. 2016 (5. Aufl. s. RKPP)
KKRD	Koller/Kindler/Roth/Drüen, HGB, Kommentar, 9. Aufl. 2019
Kl.	Kläger
Kling/Thomas KartellR	Kling/Thomas, Kartellrecht, Lehrbuch, 2. Aufl. 2016
KLPP	Kaufmann/Lübbig/Prieß/Pünder, VO (EG) 1370/2007 – Verordnung über öffentliche Personenverkehrsdienste, Kommentar, 1. Aufl. 2010 (2. Aufl. s. Linke)
KMPP	Kulartz/Marx/Portz/Prieß, Kommentar zur VOB/A, Kommentar, 2. Aufl. 2014
KMPP VOL/A	Kulartz/Marx/Portz/Prieß, Kommentar zur VOL/A, Kommentar, 3. Aufl. 2013
KMU	Kleine und mittlere Unternehmen
Knack/Henneke	Knack/Henneke, Verwaltungsverfahrensgesetz: VwVfG, Kommentar, 11. Aufl. 2019
Knauff ÖPNV	Knauff, Bestellung von Verkehrsleistungen im ÖPNV, Monografie, 1. Aufl. 2018
Koenig/Kühling/Ritter EG-BeihilfenR-HdB	Koenig/Kühling/Ritter, EG-Beihilfenrecht, Handbuch, 2. Aufl. 2005
Koenig/Roth/Schön EG-BeihilfenR	Koenig/Roth/Schön, Aktuelle Fragen des EG-Beihilfenrechts, Monografie, 1. Aufl. 2001
Köhler/Bornkamm/Feddersen	Köhler/Bornkamm/Feddersen, UWG, Kommentar, 39. Aufl. 2021
Kölner Komm KartellR	Busche/Röhling, Kölner Kommentar zum Kartellrecht (Kölner Komm KartellR), Kommentar, Band 1, 2, 3, 4, 1. Aufl. 2012 ff.
Kom.	Kommission
Kom. Dok.	Kommissionsdokument
Kom., Bekanntmachung Durchsetzung	Bekanntmachung der Kommission über die Durchsetzung des Beihilfenrechts durch die einzelstaatlichen Gerichte
Kom., Bekanntmachung Konzentration/Kooperation	Bekanntmachung der Kommission über Konzentrations- und Kooperationstatbestände nach der Verordnung (EWG) Nr. 4064/89 des Rates vom 21.12.1989 über die Kontrolle von Unternehmenszusammenschlüssen
Kom., Bekanntmachung Post	Bekanntmachung der Kommission über die Anwendung der Wettbewerbsregeln auf den Postsektor und über die Beurteilung bestimmter staatlicher Maßnahmen betreffend Postdienste
Kom., Bekanntmachung Rückforderung	Bekanntmachung der Kommission über Rechtswidrige und mit dem Gemeinsamen Markt unvereinbare staatliche Beihilfen: Gewährleistung der Umsetzung von Rückforderungsentscheidungen der Kommission in den Mitgliedstaaten
Kom., Leitfaden Verfahren	Europäischer Leitfaden für bewährte Verfahren (Code of Best Practice) zur Erleichterung des Zugangs kleiner und mittlerer Unternehmen (KMU) zu öffentlichen Aufträgen

Abkürzungs- und Literaturverzeichnis

Kom., Leitlinien Breitbandausbau 2009	Leitlinien der Gemeinschaft für die Anwendung der Vorschriften über staatliche Beihilfen im Zusammenhang mit dem schnellen Breitbandausbau
Kom., Leitlinien Breitbandausbau 2013	Leitlinien der EU für die Anwendung der Vorschriften über staatliche Beihilfen im Zusammenhang mit dem schnellen Breitbandausbau
Kom., Leitlinien Risikokapitalbeihilfen	Leitlinien der Gemeinschaft für staatliche Beihilfen zur Förderung von Risikokapitalinvestitionen in kleine und mittlere Unternehmen
Kom., Leitlinien Umstrukturierung	Mitteilung der Kommission – Leitlinien der Gemeinschaft für staatliche Beihilfen zur Rettung und Umstrukturierung von Unternehmen in Schwierigkeiten
Kom., Mitteilung Analysemethode	Mitteilung der Kommission über die Methode für die Analyse staatlicher Beihilfen in Verbindung mit verlorenen Kosten, abrufbar unter http://ec.europa.eu/competition/state_aid/legislation/stranded_costs_de.pdf
Kom., Mitteilung Auslegung Konzessionen	Mitteilung der Kommission zu Auslegungsfragen im Bereich Konzessionen im Gemeinschaftsrecht
Kom., Mitteilung Auslegung Vergaberecht	Mitteilung der Kommission über die Auslegung des gemeinschaftlichen Vergaberechts und die Möglichkeiten zur Berücksichtigung sozialer Belange bei der Vergabe öffentlicher Aufträge
Kom., Mitteilung Auslegungsfragen Artikel 296	Mitteilung zu Auslegungsfragen bezüglich der Anwendung des Artikels 296 des Vertrags zur Gründung der Europäischen Gemeinschaft (EGV) auf die Beschaffung von Verteidigungsgütern
Kom., Mitteilung Auslegungsfragen IÖPP	Mitteilung der Kommission zu Auslegungsfragen in Bezug auf die Anwendung der gemeinschaftlichen Rechtsvorschriften für öffentliche Aufträge und Konzessionen auf institutionalisierte Öffentlich Private Partnerschaften (IÖPP)
Kom., Mitteilung Filmwirtschaft	Mitteilung der Kommission vom 26.9.2001 zu bestimmten Rechtsfragen im Zusammenhang mit Kinofilmen und anderen audiovisuellen Werken, zuletzt bis 31.12.2012 verlängert durch Mitteilung der Kommission über die Kriterien zur Beurteilung der Vereinbarkeit staatlicher Beihilfen in der Mitteilung zur Filmwirtschaft
Kom., Mitteilung Flughäfen	Mitteilung der Kommission Gemeinschaftliche Leitlinien für die Finanzierung von Flughäfen und die Gewährung staatlicher Anlaufbeihilfen für Luftfahrtunternehmen auf Regionalflughäfen
Kom., Mitteilung Geltungsdauer Schiffbau	Mitteilung der Kommission betreffend die Verlängerung der Geltungsdauer der Rahmenbestimmungen über staatliche Beihilfen an den Schiffbau
Kom., Mitteilung Gemeinschaftsrahmen Beihilfen	Mitteilung der Kommission – Vorübergehender Gemeinschaftsrahmen für staatliche Beihilfen zur Erleichterung des Zugangs zu Finanzierungsmitteln in der gegenwärtigen Finanz- und Wirtschaftskrise
Kom., Mitteilung Impaired Asset	Mitteilung der Kommission über die Behandlung wertgeminderter Aktiva im Bankensektor der Gemeinschaft
Kom., Mitteilung Konzessionen	Mitteilung der Kommission zu Auslegungsfragen im Bereich Konzessionen im Gemeinschaftsrecht
Kom., Mitteilung Rekapitalisierung	Mitteilung der Kommission – Die Rekapitalisierung von Finanzinstituten in der derzeitigen Finanzkrise: Beschränkung der Hilfe auf das erforderliche Minimum und Vorkehrungen gegen unverhältnismäßige Wettbewerbsverzerrungen
Kom., Mitteilung Schiffsbau	Rahmenbestimmungen über staatliche Beihilfen für den Schiffsbau
Kom., Mitteilung Seilbahn	Mitteilung der Kommission an die übrigen Mitgliedstaaten und anderen Beteiligten zur staatlichen Beihilfe N 376/01 – „Beihilfenregelung zugunsten von Seilbahnen" – Genehmigung staatlicher Beihilfen gemäß den Artikeln 87 und 88 EG-Vertrag

Abkürzungs- und Literaturverzeichnis

Kom., Mitteilung Umstrukturierung	Mitteilung der Kommission über die Wiederherstellung der Rentabilität und die Bewertung von Umstrukturierungsmaßnahmen im Finanzsektor der derzeitigen Krise gemäß den Beihilfevorschriften
Kom., Mitteilung Unterschwellenvergabe	Mitteilung der Kommission zu Auslegungsfragen in Bezug auf das Gemeinschaftsrecht, das für die Vergabe öffentlicher Aufträge gilt, die nicht oder nur teilweise unter die Vergaberichtlinien fallen
Kom., Mitteilung Verlängerung Schiffbau	Mitteilung der Kommission betreffend die Verlängerung der Geltungsdauer der Rahmenbestimmungen für Beihilfen an den Schiffbau
Komm.	Kommentar
KonzVgV	Verordnung über die Vergabe von Konzessionen (Konzessionsvergabeverordnung)
Kopp/Ramsauer	Kopp/Ramsauer, Verwaltungsverfahrensgesetz, Kommentar, 21. Aufl. 2020
Kopp/Schenke	Kopp/Schenke, Verwaltungsgerichtsordnung: VwGO, Kommentar, 26. Aufl. 2020
KostRMoG	Zweites Gesetz zur Modernisierung des Kostenrechts
Krenberger/Krumm	Krenberger/Krumm, OWiG, Kommentar, 6. Aufl. 2020
krit.	kritisch
KritJ	Kritische Justiz (Zeitschrift)
KrWG	Gesetz zur Förderung der Kreislaufwirtschaft und Sicherung der umweltverträglichen Bewirtschaftung von Abfällen (Kreislaufwirtschaftsgesetz)
KS	EGKS-Vertrag in der nach dem 1.5.1999 geltenden Fassung
KSZE	Konferenz über Sicherheit und Zusammenarbeit in Europa
KVR	s. RL 2014/23/EU
L	Landes-
LAG	Landesarbeitsgericht
Lampe-Helbig/Jagenburg/Baldringer Bauvergabe-HdB	Lampe-Helbig/Jagenburg/Baldringer, Handbuch der Bauvergabe, Handbuch, 3. Aufl. 2014
Langen/Bunte	Langen/Bunte, Kartellrecht, Kommentar, Band 1, 2, 13. Aufl. 2018
Leinemann Vergabe öff. Aufträge	Leinemann, Die Vergabe öffentlicher Aufträge, Handbuch, 7. Aufl. 2020
Leinemann VergabeR	Leinemann, Das neue Vergaberecht, Kommentar, 2. Aufl. 2010
Leinemann/Kirch VSVgV	Leinemann/Kirch, VSVgV Vergabeverordnung Verteidigung und Sicherheit, Kommentar, 1. Aufl. 2013
Leinemann/Kues	Leinemann/Kues, BGB-Bauvertragsrecht, Kommentar, 1. Aufl. 2018
Leippe/Habich EU-BeihilfeR	Leippe/Habich, EU-Beihilferecht in der kommunalen Praxis, Handbuch, 4. Aufl. 2020
Lenz EG-HdB	Lenz, EG-Handbuch – Recht im Binnenmarkt, Handbuch, 2. Aufl. 1994
Lenz/Borchardt	Lenz/Borchardt, EU-Verträge Kommentar – EUV, AEUV, GRCh, Kommentar, 6. Aufl. 2012
Lfg.	Lieferung
LG	Landgericht (mit Ortsnamen)
LHO	Landeshaushaltsordnung
li. Sp.	linke Spalte
LIEI	Legal Issues of Economic Integration (Zeitschrift)
Linke	Linke, VO (EG) 1370/2007, Kommentar, 2. Aufl. 2019 (1. Aufl. s. KKLP)
lit.	litera, Buchstabe
Lit.	Literatur
LKartB	Landeskartellbehörde/n
LKR	s. RL 93/36/EWG
LKV	Landes- und Kommunalrecht (Zeitschrift)
LMRKM	Loewenheim/Meessen/Riesenkampff/Kersting/Meyer-Lindemann, Kartellrecht, Kommentar, 4. Aufl. 2020
Losebl.	Loseblattausgabe
LPG	Landespressegesetz
Ls.	Leitsatz
LSP	Leitsätze für die Preisermittlung auf Grund von Selbstkosten (Anl. zu VO PR Nr. 30/53)
lt.	laut
Lübbig/Martin-Ehlers EU-BeihilfenR	Lübbig/Martin-Ehlers, Beihilfenrecht der EU, Monografie, 2. Aufl. 2009
LuftSiG	Luftsicherheitsgesetz

Abkürzungs- und Literaturverzeichnis

Luftverkehrsdienste-VO	Verordnung (EG) Nr. 1008/2008 des Europäischen Parlaments und des Rates vom 24.9.2008 über gemeinsame Vorschriften für die Durchführung von Luftverkehrsdiensten in der Gemeinschaft
LVG LSA	Gesetz über die Vergabe öffentlicher Aufträge in Sachsen-Anhalt (Landesvergabegesetz)
Maunz/Dürig	Maunz/Dürig, Grundgesetz-Kommentar, Kommentar, 93. Aufl. 2020
Maurer/Waldhoff AllgVerwR	Maurer/Waldhoff, Allgemeines Verwaltungsrecht, Lehrbuch, 20. Aufl. 2020
maW	mit anderen Worten
Mayer/Stöger	Mayer/Stöger, Kommentar zu EUV und AEUV, Kommentar, 1. Aufl. 2016
MBl.	Ministerialblatt
MDR	Monatsschrift für Deutsches Recht (Zeitschrift)
mE	meines Erachtens
Messerschmidt/Voit	Messerschmidt/Voit, Privates Baurecht, Kommentar, 3. Aufl. 2018
Mestmäcker/Schweitzer EuWettbR	Mestmäcker/Schweitzer, Europäisches Wettbewerbsrecht, Lehrbuch, 3. Aufl. 2014
Meyer-Goßner/Schmitt	Meyer-Goßner/Schmitt, Strafprozessordnung: StPO, Kommentar, 64. Aufl. 2021
MHdB GesR I	Gummert/Weipert, Münchener Handbuch des Gesellschaftsrechts, Band 1: BGB-Gesellschaft, Offene Handelsgesellschaft, Partnerschaftsgesellschaft, Partenreederei, EWIV, Handbuch, 5. Aufl. 2019
MHdB GesR II	Gummert/Weipert, Münchener Handbuch des Gesellschaftsrechts, Band 2: Kommanditgesellschaft, GmbH & Co. KG, Publikums-KG, Stille Gesellschaft, Handbuch, 5. Aufl. 2019
MHdB GesR III	Priester/Mayer/Wicke, Münchener Handbuch des Gesellschaftsrechts, Band 3: Gesellschaft mit beschränkter Haftung, Handbuch, 5. Aufl. 2018
MHdB GesR IV	Hoffmann-Becking, Münchener Handbuch des Gesellschaftsrechts, Band 4: Aktiengesellschaft, Handbuch, 5. Aufl. 2020
MHdB GesR V	Beuthien/Gummert/Schöpflin, Münchener Handbuch des Gesellschaftsrechts, Band 5: Verein, Stiftung bürgerlichen Rechts, Handbuch, 5. Aufl. 2021
MHdB GesR VI	Leible/Reichert, Münchener Handbuch des Gesellschaftsrechts, Internationales Gesellschaftsrecht, Grenzüberschreitende Umwandlungen, Band 6: Internationales Gesellschaftsrecht, Grenzüberschreitende Umwandlungen, Handbuch, 4. Aufl. 2013
Michaelis EU-BeihilfeR	Michaelis, Das EU-Beihilferecht, Monografie, 1. Aufl. 2011
Michaelis/Rhösa	Michaelis/Rhösa, Preisbildung bei öffentlichen Aufträgen, Kommentar, 109. Aufl. 2020
MiFID	s. Finanzmarkt-RL 2004/39/EG
MinBl.	Ministerialblatt
Mio.	Million(en)
Mitt.	Mitteilung(en)
MJ	Maastricht Journal of European and Comparative Law (Zeitschrift)
MK	Monopolkommission
Möschel Wettbewerbsbeschränkungen	Möschel, Recht der Wettbewerbsbeschränkungen, Monografie, 1. Aufl. 1983
Mrd.	Milliarde
MSR-2002	Multisektoraler Regionalbeihilferahmen 2002
MüKoAktG	Goette/Habersack/Kalss, Münchener Kommentar zum Aktiengesetz: AktG, Kommentar, Band 1, 2, 4, 5, 7, 5. Aufl. 2017 ff.
MüKoBGB	Säcker/Rixecker/Oetker/Limperg, Münchener Kommentar zum Bürgerlichen Gesetzbuch: BGB, Kommentar, Band 1, 2, 3, 4, 5, 6, 7, 8, 8a, 9, 10, 11, 12, 13, 8. Aufl. 2018 ff.
MüKoHGB	Drescher/Fleischer/K. Schmidt, Münchener Kommentar zum Handelsgesetzbuch: HGB, Kommentar, Band 1, 5, 5. Aufl. 2021; K. Schmidt, Münchener Kommentar zum Handelsgesetzbuch: HGB, Kommentar, Band 2, 3, 4, 6, 7, 4. Aufl. 2016 ff.
MüKoStPO	Knauer/Kudlich/Schneider, Münchener Kommentar zur Strafprozessordnung: StPO, Kommentar, Band 1, 2, 3/1, 3/2, 1. Aufl. 2014 ff.
MüKoZPO	Krüger/Rauscher, Münchener Kommentar zur ZPO, Kommentar, Band 1, 2, 6. Aufl. 2020, Band 3, 5. 2016
Müller-Wrede GWB	Müller-Wrede, GWB – Vergaberecht, Kommentar, 1. Aufl. 2016
Müller-Wrede GWB VgV VOB/A 2016	Müller-Wrede, GWB, VgV und VOB/A 2016, Kommentar, 3. Aufl. 2016
Müller-Wrede Kompendium VergabeR	Müller-Wrede, Kompendium des Vergaberechts, Handbuch, 2. Aufl. 2013
Müller-Wrede SektVO	Müller-Wrede, SektVO, Kommentar, 2. Aufl. 2018
Müller-Wrede VgV/UVgO	Müller-Wrede, VgV/UVgO, Kommentar, 1. Aufl. 2017
Müller-Wrede VOF	Müller-Wrede, Kommetar zur VOF, Kommentar, 5. Aufl. 2014

Abkürzungs- und Literaturverzeichnis

Müller-Wrede VOL/A ..	Müller-Wrede, Vergabe- und Vertragsordnung für Leistungen – VOL/A, Kommentar, 4. Aufl. 2014
Müller-Wrede/Braun	Müller-Wrede/Braun, KonzVgV, Kommentar, 1. Aufl. 2018
MuR	Medien und Recht (Zeitschrift)
Musielak/Voit	Musielak/Voit, Zivilprozessordnung: ZPO, Kommentar, 18. Aufl. 2021
mwN	mit weiteren Nachweisen
MwSt.	Mehrwertsteuer
mWv	mit Wirkung vom
N&R	Netzwirtschaften und Recht (Zeitschrift)
Nachw.	Nachweis
Nds. Rpfl.	Niedersächsische Rechtspflege (Zeitschrift)
nF	neue Fassung
NGO	Non-governmental Organization(s)
Nicklisch/Weick/Jansen/Seibel	Nicklisch/Weick/Jansen/Seibel, VOB/B – Vergabe- und Vertragsordnung für Bauleistungen Teil B, Kommentar, 5. Aufl. 2019
Niebuhr/Kulartz/Kus/Portz	Niebuhr/Kulartz/Kus/Portz, Kommentar zum Vergaberecht, Kommentar, 1. Aufl. 2000
NIMEXE	Warenverzeichnis für die Statistik des Außenhandels der Gemeinschaft und des Handels zwischen ihren Mitgliedstaaten
NJW	Neue Juristische Wochenschrift (Zeitschrift)
NJW-RR	NJW-Rechtsprechungs-Report, Zivilrecht (Zeitschrift)
NJW-WettbR	NJW-Entscheidungsdienst Wettbewerbsrecht (Zeitschrift)
NK-BGB	Dauner-Lieb/Langen, Bürgerliches Gesetzbuch: BGB, Band 2: Schuldrecht, Kommentar, 4. Aufl. 2021
NK-EnWG	Kment, Energiewirtschaftsgesetz, Kommentar, 2. Aufl. 2019
NK-EuWettbR	Schröter/Jakob/Klotz/Mederer, Europäisches Wettbewerbsrecht, Kommentar, 2. Aufl. 2014
NK-VwGO	Sodan/Ziekow, Verwaltungsgerichtsordnung, Kommentar, 5. Aufl. 2018
NK-VwVfG	Mann/Sennekamp/Uechtritz, Verwaltungsverfahrensgesetz, Kommentar, 2. Aufl. 2019
No.	Number
Noch e-Vergabe	Noch, e-Vergabe in der Praxis, Monografie, 1. Aufl. 2014
Noch VergabeR-HdB ...	Noch, Vergaberecht kompakt, Handbuch, 8. Aufl. 2019
NpV	Verordnung über das Nachprüfungsverfahren für öffentliche Aufträge
Nr.	Nummer(n)
NRW	Nordrhein-Westfalen
NTVergG	Niedersächsisches Gesetz zur Sicherung von Tariftreue und Wettbewerb bei der Vergabe öffentlicher Aufträge (Niedersächsisches Tariftreue- und Vergabegesetz)
nv	nicht veröffentlicht
NVersZ	Neue Zeitschrift für Versicherungsrecht
NVwZ	Neue Zeitschrift für Verwaltungsrecht
NVwZ-RR	NVwZ-Rechtsprechungs-Report (Zeitschrift)
NZA	Neue Zeitung für Arbeits- und Sozialrecht
NZBau	Neue Zeitschrift für Bau- und Vergaberecht
NZG	Neue Zeitschrift für Gesellschaftsrecht
NZS	Neue Zeitschrift für Sozialrecht
o.	oben
oa	oben angegeben
oÄ	oder Ähnliche(s)
ObG	Obergericht
OECD	Journal of Competition Law and Policy (Zeitschrift)
og	oben genannt
OGH	Oberster Gerichtshof (Österreich)
OHG	Offene Handelsgesellschaft
Öhler/Schramm	Öhler/Schramm, Vergaberecht, Kommentar, 5. Aufl. 2010
OLG	Oberlandesgericht
OLGR	OLG-Report (Zeitschrift)
OLGZ	Rechtsprechung der Oberlandesgerichte in Zivilsachen (Amtliche Entscheidungssammlung)
ÖPNV	öffentlicher Personennahverkehrs
ÖPNV/SPNV-VO	s. VO (EG) 1370/2007
Oppermann/Classen/Nettesheim EuropaR	Oppermann/Classen/Nettesheim, Europarecht, Lehrbuch, 9. Aufl. 2021

Abkürzungs- und Literaturverzeichnis

ORDO	Jahrbuch für die Ordnung von Wirtschaft und Gesellschaft (Zeitschrift)
OVG	Oberverwaltungsgericht
OWiG	Gesetz über Ordnungswidrigkeiten
p.	page
PA	Patentamt
Palandt	Palandt, Bürgerliches Gesetzbuch, Kommentar, 80. Aufl. 2021
PatentR	Patentrecht
PatG	Patentgesetz
PBefG	Personenbeförderungsgesetz
PersonenverkehrsVO	s. VO (EG) 1370/2007
Pöhlker/Lausen/Müller	Pöhlker/Lausen/Müller, Vergaberecht, Kommentar, 1. Aufl. 2011
PPLR	Public Procurement Law Review (Zeitschrift)
Prieß VergabeR-HdB	Prieß, Handbuch des europäischen Vergaberechts, Handbuch, 3. Aufl. 2005
Prieß/Niestedt Rechtsschutz-HdB	Prieß/Niestedt, Rechtsschutz im Vergaberecht, Handbuch, 1. Aufl. 2006
PrOVG	Preußisches Oberverwaltungsgericht
Quigley	Quigley, European State Aid Law and Policy, Kommentar, 3. Aufl. 2015
RA	Rechtsausschuss
RabelsZ	Rabels Zeitschrift für ausländisches und internationales Privatrecht
RAE	Revue des affaires européennes (Zeitschrift)
Rahmenbest. Schiffbau	Rahmenbestimmungen für Beihilfen an den Schiffbau (2003/ C 317, 6)
RdE	Recht der Energiewirtschaft, Recht der Elektrizitätswirtschaft (Zeitschrift)
RdL	Recht der Landwirtschaft (Zeitschrift)
re. Sp.	rechte Spalte
Recht	Das Recht (Zeitschrift)
Rechten/Röbke Basiswissen VergabeR	Rechten/Röbke, Basiswissen Vergaberecht, Lehrbuch, 3. Aufl. 2021
RefE	Referentenentwurf
RegBegr.	Regierungsbegründung
RegE	Regierungsentwurf
RegLL 1998	Regionalleitlinien 1998
Reidt/Stickler/Glahs	Reidt/Stickler/Glahs, Vergaberecht, Kommentar, 4. Aufl. 2017
resp.	respektive
Rev. crit. dr. internat.Privé	Revue critique de droit international privé (Zeitschrift)
Rev. MC	Revue de Marché Commun (Zeitschrift)
RG	Reichsgericht
RGBl.	Reichsgesetzblatt
RGRK-BGB	Mitglieder des Bundesgerichtshofes/RGRK, Das Bürgerliche Gesetzbuch mit besonderer Berücksichtigung der Rechtsprechung des Reichsgerichts und des Bundesgerichtshofes, Kommentar, Band 1, 1/1, 1/2, 2/1, 2/1, 2/2, 2/2, 2/3.1, 2/4, 2/5, 2/6, 3, 3/1, 3/2, 3/3, 4/1, 4/1, 4/2, 4/2, 4/3, 4/3, 4/4, 5/1, 5/1, 5/2, 6, 6/1, 6/2, 7, 12. Aufl. 1959 ff.
RGZ	Amtliche Sammlung von Entscheidungen des Reichsgerichts in Zivilsachen
RhPfLTTG	Landesgesetz zur Gewährleistung von Tariftreue und Mindestentgelt bei öffentlichen Auftragsvergaben (Landestariftreuegesetz)
RIE	Revista de instituciones europeos (Zeitschrift)
Risikoaktivamitt	s. Impaired-Asset-Mitt.
Rittner/Dreher Eur/DEU WirtschaftsR	Rittner/Dreher, Europäisches und deutsches Wirtschaftsrecht, Lehrbuch, 3. Aufl. 2008
Riv. dir. int.	Rivista di diritto internazionale (Zeitschrift)
RIW	Recht der internationalen Wirtschaft (Zeitschrift)
RKPP GWB	Röwekamp/Kus/Portz/Prieß, Kommentar zum GWB-Vergaberecht, Kommentar, 5. Aufl. 2020 (4. Aufl. s. KKPP, 3. Aufl. s. KKP)
rkr.	rechtskräftig
RL	Richtlinie(n)
RL 2001/23/EG	s. Betriebsübergangs-RL
RL 2004/17/EG	s. Sektoren-RL 2004
RL 2004/18/EG	s. Vergabe-RL 2004
RL 2004/39/EG	s. Finanzmarkt-RL 2004/39/EG
RL 2006/123/EG	s. Dienstleistungs-RL
RL 2009/43/EG	s. Verteidigungsgüter-RL
RL 2009/81/EG	s. Vergabe-RL Verteidigung und Sicherheit
RL 2010/13/EU	s. AVMD-RL

Abkürzungs- und Literaturverzeichnis

RL 2012/27/EU	s. Energieeffizienz-RL
RL 2012/34/EU	s. Eisenbahnraum-RL
RL 2014/23/EU	Richtlinie 2014/23/EU des Europäischen Parlaments und des Rates vom 26.2.2014 über die Konzessionsvergabe
RL 2014/24/EU	Richtlinie 2014/24/EU des Europäischen Parlaments und des Rates vom 26.2.2014 über die öffentliche Auftragsvergabe und zur Aufhebung der Richtlinie 2004/18/EG
RL 2014/25/EU	s. Sektoren-RL
RL 2016/943/EU	s. Geheimnisschutz-RL
RL 89/665/EWG	Richtlinie 89/665/EWG des Rates vom 21.12.1989 zur Koordinierung der Rechts- und Verwaltungsvorschriften für die Anwendung der Nachprüfungsverfahren im Rahmen der Vergabe öffentlicher Liefer- und Bauaufträge
RL 92/13/EWG	Richtlinie 92/13/EWG des Rates vom 25.2.1992 zur Koordinierung der Rechts- und Verwaltungsvorschriften für die Anwendung der Gemeinschaftsvorschriften über die Auftragsvergabe durch Auftraggeber im Bereich der Wasser-, Energie- und Verkehrsversorgung sowie im Telekommunikationssektor
RL 92/50/EWG	s. Dienstleistungs-RL 1992
RL 93/36/EWG	Richtlinie 93/36/EWG des Rates vom 14.6.1993 über die Koordinierung der Verfahren zur Vergabe öffentlicher Lieferaufträge
RL 93/37/EWG	Richtlinie 93/37/EWG des Rates vom 14.6.1993 zur Koordinierung der Verfahren zur Vergabe öffentlicher Bauaufträge
RL 96/71/EG	s. Arbeitnehmerentsende-RL
RMC	Revue du Marché commun (Zeitschrift)
Rn.	Randnummer(n)
RPA	Recht und Praxis der öffentlichen Auftragsvergabe (Zeitschrift)
RPW 2013	Richtlinie für Planungswettbewerbe (RPW 2013) Fassung vom 31.1.2013
Rs.	Rechtssache
Rspr.	Rechtsprechung
RTD eur	Revue trimestrielle de droit européen (Zeitschrift)
RTW	Recht-Technik-Wirtschaft, Jahrbuch (Zeitschrift)
Rundfunkmitteilung 2001	Mitteilung der Kommission über die Anwendung der Vorschriften über staatliche Beihilfen auf den öffentlich-rechtlichen Rundfunk vom 15.11.2001
Rundfunkmitteilung 2009	Mitteilung der Kommission über die Anwendung der Vorschriften über staatliche Beihilfen auf den öffentlichen Rundfunk vom 27.10.2009
RuW	Recht und Wirtschaft (Zeitschrift)
RWP	Rechts- und Wirtschaftspraxis (Zeitschrift)
S.	Seite; Satz
s.	siehe
SA	société anonyme
SaBl.	Sammelblatt für Rechtsvorschriften des Bundes und der Länder
SächsVergabeG	Gesetz über die Vergabe öffentlicher Aufträge im Freistaat Sachsen (Sächsisches Vergabegesetz)
Säcker TKG	Säcker, Telekommunikationsgesetz, Kommentar, 3. Aufl. 2013
Säcker/Montag Eur. State Aid Law	Säcker/Montag, European State Aid Law, Kommentar, 1. Aufl. 2016
Sandrock Grundbegriffe	Sandrock, Grundbegriffe des Gesetzes gegen Wettbewerbsbeschränkungen, Monografie, 1. Aufl. 1968
SaubFahrzeugBeschG	Gesetz über die Beschaffung sauberer Straßenfahrzeuge (Saubere-Fahrzeuge-Beschaffungs-Gesetz)
Saxinger/Winnes	Saxinger/Winnes, Recht des öffentlichen Personenverkehrs, Kommentar, Loseblatt, Stand 2/2020
Scheurle/Mayen	Scheurle/Mayen, Telekommunikationsgesetz: TKG, Kommentar, 3. Aufl. 2018
Schimansky/Bunte/Lwowski BankR-HdB	Schimansky/Bunte/Lwowski, Bankrechts-Handbuch, Handbuch, Band I, II, 5. Aufl. 2017
Schmidt/Haucap Wettbewerbspolitik	Schmidt/Haucap, Wettbewerbspolitik und Kartellrecht – Eine interdisziplinäre Einführung, Monografie, 10. Aufl. 2013
Schneider/Theobald Energiewirtschaft	Schneider/Theobald, Recht der Energiewirtschaft, Handbuch, 4. Aufl. 2013
Schoch/Schneider VwGO	Schoch/Schneider, Verwaltungsgerichtsordnung: VwGO, Kommentar, 39. Aufl. 2020

Abkürzungs- und Literaturverzeichnis

Schulte/Kloos ÖffWirtschaftsR-HdB	Schulte/Kloos, Handbuch Öffentliches Wirtschaftsrecht, Handbuch, 1. Aufl. 2016
Schwarze	Schwarze, EU-Kommentar, Kommentar, 4. Aufl. 2019
schweiz.	schweizerisch
SE	Societas Europaea
Sektoren-RL	Richtlinie 2014/25/EU des Europäischen Parlaments und des Rates vom 26.2.2014 über die Vergabe von Aufträgen durch Auftraggeber im Bereich der Wasser-, Energie- und Verkehrsversorgung sowie der Postdienste und zur Aufhebung der Richtlinie 2004/17/EG
Sektoren-RL 2004	Richtlinie 2004/17/EG des Europäischen Parlaments und des Rates vom 31.3.2004 zur Koordinierung der Zuschlagserteilung durch Auftraggeber im Bereich der Wasser-, Energie- und Verkehrsversorgung sowie der Postdienste
SektVO	Verordnung über die Vergabe von öffentlichen Aufträgen im Bereich des Verkehrs, der Trinkwasserversorgung und der Energieversorgung (Sektorenverordnung) vom 12.4.2016
SektVO 2009	Verordnung über die Vergabe von Aufträgen im Bereich des Verkehrs, der Trinkwasserversorgung und der Energieversorgung (Sektorenverordnung) vom 23.9.2009
SeuffA	Seufferts Archiv für Entscheidungen der obersten Gerichte in den deutschen Staaten (Zeitschrift, zitiert nach Band u. Nr.; 1. 1847– 98. 1944)
SGB V	Sozialgesetzbuch (SGB) Fünftes Buch (V) – Gesetzliche Krankenversicherung
SHHW Wasser Energie Verkehr	Schütte/Horstkotte/Hünemörder/Wiedemann, Wasser Energie Verkehr, Lehrbuch, 1. Aufl. 2016
SKR	s. Sektoren-RL 2004
Slg.	Amtliche Sammlung der Entscheidungen des Europäischen Gerichtshofes
so	siehe oben
sog.	sogenannt
Sp.	Spalte
Spez-VO	Verordnung (EG) Nr. 2658/2000 der Kommission vom 29.11.2000 über die Anwendung von Artikel 81 Absatz 3 des Vertrages auf Gruppen von Spezialisierungsvereinbarungen
SpStr.	Spiegelstrich
SRL	s. Sektoren-RL
StAnz.	Staatsanzeiger
Staudinger	Staudinger, BGB – J. von Staudingers Kommentar zum Bürgerlichen Gesetzbuch mit Einführungsgesetz, Kommentar, 1998 ff.
Steinicke/Vesterdorf EU Procurement Law	Steinicke/Vesterdorf, EU Public Procurement Law, Kommentar, 1. Aufl. 2017
Stelkens/Bonk/Sachs	Stelkens/Bonk/Sachs, VwVfG: Verwaltungsverfahrensgesetz, Kommentar, 9. Aufl. 2018
StGB	Strafgesetzbuch
StPO	Strafprozeßordnung
stPrax	ständige Praxis
str.	streitig, strittig
Streinz	Streinz, EUV/AEUV, Kommentar, 3. Aufl. 2018
Streinz EuropaR	Streinz, Europarecht, Lehrbuch, 11. Aufl. 2019
stRspr	ständige Rechtsprechung
STTG	Gesetz über die Sicherung von Sozialstandards, Tariftreue und Mindestlöhnen bei der Vergabe öffentlicher Aufträge im Saarland (Saarländisches Tariftreuegesetz)
su	siehe unten
SÜG	Gesetz über die Voraussetzungen und das Verfahren von Sicherheitsüberprüfungen des Bundes und den Schutz von Verschlusssachen (Sicherheitsüberprüfungsgesetz)
SÜWR	s. RL 92/13/EWG
Szirbik Interkommunale Zusammenarbeit	Szirbik, Interkommunale Zusammenarbeit und Vergaberecht, Monografie, 1. Aufl. 2012
teilw.	teilweise
Theobald/Kühling	Theobald/Kühling, Energierecht, Kommentar, 108. Aufl. 2020
ThürVgG	Thüringer Gesetz über die Vergabe öffentlicher Aufträge (Thüringer Vergabegesetz)
TKG	Telekommunikationsgesetz
Trepte Public Procurement	Trepte, Public Procurement in the EU, Handbuch, 2. Aufl. 2006
TT-GVO 2004	Verordnung (EG) Nr. 772/2004 der Kommission vom 7.4.2004 über die Anwendung von Artikel 81 Absatz 3 EG-Vertrag auf Gruppen von Technologietransfer-Vereinbarungen

Abkürzungs- und Literaturverzeichnis

Turiaux	Turiaux, Umweltinformationsgesetz (UIG), Kommentar, 1. Aufl. 1995
TVgG NRW	Gesetz über die Sicherung von Tariftreue und Mindestlohn bei der Vergabe öffentlicher Aufträge (Tariftreue- und Vergabegesetz Nordrhein-Westfalen)
Tz.	Textziffer
u.	und
U.S.	United States Supreme Court Reports (Amtliche Sammlung)
ua	unter anderem; und andere
uÄ	und Ähnliche(s)
UAbs.	Unterabsatz
Übk.	Übereinkommen
UGP-RL	Richtlinie 2005/29/EG des Europäischen Parlaments und des Rates vom 11.5.2005 über unlautere Geschäftspraktiken von Unternehmen gegenüber Verbrauchern im Binnenmarkt und zur Änderung der Richtlinie 84/450/EWG des Rates, der Richtlinie 97/7/EG, 98/27/EG und 2002/65/EG des Europäischen Parlaments und des Rates, sowie der Verordnung (EG) Nr. 2006/2004 des Europäischen Parlaments und des Rates (Richtlinie über unlautere Geschäftspraktiken)
UIG	Umweltinformationsgesetz
umstr.	umstritten
UNCITRAL	United Nations Commission on International Trade Law
UNCTAD	United Nations Conference on Trade and Development
unstr.	unstreitig
unveröff.	unveröffentlicht
UPR	Umwelt- und Planungsrecht (Zeitschrift)
Urt.	Urteil
UStG	Umsatzsteuergesetz
Util. Law. Rev.	Utilities Law Review (Zeitschrift)
uU	unter Umständen
UVgO	Verfahrensordnung für die Vergabe öffentlicher Liefer- und Dienstleistungsaufträge unterhalb der EU-Schwellenwerte (Unterschwellenvergabeordnung)
UWG	Gesetz gegen den unlauteren Wettbewerb
ÜWR	s. RL 89/665/EWG
v.	vom; von
v. Wietersheim VergabeR	von Wietersheim, Vergaberecht, Monografie, 2. Aufl. 2017
VA	Verwaltungsakt
Var.	Variante
VBlBW	Verwaltungsblätter für Baden-Württemberg
VDG	Vertrauensdienstegesetz
Veit GRCh	Veit, Die Bedeutung der Charta der Grundrechte der Europäischen Union für den Stellenwert des Umweltschutzes im Europäischen Vergaberecht, Monografie, 1. Aufl. 2015
verb.	verbunden
Verf.	Verfassung
Verfg.	Verfügung
VerfO	Verfahrensordnung
Verfürth SektVO	Verfürth, Sektorenverordnung – SektVO, Monografie, 1. Aufl. 2010
Verg	Vergabesache(n)
VergabeG Berlin	Vergabegesetz Berlin
VergabeR	Vergaberecht (Zeitschrift)
Vergabe-RL 2004	Richtlinie 2004/18/EG des Europäischen Parlaments und des Rates vom 31.3.2004 über die Koordinierung der Verfahren zur Vergabe öffentlicher Bauaufträge, Lieferaufträge und Dienstleistungsaufträge
Vergabe-RL Verteidigung und Sicherheit	Richtlinie 2009/81/EG des Europäischen Parlaments und des Rates vom 13.7.2009 über die Koordinierung der Verfahren zur Vergabe bestimmter Bau-, Liefer- und Dienstleistungsaufträge in den Bereichen Verteidigung und Sicherheit und zur Änderung der Richtlinien 2004/17/EG und 2004/18/EG
VergRModG	Gesetz zur Modernisierung des Vergaberechts (Vergaberechtsmodernisierungsgesetz)
VergRModVO	Verordnung zur Modernisierung des Vergaberechts (Vergaberechtsmodernisierungsverordnung)
Veröff.	Veröffentlichung
VersR	Versicherungsrecht (Zeitschrift)
Verteidigungsgüter-RL	Richtlinie 2009/43/EG des Europäischen Parlaments und des Rates vom 6.5.2009 zur Vereinfachung der Bedingungen für die innergemeinschaftliche Verbringung von Verteidigungsgüter

Abkürzungs- und Literaturverzeichnis

Verw.	Verwaltung
VerwA	Verwaltungsarchiv (Zeitschrift)
VerwGH	Verwaltungsgerichtshof
VerwRspr.	Verwaltungsrechtsprechung in Deutschland
Vesterdorf/Nielsen EU State Aid Law	Vesterdorf/Nielsen, State Aid Law of the European Union, Handbuch, 1. Aufl. 2008
VF	Vergabe Fokus (Zeitschrift)
VG	Verwaltungsgericht
VgE	Vergaberechtliche Entscheidungssammlung (Herausgeber: Boesen)
VgG M-V	Gesetz über die Vergabe öffentlicher Aufträge in Mecklenburg-Vorpommern (Vergabegesetz Mecklenburg-Vorpommern)
VGH	Verwaltungsgerichtshof
vgl.	vergleiche
VgRÄG	Gesetz zur Änderung der Rechtsgrundlagen für die Vergabe öffentlicher Aufträge (Vergaberechtsänderungsgesetz)
VGSH	Vergabegesetz Schleswig-Holstein
VgV	Verordnung über die Vergabe öffentlicher Aufträge (Vergabeverordnung) vom 12.4.2016
VgV 1994	Verordnung über die Vergabebestimmungen für öffentliche Aufträge (Vergabeverordnung) vom 22.2.1994
VgV 2003	Verordnung über die Vergabe öffentlicher Aufträge (Vergabeverordnung) idF vom 11.2.2003
VIZ	Zeitschrift für Vermögens- und Investitionsrecht (Zeitschrift)
VK	Vergabekammer
VKR	s. Vergabe-RL 2004
VKU	Verband kommunaler Unternehmen eV
VN	Vergabe News (Zeitschrift)
VNavi	Vergabe Navigator (Zeitschrift)
VO	Verordnung
VO (EG) 1008/2008	s. Luftverkehrsdienste-VO
VO (EG) 1370/2007	Verordnung (EG) Nr. 1370/2007 des Europäischen Parlaments und des Rates vom 23.10.2007 über öffentliche Personenverkehrsdienste auf Schiene und Straße und zur Aufhebung der Verordnungen (EWG) Nr. 1191/69 und (EWG) Nr. 1107/70 des Rates
VO (EU) 910/2014	s. eIDAS-VO
VO (EWG) Nr. 1107/70	Verordnung (EWG) Nr. 1107/70 des Rates vom 4.6.1970 über Beihilfen im Eisenbahn-, Straßen- und Binnenschiffsverkehr
VO (EWG) Nr. 1191/69	Verordnung (EWG) Nr. 1191/69 des Rates vom 26.6.1969 über das Vorgehen der Mitgliedstaaten bei mit dem Begriff des öffentlichen Dienstes verbundenen Verpflichtungen auf dem Gebiet des Eisenbahn-, Straßen- und Binnenschiffsverkehrs
VO PR Nr. 30/53	Verordnung PR Nr. 30/53 über Preise bei öffentlichen Aufträgen
VOB aktuell	VOB aktuell (Zeitschrift)
VOB/A	Vergabe- und Vertragsordnung für Bauleistungen Teil A (VOB/A), Allgemeine Bestimmungen für die Vergabe von Bauleistungen – Ausgabe 2019 – vom 31.1.2019
VOB/A 2006	Vergabe und Vertragsordnung für Bauleistungen (VOB) Teil A vom 20.3.2006
VOB/A 2009	Vergabe- und Vertragsordnung für Bauleistungen Teil A (VOB/A), Allgemeine Bestimmungen für die Vergabe von Bauleistungen – Ausgabe 2012 – vom 31.7.2009
VOB/A 2016	Vergabe- und Vertragsordnung für Bauleistungen Teil A (VOB/A), Allgemeine Bestimmungen für die Vergabe von Bauleistungen – Ausgabe 2016 – vom 7.1.2016
VOB/B	Vergabe- und Vertragsordnung für Bauleistungen (VOB) Teil B: Allgemeine Vertragsbedingungen für die Ausführung von Bauleistungen – Ausgabe 2016 – vom 31.7.2009
VOBl.	Verordnungsblatt
VOF	Vergabeordnung für freiberufliche Dienstleistungen
VOL	Vergabe- und Vertragsordnung für Leistungen vom 20.11.2009
VOL/A	Vergabe- und Vertragsordnung für Leistungen (VOL) – Teil A – Allgemeine Bestimmungen für die Vergabe von Leistungen (VOL/A) vom 20.11.2009
VOL/A 2002	VOL Teil A Allgemeine Bestimmungen für die Vergabe von Leistungen (VOL/A) vom 17.9.2002
VOL/A 2006	Vergabe- und Vertragsordnung für Leistungen (VOL) – Teil A – Allgemeine Bestimmungen für die Vergabe von Leistungen (VOL/A) vom 6.4.2009

XLV

Abkürzungs- und Literaturverzeichnis

von der Groeben/Schwarze/Hatje	von der Groeben/Schwarze/Hatje, Europäisches Unionsrecht, Kommentar, 7. Aufl. 2015
Voppel/Osenbrück/Bubert VgV	Voppel/Osenbrück/Bubert, VgV, Kommentar, 4. Aufl. 2018
Voppel/Osenbrück/Bubert VOF	Voppel/Osenbrück/Bubert, VOF, Kommentar, 3. Aufl. 2012
Vorb.	Vorbemerkung
VR	Vergaberecht (Zeitschrift)
VRL	s. RL 2014/24/EU
VSA	Verschlusssachenanweisung
VSVgV	Vergabeverordnung für die Bereiche Verteidigung und Sicherheit zur Umsetzung der Richtlinie 2009/81/EG des Europäischen Parlaments und des Rates vom 13.7.2009 über die Koordinierung der Verfahren zur Vergabe bestimmter Bau-, Liefer- und Dienstleistungsaufträge in den Bereichen Verteidigung und Sicherheit und zur Änderung der Richtlinien 2004/17/EG und 2004/18/EG (Vergabeverordnung Verteidigung und Sicherheit)
VSVgV 2009	Vergabeverordnung für die Bereiche Verteidigung und Sicherheit zur Umsetzung der Richtlinie 2009/81/EG des Europäischen Parlaments und des Rates vom 13.7.2009 über die Koordinierung der Verfahren zur Vergabe bestimmter Bau-, Liefer- und Dienstleistungsaufträge in den Bereichen Verteidigung und Sicherheit und zur Änderung der Richtlinien 2004/17/EG und 2004/18/EG (Vergabeverordnung Verteidigung und Sicherheit)
VSVKR	s. Vergabe-RL Verteidigung und Sicherheit
VU	Versorgungsunternehmen
VÜA	Vergabeüberwachungsausschuss
VuR	Verbraucher und Recht (Zeitschrift)
VVDStRL	Veröffentlichungen der Vereinigung der deutschen Staatsrechtslehrer
VVG	Gesetz über den Versicherungsvertrag (Versicherungsvertragsgesetz)
VwGO	Verwaltungsgerichtsordnung
VwKostG	Verwaltungskostengesetz
VwVfG	Verwaltungsverfahrensgesetz
VwVG	Verwaltungs-Vollstreckungsgesetz
VwZG	Verwaltungszustellungsgesetz
WB	Wettbewerbsbericht
Webeler/Summa/Klaeser Planungsleistungen	Webeler/Summa/Klaeser, Vergabe von Planungsleistungen, Handbuch, 1. Aufl. 2015
Weyand ibrOK VergabeR	Weyand, ibr-online-Kommentar Vergaberecht, Kommentar, 17. Aufl. 2015
WiB	Wirtschaftsrechtliche Beratung (Zeitschrift)
Wiedemann KartellR-HdB	Wiedemann, Handbuch des Kartellrechts, Kommentar, 4. Aufl. 2020
Willenbruch/Wieddekind	Willenbruch/Wieddekind, Vergaberecht, Kommentar, 4. Aufl. 2017
WIR	Wirtschaftsrecht (Zeitschrift)
WiStG	Gesetz zur weiteren Vereinfachung des Wirtschaftsstrafrechts (Wirtschaftsstrafgesetz 1954)
wistra	Zeitschrift für Wirtschaft, Steuer, Strafrecht (Zeitschrift)
WM	Wertpapiermitteilungen; Zeitschrift für Wirtschaft und Bankrecht (Zeitschrift)
World Competition	World Competition (Zeitschrift)
WPg	Die Wirtschaftsprüfung (Zeitschrift)
WRegG	Gesetz zur Einrichtung und zum Betrieb eines Registers zum Schutz des Wettbewerbs um öffentliche Aufträge und Konzessionen (Wettbewerbsregistergesetz)
WRegV	Verordnung über den Betrieb des Registers zum Schutz des Wettbewerbs um öffentliche Aufträge und Konzessionen (Wettbewerbsregisterverordnung)
WRP	Wettbewerb in Recht und Praxis (Zeitschrift)
WRV	Verfassung des Deutschen Reichs (Weimarer Reichsverfassung)
WSA	Wirtschafts- und Sozialausschuss
WTO	World Trade Organisation (Welthandelsorganisation)
WuB	Wirtschafts- und Bankrecht (Zeitschrift)
WuW	Wirtschaft und Wettbewerb (Zeitschrift)
WuW/E	Wirtschaft und Wettbewerb – Entscheidungssammlung (Zeitschrift)
WuW/E BGH	Wirtschaft und Wettbewerb – Entscheidungen des Bundesgerichtshofs (Zeitschrift)
WuW/E BKartA	Wirtschaft und Wettbewerb – Entscheidungen des Bundeskartellamtes (Zeitschrift)

Abkürzungs- und Literaturverzeichnis

WuW/E DE-R	Wirtschaft und Wettbewerb – Entscheidungssammlung – Deutschland Rechtsprechung (Zeitschrift)
WuW/E DE-V	Wirtschaft und Wettbewerb – Entscheidungssammlung – Deutschland Verwaltung (Zeitschrift)
WuW/E EU-R	Wirtschaft und Wettbewerb – Entscheidungssammlung – Europäische Union Rechtsprechung (Zeitschrift)
WuW/E EU-V	Wirtschaft und Wettbewerb – Entscheidungssammlung – Europäische Union Verwaltung (Zeitschrift)
WuW/E OLG	Wirtschaft und Wettbewerb – Entscheidungen der Oberlandesgerichte (Zeitschrift)
WuW/E Verg	Wirtschaft und Wettbewerb – Entscheidungssammlung – Vergabe und Verwaltung (Zeitschrift)
YEL	Yearbook of European Law (Zeitschrift)
zB	zum Beispiel
ZBB	Zeitschrift für Bankrecht und Bankwirtschaft (Zeitschrift)
Zeiss NdsLandesVergabeR	Zeiss, Landesvergaberecht Niedersachsen, Handbuch, 1. Aufl. 2015
Zeiss Sichere Vergabe	Zeiss, Sichere Vergabe unterhalb der Schwellenwerte, Monografie, 3. Aufl. 2015
ZEuP	Zeitschrift für Europäisches Privatrecht (Zeitschrift)
ZfBR	Zeitschrift für deutsches und internationales Bau- und Vergaberecht (Zeitschrift)
ZfE	Zeitschrift für Energiewirtschaft (Zeitschrift)
ZfK	Zeitung für Kommunale Wirtschaft (Zeitschrift)
ZGR	Zeitschrift für Unternehmens- und Gesellschaftsrecht (Zeitschrift)
ZgS	Zeitschrift für die gesamte Staatswissenschaft (Zeitschrift)
ZHR	Zeitschrift für das gesamte Handelsrecht und Wirtschaftsrecht (Zeitschrift)
Ziekow/Völlink	Ziekow/Völlink, Vergaberecht, Kommentar, 4. Aufl. 2020
Ziff.	Ziffer(n)
ZIP	Zeitschrift für Wirtschaftsrecht (Zeitschrift)
ZNER	Zeitschrift für neues Energierecht (Zeitschrift)
ZögU	Zeitschrift für öffentliche und gemeinwirtschaftliche Unternehmen (Zeitschrift)
Zöller	Zöller, Zivilprozessordnung: ZPO, Kommentar, 33. Aufl. 2020
Zollkodex	Verordnung (EWG) Nr. 2913/92 des Rates vom 12.10.1992 zur Festlegung des Zollkodex der Gemeinschaften
Zollkodex-DVO	Verordnung (EWG) Nr. 2454/93 der Kommission vom 2.7.1993 mit Durchführungsvorschriften zu der Verordnung (EWG) Nr. 2913/92 des Rates zur Festlegung des Zollkodex der Gemeinschaften
ZPO	Zivilprozessordnung
ZRP	Zeitschrift für Rechtspolitik (Zeitschrift)
zT	zum Teil
zust.	zustimmend
zutr.	zutreffend
ZVB	Zeitschrift für Vergaberecht und Bauvertragsrecht (Zeitschrift)
ZVgR	Zeitschrift für deutsches und internationales Vergaberecht (Zeitschrift)
ZWeR	Zeitschrift für Wettbewerbsrecht (Zeitschrift)
zzgl.	zuzüglich

Abkürzungs- und Literaturverzeichnis

WuW/E DE-R	Wirtschaft und Wettbewerb – Entscheidungssammlung – Deutschland Rechtsprechung (Zeitschrift)
WuW/E DE-V	Wirtschaft und Wettbewerb – Entscheidungssammlung – Deutschland Verwaltung (Zeitschrift)
WuW/E EU-R	Wirtschaft und Wettbewerb – Entscheidungssammlung – Europäische Union Rechtsprechung (Zeitschrift)
WuW/E EU-V	Wirtschaft und Wettbewerb – Entscheidungssammlung – Europäische Union Verwaltung (Zeitschrift)
WuW/E OLG	Wirtschaft und Wettbewerb – Entscheidungen der Oberlandesgerichte (Zeitschrift)
WuW/E Verg	Wirtschaft und Wettbewerb – Entscheidungssammlung – Vergabe und Verwaltung (Zeitschrift)
YEL	Yearbook of European Law (Zeitschrift)
zB	zum Beispiel
ZBB	Zeitschrift für Bankrecht und Bankwirtschaft (Zeitschrift)
Ziew Nddl.andesVerga	
beP	
Ziew Sichery Vergabe	Krist, Landesvergabecht Niedersachsen, Handbuch, 1. Aufl. 2015
	Ziekow, Sichere Vergabe unterhalb der Schwellenwerte, Monografie, 3. Aufl. 2015
ZfBF	Zeitschrift für Europäische Privatrecht (Zeitschrift)
ZBR	Zeitschrift für deutsches und internationales Bau- und Vergaberecht (Zeitschrift)
ZfE	Zeitschrift für Energiewirtschaft (Zeitschrift)
ZfK	Zeitung für Kommunale Wirtschaft (Zeitschrift)
ZGR	Zeitschrift für Unternehmens- und Gesellschaftsrecht (Zeitschrift)
ZgS	Zeitschrift für die gesamte Staatswissenschaft (Zeitschrift)
ZHR	Zeitschrift für das gesamte Handelsrecht und Wirtschaftsrecht (Zeitschrift)
Ziekow/Volink	Ziekow/Völlink, Vergaberecht, Kommentar, 4. Aufl. 2020
Ziff(ern)	
ZfP	Zeitschrift für Wirtschaftsrecht (Zeitschrift)
ZNER	Zeitschrift für neues Energierecht (Zeitschrift)
ZögU	Zeitschrift für öffentliche und gemeinwirtschaftliche Unternehmen (Zeitschrift)
Zoller	Zoller, Zivilprozessordnung, ZPO, Kommentar, 33. Aufl. 2020
Zollkodex	Verordnung (EWG) Nr. 2913/92 des Rates vom 12.10.1992 zur Festlegung des Zollkodex der Gemeinschaften
Zollkodex-DVO	Verordnung (EWG) Nr. 2454/93 der Kommission vom 2.7.1993 mit Durchführungsvorschriften zu der Verordnung (EWG) Nr. 2913/92 des Rates zur Festlegung des Zollkodex der Gemeinschaften
ZPO	Zivilprozessordnung
ZRP	Zeitschrift für Rechtspolitik (Zeitschrift)
zT	zum Teil
zuL	zustimmend
zuw	zuteilend
ZVR	Zeitschrift für Vergaberecht und Bauvertragsrecht (Zeitschrift)
ZVglR	Zeitschrift für deutsches und internationales Vagaberecht (Zeitschrift)
ZWeR	Zeitschrift für Wettbewerbsrecht (Zeitschrift)
zzgl	zuzüglich

1. Teil Einleitung zum Vergaberecht

Übersicht

		Rn.			Rn.
A.	**Europarechtliche Grundlagen**	1		b) Rechtliche Grundlage des Gebots der richtlinienkonformen Auslegung des Umsetzungsrechts	211
I.	**Primärvergaberecht** *(Kühling/Huerkamp)*	1		c) Reichweite des Gebots der richtlinienkonformen Auslegung	212
1.	Entwicklung und Kerngehalte des EU-Sekundärvergaberechts	1		d) Der Anfangszeitpunkt für das Gebot der richtlinienkonformen Auslegung	215
2.	Rahmen, Reichweite und Aufgabe des EU-Primärvergaberechts	6	6.	Die unmittelbare Wirkung von Richtlinien wegen mitgliedstaatlicher Verletzung der Umsetzungspflicht	216
	a) Allgemeiner Rahmen: Öffentliche Wirtschaftstätigkeit und Recht des Binnenmarktes	11		a) Rechtsgrundlage für die unmittelbare Wirkung von Richtlinien	217
	b) Prätorische Entwicklung des Primärvergaberechts durch den EuGH	19		b) Voraussetzungen der unmittelbaren Wirkung von Richtlinienvorschriften	218
	c) Verhältnis zwischen Primär- und Sekundärrecht	35		c) Reichweite der unmittelbaren Wirkung von Richtlinienvorschriften	219
	d) Reichweite des Primärvergaberechts	38		d) Die Durchsetzung der unmittelbaren Wirkung von Richtlinienvorschriften	222
3.	Verfahrensaspekte des primärrechtlichen Vergaberegimes	62	7.	Zur „Vorwirkung" von Richtlinien vor Ablauf ihrer Umsetzungsfrist	223
	a) Transparenz	62		a) Die zeitliche Abgrenzung zwischen alter und neuer Richtlinie in ihren Auswirkungen auf das nationale Recht der Mitgliedstaaten	224
	b) Weitere Verfahrensanforderungen	78			
	c) Ausnahmen vom primärrechtlichen Vergaberegime	96		b) Die Ausnahme einer „Vorwirkung" der umzusetzenden Richtlinie auf Grund des sog. Frustrationsverbots	225
	d) Zukunft des primärrechtlichen Vergaberegimes	109			
4.	Materielle Aspekte der Entscheidungsfindung im Primärvergaberecht	110		c) Weitere Ausnahmen einer Vorwirkung der umzusetzenden Richtlinie während andauernder Umsetzungsfrist?	226
	a) Beschaffungsautonomie	111			
	b) Bietereignung	120	**B.**	**Ablauf des Vergabeverfahrens** *(Eichler)*	229
	c) Vergabefremde Kriterien	124	**I.**	**Einführung: Entwicklung des deutschen Vergaberechts**	229
5.	Gerichtlicher Rechtsschutz im Primärvergaberecht	150			
	a) Allgemeiner Rahmen	150	1.	Die „haushaltsrechtliche Lösung"	229
	b) Rechtsschutzarten	154	2.	Die „kartellrechtliche Lösung"	231
	c) Primärrechtliche Steuerungsparameter	155	3.	Modernisierung des Vergaberechts 2004 bis 2009	235
	d) Rechtslage in Deutschland	159			
	e) Unionsrechtlich ausreichender Rechtsschutz?	165	4.	Vergaberechtsreform 2016	236
II.	**Sekundärvergaberecht** *(Jaeger)*	184	**II.**	**Ablauf des Vergabeverfahrens im Anwendungsbereich des GWB-Vergaberechts**	237
1.	Überblick über das Sekundärvergaberecht der EU	184			
	a) Die Richtlinien zu den Grundsätzen und zum Verfahren der öffentlichen Auftragsvergabe und der Konzessionsvergabe	185	1.	Anwendungsbereich des GWB-Vergaberechts	237
				a) Personeller Anwendungsbereich – *ratione personae*	238
	b) Die Rechtsmittelrichtlinien	192		b) Sachlicher Anwendungsbereich – *ratione materiae*	239
2.	Die Richtlinie: ein Rechtsakt der EU von Gesetzesrang zur indirekten Rechtsetzung in den Mitgliedstaaten	194		c) Räumlicher Anwendungsbereich – *ratione loci*	242
3.	Die Ziele der Vergaberechtsrichtlinien und die Vergaberechtsgrundsätze zur Verfolgung dieser Ziele	197		d) Zeitlicher Anwendungsbereich – *ratione temporis*	243
4.	Zur Umsetzung der Vergaberechtsrichtlinien	201	2.	Vorbereitung des Vergabeverfahrens	245
				a) Feststellung des Beschaffungsbedarfs und Herstellen der Ausschreibungsreife	246
5.	Die Durchsetzung der Richtlinien durch das Gebot der richtlinienkonformen Auslegung des einzelstaatlichen Umsetzungsrechts	209		b) Auswahl der richtigen Vergabeverfahrensart	251
	a) Grundsätze der Auslegung der Richtlinien	210		c) Elektronische Beschaffung	260

	Rn.		Rn.
d) Festlegung der Verfahrensfristen	264	d) Übermittlung und Öffnung der Angebote	293
e) Vergabe nach Losen	266	e) Verhandlungen zwischen Bieter und Vergabestelle	296
f) Anfertigung der Vergabeunterlagen	267	f) Angebotswertung und Vorabinformation	299
g) Festlegung der Eignungs- und Zuschlagskriterien	276	4. Beendigung des Verfahrens	302
3. Durchführung des Vergabeverfahrens	281	a) Beendigung durch Zuschlag	303
a) Vorinformation und Auftragsbekanntmachung	283	b) Beendigung durch Aufhebung	308
b) Teilnahmewettbewerb	288	5. Dokumentation	309
c) Aufforderung zur Angebotsabgabe	291		

A. Europarechtliche Grundlagen

Schrifttum: *Ahner,* Nachfragetätigkeit der öffentlichen Hand im Spannungsverhältnis zwischen Kartellrecht, Grundfreiheiten und Grundrechten, 2010; *André,* Zur Frage der grundsätzlichen Verfügbarkeit primärer Rechtsschutzinstrumente in unterschwelligen Vergabeverfahren, VergabeR 2012, 136; *André/Sailer,* Primärer Vergaberechtsschutz unterhalb der unionsrechtlichen Anwendungsschwellen – Zur judiziellen Urbarmachung einer „Rechtsschutzwüste", JZ 2011, 555; *Antweiler,* Allgemeines Vergaberecht und sektorspezifisches Sondervergaberecht im ÖPNV, NZBau 2019, 289; *Arrowsmith,* The Law of Public and Utilities Procurement, Band 1, 3. Aufl. 2014; *Barth,* Das Vergaberecht außerhalb des Anwendungsbereichs der EG-Vergaberichtlinien, 2010; *Bartosch,* Vergabefremde Kriterien und Art. 87 Abs. 1 EG: Sitzt das öffentliche Beschaffungswesen in Europa auf einem beihilferechtlichen Pulverfass?, EuZW 2001, 229; *Benedict,* Sekundärzwecke im Vergabeverfahren, Öffentliches Auftragswesen, seine teilweise Harmonisierung im EG/EU Binnenmarkt und die Instrumentalisierung von Vergaberecht durch vergabefremde Aspekte, 2000; *Braun,* Besprechung der Mitteilung der Kommission zum Vergaberecht, EuZW 2006, 683; *Braun/Hauswaldt,* Vergaberechtliche Wirkungen der Grundfreiheiten und das Ende der Inländerdiskriminierung, EuZW 2006, 176; *Braun/Zwetkow,* Keine Bestätigung der Bereichsausnahme für Vergaben von Rettungsdienstleistungen, NZBau 2020, 219; *Brown,* Seeing Through Transparency: The Requirement to Advertise Public Contracts and Concessions Under the EC Treaty, PPLR 2007, 1; *Bühler,* Einschränkungen von Grundrechten nach der Europäischen Grundrechtecharta, 2005; *Bühs,* Materielles Rettungsdienstvergaberecht, EuZW 2020, 658; *Bultmann,* Beschaffungsfremde Kriterien: Zur „neuen Formel" des Europäischen Gerichtshofs, ZfBR 2004, 134; *Bultmann,* Beihilfenrecht und Vergaberecht: Beihilfen und öffentliche Aufträge als funktional äquivalente Instrumente der Wirtschaftslenkung – ein Leistungsvergleich, 2004; *Bungenberg,* Vergaberecht im Wettbewerb der Systeme: Eine rechtsebenenübergreifende Analyse des Vergaberechts, 2007; *Bungenberg,* Das primäre Binnenmarktrecht der öffentlichen Auftragsvergabe, in Müller-Graff, Enzyklopädie Europarecht Band 4. Europäisches Wirtschaftsordnungsrecht, § 16, 2015; *Burgi,* Die Vergabe von Dienstleistungskonzessionen: Verfahren, Vergabekriterien, Rechtsschutz, NZBau 2005, 610; *Burgi,* Von der Zweistufenlehre zur Dreiteilung des Rechtsschutzes im Vergaberecht, NVwZ 2007, 737; *Burgi,* Europa- und verfassungsrechtlicher Rahmen der Vergaberechtsreform, VergabeR 2016, 261; *Burgi,* Vergaberecht – Systematische Darstellung für Praxis und Ausbildung, 3. Auflage 2021; *Cecini,* Europa '92: Der Vorteil des Binnenmarktes, 1988; *Craig/De Búrca,* EU Law Text, Cases and Materials, 7. Aufl. 2020; *Dageförde,* Die Vorabinformationspflicht im Vergaberechtsschutz: Eine unendliche Geschichte, NZBau 2020, 72; *Deling,* Kriterien der „Binnenmarktrelevanz" und ihre Konsequenzen unterhalb der Schwellenwerte, NZBau 2011, 725, NZBau 2012, 17; *Dippel/Zeiss,* Vergabefremde Aspekte – Rechtsschutz im Vergabenachprüfungsverfahren wegen Verstoßes gegen das EG-Beihilfenrecht, NZBau 2002, 376; *Dörr,* Infrastrukturförderung (nur) nach Ausschreibung?, NZBau 2005, 617; *Dreher,* Vergaberechtsschutz unterhalb der Schwellenwerte, NZBau 2002, 419; *Dreher/Haas/Rintelen,* Vergabefremde Regelungen und Beihilferecht, 2002; *Ebert,* Möglichkeiten und Grenzen des Verhandlungsverfahrens im Vergaberecht unter Beachtung der vergaberechtlichen Prinzipien, 2005; *Egger,* Europäisches Vergaberecht, 2008; *Ehricke,* Rückzahlung gemeinschaftsrechtswidriger Beihilfen in der Insolvenz des Beihilfeempfängers, ZIP 2001, 489; *Eilmansberger,* Überlegungen zum Zusammenspiel von Vergaberecht und Beihilferecht, WuW 2004, 384; *Esch,* Ausschreibung rettungsdienstlicher Leistungen, VergabeR 2007, 286; *Fischer,* Öffentliche Aufträge im Spannungsfeld zwischen Vergaberecht und europäischem Beihilferecht, VergabeR 2004, 1; *Frenz,* Soziale Vergabekriterien, NZBau 2007, 17; *Frenz,* Unterschwellenvergaben, VergabeR 2007, 1; *Gabriel,* Der persönliche Anwendungsbereich des primären EG-Vergaberechts, VergabeR 2009, 7; *Gabriel/Voll,* Marktkundungen öffentlicher Auftraggeber im Grenzbereich zwischen Leistungsbestimmungs- und Ausschreibungspflichten, NZBau 2019, 83; *Gabriel/Voll,* Das Ende der Inländerdiskriminierung im Vergabe(primär)recht, NZBau 2014, 155; *Gartz,* Das Ende der „Ahlhorn"-Rechtsprechung, NZBau 2010, 293; *Gass,* Wirtschaftsverfassung und Vergaberecht, Kurzbericht über das Wissenschaftliche Kolloquium am 6.7.2007, GewArch 2007, 375; *Gebauer,* Die Grundfreiheiten des EG-Vertrags als Gemeinschaftsgrundrechte, 2004; *Gerlach,* Geltung der AEUV-Grundsätze auch bei Inhouse-Vergaben nach der Richtlinie 2014/24/EU, NZBau 2020, 426; *Greim,* Ausschreibungspflichten beim kooperativen Städtebau nach dem „Helmut Müller"-Urteil des EuGH, ZfBR 2011, 126; *Guarrata/Wagner,* Das Verhältnis von Vergabe- und Beihilferecht, NZBau 2018, 443; *Gundel,* Staatliche Ausgleichszahlungen für Dienstleistungen von allgemeinem wirtschaftlichen Interesse: Zum Verhältnis zwischen Art. 86 Abs. 2 EGV und dem EG-Beihilfenrecht, RIW 2002, 222; *Hardraht,* In-house-Geschäfte und europäisches Vergaberecht, 2006; *Harms,* Unionsrechtliche Vorgaben für den Rechtsschutz im Vergabeverfahren unterhalb der EU-Schwellenwerte, 2013; *Hatje,* Die gemeinschaftsrechtliche Steuerung der Wirtschaftsverwaltung: Grundlagen, Erscheinungsformen, verfassungsrechtliche Grenzen am Beispiel der Bundesrepublik Deutschland, 1998; *Hattig/Ruhland,* Die Rechtsfigur der Dienstleistungskonzession, NZBau 2005, 626; *Hatzopoulos,* The Case Law of the ECJ concerning the Free Provision of Services: 2000 – 2005, CMLRev 2006, 923; *Heiß,* Allgemeines EU-Vergaberecht nach der Rechtsprechung des Gerichtshofs der Europäischen Union: Binnenmarktweite Grundanforderungen an staatliche Eigenerbringung und an nicht EU-Sekundärrecht unterfallende Aufträge sowie Plattform für künftiges Spezialrecht, VerwArch 2012, 421; *Hertwig,* Vergaberecht und staatliche (Grundstücks-)Verkäufe, NZBau 2011, 9; *Hirschberger,* Prozeduralisierung im europäischen Binnenmarktrecht: Die Verfahrensdimension der Grundfreiheiten und des Beihilfenrechts, 2010; *Hirschberger,* Bewegte Zweiteilung im Vergaberecht – Effektiver Rechtsschutz im Unterschwellenbereich –, BayVBl. 2007, 741; *Hoffmann,* Die Grundfreiheiten des EG-Vertrags als koordinationsrechtliche und gleichheitsrechtliche Abwehrrechte, 2000; *Huerkamp,* Transparenz und Gleichbehandlung als gemeinschaftsrechtliche Prinzipien der staatlichen Auftragsvergabe, 2010; *Huerkamp,* Die grundfreiheitlichen Beschränkungsverbote und die Beschaffungstätigkeit des Staates, EuR 2009, 563; *Huerkamp,* Das neue „Fördervergaberecht" bei Freiflächenanlagen, EnWZ 2015, 195; *Huerkamp/Kühling,* Primärrechtsschutz für Unterschwellenvergaben aus Luxemburg? Zu den Folgen aus den Äquivalenz- und Effektivitätsforderungen des EuGH, NVwZ 2011, 1409; *Hüser,* Ausschreibungspflichten bei der Privatisierung öffentlicher Aufgaben, 2005; *Jacob/Schmidt,* Zur Bereichsausnahme bei Wasserkonzessionen, RdE 2016, 114; *Jaeger,* Bestätigung der Bereichsausnahme für Vergaben von Rettungsdienstleistungen, NZBau 2020, 7; *Jaeger,* Und doch: Bestätigung der Bereichsausnahme für Vergaben von Rettungsdienstleistungen, NZBau 2020, 223; *Jansen/Geitel,* „Rügen und richten auch außerhalb des Kartellvergaberechts": Plädoyer für einen bundeseinheitlichen Primärrechtsschutz, VergabeR 2015, 117; *Jansen/Geitel,* OLG Düsseldorf: Informieren und Warten auch außerhalb des GWB – Pflicht oder Kür auf dem Weg zu einem effektiven Primärrechtsschutz?, VergabeR 2018, 376; *Jennert,* Das Urteil „Parking Brixen": Übernahme des Betriebsrisikos als rechtssicheres Abgrenzungsmerkmal für die Dienstleistungskonzession? – Der EuGH stellt die Kommunen vor die Entscheidung für In-house-Privilegierung oder Beteiligung am Wettbewerb, NZBau 2005, 623; *Jennert,* Vergabefremde Kriterien – keine Beihilfen, sondern gemeinwirtschaftliche Pflichten, NZBau 2003, 417; *Jennert,* Staatliche Daseinsvorsorge zwischen Beihilferecht und Vergaberecht, WRP 2003, 459; *Kadelbach,* Allgemeines Verwaltungsrecht unter europäischem Einfluss, 1999; *Kaelble,* Vergabeentscheidung und Verfahrensgerechtigkeit, 2008; *Kainer,* Der offene Teilnehmerwettbewerb als unionsrechtliches Prinzip, NZBau 2018, 387; *Kingreen,* Die Struktur der Grundfreiheiten des Europäischen Gemeinschaftsrechts, 1999; *Knipper,* Tariftreueerklärungen in öffentlichen Auftragswesen, WuW 1999, 677; *Knöbl,* Rechtsschutz bei der Vergabe von Aufträgen unterhalb der Schwellenwerte, 2008; *Koenig/Kühling,* Diskriminierungsfreiheit, Transparenz und Wettbewerbsoffenheit des Ausschreibungsverfahrens – Konvergenz von EG-Beihilfenrecht und Vergaberecht, NVwZ 2003, 779; *Koenig,* Funktionen des Bietverfahrens im EG-Beihilferecht, EuZW 2001, 741; *Köster,* Gesetzgebung ohne den Gesetzgeber? Zur „Regulierung" der Auftragsvergabe im Unterschwellenbereich durch die EU-Kommissionsmitteilung vom 24. Juli 2006, ZfBR 2007, 127; *Krohn,* Umweltschutz als Zuschlagskriterium: Grünes Licht für „Ökostrom", NZBau 2004, 92; *Kühling,* Rechtliche Grenzen der Ökologisierung des öffentlichen Beschaffungswesens, VerwArch 2004, 337; *Kühling,* Grundrechte, in v. Bogdandy/Bast, Europäisches Verfassungsrecht, 2. Aufl. 2009, 583; *Kühling,* Künftige vergaberechtliche Anforderungen an kommunale Immobiliengeschäfte, NVwZ 2010, 1257; *Kühling,* Künftige vergaberechtliche Anforderungen an kommunale Immobiliengeschäfte – Konsequenzen aus dem Fall Müller, NVwZ 2010, 1257; *Kühling/Huerkamp,* Vergaberechtsnovelle 2010/2011: Reformbedarf bei den vergabefremden Ausführungsbedingungen nach § 97 Abs. 4 Satz 2 GWB?, VergabeR 2010, 545; *Kühling/Huerkamp,* Ausschreibungsverzicht und Europäische Grundfreiheiten – Das Vergaberecht in der (Wirtschafts-)Krise, NVwZ 2009, 557; *Kullack/Terner,* EU-Legislativpaket: Die neue „klassische" Vergabekoordinierungsrichtlinie, ZfBR 2004, 244 und 346; *Landmann/Rohmer,* Umweltrecht, Kommentar, 93. EL August 2020; *Ludwigs/Weidermann,* Drittwirkung der Europäischen Grundfreiheiten – Von der Divergenz zur Konvergenz?, JURA 2014, 152; *Lutz,* Vergaberegime außerhalb des Vergaberechts?, WuW 2006, 890; *Marx,* Freiheitsgrundrechte des GG und Grundfreiheiten der EU im Verhältnis zu mitgliedstaatliche Einkaufsregeln, WiVerw 2007, 193; *McCrudden,* Buying Social Justice: Equality, Government Procurement, and Legal Change, 2007; *McGowan,* Clarity at Last? Low Value Contracts and Transparency Obligations, PPLR 2007, 274; *Meister,* In dubio pro Binnenmarktrelevanz? Mehr Transparenz im Unterschwellenbereich – auch bei geringem Auftragswert, NZBau 2015, 757; *Meyer,* Die Einbeziehung politischer Zielsetzungen bei der öffentlichen Beschaffung: Zur Zulässigkeit der Verwendung sogenannter „beschaffungsfremder Kriterien" unter besonderer Berücksichtigung der Tariftreueerklärungen, 2002; *Mohn,* Der Gleichheitssatz im Gemeinschaftsrecht: Differenzierungen im europäischen Gemeinschaftsrecht und ihre Vereinbarkeit mit dem Gleichheitssatz, 1990; *Mohr,* Energiewirtschaftliche Konzessionsverträge und Unionsrecht, RdE 2016, 269; *Mohr,* Sozial motivierte Beschaffungen nach dem Vergaberechtsmodernisierungsgesetz 2016, EuZA 2017, 23; *Müller-Graff,* Unternehmensinvestition und Investitionssteuerung im Marktrecht, Zu Maßstäben und Schranken für die überbetriebliche Steuerung von Produktionsinvestitionen aus dem Recht des wettbewerbsverfassten Marktes, 1984; *Müller-Wrede/Lux,* Die Behandlung von Projektanten im Vergabeverfahren, ZfBR 2006, 327; *Munro,* Competition Law and Public Procurement: Two Sides of the Same Coin?, PPLR 2006, 352; *Neumayr,* Value for Money v. Equal Treatment: The Relationship between the Seemingly Overriding National Rationale for Regulating Public Procurement and the Fundamental E. C. Principle of Equal Treatment, PPLR 2002, 215; *Ortner,* Vergabe von Dienstleistungskonzessionen: Unter besonderer Berücksichtigung der Entsorgungs- und Verkehrswirtschaft, 2007; *Otting/Scheps,* Direktvergabe von Eisenbahnverkehrsdienstleistungen nach der neuen Verordnung

(EG) Nr. 1370/2007, NVwZ 2008, 499; *Phillip/Vetter/Kriesel*, Veräußerungen von Grundstücken durch die öffentliche Hand, KLV 2020, 539; *Pietzcker*, Die neue Gestalt des Vergaberechts, ZHR 1998, 427; *Pietzcker*, Gerichtsschutz im Unterschwellenbereich und Tariftreueklauseln – zwei klärende Entscheidungen des Bundesverfassungsgerichts, ZfBR 2007, 131; *Plötscher*, Der Begriff der Diskriminierung im europäischen Gemeinschaftsrecht: zugleich ein Beitrag zu einer einheitlichen Dogmatik der Grundfreiheiten des EG-Vertrages, 2003; *Prieß/Hölzl*, Auf Nummer sicher gehen! – Zum Rechtsschutz bei der Beschaffung von Sicherheitsdienstleistungen, LKV 2006, 481; *Prieß/Simonis*, Die künftige Relevanz des Primärvergabe- und Beihilfenrechts, NZBau 2015, 731; *Pünder*, Vorgaben des grundgesetzlichen Gleichheitssatzes für die Vergabe öffentlicher Aufträge, VerwArch 2004, 38; *Pünder*, Die Vergabe öffentlicher Aufträge unter den Vorgaben des europäischen Beihilferechts, NZBau 2003, 530; *Puhl*, Der Staat als Wirtschaftssubjekt und Auftraggeber, VVDStRL 60 (2001), 456; *Rechten*, Die Novelle des EU-Vergaberechts, NZBau 2004, 366; *Reuber*, Kein allgemeines Bewerbungsverbot wegen Vorbefassung, VergabeR 2005, 271; *Roth*, Recht und Wettbewerb, FS Bechtold, 2006; *Ruffert*, Die künftige Rolle des EuGH im europäischen Grundrechtsschutzsystem, EuGRZ 2004, 466; *Ruhland*, Die Dienstleistungskonzession, Begriff, Standort und Rechtsrahmen der Vergabe, 2006; *Scheffler*, Zur Frage des Unternehmensbegriffs im Sinne des Art. 82 EG, EuZW 2006, 601; *Scheuing*, Zur Grundrechtsbindung der EU-Mitgliedstaaten, EuR 2005, 162; *Schönberger*, Normenkontrolle im EG-Föderalismus – Die Logik gegenläufiger Hierarchisierungen im Gemeinschaftsrecht, EuR 2003, 600; *Schröder*, Das Verfahren zur Vergabe von Wasserkonzessionen, NVwZ 2017, 504; *Schwarze*, Europäisches Verwaltungsrecht: Entstehung und Entwicklung im Rahmen der Europäischen Gemeinschaft, 2. Aufl. 2005; *Schwintowski*, Konkurrenz der Öffentlichen Hand für privatwirtschaftliche Unternehmen aus der Perspektive des Vergaberechts, ZögU 2004, 360; *Siegel*, Die Konzessionsvergabe im Unterschwellenbereich, NZBau 2019, 353; *Siegel*, Die Grundfreiheiten als Auffangordnung im europäischen und nationalen Vergaberecht, EWS 2008, 66; *Siegel*, Das Haushaltsvergaberecht – Systematisierung eines verkannten Rechtsgebiets, VerwArch 107 (2016), 1; *Siegel*, Elektronisierung des Vergabeverfahrens, LKV 2017, 385; *Sitsen*, Ist die Zweiteilung des Vergaberechts noch verfassungskonform?, ZfBR 2018, 654; *Stein/v. Rummel*, Grenzüberschreitendes Interesse bei der Unterschwellenvergabe, NZBau 2018, 589; *Stern/Sachs*, Europäische Grundrechte-Charta – GRCh, 2016; *Tietjen*, Die Europäische Beihilfekontrolle im Vergaberecht und bei der Privatisierung, 2004; *Trennt*, Die Vergabe internationaler Sportveranstaltungen – Eine Bewertung der Vergabeverfahren und der Anforderungskataloge internationaler Sportverbände am Maßstab des primärrechtlichen Vergaberechts der Europäischen Union, 2012; *Vavra*, Binnenmarktrelevanz öffentlicher Aufträge, VergabeR 2013, 384; *Wende*, Die einheitliche Auslegung von Beihilfen- und Vergaberecht als Teilgebiete des europäischen Wettbewerbsrechts, 2011; *Weyer*, Freier Warenverkehr und nationale Regelungsgewalt in der Europäischen Union: Eine Analyse des Anwendungsbereiches der Art. 30–36 EG-Vertrag auf Grundlage der Rechtsprechung des EuGH, 1997; *Wittek*, Das In-House Geschäft im EG-Vergaberecht: Die mitgliedstaatliche Bedarfsdeckung im Lichte des EG-Vergaberechts unter besonderer Berücksichtigung der In-House Vergabe, 2004; *Wollenschläger*, Das EU-Vergaberegime für Aufträge unterhalb der Schwellenwerte, NVwZ 2007, 388; *Ziekow*, Die Berücksichtigung sozialer Aspekte bei der Vergabe öffentlicher Aufträge – Dargestellt am Beispiel der sog. Kernarbeitsnormen der Internationalen Arbeitsorganisation, 2007; *Ziekow*, Vergabefremde Zwecke und Europarecht, NZBau 2001, 72.

I. Primärvergaberecht[*]

1. Entwicklung und Kerngehalte des EU-Sekundärvergaberechts. Die öffentliche Auftragsvergabe ist bereits seit den 1970er Jahren Gegenstand zunächst gemeinschafts-, heute unionsrechtlicher Rechtsetzung. Im Jahr 1971 erließ der Rat erstmals eine Richtlinie zur **Verfahrenskoordinierung** bei öffentlichen Bauaufträgen.[1] 1976 folgte eine entsprechende Richtlinie für Lieferaufträge.[2] Ziel dieser ersten Vergaberichtlinien war es, in den Mitgliedstaaten gemeinsame Verfahrensvorschriften für die Vergabe öffentlicher Aufträge zu etablieren, um Diskriminierungen zu vermeiden.[3] Diese gesetzgeberischen Bemühungen reichten jedoch nicht aus, um den gemeinschaftsrechtlich implizierten Forderungen nach einer hinreichenden Öffnung der nationalen Vergabemärkte für einen grenzüberschreitenden Wettbewerb zu genügen.[4] Staatliche Beschaffungsvorhaben wurden nach wie vor hauptsächlich innerhalb nationaler Grenzen abgewickelt, ohne dass von der Möglichkeit grenzüberschreitender Vergaben in hinreichendem Ausmaß Gebrauch gemacht wurde.

Daher wurden zu Beginn der 1990er Jahre die beiden bestehenden Richtlinien in einer Liefer- und einer Baukoordinierungsrichtlinie konsolidiert und konkretisiert.[5] Zusätzlich wurde eine wei-

---

[*] Die Autoren danken Herrn Gregor Schwerda, Mitarbeiter am Lehrstuhl von Prof. Kühling, für die umfangreiche Unterstützung bei der Vorbereitung des Manuskripts für die 4. Auflage.
[1] RL 71/305/EWG des Rates v. 26.7.1971 über die Koordinierung der Verfahren öffentlicher Bauaufträge, ABl. 1971 L 185, 5.
[2] RL 77/62/EWG des Rates v. 21.12.1976 über die Koordinierung des Verfahrens zur Vergabe öffentlicher Lieferaufträge, ABl. 1977 L 13, 1.
[3] Byok/Jaeger/*Dietlein/Fandrey* Einl. Rn. 28; *Hüser*, Ausschreibungspflichten bei der Privatisierung öffentlicher Aufgaben, 2005, 30; *Regler*, Das Vergaberecht zwischen öffentlichem und privatem Recht, 2007, 39.
[4] *Prieß* VergabeR-HdB 2.
[5] RL 93/36/EWG des Rates v. 14.6.1993 über die Koordinierung der Verfahren zur Vergabe öffentlicher Lieferaufträge (Lieferkoordinierungsrichtlinie – LKR), ABl. 1993 L 199, 1 und RL 93/37/EWG des Rates

tere, zu den bestehenden beiden Richtlinien parallele Richtlinie betreffend Dienstleistungsaufträge erlassen[6] und eine Richtlinie zur Regelung von Auftragsvergaben im Bereich der Sektoren der Wasser-, Energie- und Verkehrsversorgung sowie Telekommunikation geschaffen.[7]

Die drei klassischen Vergaberichtlinien für Liefer-, Bau- und Dienstleistungsaufträge wurden 2004 im Rahmen des sog. Legislativpakets in einer einheitlichen **Vergabekoordinierungsrichtlinie**[8] zusammengefasst, die die Vorschriften über die Vergabe öffentlicher Aufträge in übersichtlicher Weise vereinheitlichte. Die Sektorenkoordinierungsrichtlinie wurde bei dieser Gelegenheit novelliert,[9] wobei die Telekommunikation aus dem Sektorenbereich ausgenommen wurde.[10]

Ergänzt werden diese beiden, vornehmlich das Verfahren bei öffentlichen Auftragsvergaben regelnden Richtlinien durch zwei **Rechtsmittelrichtlinien**,[11] die die Mitgliedstaaten vor allem zur Einrichtung eines effektiven primären Rechtsschutzes für die Wettbewerber um öffentliche Aufträge verpflichten. Um auch die Besonderheiten von Rüstungsbeschaffungen berücksichtigen zu können, erließ die Kommission im Rahmen ihres Verteidigungspakets eine Beschaffungsrichtlinie, die insbesondere den uneingeschränkten Gebrauch des Verhandlungsverfahrens mit öffentlicher Bekanntgabe erlaubt.[12]

Nachdem die Umsetzung der Vergabe-RL 2004 und der Rechtsmittelrichtlinien in Deutschland erst Ende 2009 abgeschlossen worden war, wurde bereits 2014 ein **umfassendes Richtlinienpaket**[13] zum materiellen Vergaberecht verabschiedet, das nicht zuletzt eine weitreichende Kodifikation der bisherigen Rechtsprechung des EuGH zum Primärvergaberecht bedeutet und dadurch größere Rechtssicherheit als bisher gewährleisten soll:[14] Die RL 2014/24/EU ersetzt die bisherige Vergabe-RL 2004, die RL 2014/25/EU (Sektoren-RL) die bisherige Sektoren-RL 2004. Schließlich dehnt die RL 2014/23/EU das sekundärrechtliche Vergaberegime auf die Vergabe von Dienstleistungskonzessionen aus. Wegen des Anwendungsvorrangs des Sekundärrechts vor dem Primärvergaberecht bedeutet dies eine nicht unerhebliche Einschränkung der bisherigen praktischen Bedeutung des Primärvergaberechts im Sinne einer unmittelbaren Geltung.[15] Die Frist zur Umsetzung dieses Richtlinienpakets in nationales Recht lief am 18.4.2016 ab; in Deutschland kam es daher zu umfangreichen

---

v. 14.6.1993 zur Koordinierung der Verfahren zur Vergabe öffentlicher Bauaufträge (Baukoordinierungsrichtlinie – BKR), ABl. 1993 L 199, 54.

[6] RL 92/50/EWG des Rates v. 18.6.1992 über die Koordinierung der Verfahren zur Vergabe öffentlicher Dienstleistungsaufträge (Dienstleistungskoordinierungsrichtlinie – DKR), ABl. 1992 L 209, 1.

[7] RL 93/38/EWG des Rates v. 14.6.1993 zur Koordinierung der Auftragsvergabe durch Auftraggeber im Bereich der Wasser-, Energie- und Verkehrsversorgung sowie im Telekommunikationssektor (Sektorenkoordinierungsrichtlinie – Sektoren-RL 2004), ABl. 1993 L 199, 84.

[8] RL 2004/18/EG des Europäischen Parlamentes und des Rates v. 31.3.2004 über die Koordinierung der Verfahren zur Vergabe öffentlicher Bauaufträge, Lieferaufträge und Dienstleistungsaufträge (Vergabekoordinierungsrichtlinie – Vergabe-RL 2004), ABl. 2004 L 134, 114.

[9] RL 2004/17/EG des Europäischen Parlamentes und des Rates v. 31.3.2004 zur Koordinierung der Zuschlagserteilung durch Auftraggeber im Bereich der Wasser-, Energie- und Verkehrsversorgung sowie der Postdienste (Sektorenkoordinierungsrichtlinie – Sektoren-RL 2004), ABl. 2004 L 134, 1.

[10] Dieser Umstand ist der inzwischen auf diesem Sektor eingetretenen Liberalisierung geschuldet, die dazu führt, dass Wettbewerbsbeschränkungen nicht zu besorgen sind.

[11] RL 89/665/EWG des Rates v. 21.12.1989 zur Koordinierung der Rechts- und Verwaltungsvorschriften für die Anwendung der Nachprüfungsverfahren im Rahmen der Vergabe öffentlicher Liefer- und Bauaufträge (EG-Überwachungsrichtlinie), ABl. 1989 L 395, 93 und RL 92/13/EWG des Rates v. 25.2.1992 zur Koordinierung der Rechts- und Verwaltungsvorschriften für die Anwendung der Gemeinschaftsvorschriften über die Auftragsvergabe durch Auftraggeber im Bereich der Wasser-, Energie- und Verkehrsversorgung sowie im Telekommunikationssektor (EG-Sektorenüberwachungs-Richtlinie), ABl. 1992 L 76, 14, beide geändert durch RL 2007/66/EG des Europäischen Parlamentes und des Rates v. 11.12.2007 zur Änderung der RL 98/665/EWG und 92/13/EWG des Rates im Hinblick auf die Verbesserung der Wirksamkeit der Nachprüfungsverfahren bezüglich der Vergabe öffentlicher Aufträge, ABl. 2007 L 335, 31.

[12] RL 2009/81/EG des Europäischen Parlaments und des Rates v. 13.7.2009 über die Koordinierung der Verfahren zur Vergabe bestimmter Bau-, Liefer- und Dienstleistungsaufträge in den Bereichen Verteidigung und Sicherheit und zur Änderung der RL 2004/17/EG und 2004/18/EG, ABl. 2009 L 216, 76.

[13] RL 2014/23/EU des Europäischen Parlamentes und des Rates v. 26.2.2014 über die Konzessionsvergabe, ABl. 2014 L 94, 1; RL 2014/24/EU des Europäischen Parlamentes und des Rates v. 26.2.2014 über die öffentliche Auftragsvergabe und zur Aufhebung der RL 2004/18/EG, ABl. 2014 L 94, 65; RL 2014/25/EU des Europäischen Parlamentes und des Rates v. 26.2.2014 über die Vergabe von Aufträgen durch Auftraggeber im Bereich der Wasser-, Energie- und Verkehrsversorgung sowie der Postdienste und zur Aufhebung der RL 2004/17/EG, ABl. 2014 L 94, 243.

[14] So ausdrücklich etwa Erwägungsgrund 2 RL 2014/24/EU; zT abweichend im Hinblick auf die Konzessionsvergabe Erwägungsgrund 4 RL 2014/23/EU; umfassend dazu *Oberndörfer/Lehmann* BB 2015, 1027.

[15] AA wohl *Prieß/Simonis* NZBau 2015, 731 (736).

Änderungen va des 4. Teils des GWB durch das Gesetz zur Modernisierung des Vergaberechts (VergRModG vom 17.2.2016, BGBl. 2016 I 203), das darüber hinaus eine erhebliche Vereinfachung des nationalen Vergaberechtsbestandes zum Ziel hatte.[16]

6 **2. Rahmen, Reichweite und Aufgabe des EU-Primärvergaberechts.** Abgesehen von Art. 179 Abs. 2 AEUV und Art. 199 Abs. 4 AEUV findet die staatliche Auftragsvergabe in den EU-Verträgen keine explizite Erwähnung. Es besteht jedoch Einigkeit darüber, dass die Grundregeln der Verträge, insbesondere die **Grundfreiheiten**, auf die Beschaffungstätigkeit der öffentlichen Hand Anwendung finden.[17] Diese Grundregeln sind allerdings nicht auf die staatliche Beschaffungstätigkeit zugeschnitten, sie enthalten kein detailliertes Regelungsprogramm, das Spielräume und Verbindlichkeiten staatlicher Stellen klar festlegt. Gleichzeitig sind sie aber nicht lediglich unverbindliche Prinzipien, sondern erheben Anspruch darauf, wie der EuGH mehrfach deutlich gemacht hat, für einzelne Beschaffungsvorgänge konkrete Rechtsfolgen herbeizuführen. Insbesondere folgt der Gerichtshof aus den Grundfreiheiten eine generelle Verpflichtung dazu, Transparenz bei der Vergabe auch in denjenigen Fällen zu schaffen, die nicht vom Sekundärrecht erfasst werden.[18] Beide Beobachtungen, die tatbestandliche Weite des Primärrechts und die konkrete Verbindlichkeit im Einzelfall, führen zu den charakteristischen Schwierigkeiten des EU-Primärvergaberechts, die erhebliche Rechtsunsicherheit für Vergabestellen, Bieter und nationale Gerichte nach sich ziehen. Nur am Rande, da nicht Gegenstand dieser Kommentierung, sei vermerkt, dass in den Bereichen, in denen das Sekundärvergaberecht nicht zur Anwendung gelangt, weil kein erfasstes Austauschverhältnis und auch **keine Beschaffung** vorliegt,[19] die **grundfreiheitlichen Anforderungen** gleichwohl greifen.[20] Es stellt sich dann aber die Frage, ob die mit Blick auf die staatliche Beschaffungstätigkeit aus den Geboten der Transparenz und der Gleichbehandlung entwickelten Pflichten insbesondere auch für Verkaufsvorgänge – wie die Veräußerung eines Grundstücks – gelten und ggf. sogar **Ausschreibungspflichten** begründen können. Letzteres ist bislang gerichtlich noch ungeklärt.[21]

7 Es spricht viel dafür, für die Anwendung primärvergaberechtlicher Grundsätze in Übereinstimmung mit der Rechtsprechung zum sekundärrechtlichen Begriff des Auftrags ein **hinreichend konkretisiertes Austauschverhältnis** zu fordern, in dessen Rahmen die jeweilige öffentliche Stelle etwas „beschafft". Dies meint nach der grundlegenden Feststellung des EuGH[22] im Hinblick auf die Leistungsseite des Austauschverhältnisses, dass die Leistung des „Auftragnehmers" erstens ein unmittelbares wirtschaftliches Interesse der öffentlichen Stelle befriedigen soll, die Leistungspflicht zweitens rechtsverbindlich und einklagbar vereinbart wird und die öffentliche Stelle drittens einen hinreichenden Einfluss auf die Ausgestaltung der Leistungserbringung nimmt. Zugespitzt formuliert bedeutet dies, dass ein vom Primärvergaberecht erfasster Vorgang staatlicher Wirtschaftstätigkeit verlangt, dass die öffentliche Stelle in die **Rolle eines „Auftraggebers"** schlüpft, der am wirtschaftlichen Erfolg der Leistungserbringung partizipiert und dem dessen konkrete Gestalt nicht weitgehend gleichgültig ist. Dass sich die öffentliche Stelle Waren, Bauleistungen,

---

[16] Begr. zum RegE des VergRModG, BT-Drs. 18/6281, 2 f.
[17] Statt vieler *Arrowsmith*, The Law of Public and Utilities Procurement, Bd. 1, 3. Aufl. 2014, Rn. 4.1.
[18] So aus jüngerer Zeit EuGH Urt. v. 11.12.2014 – C-113/13, ECLI:EU:C:2014:2440 Rn. 45 = NZBau 2015, 377 – Azienda sanitaria locale n. 5 „Spezzino" ua; EuGH Urt. v. 9.9.2010 – C-64/08, Slg. 2010, I-8219 Rn. 49 = ECLI:EU:C:2010:506 = EuZW 2010, 821 – Engelmann (mwN); EuGH Urt. v. 13.4.2010 – C-91/08, Slg. 2010, I-2815 Rn. 33 = ECLI:EU:C:2010:182 = NZBau 2010, 382 – Wall; ausf. dazu *Trennt*, Die Vergabe internationaler Sportveranstaltungen – Eine Bewertung der Vergabeverfahren und der Anforderungskataloge internationaler Sportverbände am Maßstab des primärrechtlichen Vergaberechts der Europäischen Union, 2012, 90 ff.
[19] Dazu grundlegend mit Blick auf kommunale Grundstücksgeschäfte zur Verfolgung städtebaulicher Ziele EuGH Urt. v. 25.3.2010 – C-451/08, Slg. 2010, I-2673 = ECLI:EU:C:2010:168 = NZBau 2010, 321 – Helmut Müller; dazu *Gartz* NZBau 2010, 293; *Kühling* NVwZ 2010, 1257.
[20] Vgl. den Hinweis des EuGH auf die Niederlassungs- und Kapitalverkehrsfreiheit für den Fall der Veräußerung eines Pakets von Aktien eines öffentlichen Kasinounternehmens EuGH Urt. v. 6.5.2010 – C-145/08, Slg. 2010, I-4165 Rn. 63 = ECLI:EU:C:2010:247 = ZfBR 2010, 488 – Club Hotel Loutraki.
[21] Vgl. dafür grundsätzlich *Kühling* NVwZ 2010, 1257 (1261); dafür auch *Hertwig* NZBau 2011, 9; *Mohr* RdE 2016, 269 (272 f.); *Mohr* EuZA 2017, 23 (27); *Phillip/Vetter/Kriesel* LKV 2020, 539 (540); *Prieß/Simonis* NZBau 2015, 731 (733, 735).
[22] EuGH Urt. v. 25.3.2010 – C-451/08, Slg. 2010, I-2673 Rn. 49 ff. = ECLI:EU:C:2010:168 = NZBau 2010, 321 – Helmut Müller; anschaulich dazu auch OLG Düsseldorf Beschl. v. 9.6.2010 – Verg 9/10, ECLI:DE:OLGD:2010:0609.VII:VERG9.10.00 = ZfBR 2010, 602 (604 f.); OLG München Beschl. v. 27.9.2011 – Verg 15/11, ECLI:DE:OLGMUEN:2011:0927.VERG15.11.0A = NZBau 2012, 134 (135 f.); umfassend und teilw. krit. zu den vom EuGH aufgestellten Kriterien etwa *Kühling* NVwZ 2010, 1257 (1258 ff.); *Greim* ZfBR 2011, 126 ff.; *Hanke* ZfBR 2010, 562 ff.; *Jarass* VergabeR 2010, 562 ff.

Dienstleistungen usw körperlich beschafft, ist nicht notwendig.[23] Eine rein im Allgemeininteresse liegende Ausübung bestimmter (zB städtebaulicher) Regelungszuständigkeiten genügt nach dem EuGH aber nicht, um eine Beschaffung anzunehmen.[24] Ferner ist zu berücksichtigen, dass bei der Verneinung der Beschaffungsqualität staatlicher Marktteilnahme zumeist der Anwendungsbereich des EU-Beihilfenrechts eröffnet sein wird: Es geht somit letztlich um die Abgrenzung von Vergabe- und EU-Beihilfenrecht.

8 Dies wird auch deutlich im Rahmen der Mitteilungen der Kommission im Bereich der **Dienstleistungen von allgemeinem wirtschaftlichen Interesse**,[25] bei denen sich schon angesichts der Definitionsnotwendigkeit der Dienstleistung von allgemeinem wirtschaftlichen Interesse und der Förderung durch die öffentliche Hand die Prüfung einer vergaberechtlichen Ausschreibungspflicht aufdrängt. Die erste Voraussetzung der Müller-Rechtsprechung des EuGH, nämlich die des unmittelbaren wirtschaftlichen Interesses, wird hier angesichts der Förderzahlung erfüllt sein. Auch der Einfluss auf die Leistungskonkretisierung wird oftmals gegeben sein. Fraglich ist dann, ob eine Leistung rechtsverbindlich und einklagbar „beschafft" wird oder ob „nur" eine klassische Subventionszahlung – etwa im Rahmen eines Verwaltungsaktes – erfolgt, ohne dass die Leistung erzwungen werden könnte. Insoweit ist dann darauf zu achten, dass kein missbräuchlicher Rückgriff auf das Förderinstrumentarium erfolgt, um eine Ausschreibungspflicht zu umgehen. Jedenfalls wird die Vereinbarung einer Pönale nur für den Fall der Nichterbringung der Leistung regelmäßig als Absicherung einer „Einklagbarkeit" ausreichen und damit eine Ausschreibungspflicht begründen. Weitere Indikatoren sind ebenfalls, inwiefern potenzielle weitere, gleich geeignete Interessenten vorhanden sind und ausgeschlossen werden, was durchaus zu einer unterschiedlichen Bewertung im Laufe der Zeit (dynamische Betrachtung) führen kann. Jedenfalls kommt im Falle nicht exklusiver Rechte grundsätzlich keine Ausschreibungspflicht in Betracht. Das ist etwa beim Abschluss nicht exklusiver Gestattungsverträge für die Verlegung von Fernwärmeleitungen grundsätzlich der Fall.[26]

9 Angesichts der bisher nur zaghaften Klärungsversuche des EuGH in dieser Frage und der auch insofern kaum Erkenntnis stiftenden Mitteilung der Kommission aus dem Jahr 2006[27] versucht diese Kommentierung, das amorphe Rechtsgebiet grundlegend zu dogmatisieren, um durch Extrapolation ein System des primären Vergaberechts zu entwickeln, das dem Rechtsanwender mehr Rechtssicherheit bietet, indem es die **Prognostizierbarkeit** künftiger Entwicklungen erleichtert. Freilich hat ein solches Bemühen Grenzen: Das Primärvergaberecht bleibt ein Rechtsgebiet, das in der **Entwicklung** begriffen ist und sich deshalb auch nicht abschließend beschreiben lässt.

10 Möchte die Vergabestelle völlige Sicherheit über die Rechtmäßigkeit ihres Vorgehens haben, wird ihr nichts anderes übrig bleiben als die Maßstäbe, die sich aus der Rechtsprechung des EuGH ergeben, überzuerfüllen, indem sie die Vergaberichtlinien auch außerhalb ihres Anwendungsbereichs zur Richtschnur nimmt.[28]

11 **a) Allgemeiner Rahmen: Öffentliche Wirtschaftstätigkeit und Recht des Binnenmarktes.** Vor diesem Hintergrund ist es zweckmäßig, sich der Grundlagen des Primärvergaberechts zu vergewissern, um die Charakteristika und Schwierigkeiten dieses Rechtsgebietes sichtbar zu machen.

12 Zunächst gilt, dass die Grundregeln der Verträge erst als Folge der Entscheidung staatlicher Stellen, am Markt einzukaufen, Anwendung finden können. Sie begleiten den Prozess der **staatlichen Marktteilnahme,** erzwingen diesen aber nicht. Der EuGH hat festgestellt, dass es den Mit-

---

[23] EuGH Urt. v. 25.3.2010 – C-451/08, Slg. 2010, I-2673 Rn. 53 f. = ECLI:EU:C:2010:168 = NZBau 2010, 321 – Helmut Müller.

[24] EuGH Urt. v. 25.3.2010 – C-451/08, Slg. 2010, I-2673 Rn. 57 = ECLI:EU:C:2010:168 = NZBau 2010, 321 – Helmut Müller; vgl. auch OLG München Beschl. v. 27.9.2011 – Verg 15/11, ECLI:DE:OLGMUEN:2011:0927.VERG15.11.0A = NZBau 2012, 134 (135 f.).

[25] Leitfaden der Kommission zur Anwendung der Vorschriften der Europäischen Union über staatliche Beihilfen, öffentliche Aufträge und den Binnenmarkt auf Dienstleistungen von allg. wirtschaftlichem Interesse und insbes. auf Sozialdienstleistungen von allg. Interesse v. 29.4.2013, SWD(2013) 53 final/2; vgl. auch Kom., Mitteilung der Kommission über die Anwendung der Beihilfevorschriften der Europäischen Union auf Ausgleichsleistungen für die Erbringung von Dienstleistungen von allg. wirtschaftlichem Interesse v. 11.1.2012, ABl. 2012 C 8, 4 ff.

[26] Dazu ausf. *Kühling,* Ausschreibungspflichten beim Abschluss von Gestattungsverträgen für die Verlegung von Fernwärmeleitungen, in Körber/Kühling, Ausschreibung von Fernwärmenetzen?, 2016, 9 ff.

[27] Kom., Mitteilung Unterschwellenvergabe, ABl. 2006 C 179, 2.

[28] In diese Richtung Bekanntmachung des Bayerischen Staatsministeriums des Innern über die Vergabe von Aufträgen im kommunalen Bereich v. 14.10.2005, AllMBl. 2005, 424, die unter Nr. 3 empfiehlt, auch unterhalb der Schwellenwerte die VOL/A anzuwenden, um rechtliche Risiken zu vermeiden.

gliedstaaten europarechtlich grundsätzlich freisteht, ihren Bedarf mit eigenen Mitteln und ohne Marktteilnahme zu decken.[29] Ein primärrechtliches Vergaberegime ist damit stets nur Folge der staatlichen Marktteilnahme, über die ihrerseits ohne europarechtliche Bindung entschieden werden kann. Im Falle der Marktteilnahme sind die Grundregeln des AEUV, insbesondere die Grundfreiheiten, zu beachten.

13 In ihrer klassischen Funktion stecken die Grundfreiheiten den Spielraum staatlicher Marktregulierung ab. Im Fokus stehen der Staat und seine Stellen als regulierende Einheiten.[30] Die Einordnung staatlicher Nachfrage in den Kontext der Grundfreiheiten ist demgegenüber mit einem Perspektivwechsel verbunden: Nicht regulatorisches Handeln im klassischen Sinne steht im Mittelpunkt, sondern die Teilnahme des Staates am Marktgeschehen. Die öffentliche Hand nutzt das Angebot privater Anbieter, um einen staatlichen Bedarf zu decken. Dem Wortlaut der Grundfreiheiten nach wirft dieser Perspektivwechsel keine Schwierigkeiten auf. Diese Vorschriften sind nämlich neutral gefasst und sprechen von „Maßnahmen" (Art. 34 AEUV), „Behandlung" (Art. 45 AEUV) oder „Beschränkungen" (Art. 49, 56 AEUV). Damit verengen sie den Blick nicht auf rein regulatorisches Handeln, sondern bleiben auch für andere Gefährdungslagen offen.[31] Dieser Hinweis auf die Formulierung der einschlägigen Vorschriften bleibt aber die Antwort schuldig, warum sich der Staat als Käufer den Grundfreiheiten unterwerfen soll, wenn doch der private Käufer, selbst wenn er im großen Stil kauft, von ihrer Anwendung verschont bleibt.

14 Die Antwort auf diese Frage zeigt, dass die staatliche Auftragsvergabe keinesfalls isoliert betrachtet werden darf, sondern sich als Teilstück einer Gesamtentwicklung zeigt, die der staatlichen Marktteilnahme allgemein skeptisch gegenübersteht und dieser Skepsis durch Anwendung des Primärrechts Ausdruck verleiht. So hat das primäre Unionsrecht insgesamt Maßstäbe entwickelt, um der staatlichen Marktteilnahme in ihren verschiedenen Facetten Grenzen aufzuerlegen. Handelt die öffentliche Hand als Investor, verlangt Art. 107 AEUV, dass sie sich „wie ein privater Investor vergleichbarer Größe" verhält.[32] Tritt der Staat als Aktionär auf, folgen aus Art. 63 AEUV Grenzen, wenn er sich als Teilhaber eines Unternehmens wesentlichen Einfluss sichern möchte, auch wenn dies in einer privatrechtlichen Satzung geschieht[33] oder Begünstigungen betrifft, die dem staatlichen Anteilseigner genauso wie jedem anderen Anteilseigner zugutekommen.[34] In diesen Kontext schließlich passt es, wenn der Gerichtshof den Staat auch als Käufer an die Grundfreiheiten bindet. Die eingangs geschilderte Skepsis gegenüber staatlicher Marktteilnahme, die – wenn auch nicht allein – die Anwendung der Grundfreiheiten auf privatwirtschaftliches Tätigwerden der öffentlichen Hand verständlich macht, scheint sich dabei im Wesentlichen auf die **unterschiedlichen ökonomischen Anreizwirkungen auf private und staatliche Wirtschaftstätigkeit** stützen zu können.

15 Öffentliche Wirtschaftstätigkeit ist aus zwei Gründen nicht denselben ökonomischen Zwängen unterworfen, wie sie private Tätigkeit kennzeichnet. Zum einen hat der Staat im Gegensatz zu Privaten hoheitlichen Zugang zu finanziellen Ressourcen durch seine Kompetenz im Bereich der Abgaben und Steuern.[35] Zum Zweiten und eng damit verbunden ist unwirtschaftliches Handeln öffentlicher Stellen nicht mit dem Ausscheiden aus dem Markt, also dem Konkurs, bedroht.[36] Aus dieser Ausgangslage ergibt sich ein Gefährdungspotenzial für den Binnenmarkt. Die öffentliche Hand kann es sich leisten, das Marktverhalten nach politischen und damit nicht nach marktwirtschaftlichen Kriterien auszurichten. Als Investor kann sie unrentable nationale Unternehmen durch marktfremde Finanzierungshilfen im Markt halten, als Aktionär aufgrund protektionistischer Erwägungen nationale Unternehmen vor der Übernahme schützen und als Käufer nationalen oder lokalen Marktteil-

---

[29] EuGH Urt. v. 11.1.2005 – C-26/03, Slg. 2005, I-1 Rn. 48 = ECLI:EU:C:2005:5 = NZBau 2005, 111 – Stadt Halle; *Trennt*, Die Vergabe internationaler Sportveranstaltungen – Eine Bewertung der Vergabeverfahren und der Anforderungskataloge internationaler Sportverbände am Maßstab des primärrechtlichen Vergaberechts der Europäischen Union, 2012, 74; ausf. *Wittek*, Das In-House Geschäft im EG-Vergaberecht: Die mitgliedstaatliche Bedarfsdeckung im Lichte des EG-Vergaberechts unter besonderer Berücksichtigung der In-House Vergabe, 2004, 76 ff.

[30] Dazu Calliess/Ruffert/*Kingreen* AEUV Art. 34–36 Rn. 17.

[31] Ähnlich Calliess/Ruffert/*Kingreen* AEUV Art. 34–36 Rn. 108; *Müller-Graff* EuR 2014, 3 (17).

[32] Das sog. *market economy investor principle*; s. zB EuGH Urt. v. 16.5.2002 – C-482/99, Slg. 2002, I-4397 Rn. 70 = ECLI:EU:C:2002:294 = NVwZ 2003, 461 – Kommission/Frankreich (Stardust); *Koenig/Kühling/Ritter* EG-BeihilfenR-HdB Rn. 74 ff.

[33] EuGH Urt. v. 13.5.2003 – C-98/01, Slg. 2003, I-4641 = ECLI:EU:C:2003:273 = NJW 2003, 2666 – Kommission/Vereinigtes Königreich.

[34] EuGH Urt. v. 23.10.2007 – C-112/05, Slg. 2007, I-8995 = ECLI:EU:C:2007:623 = NJW 2007, 3481 – Kommission/Deutschland.

[35] Allg. *Mestmäcker/Schweitzer* EuWettbR § 34 Rn. 3 (mit speziellem Bezug zur öffentlichen Auftragsvergabe noch *Mestmäcker/Schweitzer* EuWettbR, 2. Aufl. 2004, § 36 Rn. 2).

[36] Ebenfalls mit Bezug zur Auftragsvergabe *Schwintowski* ZögU 2004, 360 (361).

nehmern vorteilhafte Staatsaufträge zusprechen. Diesen grundsätzlichen Unterschied zwischen privat- und öffentlich-wirtschaftlicher Tätigkeit hat auch der EuGH in seinem Urteil zur Transparenzrichtlinie anerkannt. Der Gerichtshof hielt fest, dass private Unternehmen ihr Vorgehen „insbesondere mit Rücksicht auf Rentabilitätsanforderungen" festlegen, wohingegen im öffentlichen Sektor Entscheidungen „anderen Faktoren ausgesetzt" seien, die ua „Interessen des Allgemeinwohls" betreffen können.[37] Angesichts dieses Potenzials muss die wirtschaftliche Aktivität eines Mitgliedstaates an den Grundfreiheiten gemessen werden, sollen diese ihrer in Art. 26 Abs. 1 AEUV gestellten Aufgabe gerecht werden, einen Binnenmarkt zu schaffen.

Diese Überlegungen geben dem EuGH das Mandat, **prätorisch** Vorgaben für nationale Verfahren der Bedarfsdeckung aus den Grundfreiheiten zu gewinnen. Berücksichtigt man, dass sich auch der Unionsgesetzgeber das Ziel gesetzt hat, die aus den Grundfreiheiten zu gewinnenden Vorgaben zu konkretisieren,[38] dann ist ein Konflikt dieser beiden Vorgänge absehbar. Beide Prozesse sind einer unterschiedlichen Dynamik unterworfen. Während sich die Verabschiedung der Richtlinien als ein machtpolitisches Ringen um den Kompromiss zwischen Kommission, Rat und Parlament darstellt, unterliegt das Vorgehen der Rechtsprechung anderen institutionellen Vorgaben. Damit stellt sich das Problem des **Verhältnisses zwischen Primär- und Sekundärrecht** auch im Vergaberecht in ganzer Schärfe. Praktische Probleme treten dabei dort auf, wo die Richtlinie Ausnahmen vorsieht (zB für den Erwerb, die Miete oder Pacht von Grundstücken in Art. 10 lit. a RL 2014/24/EU) oder den eigenen Anwendungsbereich begrenzt (zB durch Festlegung der Schwellenwerte). Ein politisch besonders brisanter Konfliktfall könnte sich bei der Vergabe von **Wasserkonzessionen** abzeichnen. Art. 12 RL 2014/23/EU (umgesetzt in § 149 Nr. 9 GWB nF; → GWB § 149 Rn. 50 ff.) sieht insoweit eine generelle Ausnahme im „Bereich Wasser" vor, die auf ein heftiges politisches Tauziehen zurückgeht, das auch weite Teile der Öffentlichkeit bewegte.[39] Es stellt sich dennoch die Frage, ob mit diesem Kompromiss in Art. 12 RL 2014/23/EU die Vergabe von Wasserkonzessionen auch dem Primärvergaberecht entzogen sein kann.[40] Betont man insoweit die autoritative Legitimität des institutionellen Gesetzgebungsprozesses, wird man dem in der Richtlinie gefundenen Kompromiss auch Bedeutung für die Anwendbarkeit des Primärrechts zusprechen. Favorisiert man umgekehrt die richterliche Entwicklung eines primärrechtlichen Vergabestandards und nimmt die **Normenhierarchie** zwischen Primär- und Sekundärrecht ernst, kann dem Sekundärrecht nicht einmal Indizwirkung bei der Auslegung des Primärrechts zukommen. Ohne der Diskussion vorgreifen zu wollen, kann bereits hier festgestellt werden, dass sich der EuGH keinesfalls der ersten Lesart angeschlossen hat, sondern auch außerhalb des Anwendungsbereichs der Richtlinien das Primärrecht zur Wirkung kommen lässt. Folgerichtig hat auch das OLG Düsseldorf entschieden, dass die Vergabe einer Wasserkonzession durch eine Gemeinde den Grundanforderungen des Primärvergaberechts unterliegt.[41] Der BGH hat die nachgehende Nichtzulassungsbeschwerde zurückgewiesen.[42] Problematisch könnte sich das Verhältnis zwischen Primär- und Sekundärrecht auch bei der **Vergabe von Rettungsdienstleistungen** erweisen (→ Rn. 105).

Mit dieser Weichenstellung verknüpft ist eine weitere Schwierigkeit des primären Vergaberechtes. Wird das Primärvergaberecht losgelöst von den klaren Strukturen des Sekundärrechts entwickelt, findet es sich im Spannungsfeld von mitgliedstaatlicher **Verfahrensautonomie**[43] und vertragsrechtlichen Vorgaben wieder: Das primäre Unionsrecht kann nicht einfach das Verfahren der Auftragsvergabe bis ins kleinste Detail erfassen, sondern nur insoweit Vorgaben treffen, wie sich diese unmittelbar dem Primärrecht entnehmen lassen. Gerade wenn Begriffe mit unklarem Bedeutungskern wie

---

[37] EuGH Urt. v. 6.7.1982 – 188/80, Slg. 1982, 2545 Rn. 21 = ECLI:EU:C:1982:257 = BeckRS 2004, 72099 – Frankreich, Italien und Vereinigtes Königreich/Kommission; ähnlich zum Spielraum der öffentlichen Hand auch EuGH Urt. v. 12.11.1998 – C-360-96, Slg. 1998, I-6821 Rn. 43 = ECLI:EU:C:1998:525 = NVwZ 1999, 397 – BFI Holding.

[38] Vgl. zu dieser Motivation Erwägungsgrund 1 RL 2014/24/EU, ABl. 2014 L 94, 65.

[39] Nachw. bei *Jacob/Schmidt* RdE 2016, 114 (116 f.).

[40] So etwa (allerdings mit fragwürdiger Begr.) *Jacob/Schmidt* RdE 2016, 114 (120); aA *Ganske* in Landmann/Rohmer, Umweltrecht, Kommentar, 93. EL August 2020, WHG § 56 Rn. 81 ff.; *Schröder* NVwZ 2017, 504 (504 f.).

[41] OLG Düsseldorf Urt. v. 21.3.2018 – VI-2 U Kart 6/16, ECLI:DE:OLGD:2018:0321.VI8211.2U.KART6.1.00 = BeckRS 2018, 11739 Rn. 34 ff.

[42] BGH Beschl. v. 26.2.2019 – KZR 22/18, ECLI:DE:BGH:2019:260219BKZR22.18.0 = VPRRS 2019, 0125.

[43] Zu dieser Figur EuGH Urt. v. 21.9.1983 – 205/82, Slg. 1983, 2633 Rn. 17 = ECLI:EU:C:1983:233 = BeckRS 2004, 72267 – Deutsche Milchkontor; *Hatje*, Die gemeinschaftsrechtliche Steuerung der Wirtschaftsverwaltung: Grundlagen, Erscheinungsformen, verfassungsrechtliche Grenzen am Beispiel der Bundesrepublik Deutschland, 1998, 24; *Kadelbach*, Allgemeines Verwaltungsrecht unter europäischem Einfluss, 1999, 110 ff., insbes. 113.

„Transparenz" Eingang in den rechtlichen Diskurs finden, ist Vorsicht geboten. Transparenz als solche kann nur soweit verbindlich sein, wie die Grundfreiheiten sie verlangen. Genau dasselbe gilt für andere Vorgaben wie die zulässigen Bewertungskriterien für Bieter und Leistung und den Adressatenkreis des Primärvergaberechts. Auch hier müssen sich die Anforderungen dogmatisch aus den Grundfreiheiten selbst ableiten lassen, um nicht in unzulässiger Weise die Autonomie der Mitgliedstaaten zu beeinträchtigen.

18 Eng mit der Frage der Autonomie verknüpft ist schließlich ein weiteres Problem eines primärrechtlichen Vergaberegimes. Die ständige Rechtsprechung des EuGH betont die Bedeutung des Primärrechts für den Schutz der Interessen potenzieller Bieter.[44] Der Blick auf das Beschaffungswesen erfolgt somit aus **subjektiv-rechtlicher Perspektive.** Dies wirft die Frage auf, wie das Interesse der öffentlichen Hand im Konfliktfall mit dem Interesse der potenziellen Bieter in Einklang zu bringen ist. Besonders deutlich tritt dieser Konflikt zu Tage, wenn die Transaktionskosten, die den öffentlichen Stellen durch die primärrechtlich erzwungene Öffnung ihrer Beschaffungstätigkeit entstehen, in den Mittelpunkt rücken.

19 **b) Prätorische Entwicklung des Primärvergaberechts durch den EuGH. aa) Begriff der Vergabe.** Im strengen Sinne ist der Begriff des Primär**vergabe**rechts verfehlt. Wie soeben gezeigt, geht es eigentlich um die Erfassung staatlicher Teilnahme am Marktgeschehen insgesamt durch das vertragliche Primärrecht. **Staatliche Teilnahme am Markt** ist wesentlich weiter zu verstehen, als es der in § 103 Abs. 1 GWB oder Art. 2 Abs. 1 Nr. 5 RL 2014/24/EU definierte Begriff des „öffentlichen Auftrags" nahe legt. Gleichzeitig ist es nicht Aufgabe dieser Kommentierung, sämtliche Vorgaben für öffentliche Marktteilnahme aus den Grundfreiheiten zu entwickeln. Aus diesem Grund soll der Begriff der Vergabe nur einen Ausschnitt der Aktivitäten der öffentlichen Hand im Markt erfassen, der allerdings nicht gleichgesetzt werden darf mit dem einfachgesetzlichen oder sekundärrechtlichen Vergabeverständnis. Erfasst ist deshalb über das Sekundärrecht hinaus, das inzwischen auch Konzessionen aller Art sowie die In-House-Vergabe für den Bereich oberhalb der Schwellenwerte regelt, der **staatliche Einkauf,** unabhängig von seiner Größenordnung. Obwohl es sich bei diesen Vorgängen nicht immer im strikten Sinne um Vergaben handelt, hat sich die Bezeichnung „Primärvergaberecht" als Oberbegriff[45] eingebürgert. Sie soll deshalb auch hier verwandt werden.

20 Daneben kann das Primärvergaberecht auch Sachverhalte erfassen, die auf den ersten Blick einen noch geringeren Bezug zur klassischen staatlichen Auftragsvergabe aufweisen. So sind nach der Rechtsprechung des EuGH die „Grundregeln des Vertrags" auch anzuwenden, wenn staatliche Stellen unter Bewerbern **Erlaubnisse** erteilen, die zur **Ausübung einer bestimmten wirtschaftlichen Tätigkeit** berechtigen.[46] Relevanz kann diese Rechtsprechung zB auch im deutschen **Energierecht** entfalten, wenn es um den Zuschlag für die Förderung auf Grundlage der §§ 28 ff. EEG 2021 geht.[47] Mit der **Umstellung des gesamten Fördersystems** – einschließlich der Windenergie off- und onshore – auf Ausschreibungen dürfte dann auch dem Primärvergaberecht erhöhte Relevanz zukommen. Bereits jetzt gibt es für die Einräumung exklusiver Wegenutzungsverträge im Energierecht entsprechende Ausschreibungspflichten nach § 46 EnWG, die trotz fehlender sekundärrechtlicher Vorgaben eine Ausschreibungspflicht einfachgesetzlich für exklusive Genehmigungen normieren und so den Anforderungen des Primärvergaberechts gerecht zu werden versuchen.[48] Anders zu

---

[44] EuGH Urt. v. 14.11.2013 – C-221/12, ECLI:EU:C:2013:736 Rn. 32 = ZfBR 2014, 187 – Belgacom; EuGH Urt. v. 13.4.2010 – C-91/08, Slg. 2010, I-2815 Rn. 34/36 = ECLI:EU:C:2010:182 = NZBau 2010, 382 – Wall; EuGH Urt. v. 13.11.2007 – C-507/03, Slg. 2007, I-9777 Rn. 27 = ECLI:EU:C:2007:676 = EuZW 2008, 23 – An Post; EuGH Urt. v. 18.10.2001 – C-19/00SIAC, Slg. 2001, I-7725 Rn. 32 = ECLI:EU:C:2001:553 = NVwZ 2002, 65 – SIAC Construction; EuGH Urt. v. 3.10.2000 – C-380/98, Slg. 2000, I-8035 Rn. 16 = ECLI:EU:C:2000:529 = NZBau 2001, 218 – University of Cambridge; ähnlich EuGH Urt. v. 12.11.1998 – C-360-96, Slg. 1998, I-6821 Rn. 41 = ECLI:EU:C:1998:525 = NVwZ 1999, 397 – BFI; *Dörr* in Müller-Wrede Kompendium VergabeR Kap. 2 Rn. 35.

[45] *Frenz* EuropaR-HdB III Rn. 1721 spricht von „primärrechtliche(m) Vergabeeuroparecht"; *Heiß* VerwArch 2012, 421 (450) bringt daneben den Terminus „EU-Sockelvergaberechts" ins Spiel; *Mohr* EuZA 2017, 23 (27) nennt die hiesige Terminologie hingegen „untechnisch"; ebenso *Mohr* RdE 2016, 269 (272).

[46] EuGH Urt. v. 14.11.2013 – C-221/12, ECLI:EU:C:2013:736 Rn. 33 = ZfBR 2014, 187 – Belgacom; EuGH Urt. v. 3.6.2010 – C-203/08, Slg. 2010, I-4695 Rn. 38 ff. = ECLI:EU:C:2010:307 = MMR 2010, 850 – Sporting Exchange Ltd. (Zulassung zum Glücksspiel); EuGH Urt. v. 9.9.2010 – C-64/08, Slg. 2010, I-8219 Rn. 52 – ECLI:EU:C:2010:506 = EuZW 2010, 821 – Engelmann (Betrieb einer Spielbank).

[47] Dazu ausf. *Huerkamp* EnWZ 2015, 195 (196 f.) auf Gundlage der vorhergehenden Verordnung zur Einführung von Ausschreibungen der finanziellen Förderung von Freiflächenanlagen; vgl. auch OLG Düsseldorf Beschl. v. 5.9.2018 – 3 Kart 80/17 V, ECLI:DE:OLGD:2018:0905.3KART80.17V.00 = RdE 2019, 71 Rn. 29 zum EEG 2017.

[48] Dazu ausf. *Kühling,* Ausschreibungspflichten beim Abschluss von Gestattungsverträgen für die Verlegung von Fernwärmeleitungen, in Körber/Kühling, Ausschreibung von Fernwärmenetzen?, 2016, 9, 18 ff.; *Mohr* RdE 2016, 269.

beurteilen sind dagegen wiederum nicht exklusive Gestattungsrechte, etwa bei der Verlegung von Fernwärmeleitungen (→ Rn. 8), die keine Ausschreibungspflicht begründen.[49] Ein vom Primärvergaberecht erfasster Auftrag kann auch in der nachträglichen Änderung eines einmal abgeschlossenen Vertrags liegen, wenn sich diese Änderung als wirtschaftlich wesentlich erweist.[50]

bb) Entwicklung durch den EuGH auf Grundlage der Grundfreiheiten und des allgemeinen Gleichheitssatzes. (1) Grundfreiheitliche Diskriminierungsverbote. Vor dem Erlass sekundärrechtlicher Bestimmungen waren die Grundfreiheiten der einzige Ansatzpunkt, der dem EuGH auf dem Gebiet des öffentlichen Beschaffungswesens zur Verfügung stand.[51] Aber auch nach dem Tätigwerden des europäischen Gesetzgebers hat sich der EuGH bei der Beurteilung vergaberechtlicher Problemstellungen auf die Grundfreiheiten berufen und so den Grundstein für ein primärrechtliches Vergaberegime gelegt. 21

So hielt der Gerichtshof zunächst für **Dienstleistungskonzessionen** fest, dass bei ihrer Vergabe nicht aus Gründen der Staatsangehörigkeit diskriminiert werden dürfe[52] und erkannte in einer Vergabe ohne jede Öffentlichkeit eine den Art. 49 AEUV und Art. 56 AEUV zuwiderlaufende Diskriminierung.[53] Ähnlich entschied das Gericht auch für die Direktvergabe der früheren **II-B-Dienstleistungen**[54] und von Aufträgen unterhalb der (damals) in Art. 7 Abs. 1 Vergabe-RL 2004 genannten **Schwellenwerte**.[55] Darüber hinaus hat das Gericht die nähere Beschreibung des Auftragsgegenstandes,[56] die Untersuchung der Bietereignung[57] und den zwingenden Ausschluss besonders niedriger Angebote[58] an den grundfreiheitlichen Diskriminierungsverboten gemessen. 22

(2) Allgemeiner Gleichbehandlungsgrundsatz. Bereits im Urteil Telaustria erwähnt der EuGH, dass die öffentlichen Stellen „die Grundregeln des Vertrags im Allgemeinen" zu beachten haben[59] – eine Formulierung, die sich wörtlich oder sehr ähnlich in vielen späteren Urteilen wieder findet[60] und die Vermutung nahe legt, dass sich die primärrechtlichen Anforderungen der Auftragsvergabe nicht in den grundfreiheitlichen Diskriminierungsverboten erschöpfen. Deutlicher wurde der EuGH in seiner Entscheidung Parking Brixen, in der er zu den „Grundregeln" des Vertrags neben dem Verbot der Diskriminierung aus Gründen der Staatsangehörigkeit auch den Grundsatz der Gleichbehandlung zählte, der auch dann Anwendung finde, wenn „keine Diskriminierung aus Gründen der Staatsangehörigkeit vorliegt".[61] Es geht mit anderen Worten um die grundlegende und allgemeine **Gleichheitsforderung**, wesentlich Gleiches gleich und wesentlich Ungleiches 23

---

[49] S. dazu wiederum ausf. *Kühling,* Ausschreibungspflichten beim Abschluss von Gestattungsverträgen für die Verlegung von Fernwärmeleitungen, in Körber/Kühling, Ausschreibung von Fernwärmenetzen?, 2016, 9 ff.
[50] EuGH Urt. v. 18.9.2019 – C-526/17, ECLI:EU:C:2019:756 Rn. 58 = NZBau 2020, 40 – A 12 Livorno-Civitavecchia.
[51] *Prieß* VergabeR-HdB 8.
[52] EuGH Urt. v. 7.12.2000 – C-324/98, Slg. 2000, I-10745 Rn. 60 = ECLI:EU:C:2000:669 = EuZW 2001, 90 – Telaustria und Telefonadress.
[53] EuGH Urt. v. 21.7.2005 – C-231/03, Slg. 2005, I-7287 Rn. 17 = ECLI:EU:C:2005:487 = NZBau 2005, 592 – Coname.
[54] EuGH Urt. v. 13.11.2007 – C-507/03, Slg. 2007, I-9777 Rn. 30 = ECLI:EU:C:2007:676 = EuZW 2008, 23 – An Post.
[55] EuGH Urt. v. 21.2.2008 – C-412/04, Slg. 2008, I-619 Rn. 66 = ECLI:EU:C:2008:102 = ZfBR 2008, 404 – Kommission/Italien.
[56] EuGH Urt. v. 8.6.2017 – C-296/15, ECLI:EU:C:2017:431 Rn. 67 ff. = BeckRS 2017, 112229 – Medisanus; EuGH Urt. v. 3.12.2001 – C-59/00, Slg. 2001, I-9505 Rn. 20 = ECLI:EU:C:2001:654 = ZfBR 2002, 610 – Vestergaard.
[57] EuGH Urt. v. 20.8.2005 – C-264/03, Slg. 2005, I-8831 Rn. 64 ff. = ECLI:EU:C:2005:620 = ZfBR 2006, 69 – Kommission/Frankreich.
[58] EuGH Urt. v. 15.5.2008 – C-147/06 u. C-148/06, Slg. 2008, I-3565 Rn. 28 = ECLI:EU:C:2008:277 = EuZW 2008, 469 – SECAP.
[59] EuGH Urt. v. 7.12.2000 – C-324/98, Slg. 2000, I-10745 Rn. 60 = ECLI:EU:C:2000:669 = EuZW 2001, 90 – Telaustria und Telefonadress.
[60] EuGH Urt. v. 21.3.2019 – C-702/17, ECLI:EU:C:2019:233 Rn. 27 = BeckRS 2019, 3848; EuGH Urt. v. 16.5.2015 – C-278/14, ECLI:EU:C:2015:228 Rn. 16 = NZBau 2015, 383 – SC Enterprise Focused Solutions; EuGH Urt. v. 10.3.2011 – C-274/09, Slg. 2011, I-1335 Rn. 49 = ECLI:EU:C:2011:130 = EuZW 2011, 352 – Stadler; EuGH Urt. v. 15.5.2008 – C-147/06 u. C-148/06, Slg. 2008, I-3565 Rn. 20 = ECLI:EU:C:2008:277 = EuZW 2008, 469 – SECAP; EuGH Urt. v. 14.6.2007 – C-6/05, Slg. 2007, I-4557 Rn. 33 = ECLI:EU:C:2007:337 = NZBau 2007, 597 – Medipac; EuGH Urt. v. 13.10.2005 – C-458/03, Slg. 2005, I-8585 Rn. 46 = ECLI:EU:C:2005:605 = NZBau 2005, 644 – Parking Brixen GmbH.
[61] EuGH Urt. v. 13.10.2005 – C-458/03, Slg. 2005, I-8585 Rn. 48 = ECLI:EU:C:2005:605 = NZBau 2005, 644 – Parking Brixen GmbH.

ungleich zu behandeln.[62] Diese Auslegung hat der EuGH mehrfach bestätigt,[63] sie ist aber dennoch im Schrifttum auf Kritik gestoßen.

24 Insbesondere ist fraglich, wieso die öffentlichen Stellen der Mitgliedstaaten bei ihrer Vergabetätigkeit an den Grundsatz der Gleichbehandlung gebunden sein sollen, wenn dieser als Unionsgrundrecht eigentlich die Hoheitsgewalt der EU binden soll und nicht in erster Linie die Mitgliedstaaten.[64] Zum Teil wird unter Verweis auf die äußerst weitreichende EU-grundrechtliche Bindung der Mitgliedstaaten im Urteil Carpenter[65] behauptet, das Vergabewesen lasse sich insgesamt als Materie beschreiben, für die auch die Unionsgrundrechte Geltung beanspruchen würden.[66] Richtig dürfte sein, dass die bis bislang anerkannte EU-Grundrechtsdogmatik die Aussagen des EuGH in Parking Brixen nicht deckt. Postuliert wird hier nämlich die **allgemeine Geltung** des Grundsatzes der **Gleichbehandlung**, ohne dass auf einen **Eingriff in die Grundfreiheiten** Bezug genommen wird. Damit passt diese Rechtsprechung nicht zu der Fallgruppe, die die Mitgliedstaaten dann an die Grundrechte bindet,[67] wenn sie den Anwendungsbereich der Grundfreiheiten einschränken. Auf der anderen Seite lässt sich allgemein beobachten, dass der EuGH die Grundrechtsbindung der Mitgliedstaaten abseits der etablierten Fallgruppen erweitert.[68] Für das Vergaberecht lässt sich begründen, dass die Verwirklichung des Binnenmarktes eines umfassenden Schutzes potenzieller Bewerber vor willkürlichen Unterscheidungen durch staatliche Auftraggeber bedarf.[69] Nur wenn sich der potenziell interessierte Bieter darauf verlassen kann, dass er durch das Unionsrecht vor jeglicher Form willkürlichen Differenzierens auch dort, wo es in keinerlei Zusammenhang mit der Staatsangehörigkeit steht, geschützt ist, kann die grenzüberschreitende Bewerbung um einen Staatsauftrag Wirklichkeit werden.

25 Die so vorgestellte Bindung an den allgemeinen Gleichheitssatz erweist sich im Vergleich zu den grundfreiheitlichen Diskriminierungsverboten als wesentlich weiter.[70] Verlangt wird nicht nur, keine Differenzierungen vorzunehmen, die direkt oder indirekt mit der Staatsangehörigkeit zusammenhängen, sondern wesentlich allgemeiner, gleichartige Bewerber gleich und ungleichartige Bewerber ungleich zu behandeln. Nach ausdrücklicher Klarstellung des EuGH sind auch inländische Bieter vor einer Ungleichbehandlung durch die Vergabestelle ihres eigenen Mitgliedstaats geschützt. Zu einer sog. **Inländerdiskriminierung** kann es im Primärvergaberecht nicht mehr kommen.[71] Prozessual betrachtet geht es hier um die Frage der Aktivlegitimation. Aus diesem Grund wird das Thema ausführlicher im Rahmen des Rechtsschutzes betrachtet (→ Rn. 156). Materiell kann ein Bewerber mit Hilfe des allgemeinen Gleichbehandlungsgrundsatzes – im Gegensatz zu den grundfreiheitlichen Diskriminierungsverboten – jedenfalls nicht nur unmittelbar oder mittelbar diskriminierende Differenzierungen angreifen, sondern auch andere Unterscheidungen, die wesentlich Ungleiches gleich oder wesentlich Gleiches ungleich behandeln.

---

[62] Auf diese Formel wird der allgemeine Gleichheitssatz regelmäßig gebracht, vgl. EuGH Urt. v. 6.6.2019 – C-264/18, ECLI:EU:C:2019:472 Rn. 28 = BeckRS 2019, 10521 – Ministerrad; EuGH Urt. v. 16.12.2008 – C-127/07, ECLI:EU:C:2008:728 Rn. 23 = EuZW 2009, 263 – Arcelor Atlantique et Lorraine u.a.; EuGH Urt. v. 13.1.2005 – C-126/04, Slg. 2005, I-331 Rn. 16 = ECLI:EU:C:2005:24 = BeckRS 2005, 70028 – Heinecken; EuGH Urt. v. 19.11.1998 – C-85/97, Slg. 1998, I-7447 Rn. 30 = ECLI:EU:C:1998:552 = DStRE 1998, 924 – SFI; EuGH 12.3.1987 – 215/85, Slg. 1987, 1279 Rn. 23 = ECLI:EU:C:1987:127 = BeckEuRS 1987, 133012 – BALM/Raiffeisen Hauptgenossenschaft; *Mohn,* Der Gleichheitssatz im Gemeinschaftsrecht: Differenzierungen im europäischen Gemeinschaftsrecht und ihre Vereinbarkeit mit dem Gleichheitssatz, 1990, 47.

[63] EuGH Urt. v. 18.12.2007 – C-220/06, Slg. 2007, I-12175 Rn. 74 = ECLI:EU:C:2007:815 = NZBau 2008, 189 – AP; EuGH Urt. v. 6.4.2006 – C-410/04, Slg. 2006, I-3303 Rn. 20 = ECLI:EU:C:2006:237 = NZBau 2006, 326 – ANAV; den allg. Grundsatz der Gleichbehandlung erwähnt auch EuGH Urt. v. 14.6.2007 – C-6/05, Slg. 2007, I-4557 Rn. 53 = ECLI:EU:C:2007:337 = NZBau 2007, 597 – Medipac.

[64] So die Kritik von *Wollenschläger* NVwZ 2007, 388 (394).

[65] Dazu ausf. *Ruffert* EuGRZ 2004, 466.

[66] *Bungenberg,* Vergaberecht im Wettbewerb der Systeme: Eine rechtsebenenübergreifende Analyse des Vergaberechts, 2007, 126 ff.; ähnlich *Frenz* EuropaR-HdB III Rn. 1793.

[67] EuGH Urt. v. 18.6.1991 – C-260/89, Slg. 1991, I-2925 Rn. 42 = ECLI:EU:C:1991:254 = BeckRS 2004, 75777 – ERT; ausf. *Kühling* in v. Bogdandy/Bast, Europäisches Verfassungsrecht, 2. Aufl. 2009, 608–609.

[68] *Scheuing* EuR 2005, 162.

[69] Sehr weitgehend EuGH Urt. v. 26.2.2013 – C-617/10, ECLI:EU:C:2013:105 Rn. 16 ff. = NJW 2013, 1415 – Åkerberg Fransson; EuGH Urt. v. 12.3.2015 – C-538/13, ECLI:EU:C:2015:166 Rn. 33 = NZBau 2015, 306 – eVigilo; *Huerkamp* EuR 2009, 563 (568).

[70] Darauf macht auch *Bitterich* EuZW 2008, 14 (16) aufmerksam.

[71] EuGH Urt. v. 14.11.2013 – C-221/12, ECLI:EU:C:2013:736 Rn. 32, 34 = ZfBR 2014, 187 – Belgacom; EuGH Urt. v. 12.3.2015 – C-538/13, ECLI:EU:C:2015:166 Rn. 33 f. = NZBau 2015, 306 – eVigilo. *Faber* NVwZ 2015, 257 (261); *Kern* EuZW 2014, 73.

Im Hinblick auf seine inhaltliche Reichweite weist der Gleichbehandlungsgrundsatz sowohl 26
einen formellen als auch einen materiellen Gehalt auf.

Erfasst ist mit Sicherheit das Gebot **formeller Rechtsgleichheit,** dh, dass die von den Vergabe- 27
stellen aufgestellten Anforderungen an Eignung, Ausführung und Zuschlag auf alle Bewerber gleichermaßen und ausnahmslos anzuwenden sind.[72]

Ob darüber hinaus auch im Sinne eines Gebots **materieller Rechtsgleichheit** die Entschei- 28
dungskriterien selbst daran zu messen sind, dass sie wesentlich gleichartige Bewerber gleich und wesentlich ungleichartige Bewerber ungleich behandeln, lässt sich bisher noch nicht mit Sicherheit sagen. Gefordert wird zumeist, die Entscheidungskriterien müssten „objektiv"[73] oder dürften nicht „sachwidrig"[74] sein. Entscheidende Bedeutung erlangt auch die bisherige Rechtsprechung des Gerichtshofs in Zusammenhang mit dem Sekundärrecht. In ständiger Rechtsprechung hat der EuGH nämlich festgestellt, die Pflicht zur Anwendung des Gleichheitssatzes entspreche dem Wesen der Richtlinien.[75] Damit nimmt der EuGH Bezug auf den allgemeinen primärrechtlichen Gleichheitssatz,[76] der nicht selbst Teil des Sekundärrechts, sondern dessen Existenz dem Sekundärrecht vorgelagert und dessen Anwendung von den Richtlinien gleichsam mitgedacht ist. Sofern sich der EuGH also in seinen bisherigen Urteilen auf diesen Gleichbehandlungsgrundsatz bezieht, sind seine Aussagen auch für das primärrechtliche Vergaberegime unmittelbar von Bedeutung. Die bisherigen Entscheidungen in diesem Bereich legen dabei ein materielles Verständnis des Gleichbehandlungsgrundsatzes nahe. So hat der EuGH bereits Entscheidungsparameter am Grundsatz der Gleichbehandlung gemessen, obwohl diese gleichermaßen Anwendung auf alle potenziellen Bieter fanden,[77] und ist damit in seiner Interpretation des allgemeinen Gleichheitssatzes über das nur formelle Gebot der Rechtsanwendungsgleichheit hinausgegangen. Dies entspricht auch dem allgemeinen Verständnis des Gleichheitssatzes außerhalb des Vergaberechts.[78]

(3) Umfassendes Gebot der Gleichbehandlung. Grundfreiheitliche Diskriminierungsver- 29
bote und allgemeiner Gleichheitssatz flechten den staatlichen Auftraggeber so in ein umfassendes primärrechtliches Gleichheitskorsett ein. Erfasst werden sowohl indirekte oder direkte Diskriminierungen aufgrund der Staatsangehörigkeit als auch sonstige Differenzierungen zwischen wesentlich gleichartigen Wirtschaftsteilnehmern. Dabei stellen beide Typen von Gleichbehandlungsforderungen **keine absoluten Verbote** auf. Grundfreiheitswidrige Diskriminierungen können gerechtfertigt werden und auch der allgemeine primärrechtliche Gleichheitssatz kennt die Möglichkeit der Rechtfertigung einer Ungleichbehandlung.[79]

cc) Sonstige primärrechtliche Rechtsquellen. (1) Weitere Vergabegrundsätze. Die bis- 30
her umschriebene Entwicklung ist besonders auf die Grundfreiheiten und den allgemeinen primär-

---

[72] Vgl. Kom., Mitteilung Unterschwellenvergabe, ABl. 2006 C 179, 2, unter 2.2.1. aE, bestätigt in EuG Urt. v. 20.5.2010 – T-258/06, Slg. 2010, II-2027 Rn. 113 ff. = ECLI:EU:T:2010:214 = NZBau 2010, 510 – Deutschland/Kommission.

[73] Vgl. Kom., Mitteilung Unterschwellenvergabe, ABl. 2006 C 179, 2, unter 2.2.1. aE, ergänzend dazu EuG Urt. v. 20.5.2010 – T-258/06, Slg. 2010, II-2027 Rn. 113 ff. = ECLI:EU:T:2010:214 = NZBau 2010, 510 – Deutschland/Kommission.

[74] *Frenz* VergabeR 2007, 1 (7).

[75] EuGH Urt. v. 17.9.2002 – C-513/99, Slg. 2002, I-7213 Rn. 81 = ECLI:EU:C:2002:495 = NZBau 2002, 618 – Concordia Bus Finland; EuGH Urt. v. 7.12.2000 – C-94/99, Slg. 2000, I-11037 Rn. 25 = ECLI:EU:C:2000:677 = EuZW 2001, 94 – ARGE Gewässerschutz; EuGH Urt. v. 25.4.1996 – C-87/94, Slg. 1996, I-2043 Rn. 51 = BeckEuRS 1996, 212243 – Kommission/Belgien; EuGH Urt. v. 22.6.1993 – C-243/89, Slg. 1993, I-3353 Rn. 33 = ECLI:EU:C:1993:257 = BeckRS 2004, 75382 – Storebaelt.

[76] *Neumayr* PPLR 2002, 215 (230).

[77] EuGH Urt. v. 3.3.2005 – C-21/03, Slg. 2005, I-1559 Rn. 26 f. = ECLI:EU:C:2005:127 = ZfBR 2005, 393 – Fabricom SA (wahrt ein Ausschluss von Projektanten den Grundsatz der Gleichbehandlung?); EuGH Urt. v. 4.12.2003 – C-448/01, Slg. 2003, I-14527 Rn. 69 = ECLI:EU:C:2003:651 = NZBau 2004, 105 – Wienstrom GmbH (diskriminiert ein Zuschlagskriterium, weil es die Strommenge berücksichtigt, die außerhalb des Auftrags auf ökologische Art hergestellt wird?); EuGH Urt. v. 17.9.2002 – C-513/99, Slg. 2002, I-7213 Rn. 83 = ECLI:EU:C:2002:495 = NZBau 2002, 618 – Concordia Bus Finland (wird gleichbehandelt, obwohl ein bestimmtes Kriterium nur von einem einzigen Bieter erfüllt werden kann?).

[78] *Schwarze,* Europäisches Verwaltungsrecht: Entstehung und Entwicklung im Rahmen der Europäischen Gemeinschaft, 2. Aufl. 2005, 535 ff.

[79] EuGH Urt. v. 6.6.2019 – C-264/18, ECLI:EU:C:2019:472 Rn. 28 = BeckRS 2019, 10521 – Ministerrad; EuGH Urt. v. 16.12.2008 – C-127/07, Slg. 2008, I-9895 Rn. 23 = ECLI:EU:C:2008:728 = EuZW 2009, 263 – Arcelor Atlantique et Lorraine u.a.; EuGH Urt. v. 13.1.2005 – C-126/04, Slg. 2005, I-331 Rn. 16 = ECLI:EU:C:2005:24 = BeckRS 2005, 70028 – Heinecken; EuGH Urt. v. 6.3.2003 – C-14/01, Slg. 2003, I-1297 Rn. 49 = ECLI:EU:C:2003:128 = BeckRS 2004, 74376 – Niemann; EuGH Urt. v. 13.4.2000 – C-292/97, Slg. 2000, I-2737 Rn. 39 = ECLI:EU:C:2000:202 = BeckRS 2004, 76064 – Karlsson.

rechtlichen Gleichheitssatz gestützt. Daneben nennt Erwägungsgrund 1 RL 2014/24/EU noch die Nichtdiskriminierung, gegenseitige Anerkennung, die Verhältnismäßigkeit sowie Transparenz als primärrechtliche Vorgaben. Die gegenseitige Anerkennung und die Verhältnismäßigkeit prägen dabei die Anwendung der primärrechtlichen Gleichheitsrechte und erlangen keine eigenständige Bedeutung. Das Verbot der Diskriminierung fügt dem Gebot der Gleichbehandlung nichts hinzu[80] und bedarf deshalb ebenfalls keiner gesonderten Erörterung.

31 **(2) Unionsgrundrechte.** Unionsgrundrechte können ebenfalls als Primärrecht (Art. 6 Abs. 1 EUV) unabhängig vom Sekundärrecht Beachtung beanspruchen. Neben dem allgemeinen Gleichbehandlungsgrundsatz wurde zum Teil auch die Anwendung der unionsrechtlichen Berufs- und der Eigentumsfreiheit, der unternehmerischen Freiheit und des Rechts auf einen wirksamen Rechtsbehelf vorgeschlagen.[81] Zwar hat der EuGH in einigen jüngeren Urteilen gleichsam simultan eine Verletzung sowohl des Art. 56 AEUV als auch der Art. 15 ff. GRCh festgestellt,[82] jedoch bezogen sich diese Entscheidungen nicht auf vergaberechtlich relevante Konstellationen, sodass eine diesbezüglich eindeutige Festlegung des EuGH bislang fehlt.

32 **(3) EU-Beihilfenrecht.** Ob das Beihilfenrecht Impulse für die Entwicklung eines primärrechtlichen Vergaberegimes setzen kann, erscheint zweifelhaft. Entscheidend ist zunächst die Überlegung, worin überhaupt die beihilfenrechtliche Begünstigung beim Staatsauftrag liegen könnte. Richtiger Ansicht zufolge kann die relevante Begünstigung nur in einer Überzahlung und nicht in der Erteilung des Auftrags selbst gesehen werden.[83] Die Gegenansicht,[84] die wegen der mit dem Auftrag verbundenen und für ein Unternehmen vorteilhaften Kapazitätsauslastung bereits die Erteilung eines Staatsauftrags selbst für eine mögliche Beihilfe hält, übersieht zwei grundlegende Einwände. Zum einen hätte dies zur Folge, dass womöglich vor jeder Auftragserteilung ein Beihilfeverfahren durchzuführen wäre, was zu einer Lähmung staatlicher Auftragsvergabe insgesamt führen würde.[85] Zudem erhöbe sich die Frage, ob der durch die Kapazitätsauslastung herbeigeführte Vorteil tatsächlich – wie von Art. 107 AEUV gefordert – aus „staatlichen Mitteln" stammt.[86] Zahlt der Staat einen marktgerechten Preis für eine Leistung, dann ist nicht ersichtlich, wie ihn die hieraus resultierende Kapazitätsauslastung beim Anbieter der Leistung finanziell belasten soll. Folglich kann nur die Überzahlung für einen staatlichen Auftrag beihilfenrechtlich relevant werden. Von diesem Ausgangspunkt kann das Beihilfenrecht keinen wirklichen Beitrag zur Entwicklung eines primärrechtlichen Vergaberegimes leisten, weil es verfahrensneutral agiert. Zwar ist es richtig, dass eine Beihilfe dort ausgeschlossen ist, wo ein offenes, transparentes und diskriminierungsfreies Bieterverfahren durchgeführt wurde.[87] Es mag sogar sein, dass dies die beste Möglichkeit ist, um den Marktwert für eine bestimmte Leistung zu ermitteln.[88] Es folgt daraus aber nicht umgekehrt, dass eine Beihilfe dann vorliegt, wenn ein Verfahren angewandt wurde, das gänzlich diskriminierend, intransparent und opak ausgestaltet ist. Solange dabei für die Leistung ein Preis gezahlt wurde, der marktüblich ist,[89] hat das Staatshandeln

---

[80] S. dazu aus allg. Sicht *Mohn,* Der Gleichheitssatz im Gemeinschaftsrecht: Differenzierungen im europäischen Gemeinschaftsrecht und ihre Vereinbarkeit mit dem Gleichheitssatz, 1990, 3.

[81] *Ahner,* Nachfragetätigkeit der öffentlichen Hand im Spannungsverhältnis zwischen Kartellrecht, Grundfreiheiten und Grundrechten, 2010, 308 f.; *Bungenberg* in Müller-Graff, Enzyklopädie Europarecht, Bd. 4, 2015, § 16 Rn. 51 ff.; *Frenz* EuropaR-HdB III Rn. 1808 ff.; dazu auch *Dörr* in Müller-Wrede Kompendium VergabeR Kap. 2 Rn. 31 f.; skeptisch *Barth,* Das Vergaberecht außerhalb des Anwendungsbereichs der EG-Vergaberichtlinien, 2010, 59 ff.; *Burgi* VergabeR § 3 Rn. 37.

[82] EuGH Urt. v. 30.4.2014 – C-390/12, ECLI:EU:C:2014:281 Rn. 57 ff. = EuZW 2014, 597 – Pfleger; EuGH Urt. v. 11.6.2015 – C-98/14, ECLI:EU:C:2015:386 Rn. 90 = EWS 2015, 175 – Berlington Hungary.

[83] *Bungenberg* in Müller-Graff, Enzyklopädie Europarecht, Bd. 4, 2015, § 16 Rn. 74; *Burgi* VergabeR 2016, 261 (264); *Pünder* NZBau 2003, 530 (531).

[84] *Egger,* Europäisches Vergaberecht, 2008, Rn. 199; *Gundel* RIW 2002, 222 (225); *Jennert* WRP 2003, 459 (462).

[85] *Pünder* NZBau 2003, 530 (531).

[86] Vgl. zu dieser Voraussetzung EuGH Urt. v. 13.3.2001 – C-379/98, Slg. 2001, I-2099 Rn. 57 ff. = ECLI:EU:C:2001:160 = EuZW 2001, 242 – PreussenElektra; EuGH Urt. v. 7.5.1998 – C-52/97 u. C-54/97, Slg. 1998, I-2629 Rn. 14 ff. = ECLI:EU:C:1998:209 = EuZW 1998, 473 – Poste Italiane; EuGH Urt. v. 30.11.1993 – C-189/91, Slg. 1993, I-6185 Rn. 16 = ECLI:EU:C:1993:907 = BB 1994, 145 – Kirsamer-Hack.

[87] So Streinz/*Kühling* AEUV Art. 107 Rn. 38 f.

[88] So die Kom., Bericht über die Wettbewerbspolitik 1999, Rn. 235; s. später auch den Hinweis der Kommission, dass dies die vorrangige Methode zur Ermittlung des Marktpreises darstellt, Bekanntmachung der Kommission zum Begriff der staatlichen Beihilfe nach Art. 107 Abs. 1 AEUV, ABl. 2016 C 262, 1 Rn. 97, Fn. 153.

[89] Die Marktüblichkeit kann zB durch ein Gutachten nachgewiesen werden, vgl. dazu Kom., Mitteilung betreffend Elemente staatlicher Beihilfe bei Verkäufen von Bauten oder Grundstücken durch die öffentliche Hand, ABl. 1997 C 209, 3 unter II. 2.

keine beihilfenrechtliche Konsequenz. Die Verknüpfung zwischen Beihilfenrecht und Vergaberecht ist also eine mögliche, aber keine notwendige.[90] Deshalb können **keine notwendigen Vorgaben** für die Verfahrensgestaltung der Vergabe aus dem Beihilfenrecht folgen. Hieraus erklärt sich auch, dass der EuGH solche Folgerungen bislang nicht gezogen hat.[91] Allenfalls bei der Berücksichtigung vergabefremder Kriterien lässt sich überlegen, ob hierin eine Beihilfe gesehen werden kann und sich insoweit primärrechtliche Beschränkungen für die Vergabeentscheidung ergeben (→ Rn. 124 ff.).[92]

(4) EU-Kartellrecht. Schließlich könnte das primärrechtlich verankerte Kartellrecht die Ausgestaltung des Primärvergaberechts beeinflussen. Auch hier zeichnet sich allerdings eine überaus **schwache Bindung** ab, was an drei Faktoren liegt. Zunächst sieht der EuGH in der Bedarfsdeckung an sich, also dem staatlichen Einkauf von Leistungen, keine wirtschaftliche Tätigkeit iSd Art. 101 ff. AEUV.[93] Nur das spätere Anbieten von Gütern oder Dienstleistungen auf einem bestimmten Markt kann aus Sicht des Gerichtshofs auch den Einkauf als wirtschaftliche Tätigkeit qualifizieren. Damit genügt es nicht, wenn die Bedarfsdeckung erfolgt, um dann soziale, hoheitliche oder kulturelle Zwecke zu verfolgen.[94] Zum Zweiten muss der teils sehr komplizierte Nachweis geführt werden, dass tatsächlich Wettbewerb durch die öffentliche Hand beschränkt oder eine marktbeherrschende Stellung ausgenutzt wurde. Schließlich sind auch die Folgen, die sich für die Vergabe ergeben, eher gering. Vor allem Art. 102 AEUV lässt sich nutzen, um Forderungen der Bieter nach Gleichbehandlung durchzusetzen.[95] Diese Forderungen werden aber bereits durch ein aus den Grundfreiheiten entwickeltes Vergaberegime weitgehend erfüllt.[96] Andere Praktiken, die durch Art. 102 AEUV zwar erfasst werden, aber den Bereich der Auftragsvergabe im oben (→ Rn. 6 ff.) beschriebenen Sinne verlassen,[97] betreffen die Ausgestaltung des Vertrags: So lassen sich Art. 102 AEUV Beschränkungen öffentlicher Vertragsautonomie entnehmen, die zB die Vertragslaufzeit von Aufträgen und Konzessionen[98] oder die Preisgabe empfindlicher Betriebs- und Geschäftsgeheimnisse[99] betreffen. Insgesamt sind die Einwirkungen des Kartellrechts auf das Primärvergaberecht also eher gering. Es bleibt festzuhalten, dass der EuGH aus diesen Vorgaben bislang keine klaren Leitlinien für die primärrechtliche Auftragsvergabe entwickelt hat.[100]

Entscheidend für die Entwicklung eines primärrechtlichen Vergaberegimes bleiben also die Grundfreiheiten und das allgemeine Gebot der Gleichbehandlung.

c) Verhältnis zwischen Primär- und Sekundärrecht. Das primäre Vergaberecht entfaltet seine Wirkung in mehrfacher Hinsicht. Zum einen beeinflusst es als Primärrecht die Auslegung des Sekundärvergaberechts[101] und steuert im Falle sekundärrechtlicher Regelungslücken die **ergän-**

---

[90] Hauptgrund hierfür ist, dass aus dem Beihilfenrecht keine Anforderungen an die Bieterwahl folgen, die Hauptgegenstand der Vergaberegeln ist, so zu Recht *Kaelble*, Vergabeentscheidung und Verfahrensgerechtigkeit, 2008, 251 f.

[91] Zu diesem Ausbleiben vgl. *Arrowsmith*, The Law of Public and Utilities Procurement, Bd. 1, 3. Aufl. 2014, Rn. 4.39.

[92] Zu dieser Diskussion vgl. ua *Bartosch* EuZW 2001, 229 ff.; *Dippel/Zeiss* NZBau 2002, 376 ff.; *Dreher/Haas/v. Rintelen*, Vergabefremde Regelungen und Beihilferecht, 2002, passim; *Eilmansberger* WuW 2004, 384 ff.

[93] EuGH Urt. v. 11.7.2006 – C-205/03, Slg. 2006, I-6295 Rn. 25 f. = ECLI:EU:C:2006:453 = NZBau 2007, 190 – FENIN; der Gerichtshof bestätigt damit die Einschätzung des EuG in Urt. v. 4.3.2003 – T-319/99, Slg. 2003, II-357 Rn. 35 f. = ECLI:EU:T:2003:50 = EuZW 2003, 283 – FENIN; krit. zu dieser Rspr. *Willenbruch/Wieddekind/Frenz* 21. Los Rn. 38 ff.; *Streinz/Koenig/Kühling/Paul* AEUV Art. 106 Rn. 13; *Ahner*, Nachfragetätigkeit der öffentlichen Hand im Spannungsverhältnis zwischen Kartellrecht, Grundfreiheiten und Grundrechten, 2010, 118 ff.; *Scheffler* EuZW 2006, 601 f.

[94] *Scheffler* EuZW 2006, 601 f.; aA wohl *Burgi* VergabeR § 3 Rn. 30 f.

[95] Auch *Boesen* Einl. Rn. 37 hält in erster Linie Art. 102 AEUV für ausschlaggebend; desgleichen *Bungenberg* in Müller-Graff, Enzyklopädie Europarecht, Bd. 4, 2015, § 16 Rn. 67–69.

[96] Ähnlich die Einschätzung aus der Perspektive des deutschen Rechts auch bei Langen/Bunte/*Stadler* GWB § 130 Rn. 85, die feststellt, das kartellrechtliche Gleichbehandlungsgebot habe angesichts des § 97 Abs. 2 GWB an Raum in der Praxis verloren.

[97] Gerade aus diesem Grund wird die Anwendung des Art. 102 AEUV neben dem primärrechtlichen Vergaberegime für notwendig gehalten; s. zB *Roth* FS Bechtold, 2006, 407.

[98] *Mestmäcker/Schweitzer* EuWettbR, 2. Aufl. 2004, § 36 Rn. 52 (noch zu Art. 82 EGV).

[99] *Munro* PPLR 2006, 352 (358).

[100] *Frenz* EuropaR-HdB III Rn. 1763 beschreibt die bisherige Rspr. zu diesem Themenkomplex als „beiläufig" und „wenig aussagekräftig"; *Meyer*, Die Einbeziehung politischer Zielsetzungen bei der öffentlichen Beschaffung: Zur Zulässigkeit der Verwendung sogenannter „beschaffungsfremder Kriterien" unter besonderer Berücksichtigung der Tariftreueerklärungen, 2002, 146, hält fest, dass Art. 102 AEUV für einen „Großteil" der Beschaffungen nicht greift.

[101] Vgl. zur „primärrechtskonformen Auslegung des Sekundärrechts" im Vergaberecht Beck VergabeR/*Dörr* Einl. Rn. 168; *Boesen* Einl. Rn. 47; *Bungenberg* in Müller-Graff, Enzyklopädie Europarecht, Bd. 4, 2015, § 16 Rn. 11; im Allgemeinen zu dieser Figur EuGH Urt. v. 1.4.2004 – C-1/02, Slg. 2004, I-3219 Rn. 30 =

zende Rechtsfindung.[102] Insoweit ist das Vorgehen des EuGH stimmig, häufig die Verletzung von Sekundär- und Primärrecht simultan festzustellen,[103] auch wenn der Gerichtshof damit inzwischen allerdings deutlich zurückhaltender zu sein scheint und betont, im Anwendungsbereich sekundärrechtlicher Harmonisierungsmaßnahmen sei das Primärrecht grundsätzlich nicht Beurteilungsmaßstab.[104] Wegen seiner Höherrangigkeit kann das Primärrecht auch zur Unwirksamkeit des Sekundärrechts führen[105] – eine Folge, die für die Vergaberichtlinien 2014/23/EU, 2014/24/EU und 2014/25/EU eher fern liegt, aber im Rahmen anderer sekundärrechtlicher Vorgaben, etwa im Bereich der Eisenbahnverkehrsdienstleistungen, diskutiert wird.[106]

36 Zum anderen sind die primärrechtlichen Vorgaben entscheidend, wenn das Sekundärrecht nicht anwendbar ist. Das Primärrecht bildet hier ein **Auffangnetz** für die Vorgänge, die sekundärrechtlich nicht erfasst sind. Für diese Auffangfunktion hat sich zum Teil der Begriff des **„Vergaberecht light"** etabliert.[107] Dieser Begriff ist allerdings trotz seiner Griffigkeit in zweierlei Hinsicht irreführend. Einerseits suggeriert er, die Anforderungen an die öffentliche Hand seien insgesamt eher schwach ausgeprägt oder gar ganz zu vernachlässigen. Andererseits scheint es so, als müsse sich das Primärvergaberecht stets als eine schwache Variante des sekundärrechtlichen Vergaberegimes darstellen. Die Rechtsprechung zeigt aber, dass ein Verstoß gegen Sekundärrecht zugleich auch ein Verstoß gegen Primärrecht sein kann[108] und deshalb die Vorstellung, dass das Primärrecht stets weniger verlange als das Sekundärrecht, unzutreffend ist.[109]

37 Schließlich wird umgekehrt versucht, das Sekundärrecht für die Auslegung des Primärrechts nutzbar zu machen. Einerseits wird versucht, im Zuge einer **„reversed fertilization"** in das Primärrecht dieselben Anforderungen hineinzulesen, die sich aus dem Sekundärrecht ergeben.[110] Andererseits wird behauptet, die im Sekundärrecht vorgesehenen Ausnahmen könnten ohne Weiteres auch auf das primärrechtliche Vergaberegime übertragen werden.[111] Beide Versuche mögen zwar in zahlreichen Punkten zu zutreffenden Ergebnissen führen, können dogmatisch aber nicht überzeugen, weil sie das normhierarchische Verhältnis zwischen Primär- und Sekundärrecht ignorieren.[112]

ECLI:EU:C:2004:202 = EuZW 2004, 505 – Borgmann; EuGH Urt. v. 27.1.1994 – C-98/91, Slg. 1994, I-223 Rn. 9 = ECLI:EU:C:1994:24 = BeckRS 2004, 77945 – Herbrink; s. auch Calliess/Ruffert/*Ruffert* AEUV Art. 288 Rn. 9; krit. dazu *Deling* NZBau 2011, 725 (727).

[102] EuGH Urt. v. 17.11.2015 – C-115/14, ECLI:EU:C:2015:760 Rn. 59 = EuZW 2016, 104 – RegioPost; EuGH Urt. v. 23.1.2003, Slg. 2003, I-1091 Rn. 69 = ECLI:EU:C:2003:47 = NZBau 2003, 219 – Makedoniko Metro; *Burgi* VergabeR § 3 Rn. 7; *Dörr* in Müller-Wrede Kompendium VergabeR Kap. 2 Rn. 15; *Trennt*, Die Vergabe internationaler Sportveranstaltungen – Eine Bewertung der Vergabeverfahren und der Anforderungskataloge internationaler Sportverbände am Maßstab des primärrechtlichen Vergaberechts der Europäischen Union, 2012, 94 f.

[103] ZB jüngst wieder EuGH Urt. v. 8.6.2017 – C-296/15, ECLI:EU:C:2017:431 Rn. 67 ff. = BeckRS 2017, 112229 – Medisanus; früher schon EuGH Urt. v. 24.1.1995 – C-359/93, Slg. 1995, I-157 Rn. 27 = ECLI:EU:C:1995:14 = BeckRS 2004, 76720 – Kommission/Niederlande; EuGH Urt. v. 26.4.1994 – C-272/91, Slg. 1994, I-1409 = ECLI:EU:C:1994:167 = BeckRS 2004, 75877 – Kommission/Italien.

[104] EuGH Urt. v. 27.2.2019 – C-563/17, ECLI:EU:C:2019:144 Rn. 49 = NZBau 2019, 381 – APP; EuGH Urt. v. 17.11.2015 – C-115/14, ECLI:EU:C:2015:760 Rn. 57 = EuZW 2016, 104 – RegioPost; zust. *Dörr* in Müller-Wrede Kompendium VergabeR Kap. 2 Rn. 15.

[105] Zu den Grundfreiheiten als Maßstab des Sekundärrechts *Schönberger* EuR 2003, 600 (621 f.).

[106] Zu diesem Problem im Zusammenhang mit der Direktvergabe von Eisenbahnverkehrsdienstleistungen und der ÖPNV/SPNV-VO ausf. *Otting/Scheps* NVwZ 2008, 499 (503 f.).

[107] *Burgi* NVwZ 2007, 737 (742); *Burgi* VergabeR 2016, 261 (264); *Frenz* EuropaR-HdB III Rn. 1861; *Gass* GewArch 2007, 375 (376); *Siegel* VerwArch 107 (2016), 1 (5); *Siegel* EuZW 2016, 101; zust. *Gabriel/Voll* NZBau 2014, 155 (156 Fn. 2); *Hattig/Ruhland* NZBau 2005, 626 (630) sprechen von „Ausschreibung light".

[108] ZB EuGH Urt. v. 8.6.2017 – C-296/15, ECLI:EU:C:2017:431 Rn. 104 = BeckRS 2017, 112229 – Medisanus; EuGH Urt. v. 24.1.1995 – C-359/93, Slg. 1995, I-157 Rn. 27 = ECLI:EU:C:1995:14 = BeckRS 2004, 76720 – Kommission/Niederlande; EuGH Urt. v. 26.4.1994 – C-272/91, Slg. 1994, I-1409 = ECLI:EU:C:1994:167 = BeckRS 2004, 75877 – Kommission/Italien.

[109] So auch *Mohr* RdE 2016, 269 (273); *Mohr* EuZA 2017, 23 (29).

[110] *Hatzopoulos* CMLRev 2006, 923 (933); tendenziell auch Beck VergabeR/*Dörr* Einl. Rn. 193 f.

[111] GA *Jacobs* SchlA v. 2.6.2005 – C-525/03, Slg. 2005, I-9405 Rn. 64 = ECLI:EU:C:2005:343 = IBRRS 2005, 1879 – Kommission/Italien; in diese Richtung („erst recht"-Schluss) jüngst auch EuGH Urt. v. 18.12.2014 – C-470/13, ECLI:EU:C:2014:2469 Rn. 36 = NZBau 2015, 569 – Generali-Providencia Biztosító; für eine analoge Anwendung der sekundärrechtlichen Ausnahmetatbestände *Heiß* VerwArch 2012, 421 (454 f.); ähnlich auch Beck VergabeR/*Dörr* Einl. Rn. 184.

[112] So auch *Prieß/Simonis* NZBau 2015, 731 (732); m. abw. Begr. auch *Burgi* VergabeR 2016, 261 (264); *Trennt*, Die Vergabe internationaler Sportveranstaltungen – Eine Bewertung der Vergabeverfahren und der Anforderungskataloge internationaler Sportverbände am Maßstab des primärrechtlichen Vergaberechts der Europäischen Union, 2012, 106 f. (133 f.).

d) Reichweite des Primärvergaberechts. Im Gegensatz zum Fall der Regelungslücke, bei 38 dem sich aus der Gesamtsystematik des Sekundärrechts ergibt, dass der Gesetzgeber eine bestimmte Regelungsproblematik übersehen hat, und der Gerichtshof aus dem Primärrecht Lösungen für die ungeregelten Probleme entwickelt, liegen die Dinge im Falle des Primärvergaberechts anders.

Die Grenzen des Sekundärvergaberechts[113] sind Ergebnisse eines politischen Kompromisses 39 zwischen verschiedenen Institutionen. Dementsprechend stellt sich die Frage, inwieweit den EU-Institutionen, vor allem der Kommission und dem EuGH, das Mandat zusteht, diesen politischen Kompromiss außer Acht zu lassen und weitere Vorgaben aus dem Vertragsrecht zu entwickeln.[114] Die Diskussion kreist dabei insbesondere um die Reichweite der primärrechtlichen Vorgaben.

aa) Sachliche Reichweite des Primärrechts. (1) Binnenmarktbezug. Bereits oben 40 (→ Rn. 12 ff.) wurde auf den Kontext der primärrechtlichen Bindung des Auftraggebers hingewiesen. Es geht um die Gefährdung des Binnenmarktes, die die Anwendung des grundfreiheitlichen und gleichheitsrechtlichen Vergaberegimes auslöst. Aus diesem Grunde kann das Primärvergaberecht nur dort Anwendung finden, wo dort Anwendung finden, wo der Binnenmarkt berührt ist. Über diesen Punkt besteht zwischen EuGH,[115] Kommission[116] und Schrifttum[117] Einigkeit. Hochproblematisch ist es allerdings, die Frage des Binnenmarktbezugs in ein **Verhältnis zum Sekundärrecht und dessen Ausnahmen** zu setzen. Die Sensibilität dieser Frage zeigt sich besonders an der gereizten Debatte in Deutschland über die auslegende **Mitteilung** der Kommission in diesem Bereich,[118] die in einer – erfolglosen – Nichtigkeitsklage Deutschlands vor dem EuG kulminiert ist.[119]

(a) Binnenmarktbezug und Dienstleistungskonzessionen. Als vergleichsweise unproble- 41 matisch hat sich die Entwicklung des Primärvergaberechts im Bereich der Dienstleistungskonzessionen entpuppt. Diese waren nach früherem Richtlinienrecht vom Anwendungsbereich des Sekundärrechts ausgenommen. Der EuGH hat hier Vorgaben zur **Transparenz** aus dem Primärrecht abgeleitet,[120] die großteils auf Zustimmung stießen.[121] Durch die sekundärrechtliche Regelung der Vergabe von Dienstleistungskonzessionen durch die RL 2014/23/EU ist die unmittelbare Bedeutung des Primärvergaberechts in diesem Bereich, soweit nicht ein Ausschlusstatbestand der Art. 10 ff. RL 2014/23/EU eingreift, nunmehr deutlich zurückgegangen.

(b) Binnenmarktbezug bei Unterschwellenvergaben. Wesentlich schärfere Kritik hat die 42 Mitteilung der Kommission zur Vergabe von Aufträgen, die nicht oder nur teilweise von den Richtlinien erfasst werden, auf sich gezogen. Hier wird zumeist argumentiert, dass die Entwicklung von primärrechtlichen Vorgaben für diese Bereiche bewusst den legislativen Kompromiss auf Unionsebene außer Acht lasse. Insbesondere wird vorgebracht, dass der Unionsgesetzgeber durch Einführung der Schwellenwerte typisierend den Binnenmarktbezug öffentlicher Aufträge abgesteckt

---

[113] Äußerst krit. zu den Ausschlusstatbeständen der RL 2014/23/EU etwa *Prieß/Simonis* NZBau 2015, 731 (733).
[114] Dazu *Heiß* VerwArch 2012, 421 (429 ff.).
[115] Vgl. EuGH Urt. v. 13.11.2007 – C-507/03, Slg. 2007, I-9777 Rn. 29 = ECLI:EU:C:2007:676 = EuZW 2008, 23 – Kommission/Irland; EuGH Urt. v. 13.10.2005 – C-458/03, Slg. 2005, I-8585 Rn. 55 = ECLI:EU:C:2005:605 = NZBau 2005, 644 – Parking Brixen GmbH; EuGH Urt. v. 20.10.2005 – C-264/03, Slg. 2005, I-8831 Rn. 66 = ECLI:EU:C:2005:620 = ZfBR 2006, 69 – Kommission/Frankreich; EuGH Urt. v. 27.7.2005 – C-231/03, Slg. 2005, I-7287 Rn. 20 = ECLI:EU:C:2005:487 = NZBau 2005, 592 – Coname; EuG Urt. v. 20.5.2010 – R-258/06, Slg. 2010, II-2027 Rn. 86 ff. = ECLI:EU:T:2010:214 = NZBau 2010, 510 – Deutschland/Kommission; zuletzt EuGH Urt. v. 19.4.2018 – C-65/17, ECLI:EU:C:2018:263 Rn. 36 = NZBau 2018, 623 – Oftalma Hospital.
[116] Vgl. Kom., Mitteilung Unterschwellenvergabe, ABl. 2006 C 179, 2, unter 1.3; die Kommission hat auch mehrere Vertragsverletzungsverfahren gegen Deutschland eingestellt mangels Binnenmarktbezugs, vgl. EuZW 2007, 258.
[117] *Dreher* NZBau 2002, 419 (423); *Lutz* WuW 2006, 890 (895); *McGowan* PPLR 2007, 274 (278); *Wollenschläger* NVwZ 2007, 388 (390).
[118] Einen Überblick über die Diskussion bietet *Köster* ZfBR 2007, 127.
[119] EuG Urt. v. 20.5.2010 – T-258/06, Slg. 2010, II-2027 = ECLI:EU:T:2010:214 = NZBau 2010, 510 – Deutschland/Kommission; vgl. zu den Hintergründen auch *Deling* NZBau 2011, 725 (728 f.).
[120] Beginnend mit EuGH Urt. v. 18.11.1999 – C-275/98, Slg. 1999, I-8291 Rn. 31 = ECLI:EU:C:1999:567 = NVwZ 2000, 181 – Unitron Scandinavia; aus jüngerer Zeit EuGH Urt. v. 13.9.2007 – C-260/04, Slg. 2007, I-7083 Rn. 24 = ECLI:EU:C:2007:508 = BeckRS 2007, 70684 – Kommission/Italien; zum Verständnis dieser Vorgaben durch die Kommission vgl. Kom., Mitteilung Konzessionen, ABl. 2000 C 121, 2, unter 3.
[121] *Lutz* WuW 2006, 890 (894); *Ruhland*, Die Dienstleistungskonzession Begriff, Standort und Rechtsrahmen der Vergabe, 2006, 199 mwN; abl. allerdings *Arrowsmith*, The Law of Public and Utilities Procurement, 2014, Rn. 4.34.

habe.[122] Diese Argumentation ist zurückzuweisen: Sie misst dem gesetzgeberischen Kompromiss eine Autorität bei, die ihm nicht zukommt. Zunächst stellen sich die Schwellenwerte als Ergebnis eines politischen Tauziehens dar, dessen Ergebnis nicht auf die **richtige Erfassung der ökonomischen Bedeutung** gewisser Aufträge zielt, sondern einzig und allein auf politische Machbarkeit.[123] Zum Zweiten scheint auch der Gesetzgeber selbst nicht von einer derartigen Typisierungswirkung ausgegangen zu sein. Erwägungsgrund 1 RL 2014/24/EU macht deutlich, dass der Gesetzgeber keineswegs der Auffassung ist, dass nur oberhalb der Schwellenwerte das Primärrecht Wirkung entfalten solle oder gar könne. Schließlich hat auch der EuGH einer solchen Typisierungswirkung ausdrücklich eine Absage erteilt,[124] sondern vielmehr klargestellt, dass für den Binnenmarktbezug von Aufträgen oberhalb der Schwellenwerte eine unwiderlegliche Vermutung gelte[125] – ohne dass sich dies auf die Beurteilung dieser Frage im Unterschwellenbereich auswirken würde.

43 (c) **Feststellung eines Binnenmarktbezugs im Einzelfall.** Hängt die Anwendbarkeit des primärrechtlichen Vergaberegimes nicht vom Sekundärrecht ab, dann wird die Anwendbarkeit zu einer Frage des Einzelfalls.[126] Die Faktoren, die über einen Binnenmarktbezug entscheiden, sind vielseitig und können die staatlichen Stellen, vor allem kleinere Auftraggeber, vor **nicht unerhebliche Anwendungsprobleme** stellen.[127] Der EuGH hat zunächst nur festgehalten, dass das Primärrecht keine Anwendung findet, wenn das wirtschaftliche Gewicht eines Auftrags so gering ausfällt, dass er für potenzielle Auftragnehmer aus dem europäischen Ausland ohne Interesse ist,[128] ohne sich auf präzise Kriterien festzulegen. Schon vor längerer Zeit tauchte als Kriterium für die Einschätzung der Binnenmarktrelevanz die **geographische Lage des Leistungsortes** auf.[129] Die Kommission nennt als Faktoren **Wert und Art des Auftragsgegenstandes** (insbesondere das Verhältnis von Ausführungskosten und Wert des Auftrags dürfte Bedeutung haben),[130] die **Besonderheiten des betroffenen Sektors** und die geographische Lage des Leistungsortes.[131] Eine

---

[122] *Lutz* WuW 2006, 890 (895); *Köster* ZfBR 2007, 127 (130); vgl. auch *Jennert* NZBau 2005, 623 (625), der Schwellenwerte und Binnenmarktrelevanz für die Vergabe von Dienstleistungskonzessionen gleichsetzt (allerdings ohne Bezug zur Kommissionsmitteilung).

[123] Ähnlich *Brown* PPLR 2007, 1 (17); *Trennt,* Die Vergabe internationaler Sportveranstaltungen – Eine Bewertung der Vergabeverfahren und der Anforderungskataloge internationaler Sportverbände am Maßstab des primärrechtlichen Vergaberechts der Europäischen Union, 2012, 97.

[124] EuGH Urt. v. 17.3.2011 – C-95/10, ECLI:EU:C:2011:161 Rn. 35 = BeckRS 2011, 80247 – Strong Segurança zu den II-B-Dienstleistungen der Vergabe-RL 2004; früher schon EuGH Urt. v. 3.12.2001 – C-59/00, Slg. 2001, I-9505 Rn. 19 = ECLI:EU:C:2001:654 = ZfBR 2002, 610 – Verstergaard: „Jedoch bedeutet die alleinige Tatsache, dass der Gemeinschaftsgesetzgeber der Auffassung war, dass die in diesen Richtlinien vorgesehenen besonderen strengen Verfahren nicht angemessen sind, wenn es sich um öffentliche Aufträge von geringem Wert handelt, nicht, dass diese vom Anwendungsbereich des Gemeinschaftsrechts ausgenommen sind."; s.. auch *Wollenschläger* NVwZ 2007, 388 (389).

[125] EuGH Urt. v. 17.11.2015 – C-115/14, ECLI:EU:C:2015:760 Rn. 51 = EuZW 2016, 104 – RegioPost; zust. *Siegel* EuZW 2016, 101 (102).

[126] Kom., Mitteilung Unterschwellenvergabe, ABl. 2006 C 179, 2, unter 1.3; ergänzend EuG Urt. v. 20.5.2010 – T-258/06, Slg. 2010, II-2027 Rn. 88 = ECLI:EU:T:2010:214 = NZBau 2010, 510 – Deutschland/Kommission; OLG Saarbrücken Beschl. v. 29.1.2014 – 1 Verg 3/13, ECLI:DE:OLGSL:2014:0129.1VERG3.13.0A = NZBau 2014, 241 (242).

[127] Auf Probleme der Rechtssicherheit machen krit. aufmerksam *Arrowsmith,* The Law of Public and Utilities Procurement, 2014, Rn. 4.16; *Brown* PPLR 2007, 1 (20); *Deling* NZBau 2011, 725 (726 f.); *Deling* NZBau 2012, 17 (24 f.); *Kruse* VR 2015, 51 (56).

[128] EuGH Urt. v. 13.4.2010 – C-91/08, Slg. 2010, I-2815 Rn. 34 = ECLI:EU:C:2010:182 = NZBau 2010, 382 – Wall; EuGH Urt. v. 21.7.2005 – C-231/03, Slg. 2005, I-7287 Rn. 17 = ECLI:EU:C:2005:487 = NZBau 2005, 592 – Coname.

[129] EuGH Urt. v. 15.5.2008 – C-147/06 u. C-148/06, Slg. 2008, I-3565 Rn. 31 = ECLI:EU:C:2008:277 = EuZW 2008, 469 – SECAP; diesen Faktor betonen auch OLG Düsseldorf Beschl. v. 7.3.2012 – VII-Verg 78/11, ECLI:DE:OLGD:2012:0307.VII.VERG78.11.00 = NZBau 2012, 382 (386); OLG Saarbrücken Beschl. v. 29.1.2014 – 1 Verg 3/13, ECLI:DE:OLGSL:2014:0129.1VERG3.13.0A = NZBau 2014, 241 (242).

[130] Vgl. auch *Bungenberg,* Vergaberecht im Wettbewerb der Systeme: Eine rechtsebenenübergreifende Analyse des Vergaberechts, 2007, 209; gegen die Überbetonung dieses Kriteriums ausdrücklich EuGH Urt. v. 14.11.2013 – C-388/12, ECLI:EU:C:2013:734 Rn. 51 = BeckEuRS 2013, 741829 – Comune di Ancona.

[131] Kom., Mitteilung Unterschwellenvergabe, ABl. 2006 C 179, 2, unter 1.3; vgl. auch EuG Urt. v. 20.5.2010 – T-258/06, Slg. 2010, II-2027 Rn. 86 ff. = ECLI:EU:T:2010:214 = NZBau 2010, 510 – Deutschland/ Kommission; ähnliche Faktoren nennt EuGH Urt. v. 15.5.2008 – C-147/06 u. C.148/06, Slg. 2008, I-3565 Rn. 31 = ECLI:EU:C:2008:277 = EuZW 2008, 469 – SECAP; vgl. auch GA Stix-Hackl SchlA v. 14.9.2006 – C-532/03, Slg. 2007, I-11353 Rn. 79 = ECLI:EU:C:2006:560 = BeckEuRS 2006, 432974 – Kommission/Irland: „Wert und Gegenstand der Vergabe" entscheidend; zust. *Barth,* Das Vergaberecht außerhalb des Anwendungsbereichs der EG-Vergaberichtlinien, 2010, 78 ff.; *Hirschberger,* Prozeduralisierung im

Rolle kann auch spielen, ob die Erbringung der Leistung eine physische Präsenz vor Ort erfordert.[132]

Der EuGH betont inzwischen, dass sich die Ermittlung eines grenzüberschreitenden Interesses aus einer umfassenden **Würdigung verschiedener Umstände** ergeben müsse, und spricht in den einschlägigen Entscheidungen meist ein ganzes Bündel relevanter Faktoren an.[133] Man kann daher inzwischen von einer qualitativen bzw. **funktionalen Herangehensweise** des EuGH sprechen.[134] Auch der BGH spricht sich gegen schematische und rein an bestimmten Wertgrenzen orientierte Beurteilungen aus.[135] Vor einiger Zeit hat der EuGH ein grenzüberschreitendes Interesse auch aus der freiwilligen Entscheidung des Auftraggebers zur Durchführung einer EU-weiten Ausschreibung gefolgert[136] – ein Indiz, das in zweifelsbehafteten Fällen die Binnenmarktrelevanz zur Disposition des Auftraggebers stellt, Fehlanreize schafft und Missbräuchen Tür und Tor öffnet.[137] Ebenso kritikwürdig ist die alleinige (!) Feststellung eines grenzüberschreitenden Interesses – trotz eines geringen Auftragswerts – aufgrund einer Leistungsbeschreibung zur Anschaffung von Computerhardware, in der als Referenzprozessor der einer internationalen Marke angegeben ist.[138]

In Abkehr von seiner früheren Rechtsprechung[139] schloss der EuGH den Binnenmarktbezug bei **Dienstleistungskonzessionen** zunächst nur dann aus, wenn „**vernünftigerweise**" angenommen werden könne, dass sich kein Unternehmen aus einem anderen Mitgliedstaat für die Konzession interessiere."[140] Nicht notwendig ist insbesondere, dass tatsächlich ein ausländisches Unternehmen Interesse angemeldet hat.[141] Hier war also der Entscheidungsspielraum der Verwaltung äußerst gering. Im Zweifel musste sie von der Binnenmarktrelevanz der Dienstleistungskonzession ausgehen.

Umgekehrt verlangte der EuGH im Falle der unter Geltung der Vergabe-RL 2004 dem Primärvergaberecht unterfallenden, sog. **II-B-Dienstleistungen** ein „**eindeutiges**" **grenzüberschreitendes Interesse** an dem zu vergebenden Auftrag.[142] Ähnlich wird auch für die **Unterschwellenvergabe** ein „eindeutiges" grenzüberschreitendes Interesse gefordert,[143] eine Forderung, der sich auch der EuGH angeschlossen hat.[144] In diesem Fall erscheint der Spielraum der Verwaltung grö-

---

europäischen Binnenmarktrecht: Die Verfahrensdimension der Grundfreiheiten und des Beihilfenrechts, 2010, 191 ff.

[132] So zumindest implizit EuGH Urt. v. 4.4.2019 – C-699/17, ECLI:EU:C:2019:290 Rn. 51 f. = NZBau 2019, 457 – Allianz Vorsorgekasse.

[133] EuGH Urt. v. 19.4.2018 – C-65/17, ECLI:EU:C:2018:263 Rn. 40 = NZBau 2018, 623 – Oftalma Hospital; EuGH Urt. v. 20.3.2018 – C-187/16, ECLI:EU:C:2018:194 Rn. 106 = NZBau 2018, 478 – Kommission/Republik Österreich; EuGH Urt. v. 6.10.2016 – C-318/15, ECLI:EU:C:2016:747 Rn. 20 = NZBau 2016, 781 – Tecnoedi Costruzioni Srl; EuGH Urt. v. 17.12.2015 – C-25/14 u. C.26/14, ECLI:EU:C:2015:821 Rn. 30 = EuZW 2016, 277 – UNIS; EuGH Urt. v. 18.12.2014 – C-470/13, ECLI:EU:C:2014:2469 Rn. 27 = NZBau 2015, 569 – Generali; EuGH Urt. v. 14.11.2013 – C-221/12, ECLI:EU:C:2013:736 Rn. 29 = ZfBR 2014, 187 – Belgacom.

[134] Prieß/Simonis NZBau 2015, 731 (732); Meister NZBau 2015, 757 (759); für alternative Anwendung quantitativer und qualitativer Kriterien Prieß NZBau 2015, 57 (58).

[135] BGH Urt. v. 30.8.2011 – X ZR 55/10 = NZBau 2012, 46 Rn. 12 – Regenentlastung.

[136] EuGH Urt. v. 13.4.2010 – C-91/08, Slg. 2010, I-2815 Rn. 35 = ECLI:EU:C:2010:182 = NZBau 2010, 382 – Wall; EuGH Urt. v. 18.11.2010 – C-226/09, Slg. 2010, I-11807 Rn. 33 = ECLI:EU:C:2010:697 = NZBau 2011, 50 – Kommission/Irland.

[137] Zu Recht krit. auch Vavra VergabeR 2013, 384 (387).

[138] EuGH Urt. v. 16.4.2015 – C-278/14, ECLI:EU:C:2015:228 Rn. 21 = NZBau 2015, 383 – SC Enterprise Focused Solutions; abl. dazu auch Meister NZBau 2015, 757 (759).

[139] EuGH Urt. v. 9.9.1999 – C-108/98, Slg. 1999, I-5219 Rn. 21 f. = ECLI:EU:C:1999:400 = BeckRS 2004, 74105 – RI.SAN; zur Abkehr von dieser Rspr. auch Bitterich EuZW 2008, 14 (17).

[140] EuGH Urt. v. 21.7.2005 – C-231/03, Slg. 2005, I-7287 Rn. 20 = ECLI:EU:C:2005:487 = NZBau 2005, 592 – Coname; Dörr in Müller-Wrede Kompendium VergabeR Kap. 2 Rn. 20.

[141] EuGH Urt. v. 14.11.2013 – C-221/12, ECLI:EU:C:2013:736 Rn. 29 = ZfBR 2014, 187 – Belgacom.

[142] EuGH Urt. v. 17.3.2011 – C-95/10, ECLI:EU:C:2011:161 Rn. 35 = BeckRS 2011, 80247 – Strong Segurança; EuGH Urt. v. 18.11.2010 – C-226/09, Slg. 2010, I-11807 Rn. 31 = ECLI:EU:C:2010:697 = NZBau 2011, 50 – Kommission/Irland; EuGH Urt. v. 13.11.2007 – C-507/03, Slg. 2007, I-9777 Rn. 29 = ECLI:EU:C:2007:676 = EuZW 2008, 23 – Kommission/Irland; Deling NZBau 2012, 17 (22 f.).

[143] So Bitterich EuZW 2008, 14 (17); dagegen wegen der Erwägungen zur früheren Vergabe-RL 2004 Siegel EWS 2008, 66 (68).

[144] EuGH Urt. v. 17.12.2015 – C-25/14 u. C-26/14, ECLI:EU:C:2015:821 Rn. 30 = EuZW 2016, 277 – UNIS; EuGH Urt. v. 22.10.2015 – C-425/14, ECLI:EU:C:2015:721 Rn. 21 = NVwZ 2016, 297 – Impresa Edilux und SICEF; EuGH Urt. v. 11.12.2014 – C-113/13, ECLI:EU:C:2014:2440 Rn. 46 = ZfBR 2015, 297 – Azienda sanitaria locale n.5 „Spezzino"; EuGH Urt. v. 21.2.2008 – C-412/04, Slg. 2008, I-619 Rn. 66 = ECLI:EU:C:2008:102 = ZfBR 2008, 404 – Kommission/Italien spricht noch von „bestimmte(r) grenzüberschreitende(r) Bedeutung".

ßer.[145] Es genügt nicht, dass vielleicht andere Unternehmen Interesse haben könnten, vielmehr muss ihr Interesse „eindeutig", dh nicht von der Hand zu weisen sein.

47 Diese **Zweiteilung** zwischen Dienstleistungskonzession und Unterschwellenvergabe hat der EuGH inzwischen jedoch **aufgegeben** und auch für die Vergabe von Dienstleistungskonzessionen ein „sicheres" grenzüberschreitendes Interesse an der Konzession verlangt.[146] Diese Vereinheitlichung der materiellen Anforderungen an die Binnenmarktrelevanz ist zu begrüßen. Sie erscheint gerade in Anbetracht der sekundärrechtlichen Regelung der Vergabe von Dienstleistungskonzessionen, die den in Art. 8 Abs. 1 RL 2014/23/EU festgelegten Schwellenwert überschreiten, als Beitrag zu einer zukünftigen einheitlichen Betrachtung des Unterschwellenbereichs.

48 Schließlich kommt es sehr auf die **Auslegung der Begriffe „eindeutig" und „sicher"** an. Werden sie so verstanden, dass selbst dann, wenn ausländische Konkurrenten sich später über eine Direktvergabe beschweren, noch kein eindeutiger Fall eines grenzüberschreitenden Bezugs vorliegt,[147] führt dies letztlich zu schweren Spannungen mit der üblichen Grundfreiheitsdogmatik: Die Rechte eines ausländischen Bieters würden nämlich dann davon abhängen, dass auch genügend andere potenzielle Bieter an einem Auftrag interessiert wären. Eine solche Abhängigkeit eigener Rechte von der Betroffenheit Dritter wäre ein Novum für den EuGH, der bislang betont hat, dass es für die Grundfreiheiten eben keine Bagatell- oder Spürbarkeitsgrenze gebe.[148] Damit muss es aber auch genügen, wenn nur ein **einziger potenziell interessierter Bieter aus dem Ausland** durch eine Direktvergabe **diskriminiert** wird. Seine Rechte können nicht von der Betroffenheit anderer durch staatliches Handeln abhängen. So hat der EuGH inzwischen auch „realen und nicht nur fiktiven" Beschwerden von in einem anderen Mitgliedstaat ansässigen Wirtschaftsteilnehmern Indizwirkung für ein grenzüberschreitendes Interesse beigemessen.[149]

49 Ein Staatsauftrag weist mithin nur dann keinen Binnenmarktbezug auf, wenn „vernünftigerweise" anzunehmen ist, dass Unternehmen aus einem anderen Mitgliedstaat kein Interesse an dem Auftrag haben. Nachdem auch der EuGH in inzwischen gefestigter Rechtsprechung den mitgliedstaatlichen Gerichten die Beurteilung eines grenzüberschreitenden Interesses ausdrücklich zuweist,[150] ist davon auszugehen, dass die mitgliedstaatlichen Stellen dabei über einen gewissen Spielraum verfügen.[151] Im Grundsatz gilt, dass die Binnenmarktrelevanz umso wahrscheinlicher wird, je näher der Leistungsort der staatlichen Grenze liegt. Dadurch, dass die mitgliedstaatlichen Gerichte weitgehend selbstständig und im Wege einer umfassenden Interessenabwägung die Binnenmarktrelevanz einer Beschaffung bestimmen sollen, verwischen jedoch zunehmend die Konturen des „grenzüberschreitenden Interesses". Im Schrifttum wird es inzwischen wohl mehrheitlich nur noch als **Bagatellklausel** verstanden.[152] Demgegenüber hat der EuGH jüngst entschieden, dass dabei ein grenzüberschreitendes Interesse stets positiv festgestellt werden muss und nicht nur

---

[145] Zu den Missbrauchsmöglichkeiten, die sich daraus ergeben, *Siegel* EWS 2008, 66 (68).
[146] EuGH Urt. v. 14.11.2013 – C-221/12, ECLI:EU:C:2013:736 Rn. 28 ff. = ZfBR 2014, 187 – Belgacom; die hiesige Einschätzung teilt *Vavra* VergabeR 2013, 384 (387).
[147] So versteht *Brown* PPLR 2008, NA 35 (NA 39) den EuGH, wenn er formuliert: „one cross-border complaint (is) insufficient"; in diese Richtung wohl auch *Hirschberger,* Prozeduralisierung im europäischen Binnenmarktrecht: Die Verfahrensdimension der Grundfreiheiten und des Beihilfenrechts, 2010, 190, wenn er die Binnenmarktrelevanz an der *Wahrscheinlichkeit* eines grenzüberschreitenden Bezugs misst.
[148] EuGH Urt. v. 13.12.1989 – C-49/89, Slg. 1989, I-4441 Rn. 8 = ECLI:EU:C:1989:649 = BeckRS 2004, 77476 – Corsica Ferries; EuGH Urt. v. 13.3.1984 – 16/83, Slg. 1984, 1299 Rn. 20 = ECLI:EU:C:1984: 101 = GRUR 1984, 343 – Prantl; *Frenz* EuropaR-HdB III Rn. 419.
[149] EuGH Urt. v. 19.4.20118 – C-65/1, ECLI:EU:C:2018:263 Rn. 40 = NZBau 2018, 623 – Oftalma Hospital; EuGH Urt. v. 6.10.2016 – C-318/15, ECLI:EU:C:2016:747 Rn. 20 = NZBau 2016, 781 – Tecnoedi Costruzioni Srl; EuGH Urt. v. 16.4.2015 – C-278/14, ECLI:EU:C:2015:228 Rn. 20 = NZBau 2015, 383 – SC Enterprise Focused Solutions; EuGH Urt. v. 11.12.2014 – C-113/13, ECLI:EU:C:2014:2440 Rn. 49 = ZfBR 2015, 297 – Azienda sanitaria locale n.5 „Spezzino".
[150] EuGH Urt. v. 10.7.2104 – C-358/12, ECLI:EU:C:2014:2063 Rn. 24 f. = NZBau 2014, 712 – Consorzio Stabile Libor Lavori Pubblici; EuGH Urt. v. 14.11.2013 – C-388/12, ECLI:EU:C:2013:734 Rn. 49 = BeckEuRS 2013, 741829 – Comune di Ancona; EuGH Urt. v. 14.11.2013 – C-221/12, ECLI:EU:C: 2013:736 Rn. 30 = ZfBR 2014, 187 – Belgacom; abw. Einschätzung aber bei *Siegel* VerwArch 107 (2016), 1 (6).
[151] Dazu *Deling* NZBau 2011, 725 (730); *Vavra* VergabeR 2013, 384 (389); iE ebenso *Noch* VergabeR-HdB Kap. A Rn. 95.
[152] *Bungenberg* in Müller-Graff, Enzyklopädie Europarecht, Bd. 4, 2015, § 16 Rn. 18; *Deling* NZBau 2011, 725 (727); Beck VergabeR/*Dörr* Einl. Rn. 186; *Kruse* VR 2015, 51 (52); *Prieß* NZBau 2015, 57; *Meister* NZBau 2015, 757 (760); *Storr* in Bungenberg/Huber/Streinz, Wirtschaftsverfassung und Vergaberecht – Der verfassungsrechtliche Rahmen der Auftrags- und Konzessionsvergabe, 2011, 43, 47; tendenziell auch *Ortner* VergabeR 2015, 559 (561); *Prieß/Simonis* NZBau 2015, 731 (732); aA *Burgi* VergabeR § 3 Rn. 24; *Burgi* VergabeR 2016, 261 (263); *Siegel* VerwArch 107 (2016), 1 (6).

„hypothetisch aus bestimmten Gegebenheiten abgeleitet werden kann".[153] Somit ist es nun nicht mehr möglich, schlicht in Zweifelsfällen die Binnenmarktrelevanz als gegeben zu erachten, sondern es bedarf stets einer Erläuterung dieses Ergebnisses. Problematisch an dieser Entscheidung ist, dass es jedoch weiterhin keine klaren Kriterien zur Feststellung der Binnenmarktrelevanz gibt.[154]

Dennoch wird man auch weiterhin aus Gründen der Rechtssicherheit Vergabestellen empfehlen 50 können, bei **Zweifelsfällen** von einem grenzüberschreitenden Bezug des Auftrags auszugehen. Der oben (→ Rn. 49) soeben zitierten Entscheidung *Oftalma Hospital* lag nämlich ein Sachverhalt zugrunde, bei dem sich ein Dritter auf die Nichtigkeit der Vergabe wegen Nichtbeachtung des Primärvergaberechts berief. Hier erscheint es nachvollziehbar, die Nichtigkeit nur dann anzunehmen, wenn der Binnenmarktbezug positiv festgestellt ist. Damit ist öffentlichen Stellen aber nicht verwehrt, bei Zweifelsfällen zur Sicherheit von einem Binnenmarktbezug auszugehen. Erwägenswert erscheint vor diesem Hintergrund die Überlegung des **OLG Dresden**, auch die nationalen Vorschriften, die für im ausschließlich nationalen Rahmen bleibende Beschaffungen gelten, konform mit den Vorgaben des Primärvergaberechts auszulegen.[155]

(2) Sachliche Ausnahmen. Das primärrechtliche Vergaberegime kann dort keine Anwendung 51 finden, wo die Anwendung seiner Pfeiler, der Grundfreiheiten, ausgeschlossen ist.

Zu denken ist dabei insbesondere an die in Art. 51 AEUV niedergelegte Bereichsausnahme, 52 die sowohl auf die Niederlassungsfreiheit als auch über Art. 62 AEUV auf die Dienstleistungsfreiheit Anwendung findet und die Ausübung öffentlicher Gewalt vom Anwendungsbereich der genannten Grundfreiheiten ausnimmt. Aus drei Gründen entfaltet diese Ausnahme keine große Wirkung für das primärrechtliche Vergaberegime. Zunächst gilt wie bei allen Ausnahmen, dass der EuGH eine enge Auslegung der Vorschrift verlangt.[156] Zweitens betrifft Art. 51 AEUV nur die „unmittelbare und spezifische Teilnahme an der Ausübung **öffentlicher Gewalt**".[157] Diese spezifische Ausübung öffentlicher Gewalt fehlt beispielsweise bei der Durchführung von **Rettungsfahrten**.[158] Dennoch ist die Anwendbarkeit des Primärvergaberechts auf Rettungsdienstleistungen derzeit Gegenstand einer kontrovers geführten Debatte,[159] ohne dass allerdings auf die Bereichsausnahme der öffentlichen Gewalt ausdrücklich Bezug genommen würde (→ Rn. 105).

An der Ausübung öffentlicher Gewalt dürfte es bei Beschaffungen fehlen, die lediglich im 53 Vorfeld hoheitlicher Tätigkeit stattfinden und diese erst ermöglichen, wie etwa beim Einkauf von Polizeifahrzeugen, Dienstpistolen oder Wachdienstleistungen.[160] Für Beschaffungen im sensiblen Bereich **militärischer Güter** muss dasselbe gelten: Sie sind nicht grundsätzlich vom Primärrecht ausgenommen, ihre geheime und direkte Beschaffung kann aber im Einzelfall aus Gründen der nationalen Sicherheit gerechtfertigt sein.[161] Bedeutung erlangt in diesem Zusammenhang vor allem Art. 346 AEUV.[162] Schließlich besteht für den Staat keine Pflicht, sich am Markt einzudecken.

---

[153] EuGH Urt. v. 19.4.2018 – C-65/17, ECLI:EU:C:2018:263 Rn. 39 = NZBau 2018, 623 – Oftalma Hospital; EuGH Urt. v. 6.10.2016 – C-318/15, ECLI:EU:C:2016:747 Rn. 22 = NZBau 2016, 781 – Tecnoedi Costruzioni Srl.
[154] *Stein/v. Rummel* NZBau 2018, 589 (592).
[155] OLG Dresden Beschl. v. 12.10.2010 – WVerg 9/10, ECLI:DE:OLGDRES:2010:1012.WVERG0009.10.0A = IBRRS 2010, 4356 = VergabeR 2011, 504 (508); m. insoweit krit. Anm. *Donhauser* VergabeR 2011, 508; zust. Beck VergabeR/*Dörr* Einl. Rn. 186; *Dörr* in Müller-Wrede Kompendium VergabeR Kap. 2 Rn. 21.
[156] Calliess/Ruffert/*Bröhmer* AEUV Art. 51 Rn. 1; Beck VergabeR/*Dörr* Einl. Rn. 188.
[157] EuGH Urt. v. 1.2.2017 – C-392/15, ECLI:EU:C:2017:73 Rn. 107 = BeckRS 2017, 100802 – Kommission/Ungarn; EuGH Urt. v. 31.5.2001 – C-283/99, Slg. 2001, I-4363 Rn. 20 = ECLI:EU:C:2001:307 = EuZW 2001, 603 – Kommission/Italien; EuGH Urt. v. 9.3.2000 – C-355/98, Slg. 2000, I-1221 Rn. 25 = ECLI:EU:C:2000:113 = NZA-RR 2000, 431 – Kommission/Belgien; EuGH Urt. v. 29.10.1998 – C-114/97, Slg. 1998, I-6717 Rn. 35 = ECLI:EU:C:1998:519 = EuZW 1999, 125 – Kommission/Spanien; EuGH Urt. v. 21.6.1974 – 2/74, Slg. 1974, 631 Rn. 45 = ECLI:EU:C:1974:68 = NJW 1975, 513 – Reyners; für das primärrechtliche Vergaberegime macht hierauf die Kommission in ihrer Mitteilung Konzessionen, ABl. 2000 C 121, 2, unter 3.1.5. aufmerksam.
[158] *Dörr* in Müller-Wrede Kompendium VergabeR Kap. 2 Rn. 23; aA OLG Düsseldorf Beschl. v. 5.4.2006 – VII-Verg 7/06, ECLI:DE:OLGD:2006:0405.VERG7.06.0A = NZBau 2006, 595 (596); zu Recht krit. *Esch* VergabeR 2007, 286 (294 f.).
[159] *Braun/Zwetkow* NZBau 2020, 219 (221) einerseits; *Jaeger* NZBau 2020, 223 (227) andererseits.
[160] Wachdienstleistungen stellen für sich genommen regelmäßig keine Ausübung öffentlicher Gewalt dar, vgl. EuGH Urt. v. 29.10.1998 – C-114/97, Slg. 1998, I-6717 Rn. 39 = ECLI:EU:C:1998:519 = EuZW 1999, 125 – Kommission/Spanien; zust. Beck VergabeR/*Dörr* Einl. Rn. 188.
[161] Ausf. *Prieß* VergabeR-HdB 539 ff.
[162] Zu dessen Anwendung im Beschaffungswesen vgl. Kom., Mitteilung Auslegungsfragen Art. 296, KOM(2006), 779.

Entscheiden sich staatliche Stellen aber im konkreten Fall für eine Teilnahme am Markt und damit gegen eine Eigenleistung, dann spricht dies, zumindest als Indiz, gegen die entscheidende Verknüpfung der Beschaffung mit hoheitlicher Tätigkeit.

54 Ausgenommen vom primärrechtlichen Vergaberegime sind darüber hinaus Dienstleistungen, die von europarechtlich zulässigen **Monopolen** erbracht werden. Hier darf bzw. muss sogar auf den monopolistischen Anbieter zurückgegriffen werden. So hat der Gerichtshof entschieden, dass die Verkehrsfreiheiten auf die Vergabe von reservierten Postdienstleistungen im Sinne der RL 97/67/EG keine Anwendung finden.[163] Mit der zunehmenden Liberalisierung der Dienstleistungsmärkte wird die Bedeutung dieser Ausnahme allerdings stark zurückgehen.

55 Für **Verkehrsdienstleistungen** ergibt sich ein unübersichtliches Bild: Einerseits regelt Art. 58 AEUV, dass die Dienstleistungsfreiheit auf Verkehrsdienstleistungen keine Anwendung findet. Andererseits stützt sich das primärrechtliche Vergaberegime nicht allein auf Art. 56 AEUV, könnte also von der Bereichsausnahme unbeeinträchtigt operieren. In den meisten relevanten Bereichen sind mittlerweile sektorspezifische, sekundärrechtliche Vergaberegelungen erlassen worden. Insoweit bleibt allerdings die Frage bestehen, ob diese Regelungen primärrechtskonform sind. Dies gilt insbesondere, wenn – wie im Falle von Eisenbahnverkehrsdienstleistungen – die Möglichkeit der Direktvergabe vorgesehen ist.[164]

56 Aktuell diskutiert wird die Frage, inwieweit eine Bereichsausnahme im Rahmen der **Rettungsdienstvergabe** auf der Ebene des Primärrechts vorliegt. Nach Art. 10 Abs. 4 lit. h RL 2014/24/EU finden die sekundärrechtlichen Regelungen auf solche Vergaben keine Anwendung. Vorgebracht wird nun unter anderem, dass die Tatsache, dass der EuGH in seiner Entscheidung hinsichtlich der Konformität der deutschen Rechtslage mit dem Art. 10 Abs. 4 lit. h RL 2014/24/EU[165] keine Andeutungen in Bezug auf weitere Vorgaben aus dem Primärrecht gemacht hat, obwohl ein grenzüberschreitendes Interesse eindeutig vorgelegen habe, was wohl nur den Schluss zulasse, dass das Primärrecht keine weiter gehende Anwendung finde.[166] Überzeugender ist es jedoch, grundsätzlich aus Gründen der Normenhierarchie bei einem Binnenmarktbezug die Anwendbarkeit des Primärrechts zu bejahen und weiterhin gemäß der Rechtsprechung des EuGH vor der Normierung der Richtlinie[167] auf die Frage der Rechtfertigbarkeit einer Direktvergabe nach den Maßstäben des AEUV abzustellen.[168]

57 **(3) In-House-Konstellationen.** Der EuGH erkannte in ständiger Rechtsprechung eine Ausnahme vom Sekundärvergaberecht für sog. In-House-Konstellationen an, bei denen die staatliche Stelle über den Auftragnehmer eine Kontrolle ausübt wie über ihre eigenen Dienststellen und dieser Auftragnehmer seine Tätigkeiten im Wesentlichen für die staatliche Stelle erledigt, die die Anteile an dem Auftragnehmer hält.[169] In solchen Fällen der engsten Verknüpfung von Auftraggeber und -nehmer fehle es an einer Vereinbarung zwischen zwei selbstständigen Personen und damit an einem Vertrag, weshalb das Sekundärrecht außer Anwendung bleiben müsse. Eigentlich ist damit die ursprüngliche Argumentationsfigur der „In-House"-Vergabe auf das Sekundärrecht zugeschnitten, da nur die Vergabe-RL 2004 und nicht die primärrechtlichen Gleichheitssätze einen Vertrag als Anwendungsvoraussetzung normieren.[170] Daneben beruft sich der EuGH auf die Überlegung, dass sich in In-House-Konstellationen der öffentliche Auftraggeber nicht zur Marktteilnahme im eigentlichen Sinne, sondern zur Aufgabenerfüllung mit eigenen Mitteln entschließe.[171] Daher hat der EuGH seine In-House-Rechtsprechung auch auf das **Primärvergaberecht** mit der Folge ausgeweitet,[172] dass die primärrechtlichen Gleichheitssätze auch keine Anwendung finden, wenn die

---

[163] EuGH Urt. v. 18.12.2007 – C-220/06, Slg. 2007, I-12175 Rn. 40 = ECLI:EU:C:2007:815 = NZBau 2008, 189 – AP.

[164] Ausf. dazu *Otting/Scheps* NVwZ 2008, 499 (503 f.).

[165] EuGH Urt. v. 21.3.2019, ECLI:EU:C:2019:314 = NZBau 2019, 314 – Falck Rettungsdienste.

[166] Ausf. dazu *Jaeger* NZBau 2020, 7 (12); nochmals betonend *Jaeger* NZBau 2020, 223 (227).

[167] Vgl. EuGH Urt. v. 11.12.2014 – C-113/13, ECLI:EU:C:2014:2440 = NZBau 2015, 377 – Azienda sanitaria locale n. 5 „Spezzino".

[168] Für die grundsätzliche Geltung des Primärrechts auch ua *Bühns* EuZW 2020, 658 (662); ausf. *Braun/Zwetkow* NZBau 2019, 219 (221 f.).

[169] Grundlegend EuGH Urt. v. 18.11.1999 – C-107/98, Slg. 1999, I-8121 Rn. 50 = ECLI:EU:C:1999:562 = EuZW 2000, 246 – Teckal; auch etwa EuGH Urt. v. 19.6.2014 – C-574/12, ECLI:EU:C:2014:2004 Rn. 35 = ZfBR 2014, 611 – Centro Hospitalar de Setúbal und SUCH; umfassend dazu Willenbruch/Wieddekind/*Frenz* 21. Los Rn. 92 ff.

[170] EuGH Urt. v. 13.10.2005 – C-458/03, Slg. 2005, I-8585 Rn. 60 = ECLI:EU:C:2006:605 = NZBau 2005, 644 – Parking Brixen GmbH; krit. daher *Heiß* VerwArch 2012, 421 (435 f.).

[171] EuGH Urt. v. 19.6.2014 – C-574/12, ECLI:EU:C:2014:2004 Rn. 35 = ZfBR 2014, 611 – Centro Hospitalar de Setúbal und SUCH.

[172] Zu den dogmatischen Grundlagen dieser Rspr. krit. *Huerkamp,* Transparenz und Gleichbehandlung als gemeinschaftsrechtliche Prinzipien der staatlichen Auftragsvergabe, 2010, 161 ff.

Teckal-Kriterien erfüllt sind.[173] Folge dessen ist darüber hinaus, dass auch das Primärvergaberecht an der weitreichenden Privilegierung der In-House-Vergabe durch die neuere Rechtsprechung des EuGH partizipiert, wie sie etwa zur Vergabefreiheit bei interkommunaler Zusammenarbeit ergangen ist.[174] Der europäische Gesetzgeber (und in dessen Gefolge auch der deutsche) hat sich im Rahmen der Kodifikation der In-House-Rechtsprechung des EuGH in den Art. 17 RL 2014/23/EU, Art. 12 RL 2014/24/EU, Art. 28 Sektoren-RL bzw. in § 108 GWB allerdings nicht auf eine Kompilation der Rechtsprechung beschränkt, sondern etwa mit einer von dieser abweichenden Ausgestaltung des Kontrollkriteriums in Art. 12 Abs. 1 lit. c RL 2014/24/EU **eigene Akzente** im Bereich des Sekundärrechts gesetzt.[175] Schon mit Blick auf die rechtspolitischen Bedenken[176] ist es fraglich, ob es sich insoweit um eine sinnvolle Regelung hält ebenso wie letztlich der EuGH zu entscheiden hat, ob es sich um eine zulässige Konkretisierung primärrechtlicher Vorgaben handelt. Insoweit wäre im Sinne einer **„reversed fertilization"** (→ Rn. 37) die Anwendung jener Kriterien auch für den Bereich außerhalb der Vergaberichtlinien zwar vor dem Hintergrund sinnvoll, dass es so zu einer Harmonisierung von Ober- und Unterschwellenbereich käme und damit die normative Komplexität reduziert werden würde. Allerdings sollte dies nicht um den Preis einer wettbewerbs- und grundfreiheitsrechtlich bedenklichen Ausdifferenzierung erfolgen. Insoweit muss es vielmehr dabei bleiben, dass entsprechend der normhierarchischen Ausgangslage eine entsprechende Anpassung nur erfolgt, soweit die Konkretisierung zu überzeugen vermag. Daher ist es durchaus richtig, wenn der EuGH keineswegs „blind" davon ausgeht, dass das Einhalten der Voraussetzungen des Art. 12 Abs. 1 lit. a–c RL 2014/24/EU automatisch die primärrechtlichen Anforderungen wahrt. Dies hat der EuGH in einem Urteil vom 3.10.2019 zur In-House-Vergabe zu Recht hervorgehoben, indem er betont, dass die Wahrung der sekundärrechtlichen Anforderungen „nicht von der Pflicht zur Beachtung unter anderem der Grundsätze der Gleichbehandlung, der Nichtdiskriminierung, der Verhältnismäßigkeit und der Transparenz befreien".[177] Bedauerlich ist es aber, dass der EuGH dabei im Rahmen des Vorlageverfahrens nicht klarer gemacht hat, inwiefern im vorliegenden Fall die Einhaltung der sekundärrechtlichen Anforderungen die primärrechtlichen Transparenzerfordernisse nicht erfüllt hat. Dies perpetuiert die ohnehin bestehende Rechtsunsicherheit im Primärvergaberecht.

bb) Subjektive Reichweite des Primärvergaberechts. Das primärrechtliche Vergaberegime **58** kann in subjektiver Hinsicht nur so weit binden, wie seine Rechtsquellen es vermögen. Der enge Zusammenhang zwischen Grundfreiheiten und Gleichbehandlungsgrundsatz hat zur Folge, dass nur die Einheiten, die auch Adressat der Grundfreiheiten sein können, in ihrer Bedarfsdeckung vom primärrechtlichen Vergaberegime betroffen sind.

Erfasst sind damit sämtliche Stellen des Bundesstaates sowie die ihm untergliederten **Gebiets-** **59** **körperschaften.**[178] Auch die mittelbare Staatsverwaltung ist grundsätzlich an die Grundfreiheiten gebunden.[179]

Für **öffentliche Unternehmen** gelten die Grundfreiheiten nach Art. 106 Abs. 1 AEUV, wobei **60** es entscheidend darauf ankommt, ob der Staat zumindest potenziell die Möglichkeit hat, das Unternehmen in seinem Sinne zu steuern.[180]

---

[173] EuGH Urt. v. 29.11.2012 – C-182/11, ECLI:EU:C:2012:9938 Rn. 26 = ZfBR 2013, 186 – Econord; EuGH Urt. v. 18.12.2007 – C-220/06, Slg. 2007, I-12175 Rn. 86 = ECLI:EU:C:2007:815 = NZBau 2008, 189 – AP; EuGH Urt. v. 6.4.2006 – C-410/04, Slg. 2006, I-3303 Rn. 24 = ECLI:EU:C:2006:237 = NZBau 2006, 326 – ANAV; EuGH Urt. v. 13.10.2005 – C-458/03, Slg. 2005, I-8585 Rn. 62 = ECLI:EU:C:2005:605 = NZBau 2005, 644 – Parking Brixen GmbH.

[174] EuGH Urt. v. 13.11.2008 – C-324/07, Slg. 2008, I-8457 Rn. 26 = ECLI:EU:C:2008:621 = NZBau 2009, 54 – Coditel; EuGH Urt. v. 9.6.2009 – C-480/06, Slg. 2009, I-4747 Rn. 21 = ECLI:EU:C:2009:357 = NZBau 2009, 527 – Kommission/Deutschland.

[175] Dazu umfassend und zT krit. *Dabringhausen* VergabeR 2014, 512; *Greb* VergabeR 2015, 289.

[176] So etwa *Dabringhausen* VergabeR 2014, 512 (522 f.); *Grab* VergabeR 2015, 289 (292 f., 295).

[177] EuGH Urt. v. 3.10.2019 – C-285/18, ECLI:EU:C:2019:829 Rn. 61= NZBau 2020, 173 – Stadt Kanaus; zustimmend *Gerlach* NZBau 2020, 426 (428 f.); ähnlich im Bereich der interkommunalen Zusammenarbeit nach Art. 12 Abs. 4 RL 2014/24/EU EuGH Urt. v. 28.5.2020 – C-796/18, ECLI:EU:C:2020:395 = NZBau 2020, 461 – Softwareüberlassung.

[178] EuGH Urt. v. 29.11.2001 – C-17/00, Slg. 2001, I-9445 Rn. 27 = ECLI:EU:C:2001:651 = BeckRS 2004, 74633 – de Coster.

[179] Beck VergabeR/*Dörr* Einl. Rn. 189; *Frenz* EuropaR-HdB III Rn. 296; Calliess/Ruffert/*Kingreen* AEUV Art. 34–36 Rn. 106; *Hirschberger*, Prozeduralisierung im europäischen Binnenmarktrecht: Die Verfahrensdimension der Grundfreiheiten und des Beihilfenrechts, 2010, 187 f.

[180] Bspw.: EuGH Urt. v. 13.4.2010 – C-91/08, Slg. 2010, I-2815 Rn. 47 ff. = ECLI:EU:C:2010:182 = NZBau 2010, 382 – Wall; EuGH Urt. v. 23.10.1997 – C-158/94, Slg. 1997, I-5789 Rn. 40 = ECLI:EU:C:1997:500 = BeckRS 2004, 74533 – Kommission/Italien; *Gabriel* VergabeR 2009, 7 (10 ff.); Calliess/Ruffert/*Jung* AEUV Art. 106 Rn. 13; *Siegel* VerwArch 107 (2016), 1 (11), der eine Parallele zum funktionellen

61 Die Bindung privater Unternehmen an das primärrechtliche Vergaberegime ist eine Frage der **Drittwirkung** der Grundfreiheiten. Dazu ist festzustellen, dass der EuGH bislang nur für Art. 45 AEUV eine Drittwirkung für private Vereinbarungen angenommen hat.[181] Diese Vorschrift spielt für das primäre Vergaberecht allerdings keine nennenswerte Rolle. Art. 56 AEUV kann zwar auch auf Privatpersonen angewandt werden, dies ist jedoch bislang nur begrenzt auf die Fälle privater Normsetzung geschehen[182] und bleibt damit für den Bereich der Vergabe ebenfalls irrelevant. Unlängst hat der EuGH auch eine Bindung einer juristischen Person des Privatrechts an die Warenverkehrsfreiheit (Art. 34 AEUV) angenommen;[183] dabei kamen dem (im entschiedenen Fall) privatrechtlichen Verein jedoch weitgehende, jedenfalls faktisch marktbeschränkende Einflussmöglichkeiten zu, über die die übergroße Mehrheit der nichtstaatlichen Stellen nicht verfügt. Daher kommt auch der nunmehr im Ausgangspunkt judikativ anerkannten Drittwirkung der Warenverkehrsfreiheit – dem grundsätzlich vorstellbaren Beschaffungsbezug des Warenverkehrs zum Trotz – wohl keine relevante Rolle für das Primärvergaberecht zu. Private Unternehmen ohne staatlichen Einfluss[184] sind mithin grundsätzlich nicht Adressaten des primärrechtlichen Vergaberegimes,[185] es sei denn, sie verfügen über **dem Staat vergleichbare Beschränkungsmöglichkeiten** im Hinblick auf die Grundfreiheiten, sodass unter dem Gesichtspunkt der praktischen Wirksamkeit des Unionsrechts eine Bindung Privater angezeigt scheint.[186] Weitere auf eine Konvergenz der Grundfreiheiten in dieser Frage zulaufende Entscheidungen des EuGH sind jedenfalls zu erwarten.

62 **3. Verfahrensaspekte des primärrechtlichen Vergaberegimes. a) Transparenz. aa) Öffentlichkeit und Überprüfbarkeit.** Herzstück des primärrechtlichen Vergaberegimes ist die Verpflichtung öffentlicher Stellen zur Transparenz ihrer Bedarfsdeckung. Das Unionsrecht fordert als Grundsatz den öffentlichen Wettbewerb um einen Auftrag und stellt sich sowohl der Direktvergabe an eine Einzelanbieter als auch der Vergabe innerhalb eines kleinen Kreises Privilegierter entgegen. Der EuGH leitet in ständiger Rechtsprechung zum Teil aus den grundfreiheitlichen Diskriminierungsverboten,[187] zum Teil aus dem allgemeinen Gleichheitssatz[188] eine zweigliedrige Transparenzverpflichtung ab: Es muss ein **Grad an Öffentlichkeit** hergestellt werden, der den Auftrag für den **Wettbewerb öffnet,** und die Unparteilichkeit der Vergabeentscheidung muss **überprüfbar** werden. Überzeugender erscheint dabei eine Ableitung aus den grundfreiheitlichen Diskriminierungsverboten: Der Gerichtshof ging nämlich lange von der Annahme aus, dass eine ohne jegliche Transparenz erfolgende Direktvergabe hauptsächlich zulasten potenziell interessierter Bewerber aus dem Ausland wirke.[189] Liegen jedoch die Voraussetzungen für eine Diskriminierung aus Grün-

---

Auftraggeberbegriff des § 99 Nr. 2 GWB nF zieht; auch *Burgi* VergabeR § 3 Rn. 27 geht von einer iE identischen personalen Reichweite von Primär- und Sekundärvergaberecht aus.
[181] EuGH Urt. v. 6.6.2000 – C-281/98, Slg. 2000, I-4139 Rn. 34 = ECLI:EU:C:2000:296 = EuZW 2000, 468 – Angonese; EuGH Urt. v. 28.6.2012 – C-172/11, ECLI:EU:C:2012:399 Rn. 36, 51 = NZA 2012, 863 – Erny.
[182] EuGH Urt. v. 12.12.1974 – 36/74, Slg. 1974, 1405 Rn. 16, 19 = ECLI:EU:C:1974:140 = NJW 1975, 1093 – Walrave und Koch.
[183] EuGH Urt. v. 12.7.2012 – C-171/11, ECLI:EU:C:2012:453 Rn. 32 = EuZW 2012, 797 – Fra.bo; umfassend dazu *Ludwigs/Weidermann* Jura 2014, 152.
[184] Detailliert zu Kriterien der Einflussnahme *Egger,* Europäisches Vergaberecht, 2008, Rn. 115 ff.
[185] Ausf. *Gabriel* VergabeR 2009, 7 (13 ff.); zust. *Dörr* in Müller-Wrede Kompendium VergabeR Kap. 2 Rn. 24; ausnahmslos für diesen Grundsatz *Siegel* VerwArch 107 (2016), 1 (11).
[186] *Ludwigs/Weidermann* Jura 2014, 152 (160, 164 f.), die die vom EuGH angeführten, eine Grundfreiheitenbindung herbeiführenden Faktoren als „Kriterium der funktionalen Äquivalenz" benennen; ähnlich *Müller-Graff* EuR 2014, 3 (28 f.).
[187] EuGH Urt. v. 18.12.2014 – C-470/13, ECLI:EU:C:2014:2469 Rn. 31 = NZBau 2015, 569 – Generali-Providencia Biztosító; EuGH Urt. v. 11.12.2014 – C-113/13, ECLI:EU:C:2014:2440 Rn. 45, 50 = ZfBR 2015, 297 – Azienda sanitaria locale n.5 „Spezzino"; EuGH Urt. v. 13.4.2010 – C.91/08, Slg. 2010, I-2815 Rn. 33, 36 = ECLI:EU:C:2010:182 = NZBau 2010, 382 – Wall; EuGH Urt. v. 13.11.2007 – C-507/03, Slg. 2007, I-9777 Rn. 31 = ECLI:EU:C:2007:676 = EuZW 2008, 23 – Kommission/Irland (An Post); EuGH Urt. v. 21.7.2005 – C-231/03, Slg. 2005, I-7287 Rn. 19 = ECLI:EU:C:2005:487 = NZBau 2005, 592 – Coname; EuGH Urt. v. 7.12.2000 – C-324/98, Slg. 2000, I-10745 Rn. 61 = ECLI:EU:C:2000:669 = EuZW 2001, 90 – Telaustria und Telefonadress.
[188] EuGH Urt. v. 12.3.2015 – C-538/13, ECLI:EU:C:2015:166 Rn. 33 f. = NZBau 2015, 306 – eVigilo; EuGH Urt. v. 18.12.2007 – C-220/06, Slg. 2007, I-12175 Rn. 75 = ECLI:EU:C:2007:815 = NZBau 2008, 189 – AP; EuGH Urt. v. 13.9.2007 – C-260/04, Slg. 2007, I-7083 Rn. 24 – ECLI:EU:C:2007:508 = BeckRS 2007, 70684 – Kommission/Italien; EuGH Urt. v. 6.4.2006 – C-410/04, Slg. 2006, I-3303 Rn. 21 = ECLI:EU:C:2006:237 = NZBau 2006, 326 – ANAV; EuGH Urt. v. 13.10.2005 – C-458/03, Slg. 2005, I-8585 Rn. 49 = ECLI:EU:2005:605 = NZBau 2005, 644 – Parking Brixen GmbH.
[189] EuGH Urt. v. 13.11.2007 – C-507/03, Slg. 2007, I-9777 Rn. 30 f. = ECLI:EU:2007:676 = EuZW 2008, 23 – Kommission/Irland (An Post); EuGH Urt. v. 21.7.2005 – C-231/03, Slg. 2005, I-7287 Rn. 17 ff. =

den der Staatsangehörigkeit vor, dann sind die grundfreiheitlichen Diskriminierungsverbote *leges speciales* gegenüber dem allgemeinen Gleichheitssatz.[190] Der EuGH stützte das Transparenzgebot teilweise sowohl auf die grundfreiheitlichen Verbote der Diskriminierung aus Gründen der Staatsangehörigkeit als auch auf den Gleichbehandlungsgrundsatz und bezieht auch inländische Bieter ausdrücklich in den Schutzbereich des Transparenzgebots ein.[191] In seiner jüngsten Rechtsprechung verzichtet der EuGH jedoch wieder auf eine „zweispurige" Begründung des Transparenzgebotes und leitet es alleine aus dem Gleichbehandlungsgrundsatz ab.[192]

Abseits der beiden genannten Vorgaben der Öffnung und der Überprüfbarkeit hat sich der **63** EuGH bislang nicht präziser festgelegt, welches Niveau an Transparenz erforderlich ist. Das hat zu mannigfaltigen Versuchen geführt, die notwendigen Transparenzpflichten zu konkretisieren.[193] Zielführend ist dabei ein Vorgehen, das sich an der vom EuGH vorgenommenen **Zweiteilung** der Transparenzverpflichtung orientiert. Zu prüfen ist also zum einen, welchen Grad an Publizität die Nachfrage sicherzustellen hat, und zum anderen, welche Anforderungen aus der Nachprüfbarkeit der Unparteilichkeit folgen. Eine weitere – davon zu trennende Frage – ist, ob und wie sich der unterlegene Bewerber oder der potenzielle Interessent gegen eine (behauptete) Verletzung des Primärvergaberechts zur Wehr setzen kann. Dieser **Primärvergaberechtsschutz** wird noch ausführlich behandelt (→ Rn. 150 ff.).

bb) Transparenz als Publizität. (1) Grundlagen. Aufgrund der bereits angesprochenen Ver- **64** fahrensautonomie der Mitgliedstaaten müssen sich die europarechtlichen Verfahrensvorgaben strikt an ihre primärrechtlichen Rechtsquellen halten. Gefordert werden kann demnach nicht, was wettbewerblich wünschenswert ist, sondern nur die Einhaltung des relevanten Primärrechts, also der grundfreiheitlichen Diskriminierungsverbote.

Entscheidend ist dabei, dass die bisherige Rechtsprechung die Publizität aus dem Verbot der **65** Diskriminierung ableitet[194] und so die Diskriminierungsverbote in ihrer Dimension als Teilhaberechte nutzt.[195] Potenziell interessierte Bewerber aus dem Ausland haben Anspruch auf die gleiche Behandlung und damit auf gleiche Teilhabe an der Deckung der staatlichen Nachfrage wie inländische Bewerber. Dieses **Teilhaberecht** ist kein originäres, sondern ein derivatives, dh, dass der Einzelne nicht originär geltend machen kann, er wolle staatlichen Bedarf decken, sondern nur derivativ darauf bestehen kann, in die Deckung des Bedarfs genauso eingebunden zu werden wie andere auch. Auf diese Weise wird die Freiheit der Mitgliedstaaten geschützt, den staatlichen Bedarf in Eigenleistung zu erbringen. Besteht man hingegen auf ein originäres Teilhaberecht, beispielsweise indem man die Grundfreiheiten in ihrer (umstrittenen)[196] Funktion als Freiheits-

---

ECLI:EU:C:2005:487 = NZBau 2005, 592 – Coname; auf die Ausführungen dieses Urteils nimmt der EuGH in Urt. v. 13.10.2005 – C-458/03, Slg. 2005, I-8585 Rn. 55 = ECLI:EU:C:2005:605 = NZBau 2005, 644 – Parking Brixen GmbH Bezug, um eine Diskriminierung zu bejahen; krit. gegenüber dieser Annahme *Wollenschläger* NVwZ 2007, 388 (393).

[190] *Dörr* in Müller-Wrede Kompendium VergabeR Kap. 2 Rn. 28.

[191] EuGH Urt. v. 14.11.2013 – C-221/12, ECLI:EU:C:2013:736 Rn. 28, 32 = ZfBR 2014, 187 – Belgacom; zust. *Gabriel/Voll* NZBau 2014, 155; mit ebenfalls „zweispuriger" Begründung des Transparenzgebots jüngst EuGH Urt. v. 19.12.2018 – C-216/17, ECLI:EU:C:2018:1034 Rn. 63 = NZBau 2019, 116 – Autorità; EuGH Urt. v. 22.10.2105 – C-425/14, ECLI:EU:C:2015:721 Rn. 41 = NVwZ 2016, 297 – Impresa Edilux und SICEF; EuGH Urt. v. 16.4.2015 – C-278/14, ECLI:EU:C:2015:228 Rn. 16 = NZBau 2015, 383 – SC Enterprise Focused Solutions.

[192] EuGH Urt. v. 18.9.2019 – C-526/17, ECLI:EU:C:2019:756 Rn. 58 = NZBau 2020, 40 – A 12 Livorno-Civitavecchia; EuGH Urt. v. 2.5.2019 – C-309/18, ECLI:EU:C:2019:350 Rn. 19 = NZBau 2019, 531–Lavorgna; EuGH Urt. v. 19.12.2018 – C-375/17, ECLI:EU:C:2018:1026 Rn. 57 = BeckRS 2018, 32757 – Stanley International Betting Ltd.; EuGH Urt. v. 4.4.2019 – C-699/17, ECLI:EU:C:2019:290 Rn. 62 = NZBau 2019, 457 – Allianz Vorsorgekasse; EuGH Urt. v. 19.4.2018 – C-152/17, ECLI:EU:C:2018:264 Rn. 30 = NZBau 2018, 626 – Consorzio Italian Management.

[193] Bspw. GA *Stix-Hackl* SchlA v. 12.4.2005 – C-231/03, Slg. 2005, I-7287 Rn. 69 ff. = ECLI:EU:C:2005:212 = IBRRS 2005, 1588 – Coname; Kom., Mitteilung Unterschwellenvergabe, ABl. 2006 C 179, 2, unter 2.1.; dazu EuG Urt. v. 20.5.2010 – T-258/06, Slg. 2010, II-2027 Rn. 68 ff. = ECLI:EU:T:2010:214 = NZBau 2010, 510 – Deutschland/Kommission; *Arrowsmith,* The Law of Public and Utilities Procurement, Bd. 1, 3. Aufl. 2014, Rn. 4.36 ff.; *Frenz* VergabeR 2007, 1 (8 f.); *Hattig/Ruhland* NZBau 2005, 626 (630); *Knauff* EuZW 2005, 731 (732 f.); *Ortner,* Vergabe von Dienstleistungskonzessionen: Unter besonderer Berücksichtigung der Entsorgungs- und Verkehrswirtschaft, 2007, 174 ff.

[194] So ganz deutlich etwa EuGH Urt. v. 11.12.2014 – C-113/13, ECLI:EU:C:2014:2440 Rn. 52 = ZfBR 2015, 297 – Azienda sanitaria locale n. 5 „Spezzino" ua.

[195] *Frenz* EuropaR-HdB III Rn. 1800; allg. zur teilhaberechtlichen Dimension der Grundfreiheiten *Frenz* EuropaR-HdB I, 2. Aufl. 2012, Rn. 188–192.

[196] Ausf. *Kingreen,* Die Struktur der Grundfreiheiten des Europäischen Gemeinschaftsrechts, 1999.

rechte anwendet, wechselt man die Perspektive: Wird die Direktvergabe als Marktbeschränkung aufgefasst,[197] dann zielt der grundfreiheitliche Vorwurf nicht darauf ab, dass ein anderer Marktteilnehmer im Vergleich zur eigenen Behandlung vorgezogen wurde, sondern darauf, dass staatlicher Bedarf **überhaupt** ohne die Möglichkeit eigener Beteiligung gedeckt worden ist. In diesem Sinne wäre dann auch die staatliche Eigenleistung eine Marktbeschränkung, denn auch sie führt dazu, dass staatlicher Bedarf ohne Beteiligung von Marktteilnehmern gedeckt wird. Das primärrechtliche Vergaberegime stünde also in einem Konflikt zur Möglichkeit der staatlichen Eigenleistung.

66 Es ist aus diesem Grund zu begrüßen, dass der EuGH sich bislang ausnahmslos auf Gleichheitsrechte berufen hat, um die Publizität der Vergabe zu begründen. Folgerichtig muss sich auch die Frage nach der Informationsdichte, die aus Publizitätsgründen zu gewährleisten ist, an der Rechtsquelle des derivativen Teilhaberechts orientieren. Das bedeutet vor allem, dass von staatlichen Stellen kein bestimmtes und absolutes Mindestinformationsniveau verlangt werden kann, sondern daraus nur eine **relationale Forderung** erwachsen kann, nämlich danach, alle potenziell interessierten Bewerber in informationeller Hinsicht gleich zu behandeln. Damit kommt den staatlichen Stellen ein erheblicher Spielraum zu: Sie können selbst entscheiden, welche Informationen zu welchem Zeitpunkt bekannt gegeben werden. Das Unionsrecht verlangt lediglich, dass sie niemanden bei der Weitergabe dieser Informationen diskriminieren. Der EuGH hat indes klargemacht, dass Informationsmaßnahmen, die gepaart mit außerordentlich kurz bemessenen Fristen zu Stellungnahme und Angebotsabgabe keinen angemessenen Grad an Öffentlichkeit sicherstellen, unzulässig sind, und sich insofern eine Kontrolle vorbehalten.[198]

67 **(2) Konkretisierungen. (a) Initiative des Auftraggebers.** Der Auftraggeber kann sich nicht auf die selbstständige Nachfrage potenziell interessierter ausländischer Bieter verlassen,[199] ohne dabei mittelbar diskriminierend vorzugehen.[200] Es ist anzunehmen, dass nur Anbieter in lokaler Nähe des Auftraggebers in der Lage sein werden, zu beurteilen, ob staatlicher Bedarf in nächster Zeit am Markt gedeckt werden wird, und sie deshalb die Einzigen sind, die sinnvoll die Möglichkeit der Selbsterkundigung nutzen können. Deshalb ist es erforderlich, dass der Auftraggeber bei beabsichtigter Marktteilnahme selbst an die Öffentlichkeit geht und sein Interesse publik macht. Das bedeutet aber nicht, dass er seinen Bedarf in detaillierter Form auszuschreiben hat.[201] Vielmehr kann es genügen, **einzelne Wesensmerkmale** des geplanten Vorhabens zu veröffentlichen und Interessierten auf Nachfrage hin detaillierte Informationen zukommen zu lassen.[202]

68 **(b) Publikationsorgan.** Dieser Spielraum öffentlicher Stellen setzt sich fort bei der Wahl des Verbreitungsmediums. Auch hier gilt, dass der öffentliche Auftraggeber Wahlfreiheit genießt, solange der Gebrauch eines bestimmten Mediums nicht unmittelbar oder mittelbar diskriminierend wirkt. Die Kommission erwähnt in ihrer Mitteilung als Beispiele das Internet, regionale und überregionale Zeitungen und lokale Medien.[203] Keinesfalls kann dabei gefolgert werden, dass nur eine Bekanntmachung in einem Medium mit europaweiter Verbreitung dem Verbot der Diskriminierung genügt.[204] Vielmehr können die grundfreiheitlichen Teilhaberechte die öffentlichen Auftraggeber nur insoweit

---

[197] *Wollenschläger* NVwZ 2007, 388 (393).
[198] EuGH Urt. v. 17.12.2015 C-25/14 u. C-26/14, ECLI:EU:C:2015:821 Rn. 45 = EuZW 2016, 277 – UNIS.
[199] So noch der Vorschlag von GA *Fenelly* in dessen Schlussanträgen v. 18.5.2000 – C-324/98, Slg. 2000, I-10745 Rn. 43 = ECLI:EU:C:2000:270 = BeckEuRS 2000, 242125 – Telaustria und Telefonadress; wie hier iE *Hirschberger*, Proceduralisierung im europäischen Binnenmarktrecht, 2010, 207.
[200] Kom., Mitteilung Unterschwellenvergabe, ABl. 2006 C 179, 2, unter 2.1.1.; dazu EuG Urt. v. 20.5.2010 – T-258/06, Slg. 2010, II-2027 Rn. 68 ff. = ECLI:EU:T:2010:214 = NZBau 2010, 510 – Deutschland/Kommission; ähnlich *Hattig/Ruhland* NZBau 2005, 626 (630).
[201] Eine förmliche Ausschreibung verlangt der EuGH gerade nicht, vgl. Urt. v. 21.7.2005 – C-231/03, Slg. 2005, I-7287 Rn. 21 = ECLI:EU:C:2005:487 = NZBau 2005, 592 – Coname; zust. *Bungenberg* in Müller-Graff, Enzyklopädie Europarecht, Bd. 4, 2015, § 16 Rn. 92.
[202] Kom., Mitteilung Unterschwellenvergabe, ABl. 2006 C 179, 2, unter 2.1.3.; anders aber noch in ihrer Mitteilung Konzessionen, ABl. 2000 C 121, 2, unter 3.1.2. Hier behauptet die Kommission, dass bereits alle notwendigen Informationen in der ersten Veröffentlichung enthalten sein müssten; *Noch* VergabeR-HdB Kap. A Rn. 99; *Prieß/Simonis* NZBau 2015, 731 (734).
[203] Kom., Mitteilung Unterschwellenvergabe, ABl. 2006 C 179, 2, unter 2.1.2.; dazu EuG Urt. v.20.5.2010 – T-258/06, Slg. 2010, II-2027 Rn. 68 ff. = ECLI:EU:T:2010:214 = NZBau 2010, 510 – Deutschland/Kommission; ähnlich GA *Stix-Hackl* SchlA v. 12.4.2005 – C-231/03, Slg. 2005, I-7287 Rn. 96 = ECLI:EU:C:2005:212 = IBRRS 2005, 1588 – Coname; dazu auch EuG Urt. v.20.5.2010 – T-258/06, Slg. 2010, II-2027 Rn. 95 ff. = ECLI:EU:T:2010:214 = NZBau 2010, 510 – Deutschland/Kommission; krit. *Heiß* VerwArch 2012, 421 (457).
[204] So aber zB *Kruse* VR 2015, 51 (54); wie hier und anschaulich *Deling* NZBau 2012, 17 (18).

verpflichten, wie ein Interesse an dem Auftrag besteht, weil auch nur dann in einer unterlassenen Information eine Diskriminierung zu sehen ist. Die Reichweite des Mediums muss sich also grundsätzlich an der **Größe des potenziellen Bietermarktes** für die nachzufragende Leistung orientieren.[205] Zu streng erscheint insoweit die Ansicht des OLG Düsseldorf, das eine Veröffentlichung im Bundesanzeiger bei grenzüberschreitendem Interesse generell für unzureichend und verfahrensfehlerhaft hält.[206]

Dabei ist darauf hinzuweisen, dass die öffentlichen Auftraggeber in einem Risikobereich operieren, wenn sie sich auf die Publikation in einem Medium mit bloß lokalem Verbreitungsgrad beschränken. Der Verdacht einer indirekten Diskriminierung liegt bei solchem Vorgehen zumindest nahe. Es sollte deshalb nur gewählt werden, wenn die Verwaltung nachweisen kann, dass eine Benachteiligung ausländischer Bewerber nicht zu befürchten steht, etwa weil es bereits grenzüberschreitende Bewerbungen gibt, die auf rein lokale Veröffentlichungen zurückgehen.[207] Unbenommen bleibt auch die Möglichkeit, eine Veröffentlichung im **Amtsblatt der EU** herbeizuführen.[208] Zwar wird dieses Vorgehen mit größerem Aufwand verbunden sein, der Auftraggeber hat dann aber mit Sicherheit ein ausreichendes Publikationsniveau hergestellt. **69**

Bereits seit geraumer Zeit ist die zumindest teilweise Durchführung von Vergabeverfahren unter Zuhilfenahme elektronischer Kommunikationsmittel (**eVergabe**) rechtlich zulässig (vgl. etwa die optionale Regelung in Art. 42 Vergabe-RL 2004) und wird auch von verschiedenen öffentlichen Auftraggebern durchaus konsequent und erfolgreich praktiziert.[209] Art. 22 Abs. 1 UAbs. 1 S. 1 RL 2014/24/EU schreibt nun eine grundsätzlich zwingende Durchführung von Vergabeverfahren im Wege der eVergabe vor. Für den nicht sekundärrechtlich geregelten Bereich gilt dieser Zwang freilich nicht. Die Organisation der Vergabe über öffentlich zugängliche Internetplattformen stellt aber – verglichen mit der etwa nur begrenzt zugänglichen Annonce in der Lokalzeitung – grundsätzlich ein besonders geeignetes Instrument dar, um potenziell interessierte Bewerber über den bestehenden Bedarf zu informieren. Dementsprechend ist es zu begrüßen, dass der Gesetzgeber in der Unterschwellenvergabeverordnung (UVgO) den Zweck verfolgt, die Anforderungen denen der Oberschwellenvergabe anzunähern.[210] Machen Auftraggeber von der eVergabe Gebrauch, haben sie allerdings darauf zu achten, die Vorgaben der Nichtdiskriminierung und Transparenz etwa durch die Wahl allgemein verfügbarer Kommunikationsmittel oder durch die Verwendung technischer Merkmale ohne diskriminierenden Charakter zu wahren.[211] Über eine Suchmaschine oder klare Hinweise auf der Homepage der nachfragenden Einrichtung vom öffentlichen Bedarf Kenntnis zu nehmen, dürfte dann ausländischen Bietern ohne Weiteres zuzumuten sein. Die praktischen Probleme der eVergabe wurzeln jedoch weniger tief in rechtlichen Unklarheiten als vielmehr in faktischen Hindernissen (zB fehlende Interoperabilität der verwendeten technischen Mittel, fehlende Abstimmung zwischen den öffentlichen Stellen).[212] **70**

cc) Nachprüfbarkeit. (1) Grundlagen. Neben einem Informationsverhalten, das das grundfreiheitliche Verbot der Diskriminierung aus Gründen der Staatsangehörigkeit respektiert, verlangt das vom EuGH entwickelte Transparenzgebot die Möglichkeit, das Verfahren auf seine Unparteilichkeit hin zu überprüfen. Hier ist der Bezug zur Gleichbehandlung ein anderer. Es geht nicht darum, **71**

---

[205] Ähnlich GA *Sharpston* SchlA v. 18.1.2007 – C-195/04, Slg. 2007, I-3351 Rn. 83 = ECLI:EU:C:2007:28 = BeckEuRS 2007, 441172 – Kommission/Finnland; *Bungenberg* in Müller-Graff, Enzyklopädie Europarecht, Bd. 4, 2015, § 16 Rn. 91; *Ortner*, Vergabe von Dienstleistungskonzessionen: Unter besonderer Berücksichtigung der Entsorgungs- und Verkehrswirtschaft, 2007, 179; *Trennt*, Die Vergabe internationaler Sportveranstaltungen – Eine Bewertung der Vergabeverfahren und der Anforderungskataloge internationaler Sportverbände am Maßstab des primärrechtlichen Vergaberechts der Europäischen Union, 2012, 128 f.; vgl. auch Kom., Mitteilung Unterschwellenvergabe, ABl. 2006 C 179, 2, unter 2.1.2.; *Hirschberger*, Proceduralisierung im europäischen Binnenmarktrecht, 2010, 193; krit. *Vavra* VergabeR 2013, 384 (394).
[206] OLG Düsseldorf Urt. v. 21.3.2018 – VI-2 U Kart 6/16, ECLI:DE:OLGD:2018:0321.VI8211.2U.KART6. 1.00 = BeckRS 2018, 11739 Rn. 41.
[207] Ähnlich *Heiß* VerwArch 2012, 421 (457 f.); *Hirschberger*, Proceduralisierung im europäischen Binnenmarktrecht, 2010, 208.
[208] Kom., Mitteilung Unterschwellenvergabe, ABl. 2006 C 179, 2, unter 2.1.2.; dazu EuG Urt. v.20.5.2010 – T-258/06, Slg. 2010, II-2027 Rn. 95 = ECLI:EU:T:2010:214 = NZBau 2010, 510 – Deutschland/Kommission.
[209] Vgl. zB die eVergabe-Plattform des Bundes (https://www.evergabe-online.de/start.html?2, zuletzt abgerufen am 9.2.2021); zum bisherigen Stand der eVergabe ausf. *Schäfer* NZBau 2015, 131 (132 f.); anschaulich auch *Schippel* VergabeR 2016, 434.
[210] Vgl. hierfür *Siegel* LKV 2017, 385 (391), der von einer „Hinwendung zur obligatorischen E-Vergabe" spricht.
[211] *Schäfer* NZBau 2015, 131 (132).
[212] *Schäfer* NZBau 2015, 131 (132 f.).

dass durch eine bestimmte Informationspolitik ausländische Wirtschaftsteilnehmer gegenüber inländischen benachteiligt würden,[213] sondern darum, die Überprüfbarkeit des Verfahrens auf Unparteilichkeit zu ermöglichen. Gefordert ist also nicht das gleiche Informationsniveau für jeden potenziellen Bieter, sondern ausreichende Informationen, um die Unparteilichkeit des behördlichen Verhaltens beurteilen zu können. Die zu gewährenden Informationen werden also nicht durch den Gleichbehandlungsgedanken gesteuert, sondern sollen vielmehr seine effektive Durchsetzung ermöglichen. Die so umschriebene vergaberechtliche Anforderung entspricht der Position des EuGH in anderen Rechtsgebieten: In ständiger Rechtsprechung verlangt der Gerichtshof nämlich, dass dem Inhaber einer unionsrechtlich geschützten Position die Möglichkeit offen steht, die Überprüfung des Verwaltungshandelns auf seine Europarechtskonformität hin zu erreichen.[214] Dazu ist zwingend erforderlich, dass der Rechtsinhaber Einblick in Entscheidungsgründe, die für seine Behandlung ausschlaggebend waren, erhält.[215] Wendet man diese Überlegungen auf das Vergaberecht an[216] und sieht ein Recht auf Gleichbehandlung und Nichtdiskriminierung als die in Frage stehende Rechtsposition, dann muss die Vergabestelle die – auch gerichtliche – **Überprüfung** der Unparteilichkeit ihrer Handlungsweise zulassen.

72   Der Begriff der **Unparteilichkeit** taucht weder im Sekundärrecht auf noch wird vom EuGH genauer erläutert, was darunter zu verstehen ist und wie er sich zum Grundsatz der Gleichbehandlung verhält.[217] Der allgemeine Grundsatz der Gleichbehandlung verlangt die Anwendung willkürfreier Vergleichsmaßstäbe bei der Auswahl zwischen den verschiedenen Bewerbern, was zumeist dahingehend konkretisiert wird, die Auswahl müsse anhand objektiver Kriterien erfolgen.[218] Das bedeutet zugleich, dass der Gleichbehandlungsgrundsatz den Auftraggebern großen Spielraum bei der Wahl und Gewichtung der Entscheidungskriterien zuspricht. Die Forderung nach Unparteilichkeit ergänzt insoweit den Grundsatz der Gleichbehandlung, wie sie verlangt, dass dieser Spielraum nicht schon mit der Absicht genutzt wird, einen bestimmten Bewerber zu bevorzugen. Die Begrenzung auf objektive und sachliche Entscheidungskriterien lässt es nämlich zu, solche sachlichen Kriterien zu wählen, die besonders einem bestimmten Bieter zugutekommen. In diesen Fällen der „zugeschnittenen" Auswahlkriterien steht zumeist von vornherein fest, wer den Auftrag erhalten soll, und die Entscheidung ist, obwohl sie auf sachliche Kriterien gestützt wird, nicht unparteiisch. Unparteilichkeit erfordert in Ergänzung zum Grundsatz der Gleichbehandlung also, dass die objektiven und sachlichen Kriterien auch tatsächlich entscheidend für die Auswahl waren und nicht nur einer bereits im Voraus getroffenen Präferenzentscheidung einen objektiven Anschein geben.

73   **(2) Konkretisierung. (a) Entscheidungsgrundlagen.** Unabdingbar für die Überprüfung der Unparteilichkeit eines Vergabeverfahrens ist die Kenntnis der Entscheidungskriterien und ihrer Anwendung auf den konkreten Einzelfall. Der unterlegene Bewerber muss in die Lage versetzt werden, die Entscheidung für das obsiegende Unternehmen kritisch nachzuvollziehen.[219] Notwendig ist also die **Kommunikation der Entscheidungskriterien,** ihrer **Gewichtung** und ihrer Anwendung auf das

---

[213] Diese Ungleichbehandlung löst die Publizität des Verfahrens aus, vgl. EuGH Urt. v. 13.11.207 – C– 507/03, Slg. 2007, I-9777 Rn. 31 = ECLI:EU:C:2007:676 = EuZW 2008, 23 – Kommission/Irland (An Post); EuGH Urt. v. 21.7.2005 – C-231/03, Slg. 2005, I-7287 Rn. 19 = ECLI:EU:C:2005:487 = NZBau 2005, 592 – Coname.
[214] EuGH Urt. v. 7.5.1991 – C-340/89, Slg. 1991, I-2357 Rn. 22 = ECLI:EU:C:1991:193 = NJW 1991, 2073 – Vlassopoulou; EuGH Urt. v. 15.10.1987 – 222/86, Slg. 1987, 4097 Rn. 14 = ECLI:EU:C:1987:442 = NJW 1989, 657 – Heylens; *Craig/De Búrca*, EU Law. Text, Cases and Materials, 7. Aufl. 2020, 266 f.
[215] EuGH Urt. v. 7.5.1991 – C-340/89, Slg. 1991, I-2357 Rn. 22 = ECLI:EU:C:1991:193 = NJW 1991, 2073 – Vlassopoulou; EuGH Urt. v. 15.10.1987 – 222/86, Slg. 1987, 4097 Rn. 15 = ECLI:EU:C:1987:442 = NJW 1989, 657 – Heylens.
[216] Kom., Mitteilung Unterschwellenvergabe, ABl. 2006 C 179, 2, unter 2.3.; *Mestmäcker/Schweitzer* EuWettbR, 2. Aufl. 2004, § 36 Rn. 11; *Bungenberg* in Müller-Graff, Enzyklopädie Europarecht, Bd. 4, 2015, § 16 Rn. 95; für eine primärrechtlich fundierte Begründungspflicht im Vergaberecht auch *Noch* VergabeR-HdB Kap. A Rn. 100 aE.
[217] Zum Teil werden im Schrifttum Unparteilichkeit und Gleichbehandlung gleichgesetzt, vgl. *Ruhland,* Die Dienstleistungskonzession, Begriff, Standort und Rechtsrahmen der Vergabe 2006, 202 f.; zum Teil wird formuliert, Unparteilichkeit greife die Idee der Gleichbehandlung „wieder auf", vgl. *Frenz* EuropaR-HdB III Rn. 1846.
[218] Kom., Mitteilung Konzessionen, ABl. 2000 C 121, 2, unter 3.1.1.; GA *Stix-Hackl* SchlA v. 12.4.2005 – C-231/03, Slg. 2005, I-7287 Rn. 86 = ECLI:EU:C:2005:212 = IBRRS 2005, 1588 – Coname; *Frenz* EuropaR-HdB III Rn. 1887 ff.; *Ortner,* Vergabe von Dienstleistungskonzessionen, 2007, 181.
[219] Kom., Mitteilung Unterschwellenvergabe, ABl. 2006 C 179, 2, unter 2.3.3.; *Ortner,* Vergabe von Dienstleistungskonzessionen: Unter besonderer Berücksichtigung der Entsorgungs- und Verkehrswirtschaft, 2007, 182; *Burgi* NZBau 2005, 610 (617) verlangt die Bekanntgabe des Ergebnisses des Verfahrens in Anlehnung an § 41 VwVfG.

siegreiche und das unterlegene Angebot.[220] Wie diese Kommunikation zu erfolgen hat, ist primärrechtlich nicht determiniert. Sie kann auf Anfrage gewährt oder allen Bewerbern mitgeteilt werden.[221]

(b) Zeitpunkt für die Festlegung der Entscheidungskriterien. Nimmt man das Gebot 74 der Unparteilichkeit ernst, dann ist zwingend erforderlich, dass die Vergabestelle ihre Entscheidungskriterien bereits **vor Kenntnis der Angebote festlegt.** Nur dann kann sie nachweisen, dass tatsächlich diese Kriterien und nicht andere Faktoren zur Auswahl des siegreichen Angebots geführt haben. Hätte die öffentliche Hand die Möglichkeit, die Wertungskriterien auch noch nach Abgabe der Angebote zu verändern, wären die Bewerber der Willkür der Vergabestelle ausgeliefert.[222] Für Vergaben, die vom **Sekundärrecht** erfasst werden, ist die Rechtsprechung des EuGH bereits seit geraumer Zeit klar: Die Zuschlagskriterien, ihre Gewichtung und die Unterkriterien müssen bereits in der **Bekanntmachung** angegeben werden und bei Vorbereitung der Angebote vorliegen. Dabei stützte sich der EuGH aber auf sekundärrechtliche Bestimmungen,[223] die er im Lichte des Grundsatzes der Gleichbehandlung auslegte.[224] Für den Bereich eines rein **primärrechtlichen Vergaberegimes** hat sich der EuGH allerdings mittlerweile in gleicher Weise **festgelegt:** Er machte unter Verweis auf die Grundsätze der Gleichbehandlung und Nichtdiskriminierung sowie auf die vor Willkür der Vergabestelle schützende Dimension der Transparenzpflicht deutlich, dass sich nach Veröffentlichung der Vergabebekanntmachung der öffentliche Auftraggeber in keinem Stadium des Vergabeverfahrens von den einmal festgelegten Zuschlagskriterien lösen darf.[225] Eine solche Übernahme des strengen sekundärrechtlichen Standards in das primärrechtliche Vergaberegime ist jedoch abzulehnen. Es ist weder aus Gründen der Gleichbehandlung zwingend, dass die Bewerber alle Informationen über die Entscheidungskriterien bereits bei Erstellung der Angebote erhalten, noch ist dies zur Nachprüfung der Unparteilichkeit geboten. Zwingend ist richtigerweise allein, dass **nach Kenntnis der Angebote keine Veränderung** mehr erfolgt.[226] Insoweit gehen die Regelungen in § 12 Abs. 2 Nr. 2 VOB/A iVm § 12 Abs. 1 Nr. 2 VOB/A und § 28 Abs. 2 UVgO über die primärrechtlichen Anforderungen hinaus.

Weiterhin ist zur Überprüfung der Unparteilichkeit erforderlich, dass die Entscheidungskriterien 75 **hinreichend präzise formuliert** sind und der Vergabestelle keinen unbegrenzten Spielraum bei ihrer Anwendung überlassen.[227]

dd) Gesamtbild der Transparenz. Fügt man die Anforderungen der Publizität und der Nach- 76 prüfbarkeit zusammen, so ergibt sich folgendes Bild: Beabsichtigt der Staat, seinen Bedarf nicht mit eigenen Mitteln, sondern am Markt zu decken, dann ist er aufgrund der grundfreiheitlichen Diskriminierungsverbote verpflichtet, diesen Bedarf **bekannt zu machen.** Dabei steht ihm aber, sowohl was die Dichte der zu veröffentlichenden Informationen als auch das Medium ihrer Verbreitung betrifft, ein **großer Spielraum** zu. Es ist ihm nur versagt, inländische Wirtschaftsteilnehmer direkt oder indirekt zu bevorzugen. Er ist aus diesem Grund nicht verpflichtet, bereits frühzeitig

---

[220] EuGH Urt. v. 18.11.2010 – C-226/09, Slg. 2010, I-11807 Rn. 42 = ECLI:EU:C:2010:697 = NZBau 2011, 50 – Kommission/Irland.
[221] Kom., Mitteilung Unterschwellenvergabe, ABl. 2006 C 179, 2, unter 2.3.3.
[222] EuGH Urt. v. 16.4.2015 – C-278/14, ECLI:EU:C:2015:228 Rn. 26 = NZBau 2015, 383 – SC Enterprise Focused Solutions; BGHZ 139, 273 = NJW 1998, 3644.
[223] Art. 67 Abs. 5 RL 2014/24/EU bzw. die Vorgängervorschriften des Art. 53 Abs. 2 Vergabe-RL 2004, des Art. 36 Abs. 2 RL 92/50/EWG, Art. 26 Abs. 2 RL 93/36/EWG, Art. 30 Abs. 2 RL 93/37/EWG, die eine Bekanntgabe der Entscheidungskriterien bereits in den Verdingungsunterlagen vorsehen.
[224] EuGH Urt. v. 24.1.2008 – C-532/06, Slg. 2008, I-251 Rn. 36 = ECLI:EU:C:2008:40 = ZfBR 2008, 309 – Lianakis AE; EuGH Urt. v. 12.12.2002 – C-470/99, Slg. 2002, I-11617 Rn. 98 = ECLI:EU:C:2002: 746 = NZBau 2003, 162 – Universale Bau; EuGH Urt. v. 25.4.1996 – C-87/94, Slg. 1996, I-2043 Rn. 88 = ECLI:EU:C:1996:161 = NVwZ 1997, 374 – Kommission/Belgien.
[225] EuGH Urt. v. 16.4.2015 – C-278/14, ECLI:EU:C:2015:228 Rn. 26 ff. = NZBau 2015, 383 – SC Enterprise Focused Solutions; Andeutungen dazu fanden sich bereits in EuGH Urt. v. 14.6.2007 – C-6/05, Slg. 2007, I-4557 Rn. 54 = ECLI:EU:C:2007:337 = NZBau 2007, 597 – Medipac, worauf der EuGH nun ausdrücklich in Rn. 28 verweist; so früher schon GA *Ruiz-Jarabo Colomer* SchlA v. 8.9.2005 – C-331/04, Slg. 2005, I-10109 Rn. 31 f. – ECLI:EU:C:2005:529 = IBRRS 2005, 2839 – ATI; so wohl auch *Trennt*, Die Vergabe internationaler Sportveranstaltungen – Eine Bewertung der Vergabeverfahren und der Anforderungskataloge internationaler Sportverbände am Maßstab des primärrechtlichen Vergaberechts der Europäischen Union, 2012, 130; zust. *Meister* NZBau 2015, 757 (759 f.); *Mohr* RdE 2016, 269 (273).
[226] So auch *Bungenberg* in Müller-Graff, Enzyklopädie Europarecht, Bd. 4, 2015, § 16 Rn. 85; *Dörr* in Müller-Wrede Kompendium VergabeR Kap. 2 Rn. 37.
[227] EuGH Urt. v. 18.10.2001 – C-19/00, Slg. 2001, I-7725 Rn. 37 = ECLI:EU:C:2001:553 = NVwZ 2002, 65 – SIAC Construction; EuGH Urt. v. 20.9.1988 – 31/87, Slg. 1988, 4635 Rn. 26 = ECLI:EU:C:1988: 422 = NVwZ 1990, 353 – Gebroeders Beentjes.

seine Entscheidungskriterien endgültig festzulegen. Erforderlich ist aus Gründen der Nachprüfbarkeit lediglich, dass er sich sprachlich präzise festlegt, bevor er Kenntnis von den Angeboten erlangt.

77 Die so vorgestellte Transparenzpflicht unterscheidet sich von den meisten bisher vorgeschlagenen Konzeptionen dadurch, dass sie lediglich eine **strikt relationale,** weil am derivativen Teilhaberecht orientierte Transparenz verlangt. Dies zeigt sich insbesondere bei Beantwortung der Frage, ob den Bewerbern ein Anspruch auf ein bestimmtes Mindestniveau an Informationen zusteht, was aus wettbewerblichen Überlegungen fast durchgehend bejaht wird.[228] Mag diese Forderung auch wettbewerbspolitisch sinnvoll sein und von vielen Auftraggebern als zweckmäßig betrachtet werden, ist sie nicht zwingender Teil eines primärrechtlichen Vergaberegimes. Die damit einhergehenden möglichen Nachteile für einen effektiven Wettbewerb sind nur Spiegelbild eines weiten Entscheidungsspielraums, wie er für eine Auffangordnung wie das primärrechtliche Vergaberegime typisch ist.

78 **b) Weitere Verfahrensanforderungen.** Behält man die Gleichbehandlungsgebote als Grundlage des primärrechtlichen Vergaberegimes im Blick, so kann daraus für das weitere Verfahren kein absoluter, sondern stets nur ein **relativer Standard** folgen. Das Primärvergaberecht verlangt also **keine formalisierten Verfahrenstypen, keine bestimmten Formalia, Fristen** oder Ähnliches,[229] sondern nur die Gleichbehandlung jedes potenziell interessierten Bewerbers. Auch aus den Gleichheitsrechten können allerdings verfahrensmäßige Restriktionen erwachsen, und zwar besonders in Bezug auf Fristen, die Zusammenarbeit mit Projektanten und besonders niedrige Gebote.

79 **aa) Fristen.** Das primäre Unionsrecht kennt grundsätzlich keine präzisen Fristregelungen für die Auftragsvergabe. In Ausübung ihrer Gestaltungsfreiheit müssen die staatlichen Stellen allerdings darauf Bedacht nehmen, Fristen nicht derart kurz zu gestalten, dass ausländische Bewerber durch sie benachteiligt werden.[230] Konkret muss die öffentliche Hand also Bewerbungs- und Lieferfristen so gestalten, dass die Auftragsausführung auch durch weiter entfernte Bewerber möglich bleibt. Auch hier gilt, dass die öffentlichen Stellen nicht schematisch dazu verpflichtet werden können, die Fristen des Sekundärrechts auch außerhalb des Anwendungsbereichs der **Vergaberichtlinien** anzuwenden. Sofern dies allerdings geschieht, ist eine **diskriminierende Wirkung** in jedem Fall **ausgeschlossen.**[231] Außerdem ist zu beachten, dass der Auftraggeber rechtlich nicht gezwungen ist, Verzögerungen hinzunehmen, die die Durchführbarkeit des Projekts gefährden. Eine kürzere Frist kann deshalb unter Umständen trotz ihrer diskriminierenden Wirkung gerechtfertigt sein. Schließlich sollten sich die Auftraggeber **an der konkret nachzufragenden Leistung orientieren.**[232] Einfache Lieferleistungen sind weniger zeitintensiv als komplizierte Entwürfe für Repräsentativbauten. Daraus folgt, dass auch kürzere Fristen für solche Leistungen nicht ohne Weiteres als diskriminierend eingeordnet werden können.

80 **bb) Projektanten.** Explizit hat der EuGH sich noch nicht zur Behandlung von Projektanten im primärrechtlichen Vergaberegime geäußert. Seine Ausführungen im Urteil Fabricom SA lassen sich allerdings in diesem Zusammenhang nutzbar machen, denn das Gericht stellte bei der Beurteilung der Behandlung von Projektanten auf den allgemeinen Gleichheitssatz und nicht auf spezifisches Sekundärrecht ab.[233] Chancenvorsprünge, die durch die Befassung mit Vorarbeiten entstehen kön-

---

[228] Bspw.: GA *Stix-Hackl* SchlA v. 12.4.2005 – C-231/03, Slg. 2005, I-7287 Rn. 69 ff., 98 = ECLI:EU:C:2005:212 = IBRRS 2005, 1588 – Coname; GA *Jacobs* SchlA v. 10.5.2001 – C-19/00, Slg. 2001, I-7725 Rn. 41 = ECLI:EU:C:2001:266 = BeckEuRS 2001, 250721 – SIAC Construction; Kom., Mitteilung Unterschwellenvergabe, ABl. 2006 C 179, 2, unter 2.1.3.; dazu EuG Urt. v. 20.5.2010 – T-258/06, Slg. 2010, II-2027 Rn. 98 = ECLI:EU:T:2010:214 = NZBau 2010, 510 – Deutschland/Kommission; Kom., Mitteilung Konzessionen, ABl. 2000 C 121, 2, unter 3.1.2.

[229] EuGH Urt. v. 16.4.2015 – C-278/14, ECLI:EU:C:2015:228 Rn. 25 = NZBau 2015, 383 – SC Enterprise Focused Solutions, der den Mitgliedstaaten einen gewissen Ermessensspielraum zubilligt; *Burgi* NZBau 2005, 610 (615).

[230] Kom., Mitteilung Unterschwellenvergabe, ABl. 2006 C 179, 2, unter 2.2.1.; Byok/Jaeger/*Hailbronner* GWB § 97 Rn. 45; *Mohr* RdE 2016, 269 (273); *Ruhland*, Die Dienstleistungskonzession, Begriff, Standort und Rechtsrahmen der Vergabe, 2006, 243, die für Dienstleistungskonzessionen eine Anlehnung an die 52-Tage-Frist des Sekundärrechts vorschlägt; vgl. auch EuG Urt. v. 20.5.2010 – T-258/06, Slg. 2010, II-2027 Rn. 122 f. = ECLI:EU:T:2010:214 = NZBau 2010, 510 – Deutschland/Kommission.

[231] EuGH Urt. v. 17.12.2015 – C-25/14 u. C.26/14, ECLI:EU:C:2015:821 Rn. 45 = EuZW 2016, 277 – UNIS.

[232] Vgl. auch *Trennt*, Die Vergabe internationaler Sportveranstaltungen – Eine Bewertung der Vergabeverfahren und der Anforderungskataloge internationaler Sportverbände am Maßstab des primärrechtlichen Vergaberechts der Europäischen Union, 2012, 123 f.; *Hirschberger*, Proceduralisierung im europäischen Binnenmarktrecht: Die Verfahrensdimension der Grundfreiheiten und des Beihilfenrechts, 2010, 213.

[233] EuGH Urt. v. 3.3.2005 – C-21/03, Slg. 2005, I-1559 Rn. 27 = ECLI:EU:C:2005:127 = ZfBR 2005, 393 – Fabricom SA.

nen,[234] sorgen für wesentliche Unterschiede zwischen den Bewerbern, die einen Anspruch auf Gleichbehandlung ausschließen.[235] Dogmatisch konsequent ist dann zu fordern, dass ihre Ungleichbehandlung geboten ist, es sei denn, eine Gleichbehandlung ließe sich rechtfertigen. Gleichzeitig hat der EuGH aber eine typisierende Betrachtung der Projektantenproblematik ausgeschlossen. Kann ein Projektant nachweisen, dass er keinerlei Chancenvorteile erhalten hat, so ist er wie die anderen Bewerber zu behandeln und seine Ungleichbehandlung ist ein unverhältnismäßiger Eingriff in sein Recht auf Gleichbehandlung.[236] Konkret bedeutet dies für den öffentlichen Auftraggeber, dass festzustellen ist, ob ein Projektant durch seine Vorbefassung einen **Chancenvorsprung** erhalten hat. Ist dies der Fall, muss er in der Ausgestaltung des weiteren Verfahrens aus Gründen der Chancengleichheit auf diesen Umstand Rücksicht nehmen, indem er den Projektanten ausschließt, den übrigen Bewerbern andere Vorteile gewährt oder einen entsprechenden **Informationsvorsprung ausgleicht**.[237] Besteht kein Chancenvorsprung, so ist der Projektant wie die anderen Bewerber zu behandeln.

cc) Besonders niedrige Angebote. Ein genereller Ausschluss besonders niedriger Angebote 81 läuft dem grundfreiheitlichen Verbot der Diskriminierung aus Gründen der Staatsangehörigkeit zuwider. Ein solcher Ausschluss kann zulasten ausländischer Unternehmen operieren, die aufgrund anderer Kostenstrukturen bessere Skalenerträge erwirtschaften können oder sich mit äußerst geringen Gewinnmargen zufrieden geben, um den Einstieg in neue Märkte zu schaffen.[238] Statt eines generellen Ausschlusses sind die Auftraggeber darauf verwiesen, der **Ernsthaftigkeit und Seriosität eines Angebots im Einzelfall** nachzugehen.[239]

dd) Verfahrenstypik. (1) Grundlagen. Zwar ist richtig, dass dem Primärvergaberecht nicht 82 direkt formalisierte Verfahrenstypen entnommen werden können.[240] Gleichzeitig verhält sich das Primärrecht aber auch nicht verfahrensneutral. So lassen sich manche Verfahrensvorgaben problemlos mit dem Primärrecht vereinbaren, während andere zumindest rechtfertigungsbedürftig sind.

Neuralgische Punkte sind dabei der **Zugang** potenzieller Bewerber **zum Verfahren** sowie die 83 Absicherung der **Gleichbehandlung in der Entscheidungsfindung** des jeweiligen Verfahrenstyps.

Idealtypisch für das Primärvergaberecht dürfte dabei das **offene Verfahren** sein.[241] Zwar leitet 84 der EuGH aus dem Primärrecht keine förmliche Ausschreibungspflicht ab,[242] betont aber, dass „zugunsten potenzieller Bieter (…) Öffentlichkeit sicherzustellen" ist.[243] Die Publizität der Nachfrage ist also im Grundsatz an dem Kreis der potenziell interessierten Bewerber orientiert. Dem entspricht das offene Verfahren, das Informationen über den Auftrag zur Verfügung stellt und so

---

[234] Zu diesen Vorsprüngen vgl. *Hausmann/Kern* in KMPP VOB/A § 6 EG Rn. 131; *Müller-Wrede/Lux* ZfBR 2006, 327 (329).
[235] EuGH Urt. v. 3.3.2005 – C-21/03, Slg. 2005, I-1559 Rn. 28 = ECLI:EU:C:2005:127 = ZfBR 2005, 393 – Fabricom SA.
[236] EuGH Urt. v. 3.3.2005 – C-21/03, Slg. 2005, I-1559 Rn. 32 ff. = ECLI:EU:C:2005:127 = ZfBR 2005, 393 – Fabricom SA.
[237] Zust. *Bungenberg* in Müller-Graff, Enzyklopädie Europarecht, Bd. 4, 2015, § 16 Rn. 88; zu den Möglichkeiten im Einzelnen *Hausmann/Kern* in KMPP VOB/A § 6 EG Rn. 133 f.; *Müller-Wrede/Lux* ZfBR 2006, 327 (328); *Reuber* VergabeR 2005, 271 (276).
[238] EuGH Urt. v. 15.5.2008 – C-147/06 u. C.148/06, Slg. 2008, I-3565 Rn. 26 = ECLI:EU:C:2008:277 = EuZW 2008, 469 – SECAP; Beck VergabeR/*Dörr* Einl. Rn. 205.
[239] EuGH Urt. v. 15.5.2008 – C-147/06 u. C.148/06, Slg. 2008, I-3565 Rn. 28 = ECLI:EU:C:2008:277 = EuZW 2008, 469 – SECAP; *Dörr* in Müller-Wrede Kompendium VergabeR Kap. 2 Rn. 41.
[240] *Barth*, Das Vergaberecht außerhalb des Anwendungsbereichs der EG-Vergaberichtlinien, 2010, 85 unter Hinweis auf den Subsidiaritätsgrundsatz des Art. 5 Abs. 3 EUV; *Burgi* NZBau 2005, 610 (615).
[241] So auch *Trennt*, Die Vergabe internationaler Sportveranstaltungen – Eine Bewertung der Vergabeverfahren und der Anforderungskataloge internationaler Sportverbände am Maßstab des primärrechtlichen Vergaberechts der Europäischen Union, 2012, 118 ff.; *Siegel* VerwArch 107 (2016), 1 (18); wohl auch *Bungenberg* in Müller-Graff, Enzyklopädie Europarecht, Bd. 4, 2015, § 16 Rn. 90.
[242] EuGH Urt. v. 14.11.2013 – C-388/12, ECLI:EU:C:2013:734 Rn. 46 = BeckEuRS 2013, 741829 – Comune di Ancona; EuGH Urt. 9.9.2010 – C-64/08, Slg. 2010, I-8219 Rn. 50 = ECLI:EU:C:2010:506 = EuZW 2010, 821 – Engelmann; EuGH Urt. v. 21.7.2005 – C-231/03, Slg. 2005, I-7287 Rn. 21 = ECLI:EU:C:2005:487 = NZBau 2005, 592 – Coname; zust. Beck VergabeR/*Dörr* Einl. Rn. 201.
[243] EuGH Urt. v. 18.12.2007 – C-220/06, Slg. 2007, I-12175 Rn. 75 = ECLI:EU:C:2007:815 = NZBau 2008, 189 – AP; EuGH Urt. v. 13.9.2007 – C-260/04, Slg. 2007, I-7083 Rn. 24 = ECLI:EU:C:2007:508 = BeckRS 2007, 70684 – Kommission/Italien; EuGH Urt. v. 6.4.2006 – C-410/04, Slg. 2006, I-3303 Rn. 21 = ECLI:EU:C:2006:237 = NZBau 2006, 326 – ANAV; EuGH Urt. v. 13.10.2005 – C-458/03, Slg. 2005, I-8585 Rn. 49 = ECLI:EU:C:2005:605 = NZBau 2005, 644 – Parking Brixen GmbH; EuGH Urt. v. 7.12.2000 – C-324/98, Slg. 2000, I-10745 Rn. 62 = ECLI:EU:C:2000:669 = EuZW 2001, 90 – Telaustria und Telefonadress.

jedem interessierten Bewerber die Teilnahme ermöglicht. Freilich wird in der **Literatur** die **Ableitung einer grundsätzlichen Ausschreibungspflicht** aus dieser Rechtsprechung mit dem Argument **bestritten,** dass es sich insoweit lediglich um Kammerentscheidungen des EuGH handle, während die Urteile der Großen Kammer (namentlich Coname und An Post) lediglich eine Transparenz verlangten, die auch durch eine **bloße Veröffentlichung/Bekanntmachung** erfüllt werden könne, selbst wenn anschließend eine Direktvergabe erfolge.[244] Das insoweit in der Sache angeführte Argument einer Nivellierungsgefahr gegenüber dem Sekundärrecht[245] vermag jedoch schon im Ansatz nicht zu überzeugen, da kein Grund dafür spricht, dass Anforderungen aus dem Primärrecht zwingend ein Minus gegenüber solchen des Sekundärrechts sein müssen. Letztlich lässt eine derartige Argumentation aber vor allem die nötige Anbindung an die allgemeine Grundfreiheitendogmatik vermissen, da und soweit es ihr nicht gelingt darzulegen, dass die Privilegierung durch eine Direktvergabe eines bestimmten Marktteilnehmers keine Ungleichbehandlung bzw. keine Beeinträchtigung oder Diskriminierung darstellt. Alternativ müsste argumentiert werden, dass zwar ein Eingriff in die Grundfreiheiten vorliege, jedoch eine Rechtfertigung greife. Da die sachlich nicht gerechtfertigte Beschränkung auf einen Anbieter jedoch eine Ungleichbehandlung darstellt und sogar faktisch insbesondere ausländische Anbieter benachteiligt,[246] ist ein Grundfreiheiteneingriff gegeben, sodass jene Gegenauffassung aus dogmatischen Gründen **abzulehnen** ist[247] (zu Ausnahmen vom primärrechtlichen Vergaberegime → Rn. 93 ff.). In jedem Fall lässt das Primärvergaberecht dem Auftraggeber größere Freiheit als der erste Abschnitt der VOB/A und die UVgO. So kann aus dem Primärrecht kein den § 12 Abs. 2 Nr. 2 VOB/A iVm § 12 Abs. 1 Nr. 2 VOB/A bzw. im Oberschwellenbereich § 12 EU Abs. 3 Nr. 2 VOB/A iVm Anhang V Teil C RL 2014/24/EU und § 28 Abs. 2 UVgO bzw. im Oberschwellenbereich § 37 Abs. 2 VgV iVm Anhang II der Durchführungsverordnung (EU) 2015/1986 vergleichbarer und detaillierter Informationskatalog gefolgt werden. Stattdessen ist nur zu verlangen, dass der Auftraggeber die Bewerber auch in informationeller Hinsicht gleich behandelt. Auch insoweit trifft im Übrigen der Vorwurf einer Nivellierung gegenüber dem Sekundärrecht schon faktisch nicht zu.

85 Die Entscheidungsfindung im **offenen Verfahren,** die auf Grundlage der eingereichten und nicht mehr einseitig veränderbaren Angebote erfolgt, garantiert die vom Primärvergaberecht geforderte Gleichbehandlung der Bewerber in prozessualer Hinsicht.

86 Akzeptiert man das offene Verfahren (zumindest in seiner grundsätzlichen Form, nicht in den Einzelvorgaben der VgV und der Verdingungsordnungen) als ideale Verfahrensform im primärrechtlichen Vergaberegime, dann fragt sich, wie und unter welchen Voraussetzungen der Auftraggeber von diesem Ideal abweichen und Verfahrenserleichterungen vorsehen kann.

87 **(2) Das nicht offene Verfahren mit Teilnehmerwettbewerb.** Auch ein nicht offenes Verfahren kann aus der Perspektive des Primärrechts als **gleichberechtigtes Äquivalent** anstelle des offenen Verfahrens treten. Dies gilt zumindest dann, wenn weitergehend ein Teilnahmewettbewerb stattfindet, der allen potenziell interessierten Bewerbern den Zugang erlaubt. Auch hier gilt, dass das Primärrecht keine strikten Informationspflichten kennt, wie sie § 12 Abs. 2 Nr. 2 VOB/A iVm § 12 Abs. 1 Nr. 2 VOB/A, § 12 EU Abs. 3 Nr. 2 VOB/A bzw. § 28 Abs. 2 UVgO, § 37 Abs. 2 VgV iVm Anhang II der Durchführungsverordnung (EU) 2015/1986 für den Teilnehmerwettbewerb nennen.

88 Die weitere Entscheidungsfindung im nicht offenen Verfahren mit Teilnehmerwettbewerb variiert und kann mit dem Grundsatz der Gleichbehandlung in Konflikt treten, außer wenn der Teilnehmerwettbewerb nur eine vorgezogene Eignungsprüfung[248] mit der Folge, dass alle geeigneten Bewerber ein Angebot vorlegen können, bedeutet.

89 Anders verhält es sich, wenn auch geeignete Bewerber im Teilnehmerwettbewerb ausgeschieden werden, um durch eine **Reduktion der möglichen Angebote** das Verfahren zu vereinfachen. Diese Form des Wettbewerbs wird von der Kommission eindeutig für das Vergaberecht vorgesehen.[249]

---

[244] So *Siegel* EWS 2008, 66 (69 f.).
[245] *Pietzcker* ZfBR 2007, 131 (134); iE ebenso *Burgi* NZBau 2005, 610 (615); dagegen ausdrücklich EuGH Urt. v. 17.3.2011 – C-95/10, Slg. 2011, I-1865 Rn. 42 = ECLI:EU:C:2011:161 = BeckRS 2011, 80247 – Strong Segurança.
[246] Vgl. zu dieser Argumentation gerade auch das An Post-Urteil des EuGH Urt. v. 13.11.2007 – C-507/03, Slg. 2007, I-9777 Rn. 30 f. = ECLI:EU:C:2007:676 = EuZW 2008, 23 – Kommission/Irland; EuGH Urt. v. 14.11.2013 – C-388/12, ECLI:EU:C:2013:734 Rn. 47 = BeckEuRS 2013, 741829 – Comune di Ancona.
[247] Wie hier auch *Frenz* VergabeR 2007, 1 (2 f.); *Wollenschläger* NVwZ 2007, 388 (392); so ist letztlich auch das EuG Urt. v. 20.5.2010 – T-258/06, Slg. 2010, II-2027 insbes. Rn. 116 f., 128 und 138–142 = ECLI:EU:T:2010:214 = NZBau 2010, 510 – Deutschland/Kommission zu verstehen.
[248] *Hertwig* Öff. Auftragsvergabe Rn. 145.
[249] Kom., Mitteilung Unterschwellenvergabe, ABl. 2006 C 179, 2, unter 2.2.2.; bestätigt in EuG Urt. v. 20.5.2010 – T-258/06, Slg. 2010, II-2027 Rn. 126 ff. = ECLI:EU:T:2010:214 = NZBau 2010, 510 – Deutschland/Kommission.

Schwierigkeiten können dabei dadurch entstehen, dass der Auftraggeber zwischen verschiedenen jeweils geeigneten Bewerbern eine Vorauswahl zu treffen hat und damit mit dem Gleichheitssatz in Konflikt gerät.[250] Diese Ungleichbehandlung kann vor allem dann gerechtfertigt sein, wenn sie zu einer **zügigen Erledigung des Auftrags notwendig** ist, weil die Vergabestelle nicht die Angebote aller geeigneten Bewerber prüfen kann (zu den möglichen Rechtfertigungsgründen → Rn. 94 ff.). Die Ausdifferenziertheit der Selektionskriterien darf im Übrigen bei geringen Auftragsvolumina reduziert werden, um ein angemessenes Verhältnis von Aufwand und Ertrag zu gewährleisten, wie es bei Unterschwellenvergaben wohl meist der Fall sein dürfte.

Selbst wenn ein Teilnehmerwettbewerb an sich gerechtfertigt ist, bleibt noch die Frage, welche **Auswahlkriterien** zur Auswahl zwischen den geeigneten Bewerbern angelegt werden dürfen. Diese Frage stellt sich nicht nur für das Primärvergaberecht, sondern hat auch sekundärrechtliche Bedeutung, weil auch im Kartellvergaberecht nicht geregelt ist, welche Auswahlkriterien im Teilnehmerwettbewerb, der in Art. 65 RL 2014/24/EU vorgesehen ist, herangezogen werden dürfen.[251] Zunächst dürfen Kriterien weder direkt noch indirekt diskriminieren.[252] Aber selbst dort, wo ein Entscheidungskriterium nicht aufgrund der Staatsangehörigkeit diskriminiert, bleibt die Durchführung eines Teilnehmerwettbewerbs eine Ungleichbehandlung, die zu rechtfertigen ist. Hilfreich sind in diesem Zusammenhang die Äußerungen des EuGH zu den Anforderungen des Gleichheitssatzes an die Verwendung vergabefremder Entscheidungskriterien. Hier verlangt der EuGH in ständiger Rechtsprechung einen **Bezug** der Kriterien zum **Auftragsgegenstand**[253] und nimmt, wo dieser Auftragsbezug nicht besteht, eine „ungerechtfertigte Diskriminierung" der Bewerber an, die womöglich alle auftragsbezogenen Anforderungen erfüllen können.[254] Auch wenn sich diese Ausführungen maßgeblich auf die Bestimmung der Zuschlagskriterien beziehen, kann ihnen auch für die Eignungsauswahl nicht jede Bedeutung abgesprochen werden. Dies würde zu dem paradoxen Ergebnis führen, dass Differenzierungen, die aus Gründen des Bieterschutzes auf Ebene der Zuschlagskriterien unzulässig sind, bei Untersuchung der Bietereignung vorgenommen werden könnten, obwohl diese Auswahlstufe schärfere Konsequenzen hat: Erfüllt ein Bewerber ein Eignungskriterium nicht, wird er als ungeeignet ausgesondert, erfüllt er ein Zuschlagskriterium nicht, bleibt ihm die Möglichkeit, diese Schwäche durch besondere Leistungsstärke seines Angebots in anderen Bereichen auszugleichen. Auch beim Teilnehmerwettbewerb ist deshalb zu verlangen, dass die angelegten Entscheidungskriterien nach Möglichkeit einen Auftragsbezug aufweisen, um als gerechtfertigte Ungleichbehandlung zu gelten.[255] Neben diesen Kriterien ist auch eine Entscheidung durch Los als zulässige Differenzierung anzusehen.[256]

(3) Nicht offenes Verfahren ohne Teilnehmerwettbewerb. Im nicht offenen Verfahren ohne Teilnehmerwettbewerb spricht der Auftraggeber direkt nur bestimmte Unternehmen an. Dieses Vorgehen ist anders als das offene Verfahren oder der Teilnehmerwettbewerb nicht auf den Kreis der potenziell interessierten Bewerber hin orientiert, sondern richtet sich am Interesse der Verwaltung an einem möglichst einfachen Verfahren aus. Grundsätzlich entspricht deshalb diese Form der Verfahrensausgestaltung nicht dem grundfreiheitlich bestimmten Primärvergaberecht,[257] **kann** aber durchaus unter bestimmten Umständen **gerechtfertigt sein** (ausführlicher → Rn. 94 ff.). Unzulässig hingegen ist die gängige Länderpraxis,[258] pauschal und ohne besondere Begründung unterhalb

---

[250] Zu einem anderen Ergebnis kam das Bundesministerium für Verkehr, Bau und Stadtentwicklung in der ausführenden Anlage zu seinem Rundschreiben v. 28.5.2008.
[251] Ingenstau/Korbion/*Schranner*, 19. Aufl. 2015, EU VOB/A § 6 Rn. 74 (noch mit Bezug zur alten Vergabe-RL 2004).
[252] *Frenz* EuropaR-HdB III Rn. 1875.
[253] EuGH Urt. v. 17.9.2002 – C-513/99, Slg. 2002, I-7213 Rn. 59 = ECLI:EU:C:2002:495 = NZBau 2002, 618 – Concordia Bus Finland; *Bultmann* ZfBR 2004, 134; *Frenz* NZBau 2007, 17 (23).
[254] EuGH Urt. v. 4.12.2003 – C-448/01, Slg. 2003, I-14527 Rn. 69 = ECLI:EU:C:2003:651 = NZBau 2004, 105 – Wienstrom GmbH.
[255] IE ähnlich *Ebert*, Möglichkeiten und Grenzen des Verhandlungsverfahrens im Vergaberecht unter Beachtung der vergaberechtlichen Prinzipien, 2005, 95; *Noch* VergabeR-HdB Kap. A Rn. 101; aA *Egger*, Europäisches Vergaberecht, 2008, Rn. 1175, der gerade vorschlägt, Kriterien zu verwenden, die nicht mit dem konkreten Auftrag zusammenhängen.
[256] Kom., Mitteilung Unterschwellenvergabe, ABl. 2006 C 179, 2, unter 2.2.2., vgl. EuG Urt. v. 17.9.2002 – C-513/99, Slg. 2010, II-2027 Rn. 126 ff. = ECLI:EU:T:2010:214 = NZBau 2010, 510 – Deutschland/Kommission; *Deling* NZBau 2012, 17 (21).
[257] Kom., Mitteilung Unterschwellenvergabe, ABl. 2006 C 179, 2, unter 2.1.1.; vgl. EuG Urt. v. 17.9.2002 – C-513/99, Slg. 2010, II-2027 Rn. 68 ff. = ECLI:EU:T:2010:214 = NZBau 2010, 510 – Deutschland/Kommission; für eine Nachrangigkeit gegenüber anderen, wettbewerbsorientierteren Verfahrensgestaltungen auch *Siegel* VerwArch 107 (2016), 1 (19).
[258] Vgl. etwa Bekanntmachung des Bayerischen Staatsministeriums des Innern zur Vergabe von Aufträgen im kommunalen Bereich v. 14.10.2005, AllMBl. 2005, 424, Nr. 1.2.; Verwaltungsvorschrift zu § 55 BbgHO v.

bestimmter Wertgrenzen die beschränkte Ausschreibung vorzusehen. Bei dieser Verfahrensart werden direkt einzelne Unternehmen um ein Angebot gebeten, sodass für andere interessierte Bewerber keine Chance zur Teilnahme besteht.[259]

92   **(4) Verhandlungslösungen.** Soweit Verfahren mit Verhandlungselementen sich direkt an einzelne oder mehrere Bewerber richten, entstehen dieselben Schwierigkeiten wie bei nicht offenen Verfahren ohne Teilnehmerwettbewerb.

93   Darüber hinaus ist für Verhandlungslösungen typisch, dass sich die Angebotsauswahl nicht in einem einseitigen förmlichen Prozess vollzieht, sondern durch das wechselseitige Zueinanderfinden von Angebot und Nachfrage im Gespräch. Dieses Vorgehen bietet sicherlich größeres Gefahrenpotenzial für den Anspruch auf Gleichbehandlung und gleichzeitig größere Möglichkeiten für Diskriminierungen zulasten unerwünschter Bewerber. Ob allein dieses Potenzial genügt, um einen primärrechtlichen Rechtfertigungszwang für Verhandlungslösungen anzunehmen, ist stark zu bezweifeln.[260] Jedenfalls hat der EuGH bislang keine Andeutungen in diese Richtung gemacht.

94   Soweit also allen **potenziell interessierten Bewerbern** die Möglichkeit eröffnet ist, an einem **Verhandlungsverfahren teilzunehmen,** kann gegen diese Verfahrenswahl primärrechtlich kein Einwand erhoben werden, solange gewährleistet bleibt, dass das Verfahren im Nachhinein auf seine Unparteilichkeit hin überprüft werden kann.

95   **(5) Interessensbekundungsverfahren.** Ein aus primärrechtlicher Sicht ebenfalls **gangbarer Weg** ist die Durchführung von Interessensbekundungsverfahren, die einige Bundesländer[261] bei Vergaben unterhalb der Schwellenwerte durchführen. Dabei handelt es sich letztlich um entformalisierte Teilnahmeverfahren. So sieht beispielsweise das Land Hessen vor,[262] dass die öffentlichen Auftraggeber für bestimmte Aufträge unterhalb der Schwellenwerte in einem öffentlichen Aufruf Wirtschaftsteilnehmer zur Teilnahme an der Vergabe auffordern müssen. Diese Aufforderung muss dabei so gestaltet sein, dass sie potenziell interessierte Bewerber erreichen kann.

96   **c) Ausnahmen vom primärrechtlichen Vergaberegime.** Das primärrechtliche Vergaberegime beruht maßgeblich auf den grundfreiheitlichen Diskriminierungsverboten und dem allgemeinen Gleichheitssatz, die beide keine strikte Gleichbehandlungspflicht statuieren, sondern im Ausnahmefall auch die Rechtfertigung einer Diskriminierung bzw. Ungleichbehandlung[263] zulassen. Damit stehen auch die Verfahrensvorgaben des primärrechtlichen Vergaberegimes unter dem Vorbehalt der Rechtfertigungsmöglichkeit abweichenden Verhaltens. Eine solche Möglichkeit kommt dabei auf verschiedenen Stufen des Verfahrens in Betracht. Hervorzuheben ist, dass bei Ableitung des Transparenzgebots aus den Grundfreiheiten wie bei jeder Beeinträchtigung derselben eine Rechtfertigung aufgrund geschriebener **Rechtfertigungsgründe** (zB Art. 52 Abs. 1 AEUV und Art. 62 AEUV) oder aus zwingenden Gründen des Allgemeininteresses unter Beachtung des **Verhältnismäßigkeitsgrundsatzes** denkbar ist.[264]

97   **aa) Dringlichkeit als Rechtfertigungsgrund.** Das primärrechtliche Vergaberegime soll die staatliche Auftragsvergabe begleiten, aber nicht verhindern. Ist die Vergabe eines Auftrags aus ver-

---

23.3.2007, ABl. 2007, 883, Nr. 3.1.; § 3 Abs. 5 Beschaffungsordnung der Freien und Hansestadt Hamburg v. 1.3.2009 in der Fassung v. 15.11.2016; Verwaltungsvorschrift des Ministeriums für Wirtschaft, Arbeit und Tourismus des Landes Mecklenburg-Vorpommern v. 10.4.2007, ABl. 2007, 207, Nr. 2.1 und 2.2; §§ 3, 4 Verordnung über Auftragswertgrenzen zum Niedersächsischen Tariftreue- und Vergabegesetz (NWertVO) v. 19.2.2014, Nds. GVBl. 2014 Nr. 4/2014, 64; Verwaltungsvorschrift zu § 55 NWHO v. 25.10.2004, MBl. 2004, 969, Nr. 1; dazu mwN *Kühling/Huerkamp* VergabeR 2010, 545.

[259] *Hausmann* in KMPP VOB/A § 3 Rn. 23–25; abl. auch *Deling* NZBau 2012, 17 (19).
[260] Dagegen etwa *Heiß* VerwArch 2012, 421 (459).
[261] Vgl. darüber hinaus auch das Rundschreiben des Bundesministeriums der Finanzen zur Durchführung des Interessensbekundungsverfahrens nach § 7 Abs. 2 S. 2 BHO v. 24.9.2012.
[262] § 10 Abs. 4 und 5 Hessisches Vergabe- und Tariftreuegesetz (HVTG) v. 19.12.2014, Gesetz- und Verordnungsblatt für das Land Hessen, Nr. 25/2014, 354 ff.
[263] Es entspricht stRspr, dass die Gleichbehandlung wesentlich ungleicher bzw. die Ungleichbehandlung wesentlich gleicher Sachverhalte objektiv gerechtfertigt werden kann, vgl. EuGH Urt. v. 13.1.2005 – C-126/04, Slg. 2005, I-331 Rn. 16 = ECLI:EU:C:2005:24 = BeckRS 2005, 70028 – *Heineken*; EuGH Urt. v. 19.11.1998 – C-85/97, Slg. 1998, I-7447 Rn. 30 = ECLI:EU:C:1998:552 = DStRE 1998, 924 – SFI; EuGH Urt. v. 12.3.1987 – 215/85, Slg. 1987, 1279 Rn. 23 = ECLI:EU:C:1987:127 = BeckRS 2004, 72340 – BALM/Raiffeisen Hauptgenossenschaft; *Mohn,* Der Gleichheitssatz im Gemeinschaftsrecht: Differenzierungen im europäischen Gemeinschaftsrecht und ihre Vereinbarkeit mit dem Gleichheitssatz, 1990, 47.
[264] EuGH Urt. v. 10.7.2014 – C-358/12, ECLI:EU:C:2014:2063 Rn. 31 ff. = NZBau 2014, 712 – *Consorzio Stabile Libor Lavori Pubblici*; EuGH Urt. v. 14.11.2013 – C-221/12, ECLI:EU:C:2013:736 Rn. 38 ff. = ZfBR 2014, 187 – *Belgacom*; EuGH Urt. v. 9.9.2010 – C-64/08, Slg. 2010, I-8219 Rn. 34 ff. = ECLI:EU: C:2010:506 = EuZW 2010, 821 – *Engelmann*.

schiedenen Gründen besonders dringlich, kann selbst eine **Direktvergabe** des Auftrags gerechtfertigt sein,[265] wenn ansonsten eine sinnvolle Ausführung des Auftrags unmöglich wird.[266] Zu bedenken ist aber stets, dass die Rechtfertigung die Vorgaben des **Verhältnismäßigkeitsprinzips** beachten muss.[267] Statt eines völlig intransparenten Verfahrens ist also an die Durchführung einer beschränkten Ausschreibung oder eines Teilnehmerwettbewerbs zu denken[268] oder es können andere Verfahrensvorgaben gestrafft werden. So hat der EuGH anerkannt, dass die Vergabestelle in typisierender Weise besonders niedrige Angebote ausschließen darf, wenn andernfalls die Durchführbarkeit des Projekts in Frage steht.[269] So kann zum Beispiel in Fällen, in denen Aufträge in Bezug auf die Beschaffung von Ausrüstungen oder Ausstattungen von Krankenhäusern aufgrund der COVID-19-Krise durch die Ausnahmeregelung des Art. 32 Abs. 2 lit. c RL 2014/24/EU direkt ohne Verfahren erteilt werden[270] eine Rechtfertigung aufgrund einer Dringlichkeit auf der Primärrechtsebene gleichermaßen angenommen werden.

Besondere Schwierigkeiten werfen Einschnitte bei der Transparenz auf, die aus konjunkturellen Gründen eine möglichst schnelle Vergabe des Staatsauftrags ermöglichen sollen. Besonders im Zuge der Wirtschaftskrise 2009/2010 bemühte sich der nationale ebenso wie der unionale Gesetzgeber um die zeitlich befristete Lockerung vergaberechtlicher Bindungen für öffentliche Auftraggeber zum Zwecke der Konjunkturförderung.[271] Hier ist zu konstatieren, dass das Primärrecht den Spielraum öffentlicher Stellen stark begrenzt, das Beschaffungswesen zur **Konjunkturförderung** zu nutzen.[272]

Voraussetzung für jegliche Rechtfertigung ist allerdings, dass es dem Auftraggeber auch tatsächlich um Dringlichkeitserwägungen geht und verfahrensrechtliche Beschränkungen nicht dazu genutzt werden, protektionistische Motive zu kaschieren. Dieser Verdacht liegt zumindest nahe, wenn bei beschränkten Ausschreibungen und freihändigen Vergaben Auftragsberatungsstellen einbezogen werden, die wiederum Unternehmen nennen, die zum Angebot aufzufordern sind, um so die Chancen landeseigener Unternehmen zu verbessern.[273]

bb) Effizienz als Rechtfertigungsgrund. Die primärrechtlich begründete Öffnung der nationalen Nachfrage ist für die Verwaltung mit Transaktionskosten verbunden.[274] Zumeist wird sich diese Öffnung dennoch lohnen, weil die öffentliche Hand durch entstehenden Wettbewerbsdruck Einsparpotenziale realisieren kann.[275] Insoweit schützt die primärrechtlich erzwungene Öffnung reflexartig die Interessen der Verwaltung an einem schonenden und effizienten Einsatz der Haushaltsmittel. Im Einzelfall kann es aber geschehen, dass das durch Wettbewerb zu erzielende **Einsparpo-**

---

[265] *Wollenschläger* NVwZ 2007, 388 (393).
[266] Vgl. EuGH Urt. v. 15.5.2008 – C-147/06 u. C-148/06, Slg. 2008, I-3565 Rn. 32 = ECLI:EU:C:2008:277 = EuZW 2008, 469 – SECAP.
[267] Vgl. für den allg. Gleichheitssatz EuGH Urt. v. 13.4.2000 – C-292/97, Slg. 2000, I-2737 Rn. 45 = ECLI:EU:C:2000:202 = BeckRS 2004, 76064 – Karlsson; *Sachs* in Stern/Sachs, Europäische Grundrechte-Charta – GRCh, 2016, GRCh Art. 20 Rn. 22–24; für die grundfreiheitlichen Diskriminierungsverbote *Frenz* EuropaR-HdB III Rn. 523; *Kingreen,* Die Struktur der Grundfreiheiten des Europäischen Gemeinschaftsrechts, 1999, 169; gegen die hier vertretene Prämisse ausdrücklich *Heiß* VerwArch 2012, 421 (456 mit Fn. 121).
[268] Kom., Mitteilung Unterschwellenvergabe, ABl. 2006 C 179, 2, unter 2.2.2; dazu EuG Urt. v. 20.5.2010 – T-258/06, Slg. 2010, II-2027 Rn. 126 ff. = ECLI:EU:T:2010:214 = NZBau 2010, 510 – Deutschland/Kommission.
[269] EuGH Urt. v. 15.5.2008 – C-147/06 u. C- 148/06, Slg. 2008, I-3565 Rn. 32 = ECLI:EU:C:2008:277 = EuZW 2008, 469 – SECAP.
[270] Vlg. zu den Anforderungen hierfür EU-Kommission, Leitlinien der Europäischen Kommission zur Nutzung des Rahmens für die Vergabe öffentlicher Aufträge in der durch die COVID-19-Krise verursachten Notsituation, ABl. 2020 C 108 I, 1.
[271] Umfassend und krit. dazu *Braun* VergabeR 2010, 379 ff.
[272] Dazu ausf. *Kühling/Huerkamp* NVwZ 2009, 557 ff.; vgl. auch *Storr* in Bungenberg/Huber/Streinz, Wirtschaftsverfassung und Vergaberecht – Der verfassungsrechtliche Rahmen der Auftrags- und Konzessionsvergabe, 2011, 43 (46 ff.).
[273] Thüringer Verwaltungsvorschrift zur Vergabe öffentlicher Aufträge v. 16.9.2014, StAnz. 1299; Erlass über die Zubenennung von Unternehmen aus Mecklenburg-Vorpommern durch die Auftragsberatungsstelle Mecklenburg-Vorpommern eV bei der Vergabe öffentlicher Aufträge v. 20.1.2012, ABl. 2012 L 194.
[274] *Bungenberg* in Müller-Graff, Enzyklopädie Europarecht, Bd. 4, 2015, § 16 Rn. 3; *Lutz* WuW 2006, 890 (893); *Ortner,* Vergabe von Dienstleistungskonzessionen: Unter besonderer Berücksichtigung der Entsorgungs- und Verkehrswirtschaft, 2007, 163.
[275] Grünbuch der Kommission, Das öffentliche Auftragswesen in der Europäischen Union: Überlegungen für die Zukunft, 1996, Rn. 2.3; *Bungenberg,* Vergaberecht im Wettbewerb der Systeme: Eine rechtsebenenübergreifende Analyse des Vergaberechts, 2007, 150; *Bungenberg* in Müller-Graff, Enzyklopädie Europarecht, Bd. 4, 2015, § 16 Rn. 5 f.; *Ceccini,* Europa '92: Der Vorteil des Binnenmarktes, 1988, 38 f.

tenzial die Transaktionskosten nicht aufwiegt. Fiskalisches Interesse der Verwaltung und Interessenschutz potenziell interessierter ausländischer Bewerber fallen dann auseinander.[276] Es fragt sich daher, ob in solchen Konstellationen die öffentlichen Stellen auf die Direktvergabe als kostengünstigere Alternative zurückgreifen und deren diskriminierendes Potenzial mittels einer **Effizienzeinrede** rechtfertigen können.[277] Virulent wird diese Frage insbesondere dann, wenn pauschal auf die beschränkte Ausschreibung zurückgegriffen wird, um Verfahrenskosten zu sparen (zu dieser Länderpraxis → Rn. 88).

101 **(1) Bisherige Rechtsprechung des EuGH.** Der Gerichtshof hat sich bisher noch nicht direkt mit der aufgeworfenen Frage beschäftigt, allerdings lässt sich deutlich erkennen, dass er den **Schutz der potenziell interessierten Bewerber** in den Vordergrund rückt.[278] Die Interessen der Vergabestelle werden allenfalls unter dem Gesichtspunkt der „administrativen Möglichkeiten" berücksichtigt, die im Einzelfall eine Diskriminierung zu rechtfertigen vermögen.[279] Dann geht es aber eher um die Durchführbarkeit des Auftrags als um Einsparpotenziale für die öffentliche Hand.

102 Allgemein hat der EuGH bisher haushaltspolitische Erwägungen als Rechtfertigung einer Diskriminierung ausgeschlossen.[280] Dasselbe gilt für verwaltungsökonomische Gründe.[281] Im vergaberechtlichen Zusammenhang hat der Gerichtshof lediglich allgemein festgehalten, wirtschaftliche Gründe schieden als Rechtfertigungsbasis aus,[282] ohne sich allerdings mit den Einzelheiten einer Effizienzeinrede näher zu beschäftigen.

103 **(2) Stellungnahme.** Der Konflikt um die Effizienzeinrede kreist um den Charakter der Grundfreiheiten. Sieht man in ihnen instrumentelle Vorschriften, die durch das Überwinden von Binnenmarktgrenzen die effizienteste Faktorenallokation ermöglichen sollen, dann wird man einer Effizienzeinrede grundsätzlich positiv gegenüberstehen. Ob bei den Grundfreiheiten aber eher eine **objektiv-instrumentelle Funktion oder eine subjektiv-rechtliche Komponente** überwiegt, ist allgemein noch ungeklärt.[283] Betont man den subjektiv-rechtlichen und ideellen Gehalt der Grundfreiheiten und ihre Funktion als Katalysatoren eines neuen Gemeinwesens,[284] muss man der Effizienzeinrede ablehnend begegnen. Bedenkt man, dass zum einen das primär-

---

[276] *Neumayr* PPLR 2002, 215 (218); auch *Pietzcker* ZHR 1998, 427 (430 f.) macht darauf aufmerksam, dass das Verhältnis von Marktöffnung und haushaltswirtschaftlicher Beschaffung „konfliktbeladen" sein kann.
[277] Die deutsche Rechtsordnung sieht dies vor, vgl. § 8 Abs. 3 Nr. 2, Abs. 4 Nr. 8 UVgO; befürwortend *Egger*, Europäisches Vergaberecht, 2008, Rn. 158; *Heiß* VerwArch 2012, 421 (455 f.); wohl auch *Barth*, Das Vergaberecht außerhalb des Anwendungsbereichs der EG-Vergaberichtlinien, 2010, 89.
[278] EuGH Urt. v. 13.11.2007 – C-507/03, Slg. 2007, I-9777 Rn. 27 = ECLI:EU:C:2007:676 = EuZW 2008, 23 – An Post; EuGH Urt. v. 18.10.2001 – C-19/00, Slg. 2001, I-7725 Rn. 32 = ECLI:EU:C:2001:553 = BeckEuRS 2001, 250721 – SIAC Construction; EuGH Urt. v. 3.10.2000 – C-380/98, Slg. 2000, I-8035 Rn. 16 = ECLI:EU:C:2000:529 = NZBau 2001, 218 – University of Cambridge; ähnlich für das europäische Vergaberecht allg. *Puhl* VVDStRL 60 (2001), 458 (490); sehr scharf *Marx* WiVerw 2007, 193 (199): „Problem des europäischen Rechtes ist, dass es das Ziel, den effektiven Einkauf der Mitgliedstaaten zu organisieren, in keiner Weise aufgenommen hat (…)".
[279] EuGH Urt. v. 15.5.2008 – C-147/06 u. C.148/06, Slg. 2008, I-3565 Rn. 32 = ECLI:EU:C:2008:277 = EuZW 2008, 469 – SECAP; offengelassen in EuGH Urt. v. 10.5.2012 – C-357/10, ECLI:EU:C:2012:283 Rn. 40, 42 = NZBau 2012, 714 – Duomo Gpa.
[280] EuGH Urt. v. 17.3.2005 – C-109/04, Slg. 2005, I-2421 Rn. 31 ff. = ECLI:EU:C:2005:187 = EuZW 2005, 305 – Kranemann; EuGH Urt. v. 7.2.1984 – 238/82, Slg. 1984, 523 Rn. 23 = ECLI:EU:C:1984:45 = NJW 1985, 542 – Duphar.
[281] EuGH Urt. v. 23.11.1999 – C-369/96, Slg. 2000, I-8453 Rn. 37 = ECLI:EU:C:1999:575 = BeckRS 2004, 76800 – Arblade; EuGH Urt. v. 4.12.1986 – 205/84, Slg. 1986, 3755 Rn. 54 = ECLI:EU:C:1986:463 = NJW 1987, 572 – Kommission/Deutschland; EuGH Urt. v. 3.2.1983 – 29/82, Slg. 1983, 151 Rn. 12 = ECLI:EU:C:1983:25 = BeckRS 2004, 72966 – van Luipen.
[282] EuGH Urt. v. 13.9.2007 – C-260/04, Slg. 2007, I-7083 Rn. 35 = ECLI:EU:C:2007:508 = BeckRS 2007, 70684 – Kommission/Italien; vgl. auch *Hardraht*, In-house-Geschäfte und europäisches Vergaberecht, 2006, 98 f. und 103; *Ortner*, Vergabe von Dienstleistungskonzessionen: Unter besonderer Berücksichtigung der Entsorgungs- und Verkehrswirtschaft, 2007, 178.
[283] *Gebauer*, Die Grundfreiheiten des EG-Vertrags als Gemeinschaftsgrundrechte, 2004, 304 ff.; *Kluth* AöR 122 (1997), 557 (574); für Ersteres *Heiß* VerwArch 2012, 421 (455 f.); dazu auch *Storr* in Bungenberg/Huber/Streinz, Wirtschaftsverfassung und Vergaberecht – Der verfassungsrechtliche Rahmen der Auftrags- und Konzessionsvergabe, 2011, 43, 46 ff.
[284] *Hirschberger*, Proceduralisierung im europäischen Binnenmarktrecht: Die Verfahrensdimension der Grundfreiheiten und des Beihilfenrechts, 2010, 184 f.; *Müller-Graff*, Unternehmensinvestition und Investitionssteuerung im Marktrecht, Zu Maßstäben und Schranken für die überbetriebliche Steuerung von Produktionsinvestitionen aus dem Recht des wettbewerbsverfassten Marktes, 1984, 281 f. und 285 mwN.

rechtliche Vergaberegime minimale Anforderungen an das Vorgehen der öffentlichen Hand stellt und damit auch die entstehenden Transaktionskosten eher gering sein dürften,[285] und dass zum anderen die Erledigung staatlicher Aufgaben durch Private aus dem Ausland durchaus dazu geeignet ist, das Zusammenwachsen der Union zu fördern,[286] wird man sich einer Effizienzeinrede zumindest im Regelfall verschließen müssen.

cc) Ausnahmen der Richtlinie 2014/24/EU. Auch die RL 2014/24/EU sieht in Art. 32 RL 2014/24/EU die Möglichkeit einer Direktvergabe für verschiedene Konstellationen vor. Im Zusammenhang mit der dieser Regelung entsprechenden Vorgängernorm des Art. 31 Vergabe-RL 2004 wurde vorgeschlagen, dass diese sekundärrechtlichen Ausnahmen auch automatisch für das primärrechtliche Vergaberegime Anwendung finden sollten.[287] Diese Ansicht vermag nicht zu überzeugen: Der EuGH hat ausdrücklich festgestellt, dass den sekundärrechtlichen Einschätzungen über die Angemessenheit eines förmlichen Verfahrens nicht die Wirkung zukommt, auch das primärrechtliche Vergaberegime außer Kraft zu setzen.[288] Außerdem würde ein derartiges Verständnis des Verhältnisses von Sekundär- und Primärrecht den Vorrang der EU-Verträge außer Acht lassen. Art und Umfang der Ausnahmen vom Primärvergaberecht müssen sich also aus dem Primärrecht selbst ergeben und können nicht durch Verweis auf das Sekundärrecht begründet werden. Richtig ist allerdings, dass die in Art. 32 RL 2014/24/EU genannten Gründe auch aus primärrechtlicher Perspektive **regelmäßig** eine Ungleichbehandlung zu **rechtfertigen vermögen,** stellen sie doch auf dringliches Handeln, technische oder künstlerische Gründe ab. Auch wenn beispielsweise der Schutz von Ausschließlichkeitsrechten dazu führt, dass der Auftrag nur von einem bestimmten Wirtschaftsteilnehmer ausgeführt werden kann, ist nach jener Vorschrift (soweit also die strengen Anforderungen des Art. 32 Abs. 2 lit. b aE RL 2014/24/EU vorliegen) der Rückgriff auf ein Verhandlungsverfahren ohne Veröffentlichung einer Bekanntmachung eröffnet. Entsprechende Rechtfertigungsgründe können prinzipiell auch in primärrechtlicher Hinsicht entfaltet werden.

Darüber hinaus sieht Art 10 RL 2014/24/EU zahlreiche Bereichsausnahmen vom Sekundärvergaberecht vor. Auch hier muss eine automatische und parallele Befreiung von den Vorgaben des Primärvergaberechts ausscheiden.[289] Sie liefe auch hier dem grundsätzlichen Verhältnis von Sekundär- und Primärrecht zuwider. Sollen vom Primärvergaberecht Ausnahmen gemacht werden, müssen sich diese aus dem allgemeinen grundfreiheitlichen Gerüst ableiten lassen und dürfen nicht einfach durch Verweis auf das niederrangige Sekundärrecht begründet werden. Besonders virulent wird diese Fragestellung derzeit mit Bezug auf die Ausnahmevorschrift des Art. 10 lit. h RL 2014/24/EU für **Rettungsdienstleistungen** diskutiert. Insoweit es ist es bedauerlich, dass sich der EuGH in seiner Entscheidung Falck Rettungsdienste[290] nicht zum Primärvergaberecht eingelassen hat. Sein Schweigen sollte aber nicht in dem Sinne fehlinterpretiert werden, dass hier eine primärrechtliche Bereichsausnahme allein aufgrund sekundärrechtlicher Anordnungen gelten könne.

dd) Art. 106 Abs. 2 AEUV als Rechtfertigung für Ausnahmen vom Vergaberecht. Zwar hat der EuGH Art. 106 AEUV bereits mehrfach im Rahmen des Primärvergaberechts ange-

---

[285] So auch *Hirschberger,* Prozeduralisierung im europäischen Binnenmarktrecht: Die Verfahrensdimension der Grundfreiheiten und des Beihilfenrechts, 2010, 196; abweichende Einschätzung aber bei *Deling* NZBau 2012, 17 (18 f.).
[286] Untersuchungen zeigen allerdings die nach wie vor geringe Beauftragung ausländischer Anbieter auf; vgl. bspw. die von der BReg. in Auftrag gegebene Studie „Verhältnis zwischen Binnenmarktwirkung der EU-Vergaberegeln und den durch die Anwendung des europäischen Vergaberechts verursachten Transaktionskosten für deutsche öffentliche Auftraggeber – mit Blick auch auf Aufträge am Rande des gegenwärtigen Anwendungsbereiches der EU-Vergaberichtlinien im Unterschwellenbereich und bei Dienstleistungskonzessionen", 87 ff.; zur Frage, inwieweit diese statistischen Feststellungen für die rechtliche Frage des Binnenmarktbezugs ausschlaggebend sein können, vgl. *Huerkamp,* Transparenz und Gleichbehandlung als gemeinschaftsrechtliche Prinzipien der staatlichen Auftragsvergabe, 2010, 82 ff.
[287] Kom., Mitteilung Unterschwellenvergabe, ABl. 2006 C 179, 2, unter 2.1.4.; GA *Jacobs* SchlA v. 2.6.2005 – C-525/03, Slg. 2005, I-9405 Rn. 65 = ECLI:EU:C:2005:343 = IBRRS 2005, 1879 – Kommission/Italien; bestätigt in EuG Urt. v. 20.5.2010 – T-258/06, Slg. 2010, II-2027 Rn. 139 ff. = ECLI:EU:T:2010:214 = NZBau 2010, 510 – Deutschland/Kommission; *Deling* NZBau 2012, 17 (18).
[288] Deutlich EuGH Urt. v. 3.12.2001 – C-59/00, Slg. 2001, I-9505 Rn. 19 = ECLI:EU:C:2001:654 = ZfBR 2002, 610 – Vestergaard: „bedeutet die alleinige Tatsache, dass der Gemeinschaftsgesetzgeber der Auffassung war, dass die in diesen Richtlinien vorgesehenen besonderen strengen Verfahren nicht angemessen sind, wenn es sich um öffentliche Aufträge von geringem Wert handelt, nicht, dass diese vom Anwendungsbereich des Gemeinschaftsrechts ausgenommen sind"; vgl. auch *Braun* EuZW 2006, 683 (684): „die Vergabe von öffentlichen Aufträgen gleich welcher Art (ist) an die Einhaltung der im EG-Vertrag niedergelegten Grundsätze gebunden".
[289] In diese Richtung aber *Jaeger* NZBau 2020, 7 (12).
[290] EuGH Urt. v. 21.3.2019 – C-465/17, ECLI:EU:C:2019:314 = NZBau 2019, 314 – Falck Rettungsdienste.

sprochen, allerdings nicht dessen Abs. 2 als Rechtfertigungsgrund, sondern Abs. 1, um die Anwendung der Grundfreiheiten auf öffentliche Unternehmen zu begründen.[291] Der Anwendungsbereich des Art. 106 Abs. 2 AEUV dürfte auch künftig **sehr gering** ausfallen. Zwingende Voraussetzung für eine Rechtfertigung nach dieser Vorschrift ist nämlich der unausweichliche Konflikt zwischen der Beachtung der primärrechtlichen Vorschriften und der Wahrnehmung von Dienstleistungen von allgemeinem wirtschaftlichem Interesse. Es müsste also gerade die Eröffnung von Wettbewerb im Sinne des EU-Primärvergaberechts dazu führen, dass die Aufgabenerfüllung verhindert oder wesentlich erschwert wird. Es ist aber nur schwer vorstellbar, in welcher Situation dies mit Blick auf die Vergaberegeln der Fall sein könnte. Zu denken wäre allenfalls an Konstellationen, in denen wegen mangelnder wirtschaftlicher Attraktivität der Nachfrage sich kein Wettbewerber bereit erklärt, die geforderte Leistung zu erbringen. Selbst unter diesen Umständen wäre aber eine Vergabe ohne Durchführung eines Wettbewerbs keineswegs zwingend.[292] Es bliebe nämlich auch dann für die öffentliche Hand die Möglichkeit, einen Wettbewerb um die Vergabe durchzuführen und die Erbringung der Leistung so weit finanziell zu **bezuschussen,** dass die Aufgabenerfüllung auch für private Bewerber wirtschaftlich attraktiv bliebe. Ein solches Verfahren – Ausschreibung bei gleichzeitiger finanzieller Unterstützung für den Gewinner – hat der EuGH bereits in seiner Altmark-Trans-Rechtsprechung für die Erbringung von Dienstleistungen von allgemeinen wirtschaftlichen Interesse durch private Anbieter angesprochen.[293] Insoweit ist auch bei der Anwendung des Art. 106 Abs. 2 AEUV als Rechtfertigungsgrund zu verlangen, dass zunächst erfolglos den Anforderungen des Primärrechts genügender Wettbewerb um eine Dienstleistung von allgemeinem wirtschaftlichen Interesse durchgeführt wurde, ggf. unter der zusätzlichen Bedingung, dass der erfolgreiche Bewerber einen Zuschuss für die Leistungserbringung erhält.

107 Sollte hingegen nur ein bestimmtes Unternehmen im Stande sein, die Aufgabe zu erledigen, da es beispielsweise über besondere Rechte verfügt, die für die Aufgabenerbringung erforderlich sind (etwa das Eigentum an der für eine verkehrliche Anbindung erforderlichen Schieneninfrastruktur), greifen regelmäßig bereits die Ausnahmen im primärrechtlichen Vergaberecht selbst (→ Rn. 104). Auch mit Blick auf eine etwaige Argumentation, dass die Anwendung des EU-Vergaberechts interkommunale Kooperationen, die zur Aufgabenerfüllung erforderlich sind, unmöglich mache, kann angesichts der diesbezüglich großzügigen Rechtsprechung des EuGH zum Anwendungsbereich des EU-Primärrechts bei **In-House-Vergaben** nicht zusätzlich auf Art. 106 Abs. 2 AEUV zurückgegriffen werden, etwa um über die Rechtsprechung des EuGH hinaus die Beteiligung Privater ausschreibungsfrei zu eröffnen. Denn es ist nicht ersichtlich, warum dies zur Aufgabenerfüllung zwingend erforderlich wäre.[294] Daher ist nach wie vor ein zusätzliches Rechtfertigungspotenzial der Ausnahmebestimmung des Art. 106 Abs. 2 AEUV nicht erkennbar.

108 **ee) Gebot der Rechtssicherheit.** Stellenweise hat der EuGH bei Verfahrensfragen im Rahmen des Primärvergaberechts auf das Gebot der Rechtssicherheit rekurriert,[295] um zumindest eine zeitliche Verschiebung der primärvergaberechtlichen Ausschreibungspflicht zu akzeptieren. Konkret[296] ging es um die Neuausschreibung von Konzessionen für das italienische Gasverteilungsnetz. Die Behörde hatte entschieden, einen ursprünglich deutlich länger laufenden Vertrag, der 1984 ohne Ausschreibung geschlossen worden war, vorzeitig zu beenden, um eine Ausschreibung zu ermöglichen. In einem zweiten Schritt entschloss sich die Behörde, eine vierjährige Übergangsfrist bis zur Neuausschreibung vorzusehen. Der EuGH hielt fest, dass primärrechtliche Gebot der Rechtssicherheit mache eine Übergangsphase erforderlich. Maßgeblich hierbei war, dass im Zeitpunkt des Vertragsschlusses 1984 die Entwicklung primärrechtlicher Transparenzpflichten noch nicht im Ansatz

---

[291] EuGH Urt. v. 19.4.2007 – C-295/05, Slg. 2007, I-2999 Rn. 39 ff. = ECLI:EU:C:2007:227 = NZBau 2007, 381 – Tragsa; EuGH Urt. v. 6.4.2006 – C-410/04, Slg. 2006, I-3303 Rn. 23 = ECLI:EU:C:2006: 237 = NZBau 2006, 326 – ANAV; zurückhaltend dazu Beck VergabeR/*Dörr* Einl. Rn. 192.
[292] Zum Merkmal der Erforderlichkeit vgl. EuGH Urt. v. 23.10.1997 – C-157/94, Slg. 1997, I-5699 Rn. 53 = ECLI:EU:C:1997:499 = BeckRS 2004, 74525 – Kommission/Niederlande; Calliess/Ruffert/*Jung* AEUV Art. 106 Rn. 48–51; Streinz/*Koenig/Kühling/Paul* AEUV Art. 106 Rn. 69 ff.; zum Rechtfertigungspotenzial des Art. 106 Abs. 2 AEUV bei energiewirtschaftlichen Konzessionsverträgen wie hier *Mohr* RdE 2016, 269 (274).
[293] EuGH Urt. v. 24.7.2003 – C-280/00, Slg. 2003, I-7747 Rn. 93 = ECLI:EU:C:2003:415 = ZfBR 2003, 798 – Altmark-Trans, dort freilich mit Blick auf die beihilfenrechtlichen Vorschriften.
[294] AA insoweit *Heiß* VerwArch 2012, 421 (454 mit Fn. 115).
[295] EuGH Urt. v. 21.3.2019 – C-702/17, ECLI:EU:C:2019:233 Rn. 35 = BeckRS 2019, 3848, der unter den konkreten Umständen die Anwendung verneint; EuGH, Urt. v. 17.7.2008 – C-347/06, Slg. 2008, I-5660 Rn. 69 ff. = ECLI:EU:C:2008:416 = BeckRS 2008, 70793 – ASM Brescia.
[296] EuGH Urt. v. 17.7.2008 – C-347/06, Slg. 2008, I-5660 = ECLI:EU:C:2008:416 = BeckRS 2008, 70793 – ASM Brescia.

erkennbar war.²⁹⁷ Die Bestimmung der angemessenen Länge einer Übergangsfrist überlässt der EuGH den nationalen Gerichten.

d) Zukunft des primärrechtlichen Vergaberegimes. Die Rechtsunsicherheit, die hinsicht- 109
lich des Primärvergaberechts besteht, spricht dafür, auch hier zeitnah **legislativ** tätig zu werden. So wäre es sinnvoll, die reduzierten Mindestanforderungen insbesondere an Vergaben, die zwar unterhalb der Schwellenwerte liegen, aber dennoch Binnenmarktrelevanz aufweisen, auf der Basis der bisherigen EuGH-Rechtsprechung in einer **Richtlinie** zusammenzufassen.²⁹⁸ Das Erfordernis der Binnenmarktrelevanz solcher Aufträge für das Eingreifen des Primärvergaberechts dürfte hier ohne Weiteres die Normsetzungskompetenz der Europäischen Union nach Art. 114 Abs. 1 AEUV begründen. Hervorzuheben ist freilich, dass auch eine sekundärrechtliche Regelung des bisherigen Unterschwellenbereichs die von der Rechtsprechung herausgearbeiteten primärrechtlichen Vorgaben zu beachten hat.

4. Materielle Aspekte der Entscheidungsfindung im Primärvergaberecht. Abseits der 110
primärrechtlichen Verfahrensvorgaben entfaltet das EU-Vertragsrecht auch Steuerungswirkung hinsichtlich der materiellen Entscheidungsfindung. Dabei wirkt das Primärrecht vor allem, indem es bestimmte Entscheidungskriterien als unzulässigen Eingriff in die Rechtsposition der Bewerber um einen Staatsauftrag ausschließt. Ausgangspunkt jeglicher Auswahlentscheidung ist dabei die Bestimmung der nachzufragenden Leistung. Erst wenn in einem ersten Schritt die Nachfrage konkretisiert ist, stellt sich in einem zweiten Schritt die Frage, welcher Wirtschaftsteilnehmer den festgestellten Bedarf decken soll und nach welchen Kriterien er auszusuchen ist.

a) Beschaffungsautonomie. Zunächst ist zu betonen, dass die „**Make or buy**"-Entschei- 111
dung der öffentlichen Hand, also die Beantwortung der Frage, ob sie eine Leistung selbst erbringen oder einen Externen beauftragen möchte, auch im Primärvergaberecht gänzlich der öffentlichen Hand unbenommen bleibt.²⁹⁹ Dies folgt im Grundsatz aus dem Kerngedanken der **In-House-Rechtsprechung** und wird zT aufgrund der privatrechtlichen Einordnung der Vergabeentscheidung auf die Vertragsfreiheit der öffentlichen Stelle zurückgeführt.³⁰⁰

Mit dem Begriff der Beschaffungsautonomie ist aber im Übrigen gemeint, dass es dem öffent- 112
lichen Auftraggeber grundsätzlich freisteht, darüber zu entscheiden, wie die Leistung, die er nachfragen möchte, konkret konfiguriert sein soll.³⁰¹ Es fragt sich in diesem Zusammenhang insbesondere, wie sich diese Freiheit primärvergaberechtlich darstellt.³⁰² Insbesondere ist fraglich, ob der Auftraggeber bereits auf der Ebene der Bedarfsbestimmung durch die grundfreiheitlichen Diskriminierungsverbote eingeschränkt wird. Die Position der **Kommission** in diesem Bereich ist nicht ganz eindeutig: Zum einen betont sie die „Entscheidungsfreiheit", die die Auftraggeber bei der Definition des Auftragsgegenstandes genießen. Zum anderen hebt sie Bindungen hervor, die sich insbesondere aus den grundfreiheitlichen Diskriminierungsverboten ergeben sollen.³⁰³ Aus den primärrechtlichen Vorgaben eine Markterkundungspflicht für den öffentlichen Auftraggeber abzuleiten, greift jedoch zu weit.³⁰⁴ Im **Schrifttum** wird sogar vorgeschlagen, die Beschaffungsautonomie generell nicht an die grundfreiheitlichen Diskriminierungsverbote zu binden, sondern nur im Ausnahmefall eine Überprüfung vorzunehmen, wenn eine protektionistische Absicht bei der Bestimmung des Beschaffungsgegenstandes nahe liegt.³⁰⁵ Äußerst relevant wird dieses Problem, wenn der Staat Leistungen

---

²⁹⁷ EuGH Urt. v. 17.7.2008 – C-347/06, Slg. 2008, I-5660 Rn. 71 = ECLI:EU:C:2008:416 0 = BeckRS 2008, 70793.
²⁹⁸ Krit. zur Realisierbarkeit einer solchen Kodifikation aber *Heiß* VerwArch 2012, 421 (452).
²⁹⁹ AA *Wende*, Die einheitliche Auslegung von Beihilfen- und Vergaberecht als Teilgebiete des europäischen Wettbewerbsrechts, 2011, 134 f.
³⁰⁰ *Willenbruch* FS Marx, 2014, 841 (854).
³⁰¹ Zum Begriff *Meyer*, Die Einbeziehung politischer Zielsetzungen bei der öffentlichen Beschaffung: Zur Zulässigkeit der Verwendung sogenannter „beschaffungsfremder Kriterien" unter besonderer Berücksichtigung der Tariftreueerklärungen, 2002, 188.
³⁰² Ausf. zu diesem Problem *Huerkamp*, Transparenz und Gleichbehandlung als gemeinschaftsrechtliche Prinzipien der staatlichen Auftragsvergabe, 2010, 141 ff.
³⁰³ Vgl. Kom., Mitteilung zur Berücksichtigung von Umweltschutzbelangen bei der Vergabe öffentlicher Aufträge v. 28.11.2001, ABl. 2001 C 233, 12 (13); ebenso die Kommission, Umweltorientierte Beschaffung! Ein Handbuch für ein umweltorientiertes öffentliches Beschaffungswesen, 2004, Rn. 3.1.1.
³⁰⁴ So auch (allerdings mit fragwürdiger Begr.) *Gabriel/Voll* NZBau 2019, 83 (84); aA *Kainer* NZBau 2018, 387 (389 f.).
³⁰⁵ *Meyer*, Die Einbeziehung politischer Zielsetzungen bei der öffentlichen Beschaffung: Zur Zulässigkeit der Verwendung sogenannter „beschaffungsfremder Kriterien" unter besonderer Berücksichtigung der Tariftreueerklärungen, 2002, 188; ähnlich GA *Mischo* SchlA v. 13.12.2001 – C-513/99, Slg. 2002, I-7213 Rn. 157 zweiter Spiegelstrich = ECLI:EU:C:2001:686 = BeckEuRS 2001, 353966 – Concordia Bus Finland, der

nachfragt, die eigentlich nur durch ein einziges oder wenige – meist nationale – Unternehmen erbracht werden können. Anschauliches Beispiel ist die inzwischen aufgegebene, langjährige niedersächsische Praxis, nur Polizeifahrzeuge anzuschaffen, die über ein spezielles Antriebssystem verfügten. Der Bedarf in dieser Form konnte nur durch Volkswagen gedeckt werden.[306] Hier fragt sich, ob in der konkreten Bestimmung des Bedarfs selbst bereits eine (eventuell diskriminierende) Ungleichbehandlung der Wirtschaftsteilnehmer zu erkennen ist, die diesen Bedarf nicht erfüllen können.

113   **aa) Rechtsprechung des EuGH.** Der EuGH hat bislang die Bestimmung des konkreten Bedarfs selbst nicht an den Gleichheitsrechten gemessen.[307] Die von ihm festgestellten Verstöße gegen die grundfreiheitlichen Diskriminierungsverbote betrafen nicht die Festlegung einer bestimmten Leistung mit bestimmten Qualitätsmerkmalen, sondern lediglich die Beschreibung dieser Qualitätsmerkmale unter Rückgriff auf bestimmte nationale **Marken, Normen oder sonstige Standards.**[308] Erfolgt die Beschreibung der Leistung ohne derartige Rückgriffe, dann vermag der EuGH in dem schlichten Umstand, dass die nachgefragte Leistung aufgrund ihrer hohen Ansprüche nur von sehr wenigen Anbietern erbracht werden kann, **keine relevante Ungleichbehandlung** zu erkennen.[309] Folge dessen ist, dass der Auftraggeber grundsätzlich ohne primärrechtliche Bindungen über die Anforderungen an die Leistungen entscheiden kann. Er ist primärrechtlich lediglich dazu gezwungen, **„gleichwertige" Leistungen,** also solche, die bereits seinen Qualitätsansprüchen genügen, zuzulassen.[310]

114   Wirtschaftsteilnehmer werden also nicht dadurch diskriminiert oder ungleich behandelt, dass sich der Auftraggeber entscheidet, einen Autobus anstelle einer Straßenbahn zu bestellen oder einen aufwändigen Repräsentativbau anstelle eines schlichten Zweckbaus errichten zu lassen, nur weil die konkret nachgefragte Leistung von ihnen nicht beschafft werden kann.

115   **bb) Schwierigkeiten einer gleichheitsrechtlichen Kontrolle der Bedarfsbestimmung.** Eine Diskriminierungskontrolle, auch wenn sie sich auf Fälle scheinbar evidenter Ungleichbehandlungen durch Nachfrage beschränkt[311] (wie etwa im → Rn. 107 erwähnten VW-Beispiel), muss an einem grundsätzlichen Problem scheitern.

116   Sieht man in der differenzierenden Wirkung der Bestimmung des konkreten Nachfragegegenstandes bereits eine rechtlich relevante, dh rechtfertigungsbedürftige Ungleichbehandlung, so liegt diese Ungleichbehandlung einzig in der Verengung der Nachfrage auf eine bestimmte Leistung, die zum Nachteil der Wirtschaftsteilnehmer operiert, die diese Leistung nicht erbringen können. Um aber überhaupt von einer Verengung sprechen zu können, muss man annehmen, dass es hinter dem konkret nachgefragten Bedarf einen generellen, wirklichen Bedarf gibt. Im VW-Beispiel (→ Rn. 112) wird diskriminierendes Potenzial vermutet, weil unausgesprochen unterstellt wird, Niedersachsen habe seine Polizei auch mit normal betriebenen Fahrzeugen ausrüsten können. Es wird also von dem konkreten Bedarf generalisierend auf einen allgemeinen Bedarf geschlossen. Für diesen Generalisierungsprozess, der zur Behauptung einer Diskriminierung zwingend notwendig ist, fehlt es allerdings an rechtlich aussagekräftigen Kriterien. Lässt man den Vorwurf zu, die niedersächsische Polizei habe auch auf das spezielle Antriebssystem verzichten und gewöhnliche Fahrzeuge bestellen können, dann lässt sich gleichheitsrechtlich ebenfalls der Vorwurf hören, die niedersächsische Polizei habe auch Elektro- statt Benzinmotoren, Limousinen statt Kombiwagen oder vielleicht sogar Motorräder anstelle von Autos akzeptieren können. Sämtliche dieser aufgezählten Varianten behandeln jeweils unterschiedliche Produzenten ungleich und müssten deshalb in rechtlich überprüfbarer Weise gerechtfertigt werden. Für diese **Rechtfertigung fehlt es aber an rechtlichen**

---

einen Konflikt mit dem allg. Gleichheitsrecht für den Fall annimmt, dass ein Bedarf einzig und allein in einer speziellen Weise generiert wird, um ein bestimmtes Unternehmen zu bevorzugen; vgl. auch *Ortner,* Vergabe von Dienstleistungskonzessionen: Unter besonderer Berücksichtigung der Entsorgungs- und Verkehrswirtschaft, 2007, 175; *Mohr* EuZA 2017, 23 (32).

[306] Zu dieser Praxis Nachw. bei *Puhl* VVDStRL 60 (2001), 458 (493).
[307] Vorsichtiger *Arrowsmith,* The Law of Public and Utilities Procurement, Bd. 1, 2. Aufl. 2005, Rn. 1265.
[308] EuGH Urt. v. 3.12.2001 – C-59/00, Slg. 2001, I-9505 Rn. 22 ff. = ECLI:EU:C:2001:654 = ZfBR 2002, 610 – Vestergaard; EuGH Urt. v. 22.9.1988 – 45/87, Slg. 1988, 4929 Rn. 22 = ECLI:EU:C:1988:435 = BeckRS 2004, 73140 – Kommission/Irland.
[309] EuGH Urt. v. 17.9.2002 – C-513/99, Slg. 2002, I-7213 Rn. 85 = ECLI:EU:C:2002:495 = NZBau 2002, 618 – Concordia Bus Finland; implizit auch EuGH Urt. v. 16.4.2015 – C-278/14, ECLI:EU:C:2015:228 Rn. 21 ff. = NZBau 2015, 383 – SC Enterprise Focused Solutions.
[310] EuGH Urt. v. 8.6.2017 – C-296/15, ECLI:EU:C:2017:431 Rn. 77 = BeckRS 2017, 112229 – Medisanus; *Frenz* EuropaR-HdB III Rn. 1858.
[311] So der Vorschlag von *Meyer,* Die Einbeziehung politischer Zielsetzungen bei der öffentlichen Beschaffung: Zur Zulässigkeit der Verwendung sogenannter „beschaffungsfremder Kriterien" unter besonderer Berücksichtigung der Tariftreueerklärungen, 2002, 188.

Maßstäben, weil kaum justiziabel sein dürfte, welche konkreten Leistungen tatsächlich notwendig sind, um den staatlichen Bedarf zu decken. Es spricht deshalb durchaus einiges für den vom EuGH dem Grunde nach gewählten Ansatz, die Auswahl der nachzufragenden Leistung gleichheitsrechtlich nicht zu überprüfen und damit diese Frage den Auftraggebern anheimzustellen, sie also letztlich dem politischen Entscheidungsprozess zu überlassen.

Gleichwohl bleibt anzuerkennen, dass durch eine geschickte Konfiguration des Auftragsgegenstandes der Wettbewerb bereits in einem sehr frühen Stadium ausgeschaltet und damit letztlich eine empfindliche Beschränkung auch ausländischer Bewerber bewirkt werden kann. Deshalb bleibt zu fragen, ob nicht ggf. eine Art **Evidenzkontrolle,** die überprüft, ob es für eine Eingrenzung einen sachlichen Grund gibt, vorbehalten bleiben sollte. Diese Form der gerichtlichen Kontrolle wäre zwar dogmatisch nicht direkt im Gleichbehandlungsgrundsatz verankert, ließe sich aber durch das Gebot der Unparteilichkeit der Vergabestelle, das eng mit dem Gleichbehandlungsgrundsatz zusammenhängt, begründen (→ Rn. 72). **117**

Sie müsste auf solche Fälle beschränkt bleiben, in denen mit **handgreiflicher Deutlichkeit** zu Tage tritt, dass sich die öffentliche Hand bei ihrer Entscheidung ersichtlich nicht von sachlichen Erwägungen hat leiten lassen, sondern von vornherein bestrebt war, ein bestimmtes Unternehmen zu begünstigen. Die geringe Intensität dieser Kontrolle begrenzt ihre Wirkung auf das Aufspüren offensichtlichen Missbrauchs der Beschaffungsautonomie und beließe den öffentlichen Stellen auf diese Weise einen sehr weiten politischen Spielraum. **118**

cc) Konsequenz. Die Auftraggeber sind mithin primärvergaberechtlich grundsätzlich darin frei, über die von ihnen nachzufragende Leistung zu entscheiden. Sie müssen hierbei insbesondere nicht darauf achten, ob die Nachfrage nach einer bestimmten Leistung besonders nationale Anbieter begünstigt. Haben sie sich allerdings für eine bestimmte Leistung entschieden, dann müssen sie sämtliche Anbieter, die diesen Leistungsstandard erfüllen, also „gleichwertige" Leistungen bieten, gleich behandeln und können ihnen nicht durch Rückgriff auf bestimmte Marken oder Normen die Teilnahme am Wettbewerb verweigern. Der EuGH hat darüber hinaus festgelegt, dass bereits aus dem Primärrecht die Pflicht der Auftraggeber folgt, im Rahmen der Ausschreibung auf die Möglichkeit aufmerksam zu machen, gleichwertige Produkte anzubieten, wie es beispielsweise Art. 42 Abs. 4 RL 2014/24/EU vorsieht.[312] **119**

b) Bietereignung. aa) Keine Diskriminierung aus Gründen der Staatsangehörigkeit. Möchte der Auftraggeber unter den Bewerbern um einen Auftrag die ungeeigneten aussortieren, so muss er hierbei auf Kriterien abstellen, die nicht direkt oder indirekt diskriminierend wirken. Unzulässig ist es deshalb beispielsweise, wenn Auftragnehmer grundsätzlich als **juristische Personen des jeweiligen nationalen Rechts** organisiert sein müssen.[313] Ebenso wenig ist es zulässig, nur Bewerber zu akzeptieren, die aus bestimmten **nationalen Regionen** stammen[314] oder zu einem gewissen Anteil im Staatseigentum stehen.[315] Das Erfordernis, dass Bewerber ihren Sitz im Inland haben müssten, hat der EuGH ebenso als unzulässig verworfen[316] wie das Erfordernis einschlägiger geschäftlicher Erfahrung im jeweiligen Mitgliedstaat oder einer bestimmten Region.[317] Ebenfalls unzulässig ist es, besondere **Zuverlässigkeits- oder Sicherheitsnachweise** gerade von ausländischen Bewerbern zu fordern.[318] **120**

---

[312] EuGH Urt. v. 3.12.2001 – C-59/00, Slg. 2001, I-9505 Rn. 24 = ECLI:EU:2001:654 = ZfBR 2002, 610 – Vestergaard; EuGH Urt. v. 22.9.1988 – 45/87, Slg. 1988, 4929 Rn. 27 = ECLI:EU:C:1988:435 = BeckRS 2004, 73140 – Kommission/Irland; in EuGH Urt. v. 24.1.1995 – C-359/93, Slg. 1995, I-157 Rn. 28 f. = ECLI:EU:C:1995:14 = BeckRS 2004, 76720 – UNIX stellt das Gericht nicht in erster Linie auf eine primärrechtliche Pflicht ab, sondern auf die Vorschrift des Art. 7 Abs. 6 RL 77/62/EWG.

[313] EuGH Urt. v. 20.10.2005 – C-264/03, Slg. 2005, I-8831 Rn. 68 = ECLI:EU:C:2005:620 = ZfBR 2006, 69 – Kommission/Frankreich; zur möglichen Rechtfertigung aus zwingenden Gründen des Allgemeininteresses aber EuGH Urt. v. 9.9.2010 – C-64/08, Slg. 2010, I-8219 Rn. 28 ff. = ECLI:EU:C:2010:506 = EuZW 2010, 821 – Engelmann.

[314] EuGH Urt. v. 20.3.1990 – C-21/88, Slg. 1990, I-889 Rn. 11 = ECLI:EU:C:1990:121 = NVwZ 1991, 1071 – Dupont de Nemours.

[315] EuGH Urt. v. 26.4.1994 – C-272/91, Slg. 1994, I-1409 Rn. 4 = ECLI:EU:C:1994:167 = BeckRS 2004, 75877 – Kommission/Italien; EuGH Urt. v. 5.12.1989 – C-3/88, Slg. 1989, I-4035 Rn. 6 ff.= ECLI:EU:C: 1989:606 = NVwZ 1991, 356 – Kommission/Italien.

[316] EuGH Urt. v. 9.9.2010 – C-64/08, Slg. 2010, I-8219 Rn. 40 = ECLI:EU:C:2010:506 = EuZW 2010, 821 – Engelmann.

[317] EuG Urt. v. 29.5.2013 – T-384/10, ECLI:EU:T:2013:277 Rn. 120 = NZBau 2013, 648 – Spanien/Kommission.

[318] Byok/Jaeger/*Hailbronner* GWB § 97 Rn. 43; implizit dazu EuGH Urt. v. 22.10.2015 –C-425/14, ECLI:EU: C:2015:721 Rn. 27 f. = NVwZ 2016, 297 – Impresa Edilux und SICEF.

121 **bb) Allgemeiner Gleichbehandlungsgrundsatz.** Nimmt man die oben geschilderten Aussagen (→ Rn. 19 ff.) des EuGH zur Geltung des primärrechtlichen Gleichheitssatzes unabhängig von einer Diskriminierung aus Gründen der Staatsangehörigkeit ernst, dann können sich auch aus dem allgemeinen Gleichheitssatz Restriktionen für die Eignungsprüfung ergeben. Dies gilt insbesondere für die Bezugnahme auf einschlägige Erfahrungen der Bewerber im Auftragsbereich zum Nachweis der Fachkunde. Verlangt der Auftraggeber in typisierender Form beispielsweise, dass Bewerber mindestens drei Jahre einschlägige **Geschäftserfahrung** nachweisen müssten, um als geeignet angesehen zu werden,[319] dann ist hierin eine – wenn auch nicht aus Gründen der Staatsangehörigkeit diskriminierende – Ungleichbehandlung der interessierten Wirtschaftsteilnehmer zu erkennen, die zwar weniger Erfahrung besitzen, aber faktisch den Auftrag genauso gut erfüllen könnten. Diese typisierende Ungleichbehandlung, die sich insbesondere zum Nachteil sog. **„Newcomer"-Unternehmen** auswirkt,[320] ist aber regelmäßig als noch verhältnismäßig anzusehen, da eine Einzelfallprüfung für jeden potenziellen Bewerber den Auftraggeber zumeist überfordern dürfte.

122 Aus der Forderung nach einem verhältnismäßigen Eingriff in das Gleichheitsrecht ergeben sich allerdings Grenzen für die Typisierungsbefugnis.[321] Zum einen muss die Typisierung im Rahmen der Bietereignungsuntersuchung stets dem legitimen Ziel dienen, eine schnelle und einfache Beurteilung der Befähigung der Bewerber zur Auftragsausführung zu ermöglichen. Dieses Ziel wird aufgegeben, wenn Anforderungen gestellt werden, die durch den **Auftragsgegenstand** selbst nicht **legitimiert** sind, weil sie zu ihm entweder in gar keiner Beziehung stehen oder gänzlich überzogene Anforderungen zum Gegenstand aufweisen.[322] Das Verhältnismäßigkeitsprinzip bildet also ein Scharnier, das Bietereignung und Auftragsgegenstand grundsätzlich verknüpft.[323]

123 Außerdem darf auf eine die Bieter ungleich behandelnde Typisierung nur dort zurückgegriffen werden, wo der **Verwaltungsaufwand tatsächlich eine Einzelfallprüfung verbietet.** Hat die Verwaltung hingegen im konkreten Fall die Möglichkeit, eine einzelfallbasierte Eignungsprüfung durchzuführen, ist eine Typisierung als nicht notwendig und daher als unverhältnismäßig abzulehnen.

124 **c) Vergabefremde Kriterien.** Auch außerhalb des Sekundärrechts verfolgt der Staat bei seiner Beschaffungstätigkeit andere Ziele, als lediglich seinen Bedarf zu decken. So wird die Auftragsvergabe beispielsweise zur Frauenförderung, Sektenbekämpfung, Senkung der Langzeitarbeitslosigkeit oder Steigerung des Umweltschutzes eingesetzt.[324] Auch die Förderung innovativer Leistungen und Produkte durch deren Einkauf seitens der öffentlichen Hand wird zunehmend als Ziel begriffen, das mittels des Vergaberechts verfolgt werden kann.[325]

125 Trotz terminologischer Bedenken[326] hat sich für die in diesem Zusammenhang verwendeten Entscheidungskriterien der Begriff der „vergabefremden" Kriterien durchgesetzt.[327] Von jedenfalls beschreibendem Wert dürfte es dabei sein, diese Kriterien in leistungsbeschreibungsbezogene Kriterien, in Eignungskriterien, in Zuschlagskriterien und in sog. Ausführungsbedingungen zu kategori-

---

[319] So zB der Fall beim Beschluss des OLG Düsseldorf Beschl. v. 2.1.2006 – Verg 93/05, ECLI:DE:OLGD: 2006:0102.VII:VERG93.05.00 = IBRRS 2006, 0811.
[320] Dazu Bechtold/*Otting*, 6. Aufl. 2010, GWB § 97 Rn. 23a.
[321] Anschaulich EuGH Urt. v. 22.10.2015 – C-425/14, ECLI:EU:C:2015:721 Rn. 29 ff. = NVwZ 2016, 297 – Impresa Edilux und SICEF.
[322] EuGH Urt. v. 10.5.2012 – C-357/10, ECLI:EU:C:2012:283 Rn. 45 f. = NZBau 2012, 714 – Duomo Gpa zu Mindestkapitalanforderungen; dazu *Bonhage/Ritzenhoff* NZBau 2013, 151 ff.; ähnlich Kom., Mitteilung Konzessionen, ABl. 2000 C 121, 2, unter 3.1.3.; *Frenz* EuropaR-HdB III Rn. 1847.
[323] Eine ausdrückliche Normierung dieses Prinzips findet sich im Sekundärrecht, vgl. Art. 58 Abs. 1 RL 2014/24/EU; dagegen aber wohl *Mohr* EuZA 2017, 23 (34).
[324] Eine nicht erschöpfende Aufzählung findet sich bei *Benedict*, Sekundärzwecke im Vergabeverfahren, Öffentliches Auftragswesen, seine teilweise Harmonisierung im EG/EU Binnenmarkt und die Instrumentalisierung von Vergaberecht durch vergabefremde Aspekte, 2000, 18 f.; umfassende, aber pointierte Kritik daran bei *Seidel/Mertens* in Dauses/Ludwigs EU-WirtschaftsR-HdB H. IV. Rn. 299 f.
[325] *Bungenberg* in Müller-Graff, Enzyklopädie Europarecht, Bd. 4, 2015, § 16 Rn. 7 („Fortschrittsfunktion" des Vergaberechts).
[326] Krit. *Kühling* VerwArch 2004, 337 (341); ausf. Kritik bei *Benedict*, Sekundärzwecke im Vergabeverfahren, Öffentliches Auftragswesen, seine teilweise Harmonisierung im EG/EU Binnenmarkt und die Instrumentalisierung von Vergaberecht durch vergabefremde Aspekte, 2000, 17 ff.; *Meyer*, Die Einbeziehung politischer Zielsetzungen bei der öffentlichen Beschaffung: Zur Zulässigkeit der Verwendung sogenannter „beschaffungsfremder Kriterien" unter besonderer Berücksichtigung der Tariftreueerklärungen, 2002, 62 ff.
[327] Mit diesem Ergebnis auch Grabitz/Hilf/*Burgi*, 40. Aufl. 2009, B 13 Rn. 3; *Mohr* EuZA 2017, 23 (24) spricht von „strategischer Beschaffung".

sieren;³²⁸ diese Vierteilung zeigt die phänomenologische Breite der in der Praxis anzutreffenden vergabefremden Kriterien auf. Das Primärrecht wird für diese Form der Politisierung in doppelter Hinsicht relevant: Zum einen betrifft sie die Gleichheitsrechte der Bewerber, weil vergabefremde Entscheidungskriterien stets bestimmte Bewerber bevorzugen, während sie andere benachteiligen. Zum anderen stellt sich die Frage, ob in der Vergabe eines Auftrags aufgrund vergabefremder Kriterien eine unionsrechtswidrige Beihilfe liegt. Dabei steuert das Primärrecht vor allem die inhaltliche Ausrichtung der Entscheidungskriterien, regelt aber auch prozedurale Aspekte ihrer Berücksichtigung.

aa) Gleichheitsrechte. (1) Grundfreiheitliche Diskriminierungsverbote. In ständiger 126 Rechtsprechung weist der EuGH darauf hin, dass die öffentlichen Auftraggeber bei der Berücksichtigung vergabefremder Kriterien das Verbot der Diskriminierung aus Gründen der Staatsangehörigkeit zu beachten haben.³²⁹ Untersagt ist damit beispielsweise, aus Gründen der Absatzförderung Unternehmen zu bevorteilen, die **heimische Baustoffe** für den Auftrag verwenden.³³⁰ Nicht gerechtfertigte Diskriminierungen erkannte das Gericht außerdem in der Praxis, aus strukturpolitischen Erwägungen Anbietern aus bestimmten **unterentwickelten Regionen** eines Mitgliedstaates den Vorzug zu geben.³³¹ Dasselbe gilt für die Bevorzugung von Unternehmen, die versprechen, einen Teil der Arbeiten von **Subunternehmen aus einer bestimmten Region** erledigen zu lassen.³³²

Eine Rechtfertigung dieser Regelungen begegnet zwei Hürden. Zum einen sind nach der 127 Dogmatik des EuGH bei indirekten Diskriminierungen nur die im Vertrag erwähnten Rechtfertigungsgründe anwendbar, die die politisierte Auftragsvergabe nicht oder nur sehr begrenzt decken.³³³ Zum anderen müssen sich diskriminierende Verhaltensweisen nach ständiger Rechtsprechung des EuGH als zur Zielerreichung erforderlich erweisen.³³⁴ Die meisten politischen Zwecke wie Frauenförderung, Beschäftigungsförderung, Regionalförderung oder Umweltschutz lassen sich aber auch **europaweit,** dh ohne jegliche indirekte oder direkte Diskriminierung, erreichen. Soweit vergabefremde Kriterien also ihrem Inhalt nach unmittelbar oder mittelbar aufgrund der Staatsangehörigkeit differenzieren, sind sie als nicht zu rechtfertigende Diskriminierung anzusehen.

Die Mitgliedstaaten haben auf diese Entwicklung vielfach reagiert und ihre Bevorzugungsrege- 128 lung so ausgestaltet, dass der Diskriminierungsvorwurf entfällt, indem sie die bevorzugenden Merkmale auf **ausländische Bewerber ausgedehnt** haben: Gefördert werden also beispielsweise nicht mehr Unternehmen aus einer mitgliedstaatlichen schwachen Region, sondern allgemein Anbieter aus strukturschwachen Gebieten Europas.³³⁵

Akzeptiert man schließlich die oben (→ Rn. 111 ff.) gemachten Ausführungen zur Beschaf- 129 fungsautonomie, dann folgt daraus allerdings auch, dass die **Nachfrage an sich keiner Beschrän-**

---

³²⁸ So der Ansatz von *Mohr* EuZA 2017, 23 (32 ff.); ähnlich *Bungenberg* in Müller-Graff, Enzyklopädie Europarecht, Bd. 4, 2015, § 16 Rn. 27.
³²⁹ EuGH Urt. v. 17.9.2002 – C-513/99, Slg. 2002, I-7213 Rn. 63 = ECLI:EU:C:2002:495 = NZBau 2002, 618 – Concordia Bus Finland; EuGH Urt. v. 26.9.2000 – C-225/98, Slg. 2000, I-7445 Rn. 50 = ECLI:EU: C:2000:494 = NZBau 2000, 584 – Kommission/Frankreich; EuGH Urt. v. 20.9.1988 – 31/87, Slg. 1988, 4635 Rn. 29 = ECLI:EU:C:1988:422 = NVwZ 1990, 353 – Gebroeders Beentjes; Nachweise zur damaligen Praxis der übrigen Gemeinschaftsorgane bei *Benedict,* Sekundärzwecke im Vergabeverfahren, Öffentliches Auftragswesen, seine teilweise Harmonisierung im EG/EU Binnenmarkt und die Instrumentalisierung von Vergaberecht durch vergabefremde Aspekte, 2000, 204.
³³⁰ EuGH 22.6.1993 – C-243/89, Slg. 1993, I-3353 Rn. 23 = ECLI:EU:C:1993:257 = BeckRS 2004, 75382 – Storebaelt.
³³¹ EuGH Urt. v. 20.3.1990 – C-21/88, Slg. 1990, I-889 Rn. 14 f. = ECLI:EU:C:1990:121 = NVwZ 1991, 1071 – Du Pont de Nemours.
³³² EuGH Urt. v. 3.6.1992 – C-360/89, Slg. 1992, I-3401 Rn. 6 ff. = ECLI:EU:C:1992:235 = BeckEuRS 1992, 189961 – Kommission/Italien.
³³³ Vgl. mit besonderer Betonung der Warenverkehrsfreiheit *Benedict,* Sekundärzwecke im Vergabeverfahren, Öffentliches Auftragswesen, seine teilweise Harmonisierung im EG/EU Binnenmarkt und die Instrumentalisierung von Vergaberecht durch vergabefremde Aspekte, 2000, 217 und 219; allerdings hält sich der EuGH auch im Vergaberecht nicht immer strikt an diese dogmatische Selbstbeschränkung, vgl. *Meyer,* Die Einbeziehung politischer Zielsetzungen bei der öffentlichen Beschaffung: Zur Zulässigkeit der Verwendung sogenannter „beschaffungsfremder Kriterien" unter besonderer Berücksichtigung der Tariftreueerklärungen, 2002, 199 mit Fn. 322.
³³⁴ EuGH Urt. v. 20.5.1992 – C-106/91, Slg. 1992, I-3351 Rn. 31 = ECLI:EU:C:1992:230 = NJW 1992, 2407 – Ramrath; EuGH Urt. v. 3.12.1998 – C-67/97, Slg. 1998, I-8033 Rn. 35 = ECLI:EU:C:1998:584 = BeckRS 2004, 77686 – Bluhme; Calliess/Ruffert/*Kingreen* AEUV Art. 34–36 Rn. 93.
³³⁵ Nachweise dazu bei *Meyer,* Die Einbeziehung politischer Zielsetzungen bei der öffentlichen Beschaffung: Zur Zulässigkeit der Verwendung sogenannter „beschaffungsfremder Kriterien" unter besonderer Berücksichtigung der Tariftreueerklärungen, 2002, 201.

kung unterliegt, auch wenn sie sozialpolitisch (zB behindertengerechte Möbel, Blindenampel) oder umweltpolitisch (zB recyclingfähige Güter, hybridbetriebene Fahrzeuge) motiviert ist. Weiter folgt aus diesem Gedankengang, dass auch solche Entscheidungskriterien, die zwar als vergabefremd eingeordnet werden können, aber auf Eigenschaften des zu beschaffenden Gutes abstellen, nicht mit den Grundfreiheiten kollidieren können. Grundlage dieser Überlegung ist ein „erst recht"-Schluss:[336] Darf der Auftraggeber beispielsweise von vornherein, ohne mit den grundfreiheitlichen Diskriminierungsverboten zu kollidieren, bestimmte umwelt- oder behindertenfreundliche Produkte nachfragen, dann muss es ihm auch gestattet sein, wenn er solche Einschränkungen nicht von vornherein festlegt, sondern innerhalb der ihm angebotenen Produkte diejenigen bevorzugt, die umwelt- oder behindertenfreundlicher sind. Tieferer Grund für diese Annahme ist, dass solche Entscheidungskriterien, die sich auf das Produkt selbst beziehen, als wesentliche Unterschiede zwischen den Bewerbern anzusehen sind, die grundfreiheitlichen Diskriminierungsverbote aber nur Unterscheidungen zwischen wesentlich gleichen Anbietern sanktionieren.[337] Produktbezogene Entscheidungskriterien sind also grundsätzlich als gleichheitsrechtlich unbedenklich einzustufen.[338]

130   **(2) Allgemeiner Gleichheitssatz.** Ein wesentlich weiteres Anwendungsfeld als die grundfreiheitlichen Diskriminierungsverbote eröffnet der allgemeine Gleichheitssatz, da er nicht auf solche vergabefremden Kriterien beschränkt ist, die unmittelbar oder mittelbar aufgrund der Staatsangehörigkeit diskriminieren, sondern sämtliche vergabefremden Differenzierungen als Unterscheidung von wesentlich gleichen Bewerbern auffassen kann.[339] Freilich setzt eine solche Einordnung voraus, dass in den Vergleichsmaßstab, der über die wesentliche Gleichheit der Bewerber entscheidet, nicht bereits das vergabefremde Kriterium einfließt. Eine Differenzierung, die anhand vergabefremder Kriterien unterscheidet, ist also nur dann als relevante Ungleichbehandlung anzusehen, wenn man davon ausgeht, dass die vergabefremden Eigenschaften der Bieter nicht wesentliche Unterschiede zwischen ihnen begründen. Akzeptiert man diese Vorannahme, so werden vergabefremde Entscheidungskriterien zu gleichheitswidrigen Ungleichbehandlungen, die einer **verhältnismäßigen Rechtfertigung** bedürfen.[340] Auch hier muss aber ein „erst recht"-Schluss wie schon bei den grundfreiheitlichen Diskriminierungsverboten greifen (→ Rn. 129). Ausgehend von der Beschaffungsautonomie staatlicher Stellen muss auch hier gelten, dass die Auswahl aufgrund produktbezogener Entscheidungskriterien nicht mit den Gleichheitsrechten potenzieller Bewerber kollidiert. Rechtfertigungsbedarf besteht erst, wenn vergabefremde Kriterien auf die Ausführung des Auftrags Bezug nehmen (zB Herstellung des Auftragsgegenstandes mit Hilfe von Langzeitarbeitslosen) oder direkt Anforderungen an den Bewerber stellen (zB Betriebe haben einen Vorteil, wenn sie die Stelle einer Frauenbeauftragten eingerichtet haben).

131   Die Rechtfertigung eines gleichheitsrechtlichen Eingriffs durch vergabefremde Entscheidungskriterien muss dabei verhältnismäßig sein. Das bedeutet im Primärvergaberecht wie auch bei Eingriffen in sonstige Unionsgrundrechte, dass die Differenzierung einem aus Sicht des Unionsrechts[341] legitimen Ziel dienen muss.[342] Dies hat zB zur Folge, dass **Tariftreueklauseln** (allg. auch → GWB

---

[336] Ähnliche Überlegung bei GA *Mischo* SchlA Slg. 2002, I-7213 Rn. 80 = ECLI:EU:C:2001:686 – Concordia Bus Finland; *Eilmansberger* WuW 2004, 384 (389). Auch *Krohn* NZBau 2004, 92 (94) zieht Rückschlüsse aus der Zulässigkeit einer Beschaffung von umweltschonenden Produkten und der Berücksichtigung umweltbezogener Entscheidungskriterien.

[337] *Hoffmann,* Die Grundfreiheiten des EG-Vertrags als koordinationsrechtliche und gleichheitsrechtliche Abwehrrechte, 2000, 35 f.; *Kingreen,* Die Struktur der Grundfreiheiten des Europäischen Gemeinschaftsrechts, 1999, 118 f.; *Mohn,* Der Gleichheitssatz im Gemeinschaftsrecht: Differenzierungen im europäischen Gemeinschaftsrecht und ihre Vereinbarkeit mit dem Gleichheitssatz, 1990, 49; *Plötscher,* Der Begriff der Diskriminierung im europäischen Gemeinschaftsrecht: zugleich ein Beitrag zu einer einheitlichen Dogmatik der Grundfreiheiten des EG-Vertrages, 2003, 41 ff.; *Weyer,* Freier Warenverkehr und nationale Regelungsgewalt in der Europäischen Union: Eine Analyse des Anwendungsbereiches der Art. 30–36 EG-Vertrag auf Grundlage der Rechtsprechung des EuGH, 1997, 141.

[338] Ähnliches Ergebnis, allerdings für den Bereich des Sekundärrechts, bei *Puhl* VVDStRL 60 (2001), 458 (491 f.).

[339] So auch der Ansatz bei *Kühling* VerwArch 2004, 337 (350); für den deutschen Art. 3 GG ähnlich *Pünder* VerwArch 2004, 38 (42 f.); *Ziekow,* Die Berücksichtigung sozialer Aspekte bei der Vergabe öffentlicher Aufträge – Dargestellt am Beispiel der sog. Kernarbeitsnormen der Internationalen Arbeitsorganisation, 2007, 30.

[340] Dasselbe Ergebnis in Bezug auf den Gleichheitssatz des Art. 3 Abs. 1 GG vertritt *Pünder* VerwArch 2004, 38 (45).

[341] *Bühler,* Einschränkungen von Grundrechten nach der Europäischen Grundrechtecharta, 2005, 89.

[342] Grundlegend EuGH Urt. v. 14.5.1974 – 4/73, Slg. 1974, 491 Rn. 14 = ECLI:EU:C:1974:51 = NJW 1975, 518 – Nold; EuGH Urt. v. 13.7.1989 – 5/88, Slg. 1989, 2609 Rn. 18 = ECLI:EU:C:1989:321 = BeckRS 2004, 73224 – Wachauf.

§ 97 Rn. 182 ff.; zu Vergaben im ÖPNV → GWB § 131 Rn. 125 ff.) mangels Verfolgung eines legitimen Zwecks[343] oder die Festlegung eines *vergabespezifischen* **Mindestlohns** mangels Eignung zur Zweckerreichung[344] nicht die Ungleichbehandlung von Bewerbern zu rechtfertigen vermögen. Dagegen hält der EuGH die Verpflichtung der Auftragnehmer zur Zahlung des *allgemeinen,* branchenübergreifend einheitlichen Mindestlohns (in Deutschland seit 2014 auf Grundlage des MiLoG) für eine gerechtfertigte Beschränkung der Grundfreiheiten aus Gründen des Arbeitnehmerschutzes (→ GWB § 97 Rn. 188 ff.).[345]

Eine weitere, schärfere Restriktion erwächst aus dem Verhältnismäßigkeitsprinzip nach der Rechtsprechung des EuGH, der diesem offenbar die Forderung entnimmt, die Entscheidungskriterien müssten stets einen **Auftragsbezug** aufweisen. So hat das Gericht in der Rechtssache **Wienstrom** in einem Entscheidungskriterium, das sich nicht mit dem Auftragsgegenstand selbst befasste, eine „**ungerechtfertigte** Diskriminierung" erkannt.[346] Konkret wurden Unternehmen bevorzugt, die auch außerhalb der zu liefernden Strommenge einen möglichst großen Anteil an alternativ hergestelltem Strom produzierten.[347] Das Urteil selbst bezog sich zwar auf eine Vergabe, die durch das Sekundärrecht erfasst wurde, die Urteilsbegründung hebt aber einfach auf eine „ungerechtfertigte Diskriminierung" ab, also eine Ungleichbehandlung, womit sich der EuGH vermutlich auf den allgemeinen Gleichbehandlungsgrundsatz bezieht, der dem Wesen der Vergaberichtlinien zugrunde liegt. Damit hat das Urteil auch primärrechtliche Bedeutung. 132

Die Annahme der Unverhältnismäßigkeit einer Unterscheidung, die sich alleine auf Eigenschaften der jeweiligen Bewerber gründet, ohne in einem Zusammenhang zum Auftrag zu stehen, kann sich vor allem auf die Schwere des damit verknüpften gleichheitsrechtlichen Eingriffs stützen. Im Gegensatz zu Entscheidungskriterien, die sich auf die Produktionsweise beziehen, haben **produzentenbezogene Gesichtspunkte** zumeist die Unternehmenspolitik in ihrer Gesamtheit zum Gegenstand. Sie machen es damit für die potenziell interessierten Bewerber sehr schwierig, sich rechtzeitig an diese Entscheidungskriterien anzupassen, um eine benachteiligende Ungleichbehandlung aus eigener Kraft zu verhindern. Es scheint deshalb vertretbar, in ihnen regelmäßig unverhältnismäßige Ungleichbehandlungen zu erkennen und ihnen deshalb die Rechtfertigung zu versagen.[348] 133

Folgt man diesem Gedankengang, so ergibt sich allerdings hieraus keine Unbedenklichkeitserklärung für solche vergabefremden Kriterien, die sich auf die Produktionsweise beziehen. Die Unverhältnismäßigkeit ergibt sich nämlich aus der typischen Wirkung produzentenbezogener Entscheidungskriterien und nicht aus ihrer statischen Einordnung als produzentenbezogen. In diesem Sinne kann auch das Abstellen auf die **Produktionsweise** zu unverhältnismäßigen Eingriffen führen. Werden beispielsweise bei der Vergabe eines kleinen Reinigungsauftrags Unternehmen bevorzugt, die für die Ausführung des Auftrags zwei Langzeitarbeitslose einstellen, dann wird dies kleine Familienunternehmen vor nicht überwindbare Schwierigkeiten stellen, während Großunternehmen sich einfacher auf diese Präferenzen werden einstellen können.[349] Auch die an sich zulässige Bevorzugung von Unternehmen, die zur Bekämpfung der Arbeitslosigkeit für die Auftragsausführung Langzeitarbeitslose einstellen,[350] kann also im Ausnahmefall als unverhältnismäßig einzustufen sein. 134

bb) Beihilfenrecht. (1) Diskussion im Schrifttum. Der EuGH hat bislang nicht geklärt, ob in der Berücksichtigung vergabefremder Entscheidungskriterien eine Beihilfe zu erkennen ist.[351] Vergegenwärtigt man sich die scharfen Sanktionen, die das Beihilfenregime prägen,[352] verwundert es nicht, dass im Schrifttum die EU-beihilfenrechtliche Relevanz vergabefremder Kriterien heftig diskutiert wird. In dieser Diskussion stehen sich zwei Grundthesen gegenüber: 135

---

[343] EuGH Urt. v. 3.4.2008 – C-346/06, Slg. 2008, I-1989 Rn. 38 = ECLI:EU:C:2008:189 = NZBau 2008, 332 – Dirk Rüffert; umfassend dazu und zum Folgenden *Faber* NVwZ 2015, 257 ff.; *Hütter* ZESAR 2015, 170 ff.

[344] EuGH Urt. v. 18.9.2014 – C-549/13, ECLI:EU:C:2014:2235 Rn. 32 ff. = NZBau 2014, 647 – Bundesdruckerei; ebenso *Burgi* VergabeR 2016, 261 (265 f.); *Burgi* VergabeR § 19 Rn. 19; *Mohr* EuZA 2017, 23 (42 f.).

[345] EuGH Urt. v. 17.11.2015 – C-115/14, ECLI:EU:C:2015:760 Rn. 73–77 = EuZW 2016, 104 – RegioPost; zust. *Mohr* EuZA 2017, 23 (45); krit. *Germelmann* EWS 2016, 69 (71 f.).

[346] EuGH Urt. v. 4.12.2003 – C-448/01, Slg. 2003, I-14527 Rn. 69 = ECLI:EU:C:2003:651 = NZBau 2004, 105 – Wienstrom GmbH (Hervorhebung nicht im Original).

[347] Ausf. zum Hintergrund dieser Entscheidung *Krohn* NZBau 2004, 92 ff.; *Steinberg* EuZW 2004, 76 ff.

[348] IE ebenso, aber ohne nähere Begründung *Burgi* NZBau 2005, 610 (615 mit Fn. 73); *Frenz* EuropaR-HdB III Rn. 1848.

[349] *McCrudden,* Buying Social Justice: Equality, Government Procurement, and Legal Change, 2007, 118.

[350] EuGH Urt. v. 26.9.2000 – C-225/98, Slg. 2000, I-7445 = ECLI:EU:C:2000:494 = NZBau 2000, 584 – Kommission/Frankreich; EuGH Urt. v. 20.9.1988 – 31/87, Slg. 1988, 4635 = ECLI:EU:C:1988:422 = NVwZ 1990, 353 – Gebroeders Beentjes.

[351] Byok/Jaeger/*Hailbronner* GWB § 97 Rn. 125.

[352] Vgl. *Dippel/Zeiss* NZBau 2002, 376 (377 f.); *Pünder* NZBau 2003, 530.

136 Eine Ansicht argumentiert besonders unter Zuhilfenahme des *market economy operator principle* **(kurz: MEOP)**, dass jedwede Verteuerung der Beschaffung durch den Einsatz vergabefremder Kriterien eine Beihilfe darstelle.[353] Folge dessen wäre insbesondere, dass die Stillhalteverpflichtung des Art. 108 Abs. 3 AEUV eingriffe und die Auftragserteilung notifiziert werden müsste. Die Gegenansicht bestreitet den Beihilfencharakter vergabefremder Kriterien, wobei besonders auf die Mehrkosten abgestellt wird, die dem Anbieter durch die Vergabefremdheit der Entscheidungskriterien entstehen.[354] Relevanz kann die Diskussion nur dort erlangen, wo das Beihilfenrecht anwendbar ist. Eine Sperrung des Beihilfenrechts durch die Grundfreiheiten wird man ablehnen müssen.[355]

137 **(2) Stellungnahme.** Ausgangspunkt der Überlegung muss der **Begünstigungsbegriff** des Art. 107 Abs. 1 AEUV sein. Eine Begünstigung ist nicht bereits ausgeschlossen, weil der Begünstigte im Gegenzug eine Leistung verspricht.[356] Stattdessen ist sie nach ständiger Rechtsprechung dann zu bejahen, wenn der Staat Belastungen mindert, die ein Unternehmen normalerweise selbst zu tragen hätte (→ Rn. 32).[357] Dabei ist erst in der Überbezahlung des Auftragnehmers eine relevante Begünstigung zu erkennen.

138 **(a) Aussagekraft des MEOP.** Eine Möglichkeit, um eine Begünstigung der genannten Art festzustellen, ist der MEOP: Verhält sich der Staat wie ein privater Käufer, gewinnt der Auftragnehmer nicht mehr an dem Geschäft als üblich. Das bezahlte Entgelt mindert also nicht die gewöhnlichen Lasten des Unternehmens, sondern sorgt für einen handelsüblichen Gewinn.[358] Richtig ist, dass die Berücksichtigung vergabefremder Zwecke dem MEOP zuwiderläuft und dass sich diese gegenläufige Tendenz weder aufheben lässt, indem man dem **market economy operator** eine andere Präferenzordnung unterstellt,[359] noch indem man ihn mit einem Auftraggeber gleichsetzt, der sich an die Bestimmungen des vergaberechtlichen Sekundärrechts hält,[360] das der Verwendung vergabefremder Kriterien aufgeschlossen gegenübersteht. Dem ersten Ansatz steht die eindeutige Rechtsprechung des EuGH entgegen, der den MEOP als einen „von allen sozialen oder regionalpolitischen Überlegungen oder Erwägungen einer sektorbezogenen" Politik losgelösten Test versteht.[361] Der zweite

---

[353] *Bartosch* EuZW 2001, 229 (231); *Boesen* Einl. Rn. 29; Grabitz/Hilf/*Burgi*, 40. Aufl. 2009, B 13 Rn. 16; *Dippel/Zeiss* NZBau 2002, 376 (377); Beck VergabeR/*Dörr* Einl. Rn. 214; *Knipper* WuW 1999, 677 (684); *Tietjen*, Die Europäische Beihilfekontrolle im Vergaberecht und bei der Privatisierung, 2004, 40 f.; „erhebliche" Bedenken gegen die beihilfenrechtliche Zulässigkeit vergabefremder Kriterien auch bei Langen/Bunte/*Wagner* GWB § 97 Rn. 97; zur hier nun verwendeten, von der 1. Aufl. abw. Terminologie Streinz/*Kühling* AEUV Art. 107 Rn. 33.

[354] *Bungenberg* in Müller-Graff, Enzyklopädie Europarecht, Bd. 4, 2015, § 16 Rn. 75; Calliess/Ruffert/*Cremer* AEUV Art. 107 Rn. 24; *Eilmansberger* WuW 2004, 384 (387); *Fischer* VergabeR 2004, 1 (6); *Guarrata/Wagner* NZBau 2018, 443 (446) sprechen davon, dass „vergabefremde Kriterien nicht per se" Marktunüblichkeit zur Folge haben; *Jennert* NZBau 2003, 417 (418); *Pünder* NZBau 2003, 530 (532); iE ebenso Willenbruch/Wieddekind/*Frenz* 21. Los Rn. 48.

[355] Vgl. schon EuGH Urt. v. 22.3.1977 – 74/76, Slg. 1977, 557 Rn. 9 ff. = ECLI:EU:C:1977:51 = RIW 1977, 560 – Iannelli & Volpi; *Bultmann*, Beihilfenrecht und Vergaberecht: Beihilfen und öffentliche Aufträge als funktional äquivalente Instrumente der Wirtschaftslenkung – ein Leistungsvergleich, 2004, 111; *Kaelble*, Vergabeentscheidung und Verfahrensgerechtigkeit, 2008, 122; *Wende*, Die einheitliche Auslegung von Beihilfen- und Vergaberecht als Teilgebiete des europäischen Wettbewerbsrechts, 2011, 50; ebenso *Benedict*, Sekundärzwecke im Vergabeverfahren, Öffentliches Auftragswesen, seine teilweise Harmonisierung im EG/EU Binnenmarkt und die Instrumentalisierung von Vergaberecht durch vergabefremde Aspekte, 2000, 263, der die Relevanz des Beihilfeverbots gegenüber den Grundfreiheiten aber als gering einschätzt; ähnlich *Egger*, Europäisches Vergaberecht, 2008, Rn. 208 ff.; *Fischer* EuZW 2004, 492 (495); aA *Burgi* VergabeR § 3 Rn. 35.

[356] Vgl. bspw. EuG Urt. v. 13.1.2004 – T-158/99, Slg. 2004, II-1 Rn. 107 = ECLI:EU:T:2004:2 = BeckEuRS 2004, 357782 – Stoiser; EuGH Urt. v. 28.1.1999 – T-14/96, Slg. 1999, II-139 Rn. 71 = ECLI:EU:T:1999:12 = EuZW 1999, 665 – BAI.

[357] EuGH Urt. v. 7.3.2002 – C-310/99, Slg. 2002, I-2289 Rn. 5 = ECLI:EU:C:2002:143 = BeckRS 2004, 76246 – Italien/Kommission; EuGH Urt. v. 27.6.2000 – C-404/97, Slg. 2000, I-4897 Rn. 44 = ECLI:EU:C:2000:345 = EuZW 2001, 22 – Kommission/Italien; EuGH Urt. v. 11.7.1996 – C-39/94, Slg. 1996, I-3547 Rn. 58 = ECLI:EU:C:1996:285 = BeckEuRS 1996, 212235 – SFEI/La Poste; Calliess/Ruffert/*Cremer* AEUV Art. 107 Rn. 24; Streinz/*Kühling* AEUV Art. 107 Rn. 29.

[358] Zu diesem Zusammenhang zwischen MEOP und Beihilfenbegriff vgl. EuGH Urt. v. 11.7.1996 – C-39/94, Slg. 1996, I-3547 Rn. 58 ff. = ECLI:EU:C:1996:285 = BeckEuRS 1996, 212235 – SFEI/La Poste.

[359] So *Eilmansberger* WuW 2004, 384 (388).

[360] So *Bultmann*, Beihilfenrecht und Vergaberecht: Beihilfen und öffentliche Aufträge als funktional äquivalente Instrumente der Wirtschaftslenkung – ein Leistungsvergleich, 2004, 114 f.

[361] EuGH Urt. v. 10.7.1986 – 40/85, Slg. 1986, 2321 Rn. 13 = ECLI:EU:C:1986:305 = BeckEuRS 1986, 126823 – Boch; EuGH Urt. v. 10.7.1986 – 234/84, Slg. 1986, 2236 Rn. 14 = ECLI:EU:C:1986:302 = BeckRS 2004, 72499 – Meura; ähnlich auch EuG Urt. v. 17.10.2002 – T-98/00, Slg. 2002, II-3961

Weg führt dazu, dass das vergaberechtliche Sekundärrecht mit den schweren Folgen des Art. 108 Abs. 3 AEUV versehen wird, ohne dass der Richtliniengeber derartiges beabsichtigt hat.[362]

Auch der im Schrifttum häufig gezogene **Umkehrschluss von der Verletzung des MEOP** **139** zum Vorliegen einer Beihilfe** überzeugt allerdings nicht. Entscheidend ist, ob die Lasten, die der Anbieter üblicherweise zu tragen hat, gemindert werden. Der MEOP rückt nicht Lasten und Vorteile des potenziell Begünstigten in den Vordergrund, sondern das Verhalten des Begünstigenden. Verhält sich dieser dem MEOP entsprechend, kann eine Begünstigung ausgeschlossen werden. Nicht aber gilt umgekehrt, dass Lasten der Gegenseite gemindert werden, nur weil das MEOP nicht beachtet worden ist.[363] Im Gegenteil: Der EuGH hat bereits die Möglichkeit anerkannt, dass bestimmte Wirtschaftsentscheidungen des Staates, obwohl sie nicht marktwirtschaftlich geprägt sind, dem Begünstigten „tatsächlich keinen Vorteil" im Sinne der Beihilfevorschriften zuführen.[364]

(b) Begünstigungsausschluss durch Wettbewerb. Alternativ zum Einsatz des MEOP ist es **140** möglich, eventuelle Begünstigungen durch die staatliche Marktteilnahme mit Hilfe eines Bieterwettbewerbs auszuschließen. Die Kommission hat dem Wettbewerb diese Wirkung im Zusammenhang mit der Veräußerung öffentlicher Unternehmensanteile bereits 1991 in ihrem damaligen Bericht über die Wettbewerbspolitik zugeschrieben.[365] Der EuGH hat in seinen Entscheidungen Altmark Trans und Banks ebenfalls die begünstigungsausschließende Wirkung eines Wettbewerbs angenommen.[366] Während der MEOP ein materielles Entscheidungskriterium zur Feststellung einer Begünstigung darstellt, operiert der Wettbewerb **prozedural,** um materiell eine Begünstigung auszuschließen.[367]

Der Ausschluss einer Begünstigung ergibt sich aus der konkreten Wirkungsweise des Wettbe- **141** werbs um einen Staatsauftrag, auch wenn dieser durch vergabefremde Kriterien ergänzt ist.

Liegen mehrere Bieter im Wettstreit um einen bestimmten Auftrag, dann sorgt der Vergleich **142** zwischen ihnen dafür, dass nur die Kosten, die für eine bestimmte Leistung entstehen, auf den Auftraggeber übergewälzt werden. Begünstigungen, die darüber hinaus Lasten des Unternehmens mindern, die es üblicherweise selbst zu tragen hätte, also eine beihilfenrechtlich relevante finanzielle Bezuschussung des Unternehmens an sich, finden nicht statt. Dies gilt unabhängig davon, ob vergabefremde Kriterien bei der Entscheidung zwischen den Bewerbern eine Rolle spielen oder nicht.[368] Werden beispielsweise Bewerber, die eine besonders umweltfreundliche Erledigung des Auftrags versprechen, trotz einem höheren Preis bevorzugt, bewirkt der Leistungswettbewerb, dass nur der kostengünstigste Bieter unter den umweltfreundlichen Bewerbern den Zuschlag erhält. Dadurch bildet der geforderte Preis lediglich die Verteuerung ab, die durch eine bestimmte Ausführung des Auftrags entsteht.[369]

Um diese Wirkung zu zeitigen, muss der Wettbewerb bestimmten **Anforderungen** genügen: **143**
Das Verfahren selbst muss **diskriminierungsfrei, transparent und wettbewerbsoffen** ablau- **144** fen.[370] Diesen Anforderungen dürfte sowohl das sekundärrechtlich verankerte Vergaberecht als auch das eben skizzierte primärrechtliche Vergabeverfahren mit seiner umfassenden Forderung nach Gleichbehandlung und Transparenz dem Grundsatz nach genügen.[371] Abzulehnen ist daher die

---

Rn. 49 = ECLI:EU:T:2002:248 = BeckEuRS 2002, 263800 – Linde/Kommission; vgl. auch Grabitz/Hilf/Nettesheim/*v. Wallenberg/Schütte* AEUV Art. 107 Rn. 53.

[362] *Kaelble,* Vergabeentscheidung und Verfahrensgerechtigkeit, 2008, 142; *Burgi* VergabeR § 3 Rn. 34.

[363] *Koenig/Kühling/Ritter* EG-Beihilfenrecht Rn. 76.

[364] EuGH Urt. v. 24.7.2003 – C-280/00, Slg. 2003, I-7747 Rn. 86 = ECLI:EU:C:2003:415 = ZfBR 2003, 798 – Altmark Trans.

[365] Kom., Bericht über die Wettbewerbspolitik 1991, Rn. 248 u. 251; mit ausf. Hinweisen zur Kommissionspraxis *Kaelble,* Vergabeentscheidung und Verfahrensgerechtigkeit, 2008, 246 f.

[366] EuGH Urt. v. 24.7.2003 – C-280/00, Slg. 2003, I-7747 Rn. 93 = ECLI:EU:C:2003:415 = ZfBR 2003, 798 – Altmark Trans; EuGH Urt. v. 20.9.2001 – C-390/98, Slg. 2001, I-6117 Rn. 77 = ECLI:EU:C:2001:456 = BeckRS 2004, 76970 – Banks; ausf. zu Funktionen des Bieterverfahrens im Beihilfenrecht *Koenig* EuZW 2001, 741.

[367] *Fischer* VergabeR 2004, 1 (5).

[368] *Koenig/Kühling* NVwZ 2003, 779 (782).

[369] *Eilmansberger* WuW 2004, 384 (387): „(…) Gewinnmarge erhöht sich nicht"; *Fischer* VergabeR 2004, 1 (6); *Jennert* NZBau 2003, 417 (419); *Koenig/Kühling* NVwZ 2003, 779 (782); *Pünder* NZBau 2003, 530 (533): Es „(…) wird lediglich dessen Leistung bezahlt".

[370] Calliess/Ruffert/*Cremer* AEUV Art. 107 Rn. 12. Die Terminologie variiert; ausf. zur Kommissionspraxis und zur Rspr. des EuGH *Kaelble,* Vergabeentscheidung und Verfahrensgerechtigkeit, 2008, 257; dazu auch die Bekanntmachung der Kommission zum Begriff der staatlichen Beihilfe nach Art. 107 Abs. 1 AEUV, ABl. 2016 C 262, 1 Rn. 89 ff.

[371] *Bultmann,* Beihilfenrecht und Vergaberecht: Beihilfen und öffentliche Aufträge als funktional äquivalente Instrumente der Wirtschaftslenkung – ein Leistungsvergleich, 2004, 32 und 114; *Koenig/Kühling* NVwZ 2003, 779 (786); ähnlich *Dörr* in Müller-Wrede Kompendium VergabeR Kap. 2 Rn. 53; Beck VergabeR/*Dörr* Einl. Rn. 216.

Praxis der Kommission, selbst bei Einhaltung des sekundären Vergaberechts den Beihilfetatbestand gesondert und eigenständig zu untersuchen.[372] Ebenso sind überzogene Anforderungen an den Wettbewerb zu vermeiden, wie beispielsweise die Forderung, es müsse regelmäßig eine europaweite Bekanntgabe des Auftrags aus Gründen des Beihilfenrechts erfolgen.[373] Insbesondere hängt die umschriebene Wirkung des Wettbewerbs nicht davon ab, dass sich die Entscheidung zwischen verschiedenen Bewerbern an rein wirtschaftlichen Kriterien orientiert.[374]

145   **(c) Einschränkungen.** Zwei Einschränkungen sind allerdings zu machen: Zunächst ist es primärvergaberechtlich möglich, unter besonderen Voraussetzungen auch ohne jede Publizität **direkt einen Auftrag** zu vergeben (→ Rn. 91 und 97) oder nur die Angebote einiger weniger vorausgewählter Bewerber zu berücksichtigen (→ Rn. 91 ff.). In diesen Fällen kann nicht von vornherein ausgeschlossen werden, dass in der Bezahlung für einen Auftrag eine beihilfenrelevante Überzahlung liegt.[375] Dem Auftraggeber ist in diesen Fällen zu raten, im direkten Verfahren nur Leistungen nachzufragen, für die bereits ein Marktpreis besteht. Dies dürfte häufig bedeuten, auf die Berücksichtigung vergabefremder Elemente zu verzichten, weil es insoweit an etablierten Marktpreisen fehlen wird.

146   Außerdem kann der Wettbewerb seine vorteilsausschließende Wirkung nur entfalten, wenn die Kriterien, die in die Entscheidungsfindung einfließen, in **engem Zusammenhang mit der Leistung** selbst stehen. Wird hingegen auf Entscheidungskriterien abgestellt, die diesen engen Bezug nicht aufweisen, indem zB Unternehmen bevorzugt werden, die generell einen hohen Anteil weiblicher Beschäftigter[376] haben oder deren Betrieb allgemein als mittelständisches Unternehmen eingestuft ist,[377] dürfte der Wettbewerb um den Auftrag selbst dann eine Begünstigung nicht ausschließen, wenn unter den Anbietern, die das Kriterium erfüllen, der günstigste gewählt wird. Entscheidet ein **produzenten- und nicht ein produktionsbezogenes Kriterium** über den Erfolg im Wettbewerb, dann bedeutet dies, dass die Leistung an sich durch einen anderen Unternehmer günstiger erbracht werden könnte. Diese Preisdifferenz bildet die Mehrkosten ab, die durch eine bestimmte gewünschte Unternehmensstruktur des Bewerbers entstehen. Es werden also Kosten an den Auftraggeber weitergereicht, die aus einer bestehenden Organisation des Unternehmens resultieren. Übernimmt die öffentliche Hand diese Kosten auch nur teilweise, mindert sie die Lasten, die das Unternehmen üblicherweise selbst zu tragen hätte, und überschreitet damit die Grenze zur beihilfenrechtlich relevanten Begünstigung. Hiergegen lässt sich nicht vorbringen, der Wettbewerb zwischen den einzelnen Anbietern sorge dafür, dass nur die Kosten vom Auftraggeber getragen würden, die tatsächlich durch die besondere Unternehmensstruktur entstehen.[378] Dieser Einwand läuft nämlich letztlich darauf hinaus, dass das Unternehmen die Beihilfe auch tatsächlich verbrauche; ein Umstand, der bei jeder Zuschussgewährung zu bejahen sein dürfte und dem Beihilfetatbestand nie entgegensteht.

147   Es spricht also vieles dafür, auch beihilfenrechtlich (zur Begründung dieser Forderung aus dem allgemeinen primärrechtlichen Gleichheitssatz → Rn. 125 ff.) zu fordern, dass das vergabefremde Kriterium stets auf den Auftragsgegenstand bezogen sein muss.[379]

148   **cc) Prozedurale Vorgaben.** Nach hier vertretener Ansicht gilt allgemein für alle und damit auch für die vergabefremden Entscheidungskriterien, dass sie spätestens bei Öffnung der Angebote definitiv, dh ohne dem Auftraggeber großen Spielraum bei ihrer Anwendung zu geben, festgeschrieben sein müssen. Umgekehrt ergibt sich keine Pflicht des Auftraggebers, bereits zu einem früheren Zeitpunkt verbindlich seine Präferenzen zu präzisieren (→ Rn. 73).

149   Möchte der Auftraggeber vergabefremde Entscheidungskriterien einbeziehen, muss er nicht nur beachten, dass diese **inhaltlich** das **Verbot der Diskriminierung** aus Gründen der Staatsangehörigkeit und das **Gebot der Gleichbehandlung** respektieren, sondern den Gleichheitsrechten auch in **prozeduraler Hinsicht,** also bei Ausgestaltung des Verfahrens, gerecht werden. Hier werden insbesondere die grundfreiheitlichen Diskriminierungsverbote virulent. Deshalb kann es sich beispielsweise als unzulässig erweisen, wenn auf nationale Pläne bei der Frauenförderung rekurriert

---

[372] Nachw. zu dieser Praxis bei *Kaelble,* Vergabeentscheidung und Verfahrensgerechtigkeit, 2008, 258 mit Fn. 575; differenziert hierzu NK-EuWettbR/*Kliemann* AEUV Art. 107 Rn. 42.
[373] *Ehricke* ZIP 2001, 489 (494).
[374] AA noch *Mestmäcker/Schweitzer* EuWettbR, 2. Aufl. 2004, § 43 Rn. 15.
[375] *Koenig/Kühling/Ritter* EG-Beihilfenrecht Rn. 106.
[376] Vgl. zB § 4 FrauenFöV Brandenburg.
[377] Vgl. dazu etwa den früheren § 4 der RL für die bevorzugte Berücksichtigung von kleinen und mittleren Unternehmen, Bekanntmachung des Bundesministeriums für Wirtschaft v. 1.10.1992, BAnz. 8409.
[378] In diese Richtung *Pünder* NZBau 2003, 530 (532).
[379] Ohne diese Einschränkung *Mohr* EuZA 2017, 23 (31 f.); *Fischer* VergabeR 2004, 1 (6); *Jennert* NZBau 2003, 417 (418); explizit aA *Pünder* NZBau 2003, 530 (532); offenbar auch *Kaelble,* Vergabeentscheidung und Verfahrensgerechtigkeit, 2008, 266.

wird[380] oder die Anerkennung von förderungswürdigen Behindertenwerkstätten ausschließlich nationalen Stellen übertragen wird.[381] In diesen Fällen ist zumindest eine Diskriminierung ausländischer Bewerber denkbar.

5. Gerichtlicher Rechtsschutz im Primärvergaberecht. a) Allgemeiner Rahmen. Aus 150 Sicht des unterlegenen oder übergangenen Interessenten an einem Staatsauftrag ist es neben den soeben geschilderten inhaltlichen Vorgaben des Primärvergaberechts für Verfahren und Entscheidungsmaßstab von entscheidender Bedeutung, wie er sich gegen eine (zumindest aus seiner Sicht) „primärrechtswidrige" Vergabe zur Wehr setzen kann. Gefragt ist damit nach dem primärvergaberechtlichen Rechtsschutzsystem. Dabei ist eine **differenzierte Betrachtung** zweier Rechtsschutzsituationen angezeigt, in denen sich die Interessenten an einem Staatsauftrag befinden können: Zum einen kann sich der an einem Verfahren beteiligte Bieter gegen den Zuschlag an einen Konkurrenten wehren. Zum anderen kann sich ein (potenzieller) Interessent an einem Staatsauftrag gegen einen Zuschlag wehren, weil ihm von vornherein keine Gelegenheit gegeben wurde, sich an dem Verfahren zu beteiligen, sei es, weil nur ein beschränkter Kreis von Teilnehmern zur Angebotsabgabe aufgefordert wurde, sei es, weil die staatliche Stelle den Auftrag direkt an ein bestimmtes Unternehmen vergeben hat.

Relevanz entfaltet das primärvergaberechtliche Rechtsschutzsystem in allen Bereichen, die von 151 dem speziellen Rechtsschutzsystem der §§ 97 ff. GWB nicht erfasst sind, aber dennoch den Vorgaben des Primärvergaberechts unterliegen. Hierzu zählen vor allem die Unterschwellenvergaben, aber zB auch für Dienstleistungskonzessionen, die die Schwellenwerte des Art. 46 RL 2014/23/EU nicht erreichen, oder andere nach Art. 10 RL 2014/24/EU vom Sekundärvergaberecht ausgenommene Austauschverhältnisse.

Angesichts des durchaus erheblichen Anteils dieser Vergaben von etwa 90–95% hat der Umfang 152 des zu gewährenden Rechtsschutzes durchaus große Bedeutung.[382] Politisch betrachtet ist diese Form des Rechtsschutzes offenbar aus dem Fokus des Gesetzgebers gerückt. Während der Koalitionsvertrag von CDU/CSU und FDP vom 26.10.2009 die Einführung eines wirksamen Rechtsschutzes für Unterschwellenvergaben vorsah,[383] enthielt der spätere Koalitionsvertrag hierzu keine Zielsetzungen mehr. Ein interner Referentenentwurf des BMWi zu bundesgesetzlichen Ausgestaltungsmöglichkeiten des Rechtsschutzes ist ohne gesetzgeberische Folgen geblieben.[384]

Dabei ist der Rechtsschutz außerhalb der §§ 97 ff. GWB durchaus von Brisanz. Der **Konflikt** 153 zwischen **subjektiven Rechten** und einer um **Einsparung** von Transaktionskosten bemühten Verwaltung wird hier besonders virulent (→ Rn. 100): Verlängert sich das Vergabeverfahren sogar noch um eine gerichtliche Auseinandersetzung, erhöht sich einerseits die Gefahr, dass Kostenvorteile, die eine Ausschreibung mit sich bringen kann, durch die Kosten des Verfahrens aufgebraucht werden.[385] Ziel des für Unterschwellenvergaben maßgeblichen deutschen Haushaltsrechts ist aber nicht die Herstellung von Wettbewerb an sich. Ausschreibungen sollen vielmehr allein der günstigen Beschaffung dienen.[386] Andererseits sind auch die Vergabeverfahren unterhalb der Schwellenwerte durchaus **fehleranfällig** und können die individuellen Rechte der Bewerber vereiteln. So hat sich zB in Thüringen nach Einführung des Rechtsschutzes außerhalb der Regeln des GWB gezeigt, dass sich ein überaus nennenswerter Anteil der überprüften Vergaben als rechtswidrig erwies.[387]

b) Rechtsschutzarten. Zu unterscheiden sind beim Rechtsschutz außerhalb der §§ 97 ff. 154 GWB der sog. **Primär- und der Sekundärrechtsschutz.** Das Begriffspaar primär und sekundär hat hier nichts mit den Rechtsquellen der geschützten Rechte zu tun, sondern mit der **Zielrichtung des Rechtsschutzes:** So spricht man allgemein von Sekundärrechtsschutz, wenn der unterlegene

---

[380] *Benedict*, Sekundärzwecke im Vergabeverfahren, Öffentliches Auftragswesen, seine teilweise Harmonisierung im EG/EU Binnenmarkt und die Instrumentalisierung von Vergaberecht durch vergabefremde Aspekte, 2000, 226 f.; *Ziekow* NZBau 2001, 72 (77 f.).
[381] Zu dieser Praxis der Bundesrepublik und ihren Änderungen *Meyer*, Die Einbeziehung politischer Zielsetzungen bei der öffentlichen Beschaffung: Zur Zulässigkeit der Verwendung sogenannter „beschaffungsfremder Kriterien" unter besonderer Berücksichtigung der Tariftreueerklärungen, 2002, 201.
[382] *André* ZfBR 2011, 330; vgl. auch *Dageförde* NZBau 2020, 72 (73).
[383] Vgl. „Wachstum. Bildung. Zusammenhalt. Koalitionsvertrag zwischen CDU, CSU und FDP", 17.
[384] Dazu *Jansen/Geitel* VergabeR 2015, 117 (118).
[385] Ähnlich *Jansen/Geitel* VergabeR 2015, 117 (126), die allerdings nicht auf die Transaktionskosten, sondern auf die „Effektivität der Verwaltung" abstellen.
[386] BVerwG Beschl. v. 2.5.2007 – 6 B 10/07, ECLI:DE:BVerwG:2007:020507B6B10.07.0 = NJW 2007, 2275 Rn. 11.
[387] In den Jahren 2011 und 2012 waren von 18 geprüften Auftragsvergaben zehn rechtswidrig. Im Jahr 2013 immerhin hatten noch 35% der Nachprüfungen Erfolg; vgl. zu den Zahlen im Einzelnen *Jansen/Geitel* VergabeR 2015, 117 (130).

Bieter oder der erst gar nicht am Verfahren beteiligte, übergangene Interessent Schadensersatz verlangt, weil er zu Unrecht nicht berücksichtigt oder nicht beteiligt wurde. Im Rahmen des Primärrechtsschutzes geht es hingegen um die Frage, ob der unterlegene Bieter die Berücksichtigung seines Angebots bzw. ob der übergangene Interessent die Neuvergabe mit seiner Beteiligung gerichtlich erzwingen kann.[388] Die Art des Rechtsschutzes hängt also nicht davon ab, ob sich der Rechtsschutzsuchende auf das Primärvergaberecht beruft. Vielmehr ist grundsätzlich denkbar, wegen Verletzung des Primärvergaberechts Schadensersatz zu verlangen (Sekundärrechtsschutz) oder die Berücksichtigung des eigenen Angebots einzufordern (Primärrechtsschutz).

155   c) **Primärrechtliche Steuerungsparameter. aa) Äquivalenz und Effektivität.** Fehlt es – wie hier – an sekundärrechtlichen europäischen Regelungen zu Art und Umfang des Rechtsschutzes, kommt es darauf an, inwieweit das europäische Primärrecht die Mitgliedstaaten zur Gewährung von Rechtsschutz verpflichtet. Maßgeblich sind insoweit die vom EuGH entwickelten Grundsätze der Äquivalenz und der Effektivität. Sie überlassen **Ausgestaltung und Reichweite** des gerichtlichen Schutzes von Unionsrechten grundsätzlich dem **mitgliedstaatlichen Recht,** verlangen aber, dass die Verfahrensmodalitäten nicht weniger günstig ausgestaltet sind als für entsprechende innerstaatliche Klagen (Äquivalenz) und die Ausübung der unionsrechtlich garantierten Rechtsposition nicht praktisch unmöglich machen oder übermäßig erschweren (Effektivität).[389] Gerade die Reichweite des Effektivitätsgebots, das im Gegensatz zum prozessualen Diskriminierungsverbot einen absoluten Mindeststandard einfordert, ist schwer zu präzisieren.

156   **bb) Aktivlegitimation.** Neben den Prinzipien von Effektivität und Äquivalenz kommt es für die Frage der Reichweite des Rechtsschutzes auch maßgeblich darauf an, welche Bieter oder potenziellen Interessenten sich in einem möglichen Gerichtsprozess überhaupt auf das Primärvergaberecht berufen können. Insbesondere ist fraglich, ob sich auch **inländische Bewerber** um einen Staatsauftrag gegenüber ihrer nationalen Vergabestelle auf europarechtlich fundierte primärrechtliche Grundsätze stützen können. Gegen eine solche Aktivlegitimation der nationalen Interessenten sprechen gute **dogmatische Einwände:** Das Primärvergaberecht leitet sich aus den Grundfreiheiten ab, die an sich ausschließlich ausländische Rechtssubjekte vor nationaler Hoheitsgewalt schützen, selbst wenn dies zu einer Schlechterstellung der nationalen Rechtsträger gegenüber den europäischen führt.[390]

157   Dennoch lässt sich nicht leugnen, dass die **Rechtsprechung in deutlicher Tendenz inländischen unterlegenen Bietern** zugesteht, sich auch primärvergaberechtliche Grundsätze zu berufen. Hervorzuheben ist hier insbesondere die Rechtsprechung des OLG Düsseldorf.[391] Auf europarechtlicher Ebene hat der EuGH unlängst in seiner Entscheidung Belgacom ausdrücklich die Schutzwirkung der aus dem Gleichbehandlungsgrundsatz abgeleiteten Transparenzpflicht auch für inländische Bieter anerkannt,[392] sich seitdem jedoch nicht mehr in dieser Deutlichkeit zu der Frage geäußert.[393]

158   Diese nicht näher begründete Rechtsprechung, die mit ihrer Öffnung der Grundfreiheiten für Inländer faktisch auf eine **Abschaffung des Tatbestands der Inländerdiskriminierung** hinausläuft, scheint weniger dogmatischen, als vielmehr pragmatischen und am Grundsatz des **effet utile** orientierten Überlegungen im Hinblick auf eine größtmögliche Kontrolldichte bei Verletzung der primärvergaberechtlichen Grundsätze durch nationale Stellen geschuldet.[394] Festzuhalten ist insoweit, dass – abseits dogmatischer Bedenken – auch inländische Interessenten an einem Staatsauftrag derzeit gute Chancen haben dürften, sich vor Gericht auf das europäische Primärvergaberecht zu berufen. Sollte ein nationales Gericht hier grundlegend anderer Auffassung sein, wäre im Lichte der

---

[388] S. etwa *Huerkamp/Kühling* NVwZ 2011, 1409 (1410).
[389] EuGH Urt. v. 13.3.2007 – C-432/05, Slg. 2007, I-2271 Rn. 43 = ECLI:EU:C:2007:163 = EuZW 2007, 247 – Unibet mwN; vgl. auch grdl. *König*, Der Äquivalenz- und Effektivitätsgrundsatz in der Rechtsprechung des Europäischen Gerichtshofs, 2011.
[390] *Streinz/Magiera* AEUV Art. 18 Rn. 62 ff.; zweifelnd an der Aktivlegitimation inländischer Bewerber im Vergabeverfahren *Niestedt* FS Marx, 2013, 489 (500 f.).
[391] OLG Düsseldorf Urt. v. 13.1.2010 – I-27 U 1/09, ECLI:DE:OLGD:2010:0113.I27U1.09.00 = NZBau 2010, 328 (330), oder VG Mainz Beschl. v. 30.8.2010 – 6 L 849/10, ECLI:DE:VGMAINZ:2010:0830. 6L849.10.0A = NZBau 2011, 60 (62), die jeweils von einer Anwendbarkeit des Primärvergaberechts trotz rein nationaler Streitsituation ausgehen.
[392] EuGH Urt. v. 14.11.2013 – C-221/12, ECLI:EU:C:2013:736 Rn. 32, 34 = ZfBR 2014, 187 – Belgacom; EuGH Urt. v. 12.3.2015 – C-538/13, ECLI:EU:C:2015:166 Rn. 33 f. = NZBau 2015, 306 – eVigilo.
[393] EuGH Urt. v. 14.11.2013 – C-388/12, ECLI:EU:C:2013:734 Rn. 47 = BeckEuRS 2013, 741829 – Comune di Ancona; vorsichtig auch EuGH Urt. v. 17.12.2015 – C-25/14 u. C.26/14, ECLI:EU:C:2015: 821 Rn. 38 = EuZW 2016, 277 – UNIS, jedoch mit explizitem Verweis auf *Belgacom*.
[394] *Gabriel/Voll* NZBau 2014, 155 (157); ähnlich *Niestedt* FS Marx, 2013, 489 (501).

deutlichen Belgacom-Rechtsprechung die Frage der Aktivlegitimation dem EuGH vorzulegen, der dann Gelegenheit für eine Kurskorrektur bekäme.

d) Rechtslage in Deutschland. aa) Nationale Rechtslage als notwendiger Ausgangspunkt. Die Wirkung der leitenden Prinzipien von Effektivität und Äquivalenz bringt es mit sich, dass sich die Reichweite der Rechtsschutzmöglichkeiten aufgrund des Primärvergaberechts erst nach Analyse der derzeit geltenden Rechtsschutzlage in Deutschland beurteilen lässt. Für den Äquivalenzgrundsatz folgt dies bereits aus seiner allgemeinen Operationsweise: Er verlangt lediglich, dass sich die Auftragsinteressenten genauso gut auf das europäische Primärvergaberecht wie auf nationale Rechtsgrundsätze berufen können. Der Effektivitätsgrundsatz erfordert demgegenüber zwar einen absoluten Mindeststandard an Rechtsschutzmöglichkeiten. Ob diese **Mindeststandard** erreicht wird oder ob sich aus dem europäischen Recht weitere Anforderungen ergeben, lässt sich aber ebenfalls erst nach Analyse der Rechtslage in Deutschland klären. 159

bb) Sekundärer Rechtsschutz. Nach deutscher Rechtslage ist anerkannt, dass der übergangene Bewerber die Vergabestelle auf **Schadensersatz** in Anspruch nehmen kann, wenn seine Rechte im Vergabeverfahren verletzt wurden und ihm dadurch ein kausaler Schaden entstanden ist.[395] Im Sinne des Äquivalenzprinzips ist deshalb lediglich zu fordern, dass unter **denselben** Voraussetzungen Bieter Schadensersatz verlangen können, wenn sie eine Verletzung des europäischen Primärvergaberechts rügen.[396] Dieser Forderung dürfte nach der deutschen Rechtslage Genüge getan sein: Wie der BGH in seiner Entscheidung Regenentlastung ausdrücklich hervorgehoben hat, kann ein Schadensersatzanspruch grundsätzlich auch auf eine Verletzung der Grundsätze von Transparenz und Gleichbehandlung gestützt werden.[397] 160

cc) Primärer Rechtsschutz. (1) Grundsätzliche Möglichkeit. Die Herausbildung des primärrechtlichen Rechtsschutzes außerhalb des Kartellvergaberechts verläuft demgegenüber – wie für prätorische Prozesse typisch – **uneinheitlich**.[398] Da das BVerwG mit Beschluss vom 2.5.2007 festgestellt hat, dass für Rechtsschutz bei der Vergabe von öffentlichen Aufträgen unterhalb der Schwellenwerte der ordentliche Rechtsweg eröffnet ist,[399] hat sich diese Entwicklung bisher vor allem vor den ordentlichen Gerichten vollzogen. Allerdings hält das OVG Lüneburg für unterschwellige Konzessionsvergaben den Verwaltungsrechtsweg für eröffnet, wenn prägend für den Rechtsstreit Vorschriften des öffentlichen Rechts sind (etwa die Finanzierungsvereinbarung für eine Kindertagesstätte).[400] Ob sich hieraus neue Impulse ergeben, bleibt abzuwarten. Während frühere Entscheidungen sich **skeptisch** gegenüber dieser Form des Rechtsschutzes zeigten,[401] dürfte nach mittlerweile herrschender Auffassung **grundsätzlich die Möglichkeit** primären Rechtsschutzes auch außerhalb des Anwendungsbereichs der §§ 97 ff. GWB bestehen.[402] 161

(2) Konstruktion. Dogmatisch werden unterschiedliche Begründungsansätze zur Gewährung des Primärrechtsschutzes verfolgt. Teilweise konstruieren die Gerichte einen **Anspruch auf Unterlassung des Zuschlags** bei Verstößen gegen das Vergaberecht über § 1004 Abs. 1 BGB iVm § 311 162

---

[395] Im Einzelnen dazu *Hertwig* Öff. Auftragsvergabe Rn. 421 ff.
[396] Ist dies grundsätzlich nach nationalem Recht nicht möglich, wird der Effektivitätsgrundsatz verletzt, vgl. EuGH Urt. v. 6.5.2010 – C-145/08, Slg. 2010, I-4165 Rn. 73 ff. = ECLI:EU:C:2010:247 = ZfBR 2010, 488 – Club Hotel Loutraki.
[397] BGH Urt. v. 30.8.2011 – X ZR 55/10 = NZBau 2012, 46 Rn. 11 ff.; als Stärkung auch für den Primärrechtsschutz interpretieren *Emme/Schrotz* NZBau 2012, 216 (218), das Urteil.
[398] *Niestedt* FS Marx, 2013, 489 (491) spricht bildhaft von „Gerichtszersplitterung".
[399] BVerwG Beschl. v. 2.5.2007 – 6 B 10/07, ECLI:DE:BVerwG:2007:020507B6B10.07.0 = NJW 2007, 2275 Rn. 5; ablehnend und für die Eröffnung des Verwaltungsrechtswegs HK-VergabeR/*Pache* BHO § 55 Rn. 198 ff.; wenn die Vergabe in Formen des öffentlichen Rechts verläuft, ist der Verwaltungsrechtsweg eröffnet BGH ZfBR 2012, 276 (278).
[400] OVG Lüneburg Beschl. v. 29.10.2018 – 10 ME 363/18, ECLI:DE:OVGNI:2018:1029.10ME363.18.00 = NVwZ 2019, 656 Rn. 6 ff.
[401] LG Duisburg Beschl. v. 12.8.2011 – 10 O 285/1, ECLI:DE:LGDU:2011:0812.10O285.11.00 = BeckRS 2011, 24226; zumindest zweifelnd OLG Brandenburg Beschl. v. 13.9.2011 – 6 W 73/11, ECLI:DE: OLGBB:0913.6W73.11.0A = BeckRS 2011, 24847.
[402] Grundlegend: OLG Düsseldorf Urt. v. 13.1.2010 – I-27 U 1/09, ECLI:DE:OLGD:2010:0113.I27U1.09. 00 = NZBau 2010, 328 (329); OLG Saarbrücken Urt. v. 28.1.2015 – 1 U 138/14, ECLI:DE:OLGSL:2015: 0128.1U138.14.0. = BeckRS 2015, 05288 Rn. 30 f.; KG Urt. v. 22.1.2015 – 2 U 14/14 Kart, ECLI:DE: KG:2015:0122.2U14.14.0A = NZBau 2015, 323 (324), das diese Möglichkeit aber wohl auf Sachverhalte im Anwendungsbereich des Unionsrechts beschränkt wissen will; *Jansen/Geitel* VergabeR 2015, 117 (122) bezeichnen die ältere Gegenauffassung als zwischenzeitlich „überholt".

Abs. 2 BGB, § 241 Abs. 2 BGB, § 280 BGB oder über § 823 Abs. 2 BGB.[403] Dem Betroffenen steht auch das Instrument des einstweiligen Rechtsschutzes gemäß den §§ 935, 940 ZPO zur Verfügung.[404] Der Auftraggeber soll über diese Vorschriften nicht nur zum Schadensersatz bei Verstößen gegen das Vergaberecht verpflichtet sein, sondern aus ihnen sollen auch Unterlassungspflichten folgen. Ähnlich ist der Ansatz, den Auftraggeber auf Unterlassung des Zuschlags zu verpflichten, weil der Vergaberechtsverstoß eine **Verletzung vorvertraglicher Pflichten** darstelle.[405] Deutlich eingeschränkt ist hingegen die Linie des OLG Brandenburg, das Primärrechtsschutz nur zulassen möchte, wenn der Auftraggeber in unredlicher Absicht oder gänzlich willkürlich gehandelt hat.[406]

163 In **Annäherung an das Rechtsschutzsystem der §§ 97 ff. GWB** werden dabei Einschränkungen in den Primärrechtsschutz implementiert, um auch das Interesse an einer raschen und sicheren Auftragsvergabe zu berücksichtigen. So soll für den Kläger im Primärrechtsschutz in analoger Anwendung des § 107 Abs. 3 GWB ebenfalls eine Rügeobliegenheit bestehen, bei deren Verletzung er mit seinem Vortrag bei Gericht präkludiert ist.[407] Außerdem ist nach einhelliger Auffassung der einmal erteilte Zuschlag rechtssicher und kann durch Gerichte nicht aufgehoben werden.[408]

164 **(3) Landesgesetzliche Verankerungen.** Einige Bundesländer haben zudem **auf landesgesetzlicher Ebene Rechtsschutzsysteme** für Vergaben außerhalb der §§ 97 ff. GWB installiert: Mit Abweichungen im Detail[409] sehen § 19 ThürVgG und § 19 LVG Sachsen-Anhalt vor, dass der unterlegene Bewerber vorab über die beabsichtigte Vergabe zu informieren ist und sich für den Fall der Beanstandung eine Stillhalteperiode anschließt. Konzentriert ist der Rechtsschutz dann bei den Vergabekammern. Mecklenburg-Vorpommern (vgl. § 12 VgG Mecklenburg-Vorpommern), Niedersachsen (vgl. § 16 NTVergG), Sachsen (vgl. § 8 SächsVgG) und Schleswig-Holstein (vgl. § 5 SHVgVO)[410] sehen jedenfalls eine Vorabinformation des unterlegenen Bewerbers vor.

165 **e) Unionsrechtlich ausreichender Rechtsschutz? aa) Äquivalenzgrundsatz.** Aus Sicht des Äquivalenzprinzips genügt es, wenn der Rechtsschutz des unterlegenen Auftragsinteressenten, der sich auf das Primärvergaberecht beruft, nicht ungünstiger ausgestattet ist als bei einer Argumentation mit dem nationalen Recht. Diese Gleichwertigkeit dürfte nach nationaler Rechtslage gewährleistet sein und wird durch die deutsche Rechtsprechung zum Teil bereits **ausdrücklich anerkannt**.[411] Schwierigkeiten bestehen insoweit allenfalls beim Ansatz des OLG Brandenburg (→ Rn. 162 aE), das nur gegen eine unredliche oder gänzlich willkürliche Vergabe Primärrechtsschutz gewähren möchte und damit eher an **rein nationale Rechtsfiguren** anknüpft. Dies könnte so zu verstehen sein, dass bei Verletzung des Primärvergaberechts Rechtsschutz ausgeschlossen ist. Ein Konflikt mit dem Äquivalenzgrundsatz ist insoweit zumindest denkbar.

166 **bb) Effektivitätsgrundsatz.** Offen ist aber, ob die deutsche Rechtslage dem Effektivitätsgrundsatz gerecht wird, der verlangt, dass die Ausübung der unionsrechtlich garantierten Rechtsposition nicht praktisch unmöglich gemacht oder übermäßig erschwert wird.[412] Damit rücken die Schwachpunkte des derzeitigen Rechtsschutzsystems in den Mittelpunkt, die am Grundsatz der Effektivität zu messen sind.

167 Der EuGH hat sich zu der Frage, ob der Effektivitätsgrundsatz grundsätzlich verlange, dass der unterlegene Bewerber eine Unterlassung der Auftragsvergabe verlangen kann, nicht eindeutig

---

[403] OLG Saarbrücken Urt. v. 28.1.2015 – 1 U 138/14, ECLI:DE:OLGSL:2015:0128.1U138.14.0 = BeckRS 2015, 05288 Rn. 31; KG Urt. v. 22.1.2015 – 2 U 14/14 Kart, ECLI:DE:KG:2015:0122.2U14.14.0A = NZBau 2015, 323 (324); krit. zu diesem Ansatz *André* VergabeR 2012, 136.
[404] OLG München Beschl. v. 19.6.2017 – 21 W 314/17, ECLI:DE:OLGMUEN:2017:0619.21W314.17.0A = BeckRS 2017, 113365; HK-VergabeR/*Pache* BHO § 55 Rn. 151 mwN.
[405] OLG Düsseldorf Urt. v. 13.1.2010 – I-27 U 1/09, ECLI:DE:OLGD:2010:0113.I27U1.09.00 = NZBau 2010, 328 (329); zust. *Siegel* VerwArch 107 (2016), 1 (28 f.).
[406] OLG Brandenburg Beschl. v. 13.9.2011 – 6 W 73/1, ECLI:DE:OLGBB:2011:0913.6W73.11.0A = BeckRS 2011, 24847; ausdrücklich offengelassen von KG Urt. v. 22.1.2015 – 2 U 14/14 Kart, ECLI:DE:KG:2015: 0122.2U14.14.0A = NZBau 2015, 323 (324); abl. etwa *Burgi* VergabeR § 26 Rn. 17.
[407] OLG Saarbrücken Urt. v. 28.1.2015 – 1 U 138/14, ECLI:DE:OLGSL:2015:0128.1U138.14.0A = BeckRS 2015, 05288 Rn. 49.
[408] Vgl. etwa OLG Düsseldorf Urt. v. 13.12.2017 – I-27 U 25/17, ECLI:DE:OLGD:2017:1213.I27U25.17.00 = NZBau 2018, 168 Rn. 42; Ziekow/Völlink/*Dittman* GWB Vor § 155 Rn. 16 mwN.
[409] Zu Einzelheiten s. etwa *Burgi* VergabeR § 26 Rn. 8; *Jansen/Geitel* VergabeR 2015, 117.
[410] Gilt ab Inkrafttreten (1.4.2019 vgl. § 7 Abs. 1 S. 1 SHVgVO) für fünf Jahre, vgl. § 7 Abs. 2 SHVgVO.
[411] OLG Düsseldorf Urt. v. 13.1.2010 – I-27 U 1/09, ECLI:DE:OLGD:2010:0113.I27U1.09.00 = NZBau 2010, 328 (330).
[412] EuGH Urt. v. 20.9.2018 – C-518/17, ECLI:EU:C:2018:757 Rn. 61 = NZBau 2018, 773 – Stefan Rudigier; EuGH Urt. v. 5.4.2017 – C-391/15, ECLI:EU:C:2017:268 Rn. 32 = NZBau 2017, 431 – Marina mwN.

positioniert. Maßgeblich bleibt insoweit das Urteil der Großen Kammer in der Rechtssache Wall.[413] Hier hat das Gericht lediglich festgehalten, die Unionsgrundsätze verlangten **„nicht in allen Fällen"**, in denen eine Verletzung der Transparenzpflicht behauptet werde, dass die nationalen Gerichte eine **Unterlassung der Auftragsvergabe** anordnen könnten oder die nationalen Behörden den geschlossenen Vertrag kündigen müssten.[414] Aus der Entscheidung kann aber allenfalls gefolgert werden, dass nicht zwingend und stets Primärrechtsschutz gefordert ist.[415] Ein kategorischer Ausschluss von Primärrechtsschutz in „allen Fällen" dürfte ebenfalls nicht dem Effektivitätsgrundsatz genügen.[416]

Deutlicher hat sich der EuGH in n der Rechtssache „Stefan Rudigier" eingelassen. Hier hatte **168** das Gericht über die Folgen eines Verstoßes gegen die **Vorinformationspflichten** aus Art. 7 Abs. 2 VO (EG) Nr. 1370/2007 (ÖPNV/SPNV-VO) zu entscheiden.[417] Der Gerichtshof konstatierte, dass eine **Verletzung des Effektivitätsgrundsatzes** vorliege, wenn es einem Bieter durch fehlende Informationen nicht möglich gewesen sei, an einer Vergabe teilzunehmen oder ihm zu wenig Zeit zur Verfügung stand, sein Angebot vorzubereiten. Dies würde dann zur **„Aufhebung des Verfahrens"** führen.[418] Sollte ein Bieter vor einer derartigen geplanten Vergabe Kenntnis erlangen, muss er als logische Folge im Sinne des Effektivitätsgrundsatzes auch die Unterlassung der Auftragsvergabe verlangen können. Die damit einhergehende Betonung des Primärrechtsschutzes entspricht durchaus grundlegenden unionsrechtlichen Erwägungen.

(1) Allgemeiner Vorrang des Primärrechtsschutzes. Grundsätzlich dürfte nämlich auf **169** Ebene des Unionsrechts ein Vorrang des Primärrechtsschutzes auszumachen sein. Die Forderung nach einem effektiven Rechtsschutz dient nämlich nicht nur dem Interesse des Bürgers, sondern auch der **Effektivität und dezentralen Durchsetzung des Unionsrechts:**[419]

Der Bürger ist neben der Kommission der wichtigste Akteur, der für die einheitliche Anwen- **170** dung des Unionsrechts sorgt und zwar im Rahmen der dezentralen Durchsetzung auf mitgliedstaatlicher Ebene – ggf. im Dialog mit dem EuGH über das Vorlageverfahren.[420] Indem die Bürger mit bestimmten prozessualen Rechten vor den nationalen Gerichten ausgestattet werden, wird der **strukturellen Vollzugsschwäche der Union** entgegengewirkt, der es an einem eigenen Durchsetzungsapparat fehlt.[421] Das heißt aber auch, dass bei der Beurteilung nationaler Rechtsschutzmöglichkeiten anhand des Effektivitätsgebots berücksichtigt werden muss, ob diese ausreichend Gewähr dafür bieten, dass ein Unionsrechtsverstoß so sanktioniert wird, dass er in Zukunft unterbleibt.[422] Vor diesem Hintergrund muss die Steuerungskraft des Sekundärrechtsschutzes, der ja auf einen monetären Schadensersatz zielt, gegenüber staatlichen Stellen grundsätzlich in Zweifel gezogen werden. Grund hierfür ist, dass Beschränkungen des Budgets durch eine Schadenshaftung für staatliche Akteure wenig spürbar sind und deshalb auch nicht im gleichen Maße verhaltenssteuernd wirken wie bei privaten Akteuren.[423] Erst recht muss dies im vergaberechtlichen Kontext gelten: Das Recht der Staatsauftragsvergabe verfolgt das zentrale Interesse, den Diskriminierungs- und Korruptionsgefahren zu begegnen, die aus dem vergleichsweise ungehinderten Zugriff staatlicher Stellen auf finanzielle Ressourcen resultieren.[424] Es erscheint dann wenig interessengerecht, auf mikroökonomische Anreize zu setzen (Risiko der Schadensersatzleistung), wenn es darum geht, Verstöße gegen dieses Regelwerk abzustellen.

Außerdem ist dort, wo der Effektivitätsgrundsatz – wie im Primärvergaberecht – im Dienste **171** der Grundfreiheiten steht, eine **deutliche Tendenz zum Primärrechtsschutz** zu erkennen. Durch ihn wird dem Ziel des Binnenmarktes in größerem Maße Genüge getan als durch eine monetäre

---

[413] EuGH Urt. v. 13.4.2010 – C-91/08, Slg. 2010, I-2815 = ECLI:EU:C:2010:182 = NZBau 2010, 382 – Wall; ausf. zu diesem Urteil *Huerkamp/Kühling* NVwZ 2011, 1409 (1411).
[414] EuGH Urt. v. 13.4.2010 – C-91/08, Slg. 2010, I-2815 Rn. 65 = ECLI:EU:C:2010:182 = NZBau 2010, 382 – Wall.
[415] *Niestedt* FS Marx, 2013, 489 (498).
[416] *André* VergabeR 2012, 136 (137).
[417] EuGH Urt. v. 20.9.2018 – C-518/17, ECLI:EU:C:2018:757 = NZBau 2018, 773 – Stefan Rudigier.
[418] EuGH Urt. v. 20.9.2018 – C-518/17, ECLI:EU:C:2018:757 Rn. 54 ff, = NZBau 2018, 773 – Stefan Rudigier.
[419] Zum Ganzen ausf. *Huerkamp/Kühling* NVwZ 2011, 1409 (1411 f.); s. auch *Shirvani*, Optimierung des Rechtsschutzes im Vergaberecht, 2016, 62.
[420] *Streinz* VVDStRL 61 (2002), 300 (341 f.).
[421] Nachw. auch bei *Epiney* VVDStRL 61 (2002), 391.
[422] Ähnlich, allerdings allein unter Bezug auf das arbeitsrechtliche Diskriminierungsgebot, *Bitterich* NVwZ 2007, 890 (894).
[423] Dazu *Engel* VVDStRL 61 (2002), 440 f.
[424] *Schwintowski* ZögU 2004, 360.

Kompensation.[425] Eine Entschädigung kann einen Grundfreiheitsverstoß nämlich grundsätzlich nicht beseitigen: Die Grundfreiheiten verbieten nicht nur kompensationslose Diskriminierungen, sondern verbieten sie generell.[426] Entsprechend hat der EuGH in einer Vielzahl von Entscheidungen gefordert, dass es dem Betroffenen möglich sein muss, eine grundfreiheitsrelevante Maßnahme gerichtlich „anzufechten".[427]

172 Freilich lassen sich auch **Durchbrechungen dieses Grundsatzes** nachweisen. Im hier relevanten Kontext wird insoweit gelegentlich auf das Urteil Colson rekurriert,[428] um gegen die primärvergaberechtliche Forderung von Primärrechtsschutz unterhalb der Schwellenwerte zu argumentieren.[429] Hier hatte der EuGH entschieden, dass es den Mitgliedstaaten frei stehe, als Rechtsfolge einer Diskriminierung aufgrund des Geschlechts an Stelle eines Anspruchs auf Einstellung gegen den Arbeitgeber einen Anspruch auf angemessene Entschädigung vorzusehen, wobei der Schadensersatzanspruch dann abschreckend wirken müsse. Eine **Verallgemeinerung dieser Rechtsprechung,** gar ihre direkte Übertragung auf das vergaberechtliche Rechtsschutzsystem[430] ist jedoch nicht überzeugend. Zum einen hat sich der EuGH in der Entscheidung von Colson maßgeblich auf Art. 288 Abs. 3 AEUV gestützt, der festschreibt, dass Richtlinien nur hinsichtlich des zu erreichenden Ziels verbindlich sind. Folglich, so der EuGH, könne auch keine bestimmte Form des Rechtsschutzes durch die Richtlinie vorgegeben sein.[431] Diese besondere Bindung gilt hinsichtlich der Grundfreiheiten (und auch anderer Unionsprimärrechte) nicht: Sie sollen nicht nur ein bestimmtes Ziel erreichen, sondern untersagen von vornherein bestimmte staatliche Handlungen. Zum anderen zielte die Richtlinie in erster Linie auf Diskriminierungen durch Arbeitgeber, also regelmäßig Diskriminierungen durch Privatpersonen (auch wenn es in der konkreten Entscheidung um einen öffentlichen Arbeitgeber ging). Hier kann eine Schadenshaftung eher eine Steuerungswirkung entfalten als gegenüber dem Staat und deshalb aus der Perspektive des Effektivitätsgrundsatzes ausreichen.

173 **(2) Defizite des deutschen Rechtsschutzes.** Beachtet man diesen Vorrang des Primärrechtsschutzes, erweist sich die derzeitige deutsche Rechtslage **vielfach** als **defizitär**,[432] wenn auch nach dem EuGH auch „nicht in allen Fällen" Primärrechtsschutz geboten ist. Zwar haben die deutschen Gerichte mittlerweile grundsätzlich die Möglichkeit geschaffen, die Unterlassung primärrechtswidriger Vergaben zu verlangen (→ Rn. 161 ff.). Sie werden damit zumindest formell den Anforderungen des Effektivitätsgrundsatzes und dem ihm innewohnenden Vorrang des Primärrechtsschutzes gerecht.

174 Die grundsätzliche Möglichkeit von Primärrechtsschutz läuft aber vielfach leer, weil das deutsche Recht – mit Ausnahme der oben (→ Rn. 164) geschilderten landesgesetzlichen Regelungen – **keine Pflicht zur Vorabinformation** der unterlegenen Bewerber kennt und damit einen **systematischen Schwachpunkt** aufweist. § 46 Abs. 1 UVgO sieht lediglich eine Informationspflicht nach der Vergabe vor. Ist der Zuschlag aber erst primärrechtswidrig erteilt, besteht grundsätzlich keine Möglichkeit, den damit verbundenen Vertragsschluss rückgängig zu machen.[433] Ohne die Vorabinformation bleibt der Primärrechtsschutz bei realistischer Betrachtung – jedenfalls in der Breite – deshalb „illusionär"[434] oder „theoretisch".[435]

---

[425] *Wollenschläger,* Verteilungsverfahren, 2010, 131.
[426] IdS im Falle eines Vertragsverletzungsverfahrens EuGH Urt. v. 9.12.1997 – C-265/95, Slg. 1997, I-6959 Rn. 59 f. = ECLI:EU:C:1997:595 = ZIP 1997, 2211 – Kommission/Frankreich.
[427] S. etwa EuGH Urt. v. 15.10.1987 – 222/86, Slg. 1987, 4097 Rn. 14 ff. = NJW 1989, 657 – Heylens; EuGH Urt. v. 5.2.2004 – C-24/00, Slg. 2004, I-1277 = ECLI:EU:C:2004:70 = BeckRS 2004, 75347 – Kommission/Frankreich; EuGH Urt. v. 3.12.1992 – C-97/91, Slg. 1992, I-6313 Rn. 12 ff. = ECLI:EU:C:1992:491 = BeckRS 2004, 77939 – Oleificio Borelli SpA.
[428] EuGH Urt. v. 10.4.1984 – 14/83, Slg. 1984, 1891 = ECLI:EU:C:1984:153 = NZA 1984, 157 – von Colson und Kamann.
[429] Im Zusammenhang mit dem Primärrechtsschutz im Vergaberecht nennen diese Entscheidung etwa *Bitterich* NVwZ 2007, 890 (894); Grabitz/Hilf/*Pietzcker,* 40. Aufl. 2009, Sekundärrecht B 19 Rn. 72.
[430] So der Vorschlag von Grabitz/Hilf/*Pietzcker,* 40. Aufl. 2009, Sekundärrecht B 19 Rn. 72.
[431] EuGH Urt. v. 10.4.1984 – 14/83, Slg. 1984, 1891 = ECLI:EU:C:1984:153 = NZA 1984, 157 – von Colson und Kamann.
[432] Vgl. *Huerkamp/Kühling* NVwZ 2011, 1409 (1412); *Jansen/Geitel* VergabeR 2015, 117 (120); *Knöbl,* Rechtsschutz bei der Vergabe von Aufträgen unterhalb der Schwellenwerte, 2008, 143 mwN; s. auch *Burgi* VergabeR § 26 Rn. 3–5; *Shirvani,* Optimierung des Rechtsschutzes im Vergaberecht, 2016, 337 ff.; *Siegel* EWS 2008, 66 (70); *Wollenschläger* FS Marx, 2013, 873 (874).
[433] *Wollenschläger* FS Marx, 2013, 873 (874) mwN; OLG Düsseldorf Urt. v. 6.12.2017 – C-408/16, ECLI:DE:OLGD:2017:1213.I27U25.17.00 = NZBau 2018, 168 Rn. 42; Ziekow/Völlink/*Dittman* GWB Vor § 155 Rn. 16 mwN; gegen eine primärrechtlich gebotene Vorabinformationspflicht aber *Siegel* VerwArch 107 (2016), 1 (25).
[434] Grabitz/Hilf/*Pietzcker,* 2009, Sekundärrecht B 19 Rn. 70; iE ebenso *Burgi* VergabeR § 26 Rn. 7.
[435] BVerfGE 116, 135 (156) = NJW 2006, 3701.

Dementsprechend betreffen die bislang von der Rechtsprechung entschiedenen Fälle zum Primärrechtsschutz Konstellationen, in der Interessenten bereits Kenntnis vom zu vergebenden Auftrag und dem beabsichtigten Verhalten der Vergabestelle hatten, etwa weil die bereits begonnene Ausschreibung aufgehoben werden und dann ohne Beteiligung der Klägerin als beschränkte Ausschreibung fortgesetzt werden sollte[436] oder die Vergabestelle die Absicht bekundet hatte, den Zuschlag auf ein Nebengebot zu erteilen.[437]

Ob allein die unterbleibende Vorabinformation und die damit verbundene Unangreifbarkeit der Vergabeentscheidung eine Verletzung des Effektivitätsgrundsatzes darstellt, ist noch nicht für alle Konstellationen beantwortet. Die Entscheidung in der Rechtssache „Stefan Rudigier" (→ Rn. 168) zur Frage, unter welchen Voraussetzungen das Effektivitätsprinz bei einer Vergabe verletzt ist, lässt sich direkt nur auf Fälle übertragen, in denen ein potenzieller Interessent von vornherein keine Kenntnis über die beabsichtigte Vergabe erhält. In solchen Fällen der Direktvergabe ist eine Verletzung des Effektivitätsgrundsatzes äußerst naheliegend.

Ob dies in anderen Situationen auch gilt, in denen zwar eine gewisse Transparenz durch den Auftraggeber hergestellt ist, die Vergabe dann aber doch ohne Vorabinformation an einen Konkurrenten erfolgt, ist offen. Es spricht vieles dafür, auch in dieser Beeinträchtigung eine **Verletzung des Effektivitätsprinzips** zu sehen, soweit Rechte eines Interessenten dadurch verletzt werden, auch wenn der EuGH sich in der Entscheidung Wall offenbar (noch) nicht soweit vorwagen wollte. So hat das **EuG** mit ziemlicher Deutlichkeit entschieden, dass die **rechtzeitige Vorabinformation** des unterlegenen Bieters vom Gebot des effektiven Rechtsschutzes verlangt werde.[438] Dem Urteil lag eine Konstellation zugrunde, in der eine Ausschreibung durchgeführt worden war und sogar alle anderen Bieter über den Zuschlag informiert worden waren. Die Entscheidung betraf allerdings eine Vergabe durch ein europäisches Organ (hier die Europäische Investitionsbank), auch wenn sich das Gericht ausdrücklich auf die Grundsätze der Gleichbehandlung und Transparenz und damit auf das Primärvergaberecht bezog.[439]

Weitere Defizite der deutschen Rechtslage kommen hinzu. So besteht im deutschen Recht kein eindeutiges Recht auf rechtzeitige Akteneinsicht noch während des Vergabeverfahrens, der aber für die Wahrnehmung des effektiven Rechtsschutzes erhebliche Bedeutung zukommt.[440] Soweit die Rechtsprechung teilweise ein entsprechendes Akteneinsichtsrecht konstruiert, fehlt es dafür an einer klaren Rechtsgrundlage.[441]

Die aufgezeigten Defizite des deutschen Rechtsschutzsystems können nicht durch die **Möglichkeit sekundären Rechtsschutzes kompensiert** werden. Dies liegt bereits darin begründet, dass eine Klage auf Schadensersatz häufig aufgrund des Beibringungsgrundsatzes am Nachweis der Kausalität scheitert.[442] Das Gericht muss sich dann gar nicht mehr mit der Frage befassen, ob der Auftraggeber tatsächlich gegen das Primärvergaberecht verstoßen hat. Dies wäre aus unionsrechtlicher Sicht zu verlangen, soll allein durch Sekundärrechtsschutz ein effektiver Schutz der unionsrechtlichen Position des Einzelnen erfolgen.[443]

cc) **Rechtsfolgen einer Verletzung des Effektivitätsgrundsatzes.** Schwieriger ist zu beurteilen, welche Konsequenzen sich aus der dargestellten Unionsrechtswidrigkeit für den nationalen Rechtsanwender ergeben. Soweit es um den **Rechtsschutz von Bietern** geht, die zwar ein Angebot

---

[436] OLG Saarbrücken Urt. v. 28.1.2015 – 1 U 138/14, ECLI:DE:OLGSL:2015:0128.1U138.14.0A = BeckRS 2015, 05288.

[437] OLG Düsseldorf Urt. v. 13.1.2010 – I-27 U 1/09, ECLI:DE:OLGD:2010:0113.I27U1.09.00 = NZBau 2010, 328.

[438] EuG Urt. v. 20.9.2011 – T-461/08, Slg. 2011, II-6367 Rn. 120 f. = ECLI:EU:T:2011:494 = BeckRS 2011, 81495 – EIB.

[439] EuG Urt. v. 20.9.2011 – T-461/08, Slg. 2011, II-6367 Rn. 125 = ECLI:EU:T:2011:494 = BeckRS 2011, 81495 – EIB.

[440] OLG Düsseldorf Urt. v. 13.1.2010 – I-27 U 1/09, ECLI:DE:OLGD:2010:0113.I27U1.09.00 = NZBau 2010, 328 (330); zur Bedeutung der Akteneinsicht für den effektiven Rechtsschutz vgl. EuGH Urt. v. 15.10.1987 – Rs 222/86, Slg. 1987, 4097 Rn. 15 = ECLI:EU:C:1987:442 = NJW 1989, 657 – Heylens; ähnlich für eine Vergabe durch Unionsorgane auch EuG Urt. v. 20.9.2011 – T_461/08, Slg. 2010, II-6367 Rn. 125/130 =ECLI:EU:T:2011:494 = BeckRS 2011, 81495 – EIB.

[441] OLG Schleswig Beschl. v. 8.1.2013 – 1 W 51/12, ECLI:DE:OLGSH:2013:0108.1W51.12.0A = ZfBR 2013, 308 (309); krit. insoweit *Schwenker* VergabeR 2013, 522 (523).

[442] *Dageförde* NZBau 2020, 72 (73) spricht von Ähnlichkeiten zu einer Verwehrung von Rechtsschutz; zur Problematik der weiterhin fehlenden Akteneinsicht im Sekundärrechtsschutz HK-VergabeR/*Pache* BHO § 55 Rn. 210; ein Auskunftsanspruch aus § 242 BGB ist bei gesetzlichen Schadensersatzansprüchen nur zu gewähren, wenn das Bestehen des Anspruchs dem Grunde nach dargelegt wurde OLG Köln Urt. v. 29.1.2020 – 11 U 14/19, ECLI:DE:OLGK:2020:0129.11U14.19.00 = NZBau 2020, 684 (686).

[443] S. dazu *Huerkamp/Kühling* NVwZ 2011, 1409 (1412).

abgeben konnten, dann aber nicht berücksichtigt werden sollen, kommt der Verfahrensweise des Auftraggebers entscheidende Bedeutung zu: Der unionsrechtlich geforderte effektive Rechtsschutz verlangt hier von der vergebenden Stelle, dass sie das eigene Verfahren von sich aus so gestaltet, dass dem unterlegenen Bewerber zumindest die Möglichkeit offensteht, die angekündigte Entscheidung der Behörde einer gerichtlichen Nachprüfung zuzuführen.[444] Hier dürfte eine den oben vorgestellten (→ Rn. 164), **landesgesetzlichen Regelungen angelehnte Vorabinformation** empfehlenswert sein. Gewähren die nationalen Gerichte dann (Eil-)Rechtsschutz gegen den angekündigten Zuschlag, bei dem sie auch die Einhaltung des Primärvergaberechts prüfen, ist dem Gebot effektiven Rechtsschutzes Genüge getan.

181 Anders gelagert ist die Konstellation, in der sich ein **potenzieller Interessent,** der bislang keine Gelegenheit hatte, sich am Vergabeverfahren zu beteiligen, gegen den erfolgten Zuschlag zur Wehr setzen möchte. Zu denken ist zum einen an **beschränkte Ausschreibungen,** zum anderen an **Direktvergaben** ohne jede Öffentlichkeit. Hier spricht vieles dafür, aus dem Unionsrecht zumindest in Fällen eines besonders drastischen Verstoßes gegen das Primärvergaberecht die **Unwirksamkeit des abgeschlossenen Vertrags** zu folgern.[445] In diese Richtung deutet auch die Entscheidung „Stefan Rudigier" (→ Rn. 168), dass eine „Aufhebung des Verfahrens" geboten sei, wenn ein Interessent von vornherein keine Gelegenheit erhalte, sein Interesse an dem Auftrag wahrzunehmen.[446] Konsequenterweise verstoßen Vergaben im Unterschwellenbereich, bei denen es einem Bieter nicht möglich war, ein Angebot einzureichen, ebenfalls gegen den Effektivitätsgrundsatz und sind demnach jedenfalls im Grundsatz für unwirksam zu erklären.[447] Allerdings wird dies auch nicht ohne Einschränkungen gelten können. Wie die Regelung des § 135 Abs. 2 S. 1 GWB zeigt, genießt der Bestandsschutz des abgeschlossenen Vertrags ab einem bestimmten Zeitpunkt Vorrang vor dem Rechtsschutzinteresse des nicht informierten potenziellen Interessenten. Dies wird bei Verstößen gegen das Primärvergaberecht erst recht gelten müssen. Ist hingegen kein besonders schwerwiegender Verstoß gegen das Primärvergaberecht zu konstatieren, ist – zumindest nach dem derzeitigen Stand des Unionsrechts – aus Gründen des effektiven Rechtsschutzes die Unwirksamkeit des Zuschlags nicht gefordert.

182 Um die mit dieser Entwicklung zwangsläufig verbundene **Rechtsunsicherheit** zu vermeiden, wäre freilich eine **gesetzgeberische Lösung**[448] auf Landes- oder Bundesebene[449] für den Rechtsschutz im Primärvergaberecht sinnvoll. Die Rechtsgrundsätze von Äquivalenz und Effektivität ließen dem Gesetzgeber bei der konkreten Ausgestaltung jedenfalls einen erheblichen Spielraum.[450]

183 Dabei ist es durchaus zu begrüßen, dass die Rechtsprechung dadurch, dass verschiedene **„Ersatzkonstruktionen"** ventiliert werden, den **Druck auf den Gesetzgeber** hochhält. So hat etwa das OLG Düsseldorf in einem Urteil vom 13.12.2017 in obiter dicta die Möglichkeit erwogen, aus einem unionsrechtlichen Grundsatz des effektiven Rechtsschutzes im Unterschwellenbereich **Informations- und Wartepflicht** für öffentliche Auftraggeber im Unterschwellenbereich abzuleiten, wobei eine Missachtung zur Nichtigkeit des geschlossenen Vertrages nach § 134 BGB führen könne.[451] Eine derartige unionsrechtliche Überformung des nationalen Rechts lässt sich allerdings gegenwärtig nicht hinreichend sicher für jede Konstellation aus der Rechtsprechung des EuGH ableiten, auch nicht aus der jüngsten Rechtsprechung „Stefan Rudigier",[452] sodass für eine solche Rechtsfortbildung jedenfalls eine Vorlage an den EuGH indiziert wäre. Dies ändert aber nichts an der weiterhin gebotenen einfachgesetzlichen Ausgestaltung.

II. Sekundärvergaberecht

184 **1. Überblick über das Sekundärvergaberecht der EU.** Es hat nunmehr schon eine lange, rund 50-jährige Tradition, dass die Europäische Union (bzw. früher die Europäische Wirtschaftsge-

---

[444] Ebenso *Jansen/Geitel* VergabeR 2018, 376 (383); für die Ableitung einer Informations- und Wartepflicht aus den Grundfreiheiten iVm. Art. 18 AEUV und Art. 47 GrCH ausf. *Dageförde* NZBau 2020, 72 (202 f.).
[445] *Huerkamp/Kühling* NVwZ 2011, 1409 (1413); Beck VergabeR/*Dörr* Einl. Rn. 54.
[446] EuGH Urt. v. 20.9.2018 – C-518/17, ECLI:EU:C:2018:757 Rn. 54 ff. = NZBau 2018, 773 – Stefan Rudiger.
[447] So auch *Hübner* VergabeR 2019, 46 (49).
[448] Vorschläge etwa bei *Jansen/Geitel* VergabeR 2018, 376 (384 ff.).
[449] Die Gesetzgebungskompetenz des Bundes verneint *Burgi* NVwZ 2011, 1217 ff.; dagegen *Jansen/Geitel* VergabeR 2015, 117 (131); *Jansen/Geitel* VergabeR 2018, 376 (384).
[450] *Huerkamp/Kühling* NVwZ 2011, 1409 (1414).
[451] OLG Düsseldorf Urt. v. 13.12.2017 – I-27 U 25/17, ECLI:DE:OLGD:2017:1231.I27U25.17.00 = VergabeR 2018, 174 (176 f.) mit krit. Anm. *Kaiser* VergabeR 2018, 178 (178 f.); krit. *Siegel* NZBau 2019, 353 (356 f.); *Sitsen* ZfBR 2018, 654 (658 f.); ablehnend gegenüber der Nichtigkeitsfolge *Jansen/Geitel* VergabeR 2018, 376 (380 ff.).
[452] So auch *Dageförde* NZBau 2020, 72 (74 f.); aA wohl *Antweiler* NZBau 2019, 289 (292).

meinschaft, danach die Europäische Gemeinschaft) das Recht des öffentlichen Auftragswesens im europäischen Binnenmarkt – in einem zunehmend stärker werdenden Maße – selbst regelt, und zwar über eine **Harmonisierung** der vergaberechtlichen Regelungen der Mitgliedstaaten, überwiegend freilich nach den eigenen Vorstellungen der EU zu Art und Inhalt der Regelungen. Als rechtliches Mittel für diese Harmonisierung hat die EU den in **Art. 288 AEUV** normierten Rechtsakt der **Richtlinie** gewählt. Die seit 1971 in mehreren „Generationen" erlassenen Richtlinien können in **zwei Gruppen** unterteilt werden: zum einen die Richtlinien, die die Grundsätze und die Verfahrenserfordernisse der Vergabe öffentlicher Aufträge und der Konzessionsvergabe sowie die Durchführung der Vergabeverfahren zum Gegenstand haben, und zum anderen die Richtlinien, die den Rechtsschutz der Bewerber und Bieter gegenüber den öffentlichen Auftraggebern (und den sonstigen unter die Richtlinien fallenden Auftraggebern) in Bezug auf die Einhaltung der Vergaberechtsregeln gewährleisten sollen.

a) Die Richtlinien zu den Grundsätzen und zum Verfahren der öffentlichen Auftragsvergabe und der Konzessionsvergabe. aa) Die bisherigen Richtlinien. Der Vergabe öffentlicher Bauaufträge war die erste Richtlinie, die Richtlinie 71/305/EWG des Rates vom 26.7.1971 über die Koordinierung der Verfahren zur Vergabe öffentlicher Bauaufträge (BKR 1971), gewidmet. Erst fünf Jahre später wurde auch die Vergabe öffentlicher Lieferaufträge durch eine Richtlinie geregelt, durch die Richtlinie 77/62/EWG des Rates vom 21.12.1976 über die Koordinierung der Verfahren zur Vergabe öffentlicher Lieferaufträge (LKR 1977). Öffentliche Dienstleistungsaufträge wurden von der ersten Generation der Vergaberechtsrichtlinien nicht erfasst. Das geschah erst durch die Richtlinie 92/50/EWG des Rates vom 18.6.1992 über die Koordinierung der Verfahren zur Vergabe öffentlicher Dienstleistungsaufträge **(Dienstleistungs-RL 1992).** Danach wurden die BKR 1971 durch die Richtlinie 93/37/EWG des Rates vom 14.6.1993 zur Koordinierung der Verfahren zur Vergabe öffentlicher Bauaufträge **(EG-Bauaufträge-KoordinierungsRL)** und die LKR 1977 durch die Richtlinie 93/36/EWG des Rates vom 14.6.1993 über die Koordinierung der Verfahren zur Vergabe öffentlicher Lieferaufträge **(EG-Lieferkoordinierungs-Richtlinie)** neu gefasst. Am selben Tage wurde die Richtlinie 93/38/EWG des Rates vom 14.6.1993 zur Koordinierung der Auftragsvergabe durch Auftraggeber im Bereich der Wasser-, Energie- und Verkehrsversorgung sowie im Telekommunikationssektor **(EG-Auftragsvergabe-KoordinierungsRL)** erlassen. Diese sog. Sektorenrichtlinie erstreckte das damalige EWG-Vergaberecht auf öffentliche und privatwirtschaftliche Auftraggeber, die in den im Richtlinientitel genannten Sektoren auf Versorgerseite tätig sind, für deren Bau-, Liefer- und Dienstleistungsaufträge (wobei die drei Jahre zuvor erlassene erste Sektorenrichtlinie – Richtlinie 90/531/EWG –, die nur für die Vergabe von Bau- und Lieferaufträgen gegolten hatte, abgelöst wurde).

Im Jahre **2004** wurde eine als **Legislativpaket** bezeichnete Reform der vorgenannten vier Richtlinien vom 18.6.1992 und 14.6.1993 durch den Erlass zweier neuer Richtlinien abgeschlossen: durch die Richtlinie 2004/18/EG des Europäischen Parlaments und des Rates vom 31.3.2004 über die Koordinierung der Verfahren zur Vergabe öffentlicher Bauaufträge, Lieferaufträge und Dienstleistungsaufträge (Vergabekoordinierungsrichtlinie – **Vergabe-RL 2004**) und durch die Richtlinie 2004/17/EG des Europäischen Parlaments und des Rates vom 31.3.2004 zur Koordinierung der Zuschlagserteilung durch Auftraggeber im Bereich der Wasser-, Energie- und Verkehrsversorgung sowie der Postdienste (Sektorenrichtlinie 2004 – **Sektoren-RL 2004**). Die Vergabe-RL 2004 fasste die bisherigen drei Richtlinien EG-Bauaufträge-KoordinierungsRL, EG-Lieferkoordinierungs-Richtlinie und Dienstleistungs-RL 1992 zu einer einheitlichen Vergabekoordinierungsrichtlinie zusammen, führte mit dem wettbewerblichen Dialog eine neue Vergabeverfahrensart für besonders komplexe öffentliche Aufträge ein, schuf Neuregelungen für die Vergabe von Rahmenvereinbarungen sowie für neue Beschaffungsverfahren wie die elektronische Auktion und das dynamische Beschaffungssystem und führte weitere Neuerungen in die Vergaberechtsregeln ein, insbesondere die Zulässigkeit von Bedingungen des öffentlichen Auftraggebers für die Auftragsausführung einschließlich solcher Ausführungsbedingungen, die soziale und umweltbezogene Aspekte betreffen (Art. 26 Vergabe-RL 2004). Als bedeutsame Änderung der Sektorenrichtlinie 2004 ist zu nennen, dass der Telekommunikationssektor aus dem Anwendungsbereich der Sektoren-RL 2004 entfernt worden ist, weil die EU-Kommission zu dem Ergebnis gekommen war, dass in diesem Sektor nunmehr echter Wettbewerb herrscht und deshalb die Notwendigkeit, die Beschaffungstätigkeit von Auftraggebern dieses Sektors zu regeln, entfallen ist (Erwägungsgrund 5 Sektoren-RL 2004). Andererseits hielt es der Richtliniengeber für geboten, den Sektor der Bereitstellung von Postdiensten und damit die in diesem Bereich tätigen Unternehmen als weitere Sektorenauftraggeber in den Anwendungsbereich der Sektoren-RL 2004 aufzunehmen. Im Übrigen wurde die Sektoren-RL 2004 in vielen Punkten an die Vergabe-RL 2004 angepasst.

187 Da die Beschaffung von Waffen, Munition und Kriegsmaterial den besonderen Anforderungen vor allem an die Versorgungs- und die Informationssicherheit unterliegt und der EU-Richtliniengeber zudem den schrittweisen Aufbau eines europäischen Markts für Verteidigungsgüter für die Verbesserung der europäischen rüstungstechnologischen und -industriellen Basis und den Ausbau der zur Umsetzung der europäischen Sicherheits- und Verteidigungspolitik notwendigen militärischen Kapazitäten für unerlässlich hält, hat er darauf abgestimmte spezielle vergaberechtliche Regelungen in einer neu geschaffenen **Verteidigungsvergaberichtlinie,** der Richtlinie 2009/81/EG des Europäischen Parlaments und des Rates vom 13.7.2009 über die Koordinierung der Verfahren zur Vergabe bestimmter Bau-, Liefer- und Dienstleistungsaufträge in den Bereichen Verteidigung und Sicherheit und zur Änderung der Richtlinien 2004/17/EG und 2004/18/EG **(Vergabe-RL Verteidigung und Sicherheit)** der Vergabe-RL 2004 und der Sektoren-RL 2004 an die Seite gestellt (vgl. Erwägungsgründe 2 und 9 Vergabe-RL Verteidigung und Sicherheit).

188 **bb) Die aktuellen Richtlinien vom 26.2.2014.** Auch nach dem Inkrafttreten der Richtliniengeneration des Jahres 2004 (Vergabe-RL 2004 und Sektoren-RL 2004) hat die EU, vor allem die EU-Kommission, an der Optimierung und Modernisierung der Vergaberechtsrichtlinien – unabhängig von dem Sonderfall der Vergabe-RL Verteidigung und Sicherheit – weiter gearbeitet. Es galt, auf die „schnellen und durchgreifenden Veränderungen der juristischen und politischen Landschaft im europäischen Vergaberecht" sachgerecht zu reagieren und „die Vergaberechtsrichtlinien in die strategische Weiterentwicklung des Binnenmarkts einzubeziehen".[453] Nachdem die EU-Kommission die von ihr erarbeiteten Richtlinienvorschläge im Dezember 2011 vorgelegt hatte, nahm das Gesetzgebungsverfahren im Trilogverfahren (Europäisches Parlament/Rat/EU-Kommission) gut zwei Jahre in Anspruch, bis der EU-Gesetzgeber das sog. **Paket zur Modernisierung des europäischen Vergaberechts** am 26.2.2014 verabschiedete und am 28.3.2014 im Amtsblatt der EU veröffentlichte. Das Paket, das ein vollständig überarbeitetes und zum Teil erneuertes Regelwerk für die Vergabe öffentlicher Aufträge und Konzessionen enthält, besteht aus drei selbständigen Richtlinien: RL 2014/24/EU des Europäischen Parlaments und des Rates vom 26.2.2014 über die öffentliche Auftragsvergabe und zur Aufhebung der Richtlinie 2004/18/EG, ABl. 2014 L 94, 65 (die Basisvergaberichtlinie, hier abgekürzt **RL 2014/24/EU**),[454] RL 2014/25/EU des Europäischen Parlaments und des Rates vom 26.2.2014 über die Vergabe von Aufträgen durch Auftraggeber im Bereich der Wasser-, Energie- und Verkehrsversorgung sowie der Postdienste und zur Aufhebung der Richtlinie 2004/17/EG, ABl. 2014 L 94, 243 (die neue Sektorenvergaberichtlinie, hier abgekürzt **Sektoren-RL**)[455] und RL 2014/23/EU des Europäischen Parlaments und des Rates vom 26.2.2014 über die Konzessionsvergabe, ABl. 2014 L 94, 1 (hier abgekürzt **RL 2014/23/EU**).[456]

189 Aufgrund des in den Erwägungsgründen verlautbarten **Zwecks der Reform** der Vergaberechtsrichtlinien wird deutlich, dass die EU das Sekundärvergaberecht auch zur Erreichung ihrer politischen Ziele einsetzt. In den Erwägungsgründen wird die Ansicht des EU-Gesetzgebers dokumentiert, das öffentliche Beschaffungswesen habe für die in der Mitteilung der EU-Kommission vom 3.3.2010 dargelegten „Strategie Europa 2020 für intelligentes, nachhaltiges und integratives Wachstum" eine Schlüsselrolle als eines der marktwirtschaftlichen Instrumente, die ein so geartetes Wachstum fördern und zugleich einen möglichst effizienten Einsatz öffentlicher Gelder sicherstellen (Erwägungsgrund 2 RL 2014/24/EU, Erwägungsgrund 4 Sektoren-RL, Erwägungsgrund 3 RL 2014/23/EU). Um für diesen (wirtschaftspolitischen) Strategiezweck geeignet zu sein, hielt es der EU-Gesetzgeber für erforderlich, die bisher geltenden Richtlinien Vergabe-RL 2004 und Sektoren-RL 2004 zu überarbeiten und zu modernisieren. Damit soll vor allem erreicht werden, die Effizienz der öffentlichen Ausgaben zu steigern, die Teilnahme – insbesondere für kleine und mittlere Unternehmen (KMU) – zu erleichtern und den öffentlichen Auftraggebern sowie den Beschaffern in den Sektoren zu ermöglichen, die Auftragsvergabe in stärkerem Maße zur Förderung gemeinsamer gesellschaftlicher Ziele zu nutzen (Erwägungsgrund 2 RL 2014/24/EU, Erwägungsgrund 4 Sektoren-RL). Die RL 2014/23/EU, die für die Vergabe von Bau- und Dienstleistungskonzessionen gilt, ist eine Neuschöpfung, indem sie erstmals für Dienstleistungskonzessionen Vergaberechtsregeln im Sekundärvergaberecht aufstellt. Im Hinblick auf die zentrale Rolle, die der EU-Gesetzgeber dem öffentlichen Beschaffungswesen für die Erreichung des genannten Strategieziels „Europa 2020" zuschreibt, wertet er gerade Konzessionsverträge als wichtige Instrumente für den langfristigen strukturellen Ausbau von Infrastruktur und als Dienstleistungen von strategischer Bedeutung, die zur Entwicklung des Wettbewerbs im Binnenmarkt beitragen, ferner es ermöglichen, vom Fachwissen

---

[453] So *Wiedner/Spiegel* FS Marx, 2013, 819.
[454] Zum Überblick s. *Gröning* VergabeR 2014, 339; *Jaeger* NZBau 2014, 259.
[455] Zum Überblick s. *Opitz* VergabeR 2014, 369; *Prieß/Stein* NZBau 2014, 323.
[456] Zum Überblick s. *Knauff* NZBau 2014, 395; *Prieß/Stein* VergabeR 2014, 499; *Siegel* VergabeR 2015, 265.

im privaten Sektor zu profitieren, und schließlich zu mehr Effizienz und zu Innovationen beitragen (Erwägungsgrund 3 RL 2014/23/EU). Erst an letzter Stelle wird als zusätzlicher Reformzweck genannt, mehr Rechtssicherheit – und zwar durch Klärung grundlegender Begriffe und Konzepte – zu gewährleisten und so bestimmten Aspekten der ständigen Rechtsprechung des EuGH Rechnung zu tragen (Erwägungsgrund 2 letzter Satz RL 2014/24/EU; Erwägungsgrund 4 letzter Satz Sektoren-RL).

Durch die RL 2014/24/EU und die Sektoren-RL ist die **Verteidigungsvergaberichtlinie** 190 (Vergabe-RL Verteidigung und Sicherheit, → Rn. 187) **nicht geändert** worden (vgl. Art. 15 Abs. 1 lit. a RL 2014/24/EU sowie Art. 16 Abs. 2 UAbs. 3 lit. b und Abs. 4 RL 2014/24/EU; Art. 24 Abs. 1 lit. a Sektoren-RL sowie Art. 25 Abs. 2 UAbs. 3 lit. b und Abs. 4 Sektoren-RL). Es ist lediglich in Art. 15–17 RL 2014/24/EU und in Art. 24–26 Sektoren-RL eine neue Kategorie von Aufträgen eingeführt worden, die Verteidigungs- oder Sicherheitsaspekte umfassen, ohne dass dadurch der Anwendungsbereich der Vergabe-RL Verteidigung und Sicherheit gemäß deren Art. 2 Vergabe-RL Verteidigung und Sicherheit geändert oder geschmälert worden ist.

cc) **Beschränkung des Anwendungsbereichs der Richtlinien durch Schwellenwerte.** 191
Die Vergaberechtsrichtlinien galten allerdings nie und gelten nach wie vor nicht für alle Aufträge, die hinsichtlich des Auftraggebers und des Auftragsgegenstands die definitorischen Voraussetzungen für (öffentliche) Aufträge gemäß RL 2014/24/EU oder Sektoren-RL (oder ihrer Vorgänger) erfüllen. Vielmehr hängen die Anwendbarkeit der Richtlinien und damit die Geltung des Sekundärvergaberechts – wie schon immer – davon ab, dass der konkrete Auftrag einen bestimmten Auftragswert, den sog. Schwellenwert, erreicht oder übersteigt. Für Konzessionen, die einen bestimmten Vertragswert als Schwellenwert erreichen müssen, gilt Entsprechendes. Die für die verschiedenen Auftragsarten und für Konzessionen maßgeblichen Schwellenwerte werden in den Richtlinien selbst festgesetzt (vgl. Art. 4 RL 2014/24/EU, Art. 15 Sektoren-RL, Art. 8 RL 2014/23/EU, Art. 8 Vergabe-RL Verteidigung und Sicherheit), die die EU-Kommission jedoch verpflichten, die Höhe der Schwellenwerte alle zwei Jahre auf Übereinstimmung mit dem Übereinkommen über das öffentliche Beschaffungswesen („GPA") der Welthandelsorganisation zu überprüfen und erforderlichenfalls durch den Erlass delegierter Verordnungen neu festzusetzen (Art. 6 RL 2014/24/EU, Art. 17 Sektoren-RL, Art. 9 RL 2014/23/EU, Art. 68 Vergabe-RL Verteidigung und Sicherheit). So setzte die EU-Kommission zuletzt durch die vier delegierten Verordnungen (EU) 2019/1828, (EU) 2019/1829, (EU) 2019/1827 und (EU) 2019/1830 vom 30.10.2019 die Schwellenwerte mit Wirkung ab 1.1.2020 neu fest.

b) **Die Rechtsmittelrichtlinien.** Die ersten beiden Vergabekoordinierungsrichtlinien aus 192 den siebziger Jahren enthielten keine spezifischen Vorschriften darüber, ob und wie Rechtsschutz im Hinblick auf die Verpflichtung der (öffentlichen) Auftraggeber, die Vergaberechtsregeln einzuhalten, nachgesucht und erzielt werden kann, oder – anders ausgedrückt – welche Rechtsschutzmöglichkeiten die Mitgliedstaaten insoweit mindestens bereithalten müssen. Erst im Jahre 1989 setzte sich die Erkenntnis durch, dass zur Erreichung des Ziels der Vergabekoordinierungsrichtlinien, das öffentliche Auftragswesen – mit verstärkten Garantien im Bereich der Transparenz und der Nichtdiskriminierung – für den gemeinschaftsweiten Wettbewerb zu öffnen, Möglichkeiten einer wirksamen und raschen Nachprüfung der Fälle von beanstandeten Verstößen gegen das Vergaberecht, sei es dasjenige des Gemeinschaftsrechts oder sei es dasjenige des umgesetzten einzelstaatlichen Rechts, bestehen müssen (vgl. Erwägungsgrund 3 EG-Überwachungsrichtlinie). Daher wurde am 21.12.1989 für den damals vergaberechtlich schon geregelten Bereich die „Richtlinie 89/665/EWG des Rates zur Koordinierung der Rechts- und Verwaltungsvorschriften für die Anwendung der Nachprüfungsverfahren im Rahmen der Vergabe öffentlicher Liefer- und Bauaufträge" (Rechtsmittelrichtlinie, hier abgekürzt **EG-Überwachungsrichtlinie**) erlassen. Mit der Dienstleistungs-RL 1992 vom 18.6.1992 (→ Rn. 185) wurde die EG-Überwachungsrichtlinie auch auf öffentliche Dienstleistungsaufträge erstreckt (Art. 41 Dienstleistungs-RL 1992). Auch für den Bereich der Auftragsvergaben durch die von der Sektoren-RL 2004 erfassten Sektorenauftraggeber erkannte man, dass in den Mitgliedstaaten keine wirksamen oder nur unzulängliche Nachprüfungsverfahren zur Durchsetzung der Regeln der Sektoren-RL 2004 oder der einzelstaatlichen Vorschriften zur Umsetzung der Sektoren-RL 2004 bestehen, dass aber die erstrebte Öffnung des Auftragswesens in den von der Sektoren-RL 2004 erfassten Sektoren für den gemeinschaftsweiten Wettbewerb es ebenfalls erfordert, dass im Falle von Vergaberechtsverstößen angemessene Nachprüfungsverfahren entsprechend der EG-Überwachungsrichtlinie zur Verfügung stehen (vgl. Erwägungsgründe 2–5 RL 92/13/EWG). Mit diesem Ziel wurde am 25.2.1992 die „Richtlinie 92/13/EWG des Rates zur Koordinierung der Rechts- und Verwaltungsvorschriften für die Anwendung der Gemeinschaftsvorschriften über die Auftragsvergabe durch Auftraggeber im Bereich der

Wasser-, Energie- und Verkehrsversorgung sowie im Telekommunikationssektor" (Rechtsmittelrichtlinie betr. die Sektoren, hier abgekürzt **EG-Sektorenüberwachungs-Richtlinie**) erlassen. Beide Rechtsmittelrichtlinien weisen die Mitgliedstaaten an, allen Interessenten an der konkreten Vergabe eines öffentlichen Auftrags oder eines Auftrags eines Sektorenauftraggebers im Falle eines sie betreffenden Vergaberechtsverstoßes nicht nur Sekundärrechtsschutz, also die Geltendmachung von Schadensersatzansprüchen, sondern auch Primärrechtsschutz gegenüber der beabsichtigten, als vergaberechtswidrig gerügten Auftragsvergabe zu ermöglichen. Das bedeutet als wichtigstes Erfordernis, dass die Mitgliedstaaten Nachprüfungsverfahren einrichten und in ihrer effizienten Durchführung sicherstellen müssen, in denen wirksam und vor allem möglichst rasch gerügte Vergaberechtsverstöße nachgeprüft und Maßnahmen – auch einstweilige Maßnahmen – ergriffen werden können, um den gerügten Rechtsverstoß zu beseitigen, rechtswidrige Entscheidungen des Auftraggebers einschließlich rechtswidriger Vergabebedingungen aufzuheben oder weitere Schädigungen der durch den Rechtsverstoß betroffenen Interessen zu verhindern (vgl. Art. 1 Abs. 1 EG-Überwachungsrichtlinie und Art. 2 Abs. 1 EG-Überwachungsrichtlinie; Art. 1 Abs. 1 EG-Sektorenüberwachungs-Richtlinie und Art. 2 Abs. 1 EG-Sektorenüberwachungs-Richtlinie).

193 Die beiden Rechtsmittelrichtlinien blieben vom Legislativpaket, mit dem im Jahre 2004 alle bisherigen Vergabekoordinierungsrichtlinien durch die Vergabe-RL 2004 und Sektoren-RL 2004 ersetzt wurden, zunächst unberührt. Drei Jahre später wurden sie jedoch erheblich **überarbeitet und ergänzt durch** die „**Richtlinie 2007/66/EG** des Europäischen Parlaments und des Rates vom 11.12.2007 zur Änderung der Richtlinien 89/665/EWG und 92/13/EWG des Rates im Hinblick auf die Verbesserung der Wirksamkeit der Nachprüfungsverfahren bezüglich der Vergabe öffentlicher Aufträge". Mit dieser Reform sollten vor allem einige ermittelte Schwächen, die die Rechtsmittelrichtlinien aufwiesen, beseitigt werden, insbesondere das bisherige Fehlen einer Frist, die eine wirksame Nachprüfung zwischen der Zuschlagsentscheidung des Auftraggebers und dem (unanfechtbaren) Abschluss des betreffenden Vertrags ermöglicht (Erwägungsgrund 4 RL 2007/66/EG). Die RL 2007/66/EG schreibt daher den Mitgliedstaaten die Festlegung einer Mindeststillhaltefrist ab der Zuschlagsentscheidung des Auftraggebers vor, vor deren Ablauf der zu vergebende Auftrag nicht wirksam erteilt werden kann (Art. 2a EG-Überwachungsrichtlinie nF und Art. 2a EG-Sektorenüberwachungs-Richtlinie nF, mit den in Art. 2b EG-Überwachungsrichtlinie nF und Art. 2b EG-Sektorenüberwachungs-Richtlinie nF normierten Ausnahmen). Als weitere wichtige Ergänzung der Rechtsmittelrichtlinien ist die Einführung der Sanktion der Unwirksamkeit eines erteilten Auftrags bei bestimmten, enumerativ aufgezählten Vergaberechtsverstößen – mit genau normierten Ausnahmen von dieser Sanktion – zu nennen (Art. 2d und 2e EG-Überwachungsrichtlinie nF und Art. 2d und 2e EG-Sektorenüberwachungs-Richtlinie nF).

194 **2. Die Richtlinie: ein Rechtsakt der EU von Gesetzesrang zur indirekten Rechtsetzung in den Mitgliedstaaten.** Um die vorrangige Verbindlichkeit und Wirkung der Richtlinien, auch der Vergaberechtsrichtlinien, im einzelstaatlichen Recht der Mitgliedstaaten voll zu erfassen, ist es angezeigt, sich Klarheit über die **Rechtsnatur** der Richtlinien zu verschaffen. Denn dem rein sprachlichen Ausdruck „Richtlinie", der jedenfalls im deutschen Sprachgebrauch für das inländische Recht auf Gesetzesebene keine Entsprechung hat, mag man nicht ohne weiteres ansehen, dass den EU-Richtlinien – wie noch zu zeigen sein wird – Gesetzesrang zukommt. Gemäß Art. 288 Abs. 1 AEUV ist die Richtlinie eine von fünf Maßnahmenarten, mit denen die Organe der EU die Zuständigkeiten der EU ausüben können, und wird (erst) an zweiter Stelle genannt: Verordnungen, Richtlinien, Beschlüsse, Empfehlungen und Stellungnahmen. Während die an erster Stelle genannte Verordnung durch Art. 288 Abs. 2 AEUV ausdrücklich mit „allgemeiner Geltung" ausgestattet wird, sodass sie „in allen ihren Teilen verbindlich" ist und „unmittelbar in jedem Mitgliedstaat gilt", bestimmt Art. 288 Abs. 3 AEUV die Richtlinie als eine Maßnahme, die (nur) „für jeden Mitgliedstaat, an den sie gerichtet wird, hinsichtlich des zu erreichenden Ziels verbindlich" ist, die „jedoch den innerstaatlichen Stellen die Wahl der Form und der Mittel überlässt". Damit ist jede EU-Richtlinie immer ein **Rechtsetzungsakt** gegenüber den Mitgliedstaaten, an die sie sich richtet, indem sie die zwingende **Verpflichtung der Mitgliedstaaten** zur **Erreichung eines bestimmten Ziels** – durch dafür geeignete Umsetzung des Richtlinieninhalts in das jeweilige einzelstaatliche Recht – begründet.[457]

195 Aufgrund jahrzehntelanger Richtlinienpraxis der EU ist geklärt, dass der Wortlaut des Art. 288 Abs. 3 AEUV (und seiner Vorgänger wie Art. 249 Abs. 3 EGV-Nizza) zu eng gefasst ist. Die Richtlinien definieren nicht nur die zu erreichenden Ziele, sondern in der Praxis der EU auch – vom EuGH

---

[457] EuGH Slg. 1997, I-7411 Rn. 40 = EuZW 1998, 167 – Inter-Environnement Wallonie; EuGH Slg. 1982, 53 = NJW 1982, 499 (500) – Becker; vgl. auch EuGH Slg. 1984, 1891 = NJW 1984, 2021 – v. Colson und Kamann.

(soweit ersichtlich) nie beanstandet – den Rechtszustand, der von den Mitgliedstaaten aufgrund ihrer Verpflichtung zur Umsetzung herzustellen ist.[458] Dabei erreichen gerade auch die Vergaberechtsrichtlinien, wie noch zu zeigen sein wird (→ Rn. 201 und 203), eine immer stärker werdende, hohe Regelungsdichte, die bei der Umsetzung voll zu beachten ist. Demzufolge bestimmt der Unionsgesetzgeber mittelbar über die Verpflichtung der Mitgliedstaaten, den oft von hoher Regelungsdichte[459] geprägten Richtlinieninhalt in ihr einzelstaatliches Recht umzusetzen, in entsprechend hohem Maße die Ausgestaltung des jeweiligen einzelstaatlichen Rechts. Daher ist es zutreffend, die Richtlinienmethode des Art. 288 Abs. 3 AEUV als ein **zweistufiges Rechtsetzungsverfahren** der EU, also als ein Instrument der EU zur indirekten Rechtsetzung in den Mitgliedstaaten aufzufassen.[460] Es kann dann auch – zumindest dann, wenn die Richtlinie vom Europäischen Parlament und vom Rat gemeinsam erlassen worden ist (wie alle Vergaberechtsrichtlinien seit der Generation 2004) – kein Zweifel daran bestehen, dass die Richtlinie **Gesetzesrang** im traditionellen Sinne hat (s. auch Art. 289 Abs. 1 und 3 AEUV),[461] und zwar einschließlich des **Vorrangs des Unionsrechts** vor etwa entgegenstehendem nationalem Recht eines Mitgliedstaats.[462]

196 Die **Gesetzgebungskompetenz** entnimmt der Unionsgesetzgeber idR dem Art. 114 AEUV als genereller Ermächtigungsnorm.[463] Art. 114 Abs. 1 AEUV enthält für das Europäische Parlament und den Rat die generelle Ermächtigung, gemäß dem „ordentlichen Gesetzgebungsverfahren" Maßnahmen (also auch Richtlinien, s. Art. 289 Abs. 1 AEUV) zur Angleichung derjenigen Rechts- und Verwaltungsvorschriften der Mitgliedstaaten zu erlassen, die „die Errichtung und das Funktionieren des Binnenmarkts zum Gegenstand haben", die sich also unmittelbar auf den Binnenmarkt auswirken.[464] Auch für den Erlass der RL 2014/24/EU, der Sektoren-RL und der RL 2014/23/EU hat sich der Unionsgesetzgeber auf Art. 114 AEUV als Ermächtigungsgrundlage berufen, zusätzlich allerdings noch auf Art. 53 Abs. 1 AEUV und Art. 62 AEUV mit Blick auf die Niederlassungs- und Dienstleistungsfreiheit (Koordinierung der Vorschriften der Mitgliedstaaten über die Aufnahme und Ausübung selbständiger Tätigkeiten sowie Förderung der gegenseitigen Anerkennung der Diplome, Prüfungszeugnisse und sonstigen Befähigungsnachweise). Entsprechend dem Art. 114 AEUV wird von manchen als hauptsächliches Ziel der Richtlinien die Rechtsangleichung in den Mitgliedstaaten oder – mit einem anderen Ausdruck – die Harmonisierung der Rechts- und Verwaltungsvorschriften der Mitgliedstaaten genannt.[465] Die Rechtsangleichung als gewissermaßen formales, verselbständigtes Ziel kann aber kein „Ziel" iSd Art. 288 Abs. 3 AEUV sein. Bei den Zielen, deren Erreichung der Unionsgesetzgeber die Mitgliedstaaten gem. Art. 288 Abs. 3 AEUV verpflichten kann, muss es sich vielmehr um Optimierungen in jeweils konkret bestimmten Lebens- oder Wirtschaftsbereichen – ggf. nur zu bestimmten Aspekten – gehen, die für den Binnenmarkt iSd Art. 114 Abs. 1 AEUV bedeutsam sind.[466] Folglich wird die **Rechtsangleichung,** die die jeweilige Richtlinie in unterschiedlich stringenter Konsequenz bis hin zur Rechtsvereinheitlichung[467] bewirkt, vom Unionsgesetzgeber nur **als Mittel zur Erreichung des** jeweils von ihm gem. Art. 288 Abs. 3 AEUV bestimmten sachlichen **Ziels** eingesetzt.

197 **3. Die Ziele der Vergaberechtsrichtlinien und die Vergaberechtsgrundsätze zur Verfolgung dieser Ziele.** Die mit den Vergaberechtsrichtlinien verfolgten Ziele (iSd Art. 288 Abs. 3 AEUV), wie sich von selbst versteht, für die Auslegung der Richtlinien und des zu ihrer Umsetzung geschaffenen einzelstaatlichen Rechts hochbedeutsam. In diesem Sinne bezeichnet der

---

[458] Vgl. EuGH EuZW 2004, 691 Rn. 104 u. 113 – Pfeiffer (Verpflichtung der Mitgliedstaaten zur Erreichung eines bestimmten Ergebnisses im Hinblick auf die in der Richtlinie aufgestellten Regeln); Grabitz/Hilf/Nettesheim AEUV Art. 288 Rn. 112; Streinz/*Schroeder* AEUV Art. 288 Rn. 76 mwN.
[459] Vgl. dazu allg. Calliess/Ruffert/*Ruffert* AEUV Art. 288 Rn. 25 mwN.
[460] *Von Danwitz* JZ 2007, 697 (698); *Hilf* EuR 1993, 1 (4); Calliess/Ruffert/*Ruffert* AEUV Art. 288 Rn. 23 mwN; Streinz/*Schroeder* AEUV Art. 288 Rn. 68; *König* in Schulze/Zuleeg/Kadelbach, Europarecht, 3. Aufl. 2014, § 2 Rn. 45.
[461] Vgl. Streinz/*Schroeder* AEUV Art. 288 Rn. 70 f. mwN; Grabitz/Hilf/Nettesheim/*Nettesheim* AEUV Art. 288 Rn. 108; *König* in Schulze/Zuleeg/Kadelbach, Europarecht, 3. Aufl. 2014, § 2 Rn. 44.
[462] EuGH EuZW 2010, 177 Rn. 54 – Kücükdeveci; BVerfGE 75, 223 (244); *Hilf* EuR 1993, 1 (15).
[463] Grabitz/Hilf/Nettesheim/*Nettesheim* AEUV Art. 288 Rn. 104.
[464] Grabitz/Hilf/Nettesheim/*Nettesheim* AEUV Art. 288 Rn. 104.
[465] Grabitz/Hilf/Nettesheim/*Nettesheim* AEUV Art. 288 Rn. 104; wohl auch von *Danwitz* JZ 2007, 697 (698): spezifische Aufgabenstellung der Richtlinie als Instrument der Rechtsangleichung.
[466] So für die Vergaberechtsrichtlinien auch *Wernicke* VergabeR 2010, 747 (753): klarer Binnenmarktbezug notwendig.
[467] Vgl. Streinz/*Schroeder* AEUV Art. 288 Rn. 69 mwN; konkretes Beispiel: nach EuGH EuZW 2015, 119 Rn. 23, bezweckt die Produkthaftungsrichtlinie 85/374/EWG für die von ihr eingeführten Haftungsregelungen eine „vollständige Harmonisierung" der Rechts- und Verwaltungsvorschriften der Mitgliedstaaten über die Haftung für fehlerhafte Produkte.

EuGH in ständiger Rechtsprechung als eines der **Hauptziele** (genauer: ein „doppeltes Ziel") der Vorschriften der EU-Vergaberechtsrichtlinien, den Bereich des öffentlichen Auftragswesens im Interesse sowohl der Wirtschaftsteilnehmer als auch der öffentlichen Auftraggeber einem möglichst **umfassenden Wettbewerb** zu öffnen[468] und den **freien Dienstleistungsverkehr zu gewährleisten**.[469] Der erstgenannte Aspekt dieses doppelten (Haupt-)Ziels wird zuweilen etwas abgewandelt vom EuGH auch mit den Worten wiedergegeben, der Zweck der Vergaberechtsrichtlinie bestehe darin, die Gefahr einer Bevorzugung einheimischer Bieter oder Bewerber bei der Auftragsvergabe durch öffentliche Auftraggeber auszuschalten und zugleich die Möglichkeit auszuschließen, dass eine vom Staat, von Gebietskörperschaften oder anderen Einrichtungen des öffentlichen Rechts finanzierte oder kontrollierte Stelle sich von anderen als wirtschaftlichen Überlegungen leiten lässt.[470] Die elementare Bedeutung der Sicherstellung eines wirksamen Wettbewerbs für ein an den Vergaberechtsrichtlinien ausgerichtetes Vergabeverfahren kann man unter anderem an der Auslegung dieser Richtlinien durch den EuGH erkennen, wonach der öffentliche Auftraggeber, der den Wettbewerb in einem unter korrekter Anwendung aller Regeln (insbesondere der Art. 18 und 67 RL 2014/24/EU) durchgeführten Vergabeverfahren – objektiv zutreffend – für unzureichend hält, nicht verpflichtet ist, das zB einzig verbliebene die Vergabebedingungen erfüllende Angebot anzunehmen. Vielmehr darf er das Vergabeverfahren bei unzureichendem Wettbewerb ohne Auftragserteilung beenden, und es steht ihm nach einer solchen rechtmäßigen Aufhebung des Verfahrens frei, ein neues Vergabeverfahren mit anderen Zuschlagskriterien einzuleiten.[471] Den genannten Zielen, im EU-Binnenmarkt den Wettbewerb im öffentlichen Auftragswesen zu fördern und den freien Dienstleistungsverkehr zu gewährleisten, dient mittelbar sicher auch das flankierende Ziel, die **nationalen Verfahren zur Vergabe von** über einen seitens der EU bestimmten Schwellenwert hinausgehenden **öffentlichen Aufträgen zu koordinieren**.[472] Als **weiteres Ziel** entnimmt der EuGH den Vergaberechtsrichtlinien, **kleinen und mittleren Unternehmen** den **Zugang zu öffentlichen Aufträgen** zu erleichtern.[473]

198 Die vorstehend genannten übergeordneten Ziele der Vergaberechtsrichtlinien verfolgt der Unionsgesetzgeber – wie der EuGH als Ergebnis seiner Richtlinienauslegung immer wieder hervorhebt – mit einer Reihe von elementaren **Grundsätzen des Sekundärvergaberechts,** insbesondere mit der Anwendung des Verbots der Diskriminierung aus Gründen der Staatsangehörigkeit, des Grundsatzes der Gleichbehandlung der Bewerber und Bieter sowie der sich daraus ergebenden Verpflichtung zur Transparenz.[474] Ergänzt werden diese elementaren Grundsätze durch einige weitere, ebenfalls aus den Grundfreiheiten des AEUV abgeleitete Grundsätze wie den Grundsatz der gegenseitigen Anerkennung und den Grundsatz der Verhältnismäßigkeit, die der Unionsgesetzgeber im Erwägungsgrund 2 Vergabe-RL 2004 sämtlich aufgeführt hat und die der EuGH unter ausdrücklicher Bezugnahme auf diesen zweiten Erwägungsgrund dahin bewertet, dass sie unterschiedslos zur Ebene der zuvor genannten elementaren Grundsätze gehören.[475] Der Unionsgesetzgeber hat im Erwägungsgrund 2 Vergabe-RL 2004 als gesetzgeberisches Motiv verlautbart, dass die vorstehend aufgezählten Grundsätze des Sekundärvergaberechts abgeleitet worden seien von den im Vertrag selbst (damals noch Vertrag zur Gründung der Europäischen Gemeinschaft, heute AEUV) niedergelegten Grundsätzen, insbesondere den Grundsätzen des freien Warenverkehrs, der Niederlassungsfreiheit und

---

[468] EuGH NZBau 2018, 51 Rn. 31 – Casertana; EuGH NZBau 2016, 445 Rn. 27 – Pizzo; EuGH NZBau 2014, 114 Rn. 34 – Swm Costruzioni.

[469] Zu beiden Aspekten dieses doppelten Ziels: EuGH NZBau 2019, 792 Rn. 23 u. 27 – Vitali; EuGH NZBau 2016, 177 Rn. 55 – CASTA; EuGH NVwZ 2012, 745 Rn. 25 = VergabeR 2012, 584 – SAG ELV; EuGH Slg. 2008, I-4401 Rn. 31 mwN = NZBau 2008, 518 – pressetext; EuGH Slg. 2007, I-11173 Rn. 38 u. 39 = NZBau 2008, 130 – Bayerischer Rundfunk ua. Zum zweitgenannten Aspekt s. auch EuGH NZBau 2010, 574 Rn. 47 (die Vergaberechtsrichtlinien „dienen dem Schutz der Niederlassungsfreiheit und des freien Verkehrs von Dienstleistungen im öffentlichen Auftragswesen").

[470] EuGH NZBau 2020, 664 Rn. 54 – Asmel; EuGH NZBau 2018, 47 Rn. 31 – VLRD; EuGH NZBau 2016, 441 Rn. 35 – Dr. Falk Pharma; EuGH NZBau 2010, 574 Rn. 73; EuGH Slg. 2007, I-11173 Rn. 36 = NZBau 2008, 130 – Bayerischer Rundfunk ua.

[471] EuGH NZBau 2018, 685 Rn. 41 – Montte.

[472] EuGH NZBau 2020, 173 Rn. 41 – Stadt Kaunas, unter Hinweis auf Erwägungsgrund 1 RL 2014/24/EU.

[473] EuGH NZBau 2018, 51 Rn. 31 – Casertana; EuGH NZBau 2016, 445 Rn. 27 – Pizzo; EuGH NZBau 2014, 114 Rn. 34 – Swm Costruzioni.

[474] EuGH NZBau 2019, 792 Rn. 23 – Vitali; EuGH NZBau 2019, 654 Rn. 33 u. 34 – Telecom Italia; EuGH VergabeR 2017, 713 Rn. 34; EuGH NVwZ 2012, 745 Rn. 25 = VergabeR 2012, 584 – SAG ELV; EuGH Slg. 2008, I-4401 Rn. 32 = NZBau 2008, 518 – pressetext.

[475] EuGH NZBau 2012, 311 Rn. 35; speziell zum Grundsatz der Verhältnismäßigkeit (s. Erwägungsgrund 1 RL 2014/24/EU): EuGH NZBau 2020, 590 Rn. 71 – T-System Magyarország; EuGH NZBau 2020, 308 Rn. 41, 45 u. 49 – Tim; EuGH NZBau 2019, 792 Rn. 23 – Vitali.

II. Sekundärvergaberecht

der Dienstleistungsfreiheit, an deren Einhaltung der Staat, die Gebietskörperschaften und andere Einrichtungen des öffentlichen Rechts in den Mitgliedstaaten bei ihren Auftragsvergaben (ohnehin) gebunden seien. Auch dieses gesetzgeberische Motiv wird vom EuGH, dem die authentische Auslegung des Vertrags obliegt, gebilligt.[476] Nach der Aufhebung der Vergabe-RL 2004 per 18.4.2016 ist an die Stelle des vom EuGH betonten Erwägungsgrunds 2 Vergabe-RL 2004 der inhaltsgleiche (sprachlich etwas knapper gefasste) Erwägungsgrund 1 RL 2014/24/EU getreten, ohne dass sich an dem gesetzgeberischen Motiv des Unionsgesetzgebers etwas geändert hat.[477] Für die Sektoren-RL und die RL 2014/23/EU hat der Unionsgesetzgeber dem Erwägungsgrund 1 RL 2014/24/EU entsprechende gesetzgeberische Motive und Grundsätze des Sekundärvergaberechts verlautbart (Erwägungsgrund 2 Sektoren-RL und Erwägungsgrund 4 RL 2014/23/EU).

Für das Verständnis und die Auslegung der Vergaberechtsrichtlinien ist es geboten, unter den dargestellten Grundsätzen des Sekundärvergaberechts die **herausragende Stellung** des **Gleichbehandlungsgrundsatzes und** des aus ihm folgenden Grundsatzes der **Transparenz** zu erfassen. Mit Blick auf das öffentliche Auftragswesen sind nach der Rechtsprechung des EuGH alle relevanten Grundregeln des AEUV einschließlich der hier bedeutsamen Grundfreiheiten in der EU besondere Ausprägungen des Gleichbehandlungsgrundsatzes, der insbesondere die Chancengleichheit aller Bieter umfasst.[478] Dieser Grundsatz der Gleichbehandlung wiederum, der die Verpflichtung zur Transparenz mit einschließt, liegt – so das Ergebnis der Richtlinienauslegung des EuGH – allen Vergaberechtsrichtlinien zugrunde,[479] oder (anders ausgedrückt) bildet die Grundlage der Vergaberechtsrichtlinien[480] und prägt damit diese insgesamt. Das bedeutet in der Konsequenz, dass die **Vergaberechtsrichtlinien**, soweit sie das öffentliche Auftragswesen regeln (also nicht im Unterschwellenbereich), nach Auffassung des EuGH **alle Grundregeln des AEUV,** gerade auch den Gleichbehandlungsgrundsatz, in den einzelnen Richtlinienvorschriften – insgesamt gesehen – **verwirklichen.**[481] Aus dieser Auslegung und Wertung der Vergaberechtsrichtlinien durch den EuGH folgt ferner, dass für alle Vorschriften der jeweiligen Richtlinie, auch für Ausnahmevorschriften wie zB Art. 10 RL 2014/24/EU, die Vermutung der Vereinbarkeit mit dem Gleichbehandlungsgrundsatz, daher auch mit den übrigen Grundregeln des AEUV und mit dem Unionsrecht insgesamt besteht.[482]

199

Die **Rechtsmittelrichtlinie** (EG-Überwachungsrichtlinie) hat im Hinblick auf die (materiellen) Vergaberechtsrichtlinien eine dienenden Funktion. Mit der Rechtmäßigkeitskontrolle, die mit den von der EG-Überwachungsrichtlinie als notwendig vorgeschriebenen Nachprüfungsverfahren ausgeübt werden kann und soll, wird – außer der Gewährleistung effektiven Rechtsschutzes – das **Ziel** verfolgt, zugleich die vollständige und tatsächliche Anwendung der Vergaberechtsrichtlinien wirklich sicherzustellen.[483] Dazu müssen die Nachprüfungssysteme in den Mitgliedstaaten, die die EG-Überwachungsrichtlinie mit ihren Mindestanforderungen koordiniert, vor allem die **Funktion** erfüllen, sicherzustellen, dass die Entscheidungen der öffentlichen Auftraggeber in Bezug auf ihre in den Anwendungsbereich der (materiellen) Vergaberechtsrichtlinien fallenden Aufträge wirksam und möglichst rasch auf Verstöße gegen das Vergaberecht der Union oder gegen das dieses Unionsrecht umsetzende einzelstaatliche Recht nachgeprüft werden können (vgl. Art. 1 Abs. 1 UAbs. 3 EG-Überwachungsrichtlinie).[484] Für in diesem Sinne funktionstüchtige Nachprüfungsverfahren, die die mitgliedstaatlichen Rechtsordnungen schaffen und effizient bereitstellen müssen, legt die EG-Überwachungsrichtlinie nur die Mindestvoraussetzungen fest.[485] Soweit im Unionsrecht eine passende Verfahrensregelung fehlt, die zum wirksamen Schutz der vom Unionsrecht den Bewerbern

200

---

[476] Das lässt sich zB der zustimmenden Bezugnahme in EuGH NZBau 2012, 311 Rn. 35 = VergabeR 2012, 593 entnehmen.

[477] Vgl. EuGH NZBau 2019, 792 Rn. 23 – Vitali.

[478] EuGH NZBau 2005, 644 Rn. 48 mwN – Parking Brixen.

[479] EuGH Slg. 2002, I-11617 Rn. 91 = NZBau 2003, 162 – Universale-Bau AG; EuGH Slg. 2002, I-5553 Rn. 45 = NZBau 2002, 458 – Hospital Ingenieure.

[480] EuGH NZBau 2019, 654 Rn. 33 – Telecom Italia; EuGH NZBau 2016, 506 Rn. 37 – MT Hojgaard und Züblin; EuGH NZBau 2010, 120 Rn. 37 – ERGA OSE; EuGH NZBau 2009, 133 Rn. 44 u. 45 – Michaniki AE.

[481] Zum dementsprechenden Zweck der Vergaberechtsrichtlinien vgl. EuGH NZBau 2015, 377 Rn. 51 mwN – Spezzino; EuGH NZBau 2010, 574 Rn. 44 u. 47 = VergabeR 2010, 931; EuGH NZBau 2009, 133 Rn. 38 u. 39 – Michaniki AE.

[482] Vgl. *Jaeger* ZWeR 2016, 205 (232 f.).

[483] EuGH NZBau 2020, 590 Rn. 51 – T-Systems Magyarország; EuGH NZBau 2020, 598 Rn. 72 – Hungeod; EuGH NZBau 2015, 109 Rn. 40 u. 42 – Croce Amica One Italia; EuGH Slg. 2002, I-5553 Rn. 58 = NZBau 2002, 458 – Hospital Ingenieure.

[484] EuGH NZBau 2015, 109 Rn. 41 – Croce Amica One Italia; s. auch EuGH VergabeR 2019, 383 Rn. 42 ff. – GNA Evangelismos.

[485] EuGH NZBau 2019, 122 Rn. 35 – Hochtief AG II.

und Bietern im öffentlichen Auftragswesen eingeräumten Rechte benötigt wird, ist es daher die unionsrechtliche Pflicht eines jeden Mitgliedstaats, in seiner eigenen Rechtsordnung die Regeln des Nachprüfungsverfahrens so zu ergänzen, dass der Schutz dieser Rechte gewährleistet ist.[486] Dabei hat der jeweilige Mitgliedstaat zusätzlich zu beachten, dass die von ihm ergänzten Verfahrensregeln zum Schutz der betreffenden Rechte nicht weniger günstig ausgestaltet sind als die für vergleichbare rein innerstaatliche Rechtsbehelfe (Grundsatz der Äquivalenz) und die Durchsetzung der vom Unionsrecht gewährten Rechte nicht praktisch unmöglich machen oder unnötig und übermäßig erschweren (Grundsatz der Effektivität).[487]

201 **4. Zur Umsetzung der Vergaberechtsrichtlinien.** Da sich die Richtlinie verpflichtend nur an die Mitgliedstaaten richtet, selbst aber keine Verpflichtungen für den Einzelnen, also für Wirtschaftsteilnehmer, Unternehmen und Bürger, begründen kann (vgl. Art. 288 Abs. 3 AEUV),[488] bedarf jede Richtlinie der Mitwirkung der Mitgliedstaaten zwecks Umsetzung der Richtlinienregelungen in einzelstaatliches Recht. In Art. 288 Abs. 3 AEUV heißt es zwar, die Verbindlichkeit der Richtlinie betreffe (nur) das zu erreichende Ziel, während die Wahl der Form und der Mittel der Umsetzung den Mitgliedstaaten selbst überlassen bleibe. Es ist aber schon ausgeführt worden (→ Rn. 195), dass der Wortlaut des Art. 288 Abs. 3 AEUV die jahrzehntelange unangefochtene Richtlinienpraxis der EU nicht zutreffend erkennen lässt, dass die Richtlinien über das zu erreichende Ziel hinaus auch den Rechtszustand definieren, der durch die Umsetzung herzustellen ist, und dass gerade die Vergaberechtsrichtlinien in den letzten Jahren eine immer höher werdende Regelungsdichte erreicht haben, die bei der Umsetzung voll zu beachten ist. Vom Unionsrecht her betrachtet, ist der Unionsgesetzgeber in der **Bestimmung der Regelungsintensität** und -dichte, sofern er eine Kompetenz zum Richtlinienerlass hat (→ Rn. 196), **frei.**[489] Das ist jedenfalls die Richtlinienpraxis; soweit ersichtlich, hat der EuGH bisher nicht zu entscheiden brauchen, ob der Unionsgesetzgeber den Mitgliedstaaten in Bezug auf die Regelungsmaterie genug oder zu wenig Umsetzungsspielraum belassen hat. Als der Realität entsprechender Grundsatz lässt sich daher festhalten, dass es von der jeweils vom Unionsgesetzgeber in der Richtlinie geschaffenen Einzelregelung abhängt, ob die Mitgliedstaaten überhaupt einen (inhaltlichen) Spielraum bei der ihnen obliegenden Umsetzung haben und ggf. wie intensiv, also wie weit oder eng die Bindung der zuständigen einzelstaatlichen Stelle (idR: des Gesetzgebers) an die konkrete Richtlinienregelung ist.

202 Das **wichtigste Gebot für die Richtlinienumsetzung** ist darin zu sehen, dass die Umsetzungsmaßnahme, idR also die zwecks Umsetzung neu geschaffenen oder geänderten einzelstaatlichen Rechtsvorschriften keinesfalls die praktische Wirksamkeit der Richtlinie, wie sie der Unionsgesetzgeber geschaffen hat, beeinträchtigen dürfen.[490] Das gebietet der unionsrechtliche Effektivitätsgrundsatz.[491]

203 Ferner darf der zur Umsetzung verpflichtete Mitgliedstaat, idR also der einzelstaatliche Gesetzgeber, auch im Falle strikter Regelungsintensität und sehr detailreicher Regelung, die sich inhaltlich von einem ausgefeilten einzelstaatlichen Gesetz nicht unterscheidet, bei der **Umsetzung nicht hinter dem Regelungsgehalt der Richtlinie zurückbleiben.**[492] Dieses Gebot beruht auf dem Vorrang des Unionsrechts sowie darauf, dass eine Richtlinie oder eine ihrer Einzelvorschriften, selbst wenn sie wegen Kompetenzüberschreitung oder Verstoßes gegen Art. 288 Abs. 3 AEUV unionsrechtswidrig sein sollte, zunächst rechtlich existent bleibt und ihre Geltung entfaltet, bis sie erfolgreich angefochten, dh vom EuGH für nichtig erklärt wird (vgl. Art. 263 Abs. 1 und 2 AEUV, Art. 264 und 278 AEUV; einstweilige Anordnungen des EuGH sind möglich, Art. 279 AEUV). Mit einer solchen Anfechtung oder gar mit einem Erfolg der Anfechtung ist aber in Anbetracht der bisherigen Richtlinienpraxis (→ Rn. 201) nicht zu rechnen. Daher müssen bzw. mussten die jeweiligen einzelstaatlichen Gesetzgeber aus der RL 2014/24/EU, die hier beispielhaft behandelt werden soll, zahlreiche, zT sehr umfangreiche, durchstrukturierte und detailreiche Regelungen ohne ersichtlichen Spielraum inhaltlich praktisch unverändert in ihr nationales Recht übernehmen, zB: Art. 26 Abs. 3 RL 2014/24/EU und Art. 31 RL 2014/24/EU (zwingende Einführung der neuen Vergabeverfahrensart der Innovationspartnerschaft und des Ablaufs dieses Verfahrens), Art. 26 Abs. 4 RL

---

[486] EuGH NZBau 2017, 431 Rn. 32 – Marina.
[487] EuGH NZBau 2017, 431 Rn. 32 mwN – Marina.
[488] Vgl. EuGH Slg. 1994, I-3325 Rn. 24 = EuZW 1994, 498 – Faccini Dori.
[489] Grabitz/Hilf/Nettesheim/*Nettesheim* AEUV Art. 288 Rn. 113; kritisch *König* in Schulze/Zuleeg/Kadelbach, Europarecht, 3. Aufl. 2014, § 2 Rn. 47.
[490] EuGH BeckEuRS 2015, 447105 Rn. 47 = VergabeR 2016, 37 – Orizzonte Salute; EuGH EuZW 2015, 391 Rn. 40 – eVigilo; EuGH NZBau 2010, 183 Rn. 27 – Uniplex; EuGH Slg. 2002, I-11617 Rn. 72 = NZBau 2003, 162 – Universale-Bau AG.
[491] Vgl. EuGH NZBau 2010, 183 Rn. 40 – Uniplex.
[492] Vgl. OLG Koblenz ZfBR 2015, 308 = VergabeR 2015, 192 (194).

2014/24/EU, Art. 29 und 30 RL 2014/24/EU (zwingende Erweiterung des Anwendungsbereichs des Verhandlungsverfahrens und des wettbewerblichen Dialogs sowie der dem Auftraggeber zur Verfügung zu stellenden Ablaufstationen dieser beiden Verfahren), Art. 33–36 RL 2014/24/EU (Rahmenvereinbarung und Instrumente für die elektronische Auftragsvergabe: dynamisches Beschaffungssystem, elektronische Auktion und elektronischer Katalog [hier mit einer einzigen Ermessenseinräumung an die Mitgliedstaaten in Art. 36 Abs. 1 UAbs. 2 RL 2014/24/EU betreffend eine geringfügige Detailregelung]), Art. 42–44 RL 2014/24/EU (Anforderung von Technischen Spezifikationen, Gütezeichen und Zertifizierungen in den Auftragsunterlagen), Art. 69 RL 2014/24/EU (Behandlung „ungewöhnlich niedriger Angebote").

204 Eine weitere Bindung der Mitgliedstaaten besteht darin, dass sie über eine **abschließende Regelung in der Richtlinie** bei deren Umsetzung nicht hinausgehen dürfen.[493] Das bekannteste Beispiel ist die abschließende Regelung der Eignungsanforderungen, die die öffentlichen Auftraggeber den Bewerbern oder Bietern für die Teilnahme am Vergabeverfahren auferlegen können (Art. 58 Abs. 1 UAbs. 2 RL 2014/24/EU: normiert den abschließenden Charakter der Vorschrift).

205 Ferner ist der einzelstaatliche Gesetzgeber bei der Umsetzung einer Richtlinienvorschrift, die vorsieht, dem öffentlichen Auftraggeber für eine bestimmte Entscheidung in einem Vergabeverfahren einen Beurteilungsspielraum oder ein Ermessen einzuräumen, daran gebunden und darf den **Beurteilungsspielraum** oder das **Ermessen des öffentlichen Auftraggebers** nicht durch eine strikte Regelung in der Umsetzungsvorschrift ersetzen.[494] Dieses Gebot betrifft zahlreiche Vorschriften in den Vergaberechtsrichtlinien, die typischerweise im Wortlaut folgendermaßen gefasst sind: „Öffentliche Auftraggeber können vorschreiben …" (zB Art. 21 Abs. 2 RL 2014/24/EU, Art. 45 Abs. 1 S. 1 RL 2014/24/EU); „die öffentlichen Auftraggeber können offene oder nichtoffene Verfahren anwenden" (Art. 26 Abs. 2 RL 2014/24/EU); „zwei oder mehr öffentliche Auftraggeber können sich verständigen …" (auf eine gemeinsame Auftragsvergabe, Art. 38 Abs. 1 RL 2014/24/EU); „öffentliche Auftraggeber können festlegen …" (besondere Bedingungen für die Ausführung eines Auftrags, Art. 70 RL 2014/24/EU).

206 Ein weiteres Gebot, das für die Umsetzung von Rechtsmittelrichtlinien relevant ist, betrifft den Fall, dass die Richtlinie **den Mitgliedstaaten** ein **Ermessen** hinsichtlich der Wahl der Verfahrensgarantien und der zugehörigen Formalitäten belässt. In dem der Umsetzung dienenden einzelstaatlichen Gesetz hat der betreffende Mitgliedstaat dann aber die Grundsätze der **Verhältnismäßigkeit**[495] sowie der **Äquivalenz** und der **Effektivität** zu beachten, dh die per Umsetzung gesetzlich festzulegenden Verfahrensmodalitäten dürfen nicht weniger günstig ausgestaltet sein als die für entsprechende innerstaatliche Rechtsbehelfe (Äquivalenzgrundsatz) und dürfen die Ausübung der durch das Unionsrecht – also die Richtlinie – verliehenen Rechte nicht praktisch unmöglich machen oder übermäßig erschweren (Effektivitätsgrundsatz).[496]

207 Bei der zweistufigen Rechtsetzung durch die Richtlinien des Unionsgesetzgebers (→ Rn. 195) entsprechen der Aufgabenteilung zwischen EU und Mitgliedstaaten, wie man sie nach dem Wortlaut des Art. 288 Abs. 3 AEUV erwarten würde, in den derzeitigen Vergaberechtsrichtlinien am ehesten solche (eher seltene) Vorschriften, die den **Mitgliedstaaten** aufgeben, **„geeignete Maßnahmen zu treffen"**, um ein in der Richtlinienvorschrift bestimmtes Ziel oder Ergebnis zu erreichen (zB Art. 18 Abs. 2 RL 2014/24/EU), oder den Mitgliedstaaten aufgeben, **„sicherzustellen"**, dass die öffentlichen Auftraggeber in der Lage sind, in bestimmten Situationen zur Zielerreichung geeignete Maßnahmen zu treffen oder wirksame Erklärungen abzugeben, oder dass sich die öffentlichen Auftraggeber vergaberechtsgemäß verhalten, ferner dass Entscheidungen der öffentlichen Auftraggeber effizient überprüft werden können (zB Art. 24 Abs. 1 RL 2014/24/EU, Art. 73, Art. 76 RL 2014/24/EU, Art. 45 Abs. 1 und 2 RL 2014/23/EU, Art. 1 Abs. 1 UAbs. 4 EG-Überwachungsrichtlinie idF des Art. 46 RL 2014/23/EU). Solche Richtlinienvorschriften eröffnen den Mitgliedstaaten Gestaltungsspielräume, die genutzt werden können und müssen, um möglichst optimal das durch die Richtlinie vorgegebene Regelungsziel zu erreichen und zugleich die Umsetzungsvorschriften in das bestehende nationale Normengefüge – soweit möglich – einzupassen, um Normenwidersprüche zu vermeiden. Dennoch müssen die Mitgliedstaaten bei der Umsetzung solcher Richtlinienvorschriften den Grundsatz der **Effektivität** beachten. Vom vorstehend behandelten Typ von Richtlini-

---

[493] Vgl. EuGH NZBau 2013, 116 Rn. 38 – Forposta SA (zu Art. 45 Abs. 2 Vergabe-RL 2004); EuGH NZBau 2009, 133 Rn. 43 – Michaniki AE (zu Art. 24 Abs. 1 RL 93/37/EWG [EG-Bauaufträge-KoordinierungsRL]).
[494] Vgl. EuGH NZBau 2013, 116 Rn. 34 u. 35 – Forposta SA.
[495] Vgl. EuGH NZBau 2020, 308 Rn. 41 iVm Rn. 30 – Tim (betr. Art. 57 Abs. 4 RL 2014/24/EU).
[496] EuGH BeckEuRS 2015, 455927 Rn. 44 u. 46 = VergabeR 2016, 37 – Orizzonte Salute; s. auch EuGH NZBau 2019, 122 Rn. 36–39 – Hochtief AG II, zu Art. 2 Abs. 6 RL 89/665/EWG (EG-Überwachungsrichtlinie).

envorschriften zu unterscheiden sind diejenigen Bestimmungen, die den **Mitgliedstaaten Optionen einräumen,** ob sie von der Transformation der betreffenden Richtlinienvorschrift in ihr nationales Recht überhaupt Gebrauch machen wollen oder nicht. Eine derartige Option enthalten durchaus mehrere Vorschriften der Vergaberechtsrichtlinien, die typischerweise im Wortlaut folgendermaßen gefasst sind: „Die Mitgliedstaaten können vorschreiben ..." (Art. 26 Abs. 6 RL 2014/24/EU, Art. 32 Abs. 1 RL 2014/24/EU, Art. 36 Abs. 1 UAbs. 2 RL 2014/24/EU, Art. 71 Abs. 5 UAbs. 2 RL 2014/24/EU), sie „können vorsehen ..." (Art. 28 Abs. 4 RL 2014/24/EU, Art. 57 Abs. 3 RL 2014/24/EU, Art. 67 Abs. 2 UAbs. 3 RL 2014/24/EU, Art. 71 Abs. 3 und Abs. 7 RL 2014/24/EU, Art. 77 Abs. 1 RL 2014/24/EU), sie „können festlegen ..." (Art. 19 Abs. 2 UAbs. 2 S. 2 RL 2014/24/EU, Art. 37 Abs. 1 u. Abs. 4 UAbs. 2 RL 2014/24/EU), sie „haben die Wahl, festzulegen ..." (Art. 39 Abs. 2 UAbs. 2 RL 2014/24/EU), sie „können bestimmen ..." (Art. 20 Abs. 1 RL 2014/24/EU, Art. 46 Abs. 3 RL 2014/24/EU), sie „können umsetzen ..." (Art. 46 Abs. 4 RL 2014/24/EU), sie „können die Anwendung des Verfahrens gemäß ... [Normzitat] für bestimmte Umstände ausschließen oder darauf beschränken" (Art. 56 Abs. 2 UAbs. 2 RL 2014/24/EU), „die öffentlichen Auftraggeber können von Mitgliedstaaten dazu verpflichtet werden ..." (Art. 57 Abs. 2 UAbs. 2, Abs. 4 UAbs. 1 u. Abs. 5 UAbs. 2 RL 2014/24/EU, Art. 71 Abs. 2 u. Abs. 5 UAbs. 5 RL 2014/24/EU). Die Mitgliedstaaten sind in ihrer Entscheidung völlig frei, ob und wann sie derartige Richtlinienoptionen bei ihrer Umsetzung der Richtlinien ausüben oder nicht. So hat der deutsche Gesetz- und Verordnungsgeber bei seiner Umsetzung der RL 2014/24/EU durch das VergRModG und die VergRModVO per 18.4.2016 zB die ihm durch Art. 77 Abs. 1 RL 2014/24/EU eingeräumte Option außen vor gelassen. Die Mitgliedstaaten können von den Optionen auch später, nach Ablauf der Umsetzungsfrist, noch Gebrauch machen. Im Falle einer Ausübung von Richtlinienoptionen ist aber zu beachten, dass das Gesamtwerk der Richtlinienumsetzung auch in Bezug auf die Art und Weise der Ausübung der Richtlinienoption(en) dem zu erreichenden Richtlinienziel entspricht und den Effektivitätsgrundsatz beachtet.

208 Was schließlich die **Ausgestaltung** der **der Umsetzung dienenden Vorschriften** anbelangt, hat der EuGH in Bezug auf die Umsetzung der EG-Überwachungsrichtlinie **Anforderungen** aufgestellt, die auch für die Umsetzung von materiellen Vergaberechtsrichtlinien (wie RL 2014/24/EU, Sektoren-RL, RL 2014/23/EU und Vergabe-RL Verteidigung und Sicherheit) entsprechend gelten sollten: Das mit der jeweiligen Richtlinie verfolgte Ziel muss bei der Umsetzung in nationales Recht so verwirklicht werden, dass die Erfordernisse der **Rechtssicherheit** beachtet werden, die ein grundlegendes Prinzip des Unionsrechts darstellt.[497] Die zu diesem Zweck zu schaffende Gesetzesregelung muss hinreichend genau, klar und bezüglich etwaiger notwendiger Fristen vorhersehbar sein, damit der Einzelne seine Rechte und Pflichten kennen kann.[498] Es versteht sich von selbst, dass die der Umsetzung dienenden einzelstaatlichen Vorschriften – genau wie die umgesetzte Richtlinie selbst (→ Rn. 195) – die Qualität von Rechtsnormen haben und daher rechtsverbindlich sein müssen, und dass die auf ihrer Grundlage entstehenden Rechte der Bewerber/Bieter und der öffentlichen Auftraggeber vor Gericht oder einer gerichtsähnlichen Nachprüfungsinstanz durchsetzbar sein müssen.[499]

209 **5. Die Durchsetzung der Richtlinien durch das Gebot der richtlinienkonformen Auslegung des einzelstaatlichen Umsetzungsrechts.** Die unionsrechtliche Verpflichtung der Mitgliedstaaten aufgrund des Art. 288 Abs. 3 AEUV ist nicht schon mit der Umsetzung der Richtlinienbestimmungen in das jeweilige einzelstaatliche Recht erfüllt. Vielmehr gehört es zu den darüber hinaus bestehenden wichtigsten Grundsätzen des EU-Richtlinienrechts, dass die infolge der Umsetzung geschaffenen einzelstaatlichen Vorschriften – sofern nur irgend möglich – richtlinienkonform, dh anhand des Wortlauts und des Zwecks der betreffenden Richtlinie ausgelegt werden müssen, damit das gemäß der Richtlinie anzustrebende Ergebnis auch erreicht wird.[500] Vor der Erläuterung dieses Gebots ist das Wichtigste über die Auslegung von EU-Richtlinien selbst darzustellen.

210 **a) Grundsätze der Auslegung der Richtlinien.** Nach der für die Auslegung des Unionsrechts maßgeblichen Rechtsprechung des EuGH richtet sich die Auslegung der Richtlinienbestimmungen mit den in ihnen verwendeten Begriffen – unter Berücksichtigung ihres Wortlauts und Regelungszusammenhangs – entscheidend **nach dem Zweck** der betreffenden Richtlinie (zum

---
[497] EuGH NZBau 2020, 461 Rn. 70 – ISE/Stadt Köln.
[498] Vgl. EuGH NZBau 2020, 461 Rn. 70 – ISE/Stadt Köln; EuGH NZBau 2010, 183 Rn. 39 mwN – Uniplex.
[499] Vgl. König in Schulze/Zuleeg/Kadelbach, Europarecht, 3. Aufl. 2014, § 2 Rn. 52 mwN.
[500] EuGH NZBau 2010, 183 Rn. 45 mwN – Uniplex; EuGH EuZW 2010, 177 Rn. 48 mwN – Kücükdeveci; EuGH Slg. 2004, I-8835 Rn. 113 mwN = EuZW 2004, 691 – Pfeiffer; s. auch BVerfG NZBau 2020, 607 Rn. 18.

II. Sekundärvergaberecht

Zweck der Vergaberechtsrichtlinien → Rn. 197).[501] Bei der Auslegung der einzelnen Begriffe einer Richtlinie, die idR in der gesamten EU autonom und einheitlich auszulegen sind,[502] wendet der EuGH eine **funktionelle Betrachtungsweise** „im Licht der Ziele der Unionsvorschriften" an.[503] Als Beispiel für die funktionelle Betrachtungsweise des EuGH lässt sich anführen, dass bei der für den Auftragswert (und damit für die Anwendbarkeit des EU-Vergaberechts) maßgeblichen Beurteilung, ob Dienstleistungen, die im konkreten Vergabefall nach dem Plan des öffentlichen Auftraggebers in verschiedenen getrennten Abschnitten erbracht werden sollen, doch als einheitlicher Auftragsgegenstand anzusehen sind, der einheitliche Charakter in Bezug auf die wirtschaftliche und technische Funktion der Dienstleistungen zu prüfen ist.[504] Aus der Rechtsprechung des EuGH geht ferner hervor, dass die Erwägungsgründe einer Richtlinie für die am Richtlinienzweck ausgerichtete Auslegung einer Richtlinienvorschrift eine gleich hohe Bedeutung haben wie die betreffende Vorschrift selbst.[505] Schließlich ist darauf hinzuweisen, dass diejenigen Richtlinienbestimmungen, die Abweichungen von den Grundfreiheiten des AEUV darstellen, grundsätzlich eng auszulegen sind.[506] Dem entspricht, dass auch jede Ausnahme von der Geltung der Unionsvorschriften – vor allem der Richtlinien – über das öffentliche Auftragswesen eng auszulegen ist.[507] Im Hinblick darauf, dass die Auslegung der Richtlinienvorschriften nach der EuGH-Rechtsprechung entscheidend am Zweck der jeweiligen Richtlinie mit funktioneller Betrachtungsweise der die Einzelvorschriften prägenden Begriffe ausgerichtet wird, ist festzustellen, dass die Richtlinienauslegung das gleiche Programm hat wie die richtlinienkonforme Auslegung des einzelstaatlichen Umsetzungsrechts (→ Rn. 209) oder – genauer – das Vorbild für die richtlinienkonforme Auslegung des Umsetzungsrechts ist.

b) Rechtliche Grundlage des Gebots der richtlinienkonformen Auslegung des Umsetzungsrechts. Die unionsrechtliche Grundlage für dieses Gebot ist in Art. 288 Abs. 3 AEUV iVm Art. 4 Abs. 3 UAbs. 2 EUV zu sehen.[508] Denn nach der letztgenannten Vorschrift haben die Mitgliedstaaten „alle geeigneten Maßnahmen allgemeiner oder besonderer Art zur Erfüllung der Verpflichtungen, die sich aus den Verträgen oder den Handlungen der Organe der Union ergeben", zu „ergreifen". Der EuGH nennt als unionsrechtliche Grundlage (wenn überhaupt) nur Art. 288 Abs. 3 AEUV (bzw. die inhaltsgleichen Vorläufernormen),[509] ohne dass darin ein rechtlicher oder sachlicher Unterschied zu sehen ist. Für den EuGH ist das Gebot einer unionsrechtskonformen Auslegung des nationalen Rechts ohnehin dem AEUV immanent, weil der im konkreten Fall zur Auslegung berufenen nationalen Instanz, vor allem dem nationalen Gericht dadurch **ermöglicht** wird, im Rahmen ihrer/seiner Zuständigkeit die **volle Wirksamkeit des Unionsrechts zu gewährleisten,** wenn sie/es das nationale Umsetzungsrecht in der betreffenden Sache anwendet.[510]

---

[501] Vgl. ua EuGH NZBau 2020, 457 Rn. 24 – Remondis II; EuGH NZBau 2020, 308 Rn. 32 – Tim; EuGH NZBau 2019, 314 Rn. 28 – Falck Rettungsdienste; EuGH Slg. 2007, I-11173 Rn. 35 = NZBau 2008, 130 – Bayerischer Rundfunk ua. Vgl. auch EuGH VergabeR 2021, 66 Rn. 14 – Compania de Tranvias de La Coruna; EuGH NZBau 2010, 321 Rn. 38 – Helmut Müller (Auslegung nach dem Zweck der betreffenden Regelung der einschlägigen Richtlinie).

[502] EuGH NZBau 2020, 457 Rn. 24 – Remondis II; EuGH NZBau 2019, 314 Rn. 28 – Falck Rettungsdienste; EuGH VergabeR 2019, 383 Rn. 25 – GNA Evangelismos.

[503] EuGH NZBau 2018, 47 Rn. 31 – VLRD; EuGH NZBau 2012, 311 Rn. 37, 40 f.; EuGH Slg. 2007, I-11173 Rn. 37 u. 40 = NZBau 2008, 130 – Bayerischer Rundfunk ua; EuGH Slg. 2001, I-939 Rn. 43 = NZBau 2001, 215.

[504] EuGH NZBau 2012, 311 Rn. 41. Zur funktionellen Betrachtungsweise bei der Auslegung des Begriffs des „öffentlichen Auftraggebers" einschließlich des Begriffs der „Einrichtung des öffentlichen Rechts" vgl. EuGH NZBau 2018, 47 Rn. 31 – VLRD; EuGH Slg. 2001, I-939 Rn. 43 ff. = NZBau 2001, 215; zur funktionellen Betrachtungsweise des Begriffs der „Finanzierung durch den Staat" als Merkmal des Begriffs der „Einrichtung des öffentlichen Rechts" vgl. EuGH Slg. 2007, I-11173 Rn. 37 u. 40 ff. = NZBau 2008, 130 – Bayerischer Rundfunk ua.

[505] Vgl. EuGH NZBau 2020, 661 Rn. 22 – Parsec; EuGH NZBau 2020, 598 Rn. 69 – Hungeod; EuGH NZBau 2011, 431 Rn. 89; vgl. auch EuGH NZBau 2016, 441 Rn. 34 – Dr. Falk Pharma (danach gibt für die Auslegung der Vergabe-RL 2004 der Erwägungsgrund 2 Vergabe-RL 2004 die Auslegungsmethode vor).

[506] EuGH NZBau 2012, 509 Rn. 35 mwN – InsTiimi Oy.

[507] EuGH NZBau 2017, 109 Rn. 29 = VergabeR 2017, 146 mAnm *Amelung* VergabeR 2017, 151.

[508] Calliess/Ruffert/*Ruffert* AEUV Art. 288 Rn. 78; Grabitz/Hilf/Nettesheim/*Nettesheim* AEUV Art. 288 Rn. 133; vgl. auch *König* in Schulze/Zuleeg/Kadelbach, Europarecht, 3. Aufl. 2014, § 2 Rn. 55.

[509] EuGH Slg. 2004, I-8835 Rn. 113 = EuZW 2004, 691 – Pfeiffer; EuGH Slg. 1994, I-3325 Rn. 26 = EuZW 1994, 498 – Faccini Dori.

[510] EuGH EuZW 2010, 177 Rn. 48 – Kücükdeveci; EuGH EuZW 2006, 730 Rn. 109 – Adeneler; EuGH Slg. 2004, I-8835 Rn. 114 mwN = EuZW 2004, 691 – Pfeiffer (in den zwei letztgenannten Urteilen ist selbstverständlich noch von „gemeinschaftsrechtskonformer Auslegung" und von der vollen Wirksamkeit des „Gemeinschaftsrechts" die Rede).

212 **c) Reichweite des Gebots der richtlinienkonformen Auslegung. aa) Personelle Reichweite.** Das Gebot der richtlinienkonformen Auslegung des einzelstaatlichen Umsetzungsrechts richtet sich – seiner Art entsprechend – an alle öffentlichen Stellen in dem betreffenden Mitgliedstaat, die das aus den Richtlinien umgesetzte Recht anwenden, insoweit also an alle Träger öffentlicher Gewalt[511] in den Mitgliedstaaten und damit vor allem an die **Gerichte**, weil es ihnen obliegt, die volle Wirkung der unionsrechtlichen Bestimmungen auch dadurch sicherzustellen, dass sie den Einzelnen den sich aus diesen Bestimmungen ergebenden Rechtsschutz gewährleisten.[512] Da aber nicht nur die Gerichte, sondern alle „Träger öffentlicher Gewalt" Adressaten des Gebots sind, sind auch alle mit der Anwendung des aus der betreffenden Richtlinie umgesetzten nationalen Rechts befassten **Behörden**[513] des Mitgliedstaats und demzufolge in Bezug auf die Vergaberechtsrichtlinien auch die **Vergabekammern** und die **öffentlichen Auftraggeber** selbst zur richtlinienkonformen Auslegung der konkret in Betracht kommenden Umsetzungsvorschriften verpflichtet. Dem steht hinsichtlich der öffentlichen Auftraggeber nicht entgegen, dass sie im Vergabeverfahren nicht in Ausübung „öffentlicher Gewalt" tätig sind. So eng darf die Argumentation des EuGH, dass alle „Träger der öffentlichen Gewalt" zur richtlinienkonformen Auslegung des nationalen Umsetzungsrechts verpflichtet seien, nicht aufgefasst werden. Es kommt hier nicht auf eine Erfassung oder Beurteilung der Ausübung öffentlicher Gewalt, sondern auf die Gewährleistung der vollen Wirksamkeit von Unionsrecht – der Vergaberechtsrichtlinien – an.

213 **bb) Sachliche Reichweite und Grenzen der richtlinienkonformen Auslegung.** Das Gebot der richtlinienkonformen Auslegung bezieht sich zwar hauptsächlich auf die zur Umsetzung der betreffenden Richtlinie erlassenen einzelstaatlichen Vorschriften. Da es sich aber bei diesem Gebot nur um einen Teilaspekt des Grundsatzes der unionsrechtskonformen Auslegung des gesamten nationalen Rechts handelt, gebietet dieser unionsrechtliche Grundsatz, dass die zur Rechtsanwendung berufene staatliche Stelle, vor allem das nationale Gericht sich nicht auf die Prüfung der zur Richtlinienumsetzung geschaffenen Vorschriften beschränkt, sondern das **gesamte nationale Recht** in den Blick nimmt und überprüft, ob und inwieweit es so angewendet werden kann, dass es nicht zu einem der Richtlinie widersprechenden Ergebnis führt. Diese Verpflichtung (nicht allein, aber vor allem) des nationalen Gerichts führt so weit, dass es bei der Anwendung der zur Umsetzung der konkret in Betracht kommenden Richtlinie erlassenen innerstaatlichen Vorschriften das gesamte nationale Recht berücksichtigen und es – so weit wie nach den innerstaatlichen Auslegungsmethoden möglich – anhand des Wortlauts und des Zwecks der Richtlinie auslegen muss, um zu einem Ergebnis zu gelangen, das mit dem gemäß der Richtlinie zu erreichenden Ziel vereinbar ist.[514]

214 Die (gebotene) richtlinienkonforme Auslegung ist und bleibt aber ein Auslegungsverfahren und ist kein Verfahren zur ersetzenden Normsetzung. Die Verpflichtung der innerstaatlichen öffentlichen Stellen und (vor allem) der nationalen Gerichte zur richtlinienkonformen Auslegung umfasst zwar **alle innerstaatlich zulässigen Auslegungsmethoden,** um im Wege der Auslegung des Umsetzungsrechts die volle Wirksamkeit der betreffenden Richtlinie zu gewährleisten und zu einem mit dem Richtlinienziel übereinstimmenden Ergebnis zu gelangen.[515] Das Gebot der richtlinienkonformen Auslegung ermächtigt aber nicht dazu, eine zur Richtlinienumsetzung erlassene Vorschrift, die mit nach innerstaatlichem Recht zulässigen Auslegungsmethoden **nicht** zu einem richtlinienkonformen Auslegungsergebnis geführt werden kann, dann **„contra legem"** (bezogen auf das Recht des betreffenden Mitgliedstaats) auszulegen.[516] Gelingt es nicht, bei der Auslegung der betreffenden nationalen Umsetzungsvorschrift mit den zulässigen Auslegungsmethoden ein Ergebnis zu erreichen, das mit dem gemäß der Richtlinie zu erreichenden Ziel übereinstimmt, ist das nationale Gericht in einer solchen Lage nach Unionsrecht verpflichtet, die betreffende nationale Vorschrift unangewendet zu lassen.[517] Es stellt sich dann die Frage nach der direkten Anwendung der fehlerhaft umgesetzten Richtlinienvorschrift (→ Rn. 218 bis → Rn. 221). Die letztgenannte Rechtsfolge gilt nicht nur – wie vom EuGH schon entschieden – für nationale Gerichte, sondern auch für Behörden und damit auch für Vergabekammern und öffentliche Auftraggeber.[518] Denn das Gebot, eine richtlinienwidrige nationale Umsetzungsvorschrift unangewendet zu lassen, folgt aus dem Grundsatz des Vorrangs des Unionsrechts,[519] an den auch staatliche und kommunale Behörden sowie öffentliche Auftraggeber (selbst wenn sie nicht Gebietskörperschaften sind) gebunden sind.

---

[511] So die Formulierung des EuGH Slg. 2004, I-8835 Rn. 110 mwN = EuZW 2004, 691 – Pfeiffer.
[512] EuGH Slg. 2004, I-8835 Rn. 110 f. = EuZW 2004, 691 – Pfeiffer.
[513] EuGH EuZW 2011, 873 Rn. 28 ff. – Müksch.
[514] EuGH Slg. 2004, I-8835 Rn. 115 ff. = EuZW 2004, 691 – Pfeiffer.
[515] EuGH EuZW 2006, 730 Rn. 111 mwN – Adeneler.
[516] EuGH EuZW 2006, 730 Rn. 110 – Adeneler.
[517] EuGH NZBau 2010, 183 Rn. 49 mwN – Uniplex; EuGH EuZW 2010, 177 Rn. 51 u. 53 f. – Kücükdeveci.
[518] Ebenso Streinz/*Schroeder* AEUV Art. 288 Rn. 127.
[519] EuGH EuZW 2010, 177 Rn. 54 – Kücükdeveci.

d) Der Anfangszeitpunkt für das Gebot der richtlinienkonformen Auslegung. Da das 215
Gebot der richtlinienkonformen Auslegung der zur Richtlinienumsetzung erlassenen nationalen
Vorschriften und darüber hinaus des gesamten nationalen Rechts (→ Rn. 213) bezweckt, die volle
Wirksamkeit der betreffenden EU-Richtlinie zu gewährleisten (→ Rn. 211), folgt daraus, dass das
Gebot nicht schon ab dem (unionsrechtlichen) Inkrafttreten der Richtlinie, sondern erst ab dem
Zeitpunkt des Ablaufs ihrer Umsetzungsfrist gilt.[520] Im Vergaberecht ist zusätzlich zu beachten, dass es
für die Ermittlung des anwendbaren Rechts auf das im Zeitpunkt des Beginns des Vergabeverfahrens
geltende Vergaberecht ankommt.[521] In diesem Zusammenhang hat es der EuGH abgelehnt, in Bezug
auf ein im Dezember 2013 begonnenes polnisches Vergabeverfahren, in dem es auf die Bedingungen
der sog. Eignungsleihe gem. Art. 48 Abs. 3 Vergabe-RL 2004 ankam, diese Vorschrift (und damit
die diesbezügliche polnische Umsetzungsvorschrift) schon unter Berücksichtigung des Inhalts der
jetzigen Nachfolgevorschrift Art. 63 Abs. 1 RL 2014/24/EU auszulegen, die wesentliche Änderungen für die Zulässigkeit der Eignungsleihe gegenüber Art. 48 Abs. 3 Vergabe-RL 2004 enthält. Von
allgemeiner Bedeutung für die Bestimmung des zutreffenden Anfangszeitpunkts für die gebotene
richtlinienkonforme Auslegung ist die (zusätzliche) Begründung des EuGH in dem polnischen
Fall: Eine vorweggenommene Berücksichtigung der neuen, geänderten Richtlinienvorschrift Art. 63
Abs. 1 RL 2014/24/EU für die Auslegung der auf das streitige Vergabeverfahren anzuwendenden
(bisherigen) Vorschrift Art. 48 Abs. 3 Vergabe-RL 2004 würde dem Grundsatz der Rechtssicherheit
für die Wirtschaftsteilnehmer zuwiderlaufen, obwohl Rechtssicherheit für die Wirtschaftsteilnehmer
gemäß Erwägungsgrund 2 RL 2014/24/EU gewährleistet werden soll.[522] Für das Gebot der richtlinienkonformen Auslegung kann es daher nur auf solche Richtlinienvorschriften ankommen, deren
Umsetzungsfrist im Zeitpunkt des Beginns des zu beurteilenden Vergabeverfahrens schon abgelaufen
war.[523]

6. Die unmittelbare Wirkung von Richtlinien wegen mitgliedstaatlicher Verletzung 216
der Umsetzungspflicht. Für den auch im Vergaberecht nicht seltenen Fall, dass ein Mitgliedstaat
gegen seine Pflicht zur dem Art. 288 Abs. 3 AEUV entsprechenden Richtlinienumsetzung verstößt,
sieht der AEUV selbst außer der Möglichkeit eines von der EU-Kommission anzustrengenden
Vertragsverletzungsverfahrens kein Gegenmittel vor, um die Folgen des Verstoßes zu beseitigen oder
zu entschärfen. Das Vertragsverletzungsverfahren selbst führt auch nur zu einer Sanktion gegen den
betreffenden Mitgliedstaat, nicht aber zu einer Nachholung der korrekten Richtlinienumsetzung.
In Anbetracht dieses Defizits hat der **EuGH** in jahrelanger **Rechtsfortbildung** für die Fälle des
Unterlassens, der fristüberschreitenden Verzögerung und der gegen Art. 288 Abs. 3 AEUV (oder
dessen Vorgänger) verstoßenden Durchführung der Richtlinienumsetzung unter bestimmten weiteren Voraussetzungen die unmittelbare Anwendbarkeit der betreffenden Richtlinienvorschriften selbst
eingeführt.

a) Rechtsgrundlage für die unmittelbare Wirkung von Richtlinien. Da Art. 288 AEUV 217
gerade keine direkt durchgreifende Geltung von Richtlinien in den Mitgliedstaaten vorsieht, bedarf
es für deren unmittelbare Wirkung einer besonderen Rechtfertigung. Der wichtigste Rechtfertigungsgrund lässt sich aus dem Unionsrecht selbst ableiten: aus dem zwingenden Charakter der
Verpflichtung, die Art. 288 Abs. 3 AEUV (bzw. die inhaltsgleichen Vorgänger dieser Vertragsbestimmung) den Mitgliedstaaten zur zielerreichenden Umsetzung der jeweiligen Richtlinie auferlegt. Mit
der den Richtlinien durch Art. 288 Abs. 3 AEUV zuerkannten verbindlichen Wirkung gegenüber
den Mitgliedstaaten – so argumentiert der EuGH gemäß dem Prinzip des effet utile – wäre es
unvereinbar, es grundsätzlich auszuschließen, dass sich durch die unterlassene oder fehlerhafte Umsetzung betroffene Personen (oder Unternehmen) auf die durch die Richtlinie dem Mitgliedstaat
auferlegte Verpflichtung berufen können.[524] Als weitere Rechtfertigung für die unmittelbare Richt-
liniendurchsetzung wird in der EuGH-Rechtsprechung die Erwägung einer Sanktion gegen den
betreffenden Mitgliedstaat angeführt: Es müsse verhindert werden, dass der Staat aus seiner eigenen

---

[520] Jedenfalls iErg ebenso: Calliess/Ruffert/*Ruffert* AEUV Art. 288 Rn. 80; Streinz/*Schroeder* AEUV Art. 288 Rn. 130; Grabitz/Hilf/Nettesheim/*Nettesheim* AEUV Art. 288 Rn. 133; *König* in Schulze/Zuleeg/Kadelbach, Europarecht, 3. Aufl. 2014, § 2 Rn. 55; vgl. auch EuGH EuZW 2006, 730 Rn. 115 – Adeneler (ausdrücklich für den Fall verspäteter Umsetzung einer Richtlinie, was aber nicht abschließend gemeint ist).
[521] Vgl. EuGH NZBau 2020, 173 Rn. 31 – Stadt Kaunas; EuGH NZBau 2019, 116 Rn. 45 – Autorità; EuGH NZBau 2016, 373 Rn. 83 – Partner Apelski Dariusz.
[522] EuGH NZBau 2016, 373 Rn. 93 – Partner Apelski Dariusz.
[523] Vgl. ua den Fall EuGH NZBau 2018, 51 Rn. 20–28 – Casertana.
[524] Grundlegend: EuGH Slg. 1982, 53 = NJW 1982, 499 (500) – Becker; ferner: EuGH Slg. 1986, 723 Rn. 47 = NJW 1986, 2178 – Marshall; EuGH Slg. 1994, I-3325 Rn. 22 = EuZW 1994, 498 – Faccini Dori.

Untätigkeit, die in der Richtlinie vorgesehenen Ansprüche oder Vergünstigungen von Personen gegenüber dem Staat durch Richtlinienumsetzung zu begründen, und damit aus seiner Nichtbeachtung des Unionsrechts Nutzen ziehen könne.[525]

218 **b) Voraussetzungen der unmittelbaren Wirkung von Richtlinienvorschriften.** Nach ständiger Rechtsprechung des EuGH müssen drei Voraussetzungen kumulativ erfüllt sein: (1) Die Umsetzungsfrist für die betreffende Richtlinie ist abgelaufen. Erst nach dem Ablauf der für ihre Umsetzung in das einzelstaatliche Recht vorgesehenen Frist kommt die unmittelbare Wirkung einer Richtlinie überhaupt in Betracht.[526] (2) Der Mitgliedstaat hat gegen seine Umsetzungspflicht iSd Art. 288 Abs. 3 AEUV durch Unterlassen der Umsetzung, durch Überschreiten der Umsetzungsfrist oder durch unzulängliche Umsetzung verstoßen. (3) Die Richtlinienbestimmung, um deren unmittelbare Wirkung es geht, ist hierfür hinreichend genau und außerdem inhaltlich unbedingt.[527] Dass eine Richtlinie den Mitgliedstaaten einen gewissen Gestaltungsspielraum für den Regelungsgegenstand belässt, beraubt sie nicht der für eine unmittelbare Wirkung erforderlichen Genauigkeit und Unbedingtheit; denn der Gestaltungsspielraum belässt die Möglichkeit, Mindestrechte der Einzelnen gegen den Staat oder staatliche/öffentliche Stellen zu bestimmen.[528] Für die notwendige hinreichende Genauigkeit ist darauf abzustellen, ob die betreffende Richtlinienbestimmung nach Voraussetzung(en) und Folge(n) so formuliert ist, dass ein Gericht sie anwenden kann, jedenfalls mit dem Ergebnis eines begründbaren Mindestrechts gegenüber dem Staat oder öffentlichen Stellen.[529] Zur inhaltlichen Unbedingtheit gehört, dass eine Richtlinienbestimmung von einem Gericht vorbehaltlos und ohne jede Bedingung anwendbar ist.[530]

219 **c) Reichweite der unmittelbaren Wirkung von Richtlinienvorschriften.** Mit Blick auf die Rechtfertigungsgründe für die unmittelbare Wirkung von Richtlinienvorschriften (→ Rn. 217) können **nur Ansprüche oder Rechte** privater Personen oder Unternehmen **gegen den Staat oder staatliche/öffentliche Stellen** den Gegenstand einer unmittelbaren Wirkung – je nach dem hinreichend genauen und unbedingten Inhalt der betreffenden Richtlinienvorschrift – bilden. Im Bereich der Vergaberechtsrichtlinien können sich also Unternehmen, sofern die Voraussetzungen für eine unmittelbare Wirkung einer bestimmten Richtlinienvorschrift (→ Rn. 218) erfüllt sein sollten, auf diese Vorschrift gegenüber denjenigen staatlichen/öffentlichen Stellen berufen, gegen die sich die in der betreffenden Richtlinienvorschrift zugunsten der Unternehmen vorgesehenen Ansprüche oder Rechte richten. Die von den Unternehmen angerufenen Gerichte (in Deutschland ggf. auch Vergabekammern) müssen dann die betreffende Richtlinienvorschrift zugunsten der sie anrufenden Unternehmen unmittelbar anwenden, müssen also die gemäß der Richtlinienvorschrift verpflichteten staatlichen/öffentlichen Stellen, zB einen bestimmten öffentlichen Auftraggeber, zur Erfüllung ihrer Verpflichtung (zB auf Einhaltung einer Richtlinienregelung zum Vergabeverfahren) anhalten.[531]

220 Die vom EuGH angenommenen Rechtfertigungsgründe für die unmittelbare Wirkung von Richtlinienvorschriften (→ Rn. 217) erlauben es dagegen **nicht**, die unmittelbare Wirkung von Richtlinienvorschriften darauf auszudehnen, dass auch rechtliche **Verpflichtungen von privaten Personen oder Unternehmen** – sei es gegenüber dem Staat oder staatlichen/öffentlichen Stellen, sei es gegenüber anderen privaten Personen oder Unternehmen – begründet werden können. Der EuGH lehnt eine auf die unmittelbare Wirkung von Richtlinien gestützte Erzeugung von Verpflichtungen privater Personen oder Unternehmen, auch die sog. horizontale unmittelbare Richtlinien-

---

[525] EuGH Slg. 1982, 53 = NJW 1982, 499 (501) – Becker; EuGH Slg. 1986, 723 Rn. 49 = NJW 1986, 2178 – Marshall; EuGH Slg. 1994, I-3325 Rn. 22 f. = EuZW 1994, 498 – Faccini Dori.
[526] EuGH EuZW 2008, 185 Rn. 25.
[527] Für alle drei Voraussetzungen grundlegend: EuGH Slg. 1982, 53 = NJW 1982, 499 (500) – Becker; EuGH EuZW 2014, 189 Rn. 18 – Portgás; EuGH Slg. 2004, I-8835 = EuZW 2004, 691 – Pfeiffer.
[528] EuGH Slg. 1994, I-3325 Rn. 17 = EuZW 1994, 498 – Faccini Dori; idS auch EuGH Slg. 2004, I-8835 Rn. 105 = EuZW 2004, 691 – Pfeiffer. Vgl. zu den Voraussetzungen zu (3) beispielhaft in je einem Einzelfall auch EuGH NZBau 2017, 431 Rn. 39 ff. mwN – Marina, zur unmittelbaren Geltung der Art. 1 Abs. 1 RL 89/665/EWG (EG-Überwachungsrichtlinie) und Art. 2 Abs. 1 lit. a und b EG-Überwachungsrichtlinie ggü. einer den Rechtsschutz von Bietern einschränkenden Vorschrift des spanischen Vergaberechts, sowie OLG München VergabeR 2011, 212 (214), zur unmittelbaren Geltung des Art. 24 Abs. 2 Vergabe-RL 2004 ggü. § 16 Abs. 1 Nr. 1c VOB/A 2009.
[529] Vgl. EuGH Slg. 1982, 53 – NJW 1982, 499 (500) – Becker.
[530] Calliess/Ruffert/*Ruffert* AEUV Art. 288 Rn. 54; vgl. zur erforderlichen inhaltlichen Unbedingtheit einer Richtlinienvorschrift in einem Einzelfall auch EuGH Slg. 1982, 53 = NJW 1982, 499 (500 f.) – Becker.
[531] Vgl. EuGH Slg. 1989, 1839 Rn. 29 f. = NVwZ 1990, 649 – Fratelli Costanzo; EuGH EuZW 2014, 189 Rn. 23 f. – Portgás; vgl. auch EuGH Slg. 1994, I-3325 Rn. 23 = EuZW 1994, 498 – Faccini Dori; EuGH Slg. 1986, 723 Rn. 46 u. 50 = NJW 1986, 2178 – Marshall.

wirkung (unter privatwirtschaftlichen Unternehmen) in ständiger Rechtsprechung – nach den obigen Ausführungen (→ Rn. 217) zu Recht – ab.[532] Im Urteil „Faccini Dori" begründet der EuGH dieses (negative) Ergebnis zusätzlich mit dem Argument, für eine Ausdehnung seiner Rechtsprechung zur unmittelbaren Wirkung von Richtlinien auf den Bereich der Beziehungen zwischen Privaten (oder Unternehmen) fehle der Gemeinschaft (jetzt: Union) die Befugnis, mit unmittelbarer Wirkung zu Lasten der Bürger (und privaten Unternehmen) Verpflichtungen anzuordnen, was sie nur dort dürfe, wo ihr die Befugnis zum Erlass von Verordnungen zugewiesen sei.[533]

Von der im vorstehenden Absatz (→ Rn. 220) behandelten Situation zu unterscheiden ist, dass **221** der Gegenstand der unmittelbaren Wirkung der (nicht, zu spät oder unzulänglich umgesetzten) Richtlinienvorschrift eine Verpflichtung nur des betreffenden Mitgliedstaats oder staatlicher Stellen darstellt, deren erfolgreiche Geltendmachung durch den oder die berechtigten Dritten negative Auswirkungen zulasten anderer privater Personen oder Unternehmen verursacht. Solche **negativen tatsächlichen Auswirkungen,** die nicht zu rechtlichen Verpflichtungen **der** negativ **betroffenen privaten Personen oder Unternehmen** führen, hindern die Anerkennung der unmittelbaren Richtlinienwirkung nach der Rechtsprechung des EuGH nicht.[534] Ein solches Dreiecksverhältnis ist eine durchaus mögliche Situation im Vergabeverfahren: Wenn ein Bieter, dessen Angebot der öffentliche Auftraggeber nicht zum Zuschlag ausgewählt hat, dagegen vorgeht und unter Berufung auf eine nicht, zu spät oder unzulänglich umgesetzte Richtlinienvorschrift, die der öffentliche Auftraggeber nicht beachtet hat, der Sache nach zutreffend einen Vergaberechtsfehler – bei der Auswahl des für die Zuschlagserteilung bevorzugten Bieters oder bei der Zurückweisung seines (des rügenden Bieters) Angebots – beanstandet, kann er mit Erfolg die unmittelbare Anwendung dieser Richtlinienvorschrift geltend machen und bei der Vergabekammer sowie beim Vergabesenat des OLG einfordern, obwohl dann der erste Zuschlagsaspirant seine günstige Ausgangsposition für den Zuschlag (zunächst einmal) verliert. Solche negativen tatsächlichen Folgen schließen die unmittelbare Anwendung einer Richtlinienvorschrift nicht aus, sondern sind zugunsten der Durchsetzung des Unionsrechts hinzunehmen.[535]

d) Die Durchsetzung der unmittelbaren Wirkung von Richtlinienvorschriften. In den **222** Fallgestaltungen, in denen nach den vorstehenden Ausführungen (→ Rn. 219 und 221) die unmittelbare Wirkung von (nicht, zu spät oder unzulänglich umgesetzten) Richtlinienvorschriften geboten ist, ist die dementsprechende Durchsetzung des Richtlinienrechts nicht nur aufgrund aktiver Geltendmachung berechtigter privater Personen oder Unternehmen, sondern auch von Amts wegen von allen damit jeweils konkret befassten staatlichen Stellen, auch von öffentlichen Auftraggebern und insbesondere von den Vergabekammern und Gerichten zu beachten und durchzuführen. Je nach Lage des Falls kann diese Verpflichtung dazu führen, dass die staatlichen Stellen einschließlich der öffentlichen Auftraggeber und insbesondere die Vergabekammern sowie Gerichte den unmittelbar anzuwendenden Richtlinienvorschriften entgegenstehendes nationales Recht unangewendet zu lassen haben.[536]

7. Zur „Vorwirkung" von Richtlinien vor Ablauf ihrer Umsetzungsfrist. Wenn die EU **223** eine neue Richtlinie erlässt, insbesondere dann, wenn die EU nach der Überarbeitung oder gar erheblichen Abänderung einer früheren, aber noch in Kraft stehenden Richtlinie eine reformierte Richtlinie verabschiedet, die erst zum Ablauf der Umsetzungsfrist die bisherige Richtlinie außer Kraft setzt (so zB die RL 2014/24/EU im Verhältnis zur Vergabe-RL 2004), tritt die Frage auf, ob die neue Richtlinie schon während der Umsetzungsfrist Vorwirkungen auf die Auslegung und/oder Anwendung des nationalen Rechts zeitigt.[537] Mit Blick auf Sinn und Zweck einer Umsetzungsfrist für Richtlinien sollte diese Frage eigentlich unschwer zu verneinen sein (abgesehen von einer atypischen, extremen Ausnahmesituation: → Rn. 225). Es scheint aber Rechtsunsicherheit zu dieser Frage zu herrschen.

a) Die zeitliche Abgrenzung zwischen alter und neuer Richtlinie in ihren Auswirkun- 224 gen auf das nationale Recht der Mitgliedstaaten. Die entscheidende Vorfrage für die zeitliche Abgrenzung der Wirkungen von alter und neuer Richtlinie ist die, welches Vergaberecht auf das

---

[532] EuGH EuZW 2014, 189 Rn. 22 mwN – Portgás; EuGH EuZW 2010, 177 Rn. 46 – Kücükdeveci; EuGH Slg. 2004, I-8835 Rn. 108 f. = EuZW 2004, 691 – Pfeiffer; EuGH NVwZ 2004, 593 Rn. 56 – Wells.
[533] EuGH Slg. 1994, I-3325 Rn. 20 u. 24 = EuZW 1994, 498 – Faccini Dori.
[534] EuGH NVwZ 2004, 593 Rn. 57 mwN – Wells.
[535] Vgl. EuGH Slg. 2000, I-7535 Rn. 45 ff. = EuZW 2001, 153 – Unilever; EuGH Slg. 1989, 1839 Rn. 28 ff. = NVwZ 1990, 649 – Fratelli Costanzo.
[536] Vgl. EuGH Slg. 1989, 1839 Rn. 28, 31 u. 33 = NVwZ 1990, 649 – Fratelli Costanzo; vgl. auch EuGH EuZW 2010, 177 Rn. 51, 53 f. – Kücükdeveci.
[537] Vgl. zB OLG Düsseldorf NZBau 2015, 43.

konkret zu beurteilende Vergabeverfahren anzuwenden ist. Das ist dasjenige Vergaberecht, das im Zeitpunkt des Beginns des Vergabeverfahrens gilt (→ Rn. 215). Als Beginn des Vergabeverfahrens in diesem Sinne wertet der EuGH denjenigen (noch vor der europaweiten Bekanntmachung liegenden) Zeitpunkt, in dem der öffentliche Auftraggeber die Art des Verfahrens auswählt und endgültig entscheidet, ob die Verpflichtung zu einem vorherigen Aufruf zum Wettbewerb für die Vergabe eines öffentlichen Auftrags besteht (nachfolgend: „Anknüpfungszeitpunkt").[538] Dieser Anknüpfungszeitpunkt kann sich nur aufgrund von Ereignissen im Vergabeverfahren verschieben, zB wenn nach dem Erstbeginn des Vergabeverfahrens Verhandlungen eingeleitet werden, die wesentlich andere Merkmale als die vorherigen aufweisen und als Neuverhandlungen gewertet werden können.[539] Das bedarf hier keiner weiteren Ausführungen, weil der Anknüpfungszeitpunkt auf jeden Fall aufgrund von Ereignissen (und zwar Entscheidungen des öffentlichen Auftraggebers) zu Beginn oder im Vergabeverfahren und nicht aufgrund des Inkrafttretens oder des Umsetzungsfristendes einer neuen Vergaberechtsrichtlinie zu bestimmen ist. Vielmehr bleibt für etwaige Auswirkungen auf das anwendbare nationale Vergaberecht, zB im Wege richtlinienkonformer Auslegung dieses Vergaberechts, diejenige Richtlinie maßgeblich („anwendbar"), deren Umsetzungsfrist im Anknüpfungszeitpunkt schon abgelaufen war, und wird nicht durch diejenige (Nachfolge-)Richtlinie ersetzt, die im Anknüpfungszeitpunkt unionsrechtlich zwar schon in Kraft getreten, deren Umsetzungsfrist aber noch nicht abgelaufen war.[540] Der Grund hierfür ist zum einen im Fehlen der Verbindlichkeit der Richtlinie vor Ablauf der Umsetzungsfrist und zum zweiten im Grundsatz der Rechtssicherheit zu erblicken.[541] Demzufolge ist **aus der Rechtsprechung des EuGH** zur zeitlichen Abgrenzung der Wirkungen von alter und ersetzender neuer Vergaberechtsrichtlinie auf ein Vergabeverfahren **keine Rechtfertigung für eine Vorwirkung** einer neu erlassenen Richtlinie vor Ablauf ihrer Umsetzungsfrist zu entnehmen.[542]

225 **b) Die Ausnahme einer „Vorwirkung" der umzusetzenden Richtlinie auf Grund des sog. Frustrationsverbots.** Der Rechtsprechung des EuGH ist eine einzige Ausnahme für einen Bereich zu entnehmen, in dem eine Richtlinie schon vom Zeitpunkt ihrer Bekanntgabe an und noch während der Umsetzungsfrist Rechtswirkungen auf die Mitgliedstaaten entfaltet: Da die Mitgliedstaaten unionsrechtlich zur Umsetzung der jeweiligen Richtlinie, und zwar zur fristgerechten Umsetzung, verpflichtet sind (Art. 288 Abs. 3 AEUV), brauchen sie zwar die Umsetzungsmaßnahmen nicht vor dem Ende der Umsetzungsfrist zu erlassen, dürfen aber keine Maßnahmen treffen, die die fristgerechte Erfüllung ihrer Verpflichtung zur Richtlinienumsetzung konterkarieren würde. Sie sind daher gem. Art. 4 Abs. 3 EUV iVm Art. 288 Abs. 3 AEUV verpflichtet, während der Umsetzungsfrist den Erlass von Vorschriften zu unterlassen, die geeignet sind, das in der umzusetzenden Richtlinie vorgeschriebene Ziel ernstlich in Frage zu stellen.[543] Dass der EuGH als Rechtsgrundlage für diese Unterlassungspflicht auch noch die Richtlinie selbst genannt hat, ist wohl eine Erklärung dafür, dass die Unterlassungspflicht als eine Vorwirkung der Richtlinie aufgefasst wird. Die hier judizierte Ausnahme einer Vorwirkung einer Richtlinie, deren Umsetzungsfrist noch andauert, ist ersichtlich nicht verallgemeinerungsfähig.

226 **c) Weitere Ausnahmen einer Vorwirkung der umzusetzenden Richtlinie während andauernder Umsetzungsfrist?** Eine weitere eher theoretische Ausnahme einer Vorwirkung einer Richtlinie wird man für den Fall anerkennen können, dass ein Mitgliedstaat seine **Umsetzungsmaßnahmen** schon **vor Ablauf der Umsetzungsfrist getroffen** hat, diese Maßnahmen nicht mit der Richtlinie übereinstimmen und das von ihr vorgegebene Ziel verfehlen, aber von dem Mitgliedstaat als endgültige und vollständige Umsetzung gewollt sind.[544] In diesem Fall mag man schon vorzeitig ab dem Zeitpunkt der fehlerhaften Umsetzung (in erster Linie) eine richtlinienkonforme Auslegung,

---

[538] EuGH NZBau 2020, 173 Rn. 31 – Stadt Kaunas; EuGH NZBau 2018, 421 Rn. 36 – MA. T.I. SUD; EuGH NZBau 2016, 373 Rn. 83 – Partner Apelski Dariusz; EuGH NZBau 2013, 645 Rn. 52 mwN – Zentrum Doornakkers.
[539] Vgl. EuGH NZBau 2013, 645 Rn. 54 – Zentrum Doornakkers.
[540] EuGH NZBau 2016, 373 Rn. 83 – Partner Apelski Dariusz; EuGH NZBau 2013, 645 Rn. 52 – Zentrum Doornakkers; EuGH NZBau 2010, 59 Rn. 26 u. 30; vgl. auch EuGH NZBau 2016, 445 Rn. 31 f. – Pizzo.
[541] Zum zweiten Grund: EuGH NZBau 2016, 373 Rn. 93 – Partner Apelski Dariusz; vgl. auch EuGH NZBau 2013, 645 Rn. 53 – Zentrum Doornackers; EuGH NZBau 2010, 59 Rn. 29 – Hochtief AG.
[542] S. auch EuGH NZBau 2017, 109 Rn. 22 – Undis Servizi = VergabeR 2017, 146 mAnm *Amelung* VergabeR 2017, 151.
[543] EuGH Slg. 1997, I-7411 Rn. 45 = EuZW 1998, 167 – Inter-Environnement Wallonie; vgl. auch das – dort nur zur Abgrenzung benutzte – Zitat dieses Urteils im EuGH-Urteil NZBau 2016, 445 Rn. 32 – Pizzo. Ein weiteres Urteil des EuGH, in dem jene Unterlassungspflicht der Mitgliedstaaten während der Umsetzungsfrist eine Rolle gespielt hat, gibt es – soweit ersichtlich – nicht.
[544] *Antweiler* VergabeR 2015, 191 (192); vgl. auch Streinz/*Schroeder* AEUV Art. 288 Rn. 83.

ausgerichtet an der neuen Richtlinie, oder (sonst) eine direkte Anwendung der neuen Richtlinie für notwendig halten. Für Deutschland ist das nicht relevant, weil hier Vergaberechtsrichtlinien erst zum Ablauf der Umsetzungsfrist (in der Vergangenheit sogar erst später) umgesetzt zu werden pflegen.

Als weiteres Beispiel einer Vorwirkung von EU-Richtlinien wird das Urteil des **BGH „Test-** 227 **preisangebot"** zitiert, in dem der BGH seine frühere Auslegung der Generalklausel des § 1 UWG zur vergleichenden Werbung aufgrund der damals schon erlassenen, aber noch in der Umsetzungsfrist befindlichen RL 97/55/EG (sog. Werbe-Richtlinie) geändert hat, was er selbst im Urteil als richtlinienkonforme Auslegung bezeichnet hat.[545] Es handelt sich hier indessen nicht um eine unionsrechtliche Vorwirkung jener Richtlinie, also nicht um eine Vorwirkung unionsrechtlichen Charakters, sondern nur um eine Änderung deutscher Rechtsprechung zu einer deutschen Vorschrift aufgrund eines Denkanstoßes (nicht aufgrund eines Normbefehls, also des Befehls einer Richtliniennorm) durch eine EU-Richtlinie.

In der Rechtsprechung der Oberlandesgerichte wurde während des Laufs der Frist für die 228 Umsetzung der RL 2014/24/EU eine Vorschrift der RL 2014/24/EU (konkret: Art. 67 Abs. 2 S. 1 RL 2014/24/EU) wegen ihrer **„bestimmten und unbedingten (vorbehaltlosen) Regelungen"** dahin bewertet, dass sie „für die Gerichte und für nationale Stellen, wie die Vergabekammern, bereits bestimmte **Vorwirkungen** entfaltet", wobei das judizierende OLG in Art. 67 Abs. 2 S. 1 RL 2014/24/EU eine gewisse Änderung des Norminhalts gegenüber der Vorläufervorschrift Art. 53 Abs. 1 Vergabe-RL 2004 sah.[546] Diese Argumentation vermag nicht zu überzeugen. Die Begrifflichkeiten „bestimmte und unbedingte (vorbehaltlose) Regelungen" passen nur zur Dogmatik der unmittelbaren Wirkung von nicht, zu spät oder unzulänglich umgesetzten Richtlinien nach (!) Ablauf der Umsetzungsfrist (→ Rn. 218). Die vorgezogene Anwendung oder Heranziehung des Art. 67 Abs. 2 S. 1 RL 2014/24/EU, gerade wenn eine Änderung dieser Richtliniennorm gegenüber Art. 53 Abs. 1 Vergabe-RL 2004 für die Fallentscheidung relevant gewesen sein sollte, ist mit Art. 288 Abs. 3 AEUV (Mangel an Verbindlichkeit der RL 2014/24/EU vor ihrer Umsetzung und vor Ablauf der Umsetzungsfrist) und mit der Rechtsprechung des EuGH zur zeitlichen Abgrenzung der Wirkungen von alter und neuer Richtlinie in Bezug auf ein konkretes Vergabeverfahren (→ Rn. 224) nicht zu vereinbaren. Außer den in → Rn. 225 und → Rn. 226 behandelten Sondersituationen ist aus den in → Rn. 224 dargelegten Gründen eine weitere Ausnahme der Vorwirkung einer Richtlinie während ihrer Umsetzungsfrist **nicht anzuerkennen**.

B. Ablauf des Vergabeverfahrens

Schrifttum: *Badenhausen-Fähnle,* Die neue Vergabeart der Innovationspartnerschaft – Fünftes Rad am Wagen?, VergabeR 2015, 74; *Burgi,* Die Bedeutung der allgemeinen Vergabegrundsätze Wettbewerb, Transparenz und Gleichbehandlung, NZBau 2008, 29; *Burgi,* Ökologische und soziale Beschaffung im künftigen Vergaberecht: Kompetenzen, Inhalte, Verhältnismäßigkeit, NZBau 2015, 597; *Byok,* Das Gesetz zur Modernisierung des Vergaberechts – GWB 2009, NVwZ 2009, 551; *Gabriel/Geldsetzer/Benecke,* Die Bietergemeinschaft, 2007; *Höfler,* Transparenz bei der Vergabe öffentlicher Aufträge, NZBau 2010, 73; *Jaeger,* Die neue Basisvergaberichtlinie der EU vom 26.2.2014 – ein Überblick, NZBau 2014, 259; *Knauff,* Das Kaskadensystem im Vergaberecht – ein Regelungsmodell mit Zukunft?, NZBau 2010, 657; *Knauff,* Strukturfragen des neuen Vergaberechts, NZBau 2016, 195; *Knauff/Badenhausen,* Die neue Richtlinie über die Konzessionsvergabe, NZBau 2014, 395; *Knauff/Streit,* Die Reform des EU-Vergaberechtsschutzes – Überblick unter Berücksichtigung des Entwurfs des Vergaberechtsmodernisierungsgesetzes, EuZW 2009, 37; *Kramer,* Gleichbehandlung im Verhandlungsverfahren nach der VOL/A, NZBau 2005, 138; *Kus,* Losvergabe und Ausführungskriterien, NZBau 2009, 21; *Latzel,* Soziale Aspekte bei der Vergabe öffentlicher Aufträge nach der Richtlinie 2014/24/EU, NZBau 2014, 673; *Mösinger,* Die Dienstleistungskonzession: Wesen und Abgrenzung zu ausschreibungsfreien Verträgen, NZBau 2015, 545; *Müller-Wrede,* Grundsätze der Losvergabe unter dem Einfluss mittelständischer Interessen, NZBau 2004, 643; *Neun/Otting,* Die EU-Vergaberechtsreform 2014, EuZW 2014, 446; *Opitz,* Die Zukunft der Dienstleistungskonzession, NVwZ 2014, 753; *Opitz,* Die Leistungsbeschreibung – Kernstück des Vergabeverfahrens, NZBau 2004, 20, 87; *Prieß/Niestedt,* Rechtsschutz im Vergaberecht, 2006; *Prieß/Stein,* Die neue EU-Sektorenrichtlinie, NZBau 2014, 323; *Pünder/Franzius,* Auftragsvergabe im wettbewerblichen Dialog, ZfBR 2006, 20; *Püstow/Meiners,* Die Innovationspartnerschaft – Mehr Sicherheit für ein innovatives Vertragsmodell, NZBau 2016, 406; *Sauer/Hollands,* Mangelnder Rechtsschutz im Unterschwellenbereich – Verfassungsrechtliche Zweifel und politischer Handlungsbedarf, NZBau 2006, 763; *Schaller,* Dokumentations-, Informations-, Mitteilungs-, Melde- und Berichtspflichten im öffentlichen Auftragswesen, VergabeR 2007, 394; *Schröder,* „Grüne" Zuschlagskriterien: Die Lebenszykluskostenberechnung anhand von Energieeffizienz- und Schadstoffkriterien am Beispiel der Beschaffung von Straßenfahr-

---

[545] BGH NJW 1998, 2208 (2211) = EuZW 1998, 474. Dieses Urteil wird zB vom OLG Düsseldorf NZBau 2015, 43 und NZBau 2017, 112 Rn. 23, als Beispiel für Vorwirkungen neuer EU-Richtlinien zitiert.
[546] OLG Düsseldorf NZBau 2015, 43; s. auch OLG Düsseldorf NZBau 2017, 112 Rn. 23.

zeugen, NZBau 2014, 467; *Schröder,* Das Konzessionsvergabeverfahren nach der RL 2014/23/EU, NZBau 2015, 351; *Wagner/Pfohl,* Die neue Richtlinie 2014/23/EU über die Konzessionsvergabe: Anwendungsbereich, Ausnahmevorschriften und materielle Regelungen, ZfBR 2014, 745; *Walthelm,* Das öffentliche Auftragswesen, 1979; *Willenbruch,* Die Praxis des Verhandlungsverfahrens nach §§ 3a Nr. 1 VOB/A und VOL/A, NZBau 2003, 422; *Ziekow/Siegel,* Zulassung von Nachverhandlungen im Vergabeverfahren? – Rechtliche Rahmenbedingungen und erste Zwischenergebnisse des Zweiten Modellversuchs des Landes Nordrhein-Westfalen, NZBau 2005, 22.

I. Einführung: Entwicklung des deutschen Vergaberechts

229   **1. Die „haushaltsrechtliche Lösung".** Das Recht der öffentlichen Auftragsvergabe gehört in Deutschland traditionell zum Haushaltsrecht, das seiner Natur nach an Fiskalinteressen ausgerichtet ist und den an öffentlichen Aufträgen interessierten Unternehmen keine subjektiven Rechte einräumt.[547] Dieser Tradition folgend setzte der deutsche Gesetzgeber die europäischen Vergaberichtlinien und die beiden Rechtsmittelrichtlinien aus den Jahren 1989 bis 1993[548] in Form einer „haushaltsrechtlichen Lösung" mit dem Zweiten Gesetz zur Änderung des HGrG und den beiden auf ihm basierenden Rechtsverordnungen – der Vergabeverordnung sowie der Nachprüfungsverordnung (NpV)[549] – 1993/1994 in nationales Recht um. Die Vergabeverordnung verwies zudem auf die bereits seit den 1920er Jahren bestehenden, von Verdingungsausschüssen aus Wirtschaft und Auftraggeberseite erarbeiteten Verdingungsordnungen (die späteren Vergabe- und Vertragsordnungen) für Bauleistungen (VOB), freiberufliche Leistungen (VOF) und sonstige Leistungen (VOL).[550] Diese frühzeitige Festlegung des Gesetzgebers ist ein Grund dafür, dass es bis heute kein einheitliches Regelwerk für Vergaben gibt.

230   Die Entscheidung für die „haushaltsrechtliche" Lösung bedeutete zugleich eine Entscheidung gegen den subjektiven Bieterrechtsschutz. Entsprechend ihrer systematischen Verortung im HGrG, in der Bundeshaushaltsordnung und in den entsprechenden landes- und gemeinderechtlichen Vorschriften hatten die vergaberechtlichen Vorschriften den Charakter von objektiven Ordnungsregeln, denen als staatliches Binnenrecht nach weit überwiegender Auffassung keine Außenwirkung zukam.[551] In der Begründung zum Gesetzesentwurf wurde als Ziel der Novelle ausdrücklich festgehalten, „individuelle, einklagbare Rechtsansprüche der Bieter nicht entstehen zu lassen".[552] Auch VOB, VOF und VOL waren (und sind) aufgrund der Art ihres Erlasses durch die sog. Vergabeausschüsse[553] weder Verordnungen noch Satzungen oder gar gesetzliche Vorschriften und boten den Teilnehmern am Vergabeverfahren allenfalls sekundärrechtliche Schadensersatzansprüche (*culpa in contrahendo;* heute § 280 Abs. 1 BGB, § 311 Abs. 2 BGB, § 241 Abs. 2 BGB), die ua angesichts der insoweit geltenden Beweislastverteilung keine große praktische Relevanz hatten.[554]

231   **2. Die „kartellrechtliche Lösung".** Das Festhalten an der haushaltsrechtlichen Tradition war mit der europäischen Zielsetzung, ein bieterschützendes Vergaberecht mit prozeduraler Absicherung der materiellen Rechte zu schaffen, unvereinbar.[555] Als die Bundesregierung durch ein von der Europäischen Kommission eingeleitetes Vertragsverletzungsverfahren nach Art. 258 AEUV[556] und Sanktionsdrohungen seitens der US-amerikanischen Regierung, die befürchtete, der fehlende vergaberechtliche Rechtsschutz könnte zur Diskriminierung von amerikanischen Bieterunternehmen führen,[557] politisch unter Druck geriet, entschloss sie sich im Jahre 1996 zu einer grundlegenden Reform des deutschen Vergaberechts,[558] die zur Aufgabe der haushaltsrechtlichen Lösung und hin zur **kartellrechtlichen Lösung** führte. Die Reform umfasste eine Novellierung sowohl der Rechts-

---

[547] Vgl. zur Historie Beck VergabeR/*Dörr* Einl. Rn. 45 ff.
[548] RL 89/665/EWG, ABl. 1989 L 395, 33 und 92/13/EWG, ABl. 1992 L 6, 47.
[549] BGBl. 1994 I 324.
[550] Zur Entwicklung der Verdingungsordnungen s. *Walthelm,* Das öffentliche Auftragswesen, 1979, 58 ff.
[551] Beck VergabeR/*Dörr* Einl. Rn. 44.
[552] BT-Drs. 12/4636, 12.
[553] Für den Erlass der VOB ist der Deutscher Vergabe- und Vertragsausschuss für Bauleistungen (DVA) zuständig, der sich aus Vertretern öffentlicher Auftraggeber, kommunaler Spitzenverbände und Wirtschaftsorganisationen zusammensetzt. Für die VOL und die VOF ist bzw. war der Deutsche Vergabe- und Vertragsausschuss für Lieferungen und Dienstleistungen (DVAL) zuständig, dem ebenfalls Vertreter aus der Auftraggeber- und der Auftragnehmerseite angehören.
[554] Umfassend zu den Anspruchsgrundlagen Beck VergabeR/*Motzke,* 2001, Syst V.
[555] EuGH Urt. v. 11.8.1995 – C-433/93, Slg. 1995, I-2303 = NVwZ 1996, 367 – Kommission/Deutschland; *Prieß* VergabeR-HdB 100.
[556] EuGH Urt. v. 11.8.1995 – C-433/93 Slg. 1995, I-2303 = NVwZ 1996, 367 – Kommission/Deutschland; es folgte ein weiteres Mahnschreiben, abgedruckt in ZIP 1995, 1040.
[557] Abgedruckt in forum Vergabe eV (Hrsg.), Vergaberechtsänderungsgesetz 1998, 10.2.
[558] Kabinettsbeschluss v. 25.9.1996; Vorlage des BMWi v. 23.9.1996 (I B 3-260 500/16), abgedruckt in VergabeR 1/1996, 57.

grundlagen der Vergabe öffentlicher Aufträge als auch der Vorschriften über die Nachprüfbarkeit von Vergabeentscheidungen.

Mit dem am 1.1.1999 in Kraft getretenen VgRÄG[559] wurde im Rahmen der 6. GWB-Novelle **232** ein vierter Abschnitt in das GWB eingefügt (§§ 97–129 GWB aF). Seither ist der durch die materiellen Vergaberichtlinien vorgegebene subjektiv-rechtliche Anspruch auf Einhaltung der Bestimmungen über das Vergabeverfahren in § 97 GWB (§ 97 Abs. 7 GWB aF, nunmehr § 97 Abs. 6 GWB) normiert. Die Einführung dieses subjektiven Rechts war für die weitere Entwicklung des Vergaberechts von entscheidender Bedeutung. Denn seither können Vergaberechtsverstöße von den Bietern bzw. den am Auftrag interessierten Unternehmen im Rahmen eines Nachprüfungsverfahrens geltend gemacht werden. Von dieser Möglichkeit wurde und wird ausführlich Gebrauch gemacht, was zu einer umfangreichen Rechtsprechung geführt hat, die das Vergaberecht seither maßgeblich prägt. Der Rechtsschutz wurde ebenfalls im GWB geregelt (§§ 102 ff. GWB aF, nunmehr §§ 155 ff. GWB) und ist speziell ausgestaltet: Die Eingangsinstanzen bilden die (verwaltungsrechtlich ausgestalteten) Vergabekammern (§§ 156 ff. GWB bzw. §§ 104 ff. GWB aF), die über die Nachprüfungsanträge der am Auftrag interessierten Unternehmen entscheiden (§§ 160 ff. GWB bzw. §§ 107 ff. GWB aF). In zweiter Instanz sind die Vergabesenate der Oberlandesgerichte als ordentliche Gerichte zuständig, bei denen eine sofortige Beschwerde (§§ 171 ff. GWB bzw. §§ 116 ff. GWB aF) gegen die Entscheidung der Vergabekammern eingereicht werden kann. Dieses Rechtsschutzsystem ist auf die vom Anwendungsbereich des 4. Teils des GWB erfassten Vergaben beschränkt und besteht daher insbesondere nicht für den sog. Unterschwellenbereich, dh für die Vergabe von Aufträgen unterhalb der unionsrechtlich vorgegebenen Schwellenwerte (§ 106 GWB bzw. § 100 Abs. 1 GWB aF).

Um nicht vollständig mit der deutschen vergaberechtlichen Tradition zu brechen, wurde im **233** Rahmen des VgRÄG nicht das ganze Vergaberecht in das GWB aufgenommen. Für die Ausgestaltung der näheren Bestimmungen wurde die Bundesregierung ermächtigt, mit Zustimmung des Bundesrates Rechtsverordnungen zu erlassen (§ 97 Abs. 6 GWB aF und § 127 GWB aF). Auf dieser Grundlage wurde insbesondere die VgV[560] erlassen, die zum einen selbst materielle Verfahrensvorschriften enthielt und zum anderen als Scharnier zu den Abschnitten 2–4 der VOB/A, zu der (mit der Vergaberechtsreform 2016 entfallenen) VOF und der (im Oberschwellenbereich seit 2016 nicht mehr anwendbaren) VOL/A diente, welche aufgrund der Verweisung in den §§ 4–7 VgV aF selbst Verordnungsrang erlangt hatten und wesentliche Teile der materiellen Vergaberechts regelten. Diese als **Kaskadensystem**[561] bezeichnete Aufteilung des Vergaberechts auf drei Normebenen (GWB; VgV; Verdingungsordnungen – heute Vergabe- und Vertragsordnungen) trug allerdings zur Intransparenz des Vergaberechts bei und wurde deswegen bereits kurz nach seiner Einführung für seine Unübersichtlichkeit kritisiert.[562]

Sachlich galten die VOB/A für Bauleistungen, die VOF für freiberufliche Leistungen oberhalb **234** der Schwellenwerte und die VOL/A grundsätzlich für alle anderen Beschaffungen (Lieferungen und Leistungen), die nicht der VOB/A unterfielen und nicht rein freiberuflich waren. Die Ausgliederung freiberuflicher Leistungen in die VOF war nicht europarechtlich bedingt, sondern eine deutsche Besonderheit, welche Ausdruck der Sonderstellung der Freiberufler im deutschen Recht war. Bei gemischten Aufträgen bestimmte sich die Anwendbarkeit der einzelnen Regelungen nach § 99 Abs. 7 und 8 GWB aF, wonach grundsätzlich der Schwerpunkt der Leistung maßgeblich war. Dieses Regelungssystem (sog. **Schubladenprinzip**) wurde ebenfalls als sehr unübersichtlich empfunden[563] und mit der Vergaberechtsnovelle 2016 teilweise aufgegeben.

3. Modernisierung des Vergaberechts 2004 bis 2009. Mit dem **Gesetz zur Modernisie- 235 rung des Vergaberechts** vom 20.4.2009,[564] das (wie bereits die Vergaberechtsreform 2006[565] und das sog. ÖPP-Beschleunigungsgesetz aus dem Jahr 2005[566]) der Umsetzung der EG-Vergaberichtlinien 2004/17 und 2004/18 sowie der Rechtsmittelrichtlinie 2007/66/EG diente, hat der Gesetzgeber allerdings zunächst am Kaskadensystem festgehalten und das ua damit begründet, dass sich die

---

[559] Gesetz zur Änderung der Rechtsgrundlagen für die Vergabe öffentlicher Aufträge (Vergaberechtsänderungsgesetz – VgRÄG) v. 26.8.1998, BGBl. 1998 I 2512; vgl. dazu *Schneevogl/Horn* NVwZ 1998, 1242.
[560] BGBl. 2001 I 110.
[561] Vgl. Beck VergabeR/*Dörr* Einl. Rn. 23.
[562] Vgl. *Knauff* NzBau 2010, 657 (661 f.).
[563] Vgl. Beck VergabeR/*Dörr* Einl. Rn. 24.
[564] BGBl. 2009 I 790.
[565] Die Vergaberechtsreform 2006 führte zu Änderungen der VgV, der VOB/A, der VOL/A und der VOF. Das GWB wurde erst durch die Vergaberechtsreform 2009 angepasst.
[566] Gesetz zur Beschleunigung der Umsetzung von Öffentlich Privaten Partnerschaften und zur Verbesserung gesetzlicher Rahmenbedingungen für Öffentlich Private Partnerschaften, v. 1.9.2005, BGBl. 2005 I 2676.

Praxis daran gewöhnt habe.[567] Im Rahmen der Modernisierung des Vergaberechts wurden lediglich einige Regelungen der VgV ins GWB übernommen und teilweise verändert. Wesentlichere Änderungen betrafen das Gebot der Losaufteilung (zur Stärkung des Mittelstandsschutzes), die Regelung der sog. In-House-Vergabe, die Einführung neuer Vergabeverfahrensarten (wettbewerblicher Dialog, elektronische Auktion und das dynamische elektronische Verfahren) und der „schwebenden Wirksamkeit" von Verträgen, die unter Verstoß gegen die Vorabinformationspflicht oder als sog. Defacto-Vergabe zustande gekommen sind (§ 101b GWB aF) sowie die Anpassung der Verfahrensregeln für das Nachprüfungsverfahren und die sofortige Beschwerde.[568] Ebenfalls angepasst wurden die Verdingungsordnungen, die nunmehr Vergabe- und Vertragsordnungen hießen. In Bezug auf diese erfolgten vor allem sprachliche Anpassungen, systematische Vereinfachungen und Vereinheitlichungen, um eine anwenderfreundliche Ausgestaltung zu erreichen. Darüber hinaus wurde die SektVO eingeführt, in der die zuvor in den Abschnitten 3 und 4 der VOB/A und der VOL/A enthaltenen sektorspezifischen Sonderregeln für die Vergabe von Aufträgen in bestimmten Sektoren (Trinkwasser-, Energieversorgung, Verkehr) zusammengefasst wurden.

236 **4. Vergaberechtsreform 2016.** Mit dem Vergaberechtsmodernisierungsgesetz vom 17.2. 2016[569] sowie der dazugehörigen Verordnung vom 12.4.2016[570] wurde in Deutschland die durch die europäischen Richtlinien aus dem Jahr 2014 in Gang gesetzte Reform des Vergaberechts vollzogen. Dabei verabschiedete sich der Gesetzgeber weitgehend vom Kaskadensystem, mit einer wesentlichen Ausnahme: Für die Vergabe von Bauleistungen wird nach wie vor auf die (nunmehr neu gefasste) VOB/A verwiesen (§ 2 VgV) mit der Folge, dass es im Bereich der Bauleistungen bei der dreistufigen Regelungsordnung (GWB-VgV-VOB) verbleibt. Sachlich gerechtfertigt ist die Sonderbehandlung von Bauleistungen allerdings nicht, auch wenn das im Gesetzgebungsverfahren so dargestellt wurde.[571] Die VOF und die VOL/A sind im Oberschwellenbereich dagegen nicht mehr anwendbar. An deren Stelle ist die konsolidierte Fassung der VgV getreten, die nunmehr ua die Vergabe von Dienst- und Lieferleistungen (einschließlich freiberuflicher Leistungen) detailliert regelt. Hinzugekommen sind die neu gefasste SektVO[572] sowie die erstmalig erlassene Verordnung über die Vergabe von Konzessionen (KonzVgV).[573]

II. Ablauf des Vergabeverfahrens im Anwendungsbereich des GWB-Vergaberechts

237 **1. Anwendungsbereich des GWB-Vergaberechts.** Der Anwendungsbereich des GWB-Vergaberechts ist eröffnet, wenn ein Auftraggeber iSd §§ 99–101 GWB (§ 98 GWB) einen öffentlichen Auftrag (§ 103 GWB) oder eine Konzession (§ 105 GWB) vergeben will, die maßgeblichen Schwellenwerte erreicht oder überschritten sind (§ 106 GWB) und kein Ausnahmetatbestand (§§ 107 ff. GWB) greift.

238 **a) Personeller Anwendungsbereich – *ratione personae*.** Der personelle Anwendungsbereich des GWB-Vergaberechts erstreckt sich gem. **§ 98 GWB** auf **öffentliche Auftraggeber** iSd § 99 GWB, **Sektorenauftraggeber** iSd § 100 GWB und **Konzessionsgeber** iSd § 101 GWB. Die größte praktische Bedeutung kommt dabei den öffentlichen Auftraggebern iSd § 99 GWB zu, zu denen insbesondere der Bund, die Länder und Kommunen sowie die weiteren Gebietskörperschaften und die Unternehmen der öffentlichen Hand zählen. Dieser Auftraggeberbegriff ist funktional und weit auszulegen, weil sich die öffentliche Hand durch die Wahl einer bestimmten Rechtsform grundsätzlich nicht der Anwendbarkeit des Vergaberechts entziehen können soll.[574] Zu berücksichtigen sind insoweit auch die Vorgaben der europäischen Vergaberichtlinien, mit denen verhindert werden soll, dass sich eine vom Staat, von Gebietskörperschaften oder anderen Einrichtungen des öffentlichen Rechts finanzierte oder kontrollierte Stelle von „sachfremden" Überlegungen leiten lässt und einheimische Unternehmen bei der Auftragsvergabe bevorzugt werden.[575]

---

[567] BT-Drs. 16/10117, amtl. Begr. S. 3; vgl. dazu *Byok* NVwZ 2009, 551.
[568] Vgl. dazu *Knauff/Streit* EuZW 2009, 37.
[569] Gesetz zur Modernisierung des Vergaberechts (Vergaberechtsmodernisierungsgesetz – VergRModG) v. 17.2.2016, BGBl. 2016 I 203.
[570] Verordnung zur Modernisierung des Vergaberechts (Vergaberechtsmodernisierungsverordnung – VergRModVO) v. 12.4.2016, BGBl. 2016 I 624.
[571] Vgl. Begr. zu der VergRModVO, BT-Drs. 18/7318, 158.
[572] Vgl. Art. 2 der VergRModVO v. 12.4.2016, BGBl. 2016 I 624.
[573] Vgl. Art. 3 der VergRModVO v. 12.4.2016, BGBl. 2016 I 624.
[574] EuGH Urt. v. 1.2.2001 – C-237/99, Slg. 2001, I-939 = NZBau 2001, 215 – Kommission/Frankreich; OLG Düsseldorf Beschl. v. 30.4.2003 – Verg 67/02, NZBau 2003, 400.
[575] EuGH Urt. v. 3.10.2000 – C-380/98, Slg. 2000, I-8035 = NZBau 2001, 218 – University of Cambridge; EuGH Urt. v. 1.2.2001 – C-237/99, Slg. 2001, I-939 Rn. 42 – Kommission/Frankreich; EuGH Urt. v. 15.1.1998 – C-44/96, Slg. 1998, I-73 Rn. 33 = NZG 1998, 257 – Mannesmann Anlagenbau Austria; EuGH Urt. v. 10.11.1998 – C-360/96, Slg. 1998, I-6821 Rn. 42 u. 43 = NVwZ 1999, 397 – BFI Holding.

b) Sachlicher Anwendungsbereich – *ratione materiae*. Der sachliche Anwendungsbereich 239
des GWB-Vergaberechts ist eröffnet, wenn es um die Vergabe eines **öffentlichen Auftrags** oder
einer **Konzession,** den Abschluss einer **Rahmenvereinbarung** oder die Durchführung eines **Wettbewerbs** geht und die jeweiligen Schwellenwerte erreicht bzw. überschritten sind. Das Vorliegen
derartiger vergaberechtsrelevanter Vorhaben bestimmt sich nach den **§§ 103 ff. GWB.** In § 103
GWB werden zunächst öffentliche Aufträge allgemein (§ 103 Abs. 1 GWB) sowie anschließend
gesondert Liefer-, Bau- und Dienstleistungsaufträge (§ 103 Abs. 2–4 GWB), Rahmenvereinbarungen
(§ 103 Abs. 5 GWB) und Wettbewerbe (§ 103 Abs. 6 GWB) legaldefiniert. § 104 GWB definiert
Verteidigungs- und sicherheitsspezifische öffentliche Aufträge und § 105 GWB enthält die Definition
von Konzessionen (§ 105 Abs. 1 GWB), die sich sowohl auf Bau- als auch auf Dienstleistungen
beziehen können, sowie Regeln für deren Abgrenzung von öffentlichen Aufträgen (§ 105 Abs. 2
GWB). Diese Abgrenzung ist wichtig, weil für die Vergabe öffentlicher Aufträge andere Regeln
gelten als für die Vergabe von Konzessionen.

Gemäß § 106 Abs. 1 GWB unterfallen öffentliche Aufträge, Konzessionen und Wettbewerbe 240
nur dann dem 4. Teil des GWB, wenn deren geschätzte Auftrags- bzw. Vertragswerte (ohne Mehrwertsteuer) die maßgeblichen **Schwellenwerte** erreichen bzw. übersteigen. Die Höhe der jeweils
maßgeblichen Schwellenwerte ergibt sich gem. § 106 Abs. 2 GWB aus den entsprechenden Richtlinien in den jeweils geltenden Fassungen. Diese werden auf der Grundlage europäischer und internationaler (GPA) Vorgaben regelmäßig angepasst[576] und auf nationaler Ebene damit gerechtfertigt, dass
der Aufwand einer gemeinschaftsweiten Ausschreibung für die Vergabestellen, Bieter und Bewerber
grundsätzlich erst ab einer bestimmten Größenordnung vertretbar sei.[577] Der Auftrags- bzw. Vertragswert ist vor der Durchführung des Vergabeverfahrens unter Beachtung der Vorgaben der Vergabeverordnungen zu schätzen (vgl. § 3 VgV, § 2 SektVO, § 3 VSVgV, § 2 KonzVgV). Durch diese Vorgaben
soll sichergestellt werden, dass die für den Schwellenwert maßgebliche Schätzung nicht unter wettbewerbswidrige Einflüsse gerät. Die Schätzung muss zu einem Zeitpunkt erfolgen, der es ausschließt,
dass bereits ein Angebot irgendeines Bieters vorliegt.[578]

Die §§ 107 ff. GWB enthalten **Ausnahmetatbestände,** bei deren Vorliegen die Vergabe trotz 241
Überschreitens der Schwellenwerte nicht vom GWB-Vergaberecht erfasst wird. Ausgenommen sind
nach § 107 GWB insbesondere Schiedsgerichts- und Schlichtungsdienstleistungen, Erwerb, Miete
oder Pacht von Grundstücken, Arbeitsverträge, Dienstleistungen des Katastrophenschutzes, des Zivilschutzes und der Gefahrenabwehr sowie bestimmte sicherheitsrelevante Aufträge. Freigestellt sind
darüber hinaus sog. In-house-Vergaben, bestimmte Formen der öffentlich-öffentlichen Zusammenarbeit (§ 108 GWB) und Vergaben auf der Grundlage internationaler Verfahrensregeln (§ 109 GWB).

c) Räumlicher Anwendungsbereich – *ratione loci***.** Das deutsche Vergaberecht gilt zunächst 242
für alle Beschaffungsvorgänge, die in Deutschland realisiert werden sollen. Es ist aber darauf nicht
beschränkt, sondern auf alle Vergabeverfahren anwendbar, bei denen ein öffentlicher Auftraggeber,
ein Sektorenauftraggeber oder ein Konzessionsgeber iSd GWB einen öffentlichen Auftrag oder eine
Konzession vergibt, auch wenn der Ort der **Leistungserbringung außerhalb des deutschen
Staatsgebietes** liegt. Das ergibt sich nicht aus § 185 Abs. 2 GWB, der das kartellrechtliche Wirkungsprinzip normiert und Wettbewerbsbeschränkungen betrifft, die außerhalb des Geltungsbereichs
des GWB veranlasst werden, sich aber im Geltungsbereich des Gesetzes auswirken, sondern aus den
allgemeinen Anwendungsvoraussetzungen des GWB-Vergaberechts. Diese knüpfen (den europäischen Vergaberichtlinien folgend) daran an, dass ein öffentlicher Auftraggeber iSd § 98 GWB handelt. Sofern das der Fall ist und die weiteren Anwendungsvoraussetzungen ebenfalls vorliegen, unterliegt das Vorhaben dem GWB-Vergaberecht. Es kommt insoweit nicht darauf an, wo die Leistungen
erbracht werden sollen. Die Anwendbarkeit des deutschen Vergaberechts auf die Vergabe von Leistungen, die außerhalb des deutschen Staatsgebiets erbracht werden sollen, steht auch nicht im Widerspruch zum Territorialitätsprinzip iSd Völkerrechts (Art. 25 S. 1 GG) und der damit verbundenen
Gebietshoheit eines Staates. Denn die Bestimmungen des GWB knüpfen an das Vergabeverfahren
selbst an, nicht an die Vertragsdurchführung bzw. den Ort der Leistungserfüllung. Spätestens seit
der Lotus-Entscheidung des Ständigen Internationalen Gerichtshofes[579] wird auch im Rahmen des
Völkerrechts die Anknüpfung an die „Staatsangehörigkeit" der handelnden Person als zulässiges
Kriterium angesehen. Ausreichend ist, wenn eine hinreichende Anknüpfung an den regelnden Staat
besteht. Das gilt unabhängig davon, ob auf die Vertragsdurchführung deutsches oder ausländisches
Recht Anwendung findet.[580]

---

[576] Vgl. dazu ausf. die Kommentierung zu § 106 GWB (→ GWB § 106 Rn. 1 ff.).
[577] BVerfGE 116, 135 = NJW 2006, 3701; dazu *Sauer/Hollands* NZBau 2006, 763; *Prieß* VergabeR-HdB 174.
[578] OLG Düsseldorf Beschl. v. 8.5.2002 – Verg 5/02, NZBau 2002, 697.
[579] StIGH Lotus (France vs. Turkey) Urt. v. 7.9.1927, PCIJ, Series A No. 10.
[580] OLG Düsseldorf Beschl. v. 14.5.2008 – Verg 27/08, ZfBR 2008, 820.

243 **d) Zeitlicher Anwendungsbereich – *ratione temporis*.** In zeitlicher Hinsicht ist das GWB grundsätzlich in derjenigen Fassung anwendbar, die zum Beginn des Vergabeverfahrens gilt bzw. galt. Die GWB-Novelle 2016 ist nach Art. 3 des Gesetzes zur Modernisierung des Vergaberechts vom 17.2.2016 am 18.4.2016 in Kraft getreten und gilt deshalb für alle seitdem begonnenen Vergabeverfahren. Eine Ausnahme bilden die §§ 113, 114 Abs. 2 S. 4 GWB, die bereits am Tag nach der Verkündung, also am 24.2.2016, in Kraft getreten sind. Gemäß § 186 Abs. 2 GWB sind bereits vor dem Inkrafttreten begonnene Vergabeverfahren und Nachprüfungsverfahren nach altem Recht zu Ende zu führen.

244 Von der zeitlichen Anwendbarkeit des Gesetzes zu unterscheiden ist die Frage, ab welchem Zeitpunkt ein Vorhaben zu einem **Vergabeverfahren** wird, auf das die Vorschriften des GWB-Vergaberechts anwendbar sind. Diese Frage ist insbesondere für die Zulässigkeit eines Nachprüfungsverfahrens (§§ 155 ff. GWB) relevant. Denn ein Nachprüfungsverfahren setzt grundsätzlich ein begonnenes und noch nicht abgeschlossenes Vergabeverfahren voraus. Grundsätzlich gilt, dass ein Vergabeverfahren (spätestens) dann begonnen ist, wenn eine entsprechende (Auftrags-)Bekanntmachung über die beabsichtigte Auftragsvergabe veröffentlicht wurde. Auf die Veröffentlichung der Bekanntmachung kann jedoch nicht stets abgestellt werden, weil ein besonders schwerwiegender Vergaberechtsfehler gerade darin besteht, dass eine Bekanntmachung rechtswidrig unterblieb. Daher ist auch eine **materielle Betrachtungsweise**[581] geboten. Danach liegt ein Vergabeverfahren dann vor, wenn sich ein (öffentlicher) Auftraggeber zur Deckung eines bestehenden oder zukünftigen Bedarfs zur Beschaffung von Waren-, Bau- oder Dienstleistungen entschlossen hat und konkret mit bestimmten planerischen oder organisatorischen Schritten begonnen hat zu regeln, auf welche Art und Weise er diesen Bedarf decken will, wenn am Ende dieser organisatorischen Schritte ein Vertragsschluss stehen soll.[582] Für die materielle Betrachtungsweise spricht auch der europarechtliche Auslegungsgrundsatz des *effet utile*, weil den Vergaberichtlinien damit zu einer umfassenden praktischen Wirksamkeit verholfen und die Umgehung vergaberechtlicher Bestimmungen verhindert wird. Das Vorliegen eines Vergabeverfahrens einschließlich des Entschlusses des Auftraggebers ist danach im Einzelfall anhand objektiver Kriterien zu bestimmen. Interne Planungen und Überlegungen des Auftraggebers sind für den Beginn eines Vergabeverfahrens grundsätzlich nicht relevant.

245 **2. Vorbereitung des Vergabeverfahrens.** In der Phase der Vergabevorbereitung ist zunächst der Beschaffungsbedarf zu ermitteln und festzustellen, wie dieser befriedigt und finanziert werden soll. Anschließend sind die Ausschreibungsunterlagen zu fertigen und weitere wesentliche Festlegungen für das Vergabeverfahren zu treffen.

246 **a) Feststellung des Beschaffungsbedarfs und Herstellen der Ausschreibungsreife.** Die Grundsätze der Transparenz und des fairen Wettbewerbs (§ 97 Abs. 1 GWB) gebieten, dass ein Vergabeverfahren erst dann begonnen werden darf, wenn der Beschaffungsbedarf identifiziert wurde und die rechtlichen und tatsächlichen Grundlagen der Ausschreibung vollständig geklärt sind. Die Durchführung eines Vergabeverfahrens ohne konkreten Bedarf ist ebenso unzulässig wie eine Ausschreibung allein zu dem Zweck, eine Übersicht über die am Markt verfügbaren Leistungen zu erhalten. Ein Vergabeverfahren muss immer mit dem Ziel verbunden sein, einen konkreten Auftrag, eine Rahmenvereinbarung oder eine Konzession an ein sich bewerbendes Unternehmen zu vergeben. Das gilt auch dann, wenn dem Auftraggeber nicht sämtliche für die Befriedigung seines Beschaffungsbedarfs in Betracht kommenden Lösungen bekannt sind und er die zu vergebenden Leistungen bzw. vertraglichen Regeln vorab nicht abschließend festlegen kann. Für diesen Fall stehen ihm mit den Verhandlungsverfahren, dem wettbewerblichen Dialog und der Innovationspartnerschaft flexible Verfahrensarten zur Verfügung, die eine Anpassung der Leistungsanforderungen und vertraglichen Regelungen zulassen. Das ändert aber nichts daran, dass der Auftraggeber seinen Beschaffungsbedarf vorab sorgfältig ermitteln muss. Nach dem jeweiligen Beschaffungsbedarf entscheidet sich zudem, welche Rechtsvorschriften für die Vergabe Anwendung finden und beachtet werden müssen.

247 Ausschreibungen **zu vergabefremden Zwecken** sind grundsätzlich unzulässig. Der Zweck ist dann vergabefremd, wenn er nicht in einer konkreten Vergabeabsicht liegt.[583] Das ist insbesondere dann der Fall, wenn ein Vergabeverfahren lediglich zur **Markterkundung** durchgeführt wird, um Informationen zur Kosten- oder Preisermittlung oder zu potentiellen Bietern zu erlangen (vgl. § 28

---

[581] EuGH Urt. v. 11.1.2005 – C-26/03, Slg. 2005, I-1 – Stadt Halle; BGH Beschl. v. 1.2.2005 – X ZB 27/04, NZBau 2005, 290; OLG Düsseldorf Beschl. v. 20.6.2001 – Verg 3/01, NZBau 2001, 696.

[582] EuGH Urt. v. 11.1.2005 – C-26/03, Slg. 2005, I-1 = NZBau 2005, 111 – Stadt Halle; OLG Düsseldorf Beschl. v. 20.6.2001 – Verg 3/01, NZBau 2001, 696; OLG Düsseldorf Beschl. v. 11.3.2002 – Verg 43/01, NZBau 2003, 55; OLG Düsseldorf Beschl. v. 19.7.2006 – Verg 26/06, BeckRS 2007, 388.

[583] OLG Frankfurt a. M. Beschl. v. 20.2.2003 – 11 Verg 1/02, NZBau 2004, 173.

Abs. 2 VgV, § 2 EU Abs. 7 S. 2 VOB/A).[584] Wenn der Auftraggeber für vergabefremde Zwecke ausschreibt, kann er sich nach § 280 Abs. 1 BGB, § 311 Abs. 2 BGB, § 241 Abs. 2 BGB wegen vorvertraglicher Pflichtverletzung schadensersatzpflichtig machen. Von den vergabefremden Zwecken zu unterscheiden und abzugrenzen sind die sog. **vergabefremden Kriterien.** Letztere bezeichnen die Wertung von Angeboten anhand anderer als rein wirtschaftlicher Kriterien, zu denen gem. § 97 Abs. 3 GWB und § 127 Abs. 1 GWB insbesondere soziale und umweltbezogene Aspekte gehören können.[585] Die Berücksichtigung derartiger Zuschlagskriterien ist grundsätzlich zulässig, wenn sie mit dem Auftragsgegenstand in Verbindung stehen (vgl. § 127 Abs. 3 GWB).[586]

Wegen fehlender Vergabeabsicht unzulässig sind zudem **Doppelausschreibungen,** dh die 248 mehrfache Ausschreibung des identischen Leistungsgegenstandes, der nur einmal erbracht werden kann und der daher auch nur einmal vergeben werden soll.[587] Eine Leistung, die nur einmal erbracht werden kann, darf auch nur einmal ausgeschrieben werden. Es ist jedoch zulässig, Leistungen auszuschreiben, für deren Erbringung noch ein Vertrag mit einem anderen (Dienst-)Leistungserbringer besteht. In diesem Fall kann es zwar dazu kommen, dass mit der Zuschlagserteilung zwei Verträge über die gleiche Leistung bestehen und sich der Auftraggeber ggf. gegenüber einem Leistungserbringer schadensersatzpflichtig macht. Das ist jedoch kein vergaberechtlich zu berücksichtigender Umstand, sondern eine vertragsrechtliche Problematik.[588] **Parallelausschreibungen** werden von der hM ebenfalls nicht als unzulässig angesehen, wenn sie die wirtschaftlichste Verfahrensweise darstellen, das Verfahren für die Bieter hinreichend transparent ist und die Interessen der Bieter in Hinblick auf einen zumutbaren Aufwand für die Angebotserstellung gewahrt werden.[589] Bei Parallelausschreibungen werden nicht identische, sondern alternative Leistungsgegenstände ausgeschrieben, wobei verschiedene Fallgruppen zu unterscheiden sind: Die wohl wichtigste Fallgruppe bildet die parallele Ausschreibung von Generalunternehmerleistungen (Gesamtvergabe) und Fachlosen Rahmen eines Vergabeverfahrens. Diese Form der Parallelausschreibung ist grundsätzlich zulässig, wenn eine gemeinsame Vergabe auf mehrere bzw. alle Lose aus wirtschaftlichen oder technischen Gründen zulässig ist. Zwar ist es grundsätzlich Aufgabe des Auftraggebers, während der Vorbereitungsphase zu prüfen, ob eine Gesamtbeauftragung oder eine Teilung in Lose in Betracht kommt. Mehrere Lose dürfen aber zusammen vergeben werden, wenn wirtschaftliche oder technische Gründe dies erfordern (§ 97 Abs. 4 S. 3 GWB) und die Wertung vorab transparent gemacht wurde. Eine Gesamtbeauftragung kommt in diesem Fall insbesondere dann in Betracht, wenn das Gesamtangebot wirtschaftlich günstiger ist als die jeweils wirtschaftlich günstigsten Angebote für die Fachlose in der Addition.

Vor der Einleitung des Vergabeverfahrens muss grundsätzlich auch die **Finanzierung sicherge-** 249 **stellt** sein. Sofern dies nicht der Fall ist und das Vergabeverfahren an der fehlenden Finanzierung scheitert, macht sich der Auftraggeber gegenüber den am Verfahren teilnehmenden Unternehmen grundsätzlich schadensersatzpflichtig.[590] Eine (schadensersatzfreie) Aufhebung der Ausschreibung ist (außerhalb des Sektorenbereichs)[591] bei einer fehlenden Finanzierung nur ausnahmsweise unter den Voraussetzungen von § 63 Abs. 1 VgV, § 32 Abs. 1 KonzVgV bzw. § 17 EU Abs. 1 VOB/A zulässig, wenn das Scheitern der Finanzierung erst nach der Ausschreibung bekannt wurde (zB wegen des Wegfalls sicher geglaubter Haushaltsmittel). Der Auftraggeber muss die Kosten für die auszuführenden Leistungen daher im Rahmen der Vorbereitung des Vergabeverfahrens seriös kalkulieren und dabei auch vorhersehbare Preissteigerungen berücksichtigen.[592] Gesichert ist die Finanzierung dann, wenn die Mittel tatsächlich zur Verfügung stehen, zugewiesen sind und/oder eine ggf. erforderliche haushaltsrechtliche Verpflichtungsermächtigung erteilt wurde.[593]

Zur Ausschreibungsreife gehört darüber hinaus das Vorliegen der rechtlichen und tatsächlichen 250 Voraussetzungen für die Verwirklichung des jeweiligen Vorhabens, wie zB das Vorliegen der ggf. notwendigen behördlichen Genehmigungen. Im Fall eines Bauauftrags gehört dazu grundsätzlich

---

[584] Vgl. auch OLG Celle Beschl. v. 8.11.2001 – 13 Verg 11/01, IBRRS 2002, 0437.
[585] Vgl. dazu *Burgi* NZBau 2015, 597.
[586] Zu Einzelheiten s. die Kommentierungen zu § 97 Abs. 3 GWB (→ GWB § 97 Rn. 122 ff.) und § 127 Abs. 3 GWB (→ GWB § 127 Rn. 34).
[587] OLG Frankfurt a. M. Beschl. v. 15.7.2008 – 11 Verg 6/08, ZfBR 2009, 92; OLG Naumburg Beschl. v. 13.10.2006 – 1 Verg 11/06, BeckRS 2006, 12146.
[588] Vgl. OLG Karlsruhe Beschl. v. 25.7.2014 – 15 Verg 5/14, IBRRS 2014, 3032.
[589] OLG Naumburg Beschl. v. 13.10.2006 – 1 Verg 12/06, BeckRS 2006, 12147; OLG Celle Beschl. v. 8.11.2001 – 13 Verg 11/01, IBRRS 2002, 0437; OLG Bremen Beschl. v. 22.10.2001 – Verg 2/2001, IBRRS 2002, 0011; KG Beschl. v. 22.8.2001 – Kart-Verg 3/01, NZBau 2002, 402.
[590] BGH Urt. v. 8.9.1998 – X ZR 48-97, NJW 1998, 3636.
[591] Vgl. dazu die Kommentierung zu § 57 SektVO (→ SektVO § 57 Rn. 1 ff.).
[592] Heiermann/Riedl/Rusam/*Heiermann* VOB/A § 16 Rn. 8.
[593] OLG Frankfurt a. M. Urt. v. 20.2.1997 – 1 U 105/95, LSK 1999, 350508.

auch die Verfügungsgewalt des Auftraggebers über das Grundstück, auf dem die ausgeschriebenen Bauleistungen erbracht werden sollen.

251 **b) Auswahl der richtigen Vergabeverfahrensart.** Entscheidend für die erfolgreiche Durchführung eines Vergabeverfahrens ist die Bestimmung der richtigen Verfahrensart. Die Vorschriften über die Verfahrensarten und deren Anwendungsvoraussetzungen sind bieterschützend und begründen subjektive Rechte iSv § 97 Abs. 6 GWB, die im Rahmen eines Nachprüfungsverfahrens geltend gemacht werden können.

252 Im Anwendungsbereich des GWB-Vergaberechts sind die in Betracht kommenden **Verfahrensarten abschließend in § 119 GWB aufgelistet.** Danach stehen für europaweite Vergabeverfahren das offene Verfahren, das nicht offene Verfahren, das Verhandlungsverfahren, der wettbewerbliche Dialog und die Innovationspartnerschaft zur Verfügung.[594] Alle diese Verfahrensarten sind unionsrechtlich vorgegeben. Sie stehen seit der Vergaberechtsreform 2016 nicht mehr in einem linearen hierarchischen Verhältnis. Öffentliche Auftraggeber dürfen nunmehr vielmehr zwischen einem offenen Verfahren und einem nicht offenen Verfahren mit einem vorgeschalteten Teilnahmewettbewerb frei wählen (vgl. § 119 Abs. 2 S. 1 GWB) und unter den gleichen Voraussetzungen ein Verhandlungsverfahren (mit vorherigem Teilnahmewettbewerb) oder einen wettbewerblichen Dialog durchführen. Für die Vergabe öffentlicher Aufträge über soziale und andere besondere Dienstleistungen und die Vergabe öffentlicher Aufträge über Personenverkehrsleistungen im Eisenbahnverkehr besteht nach § 130 Abs. 1 GWB bzw. § 131 Abs. 1 GWB zudem eine generelle Wahlfreiheit zwischen diesen Verfahrensarten. Sektorenauftraggeber iSv § 100 GWB dürfen gem. § 13 Abs. 1 SektVO ebenfalls frei zwischen dem offenen Verfahren, dem nicht offenen Verfahren, dem Verhandlungsverfahren und dem wettbewerblichen Dialog wählen. Konzessionsgeber iSv § 101 GWB können gem. § 12 Abs. 1 KonzVgV das Verfahren nach Maßgabe der KonzVgV frei gestalten.

253 **aa) Das offene Verfahren.** Kennzeichnend für das **offene Verfahren** (§ 119 Abs. 3 GWB; → GWB § 119 Rn. 18 ff.) sind die Aufforderung einer unbeschränkten Anzahl von Unternehmen zur Angebotsabgabe und der klar strukturierte Verfahrensablauf. Durch die Beteiligung einer grundsätzlich unbeschränkten Anzahl von Bietern eröffnet das offene Verfahren regelmäßig einen intensiven Wettbewerb. Alle am Auftrag interessierte Unternehmen können unter Beifügung der jeweils geforderten Eignungsnachweise Angebote einreichen. Der Auftraggeber darf über die Angebote und die Auftragsbedingungen mit den Bietern grundsätzlich nicht verhandeln, sondern ist gehalten, auf der Grundlage der vorab festgelegten Zuschlagskriterien das wirtschaftlichste Angebot auszuwählen. Nachteile des offenen Verfahrens sind die mangelnde Flexibilität und die Formstrenge dieser Verfahrensart sowie ggf. der erhöhte Aufwand der Vergabestellen, die ggf. eine Vielzahl von Angeboten prüfen und werten müssen.

254 **bb) Das nicht offene Verfahren.** Das **nicht offene Verfahren** unterscheidet sich vom offenen Verfahren vor allem durch den vorgeschalteten **Teilnahmewettbewerb** (vgl. § 119 Abs. 4 GWB; → GWB § 119 Rn. 23 ff.). Die an dem Auftrag interessierten Unternehmen werden zunächst aufgefordert, Teilnahmeanträge einzureichen und ihre Eignung für die Erbringung der ausgeschriebenen Leistungen nachzuweisen. Der Auftraggeber kann aus dem Kreis der Bewerber, die als geeignet anzusehen sind, eine beschränkte Anzahl von Unternehmen auswählen, die zur Angebotsabgabe aufgefordert werden. Da der Auftraggeber nur die Angebote der von ihm als geeignet eingestuften Bewerber, die er zur Angebotsabgabe auffordert, prüfen muss, kann er seinen Aufwand reduzieren. Aussichtslose Bewerber ersparen sich den Aufwand und die Kosten für die Erstellung ihrer Angebote.

255 **cc) Das Verhandlungsverfahren.** In einem **Verhandlungsverfahren** (§ 119 Abs. 5 GWB; → GWB § 119 Rn. 43 ff.) darf der Auftraggeber – anders als im Rahmen des offenen und des nicht offenen Verfahrens – mit den beteiligten Unternehmen Verhandlungen über deren Angebote und die Auftragsbedingungen führen. Das Verhandlungsverfahren ist deutlich flexibler als die anderen Verfahrensarten und kann daher grundsätzlich besser an die jeweiligen Bedürfnisse angepasst werden. Der Auftraggeber kann zudem von der Fachkunde der Bieter profitieren und die von diesen unterbreiteten Vorschläge zur Konkretisierung der zu vergebenden Leistungen und/oder der vertraglichen Regelungen nutzen.[595] Der Auftraggeber muss allerdings auch im Verhandlungsverfahren die Grundsätze der Transparenz, des Wettbewerbs und der Nichtdiskriminierung beachten.[596] Das Verhandlungsverfahren ist grundsätzlich mit einem vorherigen Teilnahmewettbewerb durchzuführen, in dem

---

[594] Ausf. zu den Verfahrensarten s. die Kommentierung zu § 119 GWB (→ GWB § 119 Rn. 1. ff).
[595] Vgl. *Willenbruch* NZBau 2003, 422 (423 f.).
[596] OLG Düsseldorf Beschl. v. 18.6.2003 – VII-Verg 15/03, ZfBR 2004, 100 (Ls.); OLG Düsseldorf Beschl. v. 24.2.2005 – VII-Verg 88/04, NZBau 2005, 525; OLG Düsseldorf Beschl. v. 23.2.2005 – VII-Verg 87/04, IBRRS 2005, 0994; *Höfler* NZBau 2010, 73; *Kramer* NZBau 2005, 138.

wie bei einem nicht offenen Verfahren zunächst aus dem Kreis der als geeignet anzusehenden Unternehmen diejenigen Unternehmen bzw. Verhandlungspartner ausgewählt werden, die zur Teilnahme an den Verhandlungen und zur Abgabe von Angeboten aufgefordert werden sollen. Die Durchführung eines Teilnahmewettbewerbs ist unter bestimmten Voraussetzungen entbehrlich. Sofern diese vorliegen, darf sich der Auftraggeber direkt an bestimmte Unternehmen wenden und diese zur Teilnahme am Verfahren auffordern.

Das Verhandlungsverfahren mit vorheriger Bekanntmachung steht Sektorenauftraggebern nach 256 § 13 Abs. 1 SektVO und Konzessionsgebern nach § 12 Abs. 1 KonzVgV stets zur Verfügung. Öffentliche Auftraggeber dürfen dieses Verfahren dagegen nur unter den in § 14 Abs. 3 VgV bzw. § 3a EU Abs. 2 VOB/A geregelten Voraussetzungen wählen. Die Durchführung eines Verhandlungsverfahrens ohne vorherigen Teilnahmewettbewerb ist gem. § 14 Abs. 4 VgV, § 3a EU Abs. 3 VOB/A und § 13 Abs. 2 SektVO nur unter engen Voraussetzungen zulässig.

dd) Wettbewerblicher Dialog. Der **wettbewerbliche Dialog** ist nach § 119 Abs. 6 GWB 257 ein Verfahren zur Vergabe öffentlicher Aufträge mit dem Ziel der Ermittlung und Festlegung der Mittel, mit denen die Bedürfnisse des öffentlichen Auftraggebers am besten erfüllt werden können (→ GWB § 119 Rn. 78 ff.). Der wettbewerbliche Dialog wurde im Rahmen des ÖPP-Beschleunigungsgesetzes[597] als eine weitere Verfahrensart eingeführt, die viele Gemeinsamkeiten mit dem Verhandlungsverfahren aufweist und auch als spezielle Form eines strukturierten Verhandlungsverfahrens angesehen werden kann.[598] Seit der Vergaberechtsreform 2016 ist die Durchführung eines wettbewerblichen Dialogs unter den gleichen Voraussetzungen zulässig wie ein Verhandlungsverfahren mit vorherigem Teilnahmewettbewerb (§ 14 Abs. 3 VgV, § 13 Abs. 1 SektVO, § 12 Abs. 1 KonzVgV, § 3a EU Abs. 4 VOB/A).

Im Rahmen des wettbewerblichen Dialogs darf der Auftraggeber sämtliche Aspekte des Auftrags 258 mit den teilnehmenden Unternehmen erörtern, wobei eine oder mehrere Dialogphasen durchgeführt werden können, in deren Verlauf der Kreis der beteiligten Unternehmen kontinuierlich verkleinert werden kann. Die beteiligten Unternehmen werden zunächst zur Einreichung eigener Lösungsvorschläge aufgefordert, auf deren Grundlage nach Abschluss der Dialogphase die endgültigen Angebote erstellt werden. Diese Verfahrensart eignet sich insbesondere für die Vergabe komplexer Aufträge, bei denen nicht sämtliche Spezifikationen und sonstigen Anforderungen vorab abschließend festgelegt werden können, sondern erst im Laufe des Vergabeverfahrens herausgearbeitet werden. Der wettbewerbliche Dialog soll den insoweit bestehenden Erfordernissen nach einer flexiblen Verfahrensgestaltung Rechnung tragen und zugleich ein möglichst hohes Maß an Wettbewerb zwischen den Wirtschaftsteilnehmern gewährleisten.[599] Im Vergleich zu den anderen Verfahrensarten ist der wettbewerbliche Dialog allerdings mit einem relativ hohen zeitlichen und finanziellen Aufwand verbunden.[600]

ee) Innovationspartnerschaft. Die **Innovationspartnerschaft** ist gem. § 119 Abs. 7 GWB 259 ein Verfahren zur Entwicklung innovativer, noch nicht auf dem Markt verfügbarer Liefer-, Bau- oder Dienstleistungen und zum anschließenden Erwerb der daraus hervorgehenden Leistungen (→ GWB § 119 Rn. 102 ff.).[601] Auch hier findet zunächst ein Teilnahmewettbewerb statt, nach dessen Abschluss der öffentliche Auftraggeber in mehreren Phasen mit den ausgewählten Unternehmen über die Erst- und Folgeangebote verhandelt. Diese Verfahrensart wurde durch die aktuellen Vergaberichtlinien (vgl. Art. 31 RL 2014/24/EU, Art. 49 Sektoren-RL) und die Vergaberechtsreform 2016 speziell für die Beschaffung neuer, auf dem Markt noch nicht verfügbarer Lösungen eingeführt. Die Innovationspartnerschaft soll die Auftraggeber in die Lage versetzen, ein ihren Bedürfnissen gerecht werdendes innovatives Produkt von den Marktteilnehmern entwickeln zu lassen und dieses ggf.[602] anschließend zu erwerben, ohne den Erwerb gesondert ausschreiben zu müssen. Der Anwendungsbereich der Innovationspartnerschaft überschneidet sich mit dem des Verhandlungsverfahrens und des wettbewerblichen Dialogs teilweise. Bei einer Innovationspartnerschaft steht im Unterschied zu den anderen Verfahrensarten nicht der Erwerb von Leistungen, sondern deren Entwicklung im Vordergrund. Zu diesem Zweck ist die Innovationspartnerschaft in eine Forschungs- und Entwick-

---

[597] Gesetz zur Beschleunigung der Umsetzung von Öffentlich-Privaten-Partnerschaften und zur Verbesserung gesetzlicher Rahmenbedingungen für Öffentlich-Private Partnerschaften v. 1.9.2005, BGBl. 2005 I 2676.
[598] Vgl. Immenga/Mestmäcker/*Dreher* GWB § 101 Rn. 31.
[599] Vgl. Erläuterungen der Europäischen Kommission zum Wettbewerblichen Dialog – CC/2005/04_rev1 v. 5.10.2005; Erwägungsgrund Rn. 42 RL 2014/24/EU; Erwägungsgrund Rn. 31 Vergabe-RL 2004.
[600] Vgl. *Pünder/Franzius* ZfBR 2006, 20 (24).
[601] *Badenhausen-Fähnle* VergabeR 2015, 74.
[602] Eine Pflicht zum Erwerb der entwickelten Leistung besteht nur, sofern diese den zuvor festgelegten Kriterien entspricht (vgl. § 19 Abs. 10 VgV, § 18 Abs. 10 SektVO, § 3b EU Abs. 5 Nr. 9 VOB/A).

lungsphase und eine separate Leistungsphase strukturiert, die wiederum durch die Festlegung von Zwischenzielen untergliedert werden (§ 19 Abs. 8 VgV, § 18 Abs. 8 SektVO, § 3b EU Abs. 5 Nr. 7 VOB/A). Am Ende jedes Entwicklungsabschnitts kann der Auftraggeber entscheiden, ob er die Innovationspartnerschaft beendet oder die Zahl der Partner reduziert. Eine weitere Besonderheit der Innovationspartnerschaft besteht darin, dass für diese grundsätzlich auch ein zweistufiges Vertragsmodell vorgesehen ist, das sich auf die Forschung und Entwicklung einerseits und die Leistungserbringung andererseits bezieht.[603] In Bezug auf die Einzelheiten wird auf die Kommentierung zu § 19 VgV (→ VgV § 19 Rn. 1 ff.) und § 18 SektVO (→ SektVO § 18 Rn. 1 ff.) verwiesen.

260   c) **Elektronische Beschaffung.** Im Rahmen der GWB-Novelle 2009 wurden als besondere „Verfahrensarten" die elektronische Auktion (§ 101 Abs. 6 GWB aF nunmehr § 120 Abs. 2 GWB) und das dynamische elektronische Verfahren eingeführt (§ 101 Abs. 6 GWB aF, nunmehr als dynamisches Beschaffungssystem in § 120 Abs. 1 GWB geregelt).[604] Dabei handelt es sich jedoch nicht um eigenständige Verfahrensarten, sondern um besondere Formen der Abwicklung des Vergabeverfahrens. Das gilt auch für den im Jahr 2016 eigeführten elektronischen Katalog als neues Instrument bzw. neue Methode im Vergabeverfahren (§ 120 Abs. 3 GWB). Diese Instrumente beruhen auf entsprechenden Regelungen der europäischen Vergaberichtlinien,[605] mit denen die **elektronische Beschaffung** gefördert und ausgebaut werden soll. Sie sind zu unterscheiden von dem durch Art. 22 RL 2014/24/EU und Art. 40 Sektoren-RL eingeführten Grundsatz der elektronischen Kommunikation, die bei allen Verfahrensarten nunmehr zum Regelfall geworden ist.[606] Danach soll die gesamte Kommunikation zwischen Auftraggebern und Bietern grundsätzlich mithilfe elektronischer Kommunikationsmittel (iSd § 10 VgV, Art. 2 Abs. 1 Nr. 19 RL 2014/24/EU) erfolgen.[607]

261   Ein **dynamisches elektronisches Verfahren** ist nach der Legaldefinition in § 120 Abs. 1 GWB ein zeitlich befristetes, ausschließlich elektronisches Vergabeverfahren zur Beschaffung marktüblicher Leistungen, bei denen die allgemein auf dem Markt verfügbaren Merkmale den Anforderungen des Auftraggebers genügen. Es handelt sich dabei um eine besondere mehrstufige Form des nicht offenen Verfahrens (§ 22 Abs. 2 VgV, § 20 Abs. 2 SektVO), dessen Durchführung in den §§ 22 ff. VgV, §§ 20 ff. SektVO näher geregelt ist.[608] Danach ist in der Bekanntmachung anzugeben, dass ein dynamisches Beschaffungssystem genutzt und für welchen Zeitraum es betrieben wird (§ 23 Abs. 1 VgV, § 21 Abs. 1 SektVO). Die an dem Beschaffungssystem interessierten Unternehmen werden wie in einem „normalen" nicht offenen Verfahren zunächst aufgefordert, im Rahmen eines Teilnahmewettbewerbs ihre Eignung nachzuweisen. Alle Unternehmen, die die vorab festgelegten Eignungskriterien erfüllen, werden zu dem Beschaffungssystem zugelassen (§ 22 Abs. 4 VgV, § 20 Abs. 4 SektVO). Die zugelassenen Bewerber werden zur Angebotsabgabe aufgefordert, wobei für jede einzelne, über das dynamische Beschaffungssystem stattfindende Auftragsvergabe eine gesonderte Aufforderung zur Angebotsabgabe erforderlich ist (§ 23 Abs. 6 VgV, § 21 Abs. 6 SektVO).

262   Die **elektronische Auktion** ist nach § 120 Abs. 2 GWB ein sich schrittweise wiederholendes elektronisches Verfahren zur Ermittlung des wirtschaftlichsten Angebotes, wobei jeweils eine vollständige Bewertung der eingereichten Angebote erforderlich ist. Detailliertere Regelungen über die Durchführung einer elektronischen Auktion finden sich in §§ 25, 26 VgV, §§ 23, 24 SektVO und den Vergaberichtlinien.[609] Danach kann eine elektronische Auktion im Rahmen eines offenen, eines nicht offenen und eines Verhandlungsverfahrens durchgeführt werden, wenn die Angebote mithilfe automatischer Bewertungsmethoden bewertet werden können.[610] Die eingereichten Angebote werden elektronisch bewertet und automatisch in eine Rangfolge gebracht. Anschließend werden die

---

[603] *Püstow/Meiners* NZBau 2016, 406 (407).
[604] Die Einführung dieser Regelungen war im Rahmen des Gesetzgebungsprozesses umstritten. Der Bundesrat verwies auf die Gefahr eines ruinösen Preiswettbewerbs und wollte zum Schutz des Mittelstandes auf die Einführung der elektronischen Auktion und der dynamischen Beschaffung verzichten, vgl. BT-Drs. 16/10117, 43.
[605] Vgl. Art. 33, 54 Vergabe-RL 2004, Art. 15, 56 Sektoren-RL 2004, abgelöst durch Art. 34, 35 RL 2014/24/EU, Art. 52, 53 Sektoren-RL.
[606] Für den Konzessionsbereich gilt das allerdings nur teilweise (vgl. Art. 29 Abs. 1 RL 2014/23/EU, Art. 33 Abs. 2 RL 2014/23/EU, Art. 34 RL 2014/23/EU.
[607] Vgl. dazu ausf. die Kommentierungen zu § 9 VgV (→ VgV § 9 Rn. 1 ff.) und § 10 VgV (→ VgV § 10 Rn. 1 ff.).
[608] Für den Bereich der VOB/A findet sich in § 4b EU Abs. 1 VOB/A ein Verweis auf die entsprechenden Regelungen der VgV. Vgl. zu den Anforderungen der Vergaberichtlinien Art. 34 RL 2014/24/EU und Art. 52 Sektoren-RL.
[609] Für den Bereich der VOB/A findet sich in § 4b EU Abs. 2 VOB/A ein Verweis auf die entsprechenden Regelungen der VgV. Die entsprechenden Richtlinienregelungen finden sich in Art. 35 RL 2014/24/EU und Art. 53 Sektoren-RL.
[610] Vgl. auch Erwägungsgrund 67 RL 2014/24/EU.

Bieter zur Einreichung neuer, nach unten korrigierter Preise bzw. Anpassung bestimmter anderer Angebotswerte aufgefordert, ohne die Angebote im Übrigen anpassen zu müssen. Dieser Vorgang kann mehrfach wiederholt werden, wobei den Bietern ihre jeweilige Platzierung mitgeteilt wird (die Identität der jeweils anderen Bieter wird allerdings geheim gehalten). Die Auktion endet entweder nach Ablauf der vorab bekannt gegebenen Frist, nach Ablauf der vorab festgelegten Auktionsphasen oder wenn keine neuen Preise oder „Werte" mehr geboten werden. Eine elektronische Auktion setzt stets voraus, dass die zu beschaffenden Leistungen genau bestimmt und die abgegebenen Angebote anhand quantifizierbarer Kriterien automatisch bewertet werden können. Der Wettbewerb erstreckt sich allein auf den Preis und/oder auf bestimmte Werte von einzelnen in den Verdingungsunterlagen genannten Angebotskomponenten (sog. „Werte"). Bau- und Dienstleistungsaufträge, bei denen eine geistige Leistung zu erbringen ist, können nicht Gegenstand von elektronischen Auktionen sein.

Bei dem **elektronischen Katalog** handelt es sich gem. § 120 Abs. 3 GWB um ein auf der Grundlage der Leistungsbeschreibung erstelltes Verzeichnis der zu beschaffenden (Liefer-, Bau- und/ oder Dienst-)Leistungen in einem elektronischen Format, das für die Angebote zu verwenden ist (vgl. § 27 Abs. 1 VgV, § 25 Abs. 1 SektVO, § 4b EU Abs. 3 VOB/A, Art. 36 Abs. 1 RL 2014/24/ EU). Dabei ist es möglich, dass die Angebote vollständig in der Form eines elektronischen Katalogs einzureichen sind oder einen elektronischen Katalog lediglich neben weiteren Unterlagen beinhalten müssen. Derartige Kataloge können im Rahmen jeder Verfahrensart eingesetzt werden und kommen insbesondere für den Abschluss von Rahmenvereinbarungen in Betracht (vgl. § 120 Abs. 3 S. 2 GWB). 263

d) Festlegung der Verfahrensfristen. Vor dem Beginn des Vergabeverfahrens sind unter Beachtung der für die jeweilige Verfahrensart bestehenden Vorgaben die Verfahrensfristen festzulegen. Dazu gehören insbesondere die Angebotsfrist und – bei den Verfahren mit einem vorherigen Teilnahmeverfahren – die Bewerbungsfrist. Die Bewerbungsfrist ist die Frist, innerhalb der die Anträge auf Teilnahme einzureichen sind. Bei den gesetzlich vorgegebenen Fristen handelt es sich jeweils um Mindestfristen. Grundsätzlich gilt, dass die jeweils festgelegten Fristen angemessen sein müssen, dh so bemessen sein müssen, dass den am Verfahren interessierten Unternehmen ausreichend Zeit für die Erstellung der jeweiligen Unterlagen zur Verfügung steht,[611] wobei ua die Art der einzureichenden Unterlagen und die Komplexität des Verfahrens zu berücksichtigen sind. Zu kurz bemessene Fristen sind mit dem allgemeinen Gebot des wettbewerblichen und transparenten Vergabeverfahrens gem. § 97 Abs. 1 GWB nicht vereinbar. 264

Die für das jeweilige Vergabeverfahren konkret zu beachtenden (Mindest-)Fristen ergeben sich aus den jeweiligen Verfahrensvorschriften. Beim **offenen Verfahren** beträgt die Angebotsfrist grundsätzlich mindestens 35 Kalendertage, bei elektronisch übermittelten Angeboten mindestens 30 Tage und bei besonderer Dringlichkeit mindestens 15 Kalendertage, jeweils gerechnet ab dem Tag nach Absendung der Bekanntmachung an das Amtsblatt der EU.[612] Für das **nicht offene Verfahren** beträgt die Bewerbungsfrist für die Einreichung von Teilnahmeanträgen grundsätzlich mindestens 30 Kalendertage, die ebenfalls bis auf 15 Tage verkürzt werden kann,[613] und die Angebotsfrist mindestens 30 Kalendertage, die mit Zustimmung der im Teilnahmewettbewerb ausgewählten Bewerber beliebig und bei besonderer Dringlichkeit bis auf 10 Kalendertage verkürzt werden kann.[614] Im **Verhandlungsverfahren** (mit Teilnahmewettbewerb), im **wettbewerblichen Dialog** und bei der **Innovationspartnerschaft** gelten für die Einreichung der Teilnahmeanträge grundsätzlich die gleichen Mindestfristen wie im nicht offenen Verfahren (30 Kalendertage),[615] wobei im „klassischen Bereich" (Anwendungsbereich der VgV und der VOB/A) für das Verhandlungsverfahren eine Verkürzung auf 15 Tage wegen Dringlichkeit vorgesehen ist.[616] Die Angebotsfrist ist in diesen Verfahren unter Berücksichtigung der Komplexität der Leistung und der Zeit für die Ausarbeitung der Angebote angemessen festzulegen und beträgt im Verhandlungsverfahren mindestens 30 Kalendertage bzw. im Sektorenbereich mindestens 10 Kalendertage.[617] Sofern die Vergabeunterlagen nicht elektronisch abgerufen werden können, verlängert sich die Angebotsfrist grundsätzlich um 5 Tage.[618] 265

---

[611] Vgl. § 20 Abs. 1 VgV, § 16 Abs. 1 SektVO, § 27 Abs. 1 KonzVgV, § 10 EU Abs. 1 VOB/A.
[612] § 15 Abs. 2–4 VgV, § 14 Abs. 2–4 SektVO, § 10a EU Abs. 1–4 VOB/A.
[613] § 16 Abs. 2, 3 VgV, § 15 Abs. 2 SektVO, § 10b EU Abs. 1, 5 VOB/A.
[614] § 16 Abs. 5–8 VgV, § 15 Abs. 3 SektVO, § 10b EU Abs. 2–5 VOB/A.
[615] § 17 Abs. 2 VgV, § 18 Abs. 2 VgV, § 19 Abs. 3 VgV, § 15 Abs. 2 SektVO, § 10c EU Abs. 1 VOB/A iVm § 10b EU Abs. 1 VOB/A, § 10d EU VOB/A.
[616] § 17 Abs. 3 VgV, § 10c EU Abs. 1 VOB/A iVm § 10b EU Abs. 5 VOB/A. Nach § 17 Abs. 3 SektVO und § 18 Abs. 3 SektVO kann die Frist für die Einreichung von Teilnahmeanträgen im wettbewerblichen Dialog und der Innovationspartnerschaft bis auf 15 Tage verkürzt werden.
[617] § 17 Abs. 6 VgV, § 15 Abs. 3 SektVO, vgl. auch § 27 Abs. 3 KonzVgV.
[618] § 41 Abs. 2 S. 2 VgV, § 41 Abs. 3 S. 2 SektVO, § 17 Abs. 2 S. 2 KonzVgV, § 11b EU Abs. 1 S. 2 VOB/A.

266 **e) Vergabe nach Losen.** Im Vorbereitungsstadium muss auch entschieden werden, ob der Auftrag in Lose unterteilt wird oder nicht. Nach § 97 Abs. 4 GWB sind die zu vergebenden Leistungen aus Gründen des Mittelstandsschutzes grundsätzlich zwingend der Menge nach aufzuteilen **(Teillose)** und/oder getrennt nach Art oder Fachgebiet **(Fachlose)** zu vergeben.[619] Eine Gesamtvergabe mehrerer Teil- oder Fachlose ist (nur) dann zulässig, wenn das durch wirtschaftliche oder technische Gründe gerechtfertigt ist (§ 97 Abs. 4 S. 3 GWB).[620] Ausgehend vom jeweils tatsächlich bestehenden Beschaffungsbedarf ist daher zu entscheiden, ob die Gesamtleistung sachgerecht in (Teil- und/oder Fach-)Lose aufgeteilt werden kann. Dabei kommen Fachlose für Leistungen unterschiedlicher Gewerbe- oder Handwerkszweige und Teillose für mengenmäßig oder räumlich abgrenzbare Leistungen in Betracht. Sofern Lose gebildet werden, muss darüber hinaus festgelegt werden, ob die Bieter jeweils nur für ein Los, für mehrere Lose oder für alle Lose Angebote einreichen dürfen, anhand welcher Kriterien Angebote für unterschiedliche Lose gewertet werden und entschieden wird, ob die Lose einzeln oder zusammen vergeben werden.[621]

267 **f) Anfertigung der Vergabeunterlagen. aa) Zeitpunkt.** Vor dem Beginn eines Vergabeverfahrens bzw. vor der Veröffentlichung einer (Auftrags-)Bekanntmachung sind die Vergabeunterlagen zu fertigen. Für die VOB/A ist das ausdrücklich in § 2 EU Abs. 8 VOB/A geregelt, wonach erst dann ausgeschrieben werden soll, wenn alle Vergabeunterlagen fertig gestellt sind und innerhalb der angegebenen Fristen mit der Ausführung begonnen werden kann. In § 12a EU Abs. 1 Nr. 1 VOB/A findet sich darüber hinaus die Anforderung, dass die Vergabeunterlagen ab dem Tag der Veröffentlichung einer Auftragsbekanntmachung oder einer Aufforderung zur Interessensbestätigung „unentgeltlich mit uneingeschränktem und vollständigem direkten Zugang anhand elektronischer Mittel angeboten" werden müssen. Die Auftragsbekanntmachung oder die Aufforderung zur Interessensbestätigung muss eine Internetadresse enthalten, über die die Vergabeunterlagen abrufbar sind. In § 41 Abs. 1 VgV, § 41 Abs. 1 SektVO und § 17 Abs. 1 KonzVgV findet sich eine etwas abweichende Formulierung. Danach ist vorgegeben, dass in der Auftragsbekanntmachung oder der Aufforderung zur Interessensbestätigung eine elektronische Adresse anzugeben ist, „unter der die Vergabeunterlagen unentgeltlich, uneingeschränkt, vollständig und direkt abgerufen werden können". Dass die Vergabeunterlagen den interessierten Unternehmen bereits am Tag der Veröffentlichung der Auftragsbekanntmachung vollständig zur Verfügung stehen müssen, ergibt sich aus dieser Formulierung nicht zwingend. Es stellt sich daher die Frage, ob die Vergabeunterlagen – wie in § 12a EU Abs. 1 Nr. 1 VOB/A gefordert – tatsächlich vollständig vorliegen müssen, bevor eine Auftragsbekanntmachung veröffentlicht werden darf und wie insoweit bei komplexen und mehrstufigen Verfahren zu verfahren ist, wenn noch nicht sämtliche Unterlagen vorliegen bzw. absehbar ist, dass diese im Rahmen des Vergabeverfahrens angepasst werden müssen. Die früher verbreitete Praxis, bei (mehrstufigen) Vergabeverfahren zur Vermeidung von Zeitverlusten die Bekanntmachung bereits dann zu veröffentlichen, wenn noch nicht alle Vergabeunterlagen vorlagen, ist jedenfalls nicht mehr ohne weiteres zulässig. Zu berücksichtigen sind insoweit auch die den Normen zugrunde liegenden Richtlinienvorschriften und der Grundsatz der sog. Vergabereife.[622] Danach darf mit einer Ausschreibung grundsätzlich erst dann begonnen werden, wenn die Vergabeunterlagen – einschließlich Leistungsbeschreibung und Vertragstext – fertig gestellt sind.[623] Fertig gestellt sind die Vergabeunterlagen dann, wenn der Inhalt der Leistungsbeschreibung und der anderen Unterlagen so vorbereitet ist, dass er den potenziellen Bietern übermittelt werden kann. Für das offene und nicht offene Verfahren gilt das uneingeschränkt, weil diese Verfahrensarten nicht auf Anpassungen der Vergabeunterlagen während des Vergabeverfahrens ausgerichtet sind. Für das Verhandlungsverfahren, den wettbewerblichen Dialog und die Innovationspartnerschaft ist jedoch zu berücksichtigen, dass die Vergabe- und Vertragsunterlagen im Laufe des Verfahrens angepasst und geändert werden können. Das gilt insbesondere bei komplexen Vergabeverfahren, bei denen die Auftraggeber die Anforderungen an die zu vergebenden Leistungen vorab nicht endgültig festlegen können und gerade deshalb ein Verhandlungsverfahren oder ein wettbewerblicher Dialog zulässig ist. Bei diesen Verfahren liegt es in der Natur der Sache, dass die Vergabeunterlagen zum Zeitpunkt der Bekanntmachung nicht vollständig und abschließend vorliegen können. Welche Unterlagen den interessierten Unternehmen in derartigen Fällen zur Verfügung zu stellen sind, ergibt sich aus Art. 29 Abs. 1 UAbs. 3 RL 2014/24/EU. Danach müssen die bereitgestellten Informationen so präzise sein, dass die Wirtschaftsteilnehmer Art und Umfang der Vergabe erkennen und entscheiden können, ob sie eine Teilnahme an dem

---

[619] Vgl. *Kus* NZBau 2009, 21.
[620] § 97 Abs. 4 S. 3 GWB, § 5 EU Abs. 2 Nr. 1 VOB/A.
[621] Vgl. dazu die Kommentierung zu § 30 VgV (→ VgV § 30 Rn. 1 ff.).
[622] OLG Düsseldorf Beschl. v. 8.9.2005 – Verg 35/04, BeckRS 2005, 06877; OLG Naumburg Beschl. v. 16.9.2002 – 1 Verg 2/02, NZBau 2003, 628.
[623] Vgl. OLG Düsseldorf Beschl. v. 27.11.2013 – VII-Verg 20/13, NZBau 2014, 121.

Verfahren beantragen. Sofern das der Fall ist, können die Vergabeunterlagen zum Zeitpunkt der Bekanntmachung im Übrigen noch offene Punkte bzw. erst im Verfahren zu klärende Fragen enthalten. Dieses Verständnis wird durch § 29 Abs. 1 S. 1 VgV bestätigt, wonach die Vergabeunterlagen alle Angaben umfassen, die erforderlich sind, um dem Bewerber oder Bieter eine Entscheidung zur Teilnahme am Vergabeverfahren zu ermöglichen.

Verstöße gegen die Anforderungen zur vollständigen, uneingeschränkten und direkten Veröffentlichung der Vergabeunterlagen können sich insbesondere daraus ergeben, dass über die in der Bekanntmachung genannte Internetadresse nur Teile der Vergabeunterlagen abrufbar sind, das Abrufen der Vergabeunterlagen selbst mit einem wesentlichen Zeitaufwand und mehreren wesentlichen Zwischenschritten verbunden ist und/oder einer vorherigen Registration mit dem Namen, einer Benutzerkennung oder der E-Mail-Adresse bedarf bzw. die Vergabeunterlagen erst auf Aufforderung den Bietern zur Verfügung gestellt werden.[624] Den Anforderungen wird grundsätzlich auch dann nicht genügt, wenn die Vergabeunterlagen nicht vollständig und direkt über die angegebene Internetadresse abrufbar sind, sondern stattdessen weitere Verlinkungen auf andere Internetseiten angegeben werden.[625]

bb) Inhalt der Vergabeunterlagen. Nach § 29 Abs. 1 S. 1 VgV umfassen die Vergabeunterlagen alle Angaben, die erforderlich sind, um den am Verfahren interessierten Unternehmen eine Entscheidung über die Teilnahme am Vergabeverfahren zu ermöglichen. Sie bestehen in der Regel aus einem **Anschreiben** einschließlich der Aufforderung zur Abgabe von Teilnahmeanträgen oder Angeboten, den **Bewerbungsbedingungen,** in denen das Verfahren, die Eignungs- und Zuschlagskriterien sowie die Anforderungen an die einzureichenden Unterlagen beschrieben werden, und den **Vertragsunterlagen,** die aus der Leistungsbeschreibung und den Vertragsbedingungen bestehen.[626]

(1) Leistungsbeschreibung. Von den Bestandteilen der Vergabeunterlagen hat die **Leistungsbeschreibung**[627] eine besondere Bedeutung, weil durch sie der Beschaffungsgegenstand festgelegt und konkretisiert wird, sie ist daher das „Kernstück" des Vergabeverfahrens.[628] Die besondere Bedeutung der Leistungsbeschreibung zeigt sich auch daran, dass sie mehrere Funktionen gleichzeitig erfüllen muss: Die Bieter müssen in die Lage versetzt werden, ihre Leistungen ordnungsgemäß kalkulieren und zuverlässige Angebote erstellen zu können. Dem Auftraggeber muss die Leistungsbeschreibung ermöglichen, die Angebote zu vergleichen, zu bewerten und die richtige Vergabeentscheidung zu treffen.[629] In der Leistungsbeschreibung wird zudem ein wesentlicher Teil des Inhalts des späteren Vertrages festgelegt, weshalb diese weit über das Vergabeverfahren hinaus von Bedeutung ist.[630] Mit diesen Funktionen verbunden sind entsprechend hohe Anforderungen an die Leistungsbeschreibung. Nach § 121 Abs. 1 GWB ist der Auftragsgegenstand in der Leistungsbeschreibung so eindeutig und erschöpfend wie möglich zu beschreiben. Die Beschreibung muss für alle Unternehmen im gleichen Sinne verständlich sein und die Vergleichbarkeit der eingereichten Angebote gewährleisten (§ 121 Abs. 1 GWB, § 7 EU VOB/A). Diese Anforderungen werden im Normalfall durch eine sog. **konstruktive Leistungsbeschreibung** (mit Leistungsverzeichnis, vgl. § 7b EU VOB/A) erfüllt, bei der der Auftraggeber die Planung bis ins Einzelne übernimmt und alle technischen Anforderungen und Spezifikationen detailliert vorgibt.[631] Möglich ist aber auch eine sog. **funktionale Leistungsbeschreibung**[632] bzw. eine Leistungsbeschreibung mit Leistungsprogramm (§ 7c EU VOB/A), in der die zu erbringenden Leistungen nicht detailliert vorgegeben werden, sondern Leistungs- oder Funktionsanforderungen beschrieben werden, denen die Leistungen genügen müssen. In diesem Fall müssen die Bieter in ihren Angeboten darlegen, auf welche Weise sie die Anforderungen erfüllen werden. Möglich ist darüber hinaus eine Kombination der unterschiedlichen Formen der Leistungsbeschreibung.[633] Die Gebote der Eindeutigkeit und Vollständigkeit gelten

---

[624] OLG Düsseldorf Beschl. v. 13.5.2019 – Verg 47/18; OLG Dresden Beschl. v. 15.2.2019 – Verg 5/18; OLG Düsseldorf Beschl. v 17.10.2018 – Verg 26/18; Ziekow/Völlink/*Wichmann* VgV § 41 Rn. 13.
[625] OLG Düsseldorf Beschl. v. 13.5.2019 – Verg 47/18; OLG Dresden Beschl. v. 15.2.2019 – Verg 5/18; *Portz* KommJur 2020, 45.
[626] Vgl. § 29 Abs. 1 S. 2 VgV, § 16 KonzVgV, § 8 EU Abs. 1 VOB/A.
[627] Der Begriff „Leistungsbeschreibung" wird in den Vergaberichtlinien nicht benutzt. Diese sprechen von technischen Spezifikationen (vgl. Art. 42 RL 2014/24/EU, Art. 60 Sektoren-RL), die Bestandteile der Leistungsbeschreibung sind.
[628] Vgl. *Prieß* NZBau 2004, 20.
[629] Vgl. OLG Koblenz Beschl. v. 5.12.2007 – 1 Verg 7/07, BeckRS 2010, 09736.
[630] *Prieß* NZBau 2004, 20.
[631] § 31 Abs. 2 Nr. 2 VgV, § 28 Abs. 2 Nr. 2 SektVO, § 15 Abs. 1 KonzVgV, § 7b EU VOB/A.
[632] § 31 Abs. 2 Nr. 1 VgV, § 28 Abs. 2 Nr. 1 SektVO, § 15 Abs. 1 KonzVgV.
[633] § 31 Abs. 2 Nr. 3 VgV, § 28 Abs. 2 Nr. 3 SektVO, § 15 Abs. 1 KonzVgV, § 7c Abs. 1 VOB/A.

allerdings für sämtliche Formen der Leistungsbeschreibung, wenn auch in unterschiedlichem Maß.[634] Entspricht die Leistungsbeschreibung nicht den gesetzlichen Vorgaben, hat das weitreichende Konsequenzen. Unzureichende Leistungsbeschreibungen können von den Bietern grundsätzlich im Rahmen eines Nachprüfungsverfahrens angegriffen werden, das uU zur Aufhebung des Vergabeverfahrens führt,[635] und sind häufig Ursache für zivilrechtliche Streitigkeiten in der Ausführungsphase.[636]

271 (2) **Vertragsbedingungen, Vertragslaufzeit.** Bestandteil der Vergabeunterlagen sind zudem die **Vertragsbedingungen,** dh die vertraglichen Regelungen für den mit dem Zuschlag zustande kommenden Vertrag. Diese sind für die Erstellung und Kalkulation der Angebote ebenfalls von erheblicher Bedeutung, weil sie nach Angebotsabgabe grundsätzlich nicht mehr geändert werden dürfen. Insoweit gilt das sog. Nachverhandlungsverbot. Im Rahmen der Festlegung der Vertragsbedingungen ist auch die Ausführungs- bzw. **Vertragslaufzeit** festzulegen. Verträge mit einer unbestimmten Laufzeit sind nicht generell vergaberechtswidrig.[637] Insoweit ist jedoch zu berücksichtigen, dass durch unbestimmte oder sehr lange Vertragslaufzeiten die jeweiligen Leistungen auf lange Zeit dem Wettbewerb entzogen werden, was mit dem Wettbewerbsgrundsatz nur schwer vereinbar ist. Die Vertragslaufzeit muss grundsätzlich verhältnismäßig sein und muss auf der Grundlage sachlich gerechtfertigter Annahmen festgelegt werden. Das dürfte es in der Regel ausschließen, Verträge über eine unbegrenzte Zeit abzuschließen.[638] Verbindliche Grenzen für die Dauer der Vertragslaufzeiten gibt es im Übrigen nur für bestimme Fälle, wie zB für Rahmenvereinbarungen, deren Dauer nach § 21 Abs. 6 VgV höchstens vier Jahre betragen darf, es sei denn, es liegt ein im Gegenstand der Rahmenvereinbarung begründeter Sonderfall vor.

272 (3) **Einsatz von Nachunternehmern.** In den Vergabeunterlagen ist grundsätzlich auch festzulegen, welche Anforderungen für den Einsatz von Nachunternehmern bzw. Subunternehmern bestehen. Das gilt sowohl für deren Einsatz im Rahmen der Leistungserbringung als auch für deren Einbeziehung im Vergabeverfahren zum **Nachweis der Eignung** des Bieters bzw. Bewerbers. Nach der Rechtsprechung des EuGH[639] kann sich ein Bieter zum Nachweis seiner Eignung grundsätzlich auch auf die Leistungsfähigkeit Dritter berufen, sofern er nachweist, dass er über die Mittel des Dritten verfügen kann (sog. Eignungsleihe). Diese Rechtsprechung wurde zunächst in den Vergaberichtlinien (vgl. Art. 63 RL 2014/24/EU und Art. 79 Sektoren-RL) und anschließend in § 47 VgV, § 47 SektVO, § 25 Abs. 3 KonzVgV und § 6d EU VOB/A umgesetzt. Unabhängig hiervon muss der Auftraggeber grundsätzlich die Eignung von allen Unternehmen prüfen, die einen (wesentlichen) Teil der Leistung ausführen sollen. Den Bietern ist es zwar unbenommen, sämtliche Leistungen selbst zu erbringen, sofern sie aber bereits zum Zeitpunkt der Angebotsabgabe beabsichtigten, für bestimmte Leistungen Nachunternehmer einzusetzen, ist das im Angebot grundsätzlich offenzulegen. Für den späteren Einsatz nicht benannter Nachunternehmer sollten in die **Vertragsbedingungen** entsprechende Regelungen aufgenommen werden, wonach deren Einsatz vom Nachweis der Eignung entsprechend den im Vergabeverfahren geltenden Anforderungen abhängig gemacht wird. Anderenfalls kann die spätere Einbeziehung von Nachunternehmern ggf. zu einer unzulässigen Vertragsänderung iSd § 132 Abs. 1 GWB führen.

273 (4) **Zulassung von Bewerber- und Bietergemeinschaften.** Der Zusammenschluss von Unternehmen, die gemeinsam in einem Vergabeverfahren als Bewerber bzw. Bieter auftreten und die Leistung nach Zuschlag gemeinsam erbringen wollen (Bewerber- oder Bietergemeinschaft),[640] ist grundsätzlich zulässig. Die Bildung von Bietergemeinschaften bietet sich insbesondere für mittelständische Unternehmen an, die dadurch ihre Kompetenzen und Ressourcen bündeln und gemeinsam einsetzen können.[641] Die Bietergemeinschaft darf allerdings nicht gegen § 1 GWB verstoßen und der Bildung eines Anbieterkartells dienen.[642]

---

[634] Vgl. zu den Einzelheiten die Kommentierung zu § 31 VgV (→ VgV § 31 Rn. 1 ff.).
[635] Vgl. dazu *Prieß* NZBau 2004, 87.
[636] Vgl. *Prieß* NZBau 2004, 20.
[637] EuGH Urt. v. 19.6.2008 – C-454/06, Slg. 2008, I-4401 = NZBau 2008, 518 – Pressetext Nachrichtenagentur mAnm *Niestedt/Hölzl* NJW 2008, 3321. Vgl. auch § 3 Abs. 11 Nr. 2 VgV („Aufträgen mit unbestimmter Laufzeit").
[638] Vgl. dazu auch EuGH Urt. v. 10.4.2003 – C-20/01 und C-28/01, Slg. 2003, I-3609 = NVwZ 2003, 1231 – Kommission/Deutschland.
[639] EuGH Urt. v. 18.1.2007 – C-220/05 Slg. 2007, I-385 = NVwZ 2007, 316 – Auroux ua; EuGH Urt. v. 18.3.2004 – C-314/01, Slg. 2004, I-2549 – Siemens und ARGE Telekom; EuGH Urt. v. 14.4.1994 – C-389/92, Slg. 1994, I-1289 = BeckRS 2004, 76951 – Ballast Nedam Groep I.
[640] Umfassend dazu *Gabriel/Geldsetzer/Benecke*, Die Bietergemeinschaft, 2007.
[641] OLG Düsseldorf Beschl. v. 31.7.2007 – VII Verg 25/07, BeckRS 2008, 03763.
[642] OLG Düsseldorf Beschl. v. 17.12.2014 – VII-Verg 22/14, BeckRS 2015, 00626; OLG Naumburg Beschl. v. 8.11.2000 – 1 Verg 10/00, IBRRS 2003, 1009.

Bewerber- und Bietergemeinschaften sind grundsätzlich wie Einzelbewerber und -bieter zu **274** behandeln.[643] Von den an einer Bewerber- oder Bietergemeinschaft beteiligten Unternehmen darf zudem nicht verlangt werden, dass ihr Zusammenschluss eine bestimmte **Rechtsform** haben muss, um einen Antrag auf Teilnahme zu stellen oder ein Angebot abgeben zu dürfen.[644] Soweit nichts anderes geregelt wird, handelt es sich bei Bewerber- und Bietergemeinschaften in der Regel um Gesellschaften bürgerlichen Rechts iSv §§ 705 ff. BGB (GbR). Eine bestimmte Rechtsform kann jedoch für die Auftragsausführung nach Zuschlagserteilung verlangt werden, soweit das für die ordnungsgemäße Durchführung des Auftrags sachgerecht ist.[645] Bei größeren und/oder längerfristigen Aufträgen bietet es sich insoweit an, dass die Mitglieder der Bewerber- bzw. Bietergemeinschaft eine **Projektgesellschaft** (zB in Form einer GmbH oder GmbH & Co. KG) gründen, die nach Zuschlagserteilung Auftragnehmer des ausgeschriebenen Vertrages wird. Die Gründung und Einbeziehung von Projektgesellschaften vor oder nach Zuschlagserteilung ist jedenfalls dann zulässig, wenn an dieser keine weiteren Unternehmen beteiligt sind als die Mitglieder der Bietergemeinschaft und in den Vergabeunterlagen konkrete Regelungen über die Einbeziehung von Projektgesellschaften enthalten sind.[646]

(5) Zulassung Nebenangeboten. Nebenangebote – in der Terminologie der Vergaberichtlinien „Varianten" (Art. 45 RL 2014/24/EU, Art. 64 Sektoren-RL) – sind von der in der Leistungsbeschreibung oder im Leistungsverzeichnis vorgesehenen Art der Ausführung der Leistung abweichende Angebote. Auf die Art oder den Grad der Abweichung kommt es dabei nicht an. Da Angebote, die von den Anforderungen der Leistungsbeschreibung oder den sonstigen Vergabeunterlagen abweichen, grundsätzlich zwingend auszuschließen sind, sind Nebenangebote nur dann zulässig, wenn das in der Bekanntmachung und den Vergabeunterlagen ausdrücklich klargestellt wurde. Anderenfalls sind Nebenangebote zwingend auszuschließen.[647] Die Zulassung von Nebenangeboten bietet sich insbesondere dann an, wenn der Auftraggeber davon ausgeht, dass die Bieter innovative Lösungen anbieten können, die ihm nicht bekannt sind. Sofern er von dieser Möglichkeit Gebrauch macht und Nebenangebote zulässt, muss er in den Vergabeunterlagen klarstellen, in Bezug auf welche Anforderungen der Vergabeunterlagen Abweichungen zulässig sind und welche Mindestanforderungen insoweit gelten.[648] Die Zuschlagskriterien sind gem. § 127 Abs. 4 S. 2 GWB so festzulegen, dass sie sowohl auf Hauptangebote als auch auf Nebenangebote anwendbar sind. **275**

g) Festlegung der Eignungs- und Zuschlagskriterien. Während der Vorbereitung des Vergabeverfahrens sind zudem die Eignungs- und Zuschlagskriterien festzulegen. Diese Festlegung ist von besonderer Bedeutung, weil die einmal bekanntgemachten Kriterien grundsätzlich nicht mehr geändert werden dürfen. Das gilt auch für das Verhandlungsverfahren, den wettbewerblichen Dialog und die Innovationspartnerschaft. **276**

Anhand der **Eignungskriterien** werden die Fachkunde und die (wirtschaftliche und finanzielle) Leistungsfähigkeit der Unternehmen festgestellt. Nach § 122 Abs. 1 GWB dürfen Aufträge nur an fachkundige und leistungsfähige (dh geeignete) Unternehmen vergeben werden, die nicht nach § 123 GWB oder § 124 GWB auszuschließen sind. Die Eignungsprüfung findet bei einem offenen Verfahren auf der Grundlage der mit dem Angebot eingereichten Eignungsnachweise statt. Bei den Verfahren mit einem vorherigen Teilnahmewettbewerb (nicht offenes Verfahren, Verhandlungsverfahren, wettbewerblicher Dialog und Innovationspartnerschaft) ist die Eignungsprüfung Gegenstand des Teilnahmewettbewerbs. Im Rahmen der Eignungsprüfung werden dabei stets die von den Unternehmen eingereichten Eignungsnachweise anhand der in der Auftragsbekanntmachung, der Vorinformation oder der Aufforderung zur Interessensbestätigung festgelegten Eignungskriterien geprüft (§ 122 Abs. 4 S. 2 GWB). Die Eignungskriterien dürfen nach § 122 Abs. 2 GWB ausschließlich folgende Gesichtspunkte betreffen: **277**
1. **Befähigung und Erlaubnis zur Berufsausübung** (Nachweis zB durch Eintragung in einem Berufs- oder Handelsregister, Zulassungsnachweise für bestimmte Berufsgruppen[649] und Unternehmen[650]),[651]

---

[643] § 43 Abs. 2 S. 1 VgV, § 50 Abs. 2 S. 1 SektVO, § 24 Abs. 2 S. 1 KonzVgV, § 6 EU Abs. 3 Nr. 2 VOB/A.
[644] § 43 Abs. 2 S. 2 VgV, § 50 Abs. 2 S. 2 SektVO, § 24 Abs. 2 S. 2 KonzVgV.
[645] § 43 Abs. 3 VgV, § 50 Abs. 3 SektVO, § 24 Abs. 3 KonzVgV.
[646] Vgl. EuGH Urt. v. 19.6.2008 – C-454/06, Slg. 2008, I-4401 – Pressetext.
[647] § 57 Abs. 1 Nr. 6 VgV, § 33 Abs. 2 S. 3 SektVO, § 16 Abs. 1 Nr. 5 VOB/A.
[648] § 35 Abs. 2 VgV, § 33 Abs. 1, 2 SektVO, § 8 EU Abs. 2 Nr. 3 VOB/A.
[649] Sofern durch den Gegenstand des Vergabeverfahrens angezeigt, können beispielsweise für Ingenieure, Architekten, Ärzte, Rechtsanwälte, Steuerberater und Wirtschafsprüfer entsprechende Zulassungsnachweise verlangt werden.
[650] ZB gem. § 6 AEG für Eisenbahnverkehrsunternehmen.
[651] Vgl. § 44 Abs. 1 VgV, § 6 EU Nr. 1 VOB/A.

2. **wirtschaftliche und finanzielle Leistungsfähigkeit** (zB Mindestjahresumsatz insgesamt und Umsatz mit vergleichbaren Leistungen, Berufs- oder Betriebshaftpflichtversicherung in bestimmter Höhe),[652]

3. **technische und berufliche Leistungsfähigkeit** (insbesondere Referenzen, Anzahl und Qualifikation der Mitarbeiter, technische Ausrüstung).[653]

278 Die Eignungskriterien müssen zudem mit dem Auftragsgegenstand in Verbindung stehen und angemessen sein (§ 122 Abs. 4 GWB). Wegen der Einzelheiten wird auf die Kommentierungen zu § 122 GWB (→ GWB § 122 Rn. 1 ff.) und §§ 44–46 VgV verwiesen.

279 Von der Prüfung der Eignung der Bewerber bzw. Bieter anhand der Eignungskriterien streng zu unterscheiden ist die Wertung der Angebote anhand der **Zuschlagskriterien**. Die Wertung der Angebote findet nach der Eignungsprüfung statt und ist die Grundlage der Zuschlagserteilung. Der Zuschlag wird grundsätzlich[654] nach **§ 127 Abs. 1 GWB** auf das wirtschaftlichste Angebot erteilt, dh das Angebot mit dem besten Preis-Leistungs-Verhältnis. Die Wertung der Angebote erfolgt anhand der vorab festgelegten Zuschlagskriterien, wobei ausschließlich diejenigen Kriterien berücksichtigt werden dürfen, die in der Auftragsbekanntmachung oder den Vergabeunterlagen aufgeführt sind (§ 127 Abs. 5 GWB) – also diejenigen Kriterien, die im Rahmen der Vorbereitung des Vergabeverfahrens festgelegt wurden.[655] Das gilt auch für Unterkriterien[656] (soweit vorhanden)[657] und die Gewichtung[658] der Zuschlagskriterien. Darüber hinaus ist es möglich, für die Bewertung eine Mindestpunktzahl vorzusehen, deren Erreichen bzw. Überschreiten Voraussetzung der Zuschlagserteilung ist, sofern die festgelegten Kriterien mit den Grundsätzen der Transparenz, Nichtdiskriminierung und Gleichbehandlung im Einklang stehen.[659] Vom Beginn des Vergabeverfahrens an muss daher klar festgelegt sein, welche Zuschlagskriterien zur Anwendung kommen und wie die einzelnen Kriterien gewichtet werden. Die Zuschlagskriterien und deren Gewichtung dürfen während des gesamten Verfahrens grundsätzlich[660] nicht mehr verändert werden.[661] Lediglich in Bezug auf die Bewertungsmethode, die der Auftraggeber zur Bewertung der Angebote nach Maßgabe der bekannt gemachten Zuschlagskriterien heranzieht, ist die Rechtsprechung weniger streng.[662] Diese muss nicht vorab festgelegt werden, wobei eine spätere Festlegung aber keine Veränderung der Zuschlagskriterien oder ihrer Gewichtung bewirken darf.[663]

280 Die **Zuschlagskriterien** müssen mit dem Auftragsgegenstand in Verbindung stehen (§ 127 Abs. 3 S. 1 GWB) und beziehen sich auf den **Preis oder die Kosten,** neben dem bzw. denen auch **qualitative, umweltbezogene oder soziale Aspekte** berücksichtigt werden können (§ 127 Abs. 1 S. 3 GWB). Die Möglichkeit, nicht auf den Preis, sondern auf die Kosten abzustellen, wurde im Rahmen der Vergaberechtsreform 2016 eingeführt und soll insbesondere der Förderung einer nachhaltigen Beschaffung durch Berücksichtigung des sog. Lebenszyklusansatzes dienen.[664] Dieses Ziel kommt auch in § 127 Abs. 3 S. 2 GWB zum Ausdruck, wonach im Rahmen der Zuschlagskriterien auf Prozesse im Zusammenhang mit der Herstellung, Bereitstellung oder Entsorgung der Leistung, auf den Handel mit der Leistung oder auf ein anderes Stadium im Lebenszyklus der Leistung abgestellt werden darf, auch wenn sich diese Faktoren nicht auf die materiellen Eigenschaften des Auftragsgegenstandes auswirken. Für die Berechnung der Lebenszykluskosten enthalten die § 59 VgV, § 53 SektVO und § 16d EU Abs. 2 Nr. 5 VOB/A jeweils weitere Vorgaben. Für sämtliche Zuschlagskriterien gilt im Übrigen der Grundsatz, dass sie in einem sachlichen Zusammenhang mit dem Auftragsgegenstand stehen müssen. Darauf ist in besonderem Maße zu achten, wenn umweltbezogene oder soziale Aspekte berücksichtigt werden sollen.[665]

---

[652] Vgl. § 45 Abs. 1 VgV, § 6 EU Nr. 2 VOB/A.
[653] Vgl. § 46 Abs. 3 VgV, § 6 EU Nr. 3 VOB/A.
[654] Für den Konzessionsbereich enthält § 152 GWB eine Sondervorschrift.
[655] Vgl. EuGH Urt. v. 14.7.2016 – C-6/15, EuZW 2016, 751 – TNS Dimarso; EuGH Urt. v. 18.10.2001 – C-19/00, ZfBR 2002, 80 – SIAC Construction.
[656] EuGH Urt. v. 21.7.2011 – C 252/10 P, BeckEuRS 2011, 577898 – Evropaïki Dynamiki/EMSA; EuGH Urt. v. 24.11.2005 – C-331/04, Slg. 2005, I-10109 = NZBau 2006, 193 – ATI EAC ua.
[657] Vgl. OLG München Beschl. v. 19.12.2007 – Verg 12/07, ZfBR 2008, 210; OLG München Beschl. v. 28.4.2006 – Verg 6/06, NZBau 2007, 59.
[658] EuGH Urt. v. 24.1.2008 – C 532/06, NZBau 2008, 262 – Lianakis ua.
[659] EuGH Urt. v. 20.9.2018 – C-546/16, NZBau 2018, 685 – Montte.
[660] Vgl. zu den Ausnahmen die Kommentierung zu § 52 Abs. 2 Nr. 5 VgV (→ VgV § 52 Rn. 15).
[661] EuGH Urt. v. 14.7.2016 – C-6/15, EuZW 2016, 751 – TNS Dimarso; vgl. auch OLG München Beschl. v. 17.1.2008 – Verg 15/07, NJOZ 2008, 1019 mwN.
[662] Vgl. EuGH Urt. v. 14.7.2016 – C-6/15, EuZW 2016, 751 – TNS Dimarso.
[663] EuGH Urt. v. 14.7.2016 – C-6/15, EuZW 2016, 751 – TNS Dimarso.
[664] Vgl. zum Begriff des Lebenszyklus Art. 2 Nr. 20 RL 2014/24/EU.
[665] Vgl. dazu ausf. die Kommentierung zu § 127 GWB (→ GWB § 127 Rn. 1 ff.).

3. Durchführung des Vergabeverfahrens. Der Ablauf eines Vergabeverfahrens richtet sich 281 in erster Linie nach den für die jeweils einschlägige Verfahrensart maßgeblichen Regelungen und den sich daraus ergebenden allgemeinen und besonderen Anforderungen. Darüber hinaus sind im Einzelfall vielfältige Umstände zu berücksichtigen, die zu unterschiedlichen Verfahrensgestaltungen führen können. Das gilt in besonderem Maße für das Verhandlungsverfahren, welches als flexibelste Verfahrensart des GWB-Vergaberechts eine den jeweiligen Anforderungen und Bedürfnissen der Vergabestelle angepasste Verfahrensgestaltung ermöglicht. Dennoch gibt es eine Reihe von Gemeinsamkeiten, die für jedes Vergabeverfahren im Anwendungsbereich des GWB-Vergaberechts gelten und den Ablauf bzw. die Durchführung des Verfahrens prägen. Zu diesen gehören insbesondere die sich aus den Grundsätzen der Gleichbehandlung, Transparenz und des Wettbewerbs (§ 97 Abs. 1 und 2 GWB) ergebenden Anforderungen, denen jedes Verfahren gerecht werden muss.

Für die konkrete Gestaltung des Vergabeverfahrens sind die jeweils anwendbaren Vorschriften 282 des **GWB** in Verbindung mit den jeweils einschlägigen Verordnungen bzw. sonstigen anwendbaren Regelungssystemen mit den darin enthaltenen speziellen Verfahrensanweisungen zu beachten. Für die Vergabe von Liefer- und Dienstleistungsaufträgen ist das in erster Linie die **VgV**, für die Vergabe von Bauleistungen die **VOB/A**, für die Vergabe von Konzessionen die **KonzVgV** und für die Vergabe von Aufträgen im Sektorenbereich die **SektVO**. Die für die Vergabe von Dienstleistungsaufträgen lange geltende Differenzierung nach sog. prioritären Dienstleistungen (iSd Anhangs I Teil A der VOL/A bzw. VOF) und nicht-prioritären Dienstleistungen (iSd Anhangs I Teil B der VOL/A bzw. VOF) wurde im Rahmen der Vergaberechtsreform 2016 aufgegeben. Die VgV enthält in den Abschnitten 3, 4, 5 und 6 nunmehr besondere Vorschriften für die Vergabe von sozialen und anderen besonderen Dienstleistungen (§§ 64–66 VgV), für die Vergabe von Architekten- und Ingenieurleistungen (§§ 73–80 VgV), die Beschaffung von energieverbrauchenden Leistungen und Straßenfahrzeugen (§§ 67, 68 VgV) sowie die Durchführung von Planungswettbewerben (§§ 69–72 VgV).

a) Vorinformation und Auftragsbekanntmachung. Die förmlichen Vergabeverfahren des 283 GWB-Vergaberechts beginnen in der Regel mit der Bekanntmachung des zu vergebenden Auftrages im Amtsblatt der Europäischen Gemeinschaften (**Auftragsbekanntmachung**).[666] Die Auftragsbekanntmachung ist **nur ausnahmsweise entbehrlich,** wenn die Voraussetzungen für ein Verhandlungsverfahren ohne vorherige Bekanntmachung vorliegen oder eine die Bekanntmachung ersetzende **Vorinformation** veröffentlicht wurde. Die Veröffentlichung einer Vorinformation bzw. einer regelmäßigen unverbindlichen Bekanntmachung ist nach § 38 VgV, § 36 SektVO, § 12 EU VOB/A nicht zwingend vorgeschrieben. Die Vorinformation ermöglicht jedoch die Verkürzung der Fristen für die Angebotsabgabe in den vorab angekündigten Vergabeverfahren. Eine derartige Vorinformation führt noch nicht zum Beginn des Vergabeverfahrens. Etwas anderes gilt im Fall einer Vorinformation iSv § 38 Abs. 4 VgV, § 36 Abs. 4 SektVO und § 12 EU Abs. 2 VOB/A, mit der für das nicht offene Verfahren und das Verhandlungsverfahren eine Auftragsbekanntmachung ersetzt werden kann, wenn die Vorinformation die zu vergebenden Leistungen benennt und weitere Informationen enthält, die einer Auftragsbekanntmachung sehr nahekommen. Der Verzicht auf eine Auftragsbekanntmachung begründet in allen anderen Fällen grundsätzlich einen schwerwiegenden Vergaberechtsverstoß (unzulässige sog. De-facto-Vergabe), der im Rahmen eines Nachprüfungsverfahrens gem. §§ 155 ff. GWB aufgegriffen werden kann. Sofern der Vertrag bereits geschlossen wurde, kann in dem Nachprüfungsverfahren gem. § 135 Abs. 1 Nr. 2 GWB die Nichtigkeit des Vertrages festgestellt werden.

Die Bekanntmachung ist für das Vergabeverfahren nicht nur aus formellen Gründen von 284 zentraler Bedeutung. Auch in materieller Hinsicht stellt die Auftragsbekanntmachung (bzw. die die Bekanntmachung ersetzende Vorinformation) eine Zäsur zwischen den internen Vorbereitungsmaßnahmen und der **rechtlichen Existenz des Vergabeverfahrens** dar. Mit der Bekanntmachung erlangt das Beschaffungsvorhaben Transparenz und Außenwirkung. Das Vergabeverfahren beschränkt sich auf den in der Bekanntmachung angegebenen Beschaffungsgegenstand und ist unter Berücksichtigung der bekannt gemachten Bedingungen durchzuführen. Von dem einmal festgelegten Verfahrensablauf darf grundsätzlich nicht mehr abgewichen werden. Für die Auftraggeber besteht grundsätzlich zwar kein Kontrahierungszwang,[667] eine rechtmäßige Aufhebung des mit der Bekanntmachung eingeleiteten Vergabeverfahrens ist aber nur aus bestimmten schwerwiegenden Gründen möglich (vgl. § 63 VgV, § 17 EU VOB/A). Bei einer nicht gerechtfertigten Aufhebung können die am Verfahren beteiligten Unternehmen ggf. Schadensersatzansprüche gel-

---

[666] § 37 Abs. 1 VgV, § 35 Abs. 1 SektVO, § 19 Abs. 1 KonzVgV, § 12 EU Abs. 3 VOB/A.
[667] Vgl. BGH Beschl. v. 20.3.2014 – X ZB 18/13, NZBau 2014, 310.

tend machen (nach den Grundsätzen der *culpa in contrahendo* bzw. § 280 Abs. 1 BGB, § 241 Abs. 2 BGB, § 311 Abs. 2 BGB).

285   Der **Inhalt** und die **Form** der Bekanntmachung sind unionsrechtlich vorgegeben. Für Auftragsbekanntmachungen sind die von der Europäischen Kommission mit der Durchführungsverordnung (EU) 2015/1986[668] festgelegten Standardformulare zu verwenden,[669] dh im „klassischen" Bereich das Muster gemäß Anhang II, im Sektorenbereich das Muster gemäß Anhang V und im Konzessionsbereich das Muster gemäß Anhang XXI der Durchführungsverordnung (EU) 2015/1986. Die Bekanntmachung kann über die eigens dafür eingerichtete Internetseite der EU (SIMAP)[670] eingereicht werden und wird in der Onlineversion des Supplements zum Amtsblatt der Europäischen Union (TED)[671] veröffentlicht. Die inhaltlichen Anforderungen an die Bekanntmachung ergeben sich in erster Linie aus den in den Mustern geforderten Angaben. Dazu gehören insbesondere die Beschreibung des Auftragsgegenstandes und die von den Bietern bzw. Bewerbern zu erbringenden Nachweise und Erklärungen. In der Bekanntmachung sind zudem konkrete Angaben zum jeweiligen Auftraggeber und zum Verfahren zu machen. Seit der Vergaberechtsreform 2016 ist darüber hinaus grundsätzlich auch eine elektronische Adresse anzugeben, unter der die Vergabeunterlagen unentgeltlich, uneingeschränkt, vollständig und direkt abgerufen werden können.[672]

286   Darüber hinaus müssen die vorgesehenen **Auswahl- und Zuschlagskriterien** einschließlich der maßgeblichen Unterkriterien und deren Gewichtung in der Auftragsbekanntmachung (oder den Vergabeunterlagen) angegeben werden. Die Festlegung der Zuschlagskriterien (einschließlich der jeweiligen Unterkriterien und deren Gewichtung) ist für das Verfahren von weitreichender Bedeutung. Denn allein auf der Grundlage dieser Kriterien wird im Rahmen der Angebotswertung das wirtschaftlichste Angebot ermittelt, auf das gem. § 127 Abs. 1 GWB der Zuschlag zu erteilen ist (→ Rn. 268). Die Zuschlagskriterien und deren Gewichtung müssen daher sehr sorgfältig formuliert und festgelegt werden, um dem Auftraggeber eine seinen Bedürfnissen und Zielvorstellungen entsprechende Auftragserteilung zu ermöglichen. Das erfordert in der Regel eine ausgewogene Kombination von preislichen und qualitativen Elementen. Die Zuschlagskriterien müssen allerdings nicht zwingend in der Bekanntmachung enthalten sein, sondern können den interessierten Unternehmen auch mit den Vergabeunterlagen mitgeteilt werden.[673]

287   Neben der soeben beschriebenen europaweiten Bekanntmachung des Vergabeverfahrens (Auftragsbekanntmachung) existieren einige **Sonderformen** der Bekanntmachung, die jedoch anderen Zwecken dienen. Das gilt insbesondere für die bereits erwähnte Vorinformation bzw. regelmäßige unverbindliche Bekanntmachung (→ Rn. 272), mit der interessierte Unternehmen jährlich über künftige Ausschreibungen informiert werden sollen. Für die Durchführung des Vergabeverfahrens von untergeordneter Bedeutung ist auch die **Vergabebekanntmachung** nach § 39 VgV, § 38 SektVO, § 21 KonzVgV, wonach spätestens 30 bzw. 48 Tage nach der Vergabe eines öffentlichen Auftrags oder nach dem Abschluss einer Rahmenvereinbarung die Ergebnisse des Vergabeverfahrens an das Amt für Veröffentlichungen der Europäischen Union zu übermitteln sind. Diese Form der Bekanntmachung dient der *ex-post* Transparenz und soll für interessierte Unternehmen die Möglichkeit eröffnen, sich über den Fortgang und Abschluss eines Vergabeverfahrens zu informieren.[674] Eine weitere Sonderform existiert im Sektorenbereich mit der **Bekanntmachung über das Bestehen eines Qualifizierungssystems** nach § 37 SektVO. In einem solchen System können interessierte Unternehmen unabhängig von einem konkreten Vergabeverfahren ihre generelle Eignung feststellen lassen (§ 48 SektVO). Die geprüften Unternehmen werden in ein Verzeichnis aufgenommen, das nach unterschiedlichen Auftragsarten, für welche die Eignung der Unternehmen festgestellt wurde, untergliedert werden kann (§ 48 Abs. 8 SektVO). Konkrete Aufträge dürfen an die in das Verzeichnis aufgenommenen Unternehmen im Wege eines nicht offenen Verfahrens oder eines Verhandlungsverfahrens vergeben werden (§ 48 Abs. 9 VgV), wobei die Durchführung eines gesonderten Teilnahmewettbewerbs entbehrlich ist. **Präqualifikationsverzeichnisse** bestehen auch außerhalb des Sekto-

---

[668] Durchführungsverordnung (EU) 2015/1986 der Kommission v. 11.11.2015 zur Einführung von Standardformularen für die Veröffentlichung von Vergabebekanntmachungen für öffentliche Aufträge und zur Aufhebung der Durchführungsverordnung (EU) Nr. 842/2011, ABl. 2015 L 296, 1.
[669] § 37 Abs. 2 VgV, § 35 Abs. 2 SektVO, § 19 Abs. 2 KonzVgV, § 12 EU Abs. 3 Nr. 2 VOB/A.
[670] Im Internet abrufbar unter http://simap.europa.eu.
[671] Tenders Electronic Daily, im Internet abrufbar unter http://ted.europa.eu.
[672] Vgl. § 41 Abs. 1 VgV, § 41 Abs. 1 SektVO, § 17 Abs. 1 KonzVgV, § 12a EU Abs. 1 Nr. 1 VOB/A. Zum Zeitpunkt, zu dem die Vergabeunterlagen fertig gestellt sein müssen, → Rn. 258.
[673] Vgl. § 58 Abs. 3 VgV, § 16d EU Abs. 2 Nr. 2 VOB/A, Art. 67 Abs. 5 RL 2014/24/EU iVm Art. 2 Abs. 1 Nr. 13 RL 2014/24/EU.
[674] Vgl. Europäische Kommission, Grünbuch „Das öffentliche Auftragswesen in der EU – Überlegungen für die Zukunft" v. 26.11.1996, 18.

renbereichs, wobei diese jedoch lediglich als Nachweis für das Nichtvorliegen von Ausschlussgründen (wegen bestimmter Straftaten, nicht entrichteter Steuern, Abgaben und Beiträge zur Sozialversicherung sowie bestimmter weiterer Verstöße; vgl. § 6e EU VOB/A) dienen.[675] Dieser Nachweis kann (vorläufig)[676] auch durch die mit der Vergaberechtsreform 2016 eingeführte **Einheitliche Europäische Eigenerklärung** (EEE)[677] erbracht werden.[678]

b) Teilnahmewettbewerb. Für die **Prüfung der Eignung** (Fachkunde, Leistungsfähigkeit 288 und Zuverlässigkeit) der Bieter bzw. Bewerber bestehen unterschiedliche Möglichkeiten. Bei einem offenen Verfahren erfolgt die Eignungsprüfung auf der Grundlage der von den Bietern mit den Angeboten vorgelegten Eignungsnachweise. Bei einem nicht offenen Verfahren, einem Verhandlungsverfahren (mit vorheriger Bekanntmachung), einem wettbewerblichen Dialog und der Innovationspartnerschaft findet dagegen ein eigenständiger Teilnahmewettbewerb statt. Im Rahmen des Teilnahmewettbewerbs wird anhand der geforderten Eignungsnachweise vorab die Eignung, dh die Fachkunde, Leistungsfähigkeit und Zuverlässigkeit der Bewerber geprüft. Zu diesem Zweck werden die an dem Auftrag interessierten Unternehmen mit der Bekanntmachung und ggf. weiteren Unterlagen zunächst aufgefordert, innerhalb einer bestimmten Frist **Teilnahmeanträge** zu stellen und mit diesen die geforderten Eignungsnachweise (Eigenerklärungen, Angaben, Bescheinigungen und sonstige Nachweise) einzureichen. Die Eignung der Bewerber darf grundsätzlich nur anhand der geforderten und zuvor bekannt gegebenen Kriterien geprüft werden (→ Rn. 267), wobei zudem nur diejenigen Bewerber berücksichtigt werden dürfen, die fristgerechte und inhaltlich vollständige Teilnahmeanträge eingereicht haben. Gegenstand der Eignungsprüfung ist die Feststellung der wirtschaftlichen und finanziellen sowie der technischen und beruflichen Leistungsfähigkeit sowie des Nichtvorliegens von Ausschlussgründen. Grundsätzlich sind Eigenerklärungen (als vorläufige Nachweise) ausreichend.[679] Daneben sollen grundsätzlich nur solche Bescheinigungen und sonstigen Nachweise verlangt werden, die im Online-Dokumentenarchiv „e-Certis"[680] aufgeführt sind.[681] Als vorläufiger Nachweis für das Nichtvorliegen von Ausschlussgründen kann seit der Vergaberechtsreform 2016 die Einheitliche Europäische Eigenerklärung verwendet werden (→ Rn. 287). Sofern Ausschlussgründe vorliegen, weil ein Unternehmen in der Vergangenheit bestimmte Straftaten oder sonstige Verfehlungen begangen hat, die einen Ausschlusstatbestand nach § 123 GWB oder § 124 GWB begründen, kann von einem Ausschluss abgesehen werden, wenn eine sog. Selbstreinigung iSv § 125 GWB stattgefunden hat.[682] Abgesehen von diesen Vereinfachungen hat sich bei umfangreichen und komplexen Beschaffungsvorhaben in der Praxis die Verwendung gesonderter (Vergabe-)Unterlagen für den Teilnahmeantrag als sachgerecht erwiesen (sog. Teilnahmebroschüre oder Informationsmemorandum), die eine ausführliche Beschreibung des Vorhabens, der geforderten Eignungsnachweise und des vorgesehenen Verfahrensablaufs enthalten.

Im Rahmen des Teilnahmewettbewerbs kann die **Anzahl der zur Angebotsabgabe aufzufor-** 289 **dernden Unternehmen** auf eine bestimmte, zuvor festgelegte und bekannt gemachte Höchstzahl begrenzt werden. Nach § 51 Abs. 1 VgV, § 3b EU Abs. 2 Nr. 3 und Abs. 3 Nr. 3 VOB/A kann die Zahl der Unternehmen, die am weiteren Verfahren teilnehmen, bei allen Verfahrensarten mit Ausnahme des offenen Verfahrens begrenzt werden, wobei an einem Verhandlungsverfahren (mit vorheriger Bekanntmachung) und einem wettbewerblichen Dialog mindestens drei und an einem nicht offenen Verfahren mindestens fünf Unternehmen beteiligt werden müssen, sofern genügend geeignete Bewerber zur Verfügung stehen. Die vorgesehene Mindestzahl muss im Übrigen ausreichend hoch sein, dass Wettbewerb gewährleistet ist. Für den Sektoren- und Konzessionsbereich bestehen keine ausdrücklichen Mindestzahlen, sondern nur die allgemeine Anforderung, dass trotz der Begrenzung ein angemessener Wettbewerb bestehen muss.[683] Sofern der Auftraggeber von der Möglichkeit einer derartigen Begrenzung Gebrauch macht, schließt sich an die Eignungsprüfung ein Auswahlverfahren an. Dabei werden die Teilnahmeanträge anhand der vorab festgelegten und

---

[675] § 122 Abs. 3 GWB, § 6b EU Abs. 1 Nr. 1 VOB/A.
[676] Die Einheitliche Europäische Eigenerklärung dient als vorläufiger Nachweis für das Nichtvorliegen von Ausschlussgründen und soll die Verpflichtung zur Vorlage umfangreicher Nachweise und Bescheinigungen in der frühen Phase des Vergabeverfahrens ersetzen. Nur diejenigen Bieter, die für den Zuschlag in Betracht kommen, müssen die erforderlichen Bescheinigungen vor der Zuschlagserteilung einreichen.
[677] Vgl. § 50 VgV, Art. 59 RL 2014/24/EU.
[678] § 48 Abs. 3 VgV, § 6b EU Abs. 1 S. 2 VOB/A.
[679] Vgl. § 48 Abs. 2 S. 1 VgV, § 6b EU Abs. 1 Nr. 2, Abs. 2 VOB/A.
[680] Informationssystem für Bescheinigungen und sonstige Nachweise, die bei Ausschreibungsverfahren in den Mitgliedstaaten der EU häufig verlangt werden.
[681] § 48 Abs. 2 VgV, § 6b EU Abs. 2 Nr. 4 VOB/A.
[682] Vgl. dazu die Kommentierung zu § 125 GWB (→ GWB § 125 Rn. 1 ff.).
[683] Vgl. § 45 Abs. 3 SektVO, § 13 Abs. 4 KonzVgV.

den Bewerbern mitgeteilten Auswahlkriterien gewertet und diejenigen Bewerber ausgewählt, die für die Ausführung der ausgeschriebenen Leistungen als am besten geeignet anzusehen sind.

290 Bei einem Verhandlungsverfahren ohne vorherige Bekanntmachung wird kein Teilnahmeverfahren durchgeführt. Hier darf sich der Auftraggeber unmittelbar an interessierte Unternehmen wenden und mit diesen Verhandlungen über die zu vergebenden Leistungen aufnehmen.

291 **c) Aufforderung zur Angebotsabgabe.** Nach Abschluss des Teilnahmewettbewerbs werden die am Verfahren beteiligten Bieter zur Abgabe von Angeboten aufgefordert. Die für die Erstellung der Angebote und die Form der Einreichung zu beachtenden Anforderungen ergeben sich vor allem aus den **Vergabeunterlagen** (→ Rn. 269 ff.). Die Vergabeunterlagen müssen grundsätzlich unentgeltlich, uneingeschränkt, vollständig und direkt unter einer elektronischen (Internet-)Adresse abgerufen werden können, die in der Auftragsbekanntmachung oder in der Aufforderung zur Interessensbestätigung anzugeben ist.[684] Unter bestimmten Voraussetzungen[685] dürfen die Vergabeunterlagen auf einem anderen geeigneten Weg übermittelt werden (in der Regel per Post), wenn eine elektronische Übermittlung nicht möglich ist. In diesem Fall sind sie **gleichzeitig** an alle am Verfahren (noch) beteiligten Unternehmen zu übersenden.

292 Bei einem (mehrstufigen) Verhandlungsverfahren, einem wettbewerblichen Dialog und der Innovationspartnerschaft können die Vergabeunterlagen im Laufe des Verfahrens (ggf. auch mehrfach) **überarbeitet und konkretisiert** werden. Soweit das in den Vergabeunterlagen vorgesehen war, können nach Auswertung der ersten (indikativen) Angebote bzw. Lösungsvorschläge und Durchführung von Verhandlungen und Erörterungsgesprächen mit den Bietern die dabei gewonnenen Erkenntnisse im Rahmen einer Konkretisierung und Anpassung der Vergabeunterlagen (insbesondere der Leistungsbeschreibung und Vertragsbedingungen) berücksichtigt werden. Die Anpassungen müssen sich jedoch im Rahmen des ursprünglich ausgeschriebenen Beschaffungsvorhabens bewegen und dürfen den Beschaffungsgegenstand nicht grundlegend ändern.[686]

293 **d) Übermittlung und Öffnung der Angebote.** Für die Einreichung der Angebote ist nach der Vergaberechtsreform 2016 die **elektronische Übermittlung** zum Regelfall geworden.[687] Eine Einreichung in Papierform auf direktem Weg, per Post oder per Telefax kommt seit Ablauf der Übergangsfristen (18.10.2018)[688] nur unter bestimmten Voraussetzungen in Betracht.[689] Möglich ist ggf. auch eine Kombination zwischen verschiedenen Einreichungsformen.

294 Die eingereichten Angebote sind mit einem **Eingangsvermerk** zu versehen bzw. auf geeignete Art und Weise zu kennzeichnen und bis zum Öffnungstermin ungeöffnet unter Verschluss zu halten bzw. verschlüsselt zu speichern.[690] Die **Öffnung** der Angebote erfolgt unverzüglich nach Ablauf der Angebotsfrist.[691] Nicht rechtzeitig eingegangene Angebote dürfen bei der anschließenden Prüfung und Wertung der Angebote grundsätzlich nicht berücksichtigt werden.[692] Nachdem die Angebote geöffnet und verlesen wurden, werden (jedenfalls im Anwendungsbereich der VOB/A) die wesentlichen Angebotsbestandteile gekennzeichnet (§ 14 EU Abs. 2 VOB/A). Die Angebotsöffnung erfolgt nicht öffentlich. **Anwesend** sind mindestens zwei Vertreter des Auftraggebers und ggf. dessen Berater. Bieter dürfen grundsätzlich nicht anwesend sein (§ 55 Abs. 2 S. 2 VgV). Über die Angebotsöffnung ist zudem eine **Niederschrift** zu fertigen (§ 14 EU Abs. 3 VOB/A), die Bestandteil der

---

[684] Vgl. § 41 Abs. 1 VgV, § 41 Abs. 1 SektVO, § 17 Abs. 1 KonzVgV, § 12a EU Abs. 1 Nr. 1 VOB/A. Zum Zeitpunkt, zu dem die Vergabeunterlagen fertig gestellt sein müssen, → Rn. 258.
[685] Vgl. § 41 Abs. 2 VgV, § 41 Abs. 3 SektVO, § 17 Abs. 2 KonzVgV, § 11b EU Abs. 1 VOB/A.
[686] Vgl. OLG München Beschl. v. 28.4.2006 – Verg 6/06, NZBau 2007, 59; OLG Dresden Beschl. v. 3.12.2003 – WVerg 15/03, NZBau 2005, 118.
[687] § 53 Abs. 1, 3 VgV, § 43 Abs. 1 SektVO, § 28 Abs. 1 KonzVgV, § 11 EU Abs. 4 VOB/A, § 13 EU Abs. 1 Nr. 1 VOB/A.
[688] Nach § 81 VgV, § 64 SektVO, § 34 KonzVgV und § 23 EU VOB/A konnten zentrale Beschaffungsstellen iSv § 120 Abs. 4 S. 1 GWB bis zum 18.4.2017 und andere öffentliche Auftraggeber bis zum 18.10.2018 die Übermittlungsform frei wählen und die Einreichung von Angeboten, Teilnahmeanträgen und Interessensbestätigungen mit elektronischen Mitteln, auf dem Postweg, auf anderem geeigneten Weg, per Telefax oder durch eine Kombination dieser Mittel verlangen. Diese Übergangsregelungen stehen in Übereinstimmung mit den entsprechenden Richtlinienvorschriften (vgl. Art. 90 RL 2014/24/EU).
[689] § 53 Abs. 2, 4 VgV, § 43 Abs. 2 SektVO, § 28 Abs. 2, 4 KonzVgV, § 11 EU Abs. 5 VOB/A.
[690] Vgl. § 54 VgV, § 29 KonzVgV, § 14 EU Abs. 1 S. 2 VOB/A.
[691] § 55 Abs. 2 S. 2 VgV, § 29 S. 1 KonzVgV, § 14 EU Abs. 1 S. 2 VOB/A.
[692] § 57 Abs. 1 Nr. 1 VgV, § 16 EU Nr. 1 VOB/A, vgl. auch OLG Jena Beschl. v. 22.4.2004 – 6 Verg 2/04, IBRRS 2004, 1060. Für die Rechtzeitigkeit des Angebots trägt grundsätzlich der Bieter das Übermittlungsrisiko, vgl. VK Südbayern Beschl. v. 7.7.2014 – Z3-3-3194-1-24-05/14, IBRRS 2014, 2140; 1. VK Sachsen Beschl. v. 29.12.2004 – 1/SVK/123-04, BeckRS 2005, 07781; VK Baden-Württemberg Beschl. v. 1.7.2002 – 1 VK 31/02, VPRRS 2014, 0007.

Vergabeakte wird (vgl. § 8 Abs. 2 VgV). Darin sind ua die Zeit und der Ort der Angebotsöffnung, die anwesenden (teilnahmeberechtigten) Personen und alle Bieter anzugeben, die (fristgerecht oder verfristet) Angebote eingereicht haben. Die Angebote sind anschließend sorgfältig aufzubewahren und geheim zu halten.

Die Angebote werden in derjenigen Form, in der sie bei der Angebotsöffnung vorgelegen haben, geprüft und gewertet. **Nachträgliche Änderungen,** dh nach Ablauf der Angebotsfrist vorgenommene Änderungen, Anpassungen oder Ergänzungen, dürfen grundsätzlich nicht berücksichtigt werden.[693] Das gilt auch für etwaige Preisnachlässe, auf die jedenfalls dann nicht eingegangen werden darf, wenn dadurch eine Wettbewerbsverzerrung (zB durch Veränderung der Wertungsreihenfolge) droht.[694]

e) Verhandlungen zwischen Bieter und Vergabestelle. Die Möglichkeit, mit den Bietern über einzelne Aspekte ihrer Angebote zu verhandeln, besteht im Rahmen eines **Verhandlungsverfahrens,** eines **wettbewerblichen Dialogs** und einer **Innovationspartnerschaft.** Bei einem offenen und einem nicht offenen Verfahren gilt dagegen ein Verhandlungsverbot. Zulässig sind allein Aufklärungsgespräche, die zu keinen inhaltlichen Änderungen oder Ergänzungen führen dürfen.

Bei einem Verhandlungsverfahren, einem wettbewerblichen Dialog und der Innovationspartnerschaft kann der Auftraggeber dagegen mit den Bietern Verhandlungen über grundsätzlich alle Aspekte des Auftrags und den gesamten Angebotsinhalt mit Ausnahme der in den Vergabeunterlagen festgelegten Mindestanforderungen und Zuschlagskriterien führen.[695] Die verhandelbaren bzw. unverhandelbaren Ausschreibungsbestandteile und die Gestaltung des Verfahrensablaufs müssen den Bietern allerdings vorab bekannt gemacht werden. Es können **eine oder mehrere Verhandlungsrunden** bzw. **Dialogphasen** durchgeführt werden, wobei die Anzahl der Verhandlungspartner schrittweise reduziert werden kann.[696] Zu diesem Zweck werden zunächst die eingereichten ersten (indikativen) Angebote bzw. Lösungsvorschläge anhand der in den Vergabeunterlagen festgelegten Anforderungen und Wertungskriterien geprüft und gewertet. Die Auswahlkriterien müssen den Zuschlagskriterien entsprechen, weil anderenfalls eine Wettbewerbsverzerrung droht. Zu beachten ist zudem, dass auch in der Schlussphase des Verfahrens noch Wettbewerb bestehen muss.[697] Sofern vorhanden müssen deshalb mindestens zwei Bieter ausgewählt werden, die nach Abschluss der Verhandlungen endgültige Angebote einreichen sollen.[698] Mit den ausgewählten Bietern (sog. *preferred bidder*) werden **getrennte Verhandlungen** aufgenommen, wobei der Auftraggeber strikt auf die **Gleichbehandlung** der Bieter und die Anforderungen des **Geheimwettbewerbs** achten muss. Der Auftraggeber muss insbesondere gewährleisten, dass er keinem Bieter mehr Informationen zur Verfügung stellt als den anderen an den Verhandlungen beteiligten Bietern. Darüber hinaus muss er darauf achten, dass die Bieter nicht gegenseitig Kenntnis von (geheimhaltungsbedürftigen) Angebotsbestandteilen der jeweils anderen Bieter erlangen. Ohne Zustimmung des betroffenen Bieters darf der Auftraggeber den Inhalt eines Angebots einschließlich der geänderten oder ergänzten Bestandteile weder ganz noch teilweise anderen Bietern mitteilen. Die Bieter dürfen zudem nicht bewusst gegeneinander ausgespielt werden, um den Angebotspreis möglichst weit nach unten zu drücken.[699] Davon abgesehen, gelten für die Verhandlungen aber grundsätzlich keine inhaltlichen Beschränkungen. Die Verhandlungen können **sämtliche Aspekte des Angebots** betreffen, insbesondere auch den Preis.[700]

Nach **Abschluss** der Verhandlungen bzw. der Dialogphase fordert der Auftraggeber die (noch am Verfahren beteiligten) Unternehmen auf, auf der Grundlage ggf. entsprechend angepasster Vergabeunterlagen **endgültige Angebote** vorzulegen. Nach der Abgabe der endgültigen Angebote dürfen keine Verhandlungen mehr geführt werden. Das sog. **Nachverhandlungsverbot**[701] gilt ab

---

[693] Vgl. BayObLG Beschl. v. 16.9.2002 – Verg 19/02, ZfBR 2003, 78 = VergabeR 2002, 644.
[694] BGH Urt. v. 6.2.2002 – X ZR 185/99 (KG), NJW 2002, 1952; OLG München Beschl. v. 15.11.2007 – Verg 10/07, BeckRS 2008, 08685; OLG München Beschl. v. 17.9.2007 – Verg 10/07, ZfBR 2007, 828; OLG München Beschl. v. 9.8.2005 – Verg 11/05, IBRRS 2005, 2606; BayObLG Beschl. v. 21.8.2002 – Verg 21/02, BeckRS 2002, 08123; BayObLG Beschl. v. 15.7.2002 – Verg 15/02, NZBau 2002, 689; OLG Düsseldorf Beschl. v. 30.4.2002 – Verg 3/02, IBRRS 2002, 0840.
[695] § 17 Abs. 10 VgV, § 18 Abs. 5 VgV, § 19 Abs. 5 VgV.
[696] § 17 Abs. 12 VgV, § 18 Abs. 6 VgV, § 19 Abs. 4 VgV.
[697] Vgl. § 17 Abs. 12 S. 2 VgV, § 18 Abs. 6 S. 4 VgV.
[698] AA *Kulartz* in KKPP GWB § 119 Rn. 36, wonach nur ein Bieter auszuwählen sei, mit dem die Feinheiten des Vertrages schlussverhandelt werden. Dieses Verständnis dürfte mit dem Wettbewerbsgrundsatz und dem Nachverhandlungsverbot jedoch nicht vereinbar sein.
[699] VK Südbayern Beschl. v. 9.8.2002 – 28-07/02, IBRRS 2003, 0537.
[700] *Kulartz* in KKPP GWB § 119 Rn. 28.
[701] Vgl. dazu BGH Urt. v. 6.2.2002 – X ZR 185/99 (KG), NJW 2002, 1952; OLG Frankfurt a. M. OLG Frankfurt Beschl. v. 16.6.2015 – 11 Verg 3/15, ZfBR 2016, 79; OLG Düsseldorf Urt. v. 13.1.2010 – I-27 U 1/09, NZBau 2010, 328; OLG München Beschl. v. 15.11.2007 – Verg 10/07, BeckRS 2008, 08685;

diesem Zeitpunkt für alle Verfahrensarten. Für den wettbewerblichen Dialog ist das ausdrücklich in § 18 Abs. 8 S. 4 VgV, § 3b EU Abs. 4 Nr. 7 VOB/A geregelt, wonach der Auftraggeber nur noch Klarstellungen und Ergänzungen verlangen darf, die keine Änderung der grundlegenden Elemente des Angebotes oder der Ausschreibung zur Folge haben, den Wettbewerb nicht verfälschen und nicht diskriminierend wirken dürfen. Für das Verhandlungsverfahren und die Innovationspartnerschaft gilt insoweit nichts anderes.

299 **f) Angebotswertung und Vorabinformation.** Für die Angebotswertung dürfen grundsätzlich nur diejenigen Angebote berücksichtigt werden, die die **formalen Anforderungen** erfüllen und **vollständig** sind. Es ist daher zunächst zu prüfen und festzustellen, ob die insoweit bestehenden Anforderungen (Rechtzeitigkeit,[702] Vollständigkeit,[703] fachliche und rechnerische Richtigkeit, Unterschriften[704]) erfüllt sind und **kein Ausschlusstatbestand** greift (vgl. § 57 VgV, § 16 EU VOB/A). Die Vergabestelle muss insbesondere darauf achten, dass die Bieter keine Änderungen an den Vergabeunterlagen vorgenommen haben (die sich insbesondere daraus ergeben können, dass die Angebote die formalen und inhaltlichen Anforderungen der Vergabeunterlagen nicht erfüllen) und die Angebote keinen unzulässigen Vorbehalt oder inhaltlich widersprüchliche Angaben enthalten. Die inhaltlichen Mindestanforderungen müssen in jedem Fall eingehalten worden sein. Sofern die Angebote nicht vollständig sind, weil einzelne geforderte Unterlagen fehlen oder unvollständig sind, darf der Auftraggeber die fehlenden Unterlagen grundsätzlich **nachfordern,** wenn dadurch die Wertung der Angebote nicht beeinträchtigt wird und die Nachforderung nicht in der Auftragsbekanntmachung oder den Vergabeunterlagen ausgeschlossen wurde.[705] Ein Angebotsausschluss kommt darüber hinaus dann in Betracht, wenn der angebotene **Preis ungewöhnlich niedrig** ist und in einem offenbaren Missverhältnis zur angebotenen Leistung steht (§ 60 VgV, § 16d EU Abs. 1 VOB/A). Ob das der Fall ist, ist stets eine Frage des Einzelfalls.[706] Sofern Anhaltspunkte für einen ungewöhnlich niedrigen Preis vorliegen, besteht zunächst eine Nachprüfungspflicht für den Auftraggeber, der sich um Aufklärung der Umstände für die Preisbildung bemühen muss.[707]

300 Im Rahmen der eigentlichen Angebotswertung werden diejenigen Angebote, die rechtzeitig eingegangen sind und alle geforderten Nachweise und Erklärungen enthalten, anhand der vorab bekannt gegebenen Zuschlagskriterien gewertet, um das danach **wirtschaftlichste Angebot** zu ermitteln (§ 127 Abs. 1 GWB).[708] Für die Zuschlagsentscheidung dürfen keine anderen als die in der Bekanntmachung bzw. den Vergabeunterlagen genannten Kriterien herangezogen werden. Im Übrigen verfügt der Auftraggeber bei der Wertung grundsätzlich über einen **Beurteilungsspielraum.** Ein relevanter Wertungsfehler liegt in der Regel erst dann vor, wenn der Auftraggeber von unzutreffenden bzw. unvollständigen Tatsachen ausgegangen ist, die Wertung auf sachwidrigen Erwägungen beruht oder ein anderer als der vorab bekannt gegebene Beurteilungsmaßstab angewendet wird.[709]

301 Diejenigen Bieter, deren Angebote nicht berücksichtigt werden sollen, sind gem. **§ 134 GWB** mindestens 15 Kalendertage vor der Zuschlagserteilung über den Namen des erfolgreichen Bieters,

---

OLG München Beschl. v. 17.9.2007 – Verg 10/07, ZfBR 2007, 828; VK Baden-Württemberg Beschl. v. 17.1.2013 – 1 VK 44/12, IBRRS 2013, 1065; *Ziekow/Siegel* NZBau 2005, 22.

[702] Vgl. § 57 Abs. 1 Nr. 1 VgV, § 16 EU Nr. 1 VOB/A.
[703] Vgl. § 53 Abs. 7 VgV, § 13 EU Abs. 1 Nr. 4 VOB/A.
[704] Das Unterschriftserfordernis gilt nur für auf dem Postweg, direkt oder per Telefax übermittelte Angebote, wobei für per Telefax übermittelte Angebote eine Unterschrift auf der Telefaxvorlage genügt (§ 53 Abs. 6 VgV). Elektronisch übermittelte Angebote müssen nur ausnahmsweise mit einer elektronischen Signatur versehen werden (vgl. § 53 Abs. 3 VgV, § 13 EU Abs. 1 Nr. 1 VOB/A).
[705] Vgl. § 56 Abs. 2, 3 VgV, § 51 Abs. 2 SektVO, § 16a EU VOB/A.
[706] Hierzu existiert eine umfangreiche Rspr., vgl. zB OLG Karlsruhe Beschl. v. 27.9.2013 – 15 Verg 3/13, NZBau 2014, 189; OLG Bremen Beschl. v. 9.10.2012 – Verg 1/12, IBRRS 2013, 0127; OLG Karlsruhe Beschl. v. 16.6.2010 – 15 Verg 4/10, IBRRS 2010, 2838; OLG München Beschl. v. 21.5.2010 – Verg 02/10, ZfBR 2010, 606; OLG Düsseldorf Beschl. v. 9.2.2009 – VII-Verg 66/08, BeckRS 2009, 11172; OLG Düsseldorf Beschl. v. 19.11.2003 – Verg 22/03, ZfBR 2004, 98; OLG Koblenz Beschl. v. 28.10.2009 – 1 Verg 8/09, BeckRS 2009, 28773; OLG Brandenburg Beschl. v. 5.1.2006 – Verg W 12/05, ZfBR 2006, 503; OLG Düsseldorf Beschl. v. 23.3.2005 – Verg 77/04, BeckRS 2005, 04430; BayObLG Beschl. v. 2.8.2004 – Verg 16/04, BeckRS 2004, 08273; OLG Frankfurt a. M. Beschl. v. 30.3.2004 – 11 Verg 4/04, IBRRS 2004, 1385; VK Südbayern Beschl. v. 10.2.2014 – Z3-3-3194-1-42-11/13, IBRRS 2014, 0990. Ausf. zum Ganzen s. die Kommentierung zu § 60 VgV (→ VgV § Rn. 1 ff.).
[707] Vgl. § 19 EG Abs. 6, 7 VOL/A; § 16 Abs. 6 Nr. 2 VOB/A.
[708] Vgl. dazu ausf. die Kommentierung zu § 127 GWB (→ GWB § 127 Rn. 1 ff.).
[709] OLG Celle Beschl. v. 11.6.2015 – 13 Verg 4/15, BeckRS 2015, 11003; OLG Düsseldorf Beschl. v. 22.1.2014 – VII-Verg 26/13, NZBau 2014, 371; OLG Düsseldorf Beschl. v. 7.7.2010 – VII-Verg 22/10, BeckRS 2011, 01655; OLG München Beschl. v. 17.1.2008 – Verg 15/07, NJOZ 2008, 1019.

über die maßgeblichen Gründe für die vorgesehene Nichtberücksichtigung ihrer Angebote sowie den frühesten Zeitpunkt des Vertragsschlusses in Textform zu informieren (sog. **Vorabinformation**).[710] Diese Frist verkürzt sich auf mindestens 10 Kalendertage, wenn die Information auf elektronischem Weg oder per Fax oder versendet wird. Vor Ablauf der Frist darf der Vertrag nicht geschlossen werden; ein dennoch geschlossener Vertrag kann gem. § 135 GWB (innerhalb der dort genannten Fristen) in einem Nachprüfungsverfahren für unwirksam erklärt werden. Diese Regelung dient der Gewährleistung eines effektiven (Primär-)Rechtsschutzes für die nichtberücksichtigten Bieter. Diese müssen auch aus unionsrechtlichen Gründen die Möglichkeit haben, vermeintliche Verfahrensfehler überprüfen zu lassen, und dürfen durch den Vertragsschluss nicht vor vollendete Tatsachen gestellt werden. Nach § 168 Abs. 2 S. 1 GWB kann ein wirksamer Zuschlag nicht mehr aufgehoben werden. Die Möglichkeit, vor der Zuschlagserteilung ein Nachprüfungsverfahren einzuleiten und das Vergabeverfahren überprüfen zu lassen, kann auch für solche Unternehmen bestehen, die am konkreten Vergabeverfahren nicht teilgenommen und/oder kein Angebot abgegeben haben, weil sie durch die (vermeintlich) diskriminierende Verfahrensgestaltung daran gehindert wurden.[711] In diesem Fall ist es möglich, gegen die (vermeintlich) diskriminierenden Bedingungen auch ohne Angebotsabgabe vorzugehen.[712]

4. Beendigung des Verfahrens. Das Vergabeverfahren wird nach Abschluss der Wertungsphase entweder durch Zuschlagserteilung oder durch eine grundsätzlich jederzeit mögliche Aufhebung des Verfahrens beendet. 302

a) Beendigung durch Zuschlag. Mit der **Erteilung des Zuschlags**[713] wird der ausgeschriebene Auftrag erteilt und das Vergabeverfahren beendet. Der ausgeschriebene Vertrag kommt damit grundsätzlich wirksam zustande. Der Zuschlag ist die zivilrechtliche **Annahme** des vom Bieter abgegebenen Angebots.[714] Die Unterzeichnung der Verträge hat demgegenüber nur deklaratorische Bedeutung, sofern für den jeweiligen Vertragsschluss keine gesonderten gesetzlichen Formvorschriften bestehen. Insoweit gelten die zivilrechtlichen Vorschriften über das Zustandekommen von Verträgen gem. **§§ 145 ff. BGB**.[715] 303

In zivilrechtlicher Hinsicht ist zudem zu beachten, dass ein Verstoß gegen vergaberechtliche Verfahrensvorschriften dem wirksamen Zustandekommen des Vertrages grundsätzlich nicht entgegensteht. Es handelt sich bei diesen regelmäßig um keine gesetzlichen Verbote iSv **§ 134 BGB**, weil sie sich nicht gegen die Vornahme eines Rechtsgeschäfts als solchem richten.[716] Aus den vergaberechtlichen Verfahrensvorschriften ergibt sich vielmehr, dass Verstöße grundsätzlich gerügt und ggf. im Rahmen eines Nachprüfungsverfahrens geltend gemacht werden müssen. Hinzukommt, dass für bestimmte Vergaberechtsverstöße mit § 133 GWB ein spezielles Kündigungsrecht eingeführt wurde, das zB greift, wenn zum Zeitpunkt der Zuschlagserteilung ein zwingender Ausschlussgrund nach § 123 GWB bestand. Auch im Falle einer unzulässigen De-facto-Vergabe (dh einer Auftragsvergabe ohne Durchführung eines Vergabeverfahrens) kann die Unwirksamkeit nach § 135 GWB nur im Rahmen eines Nachprüfungsverfahrens und nur innerhalb bestimmter Fristen geltend gemacht werden. Sofern das nicht geschieht, sind auch vergaberechtswidrig abgeschlossene Verträge grundsätzlich wirksam. Ob einzelne Vergaberechtsvorschriften dennoch gesetzliche Verbote iSv § 134 BGB darstellen können, ist allerdings umstritten.[717] § 134 BGB ist jedenfalls in Bezug auf solche Verstöße nicht einschlägig, die im Rahmen eines Nachprüfungsverfahrens geltend gemacht werden können.[718] In Bezug auf andere Vergaberechtsverstöße kommt es darauf an, ob die verletzten Vorschriften einem wirksamen Vertragsschluss entgegenstehen sollen. Das ist in Bezug auf das während eines Nachprüfungs- und Beschwerdeverfahrens bestehende Zuschlagsverbot gem. § 169 Abs. 1 GWB bzw. § 173 GWB der Fall. Wird der Zuschlag dennoch erteilt, ist der Vertrag gem. § 134 304

---

[710] Vgl. die Kommentierung zu § 134 GWB (→ GWB § 134 Rn. 1 ff.).
[711] EuGH Urt. v. 28.11.2018 – C-328/17, NZBau 2019, 257.
[712] EuGH Urt. v. 28.11.2018 – C-328/17, NZBau 2019, 257.
[713] § 127 GWB iVm § 58 VgV, § 52 SektVO, § 18 EU VOB/A bzw. § 152 Abs. 3 GWB iVm § 31 KonzVgV.
[714] *Thiele* in KKPP GWB § 168 Rn. 36.
[715] Das mit dem Zuschlag begründete Rechtsverhältnis ist nach der Rspr. des BVerfG und BVerwG grundsätzlich insgesamt privatrechtlich, vgl. BVerfG Beschl. v. 13.6.2006 – 1 BvR 1160/30 116, 135 = NJW 2006, 3701; BVerwG Beschl. v. 2.5.2007 – 6 B 10/07, NZBau 2007, 389.
[716] Vgl. BGH Beschl. v. 19.12.2000 – X ZB 14/00, NJW 2001, 1492.
[717] Die überwiegende Meinung geht davon aus, dass das nicht der Fall ist, vgl. OLG Saarbrücken Urt. v. 17.8.2016 – 1 U 159/14, IBRRS 2016, 2276; KG Beschl. v. 19.4.2012 – Verg 7/11, IBRRS 2012, 4018 mwN; OLG Hamburg Beschl. v. 16.5.2006 – 1 Verg 1/06, IBRRS 2008, 1602; OLG Düsseldorf Beschl. v. 3.12.2003 – Verg 37/03, NJW 2004, 1331; aA *Heuvels/Kaiser* NZBau 2001, 479 (480).
[718] Ähnlich OLG Saarbrücken Urt. v. 17.8.2016 – 1 U 159/14, IBRRS 2016, 2276.

BGB unwirksam.[719] Von der Unwirksamkeit nach § 134 BGB zu unterscheiden ist die Frage, ob Verträge nach **§ 138 Abs. 1 BGB** nichtig sein können, wenn sie unter bewusster Missachtung des Vergaberechts im Wege eines kollusiven Zusammenwirkens zwischen Auftraggeber und Auftragnehmer abgeschlossen wurden. Das wird von der wohl überwiegenden Auffassung trotz § 135 GWB, wonach sog. De-facto-Vergaben wirksam werden, wenn die Unwirksamkeit nicht in einem Nachprüfungsverfahren geltend gemacht wird, mit dem Argument bejaht, dass die Wertung eines auf einer De-facto-Vergabe beruhenden Vertrages als sittenwidrig das Vorliegen weiterer besonderer Umstände voraussetzt, die von § 135 GWB nicht erfasst werden.[720] Das kann jedoch nur dann richtig sein, wenn sich die Sittenwidrigkeit aus anderen Umständen als dem bloßen Abschluss eines De-facto-Vertrages und der damit verbundenen Missachtung des Vergaberechts ergibt.[721] Denn anderenfalls stünde die Nichtigkeit im Widerspruch zu der in § 135 GWB zum Ausdruck kommenden gesetzgeberischen Wertung.[722] In vergaberechtlicher Hinsicht ist zudem zu beachten, dass die Nachprüfungsinstanzen einen wirksam erteilten Zuschlag nicht aufheben können (§ 168 Abs. 2 S. 1 GWB, § 178 S. 4 GWB).

305   Mit der Zuschlagserteilung kommt der Vertrag grundsätzlich in der Form des erfolgreichen Angebots zustande, welches wiederum den Anforderungen der zugrunde liegenden Vergabeunterlagen und Vertragsbedingungen entsprechen muss. Der Zuschlag erschöpft sich in der Annahme eines Angebots und darf dieses grundsätzlich nicht modifizieren. Änderungen in Bezug auf die zu erbringenden Leistungen oder deren Vergütung sind vergaberechtlich grundsätzlich unzulässig (Nachverhandlungsverbot). Sofern der Auftraggeber allerdings dennoch Anpassungen vornimmt (zB wegen einer aufgrund von Verfahrensverzögerungen für erforderlich gehaltenen Anpassung der Ausführungsfristen), liegt ein **modifizierter Zuschlag** vor, der gem. § 150 Abs. 2 BGB zivilrechtlich als Ablehnung des Angebots verbunden mit einem neuen Angebot an den erfolgreichen Bieter zum Abschluss des (modifizierten) Vertrages anzusehen ist.[723] In diesem Falle kann der Bieter seinerseits entscheiden, ob er dieses Angebot des Auftraggebers annimmt und damit den modifizierten Vertrag zustande kommen lassen will. Für andere Bieter besteht allerdings die Möglichkeit, den damit in der Regel verbundenen Verstoß gegen das vergaberechtliche Nachverhandlungsverbot im Rahmen eines Nachprüfungsverfahrens feststellen zu lassen. Ein wirksamer Vertragsschluss durch Zuschlagserteilung setzt im Übrigen voraus, dass das Angebot zum Zeitpunkt der Zuschlagserteilung noch annahmefähig ist. Daran fehlt es, wenn aufgrund von Verfahrensverzögerungen die Annahme- bzw. **Bindefrist abgelaufen** ist. Der Zuschlag auf ein nicht mehr annahmefähiges Angebot ist gem. § 150 Abs. 1 BGB ebenfalls als neues Angebot zu verstehen. In der Regel werden die Bieter bei Verfahrensverzögerungen jedoch aufgefordert, die Bindefrist ihrer Angebote zu verlängern. Sie haben in diesem Fall grundsätzlich nur die Wahl, der Bindefristverlängerung zuzustimmen oder diese abzulehnen. Die Zustimmung darf grundsätzlich nicht unter Vorbehalt erklärt oder mit Anpassungen des Angebots verbunden werden. Das gilt auch dann, wenn die vertraglich vorgesehenen Fristen und Termine aufgrund der Verzögerung nicht mehr eingehalten werden können. In diesem Fall kommt der Vertrag mit den überholten Bestimmungen zustande.[724] Die erforderlichen Anpassungen werden nach der Zuschlagserteilung entweder durch die Vertragsparteien oder von der Rechtsprechung im Wege der ergänzenden Vertragsauslegung vorgenommen. Dabei ist auch eine Anpassung der Vergütung möglich, soweit sich die Kosten des Auftragnehmers aufgrund der Verschiebung der vertraglichen Fristen und Termine geändert haben.[725]

306   Nach Erteilung des Zuschlags sind die nicht berücksichtigten Bieter und Bewerber unbeschadet der Vorabinformation nach § 134 GWB (→ Rn. 290),[726] sofern sie das wünschen, über die Gründe für die Ablehnung ihrer Angebote bzw. Teilnahmeanträge, die Merkmale und Vorteile des erfolgreichen Angebots, den Namen des erfolgreichen Bieters sowie ggf. über den Verlauf und die Fortschritte

---

[719] OLG Düsseldorf Beschl. v. 17.2.2016 – VII-Verg 37/14, BeckRS 2016, 13665.
[720] Vgl. OLG Saarbrücken Urt. v. 17.8.2016 – 1 U 159/14, IBRRS 2016, 2276; OLG Düsseldorf Beschl. v. 3.12.2003 – Verg 37/03, NJW 2004, 1331; Beck VergabeR/*Hoffmann* GWB § 135 Rn. 87; Reidt/Stickler/Glahs/*Glahs* GWB § 101b Rn. 23; Immenga/Mestmäcker/*Dreher* GWB § 101b Rn. 78.
[721] Wohl aA insoweit OLG Brandenburg Urt. v. 16.12.2015 – 4 U 77/14, NZBau 2016, 184, wonach sich die Sittenwidrigkeit auch aus dem Vorliegen mehrerer Vergaberechtsverstöße von erheblichem Gewicht ergeben kann.
[722] Vgl. auch BGH Urt. v. 17.10.2003 – V ZR 429/02, NJW 2003, 3692 (3693) und die Kommentierung zu § 135 GWB (→ GWB § 135 Rn. 1 ff.).
[723] BGHZ 194, 301 = NJW 2012, 3505; BGH Urt. v. 3.7.2020 – VII ZR 144/19, NZBau 2020, 570.
[724] BGHZ 181, 47 Rn. 34 f. = NJW 2009, 2443; BGH Urt. v. 25.11.2010 – VII ZR 201/08, NZBau 2011, 97; BGHZ 186, 295 Rn. 19 = NZBau 2010, 622.
[725] BGH Urt. v. 8.3.2012 – VII ZR 202/09 (KG), NZBau 2012, 287.
[726] Vgl. ausf. die Kommentierung zu § 134 GWB (→ GWB § 134 Rn. 1 ff.).

der Verhandlungen bzw. des wettbewerblichen Dialogs zu **informieren**.[727] Diese Information dient der Transparenz und der Akzeptanz der Vergabeentscheidung.

Die erfolgte Vergabe ist zudem im Rahmen einer sog. **Vergabebekanntmachung** zu veröffentlichen.[728] Die Vergabebekanntmachung ist spätestens 30 Tage nach der Vergabe eines Auftrags, einer Konzession oder nach dem Abschluss einer Rahmenvereinbarung an das Amt für Veröffentlichungen der Europäischen Union zu übermitteln, wobei die in den Anhängen der VO (EU) 2015/1986 enthaltene Mitteilungsmuster zu verwenden sind. Nicht veröffentlicht werden müssen Angaben, deren Veröffentlichung den Gesetzesvollzug behindern, dem öffentlichen Interesse zuwiderlaufen, den berechtigten geschäftlichen Interessen eines Unternehmens schaden oder den lauteren Wettbewerb zwischen Unternehmen beeinträchtigen würde.[729]

b) Beendigung durch Aufhebung. Das Vergabeverfahren kann statt[730] durch Zuschlagserteilung auch durch **Aufhebung** beendet werden.[731] Das gilt unabhängig davon, ob ein zulässiger Aufhebungsgrund vorliegt oder nicht. Der Auftraggeber bzw. Konzessionsgeber kann das Vergabeverfahren vielmehr jederzeit durch Aufhebung beenden. Er ist nicht gezwungen, den Zuschlag zu erteilen und unterliegt keinem Kontrahierungszwang.[732] Das ist seit der Vergaberechtsreform 2016 in § 63 Abs. 1 S. 2 VgV und § 32 Abs. 1 S. 2 KonzVgV und § 57 SektVO auch gesetzlich ausdrücklich klargestellt. Unter besonderen Umständen[733] kann ein Auftraggeber jedoch zur Fortführung des Vergabeverfahrens verpflichtet werden. Das ist insbesondere dann der Fall, wenn seine Vergabeabsicht weiterhin besteht und ein Vertragsschluss nach wie vor gewollt ist. In diesem Fall kann die Aufhebung durch den Auftraggeber im Rahmen eines Nachprüfungsverfahrens aufgehoben werden (sog. Aufhebung der Aufhebung).[734] Davon abgesehen ist das Vorliegen der in § 63 Abs. 1 VgV, § 32 Abs. 1 KonzVgV, § 17 EU Abs. 1 VOB/A und § 57 SektVO genannten **Aufhebungsgründe** für die Frage relevant, ob sich der Auftraggeber bzw. Konzessionsgeber durch die Aufhebung des Vergabeverfahrens schadensersatzpflichtig macht.[735] Eine Aufhebung des Vergabeverfahrens ist dann zulässig (und begründet keine Schadensersatzansprüche), wenn kein Angebot eingegangen ist, das den Ausschreibungsbedingungen entspricht, die Vergabeunterlagen grundlegend geändert werden müssen oder andere schwerwiegende Gründe bestehen.[736] Die Aufhebungsentscheidung ist den am Verfahren beteiligten Unternehmen (Bietern oder Bewerbern) unter Angabe der dafür maßgeblichen Gründe unverzüglich mitzuteilen.[737]

5. Dokumentation. Zu den wesentlichen Pflichten im Rahmen eines Vergabeverfahrens gehört die **Dokumentation des gesamten Verfahrens**. Die Dokumentationspflicht nach § 8 VgV, § 8 SektVO, § 6 KonzVgV und § 20 EU VOB/A[738] ist eine spezielle Ausprägung des Transparenzgebots (§ 97 Abs. 1 S. 1 GWB) und dient dem Ziel, die Entscheidungen der Vergabestelle transparent und überprüfbar zu machen.[739] Die Dokumentationspflicht erstreckt sich auf das gesamte Vergabeverfahren

---

[727] § 62 Abs. 2 VgV, § 56 Abs. 2 SektVO, § 30 Abs. 1 KonzVgV, § 19 EU Abs. 4 VOB/A.
[728] § 39 VgV, § 38 SektVO, § 21 KonzVgV, § 18 EU Abs. 3, 4 VOB/A.
[729] Vgl. § 39 Abs. 6 VgV, § 18 EU Abs. 3 Nr. 5 VOB/A.
[730] Eine Aufhebung nach erfolgtem Zuschlag ist bereits begriffsnotwendig ausgeschlossen und damit unzulässig.
[731] Vgl. dazu ausf. die Kommentierung zu § 63 VgV (→ VgV § 63 Rn. 1 ff.).
[732] BGH Beschl. v. 20.3.2014 – X ZB 18/13, NZBau 2014, 310; BGH Beschl. v. 18.2.2003 – X ZB 43/02, NVwZ 2003, 1149; BGH Urt. v. 5.11.2002 – X ZR 232/00, NZBau 2003, 168; OLG Düsseldorf Beschl. v. 12.1.2015 – Verg 29/14, ZfBR 2015, 502; OLG Düsseldorf Beschl. v. 16.11.2010 – VII-Verg 50/10, BeckRS 2011, 01602; OLG Düsseldorf Beschl. v. 10.11.2010 – VII-Verg 28/10, BeckRS 2011, 01602; KG Beschl. v. 17.10.2013 – Verg 9/13, ZfBR 2014, 516; OLG Brandenburg Beschl. v. 2.10.2008 – 12 U 91/08, BeckRS 2009, 04827; OLG Celle Beschl. v. 15.7.2010 – 13 Verg 9/10, NZBau 2010, 641; OLG Celle Beschl. v. 22.5.2003 – 13 Verg 9/03, ZfBR 2003, 615.
[733] Vgl. dazu BayObLG Beschl. v. 5.11.2002 – Verg 22/02, NZBau 2003, 342.
[734] Vgl. EuGH Urt. v. 18.6.2002 – C-92/00, Slg. 2002, I-5553 = ZfBR 2002, 604 – Hospital Ingenieure-II; OLG München Beschl. v. 31.10.2012 – Verg 19/12, BeckRS 2012, 22638; OLG München Beschl. v. 23.12.2010 – Verg 21/10, BeckRS 2011, 00890; VK Niedersachsen Beschl. v. 13.12.2013 – VgK-42/2013, BeckRS 2014, 01201; VK Niedersachsen Beschl. v. 21.6.2011 – VgK-18/2011, BeckRS 2011, 21798; VK Lüneburg Beschl. v. 14.4.2011 – VgK-09/2011, ZfBR 2011, 795; VK Sachsen Beschl. v. 8.11.2011 – 1/SVK/041-11, IBRRS 2012, 1402.
[735] Nach § 57 SektVO darf ein Vergabeverfahren im Sektorenbereich auch ohne Vorliegen besonderer Aufhebungsgründe aufgehoben werden, vgl. dazu die Kommentierung zu § 57 SektVO (→ SektVO § 57 Rn. 1 ff.).
[736] Vgl. dazu ausf. die Kommentierung zu § 63 VgV (→ VgV § 63 Rn. 1 ff.) und § 32 KonzVgV (→ KonzVgV § 32 Rn. 1 ff.).
[737] § 63 Abs. 2 VgV, § 57 SektVO, § 32 Abs. 2 KonzVgV, § 17 EU Abs. 2 VOB/A.
[738] Vgl. dazu ausf. die Kommentierungen zu § 8 VgV (→ VgV § 8 Rn. 1 ff.), § 8 SektVO (→ SektVO § 8 Rn. 1 ff.), § 6 KonzVgV (→ KonzVgV § 6 Rn. 1 ff.).
[739] OLG Düsseldorf Beschl. v. 11.7.2007 – Verg 10/07, BeckRS 2008, 01321; Höfler NZBau 2010, 73.

und alle wesentlichen Entscheidungen, die von einem Auftraggeber bzw. Konzessionsgeber im Rahmen des Verfahrens getroffen wurden. Alle Verfahrensschritte und Entscheidungen müssen fortlaufend, zeitnah und so nachvollziehbar in den Vergabeakten dokumentiert werden, dass sie für einen mit der Sachlage des jeweiligen Vergabeverfahrens vertrauten Leser nachvollziehbar sind und eine Überprüfung durch die Bieter und die Vergabenachprüfungsinstanzen möglich ist.[740] Aus diesem Grunde hat die Dokumentationspflicht bieterschützenden Charakter.[741] Die Vergabestelle ist verpflichtet, die Vergabeakten sorgfältig zu führen und in diese sämtliche für das Verfahren relevanten Unterlagen und Informationen aufzunehmen. Das gilt insbesondere für die gesamte Korrespondenz mit den Bewerbern bzw. Bietern (zB im Rahmen von Fragen und Antworten, Gesprächen, Präsentationen, Verhandlungen, Aufklärungen etc) und die von diesen eingereichten Teilnahmeanträge, Angebote und Erklärungen.[742] Zu dokumentieren sind darüber hinaus auch interne Beratungen und die im Rahmen der Vorbereitung der Auftragsbekanntmachung und der Vergabeunterlagen getroffenen Entscheidungen.[743]

310   Ein wesentlicher Bestandteil der Dokumentationspflicht betrifft die Anfertigung eines ordnungsgemäßen (vollständigen und chronologischen) **Vergabevermerks.**[744] Der Vergabevermerk muss gem. § 8 Abs. 2 VgV **mindestens** folgende Angaben enthalten: (1.) Namen und Anschrift des Auftraggebers sowie Gegenstand und Wert[745] des Auftrags, der Rahmenvereinbarung oder des dynamischen Beschaffungssystems,[746] (2.) Namen der berücksichtigten Bewerber oder Bieter und die Gründe für ihre Auswahl,[747] (3.) die nicht berücksichtigten Angebote und Teilnahmeanträge sowie die Namen der nicht berücksichtigten Bewerber oder Bieter und die Gründe für ihre Nichtberücksichtigung, (4.) die Gründe für die Ablehnung von Angeboten, die für ungewöhnlich niedrig befunden wurden,[748] (5.) Namen des erfolgreichen Bieters und die Gründe für die Auswahl seines Angebots sowie, falls bekannt, den Anteil am Auftrag oder an der Rahmenvereinbarung, den der Zuschlagsempfänger an Dritte weiterzugeben beabsichtigt, und ggf., soweit zu jenem Zeitpunkt bekannt, die Namen der Unterauftragnehmer des Hauptauftragnehmers, (6.) bei Verhandlungsverfahren und wettbewerblichen Dialogen die Umstände, die gem. § 14 Abs. 3 VgV die Anwendung dieser Verfahrensarten rechtfertigen, (7.) bei Verhandlungsverfahren ohne vorherigen Teilnahmewettbewerb die Umstände, die gem. § 14 Abs. 4 VgV die Anwendung dieses Verfahrens rechtfertigen, (8.) ggf. die Gründe, aus denen der öffentliche Auftraggeber auf die Vergabe eines Auftrags, den Abschluss einer Rahmenvereinbarung oder die Einrichtung eines dynamischen Beschaffungssystems verzichtet hat (Aufhebungsgründe), (9.) ggf. die Gründe, aus denen andere als elektronische Mittel für die Einreichung der Angebote verwendet wurden, (10.) ggf. Angaben zu aufgedeckten Interessenkonflikten und getroffenen Abhilfemaßnahmen, (11.) ggf. die Gründe, aufgrund derer mehrere Teil- oder Fachlose zusammen vergeben wurden, und (12.) ggf. die Gründe für die Nichtangabe der Gewichtung von Zuschlagskriterien. Eine ausführliche Begründung ist immer dann notwendig, wenn mehrere Gesichtspunkte gegeneinander abgewogen werden müssen.[749] Das gilt insbesondere für diejenigen Maßnahmen und Entscheidungen, bei denen die Vergabestelle Ermessen oder einen Beurteilungsspielraum hat, wie zB im Rahmen der Wertung.[750]

---

[740] OLG Düsseldorf Beschl. v. 11.7.2007 – Verg 10/07, BeckRS 2008, 01321; OLG Düsseldorf Beschl. v. 17.3.2004 – VII – Verg 1/04, ZfBR 2004, 500; OLG Brandenburg Beschl. v. 3.8.1999 – 6 Verg 1/99, NZBau 2000, 39 (44).
[741] OLG München Beschl. v. 17.1.2008 – Verg 15/07, NJOZ 2008, 1019; OLG Düsseldorf Beschl. v. 11.7.2007 – Verg 10/07, BeckRS 2008, 01321; OLG Frankfurt a. M. Beschl. v. 28.11.2006 – 11 Verg 4/06, BeckRS 2007, 1691; OLG Rostock Beschl. v. 20.8.2003 – 17 Verg 9/03, IBRRS 2003, 2630; OLG Düsseldorf Beschl. v. 26.7.2002 – Verg 28/02, IBRRS 2003, 0576; OLG Brandenburg Beschl. v. 3.8.1999 – 6 Verg 1/99, NZBau 2000, 39 (44).
[742] VK Münster Beschl. v. 13.2.2008 – VK 29/07, IBRRS 2013, 4911.
[743] Vgl. § 8 Abs. 1 VgV, vgl. zur Dokumentationspflicht für die im Rahmen der Vorbereitung des Vergabeverfahrens getroffenen Annahmen und Entscheidungen (insbes. in Bezug auf die Festlegung der auszuschreibenden Leistungen, Schätzung des Auftragswertes, Losbildung und die Wahl der Verfahrensart) zB OLG Naumburg Beschl. v. 5.12.2008 – 1 Verg 9/08, BeckRS 2009, 02589.
[744] Vgl. § 8 Abs. 2 VgV, § 6 Abs. 2 KonzVgV.
[745] Vgl. dazu VK Arnsberg Beschl. v. 4.11.2008 – VK 23/08, IBRRS 2008, 3152.
[746] Der Vergabevermerk muss keine Angaben zur Bedarfsermittlung enthalten, vgl. VK Bund Beschl. v. 6.9.2005 – VK 2-105/05, BeckRS 2005, 12497. Auch in Bezug auf die Nichtzulassung von Nebenangeboten wird eine Dokumentation im Vergabevermerk nicht für erforderlich gehalten, vgl. OLG München Beschl. v. 2.8.2007 – Verg 7/07, ZfBR 2007, 732.
[747] Zur Dokumentation der Eignungsprüfung vgl. OLG Düsseldorf Beschl. v. 31.7.2007 – Verg 25/07, BeckRS 2008, 03763.
[748] Vgl. VK Südbayern Beschl. v. 6.6.2007 – Z3-3-3194-1-19-05/07, IBRRS 2013, 1617.
[749] OLG Frankfurt a. M. Beschl. v. 16.8.2006 – 11 Verg 3/06, BeckRS 2007, 01691.
[750] Vgl. OLG Bremen Beschl. v. 14.4.2005 – Verg 1/2005, BeckRS 2011, 16422; OLG Düsseldorf Beschl. v. 17.3.2004 – Verg 1/04, BeckRS 2004, 03905.

Die Detailliertheit der Entscheidungsbegründung muss zudem die konkreten Umstände des jeweiligen Sachverhalts berücksichtigen.[751]

In Bezug auf die Form der Dokumentation und des Vergabevermerks ist lediglich die Verwendung der **Textform nach § 126b BGB** vorgeschrieben. Der Vergabevermerk soll darüber hinaus den Anforderungen genügen, die im Rechtsverkehr an einen Aktenvermerk gestellt werden.[752] Dazu gehören bei Vergabevermerken in Papierform grundsätzlich auch Datum und Unterschrift des Ausstellers.[753] Bei elektronisch geführten Vergabevermerken[754] genügen gem. § 126b BGB auf einem dauerhaften Datenträger gespeicherte lesbare Erklärungen, in denen die Person des Erklärenden genannt ist. Der Vergabevermerk kann im Übrigen aus einem oder aus mehreren[755] separaten Dokumenten bestehen, mit denen die einzelnen Stufen des Verfahrens, die maßgeblichen Feststellungen sowie die Begründungen für die getroffenen Entscheidungen **durchgängig, chronologisch**[756] **und zeitnah**[757] dokumentiert werden.

Eine fehlende oder **unzureichende Dokumentation** führt grundsätzlich zu (schwerwiegenden) Verfahrensfehlern, die im Rahmen eines Nachprüfungsverfahrens (§§ 155 ff. GWB) geltend gemacht werden können.[758]

---

[751] Vgl. ausf. zum Inhalt des Vergabevermerks die Kommentierung zu § 8 VgV (→ VgV § 8 Rn. 1 ff.).
[752] OLG Koblenz Beschl. v. 6.11.2008, ZfBR 2009, 93.
[753] VK Brandenburg Beschl. v. 19.9.2001 – 1 VK 85/01, IBRRS 2004, 3561.
[754] Vgl. dazu bereits 1. VK Bund Beschl. v. 6.7.2011 – VK 1-60/11, IBRRS 2012, 0241.
[755] OLG Karlsruhe Beschl. v. 16.6.2010 – 15 Verg 4/10, BeckRS 2010, 15754; OLG Koblenz Beschl. v. 6.11.2008, ZfBR 2009, 93; OLG München Beschl. v. 25.7.2013 – Verg 7/13, IBRRS 2013, 3208; OLG Naumburg Beschl. v. 20.9.2012 – 2 Verg 4/12, IBRRS 2012, 3797.
[756] Vgl. OLG Celle Beschl. v. 11.6.2015 – 13 Verg 4/15, BeckRS 2015, 11003.
[757] Vgl. OLG Naumburg Beschl. v. 14.3.2013 – 2 Verg 8/12, BeckRS 2013, 07440; OLG Celle Beschl. v. 12.5.2010 – 13 Verg 3/10, BeckRS 2010, 13101; OLG München Beschl. v. 17.1.2008 – Verg 15/07, NJOZ 2008, 1019; OLG München Beschl. v. 28.4.2006 – Verg 6/06, NZBau 2007, 59; OLG Düsseldorf Beschl. v. 17.3.2004 – Verg 1/04, BeckRS 2004, 03905; OLG Rostock Beschl. v. 20.8.2003 – 17 Verg 9/03, IBRRS 2003, 2630.
[758] Vgl. OLG Celle Beschl. v. 12.5.2016 – 13 Verg 10/15, NZBau 2016, 711; OLG Saarbrücken Beschl. v. 15.10.2014 – 1 Verg 1/14, ZfBR 2015, 398; OLG Celle Beschl. v. 12.5.2010 – 13 Verg 3/10, BeckRS 2010, 13101; OLG Celle Beschl. v. 11.2.2010 – 13 Verg 16/09, BeckRS 2010, 04938; OLG Frankfurt a. M. Beschl. v. 28.11.2006 – 11 Verg 4/06, NZBau 2007, 804; OLG Hamburg Beschl. v. 24.9.2010 – 1 Verg 2/10, NZBau 2010, 780; VK Sachsen Beschl. v. 14.4.2008 – 1/SVK/013-08, IBRRS 2008, 1406.

2. Teil GWB – Gesetz gegen Wettbewerbsbeschränkungen

In der Fassung der Bekanntmachung vom 26. Juni 2013 (BGBl. 2013 I 1750, ber. 3245),
Zuletzt geändert durch Art. 2 G über die unternehmerischen Sorgfaltspflichten in Lieferketten
vom 16. Juli 2021 (BGBl. 2021 I 2959)

Teil 4. Vergabe von öffentlichen Aufträgen und Konzessionen

Kapitel 1. Vergabeverfahren

Abschnitt 1. Grundsätze, Definitionen und Anwendungsbereich

§ 97 Grundsätze der Vergabe

(1) ¹Öffentliche Aufträge und Konzessionen werden im Wettbewerb und im Wege transparenter Verfahren vergeben. ²Dabei werden die Grundsätze der Wirtschaftlichkeit und der Verhältnismäßigkeit gewahrt.

(2) Die Teilnehmer an einem Vergabeverfahren sind gleich zu behandeln, es sei denn, eine Ungleichbehandlung ist aufgrund dieses Gesetzes ausdrücklich geboten oder gestattet.

(3) Bei der Vergabe werden Aspekte der Qualität und der Innovation sowie soziale und umweltbezogene Aspekte nach Maßgabe dieses Teils berücksichtigt.

(4) ¹Mittelständische Interessen sind bei der Vergabe öffentlicher Aufträge vornehmlich zu berücksichtigen. ²Leistungen sind in der Menge aufgeteilt (Teillose) und getrennt nach Art oder Fachgebiet (Fachlose) zu vergeben. ³Mehrere Teil- oder Fachlose dürfen zusammen vergeben werden, wenn wirtschaftliche oder technische Gründe dies erfordern. ⁴Wird ein Unternehmen, das nicht öffentlicher Auftraggeber oder Sektorenauftraggeber ist, mit der Wahrnehmung oder Durchführung einer öffentlichen Aufgabe betraut, verpflichtet der öffentliche Auftraggeber oder Sektorenauftraggeber das Unternehmen, sofern es Unteraufträge vergibt, nach den Sätzen 1 bis 3 zu verfahren.

(5) Für das Senden, Empfangen, Weiterleiten und Speichern von Daten in einem Vergabeverfahren verwenden Auftraggeber und Unternehmen grundsätzlich elektronische Mittel nach Maßgabe der aufgrund des § 113 erlassenen Verordnungen.

(6) Unternehmen haben Anspruch darauf, dass die Bestimmungen über das Vergabeverfahren eingehalten werden.

Übersicht

	Rn.		Rn.
A. Wettbewerb, Transparenz, Wirtschaftlichkeit und Verhältnismäßigkeit (Abs. 1) *(Knauff)*	1	2. Einzelausformungen	23
		3. Transparenzverstöße	32
		VI. Wirtschaftlichkeit	33
I. Normzweck	1	**VII. Verhältnismäßigkeit**	38
II. Entstehungsgeschichte	3	**B. Anhang zu Abs. 1: Vertragsstrafen** *(Säcker)*	43
III. Verhältnis der Grundsätze zueinander	4		
IV. Wettbewerb	6	**I. Normzweck**	43
1. Allgemeines und Bedeutung	6	**II. Zulässige Strafhöhe bei Versäumung von Fertigstellungsfristen**	49
2. Einzelausformungen	10		
3. Wettbewerbsverstöße	14	**III. Zulässige Vertragsstrafen für die Nichteinhaltung von Zwischenfristen**	51
V. Transparenz	17	**IV. Geltung der Vertragsstrafenregelung bei Terminänderungen**	52
1. Allgemeines und Bedeutung	17		

GWB § 97 Grundsätze der Vergabe

		Rn.
V.	Wettbewerbsrechtliche Grenzen	53
C.	**Gleichbehandlung (Abs. 2)** *(Knauff)*	54
I.	Normzweck	54
II.	Entstehungsgeschichte	55
III.	Verhältnis des Gleichbehandlungsgrundsatzes zu Wettbewerbsgrundsatz und Transparenzgrundsatz	57
IV.	Gegenstand des Gleichbehandlungsgrundsatzes	60
1.	Allgemeines und Bedeutung	60
2.	Einzelausformungen	65
3.	Verstöße gegen den Gleichbehandlungsgrundsatz	70
	a) Gleichbehandlungswidrige Vergabepraktiken	70
	b) Weitere Verstöße gegen den Gleichbehandlungsgrundsatz im Überblick	79
4.	Beschränkung des Gleichbehandlungsgrundsatzes gem. Abs. 2 Hs. 2	80
D.	**Strategische Ziele bei der Vergabe (Abs. 3)** *(Kühnast)*	81
I.	Allgemeines	81
1.	Normzweck	81
2.	Entstehungsgeschichte	85
	a) Historische europarechtliche Entwicklung	85
	b) Entstehung des Abs. 3	89
3.	Anwendungsbereich	92
4.	Regelungsgehalt, Aspekte	93
5.	(Europa-)Rechtlicher Rahmen und Rechtsschutz	99
6.	Systematische Erfassung durch das GWB	107
	a) Spezialregelungen	108
	b) Grundsatz einer rechtskonformen Auftragsausführung	112
	c) Phasen des Vergabeverfahrens	117
II.	Leistungsbeschreibung	118
1.	Festlegen des Auftragsgegenstands	118
2.	Definition der Leistung, technische Spezifikationen	119
	a) Umweltbezogene Aspekte	122
	b) Soziale Aspekte	127
	c) Aspekte der Qualität und Innovation	131
III.	Strategische Ziele bei der Eignungsprüfung	133
1.	Ausschlussgründe mit strategischer Zielsetzung	135
	a) Zwingende Ausschlussgründe	135
	b) Fakultative Ausschlussgründe	138
	c) Ausschlussgründe gegen den Unterauftragnehmer	141
2.	Strategische Eignungskriterien	142
	a) Allgemeines	142
	b) Umweltbezogene Eignungskriterien	146
	c) Soziale Eignungskriterien	150

		Rn.
IV.	Strategische Zuschlagskriterien	152
1.	Allgemeines	152
2.	Qualitative und innovative Zuschlagskriterien	158
3.	Umweltbezogene Zuschlagskriterien	162
4.	Soziale Zuschlagskriterien	164
V.	Strategische Ausführungsbedingungen	170
1.	Allgemeines	170
2.	Tariftreuepflicht und Mindestlohnvorgaben im Lichte des Europa- und Verfassungsrechts	181
	a) Konstitutive Tariftreueverpflichtung	184
	b) Vergabespezifischer Mindestlohn	190
	c) Tariftreueverlangen im Verkehrssektor	198
VI.	Überblick über strategische Ziele in den Landesvergabegesetzen	199
1.	Tariftreue- und Mindestlohnvorgaben in den Landesvergabegesetzen	202
2.	Weitere soziale Aspekte in den Landesvergabegesetzen	208
3.	Umweltbezogene Aspekte in den Landesvergabegesetzen	215
E.	**Mittelstandsschutz (Abs. 4)** *(Knauff)*	217
I.	Norminhalt und Normzweck	217
II.	Entstehungsgeschichte	223
III.	Vereinbarkeit mit dem EU-Recht	226
IV.	Abs. 4 S. 1	229
1.	Allgemeines	229
2.	Regelungsinhalt	230
	a) Mittelständische Interessen	230
	b) Vergabe öffentlicher Aufträge (und Konzessionen)	238
	c) Vornehmliche Berücksichtigung	240
V.	Abs. 4 S. 2	244
1.	Allgemeines	244
2.	Fachlos und Teillos	245
3.	Anzahl und Größe der Lose	247
4.	Loslimitierung	249
5.	Publizität	250
VI.	Abs. 4 S. 3	251
1.	Allgemeines	251
2.	Wirtschaftliche oder technische Gründe	252
	a) Regel-Ausnahmeverhältnis	252
	b) Wirtschaftliche Gründe	257
	c) Technische Gründe	266
VII.	Abs. 4 S. 4	267
1.	Allgemeines	267
2.	Betroffene Unternehmen (Regelungsadressaten)	269

A. Wettbewerb, Transparenz, Wirtschaftlichkeit und Verhältnismäßigkeit (Abs. 1) § 97 GWB

		Rn.			Rn.
3.	Mit Wahrnehmung oder Durchführung einer öffentlichen Aufgabe betraut	272	III.	Ergänzende Rechtsmaterien	351
	a) Öffentliche Aufgabe	272	1.	EU-Richtlinie zur elektronischen Rechnungsstellung bei öffentlichen Aufträgen	351
	b) Wahrnehmen und Durchführen	273		a) Europarechtliche Regelungen	351
	c) Betrauung	274		b) Nationale Umsetzung	356
4.	Vergabe von Unteraufträgen an Dritte	278	2.	Elektronischen Signatur bei e-Vergabe	362
5.	Verpflichtung des Unternehmens durch den öffentlichen Auftraggeber	281	3.	Deutsches E-Government-Recht und Cloud Computing	367
	a) Instrumente der Verpflichtung	281			
	b) Inhalt der Verpflichtung	286	4.	Recht der Cybersicherheit	373
	c) Rechtsfolgen des Verstoßes gegen die Verpflichtung	287	IV.	Einzelerläuterungen	377
VIII.	Subjektive Rechte	292	1.	Grundsatz der zwingenden Anwendung der e-Vergabe	377
F.	**Elektronische Vergabe (Abs. 5)** *(Säcker)*	294	2.	Ausnahmen	379
I.	Normzweck	294	G.	**Anspruch auf Einhaltung des Vergabeverfahrens (Abs. 6)** *(Knauff)*	382
II.	Europarechtlicher Hintergrund	298			
1.	Einführung	298			
2.	Überblick über internationale Regelungen zur elektronischen Vergabe	300	I.	Allgemeines und Normzweck	382
			II.	Entstehungsgeschichte	385
	a) Government Procurement Agreement der WTO (GPA)	300	III.	„Unternehmen" als Anspruchsinhaber	388
	b) UNCITRAL-Modellgesetz zum öffentlichen Auftragswesen	303	IV.	Anspruchsinhalt	395
3.	Entwicklung des EU-Rechtsrahmens	304	1.	Allgemeines	395
4.	Rechtstatsächliche Situation	312	2.	Der Umfang des Anspruchs	397
	a) Akzeptanzprobleme und fehlende Interoperabilität	312		a) Auffassungen im Schrifttum	398
				b) Auffassung der Rechtsprechung	402
	b) Interoperabilitätsinitiativen	316		c) Stellungnahme	403
5.	Rechtslage nach den Reformen von 2014	320	3.	Bestimmungen über das Vergabeverfahren	404
	a) Richtlinien für öffentliche Aufträge	321			
	b) Richtlinie zu Konzessionen	343	4.	Anspruchsgegner	405

A. Wettbewerb, Transparenz, Wirtschaftlichkeit und Verhältnismäßigkeit (Abs. 1)

Schrifttum: *Achenbach,* Pönalisierung von Ausschreibungsabsprachen und Verselbständigung der Unternehmensgeldbuße durch das Korruptionsbekämpfungsgesetz 1997, WuW 1997, 958; *Aicher,* Vergaberechtliche In-House-Ausnahme und Vergaben an einen „internen Bieter", in FS M. Straube, 2009, 269; *v. Arnim,* Wirtschaftlichkeit als Rechtsprinzip, 1988; *Behrens,* Zulassung zum Vergabewettbewerb bei vorausgegangener Beratung des Auftraggebers – Zur Projektantenproblematik auf der Grundlage der Neuregelung des § 4 Abs. 5 VgV, NZBau 2006, 752; *Burbulla,* Die Beteiligung von Objektgesellschaften an Vergabeverfahren, NZBau 2010, 145; *Burgi,* Entwicklungstendenzen und Handlungsnotwendigkeiten im Vergaberecht, NZBau 2018, 579; *Burgi,* Die Bedeutung der allgemeinen Vergabegrundsätze Wettbewerb, Transparenz und Gleichbehandlung, NZBau 2008, 29; *Burgi,* Die Vergabe von Dienstleistungskonzessionen: Verfahren, Vergabekriterien, Rechtsschutz, NZBau 2005, 610; *Byok,* Die Entwicklung des Vergaberechts seit 2009, NJW 2010, 817; *Chen,* Vergaberechtsschutz im Spannungsfeld zwischen Beschleunigungsgebot und Gewährung effektiven Rechtsschutzes, 2019; *Cecchini,* Europa'92, Der Vorteil des Binnenmarktes, 1982; *Deckers,* Die vergaberechtliche Relevanz von Änderungen öffentlicher Aufträge, 2010; *Dicks,* Mehrfachbeteiligungen von Unternehmen am Ausschreibungswettbewerb, VergabeR 2013, 1; *Diringer,* Die Beteiligung sog. Projektanten am Vergaberecht, VergabeR 2010, Sonderheft 2a, 361; *Dittmer,* Öffentliche Unternehmen und der Begriff des öffentlichen Auftraggebers, 2008; *Ehricke/Blask,* Dynamischer Verweis auf Gruppenfreistellungsverordnungen im neuen GWB, JZ 2003, 722; *Ehrig,* Die Doppelbeteiligung im Vergabeverfahren, VergabeR 2010, 11; *Eilmansberger,* Der öffentliche Auftraggeber als Kartellbehörde?, Österreichische Zeitschrift für Wirtschaftsrecht, 2008, 2; *Erdmann,* Beschleunigung von Vergabeverfahren in Zeiten des Konjunkturpakets II, VergabeR 2009, 844; *Gabriel,* Neues zum Ausschluss von Bietern und Bietergemeinschaften wegen Mehrfachbeteiligung, NZBau 2010, 225; *Gröning,* Die Grundlagen des neuen Vergaberechtsschutzes, ZIP 1999, 52; *Hattenhauer/Butzert,* Die Wirtschaftlichkeit als treibende Kraft in der historischen Entstehung von Vergabeverfahren und ihre Bedeutung im heutigen Vergaberecht, ZfBR 2018, 229; *Hillen,* Die gerichtliche Kontrolle von Wirtschaftlichkeit im Vergaberecht, 2018; *Höfler,* Transparenz bei der Vergabe öffentlicher Aufträge, NZBau 2010, 73; *Huerkamp,* Gleichbehandlung und Transparenz als gemeinschaftsrechtliche Prinzipien der staatlichen Auftragsvergabe, 2010; *Jäger/Graef,* Bildung von Bietergemeinschaften durch konkurrierende Unternehmen, NZBau 2012, 213; *Jäger,* Die Vorbefassung des Anbieters im öffentlichen Beschaffungsrecht, 2009; *Jarass,* Kehrtwende im Vergaberecht – zum Urteil des EuGH in der Rs. Müller, VergabeR 2010, 562; *Jestaedt/Kemper/Marx/Prieß,* Das Recht der Auftragsvergabe, 1999; *Kirchner,* Zur Ökonomik des Vergaberechts, VergabeR 2010, 725; *Kiser,* In-House-Vergabe und Rechtsschutz bei de-facto-Vergaben im deutschen Kartellvergaberecht, 2009; *Kleinmann/Berg,* Änderungen des Kartellrechts durch das „Gesetz zur Bekämpfung der Korruption" vom 13.8.1997, BB 1998, 277; *Koenig/Haratsch,* Grundzüge des deutschen und des europäischen Vergaberechts, NJW 2003, 2637; *Koenig/Kühling,* Diskriminierungsfreiheit, Transparenz und Wettbewerbsoffenheit des Ausschreibungsverfahrens – Konvergenz von EG-Beihilfenrecht und Vergaberecht, NVwZ 2003, 779; *Kulartz/Niebuhr,* Sachlicher Anwendungsbereich und wesentliche Grundsätze des materiellen GWB-Vergaberechts – OLG Brandenburg, „Flughafen Berlin-Schönefeld" und die Folgen, NZBau 2000, 6; *Kupczyk,* Die Projektantenproblematik im Vergaberecht, NZBau 2010, 21; *Laumann/Scharf,* Die Bestimmung des Auftragsgegenstandes und ihre Überprüfung im Primärrechtsschutz, VergabeR 2013, 539; *Lausen,* Die Rechtsstellung von Bietergemeinschaften im Vergabeverfahren, 2011; *Leinemann,* Erhöht sich der Prüfaufwand bei Angeboten von Bietergemeinschaften für die Vergabestellen?, VergabeR 2015, 281; *Leinenbach,* Datenschutz im Vergabeverfahren, ZfBR 2020, 741; *Losch,* Akteneinsicht im Vergabeverfahren, VergabeR 2008, 739; *Luber,* Der formalistische Angebotsausschluss, das Wettbewerbsprinzip und der Grundsatz der sparsamen Mittelverwendung im Vergaberecht, VergabeR 2009, 14; *Meurers,* Der Grundsatz der Verhältnismäßigkeit im Vergaberecht, 2020; *Michel,* Das Vergabeverfahren zwischen Kooperation, Wettbewerb, Transparenz und Gleichbehandlung, 2011; *v. Münchhausen,* Staatliche Neutralität bei der Vergabe öffentlicher Aufträge, 2010; *Opitz,* Der Wirtschaftlichkeitsbegriff des Kartellvergaberechts, NZBau 2001, 12; *Ortner,* Wirtschaftliche Betätigung des Staates und Vergaberecht, VergabeR 2009, 850; *Ölcüm,* Die Berücksichtigung sozialer Belange im öffentlichen Auftragswesen, 2009; *Pietzcker,* Auf der Suche nach den Grenzen des Vergaberechts, VergabeR 2010, 735; *Plauth,* Die Rechtspflicht zur Transparenz im europäisierten Vergaberecht, 2017; *Prieß/Gabriel,* Die Bildung und Beteiligung von Bietergemeinschaften in Vergabe- und Nachprüfungsverfahren, WuW 2006, 385; *Rechten,* Rechtsschutz im Vergabeverfahren, 2008; *Riegger,* Effektiver Rechtsschutz im unterschwelligen Vergaberecht (nur) durch die Verwaltungsgerichte?, 2009; *Schulte/Voll,* Das Bietergemeinschaftskartell im Vergaberecht, ZfBR 2013, 223; *Schwabe,* Wettbewerblicher Dialog, Verhandlungsverfahren, Interessenbekundungsverfahren (...), 2009; *Schwan,* Möglichkeiten der Preisbewertung bei Vergabeverfahren, Der Gemeindehaushalt 2008, 199; *Segeth,* Rahmenvereinbarungen: Rechtsentwicklungen, Systematische Entfaltung, Vergabe, 2010; *Stein/Wolters,* Gesteigerte Bewertungsanforderungen infolge der „Schulnoten-Rechtsprechung", NZBau 2020, 339; *Steiner,* Ausschluss eines Anbieters von der Teilnahme am Vergabeverfahren, European Law Reporter – ELR 2009, 264; *Voigt,* Konzernverbund und Kartellvergaberecht. Zur Relevanz der wirtschaftlichen Einheit verbundener Bieter im Vergabeverfahren, 2014; *Waldner,* Bieterschutz im Vergaberecht unter Berücksichtigung der europäischen Vorgaben, 1999; *Willenbruch,* Bietergemeinschaften im Schnittfeld von Gesellschafts- und Vergaberecht, 2009; *Willenbruch,* Vergaberecht als Finanzierungshindernis, NZBau 2010, 352; *Wittkopp,* Die vergaberechtlichen Auswirkungen eines Gesellschafterwechsels bei Bieter- und Bewerbergemeinschaften sowie bei Auftragnehmergemeinschaften, 2012; *Ziegler,* Wettbewerb ohne Wettbewerb? Zur Beschaffung in „defekten" Märkten, ZfBR 2018, 37; *Zurheide,* Das Recht der öffentlichen Unternehmen im Spannungsfeld von öffentlichem Auftrag und Wettbewerb, 2008.

I. Normzweck

1   Abs. 1 S. 1 verpflichtet Auftraggeber iSv § 98, öffentliche Aufträge iSv § 103 sowie Konzessionen gem. § 105[1] im **Wettbewerb** und im Wege **transparenter Vergabeverfahren** zu beschaffen. Überdies nimmt Abs. 1 S. 2 auf die Grundsätze der **Wirtschaftlichkeit** und der **Verhältnismäßigkeit** Bezug. Damit enthält Abs. 1 **zentrale Grundsätze** des Vergaberechts und verpflichtet die öffentlichen Auftraggeber zur Einhaltung dieser für alle Vergabeverfahren verbindlichen Grundsätze.[2] Die Grundsätze des Wettbewerbs und des transparenten Vergabeverfahrens sind – gemeinsam mit dem Gleichbehandlungsgebot in Abs. 2 – die **Maximen**[3] **des deutschen Vergaberechts**, welche eng miteinander verflochten sind. Durch die Platzierung der drei Vergabegrundsätze in Abs. 1 und 2 macht der deutsche Gesetzgeber unmissverständlich deutlich, dass er einem transparenten, diskriminierungsfreien Vergabeverfahren eine hohe Bedeutung zumisst.[4] Der hervorgehobenen Stellung am Anfang aller Vorschriften des 4. Teils des GWB ist zu entnehmen, dass den Vergabegrundsätzen **weitestreichende Geltung** verschafft werden soll. Zudem wird durch die Aufnahme der Grundsätze in das GWB dem **gewandelten Verständnis** des Vergaberechts vom reinen Haushaltsrecht hin zu

---

[1]   Aus der diesbezüglichen EuGH-Rspr., die ihre Gültigkeit auch nach Inkrafttreten des Konzessionsvergaberechts weiterhin behält, s. EuGH Urt. v. 13.4.2010 – C-91/08, Slg. 2010, I-2815 Rn. 30 ff. = NZBau 2010, 382 – Wall AG.
[2]   S. auch EuGH Urt. v. 11.12.2014 – C-113/13, NZBau 2015, 377 Rn. 45 ff. – Spezzino.
[3]   *Kulartz/Niebuhr* NZBau 2000, 6 (10); *Koenig/Kühling* NVwZ 2003, 779 (780); *Gröning* ZIP 1999, 52 (54); *Boesen* Rn. 1.
[4]   BT-Drs. 13/9340, 13 f.

einem marktordnungsrechtlichen Konzept zur Regelung europaweit offener Beschaffungsmärkte Rechnung getragen.[5] Bei den Vergabegrundsätzen handelt es sich um Vorgaben, welche der Auslegung von Vergaberegeln eine Zielorientierung in Richtung Wettbewerb, Transparenz und Gleichbehandlung geben.[6] Denn „[d]as Vergaberecht zielt insoweit nicht nur darauf ab, der öffentlichen Hand einen möglichst kostengünstigen Einkauf zu sichern. Es schützt auch – und nicht von minderer Bedeutung – die allgemeine Rechts- und Werteordnung im Sinne von Korruptionsprävention, Öffnung bzw. Erhalt eines freien Marktzugangs und Wettbewerbsschutz durch Herstellung und Bewahrung einer wettbewerblichen Beschaffungsordnung sowie die damit verbundenen subjektiven Rechte Dritter, insbesondere anderer Marktteilnehmer".[7]

Der Wettbewerbs- und der Transparenzgrundsatz sind **Auslegungsdirektiven**[8] und bestimmen Anwendung und Auslegung der vergaberechtlichen Vorschriften des GWB, der Vergabeverordnung (VgV), der Vergabeverordnung Verteidigung und Sicherheit (VSVgV), der Sektorenverordnung (SektVO), der Konzessionsvergabeverordnung (KonzVgV) und der Vergabe- und Vertragsordnung für Bauleistungen Teil A (VOB/A), deren § 2 EU Abs. 1 S. 1 und 2 VOB/A die Vorgabe des GWB nahezu wortgleich wiederholt. Darüber hinaus sind die Vergabegrundsätze als subjektive Rechte iSd § 97 Abs. 6 anzusehen,[9] sodass ein Bieter bei einem Verstoß gegen die Vergabegrundsätze durch den Auftraggeber Primärrechtsschutz vor den Vergabekammern und den Vergabesenaten der Oberlandesgerichte sowie Sekundärrechtsschutz vor den ordentlichen Gerichten geltend machen kann. Die Vorschrift stellt jedoch **kein Verbotsgesetz** iSd § 134 BGB dar, denn sie beinhaltet lediglich ein Gebot zu einem positiven Tun.[10]

II. Entstehungsgeschichte

Während der Transparenzgrundsatz keinen Vorläufer im deutschen Vergaberecht hat und letztlich erst aufgrund von unionsrechtlichen Vorgaben als Ausfluss des Wettbewerbsgrundsatzes und des Gleichbehandlungsgrundsatzes neu in das nationale Vergaberecht eingeführt wurde, war der **Wettbewerbsgrundsatz seit jeher Bestandteil des deutschen Beschaffungswesens**.[11] Ein wettbewerbsorientiertes Verfahren entspricht dem haushaltsrechtlichen Gebot einer sparsamen und wirtschaftlichen Verwendung öffentlicher Mittel (vgl. § 7 BHO). Mit der ausdrücklichen Verankerung des Wettbewerbs- und des Transparenzgrundsatzes im GWB zum 1.1.1999 hat der Gesetzgeber zum einen unionsrechtliche Vorgaben umgesetzt, zum anderen wollte er dem gewandelten Verständnis des Wettbewerbsgrundsatzes im Rahmen des Vergaberechts Rechnung tragen. Während das primäre Ziel des Wettbewerbsgrundsatzes des HGrG in Verbindung mit den Verdingungsordnungen nämlich der kostengünstige Einkauf und die sparsame und wirtschaftliche Verwendung öffentlicher Mittel war, soll der Wettbewerbsgrundsatz des EU-Primärrechts und der EU-Vergaberichtlinien in erster Linie **freien Zugang** für alle (insbesondere auch ausländische) Bieter zu Vergabeverfahren schaffen. Der Wettbewerbsgrundsatz und der Transparenzgrundsatz leiten sich aus dem unionsrechtlichen Prinzip des unverfälschten Wettbewerbs, aus den Grundfreiheiten des EU-Vertrags sowie aus dem allgemeinen Diskriminierungsverbot des Unionsrechts ab.[12] Bereits der Cecchini-Report zur Errichtung des Binnenmarktes begründete die Notwendigkeit einer Regulierung des öffentlichen Auftragswesens mit dem Wettbewerbsgrundsatz.[13] Ebenso betonen alle Vergaberichtlinien der EU in ihren Erwägungsgründen das Ziel, einen echten Wettbewerb im Rahmen der öffentlichen Auftragsvergabe zu schaffen.[14] Eine solche Zielsetzung wurde ferner von der Kommission bereits in

---

5 Ähnlich Immenga/Mestmäcker/*Dreher* Rn. 1.
6 Burgi NZBau 2008, 29 (32); zur Ökonomie des Transparenzgrundsatzes s. *Kirchner* VergabeR 2010, 725 (728 ff.).
7 OLG Brandenburg Urt. v. 16.12.2015 – 4 U 77/14, NZBau 2016, 184 (188).
8 Boesen Rn. 4; HK-VergabeR/*Fehling* Rn. 45; Burgi NZBau 2008, 29 (32); s. auch *Waldner*, Bieterschutz im Vergaberecht unter Berücksichtigung der europäischen Vorgaben, 1999, 96; *Aicher* in Müller-Wrede Kompendium VergabeR Kap. 12 Rn. 17; vgl. auch EuGH Urt. v. 16.10.2003 – C-283/00, Slg. 2003, I-11697 = NZBau 2004, 223 – SIEPSA; VK Düsseldorf Beschl. v. 14.12.2005 – VK 22/2000-L.
9 Langen/Bunte/*Wagner* Rn. 104; Byok/Jaeger/*Kau* Rn. 159; *Boesen* Rn. 197; Loewenheim/Meessen/Riesenkampff/*Bungenberg*, 2. Aufl. 2009, Rn. 72; Immenga/Mestmäcker/*Dreher* Rn. 245; *Gröning* ZIP 1999, 52 (54); Burgi NZBau 2008, 29.
10 VK Bund Beschl. v. 13.7.2001 – VK 1-19/01, VergabeR 2001, 433 (434 f.).
11 Zu dessen historischer Entwicklung *Wallerath* Die Verwaltung 20 (1987), 137 ff.
12 EuGH Urt. v. 10.2.1982 – C-76/81, Slg. 1982, 417 = BeckEuRS 1982, 97888 – Transporoute; EuGH Urt. v. 10.3.1987 – C-199/85, Slg. 1987, 1039 = BeckEuRS 1987, 133007 – Kommission/Italien; EuGH Entsch. v. 6.7.2000 – C-289/97, Slg. 2000, 5409 = BeckRS 2004, 76027 – Eridania; *Boesen* Rn. 6.
13 *Cecchini*, Europa '92, Der Vorteil des Binnenmarktes, 1988, 37 (45).
14 Vgl. bereits Erwägungsgrund 10 EG-Bauaufträge-KoordinierungsRL, ABl. 1993 L 199, 54; Erwägungsgrund 14 EG-Lieferkoordinierungs-Richtlinie, ABl. 1993 L 199, 2; Erwägungsgrund 20 Dienstleistungs-RL 1992, ABl. 1992 L 209, 2.

ihrem Grünbuch „Das öffentliche Auftragswesen in der Europäischen Union" festgelegt.[15] Auch der EuGH sieht in der **Herstellung von (Bieter-)Wettbewerb** durch das Vergaberecht seit jeher einen Hauptzweck des unionsrechtlichen Vergaberechts.[16] Auf der Ebene des nationalen Rechts lassen sich die Grundsätze des Erfordernisses eines wettbewerbsorientierten, transparenten und auf Gleichbehandlung beruhenden Vergabeverfahrens aus dem den Art. 20 und 28 GG entnommenen Rechtsstaatsprinzip, zu dem auch die Vorhersehbarkeit und Messbarkeit staatlichen Verhaltens gehören, ableiten.[17] Der Wirtschaftlichkeits- und der Verhältnismäßigkeitsgrundsatz wurden durch das Vergaberechtsmodernisierungsgesetz (2016) eingefügt.

III. Verhältnis der Grundsätze zueinander

4   Die Grundsätze des Wettbewerbs und der Transparenz stehen in einem **Gegenseitigkeitsverhältnis**.[18] So gewährleistet der Transparenzgrundsatz die Einhaltung des Wettbewerbsgrundsatzes.[19] Transparenz ist nämlich eine wichtige Voraussetzung für das Entstehen und für den Erhalt von Wettbewerb, da Informationen über die jeweils benötigten Leistungen und den Verfahrensablauf notwendig sind, um den Bietern die Möglichkeit zu geben, eine vollständige und nachvollziehbare Präsentation ihrer Angebote zu fertigen. In ihrem Zusammenwirken – unter Einbeziehung des Gebots der Gleichbehandlung gem. Abs. 2 sowie der ergänzenden Prinzipien der Wirtschaftlichkeit und der Verhältnismäßigkeit – sichern die Vergabegrundsätze „best value for taxpayers money – powered by competition".[20]

5   Zwischen dem Wettbewerbs- und dem Transparenzgrundsatz kann es jedoch auch zu einem **Spannungsverhältnis** kommen, weil für das Vergaberecht der **Grundsatz des Geheimwettbewerbs** gilt.[21] Würde sich die Transparenz im Verhältnis zu den Bietern auch auf ihre einzelnen Angebote erstrecken, zum Beispiel im Rahmen des Eröffnungstermins, böten sich den Bietern Möglichkeiten zur Überwindung der Geheimhaltung im Widerspruch zum Grundsatz des Geheimwettbewerbs.[22] Wettbewerb ist jedoch nur dann möglich, wenn jeder Bieter die ausgeschriebene Leistung in Unkenntnis der Angebote, Angebotsunterlagen und Angebotskalkulationen seiner Konkurrenten um den Zuschlag anbietet. Um die Vergaberechtswidrigkeit eines Verfahrens durch die Schaffung von zu viel Transparenz zu verhindern, sind die aus dem Transparenzgrundsatz erwachsenen Pflichten mit den **vergaberechtlichen Geheimhaltungspflichten** abzuwägen und der Transparenzgrundsatz durch den Wettbewerbsgrundsatz einzuschränken.[23] Auch die Grundsätze der Wirtschaftlichkeit und der Verhältnismäßigkeit[24] können im Einzelfall Wettbewerb und Transparenz entgegengesetzte Wirkungen entfalten.

IV. Wettbewerb

6   **1. Allgemeines und Bedeutung.** Der Wettbewerbsgrundsatz ist das Kernprinzip der öffentlichen Auftragsvergabe.[25] Seine **übergeordnete Bedeutung** wird durch seine systematische Stellung zu Beginn des 4. Teils des GWB verdeutlicht. Die Beschaffung „im Wettbewerb" ist zugleich Grund-

---

[15] KOM(96) 583 endg.
[16] EuGH Urt. v. 16.9.1999 – C-27/98, Slg. 1999, I-5697 Rn. 26 = NZBau 2000, 153 – Fracasso; EuGH Urt. v. 12.7.2001 – C-399/98, Slg. 2001, I-5409 Rn. 52, 75 = EuZW 2001, 532 – Ordine degli Architetti; EuGH Urt. v. 13.11.2007 – C-507/03, Slg. 2007, I-9777 Rn. 28 = EuZW 2008, 23 – An-Post.
[17] BGH Urt. v. 17.2.1999 – X ZR 101/97, NJW 2000, 137 (139); BGH Urt. v. 6.2.2002 – X ZR 185/99, NZBau 2002, 344 (345); monographisch dazu *Huerkamp*, Gleichbehandlung und Transparenz als gemeinschaftsrechtliche Prinzipien der staatlichen Auftragsvergabe, 2010, 20 ff.
[18] HK-VergabeR/*Fehling* Rn. 46 f.
[19] Vgl. EuGH Urt. v. 6.11.2014 – C-42/13, NZBau 2015, 38 Rn. 44 – Cartiera dell'Adda; EuGH Urt. v. 12.3.2015 – C-538/13, NZBau 2015, 306 Rn. 33 – eVigilo.
[20] *Burgi* NZBau 2018, 579.
[21] Ausf. dazu s. *Huerkamp*, Gleichbehandlung und Transparenz als gemeinschaftsrechtliche Prinzipien der staatlichen Auftragsvergabe, 2010, 20 ff.; vgl. zudem OLG Düsseldorf Beschl. v. 16.9.2003 – Verg 52/03, WuW/E Verg 879 (880); VK Lüneburg Beschl. v. 28.10.2008 – VgK-36/2008, BeckRS 2009, 08145.
[22] Immenga/Mestmäcker/*Dreher* Rn. 12.
[23] Vgl. auch Immenga/Mestmäcker/*Dreher* Rn. 12; Reidt/Stickler/Glahs/*Stickler* Rn. 4a; s. auch VK Nordbayern Beschl. v. 14.10.2009 – 21. VK-3194-45/09.
[24] Langen/Bunte/*Wagner* Rn. 60.
[25] *Müller* in RKPP GWB Rn. 25; Loewenheim/Meessen/Riesenkampff/*Bungenberg*, 2. Aufl. 2009, Rn. 6; Kulartz/Niebuhr NZBau 2000, 6 (10); *Gröning* ZIP 1999, 52 (54); Jestaed/Kemper/Marx/Prieß, Das Recht der Auftragsvergabe, 1999, Rn. 1.4; *Luber* VergabeR 2009, 14 (24); s. auch EuGH Urt. v. 10.10.2013 – C-94/12, NZBau 2014, 114 Rn. 34 – Swm Costruzioni; EuGH Urt. v. 8.5.2014 – C-15/13, NZBau 2014, 368 Rn. 22 – HIS.

lage und Ziel des EU- und GWB-Vergaberechts,[26] das von dessen potenzieller Existenz grundsätzlich ausgeht.[27]

Der Wettbewerbsgrundsatz soll zum einen dazu dienen, allen potenziellen Bietern einen **freien** 7 **Zugang zu den nationalen Beschaffungsmärkten** zu gewährleisten und damit die Grundfreiheiten zu verwirklichen. Die Gefahr der Bevorzugung inländischer Bieter soll insbesondere durch einen unionsweit ausgerichteten Wettbewerb vermieden werden. Zum anderen soll er eine Beteiligung möglichst vieler Bieter am Vergabeverfahren herbeiführen, weil nur durch eine Vielzahl von Angeboten sichergestellt werden kann, dass die öffentlichen Auftraggeber ihre Güter und Dienstleistungen zu den bestmöglichen Konditionen beschaffen können.[28] Durch das Wettbewerbsprinzip sollen also die Marktkräfte zum Einsatz gebracht[29] und die Beschaffungstätigkeit der öffentlichen Hand den Wettbewerbsprinzipien unterworfen werden. Damit soll verhindert werden, dass sich Auftraggeber **von anderen als wirtschaftlichen Überlegungen** leiten lassen.[30] Zugleich wird durch die Einhaltung des Wettbewerbsgrundsatzes bewirkt, dass allen Bietern ein freier und gleicher Zugang zu den Beschaffungsmärkten der öffentlichen Hand eröffnet wird. Ungeachtet dessen erscheint zweifelhaft, wenn aus dem vergaberechtlichen Wettbewerbsgrundsatz das Verbot unbefristeter Verträge abgeleitet wird,[31] da es sich dabei um eine Frage der Auftragskonzeption handelt, die dem Vergaberecht grundsätzlich vorgelagert ist und von diesem daher mit wenigen Ausnahmen nicht thematisiert wird.[32] Allein eine Vorwirkung der vergaberechtlichen Grundsätze erfolgt insoweit, als die Bestimmung des Beschaffungsgegenstands im Vergabeverfahren zu einer willkürlichen Beschränkung des Wettbewerbs bzw. offen oder verdeckt zu einer positiven oder negativen Diskriminierung von Unternehmen führt.[33] Grundsätzlich gilt: „Die Auswahl und Gewichtung der Zuschlagskriterien und Unterkriterien sowie die Festlegung der Wertungsmethode ist Sache des öffentlichen Auftraggebers ... Sie ist Ausdruck seines ihm zustehenden Bestimmungsrechts, das ihm einen weiten Spielraum einräumt. ... Das Bestimmungsrecht des Auftraggebers unterliegt nur den Schranken, die sich – unmittelbar oder mittelbar – aus den vergaberechtlichen Prinzipien sowie aus dem Zweck, dem die Festlegung von Wertungskriterien dient, ergeben".[34] Anderes gilt bei Interimsvergaben, bei denen richtigerweise dem Wettbewerbsprinzip jedenfalls stufenweise Geltung zu verschaffen ist.[35]

Vor dem Hintergrund des Ziels des Wettbewerbsgrundsatzes ist der **Begriff des Wettbewerbs** 8 weit auszulegen und der Schutz des Wettbewerbs umfassend zu verstehen.[36] So soll die wettbewerblich ausgerichtete Vergabe von öffentlichen Aufträgen gegen alle Beeinträchtigungen, gleich welcher Natur, geschützt werden.[37] Insbesondere ist geboten, dass überhaupt eine echte Konkurrenz um den zu vergebenden Auftrag erfolgen kann,[38] in der sich jedes Unternehmen seine spezifischen Stärken zu Nutze machen kann.[39] Dieser Schutz liegt dabei nicht nur im Interesse der öffentlichen Auftraggeber, sondern auch in dem der potenziellen Bieter, welche durch den Wettbewerbsgrundsatz – jedenfalls mittelbar – ebenfalls geschützt werden.[40]

Der Wettbewerbsgrundsatz aus Abs. 1 S. 1 **richtet sich** an die Auftraggeber iSd § 98, die bei 9 der Auftragsvergabe die vergaberechtlichen Vorschriften anzuwenden haben. So haben die Vergabestellen in jeder Phase des Vergabeverfahrens einen offenen und fairen[41] Wettbewerb zu gewährleis-

---

[26] Loewenheim/Meessen/Riesenkampff/*Bungenberg*, 2. Aufl. 2009, Rn. 6; Willenbruch/Wieddekind/*Frenz* Rn. 14; Ziekow/Völlink/*Ziekow* Rn. 2 ff.
[27] Ziegler ZfBR 2018, 37 (42).
[28] Vgl. *Luber* VergabeR 2009, 14; Reidt/Stickler/Glahs/*Stickler* Rn. 5; *Koenig/Kühling* NVwZ 2003, 779 (785); *Koenig/Haratsch* NJW 2003, 2637 (2638).
[29] Vgl. OLG Düsseldorf Beschl. v. 17.6.2002 – Verg 18/02, WuW/E Verg 611.
[30] EuGH Urt. v. 27.11.2001 – C-285/99 u. C-286/99, Slg. 2001, I-9233 Rn. 36 = NZBau 2002, 101 – Lombardini; EuGH Urt. v. 27.2.2003 – C-373/00, Slg. 2003, I-1931 Rn. 42 = NZBau 2003, 287 – Adolf Truley.
[31] So VK Bund Beschl. v. 9.4.2015 – VK 2-19/15, ZfBR 2015, 600.
[32] OLG Düsseldorf Beschl. v. 15.6.2010 – VII-Verg 10/10, VergabeR 2011, 84 (84 f.); OLG Karlsruhe Beschl. v. 14.9.2016 – 15 Verg 7/16 Rn. 29; vgl. auch EuGH Urt. v. 25.10.2018 – C-413/17, ZfBR 2019, 494 (497) – Roche Lietuva.
[33] VK Südbayern Beschl. v. 5.6.2013 – Z3-3-3194-1-12-03/13, VPRRS 2013, 0798.
[34] OLG Düsseldorf Beschl. v. 19.9.2018 – VII-Verg 37/17, NZBau 2019, 390 Rn. 36.
[35] VK Rheinland-Pfalz Beschl. v. 22.5.2014 – VK 1-7/14, BeckRS 2015, 15353; vgl. auch VK Bund Beschl. v. 12.11.2012 – VK 1-109/12, BeckRS 2016, 17213.
[36] OLG Düsseldorf Beschl. v. 16.9.2003 – Verg 52/03, WuW/E Verg 879 (880); *Aicher* in Müller-Wrede Kompendium VergabeR Kap. 12 Rn. 21 mwN.
[37] Vgl. auch *Ziegler* ZfBR 2018, 37.
[38] Mit Bezug zur Fassung der Vergabeunterlagen OLG Düsseldorf Beschl. v. 29.10.2011 – VII-Verg 54/11, NZBau 2011, 762 (763).
[39] jurisPK-VergabeR/*Schneevogl* Rn. 35.
[40] Vgl. auch Byok/Jaeger/*Kau* Rn. 12.
[41] Vgl. VK Hessen Beschl. v. 24.10.2011 – 69d VK-35/2011.

ten.⁴² Er bezieht sich jedoch nicht auf den Wettbewerb zwischen öffentlichen Auftraggebern, und auch private Auftraggeber, soweit sie nicht § 100 unterfallen, werden nicht von der Vorschrift erfasst, weil ihr Handeln nicht dem Vergaberecht unterfällt. Der Wettbewerbsgrundsatz hat auch eine Bedeutung für die Bieterseite einschließlich als solcher tätig werdender öffentlicher Unternehmen,⁴³ weil damit gewährleistet werden kann, dass sie sich eigenständig um die Aufträge bemühen und so der durch das Vergabeverfahren eröffnete Bieterwettbewerb nicht durch wettbewerbswidrige Verhaltensweisen der Bieter wieder beeinträchtigt wird. Ansatzpunkt ist insoweit aber nicht das Vergaberecht, sondern § 1 bzw. Art. 101 AEUV. Sprechen sich Bieter mit dem Ziel ab, den Wettbewerb zwischen ihnen durch Ausgleichszahlungen, Preisabsprachen, Einigungen über die Abgabe oder Nichtabgabe von Angeboten oder durch ähnliche Verhaltensweisen einzuschränken, liegt ein Verstoß gegen § 1 vor.⁴⁴

10   **2. Einzelausformungen.** Die Maßgeblichkeit des Wettbewerbs für das Vergabeverfahren ist nicht nur in Abs. 1 S. 1 als Grundsatz festgehalten, sondern findet sich auch in verschiedenen konkreten Ausformungen wieder. Eine gesetzliche Ausprägung des Wettbewerbsgrundsatzes fand sich vormals in § 101 Abs. 7 aF, der den Vorrang des offenen Verfahrens für Auftragsvergaben durch öffentliche Auftraggeber statuierte⁴⁵ und damit ausdrücklich den Wettbewerbs- und den Transparenzgrundsatz verknüpfte. In Übereinstimmung mit den europarechtlichen Vorgaben stellt § 119 Abs. 2 nunmehr alternativ zum offenen auch das nicht offene Verfahren allen und damit auch öffentlichen Auftraggebern iSv § 99 zur Verfügung. Auch dieses erfordert jedoch, wie § 119 Abs. 2 S. 1 hervorhebt, „stets einen Teilnahmewettbewerb". Beide Verfahrensarten sind gegenüber den übrigen in § 119 genannten Vergabeverfahren, nämlich Verhandlungsverfahren, wettbewerblichem Dialog und Innovationspartnerschaft, in denen jeweils Verhandlungen zwischen dem Auftraggeber und Unternehmen erfolgen, vorrangig. Insoweit lässt sich für den Bereich der Vergabe öffentlicher Aufträge durch öffentliche Auftraggeber heute von einem Vorrang der Angebotsverfahren sprechen.⁴⁶ Etwas anderes gilt allein für verteidigungs- oder sicherheitsspezifische öffentliche Aufträge, für deren Vergabe das offene Verfahren nach § 146 nicht zur Verfügung steht und für den Regelfall eine Wahlmöglichkeit zwischen nicht offenem Verfahren und Verhandlungsverfahren mit Teilnahmewettbewerb vorgesehen ist. Ebenso wie vor Inkrafttreten des Vergaberechtsmodernisierungsgesetzes besteht ein solcher Vorrang jedoch nicht für Auftragsvergaben durch Sektorenauftraggeber gem. § 141 sowie bei der Konzessionsvergabe, für die keine spezifischen Vergabeverfahren vorgesehen sind, vgl. § 151. Ein Verzicht auf einen Teilnahmewettbewerb oder auf wettbewerbsermöglichende Bekanntmachungen einer beabsichtigten Auftrags- oder Konzessionsvergabe sind jedoch stets nur unter engen Voraussetzungen zulässig und bilden insoweit Ausnahmefälle, vgl. § 14 Abs. 4 VgV, § 20 KonzVgV. Insoweit schlägt sich der Wettbewerbsgrundsatz nach § 97 Abs. 1 S. 1 auch im grundsätzlichen Verbot wettbewerbsfreier Direktvergaben nieder, wie sie in deutlich größerem Maße außerhalb des Anwendungsbereichs des Kernvergaberechts etwa durch die Verordnung (EG) Nr. 1370/2007⁴⁷ ermöglicht werden.⁴⁸

11   Eine weitere Konkretisierung des Wettbewerbsgrundsatzes stellt die Aufnahme **wettbewerbsorientierter Tatbestände** in das GWB dar. Insbesondere wird dies durch die Vorschrift des § 127 Abs. 1 S. 1 deutlich, wonach der Zuschlag auf das wirtschaftlichste Angebot zu erteilen ist.⁴⁹ Dies setzt nicht nur Wirtschaftlichkeitserwägungen, sondern eine auswahlermöglichende Angebotskonkurrenz voraus. Der Grundsatz der eindeutigen und erschöpfenden Leistungsbeschreibung nach § 121 Abs. 1 S. 1 wiederum schafft die Voraussetzungen dafür, dass die teilnehmenden Bieter ihre Angebote unter gleichen Bedingungen erstellen können und bei der Wertung vergleichbare Angebote vorliegen. Darüber hinaus dient der Förderung des Wettbewerbs die ausreichende Bemessung von Angebots- und Ausführungsfristen, vgl. § 20 Abs. 1 S. 1 VgV, sowie das in § 15 EU Abs. 3 VOB/A explizit normierte und im Übrigen vorausgesetzte Nachverhandlungsverbot.⁵⁰ Zudem sind Angebote, die eine unzulässige Wettbewerbsabsprache darstellen, ungeachtet der Formulierung des

---

⁴² OLG Düsseldorf Beschl. v. 7.1.2002 – Verg 36/01, VergabeR 2002, 169 (170); OLG Frankfurt a. M. Beschl. v. 10.4.2001 – 11 Verg 1/01, VergabeR 2001, 299 (302); OLG Stuttgart Beschl. v. 15.9.2003 – 2 Verg 8/03, VergabeR 2004, 384 (385).
⁴³ Dazu Beck VergabeR/*Dörr* § 97 Abs. 1 Rn. 10.
⁴⁴ S. zB BGH Urt. v. 11.7.2001 – 1 StR 576/00, NZBau 2001, 574.
⁴⁵ Vgl. Byok/Jaeger/*Kau* Rn. 14; *Aicher* in Müller-Wrede Kompendium VergabeR Kap. 12 Rn. 20.
⁴⁶ Näher *Knauff* in Müller-Wrede GWB § 119 Rn. 9 ff.
⁴⁷ ABl. 2007 L 315, 1.
⁴⁸ S. dazu etwa *Knauff* NZBau 2012, 65; ausf. *Fandrey*, Direktvergabe von Verkehrsleistungen, 2010.
⁴⁹ Reidt/Stickler/Glahs/*Stickler* Rn. 6; *Koenig/Haratsch* NJW 2003, 2637 (2638); vgl. auch BGH Beschl. v. 7.1.2014 – X ZB 15/13, NZBau 2014, 185 (186).
⁵⁰ Vgl. EuGH Urt. v. 29.3.2012 – C-599/10, EuZW 2012, 387 Rn. 36 – SAG ELV Slovensko; EuGH Urt. v. 10.10.2013 – C-336/12, NZBau 2013, 783 Rn. 31 – Manova.

§ 124 Abs. 1 Nr. 4 als Ermessensnorm grundsätzlich vom Verfahren auszuschließen.[51] Absprachen der Bieter mit dem Ziel, den Wettbewerb auszuschalten, sind schon gem. § 1 verboten.[52] Zugleich verstößt es gegen den Wettbewerbsgrundsatz, wenn es **zwischen zwei Bietern eine Absprache** gibt, dass einer von beiden auf das Angebot verzichtet.[53] Das gleiche gilt, wenn zwei Bieter in Kenntnis der gegenseitigen Angebote an einer Ausschreibung teilnehmen.[54] Nicht unproblematisch ist insoweit auch die **Bildung von Bietergemeinschaften**.[55] Man wird im Einzelfall zu überprüfen haben, ob das Verhalten der Bieter den durch das Vergabeverfahren eröffneten Wettbewerb von Seiten der Marktgegenseite wieder einschränkt. Dies ist regelmäßig der Fall, wenn sich im laufenden Vergabeverfahren Bietergemeinschaften bilden oder bestehende (und bis dahin zulässige) Bietergemeinschaften ändern.[56] Bietergemeinschaften, die sich vor Beginn des Vergabeverfahrens bilden, sind hingegen grundsätzlich zulässig.[57] Untersagt ist jedoch die Beteiligung fester Unternehmenskonsortien und ihrer Mitglieder an derselben Ausschreibung.[58] Gleichwohl sind nach Auffassung des EuGH „miteinander verbundene Bieter, die in ein und demselben Verfahren gesonderte Angebote einreichen, nicht verpflichtet ..., dem öffentlichen Auftraggeber gegenüber von sich aus ihre Verbindungen offenzulegen, wenn in der Ausschreibung oder den Verdingungsunterlagen, die die Bedingungen für die Vergabe eines öffentlichen Auftrags regeln, keine ausdrückliche normative Bestimmung oder spezifische Bedingung enthalten ist", gleichwohl „der öffentliche Auftraggeber, wenn er über Anhaltspunkte verfügt, die Zweifel an der Eigenständigkeit und Unabhängigkeit der von bestimmten Bietern eingereichten Angebote aufkommen lassen, zur Nachprüfung verpflichtet ist, ob deren Angebote tatsächlich eigenständig und unabhängig sind, und zwar gegebenenfalls dadurch, dass er zusätzliche Informationen von diesen Bietern anfordert. Stellt sich heraus, dass die Angebote nicht eigenständig und unabhängig sind, steht Art. 2 der Richtlinie 2004/18 einem Zuschlag des Auftrags an die Bieter, die ein solches Angebot abgegeben haben, entgegen".[59] Problematisch ist weiterhin die vergaberechtliche Beurteilung, wenn zwei oder mehrere Bieter, die **demselben Konzern angehören,** Angebote in einem Vergabeverfahren abgeben. Wegen des kartellrechtlichen Konzernprivilegs liegt in einem solchen Verhalten noch kein Wettbewerbsverstoß.[60] Ebenso darf nur aufgrund der Konzernverbundenheit der Bieter – anders als bei festen Unternehmenskonsortien und deren Mitgliedern – nicht automatisch der Schluss gezogen werden, dass durch das Verhalten der betreffenden Bieter der Wettbewerb auf der Angebotsseite eingeschränkt wird. Vielmehr ist parallel zu der Wertung bei Bietergemeinschaften im Einzelfall zu prüfen, ob die betreffenden Unternehmen im Konzern in einem solchen Abhängigkeitsverhältnis zur herrschenden Gesellschaft stehen, dass die Umstände für ein **gleichförmiges Bieterverhalten** sprechen. Kann eine solche Feststellung nicht getroffen werden, ist die Teilnahme verschiedener Unternehmen desselben Konzerns in einem Vergabeverfahren grundsätzlich dann ausgeschlossen, wenn nach den Regeln der Wissenszurechnung im Konzern davon ausgegangen werden kann, dass kein Geheimwettbewerb der in einem Konzern verbundenen Bieter – jedenfalls hinsichtlich der angebotenen Leistungen und Konditionen – besteht. Nur wenn ein Geheimwettbewerb der in einen Konzern eingebundenen Bieter gewährleistet ist, können sie am Vergabeverfahren teilnehmen.[61] Die **Beweislast** für die für das Vorliegen eines Geheimwettbewerbs notwendigen Voraussetzungen obliegt den jeweiligen konzernverbundenen Bietern, wobei eine widerlegbare Vermutung gegen die Wahrung des Geheimwettbewerbs besteht.[62]

---

[51] Zur Europarechtskonformität EuGH Urt. v. 18.12.2014 – C-470/13, NZBau 2015, 569 – Generali.
[52] BGH Urt. v. 11.7.2001 – 1 StR 576/00, NJW 2001, 3718.
[53] Vgl. OLG Düsseldorf Beschl. v. 27.7.2006 – VII-Verg 23/06, VergabeR 2007, 229.
[54] Vgl. OLG Düsseldorf Beschl. v. 22.6.2006 – VII Verg 2/06.
[55] Dazu vgl. etwa *Prieß/Gabriel* WuW 2006, 385 (388); *Willenbruch,* Bietergemeinschaften im Schnittfeld von Gesellschafts- und Vergaberecht, 2009; *Jäger/Graef* NZBau 2012, 213; *Schulte/Voll* ZfBR 2013, 223; *Leinemann* VergabeR 2015, 281. S. aber auch EuGH Urt. v. 6.5.2010 – C-145 und 148/08, Slg. 2010, I-4165 = EuZW 2010, 620 – Loutraki.
[56] S. EuGH Urt. v. 23.1.2003 – C-57/01, Slg. 2003, I-1091 = EuZW 2003, 188 – Makedoniko Metro; vgl. auch EuGH Urt. v. 6.5.2010 – C-145/08 und C-149/09, Slg. 2010, I-4165 = EuZW 2010, 620 – Loutraki (zur Möglichkeit des Rechtsschutzes einzelner Mitglieder einer Bietergemeinschaft).
[57] OLG Naumburg Beschl. v. 21.12.2000 – 1 Verg 10/00, WuW/E Verg 493 (495); OLG Frankfurt a. M. Beschl. v. 27.6.2003 – 11 Verg 2/03, WuW/E Verg 823; OLG Düsseldorf Beschl. v. 23.3.2005 – VII Verg 68/04; HK-VergabeR/*Fehling* Rn. 56; *Willenbruch,* Bietergemeinschaften im Schnittfeld von Gesellschafts- und Vergaberecht, 2009. S. aber auch EuGH Urt. v. 6.5.2010 – C-145 und 148/08, Slg. 2010, I-4165 = EuZW 2010, 620 – Loutraki.
[58] Vgl. EuGH Urt. v. 23.12.2009 – C-376/08, Slg. 2009, I-12169 = NZBau 2010, 261 – Serrantoni.
[59] EuGH Urt. v. 17.5.2018 – C-531/16, EuZW 2018, 702 – Specializuotas transportas.
[60] Im Einzelnen dazu *Dicks* VergabeR 2013, 1.
[61] EuGH Urt. v. 9.5.2009 – C-538/07, Slg. I-2009, 4236 Rn. 26 ff. = NZBau 2009, 607 – Assitur.
[62] OLG Düsseldorf Beschl. v. 13.4.2011 – VII-Verg 4/11, NZBau 2011, 371 (373).

12 Eine weitere Folge des Wettbewerbsgrundsatzes ist die **Gewährleistung eines Geheimwettbewerbs**[63] zwischen allen an der Ausschreibung teilnehmenden Bietern, da ein echter Bieterwettbewerb nur dann entsteht, wenn ein Angebot in Unkenntnis der Angebote, Angebotsgrundlagen und Angebotskalkulationen der Mitbewerber erfolgt. Aus diesem Grund ist auch die parallele Teilnahme eines Unternehmens als Einzelbieter und als Mitglied einer Bietergemeinschaft unzulässig.[64]

13 Als problematisch erweist sich in der Praxis die Zulässigkeit der Beteiligung von Bietern, die im Vorfeld der Ausschreibung auf Auftraggeberseite tätig geworden sind (sog. **Projektanten-Problematik**).[65] Die Einbeziehung der Projektanten spielt auch im Hinblick auf das Gleichbehandlungsgebot eine große Rolle. Der EuGH hat diesbezüglich entschieden, dass ein zwingender Ausschluss des Projektanten unzulässig sei. Dem Projektanten müsse vielmehr die Gelegenheit gegeben werden zu beweisen, dass nach den Umständen des Einzelfalls die von ihm erworbene Erfahrung den Wettbewerb nicht verfälschen könne.[66] Vor diesem Hintergrund bestimmen § 7 Abs. 1 VgV und § 7 SektVO übereinstimmend, dass in dem Fall, dass „ein Unternehmen oder ein mit ihm in Verbindung stehendes Unternehmen den [öffentlichen] Auftraggeber beraten [hat] oder ... auf andere Art und Weise an der Vorbereitung des Vergabeverfahrens beteiligt [war] (vorbefasstes Unternehmen), ... der [öffentliche] Auftraggeber angemessene Maßnahmen [ergreift], um sicherzustellen, dass der Wettbewerb durch die Teilnahme dieses Unternehmens nicht verzerrt wird". Diese Maßnahmen umfassen nach dem jeweiligen Abs. 2 „insbesondere die Unterrichtung der anderen am Vergabeverfahren teilnehmenden Unternehmen in Bezug auf die einschlägigen Informationen, die im Zusammenhang mit der Einbeziehung des vorbefassten Unternehmens in der Vorbereitung des Vergabeverfahrens ausgetauscht wurden oder daraus resultieren und die Festlegung angemessener Fristen für den Eingang der Angebote und Teilnahmeanträge". Sofern dadurch Wettbewerbsverzerrungen nicht ausgeschlossen werden können, kann (nicht: muss) nach § 124 Abs. 1 Nr. 6 ein Ausschluss des Projektanten von der Teilnahme am Vergabeverfahren erfolgen. Die Regelungen ordnen dabei anknüpfend an § 97 Abs. 1 S. 2 eine strikte Geltung des Grundsatzes der Verhältnismäßigkeit an. Im Hinblick auf dessen Realisierung bestimmen § 7 Abs. 3 VgV und SektVO, dass vor einem derartigen Ausschluss „dem vorbefassten Unternehmen die Möglichkeit zu geben [ist], nachzuweisen, dass seine Beteiligung an der Vorbereitung des Vergabeverfahrens den Wettbewerb nicht verzerren kann". § 6 EU Abs. 3 Nr. 4 VOB/A enthält inhaltlich übereinstimmende Vorgaben. Im Ergebnis darf – in der Formulierung des Art. 41 Abs. 2 S. 2 RL 2014/27/EU – „[d]er betreffende Bewerber oder Bieter ... vom Verfahren nur dann ausgeschlossen [werden], wenn keine andere Möglichkeit besteht, die Einhaltung der Pflicht zur Wahrung des Grundsatzes der Gleichbehandlung zu gewährleisten". Mit diesem Regelungskonstrukt wird sowohl der Breite des Wettbewerbs als auch seiner Fairness soweit wie möglich Rechnung getragen. „Restunsicherheiten" lassen sich gleichwohl nicht ausschließen; ein autonomes rechtsetzendes Tätigwerden auf nationaler Ebene scheidet zu deren Beseitigung jedoch aus. Es obliegt den Nachprüfungsinstanzen, innerhalb des normativen Rahmens einen funktionierenden Wettbewerb zu gewährleisten. Etwaige Verstöße gegen den Wettbewerbsgrundsatz durch die Beteiligung voreingenommener Personen können auch unabhängig von einem Vergabenachprüfungsverfahren zur Nichtigkeit eines vergebenen Auftrags nach § 134 oder § 138 BGB führen.[67]

14 3. **Wettbewerbsverstöße.** Der Wettbewerbsgrundsatz hat in der Praxis des Vergaberechts eine **große praktische Bedeutung.** Insbesondere können durch spezielle Ausformungen des Wettbewerbsprinzips subjektive Rechte entstehen. Werden diese im Rahmen eines Vergabeverfahrens verletzt, kann derjenige, der sich dadurch in seinen **subjektiven Rechten** verletzt fühlt und darlegen kann, dass durch die behauptete Verletzung ein Schaden entstanden ist oder zu entstehen droht, gem. § 160 Abs. 2 ein Nachprüfungsverfahren einleiten. Zudem besteht nach der Zuschlagerteilung die Möglichkeit, dass durch die Missachtung des Wettbewerbsgrundsatzes individuell betroffene Unternehmen einen **Schadensersatzanspruch** nach § 181 oder § 823 Abs. 2 BGB iVm § 97 Abs. 1 GWB geltend machen.

15 In der Entscheidungspraxis sind eine **Vielzahl von Verhaltensweisen** als Verletzung des Wettbewerbsgrundsatzes bewertet worden. Exemplarisch seien genannt:

---

[63] OLG Düsseldorf Beschl. v. 16.9.2003 – VII-Verg 52/03, VergabeR 2003, 690; OLG Karlsruhe Beschl. v. 30.10.2018 – 15 Verg 7/18 Rn. 26; OLG Frankfurt a. M. Beschl. v. 18.2.2020 – 11 Verg 7/19, NZBau 2020, 541 Rn. 40.
[64] OLG Jena Beschl. v. 19.4.2004 – 6 Verg 3/04, VergabeR 2004, 520.
[65] Vgl. auch Langen/Bunte/*Wagner* Rn. 33; *Müller-Wrede* in Müller-Wrede Kompendium VergabeR Kap. 13; Behrens NZBau 2006, 752.
[66] EuGH Urt. v. 3.3.2005 – C-21/03 und C-34/03, Slg. 2005, I-1559 = NZBau 2005, 351 – Fabricom.
[67] OLG Brandenburg Urt. v. 16.12.2015 – 4 U 77/14, BeckRS 2015, 20914 = NZBau 2016, 184.

A. Wettbewerb, Transparenz, Wirtschaftlichkeit und Verhältnismäßigkeit (Abs. 1)   15   § 97 GWB

- vergaberechtswidriges Unterlassen einer Ausschreibung (sog. de facto-Vergabe, vgl. § 135 Abs. 1 Nr. 2),[68]
- absichtliche Herbeiführung einer Verfahrensaufhebung, um anschließend im Verhandlungsverfahren vergeben zu können,[69]
- Nichtbeachtung von Veröffentlichungsvorschriften,[70]
- Nichteinhaltung vorgeschriebener Fristen,[71]
- fehlerhafte Wahl des Verhandlungsverfahrens,[72]
- nicht produktneutrale Ausschreibung,[73]
- sachlich unangemessen hohe Eignungsanforderungen, wenn diese eine Beschränkung des Wettbewerbs bewirken,[74]
- (nachträgliche) Aufstellung von Anforderungen, die nur ein Bieter erfüllen kann,[75]
- Verengung der Leistungsbeschreibung auf bestimmte Hersteller oder Markenprodukte,[76] wenn diese nicht im Einzelfall sachnotwendig sind,[77]
- Verlängerung der Zuschlagsfrist nicht für alle in Betracht kommenden Bieter,[78]
- Beauftragung von Unternehmen der öffentlichen Hand, die unter Verstoß gegen ein gesetzliches Verbot wirtschaftlich tätig werden,[79]
- Verbot der Teilnahme von Einrichtungen, die nicht in erster Linie Gewinnerzielung anstreben, an einem Verfahren zur Vergabe eines öffentlichen Auftrages,[80]
- Bestimmung der zur Angebotsabgabe aufzufordernden Unternehmen bei einem Teilnahmewettbewerb durch das Los,[81]
- Verpflichtung eines erfolgreichen Bieters, eine nicht geschuldete Leistung zu übernehmen,[82]
- Beschränkung zu vergebender Unteraufträge auf einen bestimmten Prozentsatz des Auftragswertes,[83]
- Unterlassung des Ausschlusses eines Angebotes, das nicht den Vergabeunterlagen entspricht,[84]
- Abweichung des Auftraggebers von der eigenen Leistungsbeschreibung bei der Vergabeentscheidung,[85]
- Berücksichtigung von Nebenangeboten bei einem reinen Preiswettbewerb,[86]
- Aufforderung eines Bieters zur Nachbesserung seines Angebots,[87]
- Begrenzung des Vergabewettbewerbs auf Teilnehmer aus einem bestimmten Mitgliedstaat[88] oder aus einer bestimmten Region eines Mitgliedsstaats,[89]
- Forderung der Mitgliedschaft der Bieter in einem bestimmten Verband,[90]

---

[68] EuGH Urt. v. 11.1.2005 – C-26/03, Slg. 2005, I-1 Rn. 51 = NZBau 2005, 111 – Stadt Halle.
[69] OLG Dresden Beschl. v. 16.10.2001 – WVerg 7/01, VergabeR 2002, 142.
[70] BGH Urt. v. 8.9.1998 – X ZR 109/96, WuW/E Verg 148 (150) – Klärwerkerweiterung.
[71] VK Bund Beschl. v. 26.9.2001 – VK 2-30/01.
[72] *Boesen* Rn. 12.
[73] VK Bund Beschl. v. 9.5.2014 – VK 2-33/14, BeckRS 2014, 16039.
[74] OLG Düsseldorf Beschl. v. 27.6.2018 – VII-Verg 4/18, NZBau 2018, 707 Rn. 44.
[75] OLG Düsseldorf Beschl. v. 9.7.2012 – VII-Verg 18/12, BeckRS 2012, 23825, in Bezug auf einen Funktionstest für ein digitales Funknetz.
[76] VÜA Bund Beschl. v. 1.7.1997 – 1 VÜ 9/97, WuW/E Verg 63 (65) – Regale 2; zum speziellen Problem der Rahmenrabattverträge vgl. LSG Nordrhein-Westfalen Beschl. v. 3.9.2009 – L 21 KR 51/09 SFB, BeckRS 2009, 72806; LSG Nordrhein-Westfalen Beschl. v. 26.3.2009 – L 21 KR 26/09 SFB, BeckRS 2009, 61379.
[77] OLG Dresden Beschl. v. 14.4.2000 – WVerg 1/00, BeckRS 2000, 31361816 = BauR 2000, 1591.
[78] OLG Naumburg Beschl. v. 13.5.2003 – 1 Verg 2/03, NZBau 2004, 62.
[79] OLG Düsseldorf Beschl. v. 17.6.2002 – Verg 18/02, NZBau 2002, 626 = WuW/E Verg 611; OLG Düsseldorf Beschl. v. 9.4.2003 – Verg 43/02, NZBau 2003, 578; OLG Düsseldorf Beschl. v. 13.8.2008 – VII Verg 42/07; vgl. auch Byok/Jaeger/*Kau* Rn. 20; aA nunmehr aber OLG Düsseldorf Beschl. v. 14.10.2020 – VII-Verg 36/19, NZBau 2020, 732 Rn. 53.
[80] EuGH Urt. v. 23.12.2009 – C-305/08, Slg. 2009, I-12129 = NZBau 2010, 188 – CoNISMa.
[81] VK Bund Beschl. v. 25.1.2012 – VK 1-174/11, IBRRS 2012, 2086.
[82] OLG Celle Beschl. v. 1.3.2001 – 13 Verg 1/01, NZBau 2001, 454 = VergabeR 2001, 206.
[83] EuGH Urt. v. 14.7.2016 – C-406/14, VergabeR 2016, 737 – Wrocław – Miasto na prawach powiatu; EuGH Urt. v. 26.9.2019 – C-63/18, VergabeR 2020, 156 – Vitali; EuGH Urt. v. 27.9.2019 – C-402/18, VergabeR 2020, 483 – Tedeschi und Consorzio Stabile Istant Service.
[84] VK Bund Beschl. v. 27.8.2014 – VK 1-62/14, IBRRS 2014, 3014.
[85] VK Bund Beschl. v. 9.2.2005 – VK 2-03/05, IBRRS 2005, 1689.
[86] BGH Beschl. v. 7.1.2014 – X ZB 15/13, NZBau 2014, 185 (186).
[87] VK Lüneburg Beschl. v. 26.3.2014 – VgK-6/2014.
[88] VK Sachsen-Anhalt Beschl. v. 13.12.1999 – VK Hal 20/99, 12.
[89] BayObLG Beschl. v. 20.12.1999 – Verg 8/99, NZBau 2000, 259 (261).
[90] VK Bund Beschl. v. 29.5.2008 – VK 2-58/08.

– Verstoß gegen das Nachverhandlungsverbot,[91]
– Verzicht auf Unterlagen, deren Vorlage in den Ausschreibungsunterlagen verlangt wird.[92]

16 Verletzungen des Wettbewerbsgrundsatzes durch einen oder mehrere Bieter sind regelmäßig auch Verstöße gegen § 1 bzw. Art. 101 AEUV, sodass die Rechtsfolgen eingreifen, welche sich aus einem **Verstoß gegen das Kartellverbot** ergeben. In Betracht kommt zudem immer auch der Verstoß gegen § 298 StGB.[93] Die vergaberechtlichen Folgen von Verstößen von Bietern gegen den Wettbewerbsgrundsatz differieren. Deren pauschaler Ausschluss vom Vergabeverfahren ist richtigerweise nicht (mehr[94]) möglich. Hiergegen „spricht bereits, dass ein entsprechender Ausschlusstatbestand im Gesetz nicht geregelt ist. Weder § 123 GWB noch § 124 GWB sehen einen solchen Ausschlusstatbestand vor. Eine Ausschlussmöglichkeit ist dort nur für bestimmte Fälle möglicher Wettbewerbsbeeinträchtigungen vorgesehen, so in § 123 Abs. 1 Nr. 8, § 124 Abs. 1 Nr. 4 oder in § 124 Abs. 1 Nr. 9 GWB, aber nicht für den Fall eines Verstoßes gegen den Wettbewerbsgrundsatz des § 97 Abs. 1 S. 1 GWB als solchen. Gegen den in der Vergangenheit auf den Wettbewerbsgrundsatz gestützten Ausschluss des Unternehmens spricht des Weiteren, dass dieser in § 97 Abs. 1 S. 1 GWB geregelte Grundsatz nicht geeignet ist, daraus konkrete normative Folgen abzuleiten".[95] **Typische Verletzungen** des Wettbewerbsgrundsatzes durch die Bieter können sein:

– Abgabe nicht nur des eigenen Angebots eines Unternehmens, sondern Bewerbung zugleich als Mitglied einer Bietergemeinschaft um denselben Auftrag,[96]
– Abgabe mehrerer Hauptangebote durch einen Bieter,[97]
– Bewerbung als eigenes Angebot eines Unternehmens und zugleich als Nachunternehmer,[98] nicht aber, wenn ein Einzelunternehmen ein separates Angebot zu Leistungsteilen abgibt, deren Erfüllung ihm auch im Rahmen einer Bietergemeinschaft als selbstständiger, abgrenzbarer Leistungsteil obliegt,[99]
– Bewerbung zweier Unternehmen mit personenidentischer Geschäftsleitung um denselben Auftrag,[100]
– Absprache mindestens zweier potenzieller Konkurrenten über Angebotspreise oder sonstige Wettbewerbselemente,[101]
– Ergänzung eines Angebots um Haftungsausschlüsse der Produzenten von sog. Freeware, die mit der angebotenen Software geliefert wird,[102]
– Verbindung der Erbringung der ausgeschriebenen Leistung mit der Einstellung einer bisher ausgeübten lukrativen Geschäftstätigkeit,[103]
– versuchte Änderung der ausgeschriebenen Vertragsbedingungen durch Abgabe eines abweichenden Angebotes,[104] auch unter „Beilage" eigener Allgemeiner Geschäftsbedingungen[105] und wenn sich die AGB auf der Rückseite des Begleitschreibens befinden.[106]

V. Transparenz

17 **1. Allgemeines und Bedeutung.** Kern des Transparenzgrundsatzes ist die Verpflichtung der Auftraggeber iSv § 98, im Rahmen des gesamten Vergabeverfahrens sowohl einen **notwendigen**

---

[91] VK Bund Beschl. v. 23.11.2000 – VK 2-36/00, IBRRS 2001, 0241; VK Nordbayern Beschl. v. 15.1.2008 – 21. VK-3194-49/07, BeckRS 2010, 09845.
[92] VK Bund Beschl. v. 9.2.2005 – VK 2-03/05, IBRRS 2005, 1689.
[93] S. dazu ua BGH Urt. v. 11.7.2001 – 1 StR 576/00, NZBau 2001, 574 = WuW/E Verg 486; *Achenbach* WuW 1997, 958; *Kleinmann/Berg* BB 1998, 277.
[94] OLG Düsseldorf Beschl. v. 22.6.2006 – VII Verg 2/06; Loewenheim/Meessen/Riesenkampff/*Bungenberg*, 2. Aufl. 2009, Rn. 9.
[95] OLG Düsseldorf Beschl. v. 14.10.2020 – VII-Verg 36/19, NZBau 2020, 732 Rn. 51 f.
[96] OLG Düsseldorf Beschl. v. 16.9.2003 – Verg 52/03, VergabeR 2003, 690 (691); VK Baden-Württemberg Beschl. v. 15.4.2008 – 1 VK 8/08.
[97] VK Nordbayern Beschl. v. 19.8.1999 – 15/99, 4.
[98] OLG Düsseldorf Beschl. v. 13.4.2006 – Verg 10/06, NZBau 2006, 810.
[99] OLG Jena Beschl. v. 31.8.2009 – 9 Verg 6/09, IBRRS 2009, 3417.
[100] VK Bund Beschl. v. 16.8.2006 – VK 2-74/06; OLG Düsseldorf Beschl. v. 27.7.2006 – Verg 23/06, BeckRS 2006, 14197; differenzierend VK Bund Beschl. v. 20.8.2008 – VK 1-108/08, IBRRS 2009, 0088; VK Lüneburg Beschl. v. 5.3.2008 – VgK-03/2008, BeckRS 2008, 09129.
[101] OLG München Beschl. v. 11.8.2008 – Verg 16/08, ZfBR 2008, 721 = VergabeR 2009, 61.
[102] VK Arnsberg Beschl. v. 4.2.2008 – VK 15/08, IBRRS 2008, 2850.
[103] LG Rostock Beschl. v. 6.3.2009 – 17 Verg 1/09, NZBau 2009, 531.
[104] VK Baden-Württemberg Beschl. v. 17.9.2015 – 1 VK 36/15, BWGZ 2015, 1230; VK Bund Beschl. v. 21.10.2015 – VK 2-97/15, IBRRS 2015, 3073.
[105] VK Nordbayern Beschl. v. 27.2.2007 – 21. VK-3194-04/07, IBR 2007, 276; VK Thüringen Beschl. v. 9.5.2008 – 250–4003.20-971/2008-010-EF.
[106] VK Lüneburg Beschl. v. 11.3.2008 – VgK–05/08, NJOZ 2008, 3945.

Grad an Öffentlichkeit herzustellen[107] als auch den Verfahrensablauf ex ante wie auch ex post so zu gestalten, dass dieser verstanden und nachvollzogen werden kann.[108] Bezogen auf die vergabeprimärrechtlichen Anforderungen hat der EuGH zusammenfassend ausgeführt: „Das Transparenzgebot verlangt vom öffentlichen Auftraggeber einen angemessenen Grad an Öffentlichkeit, der zum einen eine Öffnung für den Wettbewerb und zum anderen die Nachprüfung ermöglicht, ob die Vergabeverfahren unparteiisch durchgeführt worden sind ... Das Transparenzgebot, das mit dem Gleichheitssatz einhergeht, soll nämlich im Wesentlichen gewährleisten, dass alle interessierten Wirtschaftsteilnehmer die Entscheidung über die Teilnahme an Ausschreibungen auf der Grundlage sämtlicher einschlägiger Informationen treffen können und die Gefahr von Günstlingswirtschaft und Willkür seitens des öffentlichen Auftraggebers ausgeschlossen ist. Es verlangt, dass alle Bedingungen und Modalitäten des Vergabeverfahrens klar, genau und eindeutig formuliert sind, so dass zum einen alle durchschnittlich fachkundigen Bieter bei Anwendung der üblichen Sorgfalt die genaue Bedeutung dieser Informationen verstehen und sie in gleicher Weise auslegen können und zum anderen dem Ermessen des öffentlichen Auftraggebers Grenzen gesetzt werden und dieser tatsächlich überprüfen kann, ob die Gebote der Bieter die für das betreffende Verfahren geltenden Kriterien erfüllen".[109] Der Verpflichtung zur Transparenz kommt der öffentliche Auftraggeber durch die Einhaltung von Ausschreibungs-, Informations- und Bekanntmachungspflichten nach.[110] Eine umfassende Offenlegung aller Daten, die das Vergabeverfahren bzw. die ausgeschriebene Leistung betreffen, ist nicht erforderlich. Insbesondere darf der öffentliche Auftraggeber nicht so viele Informationen an die Bieter geben, dass der auf der Marktgegenseite erforderliche Geheimwettbewerb beeinträchtigt wird. Die Frage des Umfanges der zu gewährleistenden Transparenz ist in der Praxis notwendigerweise immer eine Frage des Einzelfalls und muss sich an den Funktionen des Transparenzgrundsatzes orientieren. Der Transparenzgrundsatz hat in unterschiedliche Richtungen eine **das Verfahren unterstützende Funktion.** Das bedeutet, dass im Einzelfall der Transparenzgrundsatz durch den öffentlichen Auftraggeber dann verletzt wird, wenn durch sein Verhalten die dienende Funktion des Transparenzgrundsatzes im Hinblick auf die anderen Grundsätze beeinträchtigt wird, ohne dass es dafür eine übergeordnete Rechtfertigung gibt. Die Frage einer etwaigen Rechtfertigung beantwortet sich dabei ebenfalls nur im Wege einer im Hinblick auf die Besonderheiten des Einzelfalls orientierten Güterabwägung.

Der Transparenzgrundsatz dient zunächst unmittelbar der Realisierung des Wettbewerbsgrundsatzes.[111] Ein Wettbewerb der Bieter um den Auftrag kann nur funktionieren, wenn die Bieter ausreichende Informationen über den Verfahrensablauf und die jeweils benötigte Leistung erhalten. Zudem ist ein transparentes Verfahren Voraussetzung dafür, dass möglichst viele potenzielle Bieter angesprochen werden und diese hinreichende Informationen erhalten, um sich entscheiden zu können, an dem Vergabeverfahren teilzunehmen. Der Transparenzgrundsatz stellt daher die Grundlage für den Zugang potenzieller Bieter zu allen für die Auftragsvergabe relevanten Informationen dar, die sie für ihre Entscheidung über die Teilnahme am Vergabeverfahren benötigen.[112] Damit kann durch die Transparenz dazu beigetragen werden, die **Marktzutrittsschranken für (potenzielle) Bieter** zu senken und den Wettbewerbsdruck auf der Marktgegenseite zu erhöhen.

Darüber hinaus dient der Transparenzgrundsatz auch als **Voraussetzung für die Beachtung des Gleichbehandlungsgrundsatzes** nach Abs. 2, denn nur die transparente Ausgestaltung des Verfahrens und die Offenlegung von Interna über die Leistung ermöglicht es, die Einhaltung des Gleichbehandlungsgrundsatzes zu überprüfen.[113] Er soll somit sicherstellen, dass das Vergabeverfahren unter Beachtung des Diskriminierungsverbotes abläuft.[114]

---

[107] EuGH Urt. v. 12.12.2002 – C-470/99, Slg. 2002, I-11617 Rn. 91 f. = EuZW 2003, 147 – Universale Bau; Willenbruch/Wieddekind/*Frenz* Rn. 19; *Höfler* NZBau 2010, 73; ausf. zu den europa- und verfassungsrechtlichen Hintergründen *Plauth,* Die Rechtspflicht zur Transparenz im europäisierten Vergaberecht, 2017, 20 ff.
[108] HK-VergabeR/*Fehling* Rn. 64 f.
[109] EuGH Urt. v. 4.4.2019 – C-699/17, NZBau 2019, 457 Rn. 61 f. – Allianz Vorsorgekasse; s. auch *Chen,* Vergaberechtsschutz im Spannungsfeld zwischen Beschleunigungsgebot und Gewährung effektiven Rechtsschutzes, 2019, 66 ff.
[110] Vgl. EuGH Urt. v. 22.4.2010 – C-423/07, Slg. 2010, I-3429 Rn. 58 = NZBau 2010, 643 – Autobahn A-6; näher *Plauth,* Die Rechtspflicht zur Transparenz im europäisierten Vergaberecht, 2017, 141 ff.
[111] *Waldner,* Bieterschutz im Vergaberecht unter Berücksichtigung der europäischen Vorgaben, 1999, 95; Byok/Jaeger/*Kau* Rn. 24; Willenbruch/Wieddekind/*Frenz* Rn. 19; *Koenig/Haratsch* NJW 2003, 2637 (2638).
[112] *Losch* VergabeR 2008, 739; *Koenig/Kühling* NVwZ 2003, 779 (783).
[113] EuGH Urt. v. 12.12.2002 – C-470/99, Slg. 2002, I-11617 Rn. 91 f. = EuZW 2003, 147 – Universale Bau; *Aicher* in Müller-Wrede Kompendium VergabeR Kap. 12 Rn. 25.
[114] *Koenig/Haratsch* NJW 2003, 2637 (2638); *Boesen* Rn. 16.

20 Der Transparenzgrundsatz dient schließlich **allgemeinen Ordnungsaufgaben.** Er soll vor allem eine gleichmäßige Grundlage der Angebotsbewertung gewährleisten[115] und die Kontrolle und Nachprüfbarkeit der Vergabeentscheidung sichern und erleichtern.[116] Er bildet daher die Grundlage für jeden Rechtsschutz.[117] Zudem dient der Transparenzgrundsatz dem Schutz vor staatlicher Willkür[118] und Korruption[119] sowie dem Schutz vor Bestechung und unredlichem Umgang mit Steuergeldern.[120] Damit stärkt er das Vertrauen der Bieter in die Verlässlichkeit der öffentlichen Hand[121] und trägt zum allgemeinen Vertrauen der Öffentlichkeit in die wirtschaftliche Tätigkeit des Staates bei.

21 Das Transparenzgebot bezieht sich unstreitig lediglich auf die Auftraggeberseite. **Adressaten des Transparenzgebotes** sind deshalb nur die Auftraggeber iSv § 98, die zugleich dem Datenschutz verpflichtet sind.[122] Die Bieter sollen dagegen untereinander nach dem gesetzlichen Leitbild im Geheimwettbewerb stehen; dem würde es widersprechen, wenn man den Transparenzgrundsatz auch auf sie erstreckte.[123] Aus demselben Grund ist die Akteneinsicht der Bieter grundsätzlich sehr zurückhaltend zu bewilligen; wird einem Bieter im laufenden Verfahren die Akteneinsicht ermöglicht, muss allen anderen Bietern dieselbe Möglichkeit eingeräumt werden.[124] Im Nachgang zu diesem richtet sich der Zugang zu den Vergabeakten nach dem Informationsfreiheitsrecht des Bundes und der Länder.

22 Der Transparenzgrundsatz ist in jedem Vergabeverfahren zu berücksichtigen.[125] Das gilt trotz der geringeren formalen Anforderungen auch im Verhandlungsverfahren nach § 119 Abs. 5, weil auch dort gewährleistet sein muss, dass der öffentliche Auftraggeber die Umstände offenlegt, die notwendig sind, um eine Ungleichgewichtslage der Verhandlungen mit der anderen Partei zu vermeiden.[126] Das Transparenzgebot ist **in jeder Phase des Vergabeverfahrens** zu beachten. Damit geht einher, dass sich aus dem Transparenzgebot eine klare Trennung der einzelnen Prüfungsschritte im Vergabeverfahren (Trennung der Schritte innerhalb der Eignungsprüfung und Trennung zwischen Eignungsprüfung und Wertungsverfahren vorbehaltlich der nach § 58 Abs. 2 S. 2 Nr. 2 VgV zulässigen Berücksichtigung eines Mehr an Eignung) ergibt, weil andernfalls eine Überprüfung der Vergabeentscheidung erschwert oder sogar unmöglich gemacht wird.[127]

23 **2. Einzelausformungen.** Bestimmte Ausformungen des Publizitätsgrundsatzes können ein subjektives Recht begründen. Das gilt vor allem für die vergaberechtlichen Publizitätsvorschriften.[128] Kommt es im Rahmen eines Vergabeverfahrens zu einer Verletzung eines derartigen subjektiven Rechts, kann das betroffene Unternehmen ein Nachprüfungsverfahren beantragen (§ 160 Abs. 2) oder ggf. Schadenersatz gem. § 126 oder § 823 Abs. 2 BGB verlangen.

24 Zentraler Bestandteil des Transparenzgrundsatzes ist das **Gebot der eindeutigen und erschöpfenden Leistungsbeschreibung.**[129] Damit wird das Ziel verfolgt, den höchstmöglichen Bestimmtheitsgrad der Ausschreibungsunterlagen[130] hinsichtlich des Leistungsumfangs und des Leistungsin-

---

[115] Vgl. EuGH Urt. v. 18.10.2001 – C-19/00, Slg. 2001, I-7725 Rn. 41 = NZBau 2001, 693 – SIAC Construction; Byok/Jaeger/*Kau* Rn. 26; Reidt/Stickler/Glahs/*Stickler* Rn. 7; *Kulartz/Niebuhr* NZBau 2000, 6 (12).

[116] Byok/Jaeger/*Kau* Rn. 26; Willenbruch/Wieddekind/*Frenz* Rn. 19; *Koenig/Haratsch* NJW 2003, 2637 (2638).

[117] Loewenheim/Meessen/Riesenkampff/*Bungenberg*, 2. Aufl. 2009, Rn. 16.

[118] EuGH Urt. v. 16.4.2015 – C-278/14, NZBau 2015, 383 Rn. 26 – SC Enterprise Focused Solutions; EuGH Urt. v. 6.11.2014 – C-42/13, NZBau 2015, 38 Rn. 44 – Cartiera dell'Adda; EuGH Urt. v. 12.3.2015 – C-538/13, NZBau 2015, 306 Rn. 34 – eVigilo.

[119] Byok/Jaeger/*Kau* Rn. 24.

[120] Jestaed/Kemper/Marx/Prieß/*Marx*, Das Recht der Auftragsvergabe, 1999, Rn. 1.6; *Waldner*, Bieterschutz im Vergaberecht unter Berücksichtigung der europäischen Vorgaben, 1999, 95.

[121] Loewenheim/Meessen/Riesenkampff/*Bungenberg*, 2. Aufl. 2009, Rn. 14.

[122] Dazu *Leinenbach* ZfBR 2020, 741.

[123] *Gröning* ZIP 1999, 52 (54); Reidt/Stickler/Glahs/*Stickler* Rn. 7.

[124] S. dazu *Losch* VergabeR 2008, 739.

[125] BayObLG Beschl. v. 5.11.2002 – Verg 22/02, NZBau 2003, 342 = VergabeR 2003, 186 (188); HK-VergabeR/*Fehling* Rn. 64; *Höfler* NZBau 2010, 73 f.; vgl. auch EuGH Urt. v. 15.10.2009 – C-275/08, NZBau 2010, 63 – Kfz-Zulassungssoftware.

[126] Byok/Jaeger/*Kau* Rn. 36; Loewenheim/Meessen/Riesenkampff/*Bungenberg*, 2. Aufl. 2009, Rn. 12.

[127] Vgl. dazu Loewenheim/Meessen/Riesenkampff/*Bungenberg*, 2. Aufl. 2009, Rn. 16.

[128] EuGH Urt. v. 20.9.1988 – C-31/87, Slg. 1988, 4635 = NVwZ 1990, 353 – Beentjes.

[129] Vgl. Langen/Bunte/*Wagner* Rn. 39.

[130] Zur entsprechenden Geltung der für die Leistungsbeschreibung formulierten Anforderungen für andere Teile der Vergabeunterlagen OLG Düsseldorf Beschl. v. 13.12.2017 – VII-Verg 19/17, NZBau 2018, 242 Rn. 32.

A. Wettbewerb, Transparenz, Wirtschaftlichkeit und Verhältnismäßigkeit (Abs. 1)   25   § 97 GWB

halts zu erreichen.[131] Es „müssen die Vergabeunterlagen so klar, präzise und eindeutig gefasst sein, dass alle durchschnittlich fachkundigen Bieter bei Anwendung der üblichen Sorgfalt ihre genaue Bedeutung erfassen und sie in gleicher Weise verstehen"[132] und „erkennen können, was der Auftraggeber von ihnen erwartet".[133] Nicht zuletzt deshalb sind grundsätzlich die Trennung von Eignungs- und Angebotswertung[134] sowie die Trennung von Eignungs- und Auswahlkriterien einerseits und Zuschlagskriterien andererseits vorzusehen.[135] Daraus wiederum folgt die strikte Trennung der vier Wertungsphasen in Ausschlussgründe, Eignung, Angebotsprüfung auf unangemessene Preise und wirtschaftlichstes Angebot.[136] Die Anforderungen, die an die Leistungsbeschreibung anzulegen sind, sind nicht danach auszurichten, was der Auftraggeber für erforderlich hält, sondern sie ergeben sich (ex post) nach dem objektiven Empfängerhorizont.[137] Bleibt die Leistungsbeschreibung unklar, so geht dies zulasten des Auftraggebers.[138]

Im Zusammenhang mit den Publizitätsvorschriften nehmen die **Regeln über die Bekanntmachung** eine zentrale Rolle im Rahmen des Transparenzgebots ein. Nur wenn die Leistungsbeschreibung den inneren Bereich des Auftraggebers verlässt, besteht auch die Möglichkeit, dass ein unbestimmter Kreis von Interessenten Kenntnis von dem Auftrag und der Leistungsbeschreibung erlangen kann. Diese Regelungen beinhalten zuvörderst eine Pflicht zur Veröffentlichung aller für den Auftrag relevanten Umstände in geeigneter Art und Weise.[139] Dazu gehören alle **Informationen, die ein potenzieller Bieter benötigt,** um möglichst frühzeitig entscheiden zu können, ob er sich am Verfahren beteiligen möchte oder nicht.[140] Zu diesen zählen etwa Angaben zu Umfang, Gegenstand, Art und Dauer der geforderten Leistung und die Bewerbungsfristen.[141] Auch die Eignungskriterien sind nach § 122 Abs. 4 S. 2 „in der Auftragsbekanntmachung, der Vorinformation oder der Aufforderung zur Interessensbestätigung aufzuführen". Das Transparenzgebot verlangt außerdem, dass die **Gewichtung der Zuschlagskriterien** – einschließlich etwaiger Unterkriterien[142] – regelmäßig schon bei Bekanntgabe,[143] in jedem Fall jedoch vor Angebotseröffnung[144] vorgenommen werden.[145] Diese Wertungskriterien müssen fortlaufend und zeitnah bekannt gegeben werden.[146] § 127 Abs. 5 konkretisiert dies dahingehend, dass eine Angabe der Kriterien und ihrer Gewichtung „in der Auftragsbekanntmachung oder den Vergabeunterlagen" erfolgen muss. Allgemeines Ziel der Pflicht zur Bekanntmachung ist, einen möglichst großen Kreis an Unternehmen zu veranlassen, Angebote abzugeben, um dann aus einer Vielzahl von Angeboten das wirtschaftlichste auswählen zu können. Von der Pflicht zur Bekanntmachung ist auch umfasst, dass die Ausschreibung in allen für die Verkehrskreise **wesentlichen Publikationsorganen** veröffentlicht wird. Eine Veröffentlichung etwa allein durch Aushang oder nur im Internet auf der Homepage des Auftraggebers reicht deshalb nicht. Die aus dem Transparenzgebot fließenden Vorgaben zur Bekanntmachung beinhalten vielmehr

---

[131] VK Bund Beschl. v. 26.7.2000 – VK 2-16/00; vgl. auch EuGH Urt. v. 10.5.2012 – C-368/10, NZBau 2012, 445 Rn. 56 – EKO und MAX HAVELAAR.
[132] OLG Düsseldorf Beschl. v. 2.5.2018 – VII-Verg 3/18, NZBau 2018, 779 Rn. 25.
[133] OLG Düsseldorf Beschl. v. 16.8.2019 – Verg 56/18, NZBau 2020, 249 Rn. 47.
[134] EuGH Urt. v. 20.9.1988 – C-31/87, Slg. 1988, 4635 Rn. 16 = NVwZ 1990, 353 – Beentjes; VÜA Bund Beschl. v. 16.12.1998 – 2 VÜ-22/98, 19.
[135] EuGH Urt. v. 19.6.2003 – C-315/01, Slg. 2003, I-6351 Rn. 57 ff. = NZBau 2003, 511 – GAT.
[136] Vgl. auch Immenga/Mestmäcker/*Dreher* Rn. 64 Fn. 121; Loewenheim/Meessen/Riesenkampff/*Bungenberg*, 2. Aufl. 2009, Rn. 16.
[137] OLG Düsseldorf Beschl. v. 15.6.2000 – Verg 6/00, NZBau 2000, 443; OLG Koblenz Urt. v. 19.5.2006 – 8 U 69/05, BeckRS 2006, 09446 = VergabeR 2007, 261.
[138] KG Beschl. v. 4.6.2019 – Verg 8/18, NZBau 2019, 822 Rn. 20.
[139] Loewenheim/Meessen/Riesenkampff/*Bungenberg*, 2. Aufl. 2009, Rn. 16 ff.; zur laufenden Fortschreibung s. zB VK Lüneburg Beschl. v. 11.2.2009 – VgK-56/2008.
[140] Vgl. Immenga/Mestmäcker/*Dreher* Rn. 65 f.
[141] Vgl. zB *Burgi* NZBau 2005, 610 (615); Loewenheim/Meessen/Riesenkampff/*Bungenberg*, 2. Aufl. 2009, Rn. 17.
[142] OLG Düsseldorf Beschl. v. 31.10.2012 – Verg 1/12, ZfBR 2013, 198 (200); OLG Frankfurt a. M. Beschl. v. 22.9.2020 – 11 Verg 7/20 Rn. 74; VK Bund Beschl. v. 14.4.2008 – VK 3-38/08; VK Bund Beschl. v. 30.4.2008 – VK 2-43/08; VK Bund Beschl. v. 26.5.2008 – VK-3-59/08, IBRRS 2008, 1809.
[143] EuGH Urt. v. 24.1.2008 – C-532/06, Slg. 2008, I-251 = NZBau 2008, 262 – Lianakis; EuGH Urt. 12.12.2002 – C-470/99, Slg. 2002, I-11617 = EuZW 2003, 147 – Universale Bau; OLG Düsseldorf Beschl. v. 14.1.2009 – VII Verg 59/08, NZBau 2009, 398; vgl. aber auch OLG Düsseldorf Beschl. v. 28.4.2008 – VII Verg 1/08, BeckRS 2008, 15517.
[144] OLG Jena Beschl. v. 29.8.2009 – 9 Verg 5/08.
[145] OLG Düsseldorf Beschl. v. 15.7.2015 – VII-Verg 11/15, NZBau 2016, 55 (59).
[146] EuGH Urt. v. 18.10.2001 – C-19/00, Slg. 2001, I-7725 = NZBau 2001, 693 – SIAC Construction; VK Südbayern Beschl. v. 17.6.2009 – Z 3-3-3194-1-22-05/90; VK Lüneburg Beschl. v. 17.8.2009 – VgK 36/09, BeckRS 2009, 28131.

grundsätzlich die Pflicht zu einer **europaweiten Ausschreibung**. Damit soll eine weitgehende Streuung von Vergabeankündigungen und Verdingungsunterlagen erreicht werden, weil eine nur nationale Bekanntmachung aufgrund der schwierigen Kenntnisnahmemöglichkeiten ausländischer Unternehmer eine Verletzung der EU-rechtlichen Dienstleistungsverkehrsfreiheit oder eine faktische Diskriminierung aufgrund der Staatsangehörigkeit darstellen würde.[147] Das gilt auch für Leistungen, die einen geringeren Wert umfassen und welche innerhalb Deutschlands möglicherweise nur lokal veröffentlicht werden müssen. Hintergrund dessen ist, dass aufgrund der unionsrechtlichen Vorgaben jedem ausländischen Bieter unabhängig von dem Umfang der Dienstleistung die Möglichkeit gegeben werden muss, für sich selbst zu entscheiden, ob die Teilnahme an dem Vergabeverfahren für ihn lohnend sein könnte und er deshalb an dem Verfahren teilnehmen möchte. Sämtliche Bekanntmachungen sind somit an das Amt für amtliche Veröffentlichungen der Europäischen Union zu übermitteln, vgl. § 40 VgV. Die Veröffentlichung erfolgt im Supplement zum Amtsblatt der Europäischen Union. Eine elektronische Abfrage ist über die Datenbank **„Tenders Electronic Daily (TED)"**[148] möglich. Darüber hinaus sieht die Durchführungsverordnung (EU) 2015/1986[149] Standardformulare für die Veröffentlichung von Vergabebekanntmachungen vor, welche für die Bekanntmachung von Leistungen oberhalb der EU-Schwellenwerte verpflichtend sind. Um die Teilnahme ausländischer Unternehmen an Vergabeverfahren in Deutschland weiter zu erleichtern, verpflichtet die Verordnung (EG) Nr. 2195/2002 über das Gemeinsame Vokabular für öffentliche Aufträge[150] die Auftraggeber dazu, für die Ausschreibung das darin geregelte unionsweit geltende **Gemeinsame Vokabular für das öffentliche Auftragswesen** (Common Procurement Vocabulary = CPV) zu verwenden. Eine öffentliche Bekanntmachung darf nur in besonders gelagerten Ausnahmefällen fehlen. Entschieden wurde dies für das Verhandlungsverfahren unter der Voraussetzung des Nachweises, dass zwingende Gründe vorliegen. Gelingt dieser Nachweis nicht, so liegt ein Verstoß gegen das Transparenzgebot vor.[151]

26   Neben der europaweiten Bekanntmachung kann und sollte der Auftraggeber den zu vergebenden Auftrag auch **national publizieren** und dadurch sowohl eine größere Transparenz als auch eine potenziell höhere Wettbewerbsintensität veranlassen. Im Einzelfall hängt die Wahl der Veröffentlichungsorgane immer von Art und Umfang der nachgefragten Leistung ab. Im Regelfall sind Veröffentlichungen – außer auf der Homepage des Auftraggebers und auf Vergabeplattformen und -portalen sowie ggf. auf sonstigen fachnahen Internetportalen – in den wichtigsten überregionalen Zeitungen und im Bundesanzeiger vorzunehmen. Eine Rolle kann es auch spielen, ob bestimmte Qualifikationen für die Erbringung der ausgeschriebenen Leistung erforderlich sind. In diesem Fall kann auch eine Publikation in einschlägigen Fachzeitschriften erforderlich sein. Handelt es sich um betragsmäßig kleinere Aufträge, bei denen zu erwarten ist, dass sich nur regionale Bieter an dem Verfahren beteiligen werden, kann auch eine Veröffentlichung in bloß lokalen Zeitungen sinnvoll sein.

27   Der öffentliche Auftraggeber darf von selbst aufgestellten und schriftlich zu fixierenden[152] Vergabekriterien nach deren Bekanntmachung nicht mehr abweichen.[153] Es tritt somit eine **Selbstbindung** an die von ihm aufgestellten Vergabekriterien ein.[154] Etwas anderes gilt nur für marginale Änderungen.[155] Grundlegende Änderungen der Leistungsbeschreibung sind auch im Verhandlungsverfahren nicht möglich.[156] **Ändern sich die äußeren Rahmenbedingungen** für die Leistung so stark, dass der Auftraggeber nicht mehr an der Leistungsbeschreibung festhalten will oder kann, so besteht für ihn nur die Möglichkeit, das Vergabeverfahren zu beenden und hinsichtlich der neuen Leistung ein weiteres Verfahren zu beginnen. Er hat allerdings auch die Möglichkeit, die Leistungsbeschreibung zu ändern, wenn er gewährleisten kann, dass alle aktuellen oder potenziellen Bieter davon Kenntnis erhalten und ebenfalls die Möglichkeit haben, ihre Angebote entsprechend zu ändern[157] oder zurückzuziehen. Dieses **Änderungsverbot** gilt schon in dem Zeitraum zwischen der Finalisierung des Auftrags und der Bekanntmachung, wenn es den rein internen Bereich der Vergabestelle

---

[147] EuGH Urt. v. 21.7.2005 – C-231/03, Slg. 2005, I-7287 Rn. 19 = EuZW 2005, 529 – Coname.
[148] http://ted.europa.eu/TED/main/HomePage.do.
[149] ABl. 2015 L 296, 1.
[150] ABl. 2002 L 340, 1, zuletzt geändert durch VO (EG) 596/2009, ABl. 2009 L 188, 14.
[151] S. EuGH Urt. v. 15.10.2009 – C-275/08, NZBau 2010, 63 – Kfz-Zulassungssoftware.
[152] Vgl. OLG Düsseldorf Beschl. v. 28.1.2015 – VII-Verg 31/14, NZBau 2015, 503.
[153] EuGH Urt. v. 16.4.2015 – C-278/14, NZBau 2015, 383 Rn. 29 – SC Enterprise Focused Solutions; OLG Frankfurt a. M. Beschl. v. 10.4.2001 – 11 Verg 1/01, NZBau 2002, 161 = VergabeR 2001, 299 (304).
[154] Vgl. auch OLG München Urt. v. 18.5.2000 – U (K) 5047/99, NZBau 2000, 590 (591).
[155] Vgl. zu einer Unterschwellenvergabe EuGH Urt. v. 5.4.2017 – C-298/15, VergabeR 2017, 448 – Borta.
[156] OLG Dresden Beschl. v. 3.12.2003 – WVerg 15/03, ZfBR 2004, 303.
[157] Vgl. VK Lüneburg Beschl. v. 26.11.2015 – VgK-43/2015, BeckRS 2016, 02818.

verlassen hat. Das Risiko, dass die Ausschreibung möglicherweise mit Fehlern oder zu einer vom Auftraggeber nicht gewollten Zeit bekannt wird, obliegt diesem, weil zu dem Zeitpunkt, in dem der betreffende Auftrag den internen Bereich der Vergabestelle verlässt, derjenige, der davon Kenntnis erlangt, nicht beurteilen kann, ob die betreffende Ausschreibung ihre endgültige Fassung hat oder ob sie zu dem betreffenden Zeitpunkt schon veröffentlicht werden sollte.

Aus dem Transparenzgrundsatz folgt ferner die Pflicht des öffentlichen Auftraggebers, eine **vollständige Dokumentation** des Vergabeverfahrens zu erstellen,[158] wie dies auch von § 8 VgV (ggf. iVm § 20 EU VOB/A) bzw. SektVO und § 6 KonzVgV gefordert wird. Damit soll gewährleistet werden, dass die Entscheidungen der Vergabestelle nachvollziehbar und einer späteren Überprüfung zugänglich sind. Sie umfasst alle wesentlichen Entscheidungen der Vergabestelle, einschließlich der Zwischenentscheidungen, zu denen insbesondere auch die Angebotswertung gehört, in den Vergabeakten laufend lückenlos und mit Begründung zu dokumentieren.[159] Diese Pflicht besteht von Beginn an und damit auch schon **vor der Zuschlagserteilung**.[160] Die gemachten Angaben müssen so detailliert sein, dass sie für einen mit der Sachlage des jeweiligen Vergabeverfahrens vertrauten Leser nachvollziehbar sind.[161] Insbesondere die im konkreten Fall getroffenen Wertungsentscheidungen müssen besonders sorgfältig dokumentiert werden.[162] Ferner sind die Bietergespräche, insbesondere im Hinblick auf die Darlegung des Angebotsinhalts, in den Vergabeakten schriftlich niederzulegen,[163] damit aus den Unterlagen hervorgeht, welche Informationen mit dem betreffenden Bieter ausgetauscht wurden und ob ggf. verschiedene Bieter unterschiedliche Informationen erhalten haben. Zudem erfordert der Transparenzgrundsatz auch, dass die **Prüfung und Wertung aller Wertungskriterien** ausführlich dokumentiert wird.[164] Eine Dokumentation der internen Wertungsvorschläge der einzelnen Mitglieder eines Bewertungsgremiums ist dagegen nicht erforderlich.[165]

Die Dokumentationspflicht des öffentlichen Auftraggebers gilt **für alle Vergabeverfahren**, also auch für das nicht offene Verfahren[166] und das Verhandlungsverfahren.[167] Die Informationspflicht des öffentlichen Auftraggebers besteht jedoch nur, soweit sie nicht den **Geheimhaltungsinteressen** der anderen Bieter zuwiderläuft. Wird das Vergabeverfahren aufgehoben, ist der öffentliche Auftraggeber verpflichtet, die Gründe für die Aufhebung unverzüglich und lückenlos zu dokumentieren, um Manipulationsmöglichkeiten zu verhindern.[168]

Das **Fehlen eines Vergabevermerks** oder die verspätete Erstellung einer Dokumentation des Vergabeverfahrens erst nach dessen Abschluss[169] stellen einen Verstoß gegen Abs. 1 S. 1 dar. Das Recht der Bieter auf ausreichende Dokumentation des Vergabeverfahrens ist ein **subjektives Recht** iSd Abs. 6.[170] Damit kann der individuell betroffene Bieter im Fall des Verstoßes gegen die Dokumentationspflichten ein Nachprüfungsverfahren beantragen (§ 160 Abs. 2) oder nach Erteilung des Zuschlags ggf. einen Schadensersatzanspruch gem. § 126 oder § 823 Abs. 2 BGB geltend machen. Allerdings ist die Möglichkeit einer Heilung von Dokumentationsmängeln im Sinne einer Lückenschließung in der Rechtsprechung anerkannt.[171]

Das Transparenzgebot beinhaltet die Verpflichtung des öffentlichen Auftraggebers, die Bieter in allen Phasen des Vergabeverfahrens über **die wesentlichen Schritte im Verfahren zu informieren**. Dazu gehört auch die Information, wie die Vergabestelle mit dem jeweiligen Gebot verfahren hat und wie sein Angebot bewertet worden ist.[172] Andernfalls würde ihm die Möglichkeit genom-

---

[158] Im Einzelnen dazu *Stein/Wolters* NZBau 2020, 339; zu den Grenzen vgl. OLG München Beschl. v. 25.9.2014 – Verg 9/14, ZfBR 2015, 195 = VergabeR 2015, 93 (95 f.).
[159] Vgl. statt vieler OLG Düsseldorf Beschl. v. 17.3.2004 – VII Verg 1/04, NVwZ 2004, 1146; OLG Düsseldorf Beschl. v. 14.8.2003 – VII Verg 46/03.
[160] S. Loewenheim/Meessen/Riesenkampff/*Bungenberg*, 2. Aufl. 2009, Rn. 20.
[161] OLG Düsseldorf Beschl. v. 17.3.2004 – VII Verg 1/04, NVwZ 2004, 1146; VK Baden-Württemberg Beschl. v. 9.12.2014 – 1 VK 51/14, BeckRS 2016, 40649.
[162] Dazu vgl. zB VK Bund Beschl. v. 28.9.2004 – VK 3-107/04, VPRRS 2013, 0826.
[163] *Weyand* ibrOK VergabeR Rn. 229 f.
[164] Vgl. VK Bund Beschl. v. 19.7.2005 – VK 1-14/05.
[165] OLG Düsseldorf Beschl. v. 16.10.2019 – VII-Verg 6/19, NZBau 2020, 318 Rn. 45.
[166] VK Darmstadt Beschl. v. 29.5.2002 – 69 d VK-15/2002.
[167] VK Brandenburg Beschl. v. 30.7.2002 – VK 38/02, ZfBR 2003, 88.
[168] Vgl. OLG Brandenburg Beschl. v. 19.12.2002 – VergW 9/02, ZfBR 2003, 287 (290); Loewenheim/Meessen/Riesenkampff/*Bungenberg*, 2. Aufl. 2009, Rn. 20.
[169] OLG Bremen Beschl. v. 14.4.2005 – Verg 1/2005, BeckRS 2011, 16422 = VergabeR 2005, 537.
[170] OLG Brandenburg Beschl. v. 3.8.1999 – 6 Verg 1/99, WuW/E Verg 238.
[171] BGH Beschl. v. 8.2.2011 – X ZB 4/10, NZBau 2011, 175 (184); OLG Düsseldorf Beschl. v. 21.10.2015 – Verg 28/14, ZfBR 2016, 83 = VergabeR 2016, 74 (90 f.).
[172] Loewenheim/Meessen/Riesenkampff/*Bungenberg*, 2. Aufl. 2009, Rn. 22.

men, sich zu entscheiden, ob er sich gegen die beabsichtigte Entscheidung der Vergabestelle wehren möchte.[173] Zu der **Vorabinformationspflicht** des öffentlichen Auftraggebers gehört es auch, unterlegene Bieter von der Ablehnung ihres Gebotes zu unterrichten. Nach § 134 hat er – unabhängig von dem Vorliegen eines Antrages – spätestens 15 Kalendertage vor dem mit dem Zuschlag verbundenen Vertragsschluss über die Entscheidung der Vergabestelle zu informieren. Diese Information soll den Namen des Bieters, dessen Angebot angenommen werden soll, und den Grund der beabsichtigten Nichtberücksichtigung enthalten. Es soll den unterlegenen Bietern damit eine **effektive Nachprüfung** der Vergabeentscheidung ermöglicht werden.[174]

32   **3. Transparenzverstöße.** In der Praxis sind eine ganze Reihe von **typischen** Verstößen gegen den Transparenzgrundsatz benannt worden. Ein solcher liegt insbesondere vor,
- wenn nicht alle Bieter in den gleichen Informations- und Kenntnisstand über die zu erbringende Leistung versetzt werden,[175]
- wenn mindestens ein Bieter über einen erheblichen Informationsvorsprung verfügt,[176]
- wenn Kriterien ortsansässige Unternehmen bevorzugen,[177] ohne sachlich begründet zu sein,[178]
- bei einer Vergabe aufgrund von Anforderungen und Kriterien, die in den Ausschreibungsunterlagen nicht offen gelegt wurden und damit für die Bieter nicht absehbar waren,[179]
- bei Anfertigung der Dokumentation über die wesentlichen Entscheidungen der Vergabestelle erst nach Verfahrensablauf,[180]
- wenn eine Eignungs-[181] oder Leistungsanforderung[182] oder eine Bewertungsvorgabe[183] nicht so hinreichend klar und deutlich formuliert ist, dass es einem verständigen Bieter ohne eigene Interpretation eindeutig erkennbar wird, was ein öffentlicher Auftraggeber fordert,
- bei Irreführung der Bieter durch Bekanntgabe der Bewertungsmethode,[184]
- bei Mehrdeutigkeit von Vorgaben und Formulierungen in den Vergabeunterlagen auch nach erfolgter Auslegung,[185]
- bei Aufforderung zum Ausfüllen eines umfangreichen Fragebogens, ohne dass für die Bieter ersichtlich ist oder wird, welche Bedeutung diesen zusätzlichen Informationen im Vergabeverfahren zukommt,[186]
- bei der Zusammenfassung mehrerer Fachlose ohne zwingenden Grund die Annahme der fehlenden Eignung derjenigen Bieter, die nicht alle Werke im eigenen Betrieb erfüllen können,[187]
- wenn der Auftraggeber die eingehenden Teilnahmeanträge aufgrund einer Bewertungsmatrix bewertet hat, deren Gewichtung für die einzelnen Wettbewerbsteilnehmer weder aus der Ausschreibung noch aus den ihnen übermittelten Ausschreibungsunterlagen erkennbar oder jedenfalls ableitbar war,[188]
- bei Nichtbekanntgabe der Formel für die Umrechnung des jeweiligen Angebotspreises in Wertungspunkte und sonstiger Unbestimmtheit der Bewertungsmaßstäbe,[189]
- bei unzureichender Eindeutigkeit und Klarheit des Bewertungsmaßstabs unter Einbeziehung der Unterkriterien,[190]

---

[173] S. dazu VK Bund Beschl. v. 19.1.2001 – VK 2-42/00, WuW/E Verg 500.
[174] EuGH Urt. v. 28.10.1999 – C-81/98, Slg. 1999, I-7671 Rn. 33 f. = NJW 2000, 569 – Alcatel Austria.
[175] OLG Celle Beschl. v. 16.1.2002 – 13 Verg 1/02, BeckRS 2002, 160346 = VergabeR 2002, 299 (301 f.).
[176] OLG Naumburg Beschl. v. 16.9.2002 – 1 Verg 02/02, ZfBR 2003, 182 (185).
[177] Vgl. VK Bund Beschl. v. 19.7.2013 – VK 1-51/13, BeckRS 2014, 00420.
[178] Mit Bezug zum Gleichbehandlungsgebot OLG Koblenz Beschl. v. 22.7.2014 – 1 Verg 3/14, BeckRS 2014, 14960.
[179] Vgl. EuGH Urt. v. 18.10.2001 – C-19/00, Slg. 2001, I-7725 Rn. 41 = NZBau 2001, 693 – SIAC Construction.
[180] Vgl. OLG Düsseldorf Beschl. v. 26.7.2002 – Verg 28/02, VergabeR 2003, 87 (89); OLG Düsseldorf Beschl. v. 17.3.2004 – VII Verg 1/04, NVwZ 2004, 1146; BayObLG Beschl. v. 20.8.2001 – Verg 9/01, NZBau 2002, 348 (350).
[181] VK Südbayern Beschl. v. 19.3.2015 – Z3-3-3194-1-61-12/14, IBRRS 2015, 0965.
[182] OLG Frankfurt a. M. Beschl. v. 24.7.2012 – 11 Verg 6/12, NZBau 2012, 726; OLG München Beschl. v. 20.3.2014 – Verg 17/13, NZBau 2014, 456 (460 f.); OLG Celle Beschl. v. 11.9.2018 – 13 Verg 4/18, NZBau 2019, 208 Rn. 41; Beschl. v. 19.3.2019 – 13 Verg 7/18, NZBau 2019, 462 Rn. 77; vgl. auch KG Beschl. v. 18.3.2010 – 2 Verg 12/09, BeckRS 2010, 13124 = VergabeR 2011, 138 (141 f.).
[183] OLG Düsseldorf Beschl. v. 28.3.2018 – VII Verg 54/17, NZBau 2018, 548 Rn. 32.
[184] OLG Düsseldorf Beschl. v. 8.3.2017 – VII-Verg 39/16, NZBau 2017, 296 Rn. 35.
[185] OLG Düsseldorf Beschl. v. 22.11.2017 – VII-Verg 16/17, NZBau 2018, 248 Rn. 20.
[186] OLG Naumburg Beschl. v. 16.9.2002 – 1 Verg 02/02, ZfBR 2003, 182 (185).
[187] VK Bund Beschl. v. 10.3.2002 – VK 1-3/02, ZfBR 2002, 519 (520 f.).
[188] OLG Saarbrücken Beschl. v. 15.10.2014 – 1 Verg 1/14, NZBau 2015, 45 (48).
[189] OLG Brandenburg Beschl. v. 28.3.2017 – 6 Verg 5/16 ZfBR 2017, 505 (507 f.).
[190] OLG Düsseldorf Beschl. v. 16.12.2015 – VII-Verg 25/15, Verg 25/15, ZfBR 2016, 411.

- bei der Vorsehung von Wahlpositionen ohne ein berechtigtes Interesse,[191]
- bei Abweichung der Vergabestelle von selbst aufgestellten Vergabekriterien nach der Bekanntmachung,[192]
- bei fehlender Angabe des Berechnungsmodus zur Bestimmung des Preises spätestens in den Vergabeunterlagen,[193]
- bei nicht eindeutigen Festlegungen in Bezug auf die Wirtschaftlichkeit von Nebenangeboten,[194]
- bei Abweichung des öffentlichen Auftraggebers von den festgelegten Mindestbedingungen für Nebenangebote nach Bekanntgabe,[195]
- bei Zugrundelegung nicht aller bekannt gemachten Zuschlagskriterien bei der Ermittlung des wirtschaftlichsten Angebots, sondern lediglich des Kriteriums des geringsten Preises,[196]
- Bewertungsmaßstäbe beim Zuschlagskriterium Qualität sind intransparent, wenn sie nicht zulassen, im Vorhinein zu bestimmen, welchen Erfüllungsgrad die Angebote auf der Grundlage des Kriterienkatalogs und konkreter Kriterien aufweisen müssen, um mit den festgelegten Punktwerten bewertet zu werden,[197]
- wenn sich die Vergabestelle in der Aufforderung zum finalen Angebot vorbehalten hat, erst nach Submission zu entscheiden, welche Angebotsvarianten sie bei der Wertung des Preises berücksichtigen wird,[198]
- bei grundlegender Änderung der ursprünglich ausgeschriebenen Leistung im Verhandlungsverfahren,[199]
- bei Änderungen an den Verdingungsunterlagen durch die Bieter,[200]
- bei unvollständiger Abgabe der Leistungsnachweise mit dem Teilnahmeantrag,[201]
- wenn die Formel, unter deren Zuhilfenahme die angebotenen Preise der Bieter in Wertungspunkte umgerechnet wurden, den Bietern nicht vor Angebotsabgabe bekanntgegeben wurden,[202]
- wenn der Vergabevermerk keine Aussage über die Grundlagen enthält, aufgrund derer die Eignung festgestellt worden ist, oder in dem Fall, dass der Auftraggeber die fachtechnische Beurteilung der Angebote anhand vorgefertigter objektiver Kriterien vorsieht, keine Angaben darüber, welche vorgefertigten objektiven Kriterien er verwendet hat und insbesondere wie viele Punkte für die einzelnen Kriterien zu vergeben waren und vergeben wurden.[203]

VI. Wirtschaftlichkeit

Durch das Vergaberechtsmodernisierungsgesetz wurde der Grundsatz der Wirtschaftlichkeit in Abs. 1 S. 2 aufgenommen. Eine grundlegende Neuerung ist damit jedoch nicht verbunden.[204] Vielmehr handelt es sich, wie auch die Gesetzesbegründung ausführt, um eine bloße **Klarstellung.** Mit der Normierung „wird der Grundsatz der Wirtschaftlichkeit, der bislang im Hinblick auf verschiedene Aspekte der Zuschlagserteilung ... berücksichtigt war, als allgemeiner Grundsatz des Vergabeverfahrens hervorgehoben. Auch Artikel 41 der Richtlinie 2014/23/EU, Artikel 67 der Richtlinie 2014/24/EU, Artikel 82 der Richtlinie 2014/25/EU stellen im Zusammenhang mit dem Zuschlag auf das wirtschaftlich günstigste Angebot bzw. auf den wirtschaftlichen Gesamtvorteil ab".[205]

Anknüpfend an die frühere Rechtslage wird der Grundsatz der Wirtschaftlichkeit in zahlreichen weiteren Bestimmungen des GWB-Vergaberechts in Bezug genommen und **konkretisiert.** So wird

---

[191] OLG Düsseldorf Beschl. v. 13.4.2011 – Verg 58/10, ZfBR 2011, 508 (512 f.); Beschl. v. 15.5.2019 – VII-Verg 61/18, NZBau 2019, 742 Rn. 29; OLG München Beschl. v. 22.10.2015 – Verg 5/15, NZBau 2016, 63 (64); vgl. auch VK Bund Beschl. v. 18.6.2012 – VK 2-53/12, ZfBR 2013, 75.
[192] EuGH Urt. v. 5.12.2013 – C-561/12, NZBau 2014, 111 Rn. 37 – Nordecon; OLG Düsseldorf Beschl. v. 25.11.2002 – Verg 56/02, BeckRS 2004, 12170; OLG Düsseldorf Beschl. v. 9.4.2014 – Verg 36/13, ZfBR 2015, 512 (514).
[193] VK Sachsen-Anhalt Beschl. v. 14.9.2015 – 2 VK LSA 07/15; vgl. auch VK Bund Beschl. v. 12.12.2013 – VK 1-101/13, VPRRS 2014, 0296.
[194] VK Bund Beschl. v. 8.1.2016 – VK 2-127/15, ZfBR 2016, 303.
[195] VK Nordbayern Beschl. v. 18.7.2007 – 21. VK-3194-27/07, BeckRS 2010, 09654.
[196] VK Lüneburg Beschl. v. 3.5.2005 – VgK 14/2005.
[197] OLG Düsseldorf Beschl. v. 21.10.2015 – Verg 28/14, ZfBR 2016, 83 = VergabeR 2016, 74 (80).
[198] VK Lüneburg Beschl. v. 8.7.2015 – VgK-22/2015, IBRRS 2015, 2839.
[199] OLG Düsseldorf Beschl. v. 5.7.2006 – VII-Verg 21/06, BeckRS 2006, 08298 = VergabeR 2006, 929 (931).
[200] VK Nordbayern Beschl. v. 15.2.2002 – 320.VK-3194-02/02, BeckRS 2002, 32779.
[201] VK Schleswig-Holstein Beschl. v. 28.1.2009 – VK-SH 18/08, IBRRS 2009, 0304.
[202] VK Bund Beschl. v. 3.3.2015 – VK 1-4/15, BeckRS 2015, 14355.
[203] OLG Karlsruhe Beschl. v. 15.4.2015 – 15 Verg 2/15, VergabeR 2016, 105 (108 f.).
[204] Tendenziell aA Immenga/Mestmäcker/*Dreher* Rn. 113; zu den historischen Ursprüngen Hattenhauer/Butzert ZfBR 2018, 229 (229 ff.); zu den politischen Hintergründen s. auch *Müller* in RKPP GWB Rn. 39 ff.
[205] BT-Drs. 18/6281, 68.

der Zuschlag nach § 127 Abs. 1 „auf das wirtschaftlichste Angebot erteilt", das sich „nach dem besten Preis-Leistungs-Verhältnis" bestimmt, „[z]u dessen Ermittlung ... neben dem Preis oder den Kosten auch qualitative, umweltbezogene oder soziale Aspekte berücksichtigt werden" können. Dabei kann „[e]ine Festlegung und Gewichtung von Zuschlagskriterien, bei denen Wirtschaftlichkeitskriterien neben dem Angebotspreis nur eine marginale Rolle spielen oder der Preis eine übermäßige Bedeutung einnimmt, ... gegen das Wirtschaftlichkeitsprinzip ... verstoßen".[206] Parallel zu § 127 Abs. 1 bestimmt § 152 Abs. 3 S. 1 für die Konzessionsvergabe, dass „[d]er Zuschlag ... auf der Grundlage objektiver Kriterien erteilt [wird], die sicherstellen, dass die Angebote unter wirksamen Wettbewerbsbedingungen bewertet werden, so dass ein wirtschaftlicher Gesamtvorteil für den Konzessionsgeber ermittelt werden kann". Ausführungsbedingungen können nach § 128 Abs. 2 wirtschaftliche Belange erfassen. Unternehmen sind nach § 122 Abs. 2 S. 2 Nr. 2 nur dann geeignet, wenn sie wirtschaftlich leistungsfähig sind. Bei der Entscheidung über die vorzeitige Zuschlagsgestattung im Nachprüfungsverfahren hat die Vergabekammer nach § 169 Abs. 2 S. 2 „das Interesse der Allgemeinheit an einer wirtschaftlichen Erfüllung der Aufgaben des Auftraggebers zu berücksichtigen". Gleiches gilt bei den Entscheidungen des OLG nach § 173 Abs. 2 und § 176 Abs. 1. Zahlreiche weitere Vorschriften des GWB und des untergesetzlichen Vergaberechts nehmen den Wirtschaftlichkeitsgrundsatz explizit oder implizit in Bezug und gestalten ihn näher aus.[207] Sein Inhalt ergibt sich daher im Wesentlichen aus seinen normativen Konkretisierungen. Gleichwohl greift eine Qualifikation als „allgemeiner Programmsatz"[208] oder nicht einmal als solchen[209] in Anbetracht seiner systematischen Stellung zu kurz.[210]

35 Soweit es an einer normativen Konkretisierung des vergaberechtlichen Wirtschaftlichkeitsgrundsatzes fehlt, kann auf sein allgemeines Verständnis zurückgegriffen werden,[211] nicht zuletzt auf seine **verfassungsrechtliche Ausprägung,** die sich aus einer Zusammenschau verschiedener Bestimmungen des Grundgesetzes ergibt. Von Bedeutung sind insbesondere Art. 14 GG, die aus Art. 1 und Art. 20 GG ergebende Dienstfunktion des Staates, die Bindung der Staatsgewalt an Gemeinwohl und Rationalität[212] sowie Art. 114 GG. Insbesondere indem die Wirtschaftlichkeit in Art. 114 Abs. 2 GG von Verfassungs wegen zum Prüfungsmaßstab des Bundesrechnungshofs erklärt wird, kann sie nicht als bloßer Programmsatz im Hinblick auf das zu Prüfende angesehen werden.[213] Als Folge des verfassungsrechtlichen Wirtschaftlichkeitsgebots muss die Zielerreichung in ökonomischer Hinsicht stets unter Optimierung der betroffenen Werte erfolgen.[214] Durch den Teilgrundsatz der Sparsamkeit wird zudem gefordert, dass der öffentliche Aufwand zur Erreichung eines vorgegebenen Ziels so gering wie möglich zu halten ist. Zwingend notwendig ist nach teils vertretener Auffassung dabei nur der Mindestbetrag, zu dem die verfassungskonform bestimmten Ziele erreicht werden können.[215] Gleichwohl fehlt es dem Wirtschaftlichkeitsprinzip aufgrund seiner Grundsatzqualität an einer klaren inhaltlichen Bestimmtheit.[216] Sowohl in sachlicher als auch in zeitlicher Hinsicht bestehen Spielräume. Seine Beachtung führt mithin nicht zu einer einzig richtigen Lösung,[217] erfordert aber jedenfalls einen mit Blick auf die Zielerreichung nicht übermäßigen Einsatz öffentlicher Mittel.

36 Damit korrespondieren auch die haushaltsrechtlichen Vorgaben. §§ 6, 15 und 19 HGrG greifen die Grundsätze der Wirtschaftlichkeit und Sparsamkeit auf; § 30 HGrG bestimmt, dass „[d]em Abschluß von Verträgen über Lieferungen und Leistungen ... eine öffentliche Ausschreibung vorausgehen [muss], sofern nicht die Natur des Geschäfts oder besondere Umstände eine Ausnahme rechtfertigen". Parallelbestimmungen finden sich zudem in der BHO und den korrespondierenden landesrechtlichen Vorschriften. Die Einfügung des Wirtschaftlichkeitsgebots in Abs. 1 S. 2 betont daher auch (wieder) die **haushaltsrechtliche Zielsetzung** des Vergaberechts,[218] die „zur Verfügung

---

[206] OLG Düsseldorf Beschl. v. 22.11.2017 – VII-Verg 16/17, NZBau 2018, 248 Rn. 42.
[207] Dazu näher *Hattenhauer/Butzert* ZfBR 2018, 229 (232 f.).
[208] Langen/Bunte/*Wagner* Rn. 56.
[209] *Müller* in RKPP GWB Rn. 52.
[210] Ebenso Immenga/Mestmäcker/*Dreher* Rn. 112.
[211] Ausf. zum juristischen Bestimmung von Wirtschaftlichkeit *Hillen,* Die gerichtliche Kontrolle von Wirtschaftlichkeit im Vergaberecht, 2018, 112 ff.
[212] *v. Arnim,* Wirtschaftlichkeit als Rechtsprinzip, 1988, 72 ff.
[213] *Gröpl* VerwArch 93 (2002), 459 (474).
[214] *v. Arnim,* Wirtschaftlichkeit als Rechtsprinzip, 1988, 36.
[215] Dahingehend auch *Gersdorf,* Öffentliche Unternehmen im Spannungsfeld zwischen Demokratie- und Wirtschaftlichkeitsprinzip, 2000, 471, 473.
[216] Vgl. insbes. die Kennzeichnung bei *Schulze-Fielitz* VVDStRL 55 (1996), 231 (255), als „formales, inhalts- und konturenarmes, offenes Gebot zur Optimierung einer Relation von Mittel und Zweck".
[217] *v. Arnim,* Wirtschaftlichkeit als Rechtsprinzip, 1988, 45 f.; *Schulze-Fielitz* VVDStRL 55 (1996), 231 (256).
[218] HK-VergabeR/*Fehling* Rn. 72; dahingehend auch jurisPK-VergabeR/*Schneevogl* Rn. 64; aA Immenga/Mestmäcker/*Dreher* Rn. 114; Ziekow/Völlink/*Ziekow* Rn. 59.

stehenden Haushaltsmittel effektiv einzusetzen",[219] die durch seine wettbewerbsorientierte Überformung nie überwunden, sondern allein ergänzt wurde.

Anknüpfend hieran lässt sich als spezifisch vergaberechtlicher Gehalt des Wirtschaftlichkeits- 37 grundsatzes die Verpflichtung öffentlicher Auftraggeber qualifizieren, ihre Beschaffungsziele möglichst **effizient** zu erreichen.[220] Dabei ist grundsätzlich eine betriebswirtschaftliche Perspektive anzulegen,[221] sodass sich das Auswahlkriterium des niedrigsten Preises als Ausdruck des Grundsatzes der Wirtschaftlichkeit qualifizieren lassen kann,[222] nicht aber stets muss. In der Gesamtbetrachtung handelt es sich um eine Maxime für die Ausgestaltung des gesamten Vergabeverfahrens,[223] die weithin durch den Gesetz- und Verordnungsgeber umgesetzt wird, so auch bei der grundsätzlichen Verpflichtung zur Verwendung elektronischer Mittel.[224] Soweit eine normative Ausgestaltung nicht oder nur eingeschränkt erfolgt ist, wirkt der Wirtschaftlichkeitsgrundsatz zudem auf die Ausfüllung von Ermessensspielräumen[225] durch die Vergabestelle ein, ohne dass sich hieraus allerdings im Regelfall eindeutige Konsequenzen ergäben. Allein eine offensichtlich ungeeignete oder sonst vermeidbare Kosten hervorrufende Verfahrensweise wäre insoweit als Verstoß gegen den Wirtschaftlichkeitsgrundsatz des § 97 Abs. 1 S. 2 zu qualifizieren. Das Leistungsbestimmungsrecht des öffentlichen Auftraggebers wird schließlich durch die Norm nicht in Frage gestellt. Allerdings wirken die verfassungs- und haushaltsrechtlichen Ausprägungen des Wirtschaftlichkeitsgebots insoweit beschränkend. Im Hinblick auf die sparsame Verwendung öffentliche Mittel ist der Wirtschaftlichkeitsgrundsatz nicht bieterschützend iSv Abs. 6.[226]

VII. Verhältnismäßigkeit

Noch weniger deutlich als der Grundsatz der Wirtschaftlichkeit ist der ebenfalls seit Inkrafttreten 38 des Vergaberechtsmodernisierungsgesetzes in Abs. 1 S. 2 verankerte Grundsatz der Verhältnismäßigkeit. Als **rechtsstaatliches Erfordernis** gilt er von Verfassungs wegen ohnehin für jedes staatliche Handeln und damit auch „mit Blick auf die Anforderungen an das Vergabeverfahren".[227] Dieses muss, um eine Überbeanspruchung des Einzelnen zu vermeiden, stets einem legitimen Zweck dienen, geeignet, erforderlich und angemessen sein. Die Gesetzesbegründung betont folgerichtig den klarstellenden Charakter der Ergänzung.[228] Zudem verweist sie darauf, dass der Umstand, „[d]ass öffentliche Auftraggeber bei ihren Beschaffungsaktivitäten auch den Grundsatz der Verhältnismäßigkeit wahren müssen, insbesondere bei den Anforderungen an die Leistungsbeschreibung, die Eignung, den Zuschlag und die Ausführungsbedingungen, ... ausdrücklich aus Artikel 3 Absatz 1 der Richtlinie 2014/23/EU, Artikel 18 Absatz 1 der Richtlinie 2014/24/EU und Artikel 36 der Richtlinie 2014/25/EU" folgt. Zugleich hebt sie jedoch hervor, dass „das umfassende Leistungsbestimmungsrecht des öffentlichen Auftraggebers nicht angetastet [wird]; dieser bestimmt auch weiterhin selbst, welche konkrete Leistung seinem Beschaffungsbedarf am besten entspricht".[229] Dies gilt jedenfalls „in den Schranken wirtschaftlicher und fiskalischer Vernunft und der aus § 97 GWB abzuleitenden Regeln für den Vergabewettbewerb".[230]

Der EuGH hat gleichwohl aus dem Verhältnismäßigkeitsgrundsatz eine Grenze für das Leis- 39 tungsbestimmungsrecht des öffentlichen Auftraggebers insoweit abgeleitet, als dieser im Hinblick auf den Detaillierungsgrad technischer Spezifikationen „insbesondere eine Prüfung der Frage ..., ob dieser Detaillierungsgrad zur Erreichung der verfolgten Ziele notwendig ist",[231] erfordere. Dabei können jedoch sektorspezifische Besonderheiten und mitgliedstaatliche Beurteilungsspielräume Berücksichtigung finden. Letztlich bleibt die Relevanz des Verhältnismäßigkeitsgrundsatzes insoweit

---

[219] BGH Urt. v. 11.11.2014 – X ZR 32/14, NZBau 2015, 248 (249).
[220] S. auch Beck VergabeR/*Dörr* § 97 Abs. 1 Rn. 51; Immenga/Mestmäcker/*Dreher* Rn. 116; ausf. *Hillen,* Die gerichtliche Kontrolle von Wirtschaftlichkeit im Vergaberecht, 2018, 235 ff., zur Kontrolle im Nachprüfungsverfahren *Hillen,* Die gerichtliche Kontrolle von Wirtschaftlichkeit im Vergaberecht, 2018, 458 ff.
[221] *Opitz* NZBau 2001, 12 (13).
[222] OLG Düsseldorf Beschl. v. 28.3.2018 – VII Verg 54/17, NZBau 2018, 548 Rn. 43.
[223] *Krönke* NVwZ 2016, 568 (569).
[224] HK-VergabeR/*Fehling* Rn. 48.
[225] HK-VergabeR/*Fehling* Rn. 48.
[226] Langen/Bunte/*Wagner* Rn. 57.
[227] BT-Drs. 18/6281, 68; s. auch Beck VergabeR/*Dörr* § 97 Abs. 1 Rn. 55.
[228] Den Regelungsgehalt darauf beschränkend *Müller* in RKPP GWB Rn. 56.
[229] BT-Drs. 18/6281, 68.
[230] BGH Beschl. v. 4.4.2017 – X ZB 3/17, NZBau 2017, 366 Rn. 34; gleichsinnig OLG Celle Beschl. v. 19.3.2019 – 13 Verg 7/18, NZBau 2019, 462 Rn. 38; vgl. auch OLG Frankfurt a. M. Beschl. v. 29.3.2018 – 11 Verg 16/17, NZBau 2018, 498 Rn. 53 ff.; OLG Düsseldorf Beschl. v. 19.9.2018 – VII-Verg 37/17, NZBau 2019, 390 Rn. 36.
[231] EuGH Urt. v. 25.10.2018 – C-413/17, ZfBR 2019, 494 (498) – Roche Lietuva.

vage. Jedenfalls gibt die EuGH-Rechtsprechung keinen Anlass, das Leistungsbestimmungsrecht des öffentlichen Auftraggebers allgemein unter einen „Verhältnismäßigkeitsvorbehalt" zu stellen.

40 Vor dem Hintergrund der Unberührtheit des Leistungsbestimmungsrechts des Auftraggebers[232] durch den in Abs. 2 S. 1 verankerten Verhältnismäßigkeitsgrundsatz ist insbesondere die Frage zu beantworten, ob dieser einer Vergabe von Aufträgen mit unbegrenzter Laufzeit entgegensteht.[233] Nach hier vertretener Auffassung ist dies jedoch nicht der Fall. Das Vergaberecht bezieht sich allein auf die Auftragsvergabe als solche, regelt aber vorbehaltlich positivrechtlicher Ausnahmen die Entscheidung über den Beschaffungsgegenstand nicht. Dementsprechend lassen sich diesem grundsätzlich auch **keine Aussagen über die Laufzeit** zu vergebender Verträge entnehmen.[234] Dies bestätigen auch diejenigen Bestimmungen des Vergaberechts, die eine Laufzeitbegrenzung in bestimmten Konstellationen vorsehen, vgl. § 14 Abs. 4 Nr. 5 VgV, § 21 Abs. 6 VgV, § 65 Abs. 2 VgV, § 3 Abs. 2 KonzVgV. Diese sind mit Ausnahme der letztgenannten sämtlich als Ausnahmebestimmungen zu qualifizieren, deren Sinnhaftigkeit die Möglichkeit einer Vergabe unbefristeter öffentlicher Aufträge voraussetzt. Dies schließt allerdings nicht aus, dass sich Anforderungen an den Beschaffungsgegenstand im Einzelfall einschließlich der Laufzeit aus anderen Vorgaben ergeben können. Dabei sind insbesondere die Grundfreiheiten des AEUV von Bedeutung.[235] Die generelle Unverhältnismäßigkeit unbefristeter Verträge folgt hieraus jedoch ebenfalls nicht.

41 Über Abs. 1 S. 2 hinaus nimmt das Vergaberecht den Verhältnismäßigkeitsgrundsatz nur vereinzelt explizit in Bezug.[236] Im GWB beschränkt sich dies auf die Beschränkung eines eigentlich zwingenden Ausschlusses[237] gem. § 123 Abs. 4 nach Abs. 5 der Vorschrift sowie gem. § 124 in Bezug auf den fakultativen Ausschluss von Unternehmen.[238] Im untergesetzlichen Vergaberecht finden sich **Bezugnahmen** auf den Grundsatz der Verhältnismäßigkeit etwa in § 19 Abs. 8 S. 4 VgV im Hinblick auf die Zulässigkeit der Innovationspartnerschaft vor dem Hintergrund des Verhältnisses von Entwicklungsaufwand und Wert der nachgefragten Leistung, in § 31 Abs. 3 S. 2 VgV in Bezug auf Vorgaben der Leistungsbeschreibung für Herstellungsprozesse und -methoden im Hinblick auf Wert und Beschaffungsziele sowie bezüglich der Eignungskriterien gem. § 75 Abs. 4 S. 1 VgV. Diese Bestimmungen bringen den vergaberechtlichen Kerngehalt des Verhältnismäßigkeitsprinzips dahingehend zum Ausdruck, dass die „Vergabemodalitäten ... den Besonderheiten und der Bedeutung des jeweiligen Vergabegegenstands angemessen"[239] sein müssen.[240] Dies sicherzustellen, ist vor allem Aufgabe des Gesetz- und Verordnungsgebers, der zudem in einzelnen Vorschriften Verhältnismäßigkeitsaspekte normiert hat, ohne diese ausdrücklich als solche zu kennzeichnen (vgl. § 122 Abs. 4 S. 1).[241]

42 Jenseits der normativen Vorgaben für das Vergabeverfahren verfügen öffentliche Auftraggeber nur in geringem Maße über Möglichkeiten zur Einflussnahme auf die Verhältnismäßigkeit des Vergabeverfahrens in diesem Sinne. Voraussetzung hierfür ist stets die Existenz von verfahrensbezogenen Spielräumen. Fehlt es daran, besteht kein Raum für eine Anwendung des Verhältnismäßigkeitsgrundsatzes. Insbesondere lassen sich Abweichungen von zwingenden Verfahrensvorgaben nicht mithilfe von Abs. 2 S. 1 rechtfertigen.[242] Den **Vorrang des positiven Rechts** kann der Verhältnismäßigkeitsgrundsatz (jedenfalls in seiner vergaberechtlichen Ausprägung) nicht in Frage stellen. Ihm kommt daher vor allem eine ergänzende Funktion für den Verfahrensablauf zu. Diese kommt über die normativ benannten Fälle hinaus etwa bei der Ausübung des Ermessens in Bezug auf die Durchführung eines Verhandlungsverfahrens ohne Teilnahmewettbewerb,[243] der Festlegung der Höhe von

---

[232] S. dazu auch *Laumann/Scharf* VergabeR 2013, 539.
[233] Dafür Willenbruch/Wieddekind/*Frenz* Rn. 34; bezogen auf den Wettbewerbsgrundsatz VK Arnsberg Beschl. v. 21.2.2006 – VK 29/05; tendenziell abl. HK-VergabeR/*Fehling* Rn. 61.
[234] Bezogen auf den Wettbewerbsgrundsatz Ziekow/Völlink/*Ziekow* Rn. 4, s. aber einschränkend Ziekow/Völlink/*Ziekow* Rn. 58 iVm Ziekow/Völlink/*Ziekow* § 103 Rn. 29 ff.
[235] Vgl. EuGH Urt. v. 9.3.2006 – C-323/03, Slg. 2006, I-2161 Rn. 44 ff. = NZBau 2006, 386 – Kommission/Spanien.
[236] S. dazu ausf. *Meurers*, Der Grundsatz der Verhältnismäßigkeit im Vergaberecht, 2020, 188 ff.
[237] Vgl. auch EuGH Urt. v. 30.1.2020 – C-395/18, NZBau 2020, 308 – Tim.
[238] Vgl. auch EuGH Urt. v. 14.12.2016 – C-171/15, ZfBR 2017, 380 – Connexxion Taxi Services; OLG Düsseldorf Beschl. v. 28.3.2018 – VII-Verg 49/17, NZBau 2018, 567 Rn. 38. BeckOK VergabeR/*Marx* § 97 Abs. 1 Rn. 57, sieht darin den wesentlichen Regelungsgehalt.
[239] Willenbruch/Wieddekind/*Frenz* Rn. 33.
[240] Vgl. auch *Krönke* NVwZ 2016, 568 (569).
[241] OLG Jena Beschl. v. 2.8.2017 – 2 Verg 2/17, NZBau 2018, 176 Rn. 13; OLG Düsseldorf Beschl. v. 7.2.2018 – VII-Verg 55/16, NZBau 2018, 495 Rn. 31.
[242] Europarechtlich kommen insoweit allein – regelmäßig nicht gegebene – zwingende Gründe des Allgemeinwohls in Betracht, vgl. bezogen auf die Vergabegrundsätze EuGH Urt. v. 14.11.2013 – C-221/12, NZBau 2014, 53 Rn. 38 – Belgacom.
[243] OLG Rostock Beschl. v. 9.12.2020 – 17 Verg 4/20 Rn. 85.

Vertragsstrafen[244] oder von Fristen über Mindestvorgaben, bei zulässigen Verfahrensstrukturierungen des Verhandlungsverfahrens, des wettbewerblichen Dialogs und der Innovationspartnerschaft, dem Umgang mit Ausschlussgründen,[245] Tarifvorgaben[246] oder der Entscheidung über die Zulassung von Nebenangeboten sowie der Notwendigkeit der Zumutbarkeit von Kalkulationsvorgaben für die Bieter[247] zum Tragen.[248] Ob den Bietern zugewiesene Risiken als unverhältnismäßig anzusehen sind, ist ebenfalls am Maßstab des Verhältnismäßigkeitsgrundsatzes zu bestimmen.[249] Die Rechtsprechung hat es jedoch abgelehnt, die Verwendung einer Preisanpassungsklausel als milderes Mittel gegenüber Sonderkündigungsrecht zugunsten des öffentlichen Auftraggebers aus dem Verhältnismäßigkeitsgrundsatz abzuleiten[250] oder einen Verstoß darin zu sehen, „dass die Bieter bereits mit dem Erstangebot mehrere Konzepte einzureichen haben, obwohl eine qualitative Wertung der Konzepte erst nach Abgabe des finalen Angebots erfolgt".[251] Als geboten wurde dagegen der Vorrang der Interimsvergabe vor der vorzeitigen Gestattung des Zuschlags angesehen.[252] Überdies kann der vergaberechtliche Verhältnismäßigkeitsgrundsatz auch zugunsten des öffentlichen Auftraggebers wirken.[253]

B. Anhang zu Abs. 1: Vertragsstrafen

Schrifttum: *Eschenbruch,* Die vertragsjuristische Bewältigung der Bauzeit, BauR 2019, 1213; *Hafkesbrink/Schoofs,* Die Geltung der Vertragsstrafenregelung bei Vereinbarung von neuen Terminen, BauR 2010, 133; *Kemper,* Die Vereinbarung von Vertragsstrafe bei Fristüberschreitung in Allgemeinen Geschäftsbedingungen, BauR 2001, 1015; *Lau,* Die Vertragsstrafenabrede in BGB-Werkverträgen und VOB-Bauverträgen, JbBauR 2003, 53; *Reichelt/ Keinert,* Die unendliche Geschichte von Vertragsstrafen in Bauverträgen, ZfIR 2013, 231; *Schmeel,* Die individuell vereinbarte kaufmännische Vertragsstrafe, MDR 2017, 1033; *Weyer,* Kein Vorbehalt der Vertragsstrafe bei Aufrechnung vor Abnahme, NJW 2016, 609.

I. Normzweck

Vertragsstrafen haben den Sinn, den Auftragnehmer zur korrekten Vertragserfüllung und vertragskonformem Verhalten anzuhalten (präventive Druckfunktion), und sie haben eine Kompensationsfunktion; sie sollen Schäden aus verspäteter Vertragserfüllung pauschal ausgleichen.[254] Vergabe- und vertragsrechtliche Besonderheiten für Bauverträge sind in § 9a VOB/A und in § 11 VOB/B geregelt (→ VOB/A § 9a Rn. 3 ff.).

Vertragsstrafen finden sich üblicherweise in allgemeinen Geschäftsbedingungen und sind dann den §§ 306 ff. BGB unterworfen. Soweit die Fallgruppen des § 309 Nr. 6 BGB erfüllt sind, sind sie wegen ihrer spezifischen Gefährlichkeit für den Verwendungsgegner generell unwirksam.[255] Soweit sie außerhalb dieser Fallgruppen zulässig sind, sind sie sind nach § 307 Abs. 2 Nr. 1 BGB an das gesetzliche Leitbild der §§ 339 ff. BGB gebunden.[256] Daraus folgt:
1. Sie sind akzessorisch zur gesicherten Hauptverbindlichkeit. Bei Unwirksamkeit des Bauvertrages entfällt ihre Wirkung.[257]

---

[244] Vgl. OLG Celle Beschl. v. 19.3.2019 – 13 Verg 7/18, NZBau 2019, 462 Rn. 78 f.
[245] Vgl. EuGH Urt. v. 9.5.2009 – C-538/07, Slg. 2009, I-4236 Rn. 30 = NZBau 2009, 607 – Assitur; EuGH Urt. v. 10.7.2014 – C-358/12, NZBau 2014, 712 Rn. 31 ff. – Libor; EuGH Urt. v. 22.10.2015 – C-425/14, NZBau 2016, 42 Rn. 25 ff. – Edilux; OLG Frankfurt a. M. Beschl. v. 18.2.2020 – 11 Verg 7/19, NZBau 2020, 541 Rn. 43 f.
[246] EuGH Urt. v. 8.9.2014 – C-549/13, EuZW 2014, 942 Rn. 33 ff. – Bundesdruckerei.
[247] OLG Düsseldorf Beschl. v. 16.5.2018 – VII-Verg 24/17, NZBau 2019, 68 Rn. 39.
[248] S. darüber hinaus EuGH Urt. v. 2.5.2019 – C-309/18, NZBau 2019, 531 – Lavorgna.
[249] jurisPK-VergabeR/*Schneevogl* Rn. 63; OLG Frankfurt a. M. Beschl. v. 29.3.2018 – 11 Verg 16/17, NZBau 2018, 498 Rn. 83, stellt dagegen auf das Transparenzgebot ab.
[250] OLG Düsseldorf Beschl. v. 6.9.2017 – VII-Verg 9/17, VergabeR 2019, 128 (135 f.).
[251] OLG Düsseldorf Beschl. v. 28.3.2018 – VII Verg 54/17, NZBau 2018, 548 Rn. 59.
[252] Vgl. OLG Frankfurt a. M. Beschl. v. 26.1.2017 – 11 Verg 1/17, NZBau 2017, 309 Rn. 59.
[253] Langen/Bunte/*Wagner* Rn. 63; im Einzelnen dazu *Meurers,* Der Grundsatz der Verhältnismäßigkeit im Vergaberecht, 2020, 321 ff.
[254] BGH Urt. v. 18.11.1982 – VII ZR 305/81, BGHZ 85, 305 (312); Staudinger/*Wendland,* 18. Aufl. 2019, BGB § 307 Rn. 158.
[255] Vgl. *Dammann* in Wolf/Lindacher/Pfeiffer, AGB-Recht, 7. Aufl. 2020, BGB § 309 Nr. 6 Rn. 1; MüKoBGB/*Wurmnest,* 8. Aufl. 2019, BGB § 309 Nr. 6 Rn. 1.
[256] BeckOK VOB/B/*Oberhauser,* 44. Ed. 30.4.2021, VOB/B § 11 Abs. 2 Rn. 4; *Pamp* in Wolf/Lindacher/Pfeiffer, AGB-Recht, 7. Aufl. 2019, Klauseln B Rn. 233 ff; MüKoBGB/*Wurmnest,* 8. Aufl. 2019, BGB § 309 Nr. 6 Rn. 7.
[257] MüKoBGB/*Gottwald,* 8. Aufl. 2019, BGB § 339 Rn. 14.

2. Die Vertragsstrafe ist nur verwirkt, wenn der Schuldner in Verzug kommt (§ 286 ff. BGB). Die Leistung muss somit fällig sein; es muss eine Mahnung vorliegen, sofern kein fester Leistungstermin fixiert ist (§ 286 Abs. 2 BGB). Ebenso muss die Verzögerung schuldhaft sein.[258]

3. Es darf keine übermäßig hohe Strafe vereinbart sein; die Strafe darf nur einen Mindestschaden absichern. Bei einer Schadensersatzklage muss auf den geltend gemachten Schaden die Strafe angerechnet werden.[259]

45 Individuell vereinbarte kaufmännische Vertragsstrafen sind im Bauvertragsrecht vor dem Hintergrund der strengen AGB-Regeln nicht ungewöhnlich. Unangemessen hohe Vertragsstrafen können allerdings nicht gem. § 343 BGB herabgesetzt werden (§ 348 HGB).[260]

46 § 307 Abs. 1 BGB gebietet eine Gesamtabwägung zwischen den Interessen des Auftraggebers und des Auftragnehmers. Wer für eine Vielzahl künftiger Verträge Allgemeine Geschäftsbedingungen aufstellt, muss dabei auch die Interessen seiner Geschäftspartner berücksichtigen.[261]

47 Bei Allgemeinen Geschäftsbedingungen gibt es keine geltungserhaltende Reduktion; dh eine unangemessene Regelung kann nicht auf einen wirksamen, rechtlich zulässigen Teil reduziert werden (§ 306 Abs. 1 und 2 BGB).[262] Sind allerdings zwei Vertragsstrafen zB für die Einhaltung der Fertigstellungsfrist und eine andere für die Einhaltung von Zwischenfristen vereinbart, so bleibt bei Unwirksamkeit der einen Klausel die andere Klausel aufrecht erhalten.[263] Das Verbot der geltungserhaltenden Reduktion findet seine innere Rechtfertigung darin, dass der Aufstellende das Risiko der Überschreitung des rechtlich zulässigen Maßes tragen muss und nicht dadurch belohnt werden soll, dass er in jedem Fall die rechtlich soeben noch zulässige Regelung mit Hilfe der teleologischen Reduktion zu seinen Gunsten sichern kann.[264]

48 Eine AGB-Klausel muss klar und eindeutig sein; Zweifel gehen zulasten des Verwenders (§ 305c BGB). Kann eine Klausel bei mehrdeutigem Wortlaut im Wege einer anwenderfeindlichen Auslegung zugunsten des Auftragsnehmers mit klarem Sinn erfüllt werden, so gilt sie in dieser Auslegung (sog. Unklarheitenregelung).[265]

II. Zulässige Strafhöhe bei Versäumung von Fertigstellungsfristen

49 Nach ständiger Rechtsprechung seit der grundlegenden Entscheidung des Bundesgerichtshofs vom 23.1.2003[266] ist die zulässige Höhe einer Vertragsstrafe auf 5% der Gesamtsumme begrenzt. Umstritten ist, ob sich die Höhe des Auftragsvolums auf die Netto-Auftragssumme oder auf die Brutto-Auftragssumme bezieht.[267] Meines Erachtens ist auf die Netto-Auftragssumme abzustellen; denn bei einem Schadensersatzanspruch muss der Auftraggeber keine Mehrwertsteuer zahlen.[268] Die frühere Begrenzung der Strafhöhe auf 10% der Gesamtsumme des Auftrags ist von der Rechtsprechung zu Recht aufgegeben worden. Grund für diese enge Obergrenze ist es, dass der Gewinn des Auftragnehmers bei öffentlichen Aufträgen in aller Regel nicht höher als 5% ist, der durch die Vertragsstrafe nicht voll weggenommen werden soll.[269]

50 Als Tagessatz für die Strafe darf höchstens 0,3% je Werktag vereinbart werden; 0,5% pro Arbeitstag ist von der Rechtsprechung als unzulässig verworfen worden.[270] Bei einer Obergrenze von 5% ist nach 16,6 Tagen die Obergrenze der Vertragsstrafe erreicht. Mit dieser Regelung ist die Möglich-

---

[258] BGH Urt. v. 26.9.1996 – VII ZR 318/95, BauR 1997, 123 (124); LG Berlin Urt. v. 31.12.2012 – 63 S 233/11, ZMR 2012, 441; OLG Hamm Urt. v. 21.3.1996 – 17 U 93/95, BauR 1997, 661; OLG Düsseldorf Beschl. v. 15.11.2011 – 23 U 116/11, BauR 2013, 1735; MüKoBGB/*Wurmnest*, 8. Aufl. 2019, BGB § 307 Rn. 158; MüKoBGB/*Gottwald*, 8. Aufl. 2019, BGB § 339 Rn. 35; Staudinger/*Wendland*, 18. Aufl. 2019, BGB § 307 Rn. 235; Kapellmann/Messerschmidt/*Schneider* VOB/B § 11 Rn. 36 ff.

[259] OLG Düsseldorf Urt. v. 22.3.2002 – 5 U 85/01, BauR 2003, 94 (95); MüKoBGB/*Gottwald*, 8. Aufl. 2019, BGB Vor § 339 Rn. 29; *Lau* JbBauR 2003, 53 (66 f.).

[260] Vgl. *Schmeel*, MDR 2017, 1033.

[261] BGH Urt. v. 23.1.2003 – VII ZR 210/01, NJW 2003, 1805.

[262] BGH Urt. v. 12.3.1981 – VII ZR 293/79, BauR 1981, 374 (375).

[263] BGH Urt. v. 14.1.1999 – VII ZR 73/98, NJW 1999, 1108 (1109); BeckOGK/*Ulrici*, 1.11.2020, BGB § 339 Rn. 179; BeckOK VOB/B/*Oberhauser*, 44. Ed. 30.4.2021, VOB/B § 11 Abs. 2 Rn. 13.

[264] BGH Urt. v. 17.5.1982 – VII ZR 316/81, BGHZ 84, 109 (115 f.).

[265] MüKoBGB/*Basedow*, 8. Aufl. 2019, BGB § 305c Rn. 48 ff.

[266] BGH Urt. v. 23.1.2003 – VII ZR 210/01, NJW 2003, 1805 (1809); *Baldringer* → VOB/A § 9a Rn. 10.

[267] BeckOK VOB/B/*Oberhauser*, 44. Ed. 30.4.2021, VOB/B § 11 Abs. 3 Rn. 3 ff.; Kapellmann/Messerschmidt/*Schneider* VOB/B § 11 Rn. 147.

[268] Ebenso *Kemper* BauR 2001, 1015 (1016); BeckOK VOB/B/*Oberhauser*, 44. Ed. 30.4.2021, VOB/B § 11 Abs. 2 Rn. 9 und BeckOK VOB/B/*Oberhauser*, 44. Ed. 30.4.2021, VOB/B § 11 Abs. 3 Rn. 5.

[269] BGH Urt. v. 23.1.2003 – VII ZR 210/01, NJW 2003, 1805 (1809); Kapellmann/Messerschmidt/*Schneider* VOB/B § 11 Rn. 143.

[270] BGH Urt. v. 23.1.2003 – VII ZR 210/01, NJW 2003, 1805 (1809).

keit, durch Vereinbarung einer Vertragsstrafe Druck auszuüben, zu Recht weitreichend eingeschränkt worden.

III. Zulässige Vertragsstrafen für die Nichteinhaltung von Zwischenfristen

Der zulässige Tagessatz bei Nichteinhaltung von Zwischenfristen ist von der Rechtsprechung auf 0,15% der Auftragssumme festgelegt worden.[271] Dabei gilt ein Kumulationsverbot. Der Auftraggeber darf nicht bei Verzug eine Kettenreaktion auslösen und einen Bug von Vertragsstrafen für die Überschreitung von weiteren Zwischenfristen vor sich herschieben, weil der Auftragnehmer die einmal eingetretene Verzögerung im weiteren Verlauf des Bauvorhabens nicht ausgleichen kann. Die Vertragsstrafe darf sich nicht vervielfältigen. Nur wenn ein zusätzlicher Säumnisgrund bei einem weiteren Bauabschnitt eintritt, kann eine erneute Vertragsstrafe verwirkt werden.[272]

IV. Geltung der Vertragsstrafenregelung bei Terminänderungen

Ist als Folge einer Verzögerung die Vereinbarung neuer Ausführungstermine erforderlich, so ist streitig, ob in diesem Falle die im Ausgangsvertrag vereinbarte Vertragsstrafenregelung weiter gilt.[273] Hier sind drei verschiedene Fallkonstellationen denkbar:
1. Die Vertragsstrafenregelung kann durch ausdrückliche Vereinbarung für die neu vereinbarten Termine übernommen werden.[274]
2. Ohne ausdrückliche Vereinbarung ist bei nur unwesentlicher Veränderung des Zeitplans eine konkludente Vereinbarung der Fortsetzung der alten Vertragsstrafenregelung anzunehmen.[275]
3. Wenn der Auftraggeber den Vorbehalt macht, dass die vereinbarten Fälligkeiten und die daran anknüpfende Vertragsstrafenregelung rechtlich gültig bleiben, so ist auch, wenn später neue Termine zur Schadensbegrenzung vereinbart werden, die Vertragsstrafe wegen der ursprünglichen Fristüberschreitung verwirkt, sofern eine schuldhafte Verzögerung vorliegt.[276]

V. Wettbewerbsrechtliche Grenzen

Die Vereinbarung von Vertragsstrafen zwischen dem öffentlichen Auftraggeber und dem Auftragnehmer kann sich im Einzelfall bei marktbeherrschender Position des Auftraggebers als missbräuchliche Ausnutzung von Marktmacht iSv § 19 darstellen,[277] wenn andernfalls keine Chance besteht, einen Auftrag zu erlangen. Angesichts der von der Rechtsprechung für Vertragsstrafen in Bauverträgen durchgesetzten engen Grenzen stellt sich hier das Problem aber nicht.

C. Gleichbehandlung (Abs. 2)

Schrifttum: *Behrens,* Zulassung zum Vergabewettbewerb bei vorausgegangener Beratung des Auftraggebers, NZBau 2006, 752; *Berrisch/Nehl,* Doppelmandate, Neutralitätsgebot und böser Schein – Die Rechtsprechung der Vergabesenate und § 16 VgV, WuW 2001, 944; *Bode,* Beihilfebegünstigte Bieter im Vergabeverfahren, 2012; *Boesen,* Die rechtliche Zulässigkeit der Einschaltung von Versicherungsmaklern in das Verfahren zur Vergabe von Versicherungsdienstleistungen, VersR 2000, 1063; *Burgi,* Die Bedeutung der allgemeinen Vergabegrundsätze Wettbewerb, Transparenz und Gleichbehandlung, NZBau 2008, 29; *Burgi,* Die Vergabe von Dienstleistungskonzessionen: Verfahren, Vergabekriterien, Rechtsschutz, NZBau 2005, 610; *Conrad,* Alte und neue Fragen zu Nebenangeboten, ZfBR 2014, 342; *Dreher,* Doppelmandatierung und Doppelmandate im Kartellvergaberecht, NZBau 2000, 280; *Dreher,* Versicherungsdienstleistungen und Vergaberecht, VersR 2000, 666; *Dreher,* Zur Beteiligung von Versicherungsmaklern bei der Vergabe von Versicherungsdienstleistungen durch die öffentliche Hand, VersR 1999, 1513; *Faber,* Drittschutz bei der Vergabe öffentlicher Aufträge, DÖV 1995, 403; *Freise,* Mindestanforderungen an Nebenangebote – Das „Aus" für Nebenangebote oberhalb der Schwellenwerte?, NZBau 2006, 548; *Gröning,* Die Grundlagen

---

[271] OLG Naumburg Urt. v. 15.11.2011 – 1 U 51/11, NJW-RR 2012, 463; BGH Urt. v. 23.1.2003 – VII ZR 210/01, NJW 2003, 1805; *Reichelt/Keinert* ZfIR 2013, 231 (234).
[272] OLG Jena Urt. v. 10.4.2002 – 7 U 938/01, BauR 2003, 1416; OLG Hamm Urt. v. 10.2.2000 – 21 U 85/98, BauR 2000, 1202; vgl. bereits BGH Urt. v. 14.1.1999 – VII ZR 73/98, BauR 1999, 645; Kapellmann/Messerschmidt/*Schneider* VOB/B § 11 Rn. 130 ff.
[273] Vgl. ausf. dazu *Hafkesbrink/Schoofs* BauR 2010, 133 ff.
[274] BGH Urt. v. 30.3.2006 – VII ZR 44/05, BGHZ 167, 75 (79); OLG Düsseldorf Urt. v. 19.4.2012 – 23 U 150/11, BauR 2012, 1421; MüKoBGB/*Gottwald,* 8. Aufl. 2019, BGB Vor § 339 Rn. 29.
[275] OLG Naumburg Urt. v. 14.2.2013 – 2 U 44/12, NZBau 2013, 580; OLG Düsseldorf Urt. v. 19.4.2012 – 23 U 150/11, BauR 2012, 1421.
[276] BeckOK VOB/B/*Oberhauser,* 44. Ed. 30.4.2021, VOB/B § 11 Abs. 2 Rn. 14.
[277] Immenga/Mestmäcker/*Fuchs* Art. 102 AEUV Rn. 84; *Wolf* in Band2 → 3. Aufl. 2020, § 19 Rn. 20, 35 f.

des neuen Vergaberechtsschutzes, ZIP 1999, 52; *Haratsch/Koenig/Pechstein,* Europarecht, 6. Aufl. 2009; *Hermes,* Gleichheit durch Verfahren bei der staatlichen Auftragsvergabe, JZ 1997, 909; *Horn,* Projektantenstatus im VOF-Verfahren?, NZBau 2005, 28; *Huber,* Der Schutz des Bieters im öffentlichen Auftragswesen unterhalb der sog. Schwellenwerte, JZ 2000, 877; *Jaeger,* Die ersten OLG-Entscheidungen zum neuen GWB-Vergaberecht, Jahrbuch Baurecht 2000, 134; *Jennert/Werner,* Die Teststellung im Vergabeverfahren, VergabeR 2016, 174; *Jestaedt/Kemper/Marx/Prieß,* Das Recht der Auftragsvergabe, 1999; *Kirch,* Mitwirkungsverbote in Vergabeverfahren, 2004; *Koenig/Haratsch,* Grundzüge des deutschen und des europäischen Vergaberechts, NJW 2003, 2637; *Koenig/Kühling,* Diskriminierungsfreiheit, Transparenz und Wettbewerbsoffenheit des Ausschreibungsverfahrens – Konvergenz von EG-Beihilfenrecht und Vergaberecht, NVwZ 2003, 779; *Körner,* Die Projektantenproblematik im öffentlichen Beschaffungswesen, 2012; *Konrad,* Das Ende so genannter Spekulationsangebote bei öffentlichen Ausschreibungen nach der VOB/A, NZBau 2004, 524; *Kulartz/Niebuhr,* Sachlicher Anwendungsbereich und wesentliche Grundsätze des materiellen GWB-Vergaberechts – OLG Brandenburg, „Flughafen Berlin-Schönefeld" und die Folgen, NZBau 2000, 6; *Kus,* Der Auftraggeber gibt die Spielregeln vor, NZBau 2004, 425; *Leinemann/Kirch,* Der Angriff auf die Kalkulationsfreiheit – Die systematische Verdrehung der BGH-Entscheidung zur „Mischkalkulation", VergabeR 2005, 563; *Leinemann,* Die Vergabe öffentlicher Aufträge, 4. Aufl. 2007; *Leinemann,* Umgang mit Spekulationspreisen, Dumpingangeboten und Mischkalkulation, VergabeR 2008, 346; *Malmendier,* Vergaberecht, quo vadis? – Ausblicke nach der „Alcatel-Entscheidung" des EuGH und der „Flughafenentscheidung" des OLG Brandenburg, DVBl 2000, 963; *Marbach,* Nebenangebote und Änderungsvorschläge im Bauvergabe- und Vertragsrecht unter Berücksichtigung der VOB Ausgabe 2000, BauR 2000, 1643; *Maunz/Dürig,* Grundgesetz – Kommentar, 53. Aufl. 2008; *Michel,* Die Projektantenregelung des ÖPP-Beschleunigungsgesetzes – Ein Reparaturfall im „Reparaturgesetz"?, NZBau 2006, 689; *Müller-Wrede,* Die Behandlung von Mischkalkulationen unter besonderer Berücksichtigung der Darlegungs- und Beweislast, NZBau 2006, 73; *Opitz,* Nebenangebote und Änderungsvorschläge; Mindestanforderungen; Zuschlagskriterien, VergabeR 2004, 54; *Pietzcker,* Vergaberechtliche Sanktionen und Grundrechte, NZBau 2003, 242; *Prieß,* Die Leistungsbeschreibung – Kernstück des Vergabeverfahrens (Teil 2), NZBau 2004, 87; *Quardt,* Neutralitätspflicht des öffentlichen Auftraggebers – Zulässigkeit von „Doppelmandaten"?, BB 1999, 1940; *Reuber,* Versicherungsmakler im Vergabeverfahren, VergabeR 2002, 655; *Scharf/Schütte,* Fehlende Angebotsunterlagen im Bau- und Dienstleistungsbereich, VergabeR 2005, 448; *Schaller,* Ein wichtiges Instrument der Mittelstandsförderung – Die Losteilung bei öffentlichen Aufträgen, ZfBR 2008, 142; *Stern,* Das Staatsrecht der Bundesrepublik Deutschland Band III/1: Allgemeine Lehren der Grundrechte, 1988; *Streinz,* Europarecht, 8. Aufl. 2008; *Thormann,* Die Wertung von Spekulationsangeboten nach § 25 VOB/A, BauR 2000, 953; *Wagner/Steinkämper,* Bedingungen für die Berücksichtigung von Nebenangeboten und Änderungsvorschlägen, NZBau 2004, 253; *Waldner,* Bieterschutz im Vergaberecht unter Berücksichtigung der europäischen Vorgaben, 1999; *Werber,* Veränderte rechtliche Rahmenbedingungen für die Mitwirkung des Versicherungsmaklers an Verfahren zur Vergabe von Versicherungsdienstleistungen, VersR 2008, 1026. Vgl. auch das Schrifttum vor Abs. 1.

I. Normzweck

54   Nach dem um die Grundsätze der Wirtschaftlichkeit und der Verhältnismäßigkeit ergänzten Wettbewerbs- und dem Transparenzgrundsatz in Abs. 1 wird in Abs. 2 als weiterer, **zentraler Grundsatz** des Vergaberechts der **Gleichbehandlungsgrundsatz** normiert. Er gilt für die öffentlichen Auftraggeber als ein für alle Vergabeverfahren verpflichtender Grundsatz,[278] der bei der Entscheidung über die Inhouse-Vergabe zu berücksichtigen ist.[279] Der Gleichbehandlungsgrundsatz zählt ebenso wie der Wettbewerbs- und der Transparenzgrundsatz zu den Maximen[280] des deutschen Vergaberechts. Diese drei Grundsätze sind eng miteinander verwoben. Sie stehen dabei nicht in einem Rangverhältnis, sondern sie bedingen sich gegenseitig. Die Aufnahme des Gleichbehandlungsgrundsatzes in die Zentralnorm des deutschen Vergaberechts ist Ausdruck des gesetzgeberischen Willens, ihm gesetzessystematisch einen besonderen Stellenwert zu verleihen und ihm damit eine weit reichende Aufmerksamkeit zu sichern, die der hohen Bedeutung, die ihm der Gesetzgeber beimisst, entspricht.[281] Bei dem Gleichbehandlungsgrundsatz handelt es sich um eine Vorgabe, die für alle Beteiligten an Vergabeverfahren gilt und der Auslegung von Vergaberegeln eine Zielorientierung in Richtung Gleichbehandlung gibt.[282] Er ist mithin **Auslegungsdirektive**[283] und bestimmt die Anwendung und Auslegung der vergaberechtlichen Vorschriften des GWB sowie des ergänzenden untergesetzlichen Vergaberechts. § 2 EU Abs. 2 VOB/A greift den Regelungsgehalt des Abs. 2 nahezu wortidentisch auf. Darüber hinaus

---

[278]   S. auch EuGH Urt. v. 11.12.2014 – C-113/13, NZBau 2015, 377 Rn. 45 ff. – Spezzino.

[279]   EuGH Urt. v. 3.10.2019 – C-285/18, NZBau 2020, 173 – Kauno miesto savivaldybė/Kauno miesto savivaldybės administracija; EuGH Urt. v. 28.5.2020 – C-796/18, NZBau 2020, 461 Rn. 63 ff. – Informatikgesellschaft für Software-Entwicklung.

[280]   *Kulartz/Niebuhr* NZBau 2000, 6 (10); *Koenig/Kühling* NVwZ 2003, 779 (780); *Gröning* ZIP 1999, 52 (54); *Boesen* Rn. 1; vgl. zur Ökonomik dieses Grundsatzes *Kirchner* VergabeR 2010, 725 (730).

[281]   BT-Drs. 13/9340, 13 f.

[282]   *Burgi* NZBau 2008, 29 (32).

[283]   *Boesen* Rn. 4; *Burgi* NZBau 2008, 29 (32); s. auch *Waldner,* Bieterschutz im Vergaberecht unter Berücksichtigung der europäischen Vorgaben, 1999, 96; *Aicher* in Müller-Wrede Kompendium VergabeR Kap. 12 Rn. 17.

ist der Gleichbehandlungsgrundsatz als **subjektives Recht** iSd Abs. 6 anzusehen,[284] sodass ein Bieter bei einem Verstoß gegen den Gleichbehandlungsgrundsatz durch den Auftraggeber Primärrechtsschutz vor den Vergabekammern und Vergabesenaten der Oberlandesgerichte sowie Sekundärrechtsschutz vor den ordentlichen Gerichten geltend machen kann.

II. Entstehungsgeschichte

Der Gleichbehandlungsgrundsatz ist als **traditionelles Prinzip** des in den früheren Verdingungsordnungen geregelten deutschen Vergaberechts bereits seit jeher als Grundregel verankert gewesen. Grundlage des Gleichbehandlungsgrundsatzes ist im deutschen Recht die verfassungsrechtliche Vorgabe des Art. 3 Abs. 1 GG.[285] Er gebietet die Gleichbehandlung aller beteiligten Bieter im Vergabeverfahren durch die öffentlichen Auftraggeber. 55

Mit der Beeinflussung des (nationalen) Vergaberechts durch das EU-Recht spielt das **unionsrechtliche Diskriminierungsverbot** eine zentrale Rolle. Das Diskriminierungsverbot stellt die Kehrseite des Gleichbehandlungsgrundsatzes dar, sodass beide Ausdrücke synonym verwendet werden können. Seine Verankerung findet es neben Art. 18 AEUV vor allem in den **Grundfreiheiten**. Diese haben das Ziel, den freien Verkehr von Waren, Dienstleistungen und Kapital sowie die Freizügigkeit von Personen und Unternehmen innerhalb der EU zu gewährleisten und tragen damit im Ergebnis auch zum Schutz der in der EU niedergelassenen Wirtschaftsteilnehmer bei, die an der öffentlichen Auftragsvergabe in anderen Mitgliedstaaten teilhaben wollen.[286] Der Grundsatz der Gleichbehandlung hat erst in Art. 2 Vergabe-RL 2004 (= RL 2004/18/EG) ausdrücklichen Eingang in die Vergaberechtsrichtlinien gefunden. Allerdings hatte der EuGH bereits 1993 einen **allgemeinen Grundsatz der Gleichbehandlung mit Blick auf die Vergaberechtsrichtlinien** herausgearbeitet, der nach Auffassung des Gerichtshofes aus dem Wesen der Vergaberichtlinien folge.[287] 56

III. Verhältnis des Gleichbehandlungsgrundsatzes zu Wettbewerbsgrundsatz und Transparenzgrundsatz

Die Grundsätze des Wettbewerbs, der Transparenz und der Gleichbehandlung **bedingen sich gegenseitig**. So gewährleistet der Transparenzgrundsatz die Einhaltung des Gleichbehandlungsgrundsatzes.[288] Der Transparenzgrundsatz ist damit gleichsam die **logische Fortsetzung** des Gleichbehandlungsgrundsatzes, da dieser eine Verpflichtung zur Transparenz einschließt, die es ermöglicht, die Beachtung des Gleichbehandlungsgrundsatzes zu überprüfen.[289] Er soll somit sicherstellen, dass das Vergabeverfahren unter Beachtung des Diskriminierungsverbotes abläuft.[290] Ein Spannungsverhältnis zwischen Transparenz- und Gleichbehandlungsgrundsatz besteht daher nicht. 57

Der Gleichbehandlungsgrundsatz ist gleichzeitig auch dem Wettbewerbsgrundsatz zur Seite gestellt und dient dessen Umsetzung.[291] Das Ziel eines Systems unverfälschten Wettbewerbs kann nämlich nur dann verwirklicht werden, wenn keiner der Teilnehmer aus nicht offen gelegten Gründen benachteiligt wird.[292] Der **Gleichbehandlungsgrundsatz grenzt den Wettbewerbsgrundsatz jedoch zugleich auch teilweise ein.** Deutlich wird dies in dem Nachverhandlungsverbot für die öffentlichen Auftraggeber mit einzelnen Bietern. Auch das Verbot der Berücksichtigung von nach Ablauf der Angebotsfrist eingereichten günstigeren Angeboten ist aus Gründen der Gleichbehandlung nicht zulässig und stellt damit eine Einschränkung des Wettbewerbsgrundsatzes durch das Gleichbehandlungsgebot dar. 58

---

[284] Langen/Bunte/*Wagner* Rn. 104; Byok/Jaeger/*Kau* Rn. 159; *Boesen* Rn. 197; Loewenheim/Meessen/Riesenkampff/*Bungenberg*, 2. Aufl. 2009, Rn. 72; Immenga/Mestmäcker/*Dreher* Rn. 245; *Gröning* ZIP 1999, 52 (54); *Burgi* NZBau 2008, 29.

[285] *Boesen* Einl. Rn. 86, 90 ff., § 97 Rn. 30, 40; Byok/Jaeger/*Kau* Rn. 40, 47; Reidt/Stickler/Glahs/*Stickler* Rn. 8; Ziekow/Völlink/*Ziekow* Rn. 18 f.; *Burgi* NZBau 2008, 29 (31); *Pietzcker* NZBau 2003, 242 (243); s. auch BVerfG Beschl. v. 13.6.2006 – 1 BvR 1160/03, BVerfGE 116, 135 = NZBau 2006, 791.

[286] EuGH Urt. v. 3.10.2000 – C-380/98, Slg. 2000, I-8035 Rn. 16 = NZBau 2001, 218 – University of Cambridge.

[287] EuGH Urt. v. 22.6.1993 – C-243/89, Slg. 1993, I-3353 Rn. 33 = EuZW 1993, 607 – Kommission/Dänemark.

[288] EuGH Urt. v. 11.12.2014 – C-113/13, NZBau 2015, 377 Rn. 52 – Spezzino; EuGH Urt. v. 16.4.2015 – C-278/14, NZBau 2015, 383 – SC Enterprise Focused Solutions; EuGH Urt. v. 28.1.2016 – C-50/14, NZBau 2016, 177 Rn. 56 – CASTA.

[289] EuGH Urt. v. 12.12.2002 – C-470/99, Slg. 2002, I-11617 Rn. 91 f. = EuZW 2003, 147 – Universale Bau; *Aicher* in Müller-Wrede Kompendium VergabeR Kap. 12 Rn. 25.

[290] *Koenig/Haratsch* NJW 2003, 2637 (2638); *Boesen* Rn. 16.

[291] Vgl. EuGH Urt. v. 10.10.2013 – C-336/12, NZBau 2013, 783 Rn. 28 f. – Manova.

[292] *Gröning* ZIP 1999, 52 (54); vgl. auch HK-VergabeR/*Fehling* Rn. 7.

59 Der Gleichbehandlungsgrundsatz wird seinerseits wiederum **von den Vorgaben des Abs. 4 relativiert.** Diese ursprünglich vom Bundesrat durchgesetzte Bestimmung legt fest, dass mittelständische Interessen angemessen zu berücksichtigen sind. Dies soll vornehmlich durch eine Teilung der Aufträge in Fach- und Teillose geschehen.[293] Im Einzelnen führt diese Vorgabe zu erheblichen Schwierigkeiten und stellt einen **Systembruch** dar. Ungeachtet dessen war ausweislich Erwägungsgrund 2 RL 2014/24/EU die Erleichterung der Teilnahme kleiner und mittlerer Unternehmen (KMU) an öffentlichen Vergabeverfahren auch eines der Ziele der Novellierung der Vergaberichtlinien, die dem GWB-Vergaberecht idF des Vergaberechtsmodernisierungsgesetzes zugrunde liegen.

IV. Gegenstand des Gleichbehandlungsgrundsatzes

60 **1. Allgemeines und Bedeutung.** Abs. 2 begründet die Verpflichtung der öffentlichen Auftraggeber, alle Bieter im Vergabeverfahren grundsätzlich gleich zu behandeln. Er dient damit der Sicherstellung der **Chancengleichheit** aller Bieter auf Beteiligung am Vergabeverfahren und bei der Zuschlagserteilung, und zwar grundsätzlich unabhängig von ihrer Staatsangehörigkeit, ihrem Geschlecht, ihrer Religion, ihrem Alter oder anderer Differenzierungskriterien, die keinen unmittelbaren objektiven Bezug zu dem ausgeschriebenen Auftrag haben. Im Einzelnen verlangt Abs. 2 eine Gleichbehandlung aller potenziellen Bieter durch die diskriminierungsfreie Anwendung und Auslegung der Vergaberegeln durch die öffentlichen Auftraggeber.[294] So verbietet der Gleichbehandlungsgrundsatz generell wie auch in Bezug auf die Vergabeunterlagen „der Vergabestelle im Wesentlichen gleich gelagerte Sachverhalte willkürlich ungleich und wesentlich ungleiche Sachverhalte willkürlich gleich zu behandeln".[295] Entsprechend darf auch der **Zuschlag nicht willkürlich erteilt** werden, sondern muss anhand vorher festgelegter objektiver Kriterien erfolgen.[296] Diese Kriterien müssen wiederum in einem angemessenen Verhältnis zu der damit verfolgten Zielsetzung stehen.[297] Dabei verstoßen unterschiedliche Vergabebedingungen (konkret: hinsichtlich des Strompreises bei batteriebetriebenen Fahrzeugen einerseits und wasserstoffbetriebenen Fahrzeugen andererseits) nicht gegen das vergaberechtliche Diskriminierungsverbot, „wenn insoweit unterschiedliche Sachverhalte (einerseits Stromeinsatz zur Batterieauflagung, andererseits Stromeinsatz zur Wasserstoff-Herstellung) zugrunde liegen".[298] Das Gleichbehandlungsgebot erfordert mithin ein nach objektiven Maßstäben gerecht und **fair gestaltetes Vergabeverfahren.**[299] Es begründet damit aber keineswegs eine Pflicht der öffentlichen Auftraggeber, von vornherein und unabhängig von dem Bietverfahren bestehende Wettbewerbsvorteile oder -nachteile der jeweiligen Bieter durch die Gestaltung der Vergabeunterlagen auszugleichen.[300] Insbesondere dürfen qualitative Anforderungen im Wertungsschema verwendet werden.[301] Auch steht es im Falle einer Losvergabe nicht einer Bewertung verschiedener Lose durch unterschiedliche Gremien entgegen.[302]

61 Das Gleichbehandlungsgebot gilt **für alle Bieter des Vergabeverfahrens.** Im Gegensatz zu den Grundfreiheiten und dem allgemeinen Diskriminierungsverbot des EU-Rechts, die nur bei grenzüberschreitendem Bezug einschlägig sind,[303] verbietet der Gleichbehandlungsgrundsatz des Abs. 2 auch die Diskriminierung inländischer Bewerber. Er gilt **unabhängig von der Staatsangehörigkeit der Bieter,** sodass neben Unionsbürgern auch Bieter aus Drittstaaten von seinem Schutz erfasst sind.[304] Die im Vorentwurf zum Vergaberechtsänderungsgesetz vorgesehene Formulierung, dass kein Angebot auf Grund des Sitzes des Unternehmens, für das es abgegeben werde, benachteiligt oder ausgeschlossen werden dürfe, ist aus Befürchtungen einer reziprozitätslosen Gleichstellung von Drittstaatenunternehmen, die sich nicht im Anwendungsbereich des EU-Rechts befinden, nicht

---

[293] OLG Düsseldorf Beschl. v. 8.9.2004 – VII-Verg 38/04, NZBau 2004, 688; *Schaller* ZfBR 2008, 142.
[294] *Boesen* Rn. 31; *Burgi* NZBau 2008, 29 (34); *Koenig/Kühling* NVwZ 2003, 779 (781); *Koenig/Haratsch* NJW 2003, 2637 (2638).
[295] OLG Düsseldorf Beschl. v. 13.12.2017 – VII-Verg 19/17, NZBau 2018, 242 Rn. 64.
[296] *Willenbruch/Wieddekind/Frenz* Rn. 45.
[297] *Burgi* NZBau 2005, 610 (615).
[298] OLG Schleswig Beschl. v. 13.6.2019 – 54 Verg 2/19, NZBau 2019, 806 Rn. 151 ff.
[299] *Huerkamp*, Gleichbehandlung und Transparenz als gemeinschaftsrechtliche Prinzipien der staatlichen Auftragsvergabe, 2010, 87 ff.; zur Sonderproblematik der Teststellungen *Jennert/Werner* VergabeR 2016, 174 (176 f.).
[300] OLG Naumburg Beschl. v. 5.12.2008 – 1 Verg 9/08, BeckRS 2009, 02589; OLG Koblenz Beschl. v. 5.9.2002 – 1 Verg 2/02, NZBau 2002, 699 (704); BayObLG Beschl. v. 5.11.2002 – Verg 22/02, NZBau 2003, 342.
[301] BGH Beschl. v. 4.4.2017 – X ZB 3/17, NZBau 2017, 366 Rn. 37.
[302] VK Bund Beschl. v. 25.10.2013 – VK 2-90/13, BeckRS 2014, 03530.
[303] Vgl. zur Anwendung des europarechtlichen Gleichbehandlungsgrundsatzes auf inländische Sachverhalte EuGH Urt. v. 30.4.1996 – C-308/93, Slg. 1996, I-2097 = BeckRS 2004, 76215 – Bestuur van de Sociale.
[304] *Reidt/Stickler/Glahs/Stickler* Rn. 9.

C. Gleichbehandlung (Abs. 2)

aufgenommen worden.[305] Im Kern hat sich die Vergaberechtspraxis aber dem Inhalt dieser Formulierung der Gleichbehandlungsklausel angenähert. Der BGH hat klargestellt dass das dem GWB-Vergaberecht zugrunde liegende „Europäische Vergaberecht … (bisher) keine geographischen Einschränkungen für die Beteiligung an Vergabeverfahren [kennt]. Der Zugang zu Vergabeverfahren für Unternehmen aus Drittstaaten wird als gegeben angesehen".[306] Ein dies in Frage stellender Vorschlag der Kommission für eine Verordnung über den Zugang von Waren und Dienstleistungen aus Drittländern zum EU-Binnenmarkt für öffentliche Aufträge und über die Verfahren zur Unterstützung von Verhandlungen über den Zugang von Waren und Dienstleistungen aus der Union zu den Märkten für öffentliche Aufträge von Drittländern[307] hat seit Mai 2016 keine Fortschritte im Gesetzgebungsverfahren gemacht und dürfte in der vorgelegten Fassung als gescheitert anzusehen sein.[308] Unabhängig davon geht der Gleichbehandlungsgrundsatz des deutschen Vergaberechts auch in der Form seines jetzigen Wortlauts **über die Vorgaben des EU-Rechts hinaus.** EU-rechtlich ist dies unbedenklich, da die Vergaberichtlinien nur eine Mindestharmonisierung anstreben und jeder Mitgliedstaat darüber hinaus strengere Vorschriften vorsehen darf, soweit er damit nicht den *effet utile* der Richtlinien verletzt.[309] Auch vor dem Hintergrund des Primärrechts ist ein weitergehender Ansatz des Gleichbehandlungsgrundsatzes im deutschen Vergaberecht solange unbedenklich als er nicht zu einer direkten oder indirekten Diskriminierung oder einer Behinderung von Akteuren aus anderen EU-Mitgliedstaaten führt. Gerade dies ist aber mit einem besonders weit verstandenen Gleichbehandlungsgrundsatz im Vergaberecht nicht der Fall.

Der Gleichbehandlungsgrundsatz ist nicht auf die Zuschlagsentscheidung beschränkt. Vielmehr bezieht er sich auf **alle Phasen des Vergabeverfahrens** von dem Moment der Ausschreibung an.[310] Darüber hinaus ist er bei allen Arten der Vergabe iSd § 119 Abs. 1 anwendbar.[311]

Der Gleichbehandlungsgrundsatz gilt sowohl für das **nicht offene Verfahren** als auch für das **Verhandlungsverfahren,**[312] wie auch im wettbewerblichen Dialog und in der Innovationspartnerschaft. Bei der Auswahl der Teilnehmer für diese Verfahren dürfen deshalb keine Benachteiligungen einzelner Bieter erfolgen. Bei Durchführung eines Teilnahmewettbewerbs gebietet der Gleichbehandlungsgrundsatz, dass die Vergabestelle nur solche Unternehmen zur Angebotsabgabe auffordern darf, die – ggf. nach Aufforderung – einen Teilnahmeantrag gestellt haben.[313] Die Auswahl der Bewerber hat nach sachgerechten Gesichtspunkten zu erfolgen. Der Gleichbehandlungsgrundsatz verpflichtet den öffentlichen Auftraggeber im Verhandlungsverfahren jedoch nicht dazu, Verhandlungen mit allen Bietern bis zur Unterschriftsreife zu führen. Im Hinblick auf die Effizienz des Verfahrens ist ein sukzessiver Ausschluss der weniger wirtschaftlichen Angebote im Verlauf des Verfahrens zulässig,[314] wie dies auch im untergesetzlichen Vergaberecht vorgesehen ist.[315] Um die Chancengleichheit der Bieter zu wahren, müssen die jeweils letzten Angebote der im Verhandlungsverfahren noch verbleibenden Bieter zeitgleich eingeholt werden.[316] Die Unternehmen haben zudem einen Anspruch darauf, dass die Vergabestelle im Teilnahmewettbewerb ihre **Auswahl nach pflichtgemäßem Ermessen** trifft und dabei unter Berücksichtigung des Gleichbehandlungsgrundsatzes alles unterlässt, was zu einer Benachteiligung einzelner Bewerber führen würde.[317]

---

[305] Immenga/Mestmäcker/*Dreher* Rn. 79.
[306] OLG Düsseldorf Beschl. v. 31.5.2017 – VII-Verg 36/16, NZBau 2017, 623 Rn. 25.
[307] COM(2016) 34 final.
[308] S. aber auch die Kommissionsmitteilung „Leitlinien zur Teilnahme von Bietern und Waren aus Drittländern am EU-Beschaffungsmarkt", C(2019) 5494 final.
[309] EuGH Urt. v. 8.4.1976 – C-48/75, Slg. 1976, 497 Rn. 69/73 = BeckEuRS 1976, 53619 – Royer; EuGH Urt. v. 17.6.1999 – C-336/97, Slg. 1999, I-3771 Rn. 19 = BeckRS 2004, 76532 – Kommission/Italien; EuGH Urt. v. 5.7.2007 – C-321/05, Slg. 2007, I-5795 Rn. 41 – Kofoed; EuGH Urt. v. 8.5.2008 – C-491/06, Slg. 2008, I-3339 Rn. 28 = EuZW 2008, 411 – Danske Svineproducenter; vgl. zudem Haratsch/Koenig/*Pechstein* EuropaR Rn. 337; *Huerkamp*, Gleichbehandlung und Transparenz als gemeinschaftsrechtliche Prinzipien der staatlichen Auftragsvergabe, 2010, 18 ff.
[310] EuGH Urt. v. 25.4.1996 – C-87/94, Slg. 1996, I-2043 Rn. 54 = NVwZ 1997, 374 – Wallonische Busse; Byok/Jaeger/*Kau* Rn. 48; HK-VergabeR/*Fehling* Rn. 78; *Brauser-Jung* in RKPP GWB Rn. 67; Loewenheim/Meessen/Riesenkampff/*Bungenberg*, 2. Aufl. 2009, Rn. 22; Jestaedt/Kemper/Marx/Prieß/*Marx*, Das Recht der Auftragsvergabe, 1999, Rn. 1.6.
[311] Byok/Jaeger/*Kau* Rn. 48.
[312] BayObLG Beschl. v. 5.11.2002 – Verg 22/02, NZBau 2003, 342; OLG Frankfurt a. M. Beschl. v. 10.4.2001 – 11 Verg 1/01, NZBau 2002, 161.
[313] *Boesen* Rn. 42.
[314] OLG Frankfurt a. M. Beschl. v. 10.4.2001 – 11 Verg 1/01, NZBau 2002, 161.
[315] Vgl. § 17 Abs. 12, § 18 Abs. 6, § 19 Abs. 5 S. 3 VgV.
[316] KG Beschl. v. 31.5.2000 – Kart Verg 1/00, BeckRS 2000, 09432.
[317] OLG Naumburg Beschl. v. 15.1.2006 – 1 Verg 5/00, ZfBR 2002, 301 (303).

64 Der Gleichbehandlungsgrundsatz erfasst **offene und versteckte Diskriminierungen**. Versteckte Diskriminierungen liegen dann vor, wenn im Rahmen des Vergabeverfahrens Kriterien herangezogen werden, die formal nicht diskriminierend wirken, tatsächlich aber dazu führen, dass bestimmte Bieter den anderen gegenüber benachteiligt werden. Eine solche versteckte Diskriminierung stellt vor allem die Bevorzugung von Unternehmen dar, an denen der Staat beteiligt ist.[318]

65 **2. Einzelausformungen.** Der Grundsatz der Gleichbehandlung verlangt die **diskriminierungsfreie Anwendung und Auslegung** der Vergaberegeln. Dies betrifft die Formulierung der Leistungsbeschreibung, die Inhaltsbestimmung,[319] aber auch die Anwendung von Eignungs- und Zuschlagskriterien.[320] Im Verfahren erforderlich werdende Berichtigungen und Klarstellungen sind gegenüber allen beteiligten Unternehmen vorzunehmen.[321] Die in den Vergaberegeln enthaltenen unbestimmten Rechtsbegriffe sind immer im Lichte des Gleichbehandlungsgrundsatzes auszulegen.

66 Die Bieter müssen sowohl zum Zeitpunkt der Angebotsvorbereitung als auch bei der Angebotsbewertung strikt gleich behandelt werden.[322] Aus diesem Grund sind die öffentlichen Auftraggeber beispielsweise verpflichtet, allen Bietern die gleichen Informationen zur Verfügung zu stellen. Ebenso besteht die Verpflichtung, die Antworten auf Fragen eines einzelnen Bieters allen anderen Bietern zukommen zu lassen.[323] Das Gleichbehandlungsgebot verpflichtet die öffentlichen Auftraggeber darüber hinaus auch, die **Angebote ausländischer Bieter** genauso zu behandeln wie diejenigen inländischer Bieter, weil die Vergaberichtlinien besonders – allerdings nicht ausschließlich – den Zweck verfolgen, eine Bevorzugung einheimischer Bieter zu verhindern.[324] Gleiches gilt für die anderen Differenzierungskriterien. Damit entsteht die Schwierigkeit, das Feld der potenziellen Bieter bereits durch bestimmte Kriterien vorzustrukturieren. Aus praktischer Sicht führt dies – vor allem im Hinblick auf einen erleichterten Arbeitsablauf nach Eingang der Gebote – zu nicht zu unterschätzenden Problemen. Das Gleichbehandlungsgebot bedeutet allerdings nicht, dass die öffentlichen Auftraggeber keine Differenzierungskriterien in die Leistungsbeschreibung, die Inhaltsbestimmung und die Eignungs- und Zuschlagskriterien aufnehmen dürfen. Voraussetzung ist, dass die betreffenden Kriterien auftragsbezogen sind und eine objektive Berechtigung haben, vgl. § 122 Abs. 4 S. 1, und dass sie keine mittelbare Diskriminierung darstellen. Alle Bieter müssen dann entsprechend der gewählten Kriterien gleich behandelt werden. Ein typisches Problem stellen insoweit die **Anforderungen an die Landessprache** dar. Sind die Anforderungen an die Landessprache objektiv für den betreffenden Auftrag erforderlich und werden alle Bieter hinsichtlich des Erfordernisses gleichermaßen behandelt, so stellt dies keinen Verstoß gegen den Gleichbehandlungsgrundsatz dar.

67 Der Grundsatz der Gleichbehandlung gebietet es ferner, dass lediglich solche Angebote gewertet werden, die in jeder sich aus den Ausschreibungsunterlagen ergebenen Hinsicht **vergleichbar** sind.[325] Zudem sind Angebote nur so zu werten, wie sie eingereicht wurden. Der Gleichbehandlungsgrundsatz verbietet damit die Einräumung einer Überarbeitungsmöglichkeit nur eines einzelnen Bieters.[326] Wird einem einzelnen Bieter gleichwohl die Möglichkeit zur Überarbeitung gegeben, so muss diese Möglichkeit auch allen anderen Bietern eingeräumt werden. Es kommt insoweit nicht nur darauf an, dass die übrigen Bieter die Möglichkeit der Überarbeitung als solche haben, sondern ihnen müssen dieselben Fristen und ggf. dieselben (zusätzlichen) Informationen gegeben werden.

68 Keine Diskriminierung liegt hingegen dann vor, wenn der öffentliche Auftraggeber Bieter zu einem Vergabeverfahren zulässt, die **formell und materiell rechtmäßig staatliche Beihilfen** erhalten haben.[327] Es besteht soweit auch keine Verpflichtung der Vergabestelle, die Rechtmäßigkeit der Beihilfen zu überprüfen.[328] Etwas anderes gilt jedoch dann, wenn ein Bieter ein ungewöhnlich

---

[318] Vgl. EuGH Urt. v. 5.12.1989 – C-3/88, Slg. 1989, 4059 = NVwZ 1991, 356 – Kommission/Italien; Immenga/Mestmäcker/*Dreher* Rn. 80.
[319] *Huerkamp*, Gleichbehandlung und Transparenz als gemeinschaftsrechtliche Prinzipien der staatlichen Auftragsvergabe, 2010, 141 ff.; *Burgi* NZBau 2008, 29 (34).
[320] OLG Karlsruhe Beschl. v. 6.2.2007 –17 Verg 5/06, NZBau 2007, 393.
[321] OLG Koblenz Beschl. v. 30.4.2014 – 1 Verg 2/14, VergabeR 2014, 733 (734).
[322] Vgl. EuGH Urt. v. 18.10.2001 – C-19/00, Slg. 2001, I-7725 Rn. 33 = NZBau 2001, 693 – SIAC Construction; EuGH Urt. v. 11.5.2017 – C-131/16, ZfBR 2017, 601 – Archus und Gama.
[323] BGH Urt. v. 26.10.1999 – X ZR 30/98, NZBau 2000, 35.
[324] EuGH Urt. v. 3.10.2000 – C-380/98, Slg. 2000, I-8035 Rn. 16 = NZBau 2001, 218 – University of Cambridge.
[325] BGH Beschl. v. 18.2.2003 – X ZB 43/02, NZBau 2003, 293 (295 f.); BGH Beschl. v. 26.9.2006 – X ZB 14/06, NZBau 2006, 800 (802); ausf. dazu *Huerkamp*, Gleichbehandlung und Transparenz als gemeinschaftsrechtliche Prinzipien der staatlichen Auftragsvergabe, 2010, 226 ff.
[326] VK Bund Beschl. v. 26.8.1999 – VK 2-20/99, NZBau 2000, 398 (400).
[327] BeckOK VergabeR/*Marx* § 97 Abs. 2 Rn. 7.
[328] Reidt/Stickler/Glahs/*Stickler* Rn. 10.

niedriges Angebot abgegeben hat und dieses auf eine Beihilfe zurückzuführen ist. In diesem Fall ist der öffentliche Auftraggeber verpflichtet, vom Bieter einen Nachweis der Rechtmäßigkeit der staatlichen Beihilfen zu verlangen. Kommt der Bieter dieser Forderung innerhalb einer angemessenen Frist nicht nach, hat die Vergabestelle das Angebot gem. § 60 Abs. 4 S. 1 VgV zwingend auszuschließen, da die Zuschlagserteilung an einen Bieter, der einen unionsrechtswidrigen Wettbewerbsvorteil erlangt hat, gegen Unionsrecht verstieße.[329]

Der Gleichbehandlungsgrundsatz verpflichtet die Vergabestellen schließlich immer zu einem **69** gewissen Maß an **Neutralität.** Das bedeutet, dass jede Form der Befangenheit einen Verstoß gegen den Gleichbehandlungsgrundsatz darstellt.[330] Bei der Beurteilung, ob ein Interessenkonflikt vorliegt, etwa durch persönliche, rechtliche oder wirtschaftliche Beziehungen einzelner Bieter, Organmitglieder, Angehöriger oder Tochterunternehmen zum öffentlichen Auftraggeber oder seinen Beratern, ist auf eine Einzelfallbetrachtung abzustellen.[331] Zur Beantwortung der zT nicht ganz einfachen Frage, wer als **nahestehende Person** anzusehen ist, kann auf die Norm des § 138 InsO zurückgegriffen werden.[332] Auch für die Beurteilung der Rechtsfolgen, die der Interessenkonflikt nach sich zieht, ist stets auf den Einzelfall abzustellen. **Zwingende Ausschlussgründe** sind neben solchen Gründen, die nur unter bestimmten Voraussetzungen einen Ausschluss nach sich ziehen müssen, in § 6 VgV bzw. SektVO, § 5 KonzVgV normiert.

3. Verstöße gegen den Gleichbehandlungsgrundsatz. a) Gleichbehandlungswidrige 70 Vergabepraktiken. aa) Bieter mit Wissensvorsprung. In der Vergaberechtspraxis stößt es im Hinblick auf den Gleichbehandlungsgrundsatz immer wieder auf Schwierigkeiten, wenn im Rahmen des Vergabeverfahrens Personen beteiligt sind, die anderen Beteiligten gegenüber einen **tatsächlichen oder unterstellten Wissensvorsprung** haben.[333] In diesen Fällen kann es zu Interessenkonflikten durch die Mitwirkung solcher Personen kommen. Im Wesentlichen sind dabei vier Konstellationen zu unterscheiden: Problematisch ist die persönliche, rechtliche oder wirtschaftliche Verbindung von einzelnen Bietern oder deren Mitarbeitern, Organmitgliedern, Angehörigen oder Tochtergesellschaften zu einer Vergabestelle oder deren Beratern.[334] Insoweit könnte nämlich die Gefahr bestehen, dass solche Bieter einen Vorteil gegenüber anderen Bietern aufgrund besserer Kenntnisse oder wegen etwaiger persönlicher Bindungen haben und dadurch das Gleichbehandlungsgebot verletzt würde. Die Entscheidungspraxis geht grundsätzlich davon aus, dass **nur im Einzelfall entschieden werden kann,** ob ein Interessenkonflikt vorliegt, der einen Verstoß gegen den Gleichheitsgrundsatz zur Folge hat.[335] Personelle, rechtliche oder sonstige Verflechtungen rein tatsächlicher Art stellen nämlich nicht per se einen Verstoß gegen das Gleichbehandlungsgebot dar, weil eine derartige Stellung nicht automatisch den betreffenden Bieter bevorteilt. Vielmehr besteht bei besonderen Verflechtungen des Bieters oder seiner Mitarbeiter mit einer Vergabestelle oder deren Beratern nur die besondere Vermutung, dass eine Besserstellung gegenüber anderen Bietern bestünde.[336] Im Einzelfall muss dann überprüft werden, ob für den Bieter tatsächlich Vorteile entstanden sind, die eine Verletzung des Gleichbehandlungsgebots begründen. Eine solche Verletzung liegt nur dann vor, wenn es sich um einen **schwerwiegenden Fall** handelt. Ein solcher schwerwiegender Fall ist regelmäßig dann anzunehmen, wenn in einem kausalen Zusammenhang zu den Gründen des Interessenkonflikts eine *erhebliche* Wettbewerbsverzerrung nach der Art und dem Umfang des Einflusses auf Seiten der Vergabestelle bei gleichzeitigem Bestehen konkreter und kausaler Beteiligungen anderer Bieter entsteht.[337] Zwar ist in der Rechtsprechung die Auffassung vertreten worden, dass, um dem Neutralitätsgebot zu genügen, Vertragsabschlüsse zwischen Bietern und für die Auftraggeberseite arbeitenden Unternehmen sowie Versuche zur Vertragsanbahnung vergaberechtlich

---

[329] EuGH Urt. v. 23.12.2009 – C-305/08, NZBau 2010, 188 Rn. 33 – CoNISMa; vgl. auch EuGH Urt. v. 18.12.2014 – C-568/13, NZBau 2015, 173 Rn. 39 ff. – Azienda.
[330] Vgl. Loewenheim/Meessen/Riesenkampff/*Bungenberg,* 2. Aufl. 2009, Rn. 25.
[331] S. dazu etwa Immenga/Mestmäcker/*Dreher* Rn. 88 f.
[332] Vgl. dazu *Ehricke* in Kübler/Prütting/Bork InsO – Kommentar zur Insolvenzverordnung, 88. EL Mai 2021, InsO § 138 Rn. 1 ff.
[333] *Kirch,* Mitwirkungsverbote in Vergabeverfahren, 2004; *Noch* VergabeR-HdB B Rn. 325 ff.
[334] Immenga/Mestmäcker/*Dreher* Rn. 88.
[335] VK Bund Beschl. v. 17.4.2000 – 1-5/2000, 15; VK Bund Beschl. v. 14.7.2000 – VK 2-16/00, 23; OLG Brandenburg Beschl. v. 22.5.2007 – VergW 13/06; OLG Stuttgart Beschl. v. 24.3.2000 – 2 Verg 2/99, NZBau 2000, 301; VK Lüneburg Beschl. v. 14.1.2002 – 203-22/01; vgl. auch *Gabriel* NZBau 2010, 225.
[336] Monographisch dazu *v. Münchhausen,* Staatliche Neutralität bei der Vergabe öffentlicher Aufträge, 2010.
[337] Vgl. VK Bund Beschl. v. 17.7.2000 – VK 1-13/00, NZBau 2001, 228; VK Bund Beschl. v. 14.7.2000 – VK 2-16/00, 23; VK Baden-Württemberg Beschl. v. 23.1.2003 – 1 VK 70/02, IBRRS 2003, 0675; VK Lüneburg Beschl. v. 13.12.2000 – 203-VgK-11/00; BayObLG Beschl. v. 20.12.1999 – Verg 8/99, NZBau 2000, 259; anders OLG Düsseldorf Beschl. v. 16.10.2003 – Verg 57/03, VergabeR 2004, 236.

unzulässig seien, ohne dass es auf den Nachweis der tatsächlichen Beeinflussung der Vergabeentscheidung durch diese Umstände ankäme.[338] Eine solche Auffassung ist allerdings mit den Grundsätzen der Rechtssicherheit und der Verhältnismäßigkeit sowie der Berufsfreiheit und der Unternehmerfreiheit der betroffenen Berater unvereinbar.

71 In § 6 VgV und den Parallelbestimmungen hat der Gesetzgeber den Konflikt zwischen einer Nähebeziehung zur Vergabestelle und der Beteiligung am Vergabeverfahren als Bieter durch einen **differenzierten Ansatz** zu lösen versucht.[339] Die Vorschrift schließt bestimmte Personen von der Mitwirkung bei Entscheidungen in Vergabeverfahren aus. Nach § 6 Abs. 1 VgV dürfen „Organmitglieder oder Mitarbeiter des öffentlichen Auftraggebers oder eines im Namen des öffentlichen Auftraggebers handelnden Beschaffungsdienstleisters, bei denen ein Interessenkonflikt besteht, ... in einem Vergabeverfahren nicht mitwirken". Ein solcher Interessenkonflikt besteht gem. § 6 Abs. 2 VgV „für Personen, die an der Durchführung des Vergabeverfahrens beteiligt sind oder Einfluss auf den Ausgang eines Vergabeverfahrens nehmen können und die ein direktes oder indirektes finanzielles, wirtschaftliches oder persönliches Interesse haben, das ihre Unparteilichkeit und Unabhängigkeit im Rahmen des Vergabeverfahrens beeinträchtigen könnte". Ein solches wird vermutet, wenn bei Personen auf Bewerber- bzw. Bieterseite und auf der Auftraggeberseite Personenidentität besteht (§ 6 Abs. 3 Nr. 1 VgV), in den Fällen der **Doppelberatung, Doppelunterstützung** und der **Doppelvertretung** sowohl des Auftraggebers bzw. eines von ihm Beauftragten als auch eines Bewerbers oder Bieters (§ 16 Abs. 3 Nr. 2 VgV) oder bei sonstigen qualifizierten geschäftlichen Verbindungen (§ 16 Abs. 3 Nr. 3 VgV).[340] Gleichgestellt sind gem. § 6 Abs. 4 VgV Personen, deren Angehörige diese Voraussetzungen erfüllen.

72 **bb) Bieter als früherer Auftragnehmer.** Ein Verstoß gegen den Gleichbehandlungsgrundsatz könnte auch darin bestehen, dass einzelne Bieter aus ihrer Stellung als **früherer Auftragnehmer** Wettbewerbsvorsprünge im Vergabeverfahren haben.[341] Aufgrund ihrer früheren Beauftragung kennen Bieter nicht selten die Voraussetzungen und die Durchführung des Auftrags, der im Rahmen des Vergabeverfahrens vergeben werden soll, besser als die Mitbewerber. Es könnte sich daher die Frage stellen, ob Auftragnehmer aus vorangegangenen Vergabeverfahren für weitere Verfahren (zumindest zeitweise) ausgeschlossen oder beschränkt werden müssen.[342] Dagegen spricht allerdings, dass allein aus dem **Wissensvorsprung** noch keine Besserstellung im Wettbewerb folgt. Der Gleichbehandlungsgrundsatz soll bewirken, dass alle Bieter **die gleichen „Startbedingungen"** im Wettbewerb haben; vergaberechtswidrig ist nur die Verletzung des Gleichstellungsgebots, wenn damit auch ein Wettbewerbsvorsprung des betreffenden Bieters einhergeht. Dies ist bei der Beteiligung von früheren Auftragnehmern in neuen Verfahren des alten Auftraggebers aber nicht notwendigerweise der Fall. Zudem ist es systemimmanent, dass derjenige, der bereits früher einen Auftrag erhalten hat, im Gegensatz zu seinen Wettbewerbern weiß, zu welchen Kosten er die ausgeschriebene Dienstleistung zu erbringen hat.[343] Überdies wäre es im Gegenteil gleichbehandlungsgebotswidrig, einen Bieter nur deshalb nicht in einem Verfahren zuzulassen, weil er bereits in einem anderen Verfahren desselben Auftraggebers erfolgreich gewesen ist. Das würde eine Situation schaffen, in der wirtschaftlich potentiell gute oder sonst besonders geeignete Bieter von vornherein ausgeschlossen wären, an weiteren Verfahren desselben Auftraggebers teilzunehmen. Eine solche Folge wäre ökonomisch unsinnig und mit dem Ziel des Vergabeverfahrens, ein wettbewerbsanaloges Ergebnis zu erzielen, nicht vereinbar. Zudem könnte ein solcher Ansatz in manchen Bereichen dazu führen, dass ein Auftraggeber, der häufiger Aufträge der gleichen Art zu vergeben hat, keine Bieter mehr findet, weil es möglicherweise auf diesem – typischerweise spezialisierten – Gebiet nur eine sehr beschränkte Anzahl an Bietern gibt. Vor diesem Hintergrund ist es auch überzeugend, wenn deutsche Vergabekammern annehmen, besondere Rechtskenntnisse der bisherigen Auftragnehmer seien nicht per se wettbewerbswidrig. Damit sind Auftraggeber auch nicht verpflichtet, unabhängig von der konkreten Ausschreibung bestehende Wettbewerbsvorteile und -nachteile potentieller Bieter durch die Gestaltung der Vergabeunterlagen auszugleichen.[344]

73 **cc) Bieter als Projektant.** Besonders problematisch ist vor dem Hintergrund des Gleichbehandlungsgebots die Frage, wie **Projektanten** an der Ausschreibung im Vergabeverfahren zu beteili-

---

[338] OLG Brandenburg Beschl. v. 3.8.1999 – 6 Urg 1/99, NVersZ 1999, 1142.
[339] Kapellmann/Messerschmidt/*Schneider* VgV § 16 Rn. 1 ff.
[340] Zur Beteiligung von Objektgesellschaften an Vergabeverfahren s. *Burbulla* NZBau 2010, 145.
[341] Vgl. Immenga/Mestmäcker/*Dreher* Rn. 81; *Ehrig* VergabeR 2010, 11.
[342] Dazu BayObLG Beschl. v. 5.11.2002 – Verg 22/02, NZBau 2003, 342 = VergabeR 2003, 186; Immenga/Mestmäcker/*Dreher* Rn. 81 f.
[343] EuGH Urt. v. 25.1.2001 – C-172/99, Slg. 2001, I-745 Rn. 24 = NZBau 2001, 221 – Oy Liikenne.
[344] BayObLG Beschl. v. 5.11.2002 – Verg 22/02, NZBau 2003, 342 = VergabeR 2003, 186; ähnlich OLG Düsseldorf Beschl. v. 9.2.2009 – VII-Verg 66/08, BeckRS 2009, 11172.

C. Gleichbehandlung (Abs. 2) 74, 75 § 97 GWB

gen sind.³⁴⁵ Projektanten sind Unternehmen, die eine Vergabestelle bei der Vorbereitung einer Ausschreibung beraten oder in sonstiger Weise unterstützt haben.³⁴⁶ Wenn diese Unternehmen oder Unternehmen, die mit ihnen verbunden sind, oder Unternehmen, die in ähnlicher Weise vorbefasst sind, an einer Ausschreibung teilnehmen, ist fraglich, ob diese von dem Vergabeverfahren ausgeschlossen werden müssen.³⁴⁷ Die enge Verknüpfung der einzelnen Vergaberechtsprinzipien untereinander zeigt sich im Hinblick auf die Projektantenproblematik insbesondere darin, dass ein etwaiger **Ausschluss von Projektanten** auch als Verstoß gegen das Wettbewerbsprinzip diskutiert wird (→ Rn. 13). Speziell vor dem Hintergrund des Gleichbehandlungsgebots entsteht indes die Frage, ob ein Projektant aufgrund seiner Vorkenntnisse oder im Hinblick auf etwaige Kostenvorteile aus seiner Vorbefassung solche Vorteile gegenüber den anderen Bietern hat, dass ein diskriminierungsfreies Vergabeverfahren nicht mehr gewährleistet ist.³⁴⁸

Auf Grundlage der Rechtsprechung des EuGH dürfen Projektanten nicht per se ausgeschlossen 74 werden, sondern müssen die Möglichkeit haben, nachzuweisen, dass ihre Beteiligung aufgrund der Umstände des Einzelfalls nicht zu einer Wettbewerbsverfälschung führt.³⁴⁹ Korrespondierend sehen § 7 VgV bzw. § 7 SektVO vor, dass der Auftraggeber „angemessene Maßnahmen [ergreift], um sicherzustellen, dass der Wettbewerb durch die Teilnahme dieses Unternehmens nicht verzerrt wird". Vor dem Hintergrund des Gleichbehandlungsgebots kann deshalb – wie auch in § 7 Abs. 2 VgV vorgesehen – **im Einzelfall die Verpflichtung bestehen**, den Informationsvorsprung eines Projektanten durch die Ausgabe von Informationen an alle anderen Bieter oder Bewerber auszugleichen.³⁵⁰ Zudem kann ein Ausgleich auch dadurch erfolgen, dass der öffentliche Auftraggeber gehalten ist, besonders lange Fristen zur Angebotseinrichtung zu setzen, damit die Bieter oder Bewerber die zusätzlichen Informationen, die sie erhalten haben, verwerten und in ihr Angebot einarbeiten können. Problematisch ist insoweit allerdings, dass ein solcher Ausgleich von Wettbewerbsvorsprüngen in der Praxis oft nicht möglich ist. Da nach der Rechtsprechung des EuGH aber ein per se-Ausschluss des Projektanten nicht in Betracht kommt, ist fraglich, wie der Gleichbehandlungsgrundsatz in solchen Fällen gewährleistet werden kann. Ansatzpunkt zur Lösung dieser Problemlage ist die Leitvorgabe des EuGH, dass der Grundsatz der Gleichbehandlung für die Person des Projektanten jedenfalls nicht erfordere, sie in der gleichen Weise zu behandeln, wie jeden anderen Bieter.³⁵¹ Die Beweislast für das Fehlen einer Wettbewerbsverfälschung liegt im Falle der Einbeziehung des Projektanten in das Vergabeverfahren bei dem Projektanten. Daraus ergibt sich, dass es nicht gegen den Gleichheitsgrundsatz verstößt, wenn ihm gem. § 7 Abs. 3 VgV die Möglichkeit eingeräumt wird, **innerhalb einer angemessenen Frist nachzuweisen,** dass durch seine Beteiligung am Vergabeverfahren eine Wettbewerbsverfälschung nicht eintritt. Gelingt ihm dieser Nachweis nicht, besteht für den Auftraggeber die Pflicht, den Projektanten auszuschließen.³⁵² Dies ergibt sich freilich nicht aus § 124 Abs. 1 Nr. 6, weil dieser eine solche Rechtsfolge nicht vorsieht und darüber hinaus auch eine Wettbewerbsverfälschungsvermutung nicht enthält. Grundlage für einen solchen Ansatz ist die durch die Rechtsprechung des EuGH vorgegebene **europarechtskonforme Auslegung des Gleichbehandlungsgebots** in Abs. 2.

dd) Doppelmandatierung und Einschaltung von Versicherungsmaklern. Probleme im 75 Hinblick auf den Gleichbehandlungsgrundsatz haben sich auch im Zusammenhang mit der Doppelmandatierung von Rechtsberatern³⁵³ und bei der Einschaltung von Maklern bei der Vergabe von

---

³⁴⁵ EuGH Urt. v. 3.3.2005 – C-21/03 und C-34/03, Slg. 2005, I-1559 = NZBau 2005, 351 – Fabricom; *Huerkamp*, Gleichbehandlung und Transparenz als gemeinschaftsrechtliche Prinzipien der staatlichen Auftragsvergabe, 2010, 200 ff.; *Behrens* NZBau 2006, 752; *Kupczyk* NZBau 2010, 21; *Diringer* VergabeR Sonderheft 2010, 361; *Horn* NZBau 2005, 28; *Brauser-Jung* in RKPP GWB Rn. 86; Loewenheim/Meessen/Riesenkampff/*Bungenberg*, 2. Aufl. 2009, Rn. 28.
³⁴⁶ Vgl. OLG Düsseldorf Beschl. v. 25.10.2005 – VII Verg 67/05, NZBau 2006, 466; OLG Jena Beschl. v. 8.4.2003 – 6 Verg 9/02, NZBau 2003, 624; s. zudem *Horn* NZBau 2005, 28; *Kulartz/Niebuhr* NZBau 2000, 6 (11); *Müller-Wrede* in Müller-Wrede Kompendium VergabeR Kap. 13 Rn. 4.
³⁴⁷ *Behrens* NZBau 2006, 752; Loewenheim/Meessen/Riesenkampff/*Bungenberg*, 2. Aufl. 2009, Rn. 28.
³⁴⁸ Vgl. Immenga/Mestmäcker/*Dreher* Rn. 83; *Michel* NZBau 2006, 689 (690).
³⁴⁹ EuGH Urt. v. 3.3.2005 – C-21/03 und C-34/03, Slg. 2005, I-1559 Rn. 31, 33 = NZBau 2005, 351 – Fabricom.
³⁵⁰ BT-Drs. 15/5668, 12.
³⁵¹ EuGH Urt. v. 3.3.2005 – C-21/03 und C-34/03, Slg. 2005, I-1559 Rn. 31, 33 f. = NZBau 2005, 351 – Fabricom.
³⁵² Immenga/Mestmäcker/*Dreher* Rn. 85; *Müller-Wrede* in Müller-Wrede Kompendium VergabeR Kap. 13 Rn. 43.
³⁵³ OLG Brandenburg Beschl. v. 3.8.1999 – 6 Verg 1/99, NVwZ 1999, 1142; OLG Stuttgart Beschl. v. 24.3.2000 – 2 Verg 2/99, NZBau 2000, 301; *Kulartz/Niebuhr* NZBau 2000, 6 (10); *Berrisch/Nehl* WuW 2001, 944.

Versicherungsdienstleistungen[354] ergeben. Bezüglich einer Doppelmandatierung regelt § 16 Abs. 3 Nr. 2 VgV aber ein **zwingendes Mitwirkungsverbot** und im Hinblick auf die Einschaltung von Maklern können die **entsprechenden Erwägungen zur Projektantenproblematik** herangezogen werden,[355] da es sich insoweit um eine – zumindest wirtschaftlich – vergleichbare Situation handelt. Interessenkonflikte ergeben sich nämlich vor allem dann, wenn Makler mit einzelnen Versicherungsunternehmen Rahmenverträge haben oder von erfolgreichen Bietern eine Courtage erwarten.

76   **ee) Hersteller- oder markenbezogene Voraussetzungen für die Ausschreibung.** Vor dem Hintergrund einer etwaigen Verletzung des Gleichbehandlungsgrundsatzes sind auch Ausschreibungen problematisch, in denen konkrete hersteller- oder markenbezogene Voraussetzungen enthalten sind.[356] Insbesondere die **Vorgabe bestimmter technischer Beschreibungen** in Verbindung mit einer Herstellerangabe kann dann zu einem Verstoß des Gleichbehandlungsgrundsatzes führen, wenn es den Bietern in der Praxis nicht einmal möglich ist, die Gleichwertigkeit eines anderen Systems nachzuweisen.[357] Das in § 31 Abs. 6 VgV normierte grundsätzliche Gebot der produktneutralen Ausschreibung dient insoweit der Verhinderung von Diskriminierungen und Wettbewerbsverfälschungen[358] und damit letztlich der Realisierung des Vergabebinnenmarktes.[359] Nach dem EuGH gilt überdies, dass „[j]e detaillierter … die technischen Spezifikationen sind, desto größer ist die Gefahr, dass die Produkte eines bestimmten Herstellers bevorzugt werden".[360] Es darf daher die „Detailliertheit der … technischen Spezifikationen unter Berücksichtigung des Ermessens, über das der öffentliche Auftraggeber verfügt, um die technischen Spezifikationen nach qualitativen Anforderungen anhand des Auftragsgegenstands festzulegen, nicht dazu führ[en], einen Bieter mittelbar zu begünstigen".[361] Korrespondierend damit hat nach der Rechtsprechung der OLG-Vergabesenate „die Festlegung des Beschaffungsgegenstandes … auf sach- und auftragsbezogenen Gründen zu beruhen … Ist die Festlegung des Beschaffungsbedarfs aufgrund sachlicher und auftragsbezogener Gründe diskriminierungsfrei erfolgt, so ist eine sich hieraus ergebende, wettbewerbsverengende Wirkung grundsätzlich hinzunehmen".[362] Solche „Gründe können vielgestaltig sein und sich zum Beispiel aus der besonderen Aufgabenstellung, aus technischen oder gestalterischen Anforderungen oder auch aus der Nutzung der Sache ergeben. Es genügt, dass sich die Forderung besonderer Merkmale, bezogen auf die Art der zu vergebenden Leistung, (nur) rechtfertigen lässt, womit dem Umstand Rechnung zu tragen ist, dass in die (auch) kaufmännische Entscheidung des Auftraggebers, welche Leistung mit welchen Merkmalen nachgefragt und ausgeschrieben werden soll, in der Regel eine Vielzahl von Erwägungen einfließt, die sich etwa daraus ergeben können, dass sich die auf dem Markt angebotenen Leistungen trotz grundsätzlicher Gleichartigkeit regelmäßig in einer Reihe von Eigenschaften unterscheiden. Eine Differenzierung nach solchen Kriterien, soweit sie auf die Art der zu vergebenden Leistung bezogen sind, kann dem Auftraggeber nicht verwehrt werden".[363] Letztlich sind die vergaberechtlichen Grenzen des Leistungsbestimmungsrechts gewahrt, „sofern die Bestimmung durch den Auftragsgegenstand sachlich gerechtfertigt ist, vom Auftraggeber dafür nachvollziehbare objektive und auftragsbezogene Gründe angegeben worden sind und die Bestimmung folglich willkürfrei getroffen worden ist, solche Gründe tatsächlich vorhanden (festzustellen und notfalls erwiesen) sind, und die Bestimmung andere Wirtschaftsteilnehmer nicht diskriminiert".[364] Im Ergebnis bedeutet dies, dass eine vergaberechtlich unzulässige Diskriminierung bei Vorliegen sachlicher Rechtfertigungsgründe grundsätzlich ausgeschlossen ist.[365] Darauf, ob Anforderungen erforderlich oder zweckmäßig sind, kommt es nicht an.[366]

---

[354] OLG Düsseldorf Beschl. v. 18.10.2000 – Verg 3/00, NZBau 2001, 155 = VergabeR 2001, 45; OLG Schleswig Beschl. v. 16.4.2002 – 6 Verg-1/02, ZfBR 2002, 714 = VergabeR 2002, 649; OLG Naumburg Beschl. v. 26.2.2004 – 1 Verg 17/03, ZfBR 2004, 509 = VergabeR 2004, 387; *Boesen* VersR 2000, 1063; *Dreher* VersR 2000, 666; *Reuber* VergabeR 2002, 655; *Werber* VersR 2008, 1026.
[355] *Boesen* VersR 2000, 1063; Immenga/Mestmäcker/*Dreher* Rn. 91.
[356] Vgl. VK Sachsen Beschl. v. 7.2.2003 – 1/SVK/007-03, NJOZ 2003, 2694; Immenga/Mestmäcker/*Dreher* Rn. 94; *Prieß* NZBau 2004, 87 (92); vgl. auch OLG Frankfurt a. M. Beschl. v. 28.10.2003 – 11 Verg 9/03, ZfBR 2004, 486; OLG Saarbrücken Beschl. v. 29.10.2003 – 1 Verg 2/03, NZBau 2004, 117.
[357] VK Halle Urt. v. 21.12.2000 – VK Hal 22/00; VÜA NRW Beschl. v. 10.6.1997 – 1/97.
[358] OLG Karlsruhe Beschl. v. 14.9.2016 – 15 Verg 7/16 Rn. 29.
[359] Vgl. EuGH Urt. v. 10.5.2012 – C-368/10, EuZW 2012, 592 Rn. 62 – Kommission/Niederlande; OLG Düsseldorf Beschl. v. 27.6.2012 – VII-Verg 7/12, ZfBR 2012, 723 (724).
[360] EuGH Urt. v. 25.10.2018 – C-413/17, ZfBR 2019, 494 (497) – Roche Lietuva.
[361] EuGH Urt. v. 25.10.2018 – C-413/17, ZfBR 2019, 494 (498) – Roche Lietuva.
[362] OLG Karlsruhe Beschl. v. 14.9.2016 – 15 Verg 7/16 Rn. 29.
[363] OLG Düsseldorf Beschl. v. 17.2.2010 – VII-Verg 42/09 Rn. 30.
[364] OLG Düsseldorf Beschl. v. 22.5.2013 – VII-Verg 16/12, NZBau 2013, 650 (651).
[365] *Spinzig* VergabeR 2019, 267 (269).
[366] OLG Rostock Beschl. v. 17.7.2019 – 17 Verg 1/19, NZBau 2020, 120 Rn. 47.

C. Gleichbehandlung (Abs. 2) 77, 78 § 97 GWB

ff) Einbeziehung von Nebenangeboten. Gleichfalls gegen den Grundsatz der Gleichbehandlung verstößt die Einbeziehung von Nebenangeboten,[367] wenn solche nicht zugelassen waren.[368] Eine Berücksichtigung derartiger Alternativangebote stellt nämlich eine **Abweichung von der (bindenden) Leistungsbeschreibung** dar. Eine Gleichwertigkeitsprüfung der einzelnen Gebote kann vor dem Hintergrund der Rechtsprechung des EuGH zu den Mindestanforderungen im europäischen Vergaberecht[369] nicht erfolgen. Ein Verstoß gegen den Gleichbehandlungsgrundsatz liegt allerdings dann nicht vor, wenn der Auftraggeber **Nebenangebote ausdrücklich** gem. § 127 Abs. 4 S. 2 **zulässt** oder diese **nur zugelassen werden, wenn auch ein Hauptangebot abgegeben wird.**[370] Durch eine solche Vorgabe kann die Vergabestelle nämlich sicherstellen, dass auf jeden Fall der Leistungsbeschreibung entsprechende Angebote eingehen und das Vergabeverfahren mit Erfolg abgeschlossen werden kann. Ansonsten besteht die Gefahr, dass sämtliche abgegebenen Angebote nicht annehmbar sind. 77

gg) Wertungsausschluss von Angeboten. Problematisch ist die Vereinbarkeit des Ausschlusses von der Wertung von Angeboten mit dem Gleichbehandlungsgebot.[371] Insoweit geht es darum, ob bei einem **Abweichen von den geforderten Eignungskriterien,** der Abgabe von **Spekulationsangeboten**[372] oder der Abgabe von **Mischgeboten**[373] von vornherein ein Ausschluss von der Wertung zu erfolgen hat. Nach der Rechtsprechung des BGH ist ein solcher Ausschluss aus Gründen der Gleichbehandlung hinzunehmen.[374] Diese Rechtsprechung des BGH ist in der Literatur jedoch stark kritisiert[375] und auch in der Rechtsprechung der Oberlandesgerichte zum Teil dergestalt aufgeweicht worden, dass das Fehlen von geforderten Angaben dann nicht zu einem Ausschluss von der Wertung führen soll, wenn dies zumindest praktisch nicht zu einer Wettbewerbsbeeinträchtigung führen kann.[376] In diesem Zusammenhang besteht die **weitergehende Problematik,** ob ein Antragsteller, dessen Angebot aus zwingenden Gründen ausgeschlossen wurde, in einem vergaberechtlichen Nachprüfungsverfahren einen Anspruch darauf hat, dass die Nachprüfungsinstanz Angebote anderer Bieter mit demselben Fehler ebenfalls ausschließt.[377] Zunächst könnte bereits zweifelhaft sein, ob ein solcher Antragsteller überhaupt die **Antragsbefugnis** für ein Nachprüfungsverfahren hat. § 160 Abs. 2 knüpft die Antragsbefugnis zwar nur an das Interesse am Auftrag und die Verletzung in seinen Rechten nach Abs. 6 durch die Nichtbeachtung von Vergabevorschriften. Auch § 161 Abs. 1 S. 2 verlangt lediglich, dass der Antrag ein bestimmtes Begehren beinhalten soll. Mit Blick auf die Effektivität des Rechtsschutzes ist die Zulässigkeit eines derartigen Antrags zu bejahen.[378] Hinsichtlich der Begründetheit ist allerdings zu beachten, dass das Gleichbehandlungsgebot des Abs. 2 **keine Gleichheit im Unrecht** fordert. Zudem trifft die Nachprüfungsinstanzen keine umfassende Nachforschungspflicht auf entsprechende Angebotsfehler bei allen Bietern, sodass auch deshalb ein derartiges Begehren nicht durchdringen könnte. Eine **Ausnahme ist nur dann zu rechtfertigen,** wenn von vornherein alle anderen Angebote zwingend und offensichtlich hätten ausgeschlossen werden müssen. In diesem Fall besteht nämlich die Möglichkeit des Ausgeschlossenen und aller 78

---

[367] Zu sog. Alternativ- oder Nebenangeboten vgl. *Lischka* in Müller-Wrede Kompendium VergabeR Kap. 21 Rn. 96 ff.; *Conrad* ZfBR 2014, 342; *Marbach* BauR 2000, 1643.
[368] *Wagner/Steinkämper* NZBau 2004, 253; *Opitz* VergabeR 2004, 54; *Aicher* in Müller-Wrede Kompendium VergabeR Kap. 9 Rn. 35; Immenga/Mestmäcker/*Dreher* Rn. 98.
[369] EuGH Urt. v. 16.10.2003 – C-421/01, Slg. 2003, I-11985 = NZBau 2004, 279 – Traunfellner; vgl. zudem *Freise* NZBau 2006, 548.
[370] So Immenga/Mestmäcker/*Dreher*, 5. Aufl. 2014, Rn. 104, unter Verweis auf OLG Saarbrücken Urt. v. 24.1.1999 – 5 Verg 1/99, ZVgR 2000, 181.
[371] Loewenheim/Meessen/Riesenkampff/*Bungenberg*, 2. Aufl. 2009, Rn. 27; *Steiner* ELR 2009, 264.
[372] Dazu vgl. *Konrad* NZBau 2004, 524; *Thormann* BauR 2000, 953.
[373] Dazu vgl. *Kus* NZBau 2004, 425 (426); *Leinemann/Kirch* VergabeR 2005, 563; *Leinemann* VergabeR 2008, 346.
[374] BGH Beschl. v. 18.2.2003 – X ZB 43/02, NZBau 2003, 293 (295 f.); vgl. auch den etwas anders gelagerten Fall bei BGH Beschl. v. 26.9.2006 – X ZB 14/06, NZBau 2006, 800.
[375] Vgl. ua *Kus* NZBau 2004, 425; *Konrad* NZBau 2004, 524; *Scharf/Schütte* VergabeR 2005, 448; *Müller-Wrede* NZBau 2006, 73; *Leinemann/Kirch* VergabeR 2005, 563 ff.
[376] Vgl. etwa OLG Frankfurt a. M. Beschl. v. 16.8.2005 – 11 Verg 7/05, NZBau 2006, 259; OLG Frankfurt a. M. Beschl. v. 16.9.2003 – 11 Verg 11/03, ZfBR 2004, 292; OLG Rostock Beschl. v. 15.9.2004 – 17 Verg 4/04, NZBau 2005, 172 = VergabeR 2004, 719.
[377] Immenga/Mestmäcker/*Dreher* Rn. 9.
[378] EuGH Urt. v. 4.7.2013 – C-100/12, NZBau 2013, 589 Rn. 33 – Fastweb; aA zuvor OLG Jena Beschl. v. 11.1.2007 – 9 Verg 9/06, ZfBR 2007, 380 = VergabeR 2007, 207; OLG Koblenz Beschl. v. 9.6.2004 – 1 Verg 4/04, BeckRS 2004, 08946; VK Leipzig Beschl. v. 11.11.2005 – 1-SVK/130/05, BeckRS 2006, 05535; aA OLG Schleswig Beschl. v. 31.3.2006 – 1 Verg 3/06, BeckRS 2006, 07319; offengelassen in BGH Beschl. v. 26.9.2006 – X ZB 14/06, NZBau 2006, 800.

anderen Bieter, sich in einem dann notwendigen neuen Vergabeverfahren erneut zu beteiligen; insoweit würde sich ein Rechtsschutzinteresse bejahen lassen.[379]

79 b) Weitere Verstöße gegen den Gleichbehandlungsgrundsatz im Überblick. Das Gleichbehandlungsgebot ist in der Praxis in einer Vielzahl von weiteren Entscheidungen näher konkretisiert worden. Aus der umfangreichen unionsrechtlichen und deutschen Rechtsprechung haben folgende **Fallgruppen in der Praxis** eine besondere Bedeutung:
- Beschränkung der Teilnahme am Vergabeverfahren auf Unternehmen, die sich überwiegend in der Hand desjenigen Staates befinden, in dem die Vergabe stattfindet oder die Anforderung des Erwerbs einer Niederlassungsgenehmigung von im Ausland niedergelassenen Bietern,[380]
- nachträgliche Verleihung des Bieterstatus für ein Unternehmen, das innerhalb der Angebotsfrist kein Angebot abgegeben hat,[381]
- Beschränkung der Teilnahme am Vergabeverfahren auf inländische Bieter oder Zurückhaltung eines bestimmten Anteils an den zu vergebenen Aufträgen für inländische Bieter;[382] dies gilt auch bezüglich eventueller Nachunternehmer,[383]
- Verpflichtung ausländischer Bieter, ausschließlich oder überwiegend inländische Arbeitskräfte zu beschäftigen,[384]
- Vorschriften, nach denen ausländische Bieter ausschließlich oder überwiegend inländische Produkte[385] oder inländisches Material[386] zu verwenden haben, ohne dass diese Vorschriften mit dem Hinweis „oder gleichwertiger Art" versehen sind,
- Forderung, dass Waren oder Material nationalen Normen entsprechen müssen,[387] ohne dass dem der Zusatz „oder gleichwertig" hinzugefügt ist,[388]
- Forderung nach einer Mitgliedschaft in einem bestimmten Verband,[389]
- verzögerte Bekanntmachung der Ausschreibung in anderen Mitgliedstaaten,
- Forderung, dass ein Teil der Arbeiten durch regionale Subunternehmer ausgeführt werden muss,[390]
- frühere Information eines Unternehmens über die geplante Auftragsvergabe und über kalkulationsrelevante Aspekte,[391]
- Vorenthaltung von Informationen an bestimmte Bieter, die andere Bieter erhalten haben,[392]
- verspätete oder unvollständige Übermittlung von Informationen an einen oder an mehrere Bieter, welche ein anderer Bieter bereits vorher oder vollständig bekommen hat,
- Nichtausschluss eines Bieters vom Vergabeverfahren, obwohl dieser mit Hilfe des öffentlichen Auftraggebers einen Informationsvorsprung erlangt hat, welcher im weiteren Verlauf des Vergabeverfahrens fruchtbar gemacht werden konnte,[393]
- Verlängerung der Angebotsfrist ohne Unterrichtung aller Bieter,[394]
- Nichtausschluss eines verfristeten Angebotes,[395] es sei denn, der öffentliche Auftraggeber oder niemand hat die Verspätung zu vertreten.[396]

---

[379] BGH Beschl. v. 26.9.2006 – X ZB 14/06, NZBau 2006, 800; OLG Düsseldorf Beschl. v. 28.4.2004 – VII-Verg 2/04, NZBau 2004, 400; OLG Düsseldorf Beschl. v. 14.10.2005 – Verg 40/05, NZBau 2006, 525; OLG Düsseldorf Beschl. v. 16.9.2006 – Verg 52/03, VergabeR 2003, 690; OLG Frankfurt a. M.Beschl. v. 23.12.2005 – 11 Verg 13/05, VergabeR 2006, 212; OLG Frankfurt a. M. Beschl. v. 6.3.2006 – 11 Verg 11/05 und 12/05, NJOZ 2006, 4286; OLG Frankfurt a. M. Beschl. v. 21.4.2005 – 69d VK 84/2004, VergabeR 2005, 487.
[380] EuGH Urt. v. 5.12.1989 – C-3/88, Slg. 1989, 1591 Rn. 9 ff. = NVwZ 1991, 356 – Kommission/Italien.
[381] VK Hamburg Beschl. v. 6.5.2014 – Vgk FB 2/14.
[382] EuGH Urt. v. 20.3.1990 – C-21/88, Slg. 1990, I-889 = NVwZ 1991, 1071 – Du Pont de Nemours Italiana.
[383] EuGH Urt. v. 3.6.1992 – C-360/89, Slg. 1992, I-4301 = BeckEuRS 1992, 189961 – Kommission/Italien.
[384] EuGH Urt. v. 12.2.1998 – C-163/96, Slg. 1998, I-533 = EuZW 1998, 254 – Raso.
[385] EuGH Urt. v. 10.2.1982 – C-76/81, Slg. 1982, 417 = BeckEuRS 1982, 97888 – Transporoute.
[386] EuGH Urt. v. 22.6.1993 – C-243/89, Slg. 1993, 3353 Rn. 45 = EuZW 1993, 607 – Kommission/Dänemark.
[387] Vgl. EuGH Urt. v. 22.9.1988 – C-45/87, Slg. 1988, 4929 = BeckEuRS 1988, 142356 – Kommission/Irland.
[388] VK Köln Beschl. v. 3.7.2002 – VK VOL 4/2002, IBRRS 2013, 0954.
[389] VK Bund Beschl. v. 29.5.2008 – VK 2–58/08.
[390] EuGH Urt. v. 3.6.1992 – C-360/89, Slg. 1992, I-4301 Rn. 10 = BeckEuRS 1992, 189961 – Kommission/Italien.
[391] OLG Düsseldorf Beschl. v. 19.6.2013 – VII-Verg 55/12, NZBau 2013, 653 (659).
[392] OLG Düsseldorf Beschl. v. 27.9.2017 – VII-Verg 12/17 Rn. 23; vgl. auch BGH Urt. v. 26.10.1999 – X ZR 30/98, BeckRS 1999, 30079042 = BauR 2000, 254 (255).
[393] VÜA Bund Beschl. v. 24.5.1996 – 1 VU 2/96, WuW 1997, 265.
[394] Vgl. OLG Dresden Beschl. v. 14.4.2000 – WVerg 1/00, BeckRS 2000, 31361816 = BauR 2000, 1591 (1594).
[395] OLG Düsseldorf Beschl. v. 7.1.2002 – Verg 36/01, VergabeR 2002, 169; VK Sachsen Beschl. v. 4.9.2014 – 1/SVK/026-14, BeckRS 2015, 08251.
[396] VK Nordbayern Beschl. v. 1.4.2008 – 21. VK-3194-09/08, IBRRS 2008, 1286.

C. Gleichbehandlung (Abs. 2) §97 GWB

- Verfahrensausschluss eines Bieters aufgrund sachfremder Erwägungen,[397]
- Nichtausschluss eines Angebotes, welches zum Zeitpunkt der Angebotsabgabe nicht die in den Verdingungsunterlagen geforderten Mindestanforderungen erfüllt hat,[398]
- Verwendung von Zuschlagskriterien, die nicht oder nicht hinreichend als solche bekannt gemacht wurden,[399]
- identische Punktevergabe bei der Angebotswertung, wenn das betreffende Wertungskriterium deutlich unterschiedlich erfüllt wurde,[400]
- Verlangen eines tariflichen Mindestlohns,[401]
- Berücksichtigung von angebotenen Skonti, wenn dies zu einer Unterschreitung des Mindestlohns führt,[402]
- uneinheitlicher Umgang mit nicht zweifelsfreien Angeboten,[403]
- unzulässige Nachverhandlungen,[404]
- Fallenlassen eines als Zuschlagskriterium angekündigten Merkmals nach Kenntnisnahme der Angebote,[405] sofern nicht eine Benachteiligung von Bietern hierdurch ausgeschlossen ist,[406]
- Änderung der Verdingungsunterlagen durch die Bieter,[407]
- Nichtausschluss eines nachträglich veränderten Angebots,[408]
- unzulässige Doppelausschreibung,[409]
- Zumessung des Gewichts qualitativer Wertungskriterien einzeln oder in ihrer Gesamtheit in einer sachlich nicht zu rechtfertigenden Weise, weshalb die Annahme naheliegt, dass die Kriterien so ausgestaltet wurden, dass nur ein oder einzelne Unternehmen realistische Aussichten auf den Zuschlag haben, während andere Anbieter trotz Vergabe im offenen Verfahren und objektiv gegebener Eignung von vornherein chancenlos wären,[410]
- Ausschluss eines Bieters, weil seine Rechtsform nicht einer spezifischen Kategorie von juristischen Personen entspricht oder Verlangen des öffentlichen Auftraggebers, zwecks Einreichung eines Angebots eine bestimmte Rechtsform anzunehmen.[411]

4. Beschränkung des Gleichbehandlungsgrundsatzes gem. Abs. 2 Hs. 2. Der Gleichbehandlungsgrundsatz ist auch im Vergabeverfahren **nicht uneingeschränkt** gewährleistet. Eine Benachteiligung ist gem. Abs. 2 Hs. 2 dann zulässig, wenn sie „auf Grund dieses Gesetzes ausdrücklich geboten oder gestattet ist". Eine besonders wichtige Ausnahme dieser Regelung findet sich in Abs. 4, in dem eine **Bevorzugung des Mittelstandes**[412] insbesondere durch Losteilung vorgesehen ist. Auch die Berücksichtigung vergabefremder Kriterien[413] – in moderner Terminologie: **strategischer Aspekte**[414] – gem. § 127 Abs. 3 S. 2 bietet grundsätzlich die Möglichkeit, eine unterschiedliche Behandlung vorzunehmen. Allerdings wird diese Möglichkeit der Ungleichbehandlung im Hinblick auf den Gleichbehandlungsgrundsatz beschränkt. So sind die öffentlichen Auftraggeber auch in diesen Fällen an die verfassungs- und unionsrechtlichen Vorgaben gebunden; die Entscheidungen müssen mithin durch einen sachlichen Grund gerechtfertigt und zugleich verhältnismäßig sein.[415] Schließlich ist auch die sog. „**Drittland-**

---

[397] Vgl. OLG Stuttgart Beschl. v. 18.7.2001 – 1 VK 12/01.
[398] OLG Frankfurt a. M. Beschl. v. 5.3.2014 – 11 Verg 2/14, IBRRS 2014, 1251; OLG Düsseldorf Beschl. v. 7.8.2013 – VII-Verg 15/13, VergabeR 2015, 78; VK Bund Beschl. v. 25.5.2004 – VK 1–51/04, IBRRS 2004, 2440; vgl. auch OLG Jena Beschl. v. 29.8.2008 – 9 Verg 5/08, IBRRS 2013, 0737; zu den Grenzen s. aber EuGH Urt. v. 10.10.2013 – C-336/12, NZBau 2013, 783 Rn. 25 ff. – Manova.
[399] BGH Urt. v. 3.6.2004 – X ZR 30/03, NZBau 2004, 517 (518).
[400] Vgl. OLG Schleswig-Holstein Beschl. v. 20.7.2012 – VK-SH 16/12, IBRRS 2012, 4351.
[401] OLG Hamburg Beschl. v. 4.11.2002 – 1 Verg 3/02, ZfBR 2003, 186.
[402] OLG Frankfurt a. M. Beschl. v. 29.5.2012 – 11 Verg 5/12, IBRRS 2012, 2662.
[403] VK Nordbayern Beschl. v. 10.2.2015 – 21.VK-3194-38/14, IBRRS 2015, 0522.
[404] OLG Saarbrücken Beschl. v. 29.5.2002 – 5 Verg 1/01; vgl. auch EuGH Urt. v. 29.3.2012 – C-599/10, EuZW 2012, 387 Rn. 36 f. – SAG ELV Slovensko.
[405] Vgl. VK Norbayern Beschl. v. 10.12.2009 – 21. VK-3194-53/09, BeckRS 2009, 45833.
[406] OLG Düsseldorf Beschl. v. 27.5.2013 – VII-Verg 9/13 VergabeR 2014, 206 (208 f.).
[407] VK Nordbayern Beschl. v. 15.2.2002 – 320-VK-3194-02/02, BeckRS 2002, 32779.
[408] OLG Düsseldorf Beschl. v. 30.7.2003 – Verg 32/03, BeckRS 9998, 04707 = VergabeR 2003, 687; OLG Jena Beschl. v. 21.1.2015 – 2 Verg 4/14, BeckRS 2015, 02284 = NZBau 2015, 252 (253).
[409] OLG Frankfurt a. M. Beschl. v. 15.7.2008 – 11 Verg 6/08, BeckRS 2008, 20397 = ZfBR 2009, 92.
[410] BGH Beschl. v. 4.4.2017 – X ZB 3/17, NZBau 2017, 366 Rn. 38.
[411] EuGH Urt. v. 18.12.2007 – C-357/06, Slg. 2007, I-12311 = NZBau 2008, 397 – Triuggio.
[412] AA HK-VergabeR/*Fehling* Rn. 83.
[413] So etwa *Ziekow* NZBau 2001, 72.
[414] Vgl. nur KOM(2011) 896 endg., 5, 11; https://www.bmwi.de/Redaktion/DE/Artikel/Wirtschaft/strategische-beschaffung.html (zuletzt abgerufen am 15.8.2021).
[415] Byok/Jaeger/*Kau* Rn. 56.

klausel" des § 55 SektVO ein gesetzlich vorgesehener Grund, aufgrund dessen von dem Gleichbehandlungsgrundsatz abgewichen werden darf. Danach können Sektorenauftraggeber bei Lieferaufträgen Angebote zurückweisen, bei denen mehr als 50% des Gesamtwertes aus Ländern stammt, die nicht Vertragsparteien des Abkommens über den Europäischen Wirtschaftsraum sind und mit denen auch keine sonstigen Vereinbarungen über einen gegenseitigen Marktzugang bestehen. **Nicht zu den Ausnahmevorschriften** zählen die §§ 107 ff., da durch diese Normen lediglich der sachliche Anwendungsbereich des Kartellvergaberechts eingeschränkt wird.

D. Strategische Ziele bei der Vergabe (Abs. 3)

Schrifttum: *Badenhausen-Fähnle,* Die neue Vergabeart der Innovationspartnerschaft – Fünftes Rad am Wagen?, VergabeR 2015, 743; *Bayreuther,* Betriebs-/Beschäftigtenübergang und Tariftreueverlangen nach Neuvergabe eines Dienstleistungsauftrags im ÖPNV, NZA 2014, 1171; *Beck,* Öffentliche Beschaffung von IT-Mitteln (PCs) unter Berücksichtigung sozialer Kriterien, WSI-Diskussionspapier Nr. 183, 2012; *Beneeke,* Nachhaltige Beschaffung als ganzheitlicher Ansatz, VergabeR 2018, 227; *Bonitz,* Die vergaberechtliche Zulässigkeit von Landesmindestlohnvorgaben, NZBau 2016, 418; *Burgi,* Die Förderung sozialer und technischer Innovationen durch das Vergaberecht, NZBau 2011, 577; *Burgi,* Grenzen für Tariftreue-, Mindestentgelt und Quotenregelungen im Landesvergaberecht (vbw-Studie), 2013; *Burgi,* Ökologische und soziale Beschaffung im künftigen Vergaberecht: Kompetenzen, Inhalte, Verhältnismäßigkeit, NZBau 2015, 597; *Burgi,* Der vergaberechtliche Mindestlohn im Fadenkreuz des EuGH – Auf dem Weg zu Rüffert II?, NZA 2014, 695; *Burgi,* Sind die Mindestlohnvorgaben des TVgG NRW für öffentliche Auftragnehmer und deren Nachunternehmer mit dem Unionsrecht vereinbar?, Rechtsgutachten im Auftrag des WSI, 2014; *Evermann,* Soziale Probleme in der IKT-Produktion und Lösungsansätze für eine sozial verantwortliche Beschaffung, in Dachverband Entwicklungspolitik Baden-Württemberg/Werkstatt für Ökonomie (Hrsg.): Nachhaltige IT-Beschaffung: für Umweltschutz & Menschenrechte, 2013, 5; *Faber,* Die verfassungs- und europarechtliche Bewertung von Tariftreue- und Mindestentgeltregelungen in Landesvergabegesetzen – Eine Untersuchung mit besonderer Berücksichtigung des ÖPNV-Sektors, NVwZ 2015, 257; *Figgen,* Freizügigkeit für Dienstleistungen und Nachunternehmer, aber nicht für Mindestlöhne!, Anm. zu EuGH, Urteil vom 18.9.2014 – Rs. C-549/13, IBR 2014, 682; *Forst,* Steht der vergaberechtliche Mindestlohn vor dem Aus?, NJW 2014, 3755; *Funk/Tomerius,* Aktuelle Ansatzpunkte umwelt- und klimaschützender Beschaffung in Kommunen – Überblick und Wege im Dschungel des Vergaberechts, Teil 1, KommJur 2016, 1, Teil 2, KommJur 2016, 47; *Gabriel/Voll,* Das Ende der Inländerdiskriminierung im Vergabe(primär)recht, NZBau 2014, 158; *Germelmann,* Mindestlöhne und ILO-Kernarbeitsnormen: Kernprobleme und Perspektiven sozialer Sekundärziele im Vergaberecht, Teil 1, GewArch 2016, 60, Teil 2, GewArch 2016, 100; *Glaser,* Zwingende soziale Mindeststandards bei der Vergabe öffentlicher Aufträge, 2015; *Gröning,* Die neue Richtlinie für die öffentliche Auftragsvergabe – ein Überblick, VergabeR 2014, 339; *Gyulai-Schmidt,* Vergaberechtliche Gestaltungsmöglichkeiten zur Durchsetzung und Kontrolle nachhaltiger Leistungsvorgaben, VergabeR 2019, 319; *Hattenhauer/Butzert,* Die Etablierung ökologischer, sozialer, innovativer und qualitativer Aspekte im Vergabeverfahren, ZfBR 2017, 129; *von Hauff/Claus,* Fair Trade – Ein Konzept nachhaltigen Handelns, 2012; *Hettich,* Zulässigkeit der Verpflichtungserklärung – ILO-Kernarbeitsnormen als Nachweis im Vergabeverfahren, Behörden Spiegel Mai 2014, 37; *Krajewski,* Kommunaler Menschenrechtsschutz durch Verbote von Grabmalen aus ausbeuterischer Kinderarbeit, DÖV 2014, 721; *Krönke,* Sozial verantwortliche Beschaffung nach dem neuen Vergaberecht, VergabeR 2017, 101; *Jaeger,* Die neue Basisvergaberichtlinie der EU vom 26.2.2014 – ein Überblick, NZBau 2014, 259; *Jauch,* Umweltfreundliche und energieeffiziente Beschaffung bei der Vergabe öffentlicher Aufträge – unter besonderer Berücksichtigung der neuen Landesvergabegesetze, jurisPR-UmwR 2/14 Anm. 1; *Latzel,* Soziale Aspekte bei der Vergabe öffentlicher Aufträge nach der Richtlinie 2014/24/EU, NZBau 2014, 673; *Mager/Ganschow,* Das Aus für den vergabespezifischen Mindestlohn?, NZBau 2015, 79; *McCrudden,* Buying Social Justice – Equality, Government Procurement, & Legal Change, 2007; *Meißner,* Landesvergabegesetze und (k)ein Ende?, ZfBR 2014, 453; *Mohr,* Sozial motivierte Beschaffung nach dem Vergaberechtsmodernisierungsgesetz 2016, EuZA 2017, 23; *Nassibi,* Anm. zu EuGH Urt. v. 18.9.2014 – C549/13, ArbuR 2015, 106; *Neun/Otting,* Die EU-Vergaberechtsreform 2014, EuZW 2014, 446; *Roth/Erben, Scientology-Schutzklausel im Vergaberecht,* NZBau 2013, 409; *Rosenkötter,* Die Innovationspartnerschaft, VergabeR 2016, 196; *Pünder/Klafki,* Rechtsprobleme des Arbeitnehmerschutzes in den neuen Landesvergabegesetzen, NJW 2014, 429; *Rohrmann,* Die Renaissance der Tariftreue – Welche Entwicklungen gibt es, wohin steuern wir?, in Lehmann, Deutsche und europäische Tariflandschaft im Wandel, 2013, 270; *Rohrmann,* Wird Deutschland tariftreu, AuA Sonderausgabe 2013, 48 (50); *Rohrmann/Eiserloh,* Update Tariftreue, AuA 2014, 720; *Sack/Schulten/Sarter/Böhlke,* Öffentliche Auftragsvergabe in Deutschland – Sozial und nachhaltig?, 2016; *Siegel,* Mindestlöhne im Vergaberecht und der EuGH, EuZW 2016, 101; *Siegel,* Wie fair ist das Vergaberecht? Der faire Handel vor dem EuGH VergabeR 2013, 370; *Simon,* Verstößt das Tariftreue- und Vergabegesetz Nordrhein-Westfalen gegen EU-Recht? – Zur Inkohärenz von Tariftreueepflichten und Mindestlohnklauseln im Vergaberecht, RdA 2014, 165; *Summa,* Die Umsetzung der neuen Vergaberichtlinien – ein erster Eindruck, NZBau 2015, 329; *Tugendreich,* Mindestlohnvorgaben im Kontext des Vergaberechts, NZBau 2015, 395; *Zeiss,* Landestariftreue- und Vergabegesetze, VPR 2014, 1; *Ziekow,* Faires Beschaffungswesen in Kommunen und die Kernarbeitsnormen, 5. Aufl. 2016; *Ziekow,* Soziale Aspekte in der Vergabe – Von der „Vergabefremdheit" zur europäischen Regelung –, DÖV 2015, 897; *Zimmer,* Berücksichtigung sozialer Standards im Vergaberecht: Auswirkungen der Revision der Entsenderichtlinie, AuR 2019, 152.

D. Strategische Ziele bei der Vergabe (Abs. 3)

I. Allgemeines

1. Normzweck. Bei der Vergabe öffentlicher Aufträge geht es dem Staat zunächst einmal um die Deckung seines Bedarfs an Bau-, Dienst- und Lieferleistungen. Der Staat kann bei der Auftragsvergabe aber zugleich andere **strategische Ziele**[416] verfolgen und Wirtschaftspolitik betreiben.[417] Die Auftragsvergabe kann insbesondere zur Förderung sozialpolitischer Zielsetzungen genutzt werden, zB um den Anliegen von Menschen mit Behinderung Rechnung zu tragen, Spätaussiedler[418] oder Langzeitarbeitslose in das Erwerbsleben zu integrieren oder durch soziale Mindeststandards Lohndumping zu verhindern. Sie kann der Frauenförderung dienen[419] oder darauf abzielen, auf die Einhaltung der ILO-Kernarbeitsnormen hinzuwirken. Ebenso kann das Beschaffungswesen dazu genutzt werden, ökologischen Belangen Rechnung zu tragen, indem zB erneuerbare Energien, der ökologische Anbau von Lebensmitteln oder nachhaltige Forstwirtschaft gefördert werden. Umweltorientierte Auftragsvergabe (Green Public Procurement, GPP) ist ein wichtiges Instrument zum Erreichen der umweltpolitischen Ziele im Zusammenhang mit dem Klimawandel, der Ressourcennutzung sowie der Nachhaltigkeit in Produktion und Verbrauch, und zwar insbesondere angesichts der Bedeutung der Ausgaben des öffentlichen Sektors für Waren und Dienstleistungen in Europa.[420] Insoweit geht es allgemein um die Einbeziehung von Gemeinwohlbelangen in die staatliche Beschaffungspraxis. Schließlich kann der Staat die öffentliche Auftragsvergabe strategisch dazu nutzen, Forschung und Innovation, einschließlich Öko-Innovation und sozialer Innovation, voranzutreiben. Diese gehören zu den Haupttriebkräften künftigen Wachstums und stehen im Mittelpunkt der Strategie „Europa 2020" für intelligentes, nachhaltiges und integratives Wachstum.[421]

Bei der Verfolgung politischer, namentlich sozialer und ökologischer Zwecke durch die Beschaffungspraxis handelt es sich um eine Steuerung durch mittelbares Einwirken. Der öffentliche Auftraggeber, der die Vergabe mit Lenkungszielen auflädt,[422] setzt einen materiellen Anreiz für die potentiellen Bewerber, ihre Verhaltensweisen den staatlichen Erwartungen anzupassen, ohne dass hierzu eine allgemeine Rechtspflicht bestünde.[423] Der Staat nimmt somit – ähnlich wie dies im Steuerrecht und im Subventionsrecht der Fall ist – durch ein **Anreizsystem**[424] auf die Willensbildung der potentiellen Bewerber Einfluss. Die große Nachfragemacht des öffentlichen (steuerfinanzierten) Auftraggebers erweist sich insofern als effektives Steuerungsmittel.[425]

Kritiker der Politisierung der Auftragsvergabe bemängeln insbesondere die hiermit einhergehenden Verteuerungseffekte, welche Kommunen und Steuerzahler belasten und mit dem Sparsamkeitsgebot des § 61 HGrG in Konflikt stehen.[426] Problematisch sei ferner die Tendenz einer strategischen Auftragsvergabe, kleine und mittlere Unternehmen mit ihren komplexen Anwendungsvoraussetzungen zu überfordern und hierdurch größere Unternehmen – im Widerspruch zum Grundsatz des Mittelstandsschutzes – zu bevorteilen.[427] Zudem wird in der Berücksichtigung

---

[416] Immenga/Mestmäcker/*Dreher* Rn. 232 spricht von „vergabefremde Regelungen"; *Latzel* NZBau 2014, 673 spricht von „sekundären Vergabezwecken".
[417] *Latzel* NZBau 2014, 673.
[418] § 14 Abs. 2 BVFG: Bei der Vergabe von Aufträgen durch die öffentliche Hand sind Spätaussiedler in den ersten zehn Jahren nach Verlassen der Aussiedlungsgebiete bevorzugt zu berücksichtigen.
[419] Vgl. §§ 4, 6 FrauFöV Brandenburg, wonach Unternehmen, die sich der Gleichstellung von Frauen im Erwerbsleben angenommen haben, „bevorzugte Bieter" sind.
[420] Kom., Umweltorientierte Beschaffung! Ein Handbuch für ein umweltorientiertes öffentliches Beschaffungswesen, 3. Aufl. 2016, 4.
[421] Erwägungsgrund 48 RL 2014/24/EU.
[422] *Glaser*, Zwingende soziale Mindeststandards bei der Vergabe öffentlicher Aufträge, 2015, 77.
[423] *Kirchhof*, Verwalten durch mittelbares Einwirken, 1977, 38 f. 105 f.
[424] Zu diesem Vorgang generell *Engel* FS Mestmäcker, 1998, 119 (129 f.); *Glaser*, Zwingende soziale Mindeststandards bei der Vergabe öffentlicher Aufträge, 2015, 77.
[425] Ziekow/Völlink/*Ziekow*, 2. Aufl. 2013, Rn. 108; *Latzel* NZBau 2014, 673.
[426] Immenga/Mestmäcker/*Dreher* Rn. 237; *Latzel* NZBau 2014, 673; *Wiedemann* in KKPP GWB § 127 merkt krit. an, dass der öffentliche Auftraggeber zur Verfolgung gesellschaftspolitischer Zielsetzungen einer gesonderten Finanzausstattung bedürfte, welche im Haushaltssystem gesondert ausgewiesen sein müsste. Beck VergabeR/*Opitz* § 97 Abs. 3 Rn. 22 spricht von einer „Instrumentalisierung des Vergaberechts für politische Zielsetzungen".
[427] Beck VergabeR/*Opitz* § 97 Abs. 3 Rn. 22; Immenga/Mestmäcker/*Dreher* Rn. 236; *McCrudden*, Buying Social Justice – Equality, Government Procurement, & Legal Change, 2007, 118; mit Blick auf die Landesvergabegesetze meint *Meißner* ZfBR 2014, 453 (459), dass diese ihre Ziele verfehlen und eher zu weniger Angeboten führen würden. Es zeige sich zunehmend, dass das Vergaberecht nicht das richtige Instrument zur Verfolgung von sozialen und umweltpolitischen Zielen sei. *Hattenhauer/Butzert* ZfBR 2017, 129 (134) weisen auf den möglichen Konflikt mit Abs. 4 S. 1 hin, wenn die Anforderungen an die strategischen Aspekte so hoch gesteckt seien, dass sie für kleinere Unternehmen schwerer umsetzbar seien.

sozial- oder umweltpolitisch motivierter Beschaffungskriterien teilweise eine Wettbewerbsverfälschung gesehen.[428]

84 Bei einer **gesamtwirtschaftlichen Betrachtungsweise** ist allerdings zu berücksichtigen, dass auch das Fehlen sozialer und umweltpolitischer Standards zu Folgekosten führen kann. So wird der einzelne öffentliche Auftrag durch den Einsatz von Billiglohnkräften zwar weniger kostspielig, gleichzeitig können dem Staat jedoch andere Kosten, zB in Form ergänzender Sozialleistungen entstehen. Werden die negativen Auswirkungen von Arbeitslosigkeit, sozialer Ausgrenzung und Umweltverschmutzung mitberücksichtigt, so werden die Vorteile einer politikorientierten Beschaffung deren kurzfristige finanzielle Nachteile für den Steuerzahler zumindest mittel- oder langfristig betrachtet oftmals überwiegen.[429] Überdies darf nicht übersehen werden, dass trotz dem Vergaberecht zugrunde liegenden Wirtschaftlichkeitsprinzips der Staat eine gesellschaftliche Gesamtverantwortung trägt. Der Staat bleibt auch als Auftraggeber den Belangen des Gemeinwohls verpflichtet. Dem Vergaberecht darf daher kein nur auf grenzenlose Gewinnmaximierung ausgerichtetes Markt- und Wettbewerbsleitbild zugrunde gelegt werden.[430] Wäre der Staat als Auftraggeber gehalten, Umweltverschmutzung und soziale Ausbeutung ökonomisch zu fördern, könnte er kaum seiner Vorbildfunktion[431] in sozialer und umweltpolitischer Hinsicht gerecht werden. Der Staat trägt insoweit eine **soziale und umweltpolitische Verantwortung**, welche die Berücksichtigung dieser strategischen Aspekte in der Auftragsvergabe zu einem elementaren Bestandteil einer modernen Vergabepolitik macht.

85 **2. Entstehungsgeschichte. a) Historische europarechtliche Entwicklung.** Die Verfolgung strategischer Ziele bei der öffentlichen Auftragsvergabe ist ein globales Phänomen, das bis zu den Anfängen des modernen öffentlichen Auftragswesens in der Mitte des 19. Jahrhunderts zurückreicht.[432] Das Vergaberecht ist seinem Ursprung nach staatliches Haushaltsrecht, dass eine wirtschaftliche und sparsame Beschaffung durch die öffentliche Hand sicherstellen und Korruption verhindern soll. Nachdem die Auftragsvergabe für protektionistische Zwecke instrumentalisiert und inländische gegenüber ausländischen Bietern bevorzugt wurden,[433] regulierte die EWG und später die EU das öffentliche Auftragswesen, um der Behinderung des Wettbewerbs im Binnenmarkt entgegenzutreten. Zu diesen beiden Zwecken des Vergaberechts, der wirtschaftlichen und sparsamen Beschaffung und der Öffnung des Wettbewerbs, passt eine Nutzung des öffentlichen Beschaffungswesens zur Verfolgung strategischer Aspekte nur beschränkt. So kann die Berücksichtigung strategischer Aspekte nicht nur zu einer Verteuerung der Leistungen führen, sondern auch den Wettbewerb einschränken, wenn Unternehmen zwar die nachgefragten Güter anbieten, nicht aber den verlangten sozialen bzw. ökologischen Anforderungen genügen und daher am Wettbewerb nicht teilnehmen können.[434] In den ersten Fassungen der europäischen Richtlinien für das öffentliche Beschaffungswesen aus den Jahren 1971 (Bauaufträge)[435] bzw. 1977 (Lieferaufträge)[436] und 1992 (Dienstleistungsaufträge)[437] war von sozialen und umweltbezogenen Aspekten bei der Vergabe noch keine Rede.

86 Die Mitgliedstaaten nutzten die Auftragsvergabe jedoch als Instrument der Wirtschaftssteuerung und fanden insoweit Unterstützung beim **EuGH.** Dieser entschied erstmals im Beentjes-Urteil,[438]

---

[428] Immenga/Mestmäcker/*Dreher* Rn. 238; Beck VergabeR/*Opitz* § 97 Abs. 3 Rn. 23 meint, dass zudem der Willkür Vorschub geleistet werde, wenn in Vergabeverfahren Auswahlentscheidungen nach einer Vielzahl unbestimmter und vom Auftraggeber kaum evaluierbarer politischer Kriterien getroffen werde.

[429] HK-VergabeR/*Fehling* Rn. 97.

[430] HK-VergabeR/*Fehling* Rn. 97.

[431] *Burgi* VergabeR § 7 Rn. 6 leitet eine Art Vorbildwirkung des Staates sowohl aus dessen primärer Orientierung auf das Gemeinwohl als auch aus der enormen ökonomischen Dimension des öffentlichen Beschaffungssektors ab; *Hattenhauer/Butzert* ZfBR 2017, 129 weisen darauf hin, dass die Verbindung eines Vergabeverfahrens mit strategischen Zielen angesichts der hohen Auftragssummen dazu dienen, die Verbreitung und Vermittlung der dahinter stehenden Werte allgemein zu fördern und Standards zu etablieren.

[432] Ausf. *McCrudden*, Buying Social Justice – Equality, Government Procurement, & Legal Change, 2007, 4 ff; Burgi VergabeR § 7 Rn. 9 ff. teilt die Entwicklung von der Verfolgung vergabefremder Zwecke zur strategischen Beschaffung in drei Phasen ein.

[433] *Latzel* NZBau 2014, 673.

[434] *Ziekow* DÖV 2015, 897; Ziekow/Völlink/*Ziekow,* 2. Aufl. 2013, Einl. Rn. 1 und Ziekow/Völlink/*Ziekow,* 2. Aufl. 2013, Rn. 3.

[435] Richtlinie 71/305/EWG des Rates v. 26.7.1971 über die Koordinierung der Verfahren zur Vergabe öffentlicher Bauaufträge, ABl. 1971 L 185, 5.

[436] Richtlinie 77/62/EWG des Rates v. 21.12.1976 über die Koordinierung der Verfahren zur Vergabe öffentlicher Lieferaufträge, ABl. 1977 L 13, 1.

[437] Richtlinie 92/50/EWG des Rates v. 18.6.1992 über die Koordinierung der Verfahren zur Vergabe öffentlicher Dienstleistungsaufträge, ABl. 1992 L 209, 1.

[438] EuGH Urt. v. 20.9.1988 – C-31/87, Slg. 1988, 4635 Rn. 37 = ECLI:EU:C:1988:422 – Gebroeders Beentjes.

D. Strategische Ziele bei der Vergabe (Abs. 3) 87, 88 § 97 GWB

dass aus dem Schweigen des Richtlinientextes nicht der Schluss auf die Unzulässigkeit „besonderer zusätzlicher Kriterien" gezogen werden könnte. In dem der Entscheidung zugrunde liegenden Fall war die Vergabe eines öffentlichen Auftrags daran geknüpft, dass eine bestimmte Anzahl der für den Auftrag eingesetzten Arbeitskräfte Langzeitarbeitslose sein sollten. Dieses Kriterium erachtete der EuGH als zulässig, wenn es nicht unmittelbar oder mittelbar zu einer Diskriminierung der Bieter aus anderen Mitgliedstaaten führt und vorher den Bewerbern bzw. Bietern bekannt gemacht wurde. Die Richtlinien seien kein abschließendes und erschöpfendes Gemeinschaftsrecht und ließen daher Raum für zusätzliche Bedingungen. Der EuGH hielt diese Rechtsprechung trotz massiver Kritik im Schrifttum[439] aufrecht. In der Rechtssache „Nord-Pas-de-Calais"[440] betonte der EuGH erneut, der öffentliche Auftraggeber könne eine mit dem Kampf gegen die Arbeitslosigkeit zusammenhängende Bedingung als Kriterium verwenden, wenn diese Bedingung die wesentlichen Grundsätze des Gemeinschaftsrechts, vor allem das Diskriminierungsverbot, beachte. In diesem Urteil stufte der EuGH die zusätzlichen Bedingungen erstmals ausdrücklich als Zuschlagskriterien ein. In der Rechtssache „Concordia Bus Finland"[441] entschied der EuGH sodann erstmals, dass das Europarecht auch der Berücksichtigung von Umweltschutzkriterien, konkret der Höhe der Stickoxidimmissionen und des Lärmpegels von Bussen, im Rahmen der Zuschlagserteilung nicht entgegenstehe, sofern diese mit dem Gegenstand des Auftrags zusammenhängen würden, im Leistungsverzeichnis oder in der Bekanntmachung des Auftrags ausdrücklich genannt seien und alle Grundsätze des Gemeinschaftsrechts, vor allem das Diskriminierungsverbot, beachtet würden. In der Rechtssache „Wienstrom"[442] stellte der EuGH in Fortführung seiner Rechtsprechung fest, dass die Unbestimmtheit des Begriffs „wirtschaftlich günstigstes Angebot" es erlaube, Umweltschutzkriterien – konkret einen bestimmten Öko-Stromanteil – zu berücksichtigen, sofern die im „Concordia Bus Finland"-Urteil herausgearbeiteten Voraussetzungen vorlägen. Der öffentliche Auftraggeber sei nicht nur bei der Auswahl der Zuschlagskriterien frei, sondern auch bei der Gewichtung dieser Kriterien, sofern diese eine Gesamtwürdigung der Kriterien zur Ermittlung des „wirtschaftlich günstigsten Angebots" ermögliche.

Angesichts dieser Rechtsprechung legte auch die Kommission ihre anfängliche Skepsis gegenüber der Politisierung der Vergabe ab.[443] Bei der Neufassung und Vereinheitlichung des europäischen Vergaberechts durch die **Vergabe-RL 2004** im Jahre 2004 wurden soziale und umweltbezogene Kriterien erstmals durch den Richtliniengeber anerkannt. Allerdings äußerte sich die Vergabe-RL 2004 nur sehr verhalten zu den strategischen Aspekten und wies deren Berücksichtigung nur den „zusätzlichen Bedingungen für die Auftragsausführung" zu (Art. 26 Vergabe-RL 2004),[444] wodurch die eher großzügige Tendenz der Rechtsprechung des EuGH legislativ begrenzt werden sollte.[445] Dass soziale und umweltbezogene Zielsetzungen lange Zeit als eine Art Fremdkörper im Vergaberecht angesehen wurden, zeigt bereits die häufig verwendete Bezeichnung als „vergabefremde Kriterien".[446] 87

Durch die **RL 2014/24/EU, Sektoren-RL und RL 2014/23/EU** ist die Einbeziehung strategischer Ziele bei der öffentlichen Beschaffung nunmehr umfassend gestärkt worden. Dem Richtliniengeber ging es um eine angemessene Einbeziehung ökologischer, sozialer und arbeitsrechtlicher Erfordernisse in das Verfahren zur Vergabe öffentlicher Aufträge bzw. Konzessionen.[447] Die Öffnung der nationalen Beschaffungsmärkte für den Wettbewerb wird zwar in Erwägungsgrund 1 RL 2014/24/EU nach wie vor als zentrales Ziel des europäischen Vergaberechts benannt. Jedoch wird gleich im Erwägungsgrund 2 RL 2014/24/EU betont, dass „die öffentliche Auftragsvergabe in stärkerem Maße zur Unterstützung gemeinsamer gesellschaftlicher Ziele" dienen soll. Eine Schlüsselbestimmung ist insoweit Art. 18 Abs. 2 RL 2014/24/EU, der den Grundsatz einer umwelt-, sozial- und arbeitsrechtskonformen öffentlichen Auftragsvergabe aufstellt.[448] Hiernach haben die Mitgliedstaaten durch geeig- 88

---

[439] Eingehend statt vieler *Benedict* NJW 2001, 947 (948).
[440] EuGH Urt. v. 26.9.2000 – C-225/98, Slg. 2000, I-7445 Rn. 50 = ECLI:EU:C:2000:494 – Kommission/Frankreich (Nord-Pas-de-Calais).
[441] EuGH Urt. v. 17.9.2002 – C-513/99, Slg. 2002, I-7213 = ECLI:EU:C:2002:495 – Concordia Bus Finland.
[442] EuGH Urt. v. 4.12.2003 – C-448/01, Slg. 2003, I-14527 = ECLI:EU:C:2003:651 – EVN AG und Wienstrom GmbH.
[443] Vgl. Mitt. „Auslegung Vergaberecht", ABl. 2001 C 333, 27; Interpretierende Mitteilung der Kommission über das auf das Öffentliche Auftragswesen anwendbare Gemeinschaftsrecht und die Möglichkeit zur Berücksichtigung von Umweltbelangen bei der Vergabe öffentlicher Aufträge, ABl. 2001 C 333, 07.
[444] Ausweislich Erwägungsgrund 33 Vergabe-RL 2004 sollte allerdings bspw. die Möglichkeit zur Verbesserung der beruflichen Ausbildung auf Baustellen oder der Bekämpfung der Arbeitslosigkeit geschaffen werden.
[445] Ziekow/Völlink/*Ziekow*, 2. Aufl. 2013, Rn. 152; *Ziekow* DÖV 2015, 897 (898).
[446] ZB *Kling*, Zur Zulässigkeit vergabefremder Kriterien im Recht der öffentlichen Auftragsvergabe, 2000; *Burgi* NZBau 2001, 64; *Beuttenmüller*, Vergabefremde Kriterien im öffentlichen Auftragswesen, 2007.
[447] Erwägungsgrund 37 RL 2014/24/EU; Erwägungsgrund 52 Sektoren-RL; Erwägungsgrund 55 Vergabe-RL 2004.
[448] *Glaser*, Zwingende soziale Mindeststandards bei der Vergabe öffentlicher Aufträge, 2015, 12 f.

nete Maßnahmen dafür zu sorgen, dass die Wirtschaftsteilnehmer bei der Ausführung öffentlicher Aufträge die geltenden umwelt-, sozial- und arbeitsrechtlichen Verpflichtungen einhalten, die durch Rechtsvorschriften der Union, einzelstaatliche Rechtsvorschriften, Tarifverträge oder die in Anhang X RL 2014/24/EU aufgeführten internationalen umwelt-, sozial- und arbeitsrechtlichen Vorschriften festgelegt sind. Ferner ermöglicht der neue Rechtsrahmen den Vergabestellen, die öffentliche Auftragsvergabe stärker zur Unterstützung strategischer, insbesondere sozialer und umweltbezogener Ziele zu nutzen. In jeder Phase eines Verfahrens von der Definition der Leistung über die Festlegung von Eignungs- und Zuschlagskriterien bis hin zur Vorgabe von Ausführungsbedingungen können qualitative, soziale, umweltbezogene oder innovative (nachhaltige) Aspekte einbezogen werden. Hinsichtlich der Beschaffung energieverbrauchsrelevanter Waren und der Berücksichtigung der Belange von Menschen mit Behinderung sind vom öffentlichen Auftraggeber bei der Definition der Leistung sogar zwingende Vorgaben zu machen. Die Richtlinien ermöglichen zudem ein erleichtertes Vergabeverfahren bei sozialen und anderen besonderen Dienstleistungen.[449] Der neue rechtliche Rahmen kommt gerade Unternehmen zugute, die ihrer Verantwortung bis hinein in die Produktions- und Lieferketten nachkommen und setzt Anreize für Unternehmen, internationale Standards zur Unternehmensverantwortung (zB die ILO-Kernarbeitsnormen) einzuhalten.[450] Die wesentliche Neuausrichtung des europäischen Vergaberechts liegt in der Betonung umweltbezogener und sozialer Kriterien, deren Berücksichtigung zum Regelfall wird. Das europäische Vergaberecht steht nunmehr im Zeichen strategischer Beschaffung.[451] Angesichts dieses „Paradigmenwechsels" sollten ökologische und soziale Vergabekriterien nicht mehr als „vergabefremd" oder „sekundär" bezeichnet werden, da dies fälschlich suggeriert, es handele sich um Kriterien von untergeordnetem Rang.[452]

89   **b) Entstehung des Abs. 3.** Abs. 3 liegt keine eigenständige Regelung der Vergaberechtsmodernisierungsrichtlinien zugrunde, beruht aber auf einer Umsetzung der allgemeinen Zielvorgabe der RL 2014/24/EU, Sektoren-RL und RL 2014/23/EU, umweltbezogene, soziale und arbeitsrechtliche Aspekte effektiver in das Vergabeverfahren einzubeziehen.[453] Da die strategischen Aspekte nunmehr das gesamte Vergaberecht durchziehen, war die Vorgängerregelung in § 97 Abs. 4 S. 2 aF, die lediglich eine Berücksichtigungsfähigkeit von „sozialen, umweltbezogenen und innovativen Aspekten" im Rahmen der besonderen Auftragsbedingungen vorsah, grundlegend zu reformieren.

90   In den „Eckpunkten zur Reform des Vergaberechts", wurde als dritte Leitlinie zur Transformierung des Unions- in das nationale Vergaberecht formuliert: „Soziale, ökologische und innovative Aspekte sollen im Einklang mit dem Wirtschaftlichkeitsgrundsatz gestärkt werden".[454] Der Entwurf der Bundesregierung, mit welchem das Gesetzgebungsverfahren eingeleitet wurde, stellt in der Begründung zur Regelung des Abs. 3 dessen Zielsetzung klar: Der durch die Vergaberechtsmodernisierungsrichtlinien erfolgten umfassenden Stärkung der Einbeziehung strategischer Ziele bei der Beschaffung soll Rechnung getragen werden, „indem bereits in den Grundsätzen der Auftragsvergabe auf diese Möglichkeit für den Auftraggeber hingewiesen wird".[455] Mit der Normierung der strategischen Ziele in einem eigenen Absatz innerhalb des § 97 betont der Gesetzgeber deren hohe Priorität im Vergaberecht und verleiht ihnen einen vergleichbaren Rang wie den in Abs. 1 aufgeführten Grundsätzen der Transparenz, der Verhältnismäßigkeit und des Wettbewerbs, des in Abs. 2 normierten Gleichbehandlungsgebots und des in Abs. 4 genannten Mittelstandsschutzes.[456]

91   Vom Bundestag abgelehnt[457] wurden Entschließungsanträge, die ua auf eine zwingende Regelung zur Berücksichtigung sozialer und ökologischer Aspekte im Verfahren gerichtet waren[458] bzw.

---

[449] Begr. RegE VergRModG S. 68, zu § 97 Abs. 3.
[450] VergRModVO, BR-Drs. 87/16, 1.
[451] *Glaser,* Zwingende soziale Mindeststandards bei der Vergabe öffentlicher Aufträge, 2015, 77 f.
[452] Für eine Überwindung des herkömmlichen Sprachgebrauchs plädieren *Gröning* VergabeR 2014, 339 (341) und *Glaser,* Zwingende soziale Mindeststandards bei der Vergabe öffentlicher Aufträge, 2015, 77 f.; *Fehns-Böer* in Müller-Wrede GWB Rn. 61; *Wiedemann* in KKPP GWB Rn. 79; vgl. auch die Wortmeldung des Parlamentarischen Staatssekretärs im Bundesministerium für Wirtschaft und Energie Uwe Beckmeyer: „Niemand kann danach mehr von vergabefremden Aspekten sprechen", Plenarprotokoll 936 v. 25.9.2015, 332. Beck VergabeR/*Opitz* § 97 Abs. 3 Rn. 9, 10 plädiert für den Begriff „nichtmonetäre Aspekte", da der Begriff der Strategie vom Militärischen stamme.
[453] Begr. RegE VergRModG S. 68, zu § 97 Abs. 3; Beck VergabeR/*Opitz* § 97 Abs. 3 Rn. 3 spricht insoweit von einer in den europäischen Richtlinien fehlenden „Generalklausel".
[454] Beschl. des Bundeskabinetts v. 7.1.2015.
[455] Begr. RegE VergRModG S. 68, zu § 97 Abs. 3.
[456] *Fehns-Böer* in Müller-Wrede GWB Rn. 67.
[457] Plenarprotokoll des Deutschen Bundestages 18/146 v. 17.12.2015, 14428.
[458] Entschließungsantrag BT-Drs. 18/7090.

nach denen die Verbindlichkeit von diesen Belangen mit Hilfe von Soll-Bestimmungen wo möglich gestärkt werden sollte.[459]

3. Anwendungsbereich. Abs. 3 findet gemäß seiner Stellung im – neu geschaffenen – allgemeinen Teil der vergaberechtlichen Vorschriften (Abschnitt 1) sowohl auf die Vergabe von öffentlichen Aufträgen durch öffentliche Auftraggeber (Abschnitt 2) als auch auf die Vergabe von öffentlichen Aufträgen in besonderen Bereichen und Konzessionen (Abschnitt 3) Anwendung. Neben der Vergabe öffentlicher Aufträge durch öffentliche Auftraggeber iSv §§ 151 ff. gelten die Grundsätze damit auch für die Vergabe von öffentlichen Aufträgen durch Sektorenauftraggeber gem. §§ 136 ff. sowie für die Vergabe von verteidigungs- oder sicherheitsspezifischen öffentlichen Aufträgen iSv § 144 und schließlich die Vergabe von Konzessionen gem. §§ 148 ff.

4. Regelungsgehalt, Aspekte. Adressat der in Abs. 3 getroffenen Regelung ist unzweifelhaft der öffentliche Auftraggeber, weil er das Verfahren der Vergabe gestaltet. Abs. 3 sieht vor, dass die Aspekte der Qualität und der Innovation sowie soziale und umweltbezogene Aspekte bei der Vergabe „berücksichtigt werden". Die gewählte Formulierung verzichtet sowohl auf die Verwendung von Hilfsverben wie „müssen", „sollen" oder „können" als auch auf Temporaladverbien wie „stets", „immer" oder „regelmäßig". In semantischer Hinsicht wird kein Soll-, sondern ein Ist-Zustand beschrieben; die Vorschrift selbst beinhaltet keinen eigenen unmittelbaren Anwendungsbefehl.[460] Da die strategischen Aspekte „nach Maßgabe dieses Teils" berücksichtigt werden, richtet sich die Frage, ob dem Auftraggeber lediglich zusätzliche Handlungsmöglichkeiten eingeräumt werden, oder ob durch einen Anwendungsbefehl in sein aus der Beschaffungsautonomie abgeleitetes Bestimmungsrecht eingegriffen wird, allein nach den jeweiligen gesetzlichen Einzelvorschriften sowie den Rechtsverordnungen, die auf der Grundlage des 4. Teils erlassen werden.[461] Soweit die Ansicht vertreten wird, der Regelungsgehalt des Abs. 3 wäre mit der Wendung „können/dürfen ... berücksichtigt werden" klarer zum Ausdruck gekommen,[462] verkennt dies, dass im 4. Teil durchaus – wenn auch vereinzelt – Ausnahmen von der Beschaffungsautonomie durch Verpflichtungen zur Berücksichtigung strategischer Aspekte vorgesehen sind, so namentlich in § 121 Abs. 2 (→ Rn. 127) und in § 123 Abs. 4, § 123 Abs. 1 Nr. 10 (→ Rn. 135, 137) sowie in der auf Grundlage von § 113 erlassenen VgV, vgl. § 67 Abs. 2, Abs. 5 VgV, § 68 Abs. 2 VgV (→ Rn. 126, 163).

Soziale Aspekte waren bereits Gegenstand des § 97 Abs. 4 S. 2 aF. Die Berücksichtigungsfähigkeit sozialer Gesichtspunkte war Ausgangspunkt der sukzessiven europäischen Integration strategischer Ziele in öffentliche Beschaffungsvorhaben (→ Rn. 86). Die Bandbreite der sozialen Aspekte ist denkbar weit;[463] es fallen hierunter vor allem Zielsetzungen, die besonders schutzbedürftigen Personengruppen zu dienen bestimmt sind. Beispiele für soziale Aspekte werden bei den einzelnen Phasen des Vergabeverfahrens dargestellt.

Umweltbezogene Aspekte waren ebenfalls bereits Gegenstand des § 97 Abs. 4 S. 2 aF und seit langem europarechtlich als berücksichtigungsfähiger Gesichtspunkt im Vergabeverfahren anerkannt (→ Rn. 86). Umweltbezogene Aspekte sind alle Anforderungen und Bewertungen, die an einen ökologischen Produktionsprozess gestellt werden oder als Leistungs- und Funktionsanforderungen in die Leistungsbeschreibung und die Ausführungsbedingungen einfließen oder Gegenstand der Zuschlagskriterien sind.[464] Insoweit geht es vor allem um eine nachhaltige, energieeffiziente und ressourcenschonende Beschaffung,[465] mit welcher der öffentliche Auftraggeber seiner Vorreiterrolle beim Umwelt- und Klimaschutz gerecht werden soll.[466] Umweltbezogene Aspekte ermöglichen es unter anderem, Zielvorgaben aus dem EU-2030-Klima- und Energierahmen zu berücksichtigen sowie die in Art. 11 AEUV niedergelegte Verpflichtung umzusetzen, die Erfordernisse des Umweltschutzes und einer nachhaltigen Entwicklung zu fördern.[467]

---

[459] Entschließungsantrag BT-Drs. 18/7092; vgl. hierzu Burgi VergabeR § 7 Rn. 21, nach dem die stärkere Betonung des Dürfens anstatt des Müssens die Entscheidung über die Berücksichtigung strategischer Aspekte auf diejenige Ebene verlagere, auf der die konkreten Verhältnisse des Auftrags und des einzelnen Auftraggebers (von diesem selbst) am besten beurteilt werden können.

[460] *Wiedemann* in KKPP GWB Rn. 101, 104; Ziekow/Völlink/*Ziekow* Rn. 61 spricht von einer bloßen Hinweisfunktion der Vorschrift.

[461] Begr. RegE VergRModG S. 68, zu § 97 Abs. 3; BeckOK VergabeR/*Marx*, 18. Ed. 30.5.2019, § 97 Abs. 3 Rn. 4 f.

[462] *Wiedemann* in KKPP GWB Rn. 101.

[463] BeckOK VergabeR/*Marx*, 18. Ed. 30.5.2019, § 97 Abs. 3 Rn. 10.

[464] BeckOK VergabeR/*Marx*, 18. Ed. 30.5.2019, § 97 Abs. 3 Rn. 12.

[465] Begr. RegE VergRModGS. 68, zu § 97 Abs. 3.

[466] *Funk/Tomerius* KommJur 2016, 1.

[467] *Fehns-Böer* in Müller-Wrede GWB Rn. 81.

96 **Aspekte der Innovation** hatte der deutsche Gesetzgeber bereits – über die ausdrücklichen Vorgaben der damals umzusetzenden Richtlinien[468] hinaus – in § 97 Abs. 4 S. 2 aF integriert.[469] An diesem Aspekt hält Abs. 3 fest, zumal der Richtliniengeber nunmehr die öffentliche Auftragsvergabe als „Motor für Innovationen"[470] und die Förderung von „neuen Ideen" als „Haupttriebkraft künftigen Wachstums"[471] hervorgehoben hat. Der Richtliniengeber versteht unter Innovationen die Realisierung von neuen oder deutlich verbesserten Waren, Dienstleistungen oder Verfahren, einschließlich – aber nicht beschränkt auf – Produktions-, Bau- oder Konstruktionsverfahren, eine neue Vermarktungsmethode oder ein neues Organisationsverfahren in Bezug auf Geschäftspraxis, Abläufe am Arbeitsplatz oder externe Beziehungen, unter anderem mit dem Ziel, zur Bewältigung gesellschaftlicher Herausforderungen beizutragen oder die Strategie Europa 2020 für intelligentes, nachhaltiges und integratives Wachstum zu unterstützen (vgl. Art. 2 Nr. 22 RL 2014/24/EU; Art. 2 Nr. 18 Sektoren-RL, Art. 5 Nr. 13 RL 2014/23/EU). Wie hieraus und auch aus der Begründung des Regierungsentwurfs zu Abs. 3 ersichtlich wird, besteht ein enger Zusammenhang zwischen Innovation und Nachhaltigkeit.[472] Zudem finden sich in den Richtlinienerwägungen Begriffskombinationen in Form der „Öko-Innovationen"[473] sowie der „sozialen Innovation".[474] Der in Abs. 3 enthaltene Aspekt der Innovation weist daher Überschneidungen zu den ebenfalls in Abs. 3 erwähnten umweltbezogenen und sozialen Aspekten auf.[475]

97 Die **Aspekte der Qualität** waren in der Vorgängerregelung des § 97 Abs. 4 S. 2 aF noch nicht enthalten und wurden nunmehr in Abs. 3 neu aufgenommen.[476] In der Begründung des Regierungsentwurfs findet sich hierzu keine weitere Erläuterung, doch greift der Gesetzgeber mit dieser Formulierung ebenfalls auf Zielsetzungen in den Vergaberechtsmodernisierungsrichtlinien zurück.[477] Mit der Vergaberechtsreform soll eine stärkere Ausrichtung der öffentlichen Auftragsvergabe auf die Qualität gefördert werden.[478] So sollen die öffentlichen Auftraggeber zB „ermutigt werden", Zuschlagskriterien zu wählen, mit denen sie „qualitativ hochwertige Bauleistungen, Lieferungen und Dienstleistungen erhalten können, die ihren Bedürfnissen optimal entsprechen".[479] Da eine Relation zwischen Leistung und Preis nur hergestellt werden kann, wenn auch bestimmte Qualitätskriterien erfüllt sind, ist die Berücksichtigung qualitativer Elemente letztlich eine Selbstverständlichkeit.[480] Subsumiert man die Qualität unter das wirtschaftliche Preis-Leistungsverhältnis, liegt eigentlich kein davon trennbarer strategischer Sekundärzweck vor.[481]

98 Der Gesetzgeber hat die konkret benannten strategischen Aspekte enumerativ, dh im Einzelnen aufzählend, formuliert. Aus dieser Regelungstechnik wird teilweise gefolgert, dass es sich um eine abschließende, keiner ergänzenden Gesetzesauslegung zugängliche Regelung handelt,[482] zumal sich der in § 97 Abs. 4 S. 2 aF enthaltene Zusatz „insbesondere" in Abs. 3 nicht mehr findet. Umgekehrt wird argumentiert, dass die Erwägungen des Richtlinien- und Gesetzgebers sowie die Regelungen im 4. Teil dafür sprechen, dass über die in Abs. 3 bezeichneten strategischen Ziele hinaus weitere politikorientierte Aspekte Berücksichtigung finden können.[483] Tatsächlich ist es einigermaßen überraschend, dass der Gesetzgeber in Abs. 3 die beschäftigungspolitischen und arbeitsrechtlichen Belange nicht gesondert erwähnt hat, obgleich diesen nicht nur aus Sicht des EU-Richtliniengebers (vgl. Art. 18 Abs. 2 RL 2014/24/EU), sondern auch aus Sicht des Gesetzgebers eine besondere Bedeutung im Vergabeverfahren zukommt, wie sich insbesondere aus § 124 Abs. 1 Nr. 1, Abs. 2, § 128 Abs. 1,

---

[468] Art. 38 S. 2 SKR und Art. 26 S. 2 Vergabe-RL 2004 erwähnten „insbes. soziale und umweltbezogene Aspekte".
[469] *Fehns-Böer* in Müller-Wrede GWB Rn. 87.
[470] Erwägungsgrund 95 RL 2014/24/EU, Erwägungsgrund 100 Sektoren-RL.
[471] Erwägungsgrund 47 RL 2014/24/EU, Erwägungsgrund 57 Sektoren-RL.
[472] Begr. RegE VergRModG S. 57: Innovative Aspekte sind mit dem Klammerzusatz „nachhaltig" versehen.
[473] Erwägungsgrund 47 RL 2014/24/EU, Erwägungsgrund 57 Sektoren-RL.
[474] Erwägungsgrund 95 RL 2014/24/EU.
[475] *Fehns-Böer* in Müller-Wrede GWB Rn. 88; *Hattenhauer/Butzert* ZfBR 2017, 129 (131); *Burgi* VergabeR § 7 Rn. 25 nennt als Beispiel für eine Öko-Innovation die Entwicklung eines energieeffizienten Lichtsystems für ein öffentliches Gebäude und als Bespiel für soziale Innovationen die Entwicklung eines Stadtteilbetreuungskonzepts für Kinder mit Migrationshintergrund und die Aufstellung von Frauenförderplänen in einem Unternehmen.
[476] Allg. zur Berücksichtigung der Qualitätsaspekte: Beck VergabeR/*Opitz* § 97 Abs. 3 Rn. 12 ff.
[477] *Fehns-Böer* in Müller-Wrede GWB Rn. 92.
[478] Erwägungsgrund 95 Sektoren-RL.
[479] Erwägungsgrund 92 RL 2014/24/EU.
[480] BeckOK VergabeR/*Marx*, 18. Ed. 30.5.2019, § 97 Abs. 3 Rn. 7 f.
[481] HK-VergabeR/*Fehling* Rn. 95.
[482] *Wiedemann* in KKPP GWB Rn. 105.
[483] *Fehns-Böer* in Müller-Wrede GWB Rn. 94.

Abs. 2 S. 3 ersehen lässt. Es mag sein, dass der Gesetzgeber die gesonderte Nennung der beschäftigungspolitischen Aspekte in Abs. 3 für entbehrlich gehalten hat, da sich diese oftmals mit sozialen Aspekten überschneiden. Die Frage, ob es sich bei Abs. 3 um eine abschließende Regelung handelt, ist allerdings im Ergebnis ohne Belang, da die konkrete Berücksichtigung strategischer Ziele im Vergabeverfahren ohnehin nicht in Abs. 3 geregelt ist, sondern sich aus den vergaberechtlichen Einzelregelungen des 4. Teils und den auf Grundlage des § 113 erlassenen Verordnungen ergibt.

5. (Europa-)Rechtlicher Rahmen und Rechtsschutz. Abs. 3 beschränkt sich darauf, auf **99** die Bedeutung der Berücksichtigung strategischen Aspekte im Vergabeverfahren nach Maßgabe des 4. Teils zu verweisen. Die Vorschrift enthält jedoch keine eigenständigen im Interesse der Unternehmen formulierten Regelungen, weshalb ihr kein bieterschützender Charakter iSd Abs. 6 zukommt.[484] Der Rechtsschutz im Zusammenhang mit der Implementierung strategischer Zielsetzungen in ein konkretes Vergabeverfahren richtet sich nach dem jeweiligen Anknüpfungspunkt der Einbindung strategischer Aspekte, insbesondere der Leistungsbeschreibung, der Formulierung der Eignungs- und Zuschlagskriterien sowie besonderer Ausführungsbedingungen.[485] Die Ausübung des Bestimmungsrechts des öffentlichen Auftraggebers kann insoweit gegen (andere) Grundsätze des Vergabeverfahrens verstoßen.[486]

Die Einbeziehung strategischer Ziele in einen Beschaffungsvorgang ist an die Einhaltung **allge-** **100** **meiner vergaberechtlicher Grundsätze** gebunden.[487] So hat die Vergabe öffentlicher Aufträge stets im Einklang mit den im AEUV niedergelegten Grundsätzen zu erfolgen,[488] insbesondere den Grundsätzen des freien Warenverkehrs, der Niederlassungsfreiheit und der Dienstleistungsfreiheit sowie den sich daraus ableitenden Grundsätzen wie Gleichbehandlung, Nichtdiskriminierung, gegenseitige Anerkennung, Verhältnismäßigkeit und Transparenz.[489]

Die **Grundfreiheiten** verfolgen ähnliche Ziele wie das ursprüngliche Vergaberecht, indem sie **101** einen möglichst freien Wettbewerb im Binnenmarkt sicherstellen. Durch ihren universellen wirtschaftlichen Ansatz vermögen sie auch solchen Vergabekriterien Schranken zu setzen, die zwar vordergründig Gemeinwohlzielen dienen sollen, aber faktisch Marktabschottung bewirken und bezwecken, weil die Anforderungen inländische Bieter leichter erfüllen können als ausländische.[490] Die Einbindung strategischer Ziele in das Vergabeverfahren darf insbesondere nicht zu einer nach Art. 18 AEUV untersagten unmittelbaren oder mittelbaren an die Staatsangehörigkeit anknüpfenden Diskriminierung von Unternehmen führen. Zu berücksichtigen ist zudem das Verbot der Beschränkung der Niederlassungs- und Dienstleistungsfreiheit gem. Art. 49, 57 AEUV. Die europäischen Vergaberichtlinien RL 2014/24/EU, Sektoren-RL und RL 2014/23/EU sollen innerhalb ihres Anwendungsbereichs als Sekundärvergaberecht gewährleisten, dass die og Grundsätze praktische Geltung erhalten und dass das öffentliche Auftragswesen für den Wettbewerb geöffnet wird.[491] In dem Konflikt zwischen den Interessen potentieller Bewerber an einer nicht politisierten Beschaffung einerseits[492] und der Förderung von Gemeinwohlbelangen mittels öffentlicher Auftragsvergabe andererseits, schützt das Europarecht also durchaus auch die Interessen potentieller Bewerber.[493] Das Europarecht eröffnet dem öffentlichen Auftraggeber bei der Einbeziehung strategischer Ziele in die Auftragsvergabe einen weiten, aber eben doch begrenzten Spielraum.

Der Spielraum, der sich für öffentliche Auftraggeber bei der Verfolgung politischer Zwecke aus **102** dem GWB ergibt, ist daher soweit möglich in europarechtskonformer Weise auszulegen. Ist eine

---
[484] *Fehns-Böer* in Müller-Wrede GWB Rn. 94.
[485] *Fehns-Böer* in Müller-Wrede GWB Rn. 94.
[486] *Wiedemann* in KKPP GWB Rn. 108.
[487] Ausf. hierzu *Fehns-Böer* in Müller-Wrede GWB Rn. 136 ff.; HK-VergabeR/*Fehling* Rn. 100 ff.
[488] Regelmäßig keine nennenswerte Rolle spielen demgegenüber die Grundrechte bei der strategischen Beschaffung, vgl. Burgi VergabeR § 7 Rn. 14, der darauf hinweist, dass das aus Art. 3 Abs. 1 GG ableitbare Diskriminierungsverbot hinter dem aus dem AEUV entnommenen Gebot der Verhältnismäßigkeit zurückbleibt. Zur Überprüfung von konstitutiven Tariftreueverpflichtungen am Maßstab von Art. 9 Abs. 3 GG und Art. 12 Abs. 1 GG → Rn. 182.
[489] Erwägungsgrund 1 RL 2014/24/EU; Erwägungsgrund 2 Sektoren-RL; Erwägungsgrund 4 Vergabe-RL 2004; HK-VergabeR/*Fehling* Rn. 102 ff.
[490] *Latzel* NZBau 2014, 673 (674).
[491] Vgl. Erwägungsgrund 1 RL 2014/24/EU; Erwägungsgrund 2 Sektoren-RL; Erwägungsgrund 4 Vergabe-RL 2004.
[492] *McCrudden*, Buying Social Justice – Equality, Government Procurement, & Legal Change, 2007, 118.
[493] Deutlich EuGH Urt. v. 3.10.2000 – C-380/98, Slg. 2000, I-8035 Rn. 16 f. = ECLI:EU:C:2000:529 – University of Cambridge: Es soll eine Bevorzugung inländischer Bieter verhindert werden und die Möglichkeit ausgeschlossen werden, dass sich der öffentliche Auftraggeber von anderen als wirtschaftlichen Belangen leiten lässt. Ähnlich EuGH Urt. v. 10.11.1998 – C-360/96, Slg. 1998, I-6821 Rn. 41 f. = ECLI:EU:C:1998: 525 – BFI Holding BV.

Vergabestelle durch Bundes- oder Landesgesetze, Rechtsverordnung oder Ministerialerlass aufgefordert, strategische Zwecke in einer Weise zu berücksichtigen, die dem Europarecht – bei Ausschöpfung der Möglichkeiten einer europarechtskonformen Auslegung – widerspricht, muss sie diese Aufforderung unberücksichtigt lassen, und zwar selbst dann, wenn sie vom Wortlaut der Normen des GWB gedeckt sein sollte.[494]

103 Allerdings sind die allgemeinen vergaberechtlichen Grundsätze nunmehr auch weitgehend im GWB geregelt worden. § 97 betont in Abs. 1 die Grundsätze der Verhältnismäßigkeit, des Wettbewerbsgebots und der Transparenz und in Abs. 2 das Gleichbehandlungsgebot. Ihrer systematischen Stellung nach prägen diese Grundsätze alle Schritte des Vergabeverfahrens.

104 Dem **Verhältnismäßigkeitsgrundsatz** (Abs. 1 S. 2) kommt dabei eine maßgebliche Bedeutung bei der Bestimmung der Schranken einer Einbeziehung strategischer Ziele in das Vergabeverfahren zu.[495] So ist stets zu prüfen, ob das geforderte Kriterium zur Erreichung des strategischen Zwecks geeignet, den Bietern zumutbar und verhältnismäßig im engeren Sinne ist.[496] Für die Eignungskriterien sieht § 122 Abs. 4 S. 1 ausdrücklich vor, dass diese in einem angemessenen Verhältnis zum Auftragsgegenstand stehen müssen. Die Verhältnismäßigkeitsprüfung erlaubt es auch, bei Konflikten zwischen der Einbindung strategischer Aspekte in ein Vergabeverfahren und anderen Zielen des Vergaberechts, etwa dem Mittelstandsschutz (Abs. 4), zu einem Ausgleich zu gelangen.[497]

105 Bei der Einbeziehung strategischer Ziele in das Vergabeverfahren ist ferner dem allgemeinen **Wettbewerbsgrundsatz** gem. Abs. 1 S. 2 Rechnung zu tragen. So hat der Richtliniengeber betont, dass der Zuschlag unter den Bedingungen eines effektiven Wettbewerbs zu erfolgen hat[498] und der Wettbewerb nicht künstlich eingeschränkt werden darf.[499] Folgerichtig müssen nach § 127 Abs. 4 S. 1 strategische Zuschlagskriterien so festgelegt und bestimmt sein, dass die Möglichkeit eines wirksamen Wettbewerbs gewährleistet wird.

106 Auch dem Grundsatz der **Transparenz** kommt bei der Einbeziehung strategischer Belange in das Vergabeverfahren eine wesentliche Bedeutung zu. So ist allen Bietern in gleicher Weise Zugang zu den Informationen zu gewähren, die sich auf die Einbindung strategischer Aspekte beziehen.[500] Dementsprechend sind die Leistungsbeschreibung gem. § 121 Abs. 3, Eignungskriterien gem. § 123 Abs. 4 S. 2, Zuschlagskriterien gem. § 127 Abs. 5 und besondere Bedingungen für die Auftragsausführung gem. § 128 Abs. 2 S. 2 in der Auftragsbekanntmachung oder den Vergabeunterlagen bekanntzumachen. Die strategischen Kriterien müssen ferner objektiv überprüfbar sein und unter Anwendung eines Verfahrens, an dem sich die Akteure beteiligen können, definiert und angenommen werden.[501] § 127 Abs. 4 S. 1 fordert insoweit ausdrücklich, dass eine wirksame Überprüfung, ob und inwieweit die Angebote die Zuschlagskriterien erfüllen, möglich sein muss.

107 **6. Systematische Erfassung durch das GWB.** Abs. 3 gibt den öffentlichen Auftraggebern ausdrücklich die Möglichkeit, andere als nur leistungsbezogene Bieter- bzw. Bewerberkriterien anzuwenden. Die konkrete Ausgestaltung der Möglichkeiten zur Einbeziehung von qualitativen, sozialen, umweltbezogenen oder innovativen Aspekten erfolgt bei den jeweiligen gesetzlichen Einzelvorschriften sowie in den Rechtsverordnungen, die auf der Grundlage des 4. Teils des GWB erlassen werden. Die nachfolgenden Ausführungen beschränken sich auf die Darstellung der Einbeziehung strategischer Belange bei der Vergabe von öffentlichen Aufträgen durch öffentliche Auftraggeber (**Teil 4, Kapitel 1, Abschnitt 2**). Besonderheiten, die sich bei der Vergabe von öffentlichen Aufträgen durch Sektorenauftraggeber, bei der Vergabe von verteidigungs- oder sicherheitstechnischen öffentlichen Aufträgen sowie bei der Vergabe von Konzessionen ergeben, werden bei der Kommentierung zu Abschnitt 3 erörtert.

108 **a) Spezialregelungen.** Eine Berücksichtigung sozialer Belange, namentlich der Integration von Menschen mit Behinderungen und benachteiligten Personen in die Gesellschaft, findet sich bereits im Anwendungsbereich des Abschnitts 2. In Umsetzung von Art. 20 RL 2014/24/EU räumt **§ 118** dem öffentlichen Auftraggeber die Möglichkeit ein, das Recht zur Teilnahme an einem Vergabeverfahren **geschützten Werkstätten** und Wirtschaftsteilnehmern vorzubehalten, deren

---

[494] So bereits für die BKR (71/305/EWG) EuGH Urt. v. 22.6.1989 – C-103/88, Slg. 1989, I-1839 Rn. 33 = ECLI:EU:C:1989:256 – Fratelli Costanzo.
[495] *Burgi* NZBau 2015, 597 (600).
[496] *Fehns-Böer* in Müller-Wrede GWB Rn. 138.
[497] *Fehns-Böer* in Müller-Wrede GWB Rn. 139.
[498] Erwägungsgrund 90 RL 2014/24/EU, Erwägungsgrund 95 Sektoren-RL.
[499] Erwägungsgrund 67 Vergabe-RL 2004.
[500] So bereits EuGH Urt. v. 10.5.2012 – C-368/10 Rn. 87 f, NZBau 2012, 445 Rn. 61 ff. = ECLI:EU:C:2012:284 – Kommission/Niederlande (EKO/Max Havelaar).
[501] Erwägungsgrund 75 RL 2014/24/EU; Erwägungsgrund 85 Sektoren-RL.

Hauptzweck die soziale und berufliche Integration von Menschen mit Behinderungen oder von benachteiligten Personen ist **(Sozialunternehmen).** Alternativ kann der öffentliche Auftraggeber bestimmen, dass solche Aufträge im Rahmen von Programmen mit geschützten Beschäftigungsverhältnissen (vgl. §§ 141, 143 SGB IX) durchgeführt werden. Voraussetzung ist jeweils, dass mindestens 30% der Arbeitnehmer dieser Werkstätten, Wirtschaftsteilnehmer oder Programme Menschen mit Behinderungen oder benachteiligte Arbeitnehmer sind. Mit dieser Regelung wird dem Umstand Rechnung getragen, dass die genannten, sozialen Zielsetzungen dienenden Bewerber möglicherweise nicht in der Lage sind, unter normalen Wettbewerbsbedingungen Aufträge zu erhalten.[502] Von dieser Möglichkeit der Beschränkung des Teilnehmerkreises unberührt bleibt die Möglichkeit für die öffentlichen Auftraggeber zur Bevorzugung von geschützten Werkstätten bei der Zuschlagserteilung nach § 141 SGB IX sowie den auf dieser Grundlage angewandten Verwaltungsvorschriften.[503]

Des Weiteren unterstellt § 130 in Umsetzung der Art. 74 ff. RL 2014/24/EU **soziale und andere besondere Dienstleistungen** einem vereinfachten Vergabeverfahren. Dieses Sonderregime erleichterter Beschaffungsregelungen gilt für die in Anhang XIV RL 2014/24/EU aufgelisteten Dienstleistungen im Sozial-, Gesundheits- und Bildungsbereich. Hiernach können öffentliche Auftraggeber zwischen den wettbewerblichen Verfahrensarten frei wählen. Des Weiteren sind abweichend von § 132 Abs. 3 Auftragsänderungen während der Vertragslaufzeit um bis zu 20% des Auftragswertes möglich, da die Nachfrage nach sozialen und anderen besonderen Dienstleistungen durch äußere, vom Auftraggeber nicht vorhersehbare und nicht beeinflussbare Umstände bewirkt werden kann. Hiermit soll den Bedürfnissen betroffener Menschen vor allem im Sozial-, Bildungs- und Gesundheitsbereich angemessen Rechnung getragen werden.[504]

Ein weiterer sozialer, beschäftigungspolitischer Belang findet sich in **§ 131,** der die Vergabe von öffentlichen Aufträgen über **Personenverkehrsdienstleistungen** regelt. Die in Art. 4 Abs. 5 S. 1 ÖPNV/SPNV-VO vorgesehene Möglichkeit des öffentlichen Auftraggebers, den ausgewählten Bewerber um eine Personenverkehrsdienstleistung zu verpflichten, den Arbeitnehmern des vorherigen Betreibers die Rechte zu gewähren, die ihnen bei einem Betriebsübergang zustünden, wurde mit § 131 Abs. 3 der Klarstellung halber in das nationale Recht aufgenommen[505] (§ 131 Abs. 3).

Zur Förderung von Aspekten der Innovation im Rahmen des Beschaffungsvorhabens ist gem. § 119 Abs. 7[506] nunmehr eine sog. Innovationspartnerschaft möglich.[507] Hierunter versteht man ein Verfahren zur Entwicklung innovativer, noch nicht auf dem Markt verfügbarer Liefer-, Bau- oder Dienstleistungen und zum anschließenden Erwerb der daraus hervorgehenden Leistungen. Diese durchaus anspruchsvolle Verfahrensart ist näher ausgestaltet in § 19 VgV und den § 3 EU Abs. 5 VOB/A, § 3a EU Abs. 5 VOB/A und § 3b EU Abs. 5 VOB/A. Es bleibt abzuwarten, ob die Innovationspartnerschaft jenseits von Enwicklungsvorhaben einen breiteren Anwendungsbereich wird entwickeln können.[508]

b) Grundsatz einer rechtskonformen Auftragsausführung. Zentrale Bedeutung für die Förderung beschäftigungs- und umweltpolitischer Belange im novellierten Vergaberecht hat der in **§ 118 Abs. 1** festgeschriebene **Grundsatz einer rechtskonformen Auftragsausführung,** der auf Art. 18 Abs. 2 RL 2014/24/EU zurückgeht.[509] Dieser verpflichtet die Mitgliedstaaten sicherzustellen, dass die Wirtschaftsteilnehmer bei der Ausführung öffentlicher Aufträge die geltenden umwelt-, sozial- und arbeitsrechtlichen Verpflichtungen einhalten, die durch Rechtsvorschriften der Union, einzelstaatliche Rechtsvorschriften, Tarifverträge oder die in Anhang X RL 2014/24/EU aufgeführten internationalen umwelt-, sozial- und arbeitsrechtlichen Vorschriften festgelegt ist. Eine wichtige Einschränkung besteht darin, dass die nationalen und tarifvertraglichen Vorschriften ihrerseits mit Unionsrecht vereinbar sein müssen.[510] Bei den in Anhang X RL 2014/24/EU aufgeführten internationalen Übereinkommen handelt es sich um wichtige Umweltschutzabkommen[511] sowie – soweit

---

[502] Erwägungsgrund 35 RL 2014/24/EU; *Neun/Otting* EuZW 2014, 446 (448).
[503] Begr. RegE VergRModG S. 118, zu § 118.
[504] Begr. RegE VergRModG S. 144, zu § 130 Abs. 2.
[505] Begr. RegE VergRModG S. 146, zu § 131 Abs. 3.
[506] Die Regelung basiert auf Art. 31 RL 2014/24/EU und Art. 49 Sektoren-RL.
[507] Ausf. hierzu *Badenhauseen-Fähnle* VergabeR 2015, 743; *Neun/Otting* EuZW 2014, 446 (449); *Püstow/Meiners* NZBau 2016, 406; *Rosenkötter* VergabeR 2016, 196.
[508] *Burgi* VergabeR § 7 Rn. 29; BeckOK VergabeR/*Marx,* 18. Ed. 30.5.2019, § 97 Abs. 3 Rn. 9 äußert die Hoffnung, dass die Innovationspartnerschaft anders als der wettbewerbliche Dialog nicht nur ein Geisterdasein in den Rechtstexten und Kommentaren führen, sondern tatsächlich Anwendung finden wird.
[509] Ausf. zu dieser Norm: *Glaser,* Zwingende soziale Mindeststandards bei der Vergabe öffentlicher Aufträge, 2015; vgl. ferner *Ziekow* DÖV 2015, 897 (900).
[510] Hierzu Erwägungsgrund 37 RL 2014/24/EU.
[511] Das Wiener Übereinkommen zum Schutz der Ozonschicht und das im Rahmen dieses Übereinkommens geschlossene Montrealer Protokoll über Stoffe, die zum Abbau der Ozonschicht führen, das Basler Überein-

es um sozial- und arbeitsrechtliche Standards geht – um die ILO-Kernarbeitsnormen. Diese sind ein Sammelbegriff für acht Übereinkommen,[512] in denen die vier Grundprinzipien der Internationalen Arbeitsorganisation – die Vereinigungsfreiheit und das Recht auf Kollektivverhandlungen, die Beseitigung der Zwangsarbeit, die Abschaffung der Kinderarbeit und das Verbot der Diskriminierung in Beschäftigung und Beruf – ausgestaltet worden sind.

113 Art. 18 Abs. 2 RL 2014/24/EU wurde mit § 128 Abs. 1 umgesetzt, der jedoch noch hierüber hinausgeht, indem klarstellt, dass **alle** für das betreffende Unternehmen geltenden rechtlichen Vorschriften eingehalten werden müssen.[513] Umweltbezogene Aspekte sind bereits Bestandteil zahlreicher europäischer[514] und nationaler[515] Regelungen und Maßnahmenpakete zum Thema Energiewende, die im Fall ihres verpflichtenden Charakters unmittelbar § 128 Abs. 1 unterfallen.[516]

114 Besonders hervorgehoben wird in § 128 Abs. 1 jedoch die unter beschäftigungspolitischen Gesichtspunkten besonders wichtige Einhaltung der Mindestarbeitsbedingungen einschließlich der Mindestentgelte, die nach dem MiLoG,[517] einem nach § 5 TVG mit den Wirkungen des AEntG für allgemein verbindlich erklärten Tarifvertrag oder einer nach §§ 7, 7a AEntG oder § 11 AEntG oder einer nach § 3a AEntG erlassenen Rechtsverordnung für die betreffende Leistung verbindlich vorgegeben werden.

115 Die in den von allen EU-Mitgliedstaaten ratifizierten internationalen Übereinkommen enthaltenen, unmittelbar an die Vertragsstaaten gerichteten Verpflichtungen wurden vollständig durch das nationale Recht aller EU-Mitgliedstaaten umgesetzt. Daher hat der deutsche Gesetzgeber einen ausdrücklichen Verweis auf diese Abkommen, wie ihn Art. 18 Abs. 2 RL 2014/24/EU enthält, für entbehrlich erachtet.[518] Hieraus lässt sich ersehen, dass der deutsche Gesetzgeber die Vorgaben der

---

kommen über die Kontrolle der grenzüberschreitenden Verbringung gefährlicher Abfälle und ihrer Entsorgung, das Stockholmer Übereinkommen über persistente organische Schadstoffe und das UNEP/FAO-Übereinkommen v. 10.9.1998 über das Verfahren der vorherigen Zustimmung nach Inkenntnissetzung für bestimmte gefährliche Chemikalien sowie Pflanzenschutz- und Schädlingsbekämpfungsmittel im internationalen Handel und seine drei regionalen Protokolle.

[512] Übereinkommen 87 – Vereinigungsfreiheit und Schutz des Vereinigungsrechtes, 1948; Übereinkommen 98 – Vereinigungsrecht und Recht zu Kollektivverhandlungen, 1949; Übereinkommen 29 – Zwangsarbeit, 1930 und Protokoll von 2014 zum Übereinkommen über Zwangsarbeit, 1930; Übereinkommen 105 – Abschaffung der Zwangsarbeit, 1957, Übereinkommen 138 – Mindestalter, 1973; Übereinkommen 111 – Diskriminierung (Beschäftigung und Beruf), 1958; Übereinkommen 100 – Gleichheit des Entgelts, 1951; Übereinkommen 182 – Verbot und unverzügliche Maßnahmen zur Beseitigung der schlimmsten Formen der Kinderarbeit, 1999.

[513] Begr. RegE VergRModG S. 140, zu § 128 Abs. 1.

[514] VO (EG) 105/2008 Energie-Star-Verordnung; RL 2009/28/EG Erneuerbare-Energien-Richtlinie; RL 2009/29/EG Emissionshandels-Richtlinie; RL 2009/33/EG Richtlinie über die Förderung sauberer und energieeffizienter Straßenfahrzeuge; RL 2009/125/EG Ökodesign-Richtlinie; RL 2010/30/EU Energieverbrauchskennzeichnungs-Richtlinie; RL 2010/31/EU EU-Gebäuderichtlinie EPDB; RL 2012/27/EU Energieeffizienzrichtlinie.

[515] Reformiertes Erneuerbare-Energien-Gesetz (EEG 2014), Verordnung zur Kennzeichnung von energieverbrauchsrelevanten Produkten mit Angaben über den Verbrauch an Energie und an anderen wichtigen Ressourcen (Energieverbrauchskennzeichnungsverordnung, BGBl. 2013 I 3221); Verordnung über Verbraucherinformationen zu Kraftstoffverbrauch, CO2-Emissionen und Stromverbrauch neuer Personenkraftwagen (PW-EnVKV, BGBl. 2015 I 1474).

[516] *Fehns-Böhner* in Müller-Wrede GWB Rn. 84.

[517] Nach dem Mindestlohngesetz v. 11.8.2014 (BGBl. 2014 I 1348) hat jeder Arbeitnehmer in Deutschland Anspruch auf ein Mindestentgelt von 8,50 EUR brutto je Arbeitszeitstunde (§ 1 Abs. 1, 2 MiLoG). Mit der Mindestlohnanpassungsverordnung (MiLoV, v. 15.11.2016, BGBl. 2016 I 2530) wurde der Mindestlohn mit Wikung ab dem 1.1.2017 auf 8,84 EUR erhöht. Aufgrund der Zweiten Mindestlohnanpassungsverordnung (MiLoV2, v. 13.11.2018, BGBl. 2018 I 1876) stieg der Mindestlohn ab dem 1.1.2019 auf 9,16 EUR und ab dem 1.1.2020 auf 9,35 EUR. Die Dritte Mindestlohnanpassungsverordnung (MiLoV3, v. 9.11.2020, BGBl. 2020 I 2356) sieht sukzessive weitere Erhöhungen des Mindestlohns vor. Dieser beträgt 9,50 EUR ab dem 1.1.2021, 9,60 EUR ab dem 1.7.2021, 9,82 EUR ab dem 1.1.2022 und 10,45 EUR ab dem 1.7.2022.

[518] RegE VergRModG S. 140, zu § 128 Abs. 1; *Ziekow* DÖV 2015, 897 (901) und *Glaser*, Zwingende soziale Mindeststandards bei der Vergabe öffentlicher Aufträge, 2015, 25 gehen hingegen unter Bezugnahme auf Erwägungsgrund 37 RL 2014/24/EU davon aus, dass Art. 18 Abs. 2 Var. 2 RL 2014/24/EU eine eigenständige Bedeutung gegenüber Art. 18 Abs. 2 Var. 1 RL 2014/24/EU zukommen muss. In öffentlichen Beschaffungsprozessen, die im Anwendungsbereich der EU-Vergaberichtlinien erfolgen, sollen keine Leistungen oder Produkte beschafft werden, bei deren Erbringung, Herstellung oder Lieferung gegen die ILO-Kernarbeitsnormen verstoßen worden ist und zwar unabhängig davon, ob der Verstoß innerhalb oder außerhalb der EU erfolgte.

RL 2014/24/EU nicht dahingehend interpretiert hat, dass Bieter nur noch Waren von Zulieferern beziehen dürften, die in Ländern produzieren, die die ILO-Kernarbeitsnormen ratifiziert haben.[519] Im Schrifttum wird allerdings teilweise davon ausgegangen, dass Art. 18 Abs. 2 Var. 2 RL 2014/24/EU eine eigenständige Bedeutung gegenüber Art. 18 Abs. 2 Var. 1 RL 2014/24/EU zukommen müsse und hieraus der Schluss gezogen, dass bei öffentlichen Vergaben keine Leistungen oder Produkte beschafft werden sollten, bei deren Erbringung, Herstellung oder Lieferung gegen die ILO-Kernarbeitsnormen verstoßen wurde und zwar unabhängig davon, ob der Verstoß innerhalb oder außerhalb der EU erfolgte.[520] Hiergegen spricht allerdings, dass ein solch weitreichender Eingriff in die dem Vergaberecht immanente Beschaffungsautonomie im Text und in den Erwägungsgründen der RL 2014/24/EU sicherlich deutlicher hervorgehoben worden wäre. Die in § 118 Abs. 1 erfolgte Umsetzung der europäischen Regelung ist daher nicht zu beanstanden.

Den Erwägungsgründen 37 und 38 RL 2014/24/EU entsprechend sind die für den Auftragnehmer am Ort der Leistungserbringung geltenden rechtlichen Verpflichtungen maßgeblich. Dies ist der Ort der Ausführung der Bauleistung, bei Dienstleistungen der Ort der Erbringung der Dienstleistung, der von dem Ort, für den die Dienstleistung bestimmt ist, verschieden sein kann. So sind zB bei der Beauftragung eines Call Centers durch die öffentliche Hand die am Betriebsort des Centers geltenden rechtlichen Verpflichtungen anzuwenden, ungeachtet des Ortes, an dem der öffentliche Auftraggeber seinen Sitz hat. Bei reinen Warenlieferungen dagegen wird der Ort der Leistungserfüllung (Anlieferung, Übersendung der Ware) in der Regel der Sitz des öffentlichen Auftraggebers sein.[521] Gemäß § 36 Abs. 4 VgV gilt § 128 Abs. 1 auch für **Unterauftragnehmer** aller Stufen. 116

c) **Phasen des Vergabeverfahrens.** Darüber hinaus kann die Verfolgung strategischer Ziele 117
bei der Beschaffung systematisch grundsätzlich an jeder Phase des Verfahrens von der **Definition der Leistung** über die Festlegung von **Eignungs- und Zuschlagskriterien** bis hin zur Vorgabe von **Ausführungsbedingungen** anknüpfen.[522] Qualitative, soziale, umweltbezogene oder innovative (nachhaltige) Aspekte können somit auf allen Stufen des Vergabeverfahrens Bedeutung erlangen, je nachdem ob sie bei der Leistung oder beim Bieter ansetzen und ob sie zwingend oder einer Abwägung zugänglich sein sollen.[523] Der öffentliche Auftraggeber kann schon bei der Festlegung des zu beschaffenden Produktes bzw. der nachzufragenden Leistung strategische Zielsetzungen einfließen lassen. Regelungen für diesen Bereich sind in § 121 und der VgV niedergelegt. (→ Rn. 118 ff.). Daneben besteht die Möglichkeit, bei der Prüfung der Eignung des Bewerbers gem. § 122 strategische Zielsetzungen zu berücksichtigen und Bewerber ggf. von der Teilnahme an einem Vergabeverfahren gem. §§ 123, 124 auszuschließen (→ Rn. 133 ff.). Eine Rolle können strategische Erwägungen ebenfalls bei der Auswahl zwischen verschiedenen Angeboten spielen. Dann geht es um die Bestimmung der Zuschlagskriterien, die in § 127 geregelt ist (→ Rn. 152 ff.). § 128 Abs. 2, § 129 sehen schließlich die Möglichkeit vor, besondere Bedingungen für die Ausführung des Auftrags zu stellen, die ua umweltbezogene, soziale oder beschäftigungspolitische Belange umfassen können (→ Rn. 170 ff.). Die strategischen Kriterien sind stets nach den Rahmenbedingungen der Stufe zu beurteilen, auf der sie vom öffentlichen Auftraggeber eingeordnet worden sind. So sind zB als „Zuschlagskriterien" Kriterien ausgeschlossen, die nicht der Ermittlung des wirtschaftlichsten Angebots dienen, sondern die im Wesentlichen mit der Beurteilung der fachlichen Eignung der Bieter für die Ausführung des betreffenden Auftrags zusammenhängen.[524] Die Zulässigkeit eines Kriteriums hängt davon ab, das es gerade auf der Stufe, auf der es konkret verortet worden ist, in der gewählten Weise zulässig ist.[525] Dies bedeutet, dass falsch eingeordnete Kriterien nicht geltungserhaltend umgedeutet werden können.[526]

II. Leistungsbeschreibung

1. **Festlegen des Auftragsgegenstands.** Es ist die freie Entscheidung des öffentlichen Auftrag- 118
gebers, welche Bau-, Waren- oder Dienstleistung er am Markt nachfragt. Die Beschaffungsautonomie

---

[519] So auch *Latzel* NZBau 2014, 673 (677).
[520] *Ziekow* DÖV 2015, 897 (901) und *Glaser*, Zwingende soziale Mindeststandards bei der Vergabe öffentlicher Aufträge, 2015, 25.
[521] RegE VergRModG S. 140, zu § 128 Abs. 1.
[522] *Fehns-Böer* in Müller-Wrede GWB Rn. 68, 70; Ziekow/Völlink/*Ziekow* Rn. 68; *Hattenhauer/Butzert* ZfBR 2017, 129.
[523] *Latzel* NZBau 2014, 673 (674).
[524] EuGH Urt. v. 24.1.2008 – C-532/06, Slg. 2008, I-251 Rn. 26 ff. = ECLI:EU:C:2008:40 – Lianakis AE; EuGH Urt. v. 12.11.2009 – C-199/07, Slg. 2009, I-10669 Rn. 51 ff. = ECLI:EU:C:2009:693 – ERGA.
[525] OLG Düsseldorf Beschl. v. 13.8.2014 – Verg 13/14, VergabeR 2014, 803 (806).
[526] Ziekow/Völlink/*Ziekow* Rn. 68; *Latzel* NZBau 2014, 673 (674); *Ziekow* DÖV 2015, 897 (898).

des öffentlichen Auftraggebers ist insoweit grundsätzlich[527] durch keine Vorgaben des Vergaberechts eingeschränkt.[528] Die Festlegung der nachzufragenden Leistung bietet vielfältige Möglichkeiten bei der Verfolgung strategischer Zwecksetzungen. Gerade Umweltschutzanforderungen lassen sich besonders gut in der Leistungsbeschreibung implementieren.[529] So steht es dem Auftraggeber zB frei, Elektrobusse, Recyclingpapier oder Strom aus erneuerbaren Energien[530] nachzufragen. Ausnahmsweise können auch soziale Aspekte selbst Auftragsgegenstand sein,[531] wenn zB die Durchführung eines sozialen Jugendprojektes ausgeschrieben wird. Das sekundäre Recht der EU erfasst diesen Bereich nicht und die Restriktionen des Primärrechts, insbesondere durch die Grundfreiheiten sind bisher eher theoretischer Natur.[532] Jedenfalls hat der EuGH bislang noch nicht die Nachfrage nach einem bestimmten Gegenstand als diskriminierend oder freiheitsbeschränkend eingestuft. Diese Schwierigkeiten treten erst auf, wenn sich der Auftraggeber auf bestimmte Produkttypen, Patente, Marken oÄ festlegt[533] und damit den in Art. 42 Abs. 4 RL 2014/24/EU, § 31 Abs. 6 VgV festgelegten Grundsatz der Produktneutralität der Ausschreibung verletzt. Hiernach darf in der Leistungsbeschreibung nicht auf eine bestimmte Produktion oder Herkunft oder ein besonderes Verfahren, das die Erzeugnisse oder Dienstleistungen eines bestimmten Unternehmens kennzeichnet, oder auf gewerbliche Schutzrechte, Typen oder einen bestimmten Ursprung verwiesen werden, wenn dadurch bestimmte Unternehmen oder bestimmte Waren begünstigt oder ausgeschlossen würden, es sei denn dieser Verweis ist durch den Auftragsgegenstand gerechtfertigt. Solche Verweise sind ausnahmsweise dann zulässig, wenn der Auftragsgegenstand anderenfalls nicht hinreichend genau oder allgemein verständlich beschrieben werden könnte, wobei solche Verweise mit dem Zusatz „oder gleichwertig" zu versehen sind.

119 **2. Definition der Leistung, technische Spezifikationen.** Auch schon vor Erlass der RL 2014/24/EU konnten als technische Spezifikationen bestimmte Umwelteigenschaften der zu beschaffenden Leistung verlangt werden,[534] zB eine bestimmte Obergrenze für Emissionen, Recyclingfähigkeit, aber auch bestimmte Produktionsmethoden.[535] Art. 42 Abs. 1 UAbs. 2 RL 2014/24/EU bestimmt nunmehr ausdrücklich, dass sich die geforderten Merkmale auch auf den spezifischen Prozess oder die spezifische Methode zur Produktion bzw. Erbringung der angeforderten Bauleistungen, Lieferungen oder Dienstleistungen beziehen können, auch wenn derartige Faktoren nicht materielle Bestandteile von ihnen sind. Voraussetzung für die Zulässigkeit derartiger Spezifikationen ist jedoch, dass sie in Verbindung mit dem Auftragsgegenstand stehen und zu dessen Wert und Zielen verhältnismäßig sind.

120 § 121 führt den – bisher in Teil 4 des GWB nicht enthaltenen – zentralen Begriff der **Leistungsbeschreibung** ein und setzt damit Art. 42 Abs. 1 RL 2014/24/EU in Teilen um. § 121 verwendet den Begriff sowohl im materiellen wie im formellen Sinne (→ § 121 Rn. 5 ff.). In der Leistungsbeschreibung definiert der öffentliche Auftraggeber den Vertragsgegenstand als solchen, also die zu beschaffende Bau-, Waren- oder Dienstleistung. Nach § 121 Abs. 1 enthält die Leistungsbeschreibung alle Leistungsmerkmale, Bedingungen, Umstände und technischen Anforderungen, deren Kenntnis für die Erstellung des Angebots erforderlich sind. Der öffentliche Auftraggeber legt mit der Leistungs-

---

[527] Zu den Ausnahmen („design for all"): *Neun/Otting* EuZW 2014, 446 (450).
[528] OLG Düsseldorf Beschl. v. 1.8.2012 – VII-Verg 10/12, NZBau 2012, 785 Rn. 45 ff. – MoWaS; OLG Düsseldorf Beschl. v. 22.5.2013 – VII-Verg 16/12, NZBau 2013, 650 Rn. 38 ff. – HISinOne; HK-VergabeR/*Fehling* Rn. 116 spricht insoweit von dem weitestmöglichen, nur durch das Willkürverbot begrenzten Spielraum.
[529] HK-VergabeR/*Fehling* Rn. 116.
[530] In EuGH Urt. v. 4.12.2003 – C-448/01, Slg. 2003, I-14527 = ECLI:EU:C:2003:651 – EVN AG und Wienstrom GmbH hielt der EuGH es bereits für ein denkbares zulässiges Zuschlagskriterium, nach welchem Strom aus erneuerbaren Energieträgern bevorzugt wird. Der EuGH verneinte im konkreten Fall allerdings den Zusammenhang mit dem Gegenstand des Auftrags, da sich das Zuschlagskriterium nicht auf die Strommenge im Rahmen des ausgeschriebenen Auftrags abstellte, sondern auf die Strommenge, die der Bieter anderen Abnehmern geliefert hatte bzw. zu liefern beabsichtigte. Ausf. zum Ökostrom sowie zur Problematik des „greenwashing" von konventionell erzeugtem Strom: *Funk/Tomerius* KommJur 2016, 47 (51 f.).
[531] *Latzel* NZBau 2014, 673 (675) mit dem Beispiel der Anleitung von Langzeitarbeitslosen bei der Reinigung öffentlicher Parkanlagen.
[532] Zu möglichen Diskriminierungen zB bei Nachfrage nur inländischer Produkte zur Vermeidung von Umweltbelastungen durch Transportwege: *Kühling* VerwArch 2004, 337 (351).
[533] EuGH Urt. v. 22.9.1988 – C-45/87, Slg. 1988, 4929 = ECLI:EU:C:1988:435 – Kommission/Irland; EuGH Urt. v. 24.1.1994 – C-359/93, Slg. 1995, I-157 Rn. 27 = ECLI:EU:C:1995:14 – Kommission/Niederlande (UNIX); EuGH Urt. v. 3.12.2001 – C-59/00, Slg. 2001, I-9505 = ECLI:EU:C:2001:654 – Vestergaard.
[534] EuGH Urt. v. 10.5.2012 – C-368/10, NZBau 2012, 445 Rn. 61 ff. = ECLI:EU:C:2012:284 – Kommission/Niederlande (EKO/Max Havelaar) zu Art. 23 Vergabe-RL 2004.
[535] Ziekow/Völlink/*Ziekow*, 2. Aufl. 2013, Rn. 115 f.

beschreibung also den Auftragsgegenstand und damit sowohl den sachlichen Gehalt der Angebote als auch den Inhalt des abzuschließenden Vertrags fest. Die Formulierung von § 121 Abs. 1 lässt einen weiten Spielraum bei Art und Umfang der Beschreibung zu. So kann der Beschaffungsgegenstand durch konkrete Leistungsanforderungen oder – offener – durch Funktionsanforderungen definiert werden. Bei geistigschöpferischen Leistungen, etwa mit Blick auf zu erbringende Planungsleistungen, kann auch bereits die Beschreibung der zu lösenden Aufgabe ausreichen. Die Vorschrift greift den Regelungsgehalt der § 7 EG VOB/A, § 8 EG VOL/A und § 6 VOF auf.[536] Die Leistungsbeschreibung eröffnet für die Einbindung strategischer Ziele in das Vergabeverfahren den zeitlich ersten Anknüpfungspunkt.[537]

Die Anforderungen des Art. 42 RL 2014/24/EU iVm Anhang VII Nr. 1 RL 2014/24/EU **121** werden im Rahmen der VgV (§ 31 VgV) umgesetzt. Eine Technische Spezifikation bei Liefer- oder Dienstleistungen ist gem. Ziffer 1 Anlage 1 VgV eine Spezifikation, die in einem Schriftstück enthalten ist, das Merkmale für ein Produkt oder eine Dienstleistung vorschreibt. Als Beispiele werden Qualitätsstufen, Umwelt- und Klimaleistungsstufen sowie „Design für Alle" (einschließlich des Zugangs von Menschen mit Behinderungen) genannt. Ferner wird klargestellt, dass die vom öffentlichen Auftraggeber geforderten Merkmale der Leistung nicht zwingend materielle Auswirkungen auf die Leistung selbst haben müssen. Vielmehr können sich die vom öffentlichen Auftraggeber vorgegebenen Merkmale auch auf die Art der Herstellung der Leistung einschließlich der Aspekte entlang der Produktions- und Lieferkette oder einen spezifischen Prozess des Lebenszyklus' der Liefer- oder Dienstleistung (zB mit Blick auf deren Recycling-Fähigkeit) beziehen.[538] Damit sind auch Vorgaben zu bestimmten Umständen der Herstellung von Lieferleistungen – wie etwa die Einhaltung der ILO-Kernarbeitsnormen entlang der Produktionskette – bereits auf Ebene der Leistungsbeschreibung möglich.[539] Derartige Faktoren müssen allerdings mit dem Auftragsgegenstand in **Verbindung**[540] stehen und zu dessen Wert und Beschaffungszielen verhältnismäßig sein (§ 31 Abs. 3 VgV). Kriterien, welche die generelle Unternehmenspolitik des Bieters betreffen, insbesondere Quoten und Förderprogramme sind daher ein Ermangelung des notwendigen Auftragsbezugs keine zulässigen Spezifikationen.[541] Ebenso wenig darf auf Fragen der internen Unternehmensorganisation eingegangen werden, beispielsweise indem verlangt wird, der Auftragnehmer dürfe auch ansonsten in seinem Betrieb nur Recyclingpapier verwenden.

a) Umweltbezogene Aspekte. Bei den technischen Spezifikationen kann der öffentliche Auf- **122** traggeber vor allem umweltpolitische Aspekte berücksichtigen. Die Vorgabe eines **ökologischen Produktionsprozesses** ist gemessen an Art. 42 Abs. 1 RL 2014/24/EU, § 31 VgV zulässig, da sie in Verbindung mit dem Auftragsgegenstand steht und zu dessen Wert und Zielen verhältnismäßig ist. Möglich ist es, umweltfreundlichen Strom aus erneuerbaren Energiequellen oder Lebensmittel aus biologisch-organischem Anbau nachzufragen.[542] Ebenso dürfen Vorgaben gemacht werden, die Vorprodukte der eigentlichen Leistung betreffen. So sieht zB § 2 Abs. 2 Nr. 1, 3 LAbfG Baden-Württemberg[543] vor, dass grundsätzlich Produkten der Vorzug zu geben ist, die aus Abfällen bzw. aus nachwachsenden Rohstoffen (zB Holz aus nachhaltiger Beforstung) hergestellt sind.

Schließlich können Umweltmerkmale gem. Art. 43 Abs. 3a RL 2014/24/EU, § 31 Abs. 2 Nr. 1 **123** VgV auch in Form von **Leistungs- oder Funktionsanforderungen** in die Auftragsbeschreibung einfließen. Die funktionale Leistungsbeschreibung, die keine derart detaillierten Anforderungen an den Auftragsgegenstand stellt, wie dies beim Rückgriff auf technische Spezifikationen der Fall ist, bietet sich vor allem zur Förderung ökologischer Innovationen an.[544] Aber auch im Rahmen technischer Spezifikationen stehen den Vergabestellen eine Vielzahl von Möglichkeiten zur Aufnahme umweltschutzbezogener Anforderungen zur Verfügung. So kann der Auftraggeber produktspezifische Vorgaben, wie zum Beispiel die Verwendung eines nachhaltigen Rohstoffs festlegen oder bestimmen, dass bestimmte Chemikalien nicht enthalten sein dürfen.[545] Der öffentliche Auftraggeber kann zB auch verlangen, dass ein Computer stündlich nicht mehr als eine bestimmte Menge Energie

---

[536] Begr. RegE VergRModG S. 123, zu § 121.
[537] Fehns-Böer in Müller-Wrede Rn. 100.
[538] Begr. RegE VergRModG S. 123, zu § 121 Abs. 1.
[539] Begr. RegE VergRModG S. 123, zu § 121; Begr. VergRModVO, BR-Drs. 87/16, 185, zu § 31 Abs. 3 VgV.
[540] Von einem „funktionalen Zusammenhang" spricht insoweit Siegel VergabeR 2013, 370 (372).
[541] Latzel NZBau 2014, 673 (675).
[542] Kom., Umweltorientierte Beschaffung! Ein Handbuch für ein umweltorientiertes öffentliches Beschaffungswesen, 3. Aufl. 2016, Kap. 3.
[543] Gesetz zur Neuordnung des Abfallrechts für Baden-Württemberg (Landesabfallgesetz – LAbfG) v. 14.10.2008 (GBl. 2008, 370) zuletzt geändert durch Art. 4 des Gesetzes v. 17.12.2009 (GBl. 2009, 802).
[544] Funk/Tomerius KommJur 2016, 1 (3).
[545] Funk/Tomerius KommJur 2016, 1 (3).

verbraucht oder dass ein Fahrzeug nicht mehr als eine bestimmte Menge Schadstoffe emittiert. Ferner können auch die Produktionsprozesse oder Produktionsmethoden für eine Ware, eine Dienstleistung oder eine Bauleistung vorgegeben werden.[546] Letztlich können sämtliche Umweltauswirkungen der Leistung berücksichtigt werden. Bei Lieferaufträgen sind dies vor allem Umweltauswirkungen der bei der Produktherstellung verwendeten Materialien und Auswirkungen von Produktionsprozessen, Verwendung erneuerbarer Rohstoffe bei der Produktherstellung, Energie- und Wasserverbrauch des Produkts bei seiner Verwendung, Langlebigkeit/Lebensdauer des Produkts, Möglichkeiten für die Wiederverwertung/Wiederverwendung des Produkts am Ende seiner Lebensdauer sowie Verpackung und Beförderung des Produkts. Bei Dienstleistungen spielen zB die bei der Erbringung der Leistung verwendeten Produkte/Materialien, aber auch der Energie- und Wasserverbrauch sowie das Abfallaufkommen bei der Dienstleistungserbringung eine Rolle.[547] Bei einer Ausschreibung von Reinigungsleistungen kann in den technischen Spezifikationen zB vorgegeben werden, dass die Reinigungsleistungen nach der Norm ISO 14001 oder einer gleichwertigen Norm zu erbringen sind, alle Plastikbeutel biologisch abbaubar sein müssen, der anfallende Abfall zu sortieren ist und Toilettenpapier und Papierhandtücher aus recyceltem Papier hergestellt sein müssen.[548]

124 Allgemein dürfen Umweltanforderungen nicht so formuliert werden, dass sie zur Übernahme spezifisch deutscher Standards oder technischer **Normen** zwingen (vgl. § 32 VgV). Denn diese sind deutschen Anbietern naturgemäß weit leichter zugänglich und führen daher oftmals zu einer mittelbaren Diskriminierung ausländischer Konkurrenten.[549] Greift der Auftraggeber zur Festlegung umweltbezogener technischer Spezifikationen auf bestimmte Normen zurück, hat er gem. Art. 42 Abs. 3 lit. b RL 2014/24/EU den Vorrang europäischer und internationaler Normen vor rein nationaler Normen zu beachten.

125 Öffentliche Auftraggeber, die beabsichtigen, Bauleistungen, Lieferungen oder Dienstleistungen mit spezifischen umweltbezogenen Merkmalen zu erwerben, können auf bestimmte **Gütezeichen** Bezug nehmen, wie etwa das europäische Umweltzeichen, (multi)nationale Umweltzeichen oder andere Gütezeichen,[550] sofern die Anforderungen für den Erwerb des Gütezeichens einen Bezug zum Auftragsgegenstand – wie der Beschreibung der Ware und ihrer Präsentation, einschließlich Anforderungen an die Verpackung – aufweisen. Darüber hinaus müssen diese Anforderungen auf der Grundlage objektiv überprüfbarer Kriterien und unter Anwendung eines Verfahrens, an dem sich die Akteure – wie Regierungsstellen, Verbraucher, Hersteller, Vertriebsunternehmen und Umweltorganisationen – beteiligen können, definiert und angenommen werden, und dass das Gütezeichen für alle interessierten Parteien zugänglich und verfügbar ist (§ 34 Abs. 2 VgV).[551] Der Auftraggeber muss auch andere Gütezeichen akzeptieren, die gleichwertige Anforderungen an die Leistung stellen (§ 34 Abs. 4 VgV). Ein Beispiel für eine umweltbezogene technische Spezifikation findet sich in dem Gemeinsamen Erlass (verschiedener Bundesministerien) zur Beschaffung von Holzprodukten vom 22.12.2010. In diesem wird angeordnet, dass Holzprodukte, die durch die Bundesverwaltung beschafft werden, nachweislich aus legaler und nachhaltiger Waldbewirtschaftung stammen müssen, wobei der Nachweis vom Bieter durch Vorlage eines Zertifikats von FSC, PEFC, eines vergleichbaren Zertifikats oder durch Einzelnachweise zu erbringen ist. Vergleichbare Zertifikate oder Einzelnachweise werden anerkannt, wenn vom Bieter nachgewiesen wird, dass die für das jeweilige Herkunftsland geltenden Kriterien des FSC oder PEFC erfüllt werden.[552]

126 Für die Beschaffung **energieverbrauchsrelevanter Liefer- und Dienstleistungen** iSd § 67 Abs. 1 VgV bestehen besondere Vorgaben, die den Europäischen Richtlinien zur Förderung der Energieeffizienz Rechnung tragen.[553] Für energieverbrauchsrelevante Liefer- und Dienstleistungen schreibt § 67 Abs. 2 VgV vor, dass in der Leistungsbeschreibung das höchste Leistungsniveau an

---

[546] Kom., Umweltorientierte Beschaffung! Ein Handbuch für ein umweltorientiertes öffentliches Beschaffungswesen, 3. Aufl. 2016, 36.
[547] Kom., Umweltorientierte Beschaffung! Ein Handbuch für ein umweltorientiertes öffentliches Beschaffungswesen, 2. Aufl. 2011, 32.
[548] Kom., Umweltorientierte Beschaffung! Ein Handbuch für ein umweltorientiertes öffentliches Beschaffungswesen, 2. Aufl. 2011, 34.
[549] HK-VergabeR/*Fehling* Rn. 106, 117.
[550] *Funk/Tomerius* KommJur 2016, 1 (4) weisen zutr. darauf hin, dass Umweltzeichen dem Auftraggeber bereits die Untersuchung des Marktes auf ökologische Alternativen zu konventionellen Produkten erleichtern.
[551] Vgl. hierzu Erwägungsgrund 75 RL 2014/24/EU; Beispiele für ein solche Gütezeichen sind der Blaue Engel, der zur Kennzeichnung von umweltfreundlichem Recyclingpapier verwendet wird, vgl. *Burgi* VergabeR § 12 Rn. 25, sowie das EU-Umweltzeichen und der Nordische Schwan, vgl. Kom., Umweltorientierte Beschaffung! Ein Handbuch für ein umweltorientiertes öffentliches Beschaffungswesen, 3. Aufl. 2016, 20.
[552] Gem. Erwägungsgrund 74 RL 2014/24/EU sollte es Sache des Wirtschaftsteilnehmers sein, den Nachweis für die Gleichwertigkeit mit dem geforderten Gütezeichen zu erbringen.
[553] Vgl. hierzu *Funk/Tomerius* KommJur 2016, 47 (50 f.); *Burgi* VergabeR § 12 Rn. 25.

D. Strategische Ziele bei der Vergabe (Abs. 3) 127, 128 § 97 GWB

Energieeffizienz und – soweit vorhanden – die höchste Energieeffizienzklasse im Sinne der Energieverbrauchskennzeichnungsverordnung gefordert werden müssen. Zusätzlich ist die Energieeffizienz gem. § 67 Abs. 5 VgV als Zuschlagskriterium angemessen zu berücksichtigen.[554] Bei der Beschaffung von **Straßenfahrzeugen** hat der öffentliche Auftraggeber gem. § 68 Abs. 1, 2 VgV allerdings die Wahl, ob er Vorgaben zum Energieverbrauch und Umweltauswirkungen (Emissionen von Kohlendioxid, Stickoxiden und Nichtmethan-Kohlenwasserstoffen sowie partikelförmige Abgasbestandteile) zum Gegenstand der Leistungsbeschreibung macht oder als Zuschlagskriterium berücksichtigt.[555] Nach der Regelung des § 45 Abs. 1 S. 2 KrWG schließlich haben Bundesbehörden bei der Beschaffung und Verwendung von Material und Gebrauchsgütern, bei Bauvorhaben und sonstigen Aufträgen möglichst Erzeugnisse einzusetzen, die sich durch Langlebigkeit, Reparaturfreundlichkeit und Wiederverwendbarkeit oder -verwertbarkeit auszeichnen, die im Vergleich zu anderen Erzeugnisen zu weniger oder zu schadstoffärmeren Abfällen führen oder die durch Vorbereitung zur Wiederverwendung oder durch Recycling aus Abfällen hergestellt worden sind. Im Übrigen bilden die zwingenden Vorgaben des KrWG auch eine Grenze für das Leistungsbestimmungsrecht.[556]

b) Soziale Aspekte. In technischen Spezifikationen können öffentliche Auftraggeber solche 127 sozialen Anforderungen vorsehen, die die betreffende Ware oder die betreffende Dienstleistung unmittelbar charakterisieren, wie das Kriterium der **Zugänglichkeit für Menschen mit Behinderung** oder das Kriterium „**Design für Alle**"[557] (→ § 121 Rn. 42 ff.). Mit Zugänglichkeit der Leistung für Menschen mit Behinderungen ist die Sicherstellung der Barrierefreiheit gemeint. Hiermit wird die Terminologie des Art. 9 Abs. 1 UN-Behindertenrechtskonvention aufgegriffen, welche in Deutschland aufgrund des Zustimmungsgesetzes vom 21.12.2008 (BGBl. 2008 II 419) unmittelbare Wirkung entfaltet und auch für das Unionsrecht aufgrund des Beschlusses des Rates vom 26.11.2009 über den Abschluss des Übereinkommens der Vereinten Nationen über die Rechte von Menschen mit Behinderungen durch die Europäische Gemeinschaft (ABl. 2010 L 23, 35) maßgeblich ist. Die Anforderungen des „Designs für Alle" erfassen über den Begriff der „Zugänglichkeit für Menschen mit Behinderungen" hinaus auch die Nutzbarkeit und Erlebbarkeit für möglichst alle Menschen – also die Gestaltung von Bauten, Produkten und Dienstleitungen auf eine Art und Weise, dass sie die Bandbreite menschlicher Fähigkeiten, Fertigkeiten, Bedürfnisse und Vorlieben berücksichtigen, ohne Nutzer durch Speziallösungen zu stigmatisieren. Das Kriterium des „Designs für Alle" schließt also die „Zugänglichkeit für Menschen mit Behinderungen" ein.[558] In Durchbrechung des Grundsatzes der Beschaffungsautonomie[559] regelt § 121 Abs. 2 – in Umsetzung von Art. 42 Abs. 1 UAbs. 4, 5 RL 2014/24/EU – eine Verpflichtung des öffentlichen Auftraggebers, bei jeglicher Beschaffung, die zur Nutzung durch natürliche Personen vorgesehen ist, die technischen Spezifikationen – außer in ordnungsgemäß begründeten Fällen – so zu erstellen, dass die Zugänglichkeitskriterien für Personen mit Behinderungen oder der Konzeption für alle Nutzer berücksichtigt werden. Bei Bau-, Liefer- und Dienstleistungen sind bereits bei der Definition des Beschaffungsbedarfs die Aspekte des „Designs für Alle" einschließlich des Zugangs für Menschen mit Behinderung zu berücksichtigen, um dieser Personengruppe einen gleichberechtigten Zugang oder die gleichen Nutzungsmöglichkeiten an einem öffentlichen Gebäude, einem Produkt oder einer Dienstleistung zu ermöglichen.[560] Sofern es für die Zugänglichkeit (Barrierefreiheit) für Menschen mit Behinderungen bereits nationale oder internationale Normen gibt, sind diese grundsätzlich anzuwenden.[561]

Wie sich den Erwägungsgründen der RL 2014/24/EU entnehmen lässt, ist die soziale Beschaf- 128 fung als grundsätzlich gleichwertig mit der umweltorientierten Beschaffung anzusehen.[562] Neu ist, dass nunmehr auch allgemeine **soziale Produktionsumstände** taugliche technische Spezifikationen

---

[554] Diese Regelung dient der Umsetzung von Richtlinie 2010/30/EU und Richtlinie 2012/27/EU.
[555] Diese Regelung dient der Umsetzung von Art. 1, 5 der Richtlinie 2009/33/EG (sog. „Clean-Vehicles-Directive").
[556] OLG Frankfurt a. M. Beschl. v. 21.7.2020 – 11 Verg 9/19, BeckRS 2020, 20589, nach dem bei der quotalen Vorgabe der Entsorgungswege von PAKhaltigem Straßenaufbruch eine komplexe Prüfung und Abwägung nach §§ 6–8 KrWG erfolgen müsse, hierfür allerdings keine Ökobilanz iSd DIN EN ISO 14044 erforderlich sei.
[557] Erwägungsgrund 99 RL 2014/24/EU; die Sicherstellung der Zugänglichkeit für Menschen mit Bhinderungen wird in § 31 Abs. 5 Vgv bzw. § 7a EU Abs. 1 Nr. 5 VOB/A ausdrücklich hervorgehoben, vgl. auch *Burgi* VergabeR § 12 Rn. 26.
[558] VergRModVO, BR-Drs. 87/16, 212, Begr. zu § 58.
[559] *Neun/Otting* EuZW 2014, 446 (450).
[560] Beispiele hierfür sind die Bestellung von Niederflurfahrzeugen im ÖPNV oder die Vorgabe einer rollstuhlgerechten Gestaltung des Beauwerks, vgl. HK-VergabeR/*Fehling* Rn. 116; *Frenz* NZBau 2007, 17 (20 f.).
[561] Begr. RegE VergRModG, zu § 121.
[562] Erwägungsgrund 75 RL 2014/24/EU.

Kühnast

sein können, auch wenn die Arbeitsbedingungen der zur Auftragsausführung eingesetzten Arbeitnehmer nicht einen spezifischen technischen Prozess oder eine spezifische technische Methode der Leistungserbringung auszeichnen. Die Beachtung von **ILO-Kernarbeitsnormen** kann daher nicht nur Ausführungsbedingung, sondern auch schon tauglicher Gegenstand der Leistungsbeschreibung sein.[563] Die ILO-Kernarbeitsnormen sind ein Sammelbegriff für acht Übereinkommen,[564] in denen die vier Grundprinzipien der Internationalen Arbeitsorganisation – die Vereinigungsfreiheit und das Recht auf Kollektivverhandlungen, die Beseitigung der Zwangsarbeit, die Abschaffung der Kinderarbeit und das Verbot der Diskriminierung in Beschäftigung und Beruf – ausgestaltet worden sind.

129 Die Verpflichtung zur Anwendung der ILO-Kernarbeitsnormen kann allerdings nach der Rechtsprechung der Verwaltungsgerichte im Einzelfall unzulässig sein.[565] So hatte sich das BVerwG[566] mit der Regelung einer städtischen Friedhofsatzung zu beschäftigen, nach der nur Grabmale aufgestellt werden dürfen, die nachweislich in der gesamten Wertschöpfungskette ohne ausbeuterische Kinderarbeit im Sinne der ILO-Konvention 182 hergestellt wurden. Das BVerwG erkannte, dass die Regelung das rechtsstaatliche Gebot der Normenklarheit und hinreichenden Bestimmtheit verletze, da für den Normbetroffenen nicht im Voraus erkennbar sei, welche Nachweise zum Beleg dafür, dass die Grabmale nicht aus ausbeuterischer Kinderarbeit herrühren, anerkannt würden. Mangels verlässlicher Zertifizierungssysteme und Gütesiegel unabhängiger Organisationen[567] könnten sich die Steinmetzbetriebe nur auf Eigenerklärungen von Herstellern und Lieferanten stützen, die jedoch keinerlei Sicherheit hinsichtlich des Merkmals „frei von Kinderarbeit" garantieren können. Ferner stelle die den Kommunen eingeräumte allgemeine Satzungsbefugnis sowie die Befugnis, die Benutzung ihrer öffentlichen Einrichtungen zu regeln, keine ausreichende gesetzliche Ermächtigungsgrundlage dar, um einen Eingriff in die durch Art. 12 Abs. 1 GG geschützte Berufsausübungsfreiheit der Steinmetze zu rechtfertigen, zumal dieser Eingriff mangels validen Nachweismöglichkeiten unverhältnismäßig sei.[568] Ebenso entschied der VGH Mannheim dass die Regelung einer städtischen Friedhofsatzung, nach der nur Grabsteine verwendet werden dürfen, die nachweislich aus fairem Handel stammen und ohne ausbeuterische Kinderarbeit hergestellt sind, unwirksam sei. Der Senat ließ offen, ob im Anschluss an das BVerwG der Gesetzgeber auch das erforderliche Nachweissystem wegen seiner Bedeutung für die Grundrechtsausübung jedenfalls in seinen Grundzügen selbst regeln müsse.[569] In jedem Falle sei die Forderung eines Nachweises mittels Zertifikats, dass die Grabsteine aus fairen Handel stammen und ohne ausbeuterische Kinderarbeit hergestellt sind, mit dem Verhältnismäßigkeitsgrundsatz vereinbar, wenn für den Betroffenen hinreichend erkennbar sei, welche Nachweismöglichkeiten bestehen und als ausreichend gelten. Hierzu müsse entweder eine hinreichend gesicherte Verkehrsauffassung bestehen, welche bestehenden Zertifikate als vertrauenswürdig gelten können, eine zuständige staatliche Stelle müsse diese Zertifikate als vertrauenswürdig anerkannt haben oder in der Regelung müsste ausdrücklich geregelt sein, welche Zertifikate als Nachweis ausreichen.[570] Diese Voraussetzungen sah der VGH Mannheim jedoch nicht als erfüllt an. Mangels eines allgemein anerkannten Zertifikats sei die Norm nicht vollzugsfähig und daher bereits nicht geeignet, den verfolgten Zweck, dass Grabsteine aus ausbeuterischer Kinderarbeit nicht verwendet werden, zu fördern. Aufgrund ihrer mangelnden Umsetzbarkeit belaste die Norm zudem die betroffenen Steinmetze übermäßig und sei daher unverhältnismäßig.[571]

130 Auch die vorliegenden Evaluationen der Landesvergabegesetze weisen bei der Einhaltung der ILO-Kernarbeitsnormen auf deutliche Umsetzungsdefizite in der Praxis hin.[572] In Berlin wiesen der DBG und die Nichtregierungsorganisation WEED darauf hin, dass es „bisher zu wenig Beschaf-

---

[563] Begr. RegE VergRModG S. 123, zu § 121; VergRModVO, BR-Drs. 87/16, 185, Begr. zu § 31 Abs. 3 VgV; *Burgi* VergabeR § 12 Rn. 26 f.; aA *Latzel* NZBau 2014, 673 (675).

[564] Übereinkommen 87 – Vereinigungsfreiheit und Schutz des Vereinigungsrechtes, 1948; Übereinkommen 98 – Vereinigungsrecht und Recht zu Kollektivverhandlungen, 1949; Übereinkommen 29 – Zwangsarbeit, 1930 und Protokoll von 2014 zum Übereinkommen über Zwangsarbeit, 1930; Übereinkommen 105 – Abschaffung der Zwangsarbeit, 1957, Übereinkommen 138 – Mindestalter, 1973; Übereinkommen 111 – Diskriminierung (Beschäftigung und Beruf), 1958; Übereinkommen 100 – Gleichheit des Entgelts, 1951; Übereinkommen 182 – Verbot und unverzügliche Maßnahmen zur Beseitigung der schlimmsten Formen der Kinderarbeit, 1999.

[565] Ausf. hierzu *Krajewski* DÖV 2014, 721.

[566] BVerwG Urt. v. 16.10.2013 – 8 CN 1.12, BVerwGE 148, 133.

[567] Vgl. dazu auch die Antwort der Bundesregierung auf die Kleine Anfrage der FDP-Fraktion, BT-Drs. 16/12988, 5 f.

[568] BVerwG Urt. v. 16.10.2013 – 8 CN 1.12, BVerwGE 148, 133.

[569] VGH Mannheim Urt. v. 29.4.2014 – 1 S 1458/12, VBlBW 2014, 462.

[570] VGH Mannheim Urt. v. 29.4.2014 –1 S 1458/12, DÖV 2014, 680.

[571] VGH Mannheim Urt. v. 29.4.2014 –1 S 1458/12, DÖV 2014, 680.

[572] LT-Drs. MV 6/3887, 31; LT-Drs. NRW 16/2771, 64, 67, 68.

fungsvorgänge gebe, bei denen glaubwürdige und vorbildliche Zertifikate zur Einhaltung der ILO-Normen vorgelegt werden könnten".[573] Probleme für die Bieter bereiten insbesondere die fehlenden Möglichkeiten von Unternehmen, die Vorgaben der ILO-Kernarbeitsnormen entlang ihrer Lieferkette zweifelsfrei zu überprüfen.[574] Gerade aufgrund des transnationalen Charakters vieler Wertschöpfungsketten ist es den Unternehmen nicht möglich zu kontrollieren und zu versichern, ob alle Lieferanten die ILO-Normen eingehalten hätten. Überdies seien entsprechende Zertifikate kaum vorhanden und nicht hinreichend kontrolliert. Wenig überraschend überwiegt in der konkreten Vergabepraxis dann die Abgabe von Eigenerklärungen der Bieter, dass ILO-Kernarbeitsnormen eingehalten worden seien.[575] Aufgrund transnationaler und komplexer Wertschöpfungsketten stellt der Nachweis der Einhaltung bestimmter Standards über den gesamten (globalen) Prozess teilweise eine nicht zu bewältigende Herausforderung dar, da eine stoffbezogene Rückverfolgung kaum möglich ist.[576] Zudem existieren bisher nicht für alle Produkte – wie zB bei Computern und anderen elektronischen Geräten sozialverantwortlich produzierte Alternativen.[577] Als Alternative zu (nicht-kontrollierten) Eigenerklärungen, die kaum geeignet sein dürften, die globalen Arbeitsbedingungen zu verbessern, werden daher teilweise die Nutzung von Bieterdialogen und Unternehmensvernetzung als ein sinnvoller Weg zur Förderung der Einhaltung der ILO-Kernarbeitsnormen befürwortet.[578]

c) Aspekte der Qualität und Innovation. Zu den technischen Spezifikationen gehören schließlich gem. Anhang VII Nr. 1b RL 2014/24/EU, Anlage 1 Ziffer 1 VgV auch **Qualitätsstufen,** die für einen öffentlichen Dienstleistungs- oder Lieferauftrag festgelegt werden können. Die Festlegung von Eignungskriterien ist dabei immer auch eine Maßnahme der Qualitätssicherung.[579] Wenn das Qualitätsniveau durch die Leistungsbeschreibung eindeutig und erschöpfend festgelegt wird, kann der Auftrag auf das preislich günstigste Angebot vergeben werden. Umgekehrt kann der Auftraggeber auch als Preisfixierer agieren, sodass Gegenstand des Bieterwettbewerbs nur noch ist, welcher Bieter die gewünschte Leistung mit der besten Qualität bereitstellt.[580] Funktions- und Leistungsanforderungen sind überdies ein geeignetes Mittel, um im öffentlichen Auftragswesen **Innovationen** zu fördern, und sollten möglichst breite Verwendung finden.[581] Dabei steht die Innovationsförderung in engem Zusammenhang mit den sonstigen, vor allem sozial- und umweltpolitischen Zielsetzungen. Forschung und Innovation, einschließlich Öko-Innovation und sozialer Innovation, gehören, wie in Erwägungsgrund 48 RL 2014/24/EU hervorgehoben wird, zu den Haupttriebkräften künftigen Wachstums und stehen im Mittelpunkt der Strategie „Europa 2020" für intelligentes, nachhaltiges und integratives Wachstum. Nach dem Wunsch des Gemeinschaftsgesetzgebers soll der öffentliche Auftraggeber als „lead customer" verstärkt Anstöße zur Entwicklung von innovativen Lösungen geben („market pull") und damit die Entstehung eines Pioniermarktes („lead market) fördern.[582] Ein Beschaffungsbedarf an innovativen Liefer- und Dienstleistungen, für dessen Vergabe der öffentliche Auftraggeber eine Innovationspartnerschaft eingehen kann, liegt vor, wenn dieser nicht durch auf dem Markt bereits verfügbare Liefer- oder Dienstleistungen befriedigt werden kann (§ 19 Abs. 1 S. 2 VgV). In § 31 Abs. 1 Nr. 1 VgV ist insoweit ausdrücklich geregelt, dass in der Leistungsbeschreibung die Merkmale des Auftragsgegenstands nicht nur in Form von Leistungs- und Funktionsanforderungen, sondern auch in einer zu lösenden Aufgabe beschrieben werden können.

Integriert der Auftraggeber Aspekte der Innovation in sein Beschaffungsvorhaben, stehen nicht konkrete Beschaffungsgegenstände bzw. Leistungen im Vordergrund, sondern die Entwicklung (zumindest teilweiser) neuer Lösungen bzw. Lösungskonzepte.[583] Je größer dabei der den Bietern eingeräumte Spielraum ist, desto größer kann die Innovationswirkung ausfallen.[584] Um die am Markt möglichen Umsetzungsmöglichkeiten zu nutzen, könnte ein öffentlicher Auftraggeber zB eine

---

[573] LT-Drs. Nds. 17/2206, 33; *Burgi* VergabeR § 12 Rn. 27 empfiehlt für die Praxis zur Nachweisführung das den Einsatz von Gütezeichen iSv § 34 VgV, wie dem Fair-Traide-Siegel.
[574] LT-Drs. NRW 16/2771, 70; LT-Drs. Nds. 17/2206, 23.
[575] LT-Drs. MV 6/3887, 32.
[576] *Beck* WSI-Diskussionspapier Nr. 183, 2012, 9.
[577] *Evermann* in Dachverband Entwicklungspolitik Baden-Württemberg/Werkstatt für Ökonomie, 2013, 5 (8).
[578] *Sack/Schulten/Sarter/Böhlke,* Öffentliche Auftragsvergabe in Deutschland – Sozial und nachhaltig?, 2016, 57.
[579] *Beck* VergabeR/*Opitz* § 97 Abs. 3 Rn. 14 weist auf das Risiko hin, dass der Auftraggeber Gefahr sich günstige Auftragschancen abschneidet, je höher er das Eignungsniveau ansetzt.
[580] *Beck* VergabeR/*Opitz* § 97 Abs. 3 Rn. 13.
[581] Erwägungsgrund 74 RL 2014/24/EU.
[582] *Beck* VergabeR/*Opitz* § 97 Abs. 3 Rn. 17.
[583] *Burgi* NZBau 2011, 577 (579); *Fehns-Böhner* in Müller-Wrede GWB Rn. 91.
[584] *Burgi* NZBau 2011, 577 (579).

Ausschreibung auf die Verpflichtung zur Entwicklung einer Energiedienstleistung für Raumklima beschränken, statt eine konkrete Klimaanlage auszuschreiben.[585]

III. Strategische Ziele bei der Eignungsprüfung

133 Strategische Ziele können schließlich im Rahmen des Vergabeverfahrens bei der Prüfung der Eignung des Bewerbers berücksichtigt werden. Anders als strategische Zuschlagskriterien stellen Eignungskriterien auf die Eigenschaften des Unternehmens und nicht des Angebots ab.[586] Gemäß § 122 Abs. 1 werden öffentliche Aufträge an **fachkundige und leistungsfähige** (geeignete) Unternehmen vergeben, die nicht nach den § 123 oder § 124 ausgeschlossen worden sind. § 122 Abs. 2, der in weiten Teilen Art. 58 RL 2014/24/EU umsetzt, benennt als Eignungskriterien abschließend die Befähigung und Erlaubnis zur Berufsausübung, die wirtschaftliche und finanzielle Leistungsfähigkeit sowie die berufliche und technische Leistungsfähigkeit. Ausschlussgründe, welche die Ungeeignetheit des Bewerbers implizieren, sind in den §§ 123, 124 geregelt, welche Art. 57 RL 2014/24/EU weitgehend nachbilden. Die umfassende Regelung der **Ausschlussgründe** wurde erst durch das VergRModG in das GWB eingefügt, obgleich auch schon Art. 45 Vergabe-RL 2004 Regelungen hierzu traf. Diese fanden insoweit nur über § 16 Abs. 1 S. 2 lit. d VOB/A, § 6 Abs. 5 lit. d VOL/A und § 4 Abs. 9 lit. b, d VOF Eingang ins deutsche Recht.

134 Die erforderliche Überprüfung der Eignung ist im Einklang mit den einschlägigen Bestimmungen der VgV zu Nachweisen (§§ 44, 45, 46, 48, 49 VgV), Eignungsleihe (§ 47 VgV) und Eigenerklärungen (§ 50 VgV) durchzuführen. Zu beachten ist hierbei insbesondere der in § 49 VgV verbriefte numerus clausus der zulässigen Nachweise der technischen und beruflichen Leistungsfähigkeit (vgl. auch Art. 60 RL 2014/24/EU). Schließlich sind bei der Eignungsprüfung der in § 97 Abs. 2 niedergelegte Gleichbehandlungsgrundsatz und das Verbot der Diskriminierung wegen der Staatsangehörigkeit zu beachten. Die Auftraggeber müssen also gleichwertige Nachweise akzeptieren und dürfen bei den geforderten Nachweisen nicht in diskriminierender Weise auf nationale Standards Bezug nehmen. Gemäß § 122 Abs. 3 kann der Nachweis der Eignung und des Nichtvorliegens von Ausschlussgründen nach den §§ 123 und 124 ganz oder teilweise durch die Teilnahme an Präqualifizierungssystemen erbracht werden.

135 **1. Ausschlussgründe mit strategischer Zielsetzung. a) Zwingende Ausschlussgründe.** Sozial- bzw. beschäftigungspolitische Zielsetzungen, zu denen die Bekämpfung von Schwarzarbeit und Steuerhinterziehung gehört, lassen sich bereits über den zwingenden Ausschlussgrund des **§ 123 Abs. 4** erreichen, der Art. 57 Abs. 2 RL 2014/24/EU nachgebildet ist. Hiernach sind Unternehmen zu jedem Zeitpunkt des Vergabeverfahrens von der Teilnahme auszuschließen, wenn das Unternehmen seinen Verpflichtungen zur Zahlung von Steuern oder Abgaben und Beiträgen zur Sozialversicherung nicht nachgekommen ist und dies durch eine rechtskräftige Gerichts- oder bestandskräftige Verwaltungsentscheidung festgestellt wurde oder der öffentliche Auftraggeber dies auf sonstige geeignete Weise nachweisen konnte. Für den „geeigneten Nachweis" wird man dabei eine förmliche Feststellung auf gesicherter, im Zweifel gerichtsfester Tatsachenbasis verlangen müssen.[587] Da sich nach deutschem Recht die Sozialversicherungsbeiträge nach dem geschuldeten Arbeitsentgelt richtet (Entstehungsprinzip, § 22 Abs. 1 S. 1 SGB IV, § 23 Abs. 1 SGB IV), eignet sich das Vergaberecht als Instrument der (Mindest-)Lohn-Compliance.[588] Dabei ist der Begriff der Sozialversicherungsbeiträge weit zu verstehen. Richtiger Ansicht nach sind auch Beiträge zu berufsständischen Versorgungswerken umfasst, da diese im Hinblick auf organisatorische Durchführung und abzudeckende Risiken als vergleichbar anzusehen sind.[589] Teilweise wird angenommen, dass neben den gesetzlichen Sozialversicherungsbeiträgen auch Beiträge zu einer in einem allgemeinverbindlichen Tarifvertrag vorgesehenen Sozialkasse erfasst sein.[590] Wie aus der Begründung des Referentenentwurfs ersichtlich ist, soll insoweit jedoch nur der fakultative Ausschlussgrund des § 124 Abs. 1 Nr. 1 eingreifen.[591]

136 Hat der Säumige seine Pflichten allerdings nachträglich erfüllt oder sich zur Zahlung der Steuern, Abgaben und Sozialversicherungsbeiträge einschließlich Zinsen, Säumnis- und Strafzuschläge ver-

---

[585] Burgi NZBau 2011, 577 (579) mit weiteren Beispielen.
[586] Zum Grundsatz der Trennung von Eignungs- und Zuschlagskriterien vgl. EuGH Urt. v. 24.1.2008 – C-532/06, Slg. 2008, I-251 Rn. 25 ff. = ECLI:EU:C:2008:40 – Lianakis AE.
[587] Latzel NZBau 2014, 673 (676).
[588] Latzel NZBau 2014, 673 (676); zur vergaberechtlichen Durchsetzung „vergabefremden" Rechts: Burgi NZBau 2014, 595 (596 f.).
[589] Hausmann/v. Hoff in KKPP GWB § 123 Rn. 48.
[590] Friton, Die Festlegung und Erfüllung von Eignungsparametern nach den EU-Vergaberichtlinien und die Umsetzung im GWB-Vergaberecht, 2016, 256; so auch Beck VergabeR/Opitz § 123 Rn. 48; BeckOK VergabeR/Friton, 18. Ed. 31.1.2019, § 123 Rn. 36.1.
[591] Begr. RegE VergRModG, 105 zu § 124.

pflichtet, so darf er deswegen nicht mehr ausgeschlossen werden (§ 123 Abs. 4 S. 2). Des Weiteren kann gem. § 123 Abs. 5 von einem Ausschluss nach Abs. 4 abgesehen werden, wenn dieser offensichtlich unverhältnismäßig wäre. Dies wird gem. Art. 57 Abs. 3 UAbs. 2 RL 2014/24/EU anzunehmen sein, wenn die Säumnis als geringfügig anzusehen ist oder wenn der Bieter so spät über den genau geschuldeten Betrag informiert wurde, dass er nicht mehr rechtzeitig vor Ablauf der Ausschreibungsfrist eine Nachzahlung tätigen oder wenigstens verbindlich zusagen konnte.[592] Diese Einschränkung des zwingenden Ausschlussgrundes ist sinnvoll und geboten, da sich in der Praxis die genaue Höhe der geschuldeten Löhne und dementsprechend auch der Sozialabgaben zB bei streitigen Eingruppierungen in tarifvertragliche Vergütungsordnungen oder auch die Equal-pay-Vergütung von Leiharbeitnehmern nach § 9 Nr. 2 AÜG bei fehlenden Vergleichsarbeitnehmern häufig nur schwer ermitteln lässt.[593]

Der sozialen und beschäftigungspolitischen Zielsetzung, einer Ausbeutung von Arbeitskräften entgegenzuwirken, dient der zwingende Ausschlussgrund des **§ 123 Abs. 1 Nr. 10,** der an Art. 57 Abs. 1 lit. f RL 2014/24/EU angelehnt ist. Zu einem Ausschluss aus dem Vergabeverfahren führen hiernach rechtskräftige Verurteilungen von Personen, deren Verhalten dem Unternehmen zuzurechnen ist, bzw. rechtskräftige Festsetzungen von Geldbußen wegen Menschenhandel oder Förderung des Menschenhandels. Einen weiteren Ausschlussgrund regelt das **Lieferkettensorgfaltspflichtengesetz.** Das LkSG verpflichtet Unternehmen mit in der Regel mindestens 3.000 Arbeitnehmern (ab dem 1.1.2023) bzw. 1.000 Arbeitnehmern (ab dem 1.1.2024), in ihren Lieferketten menschenrechtliche und umweltbezogene Sorgfaltspflichten in angemessener Weise zu beachten. Damit zielt das Gesetz darauf ab, innerhalb von globalen Lieferketten die Menschenrechte (insbesondere Verbot von Kinderarbeit) sowie die Umwelt (zB vor illegalen Abholzungen) stärker zu schützen. Unternehmen, die wegen eines rechtskräftig festgestellten Verstoßes gegen ihre Sorgfaltspflichten mit einer Geldbuße in bestimmter Höhe belegt worden sind, sollen gem. **§ 22 LkSG** von der Vergabe öffentlicher Aufträge für einen angemessenen Zeitraum von bis zu drei Jahren ausgeschlossen werden.

b) Fakultative Ausschlussgründe. Eine deutlich weitergehende Berücksichtigung strategischer Ziele bei der Auftragsvergabe wird durch den fakultativen Ausschlussgrund des **§ 124 Abs. 1 Nr. 1, Abs. 2** ermöglicht. Dieser sieht vor, dass öffentliche Auftraggeber unter Berücksichtigung des Grundsatzes der Verhältnismäßigkeit ein Unternehmen zu jedem Zeitpunkt des Vergabeverfahrens von der Teilnahme an einem Vergabeverfahren ausschließen können, wenn das Unternehmen bei der Ausführung öffentlicher Aufträge nachweislich gegen geltende umwelt-, sozial- oder arbeitsrechtliche Verpflichtungen verstoßen hat. Damit soll Art. 57 Abs. 4 lit. a RL 2014/24/EU umgesetzt werden, der Verstöße gegen geltende Verpflichtungen gem. Art. 18 Abs. 2 RL 2014/24/EU mit der Ausschlussmöglichkeit sanktioniert.[594] Nach der Zielstellung der Regelung sind vom Ausschlussgrund im deutschen vergaberechtlichen Kontext auch Zahlungsverpflichtungen an tarifvertragliche Sozialkassen umfasst.[595] Mit dem fakultativen Ausschlussgrund des § 124 Abs. 1 Nr. 1 wird die Gesetzestreue für das Umwelt-, Arbeits- und Sozialrecht formell insoweit verschärft, als der Rechtsverstoß nicht rechtskräftig festgestellt, sondern nur „nachgewiesen" werden muss.[596] Teilweise wird angenommen, dass ein nachgewiesener Verstoß regelmäßig zu einem Ausschluss führen müsse, das Ermessen des öffentlichen Auftraggebers also weitgehend gebunden sei.[597] Dieser Ansicht ist entgegenzuhalten, dass die vom Gesetzgeber vorgenommene Unterscheidung zwischen zwingenden und fakultativen Ausschlussgründen nicht durch die Annahme einer Ermessensbindung negiert werden sollte. In jedem Falle gebietet der Verhältnismäßigkeitsgrundsatz, dass kleinere Unregelmäßigkeiten „nur in Ausnahmefällen" und erst wiederholte Fälle Zweifel an der Zuverlässigkeit eines Bieters

---

[592] Hierauf bezugnehmend auch Begr. RegE VergRModG S. 128, zu § 123 Abs. 5.
[593] Latzel NZBau 2014, 673 (676); zur Beitragsschuld aus Tariflöhnen: *Löwisch/Rieble*, Tarifvertragsgesetz, 3. Aufl. 2012, TVG § 4 Rn. 115 ff.
[594] Hierzu Erwägungsgrund 37 RL 2014/24/EU. *Glaser*, Zwingende soziale Mindeststandards bei der Vergabe öffentlicher Aufträge, 2015, 41, weist darauf hin, dass die RL 2014/24/EU den Mitgliedstaaten insoweit die Wahl zwischen der Regelung eines absoluten und eines fakultativen Ausschlussgrunds eingeräumt hat. Ziekow/Völlink/*Ziekow* Rn. 41 f. kritisiert die Umsetzung von Art. 57 Abs. 4 RL 2014/24/EU als unzureichend kritisiert und befürwortet eine unionsrechtskonforme erweiternde Auslegung des § 124 Abs. 1 Nr. 1, da dieser vom Wortlaut nur eigene Verstöße des Bieters erfasst, wohingegen Art. 57 Abs. 4 lit. a RL 2014/24/EU – im Gegensatz zu den übrigen Ausschlussgründen – nicht explizit auf ein Handeln des Bieters abstelle und somit auch Verstöße eines Zulieferers außerhalb der EU erfassen solle (aA *Krönke* VergabeR 2017, 101 (113).
[595] Begr. RegE VergRModG, 105, zu § 124.
[596] Latzel NZBau 2014, 673 (676).
[597] *Fehns-Böer* in Müller-Wrede GWG Rn. 107; ebenso Ziekow/Völlink/*Ziekow* § 122 Rn. 39, sofern der Einsatz von Kinderarbeit im eigenen Verantwortungsbereich des Unternehmens erfolgt.

wecken können (Erwägungsgrund 101 UAbs. 3 RL 2014/24/EU). Allerdings können namentlich Verstöße gegen die ILO-Kernarbeitsnormen durchaus auch eine „schwere Verfehlung" iSv § 124 Abs. 1 Nr. 3 darstellen.[598]

139 Ferner kann gem. § 124 Abs. 1 Nr. 8 ein Bieter vom Verfahren ausgeschlossen werden, wenn er die erforderlichen Nachweise nicht vorlegen kann. Diese Nachweise können sich etwa auf Angaben beziehen, zur Berücksichtigung von strategischen Aspekten aufgestellt wurden.

140 Weitere fakultative Ausschlussgründe enthalten **§ 21 AEntG, § 98c AufenthG, § 19 MiLoG und § 21 SchwarzArbG,** welche nach § 124 Abs. 4 unberührt bleiben. Auch diese Spezialnormen ermöglichen einen Bieterausschluss für eine angemessene Zeit bis zur nachgewiesenen Wiederherstellung der Zuverlässigkeit. ZB sollen gem. § 19 Abs. 1 S. 1 MiLoG Bewerber – nach erfolgter Anhörung – von einem öffentlichen Auftraggeber für einen ausgeschriebenen öffentlichen Auftrag vom Vergabeverfahren bis zur nachgewiesenen Wiederherstellung ihrer Zuverlässigkeit ausgeschlossen werden, wenn sie wegen eines Verstoßes gegen die in § 21 MiLoG normierten Bußgeldtatbestände mit einem Bußgeld in Höhe von mindestens 2.500 EUR belegt wurden. Die Vergabesperre wirkt also wie eine antizipierte negative Zuverlässigkeitsprüfung.[599]

141 **c) Ausschlussgründe gegen den Unterauftragnehmer.** Art. 71 Abs. 1 RL 2014/24/EU erwähnt die Kontrolle von Unterauftragnehmern als einen wichtigen Hebel für die Vermeidung von Rechtsverletzungen. Gemäß § 36 Abs. 4 VgV gilt § 128 Abs. 1 daher auch für **Unterauftragnehmer** aller Stufen. Gemäß § 36 Abs. 5 VgV überprüft der öffentliche Auftraggeber vor der Erteilung des Zuschlags, ob Gründe für den Ausschluss des Unterauftragnehmers vorliegen. Bei Vorliegen zwingender Ausschlussgründe verlangt der öffentliche Auftraggeber die Ersetzung des Unterauftragnehmers. Bei Vorliegen fakultativer Ausschlussgründe kann der öffentliche Auftraggeber verlangen, dass dieser ersetzt wird. Einen Ausschluss des Auftragnehmers wegen eines Ausschlussgrundes gegen den Unterauftragnehmer ist hingegen nicht vorgesehen.[600]

142 **2. Strategische Eignungskriterien. a) Allgemeines.** Gemäß § 122, der Art. 58 RL 2014/24/EU umsetzt, wird Eignung als Fachkunde und Leistungsfähigkeit definiert, wobei ein Unternehmen geeignet ist, wenn es die durch den öffentlichen Auftraggeber im Einzelnen zur ordnungsgemäßen Ausführung des öffentlichen Auftrags festgelegten Kriterien (Eignungskriterien) erfüllt. Die **Eignungskriterien** dürfen ausschließlich die Befähigung und Erlaubnis zur Berufsausübung, die wirtschaftliche und finanzielle Leistungsfähigkeit sowie die technische und berufliche Leistungsfähigkeit betreffen. Sie sind in der Auftragsbekanntmachung, der Vorinformation oder der Aufforderung zur Interessensbestätigung aufzuführen.

143 Zu beachten ist ferner § 122 Abs. 4, nach dem die Eignungskriterien mit dem Auftragsgegenstand in Verbindung und zu diesem in einem angemessenen Verhältnis stehen müssen. Für die Verfolgung strategischer Zielsetzungen bedeutet die geforderte „Verbindung" zum Auftragsgegenstand, dass rein **bieterbezogene Vorgaben,** die mit der Durchführung des Auftrags in keinem Zusammenhang stehen und typischerweise eine besonders starke Beschränkung des Wettbewerbs zur Folge haben,[601] **unzulässig** sind. Es dürfen daher im Rahmen der Eignungsprüfung keine allgemeinen **Anforderungen an die Unternehmens- oder Geschäftspolitik** gestellt werden. Unzulässig wäre daher zB im Rahmen der Eignungsprüfung vom Bewerber den Nachweis zu verlangen, dass er sich für die Frauenförderung durch Bestellung einer Frauenbeauftragten oder einer bestimmten Frauenquote bei den Führungskräften einsetzt. Auch bei einer als Mindestanforderung an die Leistungsfähigkeit formulierten Anforderung, wonach die Bieter die „Kriterien der Nachhaltigkeit der Einkäufe und des gesellschaftlich verantwortlichen Verhaltens" einhalten müssen, indem sie ua zur Verbesserung der Nachhaltigkeit des Kaffeemarkts und zu einer umwelttechnisch, sozial und wirtschaftlich verantwortlichen Kaffeeproduktion beitragen, handelt es sich folglich um kein zulässiges Eignungskriterium. Zwar darf der öffentliche Auftraggeber, Mindestanforderungen an die Leistungsfähigkeit festlegen, denen ein Bieter genügen muss, damit sein Angebot bei der Vergabe des Auftrags berücksichtigt wird, doch dürfen diese Anforderungen hinsichtlich der technischen und beruflichen Leistungsfähigkeit nur durch Bezugnahme auf die in Art. 58 Abs. 4 aufgeführten Aspekte

---

[598] HK-VergabeR/*Fehling* Rn. 119; aA wohl *Krönke* VergabeR 2017, 101 (112), der auf die hohe Hürde der „schweren Verfehlung" hinweist.
[599] *Tugendreich* NZBau 2015, 395 (397).
[600] Vgl. Art. 71 Abs. 6 lit. b RL 2014/24/EU; nach Ansicht von *Latzel* NZBau 2014, 673 (678 f.) verlangt Art. 71 Abs. 6 lit. a RL 2014/24/EU demgegenüber, dass in Mitgliedstaaten, die wie Deutschland eine gemeinsame Haftung von Unterauftragnehmern und Hauptauftragnehmern kennen (zB § 14 AEntG, § 13 MiLoG), ein Ausschluss des Hauptauftragnehmers bei Verfehlungen des Unterauftragnehmers vorgesehen wird.
[601] *McCrudden*, Buying Social Justice – Equality, Government Procurement, & Legal Change, 2007, 118.

festgelegt werden. Die Anforderung der Einhaltung der „Kriterien der Nachhaltigkeit der Einkäufe und des gesellschaftlich verantwortlichen Verhaltens" knüpft an keinen dieser Punkte an.[602] Zu beachten ist schließlich, dass die in § 122 Abs. 4 geforderte „Angemessenheit" die Auswahl von Eignungskriterien dem Verhältnismäßigkeitsgrundsatz unterwirft.[603]

Das Vergaberecht bietet auch kein Mittel, öffentliche Aufträge nur „wohlgefälligen" Unternehmen zu erteilen, die zum Beispiel keinen Einflüssen von Scientology ausgesetzt sind. Auch wenn die Auftragsvergabe ein einheitlich privatrechtlicher Vorgang ist,[604] entbindet dies den öffentlichen Auftraggeber nicht von seiner Bindung an die Grundrechte. Selbst wenn Scientology nicht unter die Religions- oder Weltanschauungsfreiheit fällt,[605] hat die Verflechtung eines Bieters mit dieser Vereinigung prinzipiell keinen Einfluss auf seine Eignung, da Eignungskriterien gem. § 122 Abs. 4 mit dem Auftragsgegenstand in Verbindung und zu diesem in einem angemessenen Verhältnis stehen müssen. Anderes gilt nur bei „verkündigungsnahen" Dienstleistungen (Schulungen und Lehrveranstaltungen), bei denen die „Technologien" von L. Ron Hubbart negative Auswirkungen auf die zu erbringende Leistung haben können.[606] Entsprechendes gilt für Bieter, die sich – ohne dabei gesetzesuntreu zu sein – zum Nationalsozialismus bekennen. Auch sie sind gleichberechtigt an der Auftragsvergabe zu beteiligen, solange die Ideologie nicht die Qualität der Leistung negativ zu beeinflussen vermag.[607] **144**

Zulässig sind demgegenüber solche **Eignungskriterien,** die sich auf die Fachkunde und Leistungsfähigkeit des Bewerbers zur Durchführung des **konkreten Auftrags** beziehen (§ 122 Abs. 2 S. 1, → § 122 Rn. 48, 59 ff.). Bei Aufträgen mit einem offensichtlichen sozialen oder ökologischen Bezug, beispielsweise der Betreuung eines sozialen Jugendprojektes oder der Anlage eines Vogelschutzgebietes dürfen daher soziale und ökologische Fähigkeiten zum Gegenstand der Eignungsprüfung gemacht werden. So kann der öffentliche Auftraggeber insbesondere verlangen, dass der Bewerber ausreichende Erfahrung durch geeignete Referenzen aus früher ausgeführten Aufträgen mit sozialem oder ökologischem Bezug nachweist. Die für die Forderung ökologischer Kompetenzen erforderliche gewisse Umwelt- oder Klimarelevanz des zu vergebenden Auftrags wird zudem regelmäßig dann gegeben sein, wenn ein gesteigertes Umweltgefährdungspotential vorliegt oder erhebliche Umweltauswirkungen mit der Auftragsausführung einhergehen.[608] Die Festlegung von Eignungskriteren ist dabei immer auch eine Maßnahme der Qualitätssicherung.[609] Welche Anforderungen an die Eignung gem. § 122 Abs. 4 S. 1 angemessen sind, hängt maßgeblich von der Art des Auftrags, vom Auftragsgegenstand und von den Bedingungen der Auftragsausführung ab.[610] Hat der öffentliche Auftraggeber gem. § 128 Abs. 2 zulässigerweise soziale oder ökologische Ausführungsbedingungen vorgegeben (→ Rn. 170 ff.), so kann er durch die Festlegung von Eignungskriterien zur wirtschaftlichen und finanziellen Leistungsfähigkeit bzw. technischen Leistungsfähigkeit überprüfen, ob der Bewerber überhaupt in der Lage ist, diese zusätzlichen Bedingungen der Auftragsausführung zu erfüllen. Dies ist im Interesse der Effektivität von strategischen Ausführungsbedingungen auch sinnvoll, da der Auftraggeber anderenfalls darauf beschränkt wäre, vom Vertrag zurückzutreten und den Auftrag neu auszuschreiben, wenn sich während der Auftragsausführung herausstellt, dass der Auftragnehmer nicht in der Lage ist, die Vertragsbedingungen zu erfüllen. **145**

b) Umweltbezogene Eignungskriterien. Für die Berücksichtigung von Umweltaspekten ist vor allem die berufliche und technische Fachkunde des auftragsausführenden Personals von Bedeutung. Im Hinblick auf die technische und berufliche Leistungsfähigkeit können die öffentlichen Auftraggeber Anforderungen stellen, die sicherstellen, dass die Wirtschaftsteilnehmer über die erfor- **146**

---

[602] Ebenso bereits zu Art. 48 Abs. 1 und 6, Art. 44 Abs. 1 und 2 VRK: EuGH Urt. v. 10.5.2012 – C-368/10, NZBau 2012, 445 = ECLI:EU:C:2012:284 – Kommission/Niederlande.
[603] Hausmann/v. Hoff in KKPP GWB § 122 Rn. 38.
[604] BVerwG Beschl. v. 2.5.2007 – 6 B 10.07, NZBau 2007, 389.
[605] BAG Beschl. v. 22.3.1995 – 5 AZB 21/94, NZA 1995, 823 (827 ff.) sieht hierin eine „Institution zur Vermarktung bestimmter Erzeugnisse"; aber strittig, zum nationalen Rechtsstand Roth/Erben NZBau 2013, 409 (412).
[606] Latzel NZBau 2014, 673 (678); Burgi VergabeR § 7 Rn. 4; eingehend Roth/Erben NZBau 2013, 409 zum Rundschreiben des Bundesministeriums für Wirtschaft und Technologie v. 26.7.2001 über die Anwendung einer Schutzklausel zur Abwehr von Einflüssen der Scientology-Organisation und deren Unternehmen auf öffentlich Bedienstete bei der Vergabe von öffentlichen Aufträgen des Bundes über Beratungs- und Schulungsleistungen, veröffentlicht BAnz. 2001 Nr. 155, 18174.
[607] Latzel NZBau 2014, 673 (678).
[608] Funk/Tomerius KommJur 2016, 47 (48).
[609] Beck VergabeR/Opitz § 97 Abs. 3 Rn. 14 weist auf das Risiko hin, dass der Auftraggeber Gefahr sich günstige Auftragschancen abschneidet, je höher er das Eignungsniveau ansetzt.
[610] Begr. RegE VergRModG S. 125, zu § 122 Abs. 4.

derlichen personellen und technischen Ressourcen sowie Erfahrungen verfügen, um den Auftrag in angemessener Qualität ausführen zu können (Art. 58 Abs. 4 RL 2014/24/EU, § 46 Abs. 3 VgV). So kann der öffentliche Auftraggeber eines Auftrags mit besonderer Umweltrelevanz zB geeignete Referenzen über in den letzten drei Jahren ausgeführten Liefer- und Dienstleistungsaufträge verlangen sowie die Angabe der technischen Fachkräfte, die im Zusammenhang mit der Leistungserbringung eingesetzt werden sollen.

147 Explizit erwähnt wird ein Umweltaspekt in § 46 Abs. 3 Nr. 7 VgV, der eine Regelung aus Anhang XII Teil 2 lit. g RL 2014/24/EU übernimmt. Hiernach kann der Wirtschaftsteilnehmer seine technische Leistungsfähigkeit durch Angabe der **Umweltmanagementmaßnahmen,** die er während der Auftragsausführung anwendet, nachweisen.[611] Umweltmanagementmaßnahmen können – unabhängig davon, ob sie im Rahmen von Unionsinstrumenten wie der Verordnung (EG) Nr. 1221/2009 des Europäischen Parlaments und des Rates registriert sind oder nicht – als Nachweis dafür dienen, dass der betreffende Wirtschaftsteilnehmer über die für die Ausführung des Auftrags erforderliche technische Leistungsfähigkeit verfügt.[612] Dies schließt Öko-Gütezeichen mit ein, die auch Umweltmanagementkriterien beinhalten.[613] Hat ein Wirtschaftsteilnehmer keinen Zugang zu derartigen Umweltmanagement-Registrierungssystemen oder keine Möglichkeit, sich fristgerecht registrieren zu lassen, so sollte die Vorlage einer Beschreibung der durchgeführten Umweltmanagementmaßnahmen zulässig sein, sofern der betreffende Wirtschaftsteilnehmer nachweist, dass diese Maßnahmen dasselbe Umweltschutzniveau gewährleisten wie die im Rahmen des Umweltmanagements erforderlichen Maßnahmen.[614]

148 Öffentliche Auftraggeber können zum Nachweis dafür, dass der Wirtschaftsteilnehmer bestimmte Systeme oder **Normen für das Umweltmanagement** erfüllt, die Vorlage von Bescheinigungen unabhängiger Stellen verlangen (Art. 62 Abs. 2 RL 2014/24/EU, § 49 Abs. 2 VgV). In diesem Fall nehmen sie Bezug auf das Gemeinschaftssystem für das Umweltmanagement und die Umweltbetriebsprüfung **(EMAS)**[615] der Union oder auf andere Systeme für das Umweltmanagement, die in Art. 45 VO (EG) Nr. 1221/2009 anerkannt sind, oder auf andere Normen für das Umweltmanagement (zB ISO 14 001), die auf den einschlägigen europäischen oder internationalen Normen beruhen und von akkreditierten Stellen zertifiziert sind. Allerdings dürfen Vergabebehörden Unternehmen eine EMAS- oder ISO-Registrierung oder die (vollständige) Erfüllung der Registrierungsvoraussetzungen niemals zur Auflage machen. Gleichwertige Bescheinigungen von Stellen in anderen Mitgliedstaaten sind anzuerkennen. Hat ein Wirtschaftsteilnehmer nachweislich keinen Zugang zu den betreffenden Bescheinigungen, muss der öffentliche Auftraggeber auch andere Nachweise über Umweltmanagementmaßnahmen anerkennen, sofern der Wirtschaftsteilnehmer nachweist, dass diese Maßnahmen mit jenen, die gemäß dem geltenden System oder den geltenden Normen für das Umweltmanagement erforderlich sind, gleichwertig sind.[616]

149 Die Forderung nach Einhaltung bestimmter umweltschützender Qualitätsstandards ist zulässig, wenn die Standards auftragsbezogen sind. Soweit einschlägige Kenntnisse im Umweltbereich oder eine spezielle Ausstattung mit Gerätschaften für die Durchführung des Auftrags erforderlich sind, – zu denken ist insbesondere auch § 128 Abs. 2, der es den Auftraggebern erlaubt, eine umweltfreundliche Durchführung des Auftrags zu verlangen (→ Rn. 168) – können auch diese in die Eignungsprüfung einfließen. Für den Nachweis der Leistungsfähigkeit in technischer und fachlicher Hinsicht kann der öffentliche Auftraggeber bei der Vergabe eines umweltfreundlich zu gestaltenden Entsorgungsauftrags daher eine Zertifizierung nach der Entsorgungsfachbetriebsverordnung vorsehen.[617] Kein nach § 46 Abs. 3 VgV zulässiger Beleg der technischen Leistungsfähigkeit ist hingegen die Forderung, Abschleppunternehmen müssten nachweisen, dass ihre Fahrzeuge zur Einfahrt in Umweltzonen berechtigt seien. Hierbei handelt es sich um keine Beschreibung der technischen Ausrichtung des Unternehmens, sondern um konkrete umweltbezogene Anforderungen, die nur im Wege der Ausführungsbedingungen iSv § 128 Abs. 2 in das Vergabeverfahren eingeführt werden können.[618]

---

[611] *Jahn* ZUR 2020, 526 (533) weist darauf hin, dass das Eignungskriterium in seiner Anwendbarkeit beschränkt sei, da ein Umweltmanagementsystem nur gefordert werden dürfe, wenn es für den Auftrag von Bedeutung sei.
[612] HK-VergabeR/*Fehling* Rn. 118.
[613] *Dieckmann* NVwZ 2016, 13669 (1371, 1373); *Hattenhauer/Butzert* ZfBR 2017, 129 (131).
[614] Erwägungsgrund 88 RL 2014/24/EU.
[615] EMAS-Verordnung VO 761/2001, ABl. 2001 L 114, 1; vgl. *Burgi* VergabeR § 16 Rn. 37; ausf. zur EMAS-Zertifizierung Ziekow/Völlink/*Ziekow* § 122 Rn. 34.
[616] Kom., Umweltorientierte Beschaffung! Ein Handbuch für ein umweltorientiertes öffentliches Beschaffungswesen, 3. Aufl. 2016, 50.
[617] OLG Saarbrücken Beschl. v. 13.11.2002 – 5 Verg 1/02, NZBau 2003, 625.
[618] OLG Düsseldorf Beschl. v. 7.5.2014 – VII-Verg 46/13, VergabeR 2014, 797 (799).

c) **Soziale Eignungskriterien.** Die Möglichkeiten, soziale Aspekte auf der Stufe der Eignungsprüfung zu implementieren, sind begrenzt.[619] Auch bei der Berücksichtigung sozialer Aspekte als Eignungskriterium ist gem. § 122 Abs. 4 stets ein Auftragsbezug zu verlangen, womit Eignungskriterien, wie eine allgemeine Frauenquote oder die Einrichtung der Stelle einer Frauenbeauftragten,[620] die beide in keinerlei Bezug zum Auftrag oder dessen Ausführung stehen, ausscheiden. Entsprechendes gilt für das Verlangen des Nachweises eines Betriebsrats, das weder als Eignungs- noch als Zuschlagskriterium statthaft ist. Denn es steht nicht in sachlichem Zusammenhang mit der zu erbringenden Leistung und ist deshalb von vornherein vergaberechtswidrig.[621] Kein zulässiger Nachweis der Leistungsfähigkeit ist die Forderung von Verpflichtungserklärungen zur Beachtung der ILO-Kernarbeitsnormen oder zur Förderung der Vereinbarung von Beruf und Familie.[622] Der EuGH bewertete schließlich das Verlangen, „dass der Lieferant die Kriterien in Bezug auf nachhaltige Einkäufe und gesellschaftlich verantwortliches Verhalten erfüllt", als unzulässige Mindestanforderung an die berufliche Leistungsfähigkeit sowie – aufgrund der mangelnden Bestimmtheit der Formulierung – als einen Verstoß gegen den Transparenzgrundsatz.[623] Unproblematisch ist die Berücksichtigung sozialer Aspekte hingegen, wenn der Auftrag besondere soziale Fachkenntnisse verlangt,[624] zB bei der Durchführung von sozialen Jugendprojekten. Schließlich zeigen die in § 46 Abs. 3 Nr. 4 VgV erwähnten Angaben zu einem Lieferkettenmanagement- und überwachungssystem, dass auch soziale Aspekte die Eignung eines Bieters mitbestimmen können.[625]

Öffentliche Auftraggeber können zum Nachweis dafür, dass der Wirtschaftsteilnehmer bestimmte Normen der **Qualitätssicherung** – einschließlich des Zugangs von Menschen mit Behinderungen – erfüllt, die Vorlage von Bescheinigungen unabhängiger Stellen verlangen (Art. 62 Abs. 1 RL 2014/24/EU, § 49 Abs. 1 VgV). Hierbei beziehen sie sich auf Qualitätssicherungssysteme, die den einschlägigen europäischen Normen genügen und von akkreditierten Stellen zertifiziert sind. Gleichwertige Bescheinigungen von Stellen in anderen Mitgliedstaaten sind anzuerkennen. Die öffentlichen Auftraggeber müssen auch andere Nachweise gleichwertiger Qualitätssicherungsmaßnahmen anerkennen, wenn der betreffende Wirtschaftsteilnehmer die betreffenden Bescheinigungen aus Gründen, die diesem Wirtschaftsteilnehmer nicht angelastet werden können, innerhalb der einschlägigen Fristen nicht erlangen konnte, sofern der Wirtschaftsteilnehmer nachweist, dass die vorgeschlagenen Qualitätssicherungsmaßnahmen den geforderten Qualitätssicherungsnormen entsprechen.

IV. Strategische Zuschlagskriterien

1. Allgemeines. Einen weiteren Ansatzpunkt und erheblichen Raum[626] für die Verfolgung strategischer Ziele durch Vergaben können entsprechend ausgerichtete **Zuschlagskriterien** bilden. Zuschlagskriterien bilden die Grundlage für eine vergleichende Bewertung der Qualität von Angeboten.[627] Kostenfremde Zuschlagskriterien hatte der EuGH[628] schon lange zugelassen. Die RL 2014/24/EU hat die Zuschlagskriterien nun explizit für strategische Zwecke geöffnet, indem das Preis-Leistungs-Verhältnis – entsprechend der jüngeren EuGH-Rechtsprechung[629] – auch unter „Einbeziehung qualitativer, umweltbezogener und/oder sozialer Aspekte" sowie der Handelsbedingungen bewertet werden kann.[630] Gemäß § 127 Abs. 1, der Art. 67 RL 2014/24/EU umsetzt, wird der Zuschlag auf das **wirtschaftlichste Angebot** erteilt. Grundlage dafür ist eine Bewertung des öffentlichen Auftraggebers, ob und inwieweit das Angebot die vorgegebenen Zuschlagskriterien erfüllt. Bei den Zuschlagskriterien handelt es sich somit um einer **Abwägung** zugängliche Vergabekriterien, welche bei der Auswahl zwischen allen geeigneten Bietern herangezogen werden.[631] Nach

---

[619] Ziekow/Völlink/*Ziekow* § 122 Rn. 36 ff.; *Frenz* NZBau 2007, 17 (18).
[620] Beispiel nach *Frenz* NZBau 2007, 17 (21).
[621] VK Südbayern Beschl. v. 29.6.2010 – Z3-3-3194-1-35-05-10, n.v.
[622] OLG Düsseldorf Beschl. v. 29.1.2014 – VII-Verg28/13, NZBau 2014, 314 (315 f.); OLG Düsseldorf Beschl. v. 25.6.2014 – VII-Verg 39/13, VergabeR 2014, 803 (805).
[623] EuGH Urt. v. 10.5.2012 – C-368/10, NZBau 2012, 445 Rn. 84 f. = ECLI:EU:C:2012:284 – Kommission/Niederlande (EKO/Max Havelaar).
[624] Mitt. „Auslegung Vergaberecht", ABl. 2001 C 333, 27 Rn. 1.3.2.
[625] *Fehns-Böer* in Müller-Wrede GWB Rn. 144.
[626] HK-VergabeR/*Fehling* Rn. 122.
[627] Erwägungsgrund 104 RL 2014/24/EU.
[628] EuGH Urt. v. 26.9.2000 – C-225/98, Slg. 2000, I-7445 Rn. 50 = ECLI:EU:C:2000:494 – Kommission/Frankreich (Nord-Pas-de-Calais).
[629] EuGH Urt. v. 10.5.2012 – C-368/10, NZBau 2012, 445 Rn. 84 f. = ECLI:EU:C:2012:284 – Kommission/Niederlande (EKO/Max Havelaar).
[630] Erwägungsgrund 92 RL 2014/24/EU.
[631] *Latzel* NZBau 2014, 673 (678).

den Zuschlagskriterien bestimmt sich letztlich, welches Angebot aus dem Kreis der geeigneten Bieter den Zuschlag erhält.[632]

153 Gemäß § 60 Abs. 3 VgV ist der öffentliche Auftraggeber allerdings verpflichtet, das Angebot abzulehnen, wenn er – nach Aufklärung und Prüfung – festgestellt hat, dass der Preis oder die Kosten des Angebots ungewöhnlich niedrig sind, weil Verpflichtungen nach § 128 Abs. 1, insbesondere der für das Unternehmen geltenden umwelt-, sozial- und arbeitsrechtlichen Vorschriften nicht eingehalten werden. Die Regelung dient der Umsetzung von Art. 69 Abs. 3 RL 2014/24/EU und trägt zugleich dem Erwägungsgrund 103 RL 2014/24/EU sowie Art. 18 Abs. 2 RL 2014/24/EU Rechnung.[633] Da gem. § 36 Abs. 4 VgV die Regelung des § 128 Abs. 1 auch für Unterauftragnehmer aller Stufen gilt, ist das Angebot auch dann auszuschließen, wenn der Unterauftragnehmer die geltenden umwelt-, sozial- und arbeitsrechtlichen Vorschriften nicht einhält.

154 Das wirtschaftlichste Angebot bestimmt sich nach dem **besten Preis-Leistungs-Verhältnis,** zu dessen Ermittlung neben dem Preis oder den Kosten (Lebenszyklusberechnung) auch qualitative, umweltbezogene oder soziale Aspekte berücksichtigt werden können (→ § 127 Rn. 34 ff.). Die in § 127 Abs. 1 S. 3 vorgenommene Aufzählung der Zuschlagskriterien ist allerdings nicht abschließend. Vielmehr bleibt es dem freien Ermessen des öffentlichen Auftraggebers überlassen, welche Kriterien er für die Erteilung des Zuschlags auswählt, sofern nicht Sonderregeln die Vorgabe bestimmter Kriterien zwingend vorschreiben.[634] Was für den konkreten Auftrag das wirtschaftlich günstigste Angebot ist, richtet sich also danach, wie der öffentliche Auftraggeber seine Zuschlagskriterien wählt und gewichtet. Ökologische Gesichtspunkte wie der Verbrauch von Energie und anderen Ressourcen, Entsorgungs- oder Recyclingkosten sowie Kosten, die durch externe Effekte der Umweltbelastung entstehen, die mit der Leistung während ihres **Lebenszyklus** in Verbindung stehen, fließen insoweit bereits in die Lebenszykluskostenberechnung (§ 53 VgV, der Art. 68 Abs. 1 RL 2014/24/EU umsetzt). Der weit gefasste Lebenszyklus-Ansatz dient dabei einer verstärkten Berücksichtigung von Nachhaltigkeitsaspekten. Das beste Preis-Leistungs-Verhältnis schließt ferner definitionsgemäß etwaige ökologische und soziale Aspekte mit ein.[635] Dabei ist der öffentliche Auftraggeber aber grundsätzlich[636] nicht zu strategischen Zuschlagskriterien verpflichtet (Art. 67 Abs. 2 UAbs. 3 RL 2014/24/EU e contrario). Die RL 2014/24/EU spricht sich nur dagegen aus, allein „kostenfremde Kriterien" der Ermittlung des wirtschaftlichsten Angebots zugrunde zu legen.[637]

155 In jedem Falle müssen die Zuschlagskriterien gem. § 127 Abs. 3 mit dem **Auftragsgegenstand in Verbindung** stehen. Anderenfalls bestünde die Gefahr, dass ein weniger wirtschaftliches Angebot aus sachfremden Erwägungen den Zuschlag erhält und damit der in Abs. 1 normierte Wettbewerbsgrundsatz verletzt würde. Der Gesetzgeber hat den erforderlichen Auftragsbezug dabei nicht auf Eigenschaften der Leistung begrenzt, die dem Produkt bzw. der Dienstleistung selbst anhaften.[638] Vielmehr stellt § 127 Abs. 3 in Umsetzung des Art. 67 Abs. 3 RL 2014/24/EU klar, dass ein Auftragsbezug künftig auch dann angenommen werden kann, wenn sich das Kriterium auf ein beliebiges Stadium im Lebenszyklus der Leistung bezieht. Dies kann insbesondere Prozesse der Herstellung (auch der Rohstoffgewinnung), Bereitstellung oder Entsorgung der Leistung betreffen, aber (insbesondere bei Warenlieferungen) zB auch den Handel mit ihr. Dabei müssen sich solche Kriterien nicht zwingend auf die materiellen Eigenschaften des Auftragsgegenstandes auswirken.[639] Zu verlangen ist daher ein unmittelbarer **Auftragszusammenhang,** aber kein physischer Niederschlag im Sinne einer qualitativen Manifestation.[640] § 58 Abs. 2 S. 2 Hs. 2 VgV setzt Art. 67 Abs. 2 S. 2 lit. a–c RL 2014/24/EU um, indem er eine exemplarische Auflistung zulässiger Zuschlagskriterien vorgibt. Die aufgeführten Beispiele füllen die unbestimmten Rechtsbegriffe der „qualitativen", „umweltbezogenen", und „sozialen" Zuschlagskriterien aus, ohne diese abschließend zu determinieren.

156 Das Erfordernis eines Bezugs zum Auftragsgegenstand schließt Kriterien und Bedingungen bezüglich der allgemeinen **Unternehmenspolitik** aus, da es sich dabei nicht um einen Faktor handelt, der den konkreten Prozess der Herstellung oder Bereitstellung der beauftragten Bauleistun-

---

[632] Begr. RegE VergRModG S. 111 f., zu § 127.
[633] Begr. VergRModVO, BR-Drs. 87/16, 215 f., zu § 60 Abs. 3 VgV; vgl. *Glaser,* Zwingende soziale Mindeststandards bei der Vergabe öffentlicher Aufträge, 2015, 38 f.
[634] Begr. RegE VergRModG S. 112, zu § 127.
[635] Vgl. hierzu *Glaser,* Zwingende soziale Mindeststandards bei der Vergabe öffentlicher Aufträge, 2015, 33.
[636] Ausnahmen enthalten die § 67 Abs. 5 VgV, § 68 Abs. 2 VgV.
[637] Erwägungsgrund 92 RL 2014/24/EU.
[638] *Wiedemann* in KKPP GWB § 127 Rn. 59 ff.
[639] Begr. RegE VergRModG S. 138 f. zu § 127 Abs. 3; in Erwägungsgrund 97 RL 2014/24/EU heißt es insoweit: „auch wenn derartige Faktoren nicht Teil von deren stofflicher Beschaffenheit sind".
[640] *Latzel* NZBau 2014, 673 (679).

gen, Lieferungen oder Dienstleistungen charakterisiert. Daher ist es öffentlichen Auftraggebern nicht gestattet, losgelöst vom Beschaffungsgegenstand von Bietern eine bestimmte Politik der sozialen oder ökologischen Verantwortung zu verlangen.[641]

Um Willkür auszuschließen und **Transparenz** zu gewährleisten, müssen die Zuschlagskriterien 157 hinreichend bestimmt und so festgelegt sein, dass eine willkürliche Auftragsvergabe ausgeschlossen wird und eine wirksame Überprüfung ihrer Erfüllung möglich ist (§ 127 Abs. 4). Ferner müssen die Zuschlagskriterien und ihre Gewichtung in der Auftragsbekanntmachung oder den Vergabeunterlagen aufgeführt werden (§ 127 Abs. 5, → § 127 Rn. 83 ff.).[642] „Sozial angemessene" oder „faire Arbeitsbedingungen" sind ebenso intransparent wie „gesellschaftlich verantwortliches Verhalten" und „nachhaltige" Einkaufspolitik.[643] Auch dürfen öffentliche Auftraggeber von Bietern keine unspezifizierten Angaben darüber verlangen, wie sie für die Gleichstellung von Mann und Frau, die Vereinbarkeit von Familie und Beruf, die Integration benachteiligter Gruppen etc sorgen. Dies würde dem Auftraggeber letztlich eine willkürliche Zuschlagserteilung erlauben, weil nicht ex ante bestimmbar ist, welche konkreten Maßnahmen inwiefern zuschlagsrelevant sind.[644]

2. Qualitative und innovative Zuschlagskriterien. Nach dem Wunsch des Europäischen 158 Parlaments und des Rates sollen öffentliche Auftraggeber zur Wahl von Zuschlagskriterien „ermutigt" werden, mit denen sie qualitativ hochwertige Bauleistungen, Lieferungen und Dienstleistungen erhalten können, die ihren Bedürfnissen „optimal entsprechen".[645] Hieraus folgt allerdings kein Optimierungsgebot dergestalt, dass der öffentliche Auftraggeber gehalten wäre, qualitative Zuschlagskriterien bevorzugt zu berücksichtigen.[646] Qualitative Aspekte haben regelmäßig einen einzelwirtschaftlichen Charakter, dh sie beziehen sich auf Leistungsmerkmale der Waren und Dienstleistungen, die von konkretem Nutzen für den Auftraggeber selbst bzw. für die von ihm vorgesehenen Verwender oder Nutznießer der Leistung sind.[647] Die meisten der in § 58 VgV (in Anlehnung an Art. 67 Abs. 2 RL 2014/24/EU) beispielhaft aufgezählten Zuschlagskriterien sind qualitative Zuschlagskriterien, so namentlich (1) Qualität einschließlich technischer Wert, Ästhetik, Zweckmäßigkeit, (2) Organisation, Qualifikation und Erfahrung des mit der Ausführung des Auftrags betrauten Personals, wenn die Qualität des eingesetzten Personals erheblichen Einfluss auf das Niveau der Auftragsausführung haben kann sowie (3) Kundendienst und technische Hilfe, Lieferbedingungen wie Liefertermin, Lieferverfahren sowie Liefer- oder Ausführung.

Der Aspekt der Qualität kann auch die Prozessqualität umfassen.[648] So kann etwa bei Großprojekten der Bauherr als qualitatives Kriterium neben dem planerischen und technischen Wert oder 159 den Betriebs- und Folgekosten auch die Qualität der Auftragsdurchführung, zB des Risikomanagements im Rahmen des Zuschlags berücksichtigen. Qualitative Aspekte können zB auch Sicherheits- und sicherheitstechnische Anforderungen unter Berücksichtigung der Maßgaben des § 127 Abs. 3– 5 umfassen.[649]

Organisation, Qualifikation und Erfahrung des mit der Ausführung beauftragten Personals ist 160 nicht nur als Eignungskriterium denkbar, sondern – in abgestufter Form – auch als taugliches Zuschlagskriterium (vgl. Art. 67 Abs. 2 lit. b RL 2014/24/EU, § 58 Abs. 2 S. 2 Nr. 2 VgV). Wenn die Qualität des eingesetzten Personals für das Niveau der Auftragsausführung relevant ist, soll es öffentlichen Auftraggebern gestattet sein, die Organisation, Qualifikation und Erfahrung der Mitarbeiter, die für die Ausführung des betreffenden Auftrags eingesetzt werden, als Zuschlagskriterien zugrunde zu legen, da sich dies auf die Qualität der Vertragserfüllung und damit auf den wirtschaftlichen Wert des Angebots auswirken kann. Dies kann beispielsweise bei Aufträgen für

---

[641] Erwägungsgrund 97 RL 2014/24/EU; Begr. VergRModVO, BR-Drs. 87/16, 213, zu § 58; *Wiedemann* in KKPP GWB § 127 Rn. 64.
[642] Nach EuGH Urt. v. 14.7.2016 – C-6/15, NZBau 2016, 772 = ECLI:EU:C:2016:555 – TNS Dimarso NV/Vlaams Gewest ist Art. 53 Abs. 2 Vergabe-RL 2004 dahin auszulegen, dass der öffentliche Auftraggeber nicht verpflichtet ist, den potentiellen Bietern in der Auftragsbekanntmachung oder in den entsprechenden Verdingungsunterlagen die Bewertungsmethode zur Kenntnis zu bringen, sofern diese Methode keine Änderung der Zuschlagskriterien oder ihrer Gewichtung bewirkt.
[643] EuGH Urt. v. 10.5.2012 – C-368/10, NZBau 2012, 445 Rn. 110 = ECLI:EU:C:2012:284 – Europäische Kommission/Königreich der Niederlande zu der Vorgabe „Kriterien der Nachhaltigkeit der Einkäufe und des gesellschaftlich verantwortlichen Verhaltens" einzuhalten und „zur Verbesserung der Nachhaltigkeit des Kaffeemarkts und zu einer umwelttechnisch, sozial und wirtschaftlich verantwortlichen Kaffeeproduktion beizutragen"; *Latzel* NZBau 2014, 673 (679).
[644] *Latzel* NZBau 2014, 673 (679).
[645] Erwägungsgrund 92 RL 2014/24/EU.
[646] Ziekow/Völlink/*Ziekow* § 127 Rn. 40.
[647] *Wiedemann* in KKPP GWB § 127 Rn. 40.
[648] Ziekow/Völlink/*Ziekow* § 127 Rn. 41 nennt als Beispiel dein Risikomanagementsystem.
[649] VergRModVO, BR-Drs. 87/16, 213, zu § 58.

geistig-schöpferische Dienstleistungen, wie Beratungstätigkeiten oder Architektenleistungen, der Fall sein.[650] Organisation, Qualifikation und Erfahrung der Mitarbeiter sind rein fachliche Merkmale, für die das Rechtsverhältnis der Fachkräfte zum Auftragnehmer (Leiharbeitnehmer, Fachkräfte eines Subunternehmers) ebenso irrelevant ist wie ihre Vergütung, da diese Aspekte keinen „erheblichen Einfluss auf das Niveau der Auftragsausführung" haben können.[651]

161 Mögliches Zuschlagskriterium sind auch innovative Aspekte. Über die Möglichkeiten hinaus, die sich etwa aus dem neuen Verfahren der Innovationspartnerschaft ergeben, kommt damit der Innovation auch auf Zuschlagsebene eine wichtige Rolle zu. Das gilt umso mehr, als öffentliche Aufträge, wie es der Erwägungsgrund 94 RL 2014/24/EU festhält, insbesondere als Motor für Innovationen eine entscheidende Rolle spielen.[652]

162 **3. Umweltbezogene Zuschlagskriterien.** § 58 Abs. 2 VgV hebt in ihrer beispielhaften Aufzählung zulässiger Zuschlagskriterien auch **umweltbezogene Eigenschaften** sowie **Vertriebs- und Handelsbedingungen** hervor. Umwelteigenschaften eines Produkts oder einer Dienstleistung können somit als Zuschlagskriterium in das Vergabeverfahren einbezogen werden. Gleiches gilt für alle Kosten, die der Auftraggeber während des gesamten Lebenszyklus' eines Produkts zu tragen hat,[653] wie zB die Möglichkeit des Austauschs bzw. der Reparatur von Einzelteilen, spätere Entsorgungskosten oder die Recyclingfähigkeit eines Produktes. Die **Lebenszykluskosten** weisen dabei auch einen einzelwirtschaftlichen Charakter auf, da mit ihnen kurz-, mittel- oder langfristige Kosteneinsparungen für den öffentlichen Auftraggeber verbunden sind.[654] Zulässige umweltbezogene Zuschlagskriterien bezüglich des Produktions- oder Bereitstellungsprozesses sind beispielsweise, dass zur Herstellung der beschafften Waren keine giftigen Chemikalien verwendet wurden oder dass die erworbenen Dienstleistungen unter Zuhilfenahme energieeffizienter Maschinen bereitgestellt wurden.[655] Als umweltbezogene Zuschlagskriterien kommen prinzipiell alle Merkmale in Betracht, die auch als Teil der Leistungsbeschreibung zulässig sind und daher mit dem Auftragsgegenstand im Zusammenhang stehen: So kann eine Grenze für Schadstoffemissionen als technische Spezifikation Gegenstand der Leistungsbeschreibung sein oder es kann die Zuschlagserteilung von möglichst geringen Emissionen abhängig gemacht werden.[656] Besteht die ausgeschriebene Leistung in der Übernahme und der Entsorgung von Restabfällen des öffentlichen Auftraggebers zur thermischen Entsorgung sowie in der anteiligen Rücklieferung von vorbehandelten Verbrennungsschlacken zur Deponie des öffentlichen Auftraggebers, kann dieser die Transportemissionen im Rahmen der Zuschlagskriterien berücksichtigen und hiermit einen Anreiz für die Errichtung und den Betrieb eines ortsnahen Müllheizkraftwerks geben, ohne zugleich den Bau und Betrieb dieser Restabfallentsorgungsanlage zum Gegenstand der Ausschreibung zu machen.[657] Die Berücksichtigung von Umweltkriterien beim Zuschlag hat den Vorteil, dass hier im Wettbewerb die umweltgerechteste Lösung möglich ist, statt starre Mindestanforderungen vorzuschreiben.[658]

163 Bei der Beschaffung **energieverbrauchsrelevanter Liefer- oder Dienstleistungen** ist die Energieeffizienz gem. § 67 Abs. 5 VgV zwingend als Zuschlagskriterium angemessen zu berücksichtigen. Bei der Beschaffung von Straßenfahrzeugen hat der öffentliche Auftraggeber den Energieverbrauch und die Umweltauswirkungen von **Straßenfahrzeugen** ebenfalls als Zuschlagskriterien zu berücksichtigen, sofern er diesbezügliche Vorgaben nicht bereits in der Leistungsbeschreibung gemacht hat (§ 68 Abs. 2 VgV).[659] Die Gewichtung gerade auch von Umweltkriterien muss jedoch vorab angegeben werden; erscheint dies nicht möglich, so bedarf es zumindest einer Nennung der Wertungskriterien in absteigender Reihenfolge ihrer Bedeutung (allgemein § 58 Abs. 3 VgV, § 52 Abs. 3 SektVO, § 43 Abs. 2 Nr. 10 VsVgV, mit Lockerungen für innovative Lösungen § 31 Abs. 1, 2 KonzVgV).[660]

---

[650] Erwägungsgrund 94 RL 2014/24/EU.
[651] *Latzel* NZBau 2014, 673 (678).
[652] VergRModVO, BR-Drs. 87/16, 213, zu § 58.
[653] HK-VergabeR/*Fehling* Rn. 124.
[654] *Wiedemann* in KKPP GWB § 127 Rn. 41.
[655] Erwägungsgrund 97 RL 2014/24/EU; Begr. VergRModVO, BR-Drs. 87/16, 213, zu § 58.
[656] Ziekow/Völlink/*Ziekow*, 2. Aufl. 2013, Rn. 139.
[657] OLG Frankfurt a. M. Beschl. v. 29.3.2018 – 11 Verg 16/17, NZBau 2018, 498 Ls. 1: Die Bevorzugung von Entsorgungskonzepten mit einer ortsnahen Entsorgungsanlage ist im Hinblick auf die damit verbundene Möglichkeit der Reduktion von Transportemissionen ein unter ökologischen Gesichtspunkten sachgerechtes Unterscheidungskriterium.
[658] HK-VergabeR/*Fehling* Rn. 123.
[659] Ausf. zur Lebenszykluskostenberechnung anhand von Energieeffizienz- und Schadstoffkriterien am Beispiel der Beschaffung von Straßenfahrzeugen: *Schröder* NZBau 2014, 467.
[660] HK-VergabeR/*Fehling* Rn. 122.

4. Soziale Zuschlagskriterien. In einer beispielhaften Aufzählung zulässiger Zuschlagskriterien nennt § 58 Abs. 2 Nr. 1 VgV die Zugänglichkeit der Leistung insbesondere für Menschen mit Behinderungen, ihre Übereinstimmung mit den Anforderungen des „Designs für Alle", soziale Eigenschaften sowie Vertriebs- und Handelsbedingungen. 164

Die Anforderungen des „**Designs für Alle**" (→ § 121 Rn. 42 ff.) erfassen über den Begriff der „**Zugänglichkeit für Menschen mit Behinderungen**" hinaus auch die Nutzbarkeit und Erlebbarkeit für möglichst alle Menschen – also die Gestaltung von Bauten, Produkten und Dienstleistungen auf eine Art und Weise, dass sie die Bandbreite menschlicher Fähigkeiten, Fertigkeiten, Bedürfnisse und Vorlieben berücksichtigen, ohne Nutzer durch Speziallösungen zu stigmatisieren. Das Kriterium des „Designs für Alle" schließt also die „Zugänglichkeit für Menschen mit Behinderungen" ein, sodass auch bei diesem Zuschlagskriterium die Vorgaben zur Sicherstellung der Barrierefreiheit zu beachten sind.[661] Die Zugänglichkeit für Menschen mit Behinderungen und Design für alle kommen allerdings grundsätzlich nicht nur als Zuschlagskriterien in Betracht. § 121 Abs. 2 verpflichtet den öffentlichen Auftraggeber, bei jeglicher Beschaffung, die zur Nutzung durch natürliche Personen vorgesehen ist, die technischen Spezifikationen – außer in ordnungsgemäß begründeten Fällen – so zu erstellen, dass die Zugänglichkeitskriterien für Personen mit Behinderungen oder der Konzeption für alle Nutzer berücksichtigt werden. Bei Bau-, Liefer- und Dienstleistungen sind somit bereits bei der Definition des Beschaffungsbedarfs die Aspekte des „Designs für Alle" einschließlich des Zugangs für Menschen mit Behinderung zu berücksichtigen, um dieser Personengruppe einen gleichberechtigten Zugang oder die gleichen Nutzungsmöglichkeiten an einem öffentlichen Gebäude, einem Produkt oder einer Dienstleistung zu ermöglichen. 165

Taugliche **soziale Zuschlagskriterien** können Maßnahmen zum Schutz der Gesundheit „der am Produktionsprozess beteiligten Arbeitskräfte", die Förderung der sozialen Integration von benachteiligten Personen oder Angehörigen sozial schwacher Gruppen „unter den für die Ausführung des Auftrags eingesetzten Personen" und die Beschäftigung von Langzeitarbeitslosen oder Ausbildungsmaßnahmen für Arbeitslose und Jugendliche „im Zuge der Ausführung des zu vergebenden Auftrags" sein.[662] Der Auftragszusammenhang sozialer Zuschlagskriterien liegt also vor allem in ihrer Beschränkung auf die **an der Auftragsausführung beteiligten Arbeitnehmer**. Die generelle Unternehmenspolitik des Bieters ist – wie im Vergaberecht generell – tabu. Nur rein **auftragsbezogene Vorgaben** und genau beschriebene Förderprogramme für auftragsausführende, benachteiligte Beschäftigte sind taugliche Zuschlagskriterien.[663] Es ist somit von entscheidender Bedeutung, dass sich Zuschlagskriterien, welche soziale Aspekte des Produktionsprozesses betreffen, nur auf die gemäß dem Auftrag zu erbringenden Bauleistungen, Lieferungen oder Dienstleistungen beziehen.[664] 166

Dies gilt auch für soziale Handelsbedingungen, namentlich Zuschlagskriterien, die sich auf die Lieferung von fair gehandelten Waren beziehen und insoweit das Erfordernis einschließen können, Erzeugern einen Mindestpreis und einen Preisaufschlag zu zahlen.[665] **Fairer Handel** setzt sowohl ökologische Maßstäbe als auch Anforderungen an einen „fairen Preis", der sich an den realen Lebenshaltungskosten in den Produktionsländern bemisst. Zudem wird häufig eine Handelsweise festgelegt, die durch Vorfinanzierungen und die Unterstützung von Kooperationen geprägt ist und sich insoweit vom konventionellen Handel unterscheidet.[666] Fair Trade kann ein wirksames Zuschlagskriterium sein, solange die diesbezüglichen Anforderungen „ausschließlich die im Rahmen dieses Auftrags zu liefernde Zutaten" betreffen und „keine Auswirkung auf die allgemeine Einkaufspolitik der Bieter" haben.[667] Ein zu beschaffendes Produkt, das unter Beachtung der **ILO-Kernarbeitsnormen** produziert und geliefert wird bzw. das aus fairem Handel stammt, kann im Rahmen der Zuschlagswertung mit einer höheren Punktzahl versehen werden als ein konventionell gehandeltes Produkt. Damit steigen dessen Chancen, auch bei einem höheren Angebotspreis den Zuschlag zu erhalten.[668] 167

Die RL 2014/24/EU lässt explizit die Berücksichtigung derselben Kriterien sowohl als Zuschlags- als auch als Ausführungsbedingung zu. Bei der Verwendung eines sozialen Aspekts als Zuschlagskriterium hat der öffentliche Auftraggeber stets zu berücksichtigen, dass es zum Wesen der Ermittlung des 168

---

[661] Begr. VergRModVO, BR-Drs. 87/16, 212, zu § 58.
[662] Erwägungsgrund 99 RL 2014/24/EU.
[663] *Burgi*, Grenzen für Tariftreue-, Mindestentgelt und Quotenregelungen im Landesvergaberecht (vbw-Studie), 2013, 27 f.; *Latzel* NZBau 2014, 673 (679).
[664] Erwägungsgrund 98 RL 2014/24/EU.
[665] Erwägungsgrund 97 RL 2014/24/EU.
[666] *Hauff/Claus*, Fair Trade, Ein Konzept nachhaltigen Handelns, 2012, 96.
[667] EuGH Urt. v. 10.5.2012 – C-368/10, NZBau 2012, 445 Rn. 90 = ECLI:EU:C:2012:284 – Kommission/Niederlande zum Fair Trade-Gütezeichen Max Havelaar.
[668] Begr. VergRModVO, BR-Drs. 87/16, 212 f., zu § 58.

wirtschaftlichsten Angebots gehört, dass eine Gewichtung der einzelnen Zuschlagskriterien im Verhältnis zueinander vorgenommen wird. Es muss deshalb zugelassen werden, dass sich andere Wertungskriterien in der Gewichtung gegen das soziale Kriterium durchsetzen können. Der öffentliche Auftraggeber ist daher gehalten, ein soziales Kriterium nicht als Zuschlagskriterium, sondern als Ausführungsbedingung festzulegen, wenn seine Einhaltung in jedem Fall sichergestellt werden soll.[669] Aus diesem Grunde kommt zB die in diversen Landesvergabegesetzen vorgesehene Verpflichtung zur Einhaltung eines vergabespezifischen Mindestlohnes nicht als Zuschlagskriterium, sondern nur als Ausführungsbedingung vor (→ Rn. 190 ff. und 206 f.). Umgekehrt erweist sich die Notwendigkeit der Gewichtung bei der Verwendung als Zuschlagskriterium als Vorteil, wenn beispielsweise das Maß der Gewährleistung sozialer Anforderungen bewertet werden soll. Auch bietet die Fassung als Zuschlagskriterium die Möglichkeit, die Qualität von Systemen zum Nachweis der Einhaltung von sozialen Standards beim Zuschlag zu bewerten.[670] Allerdings muss der Auftraggeber in der Lage sein, die Erfüllung der Zuschlagskriterien effektiv zu überprüfen. Dieses Gebot gilt für Ausführungsbedingungen nicht. Dementsprechend kommt eine Verwendung sozialer Aspekte als Zuschlagskriterium nicht in Betracht, wenn nicht für alle erfassten Produktions- und Distributionsstufen verifiziert werden kann, dass den sozialen Aspekten Rechnung getragen worden ist.[671]

169 Im Übrigen sind Zuschlagskriterien, die soziale Aspekte des Produktionsprozesses betreffen, gemäß der Arbeitnehmerentsende-RL (= RL 96/71/EG) in der Auslegung des Gerichtshofs der Europäischen Union nicht in einer Weise auszuwählen oder anzuwenden, durch die Wirtschaftsteilnehmer aus anderen Mitgliedstaaten oder aus Drittstaaten, die Partei des GPA oder der Freihandelsübereinkommen sind, denen die Union angehört, unmittelbar oder mittelbar diskriminiert werden.[672]

V. Strategische Ausführungsbedingungen

170 **1. Allgemeines.** Gemäß § 128 Abs. 2 kann der Auftraggeber besondere Bedingungen für die Ausführung des Auftrags festlegen, sofern diese mit dem Auftragsgegenstand entsprechend § 127 Abs. 3 in Verbindung stehen und sich aus der Auftragsbekanntmachung oder den Vergabeunterlagen ergeben. Diese zusätzlichen Anforderungen können – wie sich der nicht abschließenden Aufzählung in § 128 Abs. 2 S. 3 entnehmen lässt – ua innovationsbezogene, umweltbezogene, soziale und beschäftigungspolitische Aspekte betreffen. Die Möglichkeit zur Vorgabe von Ausführungsbedingungen war zuvor in § 97 Abs. 4 S. 2 aF normiert. § 128 Abs. 2 übernimmt Art. 70 RL 2014/24/EU, wenn auch nicht wortgleich, in das deutsche Recht. Art. 70 RL 2014/24/EU greift insoweit die Vorgängerregelung des Art. 26 Vergabe-RL 2004 auf, der wiederum auf das Beentjes-Urteil des EuGH[673] zurückgeht (→ Rn. 86).

171 Ausführungsbedingungen bieten ein weiteres wichtiges Steuerungsinstrument für den öffentlichen Auftraggeber, mit welchem er strategische Zielsetzungen bei der Beschaffung verfolgen kann. Mit der Vorgabe von Ausführungsbedingungen kann der öffentliche Auftraggeber auch für den **Zeitraum nach der Zuschlagserteilung** auf die Art und Weise der Erbringung der Leistung unmittelbar Einfluss nehmen. Regelungstechnisch handelt es sich hierbei um Vertragsbedingungen, die dem Auftragnehmer zwingend zur Beachtung und Einhaltung vorgegeben werden und hiermit in die grundsätzliche Freiheit des Unternehmens bei der Gestaltung der Arbeit und Weise der Leistungsausführung eingreifen.[674] Anders als bei den Zuschlagskriterien findet hier also keinerlei Wertung statt.[675] So ist das Angebot eines Bewerbers bzw. Bieters, der nicht willens oder in der Lage ist, diese Bedingungen bei der Auftragsausführung zu beachten, von Beginn nicht zuschlagsfähig.[676] Kommt ein Auftragnehmer den Ausführungsbedingungen während der Erbringung der Leistung nicht nach, liegt eine Vertragsverletzung vor, die zivilrechtliche Konsequenzen nach sich ziehen kann. Darüber hinaus bleibt es dem öffentlichen Auftraggeber unbenommen, sich die Einhaltung der Ausführungsbedingungen bei Angebotsabgabe durch eine gesonderte Erklärung seitens des Bieters oder Bewerbers zusichern zu lassen oder die Einhaltung durch Vertragsstrafen bzw. Sonderkündigungsrechte abzusichern.[677]

---

[669] *Ziekow* DÖV 2015, 897 (902 f.).
[670] *Ziekow* DÖV 2015, 897 (903).
[671] *Ziekow* DÖV 2015, 897 (903).
[672] Erwägungsgrund RL 2014/24/EU.
[673] EuGH Urt. v. 20.9.1988 – C-31/87, Slg. 1988, 4635 Rn. 37 = ECLI:EU:C:1988:422 – Gebroeders Beentjes.
[674] *Wiedemann* in KKPP GWB § 128 Rn. 18.
[675] Begr. RegE VergRModG S. 140, zu § 128 Abs. 2.
[676] Begr. RegE VergRModG S. 140, zu § 128 Abs. 2; Beck VergabeR/*Opitz* § 128 Rn. 17 spricht daher von der Entfaltung einer „gewissen Vorwirkung".
[677] Begr. RegE VergRModG S. 140, zu § 128 Abs. 2; *Burgi* VergabeR § 19 Rn. 10.

D. Strategische Ziele bei der Vergabe (Abs. 3)   172–176   § 97 GWB

Die RL 2014/24/EU lässt explizit die Berücksichtigung derselben Kriterien sowohl als Zuschlags- 172
als auch als Ausführungsbedingung zu (→ Rn. 168). **Ökologische** Ausführungsbedingungen können beispielsweise die Anlieferung, Verpackung und Entsorgung von Waren und im Falle von Bau- und Dienstleistungsaufträgen auch die Abfallminimierung oder die Ressourceneffizienz betreffen.[678] **Soziale** Ausführungsbedingungen können zB darauf abzielen, die Umsetzung von Maßnahmen zur Förderung der Gleichstellung von Frauen und Männern am Arbeitsplatz, die verstärkte Beteiligung der Frauen am Erwerbsleben und die Vereinbarkeit von Arbeit und Privatleben oder den Umwelt- oder Tierschutz zu begünstigen und im Kern die grundlegenden Übereinkommen der Internationalen Arbeitsorganisation (ILO) zu erfüllen und mehr benachteiligte Personen als nach nationalem Recht gefordert einzustellen.[679] Ein Einsatz nur beim Auftragnehmer unmittelbar angestellter sozialversicherungspflichtiger Beschäftigter zur Auftragsausführung kann allerdings nicht verlangt werden.[680]

Einer gesonderten Begründung des öffentlichen Auftraggebers für die Vorgabe von strategischen 173
Auftragsbedingungen bedarf es nicht.[681] Es liegt im Gestaltungsspielraum des Auftraggebers, ob und welche Ausführungsbedingungen er vorschreibt. Besteht jedoch aus übergeordneten politischen Erwägungen hinaus das Bedürfnis, den öffentlichen Auftraggeber zu verpflichten, bestimmte (insbesondere soziale, beschäftigungspolitische oder umweltbezogene) Bedingungen dem Auftragnehmer obligatorisch für die Auftragsausführung vorzugeben, so kann dies nur durch ein Bundes- oder Landesgesetz erfolgen (§ 129, **zwingend zu berücksichtigende Ausführungsbedingungen**). Mit § 129 wird der Regelungsgehalt des bisherigen § 97 Abs. 4 S. 3 aF aufgegriffen und präzisiert.[682]

§ 128 Abs. 2 verlangt in Umsetzung von Art. 70 RL 2014/24/EU explizit, dass die Ausführungs- 174
bedingungen mit dem **Auftragsgegenstand in Verbindung** stehen müssen (→ § 128 Rn. 23 f.). Es ist von entscheidender Bedeutung, dass sich Bedingungen für die Auftragsausführung, die soziale Aspekte des Produktionsprozesses betreffen, auf die gemäß dem Auftrag zu erbringenden Bauleistungen, Lieferungen oder Dienstleistungen beziehen.[683] Ein solcher Zusammenhang mit dem Auftragsgegenstand ist etwa gegeben bei allen Faktoren, die mit dem konkreten Prozess der Herstellung, Bereitstellung oder Vermarktung zusammenhängen.[684] Es gilt insoweit der gleiche Maßstab wie bei den Zuschlagskriterien (vgl. § 127 Abs. 3). Dieser **Auftragsbezug** sorgt also ebenso wie auch bei den Zuschlagskriterien dafür, dass der Auftraggeber die allgemeine Unternehmenspolitik eines Bewerbers bei der Formulierung der Auftragsbedingungen nicht einfließen lassen darf (→ Rn. 155 f.).[685]

Keine zulässige Bedingung wäre daher grundsätzlich gegeben, wenn der Auftraggeber verlangt, die 175
Ausführung des Auftrags müsse durch ein Unternehmen erfolgen, das die **EMAS-Umweltstandards** erfüllt.[686] Da die EMAS-Zertifizierung sich an der Kontrolle und der Steuerung des allgemeinen umweltrelevanten Verhaltens eines Unternehmens orientiert, fehlt es insoweit am erforderlichen Bezug zu einem konkreten Auftrag.[687] Hierdurch entsteht kein Wertungswiderspruch zum Nachweis der technischen Leistungsfähigkeit, bei der eine Bezugnahme auf das EMAS möglich ist (→ Rn. 148). Zu beachten ist nämlich, dass nur einzelne Umweltmanagementmaßnahmen als Befähigungsnachweis dienen und über die Teilnahme an dem Umwelt-Audit eine erhöhte umwelttechnische Leistungsfähigkeit für bestimmte Herstellungsweisen des Auftragsgegenstands nachgewiesen werden kann.[688] Der öffentliche Auftraggeber kann aber zulässigerweise verlangen, dass während der Ausführung eines öffentlichen Auftrags Umweltmanagementmaßnahmen oder -regelungen angewandt werden.[689]

Der erforderliche Auftragsbezug sozialer Ausführungsbedingungen wird zB gewahrt, wenn der 176
Einsatz von Auszubildenden oder Langzeitarbeitslosen bei der Ausführung des konkreten Auftrages festgeschrieben wird, da in diesen Fällen eine unmittelbare Verbindung zum Auftragsgegenstand vorliegt.[690] Es sind auch Maßnahmen zur Förderung der Gleichstellung von Frauen und Männern am Arbeitsplatz und zur verstärkten Beteiligung von Frauen am Erwerbsleben als Ausführungsbedingungen denkbar. So wären zB Vorgaben möglich, dass die an der Auftragsausführung beteiligten

---
[678] Erwägungsgrund 97 RL 2014/24/EU.
[679] Erwägungsgrund 98 RL 2014/24/EU.
[680] OLG Düsseldorf Beschl. v. 5.12.2012 – VII-Verg 29/12, BeckRS 2013, 02606 = VergabeR 2013, 614 Rn. 39 ff.; Immenga/Mestmäcker/*Dreher* Rn. 264.
[681] Begr. RegE VergRModG S. 141, zu § 128 Abs. 2.
[682] Begr. RegE VergRModG S. 141, zu § 129.
[683] Erwägungsgrund 98 RL 2014/24/EU.
[684] Erwägungsgrund 104 RL 2014/24/EU.
[685] So ausdrücklich Erwägungsgrund 104 RL 2014/24/EU.
[686] *Huber/Wollenschläger* WiVerw 2005, 212 (228); Kom., Umweltorientierte Beschaffung! Ein Handbuch für ein umweltorientiertes öffentliches Beschaffungswesen, 2. Aufl. 2011, 48.
[687] *Kenzler*, Privilegierungspotential, 2009, 162.
[688] *Kenzler*, Privilegierungspotential, 2009, 162 f.
[689] Erwägungsgrund 44 RL 2014/24/EU.
[690] Begr. RegE VergRModG S. 140 f., zu § 128 Abs. 2.

Arbeitnehmerinnen für gleiche oder gleichwertige Arbeit nicht schlechter bezahlt werden dürfen als ihre männlichen Kollegen (Equal Pay). Ebenso denkbar wäre es, für die an der Auftragsausführung beteiligten Arbeitnehmer eine Frauenquote vorzuschreiben. Nicht möglich ist es jedoch, über Ausführungsbedingungen dem Unternehmen allgemeine Vorgaben für seine **Unternehmenspolitik** oder Betriebsorganisation zu machen.[691] Eine allgemeine Quotierung von Führungspositionen für Frauen oder eine Mindestquote von Ausbildungsplätzen scheiden demnach aus.[692] So wird die Grenze des nach § 128 Abs. 2 notwendigen Auftragsbezugs durchbrochen, wenn von dem Unternehmen nicht mehr ein spezielles Verhalten bei Durchführung des Auftrags, sondern allgemein eine Umstellung seiner Unternehmenspolitik verlangt wird. Der Auftragszusammenhang sozialer Ausführungsbedingungen liegt also – ebenso wie bei sozialen Zuschlagskriterien – vor allem in ihrer Beschränkung auf die **an der Auftragsausführung beteiligten Arbeitnehmer**.[693]

177 Ungeklärt ist bislang, wie mit Ausführungsbedingungen zu verfahren ist, die zwar formal auftragsbezogen formuliert sind, aber bei genauerer Betrachtung auf die Unternehmenspolitik wirken. So können auch auftragsbezogene Quoten die generelle Personalpolitik des Auftragnehmers beeinflussen, zB wenn er die „Quotenträger" schwerlich nur für die Ausführung des konkreten Auftrags einstellen kann.[694] Dauert beispielsweise die Auftragsausführung kürzer als eine Berufsausbildung, wird der Auftragnehmer, der extra für den Auftrag Auszubildende eingestellt hat, sie auch noch nach Auftragsende beschäftigen müssen, da die Möglichkeit einer Projektbefristung gem. § 14 Abs. 1 S. 2 Nr. 1 TzBfG nicht für Ausbildungsverhältnisse (vgl. §§ 21 f. BBiG) besteht.[695] Sind formal auftragsbezogene Anforderungen nur mit materiellen Auswirkungen auf die auftragsunabhängige Unternehmenspolitik durchführbar, ist das Verhältnismäßigkeits- und Gleichbehandlungsgebot der Abs. 1 und 2 (vgl. auch Art. 18 Abs. 1 RL 2014/24/EU) verletzt.[696] Können solche sozialen Anforderungen von kleineren Unternehmen nicht mehr erfüllt werden, obwohl sie im Übrigen dem Auftrag gewachsen sind, sind zudem mittelständische Interessen entgegen Abs. 4 nicht hinreichend berücksichtigt, was eine unzulässige Benachteiligung und künstliche Einschränkung des Wettbewerbs darstellen kann (vgl. Art. 18 Abs. 1 UAbs. 2 RL 2014/24/EU). Deswegen sind soziale Aspekte, die etwa die Zusammensetzung des auftragsausführenden Personals betreffen, nur bei Aufträgen zulässig, die so lange dauern oder so personalintensiv sind, dass die meisten geeigneten Auftragnehmer sie erfüllen können, ohne ihre Personalpolitik generell, dh über die Zeit der Auftragsausführung hinaus, vergabekonform gestalten zu müssen.[697]

178 Zulässig ist die Vorgabe von Ausführungsbedingungen durch öffentliche Auftraggeber nur, wenn diese sich aus der Auftragsbekanntmachung oder den Vergabeunterlagen ergeben (§ 128 Abs. 2 S. 2). Nur bei Einhaltung der **Publizität** kann ein Interessent auf gesicherter Grundlage entscheiden, ob er im Falle des Zuschlags diese Bedingungen einhalten kann.

179 Das **Transparenzgebot** ist zB dann verletzt, wenn für die Auftragsausführung die Bezahlung eines tariflichen Mindestlohns verlangt wird, ohne dass die Ausschreibung selbst den maßgeblichen Tarif- bzw. Mindestlohn konkret nennt. Denn das vergaberechtliche Transparenzgebot erfordert es, dass die Ausschreibung alle Informationen enthält, die ein Bieter benötigt, um entscheiden zu können, ob er sich an der Ausschreibung beteiligt. Zu diesen Informationen zählt jedenfalls auch ein Mindestlohn, der dem Personal des Bieters zu zahlen ist, da er die wirtschaftliche Preiskalkulation des Bieters maßgeblich bestimmt. Eine allgemeine Bezugnahme in der Ausschreibung auf den „einzuhaltenden Tarifvertrag" und „gesetzliche Bestimmungen über Mindestentgelte" ist hiernach unzureichend. Vielmehr muss der maßgebliche Betrag in der Ausschreibung selbst genannt sein.[698] Die Ausschreibung ist auch dann intransparent, wenn sie hinsichtlich der in ihr vorhandenen Angaben zum Mindestlohn irreführend ist. Wird in den Ausschreibungsunterlagen eine Erklärung des Bieters gefordert, er zahle seinen Arbeitnehmern „bei Ausführung der Leistungen mindestens ein Stundenentgelt von 9,50 Euro", suggeriert die Ausschreibung, dass dies der zu zahlende Mindestlohn sei. Dass in Wahrheit der zu zahlende Mindestlohn höher sein könnte, weil ein in der Ausschreibung nicht genannter, für allgemeinverbindlich erklärter Tarifvertrag zur Anwendung kommen könnte, liegt sodann für den unvoreingenommenen Leser der Ausschreibung fern.[699]

---

[691] Begr. RegE VergRModG S. 140 f., zu § 128 Abs. 2; *Burgi* VergabeR § 19 Rn. 14.
[692] RefE VergRModG S. 132, zu § 128.
[693] Erwägungsgrund 99 RL 2014/24/EU; *Wiedemann* in KKPP GWB § 128 Rn. 28.
[694] Immenga/Mestmäcker/*Dreher* Rn. 263.
[695] *Latzel* NZBau 2014, 673 (679), der allerdings auf die gem. § 14 Abs. 1 Nr. 2, § 28 Abs. 1 Nr. 2, Abs. 2 BBiG bestehende Möglichkeit hinweist, Auszubildende an andere persönlich und fachlich geeignete Ausbilder zum Zwecke der Ausbildung zu überlassen.
[696] Immenga/Mestmäcker/*Dreher* Rn. 263; *Latzel* NZBau 2014, 673 (679 f.).
[697] *Latzel* NZBau 2014, 673 (679).
[698] KG Beschl. v. 26.9.2014 – Verg 5/14, NZBau 2015, 185 Rn. 8 f.
[699] KG Beschl. v. 26.9.2014 – Verg 5/14, NZBau 2015, 185 Rn. 10 f.

Einmal genannte zusätzliche Anforderungen dürfen nicht mehr nachträglich geändert oder **180** unangewendet bleiben. Wegen ihrer Erheblichkeit für die Entscheidung über die Auftragsvergabe ist die Behandlung zusätzlicher Bedingungen insoweit ähnlich zu gestalten wie bei Zuschlagskriterien, für die aus Gründen der Transparenz und der Gleichbehandlung ein nachträgliches **Abänderungsverbot** gilt.[700]

2. Tarifreuepflicht und Mindestlohnvorgaben im Lichte des Europa- und Verfas- **181**
sungsrechts. Aufgrund des Anwendungsvorrangs des Europarechts muss auch bei der Festlegung zusätzlicher Ausführungsbedingungen das übrige Europarecht beachtet werden. Restriktionen ergeben sich dabei sowohl aus dem Primär- wie dem Sekundärrecht. Aus **primärrechtlicher** Sicht sind insbesondere die **Diskriminierungsverbote** zu beachten. Ausführungsbedingungen sollten nicht in einer Weise ausgewählt oder angewandt werden, durch die Wirtschaftsteilnehmer aus anderen Mitgliedstaaten oder aus Drittstaaten, die Partei des GPA oder der Freihandelsübereinkommen sind, denen die Union angehört, unmittelbar oder mittelbar diskriminiert werden.[701] Unzulässig ist deshalb beispielsweise eine Ausführungsbedingung, die verlangt, bei Ausführung des Auftrags nur auf nationale Produkte oder Arbeitnehmer zurückzugreifen.[702]

Sekundärrechtlich ist besonders im Bereich der sozialen Ausgestaltung der Auftragsausführung **182** die **Arbeitnehmerentsende-RL (= RL 96/71/EG)**[703] in der Auslegung des Gerichtshofs der Europäischen Union zu beachten.[704] Zu Abgrenzungsschwierigkeiten der RL 2014/24/EU mit der Arbeitnehmerentsende-RL kann es allerdings überhaupt nur kommen, sofern deren Anwendungsbereich gem. Art. 1 Abs. 1 Arbeitnehmerentsende-RL eröffnet ist. Hierzu muss ein Unternehmen mit Sitz in einem Mitgliedstaat im Rahmen der länderübergreifenden Erbringung von Dienstleistungen Arbeitnehmer in das Hoheitsgebiet eines anderen Mitgliedsstaates entsenden. Liegt begrifflich keine Arbeitnehmerentsendung vor, greift die Arbeitnehmerentsende-RL bei der öffentlichen Auftragsvergabe nicht ein; es gilt insoweit nur die RL 2014/24/EU.[705] Bei der Ausführung von öffentlichen Aufträgen spielt die Entsendung von Arbeitnehmern allerdings gerade auch in Unterauftragsverhältnissen wegen der zwischen den Mitgliedstaaten bestehenden Lohnunterschiede eine wichtige Rolle. Für das Verhältnis der RL 2014/24/EU zur Arbeitnehmerentsende-RL finden sich in den Erwägungsgründen der RL 2014/24/EU wichtige Hinweise. In Bezug auf Zuschlagskriterien und Bedingungen für die Auftragsausführung, die soziale Aspekte des Produktionsprozesses betreffen, heißt es dort ausdrücklich, diese sollten „gemäß der Richtlinie 96/71 EG in der Auslegung des Gerichtshofs der Europäischen Kommission angewandt werden (...)". Demnach sollten Anforderungen hinsichtlich der in der Arbeitnehmerentsende-RL geregelten grundlegenden Arbeitsbedingungen, wie Mindestlöhne, auf dem Niveau bleiben, das durch einzelstaatliche Rechtsvorschriften oder durch Tarifverträge, die im Einklang mit dem Unionsrecht im Kontext der genannten Richtlinie angewandt werden, festgelegt wurde.[706] Ferner sollte es möglich sein, Klauseln zur Sicherstellung der Einhaltung von Tarifverträgen – im Einklang mit dem Unionsrecht – in öffentliche Aufträge aufzunehmen.[707]

Mindestlohn- und Tariftreueverpflichtungen standen in der Vergangenheit schon des Öfteren **183** auf dem rechtlichen Prüfstand, und zwar nicht nur im Hinblick auf ihre Europarechtskonformität, sondern auch im Hinblick auf ihre Verfassungsmäßigkeit.

a) Konstitutive Tariftreueverpflichtung. Im Jahr 2006 entschied das Bundesverfassungsge- **184** richt[708] aufgrund einer Vorlage des Bundesgerichtshofs nach Art. 100 GG über die Verfassungsmäßigkeit von § 1 Abs. 1 S. 2 des Berliner Vergabegesetzes vom 9.7.1999 (GVBl. 1999, 369). Nach dieser Regelung sollte die Vergabe von Bauleistungen sowie von Dienstleistungen bei Gebäuden und Immobilien mit der Auflage erfolgen, dass die Unternehmen ihre Arbeitnehmer bei der Ausfüh-

---
[700] EuGH Urt. v. 25.4.1996 – C-87/94, Slg. 1996, I-2043 Rn. 88 f. = ECLI:EU:C:1996:161 – Kommission/Belgien.
[701] Erwägungsgrund 98 RL 2014/24/EU.
[702] EuGH Urt. v. 22.6.1993 – C-243/89, Slg. 1993, I-3353 Rn. 23 = ECLI:EU:C:1993:257 – Kommission/Dänemark.
[703] Richtlinie 96/71/EG des Europäischen Parlaments und des Rates v. 16.12.1996 über die Entsendung von Arbeitnehmern im Rahmen der Erbringung von Dienstleistungen, ABl. 1997 L 18, 1.
[704] Erwägungsgrund 98 RL 2014/24/EU.
[705] *Glaser*, Zwingende soziale Mindeststandards bei der Vergabe öffentlicher Aufträge, 2015, 57.
[706] Erwägungsgrund 98 RL 2014/24/EU; vgl. auch Erwägungsgrund 37 RL 2014/24/EU, wo es ebenfalls heißt, die die betreffenden Maßnahmen sollten „im Einklang mit der Richtlinie 96/71/EG" angewandt werden.
[707] Erwägungsgrund 39 RL 2014/24/EU: Die Nichteinhaltung der einschlägigen Verpflichtungen könnte als schwere Verfehlung des betreffenden Wirtschaftsteilnehmers betrachtet werden, die dessen Ausschluss vom Verfahren zur Vergabe eines öffentlichen Auftrags zur Folge haben kann.
[708] BVerfG Beschl. v. 11.7.2006 – 1 BvL 4/00, NJW 2007, 21.

rung dieser Leistungen nach den jeweils in Berlin geltenden Entgelttarifen entlohnen und dies auch von ihren Nachunternehmern verlangen. Das Bundesverfassungsgericht ließ die Vereinbarkeit mit dem europäischen Recht ausdrücklich offen und bejahte im Ergebnis die Verfassungskonformität der Tariftreueregelungen des Berliner Vergabegesetzes. Das Bundesverfassungsgericht leitete die konkurrierende Gesetzgebungskompetenz des Landes aus Art. 74 Abs. 1 Nr. 11 GG – dem Recht der Wirtschaft – her. Von dem für Vergaberegelungen einschlägigen Gesetzgebungstitel des Art. 74 Abs. 1 Nr. 11 GG hatte der Bundesgesetzgeber – wie sich § 97 Abs. 4 aF entnehmen ließ – ersichtlich keinen abschließenden Gebrauch gemacht.[709] Das BVerfG verneinte einen Verstoß des Regelung des Berliner Vergabegesetzes gegen Art. 9 Abs. 3 GG, da bereits der Schutzbereich nicht berührt und insbesondere die negative Koalitionsfreiheit nicht betroffen sei.[710] Im Hinblick auf Art. 12 Abs. 1 GG erkannte das BVerfG zwar eine eingriffsgleiche Beeinträchtigung der Berufsfreiheit, doch diene der Eingriff verfassungsrechtlich legitimen Zielen. Die Erstreckung der Tariflöhne auf Außenseiter solle einem Verdrängungswettbewerb über die Lohnkosten entgegenwirken. Dies diene dem Schutz der Beschäftigung von Arbeitnehmern tarifgebundener Unternehmen, der Erhaltung als wünschenswert angesehener sozialer Standards und der Entlastung der bei hoher Arbeitslosigkeit bzw. bei niedrigen Löhnen verstärkt in Anspruch genommenen Systeme der sozialen Sicherheit. Dabei komme dem Ziel, die Arbeitslosigkeit zu verringern, aufgrund des Sozialstaatsprinzips Verfassungsrang zu. Der hiermit einhergehende Beitrag zur finanziellen Stabilität der Sozialversicherungssysteme sei ein Gemeinwohlbelang von hoher Bedeutung. Zugleich werde das Tarifvertragssystem als Mittel zur Sicherung sozialer Standards unterstützt.[711] Der Landesgesetzgeber habe im Rahmen seiner Einschätzungsprärogative annehmen dürfen, dass er durch seine Tariftreueregelung den Unterbietungswettbewerb über die Lohnkosten begrenzen[712] und auf diese Weise die bereits genannten Gesetzesziele fördern könne. Die Regelung sei auch erforderlich, denn ein gleich geeignetes, aber weniger belastendes Mittel, das der Landesgesetzgeber anstelle der gesetzlichen Tariftreueregelung hätte ergreifen können, sei nicht ersichtlich. Die alternativ denkbare Allgemeinverbindlichkeitserklärung von Tarifverträgen stehe dem Landesgesetzgeber ebenso wenig wie die gesetzliche Festlegung von Mindestlöhnen als Regelungsinstrument zur Verfügung und sei zudem kein milderes, sondern ein den Unternehmer stärker beeinträchtigendes Mittel. Und schließlich erachtete das Bundesverfassungsgericht die Beeinträchtigung der Berufsfreiheit angesichts der gewichtigen Gründe für die gesetzliche Regelung auch als angemessen.[713]

185 Der EuGH erhielt erstmals im Jahre 2008 die Gelegenheit, sich mit der Frage der Europarechtskonformität derartiger Regelungen zu befassen. Die Entscheidung sollte als sog. **„Rüffert-Urteil"** in die Geschichte eingehen.[714] § 3 Abs. 1 des Niedersächsischen Landesvergabegesetzes bestimmte, dass Aufträge für Bauleistungen nur an Unternehmen vergeben werden dürfen, die sich verpflichten, ihren Arbeitnehmern bei der Ausführung dieser Leistungen mindestens das am Ort der Ausführung tarifvertraglich vorgesehene Entgelt zu zahlen. Für den Fall des Nachunternehmereinsatzes hatte sich der Auftragnehmer gem. § 4 LVergabeG zu verpflichten, den Nachunternehmern die Tariftreuepflicht aufzuerlegen und die Beachtung dieser Pflicht durch die Nachunternehmer zu überwachen. Für den Fall des Verstoßes gegen die Tariftreueerklärung war eine Vertragsstrafe zu vereinbaren und der öffentliche Auftraggeber zur fristlosen Kündigung des Vertrages berechtigt. Das Land Niedersachsen, das einen Auftrag über Rohbauarbeiten beim Bau einer Justizvollzugsanstalt öffentlich ausgeschrieben hatte, gab im Herbst 2003 dem Unternehmen Objekt und Bauregie GmbH und Co. KG den Zuschlag. Diese setzte ein in Polen ansässiges Nachunternehmen ein, das in Verdacht geriet, bei dem Bauvorhaben Arbeiter zu einem Lohn beschäftigt zu haben, der erheblich unter dem im Baugewerbe-Tarifvertrag vorgesehenen Lohn lag. Schließlich kündigte das Land den Werkvertrag wegen des Verstoßes gegen die vereinbarte Tariftreuepflicht und machte eine Vertragsstrafe geltend. In der Folge kam es zu einem Zivilgerichtsverfahren zwischen Herrn Rüffert als Insolvenzverwalter über das Vermögen der Objekt und Bauregie und dem Land Niedersachsen. Das mit der Berufung

---

[709] BVerfG Beschl. v. 11.7.2006 – 1 BvL 4/00, NJW 2007, 21 Rn. 56–62.
[710] BVerfG Beschl. v. 11.7.2006 – 1 BvL 4/00, NJW 2007, 21 Rn. 63–75.
[711] Die Förderung und Stabilisierung des Tarifvertragssystems betont auch *Rohrmann* in Lehmann, Deutsche und europäische Tariflandschaft im Wandel, 2013, 270, 273.
[712] Vgl. auch *Rohrmann* in Lehmann, Deutsche und europäische Tariflandschaft im Wandel, 2013, 270, 273; *Rohrmann* AuA Sonderausgabe 2013, 48 (49), der darauf hinweist, dass öffentliche Auftraggeber bei einer ausschließlich am Preis orientierten Vergabe einen einseitigen Wettbewerb über die Lohnkosten und damit Lohndumping fördern würde.
[713] BVerfG Beschl. v. 11.7.2006 – 1 BvL 4/00, NJW 2007, 21 Rn. 76–104; HK-VergabeR/*Fehling* Rn. 109 ff. bewertet die Argumentation des BVerfG als im Wesentlichen überzeugend.
[714] EuGH Urt. v. 3.4.2008 – C-346/06, Slg. 2008, I-2024 – ECLI:EU:C:2008:189 – Rüffert; ausf. hierzu: *Germelmann* GewArch 2016, 60 (62 ff.).

befasste OLG Celle legte dem EuGH im Wege des Vorabentscheidungsersuchens die Frage vor, ob eine Vorschrift wie die des Niedersächsischen Landesvergabegesetzes eine nicht gerechtfertigte Beschränkung der Dienstleistungsfreiheit darstellt.[715]

Der EuGH prüfte zunächst die Vereinbarkeit der Tariftreueregelungen des Landesvergabegesetzes mit der **Arbeitnehmerentsende-RL**. Deren Anwendungsbereich war vorliegend eröffnet, da das polnische Nachunternehmen seine Arbeitnehmer nach Deutschland im Rahmen einer staatenübergreifenden Erbringung von Bauleistungen entsandt hatte. Nach Art. 3 Abs. 1 Arbeitnehmerentsende-RL sind bei der staatenergreifenden Erbringung von Dienstleistungen im Bausektor den entsandten Arbeitnehmern bestimmte Arbeits- und Beschäftigungsbedingungen, ua Mindestlohnsätze zu garantieren. Diese sind durch Rechts- oder Verwaltungsvorschriften und/oder durch für allgemeinverbindlich erklärte Tarifverträge oder Schiedssprüche festzulegen. Der EuGH erkannte, dass die Festlegung des Mindestlohnsatzes vorliegend nicht durch eine Rechtsvorschrift erfolgt war, da das Landesvergabegesetz selbst keinen Mindestlohnsatz enthielt. Des Weiteren war der Baugewerbe-Tarifvertrag kein für allgemeinverbindlich erklärter Tarifvertrag im Sinne des AEntG. Ein Abstellen auf nicht für allgemeinverbindlich erklärte Tarifverträge lässt die Arbeitnehmerentsende-RL aber nur für den Fall zu, dass es im betroffenen Mitgliedstaat kein System zur Allgemeinverbindlicherklärung von Tarifverträgen gibt. Diese Bestimmung der Arbeitnehmerentsende-RL war daher vorliegend bereits nicht anwendbar, allerdings auch von den Voraussetzungen nicht erfüllt, da die Bindungswirkung sich nach dem Landesvergabegesetz auf die Vergabe öffentlicher Aufträge beschränkte und damit der Tarifvertrag keine allgemeine Wirksamkeit entfaltete. Der EuGH erkannte daher, dass der Mindestlohnsatz nach dem Landesvergabegesetz nicht nach einer der Modalitäten der Arbeitnehmerentsende-RL festgelegt worden und die Regelung jedenfalls nicht von Art. 3 Abs. 1 Arbeitnehmerentsende-RL gedeckt war. Soweit Art. 3 Abs. 7 Arbeitnehmerentsende-RL die Anwendung von für Arbeitnehmer günstigeren Beschäftigungs- und Arbeitsbedingungen zulasse, könne diese Regelung nicht dahingehend ausgelegt werden, dass sie einem Aufnahmemitgliedstaat erlaube, die Erbringung von Dienstleistungen in seinem Hoheitsgebiet von der Einhaltung von Arbeits- und Beschäftigungsbedingungen abhängig zu machen, die über die zwingenden Bestimmungen über ein Mindestmaß an Schutz hinausgingen. Das Schutzniveau, das den entsandten Arbeitnehmern im Hoheitsgebiet des Aufnahmemitgliedstaats garantiert werde, sei grundsätzlich auf das beschränkt, was Art. 3 Abs. 1 Arbeitnehmerentsende-RL vorsehe. Dies hatte der EuGH bereits in seinem Laval-Urteil vom 18.12.2007 entschieden,[716] an dessen Begründung er nun in seinem Rüffert-Urteil anknüpfte.[717]

Aus Sicht des EuGH wird nur diese Auslegung der Richtlinie der ihr zugrunde liegenden **Dienstleistungsfreiheit** (damals Art. 49 EG, heute Art. 56 AEUV) gerecht. Die Verpflichtung, das Erbringen einer Dienstleistung im Aufnahmemitgliedstaat von der Einhaltung anderer als der in Art. 3 Arbeitnehmerentsende-RL verankerten Mindeststandards abhängig zu machen, lege den Leistungserbringern eine zusätzliche wirtschaftliche Belastung auf. Diese sei geeignet, die Erbringung der Dienstleistung im Aufnahmemitgliedstaat zu unterbinden, zu behindern oder weniger attraktiv zu machen. Die hiermit einhergehende Beschränkung der Dienstleistungsfreiheit lasse sich auch nicht durch das Ziel des Arbeitnehmerschutzes rechtfertigen, da die Regelung des Landesvergabegesetzes nur für die Vergabe öffentlicher Aufträge Wirkung entfalte. Es sei aber nicht ersichtlich, dass ein im Bausektor tätiger Arbeitnehmer nur bei seiner Beschäftigung im Rahmen eines öffentlichen Auftrags und nicht auch im Rahmen eines privaten Auftrags des Schutzes durch einen Mindestlohnsatz bedürfte. Aus den gleichen Gründen sei die Beschränkung der Dienstleistungsfreiheit auch nicht durch den Zweck gerechtfertigt, den Schutz der autonomen Ordnung des Arbeitslebens durch Koalitionen zu gewährleisten. Hinsichtlich des Zwecks der finanziellen Stabilität der sozialen Versicherungssysteme verneinte der EuGH schließlich die Erforderlichkeit der Maßnahme.[718]

Diese Begründung des EuGH ist in der Rechtswissenschaft heftig kritisiert worden.[719] Stein des Anstoßes war dabei vor allem die dem Gerichtsurteil zugrunde liegende Prämisse, nach der ein nur partieller, dh nur auf die Vergabe öffentlicher Aufträge beschränkter Arbeitnehmerschutz als inkohärent erachtet wird und die Beschränkung der Dienstleistungsfreiheit daher nicht zu rechtfertigen vermag.[720] Auch wenn das Rüffert-Urteil nur zum niedersächsischen Landesvergabegesetz

---

715 OLG Celle EuGH Vorlagebeschl. v. 3.8.2006 – 13 U 72/06, NZBau 2006, 660.
716 EuGH Urt. v. 18.12.2007 – C-341/05, Slg. 2007, I-11767 = ECLI:EU:C:2007:809 – Laval.
717 EuGH Urt. v. 3.4.2008 – C-346/06, Slg. 2008, I-2024 Rn. 18–35 – ECLI:EU:C:2008:189 – Rüffert.
718 EuGH Urt. v. 3.4.2008 – C-346/06, Slg. 2008, I-2024 Rn. 36–42 – ECLI:EU:C:2008:189 – Rüffert.
719 Däubler NZA 2014, 694; differenzierend in der Kritik HK-VergabeR/*Fehling* Rn. 105; für überzeugend erachtet demgegenüber *Mohr* EuZA 2017, 23 (41) die Entscheidung.
720 Däubler NZA 2014, 694 (696) weist darauf hin, dass das Argument mit dem (angeblich) unzulässigen Partialschutz die Rspr. des EuGH zu umweltschützenden Vergabebedingungen übersehe, bei denen die Beschränkung auf öffentliche Auftragnehmer völlig unbeanstandet bleibe.

ergangen war, hatte es doch Auswirkungen auf alle gleich oder ähnlich lautenden Regelungen in den Vergabegesetzen anderer Bundesländer,[721] die durch Verwaltungserlasse oder Rundschreiben umgehend den Gebrauch der Tariftreueregelungen untersagten. Nach der Novellierung des GWB im Jahre 2009 kam es bald jedoch gewissermaßen zu einer „Renaissance" der Tariftreue.[722] Bestehende Landesgesetze wurden novelliert oder gänzlich neue Vergabegesetze verabschiedet. In diese arbeiteten die Landesgesetzgeber – so gut sie es vermochten – die Erkenntnisse aus dem Rüffert-Urteil ein, indem sie sich auf die konkrete Festsetzung vergabespezifischer Mindestentgeltsätze und deklaratorische Tariftreueregelungen beschränkten.[723]

189 Das Rüffert-Urteil dürfte mit dem Inkrafttreten der RL 2014/24/EU nichts an seiner Bedeutung verloren haben.[724] Ausweislich der Erwägungsgründe der RL 2014/24/EU sollen Anforderungen hinsichtlich der in der Arbeitnehmerentsende-RL geregelten grundlegenden Arbeitsbedingungen, wie Mindestlöhne, auf dem Niveau bleiben, das durch einzelstaatliche Rechtsvorschriften oder durch Tarifverträge, die im Einklang mit dem Unionsrecht im Kontext der genannten Richtlinie angewandt werden, festgelegt wurde.[725]

190 **b) Vergabespezifischer Mindestlohn.** Im Jahr 2014 erhielt der EuGH erstmals Gelegenheit, die Europarechtskonformität der Regelung eines vergabespezifischen Mindestentgelts zu prüfen, und zwar im sog. **Bundesdruckerei-Urteil.**[726] In dem zugrunde liegenden Fall hatte die Stadt Dortmund in einem europaweiten offenen Verfahren die Vergabe eines Auftrags zur Aktendigitalisierung und Konvertierung von Daten ihres Stadtplanungs- und Bauordnungsamts ausgeschrieben. Nach den zusätzlichen Bedingungen, die Bestandteil der Vergabeunterlagen waren, mussten sich Bieter auf der Grundlage von § 4 Abs. 3 TVgG NRW verpflichten, an ihre Beschäftigten bei Ausführung der Leistungen wenigstens ein Mindeststundenentgelt von 8,62 EUR zu zahlen. Die an diesem Auftrag interessierte Bundesdruckerei beabsichtigte, den Auftrag komplett über ihr in Polen ansässiges Tochterunternehmen als Nachunternehmer abzuwickeln. Sie teilte der Kommune mit, dass es in Polen keine vergleichbaren Tarif- oder Mindestlohnregelungen gebe und dass der im TVgG NRW vorgesehene Mindestlohn nach den dortigen Lebensverhältnissen unüblich sei. Ihr Nachunternehmer sähe sich nicht der Lage, die Vorgaben des TVgG NRW einzuhalten und entsprechende Erklärungen abzugeben. Die Bundesdruckerei bat daher um Bestätigung, dass die Verpflichtungen für den von ihr vorgesehenen Nachunternehmer nicht gelten und rügte demzufolge die Vergabeunterlagen. Nachdem der Rüge nicht abgeholfen worden war, stellte die Bundesdruckerei den Nachprüfungsantrag bei der zuständigen Vergabekammer in Arnsberg. Die Vergabekammer bezweifelte, dass die Verpflichtung eines Bieters, auch seine ausländischen Nachunternehmer auf ein vergabespezifisches Mindestlohnniveau zu verpflichten, in Einklang mit der Dienstleistungsfreiheit des Art. 56 AEUV stünden und legte diese Frage dem EuGH zur Vorabentscheidung vor.[727]

191 Der EuGH entschied, dass die **Arbeitnehmerentsende-RL** im vorliegenden Fall nicht anwendbar ist. So stand fest, dass der Bieter nicht beabsichtigte, den öffentlichen Auftrag in Deutschland durch Entsendung von Arbeitnehmern seines Nachunternehmers auszuführen. Vielmehr sollen die auftragsgegenständlichen Leistungen ausschließlich in Polen erbracht werden. Diese Situation fällt unter keine der drei in Art. 1 Abs. 3 Arbeitnehmerentsende-RL bezeichneten länderübergreifenden Maßnahmen.[728] Aus Sicht des EuGH wird durch die Festlegung eines Mindestlohnes bei grenzüberschreitenden Sachverhalten, wie dem hier vorliegenden, jedoch die **Dienstleistungsfreiheit** aus Art. 56 AEUV unzulässig einschränkt. Zwar könne die Festlegung eines Mindestlohnes grundsätzlich durch das Ziel des Arbeitnehmerschutzes gerechtfertigt sein, dieses Ziel werde mit dem Tariftreue- und Vergabegesetze NRW allerdings nicht erreicht. Hierfür nannte der EuGH zwei Gründe: Zunächst einmal sei solche Maßnahme, die sich nur auf öffentliche Aufträge beziehe, nicht geeignet, das Ziel des Arbeitnehmerschutzes zu erreichen, wenn keine Anhaltspunkte dafür bestünden, dass

---

[721] VK Arnsberg Beschl. v. 21.8.2008 – VK 16/08, – zum Vergabegesetz für das Land Bremen v. 17.12.2002 (GVBl. 2002, 594).
[722] Rohrmann AuA Sonderausgabe 2013, 48.
[723] Zimmer AuR 2019, 152 meint, dass sich durch Änderungen in der Rechtsprechung des EuGH und die am 29.5.2018 verabschiedete grundlegende Reform der Entsenderichtlinie mittlerweile die Vorgaben des europäischen Rechts geändert hätten, was neue Spielräume für die Landesgesetzgeber eröffne.
[724] Mohr EuZA 2017, 23 (41).
[725] Erwägungsgrund 98 RL 2014/24/EU; vgl. auch Erwägungsgrund 37 RL 2014/24/EU, wo es ebenfalls heißt, die die betreffenden Maßnahmen sollten „im Einklang mit der Richtlinie 96/71/EG" angewandt werden.
[726] EuGH Urt. v. 18.9.2014 – C-549/13, NZBau 2014, 647 = ECLI:EU:C:2014:2235 – Bundesdruckerei.
[727] VK Arnsberg Beschl. v. 22.10.2013 – VK 18/13, BeckRS 2013, 57604.
[728] EuGH Urt. v. 18.9.2014 – C-549/13, NZBau 2014, 647 Rn. 24 ff. = ECLI:EU:C:2014:2235 – Bundesdruckerei.

die auf dem privaten Markt tätigen Arbeitnehmer nicht desselben Lohnschutzes bedürften. Diese auf die Unzulässigkeit eines Partikularschutzes abstellende Argumentation hatte der EuGH bereits in seinem Rüffert-Urteil[729] angewendet. Jedenfalls aber – so der EuGH – sei die Maßnahme unverhältnismäßig, soweit sich die Regelung auf einen Sachverhalt beziehe, in welchem Arbeitnehmer einen öffentlichen Auftrag in einem anderen Mitgliedsstaat ausführen als dem des öffentlichen Auftraggebers, und in diesem anderen Mitgliedsstaat die Mindestlohnsätze niedriger seien. In einem solchen Falle sei die Maßnahme für das Erreichen des Ziels des Arbeitnehmerschutzes oder einer Stabilität der deutschen sozialen Systeme nicht erforderlich. Das Tariftreue- und Vergabegesetz habe keinen Bezug zu den Lebenshaltungskosten des Mitgliedstaates, in dem die Auftragsleistungen ausgeführt würden (im vorliegenden Fall Polen). Damit aber würde dem in diesem Mitgliedstaat ansässigen Nachunternehmern die Möglichkeit vorenthalten, aus den zwischen den jeweiligen Lohnniveaus bestehenden Unterschieden einen Wettbewerbsvorteil zu ziehen. Hiermit gehe die Regelung über das hinaus, was erforderlich wäre, um zu gewährleisten, dass das Ziel des Arbeitnehmerschutzes erreicht wird.[730]

192 In der Literatur ist auf die Reichweite des EuGH-Urteils hingewiesen und schon das „Aus" für den vergabespezifischen Mindestlohn zur Diskussion gestellt worden.[731] Tatsächlich sind die auf eine Nachunternehmer-Konstellation bezogenen Aussagen des EuGH zweifellos auch auf die Fälle übertragbar, in denen sich direkt ein ausländisches Unternehmen um den Auftrag bewirbt, um diesen außerhalb Deutschlands auszuführen. Auch kommt es nicht darauf an, ob die Leistungsausführung vollständig oder nur teilweise im Ausland erfolgt.[732] Demgegenüber lässt sich aus dem Bundesdruckerei-Urteil nicht ableiten, ob vergabespezifische Mindestlöhne in Fallkonstellationen ohne grenzüberschreitenden Bezug, also für Bieter und Nachunternehmer, die ihre Leistungen in Deutschland erbringen wollen, nach wie vor zur Anwendung kommen dürfen.[733]

193 Es ist allerdings zu bedenken, dass durch das Inkrafttreten der RL 2014/24/EU eine maßgebliche Änderung der Rechtslage eingetreten ist, da mit der RL 2014/24/EU ökologische und soziale Belange im Bereich der Auftragsvergabe ein deutlich erhöhtes Gewicht erlangt haben. Während nach Art. 26 S. 1 Vergabe-RL 2004 die Ausführungsbedingungen „mit dem Gemeinschaftsrecht vereinbar sein" mussten, fehlt es in der neuen Vorschrift des Art. 70 S. 1 RL 2014/24/EU an einer entsprechenden Vorgabe. Insoweit lässt sich die Ansicht vertreten, dass die sekundärrechtlichen Regelungen in der RL 2014/24/EU die primärrechtliche Dienstleistungsfreiheit abschließend ausgestalten und insoweit Sperrwirkung entfalten, sodass die Dienstleistungsfreiheit nicht mehr unmittelbar anwendbar ist.[734] Da die Wertungen des Primärrechts allerdings in die Richtlinienbestimmungen im Wege der primärrechtskonformen Auslegung einfließen, ist davon auszugehen, dass die Bundesdruckerei-Entscheidung auch unter der RL 2014/24/EU noch Geltung beansprucht.

194 Aufgrund eines Vorabentscheidungsersuchens des OLG Koblenz vom 19.2.2014[735] erhielt der EuGH im **RegioPost-Urteil**[736] die Gelegenheit, sich zu Frage der europarechtlichen Zulässigkeit vergabespezifischer Mindestlöhne erneut zu positionieren. In dem der Entscheidung zugrunde liegenden Fall hatte die Stadt Landau in der Pfalz im April 2013 einen Rahmenvertrag über die

---

[729] EuGH Urt. v. 3.4.2008 – C-346/06, Slg. 2008, I-2024 = ECLI:EU:C:2008:189 – Rüffert.
[730] EuGH Urt. v. 18.9.2014 – C-549/13, NZBau 2014, 647 Rn. 30 ff. = ECLI:EU:C:2014:2235 – Bundesdruckerei.
[731] *Mager/Genschow* NZBau 2015, 79; *Figgen* IBR 2014, 682; vgl. auch *Nassibi* ArbuR 2015, 106; HK-VergabeR/*Fehling* Rn. 105 kritisiert, dass der EuGH ausschließlich mit der fehlenden Schutzbedürftigkeit der ausländischen Arbeitnehmer wegen des dort generell niedrigeren Lohnniveaus argumentiert, hierbei aber die mit dem Lohn- und damit Kostengefälle verbundene indirekte Aushebelung des Tariftreue-Mindestlohns im Inland ignoriere. Mit der Statuierung eines extensiven Herkunftslandsprinzips werde der Wettbewerbsgedanke pervertiert.
[732] Der Runderlass des Ministeriums für Wirtschaft, Energie, Industrie, Mittelstand und Handwerk NRW, zugleich im Namen der Ministerpräsidentin und aller Landesministerien – I A 1-81-00/3-13 v. 13.10.2014, Hinweis zur Anwendung von § 4 Abs. 3 S. 1 TVgG NRW bei Dienstleistungserbringung durch Personen im EU-Ausland, sieht in Nr. 1.1 vor, dass der vergaberechtliche Mindestlohn nicht aufzuerlegen ist, „soweit ein Bieter oder ein Subunternehmer dafür Dienstleistungen ganz oder teilweise im EU-Ausland erbringt". *Mager/Genschow* NZBau 2015, 79 (81) verweisen zudem auch auf eine Relevanz für Bauaufträge, sofern eigenständige Teilleistungen, wie zB die Fensterherstellung, auf einen ausländischen Nachunternehmer übertragen werden sollen.
[733] Eine unzulässige Inländerdiskriminierung sehen hierin *Gabriel/Voll* NZBau 2014, 158; *Mager/Genschow* NZBau 2015, 79 (82). Für eine primärrechtskonforme Auslegung und Anwendung nur noch auf reine Inlandssachverhalte plädiert hingegen *Forst* NJW 2014, 3755 (3757 f.).
[734] *Glaser*, Zwingende soziale Mindeststandards bei der Vergabe öffentlicher Aufträge, 2015, 55 f.
[735] OLG Koblenz EuGH-Vorlagebeschl. v. 19.2.2014 – 1 Verg 8/13, NZBau 2014, 647.
[736] EuGH Urt. v. 17.11.2015 – C-115/14, EuZW 2016, 104 = ECLI:EU:C:2015:14 – RegioPost.

Abholung, Beförderung und Zustellung von Briefen, Päckchen und Paketen ausgeschrieben. Die Vergabeunterlagen enthielten gem. § 3 Abs. 1 LTTG die Aufforderung, mit dem Angebot eine Mindestlohnerklärung über die Einhaltung eines vergabespezifischen Mindestentgelts in Höhe von 8,70 EUR die Stunde vorzulegen.[737] Zur fraglichen Zeit gab es für die Postdienstleistungsbranche keinen verbindlichen Mindestlohn. Eine bundesgesetzliche Regelung existierte noch nicht. Das Ludwigshafener Postunternehmen RegioPost rügte vergeblich die Vergaberechtswidrigkeit der geforderten Mindestentgelterklärung. Ihr ohne die geforderte Erklärung eingereichtes Angebot wurde schließlich von der Wertung ausgeschlossen. Die RegioPost beantragte daraufhin die Einleitung eines Vergabenachprüfungsverfahrens, in welchem sie insbesondere die Unanwendbarkeit des § 3 LTTV geltend machte. Die Vergabekammer wies den Nachprüfungsantrag zurück. Das mit der sofortigen Beschwerde befasste OLG Koblenz hatte erhebliche Bedenken bezüglich der Vereinbarkeit des § 3 Abs. 1 LTTG mit dem Unionsrecht und legte dem EuGH am 19.2.2014 daher ein Vorabentscheidungsersuchen vor.[738]

195 Der EuGH hat in seiner Entscheidung klargestellt, dass die betreffende landesgesetzliche Regelung zum Mindestlohn als eine „soziale Aspekte" betreffende „zusätzliche Bedingung für die Ausführung des Auftrags" iSd Art. 26 Vergabe-RL 2004 einzustufen sei.[739] Als solche sei sie zulässig, sofern sie mit dem Gemeinschaftsrecht, namentlich der Arbeitnehmerentsende-RL vereinbar sei. Die Vorschrift des § 3 LTTG sei als „Rechtsvorschrift" iSv Art. 3 Abs. 1 UAbs. 1 erster Gedankenstrich Arbeitnehmerentsende-RL einzustufen, die einen „Mindestlohnsatz" iSv Art. 3 Abs. 1 UAbs. 1 lit. c Arbeitnehmerentsende-RL vorsieht. Denn zum einen werde dieser Mindestlohnsatz in § 3 LTTG selbst festgelegt, zum anderen hätten in dem im Ausgangsverfahren maßgebenden Zeitraum weder das AEntG noch eine andere nationale Regelung einen niedrigeren Lohn für die Branche der Postdienstleistungen vorgesehen. Die Beschränkung des Geltungsbereichs der nationalen Maßnahme auf öffentliche Aufträge stehe der Einstufung als Mindestlohnsatz nicht entgegen, da die in Art. 3 Abs. 8 UAbs. 1 Arbeitnehmerentsende-RL aufgestellte Voraussetzung der Allgemeinverbindlichkeit nur für Tarifverträge und Schiedssprüche gelte und die genannte Beschränkung auf die öffentliche Auftragsvergabe bloße Folge des Umstands sei, dass es für diesen Bereich spezielle Regeln des Unionsrechts gebe, im konkreten Fall die der Vergabe-RL 2004. Art. 26 Vergabe-RL 2004 iVm der Arbeitnehmerentsende-RL erlaube es dem Aufnahmemitgliedstaat, im Rahmen der Vergabe eines öffentlichen Auftrags eine zwingende Bestimmung über das nach Art. 3 Abs. 1 UAbs. 1 lit. c Arbeitnehmerentsende-RL erforderliche Mindestmaß an Schutz vorzusehen, nach der Unternehmen mit Sitz in anderen Mitgliedstaaten verpflichtet sind, ihren zur Ausführung dieses öffentlichen Auftrags in das Gebiet des Aufnahmemitgliedstaats entsandten Arbeitnehmern einen Mindestlohn zu zahlen.[740] Im Anschluss an seine Bundesdruckerei-Entscheidung erkannte der EuGH, dass die hiermit einhergehende Beschränkung der Dienstleistungsfreiheit (Art. 56 AEUV) durch das Ziel des Arbeitnehmerschutzes gerechtfertigt sein könne. Insoweit unterscheide sich die vorliegende nationale Maßnahme maßgeblich von der nationalen Maßnahme, die im Falle Rüffert der Entscheidung zugrunde lag. Im Rüffert-Urteil hatte der EuGH maßgeblich darauf abgestellt, dass die Rechtssache, in der dieses Urteil ergangen ist, einen nur für die Baubranche geltenden Tarifvertrag betraf, der sich nicht auf private Aufträge erstreckte und nicht für allgemein verbindlich erklärt worden war. Überdies hatte der Gerichtshof darauf hingewiesen, dass der in diesem Tarifvertrag festgelegte Lohnsatz den für die betreffende Branche nach dem AEntG geltenden Mindestlohnsatz überschritt. Der durch die im Ausgangsverfahren in Rede stehende Maßnahme vorgeschriebene Mindestlohnsatz werde hingegen in einer Rechtsvorschrift festgelegt, die als zwingende Bestimmung über ein Mindestmaß an Schutz grundsätzlich allgemein und branchenunabhängig für die Vergabe aller öffentlichen Aufträge im Land Rheinland-Pfalz gelte. Darüber hinaus gewähre diese Rechtsvorschrift ein Mindestmaß an sozialem Schutz, da in dem im Ausgangsverfahren maßgebenden Zeitraum weder das AEntG noch eine andere nationale Regelung einen niedrigeren Mindestlohn für die Branche der Postdienstleistungen vorsah.[741] Art. 26 Vergabe-RL 2004 stehe einer solchen Rechtsvorschrift daher nicht entgegen. Des Weiteren urteilte der EuGH, dass Art. 26 Vergabe-RL 2004 auch Rechtsvorschriften nicht entgegensteht, die einen Ausschluss vom Vergabeverfahren für die Unternehmen vorsehen, die sich weigern, eine entsprechende Erklärung des Bieters bzw. dessen Nachunternehmers über die Einhaltung der in den betreffenden Rechtsvorschriften festgelegten Mindestlohnes zu zahlen.[742]

---

[737] Die Regelung des § 3 S. 1 LTTG ist durch Gesetz v. 26.11.2019 (GVBl. 333) mWv 4.12.2019 geändert und das Mindestentgelt in Rheinland-Pfalz vauf 8,90 EUR erhöht worden.
[738] OLG Koblenz EuGH-Vorlagebeschl. v. 19.2.2014 – 1 Verg 8/13, NZBau 2014, 647.
[739] EuGH Urt. v. 17.11.2015 – C-115/14, EuZW 2016, 104 Rn. 54 = ECLI:EU:C:2015:14 – RegioPost.
[740] EuGH Urt. v. 17.11.2015 – C-115/14, EuZW 2016, 104 Rn. 62–66 = ECLI:EU:C:2015:14 – RegioPost.
[741] EuGH Urt. v. 17.11.2015 – C-115/14, EuZW 2016, 104 Rn. 70–77 = ECLI:EU:C:2015:14 – RegioPost.
[742] EuGH Urt. v. 17.11.2015 – C-115/14, EuZW 2016, 104 Rn. 78–88 = ECLI:EU:C:2015:14 – RegioPost.

Dass mit dem RegioPost-Urteil die rechtliche Zulässigkeit vergabespezifischer Mindestlöhne **196** abschließend geklärt ist, darf allerdings angezweifelt werden. So ist überaus fraglich, ob der EuGH genauso entschieden hätte, wenn das Mindestlohngesetz zum streitgegenständlichen Zeitraum schon in Kraft gewesen wäre.[743] Die Argumentation des EuGH stellt maßgeblich darauf ab, dass die Vorschrift im LTTG ein „Mindestmaß an sozialem Schutz gewährt", da in dem im Ausgangsverfahren maßgebenden Zeitraum weder das AEntG noch eine andere nationale Regelung einen niedrigeren Mindestlohn für die Branche der Postdienstleistungen vorsah. Mit dem am 1.1.2015 bundesweit eingeführten Mindestlohn von 8,50 EUR pro Stunde droht die Rechtfertigung einer Verpflichtung zur Einhaltung eines (höheren) landesvergabespezifischen Mindestlohns durch Erwägungen des Arbeitnehmerschutzes zu entfallen.[744] Es ist allerdings zu berücksichtigen, dass die Entscheidung noch zu Art. 26 S. 1 Vergabe-RL 2004 ergangen ist und der dort noch enthaltene Verweis auf das Erfordernis der Vereinbarkeit mit dem Gemeinschaftsrecht in Art. 70 S. 1 RL 2014/24/EU nicht mehr enthalten ist. Hieraus wird zum Teil geschlossen, dass insoweit keine Bindung mehr an etwaige einschränkende Maßgaben der Arbeitnehmerentsende-RL mehr bestehen, sodass bei der Festlegung besonderer Ausführungsbedingungen sich aus dem übrigen Sekundärrecht keine Einschränkungen des Handlungsspielraums des öffentlichen Auftraggebers mehr ableiten lassen.[745] Diese Argumentation setzt sich allerdings über die Intention des Richtliniengebers hinweg. So wird in Erwägungsgrund 98 RL 2014/24/EU in Bezug auf Zuschlagskriterien und Ausführungsbedingungen, die soziale Aspekte des Produktionsprozesses betreffen, ausdrücklich ausgeführt, dass diese gemäß der Arbeitnehmerentsende-RL in der Auslegung des Gerichtshofs der Europäischen Kommission angewandt werden sollen. Es darf daher davon ausgegangen werden, dass der EuGH diese Erwägungsgründe bei seiner künftigen Rechtsprechung berücksichtigen und die Arbeitnehmerentsende-RL nach wie vor zum Prüfungsmaßstab nehmen wird.

Darüber hinaus hat die bundesrechtliche Regelung eines des Mindestlohns im MiLoG teilweise **197** Zweifel an der Verfassungskonformität höherer landesgesetzlicher Mindestlöhne in kompetenzieller Hinsicht geweckt.[746] Das MiLoG und die Vergabegesetze der Länder fußen allerdings auf unterschiedlichen Kompetenznormen:[747] Der Bund hat seine Regelungskompetenz für das MiLoG formal auf die konkurrierende Gesetzgebungskompetenz für das „Arbeitsrecht" nach Art. 74 Abs. 1 Nr. 12 GG gestützt.[748] Soweit allgemein gültige Mindestlohnregelungen betroffen sind, die für jeden Arbeitnehmer einen unmittelbaren Rechtsanspruch gegen ihre Arbeitgeber begründen, hat der Bund von seiner konkurrierenden Gesetzgebungskompetenz nach Art. 74 Abs. 1 Nr. 12 GG abschließend Gebrauch gemacht.[749] Die Landesvergabegesetze zielen jedoch nicht auf eine allgemeine Mindestlohnregelung ab, sondern nur auf eine Ausgestaltung des Rechtsverhältnisses zwischen Auftraggeber und Auftragnehmer im Rahmen einer öffentlichen Vergabe, indem einen vertraglicher Anspruch des öffentlichen Auftraggebers gegen den Auftragnehmer begründet wird, dass dieser seinen Beschäftigten bei der Ausführung der Leistung eine bestimmte Entgelthöhe zukommen lässt. Das Vergaberecht unterliegt nach der Rechtsprechung des Bundesverfassungsgerichts als „Recht der Wirtschaft" der konkurrierenden Gesetzbebung gem. Art. 74 Abs. 1 Nr. 11 GG.[750] Der Bund hat zwar durch den 4. Teil des GWB von seiner Gesetzgebungskompetenz Gebrauch gemacht, aber in § 129 ausdrücklich die Länder zum Erlass von Gesetzen, die die Bedingungen zur Ausführung öffentlicher Aufträge betreffen ermächtigt. Dieser bunderechtliche Vorbehalt zugunsten der Landesgesetzgebung kann als Indiz dafür gewertet werden, dass der Bund gerade keine erschöpfende und damit abschließende Regelung treffen wollte.[751]

---

[743] *Germelmann* GewArch 2015, 60 (65).
[744] *Burgi* VergabeR § 19 Rn. 22 meint daher, dass die Landesvergabegesetzgeber – auch im Interesse der Reduzierung des bürokratischen Aufwands – gut daran täten, die vergabespezifischen Mindestentgeltfestlegungen zu beseitigen; *Mohr* EuZA 2017, 23 (45 f.) meint, es spreche Einiges dafür, dass vergabespezifische, über den bundeseinheitlichen Mindestlohn hinausgehende Mindestentgeltvorgaben der Bundesländer unzulässig seien, da sie den freien Dienstleistungsverkehr im Binnenmarkt unverhältnismäßig beschränken würden.
[745] *Glaser,* Zwingende soziale Mindeststandards bei der Vergabe öffentlicher Aufträge, 2015, 63 f.
[746] *Meißner* ZfBR 2014, 453 (458).
[747] Dieses Argument betonend: *Bayreuther* NZA 2014, 865 (867).
[748] BT-Drs. 18/1558, 29; *Siegel* EuZW 2016, 101 (103) weist insoweit allerdings zutr. darauf hin, dass § 19 MiLoG eine deutlich vergaberechtliche Vorschrift beinhaltet.
[749] So schon BayVerfGH Entsch. v. 3.2.2009 – Vf. 111-IX-08, NJOZ 2010, 688 Rn. 83 zur Unzulässigkeit eines Volksbegehrens über den Entwurf eines Bayerischen Mindestlohngesetzes im Hinblick auf das MiArbG und das AEntG.
[750] BVerfG Beschl. v. 11.7.2006 – 1 BvL 4/00, VergabeR 2007, 42 (48).
[751] VK Rheinland-Pfalz Beschl. v. 23.2.2015 – VK 1-39/14, n.v.; nachfolgend bestätigt durch OLG Koblenz Beschl. v. 24.3.2015 – VK 1-39/14, NZBau 2015, 386, unter III.2c: „Dass die vergaberechtliche Kleinstaaterei mit der in Sonntagsreden hochgehaltenen Mittelstandsfreundlichkeit nicht zu vereinbaren ist, ist kein Problem, das von einem Gericht gelöst werden könnte.".

Darüber hinaus ist § 1 Abs. 3 MiLoG und § 3 MiLoG sowie der Gesetzesbegründung zu entnehmen, dass der allgemeine Mindestlohn lediglich eine „unterste Grenze" bilden sollte, der zugunsten eines höheren Mindestlohns überschritten werden darf.[752] Landesvergabegesetzen, die „bessere" Mindestentgelte festsetzen, ist somit durch das MiLoG die kompetenzielle Grundlage nicht entzogen worden.[753]

198   **c) Tariftreueverlangen im Verkehrssektor.** Vergaberechtlich unterliegt der Bereich des **öffentlichen und des schienengebundenen Personennahverkehrs** (ÖPNV und SPNV)[754] einer sektorenspezifischen Regulierung (Art. 90–101 AEUV). Die für den Verkehrsbereich einschlägigen Vergaberegeln sind in der **ÖPNV/SPNV-VO (= VO (EG) 1370/2007)** niedergelegt[755] (→ § 131 Rn. 1 ff.). Art. 4 Abs. 5 S. 2 ÖPNV/SPNV-VO und Art. 4 Abs. 6 ÖPNV/SPNV-VO ermächtigen die Vergabestellen, den Betreibern öffentlicher Dienste bestimmte Sozial- und Qualitätsstandards aufzuerlegen, die bei der Auftragsdurchführung zu beachten sind. Hierdurch wird ein Tariftreueverlangen legitimiert[756] (→ § 131 Rn. 125 ff.).

VI. Überblick über strategische Ziele in den Landesvergabegesetzen

199   Unter Berufung auf Abs. 4 S. 3 aF bzw. dessen Vorgängernorm (vgl. nunmehr § 129) sind in allen Bundesländern mit Ausnahme von Bayern spezielle Landesvergabegesetze verabschiedet worden, deren Schwerpunkt – sieht man von dem Sächsischen Vergabegesetz ab – Tariftreue- bzw. Mindestentgeltregelungen darstellen. Die Anfänge deutscher Tariftreueregelungen liegen noch nicht allzu lang zurück. Ende der 90er Jahre gab es einige wenige Gesetze auf Landesebene, namentlich in Bayern, Saarland, Sachsen-Anhalt und Berlin, deren Regelungen auf die krisengeschüttelte Bauwirtschaft abzielten. Der im Jahre 2000 begonnene Versuch der Bundesregierung, ein Bundestariftreuegesetz zu verabschieden, scheiterte allerdings im Jahr 2002 am Widerstand des Bundesrats. Danach begannen weitere Bundesländer, auf Landesebene Tariftreueregelungen zu erlassen, die sich zunächst noch auf Bauleistungen und den öffentlichen Personennahverkehr (ÖPNV) konzentrierten.[757]

200   Mittlerweile gibt es mit Ausnahme von Bayern in allen Bundesländern landesspezifische Vergabegesetze, wobei diese – wiederum mit Ausnahme von Sachsen sämtlich auch Regelungen zur Mindestlohn- bzw. Tariftreueverpflichtungen enthalten. In den meisten Landesvergabegesetzen finden sich ferner Regelungen zur umweltverträglichen Beschaffung, zu den ILO-Kernarbeitsnormen sowie zu weiteren sozialen Kriterien, wie zB der Förderung der Ausbildung sowie der Frauenförderung. Für die Anwendung der Landesvergabegesetze gelten unterschiedliche sachliche Geltungsbereiche (Branchen) sowie unterschiedlich niedrige Schwellenwerte, und zum Teil auch noch komplexe Differenzierungen, nach denen bestimmte soziale oder umweltbezogene Kriterien erst ab einem bestimmten Auftragswert zu berücksichtigen sind.[758] Die Zersplitterung der Vergaberechtslandschaft stellt Bewerber vor die Schwierigkeit, sich jeweils mit dem zur Anwendung gelangenden Landesvergabegesetz vertraut machen zu müssen. Bei einer Ausschreibung über Landesgrenzen hinweg, ist es nach der Rechtsprechung sachgerecht, wenn ein öffentlicher Auftraggeber den Schwerpunkt der Leistungserbringung als Anhaltspunkt für die Anwendung des örtlich anzuwendenden Landesvergabe- und Tariftreuegesetzes nimmt und dieses Gesetz der Ausschreibung zugrunde legt.[759]

---

[752] BT-Drs. 18/1858, 28, 34; dieses Argument betonend: *Tugendreich* NZBau 2015, 395 (396 f.); *Siegel* EuZW 2016, 101 (103); ebenso: VK Rheinland-Pfalz Beschl. v. 23.2.2015 – VK 1-39/14, n.v.

[753] *Germelmann* GewArch 2016, 100 (101 f.) erachtet die landesrechtlichen Mindestlöhne, die ohne branchenspezifische Rechtfertigungsmöglichkeit über dem bundesgesetzlichen Mindestlohn liegen, allerdings wegen eines unverhältnismäßigen Eingriffs in die Berufsfreiheit des bietenden Unternehmens gem. Art. 12 GG als nicht mehr verfassungskonform.

[754] Mit Ausnahme der Vergabegesetze von Sachsen und Hamburg enthalten alle Landesvergabegesetze spezielle Tariftreueregelungen für diesen Bereich (§ 3 Abs. 3, 4 LTMG, § 1 Abs. 3 BerlAVG, § 3 Abs. 2 BbgVergG, § 10 TtVG, § 4 Abs. 4–7 HVTG, § 9 Abs. 1 VgG M-V, § 4 Abs. 3–6 NTVergG, § 4 Abs. 2 TVgG NRW, § 4 Abs. 3–4 LTTG, § 3 Abs. 2 STTG, § 10 Abs. 2 LVG LSA, § 4 Abs. 2 TTG, § 10 Abs. 2 ThürVgG).

[755] Unter den öffentlichen Personenverkehr iSd ÖPNV/SPNV-VO und des Personenbeförderungsgesetzes (§ 8 Abs. 1 PBefG) werden nur solche Personenbeförderungsleistungen verstanden, die grundsätzlich jedem Passagier offenstehen, also jedermann zugänglich sind. Nicht erfasst werden hingegen Beförderungsleistungen, die – wie zB der freigestellte Schülerverkehr – unter Ausschluss anderer Fahrgäste nur bestimmten Nutzern zur Verfügung gestellt werden, vgl. VK Lüneburg Beschl. v. 15.5.2015 – VgK-09/2015, ZfBR 2015, 610.

[756] *Rohrmann* AuA Sonderausgabe 2013, 48 (50); *Rohrmann* in Lehmann, Deutsche und europäische Tariflandschaft im Wandel, 2013, 270, 281; *Bayreuther* NZA 2014, 1171 (1175); *Simon* RdA 2014, 165 (174 f.).

[757] „Eine kurze Geschichte der Tariftreue" schildert *Rohrmann* in Lehmann, Deutsche und europäische Tariflandschaft im Wandel, 2013, 270, 273 ff.

[758] Einen Überblick (Stand Mai 2014) gibt *Meißner* ZfBR 2014, 453.

[759] VK Münster Beschl. v. 24.9.2004 – VK 24/04, n.v.

D. Strategische Ziele bei der Vergabe (Abs. 3)

201 Abs. 3 enthält keine der früheren Regelung in § 97 Abs. 4 S. 3 aF entsprechende Öffnungsklausel für ergänzende Regelungen der Länder mehr. Diese Möglichkeit findet sich nunmehr in § 129 im Zusammenhang mit der Formulierung von zwingend zu berücksichtigenden Ausführungsbedingungen. Die erhoffte Abkehr von der „Keinstaaterei" ist damit nur so weit gelungen, wie der Bund in weit größerem Maße als bislang von seiner konkurrierenden Gesetzgebungskompetenz nach Art. 74 Abs. 1 Nr. 11 GG in Teil 4 des GWB Gebrauch gemacht hat.[760] Da im Zusammenhang mit § 127 eine dem § 129 vergleichbare Ermächtigung des Landesgesetzgebers fehlt, sind landesgesetzliche Verpflichtungen zur Berücksichtigung ökologischer bzw. sozialer Aspekte innerhalb der Zuschlagskriterien gesperrt.[761] In Folge des VergRModG sind bereits viele Landesvergabegesetze geändert worden. Im Folgenden soll ein Überblick über die derzeit (Stand: Januar 2021) geltenden Regelungen gegeben werden.[762]

202 **1. Tariftreue- und Mindestlohnvorgaben in den Landesvergabegesetzen.** Nahezu alle Landesvergabegesetze (mit Ausnahme von Mecklenburg-Vorpommern, Brandenburg und Sachsen) sehen **deklaratorische Tariftreueerklärungen** vor. Mit diesen verpflichten sich der Auftragnehmer und Unterauftragsnehmer zur Zahlung eines Mindestlohns, der durch einen nach § 5 TVG für allgemeinverbindlich erklärten Tarifvertrag bzw. einen Tarifvertrag, bei dem die Allgemeinverbindlichkeitserklärung durch Rechtsverordnung nach §§ 7, 11 AEntG ersetzt wurde, festgelegt wird. Regelmäßig hat sich der Auftragnehmer zudem zu verpflichten, auch etwaige Nachunternehmer zur Einhaltung der Mindeststandards zu verpflichten und dies zu überwachen. Die Nichtabgabe der Tariftreueverpflichtung führt regelmäßig zu einem Ausschluss aus dem Vergabeverfahren. Die Nichteinhaltung der abgegebenen Tariftreueverpflichtung kann durch Vertragsstrafen und/oder ein Recht des öffentlichen Auftraggebers zur außerordentlichen Kündigung des Vertrages sanktioniert werden. An der Europarechtskonformität einer solchen deklaratorischen Verpflichtung bestehen angesichts Art. 18 Abs. 2 RL 2014/24/EU iVm Erwägungsgrund 37 RL 2014/24/EU kein Zweifel, zumal insoweit auch die Modalitäten der Arbeitnehmerentsende-RL eingehalten sind. So sieht die Art. 3 Abs. 1 UAbs. 1 Alt. 2 Arbeitnehmerentsende-RL ausdrücklich die Festsetzung von Arbeitsbedingungen durch einen allgemeinverbindlichen Tarifvertrag vor.[763]

203 Viele Landesvergabegesetze beinhalten ferner deklaratorische Mindestlohnregelungen, die sich auf Mindestarbeitsbedingungen nach dem am 16.8.2014 außer Kraft getretenen **Mindestarbeitsbedingungengesetz** (MiArbG) beziehen. Dieses ermöglichte seinerzeit die staatliche Festsetzung von Mindestlöhnen in bestimmten Wirtschaftszweigen und Beschäftigungsarten, soweit für diese Gewerkschaften und Vereinigungen von Arbeitgebern nicht bestanden oder nur eine Minderheit (unter 50%) der Arbeitnehmer und Arbeitgeber umfassten. Die Festsetzung von Mindestlöhnen durch Rechtsverordnung stellt eine nach Art. 3 Abs. 1 UAbs. 1 Alt. 1 Arbeitnehmerentsende-RL zulässige Mindestlohnfestsetzung dar. In der Praxis hat das MiArbG aber letztlich keine Bedeutung erlangt,[764] da es auf dieser Grundlage keine Lohnfestsetzungen gegeben hat. Mit der Aufhebung des MiArbG durch Art. 14 Tarifautonomiestärkungsgesetz haben die Regelungen in den Landesvergabegesetzen der Länder, die konkret auf Mindestarbeitsbedingungen nach dem MiArbG Bezug nehmen, ihren Anwendungsbereich eingebüßt. Insbesondere können diese Regelungen in den Landesvergabegesetzen nicht dahingehend ausgelegt werden, dass sie nunmehr auf das Mindestlohngesetz (MiLoG) als „Nachfolgegesetz" verweisen. Das MiArbG ist von seinem inhaltlichen Anwendungsbereich her und dem ausdrücklich betonten Vorrang von frei ausgehandelten Tarifverträgen (§ 1 Abs. 1 MiArbG) mit der branchenübergreifenden, umfassenden und allgemein verbindlichen Mindestlohnregelung des MiLoG nicht vergleichbar. Zudem nehmen die Landesvergabegesetze (zB § 4 Abs. 2 LTTG) ausdrücklich auf das MiArbG „in der jeweils geltenden Fassung" Bezug, sodass eine Übertragung auf das MiLoG angesichts des klaren Wortlauts und der unterschiedlichen Zielrichtung der beiden Gesetze nicht zulässig ist.[765]

204 Mit dem am 1.1.2015 in Kraft getretenen Mindestlohngesetz wurde ein **bundesgesetzlicher Mindestlohn** von 8,50 EUR festgelegt, der durch die Mindestlohnanpassungsverordnung[766] mit Wirkung

---

[760] *Fehns-Böer* in Müller-Wrede GWB Rn. 98; *Burgi* NZBau 2015, 567 (599, 601, 602); *Burgi* VergabeR § 7 Rn. 19; *Summa* NZBau 2015, 329 (330); *Wiedemann* in KKPP GWB Rn. 82; Beck VergabeR/*Opitz* § 97 Abs. 3 Rn. 11 schreibt § 97 Abs. 3 insoweit auch eine Begrenzungsfunktion im Oberschwellenbereich zu.
[761] *Burgi* VergabeR § 7 Rn. 23.
[762] Die Vorauflage (→ 2. Aufl. 2018, Rn. 197 ff.) enthält einen Überblick über die Rechtslage Stand Oktober 2017.
[763] Ausf. zur Europarechtskonformität von § 4 Abs. 1 TVgG NRW (v. 10.1.2012, GV NRW 2012, 17): *Simon* RdA 2014, 165 (173 f.).
[764] BT-Drs. 18/1558, 57.
[765] VK Rheinland-Pfalz Beschl. v. 23.2.2015 – VK 1-39/14, unter II.10; nachfolgend bestätigt durch OLG Koblenz Beschl. v. 24.3.2015 – VK 1-39/14, NZBau 2015, 386, unter III.2b: „Es dürfte außerhalb der Auslegungsbefugnis eines Vergabesenats liegen, in § 4 Abs. 2 LTTG das „Mindestarbeitsbedingungsgesetz (MiArbG)" zu streichen und durch das „Mindestlohngesetz (MiLoG)" zu ersetzen."
[766] MiLoV v. 15.11.2016 (BGBl. 2016 I 2530).

ab dem 1.1.2017 auf 8,84 EUR erhöht wurde. Aufgrund der Zweiten Mindestlohnanpassungsverordnung[767] stieg der Mindestlohn ab dem 1.1.2019 auf 9,16 EUR und ab dem 1.1.2020 auf 9,35 EUR. Die Dritte Mindestlohnanpassungsverordnung[768] sieht sukzessive weitere Erhöhungen des Mindestlohns vor. Dieser beträgt 9,50 EUR ab dem 1.1.2021, 9,60 EUR ab dem 1.7.2021, 9,82 EUR ab dem 1.1.2022 und 10,45 EUR ab dem 1.7.2022. Die Landesvergabegesetze können daher seit 2015 auf den bundesgesetzlichen Mindestlohn bezogene deklaratorische Mindestlohnverpflichtungen vorsehen. Von dieser Möglichkeit hat das Bundesland Hessen als erstes Gebrauch gemacht. Gemäß § 6 S. 1 HVTG haben Bewerber und Bieter die Einhaltung der nach Bundesrecht oder aufgrund von Bundesrecht für sie geltenden Regelungen von besonders festgesetzten Mindestentgelten (Mindestlohn) als Mindeststandard bei der Bewerbung und im Angebot in Textform besonders zu erklären. Dem Vorbild Hessens sind die Bundesländer Hamburg (vgl. § 3 Abs. 2 HmbVgG), Niedersachsen (vgl. § 4 NTVergG) und Nordrhein-Westfalen (§ 2 Abs. 3 TVgG NRW) zwischenzeitlich gefolgt. Auch diese deklaratorische Mindestlohnverpflichtung ist von der Arbeitnehmerentsende-RL gedeckt.

205 In allen Bundesländern, mit Ausnahme von Bayern, Sachsen und Hamburg, bestehen gesetzliche Regelungen, die spezielle tarifliche Vorgaben für Vergaben im Verkehrssektor ermöglichen. Vergaberechtlich unterliegt der Bereich des **öffentlichen und des schienengebundenen Personennahverkehrs** (ÖPNV und SPNV) einer sektorenspezifischen Regulierung (Art. 90–101 AEUV). Es handelt sich um den einzigen Bereich, in dem eine umfassende Tariftreue außerhalb der AEntG-Bestimmungen auch bei einem nicht für allgemeinverbindlich erklärten Tarifvertrag verlangt werden kann.[769] Dabei unterscheiden sich die speziellen Tariftreueregelungen für den öffentlichen und schienengebundenen Personennahverkehr in den Landesvergabegesetzen zum Teil erheblich, was die Vorgabe eines repräsentativen Tarifvertrags, dessen Auswahlkriterien und die auswählende Institution anbelangen.[770] Berlin und Brandenburg überlassen es dem öffentlichen Auftraggeber, in der Bekanntmachung der Ausschreibung den Entgelttarifvertrag nach billigem Ermessen auszuwählen. In den meisten Bundesländern besteht hingegen eine Zuständigkeit des Arbeits- oder Verkehrsministeriums, bei dem teilweise ein beratender paritätisch besetzter Beirat gebildet wird. In Thüringen ist für die Auswahl des anzuwendenden Tarifvertrages ein beim Ministerium für Verkehrswesen zu bildender Ausschuss der Sozialpartner zuständig. In Schleswig-Holstein wird beim Arbeitsministerium ein beratender Ausschuss der Sozialpartner gebildet, der eine Empfehlung abgibt. In Mecklenburg-Vorpommern ist wiederum die Landesregierung unter Einbeziehung der Sozialpartner zuständig. Die Auswahl erfolgt in mehreren Bundesländern (so in Baden-Württemberg, Niedersachsen, Rheinland-Pfalz und Sachsen-Anhalt) unter Berücksichtigung der Zahl der von den jeweils tarifgebundenen Arbeitgebern beschäftigten unter den Geltungsbereich des Tarifvertrags fallenden Arbeitnehmer sowie der Zahl der jeweils unter den Geltungsbereich des Tarifvertrags fallenden Mitglieder der Gewerkschaft, die den Tarifvertrag geschlossen hat. Aus Sicht der ÖPNV/SPNV-Unternehmen hat die Vorgabe repräsentativer Tarifverträge die Funktion, bestehende Lohn- und Arbeitsbedingungen in Zeiten zunehmender Konkurrenz und eines sich abzeichnenden Führungskräftemangels abzusichern.[771]

206 Zahlreiche Landesvergabegesetze setzen selbst einen **vergabespezifischen Mindestlohn** fest, zu dessen Zahlung an seine Arbeitnehmer bei der Ausführung des Auftrags sich ein Auftragnehmer verpflichten muss. Der Mindestlohn wird hierbei also nicht tarifvertraglich, sondern direkt durch Landesvergabegesetz selbst (ggf. unter Verweis auf das Landesmindestlohngesetz[772]) festgelegt. Eine Ausnahme bildet insoweit § 10 Abs. 4 ThürVG, der eine vorrangige Verpflichtung auf Zahlung des Tarifentgelts eines in Thüringen für die Branche einschlägigen und repräsentativen Tarifvertrags vorsieht, sodass der vergabespezifische Mindestlohn bei Fehlen eines solchen Tarifvertrags zur Anwendung gelangt. Die Entwicklung **vergabespezifischer Mindestlöhne** in den Bundesländern erfolgte vor dem Hintergrund der Einschränkung der Tariftreueregelungen als Reaktion auf den starken Anstieg des Niedriglohnsektors in Deutschland und aufgrund des Fehlens eines allgemeinen bundesgesetzlichen Mindestlohns.[773] Zweck der vergabespezifischen Mindestlöhnen ist es, zumindest für den Bereich der

---

[767] MiLoV2 v. 13.11.2018 (BGBl. 2018 I 1876).
[768] MiLoV3 v. 9.11.2020 (BGBl. 2020 I 2356).
[769] Hierzu sowie zu der auf Art. 4 Abs. 5 und 6 ÖPNV/SPNV-VO basierenden Option, beim Wechsel des Betreibers einen Beschäftigtenübergang anordnen zu können: *Bayreuther* NZA 2014, 1171 ff.; *Rohrmann/Eiserloh* AuA 2014, 720 (722).
[770] Eine Übersicht bietet *Sack/Schulten/Sarter/Böhlke*, Öffentliche Auftragsvergabe in Deutschland – Sozial und nachhaltig?, 2016, Anhang 2, 94 ff.
[771] LT-Drs. RP 16/4799, 59, 36: 84% der ÖPNV/SPNV-Unternehmen in Rheinland-Pfalz sehen in der Vorgabe von repräsentativen Tarifverträgen ein unverzichtbares Instrument.
[772] So das Mindestlohngesetz für das Land Bremen v. 17.7.2012 (Brem. GBl. 2012, 300, zuletzt geändert durch Art. 1 Fünftes ÄndG v. 3.3.2020 Brem. GBl., 41).
[773] *Sack/Schulten/Sarter/Böhlke*, Öffentliche Auftragsvergabe in Deutschland – Sozial und nachhaltig?, 2016 31.

öffentlichen Aufträge eine auskömmliche Vergütung zu garantieren und zu verhindern, dass sich im Wettbewerb um öffentliche Aufträge konkurrierende Unternehmen durch ein unbegrenztes Unterbieten bei den Arbeitskosten Vorteile verschaffen können, die letztlich durch Transfer- und Aufstockungsleistungen zugunsten der Arbeitnehmer ausgeglichen werden müssen. Durch die Zahlung auskömmlicher Löhne werden sie sozialen Sicherungssysteme folglich entlastet.[774] Nach dem Willen einiger Landesgesetzgeber soll darüber hinaus auch die Lohnkostenkonkurrenz zwischen privaten und öffentlichen Leistungserbringern begrenzt werden und ein lohnkostenbedingter Anreiz zur Auslagerung öffentlicher Dienstleistungen an private Anbieter vermieden werden.[775] In diesen Bundesländern wurde der vergabespezifische Mindestlohn ursprünglich auf einem Niveau festgelegt, das der untersten Vergütungsgruppe im Tarifvertrag der Länder entsprach.[776] Nach den heutigen Landesvergabegesetzen, die zT die Einrichtung einer Mindestlohnkommission und die Neufestsetzung des Mindestlohnes durch Rechtsverordnung vorsehen, bestehen vergabespezifischen Mindestlöhne in Höhe von bis zu 12,50 EUR.[777] Nach der Einführung eines bundesgesetzlichen Mindestlohns durch das MiLoG wird allerdings teilweise keine Notwendigkeit einer landesspezifischen Regelung mehr gesehen. So sind das Hamburger Mindestlohngesetz und die Hamburger Mindestlohnverordnung zum 31.12.2016 außer Kraft gesetzt worden.[778] Auch in Nordrhein-Westfalen und Baden-Württemberg gilt zwischenzeitlich kein landesspezifischer Mindestlohn mehr.

Die im Hinblick auf die bundesrechtliche Regelung eines Mindestlohns im MiLoG geäußerten Zweifel an der Gesetzgebungskompetenz der Länder für höhere vergabespezifische Mindestlöhne greifen im Ergebnis nicht durch, sodass deren Verfassungskonformität zu bejahen ist (→ Rn. 195). In europarechtlicher Hinsicht sind vergabespezifische Mindestlöhne eine soziale Aspekte betreffende zusätzliche Bedingung für die Ausführung des Auftrags.[779] Vor dem Hintergrund der Einführung eines allgemeinen gesetzlichen Mindestlohnes bestehen jedoch unter Berücksichtigung der Ausführungen des EuGH im RegioPost-Urteil[780] nunmehr Bedenken hinsichtlich der Europarechtskonformität der vergabespezifischen Mindestlöhne (→ Rn. 194), sodass deren Zukunft ungewiss ist.[781]

207

Synopse – Tariftreue- und Mindestlohnvorgaben in den Landesvergabegesetzen (Stand Januar 2021)

Bundesland (Gesetz)	Deklaratorische Tariftreueverpflichtung	Konstitutive Tariftreueverpflichtung im Verkehrssektor	Vergabespezifischer Mindestlohn			
			Regelung	Mindestlohn pro Stunde	Mindestlohnkommission	Anpassung des Mindestlohns
Baden-Württemberg (LTMG)	§ 3 Abs. 1 LTMG	§ 3 Abs. 3, 4 LTMG	§ 4 LTMG	–	–	–
Berlin (BerlAVG)	§ 9 Abs. 1 Nr. 1 BerlAVG	§ 10 BerlAVG	§ 9 Abs. 1 Nr. 3, Abs. 2 BerlAVG	12,50 EUR	Nein	Ja
Brandenburg (BbgVergG)	–	§ 4 BbgVergG	§ 6 BbgVergG	10,68 EUR	Nein	Ja
Bremen (BremTtVG)	§ 11 BremTtVG	§ 10 BremTtVG	§ 9 BremTtVG (Verweis auf LandesmindestlohnG)	11,13 EUR	Ja	Ja

---

[774] LT-Drs. NW 15/2379, 43 f.
[775] LT-Drs. NW 15/2379, 44; LT-Drs. SH 18/187, 24.
[776] LT-Drs. NV 15/2379, 38.
[777] Berlin (§ 9 Abs. 1 Nr. 3 BerlAVG) sieht mit 12,50 EUR den höchsten Mindestlohn vor, vgl. iÜ die folgende Synopse.
[778] Gesetz zur Aufhebung des Hamburger Mindestlohngesetzes, der Hamburger Mindestlohnverordnung und zur Änderung des Hamburger Vergabegesetzes v. 15.12.2015, HmbGVBl. 2015 Nr. 52, 361.
[779] EuGH Urt. v. 17.11.2015 – C-115/14, EuZW 2016, 104 Rn. 54 = ECLI:EU:C:2015:14 – RegioPost – noch zu Art. 26 Vergabe-RL 2004 (RL2004/18).
[780] EuGH Urt. v. 17.11.2015 – C-115/14, EuZW 2016, 104 = ECLI:EU:C:2015:14 – RegioPost.
[781] Nach Ansicht von *Sack/Schulten/Sarter/Böhlke*, Öffentliche Auftragsvergabe in Deutschland – Sozial und nachhaltig?, 2016, Anhang 2, 38 spricht für eine Fortführung vergabespezifischer Mindestlöhne, dass bei einer Orientierung dieser an der untersten Lohngruppe im Tarifvertrag der Länder der lohnkostenbedingte Anreiz zur Fremdvergabe statt einer möglichen öffentlichen Eigenleistung gehemmt wird.

Bundesland (Gesetz)	Deklaratorische Tariftreueverpflichtung	Konstitutive Tariftreueverpflichtung im Verkehrssektor	Vergabespezifischer Mindestlohn			
			Regelung	Mindestlohn pro Stunde	Mindestlohnkommission	Anpassung des Mindestlohns
Hamburg (HmbVgG)	§ 3 Abs. 1 HmbVgG	–	*	–	–	–
Hessen (HVTG)	§ 4 Abs. 2, 3 HVTG	§ 4 Abs. 4–7 HVTG	*	–	–	–
Mecklenburg-Vorpommern (VgG M-V)	–	§ 9 Abs. 1, 2 VgG M-V	§ 9 Abs. 4 VgG M-V	10,35 EUR	Nein	Ja
Niedersachsen (NTVergG)	§ 4 Abs. 1 Nr. 2 NTVergG	§ 5 NTVergG	*	–	–	–
Nordrhein-Westfalen (TVgG NRW)	§ 2 Abs. 1 TVgG NRW	§ 2 Abs. 2 TVgG NRW	*	–	–	–
Rheinland-Pfalz (LTTG)	§ 4 Abs. 1 LTTG	§ 4 Abs. 3–4 LTTG	§ 3 LTTG **	8,90 EUR	–	–
Saarland (STTG)	§ 3 Abs. 1 STTG	§ 3 Abs. 2 STTG	§ 3 Abs. 4–5 STTG	9,35 EUR ***	Ja	Ja
Sachsen (SächsVergabeG)						
Sachsen-Anhalt (LVG LSA)	§ 10 Abs. 1 LVG LSA	§ 10 Abs. 2 LVG LSA				
Schleswig-Holstein (VGSH)	–	§ 4 Abs. 2 VGSH	§ 4 Abs. 1 VGSH	9,99 EUR	Nein	Nein
Thüringen (ThürVgG)	§ 10 Abs. 1 ThürVgG	§ 10 Abs. 2 ThürVgG	§ 10 Abs. 4 ThürVgG ****	11,42 EUR	Nein	Ja

* Stattdessen deklaratorische Mindestlohnverpflichtung nach MiLoG: § 3 Abs. 2 HmbVgG, § 6 HVTG, § 2 Abs. 3 TVgG NRW; § 4 Abs. 1 Nr. 2 NTVergG.

** Gemäß § 4 Abs. 2 LTTG gilt die deklaratorische Mindestlohnverpflichtung nach MiLoG, sobald die Höhe des hiernach zu zahlenden Mindestlohns erstmals die Höhe des nach § 3 Abs. 1 LTTG zu zahlenden Mindestentgelts erreicht oder diese übersteigt.

*** Aufgrund der Erhöhung des bundesgesetzlichen Mindestlohns auf 9,50 EUR mit Wirkung zum 1.1.2021 ist hier eine zeitnahe Änderung zu erwarten.

**** Vorrangig erfolgt eine Verpflichtung auf Zahlung des Tarifentgelts eines in Thüringen für die Branche einschlägigen und repräsentativen Tarifvertrags. Gibt es keinen solchen Tarifvertrag, gilt der vergabespezifische Mindestlohn.

208 2. Weitere soziale Aspekte in den Landesvergabegesetzen. Neben den geschilderten Bestimmungen zu den Tariftreue- und Mindestlohnvorgaben, die in den meisten Landesvergabegesetzen den Schwerpunkt bilden, greifen die Länder zahlreiche weitere soziale Aspekte auf.

Synopse – Weitere soziale Aspekte in den Landesvergabegesetzen (Stand Januar 2021) (nicht abschließende Übersicht*)

Bundesland (Gesetz)	ILO-Kernarbeitsnormen	Fair Trade	Equal Pay	Förderung der Ausbildung	Förderung von Langzeitarbeitslosen	Inklusion	Chancengleichheit bzw. Frauenförderung
Baden-Württemberg (LTMG)							
Berlin (BerlAVG)	§ 8 BerlAVG	§ 11 BerlAVG	§ 14 Nr. 2 BerlAVG	–		§ 11 BerlAVG	§ 13 BerlAVG
Brandenburg (BbgVergG)							**

D. Strategische Ziele bei der Vergabe (Abs. 3)

Bundesland (Gesetz)	ILO-Kernarbeitsnormen	Fair Trade	Equal Pay	Förderung der Ausbildung	Förderung von Langzeitarbeitslosen	Inklusion	Chancengleichheit bzw. Frauenförderung
Bremen (BremTtVG)	§ 18 Abs. 2 BremTtVG	–	–	§ 18 Abs. 3 BremTtVG	–	§ 18 Abs. 3 BremTtVG	§ 18 Abs. 3 BremTtVG
Hamburg (HmbVgG)	§ 3a HmbVgG	§ 3a Abs. 4 HmbVgG	§ 3 Abs. 3 HmbVgG	–	–	–	–
Hessen (HVTG)	–	§ 3 Abs. 2 HVTG	–	§ 3 Abs. 2 HVTG	§ 3 Abs. 2 HVTG	§ 3 Abs. 2 HVTG	§ 3 Abs. 2 HVTG
Mecklenburg-Vorpommern (VgG M-V)	§ 11 VgG M-V	–	–	–	–	–	–
Niedersachsen (NTVergG)	§ 12 NTVergG	–	–	§ 11 Abs. 2 NTVergG	§ 11 Abs. 2 NTVergG	§ 11 Abs. 2 NTVergG	§ 11 Abs. 2 NTVergG
Nordrhein-Westfalen (TVgG NRW)	–	–	–	–	–	–	–
Rheinland-Pfalz (LTTG)	§ 2a LTTG	–	–	§ 1 Abs. 3 LTTG	§ 1 Abs. 3 LTTG	§ 1 Abs. 3 LTTG	–
Saarland (STTG)	§ 11 Abs. 1 STTG	–	–	§ 3 Abs. 6 STTG	–	–	–
Sachsen (SächsVergabeG)	–	–	–	–	–	–	–
Sachsen-Anhalt (LVG LSA)	§ 12 LVG LSA	–	–	§ 10 Abs. 3 LVG LSA	§ 4 Abs. 2 LVG LSA	–	–
Schleswig-Holstein (VGSH)	–	–	–	–	–	–	–
Thüringen (ThürVgG)	§ 11 ThürVgG	–	–	–	–	–	§ 13 ThürVgG

* Weitere in den Landesvergabegesetzen berücksichtigte soziale Kriterien sind: Antidiskriminierung (§ 19 Abs. 1 TVgG und § 18 Abs. 3 TTG), Integration (§ 3 Abs. 5 TVgG und § 3 Abs. 6 TTG) sowie Familienförderung (§ 4 Abs. 2 LVG LSA).
** Regelung in FrauFöV[782] enthalten.

In den meisten Bundesländern existieren Vorgaben zur Einhaltung der ILO-Kernarbeitsnormen 209 bei der Herstellung von Gütern außerhalb der EU. Die in den Landesvergabegesetzen zu den ILO-Kernarbeitsnormen vorgesehenen Regelungen unterscheiden sich im Detail.[783] Während Mecklenburg-Vorpommern, Rheinland-Pfalz, Saarland und Sachsen-Anhalt die Anwendungsbereiche nicht konkretisieren, werden in Berlin, Bremen, Hamburg und Niedersachsen Einschränkungen vorgenommen. Meist in speziellen Rechtsverordnungen werden „sensible" Produktgruppen festgelegt, für welche die Einhaltung der ILO-Kernarbeitsnormen nachgewiesen werden muss (zB Warengruppenspezifikation in § 1 BremKernV)..[784]

Über die Einhaltung der ILO-Kernarbeitsnormen geht das in einigen Landesvergabegesetzen 210 vorgesehene Konzept des fairen Handels **(Fair Trade)** noch deutlich hinaus. Fairer Handel setzt sowohl ökologische Maßstäbe als auch Anforderungen an einen „fairen Preis", der sich an den realen Lebenshaltungskosten in den Produktionsländern bemisst. Zudem wird häufig eine Handelsweise festgelegt, die durch Vorfinanzierungen und die Unterstützung von Kooperationen geprägt ist und

---

[782] Verordnung über die bevorzugte Berücksichtigung von Unternehmen bei der Vergabe öffentlicher Aufträge zur Förderung von Frauen im Erwerbsleben (Frauenförderverordnung – FrauFöV) v. 25.4.1996, (GVBl. II/96, [Nr. 22], 354), geändert durch Verordnung v. 18.2.2002 (GVGl. II/02, [Nr. 05], 139).
[783] Eine umfassende Übersicht bietet Sack/Schulten/Sarter/Böhlke, Öffentliche Auftragsvergabe in Deutschland – Sozial und nachhaltig?, 2016, 53 ff.
[784] Bremische Verordnung über die Berücksichtigung der Kernarbeitsnormen der Internationalen Arbeitsorganisation bei der öffentlichen Auftragsvergabe-Bremische Kernarbeitsnormenverordnung – BremKernV v. 2.4.2019 (Brem.GBl. 2011, 237).

sich insoweit vom konventionellen Handel unterscheidet.[785] Die Landesvergabegesetze in Hessen, Berlin und Hamburg sehen explizit die Möglichkeit vor, bei der Beschaffung gezielt auf fair gehandelte Waren zurückzugreifen.

211 In einigen Landesvergabegesetzen sind lohnbezogene Regelungen enthalten, die auf eine Sicherstellung von Entgeltgleichheit (**Equal Pay**) abzielen. Hierunter versteht man sowohl den Grundsatz „gleicher Lohn für gleiche Arbeit", mit dem eine unmittelbare Diskriminierung verhindert werden soll als auch den Grundsatz des gleichen Geldes für gleichwertige Arbeit, mit dem die Vermeidung einer mittelbaren Diskriminierung angestrebt wird.[786] Soweit in den Landesvergabegesetzen eine diskriminierungsfreie Bezahlung von Männern und Frauen als Vergabekriterium festgelegt wird, dient dies dazu, allgemeine Rechtsansprüche zu bekräftigen und durchzusetzen.[787] Das rheinland-pfälzische Landesvergabegesetz beschränkt sich insoweit auf die Berücksichtigung der Entgeltgleichheit von Männern und Frauen als berücksichtigungsfähiges Vergabekriterium. Die Landesvergabegesetze von Hamburg und Saarland regeln demgegenüber Equal Pay für Leiharbeitnehmer. Den weitgehendsten Bezugspunkt sehen die Landesvergabegesetze von Berlin und Sachsen-Anhalt vor, bei denen sich die Entgeltgleichheit ausdrücklich auf alle Beschäftigten bezieht.

212 In den Landesvergabegesetzen von Bremen, Hessen, Niedersachsen, Rheinland-Pfalz und Sachsen-Anhalt ist die Möglichkeit vorgesehen, die Vergabe strategisch zur **Förderung der Ausbildung** zu nutzen. Dies geschieht zum einen durch Regelungen zur Beschäftigung von Auszubildenden bei den Bietern und zum anderen durch Regelungen zu einer Beteiligung der Unternehmen an der Umlagefinanzierung der Ausbildung.

213 Einige Landesvergabegesetze ermöglichen es den öffentlichen Auftraggebern, die Auftragsvergabe als strategisches Instrument zu nutzen, um die Beschäftigungschancen und die Arbeitsmarktintegration ausgewählter Personengruppen zu verbessern. Hierbei geht es zum einen um die **Beschäftigung Langzeitarbeitsloser** und zum anderen um die **Inklusion von Menschen mit Behinderungen.** Die Beschäftigung von Langzeitarbeitslosen kann in Hessen, Niedersachsen und Rheinland-Pfalz als Zuschlagskriterium in die Vergabeentscheidung einbezogen werden. In Bremen und Niedersachsen wiederum kann die Beschäftigung von Menschen mit Behinderung und in Hessen die besondere Förderung von Menschen mit Behinderung bei der Vergabeentscheidung berücksichtigt werden.

214 Die Landesvergabegesetze von Bremen, Niedersachsen und Thüringen sehen die **Chancengleichheit** zwischen Männern und Frauen als mögliches Vergabekriterium vor, wobei die Regelungen zur Gleichstellung relativ vage bleiben. Die Landesvergabegesetze von Berlin und Hessen legen wiederum fest, dass die Auftragnehmer gezielt Maßnahmen zur **Frauenförderung** zu ergreifen haben. In Berlin und Brandenburg gelten gesonderte Frauenförderverordnungen. In Brandenburg werden bei gleichwertigen Angeboten gem. § 4 FrauFöV[788] diejenigen Bieter bevorzugt, „die sich der Gleichstellung von Frauen im Erwerbsleben angenommen haben und im Verhältnis zu den übrigen Bietern im Zeitpunkt der Angebotsabgabe erstens einen höheren Frauenanteil an den Beschäftigten, einschließlich der zu ihrer Ausbildung Beschäftigten, aufweisen und zweitens Frauen in höherem Maße in qualifizierten Positionen beschäftigen". Die Frauenförderverordnung von Berlin (FFV)[789] sieht vor, dass die Unternehmen während der Auftragsausführung eine bestimmte Anzahl an im Einzelnen aufgelisteten Maßnahmen zur Frauenförderung durchzuführen oder einzuleiten haben, wobei die Anzahl der vorgeschriebenen Maßnahmen abhängig von der Anzahl der Beschäftigten ist (eine Maßnahme bei weniger als 20 Beschäftigten, zwei bei 20 bis 249 Beschäftigten und drei ab 250 Beschäftigten). Unternehmen mit mindestens 500 Beschäftigten müssen hierbei mindestens eine der folgenden Maßnahmen auswählen: Umsetzung eines qualifizierten Frauenförderplans (Nr. 1), verbindliche Zielvorgabe zur Erhöhung des Frauenanteils an den Beschäftigten in allen Funktionsebenen (Nr. 2), Erhöhung des Anteils der weiblichen Beschäftigten in gehobenen und Leitungspositionen (Nr. 3), Erhöhung des Anteils der Vergabe von Ausbildungsplätzen an Bewerberinnen (Nr. 4), Berücksichtigung von weiblichen Auszubildenden bei der Übernahme in ein Arbeits-

---

[785] *Hauff/Claus*, Fair Trade, Ein Konzept nachhaltigen Handelns, 2012, 96; zum Fair Trade-Gütezeichen Max Havelaar: EuGH Urt. v. 10.5.2012 – C-368/10, NZBau 2012, 445 = ECLI:EU:C:2012:284 – Kommission/Niederlande.
[786] Art. 2 Abs. 2 Richtlinie 2002/73/EG stellt insoweit auf eine Diskriminierung wegen des Geschlechts ab.
[787] *Sack/Schulten/Sarter/Böhlke*, Öffentliche Auftragsvergabe in Deutschland – Sozial und nachhaltig?, 2016, 42.
[788] Verordnung über die bevorzugte Berücksichtigung von Unternehmen bei der Vergabe öffentlicher Aufträge zur Förderung von Frauen im Erwerbsleben (Frauenförderverordnung – FrauFöV) v. 25.4.1996, GVBl. II/96, 354, geänd. d. Verordnung v. 18.2.2002, BVBl. II/02, 139.
[789] Erste Verordnung zur Änderung der Verordnung über die Förderung von Frauen und die Vereinbarkeit von Beruf und Familie bei der Vergabe öffentlicher Aufträge (Frauenförderverordnung – FFV) v. 19.7.2011, GVBl. 2011, 362.

verhältnis zumindest entsprechend ihrem Ausbildungsanteil (Nr. 5), Einsetzung einer Frauenbeauftragten (Nr. 6). Die FFV definiert insgesamt 21 Maßnahmen, die der Frauenförderung dienen sollen, von denen einige die Aspekte Arbeitszeitgestaltung, Kinderbetreuung und Vereinbarkeit von Familie und Beruf betreffen. Auch das Landesvergabegesetz von Hessen siehteine Berücksichtigung der Förderung der Vereinbarkeit von Familie und Beruf vor. In Sachsen-Anhalt werden ganz allgemein „qualitative Maßnahmen zur Familienförderung" als ein zu berücksichtigender sozialer Belang benannt. Soweit mit den genannten Maßnahmen der Frauenförderung jedoch der notwendige Auftragsbezug verlassen, also vom Unternehmen nicht mehr ein spezielles Verhalten bei Durchführung des Auftrags, sondern allgemein eine Umstellung seiner Unternehmenspolitik verlangt wird (so insbesondere die Maßnahmen Nr. 1–6 FFV), verstoßen diese Regelungen gegen den Verhältnismäßigkeitsgrundsatz des Abs. 1 und die Vorgaben des Art. 70 RL 2014/24/EU.[790]

3. Umweltbezogene Aspekte in den Landesvergabegesetzen. In zahlreichen Landesvergabegesetzen finden sich Vorgaben zur umweltverträglichen und energieeffizienten Beschaffung, so in Berlin (§ 12 BerlAVG), Bremen (§ 19 BremTtVG), Hamburg (§ 3b HmbVgG), Hessen (§ 3 HVTG), Niedersachsen (§ 10 NTVergG), Saarland (§ 12 STTG), Sachsen-Anhalt (§ 4 Abs. 4, 5, § 9 Abs. 2 LVG LSA), Schleswig-Holstein (§ 17 TTG) und Thüringen (§§ 4, 8, 9 Abs. 2 ThürVgG). Die Detailtiefe dieser Vorschriften unterscheidet sich allerdings erheblich.[791] Die vorhandenen landesrechtlichen Vorschriften zur umweltfreundlichen Beschaffung gelten für die Beschaffung Bau-, Liefer- und Dienstleistungen, wobei etwaige Vorgaben zur Energieeffizienz nur bei der Beschaffung energieverbrauchsrelevanter Waren gemacht werden.[792] Soweit der erforderliche Zusammenhang mit dem Auftragsgegenstand gegeben und das Transparenzgebot gewahrt ist, ermöglichen die Landesvergabesetze eine Berücksichtigung umweltspezifischer Belange in unterschiedlichen Phasen des Vergabeverfahrens, also bei der Leistungsbeschreibung, als Ausführungsbedingung bzw. als Eignungs- oder Zuschlagskriterium.[793]

Nur das Landesvergabegesetz von Bremen beinhaltet jedoch verbindliche Vorgaben zur Berücksichtigung von Umweltaspekten. Hiernach müssen die Umwelteigenschaften einer Ware, die Gegenstand der Bau-, Liefer- oder Dienstleistung ist, berücksichtigt werden (§ 19 Abs. 1 BremTtVG). Das Thüringer Landesvergabegesetz beinhaltet immerhin noch Sollvorschriften zur Berücksichtigung umweltbezogener Aspekte (§ 4 Abs. 1 ThürVgG, § 9 Abs. 2 ThürVgG). Die übrigen oben genannten Landesvergabegesetze sehen in unterschiedlicher Detailtiefe lediglich eine fakultative Berücksichtigung von Umwelt- bzw. Energieeffizienzgesichtspunkten vor. Damit bleiben die Landesvergabegesetze hinter der Regelung der VgV zurück, welche für die Beschaffung energieverbrauchsrelevanter Liefer- und Dienstleistungen verbindliche Vorgaben für Leistungsbeschreibung und Zuschlagskriterien vorsieht (§ 67 Abs. 2 und 5 VgV). Empirische Einblicke in die Vergabepraxis in Deutschland zeigen, dass die Berücksichtigung der Lebenszykluskosten in der öffentlichen Auftragsvergabe bislang noch eine untergeordnete Rolle spielt.[794]

E. Mittelstandsschutz (Abs. 4)

Schrifttum: *Antweiler*, Die Berücksichtigung von Mittelstandsinteressen im Vergabeverfahren – Rechtliche Rahmenbedingungen, VergabeR 2006, 637; *Ax*, Schutzmechanismen für den Mittelstand im deutschen Vergaberecht, ZVergR 1999, 231; *Boesen*, Getrennt oder zusammen? – Losaufteilung und Gesamtvergabe nach der Reform des GWB in der Rechtsprechung, VergabeR 2011, 364; *Brückner*, Die Mittelstandsförderung im Vergaberecht unter besonderer Berücksichtigung der Rechtsschutzproblematik, 2015; *Brückner*, Das Vergaberecht und seine Beurteilungsspielräume – verfassungsrechtliche Anforderungen, LKV 2015, 534; *Buhr*, Losweise Vergabe vs. gesamthafte Ausschreibung. Grenzen, Gestaltungsmöglichkeiten und Bedürfnisse öffentlicher Auftraggeber im Planungs- und Baubereich, VergabeR 2018, 207; *Burgbacher*, Nochmal: Beschaffung und Beschäftigung, VergabeR 2001, 169; *Burgi*, Mittelstandsfreundliche Vergabe: Möglichkeiten und Grenzen – Teil 1, NZBau 2006, 606; *Burgi*, Mittelstandsfreundliche Vergabe: Möglichkeiten und Grenzen – Teil 2, NZBau 2006, 693; *Burgi*, Nachunternehmerschaft und wettbewerbliche Untervergabe, NZBau 2010, 593; *Byok*, Die Entwicklung des Vergaberechts seit 2009, NJW 2010, 817; *Byok/Müller-Kabisch*, Der novellierte Rechtsrahmen für Auftragsvergaben im Bereich der PPP, KommJur 2009, 281; *Däubler*, Tariftreue statt Sozialkostenwettbewerb?, ZIP 2000, 681; *v. Donat*, Interkommunale Kooperation ohne Ausschreibung zulässig, IBR 2009, 466; *v. Donat*, IÖPP zwischen Vergaberecht und

---
[790] Nach Erwägungsgrund 104 RL 2014/24/EU sind Anforderungen an eine allgemeine Unternehmenspolitik keine zulässige Ausführungsbedingung.
[791] Einen Überblick (Stand Anfang 2014) gibt *Jauch* jurisPR-UmwR 2/2014 Anm. 1.
[792] *Jauch* jurisPR-UmwR 2/2014 Anm. 1.
[793] *Zeiss* VPR 2014, 1 Rn. 9; *Jauch* jurisPR-UmwR 2/2014 Anm. 1.
[794] *Eßig/von Deimling/Schaupp* VergabeR 2018, 237.

EU-Beihilfenrecht, EuZW 2010, 812; *Dreher*, Das In-house-Geschäft – Offene und neue Rechtsfragen der Anwendbarkeit der In-house-Grundsätze, NZBau 2004, 16; *Dreher*, Die Berücksichtigung mittelständischer Interessen bei der Vergabe öffentlicher Aufträge, NZBau 2005, 427; *Faßbender*, Die neuen Regelungen für eine mittelstandsgerechte Auftragsvergabe, NZBau 2010, 529; *Fluck/Theuer*, Umweltinformationsgesetz – Welche Privaten sind informationspflichtig?, GewArch 1995, 96; *Frenz*, Die Berücksichtigung mittelständischer Interessen nach § 97 Abs. 3 GWB und Europarecht, GewArch 2011, 97; *Frenz*, Mittelstandsförderung in der Auftragsvergabe und Unionsrecht, GewArch 2018, 95; *Gerlach*, Entscheidungsspielräume öffentlicher Auftraggeber im GWB-Vergaberecht, VergabeR 2020, 451; *Griesewelle*, Mittelstandsförderung im Vergaberecht, 2018; *Hänsel*, Generalunternehmervergaben durch öffentliche Auftraggeber, NJW-Spezial 2019, 108; *Kämper/Heßhaus*, Möglichkeiten und Grenzen von Auftraggebergemeinschaften, NZBau 2003, 303; *Kirchner*, Zur Ökonomik des Vergaberechts, VergabeR 2010, 725; *Krause*, Mittelstandsförderung im Vergaberecht. Rechtliche Grenzen des Mittelstandsschutzes unter Berücksichtigung der Reform der Mittelstandsklausel des § 97 Abs. 3 GWB, 2015; *Kupczyk*, Vergaberechtliche Aspekte des In-house-Geschäfts, 2008; *Kus*, Losvergabe und Ausführungskriterien, NZBau 2009, 21; *Manz/Schönwälder*, Die vergaberechtliche Gretchenfrage: Wie hältst Du's mit dem Mittelstand?, NZBau 2012, 465; *Meckler*, Grenzen der Verpflichtung zur Losvergabe nach vergaberechtlicher Rechtsprechung, NZBau 2019, 492; *Mestmäcker*, Zur Anwendbarkeit der Wettbewerbsregeln auf die Mitgliedstaaten und die Europäischen Gemeinschaften, FS Börner, 1992, 277; *Michallik*, Problemfelder bei der Berücksichtigung mittelständischer Interessen im Vergaberecht, VergabeR 2011, 683; *Müllejans*, Mittelstandsförderung im Vergaberecht im Rahmen des § 97 Abs. 3 GWB, 2014; *Müller-Wrede*, Grundsätze der Losvergabe unter dem Einfluss mittelständischer Interessen, NZBau 2004, 643; *Noch*, Die neue Mittelstandsklausel des § 97 III GWB, Vergabe spezial 8/2009, 58; *Ortner*, Das Gebot der Berücksichtigung mittelständischer Interessen im Vergaberecht, VergabeR 2011, 677; *Otting/Tresselt*, Grenzen der Loslimitierung, VergabeR 2009, 585; *Pakleppa*, Die Berücksichtigung mittelständischer Interessen bei der öffentlichen Auftragsvergabe, FS Marx, 2013, 545; *Pielow*, Kein Vergabeverfahren bei Vereinbarung über kommunale Zusammenarbeit, NZBau 2009, 531; *Roth*, Reform des Vergaberechts – Der große Wurf?, VergabeR 2009, 404; *Schellenberg*, Generalunternehmervergabe und Losaufteilungsgebot, FS Marx, 2013, 687; *Scherzberg*, Der freie Zugang zu Informationen über die Umwelt, UPR 1992, 48; *Schröder*, Die Baukonzession und die Untervergabe durch den Baukonzessionär im Kontext des vergaberechtlichen Grundsatzes der Mittelstandsförderung, 2017; *Schwab*, Die vergaberechtliche „Tariftreueerklärung" im Spannungsfeld von Arbeitsrecht und Wettbewerb, NZA 2001, 701; *Tietjen*, Die europäische Beihilfenkontrolle im Vergaberecht und bei der Privatisierung, 2004; *Theurer/Trutzel/Braun/Weber*, Die Pflicht zur Losaufteilung: Von der Norm zur Praxis – Forschungsgutachten der Auftragsberatungsstellen in Deutschland, VergabeR 2014, 301; *Weiß*, Privatisierung und Staatsaufgaben, 2002; *Werner*, Los" oder „Nicht-Los" – das ist hier die Frage! Zur Mittelstandsklausel des § 97 Abs. 3 GWB, FS Marx, 2013, 805; *Westermann*, Einkaufskooperation der öffentlichen Hand nach der Feuerlöschzüge-Entscheidung des BGH, ZWeR 2003, 481; *Wichmann*, Die Antragsbefugnis des Subunternehmers im vergaberechtlichen Nachprüfungsverfahren, 2006; *Willner/Strohal*, Modulbau im Spannungsfeld von Leistungsbestimmungsrecht und Mittelstandsschutz, VergabeR 2014, 120; *Ziekow*, Das Gebot der vornehmlichen Berücksichtigung mittelständischer Interessen bei der Vergabe öffentlicher Aufträge – Mittelstandsschutz ernst genommen, GewArch 2013, 417.

I. Norminhalt und Normzweck

217 Abs. 4 wurde durch das Vergaberechtsmodernisierungsgesetz nicht verändert, sondern allein innerhalb des § 97 neu verortet. Sein Regelungsgehalt geht auf das Gesetz zur Modernisierung des Vergaberechts[795] zurück. Abs. 4 S. 1 regelt, dass **mittelständische Interessen** bei der Vergabe öffentlicher Aufträge vornehmlich zu berücksichtigen sind. Abs. 4 S. 2 schreibt in diesem Zusammenhang fest, dass die Leistungen grundsätzlich nach Teillosen oder nach Fachlosen zu vergeben sind. Eine Ausnahmeregelung dazu trifft Abs. 4 S. 3, wonach mehrere Fach- oder Teillose zusammen vergeben werden dürfen, wenn wirtschaftliche oder technische Gründe dies erfordern. Abs. 4 S. 4 sichert, dass die Vorgaben der S. 1–3 auch von dem Unternehmen eingehalten wird, das nicht öffentlicher Auftraggeber ist, sondern mit der Wahrnehmung oder Durchführung eines öffentlichen Auftrages betraut wird und im Rahmen dieses Auftrages Unteraufträge an Dritte vergibt.

218 Abs. 4 hat das Ziel, den **Mittelstand bei der Vergabe öffentlicher Aufträge besonders zu berücksichtigen.**[796] Obwohl bereits vor 2009 der Mittelstandsschutz im Vergabeverfahren eine besondere Berücksichtigung gefunden hatte, erschien es dem Gesetzgeber erforderlich, die Position der mittelständischen Unternehmen bei der Vergabe öffentlicher Aufträge noch deutlicher herauszustellen. Außerdem sollte das Vergabeverfahren so ausgestaltet werden, dass die Interessen der vorwiegend mittelständisch strukturierten (deutschen) Wirtschaft eine größere Berücksichtigung im Vergabeverfahren finden. Mittelständische Unternehmen hatten nämlich trotz der bisherigen Regelung die ihrer Auffassung nach vielfach wenig mittelstandsgerechte Ausgestaltung der Auftragsvergabe beklagt, die durch die Bündelung von Nachfragemacht, die Zusammenfassung teilbarer Leistungen und die Zunahme elektronischer Beschaffungsformen geprägt sei. Die **seither geltende Fassung**

---

[795] BGBl. 2009 I 790.
[796] Zu den Hintergründen der Mittelstandsförderung *Griesewelle*, Mittelstandsförderung im Vergaberecht, 2018, 45 ff.

E. Mittelstandsschutz (Abs. 4) 219–222 § 97 GWB

der **Regelung des Abs. 4** soll noch mehr als zuvor dazu beitragen, bei der Ausgestaltung der Vergabeverfahren besonders darauf zu achten, die Nachteile der mittelständischen Wirtschaft gerade bei der Vergabe großer Aufträge mit einem Volumen, das die Kapazitäten mittelständischer Unternehmen überfordern könnte, auszugleichen.[797] Als Instrumentarium für den Ausgleich dieser strukturellen Nachteile sieht Abs. 4 insbesondere den **Grundsatz der Los- und Fachaufteilung** eines Auftrags vor, womit in besonderem Maße spezialisierte (mittelständische) Betriebe gefördert werden sollen, die sich sonst bei einer Gesamtvergabe nicht oder nur kaum beteiligen würden.[798] Ob eine Vorschrift wie die des Abs. 4 tatsächlich imstande ist, den Mittelstand nachhaltig zu fördern, ist für die Vergabetätigkeit oberhalb der Schwelle des Abs. 4 noch nicht empirisch geklärt.[799] Einen Beitrag hierzu soll die VergStatVO leisten.[800]

Die Mittelstandsförderung im Vergabeverfahren findet sich **auf untergesetzlicher Ebene** in 219 § 5 EU Abs. 2 VOB/A, § 5 VS Abs. 2 VOB/A wieder. Zudem haben zahlreiche Bundesländer die Berücksichtigung mittelständischer Interessen entweder in ihr Landesvergabegesetz oder in ein Mittelstandsfördergesetz oder in Mittelstandsrichtlinien aufgenommen.[801] Diese Normen sind ebenso wie die untergesetzlichen Vorschriften des Vergaberechts – jedenfalls bei der Vergabe öffentlicher Aufträge, die die entsprechenden Schwellen überschreiten – stets im Lichte des Abs. 4 auszulegen. Hinsichtlich der Regelungskompetenzen der Landesgesetzgeber ist zu berücksichtigen, dass sich § 129, der den „Regelungsgehalt des bisherigen § 97 Abs. 4 S. 3 GWB auf[greift] und präzisiert",[802] nur auf Ausführungsbedingungen iSv § 128 Abs. 2 bezieht, wenngleich diese in der Norm in Anlehnung an die Formulierung des § 97 Abs. 4 S. 3 aF weit definiert werden.

Der von Abs. 4 vorgesehene Mittelstandsschutz soll mehr als ein bloßer Programmsatz oder 220 eine „Querschnittsklausel"[803] sein. Er stellt vielmehr neben den Vergabegrundsätzen des Abs. 1 und Abs. 2 einen **weiteren Vergabegrundsatz** dar.[804] Dies ergibt sich zum einen daraus, dass der Gesetzgeber dem Prinzip des Mittelstandsschutzes im Vergabeverfahren in Abs. 4 S. 1 eine ausdrückliche und von der in Abs. 4 S. 2 beschriebenen grundsätzlichen Pflicht zur Losaufteilung eigenständige Regelung zugeordnet hat. Zum anderen verzichtet Abs. 4 S. 1 anders als die vor 2009 geltende Vorgängerregelung darauf, die Verpflichtung zur Berücksichtigung mittelständischer Interessen durch ein Angemessenheitserfordernis zu relativieren und macht damit deutlich, dass – wie im Übrigen auch die parallele Wortwahl zu Abs. 2 belegt – der Mittelstandsschutz einen allgemeinen Grundsatz für das Vergabeverfahren darstellen soll.

Der Vergabegrundsatz der Berücksichtigung der mittelständischen Interessen gem. Abs. 4 steht 221 in einem **Gleichordnungsverhältnis** zu dem Wettbewerbs- und dem Transparenzgrundsatz.[805] Eine Kollision mit dem Wettbewerbsgrundsatz liegt nicht vor, weil insbesondere die Teilung in Lose gerade zu einer wettbewerbsfördernden Teilnehmerstruktur verhelfen soll, in der Klein-, Mittel- und Großunternehmen gleichermaßen die Möglichkeit zur Abgabe eines Gebotes haben.[806]

Der Vergabegrundsatz des Mittelstandsschutzes nach Abs. 4 ist aber dem **Vergabegrundsatz** 222 **des Gleichbehandlungsgebotes gem. Abs. 2 vorrangig**.[807] Das gilt allerdings nur, soweit der Anwendungsbereich des Abs. 4 (Mittelstandsschutz) unmittelbar betroffen ist. Andernfalls würde es nämlich zu einem Konflikt der beiden Vergabegrundsätze kommen, weil die Anwendung des Mittelstandsschutzes gem. Abs. 4 zu einer **Verletzung des Gleichbehandlungsgebotes gegenüber den großen Unternehmen** führen würde.[808] Die von Abs. 4 geforderte mittelstandsgerechte Verfahrensgestaltung führt selbst dann zu einer Ungleichbehandlung im Sinne einer Bevorzugung mittelständischer Unternehmen gegenüber Großunternehmen, wenn man die Losaufteilung als Möglichkeit für die Großunternehmen versteht, sich auf mehrere Lose bewerben zu können.[809] Da

---

[797] BT-Drs. 16/10117, 15.
[798] Noch VergabeR-HdB B Rn. 438.
[799] Vgl. auch Immenga/Mestmäcker/*Dreher* Rn. 147.
[800] Vgl. BT-Drs. 18/6281, 91.
[801] Im Überblick HK-VergabeR/*Fehling* Rn. 94.
[802] BT-Drs. 18/6281, 114.
[803] Zur früheren Fassung des Abs. 3 Loewenheim/Meessen/Riesenkampff/*Bungenberg*, 2. Aufl. 2009, Rn. 30.
[804] VK Arnsberg Beschl. v. 31.1.2001 – VK 2-01/01, VPRRS 2013, 0983; Beck VergabeR/*Antweiler* § 97 Abs. 4 Rn. 33.
[805] Vgl. auch Immenga/Mestmäcker/*Dreher* Rn. 146.
[806] Immenga/Mestmäcker/*Dreher* Rn. 149 f.
[807] Vgl. auch VK Bund Beschl. v. 30.3.2000 – VK 2-2/00, 14; VK Bund Beschl. v. 1.2.2001 – VK 1-1/01, WuW/E Verg 424 (426).
[808] Krit. aus verfassungsrechtlicher Perspektive *Werner* FS Marx, 2013, 813 ff.; aA *Ziekow* GewArch 2013, 417 (417 f.).
[809] Vgl. auch *Kirchner* VergabeR 2010, 725 (730 f.), der von einer „generellen positiven Diskriminierung" spricht.

aber die Vergabegrundsätze grundsätzlich gleichrangige Geltung beanspruchen, muss der Bereich, in dem ausnahmsweise der Grundsatz des Mittelstandsschutzes gem. Abs. 4 den Grundsatz der Gleichbehandlung gem. Abs. 2 verdrängen kann, so gering wie möglich gehalten werden. Dies wird dadurch gewährleistet, dass der Gleichbehandlungsgrundsatz ausschließlich im Hinblick auf die vornehmliche Berücksichtigung mittelständischer Interessen bei der Vergabe öffentlicher Aufträge und insoweit auch nur hinsichtlich der in Abs. 4 S. 2–4 vorgegebenen Instrumente zurückgestellt wird. Alle anderen Aspekte des Gleichbehandlungsgebots finden auch neben dem Grundsatz des Mittelstandsschutzes Anwendung.

II. Entstehungsgeschichte

223 Vor Schaffung der ersten vergaberechtlichen Mittelstandsklausel durch das Vergaberechtsänderungsgesetz von 1999 ist vom BGH noch die Ansicht vertreten worden, dass die **Vergabe nach Losen der begründungspflichtige Ausnahmefall** zum Regelfall der zusammengefassten Vergabe von Aufträgen sei.[810] Danach konnte ein öffentlicher Auftrag nur dann aufgeteilt werden, wenn festgestellt werden konnte, dass dies die Bewerbung kleiner und mittlerer Unternehmen ermöglicht. Mit dem Vergaberechtsänderungsgesetz von 1999 wurde erstmals der grundsätzliche Vorrang der Losvergabe statuiert. Mit dieser Neuregelung reagierte der damalige Gesetzgeber auf die vielfach insbesondere von Vertretern der Bauverwaltungen geäußerte Befürchtung, die Einführung einer wirksamen gerichtlichen Kontrolle der Vergabepraxis, wie sie das Vergaberechtsänderungsgesetz mit sich brachte, werde im Zusammenwirken mit dem üblichen Sicherheitsstreben der Beamtenschaft zu einem dramatischen Anstieg der Generalunternehmervergabe zulasten der traditionellen, mittelstandsfreundlichen Vergabe nach Fachgewerken und Losen führen.[811] Dies wollte der Gesetzgeber vermeiden; **vielmehr sollte die in den VOB/A und VOL/A seit langem eingeführte kleinteilige Vergabe** nicht nur aufrechterhalten, sondern möglichst noch ausgeweitet und gesetzlich abgesichert werden.[812] Mit dieser rechtlichen Regelung wurde praktisch das vom BGH angenommene **Regel-Ausnahme-Verhältnis umgekehrt.**[813]

224 Im damaligen Gesetzgebungsverfahren gelangte der mittelstandsfördernde Aspekt allerdings erst auf **Initiative des Bundesrates** in das Gesetz. Der Bundesrat wollte den Mittelstandsschutz, der bereits in einzelnen Regelungen der Verdingungsordnungen – vor allem bezüglich der Aufteilung von Aufträgen in Lose zB nach § 4 Nr. 2 und 3 VOB/A aF – enthalten war, verallgemeinern und eine Klarstellung, dass mittelständische Interessen keine vergabefremden Aspekte darstellen,[814] erreichen.[815] Die **Bundesregierung** hielt hingegen den Einschub „mittelständische Interessen sind angemessen zu berücksichtigen" für überflüssig, weil die Verdingungsordnungen und die Vergabeverordnung die mittelständischen Interessen hinreichend berücksichtigen würden.[816] Der **Bundestag** ist dem Vorschlag des Bundesrats gleichwohl schon vor Anrufung des Vermittlungsausschusses gefolgt, nachdem die SPD-Fraktion einen entsprechenden Änderungsantrag gestellt[817] und auch der Ausschuss für Wirtschaft[818] dies begrüßt hatte.

225 Die Vorschrift des heutigen Abs. 4 wurde im Rahmen des Gesetzes zur Modernisierung des Vergaberechts neu gefasst.[819] Ziel war wiederum die (weitere) Verbesserung des Standes der mittelständischen Unternehmen im Vergabeverfahren. Neben der Neufassung der Abs. 4 S. 1–3 wurde kurz vor Verabschiedung des Gesetzes auf Empfehlung des **Ausschusses für Wirtschaft und Technologie** noch Abs. 4 S. 4 in den Gesetzestext aufgenommen, um eine „mittelstandsfreundliche Auftragsvergabe auch im Rahmen einer **Öffentlich-Privaten-Zusammenarbeit** sicherzustel-

---

[810] BGH Urt. v. 17.2.1999 – X ZR 101/97, NJW 2000, 137 = BauR 1999, 736 (740).
[811] S. dazu bspw. S. 25, 31 und 33 des Protokolls der öffentlichen Anhörung des Ausschusses für Raumordnung, Bauwesen und Städtebau des Deutschen Bundestages, veröffentlicht in Heft 6 der Schriftenreihe des Forum Vergabe eV.
[812] Dementsprechend konstatierte *Boesen* VergabeR 2011, 364 (365), es seien „keine grundlegenden Veränderungen" erfolgt.
[813] OLG Düsseldorf Beschl. v. 8.9.2004 – VII-Verg 38/04, NZBau 2004, 688; VK Bund Beschl. v. 29.9.2005 – VK 3-121/05; VK Hessen Beschl. v. 12.9.2001 – 69 d VK-30/01; VK Baden-Württemberg Beschl. v. 18.7.2003 – 1 VK 30/03, NZBau 2003, 696; VK Leipzig Beschl. v. 27.6.2003 – 1/SVK/063-03, IBRRS 2004, 0756; VK Arnsberg Beschl. v. 31.1.2001 – VK 2-01/01, VPRRS 2013, 0983; *Antweiler* VergabeR 2006, 637 (647); *Burgi* NZBau 2006, 606 (608); *Müller-Wrede* NZBau 2004, 643 (644).
[814] *Müllejans*, Mittelstandsförderung im Vergaberecht im Rahmen des § 97 Abs. 3 GWB, 2014, 26 ff.; *Pakleppa* FS Marx, 2013, 548 f.; HK-VergabeR/*Fehling* Rn. 89; aA *Manz/Schönwälder* NZBau 2012, 465 (470).
[815] BT-Drs. 13/9340, 36.
[816] Vgl. BT-Drs. 13/9340, 48.
[817] Vgl. BT-Drs. 13/10441.
[818] Vgl. BT-Drs. 13/10328, 4.
[819] BGBl. 2009 I 790.

len".[820] Damit findet eine nicht unerhebliche Ausweitung des mittelstandsfördernden Ansatzes im deutschen Vergabeverfahren statt.

III. Vereinbarkeit mit dem EU-Recht

Die durch die besondere Förderung der mittelständischen Unternehmen herausgehobene Stellung im deutschen Vergaberecht könnte Bedenken hinsichtlich der **Vereinbarkeit des Abs. 4 mit dem EU-Recht** hervorrufen,[821] weil Unternehmen, die nicht zu den mittelständischen Unternehmen gehören, im Vergleich zu diesen diskriminiert werden. In Betracht kommen daher sowohl ein Verstoß gegen die Vergaberichtlinien als auch ein Verstoß gegen Vorschriften des Primärrechts, wie das allgemeine Diskriminierungsverbot, das Beihilfeverbot und das Verbot, Maßnahmen zu erlassen oder aufrechtzuerhalten, die den *effet utile* der Wettbewerbsregeln des Vertrages über die Arbeitsweise der EU beeinträchtigen könnten. 226

Die Reform des EU-Vergaberechts mit den Richtlinien 2014/24/EU und 2014/25/EU erfolgte ausweislich des 2. bzw. 4. Erwägungsgrundes nicht zuletzt, damit „die Teilnahme insbesondere kleiner und mittlerer Unternehmen (KMU) an öffentlichen Vergabeverfahren erleichtert" wird. Wenngleich die verbindlichen Vorgaben mit den Art. 46 RL 2014/24/EU sowie Art. 65 RL 2014/25/EU ohne Bezug auf das Ziel der Mittelstandsförderung allein die Möglichkeit der Losvergabe vorsehen, nehmen die Erwägungsgründe vielfach auf KMU Bezug. Den Vergaberichtlinien lässt sich damit durchaus eine **befürwortende Position** bezüglich des Schutzes mittelständischer Interessen entnehmen.[822] Sie überlässt es jedoch den Mitgliedstaaten, den Mittelstandsschutz im Vergaberecht im Einzelnen vorzusehen. Die Grenze mitgliedstaatlicher Regelungen ist allerdings dort erreicht, wo mittelstandsschützende Vorschriften für das Vergabeverfahren bzw. den Vergaberechtsschutz den *effet utile* ausdrücklich geregelter Vorgaben der Richtlinien beeinträchtigen. 227

Gem. Abs. 4 S. 1 sind mittelständische Interessen bei der Vergabe öffentlicher Aufträge „**vornehmlich**" zu berücksichtigen. Es könnte einen Verstoß gegen das allgemeine Diskriminierungsverbot des Vertrages über die Arbeitsweise der EU darstellen, wenn diese Vorschrift dahingehend zu verstehen ist, dass sie die Mittelstandsförderung als allgemeinen Auslegungsgrundsatz festschreibt, der beinhaltet, dass die mittelständische Wirtschaft generell bei der Vergabe öffentlicher Aufträge zu begünstigen sei.[823] Wenngleich der genaue Inhalt der Vorschrift des Abs. 4 S. 1 (iVm Abs. 4 S. 2 und 3) – insbesondere im Vergleich zu früheren Regelungen – möglicherweise unterschiedliche Deutungsspielräume offen lässt, ist jedenfalls eindeutig, dass die Vorschrift des Abs. 4 S. 1 den öffentlichen Auftraggeber **nicht zu einer** *ausschließlichen* **Berücksichtigung** mittelständischer Unternehmen bei der Auftragserteilung verpflichtet. Dieses wäre mit dem EU-Recht unvereinbar.[824] Gesetzlich vorgegeben ist allerdings nur, dass die mittelständischen Interessen „vornehmlich" zu berücksichtigen sind, wobei Ausnahmen bereits nach dem Wortlaut des Abs. 4 S. 1 und nach der Regelung des Abs. 4 S. 3 möglich sind. Allerdings ist eine durch das Gesetz in Abs. 4 S. 1 angeordnete grundsätzliche Bevorzugung[825] mittelständischer Unternehmen bei der Vergabe öffentlicher Aufträge eine Ungleichbehandlung gegenüber den anderen Unternehmen und könnte damit gegen das Diskriminierungsverbot des Vertrages über die Arbeitsweise der EU verstoßen.[826] **Das Diskriminierungsverbot gilt allerdings nicht absolut,** sondern verbietet nur eine Ungleichbehandlung soweit sie nicht sachlich gerechtfertigt ist. Eine **sachliche Rechtfertigung** ergibt sich im Hinblick auf das europarechtliche Diskriminierungsverbot indes auch nur aus unionsrechtlichen Erwägungen. Im Zusammenhang mit der Bevorzugung der Interessen mittelständischer Unternehmen kommt als unionsrechtliche Rechtfertigung zum einen in Betracht, dass es das betonte Ziel der EU ist, in allen Wirtschaftsbereichen kleine und mittlere Unternehmen besonders zu fördern.[827] Dieses Ziel impliziert bereits die Benachteiligung von großen Unternehmen auf EU-Ebene, wird aber mit der Förderung der den kleinen und mittleren Unternehmen inne wohnenden besonderen Wirtschafts- und Innovationskraft gerechtfertigt. Diese Rechtfertigung kann auch auf den Bereich des nationalen 228

---

[820] BT-Drs. 16/11428, 49 f.
[821] Vgl. zur früheren Rechtslage *Frenz* GewArch 2011, 97; zu den unionsrechtlichen Grenzen *Griesewelle*, Mittelstandsförderung im Vergaberecht, 2018, 167 ff.
[822] *Frenz* GewArch 2018, 95 ff.; ausf. zur Europarechtskonformität Beck VergabeR/*Antweiler* § 97 Abs. 4 Rn. 9 ff.
[823] *Burgi* NZBau 2006, 606 (609).
[824] Vgl. auch *Kirchner* VergabeR 2010, 725 (731) Fn. 15; s. ferner EuGH Urt. v. 2.12.1999 – C-176/98, Slg. 1999, I-8607 Rn. 29 ff. = NZBau 2000, 149 – Holst Italia; EuGH Urt. v. 18.3.2004 – C-314/01, Slg. 2004, I-2549 Rn. 42 ff. = NZBau 2004, 340 – Siemens.
[825] Kritisch zur Qualifikation als solche BeckOK VergabeR/*Theurer* § 97 Abs. 4 Rn. 2.
[826] Anders offensichtlich OLG Düsseldorf Beschl. v. 8.9.2004 – VII-Verg 38/04, VergabeR 2005, 107.
[827] KOM(2008) 394 endgültig.

Vergaberechts übertragen werden. Die Bevorzugung von mittelständischen Unternehmen bei der Vergabe öffentlicher Aufträge führt damit nämlich den EU-Ansatz der Förderung kleiner und mittlerer Unternehmen im nationalen Vergaberecht fort und ist von den anderen als den kleinen und mittleren Unternehmen hinzunehmen.[828] Zum anderen spricht für eine Rechtfertigung der Ungleichbehandlung von kleinen und mittleren gegenüber großen Unternehmen, dass mit der Regelung des Abs. 4 S. 1 **der Nachfragewettbewerb bei der Vergabe öffentlicher Aufträge** gestärkt wird, indem durch die Gestaltung des Verfahrens besonders auch mittelständischen Unternehmen ausreichende Teilnahmechancen eingeräumt werden.[829] Insbesondere das Gebot der Losaufteilung führt zu einer Intensivierung des (Nachfrage-)Wettbewerbs, weil alle Wettbewerber die gleichen Bedingungen vorfinden[830] und die großen Unternehmen den Vorteil haben, sich auf mehrere Lose bewerben zu können.[831] Ein **Verstoß gegen die Beihilfevorschriften** der Art. 107 ff. AEUV zugunsten mittelständischer Unternehmen ist in Abs. 4 ebenfalls nicht zu sehen.[832] Insoweit fehlt es jedenfalls an einer Zuwendung staatlicher Mittel und am Spezialitätsgrundsatz. Denkbar wäre es allerdings, in Abs. 4 einen Verstoß gegen die aus Art. 3 Abs. 3 EUV, Art. 4 Abs. 3 EUV iVm Art. 101, 102 AEUV abgeleitete **Verpflichtung der Mitgliedstaaten** zu sehen, keine Maßnahme zu erlassen oder aufrechtzuerhalten, die den *effet utile* der Art. 101 oder Art. 102 AEUV beeinträchtigen könnte, weil Abs. 4 den öffentlichen Auftraggeber zu bestimmten Maßnahmen mit mittelstandsschützendem Charakter zwingt und damit dessen Beschaffungsfreiheit oder Nachfrageautonomie einschränkt.[833] Voraussetzung dafür ist aber, dass einerseits durch Abs. 4 als staatliche Regelung ein Verhalten von Unternehmen gefordert wird, dass dann, wenn man sich die staatliche Regelung hinweg dächte, einen Verstoß gegen Art. 101 oder Art. 102 AEUV darstellen würde und dass andererseits dieses unternehmerische Verhalten **akzessorisch zu der staatlichen Regelung** steht.[834] Daran fehlt es jedoch, weil Abs. 4 kein derartiges Verhalten fordert.[835]

IV. Abs. 4 S. 1

229   **1. Allgemeines.** Mit der Vorschrift des Abs. 4 S. 1 soll sichergestellt werden, dass **mittelständische Interessen** im Vergabeverfahren „vornehmlich" berücksichtigt werden. Im Verhältnis zur vor 2009 geltenden Rechtslage soll damit eine Verstärkung der Wirkung der Mittelstandsklausel bewirkt werden, die zu einer Ausweitung der Mittelstandsförderung im Vergabeverfahren beitragen soll.[836] Das ergibt sich unmittelbar aus einem Vergleich zur früheren Regelung. Während in der Fassung der Vorgängernorm nämlich mittelständische Interessen lediglich „vornehmlich" durch Teilung der Aufträge in Fach- und Teillose zu berücksichtigen waren, wird nun in Abs. 4 S. 1 die „vornehmliche" **Berücksichtigung** der mittelständischen Interessen bei der Vergabe öffentlicher Aufträge ohne einen (einschränkenden) Zusatz festgeschrieben. Zudem ist in der Neuregelung des Abs. 4 S. 1 die Einschränkung der „angemessenen" Berücksichtigung der mittelständischen Interessen entfallen.

230   **2. Regelungsinhalt. a) Mittelständische Interessen.** Abs. 4 S. 1 benennt als Schutzadressat die „mittelständischen Interessen".[837] Nicht geregelt ist, wer **Träger dieser Interessen** sein soll. Aus der Gesetzesbegründung zur Einführung der Mittelstandsklausel geht allerdings hervor, dass die „mittelständischen Unternehmen" geschützt werden sollen.[838] Aber auch diese Klarstellung in der Begründung führt nicht zu wesentlich mehr Klarheit. Die Berücksichtigung der Interessen „mittelständischer Unternehmen" kann nämlich durchaus unterschiedlich ausgestaltet sein. So ist zum einen denkbar, dass der damit verfolgte Schutz **unmittelbar an ein betroffenes Unternehmen anknüpft.** Ebenso möglich ist es zum anderen aber auch, dass der damit verfolgte Schutz mittelständischer Unternehmen durch Interessenverbände übernommen wird. Der Wortlaut der Norm lässt beide Lesarten zu. Die von der Losvergabe ausdrücklich getrennte Berücksichtigung der mittelständischen Interessen in der geltenden Fassung des Abs. 4, die sich eindeutig auf die Unternehmen als solche bezieht, und nunmehr einen allgemeinen Vergabegrundsatz darstellt, spricht im Hinblick auf

---

[828] IErg ebenso OLG Düsseldorf Beschl. v. 8.9.2004 – VII-Verg 38/04, VergabeR 2005, 107.
[829] Loewenheim/Meessen/Riesenkampff/*Bungenberg*, 2. Aufl. 2009, Rn. 34; *Kus* in RKPP GWB Rn. 175.
[830] *Kus* in RKPP GWB Rn. 175.
[831] OLG Düsseldorf Beschl. v. 8.9.2004 – VII-Verg 38/04, NZBau 2004, 688.
[832] IErg ebenso OLG Düsseldorf Beschl. v. 8.9.2004 – VII-Verg 38/04, NZBau 2004, 688; Loewenheim/Meessen/Riesenkampff/*Bungenberg*, 2. Aufl. 2009, Rn. 30; *Noch* VergabeR-HdB B Rn. 439.
[833] Immenga/Mestmäcker/*Dreher*, 4. Aufl. 2007, Rn. 98.
[834] Grundlegend EuGH Urt. v. 21.9.1988 – C-267/86, Slg. 1988, 4796 Rn. 16 = BeckEuRS 1988, 142177 – van Eycke.
[835] → 1. Aufl. 2011, Rn. 70 (*Ehricke*).
[836] BT-Drs. 16/10117, 15.
[837] Ausf. dazu *Müllejans*, Mittelstandsförderung im Vergaberecht im Rahmen des § 97 Abs. 3 GWB, 2014, 45 ff.
[838] BR-Drs. 372/98.

einen möglichst effektiv geförderten Mittelstand für **Interessenverbände** als **Schutzadressaten**. Aus § 160 Abs. 2 lässt sich jedoch ableiten, dass nur die mittelständischen Unternehmen Schutzadressaten des Abs. 4 S. 1 sind. Der Vergabegrundsatz des Mittelstandsschutzes gewährt nämlich ein subjektives Recht, das gem. Abs. 6 dem Inhaber dieses Rechts einen Anspruch zuweist, aufgrund dessen eine Antragsbefugnis für die Einleitung eines Nachprüfungsverfahrens gem. § 160 Abs. 2 besteht. Diese Antragsbefugnis steht nach dem ausdrücklichen Wortlaut aber nur Unternehmen zu, die – wie sich aus § 160 Abs. 3 ergibt – im Vergabeverfahren beteiligt waren. Damit kommen Interessenvertretungen und Verbände nicht als antragsbefugte Beteiligte bzw. Unternehmen in Betracht. Daraus folgt, dass sie auch keinen Anspruch aus Abs. 6 haben und mithin auch nicht in ihren subjektiven Rechten verletzt werden können. Folglich bezieht sich der Schutzadressatenkreis des Abs. 4 S. 1 nicht auf Interessenvertreter mittelständischer Unternehmen.

Der Begriff „mittelständisch" oder „mittelständisches Unternehmen" ist **nicht im Gesetz definiert**. Die Zuordnung eines Unternehmens zum Mittelstand ist jedoch maßgeblich für die Frage, ob das jeweilige Unternehmen in den Schutzbereich des Abs. 4 S. 1 fällt und damit gem. Abs. 6 einen Anspruch auf Einhaltung des Vergabegrundsatzes der Mittelstandsförderung hat. Vielfach wird bei der Beurteilung, ob ein Unternehmen mittelständisch ist, primär darauf abgestellt, welche Marktrelevanz das Unternehmen im relevanten Bereich hat.[839] Dieser Ansatz erscheint jedoch im Hinblick auf die überkommenen Begriffsverwendungen zweifelhaft.[840] 231

Die in Deutschland gebräuchliche Bezeichnung Mittelstand umfasst die freien Berufe und kleine und mittlere Unternehmen **(KMU)**. Eine einheitliche Definition für KMU, die für alle Anwendungsbereiche Gültigkeit hat, besteht jedoch nicht.[841] Das Institut für Mittelstandsforschung in Bonn (IfM) hat seine überkommene Mittelstandsdefinition[842] zum Zwecke einer – nicht umfassend erfolgten – Angleichung an die Begriffsverwendung der EU-Kommission seit 1.1.2016 geändert und definiert Unternehmen mit bis zu neun Beschäftigten und weniger als 2 Mio. EUR Jahresumsatz als kleinste, solche mit bis zu 49 Beschäftigten und einem Jahresumsatz bis zu 10 Mio. EUR als kleine sowie solche mit bis zu 499 Beschäftigten und einem Jahresumsatz bis unter 50 Mio. EUR als mittlere Unternehmen.[843] 232

Die **EU-Kommission** definiert kleine und mittlere Unternehmen in Anhang I der beihilferechtlichen Allgemeinen Gruppenfreistellungsverordnung (EU) Nr. 651/2014[844] wie folgt: „Als Unternehmen gilt jede Einheit, unabhängig von ihrer Rechtsform, die eine wirtschaftliche Tätigkeit ausübt. Dazu gehören insbesondere auch jene Einheiten, die eine handwerkliche Tätigkeit oder andere Tätigkeiten als Einpersonen- oder Familienbetriebe, sowie Personengesellschaften oder Vereinigungen, die regelmäßig einer wirtschaftlichen Tätigkeit nachgehen" (Art. 1). „1. Die Kategorie der Kleinstunternehmen sowie der kleinen und mittleren Unternehmen (KMU) setzt sich aus Unternehmen zusammen, die weniger als 250 Personen beschäftigen und die entweder einen Jahresumsatz von höchstens 50 Mio. Euro erzielen oder deren Jahresbilanzsumme sich auf höchstens 43 Mio. Euro beläuft. 2. Innerhalb der Kategorie der KMU wird ein kleines Unternehmen als ein Unternehmen definiert, das weniger als 50 Personen beschäftigt und dessen Jahresumsatz beziehungsweise Jahresbilanz 10 Mio. Euro nicht übersteigt. 3. Innerhalb der Kategorie der KMU wird ein Kleinstunternehmen als ein Unternehmen definiert, das weniger als 10 Personen beschäftigt und dessen Jahresumsatz beziehungsweise Jahresbilanz 2 Mio. Euro nicht überschreitet" (Art. 2). Ausgenommen sind Partner- und (konzern)verbundene Unternehmen unter den Voraussetzungen des Art. 3. 233

Vergleicht man die Definitionen von kleinen und mittleren Unternehmen der EU-Kommission und der deutschen Definition des IfM, so ist festzustellen, dass die **Kommission den Kreis der KMU tendenziell enger zieht**. Insofern sind die Definitionen des IfM zugunsten mittelständischer Unternehmen (noch immer) etwas weiter gefasst. Allerdings stellen die jeweiligen Definitionen von KMU nur **Richtwerte für die Praxis** dar, denn weder die Definitionen des IfM noch die Definition der EU-Kommission haben – im Hinblick auf das Vergaberecht – einen gesetzesgleichen oder rechtsverbindlichen Charakter.[845] 234

---

[839] OLG Düsseldorf Beschl. v. 11.7.2007 – Verg 10/07, IBR 2008, 234; OLG Düsseldorf Beschl. v. 21.3.2012 – VII-Verg 92/11, NZBau 2012, 515 (516 f.); VK Bund Beschl. v. 17.8.2015 – VK 2-35/15, VPRRS 2015, 0301; HK-VergabeR/*Fehling* Rn. 96.
[840] Ebenso OLG Karlsruhe Beschl. v. 6.4.2011 – 15 Verg 3/11, NZBau 2011, 567 (270 f.).
[841] S. auch *Antweiler* VergabeR 2006, 637; *Brückner* LKV 2015, 534 (537); *Dreher* NZBau 2005, 427.
[842] → 1. Aufl. 2011, Rn. 74 (*Ehricke*).
[843] https://www.ifm-bonn.org/definitionen-/kmu-definition-des-ifm-bonn (zuletzt abgerufen am 13.8.2021).
[844] ABl. 2014 L 187, 1. Diese Definition entspricht der allg. Definition der Kommission für kleine und mittlere Unternehmen nach der Empfehlung 2003/361/EG, ABl. 2003 L 124, 36.
[845] OLG Düsseldorf Beschl. v. 8.9.2004 – VII-Verg 38/04, NZBau 2004, 688; VK Bund Beschl. v. 9.1.2008 – VK 3-145/07; VK Düsseldorf Beschl. v. 19.3.2007 – VK-07/2007-B.

235 Soweit die Werte zur Bestimmung von KMU auf nationaler deutscher Ebene und auf europäischer Ebene abweichen, bietet sich **folgende Differenzierung** an: Gem. § 106 findet Abs. 4 S. 1 nur Anwendung für das Vergabeverfahren oberhalb der Schwellenwerte und betrifft damit das auf europäischer Ebene angeglichene Vergaberecht. Um auch im Hinblick auf die Definition von KMU eine vereinheitlichte Anwendungspraxis zu gewährleisten, sind für die öffentlichen Aufträge oberhalb der Schwellenwerte die von der EU-Kommission entwickelten Beurteilungsmaßstäbe anzuwenden.[846] **Unterhalb der Schwellenwerte** bietet es sich vor dem Hintergrund einer gleichmäßigen Definition der KMU an, ebenfalls den europäischen Maßstab heranzuziehen. Da es bei den öffentlichen Aufträgen unterhalb der Schwellenwerte allerdings nicht die Notwendigkeit einer EU-einheitlichen Praxis gibt, ist es denkbar, für solche Fälle eine eigenständige nationale deutsche Definition heranzuziehen.[847]

236 Fraglich ist, ob die Definition von sog. **„Kleinstunternehmen"** dazu führt, dass sie – soweit sie überhaupt in den Anwendungsbereich des Abs. 4 fallen – von dem Schutzbereich der Mittelstandsklausel erfasst werden. Geht man davon aus, dass der Begriff der KMU auf der Ebene des deutschen Vergaberechts parallel zu dem Verständnis des EU-Rechts ausgelegt werden sollte, fallen Kleinstunternehmen nicht unter die KMU, denn die EU-Kommission differenziert zwischen Kleinstunternehmen auf der einen und KMU auf der anderen Seite.[848] Für einen Ausschluss von Kleinstunternehmen aus dem Begriff der KMU spricht zudem, dass es ansonsten zu erheblichen Abgrenzungsschwierigkeiten der von der Mittelstandspolitik geförderten Unternehmen „nach unten" käme. Eine solche klare Grenzziehung des Begriffes der KMU „nach unten" ebenso wie „nach oben" ist jedoch notwendig, weil die Förderung von KMU die Ausnahme von der Regel darstellt, dass der Staat sich mit Interventionen auf dem Markt möglichst zurückhalten solle und damit möglichst eng und genau gefasst ausgestaltet sein muss.

237 Der Kreis der **Normadressaten** ist von Abs. 4 S. 1 nicht definiert, sondern offen formuliert. Aus dem Umstand, dass nicht die öffentlichen Auftraggeber ausdrücklich als Normadressaten benannt worden sind, lässt sich folgern, dass neben ihnen alle Stellen und Organe, die im Vergabeverfahren involviert sind und die Entscheidungsmöglichkeit haben, (eigenständig) mittelständische Interessen zu berücksichtigen, den Vergabegrundsatz zu beachten haben. Typischerweise betrifft dies neben den öffentlichen Auftraggebern die Vergabekammer (vgl. § 168 Abs. 1) und die Vergabesenate der Oberlandesgerichte als Instanz der sofortigen Beschwerde (vgl. § 178 S. 2).

238 **b) Vergabe öffentlicher Aufträge (und Konzessionen).** Die Beachtung mittelständischer Interessen ist nach dem Wortlaut des Gesetzes bei der Vergabe öffentlicher Aufträge vorzunehmen. Als „Vergabe öffentlicher Aufträge" könnte man – im Gegensatz zu dem in den Vorschriften über die anderen Vergabegrundsätze in Abs. 1 und 2 gewählten weiteren Begriff des „Vergabeverfahrens" – nur den **tatsächlichen Akt der Vergabe** von öffentlichen Liefer-, Bau- und Dienstleistungsaufträgen (vgl. § 119 Abs. 1) verstehen. Ein solches Verständnis würde aber dem vom Gesetzgeber gewollten umfassenden Ansatz zur Beachtung der mittelständischen Interessen zuwiderlaufen. Daher ist entgegen dem zu engen Wortlaut des Abs. 4 S. 1 auf **das gesamte Vergabeverfahren** abzustellen. Ein umfassendes Verbot der Überwälzung ungewöhnlicher Wagnisse lässt sich der Vorschrift nicht entnehmen.[849]

239 Vor Inkrafttreten des Vergaberechtsmodernisierungsgesetzes bezog sich das Vergaberecht mit Ausnahme der wenig bedeutsamen Baukonzessionen ausschließlich auf öffentliche Aufträge iSv § 103 Abs. 1, sodass die Begrifflichkeit des Abs. 4 S. 1 insoweit keine Schwierigkeiten aufwarf. Mit der Erstreckung des Vergaberechts auf die **Konzessionsvergabe** stellt sich jedoch die Frage, ob für diese, da sie in Abs. 4 S. 1 nicht erwähnt wird, das Gebot der vornehmlichen Berücksichtigung mittelständischer Interessen ebenfalls oder gerade nicht gilt. Der Wortlaut legt letzteres nahe.[850] Dagegen spricht jedoch die systematische Stellung der Norm. Verankert im Kapitel 1 über das Vergabeverfahren in Abschnitt 1, der Grundsätze, Definitionen und Anwendungsbereich für alle Vergabearten regelt, beansprucht § 97 stets im Anwendungsbereich des GWB-Vergaberechts Geltung und Beachtung. Dementsprechend stellt sich ungeachtet der nur in Abs. 1 expliziten Bezugnahme auf Konzessionen die Frage seiner Geltung auch für die Konzessionsvergabe hinsichtlich der übrigen Gewährleistungen des § 97 nicht. Spricht bereits dies für ein Redaktionsversehen, wird dies durch die historische Auslegung bestätigt. Die Begründung zum Vergaberechtsmodernisierungsgesetz konstatiert, dass „Abschnitt 1... für alle Vergaben" gilt.[851] Die spezifisch auf Abs. 4 bezogene Begründung

---
[846] Dahingehend auch Ziekow/Völlink/*Ziekow* Rn. 52.
[847] *Ortner* VergabeR 2011, 677 (679).
[848] Ausf. dazu *Noch* Vergabe spezial 8/2009, 58.
[849] OLG Düsseldorf Beschl. v. 19.10.2011 – VII-Verg 54/11, BeckRS 2011, 26421 = NZBau 2011, 762 (763).
[850] Immenga/Mestmäcker/*Dreher* Rn. 148; *Müller-Wrede* in Müller-Wrede GWB Rn. 160.
[851] BT-Drs. 18/6281, 67.

beschränkt sich insoweit darauf, eine „wortgleich[e]" Übereinstimmung mit Abs. 3 aF festzustellen und erwähnt Konzessionen nicht. In der Zusammenschau sowie im Vergleich mit der diesbezüglichen Änderung von Abs. 1 S. 1, hinsichtlich der die Begründung Konzessionen ebenfalls nicht erwähnt wird, spricht dies dafür, ungeachtet der bloßen Bezugnahme auf öffentliche Aufträge den Anwendungsbereich der Mittelstandsklausel auch auf die Konzessionsvergabe zu erstrecken.[852] Hierfür spricht im Übrigen auch, dass die Erwägungsgründe der Konzessionsvergaberichtlinie 2014/23/EU ähnlich wie die Richtlinien 2014/24/EU und 2014/25/EU auf KMU Bezug nimmt. Ein Anhaltspunkt dafür, dass der deutsche Gesetzgeber im Hinblick auf die Vergabe öffentlicher Aufträge über die Vorgaben des Europarechts über die KMU-freundliche Vergabe hinausgehen wollte, diese bei der Konzessionsvergabe aber ablehnt, besteht schließlich nicht.

c) Vornehmliche Berücksichtigung. Abs. 4 S. 1 verpflichtet zur „vornehmlichen" Berücksichtigung der mittelständischen Interessen. Wenngleich dieser unbestimmte Rechtsbegriff bereits in Abs. 3 aF zu finden war, ist die bisherige Praxis und Literatur dazu übergegangen, ihn für die Auslegung des Tatbestandsmerkmals der „vornehmlichen Berücksichtigung" nur bedingt nutzbar zu machen, denn in Abs. 3 aF war geregelt, dass die mittelständischen Interessen vornehmlich durch die Losvergabe zu berücksichtigen sind. Die Verknüpfung der Formulierung „vornehmlich" mit dem **Grundsatz der Losaufteilung** ließ den Schluss zu, dass man „vornehmlich" im **Sinne von „insbesondere"** zu verstehen hatte und mittelständische Interessen daher auch über die Auftragsteilung hinaus berücksichtigt werden müssten.[853] Selbst wenn in der Praxis mittelständische Interessen lediglich durch Losvergaben berücksichtigt wurden und sich darüber hinausgehende Maßnahmen nicht etabliert haben sollten,[854] hat der Gesetzgeber dies erkannt[855] und die **Bedeutung der Berücksichtigung der mittelständischen Interessen** durch die Formulierung einer eigenständigen Pflicht in einem separaten S. 1 des Abs. 4 klargestellt. Die Vergabe der Leistungen nach Losen ist dieser Pflicht in einem zweiten Satz nachgeordnet. Diese grammatikalische Änderung verdeutlicht die bereits in der Ursprungsfassung der Mittelstandsklausel enthaltene Anordnung, dass die mittelständischen Interessen über die bloße Aufteilung der Vergabe von Leistungen hinaus zu berücksichtigen sind.[856]

Mit der Feststellung, dass die Berücksichtigung der mittelständischen Interessen bei der Vergabe öffentlicher Aufträge **über die bloße Vergabe der Leistungen in Losen hinausgeht,** ist allerdings noch nichts darüber gesagt, wann eine „vornehmliche" Berücksichtigung dieser Interessen erfolgt ist. In den Gesetzesbegründungen finden sich hierzu keine Anhaltspunkte. Die geltende Fassung lässt daher der Rechtspraxis einen **weiten Interpretationsspielraum**. Aus dem Sinn und Zweck des Abs. 4 S. 1 lässt sich zunächst ableiten, dass der Begriff „vornehmlich" jedenfalls so zu verstehen ist, dass bei der Vergabe öffentlicher Aufträge keinesfalls *ausschließlich* die mittelständischen Interessen zu berücksichtigen sind. Ebenso ist die Zugehörigkeit eines Unternehmens zur Gruppe der KMU für sich genommen kein zulässiges Vergabekriterium. Eine Auslegung in diese Richtung verstieße nämlich gegen EU-Recht.[857] Wenn aber durch das Gesetz keine ausschließliche Berücksichtigung der mittelständischen Interessen gefordert ist, dann muss es notwendigerweise einen Spielraum für andere als derartige Interessen geben, die bei der Vergabe öffentlicher Aufträge Berücksichtigung finden können. Solche Interessen können ua in den **Interessen der öffentlichen Auftraggeber,** in den **Interessen der Großunternehmen,** in den **Interessen des Allgemeinwohls** oder in anderen **öffentlichen Interessen** liegen. Der Begriff „vornehmlich" entspricht dem Begriff „besonders"[858] und weist damit auf eine gesetzliche Vorgabe im Rahmen einer Interessenabwägung hin. Danach sind im Hinblick auf die Vergabe eines bestimmten öffentlichen Auftrags **in einem ersten Schritt** alle in Betracht kommenden Interessen in Erwägung zu ziehen. **In einem zweiten Schritt** ist dann die vom Gesetz durch den Begriff „vornehmlich" gekennzeichnete Gewichtung der ggf. bestehenden unterschiedlichen Interessen vorzunehmen und zwar dergestalt, dass mittelständische Interessen einen die Interessenabwägung prägenden und im Zweifelsfall auch ausschlaggebenden Charakter haben. Wie das Resultat dieser Interessenabwägung dann im Einzelfall praktisch umzusetzen ist, sagt der Gesetzgeber nicht, um den öffentlichen Auftraggebern eine möglichst umfangreiche Bandbreite an Möglichkeiten offenzulassen, wie sie die Interessen der mittelständischen Unterneh-

---

[852] Ebenso Beck VergabeR/*Antweiler* § 97 Abs. 4 Rn. 42.
[853] Vgl. Byok/Jaeger/*Kau* Rn. 64; Immenga/Mestmäcker/*Dreher* Rn. 166.
[854] So *Kus* NZBau 2009, 21.
[855] BT-Drs. 16/10117, 15: „Trotz dieser Regelung beklagen mittelständische Unternehmen die vielfach wenig mittelstandsgerechte Ausgestaltung der Auftragsvergaben".
[856] *Ziekow* GewArch 2013, 417 (422 f.); aA *Kus* NZBau 2009, 21 (22), der die Auffassung vertritt, dass die Neuregelung im Gegensatz zur Altregelung „nur noch" die Auftragsteilung als „einzigen Weg" des Mittelstandsschutzes zulasse.
[857] IdS auch HK-VergabeR/*Fehling* Rn. 91; Ziekow/Völlink/*Ziekow* Rn. 49.
[858] Duden, Band 8, Sinn- und sachverwandte Wörter, 4. Aufl. 2006, 1025.

men effektiv berücksichtigen können. Wesentlich ist nur, dass sich auch **im Ergebnis die berücksichtigten mittelständischen Interessen** durchsetzen. Unter dieser Prämisse ist etwa auch der – allerdings unter Geltung der alten Regelung – gemachte Vorschlag nicht ausgeschlossen, je nach Marktsituation einen Generalunternehmer zu verpflichten, seinerseits kleinteilige Vergaben vorzunehmen oder Arbeitsgemeinschaften mittelständischer Unternehmen zu bilden und zur Angebotsabgabe zu bewegen.[859] Vor dem Hintergrund der grundsätzlichen Verpflichtung des Abs. 4 S. 2, die Leistungen in Lose aufzuteilen, dürfte aber der Anwendungsbereich einer solchen Lösung nur schmal und allenfalls in den Fällen denkbar sein, in denen die Ausnahme nach Abs. 4 S. 3 eingreift. Dies gilt auch im Hinblick auf die Möglichkeit der Beauftragung eines Generalunternehmers überhaupt.[860]

242 Teilweise ist zum früheren Recht die Auffassung vertreten worden, dem Schutzzweck des Mittelstandsschutzes sei bereits dann **Genüge getan, wenn die Vergabestelle den Unternehmen die Möglichkeit einräume, sich als Bietergemeinschaft zu bewerben.**[861] Dem ist jedenfalls unter Zugrundelegung des neuen Rechts nicht zu folgen.[862] Nach der Rechtsprechung des EuGH haben öffentliche Auftraggeber unabhängig von der Frage einer Losaufteilung Bietergemeinschaften zuzulassen,[863] sodass es sich bei der Zulassung der Bietergemeinschaft nicht um ein besonderes Element zur Berücksichtigung mittelständischer Interessen bei der Vergabe öffentlicher Aufträge handelt. Unterstrichen wird dies zudem durch die Vorschrift des § 43 Abs. 2 VgV, wonach Bietergemeinschaften den Einzelunternehmen gleichzustellen sind.[864] Schließlich spricht gegen eine besondere Berücksichtigung mittelständischer Interessen allein durch die Zulassung von Bietergemeinschaften auch, dass die Bildung solcher Bietergemeinschaften in der Regel einen zusätzlichen zeitlichen und organisatorischen Aufwand erfordert, zB indem ein für alle Mitglieder der Bietergemeinschaft akzeptabler Vertrag geschlossen wird, der seinerseits keinen kartellrechtlichen Bedenken ausgesetzt ist. Nicht selten ist in der Praxis zu beobachten, dass vor dem Hintergrund solcher Schwierigkeiten und den damit verbundenen Kosten sowie wegen gegenläufiger wirtschaftlicher Interessen Bietergemeinschaften bereits in ihrer Gründungsphase scheitern. Diese nicht unerheblichen Probleme, die mit der Bildung einer Bietergemeinschaft für mittelständische Unternehmen einhergehen, sprechen gerade dagegen, anzunehmen, ihre Interessen seien hinreichend gewahrt, wenn der öffentliche Auftraggeber Bietergemeinschaften zulässt. Im Gegenteil wird man die mittelständischen Interessen nur dann „vornehmlich" berücksichtigen, wenn man das Vergabeverfahren so ausgestaltet, dass **sie die Wahl haben, sich eigenständig an der Ausschreibung zu beteiligen** oder in Form einer Bietergemeinschaft an dem Vergabeverfahren mitzuwirken.[865]

243 Um Know-how zu bündeln und um niedrigere Einkaufspreise zu erzielen, werden in der Praxis zum Teil staatliche **zentrale Beschaffungsstellen** iSv § 120 Abs. 4 gegründet.[866] Sie sind mit einem höheren Nachfragepotenzial ausgestattet und können dadurch Produkte und Dienstleistungen auf dem Markt günstiger einkaufen als eine einzelne öffentliche Stellen. Das führt dazu, dass öffentliche Stellen zunehmend die zentrale Beschaffungsstelle beauftragen, die benötigte Leistung zu realisieren, anstatt diese in eigener Regie auszuschreiben. Das führt zu der Frage, wie in solchen Fällen die mittelständischen Interessen vornehmlich zu berücksichtigen sind. Unionsrechtlich sind zentrale Beschaffungsstellen grundsätzlich zulässig.[867] Das folgt aus Art. 17 Abs. 1 RL 2014/24/EU, wonach die Mitgliedstaaten festlegen dürfen, dass die öffentlichen Auftraggeber Bauleistungen, Waren und/oder Dienstleistungen durch zentrale Beschaffungsstellen erwerben dürfen. Die Gründung von der Einkauf durch zentrale Beschaffungsstellen wird jedoch durch **das Kartell- und das Vergaberecht** begrenzt. Aus kartellrechtlicher Sicht muss eine zentrale Beschaffungsstelle mit den Vorgaben des § 1 konform gehen.[868] Vergaberechtlich ist auch bei der Einschaltung zentraler Beschaffungsstel-

---

[859] *Michallik* VergabeR 2011, 683 (688 f.).
[860] Vgl. dazu *Brückner*, Die Mittelstandsförderung im Vergaberecht unter besonderer Berücksichtigung der Rechtsschutzproblematik, 2015, 201 ff.; *Frenz* GewArch 2011, 97; *Manz/Schönwälder* NZBau 2012, 465 (469 f.); *Schellenberg* FS Marx, 2013, 687 ff.
[861] Dafür VK Thüringen Beschl. v. 16.2.2007 – 360–4003.20–402/2007–0001–UH; VK Bund Beschl. v. 1.2.2001 – VK 1–1/01; *Antweiler* VergabeR 2006, 637 (647); dagegen OLG Düsseldorf Beschl. v. 8.9.2004 – VII-Verg 38/04, NZBau 2004, 688; OLG Düsseldorf Beschl. v. 4.3.2004 – Verg 8/04, IBRRS 2004, 0560; *Dreher* NZBau 2005, 427 (430).
[862] Ebenso *Ortner* VergabeR 2011, 677 (678).
[863] Vgl. EuGH Urt. v. 18.12.2007 – C-220/06, Slg. 2007, I-12175 = NZBau 2008, 189 – AP.
[864] Vgl. in diesem Kontext auch zur Berücksichtigung von Referenzen OLG Düsseldorf Beschl. v. 17.12.2004 – VII-Verg 22/14, NZBau 2015, 176 (177).
[865] OLG Düsseldorf Beschl. v. 8.9.2004 – VII-Verg 38/04, NZBau 2004, 688; *Dreher* NZBau 2005, 427 (430).
[866] *Burgi* NZBau 2006, 693 (694); *Dreher* NZBau 2005, 427 (432).
[867] OLG Düsseldorf Beschl. v. 8.9.2004 – VII-Verg 38/04, NZBau 2004, 688.
[868] Vgl. BGH Urt. v. 12.11.2002 – KZR 11/01, BGHZ 152, 347 = NVwZ 2003, 1012; *Dreher* NZBau 2005, 427 (433); *Kämper/Heßhaus* NZBau 2003, 303 (307 ff.); *Westermann* ZWeR 2003, 481; aA *Schwab* NZA 2001, 701 (704); *Däubler* ZIP 2000, 681 (684); *Burgbacher* VergabeR 2001, 169 (172).

E. Mittelstandsschutz (Abs. 4)   244 § 97 GWB

len der Grundsatz des Mittelstandsschutzes zu beachten. Aus diesem folgt zwar nicht, dass öffentliche Auftraggeber grundsätzlich zu einer dezentralen Beschaffung verpflichtet wären.[869] Er gebietet jedoch, dass die zentrale Beschaffungsstelle **ebenfalls vornehmlich die mittelständischen Interessen zu berücksichtigen hat,** zB durch Losaufteilung der zu beschaffenden Leistungen.[870] Daraus ergeben sich zwei Spannungsfelder: Zum einen dürfen öffentliche Stellen **keinen Rahmenvertrag** im Wege einer Gesamtvergabe vergeben, wenn dies nicht wirtschaftliche oder technische Gründe gem. Abs. 4 S. 3 erfordern. Zum anderen dürfen **allein Effizienzgesichtspunkte** eine zentrale Beschaffungsstelle nicht dazu berechtigten, Leistungen in großem Umfang oder in großen Mengen einzukaufen. Der Effizienzgesichtspunkt ist ein Kriterium, das in die Gesamtinteressenabwägung einfließt, im Rahmen derer mittelständische Interessen besonders zu berücksichtigen sind.[871] Auch der Ausnahmecharakter der Gesamtvergabe führt nicht dazu, dass die vornehmliche Berücksichtigung mittelständischer Interessen zurücktreten muss. Allerdings können die angestrebten Effizienzgewinne für die öffentliche Hand bei der Frage eine Rolle spielen, ob es für die Aufteilung der Leistung in Lose gem. Abs. 4 S. 2 möglicherweise eine Ausnahme wegen wirtschaftlicher Gründe gem. Abs. 4 S. 3 geben kann.

V. Abs. 4 S. 2

1. Allgemeines. Abs. 4 S. 2 sieht vor, dass Leistungen – unter der Voraussetzung ihrer tatsächlichen Teilbarkeit[872] – in der Menge aufgeteilt **(Teillose)** und getrennt nach Art oder Fachgebiet **(Fachlose)** zu vergeben sind. Das Gebot der Losaufteilung ist eine Ausprägung des in Abs. 4 S. 1 normierten Vergabegrundsatzes des Mittelstandsschutzes. Im Gegensatz zum früheren Recht hat die Aufteilung in Lose nun zwingenden Charakter („sind aufzuteilen").[873] Fraglich ist aber, ob Abs. 4 zum Ausdruck bringen soll, dass die Vergabe einer Leistung durch Aufteilung in Lose **der einzige Weg** ist, die Interessen des Mittelstandes zu berücksichtigen.[874] Die Verschärfung der Vorgaben zur Vergabe von Leistungen durch Lose im Jahr 2009, die vor allem dadurch zu erkennen ist, dass der Beispielscharakter der Losvergabe als ein Mittel zum Mittelstandsschutz des früheren Rechts („vornehmlich durch Teilung der Aufträge") entfallen ist, ist ein besonderes Anliegen des Gesetzgebers gewesen. Die Pflicht zur Losaufteilung soll den Schutz der Interessen der mittelständischen Unternehmen verstärken.[875] Gleichzeitig zeigt sich aber, dass mit den Vorschriften des Abs. 4 S. 2 und S. 3 **keineswegs ein neuer Regelungsansatz** in das Vergaberecht eingeführt wurde. Vielmehr ist das nunmehr in diesen Vorschriften zu findende Regel-Ausnahme-Verhältnis bereits von den Gerichten zum früheren Recht entwickelt worden.[876] Der grundsätzlich zwingende Charakter der Teilung der Leistung in Lose betrifft aber nur *ein* – wenngleich das wesentliche – Instrument des Mittelstandsschutzes. Denkbar sind darüber hinaus auch andere Instrumente.[877] Weder aus dem Wortlaut der Norm noch aus deren Sinn und Zweck ergibt sich, dass die Verpflichtung zur Aufteilung der Leistungen in Lose andere Maßnahmen zur Berücksichtigung mittelständischer Interessen sperren würde. Der Sinn und Zweck des Abs. 4 macht deutlich, dass genau das Gegenteil der Fall ist. Vom Gesetzgeber gewollt ist eine **Verstärkung der Berücksichtigung mittelständischer Interessen.** Diesem Ziel würde es zuwiderlaufen, wenn man das Instrumentarium zur Erreichung des Ziels auf die Aufteilung der Leistung in Lose beschränken würde. Um einen möglichst umfassenden Schutz des Mittelstandes zu gewährleisten, müssen alle Instrumentarien herangezogen werden, die geeignet sind, die mittelständischen Interessen zu berücksichtigen. Die Verpflichtung zur Aufteilung der Leistung in Lose ist damit also als **„Mindestanforderung"** an den Mittelstandsschutz im Vergaberecht zu verstehen. Insoweit ist die Auffassung des OLG Düsseldorf zweifelhaft, wonach die Losvergabe „[i]m Ausgangspunkt ... aus[reicht], um mittelständischen Interessen hinreichend Rechnung

---

[869] Immenga/Mestmäcker/*Dreher* Rn. 167.
[870] *Burgi* NZBau 2006, 693 (694).
[871] Der Wirtschaftlichkeitsgrundsatz des Abs. 1 S. 2 erfährt insoweit eine Einschränkung.
[872] *Manz/Schönwälder* NZBau 2012, 465 (466 f.); von einer sinnvollen Teilbarkeit spricht *Faßbender* NZBau 2010, 529 (532).
[873] BT-Drs. 16/10117, 15; s. dazu auch *Faßbender* NZBau 2010, 529 (532).
[874] So *Kus* NZBau 2009, 21 (22).
[875] BT-Drs. 16/10117, 15.
[876] OLG Brandenburg Beschl. v. 27.11.2008 – Verg W 15/08, NZBau 2009, 337; OLG Düsseldorf Beschl. v. 4.3.2004 – Verg 8/04, BeckRS 2009, 07999 = VergabeR 2004, 511; OLG Düsseldorf Beschl. v. 8.9.2004 – VII-Verg 38/04, BeckRS 2004, 18433 = NZBau 2004, 688; VK Bund Beschl. v. 1.2.2001 – VK 1-01/01, VergabeR 2001, 143.
[877] Vgl. dazu Immenga/Mestmäcker/*Dreher* Rn. 166; iErg wie hier BeckOK VergabeR/*Theurer* § 97 Abs. 4 Rn. 3; HK-VergabeR/*Fehling* Rn. 103; *Faßbender* NZBau 2010, 529 (534); *Michallik* VergabeR 2011, 683 (689 f.); *Ortner* VergabeR 2011, 677 (679); s. auch *Hänsel* NJW-Spezial 2019, 108 (109).

zu tragen. Der Mittelstand erhält durch den grundsätzlichen Vorrang der Losvergabe die Möglichkeit, sich am Vergabeverfahren zu beteiligen".[878]

245 **2. Fachlos und Teillos.** Unter dem Begriff **„Fachlos"** sind Leistungen zu verstehen, die von einem bestimmten Handwerks- oder Gewerbebetrieb ausgeführt werden, dh einem bestimmten Fachgebiet zuzuordnen sind.[879] Diesbezüglich „ist insbesondere von Belang, ob sich für die spezielle Leistung ein eigener Anbietermarkt mit spezialisierten Fachunternehmen[880] herausgebildet hat. Die Beurteilung ist dabei nicht statisch anzustellen, sondern muss die aktuellen Marktverhältnisse in den Blick nehmen".[881] Dabei können auch gewerberechtliche[882] und regionale Aspekte ein Rolle spielen.[883] Entscheidend ist mithin eine hinreichende Abgrenzbarkeit.[884] Zu deren Feststellung bedarf es zwar nicht zwingend einer Markterkundung, jedoch sollte sich der öffentliche Auftraggeber einen Marktüberblick verschaffen.[885]

246 Der Begriff **„Teillos"** bezeichnet den Leistungsumfang einer kohärenten, räumlich oder mengenmäßig[886] nicht weiter zerlegbaren Leistung.[887] Im Gegensatz zur rein räumlichen Aufteilung in Teillose wird bei der Fachlosvergabe allein auf die auszuführenden Leistungen abgestellt. Wichtig ist dabei, dass die Leistungen aus haftungsrechtlichen Gründen eindeutig abgrenzbar sein müssen. Zudem ist eine annähernde qualitative Gleichwertigkeit geboten.[888] Schließlich können Teillose gebildet und Fachlose in Teillose zerlegt werden (vgl. § 5 EU Abs. 2 Nr. 1 VOB/A).[889] Dabei bilden Teillose einen in sich abgeschlossenen Leistungszuschnitt.[890]

247 **3. Anzahl und Größe der Lose.** Die Anzahl und die Größe der Lose, in die die Leistung aufgeteilt wird, stehen dem öffentlichen Auftraggeber **grundsätzlich frei.**[891] Der Zuschnitt muss dabei allerdings immer den **sachlichen Gegebenheiten** entsprechen und darf nicht gezielt zu einer Ausschaltung bestimmter Unternehmensgruppen führen.[892] Bezogen auf Fachlose gilt nach der Rechtsprechung, dass eine „getrennte Ausschreibung ... grundsätzlich geboten [ist], wenn es für eine Leistung einen eigenständigen Markt gibt, an dem sie mit Aussicht auf Erfolg beschafft werden kann".[893] Nach Abs. 4 ist der Auftraggeber bei der Bildung der Lose an die Vorgaben des Abs. 4 S. 1 gebunden, sodass er dabei besonders die mittelständischen Interessen zu berücksichtigen hat. Nach den oben dargestellten Grundsätzen ist er allerdings nicht verpflichtet, ausschließlich die mittelständischen Unternehmen zu berücksichtigen und dass „jeder Interessent in der Lage ist, sich für jedes Los zu bewerben".[894] Es können – müssen aber nicht – die **Interessen von Kleinstunternehmen** berücksichtigt und Kleinstlose gebildet werden.[895] Die Berücksichtigung der mittelständischen Interessen erfordert jedoch zum Beispiel, dass die Lose so gebildet werden, dass sich auch tatsächlich kleine und mittlere Unternehmen um Teilaufträge bewerben können. Die Aufteilung einer Leistung in Lose verstößt damit gegen Abs. 4 S. 1, wenn im Ergebnis kleine und mittlere Unternehmen keine praktische Möglichkeit der Beteiligung haben. Dies ist beispielsweise dann der

---

[878] OLG Düsseldorf Beschl. v. 28.3.2018 – VII Verg 54/17, NZBau 2018, 548 Rn. 39.
[879] OLG Koblenz Beschl. v. 16.9.2013 – 1 Verg 5/13, VergabeR 2014, 28 (29).
[880] Vgl. zum Modulbau *Willner/Strohal* VergabeR 2014, 120 (121 ff.).
[881] VK Bund Beschl. v. 17.8.2015 – VK 2-35/15, VPRRS 2015, 0301; gleichsinnig OLG Düsseldorf Beschl. v. 11.1.2012 – VII-Verg 52/11, NZBau 2012, 324 (325); OLG Koblenz Beschl. v. 16.9.2013 – 1 Verg 5/13, VergabeR 2014, 28 (29); VK Bund Beschl. v. 9.5.2014 – VK 1-26/14, ZfBR 2014, 718.
[882] Zur „Fachlosbildung durch den Gesetzgeber" vgl. OLG Naumburg Beschl. v. 14.3.2013 – 2 Verg 8/12, VergabeR 2013, 777 (784).
[883] VK Lüneburg Beschl. v. 8.8.2014 – VgK-22/2014, GewArch 2015, 271.
[884] OLG München Beschl. v. 9.4.2015 – Verg 1/15, BeckRS 2015, 07782 = NZBau 2015, 446 (447); BeckOK VergabeR/*Theurer* § 97 Abs. 4 Rn. 11.
[885] *Buhr* VergabeR 2018, 207 (208).
[886] HK-VergabeR/*Fehling* Rn. 98.
[887] OLG Jena Beschl. v. 15.7.2003 – 6 Verg 7/03, VergabeR 2003, 683.
[888] *Ziekow/Völlink/Ziekow* Rn. 56; *Willner/Strohal* VergabeR 2014, 120 (125).
[889] Vgl. auch OLG Koblenz Beschl. v. 4.4.2012 – 1 Verg 2/11, NZBau 2012, 598 (599); OLG Schleswig Beschl. v. 25.1.2013 – 1 Verg 6/12, BeckRS 2013, 02485 = NZBau 2013, 395 (398).
[890] *Noch* VergabeR-HdB B Rn. 480.
[891] OLG Düsseldorf Beschl. v. 23.3.2011 – Verg 63/10, BeckRS 2011, 07478 = NZBau 2011, 369 (371); OLG Karlsruhe Beschl. v. 6.4.2011 – 15 Verg 3/11, BeckRS 2011, 07638 = NZBau 2011, 567 (570); *Ortner* VergabeR 2011, 677 (680).
[892] VK Bund Beschl. v. 8.1.2004 – VK 1-117/03; VK Bund Beschl. v. 19.9.2001 – VK 1-33/01, VergabeR 2002, 72. Zu einer methodischen Bestimmung der Losgröße vgl. *Theurer/Trutzel/Braun/Weber* VergabeR 2014, 301 (304 f.).
[893] KG Beschl. v. 26.3.2019 – Verg 16/16, VergabeR 2020, 206 (208).
[894] OLG Karlsruhe Beschl. v. 25.7.2014 – 15 Verg 4/14, ZfBR 2015, 395 (397).
[895] Vgl. auch *Noch* Vergabe spezial 8/2009, 58 (59 f.).

Fall, wenn die **Einzellose so umfangreich ausgestaltet sind,** dass diese für ein kleines oder mittleres Unternehmen immer noch zu groß sind oder wenn die Losbildung durch die Zusammenfassung ganz unterschiedlicher Leistungen so ungünstig ist, dass kleine oder mittlere Unternehmen diese Leistungen mit ihrem eigenem Know-how nicht oder nur unter größten Anstrengungen erbringen könnten und deshalb Partner **(Unterauftragnehmer)** einbinden müssten, um die Leistung zu erbringen.[896] Ebenfalls gegen Abs. 4 S. 1 würde es verstoßen, wenn die Losbildung so gestaltet würde, dass sich die mittelständischen Bewerber tatsächlich nur dann in der Lage sähen, sich an dem Vergabeverfahren zu beteiligen, wenn sie Bietergemeinschaften bilden. Eine für den Mittelstand angemessene Losteilung kann nicht durch die Zulassung von Bietergemeinschaften oder den Einsatz von Nachunternehmen ersetzt werden.[897] Unabhängig von dem Verstoß gegen Abs. 4 S. 1 würde dies zudem auch den Wettbewerb in unzulässiger Weise einschränken.[898] Es ist indes nicht erforderlich, die Anzahl und Größe der Lose stets so zu gestalten, dass sich alle potenziellen Bewerber an dem Ausschreibungswettbewerb beteiligen können. Allerdings kann sich im Einzelfall ein solches Erfordernis aus der im Rahmen von Abs. 4 S. 1 geforderten Interessenabwägung zugunsten der Berücksichtigung mittelständischer Interessen ergeben. Der Umstand, dass sich **keine oder nur wenige kleine und mittlere Unternehmen auf eine in Lose aufgeteilte Teilleistung bewerben,** zeigt für sich genommen allerdings noch nicht, dass der Zuschnitt der Lose gegen Abs. 4 S. 1 verstößt. Abs. 4 gebietet hingegen nicht, dass die Losvergabe so ausgestaltet wird, dass sie zu einer wirtschaftlichen oder technischen Atomisierung von Aufträgen führt.

248 Gehen auf die verschiedenen Lose unterschiedliche Angebote ein, so muss für jedes Los das **wirtschaftlichste Angebot** ermittelt werden. Das ergibt sich bereits aus § 127 Abs. 1. Ein Verbot der **Mehrfachbezuschlagung** in dem Sinne, dass günstigere Mehrfachangebote nicht berücksichtigt werden dürfen, ist nicht mit Abs. 4 S. 1 zu vereinbaren, wenn es dazu führt, dass kleine und mittlere Unternehmen dadurch Nachteile erleiden.[899] Aufgrund der Fassung des Abs. 4 ist es rechtlich nicht ausgeschlossen, dass ein Gesamtangebot bei einer losweisen Ausschreibung für zuschlagsunfähig erklärt wird.[900] Dies entspricht nämlich der in Abs. 4 S. 2 vorgesehenen Verpflichtung zur losweisen Ausschreibung. Die parallele Ausschreibung von Fachlosen und Generalunternehmerlosen ist grundsätzlich unzulässig, weil Abs. 4 S. 2 ausdrücklich die Ausschreibung nur in Fach- und Teillosen anordnet.[901] **Akzeptiert die Vergabestelle Rabatte,** die von der Anzahl der zugeschlagenen Lose abhängen, so verstößt dies gegen verschiede Vergabegrundsätze, ua auch gegen die Mittelstandsförderung, weil die Teilung in Lose gerade möglichst vielen kleinen und mittleren Unternehmen die Möglichkeit eröffnen soll, sich an dem Vergabeverfahren zu beteiligen und ein Rabattsystem insoweit große Unternehmen tendenziell bevorteilt. Diese haben eher die Möglichkeit, sich auf viele Lose zu bewerben und eine entsprechend größere Chance, mehrere Zuschläge zu erhalten.[902]

249 **4. Loslimitierung.** Unter einer Loslimitierung – in den Ausprägungen einer **Angebots- oder Zuschlagslimitierung** – wird verstanden, dass der Auftraggeber zwar losweise ausschreibt, aber zugleich vorgesehen ist, die Anzahl von Losen, für die ein Unternehmen Angebote abgeben bzw. für die es den Zuschlag erhalten kann, zu beschränken.[903] Zweck einer Loslimitierung ist, dass damit einer Konzentration der Vergabe eines in Lose aufgeteilten Auftrags auf einen oder auf sehr wenige Bieter vorgebeugt wird. Die Zulässigkeit eines derartigen Vorgehens sieht § 30 VgV in Übereinstimmung mit Art. 46 Abs. 2 RL 2014/24/EU vor.[904] Bezieht sich die Limitierung auf alle Bieter gleichermaßen, so mag darin eine Ungleichbehandlung von großen Unternehmen zugunsten kleinerer und mittlerer Unternehmen liegen;[905] darauf kommt es aber im Zusammenhang mit der Pflicht

---

[896] VK Nordbayern Beschl. v. 19.5.2009 – 21 VK–3194–14/09, BeckRS 2015, 09193; VK Sachsen Beschl. v. 7.2.2003 – 1/SVK/007-03, NJOZ 2003, 2694; OLG Düsseldorf Beschl. v. 8.9.2004 – VII-Verg 38/04, BeckRS 2004, 18433 = NZBau 2004, 688; zur Nachunternehmerschaft und wettbewerbliche Untervergabe s. *Burgi* NZBau 2010, 593.
[897] VK Nordbayern Beschl. v. 19.5.2009 – 21 VK–3194–14/09; s. auch (zum alten Recht) OLG Düsseldorf Beschl. v. 4.3.2004 – VII Verg 8/04, BeckRS 2009, 07999.
[898] VK Baden-Württemberg Beschl. v. 16.11.2001 – 1 VK 39/01.
[899] Vgl. dazu – wenngleich aufgrund der früheren Rechtslage mit anderem Ergebnis – *Dreher* NZBau 2005, 427 (430 f.).
[900] Immenga/Mestmäcker/*Dreher* Rn. 169; anders noch zum früheren Recht OLG Frankfurt a. M. Beschl. v. 5.3.2002 – 11 Verg 2/01, VergabeR 2002, 394.
[901] Anders zum früheren Recht OLG Bremen Beschl. v. 22.10.2001 – Verg 2/2001; BayObLG Beschl. v. 21.12.2000 – Verg 13/00, VergabeR 2001, 131.
[902] Vgl. VK Brandenburg Beschl. v. 19.1.2006 – 2 VK 76/05.
[903] Beck VergabeR/*Antweiler* § 97 Abs. 4 Rn. 60 f.; *Ziekow* GewArch 2013, 417 (419).
[904] S. auch OLG Karlsruhe Urt. v. 25.7.2014 – 15 Verg 5/14, IBRRS 2014, 3032; Ziekow/Völlink/*Ziekow* Rn. 61; *Michallik* VergabeR 2011, 683 (685 f.).
[905] Immenga/Mestmäcker/*Dreher* Rn. 170; vgl. auch *Frenz* GewArch 2011, 97 (98).

zur losweisen Ausschreibung gem. Abs. 4 S. 2 nicht an, weil insoweit nur der Schutz mittelständischer Interessen eine Rolle spielt. Die sachlichen Gründe, die für eine Loslimitierung sprechen,[906] können allerdings **in der Interessenabwägung den mittelständischen Interessen gegenübergestellt werden**. Im Zweifel müssen sie aber insoweit zurückstehen, als sie nicht mit den Interessen der mittelständischen Unternehmen deckungsgleich sind. Eine Pflicht zur Loslimitierung besteht nicht.[907]

250 **5. Publizität.** Die Aufteilung in Lose ist nach Art und Umfang **in die Auftragsbekanntmachung**, vgl. § 37 VgV, und **in die Vergabeunterlagen** iSv § 29 VgV, aufzunehmen. Unzureichend ist die bloße Ankündigung in der Vergabebekanntmachung, ein Auftrag werde in Lose unterteilt, wenn die Aufteilung selbst erst nach Angebotseingang erfolgt. Der Auftraggeber muss sich spätestens im Rahmen der Aufforderung zur Abgabe der Angebote für den Umfang der Lose „als vor allem für Mittelstandsbetriebe gewichtigen Kalkulationsfaktor entscheiden".[908]

VI. Abs. 4 S. 3

251 **1. Allgemeines.** Nach Abs. 4 S. 3, dessen Formulierung zudem in § 5 EU Abs. 2 Nr. 1 S. 2 VOB/A enthalten ist, kann von dem Grundsatz der Losaufteilung **ausnahmsweise abgesehen werden**, wenn wirtschaftliche oder technische Gründe dies erfordern. Das bedeutet, dass dann, wenn einer der beiden Ausnahmegründe vorliegt, der öffentliche Auftrag als Einheit oder jedenfalls in Blöcken vergeben werden darf. **Zweck der Ausnahmevorschrift** ist, dem öffentlichen Auftraggeber keine unwirtschaftlichen oder technisch unsinnigen bzw. undurchführbaren Entscheidungen aufzudrängen.[909] Dies gebietet auch die Gesamtzielsetzung des Vergaberechts, nämlich ein an Wirtschaftlichkeitsgesichtspunkten orientiertes Beschaffungsverhalten der öffentlichen Hand zu erreichen, vgl. auch Abs. 1 S. 2.[910] Damit hat Abs. 4 S. 3 die Funktion, einen Kompromiss zwischen dem Interesse der Mittelstandsförderung durch die Teilung von Aufträgen in Lose und dem Interesse der öffentlichen Auftraggeber, in ihrer Entscheidungsfreiheit nicht an Vorgaben gebunden zu sein, die für sie **unwirtschaftlich** wären,[911] weil sie entweder zu erhöhten Kosten führen oder von ihnen die Annahme einer Leistung erfordern, die wesentliche technische Komplikationen mit sich brächte und damit insoweit auch wieder zu einer Kostensteigerung führten, zu finden.

252 **2. Wirtschaftliche oder technische Gründe. a) Regel-Ausnahmeverhältnis.** Abs. 4 S. 3 erlaubt, mehrere Teil- oder Fachlose[912] zusammen zu vergeben, wenn wirtschaftliche oder technische Gründe dies erfordern. Von dem Grundsatz der Losaufteilung kann also ausnahmsweise abgewichen werden, wenn wirtschaftliche oder technische Gründe zugunsten einer Gesamtvergabe oder einer Vergabe in zusammengefassten Blöcken überwiegen.[913] Dabei ist auf das jeweilige Fachgewerk abzustellen.[914] Es besteht damit **ein Regel-Ausnahmeverhältnis zwischen Los- und Gesamtvergabe**,[915] das allerdings normativ wenig deutlich ausgestaltet ist.[916] Dabei gebietet dieser Ausnahmecharakter eine restriktive Auslegung des Kriteriums der Erforderlichkeit einer Gesamtvergabe. Zweckmäßigkeitserwägungen allein genügen nicht.[917] Die Annahme der Notwendigkeit objektiv zwingender Gründe[918] ist jedoch weder begrifflich noch teleologisch in der Norm angelegt. Das in Abs. 4 S. 3 verankerte Regel-Ausnahmeverhältnis führt ferner dazu, dass der Auftraggeber für die Tatsachen, die die Erforderlichkeit der Gesamtvergabe begründen, und – für den Fall, dass eine Abweichung der losweisen Vergabe durch eine blockweise Vergabe besteht – für die Erforderlichkeit dieser blockweisen Zusammenfassung die Beweislast zu tragen hat.[919]

---

[906] Vgl. zum früher geltenden Recht VK Sachsen Beschl. v. 26.3.2008 – 1/SVK/005-08, IBRRS 2008, 1452; VK Sachsen Beschl. v. 14.3.2007 – 1/SVK/006-07, IBRRS 2007, 2872; VK Mecklenburg-Vorpommern Beschl. v. 7.1.2008 – 2 VK 5/07.
[907] HK-VergabeR/*Fehling* Rn. 100.
[908] Immenga/Mestmäcker/*Dreher* Rn. 182 mwN.
[909] Loewenheim/Meessen/Riesenkampff/*Bungenberg*, 2. Aufl. 2009, Rn. 37.
[910] Vgl. auch VK Bund Beschl. v. 17.8.2015 – VK 2-35/15, VPRRS 2015, 0301.
[911] VK Bund Beschl. v. 1.2.2001 – VK 1-1/01, NJOZ 2003, 3117; *Müller-Wrede* NZBau 2004, 643 (644).
[912] Zur Parallelität OLG Düsseldorf Beschl. v. 21.3.2012 – VII-Verg 92/11, NZBau 2012, 515 (516).
[913] *Buhr* VergabeR 2018, 207 (209).
[914] OLG München Beschl. v. 9.4.2015 – Verg 1/15, NZBau 2015, 446 (447).
[915] VK Lüneburg Beschl. v. 8.8.2014 – VgK-22/2014, BeckRS 2014, 20959 = IBRRS 2014, 2883; noch zur früheren Rechtslage OLG Brandenburg Beschl. v. 27.11.2008 – Verg W 15/08, BeckRS 2009, 08016 = NZBau 2009, 337; VK Arnsberg Beschl. v. 13.8.1999 – VK 11/99.
[916] *Buhr* VergabeR 2018, 207 (208).
[917] OLG Koblenz Beschl. v. 4.4.2012 – 1 Verg 2/11, NZBau 2012, 598 (599).
[918] Beck VergabeR/*Antweiler* § 97 Abs. 4 Rn. 51.
[919] Immenga/Mestmäcker/*Dreher* Rn. 160.

Im Hinblick auf das Vorliegen einer Unwirtschaftlichkeit verfügt die Vergabestelle über keinen 253
kontrollfrei auszufüllenden Beurteilungsspielraum,[920] wie die Verwendung des Begriffs „erfordern"
verdeutlicht.[921] Vielmehr müssen die wirtschaftlichen oder technischen Gründe, die ausnahmsweise
eine Abweichung von der losweisen Vergabe rechtfertigen sollen, ermittelt und detailliert dargelegt
werden. Dies kann im Einzelfall sogar bedeuten, dass der öffentliche Auftraggeber seine Entscheidung, nicht losweise zu vergeben, durch ein Gutachten unterlegen muss. Auf jeden Fall hat er
zumindest die Beweggründe einer Gesamtvergabe in dem Vergabevermerk nachvollziehbar zu dokumentieren, vgl. § 8 Abs. 1 VgV.[922]

Gleichwohl tendieren die Nachprüfungsinstanzen teilweise nach wie vor dazu, dem Auftragge- 254
ber – wie nach der vor 2009 geltenden Rechtslage – einen **Beurteilungsspielraum**[923] bzw. eine
Einschätzungsprärogative[924] zuzugestehen.[925] Der Auftraggeber soll im Rahmen der Abwägung
aller Interessen und Gründe[926] die Entscheidungsfreiheit haben, sich für eine Gesamtvergabe zu
entschließen. Die Überprüfung der vom Auftraggeber herangezogenen Ausnahmegründe soll nur
insoweit möglich sein als bewertet wird, ob der Auftraggeber bei seiner Einschätzung die rechtlichen
Grenzen des ihm zustehenden Beurteilungsspielraums überschritten hat.[927] Wenngleich diese Auffassung zweifellos einem großen Bedürfnis in der Vergabepraxis nachkommt und einen wesentlichen
Mangel an der Neufassung des Gesetzes merklich heilt, bestehen jedoch **aus dogmatischer Sicht
schwerwiegende Bedenken** an einem solchen Verständnis.[928] Anders als vor 2009 sieht das Gesetz
gerade keine bloße Interessenabwägung mehr vor. Durch die Änderung des Wortwahl wollte der
Gesetzgeber die Rechtslage verschärfen, um so den Mittelstandsschutz zu verbessern. Dem läuft es
zuwider, wenn die Rechtsprechung durch Auslegung praktisch die alte Rechtsprechung wiederherstellt. Es ist daher zu begrüßen, dass das Kammergericht zumindest in Bezug auf die Bildung von
Fachlosen eine vollständige gerichtliche Überprüfbarkeit bejaht hat.[929]

Die Entscheidung des Auftraggebers, ob Gründe für eine losweise Vergabe oder für eine Gesamt- 255
vergabe vorliegen, **ist später nicht mehr nachholbar.** Damit stellt das Fehlen entsprechender
Angaben in dem Vergabevermerk bei dennoch vorgenommener Abweichung von der losweisen
Vergabe einen Vergabemangel dar, der im Vergabenachprüfungsverfahren zu der Aufhebung der
angegriffenen Vergabeentscheidung im Umfang der davon betroffenen Leistungen führt. Das **Fehlen
von Angaben** darüber, dass eine losweise Vergabe erfolgen wird, stellt keinen Dokumentationsmangel und damit keinen Verstoß gegen den Transparenzgrundsatz des Abs. 1 dar, weil der öffentliche
Auftraggeber insoweit nur einer gesetzlich geforderten Verpflichtung nachgekommen ist und Lose
gebildet hat.[930] Von fehlenden Angaben zu der Entscheidung über eine Losvergabe als solche ist bei
der Befolgung der losweisen Vergabe jedoch das Fehlen von Angaben über die Loszuschnitte zu
unterscheiden. Im Hinblick auf die Loszuschnitte ist eine zeitnahe Dokumentation erforderlich, um
ggf. ein Nachprüfverfahren einleiten zu können.[931]

Der Wortlaut des Abs. 4 S. 3 macht deutlich, dass die dort genannten wirtschaftlichen und 256
technischen Gründe **abschließend** sind. Dies entspricht auch der Konzeption der Vorschrift, nur
in ganz beschränktem Maße Ausnahmen von der losweisen Vergabe zugunsten eines verstärkten
Schutzes mittelständischer Unternehmen zuzulassen. Da aber Abs. 4 gem. § 106 Abs. 1 S. 1 nur
Anwendung findet, wenn der jeweils maßgebliche Schwellenwert erreicht oder überschritten wurde,
ist es **gesetzlich nicht ausgeschlossen,** dass unterhalb der Schwellenwerte weiterhin auch **Zweckmäßigkeitserwägungen** zu einer Gesamtvergabe führen können. Allerdings bestimmen § 5 Abs. 2

---

[920] Zutr. zum Vorliegen eines unbestimmten Rechtsbegriffs OLG München Beschl. v. 9.4.2015 – Verg 1/15, BeckRS 2015, 07782 = NZBau 2015, 446; vgl. dagegen für die Annahme eines einheitlichen Entscheidungsspielraums *Gerlach* VergabeR 2020, 451 (454 f., 458).
[921] *Brückner,* Die Mittelstandsförderung im Vergaberecht unter besonderer Berücksichtigung der Rechtsschutzproblematik, 2015, 179 ff.; Ziekow/Völlink/*Ziekow* Rn. 69; vgl. auch *Boesen* VergabeR 2011, 364 (366, 371).
[922] VK Lüneburg Beschl. v. 8.8.2014 – VgK-22/2014, IBRRS 2014, 2883; *Boesen* VergabeR 2011, 364 (369 ff.).
[923] OLG Düsseldorf Beschl. v. 11.1.2012 – VII-Verg 52/11, BeckRS 2012, 04015 = NZBau 2012, 324; OLG München Beschl. v. 25.3.2019 – Verg 10/18, NZBau 2019, 538 Rn. 43 ff.
[924] OLG Düsseldorf Beschl. v. 1.8.2012 – VII-Verg 10/12, NZBau 2012, 785 (790); ähnlich OLG Schleswig Beschl. v. 25.1.2013 – 1 Verg 6/12, NZBau 2013, 395 (398).
[925] Zur Rechtsprechung s. auch *Meckler* NZBau 2019, 492 (494 f.).
[926] VK Schleswig-Holstein Beschl. v. 19.10.2012 – VK-SH 28/12, BeckRS 2013, 02667.
[927] OLG Düsseldorf Beschl. v. 21.3.2012 – VII-Verg 92/11, NZBau 2012, 515 (516 f.); OLG Frankfurt a. M. Beschl. v. 14.5.2018 – 11 Verg 4/18, NZBau 2018, 632 Rn. 59.
[928] S. auch Ziekow/Völlink/*Ziekow* Rn. 55; *Brückner* LKV 2015, 534 (539 ff.).
[929] KG Beschl. v. 26.3.2019 – Verg 16/16, VergabeR 2020, 206 (209).
[930] Immenga/Mestmäcker/*Dreher* Rn. 160.
[931] Immenga/Mestmäcker/*Dreher* Rn. 161.

S. 2 VOB/A und § 22 Abs. 1 S. 2 UVgO übereinstimmend, dass – in der Formulierung der VOB/A – „[b]ei der Vergabe ... aus wirtschaftlichen oder technischen Gründen auf eine Aufteilung oder Trennung verzichtet werden" kann. Damit ist im Hinblick auf das Verhältnis von Los- und Gesamtvergabe ein Gleichlauf ober- und unterhalb der Schwellenwerte hergestellt.

257 **b) Wirtschaftliche Gründe.** Die Zerlegung einer Vergabe von Leistungen in einzelne Teil- oder Fachlose soll nicht zu einer „**unwirtschaftlichen Zersplitterung**" führen.[932] Damit würde ein wesentliches Ziel des Vergaberechts, nämlich für ein sparsames und wirtschaftlich vernünftiges Nachfrageverhalten des Staates zu sorgen, beeinträchtigt werden. Der zusätzliche Aufwand ist dabei „umso eher als unverhältnismäßig anzusehen, je mehr Lose der Auftraggeber ohnehin schon gebildet hat und je kleiner ein zusätzliches Los (absolut gesehen) ist".[933] Die wirtschaftlichen Gründe beziehen sich dabei allerdings nur auf die Umstände, die mit der Aufteilung der Lose in einem Zusammenhang stehen. Sie sind **strikt von den wirtschaftlichen Gründen zu trennen,** die bei dem Zuschlag in § 127 eine Rolle spielen.[934] Sie sind einzelfallbezogen zu bestimmen und bei der Beurteilung einer etwaigen Unwirtschaftlichkeit sind die Besonderheiten der jeweiligen Branche zu beachten.[935]

258 Ein wirtschaftlicher Grund für eine Abweichung von der losweisen Vergabe kann vor allem darin liegen, dass **eine einheitliche Gesamtleistung nicht mehr gewährleistet werden** oder nur unter unverhältnismäßigem Aufwand hergestellt werden kann.[936] Ebenso ist als wirtschaftlicher Grund anerkannt, dass die Losaufteilung nicht dazu führen darf, die Geltendmachung von **Gewährleistungsansprüchen unmöglich** zu machen.[937]

259 Ein gewisses Maß an Aufwand, der sich auch als wirtschaftlich negativer Effekt darstellen lässt, wird vom Gesetzgeber im Hinblick auf die Förderung mittelständischer Unternehmen in Verbindung mit dem aus einer Losvergabe resultierenden Koordinierungsaufwand und der Einbindung zusätzlicher personaler Ressourcen beim öffentlichen Auftraggeber grundsätzlich in Kauf genommen.[938] Daraus lässt sich ableiten, dass die **Entlastung von allgemeinen Kosten,** die durch die Vergabe der Leistungen in Lose entstehen, keinen wirtschaftlichen Rechtfertigungsgrund darstellt. Die Rechtsprechung hat zu Recht klargestellt, dass regelmäßig der „mit einer getrennten Beschaffung verbundene Ausschreibungs-, Prüfungs- und Koordinierungsaufwand das Absehen von einer getrennten Ausschreibung der Leistungen nicht rechtfertigen [kann]".[939] **Ausnahmen** können sich jedoch im Einzelfall ergeben, wenn die durch die losweise Vergabe entstehenden erhöhten Kosten nicht mehr verhältnismäßig sind und über das übliche und in Kauf zu nehmende Maß hinausgehen. Dann muss der öffentliche Auftraggeber, um dem Grundsatz der Wirtschaftlichkeit zu genügen, die Leistungen ausnahmsweise als Gesamtleistung ausschreiben.[940]

260 Problematisch ist, ob die **Eilbedürftigkeit einer Leistung** zu den wirtschaftlichen Gründen gem. Abs. 4 S. 3 gehört.[941] Im engeren Sinne ist der Umstand, dass ein öffentlicher Auftraggeber eine Leistung besonders dringend benötigt, kein wirtschaftlicher Aspekt. Typischerweise ist die Eilbedürftigkeit einer Leistung aber immer **mit wirtschaftlichen Folgen** verknüpft. Diese können zB darin begründet sein, dass nur zu bestimmten Zeiten diese Leistung erbracht werden kann, dass der öffentliche Auftraggeber seinerseits für eine nicht rechtzeitige Erbringung einer Leistung, zu der er die ausgeschriebene Leistung benötigt, haften muss oder auch, dass es die begehrte Leistung nur kurzzeitig zu einem günstigen Preis gibt. Ist die **Eilbedürftigkeit aber kausal mit negativen wirtschaftlichen Folgen für den Auftraggeber verbunden,** so kann sie nicht anders behandelt werden, als läge für den öffentlichen Auftraggeber ein wirtschaftlicher Grund vor, der ein Abweichen von der losweisen Vergabe notwendig macht. Die Rechtsprechung hat dies in allgemeinerer Form anerkannt

---

[932] Vgl. OLG Jena Beschl. v. 6.6.2007 – 9 Verg 3/07, ZfBR 2007, 603; OLG Düsseldorf Beschl. v. 19.6.2013 – VII-Verg 4/13, NZBau 2013, 720 (723); s. auch *Buhr* VergabeR 2018, 207 (209).

[933] OLG Düsseldorf Beschl. v. 23.3.2011 – Verg 63/10, NZBau 2011, 369 (371); zum „unverhältnismäßigen Aufwand" s. VK Schleswig-Holstein Beschl. v. 19.10.2012 – VK-SH 28/12, BeckRS 2013, 02667.

[934] Ebenso Loewenheim/Meessen/Riesenkampff/*Bungenberg*, 2. Aufl. 2009, Rn. 37.

[935] Vgl. VK Sachsen Beschl. v. 27.6.2003 – 1/SVK/063-03, IBRRS 2004, 0756; *Noch* Vergabe spezial 8/2009, 58 (60). Von einem „Indizienspektrum" sprechen daher *Manz/Schönwälder* NZBau 2012, 465 (468).

[936] Vgl. OLG Jena Beschl. v. 6.6.2007 – 9 Verg 3/07, ZfBR 2007, 603.

[937] Vgl. OLG Jena Beschl. v. 6.6.2007 – 9 Verg 3/07, ZfBR 2007, 603; OLG Düsseldorf Beschl. v. 8.9.2011 – VII-Verg 48/11, VergabeR 2012, 193 (195); VK Lüneburg Beschl. v. 8.8.2014 – VgK-22/2014, IBRRS 2014, 2883.

[938] OLG Düsseldorf Beschl. v. 8.9.2004 – VII-Verg 38/04, NZBau 2004, 688; *Dreher* NZBau 2005, 427 (428, 430).

[939] KG Beschl. v. 26.3.2019 – Verg 16/16, VergabeR 2020, 206 (208); gleichsinnig OLG Frankfurt a. M. Beschl. v. 14.5.2018 – 11 Verg 4/18, NZBau 2018, 632 Rn. 58.

[940] Vgl. OLG Düsseldorf Beschl. v. 8.9.2004 – VII-Verg 38/04, NZBau 2004, 688; *Dreher* NZBau 2005, 427 (430).

[941] *Kus* in RKPP GWB Rn. 213.

und festgestellt, dass dann, wenn sich bei funktionaler Betrachtungsweise aufgrund des zeitlichen Aspekts der mit dem Beschaffungsvorgang verfolgten Ziele und Zwecke eine Zerlegung des Auftrages in Fach- und Teillose verbietet, für eine einzelfallorientierte Berücksichtigung mittelständischer Unternehmen kein Raum mehr ist.[942] Ähnlich hat sie eine Gesamtvergabe wegen Eilbedürftigkeit in dem Fall gerechtfertigt, in welchem auf einem höchst belasteten Autobahnabschnitt ein bestimmter Straßenbelag noch vor Winterbeginn verarbeitet werden musste, um eine Verlängerung der Bauzeit bis April zu vermeiden.[943]

Kein wirtschaftlicher Grund liegt vor, wenn die Eilbedürftigkeit nicht kausal mit wirtschaftlich nachteiligen Folgen verbunden ist. Denkbar ist dies im Fall eines **bloßen Prestigegewinns** für den öffentlichen Auftraggeber oder wenn er seinerseits in Verträgen mit Dritten Vereinbarungen getroffen hat, die ihn bei verspäteter Leistung wegen Verzögerungen bei der zu vergebenden (Vor-)Leistung keinerlei Haftungen aussetzen. 261

Die Begründungspflichten für den öffentlichen Auftraggeber sind aufgrund dieser Sonderbehandlung der Eilbedürftigkeit **besonders hoch.** Er muss darlegen, dass zwischen der Eilbedürftigkeit und den wirtschaftlichen Gründen ein kausaler Zusammenhang besteht, aus dem aus objektiver Sicht folgt, dass ein Verzicht auf die Eilbedürftigkeit zu wirtschaftlichen Nachteilen führt. Zudem muss er auch darlegen, dass durch eine losweise Vergabe die benötigte Leistung weniger schnell zur Verfügung gestellt wird als bei einer Gesamtvergabe. 262

Ebenfalls problematisch ist, ob es zu den wirtschaftlichen Gründen gem. Abs. 4 S. 3 zählt, wenn die Leistungen, die aufgrund der losmäßigen Auftragsvergabe für den öffentlichen Auftraggeber **insgesamt teurer sind** als bei einer Gesamtvergabe. In vielen Fällen dürfte die als Gesamtvergabe ausgeschriebene Leistung für den öffentlichen Auftraggeber günstiger sein, als wenn er die vereinbarte Leistung losweise eingekauft hätte und diese Kaufpreise zusammengerechnet werden. Die Beantwortung dieser Frage führt zu einem zentralen Dilemma. Würde man einerseits erhöhte Preise durch eine Vergabe als wirtschaftlichen Grund iSd Abs. 4 S. 3 ansehen, so bestünde die erhebliche Gefahr, dass der Mittelstandsschutz in Abs. 4 S. 3 **praktisch vielfach leerliefe**, weil eine Leistung, die aus einer Hand angeboten wird, oftmals günstiger ist als die Summe der Teilleistungen, um die entsprechende Endleistung zu erreichen. In diesen Fällen würde nämlich die von Abs. 4 S. 1 geforderte vornehmliche Berücksichtigung der mittelständischen Interessen zurückgedrängt werden von dem Erfordernis des möglichst wirtschaftlichen und damit **kostengünstigen Nachfrageverhaltens der öffentlichen Hand,** das sich in günstigeren Preisen widerspiegelt, die der öffentliche Auftraggeber bei einer Gesamtvergabe erzielt und welche eine Gesamtvergabe zulässt, an der mittelständische Unternehmen entweder gar nicht oder nur in sehr eingeschränktem Maße teilnehmen können. Könnte der öffentliche Auftraggeber günstigere Preise nicht durch eine Gesamtvergabe generieren, weil die Preisgünstigkeit als wirtschaftlicher Grund angesehen wird, wegen derer er gem. Abs. 4 S. 3 von der losweisen Vergabe abweichen kann, so würde dies zu einer **wesentlichen Missachtung des Wirtschaftlichkeitsgrundsatzes** als zentralem Ziel des Vergaberechts führen, das nunmehr auch in Abs. 1 S. 2 Ausdruck als eigenständiger Vergabegrundsatz gefunden hat. Es stehen sich insoweit also das Interesse eines verstärkten Schutzes des Mittelstandes bei der Vergabe öffentlicher Aufträge und das Interesse an einem sparsamen Handeln des Staates gegenüber. Anders ausgedrückt geht es um das Verhältnis von Vergaberechtsgrundsätzen zu dem Ziel des Vergaberechts als solchem. Vor dem Hintergrund, dass die Vergaberechtsgrundsätze eine **dienende Funktion** haben, die dazu beitragen, die mit dem Vergaberecht verfolgten Ziele auch zu verwirklichen, sollte die Interessenabwägung zugunsten der Verwirklichung des Ziels eines sparsamen Handelns des Staates ausfallen. Für die (ausnahmsweise) Nachordnung des Mittelstandsschutzes spricht zudem der Umstand, dass die europäischen Vorgaben einen solchen Mittelstandsschutz nicht vorgesehen haben und daher lediglich **ein Vergaberechtsgrundsatz des „überschießenden" deutschen Rechts** dem Ziel der Sparsamkeit des Staates nachgeordnet wird. Ist der im Wege der losweisen Vergabe insgesamt gezahlte Preis höher als er bei der Gesamtvergabe an einen Konkurrenten dieser Anbieter wäre, ist nicht ausgeschlossen, dass eine EU-rechtswidrige Beihilfe der öffentlichen Auftraggeber vorliegt. In einer solchen Konstellation ist die Voraussetzung der Spezialität gegeben, sodass es dann im Wesentlichen nur darauf ankäme, ob die Bieter aus staatlichen Mitteln eine Zuwendung erhalten haben. 263

Vor diesem Hintergrund muss es also **als wirtschaftlicher Grund für eine Gesamtvergabe angesehen** werden, wenn der öffentliche Auftraggeber durch sie einen für ihn günstigeren Preis erzielen kann als bei einer losweisen Vergabe.[944] Um die Gefahr, dass das Ziel des Mittelstandsschutzes 264

---

[942] OLG Jena Beschl. v. 6.6.2007 – 9 Verg 3/07, ZfBR 2007, 603 = VergabeR 2007, 677.
[943] VK Arnsberg Beschl. v. 13.8.1999 – VK 11/99.
[944] Zu einer Einsparung von 50% OLG Düsseldorf Beschl. v. 8.9.2011 – VII-Verg 48/11, VergabeR 2012, 193 (195).

durch einen solchen Ansatz maßgeblich beeinträchtigt wird, zu vermindern, sind hohe Anforderungen an die Begründung der Günstigkeit der Gesamtvergabe zu stellen.[945] Allerdings kann vom öffentlichen Auftraggeber wiederum nicht gefordert werden, dass er bereits vorab Angebote einholt. Insoweit gelten auch hier allgemein bestehende Bedenken hinsichtlich der Methode der Angebotseinholung und der Aussagekräftigkeit der Angebote.

265 Die wirtschaftlichen Gründe, aus denen von der Vorgabe des Abs. 4 S. 3 abgewichen werden darf, sind aus **Sicht der Vergabestelle** zu beurteilen.[946] Sie müssen von der Vergabestelle begründet dargelegt werden. Die Begründung muss so verfasst sein, dass sich für einen verständigen Dritten die geltend gemachten Gründe unmittelbar ergeben. Um dieser Darlegungsobliegenheit nachkommen zu können, soll es nach Auffassungen von Stimmen in der Literatur im Zweifel geboten sein, dass Angebote sowohl für eine Gesamtleistung als auch für die einzelnen Lose eingeholt werden.[947] Ein solches **Erfordernis** dürfte – unabhängig von den soeben erwähnten Bedenken – auch kaum mit dem Verhältnismäßigkeitsgrundsatz, Abs. 1 S. 2, in Übereinstimmung stehen, weil der Aufwand, der dazu erforderlich wäre, regelmäßig zu groß sein dürfte. Unabhängig davon ist unklar, in welcher Form diese Angebote eingeholt werden sollten. Wählte der öffentliche Auftraggeber dazu ein Verfahren, das dem Vergabeverfahren ähnlich ist oder dem sogar entspricht, so stellte sich die Frage, ob dies bereits den Anforderungen der §§ 97 ff. entsprechen soll; holte der öffentliche Auftraggeber freihändig die verschiedenen Gebote ein, **so wäre nicht gewährleistet,** dass sich darin die Angebote eines Vergabeverfahrens widerspiegeln, sodass in diesem Fall die Vergleichbarkeit der erzielten Angebote zweifelhaft wäre. Vor diesem Hintergrund ist ein Erfordernis einer „Vorabeinholung" von Angeboten abzulehnen.

266 **c) Technische Gründe.** Neben den wirtschaftlichen Gründen können auch technische Gründe die Notwendigkeit begründen, die Leistung in einem Gesamtverfahren auszuschreiben. Diese müssen im Auftrag selbst begründet sein und damit im Zusammenhang stehen.[948] Sie „liegen vor, wenn bei getrennten Ausschreibungen das – nicht durch die inhaltliche Gestaltung der Vergabeunterlagen vermeidbare – Risiko besteht, dass der Auftraggeber Teilleistungen erhält, die zwar jeweils ausschreibungskonform sind, aber nicht zusammenpassen und deshalb in ihrer Gesamtheit nicht geeignet sind, den Beschaffungsbedarf in der angestrebten Qualität zu befriedigen".[949] Als technische Gründe können ua die **Verkehrssicherheit,** der reibungslose **technische Bauablauf** oder **Funktionalitätsgründe** in Betracht kommen.[950] Technische Gründe, die von einer losweisen Vergabe abzuweichen, können vor allem bei komplexen IT-, Forschungs-, Beratungs-[951] oder Pilotprojekten, aber auch bei sicherheitstechnischen Anlagen in Justizvollzugsanstalten[952] eine Gesamtvergabe rechtfertigen, wenn dadurch etwa die Sicherheit erhöht oder Fehlerquellen und Funktionsbeeinträchtigungen vermieden werden können.[953] Ob eine bloße Eilbedürftigkeit jenseits der Konstellationen, in denen diese die Durchführung eines Verhandlungsverfahrens ohne Teilnahmewettbewerb rechtfertigt, als technischer Grund angesehen werden kann,[954] erscheint allerdings zweifelhaft. Bei einer **funktionalen Leistungsbeschreibung** ist eine Losaufteilung schließlich grundsätzlich ausgeschlossen.[955]

VII. Abs. 4 S. 4

267 **1. Allgemeines.** Nach Abs. 4 S. 4 muss ein Auftraggeber ein Unternehmen, das kein öffentlicher Auftragnehmer ist, aber mit der Wahrnehmung oder Durchführung einer öffentlichen Aufgabe betraut ist, verpflichten, dass es, wenn es Unteraufträge an Dritte vergibt, nach den Vorgaben des Abs. 4 S. 1–3 verfährt. Die Vorschrift wurde **auf Empfehlung des Ausschusses für Wirtschaft und Technologie** in die Vergaberechtsnovelle 2009 aufgenommen, um eine „mittelstandsfreundliche Auftragsvergabe auch im Rahmen einer Öffentlich-Privaten-Zusammenarbeit sicherzustellen".[956] Es fragt sich aber, ob nicht das **Regelungsziel des Abs. 4 S. 4** über das hinausgeht, was der Wirtschaftsausschuss in

---
[945] Vgl. OLG München Beschl. v. 9.4.2015 – Verg 1/15, NZBau 2015, 446 (447).
[946] Loewenheim/Meessen/Riesenkampff/*Bungenberg*, 2. Aufl. 2009, Rn. 37.
[947] *Ax* ZVgR 1999, 231 (234); Loewenheim/Meessen/Riesenkampff/*Bungenberg*, 2. Aufl. 2009, Rn. 37.
[948] OLG Düsseldorf Beschl. v. 25.6.2014 – VII Verg 38/13, VergabeR 2015, 71 (76).
[949] OLG Koblenz Beschl. v. 4.4.2012 – 1 Verg 2/11, NZBau 2012, 598 (599).
[950] *Boesen* Rn. 49.
[951] OLG Celle Beschl. v. 26.4.2010 – 13 Verg 4/10, NZBau 2010, 715.
[952] OLG München Beschl. v. 25.3.2019 – Verg 10/18, NZBau 2019, 538 Rn. 49 ff.
[953] Vgl. OLG Düsseldorf Beschl. v. 6.9.2006 – Verg 40/06, 1, BeckRS 2007, 02778; OLG Hamburg Beschl. v. 2.10.2012 – 1 Verg 2/12; OLG Hamburg Beschl. v. 2.10.2012 – 1 Verg 3/12; VK Sachsen Beschl. v. 27.6.2003 – 1/SVK/063-03, BeckRS 2004, 03919; *Manz/Schönwälder* NZBau 2012, 465 (467 f.).
[954] *Ortner* VergabeR 2011, 677 (682).
[955] *Hänsel* NJW-Spezial 2019, 108 (109); *Meckler* NZBau 2019, 492 (496 f.).
[956] BT-Drs. 16/11428, 49 f.

seiner Begründung ausgeführt hat. Da die öffentlichen Auftraggeber an die Bestimmungen des Mittelstandsschutzes in Abs. 4 S. 1–3 unmittelbar gebunden sind, stellt S. 4 die Bindung für solche Unternehmen sicher, die aufgrund der Betrauung mit der Wahrnehmung und Durchführung von öffentlichen Aufgaben eine besondere Nähe zum Staat haben und damit dann, wenn sie selbst Unteraufträge vergeben, den öffentlichen Auftraggebern insoweit durchaus ähneln.

Die Vorschrift des Abs. 4 S. 4 ist **in vielfältiger Weise unklar** und dürfte sich in der Praxis als eine außerordentlich schwierige Norm erweisen.[957] Dies beruht im Wesentlichen darauf, dass der Gesetzgeber versucht, den Grad des Mittelstandsschutzes, den er in Abs. 3 S. 1–3 für die öffentlichen Auftraggeber verankert hat, auch auf bestimmte Unternehmen zu erstrecken, die ansonsten nicht dem Regime des Vergaberechts unterworfen sind. Dabei hat sich der Gesetzgeber einer Reihe von Tatbestandsmerkmalen bedient, die dem deutschen Recht als solchem weitgehend fremd sind. Eine Änderung durch das Vergaberechtsmodernisierungsgesetz (2016) ist gleichwohl nicht erfolgt. Orientierung bietende Entscheidungspraxis der Vergabenachprüfungsinstanzen ist nicht ersichtlich. 268

2. Betroffene Unternehmen (Regelungsadressaten). Regelungsadressat des Abs. 4 S. 4 ist zunächst der **öffentliche Auftraggeber** bzw. die Vergabestelle, die einen Auftrag im Vergabeverfahren vergeben hat. 269

Regelungsadressat ist nach Abs. 4 S. 4 zudem ein **Unternehmen, das nicht öffentlicher Auftraggeber oder Sektorenauftraggeber** iSv §§ 99 f. ist. Es werden von Abs. 4 S. 4 mithin solche Unternehmen erfasst, die im Hinblick auf ihr wirtschaftliches Nachfrageverhalten auf dem Markt bezüglich Leistungen nicht dem Vergaberecht unterfallen und deshalb nicht daran gebunden sind, besonders mittelständische Interessen bei der Auswahl ihres Vertragspartners und bei dem Vertragsschluss mit diesem zu berücksichtigen.[958] Diese Erweiterung ist vor dem Hintergrund der zusätzlich in Abs. 4 S. 4 genannten Qualifikation der Unternehmen als solche Unternehmen einzuordnen, welche mit der Wahrnehmung oder Durchführung einer öffentlichen Aufgabe betraut worden sind. Damit möchte der Gesetzgeber **eine Lücke schließen,** die sich für die deutsche Rechtslage aus der Sektorenrichtlinie 2004/17/EG[959] ergab und weiterhin idF der RL 2014/25/EU ergibt. Die Art. 4 Abs. 3 UAbs. 1 RL 2014/25/EU legaldefiniert besondere oder ausschließliche Rechte als „Rechte, die eine zuständige Behörde eines Mitgliedstaats im Wege einer Rechts- oder Verwaltungsvorschrift gewährt hat, um die Ausübung von in den Artikeln 8 bis 14 aufgeführten Tätigkeiten auf eine oder mehrere Stellen zu beschränken, wodurch die Möglichkeit anderer Stellen zur Ausübung dieser Tätigkeit wesentlich eingeschränkt wird". Folge dieser Definition ist, dass dann, wenn in einem Mitgliedstaat – wie etwa in Deutschland – keine rechtlichen Privilegierungen zur Ausübung von Sektorentätigkeiten mehr bestehen, privatrechtlich organisierte Unternehmen oder von Privatpersonen beherrschte Unternehmen in den Sektorenbereichen nicht mehr als öffentlicher Auftraggeber erfasst werden.[960] 270

Sofern Unternehmen im Rahmen einer **Inhouse-Vergabe** gem. § 108 beauftragt werden,[961] gilt Abs. 4 S. 4 für diese nur, wenn es sich nicht ihrerseits um vergaberechtlich erfasste Auftraggeber handelt. Andernfalls greift Abs. 4 S. 1–3 unmittelbar ein, da die Betrauung nicht notwendig eine dem Vergaberecht unterfallende Maßnahme voraussetzt. 271

3. Mit Wahrnehmung oder Durchführung einer öffentlichen Aufgabe betraut. a) Öffentliche Aufgabe. Die Unternehmen, die keine öffentlichen Auftraggeber sind, werden von Abs. 4 S. 4 nur dann erfasst, wenn sie mit der Wahrnehmung oder Durchführung einer öffentlichen Aufgabe betraut sind. Hinsichtlich des Begriffs der **öffentlichen Aufgabe** bietet sich interpretatorisch eine Orientierung am Begriff des öffentlichen Zwecks an, der gleichsinnig im Gemeindewirtschaftsrecht[962] als Voraussetzung für die Errichtung kommunaler Unternehmen verwendet wird. Als öffentlicher Zweck gilt dabei jede gemeinwohlorientierte, im unmittelbaren öffentlichen Interesse liegende Zielsetzung.[963] Ausgeschlossen werden dadurch (de facto aus- 272

---

[957] So auch Langen/Bunte/*Wagner* Rn. 95: „… gleich in mehrfacher Hinsicht missglückt und verfehlt ihren Zweck nahezu vollständig".
[958] Zum Baukonzessionär *Schröder,* Die Baukonzession und die Untervergabe durch den Baukonzessionär im Kontext des vergaberechtlichen Grundsatzes der Mittelstandsförderung, 2017, 140 ff.
[959] ABl. 2004 L 134, 1.
[960] BT-Drs. 16/10117, 17.
[961] S. dazu auch *Knauff* EuZW 2014, 486.
[962] § 102 Abs. 1 Nr. 1 GO BW; Art. 87 Abs. 1 S. 1 Nr. 1 BayGO; § 91 Abs. 2 Nr. 1 BbgKVerf; § 121 Abs. 1 Nr. 1 HGO; § 68 Abs. 2 S. 1 Nr. 1 KV MV; § 136 Abs. 1 S. 2 Nr. 1 NKomVG; § 107 Abs. 1 S. 1 Nr. 1 GO NRW; § 85 Abs. 1 S. 1 Nr. 1 GO RP; § 108 Abs. 1 Nr. 1 SaarlKSVG; § 94a Abs. 1 S. 1 Nr. 1 SächsGO; § 128 Abs. 1 S. 1 Nr. 1 KVG LSA; § 101 Abs. 1 Nr. 1 GO SH; § 71 Abs. 2 Nr. 1 ThürKO.
[963] Näher *Zimmermann,* Die Überwindung kommunalrechtlicher Schranken des Gemeindewirtschaftsrechts?, 2008, 25 ff.

schließlich[964]) Tätigkeiten, deren einziger Zweck die Gewinnerzielung ist.[965] Dienen Unternehmen der Erfüllung von Aufgaben der Daseinsvorsorge, liegt stets ein öffentlicher Zweck vor.[966] Teilweise werden bestimmte Daseinsvorsorgebereiche explizit landesverfassungsrechtlich[967] oder einfachgesetzlich[968] besonders als öffentlicher Zweck hervorgehoben. Öffentliche Aufgaben sind somit **Tätigkeiten mit Gemeinwohlbezug,** deren Erfüllung im öffentlichen Interesse liegt.[969] Sie stellen den Gegensatz zu Tätigkeiten zu privaten Zwecken dar, deren Bezug in den Privatinteressen der Beteiligten liegt. Für das Vorliegen einer öffentlichen Aufgabe ist es **unerheblich, in welcher Rechtsform** sie erfüllt wird. So kann auch privatrechtliches Handeln öffentlichen Aufgaben dienen.[970]

273 **b) Wahrnehmen und Durchführen.** Die öffentlichen Aufgaben müssen von dem Unternehmen entweder *wahrgenommen* oder *durchgeführt* werden. Der Begriff der **Wahrnehmung** stellt auf die tatsächliche Erbringung der öffentlichen Aufgabe durch das Unternehmen ab. Dabei ist es unerheblich, ob dazu eine Rechtspflicht besteht oder nicht.[971] Tendenziell impliziert das Wort „wahrnehmen" zudem, dass es sich um eine „eigene" Aufgabe des Unternehmens handelt. Unter **Ausführen** ist die Vornahme einer typischerweise fremden Aufgabe zu verstehen. Um den Anwendungsbereich des Abs. 4 S. 4 möglichst zugunsten des Mittelstandsschutzes offen zu halten, ist es erforderlich, dass die Begriffe „Wahrnehmung" und „Ausführung" weit ausgelegt werden.

274 **c) Betrauung.** Das Unternehmen, welches die Aufgabe der Wahrnehmung oder der Durchführung einer öffentlichen Aufgabe inne hat, muss mit dieser gem. Abs. 4 S. 4 *betraut* worden sein. Welche **Voraussetzungen** an eine Betrauung im deutschen Recht zu stellen sind, ist noch nicht endgültig geklärt.[972] Das EU-Recht kennt hingegen den Begriff des Betrauens in Art. 106 Abs. 2 S. 1 AEUV. Für die Auslegung vergaberechtlicher Begriffe darf auf die erprobten Bestimmungen des Wettbewerbsrechts unmittelbar Bezug genommen werden, soweit sich aus dem Einzelfall nicht etwas anderes ergibt.[973] Das gilt nicht nur für das deutsche sondern auch für das europäische Wettbewerbsrecht, es sei denn, das europäische Wettbewerbsrecht würde Sachverhalte regeln und Bestimmungen heranziehen, die dem deutschen Recht system- und wesensfremd sind. Im Hinblick auf den Begriff des Betrauens in Art. 106 Abs. 2 S. 2 AEUV trifft dies nicht zu.

275 Der Begriff der „Betrauung" ist allerdings auch im EU-Recht **noch nicht endgültig geklärt.**[974] Zweck des Betrauungsaktes ist die Herstellung von Transparenz. Es soll nämlich genau festgelegt werden müssen, welches Unternehmen für die Wahrnehmung oder Ausführung welcher konkreten Aufgabe besondere Rechte bekommen soll. Daher wird allgemein verlangt, dass eine vorherige **positive Handlung** in Gestalt einer Aufgabenzuweisung vorliegen muss. Urheber dieses Aktes können sowohl unmittelbare als auch mittelbare Verwaltungseinheiten wie staatliche Einrichtungen oder sonstige Einrichtungen sein. Bezüglich der Form des Betrauungsakts wird vom EuGH stets ein Gesetz, ein anderer Hoheitsakt oder ein Akt der öffentlichen Gewalt verlangt, durch welchen der Mitgliedstaat ein bestimmtes Unternehmen für eine „bestimmte Aufgabe in Dienst nimmt" und der auf Initiative des Mitgliedstaates ergangen ist.[975] Die **bloße Genehmigung, eine Tätigkeit auszuüben,** reicht daher ebenso wenig wie ein faktisches Einverständnis aus. Ebenfalls nicht ausreichend ist die tatsächliche Ausübung einer gemeinwirtschaftlich ausgerichteten Tätigkeit, selbst wenn

---

[964] Das Erfordernis des Vorliegens eines öffentlichen Zwecks wirkt daher kaum restriktiv, vgl. *Pieroth/Hartmann* DVBl 2002, 421 (428).
[965] VerfGH RhPf. Urt. v. 28.3.2000 – VGH N 12/98, NVwZ 2000, 801; *Oebbecke* in Püttner/Mann, Handbuch der kommunalen Wissenschaft und Praxis, Bd. 2, 3. Aufl. 2011, § 41 Rn. 29; *Pieroth/Hartmann* DVBl 2002, 421 (428); ausdrücklich auch Art. 87 Abs. 1 S. 2 BayGO; § 128 Abs. 1 S. 2 KVG LSA.
[966] *Fehling* in Schwarze, Daseinsvorsorge im Lichte des Wettbewerbsrechts, 2001, 195 (198 f.); *Pieroth/Hartmann* DVBl 2002, 421 (428).
[967] Vgl. Art. 83 Abs. 1 BayVerf.
[968] Art. 87 Abs. 1 S. 1 Nr. 1 BayGO; § 68 Abs. 3 Nr. 2, 4 KV MV; § 107a Abs. 1 GO NRW; § 128 Abs. 2 S. 1 KVG LSA.
[969] *Scherzberg* UPR 1992, 48 (50); *Fluck/Theuer* GewArch 1995, 96 (97); *Pielow* NZBau 2009, 531 (532).
[970] S. nur *Isensee* in Isensee/Kirchhof StaatsR-HdB § 57 Rn. 136 mwN.
[971] S. Reidt/Stickler/Glahs/*Stickler* § 98 Rn. 17 ff.
[972] Vgl. insoweit aber BGH Urt. v. 11.3.1997 – KZR 2/96, EuZW 1997, 381.
[973] BT-Drs. 13/9340, 13.
[974] Zu Einzelheiten s. LMRKM/*Knauff* AEUV Art. 106 Rn. 65 ff.
[975] Vgl. EuGH Urt. v. 27.3.1974 – 127/73, Slg. 1974, 313 Rn. 19, 22 = GRUR-Int. 1974, 342 – BRT/SABAM II; EuGH Urt. v. 14.11.1981 – C-172/80, Slg. 1981, 2021 = BeckEuRS 1981, 89958 – Züchner; EuGH Urt. v. 11.4.1989 – 66/86, Slg. 1989, 803 Rn. 55 = BeckEuRS 1989, 153215 – Ahmed Saeed; EuGH Urt. v. 27.4.1994 – C-393/92, Slg. 1994, I-1477 Rn. 47 = BeckEuRS 1994, 203921 – Almelo; EuGH Urt. v. 23.10.1997 – C-159/94, Slg. 1997, I-5815 Rn. 59 = EuZW 1998, 76 – EDF/GDF.

sie unter staatlicher Aufsicht erbracht wird. Für eine Betrauung ist keine Rechtsvorschrift notwendig, sodass auch eine Inpflichtnahme durch eine öffentlich-rechtliche Konzession[976] oder einen öffentlich-rechtlichen Vertrag[977] in Betracht kommt.

Letztlich zielt das Erfordernis der Betrauung darauf ab, eine **eindeutige Zuweisung einer** **klar definierten Aufgabe an ein konkretes Unternehmen**[978] zu gewährleisten und somit die politische Entscheidung der die Betrauung vornehmenden staatlichen Stelle hinsichtlich der Versorgung der Bevölkerung mit den betreffenden Leistungen zum Ausdruck zu bringen,[979] welche der Markt andernfalls nicht oder nur unzureichend zur Verfügung stellt.[980] Ist diesem Erfordernis Genüge getan, ist eine Betrauung iSv Art. 106 Abs. 2 AEUV nach hier vertretener Auffassung ungeachtet der konkreten Ausgestaltung gegeben und dies ist auf Abs. 4 S. 4 übertragbar. Ein solches Verständnis lässt sowohl Raum für unterschiedliche Ausgestaltungsmodelle als auch sichert es die einheitliche und zweckentsprechende Anwendung sowohl des Art. 106 Abs. 2 AEUV als auch die Realisierung des Normzwecks von Abs. 4 S. 4. Unverzichtbar ist damit ein (im weitesten Sinne) staatlicher Akt, der die wahrzunehmende Aufgabe und etwaige Ausgleichsleistungen eindeutig identifiziert und eine unmittelbar verpflichtende Wirkung auf das zu betrauende Unternehmen entfaltet. Allein die einseitige Aufgabe der Tätigkeitserfüllung durch das betraute Unternehmen stellt noch keine Beendigung des Betrauungsverhältnisses dar und es belegt nicht, dass es nicht durch hoheitlichen Akt vom Staat mit dieser Aufgabe betraut war.[981]

Indem Abs. 4 S. 4 primär auf die Betrauung, nicht aber auf eine Beauftragung des betrauten Unternehmens in einem Vergabeverfahren abstellt, gibt die Norm zu erkennen, dass die Verpflichtung zur Beachtung des Abs. 4 S. 1–3 allein an den Betrauungsakt anknüpft. Damit wird die Verpflichtung des öffentlichen Auftraggebers oder Sektorenauftraggebers zur vornehmlichen Berücksichtigung mittelständischer Interessen von dem unmittelbaren Bereich der Auftragsvergabe in den abgeleiteten Bereich der Vergabe von Unteraufträgen an das betraute Unternehmen übergeleitet. Die **Legitimation** für eine derartige Überleitung dieser Pflichten besteht in dem dem Staat zuzurechnenden Akt der Betrauung, durch den dieser die Verpflichtung und Befugnis zur Wahrnehmung oder Durchführung der betreffenden öffentlichen Aufgabe überträgt. Um einen weitgreifenden Schutz mittelständischer Interessen nicht nur im unmittelbaren Bereich der öffentlichen Auftragsvergabe, sondern auch im abgeleiteten Bereich der **Vergabetätigkeit betrauter Unternehmen** zu gewährleisten, ist der Wortlaut des Abs. 4 S. 4 daher so zu verstehen, dass der öffentliche Auftraggeber oder Sektorenauftraggeber jedes mit der Wahrnehmung oder Durchführung einer öffentlichen Aufgabe betraute Unternehmen, das nicht zugleich selbst ein derartiger Auftraggeber ist, verpflichten muss, nach Abs. 4 S. 1–3 zu verfahren, wenn es Unteraufträge an Dritte vergibt. Unabhängig davon, dass ein solches Verständnis dazu beitragen kann, Umgehungsmöglichkeiten für den Anwendungsbereich des Abs. 4 S. 1–3 zu schließen, entspricht ein solcher Interpretationsansatz auch dem generellen Willen des Gesetzgebers, durch Abs. 4 den Mittelstandsschutz zu einem Vergabegrundsatz aufzuwerten, sodass er im Vergabeverfahren eine besonders wichtige Rolle spielt. Diesem Bedeutungszuwachs würde es **zuwiderlaufen**, wenn die Beachtung des Abs. 4 S. 1–3 bei Unteraufträgen an Dritte daran geknüpft würde, dass erst durch den Auftrag des öffentlichen oder Sektorenauftraggebers im Rahmen des Vergabeverfahrens die Betrauung des Unternehmens mit der Wahrnehmung oder Durchführung einer öffentlichen Aufgabe ausgesprochen wird. Denn damit würden die Unternehmen, die bereits vor dem Zuschlag im Vergabeverfahren mit der Wahrnehmung oder Durchführung einer öffentlichen Aufgabe beauftragt worden sind, nicht mit der Pflicht zur Berücksichtigung von mittelständischen Interessen gem. Abs. 4 S. 1 belastet werden.[982]

4. Vergabe von Unteraufträgen an Dritte. Die Pflicht zur Verpflichtung von mit der Wahrnehmung oder Durchführung einer öffentlichen Aufgabe betrauter Unternehmen bezieht sich nur auf die Erteilung eines Unterauftrages an einen Dritten. *Dritte* im Sinne des Gesetzes sind die **Vertrags-**

---

[976] EuGH Urt. v. 4.5.1988 – C-30/87, Slg. 1988, 2479 Rn. 31 ff. = BeckEuRS 1988, 142347 – Bodson; EuGH Urt. v. 27.4.1994 – C-393/92, Slg. 1994, I-1477 Rn. 47 = BeckEuRS 1994, 203921 – Almelo; EuGH Urt. v. 23.10.1997 – C-159/94, Slg. 1997, I-5815 Rn. 66 = EuZW 1998, 76 – EDF/GDF; EuGH Urt. v. 21.12.2011 – C-242/10, Slg. 2011, I-13665 Rn. 52 = BeckRS 2012, 80083 – Enel Produzione.
[977] EuGH Urt. v. 18.12.2007 – C-220/06, Slg. 2007, I-12175 = NZBau 2008, 189 – Asociación Profesional de Empresas de Reparto y Manipulado de Correspondencia.
[978] AA MüKoEuWettbR/*Gundel* AEUV Art. 106 Rn. 86.
[979] *Krajewski*, Grundstrukturen des Rechts öffentlicher Dienstleistungen, 2011, 422; *Schweitzer*, Daseinsvorsorge, „service public", Universaldienst, 2001/02, 103.
[980] *Essebier*, Dienstleistungen von allg. wirtschaftlichem Interesse und Wettbewerb, 2005, 115.
[981] EuG Urt. v. 15.6.2005 – T-17/02, Slg. 2005, II-2031 Rn. 189 = BeckRS 2005, 70448 – Fred Olsen; EuGH Urt. v. 4.10.2007 – C-320/05 P, Slg. 2007, I-131 = BeckEuRS 2007, 465504 – Fred Olsen.
[982] So aber *Ziekow* GewArch 2013, 417 (423).

partner des betrauten Unternehmens. Auftragnehmer eines Unterauftrages kann jede natürliche oder juristische Person mit völliger rechtlicher Selbstständigkeit sein, die gegenüber dem Unternehmer einen werkvertraglichen Erfolg schuldet und bei wirtschaftlicher Betrachtung nicht bloß Zulieferer oder Dienstleister ist.[983]

279 Ein **Unterauftrag** ist ein vertragliches Verhältnis zwischen dem Unternehmen und dem Unterauftragnehmer, in dem die Erbringung eines Teiles der von dem Unternehmen dem öffentlichen Auftraggeber oder Sektorenauftraggeber gegenüber geschuldeten Leistungen an den Unterauftragnehmer übertragen wird.[984] Zwischen dem Auftraggeber und dem Unterauftraggeber kommt daher kein vertragliches Verhältnis zustande. Sofern die Betrauung im Einzelfall nicht mit einem öffentlichen Auftrag iSv § 103 Abs. 1 einher geht, ist der Begriff des Unterauftrags nach Sinn und Zweck der Norm in einem funktionalen Sinne im Hinblick auf vertraglich begründete Inanspruchnahme Dritter für die Erfüllung der öffentlichen Aufgabe durch das betraute Unternehmen zu verstehen.

280 Abs. 4 S. 4 verwendet im Hinblick auf die Erteilung von Unteraufträgen im Verhältnis des betrauten Unternehmens zum Unterauftragnehmer das für **das Vergaberecht typische Verb „vergibt".** Damit ist allerdings nicht gemeint, dass in diesem Verhältnis das Vergaberecht anzuwenden wäre, da dieses nicht zwischen Unternehmer und Unterauftragnehmer gilt, sofern der Unternehmer nicht zugleich Auftraggeber nach § 98 ist. Dies verdeutlicht sowohl § 36 VgV, dessen Abs. 4 allein auf das Gebot rechtmäßigen Verhaltens nach § 128 Abs. 1 verweist und im Übrigen das Verhältnis von Auftragnehmer und Unterauftragnehmer nicht spezifisch vergaberechtlich überformt, als auch ein Vergleich mit § 8b Abs. 5 PBefG, wonach in dessen Anwendungsbereich „vorgegeben werden [kann], dass die Übertragung von Unteraufträgen nach wettbewerblichen Grundsätzen vorzunehmen ist". Eine vergleichbare Norm enthält das GWB-Vergaberecht gerade nicht. Abs. 4 S. 4 führt damit für das betraute Unternehmen nicht mehr als eine punktuelle vergaberechtliche Verpflichtung ein, ohne dessen Verfahrensautonomie im Übrigen anzutasten.

281 **5. Verpflichtung des Unternehmens durch den öffentlichen Auftraggeber. a) Instrumente der Verpflichtung.** Wesentlicher Inhalt der Vorschrift des Abs. 4 S. 4 ist eine Pflicht zur Verpflichtung. Die Vorschrift macht deutlich, dass der Adressat dieser Pflicht der öffentliche oder Sektorenauftraggeber ist. Ihn trifft nämlich die Pflicht, Unternehmen, die die in Abs. 4 S. 4 genannten Voraussetzungen erfüllen, zu einem bestimmten Handeln zu verpflichten. Die Vorschrift enthält aber keine Hinweise darauf, **auf welchem Weg** das Unternehmen zu verpflichten ist. Die Gesetzesbegründung nennt allein die Möglichkeit der **vertraglichen Regelung.**[985] Der Vertrag ist insoweit auch das typische Instrument, um im Verhältnis von öffentlichen oder Sektorenauftraggebern und Unternehmen gegenseitige Pflichten zu begründen.[986] Dies kann etwa durch eine ausdrückliche Regelung, durch eine **Vereinbarung einer Vertragsstrafe** bei Nichteinhalten der Verpflichtung oder durch die **Einräumung eines Rücktrittsrechts** geschehen.

282 Eine durch Gesetz einer Partei eines Vertrages auferlegte Pflicht, die andere Partei in dem Vertragswerk zu einer bestimmten Handlung zu verpflichten, ist im Hinblick auf das Vertragsrecht allerdings **sehr problematisch:** Zum einen hat der öffentliche Auftraggeber oder Sektorenauftraggeber keine Möglichkeit, den Vertrag wirksam zu schließen, ohne darin die Verpflichtung des Unternehmens verankert zu haben. Die damit verbundene Einschränkung seiner Vertragsfreiheit könnte allerdings durch das seinem individuellen Interesse übergeordnete allgemeine Interesse an einer verstärkten Förderung des Mittelstandes bei der Vergabe öffentlicher Aufträge begründet werden. Zum anderen muss das Unternehmen in seinem Vertrag eine Verpflichtung durch den Vertragspartner hinnehmen, ohne dass dies möglicherweise von seinem tatsächlichen oder mutmaßlichen Willen getragen wäre oder regelmäßig sogar gegen den Willen des Unternehmens verstößt. Unter solchen Voraussetzungen gilt ein solcher Vertrag gem. § 155 Abs. 1 BGB als nicht geschlossen. Für eine etwaige Rechtfertigung der **Einschränkung der Vertragsautonomie** des Auftragnehmers durch die verstärkte Berücksichtigung der Interessen des Mittelstandes ist daher – unabhängig davon, dass das betreffende Unternehmen definitionsgemäß kein öffentlicher Auftraggeber oder Sektorenauftraggeber ist und entsprechend auch nicht denselben Restriktionen unterworfen sein kann – von Anfang an kein Raum. Der Wortlaut des Abs. 4 S. 4 („verpflichtet der Auftraggeber das Unternehmen") lässt auch keinen Spielraum, die notwendige Willenserklärung des Unterauftragnehmers zu fingieren oder eine Pflicht abzuleiten, dass er die Vorgabe des öffentlichen Auftraggebers zu akzeptieren hat.

283 Damit ergibt sich aus Abs. 4 S. 4, dass ein Regelungsansatz, der die Verpflichtung des öffentlichen Auftraggebers oder Sektorenauftraggebers enthält, seinerseits das Unternehmen zu einer Hand-

---

[983] *Schramm* in Müller-Wrede Kompendium VergabeR, 1. Aufl. 2008, Kap. 11, Rn. 55.
[984] Vgl. § 10 Nr. 1 VOL/A (2006).
[985] BT-Drs. 16/11428, 49 f.
[986] Loewenheim/Meessen/Riesenkampff/*Bungenberg*, 2. Aufl. 2009, Rn. 3.

lung zu verpflichten, **nicht über einen Vertrag zu verwirklichen ist,** sofern insoweit die notwendige Zustimmung des betroffenen Unternehmens nicht besteht. Dies führt in seiner Konsequenz dazu, dass der Ansatz des Abs. 4 S. 4, die Interessen mittelständischer Unternehmen auch dann zu berücksichtigen, wenn bestimmte Unternehmen, die ein Näheverhältnis zur öffentlichen Hand haben, ohne aber öffentliche Auftraggeber zu sein, einen Unterauftrag erteilen, **fehl geht.**[987]

284 Da die Formulierung des Abs. 4 S. 4 nur das Ergebnis vorgibt (Verpflichtung des Unternehmens) und ansonsten für die Mittel offen ist, könnten (und müssen) **andere Ansätze** in Betracht kommen, die zu einer Verpflichtung des Unternehmens führen. Zu denken ist dabei in allererster Linie an hoheitlichen Instrumentarien (insbesondere Verwaltungsakt). Dabei kann eine Verbindung mit einem hoheitlichen Betrauungsakt erfolgen. Gleichwohl besteht aber insoweit das Problem, dass nicht jeder öffentliche Auftraggeber oder Sektorenauftraggeber auch eine Behörde ist, die derartige Handlungsformen wählen darf.

285 Um den Konflikt zu lösen, der zwischen dem vom Gesetzgeber gewollten Ziel der Regelung und dem tatsächlich gewählten Regelungsansatz zur Erreichung des Zieles besteht, bietet es sich jenseits der Verwendung hoheitlicher Instrumente an, die Passage „verpflichtet der Auftraggeber das Unternehmen … nach S. 1 bis 3 zu verfahren" **teleologisch so auszulegen,** dass der Auftraggeber die Abgabe einer (sanktionsbewährten) Verpflichtungserklärung durch das betreffende Unternehmen, es werde nach den Abs. 4 S. 1–3 verfahren, wenn es Unteraufträge an Dritte vergibt, als **aufschiebende Bedingung gem. § 158 BGB** für die wirksame Erteilung des Auftrags verlangen muss.[988] Damit kommt ein Vertrag nur unter Einbeziehung der aus Abs. 4 S. 4 folgenden Verpflichtung zustande.

286 **b) Inhalt der Verpflichtung.** Der Inhalt der Verpflichtung des Unternehmens ist es, nach den Vorschriften des Abs. 4 S. 1, S. 2 und S. 3 zu verfahren. Der in dieser Vorschrift gewählte Begriff „verfahren" ist **im Sinne von befolgen** zu verstehen, wobei das Verb „verfahren" deutlicher den Spielraum kenntlich macht, in dem die Besonderheiten des Einzelfalls Berücksichtigung finden können. Das bedeutet vor allem, dass neben der Beachtung des in Abs. 4 S. 1 verankerten allgemeinen Vergaberechtsgrundsatzes der besonderen Berücksichtigung mittelständischer Interessen die Leistungen der Unteraufträge grundsätzlich in Lose unterteilt werden müssen. Eine **enge Ausnahme** gibt es gem. Abs. 4 S. 3 auch beim Vorliegen von wirtschaftlichen oder technischen Gründen.

287 **c) Rechtsfolgen des Verstoßes gegen die Verpflichtung.** Bislang noch nicht geklärt und in Einzelfragen sehr schwierig ist die Frage nach den Rechtsfolgen, die mit einem Verstoß gegen die jeweiligen Verpflichtungen einhergehen. Die **Probleme ergeben sich** weitgehend daraus, dass der Gesetzgeber bestimmte vergaberechtliche Aspekte auf Sachverhalte übertragen möchte, die ansonsten, insbesondere beim Rechtsschutz, nicht dem Vergaberecht unterliegen. Zu unterscheiden ist dabei ein Pflichtverstoß des öffentlichen Auftraggebers von demjenigen des Unternehmens.

288 **aa) Pflichtverstoß des öffentlichen oder Sektorenauftraggebers.** Der Pflichtverstoß des öffentlichen Auftraggebers gem. Abs. 4 S. 4 iVm § 160 Abs. 2 S. 1 führt nur dann zu einem Nachprüfverfahren vor der Vergabekammer, wenn die Pflicht zur Verpflichtung bestimmter Unternehmen, die Unteraufträge an einen Dritten zu erteilen, nach Abs. 4 S. 1–3 zu verfahren, ein subjektives Recht darstellt. Zwar vermittelt der Grundsatz der vornehmlichen Berücksichtigung mittelständischer Interessen subjektive Rechte, doch stellt sich im Hinblick auf die spezielle Verpflichtung des öffentlichen Auftraggebers nach Abs. 4 S. 4 die Frage, ob auch die **Nichteinhaltung dieser Pflicht** eine Verletzung eines subjektiven Rechts iSd Abs. 6 darstellt. Der durch diese Pflicht bezweckte Schutz zielt ebenfalls auf die Förderung der mittelständischen Unternehmen ab. Er ist allerdings nur mittelbar ausgeprägt, indem Unternehmen, die mit der Wahrnehmung und Durchführung einer öffentlichen Aufgabe betraut sind und welche den Zuschlag für den öffentlichen Auftrag erhalten haben, zur Beachtung der mittelständischen Interessen verpflichtet werden. Zweifelhaft ist deshalb, ob diejenigen, die aus Abs. 4 S. 1–3 ein **subjektives Recht** für sich geltend machen können (beispielsweise die vornehmliche Berücksichtigung mittelständischer Interessen oder die Aufteilung der Leistung in Lose), dies auch dann gegenüber dem öffentlichen Auftraggeber tun können, wenn die Vorgaben des Abs. 4 S. 1–3 durch ein Unternehmen für die Erteilung eines Unterauftrages beachtet werden müssen, das nicht dem Vergaberecht unterliegt. Vor dem Hintergrund des gesetzlich gewollten, weitgehenden Mittelstandsschutzes, der sich für einige Fälle auch auf der Ebene der Unterauftragnehmer widerspiegeln soll, wird man dies wohl jedenfalls für den Fall bejahen müssen, wenn der Inhaber eines solchen subjektiven Rechts dies **nicht gegen den Unterauftraggeber** durchset-

---

[987] IErg ebenso *Leinemann* in Leinemann Vergabe öff. Aufträge, 4. Aufl. 2007, Rn. 33; vgl. die Ansätze bei *Burgi* NZBau 2010, 593 (598).
[988] IErg ähnlich *Kus* in RKPP GWB Rn. 219 f.; *Roth* VergabeR 2009, 404 (407).

zen kann. Andernfalls würde nämlich die vom Gesetzgeber gewollte Übertragung der Befolgung der Vorgaben des Abs. 4 S. 1–3 auf das Verhältnis des Unterauftraggebers zum Unterauftragnehmer in den besonderen Fällen, dass der Unterauftraggeber ein Unternehmen ist, das mit der Wahrnehmung einer öffentlichen Aufgabe betraut ist, leerlaufen.[989]

289 Kommt der öffentliche Auftraggeber den Voraussetzungen seiner Pflicht zur Verpflichtung von bestimmten Unternehmen nicht nach, so hängen die **Rechtsfolgen** wesentlich davon ab, wie man die Pflicht des öffentlichen Auftraggebers zur Verpflichtung des Unternehmens einordnet. Sieht man die Erfüllung dieser Pflicht darin, dass der öffentliche Auftraggeber darauf hinwirkt, dass das Unternehmen, welches den Zuschlag erhalten soll, eine Verpflichtungserklärung zur Unterauftragsvergabe abgibt, so hat die Nichteinhaltung dieser Pflicht zur Folge, dass **kein wirksamer Zuschlag** erfolgen kann. Kommt es gleichwohl dazu, dass der Auftragnehmer tätig wird und verfährt er in diesem Zusammenhang bei der Erteilung eines Unterauftrages nicht nach Abs. 4 S. 1–3, so hat derjenige, der durch die Übertragung der subjektiven Rechte auf die Ebene der Unterauftragsvergabe ein solches Recht für sich in Anspruch nehmen kann und zudem durch das Verhalten des Unterauftraggebers einen Schaden erlitten hat, einen Sekundärrechtsanspruch gegen den öffentlichen Auftragnehmer auf Schadensersatz gem. § 126 GWB oder nach § 823 Abs. 2 BGB iVm § 97 Abs. 1 GWB.

290 **bb) Pflichtverstoß des Auftragnehmers.** Besondere dogmatische Probleme dürfte der Fall bereiten, wenn zwar der öffentliche Auftraggeber seine Pflicht zur Verpflichtung erfüllt hat, der Auftragnehmer im Rahmen der Erteilung eines Unterauftrages hingegen die Vorgaben des Abs. 4 S. 1–3 nicht beachtet und damit seine Pflicht verletzt. Diesbezüglich kommen nur **Sekundäransprüche** in Betracht. **Schwierigkeiten ergeben sich** dabei aber insoweit, dass weder die „Vergabe" des Unterauftrags durch den Unterauftraggeber noch das Rechtsverhältnis zwischen dem Unterauftraggeber und dem Unterauftragnehmer den vergaberechtlichen Vorgaben unterfällt. Der Unterauftragnehmer hat ein Rechtsverhältnis, aus dem er ggf. Ansprüche gegen den Unterauftraggeber geltend machen kann. Diese werden sich aber gerade nicht gegen die Verletzung der Pflicht des Unterauftraggebers richten, bei der „Vergabe" des Unterauftrags nicht nach Abs. 4 S. 1–3 verfahren zu haben, denn derjenige, der den Unterauftrag erhalten hat, hat dadurch keinen Schaden erlitten.

291 Soweit Dritte, die nicht den Unterauftrag erhalten haben, rügen wollen, sie hätten einen Schaden dadurch erlitten, dass der Unterauftraggeber bei der „Vergabe" des Unterauftrags die Abs. 4 S. 1–3 nicht befolgt hätte, ist fraglich, gegen wen und **auf welche Rechtsgrundlage ein solcher Anspruch gestützt** werden kann. Das gleiche gilt für die Rüge, die den Unterauftrag bildende Leistung sei nicht oder nicht in ordnungsmäßige Lose gestückelt worden, sodass dadurch ein Schaden entstanden sei. Eine Rechtsbeziehung besteht weder zu dem öffentlichen Auftraggeber noch zu dem Unterauftraggeber.[990] Um aber den vom Gesetzgeber durch Abs. 4 S. 4 gewollten Schutz nicht leerlaufen zu lassen, bedarf es also eines Rechtskonstrukts, das den Dritten, die keine rechtliche Beziehung zum Unterauftraggeber haben, gleichwohl die Möglichkeit gibt, einen durch das pflichtwidrige Verhalten des Unterauftraggebers entstandenen Schaden geltend zu machen. Der Gesetzgeber hat **keine normativen Ansatzpunkte** zur Lösung dieses Problems gegeben. Mangels Vorliegens der Voraussetzungen einer Drittschadensliquidation infolge der nicht zufälligen Schadensverlagerung liegt nur eine „vergaberechtliche Lösung" nahe. Dass eine solche herangezogen werden kann, obwohl die Rechtsverhältnisse des Unterauftraggebers im Hinblick auf den Unterauftrag nicht dem Regime des Vergaberechts unterstehen, lässt sich daraus ableiten, dass der Gesetzgeber im Hinblick auf die Erteilung des Unterauftrages den Begriff „Vergabe" benutzt und durch Abs. 4 S. 4 darüber hinaus zum Ausdruck bringt, dass die Wertungen des Vergaberechts auch in diesem Sachzusammenhang eine Rolle spielen sollen. Als **vergaberechtlicher Sekundäranspruch** kommt hier § 126 in analoger Anwendung in Betracht.[991] Auf dieser Grundlage könnten die Dritten, die durch die Pflichtverletzung des Unterauftraggebers einen Schaden erlitten haben, diesen gegenüber dem öffentlichen Auftraggeber geltend machen.[992] Der öffentliche Auftraggeber muss sich dann im Verhältnis zu den Dritten, die einen Verstoß des Unterauftraggebers gegen Abs. 4 S. 1–3 rügen, so behandeln lassen, als habe er diesen gegenüber gegen die ihm obliegenden Pflichten verstoßen. Dies ist ein durchaus **sach- und interessengerechtes Ergebnis,** denn wirtschaftlich betrachtet stellt die „Vergabe" des Unterauftrags durch das Unternehmen, das den Zuschlag erhalten hat, nichts anderes dar als eine Leistung, die für den öffentlichen Auftraggeber erbracht worden ist und von diesem – mittelbar durch den Unterauftraggeber – vergeben wurde. Der Pflichtverstoß gegen die Vorgaben des Abs. 4 S. 1–3 bei der „Vergabe" von Unteraufträgen

---

[989] Vgl. insoweit auch BVerfG Beschl. v. 23.4.2009 – 1 BvR 3424/08, BeckRS 2009, 34032 = NZBau 2009, 464; *Burgi* NZBau 2010, 593 (594 Fn. 9).
[990] Vgl. zum Problem der vom Nachunternehmer nicht abgeführten Sozialversicherungsbeiträge gem. § 28e Abs. 3a ff. SGB IV *Kossens* NZBau 2009, 419.
[991] → 1. Aufl. 2011, Rn. 130 (*Ehricke*).
[992] S. auch *Greve* NZBau 2009, 215.

durch das Unternehmen, das den Zuschlag erhalten hat, ist ihm wie ein eigener Pflichtverstoß zuzurechnen. Dies ist auch keineswegs unbillig, denn der öffentliche Auftraggeber hat es in der Hand, das Risiko dieser Pflichtenzurechnung zu vermeiden, indem er im Verhältnis zum Unternehmen, das den Zuschlag erhalten hat, auf eine Erteilung von Unteraufträgen Einfluss nimmt.

VIII. Subjektive Rechte

Als allgemeiner Vergaberechtsgrundsatz vermittelt Abs. 4 in all seinen Einzelregelungen subjektive Rechte für die **mittelständischen Unternehmen**,[993] auf deren Einhaltung diese gem. Abs. 6 einen Anspruch haben. Damit sind mittelständische Unternehmen befugt, unter den weiteren Voraussetzungen des § 160 Abs. 2, ein Nachprüfungsverfahren zu beantragen. Ein mittelständisches Unternehmen kann insoweit vor allem geltend machen, dass sein subjektives Recht durch die fehlende oder fehlerhafte Aufteilung des öffentlichen Auftrages in Lose verletzt worden sei.

Darüber hinaus besteht ein Anspruch von **nicht-mittelständischen (großen) Unternehmen** darauf, dass die Leistung losweise vergeben wird, da Abs. 4 S. 2 das Gebot der Losvergabe unabhängig von Abs. 4 S. 1 aufstellt.[994] Gleiches gilt auch, wenn zwar eine Aufteilung in Lose vorgenommen wurde, diese Aufteilung aber fehlerhaft ist. Dies kann ebenfalls die Verletzung eines subjektiven Rechts für ein nicht-mittelständisches Unternehmen bedeuten, weil ihm durch eine unsachgemäße Aufteilung der Leistung in verschiedene Lose die Teilnahmechancen an den Vergabeverfahren eingeschränkt oder ganz genommen werden. Schließlich können subjektive Rechte von nicht-mittelständischen Unternehmen auch dadurch verletzt werden, dass die Ausnahmevorschrift des Abs. 4 S. 3 fehlerhaft angewendet wurde.

F. Elektronische Vergabe (Abs. 5)

Schrifttum: Zur elektronischen Vergabe (e-Vergabe) nach den anfänglichen Rechtsreformen seit 1997:
Antweiler, Der Einsatz elektronischer Mittel bei der Vergabe öffentlicher Aufträge, CR 2001, 717; *Barth*, Anwendungsmöglichkeiten und Vorteilhaftigkeit des Electronic Procurement für öffentliche Bundesverwaltungen, 2003; *Buchwalter*, Elektronische Ausschreibungen in der Beschaffung, 2001; *Burgi*, Ein gangbarer Weg zur elektronischen Vergabe: Die Angebotsabgabe in einer Kombinationslösung, VergabeR 2006, 149; *Gehrmann/Schinzer/Tacke*, Public E-Procurement – Netzbasierte Beschaffung für öffentliche Auftraggeber und Versorgungsunternehmen, 2002; *Graef*, Rechtsfragen zur Kommunikation und Informationsübermittlung im neuen Vergaberecht, NZBau 2008, 34; *Heinze*, Die elektronische Vergabe öffentlicher Aufträge, 2006; *Hellmuth*, Studie Public Electronic Procurement, 2002; *Höfler*, Die elektronische Vergabe öffentlicher Aufträge, NZBau 2000, 449; *Höfler/Bert/Ruppmann*, Öffentliche Auftragsvergabe im Internet, 2000; *Höfler/Rosenkötter*, E-Commerce-Richtlinie und Vergaberecht: Zur formellen Wirksamkeit der elektronischen Angebotsabgabe im Vergabeverfahren, K&R 2001, 631; *Jansen*, Public Electronic Procurement (PEP): Empirische Ergebnisse zum Beschaffungswesen der öffentlichen Hand im Internet, 2001; *Jansen/Dippel*, Elektronische Beschaffung und Vergabe in der öffentlichen Verwaltung, 2004; *Kahlert*, Datensicherheit bei der elektronischen Auftragsvergabe, 2006; *Kaldewei*, Das Mantelbogenverfahren in der e-Vergabe, Vergabe Navigator 2/2007, 21; *Kirch*, Die elektronische Auktion, Vergabe News 9/2011, 106; *Kosilek*, Elektronische Beschaffung und Kommunen, 2004; *Kosilek/Uhr*, Public Electronic Procurement: eine empirische Untersuchung, 2002; *Kratzenberg/Hansen-Reifenstein*, E-Commerce-Richtlinie und öffentliche Auftraggeber, NZBau 2002, 309; *Leinemann/Kirch*, Das EU-Legislativpaket – Die elektronische Auktion, Vergabe News 4/2004, 42; *Lott*, Die elektronische Auftragsvergabe in Deutschland, JurPC Web Dok. 36/2006; *Malmendier*, Virtuelle Einkaufsgemeinschaften der öffentlichen Hand, in Germann/Schinzer/Tacke, Public E-Procurement, 131; *Malmendier*, Rechtliche Rahmenbedingungen der elektronischen Vergabe, VergabeR 2001, 178; *Mosbacher*, Elektronische Vergabe: Neue Möglichkeiten im elektronischen Beschaffungswesen, DÖV 2001, 573; *Müller/Ernst*, Elektronische Vergabe ante portas, NJW 2004, 1768; *Noelle*, Absteigerungen auf Internet-Marktplätzen und Vergaberecht, NZBau 2002, 197; *Paul*, Das elektronische Vergabeverfahren am Beispiel der Vergabe von Bauleistungen, 2008; *Probst*, Elektronische Vergabe und inverse Auktionen, ThürVBl. 2002, 245; *Roßnagel/Paul*, Die Form des Bieterangebots in der elektronischen Vergabe, NZBau 2007, 74; *Schafft*, Reverse Auctions im Internet, CR 2001, 395; *Schäfer*, Die Regelungen zur elektronischen Vergabe im EU-Legislativpaket, in Informatik – Wirtschaft – Recht, Regulierung in der Wissensgesellschaft, FS Kilian, 2004, 761; *Schäfer*, Das Legislativpaket der EU zum öffentlichen Auftragswesen, Beitrag IV. B. 6 zu Grabitz/Hilf, Das Recht der Europäischen Union, 25. Lief. 2005 (Überblick über die e-Vergabe-Reformen von 2004); *Schäfer*, EU-Vergaberecht 2010/11 – zwischen

---

[993] OLG Jena Beschl. v. 6.6.2007 – 9 Verg 3/07, ZfBR 2007, 603; VK Düsseldorf Beschl. v. 19.3.2007 – VK-07/07-B, 1; VK Bund Beschl. v. 14.9.2007 – VK 1-01/07; VK Bund Beschl. v. 31.8.2007 – VK 1-92/07; VK Bund Beschl. v. 1.2.2001 – VK 1-1/01, NJOZ 2003, 3117; VK Magdeburg Beschl. v. 6.6.2002 – 33-32571/07 VK5/02 MD; VK Hessen Beschl. v. 27.2.2003 – 69 d VK-70/02; Byok/Jaeger/Kau Rn. 65.
[994] VK Bund Beschl. v. 17.8.2015 – VK 2-35/15, VPRRS 2015, 0301; vgl. auch die fehlende Einschränkung bei OLG Rostock Beschl. v. 9.12.2020 – 17 Verg 4/20 Rn. 69.

Konsolidierung, Fragmentierung und Kohärenz, VergabeR 2011, 275; *Schäfer,* Public E-Procurement im Rahmen der europäischen Vergaberechtsform, in Gehrmann/Schinzer/Tacke, Public E-Procurement – Netzbasierte Beschaffung für öffentliche Auftraggeber und Versorgungsunternehmen, 2002, 49; *Schindler,* Zulässigkeit der Begrenzung der Angebotsabgabe auf elektronische Form durch öffentliche Auftraggeber, NZBau 2007, 74; *Schmid,* Inverse Auktionen, kommune 21, 2001, 53; *Schröder,* Die elektronische Auktion nach § 101 IV 1 GWB – Rückkehr des Lizitationsverfahrens?, NZBau 2010, 411; *Weyand,* Leitfaden E-Vergabe, 2. Aufl. 2001; *K. Wieddekind,* Das dynamische elektronische Verfahren gem. § 101 Abs. 6 GWB, § 5 VOL/A-EG, VergabeR 2011, 412.

Zur e-Vergabe nach den Rechtsreformen von 2014/2016: *Adams,* eVergabe – die nächsten Schritte, VergabeFokus 3/2016; *Adams,* Verbindliche eVergabe vor dem Start: Was ist zu beachten?, VergabeFokus 1/2016, 10; *Braun,* Elektronische Vergaben, VergabeR 2016, 179; *Knauff,* Elektronische öffentliche Auftragsvergabe, NZBau 2020, 421; *Probst/Winters,* Die eVergabe nach der Vergaberechtsreform 2016, CR 2016, 349; *Probst/Winters,* eVergabe – ein Blick in die Zukunft des elektronischen Vergabewesens, CR 2015, 557; *Noch,* e-Vergabe in der Praxis, 2014; *Reichling/Scheumann/Lampe,* „e-Vergabe" – Ist das Vergaberecht im Zeitalter der Digitalisierung angekommen? (Teil I), GewA 2020, 248; *Reichling/Scheumann/Lampe,* „e-Vergabe" – Ist das Vergaberecht im Zeitalter der Digitalisierung angekommen? (Teil II), GewA 2020, 308; *Schäfer,* Perspektiven der eVergabe, NZBau 2015, 131; *Schäfer,* eVergabe: Künftig zwingende Einführung und weitere Reformen, VOB aktuell 1/2016, 19.

I. Normzweck

294 Abs. 5 stellt auf Ebene des Gesetzes klar, dass bei allen Vergaben von öffentlichen Aufträgen gemäß RL 2014/24/EU, Aufträgen im Bereich der der besonderen Sektoren gemäß Sektoren-RL (= RL 2014/25/EU) und bei Vergaben von Konzessionen gemäß RL 2014/23/EU die **Kommunikation grundsätzlich zwingend elektronisch** zu erfolgen hat. Ausnahmen gelten nur dann, wenn bestimmte, näher bezeichnete Ausnahmetatbestände erfüllt sind.

295 Die Vorschrift dient als **grundlegende nationale Vorschrift zur elektronischen Vergabe** (oft auch kurz als „e-Vergabe"[995] bezeichnet). Darunter wird allgemein die elektronisch gestützte Durchführung des gesamten Vergabeverfahrens verstanden.[996] Sie soll die Umsetzung der mit den EU-Reformen von 2014 angeordneten, prinzipiell zwingenden Einführung der elektronischen Vergabe im Bereich der **öffentlichen Aufträge und Sektorenaufträge,** die einen Kernpunkt der EU-Reformen ausmacht, explizit bekräftigen.

296 Auch für den Bereich der Vergabe von **Konzessionen,** für die der EU-Gesetzgeber keine vollständig zwingende e-Vergabe angeordnet hat, sondern insoweit teilweise eine Wahlmöglichkeit bezüglich Kommunikationsmittel einräumt (→ Rn. 303, 342 ff.), hat sich der deutsche Gesetzgeber für eine grundsätzlich zwingende Einführung der elektronischen Kommunikation entschieden. Insoweit nutzt er eine diesbezügliche Option, die der EU-Gesetzgeber den Mitgliedstaaten eingeräumt hat.

297 Näheres zu den **europarechtlichen Grundlagen** → Rn. 296 ff.; zu **Einzelheiten des § 97 Abs. 5** → Rn. 375 ff.

II. Europarechtlicher Hintergrund

298 **1. Einführung.** Mit Abs. 5 hat erstmals eine Bestimmung zur elektronischen Vergabe Eingang in das GWB gefunden. Allerdings war die **e-Vergabe** von öffentlichen Aufträgen und Aufträgen im Bereich der besonderen Sektoren **spätestens bereits infolge der EU-Vergaberechtsreformen von 2004 weitgehend zulässig** und – europäisch wie national – rechtlich bereits umfangreich geregelt.[997] Im nationalen Recht waren die Vorschriften zur elektronischen Vergabe als Teil der Bestimmungen zum Vergabeverfahren bisher in den Vergabe- und Vertragsordnungen normiert, die durch GWB und VgV aF in Bezug genommen wurden.

299 **Wichtigste Neuerung** auf Grund der EU-Vergaberechtsreformen des Jahres 2014 ist die **nunmehr im Regelfall zwingende Anwendung der elektronischen Kommunikation** bei der Vergabe von Aufträgen öffentlicher Auftraggeber und von Sektorenauftraggebern **ab den EU-Schwellenwerten.**[998] Ferner wurden **etliche Anpassungen der bisherigen Regelungen in Details** vorgenommen. Neu sind ferner ua Regelungen zur elektronischen Vergabe bei Konzessionen auf Grund der 2014 erstmals geschaffenen RL für die Vergabe von Konzessionen.[999] Nach der Konzessionsrichtlinie reicht der Zwang zur Anwendung der elektronischen Kommunikation

---

[995] Zur Schreibweise vgl. BeckOK VergabeR/*Zimmermann* § 97 Abs. 5 Rn. 12.
[996] BeckOK VergabeR/*Zimmermann* § 97 Abs. 5 Rn. 8.
[997] Vgl. insbes. Art. 42 ff. Vergabe-RL 2004; s. zur Entwicklung der elektronischen Auftragsvergabe zusammenfassend *Noch* VergabeR-HdB Rn. 562 ff.
[998] Vgl. zB Art. 4 ff. RL 2014/14/EU nebst turnusmäßigen Überprüfungen bzw. Neufestsetzungen der Schwellenwerte gem. Art. 6 RL 2014/14/EU.
[999] S. RL 2014/23/EU, ABl. 2014 L 94, 1.

europarechtlich nicht so weit wie für öffentliche Aufträge und Sektorenaufträge; der deutsche Gesetzgeber hat allerdings insoweit von der Option Gebrauch gemacht, die e-Vergabe auch insoweit prinzipiell zwingend einzuführen (→ Rn. 303, 342 ff.).

2. Überblick über internationale Regelungen zur elektronischen Vergabe. a) Government Procurement Agreement der WTO (GPA). Einen wesentlichen rechtlichen Hintergrund für die Entstehung der EU-Regelungen zur e-Vergabe bildet das Government Procurement Agreement der WTO (GPA).[1000] Dabei handelt es sich um eine **plurilaterale Übereinkunft,** die einige, jedoch nicht alle Mitglieder der WTO unterzeichnet haben. Zeichner des Abkommens sind die wichtigsten alten Industrienationen, darunter die USA, Kanada, Japan, die Schweiz und sämtliche Mitgliedstaaten der EU. Bei Entwicklungs- und Schwellenländern bestehen häufig noch Vorbehalte gegen das marktöffnende Abkommen. Selbst wichtige Schwellenländer wie Indien und Brasilien sind dem GPA bislang nicht beigetreten. Auch der bereits seit langem angekündigte Beitritt Chinas steht bisher noch aus. Indessen ist das **GPA für die EU und Deutschland zwingend zu beachten,** da sie zu den Zeichnern des Abkommens zählen und dessen Regelungen damit in ihren eigenen Gesetzgebungen umsetzen müssen. 300

Erster wesentlicher rechtlicher Auslöser für die Schaffung von Vorschriften zur e-Vergabe war eine einzelne Bestimmung des **GPA von 1994.** Diese 1996 in Kraft getretene erste Fassung des GPA enthielt eine erste **Öffnung für „moderne" Kommunikationsmittel.** Danach wurde für die e-Vergabe unter bestimmten Voraussetzungen das Telefax neben den zuvor allein zulässigen Kommunikationsformen der schriftlichen Übermittlung, des Fernschreibens und des Telegramms zugelassen (Art XIII Abs. 1a GPA 1994). Angesichts der bindenden Wirkung des GPA für die EU machte diese Vorschrift eine Überarbeitung der damaligen EG-Richtlinien für öffentliche Aufträge erforderlich, die bis dahin keine derartige Öffnung vorsahen. Dies führte zu zwei **„EG-GPA-Änderungsrichtlinien".**[1001] Darin wurde – über die Öffnungsklausel des GPA hinausgehend – zugelassen, dass ein Angebot auch „auf andere Weise" als in schriftlicher Form bzw. per Post übermittelt werden kann, wenn bestimmte Voraussetzungen, darunter insbesondere die Wahrung der Vertraulichkeit erfüllt waren und, soweit für den rechtlichen Nachweis erforderlich, eine beglaubigte Abschrift nachfolgte. Damit war eine **erste wesentliche Öffnung für die elektronische Handlungsform** im öffentlichen Auftragswesen erreicht, die in der Folge zu weiteren diesbezüglichen Reformen im europäischen und im deutschen Recht führte.[1002] 301

Am 6.4.2014 ist eine **reformierte Fassung des GPA**[1003] in Kraft getreten, die nun auch einige **explizite Regelungen zur e-Vergabe** umfasst. Dazu zählen Legaldefinitionen zu Schriftform, e-Vergabe und elektronischen Auktionen (Art I lit. g und f GPA nF) sowie Bestimmungen mit einigen grundlegenden Prinzipien für die e-Vergabe (Art IV Abs. 3 GPA nF) und elektronische Auktionen (Art XIV GPA nF). Während das GPA 1994 mit seiner frühen Öffnung für „moderne" Kommunikation per Telefax den EU-Richtlinien damals voraus war, sind die 2014 in Kraft getretenen Reformen des GPA eher als Übernahme einiger der bereits seit 2004 in den EU-Richtlinien befindlichen e-Vergabe-Regelungen[1004] zu betrachten. 302

b) UNCITRAL-Modellgesetz zum öffentlichen Auftragswesen. Auch in das 2011 neu gefasste UNCITRAL-Modellgesetz zum öffentlichen Auftragswesen[1005] sind Regelungen aus dem seit 2004 geltenden e-Vergaberecht der EU-Richtlinien für öffentliche Aufträge mit eingeflossen. Dies gilt sowohl für Vorschriften zu Mitteilungen („communications")[1006] als auch für spezielle Regelungen zu umgekehrten elektronischen Auktionen.[1007] Das UNCITRAL-Modellgesetz ist **kein bindender Rechtsakt, sondern nur Gestaltungsempfehlung** für gesetzliche Vorschriften, vornehmlich für weniger entwickelte Staaten. Es liefert damit allerdings auch einen gewissen Beitrag zur internationalen Diskussion über die Fortbildung des Vergaberechts. 303

[1000] Vgl. https://www.wto.org/english/tratop_e/gproc_e/gp_gpa_e.htm (zitiert nach dem Stand vom 1.8.2017).
[1001] RL 97/52/EG v. 13.10.1997, ABl. 1997 L 328, 1, zur Änderung der damaligen Liefer- Bau und Dienstleistungskoordinierungsrichtlinien für öffentliche Aufträge (RL 93/36/EWG, 93/97/EWG und 92/50/EWG) sowie RL 98/4/EG v. 16.2.1998, ABl. 1998 L 101, 1, zur Änderung der damaligen Sektorenkoordinierungsrichtlinie 93/38/EG).
[1002] Einzelheiten s. *Schäfer* FS Kilian, 2004, 760 (764 ff.).
[1003] Revidiertes Agreement on Government Procurement der WTO, in Kraft getreten am 6.4.2014, Text des Abkommens und weitere Einzelheiten s. https://www.wto.org/english/tratop_e/gproc_e/gp_gpa_e.htm (zitiert nach dem Stand vom 30.4.2016).
[1004] Vgl. insbes. Art. 42 ff. Vergabe-RL 2004.
[1005] UNCITRAL Model Law on Public Procurement (reformierte Fassung 2011), erarbeitet von der United Nations Conference on International Trade Law, Veröffentlichung der Vereinten Nationen New York, 2014.
[1006] S. Art. 7 UNCITRAL Model Law on Public Procurement (reformierte Fassung 2011).
[1007] S. Art. 53–57 UNCITRAL Model Law on Public Procurement (reformierte Fassung 2011).

304 **3. Entwicklung des EU-Rechtsrahmens. Wesentliche Elemente des EU-Rechtsrahmens** zur elektronischen Vergabe sind **bereits 2004 in der Vergabe-RL 2004 (= RL 2004/18/EG) und Sektoren-RL 2004 (= RL 2004/17/EG)** geschaffen worden. Diese Regelungen knüpften an erste, teils noch rudimentäre Zulassungen moderner Kommunikationsmittel im WTO-Abkommen für öffentliche Aufträge (GPA) von 1994 (→ Rn. 299) sowie einige frühe nationale Regelungen zur elektronischen Kommunikation an und bauten diese zu einem **grundlegenden Rechtsrahmen** für die elektronische Vergabe aus.[1008] Auch die 2009 hinzugekommene RL für Vergaben in den Bereichen Verteidigung und Sicherheit (RL 2009/81/EG) enthält Regelungen zur elektronischen Vergabe.

305 Ausgangspunkt war nach der Vergabe-RL 2004 und der Sektoren-RL 2004 allerdings noch, dass die Entscheidung über die Kommunikationsmittel „nach Wahl des Auftraggebers" erfolgte,[1009] dh die Vergabe nicht generell zwingend elektronisch zu erfolgen hatte. Dies wird durch die EU-Reformen von 2014 für die Vergabe von öffentlichen Aufträgen grundlegend geändert. Danach ist die Vergabe – jedenfalls nach Ablauf der befristeten nationalen Aufschub-Optionen – nun im Regelfall zwingend elektronisch durchzuführen (Ausnahmen → Rn. 320 ff., 323 f.). Lediglich bezüglich der Vergabe von Konzessionen wird auf der Ebene der EU-Vorschriften teilweise eine Wahlfreiheit erhalten. Allerdings kann abweichend davon national auch für die Vergabe von Konzessionen eine ausschließlich elektronische Kommunikation vorgesehen werden, wovon Deutschland prinzipiell Gebrauch gemacht hat (→ Rn. 344).

306 Über die allgemeinen vergaberechtlichen **Transparenz-, Nichtdiskriminierungs- und Vertraulichkeitsgebote** hinaus enthielten bereits die Vergabe-RL 2004 und die Sektoren-RL 2004 nähere, detaillierte **Konkretisierungen für die elektronische Kommunikation** im Vergabewesen. Insbesondere galt danach bereits seit den EU-Vergaberechtsreformen des Jahres 2004, dass die gewählten **Kommunikationsmittel allgemein verfügbar** sein müssen und nicht dazu führen dürfen, dass der Zugang der Wirtschaftsteilnehmer zum Vergabeverfahren beschränkt wird; ebenso galt bereits nach bisherigem Recht, dass auch die verwendeten Mittel und ihre technischen Merkmale **keinen diskriminierenden Charakter** haben dürfen.[1010]

307 Ferner enthielten die Vergabe-RL 2004 und die Sektoren-RL 2004 auch schon besondere Regelungen zur Gewährleistung der **Vertraulichkeit** und zur **Entgegennahme elektronischer Angebote**,[1011] mit denen Mindestanforderungen an die Verwendung von Sicherungsmechanismen wie zB elektronische Signaturen und Verschlüsselung der Angebote festgelegt werden.

308 Hinzu kamen weitere Vorschriften, darunter ua Anreize für die Verwendung elektronischer Mittel. Ausgangspunkt dafür war, dass die e-Vergabe zu dieser Zeit noch nicht prinzipiell zwingend war, sondern die Entscheidung über die Kommunikationsmittel bisher nach Wahl des Auftraggebers erfolgte (→ Rn. 303).

309 Neben den genannten *allgemeinen* Vorschriften zur elektronischen Umsetzung von Vergabeverfahren enthielten die bisherigen Richtlinien für öffentliche Aufträge auch bereits Regelungen für **besondere Formen der elektronischen Vergabe.** Diese betreffen explizite, 2004 zunächst *optional* eingeführte Regelungen. Sie umfassten bereits 2004 sowohl **„umgekehrte elektronische Auktionen"** („reverse auctions")[1012] als auch **dynamische Beschaffungssysteme,**[1013] die in der Vergabepraxis bis heute teils kontrovers beurteilt werden.[1014] Schließlich war auch die Möglichkeit der Beschaffung durch **elektronische Kataloge** bereits nach den Vergaberichtlinien des Jahres 2004 unter bestimmten Umständen zulässig.[1015]

310 Durch die EU-Richtlinien zum **Rechtsschutz** bei öffentlichen Aufträgen[1016] war bereits sichergestellt, dass die vorerwähnten, seit 2004 geltenden EU-Vorschriften zur elektronischen Vergabe als Teil der Bestimmungen zum Vergabeverfahren **voll-umfänglich** dem effektiven EU-Vergaberechtsschutz zugänglich waren. Dass es bisher nur zu wenigen Nachprüfungsverfahren im Bereich der e-Vergabe gekommen ist, dürfte seinen Grund nicht in unzureichendem Vergaberechtsschutz, sondern in der bislang insgesamt eher noch geringen Zahl voll-elektronisch abgewickelter Vergabeverfahren haben.

[1008] Näher dazu Grabitz/Hilf/*Schäfer*, 25. Lfg. 2005, Teil IV. B. 6, Rn. 21 ff., und *Schäfer* FS Kilian, 2004, 769 ff.
[1009] Vgl. zB Art. 42 Abs. 1 Vergabe-RL 2004.
[1010] S. insbes. Art. 42 Abs. 4 Vergabe-RL 2004.
[1011] S. insbes. Art. 42 Abs. 3 und Abs. 5 lit. a Vergabe-RL 2004 iVm Anhang X Vergabe-RL 2004.
[1012] S. Art. 54 Vergabe-RL 2004.
[1013] S. Art. 33 Vergabe-RL 2004.
[1014] Vgl. dazu zB *Schäfer* NZBau 2015, 131 (136).
[1015] S. Erwägungsgrund 12 Vergabe-RL 2004; vgl. dazu Grabitz/Hilf/*Schäfer*, 25. Lfg. 2005, Teil IV. B. 6, Rn. 32 f.
[1016] RL 89/665/EWG, ABl. 1989 L 395, 33, und RL 92/13/EG, ABl. 1992 L 76, 14, beide geändert durch RL 2007/66/EG, 2007 L 335, 31.

F. Elektronische Vergabe (Abs. 5)

Die seit 2004 geltenden **EU-Regelungen** wurden in Deutschland insbesondere in den Vergabe- 311
und Vertragsordnungen VOL/A, VOB/A und VOF umgesetzt.[1017] Für einige besondere Vergabebereiche erfolgte die Umsetzung in den speziellen Verordnungen VSVgV und SektVO.[1018] Der europarechtlich gebotene effektive Vergaberechtsschutz hinsichtlich der Regelungen zur elektronischen Vergabe ab den EU-Schwellenwerten wurde durch die dafür geltenden Bestimmungen des Vergaberechtsschutzes gem. §§ 102 ff. aF sichergestellt.

4. Rechtstatsächliche Situation. a) Akzeptanzprobleme und fehlende Interoperabili- 312
tät. Während die elektronische Vergabe bereits vor den EU-Reformen des Jahres 2014 weitgehend rechtlich geregelt war, bestanden teilweise **noch Probleme in tatsächlicher, insbesondere technisch/organisatorischer Hinsicht** vor allem dadurch, dass die zumeist überregional agierenden Bieter durch die Unterschiedlichkeit der Anforderungen der diversen e-Vergabe-Systeme bzw. -Plattformen in Bund, Ländern und Kommunen oft mit technischen bzw. organisatorischen Mehraufwand konfrontiert werden, was dem mit der e-Vergabe angestrebten Ziel der Vereinfachung entgegenwirkt.[1019] Für Auftraggeber ergeben sich Schwierigkeiten insbesondere daraus, dass die verwendeten Vergabeplattformen nicht immer alle vom Vergaberecht vorgesehenen Möglichkeiten enthalten oder noch nicht an aktuelle Bedürfnisse angepasst wurden.[1020] Derweil die elektronische Bereitstellung und der **Download von Vergabe-Dokumenten** mittlerweile stark genutzt werden, beziehen sich die verbliebenen Schwierigkeiten insbesondere auf die **interaktive Kommunikation** zwischen den Vergabebeteiligten und vor allem auf die elektronische Abgabe des Angebots. So wurden im Jahr 2015 schätzungsweise noch immer weniger als 20 Prozent aller Vergaben in Deutschland voll-elektronisch, dh unter Einschluss einer elektronischen Angebotsabgabe abgewickelt.[1021]

Eine ähnliche rechtstatsächliche Situation herrscht trotz diverser Initiativen bis jetzt auch in 313
etlichen anderen EU-Mitgliedstaaten.[1022] Ausnahmen bestehen in einzelnen, insbesondere kleineren Mitgliedstaaten. ZB hat Portugal bereits vor den EU-Reformen von 2014 eine im Regelfall zwingende Nutzung der e-Vergabe eingeführt.[1023] Auch in Deutschland haben einige öffentliche Auftraggeber die voll-elektronische Vergabe bereits vor den EU-Reformen von 2014 zwingend eingeführt, so die e-Vergabe-Plattform des Bundes[1024] und der Beschaffungssektor der Bundesanstalt für Arbeit.[1025]

Als wichtiger Grund für die bisher teils noch geringe Akzeptanz der voll-elektronischen Vergabe 314
gilt die teilweise noch fehlende Interoperabilität der technischen Mittel („tools") für die Angebotsabgabe auf den verschiedenen e-Vergabe-Plattformen.[1026] Hinzu kommt, dass es bis jetzt weitgehend an eindeutigen, auftraggeber-übergreifenden Abstimmungen über wesentliche technisch-praktische Aspekte der e-Vergabe fehlt. So existieren in Deutschland über die rudimentären gesetzlichen Bestimmungen hinaus bis jetzt zB keine ohne Weiteres klaren, übergreifenden Leitlinien für die Festlegung des Niveaus der Datensicherheit und die dementsprechende Auswahl der diesbezüglichen technischen Mittel für die elektronische Angebotsabgabe.[1027]

Unsicherheiten hinsichtlich praktischer Einzelheiten der elektronischen Vergabe betra- 315
fen und betreffen teils bis jetzt ua die Frage, ob und ggf. welche **elektronische Signaturen** oder vergleichbare Sicherheitsvorkehrungen sich zur Absicherung der Authentizität und Identität der

---

[1017] VOL/A, VOB/A aF und VOF – s. zB § 13 EG VOB/A EG (2012) für Bauvergaben ab den EG-Schwellenwerten.
[1018] Für Verteidigungs- und Sicherheitsvergaben iSd RL 2009/81/EG in der VSVgV v. 12.7.2012, BGBl. 2012 I 1509, und für Liefervergaben in den Sektoren der Wasser-, Energie- und Verkehrsversorgung in der SektVO v. 23.9.2009, BGBl. 2009 I 3110.
[1019] S. bereits *Schäfer* FS Kilian, 2004, 766; Überblick über etliche wichtige e-Vergabe-Plattformen bei *Noch* VergabeR-HdB Rn. 600 ff.
[1020] *Reichling/Scheumann/Lampe* GewArch 2020/9, 308 (313).
[1021] S. *Schäfer* NZBau 2015, 131 f.
[1022] S. zB Studie Siemens- time.lex zu e-procurement (Version 3.2) v. 9.7.2010, 15 ff. für das Jahr 2010.
[1023] Überblick zB bei Isabel Rosa, Beitrag zur Anhörung des Europäischen Wirtschafts- und Sozialausschusses zu e-procurement v. 13.9.2012, insbes. S. 4.
[1024] Vgl. http://www.evergabe-online.de/start.html?1 (zitiert nach dem Stand v. 1.8.2017).
[1025] http://www.arbeitsagentur.de/web/content/DE/Veroeffentlichungen/Ausschreibungen/ArbeitsmarktDienstleistungen/AktuelleInformationen/Detail/index.htm?dfContentId=L6019022DSTBAI509531 (zitiert nach dem Stand v. 1.8.2017).
[1026] S. bereits einen entsprechenden Hinweis im „Stufenplan e-Vergabe" des BMWi (in Verbindung mit BDI, DIHK und ZDH) von 2007, 4; s. auch *Noch* VergabeR-HdB Rn. 583.
[1027] Einzelne Auftraggeber bzw. mit der Durchführung von Vergaben betraute Stellen wie das Beschaffungsamt des Bundesministeriums des Innern haben für ihren Bereich bestimmte Regelungen getroffen; dagegen fehlt es an Auftraggeber-übergreifenden Regelungen.

elektronischen Dokumente bei der elektronischen Angebotsabgabe empfehlen.[1028] Gleiches gilt für die Frage, welches Niveau der **Verschlüsselung der Daten zwecks Verhinderung unbefugten Einblicks (Kryptierung)** gelten soll.[1029] Zu beiden wichtigen Aspekten geben die EU-Vorschriften zur elektronischen Vergabe – vor und nach den Reformen von 2014 – einen grundsätzlich sinnvollen Rechtsrahmen vor,[1030] der jedoch Raum für unterschiedliche technische Lösungen in der Praxis lässt. Damit verbleibt auf Bieterseite das Problem, dass von Auftraggeber zu Auftraggeber sehr unterschiedliche Anforderungen gestellt werden können, was zu Mehraufwand auf Bieterseite führen kann. Angesichts dessen sind verschiedentlich nicht nur mehr Interoperabilität, sondern auch mehr klare Leitlinien zu einer Auftraggeber-übergreifenden Vorgehensweise gefordert worden.[1031]

316 **b) Interoperabilitätsinitiativen.** Interoperabilitätsinitiativen sind auf europäischer Ebene durch das Projekt **„PEPPOL"** (Pan-European Public Procurement Online)[1032] und Folgeprojekte gestartet worden. An PEPPOL haben sich allerdings nicht alle Mitgliedstaaten beteiligt. Abgesehen von einzelnen von der Kommission fortentwickelten Maßnahmen haben die Ergebnisse von PEPPOL vielfach keine EU-weite Bindungswirkung. Nach dem formalen Abschluss des PEPPOl-Projekts im Jahre 2012 ist als Folgeaktivität die Initiative „Open PEPPOL" in Form einer Vereinigung ins Leben gerufen worden, die sich weiter mit Fragen der Interoperabilität im öffentlichen Beschaffungswesen befasst und an Lösungsansätzen arbeitet.[1033]

317 Einer verbesserten elektronischen, insbesondere grenzüberschreitenden Zusammenarbeit im öffentlichen Sektor dient auch das weitere EU-Projekt **„e-SENS"**.[1034] Dieses Projekt befasst sich ua mit elektronischer Identifizierung (e-ID), elektronischen Dokumenten und elektronischen Signaturen. Auch an diesem Projekt wirken allerdings – ebenso wie zuvor bei PEPPOL – nicht alle EU-Mitgliedstaaten mit, sodass dessen Arbeitsergebnisse jedenfalls nicht ohne Weiteres allgemeine Verbindlichkeit in der EU erlangen.

318 In Deutschland ist das weniger weit gefasste, konkreter ausgerichtete Projekt **„XVergabe"**[1035] entwickelt worden. Es betrifft vorrangig Interoperabilitätslösungen für Vergabebekanntmachungen und „Bietertools" für die elektronische Angebotsabgabe. Zielsetzung bei XVergabe ist nicht die Ersetzung unterschiedlicher technischer Lösungen durch einen Einheitsstandard für nur ein zulässiges e-Vergabe-System, da sich eine solche Standardisierung negativ auf die weitere technische Innovation und den dafür nötigen Wettbewerb auswirken könnte. Angestrebt wird vielmehr eine Interoperabilitätslösung nach dem Prinzip, dass im Anwender, der über eines von mehreren unterschiedlichen Tools zur e-Vergabe verfügt, damit auch in anderen e-Vergabe-Systemen erfolgreich agieren kann.

319 Nach einer mehrjährigen Anlaufphase wird die XVergabe inzwischen durch Bund, Länder und Kommunen im Zusammenwirken mit der Wirtschaft praktiziert, nachdem im Juni 2015 der IT-Planungsrat die **verbindliche Anwendung von XVergabe als nationalem Standard** beschlossen hat.[1036] Dazu haben Bund, Länder, Kommunen und Wirtschaft gemeinsam mit Lösungsanbietern

---

[1028] Vgl. dazu zB *Schäfer* FS Kilian, 2004, 769 ff. zur Diskussion über die Ausgestaltung der Datensicherheit bei der Angebotsabgabe im Rahmen der grundlegenden Konzeption der Vergabe-RL 2004. Vor Jahren sind in Deutschland Einigungen über die Anforderungen an fortgeschrittene Signaturen im Sinne des deutschen Signaturrechts zur Verwendung bei der e-Vergabe im Kreise wesentlicher deutscher e-Vergabe-Plattformanbieter unter Befürwortung des BDI und konkreter Ausarbeitung in dessen Mitgliedsverband Bitkom (Bundesverband Informationswirtschaft, Telekommunikation und neue Medien) erfolgt. Diese Einigungen fanden durchaus Anerkennung, dürften letztlich aber wohl nicht als verbindlicher, flächendeckend geltender Standard zu betrachten sein.
[1029] Soweit ersichtlich existieren in Deutschland keine allg. praktischen Vorgaben bezüglich der Kryptierung.
[1030] S. bereits Art. 42 Abs. 5 lit. a Vergabe-RL 2004 iVm Anhang X Vergabe-RL 2004.
[1031] S. zB *Schäfer* NZBau 2015, 131 (140).
[1032] EU-Initiative „Pan-European Public Procurement Online", beendet 2012, gefolgt von „Open PEPPOL" ab 2012, mit diversen Standardisierungsinitiativen.
[1033] Vgl. http://www.peppol.eu/about_peppol/about-openpeppol-1 (zitiert nach dem Stand v. 1.8.2017).
[1034] Nähere Informationen auf der Projekt-Website http://www.esens.eu (zitiert nach dem Stand v. 1.8.2017).
[1035] Projekt unter Federführung des Beschaffungsamtes des Bundesministeriums des Innern in Verbindung mit BDI und BITKOM, BME, Vertretern von Bund, Ländern und Kommunen sowie Repräsentanten von e-Vergabe-Lösungsanbietern – Überblick dazu bei M. C. Schmidt und P. Schäfer, Interoperabilität für die eVergabe: Das Projekt XVergabe (gemeinsame Präsentation zur Tagung des forum vergabe eV und der Universität Hohenheim zur Beschaffung unter Nutzung von IT am 11.10.2011 in Hohenheim).
[1036] Entscheidung 2015/18 des IT-Planungsrates, s. Pressemitteilung des IT-Planungsrats v. 17.6.2016, vgl. http://www.it-planungsrat.de/SharedDocs/Pressemitteilungen/DE/2015/PM07_17_Sitzung.html sowie https://www.it-planungsrat.de/SharedDocs/Sitzungen/DE/2015/Sitzung_17.html?pos=5 (zitiert nach dem Stand v. 3.10.2020).

F. Elektronische Vergabe (Abs. 5)   320–324   § 97 GWB

zur e-Vergabe ein „Betriebskonzept" für den XVergabe-Standard und eine technische Spezifikation der Kommunikationsschnittstelle für einen einheitlichen Bieterzugang bei öffentlichen Ausschreibungen entwickelt.[1037] Wenn das Projekt konsequent weiterverfolgt wird, könnte es zu einem Modell für die Schaffung entsprechender Interoperabilität auf EU-Ebene werden.

5. Rechtslage nach den Reformen von 2014. Mit der 2014 in Kraft getretenen Neufassung der Richtlinien für öffentliche Aufträge[1038] erfolgte eine **Überarbeitung der bisherigen Regelungen zur e-Vergabe** für öffentliche Aufträge und Sektorenaufträge, die in den Richtlinien des Jahres 2004 grundsätzlich bereits umfassend angelegt waren. Ferner wurden mit der ebenfalls 2014 in Kraft getretenen Konzessionsrichtlinie[1039] **erstmals auch e-Vergabe-Regelungen für Konzessionen** im EU-Recht geschaffen. Allerdings ist zu beachten, dass sich die neuen e-Vergabe-Regelungen für öffentliche Aufträge auf EU-Ebene nennenswert von denen für Konzessionen unterscheiden, und zwar hinsichtlich der Frage, inwieweit sie zwingend anzuwenden sind. Daher ist im Folgenden zwischen den EU-Regelungen für öffentliche Aufträge und Sektorenaufträge einerseits und denen für Konzessionen andererseits zu differenzieren.   **320**

a) Richtlinien für öffentliche Aufträge. aa) Zwingende Anwendung. Die **wichtigste Neuerung** für öffentliche Aufträge und Sektorenaufträge ist die nun **prinzipiell zwingende Anwendung** der elektronischen Vergabe einschließlich der elektronischen Angebotsabgabe.[1040] Sie gilt generell, allerdings mit etlichen im Folgenden näher aufgeführten **Ausnahmen**. Mit der grundsätzlich zwingenden Einführung der e-Vergabe wird der Grundsatz der **Wahlfreiheit des Auftraggebers bezüglich der Kommunikationsmittel**[1041] **abgeschafft.**   **321**

Im EU-Gesetzgebungsverfahren war die zwingende Einführung nicht unumstritten.[1042] Ungeachtet der Kritik hat der EU-Gesetzgeber sich für die zwingende Einführung entschieden und dies mit der Einschätzung begründet, die elektronische Kommunikation werde die Möglichkeiten von Wirtschaftsteilnehmern zur Teilnahme an Vergabeverfahren im gesamten Binnenmarkt stark verbessern.[1043] Durch die Reform sollte die flächendeckende Einführung der e-Vergabe erzwungen werden, selbst wenn noch Defizite hinsichtlich der Interoperabilität in der Praxis fortbestanden.   **322**

Bezüglich der zwingenden Einführung der e-Vergabe hat der EU-Gesetzgeber **nationale Optionen zum befristeten Aufschub** der zwingenden Einführung durch die einzelnen Mitgliedstaaten vorgesehen. Damit soll den Bedenken gegen eine verfrühte Einführung der zwingenden Anwendung in begrenztem Umfang Rechnung getragen werden. Ein Aufschub ist für zentrale Beschaffungsstellen bis zum 18.4.2017[1044] und ansonsten bis zum 18.10.2018[1045] möglich. Ab diesem Datum müssen – vorbehaltlich bestimmter Ausnahmen (→ Rn. 323 f.) – alle Beschaffungen im Geltungsbereich der Richtlinien für öffentliche Auftraggeber und Sektorenauftraggeber *zwingend* elektronisch durchgeführt werden. Die vorgenannte Aufschub-Option gilt nur für die interaktive Kommunikation einschließlich der elektronischen Angebotsabgabe. Sie gilt dagegen nicht für die Vorschriften zur elektronischen Bereitstellung von Auftragsunterlagen, die bereits binnen der regulären Umsetzungsfrist bis zum 18.4.2016 national verwirklicht werden musste (→ Rn. 326).   **323**

bb) Ausnahmen. Die zwingende Anwendung der e-Vergabe gilt *nicht*, falls die Voraussetzungen einer der – im Folgenden vereinfachend beschriebenen – **Ausnahme-Fallgruppen** vorliegen. Danach ist die e-Vergabe nicht zwingend anzuwenden, wenn   **324**

[1037] Einzelheiten: S. die XVergabe-Website www.xvergabe.org/confluence/display/xv/Home (zitiert nach dem Stand v. 3.10.2020).
[1038] RL 2014/24/EU v. 26.2.2014 über die öffentliche Auftragsvergabe und zur Aufhebung der RL 2004/18/EG, ABl. 2014 L 94, 65, sowie RL 2014/25/EU v. 26.2.2014 über die Vergabe von Aufträgen durch Auftraggeber im Bereich der Wasser- Energie und Verkehrsversorgung sowie der Postdienste und zur Aufhebung der RL 2004/17/EG, ABl. 2014 L 94, 243.
In den folgenden Fußnoten zu Einzelheiten der neuen e-Vergabe-Regelungen für öffentliche Aufträge und Sektorenaufträge werden zwecks Vereinfachung in der Regel beispielhaft nur die Vorschriften der Richtlinie für klassische öffentliche Aufträge (RL 2014/24/EU) zitiert.
[1039] RL 2014/23/EU des Europäischen Parlaments und des Rates v. 26.2.2014 über die Konzessionsvergabe, ABl. 2014 L 94, 1.
[1040] Vgl. zB Art. 22 Abs. 1 UAbs. 1 S. 1 RL 2014/24/EU.
[1041] Vgl. zB Art. 42 Abs. 1 Vergabe-RL 2004 und die entsprechenden deutschen Umsetzungen in den Vergabe- und Vertragsordnungen, zB § 13 Abs. 1 Nr. 1 S. 1 VOB/A EG (Ausg. 2012).
[1042] Vgl. zB die branchenübergreifende Stellungnahme des BDI v. 31.5.2012 zu den Vorschlägen der Kommission zur Neufassung der EU-Vergaberichtlinien, zu Art. 19 des Vorschlags für die neue Richtlinie für öffentliche Aufträge, 10 ff. Auch die gesamteuropäische Industrie votierte überwiegend ähnlich.
[1043] Vgl. zB Erwägungsgrund 52 S. 1–3 RL 2014/24/EU.
[1044] Vgl. zB Art. 90 Abs. 2 UAbs. 2 RL 2014/24/EU.
[1045] Vgl. zB Art. 90 Abs. 2 UAbs. 1 RL 2014/24/EU.

- „auf Grund der besonderen Art der Vergabe" bei Nutzung elektronischer Kommunikation „spezifische Instrumente", Vorrichtungen oder Dateiformate erforderlich wären, die nicht allgemein verfügbar sind bzw. unterstützt werden,[1046]
- geeignete Anwendungen Dateiformate verwenden, die nicht mit allgemein verfügbaren Anwendungen verarbeitet werden können oder die durch Lizenzen geschützt sind und vom Auftraggeber nicht zur Verfügung gestellt werden können,[1047]
- die Nutzung elektronischer Kommunikationsmittel „spezielle Bürogeräte" erfordern würde, die öffentlichen Auftraggebern nicht generell zur Verfügung stehen,[1048]
- physische oder maßstabsgetreue Modelle eingereicht werden müssen, die nicht elektronisch übermittelt werden können,[1049]
- die Verwendung anderer Kommunikationsmittel erforderlich ist
  - bei Sicherheitsverletzung der elektronischen Kommunikation bzw.
  - zum Schutz der besonderen Empfindlichkeit einer Information[1050] oder
- keine wesentlichen Teile des Vergabeverfahrens betroffen sind.[1051]

325 Um ausufernder Berufung auf die Ausnahmen entgegenzuwirken, sind Begründungs- bzw. Dokumentationspflichten im Falle der Inanspruchnahme einer Ausnahme vorgesehen.[1052]

326 Im Einzelnen sind die genannten Ausnahmen zum Teil unklar formuliert, sodass nach wie vor Auslegungsunsicherheiten bestehen. Hintergrund für die Formulierungsschwächen dürfte der Zeitdruck sein, der angesichts der engen politischen Zeitziele der Kommission im Rahmen Binnenmarktreformen auf der Reform der EU-Vergaberichtlinien lastete. Angesichts des klaren Willens des EU-Gesetzgebers zur zwingenden Einführung der e-Vergabe sind die Ausnahmevorschriften im Zweifel eng auszulegen.

327 **cc) Weitere Inhalte der reformierten e-Vergabevorschriften. (1) Fortgeltung wesentlicher allgemeiner Grundsätze.** Abgesehen vom Grundsatz der Wahlfreiheit des Auftraggebers bezüglich der Kommunikationsmittel, die durch die prinzipiell zwingende Anwendung der e-Vergabe mit den Reformen von 2014 aufgehoben wurde, wurden viele der bereits seit 2004 geltenden grundlegenden Prinzipien für die e-Vergabe in der Neuregelung von 2014 beibehalten, wobei sie teils geringfügig ergänzt oder modifiziert worden sind. Insbesondere die bereits seit 2004 bestehenden zentralen **Gebote der nichtdiskriminierenden Natur bzw. der allgemeinen Verfügbarkeit der eingesetzten elektronischen Instrumente und Vorrichtungen**[1053] und das Gebot der **Wahrung der Integrität der Daten und Vertraulichkeit der Angebote**[1054] gelten auch nach der Reform fort.

328 **(2) Pflicht zur elektronischen Bereitstellung der Auftragsunterlagen und der Schaffung eines elektronischen Zugangs.** Während die Bereitstellung der Auftragsunterlagen seitens des öffentlichen Auftraggebers zuvor nur optional vorgesehen war, ist diese durch die EU-Reformen von 2014 im Regelfall zur Pflicht geworden; dabei muss ein **unentgeltlicher und uneingeschränkter, vollständiger direkter elektronischer Zugang** zu den Auftragsunterlagen angeboten werden.[1055] Auch insoweit sind allerdings **Ausnahmen** zulässig, die sich an den bereits erwähnten Ausnahmen von der zwingenden Nutzung der elektronischen Kommunikation orientieren.[1056] Wird ein elektronischer Zugang nicht eröffnet, muss die Frist zur Einreichung der Angebote um fünf Tage verlängert werden, soweit nicht ein hinreichend begründeter Dringlichkeitsfall vorliegt.[1057]

[1046] Vgl. zB Art. 22 Abs. 1 UAbs. 2 lit. a RL 2014/24/EU.
[1047] Vgl. zB Art. 22 Abs. 1 UAbs. 2 lit. b RL 2014/24/EU.
[1048] Vgl. zB Art. 22 Abs. 1 UAbs. 2 lit. c RL 2014/24/EU.
[1049] Vgl. zB Art. 22 Abs. 1 UAbs. 2 lit. d RL 2014/24/EU.
[1050] Vgl. zB Art. 22 Abs. 1 UAbs. 4 RL 2014/24/EU.
[1051] Vgl. zB Art. 22 Abs. 2 RL 2014/24/EU.
[1052] Zur Begründungspflicht vgl. zB Art. 22 Abs. 1 UAbs. 5 RL 2014/24/EU, der für die ersten fünf der genannten sechs Ausnahme-Fallgruppen gilt, die sich alle auf *wesentliche* Teile des Vergabeverfahrens beziehen. Für die sechste Ausnahme-Fallgruppe, in der statt elektronischer Kommunikation mündliche Kommunikation erlaubt ist, soweit *keine wesentlichen Teile* des Verfahrens betroffen sind, besteht die Pflicht zu *ausreichender Dokumentation* der mündlichen Kommunikation, vgl. zB Art. 22 Abs. 2 RL 2014/24/EU.
[1053] Vgl. zB Art. 22 Abs. 1 UAbs. 1 S. 2 RL 2014/24/EU – vgl. zuvor bereits Art. 42 Abs. 2 und Abs. 4 Vergabe-RL 2004.
[1054] Vgl. zB Art. 22 Abs. 3 RL 2014/24/EU – vgl. zuvor bereits Art. 42 Abs. 3 Vergabe-RL 2004.
[1055] Vgl. zB Art. 53 Abs. 1 UAbs. 1 RL 2014/24/EU.
[1056] Vgl. zB Art. 53 Abs. 1 UAbs. 2 S. 1 RL 2014/24/EU unter Bezugnahme auf Art. 22 Abs. 1 UAbs. 2 RL 2014/24/EU.
[1057] Vgl. zB Art. 53 Abs. 1 UAbs. 2 S. 2 RL 2014/24/EU.

(3) Überarbeitete Vorschriften zur Annahme elektronischer Angebote. Betreffend elek- 329
tronische Angebote und Teilnahmeanträge wurden die seit 2004 geltenden Regelungen in der
Neuregelung von 2014 prinzipiell übernommen, allerdings in einigen Punkten erweitert und in
Details modifiziert.[1058] So gelten die spezifischen Anforderungen an die elektronische Angebotsabgabe, dh den „sensibelsten" Teil des elektronischen Vergabeverfahrens, im Grundsatz mit einigen
Modifizierungen fort. Dies gilt prinzipiell auch insoweit, als das **Sicherheitsniveau für die Datenübermittlung nicht EU-weit einheitlich vorgegeben** wird. Im Einzelnen kann das Sicherheitsniveau bei der Übermittlung der elektronischen Angebote und Teilnahmeanträge **nach den neuen Regelungen von 2014** nunmehr **entweder national durch den Mitgliedstaat oder vom jeweiligen Auftraggeber** festgelegt werden; **im Falle der Festlegung durch den Auftraggeber** muss
die Festlegung **innerhalb eines nationalen Rahmenkonzepts** erfolgen.[1059]

Neu ist ein mit den EU-Reformen von 2014 eingeführtes **spezifisches Verhältnismäßig-** 330
keitsgebot für das Niveau der Datensicherheit. Danach muss das für die Kommunikation festgelegte Sicherheitsniveau im Verhältnis zu den verbundenen Risiken stehen.[1060] Bei entsprechender
Risikobeurteilung und unter Berücksichtigung des Verhältnismäßigkeitsgebots kann der Auftraggeber danach ggf. auch weiterhin eine fortgeschrittene elektronische Signatur mit qualifiziertem Zertifikat im Sinne des EU-Signaturrechts, dh eine qualifizierte elektronische Signatur fordern.[1061] In
der Praxis haben qualifizierte elektronische Signaturen allerdings trotz vieler Bemühungen bislang
nicht die anfangs erwartete flächendeckende Verbreitung erlangt.

(4) Neue elektronische Instrumente betreffend Nachweise der Bieter. Neben den über- 331
arbeiteten allgemeinen Vorschriften zur elektronischen Kommunikation umfasst die Reform auch
neue spezielle elektronische Instrumente, die Erleichterungen im Bereich der Beibringung von
Nachweisen durch die Bieter bewirken sollen:

– **„Einheitliche Europäische Eigenerklärung"** 332
  Mit der Reform wird eine neue, elektronische „Einheitliche Europäische Eigenerklärung" (EEE)
  eingeführt, die öffentliche Auftraggeber bei der Übermittlung von Angeboten und Teilnahmeanträgen zunächst anstelle behördlicher Bescheinigungen als Nachweis für Erfüllung von Eignungskriterien akzeptieren müssen.[1062] Dabei fordert der Auftraggeber erst vor der Auftragsvergabe
  denjenigen Bieter, an den er den Auftrag vergeben will, auf, aktualisierte zusätzliche Unterlagen
  beizubringen. Allerdings kann der Auftraggeber ggf. auch jederzeit im Laufe des Verfahrens einen
  Bieter auffordern, sämtliche oder zusätzliche Unterlagen beizubringen, wenn dies zur angemessenen Durchführung des Verfahrens sinnvoll ist.[1063] Die „EEE" wird ausschließlich in elektronischer
  Form vorgenommen und auf der Grundlage eines von der Kommission entwickelten Standardformulars erstellt.[1064]

– **„Virtual Company Dossier"** 333
  Nach den EU-Reformen von 2014 ist ferner vorgesehen, dass der Bieter im Regelfall keine
  zusätzlichen Unterlagen oder Nachweise vorlegen muss, soweit der Auftraggeber die entsprechenden Informationen direkt über eine gebührenfreie Datenbank in einem Mitgliedstaat wie zB
  ein nationales Vergaberegister, ein „Virtual Company Dossier" („virtuelle Unternehmensakte"),
  elektronisches Dokumentenablagesystem oder Präqualifizierungssystem erhalten kann.[1065]

– **Online-Dokumentenarchiv „e-Certis"** 334
  Mit den 2014 in Kraft getretenen neuen EU-Vergabevorschriften wird ferner das Online-Dokumentenarchiv „e-Certis" gesetzlich eingeführt, um Erleichterungen bei grenzüberschreitenden
  Ausschreibungen zu erreichen. Danach ist vorgesehen, dass in dem von der Kommission eingerichteten Online-Archiv „e-Certis" Informationen über Bescheinigungen und ähnliche Nachweise
  von den Mitgliedstaaten kontinuierlich aktualisiert werden. Bestimmt wird ferner, dass öffentliche
  Auftraggeber künftig in erster Linie jene Arten von Bescheinigungen bzw. Nachweisen verlangen,
  die von e-Certis abgedeckt sind. Ferner werden in e-Certis alle Sprachfassungen der EEE
  (→ Rn. 330) bereit gestellt.[1066]

[1058] S. dazu zB Art. 22 Abs. 6 RL 2014/24/EU iVm Anhang IV; vgl. zuvor zB Art. 42 Abs. 5 Vergabe-RL 2004
iVm mit Anhang X Vergabe-RL 2004.
[1059] S. zB Art. 22 Abs. 6 lit. b Hs. 1 RL 2014/24/EU.
[1060] Vgl. zB Art. 22 Abs. 6 lit. b Hs. 2 RL 2014/24/EU.
[1061] Vgl. zB Art. 22 Abs. 6 lit. c RL 2014/24/EU; der in dieser Vorschrift verwendete europarechtliche Begriff
der „fortgeschrittenen elektronischen Signaturen" im Sinne der ehemaligen RL 1999/93/EU umfasst ggf.
auch qualifizierte elektronische Signaturen.
[1062] Vgl. Art. 59 Abs. 1 RL 2014/24/EU.
[1063] Vgl. Art. 59 Abs. 4 RL 2014/24/EU.
[1064] Vgl. Art. 59 Abs. 2 RL 2014/24/EU.
[1065] Vgl. Art. 59 Abs. 5 UAbs. 1 RL 2014/24/EU.
[1066] Vgl. Art. 61 RL 2014/24/EU.

335 **(5) Vorbehalt „delegierter Rechtsakte" zu den e-Vergabe-Vorschriften.** Die 2014 in Kraft getretenen EU-Reformen enthalten diverse Befugnisse der Kommission zur Schaffung künftiger „delegierter Rechtsakte" im Hinblick auf die Vorschriften zur e-Vergabe. Diese betreffen zB etwaige spätere Änderungen der Ausnahmen von der zwingenden Nutzung der e-Vergabe und künftig möglicherweise zwingende Standards zwecks verbesserter Interoperabilität in Abhängigkeit von zukünftigen Entwicklungen.[1067] Einzelheiten bezüglich der Befugnis-Übertragung auf die Kommission sind in Art. 87 RL 2014/24/EU geregelt. Bei den Bestimmungen, für die delegierte Rechtsakte zugelassen werden, handelt es sich zwar nur um Vorschriften mit Bezug zu technischen Inhalten, doch sind diese Regelungen gleichwohl von großer praktischer und rechtlicher Relevanz. Im Falle der Schaffung derartiger delegierter Rechtsakte ist es daher sachgerecht, dass die beteiligten Kreise hinreichend einbezogen werden und ausreichende Zeit für die Schaffung derartiger Vorschriften vorgesehen wird.

336 **dd) Sonderformen der e-Vergabe.** Neben den genannten Neuerungen der *allgemeinen* Regeln zur e-Vergabe betrifft die Neuregelung auch die Vorschriften zu „dynamischen Beschaffungssystemen", umgekehrten elektronischen Auktionen und elektronischen Katalogen als *besonderen* Formen der e-Vergabe. Diese waren grundsätzlich bereits in den Richtlinien von 2004 enthalten, sind jedoch in Einzelheiten teilweise modifiziert oder näher konkretisiert worden.

337 **(1) Dynamische Beschaffungssysteme.** Das bereits 2004 auf EU-Ebene geschaffene „dynamische Beschaffungssystem",[1068] das von Beginn an umstritten war, ist seitdem europaweit fast überhaupt nicht angewandt worden. Daher hatten etliche Stimmen für die Abschaffung des in der Praxis bislang nicht bewährten Verfahrens plädiert. Die Kommission hat sich dagegen zu einer Beibehaltung und Überarbeitung dieses Verfahrens entschieden.[1069] Dem haben sich die übrigen Gesetzgebungsinstitutionen der EU angeschlossen.

338 Mit der Reform wird das jahrelang nahezu ungenutzte, nun reformierte Verfahren nicht mehr nur zur optionalen, sondern zur unbedingten nationalen Umsetzung durch die Mitgliedstaaten vorgegeben (statt: „*Die Mitgliedstaaten* können vorsehen, dass …" gilt nunmehr sinngemäß: „… können *die Auftraggeber…*").[1070] Nach Einschätzung des EU-Gesetzgebers sind die diesbezüglichen Vorschriften mit der Reform vereinfacht worden. Vereinfachung verspricht sich der Gesetzgeber vor allem davon, dass das Verfahren künftig in der Form eines nicht offenen Verfahrens durchgeführt werde und damit die Notwendigkeit der früher vorgesehenen Einreichung unverbindlicher Angebote entfalle.[1071]

339 Nach der Neuregelung von 2014 kann ein dynamisches Beschaffungssystem auch in Verbindung mit elektronischen Katalogen zur Anwendung kommen (→ Rn. 339). Dies könnte in Zukunft möglicherweise zu einer praktischen Nutzung des Verfahrens führen. Wie die überarbeitete umfangreiche Regelung zum dynamischen Beschaffungssystem in der Praxis aufgenommen wird, lässt sich noch nicht absehen.

340 **(2) Umgekehrte elektronische Auktionen.** Auch das ebenfalls kontrovers beurteilte Verfahren der umgekehrten elektronischen Auktion[1072] gilt nach den EU-Reformen von 2014 nicht mehr nur optional für die Mitgliedstaaten, sondern ist nun im Sinne einer unbedingten nationalen Umsetzung durch die Mitgliedstaaten ausgestaltet („*Die Auftraggeber können…*").[1073] Insbesondere im Bausektor ist das Verfahren nach wie vor umstritten. Kritiker verweisen darauf, dass es erfahrungsgemäß leicht zu einem ruinösen Bieterwettbewerb führen kann, bei dem die Gefahr der Abgabe nicht auskömmlicher Angebote und qualitativ schlechter Leistungen bestehe.[1074] Dem wird nunmehr zumindest für einen Teilbereich durch eine Ausnahmebestimmung Rechnung getragen. Danach dürfen zB bestimmte öffentliche Dienstleistungs- und Bauaufträge, die „intellektuelle Leistungen" wie zB die Gestaltung von Bauwerken zum Inhalt haben, die nicht mittels automatischer Bewertungsmethoden eingestuft werden können, nicht per elektronischer Auktion vergeben werden.[1075]

341 **(3) Elektronische Kataloge.** Der Einsatz elektronischer Kataloge im Vergabewesen war bereits nach den EU-Regelungen von 2004 zulässig, soweit dabei die Vorgaben der EU-Richtlinie für

---

[1067] Vgl. zB Art. 22 Abs. 7 UAbs. 2 und UAbs. 3 RL 2014/24/EU.
[1068] Vgl. zB Art. 33 Vergabe-RL 2004.
[1069] S. Art. 34 RL 2014/24/EU.
[1070] Vgl. Art. 33 Abs. 1 Vergabe-RL 2004 ggü. Art. 34 Abs. 1 UAbs. 1 S. 1 RL 2014/24/EU.
[1071] Vgl. zB Erwägungsgrund 63 RL 2014/24/EU.
[1072] Vgl. bereits zB Art. 54 Vergabe-RL 2004 und nunmehr Art. 35 RL 2014/24/EU.
[1073] S. zB Art. 35 Abs. 1 UAbs. 1 RL 2014/24/EU.
[1074] Vgl. dazu bereits *Schäfer* in Gehrmann/Schinzer/Tacke, Public E-Procurement – Netzbasierte Beschaffung für öffentliche Auftraggeber und Versorgungsunternehmen, 2002, 49 (68 f.).
[1075] S. zB Art. 35 Abs. 1 UAbs. 3 RL 2014/24/EU und Erwägungsgrund 67 Abs. 1 RL 2014/24/EU.

öffentliche Aufträge respektiert werden.[1076] In die EU-Richtlinien von 2014 wurde eine ausführlichere Regelung zu elektronischen Katalogen aufgenommen.[1077] Darin wird ausdrücklich normiert, dass, falls die Nutzung elektronischer Kommunikationsmittel vorgeschrieben ist, die Auftraggeber festlegen können, dass die Angebote in Form eines elektronischen Katalogs übermittelt werden oder einen solchen Katalog beinhalten müssen.[1078] Ferner wird geregelt, dass elektronische Kataloge auch in Verbindung mit einer Rahmenvereinbarung[1079] oder auf der Basis eines dynamischen Beschaffungssystems[1080] zum Einsatz kommen können.

ee) Rechtsschutz. Durch die fortgeltenden EU-Richtlinien zum **Rechtsschutz** bei öffentlichen Aufträgen[1081] ist auch weiterhin sichergestellt, dass die EU-Vorschriften zur elektronischen Vergabe als Teil der Bestimmungen zum Vergabeverfahren **voll-umfänglich** dem effektiven EU-Vergaberechtsschutz zugänglich sind. Verstöße gegen die e-Vergabe-Vorschriften der EU-Richtlinien bzw. der entsprechenden nationalen Umsetzung können daher bei Vergaben ab den EU-Schwellenwerten als Vergabefehler im Wege des effektiven Vergaberechtsschutzes gem. §§ 155 ff. gerügt werden. 342

b) Richtlinie zu Konzessionen. aa) Keine EU-rechtlich zwingende Anwendung der e-Vergabe. Die Konzessionsrichtlinie[1082] ist ebenso wie die Neufassung der Richtlinien für öffentliche Aufträge und Sektorenaufträge seit dem 17.4.2014 in Kraft; in der Richtlinie wird ausdrücklich klargestellt, dass sie nicht für vor dem 17.4.2014 ausgeschriebene oder vergebene Konzessionen gilt.[1083] Die RL war spätestens bis zum 18.4.2016 umzusetzen.[1084] Über diesen Zeitpunkt hinausgehende Aufschub-Optionen zur e-Vergabe sind in dieser RL nicht vorgesehen. Sie erschienen auf EU-Ebene nicht nötig, weil die Einführung der e-Vergabe für Konzessionen nach EU-Recht – im Gegensatz zu den EU-Richtlinien für öffentliche Aufträge und Konzessionen – nicht zwingend vorgeschrieben ist (→ Rn. 342). 343

In bemerkenswerter Abweichung von den Richtlinien für öffentliche Aufträge und Sektorenaufträge wird die **Einführung der e-Vergabe für die Vergabe von Konzessionen** *europarechtlich* **nicht zwingend vorgeschrieben.** Nach der RL 2014/23/EU wird stattdessen dem Grundsatz nach die früher bei öffentlichen Aufträgen bestehende **Wahlmöglichkeit hinsichtlich der Kommunikationsmittel** übernommen.[1085] 344

Im Detail ist diese Wahlmöglichkeit allerdings abweichend von der Vergabe-RL 2004 von 2004 ausgestaltet: Während nach der Regelung von 2004 die Festlegung des Kommunikationsmittels „nach Wahl des öffentlichen Auftraggebers"[1086] erfolgte, kann nach der EU-Konzessionsrichtlinie die **Wahl** zwischen verschiedenen Kommunikationsmitteln **nun entweder durch die Mitgliedstaaten oder durch die Auftraggeber** erfolgen; statt elektronischer Mittel sind insofern auch die Übermittlung per Post oder Fax, mündliche Übermittlung (Letzteres nur bei nicht wesentlichen Verfahrensschritten und Dokumentation des Inhalts) oder persönliche Abgabe gegen Empfangsbestätigung zulässig.[1087] Diese Wahlbefugnis bezieht sich auf die gesamte Kommunikation mit Ausnahme der auch nach der RL 2014/23/EU ohnehin grundsätzlich *zwingend* elektronisch zu bewirkenden Bekanntmachungen und der Schaffung eines elektronischen Zugangs zu den Konzessionsunterlagen.[1088] 345

Abweichend vom vorgenannten europarechtlichen Grundsatz der Wahlfreiheit ist in der Konzessionsrichtlinie allerdings auch eine **nationale Option zur zwingenden Einführung der e-Vergabe** für die gesamte Kommunikation, dh auch einschließlich der Angebotsabgabe, vorgesehen.[1089] Diese **Option wurde in Deutschland genutzt,** allerdings verbunden mit einer in der Konzessions- 346

[1076] So bereits ausdrücklich Erwägungsgrund 12 Vergabe-RL 2004.
[1077] S. zB Art. 36 RL 2014/24/EU.
[1078] Vgl. zB Art. 36 Abs. 1 UAbs. 1 RL 2014/24/EU.
[1079] Vgl. zB Art. 36 Abs. 4 RL 2014/24/EU.
[1080] Vgl. zB Art. 36 Abs. 6 RL 2014/24/EU.
[1081] RL 89/665/EWG, ABl. 1989 L 395, 33 und RL 92/13/EWG, ABl. 1992 L 76, 14, beide geändert durch RL 2007/66/EG, ABl. 2007 L 335, 31.
[1082] RL 2014/23/EU des Europäischen Parlaments und des Rates v. 26.2.2014 über die Konzessionsvergabe, ABl. 2014 L 94, 1.
[1083] Vgl. Art. 54 Abs. 1 und 2 RL 2014/23/EU.
[1084] S. Art. 51 Abs. 1 RL 2014/23/EU.
[1085] Art. 29 Abs. 1 UAbs. 1 RL 2014/23/EU.
[1086] Vgl. zB Art. 42 Abs. 1 Vergabe-RL 2004.
[1087] Art. 29 Abs. 1 UAbs. 1 RL 2014/23/EU.
[1088] Vgl. Art. 29 Abs. 1 UAbs. 1 RL 2014/23/EU, Art. 33 Abs. 2 S. 1 RL 2014/23/EU, Art. 34 Abs. 1 S. 1 RL 2014/23/EU.
[1089] Art. 29 Abs. 2 RL 2014/23/EU.

richtlinie nicht explizit vorgesehenen befristeten zeitlichen Aufschub-Option, die sich an der in den Richtlinien für öffentliche Aufträge und Sektorenaufträge vorgesehenen Aufschub-Option orientiert.

347 Zu den Motiven für die europarechtlich unterschiedliche Normierung der e-Vergabe bei öffentlichen Aufträgen und Konzessionen sagt Erwägungsgrund 74 RL 2014/23/EU (zur e-Vergabe) nichts. Dies dürfte daran liegen, dass die Diskussion pro und contra zwingende e-Vergabe im EU-Gesetzgebungsverfahren vorrangig im Kontext der Regelungen für klassische öffentliche Aufträge in RL 2014/24/EU stattfand und bei der Konzessionsrichtlinie andere Themen dominierten. Die Verabschiedung der im Gesetzgebungsverfahren stark umstrittenen Konzessionsrichtlinie sollte offenbar nicht durch die ebenfalls umstrittene zwingende Einführung der e-Vergabe gefährdet werden.

348 Im Übrigen bestehen **in Details einige weitere Divergenzen** zwischen den e-Vergabe-Regelungen für öffentliche Aufträge und Sektorenaufträge einerseits und Konzessionen andererseits, die sachlich teils nur schwer zu begründen sind. So gilt für die Konzessionsrichtlinie zwar kein genereller Zwang zur Einführung der e-Vergabe, doch kann die e-Vergabe im Falle der Ausübung der nationalen Option zur zwingenden Einführung nach dem Wortlaut der Vorschriften wohl uneingeschränkter als bei öffentlichen Aufträgen eingeführt werden. Denn in der Konzessionsrichtlinie sind explizite Ausnahmeregelungen zwar für den elektronischen Zugang zu den Konzessionsunterlagen, nicht aber für die sonstige interaktive Kommunikation vorgesehen, wenn ein Mitgliedstaat von der Option der generell zwingenden Einführung der e-Vergabe Gebrauch macht.[1090]

349 **bb) Grundlegende Prinzipien für die e-Vergabe bei Konzessionen.** Einige grundlegende Prinzipien für die e-Vergabe für öffentliche Aufträge und Sektorenaufträge, die bereits durch die 2004 geschaffenen Vergabe-RL 2004 und Sektoren-RL 2004 geschaffen wurden und auch in den folgenden Bestimmungen des Jahres 2014 enthalten sind, finden sich auch in der Konzessionsrichtlinie. Dies gilt für die **Gebote der nichtdiskriminierenden Natur und der allgemeinen Verfügbarkeit der eingesetzten elektronischen Instrumente und Vorrichtungen**[1091] sowie das **Gebot der Wahrung der Integrität der Daten und Vertraulichkeit der Angebote**.[1092] Für **Bekanntmachungen** an das Amt für öffentliche Veröffentlichungen der EU besteht ebenso wie bei öffentlichen Aufträgen auch bei Konzessionen eine **Pflicht zur elektronischen Kommunikation**; eine Wahlmöglichkeit besteht insoweit nicht.[1093] Auch ein **elektronischer Zugang zu Konzessionsunterlagen ist zwingend vorgeschrieben**. Er muss vom Auftraggeber bzw. Konzessionsgeber **kostenlos, uneingeschränkt und vollständig** ermöglicht werden, soweit nicht bestimmte, hinreichend begründete Umstände Ausnahmen rechtfertigen.[1094]

350 Die EU-Vergaberechtsreformen des Jahres 2014 sind in Deutschland im Wesentlichen umgesetzt. Die Umsetzung der EU-Regelungen zur e-Vergabe ist vor allem in der hervorgehobenen, grundlegenden Bestimmung des § 97 Abs. 5 und – hinsichtlich der einzelnen Regelungen – in detaillierten Bestimmungen auf Verordnungsebene in der VgV, KonzVgV, SektVO und VSVgV erfolgt (→ Rn. 375, 379 sowie die Detailkommentierungen zu den genannten Verordnungen). Der europarechtlich gebotene effektive Rechtsschutz hinsichtlich der Regelungen zur e-Vergabe ab den EU-Schwellenwerten ist weiterhin durch das GWB, nach der Umsetzung der EU-Vergaberichtlinien von 2014 in §§ 155 ff., sichergestellt.

III. Ergänzende Rechtsmaterien

351 **1. EU-Richtlinie zur elektronischen Rechnungsstellung bei öffentlichen Aufträgen. a) Europarechtliche Regelungen.** Die 2014 in Kraft getretene RL über die elektronische Rechnungsstellung bei öffentlichen Aufträgen (RL 2014/55/EU) dient der **Ergänzung der Reformen der Richtlinien für öffentliche Aufträge**. Sie gilt für elektronische Rechnungen, die nach Erfüllung von in den Anwendungsbereich der Richtlinien 2014/23/EU, 2014/24/EU, 2014/25/EU oder 2009/81/EG fallenden Aufträgen ausgestellt werden. Angesichts der besonderen Sensibilität von Vergaben in den Bereichen Verteidigung und Sicherheit gelten bestimmte Ausnahmen im Geltungsbereich der diesbezüglichen RL 2009/81/EU. Danach gilt RL 2014/55/EU nicht bei Aufträgen gemäß RL 2009/81/EG, wenn die Auftragsvergabe und -ausführung für geheim erklärt werden oder nach nationalen Regelungen besondere Sicherheitsmaßnahmen erforderlich sind und

---

[1090] Vgl. Art. 29 Abs. 1 UAbs. 2 RL 2014/23/EU.
[1091] Vgl. zB Art. 29 Abs. 2 UAbs. 1 RL 2014/23/EU.
[1092] Vgl. zB Art. 29 Abs. 2 UAbs. 2 RL 2014/23/EU.
[1093] Art. 33 Abs. 2 S. 1 RL 2014/23/EU.
[1094] Art. 34 Abs. 1 und 2 RL 2014/23/EU.

die betreffenden Sicherheitsinteressen nicht durch weniger einschneidende Maßnahmen gewährleistet werden können.[1095]

Nach der **Legaldefinition der elektronischen Rechnung** in RL 2014/55/EU handelt es dabei um eine Rechnung, die **in einem strukturierten elektronischen Format** ausgestellt, übermittelt und empfangen wird, das ihre **automatische und elektronische Verarbeitung** ermöglicht.[1096] Die Schaffung der RL 2014/55/EU ist von der Kommission damit begründet worden, dass in verschiedenen Staaten unterschiedliche, teils sogar zwingende Vorgaben zur elektronischen Rechnungsstellung bestünden, die die Interaktion im Binnenmarkt und im öffentlichen Auftragswesen beeinträchtigen könnten; daher sei ein gesamteuropäischer Ansatz sinnvoll.[1097] Allerdings ist die elektronische Rechnungsstellung im Vergabewesen bei gesamteuropäischer Betrachtung, abgesehen von einzelnen Mitgliedstaaten, bisher eher nur gering verbreitet. Deshalb soll mit der Richtlinie auch auf eine bessere Verbreitung elektronischer Rechnungen in der EU hingewirkt werden. 352

Die RL 2014/55/EU ist 2013 im Anschluss an eine 2012 durchgeführte Konsultation und Arbeiten europäischer und nationaler „Foren" zur elektronischen Rechnungsstellung (**e-Invoicing**)[1098] von der Kommission vorgeschlagen worden.[1099] Nach eilig durchgeführtem Gesetzgebungsverfahren ist sie unter Berücksichtigung einiger Änderungen des EP und des Rates am 27.5.2014 in Kraft getreten. Sie muss bis zum 27.11.2018 in nationales Recht umgesetzt sein (→ Rn. 354).[1100] 353

RL 2014/55/EU begründet eine **Verpflichtung von öffentlichen Auftraggebern, Sektorenauftraggebern und Konzessionsgebern, elektronische Rechnungen entgegenzunehmen,** wenn diese einer diesbezüglichen **EU-Norm (Mindeststandard)** für elektronische Rechnungen entsprechen.[1101] Zu diesem Zweck sieht die Richtlinie vor, dass bei der europäischen Normungsorganisation CEN eine entsprechende **EU-Norm zur elektronischen Rechnung** geschaffen wird.[1102] Während die Richtlinie bereits seit 2014 in Kraft ist, kann die **Verpflichtung zur Entgegennahme elektronischer Rechnungen** national erst später, nach Durchführung von Tauglichkeitstests bei CEN und spätestens 18 Monate nach Veröffentlichung der CEN-Norm im EU-Amtsblatt angeordnet werden.[1103] Die RL **gilt nur für Vergaben ab den Schwellenwerten** der EU-RL 2014/2023/EU, 2014/24/EU und 2014/25/EU bzw. 2009/81 EU.[1104] Darüber hinausgehend sieht die deutsche Umsetzung die Geltung von Regelungen zur e-Rechnung auch unterhalb der Schwellenwerte vor (→ Rn. 358). 354

Ursprünglich hatte die Kommission eine generell zwingende Einführung elektronischer Rechnungen bei öffentlichen Aufträgen mittels einer EU-VO erwogen. Damit war sie angesichts der bislang insgesamt eher nur marginalen Nutzung, Unklarheiten der Praxis über den tatsächlichen Stand und bisher mangelnde Interoperabilität der Anwendungen auf Kritik gestoßen. Dies führte zur Verabschiedung der RL 2014/55/EU in ihrer jetzigen Form, wobei das EP auf gegenüber anfänglichen Entwürfen längere Fristen für die Einführung hingewirkt hat. 355

b) Nationale Umsetzung. Die Umsetzung in Deutschland erfolgte durch das **„Gesetz zur Umsetzung der RL 2014/55/EU über die elektronische Rechnungsstellung im öffentlichen Auftragswesen".**[1105] Dazu war im August 2016 ein Gesetzentwurf[1106] zur Umsetzung der RL 2014/55/EU über die elektronische Rechnungsstellung im öffentlichen Auftragswesen vorgelegt worden. Das Gesetz ist als **Artikelgesetz** ausgestaltet. Dieses sieht **Änderungen des deutschen E-Government-Gesetzes** (insbesondere § 4a EGovG, → Rn. 371 ff.) mit Blick auf die elektronische Rechnungsstellung vor. Mitte 2017 folgte ein Referentenentwurf für eine nationale Verordnung zur Regelung der Einzelheiten **(ERechV)**,[1107] die mittlerweile in Kraft getreten ist.[1108] Die ERechV 356

[1095] S. Art. 1 Abs. 1 UAbs. 1 und 2 RL 2014/55/EU.
[1096] Art. 2 Nr. 1 RL 2014/55/EU.
[1097] Vgl. Erwägungsgründe 2 und 3 RL 2014/55/EU.
[1098] In Deutschland: Initiative „ZUGFeRD" des „Forum elektronische Rechnung Deutschland (FeRD)"; dieses Forum wurde unter dem Dach der Arbeitsgemeinschaft für wirtschaftliche Verwaltung eV (AWV) gegründet.
[1099] Vorschlag der Kommission für eine Richtlinie zur elektronischen Rechnungsstellung bei öffentlichen Aufträgen, Dok. KOM(2013) 449 endgültig.
[1100] S. Art. 11 Abs. 1 RL 2014/55/EU.
[1101] Vgl. Art. 7 RL 2014/55/EU.
[1102] Einzelheiten s. Art. 3 Abs. 2, Art. 7 u. Art. 11 Abs. 2 RL 2014/55/EU.
[1103] S. Art. 3 Abs. 2 und Art. 11 Abs. 2 RL 2014/55/EU.
[1104] Vgl. Art. 1 RL 2014/55/EU.
[1105] BGBl. 2017 I 770.
[1106] Gesetzentwurf der BReg., BR-Drs. 415/16.
[1107] RefE des BMI, Stand 22.6.2017.
[1108] Verordnung über die elektronische Rechnungsstellung im öffentlichen Auftragswesen des Bundes (E-Rechnungsverordnung – ERechV), BGBl. 2017 I 3555.

regelt Einzelheiten bezüglich der Anforderungen an eine elektronische Rechnung im öffentlichen Auftragswesen und Befugnisse von Auftraggebern bzw. Konzessionsgebern hinsichtlich der Erteilung elektronischer Rechnungen; ferner enthält er bestimmte, eng begrenzte Ausnahmeregelungen.[1109]

357 Die **Legaldefinition der elektronischen Rechnung** im deutschen Umsetzungsgesetz dient, wenngleich sprachlich nicht überzeugend gelungen, der Umsetzung der Legaldefinition in Art. 2 Nr. 1 RL 2014/55/EU.[1110] Nach der Intention der Bundesregierung soll mit der deutschen Umsetzung eine **für alle öffentlichen Auftraggeber und Konzessionsgeber des Bundes und ihm zuzurechnende Sektorenauftraggeber** gleichermaßen verbindliche Rechtsgrundlage zum Empfang und zur Verarbeitung elektronischer Rechnungen, die einem bestimmten Datenformat entsprechen, geschaffen werden.[1111] Das **Umsetzungsgesetz der Bundesregierung betrifft nur Regelungen für den Bund**, einschließlich der dem Bund zuzurechnenden Sektorenauftraggeber und Konzessionsgeber.

358 Die Bundesregierung geht davon aus, dass durch die Regelungen der RL 2014/55/EU auch Verfahrens- und materielles Haushaltsrecht der Länder berührt wird. Insoweit sei eine eigenständige Umsetzung durch die Länder geboten. Für die von der Richtlinie betroffenen Landes- bzw. Kommunalstellen sei daher eine **ergänzende Gesetzgebung durch die Länder** erforderlich. Letzteres schließe aus Gründen der Sachnähe auch entsprechende Regelungen für die auf Landes- und Kommunalebene angesiedelten Sektorenauftraggeber und Konzessionsgeber, so zB privatisierte Einrichtungen der Energieversorgung, des öffentlichen Personennahverkehrs sowie der sonstigen Daseinsvorsorge, mit ein. Um die von der Richtlinie belassenen Einschätzungs- und Gestaltungsspielräume im Sinne einer einheitlichen Rechtsumsetzung föderal übergreifend zu gestalten, bestehe die Möglichkeit, dabei von den Befugnissen des Art. 91c GG Gebrauch zu machen,[1112] der Regelungen für das Zusammenwirken von Bund und Ländern bezüglich der für ihre Aufgabenerfüllung benötigten informationstechnischen Systeme umfasst.

359 § 4 Abs. 1 **ERechV** schreibt vor, dass Rechnungssteller für die Ausstellung elektronischer Rechnungen im öffentlichen Auftragswesen in Deutschland grundsätzlich den amtsseitig entwickelten Datenaustausch „**XRechnung**" zu verwenden haben; daneben können sie auch ein anderes Datenaustauschformat verwenden, wenn es mindestens den Anforderungen der europäischen Norm für die elektronische Rechnungsstellung entspricht. Für die Übermittlung elektronischer Rechnungen ist ein Verwaltungsportal des Bundes zu nutzen. Nach § 3 Abs. 1 **ERechV** ist für **Deutschland** weit **über die Verpflichtungen der EU-Richtlinie hinaus** bei Vergaben bzw. Konzessionen auf Bundesebene eine im Regelfall **zwingende Verwendung elektronischer Rechnungen durch die Unternehmen** vorgesehen. Ausnahmen gelten danach nur in wenigen, bestimmten Fällen. So soll eine Ausnahme für Direktaufträge bis zu einem voraussichtlichen Auftragswert von 1.000,- Euro ohne Umsatzsteuer gelten; ferner bestehen Ausnahmen für bestimmte verteidigungs- bzw. sicherheitsspezifische Aufträge sowie bei Angelegenheiten des Auswärtigen Dienstes und sonstiger Beschaffungen im Ausland.[1113] Diese zwingende Vorgabe geht deutlich über die Vorschriften nach der EU-Richtlinie hinaus; sie steht im Widerspruch zur überwiegenden Position der beteiligten Kreise während der Schaffung der RL 2014/55/EU, entsprechend der die Kommission von der ursprünglich erwogenen Anordnung einer zwingenden Nutzung der elektronischen Rechnung Abstand genommen hatte (→ Rn. 353).

360 Über den Geltungsbereich der EU-Richtlinie hinaus gilt die **deutsche Umsetzung für den Bereich des Bundes auch für Vergaben unterhalb der EU-Schwellenwerte**.[1114] Mit der Erstreckung des Geltungsbereichs auf den Bereich unterhalb der Schwellenwerte soll eine Vereinfachung und Standardisierung des Rechnungsstellungsverfahrens insgesamt gewährleistet werden. Zudem soll damit die Möglichkeit der Schaffung von Interoperabilität zwischen verschiedenen Rechnungsstellungs- und -bearbeitungssystemen angestrebt werden. Im Übrigen sei es aus Sicht der rechnungsstellenden Unternehmen nicht praktikabel, die Form der Rechnungsstellung von einer vorherigen Prüfung des Auftragswertes abhängig machen zu müssen.[1115]

361 Das Umsetzungsgesetz sieht vor, dass die **deutsche Umsetzung grundsätzlich am 27.11.2018 in Kraft tritt**; die **Verpflichtung der Unternehmen** zur Verwendung elektronischer Rechnungen bei öffentlichen Aufträgen wird erst am **27.11.2020** in Kraft treten.[1116] Ferner ist

---

[1109] §§ 4 ff. und 8, 9 ERechV.
[1110] S. Art. 1 Nr. 2 Umsetzungsgesetz – § 4a Abs. 2 EGovG.
[1111] S. Gesetzentwurf der BReg., BR-Drs. 415/16, Einführung, Teil B Abs. 1, S. 1.
[1112] S. Gesetzentwurf der BReg., BR-Drs. 415/16, Einführung, Teil B Abs. 2, S. 2.
[1113] § 3 Abs. 3 Nr. 1 ERechV iVm § 14 UVgO; § 3 Abs. 3 Nr. 2 ERechV iVm §§ 8 und 9 ERechV.
[1114] S. Art. 2 Nr. 2 Umsetzungsgesetz – § 4a Abs. 1 S. 2 EGovG.
[1115] Vgl. Gesetzentwurf der BReg., BR-Drs. 415/16, Begr. Teil B, zu Art. 2 Nr. 2 Abs. 1, S. 11.
[1116] S. RefE des BMI, Stand 22.6.2017, § 3 Abs. 1 und § 11 Abs. 3.

ein besonderer, **befristeter Anwendungsaufschub für subzentrale Auftraggeber sowie für Sektorenauftraggeber und Konzessionsgeber** beabsichtigt. Danach ist vorgesehen, dass die Verpflichtung zur Annahme elektronischer Rechnungen für subzentrale öffentliche Auftraggeber sowie für Sektorenauftraggeber und Konzessionsgeber im Bundesbereich erst ab dem 27.11.2019 besteht.[1117] Subzentrale Auftraggeber im Sinne des Umsetzungsgesetzes des Bundes sind alle öffentlichen Auftraggeber, die keine obersten Bundesbehörden sind. Der befristete Aufschub fußt auf der in RL 2014/55/EU vorgesehenen befristeten nationalen Aufschub-Option für subzentrale Auftraggeber.[1118]

2. Elektronischen Signatur bei e-Vergabe. Im Umfeld der Neuerungen zur e-Vergabe ist 362 das Recht der elektronischen Signaturen relevant, da die EU-Vorschriften zur e-Vergabe explizit auf elektronische Signaturen Bezug nehmen, die als ein Mittel zur **Sicherung der Authentizität und Integrität** elektronischer Dokumente dienen. Für die rechtliche Beurteilung elektronischer Signaturen und ihrer Rechtswirkungen war auf EU-Ebene **bis zum 30.6.2016 die EG-Signaturrichtlinie von 1999 (RL 1999/93/EG)**[1119] maßgeblich. Diese wird insbesondere im Zusammenhang mit der elektronischen Angebotsabgabe von den EU-Richtlinien für öffentliche Aufträge und Sektorenaufträge ausdrücklich in Bezug genommen.[1120] Die EG-Signaturrichtlinie ist in Deutschland durch das Signaturgesetz (SigG) von 2001[1121] und eine Signaturverordnung (SigV)[1122] desselben Jahres in § 126a BGB eingeführt worden. Basierend auf den Vorgaben der EG-Signaturrichtlinie wird danach zwischen einfachen, „fortgeschrittenen" und als besonders sicher geltenden „qualifizierten elektronischen Signaturen" unterschieden; in Details existierten dabei allerdings Abweichungen der sprachlichen Bezeichnungen der fortgeschrittenen und der qualifizierten Signatur zwischen der RL 99/93/EG und dem deutschen Signaturrecht, was das Verständnis der ohnehin komplexen Materie erschwert. So umfasste der Begriff der „fortgeschrittenen elektronischen Signatur" („advanced electronic signature") iSd RL 1999/93/EG, der auch in den EU-Vergaberichtlinien in Bezug genommen wird, unter bestimmten Voraussetzungen nicht nur fortgeschrittene elektronische Signaturen im Sinne des deutschen Sprachgebrauchs, sondern auch die höherrangigen „qualifizierten elektronischen Signaturen" iSd deutschen Terminologie. Dagegen ist der Begriff „fortgeschrittene elektronische Signatur" nach der deutschen Terminologie allein auf die mittlere der drei Stufen elektronischer Signaturen nach dem SigG (2001) beschränkt.[1123]

Die EG-Signaturrichtlinie ist mit Wirkung **ab 1.7.2016** durch die **EU-VO über „elektroni- 363 sche Identifizierung und Vertrauensdienste für elektronische Transaktionen im Binnenmarkt** und zur Aufhebung der RL 1999/93/EG" (VO (EU) Nr. 910/2014, **„eIDAS-VO")**[1124] ersetzt worden.[1125] Diese betrifft sowohl „elektronische Identifizierungsdienste" (**eID**)[1126] als auch verschiedene **„elektronische Vertrauensdienste"**, zu denen **auch die elektronischen Signaturen** gezählt werden.[1127] Bezugnahmen auf die aufgehobene RL 1999/93/EG gelten als Bezugnahmen auf die eIDAS-VO.[1128]

Im Rahmen der Vorschriften über elektronische Vertrauensdienste werden in der eIDAS-VO 364 **bisherige EU-Regelungen** zu elektronischen Signaturen **dem Grundsatz nach übernommen, jedoch in Terminologie und Einzelheiten modifiziert**.[1129] Eine Neuerung bezüglich der Terminologie betrifft die sprachliche Benennung der als besonders sicher geltenden qualifizierten elektronischen Signatur. Ihre Bezeichnung wurde in der eIDAS-VO der deutschen Terminologie iSv § 2 Nr. 3 SigG („qualifizierte Signatur") angepasst. Nach der bisherigen EU-Terminologie war sie lediglich als Unterfall der „fortgeschrittenen Signatur" im Sinne des EU-Rechts bezeichnet worden

---

[1117] Art. 1 Nr. 3 – § 18 EGovG; s. ferner RefE des BMI zur E-RechnungsVO, Stand 22.6.2017, § 11 Abs. 2.
[1118] S. Art. 11 Abs. 2 UAbs. 2 RL 2014/55/EU.
[1119] RL 1999/93/EG v. 13.12.1999 über gemeinschaftliche Rahmenbedingungen für elektronische Signaturen, ABl. 2000 L 13, 12; s. dazu *Kilian* BB 2000, 733 ff.
[1120] S. zB Art. 22 Abs. 6 UAbs. 1 lit. c RL 2014/24/EU.
[1121] Signaturgesetz v. 16.5.2001, BGBl. 2001 I 876, geändert durch Art. 4 Abs. 106 Gesetz v. 18.7.2016, BGBl. 2016 I 1666.
[1122] Signaturverordnung v. 16.11.2001, BGBl. 2001 I 3074, geändert durch Art. 4 Abs. 107 Gesetz v. 18.7.2016, BGBl. 2016 I 1666.
[1123] Vgl. dazu näher MüKoBGB/*Einsele* BGB § 126a Rn. 7 ff.
[1124] VO (EU) Nr. 910/2014 v. 23.7.2014, ABl. 2014 L 257, 73; vgl. dazu *Roßnagel* NJW 2014, 3686 ff. und *Roßnagel* MMR 2015, 359.
[1125] Vgl. Art. 50 Abs. 1 eIDAS-VO.
[1126] Vgl. Art. 3 Nr. 1 ff. eIDAS-VO (Definitionen) und Art. 6 ff. eIDAS-VO.
[1127] S. insbes. Art. 3 Nr. 10 ff. eIDAS-VO (Definitionen) und Art. 25 ff. eIDAS-VO.
[1128] S. Art. 50 Abs. 2 eIDAS-VO.
[1129] Vgl. Art. 3 Nr. 12 eIDAS-VO und Art. 25 ff. eIDAS-VO; danach wird der Begriff „qualifizierte elektronische Signatur" im EU-Recht nun ausdrücklich verwendet.

(fortgeschrittene Signatur mit qualifiziertem Zertifikat, die von einer sicheren Signaturerstellungseinheit erstellt wurde).

365 In der eIDAS-VO finden sich ferner ua explizite Regelungen für den Fall, dass ein Mitgliedstaat fortgeschrittene elektronische Signaturen im Sinne des EU-Rechts für die Verwendung in **Online-Diensten der öffentlichen Hand** verlangt.[1130] Diese Regelungen zielen tendenziell darauf ab, dass bei der Verwendung elektronischer Signaturen im Bereich öffentlicher Dienste gewisse Mindestklarstellungen erfolgen und keine übermäßig aufwendigen Anforderungen gestellt werden. Sie sollen offenbar einer gewissen Vereinfachung bei der Verwendung elektronischer Signaturen für Online-Dienste der öffentlichen Hand, insbesondere auch mit Blick auf grenzüberschreitende Anwendungen dienen, bleiben allerdings dennoch kompliziert. Der Kommission wird die Möglichkeit der Schaffung von **Durchführungsrechtsakten** betreffend verschiedene Einzelheiten eingeräumt.[1131] Ferner findet sich in der eIDAS-VO auch eine zumindest rudimentäre Bestimmung zur **Rechtswirkung elektronischer Dokumente;** sie enthält ein spezielles Diskriminierungsverbot zugunsten elektronischer Dokumente, nach dem es nicht zulässig ist, einem elektronischen Dokument die Rechtswirkung oder die Zulässigkeit als Beweismittel allein deshalb abzusprechen, weil es in elektronischer Form vorliegt.[1132] Die **eIDAS-VO gilt als EU-VO in den Mitgliedstaaten unmittelbar.** Sie ist 2014 in Kraft getreten. Sie gilt allerdings – mit einigen Ausnahmen – erst seit dem **1.7.2016.** Ebenfalls mit Wirkung vom 1.7.2016 wurde die noch geltende **EU-Signaturrichtlinie aufgehoben.**[1133]

366 Das deutsche SigG von 2001 und die deutsche SigV von 2001 sind nach Inkrafttreten der eIDAS-VO zunächst noch nicht außer Kraft getreten. Ab Inkrafttreten der direkt geltenden eIDAS-VO waren die Regelungen des SigG und der SigV allerdings nur noch anwendbar, soweit sie nicht unvereinbar mit der EU-VO sind.[1134] In der Folge ist am **29.7.2017** ein **nationales „Durchführungsgesetz" zur eIDAS-VO** in Kraft getreten.[1135] Das Gesetz wird auch als **„Vertrauensdienstegesetz" (VDG)** bezeichnet, da es – als Artikelgesetz – im Kern die elektronischen Vertrauensdienste betrifft, zu denen auch die elektronischen Signaturen zählen. Während die eIDAS-VO als unmittelbar geltender EU-Rechtsakt keiner nationalen Umsetzung bedarf, dient das Durchführungs- bzw. Vertrauensdienstegesetz der Schaffung von **Regelungen zum nationalen Vollzug** der eIDAS-VO.[1136] Sie betreffen Bestimmungen zu Zuständigkeiten und Befugnissen der beteiligten Behörden sowie zu Ordnungswidrigkeiten. Zudem betreffen sie Regelungen zu Einzelheiten, bezüglich derer der deutsche Gesetzgeber Präzisierungen im Rahmen des europarechtlich Zulässigen für nötig hält. Als Aufsichtsstelle nach Art. 17 der eIDAS-VO für den Bereich der elektronischen Signatur und weiterer Vertrauensdienste ist die Bundesnetzagentur – bereits 2016 – benannt worden.[1137] Als Aufsichtsstelle für den Bereich der Zertifikate für die Website-Authentifizierung nach Art. 3 Nr. 16 lit. b eIDAS-VO wurde das Bundesamt für Sicherheit in der Informationstechnik benannt.[1138] Das eIDAS-Durchführungsgesetz enthält ua auch Änderungen bzw. Anpassungen der VgV, SektVO und der KonzVgV.[1139] Durch das VDG wird die Bundesregierung ermächtigt, Einzelheiten durch Rechtsverordnung zu regeln.[1140] Zeitgleich mit dem Inkrafttreten des eIDAS-Durchführungsgesetzes sind **SigG und SigV von 2001** am 29.7.2017 **außer Kraft getreten.**[1141]

367 **3. Deutsches E-Government-Recht und Cloud Computing.** Im Umfeld des Rechts der elektronischen Vergabe bildet das 2013 geschaffene deutsche Gesetz zur Förderung der elektronischen Verwaltung sowie zur Änderung weiterer Vorschriften (E-Government-Gesetz – eGovG)[1142] ein weiteres wichtiges Regelwerk. Es hat auf nationaler Ebene zu reformierten Rechtsgrundlagen für

---

[1130] Vgl. Art. 27 Abs. 1 und 2 eIDAS-VO.
[1131] S. Art. 27 Abs. 4 und 5 eIDAS-VO.
[1132] Art. 46 eIDAS-VO.
[1133] Übergangsbestimmungen finden sich in Art. 50 und 51 eIDAS-VO.
[1134] Vgl. Roßnagel MMR 2015, 359 und BayWiDI zur eIDAS-VO, https://www.baywidi.de/wiki/gesetzliche-grundlagen/gesetzliche-vorgaben-fuer-kleine-und-mittelstaendische-unternehmen/europaeische-rechtsakte/eiDas-VO (zitiert nach dem Stand v. 3.10.2020).
[1135] Gesetz zur Durchführung der VO (EU) Nr. 910/2014 des Europäischen Parlaments und des Rates über elektronische Identifizierung und über Vertrauensdienste für elektronische Transaktionen im Binnenmarkt und zur Aufhebung der Richtlinie 99/93/EG (eIDAS-Durchführungsgesetz) v. 18.7.2017, BGBl. 2017 I 2745.
[1136] Vgl. amtl. Begr. zum Durchführungsgesetz, BT-Drs. 18/12494, Begr. Teil A I., 30.
[1137] Vgl. jetzt auch Art. 1 eIDAS-Durchführungsgesetz – § 2 Abs. 1 Nr. 1 VDG.
[1138] Vgl. jetzt auch Art. 1 eIDAS-Durchführungsgesetz – § 2 Abs. 1 Nr. 2 VDG.
[1139] S. Art. 7–10 eIDAS-Durchführungsgesetz.
[1140] S. Art. 1 eIDAS Durchführungsgesetz – § 20 VDG.
[1141] S. Art. 12 Abs. 1 eIDAS-Durchführungsgesetz.
[1142] Gesetz zur Förderung der elektronischen Verwaltung sowie zur Änderung weiterer Vorschriften (E-Government-Gesetz – EGovG) v. 25.7.2013, BGBl. 2013 I 2749.

rechtsförmliches Verwaltungshandeln und Geschäftsprozesse im e-Government zwischen Staat und Bürgern bzw. Unternehmen geführt.

Das EGovG führt zu zahlreichen Neuerungen, darunter insbesondere zur 368
- **Verpflichtung *aller* Behörden zur Schaffung eines Zugangs für elektronische Dokumente** (auch soweit mit qualifizierten elektronischen Signatur versehen) ab dem 1.7.2014 (vgl. Art. 1 § 2 Abs. 1 EGovG) und zur
- **für die *Bundes*verwaltung** grundsätzlich bestehenden **Pflicht zur Schaffung eines De-Mail-Zugangs** (vgl. Art. 1 § 2 Abs. 2 EGovG), sowie einer
- behördenseitigen **Pflicht zur Ermöglichung eines elektronischen Zahlungsverfahrens** bei elektronisch durchgeführten Verfahren mit Gebühren- oder Forderungsanfall (vgl. Art. 1 § 4 EGovG) und ferner
- **Änderungen bzw. Erweiterungen zur Ersetzung der Schriftform durch die elektronische Form** in § 3a Abs. 2 des Verwaltungsverfahrensgesetzes (Art. 3 Nr. 1 EGovG).

Die Regelungen des EGovG sind ua eine Reaktion auf die bislang mangelnde praktische Durchsetzung der qualifizierten elektronischen Signatur und die teilweise noch unvollkommene Verbreitung der elektronischen Kommunikation im öffentlichen Sektor. Das Gesetz zur Umsetzung der RL 2014/55/EU über die elektronische Rechnungsstellung im öffentlichen Auftragswesen (→ Rn. 351 ff.) hat zu **Ergänzungen bzw. Anpassungen des E-Government-Gesetzes** im Hinblick auf die elektronische Rechnungsstellung geführt und insoweit eine Ermächtigung zur Schaffung einer Verordnung zur elektronischen Rechnung eingefügt (s. § 4a EGovG; → Rn. 354 ff.). 369

Seit 2012 wird auf EU-Ebene in verstärktem Maße die Anwendung von Cloud Computing, 370 dh die Speicherung bzw. Verarbeitung großer Datenmengen in „Rechnerwolken" an diversen Orten im Internet, thematisiert. Dies gilt insbesondere auch für den Bereich des e-Government, wobei von der Kommission teils auch explizit eine Anwendung im Bereich der e-Vergabe empfohlen worden ist. So wird in einer im September 2012 veröffentlichten Mitteilung der Kommission zu Cloud Computing[1143] die „Förderung einer Führungsrolle des öffentlichen Sektors" als eine „Schlüsselaktion" angeführt.[1144] Zur weiteren Verbreitung von Cloud-Anwendungen in der EU wurde 2012 ein „Steering Board" für eine **„Europäische Cloud-Partnerschaft"** eingerichtet.[1145] Die verstärkte Einbeziehung des öffentlichen Sektors einschließlich des Beschaffungsbereichs ist ua auch vor dem Hintergrund der erhofften „Katalysatorwirkung" für eine insgesamt verstärkte Cloud-Nutzung angesichts der großen Volumina der Geschäftsprozesse im e-Government-Sektor zu sehen.

Allerdings ist gerade im öffentlichen Auftragswesen mit teils besonders schutzbedürftigen 371 Dateninhalten zu beachten, dass den Vorzügen von Cloud-Lösungen wie einer kostengünstigen Speicherung großer Datenmengen auch Sicherheitsrisiken gegenüberstehen. So sind Ort sowie Art und Weise der Datenverarbeitung und -speicherung im Internet für den Nutzer kaum einschätzbar, soweit dazu bei einer konkreten Cloud-Anwendung keine Einzelheiten erkennbar sind oder keine Mindestgarantien gewährt werden. Ungeachtet der teils pauschalen Empfehlungen zum Einsatz von Cloud-Anwendungen sollten daher vor einer konkreten Cloud-Nutzung im öffentlichen Sektor etwa bestehende Anforderungen an die Datensicherheit nicht außer Acht gelassen werden. Das gilt umso mehr, als auch in den 2014 neugefassten Richtlinien für öffentliche Aufträge die Anforderungen an Datensicherheit und Vertraulichkeit im Vergabeverfahren erneut bekräftigt worden sind.[1146]

Folglich empfiehlt es sich, bei der Entscheidung, ob und inwieweit Cloud-Lösungen für eine 372 konkrete Anwendung zum Einsatz kommen sollen, eine sorgfältige **Abstimmung der technischen Möglichkeiten mit den rechtlichen Anforderungen** der jeweiligen Anwendung vorzunehmen. Das gilt nicht zuletzt auch angesichts der in jüngster Zeit stärker zutage getretenen politischen und wirtschaftlichen Spionagetätigkeit auch zwischen befreundeten Nationen. Ggf. kommen differenzierte Lösungen je nach Schutzbedarf in Betracht. So können sich für Anwendungen mit hohem erforderlichem Schutzniveau Lösungen mit zuverlässiger Zertifizierung oder Garantien des Cloud-Anbieters empfehlen, bei Anwendungen ohne besonderen Schutzbedarf dagegen einfache Lösungen ausreichen.

4. Recht der Cybersicherheit. Im Umfeld der e-Vergabe sind uU auch die Vorschriften zur 373 „Cybersicherheit" zu beachten. So können an e-Vergabe-Verfahren beteiligte Unternehmen unter bestimmten Umständen auch vom 2015 in Kraft getretenen deutschen **IT-Sicherheitsgesetz**

[1143] Mitt. der Kommission, Freisetzung des Cloud Computing-Potentials in Europa, Dok. KOM(2012) 529 endg.
[1144] S. 15, 18 der vorgenannten Mitt. der Kommission.
[1145] S. Pressemitteilung IP/12/1225 der Kommission v. 19.11.2012.
[1146] Vgl. zB Art. 22 Abs. 3 RL 2014/24/EU.

(„**Cybersicherheitsgesetz**")[1147] betroffen sein. Dies gilt vor allem für die in diesem Gesetz vorgesehene **Verpflichtung bestimmter Unternehmen zur Meldung von Cyber-Attacken**.

374 Nach dem IT-Sicherheitsgesetz sind Unternehmen, die „**kritische Infrastrukturen**" betreiben, verpflichtet, einen **Mindeststandard an IT-Sicherheit** einzuhalten. Ferner trifft diese Unternehmen eine **Meldepflicht für schwerwiegende Beeinträchtigungen** ihrer informationstechnischen Systeme, Komponenten oder Prozesse; die Meldung hat unverzüglich über eine Kontaktstelle an eine zentrale Meldestelle des Bundes zu erfolgen; als solche fungiert das Bundesamt für Sicherheit in der Informationstechnik (BSI).[1148] Die genannten Verpflichtungen gelten für Betreiber kritischer Anlagen aus den Bereichen Energie, Informationstechnik und Telekommunikation, Transport und Verkehr, Gesundheit, Wasser, Ernährung sowie Finanz- und Versicherungswesen.

375 Durch die 2016 in Kraft getretene **VO zur Bestimmung kritischer Infrastrukturen** nach dem BSI-Gesetz (BSI-KritisV)[1149] werden die Betreiber von kritischen Infrastrukturen bestimmter Bereiche in die Lage versetzt, zu prüfen, ob sie unter den Regelungsbereich des IT-Sicherheitsgesetzes fallen. Die von der VO betroffenen Betreiber sind verpflichtet, dem BSI innerhalb bestimmter Fristen eine zentrale Kontaktstelle zu benennen und dem BSI die Einhaltung eines Mindeststandards an IT-Sicherheit nachzuweisen. Die vorgenannte VO bezieht sich zunächst auf kritische Infrastrukturen in den Sektoren Energie, Informationstechnik und Telekommunikation sowie Wasser und Ernährung. Der zweite Teil der Verordnung, der die Betreiber kritischer Infrastrukturen in den Sektoren Transport und Verkehr, Gesundheit sowie Finanz- und Versicherungswesen betrifft, ist am 30.6.2017 in Kraft getreten.[1150]

376 Einen wichtigen Hintergrund im Bereich des Cybersicherheitsrechts auf EU-Ebene bildet die **EU-Richtlinie zur Netz- und Informationssicherheit**.[1151] Die Regelungen der Richtlinie ähneln denen des deutschen IT-Sicherheitsgesetzes. Nach der Richtlinie ist vorgesehen, dass Betreiber „wesentlicher Dienste" und Anbieter digitaler Dienstleistungen geeignete und verhältnismäßige Maßnahmen ergreifen müssen, um Risiken für ihre Netze und Informationssysteme zu bewältigen. Die ergriffenen Maßnahmen müssen unter Berücksichtigung des „Stands der Technik" ein Sicherheitsniveau erreichen, das dem Risiko „angemessen" ist.[1152] Ferner müssen danach Betreiber „wesentlicher Dienste" Sicherheitsvorfälle, die „erhebliche" Auswirkungen auf die Verfügbarkeit der von ihnen bereitgestellten „wesentlichen Dienste" haben, der zuständigen Behörde oder einem IT-Notfallteam („Computer Security Incident Response Team – CSIRT") unverzüglich melden.[1153]

IV. Einzelerläuterungen

377 **1. Grundsatz der zwingenden Anwendung der e-Vergabe.** Abs. 5 ordnet als **grundlegende nationale Vorschrift zur e-Vergabe** an, dass bei allen Vergaben von öffentlichen Aufträgen gemäß RL 2014/24/EU, Aufträgen im Bereich der besonderen Sektoren gemäß Sektoren-RL und bei Vergaben von Konzessionen gemäß RL 2014/23/EU die **Kommunikation grundsätzlich zwingend elektronisch** zu erfolgen hat. Im Einzelnen gebietet Abs. 5, dass Auftraggeber und Unternehmen für das **Senden, Empfangen, Weiterleiten und Speichern von Daten** in einem Vergabeverfahren grundsätzlich elektronische Mittel nach Maßgabe der aufgrund des § 113 erlassenen Verordnungen zu verwenden haben. Abs. 5 dient der Umsetzung des Art. 22 Abs. 1 UAbs. 1 S. 1 RL 2014/24/EU und des Art. 40 Abs. 1 UAbs. 1 S. 1 Sektoren-RL, nach denen die „gesamte Kommunikation" und der „gesamte Informationsaustausch" im Vergabeverfahren vorbehaltlich bestimmter Ausnahmen elektronisch zu erfolgen hat. Die deutsche Umsetzung interpretiert die **„elektronische Kommunikation"** in einem weiten Sinne, auch **unter Einschluss der Datenspeicherung.** Diese deutsche Umsetzungsregelung gilt nicht nur für öffentliche Aufträge und Sektorenaufträge, sondern auch für Konzessionen, für die im zugrunde liegenden EU-Recht punktuell abweichende Regelungen gelten (→ Rn. 342). Der **Begriff „elektronische Mittel"** wird in der deutschen Umsetzung in Abs. 5 nicht näher definiert. Insoweit kommt ein Rückgriff auf die Definitionen des Begriffs „elektronische Mittel" in den zugrunde liegenden EU-Richtlinien in Betracht (Art. 2 Nr. 19 RL 2014/24/EU, Art. 2 Nr. 15 Sektoren-RL und

---

[1147] Gesetz zur Erhöhung der Sicherheit informationstechnischer Systeme (IT-Sicherheitsgesetz) v. 17.7.2015, BGBl. 2015 I 1324, in Kraft getreten am 25.7.2016.
[1148] Vgl. Art. 1 § 8b Abs. 1 und Abs. 4 IT-Sicherheitsgesetz.
[1149] VO des Bundesministeriums des Innern zur Bestimmung Kritischer Infrastrukturen nach dem BSI-Gesetz (BSI-KritisV) v. 22.4.2016, BGBl. 2016 I 958, in Kraft getreten am 3.5.2016.
[1150] Erste VO zur Änderung der BSI-KritisVO v. 21.6.2017, BGBl. 2017 I 1903.
[1151] RL (EU) 2016/1148 über Maßnahmen zur Gewährleistung einer hohen gemeinsamen Netz- und Informationssicherheit in der Union, ABl. 2016 L 194, 1.
[1152] S. Art. 14 Abs. 1 RL (EU) 2016/1148.
[1153] S. Art. 14 Abs. 3 RL (EU) 2016/1148. Vgl. auch das beim BSI angesiedelte „CERT-Bund" für Bundesbehörden; nähere Informationen dazu auf folgender Website des BSI: https://www.bsi.bund.de/DE/Themen/Cyber-Sicherheit/Aktivitaeten/CERT-Bund/certbund_node.html (zitiert nach dem Stand v. 3.10.2020).

F. Elektronische Vergabe (Abs. 5) 378–381 § 97 GWB

Art. 5 Nr. 9 RL 2014/23/EU). Danach sind unter „elektronischen Mitteln" Vorrichtungen für die Verarbeitung (einschließlich der digitalen Kompression) und der Speicherung von Daten zu verstehen, die über Kabel, per Funk oder auf optischem oder einem anderen elektromagnetischen Weg übertragen, weitergeleitet und empfangen werden.[1154]

Das in Abs. 5 verwendete Wort „grundsätzlich" begründet keine eigenständige, etwa im Ermessen **378** der Anwender stehende Einschränkung der Pflicht zur elektronischen Vergabe. Bei gebotener richtlinienkonformer Auslegung bedeutet es vielmehr, dass die Pflicht zur Nutzung der elektronischen Kommunikation allein nach Maßgabe der vorgenannten EU-Vorschriften bzw. ihrer nationalen Umsetzung, dh der auf Grund § 113 erlassenen Verordnungen (§ 113 Abs. 1 Nr. 4) besteht. Danach hat die Kommunikation bei der **Vergabe von Aufträgen öffentlicher Auftraggeber und von Sektorenauftraggebern** im Sinne der genannten EU-Richtlinien, dh bei großen Vergaben ab den Schwellenwerten dieser Richtlinien, **im Regelfall zwingend elektronisch** zu erfolgen, es sei denn, dass die Tatbestandsvoraussetzungen bestimmter, in den zugrunde liegenden EU-Richtlinien bzw. den nationalen Umsetzungsbestimmungen aufgeführter Ausnahmetatbestände erfüllt sind (→ Rn. 386).

2. Ausnahmen. Ausnahmen von der grundsätzlich zwingend anzuwendenden elektronischen **379** Kommunikation sind nur zulässig, soweit die Voraussetzungen bestimmter Ausnahmevorschriften erfüllt sind oder vom nationalen Gesetz- bzw. Verordnungsgeber genutzte Optionen zu einem befristeten zeitlichen Aufschub der der zwingenden Anwendung der e-Vergabe gelten. Die gesetzliche Regelung zur „grundsätzlichen" Vorgabe der elektronischen Kommunikation gem. Abs. 5 umfasst nach der Konzeption des Gesetzgebers nicht nur den **prinzipiellen Normbefehl** zur elektronischen Kommunikation, sondern ebenso die **Ausnahmen,** auch im Geltungsbereich der RL 2009/81/EG; ferner erstreckt sie sich auch auf die nach den RL 2014/24/EU und 2014/25/EU eingeräumte **Möglichkeit eines zeitlich begrenzten Aufschubs** bestimmter Regelungen zur elektronischen Vergabe.[1155] Konkret sind sowohl die generell geltenden **Ausnahmetatbestände** als auch die national genutzten **Aufschub-Optionen** in Deutschland **auf Verordnungsebene** angesiedelt. Die vom EU-Gesetzgeber eingeräumten Aufschub-Optionen werden vom deutschen Gesetzgeber ausgenutzt, um vielfach geforderte Übergangsfristen für die flächendeckend zwingende Einführung der e-Vergabe zu schaffen. In Deutschland gilt für Vergaben ab den EU-Schwellenwerten ein zeitlich gestaffelter Aufschub der Geltung bestimmter Vorschriften zur zwingenden Einführung der e-Vergabe, je nach Fallgruppe längstens bis zum 18.10.2018 (→ Rn. 322).

Für die **Vergabe von Konzessionen** ab den EU-Schwellenwerten der RL 2014/23/EU, **380** für die der EU-Gesetzgeber teilweise eine Wahlmöglichkeit bezüglich der Kommunikationsmittel eingeräumt hat (→ Rn. 303, 342 ff.), schreibt Abs. 5 ebenfalls eine *generell* zwingend zu bewirkende elektronische Kommunikation vor. Damit nutzt der deutsche Gesetzgeber die vom EU-Gesetzgeber für Konzessionen eingeräumte Option, nach der die Mitgliedstaaten die e-Vergabe von Konzessionen auch *insgesamt* grundsätzlich zwingend vorschreiben können. Auch die Vergabe von Konzessionen ist nach deutschem Recht **grundsätzlich zwingend** elektronisch zu bewirken, soweit nicht in den Regelungen zu Konzessionen vorgesehene, begrenzte **Ausnahmetatbestände** erfüllt sind. Auch für die elektronische Vergabe von Konzessionen gilt nach nationalem Recht in Deutschland allerdings eine zeitlich **befristete Aufschub-Option,** die sich an derjenigen für öffentliche Aufträge und Konzessionen orientiert (→ KonzVgV § 7 Rn. 3).

Die **Einzelheiten** der Ausgestaltung der e-Vergabe **einschließlich Ausnahmetatbeständen** sind **381** im deutschen Vergaberecht für Vergaben ab den EU-Schwellenwerten **auf Verordnungsebene** geregelt. Die einzelnen Bestimmungen zur e-Vergabe befinden sich dementsprechend in detaillierten Regelungen in der VgV, SektVO, KonzVgV sowie in der VSVgV. Sie dienen der Umsetzung der Vorschriften zur elektronischen Vergabe gemäß den EU-Richtlinien für öffentliche Aufträge, Aufträge von Sektorenauftraggebern, Konzessionsgebern und Aufträgen im Bereich der Verteidigung und Sicherheit. Während der Grundsatz der zwingenden Anwendung der elektronischen Kommunikation und nur begrenzter Ausnahmen in den ersten drei genannten Bereichen sehr stark ausgeprägt ist, liegt der VSVgV entsprechend RL 2009/81/EG angesichts der regelmäßig höheren Sicherheitsbedürfnisse in diesem Sektor der Grundsatz der Wahlfreiheit des Auftraggebers hinsichtlich der Kommunikationsmittel zugrunde (vgl. § 19 Abs. 1 VSVgV und Art. 36 Abs. 1 RL 2009/81/EG zB gegenüber § 9 Abs. 1 VgV) (zB → VgV § 9 Rn. 1 ff. und → KonzVgV § 7 Rn. 1 ff.). **Ergänzend** gelten die **Vorschriften zur elektronischen Rechnungsstellung** bei öffentlichen Aufträgen auf der Grundlage der RL 2014/55/EU bzw. der diesbezüglichen nationalen Umsetzungsvorschriften (→ Rn. 349 ff., 354 ff.).

[1154] S. auch *Wagner* in Müller-Wrede GWB Rn. 235.
[1155] Vgl. Gesetzentwurf der BReg. zum VergRModG, Begr. zu § 97 Abs. 5; vgl. ferner § 113 Abs. 1 Nr. 4 GWB.

G. Anspruch auf Einhaltung des Vergabeverfahrens (Abs. 6)

Schrifttum: *Antweiler,* Öffentliche Unternehmen als Bieter im Vergabeverfahren, VergabeR 2001, 259; *Boesen,* Der Rechtsschutz des Bieters bei der Vergabe öffentlicher Aufträge, NJW 1997, 345; *Bornkamm,* Hoheitliches und unternehmerisches Handeln der öffentlichen Hand im Visier des europäischen Kartellrechts – Der autonome Unternehmensbegriff der Art. 81, 82 EG, FS Hirsch, 2008, 231; *Chen,* Vergaberechtsschutz im Spannungsfeld zwischen Beschleunigungsgebot und Gewährung effektiven Rechtsschutzes, 2019; *Dreher,* Der Rechtsschutz bei Vergabeverstößen nach „Umsetzung" der EG-Vergaberichtlinie, ZIP 1995, 1869; *Dreher,* Der Vergabeüberwachungsausschuß des Bundes – Ein Gericht iSd EGVtr Art. 177, EWiR 1997, 987; *Dreher,* Konvergenz und Divergenz von Kartellrecht und Kartellvergaberecht?, in FIW, Enforcement – Die Durchsetzung des Wettbewerbs, XXXVII. FIW Symposium 2005, 85; *Dreher,* Nicht rechtzeitige Umsetzung von EG-Richtlinien zur Vergabe öffentlicher Bau- und Lieferaufträge, EuZW 1995, 638; *Erdl,* Der neue Vergaberechtsschutz – Das deutsche Recht im europäischen Kontext, 1999; *Franßen/Pottschmidt,* Wider den amtswegigen „Rechtsschutz" gegen rechtsschutzsuchende Bieter, NZBau 2004, 587; *Glöckner,* Effektive und effiziente Sanktionen bei Vergaberechtsverstößen, FS Motzke, 2006, 113; *Gröning,* Das deutsche Vergaberecht nach dem Urteil des EuGH vom 28. Oktober 1999 – Alcatel Austria AG ua, WRP 2000, 49; *Gröning,* Die Grundlagen des neuen Vergaberechtsschutzes, ZIP 1999, 52; *Hailbronner,* Europarechtliche Aspekte der Vergabe öffentlicher Aufträge – Zur innerstaatlichen Umsetzung der EG-Richtlinien, RIW 1992, 553; *Hermes,* Gleichheit durch Verfahren bei der staatlichen Auftragsvergabe, JZ 1997, 909; *Immenga,* Bietergemeinschaften im Kartellrecht – ein Problem potentieller Wettbewerbs, DB 1984, 385; *Kalinowsky,* Der Anspruch der Bieter auf Einhaltung des Vergabeverfahrens nach § 97 Abs. 7 GWB, 2000; *Klees,* Welcher Unternehmensbegriff gilt im GWB?, EWS 2010, 1; *Koenig/Haratsch,* Grundzüge des deutschen und des europäischen Vergaberechts, NJW 2003, 2637; *Kulartz/Niebuhr,* Sachlicher Anwendungsbereich und wesentliche Grundsätze des materiellen GWB-Vergaberechts – OLG Brandenburg, „Flughafen Berlin-Schönefeld" und die Folgen, NZBau 2000, 6; *Langen,* Die Dach-ARGE im Spannungsfeld zwischen Gesellschafts- und Bauvertragsrecht, Jahrbuch BauR 1999, 64; *Maasch,* Die Zulässigkeit von Bietergemeinschaften, ZHR 150 (1986), 657; *Pietzcker,* Die deutsche Umsetzung der Vergabe- und Nachprüfungsrichtlinien im Lichte der neuen Rechtsprechung, NVwZ 1996, 313; *Ramm,* Akteneinsicht und Untersuchungsgrundsatz im Vergabeverfahren, VergabeR 2007, 739; *Schimanek,* Der Anspruch des potentiellen Bieters auf Durchführung eines Vergabeverfahrens, ZfBR 2002, 39; *Thieme/Correll,* Deutsches Vergaberecht zwischen nationaler Tradition und europäischer Integration – Zur Neuregelung des Vergabewesens 1999, DVBl 1999, 884; *Ulbrich/Waldner,* Die vorläufige Sicherung des Anspruchs auf Einhaltung der Vergabebestimmungen – praktische und rechtliche Probleme aus Sicht anbietender Bauunternehmen, BauR 1999, 1082; *Voppel,* Neuerungen im Vergaberecht durch das Vergaberechtsänderungsgesetz (VgRÄG), LKV 1999, 5.

I. Allgemeines und Normzweck

382 Abs. 6 sieht vor, dass Unternehmen einen Anspruch darauf haben, dass der Auftraggeber die Bestimmungen über das Vergabeverfahren einhält. Damit wird den Bietern ein **Rechtsanspruch** auf Einhaltung der Bestimmungen über das Vergabeverfahren zugebilligt und eine **Rechtsschutzgarantie** in den Regelungen des Vergaberechts festgeschrieben. Mit der Schaffung des Anspruchs aus Abs. 6 und dem damit verbundenen **Nachprüfungsverfahren** ist der Gesetzgeber der verfassungsrechtlich geforderten Rechtsschutzgarantie des Art. 19 Abs. 4 GG[1156] bzw. des allgemeinen rechtsstaatlichen Justizgewährungsanspruchs[1157] nachgekommen. Die Einführung dieser Regelung im Jahre 1997 war zugleich Ausdruck eines Paradigmenwechsels. Sie stellte nämlich eine zentrale und weitreichende Neuerung des Vergaberechts dar, weil sie eine vollständige Abkehr von dem durch die ausschließlich haushaltsrechtliche Lösung verfolgten Prinzip darstellte, welches einem nicht berücksichtigten Bieter keinerlei subjektive Rechte im Rahmen des Primärrechtsschutzes zugestanden hatte.[1158] Motivation des deutschen Gesetzgebers für die Einführung dieser Regelung war aber weniger die Verankerung der verfassungsmäßig vorgesehenen Rechtsweggarantie, sondern er wollte vor allem den Forderungen der EU-Kommission[1159] und des EuGH[1160] nachkommen.[1161] Der EuGH hatte in einer Entscheidung gegen die Bundesrepublik Deutschland im Hinblick auf die frühere haushaltsrechtliche Lösung festgestellt, dass die grundsätzliche Anerkennung von **subjektiven Rechten für Teilnehmer** an einem Vergabeverfahren ein zentrales Erfordernis der Vergaberichtlinien darstelle, das im deutschen Recht durch die haushaltsrechtliche Lösung nicht umgesetzt worden sei.[1162]

383 Den Bietern wird mit dem Anspruch aus Abs. 6 mithin die Möglichkeit eröffnet, sich gegenüber den öffentlichen Auftraggebern im Sinne eines **materiellen Anspruchs** auf die Einhaltung der

---

[1156] Dazu *Knauff* NVwZ 2007, 546 (547 f.).
[1157] BVerfG Beschl. v. 13.6.2006 – 1 BvR 1160/03, BVerfGE 116, 135 = NVwZ 2006, 1396.
[1158] Loewenheim/Meessen/Riesenkampff/*Bungenberg,* 2. Aufl. 2009, Rn. 69; Byok/Jaeger/*Kau* Rn. 147.
[1159] Vgl. Beanstandungsschreiben der EG-Kommission v. 31.10.1995, ZIP 1995, 1940 (1941).
[1160] EuGH Urt. v. 11.8.1995 – C-433/93, Slg. 1995, I-2303 = NVwZ 1996, 367 – Kommission/Deutschland.
[1161] BT-Drs. 13/9340, 14.
[1162] EuGH Urt. v. 11.8.1995 – C-433/93, Slg. 1995, I-2303 Rn. 18 f. = NVwZ 1996, 367 – Kommission/Deutschland.

G. Anspruch auf Einhaltung des Vergabeverfahrens (Abs. 6)

Bestimmungen über das Vergabeverfahren zu berufen. Darüber hinaus können sie im Verfahren nach §§ 160 ff. **Beeinträchtigungen in ihren Rechten** geltend machen, weil die Bestimmungen über das Vergabeverfahren subjektive Rechte vermitteln. Dies ist wesentlich, weil das Vorliegen eines solchen subjektiven Rechts nach § 160 Abs. 2 Voraussetzung für die Einleitung eines Nachprüfungsverfahrens ist[1163] und die Verletzung eines solchen wiederum eine Voraussetzung für die Geltendmachung von Schadensersatzansprüchen nach § 181 S. 1 BGB und § 823 Abs. 2 BGB darstellt.[1164]

Zum Teil wird allerdings vertreten, dass Abs. 6 nicht nur die Grundlage für den Individualschutz darstelle, sondern auch die Basis für die Begründung einer **objektiv-rechtlichen Funktion der Vergabenachprüfungsverfahren** sei.[1165] Ansatzpunkt für die Begründung einer solchen Funktion ist die Überlegung, dass nach der Geltendmachung von Individualrechtsschutz die Vergabenachprüfungsinstanzen von Amts wegen das Vergabeverfahren wegen nicht oder verfahrensrechtlich nicht zulässig beanstandeter Vergabemängel prüfen und ggf. entsprechende Sachentscheidungen erlassen können. Der Sache nach ist damit das Problem des Umfangs der europäischen Vorgaben für die nationalen Vergaberechte des für die vergaberechtlichen Nachprüfungsverfahren gem. § 163 Abs. 1, § 175 Abs. 2 geltenden **Untersuchungsgrundsatzes** angesprochen. Denkbar wäre insoweit, aus dem Gesamtzusammenhang dieser Normen und § 168 Abs. 1 S. 2, wonach die Vergabenachprüfungsinstanzen nicht an den Antrag von Bewerbern oder Bietern gebunden sind, sondern auch unabhängig davon auf die Rechtmäßigkeit des Vergabeverfahrens einwirken können, eine Kompetenz der Vergabenachprüfungsinstanzen abzuleiten, unabhängig von dem Vorbringen der Bieter eigeninitiativ das Vergabeverfahren nachzuprüfen und ggf. Entscheidungen zu treffen. Damit würde zugleich die **wettbewerbsschützende Funktion** des europäischen Vergaberechts betont und dem unionsrechtlichen Grundsatz des **„effet utile"** der europäischen Vorgaben für die nationalen Vergaberechte Genüge getan werden.[1166] Vor dem Hintergrund einer notwendigen umfassenden Kontrolle der Vergabetätigkeit der öffentlichen Auftraggeber wäre ein Ansatz, der über einen subjektiv-rechtlichen Ansatz der Vergabenachprüfung hinausgeht, durchaus zustimmungswürdig. Problematisch ist jedoch, dass der Gesetzgeber in Abs. 6 ausdrücklich nur den **subjektiven Ansatz** gewählt hat. Dieses Vorgehen ist vor dem Hintergrund überzeugend, dass die betroffenen Bieter selbst beurteilen sollen – und dies im Zweifel auch am besten können –, ob und wenn ja, wodurch sie sich in ihren subjektiven Rechten durch das Vergabeverfahren verletzt sehen und die Nachprüfungsinstanzen insoweit dann nur die Aufgabe haben, zu überprüfen, ob die vorgebrachten Einwände tatsächlich einen Verfahrensmangel darstellen. Erst und nur in dem so abgesteckten Rahmen greifen dann die Vorschriften über den Untersuchungsgrundsatz ein. Außer aus dem soeben erwogenen Gedanken ergibt sich dies auch aus § 163 Abs. 1 S. 1. Die Vergabekammer hat demnach nämlich ausschließlich die Pflicht, den **Sachverhalt von Amts wegen zu erforschen.** Hinsichtlich des **Streitgegenstandes gilt der Dispositionsgrundsatz** und hinsichtlich der Sachverhaltsaufklärung der Untersuchungsgrundsatz. Dies ergibt sich aus der Parallelität der Regelung des § 163 Abs. 1 S. 1 mit § 70 Abs. 1. Daraus folgt, dass die Vergabekammern zwar nicht an die Formulierung der Anträge der Parteien gebunden sind, aber auch nicht über das Begehren des Antragstellers hinausgehen dürfen. Die zur Entscheidung über die Beschwerde erforderlichen **tatsächlichen Ermittlungen** muss die Vergabekammer allerdings von Amts wegen vornehmen, ohne dass sie an Vorbringen oder Beweisanträge gebunden wäre. Da der „objektiv-rechtliche" Ansatz im Ergebnis aber dazu führen würde, dass die Vergabekammern auch einen anderen als vom Antragsteller vorgetragenen Streitgegenstand behandeln könnten, ist er mit den Vorgaben des § 163 Abs. 1 nicht zu vereinbaren. Auch aus der Verweisung in § 175 Abs. 2 ist nichts anderes abzuleiten. Vielmehr bestärkt die dort vorgenommene Verweisung auf § 70 Abs. 1, dass der Vergabekammer gerade nicht die Aufgabe zukommen soll, nach der Antragsinitiative eines Bieters von sich aus das Vergabeverfahren wegen nicht oder verfahrensrechtlich nicht als zulässig beanstandeter Vergabemängel zu prüfen. Auch die Vergaberichtlinien der EU fordern keine nationalen Regelungen, nach denen die Vergabenachprüfungsinstanzen von sich aus die Rechtmäßigkeit des Vergabeverfahrens überprüfen müssten, sodass etwa eine richtlinienkonforme Auslegung des § 163 oder des Abs. 6 erforderlich wäre. Eine Konkretisierung des Untersuchungsgrundsatzes[1167] erfolgt zudem durch § 163 Abs. 1 S. 2 und 3. Danach kann sich die Vergabekammer bei der Erforschung des Sachverhalts auf das beschränken, was von den Beteiligten vorgebracht wurde oder ihr sonst bekannt sein muss. Damit darf sich die Vergabekammer also auf

---

[1163] Vgl. auch OLG Düsseldorf Beschl. v. 7.1.2019 – VII-Verg 30/18, NZBau 2019, 261 Rn. 30.
[1164] Loewenheim/Meessen/Riesenkampff/*Bungenberg*, 2. Aufl. 2009, Rn. 69; *Boesen* Rn. 179; *Dicks* in RKPP GWB Rn. 270.
[1165] Immenga/Mestmäcker/*Dreher* Rn. 219.
[1166] Immenga/Mestmäcker/*Dreher* Rn. 219; *Franßen/Pottschmidt* NZBau 2004, 587 (590); *Ramm* VergabeR 2007, 739 (744).
[1167] BT-Drs. 16/10117, 22; vgl. dazu auch *Erdmann* VergabeR 2009, 844.

solche Umstände beschränken, die auch dem sorgfältig ermittelnden Beamten zur Kenntnis gelangt wären. Zu solchen Umständen zählen beispielsweise Indizien, wie ua Pressemeldungen darüber, dass der öffentliche Auftraggeber mit dem obsiegenden Bieter Nachverhandlungen geführt hat, ohne dass diese aber Bestandteil der Vergabeakte wurden. Im Nachprüfverfahren ist dabei allerdings **nicht allen denkbaren Möglichkeiten** zur Aufklärung von Amts wegen nachzugehen.[1168] § 163 Abs. 1 S. 2 stellt klar, dass die Vergabekammern also zu einer umfassenden Rechtmäßigkeitskontrolle nicht verpflichtet sind. Daraus ist jedoch nicht der Schluss zu ziehen, dass die Vergabekammern zumindest dazu berechtigt seien, eine umfassende Nachprüfung vorzunehmen. Zum einen bezieht sich diese Passage ausweislich der Regierungsbegründung nämlich ebenfalls nur auf die Sachverhaltsaufklärung und nicht auf eine umfassende Rechtmäßigkeitskontrolle.[1169] Zum anderen fehlt es an jedem Hinweis darauf, dass der Gesetzgeber mit einer bloßen „Konkretisierung" in Wirklichkeit doch eine wesentliche Änderung des Vergabenachprüfungsverfahrens, das auf den Rechtsmittelprinzipien des allgemeinen Wettbewerbsrechts und des Verwaltungsrechts (vgl. § 86 Abs. 1 VwGO und § 88 VwGO) beruht, verfolgen wollte. Aus alledem folgt, dass Abs. 6 keine normative Grundlage für eine „objektiv-rechtliche" Funktion der Vergabenachprüfungsverfahren darstellt.

II. Entstehungsgeschichte

385 Durch das im Rahmen der 6. GWB-Novelle verabschiedete Vergaberechtsänderungsgesetz[1170] und die damit verbundene Schaffung des neuen 4. Teils des GWB über die Vergabe öffentlicher Aufträge hat der Gesetzgeber das Vergaberecht in das GWB integriert. Diese sog. **wettbewerbsrechtliche Lösung** löste die bis dahin geltende überkommene **haushaltsrechtliche Lösung** ab.[1171] Während das Konzept der haushaltsrechtlichen Lösung des Haushaltsgrundsätzegesetzes[1172] ausdrücklich zum Ziel hatte, die Entstehung individueller, einklagbarer Rechtsansprüche der Bieter auszuschließen, um nachteilige Verfahrensverzögerungen zu verhindern,[1173] erkennt der Gesetzgeber mit der Schaffung des Abs. 6 subjektive Rechte der Bieter nunmehr an.

386 Der Referentenentwurf zum Vergaberechtsänderungsgesetz vom 20.4.1997 sah in der dem Abs. 6 entsprechenden Vorschrift des § 106 Abs. 6 vor, dass die Bieter „Anspruch darauf (haben), dass der Auftraggeber die ihren Schutz bezweckenden Bestimmungen über das Vergabeverfahren einhält". Obwohl es auch in der amtlichen Begründung zum Regierungsentwurf zu Abs. 6 hieß, dass „die Bieter einen Anspruch darauf haben, dass die ihren Schutz bezweckenden Vergabevorschriften von den Vergabestellen eingehalten werden",[1174] wurde dieses **Schutzzweckziel** entgegen dem Vorschlag der Bundesratsausschüsse, vor dem Wort „Bestimmung" den Zusatz „**ihren Schutz bezweckenden**" einzufügen,[1175] nicht in den Regierungsentwurf übernommen.

387 Im Gesetzgebungsverfahren war darüber hinaus umstritten, ob der Rechtsschutz der Bieter auf **Vorgaben des Unionsrechts begrenzt** werden sollte. Eine solche Einschränkung wurde vom Gesetzgeber jedoch ausdrücklich **abgelehnt**.[1176] Dem standen offenbar weniger schwierige rechtliche Bedenken entgegen als vielmehr praktische Gründe. Die rechtssichere Abgrenzung zwischen europäischen und rein nationalen Vergabebestimmungen wäre mit erheblichen Unsicherheiten verbunden und aufgrund des engen sachlichen Zusammenhangs kaum durchführbar gewesen. Zudem hätte eine Begrenzung des Rechtsschutzes auf Vorgaben des Unionsrechts eine aufwendige Prüfung durch die Vergabenachprüfungsstellen erfordert, ob die gerügte Vorschrift zum europäischen oder nationalen Recht gehört. Dies hätte zu einem zeitaufwendigen Verfahren geführt und wäre dem Ziel eines schnellen und effektiven Rechtsschutzes zuwidergelaufen.

III. „Unternehmen" als Anspruchsinhaber

388 Inhaber des Anspruchs nach Abs. 6 sind „Unternehmen". Damit nimmt der Normtext Bezug auf den **Unternehmerbegriff des allgemeinen Wettbewerbsrechts**.[1177] Dies ist vor dem Hinter-

---

[1168] BT-Drs. 16/10117, 22.
[1169] BT-Drs. 16/10117, 22, unter Hinweis auf BGH Beschl. v. 19.12.2000 – X ZB 14/00, BGHZ 146, 202 ff. = NJW 2001, 1492.
[1170] BGBl. 1998 I 2512.
[1171] *Prieß* VergabeR-HdB 325.
[1172] BGBl. 1993 I 1928.
[1173] BT-Drs. 12/4636, 12; BR-Drs. 5/93, 21; VÜA Bund Beschl. v. 12.4.1995 – 1 VÜ 1/95, 7; *Pietzcker* NVwZ 1996, 313 (314); *Hailbronner* RIW 1992, 553; *Hermes* JZ 1997, 909 (911); *Dreher* ZIP 1995, 1869 (1872); *Boesen* NJW 1997, 345 (346).
[1174] BT-Drs. 13/9340, 14.
[1175] S. BR-Drs. 646/2/97, 11.
[1176] BT-Drs. 13/9340, 14.
[1177] Immenga/Mestmäcker/*Dreher* Rn. 220; *Boesen* Rn. 182; BeckOK VergabeR/*Bungenberg/Schelhaas* § 97 Abs. 6 Rn. 6; HK-VergabeR/*Fehling* Rn. 153; Reidt/Stickler/Glahs/*Stickler* § 107 Rn. 13; *Schimanek* ZfBR 2002, 39.

grund der wettbewerbsschützenden Funktion des Vergaberechts und wegen der systematischen Stellung des Vergaberechts im GWB, die ein einheitliches Begriffsverständnis erfordert, überzeugend.[1178] Ein solches wettbewerbsrechtliches Verständnis des Begriffs des „Unternehmens" entspricht auch dem Willen des Gesetzgebers, der einen Rückgriff auf die „erprobten" Begriffe und Verfahrensregeln des Wettbewerbsrechts in der Regierungsbegründung ausdrücklich für sinnvoll erklärt hat.[1179] Erfasst werden insbesondere auch öffentliche Unternehmen iSv § 185 Abs. 1.[1180]

Abs. 6 erfasst nicht nur die Unternehmen, die Bewerber oder Bieter sind, sondern auch solche Unternehmen, die **potenzielle Teilnehmer** an einem Vergabeverfahren sind oder gewesen wären.[1181] Der Rechtsschutz im Vergabeverfahren besteht folglich unabhängig davon, ob das Unternehmen tatsächlich Teilnehmer des Vergabeverfahrens war oder dies nur vorhatte. Dies ergibt sich aus den europarechtlichen Vorgaben für das nationale Vergaberecht, wonach für das Rechtsmittel im Vergabeverfahren eine „formale Bieter- oder Bewerbereigenschaft" nicht erforderlich ist.[1182] Die Reichweite der Ansprüche der einzelnen Unternehmen, die im Zusammenhang mit Rechtsmitteln gegen das Vergabeverfahren relevant sind, ist von den EU-Vergaberichtlinien nicht ausdrücklich beschränkt. Die Erwägungsgründe zu den Rechtsmittelrichtlinien gehen von einem weiten Ansatz aus, indem sie vorgeben, dass die Vergabenachprüfung bei Verstößen gegen das Unionsrecht im Bereich des öffentlichen Auftragswesens möglich sein müsse. Sie fordern zudem, dass es Rechtsschutzmöglichkeiten für den Fall von Verstößen gegen das Unionsrecht im Bereich des öffentlichen Auftrags oder gegen das nationale Umsetzungsrecht geben müsse.[1183] Ähnlich hat der EuGH festgestellt, dass die Mitgliedstaaten für einen wirksamen Schutz der auf dem Unionsrecht beruhenden nationalen Rechte zu sorgen haben.[1184] Vor diesem Hintergrund ist davon auszugehen, dass die Anspruchsinhaberschaft des Abs. 6 als solche sowohl hinsichtlich der betroffenen Unternehmen als auch des Umfangs der Ansprüche weit zu verstehen ist.

Um den Rechtsschutz im Vergabeverfahren in der Praxis **nicht uferlos** und damit unpraktikabel und ineffizient werden zu lassen, ist es erforderlich, bestimmte **Einschränkungen** vorzunehmen. Dies entspricht den Vorgaben des EuGH, der betont hat, dass die Rechtsmittelrichtlinien einen wirksamen und raschen gerichtlichen Rechtsschutz fordern.[1185] Diese Einschränkungen können sich auf die Reichweite des Anspruchs nach Abs. 6 beziehen; sie können sich aber auch auf den Kreis derjenigen beziehen, die Rechtsmittel im Vergabeverfahren in Anspruch nehmen dürfen. Denkbar wäre insoweit zunächst eine **richtlinienkonforme Auslegung** des Abs. 6 im Hinblick auf Art. 1 Abs. 3 RL 89/665/EWG. Problematisch ist eine solche Auslegung des Abs. 6 allerdings deshalb, weil diese Vorschrift nur eine Aussage über die Anspruchsinhaberschaft enthält und nichts darüber aussagt, wer die Rechtsmittel in Anspruch nehmen darf, wer also ein Rechtsschutzbedürfnis hat. Art. 1 Abs. 3 RL 89/665/EWG hingegen enthält eine Regelung über das Rechtsschutzbedürfnis. Danach ist derjenige antragsbefugt, der ein Interesse an dem fraglichen Auftrag hat oder hatte und dem durch einen behaupteten Rechtsverstoß ein Schaden entstanden ist bzw. zu entstehen droht. Geht man allerdings davon aus, dass Abs. 6 von einem **Gleichlauf von Anspruchsinhaberschaft und Rechtsschutzbedürfnis** ausgeht, weil es nicht dem Gebot des effektiven Rechtsschutzes entspräche, wenn das Gesetz einer Person auf der einen Seite einen Anspruch einräumt, ihr aber auf der anderen Seite hinsichtlich dieses Anspruches nicht gleichzeitig auch das Recht zubilligt, einen Antrag auf Einleitung eines Nachprüfungsverfahrens zu stellen, so kommt die Heranziehung des Art. 1 Abs. 3 RL 89/665/EWG als Maßstab für eine richtlinienkonforme Auslegung prinzipiell in Betracht. Da es sich bei Art. 1 Abs. 3 RL 89/665/EWG aber um eine Maßnahme zur Mindesthar-

---

[1178] So auch *Dreher*, Konvergenz und Divergenz von Kartellrecht und Kartellvergaberecht?, in FIW, Enforcement – Die Durchsetzung des Wettbewerbs, XXXVII. FIW Symposium 2005, 85 (97).
[1179] BT-Drs. 13/9340, 13.
[1180] EuGH Urt. v. 18.12.2014 – C-568/13, NZBau 2015, 173 Rn. 39 ff. – Azienda; s. auch LMRKM/*Knauff*/ *Schwensfeier* § 130 Rn. 6 ff.
[1181] OLG Düsseldorf Beschl. v. 31.5.2017 – VII-Verg 36/16, NZBau 2017, 623 Rn. 25; BeckOK VergabeR/ *Bungenberg/Schelhaas* § 97 Abs. 6 Rn. 1, 7; Immenga/Mestmäcker/*Dreher* Rn. 222; HK-VergabeR/*Fehling* Rn. 155; vgl. zudem monographisch *Kiser*, In-House-Vergabe und Rechtsschutz bei de-facto-Vergaben im deutschen Kartellvergaberecht, 2009.
[1182] EuGH Urt. v. 11.1.2005 – C-26/03, Slg. 2005, I-1 Rn. 40 = NZBau 2005, 111 – Stadt Halle.
[1183] Erwägungsgründe 2 und 3 RL 89/665/EWG und Erwägungsgründe 2 und 3 RL 92/13/EG.
[1184] EuGH Urt. v. 17.9.1997 – C-54/96, Slg. 1997, I-4996 Rn. 40 = NJW 1997, 3365 – Dorsch Consult; EuGH Urt. v. 26.3.1996 – C-392/93, Slg. 1996, I-1665 Rn. 26 f. = BeckRS 2004, 76981 – BT; vgl. auch *Dreher* EWiR 1997, 987.
[1185] S. EuGH Urt. v. 11.1.2005 – C-26/03, Slg. 2005, I-1 Rn. 31, 37 f. = NZBau 2005, 111 – Stadt Halle; EuGH Urt. v. 12.2.2004 – C-230/02, Slg. 2004, I-1829 Rn. 36 = NZBau 2004, 221 – Grossman Air Service.

monisierung auf dem Gebiet des vergaberechtlichen Rechtsschutzes handelt,[1186] darf ein Mitgliedstaat auch eine Umsetzung wählen, die über dieses Mindestziel hinausgeht.[1187] In diesem Fall kann die überschießende Umsetzung durch eine richtlinienkonforme Auslegung der entsprechenden Norm nicht wieder auf das in der Richtlinie vorgesehene Mindestmaß „herabinterpretiert" werden. Wenn sich der deutsche Gesetzgeber in Abs. 6 dazu entschlossen hat, den Anspruch (und damit auch die Befugnis ein Nachprüfungsverfahren zu beantragen) jedem Unternehmen iSd Abs. 6 zuzubilligen, so kann diese Entscheidung nicht mit einer richtlinienkonformen Auslegung des Abs. 6 im Hinblick auf die Bestimmung des § 1 Abs. 3 RL 89/665/EWG geändert werden.

391   Eine **Begrenzung der Adressaten** für ein Rechtsmittel im Vergabeverfahren ergibt sich im deutschen Recht allerdings aus § 160 Abs. 2, der die Vorgabe des Art. 1 Abs. 3 RL 89/665/EWG umsetzt und den Kreis derjenigen definiert, die befugt sein sollen, einen Antrag auf Einleitung eines Nachprüfungsverfahrens zu stellen. Um zu verhindern, dass es zu der oben erwähnten Diskrepanz kommt, dass Unternehmen zwar einen Anspruch nach Abs. 6 geltend machen können, aber nicht gleichzeitig auch eine Antragsbefugnis nach § 160 Abs. 2 haben, nimmt § 160 Abs. 2 eine **mittelbare Beschränkung** des Kreises der Anspruchsinhaber nach Abs. 6 vor. § 160 Abs. 2 knüpft die Antragsbefugnis nämlich tatbestandlich an Abs. 6 und macht durch die Formulierung „eine Verletzung in seinen Rechten nach Abs. 6" deutlich, dass der Anspruch nach Abs. 6 nur solchen Unternehmen zusteht, die in ihren **subjektiven Rechten verletzt** worden sind. Typisches Beispiel dafür ist, dass Unternehmen, die wegen einer rechtswidrigen Bekanntmachung in einem Vergabeverfahren von der Teilnahme an diesem abgeschreckt worden sind, von Abs. 6 als anspruchsberechtigt erfasst werden.[1188]

392   Nach einhelliger Meinung können auch **Bietergemeinschaften** gem. Abs. 6 die Verletzung eigener Rechte geltend machen.[1189] Begründet wird dies regelmäßig mit dem Sinn und Zweck des Rechtsschutzes im Vergabeverfahren. Soweit man indes akzeptiert, dass Bietergemeinschaften wirksam an Vergabeverfahren teilnehmen dürfen, muss ihnen konsequenterweise auch der Weg zu den Nachprüfungsinstanzen in wirksamer Weise offen stehen.[1190] Insoweit werden Bietergemeinschaften mit Einzelbietern gleichgesetzt.[1191] Mit dem Wortlaut des Abs. 6 ist diese Auffassung hingegen nicht zu vereinbaren, da dort nur von Unternehmen die Rede ist und eine Bietergemeinschaft zwar eine Unternehmung im ökonomischen Sinne, aber kein Unternehmen im juristischen Sinne ist. Ebenso kann auch ein **Konzern** als Ganzes, bei dem es sich ebenfalls nicht um ein Unternehmen, sondern um eine Unternehmung handelt, zu Recht nicht vertreten, dass er als Ganzes Ansprüche gem. Abs. 6 geltend machen könnte;[1192] dieses Recht steht vielmehr nur den **subjektiv betroffenen Konzernunternehmen** zu. Dogmatisch lässt sich die Anspruchsberechtigung von Bietergemeinschaften nur dann rechtfertigen, wenn man in ihnen eine BGB-Außengesellschaft gem. § 705 BGB sieht, die das Ziel verfolgt, an dem Bieterverfahren teilzunehmen und den Zuschlag zu erzielen. Regelmäßig dürften Bietergemeinschaften auch diesem Leitbild entsprechen.[1193] Voraussetzung ist aber, dass die Bietergemeinschaft mit ihrer Tätigkeit als solche nicht gegen das Kartellverbot gem. § 1 verstößt,[1194] denn ein solcher Verstoß führt zur Nichtigkeit des Gesellschaftsvertrags.[1195]

393   Die BGB-Außengesellschaft ist rechtsfähig und parteifähig,[1196] sodass einer Bietergemeinschaft unter Zugrundelegung dieser Rechtskonstruktion der vergaberechtliche Rechtsschutz offensteht.

[1186] EuGH Urt. v. 19.6.2003 – C-315/01, Slg. 2003, I-6351 Rn. 57 ff. = NZBau 2003, 511 – GAT; *Prieß* VergabeR-HdB 309.
[1187] Insoweit gleich Immenga/Mestmäcker/*Dreher* Rn. 235.
[1188] Immenga/Mestmäcker/*Dreher* Rn. 222.
[1189] EuGH Urt. v. 23.1.2003 – C-57/01, Slg. 2003, I-1091 Rn. 72 f. = EuZW 2003, 188 – Makedoniko Metro; BayObLG Beschl. v. 21.5.1999 – Verg 1/99, NZBau 2000, 49; OLG Düsseldorf Beschl. v. 3.1.2005 – VII-Verg 82/04; *Frenz* EuropaR-HdB III Rn. 2810, 3322; *Prieß* VergabeR-HdB 359; *Prieß/Niestedt*, Rechtsschutz im Vergabeverfahren, 2006, 70; *Eilmannsberger* ÖZ WirtschaftsR 2008, 2.
[1190] EuGH Urt. v. 23.1.2003 – C-57/01, Slg. 2003, I-1091 Rn. 72 f. = EuZW 2003, 188 – Makedoniko Metro; BayObLG Beschl. v. 21.5.1999 – Verg 1/99, NZBau 2000, 49.
[1191] *Frenz* EuropaR-HdB III Rn. 2810.
[1192] Vgl. dazu allg. Immenga/Mestmäcker/*Zimmer*, 5. Aufl. 2014, § 1 Rn. 47 f.
[1193] Vgl. *Langen* Jb. für Baurecht 1999, 64; s. auch *Willenbruch* NZBau 2010, 98.
[1194] Dies wird vom BGH in der Regel verneint, wenn die Mitglieder ohne Koordinierung ihrer Aktivitäten durch die Bietergemeinschaft sich einer Marktteilnahme im konkreten Fall enthielten, BGH Urt. v. 13.12.1983 – KRB 3/83, WuW/E BGH 2050; BGH Urt. v. 5.2.2002 – KZR 3/01, WuW/E DE-R 876 (878); s. auch die etwas strikteren Tendenzen in OLG Düsseldorf Beschl. v. 2.11.2005 – VI-Kart 30/04, BeckRS 2005, 30364641 = WuW/E DE-R 1625 ff.; BGH Beschl. v. 11.7.2006 – KVZ 44/05, NZBau 2006, 809.
[1195] Immenga/Mestmäcker/*Zimmer* § 1 Rn. 58 ff.
[1196] Grundlegend BGH Urt. v. 29.1.2001 – II ZR 331/00, BGHZ 146, 341 = NJW 2001, 1056.

G. Anspruch auf Einhaltung des Vergabeverfahrens (Abs. 6)

Die **Geltendmachung des Anspruchs nach Abs. 6** kann – ebenso wie die Stellung des Antrages gem. § 160 Abs. 2 – allerdings nur durch den rechtsgeschäftlichen Vertreter der Bietergemeinschaft erfolgen. Dies ist gem. § 714 BGB im Zweifel der Gesellschafter der GbR, der auch die Geschäftsführungsbefugnis innehat.[1197] Die Geschäftsführungsbefugnis und die Vertretungsmacht können innerhalb der Bietergemeinschaft jedoch auch anders geregelt werden. In diesem Fall ändert sich dann die Vertretungsmacht entsprechend. Denkbar ist deshalb auch, dass die Gesamtheit der Mitglieder der Bietergemeinschaft gemeinsam das Nachprüfungsverfahren betreibt. Das **einzelne Mitglied der Bietergemeinschaft** hat in diesem Fall – ohne Vertretungsmacht – keine Antragsbefugnis in einem Nachprüfungsverfahren.[1198]

Mangels Differenzierung werden auch **Unternehmen aus Drittstaaten** von Abs. 6 erfasst. Das OLG Düsseldorf hat insoweit zutreffend ausgeführt: „Eine Einschränkung dahin gehend, dass sich allein die Unternehmen auf eine Einhaltung der Bestimmungen des Vergabeverfahrens berufen und Schutz vor Willkür des öffentlichen Auftraggebers mit der Möglichkeit der Nachprüfung vor nationalen Gerichten beanspruchen können, die ihren Sitz in Europa haben, ergibt sich weder aus den vergaberechtlichen Vorschriften selbst noch aus dem Beschaffungsabkommen ‚Agreement on Government Procurement' (GPA). Auf eine Mitgliedschaft in der Welthandelsorganisation (WTO) samt dem Status als Unterzeichner des GPA kommt es nicht an".[1199] 394

IV. Anspruchsinhalt

1. Allgemeines. Der **Inhalt des Anspruchs** aus Abs. 6 kann entweder die Einhaltung der Bestimmungen über das Vergabeverfahren sein oder das Unterlassen der Nichtbeachtung von Bestimmungen über das Vergaberecht (vgl. § 160 Abs. 2 S. 1). Die Nichtbeachtung kann auch in dem vollständigen Unterlassen einer Ausschreibung, dh einer **de-facto-Vergabe**, bestehen.[1200] Der **Umfang** dessen, was im Einzelnen unter „Bestimmungen über das Vergabeverfahren" zu verstehen ist, ist strittig. Die Entscheidung über diese Frage wird im gerichtlichen Vergabenachprüfungsverfahren getroffen und obliegt den OLG-Vergabesenaten und – im Falle der Divergenzentscheidung – dem BGH. 395

Grundsätzlich ist das Rechtsschutzinteresse eines Bieters im Rahmen des Abs. 6 auf **Primärrechtsschutz** gerichtet, nämlich auf Vornahme oder Unterlassen einer Handlung im Rahmen des Vergabeverfahrens.[1201] Demnach kommt Primärrechtsschutz auch nur so lange in Betracht, wie die Vornahme oder das Unterlassen einer Handlung im Rahmen des Vergabeverfahrens noch möglich sind.[1202] **Sekundärrechtsschutz** hingegen kommt vor den Vergabekammern nur im Falle der Erledigung des Nachprüfungsverfahrens zur Feststellung von haftungsrelevanten Verfahrensfehlern in Betracht.[1203] 396

2. Der Umfang des Anspruchs. Konkretisierungsbedürftig und im Einzelnen umstritten ist, **wie weit der Rechtsschutz der Bieter reicht,** insbesondere die Verletzung welcher Vergaberegeln ein Bieter geltend machen kann. Der Wortlaut des Abs. 6, der von den „Bestimmungen über das Vergabeverfahren" spricht, legt es durchaus nahe, dass durch Abs. 6 sämtliche Verfahrensbestimmungen unabhängig von ihrer Regelungsintention zu subjektiven Rechten erhoben werden und somit Gegenstand des Nachprüfungsverfahrens sein können. Der Begründung des Regierungsentwurfs ist jedoch zu entnehmen, dass keineswegs alle Vergaberegeln zu subjektiven Rechten erhoben werden sollten, sondern es war gewollt, dass nur diejenigen Vergaberegeln überprüfbar sind, die gerade den (individuellen) Schutz der Bieter bezwecken. Allen übrigen Bestimmungen des Vergabeverfahrens, die anderen Zwecken dienen, wie zB reine Formvorschriften, soll der Charakter von (allgemeinen) Ordnungsvorschriften zukommen, auf die die Bieter sich wegen des Fehlens individueller Betroffenheit nicht sollen berufen können.[1204] 397

a) Auffassungen im Schrifttum. Im Schrifttum lassen sich im Wesentlichen vier unterschiedliche Ansätze zur Bestimmung der Reichweite des Anspruchs aus Abs. 6 finden. So wird zum 398

[1197] Vgl. statt vieler MüKoBGB/*Schäfer* BGB § 714 Rn. 1.
[1198] *Prieß* VergabeR-HdB 359.
[1199] OLG Düsseldorf Beschl. v. 31.5.2017 – VII-Verg 36/16, NZBau 2017, 623 Rn. 25.
[1200] S. Immenga/Mestmäcker/*Dreher* Rn. 239; BGH Beschl. v. 1.2.2005 – X ZB 27/04, BeckRS 2005, 02748 = NZBau 2005, 290 (295).
[1201] Zu den europarechtlichen Hintergründen umfassend *Chen*, Vergaberechtsschutz im Spannungsfeld zwischen Beschleunigungsgebot und Gewährung effektiven Rechtsschutzes, 2019, 193 ff.
[1202] OLG Naumburg Beschl. v. 8.1.2003 – 1 Verg 7/02, BeckRS 9998, 26321 = VergabeR 2003, 196 (199); im Einzelnen dazu *Chen*, Vergaberechtsschutz im Spannungsfeld zwischen Beschleunigungsgebot und Gewährung effektiven Rechtsschutzes, 2019, 298 ff.
[1203] OLG Celle Beschl. v. 30.4.1999 – 13 Verg 1/99, BeckRS 9998, 26157 = NZBau 2000, 105 (106); KG Beschl. v. 24.10.2001 – KartVerg 10/01, VergabeR 2002, 100 (103); Byok/Jaeger/*Kau* Rn. 158.
[1204] BT-Drs. 13/9340, 14; vgl. auch OLG Celle Beschl. v. 9.4.2009 – 13 Verg 7/08, VergabeR 2009, 609 (613).

Teil vertreten, dass durch Abs. 6 **sämtliche Verfahrensbestimmungen** zu subjektiven Rechten qualifiziert würden.[1205] Gestützt wird diese Auffassung mit dem Hinweis auf die Anforderungen des Unionsrechts. Da alle Vorschriften der Vergaberichtlinien mit Ausnahme der Vorschriften, welche das Verhältnis der Auftraggeber zu den Bietern überhaupt nicht beträfen, wie zB Statistikpflichten, Rechte des Einzelnen enthielten, müsse sich der unionsrechtlich geforderte Rechtsschutz auch hierauf erstrecken.[1206] Diese Auffassung steht allerdings im Widerspruch zum Willen des deutschen Gesetzgebers.[1207] Sie würde ferner dazu führen, dass es im Rahmen des Nachprüfungsverfahrens zu reinen Popular- und Interessenklagen kommen könnte,[1208] die dem deutschen Recht fremd und – aus verschiedenen Gründen – nicht erwünscht sind. Auch der Verweis auf die Vorgaben der EU-Vergaberichtlinien vermag nicht zu überzeugen, denn diese kennen durchaus individuelle Rechtspositionen, ohne dass insoweit subjektive Rechte Einzelner begründet würden.[1209] Zudem stellt Art. 1 Abs. 3 der Richtlinien 89/665/EWG und 92/13/EWG klar, dass das Unionsrecht effektiven Rechtsschutz im Rahmen des Vergaberechts nur insoweit fordert, dass denjenigen Bietern eine Nachprüfung gewährleistet werden soll, die ein *individuelles Interesse* an einem bestimmten Auftrag geltend machen können und denen durch einen behaupteten Rechtsverstoß ein Schaden entstanden ist bzw. zu entstehen droht. Dadurch wird deutlich, dass die unionsrechtlichen Vorgaben der Vergaberichtlinien **keineswegs *sämtliche* Verfahrensbestimmungen als subjektive Rechte** verstehen, sondern dass auch in den Vergaberichtlinien differenziert wird, ob bestimmte Verfahrensvorschriften individuelle Rechte der Bieter enthalten oder nicht. Entsprechend lässt sich aus den unionsrechtlichen Vergaberichtlinien auch nicht folgern, dass sich der Rechtsschutz auf alle Vorschriften des Vergabeverfahrens – soweit nicht ausgeschlossen ist, dass sie das Verhältnis von öffentlichem Auftraggeber und Bieter nicht betreffen können – erstrecken müsse.

399 Eine weitere Auffassung[1210] **differenziert zwischen nationalen und europäischen Vergaberegeln** und meint, dass nur solche Bestimmungen durch Abs. 6 als subjektive Rechte erfasst werden, die der Umsetzung unionsrechtlicher Vorgaben dienen und hinreichend bestimmte Vorschriften der Rechtsmittelrichtlinien umsetzen. Gegen diese Auffassung sprechen im Kern jedoch dieselben Bedenken, die der Gesetzgeber im Gesetzgebungsverfahren gegen eine Begrenzung des Rechtsschutzes auf Vorgaben des Unionsrechts hatte.[1211] So wäre auch in diesem Fall eine rechtssichere Abgrenzung zwischen europäischen und rein nationalen Vergabebestimmungen mit erheblichen Unsicherheiten verbunden und aufgrund des engen sachlichen Zusammenhangs kaum durchführbar. Wollte man eine solche Abgrenzung gleichwohl bejahen und durchführen, so würde dies zu einem zeitaufwendigen Verfahren führen, was der Vorstellung eines schnellen Rechtsschutzes im Vergabeverfahren zuwiderliefe.

400 Einige Stimmen im Schrifttum[1212] vertreten unter Berufung auf die Begründung des Regierungsentwurfs, dass der Anspruch aus Abs. 6 lediglich diejenigen **Vergaberegeln erfasse, die bieterschützenden Charakter haben.** Ausgangspunkt für die Frage, ob eine vergaberechtliche Vorschrift subjektiven Bieterschutz vermittelt, sei die Schutznormlehre. Diese basiert auf der Überlegung, dass die betreffende Vorschrift nur dann einen subjektiven (Bieter)Schutz habe, wenn sie eindeutig den individuellen Schutz des Bieters vorsehe.[1213] Gegen eine Auslegung der Vergaberegeln nach der Schutznormlehre des deutschen Rechts spricht jedoch, dass das Konzept des subjektiven Rechts im Sinne der deutschen Dogmatik nicht identisch ist mit dem unionsrechtlichen Verständnis des Rechts des Einzelnen im Sinne des EuGH.[1214] Während die Schutznormlehre das subjektive Recht als eine dem Einzelnen eingeräumte Rechtsposition versteht, fordert das Unionsrecht lediglich eine hinreichend bestimmte, durch die Gerichte durchsetzbare staatliche Verhaltens-

---

[1205] *Frenz* EuropaR-HdB III Rn. 3319; Immenga/Mestmäcker/*Dreher* Rn. 233 f.; vgl. auch *Dicks* in RKPP GWB Rn. 274.
[1206] Immenga/Mestmäcker/*Dreher* Rn. 234; Beck VergabeR/*Dörr* § 97 Abs. 6 Rn. 31 ff.
[1207] BT-Drs. 13/9340, 14.
[1208] *Boesen* Rn. 199.
[1209] So auch Byok/Jaeger/*Kau* Rn. 151.
[1210] *Erdl*, Der neue Vergaberechtsschutz – Das deutsche Recht im europäischen Kontext, 1999, Rn. 466; *Kulartz/Niebuhr* NZBau 2000, 6 (13); *Brauer* in RKPP GWB Rn. 152; *Ulbrich/Waldner* BauR 1999, 1082 (1084 f.).
[1211] Vgl. *Boesen* Rn. 186.
[1212] *Voppel* LKV 1999, 5 (6); *Glöckner* FS Motzke, 2006, 113 (118); *Thieme/Correll* DVBl 1999, 884 (888); *Koenig/Haratsch* NJW 2006, 2637 (2641); *Chen*, Vergaberechtsschutz im Spannungsfeld zwischen Beschleunigungsgebot und Gewährung effektiven Rechtsschutzes, 2019, 296; *Prieß* VergabeR-HdB 360; *Prieß/Niestedt*, Rechtsschutz im Vergaberecht, 2006, 70.
[1213] Zur Schutznormtheorie s. Maunz/Dürig/*Schmidt-Aßmann* GG Art. 19 Rn. 118.
[1214] Zum unionsrechtlichen Verständnis des EuGH bzgl. des Rechts des Einzelnen s. EuGH Urt. v. 30.5.1991 – C-361/88, Slg. 1991, I-2567 (2601) = NVwZ 1991, 866 – TA Luft; für das Vergaberecht s. EuGH Urt. v. 11.8.1995 – C-433/93, Slg. 1995, I-2303 = NVwZ 1996, 367 – Kommission/Deutschland.

G. Anspruch auf Einhaltung des Vergabeverfahrens (Abs. 6)   401–403   § 97 GWB

pflicht gegenüber dem Einzelnen sowie dessen faktische Betroffenheit.[1215] Eine Auslegung der Vergaberegeln nach der Schutznormlehre würde somit zu einer deutlichen Einschränkung gegenüber den unionsrechtlichen Kriterien führen.[1216]

Vor diesem Hintergrund wird deshalb auch vertreten, dass Abs. 6 zwar **lediglich bieterschüt-** 401 **zende Bestimmungen** umfasse, jedoch sei von einem **weiten Schutzumfang der Vergaberegeln** auszugehen und der Begriff der subjektiven Rechte im Lichte der Anforderungen des Unionsrechts und der Vergabegrundsätze weit auszulegen.[1217] Zwar bietet auch diese Einordnung der „Bestimmungen über das Vergabeverfahren" keine klaren Abgrenzungskriterien, doch wird sie dem Konflikt zwischen dem Willen des Gesetzgebers und den unionsrechtlichen Anforderungen am ehesten gerecht. Eine Auslegung, die zwar auf den Schutzzweck der Norm abstellt, dabei aber nicht die strengen Maßstäbe der deutschen Schutznormlehre, insbesondere das Merkmal der Individualisierbarkeit der geschützten Personengruppe,[1218] ansetzt, sondern das Merkmal **„bieterschützend"** im Lichte der unionsrechtlichen Anforderungen auslegt, wird sowohl dem Willen des Gesetzgebers als auch den Anforderungen des Unionsrechts gerecht. Gestützt wird diese Ansicht nicht zuletzt auch dadurch, dass der deutsche Gesetzgeber zwar durchaus ein Normverständnis vor Augen hatte, das mit der Schutznormlehre im Zusammenhang stand, sein Ziel jedoch zuvörderst eine unionsrechtskonforme Umsetzung der Richtlinien war,[1219] sodass im Hinblick auf die Interpretation des Begriffes „Bestimmungen über das Vergabeverfahren" der Schutznormansatz durch unionsrechtliche Vorgaben überlagert wird.

b) Auffassung der Rechtsprechung. In der Rechtsprechung werden zu der Frage der Reich- 402 weite des Anspruchs aus Abs. 6 ebenfalls **unterschiedliche Positionen** vertreten. Der BGH hat sie bislang noch nicht abschließend beantwortet. Zwar hat er festgestellt, dass durch die Eröffnung eines Verfahrens mit bestimmten Regeln die durch sie konkretisierten Vergabegrundsätze gewährleistet werden sollen und „die insoweit geltenden Bestimmungen gem. [Abs. 6] ein subjektives Recht begründen".[1220] In einer späteren Entscheidung hat der BGH jedoch erklärt, dass kein Anlass zu einer abschließenden Beantwortung der Frage bestehe, ob von Abs. 6 ausnahmslos alle Bestimmungen über das Vergabeverfahren erfasst werden.[1221] Die **Entscheidungspraxis der Oberlandesgerichte ist uneinheitlich.** Während das BayObLG ausdrücklich von der „Durchsetzung eines Anspruchs des Unternehmens auf Beachtung der seinen Schutz bezweckenden Vergabevorschriften"[1222] spricht und auch andere Oberlandesgerichte, wie das OLG Düsseldorf,[1223] das OLG Dresden[1224] oder das OLG Karlsruhe[1225] von „bieterschützenden" Vorschriften sprechen, hat das Brandenburgische OLG mit Hinweis auf den unionsrechtlichen Hintergrund der Vorschrift festgestellt, für „eine einschränkende Auslegung – etwa im Sinne der verwaltungsrechtlichen Schutznormtheorie – sei insoweit kein Raum".[1226]

c) Stellungnahme. Die Auffassung, dass Abs. 6 lediglich bieterschützende Bestimmungen 403 umfasse, dabei aber von einem weiten Schutzumfang der Vergaberegeln auszugehen ist und der Begriff der subjektiven Rechte im Lichte der Anforderungen des Unionsrechts und der Vergabegrundsätze weit auszulegen ist, verdient den Vorzug, weil sie am besten dazu geeignet ist, den Willen des Gesetzgebers und die unionsrechtlichen Vorgaben miteinander in Einklang zu bringen. Allerdings ist die **praktische Bedeutung des Streits** über die Reichweite des Anspruchs aus Abs. 6 eher gering. Zum einen wird durch die Vorschrift des § 160 Abs. 2 die Antragsbefugnis für ein Nachprüfungsverfahren an das Interesse an einem bestimmten Auftrag geknüpft und darüber hinaus als weitere

---

[1215] Vgl. *Boesen* Rn. 190, 194; Byok/Jaeger/*Kau* Rn. 151.
[1216] *Erdl*, Der neue Vergaberechtsschutz – Das deutsche Recht im europäischen Kontext, 1999, Rn. 461; *Boesen* Rn. 197; vgl. auch Immenga/Mestmäcker/*Dreher* Rn. 240 ff.
[1217] Byok/Jaeger/*Kau* Rn. 152; Reidt/Stickler/Glahs/*Stickler* Rn. 41, 44; Langen/Bunte/*Wagner* Rn. 104; *Gröning* ZIP 1999, 52 (54); *Gröning* WRP 2000, 49 (52); *Boesen* Rn. 197; s. auch *Kalinowsky*, Der Anspruch der Bieter auf Einhaltung des Vergabeverfahrens nach § 97 Abs. 7 GWB, 2000, 267; Loewenheim/Meessen/Riesenkampff/*Bungenberg*, 2. Aufl. 2009, Rn. 71 f., die vertreten, eine Norm dann als bieterschützend zu qualifizieren, wenn sie nicht nur verwaltungsinterne Pflichten aufstellt, die keinen Bezug zum Einzelnen haben.
[1218] Vgl. *Boesen* Rn. 194.
[1219] BT-Drs. 13/9340, 14.
[1220] BGH Beschl. v. 1.2.2005 – X ZB 27/04, BeckRS 2005, 02748 = NZBau 2005, 290 (295).
[1221] BGH Beschl. v. 26.9.2006 – X ZB 14/06, BGHZ 169, 131 = NZBau 2006, 800.
[1222] BayObLG Beschl. v. 12.12.2001 – Verg 19/01, BeckRS 2002, 00916.
[1223] OLG Düsseldorf Beschl. v. 17.3.2004 – VII-Verg 3/04, BeckRS 2016, 08681.
[1224] OLG Dresden Beschl. v. 4.7.2008 – WVerg 3/08, NZBau 2008, 594.
[1225] OLG Karlsruhe Beschl. v. 6.2.2007 – 17 Verg 5/06, NZBau 2007, 393.
[1226] OLG Brandenburg Beschl. v. 3.8.1999 – 6 Verg 1/99, WuW/E Verg 231 (234).

Voraussetzung gefordert, dass durch den behaupteten Rechtsverstoß ein Schaden entstanden ist bzw. zu entstehen droht, sodass diese Regelung in der Praxis zu einer Begrenzung der „Bestimmungen über das Vergabeverfahren" iSd Abs. 6 auf bieterschützende Normen führt. Zum anderen nimmt die Bedeutung dieses Streits auch dadurch ab, dass nach wohl einhelliger Auffassung[1227] die allgemeinen Vergabegrundsätze des Wettbewerbs, der Transparenz und der Gleichbehandlung (Abs. 1 und 2) „Bestimmungen über das Vergabeverfahren" iSd Abs. 6 sind und ein Verstoß gegen eine Verfahrensvorschrift im Regelfall auch einen Verstoß gegen zumindest einen der Vergabegrundsätze darstellt, weil diese die Vergabegrundsätze konkretisieren.

404   **3. Bestimmungen über das Vergabeverfahren.** Der Begriff der „Bestimmungen über das Vergabeverfahren" ist nach dem vorhergehend Gesagten grundsätzlich eher weit auszulegen.[1228] Bestimmungen über das Vergabeverfahren finden sich demnach im gesamten oberschwelligen Vergaberecht.[1229] Es ist dabei unerheblich, ob die betreffenden Bestimmungen der Umsetzung des EU-Vergaberechts dienen oder nicht,[1230] weil Abs. 6 einen Anspruch auf Einhaltung der gesamten deutschen Bestimmungen über das Vergabeverfahren gewährt; diese können weiter gehen als die europäischen Vorgaben, sodass es dann, wenn man nur auf das Umsetzungsrecht abstellen würde, zu einem geringeren Rechtsschutzniveau kommen würde. Zu den Bestimmungen über das Vergabeverfahren zählen auch das allgemeine **Gebot der Verfahrensfairness und die allgemeinen Verwaltungsgrundsätze,** wie das aus dem Gebot von Treu und Glauben hergeleitete Verbot widersprüchlichen Verhaltens.[1231] Alle Normen, die zwar die Durchführung öffentlicher Aufträge, aber nicht das Vergabeverfahren als solches betreffen, gehören nicht zu den „Bestimmungen über das Vergabeverfahren". Dasselbe gilt für die Vorschriften, die zwar das Vergabeverfahren betreffen, aber außerhalb des Vergaberechts angesiedelt sind.[1232] So können zum Beispiel Verstöße gegen § 1 – wie sie im Zusammenhang mit Bietergemeinschaften vorkommen – nicht im vergaberechtlichen Rechtsschutzverfahren geltend gemacht werden.[1233] Ebenfalls nicht zu den Bestimmungen über das Vergabeverfahren gehören alle Vorschriften des Vergaberechts, die Rechtspflichten der Vergabestellen postulieren, ohne dass diese einen Bezug zur Durchführung konkreter Vergabeverfahren hätten und diejenigen Vorschriften, die keine Rechtspflichten der Vergabestelle begründen.[1234] Konsequent hat daher das OLG Frankfurt a. M. die Missachtung des Grundsatzes des Vorrangs der Eigenwirtschaftlichkeit im ÖPNV nach § 8 Abs. 4 PBefG, § 8a Abs. 1 PBefG nicht als Verletzung einer Bestimmung des Vergaberechts angesehen. Denn „[d]ie Beachtung dieses Grundsatzes ist der Entscheidung des Aufgabenträgers über die Durchführung eines Vergabeverfahrens vorgelagert. Erfolgt die öffentliche Ausschreibung unter Verletzung des Vorrangs der Eigenwirtschaftlichkeit, werden dadurch möglicherweise subjektive Rechte desjenigen verletzt, der einen eigenwirtschaftlichen Verkehr anbieten möchte, nicht aber die Rechte der Bieters, die sich an der Ausschreibung beteiligen".[1235] De facto lässt dies freilich die Durchsetzung des personenbeförderungsrechtlich angeordneten Vorrangs der Eigenwirtschaftlichkeit vor Verkehrsbestellungen[1236] ungeachtet seiner Qualifikation als subjektives Recht durch die Verwaltungsgerichtsbarkeit[1237] entfallen.

405   **4. Anspruchsgegner.** Die Anspruchsgegner sind gem. Abs. 6 alle **Auftraggeber** iSv § 98.[1238]

§ 98 Auftraggeber

Auftraggeber im Sinne dieses Teils sind öffentliche Auftraggeber im Sinne des § 99, Sektorenauftraggeber im Sinne des § 100 und Konzessionsgeber im Sinne des § 101.

[1227] Langen/Bunte/*Wagner* Rn. 104; Byok/Jaeger/*Kau* Rn. 152; *Boesen* Rn. 197; Loewenheim/Meessen/Riesenkampff/*Bungenberg*, 2. Aufl. 2009, Rn. 72; Immenga/Mestmäcker/*Dreher* Rn. 245; *Gröning* ZIP 1999, 52 (54).
[1228] Ebenso BeckOK VergabeR/*Bungenberg/Schelhaas* § 97 Abs. 6 Rn. 14; HK-VergabeR/*Fehling* Rn. 158.
[1229] Immenga/Mestmäcker/*Dreher* Rn. 237; *Schneider* NZBau 2009, 352; anders wohl *Hertwig* NZBau 2009, 355.
[1230] Immenga/Mestmäcker/*Dreher* Rn. 237.
[1231] Vgl. KG Beschl. v. 18.7.2002 – 2 Kart Verg 4/02, VergabeR 2003, 78 (81).
[1232] Immenga/Mestmäcker/*Dreher* Rn. 238; vgl. auch OLG Düsseldorf Beschl. v. 6.9.2017 – VII-Verg 9/17, VergabeR 2019, 128 (135). Im Unterschied zu § 127 Abs. 1 S. 1, 6 SGB V hatte OLG Düsseldorf Beschl. v. 27.6.2018 – VII-Verg 59/17, NZBau 2018, 696, § 127 Abs. 1b SGB V aF gleichwohl als bieterschützende Vorschrift qualifiziert.
[1233] OLG Düsseldorf Beschl. v. 17.2.2014 – VII-Verg 2/14, NZBau 2014, 716 (717).
[1234] Vgl. *Boesen* Rn. 210; Immenga/Mestmäcker/*Dreher* Rn. 238.
[1235] OLG Frankfurt a. M. Beschl. v. 24.1.2017 – 11 Verg 2/16, NZBau 2017, 442 Rn. 39.
[1236] Dazu umfassend die Beiträge in *Knauff*, Bestellung von Verkehrsleistungen im ÖPNV, 2018.
[1237] VG Minden Urt. v. 3.12.2014 – 7 K 1047/13.
[1238] S. nur BeckOK VergabeR/*Bungenberg/Schelhaas* § 97 Abs. 6 Rn. 10.

Schrifttum: *Rechten,* Der Auftraggeberbegriff im Wandel, NZBau 2014, 667; vgl. daneben auch die Hinweise zu §§ 99, 100 und 101.

Übersicht

	Rn.			Rn.
I. Normzweck	1	V.	Historische Entwicklung des Auftraggeberbegriffs	12
II. Entstehungsgeschichte	3			
III. Regelungsinhalt	6	1.	Europarechtliche Entwicklung	12
IV. Abgrenzung von Auftraggeber und Vergabestelle	9	2.	Nationale Entwicklung	16

I. Normzweck

§ 98 definiert – im Sinne einer übergeordneten Kategorie – den Begriff der Auftraggeber iSd Kartellvergaberechts, dh des 4. Teils des GWB (§§ 97 ff.).[1] Auftraggeber sind danach öffentliche Auftraggeber iSd § 99, Sektorenauftraggeber iSd § 100 und Konzessionsgeber iSd § 101. In den Vorschriften der §§ 99, 100 und 101 werden die unterschiedlichen Begriffe sodann durch die dort enthaltenen Legaldefinitionen näher konkretisiert.   1

Die unionsrechtliche Grundlage findet der Begriff des Auftraggebers in den EU-Vergaberichtlinien 2014/23/EU (RL 2014/23/EU),[2] 2014/24/EU (RL 2014/24/EU)[3] und 2014/25/EU (Sektoren-RL).[4] Öffentliche Auftraggeber sind geregelt in Art. 2 Abs. 1 Nr. 1 und 4 RL 2014/24/EU. Art. 6 und 7 RL 2014/23/EU unterscheiden zwischen öffentlichen Auftraggebern und Auftraggebern iSd Konzessionsvergaberichtlinie; Art. 4 und 5 Sektoren-RL zwischen öffentlichen Auftraggebern und Auftraggebern iSd Sektorenrichtlinie.[5] Den EU-Vergaberichtlinien liegt ein funktionaler Auftraggeberbegriff zugrunde (→ Rn. 12 ff.).   2

II. Entstehungsgeschichte

§ 98 wurde durch das **Vergaberechtsmodernisierungsgesetz vom 17.2.2016**[6] mit einem neuen Inhalt versehen. Während § 98 aF noch ein einheitlicher Begriff des öffentlichen Auftraggebers zugrunde lag, der auch die Sektorenauftraggeber (§ 98 Nr. 4 aF) sowie die Baukonzessionäre (§ 98 Nr. 6 aF) mit umfasste, folgt die Neufassung des § 98 der neuen Systematik des 4. Teils des GWB, die ihrerseits wiederum den oben dargestellten unionsrechtlichen Grundlagen (→ Rn. 2) geschuldet ist. Die gesetzliche Terminologie wird nunmehr auf zwei Ebenen gebildet. Oberbegriff ist der Terminus **des „Auftraggebers", der die Unterbegriffe „öffentlicher Auftraggeber", „Sektorenauftraggeber" und „Konzessionsgeber" umfasst.**[7] Die Unterbegriffe werden in den §§ 99, 100 und 101 legaldefiniert (→ Rn. 1). Sind die Voraussetzungen einer der Legaldefinitionen gem. §§ 99, 100 und 101 erfüllt, liegt immer auch ein „Auftraggeber" iSd § 98 vor.[8]   3

Der nationalen Gesetzesreform war eine **Novellierung der europäischen Vergaberichtlinien im Jahr 2014** vorausgegangen, die den Auftraggeberbegriff extensiver definierte als bisher und erstmalig eine eigene Regelung für Konzessionsauftraggeber aufnahm. Die Entwicklung der Rechtsprechung des EuGH hatte den Begriff des öffentlichen Auftraggebers im Kern unberührt gelassen und mit ihren Modifikationen auf dieser Basis aufgebaut. Durch die Rechtsprechung des EuGH und der nationalen Gerichte zu den vielfältigen verschiedenen Formen von öffentlichem Beschaffungshandeln[9] war es erforderlich geworden, eine systematische Regelung zu treffen, ob oder   4

---

[1] BT-Drs. 18/6281, 69.
[2] Richtlinie 2014/23/EU des Europäischen Parlaments und des Rates v. 26.2.2014 über die Konzessionsvergabe, ABl. 2014 L 94, 1.
[3] Richtlinie 2014/24/EU des Europäischen Parlaments und des Rates v. 26.2.2014 über die Vergabe öffentlicher Aufträge und zur Aufhebung der Richtlinie 2004/18/EG, ABl. 2014 L 94, 65.
[4] Richtlinie 2014/25/EU des Europäischen Parlaments und des Rates v. 26.2.2014 über die Vergabe von Aufträgen durch Auftraggeber im Bereich der Wasser-, Energie- und Verkehrsversorgung sowie der Postdienste und zur Aufhebung der Richtlinie 2004/17/EG, ABl. 2014 L 94, 243.
[5] Vgl. BT-Drs. 18/6281, 69; Reidt/Stickler/Glahs/*Masing* Rn. 2.
[6] BGBl. 2016 I 203 ff.
[7] Ziekow/Völlink/*Ziekow* Rn. 2.
[8] Ziekow/Völlink/*Ziekow* Rn. 2.
[9] Nur einige wenige Beispiele aus den letzten Jahren: *Herrmann* VergabeR 2015, 531 ff.; *Kokew* NZBau 2014, 96 ff.; *Prieß/Marx/Hölzl* VergabeR 2012, 425 ff.; *Shirvani* VergabeR 2010, 21 ff.; *Losch* VergabeR 2010, 163 ff.; *Trautner/Schäffer* VergabeR 2010, 172 ff.; *Ziekow* VergabeR 2010, 861 ff.

unter welchen Voraussetzungen Beschaffungsstellen als öffentliche Auftraggeber nach den Regeln des europäischen Binnenmarktes anzusehen sind. Öffentliches Beschaffungshandeln stellt sich nämlich facettenreich dar: Es kann in privatrechtlichen Formen, gemeinsam mit Privaten oder anderen öffentlichen Stellen oder durch Private mit öffentlichem Geld (Subventionen) vonstattengehen. Mit der Umsetzung der RL 2014/24/EU (Vergabe öffentlicher Aufträge), Sektoren-RL (Vergabe von Aufträgen in den Sektorenbereichen) und RL 2014/23/EU (Konzessionsvergabe) wurde dem Rechnung getragen (→ Rn. 12 ff.).

5 Die Umsetzung der neuen EU-Richtlinien in nationales Recht führte zu der beschriebenen Neugliederung der bisherigen Regelung zum Auftraggeberbegriff (→ Rn. 1 und 3). Die bisherige Regelung fand sich vollständig in § 98 aF und enthielt die Definitionen zu den verschiedenen Auftraggeberarten. Diese finden sich nun in den §§ 99–101, die abweichend von der bisherigen Fassung getrennt in § 99 die allgemeinen „klassischen" öffentlichen Auftraggeber (bisher § 98 Nr. 1– 3 aF), in § 100 die Sektorenauftraggeber (bisher § 98 Nr. 4 aF) und in § 101 die Konzessionsgeber (bisher ausschließlich für Baukonzessionen in § 98 Nr. 6 aF geregelt) definieren.

III. Regelungsinhalt

6 Bei der neuen summarischen Zusammenfassung der Auftraggeber in § 98 handelt es sich um eine **abschließende Aufzählung**.[10] Gehören Personen nicht zu den öffentlichen Auftraggebern (§ 99), den Sektorenauftraggebern (§ 100) oder den Konzessionsgebern (§ 101), sind sie nicht (gesetzlich) zur Anwendung des Kartellvergaberechts (§§ 97 ff.) verpflichtet.[11]

7 Die Regelungsabschnitte des 4. Teils des GWB nehmen Bezug auf die Begriffe des § 98. Der jeweilige Abschnitt ist nur für den Typus oder die Typen von öffentlichen Auftraggebern eröffnet, die explizit benannt sind (vgl. **§§ 115 ff.: öffentliche Auftraggeber, §§ 136 ff.: Sektorenauftraggeber, §§ 148 ff.: Konzessionsgeber; §§ 144 ff.: öffentliche Auftraggeber und Sektorenauftraggeber**). Bezieht sich eine Vorschrift allgemein auf „Auftraggeber", so ist sie sowohl auf öffentliche Auftraggeber als auch auf Sektorenauftraggeber als auch auf Konzessionsgeber anwendbar.

8 Der gesetzlich definierte Kreis der Auftraggeber (§§ 98 ff.) und damit der Anwendungsbereich sowohl der materiellrechtlichen Anforderungen der §§ 97 ff. als auch des Rechtsschutzsystems der §§ 155 ff. ist **nicht disponibel**. Er lässt sich insbesondere nicht im Wege der Analogie erweitern.[12] Eine Ausweitung über den Wortlaut der Norm hinaus ist ferner auch dann nicht denkbar, wenn eine nicht von den §§ 99 ff. erfasste Einrichtung die Regelungen der §§ 97 ff. – bewusst oder in der irrtümlichen Annahme, öffentlicher Auftraggeber zu sein – anwendet.[13] Zwar ist es insoweit denkbar, dass die Einrichtung mit der Anwendung des Kartellvergaberechts einen Vertrauenstatbestand schafft, aufgrund dessen Bieter berechtigter Weise davon ausgehen dürfen, dass die Einrichtung die vergaberechtlichen Bestimmungen insgesamt einhält.[14] Eine Enttäuschung dieses Vertrauens kann jedoch lediglich Schadensersatzansprüche nach den allgemeinen Regeln begründen. Hingegen stünde den Bietern beispielsweise kein vergaberechtlicher Rechtsschutz zur Verfügung, da die vom Gesetzgeber vorgesehenen Grenzen des vergaberechtlichen Rechtsschutzsystems nicht disponibel sind.[15]

IV. Abgrenzung von Auftraggeber und Vergabestelle

9 Der Begriff „Auftraggeber" ist von dem der „Vergabestelle" abzugrenzen. Die Begriffe sind **nicht identisch**. Beide Eigenschaften fallen in der Praxis zwar häufig in ein und derselben Person zusammen, zwingend ist das allerdings nicht. Auch ist der allgemeine Sprachgebrauch hier in der vergaberechtlichen Praxis oftmals nicht präzise.[16] Während der **Begriff des Auftraggebers** das durch das Vergaberecht verpflichtete Rechtssubjekt bezeichnet, wird mit dem **Begriff der Vergabestelle** die im Beschaffungsvorgang auftretende Einheit oder Person bezeichnet; bei Gebietskörperschaften wie Bund und Ländern die konkret auftretende Behörde, die für den Auftraggeber erklärungsbefugt und empfangszuständig ist. Die Vergabestelle ist zumeist eine Einheit oder ein Organ

---

[10] VK Brandenburg Beschl. v. 11.3.2009 – VK 7/09, ZfBR 2009, 710 (712); Reidt/Stickler/Glahs/*Masing* Rn. 6; Ziekow/Völlink/*Ziekow* Rn. 1.
[11] Reidt/Stickler/Glahs/*Masing* Rn. 6.
[12] VK Thüringen Beschl. v. 7.2.2019 – 250-4003-262/2019-E-001-EIC, VPR 2019, 192; VK Bund Beschl. v. 8.6.2006 – VK 2-114/05, VergabeR 2007, 100 (198); Reidt/Stickler/Glahs/*Masing* Rn. 6.
[13] OLG Stuttgart Beschl. v. 12.8.2002 – 2 Verg 9/02, NZBau 2003, 340.
[14] Vgl. BGH Urt. v. 21.2.2006 – X ZR 39/03, NZBau 2006, 456 (457).
[15] Vgl. dazu OLG Hamburg Beschl. v. 31.3.2014 – 1 Verg 4/13, NZBau 2014, 659 (660); OLG Celle Beschl. v. 8.8.2013 – 13 Verg 7/13, NZBau 2013, 659; OLG Celle Beschl. v. 25.8.2011 – 13 Verg 5/11, VergabeR 2012, 182 (184); OLG Stuttgart Beschl. v. 12.8.2002 – 2 Verg 9/02, NZBau 2003, 340; sowie zum Ganzen auch Reidt/Stickler/Glahs/*Masing* Rn. 6.
[16] Reidt/Stickler/Glahs/*Masing* Rn. 4.

des Auftraggebers, sie muss aber nicht mit diesem identisch sein. Die rechtlichen Verpflichtungen und vertraglichen Bindungen treffen den Auftraggeber als Rechtsperson.[17]

Die Abgrenzung ist insbesondere mit Blick auf das sog. **Prinzip der Eigenverantwortung** 10 von Bedeutung. Danach sind Auftraggeber verpflichtet, die wesentlichen vergaberechtlichen Verfahrensentscheidungen selbst zu treffen.[18] Dies gilt insbesondere für die Entscheidung über die Erteilung des Zuschlages, die der Auftraggeber daher nicht delegieren kann; die Beschränkung der eigenen Mitwirkung auf ein bloßes „Abnicken"[19] ist nicht zulässig.[20] Ungeachtet dessen ist es vergaberechtlich jedoch zulässig, dass sich Auftraggeber bei der Durchführung von Vergaben der Unterstützung Dritter bedienen. Denkbar ist dabei zB die Einschaltung eines rechtsgeschäftlich bestellten Vertreters oder die Beauftragung eines Dritten mit der Beschaffung im eigenen Namen für den Auftraggeber.[21] Bei der Beschaffung durch einen rechtsgeschäftlich bestellten Vertreter des Auftraggebers handelt der Bevollmächtigte in fremden Namen und für Rechnung des öffentlichen Auftraggebers. Dagegen handelt bei der mittelbaren Stellvertretung[22] der Bevollmächtigte in eigenem Namen, aber weiterhin für Rechnung des Auftraggebers.[23] Soweit öffentlich-rechtliche Vergabestellen für einen Auftraggeber tätig werden, kann im Einzelfall ebenfalls fraglich sein, wer Auftraggeber iSd § 98 ist.[24] Wenn Auftraggeber und Vergabestelle auseinanderfallen, bleibt für die Frage nach der Eröffnung des personellen Anwendungsbereichs des 4. Teils des GWB entscheidend, wer der **Auftraggeber** iSd § 98 ist. Dies ist letztlich immer **anhand der Umstände des Einzelfalls materiell-wirtschaftlich zu bestimmen.** Auftraggeber ist danach, wer die Chancen und Risiken aus dem im Rahmen des konkreten Beschaffungsvorhabens abzuschließenden Vertrages endgültig tragen soll.[25]

Hiervon ist die Bildung von zentralen Beschaffungsstellen und Einkaufskooperationen zu unter- 11 scheiden. Werden **zentrale Beschaffungsstellen** errichtet, die rechtlich verselbstständigt für andere Auftraggeber Aufträge vergeben, sind diese **selbst Auftraggeber (vgl. § 120 Abs. 4).** Schließen sich mehrere Auftraggeber zur Beschaffung zusammen, ohne dass durch den Zusammenschluss ein eigenständiges Rechtssubjekt gebildet wird, bleiben die beteiligten Auftraggeber grundsätzlich selbst als Auftraggeber verpflichtet.[26]

V. Historische Entwicklung des Auftraggeberbegriffs

1. Europarechtliche Entwicklung. Der Begriff des öffentlichen Auftraggebers war mit der 12 Baukoordinierungsrichtlinie 71/305/EWG aus dem Jahr 1971[27] (BKR) zunächst **institutionell** gefasst worden. Art. 1 lit. b BKR benannte die **„Staat, die Gebietskörperschaften und die in Anhang I aufgeführten Personen des öffentlichen Rechts"** als öffentliche Auftraggeber. Diese Beschränkung auf die in öffentlich-rechtlichen Rechtsformen gefassten Auftraggeber beruhte darauf, dass es als schwierig angesehen wurde, eine für alle Mitgliedstaaten angemessene und sachgerechte Regelung zu finden. Das Ziel eines umfassenden freien Waren- und Dienstleistungsverkehrs erforderte jedoch die Erweiterung des Auftraggeberbegriffs. Der **EuGH** forderte in seiner **„Beentjes"- Entscheidung**[28] ein **funktionelles Verständnis** ein, in dem feststellte, dass das Ziel der Richtlinie,

---

[17] OLG Düsseldorf Beschl. v. 2.11.2016 – VII-Verg 23/6, ZfBR 2017, 190; Reidt/Stickler/Glahs/*Masing* Rn. 4.
[18] OLG München Beschl. v. 21.8.2008 – Verg 13/08, VergabeR 2009, 65 (71); OLG Celle Beschl. v. 7.6.2007 – 13 Verg 5/07, VergabeR 2007, 650 (655); OLG Dresden Beschl. v. 29.5.2001 – WVerg 3/01, VergabeR 2001, 311 (312); VK Sachsen Beschl. v. 1.4.2010 – 1/SVK/007/10, IBR 2010, 523; VK Niedersachsen Beschl. v. 29.4.2004 – 203-VgK-11/2004, BeckRS 2004, 24782.
[19] VK Brandenburg Beschl. v. 7.4.2006 – 2 VK 10/06, ZfBR 2006, 619.
[20] Reidt/Stickler/Glahs/*Masing* Rn. 5.
[21] Vgl. VK Bund Beschl. v. 8.6.2006 – VK 2-114/05, VergabeR 2007, 100 (105).
[22] Beispiele der mittelbaren Stellvertretung in VK Baden-Württemberg Beschl. v. 14.11.2013 – 1 VK 37/13, BeckRS 2014, 13620; VK Bund Beschl. v. 8.6.2006 – VK 2-114/05, VergabeR 2007, 100 (105).
[23] S. zum Ganzen Reidt/Stickler/Glahs/*Masing* Rn. 5.
[24] Vgl. hinsichtlich des Bundesauftragsverwaltung das Land als Auftraggeber ansehend BGH Beschl. v. 20.3.2014 – X ZB 18/13, NZBau 2014, 310 (312); VK Baden-Württemberg Beschl. v. 23.6.2003 – 1 VK 28/03, IBRRS 2003, 2427; aA VK Niedersachsen Beschl. v. 22.6.2007 – VgK-21/2007, IBRRS 2009, 2720; VK Arnsberg Beschl. v. 6.2.2003 – VK 1-01/2003, ZfBR 2003, 407 ff.; sowie HK-VergabeR/*Pünder* § 99 Rn. 4.
[25] OLG Düsseldorf Beschl. v. 17.12.2012 – VII-Verg 47/12, VergabeR 2013, 550 (551); *Röwekamp* in RKPP GWB Rn. 75 und 79 mwN; Reidt/Stickler/Glahs/*Masing* Rn. 6.
[26] Vgl. OLG München Beschl. v. 20.3.2014 – Verg 17/13, NZBau 2014, 456 (458); sowie Reidt/Stickler/Glahs/*Masing* Rn. 6.
[27] Richtlinie 71/305/EWG des Rates v. 26.7.1971 über die Koordinierung der Verfahren zur Vergabe öffentlicher Bauaufträge, ABl. 1971 L 185, 5.
[28] EuGH Urt. v. 20.9.1988 – 31/87, Slg. 1988, 4635 Rn. 11 = NVwZ 1990, 353 – Beentjes.

nämlich die tatsächliche Verwirklichung der Niederlassungsfreiheit und des freien Dienstleistungsverkehrs auf dem Gebiet der öffentlichen Bauaufträge, gefährdet wäre, „wenn sie allein deswegen unanwendbar wäre, weil ein öffentlicher Bauauftrag von einer Einrichtung vergeben wird, die geschaffen wurde, um ihr durch Gesetz zugewiesene Aufgaben zu erfüllen, die jedoch nicht förmlich in die staatliche Verwaltung eingegliedert ist".[29] Daraufhin wurde mit der Richtlinie 89/440/EWG zur Änderung der Richtlinie 71/305/EWG[30] der **funktionelle Auftraggeberbegriff** eingeführt, der dem Umstand Rechnung trägt, dass es den Mitgliedstaaten freisteht, in welchen Rechts- und Organisationsformen sie ihre Aufgaben erfüllen. Über die Anwendbarkeit des Vergaberechts sollte nicht die Rechtsform, sondern die tatsächliche Bestimmung einer Organisation entscheiden. Der damit geprägte **funktionelle Auftraggeberbegriff** fand seine ausdrückliche Festlegung in der Reform des EU-Vergaberechts von 2004, die die drei bis dahin getrennten Bau-,[31] Liefer-[32] und Dienstleistungsrichtlinien[33] in der **Vergabekoordinierungsrichtlinie 2004/18/EG** (Vergabe-RL 2004)[34] zusammenfasste. Art. 1 Abs. 9 lit. a–c RL Vergabe-RL 2004 gab die Voraussetzungen wieder, die einen öffentlichen Auftraggeber charakterisieren und die in der damaligen Fassung des § 98 aF ihren Niederschlag gefunden haben. Dieser funktionelle Auftraggeberbegriff blieb in den Vergaberechtsreformen 2006 und 2012 bestehen.

13   Mit der Novellierung der EU-Vergaberichtlinien im Jahr 2014 regelt die Europäische Union das Vergaberecht nunmehr in drei Richtlinien:
– Richtlinie 2014/23/EU des Europäischen Parlaments und des Rates vom 26.2.2014 über die Konzessionsvergabe;[35]
– Richtlinie 2014/24/EU des Europäischen Parlaments und des Rates vom 26.2.2014 über die Vergabe öffentlicher Aufträge und zur Aufhebung der Richtlinie 2004/18/EG;[36]
– Richtlinie 2014/25/EU des Europäischen Parlaments und des Rates vom 26.2.2014 über die Vergabe von Aufträgen durch Auftraggeber im Bereich der Wasser-, Energie- und Verkehrsversorgung sowie der Postdienste und zur Aufhebung der Richtlinie 2004/17/EG.[37]

14   Die Richtlinien geben in ihren Begriffsbestimmungen erneut den **funktionellen Auftraggeberbegriff** wieder.[38] Das ergibt sich insbesondere auch aus den Erwägungsgründen zu den einzelnen Richtlinien. In **Erwägungsgrund 10 RL 2014/24/EU** wird ausgeführt, dass es angezeigt sei, die Bestimmung des Begriffs „öffentlicher Auftraggeber", auf die sich der EuGH stütze, beizubehalten, um klarzustellen, dass sich der persönliche Anwendungsbereich der Richtlinie nicht verändert habe und einige Erläuterungen, die im Rahmen der Rechtsprechung gegeben worden seien, als Schlüssel zum Verständnis der Begriffsbestimmung aufzunehmen. In **Erwägungsgrund 1 Sektoren-RL** wird ausgeführt, dass es aus Gründen der Effektivität der EU-Vorschriften über die Vergabe öffentlicher Aufträge sinnvoll erscheint, die Vergabe von Aufträgen durch Auftraggeber in den Bereichen Wasser-, Energie- und Verkehrsversorgung sowie der Postdienste festzuhalten, da nationale Behörden nach wie vor Einfluss auf diese Auftraggeber nehmen können und die Märkte, in denen diese Auftraggeber tätig seien, nach wie vor aufgrund bestehender besonderer oder ausschließlicher Rechte abgeschottet seien. In **Erwägungsgrund 2 Sektoren-RL** wird weiter ausgeführt, dass eine Regulierung der Sektorenbereiche erforderlich sei, um zu gewährleisten, dass die Vergabe von Aufträgen auch in diesen Bereichen im Wettbewerb erfolge. Den, in dem Vertrag über die Arbeitsweise der Europäischen Union (AEUV) niedergelegten, Grundsätzen sei Geltung zu verschaffen, insbesondere den Grundsätzen des freien Warenverkehrs, der Niederlassungsfreiheit und der Dienstleistungsfreiheit sowie den sich daraus ableitenden Grundsätzen der Gleichbehandlung, Nichtdiskriminierung, gegenseitigen Anerkennung, Verhältnismäßigkeit und Transparenz. Die RL 2014/23/EU legt in den

---

[29] EuGH Urt. v. 20.9.1988 – 31/87, Slg. 1988, 4635 Rn. 11 = NVwZ 1990, 353 – Beentjes; sowie darauffolgend EuGH Urt. v. 12.9.2013 – C-526/11, NZBau 2013, 717 (718 f.) – Ärztekammer Westfahlen-Lippe; EuGH Urt. v. 10.4.2008 – C-393/06, Slg. 2008, I-2339 Rn. 36 f. – Aigner (Wienstrom II); EuGH Urt. v. 15.5.2003 – C-214/00, Slg. 2003, I-4667 Rn. 52 ff. = NZBau 2003, 450 (453 f.) – Kommission/Spanien.
[30] Richtlinie des Rates v. 18.7.1989 zur Änderung der Richtlinie 71/305/EWG über die Koordinierung der Verfahren zur Vergabe öffentlicher Bauaufträge (89/440/EWG), ABl. L 210, 1.
[31] Richtlinie 93/37/EWG des Rates v. 14.6.1993 zur Koordinierung der Verfahren zur Vergabe öffentlicher Bauaufträge, ABl. 1993 L 199, 54.
[32] Richtlinie 93/36/EWG des Rates v. 14.6.1993 über die Koordinierung der Verfahren zur Vergabe öffentlicher Lieferaufträge, ABl. 1993 L 199, 1.
[33] Richtlinie 92/50/EWG des Rates v. 18.6.1992 über die Koordinierung der Verfahren zur Vergabe öffentlicher Dienstleistungsaufträge, ABl. 1992 L 209, 1.
[34] ABl. 2004 L 134, 114.
[35] ABl. 2014 L 94, 1.
[36] ABl. 2014 L 94, 65.
[37] ABl. 2014 L 94, 243.
[38] Vgl. Art. 2 RL 2014/24/EU, Art 4 Sektoren-RL und Art. 1 RL 2014/23/EU.

Art. 6 und 7 RL 2014/23/EU den Auftraggeberbegriff aus den Richtlinien RL 2014/24/EU und Sektoren-RL zugrunde.

Mit diesen Erwägungsgründen wird klargestellt, dass es beim funktionellen Verständnis des Auftraggeberbegriffs auch darauf ankommt, die zentralen Grundprinzipien des Vergaberechts zu berücksichtigen. Im nationalen Recht finden sich diese, soweit sie die Vergabe öffentlicher Aufträge betreffen, in § 97 (sowohl in der bisherigen wie in der neuen, um einige Punkte erweiterten Fassung) wieder. Damit gibt es keine statische Festlegung, nach der ausschließlich bestimmte Einrichtungen als öffentliche Auftraggeber anzusehen wären. Vielmehr können die unterschiedlichsten staatlichen, privatrechtlichen und gemischten Organisationsformen als öffentliche Auftraggeber in Erscheinung treten. Die Wandelbarkeit des funktionellen Auftraggeberbegriffs schlug sich in der Vergabe-RL 2004 in Art. 1 Abs. 9 Vergabe-RL 2004 durch den Hinweis nieder, dass die Mitgliedstaaten regelmäßig der EU-Kommission die Änderung der in Anhang III Vergabe-RL 2004 enthaltenen Verzeichnisse über die Einrichtungen (→ § 99 Rn. 76 f.) mitteilen mussten, die die Voraussetzungen des Art. 1 Abs. 9 lit. a–c Vergabe-RL 2004 erfüllen. Außerdem wurde darauf hingewiesen, dass diese Verzeichnisse nicht erschöpfend sind. Die RL 2014/24/EU enthält eine solche Liste nicht mehr, sondern führt in ihrem Anhang I lediglich aus, welche Behörden in den Mitgliedstaaten als zentrale Regierungsbehörden gem. Art. 2 Nr. 2 RL 2014/24/EU als öffentliche Auftraggeber anzusehen sind.

2. Nationale Entwicklung. Das nationale Vergaberecht wurde ursprünglich ausschließlich als Mittel zur Verwirklichung **haushaltsrechtlicher Ziele** konzipiert. Es hatte nach haushaltsrechtlichem Verständnis keine Außenwirkung und bot daher **keine Rechts- oder gar Anspruchsgrundlage** für am Vergabeverfahren beteiligte Bieter. Entsprechend war der Auftraggeberbegriff auf die öffentlich-rechtlichen, staatlichen Organisationen und Körperschaften beschränkt, obwohl der Staat seine Aufgaben und Beschaffungen längst auch in anderen Formen erledigte. Zur Umsetzung der europäischen Vergaberichtlinien wurde mit dem Zweiten Gesetz zur Änderung des Haushaltsgrundsätzegesetzes vom 26.11.1993[39] **§ 57a** in das **Haushaltsgrundsätzegesetz (HGrG)** eingefügt, der den Auftraggeberbegriff der Vergaberichtlinien übernahm (→ § 99 Rn. 6 ff.). Damit war die rechtsdogmatische Einordnung als eine nur das interne staatliche Handeln bindende Norm ohne Außenwirkung nicht aufgehoben. Die Vergabe öffentlicher Aufträge unterlag zwar de iure dem nationalen wie europäischen Vergaberecht, die Einhaltung war jedoch nicht justiziabel. Ein effektiver Rechtsschutz, wie ihn die Rechtsmittelrichtlinie 89/665/EWG[40] fordert, war nicht geschaffen worden. Nach mehreren Vertragsverletzungsverfahren und Beanstandungen durch die EG-Kommission[41] wurde durch das **Vergaberechtsänderungsgesetz**[42] der Auftraggeberbegriff in der heutigen Form mit Wirkung zum 1.1.1999 in das GWB aufgenommen. Dabei wurde der Verpflichtung der öffentlichen Auftraggeber, die Bestimmungen über das Vergaberecht einzuhalten, ein Rechtsanspruch der Bewerber und Bieter gegenübergestellt, der der Einhaltung der Bestimmungen mehr Nachdruck verleihen und den Wettbewerbern ein wirksames Instrument in die Hand geben sollte, sich gegen Rechtsverletzungen zur Wehr zu setzen.

Mit dem **Gesetz zur Modernisierung des Vergaberechts vom 20.4.2009**[43] wurde der Auftraggeberbegriff sodann zwar erneut an die EG-Richtlinien angepasst, änderte sich qualitativ aber nicht. Die Änderungen erfassten § 98 Nr. 4, 5 und 6 aF.

In **§ 98 Nr. 4 aF** wurde die **Herausnahme des Telekommunikationssektors** aus dem Vergaberecht geregelt. Aufgrund der erreichten Liberalisierung in diesem Sektor unterliegen die im Bereich der Telekommunikation tätigen Unternehmen seither nicht mehr dem Vergaberecht. Etwas anderes kann für Unternehmen gelten, die auch oder teilweise andere im Allgemeininteresse liegende Aufgaben erfüllen und im Rahmen dieser anderen Aufgaben Aufträge vergeben.[44]

Die nach der Richtlinie 2004/17/EG (Sektoren-RL 2004, Erwägungsgründe 28 und 29 Sektoren-RL 2004) bestehende Möglichkeit, bis Ende 2008 über die Aufnahme der **Postdienste** in den Sektorenbereich zu entscheiden, wurde seinerzeit nicht genutzt. Die in den meisten Mitgliedstaaten staatlich organisierten Postdienstanbieter waren daher öffentliche Auftraggeber iSd § 98 Nr. 2 aF

---

[39] BGBl. 1993 I 1928 ff.
[40] Richtlinie 89/665/EWG des Rates v. 21.12.1989 zur Koordinierung der Rechts- und Verwaltungsvorschriften für die Anwendung der Nachprüfungsverfahren im Rahmen der Vergabe öffentlicher Liefer- und Bauaufträge, ABl. L 395, 33.
[41] BerlKommEnergieR/*Reider* Vor § 97 Rn. 12 mwN.
[42] Gesetz zur Änderung der Rechtsgrundlagen für die Vergabe öffentlicher Aufträge (Vergaberechtsänderungsgesetz – VgRÄG) v. 26.8.1998, BGBl. 1989 I 2512 ff.
[43] BGBl. 2009 I 790 ff.
[44] Vgl. zur Abgrenzung der Anwendbarkeit von Vergabekoordinierungsrichtlinie 2004/18/EG (Vergabe-RL 2004) und der Sektorenrichtlinie 2004/17/EG (Sektoren-RL 2004): EuGH Urt. v. 10.4.2008 – C-393/06, Slg. 2008, I-2339.

(heute § 99 Nr. 2) und unterlagen demzufolge nach wie vor den strengeren Vergaberegeln der Vergabe-RL 2004. Mit der Novellierung der EU-Vergaberichtlinie im Jahr 2014 wurden die Postdienste mit der Sektoren-RL den Sektoren zugeordnet. Diese Zuordnung wurde **in der nationalen Umsetzung durch das Vergaberechtsmodernisierungsgesetz vom 17.2.2016**[45] **nicht übernommen,** da der Markt der Postdienstleistungen in Deutschland als liberalisiert angesehen wurde und es keine Auftraggeber in diesem Bereich gab, die die Voraussetzungen der verschiedenen Definitionen der §§ 98 ff. erfüllten,[46] sodass Auftraggeber auf dem Gebiet der Postdienstleistungen nunmehr bei der Vergabe von Aufträgen die Bestimmungen der Sektorenrichtlinie anzuwenden haben.

20   Darüber hinaus wurde durch das Gesetz zur Modernisierung des Vergaberechts vom 20.4.2009[47] die **Definition der besonderen und ausschließlichen Rechte** zur Klarstellung in **§ 98 Nr. 4 aF** aufgenommen. Folge der Änderung ist, dass privatrechtlich organisierte und von Privatpersonen beherrschte Unternehmen in den Sektorenbereichen nicht mehr als öffentliche Auftraggeber erfasst werden, wenn in dem Mitgliedstaat keine rechtlichen Privilegierungen zur Ausübung der Sektorentätigkeit mehr bestehen. Öffentliche Unternehmen bleiben hingegen erfasst, bis in diesen Bereichen Wettbewerb herrscht. Die Definition der besonderen und ausschließlichen Rechte findet sich seit dem **Vergaberechtsmodernisierungsgesetz vom 17.2.2016**[48] nun in **§ 100 Abs. 2** und hat sich inhaltlich nicht geändert. Neu hinzugekommen ist indes eine **Definition des beherrschenden Einflusses in § 100 Abs. 3,** der die bisherige Rechtsprechung aufnimmt und konkretisiert, sodass der bisherigen freien Interpretierbarkeit der verschiedenen Aspekte Grenzen gesetzt sind, die in der Praxis der Orientierung und Rechtssicherheit dienen sollen.

21   Mit dem Gesetz zur Modernisierung des Vergaberechts vom 20.4.2009[49] wurde in **§ 98 Nr. 5 aF** ergänzend aufgenommen, dass **auch juristische Personen des öffentlichen Rechts,** falls sie nicht schon nach § 98 Nr. 1–3 aF dem Vergaberecht unterliegen, ebenfalls das Vergaberecht anzuwenden haben, wenn ein von ihnen durchgeführtes Bauprojekt zu **mehr als 50% mit öffentlichen Mitteln gefördert** wird. An dieser Regelung, die sich heute in § **99 Nr. 4** wiederfindet, hat sich inhaltlich nichts Wesentliches geändert. (zu den zwischenzeitlichen Detailänderungen → § 99 Rn. 10 und 100).

22   Schließlich wurde mit dem Gesetz zur Modernisierung des Vergaberechts vom 20.4.2009[50] auch die bis dahin indirekt formulierte **Definition einer Baukonzession** zugunsten einer ausdrücklichen Definition in § 99 Abs. 6 aF gestrichen. Mit der Umsetzung der neuen EU-Richtlinien aus dem Jahr 2014 (→ Rn. 13) in nationales Recht durch das **Vergaberechtsmodernisierungsgesetz vom 17.2.2016**[51] entfiel § 99 Abs. 6 aF und wurde durch eine neue **Regelung zur Vergabe von Konzessionen ersetzt, die sich in den neuen §§ 101 und 105** befindet und die **erstmalig sowohl Bau- als auch Dienstleistungskonzessionen** dem Vergaberecht unterwirft. § 98 Nr. 6 aF, der auch Baukonzessionäre als öffentliche Auftraggeber definierte, wenn sie Aufträge zur Erfüllung der Baukonzession vergaben, entfiel, da sich eine entsprechende Regelung in den neuen EU-Vergaberichtlinien nicht mehr wiederfindet.

§ 99 Öffentliche Auftraggeber

Öffentliche Auftraggeber sind
1. **Gebietskörperschaften sowie deren Sondervermögen,**
2. **andere juristische Personen des öffentlichen und des privaten Rechts, die zu dem besonderen Zweck gegründet wurden, im Allgemeininteresse liegende Aufgaben nichtgewerblicher Art zu erfüllen, sofern**
    a) **sie überwiegend von Stellen nach Nummer 1 oder 3 einzeln oder gemeinsam durch Beteiligung oder auf sonstige Weise finanziert werden,**
    b) **ihre Leitung der Aufsicht durch Stellen nach Nummer 1 oder 3 unterliegt oder**

---

[45] BGBl. 2016 I 203 ff.
[46] BT-Drs. 18/6281, 73, wo es in der Begründung zu § 102 heißt: „Der Bereich der Postdienste wurde – wie bereits bei der Umsetzung der Vorgängerrichtlinie – nicht aufgenommen. Zum einen ist der Markt der Postdienstleistungen in Deutschland liberalisiert und zum anderen finden sich in Deutschland keine Auftraggeber, die im Bereich der Postdienste die Voraussetzungen der Definition der verschiedenen Auftraggeber gemäß §§ 98 ff. erfüllen.".
[47] BGBl. 2009 I 790 ff.
[48] BGBl. 2016 I 203 ff.
[49] BGBl. 2009 I 790 ff.
[50] BGBl. 2009 I 790 ff.
[51] BGBl. 2016 I 203 ff.

c) mehr als die Hälfte der Mitglieder eines ihrer zur Geschäftsführung oder zur Aufsicht berufenen Organe durch Stellen nach Nummer 1 oder 3 bestimmt worden sind;

dasselbe gilt, wenn diese juristische Person einer anderen juristischen Person des öffentlichen oder privaten Rechts einzeln oder gemeinsam mit anderen die überwiegende Finanzierung gewährt, über deren Leitung die Aufsicht ausübt oder die Mehrheit der Mitglieder eines zur Geschäftsführung oder Aufsicht berufenen Organs bestimmt hat,

3. Verbände, deren Mitglieder unter Nummer 1 oder 2 fallen,
4. natürliche oder juristische Personen des privaten Rechts sowie juristische Personen des öffentlichen Rechts, soweit sie nicht unter Nummer 2 fallen, in den Fällen, in denen sie für Tiefbaumaßnahmen, für die Errichtung von Krankenhäusern, Sport-, Erholungs- oder Freizeiteinrichtungen, Schul-, Hochschul- oder Verwaltungsgebäuden oder für damit in Verbindung stehende Dienstleistungen und Wettbewerbe von Stellen, die unter die Nummern 1, 2 oder 3 fallen, Mittel erhalten, mit denen diese Vorhaben zu mehr als 50 Prozent subventioniert werden.

Schrifttum: *Antweiler/Dresen*, Vergaberechtliche Beurteilung der Rundfunkgebührenfinanzierung – Neue Entwicklungen und Parallelen zum Beihilferecht, EuZW 2007, 107 ff.; *Badoreck*, Sind privatisierte See- und Schifffahrtshäfen öffentliche Auftraggeber im Sinne der europarechtlichen Vorschriften?, TranspR 2001, 117; *Bartelt*, Der Anwendungsbereich des neuen Vergaberechts. Eine Untersuchung hinsichtlich Bestimmtheit, Klarheit und Systemgerechtigkeit des Vergaberechts oberhalb der Schwellenwerte, 2017; *Battis/Kersten*, Die Deutsche Bahn AG als staatliches Wirtschaftsunternehmen zwischen Grundrechtsverpflichtung, Gemeinwohlauftrag und Wettbewerb, WuW 2005, 493 ff.; *Bauer*, Gesetzliche Krankenversicherung und die Freiheit der Leistungserbringer, 2008; *Benne*, Kommunale In-House-Vergaben – Voraussetzungen und Grenzen einer vergabefreien Tätigkeit öffentlicher Auftraggeber, ZFK 2012, 259 ff.; *Boldt*, Müssen gesetzliche Krankenkassen das Vergaberecht beachten?, NJW 2005, 3757; *Bornheim/Fitterer*, Sind Landesentwicklungsgesellschaften öffentliche Auftraggeber?, VergabeR 2006, 37; *Bornheim/Stockmann*, Die neuen Vergabevorschriften – Sind auch private Auftraggeber zur europaweiten öffentlichen Vergabe von Bauaufträgen verpflichtet?, BB 1995, 577 ff.; *Buhr*, Die Richtlinie 2004/18/EG und das deutsche Vergaberecht, 2009; *Burgi*, Anwendungsbereich und Governanceregeln der EU-Auftragsreformrichtlinie: Bewertung und Umsetzungsbedarf, NZBau 2012, 601 ff.; *Burgi/Brohm*, Krankenhausplanung und Kartellvergaberecht, MedR 2005, 74 ff.; *Busch*, Die Ausschreibungspflichtigkeit von Erschließungsverträgen – Die „Teatro alla Bicocca"-Entscheidung des EuGH, VergabeR 2003, 622 ff.; *Byok*, Das Gesetz zur Modernisierung des Vergaberechts, NVwZ 2009, 551 ff.; *Byok/Goodarzi*, Messegesellschaften und Auftragsvergabe, NVwZ 2006, 281; *Byok/Jansen*, Die Stellung der gesetzlichen Krankenkassen als öffentlicher Auftraggeber, NVwZ 2005, 53; *Crass*, Der öffentliche Auftraggeber – Eine Untersuchung am Beispiel der öffentlich-rechtlichen Kreditinstitute und Energieversorgungsunternehmen, 2004; *Dietlein*, Der Begriff des „funktionalen" Auftraggebers nach § 98 Nr. 2 GWB, NZBau 2002, 136; *Dietlein/Heinemann*, „Public-private-partnership" und Vergaberecht im Bereich der Bundeswehr, NVwZ 2003, 1080 ff.; *Denecke/Dondrup*, Rechtsfragen der Tiefengeothermie – Voraussetzungen der Genehmigung und vergaberechtliche Aspekte, ZfBR-Beil. 2012, 25 ff.; *Denecke/Dondrup*, Die Vergabe von Versicherungsdienstleistungen nach dem neuen Kartellvergaberecht, NVersZ 1999, 10 ff.; *Denecke/Dondrup*, Sind öffentlich-rechtliche Kreditinstitute öffentliche Auftraggeber, FS Hadding 2004, 797 ff.; *Denecke/Dondrup*, Öffentlich-rechtliche Anstalten und Körperschaften im Kartellvergaberecht, NZBau 2005, 297; *Dittmer*, Öffentliche Unternehmen und der Begriff des öffentlichen Auftraggebers, 2008; *Döring*, Die öffentlich-rechtlichen Rundfunkanstalten als öffentliche Auftraggeber, Festgabe Kraus, 275; *Dreher*, Der Anwendungsbereich des Kartellvergaberechts, DB 1998, 2579 ff.; *Dreher*, Die Beschaffung von Programmmaterial durch Rundfunkanstalten, ZUM 2005, 265; *Dreher*, Die Stellung öffentlicher Versicherungsunternehmen im Kartellvergaberecht, FS Kollhosser, 2004, 73; *Dreher*, Öffentlich-rechtliche Anstalten und Körperschaften im Kartellvergaberecht, NZBau 2005, 297; *Dreher*, Sind öffentlich-rechtliche Kreditinstitute öffentliche Auftraggeber?, FS Hadding, 2012, 797; *Düsterdiek*, Kommunale Versorgungsunternehmen und Vergaberecht, ZNER 2002, 24; *Ebsen*, Vertragsbeziehungen zwischen Krankenkassen und Leistungserbringern, in Sodan, Die sozialmarktwirtschaftliche Zukunft der Krankenversicherung, 2005, 59 ff.; *Eckebrecht*, Auftragsvergaben extraterritorialer Einrichtungen, 2015; *Endler*, Privatisierungen und Vergaberecht, NZBau 2002, 125 ff.; *Eschenbruch/Hunger*, Selbstverwaltungskörperschaften als öffentliche Auftraggeber, NZBau 2003, 471; *Forst*, In-house-Vergabe öffentlicher Aufträge an gemeinsame Einrichtungen der Sozialversicherungsträger – Zu den Folgen der Entscheidung des EuGH in der Rs. Encord, ZESAR 2013, 350 ff.; *Franke/Mertens*, Anm. zu EuGH v. 13.12.2007 (Rundfunkanstalten), VergabeR 2008, 50 ff.; *Franke/Mertens*, Krankenkassen im Wettbewerbs- und Vergaberecht, NZS 2007, 233 ff.; *Franke/Mertens*, Vergaberechtliche Auftraggebereigenschaft öffentlicher und privater Kreditinstitute – vor und nach dem Finanzmarktstabilisierungsgesetz, NZBau 2009, 282 ff.; *Franke/Mertens*, Die Vergaberechtsreform 2009 und die Neufassung des vierten Teils des GWB, NJW 2009, 2011 ff.; *Frenz*, Öffentlich-rechtliche Rundfunkanstalten als Beihilfeempfänger und öffentliche Auftraggeber, WRP 2007, 264; *Gabriel*, Die öffentliche Auftraggebereigenschaft von gesetzlichen Krankenkassen und die Abgrenzung von Lieferauftrag und Dienstleistungen, VergabeR 2007, 630; *Gabriel*, Vergaberechtliche Vorgaben beim Abschluss von Verträgen zur integrierten Versorgung (§§ 140a ff. SGB V), NZS 2007, 344; *Gabriel*, Vergaberechtliche Auftraggebereigenschaft öffentlicher und privater Kreditinstitute – vor und nach dem Finanzmarktstabilisierungsgesetz, NZBau 2009, 282; *Gabriel*, Vom Festbetrag zum Rabatt: Gilt die Ausschreibungspflicht von Rabattverträgen auch im innovativen Bereich patentgeschützter Arzneimittel?, NZS 2008, 455 ff.; *Gaßner/ Braun*, Anm. zu BayObLG v. 24.5.2004 (AOK Bayern), Verg 6/04, NZS 2005, 28 ff.; *Gaus*, Vertretung des Auftraggebers in Submission und Wertung, NZBau 2019, 358; *Gerlach*, Entscheidungsspielräume der Verwaltung, 2018; *Greb*, Die Pflicht zur Anwendung des EU-Vergaberechts im Fall von Selektivverträgen am Beispiel der besonderen ambulanten Versorgung nach § 73 c SGB V, VergabeR 2012, 409 ff.; *Grothmann/Tschäpe*, Entwarnung für Projektentwickler bei städtebaulichen Verträgen – EuGH Helmut Müller, ZfBR 2011, 442 ff.; *Guarrata/ Wagner*, Das Verhältnis von Vergabe- und Beihilfenrecht, NZBau 2018, 443 ff.; *Guckelberger*, Bundeswehr und Vergaberecht, ZfBR 2005, 34; *Günther*, Die Auftraggebereigenschaft der Personenverkehrsgesellschaften der Deutschen Bahn AG, ZfBR 2008, 454 ff.; *Hackstein*, Der private Energieversorger als Sektorenauftraggeber, N&R 2006, 141; *Hailbronner*, Private Töchter öffentlicher Auftraggeber und die Anwendbarkeit des EG-Vergaberechts, DÖV 2003, 534; *Hailbronner*, Der Begriff des öffentlichen Auftraggebers nach den EG-Richtlinien zur Vergabe öffentlicher Aufträge, EWS 1995, 285 ff.; *Hartmann/Souglu*, Unterliegen die gesetzlichen Krankenkassen dem Kartellvergaberecht nach §§ 97 ff. GWB, wenn sie Hilfsmittel ausschreiben?, SGb 2007, 404 ff.; *Haug/Immoor*, Ist die Qualifizierung der DB AG als Auftraggeberin nach § 98 Nr. 2 GWB noch zeitgemäß?, VergabeR 2004, 308; *Hausmann/Bultmann*, Zur Auftraggebereigenschaft von Wohnungsunternehmen, ZfBR 2005, 309 ff.; *Hausmann/ Bultmann*, Zur Nichtigkeit sog. De-facto-Vergaben und zur Einstufung von Wohnungsunternehmen als öffentliche Auftraggeber, ZfBR 2005, 309; *Hausmann/Mutscher*, Auftraggebereigenschaft öffentlicher Wohnungsbauunternehmen, VergabeR 2003, 359; *Hausmann/Queisner*, Autonomie trotz mittelbarer staatlicher Finanzierung? Die Rechtsprechung des EuGH zu dem Kriterium der überwiegenden Finanzierung einer Einrichtung durch öffentliche Stellen, VergabeR 2014, 1; *Heegemann*, Der Begriff der „Einrichtungen des öffentlichen Rechts" im EG-Vergaberecht – am Beispiel öffentlicher Finanzdienstleistungsunternehmen, ZBB 1995, 387 ff.; *Heiermann*, Rechtsgrundlagen der Ausschreibungspflichten der Deutsche Bahn AG, BauR 1995, 443 ff.; *Heiermann/Tschäpe*, Die Dezentralisation der Energieversorgung durch lokale Windenergieanlagen – Gemeinden und Gemeindebürger werden zu Öffentlichen Auftraggebern, ZfBR-Beil. 2012, 110 ff.; *Herrmann*, Der richtige Antragsgegner im Vergabenachprüfungsverfahren über Aufträge aus dem Bereich der Bundesauftragsverwaltung, VergabeR 2015, 531 ff.; *Herrmann*, Stiftung des öffentlichen Rechts als Auftraggeberin im Sinne von § 98 Nr. 2 GWB, VergabeR 2005, 627; *Hertwig*, Hat ein kommunales Versorgungsunternehmen den Abschnitt 3 oder den Abschnitt 4 von VOB/A bzw. VOL/ A anzuwenden? – § 98 Nr. 2 GWB ist nicht lex specialis zu § 98 Nr. 4 GWB, NZBau 2003, 545 ff.; *Heßhaus*, Ausschreibungen durch die gesetzlichen Krankenkassen, VergabeR 2007, 333; *Heßhaus/Koch*, Zur Stellung der gesetzlichen Krankenkassen im Kartellvergaberecht – unter besonderer Berücksichtigung der landwirtschaftlichen Krankenkassen, SdL 2006, 331; *Heuvels*, Mittelbare Staatsfinanzierung und Begriff des funktionalen Auftraggebers, NZBau 2008, 166; *Heyne*, Die Vergaberechtsgebundenheit von Kammern und ihrer Einrichtungen – Kammern, Kammerunternehmen und Dachverbände im Lichte des § 98 GWB, GewArch 2010, 54 ff. (108 ff.); *Heyne*, Kammern als Auftraggeber im Vergaberecht, in Kluth, Handbuch des Kammerrechts, 2. Aufl. 2011, 334 ff. *Heyne*, Vergaberechtliche Auftraggebereigenschaft der Kammern trotz „Nein" des EuGH?, NVwZ 2014, 621 ff.; *Hillen*, Die gerichtliche Kontrolle von Wirtschaftlichkeit im Vergaberecht, 2018; *Höfler/Braun*, Private Banken als öffentliche Auftraggeber, NZBau 2009, 5; *Huber/Wollenschläger*, Post und Vergaberecht – Die vergaberechtliche Stellung der Deutschen Post AG und anderer privatisierter Nachfolgeunternehmen früherer Postmonopolinhaber vor dem Hintergrund der Einbeziehung von Postdienstleistungen in das Sektorenvergaberecht, VergabeR 2006, 431 ff.; *Hübner/Weitemeyer*, Öffentliche Wohnungswirtschaft unter europäischem Vergaberecht, NZM 2006, 121; *Jaeger*, Die gesetzlichen Krankenkassen als Nachfrager im Wettbewerb, ZWeR 2005, 31 ff.; *Jochum*, Die deutschen Landesbanken und Girozentralen am Ende einer langen Tradition?, NZBau 2002, 69 ff.; *Kaeding*, Ausschreibungspflicht der gesetzlichen Krankenkassen oberhalb der Schwellenwerte, PharmaR 2007, 239; *Kaltenborn*, Vergaberechtliche Strukturen im Recht der Gesetzlichen Krankenversicherung, VSSR 2006, 357 ff.; *Kaltenborn/Nobis*, Der vergabe- und beihilferechtliche Regelungsrahmen für Public-Private Partnerships in der Entwicklungszusammenarbeit, NZBau 2008, 681 ff.; *Kamann/Gey*, Wettbewerbsrecht im deutschen Gesundheitswesen – Grenzen der Integrierten Versorgung und der Kooperation von Krankenkassen, Leistungserbringern und pharmazeutischer Industrie, PharmaR 2004, 255 ff.; *Kampp*, Der „Quasi"-Öffentliche Auftraggeber: Auftraggeber dank Aufgabendelegation oder -Übernahme?, ZfBR 2017, 772; *Kau*, Öffentliche Auftraggeber nach § 99 Nr. 2 GWB unter Einfluss des Völkerrechts, NZBau 2016, 523; *Kaufmann/Lübbig/Prieß/Pünder*, VO (EG) 1370/2007 – Verordnung über öffentliche Personenverkehrsdienste, Kommentar, 2010; *Kingreen*, Die Entscheidung des EuGH zur Bindung der Krankenkassen an das Vergaberecht, NJW 2009, 2417 ff.; *Kingreen*, Vergaberechtliche Anforderungen an die sozialrechtliche Leistungserbringung, SGb 2004, 659; *Kingreen*, Vergaberechtliche Anforderungen an die sozialrechtliche Leistungserbringung, in Pünder/Prieß, Vergabedienst im Umbruch, 2005, 89 ff.; *Köhler*, Anm. zu OLG Karlsruhe v. 17.4.2008 – 8 U 228/06 (Immobilienversicherung), VergabeR 2009, 114 ff.; *Koenig/Hentschel*, Der Public Private Partnership-Infrastrukturträger als öffentlicher Auftraggeber (§ 98 GWB), ZfBR 2005, 442; *Koenig/Klahn/Schreiber*, Die Kostenträger der gesetzlichen Krankenversicherung als öffentliche Auftraggeber iSd europäischen Vergaberechts, ZESAR 2008, 5 ff.; *Koenig/Klahn/Schreiber*, Plädoyer für die Durchführung von vergaberechtlichen Verfahren bei der Arzneimittelversorgung im Rahmen der gesetzlichen Krankenversicherung, PharmR 2008, 182 ff.; *Kokew*, Ärztekammer kein öffentlicher Auftraggeber iSv § 98 Nr. 2 GWB, NZBau 2014, 86, 96; *Koman*, Die Funktionalität des Auftraggeberbegriffs neuerlich bestätigt durch den EuGH, ZfBR 2003, 127 f.; *Korthals*, Sind öffentliche Rundfunkanstalten öffentliche Auftraggeber im Sinne des Vergaberechts?, NZBau 2006, 215; *Kratzenberg*, Der Begriff des „Öffentlichen Auftraggebers" und der Entwurf des Gesetzes zur Modernisierung des Vergaberechts, NZBau 2009, 103 ff.; *Kraus*, Zum vergaberechtlichen Begriff des funktionalen öffentlichen Auftraggebers in der Rechtsprechung des EuGH, FS Thode, 2005, 407; *Kühling/Lehmberg*, Das Recht der öffentlichen Auftragsvergabe nach der GWB-Reform 2009, Jura 2009, 835 ff.; *Kulartz*, Vergaberecht und Verkehr – Rechtsrahmen für Ausschreibungspflichten, NZBau 2001, 173 ff.; *Lienemeyer,* „Öffentlicher Auftraggeber" im Vergaberecht – das Beispiel der Messegesellschaften, EWS 2000, 448 ff.; *Marx/Hölzl,* Viel Lärm um wenig!, NZBau 2010, 31 ff.; *Maurer,* Das Mitwirkungsverbot gem. § 16 Vergabeverordnung (VgV) – zugleich eine Abhandlung über den Begriff des öffentlichen Auftraggebers nach § 98 GWB, 2003; *Mestwerdt/von Münchhausen,* Die Sozialversicherungsträger als Öffentliche Auftraggeber i.S.v. § 98 Nr. 2 GWB, ZfBR 2005, 659 ff.; *Müller-Wrede/Greb,* Sind Wohnungsbauunternehmen der öffentlichen Hand Auftraggeber im Sinne des EG-Vergaberechts?, VergabeR 2004, 565; *Müller-Wrede/Greb,* Anm. zu OLG Düsseldorf 21.7.2006 – VII-Verg 13/06, VergabeR 2006, 899 ff.; *Niestedt,* Anm. zu. VK Bund 8.6.2006 (Echolot) – VergabeR 2007, 108 ff.; *Noch,* Ausschreibungspflichten privater Unternehmer, DÖV 1998, 623 ff.; *Niestedt,* Begriff des öffentlichen Auftraggebers, NVwZ 1999, 1083 ff.; *Ohler,* Zum Begriff des Öffentlichen Auftraggebers im Europäischen Vergaberecht, 2001; *Ohrtmann,* Vom Vergaberecht befreit – Private Energieerzeuger sind keine Sektorenauftraggeber mehr, VergabeR 2007, 565; *Opitz,* Die neue Sektorenverordnung, VergabeR 2009, 689 ff.; *Opitz,* Vergaberechtliche Staatsgebundenheit des öffentlichen Rundfunks?, NVwZ 2003, 1087; *Otting,* Sparkassen unterliegen nicht weiter dem Vergaberecht, VergabeR 2005, 633; *Otting,* Bau und Finanzierung öffentlicher Infrastruktur durch private Investoren, NZBau 2004, 469 ff.; *Otting,* Anm. zu OLG Rostock 15.6.2005 – 17 Verg 3/05, VergabeR 2005, 633 ff.; *Otting/Sormani-Bastian,* Die Anwendbarkeit des Vergaberechts im Gesundheitsbereich, ZMGR 2005, 243 ff.; *Peterle,* Der funktionelle Auftraggeberbegriff des § 99 GWB, 2020; *Pielow/Booz,* Industrie- und Handelskammern als öffentliche Auftraggeber?, GewArch 2015, 12; *Prieß,* Privatisierungen bei der Bundeswehr und Auftraggebereigenschaft nach § 98 Nr. 2 GWB, VergabeR 2003, 445; *Prieß,* Sind kommunale Wohnungsunternehmen Auftraggeber iSd EG-Vergaberechts?, BauR 1999, 1354 ff.; *Prieß,* Abschnittsende – (k)ein Abschied vom 3. Abschnitt von VOB/A und VOL/A, NZBau 2006, 685 ff.; *Prieß,* Unternehmen des Schienengüterverkehrs: Auftraggeber i.S. von § 98 GWB?, VergabeR 2012, 425 ff.; *Prieß/Hölzl,* GWB 2009: Öffentlicher Auftraggeber und Auftrag – keine Überraschungen, NZBau 2009, 159 ff.; *Pünder,* Der öffentliche Auftrag, in Müller-Wrede, Kompendium des Vergaberechts, 2. Aufl. 2013, 189 ff.; *Pünder,* Zu den Vorgaben des grundgesetzlichen Gleichheitssatzes für die Vergabe öffentlicher Aufträge, VerwArch 2004, 38 ff.; *Pünder,* Die Vergabe von Personenverkehrsdienstleistungen in Europa und die völkerrechtlichen Vorgaben des WTO-Beschaffungsübereinkommens, EuR 2007, 564 ff.; *Pünder/Buchholtz,* Einführung in das Vergaberecht, JURA 2016, 1246 ff. (1358 ff.); *Pünder/Prieß,* Brennpunkte des öffentlichen Personenverkehrs vor dem Hintergrund der neuen EG-Personenverkehrsdiensteverordnung Nr. 1370/2007, 2010; *Puhl,* Grundfragen des kartellvergaberechtlichen Auftraggeberbegriffs – Am Beispiel der Studentenwerke Baden-Württembergs, 2012; *Rabolt,* Öffentliche Auftraggeber und die Pflicht zur öffentlichen Auftragsvergabe, ZögU 2003, 76; *Rechten,* Der Auftraggeberbegriff im Wandel, NZBau 2014, 667; *Reidt,* Grundstücksveräußerungen der öffentlichen Hand und städtebauliche Verträge als ausschreibungspflichtige Baukonzession?, BauR 2007, 1664 ff.; *Rindtorff/Gabriel,* Abschluss betriebskostenrelevanter Leistungsverträge durch Wohnungsbaugesellschaften – eine „vergaberechtsfreie" Vergabe, VergabeR 2004, 16 ff.; *Rixen,* Vergaberecht oder Sozialrecht in der gesetzlichen Krankenversicherung? – Ausschreibungspflichten von Krankenkassen und Kassenärztlichen Vereinigungen, GesR 2006, 49 ff.; *Röbke,* Besteht eine vergaberechtliche Ausschreibungspflicht für Rabattverträge nach § 130a VIII SGB V, NVwZ 2008, 726 ff.; *Röbke,* Unmittelbare Anwendbarkeit des Vergabesekundärrechts gegenüber privatrechtlich organisierten öffentlichen Auftraggebern, NZBau 2014, 609; *Roth,* Erstes Betreibermodell für den privaten Ausbau und Betrieb von Autobahnen in Deutschland, NVwZ 2003, 1056 ff.; *Roth,* Gerichtshof der Europäischen Gemeinschaften öffnet Tor für das Vergaberecht in der gesetzlichen Krankenversicherung, SGb 2009, 639 ff.; *Roth,* Kontrolle und Aufsicht über Unternehmen des privaten Rechts – Grenzen des funktionalen Auftraggeberbegriffs in § 98 Nr. 2 GWB, VergabeR 2003, 397 ff.; *Roth,* Private Projektgesellschaften als öffentliche Auftraggeber?, NZBau 2013, 685; *Schabel,* Landesversicherungsanstalt als öffentliche Auftraggeberin, VergabeR 2005, 72; *Schabel,* Zum Begriff der Auftraggebereigenschaft im Vergaberecht, VergabeR 2003, 425; *Schlenke/Thomas,* Verpflichtung formell privater Gesellschaften der öffentlichen Hand zur Anwendung des öffentlichen Vergaberechts, BauR 1997, 412 ff.; *Schlette,* Der Begriff des „öffentlichen Auftraggebers" im EG-Vergaberecht, EuR 2000, 119; *Schlichting,* Die Verfolgung öffentlicher Interessen mithilfe der Vergabesperre, 2018; *Schröder,* Die Rechtsträger der freien Wohlfahrtspflege als öffentliche Auftraggeber, VergabeR 2003, 502; *Schröder,* Die vergaberechtliche Stellung des Kommunalunternehmens als Anstalt des öffentlichen Rechts, NZBau 2003, 596; *Schröder,* Messegesellschaften als öffentliche Auftraggeber nach § 98 Nr. 2 GWB?, DÖV 2002, 335; *Schröder,* Vergaberechtliche Bindungen öffentlich-rechtlicher Religionsgemeinschaften, NZBau 2002, 259; *Seidel,* Zur Wandlung des Begriffsinhaltes „öffentlicher Auftraggeber" im EG-Vergaberecht vom institutionellen zum funktionellen Begriff, sowie zu aktuellen Anwendungsfragen des erweiterten Begriffs, ZfBR 1995, 227 ff.; *Siegel,* Das Haushaltsvergaberecht, VerwArch 107 (2016) 1 ff.; *Sormani-Bastian,* Vergaberecht und Sozialrecht – unter besonderer Berücksichtigung des Leistungserbringungsrechts im SGB V (Gesetzliche Krankenversicherung), 2006; *Steiling,* Die Auftraggebereigenschaft der Ärztekammern, NZBau 2012, 146 ff.; *Stelzer,* Sind die gesetzlichen Krankenkassen (zB die AOKs) im Rahmen der Hilfsmittelversorgung der GKV „Öffentliche Auftraggeber" bzw. „Einrichtungen des öffentlichen Rechts" gem. § 98 Nr. 2 GWB?, ZfS 2005, 129; *Stolz/Krauss,* Ausschreibungspflichten im Rahmen von Geothermieprojekten, VergabeR 2008, 891 ff.; *von Strenge,* Auftraggebereigenschaft wegen Beherrschung durch ausländische Gebietskörperschaften, NZBau 2011, 17; *Sudbrock,* Wasserkonzessionen, In-House-Geschäfte und interkommunale Kooperationen nach den neuen EU-Vergaberichtlinien, KommJur 2014, 41 ff.; *Thode,* Zum vergaberechtlichen Status von juristischen Personen des Privatrechts, ZIP 2000, 2 ff.; *Thüsing/Forst,* Europäisches Vergaberecht und nationales Sozialversicherungsrecht, 2011; *Trautner/Schäffer,* Privat- und doch öffentliche Auftraggeber? Zur Anwendung des Vergaberechts auf private Ersatzschulen, VergabeR 2010, 172; *Ulshöfer,* Anm. zu LSG Nordrhein-Westfalen 26.3.2009 – L 21 KR 26/09 SFB (AOK-Generika), VergabeR 2009, 931 ff.; *Wagner/Raddatz,* Ausschreibungspflicht mittelbar staatlich finanzierter Einrichtungen, NZBau 2010, 731;

Wagner/Wiegand, Auftraggebereigenschaft gemischtwirtschaftlicher Gesellschaften und Nichtigkeit von De-facto-Vergaben, NZBau 2003, 369; *Waldmann,* Zwischenbilanz: Stand der Reform des Vergaberechts am Ende der 16. Wahlperiode, VergabeR 2010, 298 ff.; *Weber/Werner,* Vergabe von Planungsleistungen durch privaten Baukonzessionär, NZBau 2012, 628; *Weirauch,* Sind politische Parteien und Parlamentsfraktionen öffentliche Auftraggeber i.S.d. § 99 Nr. 2 GWB?, VergabeR 2021, 405; *Weirauch,* Die Anwendung des Vergaberechts auf Parteien und Fraktionen, 2021; *Weyand,* Religionsgesellschaften und Vergaberecht, BauR 1996, 780 ff.; *Winkel,* Kirche und Vergaberecht, 2005; *Wirner,* Kommunale Gesellschaften mit beschränkter Haftung und kommunale Aktiengesellschaften als öffentliche Auftraggeber gem. § 98 GWB, LKV 2004, 145; *Wirner,* Stiftungen als öffentliche Auftraggeber gem. § 98 GWB, ZSt 2003, 147; *Wirner,* Kommunale Wohnungsunternehmen als öffentliche Auftraggeber im Sinne der EG-Vergaberichtlinien, 2003; *Wohlrab,* Die Delle im Ei des Kolumbus, NZBau 2009, 432 ff.; *Wollenschläger,* Der Begriff des öffentlichen Auftraggebers im Lichte der neuesten Rechtsprechung des Europäischen Gerichtshofes, EWS 2005, 343; *Wollenschläger,* Die Bindung der gesetzlichen Krankenkassen an das Vergaberecht, NZBau 2004, 655; *Ziekow,* Der funktionelle Auftraggeberbegriff des § 98 Nr. 2 GWB, VergabeR 2003, 483; *Ziekow,* Die vergaberechtliche Auftraggebereigenschaft konzernverbundener Unternehmen, NZBau 2004, 181; *Ziekow,* Der Faktor Zeit bei der Vergabe: Schafft das Vergaberecht Berechenbarkeit?, VergabeR 2010, 861; *Ziekow,* Die Eigenschaft von Messegesellschaften als öffentliche Auftraggeber, GS Kratzenberg, 2016, 275.

Übersicht

	Rn.			Rn.
I. **Normzweck**	1	5.	Öffentlich-rechtliche Rundfunkanstalten	108
II. **Unionsrechtliche Grundlagen**	4	6.	Gesetzliche Krankenkassen	110
III. **Entstehungsgeschichte**	6	7.	Sozialversicherungsträger	113
IV. **Die öffentlichen Auftraggeber**	11	8.	Kammern und Versorgungswerke	114
1. Gebietskörperschaften sowie deren Sondervermögen (Nr. 1)	14	9.	Religionsgemeinschaften	121
2. Andere juristische Personen des öffentlichen und privaten Rechts (Nr. 2)	22	10.	Rotes Kreuz und andere Träger der freien Wohlfahrtspflege	125
a) Allgemeines	22	11.	Stiftungen	126
b) Juristische Personen des öffentlichen oder privaten Rechts	28	12.	Krankenhäuser	128
		13.	Bildungseinrichtungen	130
c) Gründung zu dem besonderen Zweck der Erfüllung im Allgemeininteresse liegender Aufgaben nichtgewerblicher Art	34	14.	Sparkassen und Landesbanken	134
		15.	Wohnungsbaugesellschaften	136
d) Besondere Staatsnähe	56			
e) Anhang III Vergabe-RL 2004	76	16.	Messegesellschaften	140
3. Verbände (Nr. 3)	78	17.	Großmärkte	143
4. Auftragsbezogene Auftraggebereigenschaft wegen überwiegender staatlicher Subventionierung (Nr. 4)	85	18.	Wirtschaftsförderungs- und Landesentwicklungsgesellschaften	144
		19.	Flughafenbetreibergesellschaften	146
a) Natürliche Person oder juristische Personen des öffentlichen oder privaten Rechts	89	20.	Lotteriegesellschaften	147
		21.	Sport- und Freizeiteinrichtungen	149
b) Erfasste Vorhaben	90	22.	Kommunale Versorgungsunternehmen und Stadtwerke	151
c) Überwiegende Subventionierung des Vorhabens	99			
V. **Einzelfälle**	103	23.	Verwaltungsprivatisierung	156
1. Bundesauftragsverwaltung	103	24.	Aufgabendelegation	165
2. Bahn	104	25.	Auslandsbezug	166
3. Post	105	26.	Politische Parteien und Parlamentsfraktionen	168
4. Deutsche Telekom AG	107			

I. Normzweck

1 § 99 definiert abschließend[1] den Begriff „öffentlicher Auftraggeber". Die Vorschrift ist im Kontext von § 98 zu sehen, der seit der Vergaberechtsnovelle 2016 – als übergeordnete Kategorie – den Begriff „Auftraggeber" iSd Kartellvergaberechts definiert[2] (→ § 98 Rn. 1). Der Begriff

---
[1] Reidt/Stickler/Glahs/*Masing* Rn. 4.
[2] BT-Drs. 18/6281, 69.

„Auftraggeber" iSd § 98 umfasst als Oberbegriff die Unterbegriffe sowohl der durch § 99 definierten öffentlichen Auftraggeber als auch der Sektorenauftraggeber iSd § 100 als auch der Konzessionsgeber iSd § 101. Anders als die bisherige Vorgängerregelung in § 98 aF wird der subjektive Anwendungsbereich des Kartellvergaberechts durch § 99 nicht mehr umfassend beschrieben, da die Definitionen für die Sektorenauftraggeber und die Konzessionsgeber separat in den §§ 100, 101 gefasst wurden. § 99 bestimmt den *persönlichen Anwendungsbereich* des Kartellvergaberechts somit nicht mehr schlechthin,[3] sondern nur noch hinsichtlich derjenigen Vorschriften des 4. Teils des GWB, die explizit an das *Handeln eines „öffentlichen Auftraggebers"* anknüpfen.[4] Letzteres gilt insbesondere für die §§ 115 ff.

Dass § 99 ausschließlich noch die öffentlichen Auftraggeber definiert und die Begriffe Sektorenauftraggeber und Konzessionsgeber separat in § 100 bzw. § 101 definiert werden, verbessert zugleich die Übersichtlichkeit und Lesbarkeit für den Rechtsanwender.[5]

Vor diesem Hintergrund **ersetzt § 99 den bisherigen § 98 Nr. 1–3 und 5 aF.** Die bisherige Regelung in § 98 Nr. 4 aF wurde in die §§ 100 und 102 überführt, die die Definitionen für Sektorenauftraggeber und die Sektorentätigkeiten enthalten. Bisher war die Definition der Sektorentätigkeiten in der Anlage zu § 98 Nr. 4 aF enthalten, die nunmehr entfallen ist. Der bisherige § 98 Nr. 6 aF ist durch die §§ 101 und 105 ersetzt worden, die nunmehr Baukonzession und Dienstleistungskonzession gleichermaßen einem – allerdings etwas gelockerten – Vergaberechtsregime unterstellen und in § 101 den Begriff „Konzessionsgeber" sowie in § 105 die Begriffe „Baukonzession" und „Dienstleistungskonzession" definieren.[6]

II. Unionsrechtliche Grundlagen

Seine unionsrechtliche Grundlage findet der Begriff des öffentlichen Auftraggebers insbesondere in Art. 2 Abs. 1 Nr. 1 und 4 RL 2014/24/EU. Darüber hinaus ist zu beachten, dass Art. 6 und 7 RL 2014/23/EU zwischen öffentlichen Auftraggebern und Auftraggebern iSd Konzessionsvergaberichtlinie sowie Art. 4 und 5 Sektoren-RL zwischen öffentlichen Auftraggebern und Auftraggebern iSd Sektorenrichtlinie unterscheiden (→ § 98 Rn. 2).[7]

Den Vergaberichtlinien liegt ein **funktionaler Auftraggeberbegriff** zugrunde (→ § 98 Rn. 12 ff.).[8] Mit Rücksicht hierauf ist die ständige Rechtsprechung des EuGH,[9] wonach der Auftraggeberbegriff **richtlinienkonform und weit auszulegen** ist, Ausnahmen hingegen eng zu fassen sind,[10] auch bei der Auslegung und Anwendung der Tatbestände des § 99 zu beachten.[11] Ferner ist zu berücksichtigen, dass es sich nach der ständigen Rechtsprechung des EuGH um *Begriffe des Unionsrechts handelt,* die in der gesamten EU autonom und einheitlich auszulegen sind.[12] Nationales Recht oder eine bestimmte rechtliche Gestaltung der den Auftrag erteilenden Einrichtung können deshalb nicht ausschlaggebend sein. In Zweifels- oder Grenzfällen geht die jeweils engere Verpflichtung auf das Vergaberecht vor, „kreative" Beschaffungsformen sollen den geforderten effet utile nicht unterlaufen. Im Zweifel ist einer *weiten Auslegung* der Vorzug zu geben.[13]

III. Entstehungsgeschichte

Historisch betrachtet, geht § 99 auf **§ 57a HGrG** zurück, der durch das Zweite Gesetz zur Änderung des Haushaltsgrundsätzegesetzes vom 26.11.1993[14] eingeführt wurde (→ § 98 Rn. 16).

---

[3] Dies erfolgt nunmehr durch § 98.
[4] Ziekow/Völlink/*Ziekow* Rn. 1.
[5] BT-Drs. 18/6281, 69.
[6] BT-Drs. 18/6281, 69 f.
[7] Vgl. insoweit auch BT-Drs. 18/6281, 69; sowie Reidt/Stickler/Glahs/*Masing* § 98 Rn. 2; Ziekow/Völlink/ *Ziekow* Rn. 3.
[8] So insbes. EuGH Urt. v. 20.9.1988 – 31/87, Slg. 1988, 4635 Rn. 11 = NVwZ 1990, 353 – Beentjes; sowie darauffolgend auch EuGH Urt. v. 12.9.2013 – C-526/11, NZBau 2013, 717 (718 f.) – Ärztekammer Westfahlen-Lippe; EuGH Urt. v. 10.4.2008 – C-393/06, Slg. 2008, I-2339 Rn. 36 f. – Aigner (Wienstrom II); EuGH Urt. v. 15.5.2003 – C-214/00, Slg. 2003, I-4667 Rn. 52 ff. = NZBau 2003, 450 (453 f.) – Kommission/Spanien.
[9] EuGH Urt. v. 28.10.1999 – C-81/98, Slg. 1999, I-7671 = NZBau 2000, 33 – Alcatel; EuGH Urt. v. 27.2.2003 – C-327/00, Slg. 2003, I-1877 = NZBau 2003, 284 – Santex; EuGH Urt. v. 2.6.2005 – C-15/04, Slg. 2005, I-4855 = NZBau 2005, 472 – Koppensteiner.
[10] EuGH Urt. v. 13.1.2005 – C-84/03, Slg. 2005, I-139 = NZBau 2005, 232 – Kooperationsvereinbarung Spanien.
[11] So auch Ziekow/Völlink/*Ziekow* Rn. 3.
[12] EuGH Urt. v. 13.1.2005 – C-84/03, Slg. 2005, I-139 = NZBau 2005, 232 Rn. 27 mwN – Kooperationsvereinbarung Spanien; Ziekow/Völlink/*Ziekow* Rn. 3.
[13] EuGH Urt. v. 27.2.2003 – C-373/00, Slg. 2003, I-1931 Rn. 43 = NZBau 2003, 287 (291) – Adolf Truley; Ziekow/Völlink/*Ziekow* Rn. 3.
[14] BGBl. 1993 I 1928 ff.

Die Vorschrift wurde mit § 107 des Regierungsentwurfs zum Vergaberechtsänderungsgesetz von 1999[15] inhaltlich unverändert übernommen und in sechs Ziffern zusammengefasst. Durch das Vergaberechtsmodernisierungsgesetz vom 17.2.2016[16] wurde die Vorschrift der neuen Gesetzessystematik angepasst, die zwischen öffentlichen Auftraggebern, Sektorenauftraggebern und Konzessionsgebern differenziert, und entschlackt.[17] § 99 ersetzt nunmehr die zuletzt gültige Fassung des bisherigen § 98 Nr. 1–3 und 5 aF.

7 **§ 99 Nr. 1** entspricht dabei im Wesentlichen dem § 57a Abs. 1 Nr. 1 HGrG aF („Gebietskörperschaften sowie deren Sondervermögen und die aus ihnen bestehenden Verbände").

8 **§ 99 Nr. 2** geht auf § 57a HGrG aF zurück. Die Vorschrift wurde im Zuge der Vergaberechtsmodernisierung 2016 neu strukturiert, um sie im Vergleich zum bisherigen § 98 Nr. 2 aF übersichtlicher zu gestalten.[18] Hierzu wurden die drei Tatbestände der Norm jeweils einem Buchstaben (lit. a–c) zugeordnet. Darüber hinaus wurde zum Zwecke der Angleichung der Hs. 1 und 2 das Tatbestandsmerkmal „oder über die Leitung die Aufsicht ausübt" in Hs. 2 ergänzt. Hs. 2 regelt den Fall der vermittelten Staatsverbundenheit, in dem die Beherrschung nicht durch Gebietskörperschaften nach § 99 Nr. 1 oder deren Verbände nach § 99 Nr. 3, sondern durch einen öffentlichen Auftraggeber nach § 99 Nr. 2 Hs. 1 erfolgt. Nach dem bisherigen Wortlaut des § 98 Nr. 2 S. 2 aF waren als Beherrschungstatbestände lediglich die „überwiegende Finanzierung" und die „Bestimmung der Mehrheit der Mitglieder eines zur Geschäftsführung oder Aufsicht berufenen Organs" vorgesehen. Der in dem bisherigen § 98 Nr. 2 S. 1 darüber hinaus vorgesehene Beherrschungstatbestand der „Ausübung der Aufsicht über die Leitung" war bislang in § 98 Nr. 2 S. 2 aF nicht enthalten. Da das Unionsrecht in Art. 2 Abs. 1 Nr. 4 RL 2014/24/EU hierbei keinen Unterschied macht, wurde der neue Hs. 2 in § 99 Nr. 2 entsprechend angepasst.[19]

9 **§ 99 Nr. 3** entspricht der alten Fassung des § 57a Abs. 1 Nr. 3 HGrG.

10 **§ 99 Nr. 4** erfasst die zuvor in § 98 Nr. 5 geregelten staatlich subventionierten Auftraggeber. Der Tatbestand hat seinen Ursprung in § 57a Abs. 1 Nr. 6 HGrG. Durch die Vergaberechtsmodernisierung 2016 hat die Vorschrift neben kleineren Veränderungen zwei Anpassungen erfahren: Statt von „Auslobungsverfahren" ist von „Wettbewerben" die Rede und statt „finanziert" heißt es nun „subventioniert". Letzteres stellt eine Anpassung an Art. 13 RL 2014/24/EU dar. Danach kommt es nämlich in erster Linie nicht auf eine direkte Finanzierung durch einen öffentlichen Auftraggeber an. Entscheidend ist vielmehr, ob die Leistung als Subvention betrachtet werden kann. Der Begriff „subventionieren" beschränkt sich dabei nicht auf positive Leistungen, sondern umfasst auch sonstige Begünstigungen (zB Steuernachlässe).[20]

IV. Die öffentlichen Auftraggeber

11 Die Aufzählung in § 99 ist **enumerativ,** dh in Bezug auf die öffentlichen Auftraggeber **abschließend.** Personen, die nicht unter die Vorschrift fallen, sind mithin keine öffentlichen Auftraggeber. Fallen sie im Weiteren auch nicht unter die Sektorenauftraggeber iSd § 100 oder die Konzessionsgeber iSd § 101, sind sie nicht zur Beachtung des Kartellvergaberechts verpflichtet.[21]

12 Die Vorschrift ist insbesondere auch **nicht disponibel** oder im Wege der Analogie erweiterbar[22] (→ § 98 Rn. 8). Es gibt keine öffentlichen Auftraggeber sui generis.[23] Für die Eigenschaft als öffentlicher Auftraggeber kommt es daher (nur) darauf an, ob die Tatbestandsvoraussetzungen der jeweils einschlägigen Tatbestandsvariante für die betreffende Einrichtung *bei objektiver Betrachtung* erfüllt sind. Subjektive Vorstellungen sind insoweit unerheblich. Dies gilt sowohl für den Fall, dass die betreffende Person oder Einrichtung *irrtümlicherweise annimmt,* sie sei kein öffentlicher Auftraggeber iSd § 99,[24] als auch in der umgekehrten Situation, dass fälschlicherweise vom Vorliegen der öffentlichen Auftraggebereigenschaft ausgegangen wird.[25] Auch dann, wenn die den Auftrag verge-

---

[15] BT-Drs. 13/9340, 15.
[16] BGBl. 2016 I 203 ff.
[17] Reidt/Stickler/Glahs/*Masing* Rn. 5.
[18] BT-Drs. 18/6281, 70.
[19] BT-Drs. 18/6281, 70.
[20] So BT-Drs. 18/6281, 70 unter Verweis auf EuGH Urt. v. 26.9.2013 – C-115/12 P, NZBau 2014, 116 (120 f.) – Club Les Boucaniers.
[21] Reidt/Stickler/Glahs/*Masing* Rn. 4.
[22] VK Thüringen Beschl. v. 7.2.2019 – 250-4003-262/2019-E-001-EIC, VPR 2019, 192; VK Bund Beschl. v. 8.6.2006 – VK 2-114/05, VergabeR 2007, 100 (198); Reidt/Stickler/Glahs/*Masing* § 98 Rn. 6.
[23] VK Thüringen Beschl. v. 7.2.2019 – 250-4003-262/2019-E-001-EIC, VPR 2019, 192.
[24] OLG Düsseldorf Beschl. v. 30.4.2003 – VII-Verg 67/02, NZBau 2003, 400 (405) – Bekleidungsmanagement der Bundeswehr.
[25] VK Baden-Württemberg Beschl. v. 10.8.2016 – 1 VK 29/16, VPRRS 2016, 0461.

bende Stelle positiv erkennt, kein öffentlicher Auftraggeber zu sein, sich freiwillig aber gleichwohl den Regeln des Vergaberechts unterwerfen willen, wird sie nicht zum öffentlichen Auftraggeber, sodass der persönliche Anwendungsbereich der betreffenden kartellvergaberechtlichen Vorschriften und insbesondere auch das kartellvergaberechtliche Rechtsschutzsystem nicht eröffnet sind.[26] Allerdings kann durch eine solche Unterwerfungserklärung ggf. ein *Vertrauenstatbestand* zugunsten der Bewerber/Bieter mit der Folge von Schadensersatzansprüchen begründet werden.[27]

Die Frage, welcher Zeitpunkt insoweit der **für die Beurteilung maßgebliche Zeitpunkt** ist, kann insbesondere dann eine Rolle spielen (und Schwierigkeiten bereiten), wenn sich während der Dauer eines laufenden Vergabeverfahrens oder noch nicht vollständig erfüllter Verträge maßgebliche Änderungen hinsichtlich der für das Vorliegen der Auftraggebereigenschaft entscheidungserheblichen Merkmale ergeben. Der *EuGH* hat hierzu in der Rechtssache „**Stadt Mödling**" ausgeführt, dass *„die Pflicht des öffentlichen Auftraggebers, eine Ausschreibung vorzunehmen, aus Gründen der Rechtssicherheit normalerweise anhand der Bedingungen zu prüfen ist, die zum Zeitpunkt der Vergabe des fraglichen öffentlichen Auftrags vorlagen".[28]* Gleichzeitig hat der *EuGH* aber auch deutlich gemacht, dass es mit Rücksicht auf die jeweiligen Einzelfallumstände unionsrechtlich geboten sein kann, einen anderen Zeitpunkt als den maßgeblichen zu bestimmen. So hat er insbesondere auch in der Rechtssache „**University of Cambridge**" hinsichtlich des Merkmals der überwiegenden staatlichen Finanzierung (vgl. § 99 Nr. 2 lit. a) nicht auf den Zeitpunkt der Auftragsvergabe, sondern auf den Beginn des Haushaltsjahres der juristischen Person abgestellt. Entfällt die Auftraggebereigenschaft im Laufe dieses Haushaltsjahres, so sind noch laufende förmliche Vergabeverfahren gleichwohl zu Ende zu führen. Leitend für den *EuGH* war dabei der Umstand bzw. die Überlegung, dass die Finanzierung einer Einrichtung von Jahr zu Jahr variieren kann, sodass die Berücksichtigung jeder kurzfristigen Änderung die Grundsätze der Rechtssicherheit und der Transparenz beeinträchtigen würden.[29] Demzufolge wird man insoweit von einem **Regel-Ausnahme-Verhältnis** zugunsten des Zeitpunktes der Vergabe ausgehen müssen.[30] 13

1. Gebietskörperschaften sowie deren Sondervermögen (Nr. 1). Gemäß **§ 99 Nr. 1** sind 14 öffentliche Auftraggeber **Gebietskörperschaften sowie deren Sondervermögen**. Die Erfassung dieser Adressaten des Haushaltsrechts entspricht den haushaltsrechtlichen Wurzeln des Kartellvergaberechts (→ Rn. 6 ff.).[31] Auftragsbezogene Einschränkungen bestehen hierbei nicht.[32] Vielmehr folgt ihre Bindung an das Vergaberecht allein aus der institutionellen Zugehörigkeit zur öffentlichen Hand, weshalb sie auch als **klassische (öffentliche) Auftraggeber, staatliche Auftraggeber**[33] oder **institutionelle Auftraggeber**[34] bezeichnet werden. Angesichts der regelmäßig sehr leichten Feststellung der Zugehörigkeit zum Staat, dürften sich diesbezüglich grundsätzlich kaum Anwendungsprobleme ergeben.[35] Infolge der rein institutionellen Betrachtungsweise ist es insbesondere auch unerheblich, ob der im Einzelfall zu vergebende Auftrag im Zusammenhang mit den hoheitlichen Aufgaben der betreffenden Gebietskörperschaft steht oder der Auftrag aus öffentlichen Mitteln finanziert werden soll.[36] Für öffentliche Auftragnehmer gem. § 99 Nr. 1 ist der personelle Anwendungsbereich des Kartellvergaberechts daher auch bei erwerbswirtschaftlichen Beschaffungsgeschäften eröffnet.[37]

Gebietskörperschaften, also solche Körperschaften, die sich durch eine räumliche (Teil-)- 15 Abgrenzung des Staatsgebietes auszeichnen,[38] sind der **Bund** und die klassischen regionalen Untergliederungen des Staates, wie **Länder, Städte,**[39] **Gemeinden** und **Landkreise**. Darüber hinaus werden hierüber auch **andere EU-Staaten** erfasst.[40] Ob es sich bei Kreisen um öffentliche Auftraggeber nach § 99 Nr. 1 oder – als Verband von Gemeinden – nach § 99 Nr. 3 handelt,[41] ist letztlich eine akademi-

---

[26] S. zum Ganzen auch Ziekow/Völlink/*Ziekow* Rn. 7.
[27] BGH Urt. v. 21.2.2006 – X ZR 39/03, NZBau 2006, 456 (457).
[28] EuGH Urt. v. 10.11.2005 – C-29/04, Slg 2005, I-9705 Rn. 38 = NZBau 2005, 704 (706) – Stadt Mödling.
[29] EuGH Urt. v. 1.2.2001 – C-237/99, Slg 2001, I-939 Rn. 37 ff. = NZBau 2001, 215 (217) – OPAC; sowie dazu auch HK-VergabeR/*Pünder* Rn. 47; Ziekow/Völlink/*Ziekow* Rn. 19 ff.
[30] Ausf. zum Ganzen und mwN Ziekow/Völlink/*Ziekow* Rn. 15 ff.
[31] Vgl. etwa *Kratzenberg* NZBau 2009, 103 (104); Reidt/Stickler/Glahs/*Masing* Rn. 2.
[32] Reidt/Stickler/Glahs/*Masing* Rn. 12.
[33] *Röwekamp* in RKPP GWB Rn. 5.
[34] *Badenhausen-Fähnle* in Müller-Wrede GWB Rn. 1.
[35] Byok/Jaeger/*Werner* Rn. 5.
[36] EuGH Urt. v. 18.11.2004 – C-126/03, Slg. 2004, I-11197 Rn. 18 und 20 = VergabeR 2005, 57 (58) – Kommission/Deutschland.
[37] Reidt/Stickler/Glahs/*Masing* Rn. 12.
[38] jurisPK-VergabeR/*Zeiss* Rn. 10.
[39] jurisPK-VergabeR/*Zeiss* Rn. 10.
[40] VK Niedersachsen Beschl. v. 30.9.2015 – VgK 30/15, VPR 2016, 21; HK-VergabeR/*Pünder* Rn. 8 mwN; *Röwekamp* in RKPP GWB Rn. 8.
[41] S. zu dieser Diskussion auch *Badenhausen-Fähnle* in Müller-Wrede GWB Rn. 6.

sche Frage ohne praktische Relevanz, da schlussendlich für alle Auftraggeber iSd § 99 dieselben Rechtsfolgen gelten.[42]

16 Es reicht aus, wenn **unselbstständige Organisationseinheiten** der Gebietskörperschaften tätig werden.[43] Zu den öffentlichen Auftraggebern nach § 99 Nr. 1 gehören daher auch die unabhängigen Staatsorgane, wie die **Parlamente,** und die für den Staat handelnden Organe und Untergliederungen,[44] wie **Ministerien, Behörden, nicht rechtsfähige Eigenbetriebe** und **kommunale nicht rechtsfähige Stiftungen,** soweit sie nicht Sondervermögen sind. Ausschlaggebend ist die Zuordnung der Organisationseinheit zur Gebietskörperschaft und nicht deren Funktion oder rechtliche Form.[45] Folglich können politische Parteien kein öffentlicher Auftraggeber iSd § 99 Nr. 1 sein.[46]

17 Unionsrechtlich sind in Art. 2 Abs. 1 Nr. 1–4 RL 2014/24/EU die Definitionen für die verschiedenen Formen öffentlicher Auftraggeber enthalten. **Art. 2 Abs. 1 Nr. 2 RL 2014/24/EU** benennt insoweit ausdrücklich die „zentralen Regierungsbehörden", zu denen in **Anhang I** die jeweiligen innerstaatlichen Behörden aufgeführt sind. Für die Bundesrepublik Deutschland sind sämtliche Bundesministerien, das Bundeskanzleramt und das Auswärtige Amt aufgeführt. Auf Landesebene übertragen, sind daher auch die Landesministerien und Staatskanzleien öffentliche Auftraggeber nach **§ 99 Nr. 1.** Unabhängig von der Frage der Auftraggebereigenschaft ist die Frage zu beurteilen, wer im konkreten Fall der richtige Auftraggeber und damit Adressat des Vergaberechts und eines ggf. einzuleitenden Nachprüfungsverfahrens ist. Unklarheiten, die sich bisher im Zusammenhang mit Fällen der Bundesauftragsverwaltung ergeben konnten, wurden von der Rechtsprechung dahingehend geklärt, dass das betroffene Bundesland, nicht der Bund, der richtige Adressat des Vergaberechts und möglicher Nachprüfungsanträge ist[47] (→ Rn. 103).

18 **Personalkörperschaften** (zB Rechtsanwalts-, Notar-, Steuerberater-, Wirtschaftsprüfer-, Architekten-, Ärzte- und Apothekerkammern, → Rn. 114 ff.), **Realkörperschaften** (zB Industrie- und Handelskammern, → Rn. 114 ff.) und **Verbandskörperschaften** (zB kommunale Zweckverbände, → Rn. 78 ff.) fallen nicht unter § 99 Nr. 1.[48] Ausgehend vom Gedanken der institutionellen Zugehörigkeit zum Staat unterfallen auch die gem. Art. 140 GG iVm Art. 137 Abs. 5 WRV als Körperschaften des öffentlichen Rechts korporierten **Religionsgemeinschaften** nicht dem Tatbestand des § 99 Nr. 1.[49] Es fehlt an einer Zuordnung zum Staat; sie bilden vielmehr einen Teil der gesellschaftlichen Sphäre nichtverfasster Staatlichkeit[50] (→ Rn. 121 ff.).

19 **Sondervermögen** sind vom übrigen Vermögen einer Gebietskörperschaft getrennte, im Außenrechtsverhältnis rechtlich unselbstständige,[51] aber **haushaltsrechtlich und organisatorisch verselbstständigte Vermögensteile** einer Gebietskörperschaft.[52] Sie dienen der Erfüllung einzelner genau begrenzter Aufgaben und treten insoweit als gesonderte Einheit im Rechtsverkehr auf.[53] Bei diesen handelt es sich lediglich um **organisationsrechtliche Dekonzentrationen,** deren Handeln daher den Gebietskörperschaften zugerechnet wird.[54] Diese Zurechnung ist die logische Folge ihrer fehlenden Rechtsfähigkeit.[55]

20 Zu den Sondervermögen zählen beispielsweise **Eigenbetriebe**[56] und **nicht rechtsfähige Stiftungen.**[57] Vor allem auf kommunaler Ebene können zB Museen, besondere Schulen, Internate,

---

[42] jurisPK-VergabeR/*Zeiss* Rn. 11; *Badenhausen-Fähnle* in Müller-Wrede GWB Rn. 6.
[43] *Röwekamp* in RKPP GWB Rn. 9.
[44] EuGH Urt. v. 22.6.1989 – C-103/88, Slg. 1989, I-1839 = NVwZ 1990, 649 zu regionalen Untergliederungen; EuGH Urt. v. 17.9.1998 – C-323/96, Slg. 1998, I-5063 Rn. 27 = BeckRS 2004, 76369 zu Parlamenten; EuGH Urt. v. 15.5.1986 – C-222/84, Slg. 1986, I-1651 (1682) = BeckEuRS 1986, 126655 zur Justiz.
[45] Byok/Jaeger/*Werner* Rn. 9 f.
[46] *Röwekamp* in RKPP GWB Rn. 10.
[47] BGH Beschl. v. 20.3.2014 – X ZB 18/13, VergabeR 2014, 539 ff. – Fahrbahnerneuerung BAB; OLG München Beschl. v. 9.4.2015 – Verg 1/15, VergabeR 2015, 574 ff. – Lärmschutzwand; OLG Celle Beschl. v. 8.11.2012 – Verg 7/12, VergabeR 2013, 455 = BeckRS 2012, 23028 – Verkehrsrechnerzentrale. Kritisch dazu HK-VergabeR/*Pünder* Rn. 4.
[48] *Badenhausen-Fähnle* in Müller-Wrede GWB Rn. 7; HK-VergabeR/*Pünder* Rn. 7.
[49] OLG Celle Beschl. v. 25.8.2011 – 13 Verg 5/11, VergabeR 2012, 182 ff.; *Badenhausen-Fähnle* in Müller-Wrede GWB Rn. 7; HK-VergabeR/*Pünder* Rn. 7.
[50] Ebenso *Schröder* NZBau, 2002, 259 (260); Reidt/Stickler/Glahs/*Masing* Rn. 83; Röwekamp in RKPP GWB Rn. 158.
[51] OLG Düsseldorf Beschl. v. 2.6.2010 – VII-Verg 7/10, ZfBR 2010, 828 f.
[52] VK Niedersachsen Beschl. v. 30.9.2015 – VgK 30/15, VPR 2016, 21; *Badenhausen-Fähnle* in Müller-Wrede GWB Rn. 10.
[53] HK-VergabeR/*Pünder* Rn. 9; Reidt/Stickler/Glahs/*Masing* Rn. 11.
[54] *Badenhausen-Fähnle* in Müller-Wrede GWB Rn. 10; HK-VergabeR/*Pünder* Rn. 9.
[55] Byok/Jaeger/*Werner* Rn. 12.
[56] VK Düsseldorf Beschl. v. 29.3.2007 – VK-08/2007-B Rn. 44.
[57] Reidt/Stickler/Glahs/*Masing* Rn. 11.

Bau- und Liegenschaftsbetriebe oder landwirtschaftliche Betriebe, wie Gestüte oder Forstbetriebe, als Sondervermögen geführt werden.

Vor der Privatisierung waren dies auch die Deutsche Bundespost (→ Rn. 105) und die Deutsche Bahn (→ Rn. 104), die nun nach der Privatisierung allerdings kein Sondervermögen mehr sind.[58] Lediglich/allenfalls dann, wenn das **Bundeseisenbahnvermögen**, das die nicht bahnnotwendigen Bahnliegenschaften verwaltet, in diesem ihm zugewiesenen Aufgabenbereich tätig wird, kommt eine Anwendung von § 99 Nr. 1 in Betracht.[59] Weitere Beispiele sind der **Fonds Deutsche Einheit** und der **Ausgleichsfonds**.[60]

2. Andere juristische Personen des öffentlichen und privaten Rechts (Nr. 2). a) Allgemeines. § 99 Nr. 2 erfasst **juristische Personen des öffentlichen und des privaten Rechts**, die zu dem besonderen Zweck gegründet wurden, im Allgemeininteresse liegende Aufgaben nichtgewerblicher Art zu erfüllen, wenn Stellen, die unter § 99 Nr. 1 oder Nr. 3 fallen, sie einzeln oder gemeinsam durch Beteiligung oder auf sonstige Weise überwiegend finanzieren oder über ihre Leitung die Aufsicht ausüben oder mehr als die Hälfte der Mitglieder eines ihrer zur Geschäftsführung oder zur Aufsicht berufenen Organe bestimmt haben. Gleiches gilt, wenn die Stelle, die einzeln oder gemeinsam mit anderen die überwiegende Finanzierung gewährt oder die Mehrheit der Mitglieder eines zur Geschäftsführung oder Aufsicht berufenen Organs bestimmt hat, die genannten Voraussetzungen erfüllt.

§ 99 Nr. 2 setzt den Begriff der „**Einrichtungen des öffentlichen Rechts**" iSd **Art. 2 Abs. 1 Nr. 4 RL 2014/24/EU** in nationales Recht um und trägt dem funktionellen Verständnis des Auftraggeberbegriffs Rechnung. Dieser **funktionale Auftraggeberbegriff** ergänzt den institutionellen Auftraggeberbegriff.[61] Diese Erweiterung gegenüber den klassischen Auftraggebern ist in erster Linie dem Ziel geschuldet, einer Umgehung der unionsrechtlichen Vergaberegeln durch eine Flucht ins Privatrecht entgegen zu wirken. Dementsprechend zeichnen sich die erfassten Unternehmen im wesentlichen Kern dadurch aus, dass sie alle in besonderer Weise einer staatlichen Einflussnahme unterliegen.[62]

Es steht den Mitgliedstaaten zwar frei, in welchen Rechtsformen sie ihre Aufgaben erfüllen, die Rechtsform soll jedoch **keine Flucht aus dem Vergaberecht** ermöglichen. § 99 Nr. 2 übernimmt die in Art. 2 Abs. 1 Nr. 4 RL 2014/24/EU aufgeführten Voraussetzungen. Nach **Art. 2 Abs. 1 Nr. 4 RL 2014/24/EU** fallen hierunter alle Einrichtungen, die
– zu dem besonderen Zweck gegründet wurden, im Allgemeininteresse liegende Aufgaben nichtgewerblicher Art zu erfüllen,
– Rechtspersönlichkeit besitzen und
– überwiegend vom Staat, von Gebietskörperschaften oder von anderen Einrichtungen des öffentlichen Rechts finanziert werden, hinsichtlich ihrer Leitung der Aufsicht durch Letztere unterliegen oder deren Verwaltungs-, Leitungs- oder Aufsichtsorgan mehrheitlich aus Mitgliedern bestehen, die vom Staat, von den Gebietskörperschaften oder von anderen Einrichtungen des öffentlichen Rechts ernannt worden sind.

Ein Blick in § 99 Nr. 2 macht indes deutlich, dass der in **Art. 2 Abs. 1 Nr. 4 RL 2014/24/EU** verwendete Begriff „Einrichtungen des öffentlichen Rechts" **nicht völlig identisch** mit dem Begriff der „juristischen Person des öffentlichen Rechts" nach nationalem Recht ist. Vielmehr sollen **alle Organisationen, die Beschaffungen für den Staat vornehmen**, unabhängig von ihrer Rechtsform,[63] also losgelöst von der Frage, ob sie öffentlich-rechtlich oder privatrechtlich gestaltet sind, dem Vergaberecht unterliegen, wenn die explizit aufgestellten Voraussetzungen erfüllt sind. Dabei müssen **alle drei Voraussetzungen des § 99 Nr. 2 lit. a–c kumulativ** vorliegen.[64] Diese Tatbestandsvoraussetzungen lassen sich zugleich dem europarechtlichen Begriff der „Einrichtung des öffentlichen Rechts" entnehmen.[65] Angesichts dessen und mit Blick auf die Funktion des § 99 Nr. 2

---

[58] *Badenhausen-Fähnle* in Müller-Wrede GWB Rn. 11.
[59] Byok/Jaeger/*Werner* Rn. 16; *Badenhausen-Fähnle* in Müller-Wrede GWB Rn. 12.
[60] *Pietzcker* ZVgR 1999, 24 (25); HK-VergabeR/*Pünder* Rn. 9.
[61] S. zu dieser Entwicklung *Badenhausen-Fähnle* in Müller-Wrede GWB Rn. 14 f.
[62] Reidt/Stickler/Glahs/*Masing* Rn. 3.
[63] jurisPK-VergabeR/*Zeiss* Rn. 25.
[64] EuGH Urt. v. 3.2.2021 – C-155/99 u. C-156/19, ECLI:EU:C:2021:88 Rn. 35 = NZBau 2021, 191 (195) – FIGC und Consorzio Ge. Se. Av. S. c. arl.; EuGH Urt. v. 15.1.1998 – C-44/96, Slg. 1998, I-73 (113) = NJW 1998, 3261 (3262) – Mannesmann-Anlagenbau/Strohal Rotationsdruck; EuGH Urt. v. 27.2.2003 – C-373/00, Slg. 2003, I-1931 = NZBau 2003, 287 – Adolf Truley; EuGH Urt. v. 13.1.2005 – C-84/03, Slg. 2005, I-139 = NZBau 2005, 232 – Kooperationsvereinbarung Spanien; EuGH Urt. v. 10.11.2005 – C-29/04, Slg. 2005, I-9705 = NZBau 2005, 704 – Stadt Mödling.
[65] Byok/Jaeger/*Werner* Rn. 25.

als **Auffangtatbestand** – insbesondere auch in der Entscheidungspraxis der Vergabenachprüfungsinstanzen[66] – sind sie **weit auszulegen und funktional zu verstehen**.[67]

26 Darüber hinaus ist bei der Auslegung auch der **Erwägungsgrund 10 RL 2014/24/EU** zu berücksichtigen, wo es heißt:

„*Der Begriff ‚öffentliche Auftraggeber' und insbesondere der Begriff ‚Einrichtungen des öffentlichen Rechts' sind wiederholt im Rahmen der Rechtsprechung des Gerichtshofs der Europäischen Union überprüft worden. Um klarzustellen, dass der persönliche Geltungsbereich dieser Richtlinie unverändert bleiben sollte, ist es angezeigt, die Begriffsbestimmung beizubehalten, auf die sich der Gerichtshof selbst stützt, und einige Erläuterungen, die im Rahmen dieser Rechtsprechung gegeben wurden, als Schlüssel zum Verständnis der Begriffsbestimmung selbst aufzunehmen, ohne damit beabsichtigt wird, das Verständnis des Begriffs, so wie es in der Rechtsprechung dargelegt wurde, zu ändern. Zu diesem Zweck sollte daher klargestellt werden, dass eine Einrichtung, die unter marktüblichen Bedingungen arbeitet, gewinnorientiert ist und die mit der Ausübung ihrer Tätigkeit einhergehenden Verluste trägt, nicht als ‚Einrichtung des öffentlichen Rechts' angesehen werden sollte, da die im Allgemeininteresse liegenden Aufgaben, zu deren Erfüllung sie geschaffen oder mit deren Erfüllung sie beauftragt worden ist, als von gewerblicher Art anzusehen sind.*

Desgleichen ist die Bedingung bezüglich der Herkunft der Finanzausstattung der betreffenden Einrichtung ebenfalls im Rahmen der Rechtsprechung überprüft worden, wobei unter anderem klargestellt wurde, dass unter ‚überwiegend' finanziert eine Finanzierung in Höhe von mehr als der Hälfte zu verstehen ist, worunter auch Zahlungen von Nutzern fallen können, die nach den Vorschriften des öffentlichen Rechts auferlegt, berechnet und erhoben werden."

27 Anders als § 99 Nr. 1, zeitigt § 99 Nr. 2 deutlich mehr Auslegungsschwierigkeiten und Anwendungsprobleme.[68] Von den Bestimmungen, die den persönlichen Anwendungsbereich des Kartellvergaberechts regeln, dürfte § 99 Nr. 2 wohl die größte praktische Bedeutung zukommen.[69] Viele Streitigkeiten zur Anwendbarkeit des Vergaberechts finden ihren Ausgangspunkt in eben dieser Norm.[70]

28 **b) Juristische Personen des öffentlichen oder privaten Rechts.** Öffentliche Auftraggeber iSd § 99 Nr. 2 können nur **juristische Personen des öffentlichen oder des privaten Rechts** sein. Mit diesem Tatbestandsmerkmal wird das Kriterium der selbstständigen Rechtspersönlichkeit aus Art. 2 Abs. 1 Nr. 4 RL 2014/24/EU umgesetzt.[71] Durch die eigene Rechtspersönlichkeit wird eine Abgrenzung zum institutionellen Auftraggeberbegriff ermöglicht.[72] § 99 Nr. 2 erfasst die unmittelbar oder mittelbar staatsverbundenen Auftraggeber.

29 **Juristischen Personen des öffentlichen Rechts** sind alle Verwaltungsträger im weiteren Sinne.[73] Hierzu zählen vor allem die bundes-, landes- und gemeindeunmittelbaren Körperschaften, (rechtsfähigen) Anstalten und Stiftungen des öffentlichen Rechts sowie ferner auch teilrechtsfähige Verwaltungseinheiten, wie zB die Fakultäten der Universitäten und Beliehene.[74]

30 Indem auch die juristischen Personen des Privatrechts erfasst werden, wird verhindert, dass aus einem Rechtsformwechsel und der damit verbundenen (partiellen) „Flucht aus dem Öffentlichen Recht" zugleich auch eine „Flucht aus dem Vergaberecht" wird.[75] **Juristische Personen des privaten Rechts** sind der eingetragene Verein (e. V.), die eingetragene Genossenschaft (e. G.), die Aktiengesellschaft AG), die Kommanditgesellschaft auf Aktien (KGaA), die Gesellschaft mit beschränkter Haftung (GmbH) und der Versicherungsverein auf Gegenseitigkeit (VVaG).[76]

31 **Gesellschaften mit Teilrechtsfähigkeit**, wie zB die Außen-GbR,[77] die OHG,[78] die KG,[79] die GmbH & Co. KG, die Europäische wirtschaftliche Interessenvereinigung (EWIV)[80] und die

---

[66] Vgl. dazu jurisPK-VergabeR/*Zeiss* Rn. 21.
[67] Vgl. EuGH Urt. v. 27.2.2003 – C-373/00, Slg. 2003, I-1931 Rn. 43 = NZBau 2003, 287 (291) – Adolf Truley; EuGH Urt. v. 15.5.2003 – C-214/00, Slg. 2003, I-4667 Rn. 53 = NZBau 2003, 450 (454) – Kommission/Spanien; EuGH Urt. v. 5.10.2017 – C-567/15, ECLI:EU:C:2017:736 Rn. 31 = NZBau 2018, 47 (50) – VLRD; Reidt/Stickler/Glahs/*Masing* Rn. 15 mwN.
[68] Byok/Jaeger/*Werner* Rn. 18.
[69] jurisPK-VergabeR/*Zeiss* Rn. 19.
[70] jurisPK-VergabeR/*Zeiss* Rn. 19.
[71] Byok/Jaeger/*Werner* Rn. 28.
[72] jurisPK-VergabeR/*Zeiss* Rn. 24.
[73] Ziekow/Völlink/*Ziekow* Rn. 39.
[74] Reidt/Stickler/Glahs/*Masing* Rn. 18; Ziekow/Völlink/*Ziekow* Rn. 39.
[75] jurisPK-VergabeR/*Zeiss* Rn. 29.
[76] Byok/Jaeger/*Werner* Rn. 32; Reidt/Stickler/Glahs/*Masing* Rn. 18.
[77] Grundlegend hierzu BGH Urt. v. 29.1.2001 – II ZR 331/00, BGHZ 146, 341 ff.
[78] Vgl. § 124 Abs. 1 HGB.
[79] Vgl. § 161 Abs. 2 HGB iVm § 124 Abs. 1 HGB.
[80] Vgl. § 1 des Gesetzes zur Ausführung der EWG-Verordnung über die Europäische wirtschaftliche Interessenvereinigung v. 14.4.1988, BGBl. 1988 I 514.

Partnerschaftsgesellschaft (PartG),[81] die im eigenen Namen rechtsverbindlich auftreten und Beschaffungen durchführen können, kommen ebenfalls als öffentliche Auftraggeber in Betracht. Der Begriff der Rechtspersönlichkeit ist nicht nach dem nationalen Handels- und Gesellschaftsrecht zu verstehen, sondern im Sinne der Richtlinien dahin auszulegen, dass grundsätzlich keine Gesellschaftsform, die als Auftraggeber am Markt auftreten kann und bei der die übrigen Voraussetzungen vorliegen, sich dem Vergaberecht entziehen können soll (→ Rn. 23 ff.). Ausschlaggebend für die Anwendung des § 99 Nr. 2 ist daher nicht das nationale Verständnis des Begriffs der juristischen Person, sondern der dem Europarecht gerecht werdende Gedanke, ob eine Einrichtung **durch die Teilnahme am Rechtsverkehr eigene Rechte und Pflichten begründen** kann.[82] Denn bereits in diesem Fall bestünde ohne die Erfassung als Einrichtung des öffentlichen Rechts die Gefahr der Umgehung des Vergaberechts durch eine „Flucht ins Privatrecht".[83] Die Differenzierung zwischen juristischen Personen und anderen Rechtsträgern stellt eine nationale Besonderheit dar, welche sich wegen des starken europarechtlichen Einschlags nicht durchsetzen kann.[84]

Gleiches gilt für **Vor- oder Gründungsgesellschaften**.[85] Denn Vorgründungsgesellschaften 32 sind, sofern sie im Vorgriff auf ihre künftige Tätigkeit Aufträge erteilen, regelmäßig als Außen-GbR bzw. als OHG zu qualifizieren.[86] Vorgesellschaften sind nach herrschender Auffassung als Gesamthandgesellschaften eigener Art (teil-)rechtsfähig.[87] Beide können mithin Beschaffungen wirksam vornehmen und sind deshalb auch mögliche Adressaten des Vergaberechts. Maßgebliches Abgrenzungskriterium ist damit die Anerkennung der Teilrechtsfähigkeit der jeweiligen Gesellschaft durch die Rechtsordnung.

Strikt abzugrenzen ist die juristische Person demgegenüber von der **natürlichen Person,** 33 bei der lediglich eine projektbezogene Auftraggebereigenschaft nach § 99 Nr. 4 in Betracht kommen kann.[88]

c) Gründung zu dem besonderen Zweck der Erfüllung im Allgemeininteresse liegen- 34 **der Aufgaben nichtgewerblicher Art.** Das Tatbestandsmerkmal der Gründung zu dem besonderen Zweck, im Allgemeininteresse liegende Aufgaben nichtgewerblicher Art zu erfüllen, ist das zentrale Kriterium, um die dem Vergaberecht unterliegenden Tätigkeiten der öffentlichen Hand von deren übrigen Handeln abzugrenzen. Zu Letzterem zählt insbesondere die erwerbswirtschaftliche Tätigkeit der öffentlichen Hand.[89] In diesem Bereich unterliegt sie – wie alle übrigen Marktteilnehmer auch – den Regeln des Wettbewerbs, sodass es nicht erforderlich ist, die übrigen Marktteilnehmer über die Anwendung des Vergaberechts vor Benachteiligungen durch die öffentliche Hand zu schützen.[90]

aa) Im Allgemeininteresse liegende Aufgaben. Der Begriff der im Allgemeininteresse lie- 35 genden Aufgabe ist **nicht identisch mit dem Kriterium der nichtgewerblichen Art der Aufgabe**[91] (→ Rn. 42). Demzufolge lässt der Umstand, dass eine Aufgabe nichtgewerblicher Art ist, insbesondere auch nicht den Schluss darauf zu, dass die Erfüllung der Aufgabe im Allgemeininteresse liegt. Es gibt vielmehr sowohl im Allgemeininteresse liegende Aufgaben, die nichtgewerblicher Art sind, als auch solche, die gewerblicher Art sind.[92]

Der **Begriff „Allgemeininteresse"** resultiert aus dem europarechtlichen Bemühen, eine für 36 alle Mitgliedstaaten möglichst eindeutige Bezeichnung zu finden. Er ist im Einzelnen umstritten bzw. nicht genau abgegrenzt, da sich sein genauer Inhalt weder aus der Richtlinie noch aus dem sonstigen Unionsrecht ergibt.[93] Im Interesse der Rechtsvereinheitlichung ist auch die Definitionsmacht des nationalen Rechts beschränkt.[94] Der Begriff ist nach der Rechtsprechung des EuGH

---

[81] Vgl. § 7 Abs. 2 PartGG.
[82] Reidt/Stickler/Glahs/*Masing* Rn. 19 mwN.
[83] Byok/Jaeger/*Werner* Rn. 36; Reidt/Stickler/Glahs/*Masing* Rn. 19 mwN.
[84] *Badenhausen-Fähnle* in Müller-Wrede GWB Rn. 36.
[85] S. hierzu ausf. *Röwekamp* in RKPP GWB Rn. 29 ff.
[86] Vgl. bspw. MüKoAktG/*Pentz* AktG § 41 Rn. 18; *Roth* in Roth/Altmeppen, GmbHG, Kommentar, 8. Aufl. 2015, GmbHG § 11 Rn. 71 ff.; Reidt/Stickler/Glahs/*Masing* Rn. 21.
[87] MüKoAktG/*Pentz* AktG § 41 Rn. 52; *Roth* in Roth/Altmeppen, GmbHG, Kommentar, GmbHG § 11 Rn. 39; Reidt/Stickler/Glahs/*Masing* Rn. 21.
[88] *Röwekamp* in RKPP GWB Rn. 32.
[89] Reidt/Stickler/Glahs/*Masing* Rn. 22 mwN.
[90] Vgl. in diesem Zusammenhang auch EuGH Urt. v. 10.5.2001 – verb. Rs. C-223/99 und 260/99, Slg. 2001, I-3605 Rn. 42 f. = NZBau 2001, 403 (406) – Agorà und Excelsior/Mailänder Messe; sowie Reidt/Stickler/Glahs/*Masing* Rn. 22.
[91] Ziekow/Völlink/*Ziekow* Rn. 41.
[92] Ziekow/Völlink/*Ziekow* Rn. 41.
[93] Byok/Jaeger/*Werner* Rn. 47; HK-VergabeR/*Pünder* Rn. 26.
[94] Byok/Jaeger/*Werner* Rn. 48; HK-VergabeR/*Pünder* Rn. 26.

in der gesamten Union unter Berücksichtigung des Regelungszwecks vielmehr „**autonom und einheitlich**" auszulegen.[95] Am besten nähert man sich der Auslegung des Allgemeininteresses daher durch eine systematische Differenzierung.[96] Bei der Bestimmung des Begriffs „Allgemeininteresse" ist zwischen dem **Adressatenkreis** und der **Zweckrichtung** des infrage stehenden Akteurs zu differenzieren.[97] Der **Adressatenkreis** muss eine Mehrzahl von Personen erfassen, denen die Aufgabenwahrnehmung zugutekommt, was etwa bei einer Aufgabenwahrnehmung im Dienste der allgemeinen Öffentlichkeit der Fall ist.[98] Nicht erforderlich ist eine regional oder personell unbeschränkte Auswirkung der Aufgaben.[99] Die **Zweckrichtung** hingegen erfordert, dass die Aufgabenerbringung nicht nur im Eigeninteresse erfolgt.[100] Erfasst werden die Interessen einer Gemeinschaft, die über private oder Einzelinteressen hinausgehen. Ausreichend ist, wenn auch den Aufgaben für eine begrenzte Gruppe (Mitglieder) auch Aufgaben für die Allgemeinheit erfüllt werden und die übrigen Voraussetzungen von § 99 Nr. 2 gegeben sind.[101]

37 Der Begriff **deckt sich weitgehend mit dem Begriff des öffentlichen Interesses, ist damit aber nicht identisch.**[102] Nach der Rechtsprechung des **EuGH** stellen **Aufgaben, die auf andere Art als durch das Angebot von Waren oder Dienstleistungen auf dem Markt erfüllt werden und die der Staat aus Gründen des Allgemeininteresses selbst erfüllt oder bei denen er einen entscheidenden Einfluss behalten möchte,** in der Regel im Allgemeininteresse liegende Aufgaben nichtgewerblicher Art dar.[103] Angenommen wird dies insbesondere für solche Aufgaben, die eng mit den institutionellen Funktionen des Staates verknüpft sind,[104] wobei es unerheblich ist, ob derartige Aufgaben auch von Privatunternehmen erfüllt werden oder erfüllt werden könnten.[105]

38 Weitere **Hinweise bzw. Indizien** für das Vorliegen von im Allgemeininteresse liegende Aufgaben sind die **Wahrnehmung gesetzlicher Aufgaben**, Aufgaben der **Daseinsvorsorge**, aber auch Aufgaben der **Wirtschaftsförderung** oder Aufgaben mit mittelbarer Auswirkung auf das Gemeinwohl (zB Durchführung von Messen, → Rn. 140 ff.), die oft in engem Zusammenhang mit Maßnahmen zur regionalen Förderung stehen können. Eine im Allgemeininteresse liegende Aufgabe ist zudem grundsätzlich dann indiziert, wenn durch die betreffende Tätigkeit **sozial- oder kulturpolitische Anliegen** gefördert werden sollen.[106] Derartige Hinweise bzw. Indizien werden in der Praxis regelmäßig auch zu **Vermutungsregelungen** verdichtet.[107]

39 Solche Vermutungsregelungen können zum einen an den **Inhalt der Aufgabe** anknüpfen. Danach liegt die Erfüllung von Aufgaben im Zweifelsfall immer dann im Allgemeininteresse, wenn die betroffenen Gebietskörperschaften zu ihrer Wahrnehmung gesetzlich verpflichtet sind. Ausgehend hiervon hat der EuGH beispielsweise festgestellt, dass die Bestattung eine im Allgemeininteresse liegende Aufgabe sein kann.[108] Erforderlich ist dabei aber grundsätzlich eine **unmittelbare Aufgabenwahrnehmung** durch die in Rede stehende Einrichtung. Die bloße Beherrschung und Finanzierung eines anderen Unternehmens, das entsprechende Aufgaben wahrnimmt, stellt keine im Allgemeininteresse liegende Aufgabe dar.[109]

---

[95] Vgl. EuGH Urt. v. 27.2.2003 – C-373/00, Slg. 2003, I-1931 Rn. 35 = NZBau 2003, 287 (290) – Adolf Truley; EuGH Urt. v. 16.10.2003 – C-283/00, Slg. 2003, I-11697 Rn. 79 = NZBau 2004, 223 (227 f.) – SIEPSA; s. ferner auch OLG Naumburg Beschl. v. 17.2.2004 – 1 Verg 15/03, NZBau 2004, 403 ff.
[96] Vgl. Byok/Jaeger/*Werner* Rn. 49.
[97] Byok/Jaeger/*Werner* Rn. 50.
[98] Byok/Jaeger/*Werner* Rn. 50.
[99] VK Düsseldorf Beschl. v. 11.2.2004 – VK-43/2003-L.
[100] Byok/Jaeger/*Werner* Rn. 50.
[101] OLG Düsseldorf Beschl. v. 5.10.2011 – VII-Verg 38/11, NZBau 2012, 188.
[102] Ähnlich *Röwekamp* in RKPP GWB Rn. 53.
[103] EuGH Urt. v. 10.4.2008 – C-393/06, Slg. 2008, I-2339 Rn. 40 = NZBau 2008, 393 (395 f.) – Aigner (Wienstrom II); EuGH Urt. v. 10.5.2001 – verb. Rs. C-223/99 und 260/99, Slg. 2001, I-3605 Rn. 37 ff. = NZBau 2001, 403 (405 f.) – Agorà und Excelsior/Mailänder Messe; EuGH Urt. v. 10.11.1998 – C-360/96, Slg. 1998, I-6821 Rn. 52 = EuZW 1999, 16 (19) – Gemeente Arnhem; s. ferner auch OLG Düsseldorf Beschl. v. 19.6.2013 – VII-Verg 55/12, NZBau 2013, 653 – BWI-Services mwN.
[104] EuGH Urt. v. 15.1.1998 – C-44/96, Slg. 1998, I-73 Rn. 24 = NJW 1998, 3261 (3262) – Mannesmann-Anlagenbau/Strohal Rotationsdruck; Reidt/Stickler/Glahs/*Masing* Rn. 33.
[105] EuGH Urt. v. 10.4.2008 – C-393/06, Slg. 2008, I-2339 Rn. 40 = NZBau 2008, 393 (395 f.) – Aigner (Wienstrom II); Reidt/Stickler/Glahs/*Masing* Rn. 33.
[106] Byok/Jaeger/*Werner* Rn. 54; Reidt/Stickler/Glahs/*Masing* Rn. 34; *Röwekamp* in RKPP GWB Rn. 53; sowie auch EuGH Urt. v. 11.6.2009 – C-300/07, Slg. 2009, I-4779 Rn. 50 = NJW 2009, 2427 (2429) – Oymanns.
[107] Reidt/Stickler/Glahs/*Masing* Rn. 34.
[108] EuGH Urt. v. 27.2.2003 – C-373/00, Slg. 2003, I-1931 Rn. 50 ff. = NZBau 2003, 287 (291) – Adolf Truley.
[109] MwN Reidt/Stickler/Glahs/*Masing* Rn. 35; *Röwekamp in RKPP GWB* Rn. 63 ff.

IV. Die öffentlichen Auftraggeber
40–44 § 99 GWB

Zum anderen können Vermutungsregeln auch an die **Organisationsform** der in Rede stehenden 40
Einrichtung anknüpfen. So kann regelmäßig vermutet werden, dass ein öffentlich-rechtlicher Rechtsträger im Allgemeininteresse liegende Aufgaben wahrnimmt.[110] Gleiches gilt für private Rechtsträger, die vom Staat eine marktbezogene Sonderstellung erhalten haben.[111] Ob umgekehrt bei privaten Rechtsträgern, die nicht mit einer entsprechenden Sonderstellung ausgerüstet sind, von einer Vermutung gegen die Wahrnehmung im Allgemeininteresse liegender Aufgaben ausgegangen werden kann, ist indes fraglich. Soweit dies vielfach so angenommen wird,[112] wird zuweilen darauf hingewiesen, dass hierbei auch zu beachten sei, dass Gebietskörperschaften in vielen Fällen aufgrund gesetzlicher Vorschriften nur dann berechtigt sind, wirtschaftliche Unternehmen zu gründen, wenn dies durch einen öffentlichen Zweck gerechtfertigt ist und dieser nicht besser oder wirtschaftlicher durch einen Dritten erfüllt werden kann,[113] Prinzipiell sei zu unterstellen, dass die Gebietskörperschaften bei der Gründung wirtschaftlicher Unternehmen diese Grundsätze beachten und daher – soweit dies gesetzlich vorgesehen ist – zur Erfüllung eines öffentlichen Zwecks tätig werden. Eine Vermutung, dass eine privatrechtliche Organisation auf gewerbliches Handeln schließen lasse, sei demzufolge abzulehnen.[114]

Allgemein gilt, dass der Begriff des Allgemeininteresses als autonomer Begriff des Unionsrechts los- 41
gelöst von den Rechtsordnungen der einzelnen Mitgliedstaaten **weit auszulegen** ist.[115] Eine Korrektur erfolgt durch das weitere Merkmal der Nichtgewerblichkeit des Handelns[116] (→ Rn. 42 ff.). Ferner gilt, dass die Aufgabenwahrnehmung im Allgemeininteresse auch nicht die einzige Tätigkeit der betroffenen Einrichtung sein muss, solange sie zumindest *auch* Aufgaben im Allgemeininteresse wahrnimmt (sog. Infizierungstheorie; → Rn. 55).[117]

bb) Aufgaben nichtgewerblicher Art. Das Merkmal der nichtgewerblichen Art ist ein 42
eigenständiges Tatbestandsmerkmal[118] (→ Rn. 35). Denn Aufgaben, die im Allgemeininteresse liegen, können sowohl nichtgewerblicher als auch gewerblicher Art sein. Das Merkmal der Nichtgewerblichkeit grenzt daher nicht die im Allgemeininteresse liegenden Aufgaben gegenüber den gewerblichen Aufgaben ab, sondern schränkt die im Allgemeininteresse liegenden Aufgaben dahingehend ein, dass es vorliegend nur auf solche im Allgemeininteresse liegenden Aufgaben nichtgewerblicher Art ankommt.[119] Das Merkmal ist folglich als **Korrektiv** des sehr weit auszulegenden Begriffs des Allgemeininteresses zu verstehen. Hintergrund der einschränkenden Differenzierung zwischen Aufgaben gewerblicher und nichtgewerblicher Art ist die Annahme, dass bei einer Aufgabenwahrnehmung in gewerblicher Art, also nach den Bedingungen des Marktes, bereits aufgrund dieser Marktbedingungen davon ausgegangen werden kann, dass die Einrichtung ihre Beschaffungstätigkeit nach wettbewerblichen und wirtschaftlichen Erwägungen ausrichtet. Anders verhält es sich hingegen für Einrichtungen, die bei ihrer Beschaffungstätigkeit **nicht den Bedingungen des Marktes unterliegen.**[120]

Ob eine Aufgabe nichtgewerblicher Art ist, ist an den Gegebenheiten des Einzelfalles zu mes- 43
sen[121] und hängt auch davon ab, unter welchen Bedingungen die Aufgabe erfüllt wird. Ausschlaggebend ist hier also nicht die Art der Aufgabe, sondern die **Art und Weise der Aufgabenerfüllung.**[122]

In Erwägungsgrund 2 Vergabe-RL 2004 war in diesem Zusammenhang lediglich von Beschaf- 44
fungen „auf Rechnung des Staates" die Rede. In **Erwägungsgrund 10 RL 2014/24/EU** ist dies dahingehend konkretisiert, dass eine Einrichtung, die unter **marktüblichen Bedingungen** arbeitet, **gewinnorientiert** ist und die mit der Ausübung ihrer Tätigkeit einhergehenden **Verluste trägt**, nicht als Einrichtung des öffentlichen Rechts angesehen werden sollte, da die im Allgemeininteresse

---

[110] *Dietlein* NZBau 2002, 136 (138 f.); Reidt/Stickler/Glahs/*Masing* Rn. 36.
[111] MwN Reidt/Stickler/Glahs/*Masing* Rn. 36.
[112] *Hailbronner*, Forum Vergabe 95, Öffentliches Auftragswesen, 1995, 127 (135); *Heiermann/Ax*, Rechtsschutz bei der Vergabe öffentlicher Aufträge, 1997, 55; *Heise*, LKV 1999, 210 (211); Bechtold/*Otting*, 8. Aufl. 2015, § 98 Rn. 17.
[113] So zB § 94a Abs. 1 SächsGemO.
[114] So Reidt/Stickler/Glahs/*Masing* Rn. 36.
[115] EuGH Urt. v. 27.2.2003 – C-373/00, Slg. 2003, I-1931 Rn. 40 = NZBau 2003, 287 (290) – Adolf Truley.
[116] MwN Reidt/Stickler/Glahs/*Masing* Rn. 37; jurisPK-VergabeR/*Zeiss* Rn. 42.
[117] Byok/Jaeger/*Werner* Rn. 57.
[118] Byok/Jaeger/*Werner* Rn. 60; Reidt/Stickler/Glahs/*Masing* Rn. 38.
[119] Vgl. hierzu insbes. auch EuGH Urt. v. 22.5.2003 – C-18/01, Slg. 2003, I-5321 Rn. 40 = ZfBR 2003, 705 (707) – Korhonen; EuGH Urt. v. 10.5.2001 – verb. Rs. C-223/99 und 260/99, Slg. 2001, I-3605 Rn. 32 = NZBau 2001, 403 (405) – Agorà and Excelsior/Mailänder Messe; EuGH Urt. v. 10.11.1998 – C-360/96, Slg. 1998, I-6821 Rn. 32 ff. = EuZW 1999, 16 (18) – Gemeente Arnhem.
[120] Reidt/Stickler/Glahs/*Masing* Rn. 39 mwN.
[121] EuGH Urt. v. 10.4.2008 – C-393/06, Slg. 2008, I-2339 Rn. 41 = NZBau 2008, 393 (396) – Aigner (Wienstrom II); EuGH Urt. v. 27.2.2003 – C-373/00, Slg. 2003, I-1931 Rn. 65 = NZBau 2003, 287 (292) – Aolf Truley.
[122] Byok/Jaeger/*Werner* Rn. 60; Reidt/Stickler/Glahs/*Masing* Rn. 40 mwN.

liegenden Aufgaben, zu deren Erfüllung sie geschaffen oder mit deren Erfüllung sie beauftragt wurde, als von **gewerblicher Art** anzusehen sind (→ Rn. 26).

45 Erwägungsgrund 10 RL 2014/24/EU rekurriert auf die Rechtsprechung des **EuGH,** der mehrfach festgestellt hat, dass es für eine gewerbliche Tätigkeit maßgeblich darauf ankommt, ob die **Tätigkeit unter echten Wettbewerbsbedingungen** ausgeübt wird, vordergründig mit **Gewinnerzielungsabsicht** betrieben wird und insbesondere das **Verlust- und Konkursrisiko** allein und verantwortlich zu tragen ist.[123] Besteht dagegen Rückhalt in der öffentlichen Hand, zB durch Patronatserklärungen oder Verlustausgleich aus öffentlichen Haushalten, sind echte Wettbewerbsbedingungen nicht mehr gegeben und ist von einer Nichtgewerblichkeit auszugehen.

46 Es kommt insoweit für die nichtgewerbliche Art der Aufgabenerfüllung also darauf an, ob die juristische Person **von Marktmechanismen entkoppelt** ist.[124] Zu fragen ist – mit anderen Worten – danach, ob sich die Einrichtung bei der Wahrnehmung dieser Aufgaben von wirtschaftlichen Überlegungen leiten lässt. Diese Frage ist anhand einer **Gesamtbetrachtung** unter Berücksichtigung aller erheblichen rechtlichen und tatsächlichen **Einzelfallumstände,** einschließlich der Umstände, die zur Gründung der betreffenden Einrichtung geführt haben, und der Voraussetzungen, unter denen sie ihre Tätigkeit ausübt, zu beantworten.[125] **Indizien für das Vorliegen einer Nichtgewerblichkeit** sind dabei insbesondere:
– das Fehlen von Wettbewerb auf dem relevanten Markt bzw. dessen Beschränkung,
– das Fehlen einer vordergründigen Gewinnerzielungsabsicht und
– das Fehlen bzw. die Einschränkung der Übernahme der mit der Tätigkeit verbundenen Risiken.[126]

47 Soweit ua das Fehlen von **Wettbewerb** bzw. der Umstand, dass dieser nicht voll ausgebildet ist, die Vermutung für ein nichtgewerbliches Handeln begründet,[127] ist zu beachten, dass – umgekehrt – das Bestehen eines funktionierenden Wettbewerbs ein nichtgewerbliches Handeln noch keineswegs ausschließt.[128] Denn auch in diesem Fall besteht die Möglichkeit, dass sich ein staatlich beeinflusstes Unternehmen nicht allein von wirtschaftlichen Grundsätzen leiten lässt. Allerdings rechtfertigt die Existenz eines entwickelten Wettbewerbs die Vermutung, dass auch das staatlich beeinflusste Unternehmen eine gewerbliche Tätigkeit entfaltet.[129] Soweit danach also vor allem zu berücksichtigen ist, ob sich das Unternehmen bei der Aufgabenerfüllung dem **Konkurrenzdruck des Marktes** stellen muss oder ob es sich im Rahmen einer **Sonderstellung im Markt,** zB einer Monopolstellung, bewegt,[130]

---

[123] EuGH Urt. v. 12.11.1998 – C-360–96, Slg. 1998, I-6821 = NVwZ 1999, 397 – Gemeente Arnhem; EuGH Urt. v. 22.5.2003 – C-18/01, Slg. 2003, I-5321 = ZfBR 2003, 705 – Korhonen; EuGH Urt. v. 10.5.2001 – verb. Rs. C-223/99 und 260/99, Slg. 2001, I-3605 Rn. 42 f. = NZBau 2001, 403 (406) – Agorà und Excelsior/Mailänder Messe; EuGH Urt. v. 16.10.2003 – C-283/00, Slg. 2003, I-11697 Rn. 82 = NZBau 2004, 223 (228) – SIEPSA, wo es heißt: „[...] wenn die Einrichtung unter normalen Marktbedingungen tätig ist, Gewinnerzielungsabsicht hat und die mit ihrer Tätigkeit verbundenen Verluste trägt, [ist es] wenig wahrscheinlich, dass die Aufgaben, die sie erfüllen soll, nichtgewerblicher Art sind."; s. ferner auch OLG Celle Beschl. v. 14.9.2006 – 13 Verg 3/06, ZfBR 2006, 818 (819 f.); OLG Düsseldorf Beschl. v. 21.7.2006 – VII-Verg 13/06, VergabeR 2006, 893 (897); OLG Naumburg Beschl. v. 17.2.2004 – 1 Verg 15/03, VergabeR 2004, 634 (637).

[124] jurisPK-VergabeR/*Zeiss* Rn. 48.

[125] EuGH Urt. v. 10.4.2008 – C-393/06, Slg. 2008, I-2339 Rn. 41 = NZBau 2008, 393 (396) – Aigner (Wienstrom II); EuGH Urt. v. 27.2.2003 – C-373/00, Slg. 2003, I-1931 Rn. 65 = NZBau 2003, 287 (292) – Adolf Truley; HK-VergabeR/*Pünder* Rn. 32; Reidt/Stickler/Glahs/*Masing* Rn. 40.

[126] EuGH Urt. v. 12.11.1998 – C-360–96, Slg. 1998, I-6821 = NVwZ 1999, 397 – Gemeente Arnhem; EuGH Urt. v. 22.5.2003 – C-18/01, Slg. 2003, I-5321 = ZfBR 2003, 705 – Korhonen; EuGH Urt. v. 10.5.2001 – verb. Rs. C-223/99 und 260/99, Slg. 2001, I-3605 = NZBau 2001, 403 – Agorà und Excelsior/Mailänder Messe; EuGH Urt. v. 16.10.2003 – C-283/00, Slg. 2003, I-11697 Rn. 82 = NZBau 2004, 223 (228) – SIEPSA, wo es heißt: „[...] wenn die Einrichtung unter normalen Marktbedingungen tätig ist, Gewinnerzielungsabsicht hat und die mit ihrer Tätigkeit verbundenen Verluste trägt, [ist es] wenig wahrscheinlich, dass die Aufgaben, die sie erfüllen soll, nicht gewerblicher Art sind."; s. ferner auch OLG Celle Beschl. v. 14.9.2006 – 13 Verg 3/06, ZfBR 2006, 818 (819 f.); OLG Düsseldorf Beschl. v. 21.7.2006 – VII-Verg 13/06, VergabeR 2006, 893 (897); OLG Naumburg Beschl. v. 17.2.2004 – 1 Verg 15/03, VergabeR 2004, 634 (637).

[127] *Dietlein* NZBau 2002, 136 (139 f.).

[128] EuGH Urt. v. 27.2.2003 – C-373/00, Slg. 2003, I-1931 Rn. 61 = NZBau 2003, 287 (292) – Adolf Truley; EuGH Urt. 10.11.1998 – C-360/96, Slg. 1998, I-6821 Rn. 43 und 47 = EuZW 1999, 16 (18) – Gemeente Arnhem; *Noch* NVwZ 1999, 1083 (1084); Reidt/Stickler/Glahs/*Masing* Rn. 41.

[129] EuGH Urt. v. 10.5.2001 – verb. Rs. C C-223/99 und 260/99, Slg. 2001, I-3605 Rn. 38 = NZBau 2001, 403 (405) – Agorà und Excelsior/Mailänder Messe; EuGH Urt. v. 10.11.1998 – C-360/96, Slg. 1998, I-6821 Rn. 49 = EuZW 1999, 16 (18) – Gemeente Arnhem.

[130] OLG Düsseldorf Beschl. v. 30.4.2003 – VII-Verg 67/02, NZBau 2003, 400 – Bekleidungsmanagement der Bundeswehr.

Die **Gewinnerzielungsabsicht** stellt ebenso ein gewichtiges, aber nicht allein entscheidendes 48
Indiz für die Gewerblichkeit dar. Fehlt sie, wird aber das Unternehmen nach Wirtschaftlichkeitsgesichtspunkten und ohne finanzielle Rückfallebene bei der öffentlichen Hand, also mit einem vollem Verlust- und Insolvenzrisiko geführt, kann es sich um eine Aufgabe gewerblicher Art handeln. Andererseits kann trotz Gewinnerzielungsabsicht eine Aufgabe nichtgewerblicher Art vorliegen, wenn trotz Gewinnerzielungsabsicht Verluste aus öffentlichen Kassen ausgeglichen werden oder mit der Erfüllung der Aufgabe im Allgemeininteresse liegende Zwecke mitverfolgt werden, die über das betriebswirtschaftliche Interesse hinausgehen.[132] So steht nach Ansicht des OLG Rostock insbesondere auch das Gewinnstreben eines kommunalen Wohnungsunternehmens der Nichtgewerblichkeit der im Allgemeininteresse liegenden Aufgabe der sozialen Wohnraumversorgung nicht per se entgegen. Dies gilt erst recht, wenn die Gewinnerzielung für den kommunalen Gesellschafter nur ein „nice to have" ist und fehlende Gewinnaussichten den Fortbestand des Unternehmens nicht ernstlich in Zweifel ziehen würden. Denn dann besteht die objektive Möglichkeit bzw. „Gefahr", dass sich das unter kommunaler Kontrolle stehende Unternehmen bei der Vergabe von Aufträgen von anderen als rein wirtschaftlichen Überlegungen leiten lässt.[133] Erforderlich ist mithin also immer eine **Gesamtbetrachtung aller Einzelfallumstände.**

Unerheblich für die Frage der Gewerblichkeit ist die Frage, ob es sich bei der juristischen 49
Person um eine nach nationalem Recht als öffentlich-rechtlich oder privatrechtlich zu qualifizierende Einrichtung handelt. Es kommt allein auf das Vorliegen der Tatbestandsmerkmale gem. § 99 Nr. 2 an, die sich hinsichtlich der Gewerblichkeit ausdrücklich auf die Aufgabe beziehen und nicht auf den Rechtscharakter der Einrichtung. Dies hat mit ausführlicher Begründung das OLG Düsseldorf in seiner Entscheidung zum Bekleidungsmanagement der Bundeswehr ausgeführt.[134] Die Feststellung, ob eine Tätigkeit gewerblich ausgeübt wird, kann zudem einer **Wandlung** unterliegen, **wenn sich die Rahmenbedingungen für die Ausübung der Aufgabe ändern.** So zB bei den **Sparkassen,** deren Tätigkeit zunächst nichtgewerblicher Art war, die jedoch nach Wegfall der öffentlichen Garantien mit anderen Kreditinstituten im Wettbewerb stehen[135] (→ Rn. 134).

Ebenso wie beim Merkmal des Allgemeininteresses kommt auch hier die sog. **Infizierungs-** 50
theorie (→ Rn. 41 und 55) zur Anwendung, wonach es ausreicht, wenn das Unternehmen lediglich in einem Bereich nichtgewerblich tätig wird.[136]

cc) Gründungszweck. Nach dem **Wortlaut** von § 99 Nr. 2 ist eine weitere Voraussetzung 51
für die Anwendung der Norm, dass die betroffene Person zu dem besonderen Zweck gegründet wurde, im Allgemeininteresse liegende Aufgaben zu erfüllen. Damit wird klargestellt, dass eine nur gelegentliche Ausübung entsprechender Aufgaben die Auftraggebereigenschaft noch nicht begründet.[137] Der Gründungszweck kann sich beispielsweise aus den Gründungsunterlagen der Einrichtungen oder deren Satzungen, Verordnungen, Gesetzen, Verwaltungsrichtlinien, Verwaltungsakten, Gesellschaftsverträgen oÄ ergeben.[138]

Der Gründungszweck ist naturgemäß aber nicht unabänderlich. Vielmehr kann eine 52
ursprünglich zu gewerblichen Zwecken gegründete Einrichtung zu einem auf die Gründung folgenden, späteren Zeitpunkt im Allgemeininteresse liegende Aufgaben nichtgewerblicher Art wahrnehmen. In einem solchen Fall muss also letztlich die **aktuelle, tatsächlich durchgeführte Tätigkeit maßgebend** sein.[139] Auch wenn der Wortlaut davon ausgeht, dass die juristischen Personen zu dem besonderen Zweck „gegründet wurden", kann schon allein **aus teleologischen Gründen** nicht beim Gründungszeitpunkt stehen geblieben werden.[140] Entscheidend muss dann vielmehr die tatsächliche Ausrichtung des Unternehmens sein, wobei der objektive Nachweis der

---

[131] Byok/Jaeger/*Werner* Rn. 64.
[132] Vgl. insbes. EuGH Urt. v. 10.5.2001 – verb. Rs. C-223/99 und 260/99, Slg. 2001, I-3605 = NZBau 2001, 403 – Agorà und Excelsior/Mailänder Messe.
[133] OLG Rostock Beschl. v. 2.10.2019 – 17 Verg 3/19, NZBau 2020, 113.
[134] OLG Düsseldorf Beschl. v. 30.4.2003 – VII-Verg 67/02, NZBau 2003, 400 – Bekleidungsmanagement der Bundeswehr.
[135] OLG Rostock Beschl. v. 15.6.2005 – 17 Verg 3/05, NZBau 2006, 593.
[136] *Badenhausen-Fähnle* in Müller-Wrede GWB Rn. 57.
[137] Reidt/Stickler/Glahs/*Masing* Rn. 23.
[138] jurisPK-VergabeR/*Zeiss* Rn. 37.
[139] EuGH Urt. v. 12.12.2002 – C-470/99, Slg. 2002, I-11617 Rn. 61 ff. = NZBau 2003, 162 (165) – Universale-Bau AG.
[140] Byok/Jaeger/*Werner* Rn. 41.

faktischen Übernahme einer entsprechenden Tätigkeit ausreicht.[141] Eine Außerachtlassung dieser Umwidmung würde anderenfalls die Möglichkeit zur Umgehung des Vergaberechts eröffnen.[142]

53 Zur Ermittlung des tatsächlichen Unternehmenszwecks bzw. -gegenstandes kann sowohl auf die Gründungsakte als auch auf andere, objektiv feststellbare Grundlagen zurückgegriffen werden.[143] Die Form, in der die Zweckbestimmung erfolgt, spielt dabei keine Rolle.[144] Mit Rücksicht auf den funktionalen Auftraggeberbegriff ist es daher insbesondere nicht erforderlich, dass die Zweckbestimmung in einem Gesetz, einer verwaltungsrechtlichen Vorschrift oder einem Verwaltungsakt enthalten ist.[145] Zu berücksichtigen sind vielmehr auch nicht rechtsförmliche und sogar faktische Zweckbestimmungen.[146] Insbesondere kommt es auch auf eine Änderung der Gründungsunterlagen für die Einordnung des Gründungszweckes nicht an, weil anderenfalls durch ein Auseinanderfallen von niedergelegtem Gründungszweck und tatsächlicher Geschäftstätigkeit die Flucht aus dem Vergaberecht sehr einfach möglich wäre.[147]

54 Fraglich und umstritten ist dagegen, wie der umgekehrte Fall zu bewerten ist, indem eine juristische Person zwar ursprünglich zu dem Zweck gegründet wurde, im Allgemeininteresse liegende Aufgaben nichtgewerblichen Art zu erfüllen, diesen Zweck de facto aber nicht mehr erfüllt, und zwar ohne, dass diese Zweckänderung auf einer rechtsförmlichen Grundlage beruht. Diesbezüglich wird teilweise vertreten, dass dann aus Gründen der Rechtssicherheit und in Ansehung einer Umgehungsgefahr nur der ursprüngliche Gründungszweck ausschlaggebend sein könne.[148] Diesen müsse sich die Einrichtung grundsätzlich auch in ihrem weiteren Tätigkeitsverlauf zurechnen lassen, es sei denn, sie ändert grundsätzlich ihren Geschäftsgegenstand. Denn einem Außenstehenden sei es in der Regel nicht möglich, zu erkennen, über welche tatsächliche Ausrichtung eine zum Zwecke der nichtgewerblichen Aufgabenwahrnehmung im Allgemeininteresse gegründete öffentliche Einrichtung verfügt.[149] Gegen diese Auffassung wird ins Feld geführt, dass hiermit eine Differenzierung zwischen der erstmaligen faktischen Übernahme einer entsprechenden Tätigkeit und der Wiederaufnahme einer entsprechenden Tätigkeit erfolgt, für die kein sachlicher Grund ersichtlich sei. Denn die angeführte Gefahr der Rechtsunsicherheit bestehe auch und sogar insbesondere, wenn die fragliche Einheit entsprechende Tätigkeiten in der Vergangenheit nicht wahrgenommen hat.[150]

55 Die Anwendung von § 99 Nr. 2 setzt **nicht** voraus, dass die Wahrnehmung der im Allgemeininteresse liegenden Aufgabe **alleiniger Zweck** der Einrichtung ist.[151] Auch kommt es nicht darauf an, ob die im Allgemeininteresse liegenden Tätigkeiten überwiegen bzw. den Schwerpunkt der Tätigkeiten ausmachen.[152] Nimmt eine zur Erfüllung im Allgemeininteresse liegender Aufgaben nichtgewerblicher Art gegründete Einrichtung zusätzlich gewerbliche Aufgaben wahr, ist dies – völlig unabhängig vom Umfang der zusätzlich ausgeübten gewerblichen Tätigkeit – für die Qualifizierung als öffentlicher Auftraggeber nach § 99 Nr. 2 unerheblich[153] (sog. **„Infizierungstheorie"**).

---

[141] EuGH Urt. v. 12.12.2002, Slg. 2002, I-11617 Rn. 93 = NZBau 2003, 162 – Universale-Bau AG.
[142] Byok/Jaeger/*Werner* Rn. 42; Reidt/Stickler/Glahs/*Masing* Rn. 24.
[143] Reidt/Stickler/Glahs/*Masing* Rn. 25 mwN.
[144] EuGH Urt. v. 12.12.2002 – C-470/99, Slg. 2002, I-11617 Rn. 60. = NZBau 2003, 162 (165) – Universale-Bau AG; EuGH Urt. v. 10.11.1998 – C-360/96, Slg. 1998, I-6821 Rn. 63 = EuZW 1999, 16 (19) – Gemeente Arnhem.
[145] EuGH Urt. v. 10.11.1998 – C-360/96, Slg. 1998, I-6821 Rn. 59 ff. = EuZW 1999, 16 (19) – Gemeente Arnhem.
[146] OLG Düsseldorf Beschl. v. 9.4.2003 – VII-Verg 66/02, IBRRS 2003, 1682.
[147] EuGH Urt. v. 12.12.2002, Slg. 2002, I-11617 Rn. 93 = NZBau 2003, 162 – Universale-Bau AG; EuGH Urt. v. 10.11.2005 – C-29/04, Slg. 2005, I-9705 = NZBau 2005, 704 – Stadt Mödling; OLG Karlsruhe Beschl. v. 17.4.2008 – 8 U 228/06, VergabeR 2009, 108 (mit ausführlicher Begründung).
[148] *Dietlein* NZBau 2002, 136 (138); *Boesen* § 98 Rn. 61; Byok/Jaeger/*Werner* Rn. 43; aA *Röwekamp* in RKPP GWB Rn. 43 f.
[149] Byok/Jaeger/*Werner* Rn. 43.
[150] So Reidt/Stickler/Glahs/*Masing* Rn. 27.
[151] EuGH Urt. v. 3.2.2021 u. C-155/99 u. C-156/19, ECLI:EU:C:2021:88 Rn. 43 = NZBau 2021, 191 (196) – FIGC und Consorzio Ge. Se. Av. S. c. arl.; EuGH Urt. v. 12.12.2002 – C-470/99, Slg. 2002, I-11617 Rn. 54 = NZBau 2003, 162 (165) – Universale-Bau AG; EuGH Urt. v. 15.1.1998 – C-44/96, Slg. 1998, I-73 Rn. 25 f. = NJW 1998, 3261 (3262) – Mannesmann-Anlagenbau/Strohal Rotationsdruck.
[152] EuGH Urt. v. 3.2.2021 – C-155/99 u. C-156/19, ECLI:EU:C:2021:88 Rn. 43 = NZBau 2021, 191 (196) – FIGC und Consorzio Ge. Se. Av. S. c. arl.; EuGH Urt. v. 10.11.1998 – C-360/96, Slg. 1998, I-6821 Rn. 58 = EuZW 1999, 16 (19) – Gemeente Arnhem.
[153] EuGH Urt. v. 15.1.1998 – C-44/96, Slg. 1998, I-73 (113) = NJW 1998, 3261 (3262) – Mannesmann-Anlagenbau/Strohal Rotationsdruck; bestätigt in EuGH Urt. v. 22.5.2003 – C-18/01, Slg. 2003, I-5321 = ZfBR 2003, 705 (707) – Korhonen; EuGH Urt. v. 27.2.2003 – C-373/00, Slg. 2003, I-1931 = NZBau 2003, 287 – Adolf Truley; zur Unerheblichkeit des Umfangs der Wahrnehmung von im Allgemeininteresse liegenden Aufgaben s. EuGH Urt. v. 12.11.1998 – C-360–96Slg. 1998, I-6821 = NVwZ 1999, 397 – Gemeente Arnhem; EuGH Urt. v. 10.4.2008 – C-393/06, Slg. 2008, I-2339 = NZBau 2008, 393 – Aigner

Dieser durch die Wahrnehmung der gemeinwohlorientierten Aufgabe erfolgten „Infizierung" vermag sich die juristische Person allenfalls dann zu entziehen, wenn sie die gemeinwohlorientierten Aufgaben von einem rechtlich selbstständigen Konzernunternehmen wahrnehmen lässt[154] (→ Rn. 164). Das Gesagte gilt nach umstrittener[155] aber überwiegender Auffassung – aus Gründen der Rechtssicherheit, des Umgehungsschutzes und dem zugrunde zu legenden funktionalen Verständnis – auch dann, wenn die im Allgemeininteresse liegenden Aufgaben nichtgewerblicher Art in lediglich **sehr geringem Umfang** erfüllt werden. Denn anderenfalls könnten Beschaffungen im Zusammenhang mit der Erfüllung von im Allgemeininteresse liegenden Aufgaben nichtgewerblicher Art dem Vergaberecht einfach dadurch entzogen werden, dass sie von einem öffentlichen Unternehmen erfüllt würden, welches ganz überwiegend andere, gewerbliche Aufgaben wahrnimmt.[156]

d) Besondere Staatsnähe. Darüber hinaus setzt § 99 Nr. 2 eine **besondere Staatsnähe** der 56 betroffenen Einrichtung voraus. Es muss eine enge Verbindung der betreffenden Einrichtung mit dem Staat, Gebietskörperschaften oder anderen Einrichtungen des öffentlichen Rechts gegeben sein.[157] Konkret kann bzw. muss sich diese Nähebeziehung nach § 99 Nr. 2 dadurch ausdrücken, dass Stellen, die unter § 99 Nr. 1, 2[158] oder 3 fallen,
– die fragliche Einrichtung einzeln oder gemeinsam durch Beteiligung oder auf sonstige Weise überwiegend finanzieren (lit. a) oder
– über ihre Leitung die Aufsicht ausüben (lit. b) oder
– mehr als die Hälfte der Mitglieder eines ihrer zur Geschäftsführung oder zur Aufsicht berufenen Organe bestimmt haben (lit. c).

Gemeinsamer Anknüpfungspunkt dieser drei Tatbestandsalternativen ist, dass die **öffentliche Hand** 57 **die Entscheidungen der fraglichen Einrichtung in Bezug auf öffentliche Aufträge beeinflussen kann.**[159] Ausreichend ist indes eine rein potenzielle Einflussnahme*möglichkeit*, ob im Einzelfall eine konkrete Einflussnahme tatsächlich stattgefunden hat, ist unerheblich.[160] **Bezugspunkt** der Einflussnahmemöglichkeit ist die **Einrichtung als solche** (nicht etwa nur die im Allgemeininteresse liegende Aufgabe nichtgewerblicher Art).[161] Einflussnahmemöglichkeiten hinsichtlich nur einzelner Aufgabenbereiche eines Unternehmens genügen daher nicht.[162]

Die drei in § 99 Nr. 2 lit. a–c genannten Formen staatlicher Einflussnahme sind **alternative** 58 **Tatbestände**.[163] Für die Qualifizierung einer Einrichtung als öffentlicher Auftraggeber iSd § 99 Nr. 2 ist daher das Vorliegen nur einer Alternative ausreichend – zugleich aber auch erforderlich.[164] Denn es handelt sich bei diesen Tatbeständen nicht etwa bloß um Regelbeispiele, die es erlauben würden, auch aus anderen Umständen auf einen ausreichenden Einfluss der öffentlichen Hand auf die laufende Geschäftsführung zu schließen und eine Gesamtschau aller Einflussmöglichkeiten

---

(Wienstrom II); OLG Düsseldorf Beschl. v. 8.6.2011 – VII-Verg 49/11, NZBau 2011, 501 – Elektronischer Personalausweis; OLG Düsseldorf Beschl. v. 30.4.2003 – VII-Verg 67/02, NZBau 2003, 400 – Bekleidungsmanagement der Bundeswehr; s. zur Veränderbarkeit der Auftraggebereigenschaft ferner auch *Ziekow* VergabeR 2010, 861 (864 ff.).

[154] So *Badenhausen-Fähnle* in Müller-Wrede GWB Rn. 42; Reidt/Stickler/Glahs/*Masing* Rn. 29. Für mehrere Unternehmen, die in einem Konzern miteinander verbunden sind und von denen nur eines oder einige dieser Unternehmen öffentlicher Auftraggeber iSd § 99 Nr. 2 ist, kann sich jedoch die Frage stellen, ob und wenn ja, unter welchen konkreten Voraussetzungen es zu einer vergaberechtlichen „Infizierung" kommen kann; ausf. zu diesem Problemkreis Ziekow/Völlink/*Ziekow* Rn. 148 ff.

[155] S. zum Streitstand etwa Reidt/Stickler/Glahs/*Masing* Rn. 29 mwN.

[156] So bspw. auch Reidt/Stickler/Glahs/*Masing* Rn. 29.

[157] Vgl. in diesem Zusammenhang auch EuGH Urt. v. 1.2.2001 – C-237/99, Slg 2001, I-939 Rn. 20 = NZBau 2001, 215 (216) – OPAC; EuGH Urt. v. 10.11.1998 – C-360/96, Slg. 1998, I-6821 Rn. 44 = EuZW 1999, 16 (18) – Gemeente Arnhem; EuGH Urt. v. 27.2.2003 – C-373/00, Slg. 2003, I-1931 Rn. 61 = NZBau 2003, 287 (292) – Adolf Truley; sowie Ziekow/Völlink/*Ziekow* Rn. 82.

[158] Der Einschluss der in § 99 Nr. 2 genannten Stellen ergibt sich aus § 99 Nr. 2 Hs. 2 („dasselbe gilt, wenn [...]); s. hierzu bspw. auch Reidt/Stickler/Glahs/*Masing* Rn. 44.

[159] Vgl. in diesem Zusammenhang auch EuGH Urt. v. 1.2.2001 – C-237/99 Slg 2001, I-939 Rn. 48 = NZBau 2001, 215 (217) – OPAC.

[160] EuGH Urt. v. 1.2.2001 – C-237/99, Slg 2001, I-939 Rn. 48 = NZBau 2001, 215 (217) – OPAC; *Badenhausen-Fähnle* in Müller-Wrede GWB Rn. 58; HK-VergabeR/*Pünder* Rn. 44; Reidt/Stickler/Glahs/*Masing* Rn. 44.

[161] Reidt/Stickler/Glahs/*Masing* Rn. 47.

[162] OLG Naumburg Beschl. v. 17.3.2005 – 1 Verg 3/05, VergabeR 2005, 635 (638 f.); BayOLG Beschl. v. 10.9.2002 – Verg 23/02, ZfBR 2003, 77.

[163] Vgl. in diesem Zusammenhang auch EuGH Urt. v. 1.2.2001 – C-237/99, Slg 2001, I-939 Rn. 44 = NZBau 2001, 215 (217) – OPAC.

[164] Vgl. VK Thüringen Beschl. v. 7.2.2019 – 250-4003-262/2019-E-001-EIC, VPR 2019, 192.

vorzunehmen, um daraus die erforderliche Staatsverbundenheit des Auftraggebers herleiten zu können.[165]

59 **Der Zusatz zu § 99 Nr. 2 Hs. 2**
„dasselbe gilt, wenn diese juristische Person einer anderen juristischen Person des öffentlichen oder privaten Rechts einzeln oder gemeinsam mit anderen die überwiegende Finanzierung gewährt, über deren Leitung die Aufsicht ausübt oder die Mehrheit der Mitglieder eines zur Geschäftsführung oder Aufsicht berufenen Organs bestimmt hat."
war in § 98 Nr. 2 aF noch nicht enthalten. Er stellt klar, was sich bereits aus der **funktionellen Betrachtungsweise** der alten Fassung ergab: Gesellschaftsrechtliche Zwischenschritte bzw. **mehrstufige Organisationsformen** sollen die Bindung an das Vergaberecht nicht aufheben, wenn weiterhin die besondere Staatsgebundenheit besteht, weil ein öffentlicher Auftraggeber nach Nr. 2 anstelle eines öffentlichen Auftraggebers nach Nr. 1 oder 3 die überwiegende Finanzierung und die Aufsicht über die Leitung ausübt. Der Zusatz bestärkt die schon unter dem Regime der Vorgängerrichtlinie, dh der Vergabe-RL 2004, formulierte Zielsetzung, dass es in praktischer Hinsicht darauf ankommt, ob die Beschaffung „auf Rechnung des Staates" (→ Rn. 44) erfolgt und trägt dem Umstand Rechnung, dass die staatlichen Gestaltungsmöglichkeiten in den Mitgliedstaaten sehr vielfältig sein können, das Ziel eines gemeinsamen Binnenmarktes aber dadurch nicht beeinträchtigt werden soll.[166] Zugleich verhindert sie eine Umgehung des Vergaberechts durch verschachtelte Konzernstrukturen.[167] In der Praxis fallen hierunter häufig Fälle der Gründung von **Tochter- oder Enkelgesellschaften,** denen die Beschaffung übertragen werden soll.

60 Ebenso wie der Auftraggeberbegriff ist auch die staatliche Beherrschung einer Einrichtung nicht formal nach nationalem Recht, sondern funktional unter Würdigung aller Einzelfallumstände zu betrachten.[168]

61 **aa) Finanzierung (Nr. 2 lit. a).** § 99 Nr. 2 lit. a fordert die **überwiegende Finanzierung** durch **Stellen nach Nr. 1 und Nr. 3** entweder **einzeln oder gemeinsam** durch **Beteiligung** oder **auf sonstige Weise.** Sie liegt vor, wenn mehr als die Hälfte der der betroffenen Einrichtung zur Verfügung stehenden Finanzmittel von öffentlichen Auftraggebern iSd § 99 Nr. 1 und/oder 3 stammen.[169] Die Frage, ob eine **Finanzierung** durch die öffentliche Hand vorliegt, ist **funktionell** zu beurteilen.[170]

62 Unter dem **Begriff der Finanzierung** ist ein Transfer von Finanzmitteln zu verstehen, der ohne spezifische Gegenleistung[171] mit dem Ziel vorgenommen wird, die Tätigkeiten der betreffenden Einrichtung zu unterstützen. Da der Begriff funktionell – und damit tendenziell weit[172] – auszulegen ist, kommen vielfältige Formen der Finanzierung in Betracht.[173] Die Finanzierung kann sowohl aus **reinen Finanzmitteln** als auch aus **Gesellschaftsanteilen, Sachmitteln oder anderen geldwerten Vorteilen,** wie zB der Gestellung von Personal oder der kostenlosen Bereitstellung von Liegenschaften[174] oder aus einer Kombination dieser Mittel bestehen. **Anzurechnen sind alle Beistellungen bzw. Zuwendungen, für die keine (direkte) Gegenleistung zu erbringen ist.**[175] Demzufolge können auch **Beihilfen und Fördermittel**[176] als Finanzierung zu berücksichtigen sein, selbst wenn sie der Sicherstellung von Forschungsleistungen dienen sollen.[177] Wird hinge-

---

[165] VK Thüringen Beschl. v. 7.2.2019 – 250-4003-262/2019-E-001-EIC, VPR 2019, 192.
[166] So zB OLG Düsseldorf Beschl. v. 30.1.2013 – VII-Verg 56/12, VergabeR 2013, 589 ff. – IT-Allianz.
[167] Byok/Jaeger/*Werner* Rn. 97.
[168] Wie hier: *Prieß* EuVergabeR-HdB S. 160 unter Hinweis auf EuGH Urt. v. 20.9.1988 – C-31/87, Slg. 1988, I-4635 Rn. 11 = NVwZ 1990, 353 – Beentjes.
[169] EuGH Urt. v. 3.10.2000 – C-380/98, Slg. 2000, I-8035 Rn. 30 = VergabeR 2001, 111 (114) – University of Cambridge.
[170] EuGH Urt. v. 13.12.2007 – C-337/06, Slg. 2007, I-11173 = NZBau 2008, 130 – Bayerischer Rundfunk.
[171] OLG Düsseldorf Beschl. v. 15.7.2015 – VII-Verg 11/15, BeckRS 2015, 18755; OLG Düsseldorf Beschl. v. 29.4.2015 – VII-Verg 35/14, NZBau 2015, 440 – Entgeltsystem.
[172] *Badenhausen-Fähnle* in Müller-Wrede GWB Rn. 62.
[173] Vgl. Byok/Jaeger/*Werner* Rn. 67.
[174] VK Düsseldorf Beschl. v. 18.6.2007 – VK-14/2007-L, IBRRS 2008, 0102.
[175] EuGH Urt. v. 3.10.2000 – C-380/98, Slg. 2000, I-8035 Rn. 23 ff. = VergabeR 2001, 111 (113 f.) – University of Cambridge; hierauf bezugnehmend etwa EuGH Urt. v. 11.6.2009 – C-300/07, Slg. 2009, I-4779 Rn. 53 = NJW 2009, 2427 (2429) – Oymanns; EuGH Urt. v. 13.12.2007 – C-337/06, Slg. 2007, I-11173 Rn. 41 = NZBau 2008, 130 (132) – Bayerischer Rundfunk; vgl. auch OLG Düsseldorf Beschl. v. 15.7.2015 – VII-Verg 11/15, NZBau 2016, 55 (56 f.); OLG Düsseldorf Beschl. v. 30.4.2003 – VII-Verg 67/02, NZBau 2003, 400 (404) – Bekleidungsmanagement der Bundeswehr.
[176] *Dietlein* NZBau 2002, 136 (140).
[177] Ausf. dazu EuGH Urt. v. 3.10.2000 – C-380/98, Slg. 2000, I-8035 = VergabeR 2001, 111 – University of Cambridge; OLG Düsseldorf Beschl. v. 30.4.2003 – VII-Verg 67/02, NZBau 2003, 400 – Bekleidungsmanagement der Bundeswehr.

gen eine gleichwertige Gegenleistung erbracht, treten die Stellen nach § 99 Nr. 1–3 der juristischen Person ähnlich wie einem „normalen" Dritten gegenüber, sodass ein normaler Geschäftskontakt vorliegt, der keine besondere Staatsgebundenheit erkennen lässt.[178] Maßgeblich für die Beurteilung ist dabei der aus dem Beihilfenrecht bekannte sog. „Market economy investor"-Test, nach welchem es auf die **Marktüblichkeit der Zahlung** ankommt.[179]

Die Finanzierung muss auch nicht direkt bzw. unmittelbar durch einen Auftraggeber iSd § 99 Nr. 1–3 erfolgen. Vielmehr schließt der Begriff auch mittelbare Formen der Finanzierung durch von der fraglichen Einrichtung erhobene Abgaben mit ein, wenn diese Abgaben nicht das Ergebnis vertraglicher Prozesse und unabhängig von einer spezifischen Gegenleistung sind.[180] Beispiele hierfür sind die öffentlich-rechtlichen Rundfunkanstalten[181] (→ Rn. 108 f.) und die gesetzlichen Krankenkassen[182] (→ Rn. 110 ff.). 63

Eine **überwiegende Finanzierung** liegt vor, wenn durch öffentliche Auftraggeber **mehr als die Hälfte der Finanzmittel des Betriebes** gestellt werden. Auf die überwiegende finanzielle Beteiligung an einer einzelnen Aufgabe oder an der konkreten Beschaffungsmaßnahme kommt es hingegen grundsätzlich nicht an. Maßgebliche **Bezugsgröße ist die Gesamtfinanzierung.**[183] Überdies kommt es auf eine **rein quantitative Betrachtung** in dem Sinne an, dass ein **50% übersteigender Anteil** der öffentlichen Mittel an der gesamten Finanzierung der Einrichtung vorliegen muss.[184] Schließlich spielt auch bei diesem Merkmal die **funktionale Betrachtungsweise** eine Rolle. Bindet sich das öffentlich finanzierte Unternehmen in ein Firmengeflecht ein, das als Konzern insgesamt nicht zu über 50% aus öffentlichen Mitteln finanziert wird, bedarf es einer Einzelfallbetrachtung. Wird die Beschaffung bei funktioneller Betrachtungsweise allein durch den Unternehmensteil/die Tochtergesellschaft vorgenommen, der/die überwiegend öffentlich finanziert wird, schließt eine unter 50% bleibende Beteiligung am Gesamtkonzern die Eigenschaft eines öffentlichen Auftraggebers für die überwiegend finanzierte Teilgesellschaft nicht aus. Daher kann ein zu 100% privates Unternehmen öffentlicher Auftraggeber nach § 99 Nr. 2 sein, wenn dessen Geschäftstätigkeit durch ein Unternehmen gesteuert wird, dessen Leitung selbst einer staatlichen Aufsicht unterliegt.[185] 64

Der **EuGH** hat die Prüfung, ob eine überwiegende Finanzierung durch öffentliche Auftraggeber vorliegt, in der Rechtssache **„University of Cambridge"** im Wege einer **zweistufigen Prüfung** vorgenommen. Danach sind – in einem ersten Schritt – **sämtliche Finanzmittel** der betroffenen Einrichtung zu ermitteln. Hierbei handelt es sich um das Eigenkapital, stille Beteiligungen, von den Gesellschaftern zur Verfügung gestellte Personal- und Sachmittel,[186] alle Einnahmen der Einrichtung, einschließlich solcher, die aus ihrer gewerblichen Tätigkeit stammen, sowie sonstige Mittelzuflüsse, zB aus Subventionen oder Darlehen.[187] Sodann müssen – in einem zweiten Schritt – diejenigen Finanzmittel bestimmt werden, die der Einrichtung **durch öffentliche Auftraggeber zur Verfügung gestellt** werden. Hierbei ist indes zu berücksichtigen, dass zur Bestimmung der „überwiegenden Finanzierung" nicht sämtliche Zuflüsse durch öffentliche Auftraggeber gezählt werden müssen, 65

---

[178] jurisPK-VergabeR/*Zeiss* Rn. 63; Reidt/Stickler/Glahs/*Masing* Rn. 51.
[179] Vgl. dazu jeweils mwN *Koenig/Hentschel* ZfBR 2005, 442 ff.; *Puhl,* Grundfragen des kartellvergaberechtlichen Auftraggeberbegriffs, 2012, 130 ff., HK-VergabeR/*Pünder* Rn. 49.
[180] Dazu EuGH Urt. v. 12.9.2013 – C-526/11, NZBau 2013, 717 (719) – Ärztekammer Westfahlen-Lippe; sowie zu den gesetzlichen Krankenkassen EuGH Urt. v. 11.6.2009 – C-300/07, Slg. 2009, I-4779 Rn. 51 ff. = NJW 2009, 2427 (2429) – Oymanns; zum öffentlich-rechtlichen Rundfunk EuGH Urt. v. 13.12.2007 – C-337/06, Slg. 2007, I-11173 Rn. 32 ff. = NZBau 2008, 130 (132) – Bayerischer Rundfunk; ebenso OLG Düsseldorf Beschl. v. 15.7.2015 – VII-Verg 11/2015, BeckRS 2015, 18755; OLG Düsseldorf Beschl. v. 29.4.2015 – VII-Verg 35/14, NZBau 2015, 440 – Entgeltsystem; OLG Düsseldorf Beschl. v. 21.7.2006 – VII-Verg 13/06, VergabeR 2006, 893 (897).
[181] EuGH Urt. v. 13.12.2007 – C-337/06, Slg. 2007, I-11173 = NZBau 2008, 130 – Bayerischer Rundfunk.
[182] Zu den gesetzlichen Krankenkassen EuGH Urt. v. 11.6.2009 – C-300/07, Slg. 2009, I-4779 Rn. 51 ff. = NJW 2009, 2427 (2429) – Oymanns.
[183] Ziekow/Völlink/*Ziekow* Rn. 86.
[184] EuGH Urt. v. 1.2.2001 – C-237/99, Slg. 2000, I-8035 Rn. 30 ff. = VergabeR 2001, 111 (114) – University of Cambridge; EuGH Urt. v. 13.12.2007 – C-337/06, Slg. 2007, I-11173 Rn. 33 = NZBau 2008, 130 (132) – Bayerischer Rundfunk.
[185] OLG Düsseldorf Beschl. v. 19.6.2013 – VII-Verg 55/12, VergabeR 2014, 158 ff. – BWI-Services.
[186] OLG Düsseldorf Beschl. v. 30.4.2003 – VII-Verg 67/02, NZBau 2003, 400 (404) – Bekleidungsmanagement der Bundeswehr; VK Düsseldorf Beschl. v. 18.6.2007 – VK-14/2007-L. Restriktiver *Dietlein/Heinemann* NVwZ 2003, 1080 (1081 f.).
[187] EuGH Urt. v. 3.10.2000 – C-380/98, Slg. 2000, I-8035 Rn. 36 = VergabeR 2001, 111 (115) – University of Cambridge; s. ferner auch VK Thüringen Beschl. v. 7.2.2019 – 250-4003-262/2019-E-001-EIC, IBRRS 2019, 1936; Dietlein NZBau 2002, 136 (140); HK-VergabeR/*Pünder* Rn. 46; Ziekow/Völlink/Ziekow Rn. 86.

unabhängig davon, ob sie auf Grundlage des Gesellschaftsverhältnisses, öffentlicher Förderrichtlinien oder eines Leistungsaustauschs gewährt werden. Denn nach der Rechtsprechung des EuGH[188] setzt der Begriff der „Einrichtung des öffentlichen Rechts" eine enge Verbindung mit anderen öffentlichen Auftraggebern voraus. Daraus folgt, dass zu den Mitteln, die durch öffentliche Auftraggeber zur Verfügung gestellt werden, **nicht solche zählen, denen eine Gegenleistung gegenübersteht**[189] (→ Rn. 62). Hinsichtlich solcher Leistungen treten die öffentlichen Auftraggeber der Einrichtung des öffentlichen Rechts wie jedem dritten, privaten Unternehmen entgegen. Derartige wirtschaftliche Beziehungen drücken daher keine besondere Nähe der Einrichtung des öffentlichen Rechts zu anderen öffentlichen Auftraggebern aus.[190] Dementsprechend hat auch der Generalanwalt *Bot* in seinen Schlussanträgen in der Rechtssache **„Wall-AG"** für eine gemischtwirtschaftliche Gesellschaft, deren Anteile zu 51% von einer Gebietskörperschaft gehalten wurden, das Vorliegen einer überwiegenden staatlichen Finanzierung gleichwohl verneint, weil die Jahresumsätze der Gesellschaft größtenteils aus synallagmatischen Verträgen stammten.[191] Dieser Betrachtungsweise ist der **EuGH** in seinem Urteil gefolgt.[192]

66 **Maßgebliche Finanzierungsperiode** ist dasjenige Geschäfts- bzw. Haushaltsjahr der fraglichen Einrichtung, in dem der betreffende Auftrag vergeben wird. Die Einstufung als öffentlicher Auftraggeber erfolgt auf Basis der zu Beginn des Geschäfts- oder Haushaltsjahres verfügbaren, ggf. auch nur veranschlagten Zahlen.[193] Die Eigenschaft als öffentlicher Auftraggeber besteht für das komplette Geschäfts- oder Haushaltsjahr, selbst wenn sich die Finanzierungsgrundlagen erheblich ändern.[194] Unterjährige Veränderungen des Anteils der öffentlichen Finanzierung sind daher grundsätzlich ohne Auswirkungen auf die Auftraggebereigenschaft.[195] Dies gebieten die *Grundsätze der Rechtssicherheit und der Transparenz*[196] (→ Rn. 13).

67 **bb) Aufsicht über die Leitung (Nr. 2 lit. b).** Das Tatbestandsmerkmal der **Ausübung der Aufsicht über die Leitung** gem. § 99 Nr. 2 lit. b ist erfüllt, wenn eine tatsächliche Einfluss*möglichkeit* (→ Rn. 57) auf die Geschäftstätigkeit, konkret die Entscheidungen der betreffenden Einrichtung im Bereich der Vergabe öffentlicher Aufträge, besteht.[197]

68 Vor diesem Hintergrund sowie mit Rücksicht auf das auch insoweit gebotene funktionale Verständnis kann die Frage der Aufsicht über die Leitungsorgane iSd § 99 N. 2 lit. b nicht nach allgemeinen gesellschaftsrechtlichen Regeln entschieden werden. **Auf die Rechtsform der Aufsicht kommt es nicht allein maßgeblich an,** sodass diese zwar auch, aber nicht nur in den Formen der üblichen gesellschaftsrechtlichen Kontrollgremien ausgeübt werden kann. So kann etwa auch auf den Beherrschungsbegriff des § 17 AktG zurückgegriffen werden.[198] Für die Ausübung der Aufsicht ist die Beteiligung an der Einrichtung nicht zwingend erforderlich, sie kann **auch in einem externen Kontrollgremium** bestehen.[199] Liegt eine Beteiligung vor, so ergibt sich daraus nicht automatisch eine Aufsicht der öffentlichen Hand, wenn ihr nicht mindestens 51% gehören,

---

[188] EuGH Urt. v. 1.2.2001 – C-237/99, Slg 2001, I-939 Rn. 44 = NZBau 2001, 215 (217) – OPAC; EuGH Urt. v. 3.10.2000 – C-380/98, Slg. 2000, I-8035 Rn. 20 = VergabeR 2001, 111 (113) – University of Cambridge.

[189] EuGH Urt. v. 3.10.2000 – C-380/98, Slg. 2000, I-8035 Rn. 23 ff. = VergabeR 2001, 111 (113 f.) – University of Cambridge; hierauf bezugnehmend etwa EuGH Urt. v. 11.6.2009 – C-300/07, Slg. 2009, I-4779 Rn. 53 = NJW 2009, 2427 (2429) – Oymanns; EuGH Urt. v. 13.12.2007 – C-337/06, Slg. 2007, I-11173 Rn. 41 = NZBau 2008, 130 (132) – Bayerischer Rundfunk; vgl. auch OLG Düsseldorf Beschl. v. 15.7.2015 – VII-Verg 11/15, NZBau 2016, 55 (56 f.).

[190] Vgl. hierzu auch jurisPK-VergabeR/*Zeiss* Rn. 63; Reidt/Stickler/Glahs/*Masing* Rn. 51; Ziekow/Völlink/*Ziekow* Rn. 93 f.

[191] Schlussanträge des Generalanwalts *Bot* in der Rs. C-91/98 Rn. 112 ff., BeckRS 2008, 70292.

[192] EuGH Urt. v. 13.4.2010 – C-91/08, Slg 2010, I-2815 Rn. 49 ff. = NZBau 2010, 382 (385 f.) – Wall-AG; s. dazu auch Ziekow/Völlink/*Ziekow* Rn. 97.

[193] EuGH Urt. v. 3.10.2000 – C-380/98, Slg. 2000, I-8035 Rn. 40 = VergabeR 2001, 111 (115) – University of Cambridge; VK Düsseldorf Beschl. v. 18.6.2007 – VK-14/2007-L; VK Nordbayern Beschl. v. 23.7.2009 – 21.VK-3194-25/08, BeckRS 2008, 46581; HK-VergabeR/*Pünder* Rn. 47.

[194] EuGH Urt. v. 3.10.2000 – C-380/98, Slg. 2000, I-8035 Rn. 39 f. = VergabeR 2001, 111 (115) – University of Cambridge; HK-VergabeR/*Pünder* Rn. 47; Ziekow/Völlink/*Ziekow* Rn. 19 ff. und 98.

[195] EuGH Urt. v. 3.10.2000 – C-380/98, Slg. 2000, I-8035 Rn. 37 ff. = VergabeR 2001, 111 (115) – University of Cambridge; Ziekow/Völlink/*Ziekow* Rn. 19 ff. und 98.

[196] EuGH Urt. v. 1.2.2001 – C-237/99, Slg 2001, I-939 Rn. 37 ff. = NZBau 2001, 215 (217) – OPAC; sowie dazu auch HK-VergabeR/*Pünder* Rn. 47.

[197] EuGH Urt. v. 3.2.2021 – C-155/99 und C-156/19, ECLI:EU:C:2021:88 Rn. 50 und 75 = NZBau 2021, 191 (196 und 199) – FIGC und Consorzio Ge. Se. Av. S. c. arl.; OLG Düsseldorf Beschl. v. 13.8.2007 – VII-Verg 16/07, NZBau 2007, 733 (734).

[198] Vgl. *Byok/Jaeger/Werner* Rn. 74.

[199] EuGH Urt. v. 27.2.2003 – C-373/00, Slg. 2003, I-1931 = NZBau 2003, 287 – Adolf Truley.

wobei hier die Anteile verschiedener öffentlicher Auftraggeber zusammenzurechnen sind.[200] Es ist nicht erforderlich, dass alle herrschenden Gesellschafter der öffentlichen Hand zuzurechnen sind, solange ein mitherrschender öffentlicher Auftraggeber vorliegt.[201]

Hinsichtlich der klassischen Formen der staatlichen Aufsicht ist zu differenzieren. Die nur **69** **nachträgliche Überprüfungsmöglichkeit**[202] beispielsweise in der Form einer reinen **Rechtsaufsicht** iSd deutschen Rechts[203] **reicht regelmäßig nicht aus.**[204] Denn der öffentliche Auftraggeber vermag über die Rechtsaufsicht nicht gestaltend, sondern lediglich nachträglich oder zur Verhinderung rechtswidriger Handlungen auf Entscheidungen einzuwirken.[205] Gleiches gilt für die die **Finanzkontrolle** durch die Rechnungshöfe.[206] Hingegen ist eine hinreichende Beherrschung bei der **Fachaufsicht** ohne Weiteres anzunehmen, da sie mit ihrer Ausrichtung auf die Zweckmäßigkeit auch eine gestaltende Steuerung ermöglicht.[207] Nähert sich die Rechtsaufsicht der Fachaufsicht allerdings an, kann dies für das Vorliegen einer Beherrschung ausreichend sein. Ein solcher Fall besteht beispielsweise bei der **qualifizierten Rechtsaufsicht,** bei der sich die Aufsicht auch auf die Wirtschaftlichkeit erstreckt und eine laufende Einwirkung wegen Eingriffsrechten möglich ist.[208] Ausschlaggebend ist allerdings stets der Einzelfall und weniger die Einordnung als Rechts- oder Fachaufsicht, die nur als Indiz gelten kann.[209]

Als ausreichend erachtet hat der **EuGH** die Aufsicht eines Ministeriums über eine soziale **70** Wohnungsbaugesellschaft, die mit dem Recht verbunden war, die Gesellschaft aufzulösen und abzuwickeln.[210] Ferner hat der EuGH in der Entscheidung **„Adolf Truley"** klargestellt, dass die Aufsicht über die Leitung ein vergleichbar starkes Band herstellen muss wie die beiden anderen Merkmale der überwiegenden Finanzierung oder der überwiegenden Bestimmung der Mitglieder der Leitungsorgane. Im konkreten Fall war eine externe Kontrollinstanz, die das Recht hatte, die **laufende Geschäftsführung zu prüfen** und somit eine **dauernde, nicht nur nachträgliche Kontrolle** ausübte, als ausreichend erachtet worden.[211] Das OLG Düsseldorf stellte in der Entscheidung zum Bekleidungsmanagement der Bundeswehr ua darauf ab, dass das Unternehmen verpflichtet war, **vor jeder Aufsichtsratssitzung und Gesellschafterversammlung Einvernehmen** über Vorgehensweise und Beschlussgegenstände herbeizuführen, sich der **engmaschigen Kontrolle der Vertragserfüllung** durch ein Kontrollgremium zu stellen und im Falle von Beschaffungsvorgängen eine Beweislastumkehr zulasten des Managementunternehmens zu akzeptieren. Als ausreichend anerkannt

---

[200] VK Düsseldorf Beschl. v. 30.9.2002 – VK-26/2002-L, IBRRS 2014, 0436; VK Düsseldorf Beschl. v. 18.8.2005 – VK-47/2004-L.
[201] Byok/Jaeger/*Werner* Rn. 77.
[202] Vgl. EuGH Urt. v. 12.9.2013 – C-526/11, NZBau 2013, 717 (719) – Ärztekammer Westfahlen-Lippe; EuGH Urt. v. 27.2.2003 – C-373/00, Slg. 2003, I-1931 Rn. 70 = NZBau 2003, 287 (292) – Adolf Truley.
[203] Vgl. dazu OLG Düsseldorf Beschl. v. 23.5.2007 – VII-Verg 50/06, NZBau 2007, 525 (527); OLG Düsseldorf Beschl. v. 6.7.2005 – VII-Verg 22/05, IBRRS 2005, 3268; BayObLG Beschl. v. 21.10.2004 – Verg 017/04, VergabeR 2005, 67 (69 f.); VK Nordbayern Beschl. v. 19.10.2015 – 21.VK-3194-38/15, IBRRS 2015, 2978; VK Bund Beschl. v. 3.5.2007 – VK 3-31/07, BeckRS 2007, 142843.
[204] EuGH Urt. v. 1.2.2001 – C-237/99, Slg 2001, I-939 Rn. 53 ff. = NZBau 2001, 215 (218) – OPAC; EuGH Urt. v. 27.2.2003 – C-373/00, Slg. 2003, I-1931 Rn. 68 ff. = NZBau 2003, 287 (292) – Adolf Truly; EuGH Urt. v. 3.2.2021 – C-155/99 u. C-156/19, ECLI:EU:C:2021:88 Rn. 51 = NZBau 2021, 191 (196 f.) – FIGC und Consorzio Ge. Se. Av. S. c. arl.; *Dietlein* NZBau 2002, 136 (141); *Dreher* NZBau 2005, 297 (299 ff.); *Kau* NZBau 2016, 523 (526 ff.); HK-VergabeR/*Pünder* Rn. 58. Zu Sonderfällen, in denen eine bloße Rechtsaufsicht ausreichen kann: *Puhl,* Grundfragen des kartellvergaberechtlichen Auftraggeberbegriffs, 2012, 171 ff.
[205] *Badenhausen-Fähnle* in Müller-Wrede GWB Rn. 73.
[206] VK Hamburg Beschl. v. 25.7.2007 – VK BSU-8/07, IBRRS 2007, 4267; Reidt/Stickler/Glahs/Masing Rn. 56.
[207] Byok/Jaeger/*Werner* Rn. 83; Reidt/Stickler/Glahs/Masing Rn. 56 mwN; Röwekamp in RKPP GWB Rn. 133; Willenbruch/Wieddekind/*Wieddekind* § 98 Rn. 43 ff.
[208] *Wollenschläger* EWS 2005, 3343 (349); *Badenhausen-Fähnle* Müller-Wrede GWB Rn. 73; HK-VergabeR/*Pünder* Rn. 59.
[209] *Badenhausen-Fähnle* in Müller-Wrede GWB Rn. 73; s. auch *Röwekamp* in RKPP GWB Rn. 141.
[210] Grundsätzlich: EuGH Urt. v. 1.2.2001 – C-237/99, Slg. 2001, I-939 = NZBau 2001, 215 – OPAC zur Aufsicht über eine Gesellschaft für sozialen Wohnungsbau; EuGH Urt. v. 13.4.2010 – C-91/08, Slg 2010, I-2815 Rn. 50 ff. = NZBau 2010, 382 (385 f.) – Wall-AG; OLG Düsseldorf Beschl. v. 30.4.2003 – VII-Verg 67/02, NZBau 2003, 400 – Bekleidungsmanagement der Bundeswehr; s. ferner auch EuGH Urt. v. 8.12.2016 – C-553/15, ECLI:EU:C:2016:935 Rn. 28 ff. = NZBau 2017, 109 (110 f.) – Undis Servizi, wonach keine Aufsicht wie über eine eigene Dienststelle (und damit keine Inhouse-Fähigkeit) besteht, wenn die öffentliche Stelle, die den Auftrag erhalten soll, ihre Tätigkeit nicht für den Auftraggeber erbringt.
[211] EuGH Urt. v. 27.2.2003 – C-373/00, Slg. 2003, I-1931 Rn. 68 ff., insb. 73 = NZBau 2003, 287 (292) – Adolf Truly.

wurde auch die **Gestellung von (auch einzelnen) Mitgliedern der Geschäftsführung oder des Aufsichtsrates,** wenn dadurch ein ständiger Informationsfluss gewährleistet ist und die Möglichkeit der Intervention auf Entscheidungsprozesse, zB durch vertragliche Regelungen, besteht.[212]

71   **cc) Bestimmung mehr als der Hälfte der Mitglieder eines zur Geschäftsführung oder Aufsicht berufenen Organs (Nr. 2 lit. c).** Eine die öffentliche Auftraggebereigenschaft gem. § 99 Nr. 2 begründende staatliche Einflussnahmemöglichkeit ist schließlich nach **§ 99 Nr. 2 lit. c** auch dann gegeben, wenn ein Auftraggeber iSd § 99 Nr. 1, 2[213] oder 3 mehr als die Hälfte der Mitglieder eines zur Geschäftsführung oder zur Aufsicht über die fragliche Einrichtung berufenen Organs bestimmt hat.

72   **Zur Geschäftsführung oder zur Aufsicht berufene Organe** – Art. 2 Nr. 4 lit. c RL 2014/24/EU spricht insofern von dem „Verwaltungs-, Leitungs- beziehungsweise Aufsichtsorgan" – sind zum einen die gesetzlich vorgeschriebenen Vertretungs- und Aufsichtsorgane (zB Geschäftsführung, Vorstand, Aufsichtsrat usw). Erfasst werden zudem Organe, die ohne gesetzlichen Zwang eingerichtet wurden (zB Beirat einer GmbH).[214] Wichtig ist jedoch, dass das Organ auch die Möglichkeit hat, die Geschäftsführung jedenfalls zu beeinflussen; eine rein beratende Tätigkeit ist daher nicht ausreichend.[215]

73   **Mehrheit** („mehr als die Hälfte") bedeutet, dass eine **entscheidungsbestimmende Stärke** der Besetzung gegeben sein muss. Dies wird üblicherweise bei mehr als 50% der Mitglieder der Fall sein.

74   **„Bestimmen"** im Sinne der Norm setzt eine Bestellung, dh den körperschaftlichen Rechtsakt voraus, durch den die gesetzlichen bzw. satzungsmäßigen Kompetenzen übertragen werden. Denn nur dadurch ist das Organmitglied rechtlich in der Lage, entsprechend auf die Geschäftstätigkeit der fraglichen Einrichtung Einfluss zu nehmen. Auf einen etwaig neben die Bestellung tretenden Anstellungsakt kommt es dagegen nicht an.[216]

75   Der **Wortlaut** der Vorschrift verlangt zudem, dass die Mehrheit der Gremienmitglieder bereits „**bestimmt worden sind"**. Es reicht daher nicht aus, wenn nur die bloße Möglichkeit der Besetzung der Gremien besteht. Vielmehr muss von dieser Möglichkeit tatsächlich auch bereits Gebrauch gemacht worden sein.[217] Ist dies der Fall, kommt es im Übrigen nicht darauf an, ob hierbei die im Gesetz oder Gesellschaftsvertrag vorgesehenen Regelungen eingehalten wurden.[218] Ohne Bedeutung ist zudem auch, ob die bestimmten Mitglieder des Vertretungs- oder Aufsichtsorgans bei Ausübung ihrer Tätigkeit rechtlich oder faktisch gehalten sind, dem Willen der sie benennenden Stelle zu folgen.[219] Entscheidend ist allein, dass die Mitglieder bestimmt, also etwa eingesetzt oder berufen, worden sind.[220] Hier kommt der hinter der Vorschrift stehende Gedanke zum Tragen, wonach eine Vermutung dafür besteht, dass die Mitglieder dem sie Einsetzenden besonders nahe stehen können und bereits dieser (abstrakten) Gefahr begegnet werden soll.[221] Einer Weisungsmöglichkeit bedarf es darüberhinausgehend nicht.[222]

76   **e) Anhang III Vergabe-RL 2004.** Die **Vergabe-RL 2004**[223] ging zutreffend davon aus, dass sich die Eigenschaft als öffentlicher Auftraggeber ändern könne. Sie listete in ihrem **Anhang III** die seinerzeit von den Mitgliedstaaten gemeldeten öffentlichen Einrichtungen, die die Voraussetzungen der Definition als öffentliche Auftraggeber erfüllten und verlangte von den Mitgliedstaaten, jährlich der Kommission die Änderung des Verzeichnisses mitzuteilen. Die neue RL 2014/24/EU[224] sieht

---

[212] OLG Düsseldorf Beschl. v. 19.6.2013 – VII-Verg 55/12, VergabeR 2014, 158 ff. – BWI Services.
[213] Der Einschluss der in § 99 Nr. 2 genannten Stellen ergibt sich aus § 99 Nr. 2 Hs. 2 („dasselbe gilt, wenn [...]); s. hierzu bspw. auch Reidt/Stickler/Glahs/*Masing* Rn. 44.
[214] Reidt/Stickler/Glahs/*Masing* Rn. 61.
[215] Reidt/Stickler/Glahs/*Masing* Rn. 61.
[216] Reidt/Stickler/Glahs/*Masing* Rn. 64 mwN.
[217] Reidt/Stickler/Glahs/*Masing* Rn. 63.
[218] LMRKM/*Bungenberg* § 98 Rn. 33; Beck VOB/A/*Marx*, 1. Aufl. 2001, § 98 Rn. 12; jurisPK-VergabeR/*Zeiss* Rn. 78; Reidt/Stickler/Glahs/*Masing* Rn. 65.
[219] Reidt/Stickler/Glahs/*Masing* Rn. 65.
[220] jurisPK-VergabeR/*Zeiss* Rn. 78.
[221] Beck VOB/A/*Marx*, 1. Aufl. 2001, § 98 Rn. 12; jurisPK-VergabeR/*Zeiss* Rn. 78; Reidt/Stickler/Glahs/*Masing* Rn. 65.
[222] *Badenhausen-Fähnle* in Müller-Wrede GWB Rn. 79.
[223] Richtlinie 2004/18/EG des Europäischen Parlaments und des Rates v. 31.3.2004 über die Koordinierung der Verfahren zur Vergabe öffentlicher Bauaufträge, Lieferaufträge und Dienstleistungsaufträge, ABl. 2004 L 134, 114.
[224] Richtlinie 2014/24/EU des Europäischen Parlaments und des Rates v. 26.2.2014 über die Vergabe öffentlicher Aufträge und zur Aufhebung der Richtlinie 2004/18/EG, ABl. 2014 L 94, 65.

IV. Die öffentlichen Auftraggeber 77 § 99 GWB

eine solche Verpflichtung nicht mehr vor und enthält auch keinen entsprechenden Anhang mehr. Die zuletzt veröffentlichte Liste für die Bundesrepublik Deutschland entfaltet jedoch, nach wie vor, einen gewissen – indes nicht rechtsverbindlichen – Indizcharakter[225] und kann daher unter Umständen im Einzelfall für die Einordnung bestimmter Einrichtungen als öffentliche Auftraggeber aufschlussreich sein. Sie wird daher hier noch einmal wiedergegeben. Zu beachten ist jedoch, dass sich die genannten Einrichtungen mittlerweile geändert haben können. Grundsätzlich ist das Vorliegen der Eigenschaft als öffentlicher Auftraggeber daher **nach dem aktuellen Stand im Zeitpunkt der Beschaffung** zu prüfen. Zu den – nach wie vor – bestehenden Zweifelsfällen hat sich durch die Rechtsprechung der nationalen Gerichte und des EuGH zwischenzeitlich eine sehr umfangreiche Kasuistik entwickelt, die mittlerweile auch die Liste gemäß Anhang III Vergabe-RL 2004 erreicht und in Einzelfällen korrigiert hat (→ Rn. 103 ff.).

Die, die Bundesrepublik Deutschland betreffende, Ziffer III. des Anhangs III Vergabe-RL 2004 77 lautet:

„VERZEICHNIS DER EINRICHTUNGEN DES ÖFFENTLICHEN RECHTS UND DER KATEGORIEN VON EINRICHTUNGEN DES ÖFFENTLICHEN RECHTS NACH ARTIKEL 1 ABSATZ 9 UNTERABSATZ 2

III. DEUTSCHLAND

1. Kategorie

Juristische Personen des öffentlichen Rechts

Die bundes-, landes- und gemeindeunmittelbaren Körperschaften, Anstalten und Stiftungen des öffentlichen Rechts, insbesondere in folgenden Bereichen:

(1) Körperschaften
- wissenschaftliche Hochschulen und verfasste Studentenschaften;
- berufsständische Vereinigungen (Rechtsanwalts-, Notar-, Steuerberater-, Wirtschaftsprüfer-, Architekten-, Ärzte- und Apothekerkammern;
- Wirtschaftsvereinigungen (Landwirtschafts-, Handwerks-, Industrie- und Handelskammern, Handwerksinnungen, Handwerkerschaften);
- Sozialversicherungen (Krankenkassen, Unfall- und Rentenversicherungsträger);
- Kassenärztliche Vereinigungen;
- Genossenschaften und Verbände.

(2) Anstalten und Stiftungen

Die der staatlichen Kontrolle unterliegenden und im Allgemeininteresse tätig werdenden Einrichtungen nichtgewerblicher Art, insbesondere in folgenden Bereichen:
- Rechtsfähige Bundesanstalten;
- Versorgungsanstalten und Studentenwerke;
- Kultur-, Wohlfahrts- und Hilfsstiftungen.

2. Juristische Personen des Privatrechts

Die der staatlichen Kontrolle unterliegenden und im Allgemeininteresse tätig werdenden Einrichtungen nichtgewerblicher Art, einschließlich der kommunalen Versorgungsunternehmen:
- Gesundheitswesen (Krankenhäuser, Kurmittelbetriebe, medizinische Forschungseinrichtungen, Untersuchungs- und Tierkörperbeseitigungsanstalten);
- Kultur (öffentliche Bühnen, Orchester, Museen, Bibliotheken, Archive, zoologische und botanische Gärten);
- Soziales (Kindergärten, Kindertagesheime, Erholungseinrichtungen, Kinder- und Jugendheime, Freizeiteinrichtungen, Gemeinschafts- und Bürgerhäuser, Frauenhäuser, Altersheime, Obdachlosenunterkünfte);
- Sport (Schwimmbäder, Sportanlagen und -einrichtungen);
- Sicherheit (Feuerwehren, Rettungsdienste);
- Bildung (Umschulungs-, Aus-, Fort- und Weiterbildungseinrichtungen, Volksschulen);
- Wissenschaft, Forschung und Entwicklung (Großforschungseinrichtungen, wissenschaftliche Gesellschaften und Vereine, Wissenschaftsförderung);
- Entsorgung (Straßenreinigung, Abfall- und Abwasserbeseitigung);
- Bauwesen und Wohnungswirtschaft (Stadtplanung, Stadtentwicklung, Wohnungsunternehmen, soweit im Allgemeininteresse tätig, Wohnraumvermittlung);
- Wirtschaft (Wirtschaftsförderungsgesellschaften);
- Friedhofs- und Bestattungswesen;
- Zusammenarbeit mit den Entwicklungsländern (Finanzierung, technische Zusammenarbeit, Entwicklungshilfe, Ausbildung)".

---

[225] EuGH Urt. v. 12.9.2013 – C-526/11, NZBau 2013, 717 Rn. 18 – Ärztekammer Westfalen-Lippe.

78 **3. Verbände (Nr. 3).** Öffentliche Auftraggeber iSd § 99 Nr. 3 sind **Verbände, deren Mitglieder öffentliche Auftraggeber nach § 99 Nr. 1 oder Nr. 2 sind.** Erfasst werden damit Zusammenschlüsse von Gebietskörperschaften gem. § 99 Nr. 1 und öffentlichen Auftraggebern gem. § 99 Nr. 2.[226] Die Regelung entspricht § 57a Abs. 1 Nr. 3 HGrG aF (→ Rn. 9). Sie hat bislang keine größeren Auslegungsprobleme gezeigt.[227]

79 Unter den Begriff **„Verbände"** fallen **Zusammenschlüsse aller Art, unabhängig von ihrer jeweiligen Rechtsform.**[228] Unerheblich ist daher auch, ob der Verband öffentlich-rechtlich oder privatrechtlich organisiert ist.[229]

80 Die klassischen Verbände, die aus Zusammenschlüssen öffentlicher Auftraggeber iSd § 99 Nr. 1 und 2 bestehen, sind die **kommunalen Zweckverbände,** wie zB Abwasserzweckverbände, Wasserverbände, Abfallwirtschaftszweckverbände oder Verkehrszweckverbände bzw. -verbünde[230] sowie die **kommunalen Spitzenverbände** (Deutscher Städtetag, Deutscher Landkreistag, Deutscher Städte- und Gemeindebund). Erfasst werden aber etwa auch Kooperationen zwischen den Bundesländern und von Bund und Ländern.[231] In Nordrhein-Westfalen gehören auch die durch Sondergesetze gegründeten Wasserverbände, wie zB Aggerverband, Emschergenossenschaft, Erftverband, Linksniederrheinische Entwässerungs-Genossenschaft (LINEG), Lippeverband, Niersverband, Ruhrverband, Wasserverband Eifel-Rur (WVER) und Wupperverband, dazu.[232] Ob auch Landkreise öffentliche Auftraggeber iSd § 99 Nr. 3 sind oder unter § 99 Nr. 1 fallen, ist eine kommunalrechtliche Frage, die für das Vergaberecht letztlich nicht entscheidend ist, da für öffentliche Auftraggeber nach § 99 Nr. 1 und Nr. 3 im Ergebnis dieselben vergaberechtlichen Regeln zur Anwendung kommen[233] (→ Rn. 15).

81 Umfasst werden letztlich alle Kooperationen mit der gemeinsamen Zwecksetzung der Deckung eines Beschaffungsbedarfs. Hierbei kann es sich insbesondere auch um privatrechtliche Zusammenschlüsse handeln, etwa in Form von **Einkaufskooperationen** bzw. **Arbeits- oder Einkaufsgemeinschaften,** oder um einen Zusammenschluss mehrerer Gebietskörperschaften im Rahmen einer Beschaffung.[234]

82 Der Tatbestand des § 99 Nr. 3 hat einen **Auffangcharakter,** sodass § 99 Nr. 1 und Nr. 2 vorrangig zu prüfen sind.[235] Allerdings besteht keine Alternativität, sodass unter § 99 Nr. 3 auch Auftraggeber fallen können, die zugleich unter Nr. 1 oder Nr. 2 zu fassen sind.[236]

83 **Besteht der Verband bzw. Zusammenschluss nicht nur aus öffentlichen Auftraggebern iSd § 99 Nr. 1 und Nr. 2,** ist das Vorliegen der Voraussetzungen nach § 99 Nr. 2 zu prüfen. Ein Zusammenschluss aus öffentlichen Auftraggebern nach § 99 Nr. 1 und Nr. 2 ist jedenfalls nicht schon deshalb von der Anwendung des Vergaberechts befreit, weil dem Verband auch Mitglieder angehören, die keine öffentlichen Auftraggeber sind.[237]

84 Ein Verband in der Rechtsform eines eingetragenen Vereins (e. V.) nach dem BGB kann öffentlicher Auftraggeber gem. § 99 Nr. 3 sein, wenn öffentliche Auftraggeber nach § 99 Nr. 1 sich seiner zur Deckung eines gemeinsamen Bedarfs bedienen. Soweit sich Abgrenzungsprobleme zu § 99 Nr. 2 ergeben können, führt dies vergaberechtlich nicht zu unterschiedlichen Ergebnissen; in beiden Fällen hat der Verband das identische Vergaberechtsregime anzuwenden[238] (→ Rn. 80).

85 **4. Auftragsbezogene Auftraggebereigenschaft wegen überwiegender staatlicher Subventionierung (Nr. 4).** Öffentliche Auftraggeber iSd **§ 99 Nr. 4** sind natürliche oder juristische Personen des privaten Rechts sowie juristische Personen des öffentlichen Rechts, soweit sie nicht unter § 99 Nr. 2 fallen, in den Fällen, in denen sie für Tiefbaumaßnahmen, für die Errichtung von

---

[226] jurisPK-VergabeR/*Zeiss* Rn. 106.
[227] *Röwekamp* in RKPP GWB Rn. 235.
[228] OLG München Beschl. v. 20.3.2014 – Verg 17/13, NZBau 2014, 456 (458); OLG Düsseldorf Beschl. v. 6.7.2005 – VII-Verg 22/05, IBRRS 2005, 3268.
[229] Byok/Jaeger/*Werner* Rn. 98.
[230] VK Schleswig Beschl. v. 30.8.2006 – VK-SH 20/06, IBRRS 2006, 3580; VK Düsseldorf Beschl. v. 18.4.2002 – VK-5/2002-L, ZfBR 2002, 621 (622).
[231] OLG Brandenburg Beschl. v. 3.8.1999 – 6 Verg 1/99, NZBau 2000, 39 (41).
[232] Vgl. die Auflistung bei *Röwekamp* in RKPP GWB Rn. 236.
[233] jurisPK-VergabeR/*Zeiss* Rn. 11; *Badenhausen-Fähnle* in Müller-Wrede GWB Rn. 6.
[234] OLG München Beschl. v. 20.3.2014 – Verg 17/13, NZBau 2014, 456 ff. = VergabeR 2014, 700 (708) mwN; Ziekow/Völlink/*Ziekow* Rn. 116; aA *Badenhausen-Fähnle* in Müller-Wrede GWB Rn. 86, nach welchem formlose Einkaufskooperationen mehrerer Auftraggeber nicht unter § 99 Nr. 3 fallen.
[235] OLG München Beschl. v. 20.3.2014 – Verg 17/13, NZBau 2014, 456 ff. = VergabeR 2014, 700 ff.; jurisPK-VergabeR/*Zeiss* Rn. 114.
[236] *Röwekamp* in RKPP GWB Rn. 234.
[237] Eine Reihe von Praxisbeispielen findet sich bei *Röwekamp* in RKPP GWB Rn. 236.
[238] OLG München Beschl. v. 20.3.2014 – Verg 17/13, NZBau 2014, 456 ff. = VergabeR 2014, 700 ff.

Krankenhäusern, Sport-, Erholungs- oder Freizeiteinrichtungen, Schul-, Hochschul- oder Verwaltungsgebäuden oder für damit in Verbindung stehende Dienstleistungen und Wettbewerbe von Stellen, die unter § 99 Nr. 1, 2 oder 3 fallen, Mittel erhalten, mit denen diese Vorhaben zu mehr als 50% subventioniert werden.

Die Vorschrift des § 99 Nr. 4, die auf **Art. 13 RL 2014/24/EU** beruht, eröffnet den Anwendungsbereich des Vergaberechts **nicht organbezogen, sondern einzelfall- und auftragsbezogen** für bestimmte Bauprojekte, die von staatlichen Stellen überwiegend finanziert werden („Drittvergabe").[239] Dem liegt der Gedanke zugrunde, dass es rechtlich keinen Unterschied machen darf, ob ein öffentlicher Auftraggeber iSd § 99 Nr. 1, 2 oder 3 Aufträge selbst vergibt und finanziert oder aber diese Mittel an Dritte weitergibt, damit diese – gewissermaßen als „verlängerter Arm" der öffentlichen Hand – entsprechende Aufträge vergeben.[240] Sinn und Zweck ist mithin die **Flucht aus dem Vergaberecht durch Subventionierung Dritter** zu verhindern (sog. Drittvergaben).[241] Die generelle Funktion der Person tritt dementsprechend hinter das von ihr zu verwirklichende Vorhaben zurück.[242] In der Sache handelt es sich daher rechtsdogmatisch auch nicht um die Definition einer Sonderform eines öffentlichen Auftraggebers (persönlicher Anwendungsbereich des Vergaberechts), sondern um die Anordnung der Anwendung des Kartellvergaberechts auf die in § 99 Nr. 4 näher beschriebenen Vorhaben (sachlicher Anwendungsbereich des Vergaberechts).[243]

86

Im Einzelnen müssen gem. § 99 Nr. 4 folgende Voraussetzungen **kumulativ** erfüllt sein:
– Natürliche Person oder juristische Personen des öffentlichen oder privaten Rechts als Auftraggeber
– Durchführung von bestimmten Baumaßnahmen (Tiefbaumaßnahmen oder Errichtung von Krankenhäusern, Sport-, Erholungs- oder Freizeiteinrichtungen, Schul-, Hochschul- oder Verwaltungsgebäuden) oder Dienstleistungen bzw. Wettbewerben, die mit einem solchen Bauauftrag in Verbindung stehen,
– Erhalt von Mitteln, durch die diese Vorhaben zu mehr als 50% subventioniert werden, von Stellen, die öffentliche Auftraggeber nach § 99 Nr. 1, 2 oder Nr. 3 sind.

87

Darüber hinaus ist zu beachten, dass im Rahmen der Fallkonstellation eines mit dem Bauprojekt funktional in Verbindung stehenden **Dienstleistungsauftrages** dieser auch für sich genommen den maßgeblichen **Schwellenwert** (für Dienstleistungsaufträge) erreichen oder überschreiten muss.[244] Dies ergibt sich zwar nicht explizit aus dem Wortlaut von § 99 Nr. 4, wird aber durch die zugrundeliegende Richtlinienvorschrift des Art. 13 lit. b RL 2014/24/EU deutlich, wo es heißt (Hervorhebung und Fußnote diesseits):

88

„Die Bestimmungen dieser Richtlinie finden auf die Vergabe folgender Aufträge Anwendung

a) Bauaufträge, die zu mehr als 50% von öffentlichen Auftraggebern direkt subventioniert werden oder deren geschätzter Wert netto ohne Mehrwertsteuer mindestens 5.186.000 Euro beträgt, sofern diese Aufträge eine der folgenden Tätigkeiten umfassen:
i) Tiefbauarbeiten gemäß der Auflistung in Anhang II,
ii) Bauleistungen für die Errichtung von Krankenhäusern, Sport-, Erholungs- und Freizeitanlagen, Schulen und Hochschulen sowie Verwaltungsgebäuden;
b) Dienstleistungsaufträge, die zu mehr als 50% von öffentlichen Auftraggebern direkt subventioniert werden **und deren geschätzter Wert ohne Mehrwertsteuer mindestens 207.000 Euro**[245] *beträgt, wenn diese Aufträge mit einem Bauauftrag gemäß Buchstabe a verbunden sind.*
Die öffentlichen Auftraggeber, die in Absatz 1 Buchstaben a und b genannten Subventionen gewähren, stellen die Einhaltung dieser Richtlinie sicher, wenn der subventionierte Auftrag nicht von ihnen selbst oder von ihnen im Namen und für Rechnung anderer Stellen vergeben wird."

a) Natürliche Person oder juristische Personen des öffentlichen oder privaten Rechts. Dem Wortlaut von § 99 Nr. 4 nach werden **natürliche Person und juristische Person, sowohl**

89

---

[239] jurisPK-VergabeR/*Zeiss* Rn. 116; Ziekow/Völlink/*Ziekow* Rn. 117.
[240] VK Bund Beschl. v. 8.6.2006 – VK 2-114/05, IBRRS 2006, 4418; OLG München Beschl. v. 10.11.2010 – Verg 19/10, NZBau 2011, 253 (254); Reidt/Stickler/Glahs/*Masing* Rn. 98; Ziekow/Völlink/*Ziekow* Rn. 119.
[241] Byok/Jaeger/*Werner* Rn. 102, 106.
[242] *Röwekamp* in RKPP GWB Rn. 250.
[243] So Ziekow/Völlink/*Ziekow* Rn. 117.
[244] S. hierzu auch Ziekow/Völlink/*Ziekow* Rn. 1128, der insoweit von einer „doppelten Akzessorietät des Dienstleistungsauftrags" spricht.
[245] Es gilt der jeweils aktuelle Schwellenwert. Dieser beträgt derzeit, dh im Zeitraum 1.1.2020 bis 31.12.2021, 214.000 EUR. Vgl. Art. 1 Nr. 2 lit. b der Delegierten Verordnung (EU) 2019/1828 der Kommission v. 30.10.2019 zur Änderung der Richtlinie 2014/24/EU des Europäischen Parlaments und des Rates im Hinblick auf die Schwellenwerte für die Vergabe öffentlicher Liefer-, Dienstleistungs- und Bauaufträge sowie für Wettbewerbe, ABl. L 279, 25.

des Privatrechts als auch des öffentlichen Rechts erfasst. Dieser umfassende Ansatz ist mit Blick auf den Regelungszweck konsequent und trägt dem Grundsatz Rechnung, dass Beschaffungen „auf Rechnung des Staates" und **unabhängig von der Rechtsform des Auftragnehmers** dem Vergaberecht unterliegen sollen, sofern die Beschaffungen mit mehr als 50% durch den Staat und seine Untergliederungen mitfinanziert werden. Eine **Vollrechtsfähigkeit der betroffenen Person ist nicht erforderlich.** Vielmehr reicht es – so wie auch im Rahmen von § 99 Nr. 2 (→ Rn. 31) – unter dem teleologischen Blickwinkel aus, wenn die Personen im eigenen Namen rechtsverbindlich auftreten und Beschaffungen durchführen kann.[246]

90 **b) Erfasste Vorhaben.** In sachlicher Hinsicht wird angeknüpft an Tiefbaumaßnahmen, die Errichtung von Krankenhäusern, Sport-, Erholungs- oder Freizeiteinrichtungen sowie Schul-, Hochschul- oder Verwaltungsgebäude.

91 Zur Auslegung des Begriffs der **Tiefbauarbeiten** kann auf **Art. 13 S. 1 lit. a i RL 2014/24/EU iVm Anhang II RL 2014/24/EU** zurückgegriffen werden. Die dort aufgeführten und beschriebenen Bauarbeiten können als Auslegungshilfe herangezogen werden, wenn Zweifel darüber bestehen sollten, ob ein bestimmter Auftrag als Tiefbaumaßnahme oder als Baumaßnahme anzusehen ist. Zu den Tiefbauarbeiten gehören insbesondere die Errichtung von Brücken, Viadukten, Tunneln und Unterführungen, das Verlegen von Rohrleitungen und Kabelnetzen sowie der Bau von Autobahnen, Straßen, Bahnverkehrsstrecken, Wasserstraßen, Häfen, Flussbauten, Schleusen, Talsperren und Deichen.

92 *Krankenhäuser* sind die zur medizinischen Akutversorgung verpflichteten Kliniken sowie alle Einrichtungen, die zumindest auch der Erbringung von medizinischen Leistungen dienen und in denen jedenfalls bestimmte Personengruppen stationär aufgenommen werden können. Sofern eine nicht bloß unerhebliche Erbringung medizinischer Leistungen der Konzeption der Einrichtung entspricht, fallen hierunter zB auch Alters- und Pflegeheime, Hospize oder Einrichtungen zur Betreuung von medizinischen Versorgung von Behinderten.[247]

93 Zu den **Erholungs- und Freizeiteinrichtungen** zählen Orte, die von der überwiegenden Mehrzahl der Besucher während der Freizeit aufgesucht werden,[248] wie zB Museen, Ausstellungszentren, Bibliotheken und Theater[249] oder Einrichtungen zur körperlichen Betätigung und Regeneration.[250] Nicht darunter fallen öffentlich zugängliche Cafés oder Restaurants.[251]

94 Der Begriff „**Schul-, Hochschul- oder Verwaltungsgebäude**" ist grundsätzlich weit auszulegen.[252] Hierunter fallen zum einen nicht nur solche Bauwerke, in denen der schulische oder universitäre Unterricht erteilt oder die Verwaltungstätigkeit erbracht wird, sondern darüber hinaus auch Gebäude mit unterstützender Zwecksetzung, wie beispielsweise Studentenheime oder Mensagebäude.[253] Zum anderen ist zu beachten, dass es für die Zuordnung nicht maßgeblich auf die Struktur des nationalen Bildungssystems ankommt. Dementsprechend werden auch Einrichtungen der frühkindlichen Förderung wie Kindergärten, Einrichtungen der beruflichen Aus- und Weiterbildung oder der Volkshochschulen erfasst.[254] Zu den Schulen gehören ferner auch die Einrichtungen für die Bildung der Jugend, zu denen insbesondere auch die Berufsschulen in ihren unterschiedlichen Erscheinungsformen zählen.[255] **Nicht erfasst** werden dagegen Schulungszentren privater Vereinigungen ohne öffentlichen Bildungsauftrag sowie Gebäude, die lediglich zu schulischen Exkursionen zur Veranschaulichung von Unterrichtsthemen aufgesucht werden.[256]

95 Der Begriff der „**Errichtung**" erfasst neben der (erstmaligen) Herstellung, dh dem vollständigen Neubau, einer entsprechenden baulichen Anlage auch Teilerrichtungen, wie zB An- oder

---

[246] Ebenso Ziekow/Völlink/*Ziekow* Rn. 120.
[247] OLG Düsseldorf Beschl. v. 13.1.2014 – VII-Verg 11/13, BeckRS 2014, 08850; Ziekow/Völlink/*Ziekow* Rn. 125.
[248] VK Nordbayern Beschl. v. 19.10.2015 – 21.VK-3194-38/15, IBRRS 2015, 2978; die zudem auch darauf hinweist, dass der Bestimmtheitsgrundsatz einer zu weiten Auslegung der Vorschrift Grenzen setzt.
[249] EuGH Urt. v. 26.9.2013 – C-115/12 P Rn. 72ff. = NZBau 2014, 116 (120f.) – Club Les Boucaniers; sowie dazu auch *Röwekamp* in *RKPP* GWB Rn. 276; Beck VOB/A/*Marx*, 1. Aufl. 2001, § 98 Rn. 25.
[250] jurisPK-VergabeR/*Zeiss* Rn. 125; Reidt/Stickler/Glahs/*Masing* Rn. 101; Ziekow/Völlink/*Ziekow* Rn. 126.
[251] So Ziekow/Völlink/*Ziekow* Rn. 126; s. jedoch auch VK Bund Beschl. v. 9.11.2018 – VK 1-101/18, BeckRS 2018, 37328 Rn. 47.
[252] *Röwekamp* in RKPP GWB Rn. 270.
[253] OLG München Beschl. v. 10.11.2010 – Verg 19/10, NZBau 2011, 253 (254); VK Baden-Württemberg Beschl. v. 10.8.2016 – 1 VK 29/16, IBRRS 2016, 3060; Ziekow/Völlink/*Ziekow* Rn. 127.
[254] Ziekow/Völlink/*Ziekow* Rn. 127.
[255] OLG München Beschl. v. 10.11.2010 – Verg 19/10, NZBau 2011, 253 (254); BayObLG Beschl. v. 29.10.2004 – Verg 022/04, VergabeR 2005, 74 (75); VK Nordbayern Beschl. v. 30.9.2015 – 21.VK-3194-33/15, IBRRS 2015, 2967; Reidt/Stickler/Glahs/*Masing* Rn. 101.
[256] VK Nordbayern Beschl. v. 19.10.2015 – 21.VK-3194-38/15, npoR 2016, 77f. = BeckRS 2016, 3510; Ziekow/Völlink/*Ziekow* Rn. 127.

Umbauten, sowie Renovierungsarbeiten, Rekonstruktionen, Sanierungen und Modernisierungen einer bestehenden Anlage.[257]

Der in § 99 Nr. 4 *benannte Katalog von Vorhaben,* für deren Durchführung die betreffende Person oder Einrichtung subventioniert wird, ist *abschließend.*[258] Gleichwohl sind die genannten Vorhaben nach den allgemeinen vergaberechtlichen Auslegungsgrundsätzen **weit auszulegen.**[259] Die Begriffe sind insoweit als Kategorie-Bezeichnungen zu verstehen. Es ist also nicht am Wortlaut haften zu bleiben, sondern stets eine teleologische Betrachtungsweise geboten.[260] 96

Die in § 99 Nr. 4 genannten **„Dienstleistungen und Wettbewerbe"** werden begrifflich durch § 103 Abs. 4 und 6 legaldefiniert. Sie müssen mit diesen Baumaßnahmen in Verbindung stehen, dh, sie müssen **in sachlicher Verbindung mit der Baumaßnahme** erforderlich oder sinnvoll sein (und ebenfalls mit mehr als 50% aus öffentlichen Mitteln finanziert werden). Hierunter fallen etwa Architekten- und Ingenieurleistungen.[261] An einer nötigen Verbindung fehlt es bei einer isolierten Vergabe; erforderlich ist stets, dass die Dienstleistungen in Verbindung mit einem Bauauftrag vergeben werden.[262] Primär maßgeblich ist dabei der **funktionale Zusammenhang;**[263] auf (rein) zeitliche Zusammenhänge kann es allenfalls sekundär ankommen.[264] 97

Lieferaufträge iSd § 103 Abs. 2 zählen nicht zu den relevanten Beschaffungsmaßnahmen des § 99 Nr. 4. Hätte der Gesetzgeber die Auftraggebereigenschaft kraft überwiegender öffentlicher Finanzierung auch auf Lieferaufträge erweitern wollen, so hätte er dies ausdrücklich in den Gesetzestext aufgenommen und nicht in § 99 Nr. 4 in Abweichung von Art. 13 Abs. 1 lit. a ii RL 2014/24/EU (→ Rn. 88) das Wort „Bauleistung" aus der Richtlinie gestrichen.[265] Warenlieferungen werden von § 99 Nr. 4 mithin nur dann erfasst, wenn sie mit der eigentlichen Baumaßnahme in einem so engen funktionalen Zusammenhang stehen, dass der gesamte Auftrag als Bauauftrag iSd § 103 Abs. 3 zu qualifizieren ist.[266] 98

c) Überwiegende Subventionierung des Vorhabens. Weitere Voraussetzung des § 99 Nr. 4 ist die überwiegende Subventionierung, dh, dass Stellen, die öffentliche Auftraggeber iSd § 99 Nr. 1, 2 oder 3 sind, Mittel bereitstellen, mit denen die in Rede stehenden Vorhaben zu mehr als 50% subventioniert werden.[267] Abzustellen ist insoweit auf die **gesamten Projektkosten,** die sich im Zweifel nach § 3 VgV bestimmen, und nicht etwa nur auf die nach den jeweiligen Vorschriften förderfähigen Kosten.[268] 99

Durch das Vergaberechtsmodernisierungsgesetz vom 17.2.2016[269] wurde das bisherige Wort „finanzieren" durch **„subventionieren"** ersetzt. Dies trägt **Art. 13 RL 2014/24/EU** Rechnung,[270] wonach es auf die direkte Finanzierung durch den öffentlichen Auftraggeber nicht ankommt. Entscheidend ist vielmehr, ob die Leistung als Subvention betrachtet werden kann. Zugleich ermöglicht 100

---

[257] VK Brandenburg Beschl. v. 10.9.2004 – VK 39/04, IBRRS 2005, 2844; VK Düsseldorf Beschl. v. 9.4.2003 – VK-8/2003-B, IBRRS 2003, 3381; sowie ferner auch OLG Jena v. 30.5.2002 – 6 Verg 3/02, ZfBR 2002, 827 (828); zweifelnd *Wirner* ZfBR 2002, 761 (762); Willenbruch/Wieddekind/*Wieddekind* § 98 Rn. 102; Byok/Jaeger/*Werner* Rn. 105; Reidt/Stickler/Glahs/*Masing* Rn. 101.
[258] OLG Düsseldorf Beschl. v. 13.1.2014 – VII-Verg 11/13, BeckRS 2014, 08850; OLG München Beschl. v. 10.11.2010 – Verg 19/10, NZBau 2011, 253 (254); BayObLG Beschl. v. 29.10.2004 – Verg 22/04, VergabeR 2005, 74 (75); VK Baden-Württemberg Beschl. v. 10.8.2016 – 1 VK 29/16; VK Brandenburg Beschl. v. 11.3.2009 – VK 7/09, ZfBR 2009, 710 (712); VK Bund Beschl. v. 8.6.2006 – VK 2-114/05, VergabeR 2007, 100 (105).
[259] OLG München Beschl. v. 10.11.2010 – Verg 19/10, NZBau 2011, 253 (254); Reidt/Stickler/Glahs/*Masing* Rn. 100; Ziekow/Völlink/*Ziekow* Rn. 121.
[260] Vgl. hierzu auch Ziekow/Völlink/*Ziekow* Rn. 121.
[261] Reidt/Stickler/Glahs/*Masing* Rn. 102.
[262] Reidt/Stickler/Glahs/*Masing* Rn. 102.
[263] Ziekow/Völlink/*Ziekow* Rn. 129.
[264] Vgl. hierzu insbes. Reidt/Stickler/Glahs/*Masing* Rn. 102; aA Ziekow/Völlink/*Ziekow* Rn. 129, nach dem es auf die zeitlichen Zusammenhänge gar nicht ankommt.
[265] OLG München Beschl. v. 19.3.2019 – Verg 3/19, NZBau 2019, 670 (672 f.).
[266] OLG München Beschl. v. 19.3.2019 – Verg 3/19, NZBau 2019, 670 (672 f.); Ziekow/Völlink/*Ziekow* Rn. 129a.
[267] OLG München Beschl. v. 10.11.2010 – Verg 19/10, NZBau 2011, 253 (255).
[268] OLG Celle Beschl. v. 25.8.2011 – 13 Verg 5/11, VergabeR 2012, 182 (184); OLG München Beschl. v. 10.11.2010 – Verg 19/10, NZBau 2011, 253 (255); VK Nordbayern Beschl. v. 30.9.2015 – 21.VK-3194-33/15, IBRRS 2015, 2967; Reidt/Stickler/Glahs/*Masing* Rn. 103.
[269] BGBl. 2016 I 203 ff.
[270] Die RL 2014/23/EU und Sektoren-RL über die Vergabe von Konzessionen bzw. im Sektorenbereich enthalten keine dem Art. 13 RL 2014/24/EU entsprechende Regelung, sodass eine Umsetzung in nationales Recht nur in § 99 erfolgte.

dies, zur Ausfüllung des Begriffs auf **Art. 107 AEUV** zurückzugreifen.[271] Der Begriff **„Subvention"** erfasst danach **nicht nur direkte oder positive Leistungen, sondern auch sonstige Formen der Begünstigungen,** wie zB Steuernachlässe, verlorene Zuschüsse, zinsvergünstigte Darlehen, geldwerte sachliche Beistellungen (insbesondere von Grundstücken oder Inventar) etc.[272]

101 Die Subvention in diesem Sinne muss *für* eines der von § 99 Nr. 4 erfassten Vorhaben (Bauauftrag, Dienstleistungsauftrag, Wettbewerb) gewährt werden und das Vorhaben zu mehr als 50% finanzieren. **Ausschlaggebend** sind daher nur **vorhabenbezogene Subventionen.** Diese sind abzugrenzen von den *institutionell gewährten Subventionen*, die einer Person oder Einrichtung unabhängig von einem bestimmten Vorhaben zufließen. Letztere müssen insoweit außer Betracht bleiben.[273] Die **vorhabenbezogene Subvention muss die** *Hälfte der Gesamtkosten des konkreten Vorhabens* **übersteigen,** also mehr als 50% ausmachen. Daher ist es grundsätzlich auch unerheblich, ob das Vorhaben Teil eines umfassenderen Gesamtkomplexes ist, in dessen Rahmen noch weitere Vorhaben verwirklicht werden, die nicht dem Kreis der in § 99 Nr. 4 aufgeführten Vorhaben unterfallen.[274] Es ist dann nur auf die Kosten des betroffenen Einzelprojekts, nicht auf die Kosten des Gesamtkomplexes abzustellen.[275] Dies gilt jedenfalls dann, wenn das § 99 Nr. 4 unterfallende Vorhaben abgrenzbar ist. Etwas anderes gilt jedoch, wenn das in Rede stehende Vorhaben mit anderen Vorhaben des Gesamtkomplexes untrennbar verbunden ist; in diesem Fall ist zur Ermittlung der Gesamtkosten auf die Kosten aller in einem untrennbaren Zusammenhang stehenden Einzelvorhaben abzustellen.[276]

102 Für die Berechnung der überwiegenden Finanzierung ist der **Zeitpunkt der Ausschreibung** maßgeblich. Denn aus Gründen der Rechtssicherheit und Rechtsklarheit muss zu diesem Zeitpunkt verbindlich feststehen, ob ein europaweites Vergabeverfahren stattzufinden hat oder nicht.[277]

V. Einzelfälle

103 **1. Bundesauftragsverwaltung.** In Fällen der **Bundesauftragsverwaltung** gem. **Art. 85 ff. GG** ist das betroffene **Bundesland,** nicht der Bund, der öffentliche Auftraggeber (iSd § 99 Nr. 1). Die Auftragsverwaltung ist eine Form der Landesverwaltung, bei der die Länder die Landesstaatsgewalt ausüben und ihre Behörden als Landesbehörden handeln, wobei das Handeln und die Verantwortlichkeit nach außen und im Verhältnis zu Dritten immer Landesangelegenheit bleibt.[278] Soweit ein diesbezüglicher Hauptanwendungsfall in der Praxis bislang die Verwaltung der Bundesfernstraßen, insbesondere der Bundesautobahnen gem. Art. 90 Abs. 3 GG war,[279] ist indes die zum 1.1.2021 neu in Kraft getretene Rechtssituation betreffend die Bundesautobahnen zu beachten. Die Verwaltung der Bundesautobahnen wird gem. Art. 90 Abs. 2 S. 1 GG in Bundesverwaltung geführt, wobei der Bund sich zur Erledigung seiner Aufgaben einer Gesellschaft privaten Rechts bedienen und das Nähere durch ein Bundesgesetz regeln kann (vgl. Art. 90 Abs. 2 S. 2 und 5 GG). Mit dem Infrastrukturgesellschaftserrichtungsgesetz (InfrGG)[280] hat der Bund das Nähere hinsichtlich der Gesellschaft privaten Rechts geregelt. Gemäß § 1 Abs. 1 InfrGG hat das Bundesministerium für Verkehr und digitale Infrastruktur die Planung, den Bau, den Betrieb, die Erhaltung, die Finanzierung und die vermögensmäßige Verwaltung von Bundesautobahnen, soweit es sich um Aufgaben des Bundes handelt, zur Ausführung auf eine Gesellschaft privaten Rechts, namentlich Die Autobahn

---

[271] Byok/Jaeger/*Werner* Rn. 106.
[272] EuGH Urt. v. 26.9.2013 – C-115/12 P Rn. 46 ff. = NZBau 2014, 116 (118 f.) – Club Les Boucaniers; s. auch die Gesetzesbegründung in BT-Drs. 18/6281, 70.
[273] Ziekow/Völlink/*Ziekow* Rn. 133.
[274] OLG München Beschl. v. 10.11.2010 – Verg 19/10, VergabeR 2011, 205 (208); VK Bund Beschl. v. 16.11.2018 – VK 1-99/18, NZBau 2019, 271; *Röwekamp* in RKPP GWB Rn. 249; Ziekow/Völlink/*Ziekow* Rn. 134.
[275] VK Bund Beschl. v. 16.11.2018 – VK 1-99/18, NZBau 2019, 271.
[276] Vgl. zum Ganzen OLG Celle Hinweisbeschl. v. 29.11.2016 – 13 Verg 8/16, NZBau 2017, 239 (240 f.); OLG München Beschl. v. 10.11.2010 – Verg 19/10, NZBau 2011, 253 (254 f.); VK Bund Beschl. v. 16.11.2018 – VK 1-99/18, NZBau 2019, 271 (272); *Röwekamp* in RKPP GWB Rn. 249; Ziekow/Völlink/*Ziekow* Rn. 134.
[277] OLG München Beschl. v. 10.11.2010 – Verg 19/10, VergabeR 2011, 205 (208); *Röwekamp* in RKPP GWB Rn. 252.
[278] BGH Beschl. v. 20.3.2014 – X ZB 18/13, VergabeR 2014, 539 ff. – Fahrbahnerneuerung BAB. Kritisch bzw. aA dazu HK-VergabeR/*Pünder* Rn. 4 unter Verweis auf VK Arnsberg Beschl. v. 6.2.2003 – VK 1-01/2003, ZfBR 2003, 407 ff.
[279] Vgl. insoweit auch BGH Beschl. v. 20.3.2014 – X ZB 18/13, VergabeR 2014, 539 ff. – Fahrbahnerneuerung BAB.
[280] Gesetz zur Errichtung einer Infrastrukturgesellschaft für Autobahnen und andere Bundesfernstraßen (Infrastrukturgesellschaftserrichtungsgesetz – InfrGG; Art. 13 des Gesetzes zur Neuregelung des bundesstaatlichen Finanzausgleichssystems ab dem Jahr 2020 und zur Änderung haushaltsrechtlicher Vorschriften) v. 14.8.2017, BGBl. 2017 I 3122.

GmbH des Bundes, übertragen. Dieser wird gem. § 5 Abs. 1 InfrGG ab dem 1.1.2021 die Ausführung von Aufgaben der Straßenbaulast iSd § 3 FStrG übertragen. Gemäß § 10 Abs. 2 FernstrÜG[281] tritt die Autobahn GmbH des Bundes zum 1.1.2021 im Rahmen der ihr zur Ausführung übertragenen Aufgaben in die Vergabe- und Gerichtsverfahren sowie sonstige Verfahren und Rechtspositionen ein. Bei den insoweit betroffenen Vergabeverfahren handelt es sich mithin seit dem 1.1.2021 nicht mehr um Vergabeverfahren, die aufgrund einer Durchführung im Rahmen der Auftragsverwaltung für den Bund dem jeweiligen Land zuzurechnen sind. Vielmehr werden die Vergabeverfahren seither durch die Autobahn GmbH des Bundes unmittelbar geführt.[282]

2. Bahn. Die Qualifizierung der **Deutsche Bahn AG und ihrer Tochtergesellschaften** wurde lange Zeit sehr strittig diskutiert. Durch die Bahnreform und die Neuregelung der Vergabe durch Sektorenauftraggeber bzw. die damit einhergehende Ausklammerung der Sektorenauftraggeber aus dem Anwendungsbereich der RL 2014/24/EU mit der Sektorenrichtlinie hat sich indes eine neue Sach- und Rechtslage ergeben.[283] Die unternehmerischen Aktivitäten der Deutschen Bahn AG sind größtenteils dem Sektorenbereich zuzuordnen. Sofern der Beschaffungscharakter sektorenspezifisch ist, sind die **DB Netz AG** und **DB Station & Service AG** Sektorenauftraggeber; sie stehen in keinem wirksamen Wettbewerbsverhältnis.[284] Betreffen die Beschaffungen dagegen keine sektorspezifischen Tätigkeiten, handelt es sich um im Rahmen fortbestehender Gemeinwohlaufträge tätige Unternehmen iSd § 99 Nr. 2.[285] Andere Konzernunternehmen sind dagegen in einem entwickelten Wettbewerb tätig und unterliegen nicht dem öffentlichen Vergaberecht, so insbesondere die **DB Schenker Rail Deutschland AG**, die **DB-Cargo AG**, die **DB Reise- und Touristik AG**, die **DB Energie GmbH** und die **DB Telematik GmbH**.[286] Letztlich müssen bei den Tochtergesellschaften der Deutsche Bahn AG die Voraussetzungen des § 99 Nr. 2 aber stets einzelfallbezogen geprüft werden. 104

3. Post. Die der Deutschen Post AG nach der Privatisierung der Deutschen Bundespost übertragenen Aufgaben im Bereich des Postwesens – mit Ausnahme der Telekommunikation – sind im Wesentlichen klassische Aufgaben der Daseinsvorsorge und im Allgemeininteresse liegende Aufgaben iSd § 99 Nr. 2.[287] Aufgrund der bis zum 31.12.2007 geltenden gesetzlichen Exklusivlizenz (§ 51 PostG) und der darauf basierenden Verpflichtung zur Erbringung entsprechender Universaldienstleistungen (§ 52 PostG) wurden diese Aufgaben in einem nur teilweise wettbewerblich geprägten Umfeld erbracht.[288] Die Wahrnehmung dieser Aufgaben erfolgte bis dahin somit auch in nichtgewerblicher Art.[289] Mit dem Ablauf der Exklusivlizenz (Briefmonopol), dh **seit dem 1.1.2008,** ist der Postmarkt in Deutschland jedoch vollständig dem Wettbewerb geöffnet.[290] Infolge der vollständigen Liberalisierung ist die **Deutsche Post AG kein öffentlicher Auftraggeber mehr.**[291] 105

Auch die Logistik-Tochter der Deutschen Post AG, die **DHL** Express Vertriebs GmbH & Co. OHG, sowie die **Deutsche Postbank AG** erbringen ihre Tätigkeiten im freien Wettbewerb. Sie sind ebenfalls **keine öffentlichen Auftraggeber** iSd § 99.[292] 106

4. Deutsche Telekom AG. Die **Deutsche Telekom AG** ist bereits seit ihrer materiellen Privatisierung – mangels einer mit Sonderrechten ausgestatteten Aufgabenstellung – kein öffentlicher Auftraggeber iSd § 99 Nr. 2 mehr.[293] Soweit sie vorübergehend noch als Sektorenauftraggeber ange- 107

---

[281] Gesetzes zu Überleitungsregelungen zum Infrastrukturgesellschaftserrichtungsgesetz und zum Fernstraßen-Bundesamt-Errichtungsgesetz sowie steuerliche Vorschriften (Fernstraßen-Überleitungsgesetz – FernstrÜG; Art. 15 des Gesetzes zur Neuregelung des bundesstaatlichen Finanzausgleichssystems ab dem Jahr 2020 und zur Änderung haushaltsrechtlicher Vorschriften) v. 14.8.2017, BGBl. 2017 I 3122.
[282] Vgl. VK Rheinland-Pfalz Beschl. v. 28.1.2021 – VK 2-2/21, BeckRS 2021, 1748.
[283] Vgl. dazu die bereits an die neue Rechtslage angepasste Rechtsprechung: VK Bund Beschl. v. 6.5.2010 – VK 2-26/10 mit Bezug auf VK Bund Beschl. v. 21.1.2004 – VK 2-126/03, VergabeR 2004, 365 (367). Dagegen noch zur früheren Rechtslage: VÜA Bund Beschl. v. 8.9.1994 – 1 VÜ 7/94, WuW/E VergAB 17 und VÜA Bund Beschl. v. 13.12.1995 – 1 VÜ 6/95, WuW/E VergAB 64.
[284] *Röwekamp* in RKPP GWB Rn. 178; Reidt/Stickler/Glahs/*Masing* Rn. 85.
[285] *Röwekamp* in RKPP GWB Rn. 178.
[286] Vgl. *Günther* ZfBR 2008, 454 ff.; *Prieß/Marx/Hölzl* VergabeR 2012, 425 ff.; HK-VergabeR/*Pünder* Rn. 39; *Röwekamp* in RKPP GWB Rn. 179; Reidt/Stickler/Glahs/*Masing* Rn. 86.
[287] VÜA Bund Beschl. v. 24.4.1998 – 1 VÜ 15/98; *Kratzenberg* NZBau 2009, 103 (105); Reidt/Stickler/Glahs/*Masing* Rn. 86.
[288] Vgl. BT-Drs. 13/7774, 33.
[289] *Ruber/Wollenschläger* VergabeR 2006, 431 (433 ff.); Willenbruch/Wieddekind/*Wieddekind* § 98 Rn. 58 f.; sowie Reidt/Stickler/Glahs/*Masing* Rn. 86 mwN.
[290] S. dazu bspw. *Goodarzi/Kapischke* NVwZ 2009, 80 ff.
[291] HK-VergabeR/*Pünder* Rn. 39; Reidt/Stickler/Glahs/*Masing* Rn. 87; *Röwekamp* in RKPP GWB Rn. 180.
[292] Vgl. mwN *Röwekamp* in RKPP GWB Rn. 181 f.; HK-VergabeR/*Pünder* Rn. 39.
[293] *Röwekamp* in RKPP GWB Rn. 183; HK-VergabeR/*Pünder* Rn. 39.

sehen wurde, ist zu beachten, dass nach den geänderten Fassungen der Sektorenrichtlinie[294] und in deren Folge der Änderung des nationalen Vergaberechts durch das Gesetz zur Modernisierung des Vergaberechts vom 20.4.2009 (→ § 98 Rn. 18) der Telekommunikationssektor bereits seit mehreren Jahren nicht mehr dem Anwendungsbereich des (Sektoren-)Vergaberechts unterworfen ist.[295]

108 **5. Öffentlich-rechtliche Rundfunkanstalten.** Öffentlich-rechtliche Rundfunkanstalten verfügen als Anstalten des öffentlichen Rechts über eine eigene Rechtspersönlichkeit, erfüllen mit der Grundversorgung der Bevölkerung mit umfassenden und wahrheitsgemäßen Informationen im Allgemeininteresse liegende Aufgaben und sind aufgrund der überwiegenden Finanzierung aus Beiträgen nicht in einem wettbewerblich geprägten Umfeld tätig.[296] Gleichwohl war ihre Einordnung als öffentliche Auftraggeber **lange umstritten.** Streitig war dabei insbesondere, ob die öffentlich-rechtlichen Rundfunkanstalten einer hinreichenden **staatlichen Einflussnahmemöglichkeit** iSd § 99 Nr. 2 unterliegen.[297] Dies wurde ua vom Bundesrat verneint,[298] von den vergaberechtlichen Nachprüfungsinstanzen dagegen (wohl) überwiegend befürwortet.[299]

109 Auf einen entsprechenden Vorlagebeschluss des OLG Düsseldorf[300] hin hat der EuGH in der Entscheidung **„Bayerischer Rundfunk"** die Sichtweise der nationalen Rechtsprechung bestätigt und festgestellt, dass die öffentlich-rechtlichen Rundfunkanstalten in Deutschland als öffentliche Auftraggeber zu qualifizieren seien.[301] Zur Begründung hat der EuGH darauf abgestellt, dass das deutsche System der Gebührenfinanzierung der öffentlich-rechtlichen Rundfunkanstalten das Merkmal der staatlichen Finanzierung im Sinne der Vergaberichtlinien erfülle. Eine staatliche Finanzierung in diesem Sinn setze keine Belastung öffentlicher Haushalte voraus. Entscheidend sei vielmehr, dass die Gebühr ihre Grundlage in einem staatlichen Akt (namentlich dem Rundfunkstaatsvertrag) habe, deren Höhe durch eine förmliche Entscheidung der Landesparlamente und der Landesregierungen festgesetzt wird und die Zahlungen nicht das Ergebnis einer Vereinbarung zwischen der öffentlich-rechtlichen Rundfunkanstalten und den Verbrauchern sind, also nicht von einer vertraglichen Gegenleistung[302] abhängen. Nicht erforderlich sei, dass der Staat unmittelbaren Einfluss auf konkrete Vergabeentscheidungen der Rundfunkanstalten nehmen kann. Vielmehr ergebe sich deren Verbundenheit mit dem Staat bereits daraus, dass die Existenz der Rundfunkanstalten selbst vom Staat abhängt.[303]

110 **6. Gesetzliche Krankenkassen.** Die gesetzlichen Krankenkassen sind Körperschaften des öffentlichen Rechts, welche gem. § 1 S. 1 SGB V als Solidargemeinschaft zu dem besonderen – im **Allgemeininteresse** liegenden[304] – Zweck gegründet wurden, „die Gesundheit der Versicherten zu erhalten, wiederherzustellen oder ihren Gesundheitszustand zu bessern". Sie sind darüber auch

---

[294] Vgl. Erwägungsgrund 5 Richtlinie 2004/17/EG des Europäischen Parlaments und des Rates v. 31.3.2004 zur Koordinierung der Zuschlagserteilung durch Auftraggeber im Bereich der Wasser-, Energie- und Verkehrsversorgung sowie der Postdienste.

[295] Vgl. BT-Drs. 16/10117, 17; sowie Byok/Jaeger/*Werner* Rn. 121; *Röwekamp* in RKPP GWB Rn. 183 mwN.

[296] OLG Düsseldorf Beschl. v. 21.7.2006 – VII-Verg 13/06, VergabeR 2006, 893 (897); Reidt/Stickler/Glahs/*Masing* Rn. 74.

[297] S. dazu mwN Reidt/Stickler/Glahs/*Masing* Rn. 75.

[298] Vgl. BT-Drs. 12/4636, 16, wo es zu § 57a Abs. 1 HGrG – der Vorgängervorschrift zu § 99 – heißt: „Öffentlich-rechtliche Rundfunkanstalten werden weder überwiegend von den Gebietskörperschaften, von deren Sondervermögen oder von den aus ihnen bestehenden Verbänden finanziert, noch stellen diese die Mehrheit in den Verwaltungs-, Leitungs- oder Aufsichtsorganen der öffentlich-rechtlichen Rundfunkanstalten".

[299] VK Bund Beschl. v. 19.10.2004 – VK 3–191/04, BeckRS 2004, 151076; VK Bremen Beschl. v. 1.2.2006 – VK 1/06; VK Köln Beschl. v. 13.2.2006 – VK VOL 31/2006, NZBau 2006, 268 (269); aA VK Hamburg Beschl. v. 25.7.2007 – VK BSU 8/07; sowie dazu auch *Röwekamp* in RKPP GWB Rn. 169.

[300] Vgl. OLG Düsseldorf Vorlagebeschl. v. 21.7.2006 – VII-Verg 13/06, NZBau 2006, 731.

[301] Vgl. EuGH Urt. v. 13.12.2007 – C-337/06, Slg. 2007, I-11173 = NZBau 2008, 130 – Bayerischer Rundfunk; dazu *Franke/Mertens* VergabeR 2008, 52 f.; *Heuvels* NZBau 2008, 166 f.; *Korthals* NZBau 2006, 215; *Handweiler/Dreesen* EuzW 2007, 107.

[302] Das gilt seit der Neuordnung der Finanzierung des öffentlichen Rundfunkwesens mit Wirkung zum 1.1.2013 umso mehr, da die Rundfunkbeiträge seither geräte- und nutzerunabhängiger ausgestaltet sind. Hierauf weist *Röwekamp* in RKPP GWB Rn. 170 zutreffend hin.

[303] EuGH Urt. v. 13.12.2007 – C-337/06, Slg. 2007, I-11173 Rn. 32 ff. = NZBau 2008, 130 (132) – Bayerischer Rundfunk; sowie dazu auch Reidt/Stickler/Glahs/*Masing* Rn. 76; Ziekow/Völlink/*Ziekow* Rn. 180; *Röwekamp* in RKPP GWB Rn. 169.

[304] EuGH Urt. v. 11.6.2009 – C-300/07, Slg. 2009, I-4779 Rn. 50 = NJW 2009, 2427 (2429) – Oymanns; OLG Düsseldorf Beschl. v. 23.5.2007 – VII-Verg 50/06, NZBau 2007, 525 (526) = VergabeR 2007, 622 (624); BayObLG Beschl. v. 24.5.2004 – Verg 6/04, NZBau 2004, 623 (624); VK Hamburg Beschl. v. 16.4.2004 – VgK FB 1/04 Rn. 34, IBRRS 2004, 0874; VK Bund Beschl. v. 5.9.2001 – VK 1-23/01 Rn. 65, IBRRS 2002, 0209; *Heßhaus* VergabeR 2007, 333 (336); Reidt/Stickler/Glahs/*Masing* Rn. 77; Ziekow/Völlink/*Ziekow* Rn. 183.

nichtgewerblich tätig,[305] da sie nicht in Gewinnerzielungsabsicht handeln,[306] sondern die nicht risikobezogen berechneten Beiträge als Solidargemeinschaft für die Bedürfnisse ihrer Mitglieder verwenden, Unterdeckungen durch Beitragserhöhungen ausgeglichen werden, ein Ausgleichssystem zwischen den Krankenkassen existiert, das das finanzielle Risiko der einzelnen Kasse weiter vermindert und zwischen den einzelnen Kassen nur ein stark reduzierter Leistungswettbewerb besteht.[307] Dies gilt umso mehr, als nach der seit 2009 geltenden Neuorganisation der Finanzierung der gesetzlichen Krankenkassen sämtliche Beiträge in der gesetzlichen Krankenversicherung gem. § 271 SGB V zentral durch den sog. Gesundheitsfonds beim Bundesversicherungsamt verwaltet werden.[308] Dass die gesetzlichen Krankenkassen in einem gewissen Wettbewerbsverhältnis zu einander stehen und seit 2010 gem. § 171b Abs. 1 SGB V insolvenzfähig sind, steht der Nichtgewerblichkeit nicht entgegen.[309] Denn dieser Wettbewerb ist „dadurch stark eingeschränkt, dass der weit überwiegende Teil der Leistungen gesetzlich vorgeschrieben ist und das aus der unterschiedlichen Struktur der Versicherten resultierende Kostenrisiko durch einen Risikostrukturausgleich sehr stark begrenzt ist".[310]

Fraglich und lange Zeit umstritten war indes, ob die gesetzlichen Krankenkassen auch einer ausreichenden **staatlichen Einflussnahmemöglichkeit,** insbesondere in Form einer **überwiegenden staatlichen Finanzierung** unterliegen. Die Vergabekammern hatten dies überwiegend bejaht und die gesetzlichen Krankenkassen als öffentliche Auftraggeber eingestuft.[311] Das **BayObLG** hatte die Frage hingegen verneint.[312] Das **OLG Düsseldorf** vertrat dagegen wiederum die Auffassung, dass die Finanzierung über Pflichtbeiträge der Versicherten eine staatliche Finanzierung im Sinne der Vergaberichtlinien darstelle und hat die Frage mit Vorlagebeschluss vom 23.5.2007 – mithin also noch vor der Entscheidung des EuGH zur parallel bzw. ähnlich gelagerten Thematik der öffentlich-rechtlichen Rundfunkanstalten (→ Rn. 109) – dem EuGH vorgelegt.[313] Der **BGH** hat in seinem noch vor der Entscheidung des EuGH über den Vorlagebeschluss des OLG Düsseldorf (→ Rn. 112) ergangenen Beschluss betreffend die Rechtswegfrage für Nachprüfungsverfahren bei der Vergabe von Arzneimittelrabattverträgen die Anwendbarkeit des Vergaberechts auf gesetzliche Krankenkassen nicht infrage gestellt.[314] **111**

Der **EuGH** hat die Sichtweise des OLG Düsseldorf mit seinem Urteil vom 11.6.2009 in der Rechtssache „**Oymanns**" bestätigt.[315] Anknüpfend an die Entscheidung „Bayerischer Rundfunk"[316] stellte der EuGH dabei zunächst nochmals klar, dass eine staatliche Finanzierung im Sinne der Vergaberichtlinien auch in einer indirekten Finanzierung bestehen könne. Eine solche liege bei den gesetzlichen Krankenkassen vor, da **112**
– deren Finanzierung nach den einschlägigen nationalen Regelungen überwiegend durch die **Pflichtbeiträge der Mitglieder** erfolge, wobei aufgrund der Art und Weise der Erhebung der Beiträge keine „Interventionsmöglichkeit des Versicherten" bestehe;[317]

---

[305] EuGH Urt. v. 11.6.2009 – C-300/07, Slg. 2009, I-4779 Rn. 49 = NJW 2009, 2427 (2429) – Oymanns; OLG Düsseldorf Beschl. v. 23.5.2007 – VII-Verg 50/06, VergabeR 2007, 622 (624); BayObLG Beschl. v. 24.5.2004 – Verg 6/04, NZBau 2004, 623 (624); Heßhaus VergabeR 2007, 333 (336 f.); Reidt/Stickler/Glahs/Masing Rn. 78; Ziekow/Völlink/Ziekow Rn. 183.

[306] EuGH Urt. v. 11.6.2009 – C-300/07, Slg. 2009, I-4779 Rn. 49 = NJW 2009, 2427 (2429) – Oymanns.

[307] OLG Düsseldorf Beschl. v. 23.5.2007 – VII-Verg 50/06, VergabeR 2007, 622 (624); BayObLG Beschl. v. 24.5.2004 – Verg 6/04, NZBau 2004, 623 (624); Heßhaus VergabeR 2007, 333 (336 f.).

[308] VK Bund Beschl. v. 29.10.2009 – VK 1-185/09, BeckRS 2009, 139065; sowie Reidt/Stickler/Glahs/Masing Rn. 78.

[309] Reidt/Stickler/Glahs/Masing Rn. 78 mwN.

[310] So Ziekow/Völlink/Ziekow Rn. 183 unter Verweis auf OLG Düsseldorf Beschl. v. 23.5.2007 – VII-Verg 50/06, NZBau 2007, 525 (526); BayObLG Beschl. v. 24.5.2004 – Verg 6/04, NZBau 2004, 623 (624); VK Schleswig Beschl. v. 17.9.2008 – VK-SH 10/08, IBR 2008, 756; s. insgesamt dazu auch Heßhaus VergabeR 2007, 333 ff.; Reidt/Stickler/Glahs/Masing Rn. 78.

[311] VK Bund Beschl. v. 5.9.2001 – VK 1-23/01, BeckRS 2001, 31010156; VK Hamburg Beschl. v. 21.4.2004 – VgK FB 01/04, ZfBR 2004, 515; VK Düsseldorf Beschl. v. 31.10.2007 – VK-31/2007-L, BeckRS 2008, 03346.

[312] BayObLG Beschl. v. 24.5.2004 – Verg 6/04, NZBau 2004, 623 (624 f.); s. instruktiv zum gesamten Thema auch Leinemann/Hoffmann VergabeNews 2005, 12.

[313] OLG Düsseldorf Beschl. v. 23.5.2007 – VII-Verg 50/06, NZBau 2007, 525 (526 f.).

[314] BGH Beschl. v. 15.7.2008 – X ZB 17/08, NZBau 2008, 662; s. ferner in diesem Zusammenhang auch OLG Düsseldorf Beschl. v. 16.4.2008 – VII-Verg 57/07, VergabeR 2008, 686, sowie auch LSG Berlin-Brandenburg Beschl. v. 6.3.2009 – L 9 KR 72/09 ER, VergabeR 2010, 120 ff. – ambulante augenärztliche Versorgung.

[315] EuGH Urt. v. 11.6.2009 – C-300/07, Slg. 2009, I-4779 = NJW 2009, 2427 – Oymanns, sowie dazu auch Kingreen NJW 2009, 2417; Marx/Hölzl NZBau 2010, 31.

[316] EuGH Urt. v. 13.12.2007 – C-337/06, Slg. 2007, I-11173 Rn. 34 = NZBau 2008, 130 (132) – Bayerischer Rundfunk.

[317] EuGH Urt. v. 11.6.2009 – C-300/07, Slg. 2009, I-4779 Rn. 52 und 56 = NJW 2009, 2427 (2429) – Oymanns.

– die Beiträge **ohne spezifische Gegenleistung** im Sinne der Rechtsprechung des Gerichtshofs gezahlt würden, da weder die Beitragspflicht noch die Beitragshöhe das Ergebnis einer Vereinbarung zwischen den gesetzlichen Krankenkassen und ihren Mitgliedern sei und sich die **Höhe der Beiträge** im Übrigen allein **nach der Leistungsfähigkeit jedes Versicherten richten;** andere Gesichtspunkte, wie etwa das Alter des Versicherten, sein Gesundheitszustand oder die Zahl der Mitversicherten, spielen hierbei keine Rolle;[318]
– der **Beitragssatz** – anders als im Fall „Bayerischer Rundfunk" – zwar nicht durch die staatlichen Träger, sondern durch die gesetzlichen Krankenkassen selbst festgelegt würde; der **Spielraum der Krankenkassen** hierbei allerdings äußerst **begrenzt** sei, da ihr Auftrag darin bestehe, die Leistungen sicherzustellen, die die Regelung auf dem Gebiet der Sozialversicherung vorsehen;[319]
– die Festsetzung des **Beitragssatzes** durch die gesetzlichen Krankenversicherungen der **Genehmigung durch die staatliche Aufsichtsbehörde** bedürfe.[320]

113   **7. Sozialversicherungsträger.** In Anlehnung an die Qualifizierung der gesetzlichen Krankenkassen als öffentliche Auftraggeber werden auch andere Sozialversicherungsträger in Deutschland, wie zB die **Deutsche Rentenversicherung,** die **Berufsgenossenschaften**[321] oder die Unfallkassen als Träger der **gesetzlichen Unfallversicherung,** im Ergebnis als Auftraggeber iSd § 99 Nr. 2 angesehen, da sie sich durch eine staatlich vorgeschriebene Zwangsmitgliedschaft finanzieren. Eine Tätigkeit dieser Körperschaften im Allgemeininteresse sowie die fehlende Gewerblichkeit ihres Handelns liegen auf der Hand.[322] Die Träger der gesetzlichen Unfallversicherungen unterstehen zudem insbesondere auch einer staatlichen Fachaufsicht (vgl. § 80 Abs. 2 SGB IV, § 90 Abs. 1 und 2 SGB IV).[323]

114   **8. Kammern und Versorgungswerke.** Die Frage nach der öffentlichen Auftraggebereigenschaft iSd § 99 Nr. 2 der *berufsständischen Kammern, wie zB* Ärzte-, Apotheker-, Architekten-, Rechtsanwalts- und Notarkammern) und deren Untergliederungen, wie zB die **Versorgungswerke für Ärzte, Apotheker, Architekten, Notare, Rechtsanwälte, Steuerberater, Tierärzte, Zahnärzte,** sowie der sog. *Wirtschaftskammern, wie* zB Industrie- und Handelskammern und Handwerkskammern, lässt sich weder einfach noch einheitlich beantworten. Sie ist im Einzelnen auch noch nicht abschließend geklärt. Dabei kann jedoch grundsätzlich davon ausgegangen werden, dass diese Einrichtungen **im Allgemeininteresse liegende Aufgaben nichtgewerblicher Art wahrnehmen,**[324] nämlich die Gewährleistung von Standards im Mitgliederkreis, aber auch für die Allgemeinheit, die von der Tätigkeit der Mitglieder der Körperschaften betroffen sind. Nach der Rechtsprechung des BVerfG[325] gilt dies insbesondere auch für die Versorgungswerke. Denn der Staat müsse Vorsorge dafür tragen, dass die freien Berufsstände leistungsfähig bleiben und ihre Mitglieder zur Gewährleistung einer pflichtgemäßen Erfüllung ihrer Dienste berufsständisch organisiert sind. Da die Alters- und Berufsunfähigkeitsversorgung zweifelsfrei zur Leistungsfähigkeit der freien Berufsstände beitragen, erfüllen sie zumindest einen Teilaspekt der öffentlichen Daseinsvorsorge und liegen folglich im Allgemeininteresse.[326]

115   Fraglich und differenziert zu betrachten ist jedoch das **Kriterium der besonderen Staatsnähe.** Bei den Kammern handelt es sich in aller Regel um **Selbstverwaltungskörperschaften** bzw. sog. **Zwangskörperschaften,** dh öffentlich-rechtliche Körperschaften mit Zwangsmitgliedschaft. Die Finanzierung erfolgt zum größten Teil aus den Beiträgen der Pflichtmitglieder; die Grundlagen hierfür sind gesetzlich festgeschrieben.[327] Der **EuGH** hat hierzu in seiner Entscheidung zur **„Ärztekammer Westfalen-Lippe"** (bzw. „IVD") festgestellt, dass zwar eine mittelbare Finanzierung durch

---

[318] EuGH Urt. v. 11.6.2009 – C-300/07, Slg. 2009, I-4779 Rn. 53 = NJW 2009, 2427 (2429) – Oymanns.
[319] EuGH Urt. v. 11.6.2009 – C-300/07, Slg. 2009, I-4779 Rn. 54 = NJW 2009, 2427 (2429) – Oymanns.
[320] EuGH Urt. v. 11.6.2009 – C-300/07, Slg. 2009, I-4779 Rn. 55 = NJW 2009, 2427 (2429) – Oymanns; s. ferner zur staatlichen Aufsicht aus LSG NRW Beschl. v. 26.3.2009 – L 21 KR 26/09 SFB, VergabeR 2009, 922 (925); *Byok/Jansen* NVwZ 2005, 53 (55); *Gabriel* NZS 2007, 344 (347 f.); *Wollenschläger* NZBau 2004, 655 (659); *Heßhaus* VergabeR 2007, 333 (339 f.); Ziekow/Völlink/*Ziekow* Rn. 185.
[321] VK Südbayern Beschl. v. 7.3.2014 – Z3-3-3194-02-01/14, NZBau 2014, 462 ff.
[322] Vgl. OLG Düsseldorf Beschl. v. 18.10.2006 – VII-Verg 30/06, VergabeR 2007, 92; VK Rheinland-Pfalz Beschl. v. 1.2.2005 – VK 1/05; *Wagner/Raddatz* NZBau 2010, 731 (732); *Mestwerdt/von Münchhausen* ZfBR 2005, 659 (664); *Röwekamp* in RKPP GWB Rn. 186.
[323] OLG Düsseldorf Beschl. v. 18.10.2006 – VII-Verg 30/06, NZBau 2007, 254.
[324] Vgl. für Handwerkskammern VK Bund Beschl. v. 16.11.2018 – VK 1-99/18, NZBau 2019, 271; sowie allgemein dazu *Röwekamp* in RKPP GWB Rn. 194 ff.; Ziekow/Völlink/*Ziekow* Rn. 144.
[325] BVerfG Beschl. v. 25.2.1960 – 1 BvR 239/52, BVerfGE 10, 354 (369).
[326] Vgl. dazu – kritisch – auch Byok/Jaeger/*Werner* Rn. 122 ff., nach dem der Schwerpunkt der Tätigkeit der Versorgungswerke gerade nicht im Allgemeininteresse, sondern im Partikularinteresse der Mitglieder liegt.
[327] Vgl. *Röwekamp* in RKPP GWB Rn. 194; Ziekow/Völlink/*Ziekow* Rn. 144.

gesetzliche Beitragsfestlegung eine überwiegende Finanzierung iSd Vergaberechts darstellen könne, allerdings dann etwas anderes gelte, wenn die Einrichtung bei der Aufgabenbewältigung, insbesondere auch bei der Beitragsfestlegung, einen erheblichen autonomen Spielraum habe. Das gelte insbesondere dann, wenn Beschlüsse hierzu von einer Versammlung erlassen werden, die aus den Beitragspflichtigen selbst bestehe. Insbesondere reiche auch die bloß nachträgliche Rechtmäßigkeitskontrolle durch eine Aufsichtsbehörde, welche lediglich einen ausgeglichenen Haushalt sicherstellt, nicht aus, um eine überwiegende Finanzierung annehmen zu können.[328] Für ihre Einordnung als öffentliche Auftraggeber ist somit vor allem entscheidend, inwieweit ihre Finanzierung staatlich abgesichert ist, zB durch das Recht, Gebühren zu erheben (unmittelbar muss die Finanzierung nicht sein), und inwieweit Aufsicht über die Leitung besteht, die nicht nur in einer nachträglichen Rechtsaufsicht besteht.

Ausgehend hiervon sind **Ärztekammern** nach Auffassung des EuGH keine öffentlichen Auftraggeber iSd § 99 Nr. 2, weil die Beeinflussung der Höhe der Mitgliedsbeiträge maßgebend bei den Kammern selbst liegt.[329] 116

Entsprechendes hat die VK Bund wiederholt auch für die **Handwerkskammern** angenommen.[330] Bei dem ihnen kraft Bundesgesetzes (§ 113 HwO) eingeräumten Recht, von ihren Zwangsmitgliedern Beiträge zu erheben, verfügen die Handwerkskammern über eine erhebliche organisatorische und haushalterische Autonomie, sodass insoweit die erforderliche Staatsnähe fehlt. Denn die Handwerkskammer darf ihren Haushalts- bzw. Wirtschaftsplan und damit das Wesen und den Umfang der von ihr zur Erfüllung ihrer Aufgaben ausgeübten Tätigkeiten selbst festlegen (§ 106 Abs. 1 Nr. 4 HwO) und auch der Beitragsmaßstab wird nicht – wie für § 99 Nr. 2 lit. a erforderlich – von einer der dort genannten staatlichen Stellen festgelegt, sondern durch die mit ihren eigenen beitragspflichtigen Mitgliedern besetzte Vollversammlung (§ 106 Abs. 1 Nr. 5 iVm § 93 Abs. 1 HwO).[331] 117

Unter Berücksichtigung der v. g. EuGH-Rechtsprechung stellen auch die **Rechtsanwalts- und Notarkammern** keine öffentlichen Auftraggeber iSd § 99 Nr. 2 dar.[332] Insoweit ist zu beachten, dass sich die staatliche Aufsicht über die Rechtsanwalts- und Notarkammern darauf beschränkt, dass Gesetz und Satzung beachtet und insbesondere die der Kammer übertragenen Aufgaben erfüllt werden (§ 62 Abs. 2 S. 2 BRAO, § 66 Abs. 2 S. 2 BNotO). Hierbei handelt es sich um eine bloß nachprüfende Kontrolle, die es der öffentlichen Hand nicht ermöglicht, die Entscheidungen der Einrichtung im Bereich der Vergabe öffentlicher Aufträge zu beeinflussen. Schließlich stehen den Rechtsanwalts- und Notarkammern hinsichtlich der Durchsetzung der Beitragszahlungen auch nicht die Mittel der Verwaltungsvollstreckung zur Verfügung (vgl. § 84 BRAO, § 73 Abs. 2 BNotO).[333] 118

Demzufolge sind in der Regel weder die entsprechend ausgestalteten Kammern der Freiberufler noch deren Untergliederungen, wie insbesondere die **Versorgungswerke**, als öffentliche Auftraggeber iSd § 99 Nr. 2 zu qualifizieren.[334] 119

Fraglich und umstritten ist die Einordnung der **Industrie- und Handelskammern**. Die **VK Mecklenburg-Vorpommern** hat im Einzelfall die öffentliche Auftraggebereigenschaft einer Industrie- und Handelskammer mit dem Argument verneint, dass die überwiegende Finanzierung durch Beiträge nicht ausreiche, wenn darüber hinaus keine öffentliche Beherrschung erkennbar ist. Auch begründe die bloße Rechtsaufsicht keine Aufsicht iSd § 99 Nr. 2.[335] In ähnlicher Weise hat auch die **VK Sachsen** entschieden, dass eine Industrie- und Handelskammer kein öffentlicher Auftraggeber sei, wenn eine erhebliche Autonomie bei der Bestimmung des Wesens, des Umfangs und der Modalitäten der zu erhebenden Beiträge bestehe und lediglich eine nachträgliche Rechtskontrolle ihrer Tätigkeiten erfolge.[336] Dagegen hat die **VK Baden-Württemberg** eine Industrie- und Handelskammer aufgrund der bestehenden Zwangsmitgliedschaft und der Abhängigkeit vom 120

---

[328] EuGH Urt. v. 12.9.2013 – C-526/11, NZBau 2013, 717 Rn. 23 ff. – Ärztekammer Westfalen-Lippe.
[329] EuGH Urt. v. 12.9.2013 – C-526/11, NZBau 2013, 717 Rn. 30 – Ärztekammer Westfalen-Lippe. Kritisch dazu *Heyne* NVwZ 2014, 621 (624).
[330] Vgl. VK Bund Beschl. v. 16.11.2018 – VK 1-99/18, NZBau 2019, 271; VK Bund Beschl. v. 22.8.2018 – VK 1-77/18, IBR 2019, 29 mit Anm. *Gossen*; VK Bund Beschl. v. 22.12.2017 – VK 1-141/17, BeckRS 2017, 148101. Ebenso auch Ziekow/Völlink/*Ziekow* Rn. 145. Dagegen tendenziell wohl für eine Auftraggeberschaft hingegen Burgi/Dreher/*Dörr* Rn. 79.
[331] VK Bund Beschl. v. 16.11.2018 – VK 1-99/18, NZBau 2019, 271 f.
[332] *Heyne* NVwZ 2014, 621 (625); *Hausmann/Queisner* VergabeR 2014, 1 (6); *Steiling* NZBau 2012, 146; *Röwekamp* in RKPP GWB Rn. 195; Ziekow/Völlink/*Ziekow* Rn. 146.
[333] So insgesamt und mwN Ziekow/Völlink/*Ziekow* Rn. 146.
[334] IErg ebenso *Röwekamp* in RKPP GWB Rn. 196 mwN; sowie Byok/Jaeger/*Werner* Rn. 122 ff., wobei Letzterer bereits die Wahrnehmung von im Allgemeininteresse liegenden Aufgaben nicht als gegeben ansieht.
[335] VK Mecklenburg-Vorpommern Beschl. v. 8.5.2007 – 3 VK 04/07, BeckRS 2007, 142143.
[336] VK Sachsen Beschl. v. 12.11.2015 – I SVK 033–15.

Staat als öffentlichen Auftraggeber iSd § 99 Nr. 2 qualifiziert.[337] Die **Literaturmeinungen** hierzu divergieren ebenfalls.[338] Teilweise wird eine öffentliche Auftraggebereigenschaft ebenfalls abgelehnt.[339] Teilweise wird sie – zumindest in der Tendenz – befürwortet, wobei zum einen vor allem darauf hingewiesen wird, dass sich die Aufsicht des Staates bei den Industrie- und Handelskammern nicht auf eine klassische Rechtsaufsicht beschränkt, sondern mit wesentlichen zusätzlichen Eingriffsrechten ausgestattet ist, insbesondere mit weitgehenden Genehmigungserfordernissen bei Satzungen und Satzungsänderungen sowie Bezirksänderungs- und Auflösungsrechten.[340] Zum anderen wird darauf abgestellt, dass die Erhebung der Beiträge der Verwaltungsvollstreckung zugänglich gemacht werden kann (vgl. § 3 Abs. 8 IHK-G) und die Existenz der Kammern allein auf staatlichen Gesetzgebungsakten beruht, sodass es insoweit nicht darauf ankomme, ob der Staat auf konkrete Beschaffungsentscheidungen der Kammern Einfluss nehmen kann.[341]

121 **9. Religionsgemeinschaften.** Die öffentlich-rechtlich verfassten Religionsgemeinschaften sowie deren Einrichtungen sind nach zwar umstritten, indes bislang ganz überwiegender Auffassung **keine öffentlichen Auftraggeber iSd § 99 Nr. 2**.[342] Sie können jedoch – projektbezogen – **im Einzelfall,** insbesondere soweit sie in den Bereichen Schulwesen, Sozial- und Betreuungswesen sowie im Krankenhausbereich tätig werden und hierfür staatliche Subventionen erhalten, öffentliche Auftraggeber gem. **§ 99 Nr. 4** sein.[343]

122 Fraglich ist bereits, ob Religionsgemeinschaften **im Allgemeininteresse liegende Aufgaben** wahrnehmen. Zwar erfüllen sie insbesondere im karitativen und sozialen Bereich vielfach Aufgaben, die anderenfalls vom Staat wahrgenommen werden müssten. Da dies jedoch primär mit Rücksicht auf die Ziele ihrer eigenen Glaubens- und Wertegemeinschaft erfolgt, mithin also einen anderen Ursprung und eine andere Zwecksetzung als die staatliche Tätigkeit hat, wird die öffentliche Auftraggebereigenschaft iSd § 99 Nr. 2 teilweise bereits unter diesem Gesichtspunkt verneint.[344] Diese Auffassung begegnet jedoch insofern Bedenken, als die Interessen der Allgemeinheit und die Interessen der Glaubensgemeinschaften, insbesondere im karitativen und sozialen Bereich, keine Gegenbegriffe darstellen, sondern in der Regel gleichgerichtet sind. Demzufolge ist nicht recht einsichtig, warum eine originär kirchliche Tätigkeit nicht auch im Allgemeininteresse liegen können soll.[345]

123 Die fehlende öffentliche Auftraggebereigenschaft gem. § 99 Nr. 2 lässt sich aber plausibel mit der **fehlenden staatlichen Einflussnahmemöglichkeit** begründen. Die Kirchen sind kein Bestandteil des Staates. Zwar haben die Kirchen gem. **Art. 140 GG iVm Art. 137 Abs. 6 WRV** einen öffentlich-rechtlichen Sonderstatus. Dieser drückt sich insbesondere in der eigenen Steuerho-

---

[337] VK Baden-Württemberg Beschl. v. 28.12.2009 – 1 VK 61/09, IDR 2010, 161; VK Baden-Württemberg Beschl. v. 17.12.2009 – 1 VK 61/09, BeckRS 2015, 55867.
[338] Für eine öffentliche Auftraggeberschaft: *Wagner/Raddatz* NZBau 2010, 731 (733); Ziekow/Völlink/*Ziekow* Rn. 145; sowie wohl auch *Röwekamp* in RKPP GWB Rn. 198; dagegen: *Hausmann/Queisner* VergabeR 2014, 1 (11).
[339] *Hausmann/Queisner* VergabeR 2014, 1 (11).
[340] *Röwekamp* in RKPP GWB Rn. 198; *Wagner/Raddatz* NZBau 2010, 731 (733).
[341] Ziekow/Völlink/*Ziekow* GWB Rn. 145 mwN.
[342] Vgl. hierzu jeweils mwN OLG Düsseldorf Beschl. v. 15.7.2015 – VII-Verg 11/15, NZBau 2016, 55; OLG Celle Beschl. v. 25.8.2011 – 13 Verg 5/11, VergabeR 2012, 182; VK Baden-Württemberg Beschl. v. 10.8.2016 – 1 VK 29/16, IBRRS 2016, 2766; VK Nordbayern Beschl. v. 23.6.2015 – 21.VK-3194-19/15, IBRRS 2015, 2128; HK-VergabeR/*Pünder* Rn. 30; Reidt/Stickler/Glahs/*Masing* Rn. 80 ff.; *Röwekamp* in RKPP GWB Rn. 158 ff.; Ziekow/Völlink/*Ziekow* Rn. 175 ff.; aA (wohl) *Badenhausen-Fähnle* in Müller-Wrede GWB Rn. 34, der es für sachgerecht hält, die öffentlich-rechtlich verfassten Religionsgemeinschaft dann dem Vergaberecht zu unterwerfen, wenn sie zur Bedarfsdeckung den weltlichen Wirtschaftsbereich des staatlichen Rechts betreten.
[343] OLG Celle Beschl. v. 25.8.2011 – 13 Verg 5/11, VergabeR 2012, 182 (184); VK Niedersachen Beschl. v. 25.4.2018 – VgK-07/2018, BeckRS 2018, 9642; Reidt/Stickler/Glahs/*Masing* Rn. 84; *Röwekamp* in RKPP GWB Rn. 165; Ziekow/Völlink/*Ziekow* Rn. 178.
[344] Vgl. etwa OLG Brandenburg Beschl. v. 30.11.2004 – Verg W 10/04, VergabeR 2005, 230 (232), wo es heißt: „Er [der Auftraggeber] widmet sich insbesondere der Betreuung behinderter Menschen, der Erziehung und Ausbildung von Schwestern und Mitarbeitern sowie der Erhaltung und Weiterentwicklung der Heil-, Pflege-, Erziehungs- und Ausbildungseinrichtungen für Kinder, kranke, behinderte und hilfsbedürftige Menschen. Damit setzt er ausweislich seiner Leitlinien in seinen Hilfsangeboten das christliche Gebot der Nächstenliebe um. Diese karitative Tätigkeit des Auftraggebers liegt innerhalb des Wirkungskreises staatlicher Aufgabenerfüllung für weltliche Ziele i.S.d. § 98 Nr. 2 GWB."; iErg ebenso VK Hessen Beschl. v. 26.4.2006 – 69d VK – 15/2006, IBR 2006, 1546; VK Nordbayern Beschl. v. 29.10.2001 – 320.VK-3194-35/01, IBRRS 2002, 1852; für eine Auftragsvergabe unterhalb der Schwellenwerte s. zudem auch VG Neustadt (Weinstraße) Beschl. v. 22.2.2006 – 4 L 245/06, IBRRS 2006, 0585; *Röwekamp* in RKPP GWB Rn. 162; *Schröder* NZBau 2002, 260 (361).
[345] So insbes. auch Reidt/Stickler/Glahs/*Masing* Rn. 81.

heit und einer eigenen Gerichtsbarkeit aus. Die Kirchen sind aber gleichwohl durch eine **Staatsferne** gekennzeichnet. Sie verwalten ihre Mittel selbstständig und unterliegen keiner fachlichen Kontrolle durch staatliche Organe. Insbesondere werden weder die Mitglieder der Leitungs- und Aufsichtsorgane der öffentlich-rechtlich verfassten Religionsgemeinschaften durch den Staat (mit-)bestimmt noch übt der Staat in sonstiger Weise die Aufsicht über deren Leitung aus.[346] Eine staatliche Einflussnahmemöglichkeit könnte sich daher allenfalls aus einer überwiegenden staatlichen Finanzierung ergeben. Da die Religionsgemeinschaften sich grundsätzlich durch die in Art. 140 GG iVm. Art. 137 Abs. 6 WRV geregelte **Kirchensteuer** finanzieren, könnte sich insoweit eine Parallele zur Beitragsfinanzierung des öffentlich-rechtlichen Rundfunks (→ Rn. 108 f.) und eine Übertragung der vom EuGH diesbezüglich in der Entscheidung „Bayerischer Rundfunk"[347] aufgestellten Rechtsgrundsätze aufdrängen.[348] Hiergegen spricht jedoch das gebotene funktionale Verständnis sowohl des Merkmals der staatlichen Finanzierung[349] als auch des Begriffs der Einrichtung des öffentlichen Rechts insgesamt.[350] Denn zum einen beruht die Mitgliedschaft in Religionsgemeinschaften auf dem Prinzip der **Freiwilligkeit,** sodass die Pflicht zur Entrichtung der *Kirchensteuer nicht auf einem staatlichen Akt,* sondern auf dem freiwillig begründeten Mitgliedschaftsverhältnis beruht. Hierin liegt ein wesentlicher Unterschied zur Situation beim öffentlich-rechtlichen Rundfunk.[351] Die **Kirchensteuer ist keine Zwangsabgabe.**[352] Zum anderen sind die *Religionsgemeinschaften – anders als die Rundfunkanstalten – in ihrer Existenz vom Staat unabhängig.*[353] Dies folgt aus Art. 140 GG iVm Art. 137 Abs. 2 WRV und gilt auch dann, wenn die Gemeinschaft nach Art. 140 GG iVm Art. 137 Abs. 5 und 6 WRV über den Status einer Körperschaft des öffentlichen Rechts[354] mit dem Recht der Steuererhebung verfügt. Denn die Zuerkennung dieses besonderen Status soll gerade die Eigenständigkeit und Unabhängigkeit der Kirche vom Staat sowie ihre originäre Kirchengewalt bekräftigen.[355] Das Regelungsziel, solche Einrichtungen des öffentlichen Rechts als öffentliche Auftraggeber zu erfassen, die zwar formal vom Staat getrennt sind, ihm aber funktional zuzurechnen sind, greift mithin nicht. Denn die Religionsgemeinschaften sind **nicht in das staatliche Gefüge eingegliedert.** Sie bilden vielmehr einen **Teil der gesellschaftlichen Sphäre** nichtverfasster Staatlichkeit.[356]

In Konsequenz des vorstehend Gesagten sind auch **sonstige Einrichtung in kirchlicher Trägerschaft** regelmäßig **keine öffentlichen Auftraggeber iSd § 99 Nr. 2.** Sie können lediglich im Einzelfall projektbezogen als öffentliche Auftraggeber iSd § 99 Nr. 4 zu qualifizieren sein.[357]

10. Rotes Kreuz und andere Träger der freien Wohlfahrtspflege. Das Rote Kreuz und andere Träger der freien Wohlfahrtspflege nehmen in der Regel zwar im Allgemeininteresse liegende Aufgaben nichtgewerblicher Art wahr. Sie werden jedoch typischerweise nicht überwiegend vom Staat finanziert und unterliegen hinsichtlich ihrer Leitung auch keiner staatlichen Aufsicht. Im Regelfall sind sie daher keine öffentlichen Auftraggeber iSd § 99 Nr. 2.[358] Für das **Bayerische Rote Kreuz** hat dies das **BayObLG** ausdrücklich festgestellt.[359] Es kommt daher auch insoweit allenfalls eine öffentliche Auftraggebereigenschaft im Einzelfall nach § 99 Nr. 4 in Betracht.

11. Stiftungen. Stiftungen können öffentliche Auftraggeber iSd § 99 Nr. 2 sein. Die dem **öffentlichen Recht** unterliegenden Stiftungen nehmen in aller Regel auch im Allgemeininteresse liegende Aufgaben nichtgewerblicher Art wahr.[360] Hier kommt es dann maßgeblich auf die Ausgestaltung der Stiftung im Einzelfall an, insbesondere auf die staatliche Kontrolle (vgl. schon Anhang

---

[346] Vgl. dazu auch Reidt/Stickler/Glahs/*Masing* Rn. 82; *Röwekamp* in RKPP GWB Rn. 158.
[347] Vgl. EuGH Urt. v. 13.12.2007 – C-337/06, Slg. 2007, I-11173 = NZBau 2008, 130 – Bayerischer Rundfunk; sowie dazu *Franke/Mertens* VergabeR 2008, 52 f.; *Heuvels* NZBau 2008, 166 f.; *Korthals* NZBau 2006, 215; *Handweiler/Dreesen* EuZW 2007, 107.
[348] S. insoweit insbes. auch Reidt/Stickler/Glahs/*Masing* Rn. 83; Ziekow/Völlink/*Ziekow* Rn. 176.
[349] EuGH Urt. v. 13.12.2007 – C-337/06, Slg. 2007, I-11173 Rn. 40 = NZBau 2008, 130 (132) – Bayerischer Rundfunk.
[350] Reidt/Stickler/Glahs/*Masing* Rn. 83; Ziekow/Völlink/*Ziekow* Rn. 176 f.
[351] Ziekow/Völlink/*Ziekow* Rn. 176.
[352] VK Niedersachsen Beschl. v. 25.4.2018 – VgK-07/2018, BeckRS 2018, 9642.
[353] OLG Celle Beschl. v. 25.8.2011 – 13 Verg 5/11, VergabeR 2012, 182 (184).
[354] Allgemein zum Körperschaftsstatus der Religionsgemeinschaften *Quaas* NVwZ 2009, 1400 ff.
[355] Ziekow/Völlink/*Ziekow* Rn. 177.
[356] Ebenso *Schröder* NZBau, 2002, 259 (260); Reidt/Stickler/Glahs/*Masing* Rn. 83; *Röwekamp* in RKPP GWB Rn. 158.
[357] OLG Celle Beschl. v. 25.8.2011 – 13 Verg 5/11, VergabeR 2012, 182 (184); VK Niedersachsen Beschl. v. 25.4.2018 – VgK-07/2018, BeckRS 2018, 9642. Ebenso *Röwekamp* in RKPP GWB Rn. 165.
[358] Ziekow/Völlink/*Ziekow* Rn. 176.
[359] Vgl. BayObLG Beschl. v. 10.9.2002 – Verg 23/02, NZBau 2003, 348 (349).
[360] Ziekow/Völlink/*Ziekow* Rn. 187.

III Vergabe-RL 2004, → Rn. 76 f.). Die gesetzlich verankerte Stiftungsaufsicht allein vermittelt jedoch noch keine staatliche Beherrschung iSd § 99 Nr. 2.[361] Vielmehr müssen weitere Umstände hinzutreten, die einzelfallbezogenen zu würdigen sind. Entsprechend wurde die Auftraggebereigenschaft in der Rechtsprechung bereits in diversen Zusammenhängen bejaht.[362]

127 *Privatrechtliche und kirchliche Stiftungen* unterfallen dagegen in der Regel nicht dem Tatbestand des § 99 Nr. 2.[363]

128 **12. Krankenhäuser.** Das Gesundheitswesen ist eine klassische im Allgemeininteresse liegende Aufgabe nichtgewerblicher Art.[364] Krankenhäuser, die in der Rechtsform einer privaten Gesellschaft organisiert sind, sind daher regelmäßig öffentliche Auftraggeber iSd § 99 Nr. 2, wenn die Gesellschaftsanteile von einer Kommune, einem Kreis oder einem Land gehalten werden.[365] Dies gilt auch dann, wenn das städtische Krankenhaus von einer gemeinnützigen GmbH betrieben wird[366] und erst recht bei einem Klinikum in der Form der Anstalt des öffentlichen Rechts (AöR), die nach ihrer Satzung gemeinnützige Zwecke verfolgt, öffentlich finanziert und beaufsichtigt wird.[367] Auch bei einem akademischen Lehrkrankenhaus fehlt es an einer Gewerblichkeit, da die Ausübung von Wettbewerb nicht im Vordergrund steht. Dies gilt umso mehr, wenn das Insolvenzrisiko vom öffentlichen Träger übernommen wurde.[368] Etwas anderes gilt indes für Krankenhäuser in kirchlicher Trägerschaft (→ Rn. 124).

129 Das **Institut für das Entgeltsystem im Krankenhaus (InEK)** wurde vom OLG Düsseldorf ebenfalls als öffentlicher Auftraggeber iSd § 99 Nr. 2 eingestuft. Der Gründungszweck, die Einführung und Weiterentwicklung eines diagnosebezogenen, pauschalierenden Vergütungssystems ist in § 174 KHG gesetzlich angeordnet und ist daher eine im Allgemeininteresse liegende Aufgabe nichtgewerblicher Art. Die besondere Staatgebundenheit liegt in der mittelbaren staatlichen Finanzierung durch den Bund, der mit dem Gesetz zur wirtschaftlichen Sicherung der Krankenhäuser und zur Regelung der Krankenhauspflegesätze (KHG) die Befugnis eingeräumt hat, für jeden abzurechnenden Fall von den Krankenhäusern einen Zuschlag zu erheben, ohne dass diesem Zuschlag spezifische Gegenleistungen entgegenstehen.[369]

130 **13. Bildungseinrichtungen.** Einrichtungen des öffentlichen Bildungswesens sind regelmäßig öffentliche Auftraggeber iSd § 99 Nr. 2, sofern sie im vergaberechtlichen Sinne verselbstständigt sind (→ Rn. 24 und 31).[370] Dies gilt insbesondere für **Universitäten**,[371] **Fachhochschulen** und Hochschulen, die nach den Landesgesetzen in Trägerschaft einer rechtsfähigen Stiftung öffentlichen Rechts geführt werden.[372]

131 Auch **Universitätskliniken**,[373] die außerhalb marktmäßiger Mechanismen operieren,[374] sowie akademische **Lehrkrankenhäuser**, deren Kosten durch den öffentlichen Haushalt zumindest im Wesentlichen gedeckt werden und keinem Insolvenzrisiko unterliegen,[375] sind in der Regel öffentliche Auftraggeber.

---

[361] So auch *Röwekamp* in RKPP GWB Rn. 166.
[362] Bejaht etwa für eine Kreishospitalstiftung, einer rechtsfähigen kreiskommunalen Stiftung des öffentlichen Rechts, vom BayObLG Beschl. v. 20.12.1999 – Verg 8/99, NZBau 2000, 259 f.; ähnlich VK Südbayern Beschl. v. 13.10.1999 – 120.3–3194.11–14–09/99; für eine sog. Stiftungshochschule nach niedersächsischem Hochschulrecht von VK Niedersachsen Beschl. v. 14.6.2005 – VgK 22/05, BeckRS 2005, 08094; für die Deutsche Gesellschaft für Technische Zusammenarbeit (GTZ) von VK Bund Beschl. v. 11.9.2002 – VK-2-42/02 Rn. 56; für eine Stiftung zur Kranken- und Altenpflege bejaht von OLG München Beschl. v. 7.6.2005 – Verg 4/05, VergabeR 2005, 620; s. ferner auch BGH Urt. v. 26.10.1999 – X ZR 30/98, BauR 2000, 254 – Altenheim.
[363] Vgl. insoweit auch *Röwekamp* in RKPP GWB Rn. 166; Ziekow/Völlink/ *Ziekow* Rn. 187.
[364] OLG Naumburg Beschl. v. 17.2.2004 – 1 Verg 15/03, VergabeR 2004, 634.
[365] VK Niedersachsen Beschl. v. 8.5.2018 – VgK-10/2018, ZfBR 2019, 97 (98); VK Niedersachsen Beschl. v. 20.9.2011 – VgK-41/2011, BeckRS 2011, 145032; VK Bremen Beschl. v. 15.11.2006 – VK 2/06, IBR 2007, 43.
[366] VK Thüringen Beschl. v. 7.2.2019 – 2504003-262/2019-E-001-EIC; VK Niedersachsen Beschl. v. 17.8.2009 – VgK-36/2009, BeckRS 2009, 138593.
[367] VK Südbayern Beschl. v. 29.4.2010 – Z 3–3-3194/1–03-01/10, BeckRS 2010, 37324.
[368] OLG Naumburg Beschl. v. 17.2.2004 – 1 Verg 15/03, VergabeR 2004, 634.
[369] OLG Düsseldorf Beschl. v. 29.4.2015 – VII-Verg 35/14, NZBau 2015, 440 – Entgeltsystem.
[370] Ziekow/Völlink/ *Ziekow* Rn. 138.
[371] Vgl. EuGH Urt. v. 3.10.2000 – C-380/98, Slg. 2000, I-8035 = VergabeR 2001, 111 – University of Cambridge; sowie dazu *Kau* NZBau 2016, 523.
[372] VK Niedersachsen Beschl. v. 14.6.2005 – VgK-22/2005; *Röwekamp* in RKPP GWB Rn. 188.
[373] VK Baden-Württemberg Beschl. v. 16.12.2009 – 1 VK 63/09; VK Baden-Württemberg Beschl. v. 16.11.2004 – VK 69/04; VK Düsseldorf Beschl. v. 30.10.2006 – VK-44/2006-B, BeckRS 2006, 14622.
[374] VK Baden-Württemberg Beschl. v. 16.12.2009 – 1 VK63/09; VK Baden-Württemberg Beschl. v. 16.11.2004 – VK/69/04; VK Düsseldorf Beschl. v. 30.10.2006 – VK-44/2006-B, BeckRS 2006, 14622.
[375] VK Düsseldorf Beschl. v. 30.10.2006 – VK-44/2006-B, BeckRS 2006, 14622; sowie ferner auch OLG Naumburg Beschl. v. 17.2.2004 – 1 Verg 15/03, VergabeR 2004, 634.

Die (klassischen) **Universitätsinstitute,** die einem oder mehreren Lehrstühlen einer Universität zugeordnet sind und damit der Aufsicht nach dem Hochschulgesetz bzw. Hochschulfreiheitsgesetz unterliegen, sind ebenfalls öffentliche Auftraggeber iSd § 99 Nr. 2.[376] Von den klassischen Universitätsinstituten zu unterscheiden sind die sog. **An-Institute.** An-Institute sind privatrechtlich organisiert, wobei hinter dieser Organisationsform verschiedene Kombinationen von Staat, Universität, Trägervereinen, Professoren sowie der Industrie stehen können. Besondere aufsichtsrechtliche Verhältnisse können sich dabei nur aus (kooperations-)vertraglichen Vereinbarungen zwischen der Universität und dem An-Institut ergeben. Sofern im Einzelfall jedoch keine entsprechenden **aufsichtsrechtlichen Befugnisse** in einem Kooperationsvertrag niedergelegt sind, kann es an der Beherrschung durch einen öffentlichen Auftraggeber fehlen. Entscheidend ist insoweit, ob eine durchgängige staatliche Einflussnahme gesichert ist. Ist dies nicht der Fall, fehlt es an einer entsprechenden Beherrschung. Eine besondere Staatsnähe kann sich dann lediglich noch über eine überwiegende öffentlich-rechtliche **Finanzierung** ergeben. Insoweit ist jedoch nur auf solche Finanzmittel abzustellen, die ohne spezifische Gegenleistungen im Forschungsbereich erbracht werden (→ Rn. 62 und 65).[377] 132

Die **in kommunaler Trägerschaft geführten** *Schulen* sind selbst nicht öffentlicher Auftraggeber. Vielmehr ist auf die hinter ihnen stehende Kommune abzustellen (§ 99 Nr. 1).[378] Staatlich genehmigte **Schulen in privater Trägerschaft** nehmen im Allgemeininteresse liegende Aufgaben nichtgewerblicher Art wahr, sodass sie – in Abhängigkeit von den von Bundesland zu Bundesland variierenden Finanzierungsmodalitäten – bei einem überwiegenden staatlichen Finanzierungsanteil öffentliche Auftraggeber gem. § 99 Nr. 2 sein können.[379] Ein **gemeinnütziger Verein zum Zweck der Durchführung von Schülerspezialverkehr** wurde vom OLG München ebenfalls als öffentlicher Auftraggeber iSd § 99 Nr. 2 qualifiziert.[380] 133

14. Sparkassen und Landesbanken. Die öffentliche Auftraggebereigenschaft der **Sparkassen** war in früheren Jahren sehr umstritten. Der nationale Gesetzgeber hat in der Begründung zur Einführung der §§ 57a–57c HGrG zwar die Auffassung vertreten, dass die öffentlich-rechtlichen Kreditinstitute (Sparkassen und Landesbanken) sowie Wettbewerbsversicherer keine öffentlichen Auftraggeber seien, weil deren Einbeziehung in den Kreis der zur Beachtung des Vergaberechts zählenden Personen zu einschneidenden Wettbewerbsverzerrungen führen würde.[381] Die EU-Kommission vertrat dagegen seit jeher die Auffassung, dass öffentlich-rechtliche Kreditinstitute und Wettbewerbsversicherer Adressaten des öffentlichen Vergaberechts seien.[382] Mit Blick auf die im Allgemeininteresse liegende Aufgabe der Versorgung breiter Bevölkerungsschichten, insbesondere des Mittelstandes, mit Vermögensbildungs- und Kreditangeboten,[383] die hinreichende staatliche Einflussnahmemöglichkeit sowie die bis zum Jahr 2005 aufgrund der Anstaltslast und der Gewährträgerhaftung fehlende Insolvenzfähigkeit wurden die Sparkassen auch von der herrschenden Meinung als öffentliche Auftraggeber gem. § 99 Nr. 2 angesehen.[384] **Seit dem Wegfall der Gewährträgerhaftung der beteiligten Kommunen** am 19.7.2005[385] erbringen die Sparkassen ihre Tätigkeiten indes grundsätzlich in wettbewerblicher Art und Weise und werden sie – mangels 134

---

[376] VK Düsseldorf Beschl. v. 18.6.2007 – VK-14/2007, IBRRS 2008, 0102.
[377] Vgl. zum Ganzen VK Düsseldorf Beschl. v. 18.6.2007 – VK-14/2007, IBRRS 2008, 0102.
[378] Ziekow/Völlink/*Ziekow* Rn. 138.
[379] *Trautner/Schäffer* VergabeR 2010, 172 ff.; Ziekow/Völlink/*Ziekow* Rn. 138; *Röwekamp* in RKPP GWB Rn. 192.
[380] OLG München Beschl. v. 2.3.2009 – Verg 1/09, VergabeR 2009, 816.
[381] Vgl. BT-Drs. 12/4636, 16, wo es heißt: „Eine Einbeziehung von öffentlich-rechtlichen Wettbewerbsversicherern und öffentlich-rechtlichen Kreditinstituten würde zu einschneidenden Wettbewerbsverzerrungen führen. Eine solche Benachteiligung der öffentlich-rechtlichen Unternehmen, die keine Privilegien im Wettbewerb gegenüber den privaten Anbietern genießen, ist von der EU-Richtlinie 92/50/EWG des Rates vom 18.6.1992 nicht gedeckt.".
[382] Vgl. mwN *Röwekamp* in RKPP GWB Rn. 171.
[383] S. etwa § 2 Abs. 1 S. 1 Berliner Sparkassengesetz: „Der Berliner Sparkasse obliegt die Förderung des Sparens und die Befriedigung des örtlichen Kreditbedarfs, insbesondere des Mittelstandes und der wirtschaftlich schwächeren Bevölkerungskreise."; vgl. OLG Rostock Beschl. v. 15.6.2005 – 17 Verg 3/05, NZBau 2006, 593 (594).
[384] Vgl. dazu jeweils mwN Reidt/Stickler/Glahs/*Masing* Rn. 70 f.; *Röwekamp* in RKPP GWB Rn. 171.
[385] Die Sonderstellung der auch im Wettbewerb mit Privaten tätigen öffentlichen Kreditinstitute wurde bereits Mitte der 1990er Jahre – indes unter beihilferechtlichen Gesichtspunkten – von der EU-Kommission kritisch gesehen. Die daraufhin zwischen der EU-Kommission und der Bundesrepublik Deutschland geführte Kontroverse wurde durch eine Verständigung im Jahr 2002 beigelegt. Diese Verständigung sah im Wesentlichen vor, die Gewährträgerhaftung abzuschaffen und die Anstaltslast durch eine wirtschaftliche Eigentümerbeziehung nach marktwirtschaftlichen Grundsätzen zu ersetzen. Die Umsetzung dieser Maßnahmen erfolgte innerhalb einer 4-jährigen, am 18.7.2005 ablaufenden Übergangsfrist; s. hierzu auch Reidt/Stickler/Glahs/*Masing* Rn. 71; sowie ausf. zum Ganzen *Bunte* in Schimansky/Bunte/Lwowski BankR-HdB, 4. Aufl. 2011, § 142 Rn. 21 ff.

Nichtgewerblichkeit ihrer Tätigkeit – **nicht mehr als öffentliche Auftraggeber iSd § 99 Nr. 2 angesehen.**[386]

135 Demgegenüber sind die **Landesbanken** – nach wie vor – als öffentliche Auftraggeber iSd § 99 Nr. 2 anzusehen, sofern sie das öffentliche Auftragsgeschäft wahrnehmen und somit – insbesondere als Förderbanken – Aufgaben nichtgewerblicher Art wahrnehmen.[387] Die Rechtsprechung hat insbesondere folgende Institute als öffentliche Auftraggeber qualifiziert: Westdeutsche Landesbank Girozentrale und deren Tochtergesellschaft Westdeutsche Lotterie GmbH & Co. OHG,[388] Landeszentralbank Baden-Württemberg,[389] Landeskreditbank Baden-Württemberg[390] sowie Sächsische Aufbaubank – Förderbank.[391] Etwas anderes gilt allerdings in dem Fall, dass das wettbewerbliche Bankgeschäft – wie in Nordrhein-Westfalen im Falle der WestLB AG – auf eine gesonderte juristische Person übertragen und nach allgemeinen wirtschaftlichen Prinzipien geführt wird. Mangels Wahrnehmung von Aufgaben nichtgewerblicher Art unterfällt eine solche Einrichtung nicht § 99 Nr. 2.[392]

136 **15. Wohnungsbaugesellschaften.** Hinsichtlich der staatlichen und kommunalen Wohnungsbaugesellschaften ist eine differenzierte Betrachtungsweise geboten. So stellt die Schaffung und Zurverfügungstellung von Wohnraum als solchem noch nicht zwingend eine **im Allgemeininteresse liegende Aufgabe** dar.[393] Soweit die Aufgabe der betroffenen Gesellschaften indes darin besteht, vorrangig eine *sozial verantwortbare Wohnversorgung für breite Schichten der Bevölkerung* sicherzustellen, die Siedlungspolitik und Maßnahmen der Infrastruktur sowie der Wirtschaftsförderung zu unterstützen, kommunales Immobilienvermögen mit dieser Zwecksetzung zu verwalten und/oder städtebauliche Einrichtungen sowie Entwicklungs- und Sanierungsmaßnahmen durchzuführen, ist die Wahrnehmung einer im Allgemeininteresse liegenden Aufgabe zu bejahen.[394]

137 Ob die Unternehmen in gewerblicher oder nichtgewerblicher Art tätig werden ist eine Frage des Einzelfalls.[395] Wohnungsbaugesellschaften in Ballungszentren können dabei im Einzelfall anders zu bewerten sein als Wohnungsbaugesellschaften in der Peripherie. Das **OLG Brandenburg**[396] hat in diesem Zusammenhang darauf hingewiesen, dass es dem typischen Bild heutiger kommunaler Wohnungsbaugesellschaften entspreche, dass sie die Aufgabe der sozialen Wohnraumförderung mit der Tätigkeit eines nach wirtschaftlichen Gesichtspunkten agierenden Wohnungsunternehmens verbinden. Das ändere aber nichts daran, dass die im Allgemeininteresse liegende besondere Aufgabe der sozialen Wohnraumförderung eine solche nichtgewerblicher Art ist. Die Verbindung ihrer im Allgemeininteresse liegenden nichtgewerblichen Aufgabe mit einer auf Gewinnerzielung gerichteten Tätigkeit ermögliche es den kommunalen Wohnungsunternehmen, die ihnen als besondere Pflicht obliegende Aufgabe effizient und kostensparend zu erfüllen. Auch das **OLG Rostock**[397] hat insoweit eine im Allgemeininteresse liegende Aufgabe nichtgewerblicher Art angenommen, obwohl die in Rede stehende Wohnungsbaugesellschaft Gewinninteressen verfolgt hat. Demgegenüber hat das **OLG Hamburg**[398] die öffentliche Auftraggebereigenschaft einer Wohnbaugesellschaft – unter Betonung von deren gewerblicher sowie geschäftsmäßiger Gewinnorientierung – verneint. Nach Ansicht des OLG Hamburg reiche eine bloße Dysfunktionalität eines lokalen oder regionalen Wohnungsmarkts noch nicht aus, um ein wettbewerblich geprägtes Umfeld eines kommunalen Wohnungsbauunternehmens zu verneinen. Hinzukommen muss vielmehr auch noch eine quasi-monopolistische

---

[386] So insbes. OLG Rostock v. 15.6.2005 – 17 Verg 3/05, NZBau 2006, 593 (594). Diesem zustimmend: Byok/Jaeger/*Werner* Rn. 116; HK-VergabeR/*Pünder* Rn. 40; Willenbruch/Wieddekind/*Wieddekind* Rn. 51; Reidt/Stickler/Glahs/*Masing* Rn. 72; Röwekamp in RKPP GWB Rn. 175.
[387] Reidt/Stickler/Glahs/*Masing* Rn. 73.
[388] VK Münster Beschl. v. 24.6.2002 – VK 03/02, ZfBR 2002, 724.
[389] VK Bund Beschl. v. 30.6.1999 – VK-2/14/99, ZVgR 1999, 222.
[390] VK Baden-Württemberg Beschl. v. 6.6.2001 – 1 VK 6/2001.
[391] VK Sachsen Beschl. v. 19.4.2004 – 1/SVK/025-04, BeckRS 2004, 11132.
[392] Reidt/Stickler/Glahs/*Masing* Rn. 73; Röwekamp in RKPP GWB Rn. 174.
[393] OLG Karlsruhe Beschl. v. 17.4.2008 – 8 U 228/06, VergabeR 2009, 108 (112); Ziekow/Völlink/*Ziekow* Rn. 192; aA (wohl) Reidt/Stickler/Glahs/*Masing* Rn. 90.
[394] EuGH Urt. v. 1.2.2001 – C-237/99, Slg. 2001, I-939 Rn. 45 und 47 = NZBau 2001, 215 (217); OLG Brandenburg Beschl. v. 6.12.2016 – 6 Verg 4/16, BeckRS 2016, 114888; KG Berlin Beschl. v. 12.4.2000 – KartVerg 9/99, BeckRS 2008, 12183; OLG Hamburg Beschl. v. 11.2.2019 – 1 Verg 3/15, NZBau 2019, 398 Rn. 146 ff.; OLG Rostock Beschl. v. 2.10.2019 – 17 Verg 3/19, NZBau 2020, 113; VK Rheinland-Pfalz Beschl. v. 21.12.2017 – VK 1-24/17, BeckRS 2017, 148099; VK Baden-Württemberg Beschl. v. 9.10.2001 – 1 VK 27/01, IBRRS 2004, 3631; sowie insbes. auch Ziekow/Völlink/*Ziekow* Rn. 193.
[395] VK Sachsen Beschl. v. 11.6.2021 – 1/SVK/006-21, IBRRS 2021, 2563; VK Brandenburg Beschl. v. 3.4.2009 – VK 8/09, BeckRS 2010, 27029.
[396] OLG Brandenburg Beschl. v. 6.12.2016 – 6 Verg 4/16, VergabeR 2017, 609.
[397] OLG Rostock Beschl. v. 2.10.2019 – 17 Verg 3/19, NZBau 2020, 113.
[398] OLG Hamburg Beschl. v. 11.2.2019 – 1 Verg 3/15, NZBau 2019, 398.

Stellung des Unternehmens, welche diesem eine marktbezogene Sonderstellung vermittelt.[399] Allgemein wird man zudem davon ausgehen können, dass je stärker der Gesellschaftszweck auf die Zurverfügungstellung von Wohnraum für sozial schwache Schichten fokussiert ist, desto geringer die Ausprägung eines auf den Grundsätzen des Wettbewerbs beruhenden Marktes sein dürfte.[400]

Schließlich bedarf auch die Frage nach der **besonderen Staatsnähe** immer einer entsprechenden Gesamtbetrachtung aller relevanten Einzelfallumstände.[401] Eine pauschale Betrachtungsweise ist insoweit naturgemäß nicht möglich. **138**

Die bisherige **nationale Rechtsprechung** hat die kommunalen Wohnungsbau- und Entwicklungsgesellschaften vielfach als öffentliche Auftraggeber iSd § 99 Nr. 2 eingestuft.[402] Auch der **EuGH** hat Projekt- und Planungsgesellschaften, die für öffentliche Auftraggeber tätig werden,[403] sowie eine Sozialwohnungs-AG[404] als öffentliche Auftraggeber eingeordnet. **139**

16. Messegesellschaften. Die Frage, ob Messegesellschaften öffentliche Auftraggeber iSd § 99 Nr. 2 sind, kann ebenfalls nur einzelfallbezogen beurteilt werden. Messegesellschaften erfüllen zwar **im Allgemeininteresse liegende Aufgaben**, da sie nicht nur ein Forum für gewerblich tätige Händler und Anbieter bieten, sondern auch Verbrauchern die Möglichkeit zur Information geben.[405] Darüber hinaus stehen sie regelmäßig auch im Anteilseigentum der öffentlichen Hand und/oder können ohne den Einsatz erheblicher öffentlicher Mittel gar nicht finanziert werden.[406] **140**

Allerdings ist die Feststellung der **Nichtgewerblichkeit** regelmäßig fraglich und nur unter Berücksichtigung der maßgeblichen Einzelfallumstände möglich. Insoweit ist zu beachten, dass der **EuGH** in seiner Entscheidung „**Mailänder Messe**" festgestellt hat, dass eine Einrichtung „deren Zweck in der Durchführung von Tätigkeiten besteht, die darauf gerichtet sind, Messeveranstaltungen, Ausstellungen und sonstige vergleichbare Vorhaben auszurichten, die keine Gewinnerzielungsabsicht verfolgt, deren Geschäftsführung aber an Leistungs-, Effizienz- und Wirtschaftlichkeitskriterien auszurichten ist, und die in einem wettbewerblich geprägten Umfeld tätig wird, keine Einrichtung des öffentlichen Rechts i.S.d. Artikels 1 Buchstabe b Unterabsatz 2 der Richtlinie ist".[407] Demzufolge hängt die öffentliche Auftraggebereigenschaft insbesondere von der **im Einzelfall zu beurteilenden Nichtgewerblichkeit** der Tätigkeit ab. Diese kann beispielsweise gegeben sein, wenn die Gesellschaft auf einem nicht entwickelten Markt tätig ist[408] und bei der Gesellschaft etwaig eingetretene Verluste aufgrund eines Gewinnabführungs- und Beherrschungsvertrages von dem staatlichen Gesellschafter getragen werden[409] oder das Gewicht der wettbewerblichen Aspekte aus sonstigen Gründen „insgesamt hinter wettbewerbsuntypischen Aspekten […] zurückbleibt".[410] **141**

---

[399] OLG Hamburg Beschl. v. 11.2.2019 – 1 Verg 3/15, NZBau 2019, 398 Rn. 161 f.; zustimmend Ziekow/Völlink/*Ziekow* Rn. 194.
[400] So Ziekow/Völlink/*Ziekow* Rn. 194.
[401] VK Brandenburg Beschl. v. 3.4.2009 – VK 8/09, BeckRS 2010, 27029; Reidt/Stickler/Glahs/*Masing* Rn. 90; Ziekow/Völlink/*Ziekow* Rn. 196.
[402] So bspw. OLG Rostock Beschl. v. 2.10.2019 – 17 Verg 3/19, NZBau 2020, 113; OLG Brandenburg Beschl. v. 6.12.2016 – 6 Verg 4/16, VergabeR 2017, 609; OLG Brandenburg Beschl. v. 13.7.2001 – Verg 3/01, NZBau 2001, 645 (647); OLG Düsseldorf Beschl. v. 23.2.2005 – VII-Verg 78/04, NZBau 2005, 538 (539); OLG Schleswig Beschl. v. 15.2.2005 – 6 Verg 6/04, VergabeR 2005, 357 (358); KG Berlin Beschl. v. 6.2.2003 – 2 Verg 1/03, NZBau 2003, 346; VG Meiningen Beschl. v. 16.1.2007 – 2 E 613/06, BeckRS 2007, 25641; VK Sachsen Beschl. v. 11.6.2021 – 1/SVK/006-21, IBRRS 2021, 2563; VK Schleswig-Holstein Beschl. v. 3.11.2004 – VK-SH 28/04, BeckRS 2004, 10545. Anders dagegen OLG Karlsruhe Beschl. v. 17.4.2008 – 8 U 228/06, VergabeR 2009, 108 (109 ff.); OLG Hamburg Beschl. v. 11.2.2019 – 1 Verg 3/15, NZBau 2019, 398 Rn. 141 ff.
[403] EuGH Urt. v. 22.5.2003 – C-18/01, Slg. 2003, I-5321 Rn. 40 = ZfBR 2003, 705 – Korhonen.
[404] EuGH Urt. v. 1.2.2001 – C-237/99, Slg. 2001, I-939 = NZBau 2001, 215 – OPAC.
[405] EuGH Urt. v. 10.5.2001 – verb. Rs. C-223/99 und 260/99, Slg. 2001, I-3605 Rn. 34 = NZBau 2001, 403 (405) – Agorà und Excelsior/Mailänder Messe; OLG Düsseldorf Beschl. v. 18.4.2018 – VII-Verg 28/17, ZfBR 2018, 713 (714); OLG Düsseldorf Beschl. v. 21.3.2018 – VII-Verg 50/16, NZBau 2018, 370 (371); OLG Hamburg Beschl. v. 25.1.2007 – 1 Verg 5/06, VergabeR 2007, 358 (359); KG Berlin Beschl. v. 27.7.2006 – 2 Verg 5/06, NZBau 2006, 725 (727 f.); VK Düsseldorf Beschl. v. 21.3.2013 – VK-33/2012-L, NZBau 2013, 534 (535).
[406] VK Düsseldorf Beschl. v. 21.3.2013 – VK 33/2012-L, NZBau 2013, 534 mit Anm. Dietlein; *Marx/Prieß* in Jestaedt/Kemper/Marx/Prieß, Das Recht der Auftragsvergabe, 1999, 38 f.; *Röwekamp* in RKPP GWB Rn. 208.
[407] EuGH Urt. v. 10.5.2001 – verb. Rs. C-223/99 und 260/99, Slg. 2001, I-3605 Rn. 43 = NZBau 2001, 403 (406) – Agorà und Excelsior/Mailänder Messe.
[408] VK Bremen Beschl. v. 23.8.2001 – VK 3/01, NZBau 2002, 406 (407).
[409] OLG Hamburg Beschl. v. 19.12.2003 – 1 Verg 6/03, NZBau 2004, 519 (520).
[410] KG Berlin Beschl. v. 27.7.2006 – 2 Verg 5/06, NVwZ-RR 2007, 603 (605); Reidt/Stickler/Glahs/*Masing* Rn. 92.

Muss sich die Messe dagegen – wie von der VK Düsseldorf im Fall der Messe Düsseldorf GmbH festgestellt – einem Wettbewerb stellen, besteht keine Monopolstellung und trägt die Gesellschaft ein unternehmerisches Bestandsrisiko, fehlt es dagegen an der Nichtgewerblichkeit.[411]

142 Gemessen an diesen Kriterien wurde in der nationalen Rechtsprechung die Nichtgewerblichkeit und somit die öffentliche Auftraggebereigenschaft iSd § 99 Nr. 2 vielfach bejaht;[412] in Einzelfällen aber auch verneint.[413, 414]

143 **17. Großmärkte.** In Abgrenzung zu der Entscheidung des EuGH in der Rechtssache „Mailänder Messe"[415] (→ Rn. 141) hat die VK Bremen herausgearbeitet, dass bei Messen Entfernungen nicht die gleiche Rolle spielen wie für die Kunden eines Großmarkts. Denn ein Großmarkt bediene im Wesentlichen nur einen lokalen Markt. Deshalb sei für diesen lokalen Markt zu prüfen, ob ein entwickelter Wettbewerb bestehe und seien die von einer regional tätigen Großmarkt-GmbH zu erfüllenden Aufgaben als nichtgewerbliche einzuordnen, wenn es mangels Mitbewerbern in dem für das jeweilige Marktsegment relevanten Einzugsbereich an einem wettbewerblich geprägten Umfeld fehlt.[416]

144 **18. Wirtschaftsförderungs- und Landesentwicklungsgesellschaften.** Der **EuGH** hat – anknüpfend an seine Entscheidung in der Rechtssache „Mailänder Messe"[417] (→ Rn. 141) – in der Rechtssache **„Korhonen"** festgestellt, dass die Wirtschaftsförderung aufgrund ihrer Impulswirkung für den Handel und die wirtschaftliche und soziale Entwicklung der betreffenden Gebietskörperschaft im **Allgemeininteresse** liegt.[418] Gleichwohl kann die Frage, ob die privatrechtlich organisierten Wirtschaftsförderungsgesellschaften von Ländern und Kommunen öffentliche Auftraggeber iSd § 99 Nr. 2 sind, immer nur einzelfallabhängig beantwortet werden. Da es indes regelmäßig an einem Markt für die Leistungen der Wirtschaftsförderungsgesellschaft im Territorium der betreffenden Gebietskörperschaft fehlt und die Gesellschaft meist ohne das Ziel der Erzielung eigener Gewinne tätig ist, dürfte regelmäßig auch die Bejahung des Merkmals der **Nichtgewerblichkeit der Aufgabe** möglich sein.[419] Schließlich liegt – wegen der meist bestehenden finanziellen und organisatorischen Abhängigkeit von der Gebietskörperschaft – im Regelfall auch das Kriterium der **besonderen Staatsnähe** vor.[420] Korrespondierend hiermit hatte die Bundesrepublik Deutschland die Wirtschaftsförderungsgesellschaften seinerzeit auch im Katalog des Anhangs III Vergabe-RL 2004 aufgenommen (→ Rn. 76 f.).

145 Vor diesem Hintergrund hat auch die nationale Rechtsprechung die öffentliche Auftraggebereigenschaft gem. § 99 Nr. 2 von Wirtschaftsförderungs- und Landesentwicklungsgesellschaften[421] vielfach bejaht.[422]

---

[411] VK Düsseldorf Beschl. v. 21.3.2013 – VK 33/2012-L, NZBau 2013, 534 mit Anm. Dietlein.
[412] OLG Düsseldorf Beschl. v. 18.4.2018 – VII-Verg 28/17, NZBau 2018, 486 – Koelnmesse GmbH; OLG Düsseldorf Beschl. v. 21.3.2018 – VII-Verg 50/16, NZBau 2018, 370 (372); OLG Hamburg Beschl. v. 25.1.2007 – 1 Verg 5/06, VergabeR 2007, 358 (360); OLG Hamburg Beschl. v. 19.12.2003 – 1 Verg 6/03, NZBau 2004, 519 (520) – Hamburg Messe; KG Berlin Beschl. v. 27.7.2006 – 2 Verg 5/06, NZBau 2006, 725 – Messe Berlin GmbH; VK Münster Beschl. v. 28.10.2016 – VK 1-33/16, VPRRS 2016, 0401 = IBRRS 2016, 2723 – Westfalenhalle Dortmund GmbH; VK Baden-Württemberg Beschl. v. 12.2.2002 – 1 VK 48/01.
[413] VK Düsseldorf Beschl. v. 21.3.2013 – VK 33/2012-L – Messe Düsseldorf GmbH.
[414] Ausf. zum Ganzen auch *Röwekamp* in RKPP GWB Rn. 209 ff.; Ziekow/Völlink/*Ziekow* Rn. 170 f.
[415] EuGH Urt. v. 10.5.2001 – verb. Rs. C-223/99 und 260/99, Slg. 2001, I-3605 Rn. 43 = NZBau 2001, 403 (406) – Agorà und Excelsior/Mailänder Messe.
[416] VK Bremen Beschl. v. 23.8.2001 – VK 3/01, NZBau 2002, 406 (407); sowie dazu auch *Röwekamp* in RKPP GWB Rn. 215; Ziekow/Völlink/*Ziekow* Rn. 143.
[417] EuGH Urt. v. 10.5.2001 – verb. Rs. C-223/99 und 260/99, Slg. 2001, I-3605 Rn. 43 = NZBau 2001, 403 (406) – Agorà und Excelsior/Mailänder Messe.
[418] EuGH Urt. v. 22.5.2003 – C-18/01, Slg. 2003, I-5321 Rn. 44 f. = ZfBR 2003, 705 (707) – Korhonen.
[419] Ziekow/Völlink/*Ziekow* Rn. 191.
[420] Ziekow/Völlink/*Ziekow* Rn. 191.
[421] S. speziell zu diesen auch *Bornheim/Fitterer* VergabeR 2006, 37 f.
[422] So bspw. OLG Naumburg Beschl. v. 15.3.2007 – 1 Verg 14/06, VergabeR 2007, 512 f. – Multimediazentrum II (für eine kommunale Wirtschaftsförderungsgesellschaft im Bereich Medien und Technologie); OLG Naumburg Beschl. v. 16.1.2003 – 1 Verg 10/02, VergabeR 2003, 360 (für eine Beteiligungsgesellschaft privaten Rechts zur Errichtung eines Zentrums für Forschungseinrichtungen und Unternehmungen im Bereich Multimedia); OLG Jena Beschl. v. 28.2.2001 – 6 Verg 8/00, NZBau 2001, 281, 282 (für die Gesellschaft für Arbeits- und Wirtschaftsförderung des Freistaates Thüringen mbH [GFAW]); OLG Koblenz Beschl. v. 25.5.2000 – 1 Verg 1/00, NZBau 2000, 445 (für eine Wirtschaftsförderungs- und Strukturentwicklungsgesellschaft eines Landkreises); VK Thüringen Beschl. v. 14.8.2008 – 250-4002.20-1923/2008-014-GRZ (für eine Freizeit- und Dienstleistungs-GmbH & Co. KG, die unter anderem eine Stadthalle betreibt); VK Brandenburg Beschl. v. 28.3.2008 – VK 6/08 (für eine Wirtschaftsförderungsgesellschaft, die mit Zuwen-

V. Einzelfälle 146–149 § 99 GWB

19. Flughafenbetreibergesellschaften. Flughafenbetreiber sind grundsätzlich Sektorenauf- 146
traggeber.[423] Lediglich bei der Durchführung von sektorenfremden Tätigkeiten kann eine Qualifizierung nach § 99 Nr. 2 in Betracht kommen. Allerdings agieren Flughäfen mittlerweile häufig in einem intensiv wettbewerblich geprägten Umfeld, weshalb es wohl regelmäßig an der Nichtgewerblichkeit der Aufgaben fehlen und sie nicht unter § 99 Nr. 2 fallen dürften.[424]

20. Lotteriegesellschaften. Trotz ihrer marktbezogenen Sonderstellung[425] spricht die über- 147
wiegende Ansicht in Rechtsprechung und Literatur den staatlichen Gesellschaften, die Lotterien, Spiel- oder Wettgeschäfte veranstalten und deren Anteile ganz oder überwiegend von der öffentlichen Hand gehalten werden oder die in einer anderen, den Anforderungen der besonderen Staatsnähe nach § 99 Nr. 2 genügenden Weise von der öffentlichen Hand kontrolliert werden, die öffentliche Auftraggebereigenschaft nach § 99 Nr. 2 ab.[426] Begründet wird dies im Kern damit, dass die Lottogesellschaften **in einem wettbewerblich geprägten Umfeld tätig** werden und deshalb keine Aufgabe nichtgewerblicher Art iSd § 99 Nr. 2 wahrnehmen.[427]

Dagegen hat das **OLG Hamburg** die **Gemeinsame Klassenlotterie der Länder** als 148
öffentlichen Auftraggeber iSd § 99 Nr. 2 klassifiziert. Das OLG Hamburg hat dabei insbesondere auf das begrenzte Insolvenzrisiko der Klassenlotterie abgestellt. Obschon die gemeinsame Klassenlotterie der Länder in einem entwickelten Wettbewerb und auch mit Gewinnerzielungsabsicht tätig werde, so ergebe sich aus der Gewährträgerhaftung gem. § 10 Abs. 1 GKL-StV gleichwohl die im Rahmen von § 99 Nr. 2 erforderliche Nichtgewerblichkeit der Tätigkeit.[428]

21. Sport- und Freizeiteinrichtungen. Auch **Sportvereine und Sportverbände** kommen 149
als öffentliche Auftraggeber iSd § 99 Nr. 2 in Betracht. Bei Sport- und insbesondere Fußballvereinen sowie -verbänden finden sich in der jeweiligen Vereins-/Verbandssatzung häufig Hinweise darauf, dass der Verein/Verband eine im Allgemeininteresse liegende Tätigkeit wahrnimmt und nichtgewerblich agiert. Daneben verfolgte andere, zB gewerbliche Tätigkeiten sind unschädlich (→ Rn. 55), selbst wenn sie – wie dies vor allem im Profisport der Fall sein kann – mit einem erheblichen Eigenfinanzierungspotenzial verbunden sind.[429] Für die Einordnung nach § 99 Nr. 2 kommt es dann maßgeblich auf die öffentlich-rechtliche Beherrschung, insbesondere in Form einer überwiegenden staatlichen Finanzierung iSd § 99 Nr. 2 lit. a[430] oder einer Aufsicht über die Leitung iSd § 99 Nr. 2 lit. b,[431] an. Letzteres kann nach der Entscheidung des **EuGH** in der Rechtssache **„FIGC und Consorzio Ge. Se. Av. S. c. arl."** grundsätzlich selbst dann in Betracht kommen, wenn der betroffene Verband nach dem nationalen Recht über eine Leitungsautonomie verfügt. Eine für die Bejahung der öffentlichen Auftraggebereigenschaft maßgebliche Aufsicht ist jedoch nur dann anzunehmen, wenn die Leitung des betroffenen Verbandes dergestalt der Aufsicht einer öffentlichen Einrichtung untersteht, als dass sich aus einer Gesamtwürdigung der Befugnisse dieser Einrichtung gegenüber dem betroffenen Verband ergibt, dass eine aktive Aufsicht über die Leitung vorliegt, die diese Autonomie faktisch so sehr infrage stellt, dass sie es der Einrichtung ermöglicht, die Entscheidungen des Verbands im Bereich der Vergabe öffentlicher Aufträge zu beeinflussen. Der Umstand, dass die verschiedenen nationalen Sportverbände die Tätigkeit der betreffenden öffentlichen Einrichtung dadurch beeinflussen, dass sie mehrheitlich an deren wichtigsten beratenden Kollegialorganen

---

dungsmitteln aus der Gemeinschaft Aufgaben zur Verbesserung regionaler Wirtschaftsstruktur touristische Basiseinrichtungen entwickeln sollte); VK Baden-Württemberg Beschl. v. 6.6.2001 – 1 VK 6/01, NZBau 2002, 173 (für ein Wirtschaftsförderungsunternehmen, welches die Entwicklung und den Betrieb eines Technologieparks zum Geschäftsgegenstand hat und Tochtergesellschaft einer öffentlich-rechtlichen Förderbank ist); VÜA Bayern Beschl. v. 16.11.1999 – VÜA 5/99, IBR 2000, 207 (für privatrechtlich organisierte Wirtschaftsförderungsgesellschaften).

[423] Vgl. OLG Brandenburg Beschl. v. 3.8.1999 – 6 Verg 1/99, NZBau 2000, 39 (41); VK Brandenburg Beschl. v. 22.9.2008 – VK 27/08; VK Baden-Württemberg Beschl. v. 21.12.2000 – 1 VK 32/00, NZBau 2001, 406; *Röwekamp* in RKPP GWB Rn. 233.
[424] *Ziekow/Völlink/Ziekow* Rn. 141; sowie etwas eingehender auch *Röwekamp* in RKPP GWB Rn. 233.
[425] VK Baden-Württemberg Beschl. v. 19.4.2005 – 1 VK 11/05, IBRRS 2005, 2188.
[426] OLG Düsseldorf Beschl. v. 2.10.2002 – VII-Verg 35/02 (aA die Vorinstanz VK Münster v. 24.6.2001 – VK 03/02, ZfBR 2002, 724 [727 ff.]); VK Baden-Württemberg Beschl. v. 19.4.2005 – 1 VK 11/05, IBRRS 2005, 2188; Ziekow/Völlink/*Ziekow* Rn. 66.
[427] Vgl. dazu mwN Reidt/Stickler/Glahs/*Masing* Rn. 88.
[428] OLG Hamburg Beschl. v. 31.3.2014 – 1 Verg 4/13, NZBau 2014, 659 (661 p.).
[429] EuGH Urt. v. 3.2.2021 – C-155/99 u. C-156/19, ECLI:EU:C:2021:88 Rn. 43 f. = NZBau 2021, 191 (196) – FIGC und Consorzio Ge. Se. Av. S. c. arl.
[430] Vgl. insoweit *Röwekamp* in RKPP GWB Rn. 186.
[431] Vgl. insoweit insb. EuGH Urt. v. 3.2.2021 – C-155/99 u. C-156/19, ECLI:EU:C:2021:88 Rn. 49 ff. = NZBau 2021, 191 (196 f.) – FIGC und Consorzio Ge. Se. Av. S. c. arl.

beteiligt sind, ist nur dann maßgeblich, wenn sich feststellen lässt, dass jeder dieser Verbände für sich genommen in der Lage ist, einen so erheblichen Einfluss auf die von dieser Einrichtung ihm gegenüber geführte öffentliche Aufsicht auszuüben, dass diese Aufsicht neutralisiert und er damit die Entscheidungshoheit über seine Leitung wiedererlangen würde, und zwar ungeachtet des Einflusses der anderen nationalen Sportverbände, die sich in einer ähnlichen Lage befinden.[432]

150 Ferner kann beispielsweise auch ein eingetragener Verein, der kraft seiner Satzung keine Gewinnerzielungsabsicht verfolgt und sich der Förderung, der Errichtung und der Betreuung eines **Motorsport- und Freizeitzentrums** sowie dazugehöriger Einrichtungen verpflichtet hat, und der durch Stellen iSd § 99 Nr. 1 beherrscht wird, öffentlicher Auftraggeber iSd § 99 Nr. 2 sein.[433] Gleiches gilt auch für eine privatrechtlich organisierte GmbH, die Einrichtungen zur Sportausübung und Erholung anbietet **(Bade- und Wellnesslandschaft)**, wenn ein örtlicher Wettbewerb nicht festzustellen ist und die Gesellschaftsanteile überwiegend von der öffentlichen Hand gehalten werden.[434]

151 **22. Kommunale Versorgungsunternehmen und Stadtwerke.** Die kommunalen Versorgungsunternehmen dienen regelmäßig Zwecken der öffentlichen Daseinsvorsorge (Belieferung von Endkunden mit Energie, Gas, Fernwärme und Wasser sowie Entsorgung von Abwasser und Abfall etc) und nehmen damit unzweifelhaft **im Allgemeininteresse liegende Aufgaben** wahr. In der Rechtssache „**Aigner**" (bzw. Wienstrom II) hat der **EuGH** dies beispielsweise für die Tätigkeit der Fernwärme Wien GmbH ausdrücklich bestätigt.[435]

152 Sowohl die Gebührenfinanzierung als auch die regelmäßig vorbehaltenen Aufsichtsbefugnisse der Kommunen dürften zumeist auch die **besondere Staatsnähe** begründen.[436] Ob und inwieweit die öffentliche Hand die Unternehmen tatsächlich beherrscht, muss aber stets einzelfallbezogen festgestellt werden.[437]

153 Die für die Einordnung kommunaler Versorgungsunternehmen als öffentliche Auftraggeber gem. § 99 Nr. 2 letztlich entscheidende Frage ist daher in aller Regel, ob ein **gewerbliches oder nichtgewerbliches Handeln** vorliegt.[438] Auch diese Frage kann jeweils nur in Ansehung des in Rede stehenden Einzelfalls anhand der allgemeinen Kriterien beantwortet werden. Eine generelle Betrachtungsweise ist insoweit nicht möglich.[439] **Gesichtspunkte, die gegen eine nichtgewerbliche Aufgabe sprechen** können, sind dabei der Umstand, dass die kommunalen Ver- und Entsorgungsunternehmen zunehmend in einem **wettbewerblich geprägten Umfeld** agieren[440] sowie eine **Gewinnerzielungsabsicht.** Insbesondere die kommunalen Energieversorgungsunternehmen werden vielfach mit Gewinnerzielungsabsicht tätig. Die durch die Stadtwerke erzielten Gewinne werden nicht selten auch zur Querfinanzierung anderer Bereiche der Daseinsvorsorge, wie etwa der öffentliche Personennahverkehr mit Bussen und Straßenbahnen quersubventioniert.[441] Das Anliegen der Daseinsvorsorge, welches grundsätzlich einer Nachfragebezogenheit und damit auch einer Wettbewerbsorientierung entgegensteht,[442] tritt zudem umso stärker in den Hintergrund, je stärker der Wettbewerb ausgeprägt ist.[443] **Gesichtspunkte, die für eine nichtgewerbliche Aufgabe sprechen** können, sind beispielsweise die Statuierung eines **Benutzungszwangs** zugunsten des kommunalen Unternehmens, eine vollständig **fehlende Gewinnerzielungsabsicht** und eine – in den Grenzen des nach dem kommunalen Wirtschaftsrecht Zulässigen – bestehende, das wirtschaftliche Risiko deutlich reduzierende **Nachschusspflicht der Kommune bei Verlusten der Gesellschaft.**[444]

---

[432] EuGH Urt. v. 3.2.2021 – C-155/99 u. C-156/19, ECLI:EU:C:2021:88 Rn. 75 = NZBau 2021, 191 (199) – FIGC und Consorzio Ge. Se. Av. S. c. arl.
[433] Vgl. VK Brandenburg Beschl. v. 28.3.2008 – VK 6/08; sowie nachfolgend OLG Brandenburg Beschl. v. 30.5.2008 – Verg W 5/08, NZBau 2009, 139.
[434] VK Düsseldorf Beschl. v. 11.2.2004 – VK 43/2003.
[435] Vgl. EuGH Urt. v. 10.4.2008 – C-393/06, Slg. 2008, I-2339 Rn. 39 = NZBau 2008, 393 (395) – Aigner (Wienstrom II), wo es heißt: „Die Beheizung eines städtischen Ballungsgebiets mittels eines umweltfreundlichen Verfahrens zu sichern, ist ein Ziel, das unzweifelhaft im Allgemeininteresse liegt.".
[436] Ziekow/Völlink/*Ziekow* Rn. 189.
[437] *Röwekamp* in RKPP GWB Rn. 204.
[438] Reidt/Stickler/Glahs/*Masing* Rn. 94.
[439] Reidt/Stickler/Glahs/*Masing* Rn. 94.
[440] Ziekow/Völlink/*Ziekow* Rn. 188.
[441] Reidt/Stickler/Glahs/*Masing* Rn. 94.
[442] *Riese/van den Eikel* NVwZ 2005, 758 (759).
[443] Reidt/Stickler/Glahs/*Masing* Rn. 94.
[444] Ziekow/Völlink/*Ziekow* Rn. 188; s. hierzu auch *Marx* in Danner/Theobald, Energierecht, 108. Aufl. 2020, Einführung für Versorgungsunternehmen Rn. 23, wo es heißt: „Wichtige Kontrollfrage dürfte in diesem Zusammenhang sein, ob die zu qualifizierende juristische Person auf dem Feld, auf dem sie Anbieter ist, im Wettbewerb steht und ob die Möglichkeit besteht, dass sie bei miserablem Wirtschaften Konkurs gehen könnte.".

Soweit es um **Entsorgungs- und Reinigungsunternehmen** kommunaler Versorgungsunter- 154
nehmen geht, ist typischerweise kein entwickelter Wettbewerb vorhanden, da die Unternehmen
ihre Tätigkeit aufgrund besonderer ihnen übertragener Rechte ausüben und die Kunden durch
Anschluss- und Benutzungszwang gebunden sind.[445]

Im Bereich der **Energieversorgung** ist die Beurteilung besonders schwierig.[446] In Anbetracht 155
der Liberalisierung der Energiemärkte und der Durchbrechung des Netzmonopols durch die Netzzugangsregelungen lässt sich hier zwar mit guten Gründen ein wettbewerbliches Umfeld annehmen,
allerdings sind die Versorgungsunternehmen andererseits auch gem. § 36 EnWG zur Versorgung
der Bevölkerung verpflichtet und haben aufgrund der Konzessionsverträge ein soweit gesichertes
Absatzvolumen.[447] Eine grundsätzliche Einschätzung lässt sich daher schwer treffen, sodass es stets
auf die Einzelfallsituation ankommt. Die Rechtsprechung stellt im Rahmen ihrer Prüfung dabei
insbesondere darauf ab, ob auf dem betreffenden Markt wettbewerbliche Strukturen herrschen und
inwieweit das jeweilige Unternehmen die wirtschaftlichen Risiken trägt. Gemessen hieran ist das
OLG München zu dem Ergebnis gelangt, dass trotz der Freigabe des Stromlieferungsmarktes die
Tätigkeit in dem zu entscheidenden Fall als nichtgewerblich angesehen werden muss.[448] Auch der
EuGH hat in der Rechtssache „**Aigner**" (bzw. Wienstrom II) die öffentliche Auftraggebereigenschaft iSd § 99 Nr. 2 bejaht. Maßgeblich war dabei zum einen, dass das betroffene Unternehmen
auf dem relevanten Marktsegment (Versorgung der Bevölkerung mit Fernwärme durch Nutzung
von Energie aus der Abfallentsorgung) eine Monopolstellung hat und daher nicht im Wettbewerb
steht. Zum anderen hat der EuGH auf eine fehlende Gewinnerzielungsabsicht abgestellt, weil die
Stadt Wien auch im Falle von Verlusten an dem konkreten Heizsystem festhalten würde.[449]

23. Verwaltungsprivatisierung. Eine allgemein anerkannte Definition des Begriffs der „Ver- 156
waltungsprivatisierung" fehlt. Es handelt sich hierbei um einen Oberbegriff für die unterschiedlichsten Maßnahmen, denen gemein ist, dass Aufgaben, die staatlichen Stellen obliegen, durch oder
unter Beteiligung Privater bzw. in privater Rechtsform erbracht werden. Die Privatisierung erfolgt
regelmäßig auch nicht nach einem bestimmten Schema, sondern entsprechend den jeweiligen verwaltungspolitischen Zielsetzungen und Bedürfnissen der Praxis. Dementsprechend haben sich mehrere Formen der Ab- bzw. Rückgabe staatlich verwalteter Bereiche an die freie, in den Bahnen des
Privatrechts organisierte Gesellschaft herausgebildet. Grundlegend wird dabei zwischen der **formellen**, der **materiellen**, der **funktionalen Privatisierung** sowie der **Vermögensprivatisierung**
unterschieden, wobei auch Mischformen ohne Weiteres möglich sind.[450]

Die verschiedenen Formen der Verwaltungsprivatisierung entziehen sich einer einheitlichen 157
vergaberechtlichen Beurteilung.[451] Dies gilt sowohl für die hier in Rede stehende Frage der öffentlichen Auftraggebereigenschaft iSd § 99 als auch für die Frage der öffentlichen Auftragseigenschaft
iSd § 103.[452] Es ist jeweils im Einzelfall festzustellen, ob der öffentliche Auftraggeberbegriff erfüllt
ist, wobei die vorgenannten Typen der Verwaltungsprivatisierung (→ Rn. 155) eine strukturelle
Hilfestellung bieten können.

Bei der **formellen Privatisierung** (oder auch **Organisationsprivatisierung**) wird eine Auf- 158
gabe, die bis dahin von der öffentlichen Hand in einer Organisationsform des öffentlichen Rechts
ausgeübt wurde, auf eine privatrechtliche Organisation übertragen, ohne dass sich der öffentlichrechtliche Rechtsrahmen, der auf die Erfüllung der öffentlichen Aufgabe Anwendung findet,
ändert.[453] Der Staat bleibt hier verantwortlicher Träger der öffentlichen Aufgabe, bedient sich zu
ihrer Wahrnehmung jedoch der Organisations- und Rechtsformen des Privatrechts. Dies kann in
Form einer 100%igen Eigengesellschaft oder eines gemischt-wirtschaftlichen Unternehmens mit
öffentlicher Mehrheitsbeteiligung erfolgen.[454] Der Aufgabenbereich und somit die Ausrichtung auf

---

[445] Byok/Jaeger/*Werner* Rn. 156; zustimmend *Röwekamp* in RKPP GWB Rn. 204.
[446] Ausf. dazu Byok/Jaeger/*Werner* Rn. 157.
[447] Byok/Jaeger/*Werner* Rn. 157.
[448] OLG München Beschl. v. 20.4.2005 – Verg 8/05, VergabeR 2005, 802.
[449] EuGH Urt. v. 10.4.2008 – C-393/06, Slg. 2008, I-2339 = NZBau 2008, 393 (396) – Aigner (Wienstrom II).
[450] *Maurer/Waldhoff* AllgVerwR § 23 Rn. 67 ff.; *Kämmerer*, Privatisierung, 2001, 16 ff.; Reidt/Stickler/Glahs/*Ganske* § 103 Rn. 169.
[451] So auch *Röwekamp* in RKPP GWB Rn. 230.
[452] S. zu Letzteren insbes. auch Reidt/Stickler/Glahs/*Ganske* § 103 Rn. 174 ff.
[453] Ein Beispiel hierfür ist die Umwandlung einer öffentlich-rechtlichen Anstalt in eine GmbH (wie zB der Bundesanstalt für Flugsicherung in die DFS Deutsche Flugsicherung GmbH). Vgl. *Behr* VergabeR 2009, 136; *Scharf/Dierkes* VergabeR 2011, 543 (544 f.).
[454] *Di Fabio* JZ 1999, 585 (588).

Allgemeininteressen bleiben unverändert.[455] Dies kann – zumal bei der gebotenen funktionalen Betrachtungsweise (→ Rn. 23 ff.) – nicht dazu führen, dass sich das Vergaberechtsregime ändert. Die bloße formelle bzw. Organisationsprivatisierung reicht mithin nicht aus, um sich vergaberechtlichen Bindungen zu entziehen.[456] Die entsprechenden Beteiligungsgesellschaften der öffentlichen Hand sowie deren Tochterunternehmen unterfallen daher regelmäßig dem Tatbestand des § 99 Nr. 2. Ein Beispiel hierfür stellt ua die zur Umsetzung von Beschaffungsvorgängen der Bundeswehr gegründete **Gesellschaft für Entwicklung, Beschaffung und Betrieb mbH (g.e.b.b.),** mittlerweile **BwConsulting,** deren alleiniger Anteilseigentümer der Bund ist, dar.[457]

159   Die **materielle Privatisierung** (auch **Aufgabenprivatisierung** genannt) beschreibt den hoheitlichen Verzicht auf eine öffentliche Aufgabe als Verwaltungsmaterie und die grundsätzliche Überlassung des betroffenen Sachgegenstandes an die privatrechtlich organisierte Gesellschaft. Die öffentliche Hand verzichtet also auf die eigene Erfüllung einer (bisher) öffentlichen Aufgabe und überträgt diese auf einen Privaten.[458] Bei dieser Form der Privatisierung findet also nicht nur eine rechtliche Verselbstständigung der Aufgabenwahrnehmung statt, vielmehr gibt der Staat hier auch seine Entscheidungsmacht und die Lenkung der Geschäftspolitik auf Allgemeininteressen – ganz oder teilweise – auf. Die gebildete Verwaltungseinheit wird – mehr oder weniger – in die Privatwirtschaft entlassen; im klassischen Fall durch die vollständige Veräußerung eines vormals öffentlichen Unternehmens.[459] Die echte Aufgabenprivatisierung kann demzufolge zu einem vollständigen Herausfallen des Auftraggebers aus den Vergabezwängen führen.[460] Ob das der Fall ist, hängt maßgeblich davon ab, ob und wenn ja, welchen Einfluss die staatlichen Stellen auch weiterhin auf das betroffene Rechtssubjekt, insbesondere dessen Beschaffungstätigkeit haben. Gibt der Staat seine Entscheidungs- und Lenkungsmacht ganz auf, ist der Private kein öffentlicher Auftraggeber iSd § 99 Nr. 2. Etwas anderes gilt lediglich für Unternehmen, die in den Sektorenbereichen tätig sind.[461] Gibt der Staat seine Entscheidungs- und Lenkungsmacht dagegen nur teilweise und dergestalt auf, dass eine staatliche Beherrschung iSd § 99 Nr. 2 lit. b oder c gegeben ist, und liegen auch die weiteren – kumulativ erforderlichen – Voraussetzungen nach § 99 Nr. 2 vor, so ist der Private als öffentlicher Auftraggeber iSd § 99 Nr. 2 anzusehen.[462]

160   Bei der **funktionalen Privatisierung** (oder auch **Erfüllungsprivatisierung**) überträgt die öffentliche Hand – in der Regel auf vertraglicher Basis („contracting out") – die Aufgabenerfüllung nicht komplett auf einen Privaten, sondern bedient sich seiner lediglich als „Erfüllungsgehilfen".[463] Typische Beispiele hierfür sind die Beleihung und die Verwaltungshilfe. Werden öffentliche Aufgaben von staatlichen Stellen in Zusammenarbeit mit Privaten erfüllt, spricht man von **Public Private Partnership (PPP).** Hierbei handelt es sich um einen unscharfen Begriff, der sowohl Fälle der teilweisen materiellen Privatisierung (beispielsweise die teilweise Übertragung der Geschäftsanteile einer kommunalen Gesellschaft) als auch der funktionalen Privatisierung umfasst.[464] Auch hier kommt es – ähnlich wie bei der materiellen Privatisierung – im Einzelfall darauf an, ob die Tatbestandsvoraussetzungen des § 99 Nr. 2 – also die kumulativ erforderlichen Kriterien – der Wahrnehmung von im Allgemeininteresse liegenden Aufgaben nichtgewerblicher Art einerseits sowie eine hinreichende Beeinflussungsmöglichkeit über gesellschaftsrechtliche Beherrschung oder Finanzierung andererseits gegeben sind. Dies ist im Wege einer **Gesamtbetrachtung aller Einzelfallumstände** zu ermitteln.

161   Die **Vermögensprivatisierung** liegt dann vor, wenn der Staat Vermögensgegenstände, insbesondere Grundstücke und Beteiligungen an Wirtschaftsunternehmen (Aktien, GmbH-Anteile) an Private veräußert.[465] Für die Frage der öffentlichen Auftraggebereigenschaft iSd § 99 ist dies grundsätzlich nicht von Bedeutung. Etwas anderes kann dann gelten, wenn eine Mischform von Vermögens- und sonstiger Verwaltungsprivatisierung gegeben ist. Letzteres ist in der Praxis nicht selten der Fall. Es ist dann ebenfalls im Einzelfall im Wege einer Gesamtbetrachtung aller Fallumstände anhand der allgemeinen Grundsätze zu prüfen, ob die Tatbestandsvoraussetzungen des § 99 Nr. 2 erfüllt sind.

---

[455] *Röwekamp* in RKPP GWB Rn. 230.
[456] Ebenso *Röwekamp* in RKPP GWB Rn. 230.
[457] OLG Düsseldorf Beschl. v. 30.4.2003 – VII-Verg 67/02, NZBau 2003, 403 – Bekleidungsmanagement der Bundeswehr.
[458] *Di Fabio* JZ 1999, 585 (586).
[459] *Noch* DÖV 1998, 623 (626); *Röwekamp* in RKPP GWB Rn. 230.
[460] Vgl. in diesem Zusammenhang auch *Möschel* WuW 1997, 120, 124; *Röwekamp* in RKPP GWB Rn. 231.
[461] Ähnlich *Röwekamp* in RKPP GWB Rn. 231 f.
[462] *Röwekamp* in RKPP GWB Rn. 231.
[463] Vertiefend *Behr* VergabeR 2009, 136 (138 ff.).
[464] Vgl. zum Ganzen Reidt/Stickler/Glahs/*Ganske* § 103 Rn. 172.
[465] *Maurer/Waldhoff* AllgVerwR § 23 Rn. 71.

In der Praxis ist die richtige vergaberechtliche Einordnung der unterschiedlichen Formen und **162** Mischformen der Verwaltungsprivatisierung regelmäßig mit nicht unerheblichen Schwierigkeiten und Problemen verbunden.[466]

In diesem Kontext wurde beispielsweise auch die **Deutsche Gesellschaft zum Bau und Betrieb** **163** **von Endlagern für Abfallstoffe (DBE)** als öffentliche Auftraggeberin iSd § 99 Nr. 2 qualifiziert.[467] Die DBE ist zum Bau und Betrieb von Endlagern für Abfallstoffe gem. § 9a Abs. 3 AtG von der Bundesrepublik Deutschland, vertreten durch das Bundesamt für Strahlenschutz (BfS) auf der Grundlage eines Kooperationsvertrages tätig. Obwohl sich die **Geschäftsanteile ausschließlich in privater Hand** befinden, unterliegt die DBE der vom BfS ausgeübten Aufsicht des Bundes, die sich auch auf das Beschaffungswesen bezieht. Die von der DBE wahrgenommenen Aufgaben liegen im Übrigen im Allgemeininteresse, da der Bund kraft seiner Gesetzgebungszuständigkeit die Einrichtungen von Anlagen zur Sicherstellung und zur Endlagerung radioaktiver Abfälle im Atomgesetz zu seiner eigenen Aufgabe gemacht hat. Überdies liegt auch eine Tätigkeit nichtgewerblicher Art vor, weil der DBE infolge des Kooperationsvertrages eine risikolose Sonderstellung ohne Wettbewerber zukommt.[468]

Stehen die privatrechtlich organisierten Einheiten in einem **Konzernverbund**, so ist häufig **164** auch die Beantwortung der Frage problematisch, welche Auswirkungen es für die übrigen Unternehmen hat, wenn mehrere Unternehmen im Verhältnis von Mutter- und Tochter bzw. Schwesterunternehmen stehen, jedoch nur eines dieser Unternehmen öffentlicher Auftraggeber iSd § 99 Nr. 2 ist. Namentlich stellt sich die Frage, ob und wann ja, unter welchen konkreten Voraussetzungen es zu einer vergaberechtlichen „Infizierung" kommen kann.[469]

24. Aufgabendelegation. Fraglich und umstritten ist, ob eine privatrechtlich organisierte Gesell- **165** schaft, die nicht von einem öffentlichen Auftraggeber beherrscht wird, allein durch eine **Aufgabendelegation** zu einem öffentlichen Auftraggeber iSd § 99 Nr. 2 werden kann.[470] Das **OLG Düsseldorf** hat dies in einem Fall angenommen, in dem eine Werkstatt für behinderte Menschen in der Rechtsform einer GmbH, die nicht durch öffentliche, sondern kirchliche Träger beherrscht wird, mit Rücksicht auf eine Vereinbarung über die Erbringung staatlich geschuldeter Transferleistungen iSd SGB IX mit der Maßgabe, etwaige Beschaffungen mittels öffentlicher Ausschreibungen durchzuführen, angenommen. Entschließt sich der Auftraggeber, die Aufgabenerfüllung auf einen Dritten zu übertragen, so verlagere sich auch die Schnittstelle zum Vergaberecht auf den Dritten.[471] Im Gefolge dessen hat auch die **VK Westfalen** die öffentliche Auftraggeberschaft für einen Privatschulverein qua Auftragsübernahme angenommen.[472] Das **OLG Celle** ist der Ansicht des OLG Düsseldorf indes ausdrücklich entgegengetreten und hat eine **Auftraggebereigenschaft durch bloße Aufgabendelegation** abgelehnt. Zur Begründung weist es darauf hin, dass es keine planwidrige Regelungslücke gebe, die die Schaffung einer solchen neuen Auftraggeberkategorie rechtfertige. Denn mit § 97 Abs. 4 S. 4 [473] (bzw. § 97 Abs. 3 S. 4 aF) bestehe bereits eine Regelung, die eine ähnliche Konstellation betreffe.[474]

25. Auslandsbezug. Öffentliche Auftraggeber, die dem deutschen Vergaberecht verpflichtet **166** sind, müssen ihren Sitz nicht in der Bunderepublik Deutschland haben. Sie können ihren Sitz auch im Ausland haben. Entscheidend ist, wer die Chancen und Risiken des im Rahmen des Beschaffungsvorhabens geschlossenen Vertrages endgültig tragen soll. Für die **Willy-Brandt-Schule in Warschau** wurde festgestellt, dass die Kultusministerkonferenz der Länder die Aufsicht über die Ausbildung der Schülerinnen und Schüler ausübt und die Kosten des Neubaus von der Bundesrepublik Deutschland getragen werden. Auftraggeber ist daher die Bundesrepublik Deutschland, die sich der Schule als mittelbare Stellvertreterin bedient.[475]

---

[466] Mit diesem Befund auch *Röwekamp* in RKPP GWB Rn. 232.
[467] OLG Düsseldorf Beschl. v. 13.8.2007 – VII-Verg 16/07, VergabeR 2007, 761 (762) – Endlager Conrad.
[468] OLG Düsseldorf Beschl. v. 13.8.2007 – VII-Verg 16/07, VergabeR 2007, 761 (762) – Endlager Conrad; sowie ferner dazu auch *Röwekamp* in RKPP GWB Rn. 153.
[469] Ausf. dazu Ziekow/Völlink/*Ziekow* Rn. 148 ff.
[470] Ausf. und kritisch dazu *Röwekamp* in RKPP GWB Rn. 154 ff.
[471] OLG Düsseldorf Beschl. v. 15.7.2015 – VII-Verg 11/15, NZBau 2016, 55; kritisch dazu *Röwekamp* in RKPP GWB Rn. 154.
[472] VK Westfalen Beschl. v. 21.9.2016 – VK 1-30/16, ZfBR 2017, 102.
[473] § 97 Abs. 4 S. 4 lautet: „Wird ein Unternehmen, das nicht öffentlicher Auftraggeber oder Sektorenauftraggeber ist, mit der Wahrnehmung oder Durchführung einer öffentlichen Aufgabe betraut, verpflichtet der öffentliche Auftraggeber oder Sektorenauftraggeber das Unternehmen, sofern es Unteraufträge vergibt, nach den Sätzen 1 bis 3 zu verfahren.".
[474] OLG Celle Beschl. v. 13.10.2016 – 13 Verg 6/16, NZBau 2017, 51 (53 f.); s. zum Ganzen auch *Röwekamp* in RKPP GWB Rn. 154 ff., der angesichts des Streitstandes im Interesse der Rechtssicherheit eine Divergenzvorlage an den BGH bzw. Klärung durch den EuGH für wünschenswert hält.
[475] OLG Düsseldorf Beschl. v. 17.12.2012 – VII-Verg 47/12, VergabeR 2013, 550 ff.

167 Ein Energieversorgungsunternehmen in der Rechtsform einer **GmbH nach deutschem Recht, an der ein ausländischer EU-Staat über eine Holding beteiligt** ist und das zu dem besonderen Zweck gegründet wurde, im Allgemeininteresse liegende Aufgaben nichtgewerblicher Art zu erfüllen, ist ein öffentlicher Auftraggeber iSd § 99 Nr. 2 (und Sektorenauftraggeber nach § 100 Abs. 1 Nr. 1, soweit es um Beschaffungsvorgänge betreffend die Sektorentätigkeiten geht).[476]

168 **26. Politische Parteien und Parlamentsfraktionen. Politische Parteien und Parlamentsfraktionen** können im – jeweils gesondert zu prüfenden – Einzelfall öffentliche Auftraggeber iSd § 99 Nr. 2 sein.[477] Die politischen Parteien sind einschließlich ihrer gebietlichen Untergliederungen ab der Kreisebene aufwärts infolge ihrer gesellschaftlichen Verwurzelung entweder als rechtsfähige (§ 21 BGB) oder nicht rechtsfähige Vereine (§ 54 BGB) des bürgerlichen Rechts organisiert.[478] Fraktionen sind gem. § 46 Abs. 1 AbgG rechtsfähige Vereinigungen von Abgeordneten im Deutschen Bundestag. Es handelt sich mithin um juristische Personen des privaten bzw. öffentlichen Rechts iSd § 99 Nr. 2.[479] Fraglich bzw. zumindest diskussionswürdig erscheint insoweit jedoch zum einen bereits das Tatbestandsmerkmal der **Nichtgewerblichkeit**.[480] Zum anderen stellt sich die Frage nach der besonderen Staatsgebundenheit, die sich diesbezüglich allein aus einer **überwiegenden staatlichen Finanzierung iSd § 99 Nr. 2 lit. a** ergeben kann.[481] Insoweit ist zwischen Fraktionen und Parteien zu unterscheiden. Während die Fraktionen gem. § 50 Abs. 1 AbgG zur Erfüllung ihrer Aufgaben Anspruch auf Geld- und Sachleistungen aus dem Bundeshaushalt haben, und damit praktisch ausschließlich aus staatlichen Mitteln finanziert werden,[482] ist hinsichtlich der Parteien eine differenzierte bzw. einzelfallbezogene Prüfung geboten. In deren Rahmen ist einerseits zu berücksichtigen, dass die Parteien gem. §§ 18 ff. PartG staatliche Mittel als Teilfinanzierung der ihnen allgemein nach dem GG obliegenden Tätigkeit erhalten (vgl. insbesondere Art. 21 Abs. 1 S. 1 GG), welche indes gem. § 18 Abs. 5 S. 1 PartG einer relativen Finanzierungsobergrenze unterliegen. Andererseits ist zu beachten, dass die Gliederungen einer Partei jedenfalls ab der Kreisebene aufwärts zu den juristischen Personen des privaten Rechts iSd § 99 Nr. 2 zählen,[483] und daher den öffentlichen Auftraggeberbegriff selbständig verwirklichen können, was gegen eine „pauschalierte" Gesamtbetrachtung der Gesamtparteien und für eine isolierte Betrachtung ihrer rechtlich verselbstständigten Gliederungsebenen spricht.[484] Demzufolge kann sich eine überwiegende Finanzierung nur bei den Bundes- und Landesverbänden der Parteien ergeben (vgl. § 19a Abs. 6 PartG[485]), wenn und soweit für diese unter Berücksichtigung aller Einnahmen für das maßgebliche Haushaltsjahr (→ Rn. 66)[486] eine überwiegende Finanzierung aus öffentlichen Mitteln zu prognostizieren ist.[487]

§ 100 Sektorenauftraggeber

(1) Sektorenauftraggeber sind
1. öffentliche Auftraggeber gemäß § 99 Nummer 1 bis 3, die eine Sektorentätigkeit gemäß § 102 ausüben,

---

[476] VK Niedersachsen Beschl. v. 27.9.2019 – VgK-34/2019, BeckRS 2019, 26282.
[477] Ausf. zum Ganzen *Weirauch* VergabeR 2021, 405 ff.; *Weirauch*, Die Anwendung des Vergaberechts auf Parteien und Fraktionen, 2021.
[478] Vgl. BVerwG Urt. v. 28.11.2018 – 6 C 3.17, BeckRS 2018, 37889; *Ipsen* in Ipsen, PartG, 2. Aufl. 2018, PartG § 3 Rn. 13 ff.; *Rixen* in Kersten/Rixen, PartG, 2009, PartG § 3 Rn. 27 ff.; *Lenski*, PartG, 2011, PartG § 3 Rn. 2 ff.; *Weirauch* VergabeR 2021, 405 (406 f.).
[479] Vgl. hierzu mwN *Weirauch* VergabeR 2021, 405 (406 f.).
[480] *Weirauch* VergabeR 2021, 405 (410) bejaht dieses unter Hinweis darauf, dass die Parteien und Fraktionen im Rahmen ihrer politischen Tätigkeit keinem wirtschaftlichen, sondern einem politischen Wettbewerb ausgesetzt sein. Dabei verfolgten sie keine Gewinnerzielungsabsicht, sondern das Ziel, größtmöglichen Einfluss auf die Staatsorgane zu erlangen. Zudem erhalten die Parteien und Fraktionen in erheblichem Maße öffentliche Finanzmittel, sodass sie die mit ihrer Tätigkeit verbundenen wirtschaftlichen Risiken nicht in vergleichbarer Weise, wie eine gewerblich tätige Einrichtung tragen.
[481] So auch *Weirauch* VergabeR 2021, 405 (410).
[482] Vgl. *Weirauch* VergabeR 2021, 405 (411); *Schmidt-Jortzig* NVwZ 1994, 1145 (1148).
[483] Vgl. BVerwG Urt. v. 28.11.2018 – 6 C 3.17, BeckRS 2018, 37889; *Ipsen* in Ipsen, PartG, 2. Aufl. 2018, PartG § 3 Rn. 13 ff.; *Rixen* in Kersten/Rixen, PartG, 2009, PartG § 3 Rn. 27 ff.; *Lenski*, PartG, 2011, PartG § 3 Rn. 2 ff.; *Weirauch* VergabeR 2021, 405 (406 f.).
[484] Vgl. *Weirauch* VergabeR 2021, 405 (410 f.).
[485] Danach erfolgt eine Auszahlung der staatlichen Mittel nur an Landes- oder Bundesverbände.
[486] Vgl. EuGH Urt. v. 3.10.2000 – C-380/98, Slg. 2000, I-8035 Rn. 40 = VergabeR 2001, 111 (115) – University of Cambridge.
[487] Ausf. dazu und mwN *Weirauch* VergabeR 2021, 405 (410 f.).

2. **natürliche oder juristische Personen des privaten Rechts, die eine Sektorentätigkeit gemäß § 102 ausüben, wenn**
   a) diese Tätigkeit auf der Grundlage von besonderen oder ausschließlichen Rechten ausgeübt wird, die von einer zuständigen Behörde gewährt wurden, oder
   b) öffentliche Auftraggeber gemäß § 99 Nummer 1 bis 3 auf diese Personen einzeln oder gemeinsam einen beherrschenden Einfluss ausüben können.

(2) ¹Besondere oder ausschließliche Rechte im Sinne von Absatz 1 Nummer 2 Buchstabe a sind Rechte, die dazu führen, dass die Ausübung dieser Tätigkeit einem oder mehreren Unternehmen vorbehalten wird und dass die Möglichkeit anderer Unternehmen, diese Tätigkeit auszuüben, erheblich beeinträchtigt wird. ²Keine besonderen oder ausschließlichen Rechte in diesem Sinne sind Rechte, die aufgrund eines Verfahrens nach den Vorschriften dieses Teils oder aufgrund eines sonstigen Verfahrens gewährt wurden, das angemessen bekannt gemacht wurde und auf objektiven Kriterien beruht.

(3) Die Ausübung eines beherrschenden Einflusses im Sinne von Absatz 1 Nummer 2 Buchstabe b wird vermutet, wenn ein öffentlicher Auftraggeber gemäß § 99 Nummer 1 bis 3
1. unmittelbar oder mittelbar die Mehrheit des gezeichneten Kapitals des Unternehmens besitzt,
2. über die Mehrheit der mit den Anteilen am Unternehmen verbundenen Stimmrechte verfügt oder
3. mehr als die Hälfte der Mitglieder des Verwaltungs-, Leitungs- oder Aufsichtsorgans des Unternehmens bestellen kann.

Schrifttum: *Börner,* Keine Ausschreibungspflicht kommunaler Versorgungsunternehmen für den Bezug von Erdgas, DB 1998, 610; *Bornheim/Stockmann,* Die neuen Vergabevorschriften – Sind auch private Auftraggeber zur europaweiten öffentlichen Vergabe von Bauaufträgen verpflichtet?, BB 1995, 577; *Burgi,* Anwendungsbereich und Governanceregeln der EU-Auftragsreformrichtlinie: Bewertung und Umsetzungsbedarf, NZBau 2012, 601; *Burgi,* Energierecht und Vergaberecht, RdE 2007, 145; *Crass,* Der öffentliche Auftraggeber – Eine Untersuchung am Beispiel der öffentlich-rechtlichen Kreditinstitute und Energieversorgungsunternehmen, 2004; *Denecke/Dondrup,* Rechtsfragen der Tiefengeothermie – Voraussetzungen der Genehmigung und vergaberechtliche Aspekte, ZfBR-Beil. 2012, 25; *Dreher,* Der Anwendungsbereich des Kartellvergaberechts, DB 1998, 2579; *Endler,* Privatisierungen und Vergaberecht, NZBau 2002, 125; *Eschenbruch/Opitz/Röwekamp,* Sektorenverordnung: SektVO, 2. Aufl. 2019; *Gabriel,* Die Vergaberechtsreform 2009 und die Neufassung des vierten Teils des GWB, NJW 2009, 2011; *Gnittke/Hansmann,* Vergaberechtliche Fragen der Errichtung und des Betriebs offener Netze der Energieversorgung (offene Wärmenetze), VergabeR 2012, 363; *Greb/Müller,* Kommentar zur SektVO, 2. Aufl. 2017; *Hackstein,* Der private Energieversorger als Sektorauftraggeber, N&R 2006, 141; *Hailbronner,* Der Begriff des öffentlichen Auftraggebers nach den EG-Richtlinien zur Vergabe öffentlicher Aufträge, EWS 1995, 285; *Heiermann/Tschäpe,* Die Dezentralisation der Energieversorgung durch lokale Windenergieanlagen – Gemeinden und Gemeindebürger werden zu Öffentlichen Auftraggebern, ZfBR-Beil. 2012, 110; *Kratzenberg,* Der Begriff des „Öffentlichen Auftraggebers" und der Entwurf des Gesetzes zur Modernisierung des Vergaberechts, NZBau 2009, 103; *Michaels,* Neues einheitliches Vergaberegime für Sektorenauftraggeber, IR 2009, 180; *Mosters,* Bereichsausnahme für Wasserkonzessionen – Voller Erfolg oder Pyrrhussieg?, IR 2013, 296; *Müller,* Verordnung über die Vergabe von Aufträgen im Bereich des Verkehrs, der Trinkwasserversorgung und der Energieversorgung – ein Überblick, VergabeR 2010, 302; *Noch,* Ausschreibungspflichten privater Unternehmer, DÖV 1998, 623; *Noch,* Begriff des öffentlichen Auftraggebers, NVwZ 1999, 1083; *Ohler,* Zum Begriff des öffentlichen Auftraggebers im Europäischen Vergaberecht, 2001; *Ohrtmann,* Vom Vergaberecht befreit – Private Energieerzeuger sind keine Sektorenauftraggeber mehr, VergabeR 2007, 565; *Opitz,* Die neue Sektorenverordnung, VergabeR 2009, 689; *Opitz,* Vertrauensschutz gegenüber dem relativen Sektorenauftraggeber, NZBau 2002, 19; *Opitz,* Was bringt die neue Sektorenvergaberichtlinie?, VergabeR 2014, 369; *Prieß/Stein,* Die neue EU-Sektorenrichtlinie, NZBau 2014, 323; *Puhl,* Grundfragen des kartellvergaberechtlichen Auftraggeberbegriffs, 2012; *Rechten,* Der Auftraggeberbegriff im Wandel, NZBau 2014, 667; *Rosenkötter/Plantiko,* Die Befreiung der Sektortätigkeiten vom Vergaberechtsregime, NZBau 2010, 78; *Schlette,* Der Begriff des „öffentlichen Auftraggebers" im EG-Vergaberecht, EuR 2000, 119; *Schröder,* Rechtlich privilegierte Sektorenauftraggeber nach § 98 Nr. 4 GWB, NZBau 2012, 541; *Seidel,* Zur Wandlung des Begriffsinhaltes „öffentlicher Auftraggeber" im EG-Vergaberecht vom institutionellen zum funktionellen Begriff, sowie zu aktuellen Anwendungsfragen des erweiterten Begriffs, ZfBR 1995, 227; *Stolz/Krauss,* Ausschreibungspflichten im Rahmen von Geothermieprojekten, VergabeR 2008, 891; *Thode,* Zum vergaberechtlichen Status von juristischen Personen des Privatrechts, ZIP 2000, 2; *Trautner/Schäffer,* Privat – und doch öffentlicher Auftraggeber? Zur Anwendung des Vergaberechts auf private Ersatzschulen, VergabeR 2010, 172.

Übersicht

	Rn.		Rn.
I. Allgemeines	1	1. Staatliche und funktionelle Sektorenauftraggeber nach § 100 Abs. 1 Nr. 1	17
1. Normzweck	1		
2. Rechtsrahmen und Anwendungsbereich des Sektorenvergaberechts	5	2. Privatrechtliche Sektorenauftraggeber nach § 100 Abs. 1 Nr. 2	19
a) Überblick	5	a) Überblick	19
b) Sektorenspezifischer Zusammenhang	8	b) Sektorenauftraggeber aufgrund besonderer oder ausschließlicher Rechte gem. § 100 Abs. 1 Nr. 2 lit. a, Abs. 2	21
c) Auftragsbezogener Vorrang	11		
d) Gemischte Aufträge	13		
e) In-House-Geschäfte	14	c) Sektorenauftraggeber aufgrund beherrschenden Einflusses (§ 100 Abs. 1 Nr. 2 lit. b, Abs. 3)	38
3. Entstehungsgeschichte	15		
II. Die einzelnen Sektorenauftraggeber	17		

I. Allgemeines

1 **1. Normzweck.** § 100 definiert den **Begriff des Sektorenauftraggebers** und bestimmt damit maßgeblich den Anwendungsbereich der von der Sektoren-RL (= RL 2014/25/EU) vorgegebenen abschließenden Sonderregeln (→ Rn. 5 ff.) für öffentliche Aufträge und Wettbewerbe im Bereich der Energie-, Wasser- und Verkehrsversorgung (Sektorenvergaberecht). § 100 bezieht sich zur Bestimmung des Sektorenauftraggebers auf die in § 102 definierten Sektorentätigkeiten und bildet mit dieser Vorschrift eine Einheit, die den persönlichen Anwendungsbereich und Elemente des sachlichen Anwendungsbereichs des Sektorenvergaberechts miteinander verknüpft (→ Rn. 17 ff.; zu den nicht (mehr) erfassten Sektoren Post- und Telekommunikation → Anh. § 102 Rn. 1 ff.).

2 § 100 ist darüber hinaus für den **Anwendungsbereich des** mit der Vergaberechtsreform 2016 eingeführten **Konzessionsvergaberechts** relevant. Konzessionsgeber sind gem. § 101 Abs. 1 Nr. 2 und 3 auch Sektorenauftraggeber gem. § 100 Abs. 1 Nr. 1 bzw. Nr. 2, die eine Sektorentätigkeit gem. § 102 Abs. 2–6 ausüben und eine Konzession zum Zweck dieser Tätigkeit vergeben. Für die Vergabe von sektorenspezifischen Konzessionen gelten Sonderregelungen (→ § 101 Rn. 2, 54 ff.). Sie modifizieren allerdings das allgemeine Rechtsregime nur an einigen Stellen und bilden kein gesondertes, in sich geschlossenes Regelwerk. Das mag erklären, dass auf eine eigenständige Kategorie des „Sektorenkonzessionsgebers" verzichtet wurde.

3 Es ist eine charakteristische Besonderheit des Sektorenvergaberechts, dass dieses nicht nur für klassische öffentliche Auftraggeber iSv § 99, sondern darüber hinaus – unter den Voraussetzungen des § 100 Abs. 1 Nr. 2 – auch für **gewerblich tätige natürliche oder juristische Personen des privaten Rechts** Geltung beansprucht. Das beruht einerseits darauf, dass nationale Behörden durch Kapitalbeteiligungen und durch die Vertretung in Verwaltungs-, Leitungs- und Aufsichtsgremien nach wie vor Einfluss auf die in diesen Sektoren tätigen Auftraggeber nehmen können.[1] Diese werden daher mitunter auch als staatsnahe Sektorenauftraggeber bezeichnet.[2] Andererseits werden Sektorentätigkeiten überwiegend in Netzen ausgeübt, für deren Bereitstellung, Nutzung bzw. Betrieb die Mitgliedstaaten ausschließliche Rechte gewähren, wodurch Quasimonopolstellungen begründet und Märkte abgeschottet werden.[3] Die Inhaber solcher Rechte werden deshalb vereinzelt auch als staatsferne Sektorenauftraggeber bezeichnet.[4] Beide Faktoren könnten Grund zu der Annahme geben, dass sich Sektorenauftraggeber iSv § 100 Abs. 1 Nr. 2 bei der Entscheidung über die Vergabe eines öffentlichen Auftrags von anderen als ökonomischen Erwägungen leiten lassen, da sie entweder aufgrund staatlicher Einflussmöglichkeiten oder einer durch besondere Rechte begründeten Wettbewerbsposition nicht vollständig den Marktkräften unterliegen. Insofern sind diese privatrechtlich verfassten Auftraggeber mit öffentlichen Auftraggebern vergleichbar, woraus sich die Anwendung vergaberechtlicher Vorgaben auf diese erklärt. Ziel der Sektoren-RL ist es, durch vergaberechtliche Vorgaben ein unionsweit einheitliches „level playing field" in den Bereichen der Sektoren zu schaffen, ohne dass die Rechtsstellung der Auftraggeber eine Rolle spielt.[5]

4 Insbesondere in Mitgliedsstaaten mit einer überwiegend verstaatlichten Daseinsvorsorge werden die hier gegenständlichen Sektoren als besonders kritische Bereiche angesehen, die der öffentlichen

---

[1] Erwägungsgrund 1 Sektoren-RL.
[2] Immenga/Mestmäcker/*Dreher* Rn. 24.
[3] Erwägungsgrund 1 Sektoren-RL; Beck VergabeR I/*Dörr* Rn. 7.
[4] Immenga/Mestmäcker/*Dreher* Rn. 16.
[5] Erwägungsgrund 19 Sektoren-RL.

Kontrolle nicht entzogen werden sollen.[6] Das Sektorenvergaberecht ist aus Rücksicht auf diese Haltung tendenziell **flexibler und weniger strikt** ausgestaltet. Sein Ziel bleibt dabei aber die Öffnung des Wettbewerbs.[7] Dabei soll die Vergabe sektorenspezifischer Dienstleistungen an Private allerdings nicht erzwungen werden.[8] Für den Fall, dass eine Vergabe sektorenspezifischer Aufträge bzw. die Ausrichtung sektorenspezifischer Wettbewerbe angestrebt wird, sollen europäische Mindeststandards gesetzt werden.

2. Rechtsrahmen und Anwendungsbereich des Sektorenvergaberechts. a) Überblick. 5
Das Sektorenvergaberecht wird von der Sektoren-RL vorgegeben, die die RL 2014/24/EU als lex specialis verdrängt.[9] Auf nationaler Ebene wurde die Sektoren-RL im GWB und in der SektVO umgesetzt. Im Anwendungsbereich des Sektorenvergaberechts haben die sektorenspezifischen Vorschriften des GWB und der SektVO grundsätzlich **vorrangige Geltung gegenüber den allgemeinen Bestimmungen** zur Vergabe öffentlicher Aufträge durch öffentliche Auftraggeber. Die Regelungen der VgV, der VSVgV und der VOB/A finden deshalb keine Anwendung.

In Teil 4 des GWB sind sowohl der **Anwendungsbereich des Sektorenvergaberechts** 6 (§§ 136 ff.) als auch **grundlegende Verfahrensvorschriften** (§§ 140 ff.) geregelt. Hinsichtlich der Verfahrensvorschriften finden dabei die allgemeinen Vorschriften entsprechende Anwendung, sofern in den §§ 137–141 nicht etwas Abweichendes bestimmt ist. **Weitere Einzelheiten** des Verfahrens ergeben sich aus §§ 13 ff. SektVO.

Der Anwendungsbereich des Sektorenvergaberechts umfasst gem. § 136 die Vergabe von öffent- 7 lichen Aufträgen und die Ausrichtung von Wettbewerben durch Sektorenauftraggeber zum Zwecke der Ausübung einer Sektorentätigkeit („sektorenspezifische" Aufträge bzw. Wettbewerbe). Die Eröffnung des Anwendungsbereichs erfordert also einen **sektorenspezifischen Zusammenhang** zwischen Sektorentätigkeit und dem jeweiligen Auftrag bzw. Wettbewerb (→ Rn. 8). Das ergibt sich nicht wie bei den Konzessionsgebern im Sektorenbereich (§ 101 Abs. 1 Nr. 2) bereits aus der Auftraggeberdefinition, sondern erst aus § 136 bzw. § 1 Abs. 1 SektVO. Für den sachlichen Anwendungsbereich des Sektorenvergaberechts sind daneben die **Definition des öffentlichen Auftrags** bzw. Wettbewerbs in § 103, die **Schwellenwerte** aus § 106 Abs. 1, Abs. 2 Nr. 2, sowie die besonderen (§§ 137–140)[10] und allgemeinen (§ 107) **Ausnahmen** maßgeblich. Greift das Sektorenvergaberecht wegen einer besonderen Ausnahme nach § 137 nicht, ist die Vergabe des betreffenden Auftrags insgesamt nicht dem EU/GWB-Vergaberecht unterworfen[11] (→ § 137 Rn. 16).

b) Sektorenspezifischer Zusammenhang. Der Zusammenhang eines Auftrags mit der Aus- 8 übung einer Sektorentätigkeit durch den öffentlichen Auftraggeber stellt die wesentliche Voraussetzung dar, um die Anwendung des Sektorenvergaberechts im Einzelfall zu begründen.[12] In Bezug auf **privatrechtlich verfasste Auftraggeber,** die gewerblich tätig sind, ist der Zusammenhang mit der Ausübung einer Sektorentätigkeit erforderlich, um die Anwendung vergaberechtlicher Vorgaben zu legitimieren. Schließlich werden besondere oder ausschließliche Rechte, die einem Unternehmen eine Quasimonopolstellung auf bestimmten Märkten einräumen, lediglich in bestimmten Sektoren vergeben. Ebenso werden staatliche Einflussmöglichkeiten auf diese Unternehmen aus Gründen der Daseinsvorsorge ebenfalls nur in diesen Sektoren für notwendig erachtet (→ Rn. 38 ff.). Spiegelbildlich beschränkt sich auch die Notwendigkeit vergaberechtlicher Vorgaben auf diese Sektoren, da eine gewerblich handelnde natürliche oder juristische Person den Marktkräften im Übrigen vollständig unterliegt, was einen hinreichenden Anreiz für ökonomisch-wettbewerbliche Vergabeentscheidungen bietet.

Hinsichtlich **öffentlicher Auftraggeber iSv § 99** ist ein Zusammenhang des zu vergebenden 9 öffentlichen Auftrags mit einer durch den Auftraggeber ausgeübten Sektorentätigkeit erforderlich, um die Anwendung des im Vergleich zum allgemeinen Vergaberecht weniger strengen Sektorenvergaberecht zu legitimieren. Schließlich wäre der Auftrag aufgrund der Person des Auftraggebers grundsätzlich nach Maßgabe der Vorschriften zur Vergabe öffentlicher Aufträge durch öffentliche

---

[6] *Schulz* in Gabriel/Krohn/Neun VergabeR-HdB § 48 Rn. 1.
[7] Erwägungsgrund 2 Sektoren-RL. Hierzu auch *Tugendreich/Heller* NZBau 2017, 387.
[8] Erwägungsgrund 7 Sektoren-RL.
[9] Art. 7 RL 2014/24/EU, Art. 19 Abs. 1 Sektoren-RL; EuGH Urt. v. 10.4.2008 – C-393/06, Slg. 2008, I-2339 Rn. 59 = NZBau 2008, 393 – Wienstrom II; EuGH Urt. v. 20.3.2003 – C-126/03, Slg. 2004, I-11197 Rn. 21 = NZBau 2005, 49 – Stadt München.
[10] Zu Freistellungen des Strom- und Gaseinzelhandels vom Vergaberecht nach der besonderen Ausnahme für unmittelbar dem Wettbewerb ausgesetzte Tätigkeiten nach § 140 s. *Tugendreich/Heller* NZBau 2017, 387; *Michaels* IR 2017, 77 und → § 140 Rn. 5.
[11] Beck VergabeR I/*Dörr* Rn. 14.
[12] Vgl. Gesetzesbegründung der BReg, BT-Drs. 18/6281, 70.

Auftraggeber zu vergeben. Die Anwendung des weniger strengen Sektorenvergaberechts stellt für diese mithin eine rechtliche Privilegierung dar, die der Rechtfertigung bedarf.

10 Der sektorenspezifische Zusammenhang zwischen Sektorentätigkeit und dem jeweiligen Auftrag (→ Rn. 11) muss im **Einzelfall** festgestellt werden.[13] Der Sektorenbezug liegt dabei nicht nur bei Aufträgen vor, die direkt Sektorentätigkeiten umfassen, sondern auch bei Aufträgen, die der Ausübung von Sektorentätigkeiten dienen. Dazu ist es grundsätzlich ausreichend, wenn sie mit diesen Tätigkeiten in Zusammenhang stehen.[14] Die nationale Rechtsprechung vertritt hierbei aus Praktikabilitätsgründen eine **weite Auslegung;** eine Differenzierung in Aufträge, die unmittelbar der Sektorentätigkeit dienen und solche, die nur mittelbar die Förderung der Sektorentätigkeit bezwecken – und bei denen man deshalb einen sektorenspezifischen Zusammenhang ablehnen könnte –, sei praktisch kaum möglich.[15] Der Auftraggeber muss jedoch in dem jeweiligen Sektor auch tatsächlich tätig sein.[16] Gleichwohl kann auch eine Stelle, die zum Zeitpunkt der Auftragsvergabe noch keine Sektorentätigkeit ausübt, schon Sektorenauftraggeber sein, soweit diese bereits Aufträge zum Zweck der Aufnahme einer solchen Tätigkeit vergibt.[17]

11 c) **Auftragsbezogener Vorrang.** Aus der Voraussetzung eines sektorenspezifischen Zusammenhangs folgt, dass der Anwendungsbereich des Sektorenvergaberechts auftragsbezogen ist. Bei der Vergabe von Aufträgen für nicht-sektorenspezifische Tätigkeiten unterliegt ein Sektorenauftraggeber dementsprechend auch nicht dem Sektorenvergaberecht. Eine **„Infizierung",** wie im Fall der gewerblichen Tätigkeiten von öffentlichen Auftraggebern nach § 99 Nr. 2 (→ § 99 Rn. 55 f.), findet nicht statt.[18] Sektorenauftraggeber gem. § 100 Abs. 1 Nr. 1 bleiben für die Vergabe nicht-sektorenspezifischer Aufträge an die Regeln der Vergabe von öffentlichen Aufträgen durch öffentliche Auftraggeber gebunden. Sektorenauftraggeber nach § 100 Abs. 1 Nr. 2 unterfallen dagegen bei der Vergabe von nicht-sektorenspezifischen Aufträgen nicht dem Vergaberecht.

12 Bezüglich der **Sektorenauftraggeber unter beherrschendem staatlichen Einfluss** nach § 100 Abs. 1 Nr. 2 lit. b ist zu beachten, dass die Sektorentätigkeit gleichzeitig als Aufgabe der Daseinsvorsorge[19] eine im Allgemeininteresse liegende Aufgabe nichtgewerblicher Art darstellen kann. Ist das der Fall, werden die betroffenen Unternehmen regelmäßig auch öffentliche Auftraggeber nach § 99 Nr. 2 und damit Sektorenauftraggeber nach § 100 Abs. 1 Nr. 1 sein. Aufgrund des beherrschenden Einflusses iSv § 100 Abs. 1 Nr. 2 lit. b ist auch von einer Staatsgebundenheit iSd § 99 Nr. 2 auszugehen. Trotz der unterschiedlichen Formulierung der jeweiligen Beherrschungsmerkmale stimmen diese praktisch regelmäßig überein.[20] Ein Spezialitätsverhältnis zwischen den Tatbeständen besteht nicht. Stellt man in einem Fall, in dem beide Tatbestandsalternativen in Betracht kommen, auf § 100 Abs. 1 Nr. 2 lit. b ab, kann die ggf. aufwendige Prüfung des Vorliegens von im Allgemeininteresse liegenden Aufgaben und ihrer nichtgewerblichen Art dahinstehen. Allerdings kann es für die vergaberechtliche Bewertung der nicht-sektorenspezifischen Tätigkeiten eines Sektorenauftraggebers entscheidend sein, ob ein Unternehmen zusätzlich öffentlicher Auftraggeber nach § 99 Nr. 2 bzw. Nr. 3 Alt. 2 ist.

13 d) **Gemischte Aufträge.** Die Beschaffung von Waren, Bau- und Dienstleistungen dient oftmals mehreren Zwecken gleichzeitig. In der Praxis steht die Vergabe eines öffentlichen Auftrags deshalb häufig in Zusammenhang sowohl mit einer sektorenspezifischen als auch mit einer nicht-sektorenspezifischen Tätigkeit des Auftraggebers. Das kann bspw. bei dem Bau einer Verwaltungszentrale der Fall sein, in der mehrere Abteilungen eines Unternehmens untergebracht werden sollen, die jedoch nur teilweise der Ausübung einer Sektorentätigkeit dienen. Die Behandlung dieser gemischten Aufträge richtet sich nach §§ 111, 112. Dem Auftraggeber steht es nach § 112 Abs. 1 grundsätzlich frei, entweder **getrennte Aufträge oder** aber einen **Gesamtauftrag** zu vergeben. Wird ein Gesamtauftrag vergeben, richtet sich das für die Vergabe anwendbare Rechtsregime gem. § 112 Abs. 3 S. 1

---

[13] Hierzu auch VK Baden-Württemberg Beschl. v. 4.12.2017 – 1 VK 47/17, BeckRS 2017, 148098 Rn. 28.
[14] EuGH Urt. v. 10.4.2008 – C-393/06, Slg. 2008, I-02339 Rn. 57 = NZBau 2008, 393 – Wienstrom II. In der nationalen Rechtsprechung wurde hierzu bspw. entschieden, dass die Errichtung eines Verwaltungsgebäudes für die Mitarbeiter eines Sektorenauftraggebers regelmäßig zum Zwecke der Ausübung seiner Sektorentätigkeit erfolgt, vgl. OLG München Beschl. v. 13.3.2017 – Verg 15/16, NZBau 2017, 371.
[15] OLG München Beschl. v. 13.3.2017 – Verg 15/16, NZBau 2017, 371 Rn. 22 f. mwN.
[16] OLG Düsseldorf Beschl. v. 7.11.2012 – VII-Verg 11/12, VergabeR 2013, 251 mAnm *Opitz* VergabeR 2013, 253 ff.; OLG Düsseldorf Beschl. v. 21.7.2010 – VII-Verg 19/10, NZBau 2010, 582.
[17] OLG Düsseldorf Beschl. v. 9.1.2013 – VII-Verg 26/12, ZfBR 2013; 398; VK Münster Beschl. v. 8.6.2012 – VK 6/12, NZBau 2012, 521; offenlassend *Opitz* VergabeR 2014, 369 (372).
[18] EuGH Urt. v. 10.4.2008 – C-393/06, Slg. 2008, I-2361 Rn. 30 = NZBau 2008, 393 – Wienstrom II; Beck VergabeR I/*Dörr* Rn. 12.
[19] VK Bund Beschl. v. 21.1.2004 – VK 2-126/03, BeckRS 2004, 31031518.
[20] Beck VergabeR I/*Dörr* § 99 Rn. 47 und Rn. 34.

nach der Tätigkeit, für die der Auftrag hauptsächlich bestimmt ist.[21] Ist die Feststellung, für welche Tätigkeit der Auftrag hauptsächlich bestimmt ist, im Einzelfall objektiv unmöglich, enthält § 112 Abs. 5 für unterschiedliche Konstellationen **Zweifelsfallregelungen.** Unterliegt ein Auftrag, der teilweise im Zusammenhang mit der Ausübung einer Sektorentätigkeit steht, im Übrigen den Vorschriften zur Vergabe von öffentlichen Aufträgen durch öffentliche Auftraggeber, unterliegt die Vergabe des Auftrags gem. § 112 Abs. 5 Nr. 1 zur Vermeidung von Umgehungen insgesamt den allgemeinen vergaberechtlichen Vorschriften. Wären zur Vergabe eines Auftragsteils die Vorschriften zur Vergabe von Konzessionen anwendbar, findet gem. § 112 Abs. 5 Nr. 2 hingegen insgesamt das Sektorenvergaberecht Anwendung. Zu gemischten Aufträgen → § 112 Rn. 1 ff.

e) In-House-Geschäfte. Im Zuge der europäischen Vergaberechtsreform 2016 wurden die **14** Grundsätze aus der Judikatur des EuGH zur **Vergabe von sog. In-House-Aufträgen** erstmals gesetzlich geregelt. Für den Sektorenbereich normiert Art. 28 Sektoren-RL die Voraussetzungen, unter denen ein Auftrag aufgrund der In-House-Privilegierung ohne die Anwendung vergaberechtlicher Vorgaben vergeben werden darf. Im GWB-Vergaberecht wurde diese Regelung in § 108 umgesetzt. Die frühere Streitfrage, ob In-House-Geschäfte im Sektorenbereich möglich sind, ist damit geklärt[22] (zum Sonderfall der Konzessionsverträge nach § 46 Abs. 2 EnWG → § 102 Rn. 58).

3. Entstehungsgeschichte. Die Kategorie des Sektorenauftraggebers ist erst im Rahmen der **15** europäischen Vergaberechtsreform 2016 im GWB eingeführt worden. Die frühere Rechtslage knüpfte zur Bestimmung des sektorenspezifischen Auftrags an Unterfälle des allgemeinen Begriffs des öffentlichen Auftraggebers an.[23] Inhaltlich soll mit der neuen gesetzlichen Auftraggeberkategorie keine Änderung verbunden sein, sondern lediglich die Struktur der Vorschriften verbessert werden (→ § 99 Rn. 3.). Der **Begriff des Sektorenauftraggebers** wurde – obgleich er kein legal definierter Begriff war – auch schon vorher in Rechtsprechung und Literatur häufig verwendet. Bezeichnet wurden damit zumeist öffentliche Auftraggeber iSv § 98 Nr. 4 aF (jetzt Sektorenauftraggeber nach § 100 Abs. 1 Nr. 2). Das folgte auch daraus, dass die Sektorentätigkeiten in einer Anlage zu § 98 Nr. 4 aF aufgeführt wurden. Dieses Begriffsverständnis war allerdings insoweit missverständlich bzw. zu eng, als die sektorenspezifischen Regelungen auch – oder teilweise ausschließlich[24] – für öffentliche Auftraggeber nach § 98 Nr. 1–3 aF (jetzt Sektorenauftraggeber nach § 100 Abs. 1 Nr. 1) gelten konnten. Das ergab sich allerdings nur indirekt aus der Schwellenwertregelung des § 100 Abs. 1 Nr. 2 aF und aus den Regelungen der SektVO.[25] Mit der neuen Fassung des Gesetzes wird der Anwendungsbereich des Sektorenvergaberechts deutlicher. Dabei wird der **Begriff des öffentlichen Auftraggebers** zwar weiterhin Grundlage, aber **nicht mehr Oberbegriff** für den des Sektorenauftraggebers. Wenn das Gesetz also von der Vergabe von öffentlichen Aufträgen durch öffentliche Auftraggeber spricht, sind Sektorenauftraggeber bzw. sektorenspezifische Aufträge explizit nicht erfasst.

Inhaltlich bewirkte die letzte Vergaberechtsreform zwei **Neuerungen gegenüber der alten 16 Rechtslage,** die allerdings weitgehend eine Kodifizierung von bereits geltendem Recht darstellen. In § 100 Abs. 2 S. 2 wurde die in Art. 4 Abs. 3 Sektoren-RL geregelte Ausnahmeregelung eingeführt, wonach besondere oder ausschließliche Rechte nicht vorliegen, wenn sie bereits in einem wettbewerblichen Verfahren gewährt wurden (→ Rn. 25 ff.). Bereits in Erwägungsgrund 25 Sektoren-RL 2004 (= RL 2004/17/EG) war allerdings die Formulierung enthalten, dass Rechte, die auf der Grundlage objektiver, verhältnismäßiger und nicht diskriminierender Kriterien eingeräumt werden, nicht als besondere oder ausschließliche Rechte iSd Sektoren-RL 2004 betrachtet werden dürfen. Die zweite Neuerung ist die Vermutungsregel für das Vorliegen eines beherrschenden Einflusses in § 100 Abs. 3 (→ Rn. 40). Damit wird Art. 4 Abs. 2 UAbs. 2 Sektoren-RL umgesetzt. Eine inhaltsgleiche Regelung bestand allerdings bereits in Art. 2 Abs. 1 lit. b Sektoren-RL 2004.

II. Die einzelnen Sektorenauftraggeber

1. Staatliche und funktionelle Sektorenauftraggeber nach § 100 Abs. 1 Nr. 1. Sekto- 17 renauftraggeber nach § 100 Abs. 1 Nr. 1 sind öffentliche Auftraggeber gem. § 99 Nr. 1 (Gebietskörperschaften sowie deren Sondervermögen), § 99 Nr. 2 (funktionelle Auftraggeber) und § 99 Nr. 3 (Verbände, deren Mitglieder unter § 99 Nr. 1 oder § 99 Nr. 2 fallen), die eine Sektorentätigkeit gem. § 102 ausüben.

---

[21] Hierzu auch VK Sachsen Beschl. v. 12.4.2017 – 1/SVK/003-17, VPRRS 2017, 0171; Beschl. v. 9.12.2014 – 1/SVK/032-14, BeckRS 2015, 8357.
[22] Vgl. Erwägungsgrund 38 Sektoren-RL.
[23] Vgl. § 1 SektVO aF.
[24] § 21 Abs. 1 SektVO aF, § 24 Abs. 13 SektVO aF.
[25] Zur Rechtslage vor der Vergaberechtsreform vgl. HK-VergabeR/*Pünder*, 2. Aufl. 2015, § 98 Rn. 63–66.

18 Indem diese öffentlichen Auftraggeber nunmehr unter die Kategorie des Sektorenauftraggebers fallen, wird der **Anwendungsbereich des Sektorenvergaberechts** gegenüber der früheren Rechtslage **nicht erweitert**. Der Anwendungsbereich wird damit lediglich bereits auf der Ebene des GWB deutlicher sichtbar (→ Rn. 5 ff.). In den Fällen der funktionellen Auftraggeber (§ 99 Nr. 2 und Nr. 3 Alt. 2) kann es wegen der teilweise ähnlichen Tatbestandsmerkmale zu Überschneidungen mit Sektorenauftraggebern gem. § 100 Abs. 1 Nr. 2 lit. b (staatlich beherrschte Unternehmen) kommen. Ein Spezialitätsverhältnis zwischen den Tatbeständen besteht nicht (→ Rn. 12).

19 **2. Privatrechtliche Sektorenauftraggeber nach § 100 Abs. 1 Nr. 2. a) Überblick.** Die Vorschrift des § 100 Abs. 1 Nr. 2 erfasst natürliche und juristische Personen des privaten Rechts,[26] die eine Sektorentätigkeit gem. § 102 ausüben und sich durch eine **qualifizierte Staatsnähe** auszeichnen. In diesem Zusammenhang differenziert die Regelung der besseren Übersichtlichkeit halber zwischen Sektorenauftraggebern kraft Einräumung besonderer oder ausschließlicher Rechte (lit. a) und Sektorenauftraggebern kraft beherrschenden Einflusses (lit. b).[27] Mit der Erfassung natürlicher Personen erstreckt sich der Anwendungsbereich auch auf Personenmehrheiten wie Gesamthandsgemeinschaften (zB GbR, Handelsgesellschaften usw), ohne dass es auf deren Teilrechtsfähigkeit ankommt.[28] Die beiden Varianten der qualifizierten Staatsnähe sind **abschließend und nicht analogiefähig.** Die Ausübung von Sektorentätigkeiten allein begründet keine Vermutung für das Vorliegen einer qualifizierten Staatsnähe.[29]

20 Über den Wortlaut von § 100 Abs. 1 Nr. 2 lit. b hinaus müssen jedoch auch **juristische Personen des öffentlichen Rechts** als Sektorenauftraggeber qualifiziert werden, sofern sie die übrigen Tatbestandsvoraussetzungen von § 100 Abs. 1 Nr. 2 erfüllen. Das ergibt sich aus Art. 4 Abs. 2 Sektoren-RL, wonach der personelle Anwendungsbereich des Sektorenvergaberechts auch „öffentliche Unternehmen" unabhängig von ihrer Organisationsform umfasst. In diesem Zusammenhang weist das GWB-Vergaberecht ein Umsetzungsdefizit gegenüber der Sektoren-RL auf, da staatlich beherrschte, öffentlich-rechtliche Unternehmen, die Sektorentätigkeiten ausüben, hier nur unter der zusätzlichen Voraussetzung als Sektorenauftraggeber qualifiziert werden, dass diese im Allgemeininteresse liegende Aufgaben nichtgewerblicher Art wahrnehmen und deshalb nach § 100 Abs. 1 Nr. 1 iVm § 99 Nr. 2 unter den Begriff des Sektorenauftraggebers fallen. Angesichts des eindeutigen Wortlauts der in Rede stehenden Regelung kommt zur Herstellung eines europarechtskonformen Zustands lediglich die unmittelbare Anwendung der Richtlinienbestimmung in Frage.[30]

21 **b) Sektorenauftraggeber aufgrund besonderer oder ausschließlicher Rechte gem. § 100 Abs. 1 Nr. 2 lit. a, Abs. 2. aa) Besondere oder ausschließliche Rechte.** Dem Begriff der besonderen oder ausschließlichen Rechte kommt insofern eine **besondere Bedeutung für die Definition des Anwendungsbereichs des Sektorenvergaberechts** zu, als natürliche oder juristische Personen des privaten Rechts, auf die öffentliche Auftraggeber iSv § 100 Abs. 1 Nr. 2 lit. b einen beherrschenden Einfluss ausüben, nur dann als Sektorenauftraggeber zu qualifizieren sind, soweit sie eine aufgrund solcher Rechte vorbehaltene Tätigkeit ausüben.[31]

22 **(1) Legaldefinition.** Gem. der Legaldefinition in § 100 Abs. 2 S. 1 sind besondere oder ausschließliche Rechte solche Rechte, die dazu führen, dass die Ausübung der Sektorentätigkeit einem oder mehreren Unternehmen vorbehalten wird und dass die Möglichkeit anderer Unternehmen, diese Tätigkeit auszuüben, erheblich beeinträchtigt wird. Das Tatbestandsmerkmal der besonderen oder ausschließlichen Rechte ist aus Art. 86 Abs. 1 EGV aF (jetzt: Art. 106 Abs. 1 AEUV) entlehnt.[32] Das in der Legaldefinition des § 100 Abs. 2 S. 1 zum Ausdruck kommende Begriffsverständnis **entspricht der Rechtsprechung des EuGH** zu Art. 106 Abs. 1 AEUV, weshalb diese auch zur Auslegung des vergaberechtlichen Tatbestandsmerkmals herangezogen werden kann.[33]

---

[26] Zu einem kommunalen Energieversorger in der Rechtsform der GmbH als Sektorenauftraggeber vgl. VK Berlin Beschl. v. 22.1.2020 – VK B 1-38/19, IBRRS 2020, 2688; in der Rechtsform der AG vgl. VK Lüneburg Beschl. v. 1.9.2017 – VgK-25/2017, IBRRS 2019, 0533.
[27] Gesetzesbegründung der BReg, BT-Drs. 18/6281, 70.
[28] *Opitz* in RKPP GWB Rn. 21. AA OLG München Beschl. v. 9.3.2020 – Verg 27/19, BeckRS 2020, 10766 Rn. 39, da öffentliche Aufträge nur von Rechtssubjekten vergeben werden können und ein Verbände bzw. Personenmehrheiten deshalb jedenfalls teilrechtsfähig sein müssen.
[29] So Ziekow/Völlink/*Ziekow* Rn. 6; vgl. auch Beck VergabeR I/*Dörr* Rn. 21.
[30] Beck VergabeR I/*Dörr* Rn. 4.
[31] Gesetzesbegründung der BReg, BT-Drs. 18/6281, 71; Erwägungsgrund 20 Sektoren-RL.
[32] OLG München Beschl. v. 12.5.2011 – Verg 26/10, NZBau 2011, 630; OLG Düsseldorf Beschl. v. 24.3.2010 – VII-Verg 58/09, NZBau 2010, 649; aA *Schröder* NZBau 2012, 541 (543).
[33] Ziekow/Völlink/*Ziekow* Rn. 7; Beck VergabeR I/*Dörr* Rn. 22; zur Rechtsprechung des EuGH vgl. EuGH Urt. v. 25.10.2001 – C-475/99, Slg. 2008, I-8089 Rn. 24 = EuZW 2002, 25 – Ambulanz Glöckner.

Ein **ausschließliches Recht** liegt nach der Rechtsprechung des EuGH vor, wenn wirtschaftli- 23
che Tätigkeitsbereiche einem einzigen oder wenigen Unternehmen unter ausschlussgleicher, wesentlicher Beeinträchtigung der Marktzutrittschancen von Wettbewerbern vorbehalten bleiben.[34] Das kann etwa der Fall sein, wenn einem Unternehmen in einem bestimmten Wettbewerbsbereich durch die Verleihung eines Sonderrechts eine Monopolstellung eingeräumt wird.[35] **Besondere Rechte** zeichnen sich demgegenüber dadurch aus, dass Sonderrechte ohne eine Ausschließlichkeitsposition auf mehrere Unternehmen übertragen werden, wodurch diese gegenüber ihren Wettbewerbern zwar begünstigt werden,[36] der Wettbewerb auf dem betroffenen Markt jedoch nicht notwendigerweise völlig ausgeschlossen wird.[37] Ob ein besonderes oder ausschließliches Recht vorliegt, ist im Einzelfall auf Grundlage der konkreten Marktverhältnisse zu bestimmen. Dabei ist stets zu prüfen, welche Rechte das Unternehmen in Anspruch nimmt und inwieweit andere Unternehmen gleichermaßen tätig werden (können) und ob somit die eingeräumten Rechte dazu führen, dass ein Unternehmen auf dem Markt eine den freien Wettbewerb ausschließende oder wesentlich beeinträchtigende Stellung innehat.[38]

Ein Recht ist **nicht besonders oder ausschließlich** im oben genannten Sinne, **wenn es** 24
potentiell allen Unternehmen offensteht. Daher folgt aus bloßen Genehmigungserfordernissen in der Regel kein besonderes oder ausschließliches Recht der Genehmigungsinhaber. Vor diesem Hintergrund hat das OLG Celle im Kontext des Energierechts festgestellt, dass weder die Möglichkeit der Enteignung (§ 45 EnWG), noch Gebrauchsrechte am öffentlichen Wegenetz (§ 46 EnWG), noch Wegenutzungsrechte oder das Genehmigungserfordernis des § 4 EnWG besondere oder ausschließliche Rechte begründen.[39] Für ein besonderes oder ausschließliches Recht spricht es dagegen, wenn ein Genehmigungsverfahren von vornherein nur bestimmten Unternehmen offensteht oder bei der Erteilung einer begrenzten Anzahl von Genehmigungen bestimmte Unternehmen ohne sachlichen Grund bevorzugt werden.[40] Gleiches gilt für einen Anschluss- und Benutzungszwang zugunsten eines Unternehmens.

(2) Ausnahmeregelung. Gemäß § 100 Abs. 2 S. 2 liegen **keine besonderen oder aus-** 25
schließlichen Rechte vor, wenn die betreffenden Rechte aufgrund eines Vergabeverfahrens nach dem 4. Teil des GWB oder aufgrund eines sonstigen Verfahrens gewährt wurden, das angemessen bekannt gemacht wurde und auf objektiven Kriterien beruht. Damit wird die Regelung des Art. 4 Abs. 3 Sektoren-RL umgesetzt, die den zuvor bereits in Erwägungsgrund 25 Sektoren-RL 2004 enthaltenen Rechtsgedanken normiert und präzisiert.

Unter der Geltung der Sektoren-RL 2004 hat das OLG München die Auffassung vertreten, 26
dass auch solche Rechte, die aufgrund von objektiven, verhältnismäßigen und diskriminierungsfreien Kriterien vergeben wurden, zur Anwendbarkeit des Sektorenvergaberechts führen, wenn sie eine den freien Wettbewerb auf dem Markt ausschließende oder wesentlich beeinträchtigende Stellung vermitteln.[41] Das lässt sich mit dem nunmehr geltenden Gesetzeswortlaut nicht mehr vereinbaren. **Rechte, die im Wege eines Verfahrens gewährt wurden,** das auf objektiven Kriterien beruht und bei dem eine angemessene Publizität gewährleistet wurde, **stellen keine besonderen oder ausschließlichen Rechte iSd Sektoren-RL dar,** weshalb die Anwendung des Vergaberechts in diesen Fällen insofern entbehrlich ist, da schon bei der Gewährung der jeweiligen Sonderrechte den Anforderungen an ein wettbewerbliches Verfahren genügt wurde.[42]

In Art. 4 Abs. 3 UAbs. 2 Sektoren-RL werden eine Reihe von **durch europäisches Recht** 27
vorgegebene Verfahren aufgeführt, die die genannten Kriterien erfüllen. Dazu zählen neben Vergabeverfahren nach der RL 2014/24/EU, RL 2014/23/EU und der RL 2009/81/EG auch die in Anhang II Sektoren-RL genannten Verfahren:
– Erteilung einer Genehmigung für den Betrieb von Erdgasanlagen nach den in Art. 4 RL 2009/73/EG festgelegten Verfahren;
– Genehmigung oder Aufforderung zur Angebotsabgabe für den Bau neuer Stromerzeugungsanlagen gem. RL 2009/72/EG;
– Erteilung von Genehmigungen in Bezug auf Postdienste, die nicht reserviert sind oder nicht reserviert werden dürfen, nach den in Art. 9 RL 97/67/EG festgelegten Verfahren;

---

[34] Calliess/Ruffert/*Jung* AEUV Art. 106 Rn. 16.
[35] EuGH Urt. v. 12.2.1998 – C-163/96, Slg. 1998, I-533 Rn. 23 = EuZW 1998, 254 – Raso.
[36] Calliess/Ruffert/*Jung* AEUV Art. 106 Rn. 16.
[37] Ziekow/Völlink/*Ziekow* Rn. 10; *Opitz* in RKPP GWB Rn. 39; Beck VergabeR I/*Dörr* Rn. 24.
[38] OLG München Beschl. v. 12.5.2011 – Verg 26/10, NZBau 2011, 630.
[39] OLG Celle Beschl. v. 9.7.2013 – 13 Verg 7/13, NZBau 2013, 659.
[40] Beck VergabeR I/*Dörr* Rn. 25; *Opitz* in RKPP GWB Rn. 40.
[41] OLG München Beschl. v. 12.5.2011 – Verg 26/10, NZBau 2013, 659.
[42] Gesetzesbegründung der BReg, BT-Drs. 18/6281, 71.

- Verfahren zur Genehmigung von Tätigkeiten, die mit der Nutzung von Kohlenwasserstoffen verbunden sind, gem. der RL 94/22/EG;
- Öffentliche Dienstleistungsaufträge iSd VO (EG) Nr. 1370/2007 für die Bereitstellung von Personenverkehrsdiensten mit Bussen, Straßenbahnen, Eisenbahnen oder Untergrundbahnen, die auf der Grundlage eines wettbewerblichen Vergabeverfahrens gem. Art. 5 Abs. 3 VO (EG) Nr. 1370/2007 vergeben wurden, vorausgesetzt, dass deren Laufzeit mit Art. 4 Abs. 3 VO (EG) Nr. 1370/2007 oder Art. 4 Abs. 4 VO (EG) Nr. 1370/2007 übereinstimmt.

28 Diesbezüglich wird durch Erwägungsgrund 20 Sektoren-RL klargestellt, dass diese **Liste mit Rechtsvorschriften nicht erschöpfend** ist und in beliebiger Form – auch über Konzessionen – eingeräumte Rechte, die im Wege anderer Verfahren auf der Grundlage objektiver Kriterien gewährt werden und bei denen eine angemessene Publizität gewährleistet wurde, keine besonderen oder ausschließlichen Rechte darstellen.

29 **bb) Gewährung durch eine zuständige Behörde.** Die besonderen oder ausschließlichen Rechte müssen gem. Art. 4 Abs. 3 Sektoren-RL durch eine zuständige (mitgliedstaatliche) Behörde im Wege einer Rechts- oder Verwaltungsvorschrift gewährt worden sein. Formvorgaben sind weder in der Sektoren-RL noch im GWB-Vergaberecht vorgesehen. Dementsprechend kommen sämtliche subordinations- und koordinationsrechtlichen Formen des allgemeinen Verwaltungsrechts in Betracht.[43] Sonderrechte können mithin durch **Gesetz, Verwaltungsakt oder öffentlich-rechtlichen Vertrag** verliehen werden. Umstritten ist, ob ein privatrechtlich organisiertes Unternehmen auch dann als Sektorenauftraggeber zu qualifizieren ist, wenn diesem besondere oder ausschließliche Rechte durch einen privatrechtlichen Vertrag verliehen wurden.[44] Mit Blick sowohl auf den Effektivitätsgrundsatz des Europarechts als auch die unterschiedlichen Gestaltungsformen in den Mitgliedstaaten wird das ungeachtet des Wortlauts von Art. 4 Abs. 3 Sektoren-RL zu bejahen sein.

30 **cc) Konsequenzen für den Energiesektor.** Für den Energiesektor bedeutet das, dass weder das **Genehmigungserfordernis** nach § 4 EnWG noch die Möglichkeit zur **Enteignung** nach § 45 EnWG besondere oder ausschließliche Rechte begründen kann und auch die **Wegenutzungsrechte** nach § 46 EnWG nicht als Rechte iSv § 100 Abs. 2 zu qualifizieren sind. Das hat das OLG Celle ausdrücklich klargestellt.[45] Die betroffenen Unternehmen erlangen keine privilegierte Sonderstellung, da § 20 Abs. 1 EnWG die Betreiber von Energieversorgungsnetzen verpflichtet, jedermann nach sachlich gerechtfertigten Kriterien Netzzugang zu gewähren. Die genannten Rechte stehen daher grundsätzlich allen interessierten Unternehmen offen. Die Gewährung eines ausschließlichen Rechts läge nur dann vor, wenn ein einzelnes Unternehmen für ein bestimmtes geografisches Gebiet exklusiv zur Energieversorgung berechtigt wäre.[46] Eine solche ausschließliche Privilegierung ist nach dem EnWG jedoch nicht zulässig.[47] Auch die dauerhaft lenkende und unterstützende Duldung eines bereits bestehenden Oligopols wird von der Rechtsprechung mangels Gewährung nicht als besonderes oder ausschließliches Recht eingestuft.[48]

31 **(1) Genehmigungen.** Das **Genehmigungserfordernis des § 4 EnWG** räumt Unternehmen für den Betrieb eines Energieversorgungsnetzes kein Ausschließlichkeitsrecht ein. Es handelt sich um ein präventives Verbot mit Erlaubnisvorbehalt, sodass die Genehmigung nur zu versagen ist, wenn die Einhaltung bestimmter Mindeststandards (personelle, technische und wirtschaftliche Leistungsfähigkeit und Zuverlässigkeit) nicht gewährleistet ist.[49] Es besteht ein gebundener Anspruch auf Erteilung der Genehmigung, wenn die Tatbestandsvoraussetzungen erfüllt sind. Die Möglichkeit der Beauftragung einer Genehmigung gem. § 4 EnWG steht weiterhin auch allen anderen Unternehmen offen.

32 **(2) Wegenutzungsrechte.** Qualifizierte **Wegenutzungsrechte iSv § 46 Abs. 2 EnWG** stellen grundsätzlich keine besonderen oder ausschließlichen Rechte iSv § 100 Abs. 2 S. 1 dar,

---

43 Schröder NZBau 2012, 541 (542).
44 So auch VK Lüneburg Beschl. v. 8.11.2002 – 203-VgK-24/2002, IBRRS 2004, 3382; Schröder NZBau 2012, 541 (542); Opitz in RKPP GWB Rn. 38; Beck VergabeR I/Dörr Rn. 26; aA Immenga/Mestmäcker/Dreher Rn. 21.
45 OLG Celle Beschl. v. 9.7.2013 – 13 Verg 7/13, NZBau 2013, 659; zustimmend und fortführend OLG München Beschl. v. 28.8.2019 – Verg 15/19, NZBau 2020, 198 Rn. 5 ff.; ähnlich auch VK Nordbayern Beschl. v. 16.5.2019 – RMF-SG21-3194-4-11, VPRRS 2020, 0020.
46 OLG Celle Beschl. v. 9.7.2013 – 13 Verg 7/13, NZBau 2013, 659; Opitz in RKPP GWB Rn. 40.
47 Vgl. § 20 Abs. 1 EnWG, § 46 Abs. 1 S. 1 EnWG.
48 OLG München Beschl. v. 28.8.2019 – Verg 15/19, NZBau 2020, 198 Rn. 5 ff.; VK Nordbayern Beschl. v. 16.5.2019 – RMF-SG21-3194-4-11, VPRRS 2020, 0020; aA VK Lüneburg Beschl. v. 13.5.2016 – VgK-10/2016, BeckRS 2016, 17220.
49 Theobald/Kühling/Theobald EnWG § 4 Rn. 1.

sofern die zu Grunde liegenden Wegenutzungsverträge in vergaberechtskonformer Art und Weise geschlossen worden sind. Das ergibt sich aus der Ausnahmeregelung des § 100 Abs. 2 S. 2. Zwar ist es gegenwärtig höchst umstritten, ob Wegenutzungsverträge nach § 46 Abs. 2 EnWG als Dienstleistungskonzessionen iSv § 105 zu qualifizieren sind und deshalb nach Maßgabe des durch die RL 2014/23/EU eingeführten Konzessionsvergaberechts zu vergeben sind (→ § 102 Rn. 55 ff.). Selbst wenn man das entweder grundsätzlich oder in Anbetracht bestimmter Umstände des jeweiligen Einzelfalls verneinen würde, hätte der Vertragsschluss – im Falle bestehender Binnenmarktrelevanz[50] – gleichwohl gem. den Vorgaben des europäischen Primärrechts in einem transparenten, wettbewerblichen und nichtdiskriminierenden Verfahren zu erfolgen.

Auch der Umstand, dass ein Unternehmen ein Netz mit Elektrizität, Gas oder Wärme versorgt, das seinerseits von einem Unternehmen betrieben wird, das Sonderrechte genießt, stellt kein ausschließliches oder besonderes Recht iSv § 100 Abs. 1 Nr. 2 lit. a, Abs. 2 dar.[51] Durch die strikte **Trennung von Netzbetrieb und Vertrieb (Versorgung)** begründet der Vertrieb in Deutschland keine Sonderstellung der Energieversorgungsunternehmen. Denn der Vertrieb steht grundsätzlich allen Wettbewerbern nach denselben Maßstäben offen. Der deutsche Gesetzgeber hat aufgrund der EU-Strom-RL 2003[52] und der EU-Gas-RL 2003[53] den Netzzugang reguliert, die Berechnung der Netzzugangsentgelte festgelegt und die Entflechtung (Unbundling) des Netzbetriebs von anderen Geschäftsbereichen durch organisatorische und rechtliche Trennung sichergestellt, um Quersubventionen bzw. eine intransparente Kostenzurechnung zu vermeiden.[54] 33

(3) Grundversorgerstatus. Die **Stellung als Grundversorger** beruht ebenfalls nicht auf einem besonderen oder ausschließlichen Recht. Der Grundversorger beliefert nach Maßgabe öffentlich bekannt gegebener allgemeiner Bedingungen und Preise automatisch alle Haushaltskunden mit Strom bzw. Gas, die keinen speziellen Versorgungsvertrag mit einem Energieversorgungsunternehmen geschlossen haben.[55] Allerdings richtet sich die Zuständigkeit für die Grundversorgung gem. § 36 Abs. 2 S. 1 EnWG danach, welcher Energieversorger in einem bestimmten Netzgebiet der allgemeinen Versorgung die meisten Haushaltskunden beliefert und somit nach den tatsächlich gegebenen Marktverhältnissen.[56] Die Stellung als Grundversorger wird demnach gerade nicht durch die Gewährung besonderer oder ausschließlicher Rechte eingeräumt. 34

dd) Konsequenzen für den Trinkwassersektor. Im Trinkwassersektor hat noch keine Entflechtung von Netzbetrieb und Versorgung stattgefunden, die den Wettbewerb der Trinkwasserversorger und den freien Zugang zu Trinkwasserversorgungsnetzen sowie eine freie Wahl der Kunden unter den Versorgern ermöglichen würde.[57] Daher ist die Trinkwasserversorgung in Deutschland durch **Versorgungsmonopole** geprägt. Kennzeichnend hierfür ist, dass ein Unternehmen in einem Versorgungsgebiet alle Dienstleistungen der Wasserversorgung erbringt, von der Gewinnung über die Aufbereitung bis hin zur Verteilung an den Endkunden.[58] Es existiert **kein nationales Netz,** sondern eine Vielzahl kleiner und kleinster regionaler Versorgungsnetze, zwischen denen keine Verbindung besteht.[59] Diese Situation beruht auf dem in § 1a Abs. 3 WHG verankerten Grundsatz, dass die Wasserversorgung nach Möglichkeit aus regionalen Quellen zu gewährleisten ist. Gemäß § 1a Abs. 3 WHG wird durch Landesrecht bestimmt, dass der Wasserbedarf der öffentlichen Wasserversorgung vorrangig aus ortsnahen Wasservorkommen zu decken ist, soweit überwiegende Gründe des Allgemeinwohls nicht entgegenstehen. Zur Absicherung der im Bereich der Wasserversorgung bestehenden Monopole trägt ferner der gesetzlich vorgeschriebene Anschluss- und Benutzungszwang bei.[60] Die Gemeindeordnungen der Länder ermächtigen die Gemeinden aus Gründen des öffentlichen Wohls durch Satzung, für die Grundstücke ihres Gebiets den Anschluss an die Wasserleitung und die Benutzung der Einrichtungen der Wasserversorgung vorzuschreiben.[61] 35

---

[50] Zum Kriterium der Binnenmarktrelevanz vgl. *Gabriel* in Gabriel/Krohn/Neun VergabeR-HdB § 82 Rn. 5 ff.; *Baudis* VergabeR 2019, 589.
[51] Erwägungsgrund 25 Sektoren-RL 2004.
[52] RL 2003/54/EG, ABl. 2003 L 176, 57.
[53] RL 2003/55/EG, ABl. 2003 L 176, 57.
[54] *Ohms*, Recht der Erneuerbaren Energien, 2014, Kap. B Rn. 140; Theobald/Kühling/*Heinlein/Büsch* EnWG § 6 Rn. 33.
[55] Britz/Hellermann/Hermes/*Hellermann* EnWG § 36 Rn. 27.
[56] *Kühne/Brodowski* NVwZ 2005, 849 (857).
[57] Vgl. *Schmidt* LKV 2008, 197.
[58] *Fischer/Zwetkow* NVwZ 2003, 281 (285).
[59] *Fischer/Zwetkow* NVwZ 2003, 281 (285).
[60] *Lenschow*, Marktöffnung in der leitungsgebundenen Trinkwasserversorgung, 2006, 84.
[61] § 11 Abs. 1 GemO BW; Art. 24 Abs. 1 Nr. 2 BayGO; § 12 Abs. 2 BbgKVerf; § 19 Abs. 2 HGO; § 15 Abs. 1 KV M-V; § 13 S. 1 NKomVG; § 9 S. 1 GO NRW; § 26 Abs. 1 RhPfGemO; § 22 Abs. 1 SaarlKSVG; § 14 Abs. 1 SächsGemO; § 11 Abs. 1 S. 1 KVG LSA; § 17 Abs. 2 SchlHGO; § 20 Abs. 2 Nr. 2 ThürKO.

36 Diese Rahmenbedingungen des Trinkwassersektors führen dazu, dass die Gemeinden in Deutschland die Aufgabe der Wasserversorgung überwiegend selbst erfüllen, sodass je nach Ausgestaltung der Wasserversorgung die **Sektorenauftraggebereigenschaft der Versorgungsunternehmen bereits gem. § 100 Abs. 1 Nr. 1 vorliegt.** Allerdings ist die Übernahme der Wasserversorgung durch die Gemeinden selbst nicht zwingend; sie darf vielmehr auch durch Private wahrgenommen werden.[62] Ist das der Fall, werden private Unternehmen im Bereich der Trinkwasserversorgung wegen der bestehenden natürlichen Monopole in der Regel aufgrund besonderer und ausschließlicher Rechte Sektorenauftraggeber gem. § 100 Abs. 1 Nr. 2 lit. a, denn grundsätzlich sind einzelne Unternehmen für ein bestimmtes geografisches Gebiet exklusiv zur Wasserversorgung berechtigt.[63] Anderen Unternehmen wird durch den fehlenden Zugang zu Wasserversorgungsnetzen die Möglichkeit genommen, ebenfalls in der Wasserversorgung tätig zu werden. Unternehmen, die im Trinkwassersektor tätig werden, sind daher grundsätzlich als Sektorenauftraggeber zu qualifizieren.

37 **ee) Konsequenzen für den Verkehrssektor.** Welche **Folgen** sich aus der Definition des Tatbestandsmerkmals der „besonderen und ausschließlichen Rechte" gem. § 100 Abs. 1 Nr. 2 lit. a, Abs. 2 ergeben, wird im Einzelnen in der Kommentierung zu den entsprechenden Sektorentätigkeiten in § 102 behandelt (→ § 102 Rn. 63 ff.).

38 **c) Sektorenauftraggeber aufgrund beherrschenden Einflusses (§ 100 Abs. 1 Nr. 2 lit. b, Abs. 3).** Unter § 100 Abs. 1 Nr. 2 lit. b, Abs. 3 fallen natürliche und juristische Personen des Privatrechts, die im Bereich der Sektoren tätig sind, wenn öffentliche Auftraggeber gem. § 99 Nr. 1–3 auf diese Personen **einzeln oder gemeinsam einen beherrschenden Einfluss** ausüben können. Wie bei § 99 Nr. 2 begründet dieser beherrschende Einfluss der öffentlichen Hand auf eine juristische Person des Privatrechts eine besondere Staatsnähe, die die Anwendbarkeit des Vergaberechts rechtfertigt. Die **Rechtsform des Unternehmens** ist dabei **nicht entscheidend.** Sie hat nur Einfluss darauf, welche Kontrollmöglichkeiten dem Staat grundsätzlich zur Verfügung stehen können. Entsprechend kommt es für die Qualifikation eines privatrechtlich verfassten Unternehmens als Sektorenauftraggeber nach der Rechtsprechung des EuGH darauf an, ob deren Verhalten bestimmendem staatlichen Einfluss unterliegt.[64] Der erforderliche staatliche Einfluss kann dabei auch von Hoheitsträgern aus anderen EU-Mitgliedstaaten ausgehen.[65]

39 Der Begriff des beherrschenden Einflusses wird weder in Art. 4 Abs. 2 Sektoren-RL noch in § 100 Abs. 1 definiert. Gemäß Art. 4 Abs. 2 UAbs. 1 Sektoren-RL kann er aufgrund der Eigentumsverhältnisse, der finanziellen Beteiligung oder der für das Unternehmen geltenden Bestimmungen unmittelbar oder mittelbar bestehen. Wie im Fall des § 99 Nr. 2 ist es nicht erforderlich, dass der Auftraggeber den Einfluss tatsächlich ausübt;[66] es reicht aus, wenn die Möglichkeit besteht. Auch kann der Einfluss mittelbar – über Dritte – ausgeübt werden. Auch in der Rechtsprechung des EuGH wurde eine **abschließende Definition,** wann hinreichend **beherrschende Einflussrechte** vorliegen, bislang nicht entwickelt.[67] Vielmehr liegen lediglich einige Einzelfallentscheidungen vor. Während der Gerichtshof in den Fällen „Hennen Olie", „British Gas" und „Buy Irish" auf die jeweiligen staatlichen Weisungsrechte abgestellt hat,[68] haben in den Entscheidungen „Telaustria" und „CMA-Gütezeichen" die eigentumsrechtlichen Einwirkungsmöglichkeiten von Mehrheitsgesellschaftern auf ihre Aktiengesellschaft[69] bzw. GmbH[70] für die Annahme einer hinreichenden staatlichen Bindung ausgereicht. Im Fall „Hennen Olie" etwa verfügte die Regierung über direkte Ernennungs- und Weisungsbefugnisse. Demgegenüber kann der Aktionär einer AG – ebenso die Fallgestaltung in „Telaustria" – nur mittelbar über Hauptversammlung und Aufsichtsrat auf den Vorstand einwirken, der seinerseits bei der Leitung der Gesellschaft an keine Weisungen gebunden ist.

40 In § 100 Abs. 3 werden **drei Varianten** aufgeführt, in denen die Ausübung eines **beherrschenden Einflusses** durch einen öffentlichen Auftraggeber **vermutet** wird. Das ist sowohl in Fällen

---

[62] *Lenschow,* Marktöffnung in der leitungsgebundenen Trinkwasserversorgung, 2006, 84.
[63] *Schmidt* LKV 2008, 196.
[64] Die Rolle der staatlichen Einflussmöglichkeiten im Einzelfall hervorhebend Generalanwalt Lenz Schlussanträge v. 13.3.1991 – C-247/89, BeckEuRS 1991, 176573 Rn. 16, 19 – ANA-EP; *Gabriel* VergabeR 2009, 7 (9).
[65] VK Berlin Beschl. v. 22.1.2020 – VK B 1-38/19, IBRRS 2020, 2688; Beck VergabeR I/*Dörr* Rn. 38.
[66] *Opitz* in RKPP GWB Rn. 25.
[67] Hierzu *Gabriel* VergabeR 2009, 7 (10).
[68] EuGH Urt. v. 12.12.1990 – C-302/88, Slg. 1990, I-4625 = BeckEuRS 1990, 165328 – Hennen Olie; EuGH Urt. v. 12.7.1990 – C-188/89, Slg. 1990, I-3313 Rn. 20 = NJW 1991, 3086 – British Gas; EuGH Urt. v. 24.11.1982 – C-249/81, Slg. 1982, I-4005 = BeckEuRS 1982, 97957 – Buy Irish.
[69] EuGH Urt. v. 7.12.2000 – C-324/98, Slg. 2000, I-10 745 = EuZW 2001, 90 – Telaustria.
[70] EuGH Urt. v. 5.11.2002 – C-325/00, Slg. 2002, I-9977 = NJW 2002, 3609 – CMA-Gütezeichen.

einer Kapital- und einer Anteils- bzw. Stimmrechtsmehrheit als auch dann der Fall, wenn der öffentliche Auftraggeber mehr als die Hälfte der Mitglieder des Verwaltungs-, Leitungs- oder Aufsichtsorgans des Unternehmens bestellen kann. Diese gesetzliche Vermutung kann freilich im Einzelfall widerlegt werden.[71] Der Nachweis, dass der öffentliche Auftraggeber tatsächlich keinen – auch nur mittelbaren – Einfluss auf das Beschaffungsverhalten des Unternehmens besitzt, wird jedoch praktisch kaum zu führen sein.[72] Insbesondere wird wohl ein formeller Entherrschungsvertrag zum Nachweis des fehlenden tatsächlichen Einflusses ausreichen.[73] Auch wenn die Tatbestände der Vermutungsregel nicht erfüllt sind, kann ein beherrschender Einfluss der öffentlichen Auftraggeber bestehen. In Betracht kommt zB ein beherrschender Einfluss durch finanzielle Unterstützung, schuldrechtliche Verträge oder im Ausnahmefall durch eine auf ein bestimmtes Unternehmen gerichtete Gestaltung der gesetzlichen Rahmenbedingungen (vgl. Art. 3 Abs. 2 UAbs. 1 Sektoren-RL: „der für das Unternehmen geltenden Bestimmungen der gesetzlichen Rahmenbedingungen").[74]

Für die **weitere Konkretisierung des Beherrschungstatbestands** wird auf die Kommentierung zu § 99 Nr. 2 verwiesen (→ § 99 Rn. 22 ff.). 41

§ 101 Konzessionsgeber

(1) Konzessionsgeber sind
1. **öffentliche Auftraggeber gemäß § 99 Nummer 1 bis 3, die eine Konzession vergeben,**
2. **Sektorenauftraggeber gemäß § 100 Absatz 1 Nummer 1, die eine Sektorentätigkeit gemäß § 102 Absatz 2 bis 6 ausüben und eine Konzession zum Zweck der Ausübung dieser Tätigkeit vergeben,**
3. **Sektorenauftraggeber gemäß § 100 Absatz 1 Nummer 2, die eine Sektorentätigkeit gemäß § 102 Absatz 2 bis 6 ausüben und eine Konzession zum Zweck der Ausübung dieser Tätigkeit vergeben.**

(2) § 100 Absatz 2 und 3 gilt entsprechend.

Schrifttum: *Becker/Blau,* Die Preismissbrauchsnovelle in der Praxis, 2010; *Becker/Zapfe,* Energiekartellrechtsanwendung in Zeiten der Regulierung, ZWeR 2007, 419; *Dietlein,* Der Begriff des „funktionalen" Auftraggebers nach § 98 Nr. 2 GWB, NZBau 2002, 136; *Donhauser/Hölzlwimmer,* Die neue Richtlinie über die Konzessionsvergabe und ihre Auswirkungen auf die Vergabe von Wegenutzungskonzessionen nach § 46 EnWG, VergabeR 2015, 509; *Kingreen,* Die Entscheidung des EuGH zur Bindung der Krankenkassen an das Vergaberecht, NJW 2009, 2417; *Knauff/Badenhausen,* Die neue Richtlinie über die Konzessionsvergabe, NZBau 2014, 395; *Krönke,* Das neue Vergaberecht aus verwaltungsrechtlicher Perspektive, NVwZ 2016, 568; *Kruse,* Die Vergabe von Konzessionen, 2016; *Mohr,* Sicherung der Vertragsfreiheit durch Wettbewerbs- und Regulierungsrecht, Domestizierung wirtschaftlicher Macht durch Inhaltskontrolle der Folgeverträge, 2015; *Mohr,* Energiewirtschaftliche Konzessionsverträge und Unionsrecht, RdE 2016, 269; *Mohr,* Sozial motivierte Beschaffungen nach dem Vergaberechtsmodernisierungsgesetz 2016, EuZW 2017, 23; *Mohr/König,* Freistellung von wettbewerbsbeschränkenden Vereinbarungen, JURA 2012, 165; *Säcker,* Zur Gewichtung und Transparenz von Vergabekriterien bei Strom- und Gaskonzessionen, RdE 2015, 1; *Säcker/Mohr,* Die Entflechtung der Transportnetzbetreiber durch das Modell des „Independent Transmission Operator" (ITO), N&R-Beil. 2/2012, 1; *Säcker/Mohr,* Reintegration von Dienstleistungskonzessionen in das Vergaberecht am Beispiel der Wasserversorgung, ZWeR 2012, 417; *Säcker/Mohr/Wolf,* Konzessionsverträge im System des europäischen und deutschen Wettbewerbsrechts, 2010; *Siegel,* Das neue Konzessionsvergaberecht, NVwZ 2016, 1672; *von Strenge,* Auftraggebereigenschaft wegen Beherrschung durch ausländische Gebietskörperschaften, NZBau 2011, 17; *Schröder,* Rechtlich privilegierte Sektorenauftraggeber nach § 98 Nr. 4 GWB, NZBau 2012, 541; *Wagner/Pfohl,* Die neue Richtlinie 2014/23/EU über die Konzessionsvergabe: Anwendungsbereich, Ausnahmevorschriften und materielle Regelungen, ZfBR 2014, 745; *Ziekow,* Die vergaberechtliche Auftraggebereigenschaft konzernverbundener Unternehmen, NZBau 2004, 181.

Übersicht

		Rn.			Rn.
I.	Normzweck	1	a)	Staat	7
II.	**Unionsrechtliche Vorgaben**	4	b)	Gebietskörperschaften	9
			c)	Einrichtungen des öffentlichen Rechts	11
1.	Überblick	4	d)	Verbände	22
2.	Öffentliche Auftraggeber (Art. 6 RL 2014/23/EU)	6	3.	(Sektoren-)Auftraggeber (Art. 7 RL 2014/23/EU)	23

---
[71] Beck VergabeR I/*Dörr* Rn. 35.
[72] Beck VergabeR I/*Dörr* Rn. 35; *Opitz* in RKPP GWB Rn. 47.
[73] *Opitz* in RKPP GWB Rn. 47.
[74] Beck VergabeR I/*Dörr* Rn. 37.

	Rn.		Rn.
a) Allgemeines	23	b) Institutioneller Auftraggeberbegriff	47
b) Öffentliche Auftraggeber	25	c) Funktionaler Auftraggeberbegriff	48
c) Öffentliche Unternehmen	26	d) Verbände von institutionellen oder	
d) Besondere oder ausschließliche Rechte	27	funktionellen Auftraggebern	50
e) Sektorentätigkeiten gem. Anhang II RL 2014/23/EU	32	e) Keine Empfänger von Subventionen	51
III. Entstehungsgeschichte des § 101	41	3. Öffentliche Sektorenkonzessionsgeber (Abs. 1 Nr. 2)	52
IV. Konzessionsgeber	43	4. Private Sektorenkonzessionsgeber (Abs. 1 Nr. 3 iVm Abs. 2)	54
1. Überblick	43	a) Gewährung von besonderen oder ausschließlichen Rechten (§ 101 Abs. 2)	56
2. Öffentliche Konzessionsgeber außerhalb des Sektorenbereichs (§ 101 Abs. 1 Nr. 1)	46	b) Beherrschender Einfluss	59
a) Vorrang der Eigenschaft als Sektorenauftraggeber	46	5. Vergabe einer Konzession	60

I. Normzweck

1 Nach § 98 sind Auftraggeber im Sinne des 4. Teils des GWB[1] sowohl öffentliche Auftraggeber iSd § 99, als auch Sektorenauftraggeber iSd § 100, als auch **Konzessionsgeber iSd § 101**.[2] Die letztgenannte Vorschrift bestimmt, dass Konzessionsgeber **öffentliche Auftraggeber** iSd §§ 99 Nr. 1–3 (Nr. 1)[3] und bestimmte **Sektorenauftraggeber** sind, die zum Zweck der Ausübung ihrer Tätigkeit eine Konzession vergeben,[4] wobei letztere nochmals in **öffentliche Sektorenauftraggeber** (Nr. 2) und **private Sektorenauftraggeber** (Nr. 3) unterschieden werden. Nicht adressiert werden von § 101 die Konzessionsnehmer. Diese werden vielmehr durch § 105 mit dem Begriff des Unternehmens umschrieben.[5] Wie die Verweise in § 101 auf die §§ 99 f. verdeutlichen, deckt sich der Kreis der Konzessionsgeber weitgehend mit demjenigen des „regulären Vergaberechts", da den marktöffnenden Grundfreiheiten übergreifend ein weiter Staatsbegriff zugrunde liegt, wozu gem. Art. 106 Abs. 1 AEUV auch öffentliche Unternehmen und solche mit besonderen und ausschließlichen Rechten zählen.[6] Die inhaltliche Abgrenzung zwischen dem regulären Vergaberecht und dem Konzessionsvergaberecht erfolgt nach § 101 durch das Anknüpfen an die Vergabe einer Konzession, mithin anhand eines **tätigkeitsbezogenen Ansatzes**.[7] Gemäß **§ 105 Abs. 2** zeichnet sich eine Konzession dadurch aus, dass der Konzessionsnehmer das maßgebliche wirtschaftliche Risiko übernimmt (→ § 105 Rn. 83 ff.). Neben der Eröffnung des persönlichen Anwendungsbereichs beeinflussen die verschiedenen Auftraggeberbegriffe des § 98 das **anzuwendende Recht**: Alle Auftraggeber iSd § 98 – also auch Konzessionsgeber – müssen den allgemeinen Teil des Kartellvergaberechts gem. §§ 97–114 und das Rechtsschutzkapitel gem. §§ 155–184 anwenden. Je nachdem, ob ein öffentlicher Auftrag bzw. eine Konzession durch einen öffentlichen Auftraggeber, einen Sektorenauftraggeber oder einen Konzessionsgeber vergeben werden soll, sind zusätzlich die jeweiligen besonderen Teile des GWB-Vergaberechts sowie die auf Grundlage des GWB erlassenen Verordnungen zu berücksichtigen.[8] Für die Vergabe von Konzessionen durch Konzessionsgeber gelten gem. § 148 die §§ 149–154, zudem ist gem. § 1 KonzVgV das ergänzende Verordnungsrecht zu beachten.[9] Die letztgenannte Vorschrift knüpft unmittelbar an § 1 KonzVgV an, definiert also keinen eigenen persönlichen Anwendungsbereich.[10] Vergibt ein Kon-

---

[1] Der funktionale Auftraggeberbegriff orientiert sich an organisatorischen Abhängigkeiten und wahrgenommenen Aufgaben, nicht an der Rechtsform der Vergabestelle, vgl. BeckOK VergabeR/*Bungenberg/Schelhaas* § 98 Rn. 6; EuGH Urt. v. 13.12.2007 – C-337/06, EuZW 2008, 80 Rn. 37 – Bayerischer Rundfunk, Zweites Deutsches Fernsehen ua/GEWA.
[2] Beck VergabeR/*Dörr* § 98 Rn. 2.
[3] Nicht in Bezug genommen werden staatlich subventionierte Auftraggeber im Baubereich gem. § 99 Nr. 4. Die Norm soll verhindern, dass sich öffentliche Auftraggeber den Regeln des Vergaberechts dadurch entziehen, dass sie Subventionen an Dritte gewähren, die dann die Aufträge vergeben (sog. Drittvergaben), vgl. HK-VergabeR/*Pünder* § 99 Rn. 71; Ziekow/Völlink/*Ziekow* § 99 Rn. 119.
[4] VK Sachsen Beschl. v. 17.7.2019 – 1/SVK/017-19, BeckRS 2019, 35274 Rn. 9.
[5] Ausf. mit Blick auf § 103 Abs. 1 *Burgi* VergabeR § 9 Rn. 2 ff.
[6] Beck VergabeR/*Wollenschläger* Rn. 2.
[7] Ziekow/Völlink/*Ziekow* Rn. 2; Immenga/Mestmäcker/*Dreher* Rn. 5.
[8] BeckOK VergabeR/*Bungenberg/Schelhaas* § 98 Rn. 5.
[9] Verordnung über die Vergabe von Konzessionen v. 12.4.2016, BGBl. 2016 I 624, 683.
[10] Beck VergabeR/*Wollenschläger* Rn. 8; HK-VergabeR/*Friton/Stein* KonzVgV § 1 Rn. 4; *Fandrey* in RKPP GWB Rn. 1.

zessionsgeber iSd § 101 eine Konzession iSd § 105, die den Schwellenwert gem. § 106 Abs. 1, 2 Nr. 4 erreicht oder überschreitet, ist vorbehaltlich der Geltung eines anderen Vergaberegimes gem. §§ 110 ff. und des Nichteingreifens einer Ausnahmeregelung gem. §§ 107 ff., 149 f. somit das Sondervergaberecht der §§ 148 ff. iVm der KonzVgV anzuwenden.[11]

§ 101 lehnt sich eng an die **Konzessionsvergaberichtlinie 2014/23/EU (RL 2014/23/EU)** an, die ihrerseits zwischen der Vergabe von Konzessionen durch **öffentliche Auftraggeber** (Art. 6 RL 2014/23/EU; nachfolgend: Konzessionsgeber) sowie durch **Auftraggeber,** die einer **Sektorentätigkeit** nachgehen und zum Zwecke dieser Tätigkeit **Konzessionen** vergeben (Art. 7 RL 2014/23/EU; nachfolgend: Sektorenkonzessionsgeber) unterscheidet. Der deutsche Gesetzgeber hat die Anknüpfung an den allgemeinen Auftraggeberbegriff in der zentralen Vorschrift des § 98 übernommen,[12] wohingegen § 101 die Kategorien „Auftraggeber" und „öffentlicher Auftraggeber" unter dem Oberbegriff „Konzessionsgeber" zusammenfasst.[13]

Während die meisten **Vorschriften über die Konzessionsvergabe** einheitlich für alle Konzessionsgeber – öffentliche Auftraggeber, öffentliche Sektorenauftraggeber und private Sektorenauftraggeber – anzuwenden sind, gelten einzelne Vorschriften **nur für bestimmte Arten von Konzessionsgebern:**[14] So greift die Bereichsausnahme gem. **§ 149 Nr. 6** für die Vergabe von Dienstleistungskonzessionen an Konzessionsnehmer, die selbst öffentliche Konzessionsgeber iSd § 101 Abs. 1 Nr. 1 und Nr. 2 sind und über ein ausschließliches Recht zur Leistungserbringung verfügen, nicht für private Konzessionsgeber iSd § 101 Abs. 1 Nr. 3.[15] Die Bereichsausnahme gem. **§ 149 Nr. 8** für die Bereitstellung oder den Betrieb öffentlicher Kommunikationsnetze oder die Bereitstellung eines oder mehrerer elektronischer Kommunikationsdienste für die Öffentlichkeit gilt nur für öffentliche Auftraggeber iSd § 101 Nr. 1, um den Mitgliedstaaten den Ausbau insbesondere der Telekommunikationsnetze sowie der Telekommunikationsdienstleistungen zu erleichtern, indem sie von den verfahrensrechtlichen Vorgaben des Kartellvergaberechts befreit werden.[16] Nur für Sektorenkonzessionsgeber iSd § 101 Abs. 1 Nr. 2 und 3 greift demgegenüber die Ausnahme für Konzessionen bei Tätigkeiten in einem Drittland gem. **§ 149 Nr. 11,** da die Hauptanwendungsbereiche der Vorschrift im Bereich der netzgebundenen Industrien den Sektorenbereichen liegen.[17] Gemäß **§ 154 Nr. 5–7** gelten die besonderen Ausnahmen im Sektorenbereich für Konzessionsvergaben an verbundene Unternehmen gem. § 138, durch oder an ein Gemeinschaftsunternehmen gem. § 139 sowie für unmittelbar dem Wettbewerb ausgesetzte Tätigkeiten gem. § 140 ebenfalls nur für Sektorenkonzessionsgeber iSd § 101 Abs. 1 Nr. 2 und 3.[18] Außerhalb der spezifischen Regelungen für Konzessionsvergaben stellt **§ 108 Abs. 6** bei einer öffentlich-öffentlichen Zusammenarbeit nur Konzessionsverträge von öffentlichen Konzessionsgebern iSd § 101 Abs. 1 Nr. 1 und von öffentlichen Sektorenkonzessionsgebern gem. § 101 Abs. 1 Nr. 2 von einer Anwendung des Kartellvergaberechts frei, nicht jedoch von privaten Sektorenauftraggebern gem. § 101 Abs. 1 Nr. 3, da für diese das Prinzip der institutionellen und verfahrensmäßigen Autonomie der Mitgliedstaaten, aus dem die Ausnahmen vom Vergaberecht für die öffentlich-öffentliche Zusammenarbeit resultieren, nicht gilt.[19]

II. Unionsrechtliche Vorgaben

1. Überblick. § 101 setzt **Art. 1 Abs. 2 RL 2014/23/EU** iVm **Art. 6, 7 RL 2014/23/EU** ins deutsche Recht um. Gemäß Art. 1 Abs. 2 RL 2014/23/EU gilt die Richtlinie für die Vergabe von Bau- oder Dienstleistungskonzessionen an Wirtschaftsteilnehmer iSd Art. 5 Nr. 2 RL 2014/23/EU entweder durch öffentliche Auftraggeber (lit. a) oder durch Auftraggeber, wenn die Bau- oder Dienstleistungen für die Ausübung einer der in Anhang II genannten Tätigkeiten bestimmt sind (lit. b). Der Begriff **des öffentlichen Auftraggebers** ist legal definiert in Art. 6 RL 2014/23/EU, derjenige des **(Sektoren-)Auftraggebers** in Art. 7 RL 2014/23/EU. Sektorenauftraggeber

---

[11] Reidt/Stickler/Glahs/*Rafii* Rn. 1; Langen/Bunte/*Wagner/Schneider* Rn. 2; Immenga/Mestmäcker/*Dreher* Rn. 2; s. auch Ziekow/Völlink/*Siegel* KonzVgV § 1 Rn. 2 f.
[12] Vgl. dazu Gesetzentwurf der BReg. – Entwurf eines Gesetzes zur Modernisierung des Vergaberechts (VergModG), BT-Drs. 18/6281, 72; Beck VergabeR/*Dörr* § 98 Rn. 6.
[13] Beck VergabeR/*Wollenschläger* Rn. 3.
[14] BT-Drs. 18/6281, 72; Reidt/Stickler/Glahs/*Rafii* Rn. 4 f.; Immenga/Mestmäcker/*Dreher* Rn. 4; *Fandrey* in RKPP GWB Rn. 5 ff.; zum Unionsrecht auch Beck VergabeR/*Wollenschläger* Rn. 5.
[15] § 149 Nr. 6 beruht auf der Erwägung, dass ein Vergabeverfahren überflüssig ist, wenn der Konzessionsnehmer aufgrund des ausschließlichen Rechts schon feststeht; vgl. Ziekow/Völlink/*Siegel* § 149 Rn. 11.
[16] Beck VergabeR/*Germelmann* § 149 Rn. 72.
[17] Beck VergabeR/*Germelmann* § 149 Rn. 102.
[18] Reidt/Stickler/Glahs/*Rafii* § 154 Rn. 13 ff.
[19] BeckOK VergabeR/*Voll* § 108 Rn. 5.

unterscheiden sich weiter in **öffentliche und private Sektorenauftraggeber.** Im Sektorenbereich können dem Konzessionsvergaberecht damit auch **private Unternehmen** unterfallen, denen entweder besondere oder ausschließliche Rechte für die Ausübung der Sektorentätigkeit verliehen wurden oder die durch öffentliche Auftraggeber beherrscht werden.[20]

5   Nicht unter die RL 2014/23/EU fallen nach Erwägungsgrund 37 RL 2014/23/EU **politische Parteien,** es sei denn, sie sind nach mitgliedstaatlichem Recht als „Einrichtungen des öffentlichen Rechts" anzusehen.[21] Bestimmte Dienstleistungen wie die Herstellung von Werbevideofilmen und die Herstellung von Reklamevideofilmen, wenn sie im Rahmen einer Wahlkampagne erbracht werden, sind so eng mit den politischen Ansichten der Dienstleister verknüpft, dass ihre Auswahl regelmäßig in einer Art und Weise erfolgt, die sich ebenfalls nicht nach den Vorschriften für Konzessionen richten kann. Schließlich gelten für die Satzung und die Finanzierung der europäischen politischen Parteien und der europäischen politischen Stiftungen andere als die in der RL 2014/23/EU festgelegten Regelungen.

6   **2. Öffentliche Auftraggeber (Art. 6 RL 2014/23/EU).** Im Unionsrecht unterfallen dem **persönlichen Anwendungsbereich** des Konzessionsvergaberechts zum einen **institutionelle öffentliche Auftraggeber** iSd Art. 6 RL 2014/23/EU. Gemäß Art. 6 Abs. 1 RL 2014/23/EU sind öffentliche Auftraggeber der **Staat, Gebietskörperschaften, Einrichtungen des öffentlichen Rechts** sowie **Verbände,** die aus einer oder mehreren solcher Körperschaften oder einer oder mehreren solcher Einrichtungen des öffentlichen Rechts bestehen, **sofern sie nicht zu denjenigen Körperschaften, Einrichtungen oder Verbänden gehören, die einer der in Anhang II genannten (Sektoren-)Tätigkeiten nachgehen** (→ Rn. 32) und **eine Konzession zum Zweck der Ausübung einer dieser Tätigkeiten vergeben.** Art. 6 RL 2014/23/EU enthält damit einen **institutionellen Auftraggeberbegriff.** Art. 6 Abs. 1 letzter Teilsatz RL 2014/23/EU – Vergabe einer Konzession zum Zwecke der Ausübung „einer dieser Tätigkeiten" – bezieht sich nach dem Wortlaut allein auf die Sektorenauftraggeber (Anhang II). Sofern öffentliche Auftraggeber deshalb keine Konzession, sondern einen öffentlichen Auftrag vergeben, gilt unionsrechtlich die RL 2014/24/EU (vgl. Art. 1 Abs. 1 RL 2014/24/EU), sofern Sektorenauftraggeber einen öffentlichen Auftrag vergeben, gilt die Sektoren-RL (vgl. Art. 1 Abs. 1 Sektoren-RL).

7   **a) Staat.** Art. 6 RL 2014/23/EU erfasst als Normadressat zunächst den **Staat,** genauer einen Mitgliedstaat der Union.[22] Nach der Rechtsprechung des EuGH ist der institutionelle Staatsbegriff weit zu interpretieren, um auszuschließen, dass sich die Normadressaten nach anderen als den zugelassenen wirtschaftlichen und strategischen Erwägungen leiten lassen.[23] Formale Abgrenzungskriterien wie Handlungsformen sind für die Einordnung als öffentlicher Auftrag nachrangig.[24] Der unionale Staatsbegriff umfasst somit auch eine Einrichtung, die geschaffen wurde, um gesetzlich zugewiesene Aufgaben zu erfüllen, selbst wenn die Einrichtung formell nicht in die staatliche Verwaltung eingegliedert ist, etwa eine örtliche Flurbereinigungskommission.[25] In der Rechtswirklichkeit warf die **institutionelle Zugehörigkeit** eines Auftraggebers zum Staat bis dato vergleichbar wenig Rechtsfragen auf.[26] Dies gilt auch im Hinblick auf das vom EuGH vertretene funktionalweite Begriffsverständnis des Staatsbegriffs, da Art. 6 Abs. 1 RL 2014/23/EU mit dem Begriff der „Einrichtungen des öffentlichen Rechts" einen eigenständigen funktionalen Tatbestand normiert[27] (im Einzelnen → § 99 Rn. 23).

8   Die vergaberechtliche Bindung des Staates und der Gebietskörperschaften (→ Rn. 9) ist **personenbezogen,** nicht gegenstandsbezogen.[28] Sofern sie eine Konzession iSd § 105 vergeben, sind der Staat und seine Gebietskörperschaften (→ Rn. 46 ff.) anders als Einrichtungen des öffentlichen Rechts (Aufgaben im Allgemeininteresse) und Sektorenauftraggeber (Tätigkeiten nach Anhang II RL 2014/23/EU) unabhängig davon an das Vergaberecht gebunden, ob sie **Aufgaben im Allgemeininteresse** oder **solche der Daseinsvorsorge** erbringen.[29]

---

[20] Beck VergabeR/*Wollenschläger* Rn. 14.
[21] S. dazu auch HK-VergabeR/*Pünder* § 99 Rn. 7.
[22] Beck VergabeR/*Dörr* § 99 Rn. 6.
[23] EuGH Urt. v. 20.9.1988 – C-31/87, Slg. 1988, 4635 Rn. 11 = NVwZ 1990, 353 – Beentjes; s. auch EuGH Urt. v. 13.1.2005 – C-84/03, ECLI:EU:C:2005:14 Rn. 27 = EuZW 2005, 222 – Kommission/Königreich Spanien.
[24] Beck VergabeR/*Schotten/Hüttinger,* 2. Aufl. 2013, § 99 Rn. 11.
[25] EuGH Urt. v. 20.9.1988 – C-31/87, Slg. 1988, 4635 Rn. 11 = NVwZ 1990, 353 – Beentjes.
[26] Immenga/Mestmäcker/*Dreher* § 99 Rn. 5.
[27] Beck VergabeR/*Dörr* § 98 Rn. 7.
[28] Beck VergabeR/*Dörr* § 99 Rn. 10.
[29] EuGH Urt. v. 18.11.2004 – C-126/03, ECLI:EU:C:2004:728 Rn. 18 = EuZW 2005, 26 – Kommission/Deutschland.

b) Gebietskörperschaften. Art. 6 Abs. 1 RL 2014/23/EU erfasst zudem **Gebietskörper-** 9 **schaften.**[30] Das Tatbestandsmerkmal ist ebenso wie dasjenige des Staates weit zu interpretieren. Im Ausgangspunkt und in Abgrenzung zum „Staat" umfasst der Begriff „Gebietskörperschaften" die förmlichen **territorialen Untergliederungen der Mitgliedstaaten.**[31] Durch den territorialen Bezug unterscheiden sich Gebietskörperschaften von **Realkörperschaften**, etwa von Industrie- und Handelskammern, Wasser- und Bodenverbänden, von **Personalkörperschaften** wie Rechts- anwalts-, Notar-, Steuerberater-, Wirtschaftsprüfer-, Architekten-, Ärzte- und Apothekerkammern sowie von **Verbandskörperschaften**, zB kommunalen Zweckverbänden.[32] Nach überzeugender Ansicht unterfallen dem Begriff der Gebietskörperschaft auch Landkreise, Gemeindeverbände und Regierungsbezirke, soweit sie legitimatorisch unmittelbar von ihren Bewohnern getragen werden. Besteht die Legitimationsbeziehung allein zu den konstituierenden Gemeinden, handelt es sich um Verbände iSd Art. 6 Abs. 1 RL 2014/23/EU, ohne dass sich daraus eine inhaltliche Abweichung ergäbe.[33] Ebenso wie die Mitgliedstaaten werden die Gebietskörperschaften durch ihre Organe und Behörden vertreten.[34]

„**Regionale Gebietskörperschaften**" sind nach Art. 6 Abs. 2 RL 2014/23/EU alle Behörden 10 der Verwaltungseinheiten, die in den nicht erschöpfenden Verzeichnissen der NUTS-Ebenen 1 und 2 iSd Verordnung (EG) Nr. 1059/2003 des Europäischen Parlaments und des Rates benannt sind.[35] Nach Art. 6 Abs. 3 RL 2014/23/EU sind „**lokale Gebietskörperschaften**" alle Behörden der Verwaltungseinheiten der NUTS-Ebene 3 und kleinerer Verwaltungseinheiten iSd Verordnung (EG) Nr. 1059/2003.

c) Einrichtungen des öffentlichen Rechts. aa) Überblick. „**Einrichtungen des öffentli-** 11 **chen Rechts**" gem. Art. 6 Abs. 1 RL 2014/23/EU müssen nach der Legaldefinition in **Art. 6 Abs. 4 RL 2014/23/EU** einen besonderen Zweck, eine eigene Rechtspersönlichkeit und eine besondere Staatsgebundenheit aufweisen.[36] In den Worten des Art. 6 Abs. 4 RL 2014/23/EU wur- den die Einrichtungen zu dem besonderen Zweck gegründet, **im Allgemeininteresse liegende Aufgaben nicht gewerblicher Art** zu erfüllen, weshalb ihnen eine besondere Staatsnähe zukommt (lit. a). Sie besitzen weiterhin eine eigene **Rechtspersönlichkeit** (lit. b). Schließlich werden sie **überwiegend durch die öffentliche Hand finanziert oder kontrolliert** (lit. c). Mit dieser Defi- nition werden nicht nur juristische Personen des öffentlichen Rechts, sondern auch privatrechtlich organisierte Rechtsträger erfasst. In der Legaldefinition wird dies zwar nicht hervorgehoben, aber vorausgesetzt.[37] Da die Vergaberichtlinien ua die Möglichkeit ausschließen wollen, dass eine vom Staat, von Gebietskörperschaften oder anderen Einrichtungen des öffentlichen Rechts finanzierte oder kontrollierte Stelle sich von anderen als wirtschaftlichen oder zulässig-strategischen Überlegun- gen leiten lässt, ist der Begriff der „Einrichtungen des öffentlichen Rechts" **funktional** zu verstehen.[38]

Ob eine Einrichtung des öffentlichen Rechts gem. Art. 6 Abs. 4 RL 2014/23/EU vorliegt, 12 bestimmt sich allein nach den vorbenannten Tatbestandsmerkmalen, also nach dem besonderen Zweck, der Rechtspersönlichkeit und der besonderen Staatsnähe.[39] Demgemäß dürfen die nationalen Rechtsordnungen **keine weitergehenden Erfordernisse** aufstellen, etwa im Hinblick auf die Rechtsform der Einrichtung. Auch bei einer **privatrechtlich organisierten Einrichtung** kommt es somit lediglich auf die Erfüllung der drei Kriterien an **(keine Flucht aus dem Vergaberecht ins Privatrecht)**.[40] Im Hinblick auf die bezweckte Förderung des Bieterwettbewerbs und der Transparenz ist der Tatbestand zudem **funktional-weit zu interpretieren**[41] (ergänzend auch → § 99 Rn. 25).

---

[30] Zur Beherrschung durch ausländische Gebietskörperschaften s. *von Strenge* NZBau 2011, 17.
[31] Beck VergabeR/*Dörr* § 99 Rn. 8.
[32] HK-VergabeR/*Pünder* § 99 Rn. 7.
[33] Beck VergabeR/*Dörr* § 99 Rn. 8.
[34] EuGH Urt. v. 17.9.1998 – C-323/96, Slg. 1998, I-5085 Rn. 27 = IBRRS 2003, 0767 – Kommission/ Belgien; Beck VergabeR/*Dörr* § 99 Rn. 9.
[35] Verordnung (EG) Nr. 1059/2003 des Europäischen Parlaments und des Rates v. 26.5.2003 über die Schaffung einer gemeinsamen Klassifikation der Gebietseinheiten für die Statistik (NUTS), ABl. 2003 L 154, 1.
[36] Immenga/Mestmäcker/*Dreher* § 99 Rn. 10.
[37] HK-VergabeR/*Pünder* § 98 Rn. 10.
[38] Zur Rechtslage vor Erlass der RL 2014/23/EU s. EuGH Urt. v. 10.4.2008 – C-393/06, ECLI:EU:C:2008: 213 Rn. 37 = NZBau 2008, 393 – Wienstrom II.
[39] EuGH Urt. v. 10.4.2008 – C-393/06, ECLI:EU:C:2008:213 Rn. 37 = NZBau 2008, 393 – Wienstrom II; EuGH Urt. v. 11.6.2009 – C-300/07, Slg. 2009, I-4803 Rn. 48 = NZBau 2009, 520 – Oymanns-GbR/ AOK Rheinland/Hamburg.
[40] EuGH Urt. v. 13.1.2005 – C-84/0, ECLI:EU:C:2005:14 Rn. 28 = NZBau 2005, 232 – Kommission/ Königreich Spanien; *Burgi* VergabeR § 8 Rn. 8; HK-VergabeR/*Pünder* § 98 Rn. 9.
[41] EuGH Urt. v. 16.10.2003 – C-283/00, Slg. 2003, I-1697 Rn. 73 = NZBau 2004, 223 – Kommission/ Königreich Spanien (Siepsa).

13 **bb) Erfüllung von Aufgaben nicht gewerblicher Art im Allgemeininteresse.** Nach Art. 6 Abs. 4 lit. a RL 2014/23/EU muss die Einrichtung erstens **zu dem besonderen Zweck gegründet worden sein, im Allgemeininteresse liegende Aufgaben nicht gewerblicher Art zu erfüllen** (lit. a). Durch dieses Merkmal wird sichergestellt, dass nicht alle Aufgaben, die öffentlich-rechtliche oder privatrechtliche Rechtsträger für klassische Konzessionsgeber ausführen, als staatliche Aufgaben behandelt werden, die zur Anwendung des Vergaberechts führen.[42] Der Begriff des „Allgemeininteresses" ist **unionsrechtlich autonom** und **objektiv** zu bestimmen,[43] da es nicht in der Kompetenz der Mitgliedstaaten liegen kann, den Anwendungsbereich des unionalen Vergaberechts festzulegen.[44] Im Interesse eines freien und transparenten Warenverkehrs im Binnenmarkt ist der Begriff zudem **funktional** sowie **teleologisch-weit** zu interpretieren.[45] Aus diesem Grunde erfasst er nicht nur Unternehmen, die zur Erfüllung des besonderen Zwecks gegründet wurden, sondern auch solche, die die Aufgaben erst nach ihrer Gründung übernommen haben.[46]

14 In einer ersten Annäherung ist der unionsrechtliche Begriff des Allgemeininteresses von **privaten Partikularinteressen** abzugrenzen.[47] Es muss sich um Aufgaben handeln, die der Staat, eine Gebietskörperschaft oder eine andere Einrichtung des öffentlichen Rechts aus Gründen des **Allgemeininteresses** entweder selbst erfüllen will oder bei denen er einen entscheidenden Einfluss behalten möchte.[48] Nicht erforderlich ist, dass die jeweilige Einrichtung die Aufgaben als besondere Pflicht zu erfüllen hat und diese eng mit dem institutionellen Funktionieren des Staates verknüpft sind.[49] Im Allgemeininteresse liegen deshalb auch solche Tätigkeiten, die eine Impulswirkung für den Handel und die wirtschaftliche und soziale Entwicklung der Gebietskörperschaft haben.[50] Demgegenüber ist es weder geboten, dass es sich um Aufgaben handelt, die nicht von Privatunternehmen erfüllt werden oder erfüllt werden könnten, noch, ob die Bestimmungen, durch die die betreffende Stelle errichtet wurde und in denen die von ihr zu erfüllenden Aufgaben genannt sind, in einem formellen Gesetz oder in anderen Rechtsgrundlagen enthalten sind.[51] Der Begriff des Allgemeininteresses setzt insbesondere nicht notwendig voraus, dass es sich um Aufgaben nach dem deutschen Verständnis der **Daseinsvorsorge** handelt, wie zB die Versorgung mit leitungsgebundener Energie, mit Telekommunikationsdienstleistungen und mit Schienenverkehr.[52]

15 Nach Art. 6 Abs. 4 lit. a RL 2014/23/EU müssen die **im Allgemeininteresse stehenden Aufgaben** zudem **nichtgewerblicher Art** sein. Mit diesem Merkmal sollen die im Allgemeininteresse stehenden Aufgaben gewerblicher Art aus dem Anwendungsbereich des unionsrechtlich determinierten Vergaberechts ausgeschieden werden.[53] Dem persönlichen Anwendungsbereich des Vergaberechts sollen **nur Einrichtungen** unterliegen, deren **Tätigkeit funktionell als staatlich** einzustufen ist, nicht jedoch ein **wettbewerbliches Verhalten,** da dieses aufgrund der domestizierenden Wirkung eines freien und funktionsfähigen Wettbewerbs keiner Bindung an das Vergaberecht bedarf.[54] Die Nichtgewerblichkeit knüpft damit an den Zweck des funktionalen Auftraggeberbegriffs an, nur solche Einrichtungen dem unionsrechtlichen Vergaberecht zu unterstellen, bei denen die Gefahr besteht, dass sie sich bei der Auftragsvergabe von anderen als wirtschaftlichen Erwägungen leiten lassen.[55] An dieser Ausrichtung an wirtschaftlichen Erwägungen ändert nichts, dass das (Konzessions-)Vergaberecht als Zuschlagskriterien nunmehr auch ökologische, soziale und innovationsbe-

---

[42] Immenga/Mestmäcker/*Dreher* § 99 Rn. 9.
[43] EuGH Urt. v. 10.11.1998 – C-360/96, Slg. 1998, I-6821 (Ls. 4) Rn. 59 = NVwZ 1999, 397 – Gemeinde Arnheim/BFI Holding.
[44] So schon bislang EuGH Urt. v. 27.2.2003 – C-373/00, Slg. 2003, I-1931 Rn. 45 = EuZW 2003, 315 – Adolf Truley; LMRKM/*Bungenberg*, 2. Aufl. 2009, § 98 Rn. 20.
[45] EuGH Urt. v. 27.2.2003 – C-373/00, Slg. 2003, I-1931 Rn. 45 = EuZW 2003, 315 – Adolf Truley; Immenga/Mestmäcker/*Dreher* § 99 Rn. 11.
[46] EuGH Urt. v. 12.12.2002 – C-470/99, Slg. 2002, I-11617 Rn. 56 = NZBau 2003, 162 – Universale-Bau AG.
[47] Immenga/Mestmäcker/*Dreher* § 99 Rn. 42.
[48] EuGH Urt. v. 10.4.2008 – C-393/06, ECLI:EU:C:2008:213 Rn. 40 = NZBau 2008, 393 – Wienstrom II.
[49] EuGH Urt. v. 10.4.2008 – C-393/06, ECLI:EU:C:2008:213 Rn. 47 = NZBau 2008, 393 – Wienstrom II.
[50] EuGH Urt. v. 22.5.2003 – C-18/01, Slg. 2003, I-5321 Rn. 45 = NZBau 2003, 396 – Korhonen.
[51] EuGH Urt. v. 12.11.1998 – C-360/96, Slg. 1998, I-6821 (Ls. 2) Rn. 38 ff. = NVwZ 1999, 397 – Gemeinde Arnheim/BFI Holding.
[52] S. mit Blick auf § 46 EnWG *Donhauser/Hölzlwimmer* VergabeR 2015, 509 (511 ff.); näher *Mohr,* Sicherung der Vertragsfreiheit durch Wettbewerbs- und Regulierungsrecht, Domestizierung wirtschaftlicher Macht durch Inhaltskontrolle der Folgeverträge, 2015, 116.
[53] EuGH Urt. v. 12.11.1998 – C-360/96, Slg. 1998, I-6821 Rn. 38 = NVwZ 1999, 397 – Gemeinde Arnheim/BFI Holding; Immenga/Mestmäcker/*Dreher* § 99 Rn. 60.
[54] Immenga/Mestmäcker/*Dreher* § 99 Rn. 63; LMRKM/*Bungenberg*, 2. Aufl. 2009, § 98 Rn. 59.
[55] So zur Rechtslage vor Inkrafttreten des GWB 2016 LMRKM/*Bungenberg*, 2. Aufl. 2009, § 98 Rn. 59.

zogene, also strategische Kriterien erlaubt. Denn nach Art. 41 Abs. 1 RL 2014/23/EU werden Konzessionen auch weiterhin primär auf der Grundlage objektiver Kriterien vergeben, die den Grundsätzen der Gleichbehandlung, Nichtdiskriminierung, Transparenz und Verhältnismäßigkeit iSv Art. 3 Abs. 1 RL 2014/23/EU genügen und sicherstellen, dass die Angebote unter wirksamen Wettbewerbsbedingungen bewertet werden, sodass ein wirtschaftlicher Gesamtvorteil ermittelt werden kann. Nur sofern die Zuschlagskriterien mit dem Konzessionsgegenstand in Verbindung stehen und dem Auftraggeber keine uneingeschränkte Wahlfreiheit einräumen, dürfen sie auch ökologische, soziale und umweltbezogene Kriterien enthalten.[56]

Unter teleologischen Aspekten ist für die fehlende Gewerblichkeit entscheidend, dass sich die jeweilige Aufgabenerfüllung **außerhalb marktmäßiger Mechanismen oder in Abweichung von diesen** vollzieht.[57] Diese Mechanismen äußern sich für die Marktteilnehmer grundsätzlich in einer Gewinnorientierung, einer Nachfragebezogenheit und einem Agieren unter Wettbewerbsbedingungen.[58] Eine gewerbliche Tätigkeit ist hiernach indiziert, wenn die Einrichtung ihre Tätigkeit unter marktüblichen Bedingungen ausübt, gewinnorientiert ist und die mit der Tätigkeit verbundenen Verlustrisiken trägt[59] (vgl. auch Erwägungsgrund 21 RL 2014/23/EU). Eine gewerbliche Tätigkeit kann nach der Rechtsprechung des EuGH freilich auch ohne Gewinnerzielungsabsicht gegeben sein, wenn die Einrichtung ihre Tätigkeit nach Leistungs-, Effizienz- und Wirtschaftlichkeitskriterien vollführt sowie das **wirtschaftliche Risiko** der Tätigkeit übernimmt, selbst wenn keine Gewinnerzielungsabsicht besteht.[60] Eine Tätigkeit auf wettbewerblich organisierten Märkten schließt nicht in jedem Fall aus, dass sich eine vom Staat, von Gebietskörperschaften oder anderen Einrichtungen des öffentlichen Rechts finanzierte oder kontrollierte Stelle von anderen als wirtschaftlichen Überlegungen leiten lässt.[61] Das **Fehlen von Wettbewerb** ist somit eine hinreichende, aber keine notwendige Voraussetzung des Begriffes „Einrichtung des öffentlichen Rechts".[62] So kann eine im Allgemeininteresse liegende Tätigkeit zugleich zu Gewinnen in Form von Dividendenzahlungen an die Anteilseigner der Einrichtung führen, doch darf die Erzielung solcher Gewinne nicht der Hauptzweck der Einrichtung sein.[63] Die Eigenschaft einer Stelle als Einrichtung des öffentlichen Rechts hängt nicht davon ab, welchen Anteil die Erfüllung von im Allgemeininteresse liegenden Aufgaben nicht gewerblicher Art an der Tätigkeit der betreffenden Stelle ausmacht. Es ist deshalb unerheblich, ob von einer separaten juristischen Person, die zu derselben Gruppe oder demselben Konzern gehört, gewerbliche Tätigkeiten ausgeübt werden.[64]

cc) Eigene Rechtspersönlichkeit. Eine Einrichtung muss nach Art. 6 Abs. 4 lit. b RL 2014/23/EU zweitens eine eigene **Rechtspersönlichkeit** besitzen. Erfasst werden juristische Personen des öffentlichen und des privaten Rechts.[65] Als öffentlich-rechtliche Rechtsträger kommen die Körperschaften, Anstalten und rechtsfähigen Stiftungen in Betracht.[66] Zu den juristischen Personen des Privatrechts zählen die klassischen Erscheinungsformen des (deutschen) Gesellschaftsrechts, aufgrund der funktionalen Interpretation aber auch Vorstadien anerkannter Gesellschaftsformen sowie teilrechtsfähige Einheiten.[67] Nach der Rechtsprechung des EuGH reicht es grundsätzlich aus, dass eine Gesellschafsform in einem Mitgliedstaat der EU anerkannt ist.[68]

dd) Besondere Staatsnähe. Die Einstufung als öffentlicher Auftraggeber setzt nach Art. 6 Abs. 4 lit. c RL 2014/23/EU drittens voraus, dass eine im Allgemeininteresse nichtgewerblicher Art tätig werdende Einrichtung mit eigener Rechtspersönlichkeit eine **besondere Staatsverbunden-**

---

[56] Näher insbes. zu sozialen Vergabekriterien *Mohr* EuZA 2017, 23 (32).
[57] Immenga/Mestmäcker/*Dreher* § 99 Rn. 64.
[58] Immenga/Mestmäcker/*Dreher* § 99 Rn. 64.
[59] EuGH Urt. v. 22.5.2003 – C-18/01, Slg. 2003, I-5321 Rn. 54 = NZBau 2003, 396 – Korhonen.
[60] EuGH Urt. v. 10.5.2001 – C-223/99 und C-260/99, Slg. 2001, I-356 Rn. 40 = EuZW 2001, 382 – Agorà und Excelsior; LMRKM/*Bungenberg*, 2. Aufl. 2009, § 98 Rn. 26.
[61] EuGH Urt. v. 12.11.1998 – C-360/96, Slg. 1998, I-6821 Rn. 43 = NVwZ 1999, 397 – Gemeinde Arnheim/BFI Holding.
[62] EuGH Urt. v. 12.11.1998 – C-360/96, Slg. 1998, I-6821 Rn. 47 = NVwZ 1999, 397 – Gemeinde Arnheim/BFI Holding.
[63] EuGH Urt. v. 22.5.2003 – C-18/01, Slg. 2003, I-5321 Rn. 54 = NZBau 2003, 396 – Korhonen.
[64] Zum Vorstehenden EuGH Urt. v. 12.11.1998 – C-360/96, Slg. 1998, I-6821 (Ls. 3) Rn. 56 = NVwZ 1999, 397 – Gemeinde Arnheim/BFI Holding.
[65] Immenga/Mestmäcker/*Dreher* § 99 Rn. 14.
[66] Beck VergabeR/*Dörr* § 99 Rn. 98.
[67] Beck VergabeR/*Dörr* § 99 Rn. 22.
[68] EuGH Urt. v. 9.3.1999 – C-212/97, Slg. 1999, I-1459 = NJW 1999, 2027 – Centros; die praktische Relevanz einer Erfüllung von Gemeinwohlaufgaben in anderen Mitgliedstaaten bezweifelt Beck VergabeR/*Dörr* § 99 Rn. 23.

heit aufweist. Eine juristische Person des öffentlichen oder des privaten Rechts muss in einer besonderen Beziehung zur staatlichen Sphäre stehen, die die Anwendung des Kartellvergaberechts erst legitimiert.[69] Art. 6 Abs. 4 lit. c RL 2014/23/EU definiert insoweit drei alternative Erscheinungsformen der engen Verbindung mit dem Staat.[70] Die Einrichtung muss entweder überwiegend vom Staat, von Gebietskörperschaften oder von anderen Einrichtungen des öffentlichen Rechts finanziert werden oder hinsichtlich ihrer Leitung der Aufsicht dieser Einrichtungen oder Körperschaften unterstehen oder sie muss ein Verwaltungs-, Leitungs- bzw. Aufsichtsorgan haben, dessen Mitglieder mehrheitlich vom Staat, Körperschaften oder von anderen Einrichtungen des öffentlichen Rechts ernannt worden sind. Gemeinsam ist diesen Tatbeständen, dass sie zu einer **Kontrolle der Einrichtung durch den Staat, Gebietskörperschaften oder anderen Einrichtungen des öffentlichen Rechts** führen, indem der Staat die Entscheidungen der Einrichtung in Bezug auf öffentliche Aufträge beeinflussen kann.[71] Da die Kriterien unterschiedliche Arten von Zurechnungstatbeständen vorsehen,[72] muss die Verbindung der Einrichtung zur öffentlichen Hand nach allen drei Varianten gleichwertig sein.[73] Nach der Wertung des Art. 3 Abs. 2 FKVO (EG-Fusionskontrollverordnung, VO (EG) 139/2004) kann eine rechtlich relevante Kontrolle durch Rechte, Verträge oder andere Mittel begründet werden, die einzeln oder zusammen unter Berücksichtigung aller tatsächlichen oder rechtlichen Umstände die Möglichkeit gewähren, einen bestimmenden Einfluss auf die Tätigkeit eines Unternehmens auszuüben.[74] Die Kontrolle kann also auf rechtlicher und faktischer Grundlage gegeben sein.[75] Eine Kontrolle kann auch gleichsam negativ durch Vetorechte begründet werden, sofern hierdurch im Einzelfall Entscheidungen verhindert werden, da dies im Ergebnis einen vergleichbaren Einfluss wie eine aktive Kontrolle bedeutet.[76]

19 Eine relevante Kontrolle der Einrichtung durch den Staat kann nach Art. 6 Abs. 4 lit. c RL 2014/23/EU erstens durch ihre **Finanzierung** begründet sein. Der Finanzierungsbegriff ist funktional zu verstehen.[77] Er umfasst gesellschaftsrechtliche Beteiligungen an Unternehmen und Finanzierungen in sonstiger Weise.[78] Der Begriff der Finanzierung bezieht sich deshalb auf das **Halten der Gesellschaftsanteile** der Einrichtung durch den Staat oder seine Untergliederungen, sofern sie einen beherrschenden Einfluss („control") vermitteln.[79] Finanzierung ist aber auch die Zuwendung **unmittelbarer und mittelbarer finanzieller Vorteile,** die zur Sicherstellung des laufenden Geschäftsbetriebs der Einrichtung beitragen, etwa als verlorene Zuschüsse, Fördermittel zur Unterstützung der Forschung,[80] Darlehen, Bürgschaften oder Garantien.[81] Erfasst wird auch die unentgeltliche Überlassung von Personal oder Liegenschaften.[82] Nicht alle Zahlungen eines öffentlichen Auftraggebers begründen oder festigen freilich eine besondere Unterordnung oder Verbindung der Einrichtung. Nur Leistungen, die die Tätigkeiten der betreffenden Einrichtung als **Finanzhilfe ohne spezifische Gegenleistung finanzieren oder unterstützen,** sind als öffentliche Finanzierung zu bewerten.[83] Die Finanzierung kann **auch Zahlungen durch Nutzer** umfassen[84] (vgl. Erwägungsgrund 21 RL 2014/23/EU). Keine öffentliche Finanzierung stellen Zahlungen dar, die im Rahmen eines Vertrags über Dienstleistungen einschließlich Forschungsarbeiten oder als Gegenleistung für andere Dienstleistungen wie Gutachten oder die Veranstaltung von Tagungen von einem

---

[69] Immenga/Mestmäcker/*Dreher* § 99 Rn. 77.
[70] EuGH Urt. v. 3.10.2000 – C-380/98, Slg. 2000, I-8035 Rn. 20 = NZBau 2001, 218 – University of Cambridge.
[71] EuGH Urt. v. 1.2.2001 – C-237/99, Slg. 2001, I-939 Rn. 48 = NZBau 2001, 215 – OPAC.
[72] Immenga/Mestmäcker/*Dreher* § 99 Rn. 78.
[73] EuGH Urt. v. 1.2.2001 – C-237/99, Slg. 2001, I-939 Rn. 48 = NZBau 2001, 215 – OPAC.
[74] *Säcker/Mohr* N&R-Beil., Heft 2/2012, 1 (3).
[75] Kom., Konsolidierte Mitteilung zu Zuständigkeitsfragen, ABl. 2009 C 43, 10 Rn. 16.
[76] *Säcker/Mohr* N&R-Beil. Heft 2/2012, 1 (3).
[77] EuGH Urt. v. 13.12.2007 – C-337/06, Slg. 2007, I-11196 Rn. 40 = EuZW 2008, 80 – Bayerischer Rundfunk, Zweites Deutsches Fernsehen ua/GEWA – Gesellschaft für Gebäudereinigung und Wartung mbH.
[78] Immenga/Mestmäcker/*Dreher* § 99 Rn. 82 f.
[79] Ausf. *Ziekow* NZBau 2004, 181.
[80] Zu beiden EuGH Urt. v. 3.10.2000 – C-380/98, Slg. 2000, I-8035 Rn. 22 = NZBau 2001, 218 – University of Cambridge.
[81] Beck VergabeR/*Dörr* § 99 Rn. 51; LMRKM/*Bungenberg*, 2. Aufl. 2009, § 98 Rn. 76.
[82] Zum deutschen Recht OLG Düsseldorf Beschl. v. 30.4.2003 – Verg 67/02, NZBau 2003, 400 (404).
[83] EuGH Urt. v. 3.10.2000 – C-380/98, Slg. 2000, I-8035 Rn. 21 = NZBau 2001, 218 – University of Cambridge.
[84] Zum zwangsweisen Einzug von Krankenversicherungsbeiträgen s. EuGH Urt. v. 11.6.2009 – C-300/07, Slg. 2009, I-4779 Rn. 55 ff. = EuZW 2009, 612 – Oymanns/AOK Rheinland/Hamburg; *Kingreen* NJW 2009, 2417.

II. Unionsrechtliche Vorgaben   20–24   § 101 GWB

oder mehreren öffentlichen Auftraggebern getätigt werden.[85] „**Überwiegend**" ist die Finanzierung, wenn sie mehr als 50% des Finanzbedarfs umfasst[86] (vgl. auch Erwägungsgrund 21 RL 2014/23/EU). Bezugsgröße ist die Summe aller Finanzierungsbeiträge, die die Vergabestelle von Dritten erhält oder selbst aufbringt, einschließlich der Mittel aus gewerblicher Tätigkeit.[87] Bezugszeitraum ist das Wirtschaftsjahr, in dem die Vergabe erfolgt.[88]

Eine relevante Staatsnähe wird nach Art. 6 Abs. 4 lit. c RL 2014/23/EU zweitens dadurch 20 begründet, dass die Einrichtungen **hinsichtlich ihrer Leitung** der Aufsicht des Staates, der Gebietskörperschaften oder anderer Einrichtungen des öffentlichen Rechts unterstehen. Unter teleologischen Aspekten – der Vermeidung von Beschaffungsentscheidungen unter anderen als wirtschaftlichen Gesichtspunkten – muss es die Ausübung der Aufsicht über die Leitung eines Rechtsträgers, wenn sie dessen Auftraggebereigenschaft begründen soll, dem Inhaber der Aufsichtsbefugnis ermöglichen, die Beschaffungsentscheidungen des Rechtsträgers zu beeinflussen.[89] Die Verbindung mit der öffentlichen Hand muss bei wertender Betrachtung mit einer solchen nach den beiden anderen Merkmalen des Art. 6 Abs. 4 RL 2014/23/EU vergleichbar sein.[90] Die öffentliche Hand muss damit die Entscheidungen der Einrichtung in Bezug auf die Auftragsvergabe ex ante beeinflussen können, die Möglichkeit einer Ex-post-Kontrolle genügt nicht.[91]

Eine relevante Kontrolle wird nach Art. 6 Abs. 4 lit. c RL 2014/23/EU schließlich begründet, 21 wenn die Einrichtungen ein **Verwaltungs-, Leitungs- oder Aufsichtsorgan** haben, dessen **Mitglieder mehrheitlich vom Staat, Körperschaften oder anderen Einrichtungen des öffentlichen Rechts ernannt worden** sind. Die Bestellung der Mitglieder muss tatsächlich erfolgt sein.[92]

d) Verbände. Art. 6 Abs. 1 RL 2014/23/EU erfasst schließlich **Verbände,** die aus einer oder 22 mehreren der von Art. 6 Abs. 1 RL 2014/23/EU erfassten Körperschaften oder einer oder mehreren Einrichtungen des öffentlichen Rechts bestehen, also aus **institutionellen** und/oder **funktionellen öffentlichen Auftraggebern.** Erfasst werden etwa Landschaftsverbände und kommunale Zweckverbände wie Abwasser-, Abfall-, Wasserversorgungs- und Planungsverbände.[93] Ebenso wie bei Art. 101 Abs. 1 AEUV, der neben Vereinbarungen und aufeinander abgestimmten Vereinbarungen von Unternehmen auch Beschlüsse von Unternehmensvereinigungen erfasst, soll die Vorschrift eine **Umgehung der Vergaberegeln durch Einschaltung von Verbänden** verhindern.

3. (Sektoren-)Auftraggeber (Art. 7 RL 2014/23/EU). a) Allgemeines. In den persönli- 23 chen Anwendungsbereich des Konzessionsvergaberechts fallen nach Art. 7 RL 2014/23/EU auch **sonstige Auftraggeber,** wenn die Bau- oder Dienstleistung für **die Ausübung einer der in Anhang II genannten Tätigkeiten bestimmt** ist (Sektorenauftraggeber). Die Vorschrift reagiert auf den Umstand, dass die Mitgliedstaaten in den Sektoren trotz wettbewerblicher Öffnung eine erhöhte Möglichkeit politischer Einflussnahme auf die dort tätigen Unternehmen haben oder ihnen sogar besondere oder ausschließliche Rechte für die Erbringung von Dienstleistungen der Daseinsvorsorge iSd Art. 106 Abs. 1 AEUV gewähren. Folgerichtig können andere Unternehmen die betreffenden Tätigkeiten nur unter potentiell größeren Beeinträchtigungen ausüben als in regulären, wettbewerblich organisierten Märkten.[94] Demgemäß werden im Sektorenbereich zusätzlich zu den regulären öffentlichen Auftraggebern auch privatwirtschaftliche Unternehmen dem Vergaberecht unterworfen, sofern letztere ihre Tätigkeiten aufgrund besonderer oder ausschließlicher Rechte wahrnehmen oder unter beherrschendem staatlichen Einfluss stehen.[95]

Für sämtliche Tatbestandsalternativen des Art. 7 RL 2014/23/EU gilt, dass Auftraggeber **eine** 24 **der in Anhang II RL 2014/23/EU aufgeführten Tätigkeiten in den dort aufgeführten Bereichen ausüben** und **eine Konzession zum Zweck der Ausübung einer dieser Sektorentätigkeiten vergeben kann** (vgl. Art. 7 Abs. 1 Hs. 1 RL 2014/23/EU). Inhaltlich handelt es sich insbe-

---

[85] EuGH Urt. v. 3.10.2000 – C-380/98, Slg. 2000, I-8035 Rn. 26 = NZBau 2001, 218 – University of Cambridge.
[86] EuGH Urt. v. 3.10.2000 – C-380/98, Slg. 2000, I-8035 Rn. 33 = NZBau 2001, 218 – University of Cambridge.
[87] EuGH Urt. v. 3.10.2000 – C-380/98, Slg. 2000, I-8035 Rn. 36 = NZBau 2001, 218 – University of Cambridge.
[88] Bei einer Universität ist dies das Haushaltsjahr, vgl. EuGH Urt. v. 3.10.2000 – C-380/98, Slg. 2000, I-8035 Rn. 41 = NZBau 2001, 218 – University of Cambridge.
[89] Beck VergabeR/*Dörr* § 99 Rn. 57.
[90] EuGH Urt. v. 1.2.2001 – C-237/99, Slg. 2001, I-939 Rn. 49 = NZBau 2001, 215 – OPAC.
[91] EuGH Urt. v. 27.2.2003 – C-373/00, Slg. 2003, I-1931 Rn. 70 = EuZW 2003, 315 – Adolf Truley.
[92] LMRKM/*Bungenberg*, 2. Aufl. 2009, § 98 Rn. 33.
[93] Immenga/Mestmäcker/*Dreher* § 99 Rn. 159; LMRKM/*Bungenberg*, 2. Aufl. 2009, § 98 Rn. 60.
[94] *Burgi* VergabeR § 23 Rn. 2.
[95] *Burgi* VergabeR § 23 Rn. 3.

sondere um Tätigkeiten auf den Gebieten der **Energieversorgung**, des **Verkehrs** und der **Postdienste**[96] (→ Rn. 32 ff.).

25 **b) Öffentliche Auftraggeber.** Nach Art. 7 Abs. 1 Hs. 2 lit. a RL 2014/23/EU sind „**Auftraggeber**" iSd Richtlinie erstens **Stellen,** die einer der in Anhang II genannten Tätigkeiten nachgehen und eine Konzession zum Zweck der Ausübung einer dieser Tätigkeiten vergeben, namentlich der **Staat, Gebietskörperschaften, Einrichtungen des öffentlichen Rechts** oder **Verbände,** die aus einer oder mehreren solcher Behörden oder einer oder mehreren solcher Einrichtungen des öffentlichen Rechts bestehen. Die Vorschrift bezieht sich damit auf **institutionelle öffentliche Auftraggeber** iSd Art. 6 Abs. 1 RL 2014/23/EU[97] (→ Rn. 6 ff.).

26 **c) Öffentliche Unternehmen.** „Auftraggeber" iSd Richtlinie sind nach Art. 7 Abs. 1 Hs. 2 lit. b RL 2014/23/EU zweitens Stellen, die einer der in Anhang II genannten Tätigkeiten nachgehen und eine Konzession zum Zweck der Ausübung einer dieser Tätigkeiten vergeben, und als **öffentliche Unternehmen** iSv Art. 7 Abs. 4 RL 2014/23/EU anzusehen sind. Nach der Legaldefinition des Art. 7 Abs. 4 RL 2014/23/EU ist „öffentlich" ein solches Unternehmen, auf das öffentliche Auftraggeber aufgrund der Eigentumsverhältnisse, der finanziellen Beteiligung oder der für das Unternehmen geltenden Bestimmungen direkt oder indirekt einen beherrschenden Einfluss ausüben können. Ein direkter oder indirekter beherrschender Einfluss der öffentlichen Auftraggeber gilt in folgenden Fällen als gegeben: Sie halten die Mehrheit des gezeichneten Kapitals des Unternehmens (lit. a) oder sie verfügen über die Mehrheit der Stimmrechte, die mit den von dem Unternehmen ausgegebenen Anteilen verbunden sind (lit. b), oder sie können die Mitglieder des Verwaltungs-, Leitungs- oder Aufsichtsorgans des Unternehmens mehrheitlich bestellen (lit. c). Im Unterschied zu Einrichtungen des öffentlichen Rechts gem. Art. 6 Abs. 4 RL 2014/23/EU müssen öffentliche Unternehmen iSd Art. 7 Abs. 4 RL 2014/23/EU **keine im öffentlichen Interesse liegenden Aufgaben nichtgewerblicher Art** erfüllen, sondern sind regelmäßig auf marktbezogene wirtschaftliche Tätigkeiten ausgerichtet, die nicht notwendig mit bestimmten Gemeinwohlverpflichtungen verbunden sind.[98] Der Begriff des öffentlichen Unternehmens findet sich auch in **Art. 106 Abs. 1 AEUV**. In Übereinstimmung mit den in Art. 7 Abs. 1 Hs. 2 lit. b RL 2014/23/EU normierten Grundsätzen ist der Terminus teleologisch-integrationsorientiert und damit **funktional** auszulegen, im Sinne einer staatlichen Einflussnahme auf den Markt über die Vergabeentscheidungen der Unternehmen.[99] Diese Einflussnahme kann – in inhaltlicher Übereinstimmung mit den Grundsätzen der europäischen Fusionskontrolle – entweder dadurch erfolgen, dass der öffentliche Auftraggeber die Mehrheit des gezeichneten Kapitals oder jedenfalls die Mehrheit der Stimmrechte hält, oder dass er die Mitglieder der Leitungs- oder Aufsichtsorgane mehrheitlich bestellen kann. Dabei sind die Besonderheiten des deutschen Rechts der Unternehmensmitbestimmung zu beachten (im Einzelnen → § 100 Rn. 38 ff.).

27 **d) Besondere oder ausschließliche Rechte.** Nach Art. 7 Abs. 1 Hs. 2 lit. c RL 2014/23/EU sind als „Auftraggeber" iSd Richtlinie drittens **andere als die unter den lit. a und b dieses Absatzes genannten Stellen** anzusehen, die einer der in Anhang II genannten Tätigkeiten nachgehen und eine Konzession zum Zweck der Ausübung einer dieser Tätigkeiten vergeben, sofern sie **auf der Grundlage besonderer oder ausschließlicher Rechte tätig sind, die ihnen zur Ausübung einer der in Anhang II genannten Tätigkeiten** gewährt wurden. Eine Legaldefinition der **ausschließlichen Rechte** findet sich in **Art. 5 Nr. 10 RL 2014/23/EU.** Es handelt sich um solche Rechte, die eine zuständige Behörde eines Mitgliedstaats im Wege einer mit den Verträgen im Einklang stehenden Rechts- oder veröffentlichten Verwaltungsvorschrift gewährt hat, wodurch die Möglichkeit anderer Wirtschaftsteilnehmer zur Ausübung dieser Tätigkeit wesentlich eingeschränkt wird. **Besondere Rechte** sind nach **Art. 5 Nr. 11 RL 2014/23/EU** solche Rechte, die eine zuständige Behörde eines Mitgliedstaats im Wege einer mit den Verträgen im Einklang stehenden Rechts- oder veröffentlichten Verwaltungsvorschrift gewährt hat, um die Ausübung einer Tätigkeit auf zwei oder mehr Wirtschaftsteilnehmer zu beschränken, wodurch die Möglichkeit anderer Wirtschaftsteilnehmer zur Ausübung dieser

---

[96] In § 102 werden die Postdienste nicht aufgeführt, da in Deutschland keine Auftraggeber existieren, die in diesem Sektor die Voraussetzungen der §§ 98 ff. erfüllen, so BT-Drs. 18/6281, 73; *Dobmann* Neues VergabeR Rn. 200.
[97] *Wagner/Pfohl* ZfBR 2014, 745.
[98] S. zum Unternehmensbegriff des Wettbewerbsrechts EuGH Urt. v. 23.4.1991 – C-41/90, Slg. 1991, I-1979 Rn. 21 = NJW 1991, 2891 – Höfner und Elser. Vom funktionellen Unternehmensbegriff spricht man deshalb, weil an die Tätigkeit („Funktion") der Einheit angeknüpft wird. Gegenbegriff ist der institutionelle Unternehmensbegriff, der auf Struktur und Rechtsform der Einheit abstellt; vgl. *Mohr/König* Jura 2012, 165 (166 mit Fn. 11).
[99] Grabitz/Hilf/Nettesheim/*Wernicke* AEUV Art. 106 Rn. 25.

II. Unionsrechtliche Vorgaben   28–30   § 101 GWB

Tätigkeit wesentlich eingeschränkt wird.[100] Die Definitionen sollen Sachverhalte erfassen, in denen ein Mitgliedstaat eine begrenzte Anzahl von Unternehmen im Wettbewerb durch Gewährung von Sonderrechten privilegiert.[101] Einrichtungen, die weder unter lit. a noch unter lit. b fallen, sollen nach Erwägungsgrund 22 RL 2014/23/EU deshalb nur insoweit der RL 2014/23/EU unterliegen, als sie eine Tätigkeit ausüben, die aufgrund besonderer oder ausschließlicher Rechte ermöglicht wird. Es gilt somit ein relativer Auftraggeberbegriff. Auch bei Vorliegen eines ausschließlichen oder besonderen Rechts sind die Einrichtungen aber nicht als Auftraggeber einzustufen, wenn diese Rechte mittels eines auf objektiven Kriterien beruhenden und insbesondere Unionsrechtsvorschriften entsprechenden und angemessen bekannt gegebenen Verfahrens gewährt wurden (→ Rn. 29).

Die Gewährung der besonderen oder ausschließlichen Rechte an Wirtschaftsteilnehmer iSd 28
Art. 7 Abs. 1 Hs. 2 lit. c RL 2014/23/EU bestimmt sich nach **Art. 106 Abs. 1 AEUV**.[102] Da das Konzessionsvergaberecht bei Vergabe eines **ausschließlichen Rechts** in Ermangelung eines Wettbewerbs um die Tätigkeit nach Art. 10 Abs. 1 UAbs. 1 RL 2014/23/EU (§ 149 Nr. 6) nicht anzuwenden ist, ist es umso wichtiger, die Vergabe ausschließlicher Rechte auf ihre Vereinbarkeit mit Art. 106 Abs. 1 AEUV zu überprüfen. Während nach Art. 7 Abs. 1 Hs. 2 lit. c RL 2014/23/EU die Eigenschaft als (Sektoren-)Auftraggeber durch eine besondere Staatsnähe in Form eines besonderen oder sogar ausschließlichen Rechts begründet wird, behandelt Erwägungsgrund 10 RL 2014/23/EU die durch Gewährung derartiger Rechte bewirkte Marktabschottung. In diesem Zusammenhang ist Art. 4 RL 2014/23/EU zu beachten, der die Freiheit der Mitgliedstaaten zur Festlegung von Dienstleistungen von allgemeinem wirtschaftlichem Interesse betont.[103] Für Dienstleistungen von allgemeinem wirtschaftlichem Interesse gelten nach **Art. 106 Abs. 2 S. 1 AEUV** die Wettbewerbsvorschriften und damit auch das wettbewerbliche Vergaberecht, soweit deren Anwendung nicht die Erfüllung der besonderen Aufgaben rechtlich oder tatsächlich verhindert. Die letztgenannte Ausnahme ist eng auszulegen.[104]

Sofern der Rechteinhaber die besonderen oder ausschließlichen Rechte seinerseits in einem 29
wettbewerblichen Vergabeverfahren mit angemessener Bekanntgabe auf der Grundlage objektiver Kriterien erhalten hat, unterfällt er nach Art. 7 Abs. 2 RL 2014/23/EU nicht dem Konzessionsvergaberecht (kein „Auftraggeber" iSd Art. 7 Abs. 1 Hs. 2 lit. c RL 2014/23/EU).[105] Solche wettbewerblichen Verfahren sind: Vergabeverfahren mit einem vorherigen Aufruf zum Wettbewerb gemäß der RL 2014/24/EU, der Sektoren-RL, der VSVKR oder der RL 2014/23/EU (lit. a) und Verfahren gemäß anderen in Anhang III genannten Rechtsakten der Union, die bei der Erteilung von Genehmigungen nach objektiven Kriterien vorab eine angemessene Transparenz sicherstellen (lit. b).

Anhang III RL 2014/23/EU enthält eine **Aufzählung der Rechtsakte der Union** iSd 30
Art. 7 Abs. 2 lit. b RL 2014/23/EU, also der „Verfahren für die Erteilung von Genehmigungen auf der Grundlage anderer Rechtsakte der Union […], die eine angemessene Transparenz gewährleisten und nicht zur Gewährung 'besonderer oder ausschließlicher Rechte' im Sinne dieser Richtlinie führen". Für diese Verfahren wird mithin bei ordnungsgemäßer Durchführung normativ unterstellt, dass die als Verfahrensergebnis erfolgte Rechtsgewährung **keine besonderen oder ausschließlichen Rechte** begründet.[106] Im Einzelnen sind dies die Erteilung einer Genehmigung für den Betrieb von Erdgasanlagen nach den in Art. 4 Erdgasbinnenmarkt-RL (RL 2009/73/EG[107]) festgelegten Verfahren (lit. a); die Genehmigung oder Aufforderung zur Angebotsabgabe für den Bau neuer Stromerzeugungsanlagen gemäß der Elektrizitätsbinnenmarkt-RL (RL 2009/72/EG[108]) (lit. b); die Erteilung von Genehmigungen in Bezug auf Postdienste, die nicht reserviert sind oder nicht reserviert werden dürfen, nach den in Art. 9 RL 97/67/EG festgelegten Verfahren[109] (lit. c); Verfahren

---

[100] Grundlegend EuGH Urt. v. 25.10.2001 – C-475/99, Slg. 2001, I-8089 Rn. 24 = EuZW 2002, 25 – Ambulanz Glöckner.
[101] Immenga/Mestmäcker/*Mestmäcker/Schweitzer* AEUV Art. 106 Rn. 45.
[102] S. zur Bedeutung von Art. 106 AEUV *Emmerich/Hoffmann* Dauses/Ludwigs EU-WirtschaftsR-HdB H. II. Monopole und öffentliche Unternehmen Rn. 69 ff.
[103] Dies gilt trotz Art. 14 S. 2 AEUV; vgl. Calliess/Ruffert/*Jung* AEUV Art. 106 Rn. 36.
[104] EuGH Urt. v. 27.3.1974 – 127/73, Slg. 1974, 313 (318) = GRUR-Int. 1974, 342 – BRT/SABAM II.
[105] *Dobmann* Neues VergabeR Rn. 194.
[106] Beck VergabeR/*Dörr* § 100 Rn. 32.
[107] Richtlinie 2009/73/EG des Europäischen Parlaments und des Rates v. 13.7.2009 über gemeinsame Vorschriften für den Erdgasbinnenmarkt und zur Aufhebung der Richtlinie 2003/55/EG, ABl. 2009 L 211, 94.
[108] Richtlinie 2009/72/EG des Europäischen Parlaments und des Rates v. 13.7.2009 über gemeinsame Vorschriften für den Elektrizitätsbinnenmarkt und zur Aufhebung der Richtlinie 2003/54/EG, ABl. 2009 L 211, 55.
[109] Richtlinie 97/67/EG des Europäischen Parlaments und des Rates v. 15.12.1997 über gemeinsame Vorschriften für die Entwicklung des Binnenmarktes der Postdienste der Gemeinschaft und die Verbesserung der Dienstequalität, ABl. 1998 L 15, 14.

zur Genehmigung von Tätigkeiten, die mit der Nutzung von Kohlenwasserstoffen verbunden sind, gemäß der RL 94/22/EG[110] (lit. d); schließlich öffentliche Dienstleistungsaufträge im Sinne der ÖPNV/SPNV-VO (VO (EG) Nr. 1370/2007 zur Erbringung von öffentlichen Personenverkehrsdiensten durch Busse, Straßenbahnen, Untergrundbahnen oder auf der Schiene[111]), die im Wege eines wettbewerblichen Vergabeverfahrens gem. Art. 5 Abs. 3 ÖPNV/SPNV-VO vergeben wurden, sofern die Laufzeit des Vertrags mit Art. 4 Abs. 3 ÖPNV/SPNV-VO oder Art. 4 Abs. 4 ÖPNV/SPNV-VO in Einklang steht (lit. e).

31 Nach Erwägungsgrund 22 RL 2014/23/EU ist die Aufzählung von Rechtsvorschriften in Anhang III RL 2014/23/EU nicht erschöpfend. Vielmehr sind **Rechte jeglicher Art, die mittels anderer auf objektiven Kriterien beruhenden und angemessen bekannt gegebenen Verfahren gewährt wurden,** für die Zwecke der Bestimmung der Auftraggeber im Sinne dieser Richtlinie nicht ausschlaggebend (vgl. auch § 100 Abs. 2 S. 2). Vor diesem Hintergrund sind auch **qualifizierte Wegenutzungsverträge iSd § 46 Abs. 2 EnWG** nicht als ausschließliche Rechte anzusehen, weil sie in einem objektiven, transparenten und nichtdiskriminierenden Verfahren vergeben werden müssen und eine bestimmte Höchstlaufzeit nicht überschreiten dürfen[112] (→ § 105 Rn. 95 ff.).

32 **e) Sektorentätigkeiten gem. Anhang II RL 2014/23/EU.** Anhang II RL 2014/23/EU definiert die **relevanten Sektorentätigkeiten iSd Art. 7,** um in den Bereichen der **Energie- und Verkehrsversorgung** sowie der **Postdienste** eine **wirkliche Marktöffnung** und ein **angemessenes Gleichgewicht** zu erreichen (Erwägungsgrund 24 RL 2014/23/EU). Der Richtliniengeber will sicherstellen, dass Auftraggeber im öffentlichen und im privaten Sektor gleichbehandelt werden. Zudem sei gem. Art. 345 AEUV dafür zu sorgen, dass die Eigentumsordnungen in den Mitgliedstaaten unberührt bleiben. Aus diesem Grunde sollen besondere und einheitliche Vorschriften für solche Konzessionen gelten, die von einer im Sektorenbereich tätigen Einrichtung zur Ausübung dieser Tätigkeiten vergeben werden, unabhängig davon, ob es sich dabei um den Zentralstaat handelt, um lokale oder regionale Gebietskörperschaften, um Einrichtungen des öffentlichen Rechts, um öffentliche Unternehmen oder andere Einrichtungen, die besondere oder ausschließliche Rechte genießen.

33 Anhang II Nr. 1 RL 2014/23/EU erfasst folgende Tätigkeiten im Bereich von **Gas** und **Wärme: Die Bereitstellung und das Betreiben fester Netze zur Versorgung der Allgemeinheit** in Zusammenhang mit der Gewinnung, dem Transport oder der Verteilung von Gas oder Wärme (lit. a) und grundsätzlich auch die **Einspeisung von Gas oder Wärme in diese festen Netze** (lit. b). Die letztgenannte Einspeisung von Gas oder Wärme in feste Netze zur Versorgung der Allgemeinheit durch einen Auftraggeber iSd Art. 7 Abs. 1 Hs. 2 lit. b und c RL 2014/23/EU gilt aber dann nicht als Tätigkeit iSd Abs. 1, wenn beide der folgenden Bedingungen erfüllt sind: Die Erzeugung von Gas oder Wärme durch diese Auftraggeber ergibt sich zwangsläufig aus der Ausübung einer Tätigkeit, die nicht unter die Abs. 2 und 3 dieses Anhangs fällt (i), und die Einspeisung in das öffentliche Netz zielt nur darauf ab, diese Erzeugung wirtschaftlich zu nutzen, und macht bei Zugrundelegung des Mittels der vorausgegangenen drei Jahre einschließlich des laufenden Jahres nicht mehr als 20% des Umsatzes dieses Auftraggebers aus (ii). Für die Zwecke dieser Richtlinie umfasst „Einspeisung" die Gaserzeugung sowie den Groß- und den Einzelhandel mit Gas. Die Erzeugung/Produktion von Gas in Form der Gasförderung fällt jedoch unter Nr. 4 dieses Anhangs.

34 Nach Erwägungsgrund 26 RL 2014/23/EU soll sich die Richtlinie nicht nur auf **Wärme,** sondern auch auf **Kälte** beziehen. Im Text des Anhang II Nr. 1 RL 2014/23/EU findet sich dieser Tätigkeitsbereich jedoch nicht wieder. Dieser scheinbare Gegensatz erklärt sich zum Teil mit Blick auf Erwägungsgrund 27 RL 2014/23/EU. Hiernach soll zunächst die Lage in diesem Wirtschaftszweig geprüft werden, um genügend Informationen insbesondere über die Wettbewerbslage und den Umfang der grenzüberschreitenden Beschaffung und die Standpunkte der Beteiligten einzuholen, bevor eine Änderung des Anwendungsbereichs der RL 2014/23/EU für die Kältebranche in Aussicht genommen wird. Da die Anwendung der RL 2014/23/EU auf die Kältebranche große Auswirkungen auf die Marktöffnung haben könnte, soll diese Prüfung wiederum erst dann durchgeführt werden, wenn die Folgen dieser Richtlinie bewertet werden (s. dazu Art. 53 UAbs. 4 RL 2014/23/EU).

---

[110] Richtlinie 94/22/EG des Europäischen Parlaments und des Rates v. 30.5.1994 über die Erteilung und Nutzung von Genehmigungen zur Prospektion, Exploration und Gewinnung von Kohlenwasserstoffen, ABl. 1994 L 164, 3.

[111] Verordnung (EG) Nr. 1370/2007 des Europäischen Parlaments und des Rates v. 23.10.2007 über öffentliche Personenverkehrsdienste auf Schiene und Straße und zur Aufhebung der Verordnungen (EWG) Nr. 1191/69 und (EWG) Nr. 1107/70 des Rates, ABl. 2007 L 315, 1.

[112] *Mohr* RdE 2016, 269 ff.

Gemäß Anhang II Nr. 2 RL 2014/23/EU erfasst die RL 2014/23/EU folgende Tätigkeiten 35 im Bereich **Strom (Elektrizität): Die Bereitstellung und das Betreiben fester Netze zur Versorgung der Allgemeinheit** im Zusammenhang mit der Gewinnung, dem Transport oder der Verteilung von Strom (lit. a) und die **Einspeisung von Strom in diese festen Netze** (lit. b). Für die Zwecke dieser Richtlinie umfasst „Einspeisung von Strom" die Erzeugung/Produktion sowie – insoweit anders als nach der Marktabgrenzung des BKartA[113] – auch den Groß- und Einzelhandel mit Strom. Die Einspeisung von Strom in Netze zur Versorgung der Allgemeinheit durch einen Auftraggeber iSd Art. 7 Abs. 1 Hs. 2 lit. b und c RL 2014/23/EU gilt nicht als Tätigkeit iSd Abs. 1, sofern beide der folgenden Bedingungen erfüllt sind: Die Stromerzeugung durch diesen Auftraggeber erfolgt, weil sie für die Ausübung einer Tätigkeit erforderlich ist, die nicht unter diese Nummer oder die Nr. 1 und 3 fällt (lit. a). Die Einspeisung in das öffentliche Netz hängt nur von dem Eigenverbrauch dieses Auftraggebers ab und macht bei Zugrundelegung des Mittels der vorausgegangenen drei Jahre einschließlich des laufenden Jahres nicht mehr als 30% der gesamten Energieerzeugung dieses Auftraggebers aus (lit. b). Der letztgenannte Wert ist bei Strom somit höher als bei Gas.

Nach Anhang II Nr. 3 RL 2014/23/EU gilt Art. 7 RL 2014/23/EU weiterhin für Tätigkeiten 36 im Zusammenhang mit der **Bereitstellung und dem Betrieb von Netzen zur Versorgung der Öffentlichkeit im Bereich des Verkehrs per Schiene, per automatischen Systemen, Straßenbahnen, Trolleybussen, Bussen oder per Kabel.** Im Verkehrsbereich gilt ein Netz als vorhanden, wenn die Verkehrsleistung gemäß den von einer zuständigen Behörde eines Mitgliedstaats festgelegten Bedingungen erbracht wird. Dazu gehören die Festlegung der Strecken, der Transportkapazitäten oder der Fahrpläne.

Nach Anhang II Nr. 4 RL 2014/23/EU gilt Art. 7 RL 2014/23/EU zudem für Tätigkeiten 37 im Zusammenhang mit der Nutzung eines geografisch abgegrenzten Gebiets mit dem Zweck, **für Luft-, See- oder Binnenschifffahrts-Verkehrsunternehmen Flughäfen, See- oder Binnenhäfen oder andere Terminaleinrichtungen bereitzustellen.** Nach Erwägungsgrund 25 RL 2014/23/EU umfassen die einschlägigen Tätigkeiten an Flughäfen auch Dienstleistungen für Fluggäste, die zum reibungslosen Betrieb der Flughafeneinrichtungen beitragen und von einem gut funktionierenden, modernen Flughafen erwartet werden, beispielsweise Einzelhandelsgeschäfte, Verpflegung und Parkplätze.

Gemäß Anhang II Nr. 5 RL 2014/23/EU erfasst Art. 7 RL 2014/23/EU ebenfalls Tätigkeiten 38 im Zusammenhang mit der Erbringung von **Postdiensten** (lit. a) sowie **anderen Diensten als Postdiensten**,[114] vorausgesetzt, dass diese Dienstleistungen von einer Stelle erbracht werden, die auch Postdienste iSv UAbs. 2 Ziff. ii dieser Nummer erbringt, und dass die Bedingungen des Art. 34 Abs. 1 Sektoren-RL hinsichtlich der unter UAbs. 2 Ziff. ii fallenden Dienstleistungen nicht erfüllt sind (lit. b). Für die Zwecke der RL 2014/23/EU und unbeschadet der RL 97/67/EG gelten folgende Begriffsbestimmungen: „**Postsendung**" ist eine adressierte Sendung in der endgültigen Form, in der sie befördert wird, ungeachtet ihres Gewichts. Neben Briefsendungen handelt es sich dabei zB um Bücher, Kataloge, Zeitungen und Zeitschriften sowie um Postpakete, die Waren mit oder ohne Handelswert enthalten, ungeachtet ihres Gewichts (i); „**Postdienste**" sind Dienste, die die Abholung, das Sortieren, den Transport und die Zustellung von Postsendungen betreffen. Dies umfasst sowohl Dienstleistungen, die Universaldienstleistungen iSd RL 97/67/EG darstellen, als auch Dienstleistungen, die nicht darunterfallen (ii); „**andere Dienste als Postdienste**" sind in den folgenden Bereichen erbrachte Dienstleistungen: Managementdienste für Postversandstellen (Dienste vor und nach dem Versand, wie beispielsweise „Mailroom Management"), Dienste, die nicht unter lit. a erfasste Sendungen betreffen, wie zB nicht adressierte Postwurfsendungen (iii). Aufgrund der **Liberalisierung des Postsektors** hat der Gesetzgeber die Postdienste nicht in § 102 aufgenommen.[115]

Gemäß Anhang II Nr. 6 RL 2014/23/EU gilt die RL 2014/23/EU für Tätigkeiten in Zusam- 39 menhang mit der **Nutzung eines geografischen Gebiets** zu folgenden Zwecken: **Förderung von Öl oder Gas** (lit. a), **Aufsuchen von Kohle und anderen festen Brennstoffen** (lit. b). Die Förderung von Gas ist somit von der Einspeisung von Gas in Netze zu unterscheiden, die neben dem Groß- und Einzelhandel auch die Erzeugung/Produktion erfassen soll (Erwägungsgrund 28 RL 2014/23/EU).

Art. 7 Abs. 3 RL 2014/23/EU überträgt der Kommission die Befugnis, sog. **delegierte** 40 **Rechtsakte** gem. Art. 48 RL 2014/23/EU zur Änderung des Verzeichnisses der Rechtsakte der

---

[113] BKartA Beschl. v. 30.11.2009 – B8-107/09, ZNER 2010, 200 Rn. 31 – Integra/Thüga; *Becker/Zapfe* ZWeR 2007, 419 (433); *Becker/Blau*, Preismissbrauchsnovelle, 2010, Rn. 106.
[114] S. dazu EuGH Urt. v. 28.10.2020 – C-521/18, ECLI:EU:C:2020:867 = BeckRS 2020, 28246.
[115] BT-Drs. 18/6287, 73; Beck VergabeR/*Wollenschläger* Rn. 3.

Union in Anhang III RL 2014/23/EU zu erlassen, wenn dies aufgrund der Aufhebung oder der Änderung dieser Rechtsakte oder wegen des Erlasses neuer Rechtsakte erforderlich ist. Diese Befugnis kann etwa im Rahmen einer Einbeziehung des Sektors Kälte relevant werden (→ Rn. 34).

III. Entstehungsgeschichte des § 101

41 Mit der zum 18.4.2016 ins nationale Recht umzusetzenden **RL 2014/23/EU** (Art. 51 Abs. 1 UAbs. 1 RL 2014/23/EU) liegt erstmals ein umfassendes unionsrechtliches Regelungswerk zur Vergabe von Bau- und Dienstleistungskonzessionen vor. Der deutsche Gesetzgeber setzt die entsprechenden Vorgaben in den §§ 148 ff. iVm der KonzVgV um, die sich von den „allgemeinen" Regelungen zur Vergabe öffentlicher Aufträge unterscheiden. Demgemäß ist eine Differenzierung zwischen öffentlichen Auftraggebern, Sektorenauftraggebern und Konzessionsgebern geboten. Diese erfolgt nach § 101 maßgeblich über die Abgrenzung zwischen öffentlichen Aufträgen und Konzessionen gem. § 105 Abs. 2, also nach der Übernahme des wirtschaftlichen Risikos durch das Unternehmen.[116]

42 § 101 definiert den Begriff des Konzessionsgebers formal losgelöst von dem in § 99 definierten öffentlichen Auftraggeber und dem in § 100 definierten Sektorenauftraggeber. Zusammen bilden diese Kategorien von Normadressaten die Auftraggeber iSd § 98. Allerdings nimmt § 101 in weitem Umfang auf die Regelungen der öffentlichen Auftraggeber und der Sektorenauftraggeber Bezug, weshalb auf die entsprechende Kommentierung zu verweisen ist, sofern die nachfolgenden Ausführungen keine Abweichungen aufzeigen.

IV. Konzessionsgeber

43 **1. Überblick.** § 101 Abs. 1 definiert drei Arten von Konzessionsgebern, indem er auf die Definitionen der an das allgemeine Vergaberecht gebundenen Auftraggeber in §§ 99 ff. verweist.[117] Im Ausgangspunkt ist damit zwischen Konzessionsgebern zu unterscheiden, die eine **Konzession zum Zweck der Ausübung einer Sektorentätigkeit** vergeben (§ 101 Abs. 1 Nr. 2 und 3), und Konzessionsgebern, die eine Konzession zu sonstigen Zwecken vergeben (§ 101 Abs. 1 Nr. 1).[118] Diese Differenzierung geht zurück auf die Vorgaben der RL 2014/23/EU (→ Rn. 4).

44 Nach **§ 101 Abs. 1 Nr. 1** sind Konzessionsgeber erstens **öffentliche Auftraggeber gem. § 99 Nr. 1–3, die eine Konzession vergeben.** Gemäß **§ 101 Abs. 1 Nr. 2** sind Konzessionsgeber zweitens **Sektorenauftraggeber gem. § 100 Abs. 1 Nr. 1,** also **öffentliche Auftraggeber** gem. § 99 Nr. 1– 3, die **eine Sektorentätigkeit gem. § 102 Abs. 2–6 ausüben** (Elektrizität, Gas und Wärme, Verkehrsleistungen, Häfen und Flughäfen, fossile Brennstoffe) und **eine Konzession gerade zum Zweck der Ausübung dieser Tätigkeit vergeben.** Gemäß **§ 101 Abs. 1 Nr. 3** sind Konzessionsgeber drittens **Sektorenauftraggeber iSd § 100 Abs. 1 Nr. 2,** die keine öffentlichen Auftraggeber sind, sondern **natürliche oder juristische Personen des privaten Rechts,** die **eine Sektorentätigkeit iSd § 102 Abs. 2–6 ausüben** und **eine Konzession zum Zweck der Ausübung dieser Tätigkeit vergeben.** Nach der von Abs. 1 Nr. 3 in Bezug genommenen Definition des § 100 Abs. 1 Nr. 2 sind Sektorenauftraggeber wiederum natürliche oder juristische Personen des privaten Rechts, die eine Sektorentätigkeit gem. § 102 ausüben, wenn diese Tätigkeit auf der Grundlage von besonderen oder ausschließlichen Rechten ausgeübt wird, die von einer zuständigen Behörde gewährt wurden (Nr. 1), oder öffentliche Auftraggeber gem. § 99 Nr. 1–3 auf diese Personen einzeln oder gemeinsam einen beherrschenden Einfluss ausüben können (Nr. 2). Die besonderen und ausschließlichen Rechte werden wiederum in § 100 Abs. 2 definiert, wohingegen die Ausübung eines beherrschenden Einflusses in § 100 Abs. 3 behandelt wird. Vor diesem Hintergrund erklärt sich der Verweis des **Abs. 2** auf § 100 Abs. 2 und Abs. 3.[119] Im Einzelnen sind besondere oder ausschließliche Rechte gem. § 100 Abs. 2 solche Rechte, die dazu führen, dass die Ausübung einer Tätigkeit einem oder mehreren Unternehmen vorbehalten wird und dass die Möglichkeit anderer Unternehmen, diese Tätigkeit auszuüben, erheblich beeinträchtigt wird. Keine besonderen oder ausschließlichen Rechte in diesem Sinne sind deshalb Rechte, die aufgrund eines Verfahrens nach den Vorschriften dieses Teils oder aufgrund eines sonstigen Verfahrens gewährt wurden, das angemessen bekannt gemacht wurde und auf objektiven Kriterien beruht (→ Rn. 56 f.). Die Regelung setzt mit Blick auf Konzessionen Art. 7 Abs. 2 RL 2014/23/ EU um, mit Blick auf das Sektorenvergaberecht Art. 4 Abs. 3 Sektoren-RL. Nach § 100 Abs. 3 wird die Ausübung eines beherrschenden Einflusses vermutet, wenn ein öffentlicher Auftraggeber unmittelbar oder mittelbar die Mehrheit des gezeichneten Kapitals des Unternehmens besitzt (Nr. 1),

---

[116] Siegel NVwZ 2016, 1672 (1673).
[117] Beck VergabeR/*Wollenschläger* Rn. 2.
[118] HK-VergabeR/*Pünder* Rn. 3.
[119] Die RegBegr. wiederholt faktisch nur den Normwortlaut; vgl. BT-Drs. 18/6281, 72.

über die Mehrheit der mit den Anteilen am Unternehmen verbundenen Stimmrechte verfügt (Nr. 2) oder mehr als die Hälfte der Mitglieder des Verwaltungs-, Leitungs- oder Aufsichtsorgans des Unternehmens bestellen kann (Nr. 3; → Rn. 59).

Die Differenzierung zwischen den verschiedenen Arten von Konzessionsgebern ist zum einen **45** für die **Ausnahmevorschriften** bedeutsam. So gelten gem. **§ 154 Nr. 5 und 6** die Ausnahmen für die Vergabe an verbundene Unternehmen respektive durch/an ein Gemeinschaftsunternehmen gem. §§ 138, 139 allein für die Vergabe von Konzessionen durch **Sektorenauftraggeber iSd § 101 Abs. 1 Nr. 2 und 3** analog.[120] Dies beruht auf Art. 13 Abs. 3 RL 2014/23/EU, der sich nur auf Auftraggeber iSd Art. 7 RL 2014/23/EU und nicht auf öffentliche Auftraggeber nach Art. 6 RL 2014/23/EU bezieht.[121] § 138 trägt dem Umstand Rechnung, dass Auftraggeber auch als Unternehmensgruppe bzw. Konzern organisiert sein können (Konzernprivileg) und im Rahmen dieser Tätigkeit nicht tatsächlich am Markt agieren.[122] § 139 enthält ein Annex zu § 138, indem die Vorschrift zwei weitere Konzernprivilegien für Sektorenauftraggeber normiert.[123] Zum anderen ist die Unterscheidung zwischen verschiedenen Konzessionsgebern für die **öffentlich-öffentliche Zusammenarbeit** gem. § 108 relevant, indem die Regelungen gem. § 108 Abs. 8 allein auf die Vergabe von **Konzessionsgebern gem. § 101 Abs. 1 Nr. 1 und Nr. 2** anwendbar sind.[124] § 108 Abs. 8 verweist nicht auf Konzessionsgeber iSd § 101 Abs. 1 Nr. 3, damit letztere sich nicht auch auf die teleologisch nicht einschlägige Ausnahme zur öffentlich-öffentlichen Zusammenarbeit berufen können. Für letztere kommt aber eine Ausnahme vom Kartellvergaberecht bei verbundenen Unternehmen gem. § 138 in Betracht.[125]

**2. Öffentliche Konzessionsgeber außerhalb des Sektorenbereichs (§ 101 Abs. 1 Nr. 1). 46
a) Vorrang der Eigenschaft als Sektorenauftraggeber.** Konzessionsgeber sind gem. § 101 Abs. 1 Nr. 1 **öffentliche Auftraggeber, die eine Konzession vergeben** (zum Begriff der Konzession § 105). Wer öffentlicher Auftraggeber iSd Vorschrift ist, bestimmt sich kraft Verweisung nach **§ 99 Nr. 1–3** auf der Grundlage einer institutionellen Betrachtungsweise (für Einzelheiten → Rn. 25). Nach der Regierungsbegründung betrifft § 101 Abs. 1 Nr. 1 nur solche öffentlichen Auftraggeber iSd § 99 Abs. 1–3, die nicht zu denjenigen Auftraggebern gehören, die eine Tätigkeit auf dem Gebiet der Energieversorgung oder des Verkehrs ausüben und eine Konzession zum Zweck der Ausübung dieser Tätigkeit vergeben.[126] Im Ergebnis sollen unter § 101 Abs. 1 Nr. 1 somit **nur Konzessionsvergaben außerhalb der Sektortätigkeiten** fallen.[127] § 101 Abs. 1 Nr. 2 verdrängt damit die erste Tatbestandsvariante.[128] Dem Wortlaut des Abs. 1 lässt sich ein derartiger Vorrang der Eigenschaft als Sektorenauftraggeber, mit anderen Worten eine Subsidiarität der Eigenschaft als „regulärer" öffentlicher Auftraggeber zwar nicht entnehmen. Vielmehr stehen in § 101 Abs. 1 die Nr. 1–3 formal gleichrangig nebeneinander. Für das sekundäre Unionsvergaberecht ging der EuGH bis dato aber zu Recht von einem Vorrang der Sektorenrichtlinie vor den allgemeinen Vergaberichtlinien aus,[129] da das Sektorenvergaberecht spezifische Privilegierungen enthält (vgl. auch Art. 7 RL 2014/24/EU).[130] Je nachdem, ob öffentliche Auftraggeber in einem der einschlägigen Sektorenbereiche Konzessionen vergeben, kommt somit entweder § 101 Abs. 1 Nr. 1 oder § 101 Abs. 1 Nr. 2 zur Anwendung.[131]

b) Institutioneller Auftraggeberbegriff. Unter den persönlichen Anwendungsbereich des **47** Konzessionsvergaberechts fallen nach Abs. 1 Nr. 1 iVm § 99 Nr. 1 – sofern sie eine Konzession vergeben – **Gebietskörperschaften** sowie **deren Sondervermögen**.[132] Der Begriff der **Gebietskörperschaften** bezieht sich auf alle territorialbezogenen Erscheinungsformen des Staates, vor allem auf den Bund, die Länder und die Kommunen.[133] Auftragsvergaben der Gebietskörperschaften erfolgen in der Regel durch ihre Organe und Behörden. Sie können sich aber auch durch Dritte „vertreten" lassen.[134] Der Begriff der Gebietskörperschaft ist unionsrechtlich weit zu interpretie-

---

[120] HK-VergabeR/*Pünder* Rn. 4.
[121] Beck VergabeR/*Germelmann* § 154 Nr. 5 Rn. 6.
[122] Beck VergabeR/*Germelmann* § 154 Nr. 5 Rn. 2.
[123] HK-VergabeR/*Schellenberg* § 138 Rn. 1.
[124] HK-VergabeR/*Pünder* Rn. 4.
[125] Immenga/Mestmäcker/*Dreher* § 108 Rn. 85.
[126] BT-Drs. 18/6281, 87.
[127] BT-Drs. 18/6281, 87.
[128] Immenga/Mestmäcker/*Dreher* Rn. 6; Langen/Bunte/*Wagner/Schneider* Rn. 4.
[129] EuGH Urt. v. 10.4.2008 – C-393/06, ECLI:EU:C:2008:213 = NZBau 2008, 393 – Wienstrom II.
[130] Eschenbruch/Opitz/Röwekamp/*Wolters* § 100 Rn. 20.
[131] Langen/Bunte/*Wagner/Schneider* Rn. 6; BeckOK VergabeR/*Bungenberg/Schelhaas* Rn. 9.
[132] VK Baden-Württemberg Beschl. v. 25.7.2018 – 1 VK 19/18, BeckRS 2018, 35906 Rn. 92.
[133] HK-VergabeR/*Pünder* § 99 Rn. 4 f.; Immenga/Mestmäcker/*Dreher* Rn. 6.
[134] Beck VergabeR/*Dörr* § 99 Rn. 9.

ren.[135] Werden die Beschaffungsentscheidungen durch die öffentliche Hand getroffen, erfolgt jedoch die Durchführung der Vergabe im eigenen Namen und auf eigene Rechnung durch ein privates Unternehmen, „vertritt" letzteres „die öffentliche Hand mittelbar", weshalb Auftraggeber die jeweilige Gebietskörperschaft ist.[136] § 99 Nr. 1 erfasst weiterhin die **Sondervermögen der Gebietskörperschaften,** also die von dem sonstigen Vermögen einer Gebietskörperschaft getrennten und mit einer rechtlichen Sonderstellung versehenen, aber unselbstständigen Vermögen. Hierunter fallen zB kommunale öffentlich-rechtliche fiduziarische, dh **nicht rechtsfähige Stiftungen,** für deren Errichtung und Ausgestaltung das Landesrecht gilt, ebenso wie **rechtlich unselbstständige Eigenbetriebe.**[137] Nach ihrer Privatisierung unterfallen die ehemaligen Bundes-Sondervermögen Bahn und Post nicht mehr dem § 99 Nr. 1 (vorliegend iVm § 101 Abs. 1 Nr. 1).[138]

48 **c) Funktionaler Auftraggeberbegriff.** Konzessionsgeber sind nach der funktionalen Betrachtungsweise des Abs. 1 Nr. 1 iVm § 99 Nr. 2 zudem **andere juristische Personen des öffentlichen und des privaten Rechts,** die zu dem besonderen Zweck gegründet wurden, **im Allgemeininteresse liegende Aufgaben nicht-gewerblicher Art** zu erfüllen, sofern sie – alternativ – überwiegend von Stellen nach § 99 Nr. 1 oder 3 einzeln oder gemeinsam durch Beteiligung oder auf sonstige Weise finanziert werden (lit. a), ihre Leitung der Aufsicht durch Stellen nach Nr. 1 oder 3 unterliegt (lit. b) oder mehr als die Hälfte der Mitglieder eines ihrer zur Geschäftsführung oder zur Aufsicht berufenen Organe durch Stellen nach Nr. 1 oder 3 bestimmt worden sind (lit. c). In Übereinstimmung mit den Vorgaben des Unionsrechts wird der Begriff des Konzessionsgebers somit funktional nach der Aufgabenerfüllung und nicht nach der Rechtsform definiert, um die historisch gewachsene unterschiedliche Zuordnung dieser Stellen in den Mitgliedstaaten zu überwinden.[139] Mit Blick auf Art. 6 Abs. 4 RL 2014/23/EU ist der Begriff der juristischen Person zu eng gefasst (→ Rn. 17). Unter § 99 Nr. 2 fallen wegen der besonderen Staatsgebundenheit ihrer Funktionen verschiedenste öffentliche Stellen, von öffentlichen Unternehmen über Universitäten bis hin zu Kammern. Nicht entscheidend ist – anders als nach § 99 Nr. 1 – die institutionelle Zuordnung zu Bund, Ländern und Kommunen[140] (im Einzelnen → § 99 Rn. 5ff.).

49 Abs. 1 Nr. 1 ist von Abs. 1 Nr. 2 und 3 abzugrenzen, wenn ein **Sektorenauftraggeber** zugleich eine im Allgemeininteresse liegende Aufgabe erfüllt, insbesondere eine solche der Daseinsvorsorge. Insoweit sind die Vorschriften über die Sektorenauftraggeber als spezieller anzusehen.

50 **d) Verbände von institutionellen oder funktionellen Auftraggebern.** Konzessionsgeber sind nach Abs. 1 Nr. 1 iVm § 99 Nr. 3 schließlich **Verbände, deren Mitglieder Gebietskörperschaften oder andere juristische Personen iSv § 99 Nr. 1 und 2 sind.** Klassische Beispiele sind Auftragsvergaben durch – (vergaberechts-)konform gegründete[141] – kommunale Zweckverbände von Gemeinden, also von Auftraggebern iSd § 99 Nr. 1, wie Abwasser-, Abfall-, Wasserversorgungs- und Planungsverbände. Verbände von funktionalen Auftraggebern iSd § 99 Nr. 2 sind etwa der Deutsche Industrie- und Handelstag als Verband der Industrie- und Handelskammern.[142]

51 **e) Keine Empfänger von Subventionen.** Abs. 1 Nr. 1 verweist **nicht** auf § 99 Nr. 4, wonach als öffentliche Auftraggeber auch rein private Unternehmen anzusehen sind, deren Einbeziehung in das allgemeine Vergaberecht aufgrund besonderer Privilegierung und Förderung durch die öffentliche Hand geboten ist.[143] § 99 Nr. 4 benennt Empfänger von Subventionen (Zuwendungen), mit denen bestimmte Vorhaben wie die Errichtung von Krankenhäusern, Sport-, Erholungs- oder Freizeiteinrichtungen, Schul-, Hochschul- oder Verwaltungsgebäuden finanziert werden. Der Gesetzgeber begründet den unterbliebenen Verweis auf § 99 Nr. 4 formal mit dem Umstand, dass die RL 2014/23/EU anders als Art. 13 RL 2014/24/EU keine entsprechende Regelung enthalte, weshalb eine Umsetzung allein im Rahmen des § 99 geboten sei.[144]

---

[135] S. EuGH Urt. v. 20.9.1988 – 31/87, Slg. 1988, 4635 Rn. 11 = NVwZ 1990, 353 – Beentjes; s. auch EuGH Urt. v. 13.1.2005 – C-84/03, ECLI:EU:C:2005:14 Rn. 27 = EuZW 2005, 222 – Kommission/Königreich Spanien.
[136] VK Bund Beschl. v. 8.6.2006 – VK 2-114/05, ZfBR 2007, 194; Immenga/Mestmäcker/*Dreher* § 99 Rn. 7; aA OLG Dresden Urt. v. 9.3.2004 – 20 U 1544/03, NVwZ 2004, 1145.
[137] Immenga/Mestmäcker/*Dreher* Rn. 6.
[138] Immenga/Mestmäcker/*Dreher* Rn. 6.
[139] Burgi VergabeR § 8 Rn. 4; *Dietlein* NZBau 2002, 136.
[140] Burgi VergabeR § 8 Rn. 4.
[141] Zu den vergaberechtlichen Rahmenbedingungen einer institutionalisierten öffentlich-rechtlichen Zusammenarbeit durch Zweckverbände statt anderer *Krönke* NVwZ 2016, 568 (572).
[142] Burgi VergabeR § 8 Rn. 4.
[143] *Dobmann* Neues VergabeR Rn. 187.
[144] Vgl. dazu BT-Drs. 18/6281, 70.

3. Öffentliche Sektorenkonzessionsgeber (Abs. 1 Nr. 2). Konzessionsgeber sind gem. 52
§ 101 Abs. 1 Nr. 2 auch **Sektorenauftraggeber gem. § 100 Abs. 1 Nr. 1,** also öffentliche Auftraggeber gem. § 99 Nr. 1–3, die eine Sektorentätigkeit gem. § 102 Abs. 2–6 ausüben und eine Konzession zum Zweck der Ausübung dieser Tätigkeit vergeben. Von den in § 102 aufgelisteten Sektorentätigkeiten verweist § 101 Abs. 1 Nr. 2 lediglich auf § 102 Abs. 2–6, da § 149 Nr. 9 Wasser-Konzessionen in Umsetzung von Art. 12 RL 2014/23/EU aus dem Anwendungsbereich des Sondervergaberechts für Konzessionen herausnimmt.[145] Die Einstufung als öffentlicher Sektorenkonzessionsgeber bewirkt Erleichterungen gegenüber dem ansonsten anzuwendenden (Konzessions-)Vergaberecht, wohingegen eine solche als privater Sektorenauftraggeber, der in der Beschaffung ansonsten frei wäre, erst die Geltung des Vergaberechts begründet (→ Rn. 54).[146]

Für die Definition der Sektorentätigkeiten kann grundsätzlich auf **§ 102** verwiesen werden, da 53
die Art. 8–14 Sektoren-RL sowie der Anhang II RL 2014/23/EU übereinstimmen.[147] Im Einzelnen handelt es sich um die Trinkwasser- und die Energieversorgung, den Personenverkehr und die Post.[148] Keine Konzessionsgeber sind Sektorenauftraggeber, die einer Tätigkeit nach § 102 Abs. 1 nachgehen, also einer Sektorentätigkeit im Bereich **Wasser,** da § 101 Abs. 1 Nr. 2 lediglich auf § 102 Abs. 2–6 verweist. Somit sind öffentliche Auftraggeber, die eine solche Tätigkeit ausüben, zwar Sektorenauftraggeber. Vergeben sie aber eine Konzession zum Zweck der Ausübung dieser Tätigkeit, sind sie keine Konzessionsgeber. Dieser Ausschluss ist die Konsequenz der Ausnahmeregelung des § 149 Nr. 9, sachlich jedoch nur schwer begründbar (Art. 20 GRCh, Art. 3 Abs. 1 GG).[149]

4. Private Sektorenkonzessionsgeber (Abs. 1 Nr. 3 iVm Abs. 2). Schließlich sind Kon- 54
zessionsgeber gem. § 101 Abs. 1 Nr. 3 **private Sektorenauftraggeber** iSv § 100 Abs. 1 Nr. 2 (private Sektorenkonzessionsgeber).[150] Dies sind natürliche oder juristische Personen des Privatrechts, die eine Sektorentätigkeit gem. § 102 Abs. 2–6 ausüben und eine Konzession zum Zweck der Ausübung dieser Tätigkeit vergeben, wenn diese Tätigkeit entweder aufgrund **besonderer oder ausschließlicher Rechte** ausgeübt wird, die von einer zuständigen Behörde gewährt wurden (vgl. § 102 Abs. 2), oder wenn die privaten Konzessionsgeber im Sektorenbereich durch öffentliche Auftraggeber gem. § 99 Nr. 1–3 **beherrscht** werden (vgl. § 100 Abs. 3). Anders als § 101 Abs. 1 Nr. 2 erfasst § 101 Abs. 1 Nr. 3 somit **private Unternehmen.** Dies entspricht der Besonderheit des Sektorenvergaberechts, wodurch der Anwendungsbereich des Vergaberechts über die klassischen Vergabestellen hinaus erweitert wird.[151] Erfasst werden nicht nur öffentliche Auftraggeber, sondern auch natürliche oder juristische Personen des privaten Rechts, ohne dass diese zwangsläufig staatlich beherrscht oder finanziert sein müssen.[152] Vielmehr reicht es für die Eigenschaft als Sektorenauftraggeber gem. § 100 Abs. 1 Nr. 2 lit. a aus, wenn ein privates Unternehmen auf der Grundlage besonderer oder ausschließlicher Rechte tätig wird, ohne einem darüberhinausgehenden staatlichen Einfluss ausgesetzt zu sein.[153]

Der **europäische Normgeber** begründet die Einbeziehung privater Sektoren-Unternehmen 55
in das Vergaberecht mit der **Gefahr einer Abschottung der Märkte** durch die bestehenden besonderen oder ausschließlichen Rechte, die von den Mitgliedstaaten für die Versorgung, die Bereitstellung oder den Betrieb von Netzen für die Erbringung der betreffenden Dienstleistung gewährt werden.[154] Unternehmen, die den Mechanismen des Wettbewerbs nicht oder nur teilweise unterliegen, haben zudem wenig Anreize, sich bei ihren Beschaffungen wirtschaftlich zu verhalten. Aufgrund ihrer marktbezogenen Sonderstellung können sie die Kostennachteile vielmehr auf die von ihnen abhängigen Verbraucher abwälzen.[155] Weiterhin können nationale Behörden Einfluss auf das Verhalten der Auftraggeber etwa im Bereich der Wasser-, Energie- und Verkehrsversorgung nehmen, ua durch Kapitalbeteiligungen und die Vertretung in ihren Verwaltungs-, Leitungs- oder Aufsichtsgremien, weswegen es spezifischen Vorschriften für die Vergabe von Aufträgen durch diese Auftraggeber bedarf.[156] Demgemäß sollen bei der Auftragsvergabe in den Sektorenbereichen europa-

---

[145] BT-Drs. 18/6281, 72.
[146] Eschenbruch/Opitz/Röwekamp/*Wolters* § 100 Rn. 41.
[147] Nicht erfasst werden von § 102 Postdienste; vgl. BT-Drs. 18/6281, 72 f.
[148] Theobald/Kühling/*Marx* Kap. 162 Rn. 50.
[149] S. dazu auch *Säcker/Mohr* ZWeR 2012, 417 ff.
[150] OLG Karlsruhe Beschl. v. 30.1.2018 – 15 Verg. 5/18, NZBau 2019, 200 Rn. 22; Beck VergabeR/*Wollenschläger* Rn. 14.
[151] *Schröder* NZBau 2012, 541.
[152] *Schulz* in Gabriel/Krohn/Neun VergabeR-HdB § 48 Rn. 2.
[153] *Schröder* NZBau 2012, 541.
[154] Erwägungsgrund 1 Sektoren-RL; Erwägungsgrund 3 RL Sektoren-RL 2004.
[155] HK-VergabeR/*Pünder* § 100 Rn. 10.
[156] Erwägungsgrund 1 Sektoren-RL; Erwägungsgrund 2 RL Sektoren-RL 2004.

weite vergleichbare Wettbewerbsbedingungen (ein „level playing field") geschaffen werden, insbesondere mit Hinblick auf den unterschiedlichen Privatisierungsgrad in den Mitgliedstaaten.[157]

56 **a) Gewährung von besonderen oder ausschließlichen Rechten (§ 101 Abs. 2). aa) Allgemeines.** Anknüpfungspunkt für die Einbeziehung natürlicher oder juristischer Personen des **Privatrechts** in das Vergaberecht ist die Gewährung von **besonderen oder ausschließlichen Rechten.** Die Vergabe dieser Rechte stellt den notwendigen Bezug zur öffentlichen Hand her. Besondere oder ausschließliche Rechte bilden deswegen ein **Kernelement des Anwendungsbereichs der Sektoren-RL**[158] **und damit zugleich des Sektoren-Konzessionsvergaberechts.** Die Definition dieser Rechtsbegriffe ist aber auch für die Bestimmung der entsprechenden Konzessionsgeber relevant, da Sektorenauftraggeber gem. § 101 Abs. 1 Nr. 3 auch Konzessionsgeber sein können. Folgerichtig entsprechen die in **§ 100 Abs. 2** enthaltenen Definitionen besonderer oder ausschließlicher Rechte den Vorgaben der Sektorenrichtlinie (vgl. Art. 4 Abs. 3 Sektoren-RL und Art. 5 Nr. 10, 11 RL 2014/23/EU), um eine einheitliche Interpretation des Sektorenauftraggeberbegriffs sicherzustellen.[159] Besondere oder ausschließliche Rechte sind Rechte, die dazu führen, dass die Ausübung dieser Tätigkeit einem oder mehreren Unternehmen vorbehalten und die Möglichkeit anderer Unternehmen, diese Tätigkeit auszuüben, erheblich beeinträchtigt wird. Zudem muss die zuständige Behörde eines Mitgliedstaats dieses Recht im Wege einer Rechts- oder Verwaltungsvorschrift gewährt haben (dies ergibt sich aus § 100 Abs. 1 Nr. 2 lit. a sowie aus Art. 4 Abs. 3 S. 1 Sektoren-RL).[160] In Betracht kommen somit insbesondere Wasserrechte, Wegerechte, Benutzungsrechte von Grundstücken. Wesensmerkmal von ausschließlichen oder besonderen Rechten ist, dass ein Unternehmen sich bei seiner Tätigkeit aufgrund staatlicher Privilegierung außerhalb marktmäßiger Mechanismen bewegt.[161] Die Abgrenzung zwischen besonderen und ausschließlichen Rechten erfolgt im Anwendungsbereich des Konzessionsvergaberechts mittels einer numerischen Betrachtung.[162] Wird einem einzigen Unternehmen eine Tätigkeit vorbehalten, handelt es sich um ein ausschließliches, bei zwei oder mehreren Unternehmen um ein besonderes Recht.[163]

57 **bb) Keine besonderen oder ausschließlichen Rechte bei vergabeähnlichen Verfahren.** Erwägungsgrund 25 Sektoren-RL 2004 (RL 2004/17/EG) stellt klar, dass keine besonderen oder ausschließlichen Rechte iSd Vergaberechts vorliegen, wenn ein Mitgliedstaat einer begrenzten Zahl von Unternehmen Rechte auf der Grundlage objektiver, verhältnismäßiger und nichtdiskriminierender Kriterien einräumt, die allen interessierten Kreisen, die sie erfüllen, die Möglichkeit zur Inanspruchnahme solcher Rechte bietet. In § 98 Nr. 3 aF war eine solche Einschränkung nicht ausdrücklich enthalten. Dies ändert sich mit **§ 100 Abs. 2 S. 2** (vorliegend iVm **§ 101 Abs. 2**), wonach in Übereinstimmung mit Art. 4 Abs. 3 S. 2 Sektoren-RL und Art. 7 Abs. 2 RL 2014/23/EU keine besonderen oder ausschließlichen Rechte iSd Richtlinien vorliegen, wenn die Rechte aufgrund eines Verfahrens nach den Vorschriften dieses Teils oder aufgrund eines sonstigen Verfahrens gewährt wurden, welches **angemessen bekannt gemacht** wurde und auf **objektiven Kriterien** beruht (→ Rn. 29).[164]

58 **cc) Insbesondere Elektrizitäts- und Gasversorgung.** Besondere praktische Relevanz hat die Frage, ob die Vergabe von **qualifizierten energierechtlichen Wegenutzungsverträgen** gem. § 46 Abs. 2 EnWG[165] besondere oder ausschließliche Rechte iSd § 100 Abs. 1 Nr. 2 lit. a iVm Abs. 2 begründet (vorliegend zusammen mit § 101 Abs. 1 Nr. 3 und Abs. 2). Mit der Bereitstellung und dem Betrieb fester Netze iSd § 102 Abs. 2 Nr. 1 üben die Energieversorgungsunternehmen eine Sektorentätigkeit aus. Sollte es sich bei der Vergabe von Wegenutzungsverträgen an diese Energieversorgungsunternehmen um besondere oder ausschließliche Rechte handeln, wären diese Unternehmen somit bei der Vergabe von Unteraufträgen und Konzessionen als Sektorenauftraggeber bzw. als Konzessionsgeber gem. Abs. 1 Nr. 3 zu qualifizieren. In Deutschland erfolgt die Vergabe energierechtlicher Wegenutzungsrechte jedoch gem. § 46 Abs. 2–6 EnWG nach einem vergabeähnlichen Verfahren. Spätestens seit den BGH-Entscheidungen Stromnetz Berkenthin[166] und Stromnetz

---

[157] *Krohn/Schneider* in Gabriel/Krohn/Neun VergabeR-HdB § 3 Rn. 75.
[158] Erwägungsgrund 20 Sektoren-RL.
[159] Immenga/Mestmäcker/*Dreher* Rn. 7.
[160] Sog. Betrauung; dazu LMRKM/*Kersting/Meyer-Lindemann/Knauff* AEUV Art. 106 Rn. 65 ff.
[161] Zum Vorstehenden Immenga/Mestmäcker/*Dreher*, 5. Aufl. 2014, § 98 Rn. 194.
[162] *Schröder* NZBau 2012, 541 (542).
[163] *Schröder* NZBau 2012, 541 (542).
[164] Näher HK-VergabeR/*Pünder* § 100 Rn. 15 ff.
[165] Zu den unionsrechtlichen Grundlagen – insbes. zur RL 2014/23/EU – s. *Mohr* RdE 2016, 269 (275 ff.).
[166] BGH Urt. v. 17.12.2013 – KZR 66/12, EnWZ 2014, 274 – Stromnetz Berkenthin.

Heiligenhafen[167] entspricht es der überwiegenden Ansicht, dass die Gemeinden verpflichtet sind, den Betreiber des lokalen Verteilernetzes in einem transparenten, diskriminierungsfreien und wettbewerblichen Verfahren auszuwählen.[168] Diese Auswahl ist vorrangig an **Kriterien** auszurichten, die das Ziel des § 1 Abs. 1 EnWG (Gewährleistung einer sicheren, preisgünstigen, verbraucherfreundlichen, effizienten und umweltverträglichen leitungsgebundenen örtlichen Versorgung der Allgemeinheit mit Elektrizität und Gas) konkretisieren, also anhand **objektiver Kriterien.**[169] Das § 46 EnWG-Verfahren erfüllt demnach die Voraussetzungen des § 100 Abs. 2 S. 2, weshalb es sich bei den energierechtlichen Wegenutzungsrechten nicht um besondere oder ausschließliche Rechte iSd § 100 Abs. 1 Nr. 2 lit. a handelt. Anzuwenden ist aber das europäische Vergabeverfahren, da dieses bei sämtlichen staatlichen Verteilungsverfahren zu beachten ist[170] (→ § 105 Rn. 4). Nach der hier vertretenen Ansicht handelt es sich bei energierechtlichen Wegenutzungsrechten sogar um Dienstleistungskonzessionen iSd § 105 Abs. 1 Nr. 2 (→ § 105 Rn. 95 ff.). Diese müssen nach den §§ 148 ff. iVm der RL 2014/23/EU in einem wettbewerblichen Verfahren vergeben werden. Das Vergabeverfahren nach der RL 2014/23/EU stellt nach den Art. 4 Abs. 3 Sektoren-RL, Art. 7 Abs. 2 RL 2014/23/EU ein Regelbeispiel für ein Verfahren dar, das einem besonderen oder ausschließlichen Recht entgegensteht.

b) Beherrschender Einfluss. Weiterer Anknüpfungspunkt für die Einbeziehung privater 59 Unternehmen in das (Konzessions-)Vergaberecht ist ein **beherrschender Einfluss eines öffentlichen Auftraggebers** iSd § 99 Nr. 1–3 auf eine natürliche oder juristische Person des privaten Rechts. In **§ 100 Abs. 3 Nr. 1–3** zählt der deutsche Gesetzgeber auf, wann ein derart beherrschender Einfluss (unwiderlegbar) vermutet wird.[171] Demnach ist von einem beherrschenden Einfluss auszugehen, wenn ein öffentlicher Auftraggeber iSd § 99 Nr. 1–3 unmittelbar oder mittelbar die Mehrheit des gezeichneten Kapitals des Unternehmens hält, über die Mehrheit der mit den Anteilen am Unternehmen verbundenen Stimmrechte verfügt oder mehr als die Hälfte der Mitglieder des Verwaltungs-, Leitungs- oder Aufsichtsorgans des Unternehmens bestellen kann.

5. Vergabe einer Konzession. Nach dem von § 101 verfolgten **tätigkeitsbezogenen Ansatz** 60 (→ Rn. 1) unterscheidet sich ein Konzessionsgeber von einem regulären öffentlichen Auftraggeber bzw. einem regulären Sektorenauftraggeber durch die **Vergabe einer Konzession.** § 101 verweist damit auf den sachlichen Anwendungsbereich des Konzessionsvergaberechts in § 105. Mit Blick auf § 148, wonach das Konzessionsvergaberecht auf die Vergabe von Konzessionen durch Konzessionsgeber anzuwenden ist, wäre der Konzessionsbegriff eigentlich doppelt zu prüfen. Diese Konsequenz kann vermieden werden, indem man im Rahmen des § 101 auf die Prüfung der Konzession verzichtet.[172] Da § 101 bei einem solchen Vorgehen jedoch weitgehend seines Aussagegehalts beraubt wäre, erscheint es vorzugswürdig, § 105 **inzident in § 101 zu prüfen** und damit zugleich den sachlichen Anwendungsbereich zu behandeln.

§ 102 Sektorentätigkeiten

(1) ¹Sektorentätigkeiten im Bereich Wasser sind
1. die Bereitstellung oder das Betreiben fester Netze zur Versorgung der Allgemeinheit im Zusammenhang mit der Gewinnung, der Fortleitung und der Abgabe von Trinkwasser,
2. die Einspeisung von Trinkwasser in diese Netze.

²Als Sektorentätigkeiten gelten auch Tätigkeiten nach Satz 1, die im Zusammenhang mit Wasserbau-, Bewässerungs- oder Entwässerungsvorhaben stehen, sofern die zur Trinkwasserversorgung bestimmte Wassermenge mehr als 20 Prozent der Gesamtwassermenge ausmacht, die mit den entsprechenden Vorhaben oder Bewässerungs- oder Entwässerungsanlagen zur Verfügung gestellt wird oder die im Zusammenhang mit der Abwasserbeseitigung oder -behandlung steht. ³Die Einspeisung von Trinkwasser in feste Netze zur Versorgung der Allgemeinheit durch einen Sektorenauftraggeber nach § 100 Absatz 1 Nummer 2 gilt nicht als Sektorentätigkeit, sofern die Erzeugung von Trinkwasser durch den betreffenden Auftraggeber erfolgt, weil dessen Verbrauch für die Ausübung einer Tätigkeit erforderlich ist, die keine Sektorentätigkeit nach den Absätzen 1 bis 4 ist, und

---

[167] BGH Urt. v. 17.12.2013 – KZR 65/12, NZBau 2014, 303 – Stromnetz Heiligenhafen.
[168] Zuvor bereits *Säcker/Mohr/Wolf*, Konzessionsverträge im System des europäischen und deutschen Wettbewerbsrechts, 2010; *Säcker/Mohr* ZWeR 2012, 417 ff.
[169] Näher *Säcker* RdE 2015, 1 ff.; *Mohr* RdE 2016, 269 (270 ff.)
[170] *Mohr* RdE 2016, 269 (272 ff.).
[171] BeckOK VergabeR/*Bungenberg/Schelhaas* Rn. 10.
[172] So der Vorschlag von Beck VergabeR/*Wollenschläger* Rn. 10.

die Einspeisung in das öffentliche Netz nur von dem Eigenverbrauch des betreffenden Auftraggebers abhängt und bei Zugrundelegung des Durchschnitts der letzten drei Jahre einschließlich des laufenden Jahres nicht mehr als 30 Prozent der gesamten Trinkwassererzeugung des betreffenden Auftraggebers ausmacht.

(2) Sektorentätigkeiten im Bereich Elektrizität sind
1. die Bereitstellung oder das Betreiben fester Netze zur Versorgung der Allgemeinheit im Zusammenhang mit der Erzeugung, der Fortleitung und der Abgabe von Elektrizität,
2. die Einspeisung von Elektrizität in diese Netze, es sei denn,
   a) die Elektrizität wird durch den Sektorenauftraggeber nach § 100 Absatz 1 Nummer 2 erzeugt, weil ihr Verbrauch für die Ausübung einer Tätigkeit erforderlich ist, die keine Sektorentätigkeit nach den Absätzen 1 bis 4 ist, und
   b) die Einspeisung hängt nur von dem Eigenverbrauch des Sektorenauftraggebers ab und macht bei Zugrundelegung des Durchschnitts der letzten drei Jahre einschließlich des laufenden Jahres nicht mehr als 30 Prozent der gesamten Energieerzeugung des Sektorenauftraggebers aus.

(3) Sektorentätigkeiten im Bereich von Gas und Wärme sind
1. die Bereitstellung oder das Betreiben fester Netze zur Versorgung der Allgemeinheit im Zusammenhang mit der Erzeugung, der Fortleitung und der Abgabe von Gas und Wärme,
2. die Einspeisung von Gas und Wärme in diese Netze, es sei denn,
   a) die Erzeugung von Gas oder Wärme durch den Sektorenauftraggeber nach § 100 Absatz 1 Nummer 2 ergibt sich zwangsläufig aus der Ausübung einer Tätigkeit, die keine Sektorentätigkeit nach den Absätzen 1 bis 4 ist, und
   b) die Einspeisung zielt nur darauf ab, diese Erzeugung wirtschaftlich zu nutzen und macht bei Zugrundelegung des Durchschnitts der letzten drei Jahre einschließlich des laufenden Jahres nicht mehr als 20 Prozent des Umsatzes des Sektorenauftraggebers aus.

(4) Sektorentätigkeiten im Bereich Verkehrsleistungen sind die Bereitstellung oder das Betreiben von Netzen zur Versorgung der Allgemeinheit mit Verkehrsleistungen per Eisenbahn, automatischen Systemen, Straßenbahn, Trolleybus, Bus oder Seilbahn; ein Netz gilt als vorhanden, wenn die Verkehrsleistung gemäß den von einer zuständigen Behörde festgelegten Bedingungen erbracht wird; dazu gehören die Festlegung der Strecken, die Transportkapazitäten und die Fahrpläne.

(5) Sektorentätigkeiten im Bereich Häfen und Flughäfen sind Tätigkeiten im Zusammenhang mit der Nutzung eines geografisch abgegrenzten Gebiets mit dem Zweck, für Luft-, See- oder Binnenschifffahrtsverkehrsunternehmen Flughäfen, See- oder Binnenhäfen oder andere Terminaleinrichtungen bereitzustellen.

(6) Sektorentätigkeiten im Bereich fossiler Brennstoffe sind Tätigkeiten zur Nutzung eines geografisch abgegrenzten Gebiets zum Zweck
1. der Förderung von Öl oder Gas oder
2. der Exploration oder Förderung von Kohle oder anderen festen Brennstoffen.

(7) [1]Für die Zwecke der Absätze 1 bis 3 umfasst der Begriff „Einspeisung" die Erzeugung und Produktion sowie den Groß- und Einzelhandel. [2]Die Erzeugung von Gas fällt unter Absatz 6.

Übersicht

	Rn.			Rn.
A. **Trinkwasser (Abs. 1)** *(Gabriel)*	1	4.	Übertragung der Trinkwasserversorgung	12
			a) Organisationsprivatisierung	13
I. **Allgemeines zu § 102**	1		b) Funktionale Privatisierung	14
II. **Trinkwasserversorgung nach Abs. 1**	4		c) Aufgabenprivatisierung	15
1. Versorgung mit Trinkwasser	4	B.	**Elektrizität (Abs. 2)** *(Gabriel)*	19
2. Wasserbau-, Bewässerungs- und Entwässerungsvorhaben sowie Ableiten und Klären von Abwässern	8	I.	**Bereitstellen und Betreiben fester Netze**	19
		II.	**Einspeisung von Elektrizität**	21
3. Gewinnung für den Eigenbedarf	10	III.	**Erzeugung für den Eigenbedarf**	22

A. Trinkwasser (Abs. 1)

	Rn.			Rn.
IV.	**Contracting**	23	5. Keine Anwendbarkeit der Ausnahme für In-House-Geschäfte	58
1.	Contracting-Verträge	24		
	a) Anlagen-Contracting	25	**C. Gas und Wärme (Abs. 3)** *(Gabriel)*	59
	b) Energieeinspar-Contracting	26	**I.** Allgemeines	59
2.	Contracting als öffentlicher Auftrag oder Dienstleistungskonzession	27	**II.** Betreiben, Bereitstellen und Versorgen fester Netze	60
	a) Abgrenzung zur Dienstleistungskonzession	28	**III.** Erzeugung für den Eigenbedarf	61
	b) Entgeltliche Beschaffung	30	**D. Verkehrsleistungen (Abs. 4)** *(Bremer/Helmstädter)*	63
3.	Ausnahmen von der Ausschreibungspflicht	31	**I.** Regelungsgehalt	63
	a) § 137 Abs. 1 Nr. 8	31	**II.** Sinn und Zweck sowie Entstehungsgeschichte	64
	b) §§ 138, 139	32		
	c) In-House-Verträge	34	**III.** Bereitstellen oder Betreiben von Netzen und Erbringen von Verkehrsleistungen	67
4.	Anzuwendende Verfahrensvorschriften ...	35		
	a) Ausschreibung nach VgV, VgV iVm VOB/A oder SektVO	36	**IV.** Versorgung der Allgemeinheit mit Verkehrsleistungen	70
	b) Auswahl des Vergabeverfahrens	39	**E. Häfen und Flughäfen (Abs. 5)** *(Bremer/Helmstädter)*	72
V.	**Wegenutzungsverträge gem. § 46 Abs. 2 EnWG**	41	**I.** Regelungsgehalt	72
1.	Gegenstand der Wegenutzungsverträge ...	42	**II.** Sinn und Zweck sowie Entstehungsgeschichte	73
2.	Wegenutzungsverträge als Dienstleistungskonzessionen	44		
	a) Verwertung der Dienstleistung als vertragliche Gegenleistung	45	**III.** Bereitstellung von Flughäfen, Seehäfen und Binnenhäfen	75
	b) Übernahme des Betriebsrisikos	46		
3.	Rechtslage vor der Vergaberechtsreform ..	49		
	a) Vorgaben aus § 46 EnWG	50	**F. Fossile Brennstoffe (Abs. 6)** *(Gabriel)* ..	80
	b) Kartellrechtliches Missbrauchsverbot ..	52	**G. Begriff der Einspeisung (Abs. 7)** *(Gabriel)*	84
	c) Grundfreiheiten	54		
4.	Sondervergaberecht für Konzessionen	55		

A. Trinkwasser (Abs. 1)

Schrifttum zu Abs. 1–3, 6, 7: *Bartsch/Röhling/Salje/Scholz,* Stromwirtschaft, 2. Aufl. 2008; *Besche,* Wasser und Wettbewerb – Möglichkeiten und Grenzen einer Öffnung des Wassermarktes, 2004; *Böckel,* Vergaberechtliche Behandlung von Dienstleistungskonzessionen, LKV 2003, 393; *Braun,* Besprechung der Mitteilung der Kommission zum Vergaberecht, EuZW 2006, 683; *Britz/Hellermann/Hermes,* Energiewirtschaftsgesetz, 3. Aufl. 2015; *Büdenbender,* Kommentar zum Energiewirtschaftsgesetz, 2003; *Burgi,* Energierecht und Vergaberecht, RdE 2007, 145; *Burgi,* Kommunales Privatisierungsfolgenrecht: Vergabe, Regulierung und Finanzierung, NVwZ 2001, 601; *Byok,* Neuabschluss und Verlängerung von Konzessionsverträgen – Anforderungen an Bekanntmachung und Durchführung des Auswahlverfahrens, RdE 2008, 268; *Donhauser/Hölzwimmer,* Die neue Richtlinie über die Konzessionsvergabe und ihre Auswirkungen auf die Vergabe von Wegenutzungskonzessionen nach § 46 EnWG, VergabeR 2015, 509; *Dünchheim/Bremke,* Die Grundsätze des Geheimwettbewerbs und der Bieteridentität in Konzessionsverfahren nach § 46 EnWG, DVBl 2016, 357; *Endler,* Privatisierungen und Vergaberecht, NZBau 2002, 125; *Fischer/Wolf/Embacher,* Rechtliche Anforderungen an die Ausgestaltung der Auswahlverfahren zur Vergabe von Strom- und Gaskonzessionen nach § 46 EnWG, RdE 2012, 274; *Frenz/Kafka,* Grenzen bei der Einbeziehung Privater in die Abfallentsorgung, GewArch 2000, 129; *Fruhmann,* Das Vergaberegime des EG-Vertrags, ZVB 2006, 261; *Gabriel,* Die Kommissionsmitteilung zur öffentlichen Auftragsvergabe außerhalb der EG-Vergaberichtlinien, NVwZ 2006, 1262; *Gabriel,* Die Vergaberechtsreform 2009 und die Neufassung des vierten Teils des GWB, NJW 2009, 2011; *Graef/Faasch,* Kartellvergaberecht als disziplinierender Faktor bei der Vergabe von Gas- und Stromkonzessionen, NZBau 2014, 548; *Greb,* Das Konzernprivileg für Sektorenauftraggeber, VergabeR 2009, 140; *Hofmann/Zimmermann,* Rechtsrahmen für die Vergabe von Wegenutzungsverträgen im Energiebereich nach der neuen Konzessionsvergaberichtlinie – Droht eine Fortsetzung der gegenwärtig bestehenden Rechtsunsicherheit?, NZBau 2016, 71; *Hohenstein-Bartholl/Jacob,* Strom- und Gaskonzessionsverträge vermitteln keine Dienstleistungskonzessionen – Abhandlung aus vergabe- und energiewirtschaftsrechtlicher Sicht, RdE 2017, 454; *Jennert,* Sind Konzessionsverträge in der Wasserversorgung auch Dienstleistungskonzessionen im Sinne des europäischen Vergaberechts?, N&R 2004, 108; *Jestaedt/Philippeit,* Auftragsvergabe in der Energie- und Wasserwirtschaft: Praktischer Umgang mit Ausschreibungen, 2001; *Kirchner,* Contracting nach deutschem und europäischem Auftragsrecht, 2006; *Koenig/Haratsch,* Die Ausschreibung von Versorgungsgebieten in der Wasserwirtschaft, DVBl 2004, 1387; *Kühling/Rasbach/Busch,* Energierecht, 4. Aufl. 2018; *Köster,* Gesetzgebung ohne Gesetzgeber, ZfBR 2007, 127; *Kramer* Energieeinsparungen im Mietwohnsektor durch Wärme-Contracting, ZUR 2007, 283; *Lenschow,* Marktöffnung in der leitungsgebundenen Trinkwasserversorgung, 2006; *Lutz,* Vergaberegime außerhalb des Vergaberechts, WuW 2006, 890; *Michaels/Bönnighausen,* Zu Inhalt und Folgen der Zweifel über die Anwendbarkeit des Teils 4 des GWB und der Konzessionsvergabeverordnung auf Konzessionierungsverfahren für Strom- und Gasverteilnetze, ZNER 2018, 1; *Müller-Serten,* Gemeindewirtschafts- und Vergaberecht, NZBau 2000, 120; *Opitz,* Die neue Sektorenverordnung, VergabeR 2009, 689; *Opitz,* Was bringt die neue Sektorenvergaberichtlinie?, VergabeR 2014, 369; *Ortner,* Energierechtliche Wegenutzungsverträge und Vergaberecht, VergabeR 2008, 608; *Prieß/Gabriel,* M&A-Verfahrensrecht – EG-rechtliche Verfahrensvorgaben bei staatlichen Beteiligungsveräußerungen, NZBau 2007, 617; *Prieß/Stein,* Die neue EU-Sektorenrichtlinie, NZBau 2014, 323; *Rechten,* Der Auftraggeberbegriff im Wandel, NZBau 2014, 667; *Rehbinder,* Privatisierung und Vergaberecht in der Wasserwirtschaft, 2005; *Rosenkötter/Plantiko,* Die Befreiung der Sektorentätigkeiten vom Vergaberechtsregime, NZBau 2010, 78; *Säcker,* Berliner Kommentar zum Energierecht, 4. Aufl. 2017 ff.; *Säcker/Mohr/Wolf,* Konzessionsverträge im System des deutschen und europäischen Wettbewerbsrechts, 2011; *Sauer,* Die Vergabe von Wegenutzungsverträgen für die Verlegung und den Betrieb von Fernwärmenetzen, IR 2018, 4; *Schnieders,* Die kleine Vergabe, DVBl 2007, 287; *Schulz-Gardyan,* Zur zweiten Auflage des „Gemeinsamen Leitfadens von Bundeskartellamt und Bundesnetzagentur", RdE 2015, 394; *Schwab/Giesemann,* Mit mehr Regeln zu mehr Rechtssicherheit? Die Überarbeitung des europäischen Vergaberechts, VergabeR 2014, 351; *Seeba,* Ausschreibungswettbewerb zur Sicherung hinreichender Erzeugungskapazitäten aus Kraftwerken, BLJ 2017, 11; *Tegethoff/Büdenbender/Klinger,* Das Recht der öffentlichen Energieversorgung, 2000; *Templin,* Wettbewerb um Konzessionen durch Richterrecht – Leitplanken für Konzessionsverfahren durch BGH, NZBau 2014, 487; *Tugendreich,* Strategische Partnerschaften im Zusammenhang mit der Vergabe von Wegenutzungsverträgen nach § 46 EnWG – Möglichkeiten und Grenzen im Lichte des Vergabe-, Energiewirtschafts- und Kartellrechts –, ZfBR 2014, 547; *Weiß,* Stand und Perspektiven des Rechts der Strom- und Gaskonzessionsvergabe, NVwZ 2014, 1415; *Wieland,* Der Abschluss von Konzessionsverträgen als Teil der gemeindlichen Selbstverwaltung, DÖV 2015, 169; *Zeiss,* Sektorenverordnung verfassungswidrig – Gebührenerhebung durch Bundeskartellamt unzulässig?, NVwZ 2010, 556.

I. Allgemeines zu § 102

1 § 102 dient der **Definition derjenigen Tätigkeiten** auf dem Gebiet der Trinkwasserversorgung (§ 102 Abs. 1), der Elektrizitätsversorgung (§ 102 Abs. 2), der Gas- und Wärmeversorgung (§ 102 Abs. 3), des Verkehrs (§ 102 Abs. 4), der Häfen und Flughäfen (§ 102 Abs. 5) und der fossilen Brennstoffe (§ 102 Abs. 6), **die in den Anwendungsbereich des Sektorenvergaberechts** (→ § 100 Rn. 5 ff.) **fallen.** Die Regelung bestimmt dementsprechend im Zusammenspiel mit § 100, welche Auftraggeber als Sektorenauftraggeber zu qualifizieren sind. Gleichzeitig dient sie der Bestimmung des Anwendungsbereichs der SektVO, der nur eröffnet ist, wenn der zu vergebende Auftrag eines im Sektorenbereich tätigen Unternehmens im Zusammenhang mit einer Sektorentätigkeit des Auftraggebers iSv § 102 steht. Denn gem. § 137 Abs. 2 Nr. 2 werden Aufträge von Auftraggebern gem. § 100 Abs. 1 Nr. 2 vom Anwendungsbereich des Vergaberechts ausgenommen, soweit die Aufträge anderen Zwecken dienen als einer Sektorentätigkeit. Für Auftraggeber, die nur gem. § 100 Abs. 1 Nr. 2 als Sektorenauftraggeber zu qualifizieren sind, entscheidet der sog. **sektorenspezifische Zusammenhang** des zu vergebenden Auftrags daher abschließend über die Anwendbarkeit des Vergaberechts. Fehlt dieser sektorenspezifische Zusammenhang, sind diese Auftraggeber vom Vergaberecht insgesamt befreit. Für Auftraggeber, die auch unter § 99 fallen, entscheidet der **sektorenspezifische Zusammenhang** des zu vergebenden Auftrags dagegen über die Anwendung des Sektorenvergaberechts, das im Vergleich zum klassischen Vergaberechtsregime abgeschwächte formale Vergabevorschriften vorsieht. Ohne den sektorenspezifischen Zusammenhang haben diese Auftraggeber das klassische Vergaberechtsregime anzuwenden.

2 Vor der Vergaberechtsreform 2016 waren die entsprechenden Tätigkeiten in einer **Anlage zu § 98 Nr. 4 aF** aufgeführt. Die Vorschrift des § 102 deckt sich mit dieser Anlage in großen Teilen; die letzte europäische Vergaberechtsreform hat diesbezüglich nur zu geringen Änderungen geführt. Auffällig ist, dass die Sektorentätigkeiten neu gruppiert wurden. Waren in der Anlage zu § 98 aF noch „Elektrizitäts- und Gasversorgung" sowie „Wärmeversorgung" getrennt geregelt, wird nunmehr die bereits in Art. 3 Sektoren-RL 2004 (= RL 2004/17/EG) angelegte und in Art. 8 und 9 Sektoren-RL (= RL 2014/25/EU) übernommene Zusammenfassung in die Bereiche „Elektrizität" in § 102 Abs. 2 sowie „Gas und Wärme" in § 102 Abs. 3 übernommen. Inhaltlich sind mit der Anpassung an den Richtlinientext keine Änderungen verbunden.[1]

3 Auch an anderer Stelle wurden Anpassungen an den Text der Sektoren-RL vorgenommen, obwohl die entsprechenden Richtlinienvorgaben schon in der Sektoren-RL 2004 enthalten waren (→ Rn. 20 und 21). Es handelt sich daher weitgehend um **redaktionelle Anpassungen.** Neu ist

---

[1] Vgl. Gesetzesbegründung der BReg, BT-Drs. 18/6281, 70.

im GWB-Vergaberecht die Regelung der Sektorentätigkeiten im Bereich der fossilen Brennstoffe (§ 102 Abs. 6), die allerdings in Deutschland von der Kommission vom Sektorenvergaberecht freigestellt wurden (→ Rn. 81).[2] § 102 Abs. 7 stellt nunmehr in Umsetzung von Art. 7 Sektoren-RL klar, dass der Begriff Einspeisung von Gas, Wärme, Elektrizität oder Wasser in Versorgungsnetze nicht nur die Erzeugung (Produktion), sondern auch den Groß- und Einzelhandel umfasst, womit jedoch keine Ausweitung des bisherigen Anwendungsbereichs bezweckt ist[3] (→ Rn. 84). Die Kälteversorgung ist trotz eines entsprechenden Änderungsvorschlags aus dem Europäischen Parlament nach wie vor keine Sektorentätigkeit.[4] Schließlich wurde die Regelung des Art. 5 Abs. 2 Sektoren-RL 2004 nicht in die Sektoren-RL übernommen, nach der der Betrieb des öffentlichen Busverkehrs vom Anwendungsbereich des Sektorenvergaberechts ausgenommen ist, sofern andere Unternehmen entweder allgemein oder für ein besonderes, geografisch abgegrenztes Gebiet die Möglichkeit haben, die gleiche Aufgabe unter den gleichen Bedingungen wie der betreffende Auftraggeber zu übernehmen. In Deutschland hatte diese Bestimmung bisher ohnehin keine praktische Bedeutung.[5]

II. Trinkwasserversorgung nach Abs. 1

1. Versorgung mit Trinkwasser. Trinkwasser ist nach § 3 Nr. 1 TrinkwV „in jedem Aggregatzustand des Wassers […] alles Wasser, das, im ursprünglichen Zustand oder nach Aufbereitung, zum Trinken, zum Kochen, zur Zubereitung von Speisen und Getränken oder […] zu anderen häuslichen Zwecken bestimmt ist". **Feste Netze** sind mit dem Erdboden fest verbundene Leitungen, die sowohl oberhalb als auch unterhalb der Erdoberfläche liegen können. Nicht zu den festen Netzen zählen Leitungen, die nur vorübergehend für einen bestimmten Zweck verlegt werden und nach Beendigung wieder beseitigt werden sollen.[6]

Das **Betreiben** meint das Erbringen der eigentlichen Versorgungsleistung. Von diesem Tatbestandsmerkmal erfasst werden daher nur klassische Wasserversorgungsunternehmen, die sich unmittelbar selbst als Versorger betätigen, nicht aber öffentliche Stellen, die ihre Verpflichtung zur Wasserversorgung an private Dritte übertragen haben.[7] Das **Bereitstellen** umfasst die Errichtung, Unterhaltung und Instandsetzung der Versorgungsnetze.[8] Auch diesbezüglich kommt es allein auf die Tätigkeiten an und nicht auf eine rechtliche Verpflichtung hierzu oder das Eigentum an den Versorgungsnetzen. Daher würde etwa eine reine Besitzgesellschaft, die das Netz an einen Versorger vermietet, dieses nicht iSv § 102 Abs. 1 bereitstellen.[9]

Nach der Definition des § 102 Abs. 7 S. 1 umfasst der Begriff der Einspeisung die Erzeugung und Produktion sowie den Groß- und Einzelhandel. Die **Einspeisung von Trinkwasser** iSv § 102 Abs. 1 Nr. 2 unternimmt jedes Unternehmen, das Trinkwasser mit Zustimmung des Inhabers des Trinkwassernetzes zur Nutzung für die Allgemeinheit zur Verfügung stellt.[10] Zu beachten ist in diesem Zusammenhang, dass die Beschaffung von Wasser im Rahmen der Trinkwasserversorgung selbst gem. § 137 Abs. 1 Nr. 7 als Reaktion auf die Bürgerinitiative „right2water" – aus sachlich ungerechtfertigten Gründen[11] – vom Anwendungsbereich des EU/GWB-Vergaberechts ausgenommen ist (→ § 137 Rn. 9).

Voraussetzung ist weiter, dass das Netz der **Versorgung der Allgemeinheit** dient. Das ist nicht der Fall, wenn der Auftraggeber lediglich ein spezielles Gebäude oder ein bestimmtes Unternehmen mit Trinkwasser versorgen will, das der Öffentlichkeit nicht zugänglich ist und lediglich der Überschuss zur Versorgung der Allgemeinheit verwendet wird.[12] Das Netz muss mit der Gewinnung, dem Transport und der Verteilung von Trinkwasser im Zusammenhang stehen. Unter der **Gewin-**

---

[2] Entscheidung 2004/73/EG der Kommission v. 15.1.2004 über einen Antrag Deutschlands das spezielle Regime in Art. 3 RL 93/38/EWG anzuwenden (ABl. 2004 L 16, 57).
[3] Vgl. Erwägungsrund 23 Sektoren-RL.
[4] Bericht über den Vorschlag für eine Richtlinie des Europäischen Parlaments und des Rates über die Vergabe von Aufträgen durch Auftraggeber im Bereich der Wasser-, Energie- und Verkehrsversorgung sowie der Postdienste (COM(2011)0895 – C7-0007/2012 – 2011/0439(COD)), EP-Dokument A7-0034/2013, Änderungsantrag Nr. 59; Erwägungsründe 21 und 22 Sektoren-RL.
[5] *Opitz* VergabeR 2014, 369 (373).
[6] Reidt/Stickler/Glahs/*Bosselmann* Rn. 10; *Opitz* in RKPP GWB Rn. 17.
[7] OLG Frankfurt a. M. Beschl. v. 30.8.2011 – 11 Verg 3/11, ZfBR 2012, 77; ebenso in Bezug auf den Betrieb von Schienennetzen OLG Düsseldorf Beschl. v. 21.7.2010 – VII-Verg 19/10, BeckRS 2010, 17501; sowie in Bezug auf den Betrieb von Buslinien VK Münster Beschl. v. 7.10.2010 – VK 6/10, BeckRS 2010, 26095.
[8] Reidt/Stickler/Glahs/*Bosselmann* Rn. 12; *Opitz* in RKPP GWB Rn. 19; *Röbke* in Müller-Wrede GWB Rn. 9.
[9] *Opitz* in RKPP GWB Rn. 19.
[10] Beck VergabeR I/*Dörr* Rn. 10.
[11] Ebenso *Prieß/Stein* NZBau 2014, 323.
[12] *Opitz* in RKPP GWB Rn. 18.

nung von Trinkwasser ist die Förderung aus Brunnen oder Quellen, aber auch die Gewinnung aus Meerwasser durch Entsalzung mittels Destillation oder umgekehrter Osmose zu verstehen. Die Trinkwasserversorgung umfasst neben dem Betreiben der Netze auch die Verteilung von Trinkwasser und die Versorgung der Netze mit Trinkwasser.[13]

8 **2. Wasserbau-, Bewässerungs- und Entwässerungsvorhaben sowie Ableiten und Klären von Abwässern.** Als Sektorentätigkeiten gelten gem. § 102 Abs. 1 S. 2 auch Tätigkeiten nach § 102 Abs. 1 S. 1, die im Zusammenhang mit Wasserbau-, Bewässerungs- oder Entwässerungsvorhaben stehen. Voraussetzung dafür ist jedoch, dass die zur Trinkwasserversorgung bestimmte Wassermenge mehr als 20% der Gesamtwassermenge ausmacht, die mit den entsprechenden Vorhaben oder Bewässerungs- oder Entwässerungsanlagen zur Verfügung gestellt wird **(Irrelevanzgrenze**[14]**).** Für die Irrelevanzgrenze kommt es auf die tatsächlich durchgeleitete Wassermenge an. Geht es um Aufträge, die erst den Bau der Anlagen betreffen und liegen daher noch keine Referenzwerte vor, so ist entsprechend der Ausnahmeregelung in § 138 Abs. 5 auf eine Zukunftsprognose abzustellen. **Wasserbauvorhaben** sind zB der Bau von Stauseen, Talsperren und Rückhaltebecken.[15] **Bewässerungs- und Entwässerungsvorhaben** betreffen vor allem die Nutzbarmachung des Bodens zur landwirtschaftlichen Nutzung oder zum Zwecke des Tagebaus.[16]

9 Darüber hinaus gelten auch Tätigkeiten, die im Zusammenhang mit der Abwasserbeseitigung oder -behandlung stehen, als Sektorentätigkeiten. Voraussetzung ist hier, dass die Abwasserbeseitigung **bautechnisch oder unternehmerisch** mit der Trinkwasserversorgung **verbunden** ist.[17] Bei bautechnisch getrennt laufenden Leitungen oder der Durchführung von Wasserversorgung und Abwasserentsorgung durch zwei verschiedene Unternehmen gelten für Aufträge aus dem Bereich der Abwasserbeseitigung nicht die Sonderregelungen für Sektorenauftraggeber.[18] Der Bau von Abwasserleitungen, die Abwasserentsorgung und das Klären von Abwässern begründen für sich keine Sektorentätigkeiten.[19] Entscheidend für die Anwendung des Vergaberechts auf die Vergabe dieser Aufträge ist daher allein, ob der persönliche Anwendungsbereich des Vergaberechts gem. § 99 eröffnet ist, dh ob der Auftraggeber nach diesen Vorschriften als öffentlicher Auftraggeber zu qualifizieren ist und daher das klassische Vergaberechtsregime der RL 2014/24/EU anzuwenden hat. Eine Irrelevanzgrenze gilt für diese Tätigkeiten nicht.

10 **3. Gewinnung für den Eigenbedarf.** Keine Sektorentätigkeit stellt zudem gem. § 102 Abs. 1 S. 2 die Einspeisung von Trinkwasser in feste Netze zur Versorgung der Allgemeinheit dar, wenn diese durch einen Sektorenauftraggeber iSv § 100 Abs. 1 Nr. 2 erfolgt und die Erzeugung von Trinkwasser erfolgt, weil dessen Verbrauch für die Ausübung einer Tätigkeit erforderlich ist, die keine Sektorentätigkeit ist (sog. sektorenfremde Tätigkeit) und die Einspeisung in das öffentliche Netz nur von dem Eigenverbrauch des betreffenden Auftraggebers abhängt und bei Zugrundelegung des Durchschnitts der letzten drei Jahre einschließlich des laufenden Jahres nicht mehr als 30% seiner gesamten Trinkwassererzeugung ausmacht. Aus der systematischen Stellung wird deutlich, dass es sich bei dieser Ausnahmeregelung um eine **Konkretisierung** der Definition der **Sektorentätigkeit handelt.**

11 Unter drei Voraussetzungen wird das Vorliegen einer Sektorentätigkeit **verneint.** Erstens muss die Gewinnung von Trinkwasser für eine sektorenfremde Tätigkeit **erforderlich** sein. Vom Sektorenbereich soll die Trinkwassergewinnung nur ausgenommen werden, wenn sie nicht nur gleichzeitig einer sektorenfremden Tätigkeit zugutekommt, sondern für deren Ausübung notwendig ist. Zweitens muss die in das öffentliche Netz eingespeiste Trinkwassermenge nur **vom Eigenverbrauch** des Auftraggebers **abhängen.** Es handelt sich also nur um eine von der Sektorentätigkeit ausgenommene Trinkwassergewinnung zu anderen – sektorenfremden – Zwecken, wenn die Trinkwassergewinnung ausschließlich darauf abzielt, gerade die Menge Wasser bereitzustellen, die der Auftraggeber für seine sektorenfremde Tätigkeit benötigt. Das ist der Fall, wenn die an das öffentliche Netz gelieferte Wassermenge bei gleichbleibender gewonnener Gesamtwassermenge geringer ausfällt, sobald der Auftraggeber mehr Wasser für den Eigenbedarf benötigt und umgekehrt. Drittens darf die Lieferung

---

[13] Willenbruch/Wieddekind/*Wieddekind* Rn. 10 f.; *Röbke* in Müller-Wrede GWB Rn. 10.
[14] *Opitz* in RKPP GWB Rn. 21; *Röbke* in Müller-Wrede GWB Rn. 15; Greb/Müller/*Dietrich* Rn. 11.
[15] Hattig/Maibaum/*Dippel* § 98 Rn. 145; *Opitz* in RKPP GWB Rn. 20.
[16] Hattig/Maibaum/*Dippel* § 98 Rn. 145; *Opitz* in RKPP GWB Rn. 20.
[17] *Röbke* in Müller-Wrede GWB Rn. 15. Die VK Sachsen erachtet eine bautechnische oder unternehmerische Verbindung hingegen nicht für notwendig, um bei einer Trinkwasser- und mit dieser im Zusammenhang stehenden Abwasserkonzession den Ausnahmetatbestand des § 149 Nr. 9 zu bejahen, vgl. VK Sachsen Beschl. v. 12.4.2017 – 1/SVK/003-17, VPRRS 2017, 0171.
[18] *Opitz* in RKPP GWB Rn. 20; Greb/Müller/*Dietrich* Rn. 16; Willenbruch/Wieddekind/*Wieddekind* Rn. 11.
[19] *Opitz* in RKPP GWB Rn. 20 f.

an das öffentliche Netz unter Zugrundelegung des Mittels der letzten drei Jahre einschließlich des laufenden Jahrs nicht mehr als **30%** der **gesamten Trinkwassergewinnung** des Unternehmens ausmachen. Sind seit der Aufnahme der Tätigkeit keine drei Jahre vergangen, so muss die Berechnung auf der Grundlage einer Zukunftsprognose erfolgen.[20] Die 30%-Schwelle legt fest, ab welcher Menge die „Wasser-Überproduktion" nicht mehr als bloßes Nebenprodukt der sektorenfremden Tätigkeit anzusehen ist.

4. Übertragung der Trinkwasserversorgung. Bisher ist **Wettbewerb** im Bereich der Wasserversorgung nicht in den Netzen, sondern lediglich **um die Netze** möglich (→ § 100 Rn. 35). Allerdings beherrschen die Gebietskörperschaften in ihrem Hoheitsgebiet in der Regel monopolistisch die Trinkwasserversorgung und damit auch die Netze,[21] sodass selbst der Wettbewerb um die Netze aufgrund der verbreiteten Monopolstellungen der Betreiber im Bereich der Wasserversorgung sehr gering ist. Die Gebietskörperschaften bedienen sich zur Erfüllung ihrer Aufgaben allerdings verschiedener Organisationsformen wie der Aufgabenerfüllung in Regiebetrieben, Eigenbetrieben, Eigengesellschaften in Form der AG oder GmbH sowie in gemischt öffentlich-privatwirtschaftlichen Gesellschaften und in geringer Umfang auch in rein privatwirtschaftlichen Unternehmen.[22] Die Übertragung der Aufgaben unterliegt in der Mehrzahl der Fälle jedoch nicht dem Vergaberecht. 12

a) Organisationsprivatisierung. Die Übertragung der Trinkwasserversorgung durch eine Gebietskörperschaft im Wege der Organisationsprivatisierung unterliegt nicht dem Vergaberecht. Bei der Organisationsprivatisierung wird die **öffentlich-rechtliche Verwaltungsform** durch eine **privatrechtliche** ersetzt, indem die Kommune eine Eigengesellschaft gründet, an der sie alle Anteile hält.[23] Die Auftragsvergabe an eine Eigengesellschaft ist nach Maßgabe des § 108 Abs. 1 und 8 vom Anwendungsbereich des Vergaberechts ausgenommen (In-House-Geschäft). 13

b) Funktionale Privatisierung. Die Übertragung von Tätigkeiten im Bereich der Trinkwasserversorgung an Dritte unterfällt dem Vergaberecht, wenn die Gebietskörperschaft im Wege der funktionalen Privatisierung **Verwaltungshelfer** beauftragt, die nicht der beauftragenden Gebietskörperschaft zuzurechnen sind.[24] Die Gebietskörperschaft bleibt als Träger der Wasserversorgung gegenüber den Leistungsempfängern (Endabnehmern) berechtigt und verpflichtet und bedient sich lediglich bei der Wahrnehmung ihres Versorgungsauftrags des Verwaltungshelfers. Mit dem Verwaltungshelfer schließt sie **Dienstleistungs- oder Lieferverträge** über Teilbereiche ihres Betriebs, beispielsweise die technische Wartung, den Forderungseinzug, den Betrieb einzelner Wasserwerke, den Bau von Anlagen oder die Lieferung von Wasser. Diese Verträge unterliegen dem Sektorenvergaberecht. 14

c) Aufgabenprivatisierung. Insbes. bei der Aufgabenprivatisierung[25] in Form des Abschlusses von Konzessionsverträgen wird kontrovers diskutiert, ob das Vergaberecht auf den Abschluss der entsprechenden Konzessionsverträge anwendbar ist.[26] Im Trinkwassersektor gestatten Gebietskörperschaften einem Unternehmen in der Regel für einen bestimmten Zeitraum **exklusiv** die Nutzung öffentlicher Wege für die Verlegung und den **Betrieb von Leitungen** zur unmittelbaren Versorgung der Endverbraucher mit Trinkwasser in ihrem Gebiet.[27] Die explizite Vereinbarung eines Rechts zur ausschließlichen Versorgung ist nicht erforderlich in Versorgungsgebieten, in denen ein Anschluss- und Benutzungszwang besteht, da die Leistungsempfänger in diesem Fall sowieso zur Inanspruchnahme des Netzbetreibers verpflichtet sind.[28] Das Unternehmen verpflichtet sich dann im Gegenzug, alle Haus- und Grundeigentümer im betreffenden Gemeindegebiet zu den gleichen Bedingungen mit Trinkwasser zu versorgen und regelmäßig auch dazu, eine Konzessionsabgabe an die Gebietskörperschaft zu zahlen. Mit Großabnehmern werden in der Regel gesonderte Vereinbarungen geschlossen. 15

Für die Anwendbarkeit des GWB-Vergaberechts auf den Abschluss dieser Verträge ist entscheidend, ob es sich dabei um eine **Dienstleistungskonzession** iSv § 105 **oder** einen **Dienstleistungs-** 16

---

[20] *Opitz* in RKPP GWB Rn. 23.
[21] *Besche,* Wasser und Wettbewerb, 2004, 100.
[22] Umweltgutachten 2002 des Rates von Sachverständigen für Umweltfragen, BT-Drs. 14/8792, 295.
[23] *Koenig/Haratsch* DVBl 2004, 1387 (1388); *Lenschow,* Marktöffnung in der leitungsgebundenen Trinkwasserversorgung, 2006, 151.
[24] OVG Lüneburg Urt. v. 22.1.1999 – 9 L 1803-97, NVwZ 1999, 1128 (1129); *Koenig/Haratsch* DVBl 2004, 1387 (1388); *Burgi* NVwZ 2001, 601 (604); *Müller-Serten* NZBau 2000, 120 (122); *Frenz/Kafka* GewArch 2000, 129 (131).
[25] Hierzu *Endler* NZBau 2002, 125.
[26] Befürwortend *Jennert* N&R 2004, 108; abl. *Rehbinder,* Privatisierung und Vergaberecht in der Wasserwirtschaft, 2005, 16; *Koenig/Haratsch* DVBl 2004, 1387 (1390).
[27] *Jennert* N&R 2004, 108 (110).
[28] *Lenschow,* Marktöffnung in der leitungsgebundenen Trinkwasserversorgung, 2006, 174.

auftrag handelt. Zwar wurde die Vergabe von Dienstleistungskonzessionen im Rahmen der Vergaberechtsreform 2016 erstmals der Geltung des EU/GWB-Vergaberechts unterstellt, jedoch gilt gem. § 149 Nr. 9 eine Ausnahme ausdrücklich für Konzessionen im Bereich der Trinkwasserversorgung (→ § 149 Rn. 50 ff.).[29] **Dienstleistungskonzessionen** sind gem. § 105 Abs. 1 Nr. 2 entgeltliche Verträge, mit denen der Konzessionsnehmer mit der Erbringung und der Verwaltung von Dienstleistungen betraut wird,[30] wobei die Gegenleistung entweder allein in dem Recht zur Verwertung der Dienstleistungen oder in diesem Recht zuzüglich einer Zahlung besteht. Entscheidendes **Kriterium zur Abgrenzung** eines Dienstleistungsauftrags iSd Vergaberechts von einer Dienstleistungskonzession ist neben der Vergütung des Konzessionsnehmers durch den Leistungsempfänger (nicht: den Konzessionsgeber) der Umstand, dass der Konzessionsnehmer auch das wirtschaftliche Risiko der Vergütung trägt.[31]

17   Der Konzessionär trägt das Unternehmerrisiko, wenn die aus dem Nutzungsrecht erzielbaren Erträge in Abhängigkeit von der eigenen unternehmerischen Leistung unsicher sind und die Nachfrage seiner Dienstleistung am Markt vom Willen der Leistungsempfänger abhängt[32] (→ § 105 Rn. 56 ff.). Bei der vorstehend dargestellten Vertragskonstellation erhält das Wasserversorgungsunternehmen die Vergütung seiner Leistung ausschließlich vom Leistungsempfänger (Endverbraucher) und nicht von seinem Vertragspartner, der Gebietskörperschaft. Allerdings trägt das Wasserversorgungsunternehmen allein deshalb kein erhebliches **wirtschaftliches Risiko.** Das Unternehmen trägt zwar die personellen Kosten sowie die Kosten der Einrichtung des Wasserwerks und der Versorgungsnetze,[33] ohne dass die Kostendeckung vertraglich gesichert ist, und ist zudem in seiner Reaktionsmöglichkeit eingeschränkt, weil die Wassergebühren im Voraus für einen mehrjährigen Zeitraum hoheitlich festgesetzt werden können (Art. 8 Abs. 6 BayKAG). Allerdings sehen gesetzliche Regelungen vor, dass Kostenunterdeckungen ausgeglichen werden sollen (Art. 8 Abs. 6 S. 2 BayKAG), denn Grundlage der Gebührenberechnung sind die Kommunalabgabengesetze der Länder, die dem Kostendeckungsprinzip folgen. Das bedeutet, dass die Gebühren die betriebswirtschaftlich ansatzfähigen Kosten decken sollen (§ 8 Abs. 2 S. 1 BayKAG). Ein erheblicher Teil der Wassergebühren wird zudem als verbrauchsunabhängige Gebühr zur Deckung der Vorhaltekosten erhoben (Art. 8 Abs. 2 S. 3 BayKAG). Zur Absicherung des Wasserversorgungsunternehmens trägt außerdem bei, dass das Wasser als lebensnotwendiges Versorgungsgut nicht substituierbar ist. Insbes. wird das wirtschaftliche Risiko des Wasserversorgungsunternehmens durch die ihm eingeräumte **Monopolstellung** eingeschränkt, da es in der Regel das ausschließliche Recht zur Versorgung der Bevölkerung mit Trinkwasser in einem bestimmten Gebiet erhält. Eine mit der Einräumung eines Ausschließlichkeitsrechts vergleichbare Risikominimierung, die dem Vorliegen einer Dienstleistungskonzession entgegensteht, wird durch den Anschluss- und Benutzungszwang bewirkt.[34] Da das Wasserversorgungsunternehmen somit nur das **Kalkulationsrisiko** trägt, übernimmt es kein entscheidendes wirtschaftliches Risiko, das die Annahme einer Dienstleistungskonzession rechtfertigen könnte.

18   Es handelt sich bei diesen Verträgen ferner um **entgeltliche Verträge iSd Vergaberechts,** da die Leistungen zwar nicht von der Gebietskörperschaft vergütet, die Gebühren aber hoheitlich festgelegt werden. Aus Sicht des Wasserversorgungsunternehmens stellt sich die Gebührenzahlung durch die Endverbraucher wie ein vertraglich zugesichertes Entgelt dar. Demzufolge handelt es sich bei den „Konzessionsverträgen" in der Wasserversorgung zutreffend um öffentliche Aufträge und nicht um Dienstleistungskonzessionen iSd Vergaberechts. Der Abschluss dieser Konzessionsverträge muss folglich unter Anwendung des Vergaberechtsregimes erfolgen.

B. Elektrizität (Abs. 2)

I. Bereitstellen und Betreiben fester Netze

19   **Feste Netze** sind mit dem Erdboden fest verbundene Leitungen, die sowohl oberhalb als auch unterhalb der Erdoberfläche verlaufen können und nicht nur vorübergehenden Zwecken dienen

---

[29] Aus Sicht der VK Sachsen ist eine Trinkwasserkonzession auch dann von § 149 Nr. 9 erfasst, wenn damit eine im Zusammenhang stehende Abwasserkonzession vergeben wird, vgl. VK Sachsen Beschl. v. 12.4.2017 – 1/SVK/003-17, VPRRS 2017, 0171. Hierzu auch *Hohenstein-Bartholl/Jacob* RdE 2017, 454 (456).

[30] Zum Merkmal der Betrauung im Zusammenhang mit Strom- und Gaskonzessionsverträgen *Hohenstein-Bartholl/Jacob* RdE 2017, 454 (457 ff.).

[31] EuGH Urt. v. 13.10.2005 – C-458/03, Slg. 2005, I-8585 Rn. 40 = NZBau 2005, 644 – Parking Brixen.

[32] Vgl. *Jennert* N&R 2004, 108 (110).

[33] *Jennert* N&R 2004, 108 (111).

[34] *Böckel* LKV 2003, 393 (395).

(→ Rn. 4). Die Netze müssen zur Versorgung der Allgemeinheit und nicht einzelner Gebäude oder bestimmter Unternehmen dienen.[35] Das Netz muss im Zusammenhang mit der Erzeugung, dem Transport oder der Verteilung von Strom stehen.[36] Unter **Stromerzeugung** versteht man die Umwandlung verschiedener Primärenergieträger (Wasserkraft, Windkraft, Kernenergie, Sonnenenergie, Biomasse, Erdöl und Erdgas) in elektrische Energie.[37] Die Energie wird in der Regel durch Umwandlung der Primärenergieträger mittels Generatoren (Turbinen, Lichtmaschinen) gewonnen. Die Ausnahme bilden Systeme, die elektrische Energie unmittelbar aus einer anderen Energieform gewinnen (Photovoltaik, Brennstoffzellen, Wind- und Wasserkraftwerke).

Die Bereitstellung oder der Betrieb eines festen Netzes zur Versorgung der Allgemeinheit muss im Zusammenhang mit der **Erzeugung, Fortleitung und der Abgabe von Elektrizität** stehen. Diesbezüglich hat die Vergaberechtsreform 2016 zu einer Anpassung des Wortlauts an die Vorgaben der Sektoren-RL geführt. Die bis dahin geltende Vorgängerregelung in der Anlage zu § 98 Nr. 4 aF sprach von „Transport und Verteilung" und wich damit vom Wortlaut des Art. 3 Abs. 3 lit. a Sektoren-RL 2004 ab, der bereits der aktuellen Fassung von § 102 Abs. 2 Nr. 1 entsprach. Eine inhaltliche Änderung ist mit der Änderung des Normwortlauts mithin nicht verbunden.[38]

II. Einspeisung von Elektrizität

Als Tätigkeit auf dem Gebiet der Elektrizitätsversorgung gilt neben dem Bereitstellen und Betreiben der Netze auch die Einspeisung von Strom in diese Netze.[39] Auch die Einspeisung von Strom muss zur Versorgung der Allgemeinheit erfolgen.[40] Die **Änderung der bisherigen Formulierung** in der Anlage zu § 98 Nr. 4 aF, die von der „Versorgung dieser Netze mit Strom" sprach, stellt erneut **lediglich eine Anpassung an den Richtlinienwortlaut** dar (vgl. Art. 3 Abs. 1 lit. b RL 2004/17/EG, Art. 8 Abs. 1 lit. b Sektoren-RL). Auch § 102 Abs. 7, wonach der Begriff der Einspeisung die Erzeugung und Produktion sowie den Groß- und Einzelhandel erfasst, hat lediglich klarstellenden Charakter (→ Rn. 84).

III. Erzeugung für den Eigenbedarf

Im Bereich der Elektrizitätsversorgung wird, wie auch im Bereich der Trinkwasserversorgung, die Erzeugung des Versorgungsguts (hier: Strom) dann nicht als Sektorentätigkeit angesehen, wenn sie **anderen Zwecken** als der Energieversorgung der Allgemeinheit (sog. sektorenfremde Tätigkeit) dient und nur ein geringer Überschuss in das Netz zur allgemeinen Versorgung eingeleitet wird.[41] Die Erzeugung von Strom muss für die Ausübung der sektorenfremden Tätigkeit erforderlich sein. Sie darf der sektorenfremden Tätigkeit nicht nur dienen, sondern muss eine **notwendige Voraussetzung** für diese darstellen. Die eingespeiste Strommenge muss ferner **vom Eigenverbrauch des Erzeugers abhängen**, dh ein unvermeidbares Nebenprodukt der Erzeugung zu anderen – sektorenfremden – Zwecken sein. Ein Indiz hierfür ist, dass die Lieferung in das öffentliche Netz bei höherem Eigenverbrauch ab- und bei niedrigerem Eigenverbrauch zunimmt. Schließlich muss es sich bei dem in das öffentliche Netz abgegebenen Strom um eine Mindermenge (Überschussmenge) handeln, dh sie darf im Verhältnis zur erzeugten Gesamtmenge nur einen geringen Teil ausmachen. Im Durchschnitt der letzten drei Jahre einschließlich des laufenden Jahrs darf die Lieferung der in das Netz zur allgemeinen Versorgung eingespeisten Überschussmenge an **Strom** nicht mehr als **30%** der **gesamten Energieerzeugung** des Auftraggebers ausmachen. Die Lieferung an das Netz zur Versorgung der Allgemeinheit soll dem Auftraggeber mithin nicht als zusätzliche Einnahmequelle dienen, sondern lediglich zur sinnvollen Nutzung der „Überproduktion".[42]

IV. Contracting

Die finanzielle Situation der öffentlichen Haushalte veranlasst staatliche Einrichtungen verstärkt, nach Möglichkeiten der Kostenreduzierung zu suchen. Im Bereich der Energieversorgung kommt

---

[35] Zum Begriff der „Allgemeinheit" im Zusammenhang mit § 102 Abs. 2 Nr. 1 vgl. auch VK Baden-Württemberg Beschl. v. 4.12.2017 – 1 VK 47/17, BeckRS 2017, 148098.
[36] *Opitz* in RKPP GWB Rn. 26 f.; *Greb/Müller/Dietrich* Rn. 19 f.
[37] *Kühling/Rasbach/Busch,* Energierecht, 4. Aufl. 2018, 37.
[38] Vgl. Gesetzesbegründung der BReg, BT-Drs. 18/6281, 72.
[39] Zur Förderung von EEG-Anlagen durch lokale Netzbetreiber, das EEG-Ausschreibungsverfahren und dazu, ob hierbei die Vorschriften der §§ 97 ff. analog angewendet werden können vgl. *Salje* RdE 2017, 437.
[40] *Willenbruch/Wieddekind/Wieddekind* Rn. 17; *Opitz* in RKPP GWB Rn. 27; *Greb/Müller/Dietrich* Rn. 19 f.
[41] *Opitz* in RKPP GWB Rn. 30; *Greb/Müller/Dietrich* Rn. 21 f.; *Röbke* in Müller-Wrede GWB Rn. 19.
[42] *Opitz* in RKPP GWB Rn. 30; *Greb/Müller/Dietrich* Rn. 21 f.; *Röbke* in Müller-Wrede GWB Rn. 19.

dem sog. Contracting, das auch vergaberechtliche Implikationen mit sich bringt, dabei eine zunehmend bedeutende Rolle zu. Der Begriff des Contractings bezeichnet Modelle, bei denen ein privates Unternehmen (Contractor) energietechnische Investitionen für den Auftraggeber durchführt, die den Energiebedarf bzw. die Energiekosten senken.[43] Hierbei kann es sich zB um Sanierungsmaßnahmen am Gebäude (beispielsweise Isolierung der Fassade) oder den Bau und Betrieb einer modernen Heizkraftanlage handeln. Das Contracting wurde als ökonomisches Steuerungsinstrument entwickelt, um steigenden Rohölpreisen zu begegnen.[44] Die Kostenoptimierung von Investitionsentscheidungen wird dadurch erreicht, dass das externe Unternehmen, das die **Beratung, Finanzierung** und den **Anlagenbau** oder die **Anlagenoptimierung** durchführt, an den erreichten Kosteneinsparungen beteiligt wird.

24 **1. Contracting-Verträge.** Trotz aller Unterschiede der Contracting-Modelle lassen sie sich in **zwei Kategorien** – das Anlagen- und das Energieeinspar-Contracting – aufteilen.

25 **a) Anlagen-Contracting.** Beim Anlagen-Contracting verpflichtet sich ein Contractor zur Planung, Finanzierung, Errichtung und zum Betrieb einer **energietechnischen Anlage,** aus der der Auftraggeber seinen Strom oder seine Wärme bezieht. Der Auftraggeber investiert nicht direkt in den Bau und Betrieb der energietechnischen Anlagen, sondern vereinbart mit dem Contractor im Vorfeld einen bestimmten Energiepreis und rechnet mit ihm die zur Verfügung gestellte Energie ab.[45] Der Contractor übernimmt die Finanzierung und refinanziert das Vorhaben über die anschließende **Wärme- oder Stromlieferung.**

26 **b) Energieeinspar-Contracting.** Das Energieeinspar-Contracting zielt auf die **Optimierung von technischen Betriebsfunktionen** in Gebäuden, wie zB die Optimierung der Heizung, der Belüftung und der Beleuchtung. Der Contractor verpflichtet sich, einen bestimmten Einspareffekt zu erreichen und refinanziert sich über die Beteiligung an den eingesparten Energiekosten des Auftraggebers.[46] Diese besondere Form der Vergütung bietet so einen Anreiz, weitere Einsparpotentiale auszuschöpfen.

27 **2. Contracting als öffentlicher Auftrag oder Dienstleistungskonzession.** Nachdem mit Erlass und Umsetzung der RL 2014/23/EU auch die Vergabe von Dienstleistungskonzessionen iSv § 105 Abs. 1 Nr. 2 dem EU/GWB-Vergaberecht unterworfen wurde, ist die **Qualifikation von Contracting-Verträgen** entweder als öffentliche Aufträge oder als Dienstleistungskonzessionen nicht mehr **relevant** für das „Ob", sondern lediglich **in Bezug auf das „Wie" der Ausschreibung.**

28 **a) Abgrenzung zur Dienstleistungskonzession.** Das Contracting lässt sich, wenngleich die Verschiedenheit der Contracting-Modelle die Bewertung erschwert, grundsätzlich nicht als Konzession iSd Vergaberechts qualifizieren.[47] Eine **Konzession** ist nach der Definition in § 105 ein Vertrag, der von einem Bau- oder Dienstleistungsauftrag nur insoweit abweicht, als die **Gegenleistung** für die Bau- oder Dienstleistung ausschließlich in dem **Recht zur Nutzung** des Bauwerks oder der Dienstleistung besteht oder in diesem Recht zuzüglich der Zahlung eines Preises (Art. 1 Abs. 3 lit. a, lit. b Sektoren-RL 2004). Wesentliche Merkmale der Konzession sind:
– eine Aufgabe, die in die Zuständigkeit des Staats fällt, wird auf Dritte übertragen,
– dem Konzessionär wird das Recht zur Verwertung seiner eigenen Leistung übertragen,
– der Konzessionär erhält das Entgelt nicht vom Auftraggeber, sondern von den Nutzern der von ihm erbrachten Leistung und
– der Konzessionär trägt das überwiegende unternehmerische Risiko.[48]

29 Das Contracting ist der Konzession insofern ähnlich, als der Contractor in die **staatliche Zuständigkeit** fallende Aufgaben wahrnimmt. Der Bürger ist jedoch nicht unmittelbarer Nutzer der Contracting-Leistung wie das sonst bei Konzessionen der Fall ist, sondern nutzt lediglich die Einrichtung, die durch den Contractor mit Strom oder Wärme versorgt wird oder deren Energiebilanz verbessert wurde. Zwischen dem Contractor und dem Bürger bestehen keine Vertragsbeziehungen. Es handelt sich mithin nicht um Verträge, bei denen der Contractor seine Leistung gegenüber Dritten erbringt. Allenfalls das Anlagen-Contracting könnte dann eine Konzession darstellen, wenn der Contractor

---

[43] Theobald/Kühling/*Hack* Contracting Rn. 1 ff.
[44] *Kirchner,* Contracting nach deutschem und europäischem Auftragsrecht, 2006, 7.
[45] *Kirchner,* Contracting nach deutschem und europäischem Auftragsrecht, 2006, 12.
[46] *Kirchner,* Contracting nach deutschem und europäischem Auftragsrecht, 2006, 11.
[47] So auch *Kirchner,* Contracting nach deutschem und europäischem Auftragsrecht, 2006, 56; *Jestadt/Philippert,* Auftragsvergabe in der Energie- und Wasserwirtschaft, 2001, 65.
[48] *Opitz* NVwZ 2014, 753; Reidt/Stickler/Glahs/*Ganske* § 105 Rn. 9 ff.; *Dicks* in RKPP GWB § 105 Rn. 3 ff.; *Braun* in Müller-Wrede GWB § 105 Rn. 37 ff.; *Burgi* VergabeR § 24 Rn. 5.

beispielsweise ein Heizkraftwerk für eine kommunale Wohnungsbaugesellschaft errichtet und diese ihm ihre Ansprüche auf Zahlung der Wärme- bzw. Heiznebenkosten gegen die Mieter abtritt. In diesem Fall versorgt der Contractor die Mieter (Nutzer) mit Energie und erhält die Vergütung seiner Leistung ebenfalls von den Nutzern.[49] Allerdings lastet auf dem Contractor grundsätzlich kein **überwiegendes wirtschaftliches Risiko.** Im Falle des Einspar-Contractings trägt er durch die Refinanzierung mittels Beteiligung an den eingesparten Energiekosten lediglich das Kalkulationsrisiko. Auch beim Anlagen-Contracting ist sein Risiko begrenzt, da er im Unterschied zum Konzessionär nicht auf die Vergütung durch den Bürger angewiesen ist. Seine Leistung amortisiert sich, indem er eine Einrichtung der öffentlichen Hand exklusiv mit Energie beliefert und ggf. an den Einsparungen für Energiekosten beteiligt wird. Ein erhöhtes Risiko ergibt sich nur, wenn sein Gewinn entscheidend von Brennstoffpreisen abhängig ist. Das ist nicht der Fall, wenn sich die Vergütung anhand der eingesparten Energiemenge und anhand der eingesparten Energiekosten bemisst.

b) Entgeltliche Beschaffung. Contracting-Modelle haben in der Regel entgeltliche Beschaffungsaufträge zum Gegenstand und sind somit als öffentliche Aufträge iSv § 103 nach den Vorgaben des allgemeinen Vergaberechts auszuschreiben,[50] da sich der Vertragsgegenstand nicht in der Ausgliederung energiewirtschaftlicher Leistungen erschöpft. Vielmehr bezieht die öffentliche Hand mittels der Contracting-Modelle (auch) Energie bzw. energietechnische Leistungen bei privaten Unternehmen. Der Entgeltlichkeit der Verträge steht nicht entgegen, dass der Contractor sich selbst um die Finanzierung des Projekts kümmert. Er erhält zwar keine direkte Vergütung für die energietechnischen Maßnahmen oder den Bau der Anlage, er refinanziert die Contracting-Leistung aber durch die Beteiligung an den eingesparten Energiekosten bzw. durch die exklusive Versorgung des Auftraggebers mit Energie zu einem für die Zukunft festgelegten Preis. Da als Gegenleistung iSd § 103 Abs. 1 **jegliche geldwerte Zuwendung** in Betracht kommt (→ § 103 Rn. 41), wird das Merkmal der Entgeltlichkeit auch durch eine solche Refinanzierung erfüllt.[51] 30

3. Ausnahmen von der Ausschreibungspflicht. a) § 137 Abs. 1 Nr. 8. Das Anlagen-Contracting ist grundsätzlich nicht durch **§ 137 Abs. 1 Nr. 8** vom Anwendungsbereich des Vergaberechts ausgenommen (→ § 137 Rn. 9). Diese Vorschrift befreit Sektorenauftraggeber von der Anwendung des Vergaberechts, wenn sie Aufträge zur **Beschaffung von Energie oder Brennstoffen** zur Energieerzeugung vergeben, sofern sie hierdurch Tätigkeiten auf dem Gebiet der Energieversorgung erfüllen. Zwar beschafft die Gebietskörperschaft durch das Anlagen-Contracting Energie. Gegenstand des Contractings ist in der Regel aber nicht allein der Bezug von Energie, sondern auch der Um-/Ausbau einer Anlage für die Zwecke der Auftraggeberin.[52] Ein anstelle des Anlagen-Contractings denkbarer Auftrag zum Bau eines Kraftwerks für die Auftraggeberin wäre jedoch nach der VOB/A ausschreibungspflichtig. Das Anlagen-Contracting ist daher nicht von der Ausnahmeregelung erfasst.[53] Darüber hinaus liegen die Voraussetzungen des Ausnahmetatbestands gem. § 137 Abs. 1 Nr. 8 auch deshalb nicht vor, weil der Auftraggeber keine Sektorentätigkeit ausübt, soweit die Energie der Versorgung eigener Einrichtungen dient, da die Sektorentätigkeit gem. § 102 Abs. 2 Nr. 1 die Versorgung der Allgemeinheit voraussetzt.[54] 31

b) §§ 138, 139. Contracting-Modelle sind gem. **§ 138 Abs. 1 Nr. 1** vom Vergaberecht ausgenommen, wenn der Sektorenauftraggeber den Vertrag mit einem Unternehmen schließt, das mindestens zu 80% für den Sektorenauftraggeber tätig ist und über das er einen beherrschenden Einfluss ausüben kann **(verbundene Unternehmen).** Übernimmt ein beherrschtes Tochterunternehmen beispielsweise die Konzeption, Finanzierung und Umsetzung der energietechnischen Gebäudesanierung für einen gesamten Konzern, der Sektorenauftraggeber auf dem Gebiet der Energie- oder Trinkwasserversorgung ist, so müssen Contracting-Modelle nicht ausgeschrieben werden, soweit es sich um Gebäude handelt, die der Sektorentätigkeit dienen. Steht die Gebäudesanierung dagegen nicht im **Zusammenhang** mit der **Sektorentätigkeit,** kann sich der Sektorenauftraggeber nicht auf den Ausnahmetatbestand berufen. 32

---

[49] *Kramer* ZUR 2007, 286.
[50] VK Brandenburg Beschl. v. 8.3.2007 – 2 VK 4/07, IBRRS 2007, 3427; VK Südbayern Beschl. v. 28.7.2006 – Z3-3-3194-1-17-05/06, IBRRS 2007, 4592; VK Bremen Beschl. v. 24.10.2000 – VK 3/00, IBRRS 2015, 0906; *Scholz/Hausmann* in Bartsch/Röhling/Salje/Scholz, Stromwirtschaft, 191; *Jestadt/Philippeit*, Auftragsvergabe in der Energie- und Wasserwirtschaft, 2001, 62.
[51] Vgl. EuGH Urt. v. 12.7.2001 – C-399/98, Slg. 2001, I-5409 Rn. 84 = NZBau 2001, 512 – Ordine degli Architetti; OLG Naumburg Beschl. v. 4.12.2001 – 1 Verg 10/01, NZBau 2002, 235; *Dicks* in RKPP GWB § 105 Rn. 18.
[52] VK Brandenburg Beschl. v. 8.3.2007 – 2 VK 4/07, IBRRS 2007, 3427.
[53] *Scholz/Hausmann* in Bartsch/Röhling/Salje/Scholz, Stromwirtschaft, 191.
[54] *Röbke* in Müller-Wrede GWB Rn. 8, 16, 23; Greb/Müller/*Dietrich* Rn. 5.

33 Contracting-Modelle können außerdem gem. **§ 139 Abs. 1 Nr. 2** vom Vergaberecht befreit sein, wenn sie mit einem Unternehmen geschlossen werden, das mehrere Sektorenauftraggeber ausschließlich zur Erfüllung von Contracting-Leistungen gegründet haben und sie an diesem Unternehmen beteiligt sind **(Gemeinschaftsunternehmen)** (→ § 139 Rn. 11 ff.). Dieser Ausnahmetatbestand setzt jedoch voraus, dass das Gemeinschaftsunternehmen ausschließlich zur Durchführung von Tätigkeiten auf dem Gebiet der **Energieversorgung** gebildet wurde. Tätigkeiten der Energieversorgung sind gem. § 102 Abs. 2 und 3 der Betrieb öffentlicher Versorgungsnetze sowie die Versorgung dieser Netze mit Energie. Hingegen bezwecken Contracting-Modelle in der Regel, energietechnische Investitionen für den Auftraggeber auszuführen, die der Verbesserung der Energiebilanz auf Seiten des Auftraggebers dienen und nicht dem Netzbetrieb oder der Energieversorgung der Allgemeinheit.[55] Das Contracting fällt daher in der Regel nicht unter den Ausnahmetatbestand des § 139 Abs. 1 Nr. 2.

34 **c) In-House-Verträge.** Contracting-Modelle sind von der Anwendung des Vergaberechts ausgenommen, wenn ein **Eigen- oder Regiebetrieb** der Gebietskörperschaft(en) iSv § 108 Abs. 1 bzw. § 108 Abs. 4 beauftragt wird,[56] den die Gebietskörperschaft wie eine eigene Dienststelle kontrolliert (→ § 108 Rn. 22 f.).

35 **4. Anzuwendende Verfahrensvorschriften.** Contracting-Modelle zeichnen sich dadurch aus, dass sie eine Reihe verschiedener Leistungen umfassen. Der Contractor übernimmt nicht nur den Bau energietechnischer Anlagen, sondern in der Regel auch die Planung, die Finanzierung, den Betrieb, sowie die Instandhaltung der Anlage und in einem ersten Schritt zunächst die Entwicklung eines Konzepts zur Einsparung von Energie. Welche Vergabe- und Vertragsordnung bzw. Rechtsverordnung anzuwenden ist, hängt vom Vertragsgegenstand ab (vgl. §§ 1, 2 VgV, § 1 SektVO). Die Einordnung als **Liefer-, Dienstleistungs-** oder **Bauauftrag** ist unter anderem relevant für den maßgeblichen Schwellenwert, ab dem das GWB-Vergaberecht anzuwenden ist.

36 **a) Ausschreibung nach VgV, VgV iVm VOB/A oder SektVO. aa) Energieeinspar-Contracting.** Das Energieeinspar-Contracting hat hauptsächlich Bau- und Dienstleistungen zum Gegenstand. Gemischte Verträge, die sowohl Bau- als auch Dienstleistungen umfassen, sind gem. § 110 Abs. 1 als Dienstleistungsaufträge zu qualifizieren, wenn die Dienstleistungen den **Hauptgegenstand** des Auftrags darstellen. Der Gesetzgeber hat sich damit bewusst gegen die Gewichtung der unterschiedlichen Leistungen anhand des Werts entschieden.[57] Das folgt auch aus der Systematik der Norm, da § 110 Abs. 2 anders als § 110 Abs. 1 Nr. 2 im Falle von Aufträgen, die sowohl Liefer- als auch Dienstleistungen umfassen, auf den Wert der jeweiligen Leistungen abstellt. Die Zuordnung nach dem Hauptgegenstand entspricht der Rechtsprechung des EuGH, der entschied, dass ein Vertrag als öffentlicher Bauauftrag einzuordnen ist, wenn die Errichtung eines Bauwerks Hauptgegenstand des Vertrags ist (Schwerpunkttheorie).[58] Die VgV iVm der VOB/A gilt also, selbst wenn die Bauleistung weniger als 50% oder 40% des Gesamtauftragsvolumens ausmacht.[59]

37 Entscheidend ist nicht der Wert, sondern der rechtliche und wirtschaftliche Schwerpunkt, der sich durch die **maßgeblichen Vertragselemente** bestimmt, sowie die **Verteilung der Risiken**. Allerdings kann das Verhältnis, in dem die Werte der Leistungen zueinander stehen, einen Anhaltspunkt oder ein Indiz für die Qualifikation als Hauptgegenstand der einen oder anderen Leistung sein.[60] Beim Energieeinspar-Contracting entwickelt der Contractor ein individualisiertes, auf das Gebäude des Auftraggebers zugeschnittenes Energieeinsparkonzept, das er durch den Bau und die Installation energietechnischer Anlagen umsetzt. Er realisiert durch den Betrieb der Anlage langfristige Einsparpotentiale.[61] Der **Schwerpunkt** des Energieeinspar-Contractings liegt mithin in der Konzeption eines optimalen Einspar-Modells, sodass das Energieeinspar-Contracting in der Regel als **Dienstleistung** einzustufen sein wird und nach den Vorschriften der **VgV** zu vergeben ist. Das Energieeinspar-Contracting unterfällt allerdings nicht der VgV, sondern der **SektVO,** wenn der Auftraggeber (auch) Sektorenauftraggeber iSd § 100 Abs. 1 Nr. 2 ist und Gebäude energieoptimiert

---

[55] *Scholz/Hausmann* in Bartsch/Röhling/Salje/Scholz, Stromwirtschaft, 191.
[56] *Jestaedt/Philippeit,* Auftragsvergabe in der Energie- und Wasserwirtschaft, 2001, 65; *Kirchner,* Contracting nach deutschem und europäischem Auftragsrecht, 2006, 56.
[57] So bereits Begr. RegE des Gesetzes zur Neuregelung des Vergaberechts v. 29.3.2005 zu § 99 Abs. 6.
[58] EuGH Urt. v. 19.4.1994 – C-331/92, Slg. 1994, I-1329 Rn. 26 = NVwZ 1994, 990 – Gestión Hotelera Internacional; ähnlich EuGH Urt. v. 10.4.2003 – C-20/01 und C-28/01, Slg. 2003, I-3609 Rn. 52 = NVwZ 2003, 1231 – Kommission/Deutschland.
[59] *Burgi* RdE 2007, 145 (148).
[60] *Pünder* in Müller-Wrede Kompendium VergabeR Kap. 3 Rn. 60; *Burgi* RdE 2007, 145 (148).
[61] *Kirchner,* Contracting nach deutschem und europäischem Auftragsrecht, 2006, 61.

werden, die ihm zur Erfüllung der Sektorentätigkeit im Bereich der Energieversorgung iSv § 102 Abs. 2 dienen.

bb) Anlagen-Contracting. Das **Anlagen-Contracting** hat neben Bau- und Dienstleistungen 38 auch Energielieferleistungen zum Gegenstand, wenn der Contractor zur Refinanzierung der von ihm gebauten und betriebenen Anlage Energie an den öffentlichen Auftraggeber liefert. Eine Abgrenzung der einzelnen Leistungen voneinander sowie die Bestimmung eines Schwerpunkts ist möglich, indem die einzelnen Leistungen auf ihren personellen, zeitlichen und finanziellen Aufwand hin geprüft werden.[62] Ist die Prägung als Bau- oder Dienstleistungsauftrag anhand dieser Kriterien unklar, so können Elemente wie die Verteilung der vertraglichen Risiken herangezogen werden.[63] Entsprechend ist von einem Schwerpunkt der Liefer- oder Dienstleistung auszugehen, wenn der Bau nur geringe planerische, konstruktive oder fertigungstechnische Probleme aufweist.[64] Die Auftragsvergabe richtet sich grundsätzlich nach der VgV und nicht nach der **SektVO**, weil das Anlagen-Contracting nicht der Versorgung der Allgemeinheit mit Energie dient, sondern der Versorgung auftraggebereigener Einrichtungen, sodass keine Tätigkeit auf dem Gebiet der Energieversorgung iSv § 102 vorliegt. Dient das Anlagen-Contracting aus der Sicht des öffentlichen Auftraggebers in erster Linie dem Bau der Anlage, sodass das Contracting lediglich als innovative Finanzierungsform genutzt wird, richtet sich die Auftragsvergabe nach den Vorschriften der VgV iVm der VOB/A.[65]

b) Auswahl des Vergabeverfahrens. Mit der Vergaberechtsreform 2016 ist der bisherige 39 Vorrang des offenen Verfahrens für **öffentliche Auftraggeber** entfallen (→ § 119 Rn. 6 ff.). Gemäß § 119 Abs. 2 stehen öffentlichen Auftraggebern vielmehr das offene und das nicht offene Verfahren nach ihrer Wahl zur Verfügung. Die Ausschreibung im offenen Verfahren (wie auch im nicht offenen Verfahren) setzt eine hinreichende und abschließende Leistungsbeschreibung voraus, die dem Bieter als Grundlage zur Erstellung eines konkreten Angebots dient.[66] Nur bei einer Vergleichbarkeit der von den Angeboten umfassten Leistungen ist die Auswahl des wirtschaftlichsten Angebots im formalisierten offenen und nicht offenen Verfahren möglich. Die vielfältigen und komplexen Leistungen, die Gegenstand des Contractings sind, stehen einer Ausschreibung im offenen oder nicht offenen Verfahren zwar nicht grundsätzlich entgegen, allerdings sind die Verfahren unpraktikabel, wenn im Vordergrund der Contracting-Leistung die Erarbeitung eines Energieeinsparkonzepts steht, das innovative Lösungen voraussetzt. Der Auftraggeber würde in diesem Fall durch eine konkrete Leistungsbeschreibung dem Contractor ein hohes Maß an Freiheit bei der Erstellung der Angebote nehmen.[67] Auftraggeber können gem. § 14 Abs. 3 Nr. 2 VgV Aufträge, deren vertragliche Spezifikationen nicht hinreichend genau festgelegt werden können, insbesondere Aufträge, die konzeptionelle oder innovative Lösungen umfassen, im **Verhandlungsverfahren** mit Teilnahmewettbewerb vergeben. Das gilt insbes. für Contracting-Aufträge, die Planungsleistungen zum Gegenstand haben, die erst im Verlauf des Verfahrens in Fachgesprächen entwickelt werden können.

Sektorenauftraggeber können gem. § 13 SektVO für die Vergabe von Aufträgen im **Zusam-** 40 **menhang** mit ihrer **Sektorentätigkeit** zwischen dem offenen Verfahren, dem nicht offenen Verfahren, dem Verhandlungsverfahren mit Teilnahmewettbewerb sowie dem wettbewerblichen Dialog frei wählen.

V. Wegenutzungsverträge gem. § 46 Abs. 2 EnWG

Gemeinden können gem. § 46 Abs. 2 EnWG einem Energieversorgungsunternehmen (das 41 grundsätzlich auch ein Eigenbetrieb oder Eigenunternehmen der Gemeinde sein kann) das exklusive Recht einräumen, Leitungen für das allgemeine Versorgungsnetz in ihrem Gebiet zu verlegen und das Netz zu betreiben **(qualifizierte Wegenutzungsverträge).** Diese Wegenutzungsverträge haben nach wie vor eine große wirtschaftliche Bedeutung (→ Rn. 42 f.). Vergaberechtlich nehmen Wegenutzungsverträge gem. § 46 Abs. 2 EnWG eine Sonderstellung ein. Nach nahezu einhelliger Auffassung in Rechtsprechung und Literatur stellen qualifizierte Wegenutzungsverträge Dienstleistungskonzessionen dar (→ Rn. 44 ff.). Folglich unterlag der Abschluss dieser Verträge bis zum Erlass der RL 2014/23/EU im Rahmen der europäischen Vergaberechtsreform 2016 und deren Umsetzung im mitgliedstaatlichen Recht nicht dem EU/GWB-Vergaberecht. Aufgrund dessen sowie angesichts des fragmentarischen Charakters der geltenden vergaberechtlichen Vorgaben dominierte zunächst die

---

[62] *Jestadt/Philippeit,* Auftragsvergabe in der Energie- und Wasserwirtschaft, 2001, 64.
[63] OLG Düsseldorf Beschl. v. 12.3.2003 – VII-Verg 49/02, IBRRS 2003, 1404.
[64] OLG Düsseldorf Beschl. v. 12.3.2003 – VII-Verg 49/02, IBRRS 2003, 1404.
[65] *Jestadt/Philippeit,* Auftragsvergabe in der Energie- und Wasserwirtschaft, 2001, 63.
[66] *Prieß/Simonis* in KKMPP VgV § 31 Rn. 4; *Friton/Prieß* in RKPP GWB § 121 Rn. 13 ff.; dazu ausf. *Prieß* NZBau 2004, 20 sowie *Prieß* NZBau 2004, 87.
[67] *Kirchner,* Contracting nach deutschem und europäischem Auftragsrecht, 2006, 69.

Auffassung, dass die Kommunen bei der Vergabe von Wegenutzungsrechten einen großen Spielraum besitzen. Seit Beginn eines fortschreitenden kommunalen Bemühens um eine stärkere Rekommunalisierung hat die Rechtsprechung aus dem kartellrechtlichen Verbot des Missbrauchs einer marktbeherrschenden Stellung sowie den Vorgaben des europäischen Primärrechts ein dem formellen EU/GWB-Vergaberecht angenähertes Rechtsregime zur Vergabe von Wegenutzungsverträgen entwickelt (→ Rn. 49 ff.). Im Zuge der Vergaberechtsreform 2016 wurde die Vergabe von Dienstleistungskonzessionen erstmals grundsätzlich besonderen EU/GWB-vergaberechtlichen Vorgaben unterstellt, was im Anschluss zu der kontroversen Diskussion geführt hatte, ob Wegenutzungsverträge iSv § 46 Abs. 2 EnWG in den Anwendungsbereich der RL 2014/23/EU fallen oder nicht (→ Rn. 55 ff.). Eine gewisse Entschärfung der Bedeutung dieses Streits hat sich bereits nach kurzer Zeit eingestellt. Denn seit dem im Jahr 2017 in Kraft getretenen Gesetz zur Änderung der Vorschriften zur Vergabe von Wegenutzungsrechten zur leitungsgebundenen Energieversorgung und der mit diesem bewirkten Neufassung und Ergänzung der §§ 46 ff. EnWG sind spezielle, an vergaberechtlichen Maßgaben orientierte Regeln für die Auswahl von Energieversorgungsunternehmen und den Abschluss von qualifizierten Wegenutzungsverträgen nunmehr direkt spezialgesetzlich im Normwortlaut verankert.[68] Dazu gehören beispielsweise detaillierte gesetzliche Vorgaben über die Art und Weise von Bekanntmachungen über Vertragsabschlussabsichten, Auswahlkriterien und deren Gewichtung, Information nicht berücksichtigter Interessenten, Rügeobliegenheit, Präklusion sowie den Rechtsschutz vor den ordentlichen Gerichten im einstweiligen Verfügungsverfahren gem. §§ 46, 47 EnWG.[69] Die Frage, ob Wegenutzungsverträge iSv § 46 Abs. 2 EnWG der RL 2014/23/EU unterfallen, spielt daher seitdem jedenfalls keine Rolle mehr für die grundsätzliche Frage, ob beteiligten Unternehmen zivilgerichtlicher Rechtsschutz im Zusammenhang mit der Vergabe und dem Abschluss dieser Verträge zur Verfügung steht.[70] Ebenfalls geklärt hat sich dadurch, dass Kommunen von der vergaberechtlich an sich existierenden Möglichkeit einer ausschreibungslosen In-House-Vergabe keinen Gebrauch machen können, da eine solche wettbewerbslose Vergabe der Spezialregelung des § 46 Abs. 4 EnWG widersprechen würde (→ Rn. 58). Selbst wenn Gemeinden eine Übernahme des Netzes durch Eigenbetriebe oder Eigenunternehmen anstreben sollten, besteht daher jedenfalls eine Pflicht zur Durchführung eines wettbewerblichen Auswahlverfahrens.

42   **1. Gegenstand der Wegenutzungsverträge.** Gemeinden ermächtigen durch sog. **qualifizierte Wegenutzungsverträge** gem. § 46 Abs. 2 S. 1 EnWG – die auch als „Konzessionsverträge" bezeichnet werden[71] – Energieversorgungsunternehmen exklusiv, Leitungen für ein allgemeines Versorgungsnetz in einem bestimmten Gebiet zu verlegen und das Netz zu betreiben. Diese Verträge dienen der Übertragung von Wegenutzungsrechten für die Verlegung und den Betrieb von **Energieversorgungsnetzen.** Daneben können die Gemeinden in demselben Gebiet mit anderen Energieversorgungsunternehmen nur noch sog. **einfache Wegenutzungsverträge** gem. § 46 Abs. 1 EnWG schließen, die sich auf **Leitungen** zur unmittelbaren Versorgung von Letztverbrauchern beschränken. In § 46 Abs. 1 EnWG ist im Unterschied zu § 46 Abs. 2 EnWG von Leitungen die Rede und nicht von Netzen, sodass sich § 46 Abs. 1 EnWG nur auf Leitungen speziell für die Versorgung bestimmter Letztverbraucher bezieht und nicht auf die Gesamtheit von Leitungen, die ein Netz bilden.[72] Es handelt sich dabei um Direkt- oder Stichleitungen und nicht – wie bei qualifizierten Wegenutzungsverträgen – um Energieversorgungsnetze der allgemeinen Versorgung.[73] Energieversorgungsnetze sind in § 3 Nr. 17 EnWG definiert als Netze, „die der Verteilung von Energie an Dritte dienen und von ihrer Dimensionierung nicht von vornherein nur auf die Versorgung bestimmter, schon bei der Netzerrichtung bestehender oder bestimmbarer Letztverbraucher ausgelegt sind, sondern grundsätzlich für die Versorgung jedes Letztverbrauchers offen stehen".

43   Wegenutzungsverträge haben eine große ökonomische Bedeutung. Sie sind eine verlässliche Einnahmequelle für den Netzbetreiber und stellen insbes. für Stadtwerke oftmals die wirtschaftliche Existenzgrundlage dar.[74] Das gilt, obwohl die Entgelte für den Zugang zu den Energieversorgungsnetzen auf Grundlage der Anreizregulierungsverordnung[75] reguliert sind und der Netzbetreiber nicht

---

[68] Gesetz v. 27.1.2017, BGBl. 2017 I 130.
[69] Eingehend zu der Neufassung der §§ 46 ff. EnWG und ihrer Auswirkungen auf die Anwendbarkeit des Konzessionsvergaberechts *Michaels/Bönnighausen* ZNER 2018, 7 ff.
[70] *Michaels/Bönnighausen* ZNER 2018, 7 (12 f.).
[71] Vgl. Britz/Hellermann/Hermes/*Hellermann* EnWG § 46 Rn. 53.
[72] *Albrecht* in Schneider/Theobald Energiewirtschaft § 9 Rn. 41.
[73] Vgl. *Albrecht* in Schneider/Theobald Energiewirtschaft § 9 Rn. 41; Britz/Hellermann/Hermes/*Hellermann* EnWG § 46 Rn. 33; so auch Theobald/Kühling/*Theobald* EnWG § 46 Rn. 20.
[74] *Weiß* NVwZ 2014, 1415.
[75] Anreizregulierungsverordnung v. 29.10.2007, BGBl. 2007 I 2529.

mehr automatisch Grundversorger ist. Bis 2005[76] war an den Betrieb des Netzes zur allgemeinen Versorgung noch die allgemeine Anschluss- und Versorgungspflicht als Grundversorger geknüpft. Grundversorger sind für die allgemeine Versorgung aller Haushaltskunden in einem Gebiet zuständig, die keine speziellen Versorgungsverträge mit anderen Energieversorgungsunternehmen abgeschlossen haben. Mit der Regelung des § 36 Abs. 2 EnWG wurde der Netzbetrieb von der Grundversorgung getrennt. Wer Grundversorger ist, bestimmt sich nunmehr durch die **tatsächlichen Verhältnisse am Markt** (§ 36 Abs. 2 EnWG). Die Betreiber von Energieversorgungsnetzen ermitteln alle drei Jahre, welches Energieversorgungsunternehmen die meisten Haushaltskunden in einem Netzgebiet der allgemeinen Versorgung beliefert. Zu den Haushaltskunden zählen gem. der Definition in § 3 Nr. 22 EnWG nicht nur Haushaltskunden ieS, sondern auch Letztverbraucher, deren Jahresverbrauch zu beruflichen, landwirtschaftlichen oder gewerblichen Zwecken 10.000 Kilowattstunden nicht übersteigt. Den Status des Grundversorgers erhält dann derjenige Energieversorger, der nach dieser Ermittlung die meisten Haushaltskunden beliefert.

2. Wegenutzungsverträge als Dienstleistungskonzessionen. Qualifizierte Wegenutzungs- 44 verträge iSv § 46 Abs. 2 EnWG **stellen nach verbreiteter Auffassung in Rechtsprechung und Literatur Dienstleistungskonzessionen dar**[77] – was allerdings nicht zugleich bedeutet, dass der Abschluss dieser Verträge auch den Vorgaben des Sondervergaberechts für die Konzessionsvergabe unterliegt. Eine Dienstleistungskonzession ist gem. Art. 5 Nr. 1 lit. b RL 2014/23/EU, § 105 ein entgeltlicher Vertrag, mit dem ein oder mehrere Konzessionsnehmer mit der Erbringung und der Verwaltung von Dienstleistungen betraut wird,[78] wobei die Gegenleistung entweder allein in dem Recht zur Verwertung der Dienstleistungen oder in diesem Recht zuzüglich einer Zahlung besteht. Im Unterschied zu der Vergabe eines öffentlichen Auftrags geht bei der Vergabe einer Dienstleistungskonzession das Betriebsrisiko für die Verwertung der Dienstleistungen auf den Konzessionsnehmer über. Das Recht zur Nutzung der Dienstleistung kann sich insbes. als Entgeltzahlung Dritter auswirken, die Nutzer der betreffenden Dienstleistung sind.[79] Diese Voraussetzungen sind bei qualifizierten Wegenutzungsverträgen iSv § 46 Abs. 2 EnWG erfüllt:

a) Verwertung der Dienstleistung als vertragliche Gegenleistung. Das **Energieversor-** 45 **gungsunternehmen bietet** im Rahmen seiner Pflichten aus dem qualifizierten Wegenutzungsvertrag Dritten (anderen Energieversorgungsunternehmen und Letztverbrauchern) die **Verteilungs- und Übertragungsnetzkapazität für die Durchleitung von Strom und Gas an.** Es erhält für diese Leistungen allerdings kein Entgelt von der Gemeinde, sondern fordert vielmehr von den Dritten **Netznutzungsentgelte** gem. § 17 Stromnetzentgeltverordnung (StromNEV).[80] Zusätzlich zahlt das Unternehmen an die Gemeinde gem. § 48 EnWG eine Konzessionsabgabe.[81] Diese Abgabe kann allerdings im Fall des qualifizierten Wegenutzungsrechts niedriger sein als die Abgabe für ein einfaches Wegenutzungsrecht. Dass die Konzessionsabgabe im Falle eines qualifizierten Wegenutzungsrechts iSv § 46 Abs. 2 EnWG geringer ausfallen kann als bei einfachen Wegenutzungsrechten, stellt keine Vergütung dar, mit der die Gemeinde Netze der allgemeinen Versorgung indirekt subventionieren würde.[82] Das OLG Schleswig hat im Zusammenhang mit Baukonzessionen ausgeführt,

---

[76] Gesetz über die Elektrizitäts- und Gasversorgung v. 24.4.1998, BGBl. 1998 I 730, galt bis zum 12.7.2005.
[77] VGH Mannheim Beschl. v. 22.8.2013 – 1 S 1047/13, NZBau 2013, 724; LG Köln Urt. v. 22.3.2013 – 90 O 51/13, BeckRS 2013, 06904; LG Potsdam Urt. v. 12.8.2004 – 51 I 186/03, BeckRS 2014, 16765; VG Oldenburg Beschl. v. 17.7.2012 – 1 B 3594/12, BeckRS 2012, 53875; VG Aachen Beschl. v. 15.4.2011 – 1 L 113/11, BeckRS 2014, 55425; *Donhauser/Hölzlwimmer* VergabeR 2015, 509 (517 f.); *Graef/Faasch* NZBau 2014, 548 (550); *Opitz* NVwZ 2014, 753 (756); *Weiß* NVwZ 2014, 1415 (1419); *Donhauser/Reinhardt* VergabeR 2012, 800 (801); *Ortner* VergabeR 2008, 613; *Byok* RdE 2008, 268; *Kermel* RdE 2005, 153 (158); *Säcker/Mohr/Wolf*, Konzessionsverträge im System des deutschen und europäischen Wettbewerbsrechts, 2011, 38, *Sauer*, Das Recht der Vergabe von Strom- und Gaskonzessionen im EnWG, 2012, 256; *Theobald/Kühling/Theobald* EnWG § 46 Rn. 118; aA *Hohenstein-Bartholl/Jacob* RdE 2017, 454; *Schwab/Giesemann* VergabeR 2014, 351 (366); *Niehof* RdE 2011, 15 (18); differenzierend *Greb/Wegner*, Die Vergabe von Konzessionen im Energiebereich, 2012, 12; offengelassen von *Michaels/Bönnighausen* ZNER 2018, 7 (11).
[78] Das Merkmal der „Betrauung" erfordert iE nur die Übertragung des Rechts, die Dienstleistung zu verwerten sowie die damit einhergehende Erwerbschance, vgl. bspw. *Hohenstein-Bartholl/Jacob* RdE 2017, 454 (457 ff.); *Opitz* NVwZ 2014, 753 (756) sowie ergänzend auch *Michaels/Bönnighausen* ZNER 2018, 7 (9).
[79] Gesetzesbegründung der BReg, BT-Drs. 18/6281, 75, mit Verweis auf EuGH Urt. v. 10.9.2009 – C-206/08, Slg. 2009, I-8380 = NZBau 2009, 729 – WAZV Gotha. Zu den Merkmalen der Dienstleistungskonzession vgl. auch *Michaels/Bönnighausen* ZNER 2018, 7 (7 f.).
[80] Verordnung über Entgelte für den Zugang zu Stromversorgungsnetzen v. 25.7.2005, BGBl. 2005 I 2225.
[81] Zu den „Vergütungsrichtungen" hierbei vgl. auch *Michaels/Bönnighausen* ZNER 2018, 7 (9).
[82] Vgl. *Albrecht* in Schneider/Theobald Energiewirtschaft § 9 Rn. 48.

dass auch ein erheblicher Zuschuss des Auftraggebers zu den Baukosten nichts daran ändert, dass das Rechtsverhältnis zwischen Auftraggeber und Auftragnehmer im Wesentlichen durch die Konzessionsabrede geprägt wird.[83] Die Europäische Kommission hat diese Auffassung in ihrer Mitteilung zu Konzessionen vom 29.4.2000 gestützt, in der sie hervorhob: „Fälle, bei denen der Staat als Gegenleistung für die Arbeiten einen Preis zahlt, fallen unter den Begriff der Konzession, vorausgesetzt, dass dadurch nicht das ungewisse und sich aus der Natur der Nutzung ergebende Risiko beseitigt wird".[84]

46 **b) Übernahme des Betriebsrisikos.** Das Betriebsrisiko geht gem. § 105 Abs. 2 S. 2 auf den Konzessionsnehmer über, wenn unter normalen Betriebsbedingungen nicht gewährleistet ist, dass die Investitionsaufwendungen oder die Kosten für die Erbringung der Dienstleistungen wieder erwirtschaftet werden können und der Konzessionsnehmer den Unabwägbarkeiten des Markts tatsächlich so ausgesetzt ist, dass potentielle geschätzte Verluste des Konzessionsnehmers nicht vernachlässigbar sind. Das Betriebsrisiko kann dabei ein **Nachfrage- oder Angebotsrisiko** sein (→ § 105 Rn. 13). Der EuGH hat mit Blick auf Dienstleistungen der öffentlichen Daseinsvorsorge entschieden, dass es dem Konzessionscharakter nicht entgegensteht, wenn ein Teil des Risikos bei öffentlichen Auftraggebern verbleibt.

47 Gegen die Übernahme eines Betriebsrisikos in diesem Sinne spricht zunächst, dass die Gemeinde dem Netzbetreiber durch Wegenutzungsverträge gem. § 46 Abs. 2 EnWG praktisch eine Alleinstellung für den Betrieb der Netze zur allgemeinen Versorgung im betreffenden Hoheitsgebiet verschafft.[85] Diese **faktische Monopolstellung** in einem Bereich der Daseinsvorsorge – also einem Bereich, in dem die Abnehmer auf die Leistung angewiesen sind – beschränkt das Verlustrisiko des Energieversorgungsunternehmens. Andererseits können die Gemeinden seit dem Inkrafttreten des EnWG 1998 **keine ausschließlichen Wegerechte** mehr vereinbaren.[86] Sie werden in § 46 Abs. 1 EnWG verpflichtet, ihre öffentlichen Verkehrswege für die Verlegung und den Betrieb von Versorgungsleitungen (Direkt- oder Stichleitungen) auf der Grundlage der **einfachen Wegenutzungsverträge** diskriminierungsfrei zur Verfügung zu stellen. Es besteht ein Kontrahierungszwang für die Gemeinde, solange das Energieversorgungsunternehmen bereit ist, die durch Rechtsverordnung des Wirtschaftsministeriums festgelegten Höchstbeträge für Konzessionsabgaben gem. § 48 EnWG zu zahlen. Den Anschluss verweigern können Netzbetreiber gem. § 17 Abs. 2 S. 1 EnWG nur, wenn sie nachweisen, dass ihnen die Gewährung des Netzanschlusses aus betriebswirtschaftlichen oder sonstigen wirtschaftlichen bzw. technischen Gründen unter Berücksichtigung der Ziele des § 1 EnWG nicht zumutbar ist.[87] Die Betreiber dieser Direkt- oder Stichleitungen zur unmittelbaren Versorgung von Letztverbrauchern können sich gerade „die Rosinen herauspicken", dh sich auch den Betrieb der Leitungen zu lukrativen Endabnehmern mit hohem Energiebedarf beschränken. Betreiber von allgemeinen Versorgungsnetzen (Netzbetreiber) verpflichten sich hingegen, ein flächendeckendes Netz für die allgemeine Versorgung zu unterhalten und auch weniger lukrative Letztabnehmer anzuschließen.[88] Allerdings stellt der Betrieb der Direkt- und Stichleitungen auf der Grundlage der einfachen Wegenutzungsverträge gem. § 46 Abs. 1 EnWG **keine umfassende Konkurrenz** für den Betrieb der Netze der allgemeinen Versorgung dar, weil sie nicht zum Betrieb allgemeiner Verteilernetze berechtigen. Entsprechend ist die wettbewerbsfördernde Wirkung des § 46 Abs. 1 EnWG wegen der hohen Kosten, die mit der Errichtung zusätzlicher Leitungen verbunden sind, als gering einzustufen.[89] Die fehlende rechtliche Ausschließlichkeit begründet daher allein in Ansehung der Betreiber von Stich- und Direktleitungen kein erhöhtes wirtschaftliches Risiko.

48 Für die Bejahung der Frage, ob das Energieversorgungsunternehmen das überwiegende Betriebsrisiko des Netzbetriebs trägt, spricht maßgeblich, dass es die Netznutzungsentgelte nicht frei bestimmen kann. Für die **Festlegung der Netznutzungsentgelte** dürfen gem. § 4 Abs. 1 StromNEV bilanzielle und kalkulatorische Kosten des Netzbetriebs nur insoweit angesetzt werden, als sie den Kosten eines effizienten und strukturell vergleichbaren Netzbetreibers entsprechen. Die Netznutzungsentgelte müssen gem. § 21 EnWG angemessen, diskriminierungsfrei sowie transparent sein und dürfen nicht ungünstiger sein, als die von den Betreibern der Energieversorgungsnetze in vergleichbaren Fällen für Leistungen innerhalb ihres Unternehmens oder gegenüber verbundenen

---

[83] OLG Schleswig Urt. v. 6.7.1999 – 6 U Kart 22/99, NZBau 2000, 100.
[84] Kom., Mitteilung zu Auslegungsfragen im Bereich der Konzessionen im Gemeinschaftsrecht, ABl. 2000 C 121, 2 Rn. 2.1.2.
[85] *Ortner* VergabeR 2008, 608 (612); *Albrecht* in Schneider/Theobald Energiewirtschaft § 9 Rn. 62.
[86] *Hohenstein-Bartholl/Jacob* RdE 2017, 454 (455); *Byok* RdE 2008, 268.
[87] *Albrecht* in Schneider/Theobald Energiewirtschaft § 9 Rn. 47; *Theobald/Kühling/Hartmann/Wagner* EnWG § 17 Rn. 142.
[88] *Albrecht* in Schneider/Theobald Energiewirtschaft § 9 Rn. 47.
[89] *Albrecht* in Schneider/Theobald Energiewirtschaft § 9 Rn. 49.

oder assoziierten Unternehmen erhobenen Entgelte. Schließlich wird die Entgelthöhe gem. §§ 21, 21a, 23a EnWG reguliert; die Entgelte werden bis zur Einführung einer Anreizregulierung der ex-ante-Kontrolle durch behördliche Genehmigung unterworfen.[90] Im Rahmen der Anreizregulierung können die Netzentgelte kontinuierlich abgesenkt werden.[91] Dabei ist allerdings zu berücksichtigen, dass Netzbetreiber gem. § 17 Abs. 2 S. 1 EnWG auch den Anschluss eines Letztverbrauchers ablehnen können, soweit sie nachweisen, dass die Gewährung des Netzanschlusses aus betriebsbedingten oder sonstigen wirtschaftlichen oder technischen Gründen unter Berücksichtigung der Ziele des § 1 EnWG nicht möglich oder nicht zumutbar ist.[92] Umgekehrt spricht die Entgeltregulierung nicht gegen die Übertragung eines wirtschaftlichen Risikos, insoweit sie das Nutzungsrisiko beschränkt.[93]

3. Rechtslage vor der Vergaberechtsreform. Vor Erlass der RL 2014/23/EU und deren Umsetzung im mitgliedstaatlichen Recht im Zuge der Vergaberechtsreform 2016 **waren Dienstleistungskonzessionen vom Anwendungsbereich des EU/GWB-Vergaberechts ausgenommen** (Art. 17 s. Vergabe-RL 2004 (= RL 2004/18/EG), Art. 18 Sektoren-RL 2004). Vorgaben für die Vergabe von qualifizierten Wegenutzungsverträgen ergaben sich – und ergeben sich auch weiterhin – aus § 46 EnWG, dem kartellrechtlichen Missbrauchsverbot sowie den europäischen Binnenmarktgrundfreiheiten.[94] 49

a) Vorgaben aus § 46 EnWG. In § 46 EnWG finden sich spezielle Regelungen zur Vergabe der Wegenutzungsrechte sowie darüber, auf welche Weise der Neuabschluss bzw. die Auswahl eines neuen Netzbetreibers zu erfolgen hat. Wegenutzungsverträge haben gem. § 46 Abs. 2 S. 1 EnWG eine **Höchstlaufzeit** von 20 Jahren. Ein Verstoß gegen diese Beschränkung führt gem. § 134 BGB zur Nichtigkeit des Vertrags;[95] dieselbe Rechtsfolge gilt auch bei anderweitigen Fehlern im Verfahren nach § 46 EnWG.[96] Das EnWG enthält zudem neben einem allgemeinen **Diskriminierungsverbot** in § 46 Abs. 1 S. 1 EnWG verschiedene **Transparenzvorschriften** zur Information der Öffentlichkeit über den Vertragsablauf. Gemeinden müssen das Vertragsende gem. § 46 Abs. 3 S. 1 EnWG zwei Jahre vor Ablauf im Bundesanzeiger bekannt machen bzw. im Amtsblatt der Europäischen Union, wenn mehr als 100.000 Kunden an das Versorgungsnetz angeschlossen sind (§ 46 Abs. 3 S. 2 EnWG). Beabsichtigt eine Gemeinde einen Vertrag vorzeitig zu verlängern, muss sie den bestehenden Vertrag gem. § 46 Abs. 3 S. 3 EnWG beenden und die vorzeitige Beendigung sowie das Vertragsende auf gleiche Weise öffentlich bekannt machen. Schließlich sind Gemeinden gem. § 46 Abs. 4 und Abs. 5 EnWG verpflichtet, die Auswahl des neuen Netzbetreibers diskriminierungsfrei und unter Wahrung netzwirtschaftlicher Anforderungen, insbesondere der Versorgungssicherheit und der Kosteneffizienz, vorzunehmen. Seit der Neufassung der §§ 46 ff. EnWG im Jahr 2017 durch das Gesetz zur Änderung der Vorschriften zur Vergabe von Wegenutzungsrechten zur leitungsgebundenen Energieversorgung[97] enthalten die Vorschriften auch detailliertere Vorgaben betreffend die Bekanntmachung der **Auswahlkriterien** und deren **Gewichtung** gegenüber interessierten Unternehmen (§ 46 Abs. 4 EnWG) sowie die gemeindliche Verpflichtung, die Unternehmen, deren Angebote nicht angenommen werden sollen, über die Gründe der Ablehnung und den frühesten Zeitpunkt des beabsichtigten Vertragsschlusses zu informieren (§ 46 Abs. 5 EnWG). Die letztgenannte Vorgabe wurde angelehnt an die hinlänglich bekannte vergaberechtliche **Informationspflicht** (§ 134 Abs. 1) formuliert.[98] Dasselbe gilt für die ebenfalls 2017 neu eingeführte **Rügeobliegenheit** und **Präklusionsvorschrift** gem. § 47 EnWG.[99] 50

Der Gesetzgeber hatte ursprünglich darauf verzichtet, **inhaltliche Kriterien** für die Auswahlentscheidung zu regeln[100] und ging davon aus, dass Kommunen nach dem EnWG „auch künftig frei entscheiden [können], ob die Versorgung durch ein eigenes Stadtwerk oder ein anderes Unternehmen erfolgen soll".[101] Dieses Vorgehen entsprach der deutschen Tradition einer kommunal organisierten 51

---

[90] Britz/Hellermann/Hermes/*Britz/Herzmann* EnWG § 23a Rn. 1.
[91] Britz/Hellermann/Hermes/*Groebel* EnWG § 21 Rn. 5 ff.
[92] *Ortner* VergabeR 2008, 608 (612).
[93] *Donhauser/Reinhardt* VergabeR 2003, 800 (801) mit Verweis auf EuGH Urt. v. 10.9.2009 – C-206/08, Slg. 2009, I-8380 Rn. 69 ff. = NZBau 2009, 729 – WAZV Gotha.
[94] Zum Kriterium der Binnenmarktrelevanz vgl. *Baudis* VergabeR 2019, 589; *Gabriel* in Gabriel/Krohn/Neun VergabeR-HdB § 82 Rn. 5 ff.
[95] OLG Düsseldorf Urt. v. 12.3.2008 – VI-2 U (Kart) 8/07, 2 U (Kart) 8/07, NJOZ 2008, 923 = RdE 2008, 287.
[96] Gesetzesbegründung der BReg, BT-Drs. 18/8184, 16.
[97] Gesetz v. 27.1.2017, BGBl. 2017 I 130.
[98] Vgl. Gesetzesbegründung der BReg, BT-Drs. 18/8184, 15.
[99] Gesetzesbegründung der BReg, BT-Drs. 18/8184, 16.
[100] Vgl. die Gesetzesbegründung zu der Vorgängerregelung in § 13 EnWG 1998 in BT-Drs. 13/7274, 21.
[101] BT-Drs. 13/7274, 32.

leitungsgebundenen Energieversorgung, die Teil des verfassungsrechtlich garantierten Selbstverwaltungsrechts der Kommunen gem. Art. 28 Abs. 2 GG ist.[102] Die Verpflichtung auf die Ziele des § 1 EnWG wurde erst 2011 eingefügt und sollte ausweislich der Gesetzesbegründung lediglich klarstellenden Charakter haben.[103] Dementsprechend gingen Rechtsprechung[104] und Literatur[105] lange Zeit davon aus, dass die Kommunen bei der Vergabe der Konzessionen bzw. der Entscheidung, das Netz selbst über Eigenbetriebe und Eigenunternehmen zu betreiben, relativ frei sind. Der BGH entschied gar, dass die gesetzlich vorgesehene Befristung der Konzessionsverträge den Kommunen ermöglichen solle, regelmäßig „völlig frei und ungehindert darüber entscheiden [zu] können, welcher Partner fortan für die Energieversorgung zuständig sein solle".[106] Im Zuge der Novellierung des § 46 EnWG in 2017 wurde zwar weiterhin davon abgesehen, gesetzliche Vorgaben über eine zwingende Gewichtung der Auswahlkriterien aufzustellen. Jedoch wurde im Wortlaut des neuen § 46 Abs. 4 S. 2 EnWG die **besondere Bedeutung** der **Versorgungssicherheit** und der **Kosteneffizienz** für die Allgemeinheit im Sinne der Ziele des § 1 Abs. 1 EnWG hervorgehoben.[107]

52 **b) Kartellrechtliches Missbrauchsverbot.** Anlässlich vermehrter gemeindlicher Bemühungen um eine Rekommunalisierung des Netzbetriebs durch Vergabe von Wegenutzungsrechten an kommunale Eigenbetriebe führten das **BKartA** und die **BNetzA** erstmals bereits im Jahr 2010 und sodann in einer überarbeiteten Fassung im Jahr 2015 in einem gemeinsamen **Leitfaden zur Vergabe von Strom- und Gaskonzessionen** und zum Wechsel des Konzessionsnehmers aus, dass die Gemeinden bei der Vergabe von Wegenutzungsrechten unternehmerisch tätig, als Monopolisten zu qualifizieren und deshalb an das kartellrechtliche Missbrauchsverbot gebunden seien.[108] Diese Ansicht wurde in der Rechtsprechung aufgegriffen[109] und vom **BGH** in zwei grundlegenden Entscheidungen vom 17.12.2013[110] weitgehend bestätigt.[111] Der BGH führt im Kern aus, dass die Kommunen als marktbeherrschende Anbieter der Wegenutzungsrechte in ihrem Gebiet gem. § 19 Abs. 2 Nr. 1 und § 46 Abs. 1 EnWG verpflichtet sind, den Konzessionär für den Betrieb eines Energieversorgungsnetzes in einem diskriminierungsfreien Wettbewerb auszuwählen. Die Auswahl muss in einem transparenten Verfahren erfolgen und ist vorrangig an Kriterien auszurichten, die das Ziel des § 1 EnWG (Gewährleistung einer sicheren, preisgünstigen, verbraucherfreundlichen, effizienten und umweltverträglichen, leitungsgebundenen, örtlichen Versorgung der Allgemeinheit mit Elektrizität und Gas) konkretisieren. Genügt die Konzessionsvergabe den daraus folgenden Anforderungen für das Verfahren und die Auswahlkriterien nicht, liegt eine unbillige Behinderung der Mitbewerber iSv § 19 Abs. 2 vor.[112] Diese führt grundsätzlich zur Nichtigkeit des Konzessionsvertrags gem. 134 BGB.[113]

53 Das BKartA und die BNetzA erläuterten in ihrem Leitfaden zudem im Einzelnen weitere Verfahrensmaßgaben, die aufgrund ihrer kartellrechtlichen Herleitung nach wie vor Relevanz besitzen, soweit sie detaillierter sind als die Verfahrensvorschriften in § 46 EnWG. Dazu gehört, dass den am Netzbetrieb interessierten Unternehmen sämtliche **Entscheidungskriterien und ihre Gewichtung** rechtzeitig vor Angebotsabgabe mitzuteilen seien.[114] Die **Bewertungsmethode**

---

[102] BT-Drs. 13/7274, 32; *Weiß* NVwZ 2014, 1415 (1416 f.).
[103] Vgl. BT-Drs. 17/6072, 88.
[104] Vgl. BGH Urt. v. 16.11.1999 – KZR 12/97, NJW 2000, 577.
[105] *Wieland* DÖV 2015, 169 (172); *Fischer/Wolf/Embacher* RdE 2012, 274 (275).
[106] BGH Urt. v. 16.11.1999 – KZR 12/97, NJW 2000, 577; relativiert in BGH Urt. v. 17.12.2013 – KZR 66/12, NVwZ 2014, 807 – Stromnetz Berkenthin; BGH Urt. v. 17.12.2013 – KZR 65/12, NVwZ 2014, 817 – Stromnetz Heiligenhafen.
[107] Vgl. Gesetzesbegründung der BReg, BT-Drs. 18/8184, 13.
[108] Gemeinsamer Leitfaden von Bundeskartellamt und Bundesnetzagentur zur Vergabe von Strom- und Gaskonzessionen und zum Wechsel des Konzessionsnehmers v. 15.12.2010, Rn. 16 ff. Der Leitfaden ist am 21.5.2015 in 2. Auflage veröffentlicht worden. Dazu *Schulz-Gardyan* RdE 2015, 394. Zum Missbrauchsverbot im Zusammenhang mit der Ausschreibungspflicht von Wegenutzungsverträgen für die Verlegung und den Betrieb von Fernwärmenetzen siehe auch *Sauer* IR 2018, 4 (5 ff.).
[109] OVG Münster Beschl. v. 10.2.2012 – 11 B 1187/11, NZBau 2012, 327; LG Kiel Urt. v. 3.2.2012 – 14 O 12/11. Kart, IBRRS 2013, 0493; zur Entwicklung ausf. *Weiß* NVwZ 2014, 1415 (1416).
[110] BGH Urt. v. 17.12.2013 – KZR 65/12, NVwZ 2014, 817 – Stromnetz Heiligenhafen; BGH Urt. v. 17.12.2013 – KZR 66/12, NVwZ 2014, 807 – Stromnetz Berkenthin.
[111] Dazu *Templin* NZBau 2014, 487.
[112] BGH Urt. v. 17.12.2013 – KZR 65/12, NVwZ 2014, 817 – Stromnetz Heiligenhafen; BGH Urt. v. 17.12.2013 – KZR 66/12, NVwZ 2014, 807 – Stromnetz Berkenthin.
[113] BGH Urt. v. 17.12.2013 – KZR 65/12, NVwZ 2014, 817 – Stromnetz Heiligenhafen; BGH Urt. v. 17.12.2013 – KZR 66/12, NVwZ 2014, 807 – Stromnetz Berkenthin.
[114] BGH Urt. v. 17.12.2013 – KZR 66/12, NVwZ 2014, 807 – Stromnetz Berkenthin; *Hofmann* NZBau 2012, 11 (14). Vgl. dazu auch Gemeinsamer Leitfaden von Bundeskartellamt und Bundesnetzagentur zur Vergabe

müsse nachvollziehbar erkennen lassen, wann ein Angebot die volle Punktzahl erhält und unter welchen Voraussetzungen Punktabzüge vorgenommen werden.[115] Problematisch sei eine Bewertungsmethode, die dem besten Bewerber jeweils die Höchstpunktzahl zuspricht und relativ dazu Abschläge vornimmt.[116] Eine Änderung der Auswahlkriterien im laufenden Verfahren sei grundsätzlich möglich, wenn sie für alle Bieter transparent erfolgt und diese genügend Zeit haben, sich auf die geänderten Kriterien einzustellen.[117] Der Auftraggeber habe neben den Auswahlkriterien auch das Leistungsziel, die Rahmenbedingungen und die wesentlichen Einzelheiten der Leistung in der **Aufgaben- oder Leistungsbeschreibung** anzugeben.[118] Schließlich müsse im Rahmen der Vergabe auch der Geheimwettbewerb gewährleistet werden.[119] Das BKartA und die BNetzA erachteten insofern eine organisatorische und personelle Trennung zwischen der Kommune und einem kommunalen Bewerber für notwendig,[120] um zu verhindern, dass ein kommunaler Bewerber Wettbewerbsvorteile erhält, indem er entweder Exklusivinformationen über das Verfahren von der Kommune erhält oder die Kommune die Auswahlkriterien oder die Auswertung der Angebote an ihre besonderen Kenntnisse über den kommunalen Bewerber anpasst.[121]

c) **Grundfreiheiten.** Bei der Vergabe von binnenmarktrelevanten[122] Dienstleistungskonzessionen sind darüber hinaus stets die Grundfreiheiten des AEUV zu beachten, die eine Pflicht zur Durchführung eines **transparenten, nichtdiskriminierenden und die Gleichbehandlung und Chancengleichheit interessierter Unternehmen gewährleistenden Verfahrens** begründen.[123] Dem Transparenzgebot genügt bei der Vergabe von Wegenutzungsverträgen gem. § 46 Abs. 2 EnWG im Regelfall bereits die Einhaltung der Transparenzvorgaben in § 46 Abs. 3 EnWG. Allerdings ist eine europaweite Bekanntgabe in Abweichung von § 46 Abs. 3 EnWG auch dann anzuraten, wenn in einem Versorgungsgebiet zwar weniger als 100.000 Kunden an das Netz angeschlossen sind, aber eine Binnenmarktrelevanz anzunehmen ist. Denn auch in diesem Zusammenhang steht es dem nationalen Gesetzgeber nicht frei, europarechtliche Vorgaben mittels nationaler Gesetzgebung auszuschließen. Im Übrigen enthält die Mitteilung der Kommission vom 23.6.2006 zu Auslegungsfragen in Bezug auf das Unionsrecht, das für die Vergabe öffentlicher Aufträge gilt, die nicht oder nur teilweise unter die Vergaberichtlinien fallen, weiterführende Hinweise für die Ausgestaltung des Verfahrens.[124]

4. **Sondervergaberecht für Konzessionen.** Obwohl qualifizierte Wegenutzungsverträge iSv § 46 Abs. 2 EnWG überwiegend als Dienstleistungskonzessionen qualifiziert werden, wird noch immer diskutiert, ob deren Vergabe den Vorgaben des Sondervergaberechts für Konzessionen auf Grundlage der RL 2014/23/EU unterfällt (→ Rn. 44 ff.). Zwar gilt die RL 2014/23/EU gem. Art. 1 Abs. 2 RL 2014/23/EU für die Vergabe von Dienstleistungskonzessionen durch öffentliche Auftraggeber oder Sektorenauftraggeber. Jedoch macht **Erwägungsrund 16 RL 2014/23/EU** deutlich, dass die Gewährung von Wegerechten hinsichtlich der Nutzung öffentlicher Liegenschaften für die Bereitstellung oder den Betrieb fester Leitungen oder Netze, ohne eine Dienstleistung für die Allgemeinheit erbracht werden soll, **nicht als Konzession iSd RL 2014/23/EU** gelten, sofern derartige Verpflichtungen weder eine Lieferverpflichtung auferlegen noch den Erwerb von Dienstleistungen durch den Konzessionsgeber für sich selbst oder für den Endnutzer vorsehen. Das

---

von Strom- und Gaskonzessionen und zum Wechsel des Konzessionsnehmers v. 21.5.2015, Rn. 23 f.; *Templin* NZBau 2014, 487.
[115] *Schulz-Gardyan* RdE 2015, 394 (399).
[116] LG Stuttgart Beschl. v. 21.11.2014 – 11 O 180/14.
[117] *Templin* NZBau 2014, 487 (489).
[118] OLG Düsseldorf Beschl. v. 17.4.2014 – VI-2 Kart 2/13, NZBau 2014, 577.
[119] Dazu ausf. *Dünchheim/Bremke* DVBl 2016, 357 ff.
[120] Gemeinsamer Leitfaden von Bundeskartellamt und Bundesnetzagentur zur Vergabe von Strom- und Gaskonzessionen und zum Wechsel des Konzessionsnehmers v. 21.5.2015, Rn. 24 f.
[121] BKartA Beschl. v. 28.1.2015 – B8-175/11, BeckRS 2015, 13803 – Titisee-Neustadt.
[122] Zum Kriterium der Binnenmarktrelevanz vgl. *Baudis* VergabeR 2019, 589; *Gabriel* in Gabriel/Krohn/Neun VergabeR-HdB § 82 Rn. 5 ff.
[123] EuGH Urt. v. 6.4.2006 – C-410/04, Slg. 2006, I-3303 Rn. 20 = NZBau 2006, 326 – ANAV; EuGH Urt. v. 13.10.2005 – C-458/03, Slg. 2005, I-8585 Rn. 50 = NZBau 2005, 644 – Parking Brixen; EuGH Urt. v. 21.7.2005 – C-231/03, Slg. 2005, I-7287 Rn. 28 = NZBau 2005, 592 – Coname; EuGH Urt. v. 7.12.2000 – C-324/98, Slg. 2000, I-10 745 = NZBau 2001, 148 – Telaustria. Zu diesen primärrechtlichen Vorgaben eingehend *Prieß/Gabriel* NZBau 2007, 617 (618).
[124] Vgl. Kom., Mitteilung v. 23.6.2006, ABl. 2006 C 179, 2 sowie hierzu *Gabriel* NVwZ 2006, 1262; *Schnieders* DVBl 2007, 287 (289); *Köster* ZfBR 2007, 127; *Fruhmann* ZVB 2006, 261; *Lutz* WuW 2006, 890; *Braun* EuZW 2006, 683. Zu den Verfahrensvorgaben im Einzelnen vgl. *Gabriel* in Gabriel/Krohn/Neun VergabeR-HdB § 82 Rn. 1 ff.

verdeutlicht, dass der europäische Richtliniengeber den **Beschaffungsbezug** eines Konzessionsvertrags **als konstitutives Merkmal für die Anwendbarkeit des Sondervergaberechts für Konzessionen** ansieht.[125] Das entspricht schließlich auch der Rechtsprechung des EuGH. Im Zusammenhang mit der Veräußerung öffentlicher Liegenschaften hat dieser ausgeführt, dass Rechtsgeschäfte der öffentlichen Hand grundsätzlich nur dann der Anwendung des EU-Vergaberechts unterliegen, wenn diese im unmittelbaren wirtschaftlichen Interesse des öffentlichen Auftraggebers liegen.[126]

56 Mit Verweis auf diese teleologische Konkretisierung des Anwendungsbereichs der RL 2014/23/EU, wird häufig vertreten, die Vergabe qualifizierter Wegenutzungsverträge sei **mangels Beschaffungsbezugs vom Anwendungsbereich der RL 2014/23/EU ausgenommen.**[127] Den Gesetzgeber des Gesetzes zur Änderung der Vorschriften zur Vergabe von Wegenutzungsrechten zur leitungsgebundenen Energieversorgung[128] haben die Ausführungen in Erwägungsrund 16 RL 2014/23/EU dementsprechend zu dem in der Gesetzesbegründung festgehaltenen Befund gelangen lassen, dass die RL 2014/23/EU für Wegenutzungsverträge iSv § 46 EnWG grundsätzlich nicht gilt.[129] Die Regierungsbegründung zum Entwurf des Vergaberechtsmodernisierungsgesetzes deutet in dieselbe Richtung, indem diese im Hinblick auf Erwägungsrund 16 RL 2014/23/EU ausführt, dass dessen Ausführungen „vor allem Wegenutzungsverträge iSd § 46 EnWG sowie Wegenutzungsverträge zu Fernwärmeleitungen betreffen".[130]

57 Andere, vorwiegend vor der Novellierung der §§ 46 ff. EnWG im Jahr 2017 ergangene, Literaturansichten vertreten demgegenüber, qualifizierte **Wegenutzungsverträge** iSv § 46 Abs. 2 EnWG **wiesen typischerweise einen Beschaffungscharakter auf,** da es regelmäßig zu einem Erwerb von Dienstleistungen durch den öffentlichen Auftraggeber käme.[131] Das Merkmal des Beschaffungsbezugs sei sowohl vom EuGH als auch von den nationalen Vergabenachprüfungsinstanzen dahingehend konkretisiert worden, dass es der Einordnung als vergaberechtspflichtigem Beschaffungsvorgang nicht entgegenstehe, wenn diesem die vertragsgegenständliche Leistung nicht unmittelbar zufließt.[132] Im Hinblick auf den Zweck des Abschlusses von Wegenutzungsverträgen habe der BGH in Anknüpfung an den in § 1 EnWG herausgestellten Gesetzeszweck ausgeführt, die Gemeinde befriedige damit nicht nur – als Nachfrager – den Bedarf nach einem sicheren und preisgünstigen Netzbetrieb im Gemeindegebiet, sondern sie verwerte gleichzeitig auch – als marktbeherrschender Anbieter – die kommunalen Wegerechte.[133] Das Wegenutzungsrecht ist dementsprechend kein Selbstzweck, sondern diene konzeptionell dem Betrieb und ggf. Ausbau des Netzes der allgemeinen Versorgung, was dafür sprechen könnte, Wegenutzungsverträgen einen Beschaffungsbezug zuzusprechen.[134] Dagegen bleibt einzuwenden, dass es letztlich entscheidend auf die vertragliche Ausgestaltung im konkreten Einzelfall ankommt. Schließlich ist eine bloße Einräumung von Wegerechten an sich noch nicht geeignet, die in § 1 EnWG normierten Ziele zu fördern. Vielmehr wird es dazu der vertraglichen Auferlegung konkreter leistungsbezogener Pflichten bedürfen, mit denen der Auftraggeber sicherstellen möchte, dass der Wegenutzungsvertrag tatsächlich einen Beitrag zur Daseinsvorsorge leistet und in denen sich das öffentliche Interesse manifestiert, das die Rechtsprechung zum Beleg des Beschaffungscharakters des Vertrags fordert.[135]

58 **5. Keine Anwendbarkeit der Ausnahme für In-House-Geschäfte.** Die vom EuGH aufgestellten Voraussetzungen für ein vergaberechtsfreies In-House-Geschäft wurden im Rahmen der europäischen Vergaberechtsreform 2016 erstmals im EU/GWB-Vergaberecht kodifiziert. Gemäß Art. 17 RL 2014/23/EU finden diese grundsätzlich auch auf die Vergabe von Konzessionen Anwen-

---

[125] So auch *Weiß* NVwZ 2014, 1415 (1419). Zu Erwägungsrund 116 RL 2014/23/EU und dessen Auslegung vgl. auch *Michaels/Bönnighausen* ZNER 2018, 7 (9 f.); *Hohenstein-Bartholl/Jacob* RdE 2017, 454 (456 f.).
[126] EuGH Urt. v. 25.3.2010 – C-451/08, ECLI:EU:C:2010:168 Rn. 57 = NZBau 2010, 321 – Helmut Müller.
[127] *Hohenstein-Bartholl/Jacob* RdE 2017, 454 (459 ff.); *Graef/Faasch* NZBau 2014, 548 (Fn. 12); HK-VergabeR/*Dieck-Bogatzke*, 2. Aufl. 2015, § 116 Rn. 15; *Braun* in Müller-Wrede GWB § 105 Rn. 101; *Burgi* VergabeR § 24 Rn. 5; sowie *Freitag/Jung* ZNER 2014, 569, die allerdings nur auf die fehlende Lieferverpflichtung für Strom bei den Konzessionen eingehen. Einen eingehenden Überblick über den Diskussionsstand geben *Michaels/Bönnighausen* ZNER 2018, 7 (8 ff.).
[128] Gesetz v. 27.1.2017, BGBl. 2017 I 130.
[129] Gesetzesbegründung der BReg, BT-Drs. 18/8184, 10.
[130] Gesetzesbegründung der BReg, BT-Drs. 18/6281, 76.
[131] *Hofmann/Zimmermann* NZBau 2016, 71 (72); *Donhauser/Hölzwimmer* VergabeR 2015, 509 (511 f.); *Weiß* NVwZ 2014, 1415 (1419); dazu auch BGH Urt. v. 17.12.2014 – KZR 65/12, NZBau 2014, 303.
[132] EuGH Urt. v. 25.3.2010 – C-451/08, ECLI:EU:C:2010:168 Rn. 57 = NZBau 2010, 321 – Helmut Müller; OLG München Beschl. v. 22.1.2012 – Verg 17/11, BeckRS 2012, 03166; OLG München Beschl. v. 25.3.2011 – Verg 4/11, NZBau 2011, 380.
[133] BGH Urt. v. 17.12.2013 – KZR 66/12, NVwZ 2014, 817 – Stromnetz Berkenthin.
[134] Theobald/Kühling/*Theobald* EnWG § 46 Rn. 31.
[135] *Weiß* NVwZ 2014, 1415 (1419); *Opitz* NVwZ 2014, 753 (756 f.).

dung. Das **EU/GWB-Vergaberecht wird** in diesem Zusammenhang allerdings bei der Vergabe von qualifizierten Wegenutzungsverträgen iSv § 46 Abs. 2 EnWG in jedem Fall **durch das deutsche Energiewirtschaftsrecht überlagert** – und zwar ganz unabhängig davon, wie die vorstehend diskutierte Frage nach der Dienstleistungskonzessionseigenschaft qualifizierter Wegenutzungsverträge iSv § 46 Abs. 2 EnWG beantwortet wird. Nach der Rechtsprechung des BGH haben die Gemeinden auch dann, wenn sie die Nutzung ihrer öffentlichen Verkehrswege zum Netzbetrieb einem Eigenbetrieb übertragen wollen, das Diskriminierungsverbot des § 46 Abs. 1 EnWG sowie die weiteren Verfahrensmaßgaben der nachfolgenden Absätze in § 46 EnWG zu beachten und können sich deshalb weder auf ein „Konzernprivileg" noch auf die Grundsätze des im Vergaberecht anerkannten In-House-Geschäfts berufen.[136] Auch die Gesetzesbegründung zum Gesetz zur Änderung der Vorschriften zur Vergabe von Wegenutzungsrechten zur leitungsgebundenen Energieversorgung bewertet die Forderung nach Zulassung einer In-House-Vergabe als „schon aus energiewirtschaftlichen Gründen bedenklich" sowie für vergaberechtlich nicht begründbar.[137]

C. Gas und Wärme (Abs. 3)

I. Allgemeines

Die Definition der vom Sektorenbereich erfassten Tätigkeiten im Bereich der Gas- und Wärmeversorgung weicht nicht entscheidend von der Definition der erfassten Tätigkeiten der Elektrizitätsversorgung ab. **Erdgas** wird als brennbares Naturgas nicht erzeugt, sondern aus unterirdischen Vorkommen gewonnen. In Deutschland dient es weniger zur Stromerzeugung, sondern wird als **Primärenergieträger vor allem zur Erzeugung von Wärme** für die Raumheizung sowie für die industrielle Produktion verwendet. 59

II. Betreiben, Bereitstellen und Versorgen fester Netze

Die Tätigkeit des Bereitstellens und Betreibens fester Netze im Bereich der Gas- und Wärmeversorgung unterscheidet sich nicht von den entsprechenden Begrifflichkeiten im Bereich der Elektrizitätsversorgung. Es muss sich auch im Bereich der Gas- und Wärmeversorgung um Netze handeln, die der **Versorgung der Allgemeinheit** dienen. Mithin üben Auftraggeber, die Heizkraftwerke speziell zur Belieferung von Verwaltungsgebäuden der öffentlichen Hand betreiben, keine Sektorentätigkeit aus. Hingegen wird man das Betreiben von **Stichleitungen,** die weitere Kunden an das allgemeine Wärmeversorgungsnetz anbinden, als Betreiben allgemeiner Netze ansehen können. Betreiber von **Wärmekraftwerken,** die allein dem Zweck dienen, einen bestimmten Kunden mit Wärme zu versorgen, verrichten hingegen keine Sektorentätigkeit, da die Wärme nicht der allgemeinen Versorgung dient.[138] 60

III. Erzeugung für den Eigenbedarf

Auch im Bereich der Gas- und Wärmeversorgung wird die Erzeugung von Gas oder Wärme, die sich zwangsläufig aus einer sektorenfremden Tätigkeit ergibt, von der dem Anwendungsbereich des Vergaberechts unterstellten Sektorentätigkeit ausgenommen, wenn lediglich eine Mindermenge in das öffentliche Netz eingespeist wird. Die Formulierung, dass sich die Wärmeerzeugung „zwangsläufig" aus einer sektorenfremden Tätigkeit „ergibt", ist der Besonderheit der Wärmeversorgung geschuldet. Zum Zwecke des Klimaschutzes wird die bei **sektorenfremden Produktionsprozessen** entstehende Energie in der Regel als Fernwärme für die Beheizung von öffentlichen und privaten Gebäuden genutzt. Beispielsweise wird in Heizkraftwerken die „**Abwärme**" – Wärme, die beim Verbrennungsprozess entsteht – für die Wärmeversorgung nutzbar gemacht (sog. Kraft-Wärme-Kopplung).[139] Der Betrieb eines Heizkraftwerks stellt allerdings nur dann eine 61

---

[136] BGH Urt. v. 17.12.2013 – KZR 65/12, NVwZ 2014, 817 – Stromnetz Heiligenhafen. So auch *Tugendreich* ZfBR 2014, 547 (552); *Säcker* RdE 2015, 1 (2); *Weiß* NVwZ 2014, 1415 (1420); *Sauer,* Das Recht der Vergabe von Strom- und Gas-Konzessionen im EnWG, 2012, 272 f.; *Schwensfeier* in Kemel, Praxishandbuch der Konzessionsverträge und der Konzessionsabgaben, 2012, Kap. 5, Rn. 151.
[137] Gesetzesbegründung der BReg, BT-Drs. 18/8184, 9 f.
[138] *Opitz* in RKPP GWB Rn. 34; Greb/Müller/*Dietrich* Rn. 24, 26; Willenbruch/Wieddekind/*Wieddekind* Rn. 25.
[139] Vgl. § 2 Abs. 13 Gesetz für die Erhaltung, die Modernisierung und den Ausbau der Kraft-Wärme-Kopplung (Kraft-Wärme-Kopplungsgesetz – KWKG) v. 21.12.2015, BGBl. 2015 I 2498, zul. geändert durch Art. 3 Gesetz v. 17.7.2017, BGBl. 2017 I 2532.

sektorenfremde Tätigkeit dar, wenn er nicht der Lieferung an Netze der allgemeinen Versorgung dient.[140]

62 Die Lieferung an das öffentliche Netz muss darauf abzielen, die Erzeugung der vom Erzeuger nicht benötigten Wärme bzw. des nicht benötigten Gases wirtschaftlich zu nutzen und darf unter Zugrundelegung des Mittels der letzten drei Jahre einschließlich des laufenden Jahres **nicht mehr als 20% des Umsatzes des Sektorenauftraggebers** ausmachen.

D. Verkehrsleistungen (Abs. 4)

Schrifttum zu § 102 Abs. 4 und Abs. 5: *Boldt/Luft*, Die Vergabe von Bodenabfertigungsdiensten auf Flughäfen – SektVO oder BADV?, VergabeR 2015, 758; *Kämper/Brüggemann/Bothe*, Wettbewerb um das Flughafenvorfeld vor der Verwaltungsgerichtsbarkeit, NZBau 2017, 9; *Opitz*, Was bringt die neue Sektorenvergaberichtlinie?, VergabeR 2014, 369; *Prieß/Marx/Hölzl*, Unternehmen des Schienengüterverkehrs: Auftraggeber iSv § 98 GWB?, VergabeR 2012, 425; *Sitsen*, Die Sektorenauftraggebereigenschaft privater Eisenbahnverkehrsunternehmen nach der Vergaberechtsreform 2016, VergabeR 2016, 553.

I. Regelungsgehalt

63 Abs. 4 definiert die **Sektorentätigkeiten im Bereich Verkehrsleistungen.** Diese umfassen gemäß des ersten Teilsatzes die Bereitstellung oder das Betreiben von Netzen zur Versorgung der Allgemeinheit mit den Transportmitteln Eisenbahn, automatische Systeme, Trolleybus, Bus oder Seilbahn. Diese Aufzählung ist abschließend, Verkehrsleistungen mit anderen Transportmitteln sind nicht erfasst.[141] Der zweite Teilsatz stellt den erweiterten Netzbegriff im Vergleich zu den Abs. 1–3 klar. Ein Netz gilt danach als vorhanden, wenn die Verkehrsleistung gemäß den von einer zuständigen Behörde festgelegten Bedingungen erbracht wird. Zu diesen Bedingungen gehören nach dem dritten Teilsatz die Festlegung der Strecken, die Transportkapazitäten und die Fahrpläne.

II. Sinn und Zweck sowie Entstehungsgeschichte

64 Die Vorschrift dient – durch die Definition der Sektorentätigkeit im Bereich der Verkehrsleistungen – der Festlegung des Anwendungsbereichs des Rechts der Sektorenauftragsvergabe (iVm § 100 und §§ 136 ff.) und der Konzessionsvergabe (iVm § 101). Der Begriff der Sektorentätigkeit ist **Definitionsmerkmal** des Begriffs des Sektorenauftraggebers in § 100 und Anknüpfungspunkt für die besonderen Bestimmungen für die Vergabe von öffentlichen Aufträgen durch Sektorenauftraggeber gem. §§ 136 ff. Auch die Definitionen des Konzessionsgebers in § 101 Abs. 1 Nr. 2 und Nr. 3 knüpfen an die Sektorentätigkeit an (zum Regelungszweck des § 102 allgemein → Rn. 1– 3).[142]

65 Abs. 4 ist – zusammen mit Abs. 5 (zu Abs. 5 → Rn. 72 ff.) – die Nachfolgeregelung zu Nr. 4 der Anlage zu § 98 Nr. 4 aF[143] und setzt **im Wesentlichen wortlautgetreu Art. 11 RL 2014/25/EU** (sog. Sektoren-RL) um. Dieser Artikel entspricht wiederum der europarechtlichen Vorgängervorschrift des Art. 5 Abs. 1 Sektoren-RL 2004.[144] Die den Bereich der Verkehrsleistungen betref-

---

[140] Zur Ausschreibungspflichtigkeit von Wegenutzungsverträgen für die Verlegung und den Betrieb von Fernwärmenetzen vgl. *Sauer* IR 2018, 4, der die Ausschreibungspflicht insbes. mit dem Missbrauchsverbot des § 19 Abs. 2 Nr. 1 begründet. Eine Ausschreibungspflicht ablehnend VG Berlin Urt. v. 30.6.2017 – 4 K 16.15.

[141] Der Betrieb eines Fahrradverleihsystems ist daher keine Sektorentätigkeit und auch nicht als Sektorenhilfstätigkeit erfasst, s. VK Nordbayern BeckRS 2018, 44928 Rn. 90 f. Zur Sektorenhilfstätigkeit → Rn. 71.

[142] Weder das Sektorenvergaberecht noch das Konzessionsvergaberecht kommen allein wegen der Ausübung einer Sektorentätigkeit zur Anwendung, sondern sind an weitere Voraussetzungen geknüpft, s. hierzu §§ 99, 100, 136; zu der Frage, inwieweit private Unternehmen aufgrund einer Sektorentätigkeit im Bereich des Eisenbahnsektors als Sektorenauftraggeber anzusehen sein können, s. *Mutschler-Siebert/Dorschfeldt* VergabeR 2016, 385 (391); *Sitsen* VergabeR 2016, 553. Weitere Anknüpfungen an den Begriff der Sektorentätigkeit sind in § 112 (Vergabe von verschiedene Tätigkeiten umfassenden Aufträgen und Konzessionen) sowie für die Festlegung der anwendbaren Vorschriften im Bereich der Konzessionsvergabe (§ 149 Nr. 7 und § 154 Nr. 3 lit. a) enthalten.

[143] Die Anlage zu § 98 Nr. 4 aF enthielt seit der Vergaberechtsreform von 2009 die Beschreibung der Sektorentätigkeiten, die zuvor in § 8 VgV 2003 definiert waren, vgl. *Gabriel* NJW 2009, 2011 (2012 f.).

[144] Art. 5 Abs. 2 Sektoren-RL 2004 findet sich indes in der aktuellen Sektorenrichtlinie (RL 2014/25/EU = Sektoren-RL) nicht wieder. Eine Änderung gegenüber der bisherigen Rechtslage ergibt sich daraus jedoch nicht. Denn der deutsche Gesetzgeber hatte bereits Art. 5 Abs. 2 Sektoren-RL 2004 nicht umgesetzt. Die in diesem Absatz enthaltene Ausnahmeregelung für den öffentlichen Busverkehr hatte in Deutschland aufgrund des sog. Parallelbedienungsverbots des § 13 Abs. 2 Nr. 3 PBefG keine Bedeutung; s. hierzu *Opitz*

D. Verkehrsleistungen (Abs. 4)

fenden Vorgaben der Sektorenrichtlinie sind damit vollständig umgesetzt. Dies umfasst auch die Festlegung, unter welchen Voraussetzungen ein Netz im Sinne dieser Vorschrift als vorhanden gilt (Art. 11 UAbs. 2 Sektoren-RL). Bei der Umsetzung des Art. 5 Abs. 1 Sektoren-RL 2004 war diese Regelung nicht mit in die nationale Vorschrift aufgenommen worden. Anders als in Folge der unvollständigen und weniger wortgetreuen Umsetzung des Art. 5 Sektoren-RL 2004 in Nr. 4 der Anlage zu § 98 Nr. 4 aF noch der Fall, besteht bei § 102 Abs. 4 gegenüber Art. 11 Sektoren-RL keine Umsetzungslücke, die durch richtlinienkonforme Auslegung zu schließen wäre.

Gegenüber der Vorgängervorschrift in Nr. 4 der Anlage zu § 98 Nr. 4 aF enthält § 102 Abs. 4 **66** einzelne Abweichungen. Diese sind im Wesentlichen der nunmehr fast wortlautidentischen **Nachbildung der Richtlinienvorgaben** geschuldet, von denen – bezogen auf Art. 5 Sektoren-RL 2004 – die Vorgängervorschrift noch abwich. Abs. 4 spricht von der Bereitstellung und dem Betreiben von „Netzen" statt des in der Vorgängervorschrift gebrauchten Begriffs „Infrastruktureinrichtungen". Das „Erbringen von Verkehrsleistungen" als separate Beschreibung der Sektorentätigkeit in der Vorgängernorm ist in § 102 Abs. 4 nicht mehr enthalten, findet aber in der nunmehr aus Art. 11 UAbs. 2 Sektoren-RL übernommenen (→ Rn. 65) Festlegung des Netzbegriffs Wiederklang, wonach ein Netz als vorhanden gilt, wenn die Verkehrsleistung gemäß den von einer zuständigen Behörde festgelegten Bedingungen erbracht wird. Die in Nr. 4 der Anlage zu § 98 Nr. 4 aF enthaltene Beschreibung „im öffentlichen Personenverkehr im Sinne des Personenbeförderungsgesetzes auch mit Kraftomnibussen und Oberleitungsbussen" beschränkt sich nun im Einklang mit Art. 11 UAbs. 1 Sektoren-RL auf die Auflistung von „Trolleybus, Bus", die in einer Linie mit den weiteren aufgelisteten Verkehrsmitteln stehen.

III. Bereitstellen oder Betreiben von Netzen und Erbringen von Verkehrsleistungen

Der **Begriff des „Netzes"** umfasst auch im Verkehrsbereich feste Netze im Sinne eines techni- **67** schen Systems bzw. physischen („festen") Netzes. Erfasst sind somit zB Eisenbahn- und Straßenbahnnetze. Der Netzbegriff geht im Verkehrsbereich aber über die „festen" Netze hinaus. Das Merkmal des Bereitstellens oder Betreibens von Netzen ist weiter zu verstehen als in den Sektorenbereichen Wasser, Elektrizität sowie Gas und Wärme (§ 102 Abs. 1–3). Anders als in den Abs. 1–3 des § 102 ist gerade nicht von „festen" Netzen die Rede. Diese Differenzierung lag bereits dem Vorschlag der Europäischen Kommission für eine Sektorenrichtlinie aus dem Jahr 1988 zugrunde.[145] Sie vertrat die Auffassung, dass nicht nur in technischen Systemen, sondern auch bei Straßenverbindungsnetzen, „wo der Staat den Zugang zu solchen Netzen einschränkt", die Marktkräfte bei der Beschaffung ausgehebelt und die Auftraggeber „bei ihren Einkäufen staatlichem Einfluss ausgesetzt"[146] seien. Dieses Verständnis kommt unverändert in Art. 11 UAbs. 2 Sektoren-RL – und nunmehr auch § 102 Abs. 4 Hs. 2 – zum Ausdruck. Ein Netz gilt gem. § 102 Abs. 4 Hs. 2 als vorhanden, wenn die Verkehrsleistung gemäß den von einer zuständigen Behörde festgelegten Bedingungen erbracht wird. Gemäß § 102 Abs. 4 Hs. 3 gehören dazu die Festlegung der Strecken, die Transportkapazitäten und die Fahrpläne. Dabei müssen diese Bedingungen – anders als die deutsche Fassung der Richtlinie und deren Umsetzung vermuten lassen könnten – nicht kumulativ vorliegen. Vielmehr ist das „und" am Ende des § 102 Abs. 4 Hs. 3 als „oder" zu lesen, wie ein Vergleich anderer Sprachfassungen der Richtlinie verdeutlicht.[147] Für den Bereich der Schienenverkehrsleistungen hat der EuGH den Netzbegriff in Bezug auf die Vorgängervorschrift des Art. 5 Abs. 1 UAbs. 2 Sektoren-RL 2004 besonders weit gefasst. Ein Netz für Schienenverkehrsleistungen ist danach vorhanden, wenn Verkehrsleistungen auf einer Schieneninfrastruktur bereitgestellt werden und eine nationale Behörde gemäß den eisenbahnrechtlichen Zugangsbestimmungen in Umsetzung der Richtlinie zur Schaffung eines einheitlichen europäischen Eisenbahnraums (RL 2012/34/EU) die Verwaltung und Zuweisung der Kapazitäten übernimmt.[148]

Der Begriff des Bereitstellens des Netzes bezieht sich auf Tätigkeiten, die das Errichten und **68** die Verwaltung des Netzes betreffen.[149] Betreiben ist im Sinne des Aufrechterhaltens und Unterhaltens, aber auch des Zuweisens von Netzkapazitäten und des Bedienens des Netzes zu verstehen. Der EuGH sieht auch die Nutzung des Netzes von dem Begriff des Betreibens umfasst.[150] Beide

---

VergabeR 2014, 369 (373) allgemein zum Parallelbedienungsverbot vgl. VGH München BeckRS 2016, 44334.
[145] KOM(88) 377 endg., Nr. 22 ff. (auch abgedr. in BT-Drs. 11/3888).
[146] KOM(88) 377 endg., Nr. 24 (auch abgedr. in BT-Drs. 11/3888).
[147] S. Art. 11 UAbs. 1 Sektoren-RL in der französischen Fassung („ou") und in der englischen Fassung („or"); Beck VergabeR/*Dörr* Rn. 20.
[148] EuGH BeckRS 2019, 2445 Rn. 44.
[149] Zur Verwaltung des Netzes s. EuGH BeckRS 2019, 2445 Rn. 53.
[150] EuGH BeckRS 2019, 2445 Rn. 49.

Begriffe haben damit eine weite Bedeutung.[151] Ausdrücklich umfasst ist damit der **Betrieb der Netzinfrastruktur**. Erfasst ist unter Berücksichtigung des ebenfalls weiten, nicht nur technische Systeme erfassenden Netzbegriffs auch die Erbringung der Verkehrsleistung selbst.[152] Diese Unterscheidung ist im Bereich des Eisenbahnverkehrs relevant, bei dem Betreiber der Schienenwege und Anbieter der Schienentransportleistungen – anders als bei den nach wie vor vertikal integrierten U-Bahn- und Straßenbahnnetzen – seit der Liberalisierung des Eisenbahnmarktes auseinanderfallen.[153] Der EuGH hat jüngst in der Rs. 388/17 ein weites Begriffsverständnis bestätigt und versteht unter „Betreiben" die Benutzung eines Gegenstandes oder die Ausübung eines Rechts (für Eisenbahnverkehrsunternehmen die Ausübung des Rechts zur Nutzung der Eisenbahninfrastruktur) zur Erzielung von Einkünften.[154]

69   Eine Sektorentätigkeit ist neben dem Bereitstellen oder Betreiben eines (festen) Netzes daher auch bei der **Erbringung von Verkehrsleistungen** gegeben, wenn entsprechende Vorgaben bezogen auf Strecken, Takt oder Fahrzeiten existieren, die behördlich festgelegt worden sind. Dies betrifft insbesondere den städtischen Busverkehr,[155] bei dem die Verkehrsleistungen nicht in einem (abgeschlossenen) technischen System, aber gleichwohl bei Einbeziehung der Vorgaben eines Nahverkehrsplans[156] sowie aufgrund der streckenbezogenen personenbeförderungsrechtlichen Linienverkehrsgenehmigung[157] in systematischer, planmäßiger und behördlich vorgegebener Weise erbracht werden. Legen der Bereitsteller oder der Betreiber des Netzes die Bedingungen hingegen selbst fest oder folgen sie den Einflüssen des Wettbewerbs, wie etwa im Bereich des Fernbusverkehrs, bei Charter-Verkehren oder im Bereich von Taxiverkehren oder App-basierten Vermittlungsdiensten über im Wettbewerb mit Taxiverkehren stehende Verkehrsdienste, ist die Verkehrsleistung nicht als Sektorentätigkeit einzustufen.[158] Wegen des grundsätzlichen Anspruchs auf Zugang zur Schieneninfrastruktur und bestehenden Wettbewerbs war in der Vorlauflage auch für den liberalisierten Schienengüterverkehr einschränkungslos vertreten worden, dass die Merkmale der Sektorentätigkeit nicht erfüllt sind (→ 2. Aufl. 2018, Rn. 68 aE und Fn. 139).[159] Nach der Entscheidung des EuGH in der Rs. 388/17 genügt für die Sektorentätigkeit im Bereich der Verkehrsleistungen unter Nutzung von Schieneninfrastruktur hingegen, dass die Schieneninfrastruktur behördlich verwaltet und zugewiesen wird (→ Rn. 67).[160] Auch Leistungen im Bereich des Schienengüterverkehrs und des Schienenpersonenfernverkehrs erfordern eine Zuweisung von Schieneninfrastrukturkapazitäten. Die Zuweisung erfolgt in Deutschland zwar – anders als in dem Fall des vom EuGH entschiedenen schwedischen Vorlageverfahrens – nicht unmittelbar behördlich, sondern durch den Betreiber der Schienenwege. Bereits deshalb lassen sich die Feststellungen des EuGH nicht ohne Weiteres übertragen.[161] Die BNetzA verfügt jedoch über Befugnisse, die Zuweisung zu überprüfen und durch ihre Entscheidungen auch Bedingungen für die Erbringung der Verkehrsleistungen festzulegen.[162] Auch bei behördlicher Festlegung von Bedingungen müssen die Verkehrsleistungen als weiteres Merkmal einen Netzcharakter vorweisen. Dies ist bei der Erbringung von Verkehrsleistungen erst dann der Fall, wenn die beantragten und zugewiesenen Trassen Verkehre umfassen, die als vertakteter oder ins Netz eingebundener Verkehr iSd § 52 Abs. 7 S. 2 Nr. 1 ERegG gelten. Denn mit der Trassenzuweisung

---

[151]   Zum insoweit gleichermaßen weiten Verständnis des Begriffspaars in Bezug auf andere Sektorenbereiche vgl. etwa Eschenbruch/Opitz/Röwekamp/*Sudbrock* Rn. 8 für den Bereich der Trinkwasserversorgung; *Opitz* in RKPP GWB Rn. 26.
[152]   Das „Erbringen von Verkehrsleistungen" war in der Vorgängernorm der Anlage zu § 98 Abs. 4 aF noch ausdrücklich als Sektorentätigkeit im Verkehrsbereich genannt. Nunmehr bringt Abs. 4 Hs. 2 dies bei der Konkretisierung des Netzbegriffs zum Ausdruck.
[153]   Diskriminierungsfreier Zugang zur Eisenbahninfrastruktur – welcher früher in §§ 14 ff. Allgemeines Eisenbahngesetz (AEG) normiert war – ist nunmehr durch §§ 10 ff. Eisenbahnregulierungsgesetz (ERegG) sichergestellt. Zur Liberalisierung der Eisenbahnmärkte und der Trennung von Netz und Betrieb *Helmstädter*, Die Trennung von Netz und Betrieb im Eisenbahnsektor, 2011, 182 ff.
[154]   EuGH BeckRS 2019, 2445 Rn. 49.
[155]   KOM(88) 377 endg., Nr. 24 (auch abgedr. in BT-Drs. 11/3888); vgl. dazu auch *Prieß/Marx/Hölzl* VergabeR 2012, 425 (435 f.).
[156]   S. etwa § 5 Berliner Mobilitätsgesetz zur Aufstellung des Nahverkehrsplans. Zu den Planungsinstrumenten im Nahverkehr s. auch *Knauff* VergabeR 2021, 1 (4 f.).
[157]   So auch *Opitz* in RKPP GWB Rn. 42.
[158]   S. Kom., Leitfaden für die Anwendung der Richtlinie 2000/9/EG des Europäischen Parlaments und des Rates v. 20.3.2000 über Seilbahnen und den Personenverkehr, 11; *Opitz* in RKPP GWB Rn. 44.
[159]   So auch noch Eschenbruch/Opitz/Röwekamp/*Wolters* Rn. 63.
[160]   EuGH BeckRS 2019, 2445.
[161]   *Neun/Otting* EuZW 2019, 716 (719); mit Kritik an EuGH BeckRS 2019, 2445 auch *Opitz* in RKPP GWB Rn. 39.
[162]   Vgl. §§ 52, 66 und 68 ERegG.

erfolgt die Zuteilung einer knappen Ressource, nicht aber eine Koordinierung der Verkehre, um in Bezug auf Strecken, Transportkapazitäten oder Fahrpläne ein abgestimmtes Netz von Verkehrsleistungen zu schaffen. Gelegenheitsverkehre sind damit trotz erforderlicher Trassenzuweisung nicht erfasst.[163]

IV. Versorgung der Allgemeinheit mit Verkehrsleistungen

Das Netz muss zur Versorgung der Allgemeinheit mit Verkehrsleistungen bereitgestellt oder betrieben werden. Dies stellt klar, dass die **Leistungen für die Öffentlichkeit ohne Begrenzung** auf bestimmte Nachfrager oder Gruppen von Nachfragern bestimmt und diesen zugänglich sein müssen.[164] Nicht erfasst sind daher Taxi-, Charter- oder Schulbustransporte.[165] Unter Abs. 4 fallen also insbesondere Eisenbahninfrastruktur- und Schienenpersonenverkehrsleistungen sowie Straßenbahn-, Bus- und Oberleitungsbusverkehre[166] im öffentlichen Nahverkehr. Daneben sind auch automatisierte Systeme und Seilbahnen erfasst. Automatisierte Systeme im Sinne dieser Vorschrift sind fahrerlose Transportmittel, die dem Transport von Personen dienen. Sie kommen insbesondere in abgegrenzten, nur in geringem Umfang Störungen von außen ausgesetzten Bereichen zum Einsatz, zB bei U-Bahnen oder anderen Stadtbahnsystemen. Autonom im Straßenverkehr fahrende Busse dürften jedoch nicht ohne Weiteres unter den Begriff des automatisierten Systems fallen. Vielmehr muss anhand der vorgenannten Abgrenzung darauf abgestellt werden, ob der autonom fahrende Bus im öffentlichen Nahverkehr liniengebunden eingesetzt wird oder als Schul- oder Charterbus dient. Im Bereich der Seilbahnen erfasst sind in erster Linie die in Bergregionen für Tourismuszwecke eingesetzten Anlagen (Standseilbahnen, Seilschwebebahnen, Kabinenbahnen, Sesselbahnen und Schleppaufzüge), aber auch Seilbahnen, die in städtischen Verkehrssystemen eingesetzt werden.[167]

Bei der Bewertung, ob eine Sektorentätigkeit im Bereich der Verkehrsleistungen vorliegt, ist auf die Umstände des Einzelfalls abzustellen. Nicht zum Sektorenbereich zählt die bloße Organisation von Verkehrsdienstleistungen, wie sie in Deutschland die Aufgabenträger der Länder für den ÖPNV und für den SPNV wahrnehmen.[168] Bei Konzerngesellschaften im Verkehrsbereich wie der Deutschen Bahn AG sind die Tätigkeiten der einzelnen Gesellschaften des Unternehmensgruppe getrennt zu bewerten, ohne dass eine Zurechnung der Sektorentätigkeit eines verbundenen Unternehmens erfolgt.[169] Abgrenzungsschwierigkeiten können sich insbesondere bei sog. **Sektorenhilfstätigkeiten**[170] ergeben. Hilfstätigkeiten sind dann zum Bereich der Sektorentätigkeit zu zählen, wenn die Sektorentätigkeit nicht ohne die Hilfstätigkeit ausgeübt werden könnte.[171] Bei der Auslegung ist zu berücksichtigen, dass Vergaben im Sektorenbereich nach wie vor – wenn auch in eingeschränktem Maße[172] – gegenüber den Vergaben im Anwendungsbereich der RL 2014/24/EU privilegiert sind. Insofern ist eine enge Auslegung geboten, um den Anwendungsbereich des allgemeinen Vergaberechts nicht zulasten des Wettbewerbs im Binnenmarkt einzuschränken. Der EuGH verlangt einen Zusammenhang mit der Sektorentätigkeit in der Weise, dass die zu beschaffende Leistung der Sektorentätigkeit dient.[173] Ein lediglich positiver Beitrag zur Tätigkeit, der die Rentabilität erhöht, genügt nicht.[174] Für im Rahmen der Sektorentätigkeit erforderliche Reinigungsleistungen etwa an Bahnhö-

---

[163] So mit Blick auf das Merkmal der „Versorgung der Allgemeinheit" im Ergebnis auch *Neun/Otting* EuZW 2019, 716 (719).
[164] KOM(88) 377 endg., Nr. 63, (auch abgedr. in BT-Drs. 11/3888).
[165] Schulbustransporte stehen der Allgemeinheit nicht zur Verfügung, s. VK Lüneburg BeckRS 2014, 13211; *Opitz* in RKPP GWB Rn. 41; vgl. auch Beck VergabeR/*Dörr* Rn. 19.
[166] § 102 Abs. 4 verwendet für Oberleitungsbus den aus der Sektorenrichtlinie übernommenen Begriff Trolleybus.
[167] Definition gem. Art. 1 RL 2000/09/EG (Seilbahn-RL); s. auch Kom., Leitfaden für die Anwendung der Richtlinie 2000/9/EG des Europäischen Parlaments und des Rates v. 20.3.2000 über Seilbahnen und den Personenverkehr, 8 (Gegenstand).
[168] OLG Düsseldorf NZBau 2013, 187; VK Südbayern IBRRS 2015, 2976; dagegen wendet OLG Celle NZBau 2019, 674 (679) entgegen der Zweckrichtung des Abs. 4 diesen auch auf den Besteller der fahrplangebundenen Verkehrsleistungen an.
[169] Zu einzelnen Gesellschaften der Deutsche Bahn AG Eschenbruch/Opitz/Röwekamp/*Wolters* Rn. 65; *Opitz* in RKPP GWB Rn. 46 f. Vgl. auch Beck VergabeR/*Dörr* Rn. 21.
[170] Allgemein zum Begriff der Sektorenhilfstätigkeiten *Opitz* in RKPP GWB Rn. 13.
[171] So auch *Opitz* in RKPP GWB Rn. 13 ab, der als weiteres Kriterium nennt, ob die Hilfstätigkeit ohne die Sektorentätigkeit eine eigenständige wirtschaftliche Funktion erfüllen könnte.
[172] Durch die Abschaffung des Vorrangs des offenen Verfahrens im nicht-Sektorenbereich ist das Privileg der Verfahrenswahl im Sektorenbereich weniger deutlich.
[173] EuGH NZBau 2018, 626 (627) noch für die Sektoren-RL 2004, insoweit bestätigt auch für die Sektoren-RL durch EuGH NZBau 2021, 53 (56), auch abstellend auf Art. 19 Abs. 1 Sektoren-RL.
[174] So in Bezug auf einen italienischen Fall für die von der Sektoren-RL erfassten Postdienste EuGH NZBau 2021, 53 (56); vgl. Anm. *Probst* VergabeR 2021, 181.

fen oder in Zügen trifft dies zu.[175] Stellt die Hilfstätigkeit selbst eine Verkehrsleistung dar, die allerdings nicht von Abs. 4 erfasst ist, ist diese Tätigkeit nicht als Sektorentätigkeit einzustufen. Andernfalls würde der Anwendungsbereich des Abs. 4 bei Vergaben öffentlicher Auftraggeber zulasten des Wettbewerbs erweitert. Der Betrieb eines Fahrradverleihsystems ist daher auch dann nicht als Sektorentätigkeit einzustufen, wenn der Fahrradverleih als Ergänzung zum öffentlichen Nahverkehrsangebot eines Sektorenauftraggebers dient. Die Sektorentätigkeit (öffentlicher Nahverkehr) kann auch ohne die Hilfstätigkeit (Betrieb eines Fahrradverleihsystems zur individualisierten Nutzung) ausgeübt werden.[176]

E. Häfen und Flughäfen (Abs. 5)

I. Regelungsgehalt

72 Abs. 5 definiert die **Sektorentätigkeiten im Bereich von Häfen und Flughäfen**. Es handelt sich dabei um Tätigkeiten im Zusammenhang mit der Nutzung eines geografisch abgegrenzten Gebiets mit dem Zweck der Bereitstellung von Flughäfen, See- oder Binnenhäfen oder anderen Terminaleinrichtungen für Verkehrsunternehmen des Luftverkehrs, der Seeschifffahrt oder der Binnenschifffahrt.

II. Sinn und Zweck sowie Entstehungsgeschichte

73 Die Vorschrift dient – durch die **Definition der Sektorentätigkeit im Bereich von Häfen und Flughäfen** – der Festlegung des Anwendungsbereichs des Rechts der Sektorenauftragsvergabe (iVm § 100 und §§ 136 ff.) und der Konzessionsvergabe (iVm § 101; zum Regelungszweck des § 102 allgemein → Rn. 1–3). Abs. 5 ist – zusammen mit Abs. 4 – Nachfolgeregelung zu Nr. 4 der Anlage zu § 98 Nr. 4 aF. Die Trennung der in der Vorgängervorschrift noch zusammen geregelten Bereiche „Verkehrsleistungen" einerseits und „Häfen und Flughäfen" andererseits ist mit Blick auf die getrennte Regelung in den Art. 11 (Verkehrsleistungen) bzw. 12 (Häfen und Flughäfen) der Sektoren-RL konsequent, auch weil Abs. 5 anders als die in den Absätzen zuvor geregelten Sektorentätigkeiten nicht an einen Netzbegriff anknüpft (dazu nachfolgend → Rn. 75).

74 **Art. 12 Sektoren-RL** ist in § 102 Abs. 5 im Wesentlichen **wortlautidentisch umgesetzt**. Im Vergleich der Richtlinienvorgaben untereinander ist der Satzbau neu gestaltet, ohne den Inhalt der Vorschrift zu verändern. Lediglich der Begriff der Terminaleinrichtungen in Art. 12 Sektoren-RL ersetzt den in Art. 7 lit. b Sektoren-RL 2004 enthaltenen Terminus der Verkehrsendeinrichtungen. Bei der Umsetzung in Abs. 5 sind gegenüber Nr. 4 der Anlage zu § 98 Nr. 4 aF ebenfalls Änderungen im Satzbau festzustellen, und zur Beschreibung der Tätigkeit Flughäfen bereitzustellen ist der in Nr. 4 der Anlage zu § 98 Nr. 4 aF enthaltene Verweis auf die Luftverkehrs-Zulassungs-Ordnung (LuftVZO) entfallen (→ Rn. 78).

III. Bereitstellung von Flughäfen, Seehäfen und Binnenhäfen

75 Erforderlich für die Sektorentätigkeit im Bereich Häfen und Flughäfen ist, dass ein geografisch abgegrenztes Gebiet zu dem Zweck der Bereitstellung der genannten Terminaleinrichtungen für die entsprechenden Verkehrsunternehmen genutzt wird. Mit der Nutzung eines geografisch abgegrenzten Gebiets als Tatbestandsmerkmal stellt das Gesetz gerade nicht auf das *Bereitstellen oder Betreiben* eines (festen) Netzes ab, womit sich Abs. 5 von den vorherigen Absätzen des § 102 unterscheidet. Die **Erbringung der Verkehrsleistungen per Flugzeug oder Schiff** ist demzufolge selbst **keine Sektorentätigkeit**.[177] Für Dienstleistungen in den Bereichen der Seeschifffahrt, Küstenschifffahrt und Binnenschifffahrt folgt dies auch aus Erwägungsgrund 21 RL 2014/24/EU, wonach diese Tätigkeiten in den Anwendungsbereich der RL 2014/24/EU und somit nicht in den Sektorenbereich fallen. Das *geografisch abgegrenzte Gebiet* meint den Teil der Erdoberfläche, der für den Nutzungszweck (Bereitstellung der Terminaleinrichtungen) verwendet wird, also die Grundstücksflächen der Flughafen- bzw. Hafeneinrichtungen. Die Wasserstraßen und außerhalb der Häfen befindlichen Einrichtungen (zB Schleusen) sind daher nicht erfasst.[178]

76 Mit dem Zweck der Bereitstellung für **Verkehrsunternehmen** in den Bereichen Luftfahrt, Seeschifffahrt und Binnenschifffahrt erfolgt eine Einschränkung der Sektorentätigkeiten auf Häfen

---

[175] Vgl. EuGH NZBau 2018, 626; EuGH BeckRS 2019, 2445.
[176] VK Nordbayern BeckRS 2018, 44928 Rn. 90 f.
[177] Vgl. auch Beck VergabeR/*Dörr* Rn. 22.
[178] OLG Düsseldorf NZBau 2010, 390 (391).

und Flughäfen, die von Unternehmen genutzt werden, die Verkehrsleistungen erbringen. So ist auch das in den Abs. 1–4 des § 102 jeweils enthaltene Merkmal des Erbringens der Leistungen *für die Allgemeinheit* nicht Voraussetzung. Häfen und Flughäfen für den Freizeitbereich oder reine Fischereihäfen[179] sind damit nicht erfasst.

Die Begriffe des Seehafens, Binnenhafens und Flughafens sind jeweils in einem weiten Sinne 77 zu verstehen.[180] **See- und Binnenhäfen** umfassen sämtliche erforderliche Infrastruktur zur Ein- und Ausschiffung von Personen und zum Be- und Entladen auf dem Seeweg bzw. Binnengewässer beförderter Güter oder Personen.[181] Erfasste Tätigkeiten im Bereich Häfen sind demnach etwa Schlepp-, Verhol- und Assistenzleistungen.[182]

Der Begriff des **Flughafens** bezieht sich nicht mehr auf die in Nr. 4 der Anlage zu § 98 78 Nr. 4 aF noch genannte Luftverkehrs-Zulassungs-Ordnung (LuftVZO). Damit ist gegenüber der Vorgängervorschrift klargestellt, dass eine Sektorentätigkeit im Bereich Flughäfen auch ohne das Erfordernis einer bestimmten Luftverkehrszulassung vorliegen kann.[183] Als Sektorentätigkeit werden neben dem Betrieb der Start- und Landebahnen auch das Abschleppen von falschparkenden Kfz an Flughäfen[184] sowie die Überwachung von Bauarbeiten ebendort als Hilfstätigkeit erfasst.[185] An Flughäfen typischerweise vorgenommene Tätigkeiten wie Einzelhandel, Gaststättenbetrieb und Parkplatzbetrieb sind hingegen nur erfasst, wenn sie zum reibungslosen Flughafenbetrieb beitragen.[186] Hierbei handelt es sich regelmäßig um Dienstleistungskonzessionen.

Die sog. **Bodenabfertigungsdienste** sind von der Sektorentätigkeit der Flughafenbetreiber zu 79 unterscheiden. Die Vergabe dieser Dienste ist in der Verordnung über Bodenabfertigungsdienste auf Flugplätzen (BADV) geregelt, mit der die RL 96/67/EG umgesetzt wurde. Zweck dieser Bestimmungen ist die Öffnung des Marktes für Bodenabfertigungsdienste, der zuvor durch das Selbstbringen der Leistungen durch die Flughafenbetreiber geprägt war.[187] Es handelt sich um gegenüber den vergaberechtlichen Regelungen speziellere Bestimmungen,[188] die allerdings – anders als die Vergabe von Leistungen nach der VO (EG) Nr. 1370/2007 (sog. PersonenverkehrsVO) – insbesondere auch hinsichtlich des Rechtsschutzes[189] nicht eng in die vergaberechtlichen Bestimmungen eingebunden sind.[190] Für die Vergabe von Bodenabfertigungsdiensten (zB administrative Abfertigung, Fluggast- und Gepäckabfertigung, Vorfelddienste und Betankung)[191] gelten gegenüber dem Vergaberecht erleichterte Vorgaben.[192]

F. Fossile Brennstoffe (Abs. 6)

Gemäß § 102 Abs. 6 gelten auch Tätigkeiten zur Nutzung eines geografisch abgegrenzten Gebiets 80 zum Zwecke der Förderung bzw. Exploration fossiler Brennstoffe als Sektorentätigkeiten. Umfasst

---

[179] Vgl. *Opitz* in RKPP GWB Rn. 50; aA für Sportflughäfen Willenbruch/Wieddekind/*Wieddekind* Rn. 34.
[180] Vgl. HK-VergabeR/*Sadoni* Rn. 34 f.
[181] *Opitz* in RKPP GWB Rn. 50, mit Verweis auf EuGH NZBau 2006, 386 (387) und die dort bezogen auf die VO (EWG) Nr. 3577/92 (Seekabotage-VO) getroffene Begriffsbestimmung.
[182] *Opitz* in RKPP GWB Rn. 50 mwN.
[183] Dazu näher *Opitz* in RKPP GWB Rn. 51 einschließlich einer Auflistung von Flughafenbetreibern, über deren Eigenschaft als Sektorenauftraggeber bereits entschieden worden ist. Kaum Auswirkungen auf den Zuschnitt der Sektorentätigkeit durch Entkopplung von der LuftVZO sieht Beck VergabeR/*Dörr* Rn. 24.
[184] OLG Düsseldorf NZBau 2010, 649 (650).
[185] VK Sachsen BeckRS 2011, 01299.
[186] Erwägungsgrund 25 RL 2014/23/EU.
[187] *Kämper/Brüggemann/Bothe* NZBau 2017, 9.
[188] *Boldt/Luft* VergabeR 2015, 758 (760).
[189] Zu den Defiziten aufgrund des verwaltungsgerichtlichen Rechtsschutzes im Bereich der Bodenabfertigungsdienste s. *Kämper/Brüggemann/Bothe* NZBau 2017, 9 (13). Bewerbern um die Vergabe von Bodenabfertigungsdiensten vermittelt die Pflicht zur Ausschreibung nach § 7 Abs. 1 BADV ein subjektives Recht, s. BVerwG BeckRS 2019, 31827.
[190] Angesichts der Rechtsschutzdefizite und der nach wie vor nicht hinreichenden Marktöffnung (s. *Kämper/Brüggemann/Bothe* NZBau 2017, 9, allerdings die Voraussetzungen für eine Dienstleistungskonzession ablehnend) wäre die Vergabe dieser Leistungen als Dienstleistungskonzession vorzugswürdig. Der Gestattungscharakter ist demjenigen der Gestattungsverträge im Bereich der Versorgung von Endkunden mit Kabeldienstleistungen in der Wohnungswirtschaft vergleichbar, bei denen es sich je nach Verteilung der wirtschaftlichen Risiken um öffentliche Aufträge oder Dienstleistungskonzessionen handelt, vgl. VK Brandenburg ZfBR 2016, 520 (Ls.). Die Frage des Vorliegens einer Dienstleistungskonzession (mit Blick auf EuGH NZBau 2017, 616) offen lassend *Braun* NZBau 2018, 139 (141).
[191] Zu den als Bodenabfertigungsdienste erfassten Tätigkeiten s. § 2 Nr. 4 iVm Anlage 1 BADV.
[192] *Boldt/Luft* VergabeR 2015, 758 (761).

werden dabei namentlich die **Förderung von Öl oder Gas** (§ 102 Abs. 6 Nr. 1) sowie die **Exploration oder Förderung von Kohle oder von anderen festen Brennstoffen** (§ 102 Abs. 6 Nr. 2).

81 Eine entsprechende Regelung fand sich zwar bereits in Art. 7 Sektoren-RL 2004 (= RL 2004/17/EG), von einer Umsetzung im GWB-Vergaberecht hatte der deutsche Gesetzgeber jedoch bislang berechtigterweise Abstand genommen. Denn aufgrund einer **Freistellungsentscheidung der Kommission** vom 15.1.2004 gelten Auftraggeber, die nach dem Bundesberggesetz berechtigt sind, Erdöl, Gas, Kohle oder andere feste Brennstoffe aufzusuchen oder zu gewinnen, in Deutschland nicht als Sektorenauftraggeber[193] und sind damit **vom Anwendungsbereich der Sektoren-RL (= RL 2014/25/EU) ausgenommen**. Die Möglichkeit einer solchen Freistellung wurde den Mitgliedstaaten durch Art. 3 Abs. 1 RL 93/38/EWG eröffnet, sofern diese nachweisen konnten, dass bereits der Erhalt einer Genehmigung, die zur Förderung bzw. Exploration fossiler Brennstoffe erforderlich ist, nach mitgliedstaatlichem Recht in nichtdiskriminierender Art und Weise jedem interessierten Unternehmen ermöglicht wird. Das war und ist nach deutschem Bergrecht der Fall. An der Geltung dieser Freistellungsentscheidung hat sich auch durch die jüngste europäische Vergaberechtsreform nichts geändert. Mit Verweis auf die in Rede stehende Freistellungsentscheidung verpflichtet Art. 33 Abs. 1 Sektoren-RL die Bundesrepublik Deutschland allerdings dazu, im Wege von Genehmigungsauflagen oder anderer geeigneter Maßnahmen, zu gewährleisten, dass alle von der Freistellungsentscheidung erfassten Stellen bei der Auftragsvergabe die Grundsätze der Nichtdiskriminierung und der wettbewerblichen Beschaffung beachten. Eine entsprechende Verpflichtung ist in § 143 vorgesehen.

82 Ungeachtet dieser grundsätzlichen Freistellung von der Sektoren-RL hat der deutsche Gesetzgeber mit Einführung der Vorschrift des § 102 Abs. 6 nunmehr auch solche Auftraggeber grundsätzlich in den personellen Anwendungsbereich des Sektorenvergaberechts einbezogen, die im Bereich der Förderung von Öl und Gas bzw. der Exploration und Förderung von Kohle oder anderen festen Brennstoffen tätig sind. Ein praktischer Anwendungsbereich für diese Regelung ist freilich zum gegenwärtigen Zeitpunkt nicht ersichtlich, da sämtliche der erfassten Tätigkeiten eine Genehmigung nach dem Bundesberggesetz voraussetzen, sodass die erfassten Auftraggeber lediglich die Vorgaben des § 143 zu beachten haben. Die Regelung des § 102 Abs. 6 dürfte vor diesem Hintergrund vor allem der präventiven **Vermeidung von Regelungslücken** dienen, die entstehen können, sofern sich die bergrechtliche Genehmigungsrechtslage derart ändern würde, dass die Bedingungen für eine Freistellung nach Art. 3 Abs. 1 RL 93/38/EWG nicht mehr gegeben sind. Die Gesetzesbegründung zum Vergaberechtsmodernisierungsgesetz enthält hierzu keine weiterführenden Ausführungen.

83 Entsprechend der Vorgabe in Art. 14 Sektoren-RL differenziert § 102 Abs. 6 hinsichtlich der Tätigkeiten, die als Sektorentätigkeiten qualifiziert werden sollen, zwischen unterschiedlichen fossilen Brennstoffen. In Bezug auf Öl und Gas soll nach § 102 Abs. 6 Nr. 1 lediglich die Förderung eine Sektorentätigkeit darstellen, während hinsichtlich Kohle und anderer fester Brennstoffe nach § 102 Abs. 6 Nr. 2 neben der Förderung auch die Exploration als Sektorentätigkeit qualifiziert wird. Hintergrund dieser Unterscheidung ist der starke Wettbewerbsdruck, dem Unternehmen bei der Exploration von Erdöl- und Erdgasvorkommen ausgesetzt sind, der eine durch vergaberechtliche Vorschriften bewirkte Beschaffungsdisziplin nach Auffassung des europäischen Richtliniengebers entbehrlich mache.[194] Gemäß Erwägungsgrund 25 Sektoren-RL soll der Begriff **Exploration** die Tätigkeiten umfassen, die durchgeführt werden, um festzustellen, ob Erdöl und Erdgas in einem bestimmten Gebiet vorhanden sind, und wenn das der Fall ist, ob sie gewerblich nutzbar sind. Der Begriff der **Gewinnung** soll hingegen die Erzeugung von Erdöl und Erdgas abdecken. Dabei soll der Begriff Erzeugung so verstanden werden, dass er auch die „Entwicklung" umfasst, dh die Errichtung einer angemessenen Infrastruktur für die künftige Erzeugung (Ölplattformen, Rohrleitungen, Terminalanlagen usw).

G. Begriff der Einspeisung (Abs. 7)

84 § 102 Abs. 7 stellt in Umsetzung von Art. 7 Sektoren-RL klar, dass der Begriff der „Einspeisung", wie er in § 102 Abs. 1–3 Verwendung findet, **sowohl die Erzeugung und Produktion von Wasser, Gas, Wärme und Elektrizität als auch den Groß- und Einzelhandel umfasst**, wobei die Erzeugung von Gas allerdings unter § 102 Abs. 6 fällt.[195] Eine Erweiterung des Anwendungsbereichs des Sektorenvergaberechts ist mit dieser begrifflichen Klarstellung nicht verbunden.[196]

---

[193] Entscheidung 2004/73/EG der Kommission v. 15.1.2004 über einen Antrag Deutschlands das spezielle Regime in Art. 3 der RL 93/38/EWG anzuwenden (ABl. 2004 L 16, 57).
[194] Vgl. Erwägungsgrund 25 Sektoren-RL.
[195] Gesetzesbegründung der BReg, BT-Drs. 18/6281, 73.
[196] Vgl. Erwägungsgrund 23 Sektoren-RL.

Anh. § 102: Post- und Telekommunikationsunternehmen

Die früher von § 98 Nr. 4 erfassten Sektoren Post- und Telekommunikation werden im Folgenden gesondert dargestellt, da sie sich im Moment noch am Ende einer Übergangsphase aus dem Anwendungsbereich des Kartellvergaberechts hinaus befinden.

I. Post

Schrifttum: *Badura/v. Dannwitz/Herdeger/Sedemund/Stern,* Beck'scher PostG-Kommentar, 2. Aufl. 2004 (= Beck PostG); *Dietlein,* Der Begriff des „funktionalen Auftraggebers" nach § 98 Nr. 2 GWB, NZBau 2002, 136; *Huber/Wollenschläger,* Post und Vergaberecht, VergabeR 2006, 431; *Pietzcker,* Die neue Gestalt des Vergaberechts, ZHR 162 (1998), 427; *Thode,* Zum vergaberechtlichen Status von juristischen Personen des Privatrechts, ZIP 2000, 2.

1. Hintergrund. Ursprünglich war die Post nicht als Sektorenauftraggeber vorgesehen, weder im deutschen noch im europäischen Recht. Ob die privatisierten Nachfolgeunternehmen der früheren Postmonopolisten vom persönlichen Anwendungsbereich des EU-Vergaberechts erfasst wurden, wurde vielmehr durch die allgemeinen Vergabevorschriften bestimmt. Im deutschen Recht kam es also darauf an, ob es sich um öffentliche Auftraggeber iSd § 99 Abs. 1 oder Abs. § 99 Abs. 2 handelte. Diese Frage wurde kontrovers diskutiert.[1] Dabei wurde hauptsächlich der Grad der staatlichen Beherrschung des Unternehmens sowie die Liberalisierung des Postsektors problematisiert. Die Sektoren-RL (= RL 2014/25/EU) bezieht den Postbereich – ebenso wie ihre Vorgängerrichtlinie 2004/17 – in den Anwendungsbereich des europäischen Vergaberechts ein. In § 102 wird die Post jedoch nicht als Sektorenauftraggeber aufgeführt.

2. Regelungen für den Postsektor. Die Ende der 1980er Jahre begonnene Liberalisierung des Postsektors führte zu einer Privatisierung der Deutschen Bundespost und zu einem Abbau bestehender Postmonopole zugunsten einer privatwirtschaftlichen Erbringung von Postdienstleistungen. Die zuvor als Sondervermögen des Bundes geführte Deutsche Bundespost wurde 1989 in die Teilsondervermögen Deutsche Bundespost Postdienst, Postbank und Telekom aufgespalten, welche später in Aktiengesellschaften umgewandelt wurden.[2] Die Deutsche Post AG wurde zum 1.1.1995 gegründet und ging am 20.11.2000 an die Börse.[3] Durch eine Änderung des Postumwandlungsgesetzes vom 18.1.2002 wurde die gem. Art. 143b Abs. 3 GG erforderliche bundesgesetzliche Grundlage für die Aufgabe der Kapitalmehrheit des Bundes an den Nachfolgeunternehmen der Deutschen Bundespost Postdienst geschaffen. In der Folgezeit reduzierte die öffentliche Hand, dh der Bund und die bundeseigene KfW-Bankengruppe, ihre Mehrheitsbeteiligung an der Deutschen Post AG sukzessive, bis diese am 13.6.2005 durch die Platzierung eines weiteren Aktienpaketes durch die KfW aufgegeben wurde.

Verfassungsrechtliche Grundlage für die Liberalisierung des Postsektors sind Art. 87 ff. GG, insbesondere Art. 87f Abs. 1 GG. Hiernach können Postdienstleistungen als privatwirtschaftliche Tätigkeiten durch das entsprechende Nachfolgeunternehmen der Deutschen Bundespost und andere private Anbieter erbracht werden. Es besteht allerdings eine **Gewährleistungsverantwortung** des Staates für die flächendeckende und ausreichende Versorgung mit Postdienstleistungen. Diese Verpflichtung wird durch das in Umsetzung der Postdienstrichtlinie[4] ergangene **Postgesetz** weiter ausgestaltet. Zweck des PostG ist es, durch Regulierung den **Wettbewerb** zu fördern, gleichzeitig aber einen angemessenen und **ausreichenden Standard** der Erbringung von Postdiensten sicherzustellen. Die Gewährleistung des unabdingbaren Mindeststandards an Postdienstleistungen (Universaldienst) erfolgt über die Regelung des §§ 11 ff. PostG. Ist der Universaldienst gefährdet, kann die zuständige Regulierungsbehörde, die Bundesnetzagentur, einzelne oder mehrere umsatzstarke Lizenznehmer, ggf. gegen eine umzulegende Ausgleichsleistung (§§ 15 f. PostG), zu dessen Sicher-

---

[1] Vgl. hierzu nur Immenga/Mestmäcker/*Dreher* § 98 Rn. 119; Beck VergabeR/*Marx,* 2. Aufl. 2013, § 98 Rn. 37; *Dietlein* NZBau 2002, 136 (139, 140); *Thode* ZIP 2000, 2; *Pietzcker* ZHR 162 (1998), 427 (447); *Huber/Wollenschläger* VergabeR 2006, 431 (433); *Prieß* VergabeR-HdB 164.

[2] Gesetz zur Neustrukturierung des Post- und Fernmeldewesens und der Deutschen Bundespost (Poststrukturgesetz) v. 8.6.1989, BGBl. 1989 I 1026; Gesetz zur Neuordnung des Postwesens und der Telekommunikation (Postneuordnungsgesetz) v. 14.9.1994, BGBl. 1994 I 2325.

[3] Gesetz zur Umwandlung der Unternehmen der Deutschen Bundespost in die Rechtsform der Aktiengesellschaft (Postumwandlungsgesetz) v. 14.9.1994, BGBl. 1994 I 2339, zuletzt geändert durch das Erste Gesetz zur Änderung des Postumwandlungsgesetzes v. 18.1.2002.

[4] Richtlinie 97/67 des Europäischen Parlaments und des Rates v. 15.12.1997 über gemeinsame Vorschriften für die Entwicklung des Binnenmarktes der Postdienste der Gemeinschaft und die Verbesserung der Dienstequalität; ABl. 1998 L 15, 14, zuletzt geändert durch RL 2002/39 (ABl. 2002 L 176, 21) und die VO 1882/2003 (ABl. 2003 L 284, 1); vgl. dazu Beck PostG/*v. Dannwitz* EUGrdl Rn. 26.

stellung heranziehen (§§ 12 f. PostG) oder den **Universaldienst** unter den Voraussetzungen des § 14 PostG ganz oder teilweise ausschreiben. Daneben ermöglicht das Gesetz zur Sicherstellung des Postwesens und der Telekommunikation (PTSG)[5] ua, Postdienstleistern bestimmte Verpflichtungen gegen Kostenerstattung aufzuerlegen, um in Ausnahmesituationen (zB Naturkatastrophen, Spannungs- und Verteidigungsfall) eine ausreichende Versorgung mit Postdienstleistungen zu gewährleisten. Für die Zeit der Exklusivlizenz hatte die Deutsche Post AG die damit verbundenen Kosten allerdings selbst zu tragen (§ 12 Abs. 5 PTSG). Seit dem 1.1.2008 ist die Deutsche Post AG nicht mehr verpflichtet, den Universaldienst zu erbringen.

5 Für die Feststellung des Liberalisierungsgrades auf dem Markt der Postdienstleistungen ist zu berücksichtigen, dass überhaupt nur ein Teilbereich lizenzpflichtig und damit der freie Wettbewerb eingeschränkt ist. Die **gewerbsmäßige Beförderung von Briefsendungen** unter 1.000 g ist gem. § 5 Abs. 1 PostG lizenzpflichtig. Die Lizenz wird geeigneten Anbietern von der Regulierungsbehörde erteilt (§§ 6 ff. PostG). Zu beachten ist, dass der Deutschen Post AG als Ausgleich für ihre Universaldienstleistungsverpflichtung gem. Art. 143b Abs. 2 S. 1 GG, § 51 PostG eine gesetzliche Exklusivlizenz für bestimmte Briefsendungen während dieses Zeitraums zusteht. Dieser sukzessive abgebaute Monopolbereich erstreckte sich seit dem 1.1.2006 nur noch auf die gewerbsmäßige Beförderung von Briefsendungen und adressierten Katalogen bis 50 g, die weniger als das Zweieinhalbfache des Preises für entsprechende Postsendungen der untersten Gewichtsklasse kosten. Allerdings machen diese Briefsendungen ca. drei Viertel aller Briefsendungen aus. Da seit Ende 2007 die Exklusivlizenz ganz erloschen ist, ist nach dem Jahresbericht 2007 der Bundesnetzagentur die Beschränkung für die Entwicklung des Briefmarktes weggefallen.[6] Inzwischen seien im Briefmarkt Hunderte von neuen Wettbewerbern aktiv, gerade in ländlichen Gegenden. Dabei sei zu beobachten, dass die Anbieter inzwischen fest etabliert seien. Eine Alternative zur Deutsche Post AG bildeten diese Anbieter vorwiegend für gewerbliche Nachfrager.

6 **3. Die Deutsche Post AG und andere Universaldienstleister als Sektorenauftraggeber.** Nach den oben (→ § 102 Rn. 20 ff.) aufgeführten Kriterien ist die Deutsche Post AG kein Sektorenauftraggeber. Es handelt sich nicht um einen öffentlichen Auftraggeber iSd Art. 3 Sektoren-RL. Insbesondere wird die Deutsche Post AG **nicht** von einer Gebietskörperschaft oder einem Verband von Gebietskörperschaften **überwiegend finanziert oder beherrschend beeinflusst.** Schon 2005 haben die KfW und der Bund ihre Aktienmehrheit an der Deutschen Post AG aufgegeben. Zum 10.11.2020 hält die KfW Bankengruppe 20,5% der Aktien der Deutschen Post AG, der Rest ist Streubesitz.[7]

7 Es handelt sich auch nicht um einen Auftraggeber iSd Art. 4 Abs. 1 lit. b Sektoren-RL. Voraussetzung hierfür ist, dass die Tätigkeit auf der Grundlage von dem Unternehmen eingeräumten **besonderen oder ausschließlichen Rechten,** die von einer Behörde des Mitgliedstaates gewährt wurden, ausgeübt wird. Diese Formulierung ist dem Art. 106 Abs. 1 AEUV entnommen (→ § 102 Rn. 42 ff.).[8] Ein solches besonderes oder ausschließliches Recht hat die Deutsche Post AG seit Wegfall der Exklusivlizenz gem. § 51 Abs. 1 PostG am 31.12.2007 nicht mehr. Sie ist mithin kein Sektorenauftraggeber und damit auch nicht dem Vergaberecht unterworfen.

II. Telekommunikation

8 Die Sektoren-RL fasst Unternehmen im Telekommunikationsbereich nicht mehr unter die Sektorenauftraggeber. In der Konsequenz werden diese Unternehmen auch in § 102 nicht mehr genannt und sind damit nicht mehr dem Kartellvergaberecht unterworfen.

§ 103 Öffentliche Aufträge, Rahmenvereinbarungen und Wettbewerbe

(1) Öffentliche Aufträge sind entgeltliche Verträge zwischen öffentlichen Auftraggebern oder Sektorenauftraggebern und Unternehmen über die Beschaffung von Leistungen, die die Lieferung von Waren, die Ausführung von Bauleistungen oder die Erbringung von Dienstleistungen zum Gegenstand haben.

---

[5] Gesetz zur Sicherstellung von Postdienstleistungen und Telekommunikationsdiensten in besonderen Fällen (Post- und Telekommunikationssicherstellungsgesetz) idF v. 1.4.2011, BGBl. 2011 I 506 (941).
[6] Jahresbericht der Bundesnetzagentur 2007, 128, abrufbar unter https://www.bundesnetzagentur.de/SharedDocs/Downloads/DE/Allgemeines/Bundesnetzagentur/Publikationen/Berichte/2007/Jahresbericht2007Id13212pdf.pdf?__blob=publicationFile&v=2l (zuletzt aufgerufen am 8.8.2021).
[7] Vgl. Angaben der Deutsche Post DHL Group unter https://www.dpdhl.com/de/investoren/aktie/aktionaersstruktur.html (zuletzt aufgerufen am 8.8.2021).
[8] *Gundel* in → AEUV Art. 106 Rn. 42.

Öffentliche Aufträge, Rahmenvereinbarungen und Wettbewerbe § 103 GWB

(2) ¹Lieferaufträge sind Verträge zur Beschaffung von Waren, die insbesondere Kauf oder Ratenkauf oder Leasing, Mietverhältnisse oder Pachtverhältnisse mit oder ohne Kaufoption betreffen. ²Die Verträge können auch Nebenleistungen umfassen.

(3) ¹Bauaufträge sind Verträge über die Ausführung oder die gleichzeitige Planung und Ausführung
1. von Bauleistungen im Zusammenhang mit einer der Tätigkeiten, die in Anhang II der Richtlinie 2014/24/EU des Europäischen Parlaments und des Rates vom 26. Februar 2014 über die öffentliche Auftragsvergabe und zur Aufhebung der Richtlinie 2004/18/EG (ABl. L 94 vom 28.3.2014, S. 65) und Anhang I der Richtlinie 2014/25/EU des Europäischen Parlaments und des Rates vom 26. Februar 2014 über die Vergabe von Aufträgen durch Auftraggeber im Bereich der Wasser-, Energie- und Verkehrsversorgung sowie der Postdienste und zur Aufhebung der Richtlinie 2004/17/EG (ABl. L 94 vom 28.3.2014, S. 243) genannt sind, oder
2. eines Bauwerkes für den öffentlichen Auftraggeber oder Sektorenauftraggeber, das Ergebnis von Tief- oder Hochbauarbeiten ist und eine wirtschaftliche oder technische Funktion erfüllen soll.

²Ein Bauauftrag liegt auch vor, wenn ein Dritter eine Bauleistung gemäß den vom öffentlichen Auftraggeber oder Sektorenauftraggeber genannten Erfordernissen erbringt, die Bauleistung dem Auftraggeber unmittelbar wirtschaftlich zugutekommt und dieser einen entscheidenden Einfluss auf Art und Planung der Bauleistung hat.

(4) Als Dienstleistungsaufträge gelten die Verträge über die Erbringung von Leistungen, die nicht unter die Absätze 2 und 3 fallen.

(5) ¹Rahmenvereinbarungen sind Vereinbarungen zwischen einem oder mehreren öffentlichen Auftraggebern oder Sektorenauftraggebern und einem oder mehreren Unternehmen, die dazu dienen, die Bedingungen für die öffentlichen Aufträge, die während eines bestimmten Zeitraums vergeben werden sollen, festzulegen, insbesondere in Bezug auf den Preis. ²Für die Vergabe von Rahmenvereinbarungen gelten, soweit nichts anderes bestimmt ist, dieselben Vorschriften wie für die Vergabe entsprechender öffentlicher Aufträge.

(6) Wettbewerbe sind Auslobungsverfahren, die dem Auftraggeber aufgrund vergleichender Beurteilung durch ein Preisgericht mit oder ohne Verteilung von Preisen zu einem Plan oder einer Planung verhelfen sollen.

Übersicht

	Rn.		Rn.
A. Definition des öffentlichen Auftrags (Abs. 1)	1	h) Ausnahme: innerstaatliche Organisationsakte (Art. 1 Abs. 6 RL 2014/24/EU)	63
I. Entstehungsgeschichte	1	3. Einzelfälle	67
II. Normzweck	7	a) Kommunale Zusammenarbeit	67
III. Der öffentliche Auftrag in Abs. 1	10	b) Contracting out, Outsourcing und Rekommunalisierung	72
1. Die Vertragspartner	10	c) Änderung laufender Verträge	74
a) Öffentlicher Auftraggeber oder Sektorenauftraggeber	10	d) Vertragslaufzeiten	78
b) Funktionaler Unternehmensbegriff	13	e) Optionen	80
c) Wirtschaftliche Betätigung von Kommunen und deren Überprüfbarkeit durch die Vergabekammern	20	f) Sozialrechtliches Dreiecksverhältnis	81
		g) Beleihung	85
d) Durch Beihilfen begünstigte Unternehmen	28	h) Unteraufträge oder Aufträge an Subunternehmer	86
2. Vertrag	30	**B. Lieferaufträge (Abs. 2)**	88
a) Formerfordernis	33	I. Begriff der Ware	88
b) Funktionaler Vertragsbegriff	35	1. Verträge zur Beschaffung von Waren	88
c) Entgeltlichkeit	41	2. Immobilien	89
d) Beschaffungselement	50	3. Strom und Gas	90
e) Vorliegen einer einklagbaren Verpflichtung zur Leistung	55	4. Computerprogramme	92
f) Vertragsarten	57	II. Rechtsform der Beschaffung	95
g) Ausnahme: Fehlen einer Auswahlentscheidung des Auftraggebers	60		

Mädler 345

	Rn.		Rn.
III. Abgrenzung von Bau- und Lieferauftrag	96	VI. Besondere Fallgestaltung nach § 171f BauGB („BID")	161
IV. Besondere Vertragsgestaltungen bei Lieferaufträgen	98	D. Dienstleistungsaufträge (Abs. 4)	164
		I. Begriff der Dienstleistung	164
1. Arzneimittelrabattverträge und Hilfsmittelverträge	98	1. Definition mittels negativer Abgrenzung	164
2. Lagerverträge	104	2. Vergaberechtsmodernisierungsgesetze	165
3. Verträge über Waren mit einer Preisbindung (insbesondere Schulbücher)	105	II. Abgrenzung zum Bauauftrag	167
		III. Abgrenzung zum Lieferauftrag	169
4. Handelspartnerverträge	106	IV. Abgrenzung zur Dienstleistungskonzession	170
5. Veräußerung von Geschäftsanteilen bzw. Gesellschaftsgründung	107		
		V. Besondere Vertragsgestaltungen öffentlich-rechtlicher Dienstleistungsaufträge	172
V. Nebenleistungen	110		
C. Bauaufträge (Abs. 3)	112		
I. Europarechtliche Definition des öffentlichen Bauauftrags	112	1. Abfallbereich	172
		2. (Notfall-)Rettungsdienstleistungen	173
II. Bauleistungen nach S. 1 Nr. 1	115	3. Sponsoring	176
1. Definition	115	E. Rahmenvereinbarungen (Abs. 5)	179
2. Ausführung oder Planung und Ausführung	119	I. Überblick und Zweck	179
		II. Anwendungsbereich	183
3. Einzelfragen und -fälle	122	III. Definition und Begriff	185
III. Bauwerke nach S. 1 Nr. 2	132	IV. Typen von Rahmenvereinbarungen	189
1. Begriff des Bauwerks	133	V. Verfahren und geltende Vergabevorschriften	191
2. Erfüllung einer wirtschaftlichen oder technischen Funktion	135		
		VI. Laufzeit	196
IV. Erfassung von Bauleistungen durch Dritte („Bestellbauten") (S. 2)	141	VII. Beitritt zur Rahmenvereinbarung	198
		VIII. Rechtsschutz	200
1. Sinn und Zweck der Erweiterung	141	F. Wettbewerbe (Abs. 6)	202
2. Entscheidender Einfluss auf Art und Planung der Bauleistung	143	I. Definitionen und Anwendungsbereiche	202
		II. Verfahren	206
3. Dem Auftraggeber unmittelbar wirtschaftlich zugutekommende Bauleistung	147	III. Preisgericht	207
		IV. Einzelfälle/-fragen	211
4. Einzelfälle	152		
V. Fälle sog. eingekapselter Beschaffung	158		

A. Definition des öffentlichen Auftrags (Abs. 1)

Schrifttum: *Antweiler*, Neues zur Rügeobliegenheit und zu öffentlich-rechtlichen Marktzugangsbeschränkungen, NZBau 2020, 761; *Brockhoff*, Öffentlich-öffentliche Zusammenarbeit nach den neuen Vergaberichtlinien, VergabeR 2014, 625; *Classen*, Zur Abgrenzung von Dienstleistungskonzessionen gegenüber Miet- und Pachtverträgen nach der Richtlinie 2014/23/EU; *Dageförde/Hattig*, Erlaubte Anpassung oder neuer Auftrag? Die Änderung bestehender Verträge und die Pflicht zur Ausschreibung, VergabeNavigator Sonderausgabe 2014, 6; *Fandrey*, Ausschreibungsfreiheit durch Zuwendung?, NZBau 2019, 362; *Gabriel*, Offenes Haus, geschlossene Tür: Der Vergaberechtsschutz bei Open-House-Verfahren vor dem Aus, NZBau 2019, 568; *Ganske*, Business Improvement Districts (BIDs) unter dem Blickwinkel des Vergaberechts, VergabeR 2008, 15; *Gniechwitz*, Anmerkung zu EuGH, Urt. v. 21.12.2016 – C-51/15 (Remondis/Region Hannover), EuZW 2017, 144; *Grams*, „Zuwendungsmodell" – Ausnahme von der Ausschreibung nach GWB?, VergabeR 2019, 473; *Gröning*, Die Anpassung der Bauzeit im laufenden Vergabeverfahren – „Neue Folgen" durch BGH, Urteil v. 3.7.2020 – VII ZR 144/19, VergabeR 2020, 725; *Guarrata/Wagner*, Das Verhältnis von Vergabe- und Beihilferecht, NZBau 2018, 443; *Gurlit*, Das Vergaberecht im Spannungsfeld von Kommunalwirtschaftsrecht und Wettbewerbsrecht, VergabeR 2017, 221; *Haak*, Jenseits von Ahlhorn – die vergaberechtliche Beurteilung kommunaler Grundstücksgeschäfte, VergabeR 2011, 351; *Horn*, Öffentlich-öffentliche Kooperationen – Horizontale

A. Definition des öffentlichen Auftrags (Abs. 1)　　　　　　　　　　1–3　§ 103 GWB

Zusammenarbeit gem. § 108 Abs. 6 GWB, VergabeR 2017, 229; *Jaeger,* Und doch: Bestätigung der Bereichsausnahme für Vergaben von Rettungsdienstleistungen, NZBau 2020, 223; *Jentzsch/Kirch,* Wenn die öffentliche Hand bauen lässt – Grundstücksverkäufe und Bauverpflichtungen, VergabeNews 2019, 94; *Kirch/Mieruszewsk,* Falsche Auftragsart gewählt – Folgen für das Nachprüfungsverfahren, VergabeNews 2015, 26; *Knauff,* Das System des Vergaberechts zwischen Verfassungs-, Wirtschafts- und Haushaltsrecht, VergabeR 2008, 312; *Krönke,* Das neue Vergaberecht aus verwaltungsrechtlicher Perspektive, NVwZ 2016, 568; *Kues/Simlesa,* Bau- oder Lieferauftrag? – Das ist hier die Frage!, NZBau 2020, 765; *Leinemann/Homann,* Rechtssicherheit bei der Inhouse-Vergabe, Vergabenavigator Sonderausgabe 2014, 20; *Lenz/Jürschik,* Inhouse-Vergabe nach Zuständigkeitsübertragung im ÖPNV – zugleich Besprechung von EuGH, Urt. v. 18.6.2020 (C-328/19), EuZW 2020, 1030; *Müller/Klostermann,* Die neue Vergaberichtlinien – Besteht eine rechtliche oder faktische Vorwirkung der Richtlinien vor Ablauf der Frist zur Umsetzung durch die Mitgliedstaaten?, ZfBR 2014, 347; *Müller-Wrede,* Der Wechsel des Auftragnehmers – Über die Pflicht zur Neuausschreibung, Vergabenavigator Sonderausgabe 2013, 23; *Neun,* Vergaberechtsfreiheit des „Open-House-Modells" – Zulassungssysteme ohne Bieterauswahl, NZBau 2016, 681; *Otting,* Anmerkung zur Entscheidung des Oberlandesgerichts Düsseldorf vom 14.10.2020 – Verg 36/19, IBR 2020, 650; *Portz,* OLG Celle bestätigt EuGH: Kommunale Aufgabenübertragung auf Zweckverband unterliegt nicht dem Vergaberecht, Anmerkung zu OLG Celle, Beschl. v. 3.8.2017 – 13 Verg 3/13, VergabeR 2017, 704; *Preussler,* De facto Vergabe ohne Folgen (zu EuGH Rs. C 19/13), Vergabe Navigator 2015, 20; *Prieß,* Was heißt und welchem Zweck dient das „grenzüberschreitende Interesse"?, NZBau 2015, 57; *Rhein,* Nachträge und das Vergaberecht – Vertragsänderungen als Gegenstand eines Vergabeverfahrens, Vergabe Navigator 2014, 5; *Rittwage,* Einzel- und Gesamtrechtsnachfolge bei öffentlichen Aufträgen, VergabeR 2006, 327; *Schotten,* Praxisrelevante Einzelfragen bei der Ausschreibung von Grundstücken mit städtebaulichem Bezug, VergabeR 2010, Sonderheft 2a, 344; *Wachinger/Scholz,* Anmerkung zu EuGH, Urt. v. 21.12.2016 – C-51/15 (Remondis/Region Hannover), NVwZ 2017, 373; *Willenbruch,* Anmerkung zur Entscheidung des OLG Rostock, Beschluss vom 5.2.2020 (17 Verg 4/19), VergabeR 2020, 624; *Wittig,* juris PR-Vergaberecht 9/2019, Anm. 4.

I. Entstehungsgeschichte

§ 103 in seiner aktuellen Fassung ist seit dem Vergaberechtsmodernisierungsgesetz im GWB enthalten. Die Vorschrift entspricht in weiten Teilen der vor dem 18.4.2016 geltenden Regelung des damaligen **§ 99** (§ 99 in der vor dem 18.4.2016 geltenden Fassung). Ebenso wie diese Vorgängervorschrift setzt § 103 die Definition des öffentlichen Auftrages aus den EU-Richtlinien in das nationale Recht um. 1

Die Vorgängerregelung des § 99 aF ging auf die ursprüngliche mit Gesetz zur Änderung der Rechtsgrundlagen für die Vergabe öffentlicher Aufträge (Vergaberechtsänderungsgesetz – VgRÄG) eingeführte Vorschrift zur Definition des Auftragsbegriffs zurück. Diese war zwischen 1999 und 2016 Gegenstand verschiedener Ergänzungen und Änderungen gewesen. Eine erste wesentliche Änderung erfuhr § 99 aF schon im Jahr 2006 durch das Gesetz zur Beschleunigung der Umsetzung von Öffentlich Privaten Partnerschaften und zur Verbesserung gesetzlicher Rahmenbedingungen für Öffentlich Private Partnerschaften (ÖPP-Gesetz).[1] Mit dem **ÖPP-Gesetz** wurde **2006** der damalige **Abs. 6** eingefügt, der sich mit der Abgrenzung der Auftragsarten (Dienstleistungsauftrag zu Liefer- bzw. Bauauftrag) beschäftigte. Eine weitere Änderung erfuhr § 99 aF mit dem **Vergaberechtsreformgesetz 2009,** durch welches der seinerzeitige Abs. 6 zu Abs. 7 wurde. Der dadurch frei gewordene **Abs. 6** erhielt einen neuen Inhalt mit der **Regeldefinition für die Baukonzession,** die bis dahin als Klammerdefinition in der Formulierung zu § 98 Nr. 6 aF enthalten war. Weiter kam Abs. 8 hinzu, der für den Sektorenbereich regelte, wie in Zweifelsfällen über das anzuwendende Vergaberecht zu verfahren ist. Die damalige Textänderung in Abs. 1 hatte lediglich klarstellenden Charakter. Im **Jahr 2011** wuchs § 99 aF um weitere fünf Absätze an, welche ua die verteidigungs- und sicherheitsrelevanten Aufträge sowie Folgefragen (Definition der „Militärausrüstungen") enthielten. Mit der **Reform 2016** sind wiederum mehrere Absätze entfallen. § 99 Abs. 7–9 aF zu den Beschaffungen im Bereich Verteidigung und Sicherheit finden sich nunmehr in einer eigenständigen Norm – § 104 – wieder. § 103 **Abs. 6** der aktuellen Fassung definiert nun den neu aufgenommenen **Begriff der Wettbewerbe,** der den alten **Begriff der Auslobung** ersetzt (→ Rn. 202 ff.). 2

Die Verschiebung der Auftragsdefinition von § 99 aF in § 103 hatte gesetzestechnische Gründe. Mit dem Vergaberechtsmodernisierungsgesetz hat die **getrennte Definition der verschiedenen Auftraggeberbegriffe (§§ 98–101)** Einzug in das GWB gehalten. Damit hat der Gesetzgeber die Änderungen der europäischen Richtlinien aus dem Jahr 2014 nachvollzogen, welche in dem Richtlinienpaket vom 17.4.2014 drei separate Richtlinien – je Auftraggebertyp eine Richtlinie – vorsieht. Seit dem 18.4.2016 sind im GWB unter dem Oberbegriff des Auftraggebers (§ 98) drei Auftraggebertypen vereint und in den §§ 99 bis 101 einzeln definiert: die **öffentlichen Auftragge-** 3

---

[1] Dazu BR-Drs. 544/05.

ber nach § 99, die **Sektorenauftraggeber** nach § 100 und die **Konzessionsgeber** nach § 101. Gesetzestechnisch wurde der damalige § 98 aufgespalten, wodurch die Definition der Sektorenauftraggeber in einen eigenen Paragraphen (§ 100) verortet worden ist. Erstmalig erfolgten an dieser Stelle auch eine **Aufzählung und Definition der Sektorentätigkeiten (§ 102)**. Aufgrund des damals neu hinzugekommenen Einbezugs der Konzessionsvergaben in das Vergaberecht bestand zudem die Notwendigkeit der Definition des Konzessionsgeberbegriffs (§ 101). Folge dieser Einfügungen war, dass die Definition der öffentlichen Aufträge von ihrem alten Platz in § 99 aF nach hinten gerutscht ist und sich seitdem in **§ 103** wiederfindet. Im Unterschied zur Definition in § 99 aF finden sich Baukonzessionen nunmehr nicht mehr unter den Definitionen zum Begriff des öffentlichen Auftrags. Vielmehr wird unterschieden zwischen der **Vergabe von öffentlichen Aufträgen** einerseits und der **Vergabe von Konzessionen** andererseits. Die Konzessionen, **einschließlich der Baukonzessionen** werden nun **abschließend in § 105** definiert.

4   Mit der Vergaberechtsmodernisierung haben zudem verschiedene praktisch relevante, mit der Reichweite des sachlichen Anwendungsbereichs des Vergaberechts im Zusammenhang stehende, Fragestellungen eine gesetzliche Regelung erfahren. Seither sind die **öffentlich-öffentliche Zusammenarbeit** und **Vertragsänderungen** sowie **Formen gemischter Verträge** in eigenen Vorschriften geregelt. Waren bis dahin die einzelfallbezogenen Vorgaben aus der Rechtsprechung, insbesondere auch des EuGH, Basis vieler Auseinandersetzungen um die Grenzziehung zwischen ausschreibungspflichtigen öffentlichem Auftrag und vergaberechtsfreiem **Inhouse-Geschäft** oder vergaberechtsfreiem **Nachtrag** oder **Vertragsannex** (vgl. Literaturangaben), hat die Gesetzesreform im Jahr 2016 die Maßstäbe der Richtlinien, für die ihrerseits die zum damaligen Zeitpunkt vorliegende Rechtsprechung des EuGH Modell gestanden hat, in nationales Recht umgesetzt. Maßgeblich sind damit **§ 108 zur öffentlich-öffentlichen Zusammenarbeit** und **§ 132 zur Vertragsänderung,** wobei im Hinblick auf die Ausformung der einzelnen Tatbestandsmerkmale selbstredend weiterhin die vormalige – sowie die mittlerweile zu den aktuellen Richtlinienbestimmungen ergangene – Rechtsprechung des EuGH eine bedeutende Rolle spielt.

5   Auch die Frage, welche Vergaberegeln bei Verträgen mit unterschiedlichen Auftragsteilen anzuwenden sind, wurde mit der Reform im Jahr 2016 gesetzlich geregelt. Die **§§ 110–112** enthalten seitdem **Definitionen und Regelungen für gemischte Verträge**. Gemischt sind Verträge, die unterschiedliche Leistungen zum Gegenstand haben, wobei diese Teile entweder unterschiedlichen rechtlichen Regelungen unterliegen oder verschiedene Tätigkeiten umfassen.

6   Nach der Gesetzessystematik enthält § 103 daher nur noch die **Grundformen der öffentlichen Aufträge** und schafft so einen weiten sachlichen Anwendungsbereich des Vergaberechts, der durch die nachfolgenden Regelungen, insbesondere § 108 sowie § 116, eingeschränkt wird. Die von den vorgenannten Regelungen erfassten Verträge stellen zwar öffentliche Aufträge iSd § 103 dar, sollen nach dem Willen des Gesetzgebers jedoch aufgrund übergeordneter Erwägungen nicht dem Vergaberecht unterfallen. Zu unterscheiden davon sind die Fälle, die mangels Erfüllung der tatbestandlichen Voraussetzungen von vornherein nicht dem Auftragsbegriff und damit dem Vergaberecht unterliegen; namentlich die Konstellation der innerstaatlichen Aufgabendelegation per Vertrag, die bislang keine gesetzliche Niederlegung gefunden hat, sei hier erwähnt (→ Rn. 63 ff.).

II. Normzweck

7   § 103 definiert den sachlichen Anwendungsbereich des Vergaberechts, allerdings nicht mehr so umfassend wie § 99 in der Fassung vor dem 18.4.2016.[2] **§ 103 Abs. 1** enthält eine abstrakte allgemeine Definition des öffentlichen Auftrags und die **Abs. 2–6** definieren die verschiedenen Auftragsarten. Damit wird im Grundsatz **positiv der sachliche Anwendungsbereich** des Vergaberechts beschrieben. § 103 ist jedoch auch im Zusammenhang mit anderen Bestimmungen zu sehen, die durch die **Regelung von Ausnahmen** den **sachlichen Anwendungsbereich des Vergaberechts wieder einschränken**. Im Zuge der Vergaberechtsmodernisierung wurden einzelne bis dahin in § 99 aF bzw. den unmittelbar nachfolgenden §§ 100 ff. aF enthaltene Ausnahmetatbestände und Konkurrenzregelungen in neue und eigenständige Vorschriften ausgelagert beispielsweise die ehemaligen § 99 **Abs. 11–13** aF in die Konkurrenzregelungen der **§§ 110–112**, welche diejenigen Konstellationen regeln, in denen nach der Art des Auftrags oder der Zuordnung des Auftraggebers verschiedene Vergaberegelungen in Betracht kommen. Ausnahmeregelungen finden sich nunmehr verstreut im Gesetz. Dies sind **§ 107** (Allgemeine Ausnahmen), **§ 108** (Ausnahmen bei öffentlich-öffentlicher Zusammenarbeit), welcher die sog. Inhouse-Geschäfte und die horizontale öffentlich-öffentliche Zusammenarbeit definiert und regelt, **§ 109** (Ausnah-

---

[2] Vgl. BT-Drs. 16/10117 Gesetzesbegründung Teil B Art. 1 zu Nr. 4 (§ 99).

A. Definition des öffentlichen Auftrags (Abs. 1) 8–13 § 103 GWB

men auf der Grundlage internationaler Verfahrensregeln), § 116 (Besondere Ausnahmen), der einzelne bereits im ehemaligen § 100 Abs. 2 enthaltene Punkte aufnimmt und zum Teil Rechtsprechung, zB zu den Mediendiensten, umsetzt und § 117 (Besondere Ausnahmen für Vergaben, die Verteidigungs- oder Sicherheitsaspekte umfassen). Im Hinblick auf das Sonderregime des Sektorenvergaberechts enthalten die §§ 137–140 spezielle Ausnahmetatbestände, nämlich § 137 (Besondere Ausnahmen), § 138 (Besondere Ausnahme für die Vergabe an verbundene Unternehmen), § 139 (Besondere Ausnahmen für die Vergabe durch oder an ein Gemeinschaftsunternehmen) und § 140 (Besondere Ausnahme für unmittelbar dem Wettbewerb ausgesetzte Tätigkeiten). Auf diese Ausnahme kann nur dann zurückgegriffen werden, wenn die Anwendungsvoraussetzungen des Sektorenvergaberechts eröffnet sind, dh ein Sektorenauftraggeber iSd § 100 zum Zwecke der Ausübung seiner Sektorentätigkeit einen öffentlichen Auftrag vergibt bzw. vergeben möchte. Die §§ 137–140 betreffen damit die Sektorenauftraggeber; ein Sektorenauftraggeber, der zugleich öffentlicher Auftraggeber iSd § 99 ist, kann diese Ausnahmetatbestände allerdings nur im Hinblick auf Beschaffungsvorgänge betreffend seine Sektorentätigkeit heranziehen. § 145 enthält eine weitere Ausnahme für den verteidigungs- und sicherheitsrelevanten Bereich, die §§ 149 und 150 regeln die speziellen **Ausnahmen für die Konzessionsgeber.** In der aktuellen Fassung des Gesetzes sind die (Ausnahme-)Regeln damit bestimmten Auftraggebertypen oder Auftragsarten zugeordnet und ergeben sich daher aus ganz unterschiedlichen Stellen des Gesetzes.

Vor dem Hintergrund dieser Vielzahl an Ausnahmeregelungen ergibt sich, dass die Definition 8 des sachlichen Anwendungsbereichs des Kartellvergaberechts – anders als vormals unter der Geltung des § 99 aF sowie § 100 Abs. 2 aF – **dezentral gefasst ist,** dh der Anwendungsbereich nicht abschließend in § 103 definiert ist, sondern unter Zugrundlegung des in den verschiedenen Normen abgebildeten Regel-Ausnahme-Mechanismus zu ermitteln ist. **Normzweck des § 103 ist es damit, die vergaberechtlich relevanten Beschaffungsvorgänge im Grundsatz zu umreißen, sodass die Erfüllung der in § 103 enthaltenen Definitionsmerkmale – abgesehen von der Spezialmaterie der Konzessionsvergaben – zwar notwendige, nicht jedoch hinreichende Voraussetzung für das Unterfallen eines Handelns der öffentlichen Hand unter das Vergaberecht ist.** Implizit enthält § 103 jedoch auch die Funktion einer Negativabgrenzung: Erfüllt ein Handeln auch nur eines der in § 103 aufgeführten Merkmale nicht, so unterfällt es nicht dem Vergaberecht und ist damit vergabefrei, beispielsweise wenn infolge eines hoheitlichen Handelns per Verwaltungsakt der funktionale Vertragsbegriff nicht erfüllt ist.

Ein weiterer Normzweck ist die **Abgrenzung der Auftragsarten untereinander.** Insoweit 9 definieren die Abs. 2–4 die drei Arten öffentlicher Aufträge – Lieferauftrag, Bauauftrag und Dienstleistungsauftrag – und schaffen so bereits auf formal-gesetzlicher Ebene die Grundlegung für Differenzierung auf untergesetzlicher Ebene (VgV sowie VOB/A 2. Abschnitt).

III. Der öffentliche Auftrag in Abs. 1

1. Die Vertragspartner. a) Öffentlicher Auftraggeber oder Sektorenauftraggeber. Um 10 einem Vertrag den Charakter eines öffentlichen Auftrages zu verleihen, muss der **beschaffende Vertragspartner ein öffentlicher Auftraggeber nach § 99** oder **Sektorenauftraggeber nach § 100** sein. Nicht erfasst werden die Konzessionsgeber nach **§ 101,** da diese bereits per definitionem keine Aufträge, sondern Konzessionen nach § 105 vergeben. Die Regelung führt damit folgerichtig die schon in den §§ 98–101 enthaltene Unterscheidung zwischen den Auftraggebertypen fort und setzt damit die Differenzierung der Richtlinien um.

Durch die Bezugnahme auf den zuvor in § 99 definierten Begriff des öffentlichen Auftraggebers 11 wird die **Definition des öffentlichen Auftrags automatisch an die des Auftraggebers geknüpft.** Sie passt sich damit einer Ergänzung des § 99, mithin der Ausdehnung des Begriffs des Auftraggebers, an. In der Definition des funktionalen Auftraggebers wird seit der Vergaberechtsmodernisierung in **§ 99 Nr. 2 Hs. 2** klargestellt, dass es nicht darauf ankommt, über welche Zahl von Zwischenstufen ein klassischer Auftraggeber iSd § 99 Nr. 1 bzw. ein Verband iSd § 99 Nr. 3 ein Unternehmen entsprechend den in § 99 Nr. 2 lit. a–c festgelegten Anforderungen kontrolliert. Der Begriff des Auftraggebers wurde damit (zumindest geringfügig) erweitert.

Für den Begriff des öffentlichen Auftrags folgt daraus: Soweit die Voraussetzungen des **§ 99 Nr. 2** 12 vorliegen, können neben Tochter- auch Enkelgesellschaften usw öffentliche Auftraggeber sein mit der Folge, dass die Verträge, die sie (dh die Enkelgesellschaften) abschließen, öffentliche Aufträge sind. Der Auftragsbegriff reflektiert damit die Erweiterung des Begriffs des funktionalen Auftraggebers.

b) Funktionaler Unternehmensbegriff. Der Wortlaut des **§ 103 Abs. 1** bezeichnet den 13 Vertragspartner als Unternehmen. Der Begriff des **Unternehmens ist** auch angesichts des Richtlini-

Mädler 349

entextes, der von „Wirtschaftsteilnehmer" spricht, **funktional** zu verstehen.[3] Des Weiteren spricht die Schutzfunktion des Wettbewerbsrechts für eine weite Auslegung des Begriffs. Unternehmen sind daher natürliche und juristische Personen sowie Verbindungen von Personen, Institutionen, Gesellschaften und jede andere Form individueller oder gemeinsamer **Tätigkeit am Markt**.

14 Dieses Verständnis ist bereits in der RL 2014/24/EU angelegt. Die **Definition des öffentlichen Auftrags in Art. 2 Abs. 1 Nr. 5 RL 2014/24/EU** lautet:

„Für die Zwecke dieser Richtlinie bezeichnet der Ausdruck „öffentliche Aufträge" zwischen einem oder mehreren Wirtschaftsteilnehmern und einem oder mehreren öffentlichen Auftraggebern schriftlich geschlossene entgeltliche Verträge über die Ausführung von Bauleistungen, die Lieferung von Waren oder die Erbringung von Dienstleistungen".

15 Weiterhin sind die Wirtschaftsteilnehmer in **Art. 2 Abs. 1 Nr. 10 RL 2014/24/EU definiert als eine:**

„natürliche oder juristische Person oder öffentliche Einrichtung oder eine Gruppe solcher Personen und/oder Einrichtungen, einschließlich jedes vorübergehenden Zusammenschlusses von Unternehmen, die beziehungsweise der auf dem Markt die Ausführung von Bauleistungen, die Errichtung von Bauwerken, die Lieferung von Waren beziehungsweise die Erbringung von Dienstleistungen anbietet".

16 Ausweislich des Erwägungsgrund 14 RL 2014/24/EU ist der Begriff des „Wirtschaftsteilnehmers" hierbei weit auszulegen. Entscheidend soll dabei – wie im Erwägungsgrund ausdrücklich festgehalten wird – nicht die Rechtsform sein, sondern das Anbieten von Leistungen „am Markt". Eine einschränkende nationale Definition des Unternehmensbegriffs wäre damit unvereinbar. Deshalb kann jede am Markt tätige Einrichtung oder Person, die in der Lage ist, ein Angebot abzugeben und das Beschaffungsziel zu erfüllen, Unternehmen im Sinne dieser Vorschrift sein.[4]

17 Unerheblich ist dabei auch, ob das **Unternehmen** selbst **öffentlicher Auftraggeber** nach §§ 98, 99 oder Sektorenauftraggeber nach § 100 ist[5] oder ob es mit Gewinnerzielungsabsicht arbeitet.[6] Maßgeblich ist insoweit allerdings, dass die Einrichtung, mit der der Vertrag geschlossen werden soll, sich **formal vom beschaffenden Vertragspartner unterscheidet** und ihm gegenüber **eigene Entscheidungsgewalt** besitzt.[7] Die Beschaffung von Leistungen innerhalb der eigenen Behörde oder beim eigenen Regiebetrieb stellt damit keinen öffentlichen Auftrag dar. Eine solche „*Austauschbeziehung innerhalb einer Rechtsperson*" unterfällt nicht dem Vergaberecht.[8] Andererseits kann der **Eigenbetrieb eines anderen Hoheitsträgers** oder auch ein **(eigener) kommunaler Betrieb** (beispielsweise eine städtische GmbH) ein Unternehmer iSd § 103 sein. Denn hierbei handelt es sich beim Vertragspartner jeweils um eine vom Auftraggeber zu unterscheidende (juristische) Person. Auftraggeber und Auftragnehmer unterscheiden sich in diesem Fall rechtlich-formal. Freilich kann namentlich bei einer eigenen kommunalen Gesellschaft eine Inhouse-Konstellation nach § 108 im Ergebnis zur Vergabefreiheit führen.

18 Mittlerweile geklärt sein dürfte, dass ein öffentlicher Auftraggeber, der seinen hoheitlichen Aufgabenkreis verlässt, sich also gewerbsmäßig betätigt und Waren und Leistungen anbietet, die auch

---

[3] OLG Düsseldorf Beschl. v. 5.5.2004 – VII-Verg 78-03, NZBau 2004, 398 = VergabeR 2004, 619 (621); OLG Frankfurt a. M. Beschl. v. 7.9.2004 – 11 Verg 11/04, NZBau 2004, 692 = VergabeR 2005, 80 (85); zu Universitäten oder Forschungsinstituten, die nicht vorrangig Gewinne anstreben und nicht wie Unternehmen organisiert sind: EuGH Urt. v. 23.12.2009 – C-305/08, NZBau 2010, 189 = ZfBR 2010, 392; zu Mitgliedern einer Bietergemeinschaft EuGH Urt. v. 23.12.2009 – C-376/08, ZfBR 2010, 397 = NZBau 2010, 261 – Serrantoni.

[4] S. dazu Beck VergabeR/*Hüttinger* Rn. 78 mwN; OLG Koblenz Beschl. v. 20.12.2001 – 1 Verg 4/01, NZBau 2002, 346 f.; EuGH Slg. 2005, I-559 = VergabeR 2005, 319 (325); OLG Düsseldorf Beschl. v. 5.5.2004 – VII-Verg 78-03, NZBau 2004, 398 = VergabeR 2004, 619 (621).

[5] OLG Koblenz Vorlagebeschl. v. 14.5.2019 – Verg 1/19, NZBau 2019, 535 (537); so bereits EuGH VergabeR 2005, 176 – Kommission/Spanien.

[6] OLG Koblenz Vorlagebeschl. v. 14.5.2019 – Verg 1/19, NZBau 2019, 535 (537) mit Verweis auf EuGH Urt. v. 19.12.2012 – C-159/11, EuZW 2013, 189 – Ordine degli Ingegneri Provincia di Lecce; s. auch jüngst EuGH Urt. v. 11.6.2020 – C-219/19, VergabeR 2020, 910, wonach die Richtlinienbestimmungen einer nationalen Regelung entgegenstehen, die für Einrichtungen ohne Gewinnerzielungsabsicht die Möglichkeit ausschließt, sich an einem Verfahren zur Vergabe eines öffentlichen Auftrags zu beteiligen, obwohl diese Einrichtung nach dem nationalen Recht zur Ausführung der Leistung berechtigt ist. Nach diesem Urteil wäre es unzulässig, Anbietern einzig wegen ihrer fehlenden Gewinnerzielungsabsicht die Teilnahme an einem Vergabeverfahren zu verwehren; die spiegelt sich auch auf die Definition des Unternehmensbegriffs, weshalb dieser richtlinienkonform unabhängig von der Absicht der Gewinnerzielung zu fassen ist.

[7] EuGH Urt. v. 7.12.2000 – C-94/99, Slg. 2000, I-11037 = NVwZ 2001, 785 – ARGE Gewässerschutz.

[8] S. HK-VergabeR/*Wegener/Pünder* Rn. 17 mwN; ausdrücklich für die Beauftragung eines Eigenbetriebs OLG Düsseldorf Beschl. v. 5.5.2004 – VII-Verg 78-03, NZBau 2004, 398 (399).

privatwirtschaftliche Unternehmen am Markt anbieten (zB Abfallentsorgung außerhalb der eigenen Gemeinde), aus Gleichbehandlungsgründen wie alle anderen Wettbewerber behandelt werden muss.[9] Mit anderen Worten: Die Einordnung eines Vertrags als öffentlicher Auftrag iSd § 103 entfällt nicht allein deshalb, weil der Vertragspartner zugleich selbst als öffentlicher Auftraggeber zu qualifizieren ist. **Auch Verträge mit öffentlichen Unternehmen unterliegen daher dem Vergaberecht und der Nachprüfung durch die Vergabekammern und -senate.**[10] Entscheidet sich damit ein Entsorgungsträger auch außerhalb seines gesetzlichen Zuständigkeitsgebietes tätig zu werden und dort für andere öffentliche Auftraggeber Entsorgungsleistungen zu erbringen, so verhält er sich aus funktionaler Sicht wie ein „normaler" Marktteilnehmer und ist deswegen als Unternehmen iSd § 103 einzuordnen.[11]

Entscheidend ist damit, ob sich das öffentliche Unternehmen oder der sonstige Anbieter, der **19** seinerseits selbst Auftraggeber nach § 99 ist, wie ein Wirtschaftsteilnehmer am Markt um den Auftrag bewirbt. Liegen die in § 108 abschließend genannten Voraussetzungen nicht vor, handelt es sich bei dem für die Auftragserfüllung vorgesehenen öffentlichen Auftraggeber um einen von der Vergabestelle unabhängigen Dritten, der wie ein privatwirtschaftliches Unternehmen im Wettbewerb zu behandeln ist. Der EuGH hat bereits frühzeitig wiederholt betont, dass die Ausnahmen von den Vergaberegeln in den Richtlinien abschließend aufgezählt sind.[12] Nur Verträge, die nach den Richtlinien und der dazu entwickelten Rechtsprechung des EuGH von den Vergaberegeln ausgenommen sind, können ohne Ausschreibung vergeben werden. Mit § 108 hat der Gesetzgeber die Maßstäbe der EuGH-Rechtsprechung und der RL 2014/24/EU umgesetzt, wenngleich weiterhin offene Fragestellungen bleiben. Durch die gesetzliche Regelung der Ausnahmetatbestände bei öffentlich-öffentlicher Zusammenarbeit (§ 108) ist zumindest implizit klargestellt worden, dass die bloße Auftraggebereigenschaft des (potenziellen) Auftragnehmers nicht genügt, um einen Vertrag vergaberechtsfrei zu stellen. Andernfalls würden die gesetzlich definierten Voraussetzungen (beispielsweise die in § 108 Abs. 6 aufgeführten Merkmale einer vergaberechtsfreien horizontalen öffentlich-öffentlichen Kooperation) ins Leere gehen. Aus dogmatischer Sicht bedeutet dies: Ein mit einem anderen öffentlichen Auftraggeber geschlossener Vertrag mit Beschaffungscharakter ist, vorbehaltlich der Erfüllung der weiteren Merkmale (→ Rn. 30 ff.), als öffentlicher Auftrag iSd § 103 einzuordnen und löst damit grundsätzlich eine Ausschreibungspflicht aus (zur Ausnahme für den Fall der „echten" Aufgabendelegation → Rn. 63 ff.). Die Ausschreibungspflicht – nicht jedoch die Einordnung als öffentlicher Auftrag iSd § 103 – entfällt aber ausnahmsweise, wenn eine der in § 108 niedergelegten Konstellationen (beispielsweise eine Inhouse-Konstellation) vorliegt. Ist eine Vereinbarung zwischen zwei öffentlichen Auftraggebern Prüfungsgegenstand, so müssen daher beide Ebenen voneinander getrennt und hintereinander geprüft werden; die Eröffnung des Anwendungsbereichs des § 108 setzt hierbei das Vorliegen eines öffentlichen Auftrags voraus.[13]

c) **Wirtschaftliche Betätigung von Kommunen und deren Überprüfbarkeit durch die** **20** **Vergabekammern.** Die Teilnahme von kommunalen Unternehmen am Wettbewerb wirft aufgrund der besonderen Situation dieser Unternehmen die Frage nach der **kommunalrechtlichen Zulässigkeit** und der **Wettbewerbsneutralität** auf. Öffentliche Unternehmen trifft in der Regel kein Insolvenzrisiko. Sie können daher anders kalkulieren als privatwirtschaftliche Unternehmen, was den Wettbewerb verzerren kann. Für **die Frage, inwieweit sie sich zulässigerweise am Wettbewerb beteiligen können** und in welcher Weise ihre besondere Situation in der Bewertung der Angebote zu berücksichtigen ist, kommt es darauf an, welche Besserstellungen der Gesetzgeber und die europäischen Richtlinien zulassen und dem Markt als hinzunehmen „zumuten".[14] Aus kommunalrechtlicher Sicht ergeben sich für **kommunale Unternehmen** Regeln

---

[9] So jüngst für den Bereich der Vorbehandlung von Abfällen aus einem anderen Entsorgungsgebiet OLG Koblenz Vorlagebeschl. v. 14.5.2019 – Verg 1/19, NZBau 2019, 535 (537).
[10] Vgl. OLG Koblenz Vorlagebeschl. v. 14.5.2019 – Verg 1/19, NZBau 2019, 535 ff. Dies ergibt sich unmittelbar auch aus EuGH Urt. v. 7.12.2000 – C-94/99, Slg. 2000, I-11037 = NVwZ 2001, 785 = VergabeR 2001, 28 (31) – ARGE Gewässerschutz; OLG Frankfurt a. M. Beschl. v. 7.9.2004 – 11 Verg 11/04, NZBau 2004, 692 = VergabeR 2005, 80 (85); OLG Düsseldorf Beschl. v. 5.5.2004 – VII-Verg 78-03, NZBau 2004, 398 = VergabeR 2004, 619 (621).
[11] So bereits OLG Frankfurt a. M. Beschl. v. 7.9.2004 – 11 Verg 11/04, NZBau 2004, 692 (694).
[12] EuGH Urt. v. 18.1.2007 – C-220/05, Slg. 2007, I-385 Rn. 59 ff. = NVwZ 2007, 316; EuGH Urt. v. 11.1.2005 – C-26/03, Slg. 2005, I-1 = DÖV 2005, 427.
[13] Vgl. für den Bereich der horizontalen öffentlich-öffentlichen Zusammenarbeit iSd § 108 Abs. 6 und die zuvor zu klärende Frage der Vergaberechtsfreiheit wegen „echter" Aufgabendelegation Reidt/Stickler/Glahs/*Ganske* § 108 Rn. 74 ff.
[14] Zutreffend gegen den pauschalen Ausschluss einer bietenden Gemeinde aus eine Vergabeverfahren OLG Düsseldorf Beschl. v. 7.8.2013 – VII-Verg 14/13, NZBau 2014, 57 (60).

und Grenzen für deren Handlungsspielräume, insbesondere auch für wirtschaftliche Aktivitäten außerhalb des eigenen Gemeindegebietes. Diese sind üblicherweise im Haushaltsrecht und den **Gemeindeordnungen der Länder** niedergelegt.[15] Den entsprechenden kommunalrechtlichen Vorschriften, beispielsweise § 107 Abs. 1 S. 1 Nr. 1 und 3 GO NRW, kommt hierbei über die tatbestandliche Subsidiaritätsklausel Drittschutz zu, welcher auf dem Verwaltungsrechtsweg geltend zu machen ist.[16]

21 Inwieweit einem **Verstoß gegen kommunalrechtliche Bestimmungen auch in anderem Zusammenhang, namentlich im Nachprüfungsverfahren Bedeutung zukommt und durch die dort befasste Instanz zu prüfen** ist, wurde bislang unterschiedlich entschieden.[17] Der **BGH** hat im Zusammenhang mit möglichen **UWG**-Verstößen geurteilt, dass kommunalverfassungsrechtliche Vorschriften keinen drittschützenden Charakter im Wettbewerbsrecht haben.[18] Allerdings wurden auf der Basis dieser Rechtsprechung **Unterlassungsansprüche nach § 1 UWG** als zulässig angesehen. Davon abweichend ist das **OVG Münster** zu der Erkenntnis gekommen, dass Verstöße gegen die kommunalrechtlichen Marktzutrittsbestimmungen (zuvörderst) im Verwaltungsrechtsweg zu verfolgen sind. Die Nachprüfung vor der Vergabekammer habe sich insoweit auf die **offenkundigen Verstöße** zu beschränken.[19] Das **OLG Düsseldorf** und, diesem folgend, die Vergabekammern, sahen die privatwirtschaftlichen Unternehmen in den Schutzbereich der kommunalverfassungsrechtlichen Normen mit einbezogen und hatten bislang daraus den Schluss gezogen, dass die Nachprüfungsorgane Rechtsverstöße zu prüfen, ggf. festzustellen und zu unterbinden haben.[20] Ein Widerspruch zu der BGH-Rechtsprechung wurde hierbei nicht gesehen, da diese sich auf ein anderes Gesetz bezog. Topoi der Prüfung im Nachprüfungsverfahren waren das Fehlen der „rechtlichen Leistungsfähigkeit" sowie die Unvereinbarkeit der Beauftragung mit dem Wettbewerbsgrundsatz.[21]

22 **Diese Rechtsprechung hat das OLG Düsseldorf nunmehr ausdrücklich aufgegeben.**[22] Der Vergabesenat hat hierbei im Hinblick auf die Eignungsanforderungen festgestellt, dass diese in den §§ 122 ff. sowie §§ 42 ff. VgV abschließend geregelt sind und daher **kein Raum für einen Ausschlussgrund sui generis** gegeben sei.[23] Entsprechendes hat das Gericht mit Blick auf das in § 97 Abs. 1 verankerten Wettbewerbsgebot ausgeführt und insbesondere auch darauf hingewiesen, dass dieser Grundsatz wegen seiner abstrakten Fassung ungeeignet für die Ableitung normativer Folgen sei.[24] Es wäre damit ohne Relevanz, ob ein Bieter gegen die für ihn geltenden kommunalrechtlichen Vorgaben verstößt.[25] Konsequenz der neuen Rechtsprechungslinie des OLG Düsseldorf ist, dass ein Auftraggeber sehenden Auges den Zuschlag einem kommunalen Unternehmen erteilen müsste, welches womöglich rechtlich nicht befugt ist, die Leistung zu erbringen und infolgedessen – beispielsweise bei (angekündigtem) Einschreiten der Aufsichtsbehörden – eine ordnungsgemäße Leistungserbringung nicht erwarten lässt. In der Sache werden damit die Probleme auf die Ebene der Vertragsdurchführung verschoben.[26]

23 In der (Kommentar-)Literatur wird zu der Problemstellung, in Anknüpfung an die bisherige Rechtsprechung des OLG Düsseldorf, überwiegend eine andere Auffassung vertreten.[27] Danach könnte ein Bieter, der gegen öffentlich-rechtliche Marktzugangsbeschränkungen verstößt, aus dem Vergabeverfahren ausgeschlossen werden.[28]

---

[15] ZB § 107 GO NRW, § 136 NKomVG.
[16] Dazu *Gern/Brüning*, Deutsches Kommunalrecht, Rn. 1016 ff. mwN.
[17] Ausf. zum Streitstand Reidt/Stickler/Glahs/*Ganske* Rn. 52 mwN.
[18] BGH Urt. v. 25.4.2002 – I ZR 250/00, NJW 2002, 2645; BGH Urt. v. 26.9.2002 – I ZR 293/99, NJW 2003, 586.
[19] OVG Münster Beschl. v. 1.4.2008 – 15 B 122/08, NVwZ 2008, 1031.
[20] S. OLG Düsseldorf Beschl. v. 7.8.2013 – VII-Verg 14/13, NZBau 2014, 57 ff.; OLG Düsseldorf Beschl. v. 17.6.2002 – Verg 18/02, NZBau 2002, 626 f.; OLG Düsseldorf Urt. v. 13.8.2008 – VII-Verg 42/07, BeckRS 2008, 21712; VK Münster Beschl. v. 4.10.2004 – VK 21/04, IBRRS 2004, 3006; s. auch VK Lüneburg Beschl. v. 23.3.2012 – VgK-06/2012.
[21] Dazu OLG Düsseldorf Beschl. v. 4.5.2009 – VII Verg 68/08, BeckRS 2009, 24305.
[22] OLG Düsseldorf Beschl. 14.10.2020 – VII Verg 36/19, NZBau 2020, 732 (736 f.); ablehnend *Antweiler* NZBau 2020, 761 ff.; ebenso kritisch jurisPK-VergabeR/*Summa* § 122 Rn. 15.3 ff.
[23] OLG Düsseldorf Beschl. 14.10.2020 – VII Verg 36/19, NZBau 2020, 732 (736).
[24] OLG Düsseldorf Beschl. 14.10.2020 – VII Verg 36/19, NZBau 2020, 732 (737).
[25] S. Ziekow/Völlink/*Ziekow* Rn. 67.
[26] Vgl. *Otting* IBR 2020, 650; s. auch *Antweiler* NZBau 2020, 761 (764) mit Hinweis auf die vom Auftraggeber zu treffende Prognoseentscheidung.
[27] *Röwekamp/Brauser-Jung/Zimmermann* in RKPP GWB Rn. 190; *Antweiler* NZBau 2020, 761 ff.; *Diemon-Wies* in Müller-Wrede GWB § 156 Rn. 35 f.; *Hertwig* NZBau 2009, 355 (356); s. auch in der Vorauflage *Reider* → 2. Aufl. 2018, Rn. 10 ff.; instruktiv *Gurlit* VergabeR 2017, 221.
[28] Ausf. dazu *Antweiler* NZBau 2020, 761 ff.

Ob sich dem OLG Düsseldorf weitere Vergabesenate anschließen werden, bleibt abzuwarten. 24

Nach der grundlegenden Rechtsprechung des EuGH darf ein Anbieter nicht allein wegen des 25 Fehlens typischer Eigenschaften eines Marktteilnehmers, beispielsweise fehlender Gewinnerzielungsabsicht, aus einem Vergabeverfahren ausgeschlossen werden, wenn es ihm grundsätzlich erlaubt ist, die jeweils ausgeschriebene Leistung zu erbringen.[29] Wenn und soweit der Bieter unter Zugrundelegung der nationalen Vorschriften berechtigt ist, die entsprechenden Leistungen am Markt anzubieten, kann er daher nicht wegen seiner rechtlichen Verfassung oder der Nähe zur öffentlichen Hand von der Teilnahme an Vergabeverfahren ausgeschlossen werden.[30] Die Richtlinien sollen insoweit einen möglichst breiten Wettbewerb sicherstellen. Angesichts dessen wäre eine nationale Regelung – wie sie beispielsweise in § 6 EG Abs. 1 Nr. 3 VOB/A 2012 enthalten war[31] –, die bestimmte Rechtssubjekte („Betriebe der öffentlichen Hand") von vornherein von der Teilnahme an Vergabeverfahren ausschließt, europarechtswidrig. Ob dies umgekehrt bedeutet, dass Einrichtungen, denen eine bestimmte Tätigkeit aufgrund nationaler Regelungen *nicht* erlaubt ist, auszuschließen sind,[32] ist fraglich, jedenfalls aber nicht zwingend. Denn insoweit würde dies implizit voraussetzen, dass das Vergaberecht marktzugangsbeschränkende Normen aus anderen Rechtsgebieten automatisch reflektiert, mithin diese (nach-)vollzieht.[33] Andererseits ist zuzugeben, dass es vor dem Hintergrund der Einheit der Rechtsordnung unbefriedigend wirkt, wenn die kommunalrechtlichen Bindungen der öffentlichen Hand völlig unerheblich sein sollen. Auch der Wettbewerbsgrundsatz streitet in der Sache für eine Berücksichtigung; insoweit müssen Wettbewerber im Hinblick auf andere Aspekte nicht hinnehmen, dass sich ein Konkurrent seinen Platz im Wettbewerb unter Verstoß gegen geltendes Recht verschafft.[34] So darf ein besonders günstiges Angebot dann nicht angenommen werden, wenn die zugrundeliegende Kalkulation unter Verstoß gegen gesetzliche Bestimmungen (Umwelt-, Bau-, Sicherheits- oder sonstige Regeln, die zwar Schutzcharakter mit unterschiedlicher Zielrichtung, aber eben keinen drittschützenden Charakter im Wettbewerb haben) zustande gekommen ist (vgl. § 60 Abs. 2 S. 2 Nr. 4 VgV bzw. § 16d EU Abs. 1 Nr. 1 S. 2 VOB/A). Da sich die **Schranken (für die wirtschaftliche Betätigung von Kommunen) im jeweiligen bundeslandspezifischen (Kommunal-)Recht** finden und nicht im vom Richtlinienrecht vorgegebenen vergaberechtlichen Normenkanon, stellt sich dann aber die Frage nach der dogmatischen Verortung des Ausschlusses. Bereits aufgrund der Grundrechtsbindung des Staates auch im Beschaffungsvorgang[35] dürfte hierbei eine hinreichende gesetzliche Grundlage zu fordern sein.[36] Denkbar wäre hier beispielsweise die **Anknüpfung an den fakultativen Ausschlussgrund des § 124 Abs. 1 Nr. 3.** Der Verstoß gegen die kommunalrechtlichen Betätigungsverbote, der möglicherweise bereits in der Teilnahme an dem jeweiligen Vergabeverfahren liegt,[37] würde insoweit einen fakultativen Ausschlussgrund darstellen. Für Konkurrenten hat dies freilich den Nachteil, dass dem Auftraggeber hier ein Ausschlussermessen zusteht.

Für eine Berücksichtigung im Nachprüfungsverfahren spricht auch die Ausgestaltung der **Prü-** 26 **fungskompetenz der Nachprüfungsinstanzen.** Die Vergabe öffentlicher Aufträge im Wettbewerb ist ein durch Formalien und besondere Zügigkeit gekennzeichnetes Verfahren, bei dem der Zuschlag die Fakten schafft und das Verfahren beendet. Wären die Vergabekammern daran gehindert, möglicherweise sogar offenkundige Verstöße gegen Marktzugangsbeschränkungen nach dem jeweili-

---

[29] S. EuGH Urt. v. 11.6.2020 – C-219/19, VergabeR 2020, 910 ff. – Parsec; zu Entscheidungen betreffend Vorgängerrichtlinien: EuGH Urt. v. 18.12.2014 – C-568/13, NZBau 2015, 173 ff. – Azienda; EuGH Urt. v. 6.10.215 – C-203/14, NZBau 2015, 784 ff. – Concorsi Sanitari del Maresme.

[30] S. EuGH Urt. v. 11.6.2020 – C-219/19, VergabeR 2020, 910, 913 – Parsec; EuGH Urt. v. 6.10.215 – C-203/14, NZBau 2015, 784 (786) – Concorsi Sanitari del Maresme.

[31] Dazu OLG Düsseldorf Beschl. v. 7.8.2013 – VII-Verg 14/13, NZBau 2014, 57 (60).

[32] So *Antweiler* NZBau 2020, 761 (764).

[33] In diese Richtung könnte man die Ausführungen des EuGH in der Entscheidung CoNISMa verstehen (s. EuGH Urt. v. 23.12.2009 – C-305/08, NZBau 2010, 188 ff.): *"Insoweit ist darauf hinzuweisen, dass die Mitgliedsstaaten, wie sich aus Art. 4 I der Richtlinie 2004/17/EG ergibt, befugt sind, bestimmten Kategorien von Wirtschaftsteilnehmern die Erbringung bestimmter Leistungen zu gestatten oder zu verwehren. [...]. Sie können insbesondere solchen Eirichtungen gestatten oder verwehren, auf dem Markt tätig zu sein, je nachdem, ob diese Tätigkeit mit ihrem institutionellen und satzungsmäßigen Zielen vereinbar ist oder nicht".*

[34] Vgl. auch Byok/Jaeger/*Kau* § 97 Rn. 27: Wettbewerb als grundlegendes Prinzip, welche umfassenden Schutz gegen Beeinträchtigungen gebietet.

[35] S. dazu *Knauff* VergabeR 2008, 312 (318 ff.); zumindest die Einschlägigkeit des allgemeinen Gleichheitssatzes bejahend BVerfG Beschl. v. 13.6.2006 – 1 BvR 1160/13, NZBau 2006, 791 (794).

[36] Ähnlich OLG Düsseldorf Beschl. v. 7.11.2012 – VII Verg 69/11, VergabeR 2013, 593 ff., wonach außervergaberechtliche Vorschriften dann entscheidungsrelevant sein können, wenn es eine vergaberechtliche Anknüpfungsnorm gibt.

[37] Vgl. zur Einordnung des Verstoßes gegen ein (vertragliches) Wettbewerbsverbot als „schwere Verfehlung" iSd § 124 Abs. 1 Nr. 3 VK Thüringen Beschl. v. 28.2.2020 – 250-4004-630/2020-E-002-EF Rn. 90 ff.

gen bundeslandspezifischen Kommunalverfassungsrecht zu prüfen, könnte dies den mit dem Nachprüfungsverfahren beabsichtigten **effektiven Rechtsschutz** vereiteln, da auch die anderen denkbaren Wege aufgrund der zeitlichen Perspektive häufig ins Leere laufen würden. Der Auftrag wäre möglicherweise vergeben und bereits abgewickelt, ehe im **Verwaltungsrechtsweg** oder durch eine **Klage nach § 1 UWG** über die Frage der zulässigen Wettbewerbsteilnahme des öffentlichen Unternehmens entschieden wäre. Dem steht das auf Effektivität ausgestaltete Nachprüfungsverfahren vor den Vergabekammern entgegen. Die Regelung der § 156 Abs. 2 enthält eine ausschließliche und abschließende Rechtswegzuweisung betreffend den Primärrechtsschutz,[38] wenn und soweit es um Rechte aus § 97 Abs. 6 sowie sonstige Ansprüche gegen den öffentlichen Auftraggeber (nicht jedoch gegen einen Mitbieter) im Hinblick auf ein konkretes Vergabeverfahren geht. Leitet man hieraus auch eine gewisse inhaltliche Konzentrationswirkung ab, so spricht einiges dafür, im Hinblick auf den Einbezug von eigentlich vergabefremden Rechtsfragen großzügig zu sein. Dies gilt namentlich dann, wenn es – wie bei der Frage des Verstoßes gegen kommunalrechtliche Vorgaben zur wirtschaftlichen Betätigung von Kommunen – eine **Anknüpfungsnorm** gibt, welche eine inzidente Prüfung von Normen außerhalb des Vergaberechts erfordert, um die tatbestandlichen Voraussetzungen einer vergaberechtlichen Regelung (Vorliegen eines schweren Verfehlung iSd § 124 Abs. 1 Nr. 3) zu ermitteln.[39] Maßgeblich ist dabei jedoch nicht, dass die kommunalrechtlichen Regelungen drittschützende Wirkung zugunsten privaten Anbieter enthalten, da dies nur das Verhältnis zwischen zwei Bietern des jeweiligen Vergabeverfahrens betrifft.[40] Entscheidend ist vielmehr die zuvor erwähnte Erheblichkeit der kommunalrechtlichen Einordnung in Bezug auf die vergaberechtliche Frage des Vorliegens einer schweren Verfehlung, die wiederum einen fakultativen Ausschlussgrund darstellt.

27   Im Ergebnis sprechen damit die **besseren Gründe dafür, kommunalrechtliche Betätigungsverbote unter dem Stichwort „schwere Verfehlung" zu prüfen.**

28   **d) Durch Beihilfen begünstigte Unternehmen.** Soweit öffentliche Unternehmen **Beihilfen** erhalten, ist dies eine **bewusste Marktsteuerung,** die nach zuvor festgelegten Regeln erfolgt. Die Zahlung von Beihilfen ist an den Nachweis der Sachverhalte und Fakten gebunden, die Voraussetzungen für die Gewährung der Beihilfe sind. Die Gewährung von Beihilfe wird daher grundsätzlich als zulässig und im Wettbewerb hinzunehmen beurteilt, selbst wenn das begünstigte Unternehmen dadurch günstigere Preise als die Konkurrenten anbieten kann.[41] Weder der EuGH noch das OLG Düsseldorf verlangen einen Ausgleich dieses Vorteils im Vergabeverfahren.[42] Die Annahme einer Beihilfe verschließt damit nicht grundsätzlich die Möglichkeit der Teilnahme an einem Vergabeverfahren und führt selbst dann nicht automatisch zum Ausschluss, wenn die erhaltene Beihilfe als rechtswidrig einzuordnen ist.[43] Etwas anderes kann im Einzelfall aber dann gelten, wenn das Angebot einen ungewöhnlich niedrigen Angebotspreis aufweist und die Ursache dafür in einer rechtswidrig erhaltenen Beihilfe besteht (vgl. § 60 Abs. 4 S. 1 VgV).[44] Auch hier wird der Verstoß gegen Normen außerhalb des Vergaberechts durch eine vergaberechtliche Vorschrift in den Prüfungskanon inkorporiert.[45]

29   Auf der anderen Seite kann eine Subvention sogar die Auftraggeber-Stellung eines Privaten begründen. Insoweit bestimmt **§ 99 Nr. 4,** dass die **Förderung eines (Bau-)Projektes mit öffentlichen Mitteln** den persönlichen Anwendungsbereich des Vergaberechts unter bestimmten weiteren Voraussetzungen auch mit Blick auf einen (rein) Privaten eröffnen kann und dieser (scil. der Private) infolgedessen Bauaufträge sowie mit der Errichtung in Verbindung stehende Dienstleistungen und Wettbewerbe (nicht jedoch Lieferaufträge[46]) nach den Regelungen des GWB beschaffen muss.

30   **2. Vertrag.** Der Vertragsbegriff im Vergaberecht deckt sich in den Formalien mit dem allgemeinen zivilrechtlichen Vertragsbegriff. Es gelten daher im Ausgangspunkt die allgemeinen Regeln über

---

[38] Vgl. Reidt/Stickler/Glahs/*Reidt* § 156 Rn. 5.
[39] Zu dem Aspekt der Inzident-Kontrolle *Diemon-Wies* in Müller-Wrede GWB § 156 Rn. 19 ff. mwN.
[40] Vgl. *Diemon-Wies* in Müller-Wrede GWB § 156 Rn. 36.
[41] EuGH Urt. v. 7.12.2000 – C-94/99, Slg. 2000, I-11037 – ARGE Gewässerschutz; OLG Düsseldorf Beschl. v. 26.6.2002 – Verg 22/02, ZfBR 2003, 70 f. zu Schienenpersonennahverkehr.
[42] S. nur OLG Düsseldorf Beschl. v. 26.6.2002 – Verg 22/02, ZfBR 2003, 70 (72 ff.).
[43] S. dazu HK-VergabeR/*Wegener/Pünder* Rn. 21 ff.
[44] Dazu HK-VergabeR/*Wegener/Pünder* Rn. 22, die zudem im Einzelfall eine Verneinung der wirtschaftlichen und finanziellen Leistungsfähigkeit auch bei angemessenem Angebotspreis in Betracht ziehen, wenn eine Rückforderung im Raum steht (HK-VergabeR/*Wegener/Pünder* Rn. 23 Fn. 77).
[45] Vgl. auch *Guarrata/Wagner* NZBau 2018, 443 (444), die zutreffend von einer zu überschreitenden „Erheblichkeitsschwelle", nämlich der erheblichen Auswirkung der rechtswidrigen Beihilfe auf die Preisgestaltung, sprechen.
[46] S. OLG München Beschl. v. 19.3.2019 – Verg 3/19, NZBau 2019, 670 (672 f.).

Angebot und Annahme gem. §§ 145 ff. BGB.[47] Voraussetzung ist demnach ein gegenseitiger Vertrag, der typischerweise auf den Austausch der beiderseitigen Leistungen gerichtet ist. Hierbei ist gleichgültig, an wen die Leistung zu erbringen ist. Erforderlich ist aber eine rechtliche Verknüpfung von Leistung und Gegenleistung.[48] Diese kann hergestellt werden durch die Begründung eines Synallagma, durch Vereinbarung einer Bedingung oder durch die Abrede, dass die eine Leistung den Rechtsgrund für die andere darstellt.[49] Die Annahme erfolgt im Vergaberecht durch die **Erteilung des Zuschlages** auf das im Wettbewerb erfolgreiche Angebot.[50]

Nicht vom Begriff des öffentlichen Auftrags erfasst ist die Handlungsform des Verwaltungsaktes oder sonstige einseitige hoheitliche Akte, es sei denn es handelt sich in der Sache um einen verdeckten Beschaffungsvorgang (→ Rn. 39 f.). Die Erteilung einer glücksspielrechtlichen Erlaubnis als reine einseitige Gestattung stellt keinen Vertrag dar und ist damit weder als öffentlicher Auftrag noch als Konzession iSd § 105 einzuordnen.[51] Anderes, dh eine Einordnung als Vertrag aus funktionalen Gesichtspunkten, kann sich allerdings dann ergeben, wenn in dem hoheitlichen Akt nicht nur das Recht zum Betrieb der Einrichtung, sondern darüber hinaus eine Verpflichtung zur tatsächlichen Aufnahme des Betriebs abgebildet ist.[52]

Mit der Zuschlagserteilung, mithin im Zeitpunkt des zivilrechtlichen Vertragsschlusses, endet das Vergabeverfahren. Sobald ein wirksamer Zuschlag vorliegt, kann auch vergaberechtlicher Primärrechtsschutz nicht mehr erlangt werden (vgl. § 168 Abs. 1 S. 2).[53] Vor diesem Hintergrund ist aus Sicht eines nicht berücksichtigten Bieters von entscheidender Bedeutung, den Vertragsschluss – zumindest einstweilen bis zum Abschluss des Nachprüfungsverfahrens – zu verhindern. Dies wiederum geht einzig durch die Einleitung eines Nachprüfungsverfahrens und die Information des Auftraggebers durch die befasste Vergabekammer (vgl. § 169 Abs. 1); erst diese Mitteilung der Vergabekammer löst das Zuschlagsverbot aus, nicht hingegen die bloße Kenntnis des Auftraggebers vom Eingang eines Nachprüfungsantrags.[54] Nach der Einführung der Rechtsschutzmöglichkeit im Jahr 1999 wurde diese allerdings zunächst dadurch unterlaufen, dass mit der Mitteilung an den erfolgreichen Bieter der Vertrag bereits geschlossen war und die Vergaberegeln den Auftraggeber vor Abschluss des Vergabeverfahrens zur Verschwiegenheit verpflichteten; ein Nachprüfungsantrag kam damit regelmäßig schlichtweg zu spät. Damit war ein effektiver Rechtsschutz nicht gewährleistet. Nach einer zur vergleichbaren Rechtslage in Österreich ergangenen EuGH-Entscheidung wurde die Rechtslage seinerzeit geändert. Dem Zuschlag hat seitdem eine **Information der nicht erfolgreichen Bieter** und das **Abwarten einer Frist vorauszugehen,** die den unterlegenen Bietern die Inanspruchnahme von Rechtsschutz, insbesondere die Erwirkung des einstweiligen Zuschlagsverbots, ermöglichen soll. Diese Regelung war zunächst in **§ 13 VgV** enthalten und wurde mit der Vergaberechtsreform 2009 als **§ 101a** in modifizierter Form in das GWB übernommen. Seit dem Jahre 2016 ist die Informations- und Wartepflicht in **§ 134** geregelt (→ § 134 Rn. 1 ff.) und hat keine wesentliche inhaltliche Änderung erfahren. Im Rahmen der Erfüllung dieser Informationspflicht gegenüber den unterlegenen Bietern hat sich als ständige Praxis durchgesetzt, auch den erfolgreichen Bieter über den **beabsichtigten** Zuschlag auf sein Angebot zu unterrichten. Um effektiven Rechtsschutz zu gewährleisten, der gerade auch ermöglichen muss, den Auftrag zu erhalten und nicht auf Schadensersatzregelungen verwiesen zu werden,[55] kann diese **Vorinformation an den präferierten Bieter noch nicht der Zuschlag** sein. Sie stellt lediglich die entsprechende **Absichtserklä-**

---

[47] Zivilrechtlich kommt der Vertrag dann zustande, wenn das Angebot des Bieters und die als Zuschlag bezeichnete Annahme des Auftraggebers miteinander korrespondieren. Bringt der Auftraggeber in seinem Zuschlagsschreiben klar und eindeutig zum Ausdruck, dass abweichend von den Festlegungen in den Vergabeunterlagen eine neue Bauzeit Vertragsinhalt werden soll, so stellt dies eine abändernde Annahme gem. § 150 Abs. 2 BGB dar, sodass der Vertragsschluss von der Reaktion des Bieters abhängt (s. dazu BGH Urt. v. 3.7.2020 – VII ZR 144/19, NZBau 2020, 579 (571 f.). Zur Einordnung der daraus resultierenden Probleme *Gröning* VergabeR 2020, 725 ff.

[48] S. nur Reidt/Stickler/Glahs/*Ganske* Rn. 15 mwN.

[49] S. dazu OLG Düsseldorf Beschl. v. 22.9.2004 – VII Verg 44/04, NZBau 2005, 652.

[50] Zu den (vertragsrechtlichen) Folgen eines vom Angebotsinhalt abweichenden Zuschlagsschreibens des Auftraggebers BGH Urt. v. 3.7.2020 – VII ZR 144/19, NZBau 2020, 579 (571 f.).

[51] S. OLG Düsseldorf Beschl. v. 23.1.2019 – VII Verg 22/18, NZBau 2019, 605 ff. Eine Konzession iSd § 105 ablehnend OVG Münster Beschl. v. 8.6.2017 – 4 B 307/17, ZfWG 2017, 432 (439). Die Entscheidung wurde bestätigt durch OVG Münster Beschl. v. 16.8.2019 – 4 B 659/18, ZfWG 2019, 503 ff.; OVG Münster Beschl. v. 2.4.2020 – 4 B 1478/18.

[52] S. dazu OLG Hamburg Beschl. v. 1.11.2017 – 1 Verg 2/17, NZBau 2018, 122 (124 f.).

[53] Zu den Fällen der Nichtigkeit bzw. Unwirksamkeit Byok/Jaeger/*Byok* § 168 Rn. 24 f.

[54] Zu den Voraussetzungen für das Zuschlagsverbot VK Berlin Beschl. v. 24.9.2020 – VK B 1 10/19 mwN.

[55] Vgl. dazu EuGH Urt. v. 11.8.1995 – C-433/93, Slg. 1995, I-2303 = NVwZ 1996, 367; EuGH Urt. v. 28.10.1999 – C-81/98, Slg. 1999, I-7671 = NJW 2000, 569.

rung dar. Erst nach Ablauf der Wartefrist kann der Zuschlag wirksam erteilt werden, wenn dem Auftraggeber zuvor kein Nachprüfungsantrag übermittelt wurde.

33   a) **Formerfordernis.** Anders als die **europäischen Richtlinien,**[56] die von **schriftlichen Verträgen** ausgehen, ergibt sich dieses **Formerfordernis im nationalen Recht nicht.**[57] Daran hat auch die in das Gesetz aufgenommene **Bestimmung über den Zuschlag in § 127 nichts geändert,** da auch diese Vorschrift prinzipiell – dh vorbehaltlich eines gesetzlichen Schriftformerfordernisses bzw. einer entsprechenden Festlegung in den Vergabebedingungen – eine mündliche Erklärung des Zuschlags ermöglicht.[58] Allerdings bringt der Ablauf des Vergabeverfahrens als solcher, namentlich die Dokumentationserfordernisse sowie die grundsätzliche Verpflichtung, Angebote in Textform nach § 126b BGB mithilfe elektronischer Mittel einzureichen (vgl. § 53 Abs. 1 VgV), schon eine Schriftlichkeit (im Sinne der Textform) der Angebote mit sich. In § 8 Abs. 4 VgV (bei Bauvergaben: iVm § 20 VOB/A) ist beispielsweise festgelegt, dass ua die Angebote sowie – wenn bestimmte Auftragswerte überschritten sind – Kopien aller abgeschlossenen Aufträge über einen längeren Zeitraum aufzubewahren sind. Angebote werden in aller Regel Vertragsbestandteil, sodass auch diese Vorschrift notwendigerweise eine Schriftlichkeit (im Sinne einer Textform) des abzuschließenden Vertrages zur Folge hat. Angesichts der Auftragswerte ist es in der Praxis schon aus Gründen der Rechtssicherheit für die Vertragspartner absolut ungebräuchlich, sich allein und ausschließlich auf eine mündliche Abrede oder einen Handschlag zu beschränken.[59] Dies gilt auch angesichts der dem Auftraggeber obliegenden Beweislast sowohl für den erfolgten Vertragsschluss als auch für die Einhaltung der Wartefrist des § 134.

34   Aus dogmatischer Sicht setzt der Auftragsbegriff allerdings – wie bereits erwähnt – **nicht zwingend eine Schriftlichkeit voraus.** Der angestrebte umfassende Anwendungsbereich des Vergaberechts spricht insoweit dafür, dass prinzipiell auch mündliche Verträge dem Begriff des öffentlichen Auftrags unterfallen, da andernfalls einer Umgehung „Tür und Tor" geöffnet wären.[60] Folgerichtig kann auch ein **konkludenter Vertragsschluss,** beispielsweise betreffend die (unveränderte) Fortführung eines bestehenden Vertrags, einen öffentlichen Auftrag darstellen.[61]

35   b) **Funktionaler Vertragsbegriff.** Für die Anwendbarkeit des Vergaberechts ist – auch vor dem Hintergrund des effet utile –[62] ein **funktionaler Vertragsbegriff** zugrunde zu legen. Zum einen sind danach das (lediglich) nationale Verständnis sowie die Bezeichnung durch die Beteiligten unbeachtlich.[63] So hat der EuGH in seiner Entscheidung zur Messe Köln, bei welcher die auszuführende Bauleistung Teil einer als Mietvertrags bezeichneten Vereinbarung war, die vertragliche Abrede nicht anhand der Bezeichnung, sondern unter Zugrundelegung des eigentlichen Hauptgegenstandes – Errichtung des Gebäudes nach den vom öffentlichen Auftraggeber genannten Erfordernissen und anschließende Überlassung – bewertet und als öffentlichen (Bau-)Auftrag eingeordnet.[64]

36   Unerheblich und vom EuGH ua in seiner Entscheidung zu **Erschließungsverträgen** klargestellt[65] ist auch, ob ein **öffentlich-rechtlicher oder ein privatrechtlicher Vertrag** geschlossen werden soll.[66] Alle öffentlichen Beschaffungen, deren Auftragswert die Schwellenwerte übersteigt und die nicht von den **abschließend geregelten gesetzlichen Ausnahmen** erfasst sind, sollen infolgedessen dem europäischen Markt zugänglich sein. Würden bestimmte nationale Rechtsformen von der Verpflichtung auf das Vergaberecht entbinden, läge es in der willkürlichen Entscheidung

---

[56] Art. 2 Abs. 1 Nr. 5 RL 2014/24/EU.
[57] Ausf. dazu Byok/Jaeger/*Csaki* Rn. 24 ff. mwN.
[58] Dazu Byok/Jaeger/*Byok* Rn. 22 mwN.
[59] Zur Frage der Zulässigkeit (ergänzender) mündlicher Präsentationen sind insoweit divergierende Entscheidungen ergangen; ablehnend VK Südbayern Beschl. v. 2.4.2019 – Z3-3-3194-1-43-11/18, VergabeR 2020, 414 ff.; VK Rheinland Beschl. v. 19.11.2019 – VK 40/19- L. Bejahend hingegen VK Bund Beschl. v. 22.11.2019 – VK 1 – 83/19, VergabeR 2020, 672 ff.
[60] Vgl. HK-VergabeR/*Wegener*/*Pünder* Rn. 25; Byok/Jaeger/*Csaki* Rn. 26.
[61] Dazu OLG Naumburg Beschl. v. 22.12.2011 – 2 Verg 10/11, NZBau 2012, 258 (259 f.).
[62] So frühzeitig EuGH Urt. v. 12.7.2007 – C-399/08, NZBau 2001, 512 ff. – Teatro alla Bicocca.
[63] Vgl. OLG Düsseldorf Beschl. v. 12.12.2007 – VIII Verg 30/07, NZBau 2008, 138 ff.; s. auch EuGH Urt. v. 29.10.2009 – C – 536/17, ZfBR 2010, 178 (181) – Messe Köln.
[64] EuGH Urt. v. 29.10.2009 – C – 536/17, ZfBR 2010, 178 (181 f.) – Messe Köln.
[65] S. dazu bspw. EuGH Urt. v. 12.7.2007 – C-399/08, NZBau 2001, 512 ff. – Teatro alla Bicocca; s. auch EuGH Beschl. v. 18.1.2007 – C-220/05, NZBau 2007, 185 ff. – Stadt Roanne zu einer „öffentlich-rechtlichen" Raumordnungsvereinbarung.
[66] So jüngst OLG Koblenz Beschl. v. 14.5.2019 – Verg 1/19, NZBau 2019, 534 (537). Weitere Nachweise bei Reidt/Stickler/Glahs/*Ganske* Rn. 14. Zur Einordnung eines Vertrages zum Betrieb eines Kindergartens als Dienstleistungsauftrag OLG Jena Beschl. v. 9.4.2021 – Verg 2120, IBRRS 2021, 2060.

der jeweiligen Auftraggeber, welche Aufträge sie dem europäischen Wettbewerb entziehen. Da die EU-Vergaberichtlinien nicht zwischen öffentlich-rechtlichen und privatrechtlichen Verträgen unterscheiden, ist der Begriff „Verträge" richtlinienkonform so auszulegen, dass auch die öffentlich-rechtlichen Verträge erfasst werden.[67]

Im Übrigen kommt es nicht nur auf den gerade zum Abschluss vorgesehenen Vertrag an. **37** Vielmehr muss eine **Gesamtschau verschiedener, aber zusammenhängender Verträge** stattfinden. Insoweit können eine einheitliche Betrachtung und Bewertung verschiedener rechtlicher Akte geboten sein. Denn andernfalls könnte durch eine geschickte Teilung der Leistung in verschiedene Vertragsakte die Anwendung des Vergaberechts umgangen werden. Der EuGH hat zu Recht einen einheitlichen Vergabevorgang darin gesehen, dass eine Gemeinde zunächst einer Eigengesellschaft einen langfristigen Auftrag im Wege der Inhouse-Vergabe erteilte und danach Anteile dieser Gesellschaft an einen Privaten verkaufte.[68] Auch das OLG Schleswig[69] hat im Hinblick auf die **Kombination** eines **Grundstücksverkaufs mit einem weiteren Vertrag,** der vom Käufer die Umsetzung verschiedener, sich **aus dem Bebauungsplan ergebenden Bauverpflichtungen** forderte und ein Entgelt für die der Stadt einzuräumenden Wegenutzungsrechte festlegte (**Durchführungsvertrag**), eine „**wirtschaftliche Zusammenschau**" vorgenommen und die beiden Verträge nicht nur einzeln geprüft, sondern auch den Gesamtvorgang aus Grundstückskaufvertrag sowie anknüpfenden Durchführungsvertrag zum Bewertungsgegenstand gemacht.[70] Vorgänge, die aus mehreren Einzelakten bzw. Handlungen bestehen, sind vor dem Hintergrund des funktionalen Verständnisses in ihrer Gesamtheit und unter Berücksichtigung der Zielsetzung zu prüfen.[71] Dies gilt namentlich dann, wenn verschiedene Vertragswerke ausdrücklich aufeinander verweisen.[72]

Ein öffentlicher Auftrag kann auch darin liegen, dass die **Leistung gegenüber einem Dritten** **38** erbracht wird, wenn der öffentliche Auftraggeber diesem gegenüber eine Versorgungsverantwortung hat (Krankenkassen- oder Sozialleistungen). Auf einen **unmittelbaren zweiseitigen Leistungsaustausch kommt es nicht** an. Ausschlaggebend ist, dass der Leistung des öffentlichen Auftraggebers an ein Unternehmen **eine konkrete Gegenleistung** dieses Unternehmens gegenübersteht; es muss sich mithin um einen Vertrag mit gegenseitigen Pflichten handeln.[73] Wem die Gegenleistung zugutekommt, ist nicht entscheidend.

Der Einordnung als Vertrag steht es in aller Regel entgegen, wenn der Auftraggeber sich der **39** Handlungsform des **Verwaltungsakts** bedient.[74] Denn anders als beim Vertrag als zweiseitigem Rechtsgeschäft, bei welchem beide Seiten ihre Vorstellungen einbringen und verhandeln,[75] erfolgt dort eine lediglich einseitige hoheitliche Verfügung. Allerdings gilt dies nicht uneingeschränkt und ausnahmslos. Unter Zugrundelegung der gebotenen funktionalen Auslegung[76] kann auch eine hoheitliche Maßnahme **im Einzelfall,**[77] dh wenn die Merkmale des öffentlichen Auftrags –

---

[67] Ganz hM, grundlegend: EuGH Urt. v. 12.7.2007 – C-399/08, Slg. 2001, I-5409 = NZBau 2001, 512 (zu Erschließungsverträgen); wie hier bspw. Reidt/Stickler/Glahs/*Ganske* Rn. 14; *Röwekamp/Brauser-Jung/ Zimmermann* in RKPP GWB Rn. 136 f.; jurisPK-VergabeR/*Zeiss* Rn. 33 f.; aus der Rspr.: BGH Beschl. v. 1.12.2008 – X ZB 31/08, NZBau 2009, 201 (203); BayObLG Beschl. v. 28.5.2003 – Verg 7/03, VergabeR 2003, 367 ff.; OLG Düsseldorf Beschl. v. 5.5.2004 – VII-Verg 78-03, NZBau 2004, 398 = VergabeR 2004, 619 (621); OLG Naumburg Beschl. v. 22.12.2011 – 2 Verg 10/11, NZBau 2012, 258 ff.; einschränkend allerdings HK-VergabeR/*Wegener/Pünder* Rn. 27 im Hinblick auf subordinationsrechtliche Verträge iSv § 54 S. 2 VwVfG.
[68] EuGH Urt. v. 10.11.2005 – C-29/04, Slg. 2005, I-9705 = NVwZ 2006, 70 ff. – Stadt Mödling.
[69] OLG Schleswig Beschl. v. 15.3.2013 – 1 Verg 4/12, VergabeR 2013, 577 (584) – Parkplakette.
[70] IErg der Prüfung hat der Vergabesenat allerdings sowohl das notwendige „unmittelbare wirtschaftliche Interesse" der Stadt mangels Zugriffsrechts als auch die Entgeltlichkeit verneint; dazu OLG Schleswig Beschl. v. 15.3.2013 – 1 Verg 4/12, VergabeR 2013, 577 (584 ff.). Kritisch zur Verneinung dieses Merkmals jurisPK-VergabeR/*Zeiss* Rn. 82.
[71] So jüngst EuGH Urt. v. 28.5.2020 – C 796/18, NZBau 2020, 461 (463 f.).
[72] So wie im Fall einer Kooperation zweier Auftraggeber im Bereich Software, wenn der Kooperationsvertrag nur mit dem Softwareüberlassungsvertrag als gemeinsames Dokument verbindlich sein soll; s. EuGH Urt. v. 28.5.2020 – C 796/18, NZBau 2020, 461 (464); s. auch OLG Düsseldorf Beschl. v. 3.2.2021 – VII Verg 25/18, NZBau 2021, 344 (346).
[73] Grundlegend OLG Düsseldorf Beschl. v. 22.9.2004 – VII Verg 44/04, NZBau 2005, 652 (653).
[74] S. *Röwekamp/Brauser-Jung/Zimmermann* in RKPP GWB Rn. 103 ff.; HK-VergabeR/*Wegener/Pünder* Rn. 26.
[75] Fehlt dies, so ist dies ein Indiz gegen das Vorliegen eines öffentlichen Auftrags; vgl. EuGH Urt. v. 18.12.2007 – C-220/06, NJW 2008, 633 (635) – Asociación Profesional.
[76] Ausdrücklich VK Rheinland Beschl. v. 19.12.2017 – VK D 11/2017 – L., BeckRS 2017, 150324 Rn. 90.
[77] S. dazu bspw. VK Westfalen Beschl. 2.7.2019 – VK 1-17/19 Rn. 82 ff. = VPR 2019, 199 zu einem Finanzierungsbescheid betreffend die Durchführung von Verkehrsdienstleistungen. Kritisch zu dieser Entscheidung *Wittig* juris PR-Vergaberecht 9/2019, Anm. 4.

relevant sind hierbei regelmäßig das Beschaffungselement[78] und die erforderliche einklagbare Verpflichtung zu einer Primärleistung[79] – erfüllt sind, ein dem Vergaberecht unterliegender Vertrag sein.[80] Typische Abgrenzungskonstellationen ergeben sich hierbei bei Zuwendungsbescheiden[81] sowie behördlichen Erlaubnissen.[82] **Maßgeblich ist jeweils die Ausgestaltung im Einzelfall, wobei zwar möglicherweise häufig der weite Begriff des Beschaffungselements erfüllt ist, es regelmäßig aber an der notwendigen einklagbaren Verpflichtung des Adressaten des Bescheides zur Erbringung der konkreten – vom Beschaffungselement abgebildeten – Leistung fehlen dürfte.**[83] Vor dem Hintergrund der EuGH-Rechtsprechung zu öffentlichen Bauaufträgen ist eine solche Leistungspflicht zu verneinen, wenn eine lediglich faktische über den drohenden Zuwendungswiderruf vermittelte Verpflichtung zur Leistungserbringung vorliegt.[84] Insoweit hat der EuGH zum Begriff des öffentlichen Bauauftrags der RL 2004/18 entschieden, dass der Auftragnehmer direkt oder indirekt die Verpflichtung zur Erbringung der Bauleistung übernehmen muss und es sich um eine nach nationalem Recht einklagbare Verpflichtung handeln muss.[85] Sieht man in diesen Fällen bloße Rücktrittsrechte als nicht ausreichend an,[86] so muss dies folgerichtig auch für das drohende Widerrufsszenario bei Zuwendungsbescheiden gelten, da auch dieses nicht die Durchsetzung der vom Zuwendungsempfänger erwarteten Leistung, sondern allenfalls die „Rückabwicklung" der Zahlung ermöglicht.[87] Dies findet auch eine Stütze in der RL 2014/24/EU, wo es bei Erwägungsgrund 4 RL 2014/24/EU heißt: *„Des Weiteren gelten die Vorschriften über die öffentliche Auftragsvergabe in der Regel nicht für die bloße Finanzierung, insbesondere von Tätigkeiten, die häufig mit der Verpflichtung verbunden sind, erhaltene Beträge bei nicht bestimmungsgemäßer Verwendung zurückzuzahlen".*[88]

40 Mit anderer Betonung, nämlich auf die im betroffenen Bescheid enthaltene Vorgabendichte an die Leistungserbringung, die vorsah *„genau die in den Nahverkehrsplänen genannten Linien zu fahren",* hat die VK Westfalen einen Finanzierungsbescheid betreffend Verkehrsdienstleistungen als öffentlichen Auftrag eingeordnet.[89] Der schlichte Verweis auf das Risiko der möglichen Umgehung des Vergaberechts dürfte jedenfalls nicht genügen, um Zuwendungsbescheide unter den Begriff des öffentlichen Auftrags zu fassen, zumal auch bei einer Verneinung Rechtsschutz – nämlich vor den Verwaltungsgerichten – denkbar ist.[90]

41 **c) Entgeltlichkeit.** Der Begriff der Entgeltlichkeit ist in richtlinienkonformer Auslegung **weit und funktional** zu begreifen. Dazu gehören nicht nur die **unmittelbaren Gegenleistungen** des öffentlichen Auftraggebers, sondern auch **alle aus Leistungen Dritter erwachsenden geldwerten Vorteile** für den Auftragnehmer,[91] jedenfalls wenn diese **dem öffentlichen Auftraggeber zuzurechnen** sind.[92]

---

[78] OVG Münster Beschl. v. 8.6.2017 – 4 B 307/17, ZfWG 2017, 432 (439).
[79] S. bspw. OLG Düsseldorf Beschl. v. 23.1.2019 – VII Verg 22/18, NZBau 2019, 605 (608).
[80] Ausf. dazu *Röwekamp/Brauser-Jung/Zimmermann* in RKPP GWB Rn. 103 ff.
[81] Dazu bspw. OLG Düsseldorf Beschl. v. 11.7.2018 – VII Verg 1/18, NZBau 2018, 628 ff.
[82] Dazu bspw. OLG Düsseldorf Beschl. v. 23.1.2019 – VII Verg 22/18, NZBau 2019, 605 ff.
[83] Weiter gehend *Grams* VergabeR 2019, 473 (478), der vertritt, dass im Zweifel ein öffentlicher Auftrag anzunehmen ist und zwar unabhängig davon, ob die Leistungsbeziehung vertraglich oder faktisch (bspw. als öffentlich-rechtliche Zuwendungslösung) ausgestaltet ist. In der Tendenz anders OLG Düsseldorf Beschl. v. 11.7.2018 – VII Verg 1/18, NZBau 2018, 628 (630), welches insoweit die Freiheit des Auftraggebers betreffend die Wahl der Handlungsform (Zuwendungsverhältnis oder Beschaffung per Vertrag) betont, wenn und soweit keine verbindlichen gesetzlichen Vorgaben bestehen.
[84] Ebenso OLG Düsseldorf Beschl. v. 11.7.2018 – VII Verg 1/18, NZBau 2018, 628 (629 f.); *Röwekamp/Brauser-Jung/Zimmermann* in RKPP GWB Rn. 75.
[85] S. EuGH Urt. v. 25.3.2010 – C-451/08, NZBau 2010, 321 (325) – Helmut Müller.
[86] Dazu Reidt/Stickler/Glahs/*Ganske* Rn. 82 mwN; aus der Rspr. bspw. OLG Jena Beschl. v. 15.3.2017 – 2 Verg 3/16, VergabeR 2018, (131 ff.).
[87] So auch OLG Düsseldorf Beschl. v. 11.7.2018 – VII Verg 1/18, NZBau 2018, 628 (629 f.); *Röwekamp/Brauser-Jung/Zimmermann* in RKPP GWB Rn. 75; kritisch *Fandrey* NZBau 2019, 362 (363).
[88] Ebenfalls darauf verweisend: OLG Düsseldorf Beschl. v. 11.7.2018 – VII Verg 1/18, NZBau 2019, 628 (630).
[89] VK Westfalen Beschl. v. 2.7.2019 – VK 1-17/19 Rn. 87 = VPR 2019, 199; s. im Hinblick auf einen Zuwendungsbescheid für die Betreuung von Flüchtlingen VK Rheinland Beschl. v. 19.12.2017 – VK D 11/2017 – L, BeckRS 2017, 150324 Rn. 90 ff. (dieser Beschluss der Vergabekammer wurde allerdings durch das OLG Düsseldorf aufgehoben, s. Beschl. v. 11.7.2018 – VII Verg 1/18, NZBau 2019, 628 ff.).
[90] Dazu *Fandrey* NZBau 2019, 362 (363 f.).
[91] Grundlegend dazu EuGH Urt. v. 18.1.2007 – C-220/05, Slg. 2007, I-385 Rn. 52 ff. = NVwZ 2007, 316 (319) – Stadt Roanne; ebenso OLG Düsseldorf Beschl. v. 13.6.2007 – VII-Verg 2/07, NZBau 2007, 530 (532): es genügt auch, wenn der Auftragnehmer seine Einnahmen durch die Veräußerung des Vertragsgegenstands (bspw. eines Bauwerks) erzielt.
[92] Beck VergabeR/*Hüttinger* Rn. 105.

A. Definition des öffentlichen Auftrags (Abs. 1)

Klassischerweise handelt es sich um eine Geldzahlung. Allerdings ist der Begriff des Entgelts **42** darauf nicht begrenzt. Entscheidend ist vielmehr das Vorliegen eines – wie auch immer gearteten – geldwerten Vorteils.[93]

Eine Gewinnerzielung ist nicht erforderlich.[94] Ausreichend ist auch eine Vergütung, die sich **43** auf den Ersatz der (beim Auftragnehmer anfallenden) Kosten beschränkt,[95] weshalb beispielsweise auch sog. kommunale Zweckvereinbarungen nach § 23 GkG NRW[96] mit Kostenerstattungsregelung dem Vergaberecht unterfallen,[97] es sei denn, die Voraussetzungen des § 108 (beispielsweise der horizontalen öffentlich-öffentlichen Zusammenarbeit nach § 108 Abs. 6) sind erfüllt.[98] Der Kostenersatz wiederum muss nicht kostendeckend sein.[99]

Die Gegenleistung muss auch der Höhe nach nicht feststehen,[100] sie kann zB in der nicht **44** marktpreisgerechten Übertragung von Sachwerten, wie Grundstücken oder Gesellschaftsanteilen,[101] im Verzicht auf die Erhebung von Gebühren,[102] in dem Recht, Gebühren oder Beiträge zu erheben,[103] oder in Verwertungs- bzw. Nutzungsrechten bestehen. Der EuGH hat bereits frühzeitig entschieden, dass der **Verzicht der öffentlichen Hand auf Erschließungsbeiträge** genügt.[104] Als ausreichend wurde zB auch anerkannt die Überlassung von **Altpapier zur Verwertung**,[105] die **Überlassung von Grundstücken oder Gebäuden zur Weiterveräußerung oder wirtschaftlichen Verwertung**,[106] die **Überlassung von Grundstücken gegen reduzierte Pacht**[107] sowie der **Auftrag zur Verwertung von Verlagsrechten**.[108]

Wie die vorstehenden Beispiele zeigen, muss die Gegenleistung **keineswegs unmittelbar sein. 45** Auch ein **Kaufpreisnachlass oder der Verkauf eines Grundstücks unter Verkehrswert** können als Entgelt einzuordnen sein.[109] Auch eine Gegenleistung, die erst zukünftig zu erbringen ist, genügt.[110]

---

[93] S. nur BGH Beschl. v. 1.12.2008 – X ZB 31/08, NZBau 2009, 201 ff.; weitere Nachweise bei Reidt/Stickler/Glahs/*Ganske* Rn. 33.

[94] S. OLG Koblenz Beschl. v. 3.12.20214 – Verg 8/14, VergabeR 2015, 192 ff.; OLG Düsseldorf Beschl. v. 6.11.2013 – VII Verg 39/11, VergabeR 2014, 169 f.

[95] EuGH Beschl. v. 19.12.2012 – C-159/11, NZBau 2013, 114 (115); OLG Düsseldorf Beschl. v. 6.11.2013 – VII Verg 39/11, VergabeR 2014, 169 (170).

[96] Gesetz über kommunale Gemeinschaftsarbeit in Nordrhein-Westfalen.

[97] S. dazu OLG Düsseldorf Beschl. v. 6.11.2013 – VII Verg 39/11, VergabeR 2014, 169 (170) zu einer Zweckvereinbarung iSd § 23 Abs. 1 Alt. 1 GkG NRW (Gesetz über kommunale Gemeinschaftsarbeit).

[98] Vgl. EuGH Urt. v. 13.6.2013 – C-386/11, NZBau 2013, 522 (523 f.) – Piepenbrock. In der Sache ist damit nicht die nationale Einordnung (bspw. die Unterscheidung zwischen delegierender oder mandatierender Vereinbarung iSv § 23 Abs. 1 Alt.1 bzw. § 23 Abs. 1 Alt. 2 GkG NRW) entschieden, sondern die Bewertung anhand der vergaberechtlichen Maßstäbe.

[99] So die VK Rheinland Beschl. v. 19.12.2017 – VK D 11/2017 – L., BeckRS 2017, 150324 Rn. 106. Dieser Beschluss wurde zwar durch das OLG Düsseldorf aufgehoben (s. Beschl. v. 11.7.2018 – VII Verg 1/18, NZBau 2019, 628 ff.). Allerdings erfolgte dies mangels Vorliegens einer Primärleistungsplicht des Zuwendungsempfängers, nicht aufgrund der Verneinung der Entgeltlichkeit. Wie die VK Rheinland zutreffend festgestellt hat, genügt es daher, wenn die Erstattung nur einen Teil der anfallenden Kosten abdeckt.

[100] S. nur BGH Beschl. v. 1.2.2005 – X ZB 27/04, NZBau 2005, 290 (293).

[101] Dies umfasst bspw. auch die Überlassung von Altpapier zur Verwertung an einen Unternehmer, wenn anzunehmen ist, dass der vom Unternehmer gezahlte Kaufpreis (erheblich) unter dem durch den Unternehmer erzielbaren Preis für die Verwertung des Altpapiers liegen wird; dazu BGH Beschl. v. 1.2.2005 – X ZB 27/04, NZBau 2005, 290 ff.; vertieft dazu Reidt/Stickler/Glahs/*Ganske* Rn. 36 mwN.

[102] Vgl. EuGH Beschl. v. 12.7.2001 – Rs. C-399/98, NZBau 2001, 512 (516) – Teatro alla Bicocca.

[103] S. OLG Naumburg Beschl. v. 3.11.2005 – 1 Verg 9/05, NZBau 2006, 58 (62 f.).

[104] EuGH Urt. v. 12.7.2007 – C-399/08, Slg. 2001, I-5409 = VergabeR 2001, 380 (388) – Stadt Mailand.

[105] EuGH VergabeR 2010, 188; BGH Beschl. v. 1.2.2005 – X ZB 27/04, NZBau 2005, 290 ff.

[106] OLG Düsseldorf Beschl. v. 13.6.2007 – VII-Verg 2/07, NZBau 2007, 530 = ZfBR 2008, 102 (103) – Flugplatz Ahlhorn.

[107] BayObLG VergabeR 2003, 329.

[108] OLG Düsseldorf Beschl. v. 2.8.2000 – Verg 7/00, NZBau 2000, 530.

[109] S. OLG Düsseldorf Beschl. v. 9.6.2010 – Verg 9/10, ZfBR 2010, 620 ff.; OLG Schleswig Beschl. v. 15.3.2013 – 1 Verg 4/12, VergabeR 2013, 577 (585) unter Hinweis auf die „Mitteilung der Kommission betreffend Elemente staatlicher Beihilfe bei Verkäufen von Bauten oder Grundstücken durch die öffentliche Hand".

[110] Bspw. die Verpflichtung, neue Versionen einer durch den Vertragspartner überlassenen und zukünftig weiterzuentwickelnden Software diesem (dh dem Vertragspartner) bereitzustellen; vgl. dazu EuGH Urt. v. 28.5.2020 – C 796/18, NZBau 2020, 461 (464 f.); folgend OLG Düsseldorf Beschl. v. 3.2.2021 – VII Verg 25/18, NZBau 2021, 344 (346).

46 Es kommt nicht darauf an, dass eine Geldzahlung direkt von Seiten des Auftraggebers an das Unternehmen erfolgt.[111] Deshalb erfüllen auch die Einräumung des Rechts zur Erhebung von Gebühren,[112] sowie die (dem Auftraggeber zurechenbare) **Zahlung durch einen Dritten**[113] das Kriterium der Entgeltlichkeit. Dies gilt Erst-Recht für die **Kostenerstattung nach zuvor erfolgter Einziehung von Gebühren durch den Auftraggeber.**[114] Entgeltlichkeit ist auch gegeben, wenn der Unternehmer zukünftig gegenüber einem Dritten abrechnen soll, der Auftraggeber sich jedoch verpflichtet, offene Beträge zu übernehmen, also letztlich für die „Schuld" des Dritten einzutreten.[115]

47 Für den Fall der Zahlung einer Vergütung ist unerheblich, ob diese aus dem (eigenen oder zugewiesenen) Haushalt des Auftraggebers stammt oder nicht.[116] Entscheidend ist nicht die Art der zugrundeliegenden Mittel (beispielsweise ob diese als öffentlich oder privat einzuordnen sind),[117] sondern dass ein geldwerter, mithin ein anhand wirtschaftlicher Maßstäbe messbarer, Vorteil vorliegt. Es reicht damit aus, dass die Gegenleistung dem Auftraggeber zurechenbar ist.[118]

48 Insgesamt wird der Entgeltbegriff damit sehr weit verstanden. Nicht erfasst sind allerdings unentgeltliche Verträge, wie beispielsweise Schenkungen und Aufträge.[119] Dies gilt auch dann, wenn für den jeweiligen Unternehmer mit der Leistungserbringung zum „Nullpreis" Vorteile allgemeiner Art verbunden sind, sei es der Erwerb einer begehrten Referenz, sei es der Zugang zu einem neuen bzw. bislang verschlossenen Markt.[120] Zwar mag darin ein wirtschaftlicher Vorteil liegen, jedoch ist dieser – jedenfalls in der jeweils aktuellen Situation – nicht hinreichend verfestigt sowie in Geld messbar und letztlich vom Zufall abhängig.[121]

49 Die neuen Medien und deren Nutzung werfen im Zusammenhang mit der Entgeltlichkeit neue Fragen auf. Namentlich bei der Nutzung der sozialen Medien, die überwiegend kostenfrei ist, stellt sich die Frage, inwieweit die mit der Nutzung einhergehende Zurverfügungstellung von Daten den weiten Entgeltbegriff erfüllt.[122] Praktisch dürfte sich dies allerdings nach dem Unterschwellenrecht bemessen.[123]

50 **d) Beschaffungselement.** Der Vertragsschluss muss zur Beschaffung von Leistungen, Waren oder Bauleistungen erfolgen. Es bedarf mithin eines Beschaffungselements. Neben dem Normwortlaut des Abs. 1 sprechen hierfür auch die Zielrichtung des Vergaberechts (Normierung von

---

[111] Immenga/Mestmäcker/*Dreher* Rn. 44; *Röwekamp/Brauser-Jung/Zimmermann* in RKPP GWB Rn. 155. Zu geldwerten Vorteilen, die von Dritten stammen und dem öffentlichen Auftraggeber zuzurechnen sind VK Westfalen Beschl. v. 12.3.2020 – VK 1-1/20, IBRRS 2021 0470 (Kooperationsvereinbarung zwischen einem öffentlichen Auftraggeber und einer privaten Klinikgruppe, bei welcher letztere den „Zugang" zu den von ihren Lieferanten gewährten Rabatten gewährt, im Gegenzug aber eine Umsatzbeteiligung für jede Bestellung des öffentlichen Auftraggebers vom jeweiligen Lieferanten erhält).

[112] OLG Naumburg Beschl. v. 3.11.2005 – 1 Verg 9/05, NZBau 2006, 58 (62f.).

[113] Immenga/Mestmäcker/*Dreher* Rn. 44; *Röwekamp/Brauser-Jung/Zimmermann* in RKPP GWB Rn. 155; OLG Hamburg Beschl. v. 7.12.2007 – 1 Verg 4/07, SRa 2008, 112 führt aus, dass es unerheblich ist, von wem die Gegenleistung erbracht wird.

[114] ZB EuGH Urt. v. 18.1.2007 – C-220/05, Slg. 2007, I-385 = NVwZ 2007, 316 – Stadt Roanne; EuGH Urt. v. 12.7.2007 – C-399/08, Slg. 2001, I-5409 = VergabeR 2001, 380 – Stadt Mailand; OLG Düsseldorf Beschl. v. 5.5.2004 – VII-Verg 78-03, NZBau 2004, 398 – Stadt Wuppertal und OLG Düsseldorf Beschl. v. 13.6.2007 – VII-Verg 2/07, NZBau 2007, 530 – Flugplatz Ahlhorn; OLG Düsseldorf Beschl. v. 22.9.2004 – VII Verg 44/04, NZBau 2005, 652 zu Familienhilfe; OLG Düsseldorf Aussetzungsbeschl. v. 19.12.2007 – VII-Verg 51/07NZBau 2008, 194 = VergabeR 2008, 73 (77) zu Rabattverträgen, dazu auch: LSG Düsseldorf VergabeR 2010, 135f.; EuGH VergabeR 2013, 686 (689) – Piepenbrock.

[115] VK Westfalen Beschl. v. 8.5.2018 – VK 1-12/18, ZfBR 2019, 304 (309).

[116] *Röwekamp/Brauser-Jung/Zimmermann* in RKPP GWB Rn. 26; Reidt/Stickler/Glahs/*Ganske* Rn. 34; HK-VergabeR/*Wegener/Pünder* Rn. 42; anders noch OLG Düsseldorf Beschl. v. 28.4.2004 – VII Verg 2/04, NZBau 2004, 400 (401).

[117] EuGH Urt. v. 18.11.2004 – C-126/03, NZBau 2005, 49, (50); *Röwekamp/Brauser-Jung/Zimmermann* in RKPP GWB Rn. 155.

[118] Beck VergabeR/*Hüttinger* Rn. 105; Immenga/Mestmäcker/*Dreher* Rn. 44; s. auch VK Westfalen Beschl. v. 12.3.2020 – VK 1-1/20, IBRRS 2021 0470.

[119] HK-VergabeR/*Wegener/Pünder* Rn. 42.

[120] S. EuGH Urt. v. 10.9.2020 – C-367/19, NZBau 2020, 730, (731).

[121] Vgl. EuGH Urt. v. 10.9.2020 – C-367/19, NZBau 2020, 730, (731) unter Bezugnahme auf den Generalanwalt beim EuGH Schlussantrag v. 28.5.2020 – C-367/19, BeckRS 2020, 10208.

[122] Dazu *Kreyßing*, Öffentliche Stellen in den Sozialen Medien, Ziff. 4.2.

[123] Wobei hier ein analoger Auftragsbegriff gilt, sodass sich die Frage der Entgeltlichkeit auch dort stellt. Denkbar wäre hier ein Rückgriff auf § 8 Abs. 4 Nr. 10 UVgO; vgl. dazu *Kreyßing*, Öffentliche Stellen in den Sozialen Medien, Ziff. 4.2.

A. Definition des öffentlichen Auftrags (Abs. 1) 51, 52 § 103 GWB

Erwerbsvorgängen)[124] sowie die wiederholte Bezugnahme auf *„Beschaffungen"* sowie das *„Beschaffungswesen"* in den Richtlinien.[125] Auch dieser Begriff ist zur Vermeidung von Umgehungstatbeständen **funktional und weit** zu verstehen. Eine (erste) **Negativabgrenzung** findet sich in der RL 2014/24/EU selbst. So ist in den Erwägungsgründen 4–7 RL 2014/24/EU dargelegt, dass es nicht Ziel der Richtlinie ist, die Freiheit der Mitgliedstaaten in ihren verwaltungsorganisatorischen und rechtlichen Gestaltungen zu beschränken und jedwedes staatliche Handeln, das zur Erfüllung von Aufgaben dient, dem Vergaberecht zu unterwerfen. Ausgeklammert werden damit beispielsweise rein innerstaatliche Organisationsakte (vgl. Art. 1 Abs. 6 RL 2014/24/EU; zu den „echte" Aufgabendelegationen → Rn. 63 ff.). Erfasst werden sollen Vorgänge, bei denen es um den **Erwerb von Leistungen außerhalb der internen Sphäre** geht; Gegenstand ist das Beschaffungsverhalten am Markt.[126]

Es ist **nicht** Voraussetzung, dass der öffentliche Auftraggeber einen aus seiner öffentlichen 51 Aufgabe resultierenden **eigenen** (als öffentlich-rechtlich einzuordnenden) Bedarf decken will.[127] Unerheblich ist mithin grundsätzlich die Zweckrichtung der Beschaffung. Es genügt auch, wenn die vom Unternehmer zu erbringende Leistung gegenüber einem Dritten zu erbringen ist.[128] Der Bedarf kann sich auch aus einer wirtschaftlichen Betätigung am Markt ergeben, wenn beispielsweise der Auftraggeber seinerseits Auftragnehmer ist und insoweit zu seiner Pflichtenerfüllung Waren oder Leistungen Dritter benötigt. Es reicht damit aus, wenn der Auftraggeber überhaupt ein Interesse an der Auftragserfüllung, **zu welchem Zweck auch immer,** hat.[129]

Bei Bauwerken stellt es sich dann auch eine Beschaffung dar, wenn diese entsprechend den Anforde- 52 rungen des Auftraggebers erstellt werden und anschließend nicht durch diesen selbst genutzt werden sollen, sondern eine spätere Veräußerung vorgesehen ist.[130] Der EuGH hatte in der Sache zunächst sogar das mittelbare Interesse an einer geordneten städtebaulichen Entwicklung ausreichen lassen,[131] später jedoch in seiner Entscheidung Helmut Müller dahingehend präzisiert, dass ein (Bau-)Auftrag zwar nicht voraussetzt, dass die Bauleistung, die Gegenstand des Auftrags ist, in einem gegenständlichen oder körperlich zu verstehenden Sinne für den öffentlichen Auftraggeber beschafft wird, allerdings diesem (scil. dem öffentlichen Auftraggeber) unmittelbar wirtschaftlich zugutekommen muss, wofür die bloße Ausübung von städtebaulichen Regelungszuständigkeiten durch den öffentlichen Auftraggeber nicht genügt.[132] Im Ergebnis ist damit zwischen dem Zweck der Beschaffung einerseits und dem erforderlichen Bezug zum Leistungsobjekt zu unterscheiden: Das für das Vorliegen eines öffentlichen Auftrags erforderliche Beschaffungselement ist – unabhängig von der Zwecksetzung des Auftraggebers – dann erfüllt, wenn der Auftraggeber in einer bestimmten wirtschaftlichen Beziehung zum Leistungsobjekt (beispielsweise dem zu errichtenden Bauwerk) steht bzw. zukünftig stehen soll, sei es, dass er dieses erwirbt, sonst durch einen Rechtstitel die Verfügungsgewalt erlangt oder wirtschaftliche Vorteile aus der Veräußerung bzw. Nutzung zieht, sei es, dass er selbst Risiken im

---

[124] Vgl. BVerfG Beschl. v. 13.6.2006 – 1 BvR 1160/03, NZBau 2006, 791 ff: *„Als Vergaberecht wird die Gesamtheit der Normen bezeichnet, die ein Träger öffentlicher Verwaltung bei der Beschaffung von sachlichen Mitteln und Leistungen, die er zur Erfüllung von Verwaltungsaufgaben benötigt, zu beachten hat"* (Rn. 2).
[125] HK-VergabeR/*Wegener*/*Pünder* Rn. 32.
[126] Vgl. *Röwekamp*/*Brauser-Jung*/*Zimmermann* in RKPP GWB Rn. 12.
[127] Dazu Reidt/Stickler/Glahs/*Ganske* Rn. 25 f.
[128] HK-VergabeR/*Wegener*/*Pünder* Rn. 42.
[129] Grundlegend EuGH Urt. v. 18.11.2004 – C-126/03, Slg. 2004, I-11197 = NVwZ 2005, 74; EuGH Urt. v. 18.1.2007 – C-220/05, Slg. 2007, I-385 = NVwZ 2007, 316 – Stadt Roanne. Zu weitgehend und mittlerweile überholt (s. OLG Düsseldorf Beschl. v. 9.6.2010 – VII-Verg 9/10, NZBau 2010, 580 ff.) allerdings OLG Düsseldorf Beschl. v. 13.6.2007 – VII-Verg 2/07, NZBau 2007, 530 – Flugplatz Ahlhorn; OLG Düsseldorf Beschl. v. 2.10.2008 – VII-Verg 25/08, NZBau 2008, 727 (730). Nach dieser Rspr. sollte jedes Ziel, auch bspw. die Verfolgung allgemeiner Ziele der Daseinsvorsorge bzw. die Ausübung der städtebaulichen Regelungszuständigkeiten genügen, und zwar auch dann, wenn ein weiteres, konkretes unmittelbares wirtschaftliches Interesse des Auftraggebers nicht besteht. Vertieft zur Abgrenzung *Röwekamp*/*Brauser-Jung*/*Zimmermann* in RKPP GWB Rn. 27 ff.
[130] Entsprechendes hat der EuGH auch in seiner Entscheidung Köln Messe zugrunde gelegt und es insoweit als unerheblich angesehen, dass das zu errichtende Bauwerk einem anderen zur Nutzung überlassen werden soll; s. EuGH Urt. v. 29.10.2009 – C – 536/17, ZfBR 2010, 178 (181) – Messe Köln.
[131] EuGH Urt. v. 18.1.2007 – C-220/05, Slg. 2007, I-385 Rn. 42 ff. = NVwZ 2007, 316 – Stadt Roanne.
[132] EuGH Urt. v. 25.3.2010 – C-451/08 Rn. 58, NZBau 2010, 321 ff. – Helmut Müller; folgend OLG Düsseldorf Beschl. v. 9.6.2010 – VII-Verg 9/10, NZBau 2010, 580 ff.; VK Bremen Beschl. v. 19.6.2018 – 16 VK 2/18: allgemeine politische und städtebauliche Ziele, bspw. Aufwertung des Standortes und kulturelle Entwicklung, genügen nicht; zum alten Recht auch OLG Jena Beschl. v. 15.3.2017 – 2 Verg 3/16, VergabeR 2018, 127 (131 ff.). Ein Überblick zur Rechtsprechungsentwicklung findet sich bei BeckOGK/*Bulla* BGB § 631 Rn. 982 ff.

Hinblick auf das Leistungsobjekt eingegangen ist, beispielsweise durch eine (Teil-)Finanzierung.[133] Denn in diesem Fall besteht ein eigenes wirtschaftliches Interesse des Auftraggebers.[134] Ob allerdings in der Konstellation der Veräußerung eines Grundstücks unter Verkehrswert (was Entgeltcharakter hat)[135] auch automatisch eine (Teil-)Finanzierung im vorgenannten Sinne liegt und infolgedessen das notwendige „*unmittelbare wirtschaftliche Interesse*" gegeben ist, erscheint zweifelhaft. Insoweit muss in aller Regel eine wie auch immer geartete Zugriffsmöglichkeit des Auftraggebers oder zumindest dessen Entlastung von ihm (dh den Auftraggeber) unmittelbar selbst obliegenden Aufgaben hinzutreten.[136] Andernfalls besteht die Gefahr einer Verwischung der Grenzen zwischen Zuwendung und öffentlichem Auftrag.

53 Der Beschaffungscharakter zeigt sich aus wirtschaftlicher Sicht darin, dass der Auftraggeber als Nachfrager von Bauleistungen, Waren oder Dienstleistungen an den Markt tritt. Aus zivilrechtlicher Sicht ist die öffentliche Hand insoweit beispielsweise Auftraggeber oder Käufer. Eine Veräußerung von Vermögensgegenständen fällt daher mangels Beschaffungscharakters nicht unter das Vergaberecht; hier ist der Staat als Anbieter tätig.[137] Allerdings gebietet auch hier die funktionale Auslegung, dass nicht strikt anhand der Begrifflichkeiten zu entscheiden ist, sondern der konkrete Einzelfall in den Blick zu nehmen ist. Folgerichtig unterfallen damit auch solche Konstellation dem Vergaberecht, in denen die öffentliche Hand dem ersten Anschein nach als Anbieter auftritt, tatsächlich bzw. ergänzend jedoch eine Bedarfsdeckung erfolgt. Diese Fälle der sog. **eingekapselten Beschaffung** können vorliegen, wenn der Auftraggeber im Rahmen einer Grundstücksveräußerung mit dem privaten Käufer eine einklagbare Bauverpflichtung vereinbart, entscheidenden Einfluss auf die Konzeption des Bauwerks nimmt und zudem ein (unmittelbares) eigenes Interesse am Bauwerk hat (→ Rn. 158 ff.).[138] Um eine Umgehung der vergaberechtlichen Bindungen der öffentlichen Hand zu verhindern, ist hier das Vorliegen eines öffentlichen Auftrags anzunehmen, wobei es nicht entscheidend ist, ob die Beschaffung der Hauptgegenstand oder der wesentliche Zweck des Vertrags ist,[139] sondern ob bei wirtschaftlicher Betrachtung „*das Veräußerungsgeschäft einem Einkauf gleichkommt*".[140] Entsprechendes gilt für diejenigen Fällen, in denen zunächst über eine vergabefreie Inhouse-Vergabe Aufträge an eine kommunale Gesellschaft gegeben und anschließend (zeitnah) die Gesellschaftsanteile an einen Privaten veräußert werden.[141]

54 **Das Entgelt sowie der Gegenstand der Beschaffung müssen nicht zwingend im Synallagma stehen.**[142] Es reicht insoweit aus, wenn die Partner sich zu jeweils einer Leistung verpflichten, mithin ein gegenseitiger Vertrag vorliegt. Die Gegenseitigkeit kann nicht nur durch ein Synallagma begründet werden, sondern auch in der Vereinbarung einer Bedingung oder in der Festlegung, dass die eine Leistung der Rechtsgrund für die Gewährung der anderen Leistung sein soll, liegen.[143] Vor dem Hintergrund der funktionalen Auslegung sind hierbei verschiedene Rechtsakte (beispielsweise Verträge) in einer Gesamtschau zu bewerten, namentlich wenn sie aufeinander bezogen sind.[144]

55 **e) Vorliegen einer einklagbaren Verpflichtung zur Leistung.** Unabdingbare Voraussetzung für einen öffentlichen Auftrag ist, dass der Vertragspartner der öffentlichen Hand eine **einklag-**

---

[133] Vgl. OLG Düsseldorf Beschl. v. 9.6.2010 – VII-Verg 9/10, NZBau 2010, 580 f. unter Auswertung der Rspr. des EuGH.
[134] *Summa* NZBau 2015, 329 (330), der dies als ungeschriebenes Tatbestandsmerkmal einordnet.
[135] → Rn. 45 ff.
[136] So zutreffend OLG München Beschl. v. 27.9.2011 – Verg 15/11, NZBau 2012, 134 (136).
[137] S. nur HK-VergabeR/*Wegener*/*Pünder* Rn. 34 mwN, die zutreffend auf die dennoch zu beachtenden haushaltsrechtlichen Vorgaben und die Notwendigkeit eines Bieterverfahrens hinweisen.
[138] Grundlegend EuGH Urt. v. 25.3.2010 – C-451/08, NZBau 2010, 321 ff. – Helmut Müller; s. auch VK Bremen Beschl. v. 19.6.2018 – 16 VK 2/18.
[139] HK-VergabeR/*Wegener*/*Pünder* Rn. 35 mwN.
[140] OLG Karlsruhe Beschl. v. 16.11.2016 – 15 Verg 5/16 Rn. 68, VergabeR 2017, 165 ff. zu einem Kiesabnahme- und Verwertungsvertrag. Aus der älteren Rspr. BGH Beschl. v. 1.2.2005 – X ZB 27/04 zur Veräußerung von Altpapier mit Verwertungspflicht des Erwerbers.
[141] EuGH Urt. v. 10.11.2005 – C-29/04, Slg. 2005, I-9705, NVwZ 2006, 70 – Stadt Mödling. Weitere Beispiele im Zusammenhang mit Gesellschaftsgründungen bzw. der Veräußerung von Gesellschaftsanteilen bei *Röwekamp*/*Brauser-Jung*/*Zimmermann* in RKPP GWB Rn. 43 ff.
[142] OLG Düsseldorf Beschl. v. 28.11.2018 – Verg 25/18, ZfBR 2019, 409 (411); Reidt/Stickler/Glahs/*Ganske* Rn. 34; anders jüngst EuGH Urt. v. 28.5.2020 – C 796/18, NZBau 2020, 461 (464).
[143] S. OLG Düsseldorf Beschl. v. 22.9.2004 – VII Verg 44/04, NZBau 2005, 652 (653); VK Westfalen Beschl. v. 8.5.2018 – VK 1-12/18, ZfBR 2019, 304 (309).
[144] Bspw. bei einer Kooperation zweier Auftraggeber im Bereich Software, wenn der Kooperationsvertrag nur mit dem Softwareüberlassungsvertrag als gemeinsames Dokument verbindlich sein soll; s. EuGH Urt. v. 28.5.2020 – C 796/18, NZBau 2020, 461 (464).

bare **Leistungspflicht** eingeht.[145] Nicht genügend sind daher unverbindliche Absichtserklärungen.[146]

Ebenfalls stellt es keinen öffentlichen Auftrag dar, wenn die erworbenen Rechte und Pflichten so abstrakt gefasst sind, dass sie **nicht** als Beschaffung von **konkreten Leistungen oder Waren** etc zu verstehen sind, beispielsweise im Falle des Erwerbs der Mitgliedschaft in einem Verein.[147]

f) Vertragsarten. Abs. 1 nennt neben den Voraussetzungen für öffentliche Aufträge auch die **Vertragsarten,** zu denen öffentliche Aufträge führen können. Diese werden in den folgenden Absätzen jeweils definiert. Mit den genannten Arten soll das wirtschaftliche Handeln der öffentlichen Hand am Markt möglichst umfassend abgedeckt werden, um eine weitestgehende Marktöffnung sicher zu stellen. Dem **Dienstleistungsauftrag** kommt dabei eine **Auffangfunktion** zu, indem in **Abs. 4** definiert wird, dass Dienstleistungsaufträge alle Aufträge sind, die nicht Bau- oder Lieferaufträge sind.

Die Unterscheidung der Vertragsarten hat eine erhebliche Bedeutung für die Ermittlung des einschlägigen Regelungsregimes.[148] Während für Bauleistungen neben den §§ 97 ff. die einschlägigen Vorgaben im Wesentlichen (mit Ausnahme beispielsweise der Auftragswertermittlung, welche sich nach § 3 VgV bemisst) im 2. Abschnitt der VOB/A zu finden sind, bemisst sich die Vergabe von Liefer- und Dienstleistungen nach den Vorschriften der VgV. Auch die vertikale Differenzierung des Vergaberechts – mithin die Unterscheidung zwischen Oberschwellen- und Unterschwellenbereich – knüpft mittelbar an die verschiedenen Auftragsarten an. Denn insoweit unterscheiden sich die Schwellenwerte (aktuell 5,35 Mio. EUR bzw. 214.000 EUR) erheblich, weshalb die Unterscheidung in Streitfällen vor den Vergabekammern, namentlich wenn es sich um typengemischte Verträge handelt, thematisiert worden ist.[149] Sollte sich nämlich herausstellen, dass ein vom jeweiligen Antragsteller als Lieferauftrag angesehener Vertrag tatsächlich ein Bauauftrag ist, so dürfte die Zulässigkeit des Nachprüfungsantrags regelmäßig am Nichterreichen des Schwellenwerts scheitern.[150]

Die Unterscheidung zwischen den Auftragsarten hat auch Bedeutung bei der Frage, ob der private Bauherr eines geförderten Vorhabens als öffentlicher Auftraggeber anzusehen ist und er insoweit bei der konkreten Beschaffung das Vergaberecht nicht nur wegen einer möglichen Auflage im Zuwendungsbescheid anzuwenden hat, sondern aufgrund einer gesetzlichen Anordnung und daher auch im Außenverhältnis gegenüber den jeweiligen Bietern zur Einhaltung des Vergaberechts verpflichtet ist. Die Rede ist von § 99 Nr. 4, wonach ua juristische Personen des privaten Rechts öffentliche Auftraggeber sind, wenn sie für Tiefbaumaßnahmen, für die Errichtung von Krankenhäusern, Sport-, Erholungs- oder Freizeiteinrichtungen, Schul-, Hochschul- oder Verwaltungsgebäuden oder für damit in Verbindung stehende Dienstleistungen und Wettbewerbe von öffentlichen Stellen Mittel erhalten, mit denen diese Vorhaben zu mehr als 50 Prozent subventioniert werden. Hier ist die Einordnung der konkreten Beschaffung entscheidend, da das Vergaberecht in diesen Fällen nur für Bauaufträge und Dienstleistungen gilt. Beschafft ein in kirchlicher Trägerschaft befindliches Krankenhaus im Rahmen eines solchen überwiegend mit öffentlichen Mitteln geförderten Vorhabens Infusionstechnik, so stellt dies dann keinen Bauauftrag dar (mit der Folge, dass die Auftraggebereigenschaft des Krankenhauses zu verneinen ist), wenn die (mobilen) Geräte ohne Weiteres an jedem beliebigen Ort zu Einsatz kommen könnten, mithin nicht an die baulichen Begebenheiten vor Ort angepasst sind.[151] Zu Recht wird hier angenommen, dass sich der Bundesgesetzgeber bewusst dazu entschieden hat, etwaige Lieferaufträge nicht dem Vergaberecht zu unterwerfen, auch wenn das Gesamtbauprojekt überwiegend gefördert wird.[152] Auch bei § 99 Nr. 4 ist die Unterscheidung der Auftragsarten damit relevant.

---

[145] OLG Düsseldorf Beschl. v. 11.7.2018 – VII Verg 1/18, NZBau 2018, 628 (629 f.); OLG Düsseldorf Beschl. v. 23.1.2019 – VII Verg 22/18, NZBau 2019, 605 (608); Beck VergabeR/*Hüttinger* Rn. 73, 205; Reidt/Stickler/Glahs/*Ganske* Rn. 81; *Röwekamp/Brauser-Jung/Zimmermann* in RKPP GWB Rn. 74; für den Fall einer sog. eingekapselten Beschaffung beim Grundstücksverkauf VK Bremen Beschl. v. 19.6.2018 – 16 VK 2/18 sowie zum alten Recht OLG Jena Beschl. v. 15.3.2017 – 2 Verg 3/16, VergabeR 2018, 127 (131 ff.). Grundlegend EuGH Urt. v. 25.3.2010 – C-451/08, NZBau 2010, 321 (325) – Helmut Müller; jüngst bestätigt in EuGH Urt. v. 10.9.2020 – C-367/19, NZBau 2020, 730 (731).
[146] *Röwekamp/Brauser-Jung/Zimmermann* in RKPP GWB Rn. 74; Reidt/Stickler/Glahs/*Ganske* Rn. 81.
[147] S. OLG Rostock Beschl. v. 5.2.2020 – 17 Verg 4/19, NZBau 2021, 70 (71 ff.); kritisch *Willenbruch* VergabeR 2020, 624.
[148] Ausf. HK-VergabeR/*Wegener/Pünder* Rn. 52 ff.
[149] S. nur OLG Düsseldorf Beschl. v. 30.4.2014 – VII Verg 35/13, NZBau 2014, 589 (590); VK Sachsen Beschl. v. 18.3.2015 – 1/SVK/001-15 Rn. 43.
[150] So bspw. bei OLG Düsseldorf Beschl. v. 30.4.2014 – VII Verg 35/13, NZBau 2014, 589 (590).
[151] S. OLG München Beschl. v. 19.3.2019 – Verg 3/19, NZBau 2019, 670 (673) zu Infusionstechnik; offen gelassen im Hinblick auf Veranstaltungstechnik sowie zugehörige Montage-, Einmess- und Programmierarbeiten VK Bund Beschl. v. 16.11.2018 – VK 1 – 99/18, NZBau 2019, 271 (272).
[152] So OLG München Beschl. v. 19.3.2019 – Verg 3/19, NZBau 2019, 670 (672 f.).

60 **g) Ausnahme: Fehlen einer Auswahlentscheidung des Auftraggebers.** Das Vergaberecht kommt dann nicht zur Anwendung, wenn der öffentliche Auftraggeber keine **Auswahlentscheidung** trifft, mithin allen geeigneten Unternehmen Zugang zu einem einheitlichen Vertragssystem gewährt.[153] In einem solchen Fall fehlt es an der für einen öffentlichen Auftrag notwendigen Exklusivität.[154] Prägend für ein solches Zulassungsverfahren ist, dass der Auftraggeber nicht Angebote nach deren Wirtschaftlichkeit bewertet und ordnet, sondern in der Sache lediglich die Eignung der Unternehmen prüft und mit jedem Unternehmen, das die Voraussetzungen erfüllt, einen Vertrag abschließt.[155] Auch wenn für solche Zulassungssysteme mangels Erfüllung des Auftragsbegriffs die vergaberechtlichen Regelungen nicht gelten, so sind – jedenfalls wenn der Gegenstand grenzüberschreitendes Interesse auslösen kann – die primärrechtlichen Grundsätze der Nichtdiskriminierung, Gleichbehandlung und Transparenz zu beachten.[156] Andererseits darf dies nicht dahingehend verstanden werden, dass das Zulassungs- bzw. Vertragssystem nur dann vergaberechtsfrei ist, wenn diese vorgenannten primärrechtlichen Vorgaben erfüllt werden. Insoweit ist es für die Einordnung als Open-House-Modell (und damit für die Ablehnung des Vorliegens eines öffentlichen Auftrags) unerheblich, ob dieses mit den Grundsätzen der Nichtdiskriminierung, Gleichbehandlung und Transparenz vereinbar ist.[157] Die Prüfung, ob ein öffentlicher Auftrag iSd § 103 vorliegt, ist der Frage nach der unionskonformen Ausgestaltung des betroffenen Modells vorgelagert und von dieser zu trennen.[158] Maßgeblich für die Verneinung des Vorliegens eines öffentlichen Auftrags und damit die Unanwendbarkeit der §§ 97 ff. ist einzig die fehlende Exklusivität; in diesem Fall ist daher auch nicht die Vergabekammer, sondern das jeweilige Fachgericht zuständig.[159]

61 Die Vertragsbedingungen, namentlich auch das Entgelt, müssen von Anfang an – mithin mit Einleitung des als „**Open-House**" bezeichneten Verfahrens – durch den Auftraggeber verbindlich festgelegt worden sein, sodass die Unternehmen, welche Zulassung zum Vertragssystem begehren, diese zwingend akzeptieren müssen. Raum für Verhandlungen darf hierbei nicht bestehen.[160] Dem Auftraggeber ist es insoweit verwehrt, die Angebote der Unternehmen nach Wirtschaftlichkeitskriterien (beispielsweise den Preis) zu bewerten und den Zugang zum Vertragssystem davon abhängig zu machen; beispielsweise müssen die Preise für den Einzelabruf im vornherein verbindlich durch den Auftraggeber festgelegt werden. Keine schädliche Auswahlentscheidung stellt es dar, wenn die Festlegungen in den Unterlagen möglicherweise bestimmte Anbietergruppen *faktisch* bevorteilen oder aber die Leistungserbringung für einige Anbieter unattraktiv machen.[161] Zutreffend hat das OLG Düsseldorf dies im Hinblick auf den Aspekt des Vergütungsmodells entschieden; im damaligen Fall hatte der Auftraggeber – in Abweichung vom üblichen System – einheitliche Vertragspreise statt einer Rabattgewährung auf den Herstellerabgabepreis festgelegt.[162] Insoweit – so der Vergabesenat – ginge es zu weit, vom Auftraggeber zu fordern, dass er sämtliche Unterschiede zwischen den im Wettbewerb stehenden Unternehmen egalisiert.

62 Neben der verbindlichen Festlegung einheitlicher Vertragsbedingungen bedarf es einer transparenten Ausgestaltung, wozu neben der europaweiten Bekanntmachung auch die Festlegung klarer Zulassungsregelungen gehört. Hat der Auftraggeber sein Vertragssystem entsprechend den sich aus der EuGH-Rechtsprechung ergebenden Vorgaben eingerichtet, so unterfällt auch ein darauf aufbauender Einzelabruf nicht dem Vergaberecht.[163] In der Praxis kommen Open-House-Modelle überwiegend bei Arzneimittel-Rabattverträgen der Krankenkassen zum Einsatz.[164] Hier sind die Vertrags-

---

[153] Grundlegend EuGH Urt. v. 2.6.2016 – C-410/14, NZBau 2016, 441 ff. – Dr. Falk Pharma; EuGH Urt. v. 1.3.2018 – C-9/17, NZBau 2018, 366 ff. – Tirkkonen.
[154] S. OLG Düsseldorf Beschl. v. 20.3.2019 – VII Verg 65/18, NZBau 2019, 801 (802).
[155] OLG Düsseldorf Beschl. v. 31.10.2018 – Verg 37/18, NZBau 2019, 327 (329 f.); ausf. zu den Voraussetzungen Byok/Jaeger/*Csaki* Rn. 28 ff.; kritisch zum Open House-Modell allgemein *Gabriel* NZBau 2019, 568 ff.
[156] S. nur EuGH Urt. v. 2.6.2016 – C-410/14, NZBau 2016, 441 (444) – Dr. Falk Pharma.
[157] OLG Düsseldorf Beschl. v. 31.10.2018 – Verg 37/18, NZBau 2019, 327 (332); OLG Düsseldorf Beschl. v. 20.3.2019 – VII Verg 65/18, NZBau 2019, 801 (803 f.); anders noch OLG Düsseldorf Beschl. v. 11.1.2012 – VII Verg 57/11, NZBau 2012, 315 (317); OLG Düsseldorf Beschl. v. 13.8.2014 – VII Verg 13/13, NZBau 2014, 654 (657).
[158] Vgl. OLG Düsseldorf Beschl. v. 31.10.2018 – Verg 37/18, NZBau 2019, 327 (331).
[159] Zur Folge der Rechtswegverweisung (§ 17a Abs. 2 GVG) OLG Düsseldorf Beschl. v. 31.10.2018 – Verg 37/18, NZBau 2019, 327 (331).
[160] S. OLG Düsseldorf Beschl. v. 31.10.2018 – Verg 37/18, NZBau 2019, 327 (329 f.).
[161] OLG Düsseldorf Beschl. v. 31.10.2018 – Verg 37/18, NZBau 2019, 327 (330). Etwas anderes gilt freilich, wenn der Auftraggeber das Vertragssystem in Umgehungsabsicht so ausgestaltet, dass es von Anfang an auf lediglich einen Anbieter „zugeschnitten" ist und der Beitritt weiterer Unternehmen faktisch ausgeschlossen ist; offen gelassen in OLG Düsseldorf Beschl. v. 20.3.2019 – VII Verg 65/18, NZBau 2019, 801 (804).
[162] S. OLG Düsseldorf Beschl. v. 31.10.2018 – Verg 37/18, NZBau 2019, 327 (330).
[163] So auch Byok/Jaeger/*Csaki* Rn. 31.
[164] Dazu HK-VergabeR/*Wegener/Pünder* Rn. 15 f.

bedingungen zwingend festgelegt. Der Anwendungsbereich ist darauf jedoch nicht beschränkt.[165] Insoweit kommen auch weitere Konstellationen in Betracht,[166] beispielsweise im Bereich der Personalüberlassung.

h) Ausnahme: innerstaatliche Organisationsakte (Art. 1 Abs. 6 RL 2014/24/EU). 63
Bereits aus den allgemeinen Gesichtspunkten der Marktbezogenheit sowie der Wettbewerbsrelevanz, aber auch der primärrechtlich durch Art. 4 Abs. 2 EUV geschützten lokalen und regionalen Selbstverwaltung,[167] ergibt sich, dass reine Organisationsakte, die sich ausschließlich in der staatlichen Sphäre abspielen, nicht dem Vergaberecht unterliegen sollen. Der Richtlinientext stellt dies in Art. 1 Abs. 6 RL 2014/24/EU klar, wo es heißt: „*Vereinbarungen, Beschlüsse oder andere Rechtsinstrumente, die die Übertragung von Befugnissen und Zuständigkeiten für die Ausführung öffentlicher Aufgaben zwischen öffentlichen Auftraggebern oder Gruppen von Auftraggebern regeln und die keine Vergütung für vertragliche Leistungen vorsehen, werden als Angelegenheiten der internen Organisation des betreffenden Mitgliedsstaats betrachtet und als solche nicht von dieser Richtlinie berührt.*". Solche Rechtsakte sind daher von vornherein aus dem Anwendungsbereich des Vergaberechts herausgenommen, stellen mithin bereits keinen öffentlichen Auftrag dar, sodass es auf die Frage, ob die Voraussetzungen des § 108 vorliegen (Inhouse-Vergabe bzw. horizontale öffentlich-öffentliche Zusammenarbeit) nicht ankommt.[168]

Gemeint sind damit rein organisatorische Rechtsakte, die zu einer **echten**[169] **(delegierenden)** 64
Kompetenzverlagerung führen.[170] In seiner grundlegenden Entscheidung hat der EuGH hierbei festgestellt, dass es zweierlei bedarf: einerseits muss eine Kompetenzübertragung vorliegen, aufgrund derer beim übertragenden Hoheitsträger keine Restverantwortung verbleibt; andererseits muss der übernehmende Hoheitsträger eine rechtliche und tatsächliche (Finanz-)Autonomie[171] erlangen.[172] Übertragen werden muss also die volle Verantwortlichkeit, aber auch die entsprechenden Befugnis, die Aufgabe in eigener Verantwortung zu organisieren und den rechtlichen Rahmen zu setzen.[173] Nicht ausreichend ist es, wenn lediglich „*ein bisschen*" Aufgaben und „*ein bisschen*" Einfluss übertragen wird.[174] Der Übernehmende muss insoweit – wenn auch nicht unumkehrbar – in die Stellung des Übergebenden einrücken und insoweit selbständig und eigenverantwortlich sein.[175] Schädlich sind damit beispielsweise Zustimmungsvorbehalte oder auch finanzielle bzw. sonstige Kontroll- und/oder Einflussnahmemöglichkeiten, welche sich auf die konkreten Modalitäten der Aufgabenausführung beziehen.[176] Letztlich darf bei der übertragenden Stelle allenfalls ein Überwachungsrecht verbleiben.[177]

Die Frage, ob diese Voraussetzungen erfüllt sind, beantwortet sich nach vergaberechtlichen 65
Maßstäben und nicht nach der kommunalrechtlichen Bezeichnung. Daher ist es im Ausgangspunkt beispielsweise unerheblich, ob eine **delegierende oder mandatierende Zweckvereinbarung**

---

[165] So bereits *Neun* NZBau 2016, 681 (684), der andere Anwendungsfälle für denkbar hält; s. auch Byok/Jaeger/*Csaki* Rn. 32.
[166] In diese Richtung für den Fall der Begründung der Mitgliedschaft eines Bundeslandes in einem Jugendherbergsverein bei geplanter (anschließender) Einzelbuchung der Herbergsleistungen durch die einzelnen Schulen *Willenbruch* VergabeR 2020, 624.
[167] S. EuGH Urt. v. 18.6.2020 – C-328/19, NZBau 2020, 528 (532) – Stadt Porin.
[168] Dazu bereits *Portz* VergabeR 2017, 704.
[169] OLG Celle Beschl. v. 3.8.2017 – 13 Verg 3/13, KommJur 2017, 376 ff.; *Frenz* GewArch 2017, 97 (99).
[170] Zusammenfassend Reidt/Stickler/Glahs/*Ganske* Rn. 44 mwN.
[171] Bspw. durch Einräumung der Ermächtigung zur Gebührenerhebung; vgl. OLG Celle Beschl. v. 3.8.2017 – 13 Verg 3/13, KommJur 2017, 376 (379).
[172] EuGH Urt. v. 21.12.2016 – C-51/15, NZBau 2017, 105 (108) – Remondis; jüngst bestätigt in EuGH Urt. v. 18.6.2020 – C-328/19, NZBau 2020, 528 (532) – Stadt Porin; s. auch *Wachinger/Scholz* NVwZ 2017, 373 (377): inhaltliche und finanzielle Autonomie; ausf. Reidt/Stickler/Glahs/*Ganske* Rn. 44 mwN. Die Grundlagen der EuGH-Rechtsprechung können entsprechend auch herangezogen werden bei der Frage der Begründung der Zuständigkeit einer „*Gruppe von Behörden*", wenn diese als solche eine Direktvergabe gem. Art. 5 Abs. 2 VO (EG) Nr. 1370/2007 vornehmen möchte (dazu VK Westfalen Beschl. v. 19.6.2018 – VK1-10/18, NZBau 2018, 570 (576)).
[173] OLG Celle Beschl. v. 3.8.2017 – 13 Verg 3/13, KommJur 2017, 376 (377).
[174] *Gniechwitz* EuZW 2017, 144 (148).
[175] EuGH Urt. v. 21.12.2016 – C-51/15, NZBau 2017, 105 (108) – Remondis.
[176] EuGH Urt. v. 21.12.2016 – C-51/15, NZBau 2017, 105 (108) – Remondis. In der Tendenz weniger streng EuGH Urt. v. 18.6.2020 – C-328/19, NZBau 2020, 528 (532 f.) – Stadt Porin, wo die echte (und damit vergaberechtsfreie) Kompetenzübertragung bejaht wird, obwohl im dort gegenständlichen Kooperationsvertrag festgelegt war, dass die gemeinsame Erstellung eines Haushalts, eines Finanzplans und eines Dienstleistungsplans betreffend die wirtschaftliche Führung der Sozial- und Gesundheitsdienstleistungen erfolgt.
[177] EuGH Urt. v. 21.12.2016 – C-51/15, NZBau 2017, 105 (108) – Remondis.

nach § 23 Abs. 1 Alt. 1 bzw. Alt. 2 GkG NRW vorliegt.[178] Maßgeblich ist damit nicht das (innerstaatliche) Etikett, sondern die materielle Bewertung. Häufig wird es bei bloßen Zweckvereinbarungen daran scheitern, dass dem Übernehmenden keine unantastbare eigenverantwortliche Kompetenz eingeräumt wird und/oder der Übergebende zumindest nicht jegliche Restverantwortung aufgibt. Entscheidend ist stets der Einzelfall.[179] Im Ergebnis bedeutet dies: Kommunale Kooperationsvereinbarungen können, müssen aber nicht zwingend die Voraussetzungen erfüllen und damit vergaberechtsfrei sein.[180]

66 Die **Gründung eines Zweckverbands** mit entsprechender Kompetenzverlagerung (beispielsweise die Übertragung der öffentlich-rechtlichen Aufgaben des Entsorgungsträgers) dürfte regelmäßig trotz der kommunalrechtlich festgelegten Einflussmöglichkeiten der Kommunen als Organisationsakt iSd Art. 1 Abs. 6 RL 2014/24/EU einzuordnen sein und damit keinen öffentlichen Auftrag darstellen.[181] Allerdings ist auch dies jeweils anhand den vom EuGH aufgestellten Kriterien zu messen, wobei hier durchaus ein Spannungsverhältnis zwischen den vergaberechtlichen Anforderungen und den kommunalrechtlichen Vorgaben und Rahmenbedingungen, die eine nicht unwesentliche Einflussnahme der kommunalen Vertreter im Zweckverband vorsehen, besteht.[182]

67 **3. Einzelfälle. a) Kommunale Zusammenarbeit.** Für die Vergabe von Aufträgen an andere öffentliche Auftraggeber gelten grundsätzlich die allgemeinen Vergaberegeln. Das bedeutet, dass auch Aufträge, die anderen öffentlichen Auftraggebern erteilt werden sollen, europaweit auszuschreiben sind, wenn der Auftragswert den jeweils maßgeblichen Schwellenwert übersteigt.[183] Nur ausnahmsweise und bei Vorliegen der gesetzlich definierten Voraussetzungen darf davon abgesehen werden. Mit Blick auf die kommunale Zusammenarbeit von besonderer Praxisrelevanz sind hierbei die Regelungen zur sog. Inhouse-Vergabe sowie der horizontalen öffentlich-öffentlichen Zusammenarbeit, welche seit der Vergaberechtsreform im Jahr 2016 in § 108 zu finden sind.[184] Zuvor waren die Inhouse-Konstellationen, mithin die Frage nach der Zulässigkeit von Direktvergaben innerhalb der Sphäre einer Kommune, Gegenstand der Rechtsprechung des EuGH gewesen.[185]

68 Der EuGH hat zu kommunaler Zusammenarbeit – unter Anwendung und Beibehaltung der aufgestellten Anforderungen für Inhouse- Geschäfte – beispielsweise entschieden, dass hier unter bestimmten Voraussetzungen ein vergaberechtsfreies Handeln möglich ist.[186] Die seinerzeit durch den EuGH entwickelten Anforderungen finden sich nunmehr in der gesetzlichen Normierung wieder: die kommunale Kooperation muss beispielsweise **im Wesentlichen für die angeschlossenen Gemeinden tätig** sein. Die angeschlossenen Gemeinden müssen über die Kooperation die **Kontrolle wie über eine eigene Dienststelle** ausüben können. Die Kontrolle muss hierbei die Möglichkeit beinhalten, sowohl auf die strategischen Ziele als auch auf die wichtigen Entscheidungen dieser Einrichtung ausschlaggebenden Einfluss zu nehmen. Das ist zB ausgeschlossen bei einer Beteiligung von privatem Kapital[187] oder – jedenfalls in aller Regel[188] – bei der Rechtsform der Aktiengesellschaft, da diese ihre Ziele unabhängig von ihren Anteilseignern verfolgen kann, mithin die Zugriffsmöglichkeiten durch die Aktionäre in der gesetzlichen (Grund-)Ausgestaltung schwach aus-

---

[178] S. OLG Düsseldorf Beschl. v. 6.11.2013 – VII Verg 39/11, VergabeR 2014, 169 (170) zu einer Zweckvereinbarung iSd § 23 Abs. 1 Alt. 1 GkG NRW (Gesetz über kommunale Gemeinschaftsarbeit); s. auch *Wachinger/Scholz* NVwZ 2017, 373 (378): Frage des Einzelfalls.
[179] *Wachinger/Scholz* NVwZ 2017, 373 (378).
[180] Zur Einordnung einer kommunalen Kooperation nach finnischen Recht EuGH Urt. v. 18.6.2020 – C-328/19, NZBau 2020, 528 ff. – Stadt Porin; weitergehend *Lenz/Jürschik* EuZW 2020, 1030 (1032), nach denen die Voraussetzung regelmäßig erfüllt sind.
[181] S. dazu OLG Celle Beschl. v. 3.8.2017 – 13 Verg 3/13, KommJur 2017, 376 ff.; zu dieser und der vorangegangenen Entscheidung des EuGH in Sachen Remondis *Portz* VergabeR 2017, 704 ff.
[182] So bereits *Gniechwitz* EuZW 2017, 144 (148).
[183] Unstreitig, s. nur OLG Koblenz Vorlagebeschl. v. 14.5.2019 – Verg 1/19, NZBau 2019, 535, 537; so bereits EuGH Urt. v. 18.1.2007 – C-220/05, Slg. 2007, I-385 = NVwZ 2007, 316 = VergabeR 2007, 183 (190) – Stadt Roanne.
[184] Die Sonderregelung für Sektorenauftraggeber findet sich in § 138.
[185] S. neben den nachfolgend aufgeführten Entscheidungen bspw. EuGH Urt. v. 9.6.2009 – C-480/06, KommJur 2009 392 (393 f.) – Stadtreinigung Hamburg; EuGH Urt. v. 10.9.2009 – C-573/07, NZBau 2009, 797 (801 ff.) – Sea. Instruktiv mit zahlreichen Nachweisen auf die Rspr. des EuGH BeckOGK/*Bulla* BGB § 631 Rn. 932 ff.
[186] Dazu EuGH Urt. v. 13.11.2008 – C-324/07, Slg. 2008, I-8486 = NZBau 2009, 54.
[187] EuGH Urt. v. 11.1.2005 – C-26/03, Slg. 2005, I-1 = DÖV 2005, 427 – Stadt Halle.
[188] Zutreffend auf die atypischen Gestaltungen hinweisend *Portz* in RKPP GWB § 108 Rn. 55 ff.; jurisPK-VergabeR/*Webeler* § 108 Rn. 14 ff.; grundlegend EuGH Urt. v. 10.9.2009 – C-573/07, NZBau 2009, 797 (801 ff.) – Sea.

A. Definition des öffentlichen Auftrags (Abs. 1) 69, 70 § 103 GWB

geprägt sind.[189] Für die **Kontrolle** wie über eine eigene Dienststelle hat der EuGH auch die **gemeinsame Ausübung durch Mehrheitsbeschlüsse der Genossenschaftsmitglieder** ausreichen lassen.[190] Diese Anforderungen sind nunmehr in § 108 für die öffentlich-öffentliche Zusammenarbeit und in § 138 bezüglich der Sektorenauftraggeber für die Zusammenarbeit mit verbundenen Unternehmen umgesetzt worden. Dabei sind auslegungsbedürftige Voraussetzungen, wie die überwiegende Tätigkeit für den öffentlichen Auftraggeber, die gemeinsame Kontrolle ähnlich wie über eine eigene Dienststelle und der unmittelbar beherrschende Einfluss bei verbundenen Unternehmen gesetzlich definiert worden.

Aus dogmatischer Sicht sind die vorstehend genannten Regelungen dem **Begriff des öffentli-** 69 **chen Auftrags nachgelagert und bauen auf diesem auf.** Die Anwendung der in § 108 enthaltenen Ausnahmetatbestände setzt damit begriffsnotwendig das Vorliegen eines öffentlichen Auftrags iSd § 103 voraus[191] und nimmt diesen bei – bzw. trotz – Erfüllung der Merkmale aus dem Anwendungsbereich der §§ 97 ff.[192] heraus, sodass beispielsweise eine direkte Beauftragung innerhalb der Inhouse-Konstellation ausnahmsweise rechtlich zulässig ist. **Bereits nicht erfasst vom Begriff des öffentlichen Auftrags** und damit auch keine Inhouse-Vergabe iSd § 108 **ist die Eigenerledigung durch eine unselbstständige (Verwaltungs-)Einheit,** beispielsweise eine Abteilung oder auch einen Eigenbetrieb.[193] Da in diesem Fall der sog. Inhouse-Vergabe im engeren Sinne nicht zwei rechtlich voneinander zu unterscheidenden (juristischen) Personen beteiligt sind, fehlt es bereits an einem unabdingbaren Wesensmerkmal des Vertrags als zweiseitigem Rechtsgeschäft.[194] **Auch die echten delegierenden Kompetenzverlagerungen fallen nicht unter den Begriff des öffentlichen Auftrags,** sodass es auch bei diesen eines Rückgriffs auf die Regelung des § 108 nicht bedarf.[195]

Wenn ein öffentlicher Auftrag vorliegt, kann eine Kooperation zwischen mehreren Kommunen 70 beispielsweise unter Rückgriff auf § 108 durch Gründung einer gemeinsam kontrollierten Gesellschaft (welche nachfolgend Aufträge für ihre Anteilseigner übernimmt – Fall der Inhouse-Vergabe bei gemeinsamer Kontrolle gem. § 108 Abs. 5) oder durch horizontale öffentlich-öffentliche Zusammenarbeit nach § 108 Abs. 6, welche sich allerdings nicht im bloßen Austausch von Leistung gegen Geldzahlung (beispielsweise Kostenerstattung) erschöpfen darf,[196] erfolgen.[197] Insgesamt ergeben sich mit Blick auf Kooperationen zwischen verschiedenen Akteuren der öffentlichen Hand damit mehrere Wege. Hierbei ist auch eine Kombination verschiedener Ausnahmetatbestände möglich. Insoweit hat der EuGH bestätigt, dass eine Inhouse-Beauftragung an eine vorangegangene delegie-

---

[189] Grundlegend dazu EuGH Urt. v. 11.1.2005 – C-26/03, Slg. 2005, I-1 = DÖV 2005, 427 – Stadt Halle; BGH Urt. v. 3.7.2008 – I ZR 145/05, NZBau 2008, 664.
[190] S. EuGH Urt. v. 13.11.2008 – C-324/07, NZBau 2009, 54 (57f.) – Coditel Brabant. EuGH Urt. v. 29.11.2012 – C-182/11, C-183/11, NZBau 2013, 55 (57f.) – Econord SpA.
[191] S. nur Portz in RKPP GWB § 108 Rn. 31 ff.
[192] Bzw. dem Anwendungsbereich der vergaberechtlichen Regelungen des Unterschwellenbereichs; vgl. bspw. § 1 Abs. 2 UVgO, nach welchem § 108 entsprechend anwendbar ist.
[193] Reidt/Stickler/Glahs/Ganske § 108 Rn. 5; Portz in RKPP GWB § 108 Rn. 34.
[194] S. Portz in RKPP GWB § 108 Rn. 34.
[195] S. nur EuGH Urt. v. 21.12.2016 – C-51/15, NZBau 2017, 105 ff. – Remondis; EuGH Urt. v. 18.6.2020 – C-328/19, NZBau 2020, 528 ff. – Stadt Porin.
[196] S. – unter Betonung des notwendigen kooperativen Elements („echte Zusammenarbeit") – EuGH Urt. v. 4.6.2020 – C-429/19, NZBau 2020, 457 (460f.) – Remondis II; ebenso Reidt/Stickler/Glahs/Ganske § 108 Rn. 101; v. Engelhardt/Kaelble in Müller-Wrede GWB § 108 Rn. 84; Byok/Jaeger/Wiedemann § 108 Rn. 125; Brockhoff VergabeR 2014, 625, Horn VergabeR 2017, 229 (233); zur vormaligen Rechtslage bereits OLG Koblenz Beschl. v. 3.12.2014 – Verg 8/14, ZfBR 2015, 308 ff.; aA (Geldzahlung ausreichend) Beck VergabeR/Gurlit § 108 Rn. 39; Krönke NVwZ 2016, 568 (573); einschränkend Ziekow/Völlink/Ziekow § 108 Rn. 78: es muss sich um eine bloße Kostenerstattung handeln, insb. darf ein Unternehmenswagnis nicht vergütet werden.
[197] Eine weitere wesentliche Vorgabe des § 108 Abs. 6 ist das Merkmal der Zielidentität; es muss sich um eine gemeinsame Aufgabe handeln, also eine Aufgabe, die alle Beteiligten betrifft. Insoweit genügt es nicht, wenn ein öffentlicher Auftraggeber (ohne selbst zur Aufgabenerledigung verpflichtet zu sein) einen anderen öffentlichen Auftraggeber bei dessen Aufgabenerfüllung unterstützt, mithin einer der beteiligten öffentlichen Auftraggeber mit der betreffenden Aufgabe eigentlich gar nichts zu tun hat, s. OLG Koblenz Beschl. v. 14.3.2018 – Verg 4/17, NZBau 2018, 381 (382 f.); OLG Naumburg Beschl. v. 17.3.2017 – 7 Verg 8/16, VergabeR 2017, 627 (640 f.). Entscheidender Anknüpfungspunkt ist hierbei die gesetzliche Aufgabenzuweisung (s. für den Bereich der Abfallentsorgung OLG Koblenz Beschl. v. 14.3.2018 – Verg 4/17, NZBau 2018, 381 (382 f.)), wobei eine übereinstimmende sachliche, nicht jedoch zwingend zusätzlich eine sich deckende örtliche Verantwortlichkeit notwendig ist (vgl. EuGH Urt. v. 28.5.2020 – C 796/18, NZBau 2020, 461 ff., wo es um die kooperative gemeinsame Nutzung einer Software durch die Feuerwehren der Stadt Köln und des Landes Berlin ging).

rende Kompetenzübertragung anknüpfen kann.[198] Der Übernehmende kann insoweit seine „Inhouse"-fähigen Einheiten dazu nutzen, um die ihm zuvor übertragenen Aufgaben zu erfüllen; es ist mithin in dieser Konstellation nicht inhouse-schädlich, dass die Tätigkeit der kontrollierten Einheit nicht auf dem Gebiet des kontrollierenden öffentlichen Auftraggebers erfolgt, sondern in einem anderen Territorium.[199] Damit hat der EuGH neue Perspektiven eröffnet.[200]

71 Zusammenfassend ist damit festzustellen: Auch mit dem Etikett der „Kooperation" versehene Verträge zwischen verschiedenen öffentlichen Auftraggebern können dem Vergaberecht unterfallen, mithin öffentliche Aufträge iSd § 103 sein. Entscheidend ist hier nicht die Bezeichnung des Vertrags, sondern die konkrete inhaltliche Ausgestaltung sowie die Frage, ob eine der Ausnahmekonstellationen, beispielsweise die **echte**[201] (delegierenden) **Kompetenzverlagerung**[202] **oder die der (interkommunalen) öffentlich-öffentlichen Zusammenarbeit** iSd § 108 Abs. 6, greift. Insbesondere zu Letzterer hat sich mittlerweile eine Rechtsprechung entwickelt, welche möglicherweise zu einer Neubewertung bestehender Vereinbarungen führt. Neuralgisch dürften hierbei häufig die Notwendigkeit einer echten Kooperation (welche mindestens die Bereitstellung von Sachmitteln und/oder die Festlegung von Beistandspflichten in Notfällen erfordern dürfte[203]) sowie die Zielidentität im Sinne einer eindeutigen gesetzlichen Verantwortlichkeit aller Beteiligten sein.[204]

72 **b) Contracting out, Outsourcing und Rekommunalisierung.** Die **Übertragung eigener Aufgaben an einen Dritten unter Beibehaltung der eigenen Verantwortung (Contracting out)** erfüllt alle Kriterien eines öffentlichen Auftrages und unterliegt damit dem Vergaberecht. Werden **eigene Aufgaben auf eine rechtlich selbstständige Eigengesellschaft übertragen**, so stellt dies – wenn die Voraussetzungen des § 108 Abs. 1 erfüllt sind – für sich gesehen ein Inhouse-Geschäft dar, das nicht dem Vergaberecht unterliegt. Kommt es jedoch **anschließend zu einem Verkauf von Anteilen dieser Gesellschaft an Dritte**, liegt nach der gebotenen funktionalen Betrachtungsweise ein ausschreibungspflichtiges Gesamtpaket von Verträgen vor.[205] Bei solchen „*künstlichen Konstruktionen*"[206] darf nicht jeder Schritt für sich isoliert betrachtet werden, da ansonsten mit dieser Gestaltung das Vergaberecht umgangen und erhebliches Auftragsvolumen dem Markt entzogen werden könnte.[207] In der Sache kann es sich hier um eine sog. eingekapselte Beschaffung handeln. Wo (abseits offensichtlicher Umgehungen des Vergaberechts) die Grenze verläuft, insbesondere mit Blick auf den zeitlichen Horizont,[208] ist eine Frage des Einzelfalls. Denkbar wäre es hier, die in den § 108 Abs. 1 bis 5 enthaltenen Wertentscheidungen fruchtbar zu machen.[209]

73 **Rekommunalisierung** liegt vor, wenn eine bereits durch Dritte erledigte Aufgabe wieder von der Kommune selbst erledigt wird, zB die Abfallentsorgung wieder durch die eigenen Stadtwerke erledigt werden soll. Die Entscheidung, eine Aufgabe wieder selbst und ohne Inanspruchnahme Dritter zu erfüllen, stellt eine staatliche Organisationsentscheidung dar, die nicht dem Vergaberecht unterliegt. Abzugrenzen ist die Rekommunalisierung allerdings von der erneuten Auftragserteilung an ein anderes, nur zufällig kommunales Unternehmen. In diesem Fall ist Vergaberecht anzuwenden; es kommt in diesen Fällen regelmäßig auf das Vorliegen der Voraussetzungen einer Inhouse-Vergabe an.

74 **c) Änderung laufender Verträge.** Die **Änderung laufender Verträge** ist immer dann als neuer ausschreibungspflichtiger Auftrag anzusehen, wenn die Änderung einer Neuvergabe gleich-

---

[198] S. EuGH Urt. v. 18.6.2020 – C-328/19, NZBau 2020, 528 ff. – Stadt Porin.
[199] Dazu *Lenz/Jürschik* EuZW 2020, 1030 (1032 f.).
[200] Befürwortend *Lenz/Jürschik* EuZW 2020, 1030 (1032 f.), die für den Bereich des ÖPNV von der Möglichkeit einer „*partiellen Eingemeindung*" in großstädtischen Ballungsräumen sprechen.
[201] OLG Celle Beschl. v. 3.8.2017 – 13 Verg 3/13, KommJur 2017, 376 ff.; *Frenz* GewArch 2017, 97 (99).
[202] Zusammenfassend Reidt/Stickler/Glahs/*Ganske* Rn. 44 mwN.
[203] S. BeckOGK/*Bulla* BGB § 631 Rn. 968.3; Reidt/Stickler/Glahs/*Ganske* § 108 Rn. 100 mwN.
[204] Insoweit hat das OLG Koblenz das allgemeine Interesse einer Gemeinde an der ordnungsgemäßen Abfallentsorgung im (eigenen) Gemeindegebiet und auch das gesetzlich angelegte Unterstützungsgebot nicht genügen lassen; s. OLG Koblenz Beschl. v. 14.3.2018 – Verg 4/17, NZBau 2018, 381 (382 f.).
[205] Zur Gesamtbetrachtung bei mehreren aufeinander aufbauenden Rechtsakten → Rn. 37; ausf. dazu Immenga/Mestmäcker/*Dreher* Rn. 72 f.
[206] EuGH Urt. v. 10.11.2005 – C-29/04, Slg. 2005, I-9705, NVwZ 2006, 70 (72) – Stadt Mödling.
[207] Grundlegend bereits EuGH Urt. v. 10.11.2005 – C-29/04, Slg. 2005, I-9705 = NVwZ 2006, 70 (72) – Stadt Mödling. Weitere Beispiele im Zusammenhang mit Gesellschaftsgründungen bzw. der Veräußerung von Gesellschaftsanteilen bei *Röwekamp/Brauser-Jung/Zimmermann* in RKPP GWB Rn. 43 ff.
[208] Vgl. bspw. OLG Brandenburg Beschl. v. 3.8.2001 – Verg 3/01, wo zwischen Beauftragung und Anteilsveräußerung sechs Jahren lagen.
[209] Dazu Immenga/Mestmäcker/*Dreher* Rn. 73 mwN.

A. Definition des öffentlichen Auftrags (Abs. 1) 75–77 § 103 GWB

kommt und damit Wettbewerbsrelevanz erlangt.²¹⁰ Dabei ist zur Vermeidung von Umgehungen eine strenge Betrachtungsweise zugrunde zu legen. Nach der grundlegenden Rechtsprechung des EuGH²¹¹ kam es auf die Wesentlichkeit der Änderung an. Als Kriterien entwickelte er hierbei:
– Änderungen, die einen weiteren Bieterkreis im Vergabeverfahren oder einen anderen Ausschreibungsgewinner erlaubt hätten,
– Änderungen, mit denen eine Leistungserweiterung in großem Umfang vorgenommen wird sowie
– Änderungen, die das wirtschaftliche Gleichgewicht des Vertrages zugunsten des Auftragnehmers verändern.

Diese in die Richtlinie übernommene Kriterien setzt seit Anfang 2016 der neu eingeführte § 132 um und definiert im Sinne der Rechtsprechung des EuGH, welche Veränderungen als wesentlich und damit als **neuer öffentlicher Auftrag** und **ausschreibungspflichtig** zu bewerten sind. 75

Ob diese Kriterien vorliegen, wird in jedem Einzelfall zu prüfen sein. **Ein anderer Bieterkreis oder ein anderer Ausschreibungsgewinner** kann zB in Betracht kommen, wenn ausgeschriebene Leistungsanteile nachträglich nicht verwirklicht werden, andere Preise, Mengen, Materialien oder Ausführungsarten zugelassen werden, Ausführungs- oder Lieferfristen verändert werden, ursprünglich ausgeschlossene Nachunternehmer zugelassen werden und/oder auf im Rahmen der Eignung gestellte Anforderungen, zB an die Präsenz von auftragsspezifisch fachkundigem Personal, verzichtet wird. Insbesondere die **Zulassung veränderter Preise** kann einer Neuvergabe gleichkommen, wenn sie nicht durch nachvollziehbare Marktveränderungen (gestiegene Beschaffungspreise des Auftragnehmers) in der Höhe und im Umfang gerechtfertigt sind. Die Frage, wann eine **Leistungserweiterung in großem Umfang** (zB die **Verlängerung eines Dauerschuldverhältnisses,** die nicht als Option in der Ausschreibung enthalten war) vorliegt, wird auch unter Berücksichtigung der **Veränderung des wirtschaftlichen Gleichgewichts zugunsten des Auftragnehmers** zu bewerten sein. Wenn ein mittlerer Auftrag durch eine mittlere Ausweitung der geforderten Leistung zu einem großen Auftrag wird, wird man die Wettbewerbsrelevanz nicht mit dem Hinweis, es liege keine große Leistungserweiterung vor, negieren können. 76

Einen Sonderfall der Vertragsänderung regeln **§ 132 Abs. 1 Nr. 4 und Abs. 2 Nr. 4,** in denen festgelegt wird, wann ein **Austausch des Vertragspartners** eine wesentliche Änderung des Vertragsverhältnisses darstellt und wann er ohne neue Ausschreibung zulässig ist. Der Austausch des Vertragspartners stellt grundsätzlich eine wesentliche und wettbewerbsrelevante Änderung des Vertragsverhältnisses dar, wie sich e contrario mit Blick auf die gesetzlich geregelten Ausnahmetatbestände ergibt.²¹² Als vergaberechtlich neutrale, nicht wesentliche Veränderung des bestehenden Vertragsverhältnisses erkennt die Bestimmung den Fall an, dass der neue Vertragspartner mit dem vorherigen faktisch identisch ist und nach den Ausschreibungsbedingungen den Eignungsanforderungen gerecht wird. Von hoher praktischer Relevanz sind hier gesellschaftsrechtliche **Umstrukturierungen innerhalb eines Konzerns oder der Beitritt des Auftragnehmers zu einem Konzern.** Auch abseits gesellschaftsrechtlicher Umstrukturierungen ist ein zulässiger Auftragnehmerwechsel unter bestimmten Voraussetzungen möglich, nämlich dann, wenn innerhalb eines Konzerns eine Vertragsübernahme erfolgt.²¹³ Dies hat die Vergabekammer des Bundes für die Rechtslage vor Einführung des § 132 entschieden.²¹⁴ Hinzukommen muss allerdings, dass der neue Auftragnehmer alle (in der ursprünglichen Ausschreibung festgelegten) Eignungsanforderungen vollständig erfüllt, sodass sich der Wechsel des Vertragspartners nicht als neue Marktteilnahme darstellt.²¹⁵ Angesichts der Manipulationsmöglichkeit und der Bevorzugung, die in der freihändigen Übertragung eines Vertrages auf einen anderen Vertragspartner liegt, ist hier insgesamt ein strenger Maßstab anzulegen. Aus zivilrechtlicher Sicht bedarf die Vertragsübertragung auf eine andere Firma auch innerhalb eines Konzerns der **Zustimmung des öffentlichen Auftraggebers** 77

---

[210] So bereits vor der Einführung des § 132: OLG Düsseldorf NZBau 2001, 69 = VergabeR 2001, 329 (332) und OLG Düsseldorf Beschl. v. 8.5.2002 – VII-Verg 8–15/01, BeckRS 2002, 17405; OLG Rostock Vorlagebeschl. v. 5.2.2003 – 17 Verg 14/02, NZBau 2003, 457; EuGH Urt. v. 7.9.2016 – C-549/14, NZBau 2016, 649 – Finn Frogne.
[211] EuGH Urt. v. 19.6.2008 – C-454/06, Slg. 2008, I-4401 = ZfBR 2008, 607 – Austria Presse Agentur.
[212] Allgemeine Meinung; s. nur HK-VergabeR/*Ritzenhoff* § 132 Rn. 52; bereits vor Einführung der gesetzlichen Regelung OLG Düsseldorf Beschl. v. 24.5.2005 – VII-Verg 28/05, NZBau 2005, 710 ff.
[213] Immenga/Mestmäcker/*Kling* § 132 Rn. 40; *Geitel/Jansen* in RKPP GWB § 132 Rn. 152, jurisPK-VergabeR/*Contag* § 132 Rn. 118.
[214] Insoweit wurde die Vertragsübernahme durch eine Schwestergesellschaft innerhalb eines Konzerns als eine Unternehmensumstrukturierung eingeordnet; s. VK Bund Beschl. v. 26.2.2016 – VK 2-7/16 Rn. 98 ff., IBR 2016, 355.
[215] Grundlegend EuGH Urt. v. 19.6.2008 – C-454/06, Slg. 2008, I-4401 = ZfBR 2008, 607 – Austria Presse Agentur, wo die Übernahme des Vertrages durch eine hundertprozentige Tochtergesellschaft als rechtmäßig angesehen wurde.

gem. § 415 BGB. Der öffentliche Auftraggeber ist damit in der Verantwortung, nur bei einem auch vergaberechtlich zulässigen Wechsel die Zustimmung zu erteilen.

78 **d) Vertragslaufzeiten.** Das Vergaberecht sieht außer für Rahmenverträge (vgl. § 21 Abs. 6 VgV, § 19 Abs. 3 SektVO) und dynamische Beschaffungssysteme **keine starre zeitliche Höchstgrenze** für Verträge vor. Die Vertragsdauer darf jedoch **keine Umgehung des Vergaberechts** darstellen. Gegen eine Umgehung spricht es, wenn die Vertragsdauer **in einem sinnvollen Zusammenhang mit dem Auftrag** steht. Bei Verträgen, die den Aufbau und Betrieb einer aufwendigen Logistik (zB Müllverbrennungsanlage, ÖPNV-Netz) erfordern, kann sich die Vertragsdauer an der Amortisationsdauer orientieren. Sich bei der Beschaffung von einfachen Gebrauchsgütern (beispielsweise Büroausstattungen) oder von Standarddienstleistungen (wie zB Gebäudereinigung) auf viele Jahre an einen bestimmten Lieferanten oder Dienstleister zu binden, bedarf hinsichtlich der Notwendigkeit und vor dem Hintergrund des Wettbewerbsgrundsatzes allerdings einer besonderen Begründung.[216] Entscheidend ist dabei neben dem konkreten Beschaffungsgegenstand auch die konkret festgelegte Vertragsdauer. Bei den angesprochenen einfachen sowie ohne Weiteres austauschbaren Gütern und Dienstleistungen kann eine gesteigerte Begründungspflicht bereits ab einer Laufzeit von fünf Jahren ausgelöst werden.[217] Unabhängig vom Vergaberecht ist hier zumindest bei Kommunen auch das **Demokratieprinzip** tangiert, wenn durch über mehrere Legislaturperioden geschlossene Verträge die Handlungsspielräume für die gewählten Vertreter nachfolgender Legislaturperioden eingeengt und andere Entscheidungen über den Beschaffungsbedarf durch langfristige Verträge behindert oder gar ausgeschlossen werden. In der Praxis dürfte auch die **haushaltsrechtliche Verpflichtung** zum sparsamen Umgang mit Haushaltsmitteln dazu führen, dass langfristiger Bedarf in überschaubaren Zeiträumen gedeckt wird, mithin in regelmäßigen Abständen neue Ausschreibungen durchgeführt werden, um die Preiskontrolle des Marktes nutzen zu können.

79 Von vornherein von der Problematik ausgenommen sind allerdings diejenigen Altverträge, die in der Zeit vor Inkrafttreten der ersten Vergaberichtlinien geschlossen worden sind.[218] Hier besteht keine Pflicht zum Eingriff bzw. zur Aufhebung der seit damals bestehenden Verträge.[219]

80 **e) Optionen.** Optionen können sowohl die Vertragsdauer als auch die zu erbringende Leistung betreffen. Es handelt sich um ein einseitiges Gestaltungsrecht des Auftraggebers.[220] Optionen sind in dem Umfang zulässig, wie sie Gegenstand des Ausschreibungsverfahrens waren und damit vorhersehbar und transparent sind. Insoweit stellt die Ausübung des Optionsrechts und die damit verbundene Erweiterung der Leistung (entweder in zeitlicher Hinsicht oder aber durch Abruf von ergänzenden Leistungen) eine gem. § 132 Abs. 2 Nr. 1 privilegierte Änderung des ursprünglichen Auftrags dar, wenn die Option in den Vergabeunterlagen im Hinblick auf Art, Umfang und Voraussetzungen klar, genau und eindeutig formuliert war und sie inhaltlich so ausgestaltet ist, dass sie den Gesamtcharakter des Auftrags nicht verändert. Ebenso wie die überlange Vertragsdauer sind Optionen dazu geeignet, den Wettbewerb langfristig aufzuheben. Vor diesem Hintergrund gelten auch hier die sich aus dem Wettbewerbsgrundsatz ergebenden Grenzen.[221] Dies gilt namentlich für Optionen, die sich auf eine Ausdehnung der Vertragslaufzeit beziehen.[222]

81 **f) Sozialrechtliches Dreiecksverhältnis.** Das sozialrechtliche Dreiecksverhältnis[223] war in der Vergangenheit wiederholt Gegenstand von Zweifeln, ob Vergaberecht zur Anwendung kommt bzw. kommen sollte, da den Leistungsberechtigten in vielen Fällen ein Wahlrecht zusteht, ob und wo sie die Leistung abrufen. Diese Frage ist mit dem seit 2016 geltenden Rechtslage dahingehend entschieden worden, dass auch öffentliche **Aufträge im sozialen Dreiecksverhältnis dem Vergaberecht unterliegen,**[224] hier jedoch eine Privilegierung erfahren. Europarechtliche Grundlage für die entsprechende nationale **Regelung in § 130,** der die Wahl der Verfahrensart für die Vergabe freistellt, ist **Titel III, Kapitel 1 der RL 2014/24/EU.**[225]

---

[216] Immenga/Mestmäcker/*Dreher* Rn. 56; Beck VergabeR/*Hüttinger* Rn. 115.
[217] Immenga/Mestmäcker/*Dreher* Rn. 56 mwN; Beck VergabeR/*Hüttinger* Rn. 116.
[218] Beck VergabeR/*Hüttinger* Rn. 117.
[219] S. dazu EuGH Urt. v. 5.10.2000 – C-337/98, NZBau 2001, 272 (274) – Matra Transport.
[220] Immenga/Mestmäcker/*Dreher* Rn. 50.
[221] Immenga/Mestmäcker/*Dreher* Rn. 52.
[222] Immenga/Mestmäcker/*Dreher* Rn. 64 f.
[223] Zu den einschlägigen Bundestags-Drucksachen Reidt/Stickler/Glahs/*Ganske* Rn. 21 ff.; ausf. *Röwekamp/Brauser-Jung/Zimmermann* in RKPP GWB Rn. 126 ff.
[224] S. bspw. OLG Düsseldorf Beschl. v. 21.12.2016 – VII Verg 26/16, NZBau 2017, 303 (305); OLG Düsseldorf Beschl. v. 27.6.2018 – VII-Verg 59/17, NZBau 2018, 696 (697); s. dazu auch Immenga/Mestmäcker/*Dreher* Rn. 153.
[225] Dazu BeckOGK/*Bulla* BGB § 631 Rn. 1007 ff.

A. Definition des öffentlichen Auftrags (Abs. 1)   82, 83   § 103 GWB

Das soziale Dreiecksverhältnis ist charakterisiert durch seine dreipolige Ausgestaltung. Der 82
öffentliche Träger der Sozial- und Fürsorgeleistungen unterhält eine Vertragsbeziehung mit
privaten Leistungsanbietern, aus denen die Leistungsberechtigten Leistungen beziehen können,
für die wiederum der öffentliche Träger kostenmäßig eintritt. Hierbei kann es sich um Heilfürsorgeleistungen, Familienhilfe, Kindertagesstätten, Erwachsenenbildung etc handeln. Dass hier
jedenfalls in den Bereichen der Gesundheits- und in vielen Bereichen der Sozialfürsorge eine
gesetzliche Leistungspflicht besteht, war im Zusammenspiel mit der Wahlfreiheit des Berechtigten[226] in der Vergangenheit das zentrale Argument dafür, das Vergaberecht als nicht anwendbar
anzusehen. Dies dürfte mittlerweile überholt sein; insbesondere gibt es keine pauschale Herausnahme[227] des sozialen Dreiecksverhältnisses und der damit im Zusammenhang stehenden Leistungsbeziehungen aus dem Vergaberecht.[228] Maßgeblich ist auch hier, ob die gesetzlich definierten Voraussetzungen für das Vorliegen eines öffentlichen Auftrags erfüllt sind. Hierbei sind
die einzelnen Vertrags- und Leistungsbeziehungen in den Blick zu nehmen. Zur Erfüllung ihres
gesetzlichen Auftrages ist für die Sozialversicherungsträger der Abschluss von Leistungsverträgen
unumgänglich, beispielsweise um Fortbildungs- und Umschulungsangebote in der Arbeitsverwaltung, den Betrieb von Kindertagesstätten, Leistungen der Familienhilfe[229] und Schuldnerberatung
sowie der Gesundheitsfürsorge vorhalten und sicherstellen zu können. Die Leistungsbeziehungen
zwischen dem öffentlichen und den freien Träger der Sozialleistungen **erfüllen hierbei regelmäßig die Kriterien eines öffentlichen Auftrages.** Sie stehen in einem **synallagmatischen Verhältnis** zueinander, auch wenn der Abruf der Leistung durch die Berechtigten vom
öffentlichen Wohlfahrtsträger nur bedingt (Arbeitsverwaltung, Umschulungen, Fortbildungen)
oder gar nicht (Heilfürsorge, Abruf nach gesundheitlichem Bedarf) steuerbar ist und der Leistungsberechtigte in vielen Bereichen ein Wahlrecht hat, wo er die Leistung bezieht (beispielsweise
in welcher Apotheke er seine Medikamente kauft). Der Anbieter erfüllt hierbei seine Leistung
aufgrund der Leistungsbeziehung mit dem öffentlichen Träger, die ihm das Recht einräumt,
Leistungen für ihn zu erbringen.[230] Der öffentliche Träger erbringt seinerseits die Gegenleistung,
entweder unmittelbar, weil die Rechnung gar nicht erst dem Bezieher, sondern direkt an ihn
gesandt wird oder mittelbar im Wege der Erstattung an den Leistungsbezieher. Die **vertragliche
Beziehung zwischen Leistungserbringer und öffentlicher Hand ist dabei der Rechtsgrund für die Gegenleistung** des öffentlichen Trägers an den Leistungserbringer.[231] Auch Vereinbarungen zwischen einer Kommune und karitativen Anbietern von Integrationshelferleistungen können Auftragscharakter haben.[232] Die Merkmale des öffentlichen Auftrags sind damit
regelmäßig erfüllt.

Etwas anderes ergibt sich allerdings dann, wenn der jeweilige Auftraggeber keine Auswahlentscheidung zwischen den Anbietern trifft, sondern lediglich eine Art Zulassungssystem 83
vorsieht und mit jedem geeigneten Unternehmen zu den vorher einheitlich festgelegten
Bedingungen die Vereinbarung schließt, welche Grundlage für die Leistungserbringung gegenüber Dritten ist (→ Rn. 60 ff.).[233] Denn in einem solchen Fall des sog. Open-House-Verfahrens fehlt es an einem konstitutiven Merkmal des öffentlichen Auftrags, nämlich der Selektivität.[234]

---

[226] Zutreffend dies als unerheblich einstufend v. *Engelhardt/Kaelble* in Müller-Wrede GWB Rn. 87.
[227] Vgl. auch BT-Drs. 18/6492, 2 f.
[228] S. *v. Engelhardt/Kaelble* in Müller-Wrede GWB Rn. 87 ff. mwN.; aus der Rspr.: OLG Düsseldorf Beschl. v. 21.12.2016 – VII Verg 26/16, NZBau 2017, 303 (305); OLG Düsseldorf Beschl. v. 27.6.2018 – VII-Verg 59/17, NZBau 2018, 696 (697).
[229] S. OLG Düsseldorf Beschl. v. 22.9.2004 – VII Verg 44/04, NZBau 2005, 652.
[230] Immenga/Mestmäcker/*Dreher* Rn. 153: Leistungserbringer als Erfüllungsgehilfen der Krankenkasse.
[231] So auch der Antrag des Generalanwalts in dem Vorlageverfahren Urt. v. 11.6.2009 – C 300/07, IBRRS 2009, 1922 – Orthopädische Schuhe, AOK Rheinland; in diesem Sinne entschieden durch EuGH Urt. v. 11.6.2009 – C-300/07, VergabeR 2009, 744; OLG Düsseldorf VergabeR 2016, 228, wonach die Vergabe eines Dienstleistungsauftrags durch einen öffentlichen Auftraggeber an eine anerkannte Werkstatt für Behinderte einen öffentlichen Auftrag darstellt, wenn für die Dienstleistung ein Markt besteht.
[232] Vgl. OLG Düsseldorf Beschl. v. 13.5.2015 – VII-Verg 38/14; OLG Dresden VergabeR 2017, 58 zu einem Modellvorhaben nach § 63 SGB V zwischen einer AOK und einer Kassenärztlichen Vereinigung (Dienstleistungsauftrag bejaht); OLG Düsseldorf VergabeR 2016, 611 zur spezialisierten ambulanten Palliativversorgung nach § 37 SGB V (Dienstleistungsauftrag bejaht).
[233] S. *Röwekamp/Brauser-Jung/Zimmermann* in RKPP GWB Rn. 128 ff.; aus der Rspr.: EuGH Urt. v. 2.6.2016 – C-410/14, NZBau 2016, 441 ff. – Dr. Falk Pharma; EuGH Urt. v. 1.3.2018 – C-9/17, NZBau 2018, 366 ff. – Tirkkonen.
[234] S. OLG Düsseldorf Beschl. v. 20.3.2019 – VII Verg 65/18, NZBau 2019, 801 (802). Dazu auch *v. Engelhardt/Kaelble* in Müller-Wrede GWB Rn. 89 f.

84 Maßgeblich für die Einordnung ist damit primär nicht die Frage, ob ein sozialrechtliches Dreiecksverhältnis vorliegt, sondern welcher Handlungsform sich der Auftraggeber bedient und wie diese konkret rechtlich ausgestaltet ist.[235]

85 **g) Beleihung.** Von Rahmenverträgen und Konzessionen zu unterscheiden ist die Beleihung. Die reine Übertragung hoheitlicher Befugnisse unterliegt nicht dem Vergaberecht. Es ist jedoch genau zu prüfen, ob mit der Beleihung nicht auch ein **Beschaffungsverhältnis begründet oder zumindest eine Konzession** erteilt wird.[236] Beides unterliegt dem Vergaberecht. In der Praxis ist diese Frage vor allem bei der Vergabe von Rettungsdienstleistungen[237] relevant geworden, wo nach zunächst widersprüchlicher Rechtsprechung aufgrund unterschiedlich ausgestalteter Landesgesetze nunmehr durch die Vertragsverletzungsverfahren der EU gegen die Bundesländer Niedersachsen, Nordrhein-Westfalen, Sachsen und Sachsen-Anhalt wegen unterlassener Ausschreibung von Rettungsdienstleistungen klar sein dürfte, dass in der regelmäßig gegen Entgelt zu erbringenden Rettungsdienstleistung eine vergaberechtsrelevante Beschaffung zu sehen ist.[238] Allerdings kann bei Rettungsdienstleistungen die Bereichsausnahme des § 107 Abs. 1 Nr. 4 greifen.[239]

86 **h) Unteraufträge oder Aufträge an Subunternehmer.** Die Vergabe von Unteraufträgen oder Aufträgen an Subunternehmer unterliegt dann nicht dem Vergaberecht, wenn das **rein private Unternehmen,** das den Unterauftrag vergibt, den Hauptauftrag in einem Vergabeverfahren eines öffentlichen Auftraggebers **als Generalunternehmer** erhalten hat.[240] Grundsätzlich muss jedoch der Auftraggeber mit dem Einsatz der Nachunternehmer einverstanden sein, was bereits in den Vergabeunterlagen anzuzeigen ist. Außerdem kann der Vertrag erfordern, dass auch die vom Generalunternehmer eingesetzten Nachunternehmer bestimmte Qualitätskriterien erfüllen müssen. Dies gilt namentlich für den Fall, dass es sich nicht nur um einen einfachen Nachunternehmer handelt, sondern ein eignungsverleihendes Unternehmen.

87 Wenn sich ein **öffentlicher Auftraggeber am Wettbewerb beteiligt und gewonnen hat,** sind allerdings auch die Nachunternehmeraufträge nach den europäischen Richtlinien auszuschreiben, wenn die Schwellenwerte überschritten sind.[241] Dem liegt der Gedanke zugrunde, dass die **Eigenschaft als öffentlicher Auftraggeber unteilbar ist,** sodass es nicht darauf ankommt, ob der öffentliche Auftraggeber einen Bedarf im Rahmen seiner öffentlichen Aufgaben oder in Erfüllung einer privatrechtlich begründeten Verpflichtung decken will. Zudem würde die freihändige Vergabe von Unteraufträgen nicht ausschließen, dass wettbewerbsfremde Kriterien den Ausschlag geben.[242] Zum Schutz des Wettbewerbs unterliegen daher auch solche Beschaffungen dem Vergaberecht, sind mithin als öffentliche Aufträge einzuordnen.

B. Lieferaufträge (Abs. 2)

Schrifttum: *Bedau/Tugendreich,* Are German health insurers obliged to purchase drugs by public tender?, Euralex 2007, Issue 185, www.euralex.co.uk, 28; *Burgi,* Hilfsmittelverträge und Arzneimittel-Rabattverträge als öffentliche Lieferaufträge?, NZBau 2008, 480; *Byok,* Auftragsvergabe im Gesundheitssektor, GesR 2007, 553-556; *Donhauser,* Ausschreibungspflicht bei Lieferverträgen für Strom und Gas, VergabeR 2013, 531; *Dreher/Hoffmann,* Der Auftragsbegriff nach § 99 GWB und die Tätigkeit der gesetzlichen Krankenkassen, NZBau 2009, 273; *Endler,* Privatisierungen und Vergaberecht, NZBau 2002, 125; *Jaeger,* Public Private Partnership und Vergaberecht, NZBau 2001, 6; *Müller-Wrede,* Kompendium des Vergaberechts, 2008; *Neun,* Vergaberechtsfreiheit des „Open-House-Modells" Zulassungssysteme ohne Bieterauswahl, NZBau 2016, 681; *Schimanek,* Die Ausschreibungspflicht von Privatisierungen, NZBau 2005, 304; *Tugendreich/Meißner,* M&A-Bieterverfahren im Korsett des Vergaberechts, M&A Review 2007, 24.

---

[235] Reidt/Stickler/Glahs/*Ganske* Rn. 22; *v. Engelhardt/Kaelble* in Müller-Wrede GWB Rn. 88f.
[236] Immenga/Mestmäcker/*Dreher* Rn. 84; *Röwekamp/Brauser-Jung/Zimmermann* in RKPP GWB Rn. 112.
[237] Zu Rettungsdienstleistungen im Submissionsmodell: EuGH Urt. v. 29.4.2010 – C-160/08, ZfBR 2010, 498; BGH VergabeR 2009, 156 (Sachsen); OVG Münster Beschl. v. 30.9.2008 – 13 B 1384/08, BeckRS 2008, 39543, VergabeR 2009, 161.
[238] Ausf. dazu *Röwekamp/Brauser-Jung/Zimmermann* in RKPP GWB Rn. 117 ff.
[239] Zu den europarechtlichen Grundlagen EuGH Urt. v. 21.3.2019, C-465/17, NZBau 2019, 314 ff. – Falck Rettungsdienste GmbH; s. auch *Jaeger* NZBau 2020, 223 ff.
[240] Beck VergabeR/*Hüttinger* Rn. 82.
[241] Beck VergabeR/*Hüttinger* Rn. 81.
[242] So bereits EuGH Urt. v. 18.11.2004 – C-126/03, Slg. 2004, I-11197 = NVwZ 2005, 74 – Heizkraftwerk München.

I. Begriff der Ware

1. Verträge zur Beschaffung von Waren. Ein Lieferauftrag iSd Abs. 2 liegt vor, wenn sich der 88 Vertrag auf die Beschaffung von Waren bezieht. Dies entspricht der in den europäischen Richtlinien enthaltenen Definition (vgl. **Art. 2 Abs. 1 Nr. 8 RL 2014/24/EU** bzw. **Art. 2 Nr. 4 RL 2014/25/ EU** [Sektoren-RL]). Unter „Waren" sind im Ausgangspunkt zunächst grundsätzlich alle beweglichen Sachen zu verstehen, die einen Geldwert haben und Gegenstand eines Handelsgeschäfts sein können.[243] Dabei ist der Begriff der Ware jedoch nicht streng handelsrechtlich zu beurteilen, sondern es ist von einem vergaberechtlichen Warenbegriff auszugehen,[244] der auch unkörperliche Gegenstände (Strom, Wärme, Software etc)[245] erfasst und im Übrigen aufgrund der europarechtsfreundlichen Auslegung grundsätzlich weit zu verstehen ist.[246] Irrelevant ist zudem, ob die fraglichen Waren standardmäßig oder für den Einzelfall, dh nach den konkreten Wünschen und Bedürfnissen des Kunden, hergestellt werden.[247] Der Warenbegriff schließt somit auch ein Anfertigungsverfahren ein, unabhängig davon, ob die betreffende Ware den Verbrauchern bereits in fertigem Zustand zur Verfügung gestellt oder nach deren Anforderungen hergestellt werden soll.[248] Verträge in Bezug auf unbewegliche Gegenstände (Kauf, Miete, Pacht einer Immobilie) unterfallen schon § 107 Abs. 1 Nr. 2 nicht dem Anwendungsbereich des Vergaberechts; ob sie eine „Ware" im Sinne der in § 103 Abs. 2 enthaltenen Definition sind, kann daher regelmäßig dahinstehen.[249]

2. Immobilien. Bei Immobilien handelt es sich naturgemäß um unbewegliche und damit im 89 Ausgangspunkt nicht von Abs. 2 erfasste Gegenstände. Die Frage, ob bereits erstellte Immobilien aber dennoch ausnahmsweise Warencharakter haben können, ist umstritten. Sie kann jedoch, wie bereits mehrfach erwähnt, dahinstehen, da die Beschaffung von Immobilien bzw. Rechten an Immobilien gem. § 107 Abs. 1 Nr. 2 ohnehin vom Anwendungsbereich des Vergaberechts ausgenommen ist, es sei denn es handelt sich um einen Bauauftrag iSd § 103 Abs. 3 S. 2.[250] Die kritischen Konstellationen dürften daher nicht an § 103 Abs. 2, sondern anhand der Voraussetzungen des Abs. 3 zu prüfen sein. Hier stellt sich dann die Frage, ob nicht – entgegen der Bezeichnung als Miete, Kauf etc – eigentlich ein vom Vergaberecht erfasster Bauauftrag vorliegt.

3. Strom und Gas. Der vergaberechtliche Warenbegriff erfasst auch unkörperliche Gegen- 90 stände wie Strom, Gas, Wasser, Erdöl, Benzin und Wärme.[251] Der Aggregatzustand der Ware ist also unerheblich.[252] Das liegt auch darin begründet, dass mit den Kategorien Liefer-, Bau- und Dienstleistungsaufträgen alle denkbaren Beschaffungsvorgänge der öffentlichen Hand erfasst werden sollen, mithin ein weitestmöglicher sachlicher Anwendungsbereich des Vergaberechts angestrebt wird, und weder die Baumaßnahme noch die Dienstleistung als sinnvolle Kategorie für die Erfassung von Energielieferungen erscheint.[253] Allerdings findet das Vergaberecht gem. § 137 Abs. 1 Nr. 8 keine Anwendung, wenn Sektorenauftraggeber Strom-/Gasbezugsverträge zur Energieversorgung der Öffentlichkeit abschließen. Ein öffentlicher Auftrag liegt aber andererseits auch vor, wenn Kommunen einen Strom-/Gasversorgungsvertrag zum (eigenen) Endverbrauch abschließen.[254]

Nicht unter den Begriff der Lieferleistung fällt allerdings ein Vertrag über die Bereitstellung des 91 Leistungssystems für den Transport von nichtkörperlichen Gegenständen (beispielsweise Strom); hierbei handelt es sich um einen Dienstleistungsauftrag.[255]

4. Computerprogramme. Bei der Beschaffung von Software und dazugehörigen Leistungen 92 ist zu differenzieren. Die Beschaffung von Standard-Software ist grundsätzlich als Warenlieferung zu

---

[243] S. nur HK-VergabeR/*Wegener*/*Pünder* Rn. 58; BeckOGK/*Bulla* BGB § 631 Rn. 997; Grundlegend aus der Rspr. EuGH Urt. v. 10.12.1968 – 7/68, Slg. 1968, I-634 (642) = BeckEuRS 1968, 12114 – Kunstschätze.
[244] *Fandrey* in Gabriel/Krohn/Neun VergabeR-HdB § 4 Rn. 52.
[245] HK-VergabeR/*Wegener*/*Pünder* Rn. 58.
[246] v. Engelhardt/Kaelble in Müller-Wrede GWB Rn. 93.
[247] *Röwekamp*/*Brauser-Jung*/*Zimmermann* in RKPP Rn. 205.
[248] EuGH Urt. v. 11.6.2009 – C-300/07, NZBau 2009, 520 (525 f.) – Hans & Christophorus Oymanns-GbR; *Röwekamp*/*Brauser-Jung*/*Zimmermann* in RKPP GWB Rn. 205.
[249] Dazu HK-VergabeR/*Wegener*/*Pünder* Rn. 59.
[250] HK-VergabeR/*Wegener*/*Pünder* Rn. 59; Beck VergabeR/*Hüttinger* Rn. 170.
[251] Ziekow/Völlink/*Ziekow* Rn. 71; HK-VergabeR/*Wegener*/*Pünder* Rn. 58; s. auch *Donhauser* VergabeR 2013, 531; VK Schleswig-Holstein Beschl. v. 26.7.2006 – VK-SH 11/06, BeckRS 2007, 10112.
[252] *Röwekamp*/*Brauser-Jung*/*Zimmermann* in RKPP GWB Rn. 204.
[253] Vgl. Beck VergabeR/*Hüttinger* Rn. 169.
[254] HK-VergabeR/*Wegener*/*Pünder* Rn. 58; s. bereits OLG Hamburg Beschl. v. 4.11.1999 – 1 Verg 1/99, IBRRS 2003, 0925; VK Hessen Beschl. v. 20.2.2013 – 69 d VK-55/2012.
[255] Ziekow/Völlink/*Ziekow* Rn. 71.

qualifizieren.²⁵⁶ Etwaige Installations- und geringfügige Anpassungsleistungen sind dabei als Nebenleistungen iSd § 103 Abs. 2 S. 2 zu qualifizieren und tangieren die Einordnung nicht.²⁵⁷ Anders liegt es jedoch, wenn es sich um die spezifische Entwicklung einer Software für den Auftraggeber handelt. Hier dürfte regelmäßig ein Dienstleistungsauftrag gegeben sein.²⁵⁸ Geht es um die Aufrüstung eines bestehenden EDV-Programms mit wesentlichen Implementierungsleistungen, liegt ebenfalls ein Dienstleistungsvertrag vor.²⁵⁹ Auch die Beschaffung einer Softwarelösung „as a Service" (SaaS) ist als Dienstleistung einzuordnen.²⁶⁰

93 Möglich sind außerdem typengemischte Verträge, die sowohl eine Lieferung (beispielsweise die Lieferung einer Standardsoftware) als auch nicht nur unwesentliche Dienstleistungen (Unterstützungs- und Dienstleistungen bei der Erstellung notwendiger Dokumentationen, Support und Wartung, Datenmigration, Schulungen) enthalten.²⁶¹

94 Insbesondere bei größeren IT-Projekten ist eine genaue Betrachtung des Einzelfalls vorzunehmen. Hierbei ist das Gewicht der jeweiligen Leistungsbestandteile zu bestimmen und eine Prüfung anhand der Regelung des § 110 Abs. 2 Nr. 2 vorzunehmen.²⁶² Bei einem Software-Customizing dürfte hierbei der Grad der individuellen Anpassung sowie der damit verbundene Entwicklungsaufwand erhebliche Bedeutung haben. Soll neben der Software auch noch die notwendige Infrastruktur aufgebaut werden, so kann es zu der insbesondere im Hinblick auf die unterschiedlichen Schwellenwerte höchst relevanten Frage der Abgrenzung zum Bauauftrag kommen. Maßgeblich in einem solchen Fall, in welchem Leistungen aus allen drei Kategorien (Dienst-, Liefer- und Bauleistung) beschafft werden, ist § 110 Abs. 1, wonach es auf den Hauptgegenstand des Vertrags ankommt. Hierbei ist auf die wesentlichen, vorrangigen Verpflichtungen abzustellen, mithin diejenigen, die den Auftrag als solchen prägen.²⁶³ Diese sind abzugrenzen von Leistungen mit bloß untergeordneter oder ergänzender Funktion, die zwingend aus dem eigentlichen Gegenstand des Vertrags folgen; der jeweilige Wert der dabei zu erbringenden Einzelleistungen ist insoweit nur ein Kriterium unter mehreren.²⁶⁴ Wenn die Lieferung der benötigten Hard- und Software bei einem Wert von 40% des Gesamtauftragswerts liegt, die Bauleistungen bei etwa 10% anzusiedeln sind und zudem die verbauten Gegenstände weder speziell auf das Gebäude zugeschnitten sind, noch für die Funktionstüchtigkeit des Gebäudes als solches essenziell sind (sondern nur für den Betrieb der IT-Lösung), dann stellen die Bauleistungen nur Nebenleistungen zur Errichtung der IT-Infrastruktur dar, mit der Folge, dass sie nicht den Schwerpunkt des zu vergebenden Auftrags bilden und daher der für Liefer- und Dienstleistungen geltende Schwellenwert gilt.²⁶⁵

II. Rechtsform der Beschaffung

95 Als Beispiele nennt Abs. 2 den Kauf, den Ratenkauf, das Leasing sowie die Miete oder Pacht mit und ohne Kaufoption. Diese Aufzählung ist **nicht abschließend,** sondern nur beispielhaft.²⁶⁶ Damit wird klargestellt, dass die **Rechtsform der Warenbeschaffung unerheblich** ist und sämtliche Beschaffungsakte erfasst werden sollen.²⁶⁷ Zwar lässt sich unmittelbar in Art. 2 Abs. 1 Nr. 8 RL

---

²⁵⁶ Ziekow/Völlink/*Ziekow* Rn. 71; s. dazu auch EuGH Urt. v. 15.10.2009 – C-275/08, Slg. 2009, I-168 = EuZW 2009, 858 ff.
²⁵⁷ Ziekow/Völlink/*Ziekow* Rn. 71; s. dazu auch VK Südbayern Beschl. v. 19.4.2018 – Z3-3-3194-1-61-12/17, PharmR 2018, 422 ff., wo die Lieferung und Einführung eines Medikationssystems nebst Herstellung von Schnittstellen und Integration, Schulungen sowie Systemserviceleistungen als Lieferauftrag eingeordnet worden ist.
²⁵⁸ Ziekow/Völlink/*Ziekow* Rn. 71. Anders allerdings die Unterlage für Ausschreibung und Bewertung von IT-Leistungen (UfAB, Stand: April 2018), wo die Erstellung von Individualsoftware unter Lieferleistungen geführt wird (Seite 53).
²⁵⁹ VK Baden-Württemberg Beschl. v. 3.6.2002 – 1 VK 20/02, ZfBR 2003, 97.
²⁶⁰ S. Unterlage für Ausschreibung und Bewertung von IT-Leistungen (UfAB, Stand: April 2018), 53.
²⁶¹ S. bspw. VK Berlin Beschl. v. 13.3.2020 – VK – B 1 – 36/19.
²⁶² Dazu *Bischof* in Auer-Reinsdorff/Conrad, Handbuch IT- und Datenschutzrecht, § 40 Rn. 79 f.
²⁶³ S. OLG Düsseldorf Beschl. v. 16.10.2019 – VII-Verg 66/18, NZBau 2020, 184 (186) zur Beschaffung eines digitalen Alarmierungssystems für die nichtpolizeiliche Gefahrenabwehr, die auch die Durchführung von Bauleistungen (Installation bzw. Errichtung von Antennenmasten an Gebäuden, inkl. Öffnung und Wiederverschließung des Daches, Stemm- u. Schlitzarbeiten etc) beinhaltete. Grundlegend bereits EuGH Urt. v. 21.2.2008 – C-412/04, NVwZ 2008, 397 (398).
²⁶⁴ OLG Düsseldorf Beschl. v. 16.10.2019 – VII-Verg 66/18, NZBau 2020, 184 (186).
²⁶⁵ OLG Düsseldorf Beschl. v. 16.10.2019 – VII-Verg 66/18, NZBau 2020, 184 (186 f.) zu einem digitalen Alarmierungssystem für die nichtpolizeiliche Gefahrenabwehr.
²⁶⁶ Allgemeine Meinung; s. nur *Röwekamp/Brauser-Jung/Zimmermann* in RKPP GWB Rn. 206.
²⁶⁷ *Röwekamp/Brauser-Jung/Zimmermann* in RKPP GWB Rn. 206.

2014/24/EU bzw. Art. 2 Nr. 4 Sektoren-RL keine Formulierung finden, die auf eine beispielhafte Aufzählung der Vertragstypen hindeuten würde,[268] jedoch hat sich der Gesetzgeber bei der Aufnahme des Begriffs „insbesondere" offensichtlich an der früheren Entscheidungspraxis des VÜA des Bundes orientiert, der bereits in seiner ersten Entscheidung festgestellt hat, dass die genannten Vertragstypen nur als Grundtypen zu verstehen sind.[269] Dies deckt sich mit Erwägungsgrund 4 RL 2014/24/EU, der maßgeblich auf den Erwerb von Bauleistungen, Lieferungen oder Dienstleistungen abstellt und hier explizit auf die Möglichkeit der „andere[n] vertragliche[n] Formen" Bezug nimmt. Die weite Auslegung entspricht überdies der allumfassenden funktionalen Betrachtung. Denn nur so ist auszuschließen, dass die Vergabestellen auf vom Wortlaut der Bestimmungen nicht umfasste zivilrechtliche Gestaltungsmöglichkeiten ausweichen und sich so dem Vergaberecht entziehen. Unabhängig von der von den Parteien gewählten Vertragsform kommt es damit allein auf die zumindest vorübergehende **Verschaffung der tatsächlichen Verfügungsgewalt** über eine Ware gegen Entgelt an.[270] Dies bedeutet nicht, dass der Auftraggeber notwendigerweise Eigentümer des gelieferten Gegenstandes werden muss. In Frage kommt demnach eine Verfügungsgewalt sowohl durch **Eigentumserwerb** als auch durch (möglicherweise nur vorübergehende) **Gebrauchsüberlassung**[271] wie Miete oder Pacht. Unerheblich ist dabei auch, ob die Gegenleistung für die Verschaffung bereits konkret oder lediglich abstrakt festgesetzt ist.[272] Auch der in § 651 BGB geregelte Werklieferungsvertrag stellt einen Lieferauftrag iSv § 103 Abs. 2 dar,[273] soweit kein Bauvertrag vorliegt.

III. Abgrenzung von Bau- und Lieferauftrag

Das Merkmal der „Beschaffung von Waren" dient auch zur Abgrenzung des Lieferauftrags vom Bau- und Dienstleistungsauftrag.[274] Angesichts der sehr unterschiedlichen Schwellenwerte ist insbesondere die Abgrenzung des Liefervertrages vom Bauvertrag von großer Praxisrelevanz. Ausweislich des Erwägungsgrund 8 RL 2014/24/EU bzw. des Erwägungsgrund 10 Sektoren-RL soll ein Auftrag nur dann als öffentlicher Bauauftrag gelten, wenn er speziell die Ausführung der in Anhang II RL 2014/24/EU bzw. Anhang I Sektoren-RL aufgeführten Tätigkeiten zum Gegenstand hat, und zwar auch dann, wenn er sich (zum Teil) auf andere Leistungen erstreckt, die für die Ausführung dieser Tätigkeiten erforderlich sind. Aufträge, welche die bloße Lieferung von Bauteilen ohne Montageleistung und ohne individuelle, auf das Bauvorhaben bezogene Be- oder Verarbeitung zum Gegenstand haben, also nicht über den reinen Austausch einer Ware gegen Vergütung hinausgehen, zählen mangels hinreichend engen funktionalen Zusammenhangs mit der Erstellung des Bauwerks nicht zu den Bau-, sondern zu den Lieferaufträgen.[275] Für den erforderlichen funktionalen Zusammenhang ist es insoweit notwendig, dass die zu beschaffenden Gegenstände entweder im Rahmen der Erfüllung des konkreten Bauauftrags notwendig sind oder aber zumindest speziell auf die Situation sowie Funktion des Gebäudes zugeschnitten bzw. angepasst sind und es sich nicht um standardisierte Produkte handelt.[276] Nicht ausreichend ist, dass eine Lieferleistung zeitgleich mit der Realisierung eines Bauvorhabens beschafft wird; der bloße zeitliche Zusammenhang genügt insoweit nicht.[277] Erforderlich ist vielmehr, dass es sich um einen für die Errichtung bzw. die Funktion des Gebäudes essenziellen Gegenstand handelt und dieser zudem auf das Gebäude zugeschnitten ist oder aber zumindest umfangreichere Anpassungs- und Installationsleistungen am Gebäude erforderlich

---

[268] HK-VergabeR/*Wegener*/*Pünder* Rn. 56.
[269] S. VÜA Bund WuW 1995/E, VergAB 1, 857 – Rollbehälter; EuGH Urt. v. 26.4.1994 – C-272/91, Slg. 1994, I-1409 Rn. 12 = BeckRS 2004, 75877.
[270] HK-VergabeR/*Wegener*/*Pünder* Rn. 56; Ziekow/Völlink/*Ziekow* Rn. 70.
[271] Ziekow/Völlink/*Ziekow* Rn. 70; so bereits VK Südbayern Beschl. v. 8.10.2001 – 28-08/01, VPRRS 2013, 1691; OLG Düsseldorf Beschl. v. 30.4.2003 – Verg 67/02, NZBau 2003, 400.
[272] EuGH Urt. v. 26.4.1994 – C-272/91, Slg. 1994, I-1410 (1439) = BeckRS 2004, 75877 – Lottospiel.
[273] HK-VergabeR/*Wegener*/*Pünder* Rn. 56.
[274] Dazu *Röwekamp*/*Brauser-Jung*/*Zimmermann* in RKPP GWB Rn. 210 ff.
[275] S. OLG München Beschl. v. 28.9.2005 – Verg 019/05, BeckRS 2005, 11622; Reidt/Stickler/Glahs/*Ganske* Rn. 67; s. auch VK Bund Beschl. v. 31.7.2017 – VK 1-67/17, BeckRS 2017, 129617 Rn. 31, wo es als maßgeblich angesehen worden ist, dass nach den Festlegungen im Leistungsverzeichnis ausdrücklich „keine baulichen Änderungen" an den bereits vorhandenen Anlagen vorzunehmen waren und sämtliche zu liefernden Bestandteile oder Module entweder mobil (auf einem Transportwagen) oder so zu konstruieren und zu montieren waren, dass sie leicht wieder zu demontieren und auch anderenorts aufgebaut und installiert werden könnten.
[276] S. OLG München Beschl. v. 19.3.2019 – Verg 3/19, NZBau 2019, 670 (673).
[277] OLG München Beschl. v. 19.3.2019 – Verg 3/19, NZBau 2019, 670 (673); OLG Düsseldorf Beschl. v. 11.12.2019 – VII-Verg 53/18, NZBau 2020, 406 (407).

sind.[278] Bauaufträge sind daher der Einbau von Gebäudetechnik[279] oder aber der Neueinbau wesentlicher technischer Anlagen in ein Bestandgebäude.[280] Als Lieferauftrag ist hingegen die Lieferung mobiler Geräte, beispielsweise Infusionstechnik oder auch Büroeinrichtung,[281] einzuordnen.[282] In der Sache dürfte daher, wenn weder die Montage noch sonstige Bauleistungen durch den Auftragnehmer geschuldet sind, ein maßgebliches Abgrenzungskriterium sein, ob der Gegenstand ohne Weiteres auch in einem anderen Gebäude gleicher Art genutzt werden könnte oder nicht.[283] Unerheblich ist auch hier wieder die zivilrechtliche Einordnung durch den Auftraggeber, dh die Frage, ob nach dessen Willen auf den Vertrag die VOB/B Anwendung finden soll oder nicht.[284]

97   Für gemischte Beschaffungen gilt: Wenn bei einer gemischten Leistung die Lieferung wertmäßig deutlich über der des Bauleistungen anzusiedeln ist und zudem die verbauten Gegenstände weder speziell auf das Gebäude zugeschnitten sind, noch für die Funktionstüchtigkeit des Gebäudes als solches essenziell sind (sondern nur für die Einrichtung und den Betrieb der beschafften Lösung), dann ist die Beschaffung nicht als Bauauftrag einzuordnen.[285] Andererseits kann jedoch je nach Einzelfall auch die Bauleistung in Form der fachgerechten Montage prägend für die Gesamtleistung sein und insoweit das Wertverhältnis zwischen Liefer- und Bauleistungselement zurücktreten, beispielsweise wenn es um den ordnungsgemäßen Aufbau durch ein versiertes Fachunternehmen geht.[286]

IV. Besondere Vertragsgestaltungen bei Lieferaufträgen

98   **1. Arzneimittelrabattverträge und Hilfsmittelverträge.** Bei Arzneimittelrabattverträgen handelt es sich um Vereinbarungen von Preisnachlässen für Generika (dh wirkstoffgleiche Arzneimittel-Kopien) zwischen Krankenkassen und Pharmaunternehmen gem § 130a Abs. 8 SGB V.[287] Bei dieser Konstellation erhält der Versicherte von seinem Arzt ein Arzneimittel verordnet, wobei der Arzt die Ersetzung des Arzneimittels durch ein wirkstoffgleiches preisgünstigeres Mittel ermöglichen oder ausschließen kann (sog. aut-idem-Regelung). Hat er die Ersetzung nicht ausgeschlossen oder lediglich eine Wirkstoffbezeichnung verordnet, so händigt der Apotheker dem Versicherten zulasten der Krankenkasse ein preisgünstigeres wirkstoffgleiches Mittel aus. Der Apotheker ist gem. § 129 Abs. 1 S. 3 SGB V dazu verpflichtet, eine Ersetzung durch ein wirkstoffgleiches Arzneimittel vorzunehmen, wenn in Bezug auf ein solches eine Rabattvereinbarung nach § 130a Abs. 8 SGB V besteht. Arzt und Apotheker handeln damit bei der Abwicklung letztlich als Vertreter der Krankenkasse. Grundlage für den Leistungsaustausch ist allerdings ein Vertrag zwischen dem Pharmaunternehmen und der jeweiligen Krankenkasse, der Arzneimittelrabattvertrag. Das Pharmaunternehmen verpflichtet sich dabei gegenüber der Krankenkasse sowohl die Lieferfähigkeit zu gewährleisten als auch einen bestimmten Rabatt zu gewähren.

99   Lange Zeit war umstritten, ob Arzneimittelrabattverträge überhaupt in den **Anwendungsbereich des Vergaberechts** fallen.[288] Hintergrund war die damalige **Regelung des § 69 SGB V**. Danach waren das Vierte Kapitel des SGB V und damit auch die Regelung des § 130a Abs. 8 SGB V zu Rabattvereinbarungen abschließend; die Regelungen des GWB sollten daher keine Anwendung finden. Im Jahr 2018 ist diese Streitfrage jedoch durch eine **Gesetzesänderung** geklärt worden. Seitdem regelt § 69 Abs. 3 SGB V ausdrücklich die Anwendbarkeit des Vergaberechts, soweit die Voraussetzungen eines öffentlichen Auftrags vorliegen. Ausgehend von der grundsätzlichen Anwend-

---

[278] OLG München Beschl. v. 19.3.2019 – Verg 3/19, NZBau 2019, 670 (673); dazu auch *Röwekamp/Brauser-Jung/Zimmermann* in RKPP GWB Rn. 210 ff.
[279] BayObLG Beschl. v. 23.7.2002 – Verg 17/02, NZBau 2003, 340 f.
[280] Dazu OLG Brandenburg Beschl. v. 29.3.2012 – Verg W 2/12, VergabeR 2013, 49 ff. (Neueinbau eines Planetariumsprojektors sowie einer digitalen Ganzkuppelvideoprojektionsanlage in ein bestehendes Kuppelplanetarium).
[281] Ziekow/Völlink/*Ziekow* Rn. 76.
[282] OLG München Beschl. v. 19.3.2019 – Verg 3/19, NZBau 2019, 670 (673). Zur Abgrenzung Ziekow/Völlink/*Ziekow* Rn. 76.
[283] So auch VK Bund Beschl. v. 31.7.2017 – VK 1-67/17, BeckRS 2017, 129617 Rn. 31.
[284] OLG Düsseldorf Beschl. v. 16.10.2019 – VII-Verg 66/18, NZBau 2020, 184 (187).
[285] OLG Düsseldorf Beschl. v. 16.10.2019 – VII-Verg 66/18, NZBau 2020, 184 (186 f.) zu einem digitalen Alarmierungssystem für die nichtpolizeiliche Gefahrenabwehr.
[286] S. zu einer Photovoltaikanlage OLG Düsseldorf Beschl. v. 30.4.2014 – VII Verg 35/13, VergabeR 2014, 677 ff.
[287] Zum sozialrechtlichen Hintergrund und Ablauf Reidt/Stickler/Glahs/*Ganske* Rn. 227 ff.
[288] Für eine Anwendbarkeit des Vergaberechts OLG Düsseldorf Vorlagebeschl. v. 23.5.2007 – VII-Verg 50/06, NZBau 2007, 525; VK Bund Beschl. v. 18.2.2009 – VK 3-158/08, IBRRS 2009, 2991; aA LSG Baden-Württemberg Beschl. v. 4.4.2007 – L 5 KR 518/07 ER-B, BeckRS 2009, 58475; vgl. zu diesem Themenkomplex: *Bedau/Tugendreich* Euralex 2007 Issue 185, 28 f.

barkeit des Vergaberechts ist deshalb anhand des konkreten Vertragsgegenstandes zu klären, ob und was für ein ausschreibungspflichtiger Vertrag vorliegt.

Als **Gegenstand eines Rabattvertrages** kommen zunächst sowohl eine Liefer- als auch eine 100 Dienstleistung in Betracht. Der Subsidiarität des Dienstleistungsauftrages gem. Abs. 4 folgend ist vorrangig das Vorliegen eines Lieferauftrages zu prüfen. Dabei ist maßgeblich, ob Arzneimittelrabattverträge der Beschaffung von Waren iSv Abs. 2 dienen. Zwar werden durch die Rabattverträge nicht unmittelbar Waren beschafft, sondern lediglich die Gewährung von Rabatten vereinbart. Bei Zugrundelegung einer **funktionalen Betrachtung** sind sämtliche Rabattverträge dennoch als **Lieferaufträge in Form von Rahmenvereinbarungen** zu bewerten.[289] Denn funktional gesehen erhält der Versicherte die Medikamente von seiner Krankenkasse, welche die Medikamente zuvor vom Pharmaunternehmen bezogen hat; der Abschluss des Rabattvertrags ist insoweit ein Mittel der Krankenkasse zur Erfüllung der gesetzlichen Verpflichtungen gegenüber ihren Versicherten.[290] Die **vertragliche Beziehung zwischen Krankenkasse und Pharmaunternehmen ist der Rechtsgrund für die Gegenleistung** des öffentlichen Trägers (Krankenkasse) an den Leistungserbringer (Pharmaunternehmen).[291] Es ist damit entscheidend, dass die gesetzlichen Krankenkassen die Auftragnehmer mit der Lieferung beauftragen und dass sie – die gesetzlichen Krankenkassen – die Auftragnehmer für die Lieferung bezahlen. Die für Lieferaufträge notwendige „Verfügungsgewalt" wird aufgrund des Sachleistungsprinzips infolge der Regelung von Art und Preis der Ware bejaht.[292] Damit liegt eine Beschaffung von Waren im Sinne eines Lieferauftrags vor.

Lange umstritten war weiterhin das Kriterium der **Entgeltlichkeit**. Rabattverträge beinhalten 101 ihrerseits nämlich noch keine konkretisierte Zahlungspflicht, sondern sind von dem Verschreibungsverhalten der Ärzte bzw. dem Nachfrageverhalten nach bestimmten Arzneimitteln abhängig, sodass auch keine Verfestigung geldwerter Positionen bei Abschluss eines derartigen Rahmenvertrages vorliegen wird. Für eine Einordnung als öffentlicher Auftrag spricht aber, dass das vergaberechtlich relevante Marktgeschäft die kassenfinanzierte Abnahme des Medikamentes eines bestimmten Herstellers ist.[293] Eine Reihe gesetzlicher Regelungen fördern insoweit den Absatz rabattierter Arzneimittel und privilegieren damit deren Hersteller.[294] Durch Abruf eines Wirkstoffes seitens des Versicherten per Rezept wird der Apotheker verpflichtet, das Arzneimittel des Herstellers, mit dem die Krankenkasse einen Rabattvertrag abgeschlossen hat, zulasten der Krankenkasse abzugeben. Die Auswahlentscheidung des Apothekers beschränkt sich hierbei allein auf die vorhandenen Rabattpartner.[295] Die **gesetzlichen Krankenkassen „lenken"** mithin **das Nachfrageverhalten der Apotheker** auf die vertragsgemäßen Medikamente.[296] Faktisch wird in der Rabattvereinbarung eine **Absatzgarantie** gesehen, was ebenfalls zu einer Privilegierung des Rabattvertragspartners führt.[297] Diese Grundlagen und die damit einhergehenden Vorteile stellen eine **erhebliche geldwerte Leistung** dar, womit die Entgeltlichkeit bereits des Rabattvertrags zu bejahen ist.[298] Dem steht die Autonomie der zwischengeschalteten Ärzte und Apotheker nicht entgegen. Dass der Preis nur indirekt, nämlich durch Rückvergütungen auf den Apothekenverkaufspreis, geregelt ist, ist ebenso unerheblich wie die Frage, wer die Ware liefert und aushändigt und wie, wann und an wen das Eigentum an den Medikamenten übergeht. Im Ergebnis

---

[289] S. OLG Düsseldorf Beschl. v. 19.11.2014 – VII-Verg 30/14, BeckRS 2014, 22449; BeckRS 2014, 05382; OLG Düsseldorf Beschl. v. 19.12.2007 – Verg 49/07, BeckRS 2008, 04424; VK Bund Beschl. v. 28.7.2009 – VK 3-142/09; VK Bund Beschl. v. 15.8.2008 – VK 3-107/08, IBR 2009, 1004; VK Bund VPRRS 2013, 1514; *Dreher/Hoffmann* NZBau 2009, 273 (276).
[290] Reidt/Stickler/Glahs/*Ganske* Rn. 228.
[291] Vgl. allgemein für das sozialrechtliche Dreiecksverhältnis: Antrag des Generalanwalts in dem Vorlageverfahren Urt. v. 11.6.2009 – C 300/07, IBRRS 2009, 1922 – Orthopädische Schuhe, AOK Rheinland; in diesem Sinne entschieden durch EuGH Urt. v. 11.6.2009 – C-300/07, VergabeR 2009, 744; OLG Düsseldorf VergabeR 2016, 228, wonach die Vergabe eines Dienstleistungsauftrags durch einen öffentlichen Auftraggeber an eine anerkannte Werkstatt für Behinderte einen öffentlichen Auftrag darstellt, wenn für die Dienstleistung ein Markt besteht.
[292] *Burgi* NZBau 2008, 480 (485).
[293] VK Bund Beschl. v. 16.12.2008 – VK 1-156/08; VK Bund Beschl. v. 10.4.2008 – VK 2-37/08.
[294] *Dreher/Hoffmann* NZBau 2009, 273 (276).
[295] OLG Düsseldorf Beschl. v. 25.6.2014 – VII-Verg 38/13, BeckRS 2014, 15908; OLG Düsseldorf Beschl. v. 20.2.2008 – Verg 7/08, BeckRS 2009, 05382.
[296] OLG Düsseldorf Beschl. v. 20.2.2008 – Verg 7/08, BeckRS 2009, 05382; OLG Düsseldorf Beschl. v. 17.1.2008 – VII-Verg 57/07, BeckRS 2008, 13111; OLG Düsseldorf Beschl. v. 19.12.2007 – Verg 51/07, BeckRS 2008, 00743; VK Baden-Württemberg Besch. v. 30.12.2008 – 1 VK 51/08, IBRRS 2013, 2548; VK Bund Beschl. v. 22.8.2008 – VK 2-73/08, IBRRS 2009, 3602; VK Hessen Beschl. v. 21.4.2008 – 69 d VK-15/2008.
[297] *Byok* GesR 2007, 553 (556).
[298] Ebenso Reidt/Stickler/Glahs/*Ganske* Rn. 229.

sind die Rabattverträge daher grundsätzlich öffentlich auszuschreiben.[299] Eine Ausschreibungspflicht ist aber dann zu verneinen, wenn im Ergebnis des Beschaffungsvorgangs keine Auswahl eines oder mehrerer bestimmter Wirtschaftsteilnehmer getroffen wird (sog. „**Open-House-Modell**").[300]

102 Auch **Hilfsmittelverträge** sind als öffentliche Lieferaufträge zu qualifizieren.[301] Hilfsmittelverträge sind Verträge zwischen Krankenkassen und Hilfsmittelherstellern über die Lieferung einer bestimmten Menge von Hilfsmitteln (zB orthopädische Schuhe). Im Rahmen dieser Verträge verpflichtet sich der Hersteller, die Lieferfähigkeit der Hilfsmittel für die Mitglieder der Krankenkasse zu einem festgelegten Preis zu gewährleisten. Die Leistung wird nach Abruf durch den Versicherten vor Ort erbracht. Die Krankenkasse verpflichtet sich im Gegenzug dazu, im Falle der Realisierung der Hilfsmittellieferung an den Versicherten den vereinbarten Betrag an den Auftragnehmer zu zahlen. Unter Zugrundelegung einer funktionalen Betrachtung und bei Berücksichtigung des Sachleistungsprinzips aus § 2 Abs. 2 SGB V hat die Krankenkasse die Leistungen zunächst beim Hersteller „eingekauft", welcher diese bei Bedarf gegenüber dem Versicherten erbringt. Die Besonderheit liegt damit darin, dass die Hilfsmittel nicht an die gesetzlichen Krankenkassen, sondern an den Versicherten geliefert werden, die Krankenkasse also nie Besitz erlangt. Mit dem Abschluss eines Hilfsmittelvertrags schafft die Krankenkasse insoweit lediglich die rechtliche Grundlage dafür, dass sie ihre später durch den Abruf des Versicherten realisierte Pflicht diesem gegenüber erfüllen kann. Das betreffende Hilfsmittel liegt allerdings mit Vertragsschluss bis zur endgültigen Weiterlieferung an den Versicherten bereit, sodass zumindest eine Verfügungsgewalt in dem Sinne zu bejahen ist, dass die Krankenkasse sich den betreffenden Hilfsmittelhersteller „gesichert" hat. Dafür, dass darüber hinaus eine Verfügungsgewalt im besitzrechtlichen Sinne zu fordern wäre, finden sich weder in den Richtlinien noch in Abs. 2 Anhaltspunkte.[302] Vielmehr kennt das deutsche Zivilrecht auch solche sog. „Streckengeschäfte",[303] also die Direktlieferung vom Lieferanten an den Kunden des Händlers. Im Ergebnis sind Hilfsmittelverträge damit öffentliche Aufträge und daher ausschreibungspflichtig.

103 Auch bei den Hilfsmittelverträgen gilt allerdings: Handelt es sich um ein sog. Open-House-Modell, so ist das Vorliegen eines öffentlichen Auftrags zu verneinen. Dies hat das OLG Düsseldorf zutreffend für die vergleichbare Situation beim Vertragssystem nach § 127 Abs. 2 SGB V entschieden.[304]

104 **2. Lagerverträge.** Ob Lagerverträge wegen des **mietrechtlichen Einschlags** als Lieferverträge gelten, obwohl es hierbei vorwiegend um die bloße Unterbringung von Sachen geht, sodass die Verschaffung der Verfügungsgewalt über eine konkrete Sache nicht betroffen ist, ist fraglich.[305] Der VÜA Bund hatte Mitte der 1990er Jahre Lagerverträge über die Einlagerung von EG-Subventionsbeständen an Butter und Rindfleisch den Lieferaufträgen zugeordnet.[306] Es könne, so das Argument, nach dem Sinn und Zweck keinen Unterschied machen, ob der öffentliche Auftraggeber zur Unterbringung von Sachen einen konkreten Unterbringungsort mietet oder diese lediglich durch ein Unternehmen lagern lässt. Für diese Argumentation dürfte wegen des mittlerweile erfolgten Einbezugs der Dienstleistungsaufträge in das Vergaberechtsregime keine Notwendigkeit mehr bestehen.[307]

105 **3. Verträge über Waren mit einer Preisbindung (insbesondere Schulbücher).** Die **Beschaffung von Schulbüchern** stellt ebenfalls einen Lieferauftrag dar.[308] Sie ist trotz der im deutschen Buchhandel geltenden Buchpreisbindung nicht ausschreibungsfrei. Sinn und Zweck der Buchpreisbindung ist es, durch die Festsetzung verbindlicher Preise beim Verkauf an Letztabnehmer den Erhalt eines breiten Buchangebotes zu sichern und damit das Kulturgut Buch zu schützen (vgl. § 1 Buchpreisbindungsgesetz). Ebenfalls soll hierdurch die Existenz einer großen Zahl von

---

[299] OLG Düsseldorf Beschl. v. 6.9.2017 – VII Verg 9/17, VergabeR 2019, 128 (131); OLG Düsseldorf Aussetzungsbeschl. v. 19.12.2007 –VII-Verg 51/07, BeckRS 9998, 26480; OLG Düsseldorf Beschl. v. 25.6.2014 – Verg 38/13, VPRRS 2014, 0472; OLG Düsseldorf Beschl. v. 20.2.2008 – Verg 7/08, BeckRS 2009, 05382.
[300] S. OLG Düsseldorf Beschl. v. 20.3.2019 – VII Verg 65/18, NZBau 2019, 801 (802); EuGH Urt. v. 2.6.2016 – C-410/14, NZBau 2016, 441 ff. – Dr. Falk Pharma; EuGH Urt. v. 1.3.2018 – C-9/17, NZBau 2018, 366 ff. – Tirkkonen; ebenso bereits OLG Düsseldorf Beschl. v. 13.8.2014 – VII-Verg 13/14, BeckRS 2014, 16548 (Vorlagebeschluss); LSG Nordrhein-Westfalen Beschl. v. 14.4.2010 – L 21 KR 69/09 SFB, NZBau 2010, 653; hierzu *Neun* NZBau 2016, 681 (683).
[301] OLG Düsseldorf Beschl. v. 24.9.2014 – VII-Verg 17/14, BeckRS 2015, 03028; *Burgi* NZBau 2008, 480 (484).
[302] Vgl. bereits *Burgi* NZBau 2008, 480 (484).
[303] Palandt/*Weidenkaff* BGB Einf. vor § 433 Rn. 15; Palandt/*Herrler* BGB § 929 Rn. 20.
[304] OLG Düsseldorf Beschl. v. 20.3.2019 – VII-Verg 65/18, NZBau 2019, 801 (802 f.).
[305] Krit. hierzu: Immenga/Mestmäcker/*Dreher* Rn. 86.
[306] VÜA Bund WuW/E VergAB 38, 40 f. – Kühlhäuser.
[307] In diese Richtung wohl auch Immenga/Mestmäcker/*Dreher* Rn. 86 Fn. 185.
[308] OLG München Beschl. v. 19.12.2007 – Verg 12/07, BeckRS 2010, 09734; Immenga/Mestmäcker/*Dreher* Rn. 88; *Röwekamp*/*Brauser-Jung*/*Zimmermann* in RKPP GWB Rn. 215.

Verkaufsstellen gefördert werden, sodass das Angebot für eine breite Öffentlichkeit zugänglich ist. Ziel des europäischen Vergaberechts ist es hingegen, durch öffentliche Ausschreibung den Wettbewerb mit dem Ziel einer wirtschaftlich günstigen Beschaffung der Leistungen zu sichern und jedem Bieter unter gleichen Bedingungen den Zugang zu den Beschaffungsmärkten der öffentlichen Hand zu ermöglichen. Die unterschiedlichen Zielsetzungen führen aber dennoch nicht dazu, dass sie sich gegenseitig ausschließen. Zum einen gilt die Buchpreisbindung im europäischen Markt nicht durchgehend. Zum anderen erfasst sie auch den nationalen Schulbuch- und Lernmittelmarkt nur teilweise, sodass sich Wettbewerbseffekte auch beim Preis ergeben können. Hinzu kommt, dass in der Schulbuch- und Lernmittelbeschaffung der Liefer- und Beratungsservice ein wesentlicher Bestandteil der zu erbringenden Leistung ist, zu dem es keine verbindlichen Preisvorgaben gibt. Insoweit können sich die Anbieter im Hinblick auf die (Service-)Qualität unterscheiden. Die Schul- und Lernmittelbeschaffung ist zudem nicht allein auf Einkauf und Anlieferung zu Schuljahresbeginn beschränkt, sondern verlangt die ganzjährige Versorgung der Schulen mit Ersatz-, Ergänzungs- und Austauschstücken. Auch in diesem Bereich kann sich ein Wettbewerb hinsichtlich einer schnellen und bedarfsgerechten Reaktion abspielen, ebenso wie hinsichtlich der Beratung, der Kommunikation oder der Rechnungslegung. Ein sachlicher Grund, warum ein Wettbewerb in diesem Bereich nicht zugelassen werden sollte, ist mithin nicht ersichtlich.[309]

4. Handelspartnerverträge. Bei einem Handelspartnervertrag werden lediglich die **Rahmenbedingungen für einen späteren Erwerb** festgelegt; üblicherweise werden weder bestimmte Abnahmeverpflichtungen noch konkrete Preise vereinbart. Dennoch stellt bereits die Auswahl eines solchen Vertragspartners einen **Beschaffungsvorgang** dar. Maßgeblich und entscheidend ist insoweit, dass eine Auswahl zwischen den am Markt tätigen Anbietern getroffen wird und damit diejenigen Anbieter, mit welchen kein Handelspartnervertrag abgeschlossen wird, ausgeschlossen werden. Dies gilt auch dann, wenn der Kreis der abnehmenden Stellen nicht feststeht, weil jederzeit öffentliche Stellen dem Vertrag beitreten können und diese (dh die öffentlichen Auftraggeber) berechtigt sind, alternativ ihren Bedarf auch unabhängig von dem abgeschlossenen Handelspartnervertrag decken zu können. Auch das formale Offenhalten jeglicher Abnahmemengen sowie der abnehmenden Stellen ändert nichts daran, dass bei funktionaler Betrachtungsweise der Handelspartnervertrag zu einer Bedarfsdeckung führt, ohne dass es in Bezug auf den Handelspartner noch weitere Auswahlverfahren geben wird, bei denen andere Anbieter eine Vertragschance hätten.[310] Freilich sind bei solchen Verträgen, die in aller Regel Rahmenvereinbarungen iSd § 103 Abs. 5 darstellen, die besonderen Vorgaben des § 21 VgV zu beachten. Hierzu zählt neben der Frage der höchstzulässigen Vertragslaufzeit auch die Notwendigkeit der Festlegung einer Obergrenze für den Abruf der Leistungen des Rahmenvertragspartners.

5. Veräußerung von Geschäftsanteilen bzw. Gesellschaftsgründung. Mangels beschaffungswirtschaftlichen Bezuges unterliegt die bloße Veräußerung von Gesellschaftsanteilen ebenso wie die Gründung eines Gemeinschaftsunternehmens (dh einer Gesellschaft, an welcher sowohl der öffentliche Auftraggeber als auch Private beteiligt sind) grundsätzlich nicht dem Vergaberecht.[311] Hier fehlt es jeweils am notwendigen Beschaffungselement, da der Staat hier nicht als Nachfrager von Leistungen an den Markt tritt. Eine Veräußerung von Vermögensgegenständen, beispielsweise auch Anteilen an Gesellschaften, fällt mangels Beschaffungscharakters nicht unter das Vergaberecht; hier ist der Staat als Anbieter tätig.[312] Auch bei der Gründung einer neuen Gesellschaft im Rahmen einer öffentlich-privaten-Partnerschaft (ÖPP) handelt es sich grundsätzlich nicht um einen Beschaffungsvorgang. Die Einbeziehung eines privaten Unternehmens in ein zum Teil von der öffentlichen Hand gehaltenes Unternehmen ist auch regelmäßig nicht entgeltlich iSd § 103, da es sich nicht um einen konkreten Gegenwert handelt, sondern allenfalls um den Erwerb künftiger Gewinnchancen.

Allerdings gilt auch in diesen Fällen die funktionale Auslegung der Begriffe. Die Einordnung als öffentlicher Auftrag ist dann angezeigt, wenn es sich um eine sog. **eingekapselte Beschaffung** handelt.[313] In diesen Fällen findet eine verdeckte Beschaffung statt; auch das Entgelt ist dann nur

---

[309] VK Düsseldorf Beschl. v. 22.7.2002 – VK-19/2002-L, VPRRS 2014, 0069.
[310] VK Düsseldorf Beschl. v. 23.5.2008 – VK-7/2008-L, IBRRS 2008, 2604; VK Bund Beschl. v. 24.4.2012 – VK 2-169/11, IBRRS 2012, 4053.
[311] OLG Brandenburg Beschl. v. 3.8.2001 – Verg 3/01, LSK 2001, 520184 (Ls.); EuGH Urt. v. 6.5.2010 – C-145/08, IBRRS 2010, 1740; EuGH Urt. 22.12.2010 – C-215/09, BeckRS 2010, 91488 Rn. 33; *Tugendreich/Meißner* M&A Review 2007, 24 (25).
[312] S. nur HK-VergabeR/*Wegener/Pünder* Rn. 34 mwN, die zutreffend auf die dennoch zu beachtenden haushaltsrechtlichen Vorgaben und die Notwendigkeit eines Bieterverfahrens hinweisen.
[313] Grundlegend für Grundstücksveräußerungen EuGH Urt. v. 25.3.2010 – C-451/08, NZBau 2010, 321 ff. – Helmut Müller; s. auch VK Bremen Beschl. v. 19.6.2018 – 16 VK 2/18.

bei funktionaler Betrachtung ersichtlich. Um eine Umgehung der vergaberechtlichen Bindungen der öffentlichen Hand zu verhindern, ist hier das Vorliegen eines öffentlichen Auftrags anzunehmen, wobei es nicht entscheidend ist, ob die Beschaffung der Hauptgegenstand oder der wesentliche Zweck des Vertrags ist,[314] sondern ob bei wirtschaftlicher Betrachtung *„das Veräußerungsgeschäft einem Einkauf gleichkommt"*.[315] Dies ist beispielsweise gegeben, wenn ein Auftrag zunächst über eine vergabefreie Inhouse-Vergabe an eine kommunale Gesellschaft gegeben wird und anschließend (zeitnah) die Gesellschaftsanteile an einen Privaten veräußert werden.[316]

109 Eine **Ausschreibungspflicht** kann damit dann vorliegen, wenn die zu privatisierende Gesellschaft bereits Aufträge mit ihrem bisher alleinigen öffentlichen Anteilseigner geschlossen hat und diese ursprünglich als verwaltungsinterne (Inhouse-)Vorgänge ausschreibungsfrei waren bzw. die Gründung einer Gesellschaft mit der Vergabe von ausschreibungspflichtigen Aufträgen an diese einhergeht.[317] Würde man hier nicht funktional betrachten, sondern lediglich auf die separaten Vorgänge schauen, bestünde die Gefahr, dass die Vergabe eines öffentlichen Auftrags derart gesplittet wird, dass in einem ersten Schritt der entgeltliche Beschaffungsvorgang (also der ausschreibungspflichtige Vertrag) unter Rückgriff auf den Ausnahmetatbestand des § 108 Abs. 1 direkt an eine 100%ige Tochtergesellschaft vergeben wird und sodann anschließend in einem zweiten Schritt die Tochtergesellschaft veräußert wird, was für sich genommen ebenfalls keinen Beschaffungsvorgang darstellt. Einer Umgehung der vergaberechtlichen Vorgaben wäre dann „Tür und Tor" geöffnet. Infolgedessen ist eine solche zeitliche Staffelung bei einer Gesamtbetrachtung der Vergabe eines öffentlichen Auftrags gleichzusetzen. Da diese Problematik zumeist unter dem Gesichtspunkt eines **Umgehungsgeschäfts** diskutiert wird, gilt dieser Grundsatz der Ausschreibungspflicht jedenfalls bei einem **engen sachlichen und zeitlichen Zusammenhang** von Auftragsvergabe und Anteilsverkauf, der eine bewusste Umgehung des Vergaberechts vermuten lässt. Ob darüber hinaus stets eine **(objektive) Gesamtbetrachtung** entscheidend ist, es also nicht auf eine intendierte Umgehung des Vergaberechts ankommt, ist bisher nicht endgültig geklärt.[318] Eine Beschränkung auf (subjektiv intendierte) Umgehungsgeschäfte wäre aus Sicht des Auftraggebers vorteilhaft, weil dann im Einzelfall eine solche Absicht positiv nachgewiesen werden müsste (und gegenläufig die Möglichkeit der Widerlegung im Einzelfall eröffnet wäre). Ersteres, dh der Nachweis dürfte hierbei regelmäßig nur bei einem engen zeitlich-räumlichen Zusammenhang in Frage kommen.[319] Auch wenn es mit Unsicherheiten verbunden ist, dürfte es vorzugswürdig sein, auf subjektive Elemente abzustellen, mithin eine intendierte Umgehung des Vergaberechts zu verlangen. Denn andernfalls unterfiele jede Anteilsveräußerung durch die öffentliche Hand, soweit mit ihr auch nur im weitesten Sinne die Übertragung von zwischen dem öffentlichen Auftraggeber und der Tochtergesellschaft bestehenden Verträgen verbunden ist, dem Vergaberechtsregime, was nicht sachgerecht wäre.

V. Nebenleistungen

110 Nach Abs. 2 S. 2 können Lieferaufträge auch Nebenleistungen aus anderen Beschaffungsvarianten umfassen. Nebenleistungen sind Leistungen, die zB mit der Auslieferung, der Installation, Inbetriebnahme und Instandhaltung einer Ware zusammenhängen.[320] In Art. 2 Abs. 1 Nr. 8 RL 2014/24/EU und Art. 2 Nr. 4 Sektoren-RL wird zwar der Begriff „Nebenarbeiten" verwendet, inhaltlich sind damit aber Nebenleistungen gemeint. Der in Art. 103 Abs. 2 S. 2 verwendete Begriff ist allenfalls umfassender zu verstehen als der Begriff der Nebenarbeiten.

111 Art. 2 Abs. 1 Nr. 8 RL 2014/24/EU und Art. 2 Nr. 4 Sektoren-RL zählen als Nebenarbeiten beispielhaft Verlege- und Installationsarbeiten der gelieferten Ware auf. Isoliert betrachtet würden diese Leistungen, je nach Fallgestaltung, unter den Begriff der Dienstleistungen oder sogar des

---

[314] HK-VergabeR/*Wegener/Pünder* Rn. 35 mwN.
[315] OLG Karlsruhe Beschl. v. 16.11.2016 – 15 Verg 5/16 Rn. 68, VergabeR 2017, 165 ff. zu einem Kiesabnahme- und Verwertungsvertrag. Aus der älteren Rspr. BGH Beschl. v. 1.2.2005 – X ZB 27/04 zur Veräußerung von Altpapier mit Verwertungspflicht des Erwerbers.
[316] EuGH Urt. v. 10.11.2005 – C-29/04, Slg. 2005, I-9705 = NVwZ 2006, 70 – Stadt Mödling. Weitere Beispiele im Zusammenhang mit Gesellschaftsgründungen bzw. der Veräußerung von Gesellschaftsanteilen bei *Röwekamp/Brauser-Jung/Zimmermann* in RKPP GWB Rn. 43 ff.
[317] S. dazu auch *Schimanek* NZBau 2005, 304 (306); *Dreher* NZBau 2002, 245 (247 f.); *Prieß/Gabriel* NZBau 2007, 617; *Tugendreich/Meißner* M&A Review 2007, 24 (25).
[318] Nach Ansicht des OLG Brandenburg kommt es auf einen engen zeitlichen Zusammenhang nicht an; entscheidend sei allein, ob unter Zugrundelegung einer wirtschaftlichen Betrachtungsweise der Eintritt des neuen Gesellschafters einer Auftragserteilung gleichkommt, vgl. OLG Brandenburg Beschl. v. 3.8.2001 – Verg 3/01, LSK 2001, 520184 (Ls.).
[319] Vgl. hierzu *Endler* NZBau 2002, 125 (133); *Jaeger* NZBau 2001, 6 (11).
[320] *Röwekamp/Brauser-Jung/Zimmermann* in RKPP GWB Rn. 214.

Bauauftrages fallen. Letztlich geht es also im Rahmen von Abs. 2 S. 2 um **gemischte Verträge, bei denen die Nebenleistungen aber – anders als in den Konstellationen des § 110 – von deutlich ungeordneter Bedeutung sind**. Für die Beurteilung, ob eine Nebenleistung vorliegt, kommt es nicht nur auf einen Vergleich der Auftragswerte an. Entscheidend ist, **welche Tätigkeit dem Vertrag sein Gepräge gibt**.[321] Eine bloße Nebenleistung im Hinblick auf eine Lieferung liegt dann vor, wenn die betroffene Bau-/Dienstleistung lediglich eine **Hilfstätigkeit** ist und dementsprechend erforderlich ist, um den Lieferauftrag sinnvoll erfüllen zu können.[322] Als Faustregel gilt insoweit, dass Nebenleistungen kein solches Gewicht erlangen dürfen, dass sie nach den jeweiligen Besonderheiten der einschlägigen Verkehrskreise regelmäßig gesondert in Auftrag gegeben werden.[323] Beispielsweise sind bei einer Lieferung von Standard-Software die Installations- und geringfügige Anpassungsleistungen als Nebenleistungen iSd § 103 Abs. 2 S. 2 einzuordnen.[324] Entsprechendes gilt für die Einweisung des Personals des Auftraggebers im Hinblick auf die Bedienung und Funktionen beschaffter Arbeitsmittel (Spezialfahrzeuge etc).

C. Bauaufträge (Abs. 3)

I. Europarechtliche Definition des öffentlichen Bauauftrags

Die Regelung des § 103 Abs. 3 übernimmt weitgehend die Definitionen aus Art. 2 RL 2014/24/EU und Art. 2 Sektoren-RL. Nach **Art. 2 Abs. 1 Nr. 6 RL 2014/24/EU** sind öffentliche Bauaufträge Aufträge mit den folgenden Zielen: **112**
a) Ausführung oder sowohl Planung als auch Ausführung von Bauleistungen im Zusammenhang mit einer der in **Anhang II** genannten Tätigkeiten;
b) Ausführung oder sowohl Planung als auch Ausführung eines Bauvorhabens;
c) Erbringung von Bauleistungen durch Dritte – gleichgültig mit welchen Mitteln – gemäß den vom öffentlichen Auftraggeber, der einen entscheidenden Einfluss auf die Art und die Planung des Vorhabens hat, genannten Erfordernissen.

Die Definition des Bauauftrags in der Sektoren-RL ist bis auf die Bezugnahme auf den **Anhang I** Sektoren-RL wortgleich mit dieser Definition. **113**

Insgesamt gibt es daher drei Grundformen öffentlicher Bauaufträge: die Bauleistung iSd Anhang II RL 2014/24/EU (bzw. bei Sektorenauftraggebern Anhang I Sektoren-RL), die Leistungen betreffend ein Bauwerk und die Bauleistungen durch einen Dritten, auf welche der Auftraggeber entscheidenden Einfluss nehmen kann. Vereinfacht gesagt geht es in den ersten beiden Varianten um den Abschluss eines klassischen Bauwerkvertrags und bei der letzten Variante um Vertragskonstruktionen, die nicht unmittelbar die Ausführung von Bauleistungen etc betreffen, allerdings nach Wertungsgesichtspunkten unter den Begriff des öffentlichen Bauauftrags gefasst werden sollen. Kennzeichnend für die ersten beiden Formen (Bauaufträge nach Nr. 1 und 2) ist, dass der öffentliche Auftraggeber hier unmittelbar selbst Bauherr ist und beispielsweise einen Bauwerkvertrag abschließt, womit er einen einklagbaren Anspruch auf die Bauleistung erhält.[325] Bei den Konstellationen, welche unter § 103 Abs. 3 S. 2 fallen, ist dies hingegen aus vertraglicher Sicht nicht direkt der Fall – hier tritt die öffentliche Hand nicht selbst als Bauherr auf, sondern ein Dritter, der jedoch verpflichtet ist, das Bauwerk nach den Vorgaben des öffentlichen Auftraggebers zu errichten und dieses anschließend in irgendeiner Form (beispielsweise auch zeitweilig) dem öffentlichen Auftraggeber zu überlassen.[326] **114**

II. Bauleistungen nach S. 1 Nr. 1

1. Definition. Der Begriff der Bauleistung wird auf europäischer Ebene legaldefiniert. Dies geschieht in **Anhang II** RL 2014/24/EU für die allgemeinen öffentlichen Auftraggeber und **115**

---

[321] OLG Brandenburg Urt. v. 30.5.2008 – Verg W 5/08, NZBau 2009, 139.
[322] So zur Vorgängernorm *Boesen* § 99 Rn. 79. In der Sache auch *v. Engelhardt/Kaelble* in Müller-Wrede GWB Rn. 96, die danach unterscheiden, ob in „erster Linie eine Lieferung mit der Nebenleistung der Installation oder die Herstellung eines Zustandes an einem Bauwerk, mithin ein Erfolg, geschuldet ist.".
[323] *Röwekamp/Brauser-Jung/Zimmermann* in RKPP GWB Rn. 214.
[324] Ziekow/Völlink/*Ziekow* Rn. 71; s. auch VK Südbayern Beschl. v. 19.4.2018 – Z3-3-3194-1-61-12/17, PharmR 2018, 422 ff., zur Lieferung und Einführung eines Medikationssystems nebst Herstellung von Schnittstellen und Integration, Schulungen sowie Systemserviceleistungen, wo eine Einordnung als Lieferleistung erfolgte.
[325] Vgl. HK-VergabeR/*Wegener/Pünder* Rn. 67; Reidt/Stickler/Glahs/*Ganske* Rn. 81.
[326] Vgl. HK-VergabeR/*Wegener/Pünder* Rn. 66.

Anhang I Sektoren-RL für die Sektorenauftraggeber. Diese beiden Anhänge sind **weitgehend wortgleich** und enthalten in einer weiteren, hier nicht abgedruckten Spalte, die jeweils geltenden CPV-Nummern. Anhang II RL 2014/24/EU entspricht dem entsprechenden Anhang RL 2004/18/EG (Vergabe-RL 2004). Inhaltliche Veränderungen sind seinerzeit nicht vorgenommen worden. Beispielhaft ist nachfolgend Anhang II RL 2014/24/EU abgedruckt. Zu beachten ist, dass einige der aufgeführten Kategorien und Umschreibungen nicht abschließend sind, was sich bei den Formulierungen bereits aus dem Wortlaut „u.s.w." bzw. „o.Ä." ergibt.[327] Infolgedessen wurden beispielsweise Leistungen der Kampfmittelräumung unter Nr. 45.11 „Erdbewegungen: Ausschachtung, Erdauffüllung, Einebnung und Planierung von Baugelände, Grabenaushub, Felsabbau, Sprengen usw." gefasst und als Bauauftrag qualifiziert.[328] Ist eine der im Anhang II RL 2014/24/EU aufgeführten Arbeiten einschlägig und Hauptgegenstand des jeweiligen Vertrags, so führen weitere Leistungen (beispielsweise Lieferungen von Baustoffen zur Durchführung der Arbeiten) nicht dazu, dass die Einordnung als Bauauftrag entfällt.[329]

Anhang II zur RL 2014/24/EU
Verzeichnis der Tätigkeiten nach Artikel 2 Abs. 1 Nummer 6 Buchstabe a

Bei unterschiedlichen Auslegungen zwischen CPV und NACE gilt die CPV-Nomenklatur.

NACE Rev. 1[1]				
ABSCHNITT F			**BAUGEWERBE**	
Abteilung	Gruppe	Klasse	Gegenstand	Bemerkungen
45			Baugewerbe	Diese Abteilung umfasst: – Neubau, Renovierung und gewöhnliche Instandsetzung
	45.1		Vorbereitende Baustellenarbeiten	
		45.11	Abbruch von Gebäuden, Erdbewegungsarbeiten	Diese Klasse umfasst: – Abbruch von Gebäuden und anderen Bauwerken – Aufräumen von Baustellen – Erdbewegungen: Ausschachtung, Erdauffüllung, Einebnung und Planierung von Baugelände, Grabenaushub, Felsabbau, Sprengen usw. – Erschließung von Lagerstätten – Auffahren von Grubenbauen, Abräumen des Deckgebirges und andere Aus- und Vorrichtungsarbeiten Diese Klasse umfasst ferner: – Baustellenentwässerung – Entwässerung von land- und forstwirtschaftlichen Flächen
		45.12	Test- und Suchbohrung	Diese Klasse umfasst: – Test-, Such- und Kernbohrung für bauliche, geophysikalische, geologische oder ähnliche Zwecke. Diese Klasse umfasst nicht: – Erdöl- und Erdgasbohrungen zu Förderzwecken (s. 11.20) – Brunnenbau (s. 45.25) – Schachtbau (s. 45.25) – Exploration von Erdöl- und Erdgasfeldern, geophysikalische, geologische und seismische Messungen (s. 74.20)

---

[327] jurisPK-VergabeR/*Zeiss* Rn. 56.
[328] S. OLG Rostock Beschl. v. 21.7.2017 – 17 Verg 3/17, VergabeR 2018, 171 (172).
[329] *Kues/Simlesa* NZBau 2020, 765 (766).

C. Bauaufträge (Abs. 3) § 103 GWB

NACE Rev. 1[1]				
ABSCHNITT F			**BAUGEWERBE**	
Abteilung	Gruppe	Klasse	Gegenstand	Bemerkungen
	45.2		Hoch- und Tiefbau	
		45.21	Hochbau, Brücken- und Tunnelbau u.Ä.	Diese Klasse umfasst: – Errichtung von Gebäuden aller Art, – Errichtung von Brücken, Tunneln u.Ä. – Brücken (einschließlich für Hochstraßen), Viadukte, Tunnel und Unterführungen – Rohrfernleitungen, Fernmelde- und Energieübertragungsleitungen – städtische Rohrleitungs- und Kabelnetze – dazugehörige Arbeiten – Herstellung von Fertigteilbauten aus Beton auf der Baustelle Diese Klasse umfasst nicht: – Erbringung von Dienstleistungen bei der Erdöl- und Erdgasförderung (s. 11.20) – Errichtung vollständiger Fertigteilbauten aus selbst gefertigten Teilen, soweit nicht aus Beton (s. Abteilungen 20, 26 und 28) – Bau von Sportplätzen, Stadien, Schwimmbädern, Sporthallen und anderen Sportanlagen (ohne Gebäude) (s. 45.23) – Bauinstallation (s. 45.3) – sonstiges Baugewerbe (s. 45.4) – Tätigkeiten von Architektur- und Ingenieurbüros (s. 74.20) – Projektleitung (s. 74.20)
		45.22	Dachdeckerei, Abdichtung und Zimmerei	Diese Klasse umfasst: – Errichtung von Dächern – Dachdeckung – Abdichtung gegen Wasser und Feuchtigkeit
		45.23	Straßenbau und Eisenbahnoberbau	Diese Klasse umfasst: – Bau von Autobahnen, Straßen und Wegen – Bau von Bahnverkehrsstrecken – Bau von Rollbahnen – Bau von Sportplätzen, Stadien, Schwimmbädern, Tennis- und Golfplätzen (ohne Gebäude) – Markierung von Fahrbahnen und Parkplätzen Diese Klasse umfasst nicht: – Vorbereitende Erdbewegungen (s. 45.11)
		45.24	Wasserbau	Diese Klasse umfasst: – Bau von: – Wasserstraßen, Häfen (einschließlich Jachthäfen), Flussbauten, Schleusen usw. – Talsperren und Deichen – Nassbaggerei – Unterwasserarbeiten
		45.25	Spezialbau und sonstiger Tiefbau	Diese Klasse umfasst: – spezielle Tätigkeiten im Hoch- und Tiefbau, die besondere Fachkennt-

GWB § 103   115   Öffentliche Aufträge, Rahmenvereinbarungen und Wettbewerbe

NACE Rev. 1[1]				
ABSCHNITT F			**BAUGEWERBE**	
Abteilung	Gruppe	Klasse	Gegenstand	Bemerkungen
				nisse beziehungsweise Ausrüstungen erfordern – Herstellen von Fundamenten einschließlich Pfahlgründung – Brunnen- und Schachtbau – Montage von fremdbezogenen Stahlelementen – Eisenbiegerei – Mauer- und Pflasterarbeiten – Auf- und Abbau von Gerüsten und beweglichen Arbeitsbühnen einschließlich deren Vermietung – Schornstein-, Feuerungs- und Industrieofenbau Diese Klasse umfasst nicht: – Vermietung von Gerüsten ohne Auf- und Abbau (s. 71.32)
	45.3		Bauinstallation	
		45.31	Elektroinstallation	Diese Klasse umfasst: Installation oder Einbau von: – elektrischen Leitungen und Armaturen – Kommunikationssystemen – Elektroheizungen – Rundfunk- und Fernsehantennen (für Wohngebäude) – Feuermeldeanlagen – Einbruchsicherungen – Aufzügen und Rolltreppen – Blitzableitern usw. in Gebäuden und anderen Bauwerken
		45.32	Dämmung gegen Kälte, Wärme, Schall und Erschütterung	Diese Klasse umfasst: – Dämmung gegen Kälte, Wärme, Schall und Erschütterung in Gebäuden und anderen Bauwerken Diese Klasse umfasst nicht: – Abdichtung gegen Wasser und Feuchtigkeit (s. 45.22)
		45.33	Klempnerei, Gas-, Wasser-, Heizungs- und Lüftungsinstallation	Diese Klasse umfasst: – Installation oder Einbau von: – Sanitäranlagen sowie Ausführung von Klempnerarbeiten – Gasarmaturen – Geräten und Leitungen für Heizungs-, Lüftungs-, Kühl- und Klimaanlagen – Sprinkleranlagen Diese Klasse umfasst nicht: – Installation von Elektroheizungen (s. 45.31)
		45.34	Sonstige Bauinstallation	Diese Klasse umfasst: – Installation von Beleuchtungs- und Signalanlagen für Straßen, Eisenbahnen, Flughäfen und Häfen – Installation von Ausrüstungen und Befestigungselementen a.n.g. in Gebäuden und anderen Bauwerken

C. Bauaufträge (Abs. 3) § 103 GWB

NACE Rev. 1[1]				
ABSCHNITT F			BAUGEWERBE	
Abteilung	Gruppe	Klasse	Gegenstand	Bemerkungen
	45.4		Sonstiger Ausbau	
		45.41	Anbringen von Stuckaturen, Gipserei und Verputzerei	Diese Klasse umfasst: – Stuck-, Gips- und Verputzarbeiten einschließlich damit verbundener Lattenschalung in und an Gebäuden und anderen Bauwerken
		45.42	Bautischlerei und -schlosserei	Diese Klasse umfasst: – Einbau von fremdbezogenen Türen, Toren, Fenstern, Rahmen und Zargen, Einbauküchen, Treppen, Ladeneinrichtungen u. Ä. aus Holz oder anderem Material – Einbau von Decken, Wandvertäfelungen, beweglichen Trennwänden u. Ä. Innenausbauarbeiten Diese Klasse umfasst nicht: – Verlegen von Parkett- und anderen Holzböden (s. 45.43)
		45.43	Fußboden-, Fliesen- und Plattenlegerei, Raumausstattung	Diese Klasse umfasst: – Verlegen von: – Fußboden- und Wandfliesen oder -platten aus Keramik, Beton oder Stein, – Parkett- und anderen Holzböden, Teppichen und Bodenbelägen aus Linoleum, – auch aus Kautschuk oder Kunststoff – Terrazzo-, Marmor-, Granit- oder Schiefer-Boden- oder Wandbelägen, – Tapeten
		45.44	Maler- und Glasergewerbe	Diese Klasse umfasst: – Innen- und Außenanstrich von Gebäuden – Anstrich von Hoch- und Tiefbauten, – Ausführung von Glaserarbeiten einschließlich Einbau von Glasverkleidungen, Spiegeln usw. Diese Klasse umfasst nicht: – Fenstereinbau (s. 45.42)
		45.45	Sonstiger Ausbau a.n.g.	Diese Klasse umfasst: – Einbau von Swimmingpools – Fassadenreinigung – Sonstige Baufertigstellung und Ausbauarbeiten a.n.g. Diese Klasse umfasst nicht: – Innenreinigung von Gebäuden und anderen Bauwerken (s. 74.70)
	45.5		Vermietung von Baumaschinen und -geräten mit Bedienungspersonal	
		45.50	Vermietung von Baumaschinen und -geräten mit Bedienungspersonal	Diese Klasse umfasst nicht: – Vermietung von Baumaschinen und -geräten ohne Bedienungspersonal (s. 71.32)

[1] [Amtl. Anm.:] Verordnung (EWG) Nr. 3037/90 des Rates vom 9. Oktober 1990 betreffend die statistische Systematik der Wirtschaftszweige in der Europäischen Gemeinschaft (ABl. 1990 L 293, 1).

Die Regelung in § 103 Abs. 3 S. 1 Nr. 1 greift diese Definition aus der Richtlinie auf und verweist unmittelbar auf den jeweiligen Anhang der Richtlinien. Die bis 2016 im GWB enthal-

116

tene Definition für Bauaufträge, „Ausführung eines Bauvorhabens oder Bauwerkes, [...] das Ergebnis von Hoch- und Tiefbaumaßnahmen ist" (vgl. § 99 Abs. 3 aF), wurde insoweit aufgespalten in **Bauleistungen** einerseits (Nr. 1) und **Bauwerke** andererseits (Nr. 2). Der Begriff des Bauvorhabens ist entfallen und in der aktuellen Fassung des § 103 nicht mehr enthalten. Seinem Sinn nach ist er jedoch durch die Bezugnahme auf den Anhang II weiterhin erfasst und abgebildet. Dies ergibt sich auch daraus, dass in der Definition des Bauauftrages in der RL 2014/24/EU der Begriff des **Bauvorhabens** weiterhin enthalten ist. Praktisch stellt diese Unterscheidung in Bauleistungen und Bauvorhaben nur klar, dass alle in Anhang II aufgeführten Arbeiten unabhängig davon, ob sie an bestehenden oder an neu zu errichtenden Gebäuden erbracht werden, als Bauleistungen zu qualifizieren sind. Anhang II ist, wie bis 2016 der entsprechende **Anhang I** Vergabe-RL 2004, entscheidend für die **Abgrenzung zwischen Bau- und Liefer- oder Dienstleistungsaufträgen**. In der Praxis kann es durchaus zu einer **Kombination von Bau- und anderen Leistungen kommen,** die vergaberechtlich getrennt zu behandeln sein können. Die dazu entwickelte Rechtsprechung und die Vorgaben der RL 2014/24/EU sind teilweise in den §§ 110 und 111 umgesetzt, deren Grundregeln sich dahingehend zusammenfassen lassen, dass der **Schwerpunkt der Beschaffungsmaßnahme** das anzuwendende Vergaberecht bestimmt und in Fällen, in denen kein Schwerpunkt festgelegt werden kann, die jeweils engere Bindung an das Vergaberecht gilt. Dies entspricht dem Ansatz der RL 2014/24/EU. In **Erwägungsgrund 8 RL 2014/24/EU** ist ausgeführt, dass ein Auftrag dann als **öffentlicher Bauauftrag** gelten soll, wenn er speziell die Ausführung der in **Anhang II aufgeführten Tätigkeiten** zum Gegenstand hat, und zwar auch dann, wenn er sich auf andere Leistungen erstreckt, die für die Ausführung dieser Tätigkeiten erforderlich sind. Andererseits können auch **öffentliche Dienstleistungsaufträge,** insbesondere im Bereich der Grundstücksverwaltung, unter bestimmten Umständen Bauleistungen umfassen. Sofern die **Bauleistungen nur Nebenarbeiten im Verhältnis zum Hauptgegenstand des Vertrages** darstellen und eine mögliche Folge oder eine Ergänzung des letzteren sind, rechtfertigt allein die Tatsache, dass der Vertrag diese Bauleistungen umfasst, nicht eine Einstufung des öffentlichen Dienstleistungsauftrags als öffentlicher Bauauftrag. Maßgeblich für die Abgrenzung zwischen Bauauftrag und Dienstleistungsauftrag ist danach im Ausgangspunkt der Schwerpunkt der jeweiligen Aufträge.

117 **§ 1 EU Abs. 1 VOB/A** folgt in der Sache dieser Definition, fasst allerdings die Bauleistungen nach Abs. 3 S. 1 Nr. 1 und die Bauwerke nach Abs. 3 S. 1 Nr. 2 zusammen und verwendet weiterhin den Begriff des „Bauvorhabens". Nach § 1 EU Abs. 1 Nr. 1 VOB/A sind Bauaufträge Verträge über die Ausführung oder die gleichzeitige Planung und Ausführung eines Bauvorhabens oder eines Bauwerks, das Ergebnis von Tief- oder Hochbauarbeiten ist und eine wirtschaftliche und technische Funktion erfüllen soll. Hinzu kommen von Dritten erstellte Bauwerke, wenn sie dem öffentlichen Auftraggeber unmittelbar wirtschaftlich zugutekommen und er auf deren Planung und Art einen entscheidenden Einfluss hat (vgl. § 1 EU Abs. 1 Nr. 2 VOB/A).

118 Das OLG Düsseldorf hat **Bauvorhaben** definiert als „Vorhaben, eine bauliche Anlage (ein Bauwerk) zu errichten oder zu ändern".[330] Bauliche Anlagen (dh Bauwerke) sind **mit dem Erdboden verbundene oder auf ihm ruhende, aus Bauprodukten hergestellte** Anlagen, wobei es sich **nicht notwendig** um **Gebäude** handeln muss.[331] Begrifflich ist das Bauvorhaben damit sehr weit zu verstehen. Im Übrigen haben die Abweichungen in der Formulierung keine Auswirkungen. Denn die Begriffsdefinition in § 1 EU Abs. 1 VOB/A ist selbstverständlich gesetzeskonform und damit unter Berücksichtigung des § 103 Abs. 3 auszulegen.[332] Was unter § 103 Abs. 3 fällt, erfüllt damit auch die Voraussetzungen des § 1 EU VOB/A.[333]

119 **2. Ausführung oder Planung und Ausführung.** Die Planung kann **sowohl separat als auch zusammen** mit der Bauausführung vergeben werden. Dies entspricht **Erwägungsgrund 8 RL 2014/24/EU sowie Art. 2 Abs. 1 Nr. 6 RL 2014/24/EU.** In Erwägungsgrund 8 Abs. 2 RL 2014/24/EU wird insoweit klargestellt, dass es nicht Ziel der Richtlinie ist, einem öffentlichen Auftraggeber vorzugeben, Planung und Bauausführung getrennt oder zusammen zu vergeben. Werden Planung und Ausführung als Auftrag miteinander verbunden, liegt ein einheitlicher Bauauftrag vor. Wird die Planung getrennt als separater Auftrag vergeben, liegt eine freiberufliche Planungsleistung vor, die nach den dafür vorgesehenen Regeln zu vergeben ist.

120 Für die Frage der europaweiten Ausschreibungspflicht von reinen Planungsleistungen hat sich aus der Vergaberechtsreform im Jahr 2016 eine wesentliche Veränderung gegenüber der bisherigen Rechtslage ergeben. Mit den **§§ 69 ff.** sind in der **VgV neue Regeln für die Vergabe von**

---

[330] OLG Düsseldorf Beschl. v. 30.4.2014 – VII Verg 35/13, NZBau 2014, 589 (590).
[331] OLG Düsseldorf Beschl. v. 30.4.2014 – VII Verg 35/13, NZBau 2014, 589 (590).
[332] Kapellmann/Messerschmidt/*Lederer* VOB/A § 1 EU Rn. 3; s. auch Vergabekammer Mecklenburg-Vorpommern Beschl. v. 30.6.2017 – 1 VK 3/17 Rn. 44: Definition der VOB nur maßgeblich, soweit kein Widerspruch zum gemeinschaftsrechtlich geprägten Begriff des Bauauftrages gegeben ist.
[333] Zutreffend Kapellmann/Messerschmidt/*Lederer* VOB/A § 1 EU Rn. 3.

Planungsaufträgen eingeführt worden, die **VOF wurde außer Kraft gesetzt**. Nach den neuen Regeln sind Planungsaufträge Verträge über eine Dienstleistung, deren Ausschreibungsbedingungen sich denen für allgemeine Dienstleistungen stark angenähert haben. Die „Nichtbeschreibbarkeit" der Planungsleistung führt (lediglich) dazu, dass Sonderregelungen einschlägig sind. In dem Fall, dass die Lösung der als Architekten- und/oder Ingenieurleistung zu vergebenden Aufgaben im vorab nicht eindeutig und erschöpfend beschrieben werden kann, treten die Regelungen der §§ 73 ff. VgV zu den allgemeinen Bestimmungen hinzu.

Weder zur Ausführung noch zur Planung gehören die reinen **flächennutzungs- und bauplanungsrechtlichen** „Planungen", die kommunalpolitisch im Rat beschlossen werden müssen. **Bebauungspläne** werden als **Satzungen** erlassen (vgl. § 10 Abs. 1 BauGB) und stellen keinen Beschaffungsvorgang dar. Sie unterliegen auch dann keiner Nachprüfung durch die Vergabekammern, wenn damit zukünftige Bebauungs- oder Nutzungsmöglichkeiten präjudiziert werden. Das OLG Düsseldorf hatte über einen Fall zu entscheiden, in welchem mit dem Argument, dass der Bebauungsplan die Grundlage für Erschließungsverträge sein werde, die Nachprüfung begehrt worden war. Ein Bebauungsplan bestand dabei noch nicht. Der Senat hat hier die verwaltungsinterne Bebauungsplanung ausführlich gegenüber den Entscheidungen über die Investorenverträge abgegrenzt.[334] Dies liegt auch auf der Linie der Rechtsprechung des EuGH. Dieser hatte zwar in der Sache zunächst das mittelbare Interesse an einer geordneten städtebaulichen Entwicklung für die Einordnung als Bauauftrag ausreichen lassen.[335] Jedoch hat der **EuGH** später in seiner Entscheidung **Helmut Müller** dies dahingehend präzisiert, dass ein (Bau-)Auftrag zwar nicht voraussetzt, dass die Bauleistung, die Gegenstand des Auftrags ist, in einem gegenständlichen oder körperlich zu verstehenden Sinne für den öffentlichen Auftraggeber beschafft wird, allerdings diesem (dh dem öffentlichen Auftraggeber) unmittelbar wirtschaftlich zugutekommen muss, wofür die **bloße Ausübung von städtebaulichen Regelungszuständigkeiten durch den öffentlichen Auftraggeber nicht genügt.**[336] Die Verfolgung allgemeiner städtebaulicher Ziele reicht daher nicht aus.[337] Insoweit ist strikt zu trennen zwischen öffentlich-rechtlicher Bauplanung einerseits und Beschaffungsvorgängen andererseits. Relevant sind Fälle der Abgrenzung in den Fällen werden, in denen die öffentliche Hand auf Vertragsebene (beispielsweise mittels Erschließungsvertrag[338]) tätig wird und der Vertragspartner sich zu konkreten Leistungen verpflichtet, an denen die öffentliche Hand ein besonderes (eigenes) Interesse hat.[339]

3. Einzelfragen und -fälle. Im Einzelfall kann die Abgrenzung zu den anderen Auftragsarten, aber auch zur Konzession problematisch und schwierig sein. Angesichts der erheblichen Unterschiede bei den Schwellenwerten bzw. – im Hinblick auf Konzessionen – den einschlägigen vergaberechtlichen Regelungen nimmt es nicht Wunder, dass dies häufig Streitpunkt in Nachprüfungsverfahren ist.

Der Bau sowie die Übernahme des Betriebs einer Autobahnraststätte wurden als **Dienstleistungskonzession** bewertet. Die Qualifizierung des Auftrags – so das mit dem Fall befasste Gericht – richte sich nach seinem Schwerpunkt; die einheitliche Qualifizierung setze voraus, dass die einzelnen Teile eines gemischten Vertrages untrennbar zu einem unteilbaren Ganzen miteinander verbunden seien. Im konkreten Fall sah der ausgeschriebene Vertrag nach dem Bau der Raststätte eine Betriebsverpflichtung über 30 Jahre vor. Hier sah das OLG[340] den Schwerpunkt im Betrieb der Raststätte. Berücksichtigt wurde ua auch bei der Wertung der Angebote der Bau der Raststätte nur mit 35% ins Gewicht fiel.

Anders wurde eine Ausschreibung betreffend den Ausbau und den Betrieb eines **Breitband-Infrastrukturnetzes** eingeordnet. Ausschlaggebend hierfür war, dass bereits der Wert der Bauleistungen als solcher den einschlägigen Schwellenwert überschritten hat, wesentlicher Gegenstand des Vertrags der Aufbau der Infrastruktur war und zudem aufgrund der Geldflüsse von Seiten der öffentlichen Hand kein echtes Betriebsrisiko auf Seiten des Privaten bestand.[341]

---

[334] OLG Düsseldorf VergabeR 2009, 799 – Belsenplatz.
[335] EuGH Urt. v. 18.1.2007 – C-220/05, Slg. 2007, I-385 Rn. 42 ff. = NVwZ 2007, 316 – Stadt Roanne.
[336] EuGH Urt. v. 25.3.2010 – C-451/08, NZBau 2010, 321 ff. Rn. 58 – Helmut Müller; folgend OLG Düsseldorf Beschl. v. 9.6.2010 – VII-Verg 9/10, NZBau 2010, 580 ff.; VK Bremen Beschl. v. 19.6.2018 – 16 VK 2/18; zum alten Recht auch OLG Jena Beschl. v. 15.3.2017 – 2 Verg 3/16, VergabeR 2018, 127 (131 ff.). Ein Überblick zur Rechtsprechungsentwicklung findet sich bei BeckOGK/*Bulla* BGB § 631 Rn. 982 ff.
[337] VK Bremen Beschl. v. 19.6.2018 – 16 VK 2/18.
[338] Vgl. EuGH Urt. v. 8.5.2013 – C-197/11, C-203/11, NZBau 2013, 446 (452 f) – Eric Libert.
[339] Zu Erschließungsverträgen jurisPK-VergabeR/*Zeiss* Rn. 15 ff.
[340] OLG Karlsruhe IBR 2013, 422 – Autobahnraststätte.
[341] S. VK Münster Beschl. v. 25.1.2018 – VK 1-43/17 Rn. 10 ff.

125 Abgrenzungsschwierigkeiten ergeben sich auch im Hinblick auf Arbeiten an Bestandgebäuden, namentlich Instandhaltungs- bzw. Instandsetzungsarbeiten. Hier geht es um die Abgrenzung zwischen Dienstleistungs- und Bauauftrag. **Der Austausch von Brandmeldegeräten und die Wartung von Brandmeldeanlagen** ist eine **Dienstleistung,** mithin keine Bauleistung.[342] Sie unterfallen nicht dem Begriff der Elektroinstallationen. Aus der Verkehrsanschauung folgt, dass einzelnen Arbeiten an einem Bauwerk **eine erhebliche Bedeutung für den Bestand und die bestimmungsgemäße Nutzung der baulichen Anlage** zukommen muss, um Bauleistungen im Sinne der Richtlinien zu sein. Das bloße Auswechseln von Meldeapparaturen gilt auch nicht als Einbau oder Umbau einer Feuermeldeanlage. **Anders**[343] liegt es hingegen, wenn es um den **kompletten Einbau und die (Neu-)Installation eines Brandmeldesystems** geht.[344] Denn in diesem Fall sind nicht unwesentliche Montagearbeiten am Bauwerk selbst erforderlich, beispielsweise die Verlegung von Kabeln, was die Herstellung von Kabelgräben und Wanddurchbrüchen erforderlich macht.[345] Dann jedoch handelt es sich um einen Bauauftrag iSd § 103 Abs. 3.

126 **Erschließungsaufträge, die auch Bauleistungen zum Gegenstand** haben, sind dann als Bauauftrag einzuordnen, wenn die Bauleistungen den Hauptgegenstand der Verträge bilden.[346] Dabei ist auf die **wesentlichen, vorrangigen Verpflichtungen** abzustellen, **die den Auftrag als solchen prägen,** und nicht auf die Verpflichtungen bloß untergeordneter oder ergänzender Art, die zwingend aus dem eigentlichen Gegenstand des Vertrages folgen. Maßgeblich ist, ob sich der Vertragspartner zu konkreten Bauleistungen verpflichtet, an denen die öffentliche Hand ein besonderes (eigenes) Interesse hat.[347]

127 Wiederholt entschieden worden sind auch Fälle, in denen es um die Abgrenzung zu Lieferleistungen ging. Ein **überwiegender Lieferanteil steht der Einordnung als Bauauftrag dann nicht entgegen,**[348] wenn ein Gebäude zu einem bestimmten (besonderen) Zweck errichtet wird und dieser Zweck ohne die Einbauten nicht erfüllt werden kann.[349] Der Neueinbau von technischen Anlagen fällt unter den Begriff der Bauleistung, wenn die Anlagen für ein funktionsfähiges Bauwerk erforderlich und **von wesentlicher Bedeutung** sind. In einem vom OLG Brandenburg entschiedenen Fall ging es um die Beschaffung eines **Planetariumsprojektors und einer digitalen Ganzkuppelvideoprojektionsanlage** für ein bestehendes Kuppelplanetarium. Die Einordnung als Bauauftrag wurde hierbei zu Recht bejaht.[350] Entsprechendes hat auch das OLG Düsseldorf in Bezug auf die Beschaffung eines **Laborsterilisators für den Neubau eines Zentrums für Synthetische Lebenswissenschaften** entschieden.[351] Hierbei hat der Vergabesenat betont, dass – in Einschränkung des Begriffs des Lieferauftrags – Lieferungen dann als Bauaufträge (bzw. Teil eines Gesamtbauauftrags) zu qualifizieren sind, wenn die gelieferten Anlagen für ein funktionsfähiges Bauwerk erforderlich und von wesentlicher Bedeutung sind.[352] Der **notwendige Funktionszusammenhang mit dem zu errichtenden Gebäude** wurde dabei im Einzelfall deswegen bejaht, weil das Gebäude seinen spezifischen Nutzungszweck nur erfüllen kann, wenn es mit dem fest in die Baulichkeit integrierten Laborsterilisator ausgestattet ist.[353] Die Lieferungen müssen insoweit mit der Bauleistung in einem spezifischen Zusammenhang stehen.[354] Es genügt dabei allerdings nicht, dass die Lieferung

---

[342] OLG Düsseldorf VergabeR 2011, 78 (79) – Brandmeldeanlagen.
[343] Ebenfalls diese Abgrenzung vornehmend Ziekow/Völlink/*Ziekow* Rn. 76.
[344] Byok/Jaeger/*Csaki* Rn. 46; s. auch BayObLG Beschl. v. 23.7.2002 – Verg 17/02, NZBau 2003, 340 ff.
[345] Dazu BayObLG Beschl. v. 23.7.2002 – Verg 17/02, NZBau 2003, 340 (341).
[346] EuGH VergabeR 2011, 693 ff. – Kommission/Spanien, Gemeinde Valencia; s. zu einem Erschließungsvertrag auch EuGH Urt. v. 8.5.2013 – C-197/11, C-203/11, NZBau 2013, 446 (452 f) – Eric Libert.
[347] Zu Erschließungsverträgen jurisPK-VergabeR/*Zeiss* Rn. 15 ff.
[348] OLG Brandenburg VergabeR 2013, 49 f. – Planetarium.
[349] S. auch Kues/*Simlesa* NZBau 2020, 765 (767), nach welchen die Wertanteile lediglich einen ersten Anhaltspunkt darstellen.
[350] OLG Brandenburg VergabeR 2013, 49 f. – Planetarium.
[351] OLG Düsseldorf Beschl. v. 11.12.2019 – VII-Verg 53/18, NZBau 2020, 406 ff.
[352] OLG Düsseldorf Beschl. v. 11.12.2019 – VII-Verg 53/18, NZBau 2020, 406 (407). Ebenso OLG München Beschl. v. 19.3.2019 – Verg 3/19, NZBau 2019, 670 (673); OLG Düsseldorf Beschl. v. 16.10.2019 – VII-Verg 66/18, NZBau 2020, 184 (187); kritisch zur weiten Auslegung der Rspr. Immenga/Mestmäcker/*Dreher* Rn. 92; s. aber auch VK Bund Beschl. v. 31.7.2017 – VK 1-67/17, BeckRS 2017, 129617 Rn. 32: „Für die Abgrenzung Bau-/Lieferauftrag kommt es ausweislich der Begriffsdefinitionen in § 103 Abs. 2 GWB auch nicht allein auf den Zweck der ausgeschriebenen Leistungen an, insbesondere also auch nicht auf die Frage, ob diese für die Funktionsfähigkeit eines Bauwerks notwendig oder sogar unerlässlich sind.".
[353] OLG Düsseldorf Beschl. v. 11.12.2019 – VII-Verg 53/18, NZBau 2020, 406 (407).
[354] OLG Düsseldorf Beschl. v. 11.12.2019 – VII-Verg 53/18, NZBau 2020, 406 (407). Ebenso OLG München Beschl. v. 19.3.2019 – Verg 3/19, NZBau 2019, 670 (673); OLG Düsseldorf Beschl. v. 16.10.2019 – VII-Verg 66/18, NZBau 2020, 184 (187).

anlässlich bzw. im Zuge der Errichtung oder des Umbaus eines Gebäudes erfolgt.[355] Die Abgrenzung vollzieht sich im Ausgangspunkt vielmehr anhand der funktionalen Zuordnung, welcher die vertragliche Bedeutung folgt.[356] Es ist damit entscheidend, ob die gelieferten Gegenstände mit Blick auf die spezifische Funktion des zu errichtenden (bzw. zu sanierenden) Gebäudes unabdingbar und zudem auf die konkrete Situation zugeschnitten sind.[357] Denn in diesem Fall stellen sie bei funktionaler Betrachtung eine wesentliche Voraussetzung für den Erfolg des Gesamtbauauftrags dar. Entscheidend ist hier jeweils der konkrete Einzelfall, wobei die Erfüllung der Voraussetzungen näher liegt, wenn es sich um einen eher außergewöhnlichen Liefergegenstand für ein Gebäude mit Spezialfunktion handelt. **Nicht** darunter fallen **standardisierte (mobile) Liefergegenstände,** die nicht auf das konkrete Gebäude zugeschnitten sind, und daher ohne Weiteres auch in anderen Gebäuden eingesetzt werden könnten, beispielsweise mobile Geräte der Infusionstechnik.[358]

Für einen gemischten Vertrag, der neben der Lieferung einer Photovoltaikanlage auch deren **128** Montage umfasste, hat das OLG Düsseldorf[359] entschieden, dass es sich um einen Bauauftrag handelt, obwohl der Wert der Bauleistung nur **30% des Werts der Gesamtleistung** ausmachte. Im konkreten Fall sollte die Abdichtung einer stillgelegten Abfalldeponie sowohl das Grundwasser vor Verunreinigungen durch Niederschlagswasser und mit ihm durchsickernde Schadstoffreste schützen als auch die Unterkonstruktion für die **Photovoltaikanlage** bilden. Da die Arbeiten für die Errichtung der Unterkonstruktion nicht nur dem Schutz des Grundwassers dienten, sondern auch wesentliche Bedeutung hatten für die Gewährleistung einer langjährig sicheren und eventuellen Bodensetzungen standhaltenden Basis der Photovoltaikanlage, wurde der Auftrag als Bauauftrag eingestuft, obwohl die Bauleistung nur einen Anteil von 30% des Gesamtwerts einnahm.[360] Diese Rechtsprechung steht im Einklang mit der generellen Linie, dass Bauarbeiten eine **erhebliche Bedeutung für den Bestand und die bestimmungsgemäße Nutzung einer baulichen Anlage** haben müssen, um als Bauauftrag qualifiziert werden zu können.[361]

Auch die **betriebsbereite Errichtung von Richtfunkstationen** ist trotz des hohen Lieferan- **129** teils als **Bauauftrag** einzustufen,[362] da es sich um Bauwerke mit einer speziellen technischen Funktion handelt. Die Richtfunkstationen seien fest im Boden zu verankern und deshalb als Bauwerke anzusehen.[363] Die Lieferung der **technischen Ausrüstung dient insoweit ausschließlich der vorgesehenen Funktion.** Das vertragliche Ziel – Errichtung sende- und empfangsfähiger Richtfunkstationen – wird erst und nur durch die nachfolgende Bauleistung, nämliche der Errichtung der Stationen einschließlich Einbau der technischen Anlagen erreicht.[364] Die technische Ausrüstung ist damit lediglich ein Teil der **Hauptleistung des Vertrages.**[365]

Anders liegt es wiederum dann, wenn die Bauleistung wertmäßig deutlich untergeordnete **130** Bedeutung hat und die gelieferten Komponenten weder auf das bereits vorhandene Gebäude zugeschnitten sind, noch dazu erforderlich sind, um die Funktionsfähigkeit des konkreten Gebäudes zu schaffen bzw. aufrechtzuerhalten.[366] Zutreffend und im Ergebnis konsequent hat das OLG Düsseldorf daher einen Auftrag zur **Errichtung eines digitalen Alarmierungssystems** für die nichtpolizeiliche Gefahrenabwehr, welcher auf die Bereitstellung eines flächendeckenden digitalen Funknetzes abzielte, als **Dienst- und Lieferauftrag** eingeordnet.[367] Denn die Arbeiten zur Errichtung der Infrastruktur (Montage von Antennenmasten an Bestandsgebäuden, wie beispielsweise Feuerwehrgerätehäuser, Aussichtstürme etc) hatten insoweit keinen prägenden Charakter, sondern waren in der Sache lediglich Nebenleistungen nach § 103 Abs. 2 S. 2.[368] Die Antennenmasten waren nicht auf die Gebäude angepasst. Zudem konnten die Gebäude ihre jeweilige Funktion bereits in der Vergangenheit ohne die Antennenmasten und die gelieferte Hard- und Software erfüllen; in der Sache war

---

[355] OLG München Beschl. v. 19.3.2019 – Verg 3/19, NZBau 2019, 670 (673); *Kues/Simlesa* NZBau 2020, 765 (768).
[356] Eingehend *Kues/Simlesa* NZBau 2020, 765 (766).
[357] OLG München Beschl. v. 19.3.2019 – Verg 3/19, NZBau 2019, 670 (673); s. auch *Kues/Simlesa* NZBau 2020, 765 (766 ff.) mit Verweis auf die einschlägige Rspr.
[358] OLG München Beschl. v. 19.3.2019 – Verg 3/19, NZBau 2019, 670 (673); s. auch VK Bund Beschl. v. 31.7.2017 – VK 1-67/17, BeckRS 2017, 129617 Rn. 31.
[359] OLG Düsseldorf Beschl. v. 30.4.2014 – VII Verg 35/13, NZBau 2014, 589 ff.
[360] Folgend *Kues/Simlesa* NZBau 2020, 765 (767).
[361] Dazu ua OLG Düsseldorf VergabeR 2011, 78 ff. – Brandmeldeanlagen.
[362] OLG Brandenburg Beschl. v. 25.5.2010 – Verg W 15/09, BeckRS 2010, 12982.
[363] OLG Brandenburg Beschl. v. 25.5.2010 – Verg W 15/09, BeckRS 2010, 12982.
[364] OLG Brandenburg Beschl. v. 25.5.2010 – Verg W 15/09, BeckRS 2010, 12982.
[365] OLG Brandenburg Beschl. v. 25.5.2010 – Verg W 15/09, BeckRS 2010, 12982.
[366] Dazu OLG Düsseldorf Beschl. v. 16.10.2019 – VII-Verg 66/18, NZBau 2020, 184 (186 f.).
[367] OLG Düsseldorf Beschl. v. 16.10.2019 – VII-Verg 66/18, NZBau 2020, 184 (186 f.).
[368] OLG Düsseldorf Beschl. v. 16.10.2019 – VII-Verg 66/18, NZBau 2020, 184 (186 f.).

die Montageleistung nur notwendig, um die physische Infrastruktur für das Funknetz aufzubauen, hatte mithin keinen weitergehenden eigenständigen, auf die konkret betroffenen Gebäude bezogenen, Zweck. Die Gebäude dienten letztlich nur als Vehikel für die Antennenmasten.

131   Weitere Streitpunkte können sich im Hinblick auf die Ermittlung des richtigen und maßgeblichen (Gesamt-)Auftragswerts ergeben. Hier muss danach entschieden werden, ob es sich um einen einheitlichen Bauauftrag oder aber getrennte Bauaufträge handelt, was insbesondere für die Frage der Erreichung des Schwellenwerts relevant ist. Die **Aufteilung in Bauabschnitte** als solche führt **nicht zu eigenständigen Bauaufträgen**.[369] Das Ergebnis verschiedener Arbeiten kann schon dann **als einheitliches Bauwerk eingestuft** werden, wenn entweder **dieselbe wirtschaftliche** oder (alternativ) **dieselbe technische Funktion** erfüllt wird.[370] Die Gleichzeitigkeit der Einleitung der Vergabeverfahren, die Ähnlichkeit der Vergabebekanntmachungen, die Einheitlichkeit des geografischen Rahmens, in dem die Aufträge durchgeführt werden, und das Vorhandensein eines einzigen öffentlichen Auftraggebers können als Indizien dafür sprechen, dass es sich um ein einheitliches Bauwerk handelt.[371] **Kriterien für die Beurteilung der Frage, ob ein einheitlicher Bauauftrag vorliegt,** hat auch das KG in einer Entscheidung aus dem Jahr 2014 genannt.[372] Danach können Gesichtspunkte für die **Annahme eines einheitlichen Bauauftrags** sein, dass die Maßnahmen einheitlich geplant wurden oder einheitlich durchgeführt werden sollen sowie funktionell und wirtschaftlich in einem engen Zusammenhang stehen, ferner die Gleichzeitigkeit der Einleitung verschiedener Vergabeverfahren und die Koordinierung durch den Auftraggeber.[373] **Für getrennte Bauvorhaben** spreche es hingegen, wenn ein komplexes Bauvorhaben in gestuften Entscheidungsverfahren beschlossen und in verschiedenen Teilphasen realisiert wird und wenn die unterschiedlichen baulichen Anlagen ohne Beeinträchtigung ihrer Vollständigkeit und Benutzbarkeit auch getrennt voneinander errichtet werden können.[374] Maßgeblich bleibt jeweils die Betrachtung des Einzelfalls. Jüngst hat das OLG Schleswig entschieden, dass das Auftragsvolumen einer Modernisierung und Erweiterung des Messegeländes nicht zwingend dem Auftragswert des Neubaus und der Erweiterung des Kongresszentrums auf demselben Gelände hinzuzurechnen ist.[375] Insoweit hat der Vergabesenat maßgeblich darauf abgestellt, dass Messen ohne Nutzung des Kongresszentrums und Kongresse ohne Nutzung der Messehallen abgehalten werden können und infolgedessen die mögliche getrennte funktionale Nutzung zu der Annahme verschiedener Vorhaben führt.[376]

III. Bauwerke nach S. 1 Nr. 2

132   Das Bauwerk wird in Abgrenzung zu (einzelnen) Bauleistungen definiert als Produkt aus einer **Gesamtheit** von Tief- und Hochbauarbeiten, welches **eine wirtschaftliche oder technische Funktion erfüllen** soll. Anders als eine Bauleistung, die auch an einem schon vorhandenen Bauwerk erbracht werden kann, beinhaltet der Bauwerksbegriff die **Erstellung eines vollständigen Bauwerks** durch die erforderlichen Bauleistungen.

133   **1. Begriff des Bauwerks. § 103 Abs. 3 S. 1 Nr. 2** übernimmt wörtlich die Definition aus Art. 2 Abs. 1 Nr. 7 RL 2014/24/EU. Darüber hinaus kann auf die Definition verwiesen werden, die das OLG Düsseldorf zum Begriff des Bauvorhabens gegeben hat, wonach Bauwerke **mit dem Erdboden verbundene oder auf ihm ruhende, aus Bauprodukten hergestellte** Anlagen sind, die nicht notwendigerweise Gebäude sein müssen.[377] Der Begriff ist dabei weit zu verstehen[378] und erfasst neben Gebäuden beispielsweise auch Photovoltaikanlagen.[379]

134   Da für die Errichtung eines Bauwerks in aller Regel auch Bauleistungen iSd § 103 Abs. 3 S. 1 Nr. 1 durchgeführt werden, besteht ein großer Überschneidungsbereich beider Varianten.

---

[369] Vgl. die Entscheidung des EuG Urt. v. 29.5.2013 – T-384/10, VergabeR 2013, 861 Rn. 65 ff. mwN – Spanien/Kommission, Gemeinde Andévalo, welche allerdings durch den EuGH aufgehoben worden ist.
[370] Vgl. EuG Urt. v. 29.5.2013 – T-384/10, VergabeR 2013, 861 Rn. 67.
[371] Vgl. EuG Urt. v. 29.5.2013 – T-384/10, VergabeR 2013, 861 Rn. 69.
[372] KG VergabeR 2014, 229 ff.
[373] KG VergabeR 2014, 229 (231 f.).
[374] KG VergabeR 2014, 229 (232).
[375] OLG Schleswig Beschl. v. 28.1.2021 – 54 Verg 6/20, BeckRS 2021, 1212 Rn. 43 ff.
[376] OLG Schleswig Beschl. v. 28.1.2021 – 54 Verg 6/20, BeckRS 2021, 1212 Rn. 46.
[377] Vgl. OLG Düsseldorf Beschl. v. 30.4.2014 – VII Verg 35/13, NZBau 2014, 589 (590).
[378] Dazu Reidt/Stickler/Glahs/*Ganske* Rn. 90 mwN.
[379] OLG Düsseldorf Beschl. v. 30.4.2014 – VII Verg 35/13, NZBau 2014, 589 (590); s. auch HK-VergabeR/*Wegener/Pünder* Rn. 63 mit Verweis auf die Begriffsbestimmungen in den Landesbauordnungen. Weiter Reidt/Stickler/Glahs/*Ganske* Rn. 95, der auch Gewässer zweiter Ordnung einbezieht.

2. Erfüllung einer wirtschaftlichen oder technischen Funktion. Das Gesetz führt zudem 135 das Merkmal der Erfüllung einer wirtschaftlichen **oder** technischen Funktion auf.[380] Dies dient auch der Abgrenzung von Bauaufträgen gegenüber Liefer- oder Dienstleistungsaufträgen. Bauaufträge sind in der Sache immer eine Kombination aus Dienstleistungs- und Lieferelementen (die Bauarbeiten sind Dienstleistungen, die Baumaterialien werden geliefert). Die Besonderheit, die Ausführung von Bauleistungen nicht der VgV (bzw. vormals der VOL/A) zu unterwerfen, ist historisch gewachsen und trägt der Eigenständigkeit des Baugewerbes Rechnung. Im Hinblick auf die **unterschiedlichen Schwellenwerte** für die Ausschreibung von Bauaufträgen einerseits und Dienstleitungs-/Lieferaufträgen andererseits ist die Entscheidung über die Zuordnung der zu beschaffenden Leistung für die Anwendung der maßgeblichen Regeln des Vergaberechts von wesentlicher Bedeutung. Die über die Höhe des Schwellenwertes vermittelte größere Unabhängigkeit vom Vergaberechtsregime gilt dabei nicht undifferenziert für jede Dienst- oder Lieferleistung in Zusammenhang mit der Errichtung und Erhaltung von Bauwerken.[381] So kann die Erstreinigung eines fertig gestellten Gebäudes nach Abschluss der Bauarbeiten noch zur Bauleistung gehören, währenddessen die regelmäßige Gebäudereinigung, die ebenfalls der Erhaltung der Nutzbarkeit des Gebäudes dient, unstreitig eine Dienstleistung ist. Gleiches gilt für die Erstanlage von Außenanlagen, deren dauerhafte Pflege und ggf. gärtnerische Betreuung eine nach der VgV auszuschreibende Dienstleistung ist. Grundstücksbezogene (das jeweilige Bauprojekt vorbereitende) Arbeiten gehören zu den Bauaufträgen iSd § 103 Abs. 3 S. 1 Nr. 2.[382] Das gilt auch für die Kampfmittelräumung.[383] Entscheidend ist jeweils der Einzelfall, insbesondere der Bezug zu dem jeweiligen Bauvorhaben.[384]

Die Begriffsbestimmung von Bau- und Dienstleistungen richtet sich nicht nach dem nationalen 136 Verständnis von Dienst- und Werkvertrag.[385] **Nicht relevant ist damit die zivilrechtliche Bezeichnung oder Einordnung des Vertrags.**[386] Zu unterscheiden ist vielmehr danach, ob die Arbeiten im Rahmen einer Baumaßnahme **für deren wirtschaftliche oder technische Funktion unverzichtbar** sind **und** ob sie **einer besonderen Anpassung an das Bauwerk bedürfen** oder als eigenständiger wirtschaftlicher Wert auch anderweitig verwendet werden könnten. Entscheidend ist damit auch hier eine funktionale Betrachtungsweise. Die Rechtsprechung hat dazu eine umfangreiche Kasuistik entwickelt.[387] Das OLG München hat danach die Lieferung von markttypischen Beleuchtungskörpern zu Recht als Lieferleistung angesehen, da ihnen **die individuelle, auf das Bauvorhaben bezogene Be- oder Verarbeitung** und damit der **hinreichend enge funktionale Zusammenhang mit der Erstellung des Bauwerks** fehlt.[388] Als Lieferleistungen sind auch die bloße Lieferung von Baumaterialien,[389] Ausstattungsgegenständen wie Büromobiliar[390] und von Endgeräten der IT-Technik zu sehen.[391] Das Verlegen der dazugehörigen Leitungen hingegen ist eine Bauleistung. **Problematisch** ist die Einordnung von Leistungen, die der späteren Nutzung des Gebäudes dienen sollen, aber die Wirtschaftlichkeit oder Funktionalität des Gebäudes als solches nicht unmittelbar berühren, zB standardmäßige Laboreinrichtungen,[392] Einrichtungen von Operationssälen, die wegen der notwendigen Technik mit den eingebauten Zu- und Ableitungen verbunden

---

[380] Es reicht dabei aus, wenn eine dieser Funktionen erfüllt ist; vgl. EuG Urt. v. 29.5.2013 – T-384/10, VergabeR 2013, 861 ff.
[381] Deutlich OLG München Beschl. v. 19.3.2019 – Verg 3/19, NZBau 2019, 670 (673): Es genügt für eine Einordnung als Bauauftrag nicht, dass eine Lieferung anlässlich eines Bauvorhabens erfolgt.
[382] Reidt/Stickler/Glahs/*Ganske* Rn. 96: Baugeländevorarbeiten.
[383] IErg ebenso das OLG Rostock v. 21.7.2017 – 17 Verg 3/17, VergabeR 2018, 171 (172), welches dies unter Nr. 45.11 Anhang II RL 2014/24/EU („Erdbewegungen: Ausschachtung, Erdauffüllung, Einebnung und Planierung von Baugelände, Grabenaushub, Felsabbau, Sprengen *usw.*") gefasst hat und damit zur Einordnung als Bauauftrag iSd § 103 Abs. 3 S. 1 Nr. 1 gelangt ist.
[384] Vgl. OLG Düsseldorf Beschl. v. 2.1.2006 – VII-Verg 93/05 Rn. 40.
[385] S. EuGH VergabeR 2010, 189 Rn. 54 – Messe Köln; EuGH Urt. v. 25.3.2010 – C-451/08, NZBau 2010, 321 ff. – Helmut Müller; wonach nationale Verständnisse oder Übersetzungsfragen keine Verengung des Wettbewerbs verursachen sollen und im Zweifel eine gemeinschaftsrechtliche Betrachtung zugrunde zu legen ist.
[386] Reidt/Stickler/Glahs/*Ganske* Rn. 99.
[387] S. *Röwekamp/Brauser-Jung/Zimmermann* in RKPP GWB Rn. 270.
[388] OLG München VergabeR 2006, 238 (240) mwN.
[389] VK Nordbayern Beschl v. 19.8.2019 – RMF-SG21-3194-4-40, BeckRS 2019, 31392 Rn. 67 ff.; so auch OLG München VergabeR 2006, 238 (240); *Röwekamp/Brauser-Jung/Zimmermann* in RKPP GWB Rn. 211.
[390] jurisPK-VergabeR/*Zeiss* Rn. 43.
[391] Dazu auch Ziekow/Völlink/*Ziekow* Rn. 76.
[392] Zur Einrichtung einer Lehrküche s. OLG Dresden VergabeR 2005, 258 ff: Einordnung als Bauauftrag; die Lieferung eines Laborsterilisators für den Neubau des Zentrums für Synthetische Lebenswissenschaft wurde jüngst als Bauauftrag eingeordnet, s. OLG Düsseldorf Beschl. v. 11.12.2019 – VII-Verg 53/18, NZBau 2020, 406 (407).

werden müssen, aber ohne Beeinträchtigung wieder entfernt werden könnten, Physiksaaleinrichtungen in Schulen, die zwar auf die Größe des Klassenzimmers abgestimmt werden, aber überwiegend aus standardisierten Teilen bestehen. Hier wird auf den Einzelfall abzustellen sein. Neben der **Frage des funktionalen Zusammenhangs mit der spezifischen (zukünftigen) Nutzung des Gebäudes** (Handelt es sich um einen spezifischen, besonderen Nutzungszweck und ist der jeweilige Gegenstand unabdingbare Voraussetzung dafür? Ist der Gegenstand auf das konkrete Gebäude und dessen Beschaffenheit sowie die spezifische (zukünftige) Nutzung zugeschnitten?) werden hier das Maß der notwendigen baulichen Anpassung, des Eingriffs in die vorhandene Bausubstanz wie auch die Wiederverwendbarkeit des Gegenstands nach einem Ausbau zu berücksichtigen sein.[393]

137   Entsprechend Abgrenzungsfragen ergeben sich auch im Hinblick auf Instandhaltungs- und instandsetzungsarbeiten, beispielsweise Wartungsarbeiten. Hier geht es um die Frage, ob (noch) ein Dienstleistungsauftrag gegeben ist oder ein Bauauftrag. Das OLG Düsseldorf hat die regelmäßige **Wartung, Überprüfung und ggf. Instandsetzungen geringeren Umfangs,** die den störungsfreien Betrieb einer Anlage sicherstellen sollen, als **Dienstleistung** angesehen.[394] Stellt sich der bauliche Anteil als reine **Nebenleistung** dar, ist von einem Liefer- oder Dienstleistungsauftrag auszugehen.[395] Auch hier zeigt der Umfang der Kasuistik, dass die Abgrenzung in der Praxis im Einzelfall schwierig sein kann und keineswegs stets eindeutig ist. Hierbei ist insbesondere auch die Wettbewerbsrelevanz zu berücksichtigen. Im Hinblick darauf, dass viele Baugewerke handwerklich geprägt sind und daher auch von kleineren oder mittelständischen Unternehmen angeboten werden, kann zB ein Maler- und Anstreichauftrag mit einem Auftragswert deutlich unter dem Schwellenwert für Bauaufträge für den Markt von hohem Interesse sein. Ihn dem Wettbewerb zu entziehen, ist nicht Intention der **RL 2014/24/EU**. Vor diesem Hintergrund könnte man überlegen, die Beauftragung einfacher Maler- und Anstreicherarbeiten, obwohl sie der Erhaltung des Gebäudes dienen, dann als Dienstleistungen einzuordnen, wenn sie nicht in unmittelbarem Zusammenhang mit der Errichtung des Gebäudes stehen.[396] Allerdings dürfte dies angesichts der eindeutigen Festlegung in Ziff. 45.44 Anhang II RL 2014/24/EU („Maler- und Glasgewerbe") und der daraus folgenden Zuordnung zu den Bauleistungen iSv § 103 Abs. 3 S. 1 Nr. 1 *de lege lata* nicht möglich sein. Ein Bauauftrag liegt eindeutig vor, wenn sich der Auftragsgegenstand nicht auf bloße Malerarbeiten beschränkt, sondern darüberhinausgehend auch Ausbesserungsarbeiten am Bauwerk selbst (beispielsweise die Ausbesserung des Mauerwerks oder auch am Putz) erfasst sind.[397]

138   Die wirtschaftliche und technische Funktion eines Bauwerks spielt auch eine Rolle für die Frage, ob bei komplexen Bauwerken für bestimmte Bauabschnitte oder Gebäudeteile ein neues Bauvorhaben vorliegt, das für sich allein betrachtet den Schwellenwert überschreiten muss, um dem Kartellvergaberecht zu unterliegen, oder ob es sich lediglich um ein Los des Gesamtkomplexes handelt. Nach dem OLG Rostock[398] kommt es hier darauf an, ob die jeweiligen Bauabschnitte unterschiedliche wirtschaftliche und technische Funktionen erfüllen und ob die baulichen Anlagen ohne Beeinträchtigung ihrer Vollständigkeit und Nutzbarkeit getrennt voneinander errichtet werden könnten. Maßgeblich ist danach die funktionale Unabhängigkeit der Teilobjekte.[399] Die formale Unterteilung in Bauabschnitte und Lose spricht ohne weitere hinzutretende Sachverhalte daher nicht für mehrere voneinander unabhängige Bauwerke. Bedeutsam ist die funktionale Betrachtung. Die Teilstücke einer Umgehungsstraße können daher aufgrund der Anbindung an die stadteinwärts führenden Straßen eigenständige Baumaßnahmen sein; bei der Verlegung von Kanalsystemen oder Flussläufen in ein neues Bett kommt es auf die Anbindung der einzelnen Bauabschnitte an den bisherigen Streckenverlauf an.[400] Die rein bautechnische Untergliederung einer Baumaßnahme in bauablaufbezogene organisatorische Bauabschnitte führt hingegen in der Regel nicht zu eigenständigen Baumaßnahmen.

---

[393] Instruktiv *Kues/Simlesa* NZBau 2020, 765 ff.
[394] OLG Düsseldorf VergabeR 2011, 78 (79) – Brandmeldeanlagen.
[395] So auch OLG Düsseldorf Beschl. v. 16.10.2019 – VII-Verg 66/18, NZBau 2020, 184 (186 f.).
[396] So in der Vorauflage *Reider* → 2. Aufl. 2018 Rn. 73.
[397] IErg ebenso OLG Düsseldorf Beschl. v. 15.7.2020 – Verg 40/19, BeckRS 2020, 39388 Rn. 22 ff., wo ein Auftrag, welcher Malerarbeiten, die Ausbesserung von Gipsputz an Decken und Wänden, das Verschließen von Putzrissen, das Neutapezieren nebst Beseitigung der Alttapezierung (einschließlich Grundbeschichtung und mineralischer Untergrundbespachtelung) sowie die Erst- und Überholungsbeschichtung verschiedener Bauteile und zudem Arbeiten an der Außenfassade erfasste, als Bauleistung iSne von Ziff. 45.44 Anhang II RL 2014/24/EU („Maler- und Glasergewerbe") eingeordnet worden ist.
[398] OLG Rostock VergabeR 2007, 394.
[399] Vgl. OLG Rostock VergabeR 2007, 394.
[400] Vgl. EuG VergabeR 2013, 861 zur Qualifizierung eines Wasserversorgungsnetzes für eine ganze Region trotz vieler Einzelabschnitte als einheitliche Baumaßnahme. Eingehend zur Abgrenzung bei Tiefbauprojekten Reidt/Stickler/Glahs/*Ganske* Rn. 94 mwN.

Maßgeblich ist stets der Einzelfall. Jüngst hat das OLG Schleswig entschieden, dass das Auftrags- **139** volumen einer Modernisierung und Erweiterung des Messegeländes nicht zwingend dem Auftragswert des Neubaus und der Erweiterung des Kongresszentrums auf demselben Gelände hinzuzurechnen ist.[401] Insoweit hat der Vergabesenat maßgeblich darauf abgestellt, dass Messen ohne Nutzung des Kongresszentrums und Kongresse ohne Nutzung der Messehallen abgehalten werden können und infolgedessen die mögliche getrennte funktionale Nutzung zu der Annahme verschiedener Vorhaben führt.[402]

Im Nachprüfungsverfahren ist diese Frage **uneingeschränkt überprüfbar.** Gerade wenn **140** unter Berufung auf die Eigenständigkeit der Bauabschnitte kein europaweites Ausschreibungsverfahren stattgefunden hat, muss die Vergabekammer auf einen Nachprüfungsantrag hin zunächst ihre Zuständigkeit feststellen. Die Beweislast für die Durchführung eines ordnungsgemäßen Vergabeverfahrens und damit dafür, dass zu Recht von der Eigenständigkeit einzelner Bauabschnitte ausgegangen wurde, liegt beim Auftraggeber.

IV. Erfassung von Bauleistungen durch Dritte („Bestellbauten") (S. 2)

1. Sinn und Zweck der Erweiterung. Mit § 103 Abs. 3 S. 2 wird neben **Art. 2 Abs. 1** **141** **Nr. 6c RL 2014/24/EU** auch die zuvor ergangene Rechtsprechung des EuGH zur Abgrenzung reiner Immobiliengeschäfte (beispielsweise **Grundstücksverkäufe mit allgemeinen Bauverpflichtungen; Mietverträge**) von öffentlichen Bauaufträgen umgesetzt. Die Regelung findet sich mit gleichem Inhalt in **§ 1 EU Abs. 1 Nr. 2 VOB/A**. Sinn der Regelung ist es, Umgehungen des Vergaberechts zu verhindern. Insoweit soll auch der (Beschaffungs-)Weg, dass durch einen im eigenen Namen handelnden privaten Dritten zunächst ein Bauwerk nach den Wünschen des öffentlichen Auftraggebers erstellt und dieses dem öffentlichen Auftraggeber anschließend (wie von Anfang an geplant) übereignet oder sonst überlassen wird, in den Anwendungsbereich des Vergaberechts einbezogen werden. Denn in der Sache und bei der gebotenen funktionalen Betrachtung handelt es sich auch bei dieser Konstellation um die – wenn auch mittelbare – Beauftragung von Bauleistungen, die in der Errichtung eines Bauwerks liegen. Von dieser Variante (dh § 103 Abs. 3 S. 2) können daher zB Bauträgerverträge **(„Bestellbau")**, Mietkauf- oder Leasingverträge, Generalunternehmerverträge, Betreibermodelle und Bauvorhaben im Rahmen von Public Private Partnership–Verträgen erfasst sein. Da auch die Bestimmungen eines Bebauungsplans üblicherweise Vorgaben für die Bauausführung enthalten, aber nicht jeder Grundstücksverkauf eines öffentlichen Auftraggebers, der die Verpflichtung beinhaltet, das erworbene Grundstück gemäß den Vorgaben des Bebauungsplanes zu bebauen, dem Vergaberecht unterworfen sein soll, wird ein weiteres Merkmal gefordert, nämlich dass die Bauausführung des Dritten (bzw. das Ergebnis der Tätigkeit) dem Auftraggeber unmittelbar wirtschaftlich zugutekommen muss.

Kennzeichnend für die Konstellationen des § 103 Abs. 3 S. 2 ist damit, **dass der öffentliche** **142** **Auftraggeber formal nicht als Bauherr auftritt,** allerdings durch die im Vertrag angelegten Vorgaben entscheidenden Einfluss auf das zu errichtende Bauwerk nehmen kann (= entscheidender Einfluss auf Art und Planung der Bauleistung) und es sich nicht nur um eine Einflussnahme aufgrund öffentlich-rechtlicher Zuständigkeiten handelt, sondern ein wirkliches Eigeninteresse dahintersteht (ihm mithin die Bauleistung unmittelbar wirtschaftlich zugutekommt).[403]

2. Entscheidender Einfluss auf Art und Planung der Bauleistung. Die Ausführung durch **143** Dritte muss **nach den vom öffentlichen Auftraggeber oder Sektorenauftraggeber genannten Erfordernissen** erfolgen. Erwägungsgrund 9 RL 2014/24/EU führt dazu aus, dass der betreffende Auftraggeber Maßnahmen zur Definition der Art des Vorhabens getroffen oder zumindest einen entscheidenden Einfluss auf dessen Planung gehabt haben muss. Ob der Auftragnehmer das Bauvorhaben ganz oder zum Teil mit eigenen Mitteln durchführt oder dessen Durchführung mit anderen Mitteln sicherstellt, soll insoweit nichts an der Einstufung als Bauauftrag ändern, solange der Auftragnehmer eine direkte oder indirekte rechtswirksame Verpflichtung zur Gewährleistung der Erbringung der Bauleistungen übernimmt.[404]

---

[401] OLG Schleswig Beschl. v. 28.1.2021 – 54 Verg 6/20, BeckRS 2021, 1212 Rn. 43 ff.
[402] OLG Schleswig Beschl. v. 28.1.2021 – 54 Verg 6/20, BeckRS 2021, 1212 Rn. 46.
[403] Vgl. dazu auch HK-VergabeR/*Wegener/Pünder* Rn. 66 ff.
[404] Zu dieser zwingenden Voraussetzung für das Vorliegen eines (Bau-)Auftrags: OLG Düsseldorf Beschl. v. 11.7.2018 – VII Verg 1/18, NZBau 2018, 628 (629 f.); OLG Düsseldorf Beschl. v. 23.1.2019 – VII Verg 22/18, NZBau 2019, 605 (608); Beck VergabeR/*Hüttinger* Rn. 205; Reidt/Stickler/Glahs/*Ganske* Rn. 81; *Röwekamp/Brauser-Jung/Zimmermann* in RKPP GWB Rn. 74; für den Fall einer sog. eingekapselten Beschaffung beim Grundstücksverkauf VK Bremen Beschl. v. 19.6.2018 – 16 VK 2/18 sowie zum alten Recht OLG Jena Beschl. v. 15.3.2017 – 2 Verg 3/16, VergabeR 2018, 127 (131 ff.).

144 Die Anforderungen an die Art und Planung der Bauleistung können gerade bei neu zu entwickelnden Projekten noch sehr allgemein sein. Um die Voraussetzungen des § 103 Abs. 3 S. 2 zu erfüllen, müssen die vom öffentlichen Auftraggeber gesetzten Vorgaben **über die Anforderungen des örtlichen Bebauungsplanes,** welche jeder einzuhalten hätte, hinausgehen. Insoweit müssen die Vorgaben eigene Vorstellungen des öffentlichen Auftraggebers beinhalten, die im Falle eines Vertragsschlusses **wie ein Auftrag auszuführen** und bei Abweichungen **einklagbar** sind.[405] Es ist unerheblich, ob der Auftragnehmer zusätzlich eigene Ideen einbringt und auf die Gestaltungswünsche des Auftraggebers Einfluss nimmt, zB im Rahmen eines Ideen- oder Investorenwettbewerbs. Entscheidend für die Frage, ob ein Bauauftrag nach § 103 Abs. 3 S. 2 vorliegt, ist grundsätzlich, ob ein **Anstoß des öffentlichen Auftraggebers** gegeben war, in eine bestimmte, von ihm schon weitgehend (vor-)definierte planerische oder bauliche Überlegung einzutreten; abschließend muss die Vorgabe in diesem Zeitpunkt noch nicht sein. Geht die Initiative, die über eine reine Information über bauplanungsrechtliche Möglichkeiten für ein bestimmtes Gelände hinausgeht, im weitesten Sinne vom öffentlichen Auftraggeber aus, ist eine Beschaffung anzunehmen, welche als Bauauftrag iSd § 103 Abs. 3 S. 2 einzuordnen ist und dem Vergaberecht unterliegt. Dies ist insbesondere relevant für die Investorenwettbewerbe, die in der Praxis stets auf einer entsprechenden Initiative der öffentlichen Hand beruhen.

145 **Umstritten ist, ob es auch genügt, dass der Auftraggeber bereits existierende Pläne billigt und sich diese zu eigen macht.**[406] Dafür spricht eine funktionale Betrachtung, die gerade auf die Wesensgleichheit mit dem klassischen Bauauftrag, dh auf das geschuldete Leistungsprogramm abstellt, und nicht auf die ursprüngliche Urheberschaft der Vorgaben. Des Weiteren würden andernfalls Abgrenzungsschwierigkeiten entstehen, da auch die vorgelegten und gebilligten Pläne Ausfluss der zuvor „untechnisch" formulierten Anforderungen des Auftraggebers sein könnten. Im Ergebnis sollten daher auch solche Konstellationen einbezogen werden, in welchen der Auftraggeber vorgestellte Pläne (welche den erforderlichen Detailgrad aufweisen) billigt.[407]

146 Wie konkret die Nennung der eigenen Erfordernisse durch den Auftraggeber sein muss, war bereits 2008 Gegenstand einer Vorlage beim EuGH.[408] Dazu hat der **EuGH** entschieden, dass nur dann kein öffentlicher Bauauftrag vorliegt, wenn eine Behörde bestimmte, **ihr vorgelegte Baupläne prüft** oder **in Ausübung ihrer städtebaulichen Regelungszuständigkeit** eine Entscheidung trifft.[409] Entscheidend ist jeweils der Einzelfall. Hierbei ist der Detailgrad der Vorgaben maßgeblich. Bei Spezialimmobilien, bei denen der Auftraggeber besondere Spezifika festlegt (beispielsweise genaue Beschreibung des zu errichtenden Gebäudes im Hinblick auf Beschaffenheit und Ausstattung) und damit weit über die üblicherweise zu erwartenden Vorgaben hinausgeht, liegt die Einordnung als Bauauftrag iSd § 103 Abs. 3 S. 2 nahe (→ Rn. 152 f.).[410]

147 **3. Dem Auftraggeber unmittelbar wirtschaftlich zugutekommende Bauleistung.** Diese Anforderung geht über den Text von **Art. 2 Abs. 1 Nr. 6c RL 2014/24/EU** hinaus und engt die Anwendung des Vergaberechts auf die genannte Fallgestaltung ein. Ausweislich der Gesetzesbegründung[411] zur Gesetzesreform im Jahr 2009 wurde die Formulierung aufgenommen, um nach der zuvor ergangenen ausufernden Rechtsprechung des OLG Düsseldorf[412] zu Verträgen über städtebauliche Entwicklungen den Begriff des Bauauftrages klarzustellen und einzugrenzen. Die Formulierung entspricht der Rechtsprechung des EuGH zur Abgrenzung von Grundstücksgeschäften zu Bauaufträgen.[413] Ziel der damaligen Ergänzung war es, den Beschaffungscharakter eines Bauauftrages deutlicher hervorzuheben. Es wurde insoweit festgestellt, dass als Beschaffungsbedarf allein die Verwirklichung einer von dem Planungsträger angestrebten städtebaulichen Entwicklung **nicht** ge-

---

[405] Grundlegend dazu EuGH Urt. v. 25.3.2010 – C-451/08, VergabeR 2010, 441 = NZBau 2010, 321 (325) – Helmut Müller; jüngst bestätigt in EuGH Urt. v. 10.9.2020 – C-367/19, NZBau 2020, 730, (731).
[406] So OLG Düsseldorf Beschl. v. 2.10.2008 – VII Verg 25/08, NZBau 2008, 727, 731; aA Reidt/Stickler/Glahs/*Ganske* Rn. 117.
[407] Erst Recht sind als Bauaufträge iSd § 103 Abs. 3 S. 2 diejenigen Fälle einzuordnen, in denen der Auftraggeber die ursprüngliche Planung des Privaten erheblich abändert und insoweit der Mietgegenstand spürbar von der ursprünglichen Konzeption abweicht; bspw. im Hinblick auf die Kubatur (Geschosszahl, Geschossfläche, Bruttogesamtfläche); vgl. dazu VK Bund Beschl. v. 17.12.2019 – VK 2 – 88/19, BeckRS 2019, 35390 Rn. 63 f., die das Nichtvorliegen einer solchen Situation als maßgeblich für die Einordnung als bloßen Mietvertrag angesehen hat.
[408] OLG Düsseldorf Beschl. v. 2.10.2008 – VII-Verg 25/08, NZBau 2008, 727.
[409] S. EuGH Urt. v. 25.3.2010 – C-451/08, VergabeR 2010, 441 ff. = NZBau 2010, 321 – Helmut Müller.
[410] S. dazu EuGH Urt. v. 29.10.2009 – C-536/07, ZfBR 2010, 178 (182) – Köln Messe.
[411] BT-Drs. 16/10117 (Gesetzesbegründung Teil B Art. 1 Nr. 4 zu Buchst. b).
[412] Genannt werden die Entscheidungen OLG Düsseldorf Beschl. v. 13.6.2007 – VII-Verg 2/07, NZBau 2007, 530 – Ahlhorn; OLG Düsseldorf Beschl. v. 12.12.2007 – Verg 30/07, ZfBR 2008, 207 – Wuppertal und OLG Düsseldorf Beschl. v. 6.2.2008 – VII-Verg 37/07, NZBau 2008, 271 – Oer-Erkenschwick.
[413] EuGH Urt. v. 25.3.2010 – C-451/08 Rn. 58, NZBau 2010, 321 ff. – Helmut Müller.

nügt.[414] Das Vergaberecht – so die Begründung zutreffend – bezieht sich nicht auf die **Aufgabenebene** einer staatlichen Institution, sondern lediglich die **Ebene der Ressourcenbeschaffung** zur Bewältigung der Aufgaben. Beide Ebenen dürften nicht verwechselt oder verquickt werden.

Die Tatbestandsvoraussetzung („*dem Auftraggeber unmittelbar wirtschaftlich zugutekommen*") ist auch weiterhin im Lichte der Entwicklung der Rechtsprechung des EuGH zu verstehen. Der **EuGH** hatte zunächst ausgeführt, dass es **auf den Zweck der Beschaffung nicht ankomme**.[415] Hierbei hatte er auch entschieden, dass sogar das mittelbare Interesse an einer geordneten städtebaulichen Entwicklung für die Einordnung als Bauauftrag ausreichen kann.[416] Dieser Rechtsprechung waren seinerzeit neben dem OLG Düsseldorf auch andere Oberlandesgerichte gefolgt.[417] Sie war in der Folgezeit Gegenstand der Vorlagefragen an den EuGH (Beschluss des OLG Düsseldorf vom 2.10.2008). Das OLG Düsseldorf hatte dem EuGH dabei die Frage gestellt, ob der wirtschaftliche Nutzen dem Auftraggeber unmittelbar und in einem gegenständlichen Sinne zugutekommen muss. Dies hat der **EuGH** in seiner Entscheidung **Helmut Müller** verneint.[418] Entscheidend ist insoweit, dass ein Beschaffungsbedarf gedeckt werden soll. Allerdings hat es der EuGH hierbei nicht belassen, sondern zur Abgrenzung weitere Aspekte aufgeführt. Insoweit – so der EuGH – **setzt ein (Bau-)Auftrag zwar nicht voraus, dass die Bauleistung, die Gegenstand des Auftrags ist, in einem gegenständlichen oder körperlich zu verstehenden Sinne für den öffentlichen Auftraggeber beschafft wird bzw. dieser Eigentümer wird; allerdings muss sie diesem (dh dem öffentlichen Auftraggeber) unmittelbar wirtschaftlich zugutekommen**, wofür die bloße Ausübung von städtebaulichen Regelungszuständigkeiten durch den öffentlichen Auftraggeber nicht genügt.[419] Das unmittelbare wirtschaftliche Interesse sieht der EuGH als eindeutig gegeben an, wenn vorgesehen ist, dass der öffentliche Auftraggeber Eigentümer der Bauleistung bzw. des Bauwerkes wird oder der öffentliche Auftraggeber über einen Rechtstitel verfügen soll, der ihm die Verfügbarkeit des Bauwerkes, das Gegenstand des Auftrags ist, im Hinblick auf die öffentliche Zweckbestimmung sicherstellt.[420] Weiter, so der EuGH in der Entscheidung Helmut Müller, kann das für die Bejahung eines Bauauftrags notwendige wirtschaftliche Interesse in wirtschaftlichen Vorteilen liegen, die der öffentliche Auftraggeber aus der zukünftigen Nutzung oder Veräußerung des Bauwerkes ziehen kann, ebenso in seiner finanziellen Beteiligung an der Erstellung des Bauwerks oder in den Risiken, die er im Fall wirtschaftlichen Fehlschlages des Bauwerks trägt.[421] Das **unmittelbare eigene Interesse grenzt der EuGH ab gegen die städtebauliche Regelungszuständigkeit,** nach der zu prüfen ist, ob das von einem Unternehmen vorgelegte Vorhaben mit den Interessen der Allgemeinheit im Einklang steht.[422] Der Rechtsprechung sind verschiedene Gerichte und Vergabekammern gefolgt und legen sie ihrer Auslegung des § 103 Abs. 3 S. 2 zugrunde.[423]

Die Abgrenzung ist im Ausgangspunkt zutreffend. Im Ergebnis ist zwischen dem Zweck der Beschaffung einerseits und dem erforderlichen Bezug zum Leistungsobjekt andererseits zu unterscheiden: Das für das Vorliegen eines öffentlichen Auftrags erforderliche Beschaffungselement ist – unabhängig von der Zwecksetzung des Auftraggebers – dann erfüllt, wenn der Auftraggeber in einer bestimmten wirtschaftlichen Beziehung zum Leistungsobjekt (beispielsweise dem zu errichtenden Bauwerk) steht, sei es, dass er dieses erwirbt, sonst durch Rechtstitel Verfügungsgewalt erlangt oder wirtschaftliche Vorteile aus der Veräußerung bzw. Nutzung zieht, sei es, dass er selbst Risiken im

---

[414] So auch OLG Düsseldorf Beschl. v. 9.6.2010 – VII-Verg 9/10, NZBau 2010, 580 ff.; VK Bremen Beschl. v. 19.6.2018 – 16 VK 2/18: allgemeine politische und städtebauliche Ziele, bspw. Aufwertung des Standortes und kulturelle Entwicklung, genügen nicht.
[415] EuGH Urt. v. 18.11.2004 – C-126/03, Slg. 2004, I-11197 = NVwZ 2005, 74 – Heizkraftwerk München; EuGH Urt. v. 18.1.2007 – C-220/05, Slg. 2007, I-385 – Stadt Roanne.
[416] EuGH Urt. v. 18.1.2007 – C-220/05, Slg. 2007, I-385 Rn. 42 ff. = NVwZ 2007, 316 – Stadt Roanne.
[417] OLG Bremen VergabeR 2008, 558 – Windpark; OLG Karlsruhe Beschl. v. 13.6.2008 – 15 Verg 3/08, NZBau 2008, 537.
[418] EuGH Urt. v. 25.3.2010 – C-451/08, VergabeR 2010, 441 ff. = NZBau 2010, 321 ff. – Helmut Müller.
[419] EuGH Urt. v. 25.3.2010 – C-451/08 Rn. 58, NZBau 2010, 321 ff. – Helmut Müller; folgend OLG Düsseldorf Beschl. v. 9.6.2010 – VII-Verg 9/10, NZBau 2010, 580 ff.; VK Bremen Beschl. v. 19.6.2018 – 16 VK 2/18: allgemeine politische und städtebauliche Ziele, bspw. Aufwertung des Standortes und kulturelle Entwicklung, genügen nicht; zum alten Recht auch OLG Jena Beschl. v. 15.3.2017 – 2 Verg 3/16, VergabeR 2018, 127 (131 ff.). Ein Überblick zur Rechtsprechungsentwicklung findet sich bei BeckOGK/*Bulla* BGB § 631 Rn. 982 ff.
[420] EuGH Urt. v. 25.3.2010 – C-451/08 Rn. 58, NZBau 2010, 321 ff. – Helmut Müller.
[421] EuGH Urt. v. 25.3.2010 – C-451/08 Rn. 58, NZBau 2010, 321 ff. – Helmut Müller.
[422] EuGH Urt. v. 25.3.2010 – C-451/08 Rn. 58, NZBau 2010, 321 ff. – Helmut Müller.
[423] S. OLG Düsseldorf Beschl. v. 9.6.2010 – VII-Verg 9/10, NZBau 2010, 580 ff.; OLG Jena Beschl. v. 15.3.2017 – 2 Verg 3/16, VergabeR 2018, 127 (131 ff.); VK Bremen Beschl. v. 19.6.2018 – 16 VK 2/18. Ein Überblick zur Rechtsprechungsentwicklung findet sich bei BeckOGK/*Bulla* BGB § 631 Rn. 982 ff.

Hinblick auf das Leistungsobjekt eingegangen ist, beispielsweise durch (Teil-)Finanzierung.[424] Denn in diesem Fall besteht ein **eigenes wirtschaftliches Interesse** des Auftraggebers.[425] Ob allerdings in der Konstellation der Veräußerung eines Grundstücks unter Verkehrswert (was Entgeltcharakter hat)[426] auch automatisch eine (Teil-)Finanzierung im vorgenannten Sinne liegt und infolgedessen das notwendige „*unmittelbare wirtschaftliche Interesse*" gegeben ist, erscheint zweifelhaft. Insoweit müsste in aller Regel eine wie auch immer geartete Zugriffsmöglichkeit des Auftraggebers oder zumindest dessen Entlastung von ihn (dh den Auftraggeber) unmittelbar selbst obliegenden Aufgaben hinzutreten.[427] Andernfalls besteht die Gefahr einer Verwischung der Grenzen zwischen Zuwendung und öffentlichem Auftrag.

150   Das nationale Recht, mithin die in § 103 Abs. 3 S. 2 enthaltenen Tatbestandsmerkmale, ist unter Zugrundelegung dieser Entscheidung des EuGH **auszulegen und anzuwenden.** Ein öffentlicher Bauauftrag soll nach der Zweckrichtung nicht dadurch dem Vergaberecht entzogen werden können, dass mit dem Bauauftrag der Verkauf eines Grundstücks an den Bauunternehmer oder ein städtebauliches Ziel verbunden wird. Gehen mit dem Verkauf eines Grundstücks zugleich Anforderungen zur zukünftigen Bebauung und Nutzung des Grundstücks einher, die über die Anforderungen aus dem örtlichen Bebauungsplan hinausgehen, spricht einiges für eine Beschaffungsabsicht. In den vom OLG Düsseldorf entschiedenen Fällen lagen regelmäßig „genannte Erfordernisse" des Auftraggebers vor, die zT sehr konkret und detailliert waren.[428] Kommunale Auftraggeber haben gerade auch die Aufgabe, Infrastruktur- und Orts- oder Stadtentwicklungen im öffentlichen Raum voranzutreiben. Aufträge, die in diesem Zusammenhang vergeben werden, können daher grundsätzlich zum Beschaffungsbedarf des öffentlichen Auftraggebers zählen. Wird die Aufgabe einer konkreten städtebaulichen Entwicklung oder der zukünftigen Nutzung einer vorhandenen, aber nicht mehr originär genutzten Anlage durch einen Dritten **nach den konkreten Vorgaben des Auftraggebers erfüllt und kann der Auftraggeber sowohl die Errichtung als auch die nachfolgende Nutzung im Sinne der öffentlichen Aufgabe mittels eines Rechtstitels durchsetzen**, erlangt der Auftraggeber daraus den **unmittelbaren wirtschaftlichen Nutzen,** dass die **Aufgabe nunmehr nach seinen Erfordernissen erledigt wird** und ihm **keine weiteren Kosten** aus der Verpflichtung zur Sicherung und Unterhaltung einer (gesetzlich bereitzustellenden) Anlage mehr entstehen. Relevant für die Bejahung des unmittelbaren wirtschaftlichen Vorteils sind daher ua die Art der übernommenen Aufgabe, die Vorgabendichte (auch bezüglich der zukünftigen Aufgabenerfüllung des Privaten) sowie das Bestehen rechtlicher Durchsetzungsmechanismen; diese Aspekte können so explizit und zugespitzt sein, dass ein unmittelbarer wirtschaftlicher Vorteil anzunehmen ist.[429] Maßgeblich ist aber stets der Einzelfall, wobei sich hier einige Kriterien herausgebildet haben.

151   Zusammenfassend ist daher, wie bei allen Definitionen im Vergaberecht, auch der **Begriff des unmittelbaren wirtschaftlichen Nutzens funktional** zu verstehen. **Jeder wirtschaftliche Nutzen** unabhängig von seiner Beschaffenheit (Geldzufluss, Einsparungen, Wertzuwachs oder Vermeidung von Wertverlust usw) erfüllt die Anforderung der Bestimmung. **Unmittelbarkeit** liegt vor, wenn der wirtschaftliche Nutzen aus dem vergebenen Auftrag und der darin enthaltenen einklagbaren Verpflichtung erwächst, die über dem örtlichen bauplanungs- bzw. bauordnungsrechtlichen Vorgaben hinausgeht. Erwachsen aus dem Auftrag Folgen, die zwar gewollt und wirtschaftlich nützlich sind, aber nicht vertraglich vereinbart und auch nicht einklagbar, liegt kein unmittelbarer wirtschaftlicher Nutzen vor (Beispiel: höhere Gewerbesteuereinnahmen in Folge der Erhöhung der örtlichen Attraktivität für Tourismus und Einzelhandel durch eine von Dritten durchgeführte Stadtkernsanierung sind nicht mehr unmittelbar, obwohl oft die entscheidende Zielsetzung einer solchen Maßnahme).[430] **Unerheblich** ist hingegen der **Zeitfaktor.** Ergibt sich der wirtschaftliche

---

[424] Vgl. OLG Düsseldorf Beschl. v. 9.6.2010 – VII-Verg 9/10, NZBau 2010, 580 f. unter Auswertung der Rspr. des EuGH.
[425] *Summa* NZBau 2015, 329 (330), der dies als ungeschriebenes Tatbestandsmerkmal einordnet.
[426] → Rn. 44 f.
[427] So zutreffend OLG München Beschl. v. 27.9.2011 – Verg 15/11, NZBau 2012, 134 (136).
[428] OLG Düsseldorf Beschl. v. 12.12.2007 – VIII Verg 30/07, NZBau 2008, 138 – Wuppertal, wo die Umgestaltung eines Platzes mit den anliegenden Gebäuden genau hinsichtlich der Aufteilung in Wohn- und Geschäftsetagen der Häuser, Tiefgarageneinfahrten, öffentliche Toilettenanlagen, Parkplätze und Begrünung festgelegt war.
[429] Vgl auch OLG München Beschl. v. 27.9.2011 – Verg 15/11 – NZBau 2012, 134 (136): es muss in aller Regel eine wie auch immer geartete Zugriffsmöglichkeit des Auftraggebers oder zumindest dessen Entlastung von ihn (dh den Auftraggeber) unmittelbar selbst obliegenden Aufgaben hinzutreten. Nicht genügend sind allgemeine Zielstellung, wie bspw. die Wirtschaftsförderung, s. OLG Jena Beschl. v. 15.3.2017 – 2 Verg 3/16, VergabeR 2018, 127 (131 ff.).
[430] So auch VK Bremen Beschl. v. 19.6.2018 – 16 VK 2/18: allgemeine politische und städtebauliche Ziele, bspw. Aufwertung des Standortes und kulturelle Entwicklung, genügen nicht.

Nutzen erst nach der Fertigstellung eines Gebäudes und damit einige Zeit nach dem Vertragsschluss, ändert dies nichts am unmittelbaren wirtschaftlichen Nutzen des Auftraggebers, beispielsweise wenn das zu errichtende Gebäude erst sehr viel später an den Auftraggeber (beispielsweise im Rahmen einer Vermietung) überlassen werden soll.

4. Einzelfälle. Im Laufe der Zeit wurden verschiedene Fallkonstellationen zur Abgrenzung 152 zwischen dem Bauauftrag nach § 103 Abs. 3 S. 2 und vergabefreien Immobiliengeschäften nach § 107 Abs. 1 Nr. 2 entschieden.[431] Neuralgisch sind insbesondere Verträge, die sich auf noch zu errichtende Gebäude beziehen. Festzustellen ist zunächst, dass die Bezeichnung als Mietvertrag unerheblich ist.[432] Entscheidend ist vielmehr, in welchem Maß der Auftraggeber, der das (zu errichtende) Gebäude zukünftig anmietet, Details an die Beschaffenheit vorgibt (und ob dies noch als „marktüblich" für eine Anmietung betrachtet werden kann).[433] In der Sache unterscheidet die Rechtsprechung dabei zwischen abstrakten (allgemeinen) Nutzungsanforderungen einerseits und konkreten (qualifizierten) Vorgaben an die Funktion und Gestaltung der Bauwerke andererseits.[434] Ein Indiz gegen die Einordnung als Bauauftrag iSd § 103 Abs. 3 S. 2 ist es, wenn das Gebäude von einem Dritten (dh nicht dem Vertragspartner des öffentlichen Auftraggebers) projektiert worden ist und nicht (ausschließlich) auf dem öffentlichen Auftraggeber zugeschnitten ist, sondern so allgemein gehalten ist, dass sich ein breiter Markt an Abnehmern finden würde.[435]

Ein Vertrag, der den **Verkauf von Grundstücken mit der Verpflichtung für den Käufer** 153 **verbindet, darauf Messehallen zu errichten** und diese nachfolgend an den Verkäufer (oder einen von diesem bestimmten Dritten) für zunächst 30 Jahre zu vermieten, ist trotz kostenmäßig überwiegendem Mietanteil ein Bauauftrag, wenn das Vermietungsobjekt erst noch erstellt werden muss und der Vertrag deutliche Spezifikationen im Hinblick auf die Beschaffenheit und die Ausstattung der Gebäude formuliert.[436] Hierbei hat der EuGH klargestellt, dass in einer Kombination aus Bauleistung und Mietvertrag ein einheitliches Vertragsverhältnis zu sehen ist, da die einzelnen Vertragsbestandteile ohne den jeweils anderen Bestandteil wirtschaftlich unsinnig bis unmöglich (Mietvertrag ohne vorherigen Bau der Mietsache) sind.

In einer weiteren Entscheidung hatte der EuGH über die Anmietung von Gerichtsgebäuden 154 zu befinden und diese einzuordnen.[437] Als maßgeblich hat er es dabei angesehen, dass der vertraglich festgelegte Anforderungsrahmen neben den verschiedenen **technischen und technologischen Merkmalen des Gebäudes auch die spezifischen Bedürfnisse jedes einzelnen Gerichts** im Gerichtsbezirk abgebildet und hierbei sogar auf die konkreten statischen Daten zur Gerichtstätigkeit (Anzahl der Zivil- und Strafverfahren, Zahl der Richter und Staatsanwälte, Anzahl der Sitzungen pro Woche; Zahl der notwendigen Büros etc) abgestellt hat.[438] Hierbei handelte es sich nicht mehr nur um eine „Maßkonfektion", sondern tatsächlich ein „maßgeschneidertes" Bauwerk, weshalb die Einordnung als Bauauftrag iSd § 103 Abs. 3 S. 2 gegeben ist.

Im Hinblick auf einen Vertrag betreffend eine Polizeiwache hat das OLG Düsseldorf entschieden: Wenn ein **Mietvertrag mit umfangreichen Bauleistungspflichten** untrennbar verbunden ist, kann es sich um einen **Bauauftrag** handeln.[439] Im konkreten Fall ging es um den Umzug einer Kreispolizeibehörde, welche eine Vielzahl von baulich herzustellenden Anforderungen an das Mietobjekt stellte, die zur Erfüllung der polizeilichen Arbeit erforderlich waren. Das OLG sah darin wegen der Vielfalt und dem Konkretisierungsgrad der Anforderungen („*qualifizierte polizeispezifische Forderungen an das Objekt*") einen **Überhang der Bauelemente.**[440] Zudem hat der Vergabesenat darauf abgestellt, dass ohne die Umbauten der Mietvertrag nicht abgeschlossen worden wäre, letzterer mithin mit der Durchführung der Bauarbeiten „steht und fällt".[441] 155

Es ist andererseits aber regelmäßig unschädlich, wenn ganz allgemeine Vorgaben, beispiels- 156 weise das Anbringen von Hinweisschildern, Parkplatzmarkierungen, Schalldämmung, Netzinfra-

---

[431] Ausf. zu den Fallgruppen *Röwekamp/Brauser-Jung/Zimmermann* in RKPP GWB Rn. 273 ff.
[432] Beck VergabeR/*Gurlit* § 107 Rn. 19.
[433] Beck VergabeR/*Gurlit* § 107 Rn. 19; s. dazu auch EuGH Urt. v. 22.4.2021 – C-537/19, NZBau 2021, 396 (400 ff.).
[434] Dazu *v. Engelhardt/Kaelble* in Müller-Wrede GWB Rn. 114 mwN.
[435] *Röwekamp/Brauser-Jung/Zimmermann* in RKPP GWB Rn. 254.
[436] So EuGH Urt. v. 29.10.2009 – C – 536/17, ZfBR 2010, 178 (181 f.) – Messe Köln.
[437] EuGH Urt. v. 10.7.2014 – C-213/13, VergabeR 2014, 572 ff. – Pizzarotti.
[438] S. EuGH Urt. v. 10.7.2014 – C-213/13, NZBau 2014, 572 (574 f.) – Pizzarotti.
[439] OLG Düsseldorf Beschl. v. 7.8.2013 – VII-Verg 14/13, BeckRS 2013, 16422 = VergabeR 2014, 170 ff. – Polizeiwache; ebenso: EuGH VergabeR 2014, 767 ff.
[440] S. OLG Düsseldorf Beschl. v. 7.8.2013 – VII-Verg 14/13, BeckRS 2013, 16422 = VergabeR 2014, 170 (172).
[441] OLG Düsseldorf Beschl. v. 7.8.2013 – VII-Verg 14/13, BeckRS 2013, 16422 = VergabeR 2014, 170 (172).

struktur etc, gemacht werden.[442] Maßgeblich ist aber auch hier – wie bereits erwähnt – jeweils der konkrete Einzelfall. Insofern kann aufgrund der Vielzahl der einzelnen Vorgaben die Bewertung „kippen".[443] Entscheidend ist die Einordnung als „mietvertragstypisch" oder nicht, dh ob es sich noch im Rahmen dessen hält, was einem solventen Mieter regelmäßig an Mitbestimmung eingeräumt wird sowie ob und inwieweit die anderweitige (nach Ablauf des Mietvertrags folgende) Nutzung nicht erschwert ist oder nicht, mithin „Drittverwendungsfähigkeit"[444] besteht.[445]

157 Im Ergebnis sind die als **Abgrenzungskriterien** zugrunde zu legen: Für eine Einordnung als „verdeckter" Bauauftrag sprechen konkrete Vorgaben hinsichtlich der Anzahl und Größe der Räume, der Ausstattung mit besonderem Zubehör, **Vorgaben an die Einhaltung von Spezialvorgaben der öffentlichen Hand** (beispielsweise Sicherheitsanforderungen der Bundeswehr), Änderungen der Kubatur des Gebäudes auf Anfordern des Auftraggebers,[446] die Vertragsdauer des Mietvertrags.[447]

V. Fälle sog. eingekapselter Beschaffung

158 Wesentliche Voraussetzung für das Vorliegen eines Bauauftrags iSd § 103 Abs. 3 ist das Vorliegen einer Bauverpflichtung.[448] Bloße Absichtsbekundungen genügen daher nicht.[449]

159 Der Auftragnehmer muss insoweit entweder direkt oder zumindest indirekt zur Erfüllung des Leistungsversprechens, welches sich auf eine Bauleistung im weiteren Sinne bezieht, verpflichtet sein. Regelmäßig erfolgt dies durch den Abschluss eines Bauwerkvertrags. Allerdings kann ein Bauauftrag auch dann vorliegen, wenn der öffentliche Auftraggeber zwar dem ersten Anschein nach nicht als Nachfrager, sondern als Anbieter einer Leistung auftritt, jedoch aufgrund der vertraglichen Abreden und Mechanismen eine zumindest indirekte Pflicht zur Ausführung der Bauleistung besteht.

160 Im Bereich der Bauaufträge finden sich solche Gestaltungen bei Veräußerungsgeschäften der öffentlichen Hand. Reine Veräußerungsgeschäfte, beispielsweise der Verkauf von Grundstücken, fallen nicht unter das Vergaberecht.[450] Etwas anderes gilt jedoch, wenn mit der Veräußerung eine Beschaffung verknüpft wird.[451] Diese Fälle der sog. eingekapselten Beschaffung können vorliegen, wenn der Auftraggeber im Rahmen einer Grundstücksveräußerung mit dem privaten Käufer eine einklagbare Bauverpflichtung vereinbart, entscheidenden Einfluss auf die Konzeption nimmt und zudem ein (unmittelbares) eigenes Interesse am Bauwerk hat.[452] Um eine Umgehung der vergaberechtlichen Bindungen der öffentlichen Hand zu verhindern, ist hier das Vorliegen eines öffentlichen Auftrags anzunehmen, wobei es nicht entscheidend ist, ob die Beschaffung der Hauptgegenstand oder der wesentliche Zweck des Vertrags ist,[453] sondern ob bei wirtschaftlicher Betrachtung „*das Veräußerungsgeschäft einem Einkauf gleichkommt*".[454] Entscheidend ist damit nicht die formale vertragliche Gestaltung, sondern, ob sich der Vertragspartner direkt oder indirekt zu einer Bauleistung verpflichtet, wobei hierfür auch die Vereinbarung einer empfindlichen Vertrags-

---

[442] Vgl. VK Bund Beschl. v. 17.12.2019 – VK 2 – 88/19, BeckRS 2019, 35390 Rn. 64.
[443] S. bspw. VK Bund Beschl. v. 30.9.2016 – VK 1 – 86/16 Rn. 47; großzügig EuGH, Urt. v. 22.4.2021 – C-537/19, NZBau 2021, 396 (402 ff.).
[444] Dazu und zusammenfassend betreffend die ergangene Rspr. *Hofmann/Klüber* juris PR-Vergaberecht 3/2020, Anm. 4 mwN.
[445] OLG Jena Beschl. v. 7.10.2015 – 2 Verg 3/15, BeckRS 2016, 2747 Rn. 36; s. auch EuGH Urt. v. 22.4.2021 – C-537/19, NZBau 2021, 396 (400 ff.) zur Anmietung eines zu errichtenden Bürogebäudes.
[446] Dies war im Fall der Entscheidung VK Bund Beschl. v. 17.12.2019 – VK 2 – 88/19, nicht erfolgt (BeckRS 2019, 35390 Rn. 63 f.), was die Vergabekammer als gewichtiges Indiz gegen die Einordnung als Bauauftrag angesehen hat zur Abgrenzung EuGH Urt. v. 22.4.2021 – C-537/19, NZBau 2021, 396 (402 ff.), wo maßgeblich auf das Nichtvorliegen eines Einflusses auf die „architektonische Struktur" abgestellt wurde.
[447] Vgl. VK Bund Beschl. v. 17.12.2019 – VK 2 – 88/19, BeckRS 2019, 35390 Rn. 74: zehn Jahre Mietdauer spricht gegen Einordnung als Bauauftrag.
[448] S. HK-VergabeR/*Wegener/Pünder* Rn. 67; Reidt/Stickler/Glahs/*Ganske* Rn. 81.
[449] Reidt/Stickler/Glahs/*Ganske* Rn. 81.
[450] Beck VergabeR/*Hüttinger* Rn. 62.
[451] S. auch BGH Beschl. v. 1.2.2005 – X ZB 27/04, NZBau 2005, 290 (293).
[452] Grundlegend EuGH Urt. v. 25.3.2010 – C-451/08, NZBau 2010, 321 ff. – Helmut Müller; s. auch OLG Jena Beschl. v. 15.3.2017 – 2 Verg 3/16, VergabeR 2018, 127 (131 ff.); VK Bremen Beschl. v. 19.6.2018 – 16 VK 2/18. Zum Überblick *Jentzsch/Kirch* VergabeNews 2019, 94 ff.
[453] HK-VergabeR/*Wegener/Pünder* Rn. 35 mwN.
[454] OLG Karlsruhe Beschl. v. 16.11.2016 – 15 Verg 5/16, VergabeR 2017, 165 ff. zu einem Kiesabnahme- und Verwertungsvertrag. Aus der älteren Rspr. BGH Beschl. v. 1.2.2005 – X ZB 27/04 zur Veräußerung von Altpapier mit Verwertungspflicht des Erwerbers.

strafe für den Fall der unterbleibenden Realisierung des vertraglichen Bauvorhabens genügen kann.[455]

VI. Besondere Fallgestaltung nach § 171f BauGB („BID")

Nach § 171f BauGB und ergänzender **landesrechtlicher Regelungen** können Gebiete 161 festgelegt werden, in denen in **privater** Verantwortung Gebietsverbesserungen auf der Grundlage der städtebaulichen Ziele und mit der Gemeinde abgestimmter Konzepte herbeigeführt werden können.[456] Die Abkürzung BID (business improvement districts) ist aus dem amerikanischen Vorbild für dieses Modell abgeleitet. Landesrechtliche Ausgestaltungen dieses Modells gibt es in Baden-Württemberg (Gesetz zur Stärkung der Quartiersentwicklung durch Privatinitiativen, GQP), Berlin (Berliner Immobilien- und Standortgemeinschafts-Gesetz, BIG), Bremen und Hamburg (jeweils das Gesetz zur Stärkung von Einzelhandels- und Dienstleistungszentren, GSED), Hessen (Gesetz zur Stärkung von innerstädtischen Geschäftsquartieren (INGE) und Förderprogramm (INGEplus)), Nordrhein-Westfalen (Gesetz für Immobilien- und Standortgemeinschaften, ISGG), Rheinland-Pfalz (Landesgesetz über lokale Entwicklungs- und Aufwertungsprojekte, LEAPG), Saarland (Gesetz zur Schaffung von Bündnissen für Investition und Dienstleistung, BIDG), Sachsen (Gesetz zur Belebung innerstädtischer Einzelhandels- und Dienstleistungszentren, SächsBIDG) und Schleswig-Holstein (Gesetz über die Einrichtung von Partnerschaften zur Attraktivierung von City-, Dienstleistungs- und Tourismusbereichen, PACT).[457] Den Modellen liegt das Konzept zugrunde, dass in privater Initiative Stadtteilverbesserungen sowohl für Gewerbegebiete als auch für Innenstädte bzw. Wohngebiete, je nach Festlegung der jeweiligen Kommune, vorgenommen werden sollen. Die Initiative, die für ihre Handlungsfähigkeit einen rechtsfähigen Träger braucht, erarbeitet Konzepte, die sie mit der Kommune abstimmt. Ist die Kommune mit einem bestimmten Konzept oder den vorgeschlagenen Maßnahmen einverstanden, findet eine Abstimmung mit den im betroffenen Gebiet ansässigen Eigentümern und/oder Gewerbetreibenden statt. Stimmen diese dem Konzept überwiegend zu oder widersprechen nicht, beschließt die Gemeinde die Umsetzung des Konzepts. Die Finanzierung erfolgt über eine Umlage bei allen Betroffenen, ggf. durch eine Zwangsabgabe, die die Gemeinde nach Abzug von Verwaltungskosten (in der Regel eine Pauschale) an den Träger des BID weiterleitet, der die Mittel treuhänderisch verwaltet und Gewinn erwirtschaften darf.

Da die Umsetzung des Konzeptes regelmäßig die Vergabe von Aufträgen erfordert, die je nach 162 Ausmaß die europäischen Schwellenwerte übersteigen können, stellt sich die **Frage der Vergaberechtsrelevanz.**[458] Entscheidungen von Nachprüfungsinstanzen gibt es derzeit noch nicht.[459] **§ 171f BauGB hat jedenfalls nicht das Ziel, öffentliche Aufträge über den Umweg der Beteiligung privater Dritter dem Wettbewerb zu entziehen.** Andererseits gehen hier Initiative und Finanzierung oft allein von Privaten aus, deren Initiative auf der Basis von § 171f BauGB von den Kommunen zugelassen und unterstützt werden kann.

Trotz der privaten Beteiligung ist zu berücksichtigen, dass die **Kommune** mit ihrem Beschluss 163 die Umsetzung des Konzeptes **in Auftrag** gibt, die Umsetzung mit ihren **kommunalplanerischen Aufgaben** in unmittelbarem Zusammenhang steht und häufig auf die konkreten Pläne ausgerichtete Änderungen der vorhandenen Bebauungsplans erforderlich sind, Baurecht also erst geschaffen werden muss. Zu berücksichtigen ist auch, dass die im festgelegten Bereich betroffenen Anlieger, auch diejenigen, die mit dem Konzept nicht einverstanden waren, zur Duldung wie zur Kostenbeteiligung zwangsweise herangezogen werden. Die eingezogene **Kostenbeteiligung** wird an den Träger der BID-Initiative weitergereicht **zur Finanzierung der beschlossenen Maßnahmen und mit Gewinnmöglichkeit,** sodass auch das Kriterium der **Entgeltlichkeit** vorliegt. Für die vergaberechtliche Einordnung ist zunächst die Differenzierung zwischen den verschiedenen Ebenen wichtig.[460] Auf der ersten Stufe erfolgt die Beauftragung des Trägers der BID-Initiative,

---

[455] Dazu Reidt/Stickler/Glahs/*Ganske* Rn. 82 f. mwN.; die Vereinbarung einer bloßen Rückübertragungsklausel genügt hingegen nicht, s. OLG Jena Beschl. v. 15.3.2017 – 2 Verg 3/16, VergabeR 2018, 127 (131 ff.).
[456] Ausf. zu den BID und der Frage der Vorgaben des Vergaberechts Reidt/Stickler/Glahs/*Ganske* Rn. 209 ff.
[457] Überblick bei EZBK/*Krautzberger/Richter* BauGB § 171f Rn. 2.
[458] In der Tendenz für die Annahme eines öffentlichen (Bau-)Auftrags im konkreten Fall OVG Hamburg Urt. v. 27.8.2010 – 1 Bf 149/09, ZfBR 2011, 53 (63 ff.). Gegen die Anwendung des Vergaberechts *Fuchs* ZfBR 2011, 211 (215 f.), der insoweit den Beschaffungscharakter verneint; ausf. mit vielfältigen weiteren Nachweisen: *Ganske* VergabeR 2008, 15 ff. sowie Reidt/Stickler/Glahs/*Ganske* Rn. 211 f.
[459] S. allerdings OVG Hamburg Urt. v. 27.8.2010 – 1 Bf 149/09, ZfBR 2011, 53 ff.
[460] Zur Unterscheidung beider Ebenen (Mandatierung der BID-Initiative und nachfolgende Auftragserteilung durch die BID-Initiative selbst) Immenga/Mestmäcker/*Dreher* Rn. 114; Reidt/Stickler/Glahs/*Ganske* Rn. 210.

welcher letztlich **wie ein Generalunternehmer** für die Gemeinde tätig wird. Grundlage ist regelmäßig ein öffentlich-rechtlicher Vertrag. Vor dem Hintergrund der weiten Auslegung des Beschaffungselements sowie der Entgeltlichkeit dürfte diese Auswahl des privaten Aufgabenträgers regelmäßig, freilich in Abhängigkeit von den konkreten Festlegungen, einen öffentlichen (Dienstleistungs-)Auftrag darstellen. Für die zweite Stufe, der Beauftragung Dritter durch die **BID-Initiative** selbst (dh beispielsweise den Abschluss eines Bauwerkvertrags zur Umsetzung des Konzepts), ist relevant, ob der Träger der BID-Initiative selbst **in die Stellung eines öffentlichen Auftraggebers nach § 99 Abs. 2 eingerückt** ist.[461] Auch dies ist wiederum eine Frage des Einzelfalls, insbesondere der Höhe der Finanzierung durch die öffentliche Hand.[462] In den Verfahren nach **§ 171f BauGB** wird es daher für die Frage, für welche Beauftragungen das Vergaberecht anzuwenden ist, darauf ankommen, wie das vertragliche Verhältnis zwischen Kommune und BID-Träger konkret ausgestaltet wird.[463]

D. Dienstleistungsaufträge (Abs. 4)

I. Begriff der Dienstleistung

164 **1. Definition mittels negativer Abgrenzung.** Abs. 4 dient als **Auffangtatbestand,** der grundsätzlich alle Verträge über Leistungen erfassen soll, die weder Bau- noch Lieferaufträge nach den Abs. 2 und 3 sind und auch keine Wettbewerbe darstellen.[464] Damit wurde die bereits bis 2016 bestehende Systematik beibehalten,[465] obwohl die europäische Definition in Art. 2 Abs. 1 Nr. 9 RL 2014/24/EU bzw. Art. 2 Nr. 5 Sektoren-RL nur noch eine negative Abgrenzung zu dem Begriff des Bauauftrages normiert.[466] Das Gesetz verzichtet damit auf eine positive Definition der Dienstleistung, es ist aber von einer **weiten Auslegung** des Dienstleistungsbegriffes auszugehen.[467] Sämtliche Aufträge, die nicht eindeutig anderweitig zuordnungsfähig sind, stellen nach dieser Systematik Dienstleistungsaufträge dar. Wird der Begriff „Leistung" verwendet, handelt es sich in aller Regel um eine Dienstleistung. Unerheblich für den vergaberechtlichen Begriff der Dienstleistungen ist die zivilrechtliche Einordnung eines Vertrages als Dienstleistungsvertrag nach § 611 BGB; der Begriff des Dienstleistungsauftrags ist allein nach den Maßstäben des Gemeinschaftsrechts zu beurteilen.[468] Auch die Bezeichnung ist grundsätzlich nicht ausschlaggebend, sodass auch ein als Kaufvertrag bezeichneter Verwertungsvertrag über Abfall ein Dienstleistungsvertrag sein kann.[469] Eine Einschränkung des Anwendungsbereichs des GWB im Hinblick auf Dienstleistungsaufträge erfolgt im Rahmen der §§ 116, 117 sowie weiterhin in § 137 und § 140, wonach bestimmte Dienstleistungen dem Anwendungsbereich des Vergaberechts entzogen sind.

165 **2. Vergaberechtsmodernisierungsgesetze.** Eine Änderung bei der Begriffsdefinition erfolgte im Rahmen der **Vergaberechtsreform im Jahr 2009.** Die seinerzeit vorgenommenen Änderungen dienten lediglich der **Klarstellung.**[470] Neue rechtliche Beurteilungen ergaben sich hierdurch nicht. So wurde im Rahmen des Abs. 4 allein der Passus „Verträge über Leistungen" um den Begriff der Erbringung ergänzt und lautet seitdem: „Verträge über die Erbringung von Leistungen". Der bereits in Abs. 1 enthaltene Hinweis auf die Auslobungsverfahren, die keine Erbringung

---

[461] Zur Unterscheidung beider Ebenen Immenga/Mestmäcker/*Dreher* Rn. 114; Reidt/Stickler/Glahs/*Ganske* Rn. 210.
[462] Reidt/Stickler/Glahs/*Ganske* Rn. 211.
[463] Ebenso Reidt/Stickler/Glahs/*Ganske* Rn. 210 ff.; die Anwendbarkeit des Vergaberechts ablehnend *Fuchs* ZfBR 2011, 211 (215 f.).
[464] So bereits OLG Naumburg VergabeR 2013, 218; OLG Brandenburg VergabeR 2008, 242; OLG Düsseldorf VergabeR 2002, 282 (283).
[465] Vgl. Gesetzesbegründung: BR-Drs. 367/15, 84.
[466] In den Vorgängerrichtlinien war der Dienstleistungsauftrag hingegen negativ abgegrenzt sowohl zum Bauauftrag als auch zum Lieferauftrag, vgl. Art. 1 Abs. 2 lit. d Vergabe-RL 2004 bzw. Art. 2 Abs. 2 lit. d Sektoren-RL.
[467] S. OLG Brandenburg VergabeR 2008, 242; OLG Stuttgart Beschl. v. 4.11.2002 – 2 Verg 4/02, NJOZ 2003, 613; OLG Düsseldorf NVwZ 2004, 510; VK Lüneburg Beschl. v. 14.6.2005 – VgWK 22/2005, IBRRS 2005, 2438.
[468] Immenga/Mestmäcker/*Dreher* Rn. 115; *v. Engelhardt/Kaelble* in Müller-Wrede GWB Rn. 123 f.; s. auch EuGH Urt. v. 10.3.2011 – C-274/09, Slg. 2011, I-1350 Rn. 36 = BeckRS 2011, 80203.
[469] Immenga/Mestmäcker/*Dreher* Rn. 115; s. dazu OLG Düsseldorf Beschl. v. 12.1.2004 – VII-Verg 71/03, NZBau 2004, 343 (344) zu einem „Verkauf" von Altpapier.
[470] Gesetzentwurf der BReg., BR-Drs. 349/08, 31.

einer Dienstleistung zum Gegenstand haben und deshalb keinen Dienstleistungsauftrag darstellen, konnte gestrichen werden.

Im Rahmen der **Vergaberechtsmodernisierung 2016** ist die Definition des Dienstleistungs- 166 auftrags nicht verändert worden. Aufgehoben ist jedoch mit der RL 2014/24/EU die in der Vergabe-RL 2004 noch vorgesehene Unterteilung in **vorrangige** und **nachrangige** Dienstleistungen.

II. Abgrenzung zum Bauauftrag

Bei der Abgrenzung von Bau – und Dienstleistungsaufträgen ist bei Bestandsgebäuden maßgeb- 167 lich, ob es zu (nennenswerten) **Eingriffen in die Bausubstanz** kommt.[471] Instandhaltungsmaßnahmen als **Maßnahmen zur Erhaltung des zum bestimmungsgemäßen Gebrauch** geeigneten Zustands (Sollzustands) wie die Reinigung, Pflege, Wartung oder Beseitigung von Verschleißerscheinungen bzw. kleineren Schäden werden aufgrund der nicht vorhandenen oder nur geringfügigen substanzeingreifenden Wirkung nicht als Bauleistung, sondern als Dienstleistung qualifiziert.[472] Sind Arbeiten für die **Erneuerung** und den **Bestand baulicher Anlagen von wesentlicher Bedeutung und mit einem erheblichen Substanzeingriff verbunden**, so sind sie als Bauleistung iSd § 1 VOB/A zu bewerten.[473] Als grobe Unterscheidung kann hier gelten: Instandhaltungsarbeiten sind regelmäßig Dienstleistungen, Instandsetzungsarbeiten sind regelmäßig Bauleistungen.[474] Wichtig, insbesondere mit Blick auf die Abgrenzung zum Bauauftrag, ist, dass die Auffangfunktion des Abs. 4 nicht so verstanden werden darf, dass der Dienstleistungsauftrag stets nachrangig anzunehmen und sein Vorliegen im Zweifel zu verneinen ist. Entscheidend ist bei Verträgen mit mehreren Leistungsbestandteilen der Einzelfall und das jeweilige Gewicht der Teilleistungen. Nehmen bei einem gemischten Vertrag die Wartungsleistungen den weit überwiegenden Teil ein und liegen die als Bauleistungen zu qualifizierenden Instandsetzungsarbeiten bei lediglich 25%, so stellt der Gesamtvertrag einen Dienstleistungsauftrag dar und es gilt der niedrigere Schwellenwert.[475]

Insbesondere bei Arbeiten im Zusammenhang mit der Errichtung von Gebäuden ist maßgeblich, 168 ob die jeweilige Leistung unter eine der in Anhang II RL 2014/24/EU aufgeführten Kategorien gefasst werden kann. Ist dies der Fall, so liegt gem. § 103 Abs. 3 S. 1 Nr. 1 ein Bauauftrag vor. Angesichts der teilweise offenen Formulierung können hierbei auch solche Leistungen unter den Begriff der „Bauleistung" iSd § 103 Abs. 3 S. 1 Nr. 1 fallen, die den explizit in Anhang II RL 2014/24/EU formulierten Arbeiten ähnlich sind. Insoweit wurde beispielsweise die im Vorfeld der Errichtung eines Gebäudes erfolgte Kampfmittelbeseitigung als sonstige „Erdbewegung" iSd Nr. 45.11 und damit Bauleistung eingeordnet.[476] Weitergehend zur Abgrenzung bei **gemischten Verträgen** s. die Kommentierung zu § 110 Abs. 1 (→ § 110 Rn. 1 ff.).

III. Abgrenzung zum Lieferauftrag

Die Frage der Abgrenzung von Liefer- und Dienstleistungsverträgen stellt sich in der Regel bei 169 Aufträgen, die sowohl die Lieferung von Waren als auch die Erbringung von Dienstleistungen umfassen. Soweit die Dienstleistung nicht nur bloße Nebenleistung iSd Abs. 2 S. 2 ist, bestimmt sich die Einordnung nach der für **gemischte Verträge** einschlägigen Regelung des § 110.

IV. Abgrenzung zur Dienstleistungskonzession

Die Dienstleistungskonzession iSd § 105 Abs. 1 Nr. 2 unterscheidet sich von einem entgeltlichen 170 Dienstleistungsauftrag iSd § 103 Abs. 4 dadurch, dass die Gegenleistung für die Erbringung der Dienstleistung durch den Konzessionär nicht in einem zuvor festgelegten Preis besteht, sondern in dem **Recht**, die zu erbringende **eigene Leistung** (kommerziell) **zu nutzen** bzw. gegen Entgelt **zu verwerten** oder in diesem Recht zuzüglich einer (nicht kostendeckenden) Zahlung. Der Erbringer der Leistung (Konzessionär) erhält also das Recht, die eigene Leistung zu nutzen und wirtschaftlich zu verwerten. Dies entspricht der Definition der Dienstleistungskonzession in § 105 Abs. 1 Nr. 2 bzw. Art. 5 Nr. 1 RL 2014/23/EU.

---

[471] Sehr instruktiv: VK Berlin Beschl. v. 13.5.2011 – VK-B 2-7/11, IBRRS 2011, 5164; OLG Düsseldorf Beschl. v. 18.10.2006 – VII-Verg 35/06, BeckRS 2007, 00456.
[472] S. zu dieser Abgrenzung auch *Röwekamp/Brauser-Jung/Zimmermann* in RKPP GWB Rn. 272.
[473] *Röwekamp/Brauser-Jung/Zimmermann* in RKPP GWB Rn. 272.
[474] *Röwekamp/Brauser-Jung/Zimmermann* in RKPP GWB Rn. 272; anders Kapellmann/Messerschmidt/*Lederer* VOB/A § 1 Rn. 17, der die Unterscheidung für bedeutungslos hält.
[475] S. OLG Düsseldorf Beschl. v. 18.10.2006 – Verg 35/06, BeckRS 2007, 456; *Röwekamp/Brauser-Jung/Zimmermann* in RKPP GWB Rn. 272.
[476] OLG Rostock Beschl. v. 21.7.2017 – 17 Verg 3/17, VergabeR 2018, 171 (172).

171 Maßgeblich für das Vorliegen einer Dienstleistungskonzession in Abgrenzung zum öffentlichen Auftrag ist, dass dem Konzessionär eine Nutzungsbefugnis eingeräumt wird und dass aufgrund der Eigenart der Entgeltlichkeit des Vertrages **das wirtschaftliche Risiko vollständig oder aber zumindest im erheblichen Maß auf den Konzessionär verlagert wird**[477] (vgl. § 105 Abs. 2, → § 105 Rn. 83 ff.). Enthält ein Beschaffungsvertrag sowohl Elemente einer Dienstleistungskonzession nach § 105 Abs. 1 Nr. 2 als auch Dienstleistungen nach Abs. 4, so ist anhand der Regelung in § 111 das anwendbare Regelungsregime zu ermitteln (→ § 111 Rn. 24 f.).

V. Besondere Vertragsgestaltungen öffentlich-rechtlicher Dienstleistungsaufträge

172 **1. Abfallbereich.** Gemäß § 20 Abs. 1 KrWG haben die öffentlich-rechtlichen Entsorgungsträger die in ihrem Gebiet anfallenden und überlassenen Abfälle aus privaten Haushalten, wozu auch das Altpapier gehört, zu verwerten oder zu beseitigen. Sämtliche dem öffentlich-rechtlichen Entsorgungsträger gem. § 20 Abs. 1 KrWG originär obliegenden Arbeitsschritte von der **Abfallsammlung** über die **Abfallsortierung** bis zur eigentlichen **Abfallverwertung** oder **-beseitigung** können Gegenstand eines öffentlichen Dienstleistungsauftrages iSd § 103 Abs. 4 sein, wenn sich der öffentlich-rechtliche Entsorgungsträger entschließt, diese Arbeitsschritte nicht mit eigenem Personal und mit eigenen Mitteln zu erledigen, sondern gem. § 22 S. 1 KrWG private Dritte zu beauftragen, die diese Aufgabe für ihn erfüllen.[478] Ein solcher entgeltlicher Vertrag unterliegt grundsätzlich der vergaberechtlichen **Ausschreibungspflicht.**[479] Hiervon ist nur dann eine Ausnahme zu machen, wenn aufgrund spezifischer abfallrechtlicher Vorgaben ein ausschließliches Recht besteht, sodass die Leistung nur von einem Auftragnehmer erbracht werden kann;[480] ggf. kann die Ausschreibungsfreiheit in diesen Fällen auf die Ausnahmevorschrift des § 116 Abs. 1 Nr. 6 gestützt werden. Ausgehend von der Tatsache, dass es für die Anwendbarkeit des gemeinschaftlichen Vergaberechts unerheblich ist, ob der Auftragnehmer selbst ein öffentlicher Auftraggeber ist,[481] können auch öffentlich-rechtliche Vereinbarungen zwischen Kommunen über die Erledigung von Abfallentsorgungsdienstleistungen außerhalb des eigenen rechtlichen Zuständigkeitsbereichs, etwa in Form der Beauftragung eines **kommunalen Zweckverbandes oder einer anderen Kommune,** als öffentlicher Auftrag angesehen werden.[482] Nach der Neuregelung in § 108 Abs. 6 unterliegt jedoch eine vertragliche Zusammenarbeit mehrerer öffentlicher Auftraggeber unter bestimmten Voraussetzungen nicht dem Vergaberecht, nämlich dann nicht, wenn Gegenstand der Zusammenarbeit die Wahrnehmung einer allen beteiligten öffentlichen Auftraggebern obliegenden öffentlichen Aufgabe, wie hier der Abfallentsorgung, ist.[483] Bei einem interkommunalen Vertrag ist deshalb genau zu prüfen, ob eine ausschreibungsfreie Kooperation iSd § 108 Abs. 6 vorliegt oder ob es sich lediglich um einen – der Ausschreibungspflicht unterliegenden – reinen Leistungsaustausch handelt. Letzteres und damit ein ausschreibungspflichtiger Dienstleistungsvertrag liegt vor, wenn es am notwendigen kooperativen Element (im Sinne einer gemeinsamen Strategie) fehlt, dh ein Partner ausschließlich Geldzahlung leistet.[484] Die Voraussetzungen einer vergabefreien öffentlich-öffentlichen Kooperation sind auch dann nicht gegeben, wenn ein öffentlicher Auftraggeber (ohne selbst zur Aufgabenerledigung verpflichtet zu sein) einen anderen öffentlichen Auftraggeber bei dessen Aufgabenerfüllung unterstützt, mithin einer

---

[477] Grundlegend dazu EuGH Urt. v. 21.5.2015 – C-269/14, BeckRS 2015, 80764; EuGH NZBau 2005, 544 – Parking-Brixen; VK Baden-Württemberg Beschl. v. 29.7.2008 – 1 VK 25/08, IBRRS 2013, 2520; OLG Brandenburg VergabeR 2008, 468; OLG Hamburg NDV-RD 2008, 30; OLG Naumburg Beschl. v. 15.4.2016 – 7 Verg 1/16, BeckRS 2016, 07813.

[478] OLG Koblenz Beschl. v. 3.12.2014 – 1 Verg 814, BeckRS 2014, 23205; VK Lüneburg Beschl. v. 18.3.2004 – 203-VgK-06/2004, IBRRS 2004, 0826.

[479] OLG Düsseldorf Beschl. v. 9.4.2003 – Verg 66/02, IBRRS 2003, 1682; *Knopp* DöV 2004, 604 (606); VK Nordbayern Beschl. v. 9.9.2008 – 21.VK-3194-42/08, IBR 2008, 749.

[480] Diskutiert wurde dies im Zusammenhang mit der Abgrenzung von Klärschlamm als Abfall zur Beseitigung einerseits (mit der Folge einer Überlassungspflicht an den Inhaber des ausschließlichen Rechts gem. § 13 KrW-/AbfG) und Abfall zur Verwertung, für die keine Ausschließlichkeit besteht, andererseits.

[481] S. nur OLG Koblenz Vorlagebeschl. v. 14.5.2019 – Verg 1/19, NZBau 2019, 534 (537); so bereits EuGH Urt. v. 7.12.2000 – C-94/99, Slg. 2000, I-11066 = EuZW 2001, 94 – Teckal; EuGH Urt. v. 18.11.1999 – C-107/98, EuZW 2000, 246 (248) – ARGE Gewässerschutz.

[482] OLG Koblenz Vorlagebeschl. v. 14.5.2019 – Verg 1/19, NZBau 2019, 534 (537); OLG Koblenz Beschl. v. 3.12.2014 – 1 Verg 8/14, BeckRS 2014, 23205; OLG Düsseldorf VergabeR 2004, 619 (621 f.); OLG Frankfurt a. M. Beschl. v. 7.9.2004 – 11 Verg 11/04, NZBau 2004, 692 ff.

[483] Ebenso EuGH Urt. v. 9.6.2009 – C-480/06, EuZW 2009, 529.

[484] S. – unter Betonung des notwendigen kooperativen Elements („echte Zusammenarbeit") – EuGH Urt. v. 4.6.2020 – C-429/19, NZBau 2020, 457 (460 f.) – Remondis II. So bereits vor der Vergaberechtsmodernisierung 2016 das OLG Koblenz Beschl. v. 3.12.2014 – Verg 8/14, KommJur 2015, 104 (105 f.).

der beteiligten öffentlichen Auftraggeber mit der betreffenden Aufgabe eigentlich gar nichts zu tun hat.[485] Dies ist im Bereich Abfall der Fall, wenn eine Gemeinde für den entsorgungspflichtigen Landkreis gegen Entgelt die Abfallsammlung übernimmt; denn eine gesetzliche Zuständigkeit der Gemeinde hierfür besteht nicht, sodass es an der nach § 108 Abs. 6 Nr. 1 notwendigen Zielidentität („*Erreichung gemeinsamer Ziele*") fehlt.[486] Beim Abschluss etwaiger öffentlich-öffentlicher Kooperationen ist daher Vorsicht geboten.

2. (Notfall-)Rettungsdienstleistungen. Auch öffentlich-rechtliche Verträge zur Übertragung des **Rettungsdienstes** und des qualifizierten **Krankentransportes** auf private Unternehmen oder Hilfsorganisationen sind als Dienstleistungsverträge gem. Abs. 4 zu qualifizieren, jedenfalls soweit der Leistungserbringer das Entgelt unmittelbar vom Leistungsträger erhält (sog. **Submissionsmodell**).[487] Dies war lange Zeit umstritten. Die mehrheitliche Auffassung verneinte die Anwendbarkeit des Vergaberechts mit dem Argument, dass die Privaten am öffentlich-rechtlichen Rettungsdienst Beteiligte seien und als Verwaltungshelfer nach den Anweisungen der Träger rettungsdienstlicher Aufgaben handelten.[488] Bei der Wahrnehmung dieser Aufgaben seien sie als Hilfspersonen funktional in den Bereich staatlicher Aufgabenerfüllung auf dem Gebiet des Rettungswesens eingegliedert, sodass die Wahrnehmung **rettungsdienstlicher** Aufgaben einheitlich und unmittelbar der hoheitlichen Betätigung des Staates zuzurechnen sei. Für die Bundesländer, in denen das Submissionsmodell praktiziert wird, hat der BGH mittlerweile entschieden, dass die **Vergabe von Rettungsdienstleistungen nach dem Submissionsmodell** keinen Fall der Ausübung öffentlicher Gewalt darstellt und damit **dem Anwendungsbereich des Vergaberechts unterfällt**.[489] Ein öffentlicher Auftrag über **Rettungsdienstleistungen** umfasst nach Ansicht des BGH Leistungen, zu denen ein Dritter aufgrund einer vertraglichen Vereinbarung **verpflichtet sein soll**, selbst wenn die Durchführung der Notfallrettung und des Krankentransports möglicherweise als Übertragung jedenfalls eines Teils der öffentlichen Aufgabe selbst bzw. als Anvertrauen eines öffentlichen Amts angesehen wird. Eine solche Verpflichtung eines Privaten genüge für die Anwendung von Abs. 4. Die Rechtsnatur des Vertrages sei dabei unerheblich. Abs. 4 weise Dienstleistungen allein deshalb dem GWB-Vergaberegime zu, weil der öffentliche Auftraggeber Leistungen durch einen Dritten für wünschenswert oder notwendig erachtet und dies zum Anlass nimmt, deren Erbringung auf vertraglichem Weg und nicht in anderer Weise, etwa durch einen Beleihungsakt, sicherzustellen.[490] Allerdings kann bei Rettungsdienstleistungen die Bereichsausnahme des § 107 Abs. 1 Nr. 4 greifen.[491]

Damit ist festzuhalten: Aufträge betreffend die Durchführung von Rettungsdienstleistungen sind nicht per se aus dem Vergaberecht herausgenommen.[492] Im Grundsatz sind sie daher nach den Vorgaben der §§ 97 ff. auszuschreiben. Der Auftraggeber kann aber dann auf die Bereichsausnahme des § 107 Abs. 1 Nr. 4 zurückgreifen und auf die Durchführung eines förmlichen Vergabeverfahrens verzichten, wenn er festlegt, dass zwingend eine gemeinnützige Organisation beauftragt werden soll; der Auftraggeber muss sich vor der Beschaffung damit auseinandersetzen, ob er diesen Weg gehen will oder ob auch gewerbliche Anbieter eine Chance auf die Auftragserteilung erhalten sollen.[493] In letzterem Fall muss er ein Vergabeverfahren nach den §§ 97 ff. durchführen. Die insoweit dem Vergaberecht vorgelagerte Frage, ob zwingend eine gemeinnützige Organisation den Auftrag erhalten soll oder auch die Beauftragung eines gewerblichen Anbieters in Frage

---

[485] OLG Koblenz Beschl. v. 14.3.2018 – Verg 4/17, NZBau 2018, 381 (382 f.); OLG Naumburg Beschl. v. 17.3.2017 – 7 Verg 8/16, VergabeR 2017, 627 (640 f.).
[486] S. OLG Koblenz Beschl. v. 14.3.2018 – Verg 4/17, NZBau 2018, 381 (382 f.), welches hier eng an die gesetzlichen Zuständigkeitsregelungen des LKrWG Rheinland-Pfalz angeknüpft hat.
[487] EuGH VergabeR 2010, 617; BGH Beschl. v. 1.12.2008 – X ZB 31/08, BGHZ 179, 84 = NVwZ 2009, 605; ausf. dazu *Röwekamp/Brauser-Jung/Zimmermann* in RKPP GWB Rn. 117 ff.
[488] OLG Brandenburg Beschl. v. 18.9.2008 – Verg W 13/08, BeckRS 2008, 20666; VG Potsdam Beschl. v. 14.8.2008 – 10 L 342/08, IBRRS 2009, 0127; OLG Düsseldorf Beschl. v. 5.4.2006 – VII-Verg 7/06, NZBau 2006, 595; OLG Celle Beschl. v. 24.11.1999 – 13 Verg 7/99, NZBau 2000, 299 (300); OLG Naumburg VergabeR 2001, 134; OLG Brandenburg Beschl. v. 9.9.2004 – Verg W 9/04, NZBau 2005, 236.
[489] BGH Beschl. v. 1.12.2008 – X ZB 31/08, BGHZ 179, 84 = NVwZ 2009, 605; vgl. auch VG Frankfurt (Oder) Beschl. v. 20.2.2009 – 4 L 186/08, BeckRS 2009, 31658; *Berger/Tönnemann* VergabeR 2009, 129.
[490] So auch OLG Naumburg Beschl. v. 23.4.2009 – 1 Verg 5/08, BeckRS 2009, 18433; VG Frankfurt (Oder) Beschl. v. 20.2.2009 – 4 L 186/08, BeckRS 2009, 31658.
[491] Zu den europarechtlichen Grundlagen EuGH Urt. v. 21.3.2019 – C-465/17, NZBau 2019, 314 ff. – Falck Rettungsdienste GmbH; s. auch *Jaeger* NZBau 2020, 223 ff.
[492] jurisPK-VergabeR/*Summa* § 107 Rn. 36.
[493] Dazu jurisPK-VergabeR/*Summa* § 107 Rn. 37 ff.

kommt, steht dabei nicht im freien Belieben des Auftraggebers. Insoweit können Aspekte der Gleichbehandlung,[494] aber auch landesgesetzliche Vorgaben zu berücksichtigen sein.[495]

175 Möglich ist auch die Ausgestaltung als Konzession. Erhält der Leistungserbringer die Gebühren für die Rettungsdienstleistungen direkt vom Bürger/Sozialversicherungsträger (sog. **Konzessionsmodell**), liegt nicht unbedingt ein öffentlicher Auftrag gem. Abs. 4 vor, es kann sich insoweit auch um eine **Dienstleistungskonzession** handeln.[496] Ob die Voraussetzungen einer Dienstleistungskonzession gem. § 105 Abs. 1 Nr. 2 vorliegen, ist im Einzelfall genau zu prüfen. Für die Abgrenzung ist die Frage der Risikoverlagerung sowie Art und Höhe der Gegenleistung in den Blick zu nehmen.[497] Auch bei der Gestaltungsvariante der Konzession stellt sich die in → Rn. 174 aufgezeigt Frage des Eingreifens des § 107 Abs. 1 Nr. 4.

176 **3. Sponsoring.** Sponsoringverträge sind Verträge, bei denen ein öffentlicher Auftraggeber eine **private Finanzierung** sucht, ohne als Gegenleistung einen materiellen Vermögenswert für die Leistung des Sponsors zu bewirken. Die Gegenleistung für den Sponsor besteht in der Regel in Möglichkeiten zur Erzielung werblicher oder anderweitiger öffentlichkeitswirksamer Vorteile immaterieller Art, wie der Nennung des Namens des Sponsors oder der Präsentation des Firmenlogos.[498]

177 Die Einordnung der Sponsoringverträge in das Vergaberecht ist bisher nicht durch die Rechtsprechung geklärt. Einerseits liegt Abs. 1 ein weiter Entgeltbegriff zugrunde, der jede Art von **geldwertem Vorteil** umfasst.[499] Maßstab für die Beurteilung muss also sein, ob der Sponsor eine solche geldwerte Gegenleistung erhält.[500] Richtigerweise wird in den meisten Fällen des reinen Sponsorings **mangels Entgeltlichkeit** die **Anwendung des Vergaberechts** jedoch **abzulehnen** sein.[501] Aus Sicht der **öffentlichen Hand** fehlt es zunächst an einem **Mittelabfluss**. Auch eine eventuelle **Werbewirkung beim privaten Sponsor** durch Nennung des Namens im Zusammenhang mit einem öffentlichen Auftraggeber **allein genügt nicht**, um das Merkmal der Entgeltlichkeit zu bejahen. Es ist schwer vorhersehbar, ob sich die durch ein Sponsoring möglicherweise eingeräumten Vorteile jemals realisieren werden. Das wirtschaftliche Risiko dafür, dass sich die Werbung damit, Sponsor einer staatlichen Leistung zu sein, jemals in konkreten Aufträgen und damit in Mittelzuflüssen niederschlägt, liegt vollständig beim privaten Spender.[502] Der reale wirtschaftliche Vorteil ist von wesentlichen weiteren Zwischenakten abhängig und damit im Zeitpunkt des Abschlusses des Sponsoringvertrags zu abstrakt, um von einem Entgelt iSd § 103 sprechen zu können. Dies gilt namentlich auch unter Berücksichtigung der neuesten Rechtsprechung des EuGH zum Entgeltbegriff. Darin hat der EuGH entschieden, dass Vorteile allgemeiner Art, sei es der Erwerb einer begehrten Referenz, sei es der Zugang zu einem neuen bzw. bislang verschlossenen Markt, nicht ausreichend sind für die Annahme einer Entgeltlichkeit.[503] Maßgeblich war dabei im vom EuGH entschiedenen Fall ua, dass – jedenfalls in der konkreten aktuellen Situation – die erhofften Vorteile nicht hinreichend verfestigt sowie in Geld messbar waren und letztlich vom Zufall abhingen.[504] Überträgt man dies, so ergibt sich für Sponsoringtätigkeiten, dass diese keine öffentlichen Aufträge darstellen.

178 Wenn die Sponsorenleistung in der **bloßen Zurverfügungstellung von Geldmitteln** besteht, ist der **Anwendungsbereich des § 103 auch deswegen nicht eröffnet**, weil die Geldzahlung an den Staat kein vom Vergaberecht erfasster Beschaffungsvorgang ist.[505] Liegt die Sponso-

---

[494] Streng Ziekow/Völlink/*Antweiler* § 107 Rn. 42, nach dem Art. 3 Abs. 1 GG einem Ausschluss privater, nicht gemeinnütziger Anbieter entgegensteht.
[495] S. zu Art. 13 BayRDG die Entscheidung VGH München Beschl. v. 26.4.2019 – 12 C 19.621, NVwZ-RR 2020, 256.
[496] EuGH Urt. v. 10.3.2011 – C-274/09, Slg. 2011, I-1350 = NZBau 2011, 239; OLG München Vorlagebeschl. v. 2.7.2009 – Verg 5/09, NZBau 2009, 666.
[497] Immenga/Mestmäcker/*Dreher* Rn. 122.
[498] Ausf. zum Sponsoring: *Burgi*, Sponsoring der öffentlichen Hand, 2010; *Burgi* NZBau 2004, 594; *Kasper* DÖV 2005, 11.
[499] S. nur BGH Beschl. v. 1.12.2008 – X ZB 31/08, NZBau 2009, 201 ff.; weitere Nachweise bei Reidt/Stickler/Glahs/*Ganske* Rn. 33.
[500] *Müller-Wrede* FS Thode, 2005, 431; BayObLG Beschl. v. 11.12.2001 – Verg 15/01, NZBau 2002, 234 (235).
[501] *Burgi* NZBau 2004, 594 (599); *Remmert* DÖV 2010, 583 (589 f.); aA *Kasper* DÖV 2005, 11 (13 f.); HK-VergabeR/*Wegener/Pünder* Rn. 49; *v. Engelhardt/Kaelble* in Müller-Wrede GWB Rn. 81.
[502] *Burgi* NZBau 2004, 594 (598); *Remmert* DÖV 2010, 583 (589 f.).
[503] S. EuGH Urt. v. 10.9.2020 – C-367/19, NZBau 2020, 730, (731).
[504] Vgl. EuGH Urt. v. 10.9.2020 – C-367/19, NZBau 2020, 730, (731) unter Bezugnahme auf den Generalanwalt beim EuGH Schlussantrag v. 28.5.2020 – C-367/19, BeckRS 2020, 10208.
[505] IErg ebenso *Burgi* NZBau 2004, 594 (598); HK-VergabeR/*Wegener/Pünder* Rn. 49; aA *Remmert* DÖV 2010, 583 (587 f.); *Kasper* DÖV 2005, 11 (15), welche die rein finanzielle Leistung als Dienstleistung einordnen.

renleistung hingegen in der Förderung von Verwaltungsaufgaben in Form von Dienstleistungen oder Bauleistungen[506] und besteht die Gegenleistung des öffentlichen Auftraggebers in der Übertragung des Nutzungsrechts betreffend die erbrachten Leistungen auf den Sponsor, wie zB bei einer werbefinanzierten Fahrgastinformation in öffentlichen Verkehrsmitteln, so kann eine **Konzession** gem. § 105 vorliegen.[507] An einer Dienstleistungskonzession fehlt es wiederum jedoch dann, wenn Sponsoren, die den Staat unterstützen, nicht ihre eigene Dienstleistung wirtschaftlich nutzen, sondern vom konkreten Dienstleistungsgegenstand losgelöste werbliche Vorteile bezwecken, indem sie den Staat als eine Art Werbeträger nutzen.

E. Rahmenvereinbarungen (Abs. 5)

Schrifttum: *Arrowsmith,* The law of public and utilities procurement and regulation in the EU and in the UK, 3. Aufl. 2014; *Bischof,* Vergabe von Rahmenbedingungen und daran anschließender Einzelaufträge, ITRB 2007, 134; *Csaki/Winkelmann,* Die praktische Umsetzung der EuGH-Rechtsprechung zu Rahmenvereinbarungen, NZBau 2019, 758; *Fischer/Fongern,* Rahmenvereinbarungen im Vergaberecht, NZBau 2013, 550; *Fischer/Schleper,* Zwingende Festlegung einer Höchstmenge abrufbarer Leistungen bei Rahmenvereinbarungen, NZBau 2019, 762; *Franke,* Rechtsschutz bei der Vergabe von Rahmenvereinbarungen, ZfBR 2006, 546; *Friton/Meister,* Die Rahmenvereinbarung: Das (nach wie vor) unbekannte Wesen?, FS Friedhelm Marx, 2013, 129; *Friton/v. Rummel,* juris PR-Vergaberecht 3/2019 Anm. 1 zu EuGH 8. Kammer, Urteil vom 19.12.2018 – C-216/17; *von Gehlen/Hirsch,* Verbindliche Abnahmemengen auch bei Rahmenvereinbarungen?, NZBau 2011, 736; *Graef,* Rahmenvereinbarungen bei der Vergabe von öffentlichen Aufträgen de lege lata und de lege ferenda, NZBau 2005, 561; *Gröning,* Das Konzept der neuen Koordinierungsrichtlinie für die Beschaffung durch Rahmenvereinbarungen, VergabeR 2005, 156; *Haak/Degen,* Rahmenvereinbarungen nach dem neuen Vergaberecht – Zur Umsetzung der Regelungen über Rahmenvereinbarungen der Richtlinien 2004/17/EG und 2004/18/EG durch die geplante Verordnung über die Vergabe öffentlicher Aufträge, VergabeR 2005, 164; *Knauff,* Neues europäisches Vergabeverfahrensrecht: Rahmenvereinbarungen VergabeR 2006, 24; *Kullack/Terner,* EU-Legislativpaket – Die neue „klassische" Vergabekoordinierungsrichtlinie – 1 Teil, ZfBR 2004, 244; *Laumann/Scharf,* Liefer- und Abnahmepflichten bei Lieferverträgen und Rahmenvereinbarungen, VergabeR 2012, 156; *Machwirth,* Rahmenvereinbarungen nach der neuen VOL/A, VergabeR Sonderheft 2 a/2007, 385; *Niestedt/Hölzl,* Um Kleinigkeiten kümmert sich der Prätor nicht!, NJW 2008, 3321; *Orf/Gesing,* Rahmenvereinbarungen – zwischen Effizienz und formalen Zwängen, VergabeNews 2020, 18; *Pfannkuch,* Aktuelle Anforderungen an Rahmenvereinbarungen im Vergaberecht, KommJur 2019, 241; *Portz,* Flexible Vergaben durch Rahmenvereinbarungen: Klarstellungen durch die EU-Vergaberechtlinie 2014, 523; *Prieß,* Die Leistungsbeschreibung – Kernstück des Vergabeverfahrens (Teil 2), NZBau 2004, 87; *Probst/Donhauser,* Anmerkung zu einem Beschluss der Vergabekammer des Bundes vom 19.7.2019 (VK 1-39/19), VergabeR 2020, 80; *Rosenkötter,* Rahmenvereinbarungen mit Miniwettbewerb – Zwischenbilanz eines neuen Instruments, VergabeR Sonderheft 2 a/2010, 368; *Rosenkötter/Seidler,* Praxisprobleme bei Rahmenvereinbarungen, NZBau 2007, 684; *Schmidt/Kirch,* Direktabruf und Miniwettbewerbe bei Rahmenvereinbarungen, VergabeNews 2020, 98; *Schwabe,* Funktionsweise und Chancen vergaberechtlicher Rahmenvereinbarungen, in Glock/Broens, Verwaltung 2030 – Neues Verwaltungsmanagement für die Verwaltung von morgen, 2013, 287; *Segeth,* Rahmenvereinbarungen – Rechtsentwicklung, Systematische Entfaltung, Vergabe, 2010.

I. Überblick und Zweck

Mit Abs. 5 wird das Instrument der Rahmenvereinbarung erstmals **im GWB selbst** geregelt. Abs. 5 übernimmt die Definition der Rahmenvereinbarung gem. Art. 33 Abs. 1 UAbs. 2 RL 2014/24/EU bzw. Art. 51 Abs. 1 UAbs. 2 Sektoren-RL. Der materielle Regelungsgehalt des § 103 Abs. 5 beschränkt sich auf die Definition der Rahmenvereinbarung (S. 1) und die Grundregel, dass für die Vergabe grundsätzlich dieselben Vorschriften gelten wie für die Vergabe entsprechender öffentlicher Aufträge (S. 2). Konkretisiert werden die Regelungen zu den Rahmenvereinbarungen für Liefer- und Dienstleistungen durch § 21 VgV, für Bauleistungen durch § 4a EU VOB/A, im Anwendungsbereich der VSVgV durch § 14 VSVgV und im Bereich der Sektorenauftragsvergabe durch § 19 SektVO.

Bis zur ersten Stufe der Umsetzung der Vergabe-RL 2004, die am 1.11.2006 in Kraft trat, waren Rahmenvereinbarungen lediglich für den Sektorenbereich geregelt. Allerdings war der Abschluss

---

[506] Als Beispiele nennt *Remmert* DÖV 2010, 583 (587 f.) die Lieferung von Computern an eine Schule bzw. die Sanierung eines öffentlichen Gebäudes.

[507] So auch *v. Engelhardt/Kaelble* in Müller-Wrede GWB Rn. 82; HK-VergabeR/*Wegener/Pünder* Rn. 50, die jedoch für den Regelfall, in welchem die Unternehmen „werbliche oder sonst öffentlichkeitswirksame Vorteile" nutzen (bspw. in Form der Berechtigung, sich als Sponsor zu bezeichnen), vom Vorliegen eines öffentlichen Auftrags ausgehen.

von Rahmenvereinbarungen bereits zuvor üblich und von der Rechtsprechung anerkannt. § 5b VOL/A 2006 (später § 9 SektVO aF) hatte dann im Jahr 2006 den Art. 14 RL 2004/17/EG (Sektoren-RL 2004) umgesetzt. Mit Inkrafttreten des § 3a Nr. 4 VOL/A 2006 (später § 4 EG VOL/A 2009) war zudem Art. 32 Abs. 1 Vergabe-RL 2004 für Liefer- und Dienstleistungen in deutsches Recht umgesetzt worden.[508] Die VOB/A und die VOF enthielten hingegen bis dahin keine Regelungen zu Rahmenvereinbarungen, obwohl dies nach der Vergabe-RL 2004 rechtlich möglich gewesen wäre. In Rechtsprechung und Literatur war daher umstritten, ob und mit welcher Begründung der Abschluss von Rahmenvereinbarungen im Bereich der VOB/A und der VOF außerhalb der Sektorenauftragsvergabe zulässig ist.[509] Dieser Streit hat sich seit Anfang 2016 mit der Umsetzung der RL 2014/24/EU erledigt. Anders als nach der Vergabe-RL 2004 sowie der Sektoren-RL 2004 haben die Mitgliedstaaten bei der Umsetzung der RL 2014/24/EU und der Sektoren-RL **keinen Spielraum** mehr, ob sie Rahmenvereinbarungen ermöglichen; sie müssen das Instrument der Rahmenvereinbarung in allen Bereichen vorsehen. Der Wortlaut der RL 2014/24/EU und der Sektoren-RL ist insoweit eindeutig. Etwas anderes ergibt sich auch nicht aus Erwägungsgrund 60 RL 2014/24/EU, nach dem die RL 2014/24/EU der Präzisierung des Instruments der Rahmenvereinbarung dient.[510] Folgerichtig unterscheidet § 103 Abs. 5 nicht nach der Art der Leistung. Die Regelung des Abs. 5 stellt damit eine **Umsetzung** des EU-Richtlinienrechts[511] dar.

181 **Zweck** des Instruments der Rahmenvereinbarung ist es, den Auftraggebern **Flexibilität** zu verschaffen.[512] Mit der RL 2014/24/EU soll die Flexibilität nach dem Willen des Richtliniengebers noch weiter gestärkt werden.[513] Bei Abschluss der Rahmenvereinbarung müssen noch nicht alle Bedingungen für die Einzelaufträge feststehen. Durch Rahmenvereinbarungen können Auftraggeber insoweit die Vergabe mehrerer Einzelaufträge mit einheitlichen Bedingungen in einem einzigen Verfahren bündeln.[514] Das Instrument der Rahmenvereinbarung ermöglicht daher eine effizientere Beschaffung.[515] Insbesondere besteht die Flexibilität darin, dass der Auftraggeber nach seinem jeweils erst in der Zukunft bestimmbaren Bedarf beschaffen kann.[516] Damit soll der Beschaffungsvorgang zugleich vereinfacht werden,[517] was sich allerdings eher auf die Vergabe der auf der Rahmenvereinbarung beruhenden Einzelaufträge beschränkt. Zugleich können die Auftraggeber an Preis- und Produktentwicklungen des Marktes partizipieren, ohne einen erneuten Auftrag ausschreiben zu müssen.[518] Ein weiterer Vorteil liegt darin, dass der Auftraggeber seine Verwaltungsaufwand reduzieren kann[519] und eine Beschaffung nicht insgesamt vorfinanzieren muss.[520] Auch für die Auftragnehmer verringert sich der Aufwand für die Angebotserstellung, während sie zugleich gegenüber Konkurrenten, die nicht Partei der Rahmenvereinbarungen sind, privilegiert werden.[521] Dass Rahmenvereinbarungen zu einer Senkung der Kosten für die Beschaffung sowohl auf Auftraggeber- als auch auf Bieterseite führen,[522] ist aber nicht zwingend. Denn für die Bieter kann die Kalkulation der Einzelaufträge auch erschwert werden, was zu erhöhten Preisen führen kann.[523] Das gilt insbesondere, wenn der Abruf von Einzelaufträgen unsicher ist bzw. ganz unterbleiben kann. Verstärkt wird dieser Effekt, wenn – wie in der Praxis regelmäßig – eine Leistungspflicht festgelegt wird und der an der Rahmenvereinbarung beteiligte Vertragspartner jederzeit „auf Abruf" liefern muss, dh es ihm nicht

---

[508] Dazu *Gröning* VergabeR 2005, 156 (157); *Haak/Degen* VergabeR 2005, 164; *Poschmann* in Müller-Wrede VOL/A § 4 EG Rn. 5 f.

[509] Zum damaligen Streitstand: VK Sachsen Beschl. v. 25.1.2008 – 1/SVK/088-7, BeckRS 2008, 11096; *Fischer/Fongern* NZBau 2013, 550 (550); HK-VergabeR/*Schrotz* VOL/A § 4 EG Rn. 12 ff. (alle gegen die Zulässigkeit); aA VK Hamburg Beschl. v. 27.4.2006 – VgK FB 2/06, IBRRS 2007, 0068; VK Bund Beschl. v. 29.7.2009 – VK 2-87/09, BeckRS 2014, 15624.

[510] AA *Arrowsmith*, The law of public and utilities procurement and regulation in the EU and in the UK, 3. Aufl. 2014, Rn. 11–12.

[511] Vgl. BT-Drs. 18/6281, 74.

[512] *Segeth*, Rahmenvereinbarungen – Rechtsentwicklung, Systematische Entfaltung, Vergabe, 2010, 22 mwN.

[513] Erwägungsgrund 61 RL 2014/24/EU.

[514] *Portz* VergabeR 2014, 523 (524) mwN; Willenbruch/Wieddekind/*Haak/Koch* VgV § 21 Rn. 3.

[515] Vgl. Erwägungsgrund 60 RL 2014/24/EU und Erwägungsgrund 71 Sektoren-RL.

[516] *Schwabe* in Glock/Broens, Verwaltung 2030, 2013, 287, 297.

[517] *Segeth*, Rahmenvereinbarungen – Rechtsentwicklung, Systematische Entfaltung, Vergabe, 2010, 23.

[518] Vgl. Segeth, Rahmenvereinbarungen – Rechtsentwicklung, Systematische Entfaltung, Vergabe, 2010, 22.

[519] Beck VergabeR/*Biemann* Rn. 8.

[520] *Schwabe* in Glock/Broens, Verwaltung 2030, 2013, 287, 298; *Portz* VergabeR 2014, 523 (524).

[521] *Schwabe* in Glock/Broens, Verwaltung 2030, 2013, 287, 297; *Portz* VergabeR 2014, 523 (524).

[522] *Segeth*, Rahmenvereinbarungen – Rechtsentwicklung, Systematische Entfaltung, Vergabe, 2010, 23; *Arrowsmith* CMLRev 2004, 1277 (1293).

[523] Dazu VK Bund Beschl. v. 20.4.2006 – VK 1-19/06, IBRRS 2013, 4592; *Graef* NZBau 2005, 561 (562); *Kullack/Terner* ZfBR 2004, 244; Willenbruch/Wieddekind/*Haak/Koch* VgV § 21 Rn. 5.

freisteht, die Ausführung von Einzelaufträgen abzulehnen. In diesem Fall werden in der Regel Vorhaltekosten entstehen und in die Preise einkalkuliert.[524]

Nachteilig kann sich das Instrument der Rahmenvereinbarung dann auswirken, wenn davon auch in solchen Fällen Gebrauch gemacht wird, in denen der Rahmen nicht hinreichend auf den Einzelauftrag passt oder in denen bei der Vergabe von Einzelaufträgen unter der Rahmenvereinbarung nicht gleichermaßen sorgfältig vorgegangen wird wie beim Abschluss der Rahmenvereinbarung.[525] In letzterem Fall drohen rechtliche Risiken; insoweit unterliegt auch die Vergabe der Einzelaufträge der Überprüfung durch die Vergabekammern.[526]

II. Anwendungsbereich

Abs. 5 S. 1 findet auf sämtliche Vergaben oberhalb der Schwellenwerte Anwendung. Unterhalb der Schwellenwerte gilt § 15 UVgO. § 103 Abs. 5 unterscheidet nicht zwischen dem Sektorenbereich und dem Bereich der „klassischen" Auftragsvergabe für Liefer-, Dienstleistungs- und Bauaufträge. Gegenüber dem Referentenentwurf vom 30.4.2015 wurde die Definition der Rahmenvereinbarungen auch auf von Sektorenauftraggebern abgeschlossene Vereinbarungen erstreckt. Nähere Einschränkungen dazu, für welche Art von Aufträgen Rahmenvereinbarungen denkbar sind, enthält Abs. 5 S. 1 nicht. Abs. 5 findet daher auch beim Abschluss von Arzneimittelrabattverträgen nach § 130a Abs. 8 und 8a SGB V,[527] Hilfsmittelversorgungsverträgen nach § 127 SGB V,[528] Verträgen zur integrierten Versorgung nach § 140a Abs. 1 S. 1 SGB V,[529] Verträgen zur hausarztzentrierten Versorgung nach § 73b Abs. 4 SGB V[530] sowie Verträgen zur ambulanten ärztlichen Versorgung nach § 73c SGB V Anwendung,[531] wenn die sonstigen Voraussetzungen für die Anwendbarkeit des Kartellvergaberechts gegeben sind, dh insbesondere nicht ein sog. Open-House-Vertragssystem vorliegt.[532]

Hintergrund dieses weiten Anwendungsfeldes von Rahmenvereinbarungen iSd § 103 Abs. 5 ist, dass – entgegen einer überholten Rechtsansicht – mittlerweile geklärt sein dürfte, dass die Vorschriften des GWB nicht durch sozialrechtliche Regelungen verdrängt werden können und daher das Kartellvergaberecht grundsätzlich auch auf Verträge der Sozialversicherungsträger mit Leistungserbringern anzuwenden ist. Auf Arzneimittelrabattverträge sind die §§ 97 ff. anwendbar, wenn und weil die Krankenkassen als öffentliche Auftraggeber und die Rabattverträge als Lieferverträge zu qualifizieren sind.[533] Rahmenverträge der Sozialversicherungsträger müssen daher den vergaberechtlichen Vorgaben genügen. Wenn und soweit sozialrechtliche Regelungen dem Oberschwellenrecht entgegenstehen, müssen sie europarechtskonform ausgelegt werden.[534] Etwas anderes gilt nur für die sog. „Open-House-Verträge" (Zulassungsverfahren). Diese sind keine Verträge, auf die die Vorschriften über den Abschluss von Rahmenvereinbarungen Anwendung finden.[535] Denn hier fehlt es an der notwendigen Exklusivität der Stellung der Vertragspartner, weshalb das Vergaberecht von Anfang an nicht anwendbar ist.

III. Definition und Begriff

Rahmenvereinbarungen werden in Abs. 5 S. 1 **legaldefiniert** als Vereinbarungen zwischen einem oder mehreren öffentlichen Auftraggebern oder Sektorenauftraggebern und einem oder mehreren Unternehmen, die dazu dienen, die Bedingungen für die öffentlichen Aufträge, die während eines bestimmten Zeitraums vergeben werden sollen, festzulegen, insbesondere in Bezug auf den

---

[524] Vgl. Willenbruch/Wieddekind/*Haak/Koch* VgV § 21 Rn. 5.
[525] *Arrowsmith*, The law of public and utilities procurement and regulation in the EU and in the UK, 3. Aufl. 2014, Rn. 11-01.
[526] S. nur VK Rheinland Beschl. v. 23.6.2020, VK 15/20 – K Rn. 17 ff.
[527] *Dreher/Hoffmann* NZBau 2009, 273 (274 ff.).
[528] OLG Brandenburg Beschl. v. 12.2.2008 – VergW 14/07, BeckRS 2011, 16824; *Dreher/Hoffmann* NZBau 2009, 273 (277 ff.).
[529] *Dreher/Hoffmann* NZBau 2009, 273 (279 ff.); *Gabriel* in Gabriel/Krohn/Neun VergabeR-HdB § 80 Rn. 11.
[530] OLG Düsseldorf VergabeR 2012, 72; *Dreher/Hoffmann* NZBau 2009, 273 (281).
[531] *Dreher/Hoffmann* NZBau 2009, 273 (281).
[532] Dazu Immenga/Mestmäcker/*Dreher* Rn. 151 mwN.
[533] *Meyer-Hofmann/Weng* PharmaR 2010, 324 ff.; *Gabriel* VergabeR 2011, 372 (373).
[534] Immenga/Mestmäcker/*Dreher* Rn. 152.
[535] Vgl. EuGH Urt. v. 2.6.2016 – C-410/14, ECLI:EU:C:2016:399 Rn. 42 = NZBau 2016, 441 – Falk Pharma; LSG Nordrhein-Westfalen Beschl. v. 14.4.2010 – L 21 KR 69/09 SFB, NZBau 2010, 653; OLG Düsseldorf Beschl. v. 11.1.2012 – VII Verg 57/11, NZBau 2012, 315; OLG Düsseldorf Beschl. v. 13.8.2014 – VII Verg 13/13, NZBau 2014, 654; OLG Düsseldorf Beschl. v. 20.3.2019 – VII Verg 65/18, NZBau 2019, 801 (802); dazu auch *v. Engelhardt/Kaelble* in Müller-Wrede GWB Rn. 89 f.

186 Eine Definition der Rahmenvereinbarung an anderer Stelle ist durch § 103 Abs. 5 S. 1 GWB entbehrlich geworden; der alte § 4 Abs. 2 VSVgV wurde dementsprechend aufgehoben. Die untergesetzlichen Normen – § 21 VgV, § 4a EU VOB/A und § 19 SektVO – enthalten ebenfalls keine Definition. Sie legen vielmehr weitere Vorgaben für den Inhalt von Rahmenvereinbarungen und insbesondere die Regeln für die Einzelbeauftragung, namentlich bei Rahmenvereinbarungen, die mit mehreren Vertragspartnern abgeschlossen worden sind, fest. Im Hinblick auf die Einordnung von Vertragswerken kommt es allein darauf an, dass die Merkmale einer Rahmenvereinbarung vorliegen; sie müssen nicht als solche bezeichnet werden.[536]

187 Die Rahmenvereinbarung wurde aus systematischen Gründen im Zusammenhang mit dem Begriff des „öffentlichen Auftrags" innerhalb des § 103 geregelt.[537] Es handelt sich aber bei der Rahmenvereinbarung nicht um eine Vergabeart, sondern einen **Vertragstyp**.[538] Rahmenvereinbarungen können sämtliche Merkmale eines öffentlichen Auftrags erfüllen, müssen dies jedoch nicht.[539] Bereits der Wortlaut von Abs. 5 unterscheidet zwischen „öffentlichen Aufträgen" einerseits und „Rahmenvereinbarungen" andererseits. Systematisch steht Art. 33 RL 2014/24/EU zudem in Titel II Kapitel II („Methoden und Instrumente für die elektronische Auftragsvergabe und für Sammelbeschaffungen") und nicht unmittelbar bei der Definition des Auftrags und der Auftragsarten in Art. 2 RL 2014/24/EU. Das bedeutet, dass eine Rahmenvereinbarung selbst nicht sämtliche Merkmale eines öffentlichen Auftrags iSd Abs. 1 erfüllen muss. Sie muss als solche beispielsweise nicht entgeltlich sein; es genügt, wenn die Entgeltlichkeit erst auf der zweiten Ebene eine Rolle spielt.[540] Ausreichend ist es insoweit, dass die aufgrund einer Rahmenvereinbarung zu vergebenden Einzelaufträge entgeltlich sein sollen.[541] Die auf der Grundlage der Rahmenvereinbarung erteilten Einzelaufträge sind hingegen öffentliche Aufträge iSd Abs. 1, die jedoch einem vereinfachten Vergabeverfahren unterliegen. Daher muss bereits der Abschluss einer Rahmenvereinbarung den allgemeinen wettbewerblichen Verfahrensregeln unterliegen und unter deren Anwendung vergeben werden (vgl. Art. 33 Abs. 1 UAbs. 1 RL 2014/24/EU).

188 Im Ergebnis sind bei Rahmenvereinbarungen damit zwei Stufen zu unterscheiden.[542] In einem ersten Schritt (1. Stufe) wendet sich der Auftraggeber an den Markt, um den- oder diejenigen Unternehmen auszuwählen, mit denen er eine Rahmenvereinbarung betreffend zukünftige, noch nicht bis ins letzte Detail feststehende, dh noch zu konkretisierende, Beschaffungsvorgänge abschließen möchte. Es handelt sich bei der Rahmenvereinbarung insoweit um eine Vorstufe zu den späteren Einzelbeauftragungen.[543] Dabei muss allerdings bereits eine ausreichende Bestimmtheit des Beschaffungsziels, also der zukünftigen Beschaffungsgegenstände, vorliegen.[544] Unzulässig wären Ausschreibung und Abschluss einer Rahmenvereinbarung, wenn kein konkreter Liefer-/Dienstleistungsbedarf besteht;[545] dem Auftraggeber ist es damit untersagt, „*auf Vorrat*" Rahmenvereinbarungen für sämtliche denkbare Beschaffungsbedarfe abzuschließen. Rahmenvereinbarungen werden, wenn der Schwellenwert erreicht ist, europaweit ausgeschrieben nach den Regelungen des GWB und der jeweils einschlägigen Verordnung (vgl. § 103 Abs. 5 S. 2 GWB). Das Vergabeverfahren mündet im Vertragsschluss, je nach Ausgestaltung, mit einem oder mehreren Unternehmen. In einem zweiten Schritt (2. Stufe) ist der Auftraggeber dann befugt, Einzelleistungen in Form von Einzelaufträgen an seine/n Vertragspartner zu vergeben, ohne noch einmal eine europaweite Ausschreibung nach den §§ 97 ff. GWB durchführen zu müssen. Die Vergabe der Einzelaufträge (welche ihrerseits die Merkmale eines öffentlichen Auftrags erfüllen, insbesondere eine konkrete Gegenleistung des öffentlichen Auftraggebers vorsehen) erfolgt damit dahingehend privilegiert, dass nur zwischen den beteiligten Rahmenvereinbarungspartnern ein Wettbewerb herzustellen ist. In der Sache hat die Rahmen-

---

[536] Immenga/Mestmäcker/*Dreher* Rn. 143; s. auch OLG Saarbrücken Urt. v. 21.3.2006 – 4 U 51/05-79, NZBau 2006, 462; VK Bund Beschl. v. 9.4.2015 – VK 2-19/15, ZfBR 2015, 600.
[537] So die Begr. des Gesetzentwurfs, s. BT-Drs. 18/6281, 74.
[538] Beck VergabeR/*Biemann* VgV § 21 Rn. 14 mwN.
[539] Immenga/Mestmäcker/*Dreher* Rn. 144.
[540] Immenga/Mestmäcker/*Dreher* Rn. 144; s. auch OLG Düsseldorf Beschl. v. 11.1.2012 – VII Verg 57/11, NZBau 2012, 315 (316 f.).
[541] Immenga/Mestmäcker/*Dreher* Rn. 144; s. auch OLG Düsseldorf Beschl. v. 1.8.2012 – VII-Verg 15/12, NZBau 2012, 791 (793); OLG Düsseldorf Beschl. v. 11.1.2012 – VII Verg 57/11, NZBau 2012, 315 (316).
[542] Dazu auch Immenga/Mestmäcker/*Dreher* Rn. 146 f.
[543] HK-VergabeR/*Wegener/Pünder* Rn. 75.
[544] Immenga/Mestmäcker/Dreher Rn. 142; s. auch jurisPK-VergabeR/*Hillmann* VgV § 21 Rn. 16.
[545] VK Rheinland Beschl. v. 23.6.2020 – VK 15/20 – K Rn. 42 mwN.

E. Rahmenvereinbarungen (Abs. 5)   189–192 § 103 GWB

vereinbarung damit funktional eine „Klammerwirkung"; da sie ein Instrument zur Zusammenfassung wiederkehrender (auf gleichartige Leistungen gerichteter) Beschaffungsvorgänge ist.

IV. Typen von Rahmenvereinbarungen

Abs. 5 unterscheidet selbst nur zwischen der **Anzahl der** an der Rahmenvereinbarung **Beteiligten**. Es kann Rahmenvereinbarungen zwischen einem oder mehreren Beteiligten auf Auftraggeberseite als auch zwischen einem oder mehreren Beteiligten auf Auftragnehmerseite geben. Damit kommen Rahmenvereinbarungen zwischen einem öffentlichen Auftraggeber oder einem Sektorenauftraggeber und einem Unternehmen, zwischen mehreren öffentlichen Auftraggebern oder Sektorenauftraggebern und einem Unternehmen oder zwischen mehreren öffentlichen Auftraggebern oder Sektorenauftraggebern und mehreren Unternehmen in Betracht. Darüber hinaus unterscheiden sich die Rahmenvereinbarungen aber auch hinsichtlich ihrer **Verbindlichkeit**. Die Parteien können frei vereinbaren, welche Bindungswirkung ihre Rahmenvereinbarung haben soll: Sie können entweder das Unternehmen einseitig oder Auftraggeber und Unternehmen beidseitig verpflichten oder auch beidseitig unverbindlich sein.[546] Bei der einseitig verbindlichen Rahmenvereinbarung verpflichtet sich ein Unternehmen, die Leistung auf Abruf zu erbringen; der Auftraggeber ist jedoch nicht zur Abnahme verpflichtet. Der Abschluss einer solchen lediglich einseitig verpflichtenden Rahmenvereinbarung ist vor dem Hintergrund der Vertragsfreiheit nicht grundsätzlich unzulässig,[547] er darf aber nicht zu einem unzumutbaren Risiko für den Bieter führen. Bei einer beidseitig verbindlichen Rahmenvereinbarung ist der Auftraggeber zum Abruf verpflichtet; hier besteht das Risiko der Unzumutbarkeit für den Auftragnehmer nicht. Die beidseitig unverbindliche Rahmenvereinbarung, die weder Abnahmepflichten des Auftraggebers noch eine Leistungspflicht des Auftragnehmers enthält, ist ebenfalls eine Rahmenvereinbarung iSd Abs. 5.[548]

Es besteht keine Verpflichtung zum Abschluss von Rahmenvereinbarungen, sondern eine solche Vereinbarung ist in das **Ermessen** des Auftraggebers gestellt. Die Europäische Kommission unterscheidet zwischen solchen (bestimmten) Rahmenvereinbarungen, in denen bereits alle Bedingungen für die Einzelabrufe festgelegt sind **(Rahmenverträge im engeren Sinne)** und solchen, die weiter konkretisiert werden müssen **(Rahmenvereinbarungen im engeren Sinne)**.[549] Unterschiede ergeben sich hierbei insbesondere im Hinblick auf den Verfahrensablauf, die Beschreibung der Leistung und die Kriterien für die Auswahl des/der Vertragspartner/s für den konkreten Einzelauftrag. Zur Unterscheidung werden ebenfalls die Begriffe „finite singuläre Rahmenvereinbarung" (bestimmte Rahmenvereinbarungen mit einem Wirtschaftsteilnehmer), „finite multiple Rahmenvereinbarung" (bestimmte Rahmenvereinbarungen mit mehreren Wirtschaftsteilnehmern), „infinite singuläre Rahmenvereinbarung" (unbestimmte Rahmenvereinbarungen mit einem Wirtschaftsteilnehmer) und „infinite multiple Rahmenvereinbarung" (unbestimmte Rahmenvereinbarungen mit mehreren Wirtschaftsteilnehmern) verwendet.[550] Denkbar sind auch Mischformen der genannten Typen von Rahmenvereinbarungen.[551]

V. Verfahren und geltende Vergabevorschriften

Aus Abs. 5 S. 1, der zwischen der Rahmenvereinbarung und dem öffentlichen Auftrag unterscheidet, folgt, dass das Gesamtverfahren bei einer Rahmenvereinbarung **zweistufig** ist: Auf der ersten Stufe werden zunächst ein oder mehrere Unternehmen als Partner der Rahmenvereinbarung ausgewählt und die Bedingungen für die auf der zweiten Stufe zu vergebenden öffentlichen Aufträge (Einzelaufträge) festgelegt. Ausdrücklich nennt § 103 Abs. 5 S. 1 als eine solche Bedingung den Preis. Die Bedingungen werden nicht abschließend genannt. Auf der zweiten Stufe werden sodann die jeweiligen Einzelaufträge an den oder die Partner der Rahmenvereinbarung vergeben. Die Einzelheiten des Verfahrens sind für den jeweiligen Anwendungsbereich in § 21 VgV, § 19 SektVO, § 14 VSVgV bzw. § 4a EU VOB/A geregelt.

Abs. 5 S. 2 sieht vor, dass für die Vergabe von Rahmenvereinbarungen grundsätzlich dieselben Vorschriften wie für die Vergabe entsprechender öffentlicher Aufträge gelten. Aufgrund der aus-

---

[546] S. dazu VK Rheinland Beschl. v. 23.6.2020 – VK 15/20 – K Rn. 34; *Poschmann* in Müller-Wrede VgV § 21 Rn. 55 ff.
[547] S. VK Rheinland Beschl. v. 23.6.2020 – VK 15/20 – K Rn. 36.
[548] Vgl. OLG Jena Beschl. v. 22.8.2011 – 9 Verg 2/11, NZBau 2011, 771; *Laumann/Scharf* VergabeR 2012, 156 (159); zweifelnd HK-VergabeR/*Schrotz* VgV § 21 Rn. 41.
[549] S. Kom., Dok. CC/2005/03_Rev. 1, 3.
[550] *Segeth*, Rahmenvereinbarungen – Rechtsentwicklung, Systematische Entfaltung, Vergabe, 2010, 91; *Friton/Meister* FS Marx, 2013, 129 (130).
[551] *Fischer/Fongern* NZBau 2013, 550 (551).

drücklichen Gleichstellung von Rahmenvereinbarungen mit öffentlichen Aufträgen sind sämtliche Verfahrensvorschriften für die Vergabe öffentlicher Aufträge in **allen Phasen** bis zur Zuschlagserteilung der Einzelaufträge zu beachten, soweit sich aufgrund der Besonderheit einer Rahmenvereinbarung nichts anderes ergibt. Die Verfahrensvorschriften schließen die Bestimmungen über Veröffentlichungen, Fristen, Bedingungen für die Abgabe der Angebote, Ausschlusskriterien und Auswahl- sowie Zuschlagskriterien ein.[552] Die Eignungs- und Zuschlagskriterien sind in der Bekanntmachung bzw. den Vergabeunterlagen zu nennen. Nach Erwägungsgrund 61 UAbs. 3 RL 2014/24/EU sollen Auftraggeber in den Auftragsunterlagen für die Rahmenvereinbarungen die objektiven Kriterien angeben, die für die Entscheidung zwischen verschiedenen Methoden zur Ausführung der Rahmenvereinbarung ausschlaggebend sind. Der Zuschlag für die Rahmenvereinbarung muss auf das wirtschaftlichste Angebot erfolgen. Grundsätzlich besteht auch eine Verpflichtung zur Losaufteilung.[553] Ebenso gilt für die Vergabe von Rahmenvereinbarungen das Gebot der eindeutigen und erschöpfenden Leistungsbeschreibung, allerdings in abgeschwächter Intensität. Hierbei gilt, dass bereits mit Einleitung des Vergabeverfahrens betreffend den Abschluss der Rahmenvereinbarung zumindest eine ausreichende Bestimmtheit des Beschaffungsziels, also der zukünftigen Beschaffungsgegenstände, vorliegen muss.[554] Der Auftraggeber muss sich bemühen, eine möglichst genaue Angabe zu den auf Grundlage der Rahmenvereinbarung zu erbringenden Mengen (Abnahmevolumen) zu machen, insbesondere, wenn es sich – wie regelmäßig – um eine Rahmenvereinbarung mit echter Leistungspflicht des Auftragnehmers handelt.[555] Hierbei können, insbesondere wenn die Abnahmemenge von externen Faktoren abhängt (beispielsweise bei der Beschaffung von Streusalz), vorhandene Erfahrungswerte zugrunde gelegt werden.[556]

193   Bislang nicht einheitlich beurteilt wird, ob der Auftraggeber zusätzlich zwingend und stets eine (verbindliche) **Höchstabnahmemenge** angeben muss. Der EuGH hat dies nunmehr bejaht.[557] Bisher wurde in die Diskussion zum nationalen Recht einerseits vertreten, dass die Pflicht zur Angabe einer Höchstgrenze unter dem aktuellen Regelungsregime gilt.[558] Demgegenüber haben das KG Berlin sowie die VK Bund eine solche Verpflichtung abgelehnt.[559] Es ist zu erwarten, dass die Rechtsprechung zukünftig der Auslegung des EuGH folgen wird. Jedenfalls aus Sicht des notwendigen Ausgleichs etwaiger Informationsvorsprünge des bisherigen Anbieters ist die Festlegung einer verbindlichen Höchstabnahmemenge zu begrüßen. Der Hinweis auf den Wortlaut der nationalen Normen, beispielsweise § 21 Abs. 1 S. 2 VgV, wonach das in Aussicht genommene Auftragsvolumen lediglich so genau wie möglich zu ermitteln und bekannt zu geben ist, geht fehl und führt nicht weiter. Denn wenn es eine aus den Grundsätzen der Gleichbehandlung, Nichtdiskriminierung und Transparenz ableitbare europarechtliche Vorgabe hinsichtlich der verpflichtenden Festlegung von Höchstabnahmemengen gibt, so sind diese Regelungen selbstverständlich europarechtskonform auszulegen.[560] In der Sache dürfte die Grenze jedenfalls dann überschritten sein, wenn der Auftraggeber den Verzicht auf die Angabe einer verbindlichen Höchstabnahmemenge mit einer Laufzeit kombiniert, die nur ausnahmsweise zulässig ist (beispielsweise bei § 21 Abs. 6 VgV mehr als vier Jahre bzw. bei § 19 Abs. 3 SektVO mehr als acht Jahre). Denn auch wenn man zugrunde legt, dass der Auftraggeber zur Bekanntgabe des Auftragsvolumens lediglich verpflichtet ist, soweit es ihm möglich und zumutbar ist,[561] dann darf er die sonstigen Rahmenbedingungen nicht so setzen, dass damit automatisch oder naheliegenderweise eine Unmöglichkeit und/oder Unzumutbarkeit eintritt bzw. die ohnehin bestehenden Kalkulationsrisiken der Bieter weiter als unbedingt notwendig ausgedehnt werden. Kann der Auftraggeber eine verbindliche Höchstabnahmemenge nicht angeben, so ist er daher verpflichtet, eine möglichst kurze, jedenfalls eine die vergaberechtlich festgelegten Regelhöchstlaufzeiten von vier bzw. acht Jahren nicht überschreitende, Vertragslaufzeit festzulegen,

---

[552] Vgl. Kom., Dok. CC/2005/03_Rev. 1, 4 f.
[553] *Portz* VergabeR 2014, 523.
[554] Immenga/Mestmäcker/*Dreher* Rn. 142.
[555] S. dazu jurisPK-VergabeR/*Hillmann* VgV § 21 Rn. 16; *Poschmann* in Müller-Wrede VgV § 21 Rn. 35: Angabe des Auftragsvolumens, soweit möglich und zumutbar.
[556] jurisPK-VergabeR/*Hillmann* VgV § 21 Rn. 16.
[557] EuGH Urt. v. 17.6.2021 – C-23/20, BeckRS 2021, 14512; EuGH Urt. v. 19.12.2018 – C-216/17, NZBau 2019, 116 (119 ff.) – Autorità Garante della Concorrenza e del Mercato.
[558] S. *Csaki/Winkelmann* NZBau 2019, 758 (762); *Fischer/Schleper* NZBau 2019, 762 (766); tendenziell auch VK Rheinland-Pfalz Beschl. v. 27.8.2019 – VK 1-13/19, BeckRS 2019, 28920 Rn. 64: „dürfte angeraten sein".
[559] S. KG Berlin Beschl. v. 20.3.2020 – Verg 7/19 Rn. 53 f. (für die SektVO); VK Bund Beschl. v. 19.7.2019 – VK 1-39/19, VergabeR 2020, 71 (78 f.); zustimmend *Probst/Donhauser* VergabeR 2020, 80 ff.
[560] Zutreffend *Fischer/Schleper* NZBau 2019, 762 (765 f.).
[561] *Poschmann* in Müller-Wrede VgV § 21 Rn. 35 mwN; s. auch VK Berlin Beschl. v. 13.9.2019 – VK – B 1 – 13/19, BeckRS 2019, 25971 Rn. 87 f.: Pflicht zur Minimierung der Kalkulationsrisiken der Bieter.

um nach Vertragsende auf Grundlage der dann vorliegenden Informationen eine verbindliche Höchstabnahmemenge für die anschließende Neuvergabe angeben zu können. Insofern gilt, dass der Auftraggeber verpflichtet ist, die Kalkulationsrisiken der Bieter zu minimieren.[562]

Welche Verfahrensart zur Vergabe der Rahmenvereinbarung (offenes Verfahren, nicht offenes Verfahren, Verhandlungsverfahren oder wettbewerblicher Dialog) gewählt wird, richtet sich nach den allgemeinen Vorschriften. Insofern gibt es insbesondere auch keinen pauschalen Vorrang des Verhandlungsverfahrens.[563] Daher kann auf das Verhandlungsverfahren nur dann zurückgegriffen werden, wenn die gesetzlichen Voraussetzungen hierfür vorliegen.

Die Vorgaben für die Vergabe der Einzelaufträge ergeben sich nicht aus § 103 Abs. 5, sondern aus den konkretisierenden Vorschriften in § 21 VgV, § 19 SektVO, § 14 VSVgV bzw. § 4a EU VOB/A.

VI. Laufzeit

Abs. 5 S. 1 spricht hinsichtlich der Laufzeit nur von einem „bestimmten Zeitraum". Die Vereinbarung darf mithin nicht für eine unbegrenzte Laufzeit abgeschlossen werden. Das folgt bereits aus dem Wettbewerbsgrundsatz, da die Leistung ansonsten dauerhaft dem Wettbewerb entzogen wäre. Abs. 5 macht selbst aber keine Vorgabe zur konkreten Dauer der Laufzeit. Diese wird vielmehr in den Vergabeverordnungen und der VOB/A EU **konkretisiert.** Die Regelungen des § 21 Abs. 6 VgV und § 4a EU VOB/A sehen eine grundsätzliche Laufzeit von bis zu vier Jahren vor (Regelhöchstlaufzeit). Anders als bei § 21 Abs. 6 VgV und § 4a EU Abs. 6 VOB/A beträgt die maximale Laufzeit im Sektorenbereich nach § 19 Abs. 3 SektVO acht Jahre, womit die Laufzeit von Rahmenvereinbarungen auch im Bereich der Sektorenauftragsvergabe begrenzt worden ist.[564] Die Einschränkung in Hinblick auf die Laufzeit von Rahmenverträgen auch im Sektorenbereich ist auf Kritik gestoßen, sie dient aber der Herstellung von Wettbewerb.[565] Im Anwendungsbereich der VSVgV beträgt grundsätzlich die maximale Laufzeit weiterhin sieben Jahre. Die Wahl der maximalen Laufzeit durch den Auftraggeber bedarf keiner Rechtfertigung.[566] Auftraggeber können daher in der Rahmenvereinbarung grundsätzlich stets die maximal zulässige Höchstdauer wählen. Allerdings kann im Ausnahmefall auch eine erheblich kürzere Vertragslaufzeit geboten sein. Die ist beispielsweise anzunehmen, wenn vorauszusehen ist, dass ein Patentschutz alsbald ausläuft und anschließende ein Preiswettbewerb zwischen mehreren Anbietern in Gang gesetzt werden wird; hier gebieten jedenfalls die Haushaltsgrundsätze der Wirtschaftlichkeit und Sparsamkeit der Verwaltung, dass die maximale Regelhöchstlaufzeit nicht ausgeschöpft wird.[567] Der Zeitpunkt, ab dem der jeweilige Auftraggeber die von der zentralen Beschaffungsstelle geschlossene Rahmenvereinbarung nutzen kann, sollte in der Rahmenvereinbarung konkret bestimmt werden.[568]

In **besonderen Ausnahmefällen** kann eine Vertragslaufzeit jenseits der jeweiligen Regelhöchstlaufzeit festgelegt werden (vgl. beispielsweise § 21 Abs. 6 VgV). Eine zulässige Ausnahmekonstellation kann etwa ein besonders hohes Investitionsvolumen sein, mit dem der Bieter in Vorleistung geht, und das für ihn ein nennenswertes Risiko darstellt sowie sich nur langfristig amortisiert.[569] Reine Wirtschaftlichkeitsvorteile (beispielsweise das Sinken der monatlichen Fixkosten bei längerer Vertragsdauer) oder auch eine allgemeine Branchenüblichkeit genügen hingegen nicht.[570]

VII. Beitritt zur Rahmenvereinbarung

Nicht ausdrücklich geregelt ist in Abs. 5 die Frage, ob der Rahmenvereinbarung während ihrer Laufzeit entweder auf Auftraggeber- oder auf Auftragnehmerseite weitere öffentliche oder Sektorenauftraggeber bzw. Unternehmen beitreten dürfen bzw. können. Für den Bereich der klassischen Auftragsvergabe folgt aus Erwägungsgrund 60 RL 2014/24/EU, dass nach dem Abschluss einer Rahmenvereinbarung keine neuen Wirtschaftsteilnehmer aufgenommen werden dürfen.[571] Auf **Bieterseite** spricht dafür, dass eine Unsicherheit hinsichtlich der nachträglichen Einbeziehung weiterer Vertragspartner die Chancen auf eine Einzelbeauftragung im Falle einer

---

[562] Dazu VK Berlin Beschl. v. 13.9.2019 – VK – B 1 – 13/19, BeckRS 2019, 25971 Rn. 87 f.
[563] VK Bund Beschl. v. 19.11.2008 – VK 1–135/08; *Poschmann* in Müller-Wrede VgV § 21 Rn. 19.
[564] S. Erwägungsgrund 71 Sektoren-RL.
[565] *Müller* in Hettich/Soudry VergabeR 105 (145).
[566] *Friton/Meister* FS Marx, 2013, 129 (136).
[567] Zu diesem Beispiel *Zeise* in KKMPP VgV § 21 Rn. 62.
[568] Erwägungsgrund 60 RL 2014/24/EU.
[569] Vgl. Erwägungsgrund 62 Abs. 2 RL 2014/24/EU; *Poschmann* in Müller-Wrede VgV § 21 Rn. 168; Ziekow/ *Völlink*/*Völlink*/*Kraus* VgV § 21 Rn. 25.
[570] OLG Düsseldorf Beschl. v. 11.4.2012 – VII-Verg 95/11, BeckRS 2012, 10051; *Poschmann* in Müller-Wrede VgV § 21 Rn. 168 mwN; Ziekow/Völlink/*Völlink*/*Kraus* VgV § 21 Rn. 25.
[571] *Portz* VergabeR 2014, 523 (531).

Rahmenvereinbarung mit bereits mehreren Unternehmen verringern würden. Die Anzahl der Vertragsparteien kann die Chancen eines Bieters auf Erteilung eines öffentlichen Auftrages beeinflussen und ist damit für die Kalkulation eines Bieters relevant. Erwägungsgrund 60 RL 2014/24/EU stellt ebenfalls für den Bereich der klassischen Auftragsvergabe klar, dass solche öffentlichen **Auftraggeber,** die in der Rahmenvereinbarung nicht genannt sind, dieser nicht später beitreten dürfen.[572] Im Vergabeverfahren betreffend den Abschluss der Rahmenvereinbarung sind die öffentlichen Auftraggeber, die Partei einer Rahmenvereinbarung werden sollen, daher entweder namentlich anzugeben oder sie müssen eindeutig identifizierbar sein, etwa durch eine Bezugnahme auf eine bestimmte Kategorie von öffentlichen Auftraggebern innerhalb eines klar definierten geografischen Gebiets (beispielsweise „alle Gesundheitseinrichtungen in einem bestimmten Gebiet"[573]).[574] Soweit auf der Auftraggeberseite eine zentrale Beschaffungsstelle für mehrere öffentliche Auftraggeber handelt, hilft nur ein Gesamtverzeichnis der Vertragsteilnehmer auf Seiten der öffentlichen Hand (Auftraggeberseite), durch das diese (dh die öffentlichen Auftraggeber) eindeutig identifizierbar sind. Im Ergebnis bedeutet dies: Abrufberechtigt ist nicht nur derjenige, der die Rahmenvereinbarung unterzeichnet hat, sondern auch diejenigen öffentlichen Auftraggeber, die transparent in den Vergabeunterlagen als „Abrufberechtigte" aufgeführt worden sind, wobei dies durch namentliche Nennung, aber auch mittels abstrakter Beschreibung anhand solcher Merkmale erfolgen kann, die eine hinreichende Bestimmbarkeit und Begrenzung des potenziellen Abnehmerkreises gewährleiten.[575]

199 Für den Bereich der Sektorenauftragsvergabe finden sich in der Sektorenrichtlinie und ihren Erwägungsgründen entsprechende Erwägungen nicht ausdrücklich. Allerdings gelten die dahinterstehenden Gründe auch im Anwendungsbereich der SektVO. Enthält die Rahmenvereinbarung selbst keine Öffnungsklausel, würde eine Erweiterung der Vertragsparteien bereits eine wesentliche Vertragsänderung darstellen, da die Bestimmung der Vertragsparteien eine **essentialia negotii** eines Vertrages ist. Die Festlegung des Kreises der an einer Rahmenvereinbarung beteiligten Personen ist insoweit ein wesentliches Element der Vereinbarung.[576] Dies gilt für die Frage der nachträglichen Erweiterung der Auftragnehmerseite aus wirtschaftlicher Sicht. Selbst in dem Fall, dass es sich um eine Rahmenvereinbarung mit mehreren Unternehmen handelt und für jede Einzelbeauftragung ein weiterer „Kleinstwettbewerb" (= Mini-Wettbewerb) durchgeführt wird, ist die Anzahl der Vertragspartner für die Kalkulation der sich für eine Rahmenvereinbarung bewerbenden Unternehmen relevant. Dies betrifft namentlich das „Einpreisen" von Vorhaltekosten betreffend die vorzuhaltenden Kapazitäten. Insoweit bedarf es einer zwingenden und klaren Festlegung im Vergabeverfahren. Bleibt die Anzahl der Vertragspartner unklar, verstößt dies gegen den Grundsatz der Transparenz und die Verpflichtung zur Bereitstellung einer eindeutigen und erschöpfenden Leistungsbeschreibung. Im Ergebnis gelten daher auch im Sektorenbereich die in → Rn. 198 aufgeführten Vorgaben.

VIII. Rechtsschutz

200 Für die Vergabe von Rahmenvereinbarungen gelten auch im Hinblick auf den Rechtsschutz dieselben Vorschriften wie für die Vergabe entsprechender öffentlicher Aufträge. Bereits auf der **ersten Stufe, dem auf den Abschluss der Rahmenvereinbarung im weiteren Sinne gerichteten Vergabeverfahren,** können potenzielle Bieter für Aufträge oberhalb der jeweils anwendbaren Schwellenwerte ein Nachprüfungsverfahren gem. §§ 155 ff. einleiten.[577] Auch insoweit gilt, dass die für die Vergabe öffentlicher Aufträge geltenden Vorschriften auf die Vergabe von Rahmenvereinbarungen Anwendung finden. Insbesondere ist vor dem beabsichtigten Abschluss der Rahmenvereinbarung die in § 134 vorgesehene Informations- und Stillhaltepflicht einzuhalten (vgl. § 103 Abs. 5 S. 2 iVm § 134).

201 Rechtsschutz besteht allerdings auch auf der **zweiten Stufe, dh im Hinblick auf die Frage der Einzelbeauftragung,** wenn eine Rahmenvereinbarung mit mehreren Vertragspartnern abgeschlossen worden ist und aus diesen im Rahmen eines „Mini"-Wettbewerbs ausgewählt wird.[578]

---

[572] *Portz* VergabeR 2014, 523 (531).
[573] *Friton/v. Rummel* juris PR-Vergaberecht 3/2019 Anm. 1 unter C.I.
[574] Dazu auch EuGH Urt. v. 19.12.2018 – C-216/17, NZBau 2019, 116 (119 f.) – Autorità Garante della Concorrenza e del Mercato.
[575] *Friton/v. Rummel* juris PR-Vergaberecht 3/2019 Anm. 1 unter C.I.
[576] *Rosenkötter/Seidler* NZBau 2007, 684 (686).
[577] Dazu OLG Düsseldorf Beschl. v. 1.8.2012 – VII-Verg 15/12, NZBau 2012, 791 (792 f.); OLG Karlsruhe Beschl. v. 20.12.2013 – 15 Verg 6/13, BeckRS 2014, 08734.
[578] S. VK Rheinland Beschl. v. 23.6.2020 – VK 15/20 – K Rn. 17 ff.

F. Wettbewerbe (Abs. 6)

I. Definitionen und Anwendungsbereiche

Die Regelung des § 103 Abs. 6 war bis 2016 in der Sache in § 98 Abs. 5 enthalten. Lediglich die sprachliche Fassung wurde seinerzeit im Rahmen des Vergaberechtsmodernisierungsgesetzes an die RL 2014/24/EU angeglichen. Seitdem wird der Begriff „Wettbewerbe" mit „Auslobungsverfahren" erklärt.

Mit Inkrafttreten der neuen Fassung sowie der VgV trat im Jahr 2016 die **VOF außer Kraft,** welche bis dahin in den §§ 15 ff. die maßgeblichen Bestimmungen über Wettbewerbe oder Auslobungsverfahren enthielt. Die Vergabe freiberuflicher Leistungen folgt nun in den Grundsätzen der Vergabe von Dienstleistungsaufträgen. Für die von **Abs. 6** erfassten Wettbewerbe und die Besonderheiten der Architekten- und Ingenieursleistungen wurden allerdings in der **VgV die §§ 69–72 VgV (Wettbewerbe) sowie die §§ 73 ff.** VgV (Besondere Vorschriften für die Vergabe von Architekten- und Ingenieurleistungen) aufgenommen. Diese Normen setzen die Art. 78 ff. RL 2014/24/EU um.

Art. 2 Abs. 1 Nr. 21 RL 2014/24/EU definiert Wettbewerbe als „Verfahren, die dazu dienen, dem öffentlichen Auftraggeber **insbesondere auf den Gebieten der Raumplanung, der Stadtplanung, der Architektur und des Bauwesens oder der Datenverarbeitung** einen Plan oder eine Planung zu verschaffen, deren Auswahl durch ein Preisgericht aufgrund vergleichender Beurteilung mit oder ohne Vergabe von Preisen erfolgt". In Erwägungsgrund 120 RL 2014/24/EU ist dazu ergänzend ausgeführt, dass Wettbewerbe seit jeher überwiegend in den genannten Anwendungsfeldern durchgeführt wurden. Es wird jedoch darauf hingewiesen, **dass diese flexiblen Instrumente auch für andere Zwecke verwendet werden könnten,** etwa für Pläne in Bezug auf Finanzierungstechniken, die die Unterstützung für KMU im Kontext der gemeinsamen europäischen Ressourcen für kleinste bis mittlere Unternehmen (Jeremie) oder anderen KMU-Unterstützungsprogrammen der Union in einem bestimmten Mitgliedstaat optimieren könnten.

Diese Anwendungsoffenheit setzt auch die deutsche Regelung um. In der Norm findet sich das Wort „insbesondere", was zeigt, dass auch nach dem deutschen Vergaberecht der Anwendungsbereich nicht auf die ausdrücklich genannten Felder beschränkt ist. Diese sind daher als Beispiele und nicht als abschließende Aufzählung zu verstehen.

II. Verfahren

Wettbewerbe unterliegen **uneingeschränkt den Grundsätzen des Vergaberechts.**[579] Sie müssen **transparent, fair und diskriminierungsfrei** sein. Weder darf der Zugang zum Wettbewerb beschränkt werden, noch dürfen die Bewerber hinsichtlich der Zulassungsvoraussetzungen zum Wettbewerb oder hinsichtlich der ihnen erteilten Informationen über die zu berücksichtigenden Wünsche der auslobenden Stelle ungleich behandelt werden. Die Auswahl muss, soweit es die Natur des Auslobungsgegenstandes zulässt, nach objektiven Kriterien erfolgen. Das bedeutet, dass auch ein beabsichtigter **Wettbewerb zuvor bekanntzumachen** ist **(§ 70 Abs. 1 VgV iVm § 40 VgV).** Soll der Wettbewerb nach seinem Abschluss im Wege eines Verhandlungsverfahrens mit den erfolgreichen Wettbewerbern (Preisträgern) oder dem Gewinner **zu einem Dienstleistungsauftrag führen** (zur Zulässigkeit eines Verhandlungsverfahrens ohne Teilnahmewettbewerb nach Durchführung eines Wettbewerbs vgl. § 14 Abs. 4 Nr. 8 VgV), sind in der Bekanntmachung **auch die Eignungsanforderungen und die dazu verlangten Nachweise** zu nennen (§ 70 Abs. 2 VgV). Die zu lösende Aufgabe ist – auch vor dem Hintergrund der geltenden Grundsätze des Wettbewerbs sowie der Gleichbehandlung – **neutral und in einer von allen Wettbewerbern im gleichen Sinne zu verstehenden Weise zu beschreiben.** Die Beschreibung muss die Wünsche und Erwartungen des Auftraggebers so konkret und vollständig darstellen, wie es der Gegenstand der zu lösenden Aufgabe zulässt. Die an dem Planungswettbewerb Interessierten sind vor dem Wettbewerbsbeginn **über die geltenden Durchführungsregeln zu informieren (§ 71 Abs. 1 VgV).** Will der öffentliche Auftraggeber die **Zahl der Teilnehmer am Wettbewerb begrenzen, mithin einen Teilnahmewettbewerb vorschalten, so** hat er zuvor **eindeutige und nichtdiskriminierende Auswahlkriterien** festzulegen und darauf zu achten, dass im Hinblick auf die Zahl der verbleibenden Wettbewerber noch ein Wettbewerb gewährleistet ist **(§ 71 Abs. 3 VgV).** Die Kriterien sind zudem transparent bekanntzumachen. Die Auswahl der im Wettbewerb vorgelegten Pläne und Planungen erfolgt abweichend von den ansonsten üblichen Verfahren durch ein Preisgericht, das ebenfalls neutral und nach den zuvor bekanntgemachten Kriterien bewerten muss.

---

[579] Vertieft zu den einzelnen Wettbewerbsarten *Röwekamp/Brauser-Jung/Zimmermann* in RKPP GWB Rn. 373 ff.

III. Preisgericht

207 Die Besetzung und Arbeitsweise des Preisgerichts regelt § 72 VgV, der Art. 81 und 82 RL 2014/24/EU inhaltlich nahezu wortgleich und nur mit etwas abweichender Gliederung umsetzt. Auch diese Bestimmung spiegelt die **Bindung an die Grundsätze des Vergaberechts wider.**

208 Die Bestimmung über die Besetzung des Preisgerichts enthält § 72 Abs. 1 VgV. Danach müssen die Preisrichter **von den Teilnehmern am Wettbewerb unabhängig** sein.[580] Zudem muss das Preisgericht zu einem Drittel seiner Mitglieder mit Personen besetzt sein, die über **dieselbe oder eine gleichwertige Qualifikation** verfügen wie sie von den Wettbewerbern gefordert ist.

209 Das Preisgericht ist in seinen Entscheidungen **unabhängig (§ 72 Abs. 2 S. 1 VgV).** Dies betrifft sowohl, wie bereits erwähnt, die Unabhängigkeit von den Wettbewerbsteilnehmern, als auch die Unabhängigkeit vom öffentlichen Auftraggeber als solchem. Die Entsendung von Stadtratsmitgliedern in das Preisgericht ist damit beispielsweise nicht zulässig.[581] Das Unabhängigkeitserfordernis steht jedoch nicht im Widerspruch zur Verpflichtung auf die Grundsätze des Vergaberechts. Schon aus dem nachfolgenden § 72 Abs. 2 S. 2 VgV ergibt sich, dass das Preisgericht seine **Entscheidungen nur aufgrund von Kriterien** treffen darf, **die in der Wettbewerbsbekanntmachung genannt** worden sind. Zur Wahrung der Chancengleichheit und Neutralität des Wettbewerbs sind die **Arbeiten anonym vorzulegen;** die Anonymität ist bis zu den Stellungnahmen oder der Entscheidung des Preisgerichts aufrechtzuerhalten.

210 Das Preisgericht erstellt zum Abschluss seiner Arbeiten einen **Bericht über die Rangfolge der von ihm ausgewählten Arbeiten.** In dem Bericht sind die Bemerkungen zu den vorgelegten Arbeiten und ggf. noch zu klärende Fragen aufzunehmen (§ 72 Abs. 3 VgV). Die Teilnehmer können zur Klärung bestimmter Aspekte ihrer Arbeiten aufgefordert werden. Die dazu vom Preisgericht gestellten Fragen und der Dialog mit dem Teilnehmer sind in einem Protokoll festzuhalten (**§ 72 Abs. 4 VgV**). Aus diesen Anforderungen wird deutlich, dass der **Unabhängigkeit des Preisgerichts in der Bewertung der Arbeiten, Pläne und Planungen, eine ausdrückliche Bindung an die bekannt gemachten Kriterien und besonders hohe Anforderungen an die Dokumentation gegenüberstehen.** Dies dient dazu, die Einhaltung der Grundsätze des Vergaberechts zu sichern und durch Dokumentation auch belegen zu können. Da es sich um eine Wertungsentscheidung handelt, ist die Entscheidung des Preisgerichts nur eingeschränkt überprüfbar, nämlich in der Sache beschränkt darauf, ob absolute Grundsätze oder das vorgesehene Verfahren verletzt worden sind.[582]

IV. Einzelfälle/-fragen

211 Zur **Zuschlagsqualität der Entscheidung des Preisgerichts** vertraten die Oberlandesgerichte Düsseldorf[583] und Koblenz[584] verschiedene Auffassungen, die in den konkreten Beschlüssen jedoch nicht entscheidungsrelevant waren, sodass eine Divergenzvorlage an den BGH nicht erfolgen musste. Es mag sein, dass insbesondere in den Fällen, in denen nach der Entscheidung des Preisgerichts nur mit dem Gewinner verhandelt und anschließend mit diesem der Vertrag geschlossen wird bzw. geschlossen werden soll, die Entscheidung des Preisgerichts eine maßgebliche Weichenstellung ist. **Zuschlagsqualität hat sie hingegen nicht.**[585] **Bedeutung** erlangt die Frage, wenn es um **die Erfüllung der Informationspflicht nach § 134 sowie Fragen des Rechtsschutzes geht.**[586]

212 Wiederholt streitig war, ob und wie das Ergebnis des Wettbewerbs im anschließenden Vergabeverfahren (meist ein Verhandlungsverfahren mit beschränktem Teilnehmerkreis) zu berücksichtigen ist. Für den Fall eines Architektenwettbewerbs nach RPW 2013 hat das OLG Frankfurt a. M. jüngst bestätigt, dass das Ergebnis des Architektenwettbewerbs gem. § 8 Abs. 2 RPW 2013 bei der Gewichtung und Binnenwichtung der Auswahlkriterien zwingend zu berücksichtigen ist.[587] Dies leuchtet ein, da ansonsten der vorgeschaltete Wettbewerb reine Makulatur wäre, was insbesondere nicht dem Wettbewerbsgrundsatz entsprechen würde.

---

[580] Eingehend dazu *Röwekamp/Brauser-Jung/Zimmermann* in RKPP GWB Rn. 429 ff.
[581] *Röwekamp/Brauser-Jung/Zimmermann* in RKPP GWB Rn. 438.
[582] Zur Überprüfung von Entscheidungen des Preisgerichts durch die Vergabekammern Reidt/Stickler/Glahs/ *Ganske* Rn. 157; *Röwekamp/Brauser-Jung/Zimmermann* in RKPP GWB Rn. 510 ff.
[583] OLG Düsseldorf Beschl. v. 31.3.2004 – VII-Verg 4/04.
[584] OLG Koblenz VergabeR 2011, 631 ff.
[585] So auch Reidt/Stickler/Glahs/*Ganske* Rn. 153; *Röwekamp/Brauser-Jung/Zimmermann* in RKPP GWB Rn. 513; aA in Vorauflage *Reider* → 2. Aufl. 2018 Rn. 140.
[586] Dazu Reidt/Stickler/Glahs/*Ganske* Rn. 157.
[587] S. OLG Frankfurt a. M. Beschl. v. 23.6.2020 – 11 Verg 2/20, ZfBR 2021, 311.

Im Hinblick auf Fragestellungen im Zusammenhang mit der **Unabhängigkeit der Preisrich-** 213
ter von den Wettbewerbsteilnehmern und der Möglichkeit, nachzuweisen, dass sich eine verwandt-
schaftliche Beziehung nicht wettbewerbsverzerrend ausgewirkt hat, **ist § 6 VgV** anzuwenden.[588]
In einem vom OLG München entschiedenen Fall[589] war einer der Preisrichter der Bruder des
Mitgeschäftsführers der späteren Antragstellerin, die von der Teilnahme am Wettbewerb ausgeschlossen worden war. **Zur Rügepflicht** wird in der Entscheidung ausgeführt, dass die Antragstellerin
den Sachverhalt nicht habe rügen müssen, da ihr durch die Berufung des Preisrichters kein Nachteil
oder Schaden gedroht habe. Aus inhaltlicher Sicht, so der Vergabesenat zutreffend, dürfe die vom
damaligen **§ 16 VgV (heute § 6 VgV)** in Betracht genommene Projektanten-Problematik nicht
dazu führen, dass durch die Besetzung des Preisgerichts die Teilnahmemöglichkeit von Marktteilnehmern am Wettbewerb eingeschränkt werde, da dies in deren Berufsausübungsfreiheit eingreifen
würde. Zuzulassen ist daher die Möglichkeit der Widerlegung der Vermutung im Einzelfall.[590]

Zur **Bindung an die allgemeinen Verfahrensregeln** (Nennung der Zuschlagskriterien in 214
der Bekanntmachung, Information an die ausgeschiedenen Teilnehmer, Dokumentationspflichten)
sowie zum **ordnungsgemäßen Ablauf eines Preiswettbewerbs** finden sich sehr ausführliche
Darstellungen in verschiedenen Entscheidungen des OLG München sowie des OLG Koblenz.[591]
Dies umfasst die Anforderungen an die **Dokumentation sowie die Möglichkeit zur Heilung
von Dokumentationsmängeln.**

§ 104 Verteidigungs- oder sicherheitsspezifische öffentliche Aufträge

(1) Verteidigungs- oder sicherheitsspezifische öffentliche Aufträge sind öffentliche Aufträge, deren Auftragsgegenstand mindestens eine der folgenden Leistungen umfasst:
1. die Lieferung von Militärausrüstung, einschließlich dazugehöriger Teile, Bauteile oder
   Bausätze,
2. die Lieferung von Ausrüstung, die im Rahmen eines Verschlusssachenauftrags vergeben
   wird, einschließlich der dazugehörigen Teile, Bauteile oder Bausätze,
3. Liefer-, Bau- und Dienstleistungen in unmittelbarem Zusammenhang mit der in den
   Nummern 1 und 2 genannten Ausrüstung in allen Phasen des Lebenszyklus der Ausrüstung oder
4. Bau- und Dienstleistungen speziell für militärische Zwecke oder Bau- und Dienstleistungen, die im Rahmen eines Verschlusssachenauftrags vergeben werden.

(2) Militärausrüstung ist jede Ausrüstung, die eigens zu militärischen Zwecken konzipiert
oder für militärische Zwecke angepasst wird und zum Einsatz als Waffe, Munition oder
Kriegsmaterial bestimmt ist.

(3) Ein Verschlusssachenauftrag im Sinne dieser Vorschrift ist ein Auftrag im speziellen
Bereich der nicht-militärischen Sicherheit, der ähnliche Merkmale aufweist und ebenso
schutzbedürftig ist wie ein Auftrag über die Lieferung von Militärausrüstung im Sinne
des Absatzes 1 Nummer 1 oder wie Bau- und Dienstleistungen speziell für militärische
Zwecke im Sinne des Absatzes 1 Nummer 4, und
1. bei dessen Erfüllung oder Erbringung Verschlusssachen nach § 4 des Gesetzes über die
   Voraussetzungen und das Verfahren von Sicherheitsüberprüfungen des Bundes oder
   nach den entsprechenden Bestimmungen der Länder verwendet werden oder
2. der Verschlusssachen im Sinne der Nummer 1 erfordert oder beinhaltet.

Übersicht

	Rn.			Rn.
I. Entstehungsgeschichte	1	2.	Vergaben unter Berührung nationaler Sicherheitsinteressen	6
II. Systematik der Vorschriften zur Vergabe im Bereich Sicherheit und Verteidigung	5	3.	Vergaben, die keine Verteidigungs- und Sicherheitsvergaben sind, aber Verteidigungs- oder Sicherheitsaspekte berühren	7
1. Verteidigungs- und Sicherheitsvergaben	5			

---

[588] So bzgl. Der Vorgängernorm (§ 16 VgV) OLG München VergabeR 2013, 903 ff., insbes. mit Hinweis auf EuGH Urt. v. 3.3.2005 – C-21/03, ZfBR 2005, 393; BGH Urt. v. 10.6.2008 – X ZR 78/07, ZfBR 2008, 702 und OLG München Beschl. v. 21.8.2008 – Verg 13/08, ZfBR 2008, 838.
[589] OLG München VergabeR 2013, 903 ff.
[590] Eingehend zur Frage der Unabhängigkeit des Preisgerichts *Röwekamp/Brauser-Jung/Zimmermann* in RKPP GWB Rn. 425 ff.
[591] OLG München VergabeR 2012, 634 ff.; OLG Koblenz VergabeR 2011, 631 ff.

		Rn.			Rn.
III.	Verteidigungs- oder sicherheitsspezifische öffentliche Aufträge (Abs. 1)	8		den Nr. 1 und 2 genannten Ausrüstung (Abs. 1 Nr. 3)	12
1.	Lieferung von Militärausrüstung (Abs. 1 Nr. 1)	9	4.	Bau- und Dienstleistungen speziell für militärische Zwecke oder im Rahmen eines Verschlusssachenauftrags (Abs. 1 Nr. 4)	16
2.	Lieferung von Ausrüstung, die im Rahmen eines Verschlusssachenauftrags vergeben wird (Abs. 1 Nr. 2)	10	IV.	Militärausrüstung (Abs. 2)	18
3.	Liefer-, Bau- und Dienstleistungen in unmittelbarem Zusammenhang mit der in		V.	Verschlusssachenauftrag (Abs. 3)	24

I. Entstehungsgeschichte

1   § 104 übernimmt im Wesentlichen die Regelungen des bisherigen § 99 Abs. 7–9, die durch das Gesetz zur Änderung des Vergaberechts für die Bereiche Verteidigung und Sicherheit[1] in das GWB eingefügt worden sind. Mit diesem Gesetz, das der Umsetzung der RL 2009/81/EG (Vergabe-RL Verteidigung und Sicherheit) in nationales Recht diente,[2] erfuhr der sachliche Anwendungsbereich des Vergaberechts eine nicht unerhebliche Ausdehnung. Zwar sah bereits Art. 10 RL 2004/18/EG (Vergabe-RL 2004) vor, dass diese auch für öffentliche Auftraggeber im Verteidigungsbereich gelten sollte, dies allerdings nur vorbehaltlich des Art. 346 AEUV.[3] Faktisch hatte dies zur Folge, dass die Mehrzahl der Beschaffungsaufträge von den Binnenmarktvorschriften ausgenommen und auf der Grundlage einzelstaatlicher Vorschriften vergeben wurden.[4] Mit dem Erlass der Vergabe-RL Verteidigung und Sicherheit verfolgte die Kommission das Ziel, sicherzustellen, dass im Interesse der Förderung der Öffnung der Verteidigungsmärkte die Inanspruchnahme von Art. 346 Abs. 1 AEUV, wie vom EuGH gefordert,[5] auf im Einzelfall zu begründende Ausnahmefälle beschränkt bleibt.[6] Möglich bleibt die Berufung auf Art. 346 Abs. 1 AEUV jedoch weiterhin. In der Praxis findet nach wie vor ein erheblicher Teil der Verteidigungs- und Sicherheitsvergaben unter Verweis auf die Vorschrift und damit außerhalb der §§ 104, 144 ff. und der VSVgV statt. Diese aus europarechtlicher Perspektive nicht unproblematische Übung wird durch die Neufassung des § 107 Abs. 2 im Jahr 2020 auch noch stärker normativ verfestigt.[7] Für die Anwendung von Art. 346 Abs. 1 lit. b AEUV werden nunmehr sogenannte „verteidigungsindustrielle Schlüsseltechnologien" festgelegt, für die pauschal auf die Ausnahme zurückgegriffen werden kann.[8] Es bleibt abzuwarten, wie Kommission und gegebenenfalls EuGH diese Norm vor dem Hintergrund der im Einzelfall zu begründenden Berufung auf die Ausnahme des Art. 346 Abs. 1 lit. b AEUV beurteilen werden.[9]

2   Der **Abs. 1** von § 104 definiert den Anwendungsbereich der speziellen Vergaberegeln für den Bereich der Sicherheit und Verteidigung. Im Unterschied zur bisherigen Rechtslage, die daran anknüpfte, ob ein verteidigungs- oder sicherheits**relevanter** Auftrag vorlag, ist nunmehr der Anwendungsbereich eröffnet, wenn ein verteidigungs- und sicherheits**spezifischer** öffentlicher Auftrag vorliegt. Die Neuformulierung hat der Gesetzgeber im Wesentlichen damit begründet, dass Art. 15–17 RL 2014/24/EU und Art. 24–26 RL 2014/25/EU (Sektoren-RL) eine neue Kategorie von Aufträgen eingeführt haben, die Aspekte der Verteidigung oder der Sicherheit umfassen, ohne die Definition des Art. 2 Vergabe-RL Verteidigung und Sicherheit zu erfüllen.[10] Inhaltlich dürften die Auswirkungen dieser Änderung gering sein. Nach wie vor setzt die Vorschrift voraus, dass der Auftrag mindestens eine der in den Nr. 1–4 enumerativ aufgeführten Leistungen umfasst; den Katalog

---

[1]   Gesetz v. 7.12.2011, BGBl. 2011 I 2570.
[2]   Gesetzentwurf der BReg. v. 5.10.2011, BT-Drs. 17/7275, 1; vgl. hierzu *Höfler/Petersen* EuZW 2011, 336 ff.; *Roth/Lamm* NZBau 2012, 609 ff.; *Rosenkötter* VergabeR 2012, 267 ff.; *Byok* NVwZ 2012, 70 ff.; *Hölzl* VergabeR 2012, 141 ff.; *Kirch/Homann* Vergabe News 2013, 74 ff.
[3]   Zu Art. 346 AEUV: Geiger/Khan/Kotzur/*Khan* AEUV Art. 346 Rn. 1 ff.; Streinz/*Kokott* AEUV Art. 346 Rn. 1 ff.
[4]   Kom., Mitteilung Auslegungsfragen Artikel 296 KOM (2006) 779 endgültig, 1, Einleitung.
[5]   Vgl. zB EuGH Urt. v. 8.4.2008 – C-337/05, NZBau 2008, 401; EuGH Urt. v. 4.3.2010 – C-38/06, BeckEuRS 2010, 509005; EuGH Urt. v. 4.3.2010 – C-38/06, BeckRS 2010, 90245 mwN.
[6]   Erwägungsgründe 16 und 17 Vergabe-RL Verteidigung und Sicherheit; Mitteilung der Kommission an das Europäische Parlament, den Rat, den Wirtschafts- und Sozialausschuss und den Ausschuss der Regionen v. 5.12.2007, KOM(2007) 764 endgültig, 7; s. auch *Hindelang/Eisentraut* EuZW 2019, 149.
[7]   GWB Novelle 2020, Abs. 2 angef. mWv 2.4.2020 durch G v. 25.3.2020 (BGBl. 2020 I 674).
[8]   → § 107 Rn. 29 ff.
[9]   Kritisch zur Neufassung des § 107 Abs. 2 und insbes. zu seiner geplanten Anwendung auch *Prieß/Wolf* NZBau 2020, 553.
[10] Gesetzentwurf der BReg. v. 8.10.2015, BT-Drs. 18/6281, 74 (75).

der relevanten Leistungen hat der Gesetzgeber unverändert gelassen. Liegen die Voraussetzungen des Abs. 1 vor, ist der Anwendungsbereich der VSVgV eröffnet (vgl. § 1 VSVgV); die VgV ist dann nicht – auch nicht subsidiär – anwendbar (§ 1 Abs. 2 Nr. 2 VgV).

Abs. 2 übernimmt die Definition des Begriffs **Militärausrüstung** des § 99 Abs. 8 aF und eröffnet über § 104 Abs. 1 Nr. 1 den Anwendungsbereich der speziellen Regelungen für den Bereich der Sicherheit und Verteidigung in GWB (§§ 144–147) und VSVgV spezifisch für die Rüstungsvergabe.[11]

Abs. 3 definiert den Begriff des **Verschlusssachenauftrags** in Anlehnung an § 99 Abs. 9 aF als einen weiteren Fall der verteidigungs- oder sicherheitsspezifischen Aufträge (Abs. 1 Nr. 2). Der Gesetzgeber hat nunmehr den Wortlaut der Definition des Verschlusssachenauftrags im Hinblick auf den 11. Erwägungsgrund Vergabe-RL Verteidigung und Sicherheit[12] dahingehend ergänzt, dass ausschließlich nicht-militärische Beschaffungsaufträge unter die Definition in Abs. 3 fallen sollen.[13, 14]

II. Systematik der Vorschriften zur Vergabe im Bereich Sicherheit und Verteidigung

1. Verteidigungs- und Sicherheitsvergaben. Über seine Definition von „verteidigungs- oder sicherheitsspezifischen öffentlichen Aufträgen" eröffnet § 104 den Anwendungsbereich für den Unterabschnitt 2 (§§ 144–147), der – maßgeblich über einen Verweis auf die VSVgV – die in diesem Bereich anzuwendenden Vergabeverfahren bestimmt. Dieser Anwendungsbereich deckt sich mit dem der „Verteidigungsvergaberichtlinie" 2009/81/EG.[15] Folgerichtig sind im Unterabschnitt 2, konkret in § 145, auch die besonderen Ausnahmen von der Anwendbarkeit des Verteidigungs- und Sicherheitsvergaberechts geregelt, wie sie die Verteidigungsvergaberichtlinie selbst bereits vorsieht.

2. Vergaben unter Berührung nationaler Sicherheitsinteressen. Über den Verweis in § 107 Abs. 2 wird die besondere Sicherheitsausnahme des Art. 346 AEUV für das deutsche Vergaberecht in Bezug genommen. Dies geschieht freilich rein deklaratorisch, da Art. 346 AEUV als EU-Primärrecht auch ohne den Verweis unmittelbar anwendbar ist. Auf Art. 346 AEUV (iVm § 107 Abs. 2) kann sich der öffentliche Auftraggeber berufen, wenn er seine wesentlichen Sicherheitsinteressen, „soweit sie die Erzeugung von Waffen, Munition und Kriegsmaterial oder den Handel damit betreffen", gefährdet sieht. Diese werden durch die Militärgüterliste (vgl. Art. 346 Abs. 2 AEUV; → Rn. 18 f.) konkretisiert. Eine Berufung auf diese Ausnahme führt dann auch zum Ausschluss der Anwendung des Sicherheits- und Verteidigungsvergaberechts nach §§ 104, 144 ff.

3. Vergaben, die keine Verteidigungs- und Sicherheitsvergaben sind, aber Verteidigungs- oder Sicherheitsaspekte berühren. Für alle Vergaben, die weder Verteidigungs- und Sicherheitsvergaben iSv §§ 104 und 144 ff. sind, noch unter die Ausnahmen in § 107 Abs. 1 oder § 107 Abs. 2 fallen, gilt zunächst das reguläre Vergaberecht gem. §§ 115 ff. sowie der Vergabeverordnung. Jedoch sind in § 117 auch im regulären Vergaberecht Ausnahmevorschriften für Sonderkonstellationen mit sicherheits- oder verteidigungsrelevanten Bezügen vorgesehen. Diese Ausnahmen greifen wohlgemerkt nur dann, wenn nicht bereits der Anwendungsbereich des sicherheits- und verteidigungsspezifischen Regelungsregimes in §§ 104, 144 ff eröffnet ist.

III. Verteidigungs- oder sicherheitsspezifische öffentliche Aufträge (Abs. 1)

S. 1 des § 104 Abs. 1 bestimmt, dass verteidigungs- oder sicherheitsspezifische öffentliche Aufträge solche Aufträge sind, deren Auftragsgegenstand mindestens eine der in den nachfolgenden Nr. 1–4 genannten Liefer-, Bau- oder Dienstleistungen umfasst. Aus dem Bereich der nicht-militärischen Sicherheit können solche Aufträge sicherheitsspezifisch sein, die ebenso sensibel sind und ähnliche Merkmale aufweisen wie militärische Aufträge.

---

[11] Unter den Begriff der Militärausrüstung zu subsumieren ist zB ein Scharfschützengewehr: VK Bund Beschl. v. 26.6.2015 – VK 1-47/15, VPR 2016, 143.
[12] „Im speziellen Bereich der nicht-militärischen Sicherheit sollte diese Richtlinie für Beschaffungen gelten, die ähnliche Merkmale aufweisen wie Beschaffungen im Verteidigungsbereich und ebenso sensibel sind".
[13] Dies wurde mit Hinweis auf Erwägungsgrund 11 Vergabe-RL Verteidigung und Sicherheit und einer entsprechend auf nicht-militärische Aufträge beschränkten Auslegung des Begriffs der „Sicherheitszwecke" zur alten Definition von Verschlusssachen in § 99 Abs. 9 aF vertreten; s. *Dippel/Sterner/Zeiss* § 99 Rn. 48 ff.
[14] Gesetzentwurf der BReg. v. 8.10.2015, BT-Drs. 18/6281, 75.
[15] RL 2009/81.

9 **1. Lieferung von Militärausrüstung (Abs. 1 Nr. 1).** Die Vorschrift setzt Art. 2 lit. a Vergabe-RL Verteidigung und Sicherheit um, der vorsieht, dass die Lieferung von Militärausrüstung,[16] einschließlich dazugehöriger Teile, Bauteile oder Bausätze, in den Anwendungsbereich fallen sollen. Der Begriff der Militärausrüstung ist in Abs. 2 definiert.[17]

10 **2. Lieferung von Ausrüstung, die im Rahmen eines Verschlusssachenauftrags vergeben wird (Abs. 1 Nr. 2).** Die Vorschrift setzt Art. 2 lit. b Vergabe-RL Verteidigung und Sicherheit um und betrifft Ausrüstung nebst dazugehörendem Zubehör, die im Rahmen eines (nicht-militärischen) Verschlusssachenauftrags gem. Abs. 3 beschafft werden soll. Ein Verschlusssachenauftrag liegt insbesondere vor, wenn die im Zusammenhang mit dem Auftrag erstellten Unterlagen als Verschlusssachen iSd § 4 SÜG klassifiziert sind.[18]

11 Mit **§ 117 Nr. 3** sieht das reguläre Vergaberecht nach Teil 4 Zweiter Abschnitt GWB ebenfalls eine Ausnahme für für „geheim" erklärte Aufträge vor, die sich nach der Systematik des GWB nur auf nicht dem Anwendungsbereich des § 104 unterfallene Vergaben beziehen kann. Das Verhältnis der beiden Vorschriften zueinander ist gesetzlich **unzureichend abgegrenzt.** Der ganz überwiegende Teil von „Geheimvergaben" wird wohl über Abs. 1 Nr. 2 dem speziellen Sicherheits- und Verteidigungsvergaberecht unterliegen.[19]

12 **3. Liefer-, Bau- und Dienstleistungen in unmittelbarem Zusammenhang mit der in den Nr. 1 und 2 genannten Ausrüstung (Abs. 1 Nr. 3).** Die Vorschrift setzt Art. 2 lit. c Vergabe-RL Verteidigung und Sicherheit um. Ein verteidigungs- oder sicherheitsrelevanter Auftrag liegt demnach auch dann vor, wenn Bau-, Dienst- oder Lieferleistungen in unmittelbarem Zusammenhang mit der Beschaffung von Militärausrüstung (Abs. 1 Nr. 1) oder anderer Beschaffungen im Rahmen eines Verschlusssachenauftrags (Abs. 1 Nr. 2) in allen Phasen des Lebenszyklus der Produkte beschafft werden. Gemäß den Auslegungsleitlinien der Kommission muss dieser Zusammenhang so eng sein, dass eine Beschaffung dieser Bau-, Dienst- oder Lieferleistungen ohne die nach Abs. 1 Nr. 1 oder Nr. 2 beschaffte Ausrüstung keinen Sinn ergäbe.[20]

13 Dienstleistungen in unmittelbarem Zusammenhang mit der in Nr. 1 genannten Militärausrüstung können zB die Instandsetzung und Wartung von Hangar-Toren für Fluggerät sein.[21]

14 Als Lieferungen, die unter Nr. 3 fallen, kommt die Lieferung von Außenlastnetzen zum Transport von Gütern durch Hubschrauber der Bundeswehr in Betracht.[22]

15 Erfasst werden diese Liefer-, Bau- und Dienstleistungen in allen Phasen des Lebenszyklus. Art. 1 Abs. 26 Vergabe-RL Verteidigung und Sicherheit definiert den Begriff „Lebenszyklus" als alle aufeinanderfolgenden Phasen, die ein Produkt durchläuft, dh von der Forschung und Entwicklung über die Herstellung, Reparatur, Modernisierung, Änderung, Instandhaltung, Logistik, Schulung, Erprobung bis hin zur Rücknahme und Beseitigung.

16 **4. Bau- und Dienstleistungen speziell für militärische Zwecke oder im Rahmen eines Verschlusssachenauftrags (Abs. 1 Nr. 4).** Die Vorschrift setzt Art. 2 lit. d Vergabe-RL Verteidigung und Sicherheit um. In Ergänzung zur Beschaffung von Produkten (Nr. 1 und 2) können auch Beschaffungen von Bau- und Dienstleistungen dem Regime der §§ 144 ff. und der VSVgV unterfallen.

17 Speziell für einen militärischen Zweck sind Bau- und Dienstleistungen dann, wenn sie einen unmittelbaren militärischen Zweck verfolgen.[23] Dieser fehlt zB bei Reinigungs- oder Cateringdienstleistungen in Kasernen der Bundeswehr.[24] Eine Dienstleistung im Rahmen eines Verschlusssachenauftrags kann zB der Betrieb und die Betreuung eines Gefechtsübungszentrums der Bundeswehr[25] oder die Entsorgung von Munition[26] sein.

---

[16] Zum Begriff der Militärausrüstung wird auf die Kommentierung zu Abs. 2 verwiesen (→ Rn. 18 ff.).
[17] Zur Militärausrüstung gehören zB Gewehre oder Bauteile für ein Maschinengewehr der Bundeswehr. VK Bund Beschl. v. 27.10.2014 – VK 1-80/14 und v. 30.5.2014 – VK 1-32/14, VPR 2015, 45.
[18] OLG Düsseldorf Beschl. v. 13.4.2016 – VII-Verg 46/15, BeckRS 2016, 12813 mwN.
[19] → § 117 Rn. 9 sowie Haak/Koch NZBau 2016, 204.
[20] Guidance Note der Kommission zum Anwendungsbereich der Vergabe-RL Verteidigung und Sicherheit, Rn. 9; abrufbar unter http:// ec.europa.eu/internal_market/publicprocurement/docs/defence/guide-scope_en.pdf (zuletzt abgerufen am 20.12.2020).
[21] VK Bund Beschl. v. 7.12.2015 – VK 2-105/15, ZfBR 2016, 292.
[22] VK Bund Beschl. v. 17.3.2014 – VK 1-12/14, ZfBR 2014, 824.
[23] Guidance Note der Kommission zum Anwendungsbereich der Vergabe-RL Verteidigung und Sicherheit, Rn. 11; abrufbar unter http:// ec.europa.eu/internal_market/publicprocurement/docs/defence/guide-scope_en.pdf (zuletzt abgerufen am 20.12.2020).
[24] Leinemann/Kirch/*Homann* § 99 aF Rn. 14 mwN.
[25] VK Bund Beschl. v. 4.7.2014 – VK 1-40/14.
[26] VK Bund Beschl. v. 20.11.2014 – VK 1-92/14, BeckRS 2014, 124101.

IV. Militärausrüstung (Abs. 2)

Die Vorschrift übernimmt die Definition des Art. 1 Nr. 6 Vergabe-RL Verteidigung und 18 Sicherheit, wonach „Militärausrüstung" jede Ausrüstung ist, die eigens zu militärischen Zwecken konzipiert oder für militärische Zwecke angepasst wird und zum Einsatz als Waffe, Munition oder Kriegsmaterial bestimmt ist. Vom Begriff erfasst sind sowohl Sachen (§ 90 BGB) als auch immaterielle Gegenstände wie Software, Studien und Daten allgemein, die einem militärischen Zweck dienen.[27] Gemäß Erwägungsgrund 10 Vergabe-RL Verteidigung und Sicherheit sollen hierzu insbesondere solche Arten von Produkten zählen, die in der Liste von Waffen, Munition und Kriegsmaterial aufgeführt sind, die der Rat in der Entscheidung 255/58 vom 15.3.1958 angenommen hat, um – wie in dessen Abs. 2 angelegt – den materiellen Anwendungsbereich von Art. 346 AEUV zu bestimmen.[28] Dieser Gleichlauf des materiellen Anwendungsbereichs von Art. 346 Abs. 1 lit. b AEUV und der VSVgV beruht auf der europarechtlichen Grundkonzeption eines spezifischen Verteidigungsvergaberechts nach Vergabe-RL Verteidigung und Sicherheit im Bereich der Anwendbarkeit von Art. 346 Abs. 1 lit. b AEUV, von dem nur unter den zusätzlichen Tatbestandsvoraussetzungen des Art. 346 Abs. 1 lit. b AEUV im Einzelfall abgewichen werden kann.[29]

Obwohl Art. 346 Abs. 2 AEUV ausdrücklich die Änderung der Liste bei Einstimmigkeit im 19 Rat zulässt, wurde sie seit Verabschiedung nicht angepasst. Nach der nicht im Amtsblatt der Union veröffentlichten Liste[30] gelten als Militärausrüstung:
1. Handfeuerwaffen, auch automatisch, wie Gewehre, Karabiner, Revolver, Pistolen, Maschinenpistolen und Maschinengewehre, mit Ausnahme von Jagdwaffen, Kleinkaliberpistolen und anderen Kleinkaliberwaffen mit einem Kaliber unter 7 mm.
2. Artilleristische Waffen, Nebel-, Gas- und Flammenwerfer, wie:
    a) Kanonen, Haubitzen, Mörser, Geschütze, Panzerabwehrwaffen, Raketenwerfer, Flammenwerfer, rückstoßfreie Kanonen;
    b) Kriegsgeräte wie Nebel- und Gaswerfer.
3. Munition für die unter 1 und 2 genannten Waffen.
4. Bomben, Torpedos, Raketen und ferngesteuertes Kriegsgerät:
    a) Bomben, Torpedos, Granaten, einschließlich Nebelgranaten, Rauchtöpfe, Raketen, Minen, ferngesteuertes Kriegsgerät, Wasserbomben, Brandbomben;
    b) Apparate und Vorrichtungen für militärische Zwecke, eigens konstruiert für die Handhabung, das Scharfmachen, die Entschärfung, die Detonation und den Nachweis der unter a) aufgeführten Geräte.
5. Feuerleitungsmaterial für militärische Zwecke:
    a) Flugbahnprüfungsgeräte, Infrarot-Zielgeräte und anderes Nachtzielmaterial;
    b) Entfernungsmesser, Ortungsgeräte, Höhenmesser;
    c) elektronische, gyroskopische, optische und akustische Beobachtungsvorrichtungen;
    d) Visiergeräte für Bombenabwurf und Höhenrichtwerte für Kanonen, Periskope für die in dieser Liste aufgeführten Geräte.
6. Panzerwagen und eigens für militärische Zwecke konstruierte Fahrzeuge:
    a) Panzerwagen;
    b) Militärfahrzeuge, bewaffnet oder gepanzert, einschließlich Amphibienfahrzeuge;
    c) Panzerzüge;
    d) Militärfahrzeuge (Halbkettenfahrzeuge);
    e) Militärfahrzeuge zur Reparatur von Panzerwagen;
    f) besonders für den Transport der unter 3 und 4 aufgeführten Munition konstruierte Anhänger.
7. Toxische oder radioaktive Wirkstoffe:
    a) biologische oder chemische toxische Wirkstoffe und radioaktive Wirkstoffe zur Vernichtung von Menschen, Tieren oder Ernten im Kriegsfall;
    b) militärische Geräte zur Verbreitung, Feststellung und Identifizierung der unter a) aufgeführten Stoffe.

---

[27] *Scherer-Leydecker* NZBau 2012, 533.
[28] Erwägungsgrund 10 Vergabe-RL Verteidigung und Sicherheit.
[29] Guidance Note der Kommission zum Anwendungsbereich der Vergabe-RL Verteidigung und Sicherheit, Rn. 7; abrufbar unter http:// ec.europa.eu/internal_market/publicprocurement/docs/defence/guide-scope_en.pdf (zuletzt abgerufen am 20.12.2020).
[30] Vgl. aber Antwort v. 27.9.2001 auf die schriftliche Frage des EP-Abgeordneten Bart Staes an den Rat v. 4.5.2001, mit der eine Übersetzung der französischen Fassung der Ratsentscheidung v. 15.3.1958 in die englische Sprache bereitgestellt wird, ABl. 2001 C 364 E/85.

8. Pulver, Explosivstoffe und flüssige oder feste Treibmittel:
   a) Pulver und flüssige oder feste Treibmittel, besonders für die unter 3, 4 und 7 aufgeführten Geräte entwickelt oder hergestellt;
   b) Explosivstoffe für militärische Zwecke;
   c) Brandsätze und Geliermittel für militärische Zwecke;
9. Kriegsschiffe und deren Sonderausrüstungen:
   a) Kriegsschiffe aller Art;
   b) Sonderausrüstungen zum Minenlegen, Minensuchen und Minenräumen;
   c) U-Bootnetze.
10. Luftfahrzeuge und ihre Ausrüstungen zu militärischen Zwecken.
11. Elektronenmaterial für militärische Zwecke.
12. Eigens für militärische Zwecke konstruierte Aufnahmeapparate.
13. Sonstige Ausrüstungen und sonstiges Material.
14. Teile und Einzelteile des in dieser Liste aufgeführten Materials, soweit sie einen militärischen Charakter haben.
15. Ausschließlich für die Entwicklung, Herstellung, Prüfung und Kontrolle der in dieser Liste aufgeführten Waffen, Munition und rein militärischen Geräte entwickelte Maschinen, Ausrüstungen und Werkzeuge.

20 Wie sich aus Erwägungsgrund 10 Vergabe-RL Verteidigung und Sicherheit ergibt, konnten sich die Mitgliedstaaten bei der Umsetzung in nationales Recht auf diese Liste beschränken. Dies hat der deutsche Gesetzgeber nicht getan, sondern er hat lediglich die abstrakte Definition aus der RL übernommen. Demnach ist von einem weiteren Anwendungsbereich als nur auf Güter der Liste von 1958 auszugehen. Auch andere als in den Listen genannte Gegenstände können Militärausrüstung iSd Abs. 2 darstellen, wenn sie dessen Kriterien erfüllen.

21 Dies deckt sich auch mit den weiteren Ausführungen des Erwägungsgrundes 10 RL 2099/81/EG, die zum Ausdruck bringen, dass es sich bei der Liste von 1958 um eine generische Liste handelt, die unter Berücksichtigung der sich weiter entwickelnden Technologie, Beschaffungspolitik und militärischen Anforderungen weit auszulegen ist.[31] Somit können auch technische Neu- und Fortentwicklungen, wie zB unbemannte militärische Flugzeuge/Drohnen oder autonome Unterwasserfahrzeuge, als Militärausrüstung zu qualifizieren sein.

22 Militärausrüstung können aber auch solche Produkte sein, die zwar ursprünglich nicht für militärische Ziele konzipiert wurden, nachträglich aber **für militärische Zwecke angepasst** werden **(Abs. 2 Alt. 2)**. In einem Fall, der eine Drehtischanlage betraf, die wesentlicher Bestandteil einer zu errichtenden Messbahn im Freien für Messungen, Simulationen und Übungen der elektronischen Kriegsführung sein sollte, hat der EuGH klargestellt, dass eine solche Drehtischanlage nur dann iSd Art. 346 Abs. 1 lit. b AEUV als eigens für militärische Zwecke betrachtet werden kann, wenn nachgewiesen ist, dass die Anlage auf Grund ihrer Eigenschaften – auch infolge substanzieller Veränderungen – als speziell für militärische Zwecke konzipiert und entwickelt angesehen werden kann.[32] Demnach handelt es sich nicht um Militärausrüstung, wenn der betreffende Gegenstand in erster Linie zivil genutzt und erst im Bedarfsfall militärisch eingesetzt werden soll.[33] Der EuGH hat mit diesem Urteil klargestellt, dass die subjektive Absicht zur militärischen Nutzung eines Produkts allein nicht ausreicht, um den Anwendungsbereich des § 104 zu eröffnen;[34] vielmehr muss auf die objektiven – primär militärisch induzierten – Eigenschaften des Produkts abgestellt werden.

23 Zusätzlich zur Militärgüterliste von 1958 kann vor diesem Hintergrund zur Bestimmung des Anwendungsbereichs von Abs. 2 Alt. 2 ferner auch die **Dual-Use-Güter-Liste** im Anhang zu VO (EG) Nr. 428/2009 (Dual-Use-VO) herangezogen werden.[35] Nach dem Gesagten kann ein dort gelisteter, sowohl militärisch als auch zivil nutzbarer Gegenstand Militärausrüstung darstellen, wenn er konkret zur Nutzung für einen militärischen Zweck bestimmt ist.[36]

V. Verschlusssachenauftrag (Abs. 3)

24 Die Definition des Begriffs „Verschlusssachenauftrag" entspricht im Wesentlichen derjenigen im bisherigen § 99 Abs. 9, allerdings mit zwei Modifikationen: Zum einen hat der Gesetzgeber,

---

[31] In diesem Sinne auch Begründung des Gesetzentwurfs der BReg. eines Gesetzes zur Änderung des Vergaberechts für die Bereiche Verteidigung und Sicherheit, BT-Drs. 17/7275, 13.
[32] EuGH Urt. v. 7..2012 – C-615/10, ZfBR 2012, 599.
[33] EuGH Urt. v. 8.4.2008 – C-337/05, NZBau 2008, 401; Leinemann/Kirch/*Homann* § 99 aF Rn. 23.
[34] So konnte noch das ältere Urteil des EuGH in der Rs C-337/05, „Agusta" verstanden werden: EuGH Urt. v. 8.4.2008 – C-337/05, NZBau 2008, 401.
[35] Zum Begriff der Dual-Use-Güter s. die enumerative Liste in VO (EG) 428/2009, ABl. 2009 L 134, 1.
[36] So auch *Hölzl* NZBau 2012, 509 (512 f.); *Scherer-Leydecker* NZBau 2012, 533 (536); aA Ziekow/Völlink/*Rosenkötter* Rn. 11.

V. Verschlusssachenauftrag (Abs. 3)

anknüpfend an Erwägungsgrund 11 Vergabe-RL Verteidigung und Sicherheit, klargestellt, dass ein Verschlusssachenauftrag iSv Abs. 3 ein Auftrag „im speziellen Bereich der nicht-militärischen Sicherheit" sein muss.[37] Daraus folgt im Umkehrschluss, dass Aufträge im Bereich der militärischen Sicherheit nicht hierunter fallen sollen.[38] Zum anderen hat der Gesetzgeber, ebenfalls in Anlehnung an den Erwägungsgrund 11 Vergabe-RL Verteidigung und Sicherheit, vorgesehen, dass der Auftrag „ähnliche Merkmale aufweist und ebenso schutzbedürftig ist wie ein Auftrag über die Lieferung von Militärausrüstung (Abs. 1 Nr. 1) oder ein Bau- bzw. Dienstleistungsauftrag für speziell für militärische Zwecke (Abs. 1 Nr. 4)". Als Beispiele nennt Erwägungsgrund 11 Vergabe-RL Verteidigung und Sicherheit den Grenzschutz, polizeiliche Tätigkeiten und Kriseneinsätze. Da der bisherige § 99 Abs. 3 lediglich darauf abstellte, dass es sich um einen „Auftrag für Sicherheitszwecke" handelte, ist aus der Gesetzesänderung die Wertung des Gesetzgebers zu entnehmen, den Anwendungsbereich der Norm einzuschränken.

Hinzu kommen muss, dass entweder bei der Erfüllung oder Erbringung des Auftrags Verschlusssachen nach § 4 Sicherheitsüberprüfungsgesetz (SÜG)[39] oder nach den entsprechenden Bestimmungen der Länder[40] verwendet werden (Nr. 1) oder der Auftrag Verschlusssachen iSd Nr. 1 erfordert oder beinhaltet (Nr. 2).[41] Auch wenn der Gesetzgeber bei der Definition von Verschlusssachen auf nationales Recht abstellt, muss dieses stets mit Hinblick auf die Definition von Verschlusssachen in Art. 1 Nr. 8 RL 2008/81/EG europarechtskonform so ausgelegt werden, dass es mit der europarechtlichen Definition übereinstimmt.[42]

---

[37] Gesetzentwurf der BReg., BT-Drs. 17/7275, zu Art. 1 zu § 104, zu Abs. 3.
[38] Zur aufgrund dieser Einschränkung nunmehr fehlerhaften Verweisung in § 7 VSVgV nur auf Abs. 3 des § 104 und der dadurch bedingten formalen Unanwendbarkeit des § 7 VSVgV auf die Vergabe von Militärausrüstung → VSVgV § 7 Rn. 3.
[39] Gesetz über die Voraussetzungen und das Verfahren von Sicherheitsüberprüfungen des Bundes (SÜG), v. 20.4.1994 (BGBl. 1994 I 867), zuletzt geändert durch Art. 20 Elfte ZuständigkeitsanpassungsVO v. 19.6.2020 (BGBl. 2020 I 1328, 1330).
[40] Baden-Württemberg: Gesetz über die Sicherheitsüberprüfung aus Gründen des Geheimschutzes (Landessicherheitsüberprüfungsgesetz – LSÜG) v. 12.2.1996 (GBl. 1996, 159), zuletzt geänd. durch G v. 11.2.2020 (GBl. 2020, S. 25); Bayern: Gesetz über die Voraussetzungen und das Verfahren von Sicherheitsüberprüfungen des Freistaates Bayern: Bayerisches Sicherheitsüberprüfungsgesetz – (BaySÜG) v. 27.12.1996 (GVBl. 1996, 509), zuletzt geänd. durch G v. 24.7.2020 (GVBl. 2020, 350); Berlin: Gesetz über die Voraussetzungen und das Verfahren von Sicherheitsüberprüfungen im Land Berlin (Berliner Sicherheitsüberprüfungsgesetz – BSÜG) idF der Bek. v. 25.6.2001 (GVBl. 2002, 243), zuletzt geänd. durch G v. 13.6.2018 (GVBl. 2018, 418); Brandenburg: Gesetz über die Voraussetzungen und das Verfahren von Sicherheitsüberprüfungen im Land Brandenburg (Brandenburgisches Sicherheitsüberprüfungsgesetz – BbgSÜG) v. 30.7.2001 (GVBl. 2001 I 126), zuletzt geänd. durch G v. 8.5.2018 (GVBl. 2018 I Nr. 8); Bremen: Gesetz über die Voraussetzungen und das Verfahren von Sicherheitsüberprüfungen des Landes Bremen (Bremisches Sicherheitsüberprüfungsgesetz – BremSÜG) vom 30.6.1998 (Brem.GBl. 1998, 185), zuletzt geänd. durch G v. 11.4.2017 (Brem. GBl. 2017, 157); Hamburg: Gesetz über die Voraussetzungen und das Verfahren von Sicherheitsüberprüfungen der Freien und Hansestadt Hamburg (Hamburgisches Sicherheitsüberprüfungsgesetz – HmbSÜG) v. 25.5.1999 (HmbGVBl. 1999, 82), zuletzt geänd. durch G v. 24.1.2020 (HmbGVBl. 2020, 99, 110); Mecklenburg-Vorpommern: Gesetz über die Voraussetzungen und das Verfahren von Sicherheitsüberprüfungen in Lande Mecklenburg-Vorpommern (Sicherheitsüberprüfungsgesetz – SÜG MV) v. 22.1.1998 (GVOBl. MV 1998, 114, ber. 195), zuletzt geänd. durch G v. 25.4.2016 (GVOBl. M-V 2016, 203; Niedersachsen: Niedersächsisches Gesetz über die Voraussetzungen und das Verfahren der Sicherheitsüberprüfungen von Personen im Rahmen des Geheimschutzes (Niedersächsisches Sicherheitsüberprüfungsgesetz – Nds. SÜG) idF der Bek. v. 30.3.2004 (Nds. GVBl. 2004, 128), zuletzt geänd. durch G v. 16.1.2009 (Nds. GVBl. 2009, 2); Nordrhein-Westfalen: Gesetz über die Voraussetzungen und das Verfahren von Sicherheitsüberprüfungen des Landes Nordrhein-Westfalen (Sicherheitsüberprüfungsgesetz Nordrhein-Westfalen – SÜG NW) v. 7.3.1995 (GV. NRW 1995, 210), zuletzt geänd. durch G v. 17.5.2018 (GV. NRW 2018, 244); Rheinland-Pfalz: Landessicherheitsüberprüfungsgesetz (LSÜG) v. 8.3.2000 (GVBl. 2000, 70), zuletzt geänd. durch G v. 11.2.2020 (GVBl. 2020, 43); Saarland: Saarländisches Sicherheitsüberprüfungsgesetz (SSÜG) v. 4.4.2001 (ABl. 2001, 1182, ber. 1474), zuletzt geänd. durch G v. 22.8.2018 (Amtsbl. I S. 674); Sachsen: Gesetz über die Voraussetzungen und das Verfahren von Sicherheitsüberprüfungen im Freistaat Sachsen (Sächsisches Sicherheitsüberprüfungsgesetz – SächsSÜG) v. 19.2.2004 (SächsGVBl. 2004, 44), geänd. durch G v. 27.1.2012 (Sächs.-GVBl. 2012, 130); Sachsen-Anhalt: Sicherheitsüberprüfungs- und Geheimschutzgesetz (SÜG-LSA) v. 26.1.2006 (GVBl. LSA 2006, 14) geänd. durch. G. v. 21.10.2020 (GVBl. LSA 2020, 596); Schleswig-Holstein: Gesetz über die Voraussetzungen und das Verfahren von Sicherheitsüberprüfungen im Land Schleswig-Holstein (Landessicherheitsüberprüfungsgesetz – LSÜG) v. 10.12.2003 (GVOBl. SchlH 2003, 651, ber. 2004, 290) zuletzt geänd. durch LVO v. 16.1.2019 (GVBl. SchlH 2019, 30) Thüringen: Thüringer Sicherheitsüberprüfungsgesetz (ThürSÜG) v. 17.3.2003 (GVBl. 2003, 185), zuletzt geänd. durch G v. 6.6.2018 (GVBl. 2018, 229).
[41] Vgl. etwa OLG Düsseldorf Beschl. v. 13.4.2016 – VII-Verg 46/15, BeckRS 2016, 12813.
[42] Scherer-Leydecker NZBau 2012, 533, 537.

26 § 4 SÜG und die entsprechenden Gesetze der Länder definieren Verschlusssachen als „im öffentlichen Interesse geheimhaltungsbedürftige Tatsachen, Gegenstände oder Erkenntnisse, unabhängig von ihrer Darstellungsform". Entsprechend ihrer Schutzbedürftigkeit werden sie von einer amtlichen Stelle oder auf deren Veranlassung eingestuft. Danach ist eine Verschlusssache
1. STRENG GEHEIM, wenn die Kenntnisnahme durch Unbefugte den Bestand oder lebenswichtige Interessen der Bundesrepublik Deutschland oder eines ihrer Länder gefährden kann,
2. GEHEIM, wenn die Kenntnisnahme durch Unbefugte die Sicherheit der Bundesrepublik Deutschland oder eines ihrer Länder gefährden oder ihren Interessen schweren Schaden zufügen kann,
3. VS-VERTRAULICH, wenn die Kenntnisnahme durch Unbefugte für die Interessen der Bundesrepublik Deutschland oder eines ihrer Länder schädlich sein kann,
4. VS-NUR FÜR DEN DIENSTGEBRAUCH, wenn die Kenntnisnahme durch Unbefugte für die Interessen der Bundesrepublik Deutschland oder eines ihrer Länder nachteilig sein kann.

27 Für Zwecke der Einordnung als Verschlusssachenauftrag genügt eine Einstufung als VS-NUR FÜR DEN DIENSTGEBRAUCH („VS-NfD").[43] Die Einstufung von Tatsachen, Gegenständen oder Erkenntnissen als Verschlusssache ist gerichtlich nur eingeschränkt überprüfbar, weil den verantwortlichen Stellen insoweit ein Beurteilungsspielraum zuzubilligen ist.[44] Denn die vollständige Überprüfung der von der verantwortlichen Stelle nach § 4 Abs. 2 SÜG zu berücksichtigenden Umstände erfordert eine außen- und sicherheitspolitische Analyse, die über die Kompetenz der Gerichte hinausgeht.[45] Die gerichtliche Prüfung – etwa im Nachprüfungsverfahren – beschränkt sich darauf, ob die Einstufung als Verschlusssache auf einer vertretbaren Bewertung der Umstände beruht.[46] In der Praxis wird von einer Einstufung zumindest als „VS-NfD" teilweise sehr weitgehend Gebrauch gemacht.

28 Mit der Frage, ob „bei der Erfüllung oder Erbringung" des Auftrags Verschlusssachen verwendet werden oder ob der Auftrag Verschlusssachen „erfordert oder beinhaltet", setzte sich das OLG Düsseldorf in einer Entscheidung vom 21.10.2015 auseinander.[47] Streitgegenständlich war die Beschaffung einer Virenschutzsoftware für die Bundesverwaltung. Die Vergabeunterlagen waren teilweise als „VERTRAULICH-NUR FÜR DEN DIENSTGEBRAUCH" klassifiziert worden. Jede Person, die Zugang zu den eingestuften Dokumenten erhalten sollte, sollte Vertraulichkeit wahren. Außerdem ließ die Vergabestelle sich in dem Entwurf einer Rahmenvereinbarung, die Bestandteil der Vergabeunterlagen war, auch bei der Vertragsausführung umfassende Vertraulichkeit zusichern. Nach Ansicht des Gerichts folgte daraus und aus dem Auftragsgegenstand als solchem, dass bei der Ausführung Verschlusssachen verwendet werden sollen und dass solche erforderlich sind.

§ 105 Konzessionen

(1) Konzessionen sind entgeltliche Verträge, mit denen ein oder mehrere Konzessionsgeber ein oder mehrere Unternehmen
1. **mit der Erbringung von Bauleistungen betrauen (Baukonzessionen); dabei besteht die Gegenleistung entweder allein in dem Recht zur Nutzung des Bauwerks oder in diesem Recht zuzüglich einer Zahlung; oder**
2. **mit der Erbringung und der Verwaltung von Dienstleistungen betrauen, die nicht in der Erbringung von Bauleistungen nach Nummer 1 bestehen (Dienstleistungskonzessionen); dabei besteht die Gegenleistung entweder allein in dem Recht zur Verwertung der Dienstleistungen oder in diesem Recht zuzüglich einer Zahlung.**

(2) ¹In Abgrenzung zur Vergabe öffentlicher Aufträge geht bei der Vergabe einer Bau- oder Dienstleistungskonzession das Betriebsrisiko für die Nutzung des Bauwerks oder für

---

[43] OLG Düsseldorf Beschl. v. 13.4.2016 – VII-Verg 46/15, BeckRS 2016, 12813 (Einstufung eines Teils der Vergabeunterlagen und des Vergabevermerks als VS-NFD); aA *Scherer-Leydecker* NZBau 2012, 533 (538).
[44] OLG Düsseldorf Beschl. v. 30.3.2005 – VII-Verg 101/04, IBRRS 91228; VK Bund Beschl. v. 14.7.2005 – VK 3-55/05, IBRRS 2005, 2656; Leinemann/Kirch/*Homann* § 99 aF Rn. 29; *Friedrich* in Denneborg/Friedrich/Schlatmann, Sicherheitsüberprüfungsrecht, Loseblatt-Kommentar, Stand: August 2020, SÜG § 4 Rn. 20.
[45] *Friedrich* in Denneborg/Friedrich/Schlatmann, Sicherheitsüberprüfungsrecht, Loseblatt-Kommentar, Stand: August 2020, SÜG § 4 Rn. 20 unter Hinweis auf BVerwGE 140, 384 ff.
[46] OLG Düsseldorf Beschl. v. 30.3.2005 – VII-Verg 101/04, BeckRS 2005, 4880; s. auch Ziekow/Völlink/*Rosenkötter* Rn. 17.
[47] OLG Düsseldorf Beschl. v. 21.10.2015 – Verg 28/14, ZfBR 2016, 83; vorhergehend: VK Bund Beschl. v. 29.8.2014 – VK 2-63/14.

die Verwertung der Dienstleistungen auf den Konzessionsnehmer über. ²Dies ist der Fall, wenn

1. unter normalen Betriebsbedingungen nicht gewährleistet ist, dass die Investitionsaufwendungen oder die Kosten für den Betrieb des Bauwerks oder die Erbringung der Dienstleistungen wieder erwirtschaftet werden können, und
2. der Konzessionsnehmer den Unwägbarkeiten des Marktes tatsächlich ausgesetzt ist, sodass potenzielle geschätzte Verluste des Konzessionsnehmers nicht vernachlässigbar sind.

³Das Betriebsrisiko kann ein Nachfrage- oder Angebotsrisiko sein.

Schrifttum: *Anweiler*, Die Auslegungsmethoden des Gerichtshofs der Europäischen Gemeinschaften, 1997; *Bahr/Sassenberg*, Auskunftsverlangen im Rahmen von Konzessionsverträgen, RdE 2011, 170; *Bauer*, Zukunftsthema „Rekommunalisierung", DÖV 2012, 329; *Becker/Dicks*, Vergabe von Wegenutzungsrechten nach § 46 EnWG – Rechtsrahmen für Konzessionsvergaben und für Partnerschaften mit kommunalen Netzbetreibern, ZNER 2014, 425; *Beuttenmüller*, Vergabefremde Kriterien im öffentlichen Auftragswesen, 2007; *Braun*, Der Retter in der Not: Dienstleistungskonzession?, NZBau 2011, 400; *Braun*, Dienstleistungskonzessionen im europäischen Wandel, EuZW 2012, 451; *Braun*, Umgehungsverbote und Grenzen des Konzessionsrechts, NZBau 2018, 652; *Braun*, Stand der Konzessionsvergabe, NZBau 2019, 622; *Bultmann*, Dienstleistungskonzession und Dienstleistungsvertrag – warum kompliziert, wenn es auch einfach geht?, NVwZ 2011, 72; *Burgi*, Die Dienstleistungskonzession ersten Grades, 2004; *Burgi*, Die Vergabe von Dienstleistungskonzessionen: Verfahren, Vergabekriterien, Rechtsschutz, NZBau 2005, 610; *Burgi*, Von der Zweistufenlehre zur Dreiteilung des Rechtsschutzes, NVwZ 2007, 737; *Byok*, Neuabschluss und Verlängerung von Konzessionsverträgen – Anforderungen an Bekanntmachung und Durchführung des Auswahlverfahrens, RdE 2008, 268; *Byok/Dierkes*, Dienstleistungskonzessionen in der Wasserwirtschaft, RdE 2011, 126; *Byok/Dierkes*, Beendigung und Neuvergabe von Konzessionen in der Energie- und Wasserwirtschaft, RdE 2011, 394; *Byok/Dierkes*, Rechtsschutz im Laufe und nach Beendigung des Konzessionsvergabeverfahrens in der Energie- und Wasserwirtschaft, RdE 2012, 221; *Classen*, Zur Abgrenzung von Dienstleistungskonzessionen gegenüber Miet- und Pachtverträgen nach der Richtlinie 2014/23/EU, VergabeR 2016, 13; *Diemon-Wies/Hesse*, Präzisierte Kriterien für die Abgrenzung von Dienstleistungsauftrag und Dienstleistungskonzession, NZBau 2012, 341; *Di Fabio*, Privatisierung und Staatsvorbehalt, JZ 1999, 585; *Donhauser/Hölzlwimmer*, Die neue Richtlinie über die Konzessionsvergabe und ihre Auswirkungen auf die Vergabe von Wegenutzungskonzessionen nach § 46 EnWG, VergabeR 2015, 509; *Freitag/Jung*, Baustellen des Konzessionsrechts – Rechtsprechung, Behördenpraxis und Gesetzgebungsbedarf auf dem Prüfstand, ZNER 2014, 569; *Gabriel/Voll*, Das Ende der Inländerdiskriminierung im Vergabe(primär)recht, NZBau 2014, 155; *Glaser*, Zwingende soziale Mindeststandards bei der Vergabe öffentlicher Aufträge, 2015; *Goldbrunner*, Das neue Recht der Konzessionsvergabe, VergabeR 2016, 365; *Gröning*, Der Begriff der Dienstleistungskonzession, Rechtsschutz und Rechtsweg, VergabeR 2002, 24; *Groneberg*, Konzession und Kooperation, 2018; *Gyulai-Schmidt*, Entwicklung der europäischen Rechtsprechung zum Vergaberecht im Bereich der Dienstleistungen von allgemeinem wirtschaftlichen Interesse, VergabeR 2012, 809; *Hattig/Ruhland*, Die Rechtsfigur der Dienstleistungskonzession, NZBau 2005, 626; *Hellermann*, § 46 EnWG und die gemeindliche Selbstverwaltung – aus Sicht des Bundesgerichtshofs, EnWZ 2014, 339; *Herten-Koch*, Die Vergabe von Wasserkonzessionen, EWeRK 5/2013, 248; *Hess*, Europäisches Zivilprozessrecht, 2009; *Höfer/Nolte*, Das neue EU Vergaberecht und die Erbringung sozialer Leistungen, NZS 2015, 441; *Höfler*, Vergaberechtliche Anforderungen an die Ausschreibung von Baukonzessionen, WuW 2000, 136; *Höfler*, Transparenz bei der Vergabe öffentlicher Aufträge, NZBau 2010, 73; *Hövelberndt*, Übernahme eines wirtschaftlichen Risikos als Voraussetzung der Dienstleistungskonzession, NZBau 2010, 599; *Hofmann*, Kommunale Konzessionsverträge im Lichte des Energiewirtschafts- und Wettbewerbsrechts, NZBau 2012, 11; *Hofmann/Zimmermann*, Rechtsrahmen für die Vergabe von Wegenutzungsverträgen im Energiebereich nach der neuen Konzessionsvergaberichtlinie – Droht eine Fortsetzung der gegenwärtig bestehenden Rechtsunsicherheit?, NZBau 2016, 71; *Jacob/Schmidt*, Zur Bereichsausnahme bei Wasserkonzessionen, RdE 2016, 114; *Jasper/Westen*, Neue Richtlinien über die öffentliche Auftragsvergabe, VersorgungsW 2014, 117; *Jennert*, Der Begriff der Dienstleistungskonzession im Gemeinschaftsrecht. Zugleich ein Beitrag zum Entgeltlichkeitsbegriff des Dienstleistungsauftrags, NZBau 2005, 131; *Kämmerer*, Qualitätssicherung bei den Freien Berufen aus europarechtlicher Warte, DStR-Beihefter 2016, 47; *Keller-Herder*, Der Konzessionsvertrag unter dem neuen Energiewirtschaftsrecht, 2009; *Keller/Hellstern*, Öffentliches Interesse und Wettbewerb in der Daseinsvorsorge, NZBau 2018, 323; *Kermel/Brucker/Baumann*, Wegenutzungsverträge und Konzessionsabgaben in der Energieversorgung, 2008; *Kermel*, Praxishandbuch der Konzessionsverträge und Konzessionsabgaben, 2012; *Kermel/Wagner*, Rechtsschutz bei Konzessionierungen nach § 46 EnWG – Parallelen zum Kartellvergaberecht?, RdE 2014, 221; *Knauff*, Anmerkung zu EuGH Urt. v. 13.10.2005 – C-458/03 – Keine In-house-Vergabe einer Dienstleistungskonzession ohne Ausschreibung – Parking Brixen, EuZW 2005, 731; *Knauff*, Anmerkung zu EuGH Urt. v. 29.11.2012 – C-182/11, C-183/11 – Vergaberecht: „In-house"-Vergabe an Einrichtung nur bei gemeinsamer Kontrolle, EuZW 2013, 112; *Knauff*, Die Vergabe von Dienstleistungskonzessionen: Aktuelle Rechtslage und zukünftige Entwicklungen, VergabeR 2013, 157; *Knauff/Badenhausen*, Die neue Richtlinie über die Konzessionsvergabe, NZBau 2014, 395; *Kraus*, Entscheidungsanmerkung zu EuGH, Urteil vom 10.11.2011 – C-348/10, VergabeR 2012, 171; *Latzel*, Soziale Aspekte bei der Vergabe öffentlicher Aufträge nach der Richtlinie 2014/24/EU, NZBau 2014, 673; *Lecheler*, Die Versorgung mit Strom und Gas als „service public" und die Bedeutung der „service public-Doktrin" für Art. 90

II EGV, RdE 1996, 212; *Leisner*, Die subjektiv-historische Auslegung des Gemeinschaftsrechts – Der „Wille des Gesetzgebers" in der Judikatur des EuGH, EuR 2007, 689; *Mahne*, Eigentum an Versorgungsleitungen, 2009; *Malzer*, Die Auswirkung des Kartellgesetzes auf das deutsche Energierecht, NJW 1974, 441; *Mau/Borrmann*, Gestaltungsspielräume der Gemeinden bei der Vergabe von Strom- und Gaskonzessionen nach § 46 EnWG, ZNER 2013, 459; *Menges/Müller-Kirchenbauer*, Rekommunalisierung versus Neukonzessionierung der Energieversorgung, ZfE 2012, 51; *Meyer-Hetling/Templin*, Das Ausbleiben des Auswahlverfahrens und Rechtsschutzmöglichkeiten des unterlegenen Bieters, ZNER 2012, 18; *Michaels/Kohler*, Zur möglichen Integration der Vergabe von Strom- und Gaskonzessionen in das allgemeine Vergaberecht, ZNER 2012, 29; *Mösinger*, Die Dienstleistungskonzession: Wesen und Abgrenzung zu ausschreibungsfreien Verträgen, NZBau 2015, 545; *Mohr*, Ein soziales Vergaberecht? Soziale Zwecke im Recht der öffentlichen Auftragsvergabe zwischen freiem Wettbewerb im Binnenmarkt und Schutz inländischer Arbeitsplätze, VergabeR 2009, 543; *Mohr*, Sicherung der Vertragsfreiheit durch Wettbewerbs- und Regulierungsrecht, 2015; *Mohr*, Energiewirtschaftliche Konzessionsverträge und Unionsrecht, RdE 2016, 269; *Mohr*, Sozial motivierte Beschaffungen nach dem Vergaberechtsmodernisierungsgesetz 2016, EuZA 2017, 23; *Mohr/König*, Der Tatbestand des Verbots wettbewerbsbeschränkender Vereinbarungen, Jura 2012, 165; *Mohr/Wolf*, Verbandstarifverträge zwischen Tarifautonomie und Kartellrecht, JZ 2011, 1091; *Müller*, Öffentlich-rechtliche Dienstleistungskonzessionen künftig ein Beschaffungsvorgang?, NVwZ 2016, 266; *Niehof*, Konzessionsverträge und Vergaberecht, RdE 2011, 15; *Opitz*, Die Zukunft der Dienstleistungskonzession, NVwZ 2014, 753; *Ortlieb*, Vergaberechtliche Beurteilung von Konzessionsverträgen, FS Büttner, 2001, 379; *Ortner*, Energierechtliche Wegenutzungsverträge und Vergaberecht, VergabeR 2008, 608; *Prieß/Marx/Hölzl*, Kodifizierung des europäischen Rechtes zur Vergabe von Dienstleistungskonzessionen nicht notwendig. Überlegungen am Beispiel der europäischen Regeln für die Trinkwasserversorgung, NVwZ 2011, 65; *Prieß/Simonis*, Die künftige Relevanz des Primärvergabe- und Beihilfenrechts, NZBau 2015, 731; *Prieß/Stein*, Die neue EU-Konzessionsvergaberichtlinie, VergabeR 2014, 499; *Pünder*, Die Vergabe von Personenverkehrsdienstleistungen in Europa und die völkerrechtlichen Vorgaben des WTO-Beschaffungsübereinkommens, EuR 2007, 564; *Rennert*, Konzessionen vor dem Verwaltungsgericht, NZBau 2019, 411; *Riesenhuber*, Europäische Methodenlehre, 2015; *Ruhland*, Die Dienstleistungskonzession, 2006; *Säcker*, Vorauszahlung auf Konzessionsabgaben – Zur Leistungsfähigkeit teleologischer Gesetzesauslegung, ET 2004, 349; *Säcker*, Zur Gewichtung und Transparenz von Vergabekriterien bei Strom- und Gasnetzkonzessionen, RdE 2015, 1; *Säcker/Mohr*, Reintegration von Dienstleistungskonzessionen in das Vergaberecht am Beispiel der Wasserversorgung, ZWeR 2012, 417; *Säcker/Mohr/Wolf*, Konzessionsverträge im System des europäischen und deutschen Wettbewerbsrechts, 2010; *Säcker/Wolf*, Die Auswirkungen der Rechtsprechung des EuGH zu In-House-Geschäften auf Public-Private-Partnerships, WRP 2007, 282; *Sauer*, Das Recht der Vergabe von Strom- und Gas-Konzessionsverträgen im EnWG, 2012; *Saxinger*, Genehmigungen und Ausgleichsleistungen im Personenbeförderungsrecht vor dem Hintergrund der neuen Verordnung (EG) Nr. 1370/07, DVBl 2008, 688; *Schau*, Die wettbewerbliche Vergabe von Konzessionen nach § 46 EnWG – Verfahren ohne Regeln und Schiedsrichter?, RdE 2011, 1; *Schneiderhan*, Daseinsvorsorge und Vergaberecht: Darstellung eines Spannungsverhältnisses unter besonderer Berücksichtigung des Öffentlichen Personennahverkehrs, 2012; *Scholtka*, Das Konzessionsabgabenrecht in der Elektrizitäts- und Gaswirtschaft, 1999; *Scholtka/Keller-Herder*, Konzessionierungsverfahren und Auswahl des neuen Konzessionsnehmers nach der neuen BGH-Rechtsprechung, N&R 2014, 186; *Schröder*, Die neue Konzessionsvergabe-Richtlinie 2014/23/EU im Überblick, KommunalPraxis spezial 2014, 122; *Schwab/Giesemann*, Mit mehr Regeln zu mehr Rechtssicherheit?, VergabeR 2014, 351; *Siegel*, Der neue Rechtsrahmen für die Vergabe von Dienstleistungskonzessionen, VergabeR 2015, 265; *Siegel*, Das Haushaltsvergaberecht – Systematisierung eines verkannten Rechtsgebiets, VerwArch 2016, 1; *Siegel*, Das neue Konzessionsvergaberecht, NVwZ 2016, 1672; *Siegel*, Die Konzessionsvergabe im Unterschwellenbereich, NZBau 2019, 353; *Stern*, Zur Problematik des energiewirtschaftlichen Konzessionsvertrages, AöR 84 (1959), 137; *Sudbrock*, Wasserkonzessionen, In-House-Geschäfte und interkommunale Kooperationen nach den neuen EU-Vergaberichtlinien, KommJur 2014, 41; *Teufel*, Die Dienstleistungskonzession als Erleichterung für öffentliche Auftraggeber bei der Vergabe von Abfallsammlungen, KommJur 2012, 87; *Theobald*, Neues Konzessionsrecht, EnWZ 2016, 1; *Tötdmann/Schauer*, Aktuelle Rechtsfragen zum öffentlichen Personennahverkehr, Nationale und europäische Rechtsentwicklung sowie Konsequenzen für die Praxis, NVwZ 2008, 1; *Tugendreich*, Strategische Partnerschaften im Zusammenhang mit der Vergabe von Wegenutzungsverträgen nach § 46 EnWG – Möglichkeiten und Grenzen im Lichte des Vergabe-, Energiewirtschafts- und Kartellrechts, Schriftenreihe Jahrbuch forum vergabe e.V und ZfBR 2014, 547; *Vavra*, Die Vergabe von Dienstleistungskonzessionen, VergabeR-Sonderheft 2010, 351; *Walz*, Die Bau- und Dienstleistungskonzession im deutschen und europäischen Vergaberecht, 2010; *H. Weiß*, Stand und Perspektiven des Rechts der Strom- und Gaskonzessionsvergabe, NVwZ 2014, 1415; *W. Weiß*, Kommunale Entscheidungsspielräume bei § 46 EnWG, EnWZ 2014, 435; *Wittig/Schimanek*, Sondervergaberecht für Verkehrsdienstleistungen. Die neue EU-Verordnung über öffentliche Personenverkehrsdienste auf Schiene und Straße, NZBau 2008, 222; *A. Wolf*, Zur kartellrechtlichen Beurteilung des Konzessionsvertrages, BB 1986, 143; *M. Wolf*, Ausschreibungspflichten bei Selbstvornahme und interkommunaler Zusammenarbeit, VergabeR 2011, 27; *Wollenschläger*, Effektive staatliche Rückholoptionen bei gesellschaftlicher Schlechterfüllung, 2006; *Würfel*, Dienstleistungskonzession und Betriebsrisiko, NZBau 2012, 752; *Zacher*, Energiewirtschaftliche Konzessionsverträge, 1982; *Ziekow* Vergabefremde Zwecke und Europarecht, NZBau 2001, 72.

Übersicht

	Rn.			Rn.
I. **Normzweck**	1	1.	Primärvergaberecht	4
II. **Unionsrechtliche Vorgaben**	4	a)	Problemstellung	4

I. Normzweck

	Rn.		Rn.
b) Grundsätze des Primärvergaberechts	6	2. Übertragung der wirtschaftlichen Risiken auf den Konzessionsnehmer („Betriebsrisiko" iSd Abs. 2)	83
c) Rechtfertigung	9	a) Grundsätze	83
d) Inhouse-Vergabe	11	b) Insbesondere: Laufzeit von Konzessionsverträgen	89
2. RL 2014/23/EU (RL 2014/23/EU)	12	c) Zweistufige Prüfung	93
III. Entstehungsgeschichte	23	3. Laufzeit von Konzessionsverträgen	94
1. Deutsches Recht	23	**V. Insbesondere: Energiewirtschaftliche Wegenutzungsverträge gem. § 46 Abs. 2 EnWG**	95
2. Unionsrecht	24		
a) Dienstleistungskonzession	24		
b) Baukonzession	29	1. Problemstellung	95
3. RL 2014/23/EU (RL 2014/23/EU)	30	2. Tatbestandsvoraussetzungen der Konzession	99
IV. Definition der Konzession	31		
1. Tatbestandsvoraussetzungen (Abs. 1)	31	3. Erwägungsgrund 16 RL 2014/23/EU als Ausschlusstatbestand?	106
a) Entgeltlicher Vertrag	32		
b) Vertragsparteien	39	4. §§ 46 ff. EnWG als leges speciales zu den §§ 148 ff. iVm der KonzVgV	112
c) Vertragsgegenstand: Bau- oder Dienstleistungskonzession	43		
d) Einräumung eines Nutzungsrechtes als Entgelt	56	5. Fernwärmekonzessionen	113
e) Beschaffungsbezug der Konzessionsvergabe	64	**VI. Rechtsschutz**	114
f) Keine gesonderte Betrauung des Konzessionsgebers mit der Leistungserbringung	72		

I. Normzweck

Der Gesetzgeber sieht die Vergabe von Konzessionen als ein Instrument zur haushaltsschonenden Erbringung von öffentlichen Dienstleistungen an.[1] Auch vor diesem Hintergrund gelten für die Vergabe von Bau- oder Dienstleistungskonzessionen durch Konzessionsgeber nach § 148 iVm § 1 KonzVgV erleichterte Regelungen gegenüber Bau- oder Dienstleistungsaufträgen.[2] Der Begriff des Konzessionsgebers, mithin der persönliche Anwendungsbereich des Konzessionsvergaberechts, ist in § 98 Var. 3 iVm § 101 legal definiert. Der **sachliche Anwendungsbereich** des Konzessionsvergaberechts wird – iVm dem Schwellenwert gem. § 106 Abs. 1, 2 Nr. 4 – mit § 105 in Umsetzung von Art. 5 Nr. 1 RL 2014/23/EU mit dem Begriff der Konzession umschrieben (zur Inzidentprüfung von § 105 innerhalb von § 101 → § 101 Rn. 60). § 105 unterteilt den Konzessionsbegriff in Baukonzessionen gem. Abs. 1 Nr. 1 und Dienstleistungskonzessionen gem. Abs. 1 Nr. 2. Baukonzessionen betreffen häufig Infrastrukturprojekte, Dienstleistungskonzessionen stehen etwa beim Betrieb von Parkplätzen, Verkehrsdiensten, Rettungsdiensten oder Stadtmöblierungen in Rede[3] (→ Rn. 52 ff.). Die Abgrenzung der Konzession zum öffentlichen Auftrag gem. § 103 Abs. 1 erfolgt nach § 105 Abs. 2 über das Merkmal „Übernahme des **Betriebsrisikos** durch den Konzessionsnehmer"[4] (→ Rn. 83 ff.). Der Gesetzgeber begründet das weniger strenge Vergaberegime für Konzessionen damit, dass es bei Konzessionen im Gegensatz zu öffentlichen Aufträgen gerade nicht sichergestellt sei, dass der jeweilige Konzessionsnehmer in jedem Einzelfall eine hinreichende Gegenleistung erhalte. Vor allem aber erbringe der Konzessionsgeber die Gegenleistung bei Konzessionen nicht wie bei öffentlichen Aufträgen mit Haushaltsmitteln.[5] Die normativen Erleichterungen der Konzessionsvergabe im Vergleich zum öffentlichen Auftrag sind sicherlich eine wesentliche Ursache dafür, dass die Definition des Konzessionsvertrags weiterhin mit Unklarheiten verbunden ist.[6]

Der Unionsgesetzgeber will mit der **„Reintegration der Konzessionen in das allgemeine Vergaberecht"**[7] einerseits einen tatsächlichen, diskriminierungsfreien und rechtssicheren Marktzugang für alle Wirtschaftsteilnehmer gewährleisten,[8] andererseits sollen öffentliche Investitionen in

---

[1] *Dicks* in RKPP GWB Rn. 5.
[2] Vgl. BT-Drs. 18/6281, 75; dazu auch Immenga/Mestmäcker/*Kling* Rn. 14.
[3] *Dicks* in RKPP GWB Rn. 6 f.
[4] OLG Düsseldorf Beschl. v. 23.1.2019 – VII-Verg 22/18, NZBau 2019, 605 Rn. 37.
[5] Vgl. den Leitfaden der EU-Kommission zu den Gemeinschaftsvorschriften für die Vergabe von öffentlichen Bauaufträgen 59.
[6] Beck VergabeR/*Wollenschläger* Rn. 21.
[7] Sinngemäß nach *Säcker/Mohr* ZWeR 2012, 417.
[8] Die Beseitigung der Rechtsunsicherheit bei der Konzessionsvergabe betont *Siegel* NVwZ 2016, 1672.

Infrastrukturen und strategische Dienstleistungen gefördert werden (Erwägungsgrund 1 RL 2014/23/EU). Nach Ansicht der EU-Kommission sind Konzessionsverträge ein wichtiges Hilfsmittel für den **langfristigen strukturellen Ausbau von Infrastruktur und Dienstleistungen von strategischer Bedeutung.**[9] Konzessionen sollen zur Entwicklung des Wettbewerbs im Binnenmarkt beitragen, indem sie es ermöglichen, vom Fachwissen im privaten Sektor zu profitieren, wodurch Effizienzen gehoben und Innovationen gefördert werden könnten.[10] Dies bedeutet nicht notwendig, dass eine Konzession wesensmäßig mit der Übertragung dem Staat obliegender – hoheitlicher – Aufgaben einhergeht,[11] wie bereits ein Blick auf die vom besonderen Ausnahmetatbestand des § 149 erfassten Konstellationen verdeutlicht. So handelt es sich weder bei Rechtsdienstleistungen noch etwa bei Forschung und Entwicklung um staatliche Aufgaben, die mittels einer besonderen Delegation auf Private übertragen werden müssten. Die Diskussion hängt eng mit der Frage zusammen, ob eine Dienstleistungskonzession ein Beschaffungselement voraussetzt und welche konkreten Anforderungen hieraus abzuleiten sind (→ Rn. 64 ff.). Auch wenn Konzessionen früher nicht selten in Zusammenhang mit daseinsvorsorgerelevanten Dienstleistungen vergeben worden sind, ist es nach geltendem Recht ohne Bedeutung, ob die dem Vertragspartner obliegende Tätigkeit der Daseinsvorsorge zuzuordnen ist; entscheidend ist allein die Verwirklichung der Tatbestandsmerkmale des § 105.[12]

3 Sind die Voraussetzungen einer Bau- oder Dienstleistungskonzession erfüllt, kommen gem. § 148 vorbehaltlich des Erreichens der Schwellenwerte in § 106 und des Nichteingreifens allgemeiner oder besonderer Ausnahmeregelungen gem. den §§ 107 ff. und §§ 149 f. die Regelungen in den **§§ 148 ff. iVm der KonzVgV** zur Anwendung. In ihrem Anwendungsbereich regelt die KonzVgV trotz Geltung der VOB/A auch die Baukonzessionen abschließend.[13] Bei öffentlich-rechtlichen Konzessionsverträgen iSd § 105 unterhalb der Schwellenwerte des § 106 kann das Verwaltungsverfahrens- und Verwaltungsprozessrecht des Bundes und der Länder eingreifen.[14]

II. Unionsrechtliche Vorgaben

4 **1. Primärvergaberecht. a) Problemstellung.** Der Verhaltensspielraum der Konzessionsgeber wird – ebenso wie derjenige des GWB-Gesetzgebers – nicht nur durch das sekundäre Konzessionsvergaberecht eingeschränkt, sondern auch durch die Vorgaben des europäischen Primärrechts.[15] Untechnisch spricht man auch vom „Primärvergaberecht".[16] Das Primärvergaberecht gilt bei Binnenmarktrelevanz für **sämtliche staatlichen Verteilungsverfahren, die die Möglichkeit einer wirtschaftlichen Betätigung** eröffnen[17] oder den Zugang zu grundfreiheitlich gewährleisteten Märkten regulieren, selbst für Auswahlentscheidungen durch den Staat als Anbieter und nicht als Nachfrager.[18] Somit ist das Primärvergaberecht auch auf die Vergabe von Bau- und Dienstleistungskonzessionen als staatliche Verteilungsverfahren anzuwenden. In den Worten des EuGH sind im Bereich der öffentlichen Aufträge und der öffentlichen Dienstleistungskonzessionen der Gleichbehandlungsgrundsatz und dessen spezielle Ausprägungen wie das Verbot der Diskriminierung aus Gründen der Staatsangehörigkeit gem. Art. 18 AEUV sowie die Art. 49 und 56 AEUV in allen Fällen anwendbar, in denen eine öffentliche Stelle einem Dritten die Ausübung wirtschaftlicher Tätigkeiten überträgt.[19]

5 Anders als dies zuweilen zu lesen ist,[20] hat das Primärvergaberecht auch nach Inkrafttreten der RL 2014/23/EU eine fortgeltende **theoretische und praktische Relevanz.**[21] Die sekundärrechtlichen Vorgaben der RL 2014/23/EU sind zwar vorrangig anzuwenden, jedoch im Lichte des Primärvergaberechts zu interpretieren, soweit dieses zwingende Vorgaben etwa zur Verfahrensausgestaltung

---

[9] Kom., Vorschlag für eine Richtlinie des Europäischen Parlaments und des Rates über die Konzessionsvergabe v. 20.12.2011, KOM(2011) 897 endgültig, BR-Drs. 874/11, 2.
[10] *Prieß/Stein* VergabeR 2014, 499.
[11] So aber *Groneberg*, Konzession und Kooperation, 2018, Kap. 4 D.
[12] *Keller/Hellstern* NZBau 2018, 323 (324).
[13] Beck VergabeR/*Wollenschläger* KonzVgV § 1 Rn. 5; *Siegel* NVwZ 2016, 1672 (1673).
[14] *Braun* NZBau 2016, 266.
[15] Zum Primärvergaberecht *Mohr* RdE 2016, 269 (272 ff.); *Mohr* EuZA 2017, 23 (27 ff.); Immenga/Mestmäcker/*Kling* Rn. 8 ff.
[16] Statt anderer *Prieß/Simonis* NZBau 2015, 731.
[17] Für eine Spielbank-Genehmigung EuGH Urt. v. 9.9.2010 – C-64/08, Slg. 2010, I-8244 Rn. 52 = EuZW 2010, 821 – Engelmann; *Wollenschläger*, Effektive staatliche Rückholoptionen bei gesellschaftlicher Schlechterfüllung, 2006, 115.
[18] Für die Veräußerung von öffentlichem Vermögen *Prieß/Simonis* NZBau 2015, 731 (735); in Zusammenhang mit sozialen Vergabekriterien *Latzel* NZBau 2014, 673 (674).
[19] EuGH Urt. v. 25.10.2018 – C-260/17, NZBau 2019, 189 Rn. 36 – Anodiki.
[20] *Schwensfeier* in Kermel, Praxishandbuch der Konzessionsverträge und Konzessionsabgaben, 2012, 222.
[21] Nachdrücklich *Prieß/Simonis* NZBau 2015, 731 (736): „höchste objektive Relevanz".

macht²² (vgl. Erwägungsgrund 4 RL 2014/23/EU).²³ So war die Rechtsprechung des EuGH ein wesentlicher Ausgangspunkt für die Novellierung des Vergaberechts im Allgemeinen und die Aufnahme der Konzessionen in das Vergaberecht im Besonderen (vgl. Erwägungsgründe 4, 18, 21, 29, 45, 64, 65, 75 RL 2014/23/EU).²⁴ Jedenfalls kommen die primärrechtlichen Vorgaben über das Scharnier des **Art. 3 RL 2014/23/EU** zur Anwendung, der Konzessionsgeber auf die allgemeinen Vergabegrundsätze der Gleichbehandlung, Nichtdiskriminierung, Transparenz und Verhältnismäßigkeit verpflichtet.²⁵ **Unmittelbar anzuwenden ist das Primärvergaberecht,** wenn das Sekundärvergaberecht bzw. das zu seiner Umsetzung erlassene nationale Recht nicht gilt.²⁶ Dies ist unter der generellen Voraussetzung der Binnenmarktrelevanz erstens der Fall, wenn trotz Vorliegens einer staatlichen Beschaffung weder der sachliche Anwendungsbereich des § 105 noch eines anderen GWB-Vergaberegimes einschlägig ist. Zweitens kann zwar eine Konzession iSd § 105 vorliegen, jedoch der Schwellenwert gem. § 106 unterschritten sein.²⁷ Drittens kann zwar der sachliche Anwendungsbereich des Konzessionsvergaberechts nach §§ 105 und 106 einschlägig sein, aber eine allgemeine Ausnahmevorschrift gem. §§ 107 ff. oder eine besondere Ausnahmevorschrift gem. §§ 149 f. eingreifen.²⁸ Auch in einer solchen Situation ist bei Binnenmarktrelevanz unmittelbar auf das Primärvergaberecht abzustellen, sofern nicht seinerseits eine primärrechtliche Ausnahmevorschrift wie die Vorbehaltsvorschrift für wesentliche Sicherheitsinteressen der Mitgliedstaaten gem. Art. 346 AEUV greift (→ § 149 Rn. 4 f., → § 150 Rn. 9 ff.). Somit ist eine Direktvergabe von Trinkwasserkonzessionen trotz § 149 Nr. 9 unzulässig, da sie gegen die primärrechtlichen Grundsätze der Gleichbehandlung, Diskriminierungsfreiheit und Transparenz verstößt.²⁹

b) Grundsätze des Primärvergaberechts. Öffentliche Stellen müssen bei der Übertragung wirtschaftlicher Tätigkeiten auf Dritte im Fall einer möglichen Beeinflussung des zwischenstaatlichen Handels die **Grundregeln der EU-Verträge** beachten.³⁰ Hierzu gehören die **Niederlassungsfreiheit** gem. Art. 49 AEUV, die **Dienstleistungsfreiheit** gem. Art. 56 AEUV, die **Kapitalverkehrsfreiheit** gem. Art. 63 AEUV sowie das **Verbot der Diskriminierung aus Gründen der Staatsangehörigkeit** gem. Art. 18 AEUV als spezifische Ausprägungen des allgemeinen Gleichbehandlungsgrundsatzes.³¹ Das **Diskriminierungsverbot** verlangt, dass alle Bieter bei Aufstellung ihrer Angebote unabhängig von ihrer Staatsangehörigkeit materiell-faktisch über die gleichen Chancen verfügen. Eine Vorauswahl darf deshalb allein nach objektiven und vorher festgelegten Kriterien mit Bezug zum Auftrags- bzw. Konzessionsgegenstand erfolgen. Alle Entscheidungsträger müssen zudem materiell und strukturell unparteiisch sein. Schließlich müssen die Verfahrensfristen ausreichend lang sein, um auch Unternehmen aus anderen Mitgliedstaaten die Bewertung des (Konzessions-)Gegenstands und ggf. eine Bewerbung zu ermöglichen.³² Aus dem Diskriminierungsverbot folgt wiederum ein **verfahrensrechtliches Transparenzgebot,** schon damit seine Einhaltung überwacht werden kann.³³ Erforderlich ist regelmäßig ein Vergabeverfahren, das in Abhängigkeit vom Vergabegegenstand zugunsten potenzieller Bieter einen „angemessenen Grad an Öffentlichkeit" herstellt (→ § 151 Rn. 9).³⁴ Inhaltlich müssen die Bekanntmachungen sämtliche Angaben enthalten, anhand derer mögliche Bieter beurteilen können, ob eine Konzession für sie von geschäftlichem Interesse ist, einschließlich einer Kurzbe-

---

[22] *Mohr* VergabeR 2009, 543 (550); zur Vergabe-RL 2004 *Glaser,* Zwingende soziale Mindeststandards bei der Vergabe öffentlicher Aufträge, 2015, 51 ff.; zur RL 2014/23/EU *Siegel* VergabeR 2015, 265.
[23] Demgegenüber waren dem Primärvergaberecht keine Regelungen zum Rechtsweg zu entnehmen, weshalb es in Deutschland bis zur GWB-Reform 2016 zu einer Rechtswegzersplitterung kam; statt anderer *Burgi* NVwZ 2007, 737; *Braun* EuZW 2012, 451 (452).
[24] *Braun* in Hettich/Soudry VergabeR 158; *Siegel* VergabeR 2015, 265 (266).
[25] *Siegel* NVwZ 2016, 1672.
[26] Hierzu *Siegel* NZBau 2019, 353 f.
[27] *Mohr* VergabeR 2009, 543 (556); *Säcker/Wolf* WRP 2007, 282 (288 f.); *Ziekow* NZBau 2001, 72 (76); *Beuttenmüller,* Vergabefremde Kriterien im öffentlichen Auftragswesen, 2007, 166.
[28] *Prieß/Simonis* NZBau 2015, 731 (732).
[29] *Säcker/Mohr* ZWeR 2012, 417; ebenso *Herten-Koch* EWeRK 5/2013, 248; *Sudbrock* KommJur 2014, 41 (42); aA *Jacob/Schmidt* RdE 2016, 114.
[30] EuGH Urt. v. 25.10.2018 – C-260/17, NZBau 2019, 189 Rn. 36 – Anodiki; EuGH Urt. v. 10.9.2009 – C-206/08, ECLI:EU:C:2009:540 = NZBau 2009, 729 – WAZV Gotha; EuGH Urt. v. 13.4.2010 – C-91/08, ECLI:EU:C:2010:182 Rn. 33 = NZBau 2010, 382 – Wall; *Mohr* EuZA 2017, 23 (28).
[31] EuGH Urt. v. 25.10.2018 – C-260/17, NZBau 2019, 189 Rn. 36 – Anodiki; EuGH Urt. v. 8.10.1980 – C-810/79, Slg. 1980, 2747 Rn. 16 = BeckEuRS 1980, 82590 – Überschär.
[32] Zum Vorstehenden *Prieß/Simonis* NZBau 2015, 731 (734).
[33] EuGH Urt. v. 13.10.2005 – C-458/03, ECLI:EU:C:2005:605 = EuZW 2005, 727 – Parking Brixen.
[34] EuGH Urt. v. 7.12.2000 – C-324/98, Slg. 2000, I-10745 = NZBau 2001, 148 – Telaustria; EuGH Urt. v. 13.11.2008 – C-324/07, Slg. 2008, I-8486 Rn. 25 = EuZW 2009, 55 – Coditel Brabant.

schreibung ihres Inhalts sowie der Eignungs- und Zuschlagskriterien.[35] Die Zuschlagskriterien sind zwar nicht notwendig zu gewichten. Sofern der Konzessionsgeber eine derartige Gewichtung vornimmt, sind nachträgliche Änderungen jedoch regelmäßig nicht mehr zulässig.[36]

7 Die Anwendung des Primärvergaberechts setzt ebenso wie diejenige des EU-Wettbewerbsrechts eine **Binnenmarktrelevanz** in Form eines „sicheren grenzüberschreitenden Interesses" voraus.[37] Dieses Interesse kann sich aus verschiedenen Gesichtspunkten wie der wirtschaftlichen Bedeutung der Vereinbarung, dem Ort ihrer Durchführung oder technischen Merkmalen ergeben.[38] Bei der gebotenen funktionalen Betrachtung reicht es aus, wenn ein Unternehmen, das in einem anderen Mitgliedstaat ansässig ist, an der Konzession theoretisch interessiert sein kann.[39] Auf einen Verstoß berufen dürfen sich alle potenziellen Bieter, dh auch inländische Unternehmen.[40] Eine sog. **Inländerdiskriminierung** ist also nicht zulässig.[41] Ist die Binnenmarktrelevanz einer Konzessionsvergabe im Unterschwellenbereich zu verneinen, kommen die nationalen verfassungsrechtlichen Verfahrensgarantien zur Anwendung.[42]

8 Ebenso wie Art. 106 Abs. 1 AEUV adressieren die Primärvergaberegeln die **Mitgliedstaaten**.[43] Es steht deshalb auch im Ermessen der Mitgliedstaaten, die primären Vergabegrundsätze durch konkrete Regelungen auszuformen. Einschränkungen müssen aber verhältnismäßig sein (→ Rn. 9).[44] **Sekundärrechtsakte** wie die **RL 2014/23/EU** stellen nach der Rechtsprechung des EuGH regelmäßig eine an der Natur des jeweils in Rede stehenden Gegenstands orientierte **Konkretisierung des primären Unionsvergaberechts** dar.[45] Nach dieser Sichtweise enthält das Primärvergaberecht unter materiellen Gesichtspunkten keine geringeren Anforderungen als die Vergaberichtlinien.[46] Vielmehr gestalten die Richtlinien regelmäßig nur dasjenige prozedural aus, was die Grundfreiheiten materiell vorgeben.[47] Das gilt auch für etwaige Rechtfertigungsgründe.[48] Vor diesem Hintergrund ist durchaus wahrscheinlich, dass der EuGH die Vorgaben der RL 2014/23/EU primärrechtlich „absichern" wird.[49]

9 c) **Rechtfertigung.** Eine primärrechtswidrige Vergabe kann ausnahmsweise im **Interesse der öffentlichen Ordnung, Sicherheit** oder **Gesundheit** sowie **aus zwingenden Gründen des Allgemeininteresses gerechtfertigt** sein, soweit sie verhältnismäßig ist.[50] Ein Beispiel sind Vergaben im Bereich der Verteidigung und Sicherheit (vgl. Art. 346 AEUV; → § 150 Rn. 9 ff.). Nicht einschlägig ist demgegenüber das Neutralitätsgebot des Art. 345 AEUV, da diese Vorschrift im vorliegenden Zusammenhang lediglich klarstellt, dass keine unionsrechtlichen Privatisierungsgebote bestehen.[51] Die Besonderheiten einer mitgliedstaatlich geregelten Eigentumsordnung können also keine Verletzungen

---

[35] *Prieß/Simonis* NZBau 2015, 731 (734).
[36] EuGH Urt. v. 4.12.2003 – C-448/01, Slg. 2003, I-14527 Rn. 92 = EuZW 2004, 81 – Wienstrom; EuGH Urt. v. 18.11.2010 – C-226/09, ECLI:EU:C:2010:697 Rn. 60 ff. = NZBau 2011, 50 – Kommission/Irland.
[37] EuG Urt. v. 29.5.2013 – T-384/10, ECLI:EU:T:2013:277 = ZfBR 2013, 802 – Königreich Spanien/Kommission; *Mohr* VergabeR 2009, 543 (550); *Siegel* NZBau 2019, 353 (354).
[38] EuGH Urt. v. 14.11.2013 – C-221/12, ECLI:EU:C:2013:736 Rn. 29 = NZBau 2014, 53 – Belgacom NV.
[39] EuGH Urt. v. 21.7.2005 – C-231/03, ECLI:EU:C:2005:487 Rn. 17 = EuZW 2005, 529 – Coname; EuGH Urt. v. 18.11.2010 – C-226/09, ECLI:EU:C:2010:697 Rn. 60 ff. = NZBau 2011, 50 – Kommission/Irland; EuGH Urt. v. 13.9.2007 – C-260/04, Slg. 2007, I-7083 = VergabeR 2008, 213 – Kommission/Italien.
[40] EuGH Urt. v. 14.11.2013 – C-221/12, ECLI:EU:C:2013:736 Rn. 32 = NZBau 2014, 53 – Belgacom NV. Geboten ist ein effektiver Primärrechtsschutz, vgl. *Ruhland*, Die Dienstleistungskonzession, 2006, 260 ff.; *Säcker/Mohr* ZWeR 2012, 417 (432).
[41] Ebenso *Gabriel/Voll* NZBau 2014, 155.
[42] *Siegel* NZBau 2019, 353 (354).
[43] *Säcker/Mohr/Wolf*, Konzessionsverträge im System des europäischen und deutschen Wettbewerbsrechts, 2010, 67 ff.; *Mohr* EuZA 2017, 23 (28).
[44] EuGH Urt. v. 23.12.2009 – C-376/08, ECLI:EU:C:2009:808 Rn. 33 = NZBau 2010, 261 – Serrantoni; EuGH Urt. v. 16.12.2008 – C-213/07, Slg. 2008, I-9999 = EuZW 2009, 87 Rn. 48 u. 61 – Michaniki AE.
[45] Zur früheren Rechtslage EuGH Urt. v. 19.5.2009 – C-538/07, ECLI:EU:C:2009:317 Rn. 25 = EuZW 2009, 550 – Assitur Srl; *Knauff* EuZW 2005, 731 f.
[46] *M. Wolf* VergabeR 2011, 27 (30 ff.); aA *Burgi* NZBau 2005, 610; *Siegel* VergabeR 2015, 265 (266).
[47] *Prieß/Simonis* NZBau 2015, 731 (732).
[48] *Mohr* VergabeR 2009, 543 (550).
[49] Zum Gleichklang von Primär- und Sekundärrecht EuGH Urt. v. 10.9.2009 – C-573/07, ECLI:EU:C:2009:532 Rn. 37 = NZBau 2009, 797 – Sea.
[50] EuGH Urt. v. 14.11.2013 – C-221/12, ECLI:EU:C:2013:736 Rn. 38 = NZBau 2014, 53 – Belgacom NV; für Glücksspiele EuGH Urt. v. 8.9.2016 – C-225/15, ABl. 2016 C 402, 9 Rn. 40 ff. – Politanò.
[51] EuGH Urt. v. 22.10.2013 – C-105/12, C-106/12, C-107/12, ABl. 2013 C 367, 8 Rn. 36 ff. u. Rn. 49 ff. = EuZW 2014, 61 – Essent.

der unionsrechtlichen Vergaberegeln rechtfertigen.[52] Auch soziale oder umweltbezogene Belange können eine Beschränkung der Grundfreiheiten rechtfertigen, etwa die kollektivautonome Regelung von Arbeitsbedingungen durch Gewerkschaften und Arbeitgeber bzw. ihre Verbände.[53]

In Betracht kommt zudem eine Rechtfertigung nach Art. 106 Abs. 2 AEUV, sofern die auf 10 der Grundlage der Konzession zu erbringende Dienstleistung zu denjenigen **„im allgemeinen wirtschaftlichen Interesse"** gehört.[54] Nicht selten widerspricht ein transparentes und diskriminierungsfreies Auswahlverfahren aber nicht den öffentlichen Aufgaben. Durch ein wettbewerbliches und transparentes Auswahlverfahren können ganz im Gegenteil geeignete Leistungserbringer ermittelt und die im Allgemeininteresse liegenden Ziele gewährleistet werden.[55] Ein derartiges Verfahren stellt deshalb gegenüber einer Direktvergabe eine weniger wettbewerbsbeschränkende Maßnahme dar.[56]

d) Inhouse-Vergabe. Nach der Rechtsprechung des EuGH sind die Unionsvorschriften auf 11 dem Gebiet der öffentlichen Aufträge oder der öffentlichen Dienstleistungskonzessionen nicht anzuwenden, wenn **eine öffentliche Stelle ihre im allgemeinen Interesse liegenden Aufgaben mit ihren eigenen administrativen, technischen und sonstigen Mitteln erfüllt, ohne sich an externe Einrichtungen zu wenden.**[57] Die Direktvergabe einer Konzession ohne Ausschreibung ist zudem primärvergaberechtlich zulässig, wenn die Voraussetzungen einer sog. **Inhouse-Vergabe** erfüllt sind. Nach allgemeinen Grundsätzen ist eine solche erlaubt, wenn der Konzessionsgeber eine Gesellschaft wie seine eigenen Dienststellen überwacht und die Gesellschaft im Wesentlichen für den Konzessionsgeber tätig wird, der ihre Anteile innehat.[58] Der Konzessionsgeber muss die Gesellschaft somit strukturell und funktionell kontrollieren.[59] Dies erklärt sich aus dem Telos des Inhouse-Privilegs. Einerseits soll die öffentliche Stelle ihre Aufgaben im allgemeinen Interesse mit ihren eigenen Mitteln erfüllen können.[60] Andererseits stellt die Ausrichtung der Tätigkeit auf die Vergabestelle sicher, dass keine spürbaren Gefahren für einen wirksamen Bieterwettbewerb bestehen.[61] Unter materiellen Gesichtspunkten können Inhouse-Geschäfte deshalb nur dann privilegiert sein, wenn bei ihnen jede oder nahezu jede **Wettbewerbsrelevanz** („Marktausrichtung"[62]) fehlt, weshalb private Dritte durch die Leistungsbeziehung oder die Eigentümerstruktur des Leistungserbringers weder direkt noch indirekt berührt sind.[63] Nur ein Vertragsverhältnis, das für andere Marktteilnehmer ohne oder nahezu ohne Wettbewerbsrelevanz ist, kann vergabefrei bleiben.[64] Der EuGH zieht zur Beurteilung regelmäßig bestimmte Umsatzschwellen heran, betont aber zugleich, dass zur Beurteilung der jeweiligen Tätigkeit alle Umstände des Einzelfalls heranzuziehen sind.[65]

2. RL 2014/23/EU (RL 2014/23/EU). Die am 26.2.2014 erlassene **RL 2014/23/EU** soll 12 die vorstehend geschilderte Rechtsprechung des EuGH zum Primärvergaberecht bezüglich der Vergabe von Bau- und Dienstleistungskonzessionen zusammenfassen und in streitigen Fragestellungen für Rechtsklarheit sorgen.[66] In **Art. 5 Nr. 1 RL 2014/23/EU** – an den sich der deutsche Gesetzgeber mit § 105 eng anlehnt – werden die Dienstleistungs- und die Baukonzession legaldefiniert. Hiernach bezeichnet der Begriff der Konzession alle Bau- oder Dienstleistungskonzessionen, die die Voraussetzungen der Begriffsbestimmungen in Art. 5 Nr. 1 UAbs. 1 RL 2014/23/EU sowie in Art. 5 Nr. 1 UAbs. 2 RL 2014/23/EU erfüllen. Nach Art. 5 Nr. 1 UAbs. 1 lit. a RL 2014/23/

---

[52] EuGH Urt. v. 18.7.2007 – C-503/04, ECLI:EU:C:2007:432 Rn. 37 = EuZW 2007, 514 – Abfallentsorgung Braunschweig II.
[53] Dazu *Mohr/Wolf* JZ 2011, 1091 (1095).
[54] BerlKommEnR/*Mohr* EEG § 1 Rn. 41 mwN.
[55] Beispielhaft EuGH Urt. v. 22.10.2013 – C-105/12, C-106/12, C-107/12, ABl. 2013 C 367, 8 Rn. 36 ff. u. Rn. 49 ff. = EuZW 2014, 61 – Essent.
[56] *Säcker/Mohr/Wolf*, Konzessionsverträge im System des europäischen und deutschen Wettbewerbsrechts, 2010, 74; BerlKommEnR/*Mohr* EEG § 1 Rn. 94.
[57] EuGH Urt. v. 25.10.2018 – C-260/17, NZBau 2019, 189 Rn. 36 – Anodiki.
[58] EuGH Urt. v. 18.11.1999 – C-107/98, Slg. 1999, I-8121 (8156) = NZBau 2000, 90 – Teckal.
[59] EuGH Urt. v. 29.11.2012 – C-182/11, C-183/11, ABl. 2013 C 26, 7 Rn. 27 = EuZW 2013, 110 – Econord.
[60] EuGH Urt. v. 11.1.2005 – C-26/03, ECLI:EU:C:2005:5 Rn. 48 = NVwZ 2005, 187 – Stadt Halle; EuGH Urt. v. 19.6.2014 – C-574/12, ABl. 2014 C 282, 8 Rn. 35 = NZBau 2014, 511 – SUCH.
[61] EuGH Urt. v. 11.1.2005 – C-26/03, ECLI:EU:C:2005:5 = NVwZ 2005, 187 – Stadt Halle; *Knauff* EuZW 2013, 112.
[62] EuGH Urt. v. 13.10.2005 – C-458/03, ECLI:EU:C:2005:605 = EuZW 2005, 727 – Parking Brixen.
[63] *Säcker/Mohr* ZWeR 2012, 417 (432 f.).
[64] Immenga/Mestmäcker/*Dreher* § 99 Rn. 66; aA *Hellermann* EnWZ 2014, 339 (341).
[65] EuGH Urt. v. 11.5.2006 – C-340/04, ABl. 2014 C 282, 8 Rn. 64 = EuZW 2006, 375 – Carbotermo.
[66] *Jasper/Westen* VersorgungsW 2014, 117 f.; *Opitz* NVwZ 2014, 753 f.; *Höfer/Nolte* NZS 2015, 441 (442).

EU bezeichnet der Ausdruck **Baukonzession** einen entgeltlichen, schriftlich geschlossenen Vertrag, mit dem ein oder mehrere öffentliche Auftraggeber oder Auftraggeber (im Folgenden auch: Konzessionsgeber; → § 101 Rn. 2) einen oder mehrere Wirtschaftsteilnehmer mit der Erbringung von Bauleistungen beauftragen, wobei die Gegenleistung entweder allein im Recht zur Nutzung des vertragsgegenständlichen Bauwerks oder in diesem Recht zuzüglich einer Zahlung besteht. In Abgrenzung hierzu stellt eine **Dienstleistungskonzession** gem. Art. 5 Nr. 1 UAbs. 1 lit. b RL 2014/23/EU einen entgeltlichen, schriftlich geschlossenen Vertrag dar, mit dem ein oder mehrere öffentliche Auftraggeber oder Auftraggeber (im Folgenden auch: Konzessionsgeber) einen oder mehrere Wirtschaftsteilnehmer mit der Erbringung und der Verwaltung von Dienstleistungen betrauen, die nicht in der Erbringung von Bauleistungen nach lit. a bestehen, wobei die Gegenleistung entweder allein in dem Recht zur Verwertung der vertragsgegenständlichen Dienstleistungen oder in diesem Recht zuzüglich einer Zahlung besteht. Die Dienstleistungskonzession wird damit negativ zur Baukonzession abgegrenzt. Das in Art. 5 RL 2014/23/EU enthaltene Schriftformerfordernis ist nicht iSd § 126 BGB zu verstehen, sondern unionsrechtlich-funktional zu bestimmen.[67]

13 Sowohl eine Bau- als auch eine Dienstleistungskonzession setzen nach Art. 5 Nr. 1 UAbs. 2 RL 2014/23/EU als charakteristisches Merkmal voraus, dass mit der Vergabe das **Betriebsrisiko für die Nutzung des entsprechenden Bauwerks bzw. für die Verwertung der Dienstleistungen auf den Konzessionsnehmer übergeht**, wobei es sich um ein Nachfrage- und/oder ein Angebotsrisiko handeln kann. Das Erfordernis geht auf die Rechtsprechung des EuGH zurück, welche durch Art. 5 RL 2014/23/EU übernommen und präzisiert wird.[68] Das Betriebsrisiko gilt als vom Konzessionsnehmer getragen, wenn unter normalen Betriebsbedingungen nicht garantiert ist, dass die Investitionsaufwendungen oder die Kosten für den Betrieb des Bauwerks oder die Erbringung der Dienstleistungen, die Gegenstand der Konzession sind, wieder erwirtschaftet werden können (**Verlustrisiko**).[69] Der Teil des auf den Konzessionsnehmer übergegangenen Risikos muss zudem umfassen, den Unwägbarkeiten des Marktes tatsächlich ausgesetzt zu sein, sodass potenzielle geschätzte Verluste des Konzessionsnehmers nicht rein nominell oder vernachlässigbar sind.[70]

14 Die Begriffsbestimmung in Art. 5 RL 2014/23/EU wird konkretisiert durch die **Erwägungsgründe** der RL 2014/23/EU. **Hauptmerkmal** jeder Konzession ist nach **Erwägungsgrund 18 RL 2014/23/EU** das Recht, die **betreffenden Bauwerke oder Dienstleistungen zu nutzen bzw. zu verwerten.** Dies geht regelmäßig mit der **Übertragung eines Betriebsrisikos** wirtschaftlicher Art auf den Konzessionsnehmer einher, wobei – ebenso wie nach Art. 5 Nr. 1 UAbs. 2 RL 2014/23/EU – die Möglichkeit bestehen muss, dass die Investitionsaufwendungen und die Kosten für den Betrieb des Bauwerks oder die Erbringung der Dienstleistungen unter normalen Betriebsbedingungen nicht wieder erwirtschaftet werden können, auch wenn ein Teil des Risikos bei den öffentlichen Auftraggebern oder Auftraggebern verbleibt. Nach Ansicht des Richtliniengebers kann allein **durch die Übertragung des Betriebsrisikos die Anwendung besonderer Bestimmungen auf Konzessionen gerechtfertigt werden.** Werde der Konzessionsnehmer demgegenüber vom Auftraggeber von jedem Verlust freigestellt, indem ihm etwa Einnahmen mindestens in Höhe der bei Durchführung des Vertrages entstandenen Investitionsaufwendungen und Kosten garantiert würden, könne die Anwendung der besonderen Bestimmungen über die Konzession anstatt derjenigen über öffentliche Aufträge nicht gerechtfertigt werden. Die Erwirtschaftung der Investitionsaufwendungen und Kosten des Betreibers für die Erbringung der Bau- oder Dienstleistung muss für die Annahme einer Konzession stets von der Erbringung bzw. dessen Lieferung abhängen. Die vorstehenden Ausführungen gehen zurück auf die Rechtsprechung des EuGH (→ Rn. 83 ff.)

15 Das Tatbestandsmerkmal „Übertragung des Betriebsrisikos" wird weiter durch die **Erwägungsgründe 19 und 20 RL 2014/23/EU** konkretisiert. Kein relevantes Betriebsrisiko wird hiernach übertragen – weshalb keine Konzession im Sinne der RL 2014/23/EU vorliegt –, wenn eine branchenspezifische Regelung den Wegfall des Risikos für den Konzessionsnehmer durch einen **garantierten Ausgleich seiner Investitionen** und der **aufgrund der Vertragsdurchführung anfallenden Kosten vorsieht,** eine Problematik, die aktuell für energiewirtschaftliche Wegenutzungsverträge iSd § 46 EnWG diskutiert wird (→ Rn. 95 ff.). Demgegenüber schließt eine regulatorische Beschränkung des Betriebsrisikos eine Konzession nicht grundsätzlich aus. Das Betriebsrisiko

---

[67] Ebenso Immenga/Mestmäcker/*Kling* Rn. 20.
[68] Vgl. EuGH Urt. v. 10.11.2011 – C-348/10, Slg. 2011, I-11008 = NZBau 2012, 183 (185) Rn. 44 ff. – Norma A; EuGH Urt. v. 10.3.2011 – C-274/09, Slg. 2011, I-1350 = EuZW 2011, 352 Rn. 29 ff. – Rettungsdienst Stadler; *Knauff/Badenhausen* NZBau 2014, 395 (396); BeckOK VergabeR/*Bungenberg/Schelhaas* Rn. 6.
[69] *Opitz* NVwZ 2014, 753 (756); BeckOK VergabeR/*Bungenberg/Schelhaas* Rn. 6.
[70] Vgl. auch EuGH Urt. v. 10.3.2011 – C-274/09, Slg. 2011, I-1350 = EuZW 2011, 352 Rn. 37 – Rettungsdienst Stadler.

II. Unionsrechtliche Vorgaben 16–19 § 105 GWB

muss nach dem Willen des Richtliniengebers aus Faktoren resultieren, die sich dem Einfluss der Vertragsparteien entziehen, im Sinne eines **Risikos, den Unwägbarkeiten des Marktes ausgesetzt zu sein.**[71] Dabei kann es sich sowohl um ein **Nachfragerisiko** als auch um ein **Angebotsrisiko** handeln. Nachfragerisiko ist das Risiko der tatsächlichen Nachfrage nach den Bau- oder Dienstleistungen, die Gegenstand des Vertrages sind. Hingegen ist das Angebotsrisiko das mit der Erbringung der Bau- oder Dienstleistungen verbundene Risiko, insbesondere sofern die bereitgestellten Dienstleistungen nicht der Nachfrage entsprechen. Zur Einschätzung des Betriebsrisikos soll der **Nettogegenwartswert aller Investitionen, Kosten und Einkünfte des Konzessionsnehmers** in kohärenter und einheitlicher Weise herangezogen werden.

Die **RL 2014/23/EU** behandelt in ihren **Erwägungsgründen 11-17** RL 2014/23/EU Fallgestaltungen, die nach Ansicht des Richtliniengebers von vorneherein nicht unter den Begriff der Konzession fallen.[72] Die deutsche Gesetzesbegründung zum VergRModG 2016 nimmt die Erwägungsgründe 11–16 RL 2014/23/EU explizit in Bezug,[73] weshalb diese nicht nur zur Ermittlung des Willens des Unionsgesetzgebers, sondern auch im Rahmen der subjektiv-teleologischen Auslegung des nationalen Rechts bedeutsam sind.[74] Hierbei handelt es sich etwa um Genehmigungen, Lizenzen und Verträge über die Festlegung allgemeiner Bedingungen, ohne die Vergabe der Ausführung von Bauarbeiten oder der Verwaltung von Dienstleistungen.[75] Von diesen „**unechten Ausnahmen**" sind die „**echten Ausnahmen**" zu unterscheiden, also Fallgestaltungen, die trotz des Vorliegens einer Konzession kraft politischer Wertentscheidung nicht den Vorgaben der RL 2014/23/EU unterliegen, vgl. die §§ 107 ff. und §§ 149 f.[76] Im Einzelnen: 16

Erwägungsgrund 11 RL 2014/23/EU konkretisiert den Vertragsgegenstand und den Konzessionszweck. Konzessionen sind nach S. 1 entgeltliche Verträge, mit denen ein oder mehrere öffentliche Auftraggeber oder Auftraggeber einen oder mehrere Wirtschaftsteilnehmer mit der Erbringung von Bauleistungen oder der Erbringung und der Verwaltung von Dienstleistungen beauftragen. Von besonderer Bedeutung ist Erwägungsgrund 11 S. 2 RL 2014/23/EU, der klarstellt, dass auch Konzessionsverträge der **Beschaffung von Bau- oder Dienstleistungen** dienen (→ Rn. 80). Mit einer Konzession verfolgt der Konzessionsgeber einen bedarfs- und lenkungsorientierten Zweck. Folgerichtig wird ein Konzessionsnehmer durch den Konzessionsvertrag nicht nur berechtigt, sondern auch verpflichtet, bestimmte Leistungen zu erbringen bzw. vorzuhalten (auch Erwägungsgrund 14 RL 2014/23/EU).[77] Die Gegenleistung des Konzessionsgebers (das „Entgelt") besteht bei Konzessionen entweder in dem Recht zur Nutzung des Bauwerks bzw. Verwertung der Dienstleistungen oder in diesem Recht zuzüglich einer Zahlung. Nach Erwägungsgrund 11 S. 3 RL 2014/23/EU können Konzessionsverträge fakultativ einen **Eigentumsübergang auf den öffentlichen Auftraggeber oder den Auftraggeber** vorsehen, wobei den öffentlichen Auftraggebern oder Auftraggebern **stets der Nutzen der betreffenden Bau- oder Dienstleistungen** zustehen muss. Das Vorliegen einer Beschaffung wird kontrovers diskutiert, wenn Konzessionsgeber in Ausübung ihrer **Gewährleistungsverantwortung** handeln, wie dies etwa im Energie-, Telekommunikations- und Eisenbahnbereich der Fall ist; dann unmittelbare Empfänger der Dienstleistung sollen hiernach die Bürger sein. Nach überzeugender Ansicht reicht ein derart mittelbarer Nutzen aus, um eine Konzession zu bejahen[78] (→ Rn. 64 ff., 103). 17

Erwägungsgrund 12 RL 2014/23/EU stellt klar, dass allein die **Finanzierung von Tätigkeiten,** die häufig mit der Verpflichtung verbunden ist, erhaltene Beträge bei nicht bestimmungsmäßer Verwendung zurückzuzahlen, nicht in den Geltungsbereich dieser Richtlinie fällt (zB **Subventionen**). Dies findet seinen Grund darin, dass die Durchführung der Leistung hier nicht mit einer Gegenleistung verbunden ist.[79] 18

Nach **Erwägungsgrund 13 RL 2014/23/EU** gelten Regelungen nicht als Konzessionen, nach denen **ohne gezielte Auswahl alle Wirtschaftsteilnehmer, die bestimmte Voraussetzungen erfüllen, berechtigt sind, eine bestimmte Aufgabe wahrzunehmen.** Erwägungsgrund 13 RL 19

---

[71] Vgl. auch EuGH Urt. v. 10.3.2011 – C-274/09, Slg. 2011, I-1350 = EuZW 2011, 352 Rn. 37 – Rettungsdienst Stadler.
[72] Vgl. *Opitz* NVwZ 2014, 753 (756).
[73] Vgl. BT-Drs. 18/6281, 76.
[74] Beck VergabeR/*Wollenschläger* Rn. 14.
[75] Europäisches Parlament, Ausschuss für Binnenmarkt und Verbraucherschutz, Bericht über den Vorschlag für eine Richtlinie des Europäischen Parlaments und des Rates über die Konzessionsvergabe [KOM(2011)0897 – C7-0004/2012 – 2011/0437(COD)], A7-0030/2013 v. 1.2.2013, 14.
[76] *Siegel* VergabeR 2015, 265 (268).
[77] Zutr. *Opitz* NVwZ 2014, 753 (756 f.).
[78] Ebenso *Opitz* NVwZ 2014, 753 (757).
[79] jurisPK-VergabeR/*Wagner* Rn. 21.

2014/23/EU benennt als Beispiele die Durchführung von **Kundenwahl- und Dienstleistungsgutscheinsystemen.** Der Richtliniengeber begründet dies überzeugend damit, dass derartige Systeme auf der Entscheidung einer Behörde beruhen, mit der transparente und nichtdiskriminierende Voraussetzungen für den kontinuierlichen Zugang von Wirtschaftsteilnehmern zur Erbringung bestimmter (sozialer) Dienstleistungen festgelegt werden, wobei den Kunden die Wahl zwischen den Anbietern freisteht. Hiernach gilt eine Zulassung zur Erbringung von **sozialen Dienstleistungen ohne Auswahlentscheidung** nicht als Konzession.[80] An einer Auswahlentscheidung fehlt es nicht nur dann, wenn ein zwingender Anspruch auf Zulassung besteht, sondern auch, wenn die gesetzlichen Regelungen zur Leistungserbringung hinsichtlich einzelner Sozialleistungen so weit gefasst sind, dass der Leistungsträger bei der Beschaffung einen Spielraum hat (sog. „Beschaffungsermessen") und dieser Spielraum dergestalt genutzt wird, dass jeder Anbieter zugelassen wird, der zuvor festgelegte Kriterien erfüllt.[81] Für die Festlegung dieser Kriterien sollte aber jedenfalls das europäische **Primärvergaberecht** zur Anwendung kommen, da dieses nicht auf Beschaffungsvorgänge beschränkt ist (→ Rn. 4). Wird das Beschaffungsermessen demgegenüber durch eine exklusive Auswahlentscheidung ausgeübt, findet das Konzessionsvergaberecht Anwendung.[82]

20 Nicht als Konzession zu bewerten ist nach **Erwägungsgrund 14 RL 2014/23/EU** die Erteilung von **Genehmigungen** oder **Lizenzen** durch einen Mitgliedstaat oder seine Behörden, durch die die Bedingungen für die Ausübung einer Wirtschaftstätigkeit festgelegt werden, die üblicherweise auf Antrag des Wirtschaftsteilnehmers und nicht vom öffentlichen Auftraggeber oder vom Auftraggeber erteilt wird und bei der der Wirtschaftsteilnehmer das Recht hat, sich von der Erbringung von Bau- oder Dienstleistungen zurückzuziehen. In Deutschland fallen hierunter etwa **Konzessionen im gewerberechtlichen Sinne.**[83] Da auf derartige „Berufsregelungen im weiteren Sinne" die Dienstleistungs-RL 2006/123/EG[84] anzuwenden ist, bedarf es keiner Anwendung der RL 2014/23/EU. Zudem ist konstitutives Merkmal einer Konzession gerade die wechselseitige und rechtlich durchsetzbare Bindung beider Vertragsparteien, weshalb der Konzessionsnehmer durch den Konzessionsvertrag nicht nur berechtigt, sondern auch verpflichtet wird, bestimmte Leistungen zu erbringen bzw. vorzuhalten (s. auch Erwägungsgrund 14 RL 2014/23/EU sowie → Rn. 43 ff.).[85]

21 Weiterhin sollen gemäß **Erwägungsgrund 15 RL 2014/23/EU** bestimmte Vereinbarungen keine Konzessionen darstellen, die das Recht eines Wirtschaftsteilnehmers regeln, **öffentliche Bereiche oder Ressourcen öffentlich-rechtlich oder privatrechtlich zu nutzen,** wobei der Staat, der öffentliche Auftraggeber oder der Auftraggeber nur allgemeine Bedingungen für deren Nutzung festlegt, ohne bestimmte Bau- oder Dienstleistungen zu beschaffen. Betroffen sind davon insbesondere **Pachtverträge über öffentliche Liegenschaften oder Land,**[86] soweit diese Verträge Klauseln enthalten, die die Besitzübernahme durch den Pächter, die vorgesehene Nutzung und die Pflichten von Pächter und Eigentümer hinsichtlich der Instandhaltung der Liegenschaft, die Dauer der Verpachtung und die Rückgabe des Besitzes an den Eigentümer, den Pachtzins sowie die vom Pächter zu zahlenden Nebenkosten regeln.

22 Problematisch ist die Bestimmung des Aussagegehalts des kryptisch formulierten **Erwägungsgrunds 16 RL 2014/23/EU.** Keine Konzession im Sinne der RL 2014/23/EU sollen danach Vereinbarungen über die Gewährung von **Wegerechten** hinsichtlich der Nutzung öffentlicher Liegenschaften für die Bereitstellung oder den Betrieb fester Leitungen oder Netze sein, über die eine Dienstleistung für die Allgemeinheit erbracht werden soll, aber nur sofern derartige Vereinbarungen – im Sinne einer Rückausnahme – weder eine Lieferverpflichtung auferlegen, noch den Erwerb von Dienstleistungen durch den öffentlichen Auftraggeber oder den Auftraggeber für sich selbst oder für Endnutzer vorsehen. Diese Vorschrift spielt insbesondere bei der Frage eine Rolle, ob energiewirtschaftliche Wegenutzungsverträge iSd §§ 46 ff. EnWG zugleich Dienstleistungskonzessionen iSd RL 2014/23/EU sind[87] (→ Rn. 95 ff.).

---

[80] Ausf. *Höfer/Nolte* NZS 2015, 441 (443).
[81] So *Höfer/Nolte* NZS 2015, 441 (443 f.).
[82] *Höfer/Nolte* NZS 2015, 441 (444).
[83] Vgl. *Säcker/Mohr/Wolf,* Konzessionsverträge im System des europäischen und deutschen Wettbewerbsrechts, 2010, 21; *Siegel* NZBau 2019, 353.
[84] Richtlinie 2006/123/EG des Europäischen Parlaments und des Rates v. 12.12.2006 über Dienstleistungen im Binnenmarkt, ABl. 2006 L 376, 36. Hierbei handelt es sich ua um Regelungen des Berufsrechts, die übermäßige Regulierungen des Zugangs oder der Ausübung etwa im Interesse der Qualität begrenzen; dazu *Kämmerer* DStR-Beiheft 2016, 47 (48 ff.).
[85] *Opitz* NVwZ 2014, 753 (756 f.).
[86] S. dazu bereits KG Urt. v. 22.1.2015 – 2 U 14/14 Kart, NZBau 2015, 323 – Waldbühne; *Mösinger* NZBau 2015, 545; *Classen* VergabeR 2016, 13; *Schröder* KommunalPraxis spezial 2014, 122; *Kus* VergabeR 2008, 563.
[87] *Mohr* RdE 2016, 269 (276).

III. Entstehungsgeschichte

1. Deutsches Recht. Der Terminus „Konzession" taucht in der deutschen Verwaltungsrechtsprechung seit den fünfziger Jahren etwa in Zusammenhang mit Apotheken auf.[88] Die Gerichte beschäftigten sich seit diesem Zeitpunkt intensiv etwa mit der Vergabe von Taxikonzessionen.[89] Trotz der langjährigen Verwendung des Begriffs war sein Aussagegehalt lange nicht geklärt. Insbesondere wurden die Begriffe „Konzession", „Konzessionsvertrag" sowie „Konzessionsmodell" nicht gleichbedeutend verwandt.[90] So wurde Konzession zuweilen synonym für eine **Erlaubnis, Einwilligung, Zustimmung** und **Genehmigung** angewandt.[91] Im Gewerberecht wird insbesondere eine **durch Verwaltungsakt erteilte Genehmigung** als Konzession bezeichnet.[92] Derartige Rechtsakte unterfallen wie gesehen nicht dem europäischen Konzessionsvergaberecht (→ Rn. 20), können allerdings dem Primärvergaberecht unterfallen (→ Rn. 4). Verwaltungsrechtlich wird der Begriff der Konzession allgemein auch als **Verleihung eines Hoheitsrechtes durch staatlichen Beleihungsakt zur Ausübung einer wirtschaftlichen Tätigkeit oder Nutzung** bezeichnet, die grundsätzlich dem Gemeinwesen vorenthalten ist, wobei den Konzessionsnehmern nicht nur Rechte, sondern auch Pflichten übertragen werden.[93] In Deutschland wird der Begriff „Konzessionsvertrag" schließlich auch für **Wegenutzungsverträge** verwendet,[94] so zB **für wasser- und energiewirtschaftsrechtliche Konzessionsverträge.**[95] Bei diesen Verträgen handelt es sich nach hM[96] zumeist um privatrechtliche Verträge, also gerade nicht um eine öffentlich-rechtliche Erlaubnis.[97] Der Begriff der Konzession im Sinne des **Vergaberechts** ist wiederum enger gefasst als der gewerbe- oder verwaltungsrechtliche Begriff.[98] Dort werden die Konzessionen je nach Gegenstand in Bau- und Dienstleistungskonzessionen unterteilt. Jedoch fehlte bis zur Verabschiedung der RL 2014/23/EU eine umfassende Legaldefinition des Konzessionsbegriffs (→ Rn. 31 ff.).

2. Unionsrecht. a) Dienstleistungskonzession. Bereits seit Beginn der 1990er Jahre hat die Kommission mehrere **Vorschläge zur Integration der Dienstleistungskonzession** ins europäische Vergaberechtsregime vorgelegt.[99] Im Rahmen des Gesetzgebungsverfahrens zur Sektorenkoordinierungsrichtlinie 1990[100] lehnte der Rat den Vorschlag der Kommission, die Dienstleistungskonzession in den Anwendungsbereich der Richtlinie aufzunehmen, zunächst mit der Begründung ab, dies entspreche der Rechtslage nur eines einzigen Mitgliedstaates, zudem sei eine Regelung ohne Kodifizierung eines konzessionsspezifischen Vergaberegimes nicht angebracht.[101]

Die Kommission sprach sich auch in ihrem **Vorschlag zur RL 92/50/EWG über die Koordinierung der Verfahren zur Vergabe öffentlicher Dienstleistungsaufträge** (DKR 92/50) für eine Einbeziehung der Dienstleistungskonzession in das Vergaberegime aus. Die Dienstleistungskonzession war in Art. 1 lit. h des Kommissionsvorschlags definiert als „ein Vertrag anderer Art als eine

---

[88] BVerwG Urt. v. 22.11.1956 – I C 221/54, NJW 1957, 356; *Braun* in Hettich/Soudry VergabeR 157.
[89] VGH München Urt. v. 14.2.1962 – 171 II 60, NJW 1962, 2219; OVG Münster Beschl. v. 11.6.1990 – 13 B 1283/90, NZV 1990, 446; *Braun* in Hettich/Soudry VergabeR 157.
[90] Ebenso der Befund von *Schmidt* LVK 2008, 193 (199); *Säcker/Mohr/Wolf*, Konzessionsverträge im System des europäischen und deutschen Wettbewerbsrechts, 2010, 21; Beck VergabeR/*Reidt/Stickler*, 2. Aufl. 2013, VOB/A § 22 Rn. 4.
[91] *Stern* AöR 84 (1959), 137 (149).
[92] *Säcker/Mohr/Wolf*, Konzessionsverträge im System des europäischen und deutschen Wettbewerbsrechts, 2010, 21; *Siegel* NZBau 2019, 353.
[93] *Stern* AöR 84 (1959), 137 (148).
[94] *Säcker/Mohr/Wolf*, Konzessionsverträge im System des europäischen und deutschen Wettbewerbsrechts, 2010, 21 ff.
[95] Für Wasserkonzessionen *Säcker/Mohr* ZWeR 2012, 417; für energiewirtschaftliche Wegenutzungsverträge *Mohr* RdE 2016, 269.
[96] *Niehof* RdE 2011, 15 (16); BerlKommEnR/*Wegner* EnWG § 46 Rn. 45; *Säcker/Mohr* ZWeR 2012, 417 (424); *Büdenbender* FS Kühne, 2010, 105.
[97] *Säcker/Mohr/Wolf*, Konzessionsverträge im System des europäischen und deutschen Wettbewerbsrechts, 2010, 22.
[98] Beck VergabeR/*Reidt/Stickler*, 2. Aufl. 2013, VOB/A § 22 Rn. 5.
[99] *Walz*, Die Bau- und Dienstleistungskonzession im deutschen und europäischen Vergaberecht, 2010, 39; *Säcker/Mohr* ZWeR 2012, 417 ff.
[100] Vgl. Kom., geänderter Vorschlag v. 18.7.1989 für eine Richtlinie des Rates betreffend die Auftragsvergabe durch Auftraggeber im Bereich Wasser-, Energie- und Verkehrsversorgung sowie im Telekommunikationssektor, KOM(89) 380 endg., ABl. 1989 C 264, 22; *Walz*, Die Bau- und Dienstleistungskonzession im deutschen und europäischen Vergaberecht, 2010, 39; *Ruhland*, Die Dienstleistungskonzession, 2006, 37.
[101] *Walz*, Die Bau- und Dienstleistungskonzession im deutschen und europäischen Vergaberecht, 2010, 39.

öffentliche Baukonzession [...], der zwischen einem Auftraggeber und einer anderen Stelle geschlossen wird und auf Grund dessen der Auftraggeber die Ausführung einer Tätigkeit zugunsten der Öffentlichkeit, die seiner Verantwortung untersteht, einer anderen Stelle seiner Wahl überträgt, die die Tätigkeit gegen das Recht zur Nutzung dieser Tätigkeit oder gegen dieses Recht zuzüglich der Zahlung eines Preises ausführt". Auch dieser Vorschlag wurde vom Rat abgelehnt.[102] Zur Begründung führte der Rat aus, Konzessionen müssten „auf Grund der unterschiedlichen Gegebenheiten in den einzelnen Mitgliedstaaten hinsichtlich der Übertragung von Befugnissen bei der Verwaltung von öffentlichen Dienstleistungen sowie hinsichtlich der Einzelheiten der Befugnisübertragung" aus dem Anwendungsbereich genommen werden. Aufgrund der bestehenden Unterschiede würden die Vorschriften zu einer „großen Unausgewogenheit hinsichtlich der Zugänglichkeit zu diesen Konzessionsverträgen führen".[103]

26   Im Jahr 2000 erließ die Kommission eine **Mitteilung zu Auslegungsfragen im Bereich Konzessionen,** um „die betroffenen Unternehmen und Behörden [...] über die Bestimmungen zu informieren, die ihrer Meinung nach gemäß dem geltenden Gemeinschaftsrecht auf Konzessionen anzuwenden sind".[104] In dieser Mitteilung umriss die Kommission die Konzessionen als „dem Staat zurechenbare Akte, durch die eine Behörde einem Dritten entweder vertraglich oder durch einen einseitigen Akt mit Zustimmung dieses Dritten die vollständige oder teilweise Durchführung von Dienstleistungen überträgt, die grundsätzlich in seine Zuständigkeit fallen und für die der Dritte die Nutzung trägt".[105] Der Mitteilung der Kommission kommt heute keine entscheidende Relevanz mehr zu, da sie vor den grundlegenden Entscheidungen des EuGH und deren normativer Präzisierung durch die RL 2014/23/EU erlassen wurde.[106]

27   Erstmals, wenn auch nur rudimentär legaldefiniert wurde die Dienstleistungskonzession **in Art. 1 Abs. 3 und 4 Vergabe-RL 2004.** Gemäß Art. 17 Vergabe-RL 2004 waren Dienstleistungskonzessionen jedoch von der Anwendbarkeit des Vergaberechts ausgeschlossen.[107] Infolgedessen war bis zum Inkrafttreten des VergRModG 2016 das deutsche Kartellvergaberecht auf Dienstleistungskonzessionen nicht anwendbar.[108] Gemäß § 99 Abs. 1 aF waren Dienstleistungskonzessionen auch keine öffentlichen Aufträge iSd GWB.

28   Der EuGH hatte aus dem **europäischen Primärrecht** schon vor Inkrafttreten des neuen Konzessionsvergaberechts Mindestanforderungen an die Vergabe von Dienstleistungskonzessionen und den Rechtsschutz entwickelt,[109] welche als „Primärvergaberecht"[110] oder „Vergaberecht light"[111] bezeichnet werden (→ Rn. 6 ff.). Bei bestehender Binnenmarktrelevanz[112] sind hiernach auf die Vergabe von Dienstleistungskonzessionen die Grundfreiheiten sowie das Diskriminierungsverbot aus Gründen der Staatsangehörigkeit anzuwenden.[113] Den Anfang dieser Rechtsprechungslinie bildete das **Telaustria-Urteil,** wonach Auftraggeber bei der Vergabe von Dienstleistungskonzessionen „die Grundregeln des [heutigen AEU-]Vertrages im Allgemeinen und das **Verbot der Diskriminierung aus Gründen der Staatsangehörigkeit** im Besonderen zu beachten" haben.[114] Dieses Verbot schließt nach überzeugender Ansicht eine „**Verpflichtung zur Transparenz**" ein,

---

[102] Walz, Die Bau- und Dienstleistungskonzession im deutschen und europäischen Vergaberecht, 2010, 39; EuGH Urt. v. 7.12.2000 – C-324/98, Slg. 2000, I-10745 = NZBau 2001, 148 (150) – Telaustria.
[103] EuGH Urt. v. 7.12.2000 – C-324/98, Slg. 2000, I-10745 = NZBau 2001, 148 (150) – Telaustria.
[104] Mitteilung der Kommission zu Auslegungsfragen im Bereich Konzessionen im Gemeinschaftsrecht (2000/C 121/02), Ziff. 1.4.
[105] Mitteilung der Kommission zu Auslegungsfragen im Bereich Konzessionen im Gemeinschaftsrecht (2000/C 121/02), Ziff. 2.4; Beck VergabeR/Reidt/Stickler, 2. Aufl. 2013, VOB/A § 22 Rn. 5.
[106] Beck VergabeR/Wollenschläger Rn. 16.
[107] Vgl. Art. 17 Vergabe-RL 2004 und Art. 18 RL 2004/17/EG (Sektoren-RL 2004); stRspr, vgl. EuGH Urt. v. 7.12.2000 – C-324/98, Slg. 2000, I-10745 = NZBau 2001, 148 – Telaustria; EuGH Urt. v. 21.7.2005 – C-231/03, ECLI:EU:C:2005:487 = EuZW 2005, 529 – Coname; EuGH Urt. v. 6.4.2006 – C-410/04, ECLI:EU:C:2006:237 = NVwZ 2006, 555 – ANAV; EuGH Urt. v. 13.10.2005 – C-458/03, ECLI:EU:C:2005:605 = EuZW 2005, 727 – Parking Brixen; EuGH Urt. v. 14.11.2013 – C-221/12, ECLI:EU:C:2013:736 = NZBau 2014, 53 Rn. 29 – Belgacom NV; s. auch Egger, Europäisches Vergaberecht, 2008, Rn. 789.
[108] BNetzA/BKartA, Gemeinsamer Leitfaden zur Vergabe von Strom- und Gaskonzessionen und zum Wechsel des Konzessionsnehmers, 2. Aufl. 2015, Rn. 14; Burgi NZBau 2005, 610 (612).
[109] Knauff VergabeR 2013, 157 (158); Knauff/Badenhausen NZBau 2014, 395.
[110] Kühling/Huerkamp → Einl. VergabeR Rn. 1.
[111] Prieß/Marx/Hölzl NVwZ 2011, 65 (68).
[112] Dazu EuGH Urt. v. 13.4.2010 – C-91/08, ECLI:EU:C:2010:182 = NZBau 2010, 382 Rn. 33 – Wall.
[113] Säcker/Mohr ZWeR 2012, 417 (428).
[114] EuGH Urt. v. 7.12.2000 – C-324/98, Slg. 2000, I-10745 = NZBau 2001, 148 – Telaustria; Braun EuZW 2012, 451.

damit die Einhaltung der unionsrechtlichen Vorgaben überprüft und festgestellt werden kann. Dies erfordert wiederum die Sicherstellung eines „angemessenen Grad[es] von Öffentlichkeit" durch den Auftraggeber.[115] Die Transparenzpflicht stellt somit eine „den Grundfreiheiten immanente Voraussetzung dar".[116] Diese begründet zwar nicht notwendig eine Ausschreibungspflicht für Konzessionen. Nach Ansicht des EuGH muss der Konzessionsgeber vielmehr in jedem Einzelfall prüfen, ob die Konzessionsvergabe dem Transparenzerfordernis entspreche, „ohne notwendigerweise eine Verpflichtung zur Vornahme einer Ausschreibung zu umfassen".[117] Allerdings entspricht „das völlige Fehlen einer Ausschreibung im Fall der Vergabe einer öffentlichen Dienstleistungskonzession [...] weder den Anforderungen der Artikel 43 EG aF. [Art. 49 AEUV] und 49 EG aF. [Art. 56 AEUV] noch den Grundsätzen der Gleichbehandlung, der Nichtdiskriminierung und der Transparenz".[118] Auch für die **Erneuerung einer Konzession**[119] und die **Änderung wesentlicher Merkmale**[120] besteht eine Pflicht zur Neuausschreibung. Über die vorstehend angedeuteten grundlegenden Vorgaben hinaus sind dem Primärvergaberecht keine detaillierten Anforderungen an das Konzessionsvergabeverfahren zu entnehmen, weshalb die EU-Kommission die Verabschiedung der RL 2014/23/EU durch den europäischen Richtliniengeber vorantrieb.[121]

b) Baukonzession. Anders als die Dienstleistungskonzession war die Baukonzession schon vor 29 Verabschiedung der RL 2014/23/EU sekundärrechtlich definiert. So enthielt Art. 1 lit. d der sog. **Baukoordinierungsrichtlinie 93/37/EWG** eine entsprechende Legaldefinition.[122] Hiernach galten als öffentliche Baukonzessionen solche Verträge, die von öffentlichen Bauaufträgen nur insoweit abwichen, als die Gegenleistung für die Arbeiten ausschließlich in dem Recht zur Nutzung des Bauwerks oder in diesem Recht zuzüglich der Zahlung eines Preises bestand. Diese Definition, deren Funktion sich in einer negativen Abgrenzung zum öffentlichen Bauauftrag erschöpfte, wurde vom Richtliniengeber wortgleich in **Art. 1 Abs. 3 Vergabe-RL 2004** übernommen.

3. RL 2014/23/EU (RL 2014/23/EU). Nach Ansicht des Richtliniengebers hat das Fehlen 30 klarer Bestimmungen zur Vergabe von Konzessionen auf Unionsebene bei rückschauender Betrachtung zu **Rechtsunsicherheit,** einer **Behinderung des freien Dienstleistungsverkehrs** und zu **Verzerrungen des Binnenmarkts** geführt (vgl. Erwägungsgrund 18 RL 2014/23/ EU).[123] Dies gelte bereits für die Auslegung der Begriffe „Konzession" und „öffentlicher Auftrag" (vgl. Erwägungsgrund 18 RL 2014/23/EU). Seit Inkrafttreten der RL 2014/23/EU sind sowohl **Dienstleistungskonzessionen** als auch **Baukonzessionen legal definiert.** Zudem sind Dienstleistungskonzessionen nicht mehr generell von der Anwendung des Vergaberechts ausgeschlossen. Bau- und Dienstleistungskonzessionen sind fortan sowohl bezüglich des Vergabeverfahrens als auch des Rechtsschutzes gleichgestellt, was die Regelungsdichte insbesondere bezüglich der Dienstleistungskonzession erheblich erhöht.[124]

IV. Definition der Konzession

1. Tatbestandsvoraussetzungen (Abs. 1). Der Konzessionsbegriff des § 105 ist durch fol- 31 gende **Tatbestandsmerkmale** gekennzeichnet:[125]
– Befristeter (schriftlicher) Vertrag zwischen Konzessionsgeber und Konzessionsnehmer, der rechtsverbindliche und einklagbare Verpflichtungen des Konzessionsnehmers begründet (Betrauung);
– Erbringung von Bau- und/oder Dienstleistungen durch den Konzessionsnehmer;
– Nutzungsrecht des Konzessionsnehmers;

---

[115] EuGH Urt. v. 7.12.2000 – C-324/98, Slg. 2000, I-10745 = NZBau 2001, 148 – Telaustria.
[116] *Höfler* NZBau 2010, 73 (74).
[117] EuGH Urt. v. 21.7.2005 – C-231/03, ECLI:EU:C:2005:487 = EuZW 2005, 529 – Coname.
[118] EuGH Urt. v. 13.10.2005 – C-458/03, ECLI:EU:C:2005:605 = EuZW 2005, 727 – Parking Brixen; EuGH Urt. v. 6.4.2006 – C-410/04, ECLI:EU:C:2006:237 = NVwZ 2006, 555 – ANAV.
[119] EuGH Urt. v. 13.9.2007 – C-260/04, Slg. 2007, I-7083 = VergabeR 2008, 213 (215 f.) – Kommission/ Italien.
[120] EuGH Urt. v. 13.4.2010 – C-91/08, ECLI:EU:C:2010:182 = NZBau 2010, 382 Rn. 33 – Wall; *Säcker/ Mohr* ZWeR 2012, 417 (429).
[121] EU-Kommission, Schreiben der Kommission v. 19.10.2012 an den Bundesrat als Antwort auf die Stellungnahme der Bundesrates v. 23.3.2012 zum Entwurf der Konzessionsvergaberichtlinie.
[122] *Höfler* WuW 2000, 136.
[123] *Braun* in Hettich/Soudry VergabeR 161.
[124] *Siegel* VergabeR 2015, 265 (266).
[125] S. mit unterschiedlicher Akzentsetzung auch Immenga/Mestmäcker/*Kling* Rn. 24 ff.; Reidt/Stickler/Glahs/ *Ganske* Rn. 6 ff.; *Dicks* in RKPP GWB Rn. 3; Ziekow/Völlink/*Ziekow* Rn. 4 f.; insbes. das Merkmal der Schriftlichkeit ist streitig (→ Rn. 37).

– Vorteil des Konzessionsgebers durch die Konzessionsvergabe (Beschaffung);
– Tragen des wirtschaftlichen Risikos der Leistungserbringung durch den Konzessionsnehmer.

32 **a) Entgeltlicher Vertrag. aa) Vertragsbegriff.** Gemäß § 105 Abs. 1 Hs. 1 sind Konzessionen entgeltliche **Verträge** zwischen einem oder mehreren Konzessionsgebern und einem oder mehreren Unternehmen (zur Entgeltlichkeit → Rn. 56). Das Merkmal des Vertragsschlusses mit einem oder mehreren Unternehmen impliziert eine Selektivität der Konzessionsvergabe unter Wettbewerbsbedingungen,[126] indem sich Konzessionsgeber und Konzessionsnehmer gleichgeordnet gegenüberstehen.[127] Demgemäß muss der Vertragspartner des Konzessionsgebers nicht nur berechtigt, sondern im Sinne einer **einklagbaren Hauptleistungspflicht** auch verpflichtet sein, die vertragsgegenständlichen Bau- oder Dienstleistungen zu erbringen.[128] Hierin liegt nach überzeugender Sichtweise das relevante **Betrauungselement** der Konzessionsvergabe[129] (→ Rn. 72). Im deutschen Vergaberecht kommt der Vertrag durch den Zugang der Mitteilung des Zuschlags beim erstplatzierten Bieter auf dessen Angebot bzw. bei einem verspäteten oder abgeänderten Zuschlag durch eine entsprechende Annahmeerklärung des Bieters zustande.[130] Zivilrechtlich bedeutet der Zuschlag eine empfangsbedürftige Willenserklärung, mit der der Konzessionsgeber das Angebot des erfolgreichen Bieters iSd §§ 145 ff. BGB annimmt.[131] Nach dem Vorstehenden unterfallen Leistungen, die in zulässiger Weise, dh insbesondere unter Umgehung des Vergaberechts, nicht auf vertraglicher Grundlage erbracht werden, nicht dem GWB-Konzessionsvergaberecht.[132] Vor diesem Hintergrund werden Konzessionen iSd § 105 Abs. 1 nicht durch Gesetze, Verordnungen, Satzungen oder Verwaltungsakte vergeben.[133] Keine Konzessionen iSd Abs. 1 sind insbesondere **gewerberechtliche Erlaubnisse, Gestattungen** oder **Lizenzen,** ohne dass zugleich eine verbindliche Leistungspflicht des Leistungserbringers vorgesehen ist (Erwägungsgrund 14 RL 2014/23/EU).[134] Gegen eine Dienstleistungskonzession spricht auch, wenn jeder geeignete Bewerber unter Einhaltung der vertraglichen Anforderungen eine „Konzession" erhalten kann, weshalb die für eine Konzessionsvergabe typische Auswahl des öffentlichen Auftraggebers aus einer Gruppe von Bewerbern fehlt.[135] Ein erheblicher wirtschaftlicher Anreiz, von einer behördlichen Erlaubnis tatsächlich Gebrauch zu machen, macht aus einem einseitigen Rechtsakt noch keinen Vertrag iSd § 105 Abs. 1.[136] Vor diesem Hintergrund werden **glücksspielrechtliche „Erlaubnisse"** etwa von Spielhallen zuweilen nicht als Konzessionen, sondern als einseitige Gestattungen der Errichtung und des Betriebs iVm ordnungsrechtlichen Anordnungen iSd Prävention eingestuft.[137] Entscheidend sind freilich immer die (normativen) Umstände des Einzelfalls.[138]

33 Um eine Umgehung des Konzessionsvergaberechts zu verhindern, sind die Tatbestandsmerkmale der Konzession **unionsrechtlich autonom** und **funktional,** mithin nicht wortlautbezogen auszulegen.[139] Der funktionale Vertragsbegriff des europäischen Vergaberechts geht folglich über den zivilrechtlichen Vertragsbegriff gem. den §§ 145 ff. BGB hinaus.[140] Insbesondere ist es für das Vorliegen eines Vertrags iSd § 105 Abs. 1 nicht entscheidend, ob es sich bei der Vereinbarung um einen **zivilrechtlichen**

---

[126] Beck VergabeR/*Wollenschläger,* Rn. 36.
[127] jurisPK-VergabeR/*Wagner* Rn. 17; s. auch Beck VergabeR/*Hüttinger* § 103 Rn. 70.
[128] OLG Düsseldorf Beschl. v. 23.1.2019 – VII-Verg 22/18, NZBau 2019, 605 Rn. 48; OLG Celle Beschl. v. 16.10.2018 – 13 Verg 3/18, NZBau 2019, 268 Rn. 12; *Rennert* NZBau 2019, 411; *Dicks* in RKPP GWB Rn. 4; Ziekow/Völlink/*Ziekow* Rn. 7.
[129] OLG Celle Beschl. v. 16.10.2018 – 13 Verg 3/18, NZBau 2019, 268 Rn. 12.
[130] Beck VergabeR/*Hüttinger* § 103 Rn. 72.
[131] *Burgi* VergabeR § 19 Rn. 1 f.
[132] Langen/Bunte/*Wagner,* 12. Aufl. 2014, § 99 Rn. 4.
[133] Beck VergabeR/*Wollenschläger* Rn. 33; Langen/Bunte/*Schneider* Rn. 3.
[134] EuGH Urt. v. 14.7.2016 – C-458/14, C-67/15, NZBau 2016, 775 Rn. 47 – Promoimpresa; OLG Düsseldorf Beschl. v. 23.1.2019 – VII-Verg 22/18, NZBau 2019, 605 Rn. 31; OLG Celle Beschl. v. 16.10.2018 – 13 Verg 3/18, NZBau 2019, 268 Rn. 12; *Tugendreich/Heller* in Müller-Wrede GWB § 148 Rn. 42; *Dicks* in RKPP GWB § 105 Rn. 17; Ziekow/Völlink/*Ziekow* Rn. 7; s. auch *Stern* AöR 84 (1959), 137 (148); *Byok/Dierkes* RdE 2011, 126 (127).
[135] So im einstweiligen Rechtsschutz VG Darmstadt Beschl. v. 1.4.2020 – 3 L 446/20.DA, juris Rn. 25.
[136] OLG Düsseldorf Beschl. v. 23.1.2019 – VII-Verg 22/18, NZBau 2019, 605 Rn. 49.
[137] VG Regensburg Urt. v. 24.1.2019 – RN 5 K 17.1243, juris Rn. 50.
[138] Vgl. etwa OLG Hamburg Beschl. v. 1.11.2017 – 1 Verg. 2/17, NZBau 2018, 122 – Spielbank Hamburg mit Bspr. *Braun* VPR 2/2018, 53; s. auch Immenga/Mestmäcker/*Kling* Rn. 51.
[139] Ebenso Beck VergabeR/*Wollenschläger* Rn. 34; Immenga/Mestmäcker/*Kling* Rn. 20.
[140] Ebenso Immenga/Mestmäcker/*Kling* Rn. 16; *Dietlein/Fandrey* in Gabriel/Krohn/Neun VergabeR-HdB § 4 Rn. 9.

Vertrag oder um einen **öffentlich-rechtlichen Vertrag** (§ 54 VwVfG) handelt.[141] Dass öffentlich-rechtliche (Konzessions-)Verträge in den Anwendungsbereich des Vergaberechts fallen, folgt schon aus dem Umstand, dass je nach Mitgliedstaat Verträge zwischen öffentlichen Auftraggebern und Unternehmen als verwaltungsrechtliche Verträge eingestuft werden können, die als solche dem öffentlichen Recht unterliegen.[142] Gegenstand einer privatrechtlichen Dienstleistungskonzession können alle am Markt gehandelten Güter und Dienstleistungen sein. Öffentlich-rechtliche Dienstleistungskonzessionen werden sich regelmäßig auf die Wahrnehmung einer öffentlichen Aufgabe durch Private beziehen.[143] Ein öffentlich-rechtlicher Konzessionsvertrag wird insbesondere bei daseinsvorsorgerelevanten Gütern oder Dienstleistungen in Betracht kommen.[144] Die Durchführung privatrechtlicher Konzessionsverträge richtet sich grundsätzlich nach den Vorschriften des BGB,[145] wohingegen für öffentlich-rechtliche Konzessionsverträge im Ausgangspunkt die §§ 54 ff. VwVfG gelten.[146] Für Letztere kommen nach § 62 S. 2 VwVfG ergänzend die Vorschriften des BGB zur Anwendung. Demgegenüber richtet sich die Vergabe sowohl von privatrechtlichen als auch von öffentlich-rechtlichen Konzessionen nach den §§ 148 ff. iVm der KonzVgV.[147] Rechtsdogmatisch handelt es sich insoweit um eine abdrängende Sonderzuweisung in das GWB. Demgegenüber kann bei Verwirklichung des Tatbestands einer Ausnahme gem. den §§ 107 ff., 149 f. der Verwaltungsrechtsweg eröffnet sein.[148] Wird eine „Konzession" nach nationalem Recht in zulässiger Weise nicht durch öffentlich-rechtlichen Vertrag, sondern durch **Verwaltungsakt** vergeben, liegt bereits keine Konzession iSd § 105 vor.[149] Etwas anderes kann gelten, wenn das vermeintlich einseitig-hoheitliche Vorgehen bei funktionaler Betrachtung als Vertrag zu bewerten ist.[150]

Die Anwendbarkeit des (Konzessions-)Vergaberechts scheitert somit nicht daran, dass eine Aufgabe – etwa die Energieversorgung – der **öffentlichen Daseinsvorsorge** zuzuordnen ist, sei es in Form einer staatlichen Erfüllungsverantwortung, oder, wie dies der gängigen Auffassung im Hinblick auf elektrischen Strom und Gas, Telekommunikationsleistungen und Eisenbahnverkehr entspricht, einer **Gewährleistungsverantwortung**.[151] Ganz im Gegenteil führt die Zuordnung einer Leistung zur Daseinsvorsorge in Verbindung mit einer staatlichen Gewährleistungsverantwortung dazu, dass das Vergaberecht auch dann anzuwenden ist, wenn man dessen Anwendbarkeit von einem Beschaffungsvorgang abhängig machte (→ Rn. 64 ff.). Insbesondere schließt es die Qualifizierung einer Leistungserbringung als Aufgabe der Daseinsvorsorge nicht aus, dass sie durch private Aufgabenträger erfüllt wird.[152] 34

Ob ein Vertrag iSd § 105 Abs. 1 vorliegt, bestimmt sich nicht allein mit Blick auf den Inhalt der Vereinbarung, sondern auch auf die **tatsächlichen Umstände des Zustandekommens**. Geboten ist eine **„Gesamtbetrachtung aller Einzelschritte"**.[153] Solche Einzelschritte können zB diejenigen zum Aufbau einer „künstlichen juristischen Konstruktion" sein, mit der nach den objektiven Umständen – der Nachweis einer entsprechenden Intention ist nicht erforderlich – der Abschluss eines öffentlichen Auftrags oder einer Konzession umgangen wird.[154] Demnach stellt die Gründung einer rechtlich selbstständigen Abfallgesellschaft mit nachfolgendem Abschluss einer Entsorgungsvereinbarung mit dieser Gesellschaft bei gleichzeitiger Abtretung von 49 % der Gesellschaftsanteile an ein gemischtwirtschaftliches Unternehmen mit einer privaten Beteiligung 35

---

[141] *Müller* NVwZ 2016, 266; *Tugendreich/Heller* in Müller-Wrede GWB § 148 Rn. 14; Beck VergabeR/*Wollenschläger* Rn. 33; BeckOK VergabeR/*Bungenberg/Schelhaas* Rn. 28; *Reidt/Stickler/Glahs/Ganske* Rn. 17; s. auch BGH Beschl. v. 1.12.2008 – X ZB 31/08, NZBau 2009, 201 (203) – Rettungsdienstleistungen; OLG Düsseldorf Beschl. v. 22.9.2004 – VII-Verg 44/04, NZBau 2005, 652; OLG Düsseldorf Beschl. v. 5.5.2004 – VI Verg 78-03, NZBau 2004, 398; BayObLG Beschl. v. 28.5.2003 – Verg 7/03, BayObLGZ 2003, 129.
[142] EuGH Urt. v. 12.7.2001 – C-399/98, Slg. 2001, I-5409 = NZBau 2001, 512 (516) – Milano e Lodi.
[143] *Müller* NVwZ 2016, 266.
[144] *Rennert* NZBau 2019, 411 (412).
[145] *Burgi* VergabeR § 19 Rn. 4.
[146] *Müller* NVwZ 2016, 266.
[147] Offengelassen von *Müller* NVwZ 2016, 266 (267 u. 269), der auch eine Anwendung der VwVfG des Bundes bzw. der Länder erwägt.
[148] VG Düsseldorf Beschl. v. 15.9.2016 – 7 L 2411/16, NZBau 2017, 59; aA *Rennert* NZBau 2019, 411 (412), wonach die typischen Konzessionsverträge öffentlich-rechtlich sein sollen.
[149] *Reidt/Stickler/Glahs/Ganske* Rn. 18; s. für Nebenbetriebe an Bundesautobahnen gem. § 15 FStrG auch *Müller* NVwZ 2016, 266 (267).
[150] *Reidt/Stickler/Glahs/Ganske* Rn. 19.
[151] Zu diesem Konzept *Mohr*, Sicherung der Vertragsfreiheit durch Wettbewerbs- und Regulierungsrecht, 2015, 116 ff.
[152] In Deutschland wurde zB die Energieversorgung – anders als die Telekommunikation – klassischer Weise (auch) durch private Unternehmen erbracht, vgl. *Mohr*, Sicherung der Vertragsfreiheit durch Wettbewerbs- und Regulierungsrecht, 2015, 550 ff. mit Fn. 81; zur Wasserversorgung s. BT-Drs. 16/12275, 66; *Säcker/Mohr* ZWeR 2012, 417 (421).
[153] EuGH Urt. v. 10.11.2005 – C-29/04, ECLI:EU:C:2005:670 = NZBau 2005, 704 – Stadt Mödling.
[154] EuGH Urt. v. 10.11.2005 – C-29/04, ECLI:EU:C:2005:670 = NZBau 2005, 704 – Stadt Mödling.

von 49% einen Vertrag iSd Vergaberechts dar.[155] Auch darf die Anwendbarkeit des Vergaberechts nicht durch **Zuordnung einer einheitlichen Leistung zu verschiedenen Verträgen** umgangen werden.

36 Ein Vertrag gem. § 105 Abs. 1 bedarf stets einer **Personenverschiedenheit zwischen Konzessionsgeber und Konzessionsnehmer.**[156] Nicht als Vertrag iSd Abs. 1 anzusehen ist deshalb eine Austauschbeziehung innerhalb einer juristischen Person des öffentlichen Rechts.[157] Hierunter fallen ua Austauschbeziehungen zwischen Dienststellen, Behörden und anderen unselbstständigen Verwaltungseinheiten (→ § 108).[158]

37 **bb) Schriftlichkeit.** Konzessionsverträge müssen grundsätzlich **schriftlich** geschlossen werden. Zwar findet sich dieses Merkmal nicht im Wortlaut des § 105 Abs. 1. Es ist jedoch den unionsrechtlichen Vorgaben, namentlich **Art. 5 Nr. 1 UAbs. 1 lit. a RL 2014/23/EU** zu entnehmen, wonach es sich bei Konzessionen um entgeltliche, schriftlich geschlossene Verträge handelt. Nach aA soll § 105 keinen schriftlichen Vertragsschluss voraussetzen, da der deutsche Gesetzgeber zur Stärkung des Wettbewerbsgrundsatzes und damit in unionsrechtlich zulässiger Weise auf dieses Merkmal verzichtet habe.[159] Da Konzessionsverträge typischerweise schriftlich abgeschlossen würden, würde einem derartigen Verzicht auf ein Schriftlichkeitserfordernis auch keine praktische Bedeutung zukommen.[160] Diese Sichtweise ist insoweit hörenswert, als die Vertragsparteien durch einen vorsätzlichen Verstoß gegen das Formerfordernis versuchen könnten, das Konzessionsvergaberecht auszuhebeln. Ein derartiges Vorgehen würde freilich regelmäßig eine unzulässige Umgehung bedeuten.[161] Ansonsten spricht eine übliche Praxis schriftlicher Vertragsschlüsse eher für als gegen ein Schriftformerfordernis.

38 Der Vertragsbegriff ebenso wie derjenige der Schriftlichkeit im Konzessionsvergaberecht ist **funktional** zu interpretieren, um eine Umgehung der Ausschreibungspflicht zu verhindern. Folgerichtig bezeichnet die Vokabel „schriftlich" gem. **Art. 5 Nr. 6 RL 2014/23/EU** „eine aus Wörtern oder Ziffern bestehende Darstellung, die gelesen, reproduziert und mitgeteilt werden kann, einschließlich anhand elektronischer Mittel übertragener und gespeicherter Informationen". Infolgedessen lassen sich die allgemeinen Grundsätze des § 126 BGB nicht auf § 105 übertragen.[162] Insbesondere muss der Vertragsschluss nicht mit einer Unterzeichnung der Parteien auf derselben Urkunde einhergehen. „Schriftlich" ist vielmehr als Gegenbegriff zu „mündlich" zu verstehen.

39 **b) Vertragsparteien. aa) Konzessionsgeber.** Der Begriff des **Konzessionsgebers** ist in § 101 legal definiert und hiernach weit auszulegen. Anders als das Unionsrecht unterscheidet der deutsche Gesetzgeber einerseits zwischen öffentlichen Auftraggebern (§ 99) und Sektorenauftraggebern (§ 100) und andererseits Konzessionsgebern. Demgegenüber spricht der europäische Richtliniengeber auch im Rahmen des Art. 5 Nr. 1 RL 2014/23/EU von Auftraggebern (→ § 101 Rn. 4).

40 **bb) Konzessionsnehmer.** Konzessionsnehmer sind nach § 105 Abs. 1 Hs. 1 **Unternehmen.** Der Unternehmensbegriff des Konzessionsvergaberechts deckt sich mit dem **funktionalen Unternehmensbegriff des europäischen Wettbewerbsrechts.** So verfolgt das Vergaberecht in teleologischer Hinsicht trotz der erweiterten Zulässigkeit strategischer Vergaben in § 97 Abs. 3, § 152 Abs. 3 weiterhin vor allem das Ziel, einen wirksamen Vergabewettbewerb im Binnenmarkt zu gewährleisten.[163] Hiernach ist ein Unternehmen „**jede eine wirtschaftliche Tätigkeit ausübende Einheit, unabhängig von ihrer Rechtsform und der Art ihrer Finanzierung**".[164] Der Terminus „Unternehmen" ist deshalb nicht gleichzusetzen mit den Organisationsformen des deutschen Gesell-

---

[155] EuGH Urt. v. 10.11.2005 – C-29/04, ECLI:EU:C:2005:670 = NZBau 2005, 704 – Stadt Mödling.
[156] *Pünder* in Müller-Wrede Kompendium VergabeR, 1. Aufl. 2008, 193.
[157] *Pünder* in Müller-Wrede Kompendium VergabeR, 1. Aufl. 2008, 193.
[158] *Pünder* in Müller-Wrede Kompendium VergabeR, 1. Aufl. 2008, 193.
[159] So *Tugendreich/Heller* in Müller-Wrede GWB § 148 Rn. 16; BeckOK VergabeR/*Bungenberg/Schelhaas* Rn. 44; *Dicks* in RKPP GWB Rn. 4 mit Fn. 5; Reidt/Stickler/Glahs/*Ganske* Rn. 7.
[160] So Immenga/Mestmäcker/*Kling* Rn. 20 mit Fn. 37.
[161] Dazu generell *Braun* NZBau 2018, 652.
[162] Ebenso zu Art. 5 RL 2014/23/EU Immenga/Mestmäcker/*Kling* Rn. 17.
[163] *Mohr* EuZA 2017, 23 (26 f.).
[164] Vgl. dazu EuGH Urt. v. 11.12.1997 – C-55/96, Slg. 1997, I-7119 Rn. 21 = EuZW 1998, 274 – Job Center; EuGH Urt. v. 23.4.1991 – C-41/90, Slg. 1991, I-1979 = NJW 1991, 2891 – Höfner; EuGH Urt. v. 17.2.1993 – C-159/91, C-160/91, Slg. 1993, I-637 Rn. 17 = NJW 1993, 2597 – Poucet und Pistre; EuGH Urt. v. 19.1.1994 – C-364/92, Slg. 1994, I-43 = NJW 1994, 2344 – SAT Fluggesellschaft/Eurocontrol; EuGH Urt. v. 16.11.1995 – C-244/94, Slg. 1995, I-4013 Rn. 14 – Fédération Francaise des Sociétés d'Assurances; *Mohr/König* Jura 2012, 165 (166).

schaftsrechts.[165] Für eine teleologisch-weite Interpretation sprechen auch Art. 5 Nr. 1 UAbs. 1 lit. a und b RL 2014/23/EU, Art. 5 Nr. 2 RL 2014/23/EU sowie Art. 5 Nr. 5 RL 2014/23/EU, worin die Vertragspartner der öffentlichen Hand schlicht als „**Wirtschaftsteilnehmer**" bezeichnet werden. Gemäß Art. 5 Nr. 2 RL 2014/23/EU sind Wirtschaftsteilnehmer jede „natürliche oder juristische Person oder öffentliche Einrichtung oder eine Gruppe solcher Personen oder Einrichtungen, einschließlich befristeter Unternehmenszusammenschlüsse, die auf dem Markt die Erbringung von Bauleistungen und/oder die Errichtung von Bauwerken, die Lieferung von Waren oder die Erbringung von Dienstleistungen anbieten". Nach Art. 5 Nr. 5 RL 2014/23/EU ist **Konzessionsnehmer jeder Wirtschaftsteilnehmer, der eine Konzession erhalten hat**. An anderer Stelle spricht die RL 2014/23/EU zwar auch von Unternehmen, etwa im Hinblick auf „öffentliche Unternehmen" in Art. 7 Abs. 4 RL 2014/23/EU. Insoweit geht es freilich nicht um Konzessionsnehmer, sondern um die Vergabeseite.

Das zentrale Kriterium des Unternehmensbegriffs ist die **wirtschaftliche Tätigkeit**.[166] Eine solche stellt nach dem EuGH „jede Tätigkeit" dar, „die darin besteht, **Güter oder Dienstleistungen auf einem bestimmten Markt anzubieten**".[167] Wird eine Leistung gegen Entgelt erbracht, ist stets von einer wirtschaftlichen Tätigkeit auszugehen. Nicht notwendig ist eine Gewinnerzielungsabsicht.[168] Keine wirtschaftliche Tätigkeit ist die originär-hoheitliche Betätigung des Staates. Hoheitlich sind alle Aktivitäten, die auf einem staatlichen Sonderrecht beruhen und im Allgemeininteresse ausgeübt werden, etwa das Ausstellen von Reisepässen oder die Gefahrenabwehr.[169] Im vorliegenden Zusammenhang geht es nach Art. 5 Nr. 2 RL 2014/23/EU um die Erbringung von Bauleistungen und/oder die Errichtung von Bauwerken, die Lieferung von Waren oder die Erbringung von Dienstleistungen auf einem entsprechenden Markt.

Auch die **öffentliche Hand** kann als Unternehmen bzw. Wirtschaftsteilnehmer – im Falle des Zuschlags also als Konzessionsnehmer – auftreten, wenn sie sich funktional wie ein Marktteilnehmer verhält.[170] Das Vergaberecht ist somit anzuwenden, wenn „ein öffentlicher Auftraggeber [...] beabsichtigt, mit einer Einrichtung, die sich formal von ihm unterscheidet und die ihm gegenüber eigene Entscheidungsgewalt besitzt, einen schriftlichen entgeltlichen Vertrag über die Lieferung von Waren zu schließen, wobei unerheblich ist, ob diese Einrichtung selbst ein öffentlicher Auftraggeber ist".[171] Diesbezüglich sind aber die Ausnahmeregelungen des § 108 für die „öffentlich-rechtliche Zusammenarbeit" zu beachten (→ § 108 Rn. 1 ff.).

c) Vertragsgegenstand: Bau- oder Dienstleistungskonzession. aa) Grundsätze. § 105 Abs. 1 differenziert zwischen Bau- und Dienstleistungskonzessionen. Der zentrale Unterschied zwischen Bau- und Dienstleistungskonzession besteht in der **Leistung des Konzessionsnehmers**.[172] Bei Baukonzessionen liegt diese Leistung in der Erbringung von Bauleistungen (→ Rn. 46), bei Dienstleistungskonzessionen in der Erbringung und Verwaltung von Dienstleistungen, die keine Erbringung von Bauleistungen darstellen (→ Rn. 53 ff.). Bis zum Erlass der KVR und des deutschen VergRModG im Jahr 2016[173] war die **Abgrenzung von Bau- und Dienstleistungskonzession** von entscheidender Bedeutung, da hiervon die Anwendung des Vergaberechts abhing. Die Abgrenzung war früher auch dann bedeutsam, wenn ein Vertrag sowohl den Bau als auch den Betrieb und die Finanzierung eines Objekts auf den Auftragnehmer übertrug, da er dann sowohl bauvertragliche als auch dienstleistungsvertragliche Elemente enthielt.[174] Heute hängt von der Abgrenzung weder die Anwendbarkeit des Vergaberechts ab, noch entscheidet sie über den für die Nachprüfung zulässigen Rechtsweg. Dennoch ist die Abgrenzung des Vertragsgegenstandes verein-

---

[165] *Pünder* in Müller-Wrede Kompendium VergabeR, 1. Aufl. 2008, 192.
[166] *Mohr/König* Jura 2012, 165 (166).
[167] EuGH Urt. v. 16.6.1987 – C-118/85, Slg. 1987, 2599 Rn. 7 = BeckEuRS 1987, 132989 – Kommission/Italien; EuGH Urt. v. 18.6.1998 – C-35/96, Slg. 1998, I-3851 Rn. 36 = BeckEuRS 1998, 230215 – Kommission/Italien; EuGH Urt. v. 12.9.2000 – C-180/98 ua, Slg. 2000, I-6451 Rn. 75 = BeckEuRS 2000, 242215 – Pavlov; EuGH Urt. v. 25.10.2001 – C-475/99, Slg. 2001, I-8089 Rn. 19 = EuZW 2002, 25 – Ambulanz Glöckner; EuGH Urt. v. 19.2.2002 – C-309/99, Slg. 2002, I-1577 Rn. 47 = EuZW 2002, 172 – Wouters; EuGH Urt. v. 24.10.2002 – C-82/01 P, Slg. 2002, I-9297 Rn. 79 = BeckRS 2004, 77821 – Aéroports de Paris; ABl. 1999 L 69, 24 Rn. 22 – Ilmailulaitos/Luftfartsverket; ABl. 2001 L 233, 37 Rn. 70 – Eco-Emballages.
[168] EuGH Urt. v. 16.11.1995 – C-244/94, BeckRS 2004, 75393 Rn. 21 – Fédération française des sociétés d'assurance; *Mohr* EuZA 2018, 436 (453 f.).
[169] EuGH Urt. v. 19.1.1994 – C-364/92, NJW 1994, 2344 Rn. 30 – SAT Fluggesellschaft/Eurocontrol; *Mohr* EuZA 2018, 436 (454).
[170] *Herrmann* → 2. Aufl. 2018, Einl. Rn. 977 ff.; Immenga/Mestmäcker/*Zimmer* AEUV Art. 101 Abs. 1 Rn. 12.
[171] EuGH Urt. v. 18.11.1999 – C-107/98, Slg. 1999, I-8121 (8156) = NZBau 2000, 90 – Teckal.
[172] Beck VergabeR/*Wollenschläger* Rn. 28.
[173] Gesetz zur Modernisierung des Vergaberechts (VergRModG) v. 17.2.2016, BGBl. 2016 I 203.
[174] Willenbruch/Wieddekind/*Wieddekind*, 3. Aufl. 2014, VOB/A § 22 Rn. 3.

zelt – und sei es kraft Sachzusammenhangs – immer noch relevant. So gelten zB die Ausnahmen in § 149 Nr. 6, 7 und 10 allein für Dienstleistungskonzessionen.

44 Die Abgrenzung von Bau- und Dienstleistungskonzessionen erfolgt nach dem Vorstehenden mit Blick auf den **Vertragsgegenstand**.[175] Die Vergabe von **Mischformen** zwischen Bau- und Dienstleistungskonzessionen ist zulässig (wenn etwa neben Bauleistungen auch noch Finanzmittel beschafft, Grundstücke erworben, Vergabeverfahren vorbereitet, die Projektsteuerung und/oder der Betrieb der Anlage vergeben werden sollen).[176] Für derartig **gemischte Konzessionen** bestimmt sich das Vergaberechtsregime gem. § 110 Abs. 1 nach dem Hauptgegenstand der Konzession. Dies entspricht der von EuGH in ständiger Rechtsprechung angewandten sog. Dominanztheorie (synonym: „main object test"; → § 110 Rn. 7).[177]

45 Bislang war von einer **Baukonzession** bereits dann auszugehen, wenn die Bauleistung im Gesamtvertrag eine nicht nur untergeordnete Rolle spielte.[178] Damit sollte eine Umgehung des Vergaberechts verhindert werden. Durch die Einbeziehung der Dienstleistungskonzession in das Vergaberecht hat dieser Grundsatz an Berechtigung verloren (→ § 110 Rn. 7 ff.).

46 **bb) Erbringung von Bauleistungen (Abs. 1 Nr. 1).** Voraussetzung einer Baukonzession ist die Erbringung von Bauleistungen durch Dritte. Abs. 1 Nr. 1 enthält keine **Definition der Bauleistung**. Die Auslegung des Begriffs Bauleistung erfolgt unionsrechtlich autonom und unabhängig von §§ 650a ff. BGB.[179] Wegen der Einzelheiten ist – vorbehaltlich der nachstehenden Ausführungen – auf die Kommentierung zu § 103 Abs. 3 zu verweisen (→ § 103 Rn. 115 ff.).

47 Für die Zwecke der Konzessionsvergabe definiert **Art. 5 Nr. 7 RL 2014/23/EU** die Erbringung von Bauleistungen durch Dritte als
– die Erbringung – oder die Planung und Erbringung – von Bauleistungen im Zusammenhang mit einer der in **Anhang I RL 2014/23/EU** genannten Tätigkeiten **(1)**,
– die Errichtung – oder die Planung und Errichtung – eines **Bauwerks (2)**
– oder die Ausführung eines **Bauvorhabens** mit jeglichen Mitteln **unter Einhaltung der Vorgaben** des öffentlichen Auftraggebers oder des Auftraggebers, die die Art oder Planung der Bauleistung entscheidend beeinflussen **(3)**.

48 **(1) Tätigkeiten im Anhang I RL 2014/23/EU.** Nach Art. 5 Nr. 7 RL 2014/23/EU bezieht sich die Erbringung von Bauleistungen durch Dritte erstens auf die Erbringung oder die Planung und Erbringung von Bauleistungen im Zusammenhang mit einer der in **Anhang I RL 2014/23/EU** genannten Tätigkeiten. In Anhang I RL 2014/23/EU werden die **verschiedenen Gegenstände eines möglichen Bauauftrags** aufgelistet und mit einem CPV-Code (Common Procurement Vocabulary) bezeichnet, also einer festen Nummer zugeordnet. Der Anhang enthält eine umfassende Tätigkeitsbeschreibung des Baugewerbes, die nach verschiedenen Gegenständen geordnet ist:[180]
– **vorbereitende Baustellenarbeiten,** die den Abbruch von Gebäuden und Test- und Suchbohrungen umfassen;
– **Hoch- und Tiefbau** in Form von Hochbau, Brücken- und Tunnelbau, Dachdeckerei, Straßen-, Eisenbahnoberbau und Wasserbau sowie Spezialbau und sonstiger Tiefbau;
– **Bauinstallationen** in Form von Elektroinstallationen, Dämmungen, Klempnerei, Gas-, Wasser-, Heizungs- und Lüftungsinstallationen, sowie sonstige Bauinstallationen;
– **sonstiger Ausbau,** wozu das Anbringen von Stuckaturen, Gipserei und Verputzerei, Bautischlerei und -schlosserei, Fußboden-, Fliesen- und Plattenlegerei, Raumausstattung und das Maler- und Glasgewerbe gehören;
– abschließend die **Vermietung von Baumaschinen und -geräten mit Bedienungspersonal.**

49 **(2) Errichtung und Planung von Bauwerken.** Der Begriff der Bauleistungen iSd Art. 5 Nr. 7 RL 2014/23/EU erfasst zweitens die Errichtung und Planung eines **Bauwerks**. Gemäß

---

[175] Ziekow/Völlink/*Herrmann* VOB/A § 23 Rn. 25.
[176] *Dicks* in RKPP GWB Rn. 8.
[177] EuGH Urt. v. 19.4.1994 – C-331/92, Slg. 1994, I-1329 Rn. 29 = NVwZ 1994, 990 – Gestión Hotelera; EuGH Urt. v. 26.5.2011 – C-306/08, Slg. 2011, I-4569 Rn. 90 = NZBau 2011, 431 – PAI und LRAU Valencia; EuGH Urt. v. 6.5.2010 – C-145/08 u. 149/08, Slg. 2010, I-4165 Rn. 48 = NZBau 2010, 506 – Club Hotel Loutraki; EuGH Urt. v. 21.2.2008 – C-412/04, ECLI:EU:C:2008:102 = NVwZ 2008, 397 – Kommission/Italien; EuGH Urt. v. 18.1.2007 – C-220/05, ECLI:EU:C:2007:31 = EuZW 2007, 117 – Auroux/Commune de Roanne; OLG Düsseldorf Beschl. v. 30.4.2014 – VII-Verg 35/13, NZBau 2014, 589; Immenga/Mestmäcker/*Dreher* § 99 Rn. 285.
[178] Willenbruch/Wieddekind/*Wieddekind*, 3. Aufl. 2014, VOB/A § 22 Rn. 3.
[179] EuGH Urt. v. 18.1.2007 – C-220/05, ECLI:EU:C:2007:31 Rn. 40 = EuZW 2007, 117 – Auroux/Comune de Roanne; OLG Düsseldorf Beschl. v. 18.10.2006 – VII-Verg 35/06, VergabeR 2007, 200.
[180] Dazu HK-VergabeR/*Wegener/Pünder* § 103 Rn. 62.

IV. Definition der Konzession 50–52 § 105 GWB

Art. 5 Nr. 8 RL 2014/23/EU ist ein Bauwerk das Ergebnis einer Gesamtheit von Hoch- und Tiefbauarbeiten, das seinem Wesen nach eine wirtschaftliche oder technische Funktion erfüllen soll. Die Errichtung und Planung von Bauwerken überschneidet sich hinsichtlich des Hoch- und Tiefbaus mit denjenigen nach Anhang 1 RL 2014/23/EU.[181]

(3) **Ausführung eines Bauvorhabens mit jeglichen Mitteln unter Einhaltung der Vorgaben des öffentlichen Auftraggebers oder des Auftraggebers.** Nach Art. 5 Nr. 7 Var. 3 RL 2014/23/EU gilt als Bauleistung drittens auch die Ausführung eines Bauwerks/Bauvorhabens mit jeglichen Mitteln unter Einhaltung der Vorgaben des Konzessionsgebers, die die Art oder Planung der Bauleistung entscheidend beeinflussen. Mit der Ausweitung des Bauleistungsbegriffs auf die **Ausführung von Bauwerken/Bauvorhaben durch Dritte** soll eine Umgehung des Vergaberechts verhindert werden.[182] Typische Anwendungsbereiche sind **Bauträgerverträge, Generalunternehmerverträge, Leasingverträge von Immobilien, Mietkaufverträge von Immobilien** sowie **Betreibermodelle.**[183] 50

Nicht erforderlich ist nach Art. 5 Nr. 7 RL 2014/23/EU, **dass die Bauleistung dem Konzessionsgeber unmittelbar wirtschaftlich zugutekommt.** Im Rahmen des § 103 Abs. 3 S. 2 hat der deutsche Gesetzgeber als Reaktion auf den Ahlhorn-Beschluss des OLG Düsseldorf[184] als weitere Voraussetzung ein **unmittelbares wirtschaftliches Interesse** des Auftraggebers aufgestellt. Inwieweit diese zusätzliche, den Anwendungsbereich des Vergaberechts einschränkende Anforderung europarechtskonform ist, ist umstritten (dazu noch im Rahmen des Merkmals Beschaffung → Rn. 64 ff.). Nach hier vertretener Auffassung muss der Konzessionsgeber zwar ein wirtschaftliches Interesse am Bauwerk haben, dieses Interesse muss aber nicht unmittelbar sein. Ein hinreichendes mittelbares wirtschaftliches Interesse besteht regelmäßig dann, wenn der Konzessionsgeber durch Erstellung und Betrieb des Bauwerks seiner Gewährleistungsverantwortung zur Versorgung der Bürger mit daseinsvorsorgerelevanten Gütern und Dienstleistungen nachkommt. 51

(4) **Rechtsprechung.** Die Rechtsprechung hat – vorbehaltlich der Vorgaben der RL 2014/23/EU – eine **Bauleistung** beispielhaft in den folgenden Fällen angenommen: 52
– Neubau und die Erweiterung einer **Abwasserreinigungsanlage**;[185]
– Vertrag über Bau, Unterhaltung und Betrieb bestimmter **Autobahnabschnitte** sowie für zusätzliche Bauwerke, namentlich für den Bau von weiteren Fahrstreifen und eines neuen Tunnels auf einigen Autobahnabschnitten;[186]
– Lieferung und Montage von **Autoklaven** und Wasserstoffperoxidgeneratoren;[187]
– **Brückenbauwerk**;[188]
– Demontage- und Abbruchmaßnahmen;[189]
– **Elektroinstallation** für ein Bühnenhaus;[190]
– Lieferung und Montage von maschinellen und **elektrotechnischen Anlagen** und Anlagenteilen;[191]
– Instandhaltung von **Entwässerungsleitungen** an einer Bundesstraße;[192]
– Erdbewegungsarbeiten;[193]
– Montage von **Fenstern** und **Türen**;[194]
– Gerüstbauarbeiten;[195]
– Lieferung und Einbau von **Küchengeräten** für eine Mensa;[196]

---

[181] HK-VergabeR/*Wegener*/*Pünder* § 103 Rn. 63.
[182] Immenga/Mestmäcker/*Dreher* § 103 Rn. 100; HK-VergabeR/*Wegener*/*Pünder* § 103 Rn. 65; s. auch OLG Düsseldorf Beschl. v. 12.12.2007 – VII-Verg 30/07, NZBau 2008, 138 (140) – Wuppertal-Vohwinkel.
[183] Immenga/Mestmäcker/*Dreher* § 103 Rn. 102 ff.; s. auch OLG Düsseldorf Beschl. v. 12.12.2007 – VII-Verg 30/07, NZBau 2008, 138 (140) – Wuppertal-Vohwinkel.
[184] OLG Düsseldorf Beschl. v. 13.6.2007 – VII-Verg 2/07, NZBau 2007, 530 – Fliegerhorst Ahlhorn.
[185] VK Nordbayern Beschl. v. 24.9.2003, 320 – VK-3194-30/03, IBRRS 2013, 4913.
[186] EuGH Urt. v. 22.4.2010 – C- 423/07, Slg. 2010, I-3429 = NZBau 2010, 643 – Autobahn A-6.
[187] OLG Jena Beschl. v. 31.7.2002 – 6 Verg 5/01, VergabeR 2003, 97.
[188] VK Brandenburg Beschl. v. 12.2.2002 – 2 VK 123/01, IBRRS 2002, 2009.
[189] VK Bremen Beschl. v. 25.6.2003 – VK 10/03, juris.
[190] OLG Jena Beschl. v. 31.7.2002 – 6 Verg 5/01, VergabeR 2003, 97.
[191] BayObLG Beschl. v. 23.7.2002 – Verg 17/02, VergabeR 2002, 662.
[192] VK Baden-Württemberg Beschl. v. 8.11.2002 – 1 VK 54/02, IBRRS 2002, 2212.
[193] 2. VK Bund Beschl. v. 30.8.2006 – VK-SH 20/06, juris.
[194] VK Südbayern Beschl. v. 20.11.2002 – 43-10/02, IBRRS 2003, 0541.
[195] VK Baden-Württemberg Beschl. v. 9.10.2001 – 1 VK 27/01, IBRRS 2004, 3631.
[196] VK Brandenburg Beschl. v. 28.6.2005 – VK 20/05, IBRRS 2006, 0847.

- **Labormöbel** in der Universität;[197]
- Bau und Programmierung von **Lichtsignalanlagen** an Straßen;[198]
- **Liftsysteme** für ein Hochhaus;[199]
- Bau von **Radwegen**;[200]
- Einbau von mit dem Gebäude fest verbundenen **Regalen**;[201]
- Einbau von **Schrankwänden** und einer Einbauküche beim Umbau eines Verwaltungsgebäudes;[202]
- Erstellung von **Straßendämmen**;[203]
- Lieferung und Einbau einer **Telekommunikationsanlage**;[204]
- Trog- und Tunnelbauwege;[205]
- Lieferung und Montage von Anlagenteilen für ein **Unterdruckentwässerungssystem**.[206]

53   **cc) Erbringung und Verwaltung von Dienstleistungen (Abs. 1 Nr. 2).** Der Begriff der **Dienstleistung** wird in Abs. 1 Nr. 2 **negativ zur Bauleistung abgegrenzt**, dient dogmatisch somit als – praktisch allerdings sehr bedeutsamer – **Auffangtatbestand**. Nach Abs. 1 Nr. 2 sind Dienstleistungen alle Leistungen, die nicht in der Erbringung einer Bauleistung iSd Abs. 1 Nr. 1 liegen. Eine **Legaldefinition** der Dienstleistung enthält weder die RL 2014/23/EU noch das GWB. Der Begriff ist unionsrechtskonform zu interpretieren, weshalb ein Rückgriff auf § 611 BGB ausscheidet.[207] Aufgrund der Auffangfunktion von Abs. 1 Nr. 2 ist Dienstleistung funktional-weit auszulegen. Hiernach sind alle Verträge als Dienstleistungskonzessionen zu qualifizieren, die keinem anderen Konzessionstyp zuzuordnen sind. Damit unterfallen auch Verträge über **Lieferleistungen** dem konzessionsrechtlichen Begriff der Dienstleistung, insoweit abweichend vom Recht der öffentlichen Aufträge.[208]

54   Der **EuGH** hat – vorbehaltlich der Vorschriften der RL 2014/23/EU – beispielhaft die nachfolgenden Verträge als Dienstleistungskonzessionen qualifiziert, soweit sich der Konzessionsnehmer durch das Nutzungsrecht finanziert und das wesentliche Betriebsrisiko trägt. Die Auflistung ist alphabetisch geordnet anhand der Konzessionsgegenstände.
- die Bewirtschaftung einer **Anlage zum An-Land-Ziehen von Schiffen** durch einen Dritten;[209]
- die **Erdgasverteilung** in einem Übergangszeitraum;[210]
- eine Vereinbarung, in der ein Gemeindeverband die **Fernsehdienste und die Fernsehabonnements** von Kunden sowie für einen begrenzten Zeitraum die dazugehörigen Rechte an ihren Kabelnetzen auf einen Dritten überträgt und diesem ein Erbpachtrecht an den Netzen einräumt;[211]
- ein Vertrag über die Verwaltung der öffentlichen Dienstleistung der **Gasversorgung**;[212]
- eine Konzession für den Betrieb von **Glücksspielen** und einer **Spielbank** bei grundsätzlichem Verbot der Veranstaltung von Glücksspielen;[213]
- die Vergabe des Betriebes eines gemeindlichen **Kabelfernsehnetzes**;[214]
- die Vergabe des Betriebes eines gebührenpflichtigen **öffentlichen Parkplatzes**;[215]
- eine Konzession zur Annahme von **Pferdewetten**;[216]
- ein Vertrag über die Erbringung von **Rettungsdienstleistungen**;[217]

---

[197] VK Schleswig-Holstein Beschl. v. 15.7.2002 – VK-SH 08/02, IBRRS 2004, 3336.
[198] VK Bremen Beschl. v. 15.10.2001 – VK 6/01, IBRRS 2013, 4720.
[199] OLG Jena Beschl. v. 31.7.2002 – 6 Verg 5/01, VergabeR 2003, 97.
[200] VK Brandenburg Beschl. v. 25.4.2003 – VK 21/03, IBRRS 2003, 3220.
[201] VK Sachsen Beschl. v. 10.8.2001 – 1/SVK/74-01, NJOZ 2001, 2242.
[202] OLG Jena Beschl. v. 31.7.2002 – 6 Verg 5/01, VergabeR 2003, 97.
[203] VK Nordbayern Beschl. v. 19.7.1999, 320 – VK-3194-12/99, juris.
[204] BayObLG Beschl. v. 23.5.2002 – Verg 7/02, VergabeR 2002, 510.
[205] VK Brandenburg Beschl. v. 5.4.2002 – VK 7/02, juris.
[206] VK Schleswig-Holstein Beschl. v. 30.8.2006 – VK-SH 20/06, IBRRS 2006, 3580.
[207] Immenga/Mestmäcker/*Dreher* Rn. 198.
[208] Reidt/Stickler/Glahs/*Ganske* Rn. 14; aA Beck VergabeR/*Wollenschläger* Rn. 32.
[209] EuGH Urt. v. 14.11.2013 – C-388/12, BeckEuRS 2012, 690386 – Commune di Ancona.
[210] EuGH Urt. v. 17.7.2008 – C-347/06, Slg. 2008, I-5660 = BeckRS 2008, 70793 – ASM Brescia.
[211] EuGH Urt. v. 14.11.2013 – C-221/12, ECLI:EU:C:2013:736 = NZBau 2014, 53 – Belgacom NV.
[212] EuGH Urt. v. 21.7.2005 – C-231/03, ECLI:EU:C:2005:487 = EuZW 2005, 529 – Coname.
[213] EuGH Urt. v. 9.9.2010 – C-64/08, Slg. 2010, I-8244 Rn. 52 = EuZW 2010, 821 – Engelmann; EuGH Urt. v. 3.6.2010 – C-203/08, ECLI:EU:C:2010:307 = EuZW 2010, 503 – Sporting Exchange.
[214] EuGH Urt. v. 13.11.2008 – C-324/07, Slg. 2008, I-8486 Rn. 25 = EuZW 2009, 55 – Coditel Brabant.
[215] EuGH Urt. v. 13.10.2005 – C-458/03, ECLI:EU:C:2005:605 = EuZW 2005, 727 – Parking Brixen.
[216] EuGH Urt. v. 13.9.2007 – C-260/04, Slg. 2007, I-7083 = VergabeR 2008, 213 (215 f.) – Kommission/Italien.
[217] EuGH Urt. v. 10.3.2011 – C-274/09, Slg. 2011, I-1350 = EuZW 2011, 352 – Rettungsdienst Stadler.

IV. Definition der Konzession 55 § 105 GWB

- eine vertragliche Verpflichtung zur **Verarbeitung und Verwertung von Siedlungsabfällen**;[218]
- die Herstellung und die Herausgabe gedruckter und elektronisch nutzbarer **Teilnehmerverzeichnisse** (Telefonbücher);[219]
- ein Vertrag zum Betrieb und zur Instandhaltung **öffentlicher Toilettenanlagen**;[220]
- eine Konzession für die **Trinkwasserversorgung** und die **Abwasserbeseitigung**;[221]
- der Betrieb eines **öffentlichen Verkehrsdienstes**;[222]
- ein Vertrag über **öffentliche Verlagsdienstleistungen** in Form der Vervielfältigung und Verbreitung der Deutschen Nationalbibliografie in gedruckter Form und auf CD-ROM.[223]

Auch die **deutsche Gerichtsbarkeit** setzte sich, beginnend mit der Telaustria-Entscheidung des **55** EuGH,[224] mit dem Begriff der Dienstleistungskonzession auseinander. Dabei wurden je nach den Umständen des Einzelfalls folgende Tätigkeiten als Dienstleistungskonzessionen qualifiziert. Die Auflistung ist bezüglich der Konzessionsgegenstände in alphabetischer Reihung:

- die Vermittlung von **Abschleppaufträgen**;[225]
- der Betrieb und die Einrichtung einer **Alarmübertragungsanlage**[226] oder einer **Feuerbestattungsanlage**;[227]
- die **Altpapierentsorgung**[228] und **Abfallentsorgung**;[229]
- eine Sondernutzungserlaubnis für das Aufstellen von **Alttextilcontainern**;[230] problematisch ist, ob es sich bei dieser Sondernutzungserlaubnis um einen Vertrag iSd § 105 handelte;
- Bau und Betrieb einer **Autobahnraststätte**,[231] soweit der Schwerpunkt im Betrieb der Raststätte liegt (dazu die Abgrenzung Bau- und Dienstleistungskonzession → Rn. 43 ff.);
- Demontage und Abtransport von **Baugeräten**;[232]
- die Errichtung und der Betrieb eines **Breitbandnetzes**,[233] da der Schwerpunkt der Tätigkeit nicht auf der Errichtung des Netzes, sondern auf dessen Betrieb liegt;[234]
- **energierechtliche Wegenutzungsverträge** (→ Rn. 95 ff.);[235]
- die Gestattung des Betriebes eines **Fahrgastinformationssystems** in öffentlichen Verkehrsmitteln;[236]
- ein Vertrag über die Belieferung eines Stadtfestes mit gebrautem **Festbier**;[237] problematisch ist, ob darin ein Beschaffungsvorgang lag (→ Rn. 70);
- die Errichtung und der Betrieb von **Flughäfen**;[238]

---

[218] EuGH Urt. v. 12.12.2013 – C-292/12, ECLI:EU:C:2013:820 = NVwZ 2014, 283 – Ragn-Sells AS.
[219] EuGH Urt. v. 7.12.2000 – C-324/98, Slg. 2000, I-10745 = NZBau 2001, 148 – Telaustria.
[220] EuGH Urt. v. 13.4.2010 – C-91/08, ECLI:EU:C:2010:182 Rn. 33 = NZBau 2010, 382 – Wall.
[221] EuGH Urt. v. 10.9.2009 – C-206/08, ECLI:EU:C:2009:540 = NZBau 2009, 729 – WAZV Gotha.
[222] EuGH Urt. v. 6.4.2006 – C-410/04, ECLI:EU:C:2006:237 = NVwZ 2006, 555 – ANAV.
[223] EuGH Urt. v. 30.5.2002 – C-358/00, Slg. 2002, I-4685 = NZBau 2003, 50 – Buchhändler-Vereinigung GmbH/Saur Verlag GmbH & Co. KG und Die Deutsche Bibliothek.
[224] EuGH Urt. v. 7.12.2000 – C-324/98, Slg. 2000, I-10745 = NZBau 2001, 148 – Telaustria.
[225] VK Südbayern Beschl. v. 18.6.2007 – Z3-3-3194-1-22-05/07, VPRRS 2013, 0446; VK Südbayern Beschl. v. 7.11.2001 – 120.3-3194-1-39-10/01, BeckRS 2001, 30082.
[226] VK Südbayern Beschl. v. 24.9.2007 – Z3-3-3194-1-29-06/07, IBRRS 2013, 1619.
[227] VK Brandenburg Beschl. v. 13.5.2011 – VK 12/11, IBRRS 2011, 4487; VG Aachen Beschl. v. 6.9.2006 – 6 L 133/06, BeckRS 2006, 25991; OLG Düsseldorf Beschl. v. 10.5.2006 – VII-Verg 12/06, juris.
[228] VK Lüneburg Beschl. v. 12.11.2003 – 203-VgK-27/2003, IBRRS 2013, 4711.
[229] OLG Düsseldorf Beschl. v. 19.10.2011 – VII-Verg 51/11, NZBau 2012, 190, im konkreten Fall die Zulässigkeit der Vergabe einer Dienstleistungskonzession verneinend.
[230] VK Celle Beschl. v. 8.9.2014 – 13 Verg 7/14, VergabeR 2015, 50; VK Lüneburg Beschl. v. 20.6.2014 – VgK-15/2014, IBRRS 2014, 2821; OLG Celle Beschl. v. 19.6.2014 – 13 Verg 5/14, VergabeR 2015, 44; OLG Düsseldorf Beschl. v. 7.3.2012 – VII-Verg 78/11, NZBau 2012, 382; offenlassend VG Düsseldorf Urt. v. 29.1.2013 – 16 K 6801/12, BeckRS 2014, 45741.
[231] OLG Karlsruhe Beschl. v. 6.2.2013 – 15 Verg 11/12, VergabeR 2013, 570.
[232] VK Bund Beschl. v. 24.7.2007 – VK 2-69/07, IBRRS 2013, 4596.
[233] VK Südbayern Beschl. v. 27.5.2015 – Z3-3-3194-1-15-03/15, ZfBR 2015, 713; OLG Karlsruhe Beschl. v. 14.11.2014 – 15 Verg 10/14, NZBau 2015, 506; VK Baden-Württemberg Beschl. v. 25.7.2014 – 1 VK 29/14, VPRRS 2014, 0556; OLG München Beschl. v. 25.3.2011 – Verg 4/11, NZBau 2011, 380.
[234] OLG Dresden Beschl. v. 21.8.2019 – Verg 5/19, BeckRS 2019, 41675 Rn. 15 f.
[235] VGH Mannheim Beschl. v. 22.8.2013 – 1 S 1047/13, EnWZ 2013, 475 und vorgehend VG Stuttgart Beschl. v. 29.4.2013 – 7 K 1016/13, juris; LG Köln Urt. v. 22.3.2013 – 90 O 51/13, ZNER 2013, 620; VG Oldenburg Beschl. v. 17.5.2012 – 1 B 3594/12, VPRRS 2013, 1530; VG Aachen Beschl. v. 13.9.2011 – 1 L 286/11, BeckRS 2011, 54449.
[236] BayObLG Beschl. v. 11.12.2001 – Verg 15/01, NZBau 2002, 233.
[237] VK Nordbayern Beschl. v. 11.11.2011 – 21.VK-3194-33/11, IBRRS 2012, 0735; nachgehend, einen Beschaffungsvorgang abl., OLG München Beschl. v. 19.1.2012 – Verg 17/11, VergabeR 2012, 496.
[238] OLG Brandenburg Beschl. v. 3.8.1999 – 6 Verg 1/99, NVwZ 1999, 1142.

- ein Vertrag über die Vermietung/Verpachtung eines **Freizeitzentrums** mit einer Betriebspflicht desselben[239] sowie die Verpachtung einer Halle als **kulturelle Einrichtung;**[240]
- Verträge im **Gesundheits- und Bildungswesen;** insbesondere ein Vertrag, in dem sich ein Dritter dazu verpflichtet, Koordinierungsleistungen im Rahmen der Heil- und Hilfsmittelversorgung zu erbringen,[241] der Betrieb einer strahlentherapeutischen Praxis[242] sowie das Erbringen sozialpädagogischer Familiendienstleistungen;[243]
- der Betrieb eines **Hallenbades;**[244]
- der Betrieb und die Vermarktung eines **Internetauftritts;**[245]
- die Bewirtschaftung der städtischen **Leichenhalle;**[246]
- die Verpachtung eines gemeindlichen Grundstücks und Gebäudes mit der vertraglichen Verpflichtung, **öffentliche Parkeinrichtungen** zu betreiben;[247]
- der **öffentliche Personennahverkehr** (ÖPNV) und der **Schienenpersonennahverkehr** (SPNV), im Besonderen eine Linienverkehrsgenehmigung für Omnibusse,[248] sofern darin ein Vertrag iSd § 105 zu sehen ist, der Betrieb von Buslinien durch einen privaten Anbieter,[249] die Vergabe einer Vielzahl von Betriebsrechten von Buslinien an einen privaten Betreiber,[250] ein Vertrag über die Erbringung von Verkehrsleistungen im Schienenpersonennahverkehr,[251] die Vergabe von Leistungen des öffentlichen Straßenpersonennahverkehrs;[252]
- die Übertragung der **Betriebsführung einer Renn- und Teststrecke;**[253]
- abhängig vom jeweiligen Landesrecht die Erbringung von **Rettungsdienstleistungen** und anderen Notfallrettungen;[254]
- ein Gestattungsvertrag über die Versorgung von Mietern mit **Rundfunk- und Fernsehprogrammen;**[255]
- die Vermietung/Verpachtung von drei Verkaufsstellen zum Prägen und zum Vertrieb von Kfz-Kennzeichen **(Schilderprägung);**[256]
- der Betrieb von **Spielbanken**[257] und die „Genehmigung" für **Wettvermittlungstätigkeiten**[258] (streitig[259]);

---

[239] OLG Düsseldorf Beschl. v. 28.3.2012 – Verg 37/11, NZBau 2012, 518.
[240] VK Sachsen-Anhalt Beschl. v. 1.8.2013 – 2 VK LSA 04/13, BeckRS 2013, 19601.
[241] OLG Brandenburg Beschl. v. 21.6.2011 – Verg W 9/11, VergabeR 2012, 499 ff.; VK Brandenburg Beschl. v. 13.5.2011 – VK 12/11, IBRRS 2011, 4487.
[242] VG München Urt. v. 17.10.2007 – M 7 K 05.5966, VergabeR 2008, 138.
[243] OLG Düsseldorf Beschl. v. 22.9.2004 – VII-Verg 44/04, NZBau 2005, 652.
[244] VK Baden-Württemberg Beschl. v. 11.9.2006 – 1 VK 53/06, juris.
[245] OLG Dresden Urt. v. 13.8.2013 – 16 W 439/13, 16 W 0439/13, MMR 2014, 70.
[246] VG Münster Beschl. v. 9.3.2007 – 1 L 64/07, VergabeR 2007, 350.
[247] OVG Münster Beschl. v. 4.5.2006 – 15 E 453/06, NZBau 2006, 533.
[248] VGH München Urt. v. 15.3.2012 – 11 B 09.1113, BeckRS 2012, 25868; VGH München Urt. v. 15.3.2012 – 11 B 09.1100, BeckRS 2012, 25773.
[249] OLG Rostock Beschl. v. 4.7.2012 – 17 Verg 3/12, VPRRS 2013, 1436.
[250] OLG Düsseldorf Beschl. v. 2.3.2011 – VII-Verg 48/10, NZBau 2011, 244.
[251] VK Südbayern Beschl. v. 18.3.2010 – VK 2/10, IBRRS 2010, 1357; OLG Karlsruhe Beschl. v. 13.7.2005 – 6 W 35/05 (Verg), NZBau 2005, 655; aufgrund eines Zuschusses und fehlendem Betriebsrisiko im konkreten Fall abgelehnt BGH Beschl. v. 8.2.2011 – X ZB 4/10, NZBau 2011, 175 – Abellio Rail.
[252] VK Brandenburg Beschl. v. 8.9.2010 – VK 44/10, IBRRS 2011, 0128; nachgehend OLG Brandenburg Beschl. v. 7.10.2010 – Verg W 12/10, IBRRS 2010, 4165.
[253] OLG Brandenburg Beschl. v. 30.5.2008 – Verg W 5/08, NZBau 2009, 139 ff.; VK Brandenburg Beschl. v. 28.3.2008 – VK 6/08, IBRRS 2008, 1632.
[254] Vgl. BGH Beschl. v. 23.1.2012 – X ZB 5/11, NZBau 2012, 248; OLG Jena Beschl. v. 22.7.2015 – 2 Verg 2/15, NZBau 2015, 796 und vorgehend VK Thüringen Beschl. v. 25.3.2015 – 250-4003-1623/2015-E-004-GTH, VPRRS 2015, 0251; OVG Lüneburg Beschl. v. 12.11.2012 – 13 ME 231/12, NJOZ 2013, 1223; VG Bayreuth Urt. v. 11.12.2012 – B 1 K 12.445, VPRRS 2013, 0611; VGH Kassel Beschl. v. 23.7.2012 – 8 B 2244/11, IBRRS 2013, 0169; BayVerfGH Entsch. v. 24.5.2012 – Vf. 1-VII-10, NVwZ-RR 2012, 665; VG Frankfurt a. M. Beschl. v. 4.11.2011 – 5 L 2864/11.F, BeckRS 2011, 55664; OLG München Beschl. v. 30.6.2011 – Verg 5/09, NZBau 2011, 505 ff.; BayObLG Beschl. v. 9.7.2003 – Verg 7/03, BayObLGZ 2003, 170.
[255] OLG Brandenburg Beschl. v. 13.7.2001 – Verg 3/0, NZBau 2001, 645.
[256] VK Nordbayern Beschl. v. 2.8.2006 – 21.VK-3194-22/06, IBRRS 2006, 3661.
[257] OLG Hamburg Beschl. v. 1.11.2017 – 1 Verg. 2/17, NZBau 2018, 122 – Spielbank Hamburg mit Bspr. von *Braun* VPR 2/2018, 53; s. auch Immenga/Mestmäcker/*Kling* Rn. 51; s. weiterhin OLG Stuttgart Beschl. v. 4.11.2002 – 2 Verg 4/02, OLGR 2003, 218.
[258] OVG Koblenz Beschl. v. 2.5.2007 – 6 B 10086/07, ZfWG 2007, 229.
[259] Ablehnend bzgl. der Gestattung des Betriebs von Spielhallen VG Regensburg Urt. v. 24.1.2019 – RN 5 K 17.1243, ECLI:DE:VGREGEN:2019:0124.RN5K17.1243.00 = juris Rn. 50.

- **Sportwettenkonzessionen;**[260]
- ein Gestattungsvertrag für die Taxi-Bereithaltung mit Organisation des **Taxiverkehrs;**[261]
- ein Vertrag über Betrieb, Instandhaltung, Wartung und Reinigung von städtischen **Toilettenanlagen;**[262]
- **Trinkwasserkonzessionen**[263] und **Abwasserbeseitigungsverträge;**[264]
- eine Sondernutzungsgenehmigung für die Durchführung eines **Weihnachtsmarktes**[265] oder **Wochenmarktes;**[266] es ist problematisch, ob hierin ein Vertrag iSd § 105 lag;
- **Werbung im öffentlichen Raum,** insbesondere die Verpachtung von Außenwerbung und Werbestellen auf öffentlichem Grund[267] und die Bewirtschaftung von Plakatflächen sowie die Herstellung und Wartung derselben.[268]

d) Einräumung eines Nutzungsrechtes als Entgelt. aa) Grundsätze. Konzessionen setzen 56 nach § 105 Abs. 1 einen **entgeltlichen** Vertrag voraus (vgl. Art. 5 Nr. 1 RL 2014/23/EU; → Rn. 32).[269] Gefälligkeiten und außerrechtliche Beziehungen werden somit nicht erfasst.[270] Der Begriff der „Entgeltlichkeit" ist in richtlinienkonformer Auslegung **funktional** zu verstehen. Im Ausgangspunkt ist ein Vertrag dann entgeltlich, wenn der Konzessionsgeber für die **Leistung eine Gegenleistung** erbringt.[271] Aufgrund der funktionalen Auslegung sind nicht nur finanzielle Gegenleistungen im engeren Sinne, sondern jegliche Art von **geldwerten Gegenleistungen** als Entgelt zu qualifizieren.[272] Nach Ansicht des EuGH kann ein Vertrag sogar dann „entgeltlich" sein, wenn sich die Vergütung auf den Ersatz der Kosten beschränkt, die durch die Erbringung der vereinbarten Dienstleistung entstehen.[273] Die Leistung des Auftragnehmers und die Gegenleistung des Konzessionsgebers müssen Bestandteil eines **einheitlichen Leistungsaustauschverhältnisses** sein, wobei es unerheblich ist, an wen der Konzessionsnehmer die Leistung zu erbringen hat und von wem er die Vergütung erhält.[274]

Bei einem öffentlichen Auftrag zahlt der Auftraggeber in der Regel als Gegenleistung eine 57 **Vergütung.** Bei der Konzession ist die Gegenleistung nach der Legaldefinition des § 105 Abs. 1 Nr. 1 und Nr. 2 anderweitig ausgestaltet. Wie bei dem öffentlichen Auftrag erbringt der Konzessionsnehmer zwar eine Bau- oder Dienstleistung. Prägendes Merkmal der Konzession ist aber, dass der Konzessionsgeber gerade **keine oder keine kostendeckende geldwerte Vergütung** zahlt, sondern dem Konzessionsnehmer als Gegenleistung für die Erbringung der Bau- oder Dienstleistung ein **Nutzungsrecht** einräumt.[275] Dieses Nutzungsrecht beinhaltet das Recht zur wirtschaftlichen Verwertung der Leistung. Der Konzessionsnehmer darf während der Erbringung der Dienstleistung oder im Anschluss an die Bauleistung für eine bestimmte Zeit von den Nutzern, also Dritten, ein Entgelt verlangen.[276] Das Merkmal der Entgeltlichkeit wird somit durch Übertragung

---

[260] OVG Berlin-Brandenburg Beschl. v. 12.5.2015 – OVG 1 S 102/14, NZBau 2015, 580.
[261] VK Südbayern Beschl. v. 24.9.2015 – Z3-3-3194-1-42, IBRRS 2015, 3294.
[262] LG Frankfurt a. M. Urt. v. 21.12.2011 – 2-04 O 201/06, juris.
[263] OLG Hamm Urt. v. 26.9.2012 – I-12 U 142/12, EnWZ 2013, 40.
[264] OLG Brandenburg Beschl. v. 28.8.2012 – Verg W 19/11, KommJur 2012, 426; vorgehend OLG Brandenburg Beschl. v. 16.1.2012 – Verg W 19/11, NZBau 2012, 326; OLG Jena Beschl. v. 5.3.2010 – 9 Verg 2/08, IBRRS 2010, 1201.
[265] VG Hamburg Beschl. v. 20.9.2012 – 11 E 1658/12, GewArch 2013, 121; OVG Bautzen Beschl. v. 6.9.2012 – 3 E 72/12, juris.
[266] OVG Berlin-Brandenburg Beschl. v. 30.11.2010 – OVG 1 S 107.10, ZfBR 2011, 803; VG Köln Urt. v. 16.10.2008 – 1 K 4507/08, NVwZ-RR 2009, 327; VG Berlin Urt. v. 28.11.2006 – 4 A 495.04; BayObLG Beschl. v. 12.12.2001 – Verg 19/01, BayObLGZ 2002, 84; VK Südbayern Beschl. v. 8.11.2001 – 120.3-3194-1-35-09/01, BeckRS 2001, 30080.
[267] VG Mainz Beschl. v. 30.8.2010 – 6 L 849/10.MZ, NZBau 2011, 60; VK Sachsen Beschl. v. 30.9.2002 – 1/SVK/087-02, IBRRS 2002, 1949; VK Südbayern Beschl. v. 28.12.2001 – 120.3-3194-1-47-11/01, BeckRS 2001, 30083.
[268] OLG Frankfurt a. M. Urt. v. 29.1.2013 – 11 U 33/12, NZBau 2013, 250.
[269] *Dicks* in RKPP GWB Rn. 18.
[270] Offen gelassen von *Braun* in Gabriel/Krohn/Neun VergabeR-HdB § 63 Rn. 3.
[271] EuGH Urt. v. 25.3.2010 – C-451/08, ECLI:EU:C:2010:168 = NZBau 2010, 321 (324) – Helmut Müller.
[272] BeckOK VergabeR/*Bungenberg/Schelhaas*, 18. Aufl. 2019, Rn. 28.
[273] EuGH Urt. v. 13.6.2013 – C-386/11, ECLI:EU:C:2013:385 = NZBau 2013, 522 (523) – Pipenbrock.
[274] *Pünder* in Müller-Wrede Kompendium VergabeR, 1. Aufl. 2008, 211 f.
[275] *Fandrey* in Gabriel/Krohn/Neun VergabeR-HdB § 4 Rn. 28; *Ruhland,* Die Dienstleistungskonzession, 2006, 51.
[276] *Fandrey* in Gabriel/Krohn/Neun VergabeR-HdB § 4 Rn. 28; *Ruhland,* Die Dienstleistungskonzession, 2006, 51 f.

dieses Rechts anstelle einer geldwerten Vergütung erfüllt. Es erfordert keinen über die Einräumung des Verwertungsrechts an der Dienstleistung hinausgehenden Vorteil, etwa die Zuführung von Kunden.[277] Ganz im Gegenteil könnte eine solche Zusatzleistung – sollte sie über eine zulässige Zuzahlung hinausgehen – der Einstufung als Dienstleistungskonzession mangels Übertragung eines relevanten Betriebsrisikos entgegenstehen (→ Rn. 83 ff.).

58 Konstruktiv zeichnet sich eine Konzession somit durch eine **„Dreieckskonstellation"** aus,[278] da der Konzessionsnehmer seine Vergütung nicht vom Konzessionsgeber, sondern jedenfalls auch von Dritten erlangt,[279] wobei eine Zuzahlung durch den Konzessionsgeber zusätzlich zur Übertragung des Nutzungsrechtes das Vorliegen einer Dienstleistungskonzession nicht notwendig ausschließt[280] (→ Rn. 59 ff.). In der Rechtswirklichkeit kann eine auf der Grundlage einer Konzession errichtete bauliche Anlage damit **aus ihrer tatsächlichen Nutzung finanziert** werden, zB aufgrund derjenigen Zahlungen (Entgelte), die dem Konzessionär im Wege der Vermarktung von Erwerbern oder Nutzern zufließen (etwa in Form einer Maut bei Straßen-, Tunnel- oder Brückenbauten).[281] Bei Dienstleistungskonzessionen können sich die Aufwendungen des Konzessionärs auch durch Nutzungs- oder Zutrittsentgelte der Nutzer refinanzieren.[282]

59 **bb) Zuzahlung.** Nach dem Wortlaut von § 105 Abs. 1 Nr. 1 und Nr. 2 kann der Konzessionsgeber im Rahmen des Konzessionsvertrages neben der Übertragung eines Nutzungsrechtes auch eine **finanzielle Zuzahlung** leisten, ohne dass dadurch das Vorliegen einer Konzession grundsätzlich ausgeschlossen ist. Nicht nur der Entgeltbegriff, sondern auch derjenige der Zuzahlung ist **funktional-weit** zu verstehen.[283] Eine tatbestandliche Zuzahlung umfasst damit **jegliche wirtschaftliche Vorteile**, die der Konzessionsnehmer zusätzlich zum Nutzungsrecht erhält,[284] etwa die Übernahme einer Verlustausgleichspflicht durch den Konzessionsgeber oder den Abschluss eines Zuschussvertrages.[285]

60 Durch eine Zuzahlung will der Konzessionsgeber die Kosten und Risiken des Konzessionsnehmers senken.[286] Zuweilen werden Vorhaben erst durch eine Zuzahlung wirtschaftlich rentabel, sofern hierdurch das wirtschaftliche Risiko des Auftragnehmers auf ein marktübliches Niveau sinkt. Darüber hinaus können durch Zuzahlungen die zu refinanzierenden Kosten des Konzessionsnehmers gesenkt werden, um die Entgelte der Nutzer zu reduzieren.[287] Die Merkmale **„Übertragung eines Betriebsrisikos"** iSd Abs. 2 und **„Zuzahlung"** sind somit im Zusammenhang zu bewerten. Der Konzessionsnehmer muss auch bei einer etwaigen Zuzahlung **ein relevantes wirtschaftliches Investitions- oder Nutzungsrisiko** tragen. Folgerichtig ordnete der EuGH einen Vertrag tendenziell nicht als Dienstleistungskonzession, sondern als Dienstleistungsauftrag ein, in welchem die öffentliche Hand einem Unternehmen diejenigen Verluste in Zusammenhang mit der Erbringung eines öffentlichen Beförderungsdienstes ausgleicht, die durch die Erbringung dieses Dienstes sowie die damit verbundenen Kosten abzüglich der Einnahmen aus diesem Dienst entstehen;[288] denn durch diese Zuzahlung trage der Konzessionsnehmer nicht mehr einen wesentlichen Teil des Risikos und sei nicht den Unwägbarkeiten des Marktes ausgesetzt.[289] Im Ergebnis muss somit jedenfalls das überwiegende Betriebsrisiko beim Konzessionsnehmer verbleiben.

61 Auch nach der Rechtsprechung des BGH stellt eine Zuzahlung dann einen **erheblichen Teil der Gegenleistung** dar, wenn die Vergütung oder Aufwandsentschädigung ein solches Gewicht hat, dass ihr **bei wertender Betrachtung kein Zuschusscharakter mehr beigemessen** werden kann und **die aus der Erbringung der Dienstleistung möglichen Einkünfte für sich betrachtet lediglich ein Entgelt darstellen, das weitab von einer äquivalenten Gegenleistung** liegt.[290]

---

[277] Opitz NVwZ 2014, 753 (756).
[278] Säcker/Mohr ZWeR 2012, 417 (426); ebenso Reidt/Stickler/Glahs/Ganske Rn. 10.
[279] Braun NZBau 2011, 400.
[280] Schneiderhan, Daseinsvorsorge und Vergaberecht, 2012, 165; vgl. EuGH Urt. v. 6.4.2006 – C-410/04, ECLI:EU:C:2006:237 = NVwZ 2006, 555 – ANAV.
[281] Dicks in RKPP GWB Rn. 18.
[282] Dicks in RKPP GWB Rn. 18.
[283] BGH Beschl. v. 8.2.2011 – X ZB 4/10, NZBau 2011, 175 (180) – Abellio Rail.
[284] BGH Beschl. v. 8.2.2011 – X ZB 4/10, NZBau 2011, 175 (180) – Abellio Rail.
[285] BGH Beschl. v. 8.2.2011 – X ZB 4/10, NZBau 2011, 175 (180) – Abellio Rail; BeckOK VergabeR/Bungenberg/Schelhaas Rn. 41; Braun in Gabriel/Krohn/Neun VergabeR-HdB § 63 Rn. 17.
[286] Walz, Die Bau- und Dienstleistungskonzession im deutschen und europäischen Vergaberecht, 2010, 202.
[287] Walz, Die Bau- und Dienstleistungskonzession im deutschen und europäischen Vergaberecht, 2010, 202.
[288] EuGH Urt. v. 10.11.2011 – C-348/10, Slg. 2011, I-11008 = NZBau 2012, 183 (185) – Norma A.
[289] EuGH Urt. v. 10.11.2011 – C-348/10, Slg. 2011, I-11008 = NZBau 2012, 183 (185) – Norma A.
[290] BGH Beschl. v. 8.2.2011 – X ZB 4/10, NZBau 2011, 175 (180) – Abellio Rail; so auch OLG Karlsruhe Beschl. v. 14.11.2014 – 15 Verg 10/14, NZBau 2015, 506; VK Schleswig-Holstein Beschl. v. 16.1.2011 – VK-SH 07/11, juris.

Überwiegt die Zuzahlung als Vergütungselement, liegt demnach kein Vertrag mehr vor, bei dem die Gegenleistung für die Erbringung der Dienstleistung in dem Recht zu ihrer Nutzung zuzüglich der Zahlung eines Preises besteht, sondern umgekehrt ein Vertrag, bei dem eine Zahlung zuzüglich der Einräumung eines Nutzungsrechts erfolgt.[291] Dass die Zuzahlung lediglich eine nebengelagerte Zusatzleistung darstellen soll, ergibt sich bereits aus der Präposition „zuzüglich".[292] Diese Rechtsprechung kann grundsätzlich auf § 105 übertragen werden. Damit kann es sich bei den Zuzahlungen vor allem um **Anschubfinanzierungen** (→ Rn. 63) zur Realisierung großer Projekte handeln.[293]

Weder die RL 2014/23/EU noch § 105 Abs. 1 enthalten nähere Angaben, ab welcher **prozentualen Zuzahlungshöhe** nicht mehr von einer Konzession, sondern von einem öffentlichen Auftrag auszugehen ist. Dies ist insoweit überzeugend, als eine pauschale rechnerische Quote den Besonderheiten des jeweiligen Einzelfalls nicht notwendig entsprechen muss. Geboten ist vielmehr eine **wertende Gesamtschau**.[294] Zu den relevanten Umständen des Einzelfalls gehört etwa, ob der Konzessionär bei Nutzung der Dienstleistung eine marktbeherrschende Position hat und inwieweit er dem Risiko ausgesetzt ist, seine Leistung im Wettbewerb mit anderen Unternehmen erbringen zu müssen.[295] Zudem sind auch die vereinbarte **Laufzeit des Vertrages** (vgl. Art. 18 RL 2014/23/EU) und etwaige Gestaltungsmöglichkeiten bei der Nutzung der Leistung relevant, insbesondere hinsichtlich der von Dritten zu zahlenden Entgelte.[296] Die Laufzeit des Konzessionsvertrags ist auch bei der Übertragung des Betriebsrisikos relevant (→ Rn. 89 ff.). 62

Der Rechtsprechung können immerhin – vorbehaltlich der gebotenen Gesamtabwägung im Einzelfall – erste **Anhaltspunkte** entnommen werden, ab welchem prozentualen Verhältnis eine Zuzahlung problematisch sein kann. So lehnte der BGH eine Konzession bei einer Zuzahlung von **64%** der bei Vertragsausführung anfallenden Gesamtkosten ab.[297] Die Zuzahlung überwiege hier im Verhältnis zu den durch die Nutzung der Dienstleistung erzielten Einnahmen von vornherein ganz erheblich.[298] Die VK Berlin ging bei einer Zuzahlung von **50-75%** ebenfalls von einem öffentlichen Auftrag aus.[299] Hingegen stufte das OLG Schleswig einen Vertrag über die Erbringung von Bauleistungen mit einer **Anschubfinanzierung von 20%** noch als Baukonzession ein.[300] Diese Anschubfinanzierung stelle jedoch keine Höchstgrenze dar, bei deren Überschreitung man wesensmäßig nicht mehr von einer Baukonzession sprechen könne.[301] In Abhängigkeit von der Ausgestaltung des jeweiligen Projekts könne die Anschubfinanzierung auch höher ausfallen, sofern ansonsten die Entgelte für die Bürger unverhältnismäßig hoch seien.[302] Das OLG Düsseldorf nahm eine Dienstleistungskonzession an, wenn die Einkünfte aus dem Nutzungsrecht die Kosten zu mehr als 60% abdecken, die Zuzahlung also **weniger als 40%** beträgt.[303] Dies deckt sich insoweit mit der obigen Erkenntnis, dass die Zuzahlung die Betriebsrisiken regelmäßig nicht überwiegend abdecken darf. 63

e) Beschaffungsbezug der Konzessionsvergabe. Mit Blick auf die übergreifende Funktion des Vergaberechts als Rechtsrahmen für Beschaffung und Verteilung fällt nicht jede denkbare Verteilungsentscheidung des Staates bzw. der Kommunen im Rahmen des Konzessionswesens unter das Konzessionsvergaberegime.[304] Das Konzessionsvergaberecht ist vielmehr nur dann einschlägig, wenn an den Konzessionsgeber irgendetwas geleistet wird (Beschaffung von Leistungen). Es reicht nicht aus, dass durch den Staat irgendetwas verteilt wird, im Falle der Konzession ein Nutzungsrecht (Verteilung der damit verbundenen unternehmerischen Chancen).[305] Vor diesem Hintergrund fordert § 105 Abs. 1 als Voraussetzung für das Vorliegen einer materiellen Konzession einen **Beschaf-** 64

---

[291] BGH Beschl. v. 8.2.2011 – X ZB 4/10, NZBau 2011, 175 (180) – Abellio Rail; *Dicks* in RKPP GWB Rn. 19.
[292] BGH Beschl. v. 8.2.2011 – X ZB 4/10, NZBau 2011, 175 (180) – Abellio Rail.
[293] *Dicks* in RKPP GWB Rn. 19.
[294] BGH Beschl. v. 8.2.2011 – X ZB 4/10, NZBau 2011, 175 (180) – Abellio Rail.
[295] BGH Beschl. v. 8.2.2011 – X ZB 4/10, NZBau 2011, 175 (180) – Abellio Rail.
[296] Kapellmann/Messerschmidt/*Ganske* VOB/A § 22 Rn. 29.
[297] BGH Beschl. v. 8.2.2011 – X ZB 4/10, NZBau 2011, 175 (180) – Abellio Rail; dazu *Braun* in Gabriel/Krohn/Neun VergabeR-HdB § 63 Rn. 19.
[298] BGH Beschl. v. 8.2.2011 – X ZB 4/10, NZBau 2011, 175 (180) – Abellio Rail.
[299] VK Berlin Beschl. v. 31.5.2000 – VK B 2-15/00, juris.
[300] OLG Schleswig Urt. v. 6.7.1999 – 6 Kart 22/99, NZBau 2000, 100 (102); dazu *Ruhland* in Gabriel/Krohn/Neun VergabeR-HdB, 2. Aufl. 2017, § 63 Rn. 14.
[301] OLG Schleswig Urt. v. 6.7.1999 – 6 Kart 22/99, NZBau 2000, 100 (102).
[302] OLG Schleswig Urt. v. 6.7.1999 – 6 Kart 22/99, NZBau 2000, 100 (102).
[303] OLG Düsseldorf Beschl. v. 2.3.2011 – VII-Verg 48/10, NZBau 2011, 244 (248 f.); dazu *Ruhland* in Gabriel/Krohn/Neun VergabeR-HdB, 2. Aufl. 2017, § 63 Rn. 14.
[304] *Burgi* VergabeR § 2 Rn. 23.
[305] *Burgi* VergabeR § 24 Rn. 5.

fungsbezug, und zwar nicht nur für Baukonzessionen, sondern auch für Dienstleistungskonzessionen.[306] Unionsrechtlich folgt der Beschaffungsbezug aus **Art. 1 Abs. 1 RL 2014/23/EU.** Hiernach enthält die RL 2014/23/EU Bestimmungen für die Verfahren von öffentlichen Auftraggebern und Auftraggebern zur Beschaffung im Wege von Konzessionen. Im Schrifttum wird ergänzend auf das Merkmal der **Betrauung** in § 105 Abs. 1 verwiesen, das über eine schlichte Veranlassung zu Bau- bzw. Dienstleistungen hinausgehe[307] (→ Rn. 88). Jedenfalls bei daseinsrelevanten Gütern hängt der Beschaffungsbezug eng mit der vertraglichen Ausgestaltung von Konzessionen zusammen, indem sich die öffentliche Verwaltung auf vertraglich bindender Grundlage die Mitwirkung Privater bei der eigenen Aufgabenerfüllung beschafft, was ihre eigene Leistungserbringung reduziert.[308]

65 Mit Blick auf **öffentliche Aufträge** wird allerdings zuweilen die Ansicht vertreten, dass Verträge nur dann den gebotenen Beschaffungscharakter aufwiesen, wenn sich der Auftrag auf **eine im Allgemeininteresse liegende Tätigkeit** beziehe. Sei Gegenstand des Auftrags hingegen eine allgemeine wirtschaftliche Tätigkeit des Auftraggebers, liege kein öffentlicher Auftrag vor.[309] Auch bezüglich **Konzessionen** wird „die Wahrnehmung einer Staatsaufgabe durch einen Privaten" als kennzeichnend angesehen.[310] Vor diesem Hintergrund seien etwa energiewirtschaftliche Wegenutzungsverträge nicht dem (Konzessions-)Vergaberecht zu unterstellen, da sie kein Beschaffungselement aufwiesen.[311] Demgegenüber sieht eine andere Ansicht im Fehlen eines Beschaffungselements gerade das Charakteristikum von Dienstleistungskonzessionen.[312] Eine dritte Ansicht will wiederum zwischen Bau- und Dienstleistungskonzessionen differenzieren.[313]

66 Die Zielstellung des Konzessionsvergaberechts, einen wirksamen Bieterwettbewerb zu ermöglichen und das öffentliche Beschaffungswesen dem Wettbewerb zu öffnen, gebietet ein **funktionales Verständnis des Beschaffungsbegriffs.** In Anlehnung an Erwägungsgrund 11 RL 2014/23/EU setzt eine Beschaffung hiernach voraus, dass der Konzessionsgeber **ein wirtschaftliches Eigeninteresse an der Leistung** hat, weshalb ihm **aus der Konzessionsvergabe jedenfalls ein mittelbarer Vorteil** erwachsen muss.[314] Ein relevanter Vorteil der öffentlichen Hand kann im Bereich der Daseinsvorsorge in der Mitwirkung eines Privaten bei der Leistungserbringung liegen, was die eigene Leistung der Verwaltung reduziert oder erübrigt.[315] Es ist somit nicht notwendig, dass das wirtschaftliche Ergebnis dem Konzessionsgeber unmittelbar zugutekommt, indem etwa die Bediensteten einer Gemeinde das konzessionierte Parkhaus ganz oder teilweise nutzen.[316] Eine Beschaffung bezieht sich nicht zwingend auf im **Allgemeininteresse liegende Tätigkeiten**[317] (→ Rn. 65). Es reicht vielmehr aus, wenn der Gegenstand des Auftrags/der Konzession in die Zuständigkeit des Auftraggebers/Konzessionsgebers fällt, wenn also die Tätigkeit zumindest traditionell von der öffentlichen Hand im weitesten Sinne oder unter deren Kontrolle ausgeübt wird, ohne dass hierauf die Vorschriften des öffentlichen Rechts Anwendung finden müssen.[318] Folgerichtig stellt der EuGH für die Qualifizierung eines Vertrages als öffentlichen Auftrag iSd Vergaberechts nicht darauf ab, ob sich der Auftrag auf eine im Allgemeininteresse liegende Tätigkeit bezieht. Das Vergaberecht unterscheide nicht „zwischen öffentlichen [...A]ufträgen, die ein öffentlicher Auftraggeber vergibt, um seine im Allgemeininteresse liegenden Aufgaben zu erfüllen, und Aufträgen, die in keinem Zusammenhang mit diesen Aufgaben stehen".[319] Eine Auslegung der Vergaberichtlinien, wonach

---

[306] Reidt/Stickler/Glahs/*Ganske* Rn. 26; *Dicks* in RKPP GWB Rn. 9 ff.; s. auch *Säcker/Mohr* ZWeR 2012, 417 (419).
[307] Beck VergabeR/*Wollenschläger* Rn. 38.
[308] *Rennert* NZBau 2019, 411 (412).
[309] EuGH Urt. v. 18.11.2004 – C-126/03, ECLI:EU:C:2004:728 Rn. 17 = NVwZ 2005, 74 – Kommission/Deutschland; VGH Kassel Beschl. v. 11.12.2012 – 8 B 1643/12.R, juris.
[310] *Hövelberndt* NZBau 2010, 599.
[311] Kermel/*Herten-Koch,* Praxishandbuch der Konzessionsverträge und Konzessionsabgaben, 2012, 205 ff.; Kermel/Brucker/Baumann/*Keller,* Wegenutzungsverträge und Konzessionsabgaben in der Energieversorgung, 2008, 99 f.
[312] *Weyand* § 99 Rn. 1160; *Teufel* KommJur 2012, 87 (90).
[313] Reidt/Stickler/Glahs/*Ganske* Rn. 27.
[314] Ebenso Beck VergabeR/*Wollenschläger* Rn. 39; Reidt/Stickler/Glahs/*Ganske* Rn. 33; einen unmittelbaren Vorteil verlangt demgegenüber OLG Düsseldorf Beschl. v. 23.1.2019 – VII-Verg 22/18, NZBau 2019, 605 Rn. 32.
[315] OLG Düsseldorf Beschl. v. 23.1.2019 – VII-Verg 22/18, NZBau 2019, 605 Rn. 32; *Rennert* NZBau 2019, 411 (412).
[316] So für Dienstleistungskonzessionen auch Immenga/Mestmäcker/*Kling* Rn. 48 f.; aA Langen/Bunte/*Schneider* Rn. 6; *Dicks* in RKPP GWB Rn. 9.
[317] Ebenso Ziekow/Völlink/*Ziekow* Rn. 11.
[318] Beck VergabeR/*Reidt/Stickler,* 2. Auf. 2013, VOB/A § 22 Rn. 6.
[319] EuGH Urt. v. 15.1.1998 – C-44-96, Slg. 1998, I-73 = NJW 1998, 3261 (3263) – Staatsdruckerei; EuGH Urt. v. 18.11.2004 – C-126/03, ECLI:EU:C:2004:728 = NVwZ 2005, 74 – Kommission/Deutschland.

die Anwendung der Richtlinien von der Erfüllung einer im Allgemeininteresse liegenden Aufgabe abhinge, würde zudem die intendierte Rechtssicherheit beeinträchtigen, da die Normen des Unionsrechts klar und ihre Anwendung für alle Betroffenen vorhersehbar sein müssten.[320] Diese Rechtsprechung kann auf die vergleichbare Fragestellung bei Konzessionen übertragen werden. Keine relevante Beschaffung liegt vor, wenn es sich um reine Gestattungen, Genehmigungen oder Lizenzen handelt[321] (→ Rn. 32).

Der EuGH hat die vorstehende Rechtsprechung explizit für die Rechtslage in Deutschland 67 bestätigt. Hiernach ist ein öffentlicher Auftrag nicht deswegen ausgeschlossen, weil er sich nicht in den Rahmen der im Allgemeininteresse liegenden Tätigkeiten einer Gebietskörperschaft einfügt, sondern zu einer anderweitigen **wirtschaftlichen Tätigkeit** gehört.[322] Es sei auch unerheblich, ob der öffentliche Auftraggeber zu errichtende Bauwerke selbst erwerben oder nutzen wolle oder ob er diese anschließend weiterveräußere.[323] Für eine relevante Beschaffung reiche es aus, dass die Bauwerke entsprechend den Erfordernissen des Auftraggebers erstellt würden.[324] Dies ergibt sich nunmehr für die Baukonzession aus **Art. 5 Nr. 7 RL 2014/23/EU**, wonach eine relevante Bauleistung auch in der Ausführung eines Bauvorhabens unter Einhaltung der Vorgaben des öffentlichen Auftraggebers liegt (→ Rn. 46 ff.). In der Einhaltung der Vorgaben des Auftraggebers liegt der für den Beschaffungsbegriff ausschlaggebende Nutzen des Auftraggebers (→ Rn. 66).

Eingeschränkt hat der EuGH diese sehr weite Auslegung des Beschaffungsbegriffs freilich durch 68 seine **Helmut-Müller-Rechtsprechung**.[325] Ein öffentlicher Auftrag setzt hiernach voraus, dass die Leistung, die Gegenstand des Auftrags ist, im **wirtschaftlichen Interesse des öffentlichen Auftraggebers** ausgeführt wird.[326] Kein wirtschaftliches Interesse in diesem Sinne sei die Ausübung von städtebaulichen Regelungszuständigkeiten.[327] Deren Ausübung sei weder auf den Erhalt der vertraglichen Leistung noch auf die Befriedigung des wirtschaftlichen Interesses des öffentlichen Auftraggebers gerichtet.[328]

Das **wirtschaftliche Interesse des Auftraggebers** muss nicht notwendig unmittelbar sein, 69 wie bei der typischen Bedarfsbeschaffung von Einrichtungsgegenständen für den öffentlichen Dienst, sondern kann sich auch nur als **mittelbar** darstellen. So beschafft sich der „öffentliche Auftraggeber […] nicht nur dann Leistungen, wenn ihm diese unmittelbar wirtschaftlich zugutekommen, sondern auch dann, wenn er mit diesen Leistungen die ihm obliegende **Pflicht zur Daseinsvorsorge für die Bevölkerung sicherstellt**".[329] Beispielsweise hat ein öffentlicher Auftraggeber ein beschaffungsbegründendes wirtschaftliches Interesse daran, dass ein Wirtschaftsteilnehmer die Organisation eines Rettungsdienstes übernimmt und den Auftraggeber bei den ihm obliegenden Aufgaben unterstützt, oder dass er durch die Vergabe einer Konzession für die Breitbandkabelversorgung seinen Aufgaben der Daseinsvorsorge nachkommt.[330] Diese Aufgaben müssen dem Auftraggeber nicht ausdrücklich durch Verfassungs- oder Kommunalrecht zugewiesen sein.[331]

Demgegenüber liegt kein vergaberechtlich relevanter Beschaffungsvorgang vor, wenn der öffent- 70 liche Auftraggeber nicht einmal ein **mittelbares wirtschaftliches Interesse** an der Leistung hat.[332] So stellt die Einräumung eines Exklusivrechts durch eine Gemeinde an eine Brauerei, einen Festwirt bei einer von der Gemeinde veranstalteten Festwoche mit Bier zu beliefern, keinen Beschaffungsvorgang dar.[333] Weder wird das Bier an die Gemeinde geliefert, noch erfüllt diese durch die Bierlieferung eine Aufgabe der Daseinsvorsorge.[334]

Die vorstehende Rechtsprechung kann auf **Konzessionen** übertragen werden. Auch hier ist 71 ein mittelbares, durch die Gewährleistungsverantwortung begründetes Interesse hinreichend, um

---

[320] EuGH Urt. v. 15.1.1998 – C-44-96, Slg. 1998, I-73 = NJW 1998, 3261 (3263) – Staatsdruckerei.
[321] *Dicks* in RKPP GWB Rn. 17.
[322] EuGH Urt. v. 18.10.2004 – C-126/03, ECLI:EU:C:2004:728 = NVwZ 2005, 74 – Kommission/Deutschland.
[323] EuGH Urt. v. 18.1.2007 – C-220/05, ECLI:EU:C:2007:31 = EuZW 2007, 117 – Auroux/Commune de Roanne.
[324] EuGH Urt. v. 18.1.2007 – C-220/05, ECLI:EU:C:2007:31 = EuZW 2007, 117 – Auroux/Commune de Roanne.
[325] EuGH Urt. v. 25.3.2010 – C-451/08, ECLI:EU:C:2010:168 = NZBau 2010, 321 (324) – Helmut Müller.
[326] EuGH Urt. v. 25.3.2010 – C-451/08, ECLI:EU:C:2010:168 = NZBau 2010, 321 (324) – Helmut Müller.
[327] EuGH Urt. v. 25.3.2010 – C-451/08, ECLI:EU:C:2010:168 = NZBau 2010, 321 (324) – Helmut Müller.
[328] EuGH Urt. v. 25.3.2010 – C-451/08, ECLI:EU:C:2010:168 = NZBau 2010, 321 (324) – Helmut Müller.
[329] OLG München Beschl. v. 25.3.2011 – Verg 4/11, NZBau 2011, 380 (Hervorhebung durch Verf.).
[330] OLG München Beschl. v. 25.3.2011 – Verg 4/11, NZBau 2011, 380 (382).
[331] OLG München Beschl. v. 25.3.2011 – Verg 4/11, NZBau 2011, 380 (382).
[332] OLG München Beschl. v. 19.1.2012 – Verg 17/11, IBRRS 2012, 0471.
[333] OLG München Beschl. v. 19.1.2012 – Verg 17/11, IBRRS 2012, 0471.
[334] OLG München Beschl. v. 19.1.2012 – Verg 17/11, IBRRS 2012, 0471.

einen Beschaffungsvorgang zu bejahen.³³⁵ Durch Konzessionen werden regelmäßig Aufgaben, für die der Konzessionsgeber eine Erfüllungs- oder Gewährleistungsverantwortung hat, auf einen Dritten übertragen. Klassische Beispiele sind die Übertragung der Abfallentsorgung privater Haushalte durch eine Dienstleistungskonzession auf einen Wirtschaftsteilnehmer oder die Errichtung von Infrastruktur in Form von Autobahnen, Gefängnissen oder Schulen aufgrund einer Baukonzession.

72 f) **Keine gesonderte Betrauung des Konzessionsgebers mit der Leistungserbringung.**
aa) **Problemstellung.** Der Wortlaut von § 105 Abs. 1 spricht sowohl im Rahmen der Bau- als auch der Dienstleistungskonzession davon, dass der Konzessionsgeber das Unternehmen mit der Erbringung einer Leistung **betrauen** muss. Der Begriff der Betrauung war dem Vergaberecht bislang fremd, gesprochen wurde von einem „öffentlichen Auftrag" bzw. von einer Konzession.³³⁶ Nach überzeugender Ansicht meint Betrauen eine Beschaffung in Form eines entgeltlichen Vertrages, der rechtsverbindliche und einklagbare Verpflichtungen des Konzessionsnehmers begründet,³³⁷ und grenzt Konzessionen damit von einfachen Gestattungen ab, etwa von Konzessionen im gewerberechtlichen Sinne.³³⁸ Sofern man dem Merkmal der Betrauung insoweit überhaupt einen eigenständigen Aussagegehalt zumessen will (dagegen → Rn. 82), liegt dieser in der Konkretisierung des **Beschaffungsbezugs der Konzessionsvergabe** mittels eines entgeltlichen Vertrags.³³⁹

73 bb) **Keine Übertragung der Wertungen des Art. 106 Abs. 2 S. 1 AEUV.** Gemäß § 105 Abs. 1 sind Konzessionen Verträge, bei denen der Konzessionsgeber den Konzessionsnehmer **mit der Erbringung bestimmter Leistungen betraut.**³⁴⁰ Somit wird vom im Vergaberecht üblichen Begriff der Beschaffung (→ Rn. 64) oder der Beauftragung abgewichen. Dies könnte dafür sprechen, aus dem Begriff der Betrauung besondere inhaltliche Anforderungen abzuleiten. Welche dies im Einzelnen sein sollen, ist umstritten.³⁴¹ Teilweise wird vertreten, ein Betrauungsakt setze eine Beauftragung des Konzessionsnehmers mit der Erbringung einer im Erfüllungs- oder Gewährleistungsinteresse des Auftraggebers liegenden Leistung voraus.³⁴² Diese Sichtweise übersieht jedoch, dass die Wahrnehmung einer öffentlichen Aufgabe durch einen Privaten nur für die öffentlich-rechtliche Dienstleistungskonzession prägend ist,³⁴³ nicht jedoch für die privatrechtlichen Konzessionsverträge etwa iSd §§ 46 ff. EnWG.

74 Im Unionsprimärrecht findet sich der Begriff „Betrauung" in **Art. 106 Abs. 2 S. 1 AEUV,** der den Anwendungsbereich des AEUV und damit verbunden auch denjenigen des (Primär-)Vergaberechts regelt. Hiernach gelten die Vorschriften der Verträge für Unternehmen, die mit Dienstleistungen von allgemeinem wirtschaftlichem Interesse **betraut** sind oder den Charakter eines Finanzmonopols haben, soweit die Anwendung dieser Vorschriften nicht die Erfüllung der ihnen übertragenen besonderen Aufgabe rechtlich oder tatsächlich verhindert. Eine praktikable Definition des Begriffs der Betrauung ist auch im Rahmen des Art. 106 AEUV schwierig, schon weil die verschiedenen Vertragssprachen divergieren.³⁴⁴ Da durch Art. 106 Abs. 2 S. 1 AEUV die Anwendung des Primärrechts, insbesondere der Wettbewerbsregeln, ausgeschlossen wird, ist der Betrauungsbegriff iSd Art. 106 Abs. 2 S. 1 BGB **eng auszulegen.**³⁴⁵ Eine relevante Betrauung iSd Art. 106 Abs. 2 S. 1 AEUV ist deshalb nur dann gegeben, wenn durch einen **Akt hoheitlicher Gewalt** ein Unternehmen iSd Wettbewerbsrechts mit der Erbringung von Dienstleistungen von allgemeinem öffentlichem Interesse beauftragt wird.³⁴⁶ Das bloße Tätigwerden eines Unterneh-

---

³³⁵ *Byok/Dierkes* RdE 2011, 126 (129); *Säcker/Mohr* ZWeR 2012, 417 (426); *Opitz* NVwZ 2014, 753 (756); *Gyulai-Schmidt* VergabeR 2012, 809 (815); *Hövelberndt* NZBau 2010, 599 (604); *Jennert* NZBau 2005, 131 (132); *Gröning* VergabeR 2002, 24 (26); aA *Hattig/Ruhland* NZBau 2005, 626 (628) und *Würfel* NZBau 2012, 752 (753).
³³⁶ *Siegel* NVwZ 2016, 1672 (1673).
³³⁷ *Dicks* in RKKP GWB Rn. 4.
³³⁸ Ebenso *Krönke* NVwZ 2016, 568 (575); *Siegel* NVwZ 2016, 1672 (1673); *Siegel* NZBau 2019, 353.
³³⁹ In diesem Sinne für glücksspielrechtliche Erlaubnisse OLG Düsseldorf Beschl. v. 23.1.2019 – VII Verg 22/18, NZBau 2019, 605 Rn. 29: „Die Erteilung einer glücksspielrechtlichen Erlaubnis für den Betrieb einer Spielhalle erfüllt nicht das Tatbestandsmerkmal des Betrauens eines Unternehmens mit einer Dienstleistung. Der Erlaubnisgeber beschafft durch die Erlaubniserteilung keine Dienstleistung, die ihm zugute kommt".
³⁴⁰ *Braun* NZBau 2019, 622 (624).
³⁴¹ *Knauff/Badenhausen* NZBau 2014, 395 (396).
³⁴² VGH Kassel Beschl. v. 11.12.2012 – 8 B 1643/12.R, juris Rn. 7; *Hövelberndt* NZBau 2010, 599.
³⁴³ Hierzu *Müller* NVwZ 2016, 266.
³⁴⁴ von der Groeben/Schwarze/Hatje/*Klotz* AEUV Art. 106 Rn. 71; LMRKM/*Knauff* AEUV Art. 106 Rn. 66.
³⁴⁵ Theobald/Kühling/*Bruhn* AEUV Art. 102 Rn. 95; s. zum sog. formellen Betrauungsbegriff auch LMRKM/ *Knauff* AEUV Art. 106 Rn. 70.
³⁴⁶ Überzeugend Theobald/Kühling/*Bruhn* AEUV Art. 102 Rn. 95.

mens im Interesse der Allgemeinheit ist hingegen nicht ausreichend für eine Anwendung des Art. 106 Abs. 2 AEUV.[347]

Wollte man auch im Rahmen des § 105 Abs. 1 an den engen Betrauungsbegriff des Art. 106 Abs. 2 S. 1 AEUV anknüpfen, müsste die Konzessionsvergabe durch einen Akt hoheitlicher Gewalt erfolgen. Allerdings stellt § 105 Abs. 1 im Unterschied zu Art. 106 Abs. 2 S. 1 AEUV keine Ausnahmeregel von den grundlegenden Vorschriften des Binnenmarktes dar, die es eng auszulegen gilt. Vielmehr regelt die Norm den Anwendungsbereich des Konzessionsvergaberechts, der funktional-weit zu verstehen ist. Zudem ist eine Konzession per Definition gerade kein Akt hoheitlicher Gewalt, sondern ein Vertrag (→ Rn. 31 ff.). Vor diesem Hintergrund kann **das enge Verständnis des Betrauungsbegriffs in Art. 106 Abs. 2 S. 1 AEUV nicht auf § 105 Abs. 1 übertragen werden**, da es den Anwendungsbereich des Konzessionsvergaberechts übermäßig einschränken würde, ohne dass in jedem Fall ein anderes Vergaberegime eingriffe.[348]

cc) **Konkretisierung anhand der Vorgaben des deutschen Verwaltungsrechts?** Es könnte erwogen werden, den Betrauungsbegriff anhand der Vorgaben des **deutschen Verwaltungsrechts** zu konkretisieren. Im deutschen Recht gibt es diverse Formen einer Einbeziehung Privater in die öffentliche Aufgabenerfüllung. Unterschieden wird etwa zwischen der Beleihung, der Verwaltungshilfe, der Indienstnahme und der schlichten Beauftragung Privater mit der Deckung des Bedarfs an Waren, Bauten oder Dienstleistungen.[349] Zwar wird in diesem Zusammenhang der Begriff der Betrauung nicht explizit verwandt. Unter Umständen kann er jedoch materiell einer der vorbenannten Handlungsformen des Verwaltungsrechts zugeordnet werden.

Voraussetzung einer **Beleihung** ist grundsätzlich die Übertragung öffentlich-rechtlicher Befugnisse, indem die Beliehene Verwaltungsaufgaben selbstständig und in Handlungsform des öffentlichen Rechts im eigenen Namen wahrnehmen darf.[350] Da eine Befugnisübertragung in Form der Beleihung nicht dem Vergaberecht unterfällt,[351] kann auch der Betrauungsbegriff des § 105 Abs. 1 nicht hieran anknüpfen. Zudem wird sich der Konzessionsnehmer bei einer Konzession regelmäßig keiner Handlungsform des öffentlichen Rechts bedienen. Bei der **Verwaltungshilfe** wird der Private nicht selbstständig, sondern für eine Behörde in ihrem Auftrag, Namen und nach ihrer Weisung tätig.[352] Bei der **Indienstnahme** wird dem Privaten sogar gegen seinen Willen die Erfüllung gemeinwohlbezogener Pflichten auferlegt.[353] Da Konzessionsnehmer freiwillig und in eigenem Namen nach außen tätig werden, können mit der Betrauung auch nicht diese Handlungsformen gemeint sein. Somit verbleibt als typische Handlungsform des deutschen Verwaltungsrechts die **„schlichte Beauftragung"** Privater im Rahmen der Bedarfsdeckung. Diese Art der Beauftragung unterscheidet sich aber nicht von der Beschaffung bzw. der Beauftragung in Form des öffentlichen Auftrages und ist typischerweise privatrechtlicher Natur.[354] Im Ergebnis bleibt der Betrauungsbegriff unklar. Im deutschen Verwaltungsrecht kann dieser Begriff nur der Beauftragung zugeordnet werden; ein Unterschied zu anderen Beschaffungsverträgen ist nicht feststellbar.

dd) **Unionsvergaberecht.** Die RL 2014/23/EU lehnt sich im Interesse der Rechtssicherheit eng an die **Rechtsprechung des EuGH** an (vgl. Erwägungsgründe 1 und 4 RL 2014/23/EU). Anders als § 105 Abs. 1 forderte der EuGH bislang aber **keine Betrauung.** Paradigmatisch ist das Urteil „Parking Brixen".[355] Im zu entscheidenden Fall hatte eine öffentliche Stelle an einen Dienstleistungserbringer den Betrieb eines gebührenpflichtigen öffentlichen Parkplatzes durch eine Vereinbarung übertragen, der zuvor zehn Jahre von der Gemeinde selbst betrieben worden war. Der EuGH hat diese Vereinbarung als Dienstleistungskonzession qualifiziert, ohne auf eine Betrauung abzustellen.[356]

Auch die **RL 2014/23/EU** spricht nur im Rahmen der Begriffsbestimmung der **Dienstleistungskonzession** in Art. 5 Nr. 1 UAbs. 1 lit. b von einem „Betrauen", bei der **Baukonzession** nach Art. 5 Nr. 1 UAbs. 1 lit. a hingegen von einer Beauftragung. Die Dienstleistungskonzession und die Baukonzession sind freilich bis auf die zu erbringende Leistung identisch. Auch aus Art. 5

---

[347] EuGH Urt. v. 2.3.1983 – C-7/82, Slg. 1983, 483 Rn. 29 = NJW 1984, 2755 – GVL; Streinz/*König/Paul* AEUV Art. 106 Rn. 61.
[348] Ebenso iE Reidt/Stickler/Glahs/*Ganske* Rn. 24; vgl. bereits *Mohr* RdE 2016, 269 (276).
[349] Schoch/Schneider/*Ehlers/Schneider*, VwGO § 40 Rn. 274 ff.
[350] Schoch/Schneider/*Ehlers/Schneider*, VwGO § 40 Rn. 275.
[351] BGH Beschl. v. 12.6.2001 – X ZB 10/01, NZBau 2001, 517 (519); *Pünder* in Müller-Wrede Kompendium VergabeR, 1. Aufl. 2008, 225.
[352] Schoch/Schneider/*Ehlers/Schneider*, VwGO § 40 Rn. 281.
[353] Schoch/Schneider/*Ehlers/Schneider*, VwGO § 40 Rn. 290.
[354] Schoch/Schneider/*Ehlers/Schneider*, VwGO § 40 Rn. 294.
[355] EuGH Urt. v. 13.10.2005 – C-458/03, ECLI:EU:C:2005:605 = EuZW 2005, 727 – Parking Brixen.
[356] EuGH Urt. v. 13.10.2005 – C-458/03, ECLI:EU:C:2005:605 = EuZW 2005, 727 – Parking Brixen.

Nr. 1 UAbs. 1 lit. b kann somit kein eigenständiges Tatbestandsmerkmal eines „Betrauungsakts" abgeleitet werden. Dies ergibt sich auch mit Blick auf andere Sprachfassungen. So wird in der englischen Version der RL 2014/23/EU anstelle von „beauftragen" und „betrauen" sowohl für die Bau- als auch für die Dienstleistungskonzession von „entrust", in der spanischen Version unterschiedslos von „confian" und in der französischen Version von „confient" gesprochen. Dass in der deutschen Fassung der Richtlinie zwei verschiedene Begriffe verwendet werden, stellt somit eine **redaktionelle Ungenauigkeit** dar. Nach ständiger Rechtsprechung des EuGH[357] kann die in einer der Sprachfassungen verwendete Formulierung nicht als alleinige Grundlage für die Auslegung dieser Vorschrift herangezogen werden. Weichen die Sprachfassungen voneinander ab, muss die Vorschrift vielmehr nach der allgemeinen Systematik und dem Zweck der Regelung ausgelegt werden, zu der sie gehört. Zentraler Zweck der RL 2014/23/EU ist es, Bau- und Dienstleistungskonzessionen einheitlich und rechtssicher zu definieren. Da Art. 5 Nr. 1 RL 2014/23/EU den sachlichen Anwendungsbereich bestimmt, muss dieser zudem teleologisch-weit interpretiert werden. Somit ist anstelle der Betrauung auf den Begriff der **Beauftragung** gem. Art. 5 Nr. 1 UAbs. 1 lit. a RL 2014/23/EU abzustellen, der sich mit den allgemeinen Tatbestandsmerkmalen der Dienstleistungskonzession deckt.

80   **ee) Historie.** Aus den Erwägungsgründen der RL 2014/23/EU ergibt sich nicht, dass der Richtliniengeber bewusst den Betrauungsbegriff verwendet hat, um damit besondere Voraussetzungen für die Beauftragung eines Wirtschaftsteilnehmers aufzustellen. Ganz im Gegenteil folgt aus **Erwägungsgrund 11 RL 2014/23/EU,** dass Konzessionen entgeltliche Verträge sind, mit denen ein oder mehrere öffentliche Auftraggeber oder Auftraggeber einen oder mehrere Wirtschaftsteilnehmer mit der Erbringung von Bauleistungen oder der Erbringung und der Verwaltung von Dienstleistungen **beauftragen.** Einer Betrauung bedarf es hiernach nicht.

81   **ff) Telos.** Der Richtliniengeber wollte mit der RL 2014/23/EU insbesondere mehr **Rechtssicherheit** für die Vergabe von Konzessionen schaffen und die Konzessionen eindeutig von öffentlichen Aufträgen abgrenzen (vgl. Erwägungsgründe 1, 2, 4 RL 2014/23/EU). Hierzu sollten die vom EuGH seit dem wegweisenden Telaustria-Urteil[358] entwickelten Grundsätze zum Konzessionsbegriff, zur Abgrenzung von Konzessionen und öffentlichen Aufträgen, zu den Voraussetzungen der Inhouse-Vergabe und der Höhe einer zulässigen Zuzahlung kodifiziert und näher präzisiert werden. Ziel des deutschen Gesetzgebers war es wiederum, die RL 2014/23/EU möglichst inhaltsgleich umzusetzen.[359] Auch vor diesem Hintergrund kann dem Betrauungsbegriff keine Bedeutung zugemessen werden, die den Anwendungsbereich des europarechtlich geforderten Vergaberechts einengt.[360]

82   **gg) Zusammenfassende Bewertung: Betrauung als Beschaffung in Form eines entgeltlichen Vertrages.** Entgegen dem Wortlaut des § 105 Abs. 1 ist für die Vergabe einer Konzession **kein besonderer Betrauungsakt** notwendig. Eine Betrauung erfordert vielmehr lediglich eine Beschaffung in Form des Abschlusses eines entgeltlichen Vertrages.[361] Andere sehen im „Betrauen" – inhaltlich übereinstimmend – ein Synonym für ein „Beauftragen" mit einer Leistung,[362] das bei Konzessionen in Form entgeltlicher Verträge erfolgt. Weder der in Art. 106 Abs. 2 S. 1 AEUV verwendete Begriff der Betrauung auf § 105 Abs. 1 übertragen werden, noch lässt sich das Erfordernis einer Betrauung in die Handlungsformen des Verwaltungsrechts zur Einbeziehung Privater in die öffentliche Aufgabenerfüllung einordnen. Der **deutsche Gesetzgeber** wollte die Vergaberichtlinien des Jahres 2014 weitgehend deckungsgleich umsetzen.[363] Es sind keine Anhaltspunkte ersichtlich, dass er den Begriff der Konzession und damit zugleich den Anwendungsbereich des Konzessionsvergaberechts durch Implementierung eines zusätzlichen Merkmals „Betrauung" verengen wollte. § 105 ist deshalb so zu interpretieren, dass er die praktische Wirksamkeit der unionsrechtlichen Vorgaben gewährleistet.[364]

83   **2. Übertragung der wirtschaftlichen Risiken auf den Konzessionsnehmer („Betriebsrisiko" iSd Abs. 2). a) Grundsätze.** Ein wesentliches Ziel des neuen Konzessionsvergaberechts

---

[357] EuGH Urt. v. 25.3.2010 – C-451/08, ECLI:EU:C:2010:168 = NZBau 2010, 321 (324) – Helmut Müller (mwN).
[358] EuGH Urt. v. 7.12.2000 – C-324/98, Slg. 2000, I-10745 = NZBau 2001, 148 – Telaustria.
[359] BT-Drs. 18/6281, 55 f.
[360] Knauff/Badenhausen NZBau 2014, 395 (396).
[361] IE ebenso Tugendreich/Heller in Müller-Wrede GWB § 148 Rn. 39; Beck VergabeR/Wollenschläger Rn. 37; Siegel NZBau 2019, 353.
[362] HK-VergabeR/Friton/Stein Rn. 11; BeckOK VergabeR/Bungenberg/Schelhaas Rn. 16.
[363] Beschluss des Bundeskabinetts zu den Eckpunkten zur Reform des Vergaberechts v. 7.1.2015.
[364] EuGH Urt. v. 12.7.2001 – C-399/98, Slg. 2001, I-5409 = NZBau 2001, 512 (516) – Milano e Lodi.

IV. Definition der Konzession

ist es, Konzessionen möglichst eindeutig von öffentlichen Aufträgen abzugrenzen. Nach Erwägungsgrund 18 RL 2014/23/EU ist hierzu „insbesondere auf das **Betriebsrisiko** zu verweisen"; denn „das Hauptmerkmal einer Konzession, nämlich das Recht, die betreffenden Bauwerke oder Dienstleistungen zu nutzen beziehungsweise zu verwerten, schließt stets die Übertragung eines Betriebsrisikos wirtschaftlicher Art auf den Konzessionsnehmer ein". Übernimmt demgegenüber die öffentliche Hand die mit der Nutzung verbundenen wirtschaftlichen Risiken, liegt ein öffentlicher Auftrag vor. Nach § 105 Abs. 2 S. 1 ist die Übertragung des Betriebsrisikos das **wesentliche Kriterium für die Einordnung eines Vertrages als Konzession.**[365] Die Vorschrift umschreibt mit dem Betriebsrisiko nicht nur die Folgen der Vergabe einer vergaberechtlichen Konzession, die zumindest dann regelmäßig eintreten, wenn die Übertragung des Nutzungsrechts die einzige Gegenleistung ist. Vielmehr stellt § 105 Abs. 2 auch klar, dass trotz Bejahung eines konzessionstypischen Entgelts iSd § 105 Abs. 1 ausnahmsweise keine Konzession, sondern ein nicht unter das Konzessionsrecht fallender öffentlicher Auftrag vorliegt, wenn den Leistungserbringer kein Betriebsrisiko wirtschaftlicher Art trifft.[366] Für die Beurteilung kommt es wegen der funktionalen Ausrichtung des Kartellvergaberechts nicht auf die Bezeichnung des Vertragswerks an, sondern auf dessen Inhalte und die konkrete Durchführung.[367]

§ 105 Abs. 2 setzt **Art. 5 Nr. 1 UAbs. 2 RL 2014/23/EU** um. Hiernach erfordert eine Konzession stets die Übertragung des Betriebsrisikos.[368] Art. 5 Nr. 1 UAbs. 2 RL 2014/23/EU kodifiziert im Wesentlichen die durch den EuGH entwickelten Kriterien zum Übergang des Betriebsrisikos.[369] Der Richtliniengeber stellt in den **Erwägungsgründen 17–20 RL 2014/23/EU** ergänzend spezifische Fragestellungen klar.[370] Hiernach stellt die Übernahme des Betriebsrisikos durch den Konzessionsnehmer den maßgeblichen Gesichtspunkt für die **reduzierten Vorgaben an das Vergabeverfahren** dar (Erwägungsgrund 18 RL 2014/23/EU; s. im deutschen Recht § 151 S. 3). Folgerichtig kann das Konzessionsvergaberecht nicht auf andere staatliche Beschaffungsakte angewandt werden, bei denen die öffentliche Hand die Bieter von jedem denkbaren Verlust freistellt und jegliche Investitionsaufwendungen garantiert oder einen sonstigen garantierten Ausgleich für die Kosten bietet (Erwägungsgründe 19 und 20 RL 2014/23/EU).

Die Vorgaben der RL 2014/23/EU kodifizieren im Wesentlichen die bis dato ergangene **Rechtsprechung des EuGH.** Der EuGH ist auf das Betriebsrisiko erstmalig in seiner **Parking Brixen-Entscheidung** eingegangen: Erfolge die Bezahlung des Dienstleistungserbringers nicht durch die öffentliche Stelle, sondern aus den Beiträgen von Dritten, bringe es diese Art der Bezahlung mit sich, dass der Dienstleistungserbringer das **Betriebsrisiko der Dienstleistung** übernehme, was kennzeichnend für eine öffentliche Dienstleistungskonzession sei.[371] In der **Oymanns-Entscheidung** präzisierte der EuGH diese Sichtweise dahingehend, dass für eine Dienstleistungskonzession eine Lage kennzeichnend sei, in der ein Auftraggeber ein Recht zur Nutzung einer bestimmten Dienstleistung auf einen Konzessionär übertrage, wobei Letzterer im Rahmen des geschlossenen Vertrags über eine bestimmte **wirtschaftliche Freiheit** verfüge, um die Bedingungen zur Nutzung dieses Rechts zu bestimmen, und somit parallel dazu weitgehend den mit dieser Nutzung verbundenen Risiken ausgesetzt sei.[372] Die damit adressierte wirtschaftliche Selbstbestimmung des Auftragnehmers bildet dogmatisch den zentralen Schutzgegenstand des europäischen und deutschen Wettbewerbsrechts.[373] Im vorliegenden Zusammenhang kann die wirtschaftliche Selbstbestimmung als Grundlage des Betriebsrisikos verstanden werden: Nur wer wirtschaftlich jedenfalls in einem bestimmten Maße selbständig agieren kann, obliegt auch einem (vergabe-)rechtlich relevanten Betriebsrisiko.[374] Vor diesem Hintergrund ist die wirtschaftliche Selbstbestimmung als Kriterium zur Bestimmung des Betriebsrisikos auch unter Geltung von Art. 5 RL 2014/23/EU und § 105 Abs. 2 weiterhin relevant.[375] Diese Sichtweise steht nicht in Widerspruch zu dem Umstand, dass **das Betriebsrisiko in bestimmten Fallgestaltungen von vornherein eingeschränkt** sein kann

---

[365] Vgl. *Dicks* in RKPP GWB Rn. 20: Schlüsselelement.
[366] OLG Koblenz Beschl. v. 10.7.2018 – Verg 1/18, NZBau 2018, 636 Rn. 29.
[367] OLG Düsseldorf Beschl. v. 19.2.2020 – Verg 1/19, ECLI:DE:OLGD:2020:0219.VERG1.19.00 = juris Rn. 48 ff.
[368] Vgl. dazu BT-Drs. 18/6281, 76 f.
[369] Vgl. EuGH Urt. v. 10.11.2011 – C-348/10, Slg. 2011, I-11008 = NZBau 2012, 183 (185) – Norma A; EuGH Urt. v. 10.3.2011 – C-274/09, Slg. 2011, I-1350 = EuZW 2011, 352 (354) – Rettungsdienst Stadler; EuGH Urt. v. 10.9.2009 – C-206/08, ECLI:EU:C:2009:540 = NZBau 2009, 729 – WAZV Gotha.
[370] So auch *Opitz* NVwZ 2014, 753 (754).
[371] EuGH Urt. v. 13.10.2005 – C-458/03, ECLI:EU:C:2005:605 = EuZW 2005, 727 – Parking Brixen.
[372] EuGH Urt. v. 11.6.2009 – C-300/07, EuZW 2009, 612 Rn. 71 – Hans & Christophorus Oymanns GbR.
[373] *Mohr*, Sicherung der Vertragsfreiheit durch Wettbewerbs- und Regulierungsrecht, 2015, 7 ff. und öfter.
[374] AA Beck VergabeR/*Wollenschläger* Rn. 30, wonach die wirtschaftliche Selbstbestimmung eine Konkretisierung des Betriebsrisikos darstelle.
[375] *Siegel* VergabeR 2015, 265 (267 f.).

(Erwägungsgrund 19 RL 2014/23/EU).³⁷⁶ Auch in solchen Fallgestaltungen kann nach den Umständen des konkreten Einzelfalls eine Konzession vorliegen, da diese kein generell-abstrakt zu bestimmendes **Mindestrisikovolumen** voraussetzt.³⁷⁷ Selbst wenn die Unternehmensrisiken aufgrund eines **Anschluss- und Benutzungszwangs** oder einer **Genehmigungspflicht** kraft Gesetzes erheblich eingeschränkt sind, kann es im Einzelfall ausreichen, wenn die **verbleibenden Risiken** vollständig oder zum wesentlichen Teil auf den Leistungserbringer übertragen werden, da dieser dann insoweit wirtschaftlich selbstbestimmt agieren kann.³⁷⁸ Nach Ansicht des EuGH ist es üblich, dass für bestimmte Tätigkeitsbereiche der **Daseinsvorsorge** Regelungen gelten, die das wirtschaftliche Risiko begrenzen, man denke nur an die Zuzahlungen der öffentlichen Hand im Transportsektor (vgl. aber § 149 Nr. 12 und § 154 Nr. 3 iVm § 131 Abs. 2, 3). Es wäre „nicht sachgerecht, von einer Behörde, die eine Konzession vergibt, zu verlangen, dass sie für einen schärferen Wettbewerb und ein höheres wirtschaftliches Risiko sorgt, als sie in dem betreffenden Sektor auf Grund der für ihn geltenden Regelungen existieren".³⁷⁹ Es genügt deshalb für die Annahme einer Konzession, wenn zwar das Risiko des öffentlichen Auftraggebers erheblich eingeschränkt ist, er dieses aber vollständig oder jedenfalls zu einem wesentlichen Teil auf den Konzessionär überträgt.³⁸⁰ Selbst bei einer monopolistischen Marktstruktur kann im Einzelfall eine Konzession gegeben sein, wenn das restliche Absatzrisiko übertragen wird, solange dem Konzessionsnehmer für die Vertragsdauer ein relevanter unternehmerischer Spielraum verbleibt.³⁸¹

86 Der **Richtliniengeber** hat die vorstehende Rechtsprechung übernommen. Sieht eine „branchenspezifische Regelung" den **Wegfall des Betriebsrisikos durch einen garantierten Ausgleich** der Investitionen und der aus der Vertragsdurchführung anfallenden Kosten vor, ist ein Vertrag nach Erwägungsgrund 19 RL 2014/23/EU nicht als Konzession einzustufen. Anders zu bewerten sind ggf. Beschränkungen des Betriebsrisikos aus branchenspezifisch **vorgeschriebenen Tarifen** sowie aus **vertraglichen Vereinbarungen,** wonach der Konzessionsgeber dem Konzessionsnehmer bei einer vorzeitigen Kündigung aus von ihm zu vertretenden Gründen (im deutschen Recht: § 154 Nr. 4 iVm § 133 Abs. 2) oder im Falle höherer Gewalt einen finanziellen Ausgleich gewähren muss (Erwägungsgrund 19 RL 2014/23/EU). In den letztgenannten Fallgestaltungen kann bei Vorliegen der sonstigen Voraussetzungen von einer Konzession auszugehen sein. Keine relevanten Betriebsrisiken sind solche Risiken, „die sich aus einer **mangelhaften Betriebsführung** oder aus **Beurteilungsfehlern des Wirtschaftsteilnehmers** ergeben [...], da diese Risiken jedem Vertrag immanent sind".³⁸² Als Beispiele für derart vertragsimmanente Risiken benennt Erwägungsgrund 20 RL 2014/23/EU das Missmanagement einer Vertragspartei oder vertragliche Ausfälle von Wirtschaftsteilnehmern. Das übertragene Betriebsrisiko muss sich somit „aus Faktoren" ergeben „die sich dem Einfluss der Vertragsparteien entziehen".³⁸³

87 **In § 105 Abs. 2 S. 2 Nr. 1 und Nr. 2** konkretisiert der deutsche Gesetzgeber in Einklang mit Art. 5 Nr. 1 UAbs. 2 RL 2014/23/EU die Anforderungen für die Übertragung des Betriebsrisikos. Nr. 1 und Nr. 2 sind dabei kumulativ zu prüfen („und").³⁸⁴ Gemäß **Abs. 2 S. 2 Nr. 1** übernimmt der Konzessionsnehmer das Betriebsrisiko, wenn **unter normalen Betriebsbedingungen nicht gewährleistet ist, dass die Investitionsaufwendungen oder die Kosten für den Betrieb des Bauwerks oder die Erbringung der Dienstleistung wieder erwirtschaftet werden können.** Die Prüfung, ob die für eine Konzession charakteristische Übernahme zumindest eines wesentlichen Teils des Betriebsrisikos vorliegt, erfordert eine Gesamtbetrachtung aller Umstände des Einzelfalls einschließlich der für den Vertragsgegenstand maßgeblichen Marktbedingungen und der gesamten vertraglichen Vereinbarungen.³⁸⁵ Ist neben dem für die Konzession charakteristischen Nutzungsrecht

---

376 AA OLG Düsseldorf Beschl. v. 19.10.2011 – VII-Verg 51/11, NZBau 2012, 190 (191).
377 *Säcker/Mohr* ZWeR 2012, 417 (427).
378 EuGH Urt. v. 10.9.2009 – C-206/08, ECLI:EU:C:2009:540 = NZBau 2009, 729 – WAZV Gotha; EuGH Urt. v. 10.3.2011 – C-274/09, Slg. 2011, I-1350 = EuZW 2011, 352 – Rettungsdienst Stadler, EuGH Urt. v. 10.11.2011 – C-348/10, Slg. 2011, I-11008 = NZBau 2012, 183 (185) – Norma A; s. auch VK Münster Beschl. v. 18.3.2010 – VK 1/10, GewArch 2011, 222; nachfolgend BGH Beschl. v. 8.2.2011 – X ZB 4/10, NZBau 2011, 175 – Abellio Rail; aus dem Schrifttum *Opitz* NVwZ 2014, 753 (756).
379 EuGH Urt. v. 10.9.2009 – C-206/08, ECLI:EU:C:2009:540 = NZBau 2009, 729 – WAZV Gotha.
380 EuGH Urt. v. 10.9.2009 – C-206/08, ECLI:EU:C:2009:540 = NZBau 2009, 729 – WAZV Gotha; ebenso EuGH Urt. v. 10.3.2011 – C-274/09, Slg. 2011, I-1350 = EuZW 2011, 352 (354) – Rettungsdienst Stadler; EuGH Urt. v. 10.11.2011 – C-348/10, Slg. 2011, I-11008 = NZBau 2012, 183 (185) – Norma A.
381 *Säcker/Mohr* ZWeR 2012, 417 (427). Noch enger *Prieß/Marx/Hölzl* NVwZ 2011, 65 (66); *Bultmann* NVwZ 2011, 72 (75).
382 EuGH Urt. v. 10.3.2011 – C-274/09, Slg. 2011, I-1350 = EuZW 2011, 352 (355) – Rettungsdienst Stadler.
383 S. auch *Dicks* in RKPP GWB Rn. 32.
384 *Dicks* in RKPP GWB Rn. 35.
385 BGH Beschl. v. 8.2.2011 – X ZB 4/10, NZBau 2011, 175 – Abellio Rail.

eine Zuzahlung des Konzessionsgebers vorgesehen, hängt die Einordnung als Konzession auch davon ab, ob die Zuzahlung bloßen Zuschusscharakter hat oder die aus dem Nutzungsrecht möglichen Einkünfte als alleiniges Entgelt bei weitem keine äquivalente Gegenleistung darstellten (→ Rn. 60).[386] Eine Konzession scheidet hiernach aus, wenn der Auftraggeber das Unternehmen von jeglichem Verlust freistellt und die Einnahmen mindestens in Höhe der Investitionsaufwendungen garantiert.[387] Dasselbe gilt, wenn der Konzessionsnehmer nicht das mit den ausgeschriebenen Dienstleistungen verbundene Bonitätsrisiko übernimmt, weil er sowohl nach dem Gesetz als auch nach dem Wortlaut des angestrebten öffentlich-rechtlichen Vertrags die ihm nach diesem Vertrag zustehende Vergütung ausschließlich und unmittelbar vom Aufgabenträger erhält.[388]

Die Erwirtschaftung der Investitionsaufwendungen muss von der Nachfrage nach der Dienstleistung oder Bauleistung abhängen.[389] Um keine Konzession, sondern um einen öffentlichen Auftrag handelt es sich ebenfalls, wenn eine Vergütungsabsprache neben einer festen Vergütung lediglich bestimmte Nebeneinkünfte durch Verwertungsleistungen ermöglicht.[390] Eine Konzession ist zudem zu verneinen, wenn ein Sozialhilfeträger eine Einrichtung mit der Sicherstellung des Betreuungsbedarfs von Sozialhilfebedürftigen beauftragt und sowohl deren Exklusivität sichert als auch das Insolvenzrisiko teilweise übernimmt.[391] Eine Konzessionen ist weiterhin zu verneinen, wenn der Pächter eines Fischereirechts unter „normalen Betriebsbedingungen" iSd § 105 Abs. 2 S. 2 Nr. 1 „(zu denen insbesondere die „branchentypische" unentgeltliche Leistungserbringung im Rahmen der Vereinsarbeit gehört) kein wie auch immer geartetes wirtschaftliches Risiko" trägt, da nach „menschlichem Ermessen [...] rote Zahlen während der Vertragslaufzeit ausgeschlossen werden" können.[392] Sofern es dem Konzessionär obliegt, Entgelte von Nutzern einzutreiben, steht einer Dienstleistungskonzession das Bestehen eines **Anschluss- und Benutzungszwangs** nicht entgegen, da letzterer allein das Risiko des Konzessionsnehmers mindert, Abnehmer für seine Dienstleistungen zu finden, nicht jedoch das Risiko der Beitreibung seiner Entgeltansprüche (→ Rn. 85).[393] Gemäß **§ 105 Abs. 2 S. 2 Nr. 2** ist es eine wesentliche Ausprägung des Betriebsrisikos, dass der Konzessionsnehmer den **„Unwägbarkeiten des Marktes tatsächlich ausgesetzt"** ist, iSv Faktoren, die sich der Einflussnahme des Konzessionsnehmers entziehen.[394] Dies geht zurück auf die Rechtsprechung des EuGH, wonach eine Dienstleistungskonzession voraussetzt, dass der Auftraggeber nicht das volle Risiko trägt und der Dienstleistungserbringer den „Risiken des Marktes" ausgesetzt ist.[395] Den Begriff der „Unwägbarkeiten des Marktes" verwendete der EuGH explizit in seinem Rettungsdienst-Stadler-Urteil:[396] Ein relevantes wirtschaftliches Risiko liege insbesondere in „der Konkurrenz durch andere Wirtschaftsteilnehmer, dem Risiko eines Ungleichgewichts zwischen Angebot und Nachfrage, dem Risiko der Zahlungsunfähigkeit derjenigen, die die Bezahlung der erbrachten Dienstleistungen schulden, dem Risiko einer nicht vollständigen Deckung der Betriebsausgaben durch die Einnahmen oder dem Risiko der Haftung für einen Schaden im Zusammenhang mit einem Fehlverhalten bei der Erbringung der Dienstleistung". Diese Marktrisiken sind abzugrenzen vom allgemeinen Risiko einer Rechtsänderung während der Durchführung des Vertrags, von rein spekulativen Marktrisiken sowie von den jedem Vertrag immanenten Risiken aus der Sphäre des jeweiligen Dienstleistungsbringers, die ausschließlich von seinem individuellen Verhalten abhängen (etwa eine mangelhafte Betriebsführung).[397] In Einklang mit Art. 5 Nr. 1 UAbs. 2 S. 1 RL 2014/23/EU stellt **§ 105 Abs. 2 S. 3** klar, dass es sich beim Betriebsrisiko sowohl um ein **Nachfragerisiko** als auch um ein **Angebotsrisiko** handeln kann. Der europäische Normgeber versteht unter einem Nachfragerisiko „das Risiko der tatsächlichen Nachfrage nach den Bau- oder Dienstleistungen, die Gegenstand des Vertrags sind" (Erwägungsgrund 20 RL 2014/23/EU). Demgegenüber ist das Angebotsrisiko das „mit der Erbringung der Bau- oder Dienstleistungen, die Gegenstand des Vertrags sind,

---

[386] BGH Beschl. v. 8.2.2011 – X ZB 4/10, NZBau 2011, 175 – Abellio Rail.
[387] *Braun* in Hettich/Soudry VergabeR 165.
[388] OLG Dresden Beschl. v. 4.7.2008 – WVerg 3/08, NZBau 2008, 594 Rn. 23 f.; bestätigt von BGH Beschl. v. 1.12.2008 – X ZB 31/08, NZBau 2009, 201 Rn. 25 – Rettungsdienstleistungen 1.
[389] *Braun* in Hettich/Soudry VergabeR 165.
[390] EuGH Urt. v. 18.7.2007 – C-382/05, VergabeR 2007, 604 = BeckRS 2007, 70527 Rn. 35 – Kommission/Italien; *Dicks* in RKPP GWB Rn. 27.
[391] OLG Düsseldorf Beschl. v. 8.9.2004 – VII-Verg 35/04, NZBau 2005, 650 (651); *Dicks* in RKPP GWB Rn. 29.
[392] OLG Koblenz Beschl. v. 10.7.2018 – Verg 1/18, NZBau 2018, 636 Rn. 30.
[393] OLG Düsseldorf Beschl. v. 19.10.2011 – VII-Verg 51/11, NZBau 2012, 190 (191).
[394] *Dicks* in RKPP GWB Rn. 32.
[395] EuGH Urt. v. 10.9.2009 – C-206/08, ECLI:EU:C:2009:540 = NZBau 2009, 729 (733) – WAZV Gotha.
[396] EuGH Urt. v. 10.3.2011 – C-274/09, Slg. 2011, I-1350 = EuZW 2011, 352 (355) – Rettungsdienst Stadler.
[397] *Dicks* in RKPP GWB Rn. 35 mwN.

verbundene Risiko, insbesondere das Risiko, dass die bereitgestellten Dienstleistungen nicht der Nachfrage entsprechen" (Erwägungsgrund 20 RL 2014/23/EU).

89   b) Insbesondere: Laufzeit von Konzessionsverträgen. Eng verknüpft mit der Übertragung des Betriebsrisikos ist die **Laufzeit von Konzessionsverträgen**[398] (die Befristung von Konzessionsverträgen stellt nach § 3 KonzVgV kein Merkmal des Konzessionsbegriffs dar, sondern eine Rechtmäßigkeitsvoraussetzung → Rn. 94). Einerseits wird der Wettbewerb um den konzessionierten Markt während der Laufzeit des Konzessionsvertrags ausgeschaltet (market foreclosure), weshalb die Laufzeit zwingend zu beschränken ist (Art. 18 Abs. 1 S. 1 RL 2014/23/EU iVm Erwägungsgrund 52 S. 2 RL 2014/23/EU). Andererseits soll die Laufzeit dem Konzessionsnehmer ermöglichen, bei ordnungsgemäßer Unternehmensführung – maximal – die Investitions- und Betriebskosten einschließlich einer angemessenen Eigenkapitalverzinsung zu erwirtschaften. Die Laufzeit wird vom Konzessionsgeber „je nach den geforderten Bau- oder Dienstleistungen geschätzt" (Art. 18 Abs. 1 S. 2 RL 2014/23/EU), was in der Rechtswirklichkeit anspruchsvoll sein kann. Bei Konzessionen mit einer Laufzeit von über fünf Jahren – der Regelobergrenze[399] – darf diese nicht länger sein als der Zeitraum, innerhalb dessen der Konzessionsnehmer nach vernünftigem Ermessen die Investitionsaufwendungen für den Betrieb des Bauwerks oder die Erbringung der Dienstleistungen zuzüglich einer Rendite auf das investierte Kapital unter Berücksichtigung der zur Verwirklichung der spezifischen Vertragsziele notwendigen Investitionen erwirtschaften kann (Art. 18 Abs. 2 UAbs. 1 RL 2014/23/EU). Dabei können spezifische Vertragsziele berücksichtigt werden, auf die der Konzessionsnehmer sich verpflichtet hat, um Anforderungen beispielsweise hinsichtlich der Qualität oder des Preises für die Nutzer zu erfüllen (Erwägungsgrund 52 S. 4 Hs. 2 RL 2014/23/EU). Die für die Berechnung zugrunde gelegten Investitionsaufwendungen umfassen sowohl die zu Anfang als auch die während der Laufzeit des Konzessionsvertrages getätigten Investitionen (Art. 18 Abs. 2 UAbs. 2 RL 2014/23/EU). Gemäß Erwägungsgrund 52 S. 7 RL 2014/23/EU sollte – iSv „muss" – die Höchstdauer des Konzessionsvertrags in den **Konzessionsunterlagen** angegeben werden, sofern die Vertragsdauer nicht selbst ein Zuschlagskriterium ist. Art. 18 RL 2014/23/EU ist in Zusammenschau mit Art. 5 Nr. 1 UAbs. 2 RL 2014/23/EU zu sehen. Hiernach darf es nicht garantiert sein, dass die Investitionsaufwendungen oder die Kosten für die Erbringung der Dienstleistung während der Laufzeit tatsächlich erwirtschaftet werden.[400] Dies verdeutlicht mittelbar auch Erwägungsgrund 52 S. 8 RL 2014/23/EU, wonach Konzessionsgeber eine Konzession für einen kürzeren als für die Wiedererwirtschaftung der Investitionen erforderlichen Zeitraum vergeben dürfen, wenn der damit verbundene Ausgleich das Betriebsrisiko nicht beseitigt.

90   Die vorstehenden Richtlinienvorgaben orientieren sich an der **Rechtsprechung des EuGH**.[401] Hiernach können auch Vertragslaufzeiten von 15 Jahren zulässig sein, wenn der Vertragspartner diese wirklich benötigt, um vertragsspezifische Investitionen zu amortisieren.[402] Andererseits hat der EuGH in einer sog. Verwaltungskonzession, die Seeverkehrsdienstleistungen einem einzigen Unternehmen für eine Dauer von 20 Jahren mit einer Verlängerungsmöglichkeit um weitere zehn Jahre vorbehalten hat, eine Beschränkung des freien Dienstleistungsverkehrs gesehen. Eine solche kann nur durch Regelungen gerechtfertigt werden, die zwingenden Zielen des Allgemeininteresses dienen, nichtdiskriminierend und verhältnismäßig sind, was im konkreten Fall nicht gegeben war.[403] Die Vertragslaufzeit darf auf der anderen Seite nicht gravierend kürzer sein, als es zur Kostendeckung üblicherweise notwendig ist, da ansonsten ein Konditionenmissbrauch iSd Art. 102 AEUV, § 19 Abs. 2 Nr. 2 indiziert sein kann.[404]

91   Der deutsche Gesetzgeber hat die unionsrechtlichen Vorgaben hinsichtlich der gebotenen zeitlichen Beschränkung von Konzessionsverträgen trotz ihrer zentralen wirtschaftlichen Bedeutung und ihrer engen dogmatischen Verknüpfung mit dem Konzessionsbegriff nicht in Zusammenhang mit § 105, sondern in **§ 3 KonzVgV** normiert (→ Rn. 94). Die Vorschrift ist im Wesentlichen an Art. 18 RL 2014/23/EU angelehnt.[405] Hiernach ist die Laufzeit eines Konzessionsvertrages zwingend zu beschränken, wobei die konkrete Dauer nach dem Gegenstand der Bau- oder Dienstleistung zu schätzen ist. Bei Konzessionen mit einer Laufzeit von über fünf Jahren darf die Laufzeit nach § 3

---

[398] S. zu § 3 KonzVgV BT-Drs. 18/7318, 251; ebenso *Goldbrunner* VergabeR 2016, 365 (372); *Siegel* NVwZ 2016, 1672 (1676).
[399] *Siegel* NVwZ 2016, 1672 (1676).
[400] *Schröder* NVwZ 2014, 753 (759).
[401] *Mohr* RdE 2016, 269 (277).
[402] EuGH Urt. v. 9.9.2010 – C-64/08, Slg. 2010, I-8244 Rn. 48 = EuZW 2010, 821 – Engelmann.
[403] EuGH Urt. v. 9.3.2006 – C-323/03, Slg. 2006, I-2161 Rn. 45 ff. = NZBau 2006, 386 – Seekabotage Ria von Vigo.
[404] Im dogmatischen Ausgangspunkt ähnlich *Scholtka/Keller-Herder* N&R 2014, 186 (188 ff.).
[405] BT-Drs. 18/7318, 251.

Abs. 2 S. 1 KonzVgV nicht länger sein als der Zeitraum, innerhalb dessen der Konzessionsnehmer nach vernünftigem Ermessen die Investitionsaufwendungen für die Errichtung, die Erhaltung und den Betrieb des Bauwerks[406] oder die Erbringung der Dienstleistungen zuzüglich einer Rendite auf das investierte Kapital unter Berücksichtigung der zur Verwirklichung der spezifischen Vertragsziele notwendigen Investitionen wieder erwirtschaften kann. Die Laufzeitverlängerung ist in diesen Fällen also konkret zu begründen. Die gebotene Prognoseentscheidung („nach vernünftigem Ermessen") muss sich an einem objektiven Maßstab orientieren[407] und im Zeitpunkt der Konzessionsvergabe feststehen (klarstellend: Erwägungsgrund 52 S. 5 RL 2014/23/EU). Da es sich um eine zukunftsbezogene „Ermessensentscheidung" handelt, ist diese von den Vergabeinstanzen nur begrenzt nachprüfbar.[408] Gemäß § 3 Abs. 2 S. 2 KonzVgV umfassen die Investitionsaufwendungen sowohl die zu Anfang als auch die während der Laufzeit der Konzessionen vorzunehmenden Investitionen. Nach Erwägungsgrund 52 S. 6 RL 2014/23/EU zählen hierzu – was auch die Begründung zur KonzVgV betont[409] – insbesondere Aufwendungen für Infrastruktur, Urheberrechte, Patente, Ausrüstung, Logistik, Anstellung und Schulung von Personal und Anschubkosten. In Ergänzung zu Art. 18 Abs. 2 RL 2014/23/EU bestimmt § 3 Abs. 2 S. 3 KonzVgV, dass Konzessionsgeber für bestimmte Konzessionstypen **durchschnittliche Investitionsaufwendungen** und **durchschnittliche Renditen** zugrunde legen dürfen, soweit dies die Besonderheiten des jeweiligen Konzessionstyps rechtfertigen. Hierdurch sollen Erfahrungswerte berücksichtigt werden können, die in der Vergangenheit bezüglich Konzessionen eines bestimmten Typs gewonnen wurden.[410]

Die Laufzeit der Konzession ist bedeutsam für die Bestimmung des **geschätzten Vertragswerts** 92 gem. § 2 Abs. 3 KonzVgV, der sich anders als die Regelungen zum Betriebsrisiko nicht an den effizienten Kosten zuzüglich einer angemessenen Eigenkapitalverzinsung, sondern am Gesamtumsatz orientiert. Konzessionsverträge enthalten nach Erwägungsgrund 75 RL 2014/23/EU typischerweise langfristige technisch und finanziell komplexe Regelungen, die häufig Änderungen der äußeren Umstände unterliegen. Vor diesem Hintergrund hat der Gesetzgeber in § 154 Nr. 3 iVm § 132 spezifische Regelungen zur **Änderung von Konzessionsverträgen** vorgesehen (→ § 154 Rn. 28 ff.). Aufgrund der nicht selten längeren Laufzeit von Konzessionsverträgen sind schließlich **Kündigungsmöglichkeiten** bedeutsam, wie sie – nicht abschließend[411] – von § 154 Nr. 4 iVm § 133 normiert sind.

c) Zweistufige Prüfung. Das Betriebsrisiko wird grundsätzlich im Rahmen einer **zweistufi-** 93 **gen Prüfung** ermittelt, wonach zunächst abstrakt das Betriebsrisiko festgestellt wird, das der öffentliche Auftraggeber bei einer Eigenwahrnehmung tragen müsste, um sodann in einem zweiten Schritt zu prüfen, ob und in welchem Umfang das so präzisierte Betriebsrisiko auf den Leistungserbringer übertragen worden ist.[412] Während die Feststellung des Planungs-, Insolvenz- und Haftungsrisikos häufig weniger Schwierigkeiten bereitet, bedarf das Absatz- und Verlustrisiko eingehender Prüfung.[413] Anspruchsvoll ist die Feststellung des **notwendigen Ausmaßes des Verlustrisikos bzw. des Nutzungs- und Verwertungsrisikos.** Insoweit sind die vom Auftragnehmer nach dem zugrunde liegenden Vertrag zu kalkulierenden Ausgaben mit den ihm potenziell zufließenden Nutzungsentgelten und sonstigen Zuwendungen zu vergleichen. Wird ihm nicht nur die Chance eines Gewinnes eingeräumt, sondern hat er de facto eine Gewinngarantie, so liegt ein öffentlicher Auftrag vor.[414] Nach Erwägungsgrund 20 RL 2014/23/EU soll „der Nettogegenwartswert aller Investitionen, Kosten und Einkünfte des Konzessionsnehmers in kohärenter und einheitlicher Weise herangezogen werden". Ob das wirtschaftliche Betriebsrisiko auf den Leistungserbringer übertragen wurde, ist von den nationalen Beurteilungsinstanzen für jeden Einzelfall gesondert festzustellen.[415] Geboten ist mit dem BGH eine **Gesamt-**

---

[406] Der deutsche Verordnungsgeber erstreckt den Zeitraum bei Baukonzessionen klarstellend auch auf die Errichtung und die Erhaltung des Bauwerks; vgl. BT-Drs. 18/7318, 251.
[407] *Siegel* NVwZ 2016, 1672 (1676).
[408] *Goldbrunner* VergabeR 2016, 365 (373).
[409] In Zusammenhang mit § 3 Abs. 2 S. 1 KonzVgV s. BT-Drs. 18/7318, 251.
[410] BT-Drs. 18/7318, 251.
[411] BT-Drs. 18/6281, 120.
[412] *Säcker/Mohr* ZWeR 2012, 417 (426); *Diemon-Wies/Hesse* NZBau 2012, 341 (343).
[413] *Säcker/Mohr* ZWeR 2012, 417 (427); *Diemon-Wies/Hesse* NZBau 2012, 341 (343).
[414] *Vavra* VergabeR 2010, 351 (353 f.); *Bultmann* NVwZ 2011, 72 (74); *Prieß/Marx/Hölzl* NVwZ 2011, 65 (66); *Diemon-Wies/Hesse* NZBau 2012, 341 (344).
[415] EuGH Urt. v. 10.9.2009 – C-206/08, ECLI:EU:C:2009:540 = NZBau 2009, 729 – WAZV Gotha; EuGH Urt. v. 10.3.2011 – C-274/09, Slg. 2011, I-1350 = EuZW 2011, 352 – Rettungsdienst Stadler; EuGH Urt. v. 10.11.2011 – C-348/10, Slg. 2011, I-11008 = NZBau 2012, 183 (185) – Norma A; krit. *Kraus* VergabeR 2012, 171 (173); s. zur schwierigen Grenzziehung etwa das OLG Karlsruhe Beschl. v. 13.7.2005 – 6 W 35/05 (Verg.), NZBau 2005, 655.

betrachtung aller Umstände, wobei insbesondere die in Bezug auf den Vertragsgegenstand bestehenden Marktbedingungen und die vertraglichen Vereinbarungen zu berücksichtigen sind.[416]

94 **3. Laufzeit von Konzessionsverträgen.** Die Definitionsnorm des § 105 enthält keine Vorgaben hinsichtlich der Laufzeit von Konzessionsverträgen.[417] Die Laufzeit ist damit **kein Begriffsmerkmal** von (Bau-)Konzessionen, sondern gem. § 3 Abs. 1 KonzVgV lediglich eine Gestaltungsschranke (→ Rn. 89).[418] Das generelle Befristungserfordernis folgt der Zielrichtung, die marktfreiheitlich und grundrechtlich verbürgten Marktzugangschancen von Wettbewerbern des konzessionierten Unternehmens nicht auf unabsehbare Zeit zulasten der Wettbewerber und des freien und unverfälschten Wettbewerbsprozesses auszuschalten, wobei gem. § 3 Abs. 2 KonzVgV auch den Amortisierungs- und Renditeinteressen des jeweiligen Konzessionsnehmers Rechnung zu tragen ist.[419]

V. Insbesondere: Energiewirtschaftliche Wegenutzungsverträge gem. § 46 Abs. 2 EnWG

95 **1. Problemstellung.** Nach überzeugender, wenn auch bestrittener Ansicht sind **energiewirtschaftliche** Wegenutzungsverträge iSd § 46 Abs. 2 EnWG als **Dienstleistungskonzessionen iSd § 105**[420] sowie als Konzessionen iSd **europäischen Primärvergaberechts**[421] anzusehen, die nicht durch Erwägungsgrund 16 RL 2014/23/EU vom Konzessionsvergaberecht ausgenommen sind. Der Transport von Strom, Gas und Wasser erfolgt regelmäßig über feste Leitungswege.[422] Zur Verlegung und zum Betrieb der Leitungen sind die Energienetzbetreiber deshalb auf die Nutzung öffentlicher Verkehrswege der Städte und Gemeinden angewiesen.[423] Entscheiden sich die Kommunen in Wahrnehmung ihrer Gewährleistungsverantwortung für eine Leistungserbringung auf privatrechtlicher Grundlage,[424] bestimmen sie durch den Abschluss von qualifizierten Wegenutzungsverträgen iSd § 46 Abs. 2 **EnWG** mittelbar zugleich, wer das örtliche Energie- bzw. Wassernetz betreibt.[425] Die Kommunalpolitik sah im Abschluss von Wegenutzungsverträgen zuweilen eine Chance, Aufgaben der Daseinsvorsorge auf öffentliche oder private Unternehmen zu übertragen, ohne dem aufgrund des Gleichbehandlungsgrundsatzes und der daraus folgenden Formenstrenge „ungeliebten" Vergaberecht zu unterliegen.[426] Denn nach allgemeiner Auffassung stellt die Vergabe von Wegenutzungsrechten zur Errichtung und zum Betrieb von Energieleitungen **keinen öffentlichen Auftrag** dar, da das Versorgungsunternehmen keine Leistung gegen ein vom Auftraggeber zu zahlendes Entgelt erbringt, sondern seinerseits für das Recht zur Nutzung der öffentlichen Wege und Plätze ein Entgelt entrichtet und sich durch die Netznutzungsentgelte Dritter refinanziert.[427] Der EuGH hat deshalb für derartige Vertragskonstrukte,[428] die mittlerweile nahezu alle Bereiche der Daseinsvorsorge betreffen,[429] aus dem Normzweck des Diskriminierungsverbots wegen der Staatsangehörigkeit gem. Art. 18 AEUV und den Grundfreiheiten konkrete Anforderungen an ein wettbewerbliches Vergabeverfahren entwickelt[430] (zum **Primärvergaberecht** → Rn. 6 ff.).

96 Nach ihrer **Struktur und Funktion** sind energiewirtschaftliche Wegenutzungsverträge iSd § 46 Abs. 2 EnWG und Dienstleistungskonzessionen iSd § 105 vergleichbar.[431] Zwar beinhalten Wegenut-

---

[416] BGH Beschl. v. 8.2.2011 – X ZB 4/10, NZBau 2011, 175 (180) – Abellio Rail.
[417] *Tugendreich/Heller* in Müller-Wrede GWB § 148 Rn. 23; *Dicks* in RKPP GWB Rn. 21.
[418] *Braun* in Gabriel/Krohn/Neun VergabeR-HdB § 63 Rn. 26; Beck VergabeR/*Wollenschläger* KonzVgV § 3 Rn. 15 u. 19.
[419] Beck VergabeR/*Wollenschläger* KonzVgV § 3 Rn. 22; Reidt/Stickler/Glahs/*Ganske* Rn. 58.
[420] S. zum Folgenden auch *Mohr* RdE 2016, 269 ff.
[421] Offen gelassen von OLG Düsseldorf Urt. v. 4.11.2020 – 27 U 3/20, juris Rn. 38.
[422] *Säcker/Mohr* ZWeR 2012, 417; *Mahne*, Eigentum an Versorgungsleitungen, 2009, 89.
[423] BGH Urt. v. 11.11.2008 – KZR 43/07, WuW/E DE-R 2581 Rn. 17 – Neue Trift.
[424] Konzessionsverträge nach § 46 Abs. 2 EnWG sind als privatrechtliche Austauschverträge zu qualifizieren; vgl. *Säcker/Mohr/Wolf*, Konzessionsverträge im System des europäischen und deutschen Wettbewerbsrechts, 2010, 21 ff.
[425] S. zum Zusammenhang zwischen Konzessionsvergabe und Netzbetrieb *Säcker/Mohr/Wolf*, Konzessionsverträge im System des europäischen und deutschen Wettbewerbsrechts, 2010, 19; *Michaels/Kohler* ZNER 2012, 29 (33).
[426] So *Braun* NZBau 2011, 400. S. statt anderer den Beitrag von *Teufel* KommJur 2012, 87 ff.
[427] Statt anderer *Donhauser/Hölzlwimmer* VergabeR 2015, 509 (510).
[428] Grundlegend *Burgi*, Die Dienstleistungskonzession ersten Grades, 2004.
[429] *Braun* EuZW 2012, 451 mwN.
[430] Grundlegend EuGH Urt. v. 7.12.2000 – C-324/98, Slg. 2000, I-10745 = NZBau 2001, 148 – Telaustria; s. für die Energieversorgung (Methangasnetz) auch EuGH Urt. v. 21.7.2005 – C-231/03, ECLI:EU:C:2005:487 Rn. 17 = EuZW 2005, 529 – Coname; vgl. für die Wasserversorgung und Abwasserentsorgung EuGH Urt. v. 10.9.2009 – C-206/08, ECLI:EU:C:2009:540 = NZBau 2009, 729 – WAZV Gotha.
[431] Zum Folgenden bereits *Säcker/Mohr/Wolf*, Konzessionsverträge im System des europäischen und deutschen Wettbewerbsrechts, 2010, 33 ff.

zungsverträge kein unmittelbares Recht zur Erbringung einer Dienstleistung, wie zB für das Betreiben von Energieversorgungsnetzen.[432] Allerdings können die Netze ohne ein Recht zur Benutzung der öffentlichen Wege für den Leitungsbau regelmäßig nicht betrieben werden.[433] Das Wegenutzungsrecht wird somit zu einer Rechtsposition, die zur Ausübung der Tätigkeit im Allgemeininteresse erforderlich ist. Es erfüllt damit faktisch dieselbe Funktion wie ein unmittelbares Recht zur Erbringung der Dienstleistung.[434] Da die vertraglich gewährten Wegenutzungsrechte eine unabdingbare Voraussetzung für die Ausübung der wirtschaftlichen Tätigkeit des Netzbetriebs sind, hat die **öffentliche Hand als Rechteinhaber** insoweit regelmäßig eine **marktbeherrschende Stellung** gem. **Art. 102 AEUV** und **§ 19**.[435] Die Gemeinden sind deshalb verpflichtet, über die Vergabe von Konzessionen diskriminierungsfrei zu entscheiden.[436] Die kartellrechtlichen Vorgaben und die energiewirtschaftsrechtlichen Anforderungen nach § 46 Abs. 2–6 EnWG stimmen insoweit überein.[437]

Trotz dieser funktionalen Überschneidungen ist umstritten, ob energierechtliche Wegenutzungsverträge im Hinblick auf das gebotene **Beschaffungselement** (→ Rn. 63) als Dienstleistungskonzessionen zu qualifizieren sind.[438] Sofern dies zu bejahen ist, soll die Anwendbarkeit des europäischen Konzessionsvergaberechts – und mit diesem auch das GWB-Vergaberecht – gleichwohl durch die RL 2014/23/EU ausgeschlossen sein.[439] Die RL 2014/23/EU enthält allerdings ebenso wenig wie die §§ 107 ff., 149 f. eine **explizite Ausnahmebestimmung,** was eigentlich für eine Anwendbarkeit des Konzessionsvergaberechts spricht, sofern die sonstigen Voraussetzungen des Konzessionsbegriffs erfüllt sind. Insbesondere ist § 149 Nr. 7 nicht auf Wegenutzungsverträge iSd § 46 Abs. 2 EnWG anzuwenden (→ § 149 Rn. 44). So ist die RL 2014/23/EU in einer schwierigen politischen Gemengelage mit verschiedenen gegenläufigen Interessen entstanden. Insbesondere hinsichtlich der Regelungsdichte und der Regelungsnotwendigkeit gab es Meinungsverschiedenheiten zwischen den Organen.[440] Das Gesetzgebungsverfahren wurde zudem von politischen Diskussionen über den Anwendungsbereich der Richtlinie begleitet. So forderte die maßgeblich von der Gewerkschaft ver.di ins Leben gerufene Bürgerinitiative „Rigth2Water"[441] die Herausnahme der Vergabe von **Wasserkonzessionen,** worauf mit Art. 12 RL 2014/23/EU ein eigener Ausnahmetatbestand geschaffen wurde. Auch bezüglich energierechtlicher Wegenutzungsverträge wurde von verschiedenen Verbänden[442] sowie dem Bundesrat[443] die Schaffung eines expliziten Ausnahmetatbestandes gefordert. Dies war jedoch politisch nicht

---

[432] Die Aufnahme des Betriebs eines Energieversorgungsnetzes bedarf zwar der Genehmigung nach § 4 EnWG; diese ist als sektorspezifische Ausprägung der allg. Gewerbeerlaubnis kein Konzessionsvertrag iSd § 105.
[433] Vgl. BGH Urt. v. 11.11.2008 – KZR 43/07, WuW/E DE-R 2581 Rn. 17 – Neue Trift; *Malzer* NJW 1974, 441.
[434] Vgl. EuGH Urt. v. 10.9.2009 – C-206/08, ECLI:EU:C:2009:540 = NZBau 2009, 729 – WAZV Gotha; *A. Wolf* BB 1986, 143 (150).
[435] BGH Urt. v. 17.12.2013 – KZR 65/12, NZBau 2014, 303 Rn. 24 – Stromnetz Heiligenhafen.
[436] Zur Rechtslage vor der Novelle des Jahres 2017 vgl. BGH Urt. v. 17.12.2013 – KZR 65/12, NZBau 2014, 303 Rn. 27 – Stromnetz Heiligenhafen; BGH Urt. v. 17.12.2013 – KZR 66/12, NVwZ 2014, 807 Rn. 17 ff. – Stromnetz Berkenthin; OLG Düsseldorf Beschl. v. 12.12.2012 – VI-3 Kart 137/12 (V), RdE 2013, 128; *Säcker/Mohr/Wolf,* Konzessionsverträge im System des europäischen und deutschen Wettbewerbsrechts, 2010, 46; aA *Bruckner* in Kermel/Brucker/Baumann, Wegenutzungsverträge und Konzessionsabgaben in der Energieversorgung, 2008, 85.
[437] BGH Urt. v. 17.12.2013 – KZR 65/12, NZBau 2014, 303 Rn. 27 – Stromnetz Heiligenhafen.
[438] Für die Qualifizierung von energierechtlichen Wegenutzungsverträgen als Dienstleistungskonzessionen sprechen sich aus: *Mohr* RdE 2016, 269 ff.; *Säcker/Mohr/Wolf,* Konzessionsverträge im System des europäischen und deutschen Wettbewerbsrechts, 2010, 35 ff.; *Donhauser/Hölzlwimmer* VergabeR 2015, 509 (511); *Michaels/Kohler* ZNER 2012, 29 (30 f.); *H. Weiß* NVwZ 2014, 1415 (1419); *Mau/Borrmann* ZNER 2013, 459 (460); *Byok* RdE 2008, 268 (271); *Byok/Dierkes* RdE 2011, 394 (396); Britz/Hellermann/Hermes/Hellermann EnWG § 46 Rn. 66; *Opitz* NVwZ 2014, 753 (757); *Hofmann* NZBau 2012, 11 (12); *Schau* RdE 2011, 1 (3); *Freitag/Jung* ZNER 2014, 569; Beck VergabeR/*Wollenschläger* Rn. 120; BeckOK VergabeR/*Bungenberg/Schelhaas* Rn. 27; *Dicks* in RKPP GWB Rn. 17. Dagegen Kermel/*Herten-Koch,* Praxishandbuch der Konzessionsverträge und Konzessionsabgaben in der Energieversorgung, 2008, 99 f.; NK-EnWG/*Huber* EnWG § 46 Rn. 67; *Niehof* RdE 2011, 15 (17); *Schwab/Giesemann* VergabeR 2014, 351 (366); *Becker/Dicks* ZNER 2014, 425; *Freitag/Jung* ZNER 2014, 569; *W. Weiß* EnWZ 2014, 435; *Kermel/Wagner* RdE 2014, 221 (222); *Burgi* VergabeR § 24 Rn. 5; *Ruhland* in Gabriel/Krohn/Neun VergabeR-HdB, 2. Aufl. 2017, § 63 Rn. 15.
[439] Beispielhaft *Burgi* VergabeR § 24 Rn. 6.
[440] Vgl. Europäisches Parlament, Entschließung v. 25.10.2011 zu der Modernisierung im Bereich des öffentlichen Auftragswesens (2011/2048(INI)), ABl. 2011 C 131; Europäischer Wirtschafts- und Sozialausschuss, Stellungnahme zum Vorschlag für eine Richtlinie über die Konzessionsvergabe, ABl. 2012 C 191, 91.
[441] *Schwab/Giesemann* VergabeR 2014, 351 (366).
[442] Vgl. zB Bundesverband der Energie- und Wasserwirtschaft, Pressemitteilung Wasserwirtschaft v. 28.1.2013 zur Änderung des Kommissionsvorschlags, BDEW extra 1/2013, 2.
[443] Beschl. des Bundesrates v. 30.3.2012, BR-Drs. 874/11 Rn. 9.

durchsetzbar. Stattdessen einigte man sich auf die, auf den ersten Blick nur bedingt verständliche, Kompromissformel des **Erwägungsgrunds 16 RL 2014/23/EU.**

98 Der Regierungsentwurf zum GWB 2016 spricht sich unter Berufung auf Erwägungsgrund 16 RL 2014/23/EU dafür aus, Wegenutzungsverträge iSd § 46 Abs. 2 EnWG zur Errichtung und zum Betrieb von Strom- und Gasleitungen sowie entsprechende Wegenutzungsverträge bezüglich Fernwärmeleitungen **nicht als Konzessionen** anzusehen.[444] Auch der Regierungsentwurf zur Neufassung des § 46 Abs. 2 EnWG im Jahr 2017[445] betont, dass die benannten Wegenutzungsverträge keine Dienstleistungskonzessionen seien, weshalb etwa das Inhouse-Privileg nicht gelte.[446] Letzteres lässt sich freilich schon damit begründen, dass die **§§ 46 ff. EnWG** in ihrem Regelungsbereich **leges speciales** zu den allgemeinen Vorschriften der §§ 148 ff. sind (→ Rn. 112).

99 **2. Tatbestandsvoraussetzungen der Konzession.** Wie oben erläutert (→ Rn. 31 ff.), setzt der **Tatbestand einer Konzession iSd § 105** in Umsetzung des Art. 5 Nr. 1 RL 2014/23/EU einen Vertrag zwischen der Kommune als Konzessionsgeber iSd § 101 Abs. 1 Nr. 1 und einem privaten oder öffentlichen Unternehmen als Konzessionsnehmer, die Einräumung eines Nutzungsrechtes als Entgelt für die zu erbringende (Dienst-)Leistung sowie damit zusammenhängend die Übertragung des Betriebsrisikos voraus. Zudem muss der Vertrag **Beschaffungscharakter** haben, wofür freilich ein mittelbares wirtschaftliches Interesse des Konzessionsgebers ausreicht. Eine förmliche Betrauung des Konzessionsnehmers ist in unionsrechtskonformer Auslegung des § 105 Abs. 1 nicht notwendig (→ Rn. 72). Diese Voraussetzungen sind bei Wegenutzungsverträgen iSd § 46 Abs. 2 EnWG erfüllt.

100 Qualifizierte Wegenutzungsverträge iSd § 46 Abs. 2 EnWG werden nicht hoheitlich, sondern durch **privatrechtlichen Vertrag** vergeben,[447] der regelmäßig schriftlich abgeschlossen wird. Durch die Verträge werden die Konzessionsnehmer mit der **Erbringung von Dienstleistungen** beauftragt. Zwar bezieht sich der Wegenutzungsvertrag rein formal nicht auf die Dienstleistungen selbst, sondern auf das vorgelagerte Recht zur Nutzung des öffentlichen Straßenlandes. Allerdings erlangt der Konzessionsnehmer durch Abschluss des Wegenutzungsvertrages eine Rechtsposition, die zur Ausübung der Tätigkeiten im Allgemeininteresse zwingend geboten ist, da ohne das Wegenutzungsrecht kein Netz betrieben werden kann.[448] Letzteres stellt somit den „rechtlichen Schlüssel" für den Netzbetrieb dar.[449] Folgerichtig dürfen nur solche Bewerber den Zuschlag erhalten, die den Anforderungen des § 1 Abs. 1 EnWG an einen sicheren, preisgünstigen, verbraucherfreundlichen, effizienten und umweltverträglichen Netzbetrieb am besten entsprechen.[450] Da die Konzessionsnehmer sich durch den Betrieb des Netzes wirtschaftlich betätigten, stellen sie auch **Unternehmen** iSd § 105 Abs. 1 dar.[451]

101 Zudem liegt bei Wegenutzungsverträgen die für Konzessionen charakteristische „Dreieckskonstellation" vor.[452] Der Konzessionsnehmer erhält als Entgelt für seine Tätigkeit ein **wirtschaftliches Nutzungsrecht,** mit dem er zugleich die zu entrichtenden „Konzessionsabgaben" iSd § 48 EnWG refinanziert.[453] Damit zusammenhängend überträgt die öffentliche Hand ein rechtlich relevantes **Betriebsrisiko** auf den Konzessionsnehmer.[454] Sofern der Konzessionsnehmer ausschließlich durch Dritte vergütet wird, reicht die Übertragung eines eingeschränkten Betriebsrisikos aus.[455] Zwar ist das Betriebsrisiko des Netzbetreibers durch die Regulierung der Netzentgelte eingeschränkt, die

---

[444] BT-Drs. 18/6281, 76.
[445] Gesetz zur Änderung der Vorschriften zur Vergabe von Wegenutzungsrechten zur leitungsgebundenen Energieversorgung v. 27.1.2017, BGBl. 2017 I 130.
[446] BReg., Entwurf eines Gesetzes zur Änderung der Vorschriften zur Vergabe von Wegenutzungsrechten zur leitungsgebundenen Energieversorgung v. 25.1.2016, 12.
[447] *Niehof* RdE 2011, 15 (16); BerlKommEnR/*Wegner* EnWG § 46 Rn. 45; *Säcker/Mohr/Wolf,* Konzessionsverträge im System des europäischen und deutschen Wettbewerbsrechts, 2010, 21 ff.; *Säcker/Mohr* ZWeR 2012, 417 (424); *Büdenbender* FS Kühne, 2010, 105.
[448] *Säcker/Mohr/Wolf,* Konzessionsverträge im System des europäischen und deutschen Wettbewerbsrechts, 2010, 37.
[449] *H. Weiß* NVwZ 2014, 1415.
[450] BGH Urt. v. 17.12.2013 – KZR 66/12, NVwZ 2014, 807 Rn. 82 ff. – Stromnetz Berkenthin.
[451] *Säcker/Mohr/Wolf,* Konzessionsverträge im System des europäischen und deutschen Wettbewerbsrechts, 2010, 33.
[452] *Säcker/Mohr* ZWeR 2012, 417 (426); vgl. *Mohr* RdE 2016, 269 (276).
[453] *Schau* RdE 2011, 1 (3).
[454] *Michaels/Kohler* ZNER 2012, 29 (31); *Byok* RdE 2008, 268 (271); *Albrecht* in Schneider/Theobald EnWR § 9 Rn. 79; *Schau* RdE 2011, 1 (3).
[455] EuGH Urt. v. 10.11.2011 – C-348/10, Slg. 2011, I-11008 = NZBau 2012, 183 (185) – Norma A; EuGH Urt. v. 10.3.2011 – C-274/09, Slg. 2011, I-1350 = EuZW 2011, 352 – Rettungsdienst Stadler; EuGH Urt. v. 10.9.2009 – C-206/08, ECLI:EU:C:2009:540 = NZBau 2009, 729 – WAZV Gotha.

V. Energiewirtschaftliche Wegenutzungsverträge gem. § 46 Abs. 2 EnWG   102, 103   § 105 GWB

neben den effizienten Kosten auch eine angemessene Eigenkapitalverzinsung gewährleistet (§§ 21 ff. EnWG iVm der ARegV und den Netzentgeltverordnungen). Auch sind die Kunden aufgrund des natürlichen Netzmonopols faktisch gezwungen, die Dienstleistungen des Netzbetreibers in Anspruch zu nehmen.[456] Da die Wegenutzungsverträge regelmäßig weder eine finanzielle Unterstützung des Netzbetreibers durch die Kommune noch etwaige Ausfallsicherungen vorsehen, liegt hierin ein hinreichendes Betriebsrisiko.[457] Insbesondere werden auch auf der Grundlage der effizienzkostenbasierten Regulierung der Netze keine kostendeckenden Entgelte garantiert.[458] Die Kosten können grundsätzlich nur insoweit über die Netznutzungsentgelte refinanziert werden, als sie denjenigen eines effizienten und strukturell vergleichbaren Netzbetreibers entsprechen (§ 21 Abs. 2 EnWG). Weiterhin sind der Betrieb eines Netzes der allgemeinen Versorgung und damit der Abschluss eines qualifizierten Wegenutzungsvertrags nicht automatisch mit dem Recht und der Pflicht zur Grundversorgung verbunden. Gemäß § 36 Abs. 2 EnWG bestimmt sich der Grundversorger vielmehr unabhängig vom Betrieb der Netze und dem Abschluss der Wegenutzungsverträge durch die tatsächlichen Verhältnisse am Markt. Der EuGH hat eine Dienstleistungskonzession im Wassersektor sogar bei Bestehen eines **Anschluss- und Benutzungszwanges** bejaht, bei dem das wirtschaftliche Risiko ganz erheblich eingeschränkt war.[459] Bedeutsam ist schließlich, dass allein die Verneinung eines relevanten Betriebsrisikos das Vergaberecht nicht unanwendbar machte, da dieses Merkmal allein der Abgrenzung zu den klassischen Dienstleistungsaufträgen dient.[460]

Von Teilen der Literatur wird die Einordnung von energierechtlichen Wegenutzungsverträgen 102 aus Konzessionen mit der Begründung abgelehnt, diese enthielten kein **Beschaffungselement**.[461] Der Schwerpunkt von Wegenutzungsverträgen liege „auf der Verpachtung der Straßen, Wege und sonstiger Grundstücke der Gemeinde", weswegen sie „nicht der Beschaffung einer Leistung" dienten, sondern eine Verwertungshandlung, mithin eine Angebotstätigkeit darstellten.[462] Da mithin nur das Verteilungs-, nicht aber das Beschaffungselement von Konzessionen vorliege, seien Wegenutzungsverträge ebenso wie Volksfeste und Weihnachtsmärkte vom Konzessionsvergaberegime ausgenommen.[463] Für eine Beschaffung iSd Vergaberechts sei es auch nicht ausreichend, dass die Gemeinde ein im Allgemeininteresse liegendes öffentliches Ziel verfolge.[464] Der Auftraggeber müsse vielmehr eine Leistung erhalten, durch die **ein unmittelbares wirtschaftliches Interesse** befriedigt werde.[465] Ein derartiges wirtschaftliches Interesse der Kommunen fehle jedoch beim Abschluss energierechtlicher Wegenutzungsverträge ebenso wie bei der Verfolgung städtebaulicher Interessen, der sog. „Helmut-Müller-Konstellation".[466]

Wie erläutert, liegt eine vergaberechtlich relevante Beschaffung freilich schon dann vor, wenn 103 der Auftraggeber **ein mittelbares Interesse an der Leistung** hat (→ Rn. 69). Demgemäß beschafft sich der „öffentliche Auftraggeber [...] nicht nur dann Leistungen, wenn ihm diese unmittelbar wirtschaftlich zugutekommen, sondern auch dann, wenn er mit diesen Leistungen die ihm obliegende Pflicht zur Daseinsvorsorge für die Bevölkerung sicherstellt".[467] Wie gesehen, kommen die Kommunen durch den Abschluss von Wegenutzungsverträgen ihrer Gewährleistungsverantwortung für Güter der Daseinsvorsorge nach und fragen somit eine Dienstleistung nach.[468] Selbst wenn man somit eine Aufgabe der Daseinsvorsorge forderte, wäre das Beschaffungselement vorliegend zu bejahen.[469] Mit dem **BGH** befriedigt die Gemeinde durch die Konzessionsvergabe als **Nachfrager**

---

[456] Diesen Umstand betont OLG Karlsruhe Beschl. v. 30.10.2018 – 15 Verg 6/18, NZBau 2019, 200 Rn. 30, das deshalb eine Konzession in Zweifel zieht. S. auch *Sauer*, Das Recht der Vergabe von Strom- und Gas-Konzessionsverträgen im EnWG, 2012, 243.
[457] *Donhauser/Hölzlwimmer* VergabeR 2015, 509 (515).
[458] *Byok* RdE 2008, 268 (270 ff.).
[459] EuGH Urt. v. 10.9.2009 – C-206/08, ECLI:EU:C:2009:540 = NZBau 2009, 729 – WAZV Gotha.
[460] *Donhauser/Hölzlwimmer* VergabeR 2015, 509 (515).
[461] S. zum Folgenden Kermel/*Herten-Koch*, Praxishandbuch der Konzessionsverträge und Konzessionsabgaben, 2012, 205 ff.; *Keller* in Kermel/Brucker/Baumann, Wegenutzungsverträge und Konzessionsabgaben in der Energieversorgung, 2008, 99 f.; *Niehof* RdE 2011, 15 (17); *Groneberg*, Konzession und Kooperation, 2018, Kap. 4 D; NK-EnWG/*Huber* EnWG § 46 Rn. 67; Immenga/Mestmäcker/*Dreher* § 103 Rn. 121; *Burgi* VergabeR § 24 Rn. 5.
[462] *Niehof* RdE 2011, 15 (17).
[463] *Burgi* VergabeR § 24 Rn. 5.
[464] *Niehof* RdE 2011, 15 (18); s. auch EuGH Urt. v. 25.3.2010 – C-451/08, ECLI:EU:C:2010:168 = NZBau 2010, 321 (324) – Helmut Müller; KG Urt. v. 22.1.2015 – 2 U 14/14 Kart, NZBau 2015, 323 (324 f.).
[465] EuGH Urt. v. 25.3.2010 – C-451/08, ECLI:EU:C:2010:168 = NZBau 2010, 321 (324) – Helmut Müller.
[466] Dazu EuGH Urt. v. 25.3.2010 – C-451/08, ECLI:EU:C:2010:168 = NZBau 2010, 321 (324) – Helmut Müller.
[467] OLG München Beschl. v. 25.3.2011 – Verg 4/11, NZBau 2011, 380.
[468] Vgl. *Säcker/Mohr* ZWeR 2012, 417 (419); *Michaels/Kohler* ZNER 2012, 29 (33).
[469] Ebenso *Ortlieb* FS Büttner, 2001, 379 (383); aA *Groneberg*, Konzession und Kooperation, 2018, Kap. 4 D.

ihren Bedarf nach einem sicheren und preisgünstigen Netzbetrieb im Gemeindegebiet.[470] Dies korrespondiert mit der Rechtsprechung des EuGH, wonach es grundsätzlich unerheblich ist, was den Gegenstand des Beschaffungsvorgangs der öffentlichen Hand bildet.[471] Eine Beschaffung im Sinne einer Befriedigung eines Nachfragebedürfnisses des Staates wird selbst dann bejaht, wenn der Auftragnehmer die Hauptleistung nur gegenüber Dritten erbringt.[472] Somit ist es keine notwendige, wenn auch – wie vorliegend – eine hinreichende Bedingung für eine Konzession iSd § 105, wenn der Vertragsgegenstand eine spezifische Leistungsaufgabe der Daseinsvorsorge ist.[473] Nur so wird verständlich, warum der EuGH etwa das Recht zum Betrieb von Parkplätzen[474] oder das Recht zur Belieferung von Kindertagesstätten mit Essen[475] als Dienstleistungskonzessionen anerkannt hat.[476] Die Ausführungen des EuGH in der Helmut-Müller-Entscheidung[477] sind nicht auf die energierechtlichen Wegenutzungsverträge übertragbar. Anders als bei der abstrakten Pflicht der „städtebaulichen Entwicklung" handelt es sich bei der Versorgung der Bevölkerung mit Energie um eine konkrete Pflicht der Daseinsvorsorge,[478] die in den Grenzen des Art. 106 Abs. 2 AEUV auch vom Unionsrecht anerkannt ist.[479] Zudem erhält die Kommune durch Vergabe der Konzessionen sogar einen unmittelbaren wirtschaftlichen Vorteil in Form der Konzessionsabgaben.[480]

104 Im jüngeren Schrifttum findet sich eine weitere Differenzierung danach, ob eine Dienstleistung noch **Teil der öffentlichen Aufgabe** (im Sinne einer **Erfüllungsverantwortung**) sei, was für eine Dienstleistungskonzession spreche, oder ob die öffentliche Hand nach der Liberalisierung des Energiesektors in eine **Gewährleistungsverantwortung** entlassen worden sei, mit der bloßen Option auf Selbstvornahme.[481] Eine derartige Abgrenzung zwischen dem unscharfen Begriff der öffentlichen Aufgabe[482] und einem „schlichten Allgemeininteresse" ist im Hinblick auf die wirtschaftlichen Auswirkungen weder möglich noch geboten.[483] Auf die Anwendbarkeit des EU-Rechts haben solche Differenzierungen schon deshalb keinen Einfluss, weil es die Mitgliedstaaten ansonsten in der Hand hätten, die Anwendbarkeit des Unionsrechts außerhalb des engen Ausnahmebereichs hoheitlicher Tätigkeiten iSd Art. 51 AEUV selbst zu bestimmen. Entscheidend für das Vorliegen einer Konzession ist deshalb nicht der Gegenstand der Leistungspflicht; dieser kann, muss aber nicht Tätigkeiten betreffen, die typischerweise in den Verantwortungsbereich des Staats fallen.[484] Dies korrespondiert mit der Definition des öffentlichen Auftraggebers, konkret mit derjenigen öffentlichen Einrichtungen (→ § 101 Rn. 11 ff.). Es kommt allein auf die **wirtschaftliche Funktion** an, nämlich auf die Verleihung eines besonderen Rechtes mit wirtschaftlichem Wert zur Befriedigung eines legitimen, durch § 46 EnWG rechtlich überformten Interesses der öffentlichen Hand. Dieses **wirtschaftliche Interesse** ergibt sich bereits daraus, dass die Kommune im Fall einer privaten Schlechterfüllung eine Rückholpflicht trifft. Denn trotz Privatisierung ist sie aufgrund ihrer Gewährleistungsverantwortung weiterhin für die ordnungsgemäße Aufgabenerfüllung verantwortlich.[485]

105 Im Ergebnis **erfüllen energierechtliche Wegenutzungsverträge gem. § 46 Abs. 2 EnWG alle tatbestandlichen Voraussetzungen einer Dienstleistungskonzession.**[486] Dies steht im Ein-

---

[470] BGH Urt. v. 17.12.2013 – KZR 66/12, NVwZ 2014, 807 Rn. 17 ff. – Stromnetz Berkenthin; *Hofmann/Zimmermann* NZBau 2016, 71 (72).
[471] *Säcker/Mohr/Wolf,* Konzessionsverträge im System des europäischen und deutschen Wettbewerbsrechts, 2010, 37; *Donhauser/Hölzlwimmer* VergabeR 2015, 509 (512 f.).
[472] EuGH Urt. v. 18.1.2007 – C-220/05, ECLI:EU:C:2007:31 = EuZW 2007, 117 – Auroux/Commune de Roanne.
[473] Ebenso *Jennert* NZBau 2005, 131 (132).
[474] EuGH Urt. v. 13.10.2005 – C-458/03, ECLI:EU:C:2005:605 = EuZW 2005, 727 – Parking Brixen.
[475] VK Sachsen Beschl. v. 13.8.2009 – 1/SVK/034-09, IBRRS 2009, 3489.
[476] *Säcker/Mohr/Wolf,* Konzessionsverträge im System des europäischen und deutschen Wettbewerbsrechts, 2010, 38.
[477] EuGH Urt. v. 25.3.2010 – C-451/08, ECLI:EU:C:2010:168 = NZBau 2010, 321 (324) – Helmut Müller.
[478] *Mohr,* Sicherung der Vertragsfreiheit durch Wettbewerbs- und Regulierungsrecht, 2015, 116 ff.
[479] EuGH Urt. v. 27.4.1994 – C-393/92, Slg. 1994, I-1477 (Ls.) = NJW 1994, 2142 – Almelo; s. zur Versorgung mit Strom und Gas als „service public" *Lecheler* RdE 1996, 212 ff.; ausf. *Mohr,* Sicherung der Vertragsfreiheit durch Wettbewerbs- und Regulierungsrecht, 2015, 51.
[480] *Donhauser/Hölzlwimmer* VergabeR 2015, 509 (513).
[481] So *Keller-Herder,* Der Konzessionsvertrag unter dem neuen Energiewirtschaftsrecht, 2009, 447 f.
[482] Krit. *Di Fabio* JZ 1999, 585 (586 ff.).
[483] *Säcker/Mohr/Wolf,* Konzessionsverträge im System des europäischen und deutschen Wettbewerbsrechts, 2010, 37.
[484] So auch *Wittig/Schimanek* NZBau 2008, 222; *Tödtmann/Schauer* NVwZ 2008, 1 (5 f.); *Pünder* EuR 2007, 564 (576 f.); *Saxinger* DVBl 2008, 688 (695).
[485] *Wollenschläger,* Effektive staatliche Rückholoptionen bei gesellschaftlicher Schlechterfüllung, 2006, 141 ff.
[486] So iE *Donhauser/Hölzlwimmer* VergabeR 2015, 509 ff.; *Michaels/Kohler* ZNER 2012, 29 (30 f.); *H. Weiß* NVwZ 2014, 1415 (1419); *Säcker/Mohr/Wolf,* Konzessionsverträge im System des europäischen und deut-

klang mit der Rechtsprechung des EuGH, der sowohl **Wasserkonzessionen**[487] als auch **Konzessionen für Methangasnetze**[488] als auch **Konzessionen für Gas-Verteilernetze**[489] als Dienstleistungskonzessionen eingestuft hat. Und auch die deutsche Gerichtsbarkeit hat energierechtliche Wegenutzungsverträge vor der GWB-Reform 2016 als Dienstleistungskonzessionen qualifiziert.[490]

3. Erwägungsgrund 16 RL 2014/23/EU als Ausschlussstatbestand?
Die Anwendbarkeit des GWB-Vergaberechts auf energiewirtschaftliche Wegenutzungsverträge iSd § 46 Abs. 2 EnWG scheitert nicht an der RL 2014/23/EU. Zwar verweist die Regierungsbegründung zum VergRModG für ihre gegensätzliche Ansicht auf **Erwägungsgrund 16 RL 2014/23/EU**.[491] Auch haben sich dieser Sichtweise die BNetzA und das BKartA[492] angeschlossen. Die EU-Kommission stellt in ihren rechtlich unverbindlichen Erläuterungen zur RL 2014/23/EU ebenfalls fest, dass Wegerechte keine Konzessionen iSd RL 2014/23/EU seien, soweit diese die Nutzung öffentlicher Immobilien für die Bereitstellung oder den Betrieb fester Verbindungen oder Netze zum Erbringen einer öffentlichen Dienstleistung (zB Verlegung von Stromkabeln) betreffen, ohne dass eine öffentliche Stelle Liefer- oder Erwerbsverpflichtungen auferlegt.[493] Aus Erwägungsgrund 16 RL 2014/23/EU lässt sich diese Rechtsfolge jedoch nicht herleiten. Nach diesem sollen Vereinbarungen über Wegenutzungsrechte nur dann nicht in den Anwendungsbereich der Richtlinie fallen, wenn sie weder Lieferverpflichtungen auferlegen, noch den Erwerb von Dienstleistungen durch den (öffentlichen) Auftraggeber für sich selbst oder für Endnutzer vorsehen.[494] Die letztgenannten Voraussetzungen treffen für energiewirtschaftliche Wegenutzungsverträge zu.[495]

Nachfolgend ist darzustellen, dass Erwägungsgrund 16 RL 2014/23/EU keinen Ausschlussstatbestand enthält, sondern eine Auslegungsregel im Hinblick auf das für Konzessionen konstitutive Beschaffungselement. Die Erwägungsgründe des Richtlinienvorschlags der EU-Kommission enthielten noch keine Ausführungen über Wegenutzungsverträge.[496] Erst im Vermittlungsausschuss zwischen Rat und Europäischem Parlament brachte der Rat den damaligen Erwägungsgrund 6 ein (heute: Erwägungsgrund 16 RL 2014/23/EU).[497] Mit unwesentlichen Änderungen wurde der Ratsvorschlag in den Kompromisstext übernommen.[498] Hiernach sollen „Vereinbarungen über die Gewährung von Wegerechten hinsichtlich der Nutzung öffentlicher Liegenschaften für die Bereitstellung oder den Betrieb fester Leitungen oder Netze, über die eine Dienstleistung für die Allgemeinheit erbracht werden soll, [nur dann…] **nicht als Konzessionen im Sinne dieser Richtlinie gelten**, sofern [sie…] weder eine Lieferverpflichtung auferlegen, noch den Erwerb von Dienstleistungen durch den öffentlichen Auftraggeber oder den Auftraggeber für sich selbst oder für Endnutzer vorsehen". Im Umkehrschluss

---

schen Wettbewerbsrechts, 2010, 35 ff.; *Mau/Borrmann* ZNER 2013, 459 (460); *Byok* RdE 2008, 268 (271); *Byok/Dierkes* RdE 2011, 394 (396); *Britz/Hellermann/Hermes/Hellermann* EnWG § 46 Rn. 66; *Opitz* NVwZ 2014, 753 (757); *Hofmann* NZBau 2012, 11 (12); *Schau* RdE 2011, 1 (3); *Freitag/Jung* ZNER 2014, 569.

[487] EuGH Urt. v. 10.9.2009 – C-206/08, ECLI:EU:C:2009:540 = NZBau 2009, 729 – WAZV Gotha; vgl. *Herten-Koch* EWeRK 5/2013, 248; *Säcker/Mohr* ZWeR 2012, 417 (419).

[488] EuGH Urt. v. 21.7.2005 – C-231/03, ECLI:EU:C:2005:487 = EuZW 2005, 529 Rn. 17 – Coname; *Meyer-Hetling/Templin* ZNER 2012, 18 (19).

[489] EuGH Urt. v. 17.7.2008 – C-347/06, Slg. 2008, I-5660 = BeckRS 2008, 70793 – ASM Brescia.

[490] VGH Mannheim Beschl. v. 22.8.2013 – 1 S 1047/13, EnWZ 2013, 475 und vorgehend VG Stuttgart Beschl. v. 29.4.2013 – 7 K 1016/13, juris; LG Köln Urt. v. 22.3.2013 – 90 O 51/13, ZNER 2013, 620; VG Oldenburg Beschl. v. 17.7.2012 – 1 B 3594/12, VPRRS 2013, 1530; VG Aachen Beschl. v. 13.9.2011 – 1 L 286/11, BeckRS 2011, 54449.

[491] BT-Drs. 18/6281, 76. Ebenso *Schwab/Giesemann* VergabeR 2014, 351 (366); *Becker/Dicks* ZNER 2014, 425; *Freitag/Jung* ZNER 2014, 569; *W. Weiß* EnWZ 2014, 435; *Bahr/Sassenberg* RdE 2011, 170 (175).

[492] BNetzA/BKartA, Gemeinsamer Leitfaden zur Vergabe von Strom- und Gaskonzessionen und zum Wechsel des Konzessionsnehmers, 2. Aufl. 2015, Rn. 14; Landeskartellbehörde Niedersachsen, Hinweise zur Durchführung eines wettbewerblichen Konzessionsverfahrens nach § 46 EnWG, Fn. 5; vgl. dazu auch *Mohr* RdE 2016, 269 (275).

[493] EU-Kommission, Erläuterungen zur Konzessionsvergaberichtlinie, 2.

[494] BNetzA/BKartA, Gemeinsamer Leitfaden zur Vergabe von Gas- und Stromkonzessionen und zum Wechsel des Konzessionsnehmers, 2. Aufl. 2015, Rn. 14.

[495] Ausf. *Mohr* RdE 2016, 269 (276).

[496] Kom., Vorschlag v. 20.12.2011 für Richtlinie über die Konzessionsvergabe, KOM(2011) 897 endgültig, Erwägungsgrund 6.

[497] Rat der Europäischen Union, Proposal for a Directive of the European Parliament and of the Council on award of concession contracts – Consideration of IMCO amendments, Schreiben v. 7.2.2013, 6114/13, 2011/0437(COD), Erwägungsgrund 6b.

[498] Rat der Europäischen Union, Proposal for a Directive of the European Parliament and of the Council on the award of concession contracts – Approval of the final compromise text, Schreiben v. 12.7.2013, 11748/13, 2011/0437(COD), Erwägungsgrund 6b.

ist jedenfalls dann von einer tatbestandlichen Dienstleistungskonzession auszugehen, wenn die Vereinbarung eine Lieferverpflichtung auferlegt oder der Auftraggeber die Dienstleistungen für sich selbst oder für die Endnutzer erwirbt. Beides wird im Schrifttum – zu Unrecht – in Abrede gestellt.[499]

108 **Erwägungsgrund 16 RL 2014/23/EU** befindet sich nach seiner systematischen Stellung in Zusammenhang mit einer Reihe von Aussagen zur **Reichweite des Konzessionsbegriffs**. Vor diesem Hintergrund wollte der Richtliniengeber mit Erwägungsgrund 16 RL 2014/23/EU vor allem verdeutlichen, dass der Begriff der Dienstleistungskonzession einen relevanten **Beschaffungsvorgang** – wenn auch nicht notwendig in Zusammenhang mit Gütern und Dienstleistungen der Daseinsvorsorge – voraussetzt, weshalb jedenfalls öffentlich-rechtliche Erlaubnisse nicht erfasst sind[500] (→ Rn. 32). Erwägungsgrund 16 RL 2014/23/EU enthält damit keinen eigenen Ausnahmetatbestand,[501] sondern eine **Auslegungshilfe zur Ermittlung des Aussagegehalts des Konzessionsbegriffs** gem. Art. 5 Nr. 1 RL 2014/23/EU.[502] Dies stimmt überein mit der normtheoretischen Überlegung, dass Erwägungsgründe vornehmlich zur Ermittlung des Willens des historischen Normgebers relevant sind.[503] Demgegenüber sind sie nicht Bestandteil des Rechtsaktes und haben auch keinen normativen Gehalt.[504] Sie können deshalb insbesondere nicht den Anwendungsbereich des Rechtsaktes modifizieren.[505] Den **Beschaffungsbezug** bringt Erwägungsgrund 16 Hs. 2 RL 2014/23/EU damit zum Ausdruck, dass die Gewährung von Wegenutzungsrechten nur dann **nicht als Konzession** anzusehen ist, wenn sie **weder eine Lieferverpflichtung auferlegt noch einen Erwerb der Dienstleistungen durch den Auftraggeber für sich selbst oder für Endkunden vorsieht.**[506]

109 Entscheidend ist damit, ob der Abschluss eines Wegenutzungsvertrags iSd § 46 Abs. 2 EnWG für die Kommune ein Beschaffungselement hat.[507] Mit der Einräumung eines Wegenutzungsrechts gehen regelmäßig **Netzbetriebspflichten** des Konzessionärs einher.[508] Diese Pflichten ergeben sich bereits aus dem Wortlaut des § 46 Abs. 2 EnWG, wonach Wegenutzungsverträge Verträge über den Betrieb von Leitungen sind,[509] insbesondere aber aus § 11 Abs. 1 EnWG.[510] Sie werden jedoch nicht selten auch vertraglich vereinbart.[511] Bei derartigen Netzbetriebspflichten handelt es sich zwar nicht um **Lieferverpflichtungen,**[512] da die Netzbetreiber nach den Entflechtungsvorgaben des europäischen Rechts (s. etwa Art. 9 ff. und Art. 26 ff. RL 2009/72/EG) gerade nicht für die Lieferung von Strom und Gas zuständig sind. Erwägungsgrund 16 RL 2014/23/EU ist aber erweiternd auch auf den Netzbetrieb zu erstrecken, da ihm ansonsten kein relevanter Anwendungsbereich verbliebe, dem Richtliniengeber jedoch unterstellt werden kann, dass er keine inhaltslose Regelung geschaffen hat.[513] Nach aA sollen mit dem Abschluss des Konzessionsvertrages keine vertraglichen Liefer- oder Versorgungspflichten verbunden sein, sondern allenfalls gesetzliche Pflichten.[514] Diese Argumentation übersieht, dass es die gesetzlichen Pflichten des Netzbetreibers nicht ausschließen, dass der Netzbetreiber den Netzbetrieb als Leistung zugleich an die Gemeinde als Gewährleistungsverantwortliche erbringt.[515] Zumindest Konzessionen, die zusätzlich zum Netzbetrieb noch Instand-

---

[499] *Schwab/Giesemann* VergabeR 2014, 351 (366); *Kermel/Wagner* RdE 2014, 221 (222).
[500] *Donhauser/Hölzlwimmer* VergabeR 2015, 509 (517); *Gabriel* in Gabriel/Krohn/Neun VergabeR-HdB § 83 Rn. 17.
[501] In diese Richtung aber – wenn auch iE verneinend – *Hofmann/Zimmermann* NZBau 2016, 71 (73), die später von „klarstellender Erläuterung" sprechen (74).
[502] Siehe auch *Tugendreich/Heller* in Müller-Wrede GWB § 148 Rn. 57: keine Rechtsqualität, sondern erläuternde Funktion.
[503] *Riesenhuber,* Europäische Methodenlehre, 2015, 200; *Leisner* EuR 2007, 689 (703 ff.); *Anweiler,* Die Auslegungsmethoden des Gerichtshofs der Europäischen Gemeinschaften, 1997, 253 f.
[504] *Hess,* Europäisches Zivilprozessrecht, 2009, 156 f.; GA *Sharpston* Schlussanträge v. 24.1.2013 – C-457/11, C-458/11, C-459/11 und C-460/11, BeckRS 2013, 80163 Rn. 32 – KYOCERA.
[505] *Hess,* Europäisches Zivilprozessrecht, 2009, 156 f.; EuGH Urt. v. 1.4.2008 – C-267/06, ECLI:EU:C:2008: 179 = NJW 2008, 1649 (1652) – Maruko.
[506] Ebenso *Tugendreich/Heller* in Müller-Wrede GWB § 148 Rn. 58.
[507] *Gabriel* in Gabriel/Krohn/Neun VergabeR-HdB § 83 Rn. 17.
[508] *H. Weiß* NVwZ 2014, 1415 (1419).
[509] *Säcker/Mohr/Wolf,* Konzessionsverträge im System des europäischen und deutschen Wettbewerbsrechts, 2010, 41 f.
[510] *Tugendreich* ZfBR 2014, 547 (552); *Hofmann/Zimmermann* NZBau 2016, 71 (74).
[511] Beck VergabeR/*Germelmann* § 149 Rn. 60.
[512] Dies betonen *Donhauser/Hölzlwimmer* VergabeR 2015, 509 (519).
[513] *Mohr* RdE 2016, 269 (276).
[514] Vgl. *Hohenstein-Bartholl/Jacob* RdE 2017, 454 (461); BerlKommEnR/*Wegner* EnWG § 46 Rn. 104; *Kment/Vorwalter* EnWZ 2015, 387 (393); *Rennert* NZBau 2019, 411 (413); offen gelassen von OLG Stuttgart Urt. v. 6.6.2019 – 2 U 218/18, RdE 2020, 34 Rn. 54.
[515] Zutreffend *Tugendreich/Heller* in Müller-Wrede GWB § 148 Rn. 64.

haltungspflichten des Konzessionärs enthalten, sind wohl auch nach der Gegenansicht als solche iSd § 105 einzustufen.[516]

Jedenfalls ist bei energiewirtschaftlichen Wegenutzungsverträgen iSd § 46 Abs. 2 EnWG die zweite Alternative des Erwägungsgrunds 16 Hs. 2 RL 2014/23/EU erfüllt, der **Erwerb von Dienstleistungen durch den Auftraggeber für sich selbst oder für Endnutzer**.[517] Zum einen könnte man bereits davon ausgehen, dass sich die Kommunen die Dienstleistungen insoweit selbst beschaffen, als sie aufgrund ihrer Gewährleistungsverantwortung als „Nachfrager von Infrastrukturleistungen" auftreten[518] (→ Rn. 103). Selbst wenn die Kommunen formal gesehen nicht die daseinsvorsorgerelevanten Dienstleistungen selbst erwürben, würden diese jedoch den Endnutzern zur Verfügung gestellt, die hierfür ein Entgelt entrichten. Dies entspricht der Definition der Dienstleistungskonzession, bei der der Konzessionär die Leistung – das Nutzungsrecht – auch dafür erhalten kann, dass er die Dienstleistung an Dritte erbringt.[519] Aus diesem Grunde ist der ungenaue Wortlaut dahingehend zu präzisieren, dass es allein auf einen – vorliegend zu bejahenden (→ Rn. 103) – Beschaffungsbezug ankommt.[520] Dieser liegt mit dem **BGH** darin, dass die Gemeinde durch die Konzessionsvergabe als **Nachfrager ihren Bedarf nach einem sicheren und preisgünstigen Netzbetrieb im Gemeindegebiet** befriedigt.[521] 110

Einfache Wegenutzungsverträge iSd § 46 Abs. 1 EnWG stellen regelmäßig keine Konzessionsvergabe dar, da bei den hierfür abgeschlossenen einfachen, leitungsbezogenen Wegenutzungsverträgen der Beschaffungsaspekt zurücktritt.[522] Eine andere Bewertung ist indiziert, wenn im Vertrag Netzbetriebspflichten vereinbart sind, auf die die Kommune einen Anspruch hat, da die Kommune dann Dienstleistungen für sich, jedenfalls aber für die Endverbraucher in Anspruch nimmt, wodurch eine Beschaffung iSd Erwägungsgrund 16 RL 2014/23/EU vorliegt.[523] 111

4. §§ 46 ff. EnWG als leges speciales zu den §§ 148 ff. iVm der KonzVgV. Wie vorstehend herausgearbeitet, sind energierechtliche Wegenutzungsverträge als Dienstleistungskonzessionen iSd Unionsrechts bzw. des § 105 zu bewerten. Erwägungsgrund 16 RL 2014/23/EU enthält keine Ausnahme, sondern verdeutlicht lediglich das gegebene Beschaffungselement.[524] Im deutschen Recht richtet sich die Vergabe von Wegenutzungsverträgen primär nach den **§§ 46 ff. EnWG**, die als **leges speciales zu den §§ 148 ff. iVm der KonzVgV** anzusehen sind.[525] Zuständig sind damit die ordentlichen Gerichte, nicht die Vergabekammern.[526] Die §§ 46 ff. EnWG enthalten in ihrem Regelungsbereich vorrangige Vorgaben über die Vergabe, weshalb eine parallele Anwendung der §§ 148 ff. iVm der KonzVgV insoweit ausscheidet. Insbesondere gehen die §§ 46 ff. EnWG – unionsrechtlich zulässig, da wettbewerbsfördernd – zuweilen über die Vorgaben des Konzessionsvergaberechts hinaus, etwa im Hinblick auf die eingeschränkte Zulässigkeit von Inhouse-Vergaben (§ 46 Abs. 4 EnWG im Vergleich zu § 108 Abs. 1).[527] Die §§ 148 ff. iVm der KonzVgV sind demgegenüber anzuwenden, wenn die §§ 46 ff. EnWG für eine Problematik keine Vorgaben machen, etwa für Interessenkonflikte iSd § 5 KonzVgV[528] (→ § 152 Rn. 147 ff.).[529] Zur Interpretation der §§ 46 ff. EnWG kann ergänzend auf die Grundsätze des europäischen Primärvergaberechts zurückgegriffen werden.[530] 112

---

[516] Vgl. *Tugendreich/Heller* in Müller-Wrede GWB § 148 Rn. 66.
[517] *Mohr* RdE 2016, 269 (276); s. auch BeckOK VergabeR/*Bungenberg/Schelhaas* Rn. 27; *Dicks* in RKPP GWB Rn. 17; HK-VergabeR/*Friton/Stein* Rn. 31; aA Immenga/Mestmäcker/*Dreher* § 103 Rn. 121; *Burgi* VergabeR § 24 Rn. 5.
[518] So *Hofmann/Zimmermann* NZBau 2016, 71 (73); s. auch Beck VergabeR/*Germelmann* § 149 Rn. 60, unter Bezugnahme auf die örtliche Energieversorgung als Selbstverwaltungsaufgabe.
[519] *Opitz* NVwZ 2014, 753 (757).
[520] *Donhauser/Hölzlwimmer* VergabeR 2015, 509 (520).
[521] BGH Urt. v. 17.12.2013 – KZR 66/12, NVwZ 2014, 807 Rn. 17 ff. – Stromnetz Berkenthin; s. auch *Hofmann/Zimmermann* NZBau 2016, 71 (72).
[522] Beck VergabeR/*Germelmann* § 149 Rn. 60.
[523] Beck VergabeR/*Germelmann* § 149 Rn. 60.
[524] S. bereits *Mohr* RdE 2016, 269 (276 ff.); ebenso BeckOK VergabeR/*Bungenberg/Schelhaas* Rn. 27; *Dicks* in RKPP GWB Rn. 17; HK-VergabeR/*Friton/Stein* Rn. 31.
[525] Ebenso Ziekow/Völlink/*Ziekow* § 148 Rn. 19; aA Beck VergabeR/*Germelmann* § 149 Rn. 63, der wohl von einer parallelen Anwendung ausgeht.
[526] OLG Frankfurt a. M. Beschl. v. 16.4.2018 – 11 Verg 1/18, EnWZ 2018, 272 = NJOZ 2019, 131 Rn. 33.
[527] Dies betont *Burgi* VergabeR § 24 Rn. 6.
[528] OLG Karlsruhe Beschl. v. 30.10.2018 – 15 Verg 6/18, NZBau 2019, 200 Rn. 49 ff., das das Vorliegen einer Dienstleistungskonzession iE offenlässt.
[529] Näher *Jung/Kräber* in Müller-Wrede/Braun KonzVgV EnWG Rn. 13 ff.
[530] In diesem Sinne zum Transparenzgebot etwa BGH Urt. v. 17.12.2013 – KZR 65/12, NZBau 2014, 303 Rn. 45 – Stromnetz Heiligenhafen.

113   **5. Fernwärmekonzessionen.** Die vorstehenden Überlegungen zu Konzessionen im Bereich der leitungsgebundenen Energieversorgung sind auf den **Fernwärmesektor** zu übertragen.[531] Zwar gelten dort die Regelungen über Wegenutzungsverträge für Strom- und Gasleitungen nach § 46 EnWG weder unmittelbar noch analog.[532] De facto ist die Einräumung eines Wegenutzungsrechts zum Betrieb eines Fernwärmenetzes jedoch noch enger mit dem Netzbetrieb verknüpft als im Energiesektor.[533] Demgemäß liegt in der Einräumung eines Wegenutzungsrechts für den Betrieb eines Fernwärmenetzes regelmäßig eine Beschaffung iSd § 105 und damit eine Konzession iSd Konzessionsvergaberechts.[534] Sofern die Vorgaben des GWB-Vergaberechts im Einzelfall nicht eingreifen, kommen kartellrechtliche Ausschreibungspflichten auf der Grundlage des Missbrauchsverbots gem. Art. 102 AEUV, § 19 in Betracht.[535]

VI. Rechtsschutz

114   Mit der einheitlichen Neuregelung von Bau- und Dienstleistungskonzessionen in § 105 Abs. 1 Nr. 1 und Nr. 2 gemäß den Vorgaben der RL 2014/23/EU (RL 2014/23/EU) durch das VergModG 2016 sind die **Vergabenachprüfungsinstanzen gem. den §§ 155 ff.** für die Überprüfung von Konzessionsvergaben einheitlich zuständig.[536] Gemäß § 97 Abs. 6 haben die Bieter einen Anspruch auf Einhaltung der verfahrensregelnden Vorschriften des GWB und der KonzVgV, was einen subjektiv öffentlich-rechtlichen Drittschutz der Bieter auf Einhaltung der Regeln eines fehlerfreien Konzessionsvergabeverfahrens vermittelt.[537] Die Einstufung der Konzession als öffentlich-rechtlicher oder privatrechtlicher Vertrag ist insoweit unerheblich.[538] Die Verfahrensgrundsätze werden durch das drittschützende Umgehungsverbot des § 14 KonzVgV beschirmt.[539] Die Vorschrift setzt dem Grundsatz der freien Verfahrensgestaltung gem. § 151 S. 3 und § 12 Abs. 1 S. 1 KonzVgV Grenzen, indem das Konzessionsvergabeverfahren gem. § 97 Abs. 2 diskriminierungsfrei auszugestalten ist.[540]

§ 106 Schwellenwerte

(1) ¹Dieser Teil gilt für die Vergabe von öffentlichen Aufträgen und Konzessionen sowie die Ausrichtung von Wettbewerben, deren geschätzter Auftrags- oder Vertragswert ohne Umsatzsteuer die jeweils festgelegten Schwellenwerte erreicht oder überschreitet. ²§ 114 Absatz 2 bleibt unberührt.

(2) Der jeweilige Schwellenwert ergibt sich

1. für öffentliche Aufträge und Wettbewerbe, die von öffentlichen Auftraggebern vergeben werden, aus Artikel 4 der Richtlinie 2014/24/EU in der jeweils geltenden Fassung; der sich hieraus für zentrale Regierungsbehörden ergebende Schwellenwert ist von allen obersten Bundesbehörden sowie allen oberen Bundesbehörden und vergleichbaren Bundeseinrichtungen anzuwenden,

2. für öffentliche Aufträge und Wettbewerbe, die von Sektorenauftraggebern zum Zweck der Ausübung einer Sektorentätigkeit vergeben werden, aus Artikel 15 der Richtlinie 2014/25/EU in der jeweils geltenden Fassung,

3. für verteidigungs- oder sicherheitsspezifische öffentliche Aufträge aus Artikel 8 der Richtlinie 2009/81/EG des Europäischen Parlaments und des Rates vom 13. Juli 2009 über die Koordinierung der Verfahren zur Vergabe bestimmter Bau-, Liefer- und Dienstleistungsaufträge in den Bereichen Verteidigung und Sicherheit und zur Ände-

---

[531] *Tugendreich/Heller* in Müller-Wrede GWB § 148 Rn. 69.
[532] *Fricke* RdE 2020, 291.
[533] *Tugendreich/Heller* in Müller-Wrede GWB § 148 Rn. 69.
[534] *Tugendreich/Heller* in Müller-Wrede GWB § 148 Rn. 69; aA *Körber* RdE 2020, 333 (335): Gegenstand der Vergabe eines Fernwärme-Wegenutzungsrechts sei „nicht die Erteilung eines öffentlichen Auftrags oder einer Konzession i.S.d. § 97 Abs. 1 GWB"; s. auch schon Körber/Kühling/*Kühling*, Ausschreibung von Fernwärmenetzen?, 2016, 9 (20 ff., 51 ff.).
[535] *Fricke* RdE 2020, 291 (292); eine Anwendung von § 19 GWB verneint zu Unrecht das OLG Stuttgart Urt. v. 26.3.2020 – 2 U 82/19, RdE 2020, 323.
[536] *Siegel* NVwZ 2016, 1672 (1677); *Tugendreich/Heller* in Müller-Wrede GWB § 148 Rn. 15; Immenga/Mestmäcker/*Kling* Rn. 13; Ziekow/Völlink/*Ziekow* Rn. 40; krit. de lege ferenda *Rennert*, NZBau 2019, 411 (417).
[537] Reidt/Stickler/Glahs/*Ganske* Rn. 89.
[538] Reidt/Stickler/Glahs/*Ganske* Rn. 89.
[539] *Goldbrunner* VergabeR 2016, 365 (375); Ziekow/Völlink/*Siegel* KonzVgV § 14 Rn. 3.
[540] *Braun* NZBau 2018, 652 (653).

II. Anwendbarkeit des Kartellvergaberechts (Abs. 1)   1–3   § 106 GWB

rung der Richtlinien 2004/17/EG und 2004/18/EG (ABl. L 216 vom 20.8.2009, S. 76) in der jeweils geltenden Fassung,

4. für Konzessionen aus Artikel 8 der Richtlinie 2014/23/EU des Europäischen Parlaments und des Rates vom 26. Februar 2014 über die Konzessionsvergabe (ABl. L 94 vom 28.3.2014, S. 1) in der jeweils geltenden Fassung.

(3) Das Bundesministerium für Wirtschaft und Energie gibt die geltenden Schwellenwerte unverzüglich, nachdem sie im Amtsblatt der Europäischen Union veröffentlicht worden sind, im Bundesanzeiger bekannt.

Schrifttum: *André,* Von Anfechtungslawinen und Beschwerdewellen – Rechtsempirische Befunde zur Inanspruchnahme vergabespezifischer Rechtsschutzmechanismen unterhalb der unionsrechtlichen Schwellenwerte; ZfBR 2011, 330; *Deling,* Kriterien der „Binnenmarktrelevanz" und ihre Konsequenzen unterhalb der Schwellenwerte, NZBau 2011, 725; 2012, 17; *Greb,* Die Berechnung des Auftragswerts, VergabeR 2013, 308; *Hömke/Metz,* Vergaberechtlicher Rechtsschutz im Unterschwellenbereich – Neue Entwicklungen zur Informations- und Wartepflicht, IR 2020, 131; *Huerkamp/Kühling,* Primärrechtsschutz für Unterschwellenvergaben aus Luxemburg?, NVwZ 2011, 1409; *Niestedt/Hölzl,* Zurück aus der Zukunft? Beschränkung des Primärrechtsschutzes im Vergaberecht auf Auftragsvergaben oberhalb bestimmter Schwellenwerte verfassungsgemäß, NJW 2006, 3680; *Prieß/Simonis,* Die künftige Relevanz des Primärvergabe- und Beihilferechts – Ein Zwischenruf, NZBau 2015, 731; *Spießhofer/Sellmann,* Rechtsschutz im „Unterschwellenbereich" – zur begrenzten Tragweite der Entscheidung des Bundesverfassungsgerichts, VergabeR 2007, 159; *Tomerius/Gottwald,* Stochern im vergaberechtlichen Nebel – „Binnenmarktrelevanz" von öffentlichen Aufträgen aus Sicht der kommunalen Vergabepraxis, LKV 2019, 289; *Tomerius/Kiser,* Verwaltungsgerichtlicher Rechtsschutz bei nationalen Auftragsvergaben – auf dem Weg zur „unterschwelligen" Rechtswegspaltung?, VergabeR 2005, 551.

Übersicht

	Rn.		Rn.
I. Normzweck	1	III. Die einzelnen Schwellenwerte (Abs. 2)	5
		IV. Anpassung der Schwellenwerte	11
II. Anwendbarkeit des Kartellvergaberechts (Abs. 1)	2	V. Rechtsschutz unterhalb der Schwellenwerte	12

I. Normzweck

§ 106 gehört zur Definition des Anwendungsbereichs des Kartellvergaberechts und ist daher 1
stets zusammen mit § 98 zu lesen. Die Vergabe eines Auftrags durch einen öffentlichen Auftraggeber, einen Sektorenauftraggeber oder einen Konzessionsgeber unterliegt nur dann den speziellen Regeln des 4. Teils des GWB, wenn bestimmte Schwellenwerte überschritten werden.

II. Anwendbarkeit des Kartellvergaberechts (Abs. 1)

Abs. 1 übernimmt die bisherige Regelung des § 100 Abs. 1 S. 1 aF. Die Vorschrift erklärt 2
den 4. Teil des GWB nur für anwendbar auf Aufträge, Konzessionen und die Ausrichtung von Wettbewerben, deren Auftrags- oder Vertragswerte die jeweils festgelegten Schwellenwerte erreichen oder übersteigen. Inzwischen ist auch das Verfahren zur Vergabe von Konzessionen von Schwellenwerten abhängig. Diese Bestimmung dient der Umsetzung der europäischen Richtlinie über die Vergabe von Konzessionen 2014/23/EU (RL 2014/23/EU).[1] Die Einbeziehung der Vergabe von Konzessionen in das Vergaberecht hat den Hintergrund, dass das bisherige Fehlen klarer Bestimmungen zu Rechtsunsicherheit, Behinderungen des freien Dienstleistungsverkehrs sowie Verzerrungen des Binnenmarktes führte.[2]

Zu Rechtsunsicherheit führt mitunter die schwierige **Abgrenzung einzelner Auftragsarten** 3
und -inhalte, da die Höhe des Schwellenwertes von der konkreten Auftragsart abhängt. In der Praxis steht besonders häufig die Abgrenzung zwischen Bau- und Lieferauftrag im Fokus. Die Schwellenwerte unterscheiden sich signifikant (→ Rn. 6f.). Nach der Rechtsprechung ist hierbei

---
[1] RL 2014/23/EU des Europäischen Parlaments und des Rates v. 26.2.2014 über die Konzessionsvergabe, ABl. 2014 L 94, 1, zuletzt geändert durch Delegierte Verordnung (EU) 2019/1827 der Kommission v. 30.10.2019, ABl. 2019 L 279, 2.
[2] Erwägungsgrund 1 RL 2014/23/EU.

auf den Hauptgegenstand des Vertrages abzustellen.[3] Eine weitere Herausforderung liegt in der Differenzierung einzelner Auftragsvergaben, die für sich genommen unterhalb der Schwellenwerte liegen, bei gemeinsamer Betrachtung allerdings den anwendbaren Schwellenwerte übersteigen würden (→ VgV § 3 Rn. 7 ff.).

4   Gemäß Abs. 1 S. 2 bleibt der öffentliche Auftraggeber auch bei Unterschreiten der Schwellenwerte für einen konkreten Auftrag zur Übermittlung der Informationen gem. § 114 Abs. 2 an das Bundesministerium für Wirtschaft und Energie verpflichtet.

III. Die einzelnen Schwellenwerte (Abs. 2)

5   Abs. 2 bestimmt die Schwellenwerte – anders als § 100 Abs. 1 aF – nicht mehr unter Verweis auf die gem. § 127 aF erlassenen Verordnungen, sondern durch einen dynamischen Verweis auf die sog. neuen europäischen Vergaberichtlinien. Dies sind im Einzelnen die RL 2014/24/EU,[4] RL 2014/25/EU (Sektoren-RL),[5] RL 2009/81/EG (Vergabe-RL Verteidigung und Sicherheit)[6] und RL 2014/23/EU. Durch diesen unmittelbaren Verweis im Gesetz soll die Anwendung erleichtert werden.[7] Die genannten Richtlinien enthalten Ermächtigungsgrundlagen zum Erlass delegierter Rechtsakte durch die Europäische Kommission. Die seit dem 1.1.2020 geltenden Schwellenwerte beruhen auf VO (EU) Nr. 2019/1827,[8] VO (EU) Nr. 2019/1828,[9] VO (EU) Nr. 2019/1829[10] sowie VO (EU) Nr. 2019/1830.[11] Die Verordnungen gelten in allen EU-Mitgliedstaaten unmittelbar. Die Schwellenwerte für verteidigungs- und sicherheitsspezifische öffentliche Aufträge ergeben sich nach wie vor aus Art. 8 Vergabe-RL Verteidigung und Sicherheit. Der in der Richtlinie enthaltene Schwellenwert gilt durch den dynamischen Verweis ebenfalls unmittelbar im deutschen Recht. Gemäß Abs. 3 werden die Schwellenwerte zwar im Bundesanzeiger bekannt gemacht; diese Bekanntmachung dient aber allein der Transparenz.[12]

6   Abs. 2 Nr. 1 gilt für öffentliche Aufträge und Wettbewerbe, die **von öffentlichen Auftraggebern** vergeben werden. Aus Art. 4 RL 2014/24/EU ergeben sich derzeit folgende Schwellenwerte:
– bei Bauaufträge: 5.350.000 EUR;
– bei Liefer- und Dienstleistungsaufträgen und Wettbewerben, die von einem Bundesministerium, einer obersten Bundesbehörde, einer oberen Bundesbehörde oder einer anderen, in der entsprechenden Liste des BMWi[13] genannten Einrichtung: 1.390.00 EUR;

---

[3] EuGH Urt. v. 10.6.2010 – C-396/08, Slg. 2010 I-05119 = NZBau 2011, 431 – PAI u. LRAU Valencia; OLG Düsseldorf Beschl. v. 12.3.2003 – VII-Verg 49/02; OLG Düsseldorf Beschl. v. 11.12.2019 – VII-Verg 53/18 = NZBau 2020, 406 – Laborsterilisator.

[4] RL 2014/24/EU des Europäischen Parlaments und des Rates v. 26.2.2014 über die öffentliche Auftragsvergabe und zur Aufhebung der RL 2004/18/EG, ABl. 2014 L 94, 65; zuletzt geändert durch Delegierte Verordnung (EU) 2019/1828 der Kommission v. 30.10.2019, ABl. 2019 L 279, 25.

[5] RL 2014/25/EU des Europäischen Parlaments und des Rates v. 26.2.2014 über die Vergabe von Aufträgen durch Auftraggeber im Bereich der Wasser-, Energie- und Verkehrsversorgung sowie der Postdienste und zur Aufhebung der RL 2004/17/EG, ABl. 2014 L 94, 243; zuletzt geändert durch Delegierte Verordnung (EU) 2019/1829 der Kommission v. 30.10.2019, ABl. 2019 L 279, 27.

[6] RL 2009/81/EG des Europäischen Parlaments und des Rates v. 13.7.2009 über die Koordinierung der Verfahren zur Vergabe bestimmter Bau-, Liefer- und Dienstleistungsaufträge in den Bereichen Verteidigung und Sicherheit und zur Änderung der Richtlinien 2004/17/EG und 2004/18/EG, ABl. 2009 L 216, 76; zuletzt geändert durch Delegierte Verordnung (EU) 2019/1830 der Kommission vom 30.10.2019, ABl. 2019 L 279, 29.

[7] Gesetzesbegründung, BT-Drs. 18/6281, 77, zu § 106 Abs. 2.

[8] Delegierte Verordnung (EU) 2019/1827 der Kommission v. 30.10.2019 zur Änderung der Richtlinie 2014/23/EU des Europäischen Parlaments und des Rates im Hinblick auf den Schwellenwert für Konzessionen, ABl. 2019 L 279, 23.

[9] Delegierte Verordnung (EU) 2019/1828 der Kommission v. 30.10.2019 zur Änderung der Richtlinie 2014/24/EU des Europäischen Parlaments und des Rates im Hinblick auf den Schwellenwert für die Vergabe öffentlicher Liefer-, Dienstleistungs- und Bauaufträge sowie für Wettbewerbe, ABl. 2019 L 279, 25.

[10] Delegierte Verordnung (EU) 2019/1829 der Kommission v. 30.10.2019 zur Änderung der Richtlinie 2014/25/EU des Europäischen Parlaments und des Rates im Hinblick auf die Schwellenwerte für Liefer-, Dienstleistungs- und Bauaufträge sowie für Wettbewerbe, ABl. 2019 L 279, 27.

[11] Delegierte Verordnung (EU) 2019/1830 der Kommission vom 30.10.2019 zur Änderung der Richtlinie 2009/81/EG des Europäischen Parlaments und des Rates im Hinblick auf die Schwellenwerte für Liefer-, Dienstleistungs- und Bauaufträge, ABl. 2019 L 279, 29.

[12] Gesetzesbegründung BT-Drs. 18/6281, 78, zu § 106 Abs. 2 Nr. 1.

[13] BMWi, Bekanntmachung der Liste der obersten und oberen Bundesbehörden sowie der vergleichbaren Einrichtungen gemäß § 106 Absatz 2 Nummer 1 des Gesetzes gegen Wettbewerbsbeschränkungen nach Geschäftsbereich, die den niedrigeren Schwellenwert anwenden – Hilfestellung bei der Prüfung des geltenden EU-Schwellenwerts bei der Vergabe öffentlicher Aufträge, BAnz. AT 1.7.2019 B1.

– bei Liefer- und Dienstleistungsaufträgen sowie Wettbewerben, die von einer anderen Behörde vergeben werden: 214.000 EUR;
– bei der Vergabe sozialer Dienstleistungsaufträge im Sinne des Anhang XIV RL 2014/24/EU: 750.000 EUR.

Abs. 2 Nr. 2 verweist für Aufträge von **Sektorenauftraggebern** im Rahmen der Erfüllung ihrer 7 Sektorentätigkeit auf Art. 15 Sektoren-RL. Hieraus ergeben sich momentan folgende Schwellenwerte:
– bei Bauaufträgen: 5.350.000 EUR;
– bei Liefer- und Dienstleistungsaufträgen sowie Wettbewerben: 428.000 EUR;
– bei Aufträgen betreffend soziale und andere besondere Dienstleistungen gem. Anhang XVII Sektoren-RL: 1.000.000 EUR.

Zu berücksichtigen ist, dass die Schwellenwerte nur Anwendung finden, wenn der Sektorenauftrag- 8 geber auch tatsächlich seine Sektorentätigkeit iSd § 102 ausübt. Dies ist insbesondere von Bedeutung, wenn der Sektorenauftraggeber zugleich öffentlicher Auftraggeber ist und der Schwellenwert sich je nach Art der konkreten Tätigkeit unterscheiden kann.[14]

Abs. 2 Nr. 3 legt durch den Verweis auf die Vergabe-RL Verteidigung und Sicherheit aktuell 9 folgende Schwellenwerte für Verfahren zur Vergabe bestimmter Aufträge in den Bereichen **Sicherheit und Verteidigung** fest:
– bei Liefer- und Dienstleistungsaufträgen: 428.000 EUR;
– bei Bauaufträgen: 5.350.000 EUR.

Abs. 2 Nr. 4 verweist auf Schwellenwerte des Art. 8 RL 2014/23/EU. Hieraus ergibt sich die 10 Anwendbarkeit des Kartellvergaberechts bei **Konzessionen** mit einem Vertragswert von 5.350.000 EUR oder mehr. Art. 8 RL 2014/23/EU enthält detaillierte Regelungen zur Berechnung des Vertragswertes.

IV. Anpassung der Schwellenwerte

Die jeweiligen Richtlinien bestimmen auch die Zeitabstände, in denen die Schwellenwerte neu 11 definiert werden (Art. 6 RL 2014/24/EU: alle zwei Jahre, Art. 17 Sektoren-RL: alle zwei Jahre, Art. 9 RL 2014/23/EU: alle zwei Jahre). Mit einer Veränderung der Schwellenwerte ist daher wieder zum 1.1.2022 zu rechnen. Die Höhe der Schwellenwerte orientiert sich an dem Gedanken, ab welchem Auftragswert ein Auftrag auch grenzüberschreitend und damit für den europäischen Markt von Interesse sein kann.

V. Rechtsschutz unterhalb der Schwellenwerte

Ca. 90% der vergebenen öffentlichen Aufträge in Deutschland liegt unterhalb der Schwellen- 12 werte.[15] Diese Auftragsvergaben fallen nicht in den Anwendungsbereich des 4. Teils des GWB. In solchen Verfahren stellt sich immer wieder die Frage der Rechtsschutzmöglichkeiten für nicht berücksichtigte Bieter. Nachdem lange Zeit umstritten war, ob dem übergangenen Bieter ein Anspruch auf Berücksichtigung seines Angebotes (**Primärrechtsschutz**) zusteht oder ob er auf reine Schadensersatzansprüche (**Sekundärrechtsschutz**) beschränkt ist,[16] hat sich die Rechtslage in Deutschland wie folgt konkretisiert: Nach mehreren verwaltungsgerichtlichen Entscheidungen, die in den Bundesländern zu unterschiedlichen Ergebnissen im Hinblick auf die Rechtsschutzmöglichkeiten führten, hat das **BVerfG** mit Beschluss vom 25.10.2006 und vom 13.6.2006[17] entschieden, dass Rechtsschutz bei Vergaben unterhalb der Schwellenwerte auch in einem **Sekundärrechtsschutz** bestehen kann, der nur **Schadensersatzansprüche** gewährt. Ein Primärrechtsschutz ergebe sich zwar ggf. aus den Regeln der allgemeinen Rechtsordnung, sei aber faktisch nicht durchsetzbar, weil der übergangene Bieter in der Regel erst nach Zuschlagserteilung von seiner Nichtberücksichtigung erfahre.[18] Auch wenn der übergangene Bieter vor Zuschlagserteilung erfährt, dass sein Angebot nicht berücksichtigt wird, steht der Unterlassungsanspruch nach den zivilrechtlichen Regeln sehr viel höheren Hürden gegenüber als die besonderen Rechtsschutzvorschriften des Kartellvergaberechts, da der Betroffene zB kein Recht auf Akteneinsicht geltend machen kann.[19] Darüber hinausgehender Primärrechtsschutz sei verfassungsrechtlich nicht geboten. Die Teilnahme staatlicher Stellen am Wett-

---

14 Immenga/Mestmäcker/*Dreher* Rn. 16.
15 Vgl. nur *André* ZfBR 2011, 330.
16 Vgl. zusammenfassend auch *Huerkamp/Kühling* NVwZ 2011, 1409 ff.
17 BVerfGE 116, 135 = NJW 2006, 3701.
18 BVerfGE 116, 135 Rn. 16 f. = NJW 2006, 3701; vgl. hierzu auch *Spießhofer/Sellmann* VergabeR 2007, 159; *Tomerius/Kiser* VergabeR 2005, 551; *Niestedt/Hölzl* NJW 2006, 3680; *Huerkamp/Kühling* NVwZ 2011, 1409.
19 Vgl. hierzu insgesamt *André* ZfBR 2011, 330 (331).

bewerb sei eine rein privatrechtliche Tätigkeit, die allein dem wirtschaftlichen und sparsamen Umgang mit Haushaltsmitteln diene. Das BVerwG hat mit Beschluss vom 2.5.2007 (6 B 10/07) ebenso entschieden und ausgeführt, dass ein Beschaffungsvorgang auch nicht in einen verwaltungsrechtlichen Entscheidungsprozess und einen zivilrechtlichen Akt des Vertragsschlusses geteilt werden könne. Damit sei der **Rechtsweg zu den Zivilgerichten** eröffnet. In jüngster Zeit hat das OLG Frankfurt a. M. bestätigt, dass Primärrechtsschutz vor den Zivilgerichten für einen übergangenen Bieter in einem Vergabeverfahren im Unterschwellenbereich grundsätzlich in Betracht komme.[20] Der Primärrechtsschutz komme allerdings nicht in Betracht, wenn eine Zuschlagserteilung für den Betroffenen unwahrscheinlich erscheine. Den genauen Prüfungsmaßstab lässt das OLG Frankfurt a. M. ausdrücklich offen.

13 Durch die Entwicklung der Rechtsprechung in den letzten Jahren ist zwar die nationale Rechtslage klarer geworden. Sie steht jedoch nach wie vor in einem Spannungsverhältnis zu den Bestimmungen des europäischen Vergaberechts und der Rechtsprechung des EuGH.[21] Der EuGH hat für Vergaben unterhalb der Schwellenwerte mit Binnenmarktrelevanz – ebenso wie für andere öffentliche Auftragsvergaben, die unter keinen europäischen Vergabe-Sekundärrechtsakt fallen – wiederholt entschieden, dass die **Grundfreiheiten des AEUV**, das **Diskriminierungsverbot** und das **Transparenzgebot** Anwendung finden müssen. Dazu gehört laut EuGH ein angemessenes Maß an Öffentlichkeit über die Vergabeabsicht, ein faires Verfahren und die Möglichkeit, nachprüfen zu lassen, ob der Wettbewerb diskriminierungsfrei durchgeführt wurde.[22] Diese Vorgaben finden auf eine große Zahl von Unterschwellen-Vergabeverfahren Anwendung, da der EuGH das Merkmal der Binnenmarktrelevanz weit auslegt.[23] Zwar hat der der EuGH in seiner Rechtsprechung darauf hingewiesen, dass die nationalen öffentlichen Auftraggeber „nicht in allen Fällen" eines Verstoßes gegen das Primärrecht zur Kündigung des entsprechenden Vertrages verpflichtet seien.[24] Die Rechtsschutzmöglichkeiten bei einer Auftragsvergabe außerhalb des Anwendungsbereichs der europäischen Vergabevorschriften seien grundsätzlich vom nationalen Gesetzgeber zu gestalten. Sie müssen so geregelt sein, dass sie nicht weniger günstig ausgestaltet sind als die entsprechenden innerstaatlichen Rechtsschutzmöglichkeiten. Hieraus ist aber der Schluss zu ziehen, dass Primärrechtsschutz gerichtet auf Kündigung oder Nichtunterzeichnung des entsprechenden Vertrages nicht per se in der nationalen Rechtsordnung für Auftragsvergaben unterhalb der Schwellenwerte ausgeschlossen sein darf.[25]

14 Die EU-Kommission hat mehrere Mitteilungen zu Auslegungsfragen hierzu veröffentlicht, die klarstellen, dass aus Sicht der Kommission diese Anforderungen auch unterhalb der Schwelle einzuhalten sind. Die Bundesregierung hat gegen diese Haltung der EU-Kommission, insbesondere gegen die Mitteilung vom 1.8.2006, Klage erhoben. Das EuG wies die Klage mit Urteil vom 20.10.2010 als unzulässig ab.[26] In den Urteilsgründen führt das EuG aus, dass die Mitteilung keine neuen Pflichten der Mitgliedstaaten begründe, sondern lediglich die in der Rechtsprechung der europäischen Gerichte aufgestellten Anforderungen an Vergaben im Unterschwellenbereich mit Binnenmarktrelevanz im Hinblick auf Transparenz und Gleichbehandlung wiedergebe.[27]

15 Als Ausblick auf die weitere Rechtsentwicklung wird in der Literatur eine stufenweise Anpassung der Rechtsschutzsysteme im Bereich unterhalb der Schwellenwerte und oberhalb der Schwellenwerte im Wege der Gesetzgebung diskutiert.[28] Zum Teil enthalten die **Vergabevorschriften der Länder** bereits Regelungen, die jedenfalls das Transparenzgebot auch für den Bereich der Unterschwellen-Vergaben kodifizieren.[29] Die Bundesländer Sachsen, Sachsen-Anhalt und Thürin-

---

[20] OLG Frankfurt a. M. ZfBR 2016, 290.
[21] *Deling* NZBau 2012, 17 (20).
[22] EuGH Urt. v. 12.12.2002 – C-470/99, Slg. 2002, I-11 617 Rn. 93 = NZBau 2003, 162 – Universale-Bau AG; EuGH Urt. v. 7.10.2004 – C-247/02, Slg. 2004, I-9215 = NZBau 2004, 685 – Sintesi; EuGH Urt. v. 21.7.2005 – C-231/03, Slg. 2005, I-7287 Rn. 20 ff. = NZBau 2005, 592 – CONAME; EuGH Urt. v. 13.10.2005 – C-458/03, Slg. 2005, I-8585 Rn. 47 ff. = NZBau 2005, 644 – Parking Brixen; EuGH Urt. v. 14.11.2013 – C-221/12 Rn. 25 ff. u. 35 ff. – Belgacom.
[23] EuGH Urt. v. 23.12.2009 – C-376/2008, Slg. 2009, I-12169 Rn. 29 ff. – Serrantoni; EuGH Urt. v. 15.5.2008 – C-147/06, Slg. 2008, I-3565 Rn. 20 ff. u. 31 ff. – SECAP und Santorso; EuGH Urt. v. 14.11.2013 – C-388/12, ECLI:EU:C:2013:734 Rn. 51 f. – Comune di Ancona; keine Binnenmarktrelevanz sah der EuGH in EuGH Urt. 6.4.2006 – C-410/04, Slg. 2006, I-3303; Rn. 21 ff. – ANAV; EuGH Urt. v. 9.9.1999 – C-108/98, Slg. 1999, I-12169 Rn. 20 f. – RI. SAN.
[24] EuGH Slg. 2010, I-2815 = NZBau 2010, 382 – Wall AG.
[25] So auch *Huerkamp/Kühling* NVwZ 2011, 1409 (1411).
[26] EuG Slg. 2010, II-2027 = NZBau 2010, 510 – Bundesrepublik Deutschland gegen Europäische Kommission.
[27] Vgl. hierzu ausf. *Deling* NZBau 2011, 725 (729).
[28] Vgl. nur *Huerkamp/Kühling* NVwZ 2011, 1409 (1414); *André* ZfBR 2011, 330 (331, 339); im Hinblick auf Informations- und Wartepflichten im Unterschwellenbereich *Hömke/Metz*, IR 2020, 131 (136).
[29] Vgl. zB § 8 Sächsisches Vergabegesetz v. 14.2.2013, SächsGVBl. 2013, 109.

Allgemeine Ausnahmen § 107 GWB

gen haben darüber hinaus bereits einen vergabespezifischen Rechtsschutz im Unterschwellenbereich eingeführt. § 19 LVG LSA[30] gibt beispielsweise dem unterlegenen Bieter die Möglichkeit, über eine Rüge eine Entscheidung der Vergabekammer herbeizuführen. Für Rechtsmittel gegen diese Entscheidung sind die **Zivilgerichte** zuständig – nach einer jüngsten Entscheidung des OVG Sachsen-Anhalt auch im Hinblick auf Rechtsmittel gegen die **Kostenentscheidung** der Vergabekammer.[31]

§ 107 Allgemeine Ausnahmen

(1) Dieser Teil ist nicht anzuwenden auf die Vergabe von öffentlichen Aufträgen und Konzessionen
1. zu Schiedsgerichts- und Schlichtungsdienstleistungen,
2. für den Erwerb, die Miete oder die Pacht von Grundstücken, vorhandenen Gebäuden oder anderem unbeweglichem Vermögen sowie Rechten daran, ungeachtet ihrer Finanzierung,
3. zu Arbeitsverträgen,
4. zu Dienstleistungen des Katastrophenschutzes, des Zivilschutzes und der Gefahrenabwehr, die von gemeinnützigen Organisationen oder Vereinigungen erbracht werden und die unter die Referenznummern des Common Procurement Vocabulary 75250000-3, 75251000-0, 75251100-1, 75251110-4, 75251120-7, 75252000-7, 75222000-8, 98113100-9 und 85143000-3 mit Ausnahme des Einsatzes von Krankenwagen zur Patientenbeförderung fallen; gemeinnützige Organisationen oder Vereinigungen im Sinne dieser Nummer sind insbesondere die Hilfsorganisationen, die nach Bundes- oder Landesrecht als Zivil- und Katastrophenschutzorganisationen anerkannt sind.

(2) ¹Dieser Teil ist ferner nicht auf öffentliche Aufträge und Konzessionen anzuwenden,
1. bei denen die Anwendung dieses Teils den Auftraggeber dazu zwingen würde, im Zusammenhang mit dem Vergabeverfahren oder der Auftragsausführung Auskünfte zu erteilen, deren Preisgabe seiner Ansicht nach wesentlichen Sicherheitsinteressen der Bundesrepublik Deutschland im Sinne des Artikels 346 Absatz 1 Buchstabe a des Vertrags über die Arbeitsweise der Europäischen Union widerspricht, oder
2. die dem Anwendungsbereich des Artikels 346 Absatz 1 Buchstabe b des Vertrags über die Arbeitsweise der Europäischen Union unterliegen.

²Wesentliche Sicherheitsinteressen im Sinne des Artikels 346 Absatz 1 des Vertrags über die Arbeitsweise der Europäischen Union können insbesondere berührt sein, wenn der öffentliche Auftrag oder die Konzession verteidigungsindustrielle Schlüsseltechnologien betrifft. ³Ferner können im Fall des Satzes 1 Nummer 1 wesentliche Sicherheitsinteressen im Sinne des Artikels 346 Absatz 1 Buchstabe a des Vertrags über die Arbeitsweise der Europäischen Union insbesondere berührt sein, wenn der öffentliche Auftrag oder die Konzession
1. sicherheitsindustrielle Schlüsseltechnologien betreffen oder
2. Leistungen betreffen, die
   a) für den Grenzschutz, die Bekämpfung des Terrorismus oder der organisierten Kriminalität oder für verdeckte Tätigkeiten der Polizei oder der Sicherheitskräfte bestimmt sind, oder
   b) Verschlüsselung betreffen
und soweit ein besonders hohes Maß an Vertraulichkeit erforderlich ist.

Schrifttum: *Amelung/Janson*, Vergabe von Rettungsdienstleistungen: Keine generelle Freistellung vom Vergaberecht, NZBau 2016, 23; *Antweiler*, Allgemeines Vergaberecht und sektorspezifisches Sondervergaberecht im ÖPNV, NZBau 2019, 289; *Baudis*, Überblick zu den Rahmenbedingungen binnenmarktrelevanter Vergaben, VergabeR 2019, 589; *Braun/Zwetkow*, Keine Bestätigung der Bereichsausnahme für Vergaben von Rettungsdienstleistungen, NZBau 2020, 219; *Bulla*, Die Ausschreibungspflicht von Grundstücksgeschäften der öffentlichen Hand, VergabeR 2019, 457; *Burgi*, Entwicklungstendenzen und Handlungsnotwendigkeiten im Vergaberecht, NZBau 2018, 579; *Byok*, Die Entwicklung des Vergaberechts 2018, NJW 2019, 1650; *Dreher/Opitz*, Die Vergabe von Bank- und Finanzdienstleistungen, WM 2002, 413; *Dreher*, Mietverträge mit Neubau- oder Umbauverpflichtungen im Kartellvergaberecht, NZBau 2009, 542; *Jaeger*, Bestätigung der Bereichsausnahme für Vergaben von Rettungsdienstleistungen, NZBau 2020, 7; *Linke*, Die Notfalldirektvergabe nach Art. 5 Abs. 5 Verordnung (EG)

---

[30] Gesetz über die Vergabe öffentlicher Aufträge in Sachsen-Anhalt (Landesvergabegesetz – LVG LSA) v. 19.11.2012, GVBl. LSA 2012, 536.
[31] OVG Sachsen-Anhalt Beschl. v. 22.7.2019 – 1 O 149/18, VPR 2019, 249.

Nr. 1370/2007 im öffentlichen Personenverkehr – oder: vergaberechtliche Grenzen von Ausnahmetatbeständen, VergabeR 2019, 739; *Lenz/Jürschik,* Erleichterung wettbewerbsfreier ÖPNV-Vergaben durch EuGH-Grundsatzentscheidungen, NZBau 2019, 629; *Prieß,* Die Vergabe von Rettungsdienstleistungen nach den neuen Vergaberichtlinien, NZBau 2015, 343; *Prieß/Simonis,* Die künftige Relevanz des Primärvergabe- und Beihilfenrechts, NZBau 2015, 731; *Ruthig,* Vergaberechtsfreier Bevölkerungsschutz, NZBau 2016, 3; *Siegel,* Die Konzessionsvergabe im Unterschwellenbereich, NZBau 2019, 353; *Ziekow,* Die vergaberechtliche Bewertung von Grundstücksveräußerungen durch die öffentliche Hand – Vom Flughafen auf den Kirmesplatz?, VergabeR 2008, 151; *Ziekow,* Die Wirkung von Bereichsausnahmen vom Vergaberecht – dargestellt am Beispiel sicherheitsrelevanter Vorschriften nach § 100 Abs. 2 lit. d GWB, VergabeR 2007, 711.

Übersicht

	Rn.			Rn.
I.	**Normzweck** *(Wende)*	1	1. Von der Ausnahme erfasste Dienstleistungen	19
II.	**Ausnahme für Schiedsgerichts- und Schlichtungsdienste (Abs. 1 Nr. 1)** *(Wende)*	2	2. Anforderungen an die Gemeinnützigkeit	24
			3. Konsequenzen für die Vergabe von Rettungsdiensten in Deutschland	25
III.	**Ausnahme für Erwerb, Miete oder Pacht sowie Rechten an Grundstücken (Abs. 1 Nr. 2)** *(Wende)*	3	VI. **Schutz wesentlicher Sicherheitsinteressen (Abs. 2)** *(Mädler)*	29
IV.	**Ausnahme für Arbeitsverträge (Abs. 1 Nr. 3)** *(Kühnast)*	10	1. Allgemeines	29
			2. Wesentliche Sicherheitsinteressen der Bundesrepublik Deutschland (Art. 346 Abs. 1 lit. a AEUV)	34
V.	**Ausnahme für bestimmte gemeinnützige Notfalldienste (Abs. 1 Nr. 4)** *(Wende)*	17	3. Auftrag oder Konzession unterliegt Art. 346 Abs. 1 lit. b AEUV	38

I. Normzweck

1 Die Vorschrift enthält allgemeine Ausnahmetatbestände vom Anwendungsbereich des Teils 4 des GWB. Diese gelten erstens bei der Vergabe von öffentlichen Aufträgen durch öffentliche Auftraggeber iSd § 99, zweitens bei der Vergabe von öffentlichen Aufträgen durch Sektorenauftraggeber iSd § 100 und drittens bei der Vergabe von Konzessionen durch Konzessionsgeber iSd § 101. Sie dienen der Umsetzung des Art. 10 Abs. 8 lit. a, c und lit. g RL 2014/23/EU, des Art. 10 lit. a, c, g und lit. h RL 2014/24/EU, des Art. 21 lit. a, b, f und h Sektoren-RL sowie des Art. 13 lit. e, g, und i RL Vergabe-RL Verteidigung und Sicherheit. Einen weiteren allgemeinen Ausnahmetatbestand enthält § 109. Daneben kennt das Kartellvergaberecht auch verschiedene besondere Ausnahmetatbestände, zB in §§ 108, 116, 117, 137–140, 145, 149 und 150. Ein **Verstoß** gegen § 107 im Vergabeverfahren kann im Wege des Nachprüfungsverfahrens geltend gemacht werden. In diesem Verfahren sollen nach der Rechtsprechung des EuGH allein die Einwände gegen das Vorliegen eines Ausnahmetatbestands geprüft werden, nicht hingegen hypothetische Kausalitätserwägungen.[1]

II. Ausnahme für Schiedsgerichts- und Schlichtungsdienste (Abs. 1 Nr. 1)

2 Die Ausnahme übernimmt die Regelung des § 100 Abs. 4 Nr. 1 aF inhaltsgleich. Dieser Bereich ist auch in allen europäischen Vergabe-Richtlinien vom Anwendungsbereich ausgenommen, da Schiedsgerichts-, Schlichtungsdienste und vergleichbare Formen alternativer Streitbeilegung regelmäßig von Organisationen oder Personen übernommen werden, die aufgrund ihrer **spezifischen Fachkenntnisse** und Qualifikation ausgewählt werden. Die Auswahl und Bestellung kann daher naturgemäß nicht in einer Art und Weise erfolgen, die sich nicht nach Vergabevorschriften für öffentliche Aufträge richten.

III. Ausnahme für Erwerb, Miete oder Pacht sowie Rechten an Grundstücken (Abs. 1 Nr. 2)

3 Verträge über Erwerb, Miete oder Pacht von Grundstücken oder vorhandenen Gebäuden oder anderem unbeweglichen Vermögen sowie Rechten daran sind ungeachtet ihrer Finanzierung

---

[1] EuGH Urt. v. 21.3.2019 – C-266/17 und C-267/17, NZBau 2019, 319; OLG Düsseldorf Beschl. v. 1.8.2012 – VII-Verg 10/12, NZBau 2012, 785; OLG Düsseldorf Beschl. v. 13.4.2016 – VII-Verg 46/15, NZBau 2016, 659; aA OLG Düsseldorf Beschl. v. 14.4.2010 – VII-Verg 60/09, BeckRS 2010, 15895; OLG Düsseldorf Beschl. v. 15.6.2010 – VII-Verg 10/10, BeckRS 2010, 19462.

Allgemeine Ausnahmen 4, 5 § 107 GWB

vom Anwendungsbereich des 4. Teils des GWB ausgenommen. Die Vorschrift übernimmt den inhaltsgleichen § 100 Abs. 5 aF. Sie setzt die Vorgaben aus Art. 10 Abs. 8 lit a RL 2014/23/EU, Art. 10 lit. a RL 2014/24/EU, Art. 21 lit. a Sektoren-RL sowie Art. 13 lit. e Vergabe-RL 2004 in deutsches Recht um. Nach deren Wortlaut erstreckt sich der Anwendungsbereich der jeweiligen Richtlinie nicht auf **Dienstleistungskonzessionen** bzw. **Dienstleistungsaufträge** über Erwerb, Miete oder Pacht von Grundstücken, vorhandenen Gebäuden oder Rechten daran. Dementsprechend sind ausschließlich bestimmte grundstückbezogene Dienstleistungsaufträge vom Anwendungsbereich des Vergaberechts ausgenommen, hauptsächlich **Kauf- und Mietverträge**.[2] Nicht erfasst sind Verträge über Bauleistungen. Der Grund für die Ausnahme liegt darin, dass Verträge über den Erwerb oder die Miete von unbeweglichem Vermögen oder von Rechten daran Merkmale aufweisen, die die Anwendung von Vergabevorschriften unangemessen erscheinen lassen, insbesondere im Hinblick auf die wesentliche Bedeutung der Belegenheit und die beschränkte Verfügbarkeit von Immobilien.[3]

Eindeutig vom Wortlaut der Ausnahme erfasst sind der Erwerb von Grundstücken oder bereits 4 vorhandenen Gebäuden oder anderem unbeweglichen Vermögen sowie Miet- und Pachtverträge. Schwieriger ist die Subsumtion von Rechtsgeschäften, die nicht ganz klar einer der oben genannten Kategorien zuzuordnen sind. In der Praxis kommen häufig sog. **„Sale and Lease Back"**-Modelle vor, bei denen ein öffentlicher Auftraggeber ein Grundstück veräußert und es dann zurückmietet, um es zu nutzen. Die Veräußerung eines Grundstücks unterfällt nicht dem Vergaberecht, da die öffentliche Hand in dieser Konstellation nicht in einer Beschaffungssituation handelt (zur Bewertung einer Veräußerung in Kombination mit einer Bebauungsverpflichtung → Rn. 7). Der sich anschließende Mietvertrag ist ebenfalls nach dem Wortlaut des Abs. 1 Nr. 2 vom Anwendungsbereich des Kartellvergaberechts ausgenommen.[4]

Problematisch ist die Behandlung von Verträgen, die sich neben dem Ankauf oder der 5 Anmietung von Immobilien auch auf **Bauleistungen** beziehen. Dabei ist der Erwerb eines Grundstücks mit bereits vorhandener und nutzbarer Bebauung abzugrenzen von Fallkonstellationen, in denen erst noch ein Gebäude zu erstellen oder signifikant umzubauen ist. Es wird die Ansicht vertreten, dass Kauf- oder Mietverträge über noch zu errichtende Gebäude nicht von der Ausnahmevorschrift erfasst seien, da der Wortlaut nur der Erwerb von vorhandenen Gebäuden nenne.[5] Unter Berücksichtigung von Sinn und Zweck der Vorschrift sowie der zugrunde liegenden europarechtlichen Bestimmungen ist diese pauschale Abgrenzung allerdings abzulehnen. Die Ausnahme soll der öffentlichen Hand die Auswahl und den vergabefreien Erwerb von Grundstücken und Gebäuden an einer zweckentsprechenden Örtlichkeit ermöglichen.[6] Hierfür kann es keine grundsätzlich keine Rolle spielen, ob das Gebäude im Zeitpunkt des Vertragsschlusses bereits vorhanden ist oder noch gebaut werden muss. Der Wortlaut verlangt im Übrigen auch nicht eindeutig, dass das Gebäude bereits im Zeitpunkt des Vertragsschlusses vorhanden sein muss. Vielmehr ist eine Abgrenzung anhand des **Schwerpunkts** des jeweiligen Vertrages vorzunehmen.[7] Allein die Nennung von Bauleistungen im Vertrag, die als reine Nebenleistungen zu verstehen sind, können diesen nicht in einen öffentlich Auftrag iSd § 103 Abs. 3 umwandeln. Es darf aber natürlich auch nicht die Bezeichnung des Vertrages als Miet- oder Kaufvertrag ausschlaggebend sein.[8] Der EuGH stellt für die Abgrenzung darauf ab, ob der öffentliche Auftraggeber Maßnahmen ergriffen hat, um die Merkmale der Bauleistung festzulegen oder zumindest entscheidenden **Einfluss auf die Planung** der Bauleistung zu nehmen und bejaht dies, wenn der Vermieter sich im Mietvertrag zur Errichtung eines Gerichtsgebäudes nach den detailliert vorgegebenen strukturellen, funktionalen und organisatorischen Anforderungen des Mieters verpflichtet.[9] Darüber hinaus muss es sich nach der Rechtsprechung des EuGH bei der Verpflichtung des Vertragspartners zur Ausführung von Bauleistungen um eine einklagbare Verpflichtung handeln.[10] Es kommt also insgesamt darauf an, ob die Errichtung des Bauwerks das vorrangige Ziel des Vertrages ist; es kommt hingegen nicht darauf an, aus welchen Mitteln die Bauleistung finanziert wird.[11] Eine solche Abgrenzung und Differenzierung ist bereits in den Erwägungsgrund 8 RL

---

2 Ziekow/Völlink/*Antweiler* Rn. 26.
3 Vgl. nur Erwägungsgrund 24 RL 2014/24/EU.
4 *Opitz* ZVgR 2000, 108.
5 Ziekow/Völlink/*Antweiler* Rn. 28.
6 Immenga/Mestmäcker/*Dreher* Rn. 10.
7 EuGH Urt. v. 29.10.2009 – C-536/07, Slg. 2009 I-10355 Rn. 55 ff – Kölner Messehallen; Immenga/Mestmäcker/*Dreher* Rn. 19; HK-VergabeR/*Schellenberg* Rn. 22.
8 VK Schleswig-Holstein Beschl. v. 2.12.2009 – VK-SH 21/09, IBRRS 2009, 4446.
9 EuGH Urt. v. 10.7.2014 – C-213/13 Rn. 43f – Pizzarotti.
10 EuGH Urt. v. 25.3.2010 – C-451/08 Rn. 67 – Helmut Müller.
11 EuGH Urt. v. 29.10.2009 – C-536/07, Slg. 2009 I-10355 Rn. 55 ff – Kölner Messehallen.

2014/24/EU angelegt, in dem festgestellt wird, dass die Integration von Bauleistungen in öffentliche Dienstleistungsverträge nicht die Einstufung als öffentlichen Bauauftrag umfasst, sofern diese Bauleistungen nur **Nebenarbeiten** im Verhältnis zum Hauptgegenstand des Vertrages sind.

6 Eine entsprechende Abgrenzung anhand des Schwerpunkts des jeweiligen Vertragsverhältnisses findet sich auch in der deutschen Rechtsprechung. Mietverträge über vorhandene Gebäude werden danach von Abs. 1 Nr. 2 grundsätzlich erfasst, da mit diesen Verträgen üblicherweise keine Bauleistung verbunden ist oder diese allenfalls eine untergeordnete Bedeutung haben.[12] **Mietverträge** über noch zu errichtende Immobilien sollen hingegen nur dann dem Ausnahmetatbestand unterfallen, wenn der Auftraggeber auf die Planung und Errichtung des Gebäudes keinen über das normale Maß der Mitgestaltung eines Mieters hinaus Einfluss nimmt, sich der Vertrag also nicht von einem solchen über ein schon vorhandenes Gebäude unterscheidet.[13] Eine solche **übliche Mitgestaltung** erfasst zB die Einflussnahme bei der Anbringung von Schildern und Wegweisern, Tapezierarbeiten, Türen, Fenstern, Maler- und Lackierarbeiten.[14] Übt die öffentliche Hand als Mieter, Pächter oder Erwerber des Grundstücks hingegen maßgeblichen Einfluss auf die Herstellung des Bauwerks aus und ist dies sogar im (Miet-)Vertrag festgehalten, liegt hingegen ein Bauauftrag iSd § 103 Abs. 3 Nr. 2 vor.[15] Es wird dabei darauf abgestellt, ob der öffentliche Auftraggeber das anzumietende Gebäude aufgrund seiner Erfordernisse und Vorgaben errichten und ausstatten lässt, sodass der Vermieter letztlich derart gebunden ist, dass er keine oder nur noch geringe Gestaltungsmöglichkeiten für seinen er richtenden Neubau hat.[16] Dies kann insbesondere bei der Anforderung zur Gestaltung spezieller Räumlichkeiten wie Kantinen oder Laboren der Fall sein. Das OLG Jena hat die Ausnahme des Abs. 1 Nr. 2 allerdings auch in einem Fall bejaht, in dem auf Wunsch der öffentlichen Hand Wände in einem Bürogebäude versetzt wurden, das zum Teil zur Unterbringung einer Polizeiinspektion vermietet wurde, da die Grundkonzeption des Gebäudes bereits eine flexible Raumaufteilung nach jeweiligem Mieterwunsch – zB mittels Ständerwänden – vorgesehen habe, diese mithin leicht **rückbaubar** seien und einen Mieterwechsel nicht übermäßig erschweren.[17]

7 Die Abgrenzung ist folglich stets unter Berücksichtigung aller Umstände des Einzelfalls, insbesondere der vertraglich vereinbarten Anforderungen vorzunehmen.

8 Problematisch ist auch die Beurteilung von Projekten, in denen die öffentliche Hand ein **unbebautes Grundstück** veräußert und zugleich Vorgaben im Hinblick auf die Bebauung des Grundstücks aufstellt. Die reine Veräußerung eines Grundstücks der öffentlichen Hand fällt nicht in den Anwendungsbereich des Vergaberechts, da sie sich nicht unter den Begriff des öffentlichen Auftrags iSd § 103 subsumieren lässt.[18] Es fehlt regelmäßig an einem Beschaffungsvorgang. Anders kann dies aber zu bewerten sein, wenn mit der Veräußerung eine **Verpflichtung** des Erwerbers einhergeht, das Grundstück nach Vorgaben der öffentlichen Hand **bebauen zu lassen**. Es kann sich hierbei um einen Bauauftrag oder eine Baukonzession iSd § 103 Abs. 3 Nr. 2 S. 2 handeln. Voraussetzung ist allerdings, dass die Vorgaben über die rein städtebauliche Entwicklung hinausgehen und dem Auftraggeber die Bauleistung unmittelbar wirtschaftlich zugutekommt.[19] Letzteres wird vom EuGH und auch den deutschen Gerichten weit ausgelegt (→ § 103 Rn. 79 ff.).

9 Auch für Verträge, die neben Bauleistungen andere Dienstleistungen beinhalten, ist eine genaue Abgrenzung notwendig. Dies betrifft insbesondere **Finanzierungsdienstleistungen** und verschiedene Varianten des Leasings, die nicht streng objektbezogen sind, sondern ausschließlich Finanzierungscharakter haben, wie zB das sog. sale-and-lease-back-Geschäft, sollen nach der Literatur nicht in den Anwendungsbereich des Abs. 1 Nr. 2 fallen.[20] Die Aufnahme von **Krediten** ist allerdings ausdrücklich nach § 116 Abs. 1 Nr. 5, § 137 Abs. 1 Nr. 5, § 145 Nr. 5 und § 149 Nr. 5 vom GWB-Vergaberecht ausgenommen.[21]

---

12 OLG Schleswig Urt. v. 1.4.2010 – Verg 5/09, ZfBR 2010, 726.
13 EuGH 29.10.2009 – C-536/07, Slg. 2009 I-10355 Rn. 59 – Kölner Messehallen; VK Südbayern Beschl. v. 22.5.2003 – 17-04/03, IBRRS 2003, 2967; *Dreher/Opitz* WM 2002, 413 (418).
14 VK Kiel Beschl. v. 2.12.2009 – VK SH-21/09, IBRRS 2009, 4446.
15 Noch zum alten, insoweit aber wortgleichen Recht: VK Lüneburg Beschl. v. 20.7.2004 – 203-VgK-25/2004, BeckRS 2004, 09103; VK Lüneburg Beschl. Beschl. v. 16.7.2004 – 203-VgK-24/2004, IBR 2004, 578 zur Ausschreibung eines Auftrags zur Errichtung eines Verwaltungsgebäudes mit verschiedenen Mietkaufvarianten; *Dietlein* NZBau 2004, 472.
16 VK Schleswig-Holstein, Beschl. v. 2.12.2009 – VK-SH 21/09, IBRRS 2009, 4446.
17 OLG Jena Beschl. v. 7.10.2015 – 2 Verg 3/15 Rn. 41 ff., BeckRS 2016, 2747.
18 Ziekow/Völlink/*Antweiler* Rn. 31.
19 *Ziekow* VergabeR 2008, 151 (157).
20 *Dreher/Opitz* WM 2002, 413 (418).
21 Beck VergabeR/*Gurlit* § 107 Abs. 1 Rn. 21.

IV. Ausnahme für Arbeitsverträge (Abs. 1 Nr. 3)

Abs. 1 Nr. 3 nimmt – ebenso wie schon die Vorgängerregelung in § 100 Abs. 3 aF – Arbeitsverträge aus dem Anwendungsbereich des Vergaberechts heraus. Die Regelung dient der Umsetzung von Art. 10 lit. g RL 2014/24/EU, Art. 21 lit. f Sektoren-RL und Art. 13 lit. i s. Vergabe-RL Verteidigung und Sicherheit (RL 2009/81/EG).[22] Nach allgemeinem Verständnis handelt es sich beim Abschluss eines Arbeitsvertrages und der Vergabe eines Auftrages an einen Dritten um etwas grundsätzlich Verschiedenes.[23]

Als Konzessionen iSd § 105 sind Arbeitsverträge ohnehin nicht denkbar.[24] Die Nennung der „Arbeitsverträge" im Ausnahmebereich des EU-Kartellrechts hat letztlich nur deklaratorische Bedeutung.[25] Zwar sieht Erwägungsgrund 14 RL 2014/24/EU vor, dass Wirtschaftsteilnehmer auch natürliche Personen sein können. Sie müssen jedoch Dienstleistungen „am Markt" anbieten. Damit ist jedenfalls nicht der „Arbeitsmarkt" gemeint, denn der Anwendungsbereich des Vergaberechts umfasst nicht die Förderung der Freizügigkeit der Arbeitnehmer iSv Art. 55 AEUV.[26]

Arbeitsverträge im europarechtlichen Sinne sind alle Verträge, durch die sich eine natürliche Person gegenüber einem anderen dazu verpflichtet, während einer bestimmten Zeit für den anderen nach dessen Weisung Leistungen zu erbringen, für die er als Gegenleistung eine Vergütung erhält.[27] Dies deckt sich im Wesentlichen mit dem deutschen Begriffsverständnis, wonach für ein Arbeitsverhältnis – in Abgrenzung zum Dienstvertrag – die **Weisungsabhängigkeit** des Arbeitnehmers in Bezug auf Zeit, Ort und Art der Tätigkeit sowie dessen **Eingliederung** die Herrschaftssphäre des anderen maßgeblich sind.[28] Da bei Arbeitsverträgen ein deutlich engeres Pflichtverhältnis als bei Dienstleistungsverträgen entsteht, soll es dem öffentlichen Auftraggeber bei der Bewerberauswahl möglich sein, auch persönliche Eindrücke und Kriterien in seine Entscheidung einfließen zu lassen.[29]

Öffentlich-rechtliche Dienstverhältnisse (zB die Bestellung von Beamten und Richtern) unterfallen unstreitig nicht dem Anwendungsbereich des Vergaberechts. Teilweise wird dies mit der Ausnahmevorschrift des Abs. 1 Nr. 3 begründet, obgleich öffentlich-rechtliche Dienstverhältnisse keine Arbeitsverhältnisse im sonstigen Sprachgebrauch sind.[30] Allerdings liegt im Falle der Bestellung von Beamten und Richtern bereits kein Vertrag vor. Das Vergaberecht ist daher schon mangels eines öffentlichen Auftrags nicht anwendbar, sodass es keines Rückgriffs auf Abs. 1 Nr. 3 bedarf.[31]

Des Weiteren unterliegt die Bestellung von **Organen einer juristischen Person** ebenfalls nicht dem Vergaberecht, auch wenn es Organmitgliedern teilweise an der Weisungsgebundenheit fehlt.[32] Die Gegenansicht, die Organmitglieder als Wirtschaftsteilnehmer erachtet,[33] blendet weitgehend aus, dass in der zivil- und arbeitsgerichtlichen Rechtsprechung Geschäftsführer einer GmbH und Vorstände einer Aktiengesellschaft als Verbraucher iSd § 13 BGB angesehen werden, da es sich bei ihrer Tätigkeit um keine selbständige, sondern um eine angestellte berufliche Tätigkeit handelt.[34] Organtätigkeiten sind höchstpersönliche Verpflichtungen und keine Dienstleistungen, die auch von Unternehmen wahrgenommen werden könnten. Es ist daher undenkbar, dass Geschäftsführer, Vor-

---

[22] Begr. RegE VergabeRModG 95, zu § 107 Abs. 1 Nr. 3.
[23] Beck VergabeR/*Masing*, 2. Aufl. 2013, § 100 Rn. 14.
[24] Begr. RegE VergabeRModG 95, zu § 107 Abs. 1 Nr. 3.
[25] Ziekow/Völlink/*Antweiler* Rn. 34; *Aicher* in Müller-Wrede Kompendium VergabeR Kap. 11 Rn. 14; HK-VergabeR/*Schellenberg* Rn. 32; Beck VergabeR/*Gurlit* Rn. 23; BeckOK VergabeR/*Friton/Wolf*, 18. Ed. 31.10.2019, Rn. 22.
[26] *Aicher* in Müller-Wrede Kompendium VergabeR Kap. 11 Rn. 15; HK-VergabeR/*Schellenberg* Rn. 33.
[27] StRspr des EuGH, vgl. EuGH Urt. v. 21.6.1988 – C-197/86, Slg. 1988, 3205 Rn. 21 = ECLI:EU:C:1988: 323 = BeckEuRS 1988, 142157 – Brown/Secretary of State for Scotland; EuGH Urt. v. 26.2.1992 – C-357/89, Slg. 1992, I-1027 Rn. 10 = ECLI:EU:C:1992:87 = NJW 1992, 1493 – Raulin/Minister van Onderwijs en Wetenschappen.
[28] OLG Düsseldorf Beschl. v. 16.1.2002 – VII-Verg 8-15/01, BeckRS 2002, 17405 Rn. 68; OLG Düsseldorf Beschl. v. 8.5.2002 – VII-Verg 8-15/01 Rn. 68.
[29] *Boesen* § 100 Rn. 45; Beck VergabeR/*Masing*, 2. Aufl. 2013, § 100 Rn. 16.
[30] Beck VergabeR/*Masing*, 2. Aufl. 2013, § 100 Rn. 16; *Sterner* in Müller-Wrede GWB Rn. 20.
[31] Ziekow/Völlink/*Antweiler* Rn. 39.
[32] Immenga/Mestmäcker/*Dreher* § 100 Rn. 32; *Sterner* in Müller-Wrede GWB Rn. 20; HK-VergabeR/*Schellenberg* Rn. 33; BeckOK VergabeR/*Friton/Wolf*, 18. Ed. 31.10.2019, Rn. 23.
[33] Ziekow/Völlink/*Antweiler* Rn. 36.
[34] Zur Verbrauchereigenschaft des Geschäftsführers: BGH Urt. v. 8.11.2005 – XI ZR 34/05, NJW 2006, 431; BGH Urt. v. 15.7.2004 – III ZR 315/03, NJW 2004, 3039; BGH Urt. v. 5.6.1996 – VIII ZR 151/95, BGHZ 133, 71, speziell bei Abschluss des Anstellungsvertrages: BAG Urt. v. 19.5.2010 – 5 AZR 253/09, NZA 2010, 339 Rn. 23; zur Verbrauchereigenschaft des Vorstandsmitglieds, das nicht in erheblichem Umfang Aktien hält: OLG Hamm Beschl. v. 18.7.2007 – 8 Sch 2/07, BeckRS 2007, 15564; OLG Frankfurt a. M. Urt. v. 18.4.2018 – 4 U 120/17, BeckRS 2018, 9111.

stände, Aufsichtsräte oder Beiräte im Rahmen eines europaweiten Vergabeverfahrens bestellt werden.[35] Dies gilt auch dann, wenn die Bestellung eines Organs, wie bei Aufsichtsrats- und Beiratsmitgliedern, nicht mit dem Abschluss eines Arbeitsvertrags verknüpft ist. Insofern bedarf es jedenfalls nach Sinn und Zweck der Ausnahmevorschrift einer erweiternden Auslegung, wonach Arbeitsverträge im vergaberechtlichen Sinne auch Bestellungsverträge mit Organmitgliedern sind.[36] Demgegenüber ist die Ausnahmevorschrift nicht einmal analog anwendbar auf einen Managementvertrag, der nicht auf die Anstellung eines Geschäftsführers gerichtet ist, sondern auf eine umfassende kaufmännische Betriebsführung unter Einbeziehung der Gestellung eines Geschäftsführers, der Mitarbeiter des Managementpartners bleibt.[37]

15 Honorarkräfte sind nicht von der Ausnahme erfasst,[38] da es insoweit an der erforderlichen Weisungsgebundenheit und der Eingliederung in die Herrschaftssphäre des anderen fehlt. Ebenfalls nicht unter die Ausnahme fallen Handelsvertreter- oder Eigenhändlerverträge.[39] Die dienstvertragliche Gestellung von Reinigungs- und Servicepersonal erfüllt die Voraussetzungen der Ausnahme schon deshalb nicht, weil es an der erforderlichen Eingliederung in den Betrieb fehlt.[40] Auch eine (grundsätzlich erlaubnispflichtige) Arbeitnehmerüberlassung nach dem AÜG reicht insoweit nicht aus.[41] Zwar wird der Leiharbeitnehmer in den Betrieb des Entleihers integriert, doch besteht nur zwischen Verleiher und Leiharbeitnehmer ein Arbeitsvertrag. Der Arbeitnehmerüberlassungsvertrag, mit dem sich der Verleiher gegenüber dem Entleiher zur vorübergehenden Überlassung von Arbeitnehmern verpflichtet, ist hingegen ein Dienstleistungsauftrag iSv. § 103 Abs. 4.[42] Ebenso fällt die Erbringung von Leistungen des öffentlichen Personennahverkehrs durch ein privates selbstständiges Omnibusunternehmen nicht deshalb unter den Begriff des Arbeitsvertrages, weil durch den öffentlichen Auftraggeber die Buslinien, Fahrtzeiten und Beförderungsentgelte vorgegeben werden. Gegen die Anwendung der Ausnahmevorschrift spricht nicht nur, dass das Omnibusunternehmen die Leistungen selbstständig mit eigenen organisatorischen Einheiten (Bussen und Arbeitskräften) ausführt und dabei das volle unternehmerische Risiko trägt.[43] Vielmehr fehlt es bereits an der für Arbeitsverträge maßgeblichen Verpflichtung einer natürlichen Person zur höchstpersönlichen Leistungserbringung.

16 Der Ausnahmetatbestand ist ferner weder direkt noch analog anwendbar auf einen zwischen Arbeitgeber und Versorgungsträger geschlossenen Vertrag, der die betriebliche Altersversorgung der Arbeitnehmer zum Gegenstand und den der Arbeitgeber aufgrund einer Verpflichtung aus einem Arbeitsvertrag bzw. einem arbeitsvertraglich in Bezug genommenen Tarifvertrag abschließt. Die Dienstleistung beruht insoweit nicht auf dem Arbeitsvertrag selbst, sondern auf dem Vertrag zwischen Arbeitgeber und Versorgungsträger.[44]

V. Ausnahme für bestimmte gemeinnützige Notfalldienste (Abs. 1 Nr. 4)

17 Ebenfalls ausgenommen sind bestimmte, von gemeinnützigen Organisationen oder Vereinigungen erbrachte Notfalldienste, da deren spezieller Charakter nur schwer gewahrt werden kann, wenn die Dienstleistungserbringer nach den festgelegten Verfahren ausgewählt werden müssten.[45] Die Bereichsausnahme setzt die Vorschriften der Art. 10 Abs. 8 lit. g RL 2014/23/EU, Art. 10 lit. h RL 2014/24/EU und Art. 21 lit. h RL 2014/25/EU (Sektoren-RL) in deutsches Recht um. Die Voraussetzungen lassen sich in zwei Kategorien einteilen: Zum einen muss es sich **inhaltlich** um eine in der Vorschrift genannte Dienstleistung handeln (→ Rn. 14 f.), zum anderen muss die erbringende Einheit **gemeinnützig** sein (→ Rn. 16 f.).

---

[35] *Aicher* in Müller-Wrede Kompendium VergabeR Kap. 11 Rn. 15; HK-VergabeR/*Schellenberg* Rn. 33; BeckOK VergabeR/*Friton/Wolf*, 18. Ed. 31.10.2019, Rn. 23.
[36] HK-VergabeR/*Schellenberg* Rn. 34.
[37] OLG Naumburg Urt. v. 26.7.2012 – 2 Verg 2/12, NZBau 2013, 64 Rn. 67 f.; HK-VergabeR/*Schellenberg* Rn. 35.
[38] HK-VergabeR/*Schellenberg* Rn. 32.
[39] HK-VergabeR/*Schellenberg* Rn. 36.
[40] VK Düsseldorf Beschl. v. 11.2.2004 – VK 43/03-L, nv; Beck VergabeR/*Masing*, 2. Aufl. 2013, § 100 Rn. 16; Immenga/Mestmäcker/*Dreher* § 100 Rn. 34.
[41] VK Düsseldorf Beschl. v. 11.2.2004 – VK 43/03-L, nv; Immenga/Mestmäcker/*Dreher* § 100 Rn. 34.
[42] Immenga/Mestmäcker/*Dreher* § 100 Rn. 34; *Sterner* in Müller-Wrede GWB Rn. 21; *Röwekamp* in KKPP GWB Rn. 27, Beck VergabeR/*Gurlit* Rn. 25; BeckOK VergabeR/*Friton/Wolf*, 18. Ed. 31.10.2019, Rn. 24.
[43] Mit dieser Begr. OLG Düsseldorf Beschl. v. 16.1.2002 – VII-Verg 8/15-01, BeckRS 2002, 17405 Rn. 68; Beck VergabeR/*Masing*, 2. Aufl. 2013, § 100 Rn. 16; Immenga/Mestmäcker/*Dreher*, 2. Aufl. 2013, § 100 Rn. 33.
[44] EuGH Urt. v. 15.7.2010 – C-271/08, Slg. 2010, I-7087 Rn. 82 = ECLI:EU:C:2010:426 = NZBau 2010, 574 – Kommission/Deutschland (Entgeltumwandlung).
[45] Erwägungsgrund 28 RL 2014/24/EU; Erwägungsgrund 36 RL 2014/23/EU.

Der Gesetzesbegründung zur letzten Vergaberechtsnovelle ist zu entnehmen, dass für den deut- 18 schen Gesetzgeber im Rahmen dieser Ausnahme vor allem **Rettungsdienstleistungen** im Fokus stehen.[46] Die Gesetzesbegründung umschreibt die Dienstleistung mit der CPV-Nr. 85143000-3 dabei als „Einsatz von Krankenwagen bestehend in allgemeinen und fachspezifischen ärztlichen Dienstleistungen in einem Rettungswagen".[47] Hierzu wurde bereits nach Inkrafttreten der 9. GWB-Novelle in der juristischen Literatur kritisch diskutiert, ob diese Auslegung zu weit sei und daher den europarechtlichen Vorgaben widerspreche.

1. Von der Ausnahme erfasste Dienstleistungen. Nach dem Wortlaut des Abs. 1 Nr. 4 19 sind Dienstleistungen des Katastrophenschutzes, des Zivilschutzes und der Gefahrenabwehr, die von gemeinnützigen Organisationen oder Vereinigungen erbracht werden und die unter die Referenznummern des Common Procurement Vocabulary 75250000-3, 75251000-0, 75251100-1, 75251110-4, 75251120-7, 75252000-7, 75222000-8, 98113100-9 und 85143000-3 mit Ausnahme des Einsatzes von Krankenwagen zur Patientenbeförderung fallen, von der Bereichsausnahme erfasst.

Die Begriffe „Katastrophenschutz", „Zivilschutz" und „Gefahrenabwehr" sind autonom uni- 20 onsrechtlich auszulegen, da sie der Umsetzung der wortgleichen Vorschrift der drei Vergaberichtlinien in das deutsche Recht dienen. Unter dem Begriff des Katastrophenschutzes sind Schutzmaßnahmen bei **unvorhersehbaren Großschadensereignissen** wie Naturkatastrophen oder von Menschen verursachte Katastrophen zu verstehen, der Begriff des Zivilschutzes umfasst den Schutz der Zivilbevölkerung im Kriegsfall.[48]

Umstritten ist, wie weit der Begriff „**Gefahrenabwehr**" auszulegen ist. Eine Ansicht in der 21 Literatur vertritt die Auffassung, dass nur der Einsatz von Rettungsfahrzeugen zur Abwehr von Extremereignissen von der Bereichsausnahme erfasst sein könne.[49] Begründet wird diese enge Auslegung mit dem Wortlaut der Vorschrift, der auf die Begriffe Zivil- und Katastrophenschutz abstelle. Es wird auch die Position vertreten, die Definitionsmerkmale „Katastrophenschutz, Zivilschutz und Gefahrenabwehr" müssten kumulativ zur Subsumierbarkeit unter die CPV-Nummern erfüllt sein, da der Wortlaut der Vorschrift sie mit „und" verbinde.[50] In diesem Zusammenhang wird auch die Ansicht vertreten, der Begriff „Gefahrenabwehr" umfasse nur die Abwendung von Gefahren für die Allgemeinheit, nicht hingegen Rettungsmaßnahmen, die einzelne Personen vor einer Gefahr schützen.[51]

Hiergegen wird allerdings in einer anderen Strömung der Literatur eingewandt, dass bei einer 22 derart engen Auslegung die zusätzliche Nennung der CPV-Nummern überflüssig wäre.[52] Darüber hinaus wäre die gesamte Bereichsausnahme bei enger Auslegung überflüssig, da bei Extremereignissen aufgrund der Dringlichkeit ohnehin eine freihändige Vergabe zulässig ist. Richtigerweise sind damit alle Rettungsdienste, also die **Notfallversorgung** sowie auch **qualifizierte Krankentransporte** von der Bereichsausnahme erfasst. Hierfür sprechen neben den soeben genannten Argumenten auch die Erwägungsgründe der einschlägigen europarechtlichen Vorschriften sowie die Definition der einzelnen Dienstleistungen unter den genannten CPV-Nummern. Erwägungsgrund 36 RL 2014/23/EU stellt ausdrücklich darauf ab, dass die Bereichsausnahme nicht über das notwendige Maß hinaus ausgeweitet werden solle. Aus diesem Grund sollen **reine Krankentransporte** nicht erfasst sein. Die Definition der CPV-Nummer 85143000-3 umfasst nach ihrem Wortlaut den gesamten Einsatz von Krankenwagen. Lediglich der Einsatz von Krankenwagen zur Patientenbeförderung ist ausgenommen.[53] Hieraus kann der Umkehrschluss gezogen werden, dass ein Einsatz von Krankenwagen, der über die reine Personenbeförderung hinausgeht, von der Bereichsausnahme erfasst ist.[54] Auch wenn der Wortlaut der Vorschrift einer alleinigen Relevanz der CPV-Nummern entgegensteht, so ist sie doch nach einer Auslegung anhand von Sinn und Zweck dahin zu verstehen, dass die inhaltlichen Kriterien in einem Konkretisierungsverhältnis zueinander stehen und in Bezugnahme zueinander auszulegen sind.[55]

---

[46] BT-Drs. 18/6281, 79.
[47] BT-Drs. 18/6281, 79.
[48] Immenga/Mestmäcker/*Dreher* Rn. 42.
[49] *Prieß* NZBau 2015, 343 (346).
[50] *Prieß* NZBau 2015, 343 (346).
[51] *Prieß* NZBau 2015, 343 (346).
[52] VK Rheinland Beschl. v. 19.8.2016 – VKD-14/2016-L, BeckRS 2016, 52013, II.1.
[53] CPV 2008 Explanatory Notes, S. 40, abrufbar unter https://simap.ted.europa.eu/documents/10184/36234/cpv_2008_explanatory_notes_en.pdf (zuletzt aufgerufen am 21.3.2021).
[54] *Risch* KommJur 2017, 89; *Jaeger* ZWeR 2016, 205 (222); *Ruthig* NZBau 2016, 3 (4); VG Düsseldorf Beschl. v. 15.9.2016 – 7 L 2411/16, NZBau 2017, 59 (63).
[55] *Risch* KommJur 2017, 89 (92); aA Immenga/Mestmäcker/*Dreher* Rn. 37.

23 Jüngst hatte der **EuGH** sich mit dieser Auslegungsfrage im Rahmen verschiedener vom OLG Düsseldorf vorgelegten Fragen zu beschäftigen. Dabei stellte der EuGH klar, dass die Ausnahme sowohl für die Betreuung und Versorgung von Notfallpatienten in einem Rettungswagen durch einen Rettungsassistenten oder Rettungssanitäter als auch den sog. qualifizierten Krankentransport erfasst, sofern er tatsächlich von ordnungsgemäß in erster Hilfe geschultem Personal durchgeführt wird und einen Patienten betrifft, bei dem das Risiko besteht, dass sich sein Gesundheitszustand während des Transports verschlechtert. Dem letztgenannten wird kaum eine einschränkende Wirkung zukommen, da dieses Risiko nach den Gesetzen der einzelnen Länder über den Rettungsdienst ein Kriterium des qualifizierten Krankentransports ist.[56]

24 **2. Anforderungen an die Gemeinnützigkeit.** Gemäß Abs. 4 Hs. 2 sind gemeinnützige Organisationen oder Vereinigungen im Sinne der Vorschrift insbesondere die Hilfsorganisationen, die nach Bundes- oder Landesrecht als Zivil- und Katastrophenschutzorganisationen anerkannt sind, zB nach § 26 Abs. 1 S. 2 ZSKG (Gesetz über den Zivilschutz und die Katastrophenhilfe des Bundes). Hierzu gehören zB der Arbeiter-Samariter-Bund, die Deutsche Lebensrettungsgesellschaft, das Deutsche Rote Kreuz, die Johanniter-Unfall-Hilfe und der Malteser-Hilfsdienst.[57] Schon seit Inkrafttreten der Vergaberechts-Novelle 2016 war in der juristischen Literatur umstritten, ob diese Vorschrift europarechtskonform ist. Hierzu hat der EuGH nunmehr klärend entschieden, dass die **pauschale Klassifizierung** der in Abs. 1 Nr. 4 genannten Stellen als gemeinnützige Organisationen im Sinne der Vorschrift mit den europarechtlichen Vorgaben nicht vereinbar ist. Es müsse vielmehr für jeden Einzelfall die Gemeinnützigkeit, vor allem das Fehlen einer mit der Hilfstätigkeit verbundenen Gewinnerzielungsabsicht, geprüft werden.[58] Der EuGH führt aber zugleich ausdrücklich aus, dass eine gemeinnützige Organisation in diesem Sinne nicht die Anforderungen des Art. 77 Abs. 2 RL 2014/24/EU erfüllen müsse, da keine Gleichwertigkeit bestehe zwischen den in Erwägungsgrund 28 RL 2014/24/EU angeführten Organisationen oder Vereinigungen einerseits und den „Organisationen, die nach dem Prinzip der Mitarbeiterbeteiligung oder der aktiven Mitbestimmung der Belegschaft an der Führung der Organisation arbeiten" sowie den „bestehenden Organisationen wie Genossenschaften" andererseits, die in Erwägungsgrund 118 RL 2014/24/EU genannt sind.[59]

25 **3. Konsequenzen für die Vergabe von Rettungsdiensten in Deutschland.** Unklar ist, welche Auswirkungen die Falck-Rechtsprechung des EuGH auf die Vergabe von Rettungsdiensten in Deutschland hat. Der EuGH hat in dem Vorabentscheidungsverfahren lediglich festgestellt, dass der pauschale Verweis des deutschen Gesetzgebers in § 107 Abs. 1 Nr. 4 auf die „nach Bundes- oder Landesrecht als Zivil- oder Katastrophenschutzorganisationen" im Hinblick auf die Gemeinnützigkeit den europarechtlichen Vorgaben nicht genügt. Zugleich hat der EuGH auf § 52 AO als möglichen Rettungsanker hingewiesen.[60] Nach der Wertung des EuGH ist es Sache der nationalen Gerichte, zu ermitteln, ob § 107 Abs. 1 Nr. 4 in Kombination mit der sich aus § 52 AO ergebenden Pflicht, dauerhaft eine Tätigkeit auszuüben, die darauf gerichtet sei, die Allgemeinheit auf materiellem, geistigem oder sittlichem Gebiet selbstlos zu fördern, den nunmehr vom EuGH klarer gefassten europarechtlichen Anforderungen entspreche. Hierzu gibt es bisher allerdings keine deutsche Rechtsprechung.

26 Dem vom EuGH aufgestellten Erfordernis kann in der Rechtsanwendung auch dadurch Rechnung getragen werden, dass die betroffenen Organisationen aufgefordert werden, einen **Nachweis** ihrer Gemeinnützigkeit vorzulegen.[61] Dabei ist wiederum zu berücksichtigen, dass der EuGH ausdrücklich klargestellt hat, dass auch Organisationen, die einen nicht beabsichtigten Gewinn erzielen und diesen in ihre sozialen Aufgaben investieren, dem europarechtlichen Begriff der Gemeinnützigkeit unterfallen.[62]

27 Zum Teil wird die soeben (→ Rn. 23) dargestellte EuGH-Rechtsprechung jedoch dahingehend interpretiert, dass sie nur dann eine Ausnahme vom Kartellvergaberecht vorsehe, wenn die in Rede stehende Dienstleistung **ausschließlich** von gemeinnützigen Organisationen angeboten wird oder

---

[56] *Jaeger* NZBau 2020, 7 (11).
[57] BT-Drs. 18/6281, 79.
[58] EuGH Urt. v. 21.3.2019 – C-465/17 Rn. 61, ECLI:EU:C:2019:234 = NZBau 2019, 314 (319) – Falck Rettungsdienste; *Jaeger* NZBau 2020, 7 (8); *Braun/Zwetkow* NZBau 2020, 219.
[59] EuGH Urt. v. 21.3.2019 – C-465/17 Rn. 60, ECLI:EU:C:2019:234 = NZBau 2019, 314 (319) – Falck Rettungsdienste; aA Ziekow/Völlink/*Antweiler* Rn. 43.
[60] EuGH Urt. v. 21.3.2019 – C-465/17 Rn. 57, ECLI:EU:C:2019:234 = NZBau 2019, 314 (319) – Falck Rettungsdienste.
[61] *Jaeger* NZBau 2020, 7 (11).
[62] EuGH Urt. v. 21.3.2019 – C-465/17 Rn. 59 ff., ECLI:EU:C:2019:234 = NZBau 2019, 314 – Falck Rettungsdienste.

erbracht werden kann.[63] Dies überzeugt nicht, da die Bereichsausnahme wegen der Besonderheiten von Dienstleistungen des Zivil- und Katastrophenschutzes gerade die Beschränkung des Auftraggebers auf gemeinnützige Organisationen ermöglichen und sie so vor einem Wettbewerb mit anderen Anbietern schützen soll.[64] Die Rechtsprechung der einzelnen Vergabekammern und Verwaltungsgerichte in den verschiedenen Bundesländern verhält sich zu dieser Frage uneinheitlich, sodass eine große Rechtsunsicherheit verbleibt. Während die Vergabekammer Niedersachsen die Bereichsausnahme auch in den Fällen als einschlägig ansieht, in denen auch **private Anbieter** der entsprechenden Dienstleistungen zur Angebotsabgabe aufgefordert wurden,[65] kommt zB die Vergabekammer Südbayern zu dem Ergebnis, dass die Bereichsausnahme nicht eingreife, weil das Vergabeverfahren gem. der Vorgaben von Art. 13 Abs. 1 S. 1 BayRDG sowohl für Hilfsorganisationen als auch für private Unternehmen geöffnet war und damit die streitgegenständlichen Dienstleistungen nicht von gemeinnützigen Organisationen oder Vereinigungen iSd § 107 Abs. 1 Nr. 4 „erbracht" werden.[66] Teilweise wird auch darauf abgestellt, ob die konkrete Dienstleistung bisher ausschließlich von gemeinnützigen Organisationen erbracht worden ist.[67] Diese Auslegungsfrage ist nicht nur von Bedeutung, um festzustellen, ob eine Auftragsvergabe dem strengeren europäischen Sekundärvergaberecht unterfällt oder – lediglich in Fällen mit grenzüberschreitender Bedeutung – den Vergabe-Grundsätzen des EU-Primärrechts unterliegt. Sie ist auch relevant für die Frage des zulässigen Rechtswegs.[68]

Gemischte Verträge für Dienste von Krankenwagen fallen generell unter die Sonderregelung 28 der vereinfachten Regelung, wenn der Wert des Einsatzes zur Patientenbeförderung höher ist als der Wert anderer Krankenwagendienste.[69]

VI. Schutz wesentlicher Sicherheitsinteressen (Abs. 2)

1. Allgemeines. Abs. 2 übernimmt den vormaligen § 100 Abs. 6. Danach gilt das Kartellvergabe- 29 recht nicht für die Vergabe von öffentlichen Aufträgen und Konzessionen, bei denen die Anwendung des 4. Teils des GWB den Auftraggeber dazu zwingen würde, im Zusammenhang mit dem Vergabeverfahren oder der Auftragsausführung Auskünfte zu erteilen, deren Preisgabe seiner Ansicht nach wesentlichen Sicherheitsinteressen der Bundesrepublik Deutschland iSd Art. 346 Abs. 1 lit. a AEUV widerspricht, oder die dem Anwendungsbereich des Art. 346 Abs. 1 lit. b AEUV unterliegen. Die Norm ist, ebenso wie die entsprechenden Klarstellungen in Art. 1 Abs. 2 RL 2014/24/EU, Art. 1 Abs. 3 RL 2014/23/EU und Art. 2 RL 2009/81/EG, rein deklaratorisch. Denn die Geltung des Art. 346 AEUV kann nicht durch sekundärrechtliches Gemeinschaftsrecht, und erst recht nicht durch nationales Recht eingeschränkt werden.

Die Regelung ist insbesondere im Zusammenhang mit den von der VSVgV erfassten Beschaf- 30 fungsgegenständen zu sehen.[70] Nach der gesetzlichen Grundausrichtung sollen auch diese auf Verteidigung und Sicherheit bezogenen Beschaffungsgegenstände in aller Regel durch ein formalisiertes Vergabeverfahren beschafft werden.[71] Hiervon soll die Regelung des § 107 Abs. 2 diejenigen Konstellationen ausnehmen, bei denen gewichtige Sicherheitsinteressen gegen die damit verbundene Veröffentlichung bzw. Preisgabe von Informationen sprechen.[72]

Allerdings ist die Ausnahmeregelung des § 107 Abs. 2 nicht auf Beschaffungen im Anwendungs- 31 bereich des § 104 beschränkt.[73] Der Wortlaut sieht eine entsprechende Einschränkung nicht vor. Auch die systematische Stellung der Norm im allgemeinen Abschnitt 1 („Grundsätze, Definitionen und Anwendungsbereich") spricht für die Anwendung auf Beschaffungsvorhaben allgemeiner Art, dh die Vergabe von öffentlichen Aufträgen durch öffentliche Auftraggeber.

Die beiden in § 107 Abs. 2 S. 1 Nr. 1 und 2 enthaltenen Ausnahmekonstellationen haben einen 32 nicht unwesentlichen Überschneidungsbereich. Auf tatbestandlicher Seite unterscheiden sie sich darin, dass von Nr. 1 sowohl Aufträge im militärischen als auch im nicht-militärischen Bereich erfasst

---

[63] Braun/Zwetkow NZBau 2020, 219.
[64] Erwägungsgrund 28 RL 2014/24/EU; Erwägungsgrund 36 RL 2014/23/EU; VG Düsseldorf Beschl. v. 15.9.2016 – 7 L 2411/16, NZBau 2017, 59 (62).
[65] VK Niedersachsen Beschl. v. 22.1.2019 – VgK-01/2019, BeckRS 2019, 949 Rn. 59.
[66] VK Südbayern Beschl. v. 16.3.2017 – Z3-3-3194-1-54-12/16, BeckRS 2017, 111361 Rn. 184 ff.; so auch OLG München Beschl. v. 21.10.2019 – Verg 13/19, NZBau 2020, 263 (264).
[67] VG Düsseldorf Beschl. v. 15.9.2016 – 7 L 2411/16, NZBau 2017, 59 (62).
[68] Vgl. hierzu Bühs EuZW 2019, 415 (418).
[69] Erwägungsgrund 36 RL 2014/23/EU; Erwägungsgrund 28 RL 2014/24/EU.
[70] HK-VergabeR/Schellenberg/Schellenberg Rn. 44 ff.
[71] S. HK-VergabeR/Schellenberg Rn. 45.
[72] Vgl. HK-VergabeR/Schellenberg Rn. 46.
[73] jurisPK-VergabeR/Summa Rn. 44.

werden, währenddessen in den Anwendungsbereich von Nr. 2 aufgrund der strikten Verweisung auf Art. 346 Abs. 1 lit. b AEUV einzig Beschaffungsvorgänge im militärischen Bereich fallen.[74] Bei einer militärischen Beschaffung kann daher auf beide Ausnahmeregeln abgestellt werden. Bei nicht-militärischen Beschaffungsvorgängen kann demgegenüber lediglich auf Nr. 1 zurückgegriffen werden, wenn das Absehen von der Durchführung eines Vergabeverfahrens gerechtfertigt werden soll.

33 Wesentliches Merkmal ist jeweils das „wesentliche Sicherheitsinteresse". Durch die Ergänzung der Sätze 2 und 3 hat der Gesetzgeber jüngst wertvolle Auslegungshinweise dazu normiert. Diese folgen der in Nr. 1 und 2 festgelegten Differenzierung. Während sich S. 2, der auf die verteidigungsindustriellen Schlüsseltechnologien abstellt, auf § 107 Abs. 2 S. 1 insgesamt (dh Nr. 1 und 2) bezieht, beschränkt sich der neu eingefügte S. 3 auf die Auslegung des § 107 Abs. 2 S. 1 Nr. 1.[75] Daraus folgt: Wenn verteidigungsindustrielle Schlüsseltechnologien durch den öffentlichen Auftrag betroffen sind, liegt in der Regel das notwendige wesentliche Sicherheitsinteresse vor. Im Hinblick auf die in S. 3 aufgeführten Aspekte (bspw. sicherheitsindustrielle Schlüsseltechnologien) gilt dies lediglich für die Konstellationen des § 107 Abs. 2 S. 1 Nr. 1, was allerdings durch dessen breiten Anwendungsbereich – sowohl für militärische als auch im nicht-militärische Beschaffungen – dennoch wesentliche Bedeutung haben dürfte.

34 **2. Wesentliche Sicherheitsinteressen der Bundesrepublik Deutschland (Art. 346 Abs. 1 lit. a AEUV).** Die Regelung knüpft an die Festlegung in Art. 346 Abs. 1 lit. a AEUV an. Danach ist ein Mitgliedstaat nicht verpflichtet, Auskünfte zu erteilen, deren Preisgabe seines Erachtens seinen wesentlichen Sicherheitsinteressen widerspricht. Art. 346 Abs. 1 lit. a AEUV ist eine eng auszulegende Ausnahmevorschrift, die es einem Mitgliedstaat der EU im Einzelfall gestattet, vom Gemeinschaftsrecht abzuweichen, wenn und soweit dies zur Wahrung wesentlicher nationaler Sicherheitsinteressen erforderlich erscheint.[76] Ein Mitgliedstaat, der sich auf diese Ausnahmevorschrift beruft, muss nachweisen, dass die Voraussetzungen für die Befreiung vorliegen.[77] Aus der Formulierung „seines Erachtens" in Art. 346 Abs. 1 lit. a AEUV folgt allerdings, dass dem Mitgliedstaat ein Beurteilungsspielraum zusteht.[78] Der dem Mitgliedstaat zuzubilligende Beurteilungsspielraum wird durch das Gebot der Verhältnismäßigkeit und die allgemeinen Rechtsgrundsätze begrenzt.[79] Kommen weniger einschneidende Maßnahmen in Betracht, sind diese zu wählen.

35 Die Schutzmaßnahmen müssen wesentlichen Sicherheitsinteressen dienen, womit sowohl die innere als auch die äußere Sicherheit gemeint ist.[80] Wesentliche Sicherheitsinteressen können bspw. bei der Beschaffung von Waffen, Munition und Kriegsmaterial oder Aufträgen zum Zwecke nachrichtendienstlicher Tätigkeit berührt sein. Nicht erfasst sind demgegenüber rein industrielle und/oder wirtschaftliche Aspekte bzw. Notwendigkeiten; diese können – aus europarechtlicher Sicht – eine Abweichung vom Grundsatz des freien Binnenmarktes nicht rechtfertigen.[81]

36 Diese europarechtlichen Grundlagen gelten sinngemäß auch für die Rechtfertigung des Absehens von der Anwendung der §§ 97 ff. unter Bezugnahme auf § 107 Abs. 2 S. 1 Nr. 1. Es genügt daher nicht, wenn sich der Auftraggeber pauschal auf Sicherheitsinteressen beruft.[82] Vielmehr bedarf es einer Begründung im Einzelfall, wobei dem Auftraggeber ein Beurteilungsspielraum zusteht und sich die Nachprüfung auf die Einhaltung der Grenzen beschränkt.[83] Maßstab ist dabei, ob die Entscheidung des Auftraggebers nachvollziehbar und vertretbar ist.[84] Notwendig ist die Durchführung einer Abwägung der betroffenen Güter – Sicherheitsinteresse einerseits und Wettbewerbsgrundsatz andererseits.[85] Die Rechtfertigung des Absehens von einem Vergabeverfahren ist dabei jedenfalls dann gegeben, wenn bereits der Beschaffungsgegenstand bzw. der Beschaffungsvorgang als solcher so geheimhaltungsbedürftig ist, das schon dessen Preisgabe die Sicherheitsinteressen gefährden würde.[86]

---

[74] Vgl. dazu BR-Drs. 583/19, 55.
[75] Vgl. BR-Drs. 583/19, 55.
[76] von der Groeben/Schwarze/Hatje/*Dittert* AEUV Art. 346 Rn. 2; Streinz/*Kokott* AEUV Art. 346 Rn. 2.
[77] Streinz/*Kokott* AEUV Art. 346 Rn. 2.
[78] Streinz/*Kokott* AEUV Art. 346 Rn. 4.
[79] Streinz/*Kokott* AEUV Art. 346 Rn. 4.
[80] VK Bund Beschl. v. 6.11.2020 – VK 2-87/20, Rn. 62 (juris); Streinz/*Kokott* AEUV Art. 346 Rn. 4.
[81] Streinz/*Kokott* AEUV Art. 346 Rn. 4 mit Bezugnahme auf die Stellungnahme des Generalanwalts in verschiedenen Verfahren (ua abrufbar unter becklink 275681).
[82] jurisPK-VergabeR/*Summa* Rn. 48.
[83] jurisPK-VergabeR/*Summa* Rn. 48.
[84] jurisPK-VergabeR/*Summa* Rn. 48; s. auch *Röwekamp* in RKPP GWB Rn. 39 f.
[85] Dazu auch Ziekow/Völlink/*Antweiler* Rn. 46 mwN; s. auch *Gesing/Kirch* VergabeNews 2021, 2 (4), die im Hinblick auf den Begriff der Vertraulichkeit eine Orientierung an § 4 SÜG vorschlagen. Mit Blick auf die in § 4 SÜG enthaltene Abstufung kann dies sicher ein erster Ansatz für die Bestimmung des Gewichts des Geheimhaltungsinteresses sein.
[86] So auch jurisPK-VergabeR/*Summa* Rn. 50; *Röwekamp* in RKPP GWB Rn. 38.

Darauf ist der Ausnahmetatbestand freilich nicht beschränkt, sondern es kommen auch sensible Informationen auf Ebene der Leistungsbeschreibung etc in Betracht, wobei die Sicherheitsinteressen als solche und auch das Maß deren Beeinträchtigung infolge der Informationsweitergabe von einigem Gewicht sein müssen.[87] Bei seiner Entscheidung muss der Auftraggeber auch in den Blick nehmen, ob es weniger einschneidende Maßnahmen als den kompletten Verzicht auf die Durchführung eines Vergabeverfahrens gibt.[88] Dies kann bspw. die Aufteilung des Auftrags in verschiedene Teil-Aufträge sein, wobei dann lediglich bei den neuralgischen, dh besonders sicherheitsrelevanten Teil-Aufträgen auf Grundlage des § 107 Abs. 2 S. 1 Nr. 1 auf das Vergabeverfahren verzichtet werden kann.[89] Zu denken wäre auch an die Festlegung von Mindestanforderungen an die Eignung der Bieter, mit denen die Einhaltung der Vertraulichkeitsanforderungen sichergestellt wird.[90]

Durch die neu eingeführten Sätze 2 und 3 sind nunmehr Anwendungshilfen normiert worden. 37 Danach können wesentliche Sicherheitsinteressen insbesondere dann berührt sein, wenn der jeweilige Auftrag eine verteidigungsrelevante oder eine sicherheitsrelevante Schlüsseltechnologie betrifft. Gesetzlich aufgeführt sind zudem Leistungen betreffend den Grenzschutz, die Bekämpfung des Terrorismus bzw. der organisierten Kriminalität sowie Leistungen mit Bezug zur verdeckten Ermittlung der Polizei oder der Sicherheitskräfte (S. 3). Nach den Ausführungen in der Gesetzesbegründung handelt es sich hierbei lediglich um Regelbeispiele.[91] Legt man die allgemeinen Grundsätze dieser Regelungstechnik zugrunde, so bedeutet dies, dass das Vorliegen einer der Fallgruppen Indizwirkung für die Annahme eines wesentlichen Sicherheitsinteresses hat. Allerdings verlangt die Gesetzbegründung, namentlich vor dem Hintergrund der prinzipiell engen Ausrichtung des Ausnahmetatbestands, auch in diesem Fall die Einzelfallprüfung unter Berücksichtigung des Verhältnismäßigkeitsgrundsatzes.[92] Der Auftraggeber kommt also auch in diesen Fällen nicht um eine fundierte Abwägung und entsprechende Dokumentation umhin. Andererseits sind die Fallgruppen auch nicht abschließend, was sich aus dem Wortlaut – „*können insbesondere berührt sein*" – zeigt.

3. Auftrag oder Konzession unterliegt Art. 346 Abs. 1 lit. b AEUV. Die Regelung des 38 § 107 Abs. 2 S. 1 Nr. 2 bildet den in Art. 346 Abs. 1 lit. b AEUV enthaltenen Ausnahmetatbestand ab. Dieser sieht vor, dass jeder Mitgliedstaat die Maßnahmen ergreifen kann, die seines Erachtens für die Wahrung seiner wesentlichen Sicherheitsinteressen erforderlich sind, soweit sie die Erzeugung von Waffen, Munition und Kriegsmaterial oder den Handel damit betreffen. Die ergriffenen Maßnahmen dürfen aber auf dem Binnenmarkt die Wettbewerbsbedingungen hinsichtlich der nicht eigens für militärische Zwecke bestimmten Waren nicht beeinträchtigen.

Anders als bei Nr. 1 beschränkt sich der Anwendungsbereich des § 107 Abs. 2 S. 1 Nr. 2 auf 39 die Beschaffung bestimmter Güter. Das Absehen von der Durchführung eines förmlichen Vergabeverfahrens kann dabei nur dann unter Bezugnahme auf Nr. 2 gerechtfertigt werden, wenn es um die Beschaffung von Gütern iSd Art. 346 Abs. 1 lit. b AEUV, mithin *Waffen, Munition oder Kriegsmaterial* (**„genuin und eindeutig militärischen Zwecken dienendem Kriegsgerät"**[93]), geht. Diese Güter, auf die Art. 346 Abs. 1 lit. b AEUV Anwendung findet, sind, wie sich aus Art. 346 Abs. 2 AEUV ergibt, in einer vom Rat bereits am 15.4.1958[94] erstellten Liste aufgeführt (sog. Kriegswaffenliste[95]). Die Liste ist seitdem nicht an die waffentechnische Entwicklung angepasst worden. In einer „Mitteilung zu Auslegungsfragen bezüglich der Anwendung des Art. 296 des Vertrages zur Gründung der Europäischen Gemeinschaft (EGV) auf die Beschaffung von Verteidigungsgütern"[96] hat die Kommission auf diese Liste ausdrücklich Bezug genommen. Überwiegend wird die Auffassung vertreten, dass diese Liste einen abschließenden Charakter hat.[97] Zur Begründung wird dabei zutreffend ua auf den absoluten Ausnahmecharakter des Art. 346 Abs. 1 lit. b AEUV hingewiesen.[98] Dem Aspekt, dass die Liste technisch überholt ist, was faktisch dazu führen könnte, dass modernere und ggf. gefährlichere Waffen nicht von Art. 346 Abs. 1 lit. b AEUV erfasst werden, kann durch eine

---

[87] S. auch *Röwekamp* in RKPP GWB Rn. 38: „objektiv gewichtige Gefährdung der Sicherheitslage". Ebenso Reidt/Stickler/Glahs/*Ganske* § 107 GWB Rn. 33.
[88] *Röwekamp* in RKPP GWB Rn. 40.
[89] S. Reidt/Stickler/Glahs/*Ganske* Rn. 33.
[90] Byok/Jaeger/*Franßen*/*Ockenfels* Rn. 43; Reidt/Stickler/Glahs/*Ganske* Rn. 33.
[91] S. BR-Drs. 583/19, 55 f.
[92] BR-Drs. 583/19, 56.
[93] VK Bund Beschl. v. 6.11.2020 – VK 2-87/20, 15, Rn. 63 (juris).
[94] Veröffentlicht als Antwort der Kommission auf die schriftliche Anfrage E-1324/01, ABl. 2001 C 364 E, 85.
[95] S. Immenga/Mestmäcker/*Dreher* Rn. 54.
[96] KOM (2006) 779, endgültig.
[97] So von der Groeben/Schwarze/Hatje/*Dittert* AEUV Art. 346 Rn. 18 ff.; Streinz/*Kokott* AEUV Art. 346 Rn. 12; Calliess/Ruffert/*Wegener* AEUV Art. 346 Rn. 7.
[98] S. von der Groeben/Schwarze/Hatje/*Dittert* AEUV Art. 346 Rn. 18–20.

sachgerechte dynamische Auslegung der tendenziell eher weit gefassten Begrifflichkeiten begegnet werden.[99] Die vorgenannte Liste ist damit trotz der damit verbundenen Anwendungsschwierigkeiten als abschließend zu betrachten. Für den Rückgriff auf die Ausnahmevorschrift des § 107 Abs. 2 Nr. 2 ist daher zwingende, allerdings nicht hinreichende, Bedingung, dass der jeweilige Beschaffungsgegenstand unter die Liste vom 15.4.1958 subsumiert werden kann.[100] Hierbei werden die Begrifflichkeiten, wie bereits erwähnt, dynamisch und anhand der Zweckrichtung ausgelegt, sodass bspw. unter „Kriegsschiffe" auch spezifisch militärisch beauftragte und gerüstete Marineschiffe fallen, welche die eigentlichen Kampfschiffe im militärischen Einsatz unterstützen.[101]

40 Waren, die sowohl für militärische als auch für zivile Zwecke genutzt werden können (sog. **Dual-use-Güter**) werden von Art. 346 Abs. 1 lit. b AEUV grundsätzlich nicht erfasst.[102] Die Unterscheidung zwischen Kriegsmaterial und Dual-Use-Gütern richtet sich im Wesentlichen danach, ob das Produkt ausschließlich zu militärischen Zwecken entwickelt und konstruiert wurde oder ob ein ziviler Gebrauch ebenfalls beabsichtigt war.[103] Ist eine Nutzung für militärische Zwecke ungewiss, unterliegen die betreffenden Dual-Use-Güter dem Gemeinschafsrecht, mithin auch dem Vergaberecht.[104] Bei Dual-use-Gütern scheidet der Rückgriff auf § 107 Abs. 2 S. 1 Nr. 2 daher grundsätzlich aus. Etwas anderes kann aber gelten, wenn der eigens für militärische Zwecke entwickelte Gegenstand zwar auch zivil genutzt werden kann (und daher eine Verwendung in beiden Bereichen – militärisch und zivil – stattfindet), jedoch die militärische Version spezifische Eigenschaften aufweist, welche wesentliche Veränderungen und Anpassungen am Gegenstand selbst notwendig machen, sodass die Entwicklung der militärischen Version einen solchen Schöpfungsgrad aufweist, dass von einer eigenständigen Konzeption auszugehen ist.[105]

41 Notwendig ist ferner, dass die Maßnahmen für die Wahrung von wesentlichen Sicherheitsinteressen des jeweiligen Mitgliedsstaates erforderlich sind.[106] Der Begriff der „wesentlichen Sicherheitsinteressen" deckt sich mit demjenigen des Art. 346 Abs. 1 lit. a AEUV. Es geht auch hier sowohl um die innere als auch die äußere Sicherheit.[107] Nicht genügend ist der pauschale Verweis darauf, dass die Beschaffung der verteidigungsspezifischen Güter grundsätzlich sicherheitsrelevant ist.[108] Der Verzicht auf die Anwendung der Regelungen zum Vergaberecht muss vielmehr erstens der Wahrung der Sicherheitsinteressen dienen und zweitens hierfür auch erforderlich sein.[109] Es muss sich daher zunächst um einen sicherheitsrelevanten Bereich handeln, dh es müssen wesentliche Sicherheitsinteressen berührt sein. Seit dem 2.4.2020 befindet sich hierzu eine Auslegungsregel[110] im Gesetz. Nach § 107 Abs. 2 S. 2 können Sicherheitsinteressen iSd Art. 346 Abs. 1 AEUV berührt sein, wenn die Beschaffung eine verteidigungsindustrielle Schlüsseltechnologie betrifft. Was unter eine solche verteidigungsindustrielle Schlüsseltechnologie fällt, wird durch das Strategiepapier der Bundesregierung zur Stärkung der Sicherheits- und Verteidigungsindustrie vom 12.2.2020 definiert.[111] Erfasst sind dabei ua Marineschiffbau, gepanzerte Fahrzeuge, aber auch allgemeinere Felder wie künstliche Intelligenz.[112] Hinzutreten muss aber, dass die Ausnahme von der Durchführung eines förmlichen Vergabeverfahrens im **konkreten Einzelfall erforderlich** zur Wahrung der wesentlichen Sicherheitsinteressen ist.[113] Dies ist **im Einzelfall zu begründen und nachzuweisen,** wobei keine überhöhten Anforderungen zu stellen sind.[114] Notwendig ist aber zumindest eine mehr als nur

---

[99] Dazu Streinz/*Kokott* AEUV Art. 346 Rn. 12.
[100] Vgl. dazu auch VK Bund Beschl. v. 6.11.2020 – VK 2-87/20, 10, Rn. 49 (juris).
[101] S. VK Bund Beschl. v. 6.11.2020 – VK 2-87/20, 10, Rn. 50 ff. (juris).
[102] Streinz/*Kokott* AEUV Art. 346 Rn. 8 mwN; Schwarze/*Karpenstein* AEUV Art. 346 Rn. 9 mwN.
[103] S. Schwarze/*Karpenstein* AEUV Art. 346 Rn. 9 unter Hinweis auf BGH Urt. v. 23.11.1995 – 1 StR 296/95, NJW 1996, 1355; EuGH Urt. v. 7.6.2012 – C-615/10, VergabeR 2012, 711 – Insinööritomsto InsTiimi Oy.
[104] EuGH Urt. v. 8.4.2008 – C-337/05, NZBau 2008, 401 (403).
[105] Vgl. Ziekow/Völlink/*Antweiler* Rn. 48 mwN; s. dazu auch VK Bund Beschl. v. 6.11.2020 – VK 2-87/20, 17, Rn. 68 (juris), wo die Vergabekammer maßgeblich darauf abgestellt hat, dass das jeweilige Schiff marinespezifisch modifiziert werden soll, damit es im militärischen Verbund einsatzfähig ist.
[106] Eingehend zu den Prüfungsschritten Immenga/Mestmäcker/*Dreher* Rn. 55 ff.
[107] VK Bund Beschl. v. 6.11.2020 – VK 2-87/20, 15, Rn. 62 (juris).
[108] Tendenziell großzügiger VK Bund Beschl. v. 6.11.2020 – VK 2-87/20, 15, Rn. 68 (juris), wonach in den Fällen des § 107 Abs. 2 S. 1 Nr. 2 „per se davon auszugehen [ist], dass wesentliche Sicherheitsinteressen betroffen sind".
[109] Vgl. VK Bund Beschl. v. 6.11.2020 – VK 2-87/20, 10, Rn. 49 (juris).
[110] S. BR-Drs. 583/19, 54 f.
[111] S. dazu BR-Drs. 583/19, 55.
[112] S. Strategiepapier der Bundesregierung zur Stärkung der Sicherheits- und Verteidigungsindustrie vom 12.2.2020, Ziff. III (S. 3).
[113] Dazu VK Bund Beschl. v. 6.11.2020 – VK 2-87/20, 16 ff., Rn. 66 ff. (juris).
[114] VK Bund Beschl. v. 6.11.2020 – VK 2-87/20, 17 Rn. 67 (juris).

unerhebliche, mithin eine **gewichtige, Gefährdung der Sicherheitslage**.[115] Der spezielle Gegenstand bei Nr. 2 („Kriegsgerät") dürfte hier häufig zur Bejahung dieser Voraussetzung führen. Die Erforderlichkeit fehlt allerdings, wenn ein milderes Mittel zur Verfügung steht, bspw. die Festlegung von Mindestanforderungen an die Eignung der Bieter, mit denen die Einhaltung der Vertraulichkeitsanforderungen sichergestellt wird.[116]

Ein weiteres Korrektiv ergibt sich aus dem Verhältnismäßigkeitsgrundsatz. Danach muss im Einzelfall eine Abwägung zwischen den Ausnahmegründen (dh dem Sicherheitsinteresse und dessen Gewicht) und dem Wettbewerbsgrundsatz (sowie dem Ziel der Vollendung des EU-Binnenmarktes) erfolgen.[117] 42

Beruft sich ein Mitgliedstaat auf diese Ausnahmebestimmung, dürfen die Maßnahmen zudem auf dem Binnenmarkt die Wettbewerbsbedingungen hinsichtlich der nicht eigens für militärische Zwecke bestimmten Waren nicht beeinträchtigen. Solche Beeinträchtigungen können etwa infolge von Kompensationsgeschäften eintreten.[118] Auch dies muss im jeweiligen Einzelfall geprüft werden. 43

§ 108 Ausnahmen bei öffentlich-öffentlicher Zusammenarbeit

(1) Dieser Teil ist nicht anzuwenden auf die Vergabe von öffentlichen Aufträgen, die von einem öffentlichen Auftraggeber im Sinne des § 99 Nummer 1 bis 3 an eine juristische Person des öffentlichen oder privaten Rechts vergeben werden, wenn
1. der öffentliche Auftraggeber über die juristische Person eine ähnliche Kontrolle wie über seine eigenen Dienststellen ausübt,
2. mehr als 80 Prozent der Tätigkeiten der juristischen Person der Ausführung von Aufgaben dienen, mit denen sie von dem öffentlichen Auftraggeber oder von einer anderen juristischen Person, die von diesem kontrolliert wird, betraut wurde, und
3. an der juristischen Person keine direkte private Kapitalbeteiligung besteht, mit Ausnahme nicht beherrschender Formen der privaten Kapitalbeteiligung und Formen der privaten Kapitalbeteiligung ohne Sperrminorität, die durch gesetzliche Bestimmungen vorgeschrieben sind und die keinen maßgeblichen Einfluss auf die kontrollierte juristische Person vermitteln.

(2) ¹Die Ausübung einer Kontrolle im Sinne von Absatz 1 Nummer 1 wird vermutet, wenn der öffentliche Auftraggeber einen ausschlaggebenden Einfluss auf die strategischen Ziele und die wesentlichen Entscheidungen der juristischen Person ausübt. ²Die Kontrolle kann auch durch eine andere juristische Person ausgeübt werden, die von dem öffentlichen Auftraggeber auf gleiche Weise kontrolliert wird.

(3) ¹Absatz 1 gilt auch für die Vergabe öffentlicher Aufträge, die von einer kontrollierten juristischen Person, die zugleich öffentlicher Auftraggeber im Sinne des § 99 Nummer 1 bis 3 ist, an den kontrollierenden öffentlichen Auftraggeber oder an eine von diesem öffentlichen Auftraggeber kontrollierte andere juristische Person vergeben werden. ²Voraussetzung ist, dass keine direkte private Kapitalbeteiligung an der juristischen Person besteht, die den öffentlichen Auftrag erhalten soll. ³Absatz 1 Nummer 3 zweiter Halbsatz gilt entsprechend.

(4) Dieser Teil ist nicht anzuwenden auf die Vergabe von öffentlichen Aufträgen, bei denen der öffentliche Auftraggeber im Sinne des § 99 Nummer 1 bis 3 über eine juristische Person des privaten oder öffentlichen Rechts zwar keine Kontrolle im Sinne des Absatzes 1 Nummer 1 ausübt, aber
1. der öffentliche Auftraggeber gemeinsam mit anderen öffentlichen Auftraggebern über die juristische Person eine ähnliche Kontrolle ausübt wie jeder der öffentlichen Auftraggeber über seine eigenen Dienststellen,
2. mehr als 80 Prozent der Tätigkeiten der juristischen Person der Ausführung von Aufgaben dienen, mit denen sie von den öffentlichen Auftraggebern oder von einer anderen juristischen Person, die von diesen Auftraggebern kontrolliert wird, betraut wurde, und
3. an der juristischen Person keine direkte private Kapitalbeteiligung besteht; Absatz 1 Nummer 3 zweiter Halbsatz gilt entsprechend.

---

[115] Vgl. *Röwekamp* in RKPP GWB Rn. 38.
[116] S. Byok/Jaeger/*Franßen/Ockenfels* Rn. 43; Reidt/Stickler/Glahs/*Ganske* Rn. 33.
[117] Dazu VK Bund Beschl. v. 6.11.2020 – VK 2-87/20, 19, Rn. 70 ff. (juris).
[118] Ziekow/Völlink/*Antweiler* Rn. 51; dazu auch Immenga/Mestmäcker/*Dreher* Rn. 59 mwN.

(5) Eine gemeinsame Kontrolle im Sinne von Absatz 4 Nummer 1 besteht, wenn
1. sich die beschlussfassenden Organe der juristischen Person aus Vertretern sämtlicher teilnehmender öffentlicher Auftraggeber zusammensetzen; ein einzelner Vertreter kann mehrere oder alle teilnehmenden öffentlichen Auftraggeber vertreten,
2. die öffentlichen Auftraggeber gemeinsam einen ausschlaggebenden Einfluss auf die strategischen Ziele und die wesentlichen Entscheidungen der juristischen Person ausüben können und
3. die juristische Person keine Interessen verfolgt, die den Interessen der öffentlichen Auftraggeber zuwiderlaufen.

(6) Dieser Teil ist ferner nicht anzuwenden auf Verträge, die zwischen zwei oder mehreren öffentlichen Auftraggebern im Sinne des § 99 Nummer 1 bis 3 geschlossen werden, wenn
1. der Vertrag eine Zusammenarbeit zwischen den beteiligten öffentlichen Auftraggebern begründet oder erfüllt, um sicherzustellen, dass die von ihnen zu erbringenden öffentlichen Dienstleistungen im Hinblick auf die Erreichung gemeinsamer Ziele ausgeführt werden,
2. die Durchführung der Zusammenarbeit nach Nummer 1 ausschließlich durch Überlegungen im Zusammenhang mit dem öffentlichen Interesse bestimmt wird und
3. die öffentlichen Auftraggeber auf dem Markt weniger als 20 Prozent der Tätigkeiten erbringen, die durch die Zusammenarbeit nach Nummer 1 erfasst sind.

(7) [1]Zur Bestimmung des prozentualen Anteils nach Absatz 1 Nummer 2, Absatz 4 Nummer 2 und Absatz 6 Nummer 3 wird der durchschnittliche Gesamtumsatz der letzten drei Jahre vor Vergabe des öffentlichen Auftrags oder ein anderer geeigneter tätigkeitsgestützter Wert herangezogen. [2]Ein geeigneter tätigkeitsgestützter Wert sind zum Beispiel die Kosten, die der juristischen Person oder dem öffentlichen Auftraggeber in dieser Zeit in Bezug auf Liefer-, Bau- und Dienstleistungen entstanden sind. [3]Liegen für die letzten drei Jahre keine Angaben über den Umsatz oder einen geeigneten alternativen tätigkeitsgestützten Wert wie zum Beispiel Kosten vor oder sind sie nicht aussagekräftig, genügt es, wenn der tätigkeitsgestützte Wert insbesondere durch Prognosen über die Geschäftsentwicklung glaubhaft gemacht wird.

(8) Die Absätze 1 bis 7 gelten entsprechend für Sektorenauftraggeber im Sinne des § 100 Absatz 1 Nummer 1 hinsichtlich der Vergabe von öffentlichen Aufträgen sowie für Konzessionsgeber im Sinne des § 101 Absatz 1 Nummer 1 und 2 hinsichtlich der Vergabe von Konzessionen.

Schrifttum: *Ahlers/Böhnme,* Die Inhouse-Fähigkeit von Konstellationen mittelbarer gemeinsamer Kontrolle am Beispiel interkommunaler IT-Dienstleister, NZBau 2021, 433; *Bauer,* Die Zusammenarbeit zwischen Gemeinden und ihr Verhältnis zum Vergaberecht, ZfBR 2006, 446; *Brockhoff,* Öffentlich-öffentliche Zusammenarbeit nach den neuen Vergaberichtlinien, VergabeR 2014, 625; *Broß,* Die Vergabe öffentlicher Aufträge als Wettbewerbsproblem, FS Brandner, 1996; *Bultmann,* Zur Privilegierung gemischt-öffentlicher Eigengesellschaften bei der Vergabe öffentlicher Aufträge, NZBau 2006, 222; *Burgi,* Der Verwaltungsvertrag im Vergaberecht, NZBau 2002, 57; *Burgi,* Europa- und verfassungsrechtlicher Rahmen der Vergaberechtsreform, VergabeR 2016, 261; *Burgi,* Funktionale Privatisierung und Verwaltungshilfe: Staatsaufgabendogmatik – Phänomenologie – Verfassungsrecht, 1999; *Burgi,* Vergaberecht : systematische Darstellung für Praxis und Ausbildung, 2016; *Burgi,* Warum die kommunale Zusammenarbeit kein vergaberechtspflichtiger Beschaffungsvorgang ist, NZBau 2005, 208; *Byok/Bormann,* Aktuelle Rechtsfragen zu der öffentlichen Auftragsvergabe in der Entsorgungswirtschaft, NVwZ 2008, 842; *Dabringhausen,* Die europäische Neuregelung der Inhouse-Geschäfte – Fortschritt oder Flop?, VergabeR 2014, 512; *Dierkes/Scharf,* Die interkommunale Zusammenarbeit – Zum nachträglichen Wegfall ihrer Privilegierungsvoraussetzungen sowie zu den Folgen bei der Einbindung Dritter im Rahmen der Leistungserfüllung, VergabeR 2014, 752; *Dietlein,* Anteils- und Grundstücksveräußerungen als Herausforderung für das Vergaberecht, NZBau 2004, 472; *Dreher,* Das In-house-Geschäft, NZBau 2004, 14; *Dreher,* Die Privatisierung bei Beschaffung und Betrieb der Bundeswehr – Zugleich ein Beitrag zur Frage der vergaberechtlichen Privilegierung so genannter In-house-Lösungen, NZBau 2001, 360; *Dreher,* Public Private Partnerships und Kartellvergaberecht – Gemischtwirtschaftliche Gesellschaften, In-house-Vergabe, Betreibermodell und Beleihung Privater, NZBau 2002, 245; *Elbel,* Reichweite der vergaberechtlichen Figur des „In-House-Geschäfts" im öffentlich-rechtlichen „Konzern", VergabeR 2011, 185; *Endler,* Privatisierungen und Vergaberecht, NZBau 2002, 125; *Faber,* Öffentliche Aufträge an kommunalbeherrschte Unternehmen – in-house-Geschäfte oder Vergabe im Wettbewerb?, DVBl 2001, 248; *Fleischer,* Konzerninterne Wettbewerbsbeschränkungen und Kartellverbot – Zugleich eine Besprechung der Viho/Parker Pen-Entscheidung des Europäischen Gerichtshofs, AG 1997, 491; *Franz,* Gewinnerzielung durch kommunale Daseinsvorsorge: zugleich eine Untersuchung zu den Zwecken und Formen der kommunalen wirtschaftlichen Betätigung, 2005; *Frenz,* Die Abgrenzung von ausschreibungsfreien In-House-Geschäften am Scheideweg – Vor dem Urteil „Carbotermo", WRP 2006, 874; *Frenz,* In-House-Geschäfte nach dem Urteil Sea, VergabeR 2010,

147; *Frenz,* Vergaberecht und institutionalisierte PPP, NZBau 2008, 673; *Gaus,* Der neue § 108 GWB – Die In-House-Vergabe in der kommunalen Konzernfamilie, VergabeR 2016, 418; *Gerlach,* Keine vergaberechtsfreie Zusammenarbeit zwischen öffentlichen Auftraggebern bei bloßer Leistung gegen Kostenerstattung, NVwZ 2020, 1574; *Greb,* Das Konzernprivileg für Sektorenauftraggeber nach den §§ 138, 139 GWB, VergabeR 2016, 303; *Greb,* Inhouse-Vergabe nach aktuellem und künftigem Recht, VergabeR 2015, 289; *Gröning,* Anwendbarkeit und Ausnahmebestimmungen im künftigen Vergaberecht, NZBau 2015, 690; *Gruneberg/Wilden-Beck,* Möglichkeiten interkommunaler Kooperation nach der Piepenbrock-Entscheidung des EuGH, VergabeR 2014, 99; *Hattig/Ruhland,* Kooperationen der Kommunen mit öffentlichen und privaten Partnern und ihr Verhältnis zum Vergaberecht, VergabeR, 2005, 425; *Hausmann/Bultmann,* Die Entscheidung des EuGH in der Rechtssache Stadt Halle – Ein neues Paradigma für vergaberechtsfreie In-house-Geschäfte, NVwZ 2005, 377; *von Hoff,* Rekommunalisierung – nur scheinbar kein Thema für das Vergaberecht, VergabeR 2013, 395; *Hoffmann/Schulz/Gottberg,* Zulässige Inhouse-Vergabe im Konzern öffentliche Verwaltung, KommJur 2017, 245; *Hofmann,* Inhouse-Geschäfte nach dem neuen GWB, VergabeR 2016, 189; *Jaeger,* Die neue Basisvergaberichtlinie der EU vom 26.2.2014 – ein Überblick, NZBau 2014, 259; *Jaeger,* Public Private Partnership und Vergaberecht, NZBau 2001, 6; *Jaeger/Dicks,* Der Kartellsenat und der Vergabesenat des OLG Düsseldorf, 100 Jahre Oberlandesgericht Düsseldorf, 2006, 198; *Jasper/Pooth,* Die Auslegung der In-House-Kriterien – Anm. zu den In-House-Kriterien anlässlich des Beschlusses des OLG Naumburg vom 8.1.2003 – 1 Verg 7/02, VergabeR 2003, 613; *Jennert,* Das Urteil „Parking Brixen": Übernahme des Betriebsrisikos als rechtssicheres Abgrenzungsmerkmal für die Dienstleistungskonzession? – Der EuGH stellt die Kommunen vor die Entscheidung für In-house-Privilegierung oder Beteiligung am Wettbewerb, NZBau 2005, 623; *Jennert,* In-house-Vergabe nach „Carbotermo": Bei der kommunalen GmbH möglich, beim Zweckverband nicht?, NZBau 2006, 421; *Jennert,* Zum Verhältnis von europäischem Beihilfenrecht und mitgliedstaatlicher Daseinsvorsorge, 2005; *von Kerssenbrock,* Ist der Verkauf von Geschäftsanteilen oder Aktienmehrheiten kommunaler Stromversorger einem Vergabeverfahren gemäß §§ 97 ff. GWB zu unterziehen?, WuW 2001, 122; *Knauff,* Neues zur Inhouse-Vergabe, EuZW 2014, 486; *Krohn,* „Aus" für In-house-Vergaben an gemischtwirtschaftliche Unternehmen, NZBau 2005, 92; *Krohn,* Interkommunale Zusammenarbeit und Vergaberecht NZBau 2006, 610; *Krohn/Müller,* Kaufst du noch – oder kooperierst du schon?, NZBau 2020, 491; *Krönke,* Das neue Vergaberecht aus verwaltungsrechtlicher Perspektive, NVwZ 2016, 568; *Kulartz/Boecker,* Vergaberechtsfreie Zusammenarbeit öffentlicher Auftraggeber, NZBau 2020, 16; *Lenz/Jürschik,* Inhouse-Vergabe nach Zuständigkeitsübertragung im ÖPNV, EuZW 2020, 1030; *Losch,* Gestaltungsmöglichkeiten und rechtliche Grenzen ausschreibungsfreier Leistungsbeziehungen aufgrund von Inhouse-Gestaltungen, VergabeR 2016, 541; *Losch,* Inhouse in der Klemme? – Wege zur Gestaltung ausschreibungsfreier Auftragsvergaben, VergabeR, 2012, 687; *Lübbig,* Anmerkung zum Urteil d. EuG vom 28.1.1999, T-14/96, Slg. 1999, II-139 – BAI/Kommission, EuZW 1999, 671; *Marx,* Vergaberecht – Was ist das?, FS Bechtold, 2006; *Mehlitz,* Der Verkauf von Gesellschaftsanteilen durch öffentliche Auftraggeber unterliegt nicht dem Vergaberecht!, WuW 2001, 569; *Möschel,* Privatisierung und öffentliches Vergaberecht, WuW 1997, 120; *Müller-Kabisch/Manka,* EuGH macht »kurzen Prozess« mit In-House-Vergaben an gemischtwirtschaftliche Unternehmen, VW 2005, 149, 151; *Müller-Wrede,* Die Neuregelungen zur In-House-Vergabe, VergabeR 2016, 292; *Müller,* Interkommunale Zusammenarbeit und Vergaberecht, VergabeR 2005, 436; *Orlowski,* Zulässigkeit und Grenzen der In-house-Vergabe, NZBau 2007, 80; *Pape/Holz,* Die Voraussetzungen vergabefreier In-house-Geschäfte, NJW 2005, 2264; *Pietzcker,* Die neue Gestalt des Vergaberechts, ZHR 162 (1998), 427; *Plander,* Die Personalgestellung zum Erwerber beim Betriebsübergang als Reaktion auf den Widerspruch von Arbeitnehmern – Am Beispiel kommunaler Privatisierungen, NZA 2002, 69, 72; *Prieß/Simonis,* Die künftige Relevanz des Primärvergabe- und Beihilfenrechts – Ein Zwischenruf, NZBau 2015, 731; *Prieß/Stein,* Die neue EU-Konzessionsvergaberichtlinie, VergabeR 2014, 499; *Raabe,* Öffentliche Auf- und Vergabe: Ausschreibung öffentlich-öffentlicher Zusammenarbeit?, VergabeR 2012, 697; *Rindtorff/Gabriel,* Das Legislativpaket kommt – In-House-Geschäfte bleiben, VergabeR 2004, 577; *Säcker,* Allgemeine Auslegungsgrundsätze zum Mitbestimmungsgesetz 1976, ZHR 148 (1984), 153; *Säcker/Wolf,* Die Auswirkungen der Rechtsprechung des EuGH zu In-House-Geschäften auf Public-Private-Partnerships, WRP 2007, 282; *Säcker/Zwanziger,* Die Übertragung moderner Messstelleneinrichtungen im Wege der Inhouse-Vergabe, RdE 2016, 381; *Schmidt,* Liberalisierung, Privatisierung und Regulierung der Wasserversorgung, LKV 2008, 193; *Schönröck,* Beamtenüberleitung anlässlich der Privatisierung von öffentlichen Unternehmen, 2000; *Schröder,* Das so genannte Wesentlichkeitskriterium beim In-House-Geschäft, NVwZ 2011 776; *Schröder,* Vergaberechtliche Probleme bei der Public-Private-Partnership in Form der gemischtwirtschaftlichen Unternehmung, NJW 2002, 1831; *Schulte/Kloos,* Handbuch Öffentliches Wirtschaftsrecht, 2016; *Schwab/Giesemann,* Mit mehr Regeln zu mehr Rechtssicherheit? – Die Überarbeitung der europäischen Vergaberechts, VergabeR 2014, 351; *Shirvani,* Vergaberechtliche Relevanz von Öffentlich-Privaten Partnerschaften nach der „pressetext Nachrichtenagentur"- Entscheidung des EuGH, VergabeR 2010, 21; *Siegel,* Wie rechtssicher sind In-House-Geschäfte? – Aktuelle Entwicklungstendenzen in der Rechtsprechung des EuGH, NVwZ 2008, 7; *Siegel,* Instate-Geschäfte – Die Ausschreibungspflicht horizontaler öffentlich-öffentlicher Kooperationen, NZBau 2018, 507; *Sudbrock,* Wasserkonzessionen, In-House-Geschäfte und interkommunale Kooperationen nach den neuen EU-Vergaberichtlinien, KommJur 2014, 41; *Tomerius,* Drittgeschäfte kommunaler Entsorgungsunternehmen und Inhouse-Fähigkeit, Zur Zurechenbarkeit von Drittumsätzen als Tätigkeit „im Wesentlichen für den Auftraggeber" im Kontext des öffentlichen Preis-, Gebühren- und Gemeindewirtschaftsrechts, VergabeR 2015, 373; *Tomerius,* Kommunale Abfallwirtschaft und Vergaberecht, NVwZ 2000, 727; *Wagner,* Inhouse-Geschäfte mit einer GbR? – Zur vertraglichen Form der interkommunalen Zusammenarbeit in „Stadtreinigung Hamburg", VergabeR 2011, 181; *Wolf,* Ausschreibungspflichten bei Selbstvornahme und interkommunaler Zusammenarbeit – Effektiver Wettbewerbsschutz durch ein funktionales Vergaberecht, VergabeR 2011, 27; *Ziekow,* Neues zum Wesentlichkeitskriterium beim Inhouse-Geschäft, NZBau 2017, 339; *Ziekow,*

Inhouse-Geschäft und öffentlich-öffentliche Kooperationen: Neues vom europäischen Vergaberecht?, NZBau 2015, 258; *Ziekow/Siegel,* Public Public Partnerships und Vergaberecht: Vergaberechtliche Sonderbehandlung der In-State-Geschäfte?, VerwArch 2005, 119.

Übersicht

	Rn.		Rn.
I. Normzweck, Entstehungsgeschichte, Grundlagen	1	2. Schwestern-In-House-Vergabe	53
1. Normzweck und Auslegungsmaxime	1	IV. Vertikale In-House-Vergabe durch mehrere Auftraggeber (Abs. 4, 5)	54
2. Entstehungsgeschichte	5	1. Gemeinsame Kontrolle (Abs. 5)	55
3. Standort im Unionsrecht	8	2. Wesentliche Tätigkeit für die kontrollierenden Auftraggeber	61
4. Normstruktur	12	3. Private Kapitalbeteiligung	62
5. Verhältnis zu sonstigen Ausnahmebestimmungen	14	4. Umgekehrte und Schwestern-In-House-Direktvergabe	63
II. Vertikale In-House-Vergabe durch einen Auftraggeber (Abs. 1, 2)	15	V. Horizontale Zusammenarbeit (Abs. 6)	65
1. Anwendungsvoraussetzung	15	1. Normzweck	65
a) Auftrag an eine eigenständige juristische Person	15	2. Abgrenzung zur Aufgabenverlagerung (Remondis)	67
b) Auftrag an eine Personengesellschaft	17	3. Vertrag ausschließlich zwischen öffentlichen Auftraggebern	68
c) Auftrag an Eigen- oder Regiebetriebe ohne eigene Rechtspersönlichkeit	18		
2. Kontrolle des Auftraggebers über den Leistungserbringer	22	4. Kooperative Zweckverfolgung (Abs. 6 Nr. 1)	69
a) Kontrolldichte	22		
b) Gesellschaftsformen	25	5. Öffentliches Interesse (Abs. 6 Nr. 2)	73
c) Mittelbare Kontrolle/Weisungskette (Abs. 2 S. 2)	27	6. Weniger als 20% Fremdtätigkeit (Abs. 6 Nr. 3)	75
d) Kontrollvermutung (Abs. 2 S. 1)	28		
3. Wesentliche Tätigkeit für Auftraggeber (80%-Grenze)	30	7. Beteiligung Privater	77
a) Normzweck	30	VI. Berechnung der Wesentlichkeit (Abs. 7)	79
b) Primärrechtliche Grenzen und bisherige Rechtsprechung	31	VII. In-House-Vergabe durch Sektorenauftraggeber (Abs. 8 Var. 2)	82
c) Feststellung im Einzelfall	33		
4. Keine direkte private Kapitalbeteiligung am Leistungserbringer	42	VIII. In-House-Vergabe von Konzessionen (Abs. 8 Var. 2)	83
a) Beteiligung am Auftragnehmer	43	1. Systematische Einbindung	83
b) Direktheit der Beteiligung am Auftragnehmer	44	2. Normzweck	84
c) Privatheit der Beteiligung	45	3. Vertikale In-House-Vergabe	85
d) Ausnahme für Beteiligungen ohne maßgeblichen Einfluss	47	4. Horizontale Zusammenarbeit	88
III. Umgekehrte und Schwestern-In-House-Vergabe (Abs. 3)	50	IX. Wegfall der Voraussetzungen während der Vertragslaufzeit	89
1. Umgekehrte In-House-Vergabe	51	X. (Re-)Kommunalisierung	91

I. Normzweck, Entstehungsgeschichte, Grundlagen

1 **1. Normzweck und Auslegungsmaxime.** § 108 dient der Umsetzung von Art. 12 RL 2014/24/EU,[1] Art. 17 RL 2014/23/EU[2] und Art. 28 RL 2014/25/EU (Sektoren-RL).[3] Die Regelung begrenzt den Anwendungsbereich des Vergaberechts sektorübergreifend sowohl für die Vergabe von Aufträgen als auch von Konzessionen, indem sie bestimmte Formen der Zusammenarbeit zwischen öffentlichen Einrichtungen von der Ausschreibungspflicht befreit. Ziel ist die **Auflösung eines Interessenkonfliktes:** auf der einen Seite das Interesse der öffentlichen Hand, die ihr übertragenen

---
[1] ABl. 2014 L 94, 65.
[2] ABl. 2014 L 94, 1; Berichtigung unter ABl. 2015 L 114, 24.
[3] ABl. 2014 L 94, 243.

öffentlichen Aufgaben mit eigenen Mitteln[4] oder mit anderen öffentlichen Stellen gemeinsam[5] zu erbringen; auf der anderen Seite das Ziel des Vergaberechts, Wettbewerbsverzerrungen zu verhindern (→ § 97 Rn. 1 f.).[6] Dieser Konflikt tritt auf, weil organisatorisch verselbstständigte öffentliche Einrichtungen einerseits funktional weiterhin öffentliche Aufgaben erfüllen (→ Rn. 3), andererseits individuell als Wirtschaftsteilnehmer auftreten und im Wettbewerb zu privaten Konkurrenten stehen können (→ Rn. 4).[7] Treffen beide Tätigkeitsbereiche zusammen, sucht § 108 einen Ausgleich herzustellen, indem durch die Anerkennung einer entformalisierten Direktvergabe zwischen öffentlichen Einrichtungen die Erledigung öffentlicher Aufgaben gewährleistet bleibt, der den öffentlichen Unternehmen dadurch gewährte wirtschaftliche Vorteil aber nicht über das zur Erfüllung der öffentlichen Aufgabe erforderliche Maß hinausgeht. Geringe Wettbewerbsverzerrungen werden vom Gesetz hingenommen (→ Rn. 30). Der Ausnahmebereich des § 108 geht damit über den dem Vergaberecht generell entzogenen, weil wettbewerbsneutralen Bereich der internen Aufgabenerledigung hinaus.[8]

Gemäß § 108 werden aus dem Anwendungsbereich des Vergaberechts zunächst solche Formen 2 öffentlich-öffentlicher Zusammenarbeit ausgeklammert, welche die Ziele des Vergaberechts von vornherein nicht gefährden. Dazu gehören die Fälle der **echten Eigenerledigung,** in denen staatliche Stellen allein dem Zweck dienen, staatliche Aufgaben für den Staat selbst durchzuführen. Den Mitgliedstaaten soll durch das Vergaberecht keine Privatisierungspflicht auferlegt werden. Mit der Reinigung von Verwaltungsgebäuden muss kein privates Unternehmen beauftragt werden. Sie kann auch mit eigenen Mitteln durchgeführt werden. In einem vergaberechtlichen Kontext rückt die Selbstvornahme, wenn die erforderlichen Tätigkeiten in eine juristische Person ausgegliedert werden. Denn der primäre Aufgreiftatbestand des Vergaberechts geht von einer Leistungsbeziehung schon bei formaler Personenmehrheit aus. Grund dafür ist jedoch nicht eine höhere Gefährlichkeit rechtlicher Personenmehrheiten. Vielmehr ist der Schablone stehende typische Fall des Vergaberechts die Beauftragung eines privaten und damit rechtsförmlich vom Staat unterscheidbaren Unternehmens. Außerdem dient der Auftragsbegriff nicht nur als vergaberechtlicher Aufgreiftatbestand, sondern beschreibt auch den am Ende eines Vergabeverfahrens stehenden förmlichen Vergabeakt. Würde es aber bei dieser formalen Betrachtungsweise bleiben, wären Mitgliedstaaten mit einer aufgefächerten innerstaatlichen Organisationsstruktur gegenüber solchen mit einer zentralen Einheitsverwaltung benachteiligt. Innerstaatliche Tätigkeiten wie die Gebäudereinigung würden schon allein durch eine rechtsformale Ausgliederung als vergaberechtlich relevanter Auftrag behandelt werden. Aus der Sicht des EU-Wirtschaftsrechts sind aber die auf unterschiedlichen historischen Gegebenheiten fußenden organisatorischen Binnenstrukturen der Mitgliedstaaten gem. Art. 4 Abs. 2 EUV zu respektieren.[9] Deshalb wird über § 108 der formale Aufgreiftatbestand durch eine **funktionale Betrachtungsweise** korrigiert und es werden solche Tätigkeiten aus dem Vergaberecht ausgenommen, die zwar formal zwischen mehreren Rechtssubjekten stattfinden, aber funktional einer Staatssphäre zugeordnet werden können. Es ist daher folgerichtig, dass nicht nur abhängige Untergliederungen einer juristischen Person mit dieser funktional als „ein Haus" betrachtet werden können (Abs. 1), sondern auch Leistungsverhältnisse zwischen gleichgeordneten öffentlichen Einrichtungen eines Mitgliedstaates wie bei der kommunalen Zusammenarbeit (Abs. 6). Dem gleichen Grundgedanken folgt die Ausnahme für innerstaatliche Aufgabenverlagerungen durch Art. 1 Abs. 6 RL 2014/24/EU.

§ 108 klammert darüber hinaus bestimmte Fälle aus dem Anwendungsbereich des Vergaberechts 3 aus, die das Ziel, Wettbewerbsverzerrungen zu verhindern, zwar gefährden können, in denen aber das in der haushaltsrechtlich geprägten Tradition des deutschen Rechts betonte Recht zur Eigenerledigung mitbetroffen ist und überwiegt. Bei einer echten Eigenerledigung durch eine nur der internen Aufgabenerledigung dienende Stelle besteht noch keine Gefahr, dass ein Wirtschaftsteilnehmer aus der enormen Nachfragekapazität des Staates einen leistungsfremden wirtschaftlichen Vorteil gegenüber seinen Konkurrenten zieht (→ Rn. 2). Soweit er jedoch darüber hinaus in Konkurrenz zu privaten Unternehmen auf dem Markt an Dritte Leistungen erbringt, wird er nicht mehr nur „im

---

[4] Vgl. Art. 1 Abs. 4 RL 2014/24/EU; so auch in stRspr EuGH Urt. v. 11.1.2005 – C-26/03, Slg. 2005, I-1 Rn. 48 = NZBau 2005, 111 – Stadt Halle und RPL Lochau; EuGH Urt. v. 13.10.2005 – C-458/03, Slg. 2005, I-8585 Rn. 61 = NZBau 2005, 644 – Parking Brixen.
[5] EuGH Urt. v. 13.11.2008 – C-324/07, Slg. 2008, I-8457 Rn. 48 = NZBau 2009, 54 – Coditel Brabant; EuGH Urt. v. 9.6.2009 – C-480/06, Slg. 2009, I-4762 Rn. 45 = NVwZ 2009, 898 – Stadtreinigung Hamburg.
[6] RegBegr. BT-Drs. 18/6281, 79 f.; s. auch EuGH Urt. v. 11.12.2014 – C-113/13, ECLI:EU:C:2014:2440 Rn. 51 – ANPAS.
[7] Vgl. EuGH Urt. v. 19.12.2012 – C-159/11, NZBau 2013, 114 Rn. 26 – Lecce; EuGH Urt. v. 13.6.2013 – C-386/11, NZBau 2013, 522 Rn. 29 – Piepenbrock.
[8] Anders *Ziekow* NZBau 2015, 258 (259); *Losch* VergabeR 2016, 541 (548); *Portz* in KKPP GWB Rn. 19.
[9] EuGH Urt. v. 21.12.2016 – C-51/15, NZBau 2017, 105 Rn. 40 f. – Remondis.

eigenen Haus" tätig und ist funktional einem privaten Wettbewerber gleichzustellen. Es besteht nämlich die Gefahr einer Wettbewerbsverzerrung, wenn die öffentliche Stelle gleichwohl ein „Vorrecht" für die Erbringung von Leistungen für den Staat hat. Die gesicherte Auslastung eines Teils der unternehmerischen Kapazitäten durch die Tätigkeit für die öffentliche Hand stellt einen wirtschaftlichen Vorteil dar, für den sich das öffentliche Unternehmen anders als private Konkurrenten keinem Leistungswettbewerb stellt. Außerdem könnten solcher Einnahmen zur Querfinanzierung von Wettbewerbstätigkeiten genutzt werden. Deshalb gebietet es der auf den Schutz des Wettbewerbs und der Konkurrenten gerichtete Zweck des Vergaberechts, dem öffentlichen Unternehmen diesen wettbewerbsverzerrenden Rückgriff auf die Kapitalressourcen der öffentlichen Hand zu versagen.[10] Grund für die vergaberechtliche Relevanz solcher Sachverhalte ist also nicht die auf den Staat rückführbare Personenmehrheit, welche über die Gefährdung vergaberechtlicher Ziele für sich genommen noch gar nichts aussagt (→ Rn. 2),[11] sondern die **gleichzeitige wirtschaftliche Tätigkeit auf dem Markt.** Allerdings ist zu beachten, dass eine gewisse Marktzuwendung erforderlich sein kann, um Kapazitäten auszulasten, deren Vorhalten zur Erledigung innerstaatlicher Bedürfnisse erforderlich sind. Entsprechend der bisherigen Rechtsprechung des EuGH lässt § 108 daher in geringem Umfang Tätigkeiten auf dem Markt zu, ohne das öffentliche Unternehmen allein deshalb wie Private auf den Vergabewettbewerb zu verweisen. Mit diesem Privileg für öffentliche Unternehmen nimmt das Gesetz geringe Wettbewerbsverzerrungen ausdrücklich hin (→ Rn. 30).

4 Die Ausnahme für öffentlich-öffentlicher Zusammenarbeit ist sowohl im Anwendungsbereich der Richtlinien als auch des Primärvergaberechts **eng zu interpretieren**.[12] Das folgt jedoch nicht bereits aus ihrem Charakter als Ausnahmebestimmung. Eine solche Auslegungsregel beruht auf einer Unterstellung, indem sie das Ergebnis des Auslegungsvorganges unter Ausblendung der Gründe vorwegnimmt.[13] Im Ergebnis ist jedoch einer an den Auswirkungen auf den Wettbewerb orientierten **restriktiven Interpretation der In-House-Ausnahme** zuzustimmen, um möglichst umfassend die aus einer Direktvergabe folgenden Gefahren für den Wettbewerb zu erfassen. In diesem Sinne verlangt der EuGH über den Wortlaut der Richtlinien hinaus, dass keine Wettbewerbsverzerrungen zugunsten privater Unternehmen durch die Anwendung der Ausnahmebestimmung eintreten.[14] Vor dem Hintergrund der **wettbewerblichen Zielsetzung des Vergaberechts,**[15] das neben dem allgemeinen Wettbewerbsrecht in Art. 101 f. AEUV[16] und dem Beihilfenrecht[17] auch dazu dient, ein System zu schaffen und aufrechtzuerhalten, das den Wettbewerb innerhalb des Binnenmarkts vor Verfälschungen schützt (Art. 51 EUV iVm Protokoll Nr. 27 und Art. 119 Abs. 1 AEUV), ist dies konsequent. Die Berücksichtigung der tatsächlichen Marktverhältnisse und wettbewerblicher Erfahrungswerte setzt einem formalistischen öffentlich-rechtlichen Staatsprivileg Grenzen. Mit dieser Entwicklung steht die Einbettung des deutschen Vergaberechts in die wettbewerbsrechtlichen Ordnungszusammenhänge des GWB in Einklang. Zu vermeiden sind daher an den nationalen organisatorischen oder rechtsdogmatischen Rahmenbedingungen anknüpfende Formalargumente (→ Rn. 17 ff.).

---

[10] Sehr deutlich EuGH Urt. v. 11.5.2006 – C-340/04, Slg. 2006, I-4137 Rn. 60, 62 = NVwZ 2006, 800 – Carbotermo.

[11] Deshalb sind die Ziele des Vergaberechts auch unabhängig von der Rechtsformgestaltung der unternehmerischen Tätigkeit gefährdet und der Anwendungsbereich des Vergaberechts ist funktional zu bestimmen (→ Rn. 17 ff.).

[12] StRspr, statt vieler EuGH Urt. v. 11.1.2005 – C-26/03, NZBau 2005, 111 Rn. 48 – Stadt Halle; EuGH Urt. v. 8.12.2016 – C-553/15, NZBau 2017, 109 Rn. 29 – Undis Servizi.

[13] *Müller*, Juristische Methodik, 5. Aufl. 1993, 212; *Larenz*, Methodenlehre der Rechtswissenschaft, 6. Aufl. 1991, 355 f.; *Bydlinski*, Juristische Methodenlehre und Rechtsbegriff, 1982, 81; vgl. auch bereits *Enneccerus/Nipperdey*, Allgemeiner Teil des Bürgerlichen Rechts, 15. Aufl. 1959, § 48 297 Fn. 6; *Pawlowski*, Methodenlehre für Juristen, 3. Aufl. 1999, Rn. 489a; *Engisch*, Einführung in das juristische Denken, 11. Aufl. 2010, 256 ff.; s. den rechtsvergleichenden und rechtshistorischen Überblick bei *Muscheler* FS Kruse, 2001, 135 ff.; abl. auch *Riesenhuber* in Riesenhuber, Europäische Methodenlehre, 4. Aufl. 2021, § 10 Rn. 62 ff.

[14] EuGH Urt. v. 28.5.2020 – C-796/18, ECLI:EU:C:2020:395 Rn. 63 ff. – ISE.

[15] Vgl. Erwägungsgrund 2 RL 2004/18/EG; EuGH Urt. v. 3.3.2005 – C-21/03 u. C-34/03, Slg. 2005, I-1559 Rn. 26 = ZfBR 2005, 393 – Fabricom/Belgien; EuGH Urt. v. 17.9.2002 – C-513/99, Slg. 2002, I-7213 Rn. 81 = NZBau 2002, 618 – Concordia Bus Finland; EuGH Urt. v. 22.6.1993 – C-243/89, Slg. 1993, I-3353 Rn. 33 = IBRRS 33591 – Kommission/Dänemark; EuGH Urt. v. 11.1.2005 – C-26/03, Slg. 2005, I-1 Rn. 44 = NZBau 2005, 111 – Stadt Halle und RPL Lochau; s. auch die Schlussanträge des GA *Léger* v. 15.6.2000 in der C-94/99, BeckEuRS 2000, 352088 Rn. 5 u. 79 – ARGE Gewässerschutz/Bundesministerium für Land- und Forstwirtschaft; *Jaeger* NZBau 2001, 6 (8); *Pietzcker* ZHR 162 (1998), 427 (430 ff.); *Möschel* WuW 1997, 120 (122); *Broß* FS Brandner, 1996, 343 ff.; *Marx* FS Bechtold, 2006, 305 (321 ff.).

[16] EuGH Urt. v. 25.10.1977 – 26/76, Slg. 1977, 1875 Rn. 20 = NJW 1978, 480 – Metro/Kommission.

[17] EuGH Urt. v. 20.3.1990 – C-21/88, Slg. 1990, I-889 Rn. 20 = NVwZ 1991, 1071 – Du Pont de Nemours Italiana.

2. Entstehungsgeschichte. Vor Inkrafttreten des EU-Vergabepakets von 2014 fehlte es an 5 einer ausdrücklichen Ausnahmeregelung für die Zusammenarbeit durch öffentliche Auftraggeber sowohl im europäischen als auch im deutschen Recht. Jedoch entwickelte der EuGH zur vergaberechtlichen Beurteilung von In-House-Geschäften eine umfangreiche Rechtsprechungspraxis, wonach solche Verträge nicht von den Vergaberechtsrichtlinien (RL 2004/18/EG und RL 2004/17/EG) erfasst wurden, bei denen der öffentliche Auftraggeber über die beauftragte Gesellschaft mit eigener Rechtspersönlichkeit eine ähnliche Kontrolle ausüben kann wie über seine eigenen Dienststellen.[18] Diese Rechtsprechung wurde von den deutschen Gerichten für § 99 Abs. 1 aF übernommen,[19] auch wenn dies nicht zwingend war, da der Anwendungsbereich des nationalen Vergaberechts weiter gehen konnte als die nur Mindestvorgaben aufstellenden Richtlinien.[20]

Ursprünglich entwickelte der EuGH die In-House-Ausnahme durch Auslegung der Vergabe- 6 richtlinien und damit für öffentliche Aufträge, die vollständig vom europäischen Vergaberegime erfasst waren. Nachdem er jedoch klargestellt hatte, dass sich die Pflicht zur Durchführung eines diskriminierungsfreien und transparenten Wettbewerbsverfahrens schon aus dem EU-Primärrecht ergibt, übertrug er die In-House-Rechtsprechung 1:1 auf nicht vom Vergaberegime erfasste Konstellationen,[21] wie damals noch die Vergabe von Dienstleistungskonzessionen (→ Rn. 83 ff.)[22] oder Aufträge im Unterschwellenbereich.[23] Danach haben öffentliche Stellen die Grundregeln der EU-Verträge im Allgemeinen und das Verbot der Diskriminierung aus Gründen der Staatsangehörigkeit (Art. 18 AEUV) im Besonderen zu beachten,[24] insbesondere Art. 49 AEUV (Niederlassungsfreiheit) und Art. 56 AEUV (Dienstleistungsfreiheit), die ebenso wie Art. 18 AEUV[25] eine besondere Ausprägung des Gleichbehandlungsgrundsatzes sind. Auf der Ebene des Primärrechts werden über die In-House-Kriterien folglich Konstellationen beschrieben, in denen die Nichtdurchführung eines Wettbewerbsverfahrens trotz Binnenmarktrelevanz ausnahmsweise keinen Verstoß gegen das EU-Primärrecht darstellt (zur rechtstechnischen Begründung → Rn. 9).

Mit der ausdrücklichen Regelung der In-House-Vergabe im Vergabepaket von 2014 bezweckt 7 der europäische Gesetzgeber eine Konkretisierung der bisherigen Rechtsprechung vor allem mit dem Ziel, die Rechtssicherheit zu steigern.[26] Gelungen ist ihm dies nur teilweise, weil die ausgefeilte Rechtsprechung des EuGH[27] nicht in Gänze abbildet und dadurch Konstellationen, die nach den vom EuGH entwickelten Kriterienkatalog vom Vergaberegime ausgenommen sein könnten, nicht ausdrücklich geregelt wurden, zB die umgekehrte In-House-Vergabe bei Kollektivkontrolle (→ Rn. 17) oder die Vergabe von Aufträgen an die in der Praxis vorkommenden kommunalen Personengesellschaften (→ Rn. 63 f.). Allerdings ist nicht ersichtlich, dass der europäische Gesetzgeber mit der Regelung der In-House-Ausnahme eine sowohl engere als auch abschließende Regelung herbeiführen wollte, sodass eine Bestimmung der Grenzen des Vergaberegimes mit Blick auf die nicht ausdrücklich geregelten Fälle unter Beachtung der bisherigen Rechtsprechung des EuGH

---

[18] Vgl. EuGH Urt. v. 10.11.2005 – C-29/04, Slg. 2005, I-9705 Rn. 34 = NVwZ 2006, 70 – Kommission/Republik Österreich; EuGH Urt. v. 11.1.2005 – C-26/03, Slg. 2005, I-1 Rn. 49 = NZBau 2005, 111 – Stadt Halle und RPL Lochau; EuGH Urt. v. 8.4.2008 – C-337/05, Slg. 2008, I-2173 Rn. 36 = NZBau 2008, 401 – Kommission/Italien (Agusta-Hubschrauber).
[19] S. zB BGH Beschl. v. 12.6.2001 – X ZB 10/01, NZBau 2001, 517; BGH Urt. v. 3.7.2008 – I ZR 145/05, NZBau 2008, 664 – Kommunalversicherer.
[20] Vgl. auch BGH Beschl. v. 1.12.2008 – X ZB 31/08, NZBau 2009, 201 (203 f.) – Rettungsdienstleistungen.
[21] Vgl. etwa EuGH Urt. v. 19.12.2012 – C-159/11, NZBau 2013, 114 Rn. 24 – Lecce, wo die Anwendbarkeit der Richtlinie vor diesem Hintergrund sogar offengelassen wurde.
[22] EuGH Urt. v. 13.10.2005 – C-458/03, Slg. 2005, I-8585 Rn. 61 = NZBau 2005, 644 – Parking Brixen; EuGH Urt. v. 10.9.2009 – C-573/07, Slg. 2009, I-8129 Rn. 37 ff. = NZBau 2009, 797 – Sea. Die Kommission veröffentlichte dazu eine Mitteilung zu Auslegungsfragen in Bezug auf das Unionsrecht, das für die Vergabe öffentlicher Aufträge gilt, die nicht oder nur teilweise unter die Vergaberichtlinien fallen, ABl. 2006 C 179, 2.
[23] EuGH Urt. v. 18.12.2007 – C-220/06, Slg. 2007, I-1217 Rn. 70 ff. = NZBau 2008, 189 – Asociación Profesional de Empresas de Reparto y Manipulado de Correspondencia/Administración General del Estado; EuGH Urt. v. 11.12.2014 – C-113/13, NZBau 2015, 377 Rn. 45 f. – ANPAS ua; EuGH Urt. v. 18.12.2014 – C-470/13, NZBau 2015, 569 Rn. 27 – Generali; EuGH Urt. v. 16.4.2015 – C-278/14, NZBau 2015, 383 Rn. 16 – EFS.
[24] Vgl. idS EuGH Urt. v. 7.12.2000 – C-324/98, Slg. 2000, I-10 745 Rn. 60 = NZBau 2001, 148 – Teleaustria und Telefonadress; EuGH Urt. v. 21.7.2005 – C-231/03, Slg. 2005, I-7287 Rn. 16 f. = NZBau 2005, 592 – Coname.
[25] Vgl. EuGH Urt. v. 5.12.1989 – C-3/88, Slg. 1989, 4035 Rn. 8 = NVwZ 1991, 356 – Kommission/Italien; EuGH Urt. v. 29.10.1980 – 22/80, Slg. 1980, 3427 = BeckRS 2004, 72379 – Boussac Saint-Frères; EuGH Urt. v. 8.10.1980 – 810/79, Slg. 1980, 2747 Rn. 16 = BeckRS 2004, 73760 – Überschär.
[26] Erwägungsgrund 31 RL 2014/24/EU.
[27] Ziekow NZBau 2015, 258.

weiterhin erforderlich bleibt. Vergabeverfahren einschließlich anschließender Nachprüfungsverfahren, die vor dem 18.4.2016 begonnen haben, sowie am 18.4.2016 anhängige Nachprüfungsverfahren werden gemäß der Überleitungsvorschrift des § 186 Abs. 2 nach dem früheren Recht und damit direkt anhand der ungeschriebenen In-House-Ausnahme beurteilt.

8 **3. Standort im Unionsrecht.** § 108 dient der Umsetzung von Art. 17 RL 2014/23/EU, Art. 12 RL 2014/24/EU und Art. 28 Sektoren-RL.[28] Er ist richtlinienkonform anzuwenden und Auslegungszweifel sind dem EuGH unter den Voraussetzungen des Art. 263 AEUV zur Vorabentscheidung vorzulegen. Es ist die jeweils maßgebliche Richtlinie heranzuziehen. Da die Regelung die Reichweite des Vergaberegimes begrenzt, darf der deutsche Gesetzgeber mit § 108 keine über die Richtlinien hinausgehenden Ausnahmen schaffen.[29] Eine engere Auslegung und damit eine Verkürzung des Ausnahmebereichs ist dagegen im Einzelfall möglich; denn der deutsche Gesetzgeber kann auch außerhalb des Anwendungsbereiches der Richtlinien Regelungen für die öffentliche Auftragsvergabe vorsehen.[30] Er ist dazu aufgrund primärrechtlicher Vorgaben teilweise sogar verpflichtet (→ Rn. 10). Für die Auslegung der Richtlinienbestimmungen ist die bisherige Rechtsprechung des EuGH zur öffentlich-öffentlichen Zusammenarbeit nach Maßgabe der früheren Vergaberichtlinien und des Primärrechts einzubeziehen. Der europäische Gesetzgeber wollte mit dem Richtlinienpaket an diese anknüpfen und sie präzisieren.[31]

9 Die Ausnahme für öffentlich-öffentlicher Zusammenarbeit steht in einem komplexen Spannungsfeld zu den **Grundfreiheiten und dem Diskriminierungsverbot des Art. 18 AEUV**. Die Pflicht der Mitgliedstaaten zur transparenten und diskriminierungsfreien Auftragsvergabe wird bereits durch das Primärrecht gefordert. Die Vergabe von Konzessionen und Aufträgen an ein Unternehmen ohne Durchführung eines adäquaten Wettbewerbsverfahrens stellt einen Verstoß gegen diese Bestimmungen dar, sofern der Sachverhalt Binnenmarktrelevanz hat. Nur unter den vom EuGH entwickelten Kriterien ist eine Direktvergabe an öffentliche Unternehmen oder zwischen öffentlichen Auftraggebern mit dem Primärrecht vereinbar. Zwar hat der EuGH bisher offengelassen, wie sich die Ausnahme für öffentlich-öffentliche Zusammenarbeit rechtstechnisch begründen lässt. Die mit einer Direktvergabe trotz gleichzeitiger wirtschaftlicher Markttätigkeit verbundenen Wettbewerbsverzerrungen stellen jedoch eine Maßnahme gleicher Wirkung dar, für die es – vorbehaltlich einer Ausnahme gem. Art. 106 Abs. 2 AEUV[32] – einer Rechtfertigung wegen zwingender Allgemeininteressen entsprechend der Cassis-de-Dijon-Rechtsprechung bedarf.[33] Die Begrenzung der maximal zulässigen Dritttätigkeit auf weniger als 20% lässt sich so auf den **Verhältnismäßigkeitsgrundsatz** zurückführen.[34]

10 Dass der EuGH seine Rechtsprechung zur öffentlich-öffentlichen Zusammenarbeit umfassend auch für die direkte Anwendung des Primärrechts entwickelte, hat für das neue Vergaberegime erhebliche Konsequenzen. Da der sekundärrechtlich geregelte Oberschwellenbereich regelmäßig die erforderliche Binnenmarktrelevanz hat, um das Primärvergaberecht auszulösen, ist vor allem dann, wenn die in den Richtlinien enthaltene Ausnahme für öffentlich-öffentliche Zusammenarbeit über die bisherige Rechtsprechungspraxis des EuGH ausgedehnt und dadurch der Anwendungsbereich des Vergaberegimes zurückgedrängt wird, festzustellen, ob das primärrechtliche Vergaberechtsregime ergänzend eingreift.[35] Denn die Art. 12 RL 2014/24/EU, Art. 17 RL 2014/23/EU und Art. 28 Sektoren-RL, deren Umsetzung § 108 dient, können eine wirksame Ausnahme nur vom sekundärrechtlichen Vergaberegime begründen, nicht aber die Geltung der Grundfreiheiten beschränken.[36] In einem solchen Fall ist sorgfältig zu prüfen, ob eine dem Primärrecht folgende Interpretation

---

[28] RegBegr. BT-Drs. 18/6281, 79.
[29] Missverständlich *Gaus* VergabeR 2016, 418.
[30] EuGH Urt. v. 3.10.2019 – C-285/18, ECLI:EU:C:2019:829 Rn. 43 ff. – Kauno miesto savivaldybė.
[31] S. Erwägungsgrund 31 RL 2014/24/EU.
[32] Vgl. EuGH Urt. v. 18.12.2007 – C-220/06, Slg. 2007, I-1217 Rn. 78 = NZBau 2008, 189 – Asociación Profesional de Empresas de Reparto y Manipulado de Correspondencia/Administración General del Estado.
[33] Vgl. EuGH Urt. v. 5.12.1989 – C-3/88, Slg. 1989, 4035 = NVwZ 1991, 356 – Kommission/Italien, zu einem Auftragsvorbehalt zugunsten öffentlicher Unternehmen; vgl. auch *Storr,* Der Staat als Unternehmer, 2001, 304 f.
[34] Vgl. auch EuGH Urt. v. 11.12.2014 – C-113/13, ECLI:EU:C:2014:2440 Rn. 53 – ANPAS; EuGH Urt. v. 28.1.2016 – C-50/14, ECLI:EU:C:2016:56 Rn. 51 ff. – CASTA.
[35] EuGH Urt. v. 11.12.2014 – C-113/13, NZBau 2015, 377 Rn. 45 f. – ANPAS ua; EuGH Urt. v. 18.12.2014 – C-470/13, NZBau 2015, 569 Rn. 27 – Generali; EuGH Urt. v. 16.4.2015 – C-278/14, NZBau 2015, 383 Rn. 16 – EFS.
[36] EuGH Urt. v. 3.10.2019 – C-285/18, ECLI:EU:C:2019:829 Rn. 58 ff. – Kauno miesto savivaldybė; s. auch EuGH Urt. v. 18.12.2007 – C-220/06, Slg. 2007, I-1217 Rn. 71 = NZBau 2008, 189 – Asociación Profesional de Empresas de Reparto y Manipulado de Correspondencia/Administración General del Estado; *Burgi* VergabeR 2016, 261 ff.; *Dabringhausen* VergabeR 2014, 512 (516 f.).

der Richtlinienbestimmung erforderlich ist oder ob das nationale Recht direkt primärrechtliche Verfahrensanforderungen umzusetzen hat. Auch im letzteren Fall erscheint eine Einbindung in das Vergabesystem des GWB häufig sinnvoller als eine Umsetzung durch das allgemeine Haushaltsrecht. Denn ersteres genügt regelmäßig den primärrechtlichen Anforderungen der Transparenz und Diskriminierungsfreiheit an das Verfahren, die Auswahlkriterien und den Rechtsschutz.[37] Ergänzend verlangt der EuGH auch die Einhaltung des Transparenzgrundsatzes, wenn die Entscheidung zwischen einer In-House-Beauftragung und einer Drittvergabe von im Vorfeld aufgestellten, abstrakt-generellen Kriterien abhängt.[38]

Die Ausnahmebestimmung für die öffentlich-öffentliche Zusammenarbeit steht auch in einem Konfliktverhältnis zum **Beihilfenrecht**. Seit der Einrichtung eines allgemeinen Vergaberegimes sind Durchbrechungen zugunsten einzelner Unternehmen rechtfertigungsbedürftig und grundsätzlich zu vermeiden. Würde ein privates oder öffentliches Unternehmen außerhalb eines Wettbewerbsverfahrens dennoch direkt Aufträge erhalten, erlangte es im Verhältnis zu seinen vom Vergabeverfahren abhängigen Konkurrenten einen wirtschaftlichen Vorteil, indem es von den Kosten des Verfahrens und den einem Wettbewerbsverfahren immanenten Unsicherheiten befreit würde. Das vergaberechtliche Ziel, die diskriminierende Bevorteilung einzelner Unternehmen zu unterbinden, deckt sich mit dem des Beihilfenrechts. Jenes soll verhindern, dass der Handel zwischen Mitgliedstaaten durch von staatlichen Stellen gewährte Vergünstigungen beeinträchtigt wird, die den Wettbewerb in verschiedener Form durch die Bevorzugung bestimmter Unternehmen oder Produktionszweige verfälschen oder zu verfälschen drohen.[39] In diesem Sinne kann ein Vergabeverfahren verhüten, dass ein Unternehmen öffentliche Mittel erhält, welche den Wert der erbrachten Gegenleistung unangemessen übersteigen, wie der EuGH in seiner Altmark-Trans-Rechtsprechung klarstellte.[40] Zum anderen kann unabhängig von der Gegenleistungsadäquanz bereits die diskriminierende Bevorzugung einzelner Wirtschaftsteilnehmer als solche wegen der Minderung ihrer marktüblichen Belastungen durch das Vergaberecht eine unzulässige Begünstigung iSd Art. 107 AEUV darstellen.[41] Bei öffentlichen Unternehmen stellt zudem eine Direktvergabe unter Verstoß gegen das Diskriminierungsverbot des Art. 18 AEUV, gegen die Grundfreiheiten oder gegen Art. 107 f. AEUV einen Verstoß gegen **Art. 106 Abs. 1 AEUV** dar.[42] Als Quintessenz lässt sich festhalten, dass die Ausnahmebestimmung für die öffentlich-öffentliche Zusammenarbeit nicht in einer gegen Art. 18 AEUV und die Grundfreiheiten, das Beihilfenrecht und auch Art. 106 Abs. 1 AEUV verstoßenden Weise ausgelegt und angewendet werden darf. Vor allem für Art. 106 Abs. 1 AEUV und Art. 107 f. AEUV ist allerdings an Art. 106 Abs. 2 AEUV zu denken.[43] Danach darf eine Ausnahme für die öffentlich-öffentliche Zusammenarbeit nicht weiter gehen, als es zur Erfüllung öffentlicher Aufgaben erforderlich und angemessen ist, was der Verhältnismäßigkeitsüberlegung im Rahmen der Grundfreiheiten entspricht (→ Rn. 9).

4. Normstruktur. § 108 unterscheidet zwischen vertikalen In-House-Geschäften (Abs. 1–5) und horizontalen sog. In-State-Geschäften (Abs. 6).[44] Abs. 1 regelt den Grundfall vertikaler Geschäfte, bei dem die Leistungsbeziehung zwischen einem öffentlichen Auftraggeber und dessen beherrschter Eigengesellschaft stattfindet. Zur Erleichterung der Feststellung, ob die dafür erforderliche Kontrolle vorliegt, enthält Abs. 2 eine Vermutung. Abs. 3 erweitert die Möglichkeiten der

---

[37] *Burgi* VergabeR 2016, 261 (263). Deshalb hat sich der Gesetzgeber etwa für die Übertragung der Grundzuständigkeit des Messstellenbetriebes zu einer entsprechenden Anwendung auch außerhalb der Anwendungsvoraussetzungen des GWB-Vergaberechts entschieden (§ 41 Abs. 2 MsbG). Dazu *Säcker/Zwanziger* RdE 2016, 381 ff.
[38] EuGH Urt. v. 3.10.2019 – C-285/18, ECLI:EU:C:2019:829 Rn. 51 ff. – Kauno miesto savivaldybė.
[39] EuGH Urt. v. 2.7.1974 – 173/73, Slg. 1974, 709 Rn. 26 = BeckRS 2004, 71968 – Italien/Kommission; EuGH Urt. v. 24.2.1987 – 310/85, Slg. 1987, 901 Rn. 8 = NJW 1987, 3072 – Deufil/Kommission.
[40] EuGH Urt. v. 24.7.2003 – C-280/00, Slg. 2003, I-7747 Rn. 89 ff. = NZBau 2003, 503 – Altmark Trans; *Pfannkuch* NZBau 2015, 743.
[41] *Säcker/Montag/Wolf* Eur. State Aid Law Part III Rn. 130 ff.; idS auch *Prieß/Simonis* NZBau 2015, 731 (733 f.); aA *Burgi* VergabeR 2016, 261 (264), der jedoch die Altmark-Trans-Rspr. ebenso wie die mit der Direktvergabe bewirkte selektive Entlastung unbeachtet lässt. Vgl. dazu EuG Urt. v. 28.1.1999 – T-14/96, Slg. 1999, II-139 Rn. 64 ff. = EuZW 1999, 665 – BAI/Kommission; dazu *Lübbig* EuZW 1999, 671 f.; KG Beschl. v. 20.5.1998 – Kart 24/97, NJWE-WettbR 1998, 284 (287); noch offengelassen durch EuGH Urt. v. 20.3.1990 – C-21/88, Slg. 1990, I-889 Rn. 21 = NVwZ 1991, 1071 – Du Pont de Nemours.
[42] EuGH Urt. v. 18.12.2007 – C-220/06, Slg. 2007, I-1217 Rn. 77 = NZBau 2008, 189 – Asociación Profesional de Empresas de Reparto y Manipulado de Correspondencia/Administración General del Estado; EuGH Urt. v. 15.10.2009 – C-196/08, Slg. 2009, I-9913 Rn. 50 = NZBau 2009, 804 – Acoset.
[43] EuGH Urt. v. 18.12.2007 – C-220/06, Slg. 2007, I-1217 Rn. 78 = NZBau 2008, 189 – Asociación Profesional de Empresas de Reparto y Manipulado de Correspondencia/Administración General del Estado.
[44] RegBegr. BT-Drs. 18/6281, 80; *Burgi* VergabeR § 11 Rn. 5.

Direktvergabe auf das umgekehrte Verhältnis, also bei einem Auftrag der beherrschten Eigengesellschaft an den herrschenden öffentlichen Auftraggeber. Indem die Direktvergabe darüber hinaus auch innerhalb eines durch rechtliche Kontrollbefugnisse gesicherten Konzernverhältnisses zwischen Schwesterngesellschaften für zulässig erklärt wird, hat die In-House-Ausnahme den Charakter eines **Privilegs für öffentliche Konzernorganisationen** angenommen.[45] Es steht in einer Reihe mit den Regeln für die konzerninterne Vergabe bei privaten Sektorenauftraggebern (§§ 138, 139), mit denen es auch inhaltlich weitgehend übereinstimmt.[46] Abs. 4 erstreckt die Möglichkeit der vergabefreien In-House-Direktvergabe auf öffentliche Konzernsachverhalte mit mehreren herrschenden öffentlichen Auftraggebern. Der Begriff der gemeinsamen Kontrolle wird in Abs. 5 definiert. Mit Abs. 6 wird die Direktbeauftragung zwischen öffentlichen Auftraggebern für zulässig erklärt, soweit diese zur Erbringung einer im Allgemeininteresse stehenden Leistung erforderlich ist. Dieses Kooperationsprivileg trägt der Organisationsfreiheit der Mitgliedstaaten Rechnung, da es eher von den historisch gewachsenen Strukturen nationaler öffentlicher Einrichtungen abhängt, ob diese in mehrere Rechtspersönlichkeiten aufgespalten sind oder nicht. Deswegen werden sie vorbehaltlich einer nicht nur unwesentlichen Marktzuwendung ebenfalls als „ein Haus" behandelt. Abs. 7 konkretisiert die Berechnungsgrundsätze, um das für eine zulässige Direktvergabe zu prüfende Wesentlichkeitskriterium zu ermitteln. Abs. 8 schließlich erstreckt die Ausnahme für öffentlich-öffentliche Zusammenarbeit auf öffentliche Sektorenauftraggeber und (sektorübergreifend) die Vergabe von Konzessionen durch öffentliche Auftraggeber.

13 Die einzelnen Tatbestände des § 108 dienen der Ausdifferenzierung der bisherigen Rechtsprechungspraxis. Zu diesem Zweck werden Fallgestaltungen typologisch erfasst. Dagegen bezweckte der Gesetzgeber nicht die Festlegung in sich abgeschlossener Sondertatbestände. Die Absätze schließen sich daher nicht gegenseitig aus und es bestehen keine Bedenken, einen Sachverhalt, dessen Aufgreifmerkmale von mehreren Tatbeständen erfasst werden, schon dann freizustellen, wenn nur die Voraussetzungen einer dieser Regelungen erfüllt sind. **Überschneidungen** können sich etwa bei Abs. 6 und Abs. 4 ergeben, wenn mehrere Gebietskörperschaften eine wirtschaftliche Tätigkeit im Allgemeininteresse über eine Gemeinschaftsunternehmen erbringen. Handelt es sich um eine gesonderte wirtschaftliche Einheit, kommt sowohl eine Ausnahme gem. Abs. 6 als auch gem. Abs. 4 in Betracht. Lassen sich einzelne Bestandteile der Kooperation nicht hinreichend auf öffentliche Interessen iSd Abs. 6 Nr. 2 zurückführen, so kann gleichwohl eine vergabefreie In-House-Vergabe iSd Abs. 4 vorliegen, soweit die Gebietskörperschaften über ein gemeinsam kontrolliertes Gemeinschaftsunternehmen kooperieren. Umgekehrt kommt eine Ausnahme nach Abs. 6 in Betracht, wenn Abs. 4 an der Kapitalbeteiligung eines Privaten scheitert, die jedoch zur Verfolgung des besonderen Gemeinwohlbelanges zwingend erforderlich ist (→ Rn. 77 f.).

14 **5. Verhältnis zu sonstigen Ausnahmebestimmungen.** Neben den Ausnahmen für Formen der öffentlich-öffentlichen Zusammenarbeit bestehen Ausnahmetatbestände für bestimmte Leistungen wie in §§ 107, 116, 150.[47] Als horizontale Querschnittsregelung, die von den mit der öffentlich-öffentlichen Zusammenarbeit verfolgten konkreten Interessen abstrahiert, verdrängt § 108 diese Spezialtatbestände nicht. Umgekehrt bleibt die Möglichkeit bestehen, die Nichtdurchführung eines Vergabeverfahrens auch in den durch diese Sondertatbestände aufgegriffenen Konstellationen auf die Ausnahme für öffentlich-öffentliche Zusammenarbeit zu stützen. § 108 hindert zudem nicht daran, schon den Auftragsbegriff im Wege der Auslegung zu begrenzen und dadurch von § 108 nicht ausdrücklich geregelte Sachverhalte aus dem Vergaberegime auszunehmen, soweit dies mit den Vergaberichtlinien in Einklang steht (zur Selbstvornahme → Rn. 17, 18 ff.).

II. Vertikale In-House-Vergabe durch einen Auftraggeber (Abs. 1, 2)

15 **1. Anwendungsvoraussetzung. a) Auftrag an eine eigenständige juristische Person.** Voraussetzung für die Anwendung der In-House-Ausnahme ist das Vorliegen eines öffentlichen Auftrages. Für die Einzelheiten ist auf die Kommentierung zu § 103 zu verweisen. Ein vergaberechtsrelevanter Vertrag liegt danach jedenfalls dann vor, wenn eine Vereinbarung zwischen zwei im Sinne des Vergaberechts zu unterscheidenden Personen getroffen worden ist. Das ist dann zu bejahen, wenn der entgeltliche Vertrag zwischen einer staatlichen Gebietskörperschaft und einer **rechtlich**

---

[45] Vgl. bereits *Elbel* VergabeR 2011, 185 ff. Aus dem gleichen Grunde entfällt in Ablehnung einer intraenterprise-conspiracy-Doktrin die Anwendung der Wettbewerbsvorschriften der Art. 101 ff. AEUV, soweit es um Steuerungsvorgänge im selben Unternehmen oder Konzern geht. Vgl. EuGH Urt. v. 24.10.1996 – C-73/95 P, Slg. 1996, I-5457 Rn. 16 = BeckRS 2004, 77746 – Viho/Kommission; *Fleischer* AG 1997, 491 (495 ff.).

[46] *Knauff* EuZW 2014, 486 (489 f.).

[47] S. den Überblick bei *Gröning* NZBau 2015, 690, und *Burgi* VergabeR § 11 Rn. 1–3.

von dieser **verschiedenen Person** abgeschlossen wurde.[48] Dem Wortlaut des Abs. 1 zufolge ist die In-House-Ausnahme nur auf Aufträge anwendbar, die **an eine eigenständige juristische Person** erteilt werden, wobei unerheblich ist, ob diese nach deutschem Recht dem öffentlichen oder dem Privatrecht zugeordnet wird. Abs. 1 orientiert sich damit am Grundfall, bei dem ein öffentlicher Auftraggeber, zB eine Kommune, eine Eigengesellschaft zu dem Zweck gründet, eine bisher durch interne Kapazitäten erbrachte Leistung organisatorisch auszugliedern und diese beherrschte (kommunale) Eigengesellschaft weiterhin mit der Erbringung der Leistung beauftragt. Würde allein die organisatorische Ausgliederung und rechtliche Verselbständigung zu einer Ausschreibungspflicht führen, wäre die öffentliche Hand in ihren Möglichkeiten zur effizienten Selbstorganisation deutlich eingeschränkt.

In § 108 nicht ausdrücklich genannt sind Aufträge an Personengesellschaften und Aufträge an Eigen- oder Regiebetriebe ohne eigene Rechtspersönlichkeit. Während letztere jedoch nach bisher herrschender Meinung unabhängig von den konkreten Marktwirkungen aus dem Begriff des öffentlichen Auftrags herausfallen und damit keiner In-House-Ausnahme bedürfen (→ Rn. 18), würde für Personengesellschaften, etwa bei Aufträgen an eine kommunale GmbH & Co KG, keine In-House-Vergabe möglich sein. In dieser Pauschalität sind beide Ergebnisse nicht normzweckgerecht. Aus der Sicht des Unionsrechts ist die Struktur der öffentlichen Hand aufgrund der Unterschiede zwischen den Mitgliedstaaten nicht maßgebend. Es ist gerade eine der Funktionen des § 108, den formbasierten Ansatz des Vergaberechts funktional zu korrigieren (→ Rn. 2).

b) Auftrag an eine Personengesellschaft. Aufträge an Personengesellschaften werden trotz des auf juristische Personen bezogenen Wortlautes von § 108 ebenfalls erfasst. An eine Personengesellschaft erteilte Aufträge sind auch nach dem weiten Unternehmensbegriff iSd § 103 vergaberechtlich relevant (→ § 103 Rn. 8; → § 99 Rn. 12).[49] Ebenso erfasst das Unionsrecht über den Begriff des beauftragten Wirtschaftsteilnehmers nicht nur juristische Personen, sondern auch einzelne natürliche Personen und Personengruppen (Art. 2 Abs. 1 Nr. 10 RL 2014/24/EU). Dieses funktionale Verständnis des Unternehmensbegriffs erscheint vor den Zielsetzungen des Vergaberechts konsequent, da es aus wettbewerblicher Außenperspektive keinen Unterschied macht, ob eine Personengesellschaft oder eine juristische Person auf dem Markt tätig ist.[50] Auch eine Direktvergabe kann daher in beiden Fällen die gleichen Wettbewerbsverzerrungen herbeiführen. Wenn aber von der Beauftragung einer Personengesellschaft keine größeren Gefahren für den Wettbewerb ausgehen, ist die Nichtaufnahme von Personengesellschaften in Abs. 1 als redaktionelle Ungenauigkeit einzustufen und einer erweiterten Auslegung zugänglich. Alternativ lässt sich dieses Ergebnis auch auf eine normzweckorientierte Auslegung des Auftragsbegriffes iSd § 103 stützen, insbesondere wenn man auch in der In-House-Ausnahme eine Konkretisierung des Auftragsbegriffes erblickt.[51] Im Ergebnis jedenfalls bestehen keine Bedenken, Aufträge an Personengesellschaften, zB eine kommunale GmbH & Co. KG, an den In-House-Kriterien zu messen.[52] Dennoch wirft diese Rechtsfrage hinreichende Zweifel auf, um die Vorlagepflicht iSd Art. 267 AEUV auszulösen.

c) Auftrag an Eigen- oder Regiebetriebe ohne eigene Rechtspersönlichkeit. Die Zuweisung einer Aufgabenerledigung an einen **kommunalen Eigenbetrieb** ohne eigene Rechtspersönlichkeit wird nach herrschender Auffassung nicht vom Begriff des öffentlichen Auftrages umfasst.[53] Nach hier vertretener Auffassung ist jedoch zu differenzieren. Eine öffentliche Einrichtung hat grundsätzlich die Möglichkeit, ihre im allgemeinen Interesse liegenden Aufgaben mit ihren eigenen administrativen, technischen und sonstigen Mitteln zu erfüllen, ohne sich an externe Ein-

---

[48] Vgl. EuGH Urt. v. 18.11.1999 – C-107/98, Slg. 1999, I-8121 Rn. 49 f. = NZBau 2000, 90 – Teckal; EuGH Urt. v. 11.1.2005 – C-26/03, Slg. 2005, I-1 Rn. 52 = NZBau 2005, 111 – Stadt Halle und RPL Lochau; EuGH Urt. v. 13.10.2005 – C-458/03, Slg. 2005, I-8585 Rn. 60 = NZBau 2005, 644 – Parking Brixen.
[49] Vgl. auch OLG Celle Beschl. v. 4.9.2006 – 13 Verg 3/06, ZfBR 2006, 818 (819), zum Begriff des öffentlichen Auftraggebers.
[50] S. Erwägungsgrund 14 RL 2014/24/EU; Erwägungsgrund 49 RL 2014/23/EU.
[51] Vgl. OLG Düsseldorf Beschl. v. 2.11.2016 – VII-Verg 23/16, BeckRS 2016, 20409 Rn. 14, wonach es an einem „Unternehmen" im vergaberechtlichen Sinne fehle.
[52] Ebenso *Müller-Wrede* VergabeR 2016, 292 (293); *Brockhoff* VergabeR 2014, 625 (629); *Wagner* VergabeR 2011, 181 (184); wohl auch *Gaus* VergabeR 2016, 418 (420); aA *Leinemann* in Leinemann Vergabe öff. Aufträge Rn. 143.
[53] Vgl. OLG Naumburg Beschl. v. 3.11.2005 – 1 Verg 9/05, NZBau 2006, 58 (61) – Nachbarlandkreis; *Franz*, Gewinnerzielung durch kommunale Daseinsvorsorge, 2005, 182 f.; Beck VergabeR/*Gurlit* Rn. 9; *Portz* in KKPP GWB Rn. 42; Immenga/Mestmäcker/*Dreher* Rn. 9; *Brüning* in Schulte/Kloos ÖffWirtschaftsR-HdB § 5 Rn. 166; *Dreher* NZBau 2004, 14 (15); *Faber* DVBl 2001, 248 (250); *Tomeric* NVwZ 2000, 727 (732); *Greb* VergabeR 2015, 289.

richtungen wenden zu müssen (Art. 1 Abs. 4 RL 2014/24/EU).[54] Die interne Organisationsstruktur ist aus der an den Wettbewerbswirkungen orientierten Sicht des modernen Vergaberechts grundsätzlich nicht entscheidend. Die Kommunen, die in der Regel Eigentümer der Sachanlagen der Eigenbetriebe und Arbeitgeber der Arbeitnehmer sind, die der Eigenbetrieb beschäftigt, halten wirtschaftlich die sachlichen und personellen Mittel vor, die zur Wahrnehmung der öffentlichen Aufgabe in der Gemeinde erforderlich sind. In diesem Fall einen Zwang zur Ausschreibung der vom Eigenbetrieb an sich zu erbringenden Dienstleistungen zu begründen, setzte die Kommune der Gefahr aus, dass sie ihr in den Eigenbetrieb eingebrachtes Human- und Sachkapital nicht einsetzen könnte und sie die Stillstandskosten des Eigenbetriebs zusätzlich zu dem Entgelt an den Gewinner der Ausschreibung tragen müsste. Eine solche Gefahrenlage müsste, wenn sie real bestünde, die Gemeinde entgegen der durch Art. 28 Abs. 2 GG geschützten Selbstverwaltungsbefugnis de facto zwingen, auf die eigenverantwortliche Wahrnehmung der öffentlichen Aufgabe zu verzichten und die Aufgabe zu „privatisieren". Das kommunale Wahlrecht zwischen öffentlich-rechtlicher und privatrechtlicher Leistungserbringung wäre beseitigt; die Satzungsautonomie der Gemeinde wäre entleert.

19   Soweit jedoch die Gemeinde mit dem Eigenbetrieb erwerbswirtschaftliche **Dienstleistungen in Konkurrenz zu Privaten am Markt anbietet,** tritt die Gefahr einer Wettbewerbsverzerrung ebenso auf, wie wenn die Gemeinde über eine kontrollierte juristische Person tätig würde. Anders als bei der generell dem Anwendungsbereich des Vergaberechts entzogenen kommunalen Selbstvornahme werden Leistungen in diesem Fall nicht nur für die Gemeinde selbst, sondern auch für Dritte erbracht. Indem auf der einen Seite Leistungen im Wettbewerb an Dritte erbracht werden, gegenüber den Konkurrenten aber zugleich der Wettbewerbsvorteil der Direktbeauftragung in Anspruch genommen wird, wird eines der wesentlichen Ziele des Vergaberechts gefährdet, nämlich Wettbewerbsverzerrungen zu verhindern, die Folge der Bevorzugung einzelner Unternehmen durch eine unmittelbare Beauftragung sind, wodurch leistungsfähige Konkurrenten ungerechtfertigt diskriminiert werden.[55] Solche negativen Auswirkungen auf den Wettbewerb sind unabhängig von der Rechtsform eines Marktteilnehmers, können bei einem wirtschaftlich auf dem Markt tätigen Eigen- oder Regiebetrieb und einer als GmbH organisierten Eigengesellschaft also identisch sein.[56] Auch aus der Sicht privater Wettbewerber macht es keinen Unterschied, ob eine Gemeinde über eine GmbH oder einen Eigenbetrieb als Konkurrent auftritt.

20   Genau dieser Konflikt zwischen dem Interesse der öffentlichen Hand, eigene Sachmittel zu nutzen und Überkapazitäten dem Markt zur Verfügung zu stellen einerseits und dem Ziel, Wettbewerbsverzerrungen gegenüber anderen Anbietern zu verhindern andererseits, wird mit dem Wesentlichkeitskriterium des Abs. 1 Nr. 2 aufgelöst. Das Vergaberecht greift danach trotz der Gefahr der Wettbewerbsverzerrung in Folge der marktlichen Leistungserbringung nicht ein, soweit diese im Verhältnis zur Eigenbedarfsdeckung nur in einem unwesentlichen Umfang geschieht (→ Rn. 30 ff.). Damit enthält das Vergaberecht eine Stellschraube, die auch den Interessenkonflikt bei Eigenbetrieben adäquat auflösen kann. Deshalb wird hier entgegen der hM die Auffassung vertreten, dass solche Eigenbetriebe, die regelmäßig Leistungen an Dritte erbringen, nicht aus ungeschriebenen formalorganisatorischen Gründen aus dem Anwendungsbereich des Vergaberechts ausgeschlossen sind, sondern erst durch das In-House-Privileg, dessen Voraussetzungen damit auch vorliegen müssen.[57] Das ist regelmäßig der Fall. An einem Eigenbetrieb besteht keine private Beteiligung. Die Gemeinde hat vollständige Kontrolle über dessen wirtschaftliche Tätigkeiten. Es kommt daher im Wesentlichen darauf an, in welchem Umfang der Eigenbetrieb auch für Dritte tätig wird. Für das In-House-Privileg muss diese Tätigkeit unter 20% liegen (→ Rn. 30 ff.). Dadurch ist sichergestellt, dass wirtschaftlich gleichwertige Sachverhalte nicht unterschiedlich behandelt werden. Auch ist mit dieser Lösung kein Zwang zur Privatisierung verbunden, sondern nur eine Bindung der Gemeinden an allgemeine Wettbewerbsvorschriften, *soweit* sie die Entscheidung treffen, sich in bedeutendem Umfang wirtschaftlich zu betätigen, indem sie auf dem Markt Leistungen an Dritte erbringen. Deshalb steht auch Art. 1 Abs. 4 RL 2014/24/EU einem solchen Ergebnis nicht entgegen.

21   Ernsthafte rechtskonstruktive Bedenken bestehen nicht. Nicht überzeugend ist die Auffassung, es fehle an einer Personenmehrheit und eine Kommune könne keinen „Vertrag" mit sich selbst

---

[54] EuGH Urt. v. 11.1.2005 – C-26/03, Slg. 2005, I-1 Rn. 48 = NZBau 2005, 111 – Stadt Halle und RPL Lochau.
[55] Vgl. EuGH Urt. v. 3.10.2000 – C-380/98, Slg. 2000, I-8035 Rn. 17 = NZBau 2001, 218 – University of Cambridge; EuGH Urt. v. 12.12.2002 – C-470/99, Slg. 2002, I-11617 Rn. 52 = NZBau 2003, 162 – Universale-Bau AG; EuGH Urt. v. 27.2.2003 – C-373/00, Slg. 2003, I-1931 Rn. 42 f. = NZBau 2003, 287 – Adolf Truley.
[56] Ausf. dazu *Wolf* VergabeR 2011, 27 ff.
[57] Mit einer ähnlichen funktionalen Betrachtung nunmehr auch BGH Beschl. v. 12.11.2019 – XIII ZB 120/19, NVwZ 2020, 330 Rn. 31 f.

II. Vertikale In-House-Vergabe durch einen Auftraggeber (Abs. 1, 2) 21 § 108 GWB

schließen.[58] Gegenüber der für das moderne Vergaberecht maßgeblichen wettbewerbsfunktionalen Betrachtung greifen solche Einwände nicht durch. Der Unternehmensbegriff iSd § 103 Abs. 1 ist ebenso wie der in den Richtlinien verwendete Begriff des Wirtschaftsteilnehmers, der ebenfalls ein Unternehmen voraussetzt, wettbewerbsfunktional davon abhängig, dass eine wirtschaftliche Tätigkeit ausgeübt wird. Wie im Kartell- und Beihilfenrecht ist der Unternehmensbegriff also tätigkeitsbezogen zu verstehen und gerade nicht von der Rechtsnatur, der organisatorischen Ausgestaltung oder der Art der Finanzierung abhängig.[59] Danach kann eine Rechtspersönlichkeit verhaltensabhängig einmal als Träger hoheitlicher Gewalt und einmal als Unternehmen behandelt werden.[60] Bei Eigenbetrieben bewirkt damit das Anbieten von Leistungen auf dem Markt gegenüber Dritten ihre wirtschaftlich-funktionale Verselbstständigung. Auf welche Binnenstruktur dieses Verhalten zurückzuführen ist, bleibt ohne Bedeutung. Jedenfalls lassen sich wirtschaftliche Tätigkeiten von den hoheitlichen Tätigkeiten einer Gemeinde ebenso wie von der Bedarfsdeckung im öffentlichen Interesse unterscheiden. Folglich bestehen keine rechtskonstruktiven Bedenken gegen die Bejahung eines Leistungsverhältnisses zwischen zwei wirtschaftlich unterscheidbaren Funktionseinheiten, selbst wenn diese organisationsrechtlich einer Rechtspersönlichkeit angehören. Ebenso wird der Eigenbetrieb für die Zwecke des Steuerrechts als gegenüber der Trägerkörperschaft organisatorisch und haushaltsmäßig verselbstständigte Einrichtung behandelt und selbstständigen Kapitalgesellschaften gleichgestellt, soweit sie durch das Anbieten von Leistungen auf dem Markt in Konkurrenz zu Privaten treten.[61] Ebenso ist der Begriff des öffentlichen Auftrags anhand der Zwecke des Vergaberechts funktional zu bestimmen. Unerheblich ist, ob es sich um eine privat- oder öffentlich-rechtlich ausgestaltete Leistungsbeziehung handelt.[62] Auch kann die wirtschaftliche Leistungsbeziehung zwischen der Trägerkörperschaft zum Eigenbetrieb rechtlich erfasst werden, da der Auftragsbegriff nicht davon abhängt, ob eine Leistungsbeziehung den Kategorien des Vertragsrechts entspricht.[63] Für die Vergabe von Wegenutzungsrechten zur Verlegung von Energieversorgungsleitungen hat der Gesetzgeber dies in § 46 EnWG ausdrücklich anerkannt, dort weitergehend unter Aushebelung des In-House-Privilegs sogar mit dem Ziel einer vollständigen Gleichsetzung von Eigenbetrieben mit privaten Wirtschaftsteilnehmern.[64] Soweit man sich dennoch auf den Standpunkt stellt, dass die Richtlinien Sachverhalte wirtschaftlich tätiger Eigenbetriebe nicht erfassen, so läge aus den oben genannten Gründen jedenfalls ein Konflikt mit dem Primärvergaberecht vor, welches das Vorliegen eines formalen Vertrages nicht verlangt.[65]

---

[58] So etwa *Burgi* VergabeR § 11 Rn. 5; *Portz* in KKPP GWB Rn. 42; *Greb* VergabeR 2015, 289.
[59] StRspr, s. etwa EuGH Urt. v. 23.3.2006 – C-237/04, Slg. 2006, I-2843 Rn. 28 = BeckRS 2006, 70228 – Enirisorse; EuGH Urt. v. 10.1.2006 – C-222/04, EuZW 2006, 306 Rn. 107 – Ministero dell'Economia e delle Finanze/Cassa di Risparmio; EuGH Urt. v. 11.12.1997 – C-55/96, Slg. 1997, I-7119 Rn. 21 = EuZW 1998, 274 – Job Centre; EuGH Urt. v. 23.4.1991 – C-41/90, Slg. 1991, I-1979 Rn. 21 = NJW 1991, 2891 – Höfner und Elser; EuGH Urt. v. 16.3.2004 – C-264/01 ua, Slg. 2004, I-2493 Rn. 46 = NJW 2004, 2723 – AOK Bundesverband; EuG Urt. v. 2.7.1992 – T-61/89, Slg. 1992, II-1931 Rn. 50 – Dansk Pelsdyravlerforening/Kommission; EuGH Urt. v. 30.3.2000 – T-513/93, Slg. 2000, II-1807 Rn. 36 = BeckEuRS 2000, 241891 – Consiglio Nazionale degli Spedizionieri Doganali/Kommission; so auch OLG Düsseldorf Beschl. v. 5.5.2004 – VII-Verg 78/03, NZBau 2004, 398 – Stadt Wuppertal; *Portz* in KKPP GWB Rn. 21.
[60] Vgl. EuGH Urt. v. 1.7.2008 – C-49/07, Slg. 2008, I-4863 Rn. 25 = EuZW 2008, 605 – MOTOE; EuG Urt. v. 24.3.2011 – T-443/08 ua, BeckEuRS 2011, 562297 Rn. 98 – Flughafen Leipzig/Halle; EuG Urt. v. 12.12.2006 – T-155/04, BeckEuRS 2006, 437098 Rn. 54 f. – SELEX; EuG Urt. v. 12.12.2000 – T-128/98, Slg. 2000, II-3929 Rn. 108 = BeckEuRS 2000, 242052 – Aéroports de Paris/Kommission; s. bereits EuGH Urt. v. 11.7.1985 – 107/84, Slg. 1985, 2655 Rn. 14 f. = BeckRS 2004, 70684 – Kommission/Deutschland; s. auch EuG Urt. v. 24.3.2011 – T-443/08 ua, BeckEuRS 2011, 562297 Rn. 76 ff. – Flughafen Leipzig/Halle.
[61] Vgl. BFH Urt. v. 16.11.2011 – I R 108/09, BStBl. II 2013, 328 = DStRE 2012, 463; BFH Urt. v. 23.1.2008 – I R 18/07, BStBl. II 2008, 573 = DStR 2008, 1040.
[62] EuGH Urt. v. 12.7.2001 – C-399/98, Slg. 2001, I-5409 Rn. 73 = NZBau 2001, 512 – Ordine degli Architetti ua; EuGH Urt. v. 20.10.2005 – C-264/03, Slg. 2005, I-8852 Rn. 36 = ZfBR 2006, 69 – Kommission/Frankreich; EuGH Urt. v. 18.1.2007 – C-220/05, Slg. 2007, I-412 Rn. 40 = NZBau 2007, 185 – Jean Auroux ua/SEDL; OLG Düsseldorf Beschl. v. 5.5.2004 – VII-Verg 78/03, NZBau 2004, 398 (399) – Stadt Wuppertal; OLG Düsseldorf Beschl. v. 13.6.2007 – VII-Verg 2/07, NZBau 2007, 530 (532) – Fliegerhorst Ahlhorn; *Burgi* VergabeR § 10 Rn. 2; *Burgi* NZBau 2002, 57 (59).
[63] BGH Beschl. v. 1.2.2005 – X ZB 27/04, NZBau 2005, 290 (293); BGH Urt. v. 17.12.2013 – KZR 65/12, NZBau 2014, 303 Rn. 78 f. – Stromnetz Heiligenhafen, zur analogen Anwendung von § 134 BGB auf Leistungsbeziehungen zwischen Gemeinde und Eigenbetrieb.
[64] BGH Urt. v. 17.12.2013 – KZR 65/12, NZBau 2014, 303 Rn. 31 ff. – Stromnetz Heiligenhafen; BGH Beschl. v. 18.10.2016 – KZB 46/15, NZBau 2017, 236.
[65] EuGH Urt. v. 13.10.2005 – C-458/03, Slg. 2005, I-8585 Rn. 60 = NZBau 2005, 64 – Parking Brixen; dazu auch *Wolf* VergabeR 2011, 27.

22 **2. Kontrolle des Auftraggebers über den Leistungserbringer. a) Kontrolldichte.** Der öffentliche Auftraggeber muss über die juristische Person eine ähnliche Kontrolle wie über seine eigenen Dienststellen ausüben können. Damit folgt die gesetzliche Regelung den vom EuGH für das Primärrecht entwickelten Kriterien, die zur Auslegung weiterhin herangezogen werden können.[66] Der öffentliche Auftraggeber muss danach in der Lage sein, sowohl auf die strategischen Ziele als auch auf die wichtigen Entscheidungen der beauftragten Einrichtung ausschlaggebenden Einfluss zu nehmen,[67] dh eine strukturelle und funktionelle Kontrolle wirksam ausüben können.[68] In diese Prüfung sind alle rechtlichen und tatsächlichen Gesamtumstände und Bestimmungsgründe einzubeziehen.[69] Zu berücksichtigen sind etwa die Art der Kapitalbeteiligung, die Zusammensetzung der Beschlussorgane und der Umfang der Befugnisse der Unternehmensleitung.[70] Die Einwirkungsmöglichkeiten des öffentlichen Auftraggebers hängen damit stark von der Rechtsform des Beteiligungsunternehmens ab. Die Alleinbeteiligung des öffentlichen Auftraggebers an einer juristischen Person des Privatrechts ist für sich genommen noch kein hinreichender Nachweis für eine Kontrollintensität ähnlicher der bei eigenen Dienststellen, stellt jedoch ein gewichtiges Indiz dar. In aller Regel wird bei einer 100%igen Tochter- und Enkelgesellschaft mbH eine solche Kontrollintensität zu bejahen sein. Eine bloße nachprüfende Aufsicht zB hinsichtlich der Jahresabschlüsse und der ordnungsgemäßen Einhaltung buchhalterischer Verpflichtungen erfüllt diese Voraussetzungen dagegen nicht,[71] kann aber eine bestehende Kontrollmöglichkeit vertiefen.[72] Ebenso wenig reicht es, wenn der öffentliche Auftraggeber nur in einzelne Bereiche wie in das Beschaffungswesen steuernd eingreifen kann.[73]

23 Die Kontrolle muss derjenigen über eigene Dienststellen nur ähnlich sein. Eine identische Steuerungsfähigkeit ist vor allem bei Unternehmen in Privatrechtsform nicht möglich.[74] Ein gewisser Entscheidungsspielraum im Alltagsgeschäft ist daher unschädlich. Allerdings muss es dem öffentlichen Auftraggeber möglich sein, öffentliche Zwecke zu verfolgen, ohne durch wirtschaftliche Zwänge daran gehindert zu sein. Die beauftragte Einheit darf deshalb keine Marktausrichtung und ein Maß an Selbständigkeit erworben haben, die eine Kontrolle durch die ihr angeschlossenen öffentlichen Stellen als nicht gesichert erscheinen lassen.[75] Mit dieser Forderung erfasste der EuGH in seiner bisherigen Rechtsprechung die Gefahr, dass die Gesellschaft aufgrund einer starken Marktabhängigkeit zu sehr von **ökonomischen Zwängen** geleitet wird, hinter der die öffentlichen Interessen des Auftraggebers im Einzelfall zurücktreten müssten. Dies kann etwa der Fall sein, wenn das Unternehmen in bedeutendem Umfang über das Hoheitsgebiet des öffentlichen Auftraggebers hinaus tätig wird und damit von wirtschaftlichen Interessen geleitet wird, die funktional denen eines privaten Marktteilnehmers entsprechen.[76] Mit dieser Überlegung fließt letztlich eine qualitative Beurteilung der Markttätigkeit in die Voraussetzungen, auch wenn nach § 108 die Wesentlichkeitsgrenze iSd Abs. 1 Nr. 2 rein quantitativ bestimmt wird.[77] Gegen eine mit der In-House-Vergabe unvereinbare Marktausrichtung spricht, wenn der Aufgabenbereich umfassend gesetzlich vorgeschrieben ist. Wenn der satzungsmäßige Zweck auf die Verwirklichung von Aufgaben im öffentlichen/gemeindlichem Interesse im regionalem Aufgabengebiet beschränkt ist und danach keine anderen Interessen verfolgt werden können, als die ihr angeschlossenen öffentlichen Stellen, so weist dies auf eine ausreichende Kontrolle hin.[78] Diese Indizien müssen jeweils durch geeignete intraorganisatorische Maßnahmen abgesichert sein.

---

[66] *Gaus* VergabeR 2016, 418 (419).
[67] EuGH Urt. v. 13.11.2008 – C-324/07, Slg. 2008, I-8457 Rn. 28 = NZBau 2009, 54 – Coditel Brabant; EuGH Urt. v. 13.10.2005 – C-458/03, Slg. 2005, I-8585 Rn. 65–67 = NZBau 2005, 64 – Parking Brixen; EuGH Urt. v. 11.5.2006 – C-340/04, Slg. 2006, I-4137 Rn. 36 = NZBau 2006, 452 – Carbotermo.
[68] EuGH Urt. v. 29.11.2012 – C-182 u. 183/11, NZBau 2013, 55 Rn. 27 – Econord; EuGH Urt. v. 8.5.2014 – C-15/13, NZBau 2014, 368 Rn. 26 – HIS.
[69] EuGH Urt. v. 10.11.2005 – C-29/04, Slg. 2005, I-9705 Rn. 38 ff. = NZBau 2005, 704 – Kommission/Republik Österreich; EuGH Urt. v. 13.10.2005 – C-458/03, Slg. 2005, I-8585 Rn. 65 = NZBau 2005, 644 – Parking Brixen.
[70] EuGH Urt. v. 13.11.2008 – C-324/07, Slg. 2008, I-8457 Rn. 29 = NZBau 2009, 54 – Coditel Brabant.
[71] Vgl. EuGH Urt. v. 27.2.2003 – C-373/00, Slg. 2003, I-1931 Rn. 69 ff. = NZBau 2003, 287 – Truley, zum Tatbestandsmerkmal der Aufsicht über die Leitung gem. Art. 1 lit. b UAbs. 2 dritter Gedankenstrich RL 93/36/EWG.
[72] EuGH Urt. v. 17.7.2008 – C-371/05, Slg. I 2008, 110 L Rn. 25 f. = LSK 2009, 320088 (Ls.) – Kommission/Italien.
[73] EuGH Urt. v. 8.5.2014 – C-15/13, NZBau 2014, 368 Rn. 31 f. – HIS.
[74] BayObLG Beschl. v. 22.1.2002 – Verg 18/01, NZBau 2002, 397 (399); *Faber* DVBl 2001, 248 (253 f.).
[75] EuGH Urt. v. 13.11.2008 – C-324/07, Slg. 2008, I-8457 Rn. 36 = NZBau 2009, 54 – Coditel Brabant.
[76] Vgl. OLG Düsseldorf Beschl. v. 5.5.2004 – VII-Verg 78/03, NVwZ 2004, 1022 = NZBau 2004, 398; vgl. auch *Byok/Bormann* NVwZ 2008, 842 (846) mwN.
[77] Darauf hinweisend auch *Portz* in KKPP GWB Rn. 56.
[78] EuGH Urt. v. 13.11.2008 – C-324/07, Slg. 2008, I-8457 Rn. 38–40 = NZBau 2009, 54 – Coditel Brabant; EuGH Urt. v. 10.9.2009 – C-573/07, Slg. 2009, I-8129 Rn. 73 ff. = NZBau 2009, 797 – Sea.

Unerheblich ist, inwieweit in der Vergangenheit tatsächlich konkrete Weisungen erteilt wurden. 24
Wenn die Geschäftsführung der juristischen Person sich entsprechend den Zielvorgaben der staatlichen Stelle verhält und die Zielvorgaben keinen nennenswerten unternehmerischen Spielraum lassen, müssen keine konkreten Anweisungen festgestellt werden. Die jederzeitige rechtliche Möglichkeit einer aktiven Einflussnahme reicht zur Bejahung einer Kontrolle durch den Auftraggeber aus. Es besteht dann eine wirtschaftliche Einheit, in deren Rahmen die einzelnen Gesellschaften ihr Vorgehen auf dem Markt nicht autonom bestimmen können, sondern an die Zielvorgaben, Richtlinien und Anweisungen der sie kontrollierenden staatlichen Stelle gebunden sind.[79] Ohne eine tatsächliche Einflussnahme kann sich der öffentliche Auftraggeber jedoch nicht auf die Vermutung des Abs. 2 S. 1 berufen (→ Rn. 29).

b) Gesellschaftsformen. Die Gesellschafter einer **GmbH** haben eine umfassende übergeord- 25
nete Geschäftsführungskompetenz, die ihnen erlaubt, jederzeit Weisungen in allen Angelegenheiten zu erteilen und Richtlinien für die Geschäftsführung aufzustellen (§ 37 Abs. 1 GmbHG, § 38 Abs. 1 GmbHG, § 46 Nr. 5 und 6 GmbHG). Eine GmbH steht folglich unter umfassender Kontrolle durch den Alleingesellschafter, dessen Kompetenz erst dort endet, wo die Geschäftsführer die im Allgemein- und vor allem im Gläubigerinteresse bestehenden zwingenden Gesetzesvorschriften zu beachten haben.[80] Folglich kann der staatliche Gesellschafter in einer GmbH, an der er 100% der Anteile hält, in einem Maße Kontrolle ausüben, die der über eigene Dienststellen entspricht.[81] Ebenso direkt ist die Kontrolle im Falle von Personengesellschaften. Im Falle einer kommunalen **GmbH & Co. KG** ist der persönlich haftende Gesellschafter grundsätzlich voll geschäftsführungsbefugt. Damit schlägt die Kontrollmöglichkeit über die GmbH-Beteiligungsgesellschaft in vollem Umfang auf die KG durch (s. Abs. 2 S. 2).

Nach der früheren Auffassung des EuGH[82] und der ihm folgenden deutschen Gerichte[83] war 26
das Merkmal der Kontrolle „wie über eine eigene Dienststelle" bei einer **Aktiengesellschaft** nicht erfüllt, soweit der Vorstand, wie es gem. § 76 AktG iVm § 111 Abs. 4 S. 1 AktG und § 119 Abs. 2 AktG der Fall ist, beträchtliche eigenständige Befugnisse zur Führung wichtiger Geschäfte hat, die ohne effektive Kontrolle durch die Anteilseigner ausgeübt werden können.[84] Bei der Aktiengesellschaft besteht nämlich die Gefahr, dass diese Ziele unabhängig von ihren Anteilseignern verfolgt werden.[85] Der Vorstand ist vorrangig dem Interesse der Gesellschaft und nicht dem der Aktionäre verpflichtet (vgl. § 93 Abs. 1 S. 2 AktG). Später hat der EuGH zwar erkennen lassen, dass die Aktiengesellschaft ausreichend kontrollierbar sein kann.[86] Eine nähere Begründung steht allerdings noch aus. In seiner neueren Entscheidungspraxis scheint es dem EuGH jedenfalls auszureichen, dass die vergebende Stelle alle Anteile an der Aktiengesellschaft hat.[87] Sein früherer Verweis auf die Entscheidung im Fall ANAV[88] ist nicht ergiebig, da er in jener Entscheidung zum Umfang der Kontrolle in der Aktiengesellschaft keine Aussage traf, lediglich klarstellte, dass die Beteiligung

---

[79] So auch *Dreher* NZBau 2001, 360 (363), unter Hinweis auf den Grundsatz der Rechtssicherheit und unpraktikable Notwendigkeit einer laufenden vergaberechtlichen Verhaltenskontrolle über den öffentlichen Auftraggeber. Vgl. zum Parallelproblem bei konzerninternen Vereinbarungen und Art. 101 AEUV ebenso EuGH Urt. v. 24.10.1996 – C-73/95 P, Slg. 1996, I-5457 Rn. 16 = ZIP 1997, 87 – Viho/Kommission; *Fleischer* AG 1997, 491 (495 ff.).
[80] HM; vgl. BVerfG Urt. v. 1.3.1979 – 1 BvR 532/77, BVerfGE 50, 290 (346) = NJW 1979, 699; BGH Urt. v. 14.12.1959 – II ZR 187/57, NJW 1960, 285 (289); BGH Urt. v. 18.3.1974 – II ZR 2/72, NJW 1974, 1088 (1089); *Säcker* ZHR 148 (1984), 153.
[81] BGH Beschl. v. 12.11.2019 – XIII ZB 120/19, NVwZ 2020, 330 Rn. 56; OLG Düsseldorf Beschl. v. 2.11.2016 – VII-Verg 23/16, NZBau 2017, 112 (114); OLG Düsseldorf Beschl. v. 12.1.2004 – VII-Verg 71/03, NZBau 2004, 343 (345) – PPK-Abfallverwertung; OLG Celle Beschl. v. 29.10.2009 – 13 Verg 8/09, NZBau 2010, 194 (197).
[82] EuGH Urt. v. 13.10.2005 – C-458/03, Slg. 2005, I-8585 Rn. 67 ff. = NZBau 2005, 644 – Parking Brixen; EuGH Urt. v. 13.11.2008 – C-324/07, Slg. 2008, I-8457 Rn. 37 = NZBau 2009, 54 – Coditel Brabant; s. dazu auch *Säcker/Wolf* WRP 2007, 282 (285).
[83] Vgl. BGH Urt. v. 3.7.2008 – I ZR 145/05, NZBau 2008, 664 (666 f.) – Kommunalversicherer; OLG Düsseldorf Beschl. v. 12.1.2009 – Verg 67/08, BeckRS 2009, 06384.
[84] AA *Hattig/Ruhland* VergabeR 2005, 425 (428), mit dem Hinweis, es komme nur auf die tatsächliche, nicht aber die rechtliche Einflussmöglichkeit an. Vgl. dazu auch *Müller* VergabeR 2005, 436 (441 f.).
[85] EuGH Urt. v. 13.11.2008 – C-324/07, Slg. 2008, I-8457 Rn. 37 = NZBau 2009, 54 – Coditel Brabant.
[86] EuGH Urt. v. 10.9.2009 – C-573/07, Slg. 2009, I-8207 Rn. 41 = NZBau 2009, 797 – Sea; EuGH Urt. v. 17.7.2008 – C-371/05, Slg. I 2008, 110 L Rn. 25 f. = LSK 2009, 320088 (Ls.) Kommission/Italien; EuGH Urt. v. 29.11.2012 – C-182 u. 183/11, NZBau 2013, 55 Rn. 29 – Econord.
[87] EuGH Urt. v. 18.6.2020 – C-328/19, ECLI:EU:C:2020:483 Rn. 30 u. 67 ff. – Porin kaupunki; dazu *Lenz/Jürschik* EuZW 2020, 1030 (1032).
[88] EuGH Urt. v. 6.4.2006 – C-410/04, Slg. 2006, I-3311 Rn. 29 ff. = NZBau 2006, 326 – ANAV.

Privater eine In-House-Vergabe ausschließe. Zur Begründung ließe sich in Anlehnung an den Kontrollbegriff im Rahmen der wettbewerbsrechtlichen Zusammenschlusskontrolle (Art. 3 FKVO, § 37 Abs. 1 Nr. 2) anführen, dass dem Hauptanteilseigner über die indirekte Möglichkeit der Einflussnahme auf die personelle Besetzung des Vorstandes auch eine tatsächliche Unternehmensführung ermöglicht wird.[89] Auf der anderen Seite soll über den Kontrolltatbestand der Zusammenschlusskontrolle die Interessengleichschaltung bereits frühzeitig als Gefahr für die Wettbewerbsverhältnisse erfasst werden, während § 108 mit dem Kontrolltatbestand sicherstellen soll, dass die öffentliche Aufgabenstellung für das Unternehmen handlungsleitend ist. Die Gefahren für den Wettbewerb steigen also, je weiter der Kontrollbegriff in § 108 verstanden wird, während es bei der Zusammenschlusskontrolle genau umgekehrt ist. Eine Übernahme des fusionskontrollrechtlichen Kontrollbegriffs ist daher abzulehnen.[90] Folglich kann eine AG zwar grundsätzlich die erforderliche Kontrolle gewähren. Hierzu ist jedoch mehr als nur die Kapitalmehrheit erforderlich. Denkbar sind etwa eine Zweckbindung in der Satzung, ein besonderer Einfluss auf die Personalien und die Einrichtung zusätzlicher Entscheidungsgremien. Bei Abschluss eines **Beherrschungsvertrages**, der konkrete Weisungen zu einzelnen wirtschaftlichen Tätigkeiten erlaubt, ist die Aktiengesellschaft grundsätzlich für In-House-Geschäfte geeignet.[91] Der Abschluss eines Beherrschungsvertrages kann jedoch aufgrund der zusätzlichen Haftungs- und Verlustübernahmepflichten (§§ 302, 303 AktG) gegen ein kommunalrechtliches Verlustübernahmeverbot oder die Pflicht zur Haftungsbegrenzung verstoßen.[92]

27   **c) Mittelbare Kontrolle/Weisungskette (Abs. 2 S. 2).** Die für eine In-House-Direktvergabe erforderliche Kontrolle über den Auftragnehmer kann auch über eine zwischengeschaltete Einheit erfolgen (Weisungskette).[93] Selbst eine längere Weisungskette bis zur (Ur-)Enkelgesellschaft unterbricht die Kontrollmechanismen nicht automatisch.[94] Klargestellt wird dies nunmehr in § 108 Abs. 2 S. 2. Der Wortlaut lässt keine Beschränkung auf eine einzige Zwischenstufe erkennen.[95] Indem die indirekte mit der direkten Kontrolle gleichgestellt wird, lässt sie sich mehrfach verketten. Das bedeutet aber nicht, dass jede Verlängerung der Weisungskette das Kontrollkriterium erfüllt. Denn Voraussetzung ist weiterhin, dass über die Ebenen hinweg eine wirksame Einwirkungsmöglichkeit bestehen bleibt.[96] Ein Verlust der Steuerungsmöglichkeit kann sich daraus ergeben, dass eine Kette von *eingeschränkten* Einwirkungsmöglichkeiten den Freiraum des Unternehmens zu groß werden lässt. Dies kann bei einer Zwischenbeteiligungsstufe durch eine Aktiengesellschaft der Fall sein, trifft jedoch grundsätzlich nicht auf die Beteiligung über eine GmbH zu.[97] Auf dieser Grundlage hat zB auch das OLG Düsseldorf auf das Beschaffungsverhältnis zwischen einer Gemeinde und ihrer Enkelgesellschaft im Rahmen der Rekommunalisierung der Müllabfuhr das In-House-Privileg angewendet.[98] Der EuGH sah vor diesem Hintergrund in der Übertragung eines Auftrages auf eine vom Auftragnehmer vollständig beherrschte Tochtergesellschaft nur eine interne Neuorganisation des Vertragspartners, welche keine neue Ausschreibung erforderte.[99] Das Wesentlichkeitskriterium der Nr. 2 ist in diesen Fällen nicht nur dann erfüllt, wenn mehr als 80% der Tätigkeiten an den mittelbar kontrollierenden Auftraggeber, sondern auch wenn sie an sonstige von diesem kontrollierte Unternehmen erbracht werden, zB an in der Kontrollkette zwischengeschaltete Gesellschaften.[100]

28   **d) Kontrollvermutung (Abs. 2 S. 1).** Gemäß Abs. 2 wird die Kontrolle des öffentlichen Auftraggebers über den Auftragnehmer vermutet, wenn der Auftraggeber einen ausschlaggebenden

---

[89] Vgl. Kommission, Konsolidierte Mitteilung zu Zuständigkeitsfragen, ABl. 2009 C 43, 10 Rn. 16 ff.
[90] BKartA Beschl. v. 12.12.2012 – VK3-129/12, S. 9 f.
[91] *Endler* NZBau 2002, 125 (131 f.); *Orlowski* NZBau 2007, 80 (81).
[92] Dazu *Endler* NZBau 2002, 125; *Siegel* NVwZ 2008, 7 (9 f.).
[93] *Säcker/Wolf* WRP 2007, 282 (286); zust. BGH Urt. v. 3.7.2008 – I ZR 145/05, NZBau 2008, 664 (666) – Kommunalversicherer; BGH Beschl. v. 12.11.2019 – XIII ZB 120/19, NVwZ 2020, 330 Rn. 55.
[94] *Müller-Wrede* VergabeR 2016, 292 (293 f.).
[95] Aa *Immenga/Mestmäcker/Dreher* Rn. 22.
[96] EuGH Urt. v. 11.5.2006 – C-340/04, Slg. 2006, I-4137 Rn. 36 = NZBau 2006, 452 – Carbotermo; EuGH Urt. v. 13.10.2005 – C-458/03, Slg. 2005, I-8585 Rn. 65 = NZBau 2005, 644 – Parking Brixen. IE auch *Dreher* NZBau 2001, 360 (365).
[97] Vgl. EuGH Urt. v. 11.5.2006 – C-340/04, Slg. 2006, I-4137 Rn. 39 = NZBau 2006, 452 – Carbotermo; OLG Düsseldorf Beschl. v. 30.1.2013 – VII-Verg 56/12, NZBau 2013, 327 (328); *Frenz* WRP 2006, 874 (880).
[98] OLG Düsseldorf Beschl. v. 15.10.2003 – VII-Verg 50/03, NZBau 2004, 58 (60); OLG Düsseldorf Beschl. v. 12.1.2004 – 7 Verg 71/03, NZBau 2004, 343 (345) – PPK-Abfallverwertung.
[99] EuGH Urt. v. 19.6.2008 – C-454/06, Slg. 2008, I-4401 Rn. 44 f., 49 = NZBau 2008, 518 – pressetext; ebenso OLG Frankfurt a. M. Beschl. v. 5.8.2003 – 11 Verg 2/02, NZBau 2003, 633 (634) – Dokumenten-Management; BKartA Beschl. v. 7.4.1999 – VK A–19/99, FHZivR 46 Nr. 1886 = WuW/E Verg 279 – Imprägnierte Holzmasten; BKartA Beschl. v. 29.6.2005 – VK3–52/05, S. 10 (des Umdrucks) – Staatliche Museen.
[100] Ebenso *Hofmann* VergabeR 2016, 189 (194).

Einfluss auf die strategischen Ziele und die wesentlichen Entscheidungen des Auftragnehmers ausübt. Es handelt sich um eine **widerlegliche Rechtsvermutung**. Beim das Nachprüfungsverfahren beherrschenden Untersuchungsgrundsatz (§ 163 Abs. 1 S. 1) würde die Vermutung zwar erst im Falle eines *non liquet* greifen, dh wenn der Sachverhalt nicht weitergehend aufgeklärt werden kann. Da jedoch die Vergabekammer sich auf das Vorbringen der Beteiligten beschränken kann (§ 163 Abs. 1 S. 2), läuft es häufig auf einen Quasi-Beibringungsgrundsatz hinaus. Danach trägt grundsätzlich derjenige, der sich auf die Ausnahme des § 108 beruft, die Darlegungs- und Beweislast.[101] Gemäß Abs. 2 S. 1 muss dieser für die Bejahung von Kontrolle nur nachweisen, dass tatsächlich Einfluss ausgeübt wird, soweit dies nicht vom Verfahrensgegner widerlegt werden kann.

Die Kontrollvermutung knüpft an einen tatsächlichen Einfluss an, der ausschlaggebend für die 29 strategischen Ziele und wesentlichen Entscheidungen gewesen sein muss. Mit dieser Vermutung darf jedoch schon aufgrund der primärrechtlichen Relevanz des Vergaberechts das Kontrollkriterium nicht systematisch ausgehebelt werden. Abs. 2 S. 1 dient lediglich der verfahrensrechtlichen Beweiserleichterung, ohne das materiell-rechtliche Kontrollkriterium zu ersetzen. Deshalb löst allein der Umstand, dass eine Gesellschaft freiwillig den Vorgaben des öffentlichen Auftraggebers folgt, noch nicht die Vermutungswirkung aus. Es ist zudem zu verhindern, dass ein Unternehmen nur deshalb den Wünschen der öffentlichen Hand folgt, um in den Genuss des In-House-Privilegs zu kommen. In Anlehnung an das Verständnis vom Merkmal des wettbewerblich erheblichen Einflusses iSd § 37 Abs. 1 Nr. 4 muss der Einfluss daher gesellschaftsrechtlich vermittelt sein, auch zur Auslösung der Vermutung darzulegen ist.[102] Die Kontrollvermutung des § 108 Abs. 2 S. 1 ist aber auch strenger als § 37 Abs. 1 Nr. 4 zu verstehen, der Erwerbsvorgänge auch dann fusionskontrollrechtlich erfassen soll, wenn sich keine Kontrolle nachweisen lässt, weshalb sich auch die Einflussnahme nicht auf das gesamte Wettbewerbspotential des Beteiligungsunternehmens beziehen muss.[103] Folglich ist die Vermutung des Abs. 2 S. 1 eng auszulegen und greift nur dann, wenn auch eine umfassende, rechtlich vermittelte tatsächliche Verhaltensbeeinflussung dargelegt ist.

3. Wesentliche Tätigkeit für Auftraggeber (80%-Grenze). a) Normzweck. Gemäß 30 Abs. 1 Nr. 2 müssen mehr als 80% der Tätigkeit des öffentlichen Unternehmens der Erfüllung von Aufgaben dienen, mit denen es vom öffentlichen Auftraggeber betraut wurde. Mit dieser Regelung werden öffentliche Unternehmen privilegiert. Denn trotz wirtschaftlicher Tätigkeit auf dem Markt in Konkurrenz zu Privaten bleibt eine Direktbeauftragung durch die öffentliche Hand weiterhin möglich, was ihnen einen Vorteil im Verhältnis zu privaten Wettbewerbern verschafft. Dadurch erhält die öffentliche Hand die Möglichkeit, nicht ausgelastete Kapazitäten dem Markt zur Verfügung zu stellen. Um den Grad der Wettbewerbsverzerrung gering zu halten, dürfen diese Tätigkeiten jedoch nur einen unwesentlichen Teil der Gesamttätigkeiten ausmachen.[104] Ein staatlich kontrolliertes Unternehmen, das ganz überwiegend für Dritte tätig wird, dient dagegen vorrangig einer nicht privilegierungsfähigen wirtschaftlichen Tätigkeit im Wettbewerb zu anderen Unternehmen.[105] Vor dem Vergabepaket 2014 hatte auch der EuGH für die In-House-Ausnahme stets gefordert, dass die direkt beauftragte Gesellschaft ihre Geschäftstätigkeit im Wesentlichen für die Stelle verrichtet, die ihre Anteile innehat.[106]

b) Primärrechtliche Grenzen und bisherige Rechtsprechung. Während die Neuregelung 31 eine am Gesamtumsatz anknüpfende starre quantitative Grenze begründet, tendierte der EuGH in seiner bisherigen Rechtsprechung in Auslegung der Vergaberichtlinien und des Primärrechts zu einer flexiblen, fallweisen Beurteilung anhand quantitativer und qualitativer Kriterien.[107] Danach verrichtet ein Unter-

---

[101] EuGH Urt. v. 11.1.2005 – C-26/03, Slg. 2005, I-1 Rn. 46 = NZBau 2005, 111 – Stadt Halle und RPL Lochau; EuGH Urt. v. 13.10.2005 – C-458/03, Slg. 2005, I-8585 Rn. 63 = NZBau 2005, 644 – Parking Brixen; EuGH Urt. v. 6.4.2006 – C-410/04, Slg. 2006, I-3303 Rn. 26 – ANAV.
[102] Dazu BGH Beschl. v. 21.11.2000 – KVR 16/99, WuW/E DE-R 607 (611) – Beteiligungserwerb im Zeitschriftenhandel.
[103] BGH Beschl. v. 21.11.2000 – KVR 16/99, NJW-RR 2001, 762 (763).
[104] EuGH Urt. v. 11.5.2006 – C-340/04, Slg. 2006, I-4137 Rn. 60 = NZBau 2006, 452 – Carbotermo; OLG Düsseldorf Beschl. v. 12.1.2004 – Verg 71/03, WuW/E Verg 1005; OLG Hamburg Beschl. v. 14.12.2010 – 1 Verg 5/10, NZBau 2011, 185 (186); vgl. *Dreher* NZBau 2001, 363 f.; *Müller-Kabisch/Manka* VW 2005, 149 (151); *Jennert* NZBau 2005, 623 (626); vgl. auch Mitteilung der Kommission zu Leistungen der Daseinsvorsorge in Europa, ABl. 2001 C 17, 4 Rn. 33, ausf. dazu *Jennert*, Zum Verhältnis von europäischem Beihilfenrecht und mitgliedstaatlicher Daseinsvorsorge, 2004, 165 ff.
[105] Vgl. auch VK Münster Beschl. v. 4.10.2004 – VK 21/04, IBRRS 2004, 3006; dazu *Jennert* NZBau 2006, 421 (423).
[106] Vgl. EuGH Urt. v. 11.5.2006 – C-340/04, Slg. 2006, I-4137 Rn. 59 f. = NZBau 2006, 452 – Carbotermo; EuGH Urt. v. 13.10.2005 – C-458/03, Slg. 2005, I-8585 Rn. 62 = NZBau 2005, 644 – Parking Brixen.
[107] Ausdrücklich EuGH Urt. v. 8.12.2016 – C-553/15, ECLI:EU:C:2016:935 Rn. 32 = NZBau 2017, 109 – Undis Servizi.

nehmen seine Tätigkeit im Wesentlichen für einen öffentlichen Auftraggeber, wenn es hauptsächlich für diesen tätig wird und jede andere Tätigkeit rein nebensächlich ist.[108] Das Verhältnis zwischen dem Umsatzes mit Dritten und dem Umsatz aufgrund des Leistungsverhältnisses mit dem öffentlichen Auftraggeber war nur eines von mehreren Kriterien, wenn auch ein besonders wichtiges.[109] Offengelassen hatte der EuGH, ab welchem Prozentsatz der Umsatz mit Dritten eine In-House-Direktvergabe ausschließt. Die hierzu vertretenen Auffassungen reichten von mehr als 50%[110] über „im nennenswerten Umfang", „ganz überwiegend", „nahezu ausschließlich"[111] bis „ausschließlich".[112] Nach anderer Ansicht lag nur dann kein In-House-Geschäft vor, wenn diese Einrichtung „im Wesentlichen für andere Wirtschaftsteilnehmer oder andere Körperschaften als diejenigen tätig wird, aus denen sich dieser öffentliche Auftraggeber zusammensetzt".[113] Der EuGH schien jedenfalls eine im Durchschnitt über 90%ige Tätigkeit für die Auftraggeber für ausreichend zu halten.[114] Gegen die Festlegung eines fixen Schwellenwertes wurden zu Recht die Willkürlichkeit dieses Ansatzes und die Einzelfallabhängigkeit der wettbewerblichen Beurteilung hervorgehoben. Ein starrer Prozentsatz könne sich daher als Hindernis für eine sachgerechte Lösung auswirken.[115] Gegen die im Schrifttum geforderte schematische Übertragung des 80%-Kriteriums aus Art. 13 der Richtlinie 93/38, mit der Begründung, dieses sei „objektiv" oder „sachgerecht",[116] sprach vor allem der Umstand, dass es sich um eine Ausnahmevorschrift in einer nur für bestimmte Sektoren geltenden Richtlinie ohne klare ratio legis handelte.[117] Die Rechtslage war daher unklar. Der BGH hatte zumindest Zweifel geäußert, ob eine Tätigkeit für Dritte im Umfang von bis zu 10% des jährlichen Gesamtvolumens noch die Voraussetzungen erfüllt.[118] Das OLG Celle hielt selbst ein Auftragsvolumen für Dritte von nur 7,5% für nicht mehr nur unwesentlich.[119] Mit dem Vergabepaket 2014 wurde in Anlehnung an Art. 23 Abs. 2, 3 Sektoren-RL aF ein starres Quantitativsystem eingeführt. Nachdem der Kommissionsvorschlag zunächst eine Grenze von 90% der Tätigkeiten vorsah,[120] im weiteren Gesetzgebungsverfahren zur Vermeidung einer zu starken Einschränkung doch wieder eine Übernahme der Teckal-Formel gefordert wurde,[121] wurde vom EU-Parlament die 80%-Schwelle in den geltenden Vergaberahmen eingebracht.[122]

32 Vor dem Hintergrund der **wettbewerblichen Zielsetzung des Vergaberechts**,[123] das neben dem allgemeinen Wettbewerbsrecht in Art. 101 f. AEUV[124] und dem Beihilfenrecht[125] auch dazu

---

[108] EuGH Urt. v. 11.5.2006 – C-340/04, Slg. 2006, I-4137 Rn. 63 f. = NZBau 2006, 452 – Carbotermo. Zu den Parallelen zum Gemeindewirtschaftsrecht vgl. s. OLG Hamm Urt. v. 23.9.1997 – 4 U 99–97, NJW 1998, 3504 – Gelsengrün, das zur Beurteilung der Anwendbarkeit des gemeindewirtschaftsrechtlichen Betätigungsverbots darauf abstellt, ob es sich bei der fraglichen Tätigkeit der Kommune um eine „bloße Annextätigkeit" handele. Dazu *Jennert* NZBau 2006, 421 (423).
[109] EuGH Urt. v. 11.5.2006 – C-340/04, Slg. 2006, I-4137 Rn. 65–67 = NZBau 2006, 452 – Carbotermo.
[110] Vgl. *Rindtorff/Gabriel* VergabeR 2004, 577 (580).
[111] Vgl. OLG Düsseldorf Beschl. v. 12.1.2004 – VII Verg 71/03, NVwZ 2004, 510 (512); *Dreher* NZBau 2001, 360 (363 f.).
[112] S. dazu Schlussanträge der GAin *Stix-Hackl* v. 23.9.2004 – C-26/03, ECLI:EU:C:2004:553 Rn. 84 – Stadt Halle und RPL Lochau; *Müller* VergabeR 2005, 436 (442 f.).
[113] Schlussanträge des GA *Léger* v. 15.6.2000 – C-94/99, ECLI:EU:C:2000:330 Rn. 93 – ARGE Gewässerschutz.
[114] EuGH Urt. v. 19.4.2007 – C-295/05, Slg. 2007, I-2999 Rn. 63 = NZBau 2007, 381 – Asemfo/Tragsa.
[115] *Krohn* NZBau 2005, 92 (95).
[116] Vgl. *Jasper/Pooth* VergabeR 2003, 613 (621); *Endler* NZBau 2002, 125 (132); *Faber* DVBl 2001, 248 (254 f.). Unter Hinweis auf § 10 VgV iErg auch VK Halle Beschl. v. 27.5.2002 – VK Hal 03/02 juris Rn. 122; *Marx* NZBau 2002, 311 (315).
[117] Schlussanträge der Generalanwältin *Stix-Hackl* v. 12.1.2006 – C-340/04, IBRRS 2006, 0049 Rn. 87 ff. – Carbotermo; Generalanwältin *Stix-Hackl* Schlussanträge v. 23.9.2004 – C-26/03, IBRRS 2004, 2710 Rn. 87 ff. – Stadt Halle und RPL Lochau.
[118] BGH Urt. v. 3.7.2008 – I ZR 145/05, NZBau 2008, 664 (667) – Kommunalversicherer.
[119] OLG Celle Beschl. v. 14.9.2006 – 13 Verg 2/06, NZBau 2007, 126 (127) – Datenverarbeitungszentrale; OLG Celle Beschl. v. 29.10.2009 – 13 Verg 8/09, NZBau 2010, 194 (197) – Hansestadt Lüneburg.
[120] S. Art. 11 des Vorschlages KOM(2011) 0896 endgültig.
[121] Amendment 3 der Stellungnahme des Committee of the Regions (ECOS-V-029).
[122] COD(2011) 0438, 137; s. dazu auch die vorbereitenden Stellungnahmen in A7-0007/2013.
[123] Vgl. Erwägungsgrund 2 RL 2004/18/EG; EuGH Urt. v. 3.3.2005 – verb. C-21/03 u. C-34/03, Slg. 2005, I-1559 Rn. 26 = NZBau 2005, 351 – Fabricom/Belgien; EuGH Urt. v. 17.9.2002 – C-513/99, Slg. 2002, I-7213 Rn. 81 = NZBau 2002, 618 – Concordia Bus Finland; EuGH Urt. v. 22.6.1993 – C-243/89, Slg. 1993, I-3353 Rn. 33 = IBRRS 33591 – Kommission/Dänemark; s. auch die Schlussanträge der GA *Léger* v. 15.6.2000 – C-94/99, BeckEuRS 2000, 352088 Rn. 5 u. 79 – ARGE Gewässerschutz/Bundesministerium für Land- und Forstwirtschaft; *Jaeger* NZBau 2001, 6 (8); *Pietzcker* ZHR 162 (1998), 427 (430 ff.); *Möschel* WuW 1997, 120 (122); *Broß* FS Brandner, 1996, 343 ff.; *Marx* FS Bechtold, 2006, 305 (321 ff.).
[124] EuGH Urt. v. 25.10.1977 – 26/76, Slg. 1977, 1875 Rn. 20 = NJW 1978, 480 – Metro/Kommission.
[125] EuGH Urt. v. 20.3.1990 – C-21/88, Slg. 1990, I-889 Rn. 20 = NVwZ 1991, 1071 – Du Pont de Nemours Italiana.

dient, ein System zu schaffen und aufrechtzuerhalten, das den Wettbewerb innerhalb des Binnenmarkts vor Verfälschungen schützt (Art. 51 EUV iVm Protokoll Nr. 27 und Art. 119 Abs. 1 AEUV), sind die konkreten **wettbewerblichen Wirkungen** im Einzelfall zu berücksichtigen. Eine nur auf das Unternehmen bezogene Umsatzbetrachtung, wie sie nunmehr in Abs. 1 Nr. 2 verankert wurde, ist dafür aber manchmal ungeeignet. So kann sich etwa die Erbringung von Leistungen an Dritte, auch wenn sie nur einen Bruchteil des Gesamtumsatzes ausmacht, **wettbewerbsverzerrend** auswirken, wenn das Unternehmen auf dem relevanten Markt mit dieser Tätigkeit einen **hohen Marktanteil** erreicht.[126] Zur Beurteilung der tatsächlichen Wettbewerbsverzerrung wären daher die **Marktverhältnisse** einzubeziehen. Wenn eine Gesellschaft etwa bereits allein durch ihre Tätigkeit für Dritte eine **marktbeherrschende Stellung** iSd Art. 102 AEUV bzw. § 19 einnimmt, wobei der Rückhalt durch den öffentlichen Auftraggeber auch in diese Bewertung einfließen müsste, so führt jede Privilegierung durch Direktvergabe zu einer weiteren Stärkung und Absicherung dieser Marktstellung zulasten privater Konkurrenten und damit zu einer Zementierung der bereits gestörten Marktstrukturen. Vor allem auf örtlich und sachlich eng begrenzten Märkten kann dieser Fall eintreten. Die jetzige Lösung führt also dazu, dass das Privileg der In-House-Vergabe unabhängig von Art und Ausmaß der Wettbewerbsverzerrung gewährt wird, solange der Umsatz durch Eigenaufträge hoch genug ist. Bei Gesellschaften, die iSd Abs. 4 den Eigenbedarf für mehrere öffentliche Auftraggeber decken, können aber selbst 10% des internen Gesamtumsatzes im Verhältnis zu privaten Wettbewerbern erhebliche Marktanteile begründen. Vorzugswürdig wäre daher eine flexible Grenze in Abhängigkeit vom Grad der Wettbewerbsverfälschung durch die Tätigkeit für Dritte unter Einbeziehung der Marktanteile des öffentlichen Unternehmens.[127] Sollten solche Extremfälle auftreten, besteht Anlass, diese im nationalen und EU-Sekundärrecht geregelte starre Prozentgrenze über das EU-Primärrecht zu korrigieren (→ Rn. 10).[128]

c) Feststellung im Einzelfall. Es müssen **mehr als 80%** der Tätigkeit des öffentlichen Unternehmens der Erfüllung von Aufgaben dienen, mit denen es vom öffentlichen Auftraggeber betraut wurde. Die Voraussetzung ist für jede einzelne In-House-Direktvergabe erneut zu prüfen. Bevor gem. Abs. 7 die Prozentualverteilung errechnet werden kann, bedarf es einer Feststellung der dafür maßgeblichen Tätigkeiten. Das richtet sich allein nach Abs. 1 Nr. 2. 33

aa) Aufgabenbetrauung. Der Begriff der Betrauung ist erst im EU-Parlament in die Richtlinientexte eingebracht worden.[129] Der Kommissionsentwurf sprach von Tätigkeiten, die „für den die Kontrolle ausübenden öffentlichen Auftraggeber oder für andere von diesem kontrollierte juristische Personen ausgeführt" werden. Eine wirkliche Klarstellung bewirkt diese Umformulierung nicht. Unabhängig davon, ob man mit einem Teil der Literatur eine Parallele zum Betrauungsakt iSd § 106 Abs. 2 AEUV annimmt,[130] ist das Verhältnis zwischen Auftragnehmer und Auftraggeber jedenfalls rechtsformneutral zu beurteilen. Es kommt nicht darauf an, ob Grundlage des Verhaltens ein Gesellschafterbeschluss, ein privatrechtlicher Vertrag oder eine öffentlich-rechtliche Leistungsbeziehung ist. Zudem erfasst der Begriff des Betrauungsaktes sowohl Aufträge iSd § 103 als auch ein Konzessionsrechtl begleitende Verpflichtungen iSd § 105. Formvoraussetzungen bestehen nicht. Eine schriftliche Beschreibung des Auftrags erscheint zu Beweiszwecken sinnvoll, ist jedoch keine materiellrechtliche Voraussetzung.[131] Eine Tätigkeit beruht nur dann auf einer Betrauung, wenn der öffentliche Auftraggeber sie kausal veranlasst hat.[132] Es reicht nicht, wenn die Tätigkeit generell einem öffentlichen Interesse dienlich sein kann.[133] 34

bb) Tätigkeiten gegenüber dem Auftraggeber. Zugunsten des Auftraggebers wirken bei der Direktvergabe von Aufträgen jedenfalls solche Tätigkeiten, die direkt ihm gegenüber erbracht werden. Eine zur Reinigung von Gebäuden gegründete GmbH, die fast ausschließlich die Verwal- 35

---

[126] Zu Recht diesen Umstand hervorhebend OLG Celle Beschl. v. 14.9.2006 – 13 Verg 2/06, NZBau 2007, 126 (127) – Datenverarbeitungszentrale.
[127] Vgl. auch EuGH Urt. v. 19.6.2008 – C-454/06, Slg. 2008, I-4401 Rn. 79 (86) = NVwZ 2008, 865 – pressetext.
[128] In diesem Sinne auch EuGH Urt. v. 3.10.2019 – C-285/18, ECLI:EU:C:2019:829 Rn. 58 ff. – Kauno miesto savivaldybė.
[129] Art. 11 des Kommissionsentwurfs, KOM(2011) 0896 endgültig.
[130] *Ziekow* NZBau 2015, 258 (260); *Leinemann* in Leinemann Vergabe öff. Aufträge Rn. 149; zurückhaltend *Losch* VergabeR 2016, 541 (544 f.).
[131] Weitergehend *Portz* in KKPP GWB Rn. 83 ff., wonach alle Einzelheiten des Auftrages in Schriftform vorliegen müssen.
[132] *Müller-Wrede* VergabeR 2016, 292 (297); *Greb* VergabeR 2015, 373 (380); aA *Dabringhausen* VergabeR 2014, 512 (519); *Portz* in KKPP GWB Rn. 96, anders wiederum in *Portz* in KKPP GWB Rn. 100.
[133] AA *Portz* in KKPP GWB Rn. 106 ff.

tungsgebäude des öffentlichen Auftraggebers reinigt, erfüllt regelmäßig die Voraussetzung der Abs. 1 Nr. 2. Die Gebäudereinigung dient einer spezifischen Aufgabe, nämlich der Erfüllung des Reinigungsauftrages. Diese Beauftragung wird vom Begriff der Betrauung umfasst. Das Erbringen von Leistungen an vom Auftraggeber kontrollierte Eigengesellschaften gilt ebenfalls als Tätigkeit gegenüber dem Auftraggeber. Eine Erbringung gegenüber anderen öffentlichen Einrichtungen, die nicht vom Auftraggeber kontrolliert werden, ist dagegen als Tätigkeit gegenüber Dritten zu behandeln.[134] Eine vorherige Übertragung öffentlicher Aufgaben von einer auf eine andere öffentliche Stelle im Sinne der Remondis-Rechtsprechung des EuGH (→ Rn. 67) führt jedoch dazu, dass Leistungen zur Erfüllung dieser Aufgabe gegenüber dem nunmehr zuständigen Auftraggeber erbracht werden, selbst wenn die dabei anfallenden Kosten von der früher zuständigen Stelle erstattet werden.[135] Dementsprechend kann eine Gemeinde, die im Wege der Delegation öffentliche Aufgaben einer anderen Gemeinde übernommen hat, sich ihrer Eigengesellschaft ohne vorheriges Vergabeverfahren bedienen, um die übernommenen Aufgaben auch im Gebiet der abgebenden Gemeinde zu erfüllen.[136] Voraussetzung ist jedoch, dass die abgebende Gemeinde sich ihrer Einflussnahmemöglichkeiten umfassend entledigt. Behält sie sich weitergehende Eingriffsbefugnisse vor, sind die Voraussetzungen einer horizontalen In-House-Vergabe gem. § 108 Abs. 6 zu prüfen.

36   cc) Tätigkeiten gegenüber Dritten. Umstritten ist, ob und inwieweit gegenüber Dritten erbrachte Tätigkeiten ebenfalls dem öffentlichen Auftraggeber zugerechnet werden können. Die Diskussion leidet daran, dass die Vergabe von Aufträgen und Konzessionen miteinander vermengt werden. Ein Grund dafür ist die Rechtsprechung des EuGH, wonach es unerheblich sei, wer letztlich Begünstigter der Leistung ist, ob der öffentliche Auftraggeber selbst oder ein sonstiger Nutzer der Leistungen.[137] Der EuGH hatte mit dieser offenen Formulierung aber vor allem die Direktvergabe von Dienstleistungskonzessionen im Blick.[138] Bestätigt wird dies durch die vorhergehende Stellungnahme der Generalanwältin *Stix-Hackl*, auf die sich der EuGH in der insoweit maßgeblichen Entscheidung Carbotermo bezieht.[139] Bei Konzessionen ist die Leistungserbringung gegenüber dem Endnutzer dem Auftraggeber zuzurechnen, weil der Konzessionsempfänger iSd § 105 Abs. 1 Nr. 2 dazu verpflichtet wird. Allerdings erfolgt diese Zurechnung nur für die Frage, ob die In-House-Direktvergabe *der Konzession* zulässig ist. Eine nachträgliche Direktvergabe weiterer Aufträge an das konzessionierte Unternehmen müsste sich selbst dann an den In-House-Kriterien messen lassen, wenn der Auftrag Leistungen umfasst, die Gegenstand der Konzession sind, außer es handelt sich um ein unionsrechtskonformes ausschließliches Recht iSd § 116 Abs. 1 Nr. 6. Dabei darf die Voraussetzung der Nr. 2 nicht ausgehöhlt werden. Denn die Tätigkeit für Dritte gilt auf dem Dienstleistungsmarkt im Rahmen des Abs. 1 als Drittumsatz, während sie im Rahmen der Konzessionsvergabe dem öffentlichen Auftraggeber zuzurechnen ist (→ Rn. 86 f.).[140] Würde man beide Betrachtungen dagegen einfach addieren, liefe die Wesentlichkeitsvoraussetzung leer.

37   Aus dem gleichen Grunde überzeugt auch eine Zurechnung über den Begriff der Betrauung nicht, wie sie in der Literatur diskutiert wird.[141] Dabei ist zu beachten, dass jede Tätigkeit der Gesellschaft dem öffentlichen Auftraggeber schon deshalb zuzurechnen ist, weil er die Kontrolle ausübt. Deshalb muss mit der Aufgabenbetrauung iSd Nr. 2 mehr gemeint sein als die Gründung und das Betreiben des öffentlichen Unternehmens. Es reicht daher nach hA für eine Zurechnung iSd Abs. 1 Nr. 2 nicht aus, wenn sich die Gesellschaft bei der Leistungserbringung gegenüber Dritten im Rahmen des vorgegebenen Satzungszweckes bewegt.[142] Vielmehr ist von der Funktion dieses Tatbestandsmerkmals auszugehen, die mit einer Direktvergabe einhergehende Wettbewerbsverzerrung auf ein Minimum zu beschränken. Bei der In-House-Direktvergabe von Aufträgen entsteht diese Gefahr durch die mit der Direktvergabe gesicherte Kapazitätsauslastung, während Konkurrenten sich vollumfänglich in einen Leistungswettbewerb begeben müssen. Diese Gefahren realisieren

---

[134] Vgl. EuGH Urt. v. 8.12.2016 – C-553/15, ECLI:EU:C:2016:935 Rn. 36 = NZBau 2017, 109 – Undis Servizi; OLG Düsseldorf Beschl. v. 2.11.2016 – VII-Verg 23/16, NZBau 2017, 112 (114); Immenga/Mestmäcker/*Dreher* Rn. 40.
[135] EuGH Urt. v. 18.6.2020 – C-328/19, ECLI:EU:C:2020:483 Rn. 64 – Porin kaupunki.
[136] *Lenz/Jürschik* EuZW 2020, 1030 ff.
[137] EuGH Urt. v. 11.5.2006 – C-340/04, Slg. 2006, I-4137 Rn. 66 = NZBau 2006, 452 – Carbotermo.
[138] OLG Hamburg Beschl. v. 14.12.2010 – 1 Verg 5/10, NZBau 2011, 185 (187), welches diese Feststellung allerdings in umständliche Überlegungen zur Kausalität einbettet; s. auch *Tomerius* VergabeR 2015, 373 (381), der dennoch beide Konstellationen zusammenführen will.
[139] Schlussanträge v. 12.1.2006 – C-340/04, NZBau 2006, 452 Rn. 112 – Carbotermo.
[140] Vernachlässigt von OLG Frankfurt a. M. Beschl. v. 30.8.2011 – 11 Verg 3/11, ZfBR 2012, 77 (81).
[141] S. Immenga/Mestmäcker/*Dreher* Rn. 34 mwN; Beck VergabeR/*Gurlit* Rn. 16.
[142] *Portz* in KKPP GWB Rn. 83; *Ziekow* NZBau 2017, 339 (342); aA *Müller-Wrede* VergabeR 2016, 292 (297); *Dabringhausen* VergabeR 2014, 512 (519 f.), dies aber selbst als zu weitgehend bezeichnend.

sich auf dem vom Direktauftrag betroffenen Markt.[143] Um den Umfang der Wettbewerbsverzerrungen zu begrenzen, dürfen die Tätigkeiten gegenüber Dritten deshalb nur in einem geringen Umfang erfolgen. Jede weitergehende, zugunsten des öffentlichen Auftraggebers erfolgende Zurechnung solcher Leistungen, die auf diesem Markt gegenüber Dritten in Konkurrenz zu privaten Wettbewerbern erbracht werden, würde die Voraussetzung der Abs. 1 Nr. 2 bei der In-House-Direktvergabe von Aufträgen funktionslos werden lassen. Denn das auf Unionsrecht zurückzuführende Vergaberecht lässt ergänzende Markttätigkeiten eben nur unterhalb der Schwelle von 20% im Interesse einer Kapazitätsauslastung zu. Diese Schwelle kann nicht durch eine konturenlose Definition des Betrauungsaktes ausgehebelt werden. Deshalb darf auch nicht jede Tätigkeit, die ein kommunales Unternehmen im Hoheitsgebiet der Gemeinde gegenüber Dritten erbringt, automatisch dem öffentlichen Auftraggeber zugerechnet werden.[144] Auch die Erbringung auf der Grundlage des öffentlichen Preis- und Gebührenrechts reicht für eine Zurechnung der konkreten Tätigkeit nicht aus.[145] Für die Berechnung der Tätigkeitsanteile bei einer Vergabe eines Auftrages bleiben daher – anders als für die Berechnung der Konzessionsvergabe (→ Rn. 86 f.) – gegenüber Dritten erbrachte Tätigkeiten grundsätzlich außer Betracht und können somit im Regelfall nicht der herrschenden öffentlichen Stelle zugerechnet werden.[146]

dd) Marktspezifität. Nach hier vertretener Auffassung sind in die Berechnung grundsätzlich nur Tätigkeiten der Art einzubeziehen, um die es auch in der konkreten In-House-Direktvergabe geht.[147] Darin liegt der tiefere Sinn der bisherigen Rechtsprechung, wonach nur der aufgrund der Vergabeentscheidungen durch die kontrollierte Gesellschaft erzielte Umsatz dem öffentlichen Auftraggeber zuzurechnen sei.[148] Denn die Gefahr der Wettbewerbsverzerrung besteht auf jedem relevanten Markt gesondert. Wenn also ein Auftragnehmer im Bereich der Gartenbewirtschaftung nur 30% für den öffentlichen Auftraggeber, aber 70% für Dritte tätig ist, sind die In-House-Kriterien für die Vergabe von Aufträgen zur Gartenbewirtschaftung nicht erfüllt, selbst wenn die Gesellschaft darüber hinaus rechnerisch einen besonders hohen Umsatz durch die Gebäudereinigung mit dem Auftraggeber erzielt. Auf dem relevanten Markt für Gartenbewirtschaftungsleistungen hätte eine ausschreibungslose Beauftragung des öffentlichen Unternehmens einen erheblichen wettbewerbsverzerrenden Effekt. Dieser kann nicht dadurch ausgeglichen werden, dass auf anderen Märkten keine Wettbewerbsverzerrung oder nur eine geringe stattfindet. Folglich wären die In-House-Kriterien zwar für die Direktvergabe der Gebäudereinigung erfüllt, nicht aber für eine Direktvergabe der Gartenbewirtschaftung. Eine von den Marktverhältnissen abstrahierende Unterscheidung danach, ob es sich um akzessorische Hilfsgeschäfte handelt, ist ungeeignet.[149] Denn auch Hilfsdienstleistungen können unterschiedlichen Märkten angehören, weshalb diese zB auch wie im Falle des energiewirtschaftlichen Messstellenbetriebes eines eigenständigen regulatorischen Schutzes bedürfen können.[150] Dieses Ergebnis wird auch durch Abs. 7 S. 2 bekräftigt, wonach die Kosten für die *konkreten* Dienstleistungen, Lieferungen bzw. Bauleistungen heranzuziehen sind. Diese marktbezogene Betrachtung unterliegt jedoch einer Voraussetzung (→ Rn. 40) und einer Einschränkung (→ Rn. 39).

Einschränkend sind nur Tätigkeiten auseinanderzuhalten, die in sachlicher Hinsicht unterschiedlichen Märkten zuzuordnen sind. Dagegen dürfen nicht auch solche Tätigkeiten auseinanderdividiert werden, die zwar den gleichen sachlichen, aber **unterschiedlichen geographischen Märkten** angehören.[151] Anderenfalls würden künstlich unterschiedliche Marktbedingungen zementiert, was wie bei einer wettbewerbsrechtlich unzulässigen Marktaufteilungsabrede zur Abschottung geographischer Märkte führen kann.[152] Erst recht ungeeignet ist daher die Unterscheidung zwischen Tätigkeiten im kommunalen Hoheitsgebiet und solchen außerhalb. Für die Anwendung des unionsrechtlich vorgeprägten Vergaberechts kann weder das Kommunalrecht noch die historischen Gegebenheiten geschuldete Binnenorganisation entscheidend sein, sondern nur die tatsächlichen Wettbewerbsbedin-

---

[143] Vgl. BGH Beschl. v. 12.11.2019 – XIII ZB 120/19, NVwZ 2020, 330 Rn. 60.
[144] EuGH Urt. v. 8.12.2016 – C-553/15, ECLI:EU:C:2016:935 Rn. 34 f. = NZBau 2017, 109 – Undis Servizi; aA *Portz* in KKPP GWB Rn. 122 f.; *Schröder* NVwZ 2011, 776 (779).
[145] So *Tomerius* VergabeR 2015, 373 (386 ff.).
[146] EuGH Urt. v. 8.12.2016 – C-553/15, ECLI:EU:C:2016:935 Rn. 34 = NZBau 2017, 109 – Undis Servizi; *Ziekow* NZBau 2017, 339 (342).
[147] Ebenso BGH Beschl. v. 12.11.2019 – XIII ZB 120/19, NVwZ 2020, 330 Rn. 60; aA OLG Düsseldorf Beschl. v. 2.11.2016 – VII-Verg 23/16, NZBau 2017, 112 (114); *Greb* VergabeR 2015, 289 (290); *Schroeder* NVwZ 2011, 776 (778); *v. Engelhardt/Kaelble* in Müller-Wrede GWB Rn. 33.
[148] Vgl. EuGH Urt. v. 11.5.2006 – C-340/04, Slg. 2006, I-4137 Rn. 65 = NZBau 2006, 452 – Carbotermo.
[149] So aber *Tomerius* VergabeR 2015, 373 (378 f.); *Portz* in KKPP GWB Rn. 101 ff.
[150] Ausf. dazu *Säcker/Zwanziger* RdE 2016, 381 ff.
[151] Zu den Grundsätzen der Marktabgrenzung MüKoEuWettbR/*Füller* Einl. Rn. 1033 ff.
[152] S. auch *Säcker/Zwanziger* RdE 2016, 381 (391).

gungen.¹⁵³ Nicht ausgeschlossen ist dagegen, eine Überschreitung des kommunalen Tätigkeitsbereiches qualitativ bei der Frage zu berücksichtigen, ob eine effektive Kontrolle gewährleistet ist oder das Ausmaß der wirtschaftlichen Tätigkeit den öffentlichen Auftraggeber zwingen kann, sich ökonomischen Interessen zu beugen (→ Rn. 23).

40 Voraussetzung für eine marktbezogene Betrachtung ist, dass der wirtschaftliche Vorteil einer zulässigen In-House-Direktvergabe sich nicht indirekt auf Märkten wettbewerbsverzerrend auswirkt, auf denen das öffentliche Unternehmen in bedeutendem Umfang im Wettbewerb zu Dritten steht. Es ist also zu verhindern, dass der durch die Direktvergabe erlangte wirtschaftliche Vorteil zur **Quersubventionierung** von Wettbewerbsbereichen verwendet wird.¹⁵⁴ Dafür bietet sich eine Anknüpfung an die Regelungen für Beihilfen zugunsten von Unternehmen, die mit der Erbringung von Dienstleistungen von allgemeinem wirtschaftlichen Interesse betraut sind. In Anwendung von Art. 106 Abs. 2 AEUV werden Beihilfen wegen besonderer Interessen der öffentlichen Hand zugunsten bestimmter Tätigkeitsbereiche hingenommen, solange sich diese nicht negativ auf den Wettbewerb durch sonstige Tätigkeitsbereiche des begünstigten Unternehmens auswirken.¹⁵⁵ Die Interessenlage ist mit der In-House-Vergabe gleichgelagert, die auch eine Privilegierung unter Inkaufnahme der Gefahr geringer Wettbewerbsverzerrungen darstellt. Im Streitfalle sind danach buchhalterische Entflechtungsmaßnahmen nachzuweisen, die eine wirtschaftliche Quersubventionierung der Wettbewerbsbereiche effektiv verhindern. Das vorstehende Ergebnis kann sich im Einzelfall für den öffentlichen Auftragnehmer negativ auswirken, wenn er nämlich im direkt vergebenen Bereich in zu hohem Umfang auch gegenüber Dritten wirtschaftlich tätig wird; es kann sich aber für ihn auch positiv auswirken, soweit der infrage stehende Bereich selbst gerade keine Marktwirksamkeit erlangt.

41 **ee) Konzernweite Betrachtung.** Die Voraussetzung des Abs. 1 Nr. 2 kann nicht durch bilanzielle oder organisatorische Ausgliederung von Drittätigkeiten ausgehebelt werden.¹⁵⁶ Auch die von beherrschten Tochtergesellschaften des Auftragnehmers durchgeführten Tätigkeiten sind daher in die Betrachtung einzubeziehen und wie solche des Auftragnehmers zu behandeln.¹⁵⁷ Dafür spricht nicht zuletzt die Zulässigkeit der horizontalen In-House-Vergabe nach Abs. 3 S. 1 Alt. 2.¹⁵⁸ Dem öffentlichen Auftraggeber sind die Tätigkeitsanteile, wie zB Umsätze, zuzurechnen, die der Ausführung von Aufgaben dienen, mit denen er vom öffentlichen Auftraggeber direkt oder indirekt über zwischengeschaltete Gesellschaften betraut wurde.

42 **4. Keine direkte private Kapitalbeteiligung am Leistungserbringer.** Eine direkte private Kapitalbeteiligung am Auftragnehmer schließt eine In-House-Vergabe gem. Abs. 1 Nr. 3 regelmäßig aus. Das entspricht der bisherigen Rechtsprechung des EuGH.¹⁵⁹ Der EuGH nannte zwei Gründe für diese Einschränkung. Zum einen sei die Beziehung zwischen einem öffentlichen Auftraggeber und den ihm nachgeordneten Dienststellen durch Zielvorgaben, Überlegungen und Erfordernisse bestimmt, die durch die Verfolgung von im öffentlichen Interesse liegenden Zielen geprägt sind, während die Anlage von privatem Kapital in einem Unternehmen auf Überlegungen beruhe, die mit privaten Interessen zusammenhängen und typischerweise andersartige Ziele verfolgen.¹⁶⁰ Der nunmehr auch vom europäischen Richtliniengeber hervorgehobene Hauptgrund ist jedoch, dass die Vergabe eines öffentlichen Auftrags an ein gemischtwirtschaftliches Unternehmen ohne Ausschreibung dem Ziel eines freien und unverfälschten Wettbewerbs (Art. 119 Abs. 1 AEUV; Art. 51 EUV iVm Protokoll Nr. 27) und dem Grundsatz der Gleichbehandlung der an der Erteilung interes-

---

[153] AA *Portz* in KKPP GWB Rn. 122 f.; *Schröder* NVwZ 2011, 776 (779).
[154] Darauf hinweisend auch OLG Hamburg Beschl. v. 14.12.2010 – 1 Verg 5/10, NZBau 2011, 185 (188), welches aber die Möglichkeit einer bilanziellen Abgrenzung zu Wettbewerbsbereichen nicht in Betracht zieht.
[155] S. Art. 5 Abs. 9 DAWI-Entscheidung 2012/21/EU; Mitteilung der Kommission für staatliche Beihilfen in Form von Ausgleichsleistungen für die Erbringung öffentlicher Dienstleistungen, ABl. 2012 C 8, 15 Rn. 44; näher dazu Säcker/Montag/*Wolf* Eur. State Aid Law Part III Rn. 171.
[156] AA *Losch* VergabeR 2012, 687 (692 f.); Immenga/Mestmäcker/*Dreher* Rn. 37.
[157] S. auch *Hoffmann/Schulz/Gottberg* KommJur 2017, 245 (250).
[158] OLG Celle Beschl. v. 29.10.2009 – 13 Verg 8/09, NZBau 2010, 194 (197 f.) – Hansestadt Lüneburg; *Müller-Wrede* VergabeR 2016, 292 (298).
[159] Vgl. EuGH Urt. v. 10.11.2005 – C-29/04, Slg. 2005, I-9705 Rn. 46 = NZBau 2005, 704 – Kommission/Republik Österreich; EuGH Urt. v. 11.1.2005 – C-26/03, Slg. 2005, I-1 Rn. 49 = NZBau 2005, 111 – Stadt Halle und RPL Lochau; EuGH Urt. v. 8.4.2008 – C-337/05, Slg. 2008, I-2173 Rn. 38 = NZBau 2008, 401 – Kommission/Italien (Agusta-Hubschrauber). Die Beteiligungsquote erschien danach als Merkmal des Kontrollbegriffs.
[160] EuGH Urt. v. 10.11.2005 – C-29/04, Slg. 2005, I-9705 Rn. 47 = NZBau 2005, 704 – Kommission/Republik Österreich; EuGH Urt. v. 11.1.2005 – C-26/03, Slg. 2005, I-1 Rn. 50 = NZBau 2005, 111 – Stadt Halle und RPL Lochau.

sierten Unternehmen zuwiderlaufen würde. Denn ein solches Verfahren würde einem am Kapital dieses Unternehmens beteiligten privaten Unternehmen einen wirtschaftlichen Vorteil gegenüber seinen Konkurrenten verschaffen, indem es am ohne Ausschreibung erteilten Auftrag partizipiert.[161] Während der ursprüngliche Kommissionsentwurf noch der strikten Rechtsprechung des EuGH folgte, wurde eine Ausnahme für bestimmte private Beteiligungen im Gesetzgebungsverfahren vom EU-Parlament initiiert.[162]

a) Beteiligung am Auftragnehmer. Nach der Auffassung des europäischen und deutschen Gesetzgebers hindern nur direkte Beteiligungen am Auftragnehmer die In-House-Direktvergabe. Unbedenklich sei dagegen die **Beteiligung Privater am Auftraggeber,** weil solche Beteiligungen den Wettbewerb zwischen privaten Wirtschaftsteilnehmern nicht nachteilig beeinflussen würden.[163] Soweit tatsächlich keine nachteilige Beeinflussung des Wettbewerbs vorliegt, ist diese Auffassung mit den Zielsetzungen des vom EuGH entwickelten Verbots privater Kapitalbeteiligungen grundsätzlich vereinbar. Zu berücksichtigen ist aber, dass auch eine indirekte private Beteiligung an einem Tochter- oder Enkelunternehmen des beauftragten Unternehmens nach der Rechtsprechung des EuGH das In-House-Privileg ausschließt, weil nicht ausgeschlossen ist, dass die Direktvergabe im Einzelfall dennoch einen wirtschaftlichen Vorteil für Private begründet, wenn etwa ein Wettbewerber des öffentlichen Unternehmens am Auftraggeber beteiligt ist und anders als sonstige Konkurrenten über konzerninterne Gewinnverteilungsmechanismen auch von einer In-House-Vergabe profitiert.[164] Um den Gleichklang mit dem primären Unionsrecht herzustellen, erscheint für solche Fälle eine Tatbestandsrestriktion zulässig und sinnvoll und wäre dem EuGH gem. Art. 263 AEUV als Auslegungsfrage vorzulegen. 43

b) Direktheit der Beteiligung am Auftragnehmer. Gemäß Abs. 1 Nr. 4 verhindert eine direkte Beteiligung Privater am Auftragnehmer grundsätzlich die Möglichkeit einer In-House-Direktvergabe. Vorbehaltlich der Ausnahme gem. Nr. 3 Hs. 2 kommt es auf den Grad der Einflussnahmemöglichkeit seitens Privater nicht an, sodass auch eine stille Beteiligung Privater grundsätzlich schadet.[165] Indirekte Beteiligungen Privater am Auftragnehmer, etwa über ein zwischengeschaltetes Unternehmen der öffentlichen Hand, an dem seinerseits private Beteiligungen bestehen, scheinen dagegen nach dem Wortlaut nicht erfasst zu sein. In der Begründung des europäischen und deutschen Gesetzgebers wird jedoch stets nur hervorgehoben, dass Beteiligungen *am Auftraggeber* mit den In-House-Voraussetzungen kompatibel seien, weil sie den Wettbewerb nicht nachteilig beeinflussen würden.[166] Vor diesem Hintergrund liegt die Vermutung nahe, der Gesetzgeber wollte lediglich verhindern, dass Beteiligungen am Auftraggeber als indirekte Beteiligung am Auftragnehmer erfasst werden. In diesem Sinne sollte das Merkmal restriktiv ausgelegt werden, sodass – vorbehaltlich der ausdrücklichen Ausnahme (→ Rn. 47) – grundsätzlich nur private Beteiligungen, die indirekt über den Auftraggeber begründet werden, unschädlich sind. Danach sind Aufträge eines gemischtwirtschaftlichen Unternehmens, welches aufgrund überwiegender Beteiligung der öffentlichen Hand als öffentlicher Auftraggeber gilt (§ 99 Nr. 2),[167] vergabefrei, wenn sie unter Beachtung der In-House-Kriterien an eine im Alleinbesitz stehende Tochtergesellschaft erteilt werden.[168] Eine am Auftragnehmer unter Auslassung des Auftraggebers ansetzende Beteiligungskette zu Privaten steht einer In-House-Direktvergabe entgegen. Das heißt, private Beteiligungen an Unternehmen, an denen der Auftragnehmer beteiligt ist, schließen ebenfalls die Direktvergabe aus. Ob sich bei einer wechselseitigen Beteiligungen einem Auftraggeber iSd § 99 Nr. 2, an dem seinerseits Private beteiligt sind, der vom EuGH entwickelte Grundsatz des Privatkapitalverbots durchsetzt oder die Auffassung des Gesetzgebers, Beteiligungen am Auftraggeber seien grundsätzlich unschädlich, bleibt unklar. Ausgehend von der Zwecksetzung des Vergaberechts, Wettbewerbsverzerrungen zu verhindern und Umgehungsmöglichkeiten zu vermeiden, erscheint eine Direktvergabe in diesen Fällen unzulässig. 44

c) Privatheit der Beteiligung. Eine private Kapitalbeteiligung liegt jedenfalls dann vor, wenn ein Unternehmen, das sich ausschließlich in privater Hand befindet, am Auftragnehmer beteiligt 45

---

[161] EuGH Urt. v. 10.11.2005 – C-29/04, Slg. 2005, I-9705 Rn. 48 = NZBau 2005, 704 – Kommission/Republik Österreich; EuGH Urt. v. 11.1.2005 – C-26/03, Slg. 2005, I-1 Rn. 51 = NZBau 2005, 111 – Stadt Halle und RPL Lochau; Erwägungsgrund 32 RL 2014/24/EU; vgl. auch EuGH Urt. v. 28.5.2020 – C-796/18, ECLI:EU:C:2020:395 Rn. 63 ff. – ISE.
[162] EP A7-0007/2015 Amendment 78.
[163] Erwägungsgrund 32 RL 2014/24/EU; RegBegr. BT-Drs. 18/6281, 81.
[164] Krit. auch *Hofmann* VergabeR 2016, 189 (193); *Ziekow* NZBau 2015, 258 (261); *Jaeger* NZBau 2014, 259 (261).
[165] *Müller-Wrede* VergabeR 2016, 292 (299); *v. Engelhardt/Kaelble* in Müller-Wrede GWB Rn. 44; aA *Portz* in KKPP GWB Rn. 137; aA auch Beck VergabeR/*Gurlit* Rn. 20.
[166] Erwägungsgrund 32 RL 2014/24/EU; RegBegr. BT-Drs. 18/6281, 81.
[167] Dazu EuGH Urt. v. 5.10.2017 – C-567/15, ECLI:EU:C:2017:736 Rn. 29 ff. – LitSpecMet.
[168] *Ziekow* NZBau 2015, 258 (261).

ist. Auf eine Gewinnerzielungsabsicht kommt es nicht an. Deshalb gilt auch die Beteiligung durch gemeinnützige Einrichtungen als privat iSd Nr. 2.[169] Auch eine Beteiligung von Mischunternehmen gilt als private Beteiligung, soweit das Unternehmen noch nicht als öffentliches Unternehmen iSd § 99 anzusehen sind. Handelt es sich dagegen um öffentliche Unternehmen, weil sie einem beherrschenden Einfluss der öffentlichen Hand unterliegen,[170] verlagert sich die Prüfung auf das Merkmal der Direktheit der privaten Beteiligung (→ Rn. 44). Dann ist zu prüfen, ob die an dem öffentlichen Unternehmen beteiligten Dritten *direkt* iSd Abs. 1 Nr. 3 an dem Auftragnehmer beteiligt sind. Nicht nur Beteiligungen von Unternehmen, sondern auch Beteiligungen von nicht unternehmerisch tätigen Privatleuten stehen einer Direktvergabe grundsätzlich entgegen.[171] Der europäische Gesetzgeber hat in Art. 12 Abs. 1 RL 2014/24/EU – anders als noch in Erwägungsgrund 32 RL 2014/24/EU – gerade keine Beschränkung auf Beteiligungen durch Wirtschaftsteilnehmer vorgesehen.

46 Unschädlich ist die Beteiligung weiterer öffentlicher Träger **(Public-Public-Partnership)** am Auftragnehmer.[172] Die Gefahr des Interessenkonfliktes[173] ist in diesen Fällen dann nicht gegeben, wenn die öffentlichen Körperschaften die gleichen Gemeinwohlziele verfolgen.[174] Selbst bei unterschiedlichen Gemeinwohlzielsetzungen ist jedoch ein die Wettbewerbsbedingungen beeinträchtigender Konflikt regelmäßig zu verneinen.[175] Erst wenn die Beteiligung einer öffentlich-rechtlichen Körperschaft unternehmerischen Charakter trägt, entsteht ein Interessenkonflikt, der den grundlegenden wettbewerblichen Zielsetzungen des Vergaberechts widerspricht, da dann typischerweise von einer mittelbaren Wettbewerbsverzerrung auszugehen ist.[176]

47 **d) Ausnahme für Beteiligungen ohne maßgeblichen Einfluss.** Eine private Kapitalbeteiligung (auch eine direkte) ist gem. Abs. 1 Nr. 4 ausnahmsweise dann zulässig, wenn sie gesetzlich vorgeschrieben ist, weder Kontrolle noch eine Sperrminorität vermittelt und keinen sonstigen maßgeblichen Einfluss auf den Auftragnehmer vermittelt. Der Gesetzestext ist an dieser Stelle ebenso wie die deutschen Richtlinientexte missverständlich, soweit suggeriert wird, es handele sich bei der nicht beherrschenden Kapitalbeteiligung und der Beteiligung ohne Sperrminorität um zwei Alternativen, die jeweils für sich eine Ausnahme begründen.[177] Deutlicher wird es in der englischen Fassung und klargestellt schließlich durch die Erwägungsgründe, wonach eben weder eine Beherrschung noch eine Sperrminorität und auch sonst kein maßgeblicher Einfluss bestehen darf.[178] Folglich müssen alle Voraussetzungen kumulativ vorliegen.[179] Danach erscheinen die beherrschende Kontrolle und die Sperrminorität eher als Regelbeispiele für einen maßgeblichen Einfluss.[180] Auch wird deutlich, dass die Voraussetzung der gesetzlichen Verbindlichkeit sich auf alle Tatbestände bezieht.[181] Geschaffen wurde diese Ausnahmebestimmung mit Blick auf „die besonderen Merkmale öffentlicher Einrichtungen mit Pflichtmitgliedschaft, wie die für Verwaltung oder die Ausführung bestimmter öffentlicher Dienstleistungen verantwortlichen Organisationen".[182] In Deutschland ist dies etwa bei einzelnen Wasserwirtschaftsverbänden vorgeschrieben.[183] Es reicht nicht, wenn die gesetzliche Regelung die Anteilseignerschaft nicht verpflichtend vorsieht, sondern lediglich ermöglicht.

48 Private Anteilseigner dürfen weder für sich noch als Gesamtheit einen maßgeblichen Einfluss ausüben können. Es ist mithin nicht nur eine Mitkontrolle durch Private, sondern jegliche Einfluss-

---

[169] EuGH Urt. v. 19.6.2014 – C-574/12, NZBau 2014, 511 Rn. 33 ff. – Centro Hospitalar.
[170] So die Definition in Art. 2 lit. a TransparenzRL 2006/111/EG, auf die abgestellt werden sollte und die sich weitgehend mit § 99 deckt.
[171] AA *Ziekow* NZBau 2015, 258 (261), für Mitarbeiterbeteiligungen.
[172] OLG Düsseldorf Beschl. v. 2.11.2016 – VII-Verg 23/16, NZBau 2017, 112 (115).
[173] So insbes. EuGH Urt. v. 10.11.2005 – C-29/04, Slg. 2005, I-9705 Rn. 47 = NZBau 2005, 704 – Kommission/Republik Österreich; EuGH Urt. v. 11.1.2005 – C-26/03, Slg. 2005, I-1 Rn. 50 = NZBau 2005, 111 – Stadt Halle und RPL Lochau.
[174] Vgl. *Frenz* WRP 2006, 874 (880).
[175] IErg auch VK Lüneburg Beschl. v. 31.11.2005 – VgK-35/2005, BeckRS 2005, 10531; unter Bezugnahme auf *Müller* VergabeR 2005, 436 (441 f.); *Hattig/Ruhland* VergabeR 2005, 425 (428); *Pape/Holz* NJW 2005, 2264 (2265); *Marx* FS Bechtold, 2006, 305 (320).
[176] Vgl. OLG Celle Beschl. v. 10.11.2005 – 13 Verg 12/05, NZBau 2006, 130; *Bauer* ZfBR 2006, 446 ff.; aA *Bultmann* NZBau 2006, 222 (224). Zur Frage Anwendung der Grundsätze des In-house-Geschäfts bei Schwestergesellschaften (horizontales In-House-Geschäft) vgl. *Dreher* NZBau 2004, 14 (18).
[177] So scheinbar *Gaus* VergabeR 2016, 418 (420); *Greb* VergabeR 2015, 292.
[178] Vgl. Erwägungsgrund 32 RL 2014/24/EU.
[179] Ebenso *v. Engelhardt/Kaelble* in Müller-Wrede GWB Rn. 45.
[180] Ähnlich *Dabringhausen* VergabeR 2014, 512 (517).
[181] Wie hier *Müller-Wrede* VergabeR 2016, 292 (299); *Noch* VergabeR-HdB Rn. 297; *Ziekow* NZBau 2015, 258 (261); aA *Gaus* VergabeR 2016, 418 (420); *Greb* VergabeR 2015, 289 (292).
[182] Erwägungsgrund 32 RL 2014/24/EU.
[183] *Schwab/Giesemann* VergabeR 2014, 351 (354).

nahme auf die wirtschaftliche Tätigkeit des Auftragnehmers ausgeschlossen. Sie dürfen keine Möglichkeit haben, ihre Interessen auf die wirtschaftliche Tätigkeit der Gesellschaft durchschlagen zu lassen. Eine rein faktische Berücksichtigung seitens des öffentlichen Unternehmens bleibt im Regelfall unberücksichtigt. Maßgeblich ist vielmehr der rechtliche Rahmen, dh inwieweit eine Interessendurchsetzung indirekt oder direkt durch den strategischen Einsatz von Beteiligungsrechten erzwingbar wäre. Für die Identifizierung eines maßgeblichen Einflusses kann auf die mit § 37 Abs. 1 Nr. 4 gesammelten ökonomischen Erfahrungswerte zurückgegriffen werden.

Die nationale gesetzliche Vorschrift muss ihrerseits mit dem Unionsrecht vereinbar sein, was in 49 Art. 12 Abs. 1 lit. c RL 2014/24/EU und Erwägungsgrund 32 RL 2014/24/EU ausdrücklich betont wird.[184] Problematisch daran ist, dass durch den Ausschluss jeglicher Einflussnahme des privaten Kapitaleigners zwar vermieden wird, dass die Tätigkeit des Auftragnehmers durch andere Interessen als die des kontrollierenden öffentlichen Auftraggebers bestimmt wird. Jedoch erhalten beteiligte private Kapitaleigner durch die Direktvergabe gegenüber ihren Konkurrenten einen wirtschaftlichen Vorteil. Da diese Form der Ungleichbehandlung nach der Rechtsprechung des EuGH mit dem EU-Primärrecht grundsätzlich unvereinbar ist (→ Rn. 9), stellt sich die Frage, ob eine nationale Regelung, die eine verpflichtende Anteilseignerschaft ohne wirksame Mechanismen zur Verhinderung einer solchen indirekten Bevorteilung vorsieht, dennoch mit dem Primärrecht vereinbar ist. Dazu müsste genau diese Form privater Kapitalbeteiligung durch Überlegungen im allgemeinen Interesse gerechtfertigt sein (→ Rn. 11). Keine Bedenken bestehen, soweit die Mitgliedschaft nicht mit einer Kapitalbeteiligung verbunden ist, sondern lediglich aus Gründen der öffentlichen Ordnung vorgesehen ist.

III. Umgekehrte und Schwestern-In-House-Vergabe (Abs. 3)

Gemäß Abs. 3 gilt Abs. 1 auch für Vergaben von der kontrollierten Gesellschaft an den kontrol- 50 lierenden öffentlichen Auftraggeber (umgekehrte In-House-Vergabe) sowie für Vergaben zwischen zwei Gesellschaften, die vom gleichen öffentlichen Auftraggeber kontrolliert werden (Schwestern-In-House-Vergabe). Unter der bisherigen Rechtslage war die Behandlung dieser Fälle umstritten, da auch der EuGH keinen derartigen Fall zu entscheiden hatte.[185] Da die Regelung nur die Geltung von Abs. 1 anordnet und im Übrigen nur die Kontrolle und das Fehlen direkter Kapitalbeteiligungen verlangt, stellt sich die Frage, ob es sich um eine Rechtsfolgen- oder Rechtsgrundverweisung handelt. Nur wenn es sich um eine Rechtsgrundverweisung handelt, ist die Wesentlichkeitsgrenze des Abs. 1 Nr. 2 zu beachten. Dafür spricht letztlich die Funktion dieses Merkmals, spürbare Wettbewerbsverzerrungen zu verhindern. Würde der Gesetzgeber diese Voraussetzung nicht verlangen, so wäre eines der Hauptziele des Vergaberechts gefährdet und das Primärvergabeverfahren müsste ergänzend eingreifen.[186] Es ist daher mit der herrschenden Auffassung davon auszugehen, dass der Gesetzgeber mit Abs. 2 nur eine modifizierende Rechtsgrundverweisung schaffen wollte, im Übrigen aber von der Geltung der Voraussetzungen des Abs. 1 ausging.[187]

1. Umgekehrte In-House-Vergabe. Die In-House-Kriterien wurden für den Fall der Nach- 51 frage der öffentlichen Hand bei einem beherrschten Auftragnehmer entwickelt. Denkbar ist jedoch auch der umgekehrte Fall, in dem eine Tochtergesellschaft bei dem sie kontrollierenden öffentlichen Auftraggeber Leistungen beschafft und selbst öffentlicher Auftraggeber ist. Wie Abs. 3 nunmehr klarstellt, muss nach Sinn und Zweck des In-House-Privilegs auch eine solche Vergabe ausschreibungsfrei bleiben, wenn und soweit das Innenverhältnis zwischen Auftragnehmer und Auftraggeber die In-House-Kriterien erfüllt.[188] Auch in diesem Fall wird die mit der In-House-Ausnahme respektierte Staatssphäre nicht verlassen und die Auswirkungen auf den Wettbewerb sind nicht anders als bei sonstigen In-House-Vergaben. Zudem kann es von Zufälligkeiten abhängen, ob eine öffentliche Einrichtung bei der Ausgliederung von Aufgaben letztlich den Auftragnehmer oder den Auftraggeber in der Kontrollhierarchie höher ansiedelt. Durch die Gleichstellung direkter und indirekter Kontrolle in Abs. 2 S. 2 kann auch eine Beauftragung der Großmutter durch die Enkelgesellschaft die In-House-Voraussetzungen erfüllen.[189]

Die Kriterien des Abs. 1 gelten entsprechend.[190] Identisch sind die Anforderungen an das 52 **Kontrollverhältnis** (→ Rn. 22 ff.). Gemäß Abs. 3 S. 2 ist zudem eine direkte **private Kapitalbe-**

---

[184] S. auch Erwägungsgrund 32 RL 2014/24/EU.
[185] Ein Überblick über den Meinungsstreit findet sich bei *Elbel* VergabeR 2011, 185 ff.
[186] Diese Konsequenz zieht in der Tat *Dabringhausen* VergabeR 2014, 512 (521).
[187] Ebenso Immenga/Mestmäcker/*Dreher* Rn. 49; *Portz* in KKPP GWB Rn. 159 ff.; *v. Engelhardt/Kaelble* in Müller-Wrede GWB Rn. 52; *Ziekow* NZBau 2015, 258 (262); *Losch* VergabeR 2016, 541 (550).
[188] So schon *Dreher* NZBau 2004, 14 (18 ff.); *Säcker/Wolf* WRP 2007, 282 (286).
[189] *Hoffmann/Schulz/Gottberg* KommJur 2017, 245 (249).
[190] RegBegr., BT-Drs. 18/6281, 81.

teiligung an der beauftragten herrschenden Gesellschaft unzulässig. Damit folgt die Regelung dem Ansatz, wonach eine private Beteiligung am Auftraggeber grundsätzlich keine Wettbewerbsbedenken aufwerfe (→ Rn. 42 ff.). Der Gesetzgeber hat dagegen die **Ausnahme des Abs. 1 Nr. 3 Hs. 2 für bestimmte Minderheitsbeteiligungen** ohne maßgeblichen Einfluss nicht ausdrücklich genannt. Da das Beteiligungsverbot des Abs. 1 Nr. 3 durch die modifizierende Regelung in Abs. 3 substituiert wurde, ist davon auszugehen, dass es auf die Inverse In-House-Vergabe keine Anwendung findet. Während die Richtlinien insoweit undeutlich formuliert sind, hat der deutsche Gesetzgeber die Anwendbarkeit des **Wesentlichkeitskriteriums** ausdrücklich bejaht (Abs. 2 S. 2). Im Rahmen der entsprechenden Anwendung ist damit festzustellen, ob die Konzernmutter hinsichtlich der vom Direktauftrag umfassten Leistungen im Wesentlichen für die Konzerntochter tätig wird. Ebenso wie im Rahmen von Abs. 1 wird man eine Zurechnung der Tätigkeiten für den Gesamtkonzern vornehmen können, sodass auch Tätigkeiten gegenüber anderen Konzernunternehmen keine Drittleistungen sind. Da es um die Wettbewerbsrelevanz der beauftragten Leistungserbringung geht, wäre es dagegen nicht zielführend, eine wesentliche Tätigkeit des auftragvergebenden kontrollierten Unternehmens für den kontrollierenden Auftragnehmer zu fordern[191] (→ Rn. 41).

53 **2. Schwestern-In-House-Vergabe.** Bei der konzerninternen Schwestern-In-House-Direktvergabe wird eine Leistung innerhalb des gleichen Konzerngebildes beauftragt und erbracht. Auftraggeber und Auftragnehmer müssen der **Kontrolle durch einen öffentlichen Auftraggeber** unterliegen. Ob beide auf einer Hierarchieebene liegen, ist unerheblich. Möglich ist also auch eine Vergabe von einem Enkel an eine Tochter des herrschenden öffentlichen Auftraggebers. Am Auftragnehmer darf grundsätzlich **keine private Beteiligung** bestehen. Ebenso wie bei der inversen In-House-Vergabe findet die Ausnahme für bestimmte Formen der privaten Kapitalbeteiligung am Auftragnehmer keine Anwendung (→ Rn. 52). Für die Vergabe im Schwesternverhältnis wird besonders deutlich, dass auf die konzernweite Tätigkeit abzustellen ist (→ Rn. 41).[192] Die Freistellung gem. § 108 greift daher nur, wenn die Tätigkeit des Auftragnehmers auf dem relevanten Markt für den Konzernverbund mehr als 80 % ausmacht, während es zB unerheblich ist, ob diese Leistung gegenüber der beauftragenden Schwester oder der herrschenden Konzernmutter oder gegenüber beiden erbracht wird. Es darf nur keine wettbewerbsrelevante Leistungserbringung gegenüber Dritten auf dem relevanten Markt erfolgen, die ab einem Anteil von 20 % anzunehmen wäre.[193] Ausgehend von den Zielsetzungen des Vergaberechts ist zudem für beide Schwesterngesellschaften zu fordern, dass sie die Tätigkeitsschwelle des Abs. 1 Nr. 2 einhalten.[194]

IV. Vertikale In-House-Vergabe durch mehrere Auftraggeber (Abs. 4, 5)

54 Neben der alleinigen Kontrolle erfüllt auch die gemeinsame Kontrolle im Rahmen einer Public-Public-Partnership die Voraussetzungen für eine In-House-Direktvergabe. Nachdem der EuGH dies bereits in der Entscheidung Carbotermo klargestellt und in seiner weiteren Rechtsprechung ausformuliert hatte, wurde die Kontrolle durch mehrere öffentliche Auftraggeber durch Abs. 4 nunmehr ausdrücklich gesetzlich geregelt.[195] Die Voraussetzungen entsprechen im Wesentlichen denen der vertikalen In-House-Vergabe bei Alleinkontrolle. Eine öffentliche Stelle hat die Möglichkeit, ihre im allgemeinen Interesse liegenden Aufgaben mit ihren eigenen administrativen, technischen und sonstigen Mitteln zu erfüllen, ohne gezwungen zu sein, sich an externe Einrichtungen zu wenden, die nicht zu ihren Dienststellen gehören.[196] Den Rückgriff auf eigene Mittel zur Erfüllung eines gemeinwirtschaftlichen Auftrags sieht der EuGH auch in der Zusammenarbeit mit anderen öffentlichen Stellen verwirklicht.[197]

55 **1. Gemeinsame Kontrolle (Abs. 5).** Gemäß Abs. 4 Nr. 1 müssen die öffentlichen Auftraggeber gemeinsam eine Kontrolle wie über eigene Dienststellen ausüben. Statt einer Erweiterung des

---

[191] So aber Beck VergabeR/*Gurlit* Rn. 24.
[192] Ähnlich *Portz* in KKPP GWB Rn. 161; *Hofmann* VergabeR 2016, 189 (195), der von einer Wahlmöglichkeit ausgeht; so auch *Greb* VergabeR 2015, 289 (293).
[193] AA Beck VergabeR/*Gurlit* Rn. 26 (ggü. Kontrollinhaber).
[194] *Ziekow* NZBau 2015, 258 (264); anders *v. Engelhardt/Kaelble* in Müller-Wrede GWB Rn. 53, wonach nur der konkrete Auftragnehmer zu betrachten ist.
[195] EuGH Urt. v. 11.5.2006 – C-340/04, Slg. 2006, I-4137 Rn. 37 = NZBau 2006, 452 – Carbotermo; EuGH Urt. v. 10.9.2009 – C-573/07, NZBau 2009, 797 Rn. 59 – Sea; EuGH Urt. v. 29.11.2012 – C-182/11, NZBau 2013, 55 Rn. 28 – Econord.
[196] EuGH Urt. v. 11.1.2005 – C-26/03, Slg. 2005, I-1 Rn. 48 = NZBau 2005, 111 – Stadt Halle und RPL Lochau.
[197] EuGH Urt. v. 19.4.2007 – C-295/05, Slg. 2007, I-2999 Rn. 60–65 = NZBau 2007, 381 – Asemfo; EuGH Urt. v. 13.11.2008 – C-324/07, Slg. 2008, I-8457 Rn. 49 = NZBau 2009, 54 – Coditel Brabant.

IV. Vertikale In-House-Vergabe durch mehrere Auftraggeber (Abs. 4, 5)

Kontrollbegriffes aus Abs. 1 wurde eine eigenständige Regelung geschaffen, die das Fehlen einer Kontrolle iSd Abs. 1 voraussetzt. In diesem Sinne entschied der EuGH, dass eine gemeinsame Kontrolle nicht nur auf der Kontrollbefugnis einer öffentlichen Mehrheitsgesellschafterin beruhen darf. Einzel- und Gruppenkontrolle schließen sich danach grundsätzlich aus.[198] Vor diesem Hintergrund ist fraglich, inwieweit die Konkretisierung des Kontrollbegriffs in Abs. 2 auch auf die gemeinsame Kontrolle Anwendung findet. Die **Kontrollvermutung** des Abs. 2 S. 1 findet jedenfalls keine Anwendung. Der Gesetzgeber hat diese ausdrücklich auf Abs. 1 Nr. 1 bezogen, der im Falle des Abs. 4 ausweislich des Gesetzeswortlautes nicht einschlägig ist. Stattdessen hat der Gesetzgeber die materiellen Voraussetzungen für das Horizontalverhältnis zwischen den beteiligten Gesellschaftern in Abs. 5 geregelt. Dessen drei Voraussetzungen müssen kumulativ vorliegen.[199] Die Möglichkeit der **mittelbaren Kontrolle** iSd Abs. 2 S. 2 sollte dagegen auch für Abs. 5 bestehen bleiben. Dafür spricht, dass Abs. 2 S. 2 nur allgemein von Kontrolle spricht und im Lichte der Rechtsprechung des EuGH lediglich klarstellenden Charakter hat.[200] Hierbei können auf den verschiedenen Ebenen Einzel- und/oder Kollektivkontrolle hintereinandergeschaltet sein, solange die materiellen Kontrollmöglichkeiten sichergestellt sind. Denkbar ist auch eine Leistungserbringung gegenüber öffentlichen Einrichtungen, die sich auf unterschiedlichen Ebenen der Kontrollkette befinden. In solchen Fällen ist lediglich sicherzustellen, dass jeder Leistungsempfänger für sich in einem hinreichenden direkten oder indirekten Kontrollverhältnis zum Auftragnehmer steht.[201]

Gemäß **Abs. 5 Nr. 1** müssen in den beschlussfassenden Organen alle beteiligten öffentlichen Auftraggeber durch Vertreter repräsentiert werden, wobei eine Mehrfachvertretung zulässig ist. In der bisherigen Rechtsprechung des EuGH war dieser Umstand ein bedeutsames Indiz für gemeinsame Kontrolle.[202] Beschlussfassendes Organ muss nicht zwingend das letztausführende Leitungsorgan sein.[203] Vom Zweck der Regelung, die Kontrollbeteiligung formal abzusichern, muss das beschlussfassende Organ iSd Abs. 5 Nr. 1 allerdings die erforderliche Kontrollfunktion ausüben können. Danach hat der Aufsichtsrat einer AG grundsätzlich nicht die nötige Weisungskompetenz gegenüber dem Vorstand. Die Regelung verlangt die Vertretung „sämtlicher teilnehmender öffentlicher Auftraggeber". Gemeint sind aber nicht sämtliche an der Gesellschaft beteiligten, sondern sämtliche an der gemeinsamen Kontrolle iSd Abs. 4 Nr. 1 teilnehmenden Auftraggeber.[204] Unschädlich ist es, wenn Kapitaleigner, die mangels Einflussmöglichkeit nicht an der Kollektivkontrolle teilhaben, nicht in dem beschlussfassenden Organ vertreten sind. Die Möglichkeit einer nichtkontrollierenden Beteiligung anderer öffentlicher Auftraggeber folgt wie bei der Alleinkontrolle schon daraus, dass selbst private Beteiligungen in gewissem Umfang zugelassen werden (→ Rn. 46). Die verfahrensfreie Direktvergabe ist allerdings nur im Verhältnis der kontrollierenden Gesellschafter zur kontrollierten Gesellschaft zulässig.[205]

Gemäß **Abs. 5 Nr. 2** müssen die Auftraggeber gemeinsam einen ausschlaggebenden Einfluss auf die strategischen Ziele und die wesentlichen Entscheidungen der Gesellschaft ausüben können. Damit knüpft die Regelung an den Kontrollbegriff des Abs. 1 an. „Gemeinsame" Kontrolle verlangt mehr als nur eine Mehrzahl paralleler Einzelbeteiligungen. Der EuGH stellte in seiner jüngeren Rechtsprechung keine hohen Anforderungen. Schon der Umstand, dass die öffentliche Stelle zusammen mit anderen öffentlichen Stellen das gesamte Kapital einer Gesellschaft hält, deute bereits darauf hin, dass sie über diese Gesellschaft eine Kontrolle wie über ihre eigenen Dienststellen ausübt.[206] Gemeinsame Kontrolle liegt jedoch nur insoweit vor, wie die öffentlichen Auftraggeber bei den maßgeblichen Unternehmensentscheidungen Übereinstimmung erzielen müssen, da sonst kein bestimmender Einfluss aller Träger anzunehmen ist. Wie beim Kontrollbegriff des Art. 3 VO 139/2004 kann sich dieser Abstimmungszwang aus rechtlichen oder faktischen Umständen ergeben.[207] Da durch das Erfordernis der Beteiligungen von öffentlichen Anteilseignern ohne unternehmerische Interessen allein Gemeinwohlziele für die Kontrolle bestimmend sein können (→ Rn. 59), lässt sich allerdings mit dem EuGH[208] vertreten, dass die Gemeinwohlzielsetzung regelmäßig ausreichende

---

[198] EuGH Urt. v. 29.11.2012 – C-182 u. 183/11, NZBau 2013, 55 Rn. 30 – Econord.
[199] *Gaus* VergabeR 2016, 418 (423), spricht von einer Art Fiktion.
[200] Ebenso *Müller-Wrede* VergabeR 2016, 292 (295 f.).
[201] *Ahlers/Böhme* NZBau 2021, 433 (440).
[202] EuGH Urt. v. 13.11.2008 – C-324/07, Slg. 2008, I-8457 Rn. 34 = NZBau 2009, 54 – Coditel Brabant.
[203] *Müller-Wrede* VergabeR 2016, 292 (295); aA *Knauff* EuZW 2014, 486 (488 f.).
[204] Ebenso *Ziekow* NZBau 2015, 258 (262).
[205] EuGH Urt. v. 29.11.2012 – C-182 u. 183/11, NZBau 2013, 55 Rn. 31 – Econord.
[206] EuGH Urt. v. 13.11.2008 – C-324/07, Slg. 2008, I-8457 Rn. 31 = NZBau 2009, 54 – Coditel Brabant; EuGH Urt. v. 11.5.2006 – C-340/04, Slg. 2006, I-4137 Rn. 37 = NZBau 2006, 452 – Carbotermo; EuGH Urt. v. 19.4.2007 – C-295/05, Slg. 2007, I-2999 Rn. 57 = NZBau 2007, 381 – Asemfo/Tragsa.
[207] Näher dazu Kommission, Konsolidierte Mitteilung zu Zuständigkeitsfragen, ABl. 2009 C 43, 10 Rn. 11 ff.
[208] EuGH Urt. v. 13.11.2008 – C-324/07, Slg. 2008, I-8457 Rn. 37 f. = NZBau 2009, 54 – Coditel Brabant, mit dem Hinweis darauf, dass die Rechtsgrundlage des kommunalen Zweckverbandes sowie die Satzungs-

Grundlage einer **abstrakten Interessenparallelität**[209] ist und somit Entscheidungen nur gemeinsam gefällt werden.[210]

58 Auch wenn ein öffentlicher Anteilseigner nur eine **Minderheitsbeteiligung** hält, ist grundsätzlich davon auszugehen, dass der Mehrheitsgesellschafter sein an sich bestehendes Entscheidungsrecht aufgrund der starken gemeinsamen Interessen nicht gegenüber dem anderen Gesellschafter durchsetzen würde, wenn dies organisatorisch abgesichert ist.[211] Diese Annahme kann durch abweichendes tatsächliches Verhalten in der Vergangenheit widerlegt werden. Noch im Urteil Coname hat der Gerichtshof eine Beteiligung von 0,97% als so geringfügig angesehen, dass sie einer Gemeinde die Kontrolle über den Konzessionsinhaber, der eine öffentliche Dienstleistung verwaltet, nicht ermöglichte.[212] Doch in der fraglichen Passage jenes Urteils befasste sich der Gerichtshof nicht mit der Frage, ob eine solche Kontrolle gemeinsam ausgeübt werden konnte. Im späteren Urteil Asemfo,[213] erkannte er dann an, dass die Voraussetzung der Kontrolle durch die öffentliche Stelle in einem Fall, in dem diese nur 0,25% des Kapitals eines öffentlichen Unternehmens hielt, unter bestimmten Umständen erfüllt sein konnte, wobei allerdings eine gesetzliche Folgepflicht der Gesellschaft die Kontrolle verstärkte. In der Entscheidung Coditel[214] schließlich wertete er die Höhe der Beteiligung jedenfalls im Falle ausgeglichener Anteilsverhältnisse im Grundsatz für unerheblich. Die Anforderungen sind nach dieser Rechtsprechung nicht zu hoch anzusetzen, um eine Zusammenarbeit zwischen öffentlichen Auftraggebern nicht unmöglich zu machen.[215] Unschädlich ist die **Überantwortung der Einzelentscheidungen auf ein von den öffentlichen Interessen geprägtes Beschlussorgan,** welches zB aus Abgeordneten der Kooperationspartner besteht, selbst wenn dieses nach dem Prinzip der Mehrheitsentscheidung vorgeht.[216] Der EuGH stellte fest, dass eine Kontrolle wie über eigene Dienststellen nicht von jeder dieser öffentlichen Stellen individuell ausgeübt werden muss, sondern auch von ihnen gemeinsam, ggf. mit Mehrheitsbeschluss, ausgeübt werden kann. Die Grenze ist dort zu ziehen, wo nicht die geringste Möglichkeit einer einflussnehmenden Beteiligung an der Kontrolle besteht.[217]

59 Als dritte Voraussetzung verlangt **Abs. 5 Nr. 3,** dass die Gesellschaft keine Interessen verfolgt, die den Interessen der öffentlichen Auftraggeber zuwiderlaufen. Entsprechend der bisherigen Rechtsprechung des EuGH muss in Anbetracht der tatsächliche Umstände des Einzelfalles davon ausgegangen werden können, dass der satzungsmäßige Zweck die Verwirklichung einer Aufgabe von öffentlichem Interesse ist, zu deren Erfüllung die Kooperation geschaffen wurde, und dass keine anderen Interessen verfolgt werden als die der ihr angeschlossenen öffentlichen Stellen.[218] Daran kann es fehlen, wenn die Gesellschaft durch eine zu starke Marktausrichtung einen kommerziellen Charakter bekommt, weil der Spielraum der Gesellschaft gegenüber den Gesellschaftern zu groß ist. Dagegen müssen die Auftraggeberinteressen sich nicht generell decken. Es reicht, wenn eine Interessenabstimmung in jedem Einzelfall stattfindet.[219] Die praktische Bedeutung dieser Voraussetzung erscheint gering.[220] Da der Interessengleichlauf über die Kontrollmöglichkeit weitgehend sichergestellt ist, kann der Bezugspunkt allenfalls eine abstrakte Interessenlage beschreiben, die etwa bei einer zu starken Marktorientierung der Gesellschaft infrage steht, soweit deshalb im Einzelfall öffentliche Interessen hinter ökonomischen Zwängen zurückstehen müssen.[221]

60 Nicht unter eine gemeinsame Kontrolle iSd Abs. 4, 5 lässt sich der Fall subsumieren, in dem sich mehrere öffentliche Stellen dazu entscheiden, ihrem gemeinwirtschaftlichen Auftrag durch die

---

zweck für diesen keinen kommerziellen Charakter vorsah. Ausdrücklich nunmehr EuGH Urt. v. 10.9.2009 – C-573/07, NZBau 2009, 797 Rn. 56–60 – Sea.
[209] Vgl. Mitteilung der Kommission zum Zusammenschlussbegriff, ABl. 1998 C 66, 5 Rn. 32.
[210] Ähnlich *Frenz* WRP 2006, 874 (880); *Hausmann/Bultmann* NVwZ 2005, 377 (380).
[211] EuGH Urt. v. 29.11.2012 – C-182 u. 183/11, NZBau 2013, 55 Rn. 25 ff. – Econord; *Müller-Wrede* VergabeR 2016, 292 (294); vgl. dazu Kommission Entsch. v. 20.7.1995 – IV/M.616 Rn. 7–12 – Sabena/Swissair; Kommission Entsch. v. 20.9.1995 – IV/M.553, ABl. 1996 L 134/32 Rn. 11 – RTL/Veronica/Endemol.
[212] Vgl. EuGH Urt. v. 21.7.2005 – C-231/03, Slg. 2005, I-7287 Rn. 24 = NZBau 2005, 592 – Coname, wobei hier zusätzlich die private Beteiligung an der Gesellschaft einer In-House-Vergabe entgegenstand.
[213] EuGH Urt. v. 19.4.2007 – C-295/05, Slg. 2007, I-2999 Rn. 56–61 = NZBau 2007, 381 – Asemfo/Tragsa.
[214] EuGH Urt. v. 13.11.2008 – C-324/07, Slg. 2008, I-8457 Rn. 43 ff. = NZBau 2009, 54 – Coditel Brabant.
[215] Vgl. EuGH Urt. v. 13.11.2008 – C-324/07, Slg. 2008, I-8457 Rn. 47–49 = NZBau 2009, 54 – Coditel Brabant.
[216] EuGH Urt. v. 13.11.2008 – C-324/07, Slg. 2008, I-8457 Rn. 51 = NZBau 2009, 54 – Coditel Brabant.
[217] EuGH Urt. v. 29.11.2012 – C-182 u. 183/11, NZBau 2013, 55 Rn. 31 – Econord; gegen die Übernahme dieser Rspr. in § 108 *Müller-Wrede* VergabeR 2016, 292 (294).
[218] EuGH Urt. v. 13.11.2008 – C-324/07, Slg. 2008, I-8457 Rn. 38 = NZBau 2009, 54 – Coditel Brabant.
[219] *Müller-Wrede* VergabeR 2016, 292 (295).
[220] Zweifelnd auch *Müller-Wrede* VergabeR 2016, 292 (295); *Hofmann* VergabeR 2016, 189 (195); *Dabringhausen* VergabeR 2014, 512 (522); *Knauff* EuZW 2014, 486 (489); *Sudbrock* KommJur 2014, 41 (45).
[221] Ähnlich *Ziekow* NZBau 2015, 258 (263).

IV. Vertikale In-House-Vergabe durch mehrere Auftraggeber (Abs. 4, 5) 61–64 § 108 GWB

Einschaltung einer gemeinsamen Einrichtung nachzukommen, aber nur eine dieser Stellen allein eine bestimmende Kontrolle über deren Entscheidungen ausübt.[222] Die gesetzliche Regelung unterscheidet streng zwischen alleiniger und gemeinsamer Kontrolle, die nur alternativ, nicht kumulativ vorliegen können (Abs. 4 Hs. 1). Wenn selbst die geringen Anforderungen an eine Mitkontrolle nicht erfüllt sind, kann daher nur Abs. 1 zugunsten des herrschenden Unternehmens angewendet werden.[223] Diese wird nicht durch nicht-kontrollierende, rein öffentliche Minderheitsbeteiligungen ausgeschlossen (→ Rn. 56). Eine Direktvergabe durch einen der nicht mitkontrollierenden öffentlichen Auftraggeber ist dagegen unzulässig.[224]

2. Wesentliche Tätigkeit für die kontrollierenden Auftraggeber. Wenn die **Anteile an** 61 **einem Unternehmen von mehreren Körperschaften gehalten** werden, so ist die Anforderung an die wesentliche Ausrichtung seiner Tätigkeit erfüllt, wenn dieses Unternehmen seine Tätigkeit nicht nur für eine dieser Körperschaften, sondern im Wesentlichen für diese kontrollierenden Körperschaften insgesamt verrichtet.[225] Dabei kommt es nicht darauf an, ob einzelne Tätigkeiten stets für alle ausgeübt werden. Es können alle Tätigkeiten zusammengefasst und der Auftraggebergesamtheit zugerechnet werden, soweit diese zumindest für einen mitkontrollierenden Gesellschafter erbracht werden.[226] Einzubeziehen sind auch mittelbar für die öffentlichen Auftraggeber erbrachte Leistungen an eine oder mehrere andere, von allen gemeinsam kontrollierte Gesellschaft(en).[227] Die Zurechnungsfähigkeit wird über die Voraussetzung der gemeinsamen Kontrolle sichergestellt (→ Rn. 55). **Tätigkeiten für nicht-kontrollierende private oder öffentliche Mitgesellschafter** dienen dagegen nicht der Ausführung betrauter Aufgaben.[228] Zur Berechnung der Tätigkeitsanteile ist im Übrigen auf die Ausführungen zu Abs. 1 (→ Rn. 30 ff.) und Abs. 7 (→ Rn. 79 ff.) zu verweisen.

3. Private Kapitalbeteiligung. Gemäß Abs. 4 Nr. 3 darf an der beherrschten Gesellschaft 62 grundsätzlich keine private Kapitalbeteiligung bestehen. Die Ausnahme des Abs. 1 Nr. 3 Hs. 2 gilt entsprechend. Insoweit ist vollumfänglich auf die Kommentierung zu Abs. 1 Nr. 3 zu verweisen (→ Rn. 42 ff.).

4. Umgekehrte und Schwestern-In-House-Direktvergabe. Die Möglichkeit der umge- 63 kehrten In-House-Direktvergabe von Aufträgen von der gemeinsam kontrollierten Gesellschaft an einen der kontrollierenden Gesellschafter oder an eine ebenfalls gemeinsam kontrollierten Schwesterngesellschaft iSd Abs. 3 besteht auch im Falle der Kollektivkontrolle.[229] Der Gesetzgeber hat dies nicht ausdrücklich geregelt. Der Abs. 4 Hs. 1 unterscheidet ausdrücklich zwischen alleiniger und gemeinsamer Kontrolle und Abs. 3 bezieht sich nur auf die Alleinkontrolle iSd Abs. 1. Der Gesetzgeber ging jedoch davon aus, dass sich aus der systematischen Stellung eine Erstreckung dieser Sachverhalte ergibt.[230] Es ist zudem kein sachlicher Grund für eine Beschränkung ersichtlich. Eine Vergabe innerhalb des Kontrollkollektivs wirft keine größeren Gefahren für den Wettbewerb auf als bei einer Alleinkontrolle, wenn sich der Auftrag in einer zwischen allen Beteiligten bestehenden, den In-House-Kriterien entsprechenden internen Sphäre abspielt und eine überschießende Beeinflussung der äußeren Wettbewerbsbedingungen auf dem Markt ausgeschlossen ist.[231] Dennoch wirft diese Rechtsfrage hinreichende Zweifel auf, um eine Vorlagepflicht iSd Art. 267 AEUV auszulösen.

Eine **umgekehrte In-House-Direktvergabe** ist danach zwischen der beherrschten Gesell- 64 schaft und einem oder mehreren der beherrschenden Gesellschafter möglich. Die an die beherrschte Gemeinschaftsunternehmen erbrachte Leistung muss mindestens 80% der Tätigkeiten dieser Art darstellen, die der herrschende öffentliche Auftraggeber insgesamt gegenüber Dritten erbringt.

---

[222] EuGH Urt. v. 29.11.2012 – C-182 u. 183/11, NZBau 2013, 55 – Econord; noch offengelassen durch EuGH Urt. v. 13.11.2008 – C-324/07, Slg. 2008, I-8457 Rn. 47 = NZBau 2009, 54 – Coditel Brabant.
[223] Ebenso *Portz* in KKPP GWB Rn. 167.
[224] EuGH Urt. v. 29.11.2012 – C-182 u. 183/11, NZBau 2013, 55 – Econord.
[225] EuGH Urt. v. 19.4.2007 – C-295/05, Slg. 2007, I-2999 Rn. 62 = NZBau 2007, 381 – Asemfo/Tragsa; EuGH Urt. v. 11.5.2006 – C-340/04, Slg. 2006, I-4137 Rn. 70 = NZBau 2006, 452 – Carbotermo; vgl. bereits EuGH Urt. v. 18.11.1999 – C-107/98, Slg. 1999, I-8121 Rn. 50 = NZBau 2000, 90 – Teckal, wo der Gerichtshof ausgeführt hat, dass das fragliche Unternehmen seine Tätigkeit im Wesentlichen für „die Gebietskörperschaft oder die Gebietskörperschaften [verrichten muss], die [seine] Anteile innehaben". Er hat somit die Möglichkeit in Betracht gezogen, dass die vorgesehene Ausnahme nicht nur dann zur Anwendung kommt, wenn die Anteile an einem derartigen Unternehmen von einer einzigen Körperschaft gehalten werden, sondern auch dann, wenn sie von mehreren Körperschaften gehalten werden.
[226] *Leinemann* in Leinemann Vergabe öff. Aufträge Rn. 153; *Frenz* VergabeR 2010, 147 (150).
[227] *Müller-Wrede* VergabeR 2016, 292 (296).
[228] EuGH Urt. v. 8.12.2016 – C-553/15, ECLI:EU:C:2016:935 Rn. 34 – Undis Servizi.
[229] *Hoffmann/Schulz/Gottberg* KommJur 2017, 245 (248); aA *Losch* VergabeR 2016, 541 (551 f.).
[230] RegBegr., BT-Drs. 18/6281, 81; zust. *Hofmann* VergabeR 2016, 189 (195 f.).
[231] AA *v. Engelhardt/Kaelble* in Müller-Wrede GWB Rn. 70, um eine Umgehung von Abs. 6 zu verhindern.

Erbringen mehrere Auftraggeber gegenüber der beherrschten Gesellschaft die gleiche Leistung, sind deren Tätigkeiten zu addieren und dürfen in Summe diese Schwelle nicht überschreiten. Eine **Schwestern-In-House-Direktvergabe** setzt zusätzlich voraus, dass beide Gesellschaften vom gleichen Kollektiv kontrolliert werden. Ist ein öffentlicher Auftraggeber nur an einer Schwester beteiligt, gilt er für die Betrachtung des Schwesternauftrages als sonstiger nicht kontrollierender Gesellschafter (→ Rn. 56).

V. Horizontale Zusammenarbeit (Abs. 6)

65 **1. Normzweck.** Mit Abs. 6 werden unter bestimmten Voraussetzungen Leistungsbeziehungen zwischen Trägern der öffentlichen Hand (In-State-Geschäfte), insbesondere zwischen Gemeinden (interkommunale Zusammenarbeit), aus dem Anwendungsbereich des Vergaberechts ausgenommen, die einem kollektiv verfolgten öffentlichen Interesse dienen.[232] Im Unterschied zur Kooperation über ein iSd Abs. 4 gemeinsam kontrolliertes Unternehmen ist Leistungserbringer ein anderer öffentlicher Auftraggeber auf Augenhöhe. Es besteht also kein Über-/Unterordnungsverhältnis zwischen Auftragnehmer und Auftraggeber. Die Regelung knüpft an die mit den Entscheidungen Abfallbeseitigung Hamburg, Lecce und Piepenbrock entwickelte Rechtsprechung des EuGH an. Danach sind Aufträge vom Vergaberegime ausgenommen, wenn (1) diese ausschließlich zwischen öffentlichen Einrichtungen ohne Beteiligung Privater geschlossen werden, (2) kein privater Dienstleistungserbringer besser gestellt wird als seine Wettbewerber und (3) die darin vereinbarte Zusammenarbeit nur durch Überlegungen und Erfordernisse bestimmt wird, die mit der Verfolgung von im öffentlichen Interesse liegenden Zielen zusammenhängen.[233] Abs. 6 geht mit dem zusätzlichen Wesentlichkeitserfordernis der Nr. 3 über die Anforderungen dieser Rechtsprechung hinaus und folgt damit dem Referentenentwurf der Bundesregierung zur Neufassung des Vergaberechts aus dem Jahre 2005, der bereits eine Freistellung für kommunale Zusammenarbeit vorsah, die aber damals keinen Weg ins Gesetz fand.[234]

66 Der Abs. 6 ergänzt den Grundgedanken, dass es einer öffentlichen Einrichtung nicht verwehrt ist, auf ihre eigenen Mittel zur Aufgabenerledigung zurückzugreifen, um die auch für In-House-Sachverhalte maßgebliche Erkenntnis, dass die innerorganisatorische Ausgestaltung für das Vergaberecht unerheblich ist. Dieser Gedanke trägt aber nicht nur, wenn eine öffentliche Einheit eigenverantwortlich Aufgaben an beherrschte Rechtspersonen ausgliedert. Ebenso irrelevant ist ausgehend von den Zwecken des Vergaberechts, ob historische Zufälligkeiten in der Staatsentwicklung zu einer aufgefächerten Organisationsstruktur oder zu einer zentralen Einheitsverwaltung führten. Betreibt eine Gemeinde den Winterdienst für die Nachbargemeinden mit, weil die Aufrechterhaltung jeweils eigener Fahrzeugflotten ineffizient wäre, so kann die Anwendung des Vergaberechts nicht davon abhängen, ob die Gemeinden eine Gemeindezusammenlegung beschließen oder nicht, soweit die Auswirkungen auf die Marktverhältnisse in beiden Fällen gleich sind.[235] Über die Voraussetzung des gemeinsam verfolgten öffentlichen Interesses (Abs. 6 Nr. 2) wird daher erreicht, dass beide Gemeinden trotz formaler Rechtsindividualität funktional wie eine öffentliche Einheit tätig werden und die Aufgabenerledigung für den Leistungserbringer nicht in Wirklichkeit eine wirtschaftliche Tätigkeit ist (→ Rn. 71). Ebenso wie bei der In-House-Vergabe wird über die Wesentlichkeitsschwelle gem. Abs. 6 Nr. 3 sichergestellt, dass keine übermäßigen Wettbewerbsverzerrungen entstehen, soweit die aufgabenerledigende Gemeinde eine solche Leistung zugleich gegenüber Dritten auf dem Markt erbringt.[236] Überschneidungen können sich bei institutionalisierten Formen mit Abs. 4, 5 ergeben, da für die Zusammenarbeit gem. Abs. 6 keine besondere Rechtsgestaltung vorgeschrieben ist, diese mithin auch über einen gemeinsam kontrollierten Rechtsträger erfolgen kann.[237]

67 **2. Abgrenzung zur Aufgabenverlagerung (Remondis).** Von der in Abs. 6 geregelten kollektiven Aufgabenerledigung zu unterscheiden ist die nicht dem Vergaberecht unterfallende **inner-**

---

[232] Vgl. EuGH Urt. v. 9.6.2009 – C-480/06, Slg. 2009, I-4747 = NZBau 2009, 527 – Hamburger Abfallbeseitigung.
[233] EuGH Urt. v. 18.10.2018 – C-606/17, ECLI:EU:C:2018:843 Rn. 39 – IBA Molecular; EuGH Urt. v. 13.6.2013 – C-386/11, NZBau 2013, 522 Rn. 37 – Piepenbrock; EuGH Urt. v. 19.12.2012 – C-159/11, NZBau 2013, 114 Rn. 35 – Lecce; EuGH Urt. v. 9.6.2009 – C-480/06, Slg. 2009, I-4747 Rn. 37, 44, 47 = NZBau 2009, 527 – Hamburger Abfallbeseitigung.
[234] Der RefE von 2005 sah folgende Regelung vor: „Ein öffentlicher Auftrag liegt nicht vor, wenn öffentliche Auftraggeber nach § 98 Nr. 1, 2 oder 3 Liefer-, Bau- oder Dienstleistungen durch eine oder mehrere juristische Personen erbringen lassen, die selbst öffentliche Auftraggeber sind und an denen privates Kapital nicht beteiligt ist, sofern diese juristischen Personen die zu erbringende Leistung überhaupt nicht auf dem Markt anbieten oder im Wesentlichen für öffentliche Auftraggeber tätig sind.".
[235] Ähnlich EuGH Urt. v. 21.12.2016 – C-51/15, NZBau 2017, 105 Rn. 40 f. – Remondis.
[236] So schon *Krohn* NZBau 2006, 610 (614 f.).
[237] Vgl. EuGH Urt. v. 29.11.2012 – C-182 u. 183/11, NZBau 2013, 55 – Econord.

staatliche Aufgabenverlagerung. Eine Zusammenarbeit wie in Abs. 6 ist regelmäßig in den Landesgesetzen vorgesehen und kann in institutionalisierter Form stattfinden, wie bei der Gründung eines Zweckverbands und der Schaffung eines kommunalen Gemeinschaftsunternehmens oder auch auf der Grundlage einer öffentlich-rechtlichen Verwaltungsvereinbarungen wie bei der Mandatierung einer anderen Gemeinde oder der Aufgabendelegation von einer Gebietskörperschaft auf eine andere.[238] Überholt ist die Auffassung, dass die Übertragung von öffentlichen Aufgaben von einem auf einen anderen Hoheitsträger als verwaltungsorganisatorische Ausgliederung die Anwendung des Vergaberechts generell ausschließe.[239] Wie schon für das alte Recht vorgeschlagen,[240] sind vielmehr gem. Abs. 6 die In-House-Kriterien zweckentsprechend anzuwenden. Nicht an Abs. 6 zu prüfen ist lediglich die innerstaatliche Aufgabenübertragung ohne Leistungsbezug, wie eine Delegation oder die Aufgabenübertragung an einen Zweckverband.[241] Solche Vorgänge fallen nach der Remondis-Rechtsprechung des EuGH unter Beachtung der von Art. 4 Abs. 2 EUV geschützten mitgliedstaatlichen Organisationshoheit von vornherein nicht unter das Vergaberecht.[242] Sie unterscheidet sich von der kollektiven Aufgabenerfüllung dadurch, dass nur die beauftragte öffentliche Stelle eigenverantwortlich auf die Art und Weise der Aufgabenerledigung Einfluss nehmen und die Auftragsbedingungen finanziell unabhängig bestimmen kann.[243] Aufgabenverlagerung und spätere Aufgabenerfüllung sind aber strikt zu unterscheiden. Der neu zuständige Aufgabenträger kann sich zB unter den Voraussetzungen des § 108 Abs. 1 einer von ihm kontrollierten Eigengesellschaft bedienen, um in seinem erweiterten Aufgabenfeld tätig zu werden. Er tritt insoweit als alleiniger Auftraggeber auf und nur ihm gegenüber müssen die In-House-Voraussetzungen erfüllt sein.[244] Weitergehende Leistungsbeziehungen zur abgebenden öffentlichen Stelle sind dagegen vollumfänglich am Vergaberecht zu messen. Letztlich geht es bei der Abgrenzung zwischen kollektiver Aufgabenerfüllung und bloßer Aufgabenübertragung um die Festlegung des Auftraggeberkreises. Ob eine vergabefreie Selbstvornahme oder eine Beschaffung durch Dritte vorliegt, soll nicht von den historisch bedingten Besonderheiten mitgliedstaatlicher Binnenorganisation abhängig sein (→ Rn. 2). Deswegen werden auch Kompetenzverlagerungen auf freiwilliger Basis, sofern sie rechtlich zulässig sind, vom EU-Vergaberecht zugrunde gelegt, um davon ausgehend die maßgeblichen Leistungsbeziehungen zu identifizieren.[245]

3. Vertrag ausschließlich zwischen öffentlichen Auftraggebern. Gemäß Abs. 6 muss es sich um einen Vertrag handeln, der zwischen öffentlichen Auftraggebern iSd § 99 Nr. 1–3 geschlossen wird. Es dürfen **ausschließlich öffentliche Auftraggeber direkt beteiligt** sein. Das wird in Art. 12 Abs. 4 RL 2014/24/EU ausdrücklich hervorgehoben und ist daher in Abs. 6 hineinzulesen.[246] Eine Beteiligung Privater als Vertragspartner ist damit ausgeschlossen, sofern sie nicht mit einer öffentlichen Aufgabe betraut wurden, die sie zum öffentlichen Auftraggeber qualifiziert (zur sonstigen Beteiligung Privater als Kapitaleigner → Rn. 77 f.).[247] Ob es sich um einen öffentlich-rechtlichen oder einen privatrechtlichen Vertrag handelt, ist unerheblich.[248] Zudem muss es sich überhaupt um einen vergaberechtsrelevanten Vertrag handeln, dh um einen Auftrag iSd § 103 oder – bei einer Anwendung über Abs. 8 – um eine Konzessionsvergabe iSd § 105, auch wenn dies in Abs. 6 anders als Abs. 1 nicht ausdrücklich verlangt ist. Schon kein vergaberechtlich relevanter Auftrag ist daher die hoheitliche Zusammenarbeit ohne jeden Bezug zum Marktgeschehen im Wege gegenseitiger **Amtshilfe**.[249]

---

[238] Vgl. *Burgi* NZBau 2005, 208 f.
[239] OLG Naumburg Beschl. v. 3.11.2005 – 1 Verg 9/05, NZBau 2006, 58 (61) – Nachbarlandkreis; OLG Düsseldorf Beschl. v. 5.5.2004 – VII-Verg 78-03, NZBau 2004, 398 (399); Pressemitteilung der Kommission v. 21.3.2007 – IP/07/357; in der Begründung zu weitgehend auch OLG Düsseldorf Beschl. v. 21.6.2006 – VII Verg 17/06, NZBau 2006, 662 – Zweckverband RegioEntsorgung, welches allerdings zu Recht ergänzend den Tatbestand des Kollektiv-In-House-Geschäftes heranzieht.
[240] → 2. Aufl. 2018, § 99 Rn. 88 ff.
[241] *Siegel* NZBau 2018, 507 (508 f.); Immenga/Mestmäcker/*Dreher* Rn. 68.
[242] EuGH Urt. v. 21.12.2016 – C-51/15, EU:C:2016:985 Rn. 40 f. = NZBau 2017, 105 – Remondis; EuGH Urt. v. 18.6.2020 – C-328/19, ECLI:EU:C:2020:483 Rn. 45 ff. – Porin kaupunki.
[243] EuGH Urt. v. 18.6.2020 – C-328/19, ECLI:EU:C:2020:483 Rn. 48 f. – Porin kaupunki.
[244] EuGH Urt. v. 18.6.2020 – C-328/19, ECLI:EU:C:2020:483 Rn. 64 – Porin kaupunki.
[245] EuGH Urt. v. 21.12.2016 – C-51/15, EU:C:2016:985 Rn. 41 = NZBau 2017, 105 – Remondis.
[246] S. RegBegr. BT-Drs. 18/6281, 82.
[247] EuGH Urt. v. 8.5.2014 – C-15/13, ECLI:EU:C:2014:303 Rn. 34 f., 16 – TU Hamburg-Harburg.
[248] EuGH Urt. v. 12.7.2001 – C-399/98, Slg. 2001, I-5409 Rn. 73 = NZBau 2001, 512 – Ordine degli Architetti ua; EuGH Urt. v. 20.10.2005 – C-264/03, Slg. 2005, I-8852 Rn. 36 = ZfBR 2006, 69 – Kommission/Frankreich; EuGH Urt. v. 18.1.2007 – C-220/05, Slg. 2007, I-412 Rn. 40 = NZBau 2007, 185 – Jean Auroux ua/SEDL; OLG Düsseldorf Beschl. v. 5.5.2004 – VII-Verg 78/03, NZBau 2004, 398 (399) – Stadt Wuppertal; OLG Düsseldorf Beschl. v. 13.6.2007 – VII-Verg 2/07, NZBau 2007, 530 (532) – Fliegerhorst Ahlhorn; *Burgi* VergabeR § 10 Rn. 2; *Burgi* NZBau 2002, 57 (59).
[249] Art. 1 Abs. 6 RL 2014/24/EU; RegBegr. BT-Drs. 18/6281, 80; *Gaus* VergabeR 2016, 418 (424).

69   4. Kooperative Zweckverfolgung (Abs. 6 Nr. 1). Der Vertrag muss eine Zusammenarbeit begründen oder erfüllen. Durch die **Erfüllungsvariante** wird einer Diskussion darüber vorgebeugt, inwieweit bestimmte Formen der hoheitlichen Aufgabenzuweisung für sich genommen vergaberechtliche Relevanz haben. So lässt sich etwa die Gründung eines Zweckverbandes ebenso wie die hoheitliche Aufgabenübertragung von der nachgelagerten Verpflichtung, dieser Aufgabe durch die Erbringung von Dienstleistungen nachzukommen, unterscheiden.[250] Mit Abs. 6 Nr. 1 ist klargestellt, dass auch Verträge zur Erfüllung bzw. Umsetzung solcher innerstaatlichen Organisationsakte an den Kriterien des Abs. 6 zu messen sein können.

70   Die Zusammenarbeit muss den Zweck haben, sicherzustellen, dass die von ihnen zu erbringenden öffentlichen Dienstleistungen im Hinblick auf die Erreichung gemeinsamer Ziele ausgeführt werden. Die Regelung geht damit zum einen davon aus, dass die öffentlichen Dienstleistungen von den öffentlichen Auftraggeber („ihnen") ausgeführt werden. Der Begriff der öffentlichen Dienstleistung ist dabei weit zu verstehen und erstreckt sich auf marktfähige Leistungen, die auch von privaten Marktteilnehmern angeboten werden können.[251] Denn gerade die Möglichkeit der Selbstvornahme von Leistungen zusammen mit anderen öffentlichen Auftraggebern *anstelle einer Drittbeauftragung* soll über Abs. 6 gewährleistet werden.[252]

71   Darüber hinaus muss die Leistungserbringung auf gemeinsame Ziele gerichtet sein. Aus dieser Voraussetzung wird die Notwendigkeit eines **kooperativen Konzeptes** abgeleitet, bei dem die beteiligten öffentlichen Auftraggeber wechselseitige Mindestbeiträge erbringen müssen.[253] Umstritten ist, welchen Umfang der Beitrag jedes einzelnen Teilnehmers haben muss. Nach Auffassung des europäischen Gesetzgebers müssen die beteiligten öffentlichen Auftraggeber nicht alle den gleichen Beitrag leisten, solange sich ihre Tätigkeiten zur Erfüllung des gemeinsamen Zweckes ergänzen.[254] Das erscheint auch sachgerecht, da häufig gerade die mit einer Aufgabenaufteilung verbundenen Rationalisierungsvorteile eine Zusammenarbeit effizient erscheinen lassen. Darüber hinaus kann die Zusammenarbeit sich auf Tätigkeiten beschränken, die zu den von jedem Beteiligten – und sei es allein – zu erbringenden öffentlichen Dienstleistungen akzessorisch sind, sofern diese Tätigkeiten der wirksamen Erbringung der Dienstleistungen im öffentlichen Interesse dienen.[255]

71a   Der EuGH hat inzwischen entschieden, dass ein Beitrag, der sich auf eine bloße **Kostenerstattung** beschränkt, nicht für eine „Zusammenarbeit" ausreicht.[256] Vielmehr muss ein zusätzlicher, kollaborativer Beitrag im Rahmen einer gemeinsamen Strategie erbracht werden, mit der die Partner ihre Anstrengungen zur Erbringung von öffentlichen Dienstleistungen bündeln. Das verlangt nach Auffassung des EuGH die Ausarbeitung einer Kooperationsvereinbarung, mit der die Beteiligten gemeinsam ihren Bedarf und die Lösungen dafür definieren.[257] Der Eintritt in eine vorhanden Struktur reicht daher nicht.[258] Denkbar erscheint also, dass eine gemeinsame Konzeptausarbeitung im Vorfeld, verbunden mit fortlaufenden kooperativen Überwachungspflichten und einem finanziellen Beitrag ausreichen.[259] Eine aktive Einflussnahme auf die Zweckausrichtung kann damit eine verminderte Beteiligung an der Aufgabenerfüllung ausgleichen.[260] Das trägt dem Umstand Rechnung, dass diese Kooperationsform anderenfalls gerade für solche Gemeinden verschlossen bliebe, die besonders klein sind und mangels eigener Kapazitäten nicht in der Lage

---

[250] EuGH Urt. v. 21.12.2016 – C-51/15, EU:C:2016:985 Rn. 42 = NZBau 2017, 105 – Remondis; BGH Beschl. v. 1.12.2008 – X ZB 31/08, NZBau 2009, 201 (202) – Rettungsdienstleistungen; vgl. bereits BGH Beschl. v. 1.2.2005 – X ZB 27/04, NZBau 2005, 290 (292 f.); *Raabe* VergabeR 2012, 697 (700); *Gruneberg/Wilden-Beck* VergabeR 2014, 99 (105 f.).
[251] AA *v. Engelhardt/Kaelble* in Müller-Wrede GWB Rn. 79.
[252] Vgl. EuGH Urt. v. 13.11.2008 – C-324/07, Slg. 2008, I-8457 Rn. 48 = NZBau 2009, 54 – Coditel Brabant; EuGH Urt. v. 9.6.2009 – C-480/06, Slg. 2009, I-4762 Rn. 45 = NZBau 2009, 527 – Stadtreinigung Hamburg.
[253] Die Formulierung „kooperatives Konzept" wählte auch der europäische Gesetzgeber in Erwägungsgrund 33 RL 2014/24/EU.
[254] Erwägungsgrund 33 RL 2014/24/EU; *Gaus* VergabeR 2016, 418 (424); krit. *Gröning* NZBau 2015, 690 (693).
[255] EuGH Urt. v. 28.5.2020 – C-796/18, ECLI:EU:C:2020:395 Rn. 54 ff. – ISE.
[256] EuGH Urt. v. 4.6.2020 – C-429/19, ECLI:EU:C:2020:436 Rn. 22 ff. – Remondis II; ebenso OLG Koblenz Beschl. v. 3.12.2014 – Verg 8/14, ZfBR 2015, 308 (310); OLG Koblenz Beschl. v. 14.5.2019 – Verg 1/19, NZBau 2019, 534; *Brockhoff* VergabeR 2014, 625 (633); *Gruneberg/Wilden-Beck* VergabeR 2014, 99 (107); *v. Engelhardt/Kaelble* in Müller-Wrede GWB Rn. 84; *Noch* VergabeR-HdB Rn. 338.
[257] EuGH Urt. v. 4.6.2020 – C-429/19, ECLI:EU:C:2020:436 Rn. 33 f. – Remondis II.
[258] *Krohn/Müller* NZBau 2020, 491 (493).
[259] In diesem Sinne *Gerlach* NVwZ 2020, 1574 (1577); weitergehend noch *Ziekow* NZBau 2015, 258 (263); *Krönke* NVwZ 2016, 568 (573); *Kulartz/Boecker* NZBau 2020, 16.
[260] So auch Beck VergabeR/*Gurlit* Rn. 44.

sind, maßgebliche Beiträge zu erbringen. Deren Beitritt zur Kooperation vom Aufbau eigener Leistungsmittel abhängig zu machen, widerspräche dem Ziel des Abs. 6, eine effiziente Erfüllung öffentlicher Aufgaben unabhängig von den historischen Zufälligkeiten der Gemeindenaufteilung zu gewährleisten. Die finanzielle Beteiligung muss jedoch vom öffentlichen Interesse iSd Nr. 2 gedeckt sein, was regelmäßig nur der Fall ist, wenn sie sich von einem Leistungsentgelt dadurch unterscheidet, dass es sich um eine bloße Kostenerstattung handelt (→ Rn. 74).[261] Möchte sich ein öffentlicher Auftraggeber dennoch auf eine Kostenerstattung beschränken, so muss er sich der Aufgabe vollständig entledigen. Der EuGH hat klargestellt, dass ein solche Aufgabenübertragung unter den in der Remondis-Entscheidung aufgestellten Voraussetzungen nicht dem Vergaberecht unterfällt, selbst wenn anschließend eine Erstattung der bei der Aufgabenerledigung anfallenden Kosten erfolgt.[262] Als Auftraggeber tritt dann nur die nunmehr zuständige öffentliche Stelle auf und nur ihr gegenüber müssen die In-House-Kriterien erfüllt sein.[263] Der EuGH hat damit zwei Möglichkeiten aufgezeigt, der Pflicht zur Durchführung eines Vergabeverfahrens zu entgehen. Entweder die öffentliche Stelle entledigt sich der Möglichkeit zur Einflussnahme oder sie beteiligt sich aktiv unter den Voraussetzungen des Abs. 6 (**Ganz-Oder-Gar-Nicht-Prinzip**). Dazwischen steht die vergaberelevante wirtschaftliche Beschaffung.

In welcher Rechtsform die Zusammenarbeit mündet, ist unerheblich. Soweit bei einer institutionalisierten Zusammenarbeit wie beim kommunalen Zweckverband oder einem Gemeinschaftsunternehmen die Voraussetzungen des Abs. 6 nicht erfüllt sind, kommt eine Ausnahme gem. Abs. 4, 5 in Betracht.

5. Öffentliches Interesse (Abs. 6 Nr. 2). Nach Abs. 6 Nr. 2 muss die Durchführung der Zusammenarbeit ausschließlich durch Überlegungen im Zusammenhang mit dem öffentlichen Interesse bestimmt sein. Dadurch wird sichergestellt, dass die beteiligten Einrichtungen funktionell als öffentliche Einheit agieren. Diese Voraussetzung hat damit die gleiche Funktion wie das Kontrollkriterium iSd Abs. 1 Nr. 1 und ist daher entsprechend auszulegen, damit die Anforderungen von Abs. 1–5 nicht über die Gründung einer PPP umgangen werden. Die Zusammenarbeit muss auf das verfolgte öffentliche Interesses beschränkt sein. Orientiert man sich am Tatbestand des Art. 106 Abs. 2 AEUV, haben die Auftraggeber zunächst einen sehr weiten Spielraum bei der Definition des öffentlichen Interesses.[264] An Aufgaben mit hoher Gemeinwohlrelevanz wie der Krankenversorgung oder der Müllentsorgung kann ebenso ein öffentliches Interesse bestehen wie an der Gebäudereinigung und dem gemeindlichen Winterdienst. Nicht mehr als öffentliches Interesse anzuerkennen wäre dagegen das Ziel der reinen Gewinnerzielung.[265] Ergänzend findet eine strenge, am Verhältnismäßigkeitsgrundsatz ausgerichtete Kontrolle statt, ob die konkrete Ausgestaltung der Zusammenarbeit allein durch das definierte öffentliche Interesse bestimmt wird, dh zu dessen Durchsetzung erforderlich ist, weil anderenfalls das Erreichen der öffentlichen Zwecke gefährdet wäre. Die Prüfung erstreckt sich auf alle Aspekte der Zusammenarbeit. Nach diesem Maßstab muss zB beantwortet werden, ob eine indirekte Beteiligung Privater zulässig ist (→ Rn. 77 f.).

Von besonderer Bedeutung ist die Anbindung der Zusammenarbeit an das öffentliche Interesse auch für **Finanztransfers zwischen den Beteiligten**.[266] Der EuGH betonte dementsprechend in der Entscheidung Abfallbeseitigung Hamburg, dass die Finanztransfers nicht über die Erstattung der jeweils tatsächlich anfallenden Kosten hinausgingen.[267] Denn durch das Merkmal der gemeinsamen Zweckverfolgung unter Beschränkung auf das öffentliche Interesse wird sichergestellt, dass die beteiligten öffentlichen Einrichtungen trotz rechtlicher Personenverschiedenheit funktional als „ein Haus" anzusehen sind. Eine solche funktionale öffentliche Einheit liegt aber nicht vor, soweit sich die Zusammenarbeit in Wirklichkeit darauf beschränkt, dass eine öffentliche Stelle für eine andere entgeltlich eine wirtschaftliche Tätigkeit erbringt. Um dies auszuschließen, sind grundsätzlich nur solche Finanztransfers zulässig, die sich auf eine Erstattung der Kosten beschränken.[268] Deshalb hat der EuGH in der Entscheidung Piepenbrock die Übertragung von Aufgaben (Reinigungsarbeiten)

---

[261] S. OLG Naumburg Beschl. v. 17.3.2017 – 7 Verg 8/16, BeckRS 2017, 111379.
[262] EuGH Urt. v. 18.6.2020 – C-328/19, ECLI:EU:C:2020:483 Rn. 45 ff. – Porin kaupunki.
[263] EuGH Urt. v. 18.6.2020 – C-328/19, ECLI:EU:C:2020:483 Rn. 64 ff. – Porin kaupunki.
[264] Vgl. zu Art. 106 Abs. 2 AEUV EuG Urt. v. 12.2.2008 – T-289/03, Slg. 2008, II-81 Rn. 172 = BeckEuRS 2008, 464394 – BUPA/Kommission mwN.
[265] *Gaus* VergabeR 2016, 418 (424); *Raabe* VergabeR 2012, 697 (708).
[266] RegBegr., BT-Drs. 18/6281, 82.
[267] EuGH Urt. v. 9.6.2009 – C-480/06, Slg. 2009, I-4747 Rn. 43 = NZBau 2009, 527 – Abfallbeseitigung Hamburg.
[268] S. auch OLG München Beschl. v. 21.2.2013 – Verg 21/12, NZBau 2013, 458 (462); KG Beschl. v. 16.9.2013 – Verg 4/13, NZBau 2014, 62 (63); *Dierkes/Scharf* VergabeR 2014, 752 (754); aA *Gruneberg/Wilden-Beck* VergabeR 2014, 99 (107).

auf eine andere Gemeinde, die sich ihrerseits sowohl einer wirtschaftlich tätigen Eigengesellschaft als auch eines privaten Dritten bedienen konnte, als vergabepflichtigen Auftrag angesehen.[269] Denn die beauftragte Gemeinde konkurrierte bei der Aufgabenerfüllung über ihre Eigengesellschaft mit privaten Dritten. Unschädlich ist die Vereinbarung von Pauschalzahlungen, soweit es nachträglich wirkende Korrekturmechanismen wie Rückzahlungs- oder Verrechnungsvereinbarungen gibt, um Abweichungen von den tatsächlichen Kosten auszugleichen.

6. Weniger als 20% Fremdtätigkeit (Abs. 6 Nr. 3).

75 Gemäß Abs. 6 Nr. 3 dürfen die öffentlichen Auftraggeber außerhalb der Kooperation auf dem Markt nur weniger als 20% der Tätigkeiten erbringen, die Gegenstand der Zusammenarbeit sind. Während Abs. 6 Nr. 2 unter anderem die Aufgabe hat zu verhindern, dass die konkrete Zusammenarbeit für einen Beteiligten in Wirklichkeit eine wirtschaftliche Tätigkeit ist, soll durch Nr. 3 verhindert werden, dass der aus der Zusammenarbeit ergebende wirtschaftliche Vorteil sich bei gleichzeitiger Leistungserbringung gegenüber Dritten, die unzweifelhaft eine wirtschaftliche Tätigkeit ist, wettbewerbsverzerrend auswirkt. Der Gesetzgeber hat dazu den Gedanken des Abs. 1 Nr. 2 übernommen. Für die Anteilsberechnung sind dementsprechend nicht alle Tätigkeiten einzubeziehen, die die öffentlichen Auftraggeber ausüben, sondern nur Tätigkeiten der Art, wie sie Gegenstand der Zusammenarbeit ist (→ Rn. 38).[270]

76 Bei der Berechnung stellt sich die Frage, ob die 20%-Grenze für jeden Auftraggeber gesondert gilt oder ob ihre Fremdtätigkeiten zusammenzufassen sind. Jedenfalls darf kein beteiligter Auftraggeber bereits für sich die Schwelle überschreiten. Eine Zusammenrechnung in der Form, dass ein hoher Fremdtätigkeitsanteil eines Auftraggebers durch einen niedrigen Fremdtätigkeitsanteil eines anderen Auftraggebers ausgeglichen würde, ist unzulässig.[271] Denn die Gefahr der Wettbewerbsverzerrung durch die wirtschaftliche Tätigkeit des Auftraggebers mit einem hohen Fremdanteil wird durch die Nichttätigkeit eines anderen Auftraggebers nicht aufgehoben. Auf der anderen Seite werden durch eine auf jeden Auftraggeber beschränkte Sichtweise nicht alle Wettbewerbsgefahren erfasst. Wenn etwa zwei Auftraggeber außerhalb der Kooperation auf dem gleichen Markt tätig sind, addieren sich die mit einer Direktvergabe begünstigten Marktanteile zulasten privater Wettbewerber, insbesondere wenn aufgrund der Kooperation ein effektiver Wettbewerb zwischen beiden Auftraggebern nicht zu erwarten ist.[272] In solchen Fällen die Tätigkeitsanteile zusammenzurechnen, führte jedoch zu keinem anderen Ergebnis. Denn die Berechnung der Tätigkeit zugunsten Dritter erfolgt in § 108 ohne Ansehung der Marktverhältnisse. Deshalb ist genau zu prüfen, ob wegen erheblicher Wettbewerbsverzerrungen ergänzend das Primärvergaberecht greift (→ Rn. 10). Zur Berechnung der Einzelanteile kann im Übrigen auf die Kommentierung zu Abs. 1 Nr. 3 und Abs. 7 verwiesen werden.

77 **7. Beteiligung Privater.** Die direkte **Beteiligung Privater als Vertragspartner, die keine öffentlichen Auftraggeber sind.** ist generell ausgeschlossen (→ Rn. 68). Dagegen trifft Abs. 6 keine explizite Aussage über die Zulässigkeit bloßer Kapitalbeteiligungen Privater oder über die Inanspruchnahme privater Leistungen zur Durchführung der Kooperation. Nach der Gesetzesbegründung zu § 108 soll eine private Kapitalbeteiligung an den Auftraggebern grundsätzlich unschädlich sein.[273] Erwägungsgrund 33 RL 2014/24/EU geht ebenfalls davon aus, dass eine private Beteiligung anders als bei der vertikalen In-House-Vergabe unschädlich ist. Der ursprüngliche Kommissionsentwurf verlangte noch, dass „keine private Beteiligung an den involvierten öffentlichen Auftraggebern" bestehe.[274] Im Zuge des Gesetzgebungsprozesses wurde diese Voraussetzung allerdings gestrichen. Der EuGH verlangte in seiner bisherigen Rechtsprechung, dass „kein privater Dienstleistungserbringer besser gestellt wird als seine Wettbewerber". Deshalb schloss er eine Beteiligung Privater generell aus.[275] Dass weder die Richtlinien noch § 108 eine klare Aussage dazu treffen, lässt nicht auf die Unzulässigkeit einer Beteiligung Privater schließen.[276] Der europäische Gesetzgeber konnte durch eine Erweiterung der Ausnahmebereiche den Anwendungsbereich der Richtlinien enger ziehen als die bisherige Rechtsprechung des EuGH, wirft damit nur eben die Frage auf, ob in solchen Fällen ergänzend eine primärrechtliche Vergabepflicht besteht. Gegen eine generelle Zulässigkeit privater Beteiligungen spricht der mit dieser Einschränkung verfolgte Zweck,

---

[269] EuGH Urt. v. 13.6.2013 – C-386/11, NZBau 2013, 522 – Piepenbrock.
[270] Ebenso Portz in KKPP GWB Rn. 268; Säcker/Zwanziger RdE 2016, 381 (391).
[271] Ebenso v. Engelhardt/Kaelble in Müller-Wrede GWB Rn. 94; aA Siegel NZBau 2018, 507 (509).
[272] Zu sog. Gruppeneffekten zwischen Teilnehmern an Joint-Ventures Pohlmann → AEUV Art. 101 Rn. 426.
[273] RegBegr., BT-Drs. 18/6281, 82.
[274] Art. 11 Abs. 4 lit. e des Kommissionentwurfes (KOM(2011) 896 endg., 51.
[275] EuGH Urt. v. 13.6.2013 – C-386/11, NZBau 2013, 522 Rn. 37 – Piepenbrock; EuGH Urt. v. 19.12.2012 – C-159/11, NZBau 2013, 114 Rn. 35 – Lecce.
[276] Dierkes/Scharf VergabeR 2014, 752 (756).

nämlich zu verhindern, dass Privaten ohne Wettbewerbskontrolle wirtschaftliche Vorteile zukommen.[277] Dabei handelt es sich um eines der Hauptziele des Vergaberechts und ein wesentliches Anliegen des EU-Primärrechts (→ Rn. 1 ff.). Dieses Ziel wird durch die mit der Zusammenarbeit verfolgten öffentlichen Interessen nicht überschrieben. Der EuGH hat daher unter Hinweis auf Erwägungsgründe 33 RL 2014/24/EU und Art. 18 Abs. 1 RL 2014/24/EU klargestellt, dass auch weiterhin sicherzustellen ist, dass die Zusammenarbeit nicht ein privates Unternehmen besserstellt als seine Wettbewerber.[278]

Die Auflösung dieses Konflikts gelingt mit Abs. 6 Nr. 2, der die Ausgestaltung der Kooperation auf das zur Erfüllung der öffentlichen Aufgabe erforderliche Maß beschränkt. Im Rahmen dieser **Verhältnismäßigkeitsprüfung** ist zu entscheiden, inwieweit unter Beachtung der Art der Kooperation und ihrer Zwecke eine indirekte Beteiligung Privater aus Gründen des Allgemeininteresses erforderlich und angemessen ist. Somit hindert zwar eine **Kapitalbeteiligung Privater** nicht per se die Ausnahme des Abs. 6, steht jedoch unter dem Vorbehalt, dass die Erfüllung der öffentlichen Aufgabe ohne die Kapitalbeteiligung Privater gefährdet wäre.[279] Besonders bedenklich erscheint eine Beteiligung an dem Auftraggeber, der im Rahmen der Kooperation die Haupttätigkeiten ausübt.[280] Ein Rückgriff auf private Dritte im Zuge der Aufgabenerfüllung erscheint allenfalls im Ausnahmefall erforderlich.[281] Denn das die Kooperation tragende Ziel ist die Bündelung von öffentlichen Ressourcen zum Zwecke der Eigenerledigung. Nicht ausgeschlossen ist dagegen die Beauftragung Dritter im Wege eines eigenständigen Vergabeverfahrens.[282] 78

VI. Berechnung der Wesentlichkeit (Abs. 7)

Gemäß Abs. 7 sind die Tätigkeitsanteile iSd Abs. 1 Nr. 2, Abs. 4 Nr. 2 und Abs. 6 Nr. 3 anhand „tätigkeitsgestützter Werte" zu berechnen. Danach richtet sich die Anteilsberechnung in jedem Einzelfall der Direktbeauftragung grundsätzlich nach den Durchschnittswerten der letzten drei Jahre oder, wenn diese Werte nicht vorliegen oder nicht aussagekräftig sind, anhand einer prognostischen Beurteilung. Ist etwa eine Eigengesellschaft gerade erst gegründet worden oder hat erst vor kurzem ihre Tätigkeit aufgenommen oder hat ihre Tätigkeiten umstrukturiert, so fehlt es an belastbaren historischen Daten.[283] Liegen solche Daten zwar vor, aber für weniger als drei Jahre, so sind bei der Darlegung deren Durchschnittswerte mit prognostischen Überlegungen zu kombinieren. 79

Ein tätigkeitsgestützter Wert iSd Abs. 7 ist der **Gesamtumsatz** des Auftragnehmers. Zusammenzurechnen sind alle Umsätze, die bei der Erbringung solcher Leistungen, für welche die In-House-Vergabe geprüft wird, mit dem öffentlichen Auftraggeber und Dritten erzielt werden. Bei einem öffentlichen Mehrproduktunternehmen sind die Umsätze aus sonstigen Tätigkeiten einzubeziehen, soweit diese durch Einnahmen aus der Auftragstätigkeit quersubventioniert werden (→ Rn. 40). Bei der Umsatzberechnung sind grundsätzlich die tatsächlichen Umsätze einzubeziehen. Sollten jedoch im Einzelfall vom öffentlichen Auftraggeber mit dem Ziel, durch eine Verschiebung des Umsatzverhältnisses die In-House-Kriterien zu erfüllen, besonders hohe Entgelte vom öffentlichen Auftraggeber erhoben werden, so sind stattdessen Umsätze anzusetzen, die sich auf der Grundlage der Kosten effizienter Leistungserbringung ergäben. Eine solche Überzahlung kann zudem eine unzulässige Beihilfe darstellen. Das gilt auch dann, wenn die vom Auftragnehmer erbrachte Leistung eine Dienstleistung im allgemeinen wirtschaftlichen Interesse ist.[284] Ein weiterer tätigkeitsgestützter Wert sind die **Kosten,** die dem Auftraggeber in Bezug auf solche Leistungen entstehen, deren Direktvergabe an den In-House-Kriterien gemessen wird. Unterscheiden sich die Kosten bei Leistungen gegenüber Dritten und solchen gegenüber dem Auftraggeber, ist festzustellen, ob eine unzulässige Zuweisung etwa der Gemeinkosten vorliegt.[285] Als weiterer tätigkeitsgestützter 80

---

[277] EuGH Urt. v. 10.11.2005 – C-29/04, Slg. 2005, I-9705 Rn. 48 = NZBau 2005, 704 – Kommission/Republik Österreich; EuGH Urt. v. 11.1.2005 – C-26/03, Slg. 2005, I-1 Rn. 51 = NZBau 2005, 111 – Stadt Halle und RPL Lochau.
[278] EuGH Urt. v. 28.5.2020 – C-796/18, ECLI:EU:C:2020:395 Rn. 63 ff. – ISE.
[279] Ähnlich *Siegel* NZBau 2018, 507 (509 f.).
[280] *Ziekow* NZBau 2015, 258 (264).
[281] Wohl auch abl. *v. Engelhardt/Kaelble* in Müller-Wrede GWB Rn. 89; ohne Einschränkung dagegen *Portz* in KKPP GWB Rn. 218.
[282] EuGH Urt. v. 28.5.2020 – C-796/18, ECLI:EU:C:2020:395 Rn. 75 – ISE; dazu *Krohn/Müller* NZBau 2020, 491 (493).
[283] Diese Fallgestaltungen sind in Art. 12 Abs. 5 UAbs. 2 RL 2014/24/EU, Art. 28 Abs. 5 UAbs. 2 Sektoren-RL und Art. 17 Abs. 5 UAbs. 2 RL 2014/23/EU ausdrücklich aufgezählt.
[284] Dazu Säcker/Montag/*Wolf* Eur. State Aid Law Part III Rn. 8.
[285] Vgl. zum Beihilfenrecht EuGH Urt. v. 3.6.2003 – verb. C-83/01 P u. C-94/01 P, Slg. 2003, I-6993 Rn. 40 = EuZW 2003, 504 – Chronopost; Kommission Entsch. v. 22.11.2006 – C 24/2005, ABl. 2007 L 95, 25 Rn. 110 – LNE.

Wert werden **Arbeitszeitanteile** bzw. der Umfang des Personaleinsatzes genannt.[286] Dafür muss aber sichergestellt werden, dass nur gleichwertige Arbeiten in Körben zusammengefasst werden, um diese dann jeweils den Tätigkeiten für Dritte und für den öffentlichen Auftraggeber zuzuweisen. Der **Gewinn** erscheint kein geeigneter Wert zu sein, da er zu sehr durch die individuelle Unternehmenspolitik bestimmt wird.[287] Um Umgehungsversuche zu verhindern, ist den öffentlichen Auftraggebern dabei kein absolutes Wahlrecht zuzubilligen.[288] Vielmehr ist der im Einzelfall aussagekräftigste Wert heranzuziehen. Diese Frage ist gerichtlich voll überprüfbar.

81   Neben der Ermittlung der Gesamttätigkeitswerte sind diejenigen **Anteile zu bestimmen, die auf den oder die öffentlichen Auftraggeber und diejenigen, die auf Dritte entfallen.** Abs. 7 trifft allerdings keine Aussage darüber, welche Umsätze oder Kosten den Tätigkeiten für den öffentlichen Auftraggeber zuzurechnen sind. Die bisherige Rechtsprechung des EuGH war insoweit nicht eindeutig. Er stellte in der Entscheidung Carbotermo fest, dass der Umsatz maßgeblich sei, den das fragliche Unternehmen aufgrund der Vergabeentscheidungen des kontrollierenden öffentlichen Auftraggebers erzielt, und zwar einschließlich des Umsatzes, der in Ausführung solcher Entscheidungen mit Dritten erzielt wird. Zu berücksichtigen seien nämlich alle Tätigkeiten, die ein Unternehmen als Auftragnehmer im Rahmen einer Vergabe durch den öffentlichen Auftraggeber verrichtet, ohne dass die Person des Begünstigten – sei es der öffentliche Auftraggeber selbst oder ein sonstiger Leistungsempfänger – von Bedeutung wäre. Unerheblich ist danach folglich, wer die Vergütung unmittelbar erbringt oder in welchem Gebiet die genannten Leistungen erbracht werden, solange sie einem bestimmten öffentlichen Auftrag zugeordnet werden können.[289] Daraus wurde in der Literatur die Schlussfolgerung gezogen, es seien alle kausal auf Aufträge zurückzuführenden Umsätze einzubeziehen.[290] Die Rechtsprechung des EuGH ist aber vor allem deshalb nicht eindeutig, weil die Formel Dienstleistungsaufträge ebenso wie die Vergabe von Dienstleistungskonzessionen erfassen sollte. Da aber bei Konzessionen der wirtschaftliche Austausch erst eine Folge der Konzessionsvergabe ist und typischerweise mit Dritten stattfindet, wäre eine Direktvergabe auf dem Boden der In-House-Kriterien praktisch ausgeschlossen. Dagegen findet bei klassischen Leistungsaufträgen der wirtschaftlich werthaltige Warenaustausch direkt mit dem öffentlichen Auftraggeber statt. Für die Berechnung der Anteile sind daher die Besonderheiten des Vergabevertrages zu berücksichtigen, die bei den jeweiligen In-House-Konstellationen näher dargestellt sind (Aufträge: → Rn. 30 ff.; Konzessionen: → Rn. 86 f.).

VII. In-House-Vergabe durch Sektorenauftraggeber (Abs. 8 Var. 2)

82   Auf die Vergabe von Aufträgen durch Sektorenauftraggeber iSd § 100 Abs. 1 Nr. 1 sind die Regelungen über öffentlich-öffentliche Zusammenarbeit entsprechend anzuwenden. Sektorenauftraggeber sind danach öffentliche Auftraggeber (§ 99 Nr. 1–3), die eine der in § 102 genannten Sektorentätigkeiten ausüben. Private Sektorenauftraggeber iSd § 100 Abs. 1 Nr. 2 werden nicht einbezogen und sind auf die §§ 138, 139 verwiesen. Überschneidungen können sich im Falle des § 99 Nr. 2 ergeben.[291] Im Übrigen greifen für öffentliche Sektorenauftraggeber ergänzend die Ausnahmen für die Direktvergabe an verbundene Unternehmen iSd §§ 138, 139, welche im Wesentlichen die gleichen Voraussetzungen wie § 108 aufstellen. Insoweit ist auf die Kommentierung zu §§ 138, 139 zu verweisen. Die öffentlich-öffentliche Zusammenarbeit von Sektorenauftraggebern ist in Art. 28 Sektoren-RL geregelt. Dieser entspricht im Wortlaut im Wesentlichen dem Art. 12 RL 2014/24/EU. Daher kann an dieser Stelle vollumfänglich auf die Kommentierung der Abs. 1–7 verwiesen werden.

VIII. In-House-Vergabe von Konzessionen (Abs. 8 Var. 2)

83   **1. Systematische Einbindung.** Die RL 2014/23/EU trifft Regelungen für die Vergabe von Konzessionen sowohl durch öffentliche Auftraggeber als auch durch Sektorenauftraggeber. Ebenso wie bei der Sektorenauftragsvergabe steht die Ausnahme des § 108 damit in einem Regelungszusammenhang mit der privilegierten Vergabe an verbundene Unternehmen (§ 154 Nr. 5, 6 iVm §§ 138 f.). Abs. 8 betrifft die Vergabe von Bau- und von Dienstleistungskonzessionen (§ 105 Abs. 1). Die Vergabe von Dienstleistungskonzessionen wurde erstmals durch das Vergabepaket obligatorisch dem

---

[286] *Ziekow* NZBau 2015, 258 (260); *Müller-Wrede* VergabeR 2016, 292 (296); *Hofmann* VergabeR 2016, 189 (192); *Knauff* EuZW 2014, 486 (488).
[287] Ebenso *Ziekow* NZBau 2015, 258 (260); *Leinemann* in Leinemann Vergabe öff. Aufträge Rn. 147.
[288] Krit. auch *Knauff* EuZW 2014, 486 (488); aA *Gaus* VergabeR 2016, 418 (425).
[289] EuGH Urt. v. 11.5.2006 – C-340/04, Slg. 2006, I-4137 Rn. 65–67 = NZBau 2006, 452 – Carbotermo.
[290] Vgl. *Portz* in KKPP GWB Rn. 93 ff.
[291] Dazu *Greb* VergabeR 2016, 303 ff.

VIII. In-House-Vergabe von Konzessionen (Abs. 8 Var. 2)

Vergabeverfahren unterstellt. Zuvor bestand nach der Rechtsprechung des EuGH eine direkt aus dem EU-Primärrecht abgeleitete Pflicht zur diskriminierungsfreien Vergabe im Rahmen eines transparenten Verfahrens, welches weitgehend an das sekundärrechtliche Vergaberegime angelehnt war. Primärrechtlich war danach eine In-House-Vergabe unter den gleichen Voraussetzungen wie für das sekundärrechtliche Vergaberecht anerkannt.[292] Der europäische Gesetzgeber hat nunmehr in Art. 17 RL 2014/23/EU auch für die Vergabe von Konzessionen im Rahmen einer öffentlich-öffentlichen Zusammenarbeit eine ausdrückliche Ausnahmeregelung getroffen. Diese entspricht fast wörtlich derjenigen in Art. 12 RL 2014/24/EU. Der deutsche Gesetzgeber konnte sich daher auf eine entsprechende Anwendung der aus Art. 12 RL 2014/24/EU übernommenen Regelung beschränken. Anders als bei der Sektorenauftragsvergabe werden jedoch durch einen Generalverweis auf die Regelung der Auftragsvergabe nicht alle Besonderheiten der Konzessionsvergabe erschöpfend erfasst. Im Folgenden ist daher auf einige Besonderheiten der Direktkonzessionsvergabe einzugehen. Im Übrigen kann auf die Kommentierung der Abs. 1–7 verwiesen werden.

2. Normzweck. Für die Grundlagen des Konzessionsvergabeverfahrens ist auf die Kommentierung der §§ 148 ff. zu verweisen. Bei der Anwendung des § 108 auf Konzessionssachverhalte ist zu beachten, dass die Inhaberschaft an einer Konzession Voraussetzung für die Aufnahme einer wirtschaftlichen Tätigkeit auf dem konzessionsabhängigen Markt ist. Bei dem Grundfall der vertikalen In-House-Vergabe an eine kontrollierte Kommunalgesellschaft liegt also in der Entscheidung zur Erteilung einer In-House-Konzession zugleich die Entscheidung, über die begünstigte Eigengesellschaft wirtschaftlich tätig zu werden. Die Entscheidung der öffentlichen Hand zur Aufnahme einer wirtschaftlichen Tätigkeit als solche ist aber grundsätzlich nicht Gegenstand des Vergaberechts.[293] Von dem Markt, auf dem die konzessionierte wirtschaftliche Tätigkeit gegenüber Verbrauchern erbracht wird, ist allerdings der Markt zu unterscheiden, auf dem es seine Dienste im Austausch gegen die Erteilung des Konzessionsrechts der öffentlichen Hand zur Verfügung stellt, die dadurch ihrer öffentlichen Gewährleistungsaufgabe nachkommt. Die Einbeziehung der Konzessionsvergabe in ein förmliches Vergabeverfahren richtet sich vor allem gegen Gefahren auf diesem **vorgelagerten Markt der Konzessionsvergabe.** Da ein Konzessionsrecht einen erheblichen wirtschaftlichen Wert für den Konzessionsnehmer darstellt, nicht zuletzt aufgrund der oftmals mit der Rechtsposition verbundenen Monopolstellung und deren wirtschaftlicher Absicherung etwa durch einen Anschluss- und Benutzungszwang, ist eine Beeinträchtigung derjenigen Unternehmen zu verhindern, denen aufgrund der Direktvergabe eine Teilnahme am Wettbewerbsverfahren verwehrt war. Auch das Verfahren der Vergabe von Dienstleistungskonzessionen dient damit der Verhinderung von Wettbewerbsverfälschungen zulasten der Wettbewerber des durch die Konzession begünstigten Unternehmens. An dieser Zielsetzung ist die Anwendung der Ausnahmebestimmung des § 108 auf Konzessionsvergaben zu orientieren. Gegenläufig ist das Interesse der öffentlichen Hand am Einsatz eigener Mittel zu beachten, anders als bei der Auftragsvergabe aber nicht zur Deckung des eigenen Bedarfs, sondern zur Aufnahme einer wirtschaftlichen Tätigkeit. Nur in einem weiteren Sinne findet bereits mit der Konzessionsvergabe eine „Bedarfsdeckung" statt, nämlich des Bedarfs an der Durchführung von Gemeinwohlaufgaben. Weitere Wettbewerbsgefahren entstehen, wenn die Konzession ausschließlichen Charakter hat.

3. Vertikale In-House-Vergabe. Vertikale In-House-Vergaben von Konzessionen sind in Art. 17 Abs. 1 RL 2014/23/EU geregelt. Der Wortlaut stimmt im Wesentlichen mit dem des Art. 12 Abs. 1 RL 2014/24/EU überein. Ergänzend wird jeweils auf Sektorenauftraggeber iSd Art. 7 RL 2014/23/EU iVm Anhang II RL 2014/23/EU Bezug genommen. Für die Anwendung des § 108 Abs. 1 auf die Konzessionsvergabe kann daher weitgehend auf die Kommentierung zu Abs. 1 verwiesen werden. Voraussetzung ist die Kontrolle des öffentlichen Auftraggebers über den Konzessionsnehmer. Die Anforderungen an die **Kontrolle** entsprechen denen nach Abs. 1 lit. a (→ Rn. 22 ff.). Die **Kontrollvermutung** nach Abs. 2 S. 1 ist anwendbar.[294] Es darf grundsätzlich keine private Kapitalbeteiligung an der kontrollierten Person bestehen, mit Ausnahme einflussloser, gesetzlich vorgeschriebener Mitgliedschaften (→ Rn. 42 ff.). Für die In-House-Vergabe im Rahmen einer Kollektivkontrolle sowie für die umgekehrte und die Schwestern-In-House-Vergabe ist vollumfänglich auf die entsprechenden Kommentierungen zur Auftragsvergabe zu verweisen.

---

[292] EuGH Urt. v. 13.10.2005 – C-458/03, Slg. 2005, I-8585 Rn. 61 = NZBau 2005, 644 – Parking Brixen; EuGH Urt. v. 10.9.2009 – C-573/07, Slg. 2009, I-8129 Rn. 37 ff. = NZBau 2009, 797 – Sea. Die Kommission veröffentlichte dazu eine Mitteilung zu Auslegungsfragen in Bezug auf das Unionsrecht, das für die Vergabe öffentlicher Aufträge gilt, die nicht oder nur teilweise unter die Vergaberichtlinien fallen, ABl. 2006 C 179, 2.
[293] Erwägungsgründe 5, 6 RL 2014/23/EU.
[294] Art. 17 Abs. 1 UAbs. 2 RL 2014/23/EU.

86 Auch für die In-House-Direktvergabe von Konzessionen müssen mindestens 80% der Tätigkeiten des Auftragnehmers der Wahrnehmung von Aufgaben dienen, mit denen das konzessionierte Unternehmen vom Auftraggeber betraut wurde.[295] Allerdings sind bei der Berechnung einige Besonderheiten zu beachten. Während die Erbringung von Leistungen an Dritte durch den Auftragnehmer auf dem Markt bei der Vergabe von Aufträgen regelmäßig nicht dem öffentlichen Auftraggeber zuzurechnen ist (→ Rn. 36 f.), werden gerade diese Tätigkeiten des Konzessionsnehmers zur Berechnung des Tätigkeitswertes zugunsten des öffentlichen Auftraggebers berücksichtigt. Die Leistungserbringung durch den Konzessionsnehmer erschöpft sich nicht in der Zahlung von Konzessionsentgelten. Im Mittelpunkt steht vielmehr die Verpflichtung zur Leistungserbringung gegenüber Dritten, welche mit dem Recht zur Verwertung Hand in Hand geht.[296] Die Erfüllung dieser Verpflichtung, dh die Leistungserbringung gegenüber Dritten, ist als Ausführung einer Aufgabe anzusehen, mit denen die konzessionierte Gesellschaft iSd Abs. 1 Nr. 2 „betraut" wurde. Werden über den von der Konzession umfassten Aufgabenbereich hinausgehende Leistungen erbracht, sind diese herauszurechnen. Ob eine Leistungserbringung vom Betrauungsakt erfasst ist, muss letztlich anhand einer qualitativen Prüfung im Einzelfall beantwortet werden.[297]

87 Trotz der Unterschiede bei der Berechnung der Tätigkeitswerte bei Konzessionen im Vergleich zu Aufträgen sind beide auf das gleiche Grundprinzip zurückzuführen. Mit dem Wesentlichkeitskriterium des Abs. 1 lit. b soll auch bei der Konzessionsvergabe verhindert werden, dass durch die Direktvergabe die Wettbewerbsmöglichkeiten Dritter spürbar beeinträchtigt werden. Anknüpfungspunkt ist dabei der Markt, auf dem sich ein Unternehmen um den Abschluss eines Konzessionsvertrages bewirbt, weil auf diesem die Leistungsbeziehung zwischen öffentlichem Auftraggeber und Konzessionär begründet wird. Bei der Vergabe von Konzessionen steht eine Eigengesellschaft grundsätzlich im Wettbewerb zu Dritten, die sich ebenfalls um die Konzession bewerben könnten. Durch die Direktvergabe werden nicht nur die privaten Wettbewerber außen vor gelassen, sondern es können auch weiterreichende Wettbewerbsbeeinträchtigungen eintreten. So hat ein bereits als Konzessionsnehmer tätiges Unternehmen wegen des gesammelten Knowhows und der verfügbaren Ressourcen einen Vorteil, wenn es sich zB bei einer anderen Gebietskörperschaft, die nicht ihr Gesellschafter ist, um eine ebensolche Konzession bewirbt. Schon dieser der Direktvergabe immanente Wettbewerbsvorteil, der mit einer Beeinträchtigung der Wettbewerbsmöglichkeiten für Dritte einhergeht, kann nur reduziert werden, wenn auf diesem **Markt für Konzessionsrechte** die Tätigkeit im Wesentlichen für die über das Unternehmen eine Kontrolle ausübende(n) Gebietskörperschaft(en) ausgeübt wird. Aufgrund des erheblichen Wertes eines Konzessionsvertrages kann daher regelmäßig bereits bei einem Abschluss eines weiteren Konzessionsvertrages mit einem Nichtgesellschafter nicht mehr von einer nur unerheblichen Dritttätigkeit gesprochen werden. Darüber hinaus dürfen dem durch die In-House-Konzessionierung privilegierten öffentlichen Unternehmen auch durch die wirtschaftlichen Vorteile der Betätigung auf dem **Endverbrauchermarkt,** auf dem die Dienstleistung im Allgemeininteresse erbracht wird, **keine mittelbaren spürbaren Wettbewerbsvorteile** im Verhältnis zu Konkurrenzunternehmen erwachsen. Außer Betracht bleibt der Umstand, dass Dritte von vornherein von der Konzession und damit meist auch vom konzessionierten relevanten Markt ausgeschlossen werden, da eine Eigenvornahme der öffentlichen Hand grundsätzlich zulässig ist und die formelle Privatisierung als solche an den Auswirkungen auf den Wettbewerb nichts ändert.

88 **4. Horizontale Zusammenarbeit.** Auch eine horizontale Zusammenarbeit entsprechend Abs. 6 ist möglich.[298] Denkbar ist etwa, dass ein anderer Auftraggeber, an den ein Aufgabenbereich delegiert wurde, zur Erfüllung der Aufgabe mit einer Dienstleistungskonzession ausgestattet wird. Insoweit kann auf die Ausführungen zu Abs. 6 verwiesen werden (→ Rn. 65 ff.). Zur Berechnung der Tätigkeitsanteile sind die für Konzessionen geltenden Besonderheiten zu beachten (→ Rn. 86 f.).

IX. Wegfall der Voraussetzungen während der Vertragslaufzeit

89 Die Voraussetzungen für eine ausschreibungsfreie Zusammenarbeit iSd § 108 müssen zum Zeitpunkt der Vergabe vorliegen.[299] Eine nachträgliche Heilung ist nicht möglich. Fällt dagegen bei einer ursprünglich zulässigen Direktvergabe nachträglich eine der Voraussetzungen weg, handelt es sich um eine wesentliche Änderung iSd § 132.[300] Eine ausdrückliche Regelung, wie sie der

---

[295] Vom Wortlaut her folgt Art. 17 Abs. 1 lit. b RL 2014/23/EU im Wesentlichen dem von Art. 12 Abs. 1 lit. b RL 2014/24/EU.
[296] § 105 Abs. 1 Nr. 1 u. 2; Art. 5 Nr. 1 lit. a u. b RL 2014/23/EU.
[297] Vgl. *Säcker/Zwanziger* RdE 2016, 381 (388).
[298] Art. 17 Abs. 4 RL 2014/23/EU; *Prieß/Stein* VergabeR 2014, 499 (506).
[299] EuGH Urt. v. 5.10.2017 – C-567/15, ECLI:EU:C:2017:736 Rn. 47 – LitSpecMet.
[300] *Dierkes/Scharf* VergabeR 2014, 752 (757 ff.).

Kommissionsentwurf zur RL 2014/24/EU zunächst vorsah, erscheint aufgrund der allgemeinen Regelung für wesentliche Vertragsänderungen entbehrlich.[301] Werden zu einem späteren Zeitpunkt, aber noch innerhalb der Gültigkeitsdauer des Auftrags, Anteile an Private veräußert, ohne dass die Ausnahme für Beteiligungen ohne maßgeblichen Einfluss iSd Abs. 1 Nr. 3 Hs. 2 erfüllt ist, bedarf es einer neuen Ausschreibung.[302] Eine Beibehaltung des Auftrages würde das mit dem Vergaberecht verfolgte Ziel eines freien und unverfälschten Wettbewerbs und Grundsatz der Gleichbehandlung der Interessenten erheblich beeinträchtigen, da dem beteiligten privaten Unternehmen ein Vorteil gegenüber Konkurrenten verschafft würde.[303] Zudem bestünde anderenfalls eine erhebliche Umgehungsgefahr.[304] Gleiches gilt, wenn der Tätigkeitsbereich des Auftragnehmers sich so verändert, dass er nicht mehr im Wesentlichen für den oder die öffentlichen Auftraggeber tätig ist. Auch in diesem Fall besteht die Gefahr der Wettbewerbsverzerrung in einem Umfang, der vom Gesetz nicht mehr hingenommen wird und daher eine sofortige Gleichbehandlung des Unternehmens mit sonstigen privaten Konkurrenten und damit den Entzug des mit der Direktvergabe gewährten wirtschaftlichen Vorteils verlangt. Da eine Weiterführung der Leistungsbeziehung die wesentlichen Ziele des Vergaberechts gefährden würde, greifen auch Vertrauens- und Bestandsschutzargumente nicht durch.[305] Den öffentlichen Auftraggeber trifft damit faktisch eine **Obliegenheit zum Selbstmonitoring**.

Eine Anteilsveräußerung ohne vorgeschriebene Ausschreibung, die eine Umstufung des In-House-Geschäfts in einen vergaberechtsrelevanten Auftrag bewirkt, ist materiell als rechtswidrig neue Vergabeleistung anzusehen.[306] Deren **Auftragswert** berechnet sich anhand des Gesamtwertes der restlichen Laufzeit.[307] Da nicht nur der dem privaten Dritten zufallende anteilige Vorteil zugrunde zu legen ist, stellt eine zeitlich nach einer solchen Neuausschreibung erfolgende Aufstockung der Gesellschaftsanteile durch den privaten Investor grundsätzlich keine weitere ausschreibungspflichtige Auftragserweiterung mehr dar.[308] Der ursprüngliche Direktvergabeakt, der die In-House-Voraussetzungen erfüllte, wird im Falle einer Veräußerung von Anteilen an einen Privaten nicht automatisch nachträglich rechtswidrig. Er ist von der mit der Anteilsveräußerung erfolgenden neuen, nunmehr rechtswidrigen Direktvergabe zu unterscheiden. Die Voraussetzungen zur weiteren Durchführung liegen nur eben nicht mehr vor. Ausnahmsweise wird bereits die ursprüngliche Direktvergabe rechtswidrig, wenn die veränderten Umstände, zB ein Anteilsverkauf, bereits von Anfang an geplant waren. Die Vergabe ist dann unter Berücksichtigung der Gesamtheit dieser Schritte sowie ihrer Zielsetzung zu prüfen und nicht anhand ihrer zeitlichen Abfolge.[309] Stellt sich eine Kapitalübertragung in Wirklichkeit von vornherein als *Deckmantel* für die Übertragung von öffentlichen Aufträgen oder Konzessionen an einen privaten Partner außerhalb eines Vergabeverfahrens dar (zB wenn dem in Rede stehenden Wirtschaftsgebilde vor der Kapitalübertragung unmittelbar ohne Wettbewerb besondere Aufgaben übertragen werden, um die Kapitalübertragung attraktiv zu machen), so ist dieser zeitlich gestreckte Vorgang als einheitlicher Lebenssachverhalt zu beurteilen.[310]

---

[301] Aus der Streichung im Zuge des EU-Gesetzgebungsprozesses lassen sich daher keine gegenteiligen Rückschlüsse ziehen. Ebenso *v. Engelhardt/Kaelble* in Müller-Wrede GWB Rn. 98.
[302] EuGH Urt. v. 10.9.2009 – C-573/07, Slg. 2009, I-8127 Rn. 53 = NZBau 2009, 797 – Sea; EuGH Urt. v. 6.4.2006 – C-410/04, Slg. 2006, I-3303 Rn. 30 = NZBau 2006, 326 – ANAV; OLG Naumburg Beschl. v. 29.4.2010 – 1 Verg 3/10, VergabeR 2010, 979 (987); *Shirvani* VergabeR 2010, 21 (28); *Endler* NZBau 2002, 125 (133 f.).
[303] *Leinemann* in Leinemann Vergabe öff. Aufträge Rn. 155; EuGH Urt. v. 6.4.2006 – C-410/04, Slg. 2006, I-3303 Rn. 30 = NZBau 2006, 326 – ANAV; s. auch EuGH Urt. v. 11.1.2005 – C-26/03, Slg. 2005, I-1 Rn. 51 = NZBau 2005, 111 – Stadt Halle und RPL Lochau; EuGH Urt. v. 10.11.2005 – C-29/04, Slg. 2005, I-9705 Rn. 48 = NZBau 2005, 704 – Kommission/Republik Österreich.
[304] *Endler* NZBau 2002, 125 (133); EuGH Urt. v. 19.6.2008 – C-454/06, Slg. 2008, I-4401 Rn. 51 = NZBau 2008, 518 – pressetext.
[305] AA noch *Schröder* NJW 2002, 1831 (1833).
[306] *Endler* NZBau 2002, 125 (133 f.). Einen anderen Weg geht *von Kerssenbrock* WuW 2001, 122 ff., der Anteilsveräußerungen stets als Beschaffungsgeschäft ansieht, die diese zugleich den Einkauf fremder Finanzkraft und fremden Know-hows enthalten. Krit. dazu *Dietlein* NZBau 2004, 472 (476) und *Mehlitz* WuW 2001, 569 ff.
[307] *Endler* NZBau 2002, 125 (133 f.); *Dreher* NZBau 2002, 245 (250); wohl auch *Dietlein* NZBau 2004, 472 (478 f.); einschränkend noch *Jaeger* NZBau 2001, 6 (11), der den dem Gesellschaftsanteil zuzuordnenden Vorteil als Berechnungsgrundlage heranzieht. Anders *v. Engelhardt/Kaelble* in Müller-Wrede GWB Rn. 99, wonach eine Neuausschreibungspflicht unabhängig vom Restwert besteht.
[308] *Endler* NZBau 2002, 125 (134).
[309] EuGH Urt. v. 10.11.2005 – C-29/04, Slg. 2005, I-9705 Rn. 38 ff. = NZBau 2005, 704 – Kommission/Republik Österreich (Mödling).
[310] EuGH Urt. v. 10.11.2005 – C-29/04, Slg. 2005, I-9705 Rn. 38 ff. = NZBau 2005, 704 – Kommission/Österreich; EuGH Urt. v. 19.6.2008 – C-454/06, Slg. 2008, I-4401 Rn. 48 = NZBau 2008, 518 – pressetext; VK Düsseldorf Beschl. v. 7.7.2000 – VK 12/2000 – L, NZBau 2001, 46; *Endler* NZBau 2002, 125 (132 ff.); *Faber* DVBl 2001, 248 (257).

Für eine geplante Beteiligung Privater spricht ein enger zeitlicher Zusammenhang zwischen Auftrag und Beteiligungserwerb.[311] Abzustellen ist auch auf den Vertragszweck, Öffnungsklauseln oder Äußerungen kommunaler Gremien während oder vor der Auftragserteilung an die Eigengesellschaft.[312] Die bloße theoretische Möglichkeit einer Beteiligung Privater, etwa weil diese in der Gesellschaftssatzung nicht ausgeschlossen wurde, ist hingegen nicht ausreichend, wenn keine weiteren Hinweise auf eine tatsächlich geplante Beteiligung vorliegen.[313]

X. (Re-)Kommunalisierung

91   Die **Aufgabenprivatisierung** (materielle Privatisierung),[314] bei der die öffentliche Aufgabe durch Vertrag mit einem privatnützigen wirtschaftlichen Unternehmen in den gesellschaftlichen Bereich verlagert wird, unterliegt ebenso wie die funktionelle Privatisierung dem Vergaberecht. Nach Ablauf eines Vertrags oder aufgrund veränderter Umstände kann seitens des öffentlichen Auftraggebers ein Interesse bestehen, die Aufgabe künftig wieder durch eine eigene Dienststelle oder durch eine eigene Tochtergesellschaft zu erledigen. Eine solche Rückverlagerung bei der Aufgabenwahrnehmung wird als Rekommunalisierung bezeichnet.[315] Sie erfährt keine vergaberechtliche Sonderbehandlung.[316] Die staatliche Organisationsentscheidung als solche unterfällt jedoch nicht dem Vergaberecht (Art. 2 RL 2014/23/EU; Art. 1 Abs. 4 u. 6 RL 2014/24/EU). Der Staat kann eine öffentliche Aufgabe wieder zurückholen, ohne ihre Erledigung zuvor Privaten anbieten zu müssen, maW aufhören, sie weiterhin Dritten anzubieten. Die kommunale Übernahme der öffentlichen Aufgabe („Aufgabenrekommunalisierung") in eigene Trägerschaft und Verantwortung vollzieht sich typischerweise durch vertragliche Übernahme (Übereignung, Verpachtung) des in privater Hand befindlichen Betriebs, verbunden mit dem gesetzlichen Übergang der Arbeitsverhältnisse (§ 613a BGB) und der Umgestaltung zu einem Eigenbetrieb[317] oder durch Erwerb der bislang von einem privaten Wirtschaftsunternehmen gehaltenen Gesellschaftsanteile mit der Folge, dass eine 100%ige Eigengesellschaft der Kommune entsteht. Die mit der Rekommunalisierung verbundene Beauftragung der Eigengesellschaft ist dann ein vergaberechtsfreier Vorgang, wenn die In-House-Voraussetzungen erfüllt sind.[318] Diese können auch erfüllt sein, wenn die Arbeitnehmer im Falle des Betriebsübergangs dem Übergang ihrer Arbeitsverhältnisse auf die Kommune bzw. den kommunalen Eigenbetrieb gem. § 613a Abs. 5 BGB widersprechen. Eine Kündigung durch den Arbeitgeber wegen Wegfalls der Arbeitsplätze wäre sozial nicht gerechtfertigt iSv § 1 Abs. 2 KSchG, da die Kommune durch die Rückholung der Aufgabe („konzerninduziert") den Wegfall der Arbeitsplätze bei der Eigengesellschaft verursacht hat und deshalb verpflichtet ist, auf das Angebot des die Aufgabe zurückübertragenden Unternehmens und der Arbeitnehmer einzugehen, diese auf der Basis einer Personalgestellung (konzerninterne Arbeitnehmerüberlassung) bzw. eines Service Agreements auf ihren alten Arbeitsplätzen unter Aufrechterhaltung der arbeitsvertraglichen Beziehung zu ihrem bisherigen Arbeitgeber weiter zu beschäftigen.[319] Ein

---

[311] EuGH Urt. v. 10.11.2005 – C-29/04, Slg. 2005, I-9705 Rn. 39 f. = NZBau 2005, 704 – Kommission/Österreich; vgl. dazu *Schröder* NJW 2002, 1831 f. mwN.
[312] *Frenz* NZBau 2008, 673 (678 f.).
[313] EuGH Urt. v. 10.9.2009 – C-573/07, Slg. 2009, I-8127 Rn. 49–51 = NZBau 2009, 797 – Sea.
[314] Zur Unterscheidung Aufgaben- und Erfüllungsprivatisierung vgl. *Burgi*, Funktionale Privatisierung und Verwaltungshilfe, 1999, 71 ff.; *Schönröck*, Beamtenüberleitung anlässlich der Privatisierung von öffentlichen Unternehmen, 2000, 11 f.; *Schmidt* LKV 2008, 193 ff.
[315] Vgl. *Ziekow/Siegel* VerwArch 2005, 119 (127) mwN.
[316] IErg ebenso OLG Naumburg Beschl. v. 3.11.2005 – 1 Verg 9/05, NZBau 2006, 58 (61) – Nachbarlandkreis; vgl. auch OLG Düsseldorf Beschl. v. 15.10.2003 – Verg 50/03, NZBau 2004, 58; *von Hoff* VergabeR 2013, 395 ff.
[317] Die Übernahme der öffentlich-rechtlichen Trägerschaft (Betreibereigenschaft) setzt voraus, dass die Kommune bzw. der von ihr gebildete Eigenbetrieb) die Versorgungsaufgabe nicht nur pro forma übernimmt (etwa um privatrechtliche Entgelte gegen hoheitliche Gebührenbescheide auszutauschen), sondern sie muss alle wesentlichen (strategischen) Entscheidungen selbst treffen und die Durchführung dieser Entscheidungen durch Weisungen und Aufsichtsmaßnahmen kontrollieren, wenn sie einen Dritten vertraglich mit der operativen (funktionalen) Umsetzung der Aufgabe betraut; vgl. zutr. OVG Bautzen Beschl. v. 22.9.2003 – 5 BS 255/03, ZNER 2004, 379 = SächsVBl. 2005, 14.
[318] S. dazu OLG Düsseldorf Beschl. v. 15.10.2003 – Verg 50/03, NZBau 2004, 58; *Jaeger/Dicks*, 100 Jahre OLG Düsseldorf, 2006, 198.
[319] Vgl. dazu eingehend *Plander* NZA 2002, 69 (72 ff.) mwN. Es handelt sich dabei um eine nicht gewerbsmäßige Arbeitnehmerüberlassung im Sinne des AÜG, wenn für die Personalgestellung nur ein die Verwaltungskosten deckender Aufschlag auf die realen Lohnkosten berechnet wird. Das BAG (NZA 2005, 1006 (1008 f.)) hat im konkreten Fall eine Umlage von 5% der Bruttovergütung der überlassenen Arbeitnehmer gebilligt.

I. Überblick und Regelungsgehalt 1 § 109 GWB

ausschreibungspflichtiger Tatbestand wird somit durch die Ausübung des Widerspruchsrechts durch die Arbeitnehmer nicht ausgelöst.[320] Wenn die Aufgabenerledigung zwar in den kommunalen Raum zurückverlagert wird, aber nicht auf eine eigene Dienststelle oder Tochtergesellschaft einer Kommune, sondern auf eine andere als Leistungserbringer wirtschaftlich tätige Gebietskörperschaft, so liegt keine vergaberechtsfreie Rekommunalisierung vor.[321] Insoweit ist auf die Ausführungen zur interkommunalen Zusammenarbeit zu verweisen (→ Rn. 65 ff.).

§ 109 Ausnahmen für Vergaben auf der Grundlage internationaler Verfahrensregeln

(1) Dieser Teil ist nicht anzuwenden, wenn öffentliche Aufträge, Wettbewerbe oder Konzessionen
1. nach Vergabeverfahren zu vergeben oder durchzuführen sind, die festgelegt werden durch
   a) ein Rechtsinstrument, das völkerrechtliche Verpflichtungen begründet, wie eine im Einklang mit den EU-Verträgen geschlossene internationale Übereinkunft oder Vereinbarung zwischen der Bundesrepublik Deutschland und einem oder mehreren Staaten, die nicht Vertragsparteien des Übereinkommens über den Europäischen Wirtschaftsraum sind, oder ihren Untereinheiten über Liefer-, Bau- oder Dienstleistungen für ein von den Unterzeichnern gemeinsam zu verwirklichendes oder zu nutzendes Projekt, oder
   b) eine internationale Organisation oder
2. gemäß den Vergaberegeln einer internationalen Organisation oder internationalen Finanzierungseinrichtung bei vollständiger Finanzierung der öffentlichen Aufträge und Wettbewerbe durch diese Organisation oder Einrichtung zu vergeben sind; für den Fall einer überwiegenden Kofinanzierung öffentlicher Aufträge und Wettbewerbe durch eine internationale Organisation oder eine internationale Finanzierungseinrichtung einigen sich die Parteien auf die anwendbaren Vergabeverfahren.

(2) Für verteidigungs- oder sicherheitsspezifische öffentliche Aufträge ist § 145 Nummer 7 und für Konzessionen in den Bereichen Verteidigung und Sicherheit ist § 150 Nummer 7 anzuwenden.

Schrifttum: *Arrowsmith,* The Law of Public and Utilities Procurement, 2014; *Ullrich,* Rechtsschutz in den Vergabeverfahren zwischenstaatlicher Organisationen in Deutschland, VergabeR 2002, 331.

I. Überblick und Regelungsgehalt

§ 109 nimmt **Vergaben auf der Grundlage internationaler Verfahrensregeln** vom Anwendungsbereich des 4. Teils des GWB aus. Bei Beschaffungen, die internationalen Vergaberegeln unterliegen, müssen damit nicht die Vorgaben der §§ 97 ff. eingehalten werden. Vielmehr stellt die Vorschrift klar, dass internationale Verfahrensregelungen vorgehen. Grundlage der Freistellung durch die Vorschrift ist nicht der Grundsatz der völkerrechtlichen Vertragsfreiheit,[1] sondern der Umstand, dass internationale Vereinbarungen *per se* über den nationalen Regelungen stehen. Abs. 1 regelt die Voraussetzungen der Ausnahme für zivile öffentliche Aufträge, Abs. 2 verweist für verteidigungs- und sicherheitsspezifische öffentliche Aufträge auf die insoweit spezielleren Ausnahmevorschriften des § 145 Nr. 7 und für Konzessionen in den Bereichen Verteidigung und Sicherheit auf § 150 Nr. 7. Auf der Grundlage dieser kollisionsrechtlichen Vorschrift gehen internationale Verfahrensregeln den Vorgaben der §§ 97 ff. vor. Die Vorschrift greift jedoch nur unter den abschließend festgelegten Voraussetzungen des Abs. 1 Nr. 1 und 2. Da die Voraussetzungen aber im Einzelnen bislang weder vom Gesetzgeber festgelegt noch von der Rechtsprechung und dem Schrifttum hinreichend geklärt sind, verbleibt insofern ein gewisser Anwendungsspielraum. Sinn und Zweck der Ausnahmeregelung ist, dass Drittstaaten bei der Durchführung von gemeinsamen Projekten nicht die Vergabe nach EU-Vergaberichtlinien akzeptieren zu müssen, wenn die Durchführung des Projektes durch einen Mitgliedstaat der EU erfolgt.

---

[320] Vgl. OLG Düsseldorf Beschl. v. 15.10.2003 – Verg 50/03, NZBau 2004, 58; ferner OLG Naumburg Beschl. v. 3.11.2005 – 1 Verg 9/05, NZBau 2006, 58 (61) – Nachbarlandkreis.

[321] Vgl. OLG Düsseldorf Beschl. v. 5.5.2004 – VII-Verg 78–03, NZBau 2004, 398 (399); OLG Frankfurt a. M. Beschl. v. 7.9.2004 – 11 Verg 11/04, NZBau 2004, 692; OLG Naumburg Beschl. v. 3.11.2005 – 1 Verg 9/05, NZBau 2006, 58 (61) *Jaeger/Dicks,* 100 Jahre OLG Düsseldorf, 2006, 198.

[1] AA BeckOK VergabeR/*Ipsen/Jaus,* 19. Ed. 31.10.2020, Rn. 1.

GWB § 109 2–6   Ausnahmen für Vergaben auf der Grundlage internationaler Verfahrensregeln

2   Alle drei Vergaberichtlinien enthalten für den spezifischen Bereich, den sie regeln, spezifische Vorschriften für Vergaben auf der Grundlage internationaler Verfahrensregeln. Das bedeutet, § 109 setzt Art. 9 RL 2014/24/EU, Art. 20 RL 2014/25/EU (Sektoren-RL) und Art. 10 Abs. 4 RL 2014/23/EU in deutsches Recht um.[2] Gemeinsam ist den Vorschriften, dass sie regeln, ob und unter welchen Voraussetzungen das GWB-Vergaberecht nicht auf die Vergabe von Aufträgen und Wettbewerbe anzuwenden ist, die spezifischen internationalen Bestimmungen unterliegen.[3] Gemäß Art. 9 Abs. 1 UAbs. 2 RL 2014/24/EU und Art. 20 Abs. 1 UAbs. 2 Sektoren-RL ist die Bundesregierung verpflichtet, der Europäischen Kommission alle Rechtsvorschriften iSd Abs. 1 Nr. 1 lit. a zu übermitteln.[4] Art. 9 Abs. 3 RL 2014/24/EU und Art. 20 Abs. 3 Sektoren-RL regeln ausdrücklich, dass diese Vorschriften nicht auf Aufträge und Wettbewerbe mit Verteidigungs- oder Sicherheitsaspekten Anwendung finden.[5] Die zugehörigen Ausnahmen sind in Art. 17 RL 2014/24/EU und Art. 27 Sektoren-RL geregelt und in § 117 Nr. 4 umgesetzt. Für verteidigungs- oder sicherheitsspezifische Aufträge iSd § 104 ergeben sich die Ausnahmen aufgrund internationaler Vergaberegeln aus § 145 Nr. 7, der Art. 12 RL 2009/81/EG (Vergabe-RL Verteidigung und Sicherheit) umsetzt; für Konzessionen in den Bereichen Verteidigung und Sicherheit aus § 150 Nr. 7, der Art. 10 Abs. 5 RL 2014/23/EU umsetzt.[6]

3   § 109 ging § 100 Abs. 8 Nr. 4 und 6 aF voraus, der eine Ausnahme für Vergaben aufgrund internationaler Verfahrensregeln regelt. Diese Ausnahmeregelung ist im Zuge der Neuregelung des GWB mit kleineren Änderungen in § 109 übernommen und um eine weitere Ausnahmevorschrift für **überwiegend** international finanzierte Aufträge und Wettbewerbe in Abs. 1 Nr. 2 ergänzt worden.

II. Die Regelungen im Einzelnen

4   **1. Vergaben auf der Grundlage internationaler Verfahrensregeln (Abs. 1).** Der Gesetzgeber erkennt in Abs. 1 an, dass bestimmte Vergaben aufgrund übergeordneter internationaler Regelungen dem EU/GWB-Vergaberecht entzogen sind. § 109 ist als Ausnahmetatbestand wie bereits die Vorgängervorschrift und andere Ausnahmen im Sinne der Zielsetzung der Richtlinien und der ständigen Rechtsprechung des EuGH **eng auszulegen.** An das Vorliegen der Voraussetzungen sind hohe Anforderungen zu stellen. Die **Darlegungs- und Beweislast** für die Erfüllung der Voraussetzungen des § 109 trägt nach der einhelligen Rechtsprechung des EuGH und der deutschen Vergabenachprüfungsinstanzen zu Ausnahmetatbeständen stets und damit auch hier der öffentliche Auftraggeber, der sich auf sie beruft. Abs. 1 Nr. 1 lit. a und b setzt Art. 9 Abs. 1 lit. a und b RL 2014/24/EU um.

5   Abs. 1 Nr. 1 regelt als Ausnahmetatbestand Fälle, in denen der vergebende öffentliche Auftraggeber vom persönlichen Anwendungsbereich der für ihn maßgeblichen Richtlinie bzw. der §§ 97 ff. erfasst wird, jedoch aus bestimmten Gründen dazu verpflichtet ist, andere Vergabevorgaben zu befolgen. Das kann sich aus einer internationalen Vereinbarung mit einem oder mehreren Staaten ergeben, die nicht EU-Vergaberecht beachten müssen. Gegenstand kann aufgrund des Ausnahmecharakters der Vorschrift nur ein **gemeinsam zu verwirklichendes oder zu nutzendes konkretes Projekt** der Unterzeichner handeln. Rein abstrakte Vorhaben reichen nicht aus.[7] Gleiches gilt für unverbindliche Absichtserklärungen und grobe Planungen gemeinsamer Projekte mit dem Charakter einer Roadmap.[8] Projekte im Sinne der Vorschrift sind solche im Bereich Bildungswesen, Infrastruktur, Förderung von Rohstoffen und gemeinsame Forschungsprojekte.

6   Die Voraussetzungen des Ausnahmetatbestands des Abs. 1 Nr. 1 lit. a sind erfüllt, wenn die Vereinbarung, aus der die völkerrechtliche Verpflichtung zur Beachtung anderer Vergabebestimmungen folgt, im Einklang mit den EU-Verträgen geschlossen wurde.[9] Eine Verpflichtung zur Beachtung anderer Vergaberegeln kann sich ferner aus Vorgaben einer internationalen Organisation wie beispielsweise der UNO, NATO, der Europäischen Patentorganisation EPO, der Europäischen Südsternwarte ESO, der Europäischen Laboratoriums für Molekularbiologie EMBL oder der Europäischen Zentralbank EZB ergeben, wenn in deren Namen und auf deren Rechnung Aufträge, Konzessionen sowie Wettbewerbe vergeben bzw. durchgeführt werden. Ggf. kommen die §§ 97 ff. gem. Abs. 1 Nr. 1 lit. b nicht zur Anwendung. Nichtregierungsorganisationen (NGOs) und die

---

[2] Gesetzentwurf der BReg., BT-Drs. 18/6281, 80.
[3] Gesetzentwurf der BReg., BT-Drs. 18/6281, 80.
[4] Gesetzentwurf der BReg., BT-Drs. 18/6281, 80.
[5] Gesetzentwurf der BReg., BT-Drs. 18/6281, 80.
[6] Gesetzentwurf der BReg., BT-Drs. 18/6281, 80.
[7] VK Bund ZfBR 2012, 697.
[8] *Arrowsmith*, The Law of Public and Utilities Procurement, 2014, Rn. 6 ff.
[9] *Röwekamp* in KKPP GWB Rn. 2.

Organisation für Sicherheit und Zusammenarbeit in Europa (OSZE) als verstetigte Staatenkonferenz sind keine Organisationen im Sinne dieser Ausnahmeregelung.[10] Ein „besonderes Verfahren" iSd § 100 Abs. 8 Nr. 6 bilden zB die „Richtlinien zur Vergabe von Aufträgen für Bauvorhaben des gemeinsam finanzierten NATO-Sicherheits-Investitionsprogramms" (RiNATO) sowie die Einkaufsregeln von EuMetSat. Strittig ist, ob die betreffende internationale Organisation ein eigenes Vergabeverfahren[11] erlassen haben muss.[12]

Die §§ 97 ff. kommen gem. § 109 Abs. 1 Nr. 2 nicht zur Anwendung, wenn öffentliche Aufträge, Wettbewerbe oder Konzessionen gemäß den Vergaberegeln einer internationalen Organisation oder internationalen Finanzierungseinrichtung bei vollständiger Finanzierung der öffentlichen Aufträge und Wettbewerbe durch diese Organisation oder Einrichtung zu vergeben sind. Für den Fall einer überwiegenden Kofinanzierung öffentlicher Aufträge und Wettbewerbe durch eine internationale Organisation oder eine internationale Finanzierungseinrichtung einigen sich die Parteien auf die anwendbaren Vergabeverfahren. Abs. 1 Nr. 2 setzt Art. 9 Abs. 2 RL 2014/24/EU um. Parteien iSd Abs. 1 Nr. 2 sind solche Beteiligte, die sich auf die anwendbaren Vergabeverfahren für den Fall einer überwiegenden Kofinanzierung öffentlicher Aufträge und Wettbewerbe durch eine internationale Organisation oder eine internationale Finanzierungseinrichtung einigen, der öffentliche Auftraggeber und die internationale Organisation bzw. Finanzierungseinrichtung, die den öffentlichen Auftrag oder Wettbewerb kofinanziert.[13] Die Vorschrift erfasst Vergabeverfahren, die beispielsweise durch den IWF und/oder die Weltbank finanziert werden. 7

2. Verteidigungs- oder sicherheitsspezifische Vergaben auf der Grundlage internationaler Verfahrensregeln (Abs. 2). Abs. 2 verweist für die Vergabe von verteidigungs- oder sicherheitsspezifischen Aufträge und Konzessionen auf die Ausnahmen in § 145 Nr. 7 (Art. 12 Vergabe-RL Verteidigung und Sicherheit) und § 150 Nr. 7 (Art. 10 Abs. 5 RL 2014/23/EU). § 117 Nr. 4 und Nr. 5 betreffen demgegenüber die Vergabe von Aufträgen bzw. die Durchführung von Wettbewerben, die Verteidigungs- oder Sicherheitsaspekte umfassen, ohne verteidigungs- oder sicherheitsspezifisch iSd § 104 zu sein.[14] Für Aufträge, Wettbewerbe und Konzessionen, die einen Bezug zur Verteidigung oder zu Sicherheitsaspekten haben, die nach internationalen Regeln vergeben beziehungsweise durchgeführt werden, gibt es spezifische Ausnahmetatbestände. Derartige Regelungen enthalten Art. 10 Abs. 5 RL 2014/23/EU, umgesetzt in § 150 Nr. 7, Art. 17 Abs. 1 RL 2014/24/EU, umgesetzt in § 117 Nr. 4 und Nr. 5, Art. 27 Sektoren-RL, umgesetzt in § 117 Nr. 4 und Nr. 5 sowie Art. 12 Vergabe-RL Verteidigung und Sicherheit, umgesetzt in § 145 Nr. 7. 8

§ 110 Vergabe von öffentlichen Aufträgen und Konzessionen, die verschiedene Leistungen zum Gegenstand haben

(1) ¹Öffentliche Aufträge, die verschiedene Leistungen wie Liefer-, Bau- oder Dienstleistungen zum Gegenstand haben, werden nach den Vorschriften vergeben, denen der Hauptgegenstand des Auftrags zuzuordnen ist. ²Dasselbe gilt für die Vergabe von Konzessionen, die sowohl Bau- als auch Dienstleistungen zum Gegenstand haben.

(2) Der Hauptgegenstand öffentlicher Aufträge und Konzessionen, die
1. teilweise aus Dienstleistungen, die den Vorschriften zur Vergabe von öffentlichen Aufträgen über soziale und andere besondere Dienstleistungen im Sinne des § 130 oder Konzessionen über soziale und andere besondere Dienstleistungen im Sinne des § 153 unterfallen, und teilweise aus anderen Dienstleistungen bestehen oder
2. teilweise aus Lieferleistungen und teilweise aus Dienstleistungen bestehen,
wird danach bestimmt, welcher geschätzte Wert der jeweiligen Liefer- oder Dienstleistungen am höchsten ist.

Schrifttum: *Scherer-Leydecker*, Verteidigungs- und sicherheitsrelevante Aufträge – Eine neue Auftragskategorie im Vergaberecht, NZBau 2012, 533; *Siegel*, Die Behandlung gemischter Verträge nach dem neuen Vergaberecht, VergabeR 2007, 25.

---
[10] *Aicher* in Müller-Wrede Kompendium VergabeR Kap. 8 Rn. 18; Leinemann/Kirch/Homann § 100 Rn. 77.
[11] *Ullrich* VergabeR 2002, 331 ff. gibt einen Überblick zu Vergabevorschriften zwischenstaatlicher Organisationen.
[12] *Ullrich* VergabeR 2002, 331 (339); aA aber *Boesen* § 100 Rn. 49.
[13] Gesetzentwurf der BReg., BT-Drs. 18/6281, 80.
[14] *Röwekamp* in KKPP GWB Rn. 1.

Übersicht

	Rn.		Rn.
I. Normzweck	1	d) Bedeutung des Auftragswerts für die Bestimmung des Hauptgegenstandes außerhalb von Abs. 2	29
II. Entstehungsgeschichte	3		
III. Gemischte Aufträge bzw. Konzessionen mit Bauleistungen (Abs. 1)	4	IV. Gemischte Aufträge bzw. Konzessionen ohne Bauleistungen (Abs. 2)	30
1. Anwendungsbereich	4	1. Anwendungsbereich	30
2. Hauptgegenstand des Auftrags/der Konzession	7	2. Abgrenzung nach dem Schwerpunkt	32
a) Grundsätze	7	a) Abgrenzung nach dem höchsten Auftragswert	32
b) Abgrenzung von Bauaufträgen nach dem Hauptgegenstand	9		
c) Bestimmung des Hauptgegenstands eines Vertrages im Einzelfall	12	b) Feststellung des jeweiligen Auftragswerts	34

I. Normzweck

1 Die §§ 110–112 enthalten Abgrenzungsregelungen für gemischte Aufträge bzw. gemischte Konzessionen. Die Zuordnung einer Vergabe zu den einzelnen Auftrags- und Konzessionsarten ist von erheblicher praktischer Relevanz, weil sich daran zT unterschiedliche Rechtsfolgen knüpfen.[1] Die §§ 110–112 differenzieren zwischen **drei Konstellationen,** die erst in ihrer Zusammenschau voll verständlich werden:[2] § 110 regelt öffentliche Aufträge und Konzessionen, die zwar verschiedene Leistungen zum Gegenstand haben (Bau-, Dienst- und Lieferleistungen), jedoch insgesamt nur **einem vergaberechtlichen Regime** unterfallen (öffentliche Aufträge, Sektorenaufträge, verteidigungs- und sicherheitsspezifische Aufträge oder Konzessionen).[3] Durch die Erstreckung des sachlichen Anwendungsbereichs des GWB-Vergaberechts auf Dienstleistungskonzessionen iSd § 105 Abs. 1 Nr. 2 ist auch eine Kombination von Bau- und Dienstleistungskonzessionen möglich.[4] § 111 adressiert öffentliche Aufträge und Konzessionen, die aus verschiedenen Teilen bestehen, dh **verschiedene Beschaffungskomponenten** enthalten, wobei diese verschiedenen Beschaffungskomponenten bei isolierter Betrachtung **unterschiedlichen vergaberechtlichen Regimen** unterliegen, also etwa Elemente eines allgemeinen öffentlichen Auftrags mit solchen eines Sektorenauftrags oder einer Konzession kombinieren („vergaberegime-übergreifende Mischverträge").[5] § 112 bezieht sich schließlich – im Unterschied zu § 111 – auf Sachverhaltskonstellationen, in denen die Anwendbarkeit unterschiedlicher Vergaberechtsregime nicht daraus resultiert, dass verschiedene Beschaffungskomponenten umfasst sind, sondern **dieselbe Beschaffung** im Rahmen eines öffentlichen Auftrags oder einer Konzession **zumindest teilweise zum Zwecke einer Sektorentätigkeit iSd § 102** erfolgt, darüber hinaus aber auch für die Ausübung einer anderen Tätigkeit bestimmt ist.[6] Die §§ 110–112 basieren auf der **Regelungssystematik des Unionsrechts** hinsichtlich des Zusammentreffens von vergaberechtlich unterschiedlich zuzuordnenden Elementen in einem Auftrag bzw. Vertrag, wonach es darauf ankommt, ob die verschiedenen Elemente den **Vorschriften derselben Richtlinie oder verschiedenen Richtlinien** unterliegen (Art. 3, 16 RL 2014/24/EU; Art. 5, 6 RL 2014/25/EU [Sektoren-RL]; Art. 20–23 RL 2014/23/EU; Art. 3 RL 2009/81/EG [Vergabe-RL Verteidigung und Sicherheit]).[7]

2 Der Prüfung eines typengemischten öffentlichen Auftrages/einer typengemischten Konzessionen iSd § 110 vorgelagert, ist die Frage, ob nicht nur zivilrechtlich, sondern auch **vergaberechtlich ein einheitlicher Auftrag oder eine einheitliche Konzession vorliegt (Gesamtvergabe)**, oder ob eine **getrennte vergaberechtliche Beurteilung** erfolgen muss[8] (auch → Rn. 6). Grundsätzlich sind Auftraggeber/Konzessionsgeber nicht verpflichtet, einen einheitlichen Vertrag zu trennen (Erwägungsgrund 8 RL 2014/24/EU; Erwägungsgrund 10 Sektoren-RL),[9] solange die Trennung nicht zur Umgehung von Vergabevorschriften eingesetzt wird.[10] Dieser Grundsatz der

---

[1] Näher HK-VergabeR/*Pünder/Buchholtz* Rn. 8 ff.
[2] BT-Drs. 18/6281, 83.
[3] Ziekow/Völlink/*Ziekow* Rn. 3.
[4] jurisPK-Vergaberecht/*Jahn* Rn. 2.
[5] Ziekow/Völlink/*Ziekow* Rn. 4; *Fandrey* in Gabriel/Krohn/Neun VergabeR-HdB § 4 Rn. 71 ff.
[6] BeckOK VergabeR/*Ruhland* § 112 Rn. 1.
[7] Ziekow/Völlink/*Ziekow* Rn. 1.
[8] Immenga/Mestmäcker/*Dreher* Rn. 9.
[9] BT-Drs. 18/6281, 84.
[10] Dazu allgemein *Braun* NZBau 2018, 653.

Wahlfreiheit ist in § 111 Abs. 1 und in § 112 Abs. 1 normiert (vgl. § 111 Abs. 1: „dürfen getrennte Aufträge für jeden Teil oder darf ein Gesamtauftrag vergeben werden"). Zwar geht es in diesen Normen um vergaberegime- und tätigkeitsübergreifende Mischverträge. Die Wahlfreiheit besteht aber erst recht, wenn eine Kollision gem. § 110 im Anwendungsbereich ein und derselben Richtlinie erfolgt.[11] Eine Gesamtvergabe ist nach der Rechtsprechung des EuGH freilich nur dann zulässig, wenn die einzelnen Teile eines gemischten Vertrages untrennbar miteinander verbunden sind und somit ein unteilbares Ganzes bilden[12] (sog. **akzessorische Verbindung der einzelnen Leistungselemente**[13]). Nur in einem solchen Fall ist das Vorhaben im Hinblick auf seine rechtliche Einordnung in seiner Gesamtheit und einheitlich zu prüfen und auf der Grundlage der Vorschriften zu untersuchen, die den Teil regeln, der den Hauptgegenstand oder vorherrschenden Bestandteil des Vertrags bildet.[14] Durch das Akzessorietätserfordernis sollen **missbräuchliche Gesamtvergaben verhindert** werden, da sich die Normadressaten ansonsten den zusätzlichen Ausschreibungs-, Prüfungs- und Koordinierungsaufwand ersparen könnten, der mit Einzelvergaben einherginge.[15] Eine akzessorische Verbindung der einzelnen Leistungselemente bedeutet, dass die Leistungselemente **rechtlich oder wirtschaftlich eng zusammenhängen**.[16] Für einen derart engen Zusammenhang reicht es nicht aus, dass Vertragsparteien die verschiedenen Teile eines gemischten Vertrags als untrennbar betrachten und dies entsprechend zum Ausdruck bringen. Die Intention der Parteien muss sich vielmehr auf **objektive sachliche Gesichtspunkte** stützen, die sie rechtfertigen und die Notwendigkeit begründen können, einen einheitlichen Vertrag zu schließen.[17] Der EuGH hat eine Untrennbarkeit bejaht, wenn ein gemischter Vertrag mit einem einzigen Partner geschlossen wird, sofern dieser über erhebliche Finanzkraft und über Erfahrungen im Betrieb bestimmter Unternehmen verfügt.[18] Demgegenüber muss grundsätzlich eine vergaberechtlich getrennte Beurteilung erfolgen, wenn Leistungen nach mehreren Auftragsarten ohne sachlichen Grund in einem Vertrag kombiniert werden, aber vergaberechtlich trennbar bleiben und der eine Teil im Verhältnis zum anderen Teil nicht lediglich eine untergeordnete Bedeutung hat.[19] Letzteres liegt nahe, wenn die Schwellenwerte für mehrere Auftragsarten erfüllt sind und Aufträge dieser Art sowohl typischerweise getrennt vergeben als auch im konkreten Einzelfall ohne zwingende sachliche Gründe kombiniert werden.[20] Bei **öffentlichen Bauaufträgen** wird öffentlichen Auftraggebern durch § 103 Abs. 3 sowohl die getrennte als auch die gemeinsame Vergabe von Aufträgen für die Planung und die Ausführung von Bauleistungen ermöglicht (→ Rn. 19).[21]

II. Entstehungsgeschichte

§ 110 enthält im Wesentlichen eine Nachfolgeregelung zu § 99 Abs. 10 und 11 GWB 2011[22] und setzt die Vorgaben der **RL 2014/23/EU**, der **RL 2014/24/EU** und der **Sektoren-RL** in nationales Recht um. Die materiellen Regelungen wurden ursprünglich in Umsetzung von Art. 1 Abs. 2 lit. d Sektoren-RL 2004 bzw. Vergabe-RL 2004 und unter Berücksichtigung der EuGH-Rechtsprechung[23] als § 99 Abs. 6 ins GWB 2005 aufgenommen. Der GWB-Gesetzgeber des Jahres 2005 adressierte damit **Abgrenzungsprobleme bei gemischten Aufträgen**, wobei er insbesondere Public-Private-Partnerships im Blick hatte.[24] Bis zum Inkrafttreten des GWB 2016 erfolgte die Abgrenzung von Liefer- und Dienstleistungen gem. § 99 Abs. 10 S. 1 aF nach dem höchsten Wert, während sich die Abgrenzung zwischen Bau- und Dienst- bzw. Lieferleistungen gem. § 99 Abs. 10

---

[11] HK-VergabeR/*Pünder/Buchholtz* Rn. 5.
[12] EuGH Urt. v. 22.12.2010 – C-215/09, ECLI:EU:C:2010:807 Rn. 36 = NZBau 2011, 312 – Oulun kaupunki.
[13] HK-VergabeR/*Pünder/Buchholtz* Rn. 6.
[14] EuGH Urt. v. 6.5.2010 – C-145/08 ua, NZBau 2010, 506 Rn. 48 – Club Hotel Loutraki.
[15] HK-VergabeR/*Pünder/Buchholtz* Rn. 6.
[16] HK-VergabeR/*Pünder/Buchholtz* Rn. 7.
[17] EuGH Urt. v. 22.12.2010 – C-215/09, ECLI:EU:C:2010:807 Rn. 39 = NZBau 2011, 312 – Oulun kaupunki; s. auch EuGH Urt. v. 5.12.1989 – C-3/88, NVwZ 1991, 356 Rn. 18 ff. – Kommission/Italienische Republik.
[18] EuGH Urt. v. 6.5.2010 – C-145/08 u. 149/08, Slg. 2010, I-4165 Rn. 53 = NZBau 2010, 506 – Club Hotel Loutraki.
[19] Sog. Trennungstheorie, vgl. Immenga/Mestmäcker/*Dreher* Rn. 11; ebenso Beck VergabeR/*Hüttinger* Rn. 13.
[20] Zutreffend Beck VergabeR/*Hüttinger* Rn. 13; für eine Pflicht zur getrennten Vergabe Immenga/Mestmäcker/*Dreher* Rn. 12.
[21] Beck VergabeR/*Hüttinger* Rn. 27.
[22] Zuvor geregelt in § 99 Abs. 6 GWB 2005 und § 99 Abs. 8 GWB 2009.
[23] EuGH Urt. v. 19.4.1994 – C-331/92, Slg. 1994, I-1329 = NVwZ 1994, 990 – Gestión Hotelera.
[24] Entwurf der Begr. des Gesetzes zur Neuregelung des Vergaberechts v. 29.3.2005, 13 zu § 99 Abs. 6.

S. 2 aF nach dem Hauptgegenstand des Auftrags richtete. § 110 vereinheitlicht nunmehr die Bestimmung des anwendbaren Vergaberechtsregimes bei typengemischten Aufträgen.[25] § 110 stimmt im Ergebnis mit der **bisherigen Abgrenzungssystematik** überein. Zwar erfolgt nunmehr auch die Abgrenzung zwischen Liefer- und Dienstleistungen nach dem Hauptgegenstand des Auftrages. Ausweislich § 110 Abs. 2 Nr. 2 bestimmt sich der Hauptgegenstand in diesem Fall jedoch nach dem Wert, weshalb im Ergebnis die anwendbaren Vorschriften für typengemischte Liefer- und Dienstleistungen weiterhin anhand des Wertes festgelegt werden.[26] Die Modifizierung ist daher eher systematischer als rechtspraktischer Natur.

III. Gemischte Aufträge bzw. Konzessionen mit Bauleistungen (Abs. 1)

4 **1. Anwendungsbereich.** Hat ein öffentlicher Auftrag bzw. eine Konzession auch **Bauleistungen** zum Gegenstand, richten sich die anzuwendenden vergaberechtlichen Vorschriften nach § 110 Abs. 1.[27] Im Detail adressiert Abs. 1. gemischte öffentliche Aufträge, die eine **Kombination von Liefer-, Bau- oder Dienstleistungen** umfassen (S. 1) oder **gemischte Konzessionen, die Bau- und Dienstleistungen umfassen** (S. 2), und grenzt diese anhand des **Hauptgegenstands** ab (zur Legaldefinition des öffentlichen Auftrags § 103 Abs. 1; zur Konzession § 105). § 110 Abs. 1 basiert auf Art. 3 Abs. 1 UAbs. 1 RL 2014/24/EU und Abs. 2 UAbs. 1 RL 2014/24/EU, Art. 5 Abs. 1 UAbs. 1 und Abs. 2 UAbs. 1 Sektoren-RL sowie Art. 20 Abs. 1 UAbs. 1 RL 2014/23/EU und dient der Umsetzung dieser Normen ins deutsche Recht.[28] Beim Zusammentreffen von Liefer- und Dienstleistungen oder bei Aufträgen, die teilweise soziale und andere besondere Dienstleistungen iSv § 130 bzw. § 153 enthalten, ohne dass Bauleistungen umfasst sind, bestimmt sich der Hauptgegenstand öffentlicher Aufträge und Konzessionen nach der Spezialvorschrift des § 110 Abs. 2.[29]

5 § 110 setzt in seinen beiden Absätzen voraus, dass die einzelnen Leistungen **unterschiedlichen Vergaberechtsregimen im Anwendungsbereich ein und derselben Richtlinie** unterfallen.[30] Als Richtlinien idS kommen die RL 2014/23/EU, die RL 2014/24/EU und die Sektoren-RL in Betracht.[31] Die Kombination der Leistungen muss damit im Zuständigkeitsbereich des jeweiligen Auftraggebers oder Konzessionsgebers erfolgen.[32] Übertragen auf das deutsche Recht müssen die einzelnen Auftrags- bzw. Konzessionsbestandteile somit jeweils unter die Vorschriften zur Vergabe von öffentlichen Aufträgen durch öffentliche Auftraggeber,[33] durch Sektorenauftraggeber[34] oder durch Konzessionsgeber[35] fallen, wobei jeweils nur der Anwendungsbereich **eines der genannten Vergaberegime** eröffnet sein darf. Gleiches gilt für die Vorschriften zur Vergabe von verteidigungs- und sicherheitsspezifischen öffentlichen Aufträgen,[36] da auch auf diese grundsätzlich die allgemeinen Abgrenzungsregeln anzuwenden sind.[37] In den Anwendungsbereich ein und derselben Richtlinie fällt zB ein Auftrag, der ausschließlich unter die Vorschriften zur Vergabe von öffentlichen Aufträgen durch Sektorenauftraggeber fällt.[38] Ist dies der Fall, ist § 110 anzuwenden, wenn die einzelnen Auftragsbestandteile mindestens **zwei verschiedene Leistungen** enthalten (dh Bau-, Dienst- oder Lieferleistungen). Die Verschiedenheit der Leistungen iSd § 110 ist somit im Hinblick auf die rechtliche Unterscheidung zwischen Bau-, Dienst- und Lieferleistungen zu bestimmen.[39] Fällt bei einem gemischten Auftrag dagegen ein Auftragsbestandteil unter das erleichterte Regime einer anderen Richtlinie, ist **§ 111** anzuwenden.[40] Dies ist zum Beispiel dann der Fall, wenn ein Teil des Gesamtauftrages den Vorschriften zur Vergabe von öffentlichen Aufträgen durch einen öffentlichen

---

[25] *Dobmann* Neues VergabeR Rn. 249.
[26] Ebenso Immenga/Mestmäcker/*Dreher* Rn. 4; Beck VergabeR/*Hüttinger* Rn. 28.
[27] Zutreffend Ziekow/Völlink/*Ziekow* Rn. 12.
[28] BT-Drs. 18/6281, 83 f.
[29] Ziekow/Völlink/*Ziekow* Rn. 12.
[30] BT-Drs. 18/6281, 83.
[31] Dies ergibt sich aus Art. 5 Abs. 1 UAbs. 1 Sektoren-RL sowie Art. 3 Abs. 1 UAbs. 1 RL 2014/24/EU und Art. 20 Abs. 1 UAbs. 1 RL 2014/23/EU, deren Umsetzung § 110 ua dient.
[32] *Dobmann* Neues VergabeR Rn. 249.
[33] Dies umfasst grundsätzlich die §§ 103, 115–135 und die Vergabeverordnung (VgV) sowie spezielle Vorschriften über Bauaufträge.
[34] Dies umfasst die §§ 102, 136–143 und die Sektorenverordnung (SektVO).
[35] Dies umfasst die §§ 105, 148–154 und die Konzessionsvergabeverordnung (KonzVgV).
[36] Dies umfasst grundsätzlich die §§ 104, 144–147 und die Vergabeverordnung Verteidigung und Sicherheit (VSVgV) sowie spezielle Vorschriften über Bauaufträge.
[37] So schon zu § 99 Abs. 10 und 11 aF: *Scherer-Leydecker* NZBau 2012, 533 (539) mwN.
[38] Dies umfasst §§ 102, 136–143 und die Sektorenverordnung (SektVO).
[39] jurisPK-Vergaberecht/*Jahn* § 111 Rn. 10.
[40] BT-Drs. 18/6281, 84.

III. Gemischte Aufträge bzw. Konzessionen mit Bauleistungen (Abs. 1)   6–9   § 110 GWB

Auftraggeber unterliegt und ein anderer Teil den Vorschriften zur Vergabe von Konzessionen (in diesem Beispielfall gilt uU § 111 Abs. 3 Nr. 4).[41]

Nach dem Regierungsentwurf zum VergModG 2016 sollen Auftraggeber angesichts der für die **6** öffentlichen Bauaufträge kennzeichnenden Vielfalt der Aufgaben durch § 110 nicht in ihrer Entscheidung eingeschränkt werden, ob sie einen Gesamtauftrag oder getrennte Aufträge vergeben (vgl. auch Erwägungsgrund 8 RL 2014/24/EU; Erwägungsgrund 10 Sektoren-RL).[42] Eine Einschränkung dieser **Wahlfreiheit** ergibt sich zum einen aus § 3 Abs. 2 S. 2 VgV und § 2 Abs. 2 S. 2 KonzVgV bzw. SektVO, wonach ein Auftrag nicht zum Zwecke oder zur Umgehung der Vergabevorschriften getrennt werden darf. Zum anderen ist eine Trennung bei **objektiv untrennbaren Aufträgen** ausgeschlossen (→ Rn. 2; zur objektiven Trennbarkeit von Aufträgen auch → § 111 Rn. 4–9).

2. Hauptgegenstand des Auftrags/der Konzession. a) Grundsätze. Das anwendbare Ver- **7** gaberechtsregime für öffentliche Aufträge oder Konzessionen, die **derselben europäischen Richtlinie** unterfallen (→ Rn. 1), bestimmt sich gem. Abs. 1 für Dienst-, Bau- und Lieferleistungen einheitlich nach dem **Hauptgegenstand** des öffentlichen Auftrags bzw. der Konzession.[43] Dies entspricht der vom EuGH und den deutschen Gerichten angewandten Dominanztheorie (Schwerpunkttest, „main object test").[44] Im Rahmen der Abgrenzung von Bauleistung-Dienstleistung und Bauleistung-Lieferleistung sowie der Feststellung des Hauptgegenstandes kann daher auf die bisherige Rechtsprechung zurückgegriffen werden. Die Bestimmung des Hauptgegenstands im Verhältnis Dienstleistung-Lieferleistung, sowie Dienstleistung und Leistung nach § 130 und § 153 richtet sich demgegenüber nach dem spezielleren § 110 Abs. 2, wonach der jeweils höhere Wert über die anwendbaren Vorschriften entscheidet. § 110 Abs. 2 ist damit vorrangig anzuwenden, wenn keines der kombinierten Elemente eine Bauleistung darstellt.[45]

Zur Bestimmung des Hauptgegenstandes ist auf die **wesentlichen vorrangigen Verpflichtun-** **8** **gen abzustellen, die den Auftrag als solchen prägen**, während Verpflichtungen bloß untergeordneter oder ergänzender Art, die zwingend aus dem eigentlichen Gegenstand des Vertrags folgen, unberücksichtigt bleiben.[46] Vorzunehmen ist eine qualitative und quantitative Analyse aller vertragsprägenden bzw. vorrangigen Verpflichtungen, ebenso wie eine Analyse der dokumentierten kennzeichnenden rechtlichen und wirtschaftlichen Gesamtumstände des Einzelfalls.[47] In diesem Zusammenhang kann der finanzielle Wert der Einzelleistungen eine indizielle Wirkung haben,[48] wohingegen er im Rahmen des § 110 Abs. 2 das einzige Abgrenzungskriterium bildet (→ Rn. 29).[49] Entscheidend ist die funktionale Zuordnung der Leistungen zum jeweiligen Vertragstyp und deren gegenständliche, vertragliche Bedeutung.[50] Die Abgrenzung der maßgeblichen Auftragsart nach dem Hauptgegenstand der Leistung gilt gleichermaßen für öffentliche Aufträge als auch für Sektorenaufträge als auch für Konzessionen iSd § 110 Abs. 1.[51]

b) Abgrenzung von Bauaufträgen nach dem Hauptgegenstand. Bei der Bestimmung des **9** Auftragsschwerpunkts kam nach früher überwiegender Ansicht den **Bauleistungen gegenüber den anderen Leistungsarten ein höheres Gewicht** zu.[52] Diese Rechtsprechung kann unter

---

[41] *Burgi* VergabeR § 10 Rn. 7.
[42] BT-Drs. 18/6281, 84.
[43] OLG Düsseldorf Beschl. v. 16.10.2019 – VII-Verg 66/18, NZBau 2020, 184 Rn. 21.
[44] EuGH Urt. v. 19.4.1994 – C-331/92, Slg. 1994, I-1329 Rn. 29 = NVwZ 1994, 990 – Gestión Hotelera; EuGH Urt. v. 26.5.2011 – C-306/08, Slg. 2011, I-4569 Rn. 90 = NZBau 2011, 431 – PAI und LRAU Valencia; EuGH Urt. v. 6.5.2010 – C-145/08 und 149/08, Slg. 2010, I-4165 Rn. 48 = NZBau 2010, 506 – Club Hotel Loutraki; EuGH Urt. v. 21.2.2008 – C-412/04, Slg. 2008, I-652 Rn. 47 = NVwZ 2008, 397 – Kommission/Italien; EuGH Urt. v. 18.1.2007 – C-220/05, Slg. 2007, I-385 Rn. 37 = NZBau 2007, 185 – Stadt Roanne; OLG Düsseldorf Beschl. v. 30.4.2014 – VII-Verg 35/13, NZBau 2014, 589.
[45] Immenga/Mestmäcker/*Dreher* Rn. 14.
[46] OLG Düsseldorf Beschl. v. 16.10.2019 – VII-Verg 66/18, NZBau 2020, 184 Rn. 21.
[47] Zum Vorstehenden EuGH Urt. v. 26.5.2011 – C-306/08, Slg. 2011, I-4569 Rn. 90 = NZBau 2011, 431 – PAI und LRAU Valencia; EuGH Urt. v. 15.10.2009 – C-196/08, Slg. 2009, I-9940 = NZBau 2009, 804 (805) – Acoset SpA/Conferenza Sindaci e Presidenza; EuGH Urt. v. 21.2.2008 – C-412/04, Slg. 2008, I-652 Rn. 47 = NVwZ 2008, 397 – Kommission/Italien; s. auch Beck VergabeR/*Hüttinger* Rn. 20.
[48] OLG Düsseldorf Beschl. v. 16.10.2019 – VII-Verg 66/18, NZBau 2020, 184 Rn. 21: Der Wert ist gem. Abs. 1 ein Kriterium unter anderen.
[49] Ebenso Immenga/Mestmäcker/*Dreher* Rn. 18.
[50] OLG Düsseldorf Beschl. v. 16.10.2019 – VII-Verg 66/18, NZBau 2020, 184 Rn. 21.
[51] OLG Karlsruhe Beschl. v. 14.11.2014 – 15 Verg 10/14, NZBau 2015, 506 (507); OLG Brandenburg Beschl. v. 30.5.2008 – Verg W 5/08, ZfBR 2009, 190 (194).
[52] OLG Dresden Urt. v. 2.11.2004 – WVerg 11/04, BeckRS 2004, 12508; OLG Jena Beschl. v. 31.7.2002 – 6 Verg 5/01 Rn. 22, VergabeR 2003, 100 Rn. 22; s. auch *Fandrey* in Gabriel/Krohn/Neun VergabeR-HdB § 4 Rn. 64 f.

Geltung des VergModG 2016 nicht aufrechterhalten bleiben.[53] Der Regierungsentwurf zum VergModG 2016 verweist auf Erwägungsgrund 8 RL 2014/24/EU[54] und Erwägungsgrund 10 Sektoren-RL,[55] wonach ein Auftrag als Bauauftrag gilt, wenn er die Ausführung der in Anhang II RL 2014/24/EU bzw. Anhang I Sektoren-RL aufgeführten Tätigkeiten zum Gegenstand hat.[56] Hiernach liegt auch dann ein Bauauftrag vor, wenn sich der Auftrag zusätzlich noch auf Liefer- oder Dienstleistungen erstreckt, die für die Ausführung dieser Tätigkeiten erforderlich sind. Etwas anderes gilt ausweislich der vorbenannten Erwägungsgründe, wenn **die Bauelemente nur Nebenarbeiten im Verhältnis zum Hauptgegenstand** darstellen. Dies ist etwa bei einem Grundstücksverwaltungsvertrag denkbar, der in begrenztem Umfang auch Bauleistungen umfassen kann, ohne dass sich hierdurch die Einordnung als Dienstleistungsauftrag ändert. Ähnlich fällt die Bewertung bei einem Auftrag über die Lieferung und den Einbau standardisierter Waren (zum Beispiel Gardinenstangen) aus, wo die Bauleistung regelmäßig hinter die Lieferleistung zurücktritt (zur Einordnung der Lieferung von Waren, die nicht individuell angepasst werden müssen → Rn. 22). Unter Geltung des GWB 2016 ist die frühere Sichtweise vom normativen Vorrang der Bauleistung nicht mehr zutreffend, da **Bauleistungen und sonstige Leistungen parallel aufgeführt** werden, vgl. § 103 Abs. 1 für öffentliche Aufträge und § 105 Abs. 1 für Konzessionen. Vor allem aber ist dem Wortlaut von § 110 kein Vorrang der Bauleistungen zu entnehmen.

10 Hielte man gleichwohl am **Vorrang der Bauleistungen** fest, legte dies eine **Prüfungsreihenfolge** nahe, die dem höheren Gewicht der Bauleistungen gegenüber der Dienst- oder Lieferleistung innerhalb des Vergaberechts Rechnung trägt. Danach wäre zunächst festzustellen, ob ein Auftragsteil als Bauauftrag iSd § 103 Abs. 3 eingestuft werden kann. Hierbei orientierten sich die Gerichte vielfach an Anhang I Vergabe-RL 2004 oder Anhang XII Sektoren-RL 2004.[57] Anschließend wäre zu prüfen, ob der Bauleistung im Verhältnis zu den anderen Leistungsbestandteilen lediglich eine untergeordnete Bedeutung zukommt.

11 Eine **Dominanz der baurechtlichen Elemente** im Rahmen der Einordnung gemischter Aufträge hätte also zur Folge, dass bei ausgeglichenem Verhältnis zwischen den Bauleistungselementen und den übrigen Elementen oder bei leichtem Überwiegen der Nicht-Bauleistungs-Elemente gleichwohl von einer einheitlichen Bauleistung auszugehen wäre, da diese in diesem Fall nicht von untergeordneter Bedeutung wäre. Nach der alten Rechtslage hatte das höhere Gewicht der Bauleistung außerdem zur Folge, dass beim Zusammentreffen aller drei Auftragstypen innerhalb einer Vergabe auf der Grundlage des Hauptgegenstandes und nicht auf der Grundlage des Wertes zu entscheiden war.[58]

12 **c) Bestimmung des Hauptgegenstands eines Vertrages im Einzelfall.** Zur Bestimmung des Hauptgegenstands eines Vertrages bei gegebenen Bau- und Dienst- bzw. Lieferleistungen kann auf die hierzu ergangenene frühere **Rechtsprechung** zurückgegriffen werden.[59] Aus dieser lassen sich allgemeine Grundsätze zur Feststellung des Hauptgegenstandes ableiten, wobei es aufgrund der Vielfalt der möglichen Auftragsgegenstände und -gestaltungen stets einer **detaillierten Prüfung des Einzelfalls** bedarf.[60]

13 **aa) Bau- und Dienstleistungen.** Bei typengemischten Verträgen über Bau- und Dienstleistungen erfolgt die Zuordnung anhand des Hauptgegenstandes des Auftrags bzw. der Konzession.[61] Unter Geltung des § 110 Abs. 1 kommt es darauf an, welche Leistungen den Hauptgegenstand des Vertrages bilden. Hierfür kann der Wert der Leistungen ein Indiz sein (→ Rn. 29).

14 In der Entscheidung Gestión Hotelera hat der EuGH einen Auftrag **zur Errichtung und zum anschließenden Betrieb eines Spielkasinos in den Räumen eines bereits bestehenden Hotels** als Dienstleistungsauftrag angesehen, da er den Betrieb gegenüber dem Bau als vorrangig einstufte.[62] In einer weiteren Entscheidung hat der EuGH die **Errichtung einer Anlage für die Entsorgung von Abwasser** als untergeordnet gegenüber der **anschließenden Behandlung des Abwassers** angese-

---

[53] Ebenso Beck VergabeR/*Hüttinger* Rn. 30.
[54] Erwägungsgrund 8 RL 2014/24/EU.
[55] Erwägungsgrund 10 Sektoren-RL.
[56] BT-Drs. 18/6281, 84 und expliziter Verweis auf die Anhänge in BT-Drs. 18/6281, 74.
[57] ZB OLG Düsseldorf Beschl. v. 30.4.2014 – VII-Verg 35/13, NZBau 2014, 589.
[58] Vgl. Ziekow/Völlink/*Ziekow* § 99 Rn. 226.
[59] Ebenso Immenga/Mestmäcker/*Dreher* Rn. 19.
[60] *Dobmann* Neues VergabeR Rn. 250.
[61] Immenga/Mestmäcker/*Dreher* Rn. 20.
[62] EuGH Urt. v. 19.4.1994 – C-331/92, Slg. 1994, I-1329 Rn. 19 ff. = NVwZ 1994, 990 – Gestión Hotelera. Vergleichbar hiermit ist eine Entscheidung der VK Baden-Württemberg Beschl. v. 21.12.2000 – 1 VK 32/00, NZBau 2001, 406, die einen Auftrag zur Durchführung von Einbauten in den veredelten Rohbau eines Flughafenterminals zum Zweck des anschließenden Betriebs einer gastronomischen Einrichtung nicht als Bauleistung einstufte, da diese neben dem Betrieb nur von untergeordneter Bedeutung sei.

III. Gemischte Aufträge bzw. Konzessionen mit Bauleistungen (Abs. 1) 15–19 § 110 GWB

hen.[63] Auch ein Vertrag über die **Erschließung eines Grundstücks** ist trotz der damit notwendigerweise verbundenen Bauleistungen (ua die Anbindung der betreffenden Grundstücke an und die Integration in die bestehenden Netze der Infrastruktur) nicht zwingend als Bauauftrag einzustufen, wenn er relevante Entwicklungs-, Planungs- und Finanzierungsleistungen zum Gegenstand hat.[64]

Schreibt ein öffentlicher Auftraggeber die **Errichtung eines Gebäudes auf dem Grundstück** 15 **des Auftragnehmers aus, bei dem der Auftraggeber konkrete Vorgaben hinsichtlich der vom Gebäude zu erfüllenden Funktion und dessen Eigenschaften macht,** liegt in der Regel auch dann ein Bauauftrag vor, wenn das fertige Gebäude anschließend vom Auftragnehmer an den öffentlichen Auftraggeber vermietet werden soll. Die Mietdienstleistung tritt somit hinter den Bauauftrag zurück, da die Errichtung des Gebäudes mit bestimmten Funktionen (zB Messehalle oder Polizeiwache) im Vordergrund steht.[65] Dies kann sogar dann gelten, wenn der Wert der Mietleistung denjenigen des Bauauftrags übersteigt (→ Rn. 29). Vergleichbares ist für die Abgrenzung von Bau- und Lieferleistungen anzunehmen (→ Rn. 23 f.).

Neben den vorgenannten Vertragskonstellationen existieren auch solche, bei denen die **Erstel-** 16 **lung einer bestimmten Infrastruktur** in Auftrag gegeben wird, ohne dass konkrete Vorgaben hinsichtlich der zur Erreichung dieses Ziels erforderlichen Tätigkeiten gemacht werden. Wird etwa die Errichtung einer **Breitbandkabelinfrastruktur** ausgeschrieben, welche vom Auftragnehmer anschließend für einen festgeschriebenen Zeitraum betrieben und kommerziell genutzt werden darf, ohne dass vorgegeben wird, wie diese Infrastruktur zu errichten ist, liegt regelmäßig kein Bauauftrag vor, wenn die Anlage der Breitbandinfrastruktur nicht zwingend die Verlegung physischer Informationsübertragungsinfrastruktur erfordert (zB **Glasfaserkabel**). Dies kann der Fall sein, wenn bereits bestehende Möglichkeiten genutzt werden können, wie der Anschluss über Richtfunk oder über vorhandene Glasfaserkabel.[66] Etwas anderes müsste vor diesem Hintergrund gelten, wenn eine solche Infrastruktur nicht vorhanden ist.

Ebenfalls kein Bauauftrag liegt vor, wenn **im Zeitpunkt der Auftragsvergabe unklar ist, ob** 17 **und in welchem Umfang Bauarbeiten erforderlich werden** (zB Instandhaltung einer Rennstrecke).[67] Vor diesem Hintergrund kann die Ausschreibung von Baumpflegearbeiten nicht automatisch als Bauauftrag eingestuft werden, auch wenn die Bäume ein wesentlicher Bestandteil der Straßen sind.[68]

Im Übrigen ist bei **Wartungsarbeiten an baulichen Anlagen** das **Leistungsspektrum der** 18 **ausgeschriebenen Arbeiten** entscheidend. So können Wartungsarbeiten an Straßenzubehör (zB Ampelanlagen) uU als Bauleistungen eingestuft werden, da im Rahmen des Auftrags ggf. Einzelteile ausgetauscht werden müssen.[69] Hingegen genügen Wartungsarbeiten im Sinne einer reinen Funktionskontrolle nicht zur Einordnung als Bauauftrag, wenn hiermit nur unwesentliche Umbauarbeiten, Kleinreparaturen oder ähnliche Instandhaltungsmaßnahmen verbunden sind.[70] Maßgebend ist, inwieweit in nennenswertem Umfang in die Substanz eines Bauwerks eingegriffen wird.[71] Gegen eine Bauleistung kann auch sprechen, dass die Instandsetzungsarbeiten, die als Bauleistungen qualifiziert werden können, einen deutlich geringeren Anteil am Gesamtauftragswert haben als die übrigen Arbeiten,[72] wobei der Wert der jeweiligen Auftragsteile im Rahmen von Abs. 1 regelmäßig nur indizielle Relevanz hat (→ Rn. 8).

Einen Sonderfall stellt die Einordnung von Verträgen über **Bauplanungsdienstleistungen** dar, da 19 die alleinige Planung von Bauvorhaben als solche eine Dienstleistungsaufgabe iSd § 103 Abs. 4 ist.[73] Die kombinierte Planung und Ausführung von Bauaufträgen ist hingegen gem. **§ 103 Abs. 3** als Bauauftrag einzustufen, sofern § 103 Abs. 3 Nr. 1 oder 2 einschlägig sind.[74] Siehe im Einzelnen die Kommentierung zu § 103 Abs. 3.

---

63 EuGH Urt. v. 10.4.2003 – C-20/01 und C-28/01, Slg. 2003, I-3609 = NZBau 2003, 393 (395) – Deutschland/Kommission.
64 EuGH Urt. v. 26.5.2011 – C-306/08, Slg. 2011, I-4569 = NZBau 2011, 431 – PAI und LRAU Valencia.
65 EuGH Urt. v. 29.10.2009 – C-536/07, Slg. 2009, I-10335 Rn. 61 = NZBau 2009, 792 – Köln Messe; OLG Düsseldorf Beschl. v. 7.8.2013 – VII-Verg 14/13, NJOZ 2013, 2096 (2097); OLG Brandenburg Beschl. v. 25.5.2010 – Verg W 15/09, BeckRS 2010, 12982.
66 OLG Karlsruhe Beschl. v. 14.11.2014 – 15 Verg 10/14, NZBau 2015, 506 (507); OLG München Beschl. v. 25.3.2011 – Verg 4/11, NZBau 2011, 380 (383).
67 OLG Brandenburg Beschl. v. 30.5.2008 – Verg W 5/08, ZfBR 2009, 190 (194).
68 AA OLG Düsseldorf Beschl. v. 4.1.1997 – 4 O 344/97, NJWE-WettbR 1999, 68 (71).
69 BayObLG Beschl. v. 29.3.2000 – Verg 2/00, NZBau 2000, 594 (595).
70 VK Sachsen Beschl. v. 18.3.2015 – 1/SVK/001-15, BeckRS 2015, 11517; VK Berlin Beschl. v. 26.4.2011 – VK-B2-3/11, BeckRS 2015, 55863.
71 VK Baden-Württemberg Beschl. v. 18.6.2014 – 1 VK 21/14, BeckRS 2015, 07550; VK Berlin Beschl. v. 26.4.2011 – VK-B2-3/11, BeckRS 2015, 55863.
72 OLG Düsseldorf Beschl. v. 18.10.2006 – Verg 35/06, BeckRS 2007, 00456.
73 Beck VergabeR/*Hüttinger* § 103 Rn. 194.
74 HK-VergabeR/*Wegener/Pünder* § 103 Rn. 65.

20 Schließlich ist die Bauleistung auch dann Hauptgegenstand des Auftrags, wenn der Unternehmer die Bauausführung nach dem Inhalt des Auftrags durch **Subunternehmer** durchführen lassen soll, während er selbst nur die Verwaltung und Organisation der Arbeiten übernimmt.[75]

21 **bb) Bau- und Lieferleistungen.** Auch wenn Bau- und Lieferleistungen kollidieren, ist nach § 110 Abs. 1 der Hauptgegenstand des Vertrages maßgeblich. Zu ermitteln ist das prägende Vertragselement,[76] wofür der Wert der erbrachten Einzelleistungen ein Indiz sein kann[77] (→ Rn. 29). Die Rechtsprechung stellt ua darauf ab, ob die zu liefernden Teile einer individuellen Anfertigung bedürfen (→ Rn. 22) oder in einem bestimmten Funktionszusammenhang mit dem Bauwerk stehen (→ Rn. 23 f.).

22 Umfasst ein Auftrag die **individuelle Anfertigung oder Bearbeitung der zu liefernden und einzubauenden Gegenstände,** spricht dies dafür, die Bauleistung als Hauptgegenstand anzusehen. Fehlt es hieran, liegt dagegen ein Lieferauftrag nahe.

23 Die Abgrenzung zwischen Liefer- und Bauleistung erfolgt häufig anhand des **Funktionszusammenhangs**[78] (ähnlich der Abgrenzung von Bau- und Dienstleistung → Rn. 13). Danach ist alles, was zur Funktion des Bauwerks nach dem ausgeschriebenen Nutzungszweck erforderlich ist, als Bestandteil des Bauauftrags anzusehen. Entscheidend ist, ob trotz der Lieferelemente im Rahmen einer Gesamtbetrachtung die Herstellung eines Bauwerks mit bestimmten technischen oder sonstigen Eigenschaften im Vordergrund steht. So ist etwa ein **Werklieferungsvertrag über die Lieferung und Errichtung einer mechanisch-biologischen Restabfallbehandlungsanlage** als Bauauftrag anzusehen, da bei der vorgesehenen Übertragung der Planung, Ausführung und Inbetriebnahme dieser komplexen baulich-technischen Anlage bei zusammenfassender Betrachtung aller erforderlichen Bau- und Beschaffungstätigkeiten der Erfolg der Herstellung des Gesamtbauwerks mit den vorgegebenen technischen Funktionen im Vordergrund steht.[79] Ergänzend machten die Bauleistungen 55 Prozent der Investitionskosten aus.[80]

24 Gleiches gilt bei der Errichtung von Gebäuden, die **aufgrund ihrer vorgesehenen Nutzung mit speziellen Geräten ausgestattet** werden müssen (zB Planetariumsprojektor oder Laborausstattung).[81] In diesem Fall gehören alle Leistungen, die das Bauwerk erst funktionsfähig machen – also auch die Lieferung der Spezialausstattung – zur Bauleistung und werden als Teil des Bauauftrags eingestuft.

25 Auch **Ergänzungen eines spezialisierten Gebäudes** (zB der Nachkauf und die Installation eines Planetariumsprojektors), die mehrere Jahre nach Errichtung und Inbetriebnahme des spezialisierten Bauwerks erfolgen, können uU als Bauaufträge eingestuft werden, obwohl eine zeitlich erheblich später erfolgende Maßnahme normalerweise ein isoliert zu betrachtender neuer Beschaffungsvorgang wäre.[82] Diese Maßnahme ist jedoch dann als Teil einer einheitlichen Bauleistung anzusehen, wenn sie für den bestimmungsgemäßen Bestand der baulichen Anlage bzw. für ein funktionsfähiges Bauwerk erforderlich und von wesentlicher Bedeutung ist, wobei darauf abzustellen ist, ob das Gebäude bei Neuerrichtung ohne die in Frage stehende Ergänzung funktionsfähig gewesen wäre.[83] Ein Bauauftrag kann in diesem Fall selbst dann vorliegen, wenn die Bauleistung nur einen relativ kleinen Anteil am Gesamtauftrag ausmacht. So stufte das OLG Düsseldorf die Lieferung und den Aufbau einer **Photovoltaikanlage auf einer ehemaligen Mülldeponie,** deren Unterkonstruktion zugleich die Deponie gegen durchsickerndes Regenwasser abdichten sollte, als Bauleistung ein, obwohl die Bauleistung nur einen Anteil von ca. 30% am Gesamtauftrag ausmachte.[84]

26 Im Rahmen der Abgrenzung zwischen Bau- und Lieferleistung kommt es nicht darauf an, ob der Auftrag nach deutschem Recht als **Kauf-** oder als **Werk(lieferungs-)vertrag** einzustufen ist (zur Abgrenzung von Bau- und Dienstleistung → Rn. 13). Jedoch kann der Umstand, dass lediglich

---

[75] EuGH Urt. v. 18.1.2007 – C-220/05, Slg. 2007, I-385 Rn. 38 = NZBau 2007, 185 – Stadt Roanne.
[76] HK-VergabeR/*Pünder/Buchholtz* Rn. 18.
[77] EuGH Urt. v. 21.2.2008 – C-412/04, Slg. 2008, I-652 Rn. 49 = NVwZ 2008, 397 – Kommission/Italien.
[78] BeckOK VergabeR/*Ruhland* Rn. 11.
[79] OLG Düsseldorf Beschl. v. 5.7.2000 – Verg 5/99, NZBau 2001, 106 (107); ähnlich: OLG Brandenburg Beschl. v. 29.3.2012 – Verg W 2/12, BeckRS 2012, 15438 – Planetariumsprojektor; OLG Jena Beschl. v. 31.7.2002 – 6 Verg 5/01, VergabeR 2003, 97 – Laborausstattung.
[80] Dies betonen HK-VergabeR/*Pünder/Buchholtz* Rn. 18.
[81] OLG Brandenburg Beschl. v. 29.3.2012 – Verg W 2/12, BeckRS 2012, 15438 – Planetariumsprojektor; ähnl. auch OLG Jena Beschl. v. 31.7.2002 – 6 Verg 5/01, VergabeR 2003, 97 – Laborausstattung.
[82] OLG Brandenburg Beschl. v. 29.3.2012 – Verg W 2/12, BeckRS 2012, 15438 – Planetariumsprojektor.
[83] OLG Brandenburg Beschl. v. 29.3.2012 – Verg W 2/12, BeckRS 2012, 15438; BayObLG Beschl. v. 23.7.2002 – Verg 17/02, NZBau 2003, 340 (341).
[84] OLG Düsseldorf Beschl. v. 30.4.2014 – VII-Verg 35/13, NZBau 2014, 589 (591); s. dazu auch HK-VergabeR/*Pünder/Buchholtz* Rn. 18.

die Verschaffung der Verfügungsgewalt oder ein bestimmter Erfolg (die Bauleistung) geschuldet ist, eine indizielle Wirkung bei der Abgrenzung zwischen Dienst- und Lieferleistung haben.[85]

cc) Bau-, Dienst- und Lieferleistungselemente. Ausschreibungen, die **alle drei Leistungstypen** beinhalten (also Bau-, Dienst- und Lieferleistung) sind gem. § 110 Abs. 1 ebenfalls nach dem **Hauptgegenstand** abzugrenzen.[86] Maßgeblich sind damit nicht allein die Wertverhältnisse, sondern auch qualitative Faktoren.[87] Dass es auf den Schwerpunkt des Vertrages ankommt und Nebenleistungen unerheblich sind, wird im Verhältnis zwischen Lieferleistungen und den anderen Beschaffungsarten durch § 103 Abs. 2 S. 2 bekräftigt.[88] Die Wertverhältnisse können ein Indiz für die Bestimmung des Hauptgegenstands bilden (→ Rn. 29).

dd) Liefer- und Dienstleistungsaufträge. Die Abgrenzung von Liefer- und Dienstleistungen richtet sich gem. Abs. 1 wie gesehen grundsätzlich nach dem Hauptgegenstand, sofern auch Bauleistungen in Rede stehen (zur vormaligen Rechtslage → Rn. 3). Zu beachten ist die **Sonderregelung des Abs. 2 Nr. 2,** wonach sich die Abgrenzung eines Auftrages, der teilweise aus Lieferleistungen und teilweise aus Dienstleistungen besteht, allein nach dem höchsten Wert bestimmt.

d) Bedeutung des Auftragswerts für die Bestimmung des Hauptgegenstandes außerhalb von Abs. 2. Eine Abgrenzung auf Grundlage des Auftragswerts (sog. **main value test;** ausführlich → Rn. 32 ff.) ist lediglich im Anwendungsbereich von **Abs. 2** vorgesehen. Im Rahmen der Bestimmung des Hauptgegenstandes nach Abs. 1 kommt dem Wertkriterium allerdings nach zutreffender Ansicht[89] – wie schon nach der alten Rechtslage (→ Rn. 3) – eine indizielle Wirkung zu.[90] So entschied sich der EuGH im Fall „Köln Messe" gegen die Einstufung als (Miet-)Dienstleistungsauftrag, obwohl die Mietdienstleistung – über den Mietzeitraum von 30 Jahren – mehr als den doppelten Wert der Bauleistung hatte (Bauleistung: ca. 235 Mio. EUR; Mietdienstleistung: ca. 600 Mio. EUR über 30 Jahre). Der EuGH ging – überzeugend – davon aus, dass sich ein Betrag von 600 Mio. EUR, abgezinst auf den Zeitpunkt der Beendigung der Bauarbeiten, dem Betrag von 235 Mio. EUR deutlich annähern wird, weshalb die Dienstleistung die Bauleistung nicht wesentlich überwiegt.[91]

IV. Gemischte Aufträge bzw. Konzessionen ohne Bauleistungen (Abs. 2)

1. Anwendungsbereich. Sofern keines der kombinierten Elemente eine **Bauleistung** darstellt, gibt § 110 Abs. 2 die relevanten Abgrenzungsregelungen für gemischte Aufträge bzw. Konzessionen innerhalb eines einzigen Vergaberegimes vor.[92] Hiernach bestimmt sich der Hauptgegenstand öffentlicher Aufträge und Konzessionen – als lex specialis zu Abs. 1 – danach, welcher **geschätzte Wert der jeweiligen Liefer- oder Dienstleistungen am höchsten ist.**[93] In Abweichung zu Abs. 1, wo dem Auftragswert nur eine indizielle Bedeutung zur Bestimmung des Hauptgegenstandes zukommt (→ Rn. 29), ist in den in Abs. 2 genannten Fällen zur Bestimmung des Hauptgegenstandes somit **ausschließlich auf den Auftragswert** abzustellen. Dies schließt ein Abstellen auf sonstige Kriterien aus. In den Anwendungsbereich von Abs. 2 fallen somit einen öffentlichen Aufträge und Konzessionen, die teilweise aus Dienstleistungen bestehen, die den Vorschriften zur Vergabe von öffentlichen Aufträgen für **soziale und andere besondere Dienstleistungen** iSd § 130[94] bzw. iSd § 153 unterfallen (sog. privilegierte Dienstleistungen), und **teilweise aus anderen Dienstleistungen** bestehen (Abs. 2

---

[85] VK Baden-Württemberg Beschl. v. 18.6.2014 – 1 VK 21/14, BeckRS 2015, 07550.
[86] OLG Düsseldorf Beschl. v. 16.10.2019 – VII-Verg 66/18, NZBau 2020, 184 Rn. 21.
[87] Ziekow/Völlink/*Ziekow* Rn. 14.
[88] HK-VergabeR/*Pünder/Buchholtz* Rn. 19.
[89] EuGH Urt. v. 26.5.2011 – C-306/08, Slg. 2011, I-4569 Rn. 91 = NZBau 2011, 431 – PAI und LRAU Valencia; EuGH Urt. v. 29.10.2009 – C-536/07, Slg. 2009, I-10335 Rn. 61 = NZBau 2009, 792 – Köln Messe; EuGH Urt. v. 21.2.2008 – C-412/04, Slg. 2008, I-652 Rn. 47 = NVwZ 2008, 397 – Kommission/Italien; OLG Düsseldorf Beschl. v. 30.4.2014 – VII-Verg 35/13, NZBau 2014, 589 (590); OLG Düsseldorf Beschl. v. 12.3.2003 – Verg 49/02, BeckRS 2004, 02039; OLG Düsseldorf Beschl. v. 5.7.2000 – Verg 5/99, NZBau 2001, 106 (107).
[90] So etwa in der Entscheidung OLG Düsseldorf Beschl. v. 18.10.2006 – Verg 35/06, BeckRS 2007, 00456, wo die als Bauleistungen in Frage kommenden Auftragsbestandteile nur ca. 25% des Gesamtauftragswerts ausmachten.
[91] EuGH Urt. v. 29.10.2009 – C-536/07, Slg. 2009, I-10335 Rn. 61 = NZBau 2009, 792 – Köln Messe.
[92] Ziekow/Völlink/*Ziekow* Rn. 10.
[93] Ebenso Immenga/Mestmäcker/*Dreher* Rn. 25.
[94] Soweit die Gesetzesbegründung von § 131 spricht, handelt es sich offensichtlich um ein Redaktionsversehen, da sich die Gesetzesbegründung selbst explizit auf den Regelungsgegenstand von § 130 – nämlich die Vergabe von öffentlichen Aufträgen über soziale und andere besondere Dienstleistungen – bezieht, vgl. BT-Drs. 18/6281, 84; gleiches gilt für den Wortlaut der Norm.

Nr. 1). Die Einordnung eines derart gemischten Auftrages bzw. einer derart gemischten Konzession ist bedeutsam, da die Vergabe von öffentlichen Aufträgen bzw. Konzessionen für soziale und andere besondere Dienstleistungen im Vergleich zu sonstigen Dienstleistungsaufträgen bzw. -konzessionen unter erleichterten Bedingungen erfolgt.[95] Zum anderen erfasst Abs. 2 öffentliche Aufträge, die **teilweise aus Dienstleistungen und teilweise aus Lieferleistungen** bestehen (Abs. 2 Nr. 2).[96] Im Schrifttum wird die Relevanz von Abs. 2 Nr. 2 für Konzessionen bezweifelt, da § 105 nach seinem Wortlaut keine Lieferleistungen, sondern nur Bau- und Dienstleistungen umfasse.[97] Diese Einschätzung ist freilich nicht zwingend (→ § 105 Rn. 53), weshalb Abs. 2 Nr. 2 auch für Konzessionen relevant werden kann. Abs. 2 setzt Art. 3 Abs. 2 UAbs. 2 RL 2014/24/EU, Art. 5 Abs. 2 UAbs. 2 Sektoren-RL und Art. 20 Abs. 1 UAbs. 2 RL 2014/23/EU ins deutsche Recht um.

31   Da Abs. 2 lex specialis zum Regeltatbestand des Abs. 1 ist, unterfallen Abs. 2 ebenfalls nur solche Auftragskombinationen, für die **der Anwendungsbereich ein und derselben Richtlinie eröffnet** ist (→ Rn. 4). Abs. 2 erfasst außerdem keine Bauplanungsdienstleistungen, sofern diese gleichzeitig mit der Ausführung des Baus verbunden sind, da diese nach § 103 Abs. 3 als Bauleistungen einzustufen sind (→ Rn. 19).

32   **2. Abgrenzung nach dem Schwerpunkt. a) Abgrenzung nach dem höchsten Auftragswert.** Materiell besteht für die Abgrenzung zwischen Dienst- und Lieferleistungen kein Unterschied zur alten Rechtslage nach § 99 Abs. 10 S. 1 aF, da auch damals anhand des höchsten Wertes abgegrenzt wurde. Zwar bestimmt sich gem. Abs. 1 jetzt das jeweils anwendbare Recht auch für gemischte Dienst- und Lieferaufträge nach dem **Hauptgegenstand**. Der Hauptgegenstand richtet sich jedoch in diesen Fällen weiterhin ausschließlich quantitativ nach dem höchsten **Auftragswert**.[98] In der Sache folgt der Gesetzgeber damit der bisherigen Praxis zur Abgrenzung von Liefer- und Dienstleistungen, wie sie schon in Art. 1 Abs. 2 lit. d Sektoren-RL 2004[99] und Vergabe-RL 2004[100] sowie in § 99 Abs. 10 S. 1 aF angelegt war. Demgemäß bleibt die bisherige Rechtsprechung zum sog. „**main value test**"[101] weiterhin bedeutsam (→ Rn. 3).

33   Die Feststellung des Hauptgegenstandes richtet sich danach, auf **welchen Auftragsteil der höchste Wert** entfällt.[102] Übersteigt der Wert der Dienstleistungen den Wert der Waren, ist ein Dienstleistungsauftrag anzunehmen. Im umgekehrten Fall liegt eine Lieferleistung vor.[103]

34   **b) Feststellung des jeweiligen Auftragswerts.** Zur Feststellung des **Wertes** kann auf die Grundsätze aus § 3 VgV, § 2 SektVO und § 2 KonzVgV zurückgegriffen werden.[104] Erweist sich die Schätzung im Nachhinein als unzutreffend, führt dies nicht zur Rechtswidrigkeit des Vergabeverfahrens wegen Anwendung des unzutreffenden Vergaberegimes, wenn die Schätzung den damaligen Marktgegebenheiten entsprach und fachlich ordnungsgemäß durchgeführt wurde.[105] Allerdings darf die Wahl der Methode zur Schätzung des Auftragswerts nicht die Umgehung vom 4. Teil des GWB bezwecken. Bei der Zurverfügungstellung von Waren, die individuell nach den Bedürfnissen des jeweiligen Kunden hergestellt und angepasst werden und über deren Nutzung die jeweiligen Kunden individuell zu beraten sind, ist die Anfertigung der genannten Waren dem Auftragsteil der „Lieferung" zuzuordnen.[106]

§ 111 Vergabe von öffentlichen Aufträgen und Konzessionen, deren Teile unterschiedlichen rechtlichen Regelungen unterliegen

(1) Sind die verschiedenen Teile eines öffentlichen Auftrags, die jeweils unterschiedlichen rechtlichen Regelungen unterliegen, objektiv trennbar, so dürfen getrennte Aufträge für jeden Teil oder darf ein Gesamtauftrag vergeben werden.

---

[95] BeckOK VergabeR/*Ruhland* Rn. 14.
[96] BT-Drs. 18/6281, 84.
[97] Ziekow/Völlink/*Ziekow* Rn. 10.
[98] EuGH Urt. v. 11.6.2009 – C-300/07, Slg. 2009, I-480 Rn. 63 = NZBau 2009, 520 – Oymanns; s. auch Reidt/Stickler/Glahs/*Kadenbach* Rn. 13.
[99] RL 2004/17, ABl. 2004 L 134, 1.
[100] RL 2004/18, ABl. 2004 L 134, 114.
[101] EuGH Urt. v. 11.6.2009 – C-300/07, Slg. 2009, I-4803 Rn. 66 = NZBau 2009, 520 – Oymanns; EuGH Urt. v. 11.5.2006 – C-340/04, Slg. 2006, I-4166 Rn. 31 = NZBau 2006, 452 – Carbotermo; EuGH Urt. v. 18.11.1999 – C-107/98, NZBau 2000, 90 Rn. 38 – Teckal.
[102] *Fandrey* in Gabriel/Krohn/Neun VergabeR-HdB § 4 Rn. 68; HK-VergabeR/*Pünder/Buchholtz* Rn. 28.
[103] EuGH Urt. v. 11.5.2006 – C-340/04, Slg. 2006, I-4166 Rn. 31 = NZBau 2006, 452 – Carbotermo.
[104] Ebenso HK-VergabeR/*Pünder/Buchholtz* Rn. 29.
[105] Reidt/Stickler/Glahs/*Kadenbach* Rn. 16.
[106] EuGH Urt. v. 11.6.2009 – C-300/07, Slg. 2009, I-4803 Rn. 66 = NZBau 2009, 520 – Oymanns.

(2) Werden getrennte Aufträge vergeben, so wird jeder einzelne Auftrag nach den Vorschriften vergeben, die auf seine Merkmale anzuwenden sind.

(3) Wird ein Gesamtauftrag vergeben,
1. kann der Auftrag ohne Anwendung dieses Teils vergeben werden, wenn ein Teil des Auftrags die Voraussetzungen des § 107 Absatz 2 Nummer 1 oder 2 erfüllt und die Vergabe eines Gesamtauftrags aus objektiven Gründen gerechtfertigt ist,
2. kann der Auftrag nach den Vorschriften über die Vergabe von verteidigungs- oder sicherheitsspezifischen Aufträgen vergeben werden, wenn ein Teil des Auftrags diesen Vorschriften unterliegt und die Vergabe eines Gesamtauftrags aus objektiven Gründen gerechtfertigt ist,
3. sind die Vorschriften zur Vergabe von öffentlichen Aufträgen durch Sektorenauftraggeber anzuwenden, wenn ein Teil des Auftrags diesen Vorschriften unterliegt und der Wert dieses Teils den geltenden Schwellenwert erreicht oder überschreitet; dies gilt auch dann, wenn der andere Teil des Auftrags den Vorschriften über die Vergabe von Konzessionen unterliegt,
4. sind die Vorschriften zur Vergabe von öffentlichen Aufträgen durch öffentliche Auftraggeber anzuwenden, wenn ein Teil des Auftrags den Vorschriften zur Vergabe von Konzessionen und ein anderer Teil des Auftrags den Vorschriften zur Vergabe von öffentlichen Aufträgen durch öffentliche Auftraggeber unterliegt und wenn der Wert dieses Teils den geltenden Schwellenwert erreicht oder überschreitet,
5. sind die Vorschriften dieses Teils anzuwenden, wenn ein Teil des Auftrags den Vorschriften dieses Teils und ein anderer Teil des Auftrags sonstigen Vorschriften außerhalb dieses Teils unterliegt; dies gilt ungeachtet des Wertes des Teils, der sonstigen Vorschriften außerhalb dieses Teils unterliegen würde und ungeachtet ihrer rechtlichen Regelung.

(4) Sind die verschiedenen Teile eines öffentlichen Auftrags, die jeweils unterschiedlichen rechtlichen Regelungen unterliegen, objektiv nicht trennbar,
1. wird der Auftrag nach den Vorschriften vergeben, denen der Hauptgegenstand des Auftrags zuzuordnen ist; enthält der Auftrag Elemente einer Dienstleistungskonzession und eines Lieferauftrags, wird der Hauptgegenstand danach bestimmt, welcher geschätzte Wert der jeweiligen Dienst- oder Lieferleistungen höher ist,
2. kann der Auftrag ohne Anwendung der Vorschriften dieses Teils oder gemäß den Vorschriften über die Vergabe von verteidigungs- oder sicherheitsspezifischen öffentlichen Aufträgen vergeben werden, wenn der Auftrag Elemente enthält, auf die § 107 Absatz 2 Nummer 1 oder 2 anzuwenden ist.

(5) Die Entscheidung, einen Gesamtauftrag oder getrennte Aufträge zu vergeben, darf nicht zu dem Zweck getroffen werden, die Auftragsvergabe von den Vorschriften zur Vergabe öffentlicher Aufträge und Konzessionen auszunehmen.

(6) Auf die Vergabe von Konzessionen sind die Absätze 1, 2 und 3 Nummer 1 und 2 sowie die Absätze 4 und 5 entsprechend anzuwenden.

Schrifttum: *Gröning,* Anwendbarkeit und Ausnahmebestimmungen im künftigen Vergaberecht, NZBau 2015, 690; *Hölzl,* Neu: Der Konkurrent im Sicherheits- und Verteidigungsbereich, VergabeR 2012, 141; *Kern/Brandt,* Anm. zu EuGH Urt. v. 22.12.2010 – Vergabe von Dienstleistungsaufträgen an Gemeinschaftsunternehmen zwischen öffentlichem Auftraggeber und unabhängigem Privatunternehmen, EuZW 2011, 259; *Scherer-Leydecker,* Verteidigungs- und sicherheitsrelevante Aufträge – Eine neue Auftragskategorie im Vergaberecht, NZBau 2012, 533.

Übersicht

	Rn.		Rn.
I. Anwendungsbereich	1	IV. Gesamtvergabe bei objektiv trennbaren Aufträgen (Abs. 3)	12
II. Wahlrecht bei objektiver Trennbarkeit (Abs. 1)	4		
1. Anwendungsbereich	4	1. Überblick	12
2. Beurteilungsmaßstab	5	2. Verteidigungs- und sicherheitsrelevante Aufträge (Abs. 3 Nr. 1 und 2)	14
III. Getrennte Vergabe bei objektiv trennbaren Aufträgen (Abs. 2)	11	a) Grundsätze	14

	Rn.			Rn.
b) Aufträge im Anwendungsbereich von § 107 Abs. 2 bzw. Art. 346 Abs. 1 AEUV (Abs. 3 Nr. 1)	17	**V.**	**Objektiv nicht trennbare Aufträge (Abs. 4)**	27
c) Verteidigungs- und sicherheitsspezifische Auftragsteile (Abs. 3 Nr. 2)	19	1.	Überblick	27
		2.	Vergabe nach dem Hauptgegenstand (Abs. 4 Nr. 1)	28
3. Zusammenfallen von Sektorenaufträgen und sonstigen Aufträgen (Abs. 3 Nr. 3)	21	3.	Verteidigungs- und sicherheitsspezifische Vergabe objektiv nicht trennbarer Aufträge (Abs. 4 Nr. 2)	29
4. Zusammenfallen von Konzessionen und sonstigen Aufträgen (Abs. 3 Nr. 4)	24			
5. Zusammenfallen von Aufträgen nach dem 4. Teil des GWB und sonstigen Aufträgen (Abs. 3 Nr. 5)	26	**VI.**	**Umgehungsverbot (Abs. 5)**	30
		VII.	**Konzessionen (Abs. 6)**	31

I. Anwendungsbereich

1 § 111 gilt im Unterschied zu § 110[1] für **Aufträge und Konzessionen, deren verschiedene Bestandteile unterschiedlichen rechtlichen Regelungen unterliegen.**[2] Die Vorschrift betrifft die Vergabe gemischter öffentlicher Aufträge und gemischter Konzessionen, sofern diese aus verschiedenen Teilen bestehen, mithin **verschiedene Beschaffungskomponenten** enthalten, und diese verschiedenen Komponenten dem Anwendungsbereich **unterschiedlicher EU-Vergaberichtlinien** unterfallen,[3] also der RL 2014/24/EU, der Sektoren-RL, der RL 2014/23/EU oder der Vergaberichtlinie VuS.[4] Übertragen auf das deutsche Recht müssen die einzelnen Auftragsbestandteile somit unter die Vorschriften zur Vergabe von öffentlichen Aufträgen durch öffentliche Auftraggeber[5] oder durch Sektorenauftraggeber,[6] unter die Vorschriften zur Vergabe von verteidigungs- und sicherheitsspezifischen öffentlichen Aufträgen[7] oder unter diejenigen zur Vergabe von Konzessionen[8] fallen. § 111 setzt voraus, dass **verschiedene Teile der Beschaffung** mindestens zwei der genannten Vorschriftenkataloge tangiert. Im Gegensatz zu § 110 ist die Verschiedenartigkeit der Teile nicht primär unter rechtlichen Aspekten zu bestimmen, sondern mit Blick auf räumliche Abgrenzungen, technische, organisatorische und logistische Merkmale, aber auch auf unterscheidbare Angebotsmärkte.[9] § 111 ist insoweit einschlägig, wenn ein Teil des Auftrags den Vorschriften zur Konzessionsvergabe und ein anderer Teil den Vorschriften zur Vergabe öffentlicher Aufträge durch öffentliche Auftraggeber unterliegt.[10] Nach überzeugender Ansicht erfasst § 111 zudem Fallgestaltungen, in denen ein Teil des Auftrags von vergaberechtlichen Vorschriften erfasst wird, wohingegen ein anderer Teil nicht dem Vergaberecht unterfällt.[11] Auch § 112 behandelt gemischte öffentliche Aufträge und Konzessionen, soweit deren Tätigkeiten unter den Anwendungsbereich verschiedener Richtlinien fallen. In Abgrenzung zu § 111 werden allerdings nicht unterschiedliche Beschaffungskomponenten erfasst, sondern Fallgestaltungen, in denen dieselbe Beschaffung im Rahmen eines öffentlichen Auftrages oder einer Konzession für die Ausübung verschiedener Tätigkeiten des Auftraggebers bestimmt ist.[12]

2 § 111 unterscheidet die rechtliche Behandlung von gemischten Aufträgen, deren Teile unterschiedlichen rechtlichen Regelungen unterliegen, anhand der **objektiven Trennbarkeit:**[13] Sind Aufträge **objektiv trennbar,** gelten die **Abs. 1–3.** Hiernach kann der Auftraggeber **wählen,** ob er

---

[1] § 110 erfasst anders als § 111 lediglich die Kombination verschiedener Leistungen im Anwendungsbereich derselben Richtlinie.
[2] *Burgi* VergabeR § 10 Rn. 7.
[3] Ziekow/Völlink/*Ziekow* Rn. 1.
[4] RL 2009/81/EG, ABl. 2009 L 216, 76, wobei zu beachten ist, dass § 104 den Anwendungsbereich für verteidigungs- und sicherheitsrelevante Vorschriften gegenüber der RL 2009/81/EG erweitert, vgl. BT-Drs. 18/6281, 74.
[5] Dies umfasst §§ 103, 115–135 und die Vergabeverordnung (VgV) inkl. VOB/A EG (= VOB/A, 2. Abschnitt) mit speziellen Vorschriften zu Bauaufträgen.
[6] Dies umfasst §§ 102, 136–143 und die Sektorenverordnung (SektVO).
[7] Dies umfasst §§ 104, 144–147 und die Vergabeverordnung Verteidigung und Sicherheit (VSVgV) inkl. der VOB/A-VS (= VOB/A 3. Abschnitt) mit speziellen Vorschriften zu Bauaufträgen.
[8] Dies umfasst §§ 105, 148–154 und die Konzessionsvergabeverordnung (KonzVgV).
[9] jurisPK-Vergaberecht/*Jahn* Rn. 10.
[10] In diesem Beispielsfall gilt bei objektiv trennbaren Aufträgen § 111 Abs. 3 Nr. 4.
[11] Ziekow/Völlink/*Ziekow* Rn. 1; BeckOK VergabeR/*Ruhland* Rn. 1.
[12] *Dobmann* Neues VergabeR Rn. 259.
[13] *Dobmann* Neues VergabeR Rn. 253.

für jeden Teil getrennte Aufträge (Abs. 1 Fall 1) oder einen Gesamtauftrag vergibt (Abs. 1 Fall 2). Entscheidet sich der Auftraggeber für getrennte Aufträge, muss er jeden einzelnen Auftrag nach denjenigen Vorschriften vergeben, die auf seine Merkmale anzuwenden sind (Abs. 2). Entscheidet sich der Auftraggeber demgegenüber für einen Gesamtauftrag, müssen verschiedene Voraussetzungen erfüllt sein (Abs. 3 Nr. 1–5). Die Notwendigkeit eines Gesamtauftrages kann aus technischen oder aus wirtschaftlichen Gesichtspunkten folgen. Sind Aufträge **nicht objektiv trennbar,** gilt Abs. 4. Nach Abs. 5 darf die Entscheidung über die gemeinsame oder getrennte Auftragsvergabe nicht zum Zwecke der Umgehung vergaberechtlicher Vorschriften erfolgen. Gemäß **Abs. 6** gilt § 111 mit Ausnahme von Abs. 3 Nr. 3–5 für **Konzessionen** entsprechend. Das Ausklammern von Nr. 3–5 hat hierbei keine praktischen Konsequenzen, da Abs. 3 Nr. 3–5 für Konzessionen auch ohne diesen Verweis gilt (→ Rn. 24 f.).

In den Anwendungsbereich des § 111 können Aufträge fallen, deren **verschiedene Beschaffungskomponenten** zur Kollision der Vorschriften zur Vergabe **öffentlicher Aufträge durch öffentliche Auftraggeber** mit den Vorschriften zur Vergabe **öffentlicher Aufträge durch Sektorenauftraggeber** oder mit den Vorschriften zur **Vergabe verteidigungs- oder sicherheitsspezifischer öffentlicher Aufträge** bzw. mit den Vorschriften zur Vergabe von **Konzessionen durch Konzessionsgeber** führen. Als Beispiel verweist die Regierungsbegründung auf die Errichtung eines Gebäudes, von dem ein Gebäudeteil direkt vom Auftraggeber genutzt wird und ein anderer Gebäudeteil auf der Basis einer Konzession zB als öffentliches Parkhaus bewirtschaftet werden soll.[14]

II. Wahlrecht bei objektiver Trennbarkeit (Abs. 1)

1. Anwendungsbereich. Sind die verschiedenen Teile eines öffentlichen Auftrags (zum Terminus „verschiedener Teil" → Rn. 1), die jeweils unterschiedlichen rechtlichen Regelungen unterliegen, **objektiv trennbar,** so dürfen gem. § 111 Abs. 1 Fall 1 iVm Abs. 2 getrennte Aufträge für jeden Teil vergeben werden, oder es darf gem. Abs. 1 Fall 2 iVm Abs. 3 ein Gesamtauftrag vergeben werden. Abs. 1 eröffnet dem Auftraggeber damit ein **Wahlrecht** in Form eines – rechtlich gebundenen – Ermessensspielraums.[15] Der Auftraggeber kann in Ausformung seines Leistungsbestimmungsrechts grundsätzlich selbst entscheiden, ob er getrennte Aufträge für jeden Beschaffungsvorgang oder aber einen Gesamtauftrag vergibt.[16] Diese Regelung entspricht der Intention des Richtliniengebers, der angesichts der Vielfältigkeit öffentlicher Aufträge weder die getrennte noch die gemeinsame Auftragsvergabe vorschreiben wollte.[17] Gemäß § 111 Abs. 6 gilt Abs. 1 auch für **Konzessionen**.

2. Beurteilungsmaßstab. Abs. 1 bezieht sich auf Aufträge (und Konzessionen, Abs. 6), deren verschiedene Teile objektiv trennbar sind. Die objektive Trennbarkeit der Auftrags-/Konzessionsteile kann grundsätzlich in Übernahme der Erkenntnisse zur **Trennbarkeit typengemischter Verträge** iSd § 110 beurteilt werden (→ § 110 Rn. 2).[18] Der Auftraggeber muss sich auf objektive Gesichtspunkte stützen, die eine einheitliche Vergabe rechtfertigen und deren Notwendigkeit begründen können („**objektive Rechtfertigung der gemeinsamen Auftragsvergabe**"; vgl. Erwägungsgrund 11 RL 2014/24/EU, Erwägungsgrund 29 RL 2014/23/EU).[19] Demgegenüber ermöglicht § 111 Abs. 1 öffentlichen Auftraggebern nicht die willkürliche Trennung von Aufträgen.[20] Es reicht daher nicht aus, wenn die Vertragsparteien die Auftragsbestandteile als untrennbar ansehen. Ebenso wenig spricht eine Vermutungswirkung für die Untrennbarkeit des Auftrags (vgl. Erwägungsgrund 11 RL 2014/24/EU, Erwägungsgrund 13 Sektoren-RL, Erwägungsgrund 29 RL 2014/23/EU). Das Erfordernis der objektiven Trennbarkeit soll **Umgehungsversuche** verhindern (vgl. auch Abs. 5).[21] Ansonsten könnten öffentliche Auftraggeber die vergaberechtlichen Vorschriften vom 4. Teil des GWB umgehen, indem sie einen Auftrag künstlich aufspalten, um die Schwellenwerte des § 106 zu unterschreiten. Wahlweise könnten sie bestimmte Aufträge mit Auftragsarten verbinden, die vom 4. Teil des GWB ausgeschlossen sind, etwa mit verteidigungs- und sicherheitsrelevanten Vergaben iSd § 107 Abs. 2. Die Einordnung eines gemischten Auftrags als objektiv trennbar bzw. nicht trennbar spielt für die Anwendbarkeit des Abs. 1–4 eine Rolle (→ Rn. 2).

---

[14] BT-Drs. 18/6281, 84.
[15] Für ein freies Ermessen Reidt/Stickler/Glahs/*Kadenbach* Rn. 11.
[16] BT-Drs. 18/6281, 84; Willenbruch/Wieddekind/*Willenbruch* Rn. 2.
[17] So zumindest explizit für Aufträge mit Bauelementen: vgl. Erwägungsgrund 8 RL 2014/24/EU.
[18] Ebenso Beck VergabeR/*Hüttinger* Rn. 16.
[19] EuGH Urt. v. 22.12.2010 – C-215/09, Slg. 2010, I-13751 Rn. 39 = EuZW 2011, 257 – Oulun kaupunki.
[20] So schon EuGH Urt. v. 5.12.1989 – C -3/88, Slg. 1989, I-04035 Rn. 18 f. = NVwZ 1991, 356 – Kommission/Italien.
[21] *Gröning* NZBau 2015, 690; *Kern/Brandt* EuZW 2011, 259 (261); BeckOK VergabeR/*Ruhland* Rn. 8.

6   Die **Feststellung der objektiven (Un-)Trennbarkeit** ist in den Vergaberichtlinien bewusst nicht geregelt worden. Die Richtlinien empfehlen lediglich die Definition von Kriterien im Einklang mit der europäischen Rechtsprechung. Sie stellen zudem klar, dass eine gemeinsame Auftragsvergabe mit **technischen und wirtschaftlichen Gesichtspunkten** begründet werden kann (Erwägungsgrund 11 RL 2014/24/EU). Als Beispiel für eine solche „begründete Notwendigkeit" verweist der Richtliniengeber auf einen Auftrag, der die Errichtung eines einzelnen Gebäudes zum Gegenstand hat, wobei ein Gebäudeteil direkt vom öffentlichen Auftraggeber genutzt werden soll, während ein anderer auf Basis einer Konzession – zB als Parkhaus – bewirtschaftet wird (vgl. Erwägungsgrund 11 RL 2014/24/EU, Erwägungsgrund 13 Sektoren-RL, Erwägungsgrund 29 RL 2014/23/EU).

7   Eine **absolute Grenze** für die Trennung eines Auftrags ergibt sich aus § 3 Abs. 2 S. 2 VgV bzw. § 2 Abs. 2 S. 2 SektVO/KonzVgV.[22] Hiernach darf die Auftragsvergabe **nicht zum Zweck der Umgehung des 4. Teils des GWB** erfolgen, es sei denn, es liegen objektive und sachlich gerechtfertigte Gründe hierfür vor.[23] Ein derart objektiver Grund für eine Auftragstrennung liegt gem. § 3 Abs. 2 S. 2 VgV vor, wenn eine **eigenständige Organisationseinheit selbstständig für ihre Auftragsvergabe oder bestimmte Kategorien der Auftragsvergabe zuständig** ist. Dies kann zB der Fall sein, wenn der Auftraggeber aufgrund interner Organisationsentscheidungen selbstständige Einheiten seiner Einrichtung (zB Schulen oder Kindergärten) mit einem eigenen Budget zur Mittelbewirtschaftung ausstattet und ihnen damit auch das Recht zur eigenständigen Beschaffung von Leistungen einräumt.[24]

8   Ausweislich der Begründung zu § 3 Abs. 2 VgV sind im Rahmen einer **funktionellen Betrachtungsweise** organisatorische, technische, wirtschaftliche und inhaltliche Zusammenhänge zwischen den Teilaufträgen zu berücksichtigen.[25] Die Norm geht ausweislich der Regierungsbegründung[26] auf eine Entscheidung des EuGH zurück, wonach eine **getrennte Vergabe** zumindest dann **nicht gerechtfertigt** ist, wenn die in Frage stehende Leistung unter **funktionellen, insbesondere unter wirtschaftlichen und technischen Gesichtspunkten einen einheitlichen Charakter** aufweist.[27] Nach dem Sachverhalt sollte die Vergabe von mehreren Architektendienstleistungen an einem Gebäude an ein einziges Architektenbüro vergeben werden. Für die einzelnen Bauabschnitte sollten jeweils getrennte Verträge abgeschlossen werden, die verschiedene architektentypische Leistungen beinhalteten. Diese Leistungen wurden vom EuGH als einheitlicher Auftrag angesehen, da sie in wirtschaftlicher und technischer Hinsicht eine innere Kohärenz und eine funktionelle Kontinuität aufwiesen, die durch die Aufteilung der Leistungen entsprechend dem Baufortschritt nicht durchbrochen wurde.[28]

9   Auf der Basis dieser Grundsätze ist die Bestimmung der **objektiven (Un-)Trennbarkeit von Aufträgen** insbesondere unter dem Gesichtspunkt der **missbräuchlichen Umgehung vergaberechtlicher Vorschriften**[29] zu prüfen (vgl. auch § 111 Abs. 5). So ging der EuGH in einer Entscheidung betreffend die Errichtung und anschließende Vermietung einer Messe durch den Auftragnehmer an den Auftraggeber von der Untrennbarkeit der Auftragsteile „Errichtung" und „Vermietung" aus, weil diese einander nach dem Inhalt der Ausschreibung bedingten (dh keine Errichtung ohne anschließende Vermietung und keine Vermietung ohne vorherige Errichtung).[30] Eine Aufspaltung von Aufträgen scheidet außerdem aus, wenn der ausgeschriebene Vertrag aufgrund seiner Spezifika **zwingend mit einem einzigen Vertragspartner** geschlossen werden muss, etwa weil dieser die notwendige Finanzkraft und das notwendige Know-how aufweisen kann.[31] Demgegenüber kann der Bau eines Hafens uU in die Baumaßnahmen zum Bau des Hafens selbst, der zugehörigen Gebäude und der Zufahrtsstraßen unterteilt werden.[32]

10 Anhaltspunkte für einen einheitlichen Auftrag – und damit für die Notwendigkeit der gemeinsamen Auftragsvergabe – können sich zudem aus dem **organisatorischen Rahmen des Auftrags** ergeben. So spricht für einen einheitlichen Auftrag, wenn die ausgeschriebenen Maßnahmen einheit-

---

[22] So auch Art. 5 Abs. 3 S. 2 RL 2014/24/EU, deren Umsetzung § 3 Abs. 2 VgV dient; vgl. BT-Drs. 18/7318, 148.
[23] BT-Drs. 18/7318, 148.
[24] BT-Drs. 18/7318, 148.
[25] BT-Drs. 18/7318, 148.
[26] BT-Drs. 18/7318, 148.
[27] EuGH Urt. v. 15.3.2012 – C-574/10, ECLI:EU:C:2012:145 Rn. 41 = NZBau 2012, 311 – Autalhalle.
[28] EuGH Urt. v. 15.3.2012 – C-574/10, ECLI:EU:C:2012:145 Rn. 45 = NZBau 2012, 311 – Autalhalle.
[29] VK Lüneburg Beschl. v. 10.10.2006 – VgK-23/06, BeckRS 2006, 12838; *Gröning* NZBau 2015, 690; *Kern/Brandt* EuZW 2011, 259 (261).
[30] EuGH Urt. v. 29.10.2009 – C-536/07, Slg. 2009, I-10335 Rn. 28 = NZBau 2009, 792 – Köln Messe.
[31] EuGH Urt. v. 6.5.2010 – C-145/08 u. 149/08, Slg. 2010, I-4165 Rn. 51 ff. = NZBau 2010, 506 – Club Hotel Loutraki.
[32] VK Lüneburg Beschl. v. 10.10.2006 – VgK-23/06, BeckRS 2006, 12838.

lich geplant werden müssen oder in einem engen funktionellen oder wirtschaftlichen Zusammenhang stehen.[33] Auch die **Einheitlichkeit des Gebietes, in dem die Verfahren eingeleitet werden** – etwa die Ausschreibung von Stromversorgungsnetzen in benachbarten Gemeinden – kommt als objektiver Grund für die Untrennbarkeit der Vergabe in Betracht.[34] Spiegelbildlich kann es gegen eine gemeinsame Vergabe sprechen, wenn **ein komplexes Beschaffungsvorhaben in mehrere Teilphasen gestaffelt ist, deren Trennung ohne Beeinträchtigung des wirtschaftlichen Nutzens für den Auftraggeber möglich ist.**[35]

III. Getrennte Vergabe bei objektiv trennbaren Aufträgen (Abs. 2)

Abs. 1 Fall 2 iVm Abs. 2 erfasst Fallgestaltungen, in denen **getrennte öffentliche Aufträge** vergeben werden, deren **Auftragsteile jeweils unterschiedlichen Vergaberechtsregimen** unterfallen.[36] Hier bestimmen sich die anwendbaren vergaberechtlichen Vorschriften – was eigentlich selbstverständlich ist – nach den **Merkmalen des jeweiligen Einzelauftrags.**[37] Eine getrennte Vergabe ist nach Abs. 1 nur dann zulässig, wenn die verschiedenen Teile **objektiv trennbar** sind (s. auch Abs. 5). Eine in zulässiger Weise erfolgende getrennte Vergabe kann zur Folge haben, dass ein Verfahren insgesamt vom GWB-Vergaberecht freigestellt ist, wenn es sich etwa auf gemischte Liefer- und Bauleistungen bezieht und beide Teile bei gedachter Trennung nicht die jeweiligen Schwellenwerte erreichen.[38] Abs. 2 basiert auf Art. 3 Abs. 3 UAbs. 1 und Abs. 4 UAbs. 1 RL 2014/24/EU sowie auf Art. 5 Abs. 3 UAbs. 1 und Abs. 4 UAbs. 1 Sektoren-RL und dient der Umsetzung dieser Vorschriften ins deutsche Recht. Gemäß Abs. 6 ist Abs. 2 auf **Konzessionen** entsprechend anzuwenden.

11

IV. Gesamtvergabe bei objektiv trennbaren Aufträgen (Abs. 3)

1. Überblick. Entscheidet sich ein Auftraggeber trotz objektiver Trennbarkeit der verschiedenen Teile des Auftrags gem. Abs. 1 Fall 2 für die Vergabe eines **Gesamtauftrags,** bestimmt sich das anwendbare Vergaberechtsregime nach **Abs. 3 Nr. 1–5.**[39] Die letztgenannten Regelungen gelten auch für Konzessionen, sei es in direkter Anwendung (Abs. 3 Nr. 3–5), sei es kraft Verweisung über Abs. 6 (Abs. 3 Nr. 1 und 2). In systematischer Abgrenzung zu Abs. 4 erfasst Abs. 3 nur Aufträge/Konzessionen, die iSd Abs. 1 **objektiv trennbar** sind (→ Rn. 4 ff.).[40] Durch die unterschiedliche Behandlung von objektiv trennbaren und objektiv untrennbaren Aufträgen soll einer Umgehung der vergaberechtlichen Vorgaben entgegengewirkt werden: Bei objektiv trennbaren Aufträgen steht es dem Auftraggeber gem. Abs. 1 zwar grundsätzlich frei, einen Gesamt- oder mehrere Einzelaufträge zu vergeben. Es besteht jedoch die Gefahr, dass der Auftraggeber dieses Recht zur Umgehung der vergaberechtlichen Vorschriften des 4. Teils des GWB missbraucht, indem er Aufträge zusammenlegt oder künstlich aufspaltet (→ Rn. 2). Um Anreize für eine derartige Umgehung zu verringern, enthält Abs. 3 spezifische Vorgaben für zentrale Auftragskombinationen und nimmt dem Auftraggeber auf diese Weise die Möglichkeit, sich die für ihn günstigsten Vergabevorschriften „auszusuchen". Diese Intention lässt sich durch einen Blick auf Abs. 3 Nr. 4 und 5 besonders gut veranschaulichen. Diese Vorschriften sollen verhindern, dass öffentliche Auftraggeber durch die Implementierung von Auftragselementen, die nicht dem 4. Teil des GWB unterfallen, das Vergaberecht ganz ausklammern (Abs. 3 Nr. 5), oder sich durch die Implementierung einer Konzession den erleichterten Verfahrensregeln zur Konzessionsvergabe unterstellen.[41]

12

Vor diesem Hintergrund statuiert Abs. 3 bei gemischten Aufträgen, die in den Anwendungsbereich verschiedener Richtlinien fallen, eine **Hierarchie der jeweils vorrangig anwendbaren vergaberechtlichen Vorschriften.** Vorrang genießen die Vorgaben in Abs. 3 Nr. 1 und 2, wonach bei teilweise **verteidigungs- und sicherheitsspezifischen Aufträgen** die Anwendung anderer vergaberechtlicher Regelungen ausgeschlossen ist (→ Rn. 14 ff.). In diesem Zusammenhang ist

13

---

[33] EuGH Urt. v. 15.3.2012 – C-574/10, ECLI:EU:C:2012:145 Rn. 45 = NZBau 2012, 311 – Autalhalle; KG Beschl. v. 13.5.2013 – Verg 10/12, BeckRS 2013, 10003.
[34] EuGH Urt. v. 5.10.2000 – C-16/98, Slg. 2000, I-8315 Rn. 64 f. = NZBau 2001, 275 – Kommission/Frankreich.
[35] VK Sachsen Beschl. v. 9.12.2014 – 1/SVK/032-14, BeckRS 2015, 08357.
[36] Das Unterfallen unter unterschiedliche Vergaberechtsregime folgt systematisch aus der Stellung der Vorschrift.
[37] BT-Drs. 18/6281, 84 f.
[38] HK-VergabeR/*Pünder/Buchholtz* Rn. 6.
[39] BT-Drs. 18/6281, 85.
[40] Dies ergibt sich in systematischer Auslegung mit Blick auf Abs. 4, da für diesen kein eigenständiger Anwendungsbereich verleiben würde, wenn Abs. 3 auch objektiv untrennbare Aufträge erfassen würde.
[41] BT-Drs. 18/6281, 2.

Abs. 3 Nr. 1 wiederum vorrangig vor Abs. 3 Nr. 2 anzuwenden (→ Rn. 15). Enthält ein Auftrag Elemente aus dem **Sektorenbereich,** sind diese gegenüber Vorschriften zur Konzessionsvergabe und gegenüber den Vorschriften zur Vergabe öffentlicher Aufträge durch öffentliche Auftraggeber gem. Abs. 3 Nr. 3 vorrangig (→ Rn. 22), sofern der jeweils einschlägige Schwellenwert überschritten ist (zu den Schwellenwerten → § 106 Rn. 5 ff.). In diesem Fall finden also die Vorschriften zur Vergabe von Sektorenaufträgen Anwendung. Unterfallen die einzelnen Auftragsteile hingegen den Vorschriften zur Konzessionsvergabe und den Vorschriften zur Vergabe öffentlicher Aufträge durch öffentliche Auftraggeber, sind gem. Abs. 3 Nr. 4 die Vorschriften zur Vergabe **öffentlicher Aufträge** vorrangig, wenn die entsprechenden Schwellenwerte erreicht oder überschritten sind. Die **konzessionsvergaberechtlichen Vorschriften** sind bei gemischten Aufträgen, die verschiedenen rechtlichen Regelungen unterfallen, somit absolut nachrangig. Schließlich bestimmt Abs. 3 Nr. 5, dass der 4. Teil des GWB auch dann anwendbar ist, wenn nur ein Teil des Auftrages unter seinen Anwendungsbereich fällt.

14   **2. Verteidigungs- und sicherheitsrelevante Aufträge (Abs. 3 Nr. 1 und 2). a) Grundsätze.** Im Bereich Verteidigung und Sicherheit adressiert § 111 Aufträge/Konzessionen, die nur zum Teil verteidigungs- oder sicherheitsspezifische Inhalte haben. Aufgrund der besonderen Sensibilität verteidigungs- und sicherheitsspezifischer Aufträge/Konzessionen bestimmt sich das anwendbare Vergaberegime insoweit nicht nach dem Hauptgegenstand des Auftrags/der Konzession, wie dies für § 110 prägend ist (→ § 110 Rn. 7).[42] § 111 differenziert vielmehr zwischen Aufträgen, die objektiv trennbar sind, und solchen, die es nicht sind (Abs. 1; dazu → Rn. 4 ff.). Bei objektiv trennbaren Aufträgen/Konzessionen kann der Auftraggeber/Konzessionsgeber Einzelvergaben vornehmen, die insoweit dem jeweils anwendbaren Vergaberegime unterfallen (Abs. 1 Fall 1 iVm Abs. 2). Er kann sich in Ausübung seiner von Abs. 1 eingeräumten Wahlfreiheit aber auch für einen Gesamtvergabe entscheiden (Abs. 1 Fall 2 iVm Abs. 3). In der letztgenannten Fallgestaltung ist das weniger strenge Vergaberegime anzuwenden, wenn objektive Gründe die Beschaffung in Form eines einheitlichen Auftrags/einer einheitlichen Konzession rechtfertigen.[43] Bei objektiv untrennbaren Aufträgen/Konzessionen greift Abs. 4 Nr. 2. Durch Abs. 3 Nr. 1 und 2 können Aufträge/Konzessionen, die **dem Anwendungsbereich des Art. 346 Abs. 1 AEUV unterfallen,** insgesamt vom **4. Teil des GWB ausgenommen** werden (Nr. 1) bzw. den **Vergaberechtsregelungen über verteidigungs- und sicherheitsspezifische Aufträge** unterworfen werden (Nr. 2), auch wenn diese Bestandteile nur einen kleinen Teil des Auftrags-/Konzessionsgegenstands ausmachen.[44] Dies gilt unabhängig davon, welche sonstigen Teile enthalten sind, da Abs. 3 Nr. 1 und 2 innerhalb ihres Anwendungsbereichs einen absoluten Vorrang gegenüber den anderen vergaberechtlichen Vorschriften genießen. Unter diesen Voraussetzungen geht Abs. 3 Nr. 1 wiederum Abs. 3 Nr. 2 vor. Dies ergibt sich wie erläutert aus dem Umstand, dass Abs. 3 Nr. 1 den besonders sensiblen Bereich staatlicher Sicherheitsinteressen adressiert. Abs. 3 Nr. 1 und 2 dienen der Umsetzung von Art. 3 Abs. 3 UAbs. 2 RL 2014/24/EU und Art. 16 Abs. 2 UAbs. 3 RL 2014/24/EU sowie von Art. 5 Abs. 3 UAbs. 2 Sektoren-RL und Art. 25 Abs. 2 UAbs. 3 Sektoren-RL ins nationale Recht.

15   Sowohl Abs. 3 Nr. 1 als auch Abs. 3 Nr. 2 sind **Kann-Vorschriften,** weshalb dem Auftraggeber ein Ermessensspielraum hinsichtlich der Entscheidung über die einheitliche bzw. getrennte Vergabe zukommt. Um die Umgehung vergaberechtlicher Regelungen zu verhindern, schreiben Abs. 3 Nr. 1 und 2 jedoch vor, dass **eine einheitliche Vergabe des Auftrages aus objektiven Gründen gerechtfertigt** sein muss. Dies ist erforderlich, weil im Anwendungsbereich von Abs. 3 Nr. 1 und Nr. 2 die vergaberechtlichen Vorschriften insgesamt ausgeschlossen werden (Nr. 1) oder die erleichterten Vergabevorschriften zur Vergabe verteidigungs- und sicherheitsrelevanter Aufträge zur Anwendung kommen. Vor diesem Hintergrund soll sich ein Auftraggeber – dem es gem. Abs. 1 grundsätzlich freisteht, derartige Aufträge zu verbinden oder zu trennen – nur dann auf diese Privilegierungen stützen dürfen, wenn eine einheitliche Vergabe auch tatsächlich gerechtfertigt ist (auch → Rn. 13). Problematisch ist das Merkmal der „Rechtfertigung aus objektiven Gründen" insoweit, als es sich nach seiner Zielrichtung und seiner Feststellung nicht von der **„objektiven Trennbarkeit"** iSd Abs. 1 unterscheidet (→ Rn. 5–10). Denn ausweislich der Richtlinien ist in beiden Fällen zu prüfen, ob objektive Gründe für die Vergabe eines einzelnen Auftrags vorliegen.[45] Zudem sollen beide

---

[42] *Krohn* in Gabriel/Krohn/Neun VergabeR-HdB § 57 Rn. 43.
[43] *Krohn* in Gabriel/Krohn/Neun VergabeR-HdB § 57 Rn. 45.
[44] *Hölzl* VergabeR 2012, 141 (142); *Scherer-Leydecker* NZBau 2012, 553 (539).
[45] Vgl. zur objektiven Trennbarkeit Erwägungsgrund 11 UAbs. 2 RL 2014/24/EU: „Die Festlegung [...] muss sich vielmehr auf objektive Gesichtspunkte stützen, die sie rechtfertigen und die Notwendigkeit begründen können, einen einheitlichen Auftrag zu vergeben."; Erwägungsgrund 13 VuS: [...] vorausgesetzt die Vergabe eines einzigen Auftrags ist aus objektiven Gründen gerechtfertigt [...]".

IV. Gesamtvergabe bei objektiv trennbaren Aufträgen (Abs. 3)

Tatbestandsmerkmale die Umgehung vergaberechtlicher Vorschriften verhindern (→ Rn. 5).[46] Man könnte das zusätzliche Erfordernis in Abs. 3 Nr. 1 und 2 allenfalls dahin verstehen, dass an die Prüfung der Trennbarkeit verteidigungs- und sicherheitsspezifischer Aufträge strengere Anforderungen zu stellen sind als an diejenige der objektiven Trennbarkeit, indem man davon ausgeht, dass nur staatliche Sicherheitsinteressen zur objektiven Rechtfertigung der gemeinsamen Auftragsvergabe im Rahmen der Abs. 3 Nr. 1 und 2 herangezogen werden können.[47] Allerdings müssen diese Besonderheiten von verteidigungs- und sicherheitsspezifischen Aufträgen auch schon im Rahmen der objektiven Trennbarkeit berücksichtigt werden, sodass die Erfordernisse der „objektiven Trennbarkeit" und der „objektiven Rechtfertigung der gemeinsamen Vergabe" zumindest teilweise redundant sind. Zur Feststellung der objektiven Notwendigkeit der gemeinsamen Auftragsvergabe ist daher zunächst zu prüfen, ob die gemeinsame Vergabe subjektiv eine Umgehung vergaberechtlicher Vorschriften bezweckt, bzw. ob spezifische Sicherheitsinteressen die gemeinsame Vergabe rechtfertigen.

Die **Beweislast** für das Vorliegen objektiver Gründe zur gemeinsamen Vergabe trägt der Auftraggeber, wobei ein pauschaler Verweis auf die verteidigungs- oder sicherheitsrechtliche Sensibilität des Auftrags oder auf den wirtschaftlichen Mehraufwand insoweit nicht ausreicht.[48]

b) Aufträge im Anwendungsbereich von § 107 Abs. 2 bzw. Art. 346 Abs. 1 AEUV (Abs. 3 Nr. 1). Nach Abs. 3 Nr. 1 können Aufträge, bei denen ein Auftragsteil die **Voraussetzungen einer Ausnahme gem. § 107 Abs. 2 Nr. 1 oder 2** erfüllt, **ohne Anwendung des 4. Teils des GWB** vergeben werden. Nach § 107 Abs. 2 ist der gesamte 4. Teil des GWB nicht auf Sachverhalte anzuwenden, bei denen die Anwendung dieses Teils den Auftraggeber dazu zwingen würde, Auskünfte zu erteilen, deren Preisgabe nach seiner Ansicht den wesentlichen Sicherheitsinteressen der Bundesrepublik Deutschland iSd Art. 346 Abs. 1 lit. a AEUV widerspräche (Nr. 1). Dasselbe gilt für Sachverhalte, die dem Anwendungsbereich des Art. 346 Abs. 1 lit. b AEUV unterliegen (Nr. 2). Vor diesem Hintergrund ergänzt Abs. 3 Nr. 1 die Vorschrift des § 107 Abs. 2 für Fallgestaltungen, in denen nur ein Teil des Auftrags vom Tatbestand des § 107 Abs. 2 erfasst wird. Dies ist überzeugend, wird die Sicherheitsrelevanz der betreffenden Informationen oder Sachverhalte durch das Vorliegen weiterer Auftragsbestandteile doch häufig nicht vermindert.

Abs. 3 Nr. 1 nimmt die in seinen Anwendungsbereich fallenden Aufträge **vollständig von den vergaberechtlichen Vorschriften des GWB aus**,[49] sofern sie zumindest teilweise dem sensiblen Anwendungsbereich von Art. 346 Abs. 1 lit. a oder b AEUV unterfallen. Auf den Hauptgegenstand der Regelung kommt es nicht an, sofern nur ein kleiner Teil der Aufträge unter Art. 346 Abs. 1 AEUV fällt. Die einheitliche Vergabe eines Auftrags muss aber jedenfalls objektiv gerechtfertigt sein (→ Rn. 12).

c) Verteidigungs- und sicherheitsspezifische Auftragsteile (Abs. 3 Nr. 2). Nach Abs. 3 Nr. 2 können Aufträge **insgesamt nach den Vorschriften über die Vergabe verteidigungs- oder sicherheitsspezifischer öffentlicher Aufträge vergeben** werden, wenn ein Auftragsteil in den Anwendungsbereich dieser Vorschriften fällt und die Vergabe eines Gesamtauftrags aus objektiven Gründen gerechtfertigt ist (→ Rn. 12). Aufgrund der durch die Vorschrift adressierten Verteidigungs- und Sicherheitsinteressen ist Abs. 3 Nr. 2 gegenüber Abs. 3 Nr. 3–4 vorrangig, tritt jedoch aus teleologischen Gründen hinter Abs. 3 Nr. 1 zurück (zum Rangverhältnis → Rn. 13).

Abs. 3 Nr. 2 gründet – überzeugend – auf dem Umstand, dass die **RL 2009/81/EG** (Vergabe-RL Verteidigung und Sicherheit) und deren Umsetzungsakte ein eigenständiges Regime für die Vergabe verteidigungs- und sicherheitsrelevanter Aufträge enthalten, das die besonderen Anforderungen dieses sensiblen Bereichs berücksichtigt (vgl. Vergabe-RL Verteidigung und Sicherheit). Dass diese Regelungen auch für gemischte Aufträge gelten, ergibt sich bereits aus Art. 3 Abs. 1 Vergabe-RL Verteidigung und Sicherheit (vgl. Erwägungsgrund 15 Sektoren-RL).

3. Zusammenfallen von Sektorenaufträgen und sonstigen Aufträgen (Abs. 3 Nr. 3). Unter Abs. 3 Nr. 3 fallen – unter der Voraussetzung der objektiven Trennbarkeit iSd Abs. 1 – öffentliche Aufträge, deren verschiedene Auftragsteile einer einzigen Tätigkeit dienen, bei denen

---

[46] Für das Erfordernis der objektiven Notwendigkeit der gemeinsamen Auftragsvergabe ergibt sich dieser Zweck aus Erwägungsgrund 13 RL 2014/24/EU und aus Art. 3 Abs. 3 Vergabe-RL Verteidigung und Sicherheit, ABl. 2009 L 216, 76.
[47] In diese Richtung Ziekow/Völlink/*Ziekow* Rn. 14.
[48] *Krohn* in Gabriel/Krohn/Neun VergabeR-HdB § 57 Rn. 46; zu § 99 Abs. 13 aF; Immenga/Mestmäcker/*Dreher*, 5. Aufl. 2014, § 99 Rn. 303.
[49] Hiervon umfasst sind auch die einschlägigen Verordnungen, da diese den 4. Teil des GWB lediglich konkretisieren, vgl. zB § 1 KonzVgV; derartige gemischte Aufträge unterfallen auch nicht der Vergabe-RL Verteidigung und Sicherheit (und somit auch nicht der VSVgV), da Art. 2 Vergabe-RL Verteidigung und Sicherheit den Art. 346 AEUV aus seinem Anwendungsbereich ausschließt.

jedoch ein Auftragsteil in den Anwendungsbereich der Vorschriften zur Vergabe von öffentlichen Aufträgen im Bereich der Trinkwasser- oder Energieversorgung oder des Verkehrs fällt, mit anderen Worten eine **Sektorentätigkeit** darstellt. Die Sektorentätigkeiten ergeben sich aus § 102 und aus Art. 8–14 Sektoren-RL. Abs. 3 Nr. 3 dient der Umsetzung von Art. 3 Abs. 5 RL 2014/24/EU, Art. 5 Abs. 4 UAbs. 2 und 3 Sektoren-RL und Art. 20 RL 2014/23/EU ins deutsche Recht.[50]

22 Aufträge iSd Abs. 3 Nr. 3 unterliegen grundsätzlich dann den Vorschriften über die Vergabe von öffentlichen Aufträgen im Bereich der Trinkwasser- oder Energieversorgung oder des Verkehrs, wenn der Wert dieses Auftragsteils bei isolierter Betrachtung den einschlägigen **Schwellenwert** erreicht oder überschreitet[51] (zu den Schwellenwerten s. § 106). Ist der Schwellenwert für den Sektorenauftrag nicht erreicht, finden die für den anderen Teil geltenden Vorschriften Anwendung.[52] Dies gilt auch dann, wenn der andere Teil des Auftrages den Vorschriften über die Vergabe von **Konzessionen** unterliegt (vgl. ebenfalls Abs. 3 Nr. 3).[53]

23 Der Vorrang der besonderen Vergaberegeln resultiert aus den **wettbewerblichen Besonderheiten der Sektoren Wasser, Energie und Verkehr** (Erwägungsgrund 2 Sektoren-RL). Zum einen ist in den erfassten Sektoren die Einflussnahme durch öffentliche Auftraggeber etwa durch Kapitalbeteiligungen teilweise noch immer erheblich. Zum anderen bestehen aufgrund staatlicher Ausschließlichkeitsrechte häufig erhebliche Marktabschottungseffekte (vgl. Erwägungsgrund 1 Sektoren-RL). Die Sektoren-RL dient somit insbesondere der **Marktintegration dieser Bereiche.** Ihr Vorrang gegenüber Konzessionen und öffentlichen Aufträgen bei der Vergabe gemischter Aufträge ist insoweit konsequent, da das Ziel der wettbewerblichen Integration nicht dadurch gemindert werden soll, dass einzelne Teile des Auftrags nicht unter die Sektorenvorschriften fallen. Es ist jedoch zu beachten, dass Vorschriften der Sektorenvergabe gegenüber den noch sensibleren sicherheits- und verteidigungsspezifischen Vergabevorschriften iSv Abs. 3 Nr. 1 und 2 zurücktreten (→ Rn. 14).

24 **4. Zusammenfallen von Konzessionen und sonstigen Aufträgen (Abs. 3 Nr. 4).** Abs. 3 Nr. 4 regelt die Vergabe von Aufträgen, bei der ein Auftragsteil den Vorschriften zur Vergabe von **Konzessionen** und ein anderer Auftragsteil den Vorschriften zur Vergabe **öffentlicher Aufträge** unterliegt. Die Vergabe des Gesamtauftrags erfolgt in diesem Fall nach den **Vorschriften zur Vergabe öffentlicher Aufträge,** wenn der Wert des Auftragsteils, der unter diese Vorschriften fällt, den geltenden Schwellenwert erreicht oder überschreitet.[54] Ist dies nicht der Fall, finden auf den Gesamtauftrag die Vorschriften über die Vergabe von Konzessionen Anwendung.[55] Abs. 3 Nr. 4 setzt Art. 3 Abs. 4 UAbs. 3 RL 2014/24/EU und Art. 20 Abs. 4 RL 2014/23/EU ins deutsche Recht um.

25 Abs. 3 Nr. 4 basiert auf der Überlegung, dass die Vorschriften zur Konzessionsvergabe ein erleichtertes Vergabeverfahren statuieren.[56] Die Vorschrift soll daher die Anreize für eine gemeinsame Vergabe derartiger Aufträge zum Zwecke der Anwendbarkeit des erleichterten Konzessionsvergaberegimes mindern. Sie ergänzt insoweit § 2 Abs. 2 S. 2 KonzVgV.

26 **5. Zusammenfallen von Aufträgen nach dem 4. Teil des GWB und sonstigen Aufträgen (Abs. 3 Nr. 5).** Abs. 3 Nr. 5 stellt eine **Auffangvorschrift** dar.[57] Hiernach sind die Vorschriften des GWB-Vergaberechts auf einen objektiv trennbaren Gesamtauftrag auch dann anzuwenden, wenn nur ein Auftragsteil dem **Anwendungsbereich von Teil 4 des GWB** und ein anderer Auftragsteil **sonstigen Vorschriften** unterliegt. Gibt es für den anderen Teil keine solchen Vorschriften, ist Abs. 3 Nr. 5 erst recht anwendbar.[58] Gemäß Abs. 1 Fall 1, Abs. 2 hat der Auftraggeber in den von § 111 Abs. 3 Nr. 5 erfassten Konstellationen grundsätzlich die Möglichkeit, die jeweiligen Beschaffungen nach den für sie geltenden Bestimmungen vorzunehmen.[59] Entscheidet er sich demgegenüber für eine Gesamtvergabe, bestimmt sich das Verfahren nach den Vorschriften des 4. Teils des GWB, ohne dass es auf den Wert der Auftragsteile ankommt, die den sonstigen Regelun-

---

[50] Vgl. BT-Drs. 18/6281, 85.
[51] Ziekow/Völlink/*Ziekow* Rn. 15.
[52] BT-Drs. 18/6281, 85.
[53] Nach Ziekow/Völlink/*Ziekow* Rn. 15 soll sich das Erfordernis des Erreichens des Schwellenwerts entgegen dem Wortlaut der Norm nur auf das Zusammentreffen von dem Sektorenvergaberecht einerseits und dem Konzessionsvergaberecht andererseits unterliegenden Teilen beziehen.
[54] VK Westfalen Beschl. v. 25.1.2018 – VK 1-43/17, IBRRS 2018, 0959.
[55] BT-Drs. 18/6281, 85; Ziekow/Völlink/*Ziekow* Rn. 16.
[56] BT-Drs. 18/6281, 2.
[57] Reidt/Stickler/Glahs/*Kadenbach* Rn. 17.
[58] Ebenso Immenga/Mestmäcker/*Dreher* Rn. 32.
[59] Röwekamp in RKPP GWB Rn. 6.

gen außerhalb des Kartellvergaberechts unterliegen.[60] Die Ausschreibung von Aufträgen oder Konzessionen kann dem Anwendungsbereich des 4. Teils des GWB somit nicht durch die Implementierung derartiger Auftragsbestandteile entzogen werden. § 111 Abs. 3 Nr. 5 basiert auf Art. 3 Abs. 4 UAbs. 2 RL 2014/24/EU, Art. 5 Abs. 4 UAbs. 2 Sektoren-RL sowie auf Art. 20 Abs. 3 UAbs. 2 RL 2014/23/EU und dient der Umsetzung dieser Vorschriften ins deutsche Recht.

V. Objektiv nicht trennbare Aufträge (Abs. 4)

1. Überblick. Sofern Aufträge objektiv nicht trennbar sind, kommt eine Einzelvergabe gem. Abs. 1 Fall 2, Abs. 2 nicht in Betracht. Auch Abs. 3 ist nicht einschlägig, da die Vorschrift nur Gesamtvergaben bei objektiver Trennbarkeit erfasst. Anzuwenden ist bei **objektiver Untrennbarkeit** vielmehr **Abs. 4** (zur Trennbarkeit → Rn. 4 ff.). Die Vorschrift erfasst Aufträge, die nicht objektiv trennbar sind, und die jeweils entweder gar nicht dem Vergaberecht oder einem erleichterten Regime einer anderen Richtlinie[61] unterfallen (allg. zum Anwendungsbereich des § 111 → Rn. 1). Entscheidend ist, dass der Anwendungsbereich von mindestens zwei Richtlinien tangiert ist, zB wenn ein Auftragsteil in den Anwendungsbereich der RL 2014/23/EU und ein anderer in den Anwendungsbereich der Sektoren-RL oder der RL 2014/24/EU fällt. Abs. 4 gilt gem. Abs. 6 für **Konzessionen** entsprechend.

2. Vergabe nach dem Hauptgegenstand (Abs. 4 Nr. 1). Nach der Grundregel des Abs. 4 Nr. 1 Hs. 1 richten sich die anwendbaren Vergabevorschriften bei einem **objektiv untrennbaren Auftrag** nach dem **Hauptgegenstand**.[62] Unterliegt der Hauptgegenstand des Vertrages hiernach nicht dem GWB-Vergaberecht, ist der Gesamtvertrag somit nicht ausschreibungspflichtig[63] (anders Abs. 3 Nr. 5 für objektiv trennbare Aufträge). Zur Feststellung des Hauptgegenstands gelten dieselben Regeln wie bei § 110 Abs. 1, weshalb es nicht allein auf den Wert der Auftragsteile ankommt[64] (→ § 110 Rn. 7 ff.). Für den Fall, dass ein Auftrag Elemente einer Dienstleistungskonzession und eines Lieferauftrags enthält, richtet sich der Hauptgegenstand gem. Abs. 4 Nr. 1 Hs. 2 nach dem Auftragsteil mit dem höchsten Wert. Dies entspricht der Sonderregelung in § 110 Abs. 2[65] (→ § 110 Rn. 9). Abs. 4 setzt Art. 3 Abs. 6 RL 2014/24/EU, Art. 5 Abs. 5 Sektoren-RL sowie Art. 20 Abs. 5 RL 2014/23/EU ins deutsche Recht um.

3. Verteidigungs- und sicherheitsspezifische Vergabe objektiv nicht trennbarer Aufträge (Abs. 4 Nr. 2). Gemäß Abs. 4 Nr. 2 können gemischte und objektiv nicht trennbare Aufträge (für objektiv trennbare Aufträge s. Abs. 3 Nr. 1 und 2; → Rn. 14 ff.) nach den Vorschriften über die Vergabe von **verteidigungs- und sicherheitsspezifischen öffentlichen Aufträgen** (Nr. 2 Alt. 2) oder **ohne Anwendung von Teil 4 des GWB** vergeben werden (Nr. 2 Alt. 1). Die Norm dient damit der Umsetzung von Art. 16 Abs. 4 RL 2014/24/EU, von Art. 25 Abs. 4 Sektoren-RL sowie von Art. 21 Abs. 3 RL 2014/23/EU. Der Wortlaut von Abs. 4 Nr. 2 gibt das Regelungsziel des Gesetzgebers und die Vorgaben des Unionsrechts nur unzureichend wieder, da er sich nur auf Aufträge bezieht, die unter § 107 Abs. 2 Nr. 1 oder Nr. 2 fallende Elemente aufweisen.[66] Die Regelungen in § 107 Abs. 2 Nr. 1 oder Nr. 2 nehmen Aufträge und Konzessionen mit Bezügen zu Art. 346 Abs. 1 AEUV von der Anwendung des GWB-Vergaberechts aus. Nach der Regierungsbegründung soll § 111 Abs. 4 Nr. 2 jedoch auch Konstellationen erfassen, in denen „ein Auftragsteil [...] in den Anwendungsbereich [...] der Vorschriften zur Vergabe von verteidigungs- oder sicherheitsspezifischen öffentlichen Aufträgen fällt".[67] Demgemäß ist Abs. 4 Nr. 2 wertungsharmonisierend mit Abs. 3 Nr. 1 und 2 zu interpretieren.[68] Abs. 4 Nr. 2 ist auf die Vergabe von **Konzessionen** gem. Abs. 6 analog anzuwenden. Gemäß Art. 21 Abs. 3 S. 2 RL 2014/23/EU kann auf Konzessionen, die Verteidigungs- oder Sicherheitsaspekte beinhalten, aber keine Elemente umfassen, auf die Art. 346 AEUV anwendbar ist, sowohl die RL 2014/23/EU als auch die Sektoren-RL angewendet werden.[69]

---

[60] Vgl. BT-Drs. 18/6281, 85; Immenga/Mestmäcker/*Dreher* Rn. 32.
[61] So enthält zB die RL 2014/23/EU ein gegenüber der RL 2014/24/EU erleichtertes Vergaberegime, vgl. BT-Drs. 18/6281, 2.
[62] BKartA Beschl. v. 17.12.2019 – VK 2-88/19, BeckRS 2019, 35390 Rn. 72; Reidt/Stickler/Glahs/*Kadenbach* Rn. 19.
[63] Reidt/Stickler/Glahs/*Kadenbach* Rn. 19.
[64] Röwekamp in RKPP GWB Rn. 8; Beck VergabeR/*Hüttinger* Rn. 50.
[65] HK-VergabeR/*Pünder/Buchholtz* Rn. 15.
[66] Ziekow/Völlink/*Ziekow* Rn. 20; Reidt/Stickler/Glahs/*Kadenbach* Rn. 23.
[67] Vgl. BT-Drs. 18/6281, 86.
[68] *Krohn* in Gabriel/Krohn/Neun VergabeR-HdB § 57 Rn. 47.
[69] Beck VergabeR/*Hüttinger* Rn. 55.

VI. Umgehungsverbot (Abs. 5)

30 Abs. 5 verbietet – klarstellend[70] – die **Vergabe eines Gesamtauftrags zum Zweck der Umgehung vergaberechtlicher Vorschriften.**[71] Hiernach darf die Beschaffungsentscheidung nicht missbräuchlich erfolgen, um sich dem GWB-Vergaberecht zu entziehen oder in den Anwendungsbereich eines abgeschwächten Vergaberegimes zu gelangen.[72] Die Regelung wird durch § 3 Abs. 2 VgV, § 2 Abs. 2 SektVO und durch § 2 Abs. 1 und 2 KonzVgV ergänzt. Dort wird festgelegt, dass die Auftrags- bzw. Konzessionsvergabe nicht so unterteilt werden darf, dass sie den Anwendungsbereich des 4. Teils des GWB und der jeweiligen Verordnung umgeht, es sei denn, die **Unterteilung ist objektiv gerechtfertigt.** Abs. 5 dient der Umsetzung von Art. 16 Abs. 2 UAbs. 4 RL 2014/24/EU, Art. 25 Abs. 2 UAbs. 4 Sektoren-RL und Art. 21 Abs. 2 UAbs. 4 RL 2014/23/EU.

VII. Konzessionen (Abs. 6)

31 Abs. 6 dient der Umsetzung von **Art. 20 Abs. 2–5 RL 2014/23/EU** und **Art. 21 RL 2014/23/EU.** Hiernach sind die Regelungen gem. Abs. 1 und 2 und gem. Abs. 3 Nr. 1 und 2 sowie gem. Abs. 4 und 5 **entsprechend auf die Vergabe von Konzessionen anwendbar.** Die systematische Trennung dient ausweislich der Regierungsbegründung allein der Übersichtlichkeit und Verständlichkeit der Norm.[73] Wenngleich Abs. 6 nicht auf Abs. 3 Nr. 3–5 verweist, ergeben sich hieraus keine praktischen Konsequenzen, da die Vorgaben in Abs. 3 Nr. 3 und 4 explizit auf Konzessionen Bezug nehmen und Abs. 3 Nr. 5 die Vergabe von Konzessionen als Bestandteil von Teil 4 des GWB auch ohne besonderen Verweis erfasst.[74]

§ 112 Vergabe von öffentlichen Aufträgen und Konzessionen, die verschiedene Tätigkeiten umfassen

(1) Umfasst ein öffentlicher Auftrag mehrere Tätigkeiten, von denen eine Tätigkeit eine Sektorentätigkeit im Sinne des § 102 darstellt, dürfen getrennte Aufträge für die Zwecke jeder einzelnen Tätigkeit oder darf ein Gesamtauftrag vergeben werden.

(2) Werden getrennte Aufträge vergeben, so wird jeder einzelne Auftrag nach den Vorschriften vergeben, die auf seine Merkmale anzuwenden sind.

(3) ¹Wird ein Gesamtauftrag vergeben, unterliegt dieser Auftrag den Bestimmungen, die für die Tätigkeit gelten, für die der Auftrag hauptsächlich bestimmt ist. ²Ist der Auftrag sowohl für eine Sektorentätigkeit im Sinne des § 102 als auch für eine Tätigkeit bestimmt, die Verteidigungs- oder Sicherheitsaspekte umfasst, ist § 111 Absatz 3 Nummer 1 und 2 entsprechend anzuwenden.

(4) Die Entscheidung, einen Gesamtauftrag oder getrennte Aufträge zu vergeben, darf nicht zu dem Zweck getroffen werden, die Auftragsvergabe von den Vorschriften dieses Teils auszunehmen.

(5) Ist es objektiv unmöglich, festzustellen, für welche Tätigkeit der Auftrag hauptsächlich bestimmt ist, unterliegt die Vergabe
1. den Vorschriften zur Vergabe von öffentlichen Aufträgen durch öffentliche Auftraggeber, wenn eine der Tätigkeiten, für die der Auftrag bestimmt ist, unter diese Vorschriften fällt,
2. den Vorschriften zur Vergabe von öffentlichen Aufträgen durch Sektorenauftraggeber, wenn der Auftrag sowohl für eine Sektorentätigkeit im Sinne des § 102 als auch für eine Tätigkeit bestimmt ist, die in den Anwendungsbereich der Vorschriften zur Vergabe von Konzessionen fallen würde,
3. den Vorschriften zur Vergabe von öffentlichen Aufträgen durch Sektorenauftraggeber, wenn der Auftrag sowohl für eine Sektorentätigkeit im Sinne des § 102 als auch für eine Tätigkeit bestimmt ist, die weder in den Anwendungsbereich der Vorschriften zur Vergabe von Konzessionen noch in den Anwendungsbereich der Vorschriften zur Vergabe öffentlicher Aufträge durch öffentliche Auftraggeber fallen würde.

---

[70] Willenbruch/Wieddekind/*Willenbruch* Rn. 11.
[71] BT-Drs. 18/6281, 86.
[72] HK-VergabeR/*Pünder/Buchholtz* Rn. 17; *Röwekamp* in RKPP GWB Rn. 10.
[73] BT-Drs. 18/6281, 86.
[74] Ebenso Ziekow/Völlink/*Ziekow* Rn. 2.

(6) ¹Umfasst eine Konzession mehrere Tätigkeiten, von denen eine Tätigkeit eine Sektorentätigkeit im Sinne des § 102 darstellt, sind die Absätze 1 bis 4 entsprechend anzuwenden. ²Ist es objektiv unmöglich, festzustellen, für welche Tätigkeit die Konzession hauptsächlich bestimmt ist, unterliegt die Vergabe
1. den Vorschriften zur Vergabe von Konzessionen durch Konzessionsgeber im Sinne des § 101 Absatz 1 Nummer 1, wenn eine der Tätigkeiten, für die die Konzession bestimmt ist, diesen Bestimmungen und die andere Tätigkeit den Bestimmungen für die Vergabe von Konzessionen durch Konzessionsgeber im Sinne des § 101 Absatz 1 Nummer 2 oder Nummer 3 unterliegt,
2. den Vorschriften zur Vergabe von öffentlichen Aufträgen durch öffentliche Auftraggeber, wenn eine der Tätigkeiten, für die die Konzession bestimmt ist, unter diese Vorschriften fällt,
3. den Vorschriften zur Vergabe von Konzessionen, wenn eine der Tätigkeiten, für die die Konzession bestimmt ist, diesen Vorschriften und die andere Tätigkeit weder den Vorschriften zur Vergabe von öffentlichen Aufträgen durch Sektorenauftraggeber noch den Vorschriften zur Vergabe öffentlicher Aufträge durch öffentliche Auftraggeber unterliegt.

Übersicht

		Rn.			Rn.
I.	Normzweck und Anwendungsbereich	1	VII.	Konzessionen mit Sektorenbezug (Abs. 6)	12
II.	Wahlrecht (Abs. 1)	3	1.	Entsprechende Anwendung der Abs. 1 bis 4 (Abs. 6 S. 1)	12
III.	Vergabe getrennter Aufträge (Abs. 2)	4	2.	Gesamtkonzessionen bei objektiver Nichtbestimmbarkeit der Haupttätigkeit (Abs. 6 S. 2)	13
IV.	Vergabe eines Gesamtauftrags (Abs. 3)	5		a) Vergabe gemischter Konzessionen durch Konzessionsgeber iSv 101 Abs. 1 Nr. 1 und Nr. 2 oder Nr. 3 (Abs. 6 Nr. 1)	13
V.	Umgehungsverbot (Abs. 4)	6a			
VI.	Zuordnung bei Nichtbestimmbarkeit der Haupttätigkeit (Abs. 5)	7		b) Gesamtkonzession, bei der ein Teil in den Anwendungsbereich der RL 2014/24/EU fällt (Abs. 6 Nr. 2)	14
1.	Überblick	7			
2.	Relevanz des allgemeinen Vergaberechts (Abs. 5 Nr. 1)	8		c) Konzessionen, bei denen ein Teil weder dem Anwendungsbereich der RL 2014/23/EU noch dem der RL 2014/24/EU oder der Sektoren-RL unterliegt (Abs. 6 Nr. 3)	15
3.	Relevanz des Sektorenvergaberechts (Abs. 5 Nr. 2 und Nr. 3)	9			

I. Normzweck und Anwendungsbereich

§ 112 umfasst Sachverhaltskonstellationen, in denen **ein und dieselbe Beschaffung** im Rahmen eines öffentlichen Auftrags/einer Konzession **für die Ausübung verschiedener Tätigkeiten des Auftraggebers bestimmt** ist und infolgedessen **verschiedenen Vergaberechtsregimen** unterfällt.[1] Dies ist der Fall, wenn die vom Auftrag/von der Konzession umfasste Tätigkeit teilweise eine Sektorentätigkeit iSv § 102 ist und darüber hinaus für die Ausübung einer anderen Tätigkeit im Anwendungsbereich einer anderen Richtlinie[2] bestimmt ist. Die Anwendbarkeit unterschiedlicher Vergaberechtsregime im Rahmen von § 112 resultiert im Unterschied zu § 111 nicht daraus, dass ein Auftrag/eine Konzession aus verschiedenen Teilen besteht, auf die unterschiedliche Richtlinien anwendbar sind oder die mit einem Teil keiner Richtlinie unterfallen, sondern daraus, dass dieselbe Beschaffung im Rahmen eines öffentlichen Auftrags/einer Konzession **für die Ausübung verschiedener Tätigkeiten des Auftraggebers** bestimmt ist.[3] Der Anwendungsbereich des § 112 wäre beispielsweise eröffnet, wenn ein Sektorenauftraggeber (zB die Deutsche Bahn) einen einzelnen Auftrag zum Kauf von 10.000 Kugelschreibern vergibt, wobei nur ein Teil der Waren für die Sektorentätigkeit bestimmt ist, während der andere Teil der Waren für „Nicht-Sektoren"-Zwecke bestimmt ist. Ein weiteres Beispiel ist der Bau eines Gebäudes für eine Stadtverwaltung, von dem

---

[1] jurisPK-Vergaberecht/*Jahn* § 112 Rn. 1.
[2] In Frage kommen: RL 2014/23/EU, RL 2014/24/EU und RL 2009/81, ABl. 2009 L 216, 76.
[3] Reidt/Stickler/Glahs/*Rafii* Rn. 2; jurisPK-Vergaberecht/*Jahn* Rn. 2.

einzelne Räume auch für das Stadtwerk bestimmt sind.[4] Ohne § 112 müssten die anwendbaren Vorschriften anhand von § 111 bestimmt werden, der darauf abstellt, ob die einzelnen Auftragsteile objektiv trennbar sind. Die objektive Trennbarkeit ist jedoch im Rahmen eines Einzelauftrags, der faktisch nur eine Beschaffungskomponente – wie die beispielhaft genannten Kugelschreiber – enthält, als Abgrenzungskriterium ungeeignet. Die Sonderregelung des § 112 stellt daher auf die **hauptsächliche Bestimmung des Auftrags** ab.

2   Gemäß Abs. 1 können sowohl **getrennte Aufträge** als auch ein **Gesamtauftrag** vergeben werden (→ Rn. 3). Im Fall einer getrennten Vergabe richten sich die anzuwendenden Vorschriften gem. Abs. 2 nach den Vorschriften, die auf die Merkmale des jeweiligen Auftrags anzuwenden sind. Bei der Vergabe eines Gesamtauftrages richten sich die anwendbaren Vorschriften gem. Abs. 3 nach der Tätigkeit, für die der Auftrag hauptsächlich bestimmt ist (→ Rn. 5). Kann nicht festgestellt werden, für welche Tätigkeit ein Auftrag hauptsächlich bestimmt ist, bestimmt sich die Gesamtvergabe nach Abs. 5 (→ Rn. 7 ff.). Gemäß Abs. 6 S. 1 sind die Abs. 1–4 analog auf **Konzessionen** anwendbar, die eine Sektorentätigkeit beinhalten. Entscheidet sich der Konzessionsgeber mithin nicht für eine Einzelvergabe, sondern für eine Gesamtvergabe, richten sich die anwendbaren Vorschriften auch hier nach der Tätigkeit, für die der Auftrag hauptsächlich bestimmt ist (→ Rn. 12 ff.). Für **Konzessionen**, bei denen nicht objektiv feststellbar ist, für welche Tätigkeiten sie hauptsächlich bestimmt sind, gelten anstelle von Abs. 5 die Regelungen in Abs. 6 S. 2 Nr. 1–3 (→ Rn. 13 ff.).

II. Wahlrecht (Abs. 1)

3   Abs. 1 umfasst die Vergabe von Aufträgen, die neben einer Sektorentätigkeit iSd § 102 zumindest eine weitere Tätigkeit umfassen, die dem Anwendungsbereich der RL 2014/23/EU, der RL 2014/24/EU oder der Vergabe-RL Verteidigung und Sicherheit[5] bzw. der deutschen Umsetzungsvorschriften unterfallen, oder außerhalb des Anwendungsbereichs dieser Richtlinien liegen. Gemäß Abs. 1 dürfen derartige Aufträge grundsätzlich getrennt nach der jeweiligen Tätigkeit oder als Gesamtauftrag vergeben werden **(Wahlrecht des Auftraggebers)**,[6] sofern die Tätigkeiten zu einem einheitlichen Beschaffungsvorgang gehören und es einen inhaltlichen und sachlichen Bezug zwischen den Tätigkeiten gibt.[7] Die Ausübung des Wahlrechts ist anders als nach § 111 Abs. 1 nicht an eine objektive Trennbarkeit geknüpft, weshalb es zur ermessensfehlerfreien Ausübung lediglich der Darlegung nachvollziehbarer sachlicher Gründe bedarf.[8] Werden **getrennte Aufträge** vergeben, bestimmen sich die auf die jeweiligen Einzelaufträge anwendbaren Vorschriften gem. Abs. 2 nach den Merkmalen der jeweils betroffenen Tätigkeit. Entscheidet sich der Auftraggeber demgegenüber für eine **Gesamtvergabe**, orientieren sich die anwendbaren Regelungen gem. Abs. 3 grundsätzlich nach der Bestimmung, welcher Tätigkeit der Auftrag hauptsächlich dienen soll. Ist eine solche Bestimmung nicht möglich, greift für Aufträge Abs. 5.

III. Vergabe getrennter Aufträge (Abs. 2)

4   Entscheidet sich der Auftraggeber in Ausübung seines von Abs. 1 eröffneten Wahlrechts für eine getrennte Vergabe, sind gem. Abs. 2 die anwendbaren Vorschriften für die einzelnen Aufträge nach den Merkmalen der jeweils betroffenen Tätigkeit zu bestimmen.[9] Hiernach sind die §§ 136 ff. iVm der SektVO auf den Auftragsteil anzuwenden, der zum Zwecke einer Sektorentätigkeit nach § 102 bestimmt ist. Bezüglich der sonstigen Auftragsteile ist anhand ihrer Merkmale festzustellen, welche vergaberechtlichen Regelungen zur Anwendung kommen.[10] Abs. 2 setzt Art. 6 Abs. 1 Sektoren-RL und Art. 26 Abs. 1 Sektoren-RL ins deutsche Recht um.[11]

IV. Vergabe eines Gesamtauftrags (Abs. 3)

5   Gemäß **Abs. 3 S. 1** unterliegt die Vergabe eines Gesamtauftrages, der neben der Sektorentätigkeit iSd § 102 noch mindestens eine weitere Tätigkeit umfasst, regelmäßig[12] denjenigen Bestimmun-

---

[4] Ziekow/Völlink/*Ziekow* Rn. 2.
[5] RL 2009/81, ABl. 2009 L 216, 76.
[6] Ziekow/Völlink/*Ziekow* Rn. 4.
[7] Immenga/Mestmäcker/*Dreher* Rn. 9.
[8] Immenga/Mestmäcker/*Dreher* Rn. 10.
[9] BT-Drs. 18/6281, 87.
[10] Immenga/Mestmäcker/*Dreher* Rn. 13.
[11] BT-Drs. 18/6281, 87.
[12] Die Gesetzesbegründung spricht insoweit von „im Regelfall" (BT-Drs. 18/6281, 87), wobei unklar bleibt, was hiermit gemeint ist.

gen, die für die Tätigkeit gelten, für die **der Auftrag hauptsächlich bestimmt** ist.[13] Zur Ermittlung dieser Tätigkeit kann insbesondere auf die Analyse der Erfordernisse zurückgegriffen werden, auf deren Erfüllung der Auftrag in erster Linie abzielt.[14] Bei objektiver Unmöglichkeit der Feststellung, für welche Tätigkeit der Auftrag hauptsächlich bestimmt ist, greift Abs. 5. Abs. 3 S. 1 basiert auf Art. 6 Abs. 1 und 2 Sektoren-RL. Der Zweck, zu dessen Erfüllung der Auftrag hauptsächlich bestimmt ist, kann analog den Grundsätzen zum **Hauptgegenstand** ermittelt werden[15] (→ § 110 Rn. 4 ff.), obgleich Abs. 3 die „hauptsächliche Bestimmung" des Auftrags und gerade nicht den „Hauptgegenstand" adressiert.[16] Die Abweichung in der Terminologie („hauptsächlich bestimmt" statt „Hauptgegenstand") resultiert wohl nur aus dem Umstand, dass § 112 Aufträge betrifft, bei denen ein einzelner Beschaffungsvorgang die Ausübung verschiedener Tätigkeiten umfasst (→ Rn. 1). Somit ist auch hier im Rahmen einer wertenden qualitativen und quantitativen Gesamtschau der vertragsprägenden Tätigkeiten auf „die wesentlichen vorrangigen Verpflichtungen abzustellen, die den Auftrag als solchen prägen", während „Verpflichtungen untergeordneter oder ergänzender Art, die zwingend aus dem eigentlichen Gegenstand des Vertrags folgen", unberücksichtigt bleiben.[17]

Abs. 3 S. 2 regelt die Behandlung eines Gesamtauftrages, der sowohl eine **Sektorentätigkeit** 6 als auch **verteidigungs- und sicherheitsrelevante** Aspekte umfasst. Die Abgrenzung richtet sich hier entsprechend nach § 111 Abs. 3 Nr. 1 und 2 (→ § 111 Rn. 14 ff.). Nicht eindeutig ist, ob Abs. 3 S. 2 nur für Aufträge gilt, denen feststellbar ist, für welche Tätigkeit sie hauptsächlich bestimmt sind. Hierfür spräche grundsätzlich die Systematik der Norm, da sich Abs. 3 S. 1 ausschließlich auf solche Aufträge bezieht. Allerdings ist zu beachten, dass Abs. 3 S. 1 der Umsetzung von Art. 6 Abs. 1 und 2 Sektoren-RL dient, der ausdrücklich darauf abstellt, ob die hauptsächliche Bestimmung der Tätigkeit **objektiv feststellbar** ist.[18] Demgegenüber dient Abs. 3 S. 2 der Umsetzung von Art. 26 Abs. 2 Sektoren-RL, der keine derartige Unterscheidung vornimmt. Dies könnte dafürsprechen, dass Abs. 3 S. 2 auch für solche Aufträge gilt, bei denen nicht objektiv feststellbar ist, wofür sie hauptsächlich bestimmt sind. Derartige Aufträge würden somit ohne Anwendung des Teils 4 des GWB (Abs. 3 S. 2 iVm § 111 Abs. 3 Nr. 1) oder nach den Vorschriften für die Vergabe verteidigungs- und sicherheitsspezifischer Aufträge vergeben (Abs. 3 S. 2 iVm § 111 Abs. 3 Nr. 2). Über Abs. 6 S. 1 gilt Abs. 3 S. 2 auch für Konzessionen (→ Rn. 12).

V. Umgehungsverbot (Abs. 4)

Gemäß **Abs. 4** darf die Entscheidung, einen Gesamtauftrag zu vergeben, nicht zur Umgehung 6a der Vorschriften von Teil 4 des GWB führen. Praktisch bedeutsam ist Abs. 4 vor allem in Zusammenhang mit Tätigkeiten, die nicht dem Vergaberecht unterliegen. Fällt eine derartige Tätigkeit mit einer Sektorentätigkeit zusammen, hätte dies bei der Wahl einer Gesamtvergabe und einem entsprechenden Tätigkeitsschwerpunkt gem. Abs. 3 S. 1 zur Folge, dass der Gesamtauftrag nicht dem Kartellvergaberecht unterfiele. Gemäß Abs. 4 darf die Entscheidung über eine getrennte Vergabe iSd Abs. 2 oder eine Gesamtvergabe iSd Abs. 3 insoweit nicht zum Zweck getroffen werden, den Vorschriften des Kartellvergaberechts zu entgehen.[19] Abs. 4 dient der Umsetzung von Art. 6 Abs. 1 UAbs. 3 Sektoren-RL und Art. 26 Abs. 1 UAbs. 2 Sektoren-RL sowie von Art. 22 Abs. 1 UAbs. 3 RL 2014/23/EU und Art. 23 Abs. 2 UAbs. 3 RL 2014/23/EU. Eine Parallelvorschrift findet sich in § 111 Abs. 5.

VI. Zuordnung bei Nichtbestimmbarkeit der Haupttätigkeit (Abs. 5)

1. Überblick. Abs. 5 behandelt den Fall, dass **bei der Vergabe eines Gesamtauftrages iSv** 7 **Abs. 1 nicht objektiv bestimmbar ist, welcher Tätigkeit der Auftrag hauptsächlich dienen soll.** Als Beispiel kann die Beschaffung eines Geräts dienen, das der Fortsetzung bestimmter Tätigkei-

---

[13] BT-Drs. 18/6281, 87.
[14] BT-Drs. 18/6281, 87.
[15] Ebenso Immenga/Mestmäcker/*Dreher* Rn. 17; HK-VergabeR/*Pünder/Buchholtz* Rn. 7.
[16] Langen/Bunte/*Schneider* Rn. 4; für inhaltlich abweichende Maßstäbe demgegenüber Reidt/Stickler/Glahs/ *Rafii* Rn. 5.
[17] EuGH Urt. v. 26.5.2011 – C-306/08, Slg. 2011, I-4569 Rn. 90 = NZBau 2011, 431 – PAI und LRAU Valencia; EuGH Urt. v. 15.10.2009 – C-196/08, Slg. 2009, I-9940 = NZBau 2009, 804 (805) – Acoset SpA/Conferenza Sindaci e Presidenza; EuGH Urt. v. 21.2.2008 – C-412/04, Slg. 2008, I-652 Rn. 47 = NVwZ 2008, 397 – Kommission/Italien; OLG Brandenburg Beschl. v. 28.8.2012 – Verg W 19/11, BeckRS 2012, 18674; OLG Düsseldorf Beschl. v. 18.10.2006 – Verg 35/06, BeckRS 2007, 00456; OLG Düsseldorf Urt. v. 12.3.2003 – Verg. 49/02, BeckRS 2004, 02039.
[18] Ebenso Immenga/Mestmäcker/*Dreher* Rn. 20.
[19] Zum Vorstehenden Immenga/Mestmäcker/*Dreher* Rn. 23.

ten dienen soll, und bei der es an Informationen über den jeweiligen Auslastungsgrad mangelt.[20] Die anwendbaren Vorschriften für die jeweiligen Auftragskombinationen richten sich in einem solchen Fall nach Abs. 5 Nr. 1–3. Welche Nummer im Einzelfall einschlägig ist, bestimmt sich nach **der Art der Auftragsteile, die nicht den Vorschriften zur Vergabe von öffentlichen Aufträgen durch Sektorenauftraggeber unterliegen.** Es ist zu untersuchen, ob einer der „Nicht-Sektoren"-Auftragsteile den Vorschriften zur Vergabe öffentlicher Aufträge durch öffentliche Auftraggeber unterfallen würde, da der gesamte Auftrag in diesem Fall gem. Abs. 5 Nr. 1 unter diese Vorschriften fällt. Unterfällt einer der „Nicht-Sektoren"-Auftragsteile hingegen den Konzessionsvergabevorschriften (Abs. 5 Nr. 2) oder weder den Konzessionsvergabevorschriften noch den Vorschriften zur Vergabe öffentlicher Aufträge durch öffentliche Auftraggeber (Abs. 5 Nr. 3), gelten für den gesamten Auftrag die Vorschriften zur Vergabe öffentlicher Aufträge durch Sektorenauftraggeber, wenn der Nicht-Sektorenteil keine verteidigungs- und sicherheitsrelevanten Teile umfasst (→ Rn. 14 ff.). Im Zweifel ist damit das jeweils strengere Vergaberechtsregime anzuwenden.[21] § 112 Abs. 5 basiert auf Art. 6 Abs. 3 Sektoren-RL. Abs. 5 gilt gem. Abs. 6 S. 1 **nicht für Konzessionen, bei denen nicht objektiv feststellbar ist, für welche Tätigkeit diese hauptsächlich bestimmt sind.** Für diese gilt stattdessen Abs. 6 S. 2 Nr. 1–3.

8   **2. Relevanz des allgemeinen Vergaberechts (Abs. 5 Nr. 1).** Gemäß Abs. 5 Nr. 1 ist ein Gesamtauftrag nach den Vorschriften über die **Vergabe öffentlicher Aufträge durch öffentliche Auftraggeber** zu vergeben, wenn der Auftrag nicht nur für eine Sektorentätigkeit, sondern darüber hinaus für eine weitere Tätigkeit bestimmt ist, die für sich genommen unter die Vorschriften zur Vergabe öffentlicher Aufträge durch öffentliche Auftraggeber fallen würde. Darin zeigt sich der generelle Vorrang der öffentlichen Auftragsvergabe vor anderen Vergaberegimen.[22] Hiernach sind die strengeren Vorschriften des allgemeinen Vergaberechts gem. den §§ 115 ff. maßgeblich und nicht das privilegierte Regime des Sektorenvergaberechts nach den §§ 136 ff. iVm der SektVO.[23]

9   **3. Relevanz des Sektorenvergaberechts (Abs. 5 Nr. 2 und Nr. 3). Abs. 5 Nr. 2** behandelt Fallgestaltungen, in denen ein Gesamtauftrag sowohl für eine Sektorentätigkeit iSd § 102 als auch für eine Tätigkeit bestimmt ist, die in den Anwendungsbereich der Vorschriften zur Vergabe von Konzessionen fallen würde. In diesem Fall sind die Vorschriften zur **Vergabe von öffentlichen Aufträgen durch Sektorenauftraggeber** auf den Gesamtauftrag anzuwenden. Im Ergebnis des Abs. 5 Nr. 2 ist bei Tätigkeitskollisionen in Zusammenhang mit Konzessionen und einer Sektorentätigkeit nicht das Konzessionsvergaberecht gem. den §§ 148 ff. GWB iVm der KonzVgV, sondern das Sektorenvergaberecht gem. §§ 136 ff. iVm der SektVO maßgeblich.[24]

10   Gemäß **Abs. 5 Nr. 3** ist der Gesamtauftrag ebenfalls nach den Vorschriften zur **Vergabe von öffentlichen Aufträgen durch Sektorenauftraggeber** zu vergeben, wenn der Auftrag sowohl für eine Sektorentätigkeit iSd § 102 als auch für eine Tätigkeit bestimmt ist, die weder unter den Anwendungsbereich der Vorschriften zur Vergabe von Konzessionen noch unter den Anwendungsbereich der Vorschriften zur Vergabe öffentlicher Aufträge durch öffentliche Auftraggeber fallen würde.

11   Entgegen dem – insoweit zu weiten – Wortlaut erfasst Abs. 5 Nr. 3 keine Aufträge, die neben einem Sektorenteil einen **verteidigungs- und sicherheitsspezifischen Auftragsteil** enthalten. Hierfür spricht bereits die Regelungssystematik der gemischten Aufträge im GWB, die den verteidigungs- und sicherheitsspezifischen Vergabevorschriften stets Vorrang gegenüber den anderen Vergabevorschriften einräumt (vgl. § 107 Abs. 2, § 111 Abs. 3 Nr. 1 und Abs. 4 Nr. 2; § 112 Abs. 3 S. 2). Entscheidend ist jedoch, dass Abs. 3 S. 2 – und damit auch § 111 Abs. 3 Nr. 1 und 2 – ebenfalls für Aufträge gilt, bei denen nicht objektiv feststellbar ist, für welche Tätigkeit sie hauptsächlich bestimmt sind (→ Rn. 6). Daher findet Abs. 3 S. 2 auch im Anwendungsbereich von Abs. 5 Nr. 3 Anwendung. Dies hat zur Folge, dass für Aufträge mit einem Sektorauftragsteil und einem verteidigungs- und sicherheitsspezifischen Auftragsteil über Abs. 3 S. 2 iVm § 111 Abs. 3 Nr. 1 und 2 die Vorschriften über verteidigungs- und sicherheitsrelevante Aufträge anzuwenden sind (→ § 111 Rn. 14 ff.).

VII. Konzessionen mit Sektorenbezug (Abs. 6)

12   **1. Entsprechende Anwendung der Abs. 1 bis 4 (Abs. 6 S. 1).** Umfasst eine **Konzession** mehrere Tätigkeiten, von denen **eine Tätigkeit eine Sektorentätigkeit** im Sinne des § 102 dar-

---

[20] HK-VergabeR/*Pünder/Buchholtz* Rn. 10.
[21] HK-VergabeR/*Pünder/Buchholtz* Rn. 10.
[22] Immenga/Mestmäcker/*Dreher* Rn. 44.
[23] HK-VergabeR/*Pünder/Buchholtz* Rn. 11.
[24] HK-VergabeR/*Pünder/Buchholtz* Rn. 12.

stellt, gelten gem. **Abs. 6 S. 1** die **Absätze 1–4 entsprechend.** Der Konzessionsgeber hat damit ein Wahlrecht (Abs. 1), ob er getrennte Konzessionen vergibt (Abs. 2) oder eine Gesamtkonzession (Abs. 3).[25] Die Wahlentscheidung darf nicht zur Umgehung vergaberechtlicher Vorschriften getroffen werden (Abs. 4). Abs. 6 dient insgesamt der Umsetzung von Art. 22 und 23 RL 2014/23/EU.

2. Gesamtkonzessionen bei objektiver Nichtbestimmbarkeit der Haupttätigkeit (Abs. 6 S. 2). a) Vergabe gemischter Konzessionen durch Konzessionsgeber iSv 101 Abs. 1 Nr. 1 und Nr. 2 oder Nr. 3 (Abs. 6 Nr. 1). Abs. 6 S. 2 regelt die **Vergabe von Gesamtkonzessionen für mehrere Tätigkeiten bei objektiver Unmöglichkeit der Bestimmung des Hauptgegenstandes,** wobei Nr. 1 bis 3 jeweils ein einziges Vergaberechtsregime für anwendbar erklären.[26] Die Vorschrift ähnelt in ihrer Struktur Abs. 5 S. 2, wobei Abs. 5 wegen abweichender Rechtsfolgen insgesamt nicht auf Konzessionen anwendbar ist. **Abs. 6 Nr. 1** regelt die Vergabe einer Gesamtkonzession, bei der der eine Teil den Vorschriften zur **Vergabe von Konzessionen durch Konzessionsgeber iSd § 101 Abs. 1 Nr. 1** und der andere Teil den Bestimmungen für die **Vergabe von Konzessionen durch Konzessionsgeber iSd § 101 Abs. 1 Nr. 2 oder § 101 Abs. 1 Nr. 3** unterliegt. In diesem Fall unterliegt die Vergabe der Gesamtkonzession den Vorschriften zur Vergabe von Konzessionen durch Konzessionsgeber iSd § 101 Abs. 1 Nr. 1.[27] Abs. 6 Nr. 1 bezieht sich dementsprechend auf Art. 22 Abs. 3 lit. a RL 2014/23/EU.

13

b) Gesamtkonzession, bei der ein Teil in den Anwendungsbereich der RL 2014/24/EU fällt (Abs. 6 Nr. 2). Nach Abs. 6 Nr. 2 erfolgt die Vergabe einer Gesamtkonzession nach den Vorschriften **zur Vergabe von öffentlichen Aufträgen durch öffentliche Auftraggeber,** wenn eine der Tätigkeiten, für die die Konzession bestimmt ist, unter diese Vorschriften fällt.[28] Hierin zeigt sich der generelle Vorrang der öffentlichen Auftragsvergabe vor anderen Vergaberegimen.[29] Abs. 6 Nr. 2 setzt die Regelung des Art. 22 Abs. 3 lit. b RL 2014/23/EU um.

14

c) Konzessionen, bei denen ein Teil weder dem Anwendungsbereich der RL 2014/23/EU noch dem der RL 2014/24/EU oder der Sektoren-RL unterliegt (Abs. 6 Nr. 3). Gemäß Abs. 6 Nr. 3 erfolgt die Vergabe einer Gesamtkonzession nach den Vorschriften zur **Vergabe von Konzessionen,** wenn eine der Tätigkeiten, für die sie bestimmt ist, weder diesen Vorschriften noch den Vorschriften zur Vergabe von öffentlichen Aufträgen durch öffentliche Auftraggeber, noch den Vorschriften zur Vergabe von öffentlichen Aufträgen im Sektorenbereich unterliegt.[30] Abs. 6 Nr. 3 basiert auf Art. 22 Abs. 3 lit. c RL 2014/23/EU.

15

§ 113 Verordnungsermächtigung

¹Die Bundesregierung wird ermächtigt, durch Rechtsverordnungen mit Zustimmung des Bundesrates die Einzelheiten zur Vergabe von öffentlichen Aufträgen und Konzessionen sowie zur Ausrichtung von Wettbewerben zu regeln. ²Diese Ermächtigung umfasst die Befugnis zur Regelung von Anforderungen an den Auftragsgegenstand und an das Vergabeverfahren, insbesondere zur Regelung
1. der Schätzung des Auftrags- oder Vertragswertes,
2. der Leistungsbeschreibung, der Bekanntmachung, der Verfahrensarten und des Ablaufs des Vergabeverfahrens, der Nebenangebote, der Vergabe von Unteraufträgen sowie der Vergabe öffentlicher Aufträge und Konzessionen, die soziale und andere besondere Dienstleistungen betreffen,
3. der besonderen Methoden und Instrumente in Vergabeverfahren und für Sammelbeschaffungen, einschließlich der zentralen Beschaffung,
4. des Sendens, Empfangens, Weiterleitens und Speicherns von Daten einschließlich der Regelungen zum Inkrafttreten der entsprechenden Verpflichtungen,
5. der Auswahl und Prüfung der Unternehmen und Angebote sowie des Abschlusses des Vertrags,
6. der Aufhebung des Vergabeverfahrens,
7. der verteidigungs- oder sicherheitsspezifischen Anforderungen im Hinblick auf den Geheimschutz, auf die allgemeinen Regelungen zur Wahrung der Vertraulichkeit, auf

---

[25] Reidt/Stickler/Glahs/*Rafii* Rn. 13.
[26] Immenga/Mestmäcker/*Dreher* Rn. 42.
[27] BT-Drs. 18/6281, 88.
[28] BT-Drs. 18/6281, 88.
[29] Byok/Jaeger/*Kau* Rn. 23.
[30] BT-Drs. 18/6281, 88.

die Versorgungssicherheit sowie auf die besonderen Regelungen für die Vergabe von Unteraufträgen,

8. der Voraussetzungen, nach denen Sektorenauftraggeber, Konzessionsgeber oder Auftraggeber nach dem Bundesberggesetz von der Verpflichtung zur Anwendung dieses Teils befreit werden können, sowie des dabei anzuwendenden Verfahrens einschließlich der erforderlichen Ermittlungsbefugnisse des Bundeskartellamtes und der Einzelheiten der Kostenerhebung; Vollstreckungserleichterungen dürfen vorgesehen werden.

³Die Rechtsverordnungen sind dem Bundestag zuzuleiten. ⁴Die Zuleitung erfolgt vor der Zuleitung an den Bundesrat. ⁵Die Rechtsverordnungen können durch Beschluss des Bundestages geändert oder abgelehnt werden. ⁶Der Beschluss des Bundestages wird der Bundesregierung zugeleitet. ⁷Hat sich der Bundestag nach Ablauf von drei Sitzungswochen seit Eingang der Rechtsverordnungen nicht mit ihnen befasst, so werden die unveränderten Rechtsverordnungen dem Bundesrat zugeleitet.

Schrifttum: *Dreher*, Die Zukunft des untergesetzlichen Vergaberechts – Zur Neuordnung von Vergabeverordnungen und Verdingungsordnungen, NVwZ 1999, 1265; *Jagenburg*, Die Entwicklung des privaten Bauvertragsrechts seit 1996: VOB Teil A, NJW 1998, 2398; *Kau*, Vergaberechtliches Kaskadenprinzip und europäisches Gemeinschaftsrecht, EuZW 2005, 492; *Knauff*, Das Kaskadensystem im Vergaberecht – ein Regelungsmodell mit Zukunft?, NZBau 2010, 657; *Pache*, Der Staat als Kunde, System und Defizite des neuen deutschen Vergaberechts, DVBl 2001, 1781; *Pietzcker*, Vergabeverordnung und Kaskadenprinzip aus verfassungsrechtlicher und europarechtlicher Sicht, NZBau 2000, 64.

Übersicht

	Rn.		Rn.
I. Verordnungsermächtigung (§ 113 S. 1, 2)	1	b) § 113 S. 2 Nr. 2	13
1. Normzweck	1	c) § 113 S. 2 Nr. 3	14
2. Entstehungsgeschichte	2	d) § 113 S. 2 Nr. 4	16
3. Verfassungsrechtliche Vorgaben ...	3	e) § 113 S. 2 Nr. 5	17
a) Art. 80 GG	3	f) § 113 S. 2 Nr. 6	18
b) Verweis der VO auf die Verdingungsordnungen für Aufträge oberhalb der EU-Schwellenwerte	4	g) § 113 S. 2 Nr. 7	19
		h) § 113 S. 2 Nr. 8	20
		II. Parlamentsvorbehalt (§ 113 S. 3–7) ...	21
c) Publikationspflicht gem. Art. 82 GG ..	8	1. Normzweck	21
4. EU-rechtliche Vorgaben/Pflicht zur effektiven Umsetzung von EU-Richtlinien ...	9	2. Anwendungsbereich	22
		3. Verfahren	23
5. Einzelerläuterungen (§ 113 S. 2 Nr. 1–8)	11	a) Ablehnungsvorbehalt	24
a) § 113 S. 2 Nr. 1	12	b) Änderungsvorbehalt	25
		4. Drei-Wochen-Frist	26

I. Verordnungsermächtigung (§ 113 S. 1, 2)

1. Normzweck. § 113 statuiert eine Verordnungsermächtigung. Demnach kann die Bundesregierung als Kollegialorgan[1] mit Zustimmung des Bundesrates näher bestimmte vergaberechtliche Vorschriften auf Verordnungsebene erlassen.

2. Entstehungsgeschichte. § 113 fasst nunmehr § 97 Abs. 6 aF und § 127 aF zusammen, sodass eine (nahezu) einheitliche Grundlage für die Verordnungsermächtigungen besteht. Neben § 113 findet sich in § 114 Abs. 2 S. 4 die Verordnungsermächtigung für die sog. Statistikverordnung. Wesentliche Inhalte des Europäischen Sekundärrechts sind nunmehr einfachgesetzlich in Teil 4 positiviert, sodass diese dem Regelungsgegenstand der Verordnungsermächtigung entzogen sind.[2] Dies gilt ua für den in § 127 Nr. 1 aF geregelten dynamischen Verweis auf die EU Schwellenwerte, sowie für die Ermächtigung zur Regelung des freiwilligen Streitschlichtungsverfahren der Europäischen Kommission gem. § 127 Nr. 7 aF (nunmehr der in § 183 geregelte „Korrekturmechanismus" der Europäischen Kommission").[3] Die in § 97 Abs. 6 aF und § 127 Nr. 2 und 3 aF getroffene, systematische Differenzierung zwischen der Auftragsvergabe durch öffentliche Auftraggeber und Sektorenauf-

---

[1] Dazu näher: BVerfGE 91, 148 (165 ff.) = NJW 1995, 1537 – Umlaufverfahren; Maunz/Dürig/*Remmert*, 92. EL August 2020, GG Art. 80 Rn. 76 f.
[2] BT-Drs. 18/6281, 88.
[3] BT-Drs. 18/6281, 88.

traggeber entfällt ebenfalls. Mangels Handlungsbedarfs ist die in § 126 Nr. 6 aF enthaltene Ermächtigung bzgl. der Prüfung öffentlicher Auftraggeber auf die Vergaberechtskonformität der von ihnen durchgeführten Vergabeverfahren entfallen.[4]

3. Verfassungsrechtliche Vorgaben. a) Art. 80 GG. § 113 muss den verfassungsrechtlichen 3
Anforderungen des Art. 80 GG genügen. Nach dem delegationsrechtlichen Bestimmtheitsgebot[5] muss § 113 hinreichend deutlich Inhalt, Zweck und Ausmaß der Verordnungsermächtigung erkennen lassen.[6] Dies ist vorliegend erfüllt:[7] Die Ermächtigung der Bundesregierung in § 113 S. 1 („Einzelheiten zur Vergabe") wird durch S. 2 konkretisiert („umfasst die Befugnis zur Regelung von Anforderungen an den Auftragsgegenstand und an das Vergabeverfahren"), der wiederum anhand der in Nr. 1–8 aufgezählten Beispiele spezifiziert wird. Bedenken bestehen dahingehend, dass die formal-gesetzliche Ermächtigungsgrundlage zu restriktiv ist: Der Wortlaut des S. 2 lässt materiellrechtliche Anforderungen nur bei dem Auftragsgegenstand, nicht jedoch bei der Konzessionsvergabe zu.[8] Um den erlassenen Rechtsverordnungen gerecht zu werden, wird daher eine die Konzessionsvergabe miteinbeziehende Auslegung gefordert.[9]

b) Verweis der VO auf die Verdingungsordnungen für Aufträge oberhalb der EU- 4
Schwellenwerte. Kritik wird mit Hinblick auf das Demokratieprinzip und das Rechtsstaatsprinzip an den Verweisungen der Verordnungen für Aufträge oberhalb der EU-Schwellenwerte auf die Verdingungsordnungen geübt (vgl. § 2 Abs. 2 VgV).[10] Hintergrund ist, dass private Gremien (die Verdingungsausschüsse DVA[11] und DVAL[12]) die Verdingungsordnungen ohne gesetzgeberische Legitimation erarbeiten.[13] Durch die Verweise in den Verordnungen wird den Verdingungsordnungen für Aufträge oberhalb der EU-Schwellenwerte Verordnungsrang verliehen, sodass die Vorschriften Rechtsnormqualität, dh Allgemeinverbindlichkeit und Außenwirkung erlangen.[14] (Mittelbar werden die Verdingungsordnungen somit auf die Ermächtigungsgrundlagen des GWB vormals § 97 Abs. 6 bzw. § 127 gestützt.)

Statische Verweise, bei denen sich der Gesetzgeber ein bloßes Abschreiben erspart, sind nach 5
hA verfassungskonform.[15] Bei statischen Verweisen entscheiden die rechtsetzenden Organe in voller Kenntnis des fixierten Textes über die vollständige oder teilweise Inkorporation.[16] Dies bedeutet allerdings auch, dass spätere Änderungen – anders als bei dynamischen Verweisungen – unberücksichtigt bleiben, da es sich andernfalls um eine „versteckte Verlagerung von Gesetzgebungsbefugnissen"[17] handeln könnte.[18]

Hinsichtlich der Verdingungsordnungen wird eingewendet, dass die vom BVerfG entschiedenen 6
Fälle damit nicht vergleichbar seien. Während technische Anleitungen lediglich punktuelles Expertenwissen statuieren, setzen die Verdingungsordnungen umfassende Regelungen fest. Das GWB beschränke sich hingegen auf Grundsätze des Vergabeverfahrens,[19] die teilweise nur unter Hinzuziehung der Verdingungsordnungen anwendbar seien. Insoweit stellt sich die Frage, inwiefern die Eigenständigkeit des Willensbildungsprozesses der zuständigen staatlichen Rechtsetzungsorgane gewahrt ist.[20] Vorliegend können die Rechtsetzungsorgane in voller Kenntnis zustimmen oder die

---

[4] BT-Drs. 18/6281, 88.
[5] Beck VergabeR/*Dörr* Rn. 7.
[6] BVerfGE 2, 307 Rn. 84 = NJW 1953, 1177 – Gerichtsbezirke; BVerfGE 23, 62 Rn. 33, 36 = BeckRS 1968, 30701835 – Erfindervergütung; Jarass/Pieroth/*Pieroth* GG Art. 80 Rn. 11 f.
[7] *Knauff* NZBau 2010, 657 (660 und 662).
[8] Immenga/Mestmäcker/*Dreher* Rn. 10.
[9] Beck VergabeR/*Dörr* Rn. 9, 11; Immenga/Mestmäcker/*Dreher* Rn. 10.
[10] *Dreher* NVwZ 1999, 1265 (1267 ff.).
[11] Deutscher Vergabe- und Vertragsausschuss für Bauleistungen (DVA).
[12] Deutscher Vergabe- und Vertragsausschuss für Lieferungen und Dienstleistungen (DVAL).
[13] *Dreher* NVwZ 1999, 1265 (1266); Beck VergabeR/*Dörr* Rn. 4.
[14] *Seidel/Mertens* in Dauses/Ludwigs EU-WirtschaftsR-HdB, 50. EL März 2020, H. IV. Rn. 369; *Dreher* NVwZ 1999, 1265 (1266); *Pache* DVBl 2001, 1781 (1786); *Pietzcker* ZHR 162 (1998), 456; *Jagenburg* NJW 1998, 2398 (2398); *Wörmann* in Lampe-Helbig, Bauvergabe-HdB, 2. Aufl. 1995, Rn. 532.
[15] BVerfGE 47, 285 Rn. 60 ff. = NJW 1978, 1475 – Notargebühren; BVerfGE 64, 208 (Ls. 2) = NJW 1984, 1225 – Deputatkohle; *Pietzcker* NZBau 2000, 64 (65).
[16] *Pietzcker* NZBau 2000, 64 (65).
[17] BVerfGE 47, 285 Rn. 62 = NJW 1978, 1475 – Notargebühren; BVerfGE 64, 20 Rn. 24 f. = NJW 1984, 1225 – Deputatkohle.
[18] *Dreher* NVwZ 1999, 1265 (1267); dahingegen würde bei einer dynamischen Verweisung partiell die Rechtsverordnung mit jeder Änderung der in Bezug genommenen Verdingungsordnungen ohne Zutun des Gesetzgebers geändert werden, vgl. BVerfGE 47, 285 Rn. 64 = NJW 1978, 1475 – Notargebühren.
[19] *Dreher* NVwZ 1999, 1265 (1268).
[20] *Dreher* NVwZ 1999, 1265 (1268).

Zustimmung ganz oder partiell verweigern, ferner können Regelungen hinzugefügt bzw. Vorschläge inhaltlich umgestaltet werden. Während bei einem dynamischen Verweis der in Bezug genommene Regelungskanon geändert werden kann, ist dies bei einem statischen Verweis nicht möglich. Damit liegt hier gerade kein Fall vor, in dem sich das normsetzende Organ seiner Entscheidungszuständigkeit und seinem Willensbildungsprozess entledigt.[21] Zudem unterliegen auch die Verordnungen mit statischen Verweisen dem Zustimmungsvorbehalt des Bundesrates. Dies entkräftet zumindest teilweise die Kritik,[22] dass die Verweisungen nicht durch den Gesetzgeber, sondern durch den Verordnungsgeber statuiert werden.

7 Vor diesem Hintergrund ist es aber ist es zu begrüßen, dass im Wege der Vergaberechtsreform 2015/2016 wesentliche Inhalte durch das GWB und die Verordnungen selbst geregelt werden und damit die bisherige dreistufige Kaskadenstruktur deutlich reduziert wird (→ Rn. 10).

8 c) Publikationspflicht gem. Art. 82 GG. Die rechtsstaatliche Publikationspflicht, sowohl für die Verordnungen als auch die in Bezug genommenen Verdingungsordnungen,[23] gem. Art. 82 GG, ist erfüllt. Die Verordnungen sind im Bundesgesetzblatt veröffentlicht. Innerhalb dieser findet sich ein Verweis auf eine bestimmte im Bundesanzeiger veröffentlichte Fassung der Verdingungsordnungen.

9 **4. EU-rechtliche Vorgaben/Pflicht zur effektiven Umsetzung von EU-Richtlinien.** Die Verordnungsermächtigung dient der Umsetzung von EU-Vergaberechtrichtlinien. Dies erfordert, dass die Anforderungen der aus Art. 288 Abs. 3 AEUV abzuleitenden effektiven Richtlinienumsetzung erfüllt sein müssen:[24] Demnach müssen die Vorgaben aus den Richtlinien durch Rechtsnormen umgesetzt werden (Rechtsnormvorbehalt), die Rechte und Pflichten müssen für die Betroffenen erkennbar bzw. transparent (Publizität) und vor Gericht einklagbar (Klagefähigkeit) sein.[25]

10 Durch den statischen Verweis der Verordnung auf die Verdingungsordnung bekommt diese Verordnungscharakter sodass der Rechtsnormvorbehalt erfüllt ist.[26] Aufgrund des Kaskadenprinzips des Vergaberechts, dh die Regelung auf drei Ebenen, Bundesrecht – Verordnungen – Verdingungsordnungen, werden jedoch vielfach Zweifel an der ordnungsgemäßen Umsetzung der EU-Richtlinien geäußert.[27] Aufgrund der Fülle der Normen werden insbesondere die transparente Umsetzung sowie die Erkennbarkeit der subjektiven Rechte für ausländische Bieter in Frage gestellt.[28] Grundsätzlich hält der EuGH die Verweisung als Technik der Richtlinienumsetzung für ausreichend, soweit dadurch – wie vorliegend – die vom EuGH geforderten Anforderungen erfüllt werden. Aus den Vorschriften gehen eindeutig die subjektiven Rechte und die Pflichten der Betroffenen hervor.[29]

11 **5. Einzelerläuterungen (§ 113 S. 2 Nr. 1–8).** § 113 S. 1 statuiert eine VO-Ermächtigung, die der Bundesregierung die Befugnis einräumt mit Zustimmung des Bundesrates Einzelheiten zur Vergabe von öffentlichen Aufträgen und Konzessionen zu regeln. § 113 S. 1 gibt konsequent die alte Differenzierung zwischen öffentlichen Auftraggebern und Sektorenauftraggebern auf. § 113 S. 1 unterscheidet zwischen den öffentlichen Aufträgen, die auch die der Sektorenauftraggeber umfassen, und den Konzessionen. Die VO-Ermächtigung wird konkretisiert durch § 113 S. 2. Demnach umfasst die VO-Ermächtigung die Befugnis zur Regelung von Anforderungen an den Auftragsgegenstand (materiell-rechtliche Anforderungen) und Anforderungen zum Vergabeverfahren (verfahrensmäßige Vorgaben),[30] dh neben den verfahrensmäßigen Vorgaben dürfen explizit auch materiell-rechtliche Anforderungen an den Auftragsgegenstand mittels Rechtsverordnung gestellt werden.

---

[21] *Pietzcker* NZBau 2000, 64 (65).
[22] *Dreher* NVwZ 1999, 1265 (1268).
[23] BVerfGE 47, 285 Rn. 60 = NJW 1978, 1475 – Notargebühren.
[24] Beck VergabeR/*Dörr* Rn. 6; Streinz/*Schroeder* AEUV Art. 288 Rn. 62; Grabitz/Hilf/Nettesheim/*Nettesheim*, 71. EL August 2020, Rn. 114–117.
[25] EuGH BeckEuRS 2009, 500998 Rn. 55 – Kommission/Irland; EuGH Slg. 1995, I-4883 Rn. 8 = BeckEuRS 1995, 207976 – Kommission/Spanien; EuGH Slg. 1995, I-1589 Rn. 10 = BeckEuRS 1995, 207931 – Kommission/Luxemburg; EuGH Slg. 1992, I-3515 Rn. 7 = BeckRS 2004, 76010 – Kommission/Italien; EuGH Slg. 1991, I-2567 Rn. 15 = NVwZ 1991, 866 – TA Luft; *v. Danwitz* VerwArch 84, 73 (80); Grabitz/Hilf/Nettesheim/*Nettesheim*, 71. EL August 2020, Rn. 120 ff.; Streinz/*Schroeder* AEUV Art. 288 Rn. 67; von der Groeben/Schwarze/Hatje/*Geismann* AEUV Art. 288 Rn. 44 Calliess/Ruffert/*Ruffert* AEUV Art. 288 Rn. 32.
[26] *Pietzcker* NZBau 2000, 64 (66).
[27] Grabitz/Hilf/Nettesheim/*Nettesheim*, 71. EL August 2020, Rn. 120 ff.; Streinz/*Schroeder* AEUV Art. 288 Rn. 67; von der Groeben/Schwarze/Hatje/*Geismann* AEUV Art. 288 Rn. 44; *Kau* EuZW 2005, 492 (494); *Pache* DVBl 2001, 1781 (1790 f.).
[28] Immenga/Mestmäcker/*Dreher* Rn. 16; *Kau* EuZW 2005, 492 (494); *Dreher* NVwZ 1999, 1265 (1270 f.).
[29] *Pietzcker* NZBau 2000, 64 (66); *Knauff* NZBau 2010, 657 (659).
[30] BR-Drs. 18/6281, 89.

I. Verordnungsermächtigung (§ 113 S. 1, 2)   12–17 § 113 GWB

Diese Anforderungen können zB auch Regelungen zur Energieeffizienz darstellen.³¹ Die Anforderungen an den Auftragsgegenstand können inhaltsgleich mit den Anforderungen an ein Unternehmen im Vergabeverfahren sein (Eignungs- oder Zuschlagskriterien, Inhalt der Leistungsbeschreibung, Ausführungsbedingungen).³² Die aufgrund der Ermächtigungsverordnung erlassenen Rechtsverordnungen finden ihre Grenzen im formellen Gesetz. Regelungen einer Rechtsverordnung dürfen nicht gegen formelles Gesetz verstoßen. Dies gilt es insbesondere zu beachten aufgrund der „neuen Regelungsdichte" im 4. Teil des GWB, der wesentliche Inhalte der RL 2014/23/EU, 2014/24/EU und 2014/25/EU (Sektoren-RL) aufgreift. Eine weitergehende Konkretisierung der VO-Ermächtigung findet sich in § 113 S. 2 Nr. 1–8.

a) § 113 S. 2 Nr. 1. Die Befugnis zur Regelung der Schätzung des Auftragswertes in § 113   12
S. 2 Nr. 1 wurde aus Klarstellungsgründen aufgenommen.³³ Entsprechende Regelungen finden sich in § 3 VgV, § 2 SektVO und § 2 KonzVgV.

b) § 113 S. 2 Nr. 2. Die Befugnis zur Regelung der Bekanntmachung, der Verfahrensarten   13
und des Ablaufs des Vergabeverfahrens entspricht § 97 Abs. 6 aF und diente als Rechtsgrundlage zum Erlass der VgV,³⁴ der SektVO³⁵ und der VSVgV.³⁶ Zu beachten gilt hier die Vielzahl an einfach gesetzlichen Regelungen innerhalb des 4. Teil des GWB.

c) § 113 S. 2 Nr. 3. § 113 S. 2 Nr. 3 umfasst die Befugnis zur Regelung der von den RL 2014/   14
24/EU und Sektoren-RL vorgesehenen „besonderen Methoden und Instrumente im Vergabeverfahren" und für „Sammelbeschaffungen einschließlich der zentralen Beschaffung". Die besonderen Methoden und Instrumente (§ 120 Abs. 1–3) umfassen dabei die elektronische Auftragsvergabe, insbesondere das elektronische Beschaffungssystem, die elektronische Auktion und den elektronischen Katalog.³⁷ Konkretisierungen finden sich in §§ 22–27 VgV und §§ 19–25 SektVO.³⁸

Der Begriff der Sammelbeschaffungen umfasst Regelungen über „Rahmenvereinbarungen, zen-   15
trale Beschaffungsmöglichkeiten und zentrale Beschaffungsstellen, die gelegentlich gemeinsame Auftragsvergabe durch öffentliche Auftraggeber aus verschiedenen Mitgliedstaaten.".³⁹ Ebenso ist davon die zentrale Beschaffung iSv. § 120 Abs. 4 umfasst.⁴⁰ Spezielle Regelungen finden sich in §§ 4, 21 VgV und §§ 4, 19 SektVO.⁴¹

d) § 113 S. 2 Nr. 4.⁴² Während der Grundsatz der elektronischen Vergabe einfachgesetzlich in   16
§ 97 Abs. 5 verankert ist, wird die Bundesregierung in § 113 S. 2 Nr. 4 ermächtigt, dessen Konkretisierung per Rechtsverordnung zu erlassen (vgl. §§ 9–13 VgV, §§ 9–12 SektVO, §§ 7–11 KonzVgV). Dies umfasst neben den in Nr. 4 ausdrücklich aufgezählten Aspekten die gesamte elektronische Kommunikation.⁴³ Seit dem 18.4.2016 müssen EU-weite Bekanntmachungen elektronisch beim Amt für Veröffentlichungen der EU eingereicht werden. Die Vergabeunterlagen müssen unentgeltlich, uneingeschränkt und vollständig im Internet abrufbar sein. Die Internetadresse muss aus der Bekanntmachung hervorgehen.⁴⁴ Bis zum 18.4.2017 (zentrale Beschaffungsstellen) bzw. bis zum 18.4.2018 (andere als zentrale Beschaffungsstellen) musste das Einreichungsverfahren ausschließlich elektronisch ausgestaltet worden sein.⁴⁵

e) § 113 S. 2 Nr. 5. § 113 S. 2 Nr. 5 regelt die Ermächtigung zur Auswahl und Prüfung der   17
Unternehmen und Angebote sowie den Abschluss des Vertrages, die zuvor in § 97 Abs. 6 enthalten war. Die Regelungen zur Auswahl und Prüfung der Unternehmen und Angebote umfassen Vorgaben zur Eignungs- und Zuschlagskriterien sowie deren Nachweisführung. Zu beachten ist, dass der Vertragsschluss als Bestandteil der privatrechtlichen Tätigkeit der öffentlichen Hand und somit dem

---

³¹ BR-Drs. 18/6281, 89.
³² BR-Drs. 18/6281, 89.
³³ BR-Drs. 18/6281, 89.
³⁴ BGBl. 2003 I 169.
³⁵ BGBl. 2009 I 3110.
³⁶ BGBl. 2012 I 1509.
³⁷ BT-Drs. 18/6281, 89.
³⁸ Immenga/Mestmäcker/*Dreher* Rn. 20.
³⁹ GWB-RefE v. 30.4.2015, 107; VergRModG v. 8.7.2015, 109.
⁴⁰ Immenga/Mestmäcker/*Dreher* Rn. 21.
⁴¹ Immenga/Mestmäcker/*Dreher* Rn. 21.
⁴² § 113 S. 2 Nr. 4 stellt dabei die Umsetzung der Verpflichtung in Art. 34 RL 2014/23/EU, Art. 22 UAbs. 1 S. 1 RL 2014/24/EU und Art. 40 Abs. 1 UAbs. 1 S. 1 Sektoren-RL dar.
⁴³ GWB-RefE v. 30.4.2015, 107; BT-Drs. 18/6281, 89.
⁴⁴ BT-Drs. 18/6281, 89.
⁴⁵ BT-Drs. 18/6281, 88.

fiskalischen Handeln zuzuordnen ist. Folglich unterfällt der Vertragsschluss dem Zivilrecht und nicht dem Vergaberecht. Gegenstand der Ermächtigung können demnach nur Regelungen sein, die keine zivilrechtliche Regelung erfahren haben.

18 **f) § 113 S. 2 Nr. 6.** § 113 S. 2 Nr. 6 umfasst aus Klarstellungsgründen die Verordnungsermächtigung zur Aufhebung des Vergabeverfahrens.[46] Entsprechende Vorschriften finden sich in § 63 VgV, § 57 SektVO und § 32 KonzVgV.

19 **g) § 113 S. 2 Nr. 7.** § 113 S. 2 Nr. 7 fasst die bisher in § 127 Nr. 3 aF geregelte Verordnungsermächtigung für Verteidigungs- und sicherheitsspezifische Vergabeverfahren iSv § 104 auf. Die Aufzählung ist laut der Gesetzesbegründung nicht als abschließend zu verstehen, sondern konzentriert sich lediglich beispielhaft auf Schwerpunkte von verteidigungs- und sicherheitsspezifischen Vergabeverfahren.[47]

20 **h) § 113 S. 2 Nr. 8.** § 113 S. 2 Nr. 8 fasst zum einen die in ehemals § 127 Nr. 9 enthaltene Befugnis zur Regelung des Freistellungsverfahrens für Sektorenauftraggeber, Konzessionsauftraggeber oder Auftraggeber nach dem Bundesberggesetz und zum anderen die in ehemals § 127a Abs. 2 enthaltene Befugnis zur Regelung der Einzelheiten der Kostenerhebung und der Vollstreckungserleichterungen zusammen. Laut Gesetzesbegründung wurde im Hinblick auf die Vergabe von Konzessionen der in Art. 16 RL 2014/23/EU vorgesehene Ausschluss von Tätigkeiten, die unmittelbar dem Wettbewerb ausgesetzt sind, berücksichtigt.[48] Gemäß § 140 Abs. 2 erhebt das Bundeskartellamt für Gutachten und Stellungnahmen, die aufgrund der nach § 113 S. 2 Nr. 8 erlassenen Rechtsverordnung vorgenommen werden, Gebühren und Auslagen zur Deckung des Verwaltungsaufwands.

II. Parlamentsvorbehalt (§ 113 S. 3–7)

21 **1. Normzweck.** § 113 S. 3–7 enthält einen Parlamentsvorbehalt, um die Mitwirkungsrechte des Bundestages als Teil der Legislative bei dem Erlass der Verordnungen zu gewährleisten.

22 **2. Anwendungsbereich.** Der Parlamentsvorbehalt erstreckt sich auf die von § 113 gestützten Verordnungen. Nicht darunter fällt beispielhaft die Statistikverordnung, deren Ermächtigungsgrundlage sich § 114 Abs. 2 S. 3 findet.

23 **3. Verfahren.** Die Rechtsverordnungen sind vor Übersendung an den Bundesrat dem Bundestag zuzuleiten. Die Bundesregierung unterliegt einer Weiterleitungspflicht. Der Bundestag kann die Rechtsverordnungen durch Beschluss ändern oder ablehnen, gem. § 113 S. 5 (sog. Ablehnungs- und Änderungsvorbehalt). Der Beschluss muss der Bundesregierung zugeleitet werden. Geänderte Verordnungen müssen dem Bundestag erneut zugeleitet werden.

24 **a) Ablehnungsvorbehalt.** Der Ablehnungsvorbehalt ist das spiegelbildliche Gegenstück zum Zustimmungsvorbehalt und wird daher grundsätzlich als verfassungsrechtlich zulässig betrachtet.[49]

25 **b) Änderungsvorbehalt.** Beim Änderungsvorbehalt wird der Bundestag legislativ, in einem originär von der Exekutive wahrzunehmenden Rechtsetzungsprozess, tätig. Dies führt zu einer dem GG unbekannten „hybriden Rechtsetzungsform",[50] die geeignet ist, verfassungsrechtlich festgelegte Zuständigkeiten und Gesetzgebungsverfahren zu unterlaufen.[51]

26 **4. Drei-Wochen-Frist.** Sollte der Bundestag sich ab Zuleitung drei Sitzungswochen mit den Verordnungen nicht beschäftigt haben, werden die Rechtsverordnungen dem Bundesrat zugeleitet. Nach Ablauf der drei Sitzungswochen hat der Bundestag seine Mitwirkungsrechte verwirkt. Der Begriff des „befasst haben" ist eng auszulegen. So reicht es nicht, wenn ein Ausschuss als Teil des Bundestages sich mit den Verordnungen beschäftigt. Es muss ein Beschluss innerhalb von drei Sitzungswochen vorliegen. Eine Aushöhlung der Mitwirkungsrechte des Bundestages ist zu verneinen. Die drei Wochen-Frist gewährleistet einen zügigen Gesetzgebungsprozess.

§ 114 Monitoring und Vergabestatistik

(1) ¹Die obersten Bundesbehörden und die Länder erstatten in ihrem jeweiligen Zuständigkeitsbereich dem Bundesministerium für Wirtschaft und Energie über die Anwendung

---
[46] BT-Drs. 18/6281, 90.
[47] GWB-RefE v. 30.4.2015, 107; VergRModG v. 8.7.2015, 110; BT-Drs. 18/6281.
[48] BT-Drs. 18/6281, 90.
[49] Beck VergabeR/*Dörr* Rn. 16; Immenga/Mestmäcker/*Dreher* Rn. 14.
[50] Beck VergabeR/*Dörr* Rn. 17.
[51] Beck VergabeR/*Dörr* Rn. 17 mwN.

der Vorschriften dieses Teils und der aufgrund des § 113 erlassenen Rechtsverordnungen bis zum 15. Februar 2017 und danach auf Anforderung schriftlich Bericht. ²Zu berichten ist regelmäßig über die jeweils letzten drei Kalenderjahre, die der Anforderung vorausgegangen sind.

(2) ¹Das Statistische Bundesamt erstellt im Auftrag des Bundesministeriums für Wirtschaft und Energie eine Vergabestatistik. ²Zu diesem Zweck übermitteln Auftraggeber im Sinne des § 98 an das Statistische Bundesamt Daten zu öffentlichen Aufträgen im Sinne des § 103 Absatz 1 unabhängig von deren geschätzten Auftragswert und zu Konzessionen im Sinne des § 105. ³Das Bundesministerium für Wirtschaft und Energie wird ermächtigt, im Einvernehmen mit dem Bundesministerium des Innern, für Bau und Heimat durch Rechtsverordnung mit Zustimmung des Bundesrates die Einzelheiten der Vergabestatistik sowie der Datenübermittlung durch die meldende Stelle einschließlich des technischen Ablaufs, des Umfangs der zu übermittelnden Daten, der Wertgrenzen für die Erhebung sowie den Zeitpunkt des Inkrafttretens und der Anwendung der entsprechenden Verpflichtungen zu regeln.

Übersicht

	Rn.			Rn.
I. Normzweck	1	1.	Oberschwellenbereich (§ 2 Abs. 1 VergStatVO)	10
II. Entstehungsgeschichte	4			
III. Monitoring (Abs. 1)	5	2.	Unterschwellenbereich (§ 2 Abs. 2 VergStatVO)	11
IV. Statistikpflichten im öffentlichen Auftragswesen (Abs. 2 S. 1 und 2)	7	V.	Verordnungsermächtigung (Abs. 2 S. 3)	14

I. Normzweck

Abs. 1 bezweckt primär die Überwachung der Einhaltung der Vorschriften über die Auftrags- und Konzessionsvergabe (Monitoring). Sekundär soll damit sichergestellt werden, dass die neuen EU- Richtlinien kontinuierlich umgesetzt werden.¹ Ferner dient § 114 der Vorbereitung der Übermittlung der Überwachungsberichte² durch die Bundesregierung an die Kommission. 1

Abs. 2 statuiert eine Statistikpflicht im öffentlichen Auftragswesen und dient einer erstmaligen einheitlichen Datenermittlung um das Gesamtvolumen des öffentlichen Auftragswesens und damit die volkswirtschaftliche Bedeutung zu erfassen.³ Dies dient ua der Feststellung des Gesamtvolumens des öffentlichen Beschaffungswesens. Derzeit können keine validen Aussagen getroffen werden.⁴ Laut Schätzungen der OECD haben öffentliche Aufträge in Deutschland ein jährliches Auftragsvolumen von ca. 500 Mrd. EUR.⁵ ⁶ Abs. 2 geht ebenfalls auf eine Übermittlungspflicht der Mitgliedstaaten gegenüber der Kommission zurück und dient daher auch hier der Datenaufbereitung. 2

Sowohl die Übermittlungspflicht nach Abs. 1 als auch nach Abs. 2 regeln lediglich das Verhältnis des Normadressaten und der Stelle, der gegenüber die Übermittlungspflicht besteht.⁷ Die Vorschrift hat keinen drittschützenden Charakter iSv § 97 Abs. 6, sodass die Geltendmachung der Verletzung von § 114 in einem Nachprüfungsverfahren ausscheidet.⁸ 3

II. Entstehungsgeschichte

§ 114 geht auf Art. 83 Abs. 2 S. 1 RL 2014/24/EU, Art. 99 Abs. 2 S. 1 Sektoren-RL und Art. 45 Abs. 2 S. 1 RL 2014/23/EU zurück, nach denen die Mitgliedstaaten sicherstellen müssen, dass die Anwendung der Vorschriften über die öffentliche Auftrags- und Konzessionsvergabe überwacht werden. Gemäß § 114 ist das Bundesministerium für Wirtschaft und Energie für das Monitoring zuständig.⁹ Die Mitgliedstaaten müssen der Kommission bis zum 18.4.2017, danach in einem dreijährigen Zyklus, einen 4

---

¹ BT-Drs. 18/6281, 90.
² Art. 83 Abs. 3 UAbs. 2 RL 2014/24/EU; Art. 99 Abs. 3 UAbs. 2 Sektoren-RL.
³ BT-Drs. 18/6281, 90.
⁴ Vgl. Beck VergabeR/*Schlange-Schöningen* Rn. 10.
⁵ Pressemitteilung BMWI v. 1.10.2020, https://www.bmwi.de/Redaktion/DE/Pressemitteilungen/2020/10/20201001-startschuss-fuer-bundesweite-vergabestatistik.html (zuletzt abgerufen am 3.1.2021).
⁶ BT-Drs. 18/6281, 91.
⁷ Immenga/Mestmäcker/*Dreher* Rn. 21.
⁸ Immenga/Mestmäcker/*Dreher* Rn. 21.
⁹ Vgl. Art. 83 Abs. 1 S. 1 RL 2014/24/EU und Art. 99 Abs. 1 S. 1 Sektoren-RL.

Überwachungsbericht vorlegen.[10] Inhalte der Überwachungsberichte sollen dabei Ursachen einer „fehlerhaften Rechtsanwendung, Rechtsunsicherheiten, sowie strukturelle oder immer wiederkehrende Anwendungsprobleme"[11] sein.[12] Ferner sollen Daten zu Beteiligung kleinerer und mittlerer Unternehmen (KMU)[13] übermittelt werden.[14] Zudem soll über sonstige schwerwiegende Unregelmäßigkeiten wie Betrug, Bestechung und Interessenkonflikte berichtet werden.[15]

III. Monitoring (Abs. 1)

5   Abs. 1 regelt die Überwachung der Einhaltung der Vorschriften über die Auftrags- und Konzessionsvergabe. Normadressaten sind die obersten Bundesbehörden und Länder. Diese waren verpflichtet, dem Bundesministerium für Wirtschaft und Energie bis zum 15.2.2017 jährlich Bericht über die Anwendung der Vorschriften über die Auftrags- und Konzessionsvergabe zu erstatten. Nach dem 15.2.2017 entsteht eine schriftliche Berichtspflicht seitens der öffentlichen Auftraggeber nur durch Aufforderung durch das Bundesministerium für Wirtschaft und Energie. Zeitlich umfasst die Berichtspflicht grundsätzlich die letzten drei Kalenderjahre vor der Aufforderung.

6   Inhaltlich umfasst die Berichtspflicht der öffentlichen Auftraggeber Informationen bezüglicher der im Rahmen ihrer Rechtsaufsicht geführten Prüfung, ob die Vergabepraxis mit den Anforderungen des 4. Teil des GWB und der aufgrund von § 113 erlassenen Rechtsverordnungen übereinstimmt.[16] Um eine umfassende Übermittlungspflicht der Bundesregierung gegenüber der Kommission zu gewährleisten, müssen die Inhalte der Übermittlungspflicht mindestens mit den Vorgaben der Richtlinien[17] korrespondieren. Diese umfassen die Ursachen einer falschen Rechtsanwendung, Rechtsunsicherheiten, strukturelle und immer wiederkehrende Anwendungsprobleme, das Ausmaß der Beteiligung von kleinen und mittleren Unternehmen an der öffentlichen Auftragsvergabe und über Vorbeugung, Aufdeckung und angemessene Berichterstattung über Fälle von Betrug, Bestechung und Interessenkonflikte und sonstige schwerwiegende Unregelmäßigkeiten.

IV. Statistikpflichten im öffentlichen Auftragswesen (Abs. 2 S. 1 und 2)

7   Abs. 2 S. 1 etabliert eine **Statistikpflicht** im öffentlichen Auftragswesen. Hinsichtlich der Erstellung der Statistik besteht eine gesetzliche Delegation: Das Statische Bundesamt wird demnach im Auftrag des Bundesministeriums für Wirtschaft und Energie verpflichtet.[18]

8   Zu diesem Zweck verpflichtet Abs. 2 S. 2 öffentliche Auftraggeber iSv § 98 (persönlicher Anwendungsbereich), Daten für öffentliche Aufträge iSd § 103 Abs. 1 und Konzessionen iSd § 105 (sachliche Anwendungsbereich) zu erheben und diese dem Statistischen Bundesamt zu übermitteln. Der Umfang der Datenerhebung und -übermittlung richtet sich nach der VergStatVO.

9   Nach § 1 Abs. 2 VergStatVO sind die Daten innerhalb von 60 Tagen nach Zuschlagserteilung zu übermitteln. Die Übermittlung erfolgt mittels sicherer, elektronischer Verfahren, die vom Statischen Bundesamt zur Verfügung gestellt werden (vgl. § 1 Abs. 3 VergStatVO).

10 **1. Oberschwellenbereich (§ 2 Abs. 1 VergStatVO).** Im Oberschwellenbereich richtet sich die Art und der Umfang der Übermittlungspflicht auf die in § 3 Abs. 1 VergStatVO genannten Daten (vgl. § 2 Abs. 1 VergStatVO). Der Umfang der Statistikpflicht ist auf die Daten begrenzt, die in den Bekanntmachungen über vergebene öffentliche Aufträge und Konzessionen enthalten sind.[19] § 3 Abs. 1 VergStatVO verweist auf die Anlagen 1–7 VergStatVO.

11 **2. Unterschwellenbereich (§ 2 Abs. 2 VergStatVO).** Die Statistikpflicht im Unterschwellenbereich erstreckt sich ausschließlich auf öffentliche Auftraggeber iSv § 99, soweit der geschätzte Auftragswert unterhalb des Schwellenwertes und oberhalb der durch die Verordnung festgelegten Bagatellgrenze von 25.000 EUR (ohne Umsatzsteuer) liegt. Ferner muss die Vergabe des öffentlichen Auftrags nach den jeweils maßgeblichen Vorgaben des Bundes oder der Länder vergabe- und haus-

---

[10] Art. 83 Abs. 3 UAbs. 2 RL 2014/24/EU; Art. 99 Abs. 3 UAbs. 2 Sektoren-RL.
[11] Art. 83 Abs. 3 UAbs. 2 RL 2014/24/EU; Art. 99 Abs. 3 UAbs. 2 Sektoren-RL; GWB-RefE v. 30.4.2015, 108.
[12] Im Rahmen der RL 2014/23/EU ist ein Überwachungsbericht mit eingeschränktem Inhalt zu übermitteln.
[13] Gem. Art. 83 Abs. 3 UAbs. 4 RL 2014/24/EU und Art. 99 Abs. 3 UAbs. 4 Sektoren-RL gilt die Definition der Empfehlung 2003/361/EG der Kommission.
[14] Art. 83 Abs. 3 UAbs. 2 RL 2014/24/EU; Art. 99 Abs. 3 UAbs. 2 Sektoren-RL.
[15] Art. 83 Abs. 3 UAbs. 2 RL 2014/24/EU; Art. 99 Abs. 3 UAbs. 2 Sektoren-RL; GWB-RefE v. 30.4.2015, 108.
[16] BT-Drs. 18/6281, 90.
[17] Art. 83 Abs. 3 UAbs. 2 RL 2014/24/EU; Art. 99 Abs. 3 UAbs. 2 Sektoren-RL.
[18] Vgl. auch § 1 Abs. 4 VergStatVO.
[19] Vgl. § 3 VergStatVO und die Anlagen 1–7 VergStatVO.

haltsrechtlichen Verfahrensregeln unterliegen und der Auftrag im Übrigen unter die Regelungen des Teils 4 des Gesetzes gegen Wettbewerbsbeschränkungen fallen würde.

Der Umfang der zu übermittelnden Daten ergibst sich aus § 3 Abs. 2 VergStatVO, der wiederum auf die Anlage 8 VergStatVO verweist. Die zu erhebenden Daten umfassen sowohl obligatorische (wie ua Art des Auftragsgegenstandes, Verfahrensart und den Wert des erfolgreichen Angebots) als auch fakultative Angaben.[20] Die Statistikpflicht im Unterschwellenbereich geht über eine 1:1 Umsetzung der Richtlinien hinaus. 12

Die Gesetzgebungskompetenz des Bundes ergibt sich aus Art. 73 Abs. 1 Nr. 11 GG (Statistik für Bundeszwecke).[21] Nur die vollständige Datenerhebung gewährleistet die vom Gesetzgeber angestrebte, umfassende Erfassung des öffentlichen Auftragswesens.[22] Andernfalls würde aufgrund der Quantität der öffentlichen Aufträge unterhalb des Schwellenwertes kein belastbarer Datensatz zu dem Gesamtvolumen der öffentlichen Aufträge ermittelbar sein. Dies würde letztendlich das Ziel der Ermittlung der gesamtstaatlichen Ausgaben und der damit verbundenen Planung künftiger Investitionen konterkarieren. 13

V. Verordnungsermächtigung (Abs. 2 S. 3)

Abs. 2 S. 3 enthält eine Verordnungsermächtigung. Das Bundesministerium für Wirtschaft und Energie kann im Einvernehmen mit dem Bundesministerium des Innern, für Bau und Heimat und mit Zustimmung des Bundesrates die Statistikpflicht mittels Rechtsverordnung konkretisieren. Die Verordnungsermächtigung umfasst sowohl Einzelheiten der Datenerhebung und -übermittlung als auch die Regelung der Einzelheiten zur Veröffentlichung einer bundesweiten Statistik. Auf der Grundlage von Abs. 2 erließ die Bundesregierung die VO zur Statistik über die Vergabe öffentlicher Aufträge und Konzessionen (VergStatVO[23]), die gestaffelt in Kraft trat. Während § 8 VergStatVO aF bzw. § 7 VergStatVO nF am 18.4.2016 in Kraft trat, traten die übrigen Bestimmungen zum 1.10.2020 in Kraft. Für Vergaben, die bis einschließlich zum 30.9.2020 erfolgt sind, gilt weiterhin die Übergangsregelung des § 7 VergStatVO. 14

Abschnitt 2. Vergabe von öffentlichen Aufträgen durch öffentliche Auftraggeber

Unterabschnitt 1. Anwendungsbereich

§ 115 Anwendungsbereich

Dieser Abschnitt ist anzuwenden auf die Vergabe von öffentlichen Aufträgen und die Ausrichtung von Wettbewerben durch öffentliche Auftraggeber.

I. Normzweck und Entstehungsgeschichte

§ 115 legt den Anwendungsbereich des 2. Abschnitts fest. Abschnitt 2 setzt im Wesentlichen die Vorgaben aus der RL 2014/24/EU um und fasst alle zentralen Vergabeverfahren im GWB zusammen. 1

II. Regelungsinhalt der Norm

Die Vorschriften des 2. Abschnitts finden Anwendung auf die öffentlichen Aufträge iSd § 103 (→ § 103 Rn. 5 ff.) durch öffentliche Auftraggeber iSd § 99 (vgl. Legaldefinition in § 99) und auf die Ausrichtung von Wettbewerben (vgl. § 103 Abs. 6). Spezialrechtliche Regelungen, und damit grundsätzlich ausgenommen vom Anwendungsbereich des Abschnitts 2, haben sowohl verteidigungs- oder sicherheitsrelevante öffentliche Aufträge oder Konzessionen (vgl. Abschnitt 3 Unterabschnitt 2 bzw. 3), als auch die Vergabe von öffentlichen Aufträgen durch Sektorenauftraggeber (vgl. Abschnitt 3 Unterabschnitt 1) erfahren. Auf aus dem Anwendungsbereich ausgenommene Vergabeverfahren finden die Vorschriften des 2. Abschnitts nur Anwendung, sofern der Gesetzgeber das ausdrücklich festgehalten hat. Verweisungen auf Vorschriften des 2. Abschnitts finden sich zB in den §§ 142, 147 und 154. 2

Abschnitt 2 gliedert sich in Unterabschnitt 1, der den Anwendungsbereich der allgemeinen Regeln zum Vergabeverfahren festlegt (§§ 115–118), und Unterabschnitt 2, der das Vergabeverfahren und die Auftragsausführung regelt (§§ 119–135). 3

---

[20] Vgl. zu den zu erfassenden Daten § 3 Abs. 2 VergStatVO bzw. Anlage 8 VergStatVO.
[21] Ausf. hierzu Beck VergabeR/*Schlange-Schöningen* Rn. 41 ff.
[22] BT-Drs. 18/6821, 91.
[23] VergStatVO v. 12.4.2006 (BGBl. 2016 I 624 (691)).

§ 116 Besondere Ausnahmen

(1) Dieser Teil ist nicht anzuwenden auf die Vergabe von öffentlichen Aufträgen durch öffentliche Auftraggeber, wenn diese Aufträge Folgendes zum Gegenstand haben:
1. Rechtsdienstleistungen, die eine der folgenden Tätigkeiten betreffen:
   a) Vertretung eines Mandanten durch einen Rechtsanwalt in
      aa) Gerichts- oder Verwaltungsverfahren vor nationalen oder internationalen Gerichten, Behörden oder Einrichtungen,
      bb) nationalen oder internationalen Schiedsgerichts- oder Schlichtungsverfahren,
   b) Rechtsberatung durch einen Rechtsanwalt, sofern diese zur Vorbereitung eines Verfahrens im Sinne von Buchstabe a dient oder wenn konkrete Anhaltspunkte dafür vorliegen und eine hohe Wahrscheinlichkeit besteht, dass die Angelegenheit, auf die sich die Rechtsberatung bezieht, Gegenstand eines solchen Verfahrens werden wird,
   c) Beglaubigungen und Beurkundungen, sofern sie von Notaren vorzunehmen sind,
   d) Tätigkeiten von gerichtlich bestellten Betreuern, Vormündern, Pflegern, Verfahrensbeiständen, Sachverständigen oder Verwaltern oder sonstige Rechtsdienstleistungen, deren Erbringer durch ein Gericht dafür bestellt oder durch Gesetz dazu bestimmt werden, um bestimmte Aufgaben unter der Aufsicht dieser Gerichte wahrzunehmen, oder
   e) Tätigkeiten, die zumindest teilweise mit der Ausübung von hoheitlichen Befugnissen verbunden sind,
2. Forschungs- und Entwicklungsdienstleistungen, es sei denn, es handelt sich um Forschungs- und Entwicklungsdienstleistungen, die unter die Referenznummern des Common Procurement Vocabulary 73000000-2 bis 73120000-9, 73300000-5, 73420000-2 und 73430000-5 fallen und bei denen
   a) die Ergebnisse ausschließlich Eigentum des Auftraggebers für seinen Gebrauch bei der Ausübung seiner eigenen Tätigkeit werden und
   b) die Dienstleistung vollständig durch den Auftraggeber vergütet wird,
3. den Erwerb, die Entwicklung, die Produktion oder die Koproduktion von Sendematerial für audiovisuelle Mediendienste oder Hörfunkmediendienste, wenn diese Aufträge von Anbietern von audiovisuellen Mediendiensten oder Hörfunkmediendiensten vergeben werden, die Ausstrahlungszeit oder die Bereitstellung von Sendungen, wenn diese Aufträge an Anbieter von audiovisuellen Mediendiensten oder Hörfunkmediendiensten vergeben werden,
4. finanzielle Dienstleistungen im Zusammenhang mit der Ausgabe, dem Verkauf, dem Ankauf oder der Übertragung von Wertpapieren oder anderen Finanzinstrumenten, Dienstleistungen der Zentralbanken sowie mit der Europäischen Finanzstabilisierungsfazilität und dem Europäischen Stabilitätsmechanismus durchgeführte Transaktionen,
5. Kredite und Darlehen, auch im Zusammenhang mit der Ausgabe, dem Verkauf, dem Ankauf oder der Übertragung von Wertpapieren oder anderen Finanzinstrumenten oder
6. Dienstleistungen, die an einen öffentlichen Auftraggeber nach § 99 Nummer 1 bis 3 vergeben werden, der ein auf Gesetz oder Verordnung beruhendes ausschließliches Recht hat, die Leistungen zu erbringen.

(2) Dieser Teil ist ferner nicht auf öffentliche Aufträge und Wettbewerbe anzuwenden, die hauptsächlich den Zweck haben, dem öffentlichen Auftraggeber die Bereitstellung oder den Betrieb öffentlicher Kommunikationsnetze oder die Bereitstellung eines oder mehrerer elektronischer Kommunikationsdienste für die Öffentlichkeit zu ermöglichen.

Schrifttum: *Antweiler/Dreesen*, Vergaberechtliche Beurteilung der Rundfunkgebührenfinanzierung, EuZW 2007, 107; *Dreher/Opitz*, Die Vergabe von Bank- und Finanzdienstleistungen, WM 2002, 413; *Gröning*, Anwendbarkeit und Ausnahmebestimmungen im künftigen Vergaberecht, NZBau 2015, 690; *Hailbronner*, Die Anwendbarkeit des öffentlichen Vergaberechtes auf die Vergabe von Finanzdienstleistungen durch öffentlich-rechtliche Kreditinstitute, WM 2002 Heft 33, 1674; *Hegemann*, VgR 1996, 38; *Hölzl*, Zur Frage der Ausschreibung von Finanzdienstleistungen – Regelungszweck und Verständnis wesentlicher Tatbestandsmerkmale des § 100a Abs. 2 Nr. 2 GWB, FS Marx, 2013, 281; *Noelle*, Finanzdienstleistungen und Vergaberecht, VergabeR 1998, 26; *Schoppmann*, Dienstleistungsrichtlinie: Das Problem der Finanzdienstleistungen, EVgR 2/1994, 45; *Stewen*, Vergabepflicht von Dienstleistungen im Zusammenhang mit der Kapitalanlage, ZfBR 2008, 146; *Stickler*, Bedarf die Vergabe von Darlehensverträgen durch die öffentliche Hand einer europaweiten Ausschreibung?, VergabeR 2008, 177.

Übersicht

		Rn.			Rn.
I.	Regelungsgehalt und Überblick	1	5.	Finanzielle Dienstleistungen (Abs. 1 Nr. 4)	16
1.	Ausgangspunkt der Regelung	1	6.	Kredite und Darlehen (Abs. 1 Nr. 5)	18
2.	Besondere Rechtsdienstleistungen (Abs. 1 Nr. 1)	4	7.	Aufträge an andere öffentliche Auftraggeber (Abs. 1 Nr. 6)	20
3.	Forschungs- und Entwicklungsleistungen (Abs. 1 Nr. 2)	8	8.	Kommunikationsleistungen (Abs. 2)	24
			II.	Systematische Stellung und Zweck der Norm	25
4.	Aufträge über audiovisuelle Mediendienste oder Hörfunkdienste (Abs. 1 Nr. 3)	13	1.	Systematische Stellung der Norm	25
			2.	Zweck der Vorschrift	27

I. Regelungsgehalt und Überblick

1. Ausgangspunkt der Regelung. Die Richtlinien über die öffentliche Auftragsvergabe haben bis zum Jahre 2014 die Dienstleistungen in zwei Kategorien eingeteilt: In vorrangige und nachrangige Dienstleistungen. Die nachrangigen Dienstleistungen, die keinen eigenen speziellen Charakter hatten, sondern ein Konglomerat von unterschiedlichsten Dienstleistungen darstellten, waren keinem ausgefeilten Vergaberegime unterworfen. Für sie galt (zum Bedauern der EU-Kommission) nur das allgemeine Diskriminierungsverbot und nachrangige Transparenz. Das hat sich mit der Richtlinie 2014/23/EU erheblich verändert. **Nunmehr gilt für alle Dienstleistungen ein förmliches Vergabeverfahren,** wobei jedoch die Mitgliedstaaten für bestimmte Dienstleistungen ein einfacheres Verfahren einführen können und Deutschland dies mit den § 130 und §§ 64–66 VgV auch eingeführt hat. 1

Außerdem wurden die **Bereichsausnahmen** vom Vergaberecht neu gefasst und erweitert: In den §§ 107–109 wurden sog. allgemeine Ausnahmen aufgenommen, die für alle öffentlichen Auftraggeber, Sektorenauftraggeber und Konzessionsgeber gelten. Die §§ 116 und 117 beschreiben besondere Ausnahmen nur für öffentliche Auftraggeber iSd § 99. Die §§ 137–140 umreißen besondere Ausnahmen nur für Sektorenauftraggeber iSd § 101. § 145 beschreibt besondere Ausnahmen für die Vergabe von verteidigungs- oder sicherheitsspezifischen Aufträgen durch öffentliche Auftraggeber oder Sektorenauftraggeber, während die §§ 149 und 150 besondere Ausnahmen für die Vergabe von Konzessionen beschreiben.[1] 2

Die **„Besonderen Ausnahmen"** in § 116 umfassen Ausnahmen von den Regeln für die Vergabe öffentlicher Aufträge durch öffentliche Auftraggeber, die neu mit der RL 2014/24/EU eingeführt wurden, und Ausnahmen zur Vergabe von Aufträgen, die schon zu früheren Zeiten nicht dem Vergaberecht unterworfen waren, wie zB Finanzdienstleistungen, die Aufnahme von Darlehen, sowie Forschungs- und Entwicklungsdienstleistungen uÄ. Das ergibt sich aus der Eingangsformulierung in Abs. 1, in der es heißt, dass der Vierte Abschnitt des GWB nicht anzuwenden ist auf die Vergabe von öffentlichen Aufträgen durch öffentliche Auftraggeber, wenn diese Aufträge Folgendes zum Gegenstand haben: 3

2. Besondere Rechtsdienstleistungen (Abs. 1 Nr. 1). Rechtsdienstleistungen sind allgemein Rechtsberatung, Unterstützung, Vertragsformulierung uÄ. Für diese Dienstleistungen gilt nach § 130 und §§ 64–66 VgV ein **vereinfachtes Vergaberegime,** das auch erst oberhalb eines Schwellenwertes von 750.000 EUR Anwendung findet. 4

Abs. 1 Nr. 1 nimmt darüber hinaus die **Vergabe bestimmter Rechtsdienstleistungen völlig aus** dem Anwendungsbereich des 4. Teils des GWB aus. Warum dies geschieht, ist nicht ganz klar. Auch die Behandlung der Rechtsdienstleistungen als „nachrangige Dienstleistungen" beruhte schon auf dem Gedanken, dass niemand, auch kein öffentlicher Auftraggeber diese Dienstleistungen nach dem Prinzip der Wirtschaftlichkeit vergibt, sondern dass es in jedem Fall darauf ankommt, ob der Auftraggeber dem Dienstleister vertraut. Der neue Ausnahmebereich wird in den Erwägungsgründen der RL 2014/24/EU auf eine ähnliche, allerdings nicht sehr präzise Begründung zurückgeführt:[2] Die Bereichsausnahme beruhe auf der Erwägung, dass die (in § 116) aufgeführten Rechtsdienstleistungen in der Regel durch Organisationen oder Personen erbracht werden, deren Bestellung 5

---

[1] Eine tabellarische Darstellung der Umstrukturierung der Ausnahmetatbestände findet sich bei *Röwekamp* in RKPP GWB § 107 Rn. 2 f.
[2] Erwägungsgrund 25 RL 2014/24/EU.

oder Auswahl in einer Art und Weise erfolgt, die sich nicht nach den Vergabevorschriften für öffentliche Aufträge richten kann.[3]

6   In erster Linie ausgenommen ist die **forensische Tätigkeit von Rechtsanwälten**. Soweit daher Anwälte beauftragt werden, einen öffentlichen Auftraggeber vor nationalen oder internationalen Gerichten oder behördlichen Einrichtungen oder nationalen oder internationalen Schiedsgerichts- oder Schlichtungsverfahren zu vertreten, **gelten die Vergabevorschriften generell nicht**. Gleiches dürfte gelten, wenn dieselbe Tätigkeit von einem deutschen Rechtslehrer ausgeübt wird. Er gilt insoweit als Rechtsanwalt. Steht bereits fest oder muss mit einer gewissen Wahrscheinlichkeit angenommen werden, die Angelegenheit Gegenstand eines Verfahrens vor einer Verwaltungseinrichtung oder einem Gericht werden wird, ist „forensische Tätigkeit" nach Abs. 1 Nr. 1 lit. b auch die Rechtsberatung bezogen auf das Verfahren und die Vorbereitung auf das Verfahren. Die pure Möglichkeit, dass es im Zusammenhang mit der Angelegenheit, die Gegenstand der Beratung ist, zu einem Verfahren kommt, reicht allerdings nicht aus.

7   Abs. 1 Nr. 1 lit. c und lit. d nehmen Beurkundungsleistungen, sofern sie von Notaren vorzunehmen sind und die Tätigkeiten von gerichtlich bestellten Betreuern, Vormündern, Pflegern, Verfahrensbeiständen, Sachverständigen, Verwaltern und sonstige Rechtsdienstleistern vom GWB aus, die durch ein Gericht bestellt oder durch Gesetz dazu bestimmt werden, bestimmte Aufgaben unter Aufsicht der Gerichte wahrzunehmen. Die Ausnahme erfasst insbesondere die Beauftragung von Verfahrens- und Nachlasspflegern, Insolvenzverwaltern, Treuhändern und gerichtlich bestellten Sachverständigen.[4] Schlussendlich sind Rechtsdienstleistungen ausgenommen, die wenigstens teilweise mit der Ausübung von hoheitlichen Befugnissen verbunden sind (Abs. 1 Nr. 1 lit. e). Betroffen ist hier zB die Beauftragung von Gerichtsvollziehern, die ihre Tätigkeit als selbstständiges Organ der Rechtspflege hoheitlich ausüben.

8   **3. Forschungs- und Entwicklungsleistungen (Abs. 1 Nr. 2).** Forschungs- und Entwicklungsleistungen sind vom GWB-Vergaberecht freigestellt. Nach neuem Recht gilt dies aber nicht vollständig und generell, sondern nur grundsätzlich und unter bestimmten Bedingungen: Galt bisher der Gedanke, dass Verträge öffentlicher Auftraggeber über Forschung und Entwicklung jedweder Art den Vergaberegeln nur unterworfen sind, wenn die Ergebnisse der Forschung ausschließlich in das Eigentum des öffentlichen Auftraggebers übergehen und er sie vollständig vergütet,[5] gilt dieser Gedanke jetzt nur noch auf etwas eingeschränkterem Feld.[6] Die Vergabe von Forschungs- und Entwicklungsleistungen, die nicht in das genannte besondere Feld fallen, sind nach der Formulierung des Abs. 1 Nr. 2 vollständig und generell ausgenommen und – ohne Rückausnahme – freigestellt.[7]

9   Die **darüber hinausgehende spezielle Ausnahme** für Forschungs- und Entwicklungsleistungen **(mit der genannten Rückausnahme)** gilt nur für die Vergabe von Forschungs- und Entwicklungsdienstleistungen, die Forschungs- und Entwicklungsdienste nach 73000000-2 CPV, Dienstleistungen im Bereich Forschung und experimentelle Entwicklungen nach 73100000-3 CPV, Forschungsdienste nach 73110000-6 CPV, Forschungslabordienste nach 73111000-3 CPV, Meeresforschungsdienste nach 73112000-0 CPV, Experimentelle Entwicklung nach 73120000-9 CPV, Planung und Ausführung von Forschung und Entwicklung nach 73300000-5 CPV, Vordurchführbarkeitsstudien und technologische Demonstrationen nach 73420000-2 CPV und Tests und Bewertungen nach 73430000-5 CPV sind. Auch diese Forschungs- und Entwicklungsdienstleistungen sind jedoch nach dem Nebensatz des Abs. 1 Nr. 2 (… „es sei denn" …) nicht dem Vergaberecht unterworfen, wenn zwei Voraussetzungen erfüllt sind.

10 Diese **Rückausnahme mit ihren zwei Voraussetzungen** in Abs. 1 Nr. 2 lit. a und lit. b enthält eine etwas verschachtelte Bedingungsfolge, die sich dem Leser nicht sofort erschließt. Der Gedanke ist jedoch ein ganz schlichter: **Verträge öffentlicher Auftraggeber über Forschungs- und Entwicklungsleistungen, die in den Rahmen der genannten CPV-Nummern fallen, sind den Vergaberegeln nur unterworfen, wenn die Ergebnisse der Forschung ausschließlich in das Eigentum des öffentlichen Auftraggebers übergehen und der Auftraggeber die Entwicklungsdienstleistung auch vollständig vergütet.** Eine reine Veröffentlichung der Ergebnisse reicht für eine Befreiung nicht aus. Es muss sich um freie Zugänglichkeit zu den Ergebnissen einschließlich der Möglichkeit ihrer Verwertung handeln.[8]

---

[3] Reidt/Stickler/Glahs/*Hövelberndt* Rn. 16; HK-VergabeR/*Schellenberg* Rn. 7.
[4] Gesetzesbegründung BT-Drs. 18/6281, 93.
[5] Beck VergabeR/*Marx*, 1. Aufl. 2001, § 100 Rn. 34.
[6] Ziekow/Völlink/*Antweiler* Rn. 13; HK-VergabeR/*Schellenberg* Rn. 16–20; *Röwekamp* in RKPP GWB Rn. 8–10.
[7] Beck VergabeR/*Lausen* § 116 Rn. 44.
[8] BayObLG NZBau 2003, 634; Beck VergabeR/*Marx*, 1. Aufl. 2001, § 100 Rn. 34; *Röwekamp* in RKPP GWB Rn. 10.

Der **Begriff der Forschung und Entwicklung** umfasst alle Tätigkeiten, die Grundlagenfor- 11
schung, angewandte Forschung sowie experimentelle Entwicklung beinhalten, einschließlich der
Herstellung technologischer Demonstrationssysteme.[9]

Mit der Bereichsausnahme **soll die Kofinanzierung** von Forschungs- und Entwicklungspro- 12
grammen durch die Industrie **gefördert werden**.[10]

4. Aufträge über audiovisuelle Mediendienste oder Hörfunkdienste (Abs. 1 Nr. 3). 13
Gemäß Abs. 1 Nr. 3 gelten die Regeln des 4. Teils des GWB nicht für den Erwerb, die Entwicklung,
die Produktion oder die Koproduktion von Sendematerial für audiovisuelle Mediendienste oder
Hörfunkdienste,[11] wenn die Aufträge zu den genannten Gegenständen von Anbietern von audiovisuellen Mediendiensten oder Hörfunkmediendiensten vergeben werden. Trotz ihrer dunklen Formulierung ist diese Ausnahme – abgesehen davon, dass auch neuere technische Entwicklungen mitum-
fasst werden sollen – nur die **Wiedereinführung des alten Ausnahmetatbestandes des § 100a
Abs. 2 Nr. 1 aF.** Danach waren der Kauf, die Entwicklung, die Produktion und die Koproduktion
von Programmen durch öffentlich-rechtliche Rundfunkanstalten ausgenommen – soweit sie zur
Ausstrahlung bestimmt waren.[12] Jetzt kommen die neuen on-demand-Dienste und nichtlinearen
Mediendienste hinzu.

Nicht von der Bereichsausnahme erfasst wird der Einkauf des für die Tätigkeit der Rund- 14
funkanstalt erforderlichen technischen Materials.[13] Der EuGH hatte bereits in seiner Entscheidung
zu der Eigenschaft der öffentlich-rechtlichen Rundfunkanstalten als öffentliche Auftraggeber[14] klar
gemacht, dass die Beschaffung technischer Materials und Dienstleistungen, die in keinem unmittelbaren Zusammenhang mit den Aufgaben der Rundfunkanstalten stehen, sowie gar Bauleistungen
voll und ganz dem europäischen Vergaberecht unterliegen.

Die Vergaberegeln des 4. Teils des GWB gelten nicht, wenn ein öffentlicher Auftraggeber – sei 15
dies eine Rundfunkanstalt, sei es ein gewöhnlicher anderer öffentlicher Auftraggeber – Aufträge
vergibt, die die **Ausstrahlungszeit oder die Bereitstellung ganzer Sendungen** zum Gegenstand
haben. Einzige Voraussetzung: die Auftragnehmer müssen Anbieter von audiovisuellen Mediendiensten oder Hörfunkdiensten sein.[15]

5. Finanzielle Dienstleistungen (Abs. 1 Nr. 4). Nach Abs. 1 Nr. 4 gelten die europäischen 16
Vergaberegeln nicht für die staatliche Finanzpolitik,[16] für Aufträge über **finanzielle Dienstleistun-
gen** „im Zusammenhang mit" der Ausgabe, dem Verkauf, dem Ankauf oder der Übertragung von
Wertpapieren oder anderen Finanzinstrumenten sowie Aufträge über Dienstleistungen der
Zentralbanken oder über mit der Europäischen Finanzstabilisierungsfazilität und dem Europäischen
Stabilitätsmechanismus durchgeführte Transaktionen. Die Regel ist identisch mit den Vorschriften
in § 100a Abs. 2 Nr. 2 aF und in § 100b Abs. 2 Nr. 1 aF. Sie ist lediglich um die Transaktionen mit der
neu geschaffenen Finanzmarktstabilisierungsfazilität und dem Europäischen Stabilitätsmechanismus
ergänzt.[17] Zur näheren Bestimmung der Begriffe „Wertpapier" und „Finanzinstrument" kann – mit
aller Vorsicht[18] – auf Art. 4 Nr. 18 RL 2004/39/EG (Finanzmarkt-RL 2004/39/EG, MiFID)[19]
sowie auf Art. 3 Nr. 1 lit. e RL 2006/49/EG (Eigenkapital-RL)[20] zurückgegriffen werden. Danach
sind „Finanzinstrumente" Verträge, die für eine der beteiligten Seiten einen finanziellen Vermögenswert und für die andere Seite eine finanzielle Verbindlichkeit oder Eigenkapital schaffen. Wertpapiere
sind Papiere, die auf dem Kapitalmarkt gehandelt werden können, Aktien und andere Anteile an

---

[9] Art. 1 Nr. 27 Vergabe-RL Verteidigung und Sicherheit (RL 2009/81/EG v. 13.7.2009 über die Koordinierung der Verfahren zur Vergabe bestimmter Bau-, Liefer- und Dienstleistungsaufträge in den Bereichen
Verteidigung und Sicherheit); vgl. auch BayObLG NZBau 2003, 634.
[10] Gesetzesbegründung BT-Drs. 18/6281, 94.
[11] Zur Definition von audiovisuellen Mediendiensten und Anbietern von solchen sowie weiteren Definitionen
aus dem Bereich Mediendienste Art. 1 AVMD-RL (RL 2010/13/EU).
[12] *Schneevogl* in Müller-Wrede GWB Rn. 52; Reidt/Stickler/Glahs/*Hövelberndt* Rn. 51.
[13] Gesetzesbegründung BT-Drs. 18/6281, 94 und Erwägungsgrund 23 RL 2014/24/EU.
[14] EuGH Urt. v. 13.12.2007 – C-337/06, NZBau 2008, 130.
[15] Zum Zweifel am Sinn dieser seit Jahrzehnten mitgeschleppten Ausnahme schon Beck VergabeR/*Marx*,
1. Aufl. 2001, § 100 Rn. 26 aE; s. auch Ziekow/Völlink/*Antweiler* Rn. 21–25, der die Existenz der Regel
schlicht leugnet.
[16] Immenga/Mestmäcker/*Dreher*, § 100 Rn. 12; Byok/Jaeger/*Hailbronner*, 1. Aufl. 2000, § 100 Rn. 579; Reidt/
Stickler/Glahs/*Höveberndt*, § 100 Rn. 60 ff; HK-VergabeR/*Schellenberg* Rn. 27 ff.; *Schneevogl* in Müller-
Wrede GWB Rn. 76.
[17] *Röwekamp* in RKPP GWB Rn. 16, 17.
[18] Zu dieser Vorsicht mahnt besonders *Hölzl* FS Marx, 2013, 281 (287 f.).
[19] ABl. 2004 L 145, 1.
[20] ABl. 2006 L 177, 201.

Gesellschaften, Aktienzertifikate, Schuldverschreibungen oder andere verbriefte Schuldtitel, einschließlich Zertifikaten (Hinterlegungsscheinen) für solche Papiere. Ausgenommen sind auch Dienstleistungen, die die **Deutsche Bundesbank** für öffentliche Auftraggeber erbringt.[21] Nicht ausgenommen sind Aufträge der Deutschen Bundesbank selbst – sofern sie nicht durch eine andere Ausnahme gedeckt sind.

17 Umstritten ist die Auslegung des **Merkmals „im Zusammenhang mit"**. Ein Teil der Literatur beruft sich auf den Grundsatz der engen Auslegung von Ausnahmeregeln und nimmt an, dass „im Zusammenhang mit Wertpapiergeschäften" nur Dienstleistungen stehen, die die Ausführung von Wertpapiergeschäften auf fremde Rechnung und deren Vermittlung, die Finanzportfolioverwaltung sowie Derivatgeschäfte darstellen.[22] Ein anderer, überwiegender Teil der Literatur sieht die Formulierung nicht so eng. Danach sind unter Dienstleistungen, die im Zusammenhang mit Wertpapiergeschäften angeboten werden, auch Geschäfte zu verstehen, die vorbereitenden Charakter haben, die Entwicklung von Vermarktungsstrategien darstellen, die Formulierung von Vermarktungskonzepten sind und die Beratungen bei der Wertpapieremission darstellen.[23] Dabei ist selbstverständlich, dass nur Dienstleistungen gemeint sind, die im Zusammenhang mit Wertpapiergeschäften erbracht werden, nicht etwa sonstige allgemeine Rechts-, Steuer- und Wirtschaftsberatung.[24]

18 **6. Kredite und Darlehen (Abs. 1 Nr. 5).** Völlig unabhängig davon, ob sie mit der Ausgabe von Wertpapieren oder anderen nach Abs. 1 Nr. 4 freigestellten Transaktionen im Zusammenhang stehen oder nicht, **sind Kredite und Darlehen, die öffentliche Auftraggeber aufnehmen**, nach Abs. 1 Nr. 5 vom 4. Teil des GWB **ausgenommen**.

19 Die Ausnahme, von der die Mitgliedstaaten schon nach altem Richtlinienrecht ausgegangen sind, beruht darauf, dass Kredite an funktionierenden und transparenten Geldmärkten bei kurzfristigen Zinsschwankungen aufgenommen werden und die Durchführung langwieriger Vergabeverfahren in diesem Umfeld ungeeignet ist.[25] Das schließt auch Finanzierungsgeschäfte bei getrennter Beschaffung eines Leasinggegenstandes sowie sale-and-lease-back-Geschäfte mit ein.[26]

20 **7. Aufträge an andere öffentliche Auftraggeber (Abs. 1 Nr. 6).** Der Sinn der EU-Vergaberichtlinien besteht darin, die speziellen Hindernisse für den gemeinsamen Markt zu beseitigen, die sich daraus ergeben, dass die öffentliche Hand anders als die im Wettbewerb stehenden Unternehmen nicht per se und geradezu natürlich gezwungen ist, ökonomisch und ohne Ansehen der Person nur nach Wirtschaftlichkeit einzukaufen, sondern dazu neigt, (lokal-)politische Kriterien zugrunde zu legen. Deshalb wird vorgeschrieben, dass die Aufträge im Wettbewerb und nach objektiven ökonomischen Gesichtspunkten vergeben werden müssen, wenn der Staat denn an den Markt geht. Um etwas ganz anderes geht es, wenn die staatliche Einheit nicht am Markt einkauft, sondern von einer anderen staatlichen Einheit abfordert. Dies ist dann kein dem Wettbewerb und den Kriterien des öffentlichen Auftragswesens zu unterwerfender Akt der öffentlichen Auftragsvergabe, sondern eine **Eigenleistung des Staates**, Amtshilfe[27] im weitesten Sinne. Das soll offensichtlich insbesondere auch dann gelten, wenn – von außen und nur formal betrachtet – das konkrete Rechtsgeschäft ein Vertrag zwischen zwei Rechtssubjekten über eine Dienstleistung oder eine Warenlieferung oder eine Baumaßnahme ist. Transparenz, Wettbewerb und Gleichbehandlung der Unternehmen findet dann auf der nachgeordneten Stufe statt. Das sind der Hintergrund und die Legitimation für die Ausnahme der lit. g: Das EU-Vergaberecht sieht den Auftrag an eine Person, die ihrerseits die Qualifikationsmerkmale eines („klassischen") Auftraggebers nach § 98 Nr. 1–3 erfüllt, nicht als Staatsauftrag an, wenn der konkrete Auftragnehmer ein ausschließliches Recht darauf hat, die Leistung erbringen zu dürfen.

21 Die **deutsche Umsetzung** dieser Regel ist strenger **als der Richtlinientext**, auf den er zurückgeht.[28] Die größere Strenge des deutschen Rechtes ergibt sich daraus, dass das Ausschließlichkeitsrecht auf Gesetz oder Verordnung beruhen muss. Nach dem EU-Recht reicht eine – ansonsten mit dem EU-Recht vereinbare – Verwaltungsvorschrift aus. In Deutschland genügen eine einfache

---

[21] Näher *Hölzl* FS Marx, 2013, 281 (287 f.).
[22] Immenga/Mestmäcker/*Dreher* § 100a Rn. 31; Ziekow/Völlink/*Antweiler* § 116 Rn. 18.
[23] Byok/Jaeger/*Hailbronner*, 1. Aufl. 2000, § 100 Rn. 58; *Hölzl* FS Marx, 2013, 281 (289); *Röwekamp* in RKPP GWB Rn. 17.
[24] → 1. Aufl. 2011, § 100 Rn. 89; *Röwekamp* in RKPP GWB Rn. 17; aA *Hölzl* FS Marx, 2013, 281 (286 f.).
[25] *Röwekamp* in RKPP GWB Rn. 21; *Stickler* VergabeR 2008, 177; *Noelle* VergabeR 1998, 26 hielt schon 1998 die Ausschreibung eines Darlehens – zu Recht – für blanken kaufmännischen Unsinn.
[26] So auch *Röwekamp* in RKPP GWB Rn. 22.
[27] Insofern handelt es sich bei dieser Ausnahmeregelung in der Sache möglicherweise eher um eine „Klarstellung" und nicht um eine Einschränkung des Auftragsbegriffs.
[28] Art. 11 RL 2014/24/EU.

Verwaltungsvorschrift oder eine Satzung oder ein Parlamentsbeschluss alleine nicht. Maßgeblich für die **höhere Hürde** waren zwei Gründe: Zum einen sollte größere Rechtssicherheit für das Vergaberecht geschaffen werden. Es sollte von vornherein jeder Streit um die Rechtmäßigkeit neu geschaffener Pfründe vermieden werden. Die leicht als Schlupfloch für die Nichtanwendung der Vergaberegeln missbrauchbare Regelung sollte so ausgestaltet werden, dass möglichst wenige staatliche Institutionen in Versuchung geführt werden.

Ganz besonders wichtig ist indessen eine Voraussetzung, die sich, weil es eine **Selbstverständ-** 22 **lichkeit** ist, nicht im Text der deutschen Umsetzungsvorschrift findet, die Voraussetzung der EU- und der Verfassungskonformität des Ausschließlichkeitsrechtes im Übrigen nämlich. Die **Übertragung eines ausschließlichen Rechtes an ein im Wettbewerb mit anderen agierendes Unternehmung bedarf daher angesichts der Marktfreiheiten des Vertrages ganz besonderer Rechtfertigung, die nur in einem besonderen öffentlichen Interesse bestehen können**, das ausschließliche Recht gerade an dieses und nicht etwa das Nachbarunternehmen zu geben. Es ist daher etwas entscheidend anderes, ob der Mitgliedstaat eine Behörde ausgliedert und anschließend in der Form einer privaten Gesellschaft nur mit der Aufgabe weiterführt, die zuvor auch die Behörde hatte, oder ob er eine am Markt werbende Gesellschaft mit der Exklusivaufgabe betraut – unabhängig davon, wem die Gesellschaft gehört. Im Übrigen setzt Abs. 1 Nr. 6 voraus, dass das ausschließliche Recht zeitlich vor der Auftragsvergabe und unabhängig von ihr erfolgt.[29]

Nicht verwechselt werden darf dieser Ausnahmebereich **mit** der neuerdings ebenfalls „ausge- 23 nommenen" **Kooperation von öffentlichen Auftraggebern** (§ 108 Abs. 6–8) mit sog. **In-House-Geschäften** (§ 108 Abs. 1–5). Abgesehen davon, dass es bei diesen Rechtskonstellationen nicht um „Ausnahmen" geht, sondern um Situationen, auf die von vornherein das Vergaberecht nicht zutreffen kann,[30] gelten in diesen Fällen die spezifischen Merkmale des hier behandelten Ausnahmetatbestandes nicht. Angesichts dieser Regelungen dürfte Abs. 1 Nr. 6 allerdings einen relativ kleinen Anwendungsbereich haben, dessen größter Anwendungsbereich sich noch im Bereich der Kreislaufwirtschafts- und Abfallgesetze eines Landes befinden dürfte. Dort trifft man das spezielle Recht des Abs. 1 Nr. 6 noch am ehesten an.[31]

8. Kommunikationsleistungen (Abs. 2). Mit dem Ende der Monopolstrukturen im Tele- 24 kommunikationsbereich waren Ausnahmen von der Auftragsvergabe im Telekommunikationsbereich nur noch in einem eng begrenzten Rahmen erforderlich.[32] Diese Ausnahme wird in Abs. 2 realisiert. Danach sind vom Anwendungsbereich des 4. Teils des GWB auch Aufträge ausgenommen, die **hauptsächlich den Zweck haben,** dem Auftraggeber die Bereitstellung oder den Betrieb öffentlicher Telekommunikationsnetze oder die Bereitstellung eines oder mehrerer **Telekommunikationsdienste für die Öffentlichkeit** zu ermöglichen. Dabei muss es um die unmittelbar auf die Bereitstellung gerichtete Beschaffung gehen. Bloße Hilfsgeschäfte, die dazu dienen könnten, Telekommunikationsnetze oder Telekommunikationsdienste aufrechtzuerhalten, fallen nicht unter die Ausnahme.[33]

II. Systematische Stellung und Zweck der Norm

1. Systematische Stellung der Norm. Die Vorschrift des § 116 zu den „Besonderen Ausnah- 25 men" für die Vergabe von öffentlichen Aufträgen schließt direkt an die Umstellung der Behandlung der „nachrangigen Dienstleistungen" an und fügt sich in die damit verbundene, neu gestaltete **Struktur der Ausnahmeregelungen** ein, die **einerseits mit den §§ 107, 108 und 109 über eine Vorschrift für allgemeine Ausnahmen** von der Anwendung des Vergaberechts, über eine Ausnahmevorschrift bei öffentlich-öffentlicher Zusammenarbeit und über Ausnahmen für die Vergabe auf der Grundlage internationaler Verfahrensregeln verfügt und – **andererseits – mit den §§ 116, 117, 137, 138, 139, 140, 145 und § 149 sowie § 150 über „Besondere Ausnahmen"** von den Vergaberegeln für öffentliche Aufträge, für Aufträge im Verteidigungs- und Sicherheitsbereich, für Sektorenaufträge und die Konzessionsvergabe vorsieht.

Die Vorschrift steht als **zweite Vorschrift im Abschnitt 2** über die Vergabe von öffentlichen 26 Aufträgen durch öffentliche Auftraggeber iSd § 99 im Unterabschnitt 1 (Anwendungsbereich). Abschnitt 2 bündelt alle zentralen Elemente des Vergabeverfahrens. Er ist in zwei Unterabschnitte

---

[29] Immenga/Mestmäcker/*Dreher*, § 100 Rn. 51; *Röwekamp* in RKPP GWB Rn. 27.
[30] *Marx*, Vergaberecht für Versorgungsbetriebe, 2011, 35 ff.
[31] Zu einem solchen – allerdings falsch entschiedenen – Fall OLG Düsseldorf VergabeR 2013, 593.
[32] HK-VergabeR/*Schellenberg* § 116 Rn. 47.
[33] *Röwekamp* in RKPP GWB Rn. 29.

aufgegliedert, von denen der Erste Regeln zum Anwendungsbereich und der Zweite die Vorschriften zu Vergabeverfahren und Auftragsausführung enthält.[34]

27 **2. Zweck der Vorschrift.** Sie präzisiert damit den Anwendungsbereich des Abschnitts 2 und dient der genauen Festlegung dieses Anwendungsbereiches. Dabei dienen die einzelnen Ausnahmeregeln der Umsetzung einer ganzen Reihe von Ausnahmen der RL 2014/24/EU in deutsches Recht, und zwar dient
- § 116 Abs. 1 Nr. 1 der Umsetzung des Art. 10 lit. d RL 2014/24/EU;
- § 116 Abs. 1 Nr. 2 der Umsetzung der nun umgestalteten Freistellung von Forschungs- und Entwicklungsdienstleistungen in Art. 14 RL 2014/24/EU; danach sind alle Forschungs- und Entwicklungsdienstleistungen, die nicht unter die im Gesetz zitierten Referenznummern des Common Procurement Vocabulary fallen, von der Pflicht zur Anwendung europäischer Vergaberegeln auch dann freigestellt, wenn die Voraussetzungen der Rückausnahme unter § 116 Abs. 1 Nr. 1 lit. a und b nicht vorliegen;
- § 116 Abs. 1 Nr. 3 der Umsetzung von Art. 10 lit. b RL 2014/24/EU, um besondere kulturelle und gesellschaftspolitische Erwägungen angemessen berücksichtigen zu können;[35]
- § 116 Abs. 1 Nr. 4 der Umsetzung von Art. 10 lit. e RL 2014/24/EU und betrifft finanzielle Ausnahmen, die bisher zT in § 100a Abs. 2 Nr. 2 aF und § 100b Abs. 2 Nr. 1 aF geregelt waren;
- § 116 Abs. 1 Nr. 5 der Umsetzung von Art. 10 lit. f RL 2014/24/EU in deutsches Recht; dabei wird die Aufnahme von Krediten und Darlehen unabhängig von der Ausgabe von Wertpapieren und anderen Finanzinstrumenten freigestellt;
- § 116 Abs. 1 Nr. 6 der Umsetzung von Art. 11 RL 2014/24/EU; die Regel entspricht der bisherigen Regel aus § 100a Abs. 3 aF. Sie betrifft die relativ wenigen Fälle, in denen ein bestimmter öffentlicher Auftraggeber per Gesetz oder Verordnung der einzige Anbieter einer bestimmten Dienstleistung ist. Dabei muss dieses Gesetz oder diese Verordnung mit dem Vertrag über die Arbeitsweise der EU – und natürlich auch mit dem deutschen GG – in Einklang stehen;[36]
- § 116 Abs. 2 der Umsetzung von Art. 8 RL 2014/24/EU und entspricht der bisherigen Vorschrift des § 100a Abs. 4 aF.

28 Nach der Umstrukturierung der Regeln für die Dienstleistungen und für die Ausnahmen von den Vergabevorschriften besteht der **Zweck der Vorschriften** in einer **vollständigen Ausnahme von den europäischen Regeln.** Es kann nicht mehr davon ausgegangen werden, dass auf den Ausnahmefeldern etwa ein europäisches „Vergaberecht light" mit Transparenzpflicht und Pflicht zur Entscheidung nach objektiven Maßstäben aufgrund europäischen Primärrechtes gilt.[37] Die „Allgemeinen Ausnahmen" in §§ 107 und 108 und die Ausnahmefelder der „Besonderen Ausnahmen" in §§ 116 und 137 betreffen keine Binnenmarktaktivitäten, die den Freiheiten des Binnenmarktes unterliegen, und sind daher primärrechtlich nur und allein dem allgemeinen Diskriminierungsverbot unterworfen.

§ 117 Besondere Ausnahmen für Vergaben, die Verteidigungs- oder Sicherheitsaspekte umfassen

Bei öffentlichen Aufträgen und Wettbewerben, die Verteidigungs- oder Sicherheitsaspekte umfassen, ohne verteidigungs- oder sicherheitsspezifische Aufträge zu sein, ist dieser Teil nicht anzuwenden,
1. **soweit der Schutz wesentlicher Sicherheitsinteressen der Bundesrepublik Deutschland nicht durch weniger einschneidende Maßnahmen gewährleistet werden kann, zum Beispiel durch Anforderungen, die auf den Schutz der Vertraulichkeit der Informationen abzielen, die der öffentliche Auftraggeber im Rahmen eines Vergabeverfahrens zur Verfügung stellt,**
2. **soweit die Voraussetzungen des Artikels 346 Absatz 1 Buchstabe a des Vertrags über die Arbeitsweise der Europäischen Union erfüllt sind,**
3. **wenn die Vergabe und die Ausführung des Auftrags für geheim erklärt werden oder nach den Rechts- oder Verwaltungsvorschriften besondere Sicherheitsmaßnahmen erfordern; Voraussetzung hierfür ist eine Feststellung darüber, dass die betreffenden**

---

[34] Gesetzesbegründung BT-Drs. 18/6281, 92 zu § 115.
[35] Gesetzesbegründung BT-Drs. 18/6281, 94 zu § 116 Abs. 1 Nr. 3, wobei – ebenso wenig wie in den Erwägungsgründen der RL – nicht näher dargelegt ist, was diese „kulturellen und gesellschaftspolitischen Erwägungen" denn nun sein sollen.
[36] Gesetzesbegründung BT-Drs. 18/6281, 95 zu § 116 Abs. 1 Nr. 6.
[37] S. dazu Kom. Mitt. v. 26.7.2006, ABl. 2006 C 294, 52 sowie die die Entscheidung des EuG Urt. v. 20.5.2010 – T 258/06, NZBau 2010, 510 = VergabeR 2010, 593 ff.

wesentlichen Interessen nicht durch weniger einschneidende Maßnahmen gewährleistet werden können, zum Beispiel durch Anforderungen, die auf den Schutz der Vertraulichkeit der Informationen abzielen,

4. wenn der öffentliche Auftraggeber verpflichtet ist, die Vergabe oder Durchführung nach anderen Vergabeverfahren vorzunehmen, die festgelegt sind durch
   a) eine im Einklang mit den EU-Verträgen geschlossene internationale Übereinkunft oder Vereinbarung zwischen der Bundesrepublik Deutschland und einem oder mehreren Staaten, die nicht Vertragsparteien des Übereinkommens über den Europäischen Wirtschaftsraum sind, oder ihren Untereinheiten über Liefer-, Bau- oder Dienstleistungen für ein von den Unterzeichnern gemeinsam zu verwirklichendes oder zu nutzendes Projekt,
   b) eine internationale Übereinkunft oder Vereinbarung im Zusammenhang mit der Stationierung von Truppen, die Unternehmen betrifft, die ihren Sitz in der Bundesrepublik Deutschland oder einem Staat haben, der nicht Vertragspartei des Übereinkommens über den Europäischen Wirtschaftsraum ist, oder
   c) eine internationale Organisation oder
5. wenn der öffentliche Auftraggeber gemäß den Vergaberegeln einer internationalen Organisation oder internationalen Finanzierungseinrichtung einen öffentlichen Auftrag vergibt oder einen Wettbewerb ausrichtet und dieser öffentliche Auftrag oder Wettbewerb vollständig durch diese Organisation oder Einrichtung finanziert wird. Im Falle einer überwiegenden Kofinanzierung durch eine internationale Organisation oder eine internationale Finanzierungseinrichtung einigen sich die Parteien auf die anwendbaren Vergabeverfahren.

Übersicht

		Rn.			Rn.
I.	Allgemeines	1	3.	Vergabe und Auftragsausführung für geheim erklärt oder besondere Sicherheitsmaßnahmen erforderlich (§ 117 Nr. 3)	10
II.	Öffentlicher Auftrag oder Wettbewerb, der Verteidigungs- oder Sicherheitsaspekte umfasst, ohne verteidigungs- oder sicherheitsspezifisch zu sein	4	4.	Vergabe oder Durchführung nach anderen Vergabeverfahren (§ 117 Nr. 4)	15
1.	Schutz wesentlicher Sicherheitsinteressen (§ 117 Nr. 1)	6	5.	Vergabe gemäß den Vergaberegeln einer internationalen Organisation oder internationalen Finanzierungseinrichtung (§ 117 Nr. 5)	19
2.	Voraussetzungen des Art. 346 Abs. 1 lit. a AEUV erfüllt (§ 117 Nr. 2)	8			

I. Allgemeines

§ 117 setzt Art. 15 Abs. 2 und 3 RL 2014/24/EU, Art. 17 RL 2014/24/EU sowie Art. 24 Abs. 2 und 3, Art. 27 RL 2014/25/EU (Sektoren-RL) um, welche die besonderen Ausnahmen vom Vergaberecht für solche Aufträge und Wettbewerbe regeln, die Verteidigungs- oder Sicherheitsaspekte beinhalten, ohne aber verteidigungs- oder sicherheitsspezifische Aufträge (§ 104) zu sein.[1] Sind die Voraussetzungen des § 117 erfüllt, kommt eine Anwendung des Kartellvergaberechts nicht in Betracht, es gelten lediglich die allgemeinen Grundsätze des Transparenz- und Gleichbehandlungsgebots. Als Ausnahmevorschrift ist § 117 allerdings eng auszulegen.[2] Beruft sich ein Mitgliedstaat auf eine auf das Unionsrecht zurückzuführende Ausnahmebestimmung, muss er grundsätzlich den Nachweis erbringen, dass eine Inanspruchnahme der dort vorgesehenen Ausnahme erforderlich ist. 1

Ist § 117 einschlägig, findet die Vergabe im „vergaberechtsfreien Raum" statt: Die Sonderregeln der Verteidigungs- oder Sicherheitsvergabe nach § 104 greifen nicht, und auch das reguläre Vergaberecht der VgV ist unanwendbar. Dass bei einem sicherheits- bzw. verteidigungsrelevanten Auftrag, bei dem in der Regel erhöhte Anforderungen etwa an Vertraulichkeit und (Versorgungs-)Sicherheit gestellt werden müssten, keine Regeln zum Schutz dieser Belange mehr anwendbar sind, wirft die 2

---

[1] RegBegr., BT-Drs. 18/6281, 95, zu § 117. Inhaltlich vergleichbare Regelungen enthielten die bisherigen § 100 Abs. 6 Nr. 1 und Abs. 8.
[2] EuGH Urt. v. 4.9.2014 – C-474/12, BeckEuRS 2014, 405431– Schiebel Aircraft, zu Art. 346 AEUV; EuGH Urt. v. 7.6.2010 – C-615/10, NZBau 2012, 509 – Insinööritoimisto InsTiimi Oy; OLG Düsseldorf Beschl. v. 1.8.2012 – VII-Verg 10/12, ZfBR 2013, 63.

Frage auf, ob der Gesetzgeber damit ausreichende Schutzmöglichkeiten für solche sensiblen Aufträge vorhält.[3]

3   Auf Vergaben im Anwendungsbereich der **Sektoren-RL** ist § 117 gemäß der in § 115 stipulierten Ausnahme dieses Bereichs von der Anwendbarkeit des Zweiten Abschnitts (§§ 115 ff.) nicht anwendbar,[4] obwohl dies in Art. 17 und 27 Sektoren-RL angelegt wäre.

II. Öffentlicher Auftrag oder Wettbewerb, der Verteidigungs- oder Sicherheitsaspekte umfasst, ohne verteidigungs- oder sicherheitsspezifisch zu sein

4   Welche Merkmale ein öffentlicher Auftrag erfüllen muss, um als Auftrag gelten zu können, der Verteidigungs- oder Sicherheitsaspekte umfasst, ohne verteidigungs- oder sicherheitsspezifisch zu sein, regelt das Gesetz nicht abschließend.[5] Während aus dem Wortlaut der Norm klar hervorgeht, dass Aufträge, welche die Voraussetzungen des § 104 erfüllen, nicht in den Anwendungsbereich der Norm fallen (sondern die § 144–147 gelten), bleibt offen, welche Mindestvoraussetzungen erfüllt sein müssen, damit der ausgeschriebene Vertrag oder der Wettbewerb „Aspekte" in den Bereichen Verteidigung oder Sicherheit aufweist. Die Formulierung „Aspekte" legt nahe, dass es sich insbesondere um gemischte Ausschreibungen handelt, die zwar nicht ausschließlich, zumindest aber teilweise verteidigungs- oder sicherheitsspezifische Teile aufweisen. Dieses Verständnis legt auch der Erwägungsgrund 13 RL 2014/24/EU nahe, demzufolge besondere Bestimmungen für gemischte Aufträge vorgesehen werden sollten, die Verteidigungs- oder Sicherheitsaspekte beinhalten oder die Teile umfassen, die nicht in den Geltungsbereich des AEUV fallen. In diesen Fällen soll – so der Erwägungsgrund 13 RL 2014/24/EU – die Nichtanwendung dieser Richtlinie unter der Voraussetzung möglich sein, dass die Vergabe eines einzelnen Auftrags aus objektiven Gründen gerechtfertigt ist und ein gemischter Auftrag nicht in der Absicht vergeben werden soll, den Auftrag von der Anwendung der RL 2014/24/EU bzw. RL 2009/81/EG (Vergabe-RL Verteidigung und Sicherheit) auszuschließen.

5   Zusätzlich zu der Ausnahmetatbestandsvoraussetzung der Berührtheit von Sicherheits- oder Verteidigungsaspekten stellen die Nr. 1–5 weitere spezielle Voraussetzungen auf: Während die Nr. 1–3 bestimmte Geheimhaltungs- oder Sicherheitsinteressen erfordern, stellen Nr. 4–5 auf die Anwendbarkeit von internationalen Verfahrensregeln ab.

6   **1. Schutz wesentlicher Sicherheitsinteressen (§ 117 Nr. 1).** Bei öffentlichen Aufträgen und Wettbewerben, die Verteidigungs- oder Sicherheitsaspekte umfassen, sind die §§ 97 ff. nicht anzuwenden, soweit der Schutz wesentlicher Sicherheitsinteressen der Bundesrepublik Deutschland nicht durch weniger einschneidende Maßnahmen gewährleistet werden kann. Als Beispiel für weniger einschneidende Maßnahmen führt das Gesetz Anforderungen an, die auf den Schutz der Vertraulichkeit der Informationen abzielen, die der öffentliche Auftraggeber im Rahmen eines Vergabeverfahrens zur Verfügung stellt.

7   Der Begriff der **„wesentlichen Sicherheitsinteressen"** knüpft an die Terminologie des Art. 346 Abs. 1 AEUV an, ohne mit diesem inhaltsgleich zu sein, weshalb auch die Regelbeispiele „wesentlicher Sicherheitsinteressen" im neu gefassten § 107 Abs. 2 nicht zur Auslegung des Begriffs in § 117 herangezogen werden können.[6] Die dortige Begriffsbestimmung betrifft ausschließlich die militärische Sicherheit. Der hiesige Sicherheitsbegriff ist weiter; das Sicherheitsinteresse des Staates kann in Gestalt der inneren und/oder der äußeren Sicherheit berührt sein,[7] im ersteren Fall etwa bei der Terrorismusbekämpfung.[8] Da durch die Anwendung des § 117 die Bieterrechte beschnitten werden, kommen allerdings nur objektiv gewichtige Sicherheitsbelange in Betracht. Der Auftraggeber darf seine Entscheidung auch nicht ohne Abwägung der Sicherheitsbelange gegen die Interessen der Bieter treffen und muss darüber hinaus den Grundsatz der Verhältnismäßigkeit beachten. In einem Fall, der die Versorgung im Ausland stationierter Bundeswehreinheiten per Luftfracht betraf, entschied das OLG Düsseldorf, dass durch den Auftrag zwar die äußere Sicherheit des Staates in Gestalt der militärischen Sicherheit objektiv berührt gewesen sei. Es sei auch ein starkes Sicherheitsinteresse daran anzuerkennen, dass der Gegenstand der Fracht, die Start- und Landezeiten sowie die Flugrouten nicht bekannt würden. Dem Sicherheitsbedürfnis hätte der Staat jedoch nach Ansicht des Gerichts durch mildere Mittel, etwa strenge Anforderungen an die Eignung, Rechnung tragen können.[9]

---

[3] Dazu *Mösinger/Juratschek* NZBau 2019, 93 (95).
[4] Auch eine Rückausnahme über § 136 ff. ist nicht einschlägig.
[5] Kritisch zur Beschränkung von § 117 auf Vergaben mit Sicherheits- und Verteidigungsbezug Ziekow/Völlink/*Antweiler* Rn. 2; das Unionsrecht sieht diese Einschränkung nur für § 117 Nr. 4 und 5 vor.
[6] AA wohl Immenga/Mestmäcker/*Dreher* Rn. 1.
[7] OLG Düsseldorf Beschl. v. 30.4.2003 – Verg 61/02, BeckRS 2003, 12561; Streinz/*Kokott* AEUV Art. 346 Rn. 4 mwN.
[8] OLG Düsseldorf Beschl. v. 12.7.2010 – Verg 27/10, NZBau 2010, 778.
[9] OLG Düsseldorf Beschl. v. 30.4.2003 – Verg 61/02, BeckRS 2003, 12561.

2. Voraussetzungen des Art. 346 Abs. 1 lit. a AEUV erfüllt (§ 117 Nr. 2). Aus Art. 346 8 Abs. 1 lit. a AEUV ergibt sich, dass ein Mitgliedstaat nicht verpflichtet ist, Auskünfte zu erteilen, deren Preisgabe seines Erachtens wesentlichen Sicherheitsinteressen widerspricht. Aufgrund des primärrechtlichen Geltungsvorrangs wäre die Norm auch ohne den Verweis über § 117 Nr. 2 auf sämtliche Vergabeverfahren anwendbar. Zudem wird eine entsprechende Ausnahme nunmehr auch in § 107 Abs. 2 Nr. 1 normiert. Die Ausnahme in Nr. 2 ist daher praktisch irrelevant.

Bei der Beurteilung der Frage, ob die Schutzmaßnahmen wesentlichen Sicherheitsinteressen 9 dienen, steht dem Mitgliedstaat ein Beurteilungsspielraum zu, was sich aus der Formulierung „seines Erachtens" ergibt. Begrenzt wird der Beurteilungsspielraum durch den unionsrechtlichen Grundsatz der Verhältnismäßigkeit. Die Beweislast für das Vorliegen der Voraussetzungen des Art. 346 Abs. 1 lit. a AEUV trägt der Mitgliedstaat. Rein industrie- oder wirtschaftspolitische Erwägungen genügen nicht.[10] Der EuGH hat etwa entschieden, dass Art. 346 Abs. 1 lit. a AEUV keinen pauschalen Verzicht auf eine Ausschreibung von Druckaufträgen von amtlichen Ausweisdokumenten rechtfertigt, sondern dass dazu dargelegt werden müsste, dass eine Ausschreibung – auch unter Ergreifung besonderer Maßnahmen zu Versorgungssicherheit und Vertraulichkeit – die Sicherheitsinteressen des Mitgliedstaats nicht ausreichend schützen kann.[11]

3. Vergabe und Auftragsausführung für geheim erklärt oder besondere Sicherheits- 10 **maßnahmen erforderlich (§ 117 Nr. 3).** Die §§ 97 ff. sind nicht anzuwenden, wenn die Vergabe und die Ausführung des Auftrags für geheim erklärt worden sind (Alt. 1) oder nach den Rechts- oder Verwaltungsvorschriften besondere Sicherheitsmaßnahmen erfordern (Alt. 2). Bzgl. der ersten Alternative stellt sich die Frage, welchen Anwendungsbereich sie neben § 104 Abs. 1 Nr. 2 und 4 hat, der für Verschlusssachenaufträge, also Aufträge, die nach SÜG als geheim eingestuft sind, die VSVgV für anwendbar erklärt.[12] § 117 Nr. 3 greift nur dann, wenn der Anwendungsbereich der VSVgV über § 104 Abs. 1 Nr. 2 oder 4 iVm Abs. 3 nicht eröffnet ist (→ § 104 Rn. 7, 11). Praktisch dürfte damit eine Einschlägigkeit von § 117 Nr. 3 Alt. 1 jedenfalls den absoluten Ausnahmefall darstellen. Diskutiert wird die Annahme einer „Rückausnahme" vom Anwendungsbereich des § 104, wenn besonderen staatlichen Sicherheitsinteressen (etwa an einer besonders strengen Vertraulichkeit) im Einzelfall über die Regelungen der VSVgV nicht ausreichend Rechnung getragen werden könnte.[13] Diese Auslegung stünde auch im Einklang mit dem Zweck der Ausnahme in Nr. 3, die ja wegen der im Einzelfall besonderen Geheimhaltungsbedürftigkeit die Möglichkeit eröffnen soll, solche Beschaffungen dem Vergaberecht gänzlich zu entziehen.

Bzgl. Alt. 1 stellt das Wort „und" klar, dass die Norm nur anwendbar ist, wenn die Geheimerklä- 11 rung nicht nur die Vergabe als solche, sondern auch die Ausführung umfasst. Es reicht also nicht aus, nur die Ausführung für geheim zu erklären – was ja im Rahmen eines Vergabeverfahrens möglich wäre. Die Vergabe und die Ausführung können nach Maßgabe des § 4 SÜG „für geheim" erklärt werden. Nach § 4 Abs. 1 SÜG sind Verschlusssachen „im öffentlichen Interesse geheimhaltungsbedürftige Tatsachen, Gegenstände oder Erkenntnisse, unabhängig von ihrer Darstellungsform". § 4 Abs. 2 SÜG unterscheidet vier Geheimhaltungsgrade: Streng geheim, Geheim, VS-Vertraulich und VS-Nur für den Dienstgebrauch. Ob auch die als VS-VERTRAULICH oder als VS-NUR FÜR DEN DIENSTGEBRAUCH klassifizierten Tatsachen, Gegenstände oder Erkenntnisse als „für geheim erklärt" gelten können, ist von der Rechtsprechung noch nicht entschieden worden. Dagegen könnte sprechen, dass Art. 15 Abs. 3 S. 1 RL 2014/24/EU ausdrücklich darauf abstellt, dass die Auftragsvergabe und die Auftragsausführung „für geheim" erklärt worden sind.[14] Hätte die Richtlinie einen niedrigeren Geheimhaltungsgrad genügen lassen wollen, hätte sie dies durch eine andere Formulierung zum Ausdruck bringen können. Ausgehend hiervon läge nur dann eine Geheimerklärung iSd § 117 Nr. 3 vor, wenn eine Einstufung als „Streng geheim" oder „Geheim" ergangen wäre. Eine andere Auffassung lässt es genügen, wenn ein Auftrag als „VS-NUR FÜR DEN DIENSTGEBRAUCH" eingestuft worden ist. Diese Auffassung stützt sich im Wesentlichen darauf, dass der gemeinschaftliche Begriff „geheim" nicht durch eine nationale Regelung wie diejenige in § 4 Abs. 2 SÜG determiniert werden könne; außerdem sehe die auf der Grundlage des SÜG erlassene Verschlusssachenanweisung (VSA) für alle vier Verschlusssachengrade materielle Schutzmaßnahmen vor.[15] Für die letztgenannte Auffassung spricht, dass der Gesetzgeber in § 4 Abs. 1 S. 1 SÜG aus-

---

10 Streinz/*Kokott* AEUV Art. 346 Rn. 4.
11 EuGH Urt. v. 20.3.2018 – C-187/16, ECLI:EU:C:2018:194 – Österreichische Staatsdruckerei. Dazu *Mösinger/Juratschek* NZBau 2019, 93.
12 Dazu ausf. *Haak/Koch* NZBau 2016, 204; s. auch Immenga/Mestmäcker/*Dreher* Rn. 15.
13 *Haak/Koch* NZBau 2016, 204.
14 So Dippel/Sterner/Zeiss/*Dippel* § 100 Abs. 8 Nr. 1 aF Rn. 52. Ziekow/Völlink/*Antweiler* Rn. 14 wiederum geht davon aus, dass mindestens eine Einstufung als „VS-Vertraulich" notwendig ist.
15 *Friedrich* in Denneborg/Friedrich/Schlatmann, Loseblatt-Kommentar Sicherheitsüberprüfungsrecht, Stand: Juni 2021, SÜG § 4 Rn. 8d unter Hinweis auf *Ziekow* VergabeR 2007, 711 (714).

drücklich zu erkennen gegeben hat, dass alle Verschlusssachen „geheimhaltungsbedürftig" sind, und damit auch die als VS-NUR FÜR DEN DIENSTGEBRAUCH eingestuften.

12 Die Entscheidung darüber, ob die Einstufung als geheimhaltungsbedürftig zu Recht erfolgte, ist von den Gerichten nur eingeschränkt überprüfbar, weil der zuständigen Behörde ein Beurteilungsspielraum zuzubilligen ist.[16]

13 Das Vergaberecht findet ferner keine Anwendung, wenn Rechts- oder Verwaltungsvorschriften besondere Sicherheitsmaßnahmen erfordern (**Alt. 2**). Als Rechts- und Verwaltungsvorschriften, die besondere Sicherheitsmaßnahmen erfordern, kommen alle Bestimmungen in Betracht, die mittelbar oder unmittelbar dem Schutz staatlicher Interessen dienen, wie zB das SÜG oder die VSA, die den Schutz staatlicher Geheimhaltungsinteressen bezwecken,[17] sowie das Luftsicherheitsgesetz.[18]

14 Der Grundsatz der Verhältnismäßigkeit beansprucht auch in § 117 Nr. 3 Geltung. So stellt der **letzte Halbsatz** ausdrücklich klar, dass eine Anwendbarkeit der Ausnahmebestimmung nur in Betracht kommt, wenn der Mitgliedstaat festgestellt hat, dass die wesentlichen Interessen nicht durch weniger einschneidende Maßnahmen gewährleistet werden können, wie zB durch Anforderungen an den Schutz der Vertraulichkeit. Die diesbezüglichen Erwägungen des Auftraggebers sind zu dokumentieren. Im Streitfalle obliegt dem Auftraggeber die Darlegungs- und Beweislast.

15 **4. Vergabe oder Durchführung nach anderen Vergabeverfahren (§ 117 Nr. 4).** Nach § 117 Nr. 4 sind öffentliche Aufträge und Wettbewerbe vom 4. Teil des GWB ausgenommen, wenn der Auftraggeber verpflichtet ist, die Vergabe oder Durchführung nach internationalen Vergabeverfahren vorzunehmen. In solchen Fällen soll das nationale Vergaberecht unangewendet bleiben, um widersprüchliche gesetzliche Vorgaben zu vermeiden. Solche Regeln können sich ergeben aus (a) einer im Einklang mit den EU-Verträgen geschlossenen Übereinkunft oder Vereinbarung zwischen der Bundesrepublik Deutschland und einem oder mehreren Staaten, die nicht Vertragsparteien des Übereinkommens über den Europäischen Wirtschaftsraum (EWR) sind, (b) einer internationalen Übereinkunft oder Vereinbarung im Zusammenhang mit der Stationierung von Truppen, die Unternehmen mit Sitz in der Bundesrepublik Deutschland und in einem Staat betreffen, der nicht Vertragspartei über den EWR ist oder (c) den Vorgaben einer internationalen Organisation.

16 Erforderlich ist für die Einschlägigkeit von **Nr. 4 lit a,** dass eine internationale Übereinkunft oder Vereinbarung zwischen der Bundesrepublik Deutschland und einem oder mehreren Staaten, die nicht dem EWR angehören, abgeschlossen wurde. Vertragspartner können somit nur Staaten oder ihre Untereinheiten (Länder, Kommunen) sein; Verträge zwischen einem Staat und einem ausländischen Unternehmen fallen daher nicht unter die Vorschrift. Vertragspartner der internationalen Übereinkunft oder Vereinbarung dürfen auch nicht Mitgliedstaaten des EWR sein. Der EWR ist eine Freihandelszone zwischen der EU und der EFTA; der EFTA gehören Island, Liechtenstein, die Schweiz und Norwegen an. Die Schweiz ist jedoch nicht Mitglied des EWR. Inhaltlich muss die internationale Vereinbarung oder Übereinkunft mit den EU-Verträgen in Einklang stehen, dh insbesondere die Grundfreiheiten sowie den Transparenz- und Gleichbehandlungsgrundsatz beachten. Hinzukommen muss, dass die internationale Vereinbarung oder Übereinkunft konkrete Verfahrensregeln für ein solches gemeinsam zu verwirklichendes oder zu nutzendes Projekt[19] festlegt. Nr. 4 lit a deckt sich inhaltlich mit der Ausnahme in § **109 Abs. 1 Nr. 1 lit. a** und ist daher überflüssig.[20] Für Aufträge im Bereich der **militärischen Beschaffung** im Rahmen internationaler Übereinkünfte besteht gem. § 109 Abs. 2, § 145 Nr. 7 eine spezielle und vorrangige Ausnahmevorschrift vom deutschen Vergaberecht.

17 Der Ausnahmetatbestand nach **Nr. 4 lit. b** gilt für internationale Übereinkünfte oder Vereinbarungen im Zusammenhang mit der Stationierung von Truppen. Betroffen von der Übereinkunft oder Vereinbarung muss ein Unternehmen mit Sitz im Inland oder einem Staat außerhalb des EWR sein. Relevant wird diese Bestimmung insbesondere für nicht-militärische Beschaffungen auf der Grundlage des **NATO-Truppenstatuts,**[21] das es möglich macht, dass eine Truppe die benötigten Lieferungen oder Dienstleistungen entweder unmittelbar beschafft oder nach vorheriger Vereinba-

---

[16] OLG Düsseldorf Beschl. v. 20.12.2004 – Verg 101/04, BeckRS 2004, 18425.
[17] OLG Düsseldorf Beschl. v. 20.12.2004 – Verg 101/14, BeckRS 2004, 18425; Friedrich in Denneborg/Friedrich/Schlatmann, Loseblatt-Kommentar Sicherheitsüberprüfungsrecht, Stand: August 2020, SÜG § 4 Rn. 8d.
[18] BGBl. 2005 I 78 ff., zuletzt geändert am 23.2.2017, BGBl. 2017 I 298 ff.
[19] Zu den Anforderungen an ein gemeinsames Projekt VK Bund Beschl. v. 4.5.2012 – VK 3-30/12, ZfBR 2012, 700.
[20] So auch Ziekow/Völlink/*Antweiler* Rn. 18.
[21] Insbes. Art IX des Abkommens zwischen Parteien des Nordatlantikvertrages über die Rechtsstellung ihrer Truppen v. 19.6.1952, BGBl. 1952 II 1190.

rung durch die zuständigen deutschen Behörden beschaffen lässt.[22] Nur im ersten Fall greift Nr. 4 lit. b und ist das deutsche Vergaberecht somit unanwendbar; bei „auftragsweiser" Beschaffung durch deutsche Behörden ist Teil 4 des GWB anwendbar.[23]

Der weitere Ausnahmetatbestand nach **Nr. 4 lit. c** gilt für Aufträge, die durch den deutschen öffentlichen Auftraggeber aufgrund des Vergabeverfahrens einer internationalen Organisation vergeben werden, nicht aber für die Auftragsvergabe durch solche internationalen Organisationen selbst, da diese nicht Normadressat sind. Wegen der Ausnahme in § **109 Abs. 1 Nr. 1 lit. b**, die denselben Tatbestand adressiert, ist Nr. 4 lit c in der Praxis irrelevant.

18

5. Vergabe gemäß den Vergaberegeln einer internationalen Organisation oder internationalen Finanzierungseinrichtung (§ 117 Nr. 5). Die Ausnahmevorschrift im ersten Satz des § 117 Nr. 5 gilt für Aufträge oder Wettbewerbe, die ein öffentlicher Auftraggeber im Inland für eine internationale Organisation gemäß dessen Vergaberegeln vergibt. Weitere Voraussetzung ist, dass der Auftrag oder Wettbewerb vollständig durch diese Organisation finanziert wird. Erfasst sind somit Fallkonstellationen, in denen ein inländischer Auftraggeber für eine internationale Organisation einen Auftrag vergibt. Zweck der Ausnahme ist wie bei Nr. 4, dass Kollisionen zwischen nationalem deutschem und speziellem internationalem Vergaberecht verhindert werden sollen.

19

Der letzte Satz des § 117 Nr. 5 sieht vor, dass sich die Parteien im Falle einer überwiegenden Kofinanzierung durch die internationale Organisation oder internationale Finanzierungseinrichtung auf die anwendbaren Vergabeverfahren einigen. Mit „Parteien" im Sinne der Vorschrift dürften der inländische öffentliche Auftraggeber auf der einen und die internationale Organisation oder internationale Finanzierungseinrichtung auf der anderen Seite gemeint sein. Die Regelung lässt es zu, dass die Parteien eine Ausnahme von der Ausnahme vereinbaren, indem sie das GWB-Vergaberecht für anwendbar erklären.

20

Wann eine „überwiegende" Kofinanzierung angenommen werden kann, ist gesetzlich nicht geregelt. Nach der ratio legis ist zu fordern, dass diese 50 vH der Finanzierungskosten übersteigen muss. Nicht ausdrücklich geregelt ist der Fall, dass die Kofinanzierung durch die internationale Organisation oder internationale Finanzierungseinrichtung nicht den Finanzierungsanteil des inländischen Auftraggebers übersteigt, was etwa bei einem Finanzierungsanteil der internationalen Organisation von weniger als 50 vH der Fall wäre. In dieser Konstellation ist EU-Vergaberecht und damit der seiner Umsetzung dienende 4. Teil des GWB anwendbar.

21

Wegen seines Regelungsgleichlaufes mit § 109 Abs. 1 Nr. 2 ist § 117 Nr. 5 überflüssig.[24]

22

§ 118 Bestimmten Auftragnehmern vorbehaltene öffentliche Aufträge

(1) Öffentliche Auftraggeber können das Recht zur Teilnahme an Vergabeverfahren Werkstätten für Menschen mit Behinderungen und Unternehmen vorbehalten, deren Hauptzweck die soziale und berufliche Integration von Menschen mit Behinderungen oder von benachteiligten Personen ist, oder bestimmen, dass öffentliche Aufträge im Rahmen von Programmen mit geschützten Beschäftigungsverhältnissen durchzuführen sind.

(2) Voraussetzung ist, dass mindestens 30 Prozent der in diesen Werkstätten oder Unternehmen Beschäftigten Menschen mit Behinderungen oder benachteiligte Personen sind.

Übersicht

		Rn.
I.	Normzweck	1
II.	Historie	2
III.	Einzelerläuterungen	3
1.	Anwendungsbereich	4
2.	Wettbewerberkreis	5

		Rn.
	a) Werkstatt für Menschen mit Behinderungen	6
	b) Soziale Unternehmen	7
	c) Programme mit geschützten Beschäftigungsverhältnissen	9
3.	30%-Beteiligung von Menschen mit Behinderungen oder von benachteiligten Personen (Abs. 2)	10

---

[22] Immenga/Mestmäcker/*Dreher* Rn. 27, unter Hinweis auf Zusatzabkommen zu dem Abkommen zwischen den Parteien des Nordatlantikvertrages über die Rechtsstellung ihrer Truppen hinsichtlich der in der Bundesrepublik Deutschland stationierten ausländischen Truppen v. 3.8.1959 (BGBl. 1961 II 1183 (1218)); zuletzt geändert durch Änderungsabkommen v. 28.9.1994, BGBl. 1994 II 2498.
[23] So auch Ziekow/Völlink/*Antweiler* Rn. 19.
[24] Ziekow/Völlink/*Antweiler* Rn. 21.

I. Normzweck

1   § 118 soll, durch die Beschränkung des Wettbewerberkreises auf geschützte Werkstätten und Sozialunternehmen, die Integration von Menschen mit Behinderungen und benachteiligten Personen in das Berufsleben fördern.

II. Historie

2   § 118 setzt die Vorgaben aus Art. 20 Abs. 1 RL 2014/24/EU, Art. 24 S. 1 RL 2014/23/EU und Art. 38 Abs. 1 Sektoren-RL um.[1] § 118 wurde durch die Vergaberechtsreform neu eingeführt und findet keine vorherige Entsprechung im deutschen Vergaberecht.[2]

III. Einzelerläuterungen

3   Öffentliche Auftraggeber können gem. § 118 das Vergabeverfahren im Vorhinein beschränken, indem sie den Wettbewerberkreis auf Werkstätten für Menschen mit Behinderungen und Sozialunternehmen beschränken. In diesen Fällen findet ein Wettbewerb nur zwischen dem, in der Regel sonst nicht wettbewerbsfähigen, reduzierten Wettbewerberkreis statt.[3] § 118 stellt einen gerechtfertigten Eingriff in die Dienstleistungsfreiheit dar.

4   **1. Anwendungsbereich.** § 118 findet auf die Vergabe von öffentlichen Aufträgen durch öffentliche Auftraggeber Anwendung. Durch die Verweisung in § 142 und § 154 findet § 118 ebenfalls Anwendung auf die Vergabe von öffentlichen Aufträgen durch Sektorenauftraggeber und die Vergabe von Konzessionen. Unberührt bleibt die Möglichkeit für öffentliche Auftraggeber, Werkstätten für Menschen mit Behinderungen, bei der Zuschlagserteilung gem. § 224 SGB IX zu bevorzugen.[4] Die Regelungen des § 118 sind im Geltungsbereich der UVgO entsprechend anwendbar gem. § 1 Abs. 3 UVgO.[5]

5   **2. Wettbewerberkreis.** Gemäß Abs. 1 kann der Wettbewerberkreis auf Werkstätten für Menschen mit Behinderungen und Sozialunternehmen beschränkt werden, oder es wird bestimmt, dass öffentliche Aufträge im Rahmen von Programmen mit geschützten Beschäftigungsverhältnissen durchzuführen sind.

6   **a) Werkstatt für Menschen mit Behinderungen.** Der Begriff Werkstätten für Menschen mit Behinderungen ist gleichzusetzen mit dem Begriff Werkstatt für behinderte Menschen (WfbM) gem. § 219 SGB IX.[6] Demnach sind dies Einrichtungen, zur Teilhabe behinderte Menschen am und die Eingliederung in das Arbeitsleben. Bei dem Begriff „Menschen mit Behinderungen" handelt es sich um eine Anpassung an die in der RL 2014/24/EU und in der UN-Behindertenrechtskonvention gewählte Formulierung. Die Bundesagentur für Arbeit führt ein Verzeichnis anerkannter Werkstätten für Menschen mit Behinderungen.[7] Diesbezüglich gelten die Richtlinien für die Berücksichtigung von Werkstätten für Behinderte und Blinden-Werkstätten bei der Vergabe öffentlicher Aufträge.[8]

7   **b) Soziale Unternehmen.** Soziale Unternehmen sind solche, deren Hauptzweck die Förderung der sozialen und beruflichen Eingliederung von Personen mit Behinderung oder von benachteiligten Personen ist.[9] Die Kommission versteht unter Sozialunternehmen, solche Unternehmen für die das soziale oder gesellschaftliche gemeinnützige Ziel Sinn und Zweck ihrer Geschäftstätigkeit darstellt, was sich oft in einem hohen Maße an sozialer Innovation äußert.[10] Zudem werden deren Gewinne größtenteils wieder investiert, um das soziale Ziel zu erreichen.[11] Die Organisationsstruktur

---

[1] Art. 20 Abs. 2 RL 2014/24/EU; Art. 24 S. 2 RL 2014/23/EU und Art. 38 Abs. 2 Sektoren-RL werden auf Verordnungsebene umgesetzt.
[2] BT-Drs. 18/6281, 96.
[3] BT-Drs. 18/6281, 96.
[4] BT-Drs. 18/6281, 96 f.; vgl. auch BMWi, Richtlinien des Bundes, BAnz. 2001 Nr. 109, 11773 f.
[5] BAnz. AT 7.2.2017, B1.
[6] Dies wird deutlich durch den Gesetzesentwurf, der in Zusammenhang mit § 141 SGB IX aF bzw. § 224 SGB IX nF, der sich wiederum auf WfbM bezieht, den Terminus Werkstatt für Menschen mit Behinderung verwendet.
[7] Abrufbar unter https://www.arbeitsagentur.de/datei/dok_ba015706.pdf (zuletzt abgerufen am 3.1.2021).
[8] Vgl. Beck VergabeR/*Mager* Rn. 31.
[9] Erwägungsgrund 36 RL 2014/24/EU, Erwägungsgrund 51 Sektoren-RL; BT-Drs. 18/6281, 96.
[10] Mitt. der Kommission v. 25.10.2011, KOM(2011) 682, 2 f. endgültig; wobei dies keine normative Begriffsdefinition darstellt, Mitt. der Kommission v. 25.10.2011, KOM(2011) 682, 6 endgültig.
[11] Mitt. der Kommission v. 25.10.2011, KOM(2011) 682, 2 f. endgültig.

oder Eigentumsverhältnissen spiegeln dieses Ziel wider, indem die auf Prinzipien der Mitbestimmung oder Mitarbeiterbeteiligung basieren oder auf soziale Gerechtigkeit ausgerichtet sind.[12]

Der Begriff der benachteiligten Personen umfasst Arbeitslose, Angehörige benachteiligter Minderheiten oder auf andere Weise an den Rand der Gesellschaft gedrängte Personen.[13] Die Formulierung „auf andere Weise an den Rand der Gesellschaft gedrängte Personen" macht deutlich, dass die Aufzählung nicht abschließend, sondern möglichst weit zu verstehen ist. In Betracht kämen hier auch ehemalige Gefängnisinsassen, die wieder in das Berufsleben integriert werden sollen. Ein offizielles Verzeichnis sozialer Unternehmen existiert bislang nicht, sodass eine Nachweisführung für öffentliche Auftraggeber schwierig ist.

c) Programme mit geschützten Beschäftigungsverhältnissen. Der Terminus der „Programme mit geschützten Beschäftigungsverhältnissen" wird weder in den Vergaberichtlinien noch im deutschen Vergaberechtsentwurf näher konkretisiert. Er dient vielmehr einer umfassenden Einbeziehung von Wettbewerbern, die die soziale und berufliche Integration von Menschen mit Behinderungen und benachteiligten Personen fördern. Ein Verzeichnis mit Unternehmen, die Programme mit geschützten Beschäftigungsverhältnissen führen, existiert bislang nicht.

3. 30%-Beteiligung von Menschen mit Behinderungen oder von benachteiligten Personen (Abs. 2). Gemäß Abs. 2 müssen mindestens 30% der in den Werkstätten oder Unternehmen beschäftigten Personen Menschen mit Behinderungen oder benachteiligte Personen sein. Diese Mindestbeteiligung geht auf die Vergaberichtlinien zurück[14] und garantiert, dass die Beschränkung der Wettbewerber und damit die einhergehende Beschränkung der Dienstleistungsfreiheit angemessen ist. Dahingegen bedeutet dies nicht, dass ein Auftragnehmer tatsächlich behinderte oder benachteiligte Personen bei der Ausführung des Auftrags einsetzt.[15]

Werkstätten und Unternehmen sind dann öffentliche Auftraggeber, wenn sie die Voraussetzungen des Begriffs des Auftraggebers erfüllen. Nicht ausreichend für die Annahme als öffentlicher Auftraggeber ist allein der Umstand der besonderen Aufgabe oder der Erhalt von Zuschüssen.[16]

Unterabschnitt 2. Vergabeverfahren und Auftragsausführung

§ 119 Verfahrensarten

(1) Die Vergabe von öffentlichen Aufträgen erfolgt im offenen Verfahren, im nicht offenen Verfahren, im Verhandlungsverfahren, im wettbewerblichen Dialog oder in der Innovationspartnerschaft.

(2) ¹Öffentlichen Auftraggebern stehen das offene Verfahren und das nicht offene Verfahren, das stets einen Teilnahmewettbewerb erfordert, nach ihrer Wahl zur Verfügung. ²Die anderen Verfahrensarten stehen nur zur Verfügung, soweit dies aufgrund dieses Gesetzes gestattet ist.

(3) Das offene Verfahren ist ein Verfahren, in dem der öffentliche Auftraggeber eine unbeschränkte Anzahl von Unternehmen öffentlich zur Abgabe von Angeboten auffordert.

(4) Das nicht offene Verfahren ist ein Verfahren, bei dem der öffentliche Auftraggeber nach vorheriger öffentlicher Aufforderung zur Teilnahme eine beschränkte Anzahl von Unternehmen nach objektiven, transparenten und nichtdiskriminierenden Kriterien auswählt (Teilnahmewettbewerb), die er zur Abgabe von Angeboten auffordert.

(5) Das Verhandlungsverfahren ist ein Verfahren, bei dem sich der öffentliche Auftraggeber mit oder ohne Teilnahmewettbewerb an ausgewählte Unternehmen wendet, um mit einem oder mehreren dieser Unternehmen über die Angebote zu verhandeln.

(6) ¹Der wettbewerbliche Dialog ist ein Verfahren zur Vergabe öffentlicher Aufträge mit dem Ziel der Ermittlung und Festlegung der Mittel, mit denen die Bedürfnisse des öffentlichen Auftraggebers am besten erfüllt werden können. ²Nach einem Teilnahmewettbewerb eröffnet der öffentliche Auftraggeber mit den ausgewählten Unternehmen einen Dialog zur Erörterung aller Aspekte der Auftragsvergabe.

---

[12] Mitt. der Kommission v. 25.10.2011, KOM(2011) 682, 2 f. endgültig.
[13] Erwägungsgrund 36 RL 2014/24/EU, Erwägungsgrund 51 Sektoren-RL.
[14] Art. 20 Abs. 1 S. 1 Hs. 2 RL 2014/24/EU; Art. 24 S. 1 Hs. 2 RL 2014/23/EU; Art. 38 Abs. 1 Hs. 2 Sektoren-RL.
[15] Immenga/Mestmäcker/*Dreher* Rn. 11.
[16] OLG Celle Beschl. v. 13.10.2016 – 13 Verg 6/16, NZBau 2017, 51; Immenga/Mestmäcker/*Dreher* Rn. 12.

(7) ¹Die Innovationspartnerschaft ist ein Verfahren zur Entwicklung innovativer, noch nicht auf dem Markt verfügbarer Liefer-, Bau- oder Dienstleistungen und zum anschließenden Erwerb der daraus hervorgehenden Leistungen. ²Nach einem Teilnahmewettbewerb verhandelt der öffentliche Auftraggeber in mehreren Phasen mit den ausgewählten Unternehmen über die Erst- und Folgeangebote.

Schrifttum: *Dobmann,* Das Verhandlungsverfahren. Eine Bestandsaufnahme, VergabeR 2013, 175; *Ebert,* Möglichkeiten und Grenzen im Verhandlungsverfahren, 2005; *Hölzl,* Verhandlungsverfahren: Was geht? Zu den Möglichkeiten und Grenzen der Flexibilität in einem Verhandlungsverfahren, NZBau 2013, 558; *Knauff,* Das Verhältnis der nachrangigen Vergabeverfahrensarten, NZBau 2018, 134; *Ollmann,* Das Aus für das (bisherige) Verhandlungsverfahren, VergabeR 2016, 413.

Übersicht

	Rn.		Rn.
I. Normzweck und Entstehungsgeschichte *(Fett)*	1	VII. Wettbewerblicher Dialog (Abs. 6) *(Eichler)*	78
II. Die Aufzählung möglicher Vergabearten (Abs. 1) *(Fett)*	5	1. Überblick und Entstehungsgeschichte	78
		2. Anwendungsbereich	82
		a) Personeller Anwendungsbereich	84
III. Das neue Rangverhältnis der Vergabearten (Abs. 2) *(Fett)*	6	b) Sachlicher Anwendungsbereich	87
		c) Verhältnis zu den anderen Verfahrensarten	95
IV. Das offene Verfahren (Abs. 3) *(Fett)*	18	3. Durchführung des wettbewerblichen Dialogs	98
V. Das nicht offene Verfahren (Abs. 4) *(Fett)*	23	4. Aufwandsentschädigung	100
VI. Das Verhandlungsverfahren (Abs. 5) *(Fett)*	43	VIII. Innovationspartnerschaft (Abs. 7) *(Püstow)*	102
1. Grundsätzliches	43	1. Normzweck	102
2. Verhandlungsverfahren mit vorheriger Bekanntmachung und Teilnahmewettbewerb	69	2. Entstehungsgeschichte	104
		3. Anwendungsbereich	107
3. Das Verhandlungsverfahren ohne vorherigen Teilnahmewettbewerb	73	4. Ablauf des Vergabeverfahrens	113
		5. Ausgestaltung Vertragsdurchführung	114

I. Normzweck und Entstehungsgeschichte

§ 119 bestimmt abschließend die zulässigen **Vergabeverfahrensarten** zur Vergabe öffentlicher Liefer-, Bau- und Dienstleistungsaufträge[1] und dient primär der **Umsetzung der Art. 26 ff. RL 2014/24/EU** bzw. mit Einschränkungen auch der Art. 44 ff. Sektoren-RL[2] für den Sektorenbereich. Die zunächst in vormaligen europäischen Richtlinien und den deutschen Vergabe- und Vertragsordnungen enthaltenen Arten des offenen und des nicht offenen sowie des Verhandlungsverfahrens wurden zunächst durch den wettbewerblichen Dialog und die elektronische Auktion ergänzt; **mit der Novelle 2016 ist zusätzlich auf Grundlage von Art. 31 RL 2014/24/EU die Innovationspartnerschaft eingeführt worden.**[3] Die **einzelnen Absätze** der Regelung dienen **nur der Definition der Begriffe und Verfahrensarten.**[4] Die Regelung bestimmt nur holzschnittartig, **in welchen Formen** Auftraggeber nach § 98 iVm § 99 ihre Vergaben durchzuführen haben. Die konkreten Voraussetzungen, unter denen insbesondere eine Abweichung von den Standardverfahren

---
[1] Begründung zu § 119 Abs. 1, BT-Drs. 18/6281, 97.
[2] Im Sektorenbereich ist die Modifikation durch die §§ 142 und 141 iVm § 13 SektVO zu beachten. Gem. § 142 gilt § 119 nur, soweit in § 141 nichts Abweichendes bestimmt ist. § 141 Abs. 1 iVm § 13 Abs. 1 SektVO erlaubt aber Sektorenauftraggebern für die Vergabe von öffentlichen Aufträgen zum Zwecke der Ausübung von Sektorentätigkeiten auch noch die voraussetzungslose Verwendung des Verhandlungsverfahrens mit Teilnahmewettbewerb und des wettbewerblichen Dialogs nach Wahl des Auftraggebers. In Abweichung von § 119 Abs. 2 sind nach § 141 Abs. 2 iVm § 13 Abs. 2 SektVO bzw. § 13 Abs. 1 S. 2 SektVO, § 18 SektVO lediglich das Verhandlungsverfahren ohne Teilnahmewettbewerb und die Innovationspartnerschaft an eine gesetzliche Gestattung entsprechend dieser Normen geknüpft.
[3] BT-Drs. 18/6281, 97 zu § 119 Abs. 1.
[4] Die Ausführungsbestimmungen, insbesondere auch zu den einzuhaltenden Fristen, sind demgegenüber in der VgV und der VOB/A EU 2019 verankert.

offenes und nicht offenes Verfahren möglich sind, sind erst in den jeweils einschlägigen Vergabeverordnungen geregelt.[5] Neu im § 119 ist aber für das nicht offene Verfahren die in Abs. 4 verankerte Verpflichtung des öffentlichen Auftraggebers, die nach dem Teilnahmewettbewerb nur noch beschränkte Anzahl von Unternehmen nach objektiven, transparenten und nichtdiskriminierenden Kriterien auszuwählen.

Insbesondere **Auftraggebern im Bereich verteidigungs- und sicherheitsrelevanter Beschaffungen** und **Konzessionsgebern nach § 101** stehen danach **Modifikationen und größere Freiräume**, zB aufgrund der **§ 146**[6] und **§ 151 S. 3**[7] **iVm § 12 KonzVgV**, zur Verfügung. Nach Abschaffung der VOF bestimmt zudem § 74 iVm § 73 Abs. 1 VgV für freiberufliche Architekten- und Ingenieurleistungen, deren Lösung vorab nicht eindeutig und erschöpfend beschrieben werden kann, ebenfalls modifizierend, dass diese „in der Regel" im Verhandlungsverfahren nach § 17 oder im wettbewerblichen Dialog nach § 18 vergeben" werden und korrigiert damit letztlich aber konturenlos ebenfalls die Primatsregelung in § 119 Abs. 2. 2

Den eigentlichen Vergabeverfahren **vorgelagerte Aktivitäten, wie reine Markterkundungen** nach § 28 Abs. 1 VgV, werden von der Vorschrift jedoch **nicht erfasst**. Die Verfahrensterminologie folgt den aktuellen europäischen Richtlinien. **Unterhalb der Schwellenwerte** gilt die Terminologie der Basis-Paragrafen der Vergabe- und Vertragsordnungen VOB/A und VOL/A bzw. vielfach auch schon der UVgO. Dem **offenen Verfahren** entspricht die **öffentliche Ausschreibung**, dem **nicht offenen** Verfahren die **beschränkte Ausschreibung mit öffentlichem Teilnahmewettbewerb** und dem **Verhandlungsverfahren entspricht die freihändige Vergabe bzw. Verhandlungsvergabe (UVgO), auch jeweils mit oder ohne Teilnahmewettbewerb.** Die Voraussetzungen der sich jeweils entsprechenden Verfahren sind weitgehend, aber nicht vollständig deckungsgleich. Alle in § 119 aufgeführten Verfahren unterliegen in vollem Umfang und mit jeder Verfahrensphase den **Vergabegrundsätzen des § 97**. Zudem **gilt ein Typenzwang**, dh von den ausdrücklich gesetzlich geregelten **Verfahren darf nicht abgewichen** werden oder ein vollständig anderes Verfahren durchgeführt werden. **Auch Mischformen** aus zwei verschiedenen Verfahren sind **nicht möglich.**[8] 3

§ 119 ist an die Stelle des vormaligen § 101 aF getreten, enthält aber Sonderregeln für Sektorenauftraggeber, wie im ehemaligen § 101 Abs. 7 S. 2 aF und für verteidigungs- und sicherheitsrelevante Aufträge öffentlicher Auftraggeber, wie im ehemaligen § 107 Abs. 7 S. 3 aF, nicht mehr. Diese finden sich nunmehr separiert in § 141 Abs. 1 für Sektorenauftraggeber bzw. in § 146 für verteidigungs- und sicherheitsspezifische Aufträge. 4

II. Die Aufzählung möglicher Vergabearten (Abs. 1)[9]

Abs. 1 zählt die fünf zulässigen Vergabearten auf. Die aufgezählten Verfahrensarten geben die in den EU-Vergaberichtlinien 2014/23/EU (Konzessionen), 2014/24/EU und 2014/25/EU 5

---

[5] Vgl. BT-Drs. 18/6281, 98 zu § 119 Abs. 2.
[6] Fußend auf Art. 25 RL 2009/81/EG. Die Regelung entspricht dem vormaligen § 101 Abs. 7 S. 3 aF iVm §§ 12 und 13 VSVgV aF. Danach ist die Wahl des offenen Verfahrens und die auch in der Richtlinie 2009/81/EG noch nicht implementierte Innovationspartnerschaft nicht vorgesehen und somit auch nicht erlaubt; nur das Verhandlungsverfahren ohne Teilnahmewettbewerb und der wettbewerbliche Dialog sind an besondere Voraussetzungen geknüpft, vgl. § 11 Abs. 1 VSVgV iVm §§ 12, 13 VSVgV nF.
[7] Fußend auf Art. Art. 30 Abs. 1 RL 2014/23/EU. Danach kann ein Konzessionsgeber das Verfahren zur Vergabe von Konzessionen grundsätzlich in den Grenzen § 12 KonzVgV frei gestalten, sich aber auch etwa an Vorgaben eines Verhandlungsverfahrens mit EU-Teilnahmewettbewerb orientieren und ist auch im Übrigen vom Verhandlungsverbot in den Grenzen des § 12 Abs. 2 S. 3 KonzVgV befreit.
[8] OLG Düsseldorf Beschl. v. 11.1.2012 – Verg 58/11, NZBau 2012, 315, für ein unzulässiges „offenes" Verfahren, das die Möglichkeit vorsieht, dass die Bieter unter bestimmten Umständen Vorschläge für Abänderungen machen können, die zu Verhandlungen führen, sodass das Verfahren in ein unzulässiges Verhandlungsverfahren umschlagen kann sowie auch auf der Grundlage der früheren Rechtslage KG Beschl. v. 21.11.2014 – Verg 22/13, BeckRS 2015, 00145 = VergabeR 2015, 204, für ein Verhandlungsverfahren mit ausschließlich auftraggeberseitig verbindlichen Vorgaben. Im neuen Vergaberecht, anders die Verhandlungsnotwendigkeit betonend auch noch *Hölzl* NZBau 2013, 558 (559), sehen § 17 Abs. 11 VgV/§ 3b EU Abs. 3 Nr. 7 VOB/A aber nunmehr die Möglichkeit vor, den Auftrag auch in einem Verhandlungsverfahren auf der Grundlage der Erstangebote, zB auf der Grundlage verbindlicher Vorgaben des Auftraggebers beruhen, zu vergeben, ohne in Verhandlungen zu treten, wenn er sich dies vorbehalten hatte.
[9] Zu den Voraussetzungen und zum Ablauf der Vergabeverfahren vgl. §§ 14–19 VgV und die dortigen Kommentierungen (→ VgV § 14 Rn. 1 ff., → VgV § 15 Rn. 1 ff., → VgV § 16 Rn. 1 ff., → VgV § 17 Rn. 1 ff., → VgV § 18 Rn. 1 ff., → VgV § 19 Rn. 1 ff.) sowie gesondert für den Baubereich § 3a EU VOB/A (→ VOB/A § 3a EU Rn. 1 ff.), § 3b EU VOB/A (→ VOB/A § 3b EU Rn. 1 ff.) bzw. § 3a VS VOB/A (→ VOB/A § 3a VS Rn. 1 ff.) und § 3b VS VOB/A (→ VOB/A § 3b VS Rn. 1 ff.) (für verteidigungs- und sicherheitsrelevante Bauaufträge).

(Sektoren) enthaltenen Vergabearten wieder. Der **wettbewerbliche Dialog kam schon 2005 durch das ÖPP-Gesetz** (Gesetz zur Beschleunigung der Umsetzung von Öffentlich Privaten Partnerschaften und zur Verbesserung gesetzlicher Rahmenbedingungen für Öffentlich Private Partnerschaften) **hinzu**. Dieser kann gem. **§ 14 Abs. 3 VgV grundsätzlich gleichberechtigt unter den gleichen Voraussetzungen wie das Verhandlungsverfahren mit Teilnahmewettbewerb gewählt** werden. **Hinzugekommen ist mit der Vergaberechtsnovelle 2016 die Innovationspartnerschaft in Umsetzung von Art. 31 RL 2014/24/EU.** In der Aufzählung des **§ 119 nicht mehr enthalten,** aber ehedem mit der Reform 2009 als damaliger Abs. 6 in der Vorgängerregelung **§ 101 noch enthalten,** ist die **elektronische Auktion,** die nunmehr in **neuen eigenständigen § 120 Abs. 2** verortet ist. Dies folgt daraus, dass es sich dabei **nicht um eine eigene Verfahrensart** handelt, sondern **nur um ein besonderes Instrument in Vergabeverfahren.**[10]

III. Das neue Rangverhältnis der Vergabearten (Abs. 2)

6   **Abs. 2** bestimmt wörtlich (nur) für klassische öffentliche Auftraggeber nach § 99, welche Verfahren vorrangig anzuwenden sind und unterscheidet **deshalb im Gegensatz zur Vorgängerregelung in § 101 Abs. 1–7 S. 1 aF** einerseits und **Abs. 7 S. 2 aF für Sektorenauftraggeber** andererseits **nicht mehr nach der Art der Auftraggeber.**

7   **Öffentliche Auftraggeber** hatten nach den vormaligen Regelungen – seit 1999 durchgängig – **vorrangig das offene Verfahren** anzuwenden.

8   Dieser damaligen Priorität lag der nicht im EU-Recht verankerte Gedanke zugrunde, dass das **offene Verfahren die weiteste Wettbewerbsöffnung und Transparenz bewirkt und dem Gebot der Wirtschaftlichkeit am besten** entspricht.[11] In **Art. 28 Vergabe-RL 2004,** der zwischenzeitlich aufgehobenen RL aus dem Jahr 2004, standen das offene und das nicht offene Verfahren schon gleichwertig nebeneinander wahlweise zur Verfügung. Die bis 2016 gültigen nationalen Regelungen für klassische Auftraggeber gingen daher mit ihren Restriktionen bezüglich des nicht offenen Verfahrens über die alte EU-Richtlinie hinaus.

9   In **Umsetzung der Art. 26 Abs. 2 RL 2014/24/EU bzw. Art. 44 Sektoren-RL ist seit 2016 die Wahlfreiheit zwischen offenem und nicht offenem Verfahren in das deutsche Vergaberecht** eingezogen.[12]

10 Schon die Bestimmungen zur Wahl der richtigen Verfahrensart gehören zu den **Bestimmungen, auf deren Einhaltung die Unternehmen gem. § 97 Abs. 6 ein Recht** haben.

11 Die **anderen typisierten Vergabeverfahren** (Verhandlungsverfahren mit und ohne Teilnahmewettbewerb, wettbewerblicher Dialog oder Innovationspartnerschaft) stehen dem öffentlichen Auftraggeber nach Abs. 2 **nur dann zur Verfügung, wenn dies „aufgrund dieses Gesetzes" gestattet** ist. Damit ist aber nicht nur das GWB als Vergabegesetz selbst gemeint. **Erfasst werden** auch die einschlägigen Regelungen, die **im Rahmen der Ermächtigung nach § 113 auf untergesetzlicher Ebene,** zB der **VgV,** zur Konkretisierung der eher allgemein gehaltenen Vorgaben im GWB verabschiedet wurden. Nähere Inhalte dieser Regelungskompetenz enthält § 113 S. 2 Nr. 1–8, zB zu den Verfahrensarten und den Ablauf des Vergabeverfahrens in Nr. 2.

12 Im GWB selbst regelt zB auch **§ 131** darüber hinaus, dass bei der Vergabe von öffentlichen Aufträgen über Personenverkehrsleistungen im Eisenbahnverkehr öffentlichen Auftraggebern sämtliche Verfahrensarten **mit Ausnahme des Verhandlungsverfahrens ohne Teilnahmewettbewerb**[13] nach ihrer Wahl zur – freien – Verfügung stehen.

---

[10] Vgl. zum Einen die Überschrift von § 120 (Methode und Instrumente im Vergabeverfahren), in § 120 Abs. 2 findet sich die elektronische Auktion; vgl. zum Zweiten § 25 Abs. 1 S. 1 und 2 VgV, der regelt, dass die elektronische Auktion im Rahmen eines offenen, eines nicht offenen oder eines Verhandlungsverfahrens vor der Zuschlagserteilung durchgeführt werden kann, wenn auch nicht hinsichtlich geistig-schöpferischer Leistungen.

[11] BT-Drs. 13/9340, 15.

[12] Schon 2009 hatte der Bundesrat dies gefordert, war aber damals mit seinem Anliegen gescheitert. Seinen Sinneswandel trotz unveränderter europäischer Rechtslage hat der Gesetzgeber im Gesetzgebungsprozess (BT-Drs. 18/6281, 97 zu § 119 Abs. 2 GWB-E) damit begründet, dass das nunmehr vorrangige nicht offene Verfahren beiderseitige Vorteile für Auftraggeber und Bieter mit sich brächte. Auftraggeber hätten mehr Flexibilität und weniger Prüfaufwände, da nur (idR max. fünf) geeignete Bewerber zur Angebotsabgabe aufgefordert werden. Auch Bieter hätten weniger Aufwand, da ebenfalls nur geeignete Bieter, nicht aber alle Interessierten, ein Angebot erstellen müssten, was wiederum die Bereitschaft zur Teilnahme und auch den Wettbewerb fördere.

[13] Ein Verhandlungsverfahren ohne Teilnahmewettbewerb steht gem. § 131 Abs. 1 S. 2 in diesen Fällen nur zur Verfügung, soweit dies „aufgrund dieses Gesetzes gestattet" ist.

IV. Das offene Verfahren (Abs. 3)   13–21 § 119 GWB

Zudem gibt es auch außergesetzliche Ausnahmebestimmungen, wie in Artikeln der VO (EG) 13
Nr. 1370/2007,[14] die es Auftraggebern erlauben, bei Dienstleistungskonzessionen Direktvergaben ohne wettbewerbliches Verfahren durchzuführen.

Zwischen den nachrangigen Verfahrensarten iSd Abs. 2 S. 2 **untereinander besteht** 14
grundsätzliche Gleichrangigkeit. Der öffentliche Auftraggeber hat somit zwischen ihnen Wahlfreiheit, sofern die spezifischen Voraussetzungen, etwa **der § 14 Abs. 3 VgV**[15] **oder § 14 Abs. 4 VgV, § 17 VgV oder § 19 VgV,** zur objektiven Nutzung dieser an sich nachrangigen Verfahren, einschlägig sind.

Die **Beweislast** für die rechtmäßige Durchführung des Vergabeverfahrens liegt immer beim 15
öffentlichen **Auftraggeber,** da er das Verfahren führt und gestaltet.

Hat ein öffentlicher Auftraggeber für eine Beschaffung **eine Vergabeart gewählt,** kann er 16
während der laufenden Vergabe das **Verfahren ohne Aufhebung,** zB nach § 63 VgV und vollkommen neuen Aufruf zum Wettbewerb[16] **nicht mehr wechseln.** In Verfahren ohne vorherige Bekanntmachung endet die Wahlfreiheit mit der ersten „Veröffentlichung" der Vergabeart gegenüber den am Wettbewerb zu beteiligenden Unternehmen. Ab diesem Zeitpunkt würde eine nachträgliche, möglicherweise mehrfache Änderung der Vergabeart die Transparenz des Verfahrens aufheben.

Damit trotz Wahlfreiheit eine Kontrolle über das Auftraggeberverhalten bei Beschaffungen 17
besteht, sind die **Ergebnisse der Vergabeverfahren spätestens 30 Tage** nach der Vergabe eines öffentlichen Auftrags oder nach dem Abschluss einer Rahmenvereinbarung **dem Amt für Veröffentlichungen der Europäischen Union mitzuteilen.** Dazu sind bestimmte Mitteilungsvordrucke (Anhang III der Durchführungsverordnung (EU) 2015/1986), zB in § 39 Abs. 2 VgV verbindlich vorgegeben, die für die Transparenz erforderliche Daten abfragen.

IV. Das offene Verfahren (Abs. 3)

Die jetzige Definition und Charakterisierung des offenen Verfahrens entspricht bis auf ein paar rein 18
sprachliche Anpassungen fast wörtlich der Vorgängerregelung in § 101 Abs. 2 aF. Während § 119 Abs. 3 auf gesetzlicher Grundlage nunmehr lediglich noch die grundlegende Definition liefert,[17] sind die Regularien zum Verfahrensablauf sowie neuerdings auch die zu beachtenden Fristen und die Aufklärungsmöglichkeiten/Verhandlungsverbote für klassische Auftraggeber in einem untergesetzlichen Paragrafen, dem neuen § 15 VgV, konzentriert worden. Damit umfasst § 15 VgV nunmehr Bestimmungen, die im bisherigen Recht verstreut insbesondere in den entfallenen Vergabe- und Vertragsordnung VOL/A EG enthalten waren (zB § 3 EG Abs. 1 VOL/A, § 12 EG VOL/A und § 18 EG VOL/A).

Abs. 3 definiert das **offene Verfahren** als ein Verfahren, in dem der öffentliche Auftraggeber eine 19
unbeschränkte Anzahl von Unternehmen öffentlich zur Abgabe von Angeboten **auffordert.**

Zum Beispiel die **Vergabeverordnung**[18] definiert und determiniert das offene Verfahren **zusätz-** 20
lich durch den Umstand, dass jedes interessierte Unternehmen ein Angebot abgeben kann. Kennzeichnend für das offene Verfahren ist danach, dass der Kreis der sich beteiligenden Marktteilnehmer/Bieter nicht vorab eingeschränkt wird und auch nicht eingeschränkt werden könnte.

Das formstrenge[19] **offene** Verfahren **beginnt mit der europaweiten Bekanntma-** 21
chung[20] der Vergabeabsicht,[21] in der **neuen Terminologie** der VgV mit **Auftragsbekanntma-**

---

[14] Art. 5 Abs. 2 VO (EG) Nr. 1370/2007.
[15] § 14 Abs. 3 Nr. 1–5 VgV regeln unterschiedslos die Voraussetzungen für das Verhandlungsverfahren mit Teilnahmewettbewerb und den wettbewerblichen Dialog.
[16] Dazu reicht neuerdings aber erstmals auch nur eine EU-Vorinformation nach § 38 VgV aus, der keine zweite, eigentliche EU-Bekanntmachung – wie früher – nachfolgt, sondern lediglich noch eine Interessensbekundung und -bestätigung der interessierten Unternehmen, letztere nur noch – ohne jede Publizität – nach direkter Aufforderung durch den Auftraggeber.
[17] Wonach das offene Verfahren ein Verfahren ist, in dem öffentlicher Auftraggeber eine unbeschränkte Anzahl von Unternehmen öffentlich zur Abgabe von Angeboten auffordert. Es entspricht somit unterschwellig der öffentlichen Ausschreibung, die nach § 55 BHO, vorbehaltlich der Änderungen durch die Unterschwellenwertvergabeordnung (UVgO) eine absolute Vorrangstellung beansprucht.
[18] Vgl. § 15 Abs. 1 S. 2 VgV. § 15 Abs. 1 S. 1 VgV wiederholt überflüssigerweise noch einmal den Wortlaut von § 119 Abs. 3.
[19] S. ua die festen Mindestfristen nach § 15 VgV und das in § 15 Abs. 5 VgV ebenfalls verankerte Verhandlungsverbot.
[20] § 40 Abs. 1 S. 1 VgV iVm § 37 Abs. 1 S. 1 und § 15 Abs. 1 VgV (dort nur Forderung nach „öffentlicher" Aufforderung zur Abgabe von Angeboten, aber von § 40 Abs. 1 S. 1 VgV mit der Pflicht zur elektronischen Übersendung an das Amt für Veröffentlichungen der Europäischen Union modifiziert und konkretisiert).
[21] Das deutsche Vergaberecht vermeidet bewusst den originalen Richtlinienbegriff des „Aufrufs zum Wettbewerb", weil der Begriff Wettbewerb im deutschen Vergaberecht teilweise auch anders verwendet wird, zB bei Planungs- und Preiswettbewerben nach § 69 VgV.

chung[22] bezeichnet. Allen Unternehmen sind die **Vergabeunterlagen nach § 41 Abs. 1 VgV zeitgleich mit der Bekanntmachung unter einer elektronischen Adresse** – unentgeltlich, uneingeschränkt, vollständig und direkt abrufbar – **zur Verfügung zu stellen** und alle eingegangenen Angebote in die Prüfung einzubeziehen. Es spielt dabei keine Rolle, ob der Bieter zwingende oder fakultative Ausschlussgründe nach den §§ 123, 124 verwirklicht hat, für die Leistung ungeeignet ist oder ein Dumpingangebot abgibt; er darf zunächst unbeschränkt sein Angebot abgeben, das dann in der Wertungsphase nach §§ 123, 124 oder nach § 57 VgV bzw. § 60 VgV als ungeeignet oder als Dumpingangebot ausgeschlossen werden kann oder mag. Zudem erhält jeder Bieter grundsätzlich eine automatische Vorinformation nach § 134[23] vor dem Zuschlag, selbst wenn sein Angebot verspätet abgegeben worden sein sollte. Das offene Verfahren erzielt daher die **größte Marktöffnung** und dient der Zielsetzung der Richtlinien und der **Grundsätze aus § 97,** insbesondere der Forderung nach **diskriminierungsfreiem Zugang** zum Wettbewerb, **Transparenz** und **Chancengleichheit** am besten. Um die Angebote ohne wettbewerbsverzerrende und deshalb unzulässige Nachverhandlungen vergleichen zu können, muss die zu erbringende **Leistung so eindeutig beschrieben** sein, dass die Angebote so gleichartig gestaltet werden können, dass ein **Vergleich mühelos möglich und eine Zuschlagsentscheidung auf der Basis der zuvor veröffentlichten, grundsätzlich gewichteten Zuschlagskriterien durch die schlichte Annahme des Angebotes möglich** ist.[24] Hinzu kommt, dass das offene Verfahren **die wenigsten zwingend vorgeschriebenen Verfahrensschritte** aufweist, (es besteht aus den Schritten Bekanntmachung, Einhaltung der Angebotsfrist, Auswertung der Angebote, Information der Bieter und Zuschlagserteilung [oder ggf. Aufhebung der Ausschreibung]) und deshalb auch **in zeitlicher Hinsicht das ökonomischste Verfahren** ist. Außer der vorgegebenen Angebotsfrist von mindestens 35 Tagen,[25] die unter bestimmten Voraussetzungen noch verkürzt werden kann[26] und der abzuwartenden Informationsfrist nach **§ 134** (15 Tage; bei elektronischer oder Fax-Information zehn Tage) hat der **Auftraggeber für alle anderen Schritte die zeitliche Gestaltung vollständig selbst in Händen.**

22 Gemäß **§ 15 Abs. 5 S. 1 VgV** darf der öffentliche Auftraggeber von den Bietern in einem **offenen Verfahren nur** die **Aufklärung** über das **Angebot** und deren **Eignung** verlangen. Hingegen sind **Verhandlungen,** insbesondere über Änderungen der Angebote oder Preise **unzulässig (§ 15 Abs. 5 S. 2 VgV).**[27] Die Aufklärungsbefugnis rechtfertigt sich aus der Tatsache, dass Angebote, selbst nach ermessensgebundenen Nachforderungen und Erläuterungen **Unklarheiten** enthalten können, die eine **Vergleichbarkeit der Angebote** untereinander **erschwert.** Diese unklare Situation darf allerdings von beiden Seiten, Auftraggebern wie Bietern, **nicht dazu missbraucht** werden, ein ursprünglich **nicht ausreichendes Angebot doch noch annahmefähig** zu machen. Insbesondere ist es dem Auftraggeber **untersagt,** im Wege von Verhandlungen mit dem Bieter **irrtümliche Angaben oder sonstige Fehler zu beseitigen.**[28] Dem steht auch der scheinbar anders lautende Wortlaut etwa von § 56 Abs. 2 S. 1 VgV nicht entgegen, wonach der Auftraggeber Bieter auffordern kann, sogar fehlerhafte unternehmensbezogene Unterlagen „korrigieren" zu lassen. Denn diese Regelung ist wegen des anders lautenden Wortlauts der zugrundeliegenden EU-Richtlinien (Art. 56 Abs. 3 RL 2014/24/EU) europarechtskonform dahingehend auszulegen, dass einem Bieter keine Gelegenheit gegeben werden kann, inhaltlich nachgebesserte Unterlagen einzureichen,[29] sondern lediglich zu übermitteln, zu ergänzen, zu erläutern und zu

---

[22] Die Vergabebekanntmachung nach § 39 VgV hingegen betrifft die ex-post-Information spätestens 30 Tage nach der Vergabe eines Auftrags oder einer Rahmenvereinbarung.
[23] Zu den Ausnahmen mangels Betroffenheit nach § 134 Abs. 1 S. 1 → § 134 Rn. 22.
[24] Vgl. § 31 Abs. 1 und 6 zur Leistungsbeschreibung und § 15 Abs. 5 zum Nachverhandlungsverbot.
[25] § 15 Abs. 2 VgV. Diese Frist ist nach § 15 Abs. 4 VgV um fünf Tage (= 30 Tage) verkürzbar, wenn der Auftraggeber die elektronische Übermittlung der Angebote akzeptiert.
[26] Gem. § 15 Abs. 3 VgV ist eine Reduzierung auf (bis) nur 15 Tage möglich, sofern eine hinreichend begründete Dringlichkeit die Einhaltung der 35-Tagesfrist des § 15 Abs. 2 oder § 15 VgV unmöglich macht.
[27] Diese Bestimmungen entsprechen dem vormaligen § 18 EG VOL/A.
[28] OLG Karlsruhe Beschl. v. 14.8.2019 – 15 Verg 10/19, NZBau 2020, 267. Wegen der in Art. 56 Abs. 3 RL 2014/24/EU nicht vorgesehenen Korrektur bisheriger Angaben deshalb äußerst zweifelhaft BGH Beschl. v. 18.6.2019 – X ZR 86/17, NZBau 2019, 661, in einem Schadenersatzfall, in dem ein Bieter bewusst eine abweichende Rechnungsklausel dem Angebot handschriftlich hinzugesetzt hatte und der BGH meinte, man müsse erst einmal beim Bieter nachfragen, ob sich dieser Bieter ggf. der ausschlussrelevanten Tragweite dieser Erklärung nicht im Klaren gewesen sei samt nachfolgender Korrekturmöglichkeit. Diese Entscheidung in ihrer nicht generalisierenden Bedeutung mittlerweile ebenfalls relativierend VK Bund Beschl. v. 11.6.2021 – VK 1-44/21.
[29] Vgl. OLG Karlsruhe Beschl. v. 14.8.2019 – 15 Verg 10/19, NZBau 2020, 267, unter Hinweis auch auf die englischsprachige und französischsprachige Fassung: submit, supplement, clarify or complete bzw. presenter, completer, clarifier ou preciser.

vervollständigen. Dieses mittelbare Verbot der nachbessernden Korrektur fristgemäß abgegebener Angebote liegt im Übrigen auch auf der Linie der einschlägigen Rechtsprechung des EuGH. So hat dieser in mehreren Entscheidungen[30] ausgeurteilt, dass der Auftraggeber bei der Ausübung seines Ermessens die verschiedenen Unternehmen gleich und fair zu behandeln hat, sodass am Ende des Verfahrens zur Auswahl der Angebote und im Hinblick auf das Ergebnis dieses Verfahrens nicht der Eindruck entstehen kann, dass die Aufforderung zur Erläuterung ein Unternehmen, an das sie gerichtet war, ungerechtfertigt begünstigt oder benachteiligt hätte.

V. Das nicht offene Verfahren (Abs. 4)

Abs. 4 definiert das zweite vom Auftraggeber nach Abs. 2 S. 1 nunmehr neben dem offenen Verfahren ohne weitere Voraussetzungen frei wählbare **nicht offene Verfahren** durch **zwei Schritte**. In einem ersten Schritt hat eine **öffentliche Aufforderung zur Teilnahme** stattzufinden. Aus dem Kreis der sich daraus ergebenden Bewerber kann der Auftraggeber in einem zweiten Schritt eine **beschränkte Zahl von Unternehmen nach objektiven, transparenten und nichtdiskriminierenden Kriterien für die nachfolgende Angebotsphase mittels Angebotsaufforderung auswählen (Teilnahmewettbewerb). Damit liefert § 119 Abs. 4 erstmalig eine Legaldefinition des Teilnahmewettbewerbs,** wobei dieser **im nicht offenen Verfahren Pflichtbestandteil** dieses Verfahrens[31] ist, während es das Verhandlungsverfahren nach § 119 Abs. 5 in den beiden Varianten mit und auch ohne Teilnahmewettbewerb gibt (vgl. zB § 14 Abs. 3 VgV einerseits und § 14 Abs. 4 VgV andererseits).

Die näheren Einzelheiten zum Ablauf des nicht offenen Verfahrens sind in § 16 VgV bzw. für den Baubereich in § 3b EU Abs. 2 VO/B/A niedergelegt. Im nicht offenen Verfahren können sich **alle** Wirtschaftsteilnehmer **um die Teilnahme bewerben**, aber **nur die vom Auftraggeber aufgeforderten Bewerber ein Angebot** abgeben. Dieses Verfahren schränkt den Zugang zum Wettbewerb insoweit ein, als ein Angebot nur noch die Bewerber abgeben können, die zuvor im Teilnahmewettbewerb, wenn auch nach objektiven Kriterien, ausgewählt wurden. **Unaufgefordert darf kein Angebot in zulässiger Weise eingereicht werden. Dies stellt § 16 Abs. 4 S. 1 VgV jetzt auch erstmals in kodifizierter Form klar.**

Der **Teilnahmewettbewerb** dient dabei der **Prüfung** der **Eignung gem. § 122. Jedes** interessierte **Unternehmen kann** einen **Teilnahmeantrag einreichen** (§ 16 Abs. 1 S. 2 VgV). Ergänzend bestimmen § 16 Abs. 1 S. 3 VgV bzw. erweiternd § 3b EU Abs. 2 Nr. 1 S. 3 VOB/A, dass die Unternehmen **mit dem Teilnahmeantrag** die vom öffentlichen Auftraggeber **geforderten Informationen** für die Prüfung der Eignung bzw. für das Nichtvorliegen von Ausschlussgründen **übermitteln** müssen.[32] Der eigentliche Teilnahmewettbewerb zerfällt seinerseits wiederum in zwei Phasen, wobei letztere von der Anzahl der geeigneten Bewerber abhängt.

In der ersten Phase des **Teilnahmewettbewerbs**, der schon elementarer **Bestandteil des förmlichen nicht offenen Verfahrens** ist, wird die beabsichtigte **Auftragsvergabe nach § 37 VgV** zwingend im Supplement zum Amtsblatt der EU mittels des dafür speziell **vorgeschriebenen Musters**[33] bekannt gemacht, **sog. Auftragsbekanntmachung.**[34]

---

[30] EuGH Urt. v. 29.3.2012 – C-599/10, NZBau 2012, 745 = VergabeR 2012, 584; EuGH Urt. v. 11.5.2017 – C-131/16, ZfBR 2017, 601 (für den Sektorenbereich).

[31] Er kann somit im Unterschied zur unterschwelligen beschränkten Ausschreibung, dort ggf. auch ohne Teilnahmewettbewerb, oberschwellig zumindest im nicht offenen Verfahren niemals entfallen.

[32] Vgl. zu den Einzelheiten der Eignungsprüfung im Teilnahmewettbewerb, die gerade das im offenen Verfahren in der abschließenden Wirtschaftlichkeitsbewertung mit nunmehrigen Aufweichungen eigentlich untersagte „Mehr an Eignung" zu Tage fördern soll, die Kommentierung zu § 51 Abs. 1 VgV (→ VgV § 51 Rn. 13) und § 42 Abs. 1 und 2 VgV (→ VgV § 42 Rn. 14).

[33] Nach § 37 Abs. 2 VgV ist dies beim nicht offenen Verfahren der Musteranhang II der Durchführungsverordnung (EU) 2015/1986, die als EU-Verordnung in den Mitgliedstaaten ohne jede Umsetzungsnotwendigkeit oder -frist direkt gilt.

[34] Alternativ besteht nunmehr erstmalig auch die Möglichkeit, die EU-Vorinformation nach § 37 VgV nicht nur – wie bisher – zur Fristverkürzung, sondern auch als echten Aufruf zum Wettbewerb zu nutzen, der eine eigentliche EU-Auftragsbekanntmachung nach § 38 VgV im nicht offenen Verfahren entbehrlich macht. In einem solchen Fall sind zunächst die Unternehmen am Zuge, die ihr Interesse an der Teilnahme am weiteren Verfahren bekunden und der sog. Interessensbekundung übermitteln müssen. Alle diese Unternehmen werden dann vom Auftraggeber zur Bestätigung ihres Interesses aufgefordert (Aufforderung zur Interessensbestätigung). Mit dieser Aufforderung durch den Auftraggeber wird der Teilnahmewettbewerb bei diesem leicht modifizierten nicht offenen Verfahren eingeleitet. Mit ihrer Interessensbestätigung übermitteln die Unternehmen gleichzeitig auch die in der Vorinformation bereits veröffentlichen und vom Auftraggeber geforderten Informationen für die Prüfung ihrer Eignung. Im Übrigen enthält die Aufforderung zur Interessensbestätigung die in § 52 Abs. 3 VgV genannten Angaben. Die Frist für den Eingang der Interessensbestätigung beträgt nach § 38 Abs. 5 S. 4 VgV 30 Tage.

27   Nach dieser Auftragsbekanntmachung kann jedes interessierte **Unternehmen** seine **Verfahrensteilnahme beantragen**. Diese wird aber nur erfolgreich sein, wenn ein Unternehmen die geforderten Eignungskriterien und -nachweise fristgerecht vorlegt. Diese hat der Auftraggeber nach § 122 Abs. 4 S. 2 in der Auftragsbekanntmachung aufzuführen.

28   **Anhand** dieser bereits **festgelegten und in der Auftragsbekanntmachung mitgeteilten Auswahlkriterien** wählt der öffentliche Auftraggeber aus dem Bewerberkreis diejenigen Unternehmen aus, die er zur Angebotsabgabe auffordern will und wird. Aufforderungsfähig sind aber nur solche Unternehmen, die ihre **Eignung nachgewiesen** haben und **nicht formal ausgeschlossen** wurden (**§ 42 Abs. 2 VgV**). Die Angebotsaufforderung erfolgt somit nur an diejenigen Unternehmen, die einen fristgerechten Teilnahmeantrag gestellt hatten, geeignet sind und deshalb zur Angebotsabgabe ausgewählt wurden. Bewerber, die die erforderliche Eignung nicht nachgewiesen haben, werden zur weiteren Angebotsabgabe nicht zugelassen. Ebenso ist vorab die **Vollständigkeit der geforderten Unterlagen festzustellen.** Danach sind die Unterlagen auf ihre tatsächlichen Inhalte hin zu prüfen.[35] Auch die **Eignungsfeststellung hat nach objektiven, nachvollziehbaren und prüfbaren Kriterien** zu erfolgen.

29   Allerdings müssen nicht alle danach geeigneten Unternehmen, die einen Teilnahmeantrag eingereicht haben, zur Angebotsabgabe aufgefordert werden, was die Begrenzungsermächtigung in § 16 Abs. 4 S. 2 VgV verdeutlicht, der seinerseits auf § 51 VgV zur näheren Ausgestaltung der Begrenzung der Anzahl der Bewerber verweist.

30   Hält sich die Anzahl derart als **geeignet** erkorenen **Bewerber** innerhalb der nach § 51 Abs. 2 VgV mindestens Aufzufordernden oder der von Auftraggeber im konkreten Verfahren festgelegten Anzahl Aufzufordernder nach § 51 Abs. 1 VgV, ist der Teilnahmewettbewerb mit deren Aufforderung beendet, da eine weitere Abschichtung nicht mehr erforderlich ist.

31   Übersteigt jedoch die Anzahl derart Geeigneter die vorgesehene Anzahl Aufzufordernder, muss der Auftraggeber aus **zu vielen Geeigneten** eine sachgerechte Auswahl und **Reduzierung** auf das vorgesehene Maß nach Maßgabe des § 51 VgV im Wege des einzig hier[36] zulässigen „Mehr an Eignung" vornehmen.

32   Dazu kann der Auftraggeber in der Auftragsbekanntmachung gem. § 51 Abs. 1 S. 2 VgV[37] eine **Höchstzahl von Unternehmen** bestimmen, die ein Angebot abgeben sollen dürfen.

33   Unter dem Stichwort „**Mehr an Eignung**" besteht deshalb die Möglichkeit, aus dem Kreis der eigentlich geeigneten Bewerber nur diejenigen auszuwählen und zur Angebotsabgabe aufzufordern, die die vorgegebenen **Eignungsanforderungen am besten** erfüllen. Deren Anzahl darf aber nach § 51 Abs. 2 S. 1 VgV bzw. § 3b EU Abs. 2 Nr. 3 S. 3 VOB/A nicht niedriger als fünf Unternehmen sein, wenn sich eine ausreichende Anzahl geeigneter Unternehmen beworben haben.

34   Wegen der dennoch vorliegenden Wettbewerbseinschränkung durch die Auswahlmöglichkeit des Auftraggebers und der damit verbundenen Manipulationsmöglichkeit unterliegt das **Auswahlverfahren im Teilnahmewettbewerb in vollem Umfang den Geboten der Transparenz, Chancengleichheit und des diskriminierungsfreien Zugangs zum Wettbewerb.** Dies hat der Normgeber nunmehr auch erstmalig flächendeckend in § 51 VgV für den Auswahlprozess unter grundsätzlich Geeigneten im Vergaberecht kodifiziert. Das bedeutet nach § 51 Abs. 1 S. 2 VgV auch, dass die Bekanntmachung des Teilnahmewettbewerbs oder alternativ die Aufforderung zur Interessensbestätigung[38] auch schon die **vorgesehenen objektiven und nichtdiskriminierenden Eignungskriterien für die Begrenzung der Zahl** und zumindest die vorgesehene Mindestzahl[39] **aufführen muss.**

35   Das dem Auftraggeber bei seiner Auswahl zukommende Auswahlermessen, welche Bewerber er innerhalb der vorgegebenen Mindest- oder Höchstzahl schlussendlich zur Angebotsabgabe auffor-

---

[35]   Dabei muss auf die Identität des ausgewählten Bewerbers mit dem anbietenden Bieter geachtet werden. Der Wechsel eines Partners einer ausgewählten Bietergemeinschaft zwischen dem Teilnahmewettbewerb und der Angebotseinreichung ist deshalb unzulässig und führt zum Ausschluss des Angebots der (neuen) Bietergemeinschaft, VK Thüringen Beschl. v. 14.1.2015 – 250-4003-7807/2014-E-01-G, IBRRS 2016, 1321.

[36]   Anders als in der Wirtschaftlichkeitsbewertung der Angebote nach § 127.

[37]   Vgl. insoweit auch die Kommentierung zu § 51 VgV (→ VgV § 51 Rn. 14) und die fast wortgleiche baurechtliche Sonderbestimmung in § 3b EU Abs. 2 Nr. 3 S. 2 VOB/A (→ VOB/A § 3b EU Rn. 25).

[38]   In den Fällen der EU-Vorinformation nach § 38 VgV als einziger Aufruf zum Wettbewerb.

[39]   IdR nicht niedriger als fünf (vgl. § 51 Abs. 2 S. 2 VgV). Liegt die Anzahl geeigneter Bewerber jedoch unter dieser Mindestzahl, ist es nach § 51 Abs. 3 VgV zulässig, eine geringere Anzahl an Bewerbern zur Abgabe eines Angebotes aufzufordern. Hat es der Auftraggeber demgegenüber versäumt, einen Hinweis auf die Begrenzung der Bieterzahl in der Bekanntmachung gem. § 51 Abs. 2 VgV vorzunehmen, sind alle geeigneten Unternehmen zur Angebotsabgabe zuzulassen.

dert, ist somit nicht schrankenlos, was zB die nunmehrigen[40] dezidierten Vorgaben in § 51 VgV und § 57 Abs. 3 VgV verdeutlichen.

Eine willkürliche Zulassung oder Nichtzulassung zum späteren Angebotsverfahren oder auch nur 36 ein solches unter Missachtung der eigenen Bindungen aus den vorher verlautbarten objektiven, nichtdiskriminierenden Kriterien, stellt ein rechtswidriges Handeln des Auftraggebers dar, das grundsätzlich wegen § 97 Abs. 6 in einen Vergabenachprüfungsverfahren kontrollierbar und ggf. korrigierbar wäre.

Dem Teilnahmewettbewerb folgt die **Angebotsphase**, die dem Verfahren des offenen Verfahr- 37 rens[41] ohne Publikationsakt entspricht. Den künftigen Bietern ist eine eindeutige und vollständige Leistungsbeschreibung zur Verfügung zu stellen und eine **angemessene Frist zur Abgabe eines Angebotes (30 Tage, § 16 Abs. 5 VgV;** um fünf Tage verkürzbar bei Zulassung rein elektronischer Übermittlung der Angebote, § 16 Abs. 8 VgV) einzuräumen.

Die **Auswertung der Angebote in der zweiten Phase** hat ebenfalls diskriminierungsfrei zu 38 erfolgen, der **Zuschlag ist auf das wirtschaftlichste Angebot** zu erteilen (§ 127). Die erforderliche Transparenz des Verfahrens setzt zudem eine **ausreichende Dokumentation** der maßgeblichen Entscheidungsgründe nach § 8 Abs. 2 Nr. 2 und 3 VgV bzw. vergleichbarer Dokumentationspflichten in einem nicht offenen Verfahren voraus. Weitere Einzelheiten, insbesondere zu den zu beachtenden Fristen im nicht offenen Verfahren, regelt § 16 VgV, zT **per Querverweis in Abs. 9 auf § 15 Abs. 5 VgV auch das nach wie vor geltende Nachverhandlungsverbot.**[42] Für EU-Bauverfahren ergibt sich das grundsätzliche Verhandlungsverbot ua auch im nicht offenen Verfahren nunmehr aus § 15 EU Abs. 3 VOB/A, ist dort aber insoweit eingeschränkt, als dass Nachverhandlungen bei Nebenangeboten oder Angeboten aufgrund eines Leistungsprogramms gem. § 7c EU VOB/A zulässig sind, wenn sie nötig sind, um unumgängliche technische Änderungen geringen Umfangs und daraus sich ergebende Änderungen der Preise zu vereinbaren.

Das nicht offene Verfahren bewirkt dadurch eine **Verengung des Zugangs zum Wettbewerb** 39 und **war bis 2016 nach den bisherigen nationalen Bestimmungen nur unter bestimmten Voraussetzungen**[43] **zulässig.** Soweit der Gesetzgeber[44] in diesem Zusammenhang für die seit 2016 festgelegte Gleichrangigkeit mit den offenen Verfahren auch auf die wünschenswerte Flexibilität bei der Wahl der Verfahrensart für den Auftraggeber unter Hinweis auf Erwägungsgrund 42 RL 2014/24/EU verwiesen hat, überzeugt dies nicht. Denn Erwägungsgrund 42 RL 2014/24/EU befasst sich nur mit der Flexibilität im Hinblick auf ein Vergabeverfahren, das Verhandlungen zulässt. Diese sind aber gerade gem. § 16 Abs. 9 VgV im nicht offenen Verfahren nicht zulässig. Nichtsdestotrotz ist es nach wie vor richtig, dass die RL 2014/24/EU in Art. 26 Abs. 2 RL 2014/24/EU den Mitgliedstaaten vorgibt, dass sie vorschreiben (müssen), dass die öffentlichen Auftraggeber offene und nicht offene Verfahren anwenden können (dürfen) und der deutsche Normgeber dies – mit allen Risiken – jetzt erstmalig 1:1 auch umgesetzt hat.

In zeitlicher Hinsicht[45] hat der Auftraggeber zusätzlich zur Angebotsphase den Zeitraum für 40 den vorausgehenden Teilnahmewettbewerb zu berücksichtigen. Zwischen der Bekanntmachung zum Teilnahmewettbewerb und der **Abgabe der Teilnahmeanträge ist eine gesetzte Frist von 30 Tagen** (§ 16 Abs. 2 VgV) abzuwarten, nach Auswahl der Bewerber ist eine **Angebotsfrist von 30 Tagen** vorgegeben[46] und auch hier ist grundsätzlich vor der Zuschlagserteilung die **Frist des § 134** (15 oder 10 Tage, je nach Versandform) **abzuwarten.**

Informationspflichtig sind aber grundsätzlich **nur noch die in der zweiten Phase** des nicht 41 offenen Verfahrens vom Auftraggeber zur Angebotsabgabe aufgeforderten **Bieter,** die auch ein Angebot abgegeben haben.[47] Nur wenn es der Auftraggeber bisher verabsäumt hatte, einen geschei-

---

[40] In § 3 EG Abs. 5 VOL/A und § 10 Abs. 4 VOF (aufgehoben) für freiberufliche Leistungen fand sich bisher lediglich ein Passus zur Mindestzahl und zur Höchstzahl aufzufordernder Bewerber. § 10 Abs. 3 VOF sah zudem die Auswahl durch Los vor, wie jetzt noch § 76 Abs. 6 VgV für die Vergabe von Architekten- und Ingenieurleistungen, sofern selbst die objektive Auswahl entsprechend der zugrunde gelegten Eignungskriterien gem. § 51 VgV eine immer noch zu hohe Bewerberrestanzahl ergab.

[41] Wenn auch grundsätzlich ohne Eignungsprüfung, es sei denn, neuere Erkenntnisse würden eine im Teilnahmewettbewerb bisher positiv zuerkannte Eignung nachträglich in Frage stellen.

[42] Das Verhandlungsverbot war früher für das offene und das nicht offene Verfahren in § 18 EG S. 2 VOL/A geregelt.

[43] ZB § 3 EG Abs. 2 lit. a–d VOL/A 2009; § 3 EG Abs. 3 Nr. 1–4 VOB/A aF.

[44] BT-Drs. 18/6281, 97.

[45] Vgl. zu den relevanten Fristen auch die Spezialregelung für das nicht offene Verfahren in § 16 VgV, insbesondere § 16 Abs. 2, 3 und 5–8 VgV.

[46] § 16 Abs. 5 VgV. Beachte aber zumindest für nicht oberste Bundesbehörden die völlig neue Möglichkeit nach § 16 Abs. 6 VgV, die Angebotsfrist einvernehmlich mit den ausgewählten Bewerbern festzulegen und ersatzweise bei mangelnder Einvernehmlichkeit nur eine Angebotsfrist von zehn Tagen vorzusehen.

[47] *Hölzl* NZBau 2013, 558 (559).

terten Bewerber über die Ablehnung seiner Bewerbung vorab zu unterrichten, rücken diese nach § 134 Abs. 1 S. 2 in die Informationsrechte von Bietern ein. Sollte ein Auftraggeber kurz vor dem eigentlichen Absageschreiben nach § 134 Abs. 1 S. 1 an die Bieter diesen Lapsus bemerken, ist er nicht gehindert, die vergessene Information an den gescheiterten Bewerber noch eiligst nachzuholen und erst dann die schlussendlichen Vorabinformationen an die nicht berücksichtigten Bieter zu versenden. Dies hat für den Auftraggeber den Vorteil, dass er dem vergessenen Bewerber nicht den Namen des vorgesehenen Zuschlagbieters und den frühesten Zeitpunkt des Vertragsschlusses anzugeben hat, sondern nur die Gründe für die Ablehnung seines Teilnahmeantrags entsprechend § 62 Abs. 2 Nr. 1 VgV.

42 In zeitlicher Hinsicht kommen noch die jeweiligen Auswertungszeiträume nach Abgabe der Teilnahmeanträge im Teilnahmewettbewerb und nach Eingang der Angebote hinzu, deren Dauer insbesondere auch von der nicht vorhersehbaren Anzahl von Teilnahmeanträgen und der Höchstzahl aufzufordernder Bewerber bzw. von diesen auch tatsächlich abgegebenen Angeboten anhängt.

VI. Das Verhandlungsverfahren (Abs. 5)

43 **1. Grundsätzliches.** Abs. 5 entspricht – sprachlich leicht angepasst[48] – der vormaligen Definition eines Verhandlungsverfahrens in § 101 Abs. 5 aF. Es ist gekennzeichnet durch die **Möglichkeit über die Angebote zu verhandeln,**[49] und zwar entweder nach einem vorherigen – öffentlichen – Teilnahmewettbewerb oder auch ohne diesen durch direkte Auswahl der Unternehmen,[50] mit denen diese Verhandlungen geführt werden sollen.

44 Art. 30 und Art. 32 RL 2014/24/EU definieren auf EU-Ebene die Voraussetzungen, unter denen ein Verhandlungsverfahren mit oder ohne Teilnahmewettbewerb zulässig ist. Diese Voraussetzungen haben ihren Niederschlag auch zB in den **§ 14 Abs. 3 und 4 VgV sowie § 3a EU Abs. 2 und 3 VOB/A** gefunden. Das Verhandlungsverfahren kann von öffentlichen Auftraggebern nach § 99 daher nicht beliebig, sondern nur bei Vorliegen der geregelten Voraussetzungen gewählt werden.

45 Wer das **Verhandlungsverfahren** anwenden will, trägt die **Beweislast** für das Vorliegen der Voraussetzungen.[51] Die EU-Kommission kann sogar **in bestimmten Einzelfällen** verlangen, dass ihr ein **Bericht über die Wahl des Verhandlungsverfahrens vorzulegen** ist (vgl. § 14 Abs. 5 VgV). Zudem hat sie die neu gestalteten Rechte aus § 8 Abs. 5 VgV iVm § 20 EU VOB/A[52] die es ihr ermöglichen, jederzeit die Dokumentation oder deren Hauptelemente sowie ab bestimmter Vertragsauftragswerten (1 Mio. EUR bei Liefer- und Dienstleistungen und 10 Mio. EUR bei Bauaufträgen) sogar die abgeschlossenen Verträge zwecks Übermittlung anzufordern. Zumindest aus der **von Anbeginn fortlaufend zu fertigenden Dokumentation nach § 8 Abs. 1 S. 1 VgV** müssen sich dann die **Ausnahmegründe** ergeben, die ein **Verhandlungsverfahren rechtfertigen.**[53]

46 Den **Kern des Verhandlungsverfahrens** stellt die Verhandlung mit den Bietern dar. Da die **Gestaltung der Verhandlungen in den Händen des Auftraggebers** liegt, ist der Ablauf des Verhandlungsverfahrens grundsätzlich weniger streng vorgegeben als der Ablauf des offenen und des nicht offenen Verfahrens. Mit der **ausführlichen Neuregelung in § 17 VgV** hat es sich jedoch den Normierungen der beiden nunmehr gleichberechtigt vorrangigen anderen Vergabearten **angenähert.** Zudem unterliegt auch es uneingeschränkt den **Grundsätzen des § 97,** also denjenigen von Transparenz, Wettbewerb und Nichtdiskriminierung. Auch im Verhandlungsverfahren darf der **Auftrag nur an geeignete Unternehmen nach Durchführung eines diskriminierungsfreien fairen und transparenten Wettbewerbs und auf das wirtschaftlichste Angebot** erteilt werden. Da andererseits das **Verhandlungsverfahren mit vorheriger Bekanntmachung die gleiche**

---

[48] In § 101 Abs. 5 aF hieß es noch „um …über die Auftragsbedingungen zu verhandeln".
[49] Diese weisen sowohl das offene als auch das nicht offene Verfahren gerade nicht auf (vgl. § 15 Abs. 5 VgV und § 16 Abs. 9 VgV).
[50] Sofern die strengen Voraussetzungen des § 14 Abs. 4 Nr. 1–9 VgV, fußend auf Art. 32 RL 2014/24/EU, dies ausnahmsweise zulassen.
[51] EuGH Urt. v. 15.10.2009 – C-275/08, NZBau 2010, 63 Rn. 54–56 = VergabeR 2009, 57 f.; zur Zulässigkeit des Verhandlungsverfahrens: BGH Beschl. v. 10.11.2009 – X ZB 8/09, NZBau 2010, 124 f. – Endoskopie-System; Verhandlungsverfahren nach erfolglosem offenen Verfahren (Bauauftrag) EuGH Urt. v. 15.10.2009 – C-138/08, NZBau 2010, 59 f. – Hochtief.
[52] Nach § 8 Abs. 4 VgV sind die Dokumentation, der davon nunmehr zu unterscheidende Vergabevermerk sowie die Angebote, Teilnahmeanträge, Interessensbekundungen, Interessensbestätigungen und ihre Anlagen bis zum Ende der Laufzeit des Vertrages oder der Rahmenvereinbarung aufzubewahren, mindestens jedoch für drei Jahre ab dem Tag des Zuschlags. Gleiches gilt nach § 8 Abs. 4 S. 2 VgV nunmehr auch für die Kopien aller Verträge mit einem Mindestauftragswert von 1 Mio. EUR (Liefer- und Dienstleistungsaufträge) bzw. von 10 Mio. EUR bei Bauaufträgen.
[53] Vgl. dazu auch das Rundschreiben des Bundesministeriums für Wirtschaft und Energie v. 9.1.2015 zur besonders dringlichen Beschaffung.

VI. Das Verhandlungsverfahren (Abs. 5)

Verengung des Wettbewerbszugangs wie das nicht offene Verfahren nach sich zieht und das Verhandlungsverfahren ohne Bekanntmachung sogar darüber hinaus die weitestgehende Verengung des Wettbewerbszugangs überhaupt zulässt[54] und diese Verfahren deshalb **besonders manipulationsanfällig sind,**[55] sind an die **Transparenz des Verfahrens** wie der maßgeblichen Entscheidungen die gleichen, wenn nicht sogar noch höhere Anforderungen zu stellen wie in einem offenen Verfahren.

In der Praxis bestehen bei diesem Verfahren daher eine hohe Angreifbarkeit und Fehleranfälligkeit. Es empfiehlt sich daher, auch die **Verhandlungsgespräche** streng zu **strukturieren** und nach dieser Struktur durchzuführen sowie diesen **Vorgang eingehend zu dokumentieren.** Die **Dokumentation** muss so umfassend sein, dass die **Gleichbehandlung der Bieter** nachvollziehbar belegt ist. Dies gilt sowohl für die den einzelnen Bietern **im Rahmen der Gespräche erteilten Informationen** (vgl. dazu die jetzigen Restriktionen in § 17 Abs. 13 VgV) wie auch für die eingeräumten Darstellungsmöglichkeiten für das Angebot oder die zugestandenen Abweichungen von den zugrunde liegenden Vergabeunterlagen. Die Dokumentation ist daher in Verhandlungsverfahren üblicherweise sehr aufwändig.

Die **beiden Varianten zulässiger Verhandlungsverfahren, mit oder ohne Bekanntmachung/Teilnahmewettbewerb,** dürfen nur in den zB in § 14 Abs. 3 VgV einerseits und § 14 Abs. 4 VgV andererseits jeweils abschließend aufgeführten Fallkonstellationen[56] angewandt werden.

In § 17 Abs. 12 VgV ist wie beim wettbewerblichen Dialog vorgesehen, dass die Zahl **der Angebote,** über die verhandelt wird, **in mehreren aufeinanderfolgenden Phasen verringert** werden darf. Ausschlaggebend ist auch hier, dass die Verringerung der Zahl der Angebote und damit der Zahl der Bieter **diskriminierungsfrei** erfolgt.

Deshalb muss der Auftraggeber in diesem Fall schon **in der Veröffentlichung der Auftragsbekanntmachung nach § 37 VgV,** spätestens jedoch mit der Versendung der Vergabeunterlagen, transparent angeben, ob das Verfahren in verschiedenen aufeinanderfolgenden Phasen abgewickelt werden soll, um so zu einer Verringerung/Abschichtung der Wettbewerber zu kommen (vgl. § 17 Abs. 12 S. 1 VgV).

In diesem Fall hat der **Auftraggeber sicherzustellen,** dass auch noch in **der Schlussphase der Verhandlungen ein echter Wettbewerb gewährleistet** ist (§ 17 Abs. 12 S. 2 VgV). Dies gilt selbstverständlich nur, wenn dann noch eine ausreichende Anzahl geeigneter Bewerber vorhanden ist, was der Auftraggeber aber nicht in der eigenen Hand hat, sondern eben auch entscheidend von den teilnehmenden Unternehmen abhängt.

Keineswegs ist es ihm erlaubt, etwa bei der Einhaltung der vorgegebenen Mindestanforderungen eine falsch verstandene Nachsicht zu hegen, um möglichst viele wertbare Angebote zu erhalten. Dies stellt **§ 17 Abs. 14 S. 2 VgV mit einer erstmals implementierten Vergewisserungspflicht, dass die Endangebote diese erfüllen, nunmehr sicher.**

Im Übrigen ergibt sich der **Ablauf eines Verhandlungsverfahrens aus § 17 Abs. 10–14 VgV bzw. § 3b EU Abs. 3 VOB/A für den Baubereich,**[57] auch wenn der Auftraggeber innerhalb dieses gesetzten Rahmens die konkrete Gestaltung seines Verhandlungsverfahrens unter **Beachtung der Grundsätze der Gleichbehandlung und Transparenz selbstständig vornehmen** kann.

Grundsätzlich verläuft ein **Verhandlungsverfahren in der Angebotsphase** dabei wie folgt: Nach Eingang und **formaler Prüfung der sog. Erstangebote**[58] verhandelt der Auftraggeber gem. § 17 Abs. 10 S. 1 VgV mit den Bietern **über ihre Erstangebote – und alle Folgeangebote,**[59] um diese **inhaltlich zu verbessern** und eine optimale Beschaffung zu gewährleisten. Dabei darf

---

[54] *Ebert,* Möglichkeiten und Grenzen im Verhandlungsverfahren, 2005, 113.
[55] Vgl. *Dobmann* VergabeR 2013, 175 (178) und die Neuregelung in § 124 Abs. 1 Nr. 9, die derartige Beeinflussungsversuche von Unternehmen mit einem zumindest fakultativen Ausschlussgrund sanktioniert.
[56] Vgl. die Verordnungsbegründung zu § 14 Abs. 3 VgV, BT-Drs. 18/7318, 168.
[57] Vgl. zu den Details der dortige Kommentierung (→ VgV § 17 Rn. 80 ff., → VOB/A § 3b EU Rn. 33 ff.). Für den Sektorenbereich enthalten die §§ 15 und 16 SektVO weitaus zurückhaltendere Vorgaben für die Gestaltung eines dortigen Verhandlungsverfahrens.
[58] Da der Gesetzgeber diesen ersten Angeboten in einem Verhandlungsverfahren nunmehr einen terminus technicus zugeordnet hat, verbieten sich früher übliche Bezugnahmen wie etwa „indikative Angebote". Dies gilt erst recht, wenn sich der Auftraggeber eine Bezuschlagung jener Erstangebote ohne Verhandlungen nach § 17 Abs. 11 VgV vorbehalten hatte, da diese dann per se nicht mehr unverbindlich indikativ, sondern vollständig verbindlich und bezuschlagsfähig ausgestaltet sein müssen.
[59] Bis auf die endgültigen Schlussangebote (vgl. § 17 Abs. 10 S. 1 VgV). Letztere sind demnach nur noch aufklärungsfähig analog § 15 Abs. 5 VgV, nicht aber verhandlungsfähig. Damit dürfte auch die Rechtsprechung des KG Beschl. v. 17.5.2013 – Verg 2/13, BeckRS 2013, 09299 = VergabeR 2013, 813, wonach auch eine ehedem nicht vorgesehene Extraverhandlungsrunde nach dem eigentlich geplanten Abschluss der Verhandlungen möglich ist, obsolet geworden sein.

über den gesamten Angebotsinhalt verhandelt werden, mit **Ausnahme** der vom Auftraggeber festgelegten **Mindestanforderungen und Zuschlagskriterien** (§ 17 Abs. 10 S. 2 VgV).

55 Die Verhandlungen können sich dabei auf **alle Merkmale** der ausgeschriebenen **Leistung** beziehen, wie Liefermenge, Qualitätsmerkmale der Leistung, vertragliche Klauseln wie Sicherheitsleistungen, Haftungsgrundsätze, Vertragsstrafen, Preisanpassungsklauseln oder soziale oder umweltrelevante Eigenschaften, sofern diese nicht durch vorab mitgeteilte Mindestanforderungen unverhandelbar determiniert waren (vgl. Erwägungsgrund 45 RL 2014/24/EU).

56 Zu beachten bleibt aber, dass der **Erwägungsgrund 45 RL 2014/24/EU** ebenso fordert, dass klargestellt werden sollte, dass es sich bei den **Mindestanforderungen,** die vom öffentlichen Auftraggeber festzulegen sind, um jene (insbesondere **physischen, funktionellen und rechtlichen) Bedingungen und wesentlichen Merkmale** handelt, die jedes Angebot erfüllen beziehungsweise aufweisen sollte, damit der öffentliche Auftraggeber den Auftrag im Einklang mit dem gewählten Zuschlagskriterium vergeben kann.

57 Auftraggeber und Bieter können in diesem Verhandlungsprozess unter Beachtung der vorgegebenen Mindestbedingungen[60] den Auftragsinhalt, die Auftragsbedingungen und die zugehörigen Preise so lange miteinander besprechen, bis geklärt ist, was der Auftraggeber zum einen konkret final beschaffen will, zu welchen auch technischen Parametern die Bieter dies ermöglichen können und insbesondere, zu welchen Kosten und Preisen dies umsetzbar erscheint.[61]

58 Aber auch in einem Verhandlungsverfahren muss ein Auftraggeber die wesentlichen Prinzipien des Vergaberechts, den Wettbewerbsgrundsatz, das Transparenzgebot und das Verbot der Diskriminierung beachten.[62]

59 **Grenzlinie** dieser **Verhandlungen** ist somit die **Identität des Beschaffungsvorhabens,** das der Auftraggeber in dieser Form zum Ausschreibungsgegenstand gemacht hat. Diese Identität des Beschaffungsobjekts muss **auch in einem Verhandlungsverfahren unter besonderer Beachtung der vorgegebenen Mindestbedingungen gewahrt** bleiben. Ansonsten liefe die Ausschreibungsverpflichtung als Ausgangspunkt der Rechte und Pflichten der Vergabebeteiligten (§ 97 Abs. 6) ins Leere.[63]

60 Erkennt der Auftraggeber aufgrund der eingegangenen Erstangebote oder anhand der Verhandlungsinhalte, dass seine **Anforderungen völlig überzogen** waren oder am **Markt von keinem Unternehmen erfüllt** werden können,[64] so muss er **nicht sofort** zum letzten Mittel der Aufhebung greifen. Vielmehr ist er unter Beachtung von Transparenz und Gleichbehandlung auch innerhalb eines Verhandlungsverfahrens befugt, die **bisherigen Vergabeunterlagen zu ändern**[65] oder sogar erkannte **Vergaberechtsverstöße**, etwa eine nicht produktneutrale Ausschreibung, **zu korrigieren.**

61 In einem solchen Fall kann der Auftraggeber insbesondere in einem Verhandlungsverfahren, das ohnehin vertragliche Anpassungen in mehreren Phasen kennt, die notwendigen Änderungen in den Vergabeunterlagen, zB im Änderungsmodus, inhaltlich herausstreichen, allen Bietern zur Verfügung stellen und auf dieser geänderten Grundlage zur erneuten Abgabe eines Folgeangebots auffordern.

---

[60] Auch vor Kodifizierung in § 17 Abs. 14 S. 2 VgV 2016 hatte die Rechtsprechung schon gefordert, dass Angebote, die die Mindestbedingungen nicht erfüllen, auszuschließen waren, da auch das Verhandlungsverfahren mit seinen ehedem etwas geringeren Formalanforderungen insoweit keine Ausnahmen zuließ, OLG München Beschl. v. 21.5.2010 – Verg 02/10, VergabeR 2010, 992. Einzig die vollständige Übertragung derartiger Ausschlussformalien auch schon auf die ehedem gerade vom Auftraggeber als unverbindlich gekennzeichneten, sog. indikativen, Angebote sah die Rechtsprechung als nicht gerechtfertigt an, vgl. OLG Schleswig Beschl. v. 19.8.2016 – 54 Verg 7/16 und 8/16, BeckRS 2016, 19262.

[61] Vgl. dazu BGH Urt. v. 10.9.2009 – VII ZR 255/08, NJW 2010, 527; OLG Naumburg Beschl. v. 12.4.2012 – 2 Verg 1/12, BeckRS 2012, 10195 = VergabeR 2012, 749.

[62] BGH Urt. v. 10.9.2009 – VII ZR 255/08, NJW 2010, 527; OLG Brandenburg Beschl. v. 20.9.2011 – Verg W 11/11, BeckRS 2011, 23533 = VergabeR 2012, 110.

[63] In dieser die Identität verneinenden Diktion – noch ohne die heutige Vorgabe verhandlungsfeindlicher Mindestbedingungen – OLG Dresden Beschl. v. 3.12.2003 – WVerg 15/03, BeckRS 2004, 01442 = VergabeR 2004, 225, zu einem europaweit bekannt gemachten Verhandlungsverfahren zur Errichtung einer nichtthermischen Restabfallentsorgungsanlage und zur Erbringung von Entsorgungsleistungen, in dem die vorgesehene Zuschlagsbieterin in einem Bauabschnitt 1 nur die Errichtung einer mechanischen Restabfallbehandlungsanlage angeboten hatte und deren Vervollständigung zu einer vollständigen mechanisch-biologischen oder mechanisch-thermischen Anlage in einem späteren Bauabschnitt II einer reinen Option des Auftraggebers vorbehalten hatte.

[64] BGH Beschl. v. 26.9.2006 – X ZB 14/06, BeckRS 2006, 12317 = VergabeR 2007, 59; dort für die Forderung nach einer Zertifizierung der Flammhemmung blauer Polizeiuniformen, obwohl die Bieter damals nur solche für grüne Uniformen überhaupt vorlegen konnten.

[65] OLG Düsseldorf Beschl. v. 21.10.2015 – VII-Verg 28/14, BeckRS 2015, 18210 = VergabeR 2016, 74.

VI. Das Verhandlungsverfahren (Abs. 5)   62–68 § 119 GWB

Dabei bleibt zu beachten, dass bei **grundlegenden Änderungen aus Transparenzgründen**   62
die **Korrekturen** von Fehlern auch **an der Fehlerquelle, also der EU-Bekanntmachung,** erfolgen müssen.[66]

Schon allein aus dem Gebot aus § 127 Abs. 1 S. 1, dem wirtschaftlichsten Angebot den   63
Zuschlag zu erteilen, sind auch im neuen Vergaberecht **Preis und Kosten** der geforderten Leistungen in einem Bieterangebot, insbesondere aus Sicht des Auftraggebers, **bevorzugte Verhandlungsinhalte.**

Die Verhandlung kann dabei **auch in verschiedenen aufeinanderfolgenden Phasen** abgewickelt werden, **um die Anzahl** der weiter zu verhandelnden **Angebote anhand der vorgegebenen Zuschlagskriterien zu verringern** (§ 17 Abs. 12 S. 1 VgV). Allerdings müssen auch in diesem Fall gem. § 17 Abs. 12 S. 2 VgV **in der Schlussphase** des Verfahrens **noch so viele Angebote** vorliegen, dass **Wettbewerb gewährleistet** ist, sofern ursprünglich eine ausreichende Anzahl von Angeboten oder geeigneten Bietern vorhanden war. Eine **Separatverhandlung einzig und allein mit einem „preferred bidder"** ist somit **nicht mehr möglich.**[67] Dagegen spricht auch nicht der Wortlaut des § 119 Abs. 5, der den Passus enthält, „um mit einem oder mehreren dieser Unternehmen über die Angebote zu verhandeln". Denn in § 119 Abs. 5 sind beide Varianten des Verhandlungsverfahrens angesprochen, also auch dasjenige ohne EU-Bekanntmachung, bei dem etwa nach § 14 Abs. 4 Nr. 2, 4, 5, 7, 8 Var. 1 und 9 VgV in den beschriebenen Ausnahmesituationen ohnehin nur ein Unternehmen als Verhandlungspartner in Betracht kommt.   64

Denn der Auftraggeber hat nach § 17 Abs. 13 S. 1 VgV auch im Übrigen sicherzustellen,   65
dass **alle Bieter bei den Verhandlungen gleichbehandelt** werden und muss nunmehr nach § 17 Abs. 14 S. 1 VgV die **verbleibenden Bieter vom geplanten Abschluss der Verhandlungen unterrichten und eine einheitliche Frist für die Einreichung neuer oder überarbeiteter Angebote festlegen.** Nach § 17 Abs. 14 S. 2 VgV hat er sich zu **vergewissern,** dass die **endgültigen Angebote die Mindestanforderungen erfüllen.** Die VgV spricht in diesem Zusammenhang immer im **Plural von Angeboten und Bietern,** sodass eine Verhandlung mit nur einem Bieter nur in dem Fall denkbar ist, in dem nur ein Bewerber zur Angebotsabgabe aufgefordert wurde oder nur einer von mehreren aufgeforderten Bewerbern ein Erstangebot abgegeben hat.

Diese **Pflicht zu grundsätzlich parallelen Verhandlungen** mit mehreren Bietern verdeutlicht auch § 17 Abs. 13 S. 3 VgV. Danach muss der Auftraggeber alle Bieter, deren Angebote nicht gem. § 17 Abs. 12 VgV ausgeschieden wurden, **in Textform** nach § 126b BGB **über etwaige Änderungen der Leistungsbeschreibung unterrichten,** insbesondere Änderungen der technischen Anforderungen oder anderer Bestandteile der Vergabeunterlagen, die nicht die Festlegung der Mindestanforderungen und Zuschlagskriterien betreffen.   66

Zudem muss er **im Anschluss an solche Änderungen den Bietern ausreichend Zeit**   67
gewähren, um ihre **Angebote zu ändern und gegebenenfalls überarbeitete Angebote einzureichen** (§ 17 Abs. 13 S. 4 VgV).[68]

Das Vorhandensein von **Erstangeboten** als Basis von Verhandlungen **unterscheidet das Verhandlungsverfahren** danach **vom wettbewerblichen Dialog** nach § 119 Abs. 6, § 18 VgV.[69]   68

---

[66] OLG Naumburg Beschl. v. 30.4.2014 – 2 Verg 2/14, ZfBR 2014, 823 (Ls.).
[67] So jetzt auch von *Hoff/Queisner* in RKPP GWB Rn. 37 unter Aufgabe der gegenläufigen Sichtweise aus der Vorauflage von *Kulartz* in KKPP GWB Rn. 36; *Knauff* in Müller-Wrede GWB Rn. 57, hält dies vor dem Hintergrund des Gleichheits- und Wettbewerbsgrundsatzes zumindest für problematisch. Angesichts der nunmehrigen Vorgaben in § 17 Abs. 12 S. 2 VgV/§ 3b EU Abs. 3 Nr. 8 S. 3 VOB/A, dass in der Schlussphase des Verfahrens noch so viele Angebote (= Plural) vorliegen müssen, dass ein echter Wettbewerb gewährleistet ist und den Informations- und Gleichbehandlungsgeboten in § 17 Abs. 13 VgV (zB ausreichende Zeit, um Angebote zu ändern und überarbeitete Angebote einzureichen) sowie der Pflicht, bei Abschluss der „Verhandlungen" (= Plural) „die verbleibenden Bieter" (= Plural) über den Abschluss der Verhandlungen (= Plural) zu unterrichten und eine einheitliche Frist für die Einreichung neuer oder überarbeiteter Angebote (= Plural) festzulegen und sich zu vergewissern, dass die endgültigen Angebote (=Plural) die Mindestbedingungen erfüllen, kommt eine „preferred-bidder"-Strategie nicht in Betracht, da diese konsequenterweise zur Missachtung dieser Gleichbehandlungsgrundsätze führen müsste.
[68] Dies entspricht der bisherigen Rechtsprechung, wonach die Änderung einer für die Kalkulation relevanten Auftragsbedingung, zB zum geforderten Umfang der Versicherungspflicht, die Pflicht des Auftraggebers auslöst, allen Bietern die gleiche Gelegenheit zur Preisanpassung zu geben und eine Ausschlussfrist mit einheitlichem Ende für die Preisanpassung zu gewähren, sofern dies möglich und zumutbar ist, OLG Naumburg Beschl. v. 12.4.2012 – 2 Verg 1/12, BeckRS 2012, 10195 = VergabeR 2012, 749.
[69] *Knauff* NZBau 2018, 134 ff. weist zudem zu recht darauf hin, dass auch die Fallvariante des § 14 Abs. 3 Nr. 5 VgV, § 3a EU Abs. 4, Abs. 2 Nr. 2 VOB/A nur in Verhandlungsverfahren, nicht aber im Wettbewerblichen Dialog angewendet werden darf.

Fett   583

dessen **Zulässigkeitsvoraussetzungen** ansonsten nach § 14 Abs. 3 VgV identisch sind mit denjenigen eines Verhandlungsverfahrens mit Teilnahmewettbewerb.

69 2. **Verhandlungsverfahren mit vorheriger Bekanntmachung und Teilnahmewettbewerb.** Bei einem **Verhandlungsverfahren mit Auftragsbekanntmachung** leitet der Auftraggeber zunächst den **europaweiten Teilnahmewettbewerb** ein, indem er Unternehmen entsprechend § 37 Abs. 2 VgV vermittels einer **EU-Bekanntmachung** nach dem **Muster** gemäß Anhang II der Durchführungsverordnung (EU) Nr. 2015/1986 auffordert, bis zu einer vorbestimmten Frist Teilnahmeanträge mit vorgegebenen Informationen einzureichen. Aus dem Kreis der interessierten Bewerber wählt er dann nach § 17 Abs. 4 S. 1 VgV/§ 3b EU Abs. 3 Nr. 2 VOB/A die Unternehmen aus, mit denen er verhandeln will. Dieser den Verhandlungen vorgelagerte **Teilnahmewettbewerb unterscheidet sich somit in keiner Weise von demjenigen in einem nicht offenen Verfahren**, mit **Ausnahme** der grundsätzlich zur Angebotsabgabe aufzufordernden Mindestanzahl geeigneter **Bewerber**, die hier **lediglich** bei **drei** und **nicht** wie im nicht offenen Verfahren bei **fünf** liegt (§ 51 Abs. 2 S. 1 VgV bzw. § 3b EU Abs. 3 Nr. 3 VOB/A).

70 Ein **Verhandlungsverfahren mit** vorherigem **Teilnahmewettbewerb**[70] ist im Wesentlichen zulässig, wenn
– die Bedürfnisse des öffentlichen Auftraggebers **nicht ohne die Anpassung bereits verfügbarer Lösungen erfüllt** werden können (§ 14 Abs. 3 Nr. 1 VgV);
– der Auftrag **konzeptionelle oder innovative Lösungen** umfasst (§ 14 Abs. 3 Nr. 2 VgV);
– der Auftrag aufgrund konkreter Umstände, die mit der Art, der Komplexität oder dem rechtlichen oder finanziellen Rahmen oder den damit einhergehenden Risiken zusammenhängen, **nicht ohne vorherige Verhandlungen vergeben** werden kann (§ 14 Abs. 3 Nr. 3 VgV);
– die Leistung, insbesondere ihre technischen Anforderungen, vom öffentlichen Auftraggeber **nicht mit ausreichender Genauigkeit** unter Verweis auf eine Norm, eine Europäische Technische Bewertung (ETA), eine gemeinsame technische Spezifikation oder technische Referenzen im Sinne der Anlage 1 Nr. 2–5 zur VgV **beschrieben** werden kann (§ 14 Abs. 3 Nr. 4 VgV);
– wenn im Rahmen eines offenen oder nicht offene Verfahrens **keine ordnungsgemäßen oder nur unannehmbare Angebote eingereicht** wurden (§ 14 Abs. 3 Nr. 5 VgV).

71 Diese Voraussetzungen verdeutlichen, dass auch das **Verhandlungsverfahren** mit Teilnahmewettbewerb wegen der vorrangig zu verwendenden offenen und nicht offenen Verfahren **nicht angewandt** werden kann, wenn es um die **Beschaffung von Standardleistungen oder -lieferungen** geht, die von vielen Wirtschaftsteilnehmern angeboten werden können.[71]

72 Mit den nunmehrigen Mindestfristen für den Teilnahmewettbewerb und die Erstangebotsphase samt nachfolgender Verhandlungsphase und dem endgültigen last and final offer ist das Verhandlungsverfahren das zeitlich längste Verfahren mit dem größten Strukturierungsaufwand.[72]

73 3. **Das Verhandlungsverfahren ohne vorherigen Teilnahmewettbewerb.** Das in der Reihe möglicher Vergabeverfahren in der **Hierarchie des Abs. 1 und 2** nur an vierter Stelle stehende „Verhandlungsverfahren ohne vorherige Veröffentlichung einer Auftragsbekanntmachung sollte **nur unter sehr außergewöhnlichen Umständen** zur Anwendung kommen".[73]

74 Diese Ausnahmefälle sind somit beschränkt auf Konstellationen, in denen ein EU-weiter Teilnahmewettbewerb aus Gründen äußerster Dringlichkeit wegen unvorhersehbarer, nicht selbst vom Auftraggeber verschuldeter Ereignisse zeitlich nicht mehr möglich ist oder aufgrund verbriefter Alleinstellungsmerkmale oder technischer Besonderheiten selbst ein EU-weiter Teilnahmewettbewerb nicht zu mehr Wettbewerb führen würde.

---

[70] Der öffentliche Teilnahmewettbewerb ist schon Bestandteil des förmlichen Verhandlungsverfahrens, was sich aus der Definition in § 119 Abs. 5 ergibt, wonach das Verhandlungsverfahren ein Verfahren ist, „bei dem sich der öffentliche Auftraggeber **mit** oder ohne Bekanntmachung an ausgewählte Unternehmen wendet, um ... zu verhandeln". So auch schon VK Bund Beschl. v. 22.2.2008 – VK 1-4/08, ZfBR 2008, 412; OLG Düsseldorf Beschl. v. 24.9.2002 – Verg 48/02, NZBau 2003, 349.
[71] Vgl. dazu Erwägungsgrund 43 aE RL 2014/24/EU.
[72] Zur nunmehr zeitaufwändigeren vierphasigen Struktur eines Verhandlungsverfahrens mit Teilnahmewettbewerb und mit Kritik an der sprachlichen Umsetzung der Richtlinienvorgaben *Ollmann* VergabeR 2016, 413. In dieser Diktion erscheint seine Einschätzung, dass es nunmehr in ganz neues Verhandlungsverfahren gäbe, zutreffend, sodass die bisherige dazu ergangene Rechtsprechung, insbesondere vor der Weitung der Anwendungsvoraussetzungen in § 14 VgV bei gleichzeitiger stärkerer Reglementierung der Durchführung des Verfahrens durch § 17 VgV, nur noch eingeschränkt verwendbar erscheint, auch wenn etliche von der Rechtsprechung aus den allgemeinen Grundsätzen des § 97 abgeleiteten Anforderungen nunmehr auf der Grundlage neuer Richtlinienvorgaben insbesondere in § 17 VgV rechtlich verankert wurden.
[73] Erwägungsgrund 50 UAbs. 1 S. 1 RL 2014/24/EU.

VI. Das Verhandlungsverfahren (Abs. 5)

Verhandlungsverfahren ohne vorherige Bekanntmachung sind deshalb nur in den Fällen 75 des § 14 Abs. 4 Nr. 1–9 VgV und § 14 Abs. 3 Nr. 5 letzter Hs. VgV[74] zulässig,[75] die diese Beschränkung umsetzen. Die Aufzählungen lassen nur vordergründig viele Ausnahmen zu. Die einzelnen Ausnahmen stellen jeweils auf besondere Lebenssachverhalte ab und sind **ebenso abschließend wie nach der fortgeltenden Rechtsprechung des EuGH eng**[76] **auszulegen**. Es handelt sich im Wesentlichen um Fälle,

– in denen in vorausgegangenen offenen oder nicht offenen Verfahren **keine oder keine geeigneten Angebote** oder **keine geeigneten Teilnahmeanträge** abgegeben worden sind und die **ursprünglichen Auftragsbedingungen nicht grundlegend geändert** werden (§ 14 Abs. 4 Nr. 1 VgV);
– in denen der Auftrag **nur von einem bestimmten Unternehmen** erbracht oder bereitgestellt werden kann (§ 14 Abs. 4 Nr. 2 lit. a–c VgV);[77]
– in denen **äußerst dringliche, zwingende Gründe** im Zusammenhang mit Ereignissen, die der öffentliche Auftraggeber **nicht voraussehen** konnte, es **nicht zulassen**, die **Mindestfristen** einzuhalten, die für das offene und das nicht offene Verfahren sowie für das Verhandlungsverfahren mit Teilnahmewettbewerb vorgeschrieben sind, ohne dass diese Umstände dem öffentlichen Auftraggeber zuzurechnen sind (§ 14 Abs. 4 Nr. 3 VgV);
– in denen eine **Lieferleistung** beschafft werden soll, die **ausschließlich zu Forschungs-, Versuchs-, Untersuchungs- oder Entwicklungszwecken** und nicht für die **Serienfertigung** hergestellt wurde (§ 14 Abs. 4 Nr. 4 VgV);
– **zusätzlicher Erneuerungs- oder Erweiterungsleistungen** vom ursprünglichen Lieferanten mit in der Regel auf **drei Jahre begrenzter** Laufzeit (§ 14 Abs. 4 Nr. 5 VgV);
– von auf einer **Warenbörse** notierter und gekaufter Lieferleistungen (§ 14 Abs. 4 Nr. 6 VgV);
– zu **besonders günstigen Bedingungen** zu erwerbende Liefer- oder Dienstleistungen bei Lieferanten, die ihre Geschäftstätigkeit einstellen oder bei Insolvenzverwaltern oder Liquidatoren im Rahmen von Insolvenz- oder vergleichbaren Verfahren (§ 14 Abs. 4 Nr. 7 VgV);
– von im **Anschluss an einen Planungswettbewerb** nach § 69 VgV **an** deren **Preisträger** zu vergebende Dienstleistungsaufträge (§ 14 Abs. 4 Nr. 8 VgV);
– von im Anschluss an eine EU-Ausschreibung zu beschaffenden Dienstleistungen, die in der **Wiederholung gleichartiger** Leistungen bestehen (§ 14 Abs. 4 Nr. 9 VgV).

Zudem erlaubt § 14 Abs. 3 Nr. 5 VgV aE ein Verhandlungsverfahren ohne EU-Bekanntmachung 76 auch, wenn in einem zwischenzeitlich aufgehobenen offenen oder nicht offenen Verfahren keine ordnungsgemäßen oder nur unannehmbare Angebote eingereicht wurden und der **Auftraggeber alle – und auch nur diejenigen – Bieter** in das neue Verhandlungsverfahren **einbezieht, die im Altverfahren ehedem die Eignungskriterien erfüllt hatten** und **dort** zumindest **form- und fristgerechte Angebote eingereicht** hatten.

Die Regelungen über die Auswahl der richtigen Vergabeart (§ 119 iVm § 14 VgV) sind grund- 77 sätzlich **bieterschützend** und können **subjektive Rechte iSd § 97 Abs. 6** begründen, deren Verletzung von den Nachprüfungsinstanzen festgestellt werden kann.[78] Dazu muss ein betroffenes Unternehmen aber für die notwendige Antragsbefugnis nach § 160 Abs. 2 darlegen können, dass es durch die fehlerhafte Wahl des Vergabeverfahrens **in seinen Zuschlagschancen beeinträchtigt** ist und insoweit ein **Schaden droht**. Denkbar ist dabei der Einwand, dass es durch die in den anderen, vorrangigen Vergabeverfahren nicht erlaubten Verhandlungen der **Gefahr** ausgesetzt ist, im Laufe der **Verhandlungen von Konkurrenten letztendlich doch noch unterboten** zu werden.[79] Zudem kann der Bieter, insbesondere in Fällen eines schon geschlossenen Vertrages, zusätzlich

---

[74] Für Bauleistungen gelten die ähnlich ausgestalteten Sonderbestimmungen des § 3a EU Abs. 3 Nr. 1–5 VOB/A, die im Wesentlichen dem § 14 Abs. 3 Nr. 5 VgV und § 14 Abs. 4 Nr. 1–3 und 9 VgV entsprechen. Die liefer- und dienstleistungsspezifischen Regelungen in § 14 Abs. 4 Nr. 4–8 VgV haben mangels baurechtlichen Bezugs keine Entsprechung in § 3a EU VOB/A.

[75] Vgl. dazu Erwägungsgrund 50 UAbs. 1 S. 1 RL 2014/24/EU („Angesichts der negativen Auswirkungen auf den Wettbewerb") und vertiefend die Kommentierung zu § 14 Abs. 4 VgV (→ VgV § 14 Rn. 46 ff.).

[76] EuGH Urt. v. 15.10.2009 – C-275/08, VergabeR 2010, 57 und EuGH Urt. v. 2.6.2005 – C-394/02, VergabeR 2005, 467. Diese restriktive Rechtsprechung rechtfertigt sich insbesondere aus der Überlegung, dass offene und nicht offene Verfahren auf EU-Ebene schon immer zur freien Wahl der öffentlichen Auftraggeber standen, demgemäß die davon abweichenden Vergabearten absolute Ausnahmen bilden.

[77] Vgl. dazu die Gesetzesergänzung 2020 in § 14 Abs. 4 Nr. 2 VgV, „wenn **zum Zeitpunkt der Aufforderung zur Abgabe von Angeboten** der Auftrag nur von einem bestimmten Unternehmen erbracht oder bereitgestellt werden kann", was Änderungen nach der Angebotsaufforderung in Bezug auf vermeintliche Alleinstellungsmerkmale die Relevanz im Hinblick auf § 135 Abs. 1 Nr. 2 nimmt.

[78] BGH Beschl. v. 10.11.2009 – X ZB 8/09, BeckRS 2009, 87528 = VergabeR 2010, 210.

[79] BGH Beschl. v. 10.11.2009 – X ZB 8/09, BeckRS 2009, 87528 = VergabeR 2010, 210.

einwenden, dass ein Verstoß gegen die Pflicht zur europaweiten Ausschreibung bei einem Verhandlungsverfahren ohne EU-Teilnahmewettbewerb nach **§ 135 Abs. 1 Nr. 2** und ein Verstoß gegen die vorherige Vorinformationspflicht nach **§ 135 Abs. 1 Nr. 1** vorliegt.[80]

VII. Wettbewerblicher Dialog (Abs. 6)

Schrifttum: *Badenhausen-Fähnle,* Die neue Vergabeart der Innovationspartnerschaft – Fünftes Rad am Wagen?, VergabeR 2015, 74; *Böhme,* Verzicht auf einen Teilnahmewettbewerb nach erfolglosem Verhandlungsverfahren mit Teilnahmewettbewerb oder wettbewerblichem Dialog?, NZBau 2020,486; *Bovis,* The Competitive Dialogue as a Procurement Process of Public Private Partnerships, Public Procurement Law Review (PPLR) 2006, 14; *Drömann,* Wettbewerblicher Dialog und ÖPP-Beschaffungen – zur „besonderen Komplexität" so genannter Betreibermodelle, NZBau 2007, 751; *Ebrecht/Klimisch,* Stellung und Rechte der Dialogteilnehmer im wettbewerblichen Dialog, NZBau 2011, 203; *Fehling,* Forschungs- und Innovationsförderung durch wettbewerbliche Verfahren, NZBau 2012, 673; *Fritz,* Erfahrungen mit dem Wettbewerblichen Dialog in Deutschland, VergabeR 2008, 379; *Heiermann,* Der wettbewerbliche Dialog, ZfBR 2005, 766; *Knauff,* Neues europäisches Vergabeverfahrensrecht: Der wettbewerbliche Dialog, VergabeR 2004, 287; *Knauff,* Im wettbewerblichen Dialog zur Public Private Partnership?, NZBau 2005, 249; *Knauff,* Das Verhältnis der nachrangigen Vergabeverfahrensarten, NZBau 2018, 134; *Leinemann/Maibaum,* Die neue europäische einheitliche Vergabekoordinierungsrichtlinie für Lieferaufträge, Dienstleistungsaufträge und Bauaufträge – ein Optionsmodell, VergabeR 2004, 275; *Mösinger,* Gleichbehandlung der Teilnehmer im wettbewerblichen Dialog, NZBau 2009, 695; *Motzke,* Die Vergütung von im Verhandlungsverfahren und im wettbewerblichen Dialog erbrachten Architekten- und Ingenieurleistungen, NZBau 2016, 603; *Müller/Veil,* Wettbewerblicher Dialog und Verhandlungsverfahren im Vergleich, VergabeR 2007, 298; *Müller-Wrede,* ÖPP-Beschleunigungsgesetz, Leitfaden mit Fallbeispielen, Praxishinweisen und Checklisten, 2006; *Neun/Otting,* Die EU-Vergaberechtsreform 2014, EuZW 2014, 446; *Ollmann,* Wettbewerblicher Dialog eingeführt, Änderungen des Vergaberechts durch das ÖPP-Beschleunigungsgesetz, VergabeR 2005, 685; *Opitz,* Wie funktioniert der wettbewerbliche Dialog? – Rechtliche und praktische Probleme, VergabeR 2006, 451; *Ortner,* Vergaberechtliche Anforderungen und Grenzen lösungsoffener Ausschreibungen, NZBau 2020, 565; *Otting/Olgemöller,* Innovation und Bürgerbeteiligung im Wettbewerblichen Dialog, NVwZ 2011, 1225; *Prieß/Stein,* Die neue EU-Sektorenrichtlinie, NZBau 2014, 323; *Pünder/Franzius,* Auftragsvergabe im wettbewerblichen Dialog, ZfBR 2006, 20; *Reimnitz,* Der neue Wettbewerbliche Dialog: Eine Alternative zum Verhandlungsverfahren unter Berücksichtigung von Public Private Partnership-Modellen, 2009; *Schröder,* Voraussetzungen, Strukturen und Verfahrensabläufe des Wettbewerblichen Dialogs in der Vergabepraxis, NZBau 2007, 216; *Trieb,* Wettbewerblicher Dialog und Verhandlungsverfahren, 2009; *Treumer,* Competitive Dialogue, Public Procurement Law Review (PPLR) 2004, 178; *Weber/Schäfer/Hausmann,* Praxishandbuch Public Private Partnership, Rechtliche Rahmenbedingungen, Wirtschaftlichkeit, Finanzierung, 2. Aufl. 2018.

78 **1. Überblick und Entstehungsgeschichte.** Der wettbewerbliche Dialog ist nach § 119 Abs. 6 S. 1 ein Verfahren zur Vergabe öffentlicher Aufträge mit dem Ziel der **Ermittlung und Festlegung der Mittel, mit denen die Bedürfnisse des öffentlichen Auftraggebers am besten erfüllt werden können.** Das Verfahren ist nach § 119 Abs. 6 S. 2 durch einen **Teilnahmewettbewerb** und anschließende **Erörterungen des Auftragsgegenstandes** mit den ausgewählten Unternehmen gekennzeichnet, wobei grundsätzlich über alle Einzelheiten des Auftrags verhandelt werden kann. Der wettbewerbliche Dialog ist demnach eine spezielle Verfahrensart, die viele Parallelen zu einem (strukturierten) Verhandlungsverfahren (→ Rn. 43, 47) aufweist. Die wesentliche Gemeinsamkeit beider Verfahrensarten besteht in der **Flexibilität der Verfahrensgestaltung,** die es dem Auftraggeber – anders als bei einem offenen oder nicht offenen Verfahren – erlaubt, einzelne oder alle Aspekte des Auftrags mit den Bewerbern bzw. Bietern zu erörtern und die Vergabeunterlagen im Laufe des Verfahrens entsprechend anzupassen und zu konkretisieren. Damit soll dem Bedürfnis nach einer flexiblen Verfahrensgestaltung insbesondere für komplexe und innovative Aufträge Rechnung getragen und zugleich ein möglichst hohes Maß an Wettbewerb zwischen den Wirtschaftsteilnehmern gewährleistet werden.[81] Die Anforderungen an die Durchführung des wettbewerblichen Dialogs sind in § 18 VgV, § 17 SektVO und Art. 30 RL 2014/24/EU näher geregelt.

79 Der wettbewerbliche Dialog wurde im Rahmen der Umsetzung der RL 2004/18/EG (Vergabe-RL 2004)[82] durch das ÖPP-Beschleunigungsgesetz[83] im Jahr 2005 in das GWB-Vergaberecht

---

[80] Letzteres bejaht vom OLG Celle Beschl. v. 24.9.2014 – 13 Verg 9/14, NZBau 2014, 784, für die nicht ausgeschriebene Beschaffung von Hauptmaschinen für ein Küstenboot, bei dem die behauptete besondere Dringlichkeit für ein beschleunigtes Verhandlungsverfahren ohne Teilnahmewettbewerb nach § 3 EG Abs. 4 lit. d VOL/A nicht vorlag und deshalb auch § 101a Abs. 2 aF, der dem heutigen § 134 Abs. 3 S. 1 entspricht, nicht von der Vorinformationspflicht entband.

[81] Vgl. Erwägungsgrund 42 RL 2014/24/EU; Erwägungsgrund 31 Vergabe-RL 2004; Europäische Kommission, Erläuterungen – Wettbewerblicher Dialog – Klassische Richtlinie, CC/2005/04_rev1 v. 5.10.2005.

[82] Vgl. Art. 1 Abs. 11 lit. c Vergabe-RL 2004 und Art. 29 Vergabe-RL 2004.

[83] Gesetz zur Beschleunigung der Umsetzung von öffentlich-privaten Partnerschaften und zur Verbesserung gesetzlicher Rahmenbedingungen für öffentlich private Partnerschaften v. 1.9.2005, BGBl. 2005 I 2676.

VII. Wettbewerblicher Dialog (Abs. 6) 80–84 § 119 GWB

als weitere Verfahrensart eingeführt (§ 101 Abs. 5 aF, § 6a VgV aF). Die Regelungen des wettbewerblichen Dialogs wurden durch die GWB-Novelle 2009[84] nur leicht geändert (§ 101 Abs. 4 aF) und haben durch die GWB-Novelle 2016[85] ihre gegenwärtige Fassung erhalten. Im Rahmen der GWB-Novelle 2016 wurde der Anwendungsbereich des wettbewerblichen Dialogs erheblich erweitert. So steht diese Verfahrensart nunmehr allen öffentlichen Auftraggebern einschließlich der Auftraggeber im Sektorenbereich (§ 13 Abs. 1 SektVO, § 17 SektVO) zur Verfügung. Die Erweiterung auf den Sektorenbereich scheint von der Intention getragen zu sein, den Sektorenauftraggebern mit dem wettbewerblichen Dialog eine weitere attraktivere Verfahrensart anzubieten. Dafür spricht auch, dass die Vorschriften über die Durchführung des wettbewerblichen Dialogs sehr detailliert sind (vgl. § 17 SektVO, Art. 48 Sektoren-RL). Neben dem erweiterten persönlichen Anwendungsbereich besteht ein weiterer wesentlicher Unterschied zur früheren Rechtslage darin, dass mit der Neuregelung die zwingende Beschränkung auf Aufträge mit besonderer Komplexität entfallen ist. Die besondere Komplexität der zu vergebenden Aufträge betrifft nunmehr nur noch einen von mehreren Anwendungsfällen. Gemäß § 14 Abs. 3 VgV (bzw. § 13 Abs. 1 SektVO) entspricht der Anwendungsbereich des wettbewerblichen Dialogs im Übrigen dem des Verhandlungsverfahrens mit vorausgehendem Teilnahmewettbewerb. In Bezug auf die Anforderungen an die Durchführung und den Ablauf des Verfahrens haben sich mit der Neuregelung keine wesentlichen Änderungen ergeben.

Weitere Regelungen zum wettbewerblichen Dialog finden sich in der **VOB/A**,[86] der **VgV** 80 (§ 14 Abs. 3 VgV, § 18 VgV) und der **SektVO** (§ 13 Abs. 1 SektVO, § 17 SektVO), mit denen der Anwendungsbereich und die Verfahrensgestaltung des wettbewerblichen Dialogs näher konkretisiert werden.

Die Bedeutung des wettbewerblichen Dialogs hat seit seiner Einführung zwar zugenommen.[87] 81 Die **Rechtsprechung** hat sich bislang aber nur in relativ wenigen Entscheidungen mit dem wettbewerblichen Dialog auseinandergesetzt.[88] Angesichts der vielen Parallelen des wettbewerblichen Dialoges mit einem (strukturierten) Verhandlungsverfahren sind die insoweit von der Rechtsprechung entwickelten Grundsätze und Anforderungen jedoch häufig auf den wettbewerblichen Dialog übertragbar.

2. Anwendungsbereich. Der wettbewerbliche Dialog steht grundsätzlich allen Auftraggebern 82 offen (personeller Anwendungsbereich). In Bezug auf die sachlichen Anwendungsvoraussetzungen ist allerdings nach der Art der Auftraggeber zu differenzieren: Für öffentliche Auftraggeber iSv § 99 ist die Durchführung eines wettbewerblichen Dialogs unter den gleichen Voraussetzungen wie ein Verhandlungsverfahren mit vorherigem Teilnahmewettbewerb zulässig. Insoweit gilt der Vorrang des offenen und des nicht offenen Verfahrens (§ 14 Abs. 2 VgV, Abs. 3 VgV). Ein derartiger Vorrang besteht dagegen nicht für Sektorenauftraggeber iSv § 100, die zwischen dem offenen Verfahren, dem nicht offenen Verfahren, dem Verhandlungsverfahren mit Teilnahmewettbewerb und dem wettbewerblichen Dialog frei wählen dürfen (§ 141; § 13 Abs. 1 SektVO). Kein Vorrang einer anderen Verfahrensart besteht zudem für Konzessionsgeber iSv § 101, die das Vergabeverfahren frei gestalten dürfen (§ 151; § 12 Abs. 1 KonzVgV) und sich dabei auch die Strukturen des wettbewerblichen Dialoges zunutze machen können.

Nicht vorgesehen ist der wettbewerbliche Dialog dagegen für Vergaben außerhalb des GWB- 83 Vergaberechts, dh insbesondere für die Vergabe von Aufträgen unterhalb der Schwellenwerte (§ 106; vgl. § 3 VOB/A), für die Vergabe von verteidigungs- oder sicherheitsspezifischen Aufträgen iSv § 104 (vgl. § 146; § 11 Abs. 1 VSVgV) und der Vergabe von nach §§ 107–109 freigestellten Aufträgen.

a) Personeller Anwendungsbereich. Die Durchführung eines wettbewerblichen Dialoges ist 84 nach § 119 Abs. 6 für öffentliche Auftraggeber iSv § 99 und nach § 141 Abs. 1 für Sektorenauftraggeber vorgesehen. Nicht (ausdrücklich) vorgesehen ist der wettbewerbliche Dialog dagegen für Konzessionsgeber.

---

[84] Gesetz zur Modernisierung des Vergaberechts v. 20.4.2009, BGBl. 2009 I 790.
[85] Gesetz zur Modernisierung des Vergaberechts v. 17.2.2016, BGBl. 2016 I 203, in Kraft getreten am 18.4.2016.
[86] § 3 EU Abs. 1 Nr. 4, Abs. 7 VOB/A, § 3a EU Abs. 4 VOB/A, § 3b EU Abs. 4 VOB/A.
[87] Erwägungsgrund 42 RL 2014/24/EU.
[88] Vgl. zB VK Lüneburg Beschl.v. 30.11.2018 – VgK-46/2018, IBRRS 2019, 1476; VK Niedersachsen Beschl. v. 30.11.2018 – VgK-46/2018, BeckRS 2018, 41435; OLG Brandenburg Beschl. v. 7.5.2009 – Verg W 6/09, NZBau 2009, 734; OLG Celle Beschl. v. 16.5.2013 – 13-Verg 13/12, NZBau 2013, 795; OLG Brandenburg Beschl. v. 7.5.2009 – Verg W 6/09, NZBau 2009, 734; OLG Koblenz Beschl. v. 21.4.2009 – 1 Verg 2/09, BeckRS 2010, 11082; VK Münster Beschl. v. 2.10.2014 – VK 13/14, NZBau 2014, 721; VK Brandenburg Beschl. v. 8.4.2009 – VK 17/09, IBRRS 2010, 1159; VK Brandenburg Beschl. v. 22.8.2008 – VK 19/08, IBRRS 2010, 0442; VK Düsseldorf Beschl. v. 11.8.2006 – VK-30/2006-L, IBRRS 2006, 4506.

85 Der personelle Anwendungsbereich des wettbewerblichen Dialogs ist durch die GWB-Novelle 2016 deutlich erweitert worden. Vorher stand der wettbewerbliche Dialog nur „staatlichen Auftraggebern"[89] bzw. solchen öffentlichen Auftraggeber zur Verfügung, die nicht im **Sektorenbereich** tätig waren. Die Beschränkung auf öffentliche Auftraggeber, die nicht im Sektorenbereich tätig sind, entsprach dem damaligen Richtlinienrecht, das die Durchführung eines wettbewerblichen Dialogs im Sektorenbereich nicht vorsah. Diese Beschränkung ist mit den (neuen) Vergaberichtlinien entfallen. Gemäß Art. 48 Sektoren-RL steht der wettbewerbliche Dialog ausdrücklich auch den **Sektorenauftraggebern** zur Verfügung. Der europäische Gesetzgeber hat die Erweiterung mit den positiven Erfahrungen begründet, die mit dem wettbewerblichen Dialog im Anwendungsbereich der Vergabe-RL 2004 gemacht worden sind.[90]

86 Nach wie vor nicht (ausdrücklich) vorgesehen ist der wettbewerbliche Dialog für **Konzessionsgeber** iSv § 101. Das heißt allerdings nicht, dass sie keinen wettbewerblichen Dialog durchführen dürfen. Denn gem. § 151 S. 3 und § 12 Abs. 1 S. 1 KonzVgV dürfen Konzessionsgeber das Vergabeverfahren frei gestalten und unterliegen dabei nur wenigen Verfahrensbestimmungen. Nach § 12 Abs. 1 S. 2 KonzVgV kann das Vergabeverfahren insbesondere an den Vorschriften der VgV zum Ablauf eines Verhandlungsverfahrens mit Teilnahmewettbewerb ausgerichtet werden. Es steht ihnen allerdings genauso frei, das Verfahren stattdessen entsprechend den Vorschriften der VgV zum wettbewerblichen Dialog zu gestalten, dh einen wettbewerblichen Dialog durchzuführen. Entscheidet sich ein Konzessionsgeber dafür, trotz fehlender Bindung an die Verfahrensvorschriften der VgV einen wettbewerblichen Dialog durchzuführen, und teilt er diese Absicht in der Konzessionsbekanntmachung (vgl. § 19 KonzVgV) mit, so ist er daran grundsätzlich gebunden und ggf. Schadensersatzansprüchen der unterlegenen Bieter oder Bewerber ausgesetzt, wenn er gegen die Regeln dieser Verfahrensart verstößt.[91]

87 **b) Sachlicher Anwendungsbereich.** In sachlicher Hinsicht bestehen für die Anwendbarkeit des wettbewerblichen Dialogs nur für öffentliche Auftraggeber iSv § 99 besondere Voraussetzungen. Sektorenauftraggeber können den wettbewerblichen Dialog frei wählen und Konzessionsgeber das Vergabeverfahren ohne Einschränkungen als wettbewerblichen Dialog ausgestalten.

88 **Öffentliche Auftraggeber** iSv § 99 müssen den Vorrang des offenen und des nicht offenen Verfahrens beachten und dürfen einen wettbewerblichen Dialog nur unter den Voraussetzungen von § 14 Abs. 3 VgV durchführen. Danach ist der wettbewerbliche Dialog unter den gleichen Voraussetzungen zulässig wie ein Verhandlungsverfahren mit vorherigem Teilnahmewettbewerb. Sofern die Voraussetzungen vorliegen, besteht zwischen beiden Verfahrensarten für die öffentlichen Auftraggeber eine Wahlfreiheit.[92]

89 Die **Wahlfreiheit zwischen dem Verhandlungsverfahren mit Teilnahmewettbewerb und dem wettbewerblichen Dialog** wurde mit der Vergaberechtsreform 2016 eingeführt. Zuvor durfte ein wettbewerblicher Dialog nur bei der **Vergabe besonders komplexer Aufträge** angewendet werden. Die bei der Vergabe derartiger Aufträge bestehenden Schwierigkeiten bildeten auch den Grund für die Einführung des wettbewerblichen Dialoges als vierte Verfahrensart neben dem offenen Verfahren, dem nicht offenen Verfahren und dem Verhandlungsverfahren. Mit der neuen Verfahrensart sollte insbesondere die in der Praxis weit verbreitete Anwendung des Verhandlungsverfahrens zurückgedrängt werden. Dieser Ansatz wurde mit der Vergaberechtsreform 2016 aufgegeben, indem die Anwendungsvoraussetzungen für das Verhandlungsverfahren (mit Teilnahmewettbewerb) und den wettbewerblichen Dialog aneinander angeglichen wurden.[93] Der bisherige Anwendungsbereich der besonders komplexen Aufträge besteht allerdings fort und wird nunmehr von § 14 Abs. 3 Nr. 3 VgV erfasst, wobei auch Überschneidungen mit den in § 14 Abs. 3 Nr. 1 und Nr. 2 VgV geregelten Fällen bestehen.

90 Der Anwendungsbereich des wettbewerblichen Dialogs ist nach **§ 14 Abs. 3 VgV**[94] eröffnet, wenn:
- die Bedürfnisse des öffentlichen Auftraggebers nicht ohne Anpassung bereits verfügbarer Lösungen erfüllt werden können (§ 14 Abs. 3 Nr. 1 VgV),

---

[89] Der Begriff „staatlicher Auftraggeber" wurde im Rahmen der GWB-Novelle 2009 ersetzt durch „Auftraggeber nach § 98 Nr. 1–3 [aF], soweit sie nicht auf dem Gebiet der Trinkwasser- oder Energieversorgung oder des Verkehrs tätig sind, und § 98 Nr. 5 [aF]". Durch die Änderung sollte klargestellt werden, dass der wettbewerbliche Dialog allen zur Beachtung des GWB-Vergaberechts verpflichteten Auftraggebern zur Verfügung stand, die nicht im Sektorenbereich tätig waren, vgl. Begr. BReg., BT-Drs. 16/10117, 19.
[90] Erwägungsgrund 60 Sektoren-RL.
[91] Vgl. BGH Urt. v. 21.2.2006 – X ZR 39/03, NZBau 2006, 456 (457).
[92] Vgl. *Neun/Otting* EuZW 2014, 446 (449).
[93] Das entspricht Art. 26 Abs. 4 RL 2014/24/EU, wonach für den wettbewerblichen Dialog und das Verhandlungsverfahren ebenfalls die gleichen Anwendungsvoraussetzungen gelten.
[94] Vgl. ausführlich zu den Anwendungsvoraussetzungen des wettbewerblichen Dialogs die Komm. zu § 14 Abs. 3 VgV.

VII. Wettbewerblicher Dialog (Abs. 6)

– der Auftrag konzeptionelle oder innovative Lösungen umfasst (§ 14 Abs. 3 Nr. 2 VgV),
– der Auftrag aufgrund konkreter Umstände, die mit der Art, der Komplexität oder dem rechtlichen oder finanziellen Rahmen oder den damit einhergehenden Risiken zusammenhängen, nicht ohne vorherige Verhandlungen vergeben werden kann (§ 14 Abs. 3 Nr. 3 VgV),
– die Leistung vom öffentlichen Auftraggeber nicht mit ausreichender Genauigkeit beschrieben werden kann (§ 14 Abs. 3 Nr. 4 VgV) oder
– im Rahmen eines offenen oder nicht offenen Verfahrens keine ordnungsgemäßen oder nur unannehmbare Angebote eingereicht wurden (§ 14 Abs. 3 Nr. 5 VgV).

Das Vorliegen der Voraussetzungen für die Durchführung eines wettbewerblichen Dialoges unterliegt der Kontrolle durch die vergaberechtlichen Nachprüfungsinstanzen. Das gilt auch für diejenigen Umstände, auf deren Grundlage ein öffentlicher Auftraggeber annimmt, dass die Vergabe ohne vorherige Verhandlungen unmöglich ist, einschließlich der Komplexität des Vorhabens. Insoweit besteht zwar ein gewisser Beurteilungsspielraum (insbesondere in Bezug auf die „subjektive Komplexität"), dessen Ausschöpfung aber der Kontrolle durch die Vergabekammern und -senate unterliegt. 91

Als typische **Anwendungsfälle** des wettbewerblichen Dialogs werden in den Erwägungsgründen der RL 2014/24/EU (wie zuvor bereits in den Erwägungsgründen der Vergabe-RL 2004)[95] bedeutende integrierte Verkehrsinfrastrukturprojekte, große Computernetzwerke und Vorhaben mit einer komplexen strukturierten Finanzierung genannt, deren finanzielle und rechtliche Konstruktion im Voraus nicht festgelegt werden kann.[96] Die Anwendungsvoraussetzungen des § 14 Abs. 3 VgV werden insbesondere bei der Durchführung großer ÖPP- bzw. **PPP-Vorhaben** (insbesondere solchen mit einem Lebenszyklusansatz) regelmäßig vorliegen.[97] Die Vergabe eines PPP-Vorhabens im Rahmen des wettbewerblichen Dialogs kommt insbesondere dann in Betracht, wenn der Auftragnehmer eine bestimmte öffentliche Einrichtung entsprechend den funktionalen Anforderungen des Auftraggebers zunächst errichten, anschließend betreiben und erhalten soll und auch in die Finanzierung eingebunden ist. Die Kombination von Errichtung, Betrieb und Erhaltung beruht zwar auf einer eigenen Entscheidung des Auftraggebers, durch die die Komplexität des Auftrags ggf. erst begründet wird. Der Zulässigkeit eines wettbewerblichen Dialoges steht dieser Umstand jedoch nicht entgegen, wenn die Auftraggeber ihren jeweiligen Beschaffungsbedarf sachgerecht bestimmt und festgelegt haben. Neben bedeutenden integrierten Verkehrsinfrastrukturprojekten kommen PPP-Projekte insbesondere in Bezug auf Planung, Bau, Betrieb und ggf. Finanzierung von Schulen, Parlaments- und Verwaltungsgebäuden, Gefängnissen und Sportstadien in Betracht. Für die Anwendbarkeit des wettbewerblichen Dialogs ist es allerdings nicht entscheidend, ob das Vorhaben als PPP-Projekt oder als „klassischer" öffentlicher Auftrag realisiert wird. Maßgeblich ist vielmehr, ob der Auftraggeber auf Verhandlungen mit den Bietern und deren Lösungsvorschläge angewiesen ist, um eine sachgerechte bzw. eine für das konkrete Vorhaben optimale Lösung zu finden.[98] Das kann grundsätzlich bei allen anspruchsvollen Beschaffungen der Fall sein. 92

Ein weiterer Anwendungsbereich des wettbewerblichen Dialogs betrifft solche Konstellationen, in denen der Auftraggeber nicht vorhersehen kann, ob das Vorhaben in einer **Konzession** oder einem „klassischen" öffentlichen Auftrag iSv § 103 Abs. 1 mündet.[99] Das kann insbesondere dann der Fall sein, wenn sich der öffentliche Auftraggeber noch nicht auf die Vergabe eines „klassischen" Auftrags festgelegt hat und nicht beurteilen kann, ob die an dem Auftrag bzw. der Konzession interessierten Unternehmen bereit sind, das mit dem Vorhaben verbundene wirtschaftliche Risiko ganz oder zu einem wesentlichen Teil zu übernehmen. Vor der Entscheidung für die Durchführung eines wettbewerblichen Dialogs muss sich der Auftraggeber zwar sorgfältig mit den für sein jeweiliges Vorhaben am Markt erhältlichen Leistungen und Bedingungen auseinandersetzen. Sofern er aber dennoch nicht abschätzen kann, ob das Vorhaben in eine Konzession oder ein öffentlicher Auftrag iSv, darf er auf den wettbewerblichen Dialog zurückgreifen, um die finanziellen, wirtschaftlichen und rechtlichen Bedingungen mit den Bietern im Einzelnen verhandeln zu können. 93

Ausgeschlossen ist der wettbewerbliche Dialog dagegen für Standarddienstleistungen und Standardlieferungen, die von vielen verschiedenen Marktteilnehmern erbracht werden können.[100] 94

c) Verhältnis zu den anderen Verfahrensarten. Der Anwendungsbereich des wettbewerblichen Dialogs ist durch seine Anwendungsvoraussetzungen festgelegt. Für Sektorenauftraggeber 95

---

[95] Erwägungsgrund 31 Vergabe-RL 2004.
[96] Erwägungsgrund 42 RL 2014/24/EU.
[97] Europäische Kommission, Erläuterungen – Wettbewerblicher Dialog – Klassische Richtlinie, CC/2005/04_rev1 v. 5.10.2005, 3.
[98] Vgl. auch *Ortner* NZBau 2020, 565.
[99] Europäische Kommission, Erläuterungen – Wettbewerblicher Dialog – Klassische Richtlinie, CC/2005/04_rev1 v. 5.10.2005, 3.
[100] Erwägungsgrund 43 RL 2014/24/EU.

und Konzessionsgeber besteht insoweit eine Wahlfreiheit (→ Rn. 89). Für öffentliche Auftraggeber iSv § 99 ergibt sich aus § 14 Abs. 3 VgV dagegen ein **Vorrang** des **offenen** und des **nicht offenen Verfahrens** gegenüber dem wettbewerblichen Dialog. Der Vorrang des offenen bzw. des nicht offenen Verfahrens ist zudem in § 119 Abs. 2 S. 2 ausdrücklich geregelt. Auf diese Verfahrensarten ist zurückzugreifen, wenn die in § 14 Abs. 3 VgV festgelegten Anwendungsvoraussetzungen nicht vorliegen. Die Subsidiarität des wettbewerblichen Dialogs ergibt sich darüber hinaus aus Art. 26 Abs. 4 lit. b RL 2014/24/EU und § 14 Abs. 3 Nr. 5 VgV, wonach ein wettbewerblicher Dialog zulässig ist, nachdem erfolglos ein offenes oder nicht offenes Verfahren durchgeführt wurde.

96 Das Verhältnis des wettbewerblichen Dialogs zum **Verhandlungsverfahren** hat sich mit der GWB-Novelle 2016 grundlegend geändert. Bis zu der Umsetzung der RL 2014/24/EU war das Verhältnis zwischen diesen Verfahrensarten unklar, weil sie unterschiedliche Anwendungsvoraussetzungen hatten, die sich aber überschneiden konnten. In Bezug auf diesen Überschneidungsbereich wurde vertreten, dass beim Vorliegen der Zulässigkeitsvoraussetzungen beider Verfahrensarten ein Wahlrecht des Auftraggebers besteht.[101] Zum Teil wurde aber auch ein Vorrang des wettbewerblichen Dialogs angenommen.[102] Diese Frage hat sich mit der Umsetzung der RL 2014/24/EU im Rahmen der Vergaberechtsreform 2016 erledigt. Denn nunmehr ist die Durchführung eines wettbewerblichen Dialogs an dieselben sachlichen Anwendungsvoraussetzungen geknüpft wie die des Verhandlungsverfahrens mit vorherigem Teilnahmewettbewerb (vgl. Art. 26 Abs. 4 RL 2014/24/EU und § 14 Abs. 3 VgV). Sofern diese Voraussetzungen vorliegen, besteht ein **Wahlrecht** des Auftraggebers, der frei entscheiden kann, ob er einen wettbewerblichen Dialog oder ein Verhandlungsverfahren durchführt.[103]

97 Weniger klar ist dagegen das Verhältnis des wettbewerblichen Dialogs zur **Innovationspartnerschaft.** Die Innovationspartnerschaft ist nach § 119 Abs. 7 ein Verfahren zur Entwicklung innovativer, noch nicht auf dem Markt verfügbarer Liefer-, Bau- oder Dienstleistungen und zum anschließenden Erwerb der daraus hervorgehenden Leistungen. Bereits aus dieser Begriffsbestimmung ergeben sich Überschneidungen mit dem wettbewerblichen Dialog, der nach § 14 Abs. 3 Nr. 2 VgV ua dann anwendbar ist, wenn der Auftrag konzeptionelle oder innovative Lösungen umfasst.[104] Eine klare Abgrenzung zwischen diesen Verfahrensarten ergibt sich auch nicht aus den Anwendungsvoraussetzungen der Innovationspartnerschaft. Die Durchführung einer Innovationspartnerschaft setzt nach § 19 Abs. 1 S. 2 VgV (§ 18 Abs. 1 S. 2 SektVO, § 3a EU Abs. 5 VOB/A) voraus, dass der Beschaffungsbedarf nicht durch auf dem Markt bereits verfügbare Leistungen befriedigt werden kann. Kennzeichen der Innovationspartnerschaft ist daher, dass die passende Lösung erst entwickelt werden soll. Das kann aber auch bei einem wettbewerblichen Dialog und einem Verhandlungsverfahren der Fall sein. Der wesentliche Unterschied zu diesen Verfahrensarten besteht jedoch darin, dass bei einer Innovationspartnerschaft nicht der Erwerb der Leistungen, sondern deren Entwicklung im Vordergrund steht. Dementsprechend ist die Innovationspartnerschaft nach § 19 Abs. 8 VgV in zwei Phasen strukturiert: Zunächst findet eine Forschungs- und Entwicklungsphase statt, an die sich die Leistungsphase anschließt, in der die zuvor entwickelte Leistung erbracht wird. Der Forschungs- und Entwicklungsprozess ist dabei das eigentliche Kernstück der Innovationspartnerschaft. Der Auftraggeber kann auf der Grundlage zuvor festgelegter Zwischenziele nach jedem Abschnitt festlegen, ob er die Innovationspartnerschaft fortsetzt oder beendet (§ 19 Abs. 9 VgV). Die entwickelte Lösung kann im Rahmen desselben Vergabeverfahrens beschafft werden, muss es aber nicht. Für die Abgrenzung der Innovationspartnerschaft vom wettbewerblichen Dialog und dem Verhandlungsverfahren kommt es daher weniger auf die jeweiligen Anwendungsvoraussetzungen[105] als vielmehr auf den Gegenstand bzw. Zweck des Verfahrens an. Sofern mit dem Vergabeverfahren eine konkrete Beschaffungsmaßnahme realisiert werden soll, die konzeptionelle oder innovative Lösungen umfassen kann, sind der wettbewerbliche Dialog und das Verhandlungsverfahren gegenüber der Innovationspartnerschaft vorrangig. Sofern dagegen die Entwicklung innovativer Leistungen im Vordergrund steht, ist die Innovationspartnerschaft einschlägig. Im Ergebnis dürfte insoweit dennoch eine (eingeschränkte) Wahlfreiheit für die Auftraggeber bestehen, weil diese den Zweck bzw. Gegenstand der Beschaffung bestimmen.

---

[101] → 1. Aufl. 2008, Vor § 97 Rn. 300; ähnlich *Opitz* VergabeR 2006, 451.
[102] *Knauff* VergabeR 2004, 287 (289); *Knauff* NZBau 2005, 249; aA *Pünder/Franzius* ZfBR 2006, 20 (24).
[103] *Knauff* NZBau 2018, 134.
[104] Ähnlich *Badenhausen-Fähnle* VergabeR 2015, 744 (745); *Fehling* NZBau 2012, 673 (677); *Knauff* NZBau 2018, 134.
[105] So allerdings *Badenhausen-Fähnle* VergabeR 2015, 744 (746), wonach für die Abgrenzung der Innovationspartnerschaft von den anderen Verfahrensarten die Legaldefinition der Innovationen in Art. 2 Nr. 22 RL 2014/24/EU und das Kriterium der Verfügbarkeit auf dem Markt herangezogen werden sollen.

VII. Wettbewerblicher Dialog (Abs. 6) 98–101 § 119 GWB

3. Durchführung des wettbewerblichen Dialogs. Wie grundsätzlich jedes Verfahren im 98
Anwendungsbereich des GWB-Vergaberechts beginnt auch der wettbewerbliche Dialog mit einer
europaweiten **Bekanntmachung.** Anschließend findet zunächst ein **Teilnahmewettbewerb** statt,
in dem die Eignung der Bewerber geprüft und die zur Abgabe von Lösungsvorschlägen aufzufordernden
Unternehmen ausgewählt werden. Mit den ausgewählten Unternehmen eröffnet der Auftraggeber
sodann den **Dialog,** in dem alle Aspekte des zu vergebenden Auftrags erörtert werden dürfen.
Es können eine oder mehrere Dialogphasen durchgeführt werden. Die Rahmenbedingungen des
Vorhabens und die Anforderungen an die Lösungsvorschläge werden den ausgewählten Unternehmen
mit den **Vergabeunterlagen** mitgeteilt. Die auf dieser Grundlage erstellten **Lösungsvorschläge**
werden geprüft und ausgewertet. Dabei kann (in jeder Dialogphase) eine Auswahl stattfinden,
sodass der Kreis der beteiligten Unternehmen kontinuierlich verkleinert wird. Mit den (noch)
am Verfahren beteiligten Unternehmen kann zudem über alle Einzelheiten des Auftrags verhandelt
werden. Nach Abschluss der Dialogphase werden die Unternehmen zur Einreichung überarbeiteter
bzw. endgültiger **Angebote** aufgefordert. Anhand der vorab bekannt gemachten Zuschlagskriterien
wird anschließend das wirtschaftlichste Angebot ermittelt, auf das der **Zuschlag** erteilt werden soll.
Vor der Zuschlagserteilung werden die nicht berücksichtigten Bieter gem. § 134 über den Namen
des erfolgreichen Bieters und die Gründe für die Nichtberücksichtigung ihrer Angebote bzw.
Lösungsvorschläge informiert.

Der auf diese Weise in seinen Grundzügen beschriebene Ablauf des wettbewerblichen Dialogs 99
ist in **§ 18 VgV, § 17 SektVO** und **§ 3b EU Abs. 4 VOB/A** näher geregelt.[106] Eine entsprechende
Regelung fehlt zwar für den Konzessionsbereich, den Konzessionsgebern steht es aber gem. § 12
KonzVgV frei, das Vergabeverfahren in diesem Sinne auszugestalten.

4. Aufwandsentschädigung. Sofern der Auftraggeber von den am wettbewerblichen Dialog 100
teilnehmenden Unternehmen die Ausarbeitung von Entwürfen, Plänen, Zeichnungen, Berechnungen
oder anderen Unterlagen verlangt hat, musste er nach der bis zum 18.4.2016 geltenden
Rechtslage allen Unternehmen, die die geforderten Unterlagen rechtzeitig eingereicht haben,
zwingend eine **angemessene Kostenerstattung** gewähren.[107] Diese Pflicht besteht im Anwendungsbereich
des 2. Abschnitts der VOB/A gem. § 3b EU Abs. 4 Nr. 9 VOB/A unverändert
fort. Für die Vergabe von Liefer- und Dienstleistungsaufträgen im klassischen Bereich sowie den
Konzessionsbereich enthalten die § 18 Abs. 10 VgV und § 17 Abs. 10 SektVO allerdings keine
zwingende Vorschrift zur Kostenerstattung mehr. Insoweit ist lediglich geregelt, dass der Auftraggeber
Prämien oder Zahlungen an die Dialogteilnehmer vorsehen kann. Nach diesen Regelungen
steht die Zahlung einer Aufwandsentschädigung im **Ermessen des Auftraggebers.** Das gilt auf
für den Fall, dass für die Erstellung der geforderten Pläne oder Berechnungen Architekten oder
sonstige Dritte hinzugezogen werden müssen, für deren Tätigkeit den Unternehmen (zwingend)
Kosten entstehen. Die Auftraggeber sind insbesondere nicht verpflichtet, eine den Honorarbestimmungen
der HOAI entsprechende Entschädigung festzusetzen.[108] Gemeinschaftsrechtlich vorgeschrieben
ist eine Aufwandsentschädigung ebenfalls nicht. Nach Art. 30 Abs. 8 RL 2014/24/EU
steht die Entscheidung über die Gewährung von Prämien und Zahlungen ebenfalls im Ermessen
der öffentlichen Auftraggeber.

Sofern der Auftraggeber nach § 3b EU Abs. 4 Nr. 9 VOB/A zur Kostenerstattung verpflichtet 101
ist oder sich nach § 18 Abs. 10 VgV bzw. § 17 Abs. 10 SektVO für eine Kostenerstattung entscheidet,
muss diese aus Gründen der Gleichbehandlung den Bietern **einheitlich** gewährt werden. Sofern
der Dialog in mehreren Phasen durchgeführt wurde, sollten grundsätzlich für jede Phase gesonderte
Zahlungen bzw. Prämien in Betracht gezogen werden, wobei der jeweils entstandenen Planungs-
und Bearbeitungsaufwand berücksichtigt werden sollte. Die tatsächlich entstandenen Kosten müssen
nicht vollständig abgedeckt werden.[109] Der Auftraggeber kann unter Berücksichtigung des für die
Erstellung der jeweiligen Pläne und sonstigen Unterlagen üblichen oder wahrscheinlichen Aufwandes
eigene Schätzungen vornehmen oder sich an den entsprechenden Honorarordnungen orientieren.[110]
Dem Auftraggeber steht es zudem frei, allen Bietern eine freiwillige (zusätzliche) Entschädigung zu
gewähren.

---
[106] Vgl. zu den Einzelheiten die Kommentierung zu diesen Vorschriften (→ VgV § 18 Rn. 1 ff., → SektVO § 17 Rn. 1 ff. und → VOB/A § 3b EU Rn. 1 ff.).
[107] Vgl. § 3 EG Abs. 7 Nr. 9 VOB/A aF, § 3 EG Abs. 7 lit. f VOL/A aF.
[108] Die Auswirkungen der Honorarvergaben der HOAI auf die Entschädigung waren bis zur Feststellung des EuGH, dass die verbindlichen Mindest- und Höchsthonorarsätze gegen Art. 15 RL 2006/123/EG (Dienstleistungs-RL) verstoßen (Urt. v. 4.7.2019 – C-377/17, NZBau 2019, 511), durchaus unklar und umstritten, vgl. dazu *Motzke* NZBau 2016, 603.
[109] Vgl. zur „alten" Rechtslage Kapellmann/Messerschmidt/*Kallmayer*, 2. Aufl. 2007, VOB/A § 3a Rn. 56.
[110] *Heiermann* ZfBR 2005, 766 (776); aA *Ollmann/Kronberg* VergabeR 2005, 685 (689).

VIII. Innovationspartnerschaft (Abs. 7)

Schrifttum: *Arrowsmith,* The innovation partnership procedure, The Law of Public and Utilities Procurement, Third Ed. 2014, Volume 1, 1046; *Gomes,* The innovative innovation partnerships under the 2014 Public Procurement Directive, Public Procurement Law Review 2014, 211; *Knauff,* Das Verhältnis der nachrangigen Verfahrensarten, NZBau 2018, 134; *Ortner,* Vergaberechtliche Anforderungen und Grenzen lösungsoffener Ausschreibungen, NZBau 2020, 565; *Püstow/Meiners,* Partnerschaftliche Bauprojekte – vergaberechtliche Wege, VergabeR 2020, 281.

102 **1. Normzweck.** Mit der Innovationspartnerschaft hat das VergRModG in Umsetzung von Art. 31 RL 2014/24/EU, Art. 49 Sektoren-RL eine neue Verfahrensart eingeführt. Die Wettbewerbs- und Auswahlphase entspricht weitgehend dem Verhandlungsverfahren. Erstmals wird durch die Innovationspartnerschaft die einheitliche Vergabe eines **Entwicklung und Ausführung** umfassenden Vertragsmodells geregelt. In der ersten Vertragsstufe (Entwicklungsphase) wird dabei vom Auftragnehmer ein Produkt entwickelt, welches in der zweiten Vertragsstufe ohne neuerliches Vergabeverfahren vom Auftraggeber erworben werden kann (Leistungsphase). Eine solche Verfahrensgestaltung war bereits unter der Vergabe-RL 2004[111] und dem GWB aF zulässig gestaltbar.[112] Mit Einführung der Innovationspartnerschaft wird zur Förderung innovativer Beschaffungen hierfür ein höheres Maß an Rechtssicherheit erlangt.

103 Die Innovationspartnerschaft stellt die vergaberechtlich zulässige Bandbreite für die **Einbeziehung der Ausführungskompetenz in die Definition der Leistungsanforderungen** klar. Nach den bisherigen Regularien waren hierfür der wettbewerbliche Dialog zur Entwicklung der Leistungsbeschreibung, das Verhandlungsverfahren zur Anpassung der Leistungsbeschreibung, die funktionale Leistungsbeschreibung zur Schaffung von Ausgestaltungsspielräumen und Nebenangebote zur Entwicklung von Varianten unter Wahrung der Vertraulichkeit bekannt.[113] Das neue Verfahren beschreibt nun, wie das Verfahren die Entwicklung der Lösung nach Abschluss des Vergabeverfahrens erfolgen kann. Wegen ihrer Ähnlichkeit mit bestehenden Verfahren wird kritisiert, die Innovationspartnerschaft schaffe keinen Mehrwert, sondern verfehle das Ziel der Effizienzsteigerung aufgrund der inhärenten Abgrenzungsschwierigkeiten.[114] In der Praxis wird die Innovationspartnerschaft zwar sowohl für Bauleistungen[115] als auch Lieferleistungen,[116] insgesamt jedoch sowohl in Deutschland[117] als auch in der EU[118] bislang nur sehr zurückhaltend genutzt.

104 **2. Entstehungsgeschichte.** Seit der Lissabon-Strategie des Europäischen Rats verfolgt die Europäische Union das Ziel einer wissensbasierten Wirtschaft und Gesellschaft durch Förderung von Forschung und Entwicklung sowie einer wirtschaftlichen Strukturreform für Wettbewerbsfähigkeit und Innovation.[119] Die Innovationspartnerschaft geht zurück auf die von der Kommission erarbeitete[120] und vom Europäischen Rat im Juni 2010 verabschiedete[121] **Strategie Europa 2020**. Ziel dieser Strategie ist es, die EU in der Folge der Wirtschaftskrise durch ein hohes Beschäftigungs- und Produktivitätsniveau und einen starken sozialen Zusammenhalt in eine intelligente, nachhaltige und integrative Wirtschaft zu verwandeln. Zu den fünf Kernzielen der Strategie gehört es, 3% des BIP der EU für Forschung und Entwicklung aufzuwenden. Auch wenn das ehrgeizige Ziel verfehlt wurde,[122] bleibt Forschung und Entwicklung ein strategisches

---

[111] *Arrowsmith,* The innovation partnership procedure, The Law of Public and Utilities Procurement, Third Ed. 2014, Volume 1, Rn. 9–129; *Gomes* Public Procurement Law Review 2014, 211.

[112] So auch Eschenbruch/Opitz/Röwekamp/*Wichmann* SektVO § 18 Rn. 5; Beck VergabeR/*Krönke* Rn. 19.

[113] Vgl. für bisherige Lösungsansätze zur Einbindung des Baus in die Planung: *Püstow/Meiners* VergabeR 2020, 281 (287 ff.).

[114] Eschenbruch/Opitz/Röwekamp/*Wichmann* SektVO § 18 Rn. 4 f.; HK-VergabeR/*Pünder* Rn. 52; *Badenhausen-Fähnle* VergabeR 2015, 743.

[115] Vgl. zur Planung und Erstellung eines Wohnhauses: ABl. 2018, 195 – 440746 oder von Fähranlegeplätzen: ABl. 2020, 248 – 618603.

[116] Vgl. zur Entwicklung und Lieferung von innovativen Triebzügen: ABl. 2019, 141 – 347047 oder eines Fahrsimulators: ABl. 2019, 248 – 612876.

[117] Im Zeitraum v. 18.4.2016 bis zum 30.6.2021 finden sich bei TED insgesamt 208.665 Veröffentlichungen über vergebene Aufträge, davon aber nur 37 über Innovationspartnerschaften.

[118] Im vorgenannten Zeitraum wurden europaweit 1.238.878 Bekanntmachungen über vergebene Aufträge veröffentlicht, davon 277 über Innovationspartnerschaften.

[119] Presidency Conclusions, Europäischer Rat, Lissabon, 23./24.3.2000, https://www.europarl.europa.eu/summits/lis1_en.htm (zuletzt abgerufen am 6.8.2021).

[120] Kom., Mitteilung Europa 2020, Eine Strategie für intelligentes, nachhaltiges und integratives Wachstum (KOM(2010) 2020 endgültig).

[121] Europäischer Rat, Schlussfolgerungen (EUCO 13/10 v. 17.6.2010).

[122] 2008 betrugen die Bruttoinlandsausgaben für Forschung und Entwicklung 1,83% des BIP, 2017 waren es 2,06%; vgl. Eurostat: Europa-2020-Ziele: Welche Fortschritte macht die Europäische Union; Pressemitteilung 153/2019 v. 7.10.2019.

VIII. Innovationspartnerschaft (Abs. 7)

Handlungsfeld der EU welches 2021 bis 2027 durch das Programm „Horizont Europa" definiert wird.[123]

Der Vergabe öffentlicher Aufträge wird seit der Mitteilung der Kommission über eine breit angelegte Innovationsstrategie für die EU[124] durch ihre Schaffung von Marktnachfrage („Market Pull") hinsichtlich der wirtschaftlichen Entwicklung in der EU eine große Bedeutung beigemessen. Die Kommission fordert in ihren Leitlinien für eine innovationsfördernde öffentliche Auftragsvergabe einen stärkeren Blick darauf, ob nicht nur die förmlichen Anforderungen der Beschaffung erfüllt sind, sondern auch, ob sie den größtmöglichen Mehrwert im Hinblick auf die Qualität und die Kostenwirksamkeit sowie die ökologischen und sozialen Auswirkungen schafft und Chancen für den Anbietermarkt bietet.[125] Auf Basis der Vergabe-RL 2004 hat die Kommission zur Innovationsförderung das Instrument der vorkommerziellen Auftragsvergabe entwickelt.[126] Die **vorkommerzielle Auftragsvergabe** betrifft die Vergabe öffentlicher Aufträge für Forschungs- und Entwicklungsdienstleistungen, die nach § 116 Abs. 1 Nr. 2 nicht vom Anwendungsbereich des Vergaberechts erfasst sind. Der Erwerb von Forschungs- und Entwicklungsdienstleistungen ist im Rahmen der vorkommerziellen Auftragsvergabe nicht möglich und erfordert ein eigenes Vergabeverfahren. Die vorkommerzielle Auftragsvergabe hat nicht zu den gewünschten Zielen geführt. Sie hat in Deutschland über den Ausnahmetatbestand des § 100 Abs. 4 Nr. 2 aF hinaus keine Umsetzung und kaum Anwendung gefunden. Sie wird nach Analyse der Kommission auch in den übrigen Mitgliedstaaten nur vereinzelt genutzt.[127]

Als Alternative zur vorkommerziellen Auftragsvergabe hatte die Französische Republik 2006 ein Verfahren entwickelt, bei dem im ersten Schritt **Aufträge zur Projektbestimmung** (marchés de définition) vergeben werden konnten, wenn der Auftraggeber die zu erreichenden Ziele und zu erbringenden Leistungen, die einzusetzenden technischen Erfahrungen und die erforderlichen personellen und sachlichen Mittel nicht genauer bestimmen konnte.[128] Im Anschluss an die Projektbestimmung (durch ggf. mehrere Auftragnehmer) konnte der Auftraggeber ohne neuerlichen Wettbewerb auf Basis vorher festgelegter Kriterien einem der Auftragnehmer einen Auftrag zur Ausführung (marché d'exécution) von Dienstleistungen, Lieferungen oder Bauleistungen erteilen. Der EuGH hat dieses Verfahren in einem Vertragsverletzungsverfahren als unionsrechtswidrig erachtet.[129] Es sei nicht gewährleistet, dass der Auftragsgegenstand und die Vergabekriterien sowohl des Auftrags zur Projektbestimmung als auch des Auftrags zur Projektausführung in allen Fällen bereits zu Beginn des Verfahrens bestimmt werden könnten; Gleichbehandlungs- und Transparenzgrundsatz seien nicht gewahrt. Eine grundsätzliche Ablehnung zweistufiger Verträge über Entwicklungs- und Ausführungsleistungen kann dem gleichwohl nicht entnommen werden. Die Kritik des EuGH konzentriert sich auf die fehlende Transparenz bei der Beschreibung des Auftragsgegenstandes und der Rechtfertigung der Auswahlentscheidung.[130]

3. Anwendungsbereich. Abs. 7 definiert die **Innovationspartnerschaft als Verfahrensart.** § 14 Abs. 1 VgV greift dieses auf, definiert den Anwendungsbereich aber nicht. Da die Mitgliedstaaten nach Art. 26 Abs. 3 RL 2014/24/EU zur Einführung der Innovationspartnerschaft verpflichtet sind,[131] ist der Anwendungsbereich richtlinienkonform zu ermitteln. Auch Art. 26 RL 2014/24/EU definiert den Anwendungsbereich der Innovationspartnerschaft allerdings nicht.

Nach dem Wortlaut von Art. 31 Abs. 2 RL 2014/24/EU, § 119 Abs. 7 und § 19 Abs. 1 S. 1 VgV ist erste Voraussetzung für die Anwendbarkeit der Innovationspartnerschaft, dass der Auftraggeber im ersten Schritt ein Produkt oder eine Dienstleistung/Bauleistung entwickeln lassen möchte, um dieses Produkt bzw. diese Leistung im zweiten Schritt erwerben zu können. Dieses Tatbestandsmerkmal ist erfüllt, wenn die **Entwicklungsleistung auf die Erfüllung eines Beschaffungsbedarfs**

---

[123] VO 2021/695 (EU) vom 28.4.2021 zur Einrichtung von „Horizont Europa".
[124] Kom., Mitteilung Kenntnisse in die Praxis umsetzen: Eine breit angelegte Innovationsstrategie für die EU (KOM(2006) 502 endgültig).
[125] Kom., Mitteilung: Leitfaden für eine innovationsfördernde öffentliche Auftragsvergabe (C(2018) 3051 final).
[126] Kom., Mitteilung Vorkommerzielle Auftragsvergabe: Innovationsförderung zur Sicherung tragfähiger und hochwertiger öffentlicher Dienste in Europa (KOM(2007) 799 endgültig).
[127] Compilation of results of the EC survey on the status of implementation of pre-commercial procurement across Europe, April 2011; https://procurement-forum.eu/resource/download/418/pcp-survey.pdf (zuletzt abgerufen am am 6.8.2021).
[128] Art. 73 Code des marchés publics 2006.
[129] EuGH Urt. v. 10.12.2009 – C-299/08, Slg. 2009, I-11587 = IBRRS 2009, 4029 – Kommission/Frankreich.
[130] EuGH Urt. v. 14.10.2004 – C-340/02, Slg. 2004, I-9845 Rn. 34 ff. = BeckEuRS 2004, 390082 – Kommission/Frankreich.
[131] *Arrowsmith*, The innovation partnership procedure, The Law of Public and Utilities Procurement, Third Ed. 2014, Vol. 1, Rn. 9–125.

des Auftraggebers gerichtet ist. Grundlagenforschung oder Entwicklungsleistungen nur für Drittmärkte sind von der Innovationspartnerschaft daher nicht erfasst.

109 Zweite Voraussetzung der Anwendbarkeit der Innovationspartnerschaft ist, dass Gegenstand der Entwicklungsleistung ein **innovatives Produkt** beziehungsweise eine innovative Dienstleistung/Bauleistung sein muss. Innovativ kann hierbei sowohl der Beschaffungsgegenstand sein, als auch der Beschaffungsprozess[132] im weiteren Sinne. Eine Definition des Begriffes „innovativ" findet sich im GWB, der VgV oder der RL 2014/24/EU nicht. Auf Basis des lateinischen Wortstamm „novus" (neu) oder „innovatio" (etwas neu Geschaffenes) ist innovativ als neuartig zu verstehen.[133] Dieses Verständnis wird durch Erwägungsgrund 49 RL 2014/24/EU getragen, wonach der Zugang zur Innovationspartnerschaft bestehen muss, wenn der Auftraggeber seinen Beschaffungsbedarf „*nicht durch bereits auf dem Markt verfügbare Lösungen*" befriedigen kann. Der Begriff „innovativ" kann jedoch auf Basis der Strategie Europa 2020 auch teleologisch verstanden werden als Leistung, die gerichtet ist auf die Schaffung eines Beitrags für die öffentliche Wohlfahrt.[134] Art. 2 Nr. 22 RL 2014/24/EU definiert das von Art. 31 Abs. 2 RL 2014/24/EU und § 119 Abs. 7 nicht verwandte Substantiv der Innovation in diese Richtung als „*die Realisierung von neuen oder deutlich verbesserten Waren, Dienstleistungen oder Verfahren, einschließlich – aber nicht beschränkt auf – Produktions-, Bau- oder Konstruktionsverfahren, eine neue Vermarktungsmethode oder ein neues Organisationsverfahren in Bezug auf Geschäftspraxis, Abläufe am Arbeitsplatz oder externe Beziehungen, u.a. mit dem Ziel, zur Bewältigung gesellschaftlicher Herausforderungen beizutragen oder die Strategie Europa 2020 für intelligentes, nachhaltiges und integratives Wachstum zu unterstützen.*". Sowohl der Richtliniengeber als auch der deutsche Gesetzgeber haben dieses teleologische Element nicht zur Anwendungsvoraussetzung für die Innovationspartnerschaft gemacht, sodass die Verfolgung der strategischen Ziele eine Möglichkeit *bei* der Anwendung der Innovationspartnerschaft ist, aber keine Voraussetzung *für* die Anwendung. Der Anwendungsbereich ist daher bereits dann eröffnet, wenn der Auftraggeber nicht bereits auf dem Markt verfügbare Lösungen beschaffen will.[135] Einige Autoren leiten demhingegen aus Art. 2 Nr. 22 RL 2014/24/EU ab, dass die Innnovationspartnerschaft nicht schon dann zugänglich sei, wenn die Bedürfnisse des Auftraggebers durch „leichte Anpassung"[136] oder allgemein „durch Anpassung" verfügbarer Lösungen erreichbar sei.[137] Nach anderer Meinung steht die Innovationspartnerschaft wiederum offen, wenn zwar keine neuartigen, aber „deutlich verbesserte" Leistungen beschafft werden sollen.[138] Entsprechend hat der französische Gesetzgeber den Anwendungsbereich der Innovationspartnerschaft entsprechend Art. 2 Nr. 22 RL 2014/24/EU beschränkt auf die Beschaffung von Leistungen, die neu oder deutlich verbessert sind.[139] Nach strengerer Auffassung wird der Anwendungsbereich der Innovationspartnerschaft davon abhängig gemacht, dass die Erfüllung des Beschaffungsbearfs einen grundlegenden Entwicklungsschritt[140] oder sogar gänzlich neuartige Leistungen[141] fordert.

109a Diese nuancierte Definition des Anwendungsbereichs der Innovationspartnerschaft verkennt, dass die Ausgestaltung eines Verhandlungsverfahrens und eines Beschaffungsvertrages nach den Grundsätzen der Innovationspartnerschaft bereits unter der Vergabe-RL 2004 zulässig war[142] und die neue RL 2014/24/EU den Anwendungsbereich nicht beschränken, sondern ausweiten wollte. Daher beschreibt die Kommission den Anwendungsbereich der Innovationspartnerschaft in ihrem Leitfaden für eine innovationsfördernde öffentliche Auftragsvergabe treffend. Danach ist die Innovationspartnerschaft davon gekennzeichnet, dass die Innovation erst nach Vertragsschluss und damit bei Ausführung des Auftrags erfolgt.[143] Daraus folgt, dass für die Eröffnung des Anwendungsbereichs der

---

[132] Beck VergabeR/*Krönke* Rn. 10 ff.
[133] *Fichter*, Grundlagen des Innovationsmanagements, 2019, 14.
[134] *Gomes* Public Procurement Law Review 2014, 211 (214).
[135] Eschenbruch/Opitz/Röwekamp/*Wichmann* SektVO § 18 Rn. 10.
[136] *Arrowsmith*, The innovation partnership procedure, The Law of Public and Utilities Procurement, Third Ed. 2014, Vol. 1, Rn. 9–131.
[137] Ziekow/Völlink/*Huber* VgV § 19 Rn. 3.
[138] *Knauff* NZBau 2018, 134 (137); *Ortner* NZBau, 2020, 565 (567 f.). Beck VergabeR/*Krönke* Rn. 14.
[139] Art. 70-1 code des marchés publics.
[140] HK-VergabeR/*Pünder*/*Kafki* VgV § 19 Rn. 5; Dieckmann/Scharf/Wagner-Cardenal/*Wagner-Cardenal* VgV § 19 Rn. 11; Kapellmann/Messerschmidt/*Mädler* VOB/A § 3a EU Rn. 76; Beck VergabeR/*Osseforth* VOB/A-EU § 3 Rn. 29.
[141] HK-VergabeR/*Pünder* Rn. 50; *Schneider* in Gabriel/Krohn/Neun VergabeR-HdB § 12 Rn. 110; Beck VergabeR/*Krönke* VgV § 19 Rn. 4.
[142] *Arrowsmith*, The innovation partnership procedure, The Law of Public and Utilities Procurement, Third Ed. 2014, Vol. 1, Rn. 9–129; *Gomes* Public Procurement Law Review 2014, 211; Eschenbruch/Opitz/Röwekamp/*Wichmann* SektVO § 18 Rn. 5; Beck VergabeR/*Krönke* Rn. 19.
[143] Kom., Mitteilung: Leitfaden für eine innovationsfördernde öffentliche Auftragsvergabe (C(2018) 3051 final), 53.

VIII. Innovationspartnerschaft (Abs. 7)

Innovationspartnerschaft nicht die Tiefe des Entwicklungsschritts ausschlaggebend ist. Maßgeblich ist vielmehr, ob die Innnovation nach dem Ziel des Auftraggebers vor Vertragsschluss erfolgen soll, sodass die genauen Merkmale der Lösung schon bei Zuschlagserteilung vereinbart werden oder ob die Innovation nach Zuschlagsteilung auf Basis hinreichend genauer Beschreibungen des Auftraggebers erfolgen soll.[144] Was eine Innovation ist, diskutiert die Kommission nicht. Im Ergebnis ist die Innovationspartnerschaft daher immer dann anwendbar, wenn erstens die Voraussetzung für die Wahl des Verhandlungsverfahrens oder des Wettbewerblichen Dialogs nach Art. 26 Abs. 4 lit. a Ziff. i, ii RL 2014/24/EU vorliegen, die Bedürfnisse des Auftraggebers also nicht ohne die Anpassung bereits verfügbarer Lösungen erfüllt werden können und wenn zweitens diese Anpassung partnerschaftlich nach Zuschlagserteilung entwickelt werden soll.[145] Solange die vergaberechtlichen Verfahrensgrundsätze gewahrt bleiben ist dabei auch nicht maßgeblich, ob es dem Auftraggeber unmöglich ist, diese Anpassung verfügbarer Lösungen bereits vor Vertragsschluss zu erreichen.[146]

109b Im Ergebnis ist die Innovationspartnerschaft damit entgegen ihrer aktuellen praktischen Bedeutung kein besonderes Ausnahmeverfahren mit einem lediglich sehr schmalen Anwendungsbereich. Die Innovationspartnerschaft steht auch nicht in einem Exklusivitätsverhältnis mit dem wettbewerblichen Dialog oder dem Verhandlungsverfahren.

110 Der in Erwägungsgrund 49 RL 2014/24/EU enthaltene Hinweis, öffentliche Auftraggeber sollten Innovationspartnerschaften **„nicht in einer Weise nutzen, durch die der Wettbewerb behindert, eingeschränkt oder verfälscht wird"** ist keine Anwendungsvoraussetzung, sondern eine Vorgabe für die Ausgestaltung der Innovationspartnerschaft, die gleichermaßen auch für alle anderen Vergabeverfahren Gültigkeit hat. Der EuGH hat in seinen Entscheidungen im Fall „La Chauvinière"[147] und zum „marché de définition"[148] das wettbewerbsbeschränkende Potential bei der Vergabe von Entwicklungs- und Ausführungsleistungen deutlich gemacht und aus den Grundsätzen der Gleichbehandlung und Transparenz klare, fortgeltende Grenzen aufgezeigt. Nach diesen Maßstäben bleibt die Wahl der Innovationspartnerschaft nur zulässig, wenn der Auftraggeber in der Lage ist, den Beschaffungsbedarf präzise zu bestimmen, etwa in Form von Zielvorgaben, und auf dieser Grundlage Eignungs- und Zuschlagskriterien bestimmen kann, die sowohl die Entwicklungs- als auch die Ausführungsleistungen umfassen.

111 Dritte Voraussetzung für die Innovationspartnerschaft im deutschen Recht ist nach § 97 Abs. 4, dass **wirtschaftliche oder technische Gründe** die gemeinsame Vergabe von Entwicklungs- und Ausführungsleistungen erfordern. Diese Verschärfung der Anwendungsvoraussetzungen der Innovationspartnerschaft ist durch das Recht der Mitgliedstaaten zur Privilegierung der Losvergabe nach Art. 46 Abs. 1 RL 2014/24/EU gedeckt. Das Gebot der Losaufteilung und damit das Erfordernis einer Rechtfertigung der Gesamtvergabe mit wirtschaftlichen oder technischen Gründen greift jedoch erst, wenn die Entwicklung eines Produkts oder einer Dienstleistung/Bauleistung und die entsprechenden Ausführungsleistungen nach dem Beschaffungsbedarf des Auftraggebers voneinander trennbar, also der Losaufteilung zugänglich sind. Das Gebot der Losaufteilung berührt das Leistungsbestimmungsrecht des Auftraggebers nicht.[149] Soweit er nach Sichtung des Marktes keine Möglichkeit dafür sieht, seinen Beschaffungsbedarf mit verfügbaren Leistungen zu decken, ist er berechtigt, die Entwicklung der benötigten Leistung auszuschreiben. Je innovativer die Entwicklungsleistung ist, desto eher wird es nach den Erfahrungen mit der vorkommerziellen Auftragsvergabe erforderlich

---

[144] *Ortner* NZBau, 2020, 565 (567 f.).
[145] Anders *Knauff* NZBau 2018, 134 (137 f.), wonach der Unterschied zum Verhandlungsverfahren in dem (Nicht-)Vorhandensein des Beschaffungsgegenstandes am Markt und damit der (fehlenden) Notwendigkeit einer Innovation liege und der Unterschied zum Wettbewerblichen Dialog darin, dass es bei der Innovationspartnerschaft nicht um die Anpassung vorhandener Lösungen gehe sondern um die Beschaffung von etwas Neuartigem. Allerdings erachtet der Autor an früherer Stelle die Innovationspartnerschaft für zulässig, wenn sie Leistungen betrifft, die zwar in einer einfachen Variante bereits auf dem Markt angeboten werden, jedoch in deutlich verbesserter Qualität beschafft werden sollen; auch nach Beck VergabeR/*Krönke* Rn. 18 sei der Anwendungsbereich der Innovationspartnerschaft „erheblich enger".
[146] Eine Beschwerde der Architektenkammer Berlin zur Kommission v. 21.5.2019 gegen die Wahl der Innovationspartnerschaft für die Vergabe von Planungs- und Bauleistungen für Wohngebäude ist folgenlos geblieben, https://www.ak-berlin.de/fileadmin/user_upload/Publikationen/DAB_2020/DAB_2020_08_Berlin.pdf (zuletzt abgerufen am 6.8.2021). Die Kommission hat ihr Ermessen dahingehend ausgeübt, kein Vertragsverletzungsverfahren zu eröffnen und auf nationale Rechtsschutzmöglichkeiten verwiesen. Ob die Voraussetzungen für die Wahl der Innovationspartnerschaft vorlagen, hat die Kommission offengelassen, CHAP (2019) 01183, pre-closure letter vom 28.10.2019 und closure letter vom 3.7.2020.
[147] EuGH Urt. v. 14.10.2004 – C-340/02, Slg. 2004, I-9845 Rn. 34 ff. = BeckEuRS 2004, 390082 – Kommission/Frankreich.
[148] EuGH Urt. v. 10.12.2009 – C-299/08, Slg. 2009, I-11587 = IBRRS 2009, 4029 – Kommission/Frankreich.
[149] OLG Düsseldorf Urt. v. 21.3.2012 – Verg 92/11, ZfBR 2012, 703.

sein, dem Auftragnehmer neben den Entwicklungsleistungen auch die Aussicht auf die Ausführungsleistung zu übertragen.

112 Die Zulässigkeit der Wahl der Innovationspartnerschaft ist gesetzlich ausdrücklich geregelt für die Vergabe öffentlicher Aufträge durch öffentliche Auftraggeber (§ 119 Abs. 7) und Sektorenauftraggeber (§ 141 Abs. 1), für die Vergabe von öffentlichen Aufträgen über soziale und andere besondere Dienstleistungen (§ 130 Abs. 1) und für die Vergabe von öffentlichen Aufträgen über Personenverkehrsleistungen im Eisenbahnsektor (§ 131 Abs. 1). Für die Vergabe von Konzessionen und für die Vergabe von verteidigungs- oder sicherheitsspezifischen öffentlichen Aufträgen ist die Anwendung nicht ausdrücklich geregelt. Im Ergebnis bleiben die Grundsätze der Innovationspartnerschaft aber auch in diesen Fällen anwendbar, da die Innovationspartnerschaft nach den Regeln des Verhandlungsverfahrens abläuft und im Wesentlichen eher ein Vertrags- als ein Vergabemodell beschreibt, welches auch nach bisherigem Recht zulässig war. Die Zulässigkeit im Einzelfall erfordert jedoch eine hinreichend präzise Definition des Auftragsgegenstandes und der Eignungs- und Zuschlagskriterien.

113 **4. Ablauf des Vergabeverfahrens.** Nach Abs. 7 S. 2 verhandelt der Auftraggeber nach einem Teilnahmewettbewerb in mehreren Phasen über die Erst- und Folgeangebote der ausgewählten Unternehmen. Die Verfahrensregeln der Innovationspartnerschaft richten sich im Wesentlichen nach den Verfahrensregeln des Verhandlungsverfahrens. Die Einzelheiten sind geregelt in § 19 VgV (→ VgV § 19 Rn. 4), § 18 SektVO (→ SektVO § 18 Rn. 1) und § 3b EU Abs. 5 VOB/A 2016 (→ VOB/A § 3b EU Rn. 49 ff.).

114 **5. Ausgestaltung Vertragsdurchführung.** Abs. 7 stellt klar, dass die Innovationspartnerschaft gerichtet ist auf die Entwicklung und den Erwerb von Leistungen. Nach Art. 31 Abs. 2 UAbs. 1 RL 2014/24/EU ist Ziel der Innovationspartnerschaft, dass die in der Entwicklungsphase entwickelten innovativen Produkte/Dienstleistungen/Bauleistungen erworben werden können, sofern das Leistungsniveau und die Kostenobergrenze eingehalten sind. Umgekehrt kann aus diesem Ziel keine zwingende Neuausschreibungspflicht für den Fall der Nichterreichung von Leistungsniveau und Kostenobergrenze abgeleitet werden, da bereits unmöglich ist, im Vorfeld ein absolutes Leistungsniveau und eine feste Kostenobergrenze für die Beschaffung eines erst noch zu entwickelnden innovativen Produkts vorzugeben. Beide Merkmale sind vielmehr vom Ergebnis der Entwicklungsphase abhängig. Kernelement der Innovationspartnerschaft bleibt damit eine Vertragsgestaltung, die sichert, dass die Vertragsdurchführung von der Zuschlagsentscheidung im Vergabeverfahren gerechtfertigt bleibt, zumal das Wettbewerbsniveau in der Entwicklungsphase rapide abnimmt (§ 19 VgV, → VgV § 19 Rn. 22 ff.).[150] Um für die Entwicklungsphase den Wettbewerbsdruck aus der Vergabephase zu bewahren, können Verträge mit Anreizsystemen genutzt werden, wie sie etwa der Leitfaden Großprojekte definiert und NEC 4 Verträge oder PPC Verträge enthalten.[151]

§ 120 Besondere Methoden und Instrumente in Vergabeverfahren

(1) Ein dynamisches Beschaffungssystem ist ein zeitlich befristetes, ausschließlich elektronisches Verfahren zur Beschaffung marktüblicher Leistungen, bei denen die allgemein auf dem Markt verfügbaren Merkmale den Anforderungen des öffentlichen Auftraggebers genügen.

(2) ¹Eine elektronische Auktion ist ein sich schrittweise wiederholendes elektronisches Verfahren zur Ermittlung des wirtschaftlichsten Angebots. ²Jeder elektronischen Auktion geht eine vollständige erste Bewertung aller Angebote voraus.

(3) ¹Ein elektronischer Katalog ist ein auf der Grundlage der Leistungsbeschreibung erstelltes Verzeichnis der zu beschaffenden Liefer-, Bau- und Dienstleistungen in einem elektronischen Format. ²Er kann insbesondere beim Abschluss von Rahmenvereinbarungen eingesetzt werden und Abbildungen, Preisinformationen und Produktbeschreibungen umfassen.

(4) ¹Eine zentrale Beschaffungsstelle ist ein öffentlicher Auftraggeber, der für andere öffentliche Auftraggeber dauerhaft Liefer- und Dienstleistungen beschafft, öffentliche Aufträge vergibt oder Rahmenvereinbarungen abschließt (zentrale Beschaffungstätigkeit). ²Öffentliche Auftraggeber können Liefer- und Dienstleistungen von zentralen Beschaf-

---

[150] Kom., Mitteilung: Leitfaden für eine innovationsfördernde öffentliche Auftragsvergabe (C(2018) 3051 final), 45 ff.
[151] Vgl. zu den Instrumentarien: *Püstow/Meiners* VergabeR 2020, 281 (287 ff.).

I. Normzweck

fungsstellen erwerben oder Liefer-, Bau- und Dienstleistungsaufträge mittels zentraler Beschaffungsstellen vergeben. ³Öffentliche Aufträge zur Ausübung zentraler Beschaffungstätigkeiten können an eine zentrale Beschaffungsstelle vergeben werden, ohne ein Vergabeverfahren nach den Vorschriften dieses Teils durchzuführen. ⁴Derartige Dienstleistungsaufträge können auch Beratungs- und Unterstützungsleistungen bei der Vorbereitung oder Durchführung von Vergabeverfahren umfassen. ⁵Die Teile 1 bis 3 bleiben unberührt.

Schrifttum: *Baudis*, Zur gemeinsamen Beschaffung öffentlicher Auftraggeber nach Maßgabe der Richtlinie 2014/24/EU und deren Umsetzung sowie ihren Grenzen, VergabeR 2016, 425; *Schäfer*, Perspektiven der eVergabe, NZBau 2015, 131; *Schippel*, eVergabe, VergabeR 2016, 434.

Übersicht

	Rn.		Rn.
I. Normzweck	1	1. Zentrale Beschaffungsstelle (Abs. 4 S. 1)	18
II. Europarechtlicher Hintergrund	5	2. Nutzung zentraler Beschaffungsstellen (Abs. 4 S. 2)	21
III. Definition und Funktion eines dynamischen Beschaffungssystems (Abs. 1)	8	3. Vergaberechtsfreiheit zentraler Beschaffungstätigkeit (Abs. 4 S. 3)	22
IV. Definition und Funktion einer elektronischen Auktion (Abs. 2 S. 1 und 2)	9	4. Nebenbeschaffungstätigkeit (Abs. 4 S. 4)	23
V. Definition und Funktion eines elektronischen Katalogs (Abs. 3 S. 1 und 2)	12	5. Kartellrechtlicher Vorbehalt (Abs. 4 S. 5)	24
VI. Definition und Funktion einer zentralen Beschaffungsstelle (Abs. 4)	17	6. Ausgelaufene Sonderregelung zu § 53 Abs. 1 VgV für zentrale Beschaffungsstellen in § 81 VgV	27

I. Normzweck

Die **neue Vorschrift** des § 120 enthält auf Gesetzesniveau bewusst hochgezonte **Definitionen**[1] zu verschiedenen **Instrumenten und Methoden** einerseits für die **elektronische Auftragsvergabe** in verschiedenen Ausprägungen (Abs. 1–3) und andererseits im abschließenden **Abs. 4 Festlegungen für Sammelbeschaffungen** sog. **Zentraler Beschaffungsstellen**. Zur Verfügung stehen dabei das **dynamisches Beschaffungssystem** (Abs. 1), die **elektronische Auktion** (Abs. 2), der **elektronische Katalog** (Abs. 3) und die **zentrale Beschaffungsstelle** (Abs. 4). Die neue Vorschrift enthält dazu Definitionen zu vorbenannten Methoden und Instrumenten für die elektronische Auftragsvergabe und für Sammelbeschaffungen, die in Art. 33–39 RL 2014/24/EU angelegt sind.[2]

Schon **§ 101 Abs. 6 aF**[3] enthielt die damals neuen Verfahren der alten EU-Vergaberichtlinien 2004, die **elektronische Auktion** im damaligen S. 1 und das **dynamische elektronische Verfahren** im damaligen S. 2. Damals beschrieben die Vergaberichtlinien (Art. 54 Vergabe-RL 2004 und Art. 56 Sektoren-RL 2004 bzw. Art. 33 Vergabe-RL 2004 und Art. 15 Sektoren-RL 2004) **diese Verfahren nur** und **überließen** es den **Mitgliedstaaten, ob** sie diese **zulassen** wollen. Der **Deutsche Verdingungsausschuss für Leistungen lehnte** jedoch eine **Umsetzung** und Ausformung der in § 101 Abs. 6 schon verankerten elektronischen Verfahren **in den Vergabeordnungen** zunächst unter Hinweis auf weiteren Diskussionsbedarf ab.[4] Später erfolgte dann aber **zumindest** die **Aufnahme des dynamischen elektronischen Verfahrens aus § 101 Abs. 6 S. 2 auch in § 5 EG VOL/A** und § 10 SektVO sowie unterschwellig auch in § 5 VOL/A. Mit den neuen **Richtlinienregelungen** hat sich insoweit die **Rechtslage grundsätzlich geändert**. Nach den neuen Richtlinienbestimmungen **sind** die vorbenannten **Methoden und Instrumente zwingend in das nationale Vergaberecht zu überführen**. Dem ist der Normgeber mit umfänglichen Umsetzungsbestimmungen 1:1 nachgekommen.

---

[1] Nach der amtl. Begr., BT-Drs. 18/6281, 98 „ist es angebracht, diese Methoden und Instrumente einheitlich auf gesetzlicher Ebene im GWB anzulegen, um sicherzustellen, dass diese Mittel allen öffentlichen Auftraggebern und Sektorenauftraggebern zur Verfügung stehen.".
[2] So die Gesetzesbegründung in BT-Drs. 18/6281, 98.
[3] In § 101 Abs. 6 S. 1 aF befand sich vor 2016 lediglich eine Legaldefinition der elektronischen Auktion, ähnlich der jetzigen Regelung in § 120 Abs. 2. Eine verfahrenstechnische Umsetzung des ehemaligen Art. 54 Vergabe-RL 2004 fand sich im deutschen Recht jedoch ehedem nicht wieder, sodass die Richtlinie insoweit vor 2016 direkt anwendbar war, VK Lüneburg Beschl. v. 10.5.2011 – VgK-11/2011, ZfBR 2011, 813.
[4] BAnz. 2006, 3.

Fett

3   § 120 enthält dazu **auf Gesetzesebene** aber **nur allgemeine Definitionen**. Die sehr viel wichtigeren **Anwendungs- und Durchführungsbestimmungen** hat der Normgeber auf der Grundlage der **Verordnungsermächtigung in** § 113 S. 2 Nr. 3 in der VgV (§ 4 VgV und §§ 22–27 VgV) und der SektVO (§ 4 SektVO und §§ 20–25 SektVO) verankert, während die **KonzVgV** und die **VSVgV keinerlei Festlegungen** für Konzessionsgeber und Auftraggeber im verteidigungs- und sicherheitsrelevanten Bereich enthalten. Für den Konzessionsbereich erscheint dies nachvollziehbar, da **die §§ 154 und 152 keine Verweisung** oder Inbezugnahme von § 120 enthalten und dies der Vorgabe der vollkommen neuen Konzessionsrichtlinie 2014/23/EU entspricht, die lediglich Vorgaben für die elektronische Kommunikation (Art. 29 RL 2014/23/EU), für elektronische Bekanntmachungen (Art. 33 Abs. 2 RL 2014/23/EU) und die elektronische Verfügbarkeit der Konzessionsunterlagen (Art. 34 RL 2014/23/EU) enthält, aber keine Bestimmungen zu besonderen Methoden und Instrumenten im Vergabeverfahren.

4   Da demgegenüber aber § 147 S. 1 § 120 bei der Vergabe von verteidigungs- oder sicherheitsspezifischen öffentlichen Aufträgen ausdrücklich für **im Übrigen entsprechend anwendbar erklärt, verwundert** es sehr, warum die **VSVgV dazu keinerlei Ausführungsbestimmungen** enthält, zumal die RL 2009/81/EG (Vergabe-RL Verteidigung und Sicherheit) in Art. 48 Vergabe-RL Verteidigung und Sicherheit zumindest die Möglichkeit der Ermöglichung elektronischer Auktionen für die Mitgliedstaaten vorsieht. Selbiges gilt auch für die VOB/A 2019.

II. Europarechtlicher Hintergrund

5   Mit dem neuen § 120 setzt der Gesetzgeber nunmehr grundsätzlich die **Art. 34–37 RL 2014/24/EU** und die Art. 52–55 RL 2014/25/EU (Sektoren-RL) um. Er enthält **absatzweise vier Legaldefinitionen zu verschiedenen Methoden und Instrumenten** für eine elektronische Auftragsvergabe **und für Sammelbeschaffungen**. Dies sind ua dynamische **Beschaffungssysteme** (Abs. 1), elektronische **Auktionen** (Abs. 2) und elektronische **Kataloge** (Abs. 3). Abs. 4 enthält zusätzlich erstmalig auch Bestimmungen über **zentrale Beschaffungsstellen** iSd Art. 37 RL 2014/24/EU. Mit der Herauslösung der jetzigen Abs. 1 und 2 aus der Regelung zu den Verfahrensarten, ehedem § 101 Abs. 6 S. 1 und 2 aF, wird auch deutlich, dass es sich bei den elektronischen Methoden und Instrumenten in § 120 um **keine eigenständigen Vergabeverfahrensarten** handelt, sondern **diese nur innerhalb der etablierten Vergabeverfahren des jetzigen § 119 angewandt** werden können und dürfen.[5] Die **Sachlage entspricht** somit derjenigen bei einer **Rahmenvereinbarung** nach § 103 Abs. 5 iVm § 21 VgV, die zumindest in der VgV im Unterabschnitt 2 ebenfalls unter Besondere Methoden und Instrumente in Vergabeverfahren aufgelistet ist.

6   Unter anderem nach § 25 Abs. 1 S. 4 VgV bestehen insoweit **auch Kombinationsmöglichkeiten** in der Weise, dass bei einem erneuten Vergabeverfahren zwischen den **Parteien einer Rahmenvereinbarung** nach § 21 VgV und bei einem erneuten Vergabeverfahren während der Laufzeit eines dynamischen Beschaffungssystems nach § 22 VgV die **Bestimmungen** des § 25 Abs. 1 S. 1 und 2 VgV **über elektronische Auktionen entsprechend gelten.**[6]

7   Ergänzend sind im elektronischen Gesamtsystem die Bestimmungen über die eVergabe sowie **weitere Richtlinien der EU** samt zT Umsetzung in deutsches Recht **zu beachten:** die Richtlinie über den elektronischen Geschäftsverkehr 2000/31/EG sowie das Vertrauensdienstegesetz und die eIDAS-Verordnung.

III. Definition und Funktion eines dynamischen Beschaffungssystems (Abs. 1)

8   Abs. 1 definiert das dynamische Beschaffungssystem, das bisher lediglich rudimentär aus dem § 101 Abs. 6 S. 2 aF und den §§ 5 VOL/A und 5 EG VOL/A bekannt war und in der Praxis bislang kaum genutzt wurde.[7] Abs. 1 dient der **Umsetzung von Art. 34 RL 2014/24/EU und Art. 52 Sektoren-RL** im Sektorenbereich. Beim **dynamischen Beschaffungssystem** handelt es um eine **elektronische Plattform,** auf der die zugelassenen Teilnehmer Angebote für eine Auftragsvergabe machen können. Der Auftraggeber kann hier aus einem Kreis von Bietern für bestimmte Waren und Leistungen aussuchen. **Das dynamische Beschaffungssystem** ist **kein eigenständiges Vergabeverfahren.** Gemäß § 22 Abs. 2 VgV muss der Auftraggeber bei der Auftragsvergabe über ein dynamisches Beschaffungssystem **ausdrücklich die Vorschriften für das**

---

[5]   So auch *Amelung* in Müller-Wrede GWB Rn. 11 mwN in Fn. 23 und *Hölzl* in RKPP GWB Rn. 18, mit der zutr. Erwägung, dass die zulässigen Verfahrensarten abschließend in den §§ 14 ff. VgV geregelt sind und eine Verfahrensart „dynamisches Beschaffungssystem" dort nicht vorgesehen sei. Vielmehr sei dieses lediglich eine besondere Ausprägung des nicht offenen Verfahrens nach § 16 VgV.

[6]   Selbiges gilt nach § 23 Abs. 1 S. 4 SektVO auch im Sektorenbereich.

[7]   Vgl. *Schäfer* NZBau 2015, 136.

nicht offene Verfahren (§ 119 Abs. 4 iVm § 16 VgV und § 51 VgV) befolgen.[8] **Weitere Ausführungsbestimmungen** zu den Grundsätzen, zum Betrieb und zu den relevanten Fristen für den Betrieb eines dynamischen Beschaffungssystems enthalten die **§§ 22, 23 und 24 VgV** (s. Kommentierung zu §§ 22–24 VgV → VgV § 22 Rn. 4 ff., → VgV § 23 Rn. 2 ff., → VgV § 24 Rn. 3 ff.) einerseits und die **§§ 20, 21 und 22 SektVO** andererseits.

IV. Definition und Funktion einer elektronischen Auktion (Abs. 2 S. 1 und 2)

Ähnlich wie beim dynamischen Beschaffungssystem fanden sich in den jetzt überkommenen 9 Richtlinien in Art. 1 Abs. 7 RL 2004/18/EG (Vergabe-RL 2004) und Art. 1 Abs. 6 RL 2004/17/EG (Sektoren-RL 2004) bereits Definitionen der elektronischen Auktion. **Lediglich in § 101 Abs. 6 S. 1** war **2009** die Bestimmung eingefügt worden, dass eine elektronische Auktion der elektronischen Ermittlung des wirtschaftlichsten Angebots diene. **Sonstige Ausführungsbestimmungen gab es nicht,** sodass sogar **streitig war, ob der Normgeber** die **damals nur optional umzusetzenden Verfahren** überhaupt im deutschen Vergaberecht wirksam etabliert habe.[9] Mit der vollständigen Implementierung der **nunmehr auch zwingend umzusetzenden Richtlinienbestimmungen,**[10] auch zur elektronischen Auktion in Abs. 2 **und** ausführender Weise in **§ 26 VgV,** steht Auftraggebern nunmehr **die Möglichkeit einer elektronischen Auktion** unstreitig und uneingeschränkt offen. Ob sie diese in concreto nutzen wollen, bleibt aber immer noch **eine autonome Einzelfallentscheidung** des jeweiligen Auftraggebers.

Bei der elektronischen Auktion handelt es sich um ein sich **schrittweise wiederholendes,** 10 **somit iteratives, elektronisches Verfahren,** dem eine vollständige, erste Bewertung aller Angebote vorausgehen muss (Abs. 2 S. 1 und 2). Die Vergabe kann über elektronische Auktionen erfolgen, bei der **in verschiedenen Auktionsphasen neue oder korrigierte Preise der Bieter abgegeben** werden können. Letztlich wird auch hier wie bei jeder Auktion das aus Sicht des Auftraggebers wirtschaftlichste Angebot den Zuschlag erhalten. Die elektronische Auktion ist **keine eigenständige Vergabeart,**[11] sondern **nur im offenen oder nicht offenen Verfahren möglich.** Sie kommt nur in Betracht, wenn der **Inhalt der Vergabeunterlagen hinreichend präzise** beschrieben und die Leistung mithilfe automatischer Bewertungsmethoden eingestuft werden kann (vgl. § 25 Abs. 1 S. 1 VgV). Deshalb sind auch geistig-schöpferische Leistungen gem. § 25 Abs. 1 S. 2 VgV vom Anwendungsbereich einer elektronischen Auktion ausgenommen. Sie erstreckt sich nur auf den **Preis,** wenn der Zuschlag auf das niedrigste Angebot erfolgen soll oder auf die **Preise und/oder Werte** der in den Vergabeunterlagen genannten Angebotskomponenten, wenn das wirtschaftlich günstigste Angebot den Zuschlag erhalten soll (vgl. § 25 Abs. 2 S. 2 VgV).

Auf die Absicht, eine elektronische Auktion durchführen zu wollen, ist in der Bekanntmachung 11 hinzuweisen. Auch für die elektronische Auktion gelten die **Grundsätze des § 97.** Alle Bieter, die ein zulässiges Angebot abgegeben haben, sind zur Auktion zuzulassen, sie sind **gleichzeitig und mit denselben Informationen** zur Nennung neuer Preise und/oder Werte elektronisch aufzufordern. Die elektronische Aufforderung muss auch **die mathematische Formel enthalten,** nach der die Rangfolge der elektronisch abzugebenden Angebote gebildet werden soll (vgl. § 25 Abs. 3 VgV). Die Bieter erhalten während der Auktion jeweils aktuell Nachricht über ihren Rangplatz (vgl. § 26 Abs. 5 S. 1 VgV). Die **Auktion endet** entweder zu einem **vorher mitgeteilten Zeitpunkt** (Datum und Uhrzeit), wenn die vorher mitgeteilte Anzahl der Auktionsphasen durchgeführt wurde **oder** wenn **keine neuen Preise** und/oder Werte mehr eingehen, **die den Anforderungen an den Mindeststand** zur vorherigen Angebotsrunde gerecht werden. Auch hier ist eine **Frist anzugeben,** bis zu

---

[8] Dies stellt eine Änderung gegenüber der Rechtslage im Rahmen des alten § 101 Abs. 6 S. 2 dar. Gem. § 5 EG Abs. 1 S. 3 VOL/A hatten Auftraggeber damals im Einklang mit der jetzt überkommenen Richtlinienregelung in Art. 33 Abs. 2 S. 1 RL Vergabe-RL 2004 dieses Verfahren als offenes Vergabeverfahren in allen Phasen von der Einrichtung bis zur Vergabe des zu vergebenden Auftrags durchzuführen. Ausweislich der Erwägungsgründe 63 RL 2014/24/EU und 73 Sektoren-RL müssten die Systeme nach Ansicht des Richtliniengebers vereinfacht werden. Die Notwendigkeit der Einreichung unverbindlicher Angebote als eine der größten Belastungen bei dynamischen Beschaffungssystemen, würde bei nicht offenen Verfahren entfallen.
[9] Die VK Lüneburg bejahte dies in ihrer Entscheidung (Beschl. v. 10.5.2011 – VgK-11/2011, ZfBR 2011, 813) unter Hinweis auf § 101 Abs. 6 S. 1 und verwies zur praktischen Handhabung auf eine direkte Geltung der entsprechenden Richtlinienregelungen der EU.
[10] Art. 35 RL 2014/24/EU. Die ua in Anhang VI RL 2014/24/EU geregelten Angaben in den Auftragsunterlagen für elektronische Auktionen sind ebenso wie weitere Verfahrensregelungen in § 26 VgV verankert. Mit § 120 Abs. 2, der sich im Wesentlichen auf die reine Definition einer elektronischen Auktion beschränkt, wird zugleich auch Art. 53 Sektoren-RL für den Sektorenbereich umgesetzt.
[11] So auch schon VK Lüneburg Beschl. v. 10.5.2011 – VgK 11/2011, ZfBR 2011, 813 zur vormaligen Rechtslage auf der Grundlage der RL Vergabe-RL 2004.

der die letzte Vorlage von Angeboten erfolgen darf (vgl. § 26 Abs. 7 VgV). Die genauen Grundsätze und **Durchführungsbestimmungen** finden sich **ergänzend** und erstmalig ausführlich in den **§§ 25 und 26 VgV** (s. Kommentierungen zu §§ 25 und 26 VgV → VgV § 25 Rn. 16 ff., → VgV § 26 Rn. 6 ff.) einerseits und für Sektorenauftraggeber in den **§§ 23 und 24 SektVO** andererseits.

V. Definition und Funktion eines elektronischen Katalogs (Abs. 3 S. 1 und 2)

12 Abs. 3 definiert in Umsetzung von **Art. 36 RL 2014/24/EU und Art. 54 Sektoren-RL** elektronische **Kataloge** als ein auf der Grundlage der Leistungsbeschreibung **erstelltes Verzeichnis** der zu beschaffenden Liefer-, Bau- oder Dienstleistungen in einem elektronischen Format **aus der Sicht des Auftraggebers**. Mit dem neu ins Vergaberecht implementierten elektronischen Katalog können Angebote in einem strukturierten Format eingereicht werden. Sie geben Aufschluss über Verfügbarkeit bestimmter Waren oder Dienstleistungen und werden von Anbietern in gleicher Weise übermittelt, was die Vergleichbarkeit erleichtert. Der elektronische Katalog kann **insbesondere beim Abschluss von Rahmenvereinbarungen eingesetzt** werden und Abbildungen, Produktbeschreibungen und Preisinformationen umfassen.[12] Mit dem letztgenannten Hinweis wird deutlich, dass der elektronische Katalog, was die Bestimmung des **§ 27 VgV** näher verdeutlicht, **aus Sicht der Bieter auch eine Angebotsform** darstellt. Da die Bieter ihre elektronischen Kataloge/Angebote immer gemäß den vom öffentlichen Auftraggeber festgelegten technischen Spezifikationen erstellen müssen, ist es nachvollziehbar, dass Abs. 3 zunächst die von Auftraggeber vollkommen autonom vorgebbare Leistungsbeschreibung zum Ansatzpunkt einer Legaldefinition für den elektronischen Katalog macht. Im Weiteren, durch § 27 VgV determinierten, Verlauf des Vergabeverfahrens, kann der Auftraggeber dann festlegen, dass Angebote in Form eines elektronischen Katalogs einzureichen sind oder einen elektronischen Katalog enthalten müssen (§ 27 Abs. 1 S. 1 VgV), sodass die Bieter ihre Angebote nach dem auf der Grundlage der Leistungsbeschreibung erstellten elektronischen Verzeichnis der zu beschaffenden Leistungen ausrichten müssen.

13 § 120 Abs. 3 iVm § 27 VgV ermöglicht es öffentlichen Auftraggebern somit erstmalig, von sich aus festzulegen, dass Angebote ua in Form eines elektronischen Katalogs einzureichen sind. Elektronische Kataloge bieten nach Ansicht des Richtliniengebers ein Format zur Darstellung und Gestaltung von Informationen in einer Weise, die allen teilnehmenden Bietern gemeinsam ist und die sich für eine elektronische Bearbeitung anbietet. Elektronische Kataloge tragen nach dieser **Intension vor allem durch eine Zeit- und Geldersparnis** zur **Stärkung des Wettbewerbs** und zur **Rationalisierung** der öffentlichen Beschaffung bei.[13] Um aber den allgemeinen Grundsätzen der Gleichbehandlung, der Nichtdiskriminierung und der Transparenz[14] zu genügen, muss der Auftraggeber gem. **§ 27 Abs. 2 VgV** in der **Auftragsbekanntmachung** oder der Aufforderung zur Interessensbestätigung frühzeitig darauf hinweisen, **dass und wenn er Angebote** in Form eines elektronischen Katalogs **akzeptiert oder sogar vorschreibt**.

14 Aus diesen Gründen sollte die Verwendung elektronischer Kataloge zur Angebotseinreichung Wirtschaftsteilnehmern/Bietern nicht die Möglichkeit eröffnen, sich auf die Übermittlung ihres allgemeinen Katalogs zu beschränken. Vielmehr sollten die Wirtschaftsteilnehmer/Bieter ihre allgemeinen Kataloge vor dem Hintergrund des konkreten Vergabeverfahrens nach wie vor anpassen müssen.[15] Insbesondere in Fällen, in denen auf der Grundlage einer Rahmenvereinbarung ein erneuter Aufruf zum Wettbewerb erfolgt oder in denen ein dynamisches Beschaffungssystem genutzt wird, sollte es öffentlichen Auftraggebern außerdem gestattet sein, Angebote für bestimmte Beschaffungen anhand früher übermittelter elektronischer Kataloge zu generieren, sofern ausreichende **Garantien hinsichtlich Rückverfolgbarkeit, Gleichbehandlung und Vorhersehbarkeit** geboten werden.[16] Für diesen Fall sieht § 27 Abs. 3 VgV vor, dass der öffentliche Auftraggeber vorschreiben kann, dass ein erneutes Vergabeverfahren für Einzelaufträge auf der Grundlage aktualisierter Kataloge erfolgt.

15 **Für diesen Refresh** gibt ihm § 27 Abs. 3 **zwei Möglichkeiten** vor. Entweder kann der Auftraggeber die Bieter auffordern, ihre **elektronischen Kataloge** an die Anforderungen des zu vergebenden **Einzelauftrags anzupassen und erneut einzureichen**. **Oder** er kann die Bieter informieren, dass er den bereits eingereichten elektronischen Katalogen zu einem bestimmten Zeitpunkt die Daten entnimmt,[17] die erforderlich sind, um Angebote zu erstellen, die den Anforderungen

---

[12] Dazu zählen nach Erwägungsgrund 68 RL 2014/24/EU auch Angebote in Form einer Kalkulationstabelle.
[13] Erwägungsgrund 68 UAbs. 1 RL 2014/24/EU.
[14] Vgl. auch Erwägungsgrund 68 UAbs. 1 RL 2014/24/EU der dafür die Festlegung bestimmter Regeln einfordert.
[15] Erwägungsgrund 68 UAbs. 1 Sektoren-RL.
[16] Erwägungsgrund 68 UAbs. 2 Sektoren-RL.
[17] § 27 Abs. 3 Nr. 2 VgV wurde durch das Gesetz zur beschleunigten Beschaffung im Bereich der Verteidigung und Sicherheit und zur Optimierung der Vergabestatistik vom 25.3.2020 (BGBl. 2020 I 674) mit Wirkung zum 2.4.2020 (BGBl. 2020 I 674) entsprechend angepasst. Hintergrund war ein Redaktionsversehen des

des zu vergebenden Einzelauftrags entsprechen. **Letztgenannte Variante** hat der öffentliche Auftraggeber nach § 27 Abs. 3 S. 2 in der Auftragsbekanntmachung oder den Vergabeunterlagen für den Abschluss einer Rahmenvereinbarung **anzukündigen**.

Der **Nachteil der letztgenannten Variante** besteht darüber hinaus darin, dass der **Bieter diese Methode der Datenerhebung ablehnen kann** (§ 27 Abs. 3 aE VgV). **Ergänzend** bestimmt § 27 Abs. 4 VgV, dass der **Auftraggeber** zudem **jedem Bieter** die **gesammelten Daten vor der Erteilung des Zuschlags vorzulegen** hat, **wenn er selbstständig** bereits eingereichten **elektronischen Katalogen Daten zur Angebotserstellung entnommen hat**. Dies hat nach § 27 Abs. 4 aE VgV den Zweck, dass der **Bieter die Möglichkeit des Einspruchs oder zur Bestätigung** hat, **damit das Angebot keine materiellen Fehler** enthält. 16

VI. Definition und Funktion einer zentralen Beschaffungsstelle (Abs. 4)

Abs. 4 dient der Umsetzung von **Art. 37 RL 2014/24/EU und Art. 55 Sektoren-RL.** § 120 Abs. 4 ermöglicht es Auftraggebern, ihren Beschaffungsbedarf zu bündeln, um höhere Skalenerträge zu erzielen und durch Synergieeffekte Transaktionskosten zu minimieren. Zugeschnitten ist die Regelung über die **Zentralisierung von Beschaffungsaktivitäten** auf eine vertraglich institutionalisierte Zusammenarbeit. **Lediglich gelegentliche gemeinsame Auftragsvergaben** werden von Abs. 4 **nicht erfasst**, was die **Sonderbestimmung** für derartige **gelegentliche gemeinsame Auftragsvergaben in § 4 VgV**, insbesondere § 4 Abs. 1 S. 3 VgV[18] verdeutlicht. **Mit erfasst** von Abs. 4 sein sollen aber **auch Nebenbeschaffungstätigkeiten** im Rahmen eines öffentlichen Auftrags. **Abs. 4 S. 4** bestimmt dazu, dass **auch Beratungs- und Unterstützungsleistungen** bei der Vorbereitung und Durchführung von Vergabeverfahren erfasst sein können. Durch den ergänzten **Zusatz** in S. 5 ist aber klargestellt, dass bei **der Vergabe ausschließlich derartiger Beratungs- und Unterstützungsleistungen ein Vergabeverfahren durchzuführen ist,**[19] zB wenn der Auftraggeber das eigentliche Hauptbeschaffungsverfahren selbst durchführen will. 17

1. Zentrale Beschaffungsstelle (Abs. 4 S. 1). Abs. 4 S. 1 definiert die **zentralen Beschaffungsstellen**. Dabei handelt es sich um öffentliche Auftraggeber,[20] die **für andere** öffentliche Auftraggeber **dauerhaft zentrale Beschaffungstätigkeiten** erbringen, also Liefer- und Dienstleistungen beschaffen, öffentliche Aufträge vergeben oder Rahmenvereinbarungen abschließen.[21] Dabei unterscheidet die Dauerhaftigkeit der zentralen Beschaffungstätigkeiten eine zentrale Beschaffungsstelle von nur gelegentlichen gemeinsamen Auftragsvergaben mehrerer öffentlicher Auftraggeber nach § 4 VgV, was der Begriff „bestimmte öffentliche Aufträge" für nur punktuelle ad-hoc-Kooperationen in § 4 Abs. 1 S. 1 VgV verdeutlicht. 18

Gemäß **§ 4 Abs. 3 VgV** kann die **Bundesregierung** für Dienststellen des Bundes in geeigneten Bereichen **allgemeine Verwaltungsvorschriften** über die Errichtung und **Nutzung zentraler Beschaffungsstellen** sowie die Arbeit der zentralen Beschaffungsstellen bereitzustellenden Beschaffungsdienstleistungen erlassen. Zu diesen Dienststellen zählen ausweislich der amtlichen Begründung[22] die obersten Bundesbehörden, die Behörden der unmittelbaren und mittelbaren Bundesverwaltung und die Gerichte des Bundes. Zudem findet die Regelung auch auf die Streitkräfte Anwendung. § 4 Abs. 3 VgV schlägt die in § 4 Abs. 1 S. 3 VgV ergänzend offerierte Brücke zu § 120 Abs. 4 und nutzt die allgemeine Ermächtigung aus Art. 37 Abs. 1 UAbs. 3 RL 2014/24/EU, dass die Mitgliedstaaten festlegen können, dass bestimmte Beschaffungen durch Rückgriff auf zentrale Beschaffungsstellen oder eine oder mehrere zentrale Beschaffungsstellen durchzuführen sind. 19

Die Nutzung zentraler Beschaffungsstellen kann dabei **auf zwei unterschiedliche Arten** geschehen. Zum einen kann die zentrale Beschaffungsstelle **selbst Waren oder Dienstleistungen** 20

Normgebers gewesen, der in der Altfassung des § 27 Abs. 3 Nr. 2 VgV die Daten-Entnehmenden mit „sie" bezeichnet hatte. Dieses „sie" konnte sich so nur auf die im Plural benannten Bieter beziehen, während Art. 36 Abs. 4 lit. b RL 2014/24/EG mit „sie" die Auftraggeber meint, was die jetzige Fassung mit der Singularform „er" (= der Auftraggeber) richtigerweise klarstellt; vgl. zum damaligen Redaktionsversehen Beck VergabeR/*Wanderwitz* VgV § 27 Rn. 18 Fn. 15.

[18] „Die Möglichkeiten zur Nutzung von zentralen Beschaffungsstellen bleiben unberührt.".
[19] Amtl. Begr. zu § 120 Abs. 4 S. 4, BT-Drs. 18/6281, 100. So auch Erwägungsgrund 70 S. 3 RL 2014/24/EU, während Art. 37 Abs. 4 S. 2 RL 2014/24/EU selbst eine solche Gegenausnahme hinsichtlich der Ausübung reiner Nebenbeschaffungstätigkeiten nicht aufweist.
[20] Nur diese Vorgabe ist unionsrechtlich zwingend geboten, vgl. EuGH Urteil v. 4.6.2020 – C-3/19, NZBau 2020, 664.
[21] Zur Auslegung sind ergänzend die Definitionen in Art. 2 Abs. 1 Nr. 14 lit. a und b (Zentrale Beschaffungstätigkeiten), Nr. 15 (Nebenbeschaffungstätigkeiten) und insbes. Nr. 16 (Zentrale Beschaffungsstelle) RL 2014/24/EU heranzuziehen.
[22] BT-Drs. 87/16, 160.

beschaffen und anschließend weiterverkaufen.[23] Oder sie führt **Vergabeverfahren im Auftrag und auf Rechnung anderer öffentlicher Auftraggeber** für diese durch.[24] Gleiches gilt für den Abschluss von Rahmenvereinbarungen iSv § 21 VgV. Eine zentrale Beschaffungsstelle gem. § 120 Abs. 4 kann somit für eine Vielzahl öffentlicher Auftraggeber eine Rahmenvereinbarung schließen, ohne selbst Vertragspartnerin zu werden, zumindest dann, wenn sie zuvor darauf in der Bekanntmachung hinweist.[25] Eine solche Vermittlertätigkeit kann entweder im Rahmen eines autonom durchgeführten Vergabeverfahrens ausgeübt werden oder nach Weisung der betreffenden öffentlichen Auftraggeber. Obliegt die Durchführung der Vergabeverfahren allein der zentralen Beschaffungsstelle, so ist sie für die Rechtmäßigkeit des Verfahrens allein und unmittelbar verantwortlich. Ist dies nicht der Fall, bleibt jeder öffentliche Auftraggeber selbst für die Maßnahmen des Vergabeverfahrens verantwortlich, die er selbst durchführt oder anweist.[26] Er muss in diesem Fall alle wichtigen verfahrensrelevanten Entscheidungen selbst treffen. Für den Fall, dass öffentliche Auftraggeber und Private gemeinsam über eine zentrale Vergabestelle beschaffen, muss sich der Private uU die Stellung des öffentlichen Auftraggebers anrechnen lassen.[27]

21 **2. Nutzung zentraler Beschaffungsstellen (Abs. 4 S. 2).** Abs. 4 S. 2 stellt spiegelbildlich zu S. 1 klar, dass öffentliche Auftraggeber zentrale Beschaffungsstellen unterschiedlich nutzen können. Zum einen können sie von diesen Liefer- und Dienstleistungen erwerben[28] oder Liefer-, Bau- und Dienstleistungsaufträge mittels dieser zentralen Beschaffungsstellen vergeben.

22 **3. Vergaberechtsfreiheit zentraler Beschaffungstätigkeit (Abs. 4 S. 3).** Abs. 4 S. 3 gestattet es öffentlichen Auftraggebern ausdrücklich, öffentliche Dienstleistungsaufträge zur Ausübung zentraler Beschaffungstätigkeiten **an zentrale Beschaffungsstellen ohne ein in im GWB vorgesehenes Vergabeverfahren zu vergeben,** selbst wenn es sich um eine entgeltliche Leistung handelt.

23 **4. Nebenbeschaffungstätigkeit (Abs. 4 S. 4).** Die in Abs. 4 S. 3 für vergaberechtsfrei erklärten Dienstleistungsaufträge an eine zentrale Beschaffungsstelle können **nach S. 4 auch Beratungs- und Unterstützungsleistungen** bei der Vorbereitung oder Durchführung von Vergabeverfahren umfassen. Dies bedeutet aber im Umkehrschluss nicht, dass ein Vergabeverfahren auch dann nicht durchzuführen wäre, wenn sich die Dienstleistung der zentralen Beschaffungsstelle in **reinen Beratungs- und Unterstützungsleistungen** erschöpfen. Vielmehr ist dann ein ganz normales Vergabeverfahren nach § 119 durchzuführen.[29]

24 **5. Kartellrechtlicher Vorbehalt (Abs. 4 S. 5).** Die Zusammenführung und Zentralisierung von Beschaffungen dürfen jedoch keine unzulässige Konzentration der Kaufkraft herbeiführen. Zudem sind Transparenz und Wettbewerb sowie die erwünschten Möglichkeiten des Zugangs von sog. KMU aufrechtzuerhalten, was die **Geltung der Teile 1–3 des**[30] **gem. Abs. 4 S. 5** verdeutlicht.[31] **Korrigierend** ist auch auf die **Losbildungspflichten in den §§ 97 Abs. 4 und § 30 VgV** hinzuweisen.

25 Entsprechend zumindest der **Rechtsprechung des EuGH** sollen aber Beschaffungen der öffentlichen Hand **vom Anwendungsbereich der Wettbewerbsvorschriften** der Union **ausgenommen** sein, wenn sie für **nicht wirtschaftliche Tätigkeiten** verwendet werden sollen.[32] Damit

---

[23] Die RL 2014/24/EU spricht insoweit im Erwägungsgrund 69 UAbs. 2 S. 1 und 2 RL 2014/24/EU von einem „Zwischenhändler".

[24] In diesem Sinne bezeichnete das OLG Schleswig Beschl. v. 28.6.2016 – 54 Verg 2/16, NZBau 2016, 593, die Dataport Anstalt des öffentlichen Rechts als zentrale Beschaffungsstelle von sechs Bundesländern. Demgegenüber dürfte das Kaufhaus des Bundes keine zentrale Beschaffungsstelle, sondern nur eine unselbständige zentrale Vergabestelle sein, da es an der nach deutschem Verständnis eines öffentlichen Auftraggebers eigenen Rechtspersönlichkeit im Bundesbereich fehlt.

[25] VK Rheinland Beschl. v. 23.6.2020 – VK 15/20, VPR 2020, 186.

[26] Gesetzesbegründung BT-Drs. 18/6281, 99.

[27] *Hölzl* in RKPP GWB Rn. 49 unter Bezugnahme auf OLG München Beschl. v. 9.3.2020 – Verg 27/19.

[28] Insbesondere aus schon abgeschlossenen Rahmenverträgen nach § 21 VgV oder schon betriebenen dynamischen Beschaffungssystemen nach §§ 22 ff. VgV, vgl. Art. 37 Abs. 1 UAbs. 2 RL 2014/24/EU.

[29] So klarstellend die amtl. Begr. zu § 120 Abs. 4 S. 4, BT-Drs. 18/6281, 100. So auch Erwägungsgrund 70 S. 3 RL 2014/24/EU, während Art. 37 Abs. 4 S. 2 RL 2014/24/EU selbst eine solche Gegenausnahme hinsichtlich der Ausübung reiner Nebenbeschaffungstätigkeiten nicht aufweist.

[30] Materielles Kartellrecht, Befugnisse der Kartellbehörden und das zugehörige Verfahrensrecht.

[31] Zu den einschlägigen Grenzen zentraler Beschaffungsstellen aus dem Schutz des Mittelstands sowie zu den Rahmenbedingungen zum kartellrechtlichen Verbot von Einkaufsgemeinschaften vgl. *Baudis* VergabeR 2016, 425 (434).

[32] EuG Urt. v. 4.3.2003 – T-319/99, Slg. 2003, II-357 = EuZW 2003, 283 Rn. 36, bestätigt durch EuGH Urt. v. 11.7.2006 – C-205/03, Slg. 2006, I-6295 Rn. 26 = BeckEuRS 2006, 429612.

weicht der EuGH von der ständigen **Rechtsprechung des Bundesgerichtshofes** zum **funktionalen Unternehmensbegriff** ab, der bei der Nachfragetätigkeit der öffentlichen Hand allein darauf abstellt, ob die Beschaffung mit den Mitteln des Privatrechts erfolgt.[33]

Demgemäß sind nach deutschem Rechtsverständnis insbesondere § 1 (Kartell)[34] und § 19 Abs. 1 bei missbräuchlicher **Ausnutzung einer marktbeherrschenden Stellung** bei einer übermäßigen Bündelung von Beschaffungsbedarfen zu beachten. Dafür spricht auch der ausdrückliche Vorbehalt in § 156 Abs. 3 zu Befugnissen der Kartellbehörden insbesondere nach den §§ 19 und 20. Verschärft wird diese Sichtweise noch durch den Wegfall von § 4 Abs. 2[35] zu erlaubten Einkaufskooperationen im Jahre 2013. 26

6. Ausgelaufene Sonderregelung zu § 53 Abs. 1 VgV für zentrale Beschaffungsstellen in § 81 VgV. Gemäß § 53 Abs. 1 VgV übermitteln Unternehmen ihre Interessensbekundungen, Interessensbestätigungen, Teilnahmeanträge und Angebote in **Textform**[36] **nach § 126b BGB** mithilfe elektronischer Mittel gem. § 10 VgV. **Art. 81 VgV** enthält ua auch zu diesen Pflichten **gestaffelte Übergangsregelungen**, die **aber für zentrale Beschaffungsstellen** iSd Abs. 4 **mittlerweile mit dem 18.4.2017 abgelaufen sind.** Lediglich **andere öffentliche Auftraggeber** erhielten längstens **noch bis zum 18.10.2018** einen **Aufschub** in der Weise, abweichend von § 53 Abs. 1 VgV die Übermittlung der eben genannten Angebote, Anträge etc auch auf dem Postweg, einem anderen geeigneten Weg, per Fax oder durch eine Kombination dieser Mittel zu verlangen. Auch diese zweite Übergangsfrist ist aber nunmehr auch für nicht zentrale Beschaffungsstellen abgelaufen. 27

§ 121 Leistungsbeschreibung

(1) ¹In der Leistungsbeschreibung ist der Auftragsgegenstand so eindeutig und erschöpfend wie möglich zu beschreiben, sodass die Beschreibung für alle Unternehmen im gleichen Sinne verständlich ist und die Angebote miteinander verglichen werden können. ²Die Leistungsbeschreibung enthält die Funktions- oder Leistungsanforderungen oder eine Beschreibung der zu lösenden Aufgabe, deren Kenntnis für die Erstellung des Angebots erforderlich ist, sowie die Umstände und Bedingungen der Leistungserbringung.

(2) Bei der Beschaffung von Leistungen, die zur Nutzung durch natürliche Personen vorgesehen sind, sind bei der Erstellung der Leistungsbeschreibung außer in ordnungsgemäß begründeten Fällen die Zugänglichkeitskriterien für Menschen mit Behinderungen oder die Konzeption für alle Nutzer zu berücksichtigen.

(3) Die Leistungsbeschreibung ist den Vergabeunterlagen beizufügen.

Übersicht

	Rn.		Rn.
I. Normzweck und Normstruktur	1	b) Auftragsgegenstand	8
II. Entstehungsgeschichte	3	c) Leistungsbestimmungsrecht des Auftraggebers	11
III. Wesentlicher Inhalt der Leistungsbeschreibung (Abs. 1)	5	2. Gebot der eindeutigen und erschöpfenden Leistungsbeschreibung	13
1. Die Festlegung des Auftragsgegenstands und das Leistungsbestimmungsrecht des öffentlichen Auftraggebers	5	a) Eindeutigkeit der Leistungsbeschreibung	13
a) Materielle und formelle Leistungsbeschreibung	5	b) Erschöpfende Beschreibung des Auftragsgegenstandes	16
		c) Vertragsarten	18

---

[33] BGH Urt. v. 12.11.2002 – KZR 11/01, BGHZ 152, 347 = NVwZ 2003, 1012; BGH Urt. v. 24.6.2003 – KZR 32/01, NJW-RR 2003, 1348.
[34] Abgestimmtes Nachfrageverhalten und Bündelung in einer juristischen Person. Dies ist aber solange unbeachtlich und ausdrücklich als solches vergaberechtlich zulässig (OLG Schleswig Beschl. v. 25.1.2013 – 1 Verg 6/12, NZBau 2013, 395), solange nicht auch der Wettbewerb wesentlich beeinträchtigt wird, BGH Urt. v. 12.11.2002 – KZR 11/01, BGHZ 152, 347 = NVwZ 2003, 1012.
[35] AA *Hölzl* in RKPP GWB Rn. 54, der nach wie vor von der Geltung des aufgehobenen § 4 Abs. 2 ausgeht.
[36] Beachte dazu die aktuelle Fassung in § 126b BGB: „Ist durch Gesetz Textform vorgeschrieben, so muss eine lesbare Erklärung, in der die Person des Erklärenden genannt ist, auf einem dauerhaften Datenträger abgegeben werden. Ein dauerhafter Datenträger ist jedes Medium, das
1. es dem Empfänger ermöglicht, eine auf dem Datenträger befindliche, an ihn persönlich gerichtete Erklärung so aufzubewahren oder zu speichern, dass sie ihm während eines für ihren Zweck angemessenen Zeitraums zugänglich ist, und
2. geeignet ist, die Erklärung unverändert wiederzugeben.".

		Rn.			Rn.
	d) Unterscheidung zwischen Rahmenvertrag und Rahmenvereinbarung im engeren Sinne	21		a) Funktionsanforderungen	37
				b) Leistungsanforderungen	38
				c) Beschreibung der zu lösenden Aufgabe	39
	e) Verstoß gegen das Gebot der eindeutigen und erschöpfenden Leistungsbeschreibung bei Bedarfs- oder Alternativpositionen?	25		d) Umstände und Bedingungen der Leistungserbringung	40
			IV.	Bestimmungen zum „Design für alle" (Abs. 2)	42
	f) Für alle Unternehmen im gleichen Sinne verständlich	30	1.	Anwendungsbereich der Bestimmung	42
	g) Vergleichbarkeit der Angebote miteinander	31	2.	Zugänglichkeitskriterien für Menschen mit Behinderung	44
	h) Objektiver Maßstab	32	3.	Konzeption für alle Nutzer	46
	i) Vollständigkeits- und Richtigkeitsvermutung der Leistungsbeschreibung	33	4.	Ausnahme: Ordnungsgemäß begründete Fälle	49
	j) Rechtsfolgen eines Verstoßes gegen das Gebot der eindeutigen und erschöpfenden Leistungsbeschreibung	35	V.	Leistungsbeschreibung als Teil der Vergabeunterlagen (Abs. 3)	51
3.	Anforderungen, Umstände und Bedingungen der Leistungserbringung	37			

I. Normzweck und Normstruktur

1 § 121 regelt den **wesentlichen Inhalt der Leistungsbeschreibung** und ihre **Aufnahme in die Vergabeunterlagen.** Nach Ansicht des Gesetzgebers handelt es sich bei dem Begriff der Leistungsbeschreibung um einen „zentralen Begriff"[1] des Vergaberechts. Dies findet seine Rechtfertigung darin, dass mit der Leistungsbeschreibung nach Abs. 1 S. 1 der Auftragsgegenstand festgelegt wird. Sowohl für das Vergabeverfahren wie für die Vertragsausführung hat der Auftragsgegenstand grundlegende Bedeutung (→ Rn. 8).

2 Abs. 1 enthält das **Gebot der eindeutigen und erschöpfenden Leistungsbeschreibung** sowie eine Bestimmung, in welcher Art die Leistung zulässigerweise beschrieben werden kann. Die Regelung soll sicherstellen, dass die Beschreibung der Leistung für alle Unternehmen im gleichen Sinne verständlich ist. Sie dient insoweit der **Konkretisierung des Transparenzgrundsatzes** nach § 97 Abs. 1 S. 1 und **Grundsatzes der Gleichbehandlung** nach § 97 Abs. 2.[2] Es entspricht ferner dem **Wettbewerbsgrundsatz** nach § 97 Abs. 1 S. 1, dass die Leistung so zu beschreiben ist, dass alle Angebote miteinander verglichen werden können, denn nur mit vergleichbaren Angeboten kann Wettbewerb überhaupt entstehen.[3] Die Bestimmungen zur „Konzeption für alle Nutzer" in § 121 Abs. 2 dienen der teilweisen Umsetzung von Art. 42 Abs. 1 RL 2014/24/EU (§ 32 Abs. 2 Nr. 1 VgV). Die Regelung soll auch die Inklusion von Menschen mit Behinderung sicherstellen. Abs. 3 bestimmt die Aufnahme der Leistungsbeschreibung in die Vergabeunterlagen. Diese Regelung dient der **Konkretisierung des Transparenzgrundsatzes.** Die interessierten Wirtschaftsteilnehmer sollen als Bieter in der Lage sein, bei der Angebotslegung den Auftragsgegenstand, die wesentlichen Anforderungen an die Leistung sowie die Umstände und Bedingungen der Leistungserbringung vorherzusehen und in ihre Kalkulation einzubeziehen.

II. Entstehungsgeschichte

3 Bis zur Vergaberechtsmodernisierung in 2016 sah das GWB **keine vergleichbare Regelung** vor. Entsprechende Bestimmungen fanden sich bis zur Reform von 2016 in den Verordnungen: § 7 EG Abs. 1 VOB/A, § 8 EG Abs. 1 VOL/A und § 6 Abs. 1 VOF sowie in § 7 Abs. 1 SektVO und § 15 Abs. 2 S. 1 VSVgV. Aufgrund der zentralen Bedeutung, welche der Gesetzgeber dem Begriff der Leistungsbeschreibung zuerkennt, wurde die Regelung in der neuen Systematik des GWB 2016 in das Gesetz aufgenommen.

4 Nicht mit in die Regelung des GWB aufgenommen wurden der Grundsatz der Produktneutralität sowie Einzelheiten zu den Anforderungen an die Technischen Spezifikationen. In den weitaus ausführlicheren Regelungen der **Vergabeordnungen** sowie der SektVO und der VSVgV waren dahingehende Bestimmungen enthalten. Diese ergänzenden Bestimmungen zur Leistungsbeschrei-

---

[1] BT-Drs. 18/6281, 97.
[2] VK Hessen Beschl. v. 26.4.2007 – 69 d VK 08/2007, BeckRS 2011, 11118; VK Südbayern Beschl. v. 26.6.2008 – Z3-3-3194-1-16/04/08, BeckRS 2008, 46603.
[3] OLG Düsseldorf Beschl. v. 13.12.2017 – VII-Verg 19/17, NZBau 2018, 242; VK Sachsen Beschl. v. 25.6.2019 – 1/SVK/013-19, BeckRS 2019, 19959.

bung finden sich nunmehr in §§ 31 ff. VgV bzw. §§ 7 EU ff. VOB/A sowie der SektVO, der VSVgV und der KonzVO. Darüber hinaus enthielt § 7 EG VOB/A aF das Verbot ungewöhnlicher Wagnisse, das ebenfalls nicht ins GWB übernommen wurde.

III. Wesentlicher Inhalt der Leistungsbeschreibung (Abs. 1)

1. Die Festlegung des Auftragsgegenstands und das Leistungsbestimmungsrecht des öffentlichen Auftraggebers. a) Materielle und formelle Leistungsbeschreibung. § 121 verwendet den Begriff der Leistungsbeschreibung sowohl im materiellen wie im formellen Sinne. Die **Leistungsbeschreibung im materiellen Sinne** ist die Darstellung der Leistungen (Bau-, Liefer- und Dienstleistungen), die der Auftraggeber aufgrund eines öffentlichen Auftrags vornehmen lassen will. Der Begriff der Leistung ist im Vergaberecht ebenso wie im Allgemeinen Schuldrecht des BGB nicht näher definiert. Sein Inhalt ist durch Auslegung der Parteivereinbarung, durch ergänzende Vertragsauslegung oder Gesetzesrecht zu ermitteln.[4] **Im formellen Sinne** ist die Leistungsbeschreibung das Dokument der Vergabeunterlagen, das die überwiegend technische Darstellung der zu erbringenden Bau-, Liefer- und Dienstleistungen bzw. der Aufgabe im Wettbewerb beinhaltet.

Die Leistungsbeschreibung im materiellen und die Leistungsbeschreibung im formellen Sinne müssen **nicht identisch** sein. Neben der Leistungsbeschreibung im formellen Sinne können einerseits noch andere Dokumente der Vergabeunterlagen, insbesondere das Vertragsdokument, Beschreibungen von Leistungen im materiellen Sinne enthalten, die der Auftragnehmer für den öffentlichen Auftraggeber erbringen soll. So kann zum Beispiel neben den eigentlichen Hauptleistungspflichten zur Lieferung von Waren aus der Leistungsbeschreibung im formellen Sinne die Rücknahme und umweltgerechte Entsorgung von Verpackungen als Nebenleistungspflicht im Vertrag geregelt sein. Ferner kann die Leistungsbeschreibung durch Konzepte ergänzt und konkretisiert werden, welche die Bieter im Rahmen der Angebotslegung zu erstellen haben.[5] Diese werden mit Zuschlag Vertragsbestandteil und beschreiben damit ebenfalls die zu erbringende Leistung.[6] Andererseits kann das Vertragsdokument auch die abschließende Beschreibung der zu erbringenden Leistungen beinhalten, ohne dass es eines gesonderten Dokuments der Leistungsbeschreibung bedarf. Das ist insbesondere bei Dienstleistungsaufträgen der Fall, in denen umfangreiche Darstellungen der Hauptleistungspflichten entbehrlich sind.

Soweit die Regelung Vorgaben zum Inhalt der Leistungsbeschreibung macht (Abs. 1 und 2), ist die Leistungsbeschreibung im materiellen Sinne gemeint. Das Gebot der eindeutigen und erschöpfenden Leistungsbeschreibung muss zum Schutz der Bieter zum Beispiel **auch dann Anwendung** finden, wenn sich einzelne Bestimmungen der zu erbringenden Leistung im Vertragsdokument und nicht im formellen Dokument der Leistungsbeschreibung finden. Der Hinweis des Gesetzes in Abs. 3, dass die Leistungsbeschreibung den Vergabeunterlagen beizufügen ist, bezieht sich auf das Dokument selbst und verwendet daher den Begriff der formellen Leistungsbeschreibung.

b) Auftragsgegenstand. Der **Auftragsgegenstand** stellt die Gesamtheit der Leistungen (Bau-, Liefer- und Dienstleistungen) dar, die der Auftragnehmer zur Deckung des Bedarfs des öffentlichen Auftraggebers aufgrund des öffentlichen Auftrags vornehmen lassen will. Der Auftragsgegenstand wird in der Leistungsbeschreibung im materiellen Sinne dargestellt.

Sowohl für das Vergabeverfahren wie für die Vertragsausführung hat der Auftragsgegenstand **grundlegende Bedeutung.** Er kann verfahrenstechnisch beispielsweise für die Festlegung der Verfahrensart relevant werden (vgl. nur § 14 Abs. 3 und Abs. 4 VgV). Eignungskriterien müssen nach § 122 Abs. 4, Zuschlagskriterien nach § 127 Abs. 3 S. 1 und die technischen Merkmale der Leistungsbeschreibung nach § 31 Abs. 2 Nr. 2 lit. c VgV mit dem Auftragsgegenstand in Verbindung stehen. Daher gibt die Leistungsbeschreibung nach der zutreffenden Ansicht des Gesetzgebers für die Wertung der Angebote die Entscheidungsmaßstäbe vor, an die sich der öffentliche Auftraggeber selbst bindet.[7]

Auch für die **Vertragsausführung** ist der Auftragsgegenstand von erheblicher Bedeutung. Mit der Leistungsbeschreibung legt der öffentliche Auftraggeber die *invitatio ad offerendum* fest, auf die die Bieter ihre Angebote abgeben.[8] Als zentrales Vertragsdokument definiert die Leistungsbeschreibung die eigentlichen Leistungspflichten des Auftragnehmers. Sie ist deshalb unverzichtbarer Erklä-

---

[4] Zum Leistungsbegriff des Allgemeinen Schuldrechts MüKoBGB/*Bachmann* BGB § 241 Rn. 17.
[5] OLG Düsseldorf Beschl. v. 16.8.2019 – Verg 56/18, NZBau 2020, 249; VK Bund Beschl. v. 14.9.2018 – VK 2-76/18, ZfBR 2019, 311.
[6] KG Urt. v. 5.4.2019 – 21 U 72/16, IBR 2019, 478.
[7] BT-Drs. 18/6281, 97.
[8] VK Hessen Beschl. v. 26.4.2007 – 69 d VK 08/2007; VK Südbayern Beschl. v. 26.6.2008 – Z3-3-3194-1-16/04/08, BeckRS 2008, 46363.

rungsinhalt jeden Angebotes.[9] Letztlich ist der öffentliche Auftraggeber wegen des Verbots wesentlicher Änderungen des Auftrags während der Vertragslaufzeit nach § 132 an die Formulierung des Auftragsgegenstandes in der Leistungsbeschreibung für die Vertragsdauer grundsätzlich gebunden, von unwesentlichen Änderungen abgesehen.

11   **c) Leistungsbestimmungsrecht des Auftraggebers.** Der öffentliche Auftraggeber ist grundsätzlich frei zu bestimmen, welche konkreten Leistungen er zum Gegenstand des Auftrags machen möchte.[10] Diese Freiheit wird als **Leistungsbestimmungsrecht** des öffentlichen Auftraggebers bezeichnet. Die Ausübung des Leistungsbestimmungsrechts wird, ebenso wie der Bedarf des öffentlichen Auftraggebers, von zahlreichen Faktoren beeinflusst, die nur teilweise rechtlicher Natur sind. Der Auftraggeber hat unter anderem technische, wirtschaftliche, gestalterische Aspekte zu berücksichtigen oder politische Vorgaben zu erfüllen wie zum Beispiel bei der sozialen, ökologischen oder ökonomischen Nachhaltigkeit.[11] Die Ausübung des Leistungsbestimmungsrechts ist rechtlichen Kontrollen nur sehr eingeschränkt zugänglich. Sie unterliegt insbesondere nicht dem Vergaberecht, da sie dem Vergabeverfahren vorgelagert ist. Das Vergaberecht regelt nicht, was der öffentliche Auftraggeber beschafft, sondern nur die Art und Weise der Beschaffung.[12]

12   Rechtliche **Grenzen des Leistungsbestimmungsrechts** des öffentlichen Auftraggebers ergeben sich aus den allgemeinen Grundsätzen, wie dem Gleichbehandlungsgebot nach Art. 3 GG oder den Grundfreiheiten des AEUV. Sie sind jedenfalls eingehalten, wenn der Auftraggeber für die Bestimmung des Auftragsgegenstands objektive und auftragsbezogene Gründe angeben kann, welche die Auswahl sachlich rechtfertigen.[13] Darüber hinaus stehen die Regelungen zur Zulässigkeit des **Verhandlungsverfahrens ohne Teilnahmewettbewerb** in einem Spannungsverhältnis zum Leistungsbestimmungsrecht. So regeln § 3a EU Abs. 3 S. 2 VOB/A oder § 14 Abs. 6 VgV, dass ein Verhandlungsverfahren ohne Teilnahmewettbewerb aus künstlerischen oder technischen Gründen nur dann zulässig sein soll, wenn es keine vernünftige Alternative oder Ersatzlösung gibt und der mangelnde Wettbewerb nicht das Ergebnis einer künstlichen Einschränkung der Auftragsvergabeparameter ist. Die Vorgabe ggf. auf „vernünftige Ersatzlösungen" zurückgreifen zu müssen, greift in das Leistungsbestimmungsrecht des Auftraggebers ein, ist aber dadurch gerechtfertigt, dass der Wettbewerb nicht künstlich umgangen werden darf. Ebenso ist die **Verpflichtung zur Produktneutralität** nach § 31 Abs. 6 S. 1 VgV bzw. § 7 EU VOB/A eine Beschränkung des Leistungsbestimmungsrechts, die aber ebenfalls durch das Wettbewerbsprinzip gerechtfertigt ist.

13   **2. Gebot der eindeutigen und erschöpfenden Leistungsbeschreibung. a) Eindeutigkeit der Leistungsbeschreibung.** Aus dem Recht des öffentlichen Auftraggebers, den Gegenstand des Auftrags frei zu bestimmen, folgt die **Pflicht, diesen eindeutig und erschöpfend zu beschreiben.** Der Grund dafür ist, dass nur der öffentliche Auftraggeber weiß, welchen konkreten Auftragsgegenstand er beschaffen möchte, und damit nur er in der Lage ist, dies in der Leistungsbeschreibung so hinreichend zu konkretisieren, dass die Bieter vergleichbare Angebote erstellen können.

14   Eindeutig ist eine Leistungsbeschreibung, wenn sie den Bietern **nicht mehrere Deutungsmöglichkeiten** eröffnet, was der Gegenstand der Leistung sein soll, und frei von Widersprüchen ist.[14] Ob das der Fall ist, ist im Wege der Auslegung zu ermitteln. Die Leistungsbeschreibung ist Teil des anzubahnenden Vertragswerks für den Auftrag. Auf sie finden die Auslegungsregeln der §§ 133, 157 BGB Anwendung. Maßgeblich ist der objektive Empfängerhorizont der potenziellen Bieter. Für die Feststellung der Eindeutigkeit kommt es mithin darauf an, wie der maßgebliche Empfängerkreis die Beschreibung der Leistungen verstehen musste.[15]

15   Ein Verstoß gegen das Gebot, die Leistung eindeutig zu beschreiben, ist nicht bloß deshalb anzunehmen, weil die Leistungsbeschreibung verschiedenen **Auslegungsmöglichkeiten** zugänglich ist. Die Sprache selbst ist selten völlig eindeutig und das Verständnis stets auch vom Empfängerhori-

---

[9]   VK Sachsen-Anhalt Beschl. v. 17.4.2007 – 1 VK LVwA 04/07, ZfBR 2007, 622 (Ls.).
[10] OLG Brandenburg Beschl. v. 30.1.2014 – Verg W 2/14, NZBau 2014, 525; OLG Düsseldorf Beschl. v. 25.6.2014 – VII-Verg 47/13, BeckRS 2015, 06307.
[11] OLG Düsseldorf Beschl. v. 1.8.2012 – Verg 10/12, ZfBR 2013, 63; OLG Düsseldorf Beschl. v. 17.2.2010 – VII-Verg 42/09, BeckRS 2010, 06143; OLG München Beschl. v. 28.7.2008 – Verg 10/08, BeckRS 2008, 17225.
[12] OLG Düsseldorf Beschl. v. 1.8.2012 – Verg 10/12, ZfBR 2013, 63; OLG Düsseldorf Beschl. v. 17.2.2010 – VII-Verg 42/09, BeckRS 2010, 06143; OLG München Beschl. v. 28.7.2008 – Verg 10/08, BeckRS 2008, 17225.
[13] OLG Düsseldorf Beschl. v. 1.8.2012 – Verg 10/12, ZfBR 2013, 63; OLG DüsseldorfBeschl. v. 17.2.2010 – VII-Verg 42/09, BeckRS 2010, 06143; OLG Düsseldorf Beschl. v. 22.5.2013 – Verg 16/12, ZfBR 2013, 713.
[14] VK Sachsen-Anhalt Beschl. v. 27.3.2019 – 2 VK LSA 23/18, VPRRS 2020,0032.
[15] BGH Urt. v. 11.11.1993 – VII ZR 47/93, NJW 1994, 850.

III. Wesentlicher Inhalt der Leistungsbeschreibung (Abs. 1)

zont mitbestimmt. Auch bei sorgfältiger Erstellung einer Leistungsbeschreibung kann deshalb nicht ausgeschlossen werden, dass geringe Unklarheiten auftreten.[16] Welche Tiefe die Darstellung haben muss, ergibt sich aus dem Zusammenhang mit dem nachfolgenden Tatbestandsmerkmal der erschöpfenden Beschreibung der Leistung.

b) Erschöpfende Beschreibung des Auftragsgegenstandes. Der Auftragsgegenstand ist erschöpfend beschrieben, wenn für die Darstellung der Leistungen **keine Restbereiche verbleiben**, die seitens der Vergabestelle wenigstens nicht schon klar umrissen sind.[17] Damit muss der Auftragsgenstand durch die Leistungsbeschreibung nicht abschließend beschrieben werden. Wenn zum Beispiel bei einer Tiefbaumaßnahme in der Nähe eines fließenden Gewässers erforderlich ist, die Baugrube durch Wasserhaltungsmaßnahmen trocken zu halten, kann der Hinweis auf derartige Maßnahmen ausreichend sein. Die Leistungsbeschreibung deckt dann Maßnahmen jeder Art ab, die geeignet sind, das Ziel zu erreichen.[18]

Welches Maß an die Tiefe der Darstellung anzulegen ist, damit sie als erschöpfend gelten kann, bestimmt sich am Zweck des Gebots. Es soll sicherstellen, dass der öffentliche Auftraggeber aus den ihm vorliegenden Angeboten das wirtschaftlichste auswählt. Das wäre nicht der Fall, wenn der Auftragnehmer während Vertragsausführung aufgrund von unvorhergesehenen Zusatzleistungen zusätzliche Vergütungen nachfordern könnte, die nicht im Wettbewerb standen und die Wirtschaftlichkeit seines Angebots möglicherweise in Nachhinein in Frage stellt.[19] Dem Gebot der erschöpfenden Leistungsbeschreibung ist daher genüge getan, wenn der öffentliche Auftraggeber **alle erforderlichen und ihm zur Verfügung stehenden Informationen sorgfältig auswertet und der Leistungsbeschreibung zugrunde legt.** Maßgeblicher Zeitpunkt ist dabei die Durchführung des Vergabeverfahrens und nicht die nachträgliche Perspektive der Vertragsausführung. Öffentliche Auftraggeber sind nämlich nicht gehalten, den Bietern das Risiko einer Kalkulation der technischen Anforderungen der eigenen Leistung völlig abzunehmen.[20]

c) Vertragsarten. Der Auftraggeber kann zwischen einem Einzelauftrag, einer Rahmenvereinbarung oder dem dynamischen Beschaffungssystem auswählen, wenn er die Entscheidung getroffen hat, dass er Bau-, Liefer- oder Dienstleistungen am Markt beschaffen möchte. In diesem Zusammenhang definiert der öffentliche Auftraggeber in der Leistungsbeschreibung den Vertragsgegenstand als solchen. Die Leistungsbeschreibung muss alle Leistungsmerkmale, Bedingungen, Umstände und technischen Anforderungen, deren Kenntnis für die Erstellung des Angebots erforderlich ist, definieren.[21] Bei Dienstleistungsaufträgen iSd § 103 Abs. 4 können öffentliche Auftraggeber zwischen Dienstverträgen nach §§ 611 ff. BGB und Werkverträgen nach §§ 631 ff. BGB wählen. Dabei ist es entscheidend, die Leistung und Gegenleistung vertraglich festzulegen.

Der **Dienstvertrag** nach § 611 ff. BGB bindet eine Partei zur Verrichtung von **„Diensten jeder Art"**, während die andere Partei zur Zahlung eines Entgelts für diese Dienste verpflichtet ist.[22] In der Leistungsbeschreibung ist die Dienstleistungspflicht hinsichtlich Umfang, Zeit, Ort und anderer Besonderheiten der Leistungserbringung im Einzelfall auszugestalten, soweit nicht zwingende gesetzliche Bestimmungen, zB des AGG, vorgehen.[23] Der Auftragnehmer verpflichtet sich nur zur reinen Leistung. Ob der Dienst erfolgreich ausgeführt wurde, spielt keine Rolle.[24] Deshalb kennt das Dienstvertragsrecht – im Unterschied zum Kauf- (§§ 434 ff. BGB) oder Werkvertragsrecht (§§ 634 ff. BGB) – keine speziellen Vorschriften zur Gewährleistung bei einer schlecht ausgeführten Leistung.[25]

Bei **Werkverträgen** handelt es sich um einen gegenseitigen entgeltlichen Vertrag iSd §§ 320 ff. BGB, § 631 Abs. 1 BGB, bei dem sich der Auftraggeber verpflichtet, nach Abnahme der Werkleistung die vereinbarte Vergütung zu entrichten. Dem steht die Verpflichtung des Auftragnehmers gegenüber, das versprochene Werk herzustellen. Dabei ist der Auftragnehmer grundsätzlich zur Vorleistung verpflichtet (siehe § 641 Abs. 1 BGB). Die vertragstypische Leistung besteht danach in

---

[16] OLG Brandenburg Beschl. v. 14.9.2004 – Verg W 5/04, BeckRS 2004, 31380381; OLG Karlsruhe Beschl. v. 25.7.2014 – 15 Verg 5/14, IBRRS 2014, 3032.
[17] OLG Karlsruhe Beschl. v. 25.7.2014 – 15 Verg 4/14, ZfBR 2015, 395; OLG München Beschl. v. 20.3.2014 – Verg 17/13, NZBau 2014, 456.
[18] BGH Urt. v. 11.11.1993 – VII ZR 47/93, NJW 1994, 850.
[19] VK Bund Beschl. v. 1.2.2011 – VK 3-126/10, BeckRS 2011, 55205.
[20] BGH Urt.v. 11.11.1993 – VII ZR 47/93, NJW 1994, 850.
[21] → § 97 Rn. 120.
[22] *Mansel* in Jauernig, Bürgerliches Gesetzbuch, 18. Aufl. 2021, BGB § 611 Rn. 2.
[23] *Mansel* in Jauernig, Bürgerliches Gesetzbuch, 18. Aufl. 2021, BGB § 611 Rn. 7.
[24] Vgl. Dauner-Lieb/*Langen*, BGB – Schuldrecht, 3. Aufl. 2016, BGB Vor §§ 631 ff. Rn. 19.
[25] BGH Urt. v. 15.3.2018 – III ZR 126/17, NJW-RR 2018, 683; OLG Düsseldorf Beschl. v. 18.10.2010 – 24 U 50/10, BeckRS 2011, 22089; *Alexander* JA 2015, 321.

einem durch Arbeit oder Dienstleistung **herbeizuführenden Erfolg**.[26] Somit hat der öffentliche Auftraggeber bei der Wahl eines Werkvertrages das konkret herzustellende Werk zu definieren.[27] Mithin sind die Abnahmekriterien und -voraussetzungen vollumfänglich aufzuführen und einzelne Meilensteine oder Zwischenarbeitsergebnisse festzulegen, die der Auftragnehmer zu erfüllen hat.[28] Dabei ist eine Abschlagszahlung nach Zeit und Material („time and material") bei vorher festgelegten Zeitintervallen ähnlich wie in Dienstverträgen auch bei Werkverträgen nach § 632a BGB möglich und zulässig, wenn vorab die Abnahmekriterien für jedes Zwischenarbeitsergebnis festgelegt und abgenommen worden sind. Der Anspruch auf Abschlagszahlung richtet sich heute nicht mehr nach dem erlangten Wertzuwachs beim Auftraggeber, sondern nach dem Wert der vom Auftragnehmer erbrachten Leistung. Das ist insbesondere für Softwareverträge relevant, da dort der Auftraggeber regelmäßig erst mit Fertigstellung des Werks, nicht etwa an einem teilweise fertiggestellten Programm, zu dem er keinen Quellcode besitzt, einen Vermögenszuwachs erlangt hat.[29] Auch hier bieten sich individualvertragliche Regelung an, um den Interessen im Einzelfall gerecht zu werden und vorhersehbare Kostenlasten festzulegen.[30] Außerdem kann sich der Auftraggeber am Ende jedes Meilensteins oder Zwischenarbeitsergebnisses vorbehalten, darüber zu befinden, ob er an der weiteren Zusammenarbeit festhalten will, oder die übrigen Phasen in einem neuen Vergabeverfahren ausschreiben möchte.[31] Werden die Leistungen hinreichend konkret präzisiert, wissen beide Parteien, worauf sie sich während der Vertragslaufzeit einstellen müssen.[32]

21 **d) Unterscheidung zwischen Rahmenvertrag und Rahmenvereinbarung im engeren Sinne.** Hinsichtlich der Anforderungen nach § 121 an die notwendige Konkretisierung der Leistungsbeschreibung bei Rahmenvereinbarungen ist zu unterscheiden (→ VgV § 21 Rn. 14): Die Europäische Kommission führt in der klassischen Richtlinie zur Erläuterung von Rahmenvereinbarungen vom 14.7.2005 aus, dass in der Vergabe-RL 2004 (RL 2004/18/EG) zwar nur von Rahmenvereinbarungen die Rede ist, die Richtlinie jedoch zwei unterschiedliche Sachverhalte beschreibt. Einerseits werden davon Rahmenvereinbarungen, in denen alle Bedingungen festgelegt sind, umfasst, andererseits solche, bei denen gewisse Punkte noch nicht präzisiert worden sind. Deshalb unterscheidet die Richtlinie zwischen Rahmenverträgen und Rahmenvereinbarungen im engeren Sinne. Die dort aufgestellten Grundsätze sind auf die RL 2014/24/EU übertragbar.

22 Unabhängig davon, ob Rahmenvereinbarungen mit einem oder mehreren Auftragnehmern oder Auftraggebern abgeschlossen werden, handelt es sich um einen **Rahmenvertrag,** wenn die Leistungsbeschreibung und die Reglungen in dem Vertrag derart konkret sind, dass keinerlei weiterer Regelungen zwischen den Parteien notwendig sind. Die Leistungsbeschreibung eines Rahmenvertrages ist im Hinblick auf die Art und den Umfang mit den maßgeblichen Anforderungen und Bedingungen an die Qualität, den Verwendungszweck, Beanspruchungsgrad, technische und bauphysikalischen Bedingungen, absehbare Erschwernisse oder besonderen Bedingungen an die Ausführung eindeutig zu beschreiben.[33] Weiterhin ist die Leistung so zu beschreiben, dass alle kalkulationsrelevanten Faktoren, Umstände und preisbeeinflussende Bedingungen festgelegt sind.[34] Im Rahmen der Einzelabrufe werden sodann, nur noch die Menge und der Zeitpunkt der Leistungsverpflichtung näher konkretisiert. Alle darüber hinausgehenden Regelungen werden unter Bezug auf die Bedingungen des Rahmenvertrags Gegenstand des Einzelabrufs. Eine weitere Leistungsbeschreibung für den Einzelabruf wird nicht benötigt. Rahmenverträge eignen sich insbesondere für Standardprodukte, die nach Art und Umfang in einem festumrissenen Leistungskatalog konkretisiert werden können.[35]

23 Bei **Rahmenvereinbarungen im engeren Sinne** werden sowohl in der Vereinbarung als auch in der Leistungsbeschreibung nicht alle Umstände umfassend festgelegt. Die Bedingungen der Leistungsbeschreibung sind bei Rahmenvereinbarungen im engeren Sinne in Teilbereichen unvollständig. Dabei handelt es sich um Umstände, die der Auftraggeber zum Zeitpunkt der Ausschreibung noch nicht abschließend bestimmen kann. Dadurch sollen Spielräume für beispielsweise technische Weiterent-

---

[26] Näheres hierzu MüKoBGB/*Busche* BGB § 631 Rn. 1 ff.
[27] *Lehmann/Spindler* in Loewenheim, Handbuch des Urheberrechts, 3. Aufl. 2021, Rn. 54.
[28] *von Schenck* MMR 2019, 139.
[29] *Lehmann/Spindler* in Loewenheim, Handbuch des Urheberrechts, 3. Aufl. 2021, Rn. 56.
[30] *Lehmann/Spindler* in Loewenheim, Handbuch des Urheberrechts, 3. Aufl. 2021, Rn. 56.
[31] *Fehling* NZBau 2012, 673.
[32] *von Schenck* MMR 2019, 139.
[33] VK Südbayern Beschl. v. 28.1.2019 – Z3-3-3194-1-35-10/18, IBR 2019, 391; VK Sachsen-Anhalt Beschl. v. 25.4.2013 – 2 VK LSA 43/12, IBRRS 2013, 2110; Ziekow/Völlink/*Trutzel* Rn. 5.
[34] OLG Celle Beschl. v. 19.3.2019 – 13 Verg 7/18, NZBau 2019, 462; OLG Düsseldorf Beschl. v. 28.3.2018 – Verg 52/17, ZfBR 2019, 194.
[35] *Rosenkötter/Seidler* NZBau 2007, 684.

III. Wesentlicher Inhalt der Leistungsbeschreibung (Abs. 1) 24–27 § 121 GWB

wicklungen während der Vertragslaufzeit geschaffen werden, um gerade in der Informationstechnik auf aktuelle Veränderungen schnell reagieren zu können. Die Leistungsbeschreibung einer Rahmenvereinbarung im engeren Sinne muss jedoch so eindeutig und erschöpfend formuliert werden, dass die an der Ausschreibung beteiligten Unternehmen ein klares Bild vom Auftragsgegenstand und Umfang erhalten. Damit werden sie in die Lage versetzt, ihre Leistungsverpflichtung nachzuvollziehen und alle kalkulationsrelevanten Faktoren zu erkennen und in ihr Angebot einfließen zu lassen. Es ist zu beachten, dass die offengelassenen Toleranzbereiche nicht zu groß sein dürfen, da ansonsten die eingereichten Angebote nicht vergleichbar wären.[36] Diese ungeklärt gelassenen Bedingungen und Umstände werden im Rahmen der Leistungsbeschreibung des Einzelabrufs präzisiert und festgelegt. Im Rahmen der Konkretisierung in der Leistungsbeschreibung für den Einzelabruf nimmt der Auftraggeber zu den vorbehaltenen Umständen und Bedingungen Stellung und legt die Besonderheiten des Einzelfalles fest. Die Leistungsbeschreibung für den Einzelabruf muss aber dem Leistungsspektrum aus der Leistungsbeschreibung der Rahmenvereinbarung im engeren Sinne zuzuordnen sein. Völlig neuer Bedarf – der im Nachgang aufkommt und im Rahmen der Vorbereitung des Vergabeverfahrens nicht vorhergesehen worden ist, darf nicht über die Rahmenvereinbarung abgewickelt werden.

Öffentliche Auftraggeber dürfen aber **strategische Bedarfsreserven** bei der Prognose der künftigen Bedarfsermittlung berücksichtigen und diese als klare, präzise und eindeutig formulierte Überprüfungsklausel oder Option iSd § 132 Abs. 2 Nr. 1 in die Rahmenvereinbarungen aufnehmen.[37] Diese Reserven dienen der Versorgungssicherheit und umfassen diejenigen Bedarfe, die nach Art und Umfang von der Leistungsbeschreibung der Rahmenvereinbarung umfasst sind und unter gewissen Bedingungen eintreten. Dabei müssen Angaben zu der Art, dem Umfang und den Voraussetzungen der Änderung der Vereinbarung enthalten sein. Hierbei ist entscheidend, ob die Formulierung hinreichend deutlich ist und eine rechtsmissbräuchliche Umgehung ausschließt. Insbesondere sind die Tatbestandvoraussetzungen genau zu formulieren, unter welchen Bedingungen der Bedarf des öffentlichen Auftraggebers unter die strategische Bedarfsreserve fällt.[38] Für einen objektiven Dritten muss eindeutig erkennbar sein, in welchen Fällen die strategische Bedarfsreserve in Betracht kommt und zu welchen Rechtsfolgen diese Fälle führen. Nur, wenn der öffentliche Auftraggeber dies umsetzt, wird das hinter der Formulierung stehende Ziel verwirklicht, ohne Missbrauch oder Umgehungspotenzial Auftragsänderungen zuzulassen, die bereits im ursprünglichen Vergabeverfahren transparent erkennbar waren und somit auch im Wettbewerb standen.[39] Dem öffentlichen Auftraggeber wird hierdurch eine gewisse Flexibilität geschaffen, um die Bedarfsdeckung auch auf absehbare Situationen und Veränderungen anzuwenden und den Bedarf auch in diesen Fällen umfassend decken zu können. 24

e) Verstoß gegen das Gebot der eindeutigen und erschöpfenden Leistungsbeschreibung bei Bedarfs- oder Alternativpositionen? Die Auftraggeber sind zwar nicht gehalten, den Bietern sämtliche Kalkulationsrisiken abzunehmen, sie sind aber zu einer sorgfältigen Erstellung der Leistungsbeschreibung verpflichtet. In diesem Zwiespalt stellt sich die Frage, welche Möglichkeiten der öffentliche Auftraggeber hat, sich Handlungsspielräume der Leistungserbringung vorzubehalten, in dem er einzelne Leistungen nur für den Fall eines besonderen Bedarfs **(Bedarfs- oder Eventualpositionen)** oder als Alternativleistungen zu seiner Wahl **(Alternativ- oder Wahlpositionen)** in die Leistungsbeschreibung aufnimmt: 25

aa) Bedarfs- oder Eventualpositionen. Bedarfs- oder Eventualpositionen sind Leistungen, bei denen **zum Zeitpunkt der Erstellung der Leistungsbeschreibung noch nicht feststeht, ob und ggf. in welchem Umfang sie tatsächlich zur Ausführung kommen** werden. Solche Positionen enthalten nur eine im Bedarfsfall erforderliche Leistung, über deren Ausführung erst nach Auftragserteilung und nicht bereits bei Erteilung des Zuschlags entschieden wird.[40] Die Ausschreibung von Bedarfs- oder Eventualpositionen ist grundsätzlich ein Verstoß gegen das Gebot der eindeutigen und erschöpfenden Leistungsbeschreibung, da die Auftragnehmer aufgrund dieser Positionen regelmäßig nicht verlässlich kalkulieren und die Angebote dementsprechend nicht vergleichbar sein können.[41] 26

Ausnahmsweise dürfen Bedarfs- oder Eventualpositionen in die Leistungsbeschreibung aufgenommen werden, wenn die entsprechende Position erfahrungsgemäß zur Ausführung der vertraglichen Leistung erforderlich werden kann, ihre Notwendigkeit zum Zeitpunkt der Aufstellung der 27

---

[36] VK Sachsen Beschl. v. 25.6.2019 – 1/SVK/013-19, BeckRS 2019, 19959.
[37] Vgl. BT-Drs. 18/6281, 119 f.
[38] Vgl. Erwägungsgrund 111 RL 2014/24/EU.
[39] Hierzu auch OLG Dresden Beschl. v. 7.7.2015 – Verg 3/15, IBRRS 2015, 2951; VK Sachsen Beschl. v. 27.4.2015 – 1-SVK-012-15, IBRRS 2015, 2549.
[40] OLG Düsseldorf Beschl. v. 13.4.2011 – Verg 58/10, ZfBR 2011, 508.
[41] Prieß NZBau 2004, 20 (24).

Leistungsbeschreibung objektiv nicht festzustellen ist und ihr Wert insgesamt nur untergeordneten Anteil am Gesamtauftrag ausmacht.[42]

28 **bb) Alternativ- oder Wahlpositionen.** Alternativ- oder Wahlpositionen sind Leistungspositionen, in denen sich der Auftraggeber noch **nicht festgelegt hat, sondern mehrere Alternativen der Leistungserbringung ausschreibt,** von denen er nach Kenntnisnahme der Angebotsinhalte eine Alternative für den Zuschlag auswählt.[43] Vor dem Gebot der Bestimmtheit und Eindeutigkeit der Leistungsbeschreibung und dem Transparenzgebot nach § 97 sind Alternativ- und Wahlpositionen problematisch, denn sie ermöglichen dem öffentlichen Auftraggeber, durch seine Entscheidung für oder gegen eine Wahlposition das Wertungsergebnis aus vergaberechtsfremden Erwägungen zu beeinflussen.[44]

29 Die Aufnahme von Alternativ- oder Wahlpositionen in eine Leistungsbeschreibung ist nach der Rechtsprechung **unter engen Voraussetzungen zulässig:** Sie setzt ein berechtigtes Bedürfnis des öffentlichen Auftraggebers voraus, die zur beauftragende Leistung in den betreffenden Punkten einstweilen offen zu halten.[45] Ein berechtigtes Bedürfnis hat das OLG Düsseldorf bereits angenommen, wenn der öffentliche Auftraggeber, der gehalten ist, effizient und sparsam mit Haushaltsmitteln umzugehen, mit Hilfe der Wahlpositionen die Kosten für die verschiedenen Ausführungsvarianten erfahren und die kostengünstigste bezuschlagen möchte. Dies setzt jedoch voraus, dass er die Kriterien für die Inanspruchnahme der ausgeschriebenen Wahlposition transparent im Voraus mitteilt.[46]

30 **f) Für alle Unternehmen im gleichen Sinne verständlich.** Entgegen dem Wortlaut der Norm besteht Einigkeit, dass die Leistungsbeschreibung **nicht für „alle Unternehmen"** im gleichen Sinne verständlich sein muss. Abzustellen ist auf alle durchschnittlichen und mit der Art der ausgeschriebenen Leistung vertrauten Bieter.[47]

31 **g) Vergleichbarkeit der Angebote miteinander.** Die grundlegende Voraussetzung für die Vergleichbarkeit der Angebote und damit für einen echten Wettbewerb ist, dass die Leistung eindeutig und erschöpfend im Sinne der Regelung beschrieben ist. Nur wenn alle Bieter von denselben Kalkulationsvoraussetzungen ausgehen, können die Angebote miteinander verglichen werden. Die Vergleichbarkeit der Angebote setzt aber nicht nur eine eindeutige und erschöpfende Leistungsbeschreibung voraus. Daneben sind zum Beispiel auch **transparente und überprüfbare Zuschlagskriterien** (vgl. § 127 Abs. 4), eine angemessene Gewichtung (vgl. § 52 Abs. 3 VgV) oder **eine transparente und nachvollziehbare Wertungsmethode** erforderlich.

32 **h) Objektiver Maßstab.** Der Auftragsgegenstand ist so eindeutig und erschöpfend „wie möglich" zu beschreiben. Maßgeblich ist daher ein objektiver Maßstab. Der Auftraggeber hat insoweit keinen Beurteilungs- oder Entscheidungsspielraum. Es handelt sich um einen **unbestimmten Rechtsbegriff.**[48] Subjektives Unvermögen des öffentlichen Auftraggebers – etwa wegen mangelnder eigener Fachkenntnisse – entlastet ihn bei einem Verstoß gegen das Gebot der eindeutigen und erschöpfenden Leistungsbeschreibung nicht. Kann er die Leistungsbeschreibung nicht selbst hinreichend eindeutig und erschöpfend formulieren, muss er sich ggf. die Unterstützung eines Sachverständigen einholen.[49]

33 **i) Vollständigkeits- und Richtigkeitsvermutung der Leistungsbeschreibung.** Aus der Pflicht des öffentlichen Auftraggebers, den Leistungsgegenstand eindeutig und erschöpfend zu beschreiben, folgt die **Vollständigkeits- und Richtigkeitsvermutung.** Bieter dürfen grundsätzlich davon ausgehen, dass ein öffentlicher Auftraggeber ein Vergabeverfahren so durchführt, dass es mit dem Vergaberecht konform geht. Sie dürfen sich darauf verlassen, dass der Auftraggeber dem Gebot der eindeutigen und erschöpfenden Leistungsbeschreibung gefolgt ist. Sowohl für die Kalkulation

---

[42] OLG Düsseldorf Beschl. v. 1.6.2016 – VII Verg-6/16, BeckRS 2016, 1325; OLG Düsseldorf Beschl. v. 10.2.2010 – Verg 36/09, ZfBR 2011, 298; *Prieß* NZBau 2004, 20 (24); *Traupel* in Müller-Wrede VOL/A § 8 EG Rn. 31 ff.
[43] OLG Düsseldorf Beschl. v. 13.4.2011 – Verg 58/10, ZfBR 2011, 508.
[44] OLG Düsseldorf Beschl. v. 13.4.2011 – Verg 58/10, ZfBR 2011, 508.
[45] Vgl. OLG Düsseldorf Beschl. v. 13.4.2011 – Verg 58/10, ZfBR 2011, 508; OLG Düsseldorf Beschl. v. 2.8.2002 – Verg 25/02, IBRRS 2003, 0300; OLG Düsseldorf Beschl. v. 24.3.2004 – VII-Verg 7/04, NZBau 2004, 463; OLG München Beschl. v. 27.1.2006 – Verg 1/06, BeckRS 2006, 02401.
[46] OLG Düsseldorf Beschl. v. 13.4.2011 – Verg 58/10, ZfBR 2011, 508.
[47] OLG Frankfurt a. M. Beschl. v. 5.11.2019 – 11 Verg 4/19, BeckRS 2019, 29592; OLG Düsseldorf Beschl. v. 12.10.2011 – VII-Verg 46/11, IBRRS 2011, 4607; OLG Düsseldorf Beschl. v. 7.8.2013 – VII Verg 15/13, BeckRS 2014, 14201 = VergabeR 2015, 78.
[48] OLG Düsseldorf Beschl. v. 10.8.2011 – VII-Verg 36/11, NZBau 2011, 765.
[49] OLG Düsseldorf Beschl. v. 10.8.2011 – VII-Verg 36/11, NZBau 2011, 765.

III. Wesentlicher Inhalt der Leistungsbeschreibung (Abs. 1)   34–37   § 121 GWB

und Erstellung der Angebote wie für die spätere Vertragsausführung darf der Bieter daher unterstellen, dass die Leistung richtig beschrieben ist und alle erforderlichen Details vollständig angegeben sind, soweit sich aus den Ausschreibungsunterlagen nichts Abweichendes ergibt.[50] Eine objektive Mehrdeutigkeit oder Unklarheit der Leistungsbeschreibung darf deshalb nicht zum Nachteil eines Bieters gereichen. Unklarheiten und Unvollständigkeiten gehen zulasten des öffentlichen Auftraggebers.[51]

Aus der Vollständigkeits- und Richtigkeitsvermutung zulasten des öffentlichen Auftraggebers folgt allerdings die **Obliegenheit der Bieter**, die Leistungsbeschreibung auf etwaige Unklarheiten oder Unvollständigkeiten zu prüfen. Erkennt der Bieter den Verstoß des öffentlichen Auftraggebers gegen das Gebot der eindeutigen und erschöpfenden Leistungsbeschreibung oder hätte er ihn bei der im jeweiligen Fall zumutbaren Prüfung erkennen können, kann er sich nicht auf die Vollständigkeits- und Richtigkeitsvermutung berufen.[52] Ein Bieter muss sich darum bemühen, vor Abgabe seines Angebotes Zweifelsfragen zu klären, die aus Unklarheiten oder Unvollständigkeiten der Leistungsbeschreibung erkennbar sind.[53] Er darf der Leistungsbeschreibung nicht eigenmächtig sein Verständnis aufdrängen. Unterlässt der Bieter die gebotene Aufklärung, muss er dies gegen sich gelten lassen.[54] An die Prüfungspflicht der Bieter sind jedoch keine hohen Anforderungen zu stellen. Die Verantwortung für die Erstellung der Vergabeunterlagen und insbesondere der Leistungsbeschreibung liegt beim öffentlichen Auftraggeber. Er darf sie nicht den Bietern überbürden, indem er ihnen weitergehende Pflichten zur Kontrolle seiner Unterlagen auferlegt. Die Prüfungstiefe der Bieter wird regelmäßig nicht über das hinausgehen, was ihnen im Rahmen von Treu und Glauben nach § 242 BGB bereits nach allgemeinen schuldrechtlichen Grundsätzen bei der Anbahnung von Schuldverhältnissen als allgemeine Nebenpflicht obliegt, nämlich die Pflicht, seinen (zukünftigen) Vertragspartner nicht bewusst zu schädigen.[55] Eine – in der Praxis häufig anzutreffende – Bestimmung in den Vergabeunterlagen, nach welcher die Bieter ihr Recht zu Rüge und Nachprüfung oder sogar weitergehender Rechte verwirken, wenn sie die Leistungsbeschreibung nicht sorgfältig auf Vollständigkeit und Richtigkeit prüfen, ist daher wegen der unzulässigen Verkürzung der subjektiven Rechte der Bieter unwirksam.   34

j) Rechtsfolgen eines Verstoßes gegen das Gebot der eindeutigen und erschöpfenden Leistungsbeschreibung. Entspricht der öffentliche Auftraggeber dem Gebot der eindeutigen und erschöpfenden Leistungsbeschreibung nicht, droht während des Vergabeverfahrens die Aufhebung oder Rückversetzung des Verfahrens bis zur Versendung der Vergabeunterlagen. Ein rechtmäßiger Zuschlag kann nämlich auf Grundlage einer unklaren oder unvollständigen Leistungsbeschreibung nicht erfolgen. Der öffentliche Auftraggeber kann dies aber vermeiden, wenn er nach seiner Erkenntnis der Unklarheit oder Unvollständigkeit **allen Bietern eine Ergänzung der Leistungsbeschreibung** zu Verfügung stellt und ihnen **ausreichend Gelegenheit** gibt, dies bei der Erstellung der Angebote zu beachten. Es gelten der Transparenzgrundsatz nach § 97 Abs. 1 S. 1 und Grundsatz der Gleichbehandlung nach § 97 Abs. 2.   35

Ergibt sich der Verstoß gegen das Gebot zur eindeutigen und erschöpfenden Leistungsbeschreibung erst **nach dem Zuschlag**, kommt es auf die Umstände des Einzelfalles an. Sofern eine Auslegung der Leistungsbeschreibung unter Berücksichtigung des objektiven Empfängerhorizonts und der Vollständigkeits- und Richtigkeitsvermutung zu einer eindeutigen Lösung kommt, gilt diese als vereinbart.[56] Anderenfalls besteht ein Dissens, sodass die entsprechende (Teil-)Leistung der Leistungsbeschreibung, die von der Unklarheit oder Unvollständigkeit betroffen ist, nicht zum Vertragsbestandteil geworden ist.[57] Die Rechtfolgen ergeben sich dann aus dem Allgemeinen Teil des BGB bzw. dem Allgemeinen Schuldrecht.   36

3. Anforderungen, Umstände und Bedingungen der Leistungserbringung. a) Funktionsanforderungen. Nach der Gesetzesbegründung ist die Formulierung der Anforderungen an die Leistungsbeschreibung so gewählt, dass sie einen weiten Spielraum bei Art und Umfang der   37

---

[50] BGH Urt. v. 22.12.2011 – VII ZR 67/11, ZfBR 2012, 241.
[51] OLG Düsseldorf Beschl. v. 22.6.2011 – VII-Verg 15/11, VPRRS 2011, 0224; VK Bund Beschl. v. 4.7.2011 – VK 2-61/11, IBRRS 2013, 2452.
[52] BGH Urt. v. 11.11.1993 – VII ZR 47/93, NJW 1994, 850.
[53] OLG Düsseldorf Beschl. v. 14.4.2010 – VII-Verg 60/09, BeckRS 2010, 15895; OLG Frankfurt a. M. Beschl. v. 2.12.2014 – 11 Verg 7/14, NZBau 2015, 448; OLG Frankfurt a. M. Beschl. v. 6.6.2013 – 11 Verg 8/13, BeckRS 2013, 13101.
[54] BayObLG ZfBR 2004, 818.
[55] Vgl. MüKoBGB/*Schubert* BGB § 242 Rn. 173.
[56] Vgl. BGH Urt. v. 9.1.1997 – VII ZR 259/95, NJW 1997, 1577 = WM 1997, 1581; BGH Urt. v. 11.11.1993 – VII ZR 47/93, NJW 1994, 850.
[57] Zur Auslegung allg. BGH Urt. v. 22.12.2011 – VII ZR 67/11, ZfBR 2012, 241.

Beschreibung zulässt. So kann der Beschaffungsgegenstand durch konkrete Leistungsanforderungen oder offener durch Funktionsanforderungen definiert werden.[58] Im letzteren Falle (**funktionale Leistungsbeschreibung**) gibt der öffentliche Auftraggeber durch Umschreibung der Funktion, des Zwecks und weiterer Rahmenanforderungen lediglich ein Ziel vor, lässt aber die konkreten Leistungen im Wesentlichen offen.[59] Dadurch soll erreicht werden, dass die Bieter bei der Ermittlung der technisch, wirtschaftlich und gestalterisch besten und funktionsgerechtesten Lösung mitwirken.[60] Eine Unbestimmtheit ist der funktionalen Leistungsbeschreibung bis zu einem gewissen Grade immanent und damit hinzunehmen.[61]

38 **b) Leistungsanforderungen.** Konkreter als die funktionale Leistungsbeschreibung ist die „**konventionelle" Leistungsbeschreibung.** Sie zeichnet sich dadurch aus, dass die Leistungsanforderungen nach Teilleistungen so detailliert aufgeschlüsselt werden, dass eine exakte Berechnung des Angebots möglich ist.[62] Die geschieht in der Regel durch die Beifügung eines Leistungsverzeichnisses. Der Nachteil dieser Methode ist, dass ein eventuell vorhandenes besseres Know-how der Bieter nicht berücksichtigt werden kann. Ihr Vorteil ist, dass sie zur besseren Vergleichbarkeit der Angebote beiträgt.[63]

39 **c) Beschreibung der zu lösenden Aufgabe.** Die „Beschreibung der zu lösenden Aufgabe" stammt aus der VOF. Im Geltungsbereich der VOF verstand man unter dem Begriff der **Aufgabenbeschreibung** die Beschreibung einer durch die Bewerber zu erfüllenden Aufgabenstellung, ohne dass damit die Leistung als solche, nämlich die konkrete Lösung der Aufgabe mit allen dazu führenden Lösungsschritten beschrieben wäre oder beschrieben werden konnte.[64] Anders als die VOB/A und die VOL/A kannte die VOF damit keine Leistungsbeschreibung im klassischen Sinne. Dies hatte einen wesentlichen Grund darin, dass die VOF schon vom Anwendungsbereich her keine eindeutig und erschöpfend beschreibbaren Leistungen erfasste.[65] Mit der Aufgabe der VOF und der Integration der freiberuflichen Leistungen in die VgV wurde die Alternative „Beschreibung der zu lösenden Aufgabe" in der Regelung des § 121 erforderlich. Auch für die Aufgabenbeschreibung gilt das Gebot, diese so eindeutig und erschöpfend wie möglich abzufassen.

40 **d) Umstände und Bedingungen der Leistungserbringung.** Nach der ehemals in § 8 Nr. 1 Abs. 2 VOL/A 2006 geltenden Regelung galt das Gebot, dass der öffentliche Auftraggeber alle für die Preisermittlung beeinflussenden Umstände anzugeben hatte. Die Fassung der Regelung im GWB spricht nunmehr schlicht von den „**Umständen und Bedingungen der Leistungserbringung**". Aus dem Regelungszusammenhang mit dem Gebot der eindeutigen und erschöpfenden Leistungsbeschreibung ergibt sich, dass damit alle für die Preisermittlung beeinflussenden Umstände gemeint sind.

41 Welche Umstände dies im Einzelnen sind, ist nicht abschließend geregelt. Entscheidend sich die Umstände des Einzelfalles.[66] Dem Erfordernis ist genüge getan, wenn die ausgeschriebene Leistung der Qualität und der Quantität nach **hinreichend konkret beschrieben** ist.[67] Für den Baubereich können insoweit die „Hinweise für das Aufstellen der Leistungsbeschreibung" in Abschnitt 0 der Technischen Vertragsbedingungen für Bauleistungen (VOB/C) herangezogen werden. Mit den anzugebenden „Bedingungen" sind vor allem die besonderen Bedingungen für die Auftragsausführung gemeint (§ 128 Abs. 2).

IV. Bestimmungen zum „Design für alle" (Abs. 2)

42 **1. Anwendungsbereich der Bestimmung.** Bei der Beschaffung von Leistungen, die zur Nutzung durch natürliche Personen vorgesehen sind, haben öffentliche Auftraggeber grundsätzlich die Zugänglichkeitskriterien für Menschen mit Behinderung oder die **Konzeption für alle Nutzer**

---

[58] BT-Drs. 18/6281, 135.
[59] Vgl. hierzu OLG Celle Beschl. v. 2.2.2021 – 13 Verg 8/20, BeckRS 2021, 1036.
[60] OLG Düsseldorf Beschl. v. 11.12.2013 – VII-Verg 22/13, NZBau 2014, 374; OLG Düsseldorf Beschl. v. 12.6.2013 – VII-Verg 7/13, NZBau 2013, 788; VK Bund Beschl. v. 13.4.2004 – VK 1-35/04; VK Bund Beschl. v. 1.4.2004 – VK 1-11/04; VK Bund Beschl. v. 14.1.2003 – VK 1-97/02.
[61] OLG Düsseldorf Beschl. v. 16.8.2019 – Verg 56/18, NZBau 2020, 249; VK Arnsberg Urt. v. 20.7.2010 – VK 09/10, IBRRS 2010, 4294.
[62] *Traupel* in Müller-Wrede VOL/A § 8 EG Rn. 45.
[63] VK Bund Beschl. v. 8.10.2018 – VK 2-84/18, IBRRS 2018, 3501; VK Nordbayern Beschl. v. 12.2.2020 – RMF-SG21-3194-5-2, IBRRS 2020, 0896.
[64] VK Thüringen Beschl. v. 16.9.2003 – 216-4004.20-046/03-G.
[65] OLG Rostock Beschl. v. 9.5.2001 – 17 W 4/01, BeckRS 2001, 30179664.
[66] Dieckmann/Scharf/Wagner-Cardenal/*Wagner-Cardenal* VOL/A § 8 EG Rn. 33 ff.
[67] VK Bund Beschl. v. 12.11.2010 – VK 1-109/10.

zu berücksichtigen. Der Begriff der Leistungen, die zur Nutzung durch natürliche Personen vorgesehen sind, ist weit auszulegen. Er umfasst nicht nur Leistungen für die Öffentlichkeit wie öffentliche Gebäude (Rathäuser, kommunale Schwimmbäder etc). Vielmehr sind auch Leistungen erfasst, die von Mitarbeitern des öffentlichen Auftraggebers genutzt werden.[68]

Nach dem Wortlaut der Norm kann sich die Vorgabe, die Zugänglichkeitskriterien für Menschen mit Behinderung oder die Konzeption für alle Nutzer bei der Beschaffung von Leistungen zu berücksichtigen, sowohl auf die Darstellung des Beschaffungsgegenstandes in der Leistungsbeschreibung wie auf die Ausgestaltung der Leistungsbeschreibung beziehen. In diesem Fall müsste auch die Leistungsbeschreibung selbst barrierefrei zugänglich sein. Die Gesetzesbegründung stellt aber klar, dass die vorgenannten Aspekte **„bei der Definition des Beschaffungsbedarfs"** Beachtung finden sollen. Zweck der Regelung sei es, Menschen mit Behinderungen einen gleichberechtigten Zugang oder die gleichen Nutzungsmöglichkeiten an einem öffentlichen Gebäude, einem Produkt oder einer Dienstleistung zu ermöglichen.[69] Die Vorgabe, dass auch die Leistungsbeschreibung selbst barrierefrei sein muss, ist zumindest dieser Norm nicht zu entnehmen. 43

2. Zugänglichkeitskriterien für Menschen mit Behinderung. Die Zugänglichkeit für Menschen mit Behinderung meint die **Barrierefreiheit.** Eine Definition der Barrierefreiheit ist in § 4 BGG und in den gleichlautenden Vorschriften der Landesgleichstellungsgesetze[70] geregelt. Barrierefrei sind danach bauliche und sonstige Anlagen, Verkehrsmittel, technische Gebrauchsgegenstände, Systeme der Informationsverarbeitung, akustische und visuelle Informationsquellen und Kommunikationseinrichtungen sowie andere gestaltete Lebensbereiche, wenn sie für behinderte Menschen in der allgemein üblichen Weise, ohne besondere Erschwernis und grundsätzlich ohne fremde Hilfe zugänglich und nutzbar sind. 44

Konkrete Kriterien für die Zugänglichkeit für Menschen mit Behinderung oder die Barrierefreiheit regelt das Vergaberecht **nicht.** In der Gesetzesbegründung ist klargestellt, dass nationale oder internationale Normen, welche die Zugänglichkeit für Menschen mit Behinderungen zum Gegenstand haben, grundsätzlich anzuwenden sind.[71] Derartige Normen finden sich zum Beispiel in den Landesbauordnungen, welche auch weitergehende Kriterien und Anforderungen enthalten.[72] 45

3. Konzeption für alle Nutzer. Mit der Konzeption für alle Nutzer (auch: „Design für alle") geht der Gesetzgeber über die Zugänglichkeitskriterien für Menschen mit Behinderung hinaus. Dem Wortlaut der Bestimmung nach steht die Konzeption für alle Nutzer als Alternative neben den Zugänglichkeitskriterien für Menschen mit Behinderung („oder"). In der Gesetzesbegründung geht der Gesetzgeber davon aus, dass die Zugänglichkeitskriterien für Menschen mit Behinderung einen Teilbereich der Konzeption für alle Nutzer darstellt („einschließlich").[73] Richtig ist, dass die Konzeption für alle Nutzer begrifflich **auch die Bedürfnisse behinderter Menschen** im Blick hat und damit die Zugänglichkeitskriterien für Menschen mit Behinderung einschließt. Das entspricht auch dem Sprachgebrauch der RL 2014/24/EU.[74] 46

Im Gegensatz zur Barrierefreiheit hat die Konzeption für alle Nutzer **bislang keine gesetzliche Definition** erfahren. Die Konzeption hat zum Gegenstand, Produkte, Dienstleistungen und Umgebungen an den Bedürfnissen älterer und behinderter Menschen sowie Menschen aus verschiedenen Kulturkreisen auszurichten. Ziel ist, allen Menschen zu ermöglichen, diese Produkte und Umgebungen so weit wie möglich ohne individuelle Anpassung oder eine besondere Assistenz zu benutzen.[75] 47

Mit der Regelung zur Konzeption für alle Nutzer setzt der Gesetzgeber die entsprechende Vorgabe in Art. 42 Abs. 1 UAbs. 4 und 5 RL 2014/24/EU um. Das Konzept des „Design für alle" findet sich **in weiteren Bestimmungen der RL 2014/24/EU.** So ist dieses Konzept als zulässiges Zuschlagskriterium für die Qualität in Art. 67 Abs. 2 lit. a RL 2014/24/EU erwähnt oder als Beispiel für eine Technische Spezifikation in Anhang VII Nr. 1 RL 2014/24/EU. Im GWB findet sich keine weitere Erwähnung. Lediglich in der Begründung des Gesetzgebers zur Regelung der Zuschlagskri- 48

---

[68] Vgl. Erwägungsgrund 76 RL 2014/24/EU.
[69] BT-Drs. 18/6281, 97.
[70] Vgl. § 4 BayBGG; § 5 BremBGG; §§ 7, 8 HmbBGG; § 6 LBGG M-V; § 5 BGG LSA; § 3 SächsInklusG § 5 ThürGIG.
[71] BT-Drs. 18/6281, 97.
[72] Vgl. zB nur § 51 LBauO RhPf.
[73] BT-Drs. 18/6281, 97.
[74] Vgl. Anhang VII Nr. 1 lit. a Nr. RL 2014/24/EU: „Design für alle' (einschließlich des Zugangs von Menschen mit Behinderungen)".
[75] BMAS, Unser Weg in eine inklusive Gesellschaft – Der nationale Aktionsplan der Bundesregierung zur Umsetzung UN-Behindertenrechtskonvention, 78; Kurzfassung des Schlussberichts „Entwicklung handlungsleitender Kriterien für KMU zur Berücksichtigung des Konzepts Design für Alle in der Unternehmenspraxis" (BMWi-Projekt Nr. 56/12), 3.

terien in § 127 ist klargestellt, dass soziale Aspekte wie das Design für alle als Zuschlagskriterium angegeben werden können.[76]

4. Ausnahme: Ordnungsgemäß begründete Fälle. In Ausnahmefällen kann der öffentliche Auftraggeber von der Vorgabe abweichen, die Zugänglichkeitskriterien für Menschen mit Behinderung oder die Konzeption für alle Nutzer bei der Beschaffung von Leistungen zu berücksichtigen. Dies setzt nach dem Wortlaut der Regelung eine „ordnungsgemäße Begründung" voraus. Weder dem Gesetzestext noch seiner Begründung ist zu entnehmen, welche Anforderungen der Gesetzgeber an die Ordnungsmäßigkeit der Begründung stellt. Der Sprachgebrauch ist eine Übernahme der gleichlautenden Bestimmung in Art. 42 Abs. 1 UAbs. 4 RL 2014/24/EU. Erwägungsgrund 76 RL 2014/24/EU konkretisiert dies nur wenig mit dem Hinweis, dass die Begründung ordnungsgemäß ist, wenn sie **„hinreichend"** ist.

Ein hinreichender Grund ist anzunehmen, wenn der öffentliche Auftraggeber einen **sachlichen Grund** hat, der nach der Abwägung mit dem Grundsatz der Verhältnismäßigkeit gem. § 97 Abs. 1 S. 2 Alt. 2 dem Interesse an der Vorgabe, die Zugänglichkeitskriterien für Menschen mit Behinderung oder die Konzeption für alle Nutzer bei der Beschaffung von Leistungen zu berücksichtigen, überwiegt. Sowohl der sachliche Grund wie die Abwägung müssen dokumentiert sein, damit die Begründung „ordnungsgemäß" ist.

V. Leistungsbeschreibung als Teil der Vergabeunterlagen (Abs. 3)

Die Leistungsbeschreibung ist Teil der **Vergabeunterlagen.** § 29 VgV regelt den Begriff der Vergabeunterlagen. Diese umfassen nach § 29 Abs. 1 VgV alle Angaben, die erforderlich sind, um dem Bewerber oder Bieter eine Entscheidung zur Teilnahme am Vergabeverfahren zu ermöglichen. In der Regel bestehen die Vergabeunterlagen aus dem **Anschreiben,** insbesondere der **Aufforderung zur Abgabe von Teilnahmeanträgen** oder **Angeboten** oder **Begleitschreiben für die Abgabe** der angeforderten Unterlagen, der Beschreibung der Einzelheiten der Durchführung des Verfahrens (Bewerbungsbedingungen), einschließlich der Angabe der Eignungs- und Zuschlagskriterien, sofern nicht bereits in der Auftragsbekanntmachung genannt, und den **Vertragsunterlagen.** Letztere bestehen nach § 29 Abs. 1 Nr. 3 VgV aus der Leistungsbeschreibung und den Vertragsbedingungen.

§ 122 Eignung

(1) Öffentliche Aufträge werden an fachkundige und leistungsfähige (geeignete) Unternehmen vergeben, die nicht nach den §§ 123 oder 124 ausgeschlossen worden sind.

(2) ¹Ein Unternehmen ist geeignet, wenn es die durch den öffentlichen Auftraggeber im Einzelnen zur ordnungsgemäßen Ausführung des öffentlichen Auftrags festgelegten Kriterien (Eignungskriterien) erfüllt. ²Die Eignungskriterien dürfen ausschließlich Folgendes betreffen:
1. Befähigung und Erlaubnis zur Berufsausübung,
2. wirtschaftliche und finanzielle Leistungsfähigkeit,
3. technische und berufliche Leistungsfähigkeit.

(3) Der Nachweis der Eignung und des Nichtvorliegens von Ausschlussgründen nach den §§ 123 oder 124 kann ganz oder teilweise durch die Teilnahme an Präqualifizierungssystemen erbracht werden.

(4) ¹Eignungskriterien müssen mit dem Auftragsgegenstand in Verbindung und zu diesem in einem angemessenen Verhältnis stehen. ²Sie sind in der Auftragsbekanntmachung, der Vorinformation oder der Aufforderung zur Interessensbestätigung aufzuführen.

Schrifttum: *Burgi,* Kriterien für die Vergabe von Postdienstleistungen im Gewährleistungsstaat – Zugleich ein Beitrag zum Regime von Leistungsbeschreibung, Eignungs- und Zuschlagskriterien, VergabeR 2007, 457; *Dreher/Hoffmann,* Der Marktzugang von Newcomern als Herausforderung für das Kartellvergaberecht, NZBau 2008, 545; *Gröning,* Spielräume für die Auftraggeber bei der Wertung von Angeboten, NZBau 2003, 86; *Hölzl,* „Assitur": Die Wahrheit ist konkret!, NZBau 2009, 751; *Hölzl/Friton,* Entweder – Oder: Eignungs- sind keine Zuschlagskriterien, NZBau 2008, 307; *Kreßner,* Die Auftragssperre im Vergaberecht, 2005; *Lantermann,* Vergaberegister – Ein rechtmäßiges und effektives Mittel zur Korruptionsbekämpfung, 2007; *Löhe* (für Transparency International Deutschland e. V.), Ressourcen der Korruptionsbekämpfung in Deutschland, 2006; *Nell,* Korruptionsbekämpfung

---
[76] BT-Drs. 18/6281, 138.

I. Allgemeines

ja – aber richtig! – Reformüberlegungen zur Unternehmenshaftung nach OWiG, ZRP 2008, 149; *Ohle/Gregoritza*, Grenzen des Anwendungsbereichs von Auftragssperren der öffentlichen Hand – am Beispiel der Gesetzes- und Verordnungslage des Landes Berlin, ZfBR 2003, 16; *Ohrtmann*, Korruption im Vergaberecht – Konsequenzen und Prävention – Teil 2: Konsequenzen und Selbstreinigung, NZBau 2007, 278; *Prieß/Friton*, Ausschluss bleibt Ausnahme, NZBau 2009, 300; *Prieß/Pünder/Arrowsmith*, Self-Cleaning in Public Procurement Law, 2009; *Prieß/Stein*, Nicht nur sauber, sondern rein: Die Wiederherstellung der Zuverlässigkeit durch Selbstreinigung, NZBau 2008, 230; *Stein/Friton*, Du sollst (nicht) ausschließen – Korruption, zwingender Ausschluss und Selbstreinigung, VergabeR 2010, 151; *Sterner*, Rechtsschutz gegen Auftragssperren, NZBau 2001, 423; *Stoye*, Korruptionsregistergesetz, der zweite Versuch – Besser, aber nicht gut genug, ZRP 2005, 265; *Stoye*, Anm. zu BGH, Urt. v. 10.6.2008, X ZR 78/07, IBR 2008, 588; *Terwiesche*, Ausschluss und Marktzutritt des Newcomers, VergabeR 2009, 26; *Ziegler*, Anforderungen an die Bekanntmachung von Eignungskriterien und Divergenzvorlagen, NZBau 2019, 702.

Übersicht

	Rn.			Rn.
I.	**Allgemeines**	1	9. Verbot der Vermischung von Eignungs- und Zuschlagskriterien	37
1.	Überblick, systematischer Ort und Regelungsgehalt	1	10. Newcomer	40
2.	Zweck und Historie der Vorschrift	4	**II.** **Die Regelungen des § 122 im Einzelnen**	43
3.	Anwendungsbereich des § 122 und weitere Vorschriften zur Eignung	9	1. Überblick	43
4.	Unionsrechtliche Vorgaben zur Eignung	11	2. Vergabe nur an geeignete Unternehmen (Abs. 1)	44
	a) Aktuelle unionsrechtliche Vorgaben	11	3. Zulässige Kategorien von Eignungskriterien (Abs. 2)	45
	b) Bisherige unionsrechtliche Vorgaben	12	a) Befähigung und Erlaubnis zur Berufsausübung	46
5.	Die Prüfung der Eignung	14	b) Wirtschaftliche und finanzielle Leistungsfähigkeit	48
	a) Rechtliche Qualität der Eignungskriterien	14	c) Technische und berufliche Leistungsfähigkeit	59
	b) Die Eignungsprüfung als Teil der Angebotswertung	15	**III.** **Nachweis der Eignung durch Teilnahme an Präqualifizierungssystemen (Abs. 3)**	64
	c) Die vier Stufen der Angebotswertung	16	1. Überblick	64
	d) Erneute Eignungsprüfung/Wiedereintritt	21	2. Anforderung an Eignungskriterien und Bekanntmachung (Abs. 4)	74
	e) Die Überprüfung der Eignungsprüfung	23	a) Anforderungen an Eignungskriterien	74
6.	Änderung von Eignungskriterien im laufenden Vergabeverfahren	25	b) Bekanntmachung der Eignungskriterien	81
7.	Maßgeblicher Zeitpunkt für das Vorliegen der Eignung	26		
8.	Zeitpunkt der Einreichung der Eignungsnachweise und der Eignungsprüfung	30		

I. Allgemeines

1. Überblick, systematischer Ort und Regelungsgehalt. § 122 enthält **wesentliche Vorgaben zur Eignung.** Es handelt sich im Vergleich zum GWB aF formal um eine neue Vorschrift. Sie übernimmt inhaltlich jedoch weitgehend Vorgaben, die bislang in den Vergabe- und Vertragsordnungen geregelt waren und verleiht diesen nunmehr **Gesetzesqualität.** Das betrifft beispielsweise die Vorgaben zum Zeitpunkt der Bekanntmachung der Eignungskriterien. Die Vorschrift ist **Teil des Kapitel 1** *Vergabeverfahren* des zweiten Abschnitts des GWB *Vergabe von öffentlichen Aufträgen durch öffentliche Auftraggeber.* Bislang war die Eignung im GWB in § 97 Abs. 4 aF und damit im ersten Abschnitt *Vergabeverfahren* und hier wiederum im Rahmen der *Allgemeinen Grundsätze* geregelt. § 122 ist im Zusammenhang mit § 42 Abs. 1 VgV und § 57 VgV zu verstehen. Beide Vorschriften enthalten die wesentlichen Vorgaben zur Eignungsprüfung. Gemäß § 42 Abs. 1 VgV überprüft der öffentliche Auftraggeber die Eignung der Bewerber oder Bieter anhand der nach § 122 festgelegten Eignungskriterien und das Nichtvorliegen von Ausschlussgründen nach den §§ 123 und 124 sowie ggf. Maßnahmen des Bewerbers oder Bieters zur Selbstreinigung nach § 125 und schließt ggf. Bewerber oder Bieter vom Vergabeverfahren aus. Das bedeutet, dass die Prüfung der Eignung inhaltlich im Wesentlichen aus drei Teilen besteht bzw. in **drei Schritten** vorzunehmen ist. Schritt 1 Einhaltung der durch die Eignungskriterien vorgegebenen Anforderungen an die Eignung, Schritt 2 Prüfung auf Vorliegen von zwingenden und fakultativen Ausschlussgründen und Schritt 3 Berücksichtigung von

Maßnahmen zur Selbstreinigung für den Fall, dass die Voraussetzungen eines Ausschlussgrundes erfüllt sein sollten.

2 § 122 ist auf der Grundlage von § 97 Abs. 1 zu verstehen. Öffentliche Auftraggeber müssen bei ihren Beschaffungsaktivitäten und insbesondere auch hinsichtlich der Anforderungen an die Eignung den Grundsatz der Verhältnismäßigkeit wahren; dies folgt ausdrücklich aus Art. 3 Abs. 1 RL 2014/23/EU, Art. 18 Abs. 1 RL 2014/24/EU und Art. 36 RL 2014/25/EU (Sektoren-RL). Durch die klarstellende Aufnahme des Verhältnismäßigkeitsgrundsatzes in § 97 Abs. 1 mit Blick auf die Anforderungen an das Vergabeverfahren wird das umfassende Leistungsbestimmungsrecht des öffentlichen Auftraggebers nicht angetastet; dieser bestimmt auch weiterhin selbst, welche konkrete Leistung seinem Beschaffungsbedarf am besten entspricht.[1] Durch die Richtlinien 2014/23/EU und 2014/24/EU sowie die Sektoren-RL wird die Einbeziehung strategischer Ziele bei der Beschaffung umfassend gestärkt. In jeder Phase eines Vergabeverfahrens, von der Definition der Leistung über die Festlegung von Eignungs- und Zuschlagskriterien bis hin zur Vorgabe von Ausführungsbedingungen, können qualitative, soziale, umweltbezogene oder innovative (nachhaltige) Aspekte einbezogen werden.[2] Mit Blick auf die Beschaffung energieverbrauchsrelevanter Waren oder die Berücksichtigung der Belange von Menschen mit Behinderung bei der Definition der Leistung sind vom öffentlichen Auftraggeber sogar zwingende Vorgaben zu machen. Diesem Umstand trägt § 97 Abs. 3 Rechnung, indem bereits bei den Grundsätzen der Auftragsvergabe auf diese Möglichkeit für den Auftraggeber hingewiesen wird. Die konkrete Ausgestaltung der Möglichkeiten zur Einbeziehung strategischer Ziele erfolgt bei den jeweiligen gesetzlichen Einzelvorschriften sowie in den Rechtsverordnungen, die auf der Grundlage dieses Teils erlassen werden.

3 Abs. 1 bestimmt, dass öffentliche Aufträge an Unternehmen vergeben werden, die geeignet sind, dh (1) fachkundig und leistungsfähig sowie (2) nicht nach dem § 123 und/oder § 124 ausgeschlossen worden sind. Abs. 1 benennt damit die **zulässigen Eignungskategorien** und ordnet an, dass ein Unternehmen im Sinne der Vorgaben des Abs. 1 nur dann geeignet ist, wenn es die durch den öffentlichen Auftraggeber im Einzelnen zur ordnungsgemäßen Ausführung des öffentlichen Auftrags festgelegten Kriterien (Eignungskriterien) erfüllt. Er stellt darüber hinaus klar, dass an Unternehmen, die ausgeschlossen worden sind, keine öffentlichen Aufträge vergeben werden dürfen. Die Eignungskategorien **Fachkunde und Leistungsfähigkeit** werden durch Abs. 2 in Eignungsunterkategorien konkretisiert. Der Gesetzgeber legt nunmehr konkret und abschließend als **Eignungsunterkategorien** fest, dass die konkret vorzugebenden Eignungskriterien ausschließlich die **Befähigung und Erlaubnis zur Berufsausübung** (Abs. 1 Nr. 1), die **wirtschaftliche und finanzielle Leistungsfähigkeit** (Abs. 1 Nr. 2) und die **technische und berufliche Leistungsfähigkeit** (Abs. 1 Nr. 3) betreffen dürfen. Abs. 3 enthält nicht abschließende Vorgaben dazu, wie das einzelne Unternehmen nachweisen kann, dass es die geforderte Fachkunde und Leistungsfähigkeit besitzt. So kann gem. Abs. 3 der Nachweis der Eignung und des Nichtvorliegens von Ausschlussgründen nach den §§ 123 und 124 auch ganz oder teilweise durch die Teilnahme an **Präqualifizierungssystemen** erbracht werden. Und Abs. 4 S. 1 bestimmt, dass die Eignungskriterien mit dem Auftragsgegenstand in Verbindung und zu diesem in einem angemessenen Verhältnis stehen müssen. Sie sind gem. Abs. 4 S. 2 in der Auftragsbekanntmachung, der Vorinformation oder der Aufforderung zur Interessensbestätigung aufzuführen.

4 **2. Zweck und Historie der Vorschrift.** Die Vorgabe von Eignungskriterien sowie der Ausschlussgründe der §§ 123 und 124 soll sicherstellen, dass die öffentliche Hand Aufträge nur an „zuverlässige", fachkundige und leistungsfähige Unternehmen vergibt. Die Vorgabe von auftragsbezogenen und angemessenen Eignungskriterien soll darüber hinaus gewährleisten, dass die öffentliche Hand auch **eine einwandfreie bzw. ordnungsgemäße Leistung** erhält. Die Festlegung von **hinreichend bestimmten und inhaltlich eingegrenzten Eignungskriterien** ist eine der grundlegenden Voraussetzungen für eine einheitliche und diskriminierungsfreie Angebotserstellung und Angebotsprüfung und -wertung. Eignungskriterien sorgen auch dafür, dass nur solche Unternehmen anbieten dürfen, die ein gewisses Fach- und Leistungsniveau haben. Die Vorgabe von konkreten und auftragsbezogenen Eignungskriterien stellt zudem Rechts- und Planungssicherheit für die Unternehmen her. Die Pflicht zur Festlegung einheitlicher Eignungskriterien ist dogmatisch Konsequenz der vergaberechtlichen Grundsätze **Transparenz, Gleichbehandlung und Wettbewerb.**

5 § 122 ersetzt § 97 Abs. 4 S. 1 aF. Auf der Grundlage des § 97 Abs. 4 S. 1 aF war vorgegeben, dass öffentliche Aufträge nur an solche Unternehmen vergeben werden dürfen, die fachkundig, leistungsfähig, gesetzestreu und zuverlässig sind. Die Anforderung der Gesetzestreue ist als Eignungsvorgabe bei der Vergabe der Aufträge weggefallen; die Vorgabe findet sich jedoch nunmehr im

---

[1] Gesetzesbegründung, BT-Drs. 18/6281, 68.
[2] Gesetzesbegründung, BT-Drs. 18/6281, 68.

neuen § 128 Abs. 1 zur Auftragsausführung. Danach müssen Unternehmen bei der Ausführung des öffentlichen Auftrags alle für sie geltenden rechtlichen Verpflichtungen einhalten. Die Anforderung der Zuverlässigkeit ist auf der Grundlage des § 122 sowie der §§ 123 und 124 systematisch-dogmatisch damit kein Eignungskriterium mehr, sondern als Ausschlussgrund geregelt. Unternehmen, die nicht gesetzestreu sind, müssen nach der Intention des Gesetzgebers damit nach wie vor ausgeschlossen werden,[3] allerdings nicht mehr mangels Eignung.

Die neue Systematik überzeugt dahingehend, dass Zuverlässigkeit und Gesetzestreue in der Tat 6 keine eigentlichen Eignungsgesichtspunkte sind. Anzumerken ist jedoch, dass § 122 Abs. 1, folgt man der neuen systematisch-dogmatischen Ausrichtung konsequent, umgekehrt aufgebaut sein müsste. Denn die Prüfung der Ausschlussgründe und insbesondere der Zuverlässigkeit muss von der Wertigkeit der Anforderungen und auch systematisch-dogmatisch als Ausschlussgrund stets als Erstes und damit vor der Prüfung der Eignung erfolgen. Muss ein Unternehmen nach den §§ 123, 124 ausgeschlossen werden, ist die Prüfung der Fachkunde und/oder Leistungsfähigkeit obsolet. Vor diesem Hintergrund ist auch die systematische Anordnung des § 122 zur Eignung nicht folgerichtig, zumal die in den §§ 123 und 124 geregelten Ausschlussgründe vor der Eignung zu prüfen sind. Der systematisch richtige Platz für die Vorschrift zur Eignung wäre ein Ort nach § 126. Es bleibt offen, ob der Abs. 1 auch dahingehend zu verstehen ist, dass ausgeschlossene Unternehmen auch dann nicht zur Abgabe eines Angebots aufgefordert werden dürfen, wenn die Aufhebung mangels wirtschaftlicher Angebote aufgehoben worden ist und anschließend ein Verhandlungsverfahren ohne vorausgehenden Teilnahmewettbewerb durchgeführt wird.

§ 97 Abs. 4 S. 1 aF beruhte inhaltlich und wörtlich – bis auf die Voraussetzungen der Gesetzes- 7 treue – nahezu vollständig auf § 106 Abs. 3 des Regierungsentwurfs zum VgRÄG von 1998.[4] Öffentliche Aufträge durften nach Abs. 4 S. 1 nur an solche Unternehmen vergeben werden, die fachkundig, leistungsfähig, gesetzestreu und zuverlässig sind. Auftraggeber konnten für die Ausführung des Auftrags nach S. 2 zusätzliche Anforderungen an Auftragnehmer stellen, die insbesondere soziale, umweltbezogene oder innovative Aspekte betreffen, wenn sie im sachlichen Zusammenhang mit dem Auftragsgegenstand standen und sich aus der Leistungsbeschreibung ergaben. Andere oder weitergehende Anforderungen durften öffentliche Auftraggeber gem. § 97 Abs. 4 S. 3 aF an Unternehmen nur stellen, wenn das durch Bundes- oder Landesgesetz vorgesehen war. Abs. 4 war hinsichtlich der für die Prüfung der Eignung zulässigen Kriterien also nicht abschließend. Die Anforderung, dass Bieter zusätzlich zu fachkundig, leistungsfähig und zuverlässig auch gesetzestreu sein müssen, ging hingegen auf das Gesetz zur Modernisierung des Vergaberechts zurück, das am 24.4.2009 in Kraft getreten war.[5] Gleiches galt für § 97 Abs. 4 S. 2 aF, wonach für die Auftragsausführung zusätzliche Anforderungen an Auftragnehmer gestellt werden konnten, die insbesondere soziale, umweltbezogene oder innovative Aspekte betreffen, wenn sie im sachlichen Zusammenhang mit dem Auftragsgegenstand standen und sich aus der Leistungsbeschreibung ergaben. Vorschriften, die hinsichtlich der Eignung beachtet werden mussten, enthielten auch die Vergabe- und Vertragsordnungen. Diese wiederholten[6] und konkretisierten[7] die nach § 97 Abs. 4 aF zulässigen Eignungskriterien.[8] Die Vergabeordnungen enthielten darüber hinaus verfahrensrechtliche Vorgaben für die Durchführung der Eignungsprüfung.[9] Die Konkretisierungen gingen auf die unionsrechtlichen Vorgaben der RL 2004/18/EG (Vergabe-RL 2004)[10] zurück.

Die Vorschriften des GWB, der VgV, VOB/A EU, SektVO, KonzVgV und VSVgV knüpfen auf 8 der Grundlage der Richtlinien 2014/23/EU, 2014/24/EU und Sektoren-RL daran an und stärken die Einbeziehung von Nachhaltigkeitszielen bei der Beschaffung.[11] In jeder Phase eines Verfahrens, von der Leistungsbeschreibung über die Festlegung von Eignungs- und Zuschlagskriterien bis hin zur Vorgabe von Ausführungsbedingungen können **qualitative, soziale, umweltbezogene oder innovative (nachhaltige) Aspekte** einbezogen werden. Dieser Stärkung der Nachhaltigkeitsaspekte trägt die Umsetzung entsprechend Rechnung. Der Entwurf entspricht vollumfänglich der Nachhaltigkeitsstrategie der Bundesregierung.

3. Anwendungsbereich des § 122 und weitere Vorschriften zur Eignung. § 122 regelt 9 die Vorgaben zur Eignung nicht abschließend. Es gibt weiterhin **weitere Vorgaben zur Eignung**

---

[3] S. Gesetzesbegründung, BT-Drs. 18/6281, zu § 122 Abs. 1.
[4] BT-Drs. 13/9340.
[5] BGBl. 2009 I 790.
[6] S. § 2 Abs. 1 Nr. 1 VOB/A, § 2 EG Abs. 1 S. 1 VOL/A; § 2 Abs. 1 VOF.
[7] S. § 6 Abs. 3 VOB/A, § 6a Abs. 1 VOB/A, §§ 7, 10, 11 VOB/A; § 6 EG Abs. 3, 5 VOL/A; § 6 EG Abs. 4 VOL/A; § 7 EG Abs. 2 VOL/A, § 11 VOL/A.
[8] Das trifft nicht auf das Kriterium „Gesetzestreue" zu, das keine eigenständige Bedeutung hat.
[9] § 16 Abs. 2 VOB/A, § 19 EG Abs. 5, 6 VOL/A.
[10] S. Art. 44–52 Vergabe-RL 2004.
[11] Gesetzesbegründung, BT-Drs. 18/6281, 57.

in der VgV, VOB/A EU, SektVO, KonzVgV und der VSVgV. Die §§ 42–51 VgV, §§ 6, 6a, 6b, 6c, 6d EU VOB/A, §§ 45–50 SektVO, die §§ 25 ff. KonzVgV sowie die §§ 20 und 21 VSVgV enthalten weitere und zum Teil auch weitergehende Regelungen zur Eignung. Die Eignungsvorgaben sind damit auch jetzt nicht einheitlich geregelt. Das GWB aF enthielt in § 94 Abs. 4 nur sehr knappe Vorgaben zur Eignung. § 122 knüpft daran an, enthält jedoch zusätzlich Vorgaben zum Nachweis der Eignung. Regelungen zur Eignung in Form von Präzisierungen und Besonderheiten enthielten bislang beispielsweise § 6 VOB/A und § 6 EG VOL/A. Darüber hinaus enthielten auch § 16 Abs. 2 Nr. 1 VOB/A bzw. § 19 EG Abs. 5 VOL/A Regelungen zur Eignung. Die Regelungen zur Eignung sind damit weiterhin unnötig und anwenderfeindlich auf alle möglichen Regelwerke verstreut. Das erklärte Ziel der Reform, die Anwendung einfacher zu machen, ist damit nicht erreicht worden. Stattdessen hat der Gesetzgeber die sog. Schubladenstruktur beibehalten und zum Teil sogar ausgebaut.

10   § 122 findet gem. § 115 nur auf **öffentliche Aufträge und die Ausrichtung von Wettbewerben Anwendung.** Auf die Vergabe von **Konzessionen** findet § 122 über § 152 Anwendung und auf Vergaben durch Sektorenauftraggeber ist § 122 über § 142 mit der Maßgabe anzuwenden, dass **Sektorenauftraggeber** abweichend von § 122 Abs. 1 und 2 die Unternehmen anhand objektiver Kriterien auswählen, die allen interessierten Unternehmen zugänglich sind.

11   **4. Unionsrechtliche Vorgaben zur Eignung. a) Aktuelle unionsrechtliche Vorgaben.** Abs. 1, 2 und 4 gehen auf Art. 58 RL 2014/24/EU und Abs. 3 auf Art. 63 RL 2014/24/EU zurück. Abs. 1, 2 und 4 entsprechen im Inhalt, der Systematik und der Terminologie Art. 58 RL 2014/24/EU.[12] Die bisherigen Vorgaben der Fachkunde und Leistungsfähigkeit in § 97 Abs. 4 S. 1 aF ersetzt Abs. 1 durch (1) Befähigung und Erlaubnis zur Berufsausübung, (2) wirtschaftliche und finanzielle Leistungsfähigkeit und (3) technische und berufliche Leistungsfähigkeit. Diese Begriffe entsprechen Art. 58 RL 2014/24/EU. Art. 58 RL 2014/24/EU ist bei **Widersprüchen und/im Zweifel** zur Auslegung bzw. dem besseren Verständnis des § 122 heranzuziehen. Auch die RL 2014/24/EU unterscheidet zwischen der Prüfung der Ausschlussgründe und der Eignung. Anders als das GWB sind die Ausschlussgründe in der Richtlinie mit Art. 57 RL 2014/24/EU systematisch zutreffend vor der Eignung in Art. 58 RL 2014/24/EU geregelt.

12   **b) Bisherige unionsrechtliche Vorgaben.** Die Vergabekoordinierungsrichtlinie 2004/18/EG (Vergabe-RL 2004) legte der Eignung eine andere Begrifflichkeit und Systematik zugrunde als § 97 Abs. 4 S. 1 aF. Grund dafür war die seit der Umsetzung des § 97 Abs. 4 aF auf Basis der früheren Vergaberichtlinien erfolgte Weiterentwicklung des europäischen Vergaberechts. So ging noch die RL 92/50/EG (Dienstleistungs-RL 1992) wörtlich von denselben Eignungskriterien wie § 97 Abs. 4 aF aus.[13] Diese sind jedoch in ihrer Formulierung nicht in die Vergabe-RL 2004 übernommen worden. Ebenfalls weggefallen ist die Bestimmung der Vorgängerrichtlinien, dass der Zuschlag erfolgt, „nachdem der Auftraggeber die fachliche Eignung geprüft hat".[14] Die Vergabe-RL 2004 war in ihrer Begrifflichkeit allerdings nicht durchgehend stringent. So war beispielsweise Art. 44 Abs. 1 Vergabe-RL 2004 einerseits von wirtschaftlicher und finanzieller Leistungsfähigkeit sowie beruflicher und technischer Fachkunde, andererseits in Art. 48 Vergabe-RL 2004 – abweichend – von technischer und beruflicher Leistungsfähigkeit die Rede. Das war jedoch deshalb unbeachtlich, weil trotzdem deutlich wurde, welche Kriterien einzuhalten waren bzw. welche diesbezüglichen Eignungsnachweise gefordert werden durften.

13   Die Vergabe-RL 2004 definierte die Eignungskriterien prozedural unter Titel II, Kapitel VII („Ablauf des Verfahrens"), Abschnitte 1 und 2 als Elemente des Vergabeverfahrens. Art. 44 Abs. 1 Vergabe-RL 2004 legte allgemein fest, nach welchem Verfahren die Auftragsvergabe erfolgt. Das entsprach fast vollständig den vier Stufen der Angebotswertung (→ Rn. 16). Art. 45 Vergabe-RL 2004 normierte den Ausschluss von Bewerbern aufgrund ihrer persönlichen Lage. Dieser war bei rechtskräftiger Verurteilung wegen einer in Art. 45 Abs. 1 Vergabe-RL 2004 aufgeführten Katalogstraftat obligatorisch, in Fällen des Art. 45 Abs. 2 Vergabe-RL 2004 hingegen fakultativ. Art. 45 Abs. 3 und 4 Vergabe-RL 2004 regeln, welche Nachweise beigebracht werden können, um das Vorliegen von Ausschlussgründen zu entkräften, bzw. welche Behörden diese Nachweise ausstellen. Nach Art. 46 Vergabe-RL 2004 konnten Bewerber aufgefordert werden, den Nachweis ihrer Befähigung zur Berufsausübung durch Registerauszüge zu erbringen. Art. 47 Vergabe-RL 2004 führte auf, welche Nachweise Auftraggeber von Bietern zum Beleg ihrer finanziellen und wirtschaftlichen Leistungsfähigkeit fordern können. Nachweise zur Überprüfung der technischen und/oder beruflichen Leistungsfähigkeit waren in Art. 48 Vergabe-RL 2004 detailliert festgelegt. Nach Art. 49 Ver-

---
[12] Gesetzesbegründung zu § 122, BT-Drs. 18/6281.
[13] S. Art. 32 Abs. 1 RL 92/50/EWG (Dienstleistungs-RL 1992).
[14] So in Art. 23 Abs. 1 Dienstleistungs-RL 1992, jedoch nicht mehr in Art. 45 Vergabe-RL 2004.

gabe-RL 2004 können öffentliche Auftraggeber von Bewerbern den Nachweis für die Erfüllung bestimmter Qualitätssicherungsnormen verlangen, müssen sich dabei aber auf bestimmte Qualitätssicherungsverfahren beziehen. Art. 50 Vergabe-RL 2004 stellte eine entsprechende Verpflichtung für die Einhaltung von Normen für das Umweltmanagement auf. Nach Art. 51 Vergabe-RL 2004 konnte der öffentliche Auftraggeber die Bewerber auffordern, ihre vorgelegten Nachweise zu vervollständigen oder zu erläutern. Art. 52 Vergabe-RL 2004 sah vor, dass Mitgliedstaaten amtliche Verzeichnisse zugelassener Wirtschaftsteilnehmer anlegen und/oder eine Zertifizierung durch öffentlich-rechtliche oder privatrechtliche Stellen einführen konnten (zB Präqualifikationsverzeichnisse).[15] Eine Eintragung in derartigen Verzeichnissen stellte eine Eignungsvermutung hinsichtlich bestimmter Eignungsaspekte auf, die ohne Begründung nicht in Zweifel gezogen werden konnte (vgl. Art. 52 Abs. 3 und 4 Vergabe-RL 2004).

5. Die Prüfung der Eignung. a) Rechtliche Qualität der Eignungskriterien. Bei den Eignungskriterien Fachkunde, Leistungsfähigkeit, Gesetzestreue und Zuverlässigkeit handelte es sich um **unbestimmte Rechtsbegriffe**.[16] Gleiches gilt für die jetzt durch Abs. 1 vorgegebenen Eignungskategorien und für die in Abs. 2 genannten Unterkategorien. Öffentliche Auftraggeber besitzen einen **Beurteilungsspielraum** hinsichtlich der Frage, ob diese Kategorien und insbesondere die aus diesen abgeleiteten Kriterien erfüllt sind.[17] Die Feststellung, ob ein Bieter die erforderliche Fachkunde, Leistungsfähigkeit, Gesetzestreue und Zuverlässigkeit besitzt, um einen Auftrag vertragsgemäß auszuführen, ist von der Rechtsprechung zutreffend als Ergebnis einer in die Zukunft gerichteten **fachlich-tatsächlichen Prognose** beurteilt worden.[18] Das gilt auch für die Eignungskategorien des Abs. 1 und Abs. 2 Nr. 1–3. Der Auftraggeber muss seine Prognoseentscheidung auf der Grundlage von **Tatsachen** treffen, dh er muss an feststehenden, verwertbaren Fakten anknüpfen. Bei dieser vorausschauenden Beurteilung muss der öffentliche Auftraggeber auch berücksichtigen und bewerten, ob ein Unternehmen in der Vergangenheit schon vergleichbare (nicht notwendig identische) Bauleistungen erbracht hat und die Leistungserbringung beanstandungsfrei war.[19] Das ist auch der Grund dafür, dass der öffentliche Auftraggeber zum Nachweis der Eignung von Bewerbern oder Bietern die in abgeschlossenen Geschäftsjahren erbrachten vergleichbaren Leistungen abfragen darf. Darüber hinaus geht im Geschäftsverkehr jeder Auftragserteilung die subjektive Einschätzung des Auftraggebers voraus, Vertrauen in die künftige gute Zusammenarbeit mit dem ausgewählten Auftragnehmer zu haben. Der Auftraggeber ist nicht dazu verpflichtet, weitergehend zu überprüfen, ob ein Bieter seine mit dem Angebot verbindlich eingegangenen Verpflichtungen auch einhalten wird; er darf sich auf das Leistungsversprechen der Bieter grundsätzlich verlassen.[20] Die Pflicht zur Überprüfung ergibt sich allerdings dann, wenn konkrete Tatsachen das Leistungsversprechen eines Bieters als nicht plausibel erscheinen lassen. In diesen Fällen muss er bereit und in der Lage sein, das Leistungsversprechen der Bieter effektiv zu verifizieren.[21] Der öffentliche Auftraggeber ist in der Wahl seiner Überprüfungsmittel grundsätzlich frei und nicht auf eine bestimmte Methode oder bestimmte Mittel der fachlichen Prüfung festgelegt. Das vom Auftraggeber gewählte Mittel zur Überprüfung muss geeignet und die Mittelauswahl frei von sachwidrigen Erwägungen getroffen worden sein. Er ist nur dann auf ein bestimmtes Verifizierungsmittel zu verweisen, wenn dieses das einzige geeignete Mittel der Überprüfung der Bieterangaben darstellt und es dem öffentlichen Auftraggeber zur Verfügung steht.[22]

b) Die Eignungsprüfung als Teil der Angebotswertung. § 122 ist mit § 42 Abs. 1 VgV Grundlage der Eignungsprüfung. Die Prüfung der Eignung ist Teil der insgesamt **vierstufigen Angebotswertung.** Die Angebotswertung dient dazu, einerseits die Unternehmen zu ermitteln, die Grund ihrer Fachkunde und Leistungsfähigkeit zur Erbringung der konkret zu beschaffenden Leistung in Betracht kommen und andererseits die nicht ausreichend qualifizierten Unternehmen aus dem Vergabeverfahren auszusondern.[23] Die Wertung von Angeboten in Vergabeverfahren über Bauaufträge und Baukonzessionen sowie Liefer- und Dienstleistungsaufträge ist gemäß den auf das

---

[15] S. § 6 Abs. 3 Nr. 2, 3 VOB/A aF.
[16] BT-Drs. 13/9340, 14; BayObLG NZBau 2003, 105 (106).
[17] OLG Frankfurt a. M. Beschl. v. 30.3.2004 – 11 Verg 4/04, IBRRS 2004, 1385.
[18] OLG Düsseldorf Beschl. v. 5.10.2005 – Verg 55/05, BeckRS 2005, 14414.
[19] KG Beschl. v. 27.11.2008 – 2 Verg 4/08, BeckRS 2009, 00113; OLG Düsseldorf Beschl. v. 5.10.2005 – Verg 55/05, BeckRS 2005, 14414; VK Westfalen Beschl. v. 25.6.2020 – VK 1-14/20, IBRRS 2021, 0334.
[20] OLG Karlsruhe Beschl. v. 29.5.2020 – 15 Verg 2/20, IBRRS 2020, 1986; OLG Düsseldorf Beschl. v. 15.1.2020 – Verg 20/19, IBRRS 2020, 0628.
[21] OLG Düsseldorf Beschl. v. 15.1.2020 – Verg 20/19, IBRRS 2020, 0628.
[22] OLG Düsseldorf Beschl. v. 15.1.2020 – Verg 20/19, IBRRS 2020, 0628.
[23] BGH NZBau 2008, 505 = VergabeR 2008, 641 (642).

GWB sowie die VgV, VOB/A EU, SektVO, KonzVgV und VSVgV verteilten Vorschriften zur Angebotswertung – nach wie vor – systematisch in vier voneinander unabhängigen sachlich bedingten Prüfungsstufen vorzunehmen. § 122 selbst enthält keine Regelung zu den Prüfungsstufen der Angebotswertung. Eine konkrete Vorschrift dazu gibt es auch darüber hinaus allerdings weiterhin nicht. Vielmehr ergibt sich diese Systematik aus einer Zusammenschau der Regelungen des GWB mit dem jeweils für die Auftragsart oder den Auftragsbereich geltenden spezifischen Vergaberegime, also der VgV, VOB/A EU, SektVO, KonzVgV und VSVgV. Das bedeutet in Bezug auf die Prüfung der Eignung sind § 122 sowie § 42 VgV und § 57 VgV maßgeblich. Die einzelnen Prüfungsschritte sind inhaltlich bestimmt, festgelegt und zwingend einzuhalten.[24] Es geht jedoch nicht darum, dass eine bestimmte Prüfungsreihenfolge im chronologischen Sinn eingehalten wird, sondern lediglich darum, dass die Prüfungsstufen und die auf ihnen maßgeblichen Kriterien nicht vermischt werden.[25] Die Abfolge der einzelnen Prüfungsschritte ist lediglich in den spezifischen Vergaberegimen – VgV, VOB/A, SektVO, KonzVgV und VSVgV – festgelegt.[26]

16 **c) Die vier Stufen der Angebotswertung.** Auf der **1. Wertungsstufe** werden Angebote aufgrund formaler Mängel und Unvollständigkeit ausgeschlossen, ohne dass zugleich eine inhaltliche Prüfung vorgenommen wird (bislang § 16 EG Abs. 1 VOB/A; § 19 EG Abs. 3 VOL/A).[27] Auf der **2. Wertungsstufe** erfolgt die Prüfung der Eignung der verbliebenen Bieter (§ 122, §§ 42ff. VgV, §§ 45ff. SektVO, §§ 25ff. KonzVgV, §§ 21ff. VSVgV). Der Auftraggeber prüft auf der 2. Stufe die Angebote zunächst auf zwingende (§ 123) und sodann auf fakultative Ausschlussgründe (§ 124). Danach prüft er, ob die Voraussetzungen der spezifisch vorgegebenen Eignungskriterien erfüllt sind.[28] Auf der **3. Wertungsstufe** prüft die Vergabestelle für den konkreten Fall die Angemessenheit der Preise und das Preis-Leistungsverhältnis (§ 60 VgV). Sie prüft hierbei, ob der angebotene Preis in offenbarem Missverhältnis zu der angebotenen Leistung steht, dh, ob der Preis zu hoch oder zu niedrig ist. Mit dem Preis ist der Gesamtpreis gemeint. Bei Angeboten mit ungewöhnlich niedrig erscheinenden Preisen muss die Vergabestelle, bevor sie eine Entscheidung über die Frage der Auskömmlichkeit des Preises trifft, bei dem betreffenden Bieter nachfragen und ihm Gelegenheit zur Stellungnahme geben.[29] Maßgeblich ist grundsätzlich der Gesamtpreis. Das bedeutet, die Vergabestelle muss uU die Einzelposten dieser Angebote prüfen und ggf. vom Bieter die Vorlage der erforderlichen Belege bzw. Erklärungen verlangen. Diese Bestimmungen dienen in erster Linie dem Schutz des Auftraggebers vor der Eingehung eines wirtschaftlichen Risikos und sind deshalb grundsätzlich nicht bieterschützend.[30] Der Auftraggeber läuft im Fall der Zuschlagserteilung auf ein Unterangebot Gefahr, dass der Auftragnehmer in wirtschaftliche Schwierigkeiten gerät und den Auftrag nicht oder nicht ordnungsgemäß, insbesondere nicht mängelfrei, zu Ende führt.[31] Nur die Angebote, die die ersten drei Wertungsphasen erfolgreich bestehen, kommen anschließend in die **4. Wertungsstufe,** in der auf der Grundlage der vorgegebenen Zuschlagskriterien das „wirtschaftlichste Angebot" ermittelt wird (§ 58 VgV).[32]

17 Die getrennte und unabhängige Prüfung von Eignung und Wirtschaftlichkeit ergibt sich aus der Natur der Sache.[33] Die **Eignungsprüfung** ist eine **unternehmens- bzw. bieterbezogene Untersuchung,** auf deren Grundlage prognostiziert werden soll, ob ein Unternehmen/Bieter nach seiner personellen, sachlichen und finanziellen Ausstattung zur Ausführung des Auftrags in der Lage sein wird. Die **Wirtschaftlichkeitsprüfung** bezieht sich dagegen nicht auf die konkurrierenden Unternehmen, sondern auf ihre Angebote und damit auf die **Leistung.**[34] Durch Kriterien wie dem Preis, der Ausführungsfrist, Betriebs- und Folgekosten, der Gestaltung, Rentabilität oder dem technischem Wert werden die Eigenschaften der angebotenen Leistung bewertet, nicht aber Eigenschaften des Bieters/Unternehmers. Die Abgrenzung von Eignungs- und Zuschlagskriterien erfolgt

---

[24] BGH NZBau 2008, 505 = VergabeR 2008, 641 (642).
[25] So für Eignungs- und Zuschlagskriterien EuGH Slg. 2008, I-251 Rn. 26 = ZfBR 2008, 309 – Lianakis u.a.
[26] Vgl. BGHZ 139, 273 (277) = NJW 1998, 3644.
[27] In bestimmten Fällen kann der Auftraggeber fehlende Nachweise nachfordern (vgl. § 16 Abs. 1 Nr. 3 VOB/A, § 56 Abs. 2 S. 1 VgV).
[28] OLG Jena Beschl. v. 27.2.2002 – 6 U 360/01, BeckRS 2002 30243188; zu den Ausschlussgründen ausf. *Hölzl* NZBau 2009, 751 mit Bezug auf EuGH Slg. 2009, I-4219 = NZBau 2009, 607 – Assitur.
[29] OLG Düsseldorf NZBau 2009, 398 (401); BayObLG NZBau 2003, 105 (107); vgl. auch OLG Jena Beschl. v. 29.8.2008 – 9 Verg 5/08 Rn. 70.
[30] OLG Frankfurt a. M. Beschl. v. 30.3.2004 – 11 Verg 4/04, IBRRS 2004, 1385, unter Verweis auf BGH NJW 1995, 737; BayObLG ZfBR 2004, 95.
[31] KG VergabeR 2002, 96 (98).
[32] VK Lüneburg Beschl. v. 23.2.2004 – 203-VgK-01/2004, IBRRS 2004, 0822.
[33] BGH NZBau 2008, 505 = VergabeR 2008, 641 (642).
[34] *Gröning* NZBau 2003, 86 (90).

danach, ob sie im Schwerpunkt die Leistungsfähigkeit und fachliche Eignung des Bieters oder die Wirtschaftlichkeit des Angebots betreffen.[35] Die Einführung der Nachforderungsmöglichkeit (§ 56 VgV) bzw. -pflicht (§ 16 EU Abs. 1 Nr. 3 VOB/A), dh die Anordnung einer Nachforderungspflicht des Auftraggebers bei Fehlen von geforderten Erklärungen, weicht die bisherige strenge Reihenfolge des Wertungsprozesses auf, löst die Systematik jedoch nicht auf.[36] Die Stufen der Angebotswertung finden allerdings in der Praxis jedoch häufig nicht streng chronologisch bzw. sukzessive statt, sodass die Auswirkungen dieser Änderung eher gering sind.

Die in der Praxis anzutreffende Vorgehensweise, in der vergaberechtlichen Literatur als **„vereinfachter Wertungsvorgang"** bezeichnet, Angebote vorab auszusondern, die nach den anzuwendenden Wertungskriterien offensichtlich keine Aussicht auf den Zuschlag haben, um den Prüfungsaufwand zu begrenzen, ist von den vorstehend beschriebenen Wertungsstufen zu trennen. Diese zulässige Rationalisierung ändert nach zutreffender Auffassung des BGH jedoch nichts daran, dass für die Wertung der Angebote grundsätzlich die einzelnen Prüfungsstufen zu absolvieren sind.[37] Umgekehrt schließt das durch die Vorschriften zur Eignung vorgegebene Prüfungsschema, nach Abschluss der einen in die nächstfolgende Wertungsstufe überzugehen, nicht aus, dass übersehene oder erst später bekannt gewordene Mängel nachträglich berücksichtigt werden. Werden einzelne Wertungsschritte aufgeschoben, vermag das nichts daran zu ändern, dass diese voneinander abgesetzt und ohne Vermischung der Prüfungsgegenstände zu vollziehen sind.[38] Das bedeutet, ein Angebot, das in der zweiten Stufe auszuschließen ist, kann nicht in die vierte Wertungsstufe gelangen. 18

Der Umstand, dass nach der RL 2014/24/EU bzw. § 58 Abs. 2 Nr. 2 VgV und § 16d EU Abs. 2 Nr. 2 lit. b VOB/A unter bestimmten Voraussetzungen auch Eignungskriterien als Zuschlagskriterien verwendet werden dürfen, ändert nichts an der vierstufigen Angebotswertung. Der einzige Unterschied besteht darin, dass diese eigentlichen Eignungskriterien nunmehr auf der 4. Stufe der Angebotswertung geprüft werden. Das betrifft **die Organisation, Qualifikation und Erfahrung des mit der Ausführung des Auftrags betrauten Personals,** wenn die Qualität des eingesetzten Personals erheblichen Einfluss auf das Niveau der Auftragsausführung haben kann. Weiterhin darf jedoch **keine Doppelwertung** derartiger Kriterien auf der 2. und 4. Stufe der Angebotswertung erfolgen. 19

Der öffentliche Auftraggeber muss die Prüfung der Eignung der Bewerber/Bieter grundsätzlich selbst vornehmen, die Endentscheidung muss er selbst treffen; es handelt sich grundsätzlich um eine **nicht abschließend delegierbare Aufgabe.**[39] Die Übertragung der Eignungsprüfung ausschließlich auf einen externen Berater – wie etwa ein Projektsteuerungsbüro oder Rechtsberater – ist nicht zulässig. Sachverständige oder Berater dürfen allerdings im Vorfeld der Entscheidung des Auftraggebers für eine zutreffende und nachvollziehbare Aufklärung über die Entscheidungsgrundlagen unterstützend hinzugezogen werden.[40] Setzt der Auftraggeber für die Durchführung der Angebotswertung Berater ein, muss er zumindest deren Bewertungen überprüfen sowie sich deren Vorgehensweise und Ergebnis ausdrücklich **zu eigen machen.**[41] Ausreichend ist insoweit jedoch, wenn der Auftraggeber Einschätzungen/Vorschläge oder Bewertungen Dritter eigenständig auf ihre Nachvollziehbarkeit, Schlüssigkeit und inhaltliche Richtigkeit hin überprüft, bevor er diese Drittangaben – möglicherweise – übernimmt. Dies muss er in der Vergabeakte entsprechend **dokumentieren.** 20

d) Erneute Eignungsprüfung/Wiedereintritt. Die in vier sachlich getrennten Stufen vorzunehmende Angebotswertung schließt nicht aus, dass zunächst übersehene oder erst später bekannt gewordene Mängel bei der Angebotsprüfung nachträglich berücksichtigt werden dürfen und die Vergabestelle zu diesem Zweck erneut in die Eignungsprüfung eintritt.[42] Das gilt grundsätzlich für alle zulässigen Arten von Vergabeverfahren, insbesondere auch für das offene Vergabeverfahren.[43] Die **Eignungsprüfung ist kein einmaliger, von der Vergabestelle nicht erneut überprüfbarer Vorgang.** Werden neue Tatsachen bekannt oder führen neue Erkenntnisse zu Zweifeln an der Eignung eines Bieters, ist eine neue Überprüfung vergaberechtlich nicht nur zulässig, sondern 21

---

35 OLG Rostock Beschl. v. 12.8.2020 – 17 Verg 2/20, IBRRS 2020, 3052.
36 So Materialsammlung zur Änderung der VOB/A des BMVBS v. 17.9.2008, 34.
37 BGH NZBau 2008, 505 = VergabeR 2008, 641 (642).
38 BGH NZBau 2008, 505 = VergabeR 2008, 641 (642).
39 OLG Frankfurt a. M. NZBau 2015, 319.
40 OLG Naumburg Beschl. v. 5.12.2008 – 1 Verg 9/08, BeckRS 2009, 02589; OLG Naumburg Beschl. v. 26.2.2004 – 1 Verg 17/03, NJOZ 2004, 1828 (1834).
41 VK Nordbayern Beschl. v. 18.6.2020 – RMF-SG21-3194-5-7, IBRRS 2020, 2024.
42 BGH NZBau 2008, 505 = VergabeR 2008, 641 (643); OLG Brandenburg NZBau 2008, 277 (279).
43 OLG Brandenburg NZBau 2008, 277 (279).

vielmehr geboten.⁴⁴ Die Vergabestelle darf dabei ihre Beurteilung im Nachhinein **in jede Richtung korrigieren,** wenn die neu bekannt werdenden Tatsachen diese neue Entscheidung rechtfertigen.⁴⁵ Nimmt eine Vergabestelle neue Erkenntnisse zum Anlass, die bereits angenommene Eignung eines Bieters nochmals zu überprüfen, bedeutet das nicht, dass die zunächst vorgenommene Eignungsprüfung vergaberechtswidrig unvollständig gewesen wäre.⁴⁶ Selbst wenn dies gegen Vergaberecht verstoßen würde, was aber nicht der Fall ist, wäre dieser – unterstellte – Vergaberechtsfehler durch die erneute vollständige Angebotswertung behoben. Der Wiedereintritt in die Eignungsprüfung und ggf. die Änderung des Ergebnisses ist ohne neue Anhaltspunkte grundsätzlich nicht zulässig, der öffentliche Auftraggeber ist an sein Ergebnis gebunden (sog. **Selbstbindungsgrundsatz der Verwaltung**).

22 Der öffentliche Auftraggeber ist bei fehlender Eignung eines Bieters von Gesetzes wegen verpflichtet, dessen Angebot auszuschließen, sodass ein **schützenswertes Vertrauen** des betreffenden Bieters, dass sein Angebot in die Wertung einbezogen wird, nicht entstehen kann. Der Ausschlussgrund der mangelnden Eignung kann vom öffentlichen Auftraggeber weder modifiziert oder außer Kraft gesetzt werden, noch ist er einer Selbstbindung des Auftraggebers zugänglich.⁴⁷ Der Auftraggeber kann nach dem gesamten Sinn und Zweck des Vergabeverfahrens, das wirtschaftlichste Angebot zu ermitteln, nicht dazu gezwungen werden, einem bei Angebotsabgabe zunächst geeigneten Bieter einen Auftrag zu erteilen, dessen Eignung und Zuverlässigkeit nach während des Vergabeverfahrens gewonnenen Erkenntnissen im Zeitpunkt der Wertung oder des Zuschlags nicht mehr gegeben ist.⁴⁸ Im Umkehrschluss ergibt sich hieraus, dass der Auftraggeber, auch wenn die Eignung im Zeitpunkt der Angebotsabgabe zweifelhaft oder nicht gegeben ist, bei der Wertung berücksichtigen kann, dass die Eignung durch während des Vergabeverfahrens eingetretene Umstände hergestellt worden ist.⁴⁹ Das gilt insbesondere auch dann, wenn die Eignung eines Bieters wegen schwerer Verfehlungen zunächst zweifelhaft war, wegen ergriffener **„Selbstreinigungsmaßnahmen"** gem. § 125 aber als wiederhergestellt angesehen werden muss.⁵⁰

23 **e) Die Überprüfung der Eignungsprüfung.** Die Prüfung der Eignung durch den Auftraggeber darf von Vergabekammer und Vergabesenaten lediglich eingeschränkt überprüft werden; diese dürfen keinesfalls anstelle des Auftraggebers eigenständig die Eignung prüfen und feststellen. Die Prüfung der Eignung ist eine Prognoseentscheidung und beruht ähnlich einer Bewertungsentscheidung im Prüfungsverfahren auf einer Vielzahl von Detailerwägungen, für die der Auftraggeber in aller Regel ein höheres Fachwissen besitzt und erfahrener ist als die Vergabenachprüfungsinstanzen.⁵¹ Da es sich bei der Eignungsprüfung auch um einen „wertenden" Vorgang handelt, in den zahlreiche Einzelumstände einfließen, unterliegt die Eignungsprüfung darüber hinaus nur einer **eingeschränkten Kontrolle** durch die Nachprüfungsinstanzen.⁵² Die Überprüfung der Wertung im Rahmen des Nachprüfungsverfahrens ist darauf beschränkt, ob die Vergabestelle insbesondere das vorgeschriebene Verfahren und die selbst aufgestellten Vorgaben eingehalten hat, von einem zutreffenden und vollständig ermittelten Sachverhalt ausgegangen ist sowie die Wertung auf der Grundlage von sachgemäßen Erwägungen durchgeführt hat.⁵³ Beispielsweise steht dem Auftraggeber auch bei der Überprüfung von Referenzen und der Beurteilung von deren Vergleichbarkeit grundsätzlich ein nur eingeschränkt überprüfbarer Beurteilungsspielraum zu.⁵⁴

---

⁴⁴ OLG Brandenburg NZBau 2008, 277 (279).
⁴⁵ OLG Brandenburg NZBau 2008, 277 (279); OLG Düsseldorf NZBau 2005, 597; OLG Düsseldorf Beschl. v. 18.7.2001 – Verg 16/01, BeckRS 2001, 17504; OLG Düsseldorf Beschl. v. 9.4.2003 – Verg 66/02, IBRRS 2003, 1682; OLG Düsseldorf Beschl. v. 5.5.2004 – VII-Verg 10/04, ZfBR 2004, 827; OLG Düsseldorf Beschl. v. 26.11.2003 – Verg 53/03, ZfBR 2004, 298 mwN; OLG Düsseldorf Beschl. v. 28.5.2003 – Verg 16/03, BeckRS 2005, 03571; VK Hessen Beschl. v. 9.2.2004 – 69 d-VK-79/2003 – 69 d-VK-80/2003; BayObLG NZBau 2004, 294; BayObLG VergabeR 2002, 644 (648); OLG Düsseldorf Beschl. v. 28.5.2003 – Verg 16/03, BeckRS 2005, 03571 = VergabeR 2003, 586 (587); OLG Dresden Beschl. v. 10.7.2003 – WVerg 15 u. 16/02, ZfBR 2003, 810.
⁴⁶ OLG Brandenburg NZBau 2008, 277 (279).
⁴⁷ OLG Düsseldorf NZBau 2004, 460.
⁴⁸ OLG Brandenburg NZBau 2008, 277 (279); OLG Celle NZBau 2007, 663 (664).
⁴⁹ OLG Brandenburg NZBau 2008, 277 (279).
⁵⁰ OLG Brandenburg NZBau 2008, 277 (279).
⁵¹ KG Beschl. v. 27.11.2008 – 2 Verg 4/08, BeckRS 2009, 00113.
⁵² KG Beschl. v. 27.11.2008 – 2 Verg 4/08, BeckRS 2009, 00113; OLG Düsseldorf Beschl. v. 5.10.2005 – Verg 55/05, BeckRS 2005, 14414; OLG Düsseldorf Beschl. v. 22.9.2005 – Verg 48/05, IBRRS 2006, 1589; OLG Frankfurt a. M. ZfBR 2009, 394; OLG München ZfBR 2006, 507 = VergabeR 2006, 561 (564).
⁵³ KG Beschl. v. 27.11.2008 – 2 Verg 4/08, BeckRS 2009, 00113.
⁵⁴ OLG Celle Beschl. v. 23.5.2019 – 13 U 72/17, IBRRS 2020, 0040.

Die Grenzen des dem öffentlichen Auftraggeber zukommenden **Beurteilungsspielraums** sind 24 überschritten, wenn die von der Vergabestelle getroffenen Sachverhaltsermittlungen und -feststellungen oder die Anwendung vergaberechtlicher Rechtsbegriffe auf willkürlichen und sachwidrigen Erwägungen beruhen.[55] Für die **Überprüfung der Eignungsprüfung** ist auf den Zeitpunkt der Entscheidung durch den öffentlichen Auftraggeber abzustellen.[56] Dieser selbst hat seiner Ermessensentscheidung ausschließlich die zu dem Zeitpunkt seiner Ermessensausübung getroffenen bzw. ihm möglichen Feststellungen zugrunde zu legen. Entscheidend ist letztlich, dass die subjektive Bewertung des Auftraggebers **vertretbar und nicht völlig haltlos** ist.[57] Die Vergabestelle darf bei der Eignungsprüfung keine Umstände berücksichtigen, die sich außerhalb des Bereichs gesicherter Erkenntnisse bewegen. Negative Informationen, die lediglich auf Gerüchten beruhen, darf sie deshalb nicht berücksichtigen.[58] Die Vergabestelle darf jedoch Informationen aus seriösen Quellen verwerten, die eine gewisse Erhärtung ihres Verdachts begründen.[59] Insoweit hat der öffentliche Auftraggeber einen weiten Beurteilungsspielraum, der nur eingeschränkter Nachprüfbarkeit durch die Vergabenachprüfungsorgane unterliegt.

6. Änderung von Eignungskriterien im laufenden Vergabeverfahren. Der öffentliche 25 Auftraggeber muss auf der Grundlage des Transparenz- und Gleichbehandlungsgebots den Bewerbern bzw. Bietern alle für die Vergabe des Auftrags maßgeblichen Umstände so bekannt machen, dass diese bei Anwendung der üblichen Sorgfalt deren genaue Bedeutung verstehen und in gleicher Weise auslegen können; zugleich muss der öffentliche Auftraggeber auf dieser Basis prüfen können, ob die Teilnahmeanträge bzw. Angebote diese Anforderungen erfüllen. Der öffentliche Auftraggeber darf die Eignungsanforderungen und sonstigen Ausschreibungsbedingungen **im Laufe des Vergabeverfahrens grundsätzlich nicht ändern.**[60] Der Auftraggeber darf von den für die Eignungsnachweise bekannt gemachten Vorgaben im weiteren Verlauf des Vergabeverfahrens weder abweichen noch darf er diese ändern.[61] Zulässig ist, die Kriterien zu konkretisieren; der Grat zur unzulässigen Änderung ist allerdings schmal. Die Änderung von Eignungskriterien ist ausnahmsweise im laufenden Vergabeverfahren zulässig, wenn diese diskriminierungsfrei sowie in einem transparenten und diskriminierungsfreien Verfahren erfolgt. Das bedeutet, dass alle Bewerber bzw. Bieter davon Kenntnis nehmen können. Die Änderung darf allerdings nicht auf Gründen beruhen, die einen oder alle anderen Bewerber/Bieter diskriminieren.

7. Maßgeblicher Zeitpunkt für das Vorliegen der Eignung. Der Zeitpunkt, zu dem Bieter 26 geeignet sein müssen, hängt grundsätzlich von dem jeweils durchgeführten Vergabeverfahren und von dem einzelnen Eignungskriterium ab. Grundsätzlich ist für die Beurteilung, ob ein Bieter die Eignungsvoraussetzungen erfüllt, auf den Zeitpunkt des Vertragsbeginns abzustellen, sofern sich der öffentliche Auftraggeber nicht in der Bekanntmachung einen anderen Zeitpunkt vorbehalten hat.[62] Zu prüfen sind zudem jeweils die Umstände des Einzelfalls und ggf. die spezifischen Vorgaben der Vergabestelle. Abgesehen davon muss die Vergabestelle, egal welches Vergabeverfahren – offenes Verfahren, nichtoffenes Verfahren, Verhandlungsverfahren, wettbewerblicher Dialog oder eine Innovationspartnerschaft – durchgeführt wird und unabhängig von bestimmten Eignungskriterien wieder in die (abgeschlossene) Eignungsprüfung eintreten, wenn sie hinsichtlich der für die Eignung maßgeblichen Gesichtspunkte neue Tatsachen erhält oder neue Erkenntnisse über bereits bekannte Tatsachen erlangt (→ Rn. 30 ff.). Diese Pflicht hat die Vergabestelle bis zur wirksamen Erteilung des Zuschlags. Stellt die Vergabestelle bei dem Angebot des Bieters, der für die Erteilung des Zuschlags vorgesehen ist, fest, dass dessen Eignung entfallen ist, muss sie dessen Angebot ausschließen.

Die Eignung eines Auftragnehmers muss nach zutreffender Auffassung grundsätzlich erst zum 27 **Zeitpunkt des Vertragsbeginns bzw. der Ausführung des Auftrags** vorliegen.[63] Insoweit ist eine Prognose des Auftraggebers im Rahmen seines Beurteilungsspielraums erforderlich. Es ist zu prüfen, ob der Bieter über die erforderlichen Mittel und Kapazitäten verfügt, die zur ordnungsgemäßen und vertragsgemäßen Ausführung des ausgeschriebenen Auftrags notwendig sind. Dies ist in

---

[55] OLG Frankfurt a. M. Beschl. v. 30.3.2004 – 11 Verg 4/04, IBRRS 2004, 1385.
[56] OLG Frankfurt a. M. Beschl. v. 30.3.2004 – 11 Verg 4/04, IBRRS 2004, 1385.
[57] OLG Frankfurt a. M. Beschl. v. 30.3.2004 – 11 Verg 4/04, 5/04, IBRRS 2004, 1385; VK Schleswig-Holstein Beschl. v. 28.3.2007 – VK-SH 4/07, BeckRS 2007, 06707; VK Sachsen Beschl. v. 3.11.2005 – 1/SVK/125-05, BeckRS 2006, 09227.
[58] OLG Frankfurt a. M. Beschl. v. 30.3.200 – 11 Verg 4/04, IBRRS 2004, 1385.
[59] OLG Frankfurt a. M. Beschl. v. 30.3.2004 – 11 Verg 4/04, IBRRS 2004, 1385.
[60] OLG Koblenz NZBau 2017, 179.
[61] OLG Düsseldorf NZBau 2007, 600.
[62] OLG Düsseldorf Beschl. v. 26.7.2018 – VII-Verg 28/18, NZBau 2019, 264.
[63] OLG Düsseldorf Beschl. v. 26.7.2018 – VII-Verg 28/18, NZBau 2019, 264.

finanzieller, wirtschaftlicher, fachlicher (personeller) und technischer (sachlicher) Hinsicht zu beurteilen. Der Auftraggeber ist nur dann berechtigt, auf einen anderen Zeitraum abzustellen, wenn er dies in der Vergabebekanntmachung entsprechend angibt.[64]

28   Es ist grundsätzlich nicht erforderlich, dass dem Bieter die zur Leistungserbringung erforderlichen sachlichen und personellen Mittel im Zeitpunkt der Wertung der Angebote oder der Zuschlagserteilung bereits zur Verfügung stehen.[65] Dem erfolgreichen Unternehmen muss vielmehr grundsätzlich eine angemessene Frist für die Vorbereitung und den Beginn der Ausführung der mit Zuschlagserteilung vereinbarten Leistungen gewährt werden.[66] Dies gilt insbesondere für Personal, das auf der Grundlage des erteilten Auftrags für den Bieter erforderlich ist und arbeitsvertraglich gebunden werden muss. Denn es ist bereits wegen des bestehenden Wettbewerbs und der entstehenden hohen Vorhaltekosten keinem Bieter zumutbar, derartige Dispositionen auf die bloße Vermutung eines Zuschlags zu treffen. Für die Annahme der Eignung ist in diesen Fällen nur erforderlich, dass belastbare Umstände vorliegen, die mit Blick auf den zukünftigen Zeitpunkt der Leistungserbringung die Annahme rechtfertigen, der Bieter sei in der Lage, das zur Auftragserfüllung erforderliche Personal rechtzeitig einzustellen. Derartige Umstände liegen bei zu vergebenden Dienstleistungsaufträgen in der Regel bereits dann vor, wenn es sich um Tätigkeiten handelt, für die ein breiter Markt an Mitarbeitern zur Verfügung steht, wie etwa im Reinigungs- oder Baugewerbe, in dem üblicherweise Personal kurzfristig zu beschaffen oder zu ersetzen ist. Handelt es sich hingegen bei den zu vergebenden Dienstleistungen um solche, für die auf dem Arbeitsmarkt nur eine begrenzte Anzahl an geeigneten Mitarbeitern zur Verfügung steht und kann deshalb von einer jederzeitigen Verfügbarkeit nicht ohne Weiteres ausgegangen werden, reicht allein das Vorhandensein potenzieller Mitarbeiter auf dem Arbeitsmarkt nicht aus. Erforderlich ist vielmehr in diesem Fall, dass eine ausreichende Anzahl potenzieller Mitarbeiter bereit ist, die betreffenden Dienste für den Bieter zu erbringen. In einem solchen Fall muss der Bieter in seinem Angebot konkret darlegen, aus welchen Gründen ihm das zur Auftragserfüllung erforderliche Personal bei Vertragsbeginn tatsächlich zur Verfügung stehen wird. Denn nur dann hat der Auftraggeber Anlass zu der Annahme, der Bieter sei mit Blick auf den zukünftigen Zeitpunkt der Leistungserbringung auch tatsächlich in der Lage, den Auftrag zu erfüllen.[67] Es ist für den Auftraggeber ratsam, in jedem Fall in den Teilnahme- bzw. den Vergabeunterlagen für ausreichende Klarheit zu sorgen, sodass sich die Bieter frühzeitig darauf einrichten können.

29   Der Auftraggeber darf also etwa auf der Grundlage der besonderen Bedingungen des Einzelfalls davon ausgehen, dass die Leistungsfähigkeit nicht bereits zum Zeitpunkt der Abgabe des Angebots oder der Zuschlagserteilung gegeben sein muss.[68] So reicht es unter Umständen aus, dass Bieter beispielsweise unter dem Gesichtspunkt der Investitionssicherheit erst zum Zeitpunkt des Beginns der vorgesehenen Leistungserbringung leistungsfähig sind[69] und erst in diesem Zeitpunkt über die notwendigen personellen Mittel verfügen[70] bzw. erst in diesem Zeitpunkt die Möglichkeit des Zugriffs auf entsprechende personelle Kapazitäten besitzen.[71] Auch aus dem Umstand, dass ein Bieter zum Zeitpunkt der Angebotsabgabe die für die Erbringung der Leistung notwendigen Maschinen an anderen Orten eingesetzt hat, folgt nicht zwingend, dass er nicht in der Lage wäre, einen weiteren Auftrag auszuführen.[72] Entscheidend ist vielmehr, ob es ihm möglich ist, nach Erteilung des Zuschlages bis zum vorgesehenen Beginn der Leistungserbringung die erforderliche technische Ausrüstung zu beschaffen.[73] Bei der Beurteilung der Eignung eines Bieters, insbesondere seiner technischen und beruflichen Leistungsfähigkeit, handelt es sich um eine Prognoseentscheidung, ob

---

[64] OLG Düsseldorf Beschl. v. 4.2.2013 – VII-Verg 52/12, BeckRS 2013, 21179; OLG Düsseldorf Beschl. v. 23.5.2012 – VII-Verg 4/12, BeckRS 2012, 18207; VK Brandenburg Beschl. v. 26.2.2013 – VK 46/12, BeckRS 2013, 07312; 1. VK Bund Beschl. v. 1.7.2013 – VK 1 – 45/13, VPRRS 2013, 1278; VK Sachsen Beschl. v. 6.3.2014 – 1/SVK/047-13, BeckRS 2014, 10608; OLG Düsseldorf ZfBR 2014, 785.
[65] OLG Düsseldorf Beschl. v. 4.2.2013 – VII-Verg 52/12, BeckRS 2013, 21179.
[66] OLG Düsseldorf ZfBR 2013, 720; OLG Düsseldorf ZfBR 2014, 785.
[67] OLG Düsseldorf Beschl. v. 4.2.2013 – VII-Verg 52/12, BeckRS 2013, 21179.
[68] OLG Düsseldorf Beschl. v. 12.6.2019 – Verg 52/18, NZBau 2020, 258 ff.
[69] OLG Düsseldorf Beschl. v. 12.6.2019 – Verg 52/18, NZBau 2020, 258 ff.; OLG Brandenburg ZfBR 2006, 503.
[70] OLG Düsseldorf NZBau 2009, 63 (65); wohl ebenso OLG Schleswig Beschl. v. 8.5.2007 – 1 Verg 2/07, BeckRS 2008, 07858.
[71] OVG Sachsen NZBau 2009, 206; OLG Saarbrücken Beschl. v. 5.7.2006 – 1 Verg 6/05, BeckRS 2006, 08356; vgl. auch KG Beschl. v. 18.7.2002 – 2 KartVerg 04/02, wobei darauf abgestellt wurde, dass es keine Schwierigkeiten bereitet, für den Auftrag benötigtes Personal einzustellen; eher abweichend OLG München NZBau 2006, 131 (132), jedoch relativiert durch OLG München VergabeR 2009, 65 (75), wonach die berechtigte Erwartung der künftigen Beschaffung genügt.
[72] VK Sachsen-Anhalt Beschl. v. 23.7.2008 – VK 2 LVwA LSA-7/08.
[73] OVG Sachsen-Anhalt NZBau 2009, 206.

vom künftigen Auftragnehmer die ordnungsgemäße Erfüllung der vertraglichen Verpflichtungen erwartet werden kann; dem öffentlichen Auftraggeber steht insoweit ein Beurteilungsspielraum zu.[74] In typischen Fällen sind Probleme in diesem Punkt dadurch zu vermeiden, dass der Zeitraum zwischen Ablauf der Binde- und Zuschlagsfrist und dem Beginn des Auftragszeitraums ausreichend lang bemessen wird, sodass sich ein Bieter im Zuschlagsfall die erforderlichen sachlichen Mittel und das erforderliche weitere Personal rechtzeitig zum Leistungsbeginn beschaffen kann.[75] Hinsichtlich der finanziellen Leistungsfähigkeit sowie bzgl. der Berufsausübungsvoraussetzungen ist die bisherige Rechtsprechung eher strenger und verlangt, dass diese Eignungselemente bereits im Zeitpunkt der Vergabeentscheidung vorliegen müssen (→ Rn. 46 ff.). Wenn allerdings am Arbeitsmarkt für die ausgeschriebenen Dienstleistungen lediglich eine begrenzte Anzahl an geeigneten Mitarbeitern zur Verfügung steht, bedarf es der konkreten Darlegung, aus welchen Gründen dem Bieter das zur Auftragserfüllung erforderliche Personal bei Vertragsbeginn tatsächlich zur Verfügung stehen wird.[76]

8. Zeitpunkt der Einreichung der Eignungsnachweise und der Eignungsprüfung. Der Zeitpunkt der Einreichung der Eignungsnachweise und der Eignungsprüfung ist abhängig von der konkreten Verfahrensart. Im Offenen Verfahren findet keine Vorauswahl der Bieter statt, sodass die beizubringenden Eignungsnachweise in der Bekanntmachung bzw. in den Vergabeunterlagen angegeben werden und grundsätzlich[77] zusammen mit dem Angebot abzugeben sind. Demgegenüber erfolgt im nichtoffenen Verfahren bzw. im Verhandlungsverfahren die Aufforderung zur Abgabe der Eignungsnachweise vor der Aufforderung zur Angebotsabgabe im Rahmen des vorausgehenden Teilnahmewettbewerbs. 30

Im **offenen Verfahren** muss die Eignung nicht schon im Zeitpunkt der Abgabe der Angebote bestehen. Die Prüfung der Eignung erfolgt hier vielmehr im Rahmen der Wertung der Angebote[78] und damit grundsätzlich erst unmittelbar vor der Zuschlagserteilung.[79] In der Praxis werden beide Zeitpunkte häufig allerdings nicht weit auseinander liegen. Als Tatsachengrundlage für die Eignungsprüfung dienen die bis zum Ende der Angebotsfrist vorgelegten Eignungsnachweise, wenn das so verlangt war. Darüber hinaus sind grundsätzlich sämtliche Umstände zu berücksichtigen, die Einfluss auf die Eignung des Bieters haben und dem Auftraggeber bis zum Abschluss der Eignungsprüfung bekannt werden.[80] Das gilt jedoch nur dann, wenn diese Umstände nicht durch Eignungsnachweise zu belegen waren; denn fehlen Nachweise, die zum Zeitpunkt der Abgabe des Angebots vorzulegen waren, ist das Angebot bereits mangels Vollständigkeit auszuschließen.[81] Die Eignung der Bieter wird damit im offenen Verfahren nicht bezogen auf den Zeitpunkt der Angebotsabgabe oder den Fristablauf für die Einreichung der Nachweise geprüft. Die materielle Eignungsprüfung findet vielmehr im Zeitpunkt der Angebotswertung mit Bezug auf den Zeitpunkt des Zuschlags statt.[82] Würde man bei der Prüfung allein auf den Zeitpunkt der Angebotsabgabe abstellen, könnten Umstände nicht berücksichtigt werden, die die im Zeitpunkt der Angebotsabgabe vorhandene Eignung durch weitere Entwicklungen im Laufe des Vergabeverfahrens entfallen lassen.[83] Einer Einbeziehung nachträglicher Umstände kommt insbesondere dann eine besondere Bedeutung zu, wenn – abweichend vom Normalfall – zwischen Eignungsprüfung und abschließender Zuschlagserteilung eine längere Zeitspanne liegt. Treten neue, für die Eignungsprüfung relevante Umstände hinzu, kann eine Wiederholung der Eignungsprüfung geboten sein.[84] 31

---

[74] OLG Düsseldorf Beschl. v. 12.6.2019 – Verg 52/18, NZBau 2020, 258 ff.; OLG Düsseldorf Beschl. v. 26.7.2018 – VII-Verg 28/18, NZBau 2019, 264 ff.
[75] OLG Brandenburg ZfBR 2006, 503; VK Lüneburg Beschl. v. 8.5.2006 – VgK-07/2006, IBRRS 2006, 1679; iErg ebenso OLG Schleswig-Holstein Beschl. v. 8.5.2007 – 1 Verg 2/07, BeckRS 2008, 07858; VK Nordbayern Beschl. v. 18.9.2008 –21.VK-3194-43/08, BeckRS 2008, 46594; VK Schleswig-Holstein Beschl. v. 28.3.2007 – VK-SH 4/07, BeckRS 2007, 06707.
[76] OLG Düsseldorf Beschl. v. 12.6.2019 – Verg 52/18, NZBau 2020, 258 ff.
[77] Der Auftraggeber kann die Vorlage von Eignungsnachweisen auch „auf Verlangen" fordern.
[78] Zur Stellung der Eignungsprüfung innerhalb der Wertung s. VK Lüneburg Beschl. v. 23.2.2004 – 203-VgK-01/2004, IBRRS 2004, 0822; VK Brandenburg Beschl. v. 27.10.2003 – VK 60/03, IBRRS 2004, 1336; vgl. auch OLG Frankfurt a. M. ZfBR 2009, 394; vgl. auch BGH VergabeR 2008, 641 (642).
[79] Vgl. OLG Brandenburg NZBau 2008, 277 (279) – zu diesem Urt. vgl. *Prieß/Stein* NZBau 2008, 230 (231).
[80] Vgl. OLG Frankfurt a. M. ZfBR 2009, 394; zu Erfahrungen des Auftraggebers mit Bietern aus zeitnahen vorangegangenen Ausschreibungen OLG Frankfurt a. M. Beschl. v. 30.3.2004 – 11 Verg 4/04, IBRRS 2004, 1385; zur evtl. Verpflichtung zur Einholung von Auskünften s. VK Bund Beschl. v. 29.6.2006 – VK 3-48/06.
[81] BGH NZBau 2003, 293 (295); BGH NZBau 2005, 709 (710); OLG Dresden VergabeR 2007, 215 (217); OLG Schleswig NZBau 2007, 257 (259).
[82] OLG Brandenburg 2008, 277 (279), für die Eignung insgesamt.
[83] OLG Brandenburg NZBau 2008, 277 (279).
[84] OLG Frankfurt a. M. ZfBR 2009, 394; OLG Celle NZBau 2007, 663 (664); OLG Brandenburg NZBau 2008, 277 (279) mwN; OLG Düsseldorf NZBau 2007, 461 (462).

32 Beim **nicht offenen Verfahren** und beim **Verhandlungsverfahren mit Teilnahmewettbewerb** erfolgt die Eignungsprüfung im Zuge der Auswahl der Bewerber, die zur Angebotsabgabe aufgefordert werden sollen (vgl. bislang § 6 Abs. 3 Nr. 6 VOB/A, § 16 Abs. 2 Nr. 2 VOB/A und § 10 EG Abs. 1 VOL/A).[85] Tatsachengrundlage für die Eignungsprüfung sind hier die mit dem Antrag bzw. die spätestens bis zum Ende der Antragsfrist eingereichten Eignungsnachweise.[86] Hinsichtlich sonstiger Nachweise gelten die Ausführungen zum Offenen Verfahren entsprechend.

33 Änderungen hinsichtlich der Eignung gehen jedenfalls bis zur Erteilung des Zuschlags zu Lasten des betreffenden Bieters. Maßgeblich ist insoweit der Zeitpunkt der rechtswirksamen Zuschlagserteilung.[87] Der nachträgliche Wegfall eines Eignungskriteriums ist stets beachtlich, denn die Vergabestelle ist nicht gezwungen, sehenden Auges einen ungeeigneten Bieter zu beauftragen.[88] Ist ein Eignungskriterium zum Zeitpunkt der rechtswirksamen Zuschlagserteilung nicht mehr erfüllt, etwa weil ein Bieter nach der Frist zur Angebotsabgabe beispielsweise einen Betriebsteil oder bestimmte Betriebsmittel verkauft hat, so ist die Vergabestelle nicht nur berechtigt, sondern verpflichtet, wieder in die Eignungsprüfung einzusteigen und eine bereits getroffene Eignungsentscheidung ggf. zu korrigieren. Bevor ein Ausschluss erfolgt, ist dem Bieter hinreichend Gelegenheit zu geben, sich zu äußern und Nachweise vorzulegen, die die aufgetretenen Zweifel an der fehlenden Eignung entkräften.[89] Gelingt das nicht, ist der Bieter auszuschließen.[90] Das Gleiche gilt, wenn im Zeitpunkt der Zuschlagserteilung „greifbare Hinweise" vorliegen, dass während der Auftragsausführung die Eignung wegfallen könnte.[91] Der Ausschluss ohne vorausgehende Aufklärung ist unverhältnismäßig.

34 Nicht als nachträglich bekannt werdende Umstände sind solche Tatsachen zu werten, die dem Auftraggeber bereits zum Zeitpunkt der Eignungsprüfung bekannt waren, jedoch zu diesem Zeitpunkt nicht berücksichtigt oder für unerheblich gehalten wurden. Das gilt jedoch nur, sofern sich der Auftraggeber dabei an die Grenzen des ihm im konkreten Fall zustehenden Beurteilungs- und Ermessensspielraums gehalten hat.[92] Bei ordnungsgemäßer Beurteilung und ermessensfehlerfreier Entscheidung ist der Auftraggeber an seine einmal getroffene Entscheidung gebunden. Etwas anderes gilt hingegen in Fällen, in denen die Eignung anhand der nachträglich bekannt gewordenen Umstände zwingend von Anfang an zu verneinen gewesen wäre.[93] In diesen Fällen konnte auf Seiten des Bieters kein rechtlich schützenswertes Vertrauen entstehen.[94] Der Auftraggeber muss seine Entscheidung in diesem Fall korrigieren und den Bewerber/Bieter ausschließen.

35 Nicht eindeutig ist die Rechtslage im umgekehrten Fall, wenn Umstände, die für die Eignung des Bieters sprechen bzw. diese begründen, erst nach der Eignungsprüfung bekannt werden. Nach einer Auffassung sind Umstände, die die Eignung später begründen, unbeachtlich.[95] Könnten neue Umstände, die sich positiv auf die Stellung eines Bieters im Wettbewerb auswirken, nachträglich in das Vergabeverfahren eingeführt werden, seien Manipulationen zu befürchten. Zudem gelte auch hier, dass die nachträgliche Änderung des Angebots den Grundsatz des fairen Wettbewerbs verletze.[96] Dieser Auffassung scheint das OLG Brandenburg jedenfalls für das offene Verfahren entgegenzutreten:[97] Die Vergabestelle dürfe im offenen Verfahren berücksichtigen, dass eine im

---

[85] Vgl. OLG Schleswig Beschl. v. 19.2.2007 – 1 Verg 14/06, BeckRS 2007, 08500; vgl. OLG Düsseldorf NZBau 2003, 349 (351).
[86] Vgl. OLG Schleswig Beschl. v. 19.2.2007 – 1 Verg 14/06, BeckRS 2007, 08500; vgl. *Egger*, Europäisches Vergaberecht, 1. Aufl. 2008, Rn. 1093; *Kulartz* in KMPP VOB/A § 10 EG Rn. 3.
[87] OLG Frankfurt a. M. ZfBR 2009, 394; OLG München VergabeR 2009, 65 (71); OLG Brandenburg NZBau 2008, 277 (279); OLG Düsseldorf NZBau 2007, 461; OLG Düsseldorf VergabeR 2005, 207 (208); OLG Düsseldorf Beschl. v. 19.9.2002 – Verg 41/02, BeckRS 2006, 06242; VK Bund Beschl. v. 5.3.2007 – VK 1-139/06.
[88] OLG Celle NZBau 2007, 663 (664); OLG München Beschl. v. 15.11.2007 – Verg 10/07, BeckRS 2008, 08685; VK Brandenburg Beschl. v. 26.8.2005 – 1 VK 49/05, IBRRS 2006, 1705; VK Lüneburg Beschl. v. 2.4.2003 – 203-VgK-08/2003, 18, IBRRS 2003, 1754; ähnlich OLG Brandenburg NZBau 2008, 277 (279).
[89] OLG München VergabeR 2009, 65 (71).
[90] Vgl. OLG Düsseldorf VergabeR 2005, 207 (208); OLG Düsseldorf NZBau 2005, 354.
[91] VK Baden-Württemberg Beschl. v. 16.11.2004 – 1 VK 69/04, IBRRS 2005, 0200.
[92] OLG Frankfurt a. M. ZfBR 2009, 394; OLG Düsseldorf VergabeR 2003, 586 (587); vgl. auch mwN OLG Düsseldorf Beschl. v. 14.7.2003 – Verg 11/03, IBRRS 2003, 2484; VK Bund ZfBR 2008, 418.
[93] OLG Frankfurt a. M. ZfBR 2009, 394; OLG Düsseldorf NZBau 2004, 460.
[94] OLG Düsseldorf NZBau 2004, 460; OLG Düsseldorf Beschl. v. 14.7.2003 – Verg 11/03, IBRRS 2003, 2484.
[95] OLG Celle NZBau 2007, 663 (664); so bzgl. des Ergebnisses eines Teilnahmewettbewerbs OLG Schleswig Beschl. v. 19.2.2007 – 1 Verg 14/06, BeckRS 2007, 08500.
[96] OLG Celle NZBau 2007, 663 (664).
[97] OLG Brandenburg NZBau 2008, 277 (279).

Zeitpunkt der Angebotsabgabe zweifelhafte oder nicht gegebene Eignung während des Vergabeverfahrens durch zwischenzeitlich eingetretene Umstände erreicht worden ist.[98] Grund dafür sei der Gleichlauf zur Konstellation, dass nachträglich für die Eignung negative Umstände bekannt werden. Da diese stets berücksichtigt werden, dürfe für positiv wirkende Umstände nichts anderes gelten. Zudem ergebe sich aus § 16 Abs. 2 Nr. 2 VOB/A, dass eine „Wiederaufnahme" der zunächst abgeschlossenen Eignungsprüfung bei nachträglich bekannt gewordenen Tatsachen möglich sei.[99] Zu beachten ist jedoch, wie das OLG Brandenburg betont, dass die Eignung der Bieter im offenen Verfahren *„anders als die Vollständigkeit der Angebote und der geforderten Nachweise nicht bezogen auf den Zeitpunkt der Angebotsabgabe oder den Fristablauf für die Einrichtung der Nachweise, sondern bezogen auf den Zeitpunkt der Wertung bzw. des Zuschlags geprüft* [wird]". Damit macht das Gericht deutlich, dass der Grundsatz des Ausschlusses eines Angebots beim Fehlen geforderter Nachweise weiterhin gilt. Hieraus folgt, dass das Gericht die nachträgliche Berücksichtigung nur mit Blick auf solche Umstände zulässt, die nicht durch Eignungsnachweise bereits hätten belegt werden müssen. Demzufolge ist mit dem Ausspruch des Gerichts „wenn die Eignung im Zeitpunkt der Angebotsabgabe [...] nicht vorhanden ist" nur gemeint, dass objektiv – aber bei der Eignungsprüfung unerkannt[100] – die Eignung nicht bestand. Damit handelt es sich auch in diesem Fall um nachträglich bekannt werdende relevante Umstände, die zu einer erneuten Prüfung der Eignung verpflichten. Diese Prognoseentscheidung hat der Auftraggeber unter Würdigung aller Umstände zu treffen.[101] Hierzu gehört auch die Berücksichtigung von Umständen, die für die Eignung sprechen. Die Formulierung des OLG Brandenburg, *„bezogen auf den Zeitpunkt der Wertung bzw. des Zuschlags"*, ist demnach nur so zu verstehen, dass die Eignung im Zeitpunkt des Zuschlags noch vorhanden sein muss, nicht aber, dass zum Zeitpunkt der Eignungsprüfung ungeeignete Bieter im Verfahren zu belassen sind, weil deren Eignung im weiteren Vergabeverfahren möglicherweise erstmals hergestellt werden könnte.

Bei der Prüfung der Eignung steht der Vergabestelle grundsätzlich ein **Beurteilungsspielraum** 36 hinsichtlich der Frage zu, ob der Bieter zum Zeitpunkt der Durchführung des Auftrags in der Lage sein wird, den Auftrag rechtzeitig und ordnungsgemäß auszuführen.[102] Hat der Auftraggeber Eignungskriterien festgelegt, ist er allerdings an die dadurch festgelegten befindlichen Anforderungen gebunden. Dementsprechend ist sein Beurteilungsspielraum bei der eigentlichen Eignungsprüfung eingeengt. Soweit Spielräume verbleiben, hat der Auftraggeber die zuvor bei der Festlegung der Eignungskriterien beschriebenen Grenzen zu beachten (→ Rn. 24).

9. Verbot der Vermischung von Eignungs- und Zuschlagskriterien. Bei der Eignung 37 und der Wirtschaftlichkeitsprüfung handelt es sich um zwei verschiedene Vorgänge, die unterschiedlichen Regeln unterliegen.[103] Die voneinander unabhängige Prüfung von Eignung und Wirtschaftlichkeit nach § 122 und § 127 liegt in der Natur der Sache begründet.[104] Bei der Eignungsprüfung handelt es sich um eine unternehmensbezogene Untersuchung, mit der prognostiziert werden soll, ob ein Unternehmen nach seiner personellen, sachlichen und finanziellen Ausstattung zur Ausführung des Auftrags in der Lage sein wird.[105] Die Wirtschaftlichkeitsprüfung bezieht sich dagegen nicht auf die konkurrierenden Unternehmen, sondern auf die Angebote, dh konkret auf die zu erbringende Leistung.[106]

Eignungskriterien sind vor diesem Hintergrund streng von den Zuschlagskriterien des § 127 zu 38 unterscheiden und dürfen nicht miteinander vermischt werden.[107] Ein bestimmtes Kriterium kann grundsätzlich qualitativ nur entweder Eignungs- oder Zuschlagskriterium sein. Freilich ist es möglich, dass Eignungskriterien leistungsbezogene Aspekte enthalten. Grundsätzlich sind als Zuschlagskriterien entweder das Kriterium des niedrigsten Preises oder der Preis und zusätzliche qualitative Kriterien zulässig, um das aus Sicht des öffentlichen Auftraggebers wirtschaftlichste Angebot zu ermitteln. Die

---

[98] OLG Brandenburg NZBau 2008, 277 (279).
[99] OLG Brandenburg NZBau 2008, 277 (279).
[100] Der Auftraggeber hat im Fall des OLG Brandenburg zunächst die Eignung bejaht und diese später nach Einreichen der auf Verlangen vorzulegenden Zuverlässigkeitsnachweise erneut geprüft und wieder bejaht!.
[101] OLG Brandenburg NZBau 2008, 277 (279).
[102] OLG Düsseldorf Beschl. v. 20.10.2008 – Verg 41/08, BeckRS 2008, 23085.
[103] EuGH Slg. 2008, I-251 Rn. 26 = NZBau 2008, 262 – Lianakis u.a., Anm. dazu von *Hölzl/Friton* NZBau 2008, 307; OLG Düsseldorf Beschl. v. 2.5.2008 – VII-Verg 26/08.
[104] BGH NZBau 2008, 505 = VergabeR 2008, 641 (643).
[105] BGH NZBau 2008, 505 = VergabeR 2008, 641 (643).
[106] BGH NZBau 2008, 505 = VergabeR 2008, 641 (643); *Gröning* NZBau 2003, 86 (90).
[107] EuGH Slg. 2008, I-251 Rn. 26 = NZBau 2008, 262 – Lianakis u.a., Anm. dazu von *Hölzl/Friton* NZBau 2008, 307; OLG Düsseldorf Beschl. v. 2.5.2008 – VII-Verg 26/08.

qualitativen Kriterien müssen jedoch mit dem Auftragsgegenstand zusammenhängen.[108] Als Zuschlagskriterien sind nach der ständigen Rechtsprechung des EuGH[109] grundsätzlich alle die Kriterien ausgeschlossen, die nicht der Ermittlung des wirtschaftlich günstigsten Angebots dienen, sondern die im Wesentlichen mit der Beurteilung der Eignung (Fachkunde, Leistungsfähigkeit, Zuverlässigkeit) der Bieter für die Ausführung des betreffenden Auftrags zusammenhängen.[110] Danach dürfen Kriterien, die sich in erster Linie auf die Erfahrung, die Qualifikation und die Mittel (Personal und Ausstattung), die geeignet sind, eine ordnungsgemäße Ausführung des Auftrags zu gewährleisten, beziehen, grundsätzlich nicht als Zuschlagskriterien vorgesehen werden. Hierzu zählen Kriterien wie die Erfahrung der Bieter, deren Personalbestand und deren Ausrüstung sowie deren Fähigkeit, den Auftrag zum vorgesehen Zeitpunkt zu erfüllen, denn es handelt sich dabei um Kriterien, die die fachliche Eignung der Bieter für die Ausführung des Auftrags betreffen.[111] Allerdings dürfen nach der RL 2014/24/EU bzw. § 58 Abs. 2 Nr. 2 VgV und § 16d EU Abs. 2 Nr. 2 lit. b VOB/A nunmehr unter bestimmten Voraussetzungen auch Eignungskriterien als Zuschlagskriterien verwendet werden. Das betrifft **die Organisation, Qualifikation und Erfahrung des mit der Ausführung des Auftrags betrauten Personals,** wenn die Qualität des eingesetzten Personals erheblichen Einfluss auf das Niveau der Auftragsausführung haben kann. Es darf jedoch weiterhin keine Doppelwertung derartiger Kriterien auf der 2. und 4. Stufe der Angebotswertung erfolgen.

39   Bestimmt ein öffentlicher Auftraggeber Eignungsmerkmale bzw. Eignungsnachweise wie Referenzen zu Zuschlagskriterien, muss er einen Bezug zum Auftrag herstellen, der die Aufstellung von unternehmensindividuellen Umständen als Zuschlagskriterien vergaberechtlich beanstandungsfrei macht.[112] Ist die Auswahl der Zuschlagskriterien fehlerhaft, untersagt die Nachprüfungsinstanz im Zuge eines Nachprüfungsverfahrens die Erteilung des Zuschlags und ordnet unter Umständen die Aufhebung und Zurückversetzung des Vergabeverfahrens an.[113]

40   **10. Newcomer.** Die Eignungskriterien Fachkunde und Leistungsfähigkeit sind in Hinblick auf sog. Newcomer nur schwer handhabbar. Bei Newcomern handelt es sich um Unternehmen, die neu in den Markt eintreten oder auf diesem erst seit kurzer Zeit aktiv sind. Solche Unternehmen verfügen naturgemäß über keine oder wenig Erfahrung und müssen erst erhebliche Investitionen tätigen, um die erforderliche Leistungsfähigkeit zu erlangen. Entsprechend fehlt es ihnen in der Regel an Referenzen über bereits erfolgreich abgewickelte Aufträge bzw. für erbrachte Leistungen. Newcomer laufen deshalb Gefahr, in Hinblick auf die Eignung gegenüber langjährig im Markt tätigen Unternehmen benachteiligt zu werden, weil sie von vornherein als ungeeignet ausgeschlossen werden.[114] Der Auftraggeber befindet sich hier in einem Dilemma.[115] Einerseits muss er die Eignung der Bieter sicherstellen, andererseits darf er den Bieterkreis nicht durch übersteigerte Kriterien so einengen, dass Newcomer von vornherein keine Chance auf den Zuschlag haben, weil das dem Wettbewerbsgrundsatz widersprechen würde. Der Auftraggeber muss in Bezug auf die Prüfung der Eignung deshalb zwischen seinem Interesse an einer möglichst großen Auswahl von Angeboten einerseits und der ordnungsgemäßen Auftragsdurchführung andererseits abwägen.[116]

41   Der Wettbewerbsgrundsatz darf anerkanntermaßen durch die Vorgabe von bestimmten Eignungsanforderungen eingeschränkt werden. Der Gesetzgeber hat dies in Bezug auf die Aufstellung der Kriterien Fachkunde und Leistungsfähigkeit in Abs. 1 und 2 sowie § 97 Abs. 4 aF bewusst in Kauf genommen. Und der EuGH hat das Kriterium der Erfahrung im Rahmen der Eignungsprüfung grundsätzlich nicht beanstandet.[117] Auch aus anderen Vorschriften des Vergaberechts ergibt sich uU eine Benachteiligung von Newcomern (vgl. zB bislang aus § 6 Abs. 3 Nr. 2 lit. a, b VOB/A).[118]

---

[108] OLG Düsseldorf Beschl. v. 28.4.2008 – Verg 1/08, BeckRS 2008, 15517.
[109] EuGH Slg. 2008, I-251 Rn. 27–30 = NZBau 2008, 262 – Lianakis u.a.; OLG Düsseldorf Beschl. v. 28.4.2008, Verg 1/08, BeckRS 2008, 15517.
[110] EuGH Slg. 2008, I-251 Rn. 30 f. = NZBau 2008, 262 – Lianakis u.a.; OLG Düsseldorf Beschl. v. 28.4.2008, Verg 1/08, BeckRS 2008, 15517.
[111] OLG Düsseldorf Beschl. v. 28.4.2008 – Verg 1/08, BeckRS 2008, 15517.
[112] OLG Düsseldorf Beschl. v. 28.4.2008 – Verg 1/08, BeckRS 2008, 15517; OLG Düsseldorf VergabeR 2004, 537 (541).
[113] OLG Düsseldorf Beschl. v. 28.4.2008 – Verg 1/08, BeckRS 2008, 15517.
[114] OLG Düsseldorf Beschl. v. 20.11.2001 – Verg 33/01, BeckRS 2013, 12918; VK Bund Beschl. v. 11.11.2002 – VK 2-82/02, IBRRS 2014, 0416.
[115] Zur „Newcomer-Problematik": Dreher/Hoffmann NZBau 2008, 545; Terwiesche VergabeR 2009, 26.
[116] VK Bund Beschl. v. 10.6.2005 – VK 2-36/05; VK Bund Beschl. v. 11.1.2005 – VK 2-220/04, IBRRS 2005, 1579; VK Bund Beschl. v. 10.12.2003 – VK 1-116/03; VK Sachsen Beschl. v. 19.7.2006 – 1/SVK/060-06, IBRRS 2006, 2374.
[117] EuGH Slg. 1988, 4658 Rn. 24 = NVwZ 1990, 353 – Beentjes.
[118] OLG Düsseldorf Beschl. v. 18.7.2001 – Verg 16/01, BeckRS 2001, 17504; VK Düsseldorf Beschl. v. 24.4.2007 – VK-11/2007-L; VK Münster Beschl. v. 20.7.2004 – VK 19/04, IBRRS 2004, 1812; VK Bund

Erforderlich ist allerdings regelmäßig eine sachliche Rechtfertigung durch den Gegenstand des Auftrags. Die von der Vergabestelle aufgestellten konkreten Unterkriterien und die zur Erfüllung dieser Kriterien geforderten spezifischen Nachweise müssen tatsächlich erforderlich sein, damit die Eignung bejaht und damit eine ordnungsgemäße Durchführung des konkreten Auftrags gewährleistet werden kann.[119] Wenn der spezifische Auftrag dies erfordert, so ist es in Ausnahmefällen sogar zulässig, die Unterkriterien der Eignungsmerkmale (zB als Mindestanforderungen) so auszugestalten, dass sehr wenige oder nur ein Unternehmen diese erfüllen kann.[120] Die Rechtsprechung hat als sachgerechte Gründe zB die Komplexität,[121] Gefährlichkeit[122] oder langjährige Dauer[123] des jeweiligen Auftrags als solche Gründe angesehen. Ebenfalls nicht beanstandet wurde, dass ein öffentlicher Auftraggeber bei der Erfüllung einer „wichtigen öffentlichen Aufgabe" die Vorlage von Referenzen privater und öffentlicher Auftraggeber verlangte.[124] Insgesamt lässt die Rechtsprechung den Vergabestellen wohl wegen des Ermessensspielraums bezüglich der Aufstellung von konkreten Eignungskriterien und der Forderung nach entsprechenden Nachweisen relativ freie Hand.[125]

Es gibt verschiedene Lösungsansätze, wie Newcomern eine aussichtsreiche Teilnahme an Vergaben ermöglicht werden kann. Dabei ist zu beachten, dass der Auftraggeber zwar die Vorlage von Nachweisen bereits durchgeführter Aufträge (Referenzen) fordern darf, um die Eignung feststellen zu können. Jedoch erlaubt § 46 Abs. 3 Nr. 1 VgV lediglich, dass geeignete und damit vergleichbare – also nicht zwingend identische – Aufträge als Nachweis gefordert werden dürfen.[126] So kann es beispielsweise bei der Vergabe von anspruchsvollen Leistungen darauf ankommen, ob diese Leistungen einen ähnlichen Schwierigkeitsgrad wie schon erbrachte Leistungen aufweisen.[127] Eine grundsätzlich Möglichkeit, auch als Newcomer die Eignungskriterien zu erfüllen, besteht darin, sich Dritter zu bedienen, die bestimmte Eignungsanforderungen erfüllen, oder aber als Teil einer Bietergemeinschaft an einer Vergabe teilzunehmen.[128] Als eine andere Lösungsmöglichkeit kommt in Betracht, nicht auf die Fachkunde des Unternehmens, sondern auf die Fachkunde der Mitarbeiter abzustellen, wenn das Unternehmen selbst noch keine vergleichbaren Leistungen erbracht hat.[129] In einigen Fällen fordert die Rechtsprechung von der Vergabestelle sogar aktive Maßnahmen, um den Unternehmen zu ermöglichen, jedenfalls in Zukunft als Auftragnehmer in Frage zu kommen.[130] Der Schutz von Newcomern geht mitunter auch sehr weit. So wurde es in einer Entscheidung für erforderlich gehalten, dass die Vergabestelle Unternehmen ermöglichen muss, die Fachkunde erst innerhalb eines angemessenen Zeitraums nach Zuschlagserteilung zu erlangen, wenn die erforderliche Fachkunde nur durch kostspielige Investitionen erlangt werden kann.[131] Die erläuterte Rechtsprechung ist mitunter problematisch, weil auf ihrer Grundlage die Standards der Eignung herabgesetzt werden und Vergabestellen zu einem Spagat gezwungen werden, der zulasten der Leistungsqualität geht. Vorzugswürdig kann vor diesem Hintergrund sein, die Fachkunde und Leistungsfähigkeit des Newcomers aus anderen unternehmensbezogenen Angaben zu beurteilen, wenn das Unternehmen keine Referenzen für die geforderten Geschäftsjahre vorlegen kann.[132] So ist die Vergabestelle auch berechtigt, sich aufgrund einer großen Vielzahl einzelner Aufträge und ggf. stichprobenhafter Referenzabfragen von der Eignung des Bieters zu überzeugen. Zudem ist entschieden worden, dass Newcomern, die noch nicht drei abgeschlossene Geschäftsjahre vorweisen können, nicht allein deshalb die Eignung abgesprochen werden dürfe.[133]

Beschl. v. 22.9.2006 – VK 1-103/06; VK Bund Beschl. v. 30.3.2006 – VK 1-13/06; VK Bund Beschl. v. 30.1.2002 – VK 01-01/02.
[119] Ähnlich auch VK Bund Beschl. v. 6.8.2004 – VK 2-94/04.
[120] OLG Düsseldorf Beschl. v. 22.9.2005 – Verg 49/05, Verg 50/05, BeckRS 2005, 13565.
[121] BayObLG Beschl. v. 9.3.2004 – Verg 20/03, BeckRS 2004, 03813; VK Brandenburg Beschl. v. 30.5.2005 – 1 VK 27/05; IBRRS 2006, 0688.
[122] OLG Düsseldorf Beschl. v. 2.1.2006 – VII-Verg 93/05, BeckRS 2006, 02917, für den Teilnahmewettbewerb.
[123] OLG Düsseldorf Beschl. v. 1.2.2006 – VII-Verg 83/05, BeckRS 2006, 02267.
[124] OLG Koblenz Beschl. v. 7.11.2007 – 1 Verg 6/07, BeckRS 2008, 08767.
[125] Zu weitgehend aber VK Düsseldorf Beschl. v. 9.3.2006 – VK-07/2006-L.
[126] So auch mwN Terwiesche VergabeR 2009, 26 (34); vgl. VK Bund Beschl. v. 13.7.2000 – VK 2-12/00; vgl. auch VHB 2008, RL zu 321 Nr. 3.
[127] Vgl. VHB 2008, RL zu 321 Nr. 3.3.
[128] Dreher/Hoffmann NZBau 2008, 545 (551); Terwiesche VergabeR 2009, 26 (34 und 37).
[129] VK Bund Beschl. v. 3.7.2007 – VK 3-64/07, IBRRS 2013, 2784; VK Südbayern Beschl. v. 27.4.2001 – 08-04/01.
[130] VK Bund Beschl. v. 11.1.2005 – VK 2-220/04, IBRRS 2005, 1579; VK Bund Beschl. v. 11.11.2002 – VK 2-82/02, IBRRS 2014, 0416; VK Hamburg Beschl. v. 19.12.2002 – VgK FB 4/02, IBRRS 2003, 0039; so wohl auch VK Sachsen Beschl. v. 19.7.2006 – 1/SVK/060-06, IBRRS 2006, 2374 und VK Sachsen Beschl. v. 21.7.2005 – 1/SVK/076-05, IBRRS 2006, 2290.
[131] VK Bund Beschl. v. 2.12.2004 – VK 2-181/04, IBRRS 2005, 0145.
[132] OLG Frankfurt a. M. Beschl. v. 1.10.2020 – 11 Verg 9/20, IBRRS 2020, 3247 = NZBau 2021, 127.
[133] VK Lüneburg Beschl. v. 18.5.2020 – VgK-06/2020, IBRRS 2020, 1998.

II. Die Regelungen des § 122 im Einzelnen

43 **1. Überblick.** Abs. 2 S. 2 Nr. 1–3 konkretisiert die Regelung des Abs. 1 und legt abschließend fest, welche **Kategorien von Eignungskriterien** zulässig sind. Der Gesetzgeber bestimmt in Abs. 2 S. 2 Nr. 1–3 nunmehr konkret, dass die vorgegebenen Eignungskriterien ausschließlich die Kategorien Fachkunde und Leistungsfähigkeit sowie die auf diesen basierenden Unterkategorien (1) Befähigung und Erlaubnis zur Berufsausübung (Abs. 1 Nr. 1), (2) die wirtschaftliche und finanzielle Leistungsfähigkeit (Abs. 1 Nr. 2), und (3) die technische und berufliche Leistungsfähigkeit (Abs. 1 Nr. 3) betreffen dürfen bzw. ihnen zugeordnet werden können müssen. Abs. 2 S. 2 Nr. 1–3 übernimmt damit die Kategorien und Unterkategorien des Art. 58 Abs. 1 RL 2014/24/EU. Die Vorschrift knüpft zwar inhaltlich an die frühere Differenzierung in die Begriffe **Fachkunde und Leistungsfähigkeit an, differenziert diese Kategorien aber wörtlich und inhaltlich neu aus.** Auch die Regelungen in der VgV, VOB/A EU, SektVO, KonzVgV und VSVgV gehen von der neuen Begrifflichkeit und den drei gebildeten Unterkategorien aus. Eignungskriterien, die nicht einer dieser Kategorien bzw. Unterkategorie zugeordnet werden können, sind nicht zulässig.

44 **2. Vergabe nur an geeignete Unternehmen (Abs. 1).** Abs. 1 bestimmt, dass öffentliche Aufträge an Unternehmen „vergeben werden", die geeignet und nicht ausgeschlossen worden sind. Abs. 1 setzt Art. 58 Abs. 1 RL 2014/24/EU um. Die Vorschrift ist in Hinblick auf ihren Wortlaut präzisierend dahingehend zu verstehen, dass öffentliche Aufträge ausschließlich an Unternehmen vergeben werden dürfen, die geeignet und nicht bereits ausgeschlossen worden sind. Das ist zudem der Kernregelungsgehalt der Vorschrift. Der Gesetzgeber macht durch Abs. 1 deutlich, dass die Frage der Zuverlässigkeit eines Unternehmens systematisch-dogmatisch keine Eignungsanforderung mehr ist. Bei der Frage des Ausschlusses eines Unternehmens aufgrund der in den §§ 123 und 124 geregelten Ausschlussgründe einerseits und der Eignung andererseits handelt es sich deshalb folgerichtig um zwei unterschiedliche Prüfungspunkte auf zwei verschiedenen Prüfungsstufen, 1. und 2. Stufe der Angebotswertung. Nach Abs. 1 geht § 122 grundsätzlich von einer konkreten Prüfung der Eignung für jeden einzelnen zu vergebenden Auftrag aus, erlaubt jedoch in Abs. 3 auch Präqualifizierungssysteme und damit die Feststellung einer „generellen" Eignung für die vom Präqualifizierungssystem erfassten Leistungen.

45 **3. Zulässige Kategorien von Eignungskriterien (Abs. 2).** Weiterführende Regelungen zu den zulässigen Eignungskriterien enthalten die § 44 VgV Befähigung und Erlaubnis zur Berufsausübung, § 45 VgV Wirtschaftliche und finanzielle Leistungsfähigkeit und § 46 VgV Technische und berufliche Leistungsfähigkeit.

46 **a) Befähigung und Erlaubnis zur Berufsausübung.** § 122 Abs. 2 Nr. 1 setzt Art. 58 Abs. 1 lit. a RL 2014/24/EU iVm Art. 58 Abs. 3 RL 2014/24/EU um. Öffentliche Auftraggeber dürfen danach Bewerbern und Bietern vorschreiben, dass sie in einem in Anhang XI RL 2014/24/EU genannten **Berufs- oder Handelsregister ihres Niederlassungs- bzw. Herkunftsmitgliedstaats** verzeichnet sein müssen, wenn dies im Herkunftsstaat Voraussetzung für die Ausübung der betreffenden Dienstleistungen ist. Das bedeutet, dass der öffentliche Auftraggeber bei der Vergabe öffentlicher Dienstleistungsaufträge von den Bewerbern/Bietern den Nachweis ihrer Berechtigung oder Mitgliedschaft verlangen kann, wenn die betreffenden Wirtschaftsteilnehmer in ihrem Herkunftsmitgliedstaat eine bestimmte Berechtigung besitzen oder Mitglieder einer bestimmten Organisation sein müssen, um die betreffende Dienstleistung in ihrem Herkunftsmitgliedstaat erbringen zu können. Sinn und Zweck dieses Nachweises ist, dass der öffentliche Auftraggeber eine **verlässliche Auskunft über die Existenz** und sonstige wichtige **Rechts- und Vertretungsverhältnisse** des Unternehmens erhält (vgl. § 11 GmbHG, Rechtszustand vor der Eintragung). Die Berufs- oder Handelsregister enthalten jedoch keine Angaben zur Fachkunde und Leistungsfähigkeit des betreffenden Unternehmens. Öffentliche Auftraggeber dürfen damit gerade nicht die Befähigung und Erlaubnis zur Berufsausübung im Mitgliedstaat des Auftraggebers zur Grundlage dieses Eignungskriteriums machen, wenn dies im Herkunftsstaat keine Voraussetzung ist. Das sog. **Herkunftslandprinzip** ist eine der wesentlichen Voraussetzungen für die Unterbindung einer Diskriminierung aufgrund des Sitzes bzw. der Niederlassung des Unternehmens.[134]

47 Die Ausgestaltung dieses Prinzips erfolgt in § 44 VgV (Befähigung und Erlaubnis zur Berufsausübung) und § 6a EU Nr. 1 VOB/A. Ausschließlich die VgV nimmt jedoch Bezug auf das Verzeichnis in Anhang XI RL 2014/24/EU. Die VOB/A EU enthält keinen entsprechenden Verweis und bezieht sich auch selbst nicht auf die Eintragung in ein Berufs- und Handelsregister oder eine

---

[134] Hausmann/v. Hoff in KKPP GWB Rn. 20 ff.

Handwerksrolle des Sitzes oder Wohnsitzes. Fordert der öffentliche Auftraggeber keine besondere Form, reicht neben der Vorlage einer Abschrift der Handelsregistereintragung (vgl. § 9 HGB, Einsichtnahme in das Handelsregister und das Unternehmensregister) oder einer Bestätigung der Eintragung durch das registerführende Amtsgericht (vgl. § 9 HGB, Einsichtnahme in das Handelsregister und das Unternehmensregister) auch ein Ausdruck über die „Wiedergabe des aktuellen Registerinhalts" bzw. eine **Fotokopie** des Ausdrucks als gleichwertiger Nachweis. Verfasser eines solchen Ausdrucks ist ebenso wie bei der (beglaubigten) Kopie aus dem Handelsregisterauszug das zuständige Amtsgericht, sodass der Ausdruck in gleichem Maße wie die Kopie als sog. Fremdbeleg die Richtigkeit der darin enthaltenen Angaben belegt. Zwingende Voraussetzung für die Anerkennung als Nachweis ist die Aussage aus dem Dokument, dass der Bewerber unter seiner Firma zB im Handelsregister tatsächlich eingetragen ist. Der Auftraggeber darf zur Erhöhung der Glaubwürdigkeit auch verlangen, dass der Handelsregisterauszug in **beglaubigter Form** eingereicht wird. Bei der Einreichung eines Handelsregisterauszuges ist zu beachten, ob der Auftraggeber einen Auszug fordert, der nicht älter als ein **bestimmtes Datum** sein darf oder ob lediglich nach einem **aktuellen** Handelsregisterauszug gefragt ist. Sofern letzteres der Fall ist, reicht es aus, dass der Auszug die aktuellen Gegebenheiten darstellt, unabhängig vom Zeitpunkt seiner Erstellung. Abs. 2 Nr. 1 ist **abschließend.** Der öffentliche Auftraggeber darf von Bewerbern/Bietern deshalb nicht fordern, in Hinblick auf die Befähigung und Erlaubnis zur Berufsausübung weitere oder andere Nachweise zu erbringen, wie beispielsweise die Mitgliedschaft in einer bestimmte Innung, wenn diese im Herkunftsland keine Voraussetzung für die Berufsausübung ist.

b) Wirtschaftliche und finanzielle Leistungsfähigkeit. aa) Leistungsfähigkeit. Die Leistungsfähigkeit unterteilt sich in einzelne Fallgruppen. Leistungsfähig ist ein Bewerber, dessen Betrieb über die **personellen, kaufmännischen, technischen, wirtschaftlichen und finanziellen Mittel** verfügt, um den konkret zu vergebenden Auftrag fachlich einwandfrei und fristgerecht ausführen zu können, und der in der Lage ist, seine Verbindlichkeiten zu erfüllen.[135] Bei der Leistungsfähigkeit handelt es sich im Unterschied zu den Merkmalen der Fachkunde und der Zuverlässigkeit, die sich auf Umstände in der Person des Bewerbers beziehen, um ein sach- bzw. betriebsbezogenes Eignungskriterium.[136] Der Begriff der Leistungsfähigkeit stellt auf den Betrieb des Bewerbers/Bieters ab, das heißt darauf, ob dessen Umfang und Ausstattung sowie seine Kapazitäten ausreichen, den konkret zu vergebenden Auftrag ohne Schwierigkeiten auszuführen. Bei der Bewertung der Leistungsfähigkeit handelt es sich um eine Prüfung, die auf Erfahrungswerten der Vergangenheit beruht und auf der Grundlage von bewerberbezogenen Kriterien erfolgt. Dem Bieter steht es frei, seine Leistungsfähigkeit durch Beauftragung von Nachunternehmern zu erhöhen. Der Auftraggeber ist allerdings berechtigt, sich nachweisen zu lassen, dass der Bieter in der Lage ist, diese sachgerecht zu koordinieren.[137]

Die Rechtsprechung entwickelte darüber hinaus in Form der **rechtlichen Leistungsfähigkeit** eine weitere Kategorie.[138] Weder in der früheren Vergabe-RL 2004 und Sektoren-RL 2004 noch in den Richtlinien 2014/24/EU und 2014/25/EG noch in den §§ 123 und 124 ist die rechtliche Leistungsfähigkeit – bzw. umgekehrt die rechtliche Unmöglichkeit der Leistungserbringung – als ein Element der Eignungsprüfung ausdrücklich angesprochen. Der Vergabesenat hält einen Ausschlussgrund in Gestalt der rechtlichen Leistungsfähigkeit neuerdings deshalb für unzulässig.[139] Die Prüfung der rechtlichen Leistungsfähigkeit und ggf. eine Ausschluss des Angebots ist jedoch nicht unzulässig, weil es sich lediglich um eine Ausdifferenzierung des Kriteriums Leistungsfähigkeit handelt. So gaben § 16 EG Abs. 2 Nr. 1 und Abs. 3 VOB/A und § 19 EG Abs. 5 VOL/A vor, dass bei der Auswahl der für den Zuschlag in Betracht kommenden Angebote nur Bieter zu berücksichtigen sind, die für die Erfüllung der vertraglichen Verpflichtungen die erforderliche Fachkunde, Leistungsfähigkeit und Zuverlässigkeit besitzen. Können Dritte etwa aufgrund des Schutzes des geistigen Eigentums Unterlassungsansprüche erfolgreich geltend machen, so kann ein Bieter nicht als geeignet angesehen werden, weil er rechtlich daran gehindert werden kann, die Leistung auszuführen. Die am Vergabeverfahren beteiligten Unternehmen haben Anspruch

---

[135] MwN OLG Celle Beschl. v. 11.6.2015 – 13 Verg 4/15, IBRRS 2015, 2049; OLG Karlsruhe Beschl. v. 4.5.2012 – 15 Verg 3/12, BeckRS 2012, 210467; VK Düsseldorf Beschl. v. 21.1.2009 – VK-43/2008-L, IBRRS 2009, 1091; VK Schleswig-Holstein Beschl. v. 27.1.2009 – VK-SH 19/08, BeckRS 2009, 05399; VK Sachsen Beschl. v. 3.11.2005 – 1/SVK/125-05, BeckRS 2006, 09227; vgl. VK Düsseldorf Beschl. v. 21.1.2009 – VK-43/2008-L, IBRRS 2009, 1091.
[136] OLG Celle Beschl. v. 11.6.2015 – 13 Verg 4/15, IBRRS 2015, 2049.
[137] OLG Celle Beschl. v. 14.3.1994 – 14 U 57/93, LSK 1994, 480181.
[138] OLG Düsseldorf NJOZ 2005, 2672 (2677); VK Sachsen Beschl. v. 3.11.2005 – 1/SVK/125-05, BeckRS 2006, 09227; VK Düsseldorf Beschl. v. 2.5.2006 – VK-17/2006-B.
[139] OLG Düsseldorf Beschl. v. 14.10.2020 – Verg 36/19, IBRRS 2020, 0329.

darauf, dass der Auftraggeber die Leistungsfähigkeit konkurrierender Bieter namentlich dann, wenn sich hierzu ein besonderer Anlass bietet, im Rahmen zB des früheren § 19 EG Abs. 5 VOL/A auch im Rechtssinn überprüft.[140] In Fällen, in denen offensichtliche Zweifel an dem rechtmäßigen Handeln des Bieters angebracht sind, hat der Auftraggeber eine erhöhte Prüfungspflicht. Bei der Überprüfung der Eignung des Bieters dürfen die Vergabenachprüfungsinstanzen nur beurteilen, ob unter dem Blickwinkel einer Zukunftsprognose der Auftraggeber nicht von sach- oder rechtswidrigen Erwägungen ausgegangen ist.[141]

50   Rechtlich leistungsfähig ist ein Bieter, wenn er auch unter rechtlichen Gesichtspunkten in der Lage ist, die Leistung zu erbringen.[142] Insbesondere kann die Eignungsprüfung auch die Prüfung patentrechtlicher und anderer komplexer Rechtsfragen umfassen.[143] Das ergab sich bislang aus § 16 Abs. 2 Nr. 1 S. 2 VOB/A bzw. § 19 EG Abs. 5 VOL/A. Danach durfte der Auftraggeber nur solche Bieter in die engere Wahl nehmen, die „für die Erfüllung der (noch einzugehenden) vertraglichen Verpflichtungen" fachkundig, leistungsfähig und zuverlässig sind. Der Wortlaut der Normen schränkte die Prüfungsmöglichkeiten und -obliegenheiten des Auftraggebers im Hinblick auf die genannten Merkmale nicht ein. Insbesondere ist auch nach dem Normzweck der Begriff der Leistungsfähigkeit in einem umfassenden Sinn zu verstehen. Er erstreckte sich auf sämtliche Umstände, die Aufschluss darüber geben, ob ein Bieter bei vorausschauender Betrachtungsweise in der Lage sein wird, die ihm durch einen Zuschlag und entsprechenden Vertragsabschluss erwachsenden Verpflichtungen zu erfüllen.[144] Zutreffend hält der Vergabesenat des OLG Düsseldorf es für „geradezu widersinnig", eine Zuschlagserteilung gutzuheißen, obwohl der Auftraggeber weiß, damit rechnet oder es aufgrund ihm erkennbarer Anhaltspunkte für möglich hält, ein Bieter werde aufgrund rechtlicher Hindernisse nicht vertragsgemäß leisten können.[145]

51   In neuerer Zeit ist die sog. **sprachliche Leistungsfähigkeit** als Ausformung der Leistungsfähigkeit hinzugekommen. Fordert der Auftraggeber, dass der Auftragnehmer sicherzustellen hat, dass mit den Arbeitnehmern des Auftragnehmers jederzeit problemlos eine Verständigung in deutscher Sprache möglich ist, stellt der bloße Hinweis auf eine Verständigungsmöglichkeit über einen Dolmetscher ohne eine irgendwie geartete Konkretisierung dieser Möglichkeit keine Sicherstellung der Verständigung dar.[146] Aus der Auslegung einer derartigen Forderung des Auftraggebers folgt, dass eine Verständigung vermittels Dolmetschers den Anforderungen dieser Regelung auch bei Konkretisierung der Person des Dolmetschers im Vorhinein nicht genügt. Denn eine Verständigung vermittels Dolmetschers ist zwischen Personen, die nicht dieselbe Sprache sprechen, naturgemäß immer möglich. Der Sinn einer solchen Forderung ist es aber offensichtlich, die Qualität der Verständigungsmöglichkeit über das naturgemäß vorhandene Maß hinaus zu erhöhen. Andernfalls wäre die Regelung überflüssig und es ist nicht anzunehmen, dass die Vergabestelle überflüssige Regelungen in ihre Vertragsbedingungen aufnehmen wollte. Auch der nachdrückliche Charakter des Wortlautes der Vertragsbedingung (*„jederzeit problemlos, sicherstellen"*) gibt zu erkennen, dass die Vergabestelle hier nichts Substanzloses regeln wollte. Im Übrigen kann von einer „jederzeitigen" Verständigungsmöglichkeit dann keine Rede sein, wenn der Bieter keinen hausinternen und damit stets verfügbaren Dolmetscher oder Mitarbeiter mit hinreichenden Sprachkenntnissen hat. So könnte ein Anruf zur Meldung einer Störung sprachlich nicht verstanden werden, wenn der Mitarbeiter, der das Gespräch auf der Seite der Beigeladenen entgegennimmt, nicht hinreichend Deutsch versteht und auch keinen Kollegen, der Deutsch spricht, an das Telefon bitten kann. In einem solchen Fall müsste die Beigeladene zunächst einen auswärtigen Dolmetscher suchen und herbeirufen. Das hätte regelmäßig eine zeitliche Verzögerung zur Folge, und zwar auch dann, wenn ein Dolmetscher in der Nähe des Geschäftssitzes des Unternehmens erreichbar und umgehend verfügbar ist. Eine deutschsprachige Mitarbeiterin aus dem Managementbereich des Unternehmens am Geschäftssitz ermöglicht keine „problemlose Verständigung in deutscher Sprache". Dies gilt insbesondere im Hinblick auf ggf. entsandte Wartungsmitarbeiter vor Ort. Dabei ist der Einwand, dass Vororteinsätze von Wartungspersonal selten vorkämen, unerheblich, wenn nach der genannten Anforderung die Kommunikationsmöglichkeit in deutscher Sprache „jederzeit" sicherzustellen ist.

---

[140] OLG Karlsruhe Beschl. v. 4.5.2012 – 15 Verg 3/12, BeckRS 2012, 210467; VK Baden-Württemberg Beschl. v. 10.9.2009 – 1 VK 41/09, IBRRS 2010, 0129; OLG Düsseldorf Beschl. v. 21.2.2005 – VII Verg 91/04; 1. VK Sachsen NJOZ 2005, 2672.
[141] 1. VK Sachsen Beschl. v. 15.8.2013 – 1/SVK/024-13, BeckRS 2014, 02655.
[142] OLG Düsseldorf NJOZ 2005, 2672 (2678); VK Sachsen Beschl. v. 3.11.2005 – 1/SVK/125-05, BeckRS 2006, 09227; VK Düsseldorf Beschl. v. 2.5.2006 – VK-17/2006-B.
[143] OLG Düsseldorf NJOZ 2005, 2672 (2677 und 2679).
[144] OLG Düsseldorf NJOZ 2005, 2672 (2678).
[145] OLG Düsseldorf NJOZ 2005, 2672 (2678).
[146] KG Beschl. v. 21.11.2014 – Verg 22/13, BeckRS 2015, 00145.

Dem Bieter steht es frei, seine Leistungsfähigkeit durch Beauftragung von Nachunternehmern zu erhöhen. Der Auftraggeber ist allerdings berechtigt, sich nachweisen zu lassen, dass der Bieter in der Lage ist, diese sachgerecht zu koordinieren.[147]

Der Auftraggeber muss bei der Prüfung der Leistungsfähigkeit grundsätzlich auch den Aspekt der **verbrauchten Leistungsfähigkeit** berücksichtigen. Die generelle Berücksichtigung des Aspektes der verbrauchten Leistungsfähigkeit durch Beteiligung an mehreren, parallel laufenden Vergabeverfahren ist allerdings zweifelhaft.[148] Folgt man dieser Argumentation, so müsste jeder Auftraggeber die parallele Beteiligung eines Bieters an anderen Vergabeverfahren zum Anlass für Zweifel an der Leistungsfähigkeit des Bieters nehmen mit der Folge, dass der betreffende Bieter in keinem der zeitlich parallel laufenden Vergabeverfahren den Zuschlag erhalten dürfte. Auch wäre eine Berücksichtigung des Engagements von Bietern in mehreren Vergabeverfahren rein spekulativ. Eine Berücksichtigung von rein spekulativen Auslastungen des Bieters durch noch nicht erteilte Aufträge anderer Auftraggeber wäre durch das dem Auftraggeber bei der Eignungsüberprüfung eingeräumte Ermessen nicht gedeckt und verstieße im Übrigen auch gegen das Transparenzgebot gem. § 97 Abs. 1 und das Diskriminierungsverbot gem. § 97 Abs. 2. Die Berücksichtigung des Aspekts des Verbrauchs der Leistungsfähigkeit kommt überhaupt nur in Betracht, soweit zB ausgeschriebene Dienstleistungen durch das Vorhalten technischer oder personeller Kapazitäten geprägt sind, die für den Bieter im Zeitraum zwischen Zuschlagserteilung und Beginn des Vertragszeitraums nicht ohne Weiteres zu beschaffen sind.[149] Im Bereich der Entsorgungsdienstleistungen kann dies zB der Fall sein, wenn der Bieter Deponiekapazitäten einbringen muss, die er weder unmittelbar selbst noch über Verträge mit Deponiebetreibern nachweisen kann. Da Deponiekapazitäten nicht ohne Weiteres beliebig oder kurzfristig erweiterbar sind, kann dies dazu führen, dass ein Bieter sich mit zu vielen Aufträgen übernimmt und dass die Eignung eines Bieters trotz offensichtlich vorhandener Fachkunde und Zuverlässigkeit am Kriterium der Leistungsfähigkeit scheitert, weil ein wesentlicher Kapazitätsnachweis nicht erbracht werden kann.

Unionsrechtliche Vorgaben für das Kriterium Leistungsfähigkeit ergaben sich bislang aus Art. 47 und 48 Vergabe-RL 2004. Art. 47 Vergabe-RL 2004 legte die Grundlage für die Prüfung des Teilaspekts der wirtschaftlichen und finanziellen Leistungsfähigkeit fest, wozu auch die kaufmännische Leistungsfähigkeit gehört. Da sich schon aus dem Wortlaut des Art. 47 Abs. 1 Vergabe-RL 2004 („in der Regel") ergab, dass die Auflistung möglicher Nachweise nicht abschließend zu verstehen war, blieb dem nationalen Gesetzgeber ebenso wie dem öffentlichen Auftraggeber ein Spielraum.

bb) Wirtschaftliche und finanzielle Leistungsfähigkeit. Eine nach Abs. 2 Nr. 2 zulässige Eignungsvorgabe ist die wirtschaftliche und finanzielle Leistungsfähigkeit. Abs. 2 Nr. 2 setzt Art. 58 Abs. 1 lit. b RL 2014/24/EU iVm Art. 58 Abs. 3 RL 2014/24/EU um. Auftraggeber dürfen durch die Vorgabe von entsprechenden Anforderungen sicherstellen, dass Bewerber/Bieter über die für die Erbringung der zu vergebenden Leistungen erforderlichen wirtschaftlichen und finanziellen Kapazitäten verfügen. Weitergehende Regelungen enthalten ua § 45 VgV und § 6a EU Nr. 2 VOB/A.

Wirtschaftlich bzw. finanziell leistungsfähig ist ein Unternehmen, wenn es über ein Betriebskapital verfügt, das es ihm ermöglicht, seinen Verpflichtungen gegenüber Auftragnehmern, Lieferanten, Arbeitnehmern, dem Staat (Fiskus) und sonstigen Gläubigern nachzukommen.[150] Das Unternehmen muss insbesondere seinen gesetzlichen Verpflichtungen nachgekommen sein, wozu vor allem die Entrichtung von Steuern und sonstigen Abgaben gehören. Abzustellen ist auf die **finanzielle Leistungsfähigkeit im Einzelfall**.[151] **Allein das Bestehen offener Forderungen** kann ohne weitere Umstände **keine mangelnde Eignung** im vergaberechtlichen Sinn **begründen**.[152] Gleichfalls ist eine Insolvenz in Eigenverwaltung nicht als zwingender Ausschlussgrund beurteilt worden; im Falle der Insolvenz eines Bietergemeinschaftsmitglieds müsse der Auftraggeber die Leistungsfähigkeit der gesamten Bietergemeinschaft anhand einer einzelfallbezogenen Prognoseentscheidung überprüfen.[153] Gemäß § 124 Abs. 1 Nr. 2 kann jedoch ein Ausschluss erfolgen, wenn das Unternehmen zahlungsunfähig ist, über das Vermögen des Unternehmens ein Insolvenzverfahren

---

[147] OLG Celle LSK 1994, 480181.
[148] VK Lüneburg Beschl. v. 14.5.2004 – 203-VgK-13/2004, IBRRS 2004, 2023; 1. VK Sachsen Beschl. v. 27.3.2006 – 1/SVK/021-06, IBRRS 2006, 1441.
[149] VK Lüneburg Beschl. v. 8.5.2006 – VgK-07/2006, IBRRS 2006, 1679; iErg ebenso 3. VK Bund Beschl. v. 30.3.2011 – VK 3-18/11, IBRRS 2013, 2447.
[150] OLG Celle Beschl. v. 11.6.2015 – 13 Verg 4/15, IBRRS 2015, 2049; OLG Düsseldorf NJOZ 2007, 5321 (5326); VK Sachsen Beschl. v. 3.11.2005 – 1/SVK/125-05, BeckRS 2006, 09267.
[151] VK Baden-Württemberg Beschl. v. 9.4.2013 – 1 VK 08/13, IBRRS 2013, 1924; VK Bund Beschl. v. 10.2.2004 – VK 2-150/03; VK Sachsen Beschl. v. 3.11.2005 – 1/SVK/125-05, BeckRS 2006, 09267.
[152] 1. VK Bund Beschl. v. 4.10.2011 – VK 1-120/11, BeckRS 2012, 13802.
[153] VK Lüneburg Beschl. v. 18.5.2020 – VgK-07/2020, IBRRS 2020, 1934.

oder ein vergleichbares Verfahren beantragt oder eröffnet worden ist, die Eröffnung eines solchen Verfahrens mangels Masse abgelehnt worden ist, sich das Unternehmen im Verfahren der Liquidation befindet oder seine Tätigkeit eingestellt hat (fakultativer Ausschlussgrund).[154] Die kaufmännische Leistungsfähigkeit erfüllt ein Unternehmen, wenn es in Übereinstimmung mit den einschlägigen kaufmännischen Bestimmungen geführt wird. Finanziell leistungsfähig ist ein Unternehmen, wenn es über ein Betriebskapital verfügt, das es ihm ermöglicht, seinen Verpflichtungen gegenüber Auftragnehmern, Lieferanten, Arbeitnehmern, dem Staat (Fiskus) und sonstigen Gläubigern nachzukommen.[155]

57 Für den Nachweis der wirtschaftlichen und finanziellen Leistungsfähigkeit dürfen öffentliche Auftraggeber die Angabe des **Jahresumsatzes, des Umsatzes mit den auftragsgegenständlichen Leistungen** sowie die Vorlage von Informationen über **Bilanzen, Nachweise über Berufs- und Betriebshaftpflichtversicherungen in geeigneter Höhe** verlangen. Der europäische und deutsche Gesetzgeber haben nunmehr geregelt, dass der geforderte Mindestumsatz das Zweifache des geschätzten Auftragswerts (bei losweiser Vergabe des Auftragswertes eines Loses) nur in hinreichend begründeten und im Vergabevermerk dokumentierten Ausnahmefällen übersteigen soll. Das bedeutet zB, dass ein Bieter unter dem Aspekt des Mindestumsatzes nicht geeignet ist, wenn der Auftraggeber einen durchschnittlichen Mindestumsatz je Geschäftsjahr in Höhe von 4 Mio. EUR je Los und bei einer Bewerbung auf zwei Lose den doppelten Mindestumsatz verlangt, wenn er nicht 8 Mio. EUR durchschnittlichen Mindestumsatz pro Jahr nachweisen kann.[156] Neu ist auch der Hinweis auf die Prüfung des Verhältnisses zwischen Vermögen und Verbindlichkeiten eines Unternehmens. Der Auftraggeber kann für den Nachweis der wirtschaftlichen und finanziellen Leistungsfähigkeit die Vorlage von **Unbedenklichkeitsbescheinigungen** verlangen. In der Praxis kommt dies beispielsweise bei großen Infrastrukturprojekten vor. **Unbedenklichkeitsbescheinigungen** des zuständigen Finanzamtes, der Krankenkasse sowie der Berufsgenossenschaft geben Aufschluss darüber, ob der Bieter jeweils seiner Verpflichtung zur Entrichtung von Steuern, Krankenkassen- und Berufsgenossenschaftsbeiträgen nachgekommen ist. Sie lassen daher erkennen, ob er über die erforderlichen finanziellen Mittel verfügt und seinen Verpflichtungen regelmäßig nachkommt, denn die Nichtzahlung oder die säumige Zahlung von Steuern mit einem Auflaufenlassen von Steuerrückständen ist ein Indiz für das Fehlen genügender wirtschaftlicher Leistungsfähigkeit.[157] Der Nachweis einer Betriebshaftpflichtversicherung stellt eine zulässige Mindestanforderung in Bezug auf die Eignung der Bewerber dar, die zwingend vorliegen muss.[158] Bei der Prüfung von Bescheinigungen über das Bestehen bestimmter Versicherungen muss insbesondere bei Konzernunternehmen darauf geachtet werden, dass die betreffende Versicherung auch für dieses bestimmte Unternehmen besteht.

58 Dem Auftraggeber ist für die Wertung der finanziellen Leistungsfähigkeit ein Beurteilungsspielraum eingeräumt, den er nur im Fall ungewöhnlich niedriger Preise nach VOB/A und VgV prüfen muss. Dieser Spielraum ist durch die Vergabenachprüfungsinstanzen nur begrenzt nachprüfbar. Eine Überschreitung kann nur angenommen werden, wenn das vorgeschriebene Verfahren nicht eingehalten wird, nicht von einem zutreffend oder vollständig ermittelten Sachverhalt ausgegangen wird, sachwidrige Erwägungen in die Wertung einbezogen werden oder der sich im Rahmen der Beurteilungsermächtigung haltende Beurteilungsmaßstab nicht zutreffend angewandt wird.[159] Rückschlüsse von der Wahl der Rechtsform auf die (finanzielle) Leistungsfähigkeit eines Bieters sind generell unzulässig. Dies gilt auch für einen Bieter in der Rechtsform der Unternehmergesellschaft (§ 5a GmbHG) mit einem Stammkapital von nur 60,00 EUR.[160] Schließlich können auch Einzelkaufleute oder Handelsgesellschaften ohne Weiteres als Bewerber oder Bieter an einem Vergabeverfahren teilnehmen. Eine Bankauskunft ist insgesamt betrachtet positiv zu bewerten, wenn sie die Aussage enthält, dass die Geschäftsverbindung bereits seit zwölf Jahren besteht und die Konten absprachegemäß geführt werden, was keinesfalls ein Indiz für eine mangelnde finanzielle Leistungsfähigkeit ist, im Gegenteil, und die Auskunft weiter die Aussage enthält, dass die Gesamtverhältnisse einen geordneten Eindruck machen, dass nichts Nachteiliges bekannt sei und eingegangene Verpflichtungen, soweit sie der Bank bekanntgeworden seien, immer erfüllt worden seien.[161] Positiv ist auch die Information,

---

[154] EuGH Urt. v. 28.3.2019 – C-101/18, IBRRS 2019, 1072 hat Gestaltungsspielraum der Mitgliedstaaten für fakultative Ausschlussgründe bestätigt.
[155] OLG Düsseldorf NJOZ 2007, 5321 (5326); VK Sachsen Beschl. v. 3.11.2005 – 1/SVK/125-05, BeckRS 2006, 09227.
[156] VK Bund Beschl. v. 9.7.2020 – VK 2-47/20, IBRRS 2020, 3444.
[157] VK Schleswig-Holstein Beschl. v. 28.1.2008 – VK-SH 27/07, BeckRS 2008, 20183.
[158] VK Westfalen Beschl. v. 19.7.2019 – VK 2-13/19, IBBRS 2019, 2258.
[159] OLG Celle Beschl. v. 11.6.2015 – 13 Verg 4/15, BeckRS 2015, 11003.
[160] VK Hessen Beschl. v. 30.1.2013 – 69d VK-52/2012, IBRRS 2013, 3761.
[161] VK Baden-Württemberg Beschl. v. 2.9.2013 – 1 VK 27/13, BeckRS 2014, 16035.

dass größere Umsätze getätigt werden. Das deutet darauf hin, dass das Unternehmen aktiv tätig ist. Der Umstand, dass Scheck-/Lastschriftrückgaben vorgekommen seien, lässt im Hinblick auf die Gesamtbeurteilung keine Wertung dahingehend zu, dass ein Unternehmen finanziell nicht geeignet sei; zum einen ist hier die Häufigkeit zu berücksichtigen; zudem gibt es eine Vielzahl von Gründen für die Nichteinlösung von Lastschriften oder Schecks, von der fehlenden Kontendeckung bis zur berechtigten Sperre durch den Kontoinhaber.[162] Die Handelsbilanz ermöglicht keine Aussage über die tatsächliche finanzielle Leistungsfähigkeit eines Unternehmens.[163] Eine bilanzielle Überschuldung (§ 19 InsO) lässt sich auf dieser Grundlage nicht feststellen. Der Ausweis eines Fehlbetrages in der Bilanz lässt keine Rückschlüsse darauf zu, ob das Unternehmen tatsächlich überschuldet ist. Weist die Handelsbilanz einen nicht durch Eigenkapital gedeckten Fehlbetrag aus (§ 268 Abs. 3 HGB), kann zwar Anlass zu einer Überschuldungsprüfung bestehen, präjudizielle Bedeutung hat dies aber nicht, nicht einmal der vollständige Verlust des Eigenkapitals in der Handelsbilanz.

c) Technische und berufliche Leistungsfähigkeit. Die Kategorien Fachkunde und Leistungsfähigkeit lassen sich ferner in die Unterkategorien „technische und berufliche Leistungsfähigkeit" ausdifferenzieren. Die technische Leistungsfähigkeit bezieht sich auf die Ausstattung des Unternehmens mit dem erforderlichen Gerät, die berufliche Leistungsfähigkeit auf die Fachkunde, dh Ausbildung und Erfahrung des Personals. „Technisch" ist hier nicht im Sinne des engen naturwissenschaftlichen Technikbegriffs zu verstehen, wie er unter anderem im Duden definiert ist, sondern meint die praktische Leistungserbringung. „Technische und berufliche Leistungsfähigkeit" bezieht sich damit nicht auf „Techniker" im engeren Sinne, sondern auf die Eignung der Personen, welche die Erbringung der Leistung beim Auftragnehmer steuern, lenken und organisieren sowie auf solche Personen, welche die Leistung tatsächlich erbringen. Die **technische und berufliche Leistungsfähigkeit** ist gegeben, wenn der Betrieb des Bewerbers/Bieters über alle zur Ausführung des Auftrages notwendigen Gerätschaften, Werkzeuge und das erforderliche Personal etc verfügt. Die technische Leistungsfähigkeit in Form der personellen Leistungsfähigkeit ist gegeben, wenn das betreffende Unternehmen über eine ausreichende Zahl an fachlich geeigneten gewerblichen und kaufmännischen Mitarbeitern verfügt. Es ist für die Beurteilung der Leistungsfähigkeit des Bieters unerheblich, ob diese bereits im Eigentum bzw. Besitz des Unternehmens stehen oder erst noch angemietet werden müssen. Das Eignungskriterium der technischen und beruflichen Leistungsfähigkeit ermöglicht den Auftraggebern, die erforderlichen Anforderungen dahingehend zu stellen, dass die Bewerber/Bieter über die erforderlichen personellen und technischen Ressourcen und Erfahrungen verfügen, um die zu vergebenden Leistungen in ordnungsgemäßer bzw. angemessener Qualität erbringen zu können. Ein Bewerber/Bieter verfügt nicht über die erforderliche technische und berufliche Leistungsfähigkeit, wenn er **Interessen** hat, die **mit der Ausführung des Auftrags in Widerspruch stehen** und die Ausführung des Auftrags nachteilig beeinflussen könnten.[164] Der Katalog der Nachweise, die zum Nachweis der technischen und beruflichen Leistungsfähigkeit gefordert werden dürfen, ist abschließend in Anhang XII RL 2014/24/EU geregelt. § 46 VgV **und § 6a EU Nr. 3 VOB/A und § 6c VOB/A** konkretisieren die Anforderungen an die technische und berufliche Leistungsfähigkeit.

Fachkundig bzw. beruflich leistungsfähig ist ein Bewerber, der über die speziellen objektbezogenen Sachkenntnisse, Erfahrungen und Fertigkeiten verfügt, die erforderlich sind, um eine Leistung fachgerecht vorbereiten und ausführen zu können. Das Kriterium Fachkunde bezieht sich nicht auf das Unternehmen als solches. Bei der Fachkunde handelt es sich vielmehr um ein personenbezogenes Merkmal. Es kommt jedoch weniger auf bestimmte Bildungsabschlüsse an als auf konkrete Erfahrungen mit Projekten, die mit dem zu vergebenden Auftrag vergleichbar sind. Dafür kommt es nicht zwingend auf den Inhaber oder die Geschäftsleitung des Unternehmens an, vielmehr kann sich die Fachkunde auch aufgrund der Personen ergeben, die technisch und kaufmännisch für das bestimmte Projekt verantwortlich sein sollen. Das für die Auftragsausführung verantwortliche Personal des Unternehmens muss die technischen Kenntnisse, Erfahrungen und Fertigkeiten aufweisen, die Gewähr dafür bieten, dass der Auftrag ordnungsgemäß durchgeführt werden wird.[165]

Aus der Personenbezogenheit des Merkmals Fachkunde folgt, dass ein Unternehmen zum Nachweis seiner Fachkunde auf Referenzanlagen des Fertigungsbereichs eines von ihm (teilweise) übernommenen Unternehmens zurückgreifen bzw. verweisen darf. Voraussetzung dafür ist jedoch, dass der für die Ausführung dieser Referenzanlagen maßgeblich verantwortliche Personenkreis in Folge der Übernahme bei dem (übernehmenden) Unternehmen beschäftigt ist.[166] Aus der Personen-

---

[162] VK Baden-Württemberg Beschl. v. 2.9.2013 – 1 VK 27/13, BeckRS 2014, 16035.
[163] OLG Celle Beschl. v. 11.6.2015 – 13 Verg 4/15, BeckRS 2015, 11003; VK Niedersachsen Beschl. v. 6.3.2015 – VgK -02/2015, BeckRS 2015, 12751.
[164] *Hausmann/von Hoff* in KKPP GWB Rn. 22.
[165] *Burgi* VergabeR 2007, 457 (466).
[166] VK Südbayern Beschl. v. 27.4.2001 – 08-04/01 (Ls. 4).

bezogenheit des Merkmals folgt zudem, dass ein Unternehmen die notwendige Fachkunde auch dadurch erlangen kann, dass es erfahrenes Personal einstellt oder entsprechend fachkundige Nachunternehmer einschaltet.[167] Zu beachten ist, dass immer die vollen Anforderungen der Fachkunde zu erbringen sind. Unternehmensleitung und Mitarbeiter können auch dann als ungeeignet eingestuft und das Angebot deshalb ausgeschlossen werden, wenn deren Fachkunde nur teilweise fehlt.[168] Für die Qualifizierung als nicht geeignet genügt in diesem Punkt vielmehr bereits, dass eine wesentliche Teilleistung wegen mangelnder Fachkunde nicht erbracht werden kann. Dabei kommt es nicht auf die wirtschaftliche Bedeutung der Teilleistung für die Leistung insgesamt an.

62 Anderes galt dagegen im Bereich der technischen und beruflichen Leistungsfähigkeit nach Art. 48 Vergabe-RL 2004. Hierzu gehört insbesondere auch die Frage des dem Unternehmen zur Verfügung stehenden Personals (vgl. Art. 48 Abs. 2 lit. b und g Vergabe-RL 2004). Da Art. 48 Vergabe-RL 2004 nach dem EuGH abschließend ist,[169] ist es dem nationalen Gesetzgeber verwehrt, andere als die dort aufgeführten Nachweise für die technische und berufliche Leistungsfähigkeit zu fordern, was sich entsprechend auf die Festlegung von Unterkriterien auswirkt. Unter das Eignungskriterium technische Leistungsfähigkeit fallen ferner die Forderung des Auftraggebers auf Einhaltung von Qualitätssicherungsnormen und von Normen für das Umweltmanagement (Art. 49, 50 Vergabe-RL 2004).

63 Das Unionsrecht in Form von Art. 58 RL 2014/24/EU und Art. 78 RL Sektoren-RL kennt das Merkmal „Fachkunde" nicht. Beide Richtlinien kennen lediglich den Begriff der beruflichen Leistungsfähigkeit. Die bisherige Sektoren-RL 2004 kannte den Begriff Fachkunde gleichfalls nicht. In der Vergabe-RL 2004 wurde der Begriff in Art. 44 Abs. 1 Vergabe-RL 2004 und Art. 48 Abs. 5 Vergabe-RL 2004 erwähnt. Aus Art. 58 RL 2014/24/EU und Art. 78 RL Sektoren-RL erschließt sich, dass „Fachkunde" – nach europäischem Vergaberecht – zumindest als Teil der technischen und/oder beruflichen Leistungsfähigkeit verstanden wird. Für die Zuordnung der Elemente des deutschen Eignungskriteriums „Fachkunde" zu den Vorgaben des Unionsrechts ist letztlich entscheidend, dass es sich bei dem deutschen Eignungskriterium um ein personenbezogenes Merkmal handelt. Regelungen zu „personenbezogenen Merkmalen" enthält auch die Vergabe-RL 2004, die der öffentliche Auftraggeber daher berücksichtigen darf. Ein personenbezogenes und somit in der Terminologie des GWB der Fachkunde zuzuordnendes[170] Unterkriterium regelt Art. 58 Abs. 4 RL 2014/24/EU (bislang Art. 46 Vergabe-RL 2004), wonach der Bieter auf Verlangen seine Befähigung zur Berufsausübung nachweisen muss. Dessen Umsetzung in Abs. 2 (bislang: § 6 Abs. 3 Nr. 2 lit. d VOB/A und § 7 EG Abs. 8 VOL/A) konkretisiert somit – europarechtlich zulässig – die Fachkunde. Die Nachweise für die „wirtschaftliche und finanzielle Leistungsfähigkeit" nach Art. 58 Abs. 3 RL 2014/24/EU (bislang: Art. 47 Vergabe-RL 2004) weisen dagegen keinen personalen Bezug auf,[171] wohl aber Nachweise für die technische und/oder berufliche Leistungsfähigkeit nach Art. 48 Vergabe-RL 2004. Hierzu zählen etwa Art. 48 Abs. 2 lit. a Vergabe-RL 2004 bezüglich der Beibringung von Referenzleistungen und Art. 48 Abs. 2 lit. e Vergabe-RL 2004 hinsichtlich der Studiennachweise und Bescheinigungen über die berufliche Befähigung des Bewerbers und dessen Führungskräfte. Keinen personalen Bezug hat dagegen der Nachweis über die technische Ausrüstung des Teilnehmers gem. Art. 48 Abs. 2 lit. c Vergabe-RL 2004.[172] Art. 45 Vergabe-RL 2004 knüpft zwar an die „persönliche Lage" des Bieters an. Die dort niedergelegten Kriterien sind jedoch unter den Begriff der „Zuverlässigkeit" zu subsumieren. Da die Aufzählung der Kriterien in Art. 48 Vergabe-RL 2004 dem EuGH nach abschließend ist,[173] beschränkt sich der Spielraum des Auftraggebers im Hinblick auf die Wahl möglicher Unterkriterien der Fachkunde auf die dort einschlägigen und auf die in Art. 46 Vergabe-RL 2004 normierte Anforderung.

III. Nachweis der Eignung durch Teilnahme an Präqualifizierungssystemen (Abs. 3)

Schrifttum: *Gabriel*, Die Vergaberechtsreform 2009 und die Neufassung des vierten Teils des GWB, NJW 2009, 2011; *Kossens*, Präqualifizierung in der Bauwirtschaft – Haftungsbefreiung für Generalunternehmer, NZBau 2009,

---

[167] Vgl. OLG Celle Beschl. v. 8.5.2002 – 13 Verg 5/02, BeckRS 2002, 31369660 mAnm *Gottschalck* IBR 2003, 93.
[168] VK Sachsen Beschl. v. 21.7.2005 – 1/SVK/076-05, IBRRS 2006, 2290; VK Bund Beschl. v. 11.1.2005 – VK 2-220/04, IBRRS 2005, 1579.
[169] EuGH Slg. 1982, 417 Rn. 9 = BeckRS 2004, 73653 – Transporoute; Schlussanträge GA *Lenz* Slg. 1992, I-2367 Rn. 44 = BeckEuRS 1992, 190029 – Kommission/Italien; s. auch OLG Jena VergabeR 2002, 160 (162) mAnm *Wirner* IBR 2002, 209.
[170] BayObLG Beschl. v. 24.1.2003 – Verg 30/02, BeckRS 2003, 01870, das die erforderliche Fachkunde verneinte, weil die zur Ausführung der Leistung erforderliche Eintragung in die Handwerksrolle fehlte.
[171] VK Bund Beschl. v. 4.9.2007 – VK 1-89/07, IBRRS 2007, 5033.
[172] Umgesetzt vormals in § 7 EG Abs. 3 lit. b VOL/A.
[173] EuGH Slg. 1982, 417 Rn. 9 = BeckRS 2004, 73653 – Transporoute.

III. Nachweis der Eignung durch Teilnahme an Präqualifizierungssystemen (Abs. 3) 64–66 § 122 GWB

419; *Kratzenberg*, Die neue Gesamtausgabe der VOB 2006 im Oktober 2006 – Das Sofortpaket zur VOB/A, Neues in VOB/B, VOB/C und bei der Präqualifikation von Bauunternehmen, NZBau 2006, 601; *Werner*, Einführung eines nationalen Präqualifizierungssystems am deutschen Baumarkt, NZBau 2006, 12.

1. Überblick. Auf der Grundlage von Abs. 3 *kann* der Nachweis der Eignung und dafür, dass 64 keine Ausschlussgründe vorliegen, ganz oder teilweise durch die Teilnahme an einem Präqualifizierungssystem erbracht werden. Der Nachweis der Eignung und des Nichtvorliegens von Ausschlussgründen soll dadurch vereinfacht werden.[174] Abs. 3 lässt die Einrichtung staatlicher oder privatwirtschaftlich organisierter, anerkannter Präqualifizierungssysteme zu.[175] Abs. 3 setzt voraus, dass Auftraggeber Präqualifikationssysteme einrichten oder zulassen können. Der Gesetzgeber räumt den Auftraggebern hinsichtlich der Entscheidung, ob sie Präqualifikationssysteme einrichten oder zulassen **Ermessen** ein.

Präqualifikationssysteme dienen der **vorgelagerten, auftragsunabhängigen Prüfung der** 65 **Eignung.**[176] Bei der Präqualifizierung handelt es sich um die vorgezogene Prüfung der Eignung eines Unternehmens unabhängig von der Vergabe eines konkreten Auftrags. Sinn und Zweck der Präqualifikation ist, ein Unternehmen hinsichtlich (bestimmter auftragsunabhängiger Einzelpunkte) seiner Eignung noch vor der Teilnahme an einem bestimmten Vergabeverfahren zu prüfen,[177] um mittels des auf dieser Grundlage ausgestellten, zeitlich begrenzten Zertifikats bzw. des Eintrags in das Präqualifikationsverzeichnis die Erfüllung bestimmter Eignungskriterien bzw. der Eignung an sich in einem konkreten Vergabeverfahren nachweisen zu können.[178] Das bedeutet, dass ein Unternehmen **für die Dauer der Geltung des Zertifikats die von dem Präqualifikationssystem erfassten Eignungskriterien** nicht mehr im Einzelfall nachweisen muss, sondern sich auf die Vorlage des Zertifikats beschränken darf. Das ist besonders für solche Unternehmen von Vorteil, die sich an einer Vielzahl von Vergabeverfahren beteiligen, weil damit ganz erheblich Zeit und Kosten gespart werden können. Es ist allerdings zu beachten, dass für die Eignungsprüfung nur die ganz konkret durch die Präqualifikation erfolgte Eignung zu berücksichtigen ist.[179] Zudem ist der Bieter an die Erklärung gebunden, die er im Zuge der Präqualifikation abgegeben hat und eine Abänderung der Eignungserklärung bzw. des Eignungsnachweises ist nicht zulässig.

Präqualifizierungssysteme verringern die Gefahr, dass geeignete Unternehmen aufgrund von 66 geringfügigen Fehlern bei der Vorlage von geforderten Nachweisen ausgeschlossen werden und beschleunigen zudem die Prüfung der Eignung. Schon deshalb sollten Auftraggeber die Möglichkeit der Präqualifikationssysteme nutzen. Für den Auftraggeber dürfte zudem der Prüfungsaufwand insgesamt geringer werden.[180] Der öffentliche Auftraggeber muss im Unterschied zur Regelung des § 7 EG Abs. 4 VOL/A aF, nach der es im Ermessen des Auftraggebers stand, ob er den Nachweis der Eignung durch Abruf der Eintragung ermöglicht und zulässt, Nachweise, die der Bewerber/Bieter auf der Grundlage eines Präqualifizierungsverfahrens erworben hat, akzeptieren. Gemäß Art. 64 Abs. 3 RL 2014/24/EU können Wirtschaftsteilnehmer, die in solchen amtlichen Verzeichnissen eingetragen sind oder über ein solches Zertifizierung verfügen, dem öffentlichen Auftraggeber bei jeder Vergabe eine Bescheinigung der zuständigen Stelle über die Eintragung oder die von der zuständigen Zertifizierungsstelle ausgestellte Bescheinigung vorlegen. Der öffentliche Auftraggeber kann verlangen, dass zum Beleg der technischen und beruflichen Leistungsfähigkeit eines Bieters auch Qualitätssicherungsnormen, wie zum Beispiel DIN EN ISO 27001, zu erfüllen sind.[181] Bei der Forderung von bestimmten Zertifizierungen ist darauf zu achten, dass diese mit dem Auftragsgegenstand in Verbindung stehen und zudem mit dem Zusatz „oder gleichwertig" gefordert werden.[182] Ferner ist bei der Abfrage und Prüfung von Zertifizierungen zu beachten, dass Zertifikate unternehmensgebunden und nicht rechtsgeschäftlich übertragbar sind.[183] Eine von dem in dem geforderten Zertifikat genannten Unternehmen abgespaltene Gesellschaft „erbt" das Zertifikat dementsprechend nicht.

---

[174] Gesetzentwurf der BReg. zu § 122 Abs. 3, BT-Drs. 18/6281, 98, 124.
[175] Gesetzentwurf der BReg. zu § 122 Abs. 3, BT-Drs. 18/6281, 98, 124.
[176] Werner NZBau 2006, 12; vgl. auch *Kossens* NZBau 2009, 419, 420.
[177] Vgl. Definition des Begriffs „Präqualifikation" Nr. 2 der Leitlinie des Bundesministeriums für Verkehr, Bau und Stadtentwicklung für die Durchführung eines Präqualifizierungsverfahrens v. 25.4.2005 in der Fassung v. 14.9.2007.
[178] Vgl. Art. 52 Abs. 2 und 3 RL Vergabe-RL 2004; vgl. auch http://www.pq-verein.de/.
[179] VK Sachsen-Anhalt Beschl. v. 5.8.2020 – 3 VK LSA 27/20, IBRRS 2020, 3643.
[180] So auch BMVBS Erlass v. 17.1.2008 – B 15-0 1082–102/11, unter II. – dieser Erlass fordert Bundesauftraggeber sogar dazu auf, im Unterschwellenbereich grundsätzlich nur präqualifizierte Unternehmen zur Auftragsabgabe aufzufordern, ähnliches schreibt die PräqualifikationsRL NRW v. 5.3.2009 vor; *Kratzenberg* NZBau 2006, 601 (605).
[181] VK Bund Beschl. v. 19.7.2019 – VK 1-39/19, IBRRS 2019, 2813.
[182] VK Bund Beschl. v. 19.7.2019 – VK 1-39/19, IBRRS 2019, 2813.
[183] VK Bund Beschl. v. 28.5.2020 – VK 2-29/20, IBRRS 2020, 2054.

Eine Nachforderung mit dem Ziel, eine vollständig eingereichte unternehmensbezogene Unterlage inhaltlich zu ändern/korrigieren, ist nicht zulässig.[184]

67 Abs. 3 gilt wie § 97 Abs. 4a aF für klassische öffentliche Auftraggeber und über § 142 auch für Sektorenauftraggeber. Die Vorschriften schließen nicht aus, dass im Einzelfall weitergehende oder speziellere Anforderungen als von dem betreffenden Präqualifikationssystem abgedeckten Nachweisen verlangt werden dürfen. Das ergibt sich daraus, dass nach der Vorschrift der Nachweis der Eignung und dafür, dass keine Ausschlussgründe vorliegen ganz oder teilweise durch die Teilnahme an einem Präqualifizierungssystem erbracht werden kann. Ferner folgt das auch pragmatisch aus daraus, dass die generelle und auftragsunabhängige Vorprüfung der Eignung nicht etwaige Besonderheiten der noch (vollends) unspezifizierten, künftig zu vergebenden Aufträge berücksichtigen kann.[185] Die Forderung zusätzlicher Nachweise ist deshalb in Fällen zulässig, in denen besondere Erfahrungen und Kenntnisse für die Auftragsausführung notwendig sind.

68 Abs. 3 entspricht nach dem Verständnis des Gesetzgebers dem bisherigen § 97 Abs. 4a aF.[186] § 97 Abs. 4a aF war die erste deutsche Regelung auf Gesetzesniveau über Präqualifikationsverfahren und galt sowohl für den Sektorenbereich als auch für den Bereich der klassischen öffentlichen Auftraggeber.[187] Der Absatz greift den Regelungsgehalt des Art. 64 Abs. 1 RL 2014/24/EU auf. Abs. 3 räumt damit den Auftraggebern wie § 97 Abs. 4a aF Abs. 4a zwei Handlungsalternativen ein: Sie können Präqualifikationssysteme *einrichten* oder *zulassen*. Unter Einrichten ist – im Sinne der Vorgaben im Sektorenbereich – zu verstehen, dass der Auftraggeber selbst das Präqualifikationssystem plant, bekannt gibt, durchführt und anwendet. Die Einzelheiten dazu waren bislang in Art. 53 Sektoren-RL 2004 bzw. § 24 SektVO aF geregelt und sind jetzt dem Art. 64 Abs. 3 RL 2014/24/EU und dem § 48 VgV zu entnehmen. Das Verb „zulassen" bezieht sich demgegenüber seinem Wortlaut nach darauf, dass der Auftraggeber ein von einer anderen Person durchgeführtes Präqualifikationssystem für sich bzw. seine Auftragsvergaben anerkennt. Während diese Regelung mit Art. 53 Sektoren-RL 2004 im Einklang steht, entspricht sie wohl nicht den Vorgaben des Art. 52 Vergabe-RL 2004 (→ Rn. 19), und des Art. 64 Abs. 1 RL 2014/24/EU, die – nach hier vertretener Auffassung – die Einführung von Präqualifikationsverzeichnissen den Mitgliedstaaten zuweisen und im Falle der Einführung die Bieter zur Nutzung berechtigen. Bislang sind Präqualifikationssysteme im Bereich der VOB/A und der neuen Sektorenverordnung vorgesehen. Der zu erfüllende, vorab nachzuweisende Eignungsstandard wird vom jeweiligen System vorgegeben.

69 Da Abs. 3 wie § 97 Abs. 4a aF die Entscheidung zur Einrichtung und Zulassung von Präqualifikationssystemen den *Auftraggebern* zuweist, haben Bieter nach dem Wortlaut der Vorschrift grundsätzlich **keinen Anspruch** darauf, dass ihre Eintragung in einem entsprechenden Verzeichnis im Rahmen der Eignungsprüfung berücksichtigt wird. Darin unterscheiden sich Abs. 3 wie § 97 Abs. 4a aF von der Regelung in § 6b EU Abs. 1 Nr. 1 VOB/A bzw. vormals § 6 Abs. 3 Nr. 2 VOB/A. Diese räumt *den Bietern* die Möglichkeit ein, ihre Eignung mittels der Eintragung im Präqualifikationsverzeichnis nachzuweisen und damit einen Anspruch auf den Nachweis der Eignung mittels eines Präqualifikationssystems zu erlangen.[188] Das ist zwar nicht unumstritten. Jedoch ging bereits aus Art. 52 Abs. 2 und 3 Vergabe-RL 2004 hervor, dass die öffentlichen Auftraggeber im Falle der Vorlage der Bescheinigung über die Eintragung in einem Präqualifikationsverzeichnis Bindungen unterliegen. Dieser Umstand und die Tatsache, dass die Einrichtung von Präqualifikationsverzeichnissen nach diesen europäischen Vorgaben den Mitgliedstaaten – nicht jedoch den Auftraggebern – vorbehalten ist, spricht für die hier vertretene Auffassung. Das dürfte zur Folge haben, dass Abs. 3 wie § 97 Abs. 4a aF richtlinienkonform dahin auszulegen ist, dass Bewerber außerhalb der Sektoren das Recht haben, ihre Eignung unter Rückgriff auf ein Präqualifikationsverzeichnis nachzuweisen, sofern es ein solches gibt.

70 Abs. 3 eröffnet die Möglichkeit zum Nachweis der Eignung und des Nichtvorliegens von Ausschlussgründen durch Präqualifizierungssysteme, regelt jedoch **keine Einzelheiten zur Struktur und Funktion derartiger Systeme**. Die neue VgV enthält keine eigenständige Regelung für ein Präqualifikationssystem. Der Begriff Präqualifikationssystem ist nur in § 50 VgV *Einheitliche Europäische Eigenerklärung* erwähnt, wo im Zusammenhang mit der neuen Einheitlichen Europäischen Eigenerklärung (EEE) geregelt ist, dass Bewerber/Bieter bei Verwendung der EEE keine Unterlagen auf Aufforderung des Auftraggebers nachliefern müssen, wenn die zuschlagerteilende Stelle die

---

[184] VK Bund Beschl. v. 28.5.2020 – VK 2-29/20, IBRRS 2020, 2054.
[185] *Kratzenberg* NZBau 2006, 601 (605).
[186] Gesetzentwurf der BReg. zu § 122 Abs. 3, BT-Drs. 18/6281, 98, 124.
[187] *Tugendreich* NZBau 2011, 467 (468).
[188] BMVBS, Erlass v. 17.1.2008 – B 15–0 1082–102/11, unter II.; vgl. auch Materialsammlung zur Änderung der VOB/A v. 17.9.2008, 15: „Der Nachweis der Eignung ... kann durch eine Bescheinigung über die Eintragung im Präqualifikationsverzeichnis erbracht werden".

III. Nachweis der Eignung durch Teilnahme an Präqualifizierungssystemen (Abs. 3) 71–73 § 122 GWB

Unterlagen im Rahmen eines Präqualifikationssysteme erhalten kann. Weitere Regelungen zur Präqualifikation enthält § 48 VgV, Beleg der Eignung und des Nichtvorliegens von Ausschlussgründen. Entsprechend der VOB/A (2012) lässt auch § 6b EU Abs. 1 Nr. 1 VOB/A ausdrücklich ein Präqualifikationsverfahren zu, meint damit aber gleichfalls ein Präqualifikationssystem.

Präqualifikationssysteme treten – außerhalb der Sektoren – nicht vollständig an die Stelle des **71** Nachweises der Eignung im Einzelfall.[189] Vielmehr **dient die Präqualifikation für klassische öffentliche Auftraggeber dem schnelleren, einfacheren und kostensparenden Nachweis bestimmter Eignungskriterien.**[190] Etwas anderes gilt im **Sektorenbereich**. Hier deckt das – evtl. in Qualifikationsstufen untergliederte – Präqualifikationssystem alle in Frage kommenden Nachweise ab; seine Bekanntmachung gilt als **Aufruf zum Wettbewerb**. Das bedeutet, Unternehmen, die in das Präqualifikations-Verzeichnis aufgenommen werden, gelten als geeignet, die – entsprechend der jeweiligen Qualifikationsstufe – in Frage kommenden Leistungen zu erbringen. Der Auftraggeber kann ohne weiteren Aufruf zum Wettbewerb das nichtoffene oder das Verhandlungsverfahren mit den präqualifizierten Bietern durchführen. Eine nachträgliche Änderung der Kriterien für die Präqualifikation kann vorgenommen werden, wenn sich die zugrunde liegenden europäischen Normen ändern oder (objektiv) neue technische Erkenntnisse das erfordern. Hat ein Auftraggeber einen Sektorenauftrag zu vergeben, kann er auf die Unternehmen in der Liste zurückgreifen, ohne dass weitere Nachweise zu erbringen wären oder die Eignung erneut geprüft werden müsste.

Bei Abs. 3 handelt es sich nur formal um eine neue Vorschrift. Vorbild ist § 97 Abs. 4a aF, der **72** durch das Gesetz zur Modernisierung des Vergaberechts mit Wirkung vom 24.4.2009 neu in das GWB aufgenommen worden war.[191] Im ersten Entwurf eines Gesetzes zur Modernisierung des Vergaberechts[192] vom 13.8.2008 war § 97 Abs. 4a aF und damit noch keine Regelung zu einem Präqualifikationssystem enthalten. Sie hat erst durch den Beschluss des Ausschusses für Wirtschaft und Technologie[193] vom 17.12.2008 Eingang in das Gesetzgebungsverfahren gefunden. Als allgemeine Begründung dafür wurde angeführt, dass die Aufnahme der Möglichkeit für öffentliche Auftraggeber, Präqualifikationssysteme einzurichten oder zuzulassen, der **Verfahrensvereinfachung und -beschleunigung beim Nachweis der Eignung** diene, wobei stets auch der Nachweis der Eignung durch Einzelnachweis zugelassen sein müsse.[194] Weitergehende Ausführungen zum Grund der Aufnahme der Regelung des § 97 Abs. 4a aF sind den Beiträgen der FDP-Fraktion[195] im Ausschuss für Wirtschaft und Technologie bzw. deren Antrag[196] an den Bundestag auf eine Einführung eines bundesweiten Präqualifizierungssystems zu entnehmen. Darin wird betont, dass insbesondere der **Mittelstand** auf ein leistungsfähiges, transparentes und unbürokratisches Vergaberecht angewiesen sei. Deshalb müsse – wie im Bereich der VOB/A bereits geschehen – auch für Dienst- und Lieferverträge (VOL/A-Bereich) ein Präqualifizierungssystem eingeführt werden. Das ersetze die individuelle Beibringung auftragsunabhängiger Eignungsnachweise durch ein Zertifikat. Durch diese Erleichterung könnten Bürokratiekosten gesenkt werden und mittelständische Unternehmen würden nicht mehr von der Teilnahme an einem Vergabeverfahren abgeschreckt werden, weil sie dann nicht mangels aktueller Nachweise mit einem Wettbewerbsausschluss rechnen müssten.

Bereits in der VOB/A 2006 war in § 8 Nr. 3 Abs. 2 S. 1 VOB/A 2006 ein Rückgriff auf ein **73** Präqualifikationsverzeichnis vorgesehen: „Als Nachweis der Eignung (Fachkunde, Leistungsfähigkeit und Zuverlässigkeit) ist insbesondere auch die vom Auftraggeber direkt abrufbare Eintragung in die allgemein zugängliche Liste des Vereins für die Präqualifikation von Bauunternehmen e. V. (Präqualifikationsverzeichnis) zulässig". In sprachlich abgewandelter Form war der Rückgriff auf das Präqualifikationsverzeichnis auch in § 6 Abs. 3 Nr. 2 VOB/A 2009 enthalten. Ähnliches galt nach der Neufassung der VOL/A,[197] deren § 7 EG Abs. 4 VOL/A 2009 sehr dem § 97 Abs. 4a aF angenähert war: „Die Auftraggeber können Eignungsnachweise, die durch Präqualifizierungsverfahren erworben werden, zulassen". Im Übrigen sah auch die am 29.9.2009 in Kraft getretene Sektorenverordnung (SektVO)[198] in § 24 SektVO 2009 ein Prüfungssystem bzw. Präqualifikationssystem vor.[199] Nunmehr enthält die SektVO eine entsprechende Regelung in § 48 SektVO. Die durch

---

[189] *Kratzenberg* NZBau 2006, 601 (605).
[190] Vgl. *Kratzenberg* NZBau 2006, 601 (605) – geschätzte Höhe eines Eignungsnachweises ca. 150–250 EUR.
[191] BGBl. 2009 I 790.
[192] BT-Drs. 16/10117.
[193] BT-Drs. 16/11428, 6.
[194] BT-Drs. 16/11428, 33.
[195] BT-Drs. 16/11428, 22 f.
[196] BT-Drs. 16/9092.
[197] VOL/A 2009 v. 20.11.2009, in Kraft getreten am 11.6.2010.
[198] BGBl. 2009 I 3110.
[199] Zuvor galten insofern die § 7b Nr. 6–12 VOL/A, § 5 Nr. 6–12 VOL/A-SKR, § 8b Nr. 9–13 VOB/A, § 5 Nr. 9–13 VOB/A-SKR.

Hölzl

den Gesetzgeber erfolgte Aufnahme des Präqualifikationsverfahrens in das – hierarchisch über den Verordnungen stehende – GWB bewirkt, dass für alle Vergabebereiche ein einheitlicher Standard gilt. Dieser ist ggf. auf der Grundlage des Gemeinschaftsrechts auszulegen bzw. zu konkretisieren. Bedeutung hatte die Neuregelung vor allem für den Bereich der VOL/A, in der es zunächst noch an einer Rechtsgrundlage für die Nutzung von Präqualifikationssystemen fehlte. Spezialgesetze, die für die Vergabe von Liefer- oder Dienstleistungen die Nutzung von Präqualifikationssystemen gestatten, sind damit grundsätzlich nicht mehr notwendig.[200]

74 **2. Anforderung an Eignungskriterien und Bekanntmachung (Abs. 4). a) Anforderungen an Eignungskriterien.** Abs. 4 S. 1 bestimmt, dass die Eignungskriterien (1) mit dem Auftragsgegenstand in Verbindung und zudem (2) in einem **angemessenen Verhältnis zum Auftrag** stehen müssen. Die Bestimmung der Eignungskriterien steht nach wie vor grundsätzlich im **Ermessen des öffentlichen Auftraggebers**. Der öffentliche Auftraggeber muss im Vorfeld des Vergabeverfahrens prüfen und entscheiden, welche Eignungskriterien er aus welchen Gründen vorgibt. Seine Entscheidung und die Gründe muss er im Vergabevermerk **dokumentieren**. Die Unternehmen besitzen einen vor den Vergabenachprüfungsinstanzen durchsetzbaren Anspruch darauf, dass der Auftraggeber ausschließlich Eignungskriterien vorgibt, die einen Bezug mit dem Gegenstand des Auftrags haben und angemessen sind. Die Entscheidung des Auftraggebers ist jedoch von den Vergabenachprüfungsinstanzen nur sehr eingeschränkt überprüfbar. Dem Auftraggeber kommt insoweit ein Beurteilungsspielraum zu. Die Nachprüfung ist auf Ermessensfehler beschränkt.

75 Bei der Aufstellung der Eignungsnachweise ist der Auftraggeber grundsätzlich frei, die von ihm für erforderlich gehaltenen Eignungsvorgaben zu definieren und die von den Bietern dafür zu erfüllenden Anforderungen festzulegen.[201] So kann der Auftraggeber hinsichtlich der technischen und beruflichen Leistungsfähigkeit eines Bewerbers etwa solche Eignungsnachweise verlangen, die die berechtigte Erwartung der künftigen Eignung erlauben.[202] Die Wahl des sichersten Nachweises ist nicht erforderlich. Insbesondere darf der Auftraggeber die Anforderungen an die Eignung geringer ansetzen, wenn das aus sachlich vertretbaren Gründen geschieht. Ein solcher Grund kann darin liegen, einen breiten Wettbewerb zu eröffnen und insbesondere Newcomern im Markt die Chance zu geben, sich mit Erfolg um den Auftrag zu bewerben.[203] Dies rechtfertigt es beispielsweise, bei Angebotsabgabe anstatt des Nachweises eines flächendeckenden Zustellungssystems nur ein schlüssiges Konzept dafür zu fordern.[204] Umgekehrt kann auch ein strenger Eignungsstandard gewählt werden, wenn es sachliche Gründe dafür gibt.[205]

76 Die Vorgabe, dass die Eignungskriterien mit dem Auftragsgegenstand in Verbindung stehen müssen, meint, dass ein sachlicher Bezug der Eignungskriterien zum Gegenstand des Auftrags, dh, der vom Auftragnehmer zu erbringenden Leistung, bestehen muss. Die Vorschrift bestimmt nicht, wie eng bzw. konkret der Sachbezug sein muss. Eignungsanforderungen, die einen solchen Zusammenhang nicht aufweisen, sind unzulässig bzw. vergaberechtswidrig. Die Regelung beschränkt den öffentlichen Auftraggeber damit in der Auswahl und Vorgabe der Eignungskriterien dahingehend, dass willkürliche und unverhältnismäßige bzw. unzumutbare Vorgaben unzulässig sind. Der Gesetzgeber bestimmt damit durch Abs. 4 S. 1 einerseits, dass der öffentliche Auftraggeber ausschließlich fachlich geeignete Unternehmen am Vergabeverfahren beteiligen bzw. bei der Vergabe des Auftrags berücksichtigen darf und andererseits die Zahl der teilnehmenden Unternehmen und damit den Wettbewerb nicht unnötig beschränken darf. Stellt der Auftraggeber zu hohe Anforderung an die Eignung bzw. gibt er zu hohe Mindestanforderungen vor, beschränkt er unzulässig und unnötig den Wettbewerb. Entsprechend kann es passieren, dass nur ein einziges oder nur zwei Unternehmen im Verfahren verbleiben. Hinzukommt, dass die Unternehmen auf der Grundlage der vorgegebenen Eignungskriterien und ihrer Marktkenntnis in der Praxis meist gut einschätzen können, welche

---

[200] Vgl. *Gabriel* NJW 2009, 2011 (2012).
[201] VK Bund Beschl. v. 24.7.2008 – VL 3-95/08; vgl. auch VK Schleswig-Holstein Beschl. v. 28.3.2007 – VK-SH 04/07; vgl. auch OLG Düsseldorf Beschl. v. 5.10.2005 – VII-Verg 55/05, BeckRS 2005, 14414.
[202] OLG München VergabeR 2009, 65 (75); vgl. OLG Bremen ZfBR 2006, 719; ähnlich OLG Frankfurt a. M. Beschl. v. 30.3.2004 – 11 Verg 4/04, IBRRS 2004, 1385: „mit ausreichender Sicherheit"; vgl. auch VK Nordbayern Beschl. v. 18.9.2008 – 21.VK-3194-43/08, BeckRS 2008, 46594; vgl. auch VK Bund Beschl. v. 24.7.2008 – VL 3–95/08; vgl. auch OLG München NZBau 2006, 131 (132); evtl. kann ganz davon abgesehen werden, Nachweise über die Verfügbarkeit technischer Geräte zu fordern, vgl. VK Sachsen Beschl. v. 23.7.2008 – VK 2 LVwA LSA-07/08, IBRRS 2008, 2548.
[203] OLG Düsseldorf NZBau 2007, 600 (604).
[204] OLG Düsseldorf NZBau 2007, 600 (605).
[205] Vgl. OLG Düsseldorf ZfBR 2004, 506; vgl. auch OLG Düsseldorf Beschl. v. 5.10.2005 – VII-Verg 55/05, BeckRS 2005, 14414.

III. Nachweis der Eignung durch Teilnahme an Präqualifizierungssystemen (Abs. 3)

Konkurrenten die Kriterien erfüllen können, sodass uU auch kein Geheimwettbewerb mehr gegeben ist.

Die Regelung des Abs. 4 S. 1 und ihre prominente Anordnung im GWB sind, nicht aber die Vorgaben an sich und ihr Inhalt. So enthielten bereits die Vergabe- und Vertragsordnungen Maßgaben für die Vorgabe der Eignungskriterien. § 6 EG Abs. 2 VOB/A (2012) bestimmte, dass der öffentliche Auftraggeber die Zahl der Teilnehmer durch objektive, nicht diskriminierende und auftragsbezogene Kriterien begrenzen darf. Gemäß § 6 EG Abs. 3 Nr. 3 VOB/A durfte der öffentliche Auftraggeber zudem auf den konkreten Auftrag bezogene zusätzliche, für die Prüfung der Fachkunde geeignete Angaben verlangen. Nach § 7 EG Abs. 1 S. 1 VOL/A (2012) durfte der öffentliche Auftraggeber von den Bewerbern zum Nachweis der Eignung nur solche Unterlagen und Angaben fordern, die durch den Gegenstand des Auftrags gerechtfertigt waren.

Die Anforderung, dass die vorgegebenen Eignungskriterien in einem angemessenen Verhältnis zum Auftrag stehen müssen, bestimmt, dass die Eignungskriterien am Grundsatz der Verhältnismäßigkeit zu messen sind. Die Vorgabe des Sachbezugs und der Angemessenheit der Eignungskriterien ist bislang unter dem Aspekt der Zumutbarkeit der Eignungskriterien bewertet worden. Bei der Festlegung der Eignungsanforderungen muss der Auftraggeber stets beachten, dass die von ihm dafür verlangten Nachweise zumutbar sind.[206] Insbesondere ist es in der Rechtsprechung anerkannt, dass der Auftraggeber bei der Festlegung von Eignungsanforderungen mögliche Investitionslasten der potenziellen Bieter hinreichend berücksichtigen muss.[207] Fallen für die Erbringung des geforderten Eignungsnachweises erhebliche Kosten an, wäre es vergaberechtswidrig, diese vom Bewerber/Bieter bereits zum Zeitpunkt der Angebotsabgabe zu verlangen, weil sich solche Investitionen erst dann für Bieter lohnen, wenn die berechtigte Hoffnung besteht, diese Aufwendungen durch eine Zuschlagserteilung amortisieren zu können.[208] Hohe Kosten können typischerweise entstehen, wenn der Nachweis verlangt wird, dass der Bieter über eine bestimmte (technische) Ausstattung verfügen muss.[209] Es ist daher im Einzelfall zu entscheiden, ob die geforderte Ausstattung ohne Weiteres zumutbar ist oder ob im Gegenteil die Nachweise in unzumutbarer Weise das Vorhalten bestimmter Kapazitäten verlangen.[210]

Die unterschiedliche Sichtweise im Hinblick auf einzelne Eignungskriterien überrascht vor dem Hintergrund der Komplexität der Eignungsprüfung nicht. So muss der Auftraggeber bei der Eignungsprüfung nicht nur dem Gebot der Gleichbehandlung und Transparenz Rechnung tragen,[211] sondern insbesondere sicherstellen, dass eine ordnungsgemäße Auftragsausführung gewährleistet ist und der Bieter/Bewerber mit Blick auf den Grundsatz der Verhältnismäßigkeit[212] durch die Eignungsanforderungen nicht unzumutbaren finanziellen Belastungen ausgesetzt ist. Letzteres hat unmittelbaren Einfluss auf den zu erwartenden Wettbewerb,[213] der ein wichtiges Ziel des Vergaberechts ist.[214] Zusammenfassend lässt sich daher feststellen, dass immer dann höhere Anforderungen an die Eignungsnachweise zulässig sind, wenn Zumutbarkeitserwägungen nur eine untergeordnete Rolle spielen. Das trifft auf Berufsausübungsvoraussetzungen zu, aber auch auf das Vorliegen finanzieller Leistungsfähigkeit, jedenfalls sofern nicht kostspielige Bürgschaften etc verlangt werden. Andererseits ist nicht ersichtlich, warum sonstige Nachweise nicht auch zukunftsgerichtet sein könnten, sofern diese eine im Zeitpunkt der Angebotsabgabe berechtigte Erwartung der Eignung erlauben. Das sollte zumindest dann angenommen werden können, wenn der Bieter nachweist, dass er das erforderliche Eignungskriterium bei Leistungsbeginn mit Sicherheit erfüllen

---

[206] Vgl. BGH NZBau 2008, 592 (593), und Anm. dazu von *Stoye* IBR 2008, 588; OLG Düsseldorf NZBau 2007, 600 (604); vgl. VK Lüneburg Beschl. v. 8.5.2006 – VgK-07/2006, IBR 2006, 1464; s. auch Art. 44 Abs. 2 UAbs. 2 RL Vergabe-RL 2004, wonach die Anforderungen an die Eignung „angemessen" sein müssen.
[207] EuGH Slg. 2005, I-9315 Rn. 57 = NZBau 2006, 189 – Contse u.a., wo der Aspekt der Investitionslast iVm einem Verstoß gegen das Diskriminierungsverbot geprüft wird; ähnlich aber iVm der Leistungsbeschreibung OLG Brandenburg VergabeR 2006, 554 (559).
[208] OLG Düsseldorf NZBau 2007, 600 (604); OLG München NZBau 2006, 131 (132); VK Bund Beschl. v. 24.7.2008 – VL 3-95/08; ähnlich OLG Bremen ZfBR 2006, 719.
[209] OLG Düsseldorf NZBau 2007, 600 (604); vgl. auch OLG Brandenburg VergabeR 2006, 554 (559), allerdings mit Abänderungen an der Leistungsbeschreibung; vgl. OLG München NZBau 2006, 131 (132); vgl. VK Bund Beschl. v. 24.7.2008 – VL 3-95/08.
[210] VK Lüneburg Beschl. v. 8.5.2006 – VgK-07/2006, IBRRS 2006, 1679.
[211] Vgl. VK Bund Beschl. v. 10.12.2003 – VK 2-116/03, IBRRS 2005, 0795.
[212] Zur Geltung des Verhältnismäßigkeitsgrundsatzes beim Ausschluss eines Unternehmens vom Vergabeverfahren s. *Prieß/Friton* NZBau 2009, 300 (302).
[213] Zu widerstreitenden Interessen im Rahmen der fakultativen Ausschlussgründe in Art. 45 Abs. 2 Vergabe-RL 2004 s. *Prieß/Friton* NZBau 2009, 300 (301).
[214] EuGH Urt. v. 19.5.2009 – C-538/07C-538/07 Rn. 24–26, NZBau 2009, 607 (608) – Assitur.

wird. Dabei hat der Auftraggeber neben den konkreten Umständen des Einzelfalles und der Marktlage den zur Verfügung stehenden Zeitraum bis zum Leistungsbeginn[215] zu berücksichtigen. So wird einerseits das Interesse an einer ordnungsgemäßen Auftragsausführung geschützt, andererseits vor allem dem Wettbewerbsgebot genüge getan, indem Newcomern der Zugang zu öffentlichen Aufträgen ermöglicht wird.[216] Wenig sinnvoll erscheint es hingegen, bei der Prognoseentscheidung darauf abzustellen, ob der Bieter/Bewerber im Zeitpunkt der Auftragserteilung geeignet ist. Denn der Zweck der Eignungsprüfung – eine ordnungsgemäße Ausführung sicherzustellen – gebietet, gerade auf die Eignung bei Ausführung der Leistung abzustellen. Das zeigt sich auch daran, dass umgekehrt jedenfalls solche Umstände zu berücksichtigen sind, die die Eignung erst nach Zuschlagserteilung in Frage stellen werden.[217]

80   An Fachkunde und Leistungsfähigkeit des Auftragnehmers sind grundsätzlich durchschnittliche Anforderungen zu stellen. In Ausnahmefällen ist es jedoch zulässig, für den Fall, dass eine Leistung unter erschwerten Bedingungen zu erbringen ist, hinsichtlich bestimmter Eignungsmerkmale bei der Vergabeentscheidung **erhöhte oder überdurchschnittlich hohe, über das normale Maß hinausgehende Anforderungen** zu stellen.[218] In diesem Fall muss die Vergabestelle jedoch entsprechende Nachweise fordern, konkret angeben, an welche Eignungsmerkmale sie über das Normalmaß hinausgehende Anforderungen stellt und aus welchen Gründen sie das für erforderlich hält. Die Vergabestelle hat die Bieter so zu informieren, dass es einem verständigen Bieter möglich ist, zu erkennen, worauf sich die Eignungsprüfung in besonderer Weise erstrecken wird, dh durch Vorlage welcher Nachweise, er den Anforderungen entsprechen kann. Gründe für erhöhte Anforderungen können beispielsweise besondere topografische oder bauliche Verhältnisse sein. Der an die Eignungsprüfung anzulegende gesteigerte Maßstab ist von der Vergabestelle willkürfrei zu bestimmen. Zwar ist mit der Formulierung überdurchschnittlich hoher Anforderungen an bestimmte Eignungskriterien eine gewisse Verengung des Wettbewerbs verbunden. Diese kann zur Folge haben, dass neu auf dem betreffenden Markt auftretende Unternehmen kaum Aussichten besitzen, sich um den Auftrag erfolgreich zu bewerben. Das ist jedoch zulässig, sofern die erhöhten Anforderungen auf einer im Ergebnis vertretbaren Abwägung sachlich vernünftiger und gerechtfertigter Gründe beruhen, die in der Eigenart der ausgeschriebenen Leistung begründet sind. Die Vergabenachprüfungsinstanzen dürfen das dem öffentlichen Auftraggeber bei der Festlegung und Gewichtung der für maßgebend erachteten Eignungsmerkmale zustehende Ermessen lediglich in beschränktem Umfang kontrollieren. Auch in Hinsicht auf die Festlegung von Eignungsanforderungen, die über das normale Maß hinausgehen, findet nur eine Prüfung auf Ermessensfehler hin statt.

81   **b) Bekanntmachung der Eignungskriterien.** Abs. 4 S. 2 ordnet an, dass der öffentliche Auftraggeber die von ihm bestimmten Eignungskriterien – alternativ – in der Auftragsbekanntmachung, der Vorinformation oder der Aufforderung zur Interessensbestätigung aufführen muss. Die Eignung eines Bieters darf nur anhand von Kriterien beurteilt werden, die der Auftraggeber in der Auftragsbekanntmachung genannt hat oder die sich unter Berücksichtigung von Art und Umfang der zu erbringenden Leistungen sowie des vorgesehenen Ausführungszeitraums zwingend aus der Sache ergeben.[219] Beispielsweise darf ein Bieter nach dem BGH wegen der Nichterfüllung von Anforderungen an die Personalausstattung, die in den Vergabeunterlagen nicht ausdrücklich verlangt werden, nur dann als nicht hinreichend leistungsfähig ausgeschlossen werden, wenn aufgrund konkreter Umstände objektiv zumindest ernsthafte Zweifel daran bestehen, ob er mit dem ihm zur Verfügung stehenden Personal den Auftrag ordnungsgemäß und fristgerecht ausführen kann. Bekannt zu machen sind zudem ggf. auch Mindestanforderungen an die Eignung. Die Eignungskriterien und ggf. die Mindestanforderungen sind in der Bekanntmachung eindeutig und abschließend zu benennen. Sinn und Zweck der Regelung in § 122 Abs. 4 S. 2 bzw. § 48 Abs. 1 VgV ist, dass potenzielle Bewerber/Bieter bereits unmittelbar aus der Auftragsbekanntmachung die in persönlicher und wirtschaftlicher Hinsicht gestellten Anforderungen ersehen können, um anhand dieser Angaben zu entscheiden, ob sie sich an der Ausschreibung beteiligen können und wollen. Nur wenn diese

---

[215] Vgl. OLG Brandenburg VergabeR 2006, 554 (559); vgl. VK Lüneburg Beschl. v. 8.5.2006 – VgK-07/2006, IBRRS 2006, 1679; OLG Schleswig-Holstein Beschl. v. 8.5.2007 – 1 Verg 2/07, BeckRS 2008, 07858; vgl. VK Nordbayern Beschl. v. 18.9.2008 – 21.VK-3194-43/08, BeckRS 2008, 46594; vgl. VK Schleswig-Holstein Beschl. v. 28.3.2007 – VK-SH 4/07, BeckRS 2007, 06707.
[216] Zum Aspekt des besonderen Schutzes von Newcomern → Rn. 40 ff.
[217] Dazu s. VK Baden-Württemberg Beschl. v. 16.11.2004 – 1 VK 69/04, IBRRS 2005, 0200.
[218] Zum Nachfolgenden ausf. OLG Düsseldorf Beschl. v. 5.10.2005 – Verg 55/05, BeckRS 2005, 14414; *Weyand* Rn. 403.
[219] BGH Urt. v. 6.10.2020 – XIII ZR 21/19, IBRRS 2020, 3428.

III. Nachweis der Eignung durch Teilnahme an Präqualifizierungssystemen (Abs. 3)   82, 83   § 122 GWB

Angaben frei zugänglich und transparent sind, können sie diesem Zweck der Auftragsbekanntmachung gerecht werden.[220]

Der Auftraggeber darf von den für die Eignung bzw. deren Nachweise bekannt gemachten **82** Vorgaben im weiteren Verlauf des Vergabeverfahrens weder abweichen, noch darf er diese ändern.[221] Die interessierten Unternehmen müssen sich möglichst frühzeitig darüber informieren können, ob sie auf der Grundlage der vorgegebenen Eignungskriterien und Mindestanforderungen grundsätzlich für die Vergabe des Auftrags bzw. die Erbringung der zu vergebenden Leistungen in Betracht kommen. Die Pflicht zur Bekanntgabe der Eignungskriterien und ggf. der zugehörigen Mindestanforderungen ist Ausfluss des vergaberechtlichen Transparenzgebots.

Es ist gleichfalls nicht zulässig, die Eignungskriterien nicht bereits in der Auftragsbekanntmachung, sondern erst in den Vergabeunterlagen bekannt zu machen. Unabhängig von der Verfahrensart ist zudem nicht ausreichend, in dem Formular der Bekanntmachung anzukreuzen, dass die Eignungsanforderungen an einer bestimmten Stelle in den Vergabeunterlagen eingesehen werden können und/oder über einen (direkten) Link in den entsprechenden Teil der Vergabeunterlagen abgerufen werden können.[222] Müsse der potenzielle Bewerber/Bieter erst die gesamten Vergabeunterlagen sichten, um sich die Eignungsanforderungen und die zu erbringenden Nachweise zu erschließen, werde dies nach der Rechtsprechung weder dem Wortlaut noch dem Sinn und Zweck der Vorschriften zur Bekanntmachung der Eignungskriterien gerecht.[223] Insbesondere ausländischen Bietern, deren Mitarbeiter unter Umständen nur eingeschränkt der deutschen Sprache mächtig sind, sei es nicht zumutbar, umfangreiche Unterlagen durcharbeiten zu müssen, um zu erfahren, ob die Ausschreibung für sie in Betracht kommt.[224] Problematisch ist diese Rechtsprechung ua in Fällen, in denen die Eignungsanforderungen so umfangreich sind, dass sie den in den entsprechenden Formularen vorgesehenen Raum übersteigen, was in der Vergabepraxis nicht selten der Fall ist. Diese Rechtsprechung geht auch insofern in Bezug auf die Vergabepraxis fehl, weil sich nur selten Unternehmen von einem ausländischen Standort aus bzw. mit nicht deutschsprachigen Mitarbeitern beteiligen. Entsprechend gibt es zu Recht auch Entscheidungen der Vergabenachprüfungsinstanzen, die zu Recht einen Direktlink ausreichen lassen. Nach dieser kommt eine ordnungsgemäße Bekanntmachung der Eignungskriterien durch Verlinkung ua dann in Betracht, wenn es sich um eine Verlinkung auf ein elektronisch ohne Weiteres zugängliches Dokument handelt, aus dem sich konkret die Eignungsanforderungen ergeben und ein weiterer Rechercheaufwand – um sich Kenntnis von den Eignungsanforderungen zu verschaffen – nicht entsteht.[225] Es fehlt auch nach dieser Rechtsprechung an einer wirksamen Bekanntmachung der geforderten Eignungskriterien, wenn in der Auftragsbekanntmachung lediglich pauschal auf die Auftragsunterlagen verwiesen wird. Auch ein Link in der Bekanntmachung, der nur auf eine Plattform der Vergabestelle mit mehreren laufenden Vergabeverfahren führt, ist unzureichend.[226] Für die wirksame Bekanntmachung von Eignungskriterien und die wirksame Anforderung von Unterlagen zum Nachweis der Eignung gem. § 122 Abs. 4 S. 2 bzw. § 48 Abs. 1 VgV mittels einer Verlinkung aus dem Bekanntmachungsformular auf andere Dokumente, ist vielmehr erforderlich, dass sich die Verlinkung dort befindet, wo sie von potenziellen Bietern erwartet wird, dh regelmäßig unter Ziff. III.1 des Standardformulars für Auftragsbekanntmachungen.[227] Auftraggeber und Bieter sind vor dem Hintergrund der divergierenden Rechtsprechung in diesem Punkt gehalten, die Rechtsprechung der für sie konkret zuständigen Nachprüfungsinstanzen aufmerksam zu verfolgen und zu befolgen. Hinzuweisen ist in diesem Zusammenhang darauf, dass nach § 48 Abs. 1 VgV in der Auftragsbekanntmachung oder der Aufforderung zur Interessensbestätigung neben den Eignungskriterien ferner anzugeben ist, mit welchen Unterlagen (Eigenerklärungen, Angaben, Bescheinigungen und sonstige Nachweise) Bewerber oder Bieter ihre Eignung gem. §§ 43–47 VgV und das Nichtvorliegen von Ausschlussgründen zu belegen haben.[228] Fehlen hinsichtlich einzelner Merkmale die erforderlichen Angaben in der Auftragsbekanntmachung,

---

[220] OLG Düsseldorf Beschl. v. 11.7.2018 – Verg 24/18.
[221] OLG Düsseldorf Beschl. v. 9.7.2003 – Verg 26/03, IBRRS 2003, 1975; OLG Düsseldorf Beschl. v. 25.11.2002 – Verg 56/02, BeckRS 2004, 12170; OLG Düsseldorf Beschl. v. 1.2.2006 – VII-Verg 83/05, BeckRS 2006, 02267; OLG Düsseldorf Beschl. v. 18.10.2006 – VII-Verg 35/06.
[222] VK Bund Beschl. v. 4.10.2019 – VK 1-73/19, IBBRS 2019, 3661, unter Verweis auf OLG Düsseldorf Beschl. v. 11.7.2018 – Verg 24/18.
[223] OLG Düsseldorf Beschl. v. 11.7.2018 – Verg 24/18.
[224] OLG Düsseldorf Beschl. v. 11.7.2018 – Verg 24/18.
[225] OLG Dresden Beschl. v. 15.2.2019 – Verg 5/18, IBRRS, 2019, 1178; dazu Anm. *Ziegler* NZBau 2019, 702 ff.; VK Sachsen Beschl. v. 5.7.2019 – 1/SVK/011-19, IBRRS 2019, 2541.
[226] OLG München Beschl. v. 25.2.2019 – Verg 11/18, IBRRS 2019, 0887.
[227] VK Südbayern Beschl. v. 27.2.2019 – Z3-3-3194-1-44-11/18, IBRRS 2019, 2150.
[228] VK Bund Beschl. v. 4.10.2019 – VK 1-73/19, IBBRS 2019, 3661.

sind die Eignungsanforderungen nicht wirksam aufgestellt und die Nachweise nicht wirksam gefordert; sie können dann bei der Eignungsbeurteilung keine Berücksichtigung finden.[229]

§ 123 Zwingende Ausschlussgründe

(1) Öffentliche Auftraggeber schließen ein Unternehmen zu jedem Zeitpunkt des Vergabeverfahrens von der Teilnahme aus, wenn sie Kenntnis davon haben, dass eine Person, deren Verhalten nach Absatz 3 dem Unternehmen zuzurechnen ist, rechtskräftig verurteilt oder gegen das Unternehmen eine Geldbuße nach § 30 des Gesetzes über Ordnungswidrigkeiten rechtskräftig festgesetzt worden ist wegen einer Straftat nach:
1. § 129 des Strafgesetzbuchs (Bildung krimineller Vereinigungen), § 129a des Strafgesetzbuchs (Bildung terroristischer Vereinigungen) oder § 129b des Strafgesetzbuchs (Kriminelle und terroristische Vereinigungen im Ausland),
2. § 89c des Strafgesetzbuchs (Terrorismusfinanzierung) oder wegen der Teilnahme an einer solchen Tat oder wegen der Bereitstellung oder Sammlung finanzieller Mittel in Kenntnis dessen, dass diese finanziellen Mittel ganz oder teilweise dazu verwendet werden oder verwendet werden sollen, eine Tat nach § 89a Absatz 2 Nummer 2 des Strafgesetzbuchs zu begehen,
3. § 261 des Strafgesetzbuchs (Geldwäsche),
4. § 263 des Strafgesetzbuchs (Betrug), soweit sich die Straftat gegen den Haushalt der Europäischen Union oder gegen Haushalte richtet, die von der Europäischen Union oder in ihrem Auftrag verwaltet werden,
5. § 264 des Strafgesetzbuchs (Subventionsbetrug), soweit sich die Straftat gegen den Haushalt der Europäischen Union oder gegen Haushalte richtet, die von der Europäischen Union oder in ihrem Auftrag verwaltet werden,
6. § 299 des Strafgesetzbuchs (Bestechlichkeit und Bestechung im geschäftlichen Verkehr), §§ 299a und 299b des Strafgesetzbuchs (Bestechlichkeit und Bestechung im Gesundheitswesen),
7. § 108e des Strafgesetzbuchs (Bestechlichkeit und Bestechung von Mandatsträgern),
8. den §§ 333 und 334 des Strafgesetzbuchs (Vorteilsgewährung und Bestechung), jeweils auch in Verbindung mit § 335a des Strafgesetzbuchs (Ausländische und internationale Bedienstete),
9. Artikel 2 § 2 des Gesetzes zur Bekämpfung internationaler Bestechung (Bestechung ausländischer Abgeordneter im Zusammenhang mit internationalem Geschäftsverkehr) oder
10. den §§ 232, 232a Absatz 1 bis 5, den §§ 232b bis 233a des Strafgesetzbuches (Menschenhandel, Zwangsprostitution, Zwangsarbeit, Ausbeutung der Arbeitskraft, Ausbeutung unter Ausnutzung einer Freiheitsberaubung).

(2) Einer Verurteilung oder der Festsetzung einer Geldbuße im Sinne des Absatzes 1 stehen eine Verurteilung oder die Festsetzung einer Geldbuße nach den vergleichbaren Vorschriften anderer Staaten gleich.

(3) Das Verhalten einer rechtskräftig verurteilten Person ist einem Unternehmen zuzurechnen, wenn diese Person als für die Leitung des Unternehmens Verantwortlicher gehandelt hat; dazu gehört auch die Überwachung der Geschäftsführung oder die sonstige Ausübung von Kontrollbefugnissen in leitender Stellung.

(4) ¹Öffentliche Auftraggeber schließen ein Unternehmen zu jedem Zeitpunkt des Vergabeverfahrens von der Teilnahme an einem Vergabeverfahren aus, wenn
1. das Unternehmen seinen Verpflichtungen zur Zahlung von Steuern, Abgaben oder Beiträgen zur Sozialversicherung nicht nachgekommen ist und dies durch eine rechtskräftige Gerichts- oder bestandskräftige Verwaltungsentscheidung festgestellt wurde oder
2. die öffentlichen Auftraggeber auf sonstige geeignete Weise die Verletzung einer Verpflichtung nach Nummer 1 nachweisen können.

²Satz 1 ist nicht anzuwenden, wenn das Unternehmen seinen Verpflichtungen dadurch nachgekommen ist, dass es die Zahlung vorgenommen oder sich zur Zahlung der Steuern, Abgaben und Beiträge zur Sozialversicherung einschließlich Zinsen, Säumnis- und Strafzuschlägen verpflichtet hat.

---

[229] OLG Rostock Beschl. v. 12.8.2020 – 17 Verg 3/20, IBRRS 2020, 3290; OLG Düsseldorf Beschl. v. 11.7.2018 – Verg 24/18.

(5) ¹Von einem Ausschluss nach Absatz 1 kann abgesehen werden, wenn dies aus zwingenden Gründen des öffentlichen Interesses geboten ist. ²Von einem Ausschluss nach Absatz 4 Satz 1 kann abgesehen werden, wenn dies aus zwingenden Gründen des öffentlichen Interesses geboten ist oder ein Ausschluss offensichtlich unverhältnismäßig wäre. ³§ 125 bleibt unberührt.

Übersicht

	Rn.		Rn.
I. Normzweck und Normstruktur	1	IV. Vorschriften anderer Staaten (Abs. 2)	18
II. Entstehungsgeschichte	5	V. Zurechenbarkeit von Verhalten (Abs. 3)	20
III. Zwingender Ausschluss wegen Straftaten (Abs. 1)	7	VI. Zwingender Ausschluss wegen Nichtentrichtung von Steuern und Sozialabgaben (Abs. 4)	24
1. Unternehmen	7	VII. Ausnahmen (Abs. 5)	27
2. Rechtskräftige Verurteilung und Festsetzung einer Geldbuße nach § 30 OWiG wegen einer Katalogstraftat	10	VIII. Rechtsfolge und Bieterschutz der Norm	31
3. Maßgeblicher Zeitpunkt der Kenntnis des Ausschlussgrunds	15		

I. Normzweck und Normstruktur

Die Regelung des § 123 bestimmt die Gründe, aus denen Unternehmen **zwingend vom** **Vergabeverfahren auszuschließen** sind. Sie steht im unmittelbaren Zusammenhang zu § 122 Abs. 1, wonach öffentliche Aufträge an fachkundige und leistungsfähige (geeignete) Unternehmen vergeben werden, die nicht nach § 123 oder § 124 ausgeschlossen worden sind. Liegt ein zwingender Ausschlussgrund vor, hat der Ausschluss zu erfolgen, ohne dass ein Entscheidungsspielraum des öffentlichen Auftraggebers gegeben wäre. Das gilt **auch im Verhandlungsverfahren ohne Teilnahmewettbewerb**, wenn der Auftrag nur von einem bestimmten Unternehmen erbracht oder bereitgestellt werden kann (vgl. § 17 Abs. 4 Nr. 2 VgV). Nur ausnahmsweise kann der öffentliche Auftraggeber bei zwingenden Gründen des öffentlichen Interesses nach Maßgabe von Abs. 5 von einem Ausschluss absehen. Hat das Unternehmen erfolgreich eine Selbstreinigung nach § 125 oder § 123 Abs. 4 S. 2 durchgeführt oder ist der zulässige Zeitraum für einen Ausschluss nach § 126 abgelaufen, ist der Ausschluss allerdings sogar unzulässig. 1

Die Katalogstraftaten aus § 123 Abs. 1 sind dem Wortlaut der Vorschrift nach **abschließend** und wegen der gravierenden Rechtsfolge des Ausschlusses aus dem Vergabeverfahren **nicht analogiefähig**.¹ Straftaten mit einem vergleichbar schweren Unrechtsgehalt, die in der Aufzählung von § 123 Abs. 1 nicht erwähnt werden, können einen Ausschluss nach § 123 nicht rechtfertigen.² Das deutsche Strafrecht ist vom Individualstrafrecht geprägt, wonach nur persönliches Fehlverhalten repressiv geahndet wird.³ Deshalb legt § 123 Abs. 3 fest, wem eine strafrechtliche Verantwortlichkeit innerhalb einer arbeitsteilig-organisierten Handlungsstruktur eines Unternehmens zugerechnet wird. 2

Im Gegensatz zu den Angebotsausschlussgründen (vgl. nur § 57 VgV) handelt es sich bei den Ausschlussgründen nach § 123 um bieter- bzw. unternehmensbezogene Ausschlussgründe. Die zwingenden Ausschlussgründe sind daher **personenbezogene Merkmale**, welche die Nichtzulassung des Unternehmens zu öffentlichen Aufträgen bezwecken. Sie sind zu unterscheiden von den angebotsbezogenen Gründen nach § 57 VgV, die zu einem Ausschluss des Angebots führen, etwa weil die Angebote verschuldet nicht form- oder fristgerecht eingegangen sind.⁴ Die Regelung ist Teil der Regelungen zur Eignung, die über detaillierte Vorgaben sicherstellen sollen, dass nur solche Unternehmen den Zuschlag erhalten, die Recht und Gesetz in der Vergangenheit eingehalten haben und bei denen gesetzestreues Verhalten auch in Zukunft zu erwarten ist.⁵ 3

Abs. 1 regelt, welche Straftaten des Strafgesetzbuches und des Gesetzes zur Bekämpfung internationaler Bestechung einen zwingenden Ausschlussgrund darstellen. Vergleichbare Vorschriften anderer Staaten werden diesen Straftaten in Abs. 2 gleichgestellt. Die Zurechenbarkeit des Verhaltens 4

---

¹ OLG Düsseldorf Beschl. v. 22.12.2010 – Verg 33/10, ZfBR 2011, 204; *Otting* VergabeR 2016, 316.
² VK Nordbayern Beschl. v. 22.1.2007 – 21 VK-3194-44/06, BeckRS 2007, 37789.
³ *Schröder* NZWiSt 2016, 452; *Kühl* in Lackner/Kühl, Strafgesetzbuch: StGB, 29. Aufl. 2018, StGB § 14 Rn. 1a.
⁴ BT-Drs. 18/6281, 102.
⁵ BT-Drs. 18/6281, 102.

einer Person zu einem Unternehmen ist in Abs. 3 geregelt. Ebenfalls ein zwingender Ausschlussgrund ist die Nichtentrichtung von Steuern und Sozialabgaben nach Maßgabe des Abs. 4. Ausnahmen, von denen der öffentliche Auftraggeber in Bezug auf den Ausschluss Gebrauch machen kann, sind in Abs. 5 geregelt.

II. Entstehungsgeschichte

5 § 123 setzt die Bestimmungen in Art. 57 Abs. 1, 2, 3 und 5 UAbs. 1 RL 2014/24/EU um. Die Tatbestände, welche die Gründe regeln, nach denen ein Unternehmen vom Verfahren auszuschließen war, waren bis zur Vergaberechtsmodernisierung 2016 auf Ebene der Verdingungsordnungen geregelt. Die Aufnahme ins GWB erfolgte, da der Ausschluss eines Unternehmens **in Grundrechte eingreifen** kann und der Gesetzgeber deshalb eine Regelung im Gesetz für notwendig erachtete.[6] Mit der Vergaberechtsmodernisierung in 2016 folgte der Gesetzgeber ferner in Bezug auf die Eignung den Begrifflichkeiten der RL 2014/24/EU und gab die unbestimmten Rechtsbegriffe der Zuverlässigkeit und Gesetzestreue auf, die bis dahin zur Definition der Eignung herangezogen wurden (→ Rn. 30).

6 Bis zur Vergaberechtsreform 2016 wurden die Ausschlussgründe uneinheitlich in den Vergabeordnungen geregelt und als fakultative Ausschlussgründe ausgestaltet. Bei § 123 handelt es sich hingegen um einen zwingenden Ausschlussgrund. Die Wirtschaftsstraftaten aus dem Katalog des § 123 Abs. 1 wurden im Vergleich zur Vorgängervorschrift in § 6 EG VOL/A aF **ausgeweitet**. Im Rahmen der Umsetzung der RL 2014/24/EU und der RL 2014/23/EU sind die Delikte der Terrorismusfinanzierung nach § 89c StGB und des Menschenhandels bzw. der Förderung des Menschenhandels aus §§ 232, 233 und 233a StGB in das GWB aufgenommen worden. Mit dem Änderungsgesetz vom 18.7.2017 sind die Straftatbestände der Bestechlichkeit nach § 299a StGB und der Bestechung im Gesundheitswesen nach § 299b StGB in den Katalog hinzugekommen. Der Straftatbestand der Steuerhinterziehung aus § 370 AO, der bislang nicht in der Richtlinie erwähnt worden ist, wurde gestrichen. Wohingegen nunmehr nach § 123 Abs. 4 Verstöße gegen die Verpflichtung zur Zahlung von Steuern, Abgaben und Beiträgen zur Sozialversicherung zum Ausschluss führen.[7] Im Ergebnis soll sich nach der Vorstellung des Gesetzgebers nichts an der bis 2016 geltenden Rechtslage ändern.[8]

III. Zwingender Ausschluss wegen Straftaten (Abs. 1)

7 **1. Unternehmen.** Adressat der zwingenden Ausschlussgründe nach § 123 sind Unternehmen. Damit sind **Bewerber und Bieter** des Vergabeverfahrens gemeint. Im deutschen Strafrecht werden nur natürliche Personen verurteilt (→ § 123 Rn. 2). Juristische Personen können nur unter den Voraussetzungen des § 30 OWiG mit einer Geldbuße belegt werden. Deshalb verweist Abs. 1 auf § 123 Abs. 3, der näher festlegt, wann das Verhalten einer rechtskräftig verurteilten Person einem Unternehmen zuzurechnen ist.

8 Unternehmen im Sinne dieser Norm können auch **Bewerber- und Bietergemeinschaften** sein. Diese sind nach § 43 Abs. 2 S. 1 VgV wie Einzelbewerber oder -bieter zu behandeln. Das Vorliegen eines zwingenden Ausschlussgrundes bei nur einem Mitglied einer Bewerber- oder Bietergemeinschaft hat den Ausschluss des Angebots der Bietergemeinschaft insgesamt zur Folge. Bereits in der früheren Rechtsprechung zur Zuverlässigkeit von Unternehmen im Vergabeverfahren führte die Unzuverlässigkeit eines Mitgliedes einer Bietergemeinschaft dazu, dass das Angebot der Bietergemeinschaft insgesamt nicht gewertet werden konnte.[9] Eine andere Bewertung lässt sich auch nicht damit rechtfertigen, dass die Ausschlussgründe vor der Vergaberechtsnovellierung 2016 fakultativ waren oder seither auf den Begriff der Zuverlässigkeit verzichtet wird. Wegen der bestehenden gesamtschuldnerischen Haftung der Mitglieder einer Bewerber- oder Bietergemeinschaft und der Schwere des Unrechtsgehaltes der jeweiligen Katalogstraftat aus § 123 Abs. 1, führt der Ausschluss eines Mitglieds einer Bewerber- oder Bietergemeinschaft immer zum Ausschluss der gesamten Gemeinschaft.[10]

9 Ferner müssen seit der Vergaberechtsnovellierung 2016 die zwingenden Ausschlussgründe aus § 123 sowohl bei Unternehmen, die nach § 47 Abs. 2 VgV ihre Eignung im Zuge der **Eignungsleihe** zur Verfügung stellen, als auch bei **Unterauftragnehmern** nach § 36 Abs. 5 VgV überprüft werden.[11]

---

[6] BT-Drs. 18/6281, 102.
[7] Vgl. Erwägungsgrund 100 RL 2014/24/EU.
[8] BT-Drs. 18/6281, 102.
[9] OLG Düsseldorf Beschl. v. 31.7.2007 – VII Verg 25/07, BeckRS 2008, 3763; *Hausmann/Kern* in KMPP VOL/A § 6 Rn. 28.
[10] *Gnittke/Hattig* in Müller-Wrede GWB Rn. 16.
[11] Vgl. HK-VergabeR/*Kaufmann* Rn. 9.

2. Rechtskräftige Verurteilung und Festsetzung einer Geldbuße nach § 30 OWiG 10
wegen einer Katalogstraftat. Öffentliche Auftraggeber schließen ein Unternehmen ohne Ausübung eines Ermessens aus, wenn sie Kenntnis davon haben, dass ein Ausschlussgrund nach Abs. 1 vorliegt. Voraussetzung für den zwingenden Ausschluss nach Abs. 1 ist einerseits, dass eine Person, deren Verhalten dem Unternehmen nach Abs. 3 zuzurechnen ist, **für eine in dem Katalog des Abs. 1 Nr. 1–10 genannte Straftat** rechtskräftig verurteilt worden ist. Andererseits liegt ein Ausschlussgrund vor, wenn gegen das Unternehmen wegen einer der Katalogtaten in Abs. 1 rechtskräftig eine **Geldbuße** nach § 30 OWiG festgesetzt worden ist. Der Anwendungsbereich der Ausschlusstatbestände ist dadurch weit gefasst, dass sowohl auf eine Verurteilung einer leitenden Person als auch auf die Verhängung einer Geldbuße gegen das Unternehmen abgestellt wird. Dies dient dazu, Umgehungen zu vermeiden.

Der Straftatenkatalog in Abs. 1 setzt die zwingenden Vorgaben aus Art. 57 RL 2014/24/EU um 11
und geht nicht über sie hinaus. Der Gesetzgeber wollte den Tatbestand angesichts der **gravierenden Rechtsfolge** des zwingenden Ausschlusses nicht weiter als unbedingt notwendig fassen.[12] Es handelt sich bei den Straftatbeständen aus § 123 Abs. 1 Nr. 1–10 um Rechtsgrundverweise.[13]

Die Katalogstraftaten, die einen zwingenden Ausschlussgrund darstellen, sind in Abs. 1 12
abschließend aufgezählt. Daraus folgt, dass Straftaten mit einem vergleichbar schweren Unrechtsgehalt, die in der Aufzählung in § 123 Abs. 1 nicht erwähnt werden, den Ausschluss nach § 123 nicht rechtfertigen.[14] Eine Verurteilung aufgrund einer in dieser Aufzählung nicht genannten Straftat führt damit nicht zwingend zum Ausschluss, kann aber durch den öffentlichen Auftraggeber als fakultativer Ausschlussgrund nach § 124 gewertet werden. Die Vollendung einer Katalogstraftat, die Einleitung eines Ermittlungsverfahrens, gerichtlich angeordnete Durchsuchungen, der Erlass eines Haftbefehls, die Anklageerhebung, die Eröffnung eines Hauptverfahrens oder ein nicht rechtskräftiges Strafurteil wegen einer Katalogtat reichen für das Vorliegen der Voraussetzung aus § 123 Abs. 1 nicht aus.[15] Daneben kann aber bereits vor einer rechtskräftigen Verurteilung ein Ausschluss von der Teilnahme am Vergabeverfahren wegen einer nachweislich schweren Verfehlung gem. § 124 Abs. 1 Nr. 3 erfolgen.[16]

Von § 123 werden alle Arten rechtskräftiger Verurteilung umfasst. Dabei ist es unerheblich, ob 13
es sich bei der Tat um eine versuchte oder vollendete Tatbegehung handelt oder der Angeklagte Täter, Mittäter, Anstifter oder Gehilfe war. Eine Verurteilung wird auch dann angenommen, wenn das Gericht wegen einer Katalogstraftat aus § 123 Abs. 1 auf eine Strafaussetzungs zur Bewährung (§§ 56 ff. StGB),[17] eine Maßregel zur Besserung und Sicherung (vgl. §§ 63 f. StGB) oder eine Verwarnung mit Strafvorbehalt (vgl. § 59 StGB) erkannt hat.[18] Dabei erwächst ein Urteil in Rechtskraft, wenn die Verfahrensbeteiligten kein Rechtsmittel fristgerecht eingelegt haben, allseitig auf die Einlegung eines Rechtsmittels verzichtet oder das Urteil endgültig zurückgewiesen worden ist.

Nach der überwiegenden Ansicht stehen **Strafbefehle** einer rechtskräftigen Verurteilung gleich, 14
wenn gegen den Strafbefehl nicht rechtzeitig Einspruch erhoben worden ist (vgl. § 410 Abs. 3 StPO).[19] Dagegen wird eingewendet, dass bei Strafbefehlen das Gericht nicht nach seiner freien, aus dem Inbegriff der mündlichen Hauptverhandlung geschöpften Überzeugung entscheidet (Unmittelbarkeitsgrundsatz; vgl. § 261 StPO). Vielmehr ergehe eine Entscheidung lediglich nach einer summarischen Prüfung nach Aktenlage. Es könne mannigfaltige Gründe dafür geben, dass ein Betroffener davon absehe, gegen einen Strafbefehl Einspruch einzulegen und dies lasse einen Rückschluss auf ein Schuldeingeständnis nicht im gleichen Maße zu, wie dies bei einem Strafurteil der Fall sei.[20] Dies überzeugt

---

[12] BT-Drs. 18/6281, 102.
[13] Vgl. hierzu MüKoStGB/*Schäfer* StGB § 129 Rn. 1 ff.; MüKoStGB/*Schäfer* StGB § 89a Rn. 1 ff.; MüKoStGB/*Schäfer* StGB § 89c Rn. 1 ff.; MüKoStGB/*Neuheuser* StGB § 261 Rn. 1 ff.; MüKoStGB/*Hefendehl* StGB § 263 Rn. 1 ff.; MüKoStGB/*Ceffinato* StGB § 264 Rn. 1 ff.; MüKoStGB/*Krick* StGB § 299 Rn. 1 ff.; MüKoStGB/*Hohmann* StGB § 299a Rn. 1 ff.; MüKoStGB/*Hohmann* StGB § 299b Rn. 1 ff.; MüKoStGB/*Müller* StGB § 108e Rn. 1 ff.; MüKoStGB/*Korte* StGB § 333 Rn. 1 ff.; MüKoStGB/*Korte* StGB § 334 Rn. 1 ff.; MüKoStGB/*Korte* StGB § 335a Rn. 1 ff; MüKoStGB/*Renzikowski* StGB § 232 Rn. 1 ff.; MüKoStGB/*Renzikowski* StGB § 232a Rn. 1 ff.; MüKoStGB/*Renzikowski* StGB § 232b Rn. 1 ff.; MüKoStGB/*Renzikowski* StGB § 233 Rn. 1 ff.; MüKoStGB/*Renzikowski* StGB § 233a Rn. 1 ff.
[14] VK Nordbayern Beschl. v. 22.1.2007 – 21 VK-3194-44/06, BeckRS 2007, 37789.
[15] Kapellmann/Messerschmidt/*Gahs* VOB/A § 6a Rn. 4.
[16] VK Bund Beschl. v. 29.2.2016 – VK 1-138/15, IBRRS 2016, 1712; Beck VergabeR/*Opitz* Rn. 30; → § 124 Rn. 22 ff.
[17] OLG München Beschl. v. 21.4.2006 – Verg 8/06, VergabeR 2006, 561.
[18] Beck VergabeR/*Opitz* Rn. 27.
[19] Vgl. nur VK Lüneburg Beschl. v. 24.3.2011 – VgK-04/2011, ZfBR 2011, 595; Ziekow/Völlink/*Stolz* Rn. 6; Beck VergabeR/*Opitz* Rn. 29; BeckOK VergabeR/*Friton*, 20. Ed. 31.10.2020 Rn. 13.
[20] BeckOK VergabeR/*Friton*, 17. 20. Ed. 21.10.2020 Rn. 13.1.

nicht. Die besseren Argumente sprechen für eine Gleichstellung von Urteilen und Strafbefehlen. Zum einen entscheidet der Strafrichter – als unabhängiges Organ der rechtsprechenden Gewalt – über Strafbefehle. Ferner ist die Staatsanwaltschaft dazu verpflichtet Strafbefehlsantrag zu stellen, wenn sie nach dem Ergebnis der Ermittlungen, eine Hauptverhandlung für nicht erforderlich erachtet und ohnehin zu erwarten ist, dass die in der Hauptverhandlung durchgeführte Beweisaufnahme zu keinem anderen Ergebnis als die polizeilichen Ermittlungen führen wird.[21]

15   **3. Maßgeblicher Zeitpunkt der Kenntnis des Ausschlussgrunds.** Der öffentliche Auftraggeber stellt die Ausschlussgründe entweder im Rahmen der Überprüfung der Einheitlichen Europäischen Eigenerklärung oder der angeforderten Eignungsnachweise fest oder erlangt anderweitig davon Kenntnis.[22] Der **maßgebliche Zeitpunkt** der Kenntniserlangung ist nicht auf die Eignungsprüfung beschränkt. Im Einklang mit dem Wortlaut der RL 2014/24/EU kann der Ausschluss „zu jedem Zeitpunkt des Vergabeverfahrens" erfolgen, sobald der öffentliche Auftraggeber vom Ausschlussgrund erfährt.

16   Ein Bewerber oder Bieter kann sich insoweit auch nicht darauf berufen, dass sich der öffentliche Auftraggeber durch die Durchführung einer Eignungsprüfung und Bejahung der Eignung des Unternehmens selbst gebunden hat. Wegen des **zwingenden Charakters** des Angebotsausschlusses nach § 123 kann ein rechtlich schützenswertes Vertrauen des Bieters, sein Angebot werde nicht von der Wertung ausgeschlossen werden, nicht entstehen. In einem solchen Fall ist es dem öffentlichen Auftraggeber deshalb nicht verwehrt, auch noch in einem späten Stadium der Angebotswertung auf den zwingenden Ausschlussgrund zurückzugreifen.[23]

17   Ein Ausschluss vom Verfahren kann – und muss bei Vorliegen der Tatbestandsmerkmale – daher in jedem Verfahrensstadium **bis zum Zuschlag** erfolgen. Während der Vertragsausführung steht dem öffentlichen Auftraggeber ein Kündigungsrecht nach § 133 Abs. 1 Nr. 2 zu.

IV. Vorschriften anderer Staaten (Abs. 2)

18   Nach Abs. 2 steht eine Verurteilung nach vergleichbaren Vorschriften anderer Staaten der Verurteilung nach den Katalogstraftaten des Abs. 1 gleich. Damit soll die Verurteilung in anderen Staaten erfasst werden, die **nicht auf der Grundlage deutscher Strafnormen** erfolgen kann. Damit manifestiert die Klausel das Prinzip der gegenseitigen Anerkennung im Gemeinschaftsrecht.[24] Die Norm dient dem Schutz der Bieterunternehmen vor Willkür und Ungleichbehandlung, insbesondere für Unternehmen aus anderen Mitgliedsstaaten.[25]

19   Eine Vergleichbarkeit der Rechtsnorm eines anderen Staates fehlt nach Auffassung des Gesetzgebers vor allem, wenn die Verurteilung mit wesentlichen Grundsätzen des deutschen Rechts, insbesondere mit den Grundrechten, unvereinbar ist.[26] Dabei müssen die rechtsstaatlichen Verfahrensgrundsätze eingehalten werden.[27] Nach dem Gesetzestext bleibt weiterhin offen, ob die Verurteilung zwingend innerhalb der Europäischen Union ergangen sein muss, oder ob eine Verurteilung aus einem Drittstaat ausreicht.[28] Für die Bewertung einer Vergleichbarkeit einer Rechtsnorm ist eine Betrachtung im Einzelfall erforderlich. Werden die rechtsstaatlichen Verfahrensgrundsätze eingehalten und insbesondere Grundsätze wie das Recht auf rechtliches Gehör und eine angemessene Verteidigung sowie die Möglichkeit, ein unabhängiges Gericht anzurufen (vgl. § 49 Abs. 1 Nr. 2 IRG) gewährleistet, ist die Vergleichbarkeit einer Rechtsnorm auch aus Drittstaaten anzunehmen.

V. Zurechenbarkeit von Verhalten (Abs. 3)

20   Einem Unternehmen ist das Verhalten einer Person, die für eine Katalogstraftat nach Abs. 1 verurteilt wurde, nach Abs. 3 nur zuzurechnen, wenn diese **„als für die Leitung des Unternehmens Verantwortlicher"** gehandelt hat.

21   Diese Formulierung erfolgt in Anlehnung an die **Generalklausel** des § 30 Abs. 1 Nr. 5 OWiG. Der Gesetzgeber wollte damit auch die Einzelbeispiele nach § 30 Abs. 1 Nr. 1–4 OWiG erfassen.[29] Im Einklang mit § 30 OWiG ist damit auch iSd Abs. 3 für die Leitung des Unternehmens verantwort-

---

[21] Vgl. BeckOK StPO/*Temming* StPO § 407 Rn. 12; HK-VergabeR/*Schellenberg* Rn. 24.
[22] Vgl. Art. 57 Abs. 1 RL 2014/24/EU.
[23] Vgl. OLG Frankfurt a. M. Beschl. v. 20.6.2004 – 11 Verg 6/04, ZfBR 2004, 822.
[24] Beck VergabeR/*Opitz* Rn. 37.
[25] Beck VergabeR/*Opitz* Rn. 12.
[26] BT-Drs. 18/6281, 103.
[27] BT-Drs. 18/6281,103.
[28] *Prieß* in Pünder/Prieß, Vergaberecht im Umbruch II – die neuen EU-Vergaberichtlinien und ihre Umsetzungen, 2015, 19 (28).
[29] BT-Drs. 18/6281, 103.

lich, wer vertretungsberechtigtes Organ einer juristischen Person oder Mitglied eines solchen Organs, Vorstand eines nicht rechtsfähigen Vereins oder Mitglied eines solchen Vorstands, vertretungsberechtigter Gesellschafter einer rechtsfähigen Personengesellschaft oder Generalbevollmächtigter ist oder wer in leitender Stellung Prokurist oder Handlungsbevollmächtigter einer juristischen Person, eines nicht rechtsfähigen Vereins bzw. einer rechtsfähigen Personengesellschaft ist.

Für die Leitung des Unternehmens verantwortlich ist nach dem letzten Halbsatz der Bestimmung ferner, wer die **Geschäftsführung überwacht oder sonstige Kontrollbefugnissen in leitender Stellung ausübt.** Wie in der Vorbildregelung des § 30 OWiG können demnach Aufsichtsratsmitglieder, Personen mit bestimmter Bereichsverantwortung wie der Finanzkontrolle oder der Rechnungsprüfung und Compliance-Beauftragte als taugliche Täter in Betracht kommen.[30] 22

Die Person, deren Straftat dem Unternehmen zurechenbar sein soll, muss „als für die Leitung des Unternehmens Verantwortlicher gehandelt" haben. Diese Formulierung soll nach Auffassung des Gesetzgebers klarstellen, dass ein Ausschlussgrund vom Vergabeverfahren **nur für Straftaten mit Unternehmensbezug** in Betracht kommt. Eine ausschließlich im privaten Zusammenhang stehende Straftat der Person kann dagegen keinen Ausschlussgrund nach § 123 darstellen.[31] 23

VI. Zwingender Ausschluss wegen Nichtentrichtung von Steuern und Sozialabgaben (Abs. 4)

Öffentliche Auftraggeber schließen ein Unternehmen **ohne Ausübung eines Ermessens** weiterhin aus, wenn sie Kenntnis davon haben, dass ein Ausschlussgrund nach Abs. 4 vorliegt. Ausschlussgrund nach dieser Bestimmung ist die **Nichtentrichtung von Steuern und Sozialabgaben.** Als zwingender Ausschlussgrund ist dieser Tatbestand mit der Vergaberechtsmodernisierung 2016 neu gefasst worden. Die Nichtentrichtung von Steuern und Sozialabgaben war zuvor im europäischen und im deutschen Vergaberecht nur ein fakultativer Ausschlussgrund. 24

In der ersten Tatbestandsvariante nach Abs. 4 Nr. 1 ist erforderlich, dass eine **rechtskräftige Gerichts- oder bestandskräftige Verwaltungsentscheidung** vorliegt, nach der das Unternehmen seinen Verpflichtungen zur Zahlung von Steuern, Abgaben oder Beiträgen zur Sozialversicherung nicht nachgekommen ist. Hierzu zählen auch Verurteilungen wegen Steuerhinterziehung nach § 370 AO und wegen Vorenthaltung und Veruntreuung von Sozialversicherungsbeiträgen nach § 266a StGB. Nach Nr. 2 kann der öffentliche Auftraggeber **auf sonstige geeignete Weise** die Verletzung einer Verpflichtung nach Abs. 4 Nr. 1 nachweisen. Dies kann etwa durch Abgabe einer Eigenerklärung durch das Unternehmen selbst geschehen. 25

Nach Abs. 4 S. 2 ist von einem Ausschluss allerdings abzusehen, wenn das Unternehmen seinen Verpflichtungen dadurch nachgekommen ist, dass es die Zahlung vorgenommen oder sich zur Zahlung der Steuern, Abgaben und Beiträge zur Sozialversicherung einschließlich Zinsen, Säumnis- und Strafzuschlägen verpflichtet hat. Dies ist eine **spezielle Möglichkeit der Selbstreinigung**, die der strengeren allgemeinen Regelung in § 125 vorgeht.[32] 26

VII. Ausnahmen (Abs. 5)

Die Mitgliedstaaten sollen nach der RL 2014/24/EU in **Ausnahmesituationen** auf einen zwingenden Ausschluss verzichten können, wenn es zwingende Gründe des Allgemeininteresses gibt, die eine Auftragsvergabe unumgänglich machen.[33] Abs. 5 sieht daher für die Ausschlussgründe nach Abs. 1 und Abs. 4 Ausnahmemöglichkeiten vor. 27

Nach Abs. 5 S. 1 kann von einem Ausschluss nach Abs. 1 abgesehen werden, wenn dies aus **zwingenden Gründen des öffentlichen Interesses** geboten ist. Bei der Anwendung der Ausnahmevorschrift steht dem öffentlichen Auftraggeber ein Ermessensspielraum zu. Der öffentliche Auftraggeber hat abzuwägen, ob es ausnahmsweise zwingende Gründe des öffentlichen Interesses gibt, die eine Beauftragung des Unternehmens trotz des Ausschlussgrundes nach Abs. 1 rechtfertigen. Dabei ist der Zweck der Norm zu berücksichtigen, dass in der Regel nur solche Unternehmen den Zuschlag erhalten, die Recht und Gesetz in der Vergangenheit eingehalten haben und bei denen gesetzestreues Verhalten auch in Zukunft zu erwarten ist. Wegen des Ausnahmecharakters der Regelung ist die Norm eng auszulegen.[34] Deshalb genügt es nicht, wenn dem öffentlichen Auftraggeber ein Absehen vom Ausschluss lediglich sinnvoll erscheint oder Wirtschaftlichkeitserwägungen im 28

---

[30] Vgl. zur Regelung im OWiG BeckOK OWiG/*Meyberg*, 10. Ed. 15.1.2016, OWIG § 30 Rn. 52 f.
[31] BT-Drs. 18/6281, 104.
[32] BT-Drs. 18/6281, 104.
[33] Erwägungsgrund 100 RL 2014/24/EU.
[34] Dieckmann/Scharf/Wagner-Cardenal/*Wagner-Cardenal* VOL/A-EG§ 6 Rn. 48.

GWB § 124 Fakultative Ausschlussgründe

Vordergrund stehen, etwa weil das Unternehmen einen günstigen Preis angeboten hat.[35] Die Ausübung des Ermessens ist nach allgemeinen Grundsätzen durch die Nachprüfungsinstanzen auf Ermessensfehler überprüfbar. Eine Ausnahme könnte nach Ansicht des europäischen Richtliniengebers beispielsweise vorliegen, wenn dringend benötigte Impfstoffe oder Notfallausrüstungen bei nur einem Unternehmen beschafft werden können, das einen der zwingenden Ausschlussgründe erfüllt.[36]

29 Eine Ausnahme bei Vorliegen des Ausschlussgrundes nach Abs. 4 wegen der Nichtentrichtung von Steuern oder Sozialversicherungsbeiträgen ist weniger streng formuliert. Neben den zwingenden Gründen des öffentlichen Interesses ist es ausreichend, wenn ein Ausschluss **offensichtlich unverhältnismäßig** wäre. Dies kann zum Beispiel der Fall sein, wenn nur geringfügige Beträge an Steuern oder Sozialversicherungsbeiträgen nicht gezahlt wurden oder dass das Unternehmen im Zusammenhang mit der Zahlung von Steuern oder Sozialversicherungsbeiträgen so spät über den genauen geschuldeten Betrags unterrichtet wurde, dass es keine Möglichkeit hatte, die nachträgliche Zahlung vor dem Ablauf der Frist für die Beantragung der Teilnahme bzw. im offenen Verfahren der Frist für die Einreichung der Angebote durchzuführen.[37]

30 Die Möglichkeit der Ausnahmeregelung nach Abs. 5 steht nicht in einem Spannungsfeld zu dem allgemeinen Grundsatz nach § 122 Abs. 1, dass Aufträge an geeignete Unternehmen zu vergeben sind. Hiergegen wäre widersprüchlich, wenn das GWB einerseits vorschreibt, nur geeignete Unternehmen zu beauftragen, und andererseits dem Auftraggeber erlauben würde, ein ungeeignetes Unternehmen zu beauftragen, und sei es auch nur ausnahmsweise. § 122 Abs. 1 enthält aber nicht mehr die Begriffe der „Zuverlässigkeit" und „Gesetzestreue", wie sie in der Vorgängerregelung nach § 97 Abs. 4 S. 1 aF enthalten war. Vielmehr präzisiert die Regelung, dass Aufträge erteilt werden an „fachkundige und leistungsfähige (geeignete) Unternehmen vergeben, die nicht nach den §§ 123 oder 124 ausgeschlossen worden sind." Die Ausschlussgründe treten somit nunmehr neben die Eignung, die allein durch die Leistungsfähigkeit und die Fachkunde der Unternehmen begründet wird.

VIII. Rechtsfolge und Bieterschutz der Norm

31 § 123 sieht als Rechtsfolge den zwingenden Ausschluss eines Unternehmens von der Teilnahme an einem Vergabeverfahren vor. Vor dem Ausschluss sollte das Unternehmen grundsätzlich angehört werden, um die Möglichkeit zu erhalten, die bestehenden Vorwürfe zu entkräften.[38] Von der Anhörung wird in der Regel abgesehen werden können, wenn der Ausschluss aufgrund einer rechtskräftigen gerichtlichen Entscheidung erfolgt.[39]

32 Die Norm hat **bieterschützenden Charakter.** Werden Bieter von der weiteren Teilnahme an einem Vergabeverfahren ausgeschlossen, können sie die Verletzung in ihren Rechten nach § 97 Abs. 6 geltend machen und darlegen, dass ihnen wegen des unrechtmäßigen Ausschlusses und der aussichtslosen Zuschlagserteilung ein Schaden entstanden ist. Um endgültigen Schaden abzuwenden, können Bewerber oder Bieter bereits frühzeitig einen Antrag auf Erlass vorläufiger Maßnahmen nach § 169 Abs. 3 stellen.

33 Die Norm hat zudem **drittschützenden Charakter.** Konkurrierende Unternehmen können gegen einen unterlassenen zwingenden Ausschluss nach § 123 in einem Nachprüfungsverfahren vorgehen. Dafür spricht zum einen, dass das Vorliegen von zwingenden Ausschlussgründen bei Unternehmen Auswirkungen für die Unternehmen auf den Zugang und die Zulassung zum Wettbewerb hat. Die zwingenden Ausschlussgründe sind zum anderen ein Ausdruck des Gleichbehandlungsgrundsatzes.[40]

§ 124 Fakultative Ausschlussgründe

(1) Öffentliche Auftraggeber können unter Berücksichtigung des Grundsatzes der Verhältnismäßigkeit ein Unternehmen zu jedem Zeitpunkt des Vergabeverfahrens von der Teilnahme an einem Vergabeverfahren ausschließen, wenn
1. **das Unternehmen bei der Ausführung öffentlicher Aufträge nachweislich gegen geltende umwelt-, sozial- oder arbeitsrechtliche Verpflichtungen verstoßen hat,**
2. **das Unternehmen zahlungsunfähig ist, über das Vermögen des Unternehmens ein Insolvenzverfahren oder ein vergleichbares Verfahren beantragt oder eröffnet worden**

---
[35] BT-Drs. 18/6281, 104.
[36] Erwägungsgrund 100 RL 2014/24/EU.
[37] BT-Drs. 18/6281, 104.
[38] OLG München Beschl. v. 27.1.2005 – Verg 2/05, ZfBR 2005, 614.
[39] VK Sachsen Beschl. v. 25.6.2003 – 1/SK/051-03, BeckRS 2003, 152494; HK-VergabeR/*Kaufmann* Rn. 78.
[40] *Gnittke/Hattig* in Müller-Wrede GWB Rn. 80; *Stein/Friton* VergabeR 2010, 151 (162).

ist, die Eröffnung eines solchen Verfahrens mangels Masse abgelehnt worden ist, sich das Unternehmen im Verfahren der Liquidation befindet oder seine Tätigkeit eingestellt hat,
3. das Unternehmen im Rahmen der beruflichen Tätigkeit nachweislich eine schwere Verfehlung begangen hat, durch die die Integrität des Unternehmens infrage gestellt wird; § 123 Absatz 3 ist entsprechend anzuwenden,
4. der öffentliche Auftraggeber über hinreichende Anhaltspunkte dafür verfügt, dass das Unternehmen mit anderen Unternehmen Vereinbarungen getroffen oder Verhaltensweisen aufeinander abgestimmt hat, die eine Verhinderung, Einschränkung oder Verfälschung des Wettbewerbs bezwecken oder bewirken,
5. ein Interessenkonflikt bei der Durchführung des Vergabeverfahrens besteht, der die Unparteilichkeit und Unabhängigkeit einer für den öffentlichen Auftraggeber tätigen Person bei der Durchführung des Vergabeverfahrens beeinträchtigen könnte und der durch andere, weniger einschneidende Maßnahmen nicht wirksam beseitigt werden kann,
6. eine Wettbewerbsverzerrung daraus resultiert, dass das Unternehmen bereits in die Vorbereitung des Vergabeverfahrens einbezogen war, und diese Wettbewerbsverzerrung nicht durch andere, weniger einschneidende Maßnahmen beseitigt werden kann,
7. das Unternehmen eine wesentliche Anforderung bei der Ausführung eines früheren öffentlichen Auftrags oder Konzessionsvertrags erheblich oder fortdauernd mangelhaft erfüllt hat und dies zu einer vorzeitigen Beendigung, zu Schadensersatz oder zu einer vergleichbaren Rechtsfolge geführt hat,
8. das Unternehmen in Bezug auf Ausschlussgründe oder Eignungskriterien eine schwerwiegende Täuschung begangen oder Auskünfte zurückgehalten hat oder nicht in der Lage ist, die erforderlichen Nachweise zu übermitteln, oder
9. das Unternehmen
    a) versucht hat, die Entscheidungsfindung des öffentlichen Auftraggebers in unzulässiger Weise zu beeinflussen,
    b) versucht hat, vertrauliche Informationen zu erhalten, durch die es unzulässige Vorteile beim Vergabeverfahren erlangen könnte, oder
    c) fahrlässig oder vorsätzlich irreführende Informationen übermittelt hat, die die Vergabeentscheidung des öffentlichen Auftraggebers erheblich beeinflussen könnten, oder versucht hat, solche Informationen zu übermitteln.

(2) § 21 des Arbeitnehmer-Entsendegesetzes, § 98c des Aufenthaltsgesetzes, § 19 des Mindestlohngesetzes und § 21 des Schwarzarbeitsbekämpfungsgesetzes bleiben unberührt.

ab 1.1.2023:[1] *(2) § 21 des Arbeitnehmer-Entsendegesetzes, § 98c des Aufenthaltsgesetzes, § 19 des Mindestlohngesetzes, § 21 des Schwarzarbeitsbekämpfungsgesetzes und § 22 des Lieferkettensorgfaltspflichtengesetzes vom 16. Juli 2021 (BGBl. I S. 2959) bleiben unberührt.*

Übersicht

	Rn.			Rn.
I. Normzweck und Normstruktur	1	7.	Interessenkonflikt	32
II. Entstehungsgeschichte	5	8.	Projektantenstellung	36
III. Fakultative Ausschlussgründe (Abs. 1)	8	9.	Schlechtleistung bei Vorauftrag	38
1. Ermessensausübung	8	10.	Täuschung oder fehlende Nachweise bei Eignungsprüfung	41
2. Maßgeblicher Zeitpunkt der Kenntnis des Ausschlussgrundes	10	11.	Unlautere Beeinflussung eines Vergabeverfahrens	43
3. Verstoß gegen geltende umwelt-, sozial- oder arbeitsrechtliche Verpflichtungen	12	IV.	Spezialgesetzliche Vorschriften (Abs. 2)	44
4. Insolvenz des Unternehmens	17	V.	Rechtsfolge und bieterschützender Charakter der Norm	46
5. Schwere Verfehlung des Unternehmens	22			
6. Wettbewerbsbeschränkende Vereinbarungen	26			

---

[1] Abs. 2 geänd. mWv 1.1.2023 durch G v. 16.7.2021 (BGBl. 2021 I 2959).

I. Normzweck und Normstruktur

1 § 124 räumt dem öffentlichen Auftraggeber bei Vorliegen besonderer Gründe die Befugnis ein, ein ansonsten geeignetes Unternehmen **nach seinem Ermessen** von der Teilnahme an einem Vergabeverfahren zu jedem Zeitpunkt auszuschließen. Im Unterschied zu § 123 handelt es sich um einen fakultativen Ausschlussgrund. Zweck der Regelungen ist es, die Zuverlässigkeit der Unternehmen (vgl. hierzu § 124 Abs. 1 Nr. 1, 3,4, 7, 8 und 9), die finanzielle Leistungsfähigkeit (vgl. hierzu § 124 Abs. 1 Nr. 2) und die Gleichbehandlung der Bewerber und Bieter (vgl. hierzu § 124 Abs. 1 Nr. 5, 6) im Rahmen des Vergabeverfahrens zu gewährleisten. § 124 Abs. 1 ist weiter gefasst als § 123 Abs. 1. Die Norm verlangt keine rechtskräftige Verurteilung oder Festsetzung eines Bußgeldbescheides nach § 30 OWiG[2] und kann im Einzelfall einen **Auffangtatbestand** zu § 123 darstellen, wenn genügend Anhaltspunkte dafür vorliegen, dass eine schwere Verfehlung eines Unternehmens nach § 124 Abs. 1 Nr. 3 zu befürchten ist.[3] Die Ausschlussgründe aus § 124 Abs. 1 sind dem Wortlaut der Vorschrift nach **abschließend** und wegen der bedeutenden Rechtsfolge des Ausschlusses aus dem Vergabeverfahren **nicht analogiefähig**.[4] Wegen unbenannter Ausschlussgründe, die aus Sicht des Auftraggebers ähnlich gravierend sein mögen, ist ein Ausschluss eines Unternehmens daher nicht gerechtfertigt.

2 Abs. 1 zählt die einzelnen Gründe auf, die einen Ausschluss wegen Unzuverlässigkeit rechtfertigen können. Abs. 2 stellt klar, dass bestimmte spezialgesetzliche Vorgaben zu schweren Verfehlungen gegen die in diesen Gesetzen geregelten Verpflichtungen unberührt bleiben.

3 Der öffentliche Auftraggeber hat für die Beurteilung des Ausschlusses im Rahmen des Ermessensspielraums eine **Prognoseentscheidung** darüber zu treffen, ob der Bewerber oder Bieter trotz des Vorliegens der Voraussetzungen des § 124 geeignet ist, den Auftrag ordnungsgemäß, sorgfältig und gesetzestreu auszuführen.[5] Dabei ist der **Grundsatz der Verhältnismäßigkeit** nach § 97 Abs. 1 S. 2 zu beachten.[6] Zu beurteilen ist insoweit die Zuverlässigkeit des Unternehmens. Der EuGH bezeichnet die Zuverlässigkeit als „wesentliche Komponente" der Beziehung zwischen dem Zuschlagsempfänger und öffentlichen Auftraggeber, auf die sich das Vertrauen des Auftraggebers stütze.[7] Mangelnde Zuverlässigkeit eines Unternehmens kennzeichnet sich durch früheres Fehlverhalten, das einen Ausschlusstatbestand aus § 124 Abs. 1 erfüllt. Kleinere Unregelmäßigkeiten im Rahmen der Unternehmenstätigkeit sollen in der Regel jedoch nicht zum Ausschluss führen.[8] Entscheidend für die Beurteilung des Ausschlussgrundes sind die Schwere und die Folgen des Vorwurfs, dessen Häufigkeit und der Zeitpunkt der Ereignisse. Berücksichtigungsfähig sind nur Umstände, die auf gesicherten Erkenntnissen beruhen. Deshalb kann es im Einzelfall erforderlich sein, den Bewerber oder Bieter vor dem Ausschluss anzuhören bzw. Gelegenheit zur Stellungnahme zu geben. Eine Verpflichtung zur Anhörung besteht jedoch nicht.[9]

4 Kommt der öffentliche Auftraggeber zum Entschluss, einen Bieter oder Bewerber von der Teilnahme am Vergabeverfahren nicht auszuschließen, obwohl die Voraussetzungen des § 124 erfüllt sind, ist insbesondere auch dann die eingehende Begründung nachvollziehbar zu dokumentieren und zur Vergabeakte zu nehmen.[10] Die Entscheidungen sind von den Nachprüfungsinstanzen nur eingeschränkt überprüfbar. Diese Lage kann nur vor, wenn der öffentliche Auftraggeber von einer unzureichenden Tatsachengrundlage ausgegangen ist oder die Norm willkürlich oder sachwidrig angewendet hat oder verkannt hat, dass im Einzelfall das Ermessen auf Null zu reduzieren ist.[11] Der Beurteilungsspielraum kann auch dann überschritten sein, wenn der Auftraggeber Informationen nicht berücksichtigt, die ihm im Rahmen des Vergabeverfahrens bekannt werden und einen Ausschluss rechtfertigen.

II. Entstehungsgeschichte

5 § 124 dient der Umsetzung von Art. 57 Abs. 4 RL 2014/24/EU und ist mit der Vergaberechtsmodernisierung in 2016 ins GWB aufgenommen worden. Bislang wurden die Ausschlussgründe

---

[2] VK Bund Beschl. v. 12.10.2020 – VK 2-77/20, IBRRS 2020, 3261.
[3] Vgl.§ 124 Abs. 1 Nr. 3; → § 123 Rn. 11.
[4] *Otting* VergabeR 2016, 316.
[5] EuGH Urt. v. 19.6.2019 – C 41/18, BeckRS 2019, 11629; OLG Celle Beschl. v. 13.5.2019 – 13 Verg 2/19, BeckRS 2019, 13155.
[6] EuGH Urt. v. 19.6.2019 – C 41/18, IBRRS 2019, 1973.
[7] EuGH Urt. v. 19.6.2019 – C 41/18, IBRRS 2019, 1973.
[8] Vgl. hierzu Erwägungsgrund 101 RL 2014/24/EU.
[9] Ziekow/Völlink/*Stolz* Rn. 2; aA *Conrad* in Müller-Wrede GWB Rn. 13.
[10] Vgl. Ziekow/Völlink/*Stolz* Rn. 3.
[11] OLG Celle Beschl. v. 13.5.2019 – 13 Verg 2/19, BeckRS 2019, 13155; OLG Düsseldorf Beschl. v. 14.11.2018 – Verg 31/18, ZfBR 2019, 510.

III. Fakultative Ausschlussgründe (Abs. 1) 6–12 § 124 GWB

uneinheitlich in den Vergabeordnungen geregelt. Die Regelungen aus den Vorgängervorschriften[12] wurden zusammengefasst und einheitlich neu geregelt. Die Norm betrifft nunmehr alle Vergabeverordnungen. Im Vergleich zum Katalog des Art. 45 Abs. 2 Vergabe-RL 2004 wurden die fakultativen Ausschlussgründe in der RL 2014/24/EU und bei deren Umsetzung im GWB 2016 **erweitert**. Nunmehr liegen fakultative Ausschlussgründe auch vor bei Verstoß gegen geltende umwelt-, sozial- und arbeitsrechtliche Verpflichtungen, bei wettbewerbsverzerrenden Absprachen, bei Interessenkonflikt, bei Wettbewerbsverzerrung aufgrund vorheriger Einbeziehung des Unternehmens, bei mangelhafter früherer Auftragsausführung sowie bei versuchter unzulässiger Einflussnahme auf die Entscheidungsfindung des öffentlichen Auftraggebers.

Der bisherige fakultative Ausschlussgrund wegen Nichtentrichtung von Steuern und Sozialabgaben ist seit der Vergaberechtsmodernisierung in den Rang eines zwingenden Ausschlussgrundes aus § 123 Abs. 4 angehoben worden.[13] 6

Mit dem Änderungsgesetz vom 18.7.2017 sind nach § 123 Abs. 1 Nr. 4 nicht nur wettbewerbsverzerrende Vereinbarungen, sondern auch aufeinander abgestimmte Verhaltensweisen zwischen den Unternehmen tatbestandlich erfasst. 7

III. Fakultative Ausschlussgründe (Abs. 1)

1. Ermessensausübung. Bei den fakultativen Ausschlussgründen hat der öffentliche Auftraggeber die **Zuverlässigkeit** des Unternehmens zu beurteilen. Im Gegensatz zur Regelung der zwingenden Ausschlussgründe nach § 123 steht dem öffentlichen Auftraggeber nach § 124 ein Ermessen zu, ob er bei Vorliegen eines Grundes nach Abs. 1 von seinem Recht auf Ausschluss des Bieters Gebrauch macht. Dieses Ermessen beinhaltet sowohl ein **Beurteilungsermessen** hinsichtlich des Vorliegens des Ausschlussgrundes als auch ein **Ermessensspielraum hinsichtlich der Rechtsfolge,** also des Ausschlusses selbst.[14] Bei Ausübung dieses Ermessens hat der öffentliche Auftraggeber eine Prognoseentscheidung zu treffen, ob das Unternehmen für die Auftragsausführung als zuverlässig anzusehen ist. Das ist der Fall, wenn von dem Unternehmen trotz des Vorliegens des fakultativen Ausschlussgrundes zu erwarten ist, dass es den öffentlichen Auftrag gesetzestreu, ordnungsgemäß und sorgfältig ausführen wird.[15] 8

Bei der Anwendung fakultativer Ausschlussgründe hat der öffentliche Auftraggeber insbesondere dem **Grundsatz der Verhältnismäßigkeit** nach § 97 Abs. 1 Rechnung zu tragen. Kleinere Unregelmäßigkeiten sollten danach nur in Ausnahmefällen zum Ausschluss führen. Wiederholen sich die Fälle kleinerer Unregelmäßigkeiten bei dem Unternehmen, kann dies jedoch die Zuverlässigkeit eines Unternehmens in Frage stellen und einen Ausschluss rechtfertigen.[16] 9

2. Maßgeblicher Zeitpunkt der Kenntnis des Ausschlussgrundes. Der maßgebliche Zeitpunkt für den Ausschluss ist nicht auf die Eignungsprüfung beschränkt, sondern kann **zu jedem Zeitpunkt des Vergabeverfahrens** erfolgen. Bis zum Zuschlag kann der öffentliche Auftraggeber daher grundsätzlich jederzeit von seinem Recht nach § 124 Gebrauch machen. 10

Im Gegensatz zu den zwingenden Ausschlussgründen kann der öffentliche Auftraggeber jedoch **durch die Durchführung einer Eignungsprüfung gebunden** sein, da in diesen Fällen das Ermessen auf Null reduziert ist. Hat der Auftraggeber in Ausübung seines Ermessens einmal die Zuverlässigkeit des Unternehmens bejaht, ist er für das weitere Verfahren daran gebunden. Nach Treu und Glauben ist der Auftraggeber deshalb daran gehindert, im weiteren Verlauf des Vergabeverfahrens von seiner ursprünglichen Beurteilung abzurücken und bei unveränderter Sachlage die Zuverlässigkeit zu verneinen.[17] Etwas anderes gilt aber, wenn ihm erst nach der Durchführung der Eignungsprüfung die Tatsachen bekannt werden, die einen fakultativen Ausschlussgrund begründen. 11

3. Verstoß gegen geltende umwelt-, sozial- oder arbeitsrechtliche Verpflichtungen. Ein Ausschlussgrund nach Abs. 1 Nr. 1 liegt vor bei Verstößen gegen **geltende umwelt-, sozial- oder arbeitsrechtliche Verpflichtungen.** Nach § 97 Abs. 3 sind bei der Vergabe soziale und umweltbezogene Aspekte zu berücksichtigen. Das gilt auch bei der Beurteilung der Zuverlässigkeit 12

---

[12] §§ 6 EG Abs. 3 Nr. 2 lit. e–i VOB/A 2012 und 16 EG Abs. 1 Nr. 2 VOB/A 2012, § 6 Abs. 6 VOL/A 2009, § 4 Abs. 9 VOF 2009, § 21 Abs. 4 SektVO 2009, § 24 VSVgV 2012.
[13] → § 123 Rn. 24.
[14] BT-Drs. 18/6281, 104.
[15] BT-Drs. 18/6281, 104; OLG Frankfurt a. M. Beschl. v. 3.5.2018 – 11 Verg 5/18, BeckRS 2018,8098; OLG Celle Beschl. v. 9.1.2017 – 13 Verg 9/16, ZfBR 2017, 407; OLG Frankfurt a. M. Beschl. v. 20.7.2004 – 11Verg 6/04, ZfBR 2004, 822; OLG München Beschl. v. 22.11.2012 – Verg 22/12, NZBau 2013, 261.
[16] Erwägungsgrund 101 RL 2014/24/EU.
[17] OLG Frankfurt a. M. Beschl. v. 20.7.2004 – 11Verg 6/04, ZfBR 2004, 822; OLG Düsseldorf Beschl. v. 28.5.2003 – Verg 16/03, BeckRS 2005, 03571.

eines Unternehmens. Sofern dieses Unternehmen bei der Ausführung öffentlicher Aufträge nachweislich gegen geltende umwelt-, sozial- oder arbeitsrechtliche Verpflichtungen verstoßen hat, besteht Anlass für den öffentlichen Auftraggeber, im Rahmen seines pflichtgemäßen Ermessens über den Ausschluss des Unternehmens zu entscheiden.[18] Der Verstoß gegen geltende umwelt-, sozial- oder arbeitsrechtliche Verpflichtungen setzt, anders als § 124 Abs. 1 Nr. 7, keine rechtlichen Folgen voraus. Es genügt der Nachweis, dass gegen geltendes Recht verstoßen worden ist und der Ausschluss nicht unverhältnismäßig ist. Insbesondere muss der Verstoß die Integrität des gesamten Unternehmens in Frage stellen. Das kann im Einzelfall abgelehnt werden, wenn es sich lediglich um Verstöße einzelner Mitarbeiter eines Bieterunternehmens handelt.[19]

13 Verstöße eines Nachunternehmers werden nicht zugerechnet. § 124 Abs. 1 Nr. 1 erfasst lediglich Verstöße des Bieterunternehmens, das durch seine Organe handelt.[20] Missachtet das Bieterunternehmen jedoch gesetzlich vorgegebene Kontrollpflichten[21] gegenüber dem Nachunternehmen, führt das zu einem Verstoß gem § 124 Abs. 1 Nr. 1. Die Kontrollpflichtverletzung muss jedoch während der Ausführung eines öffentlichen Auftrages iSv 124 Abs. 1 Nr. 1 erfolgt sein.[22]

14 Verstöße gegen die Verpflichtung zur Zahlung von Sozialversicherungsbeiträgen sind nach § 123 Abs. 4 als zwingender Ausschlussgrund gegenüber § 124 Abs. 1 Nr. 1 vorrangig.[23]

15 Zu den arbeitsrechtlichen Verpflichtungen eines Unternehmens gehören nach dem Willen des Gesetzgebers auch **Zahlungsverpflichtungen an tarifvertragliche Sozialkassen**.[24] Der Begriff der für das Unternehmen geltenden umwelt-, sozial- und arbeitsrechtlichen Verpflichtungen ist im Übrigen im Hinblick auf Art. 18 Abs. 2 RL 2014/24/EU auszulegen. Erfasst sind alle entsprechenden Verpflichtungen, die durch Rechtsvorschriften der Europäischen Union, einzelstaatliche Rechtsvorschriften, aber auch durch für das Unternehmen verbindliche Tarifverträge festgelegt sind. Dazu sollen auch die in Anhang X RL 2014/24/EU aufgeführten internationalen Abkommen zählen, insbesondere die ILO-Kernarbeitsnormen.[25]

16 Die Aufzählung der **ILO-Kernarbeitsnormen** in der Gesetzesbegründung ist nicht mehr als ein politisches Signal. Der Gesetzgeber ist selbst der Ansicht, dass diese Übereinkommen vollständig in das deutsche Recht und die Rechtsordnungen der EU-Mitgliedstaaten umgesetzt worden seien.[26] Außerdem sind die ILO-Übereinkommen völkerrechtliche Verträge, die sich nicht an Unternehmen, sondern in erster Linie an Staaten wenden. Ihnen sind kaum konkrete Verpflichtungen zu entnehmen, oftmals nur politische Absichtserklärungen. Die Einhaltung der ILO-Kernarbeitsnormen ist daher weder für den Auftraggeber im Hinblick auf seine Auftragnehmer, noch im Hinblick des Auftragnehmers in Bezug auf seine Nachunternehmer oder Zulieferer wirksam zu überprüfen oder durchzusetzen.[27]

17 **4. Insolvenz des Unternehmens.** Einer Ermessensentscheidung des öffentlichen Auftraggebers über die Zuverlässigkeit des Unternehmens bedarf es nach Abs. 1 Nr. 2, wenn das Unternehmen zahlungsunfähig ist, über das Vermögen des Unternehmens ein Insolvenzverfahren oder ein vergleichbares Verfahren beantragt oder eröffnet worden ist, die Eröffnung eines solchen Verfahrens mangels Masse abgelehnt worden ist, sich das Unternehmen im Verfahren der Liquidation befindet oder seine Tätigkeit eingestellt hat.

18 Die Einordnung der Insolvenz und der vergleichbaren Tatbestände als fakultativer und nicht zwingender Ausschlussgrund bedeutet, dass der öffentliche Auftraggeber eine **Ermessensentscheidung zu treffen** hat, ob der Bieter noch zuverlässig ist. Ein Ausschluss darf daher nicht allein deshalb erfolgen, weil ein Bieter insolvent geworden ist. Vielmehr hat der Auftraggeber eine Prognoseentscheidung zu treffen, ob das Unternehmen trotz der Insolvenz den Auftrag ordnungsgemäß ausführen kann.[28] Dabei sind die Umstände des Einzelfalles wie insbesondere das Stadium des Insolvenzverfahrens, die Fortführungsprognose oder die Maßnahmen des Insolvenzgerichts im Eröffnungsbeschluss – wie die Anordnung der Eigenverwaltung – zu berücksichtigen.[29]

---

[18] OLG Celle Beschl. v. 13.5.2019 – 13 Verg 2/19, NVwZ 2019, 1460, BeckRS 2019, 13155.
[19] Vgl. hierzu Ziekow/Völlink/*Stolz* Rn. 10.
[20] OLG Celle Beschl. v. 13.5.2019 – 13 Verg 2/19, NVwZ 2019, 1460 BeckRS 2019, 13155.
[21] Wie etwa § 8 Abs. 2 Nr. 1 SchwarzArbG, § 21 Abs. 2 MiLoG, § 23 Abs. 1 AEntG, § 404 Abs. 1 SGB III.
[22] OLG Celle Beschl. v. 13.5.2019 – 13 Verg 2/19, NVwZ 2019, 1460, BeckRS 2019, 13155.
[23] Vgl. BT-Drs. 18/6281, 105; → § 123 Rn. 24.
[24] BT-Drs. 18/6281, 105.
[25] BT-Drs. 18/6281, 105.
[26] BT-Drs. 18/6281, 113.
[27] *Summa* VeragbeR 2016, 147 ff.
[28] OLG Düsseldorf Beschl. v. 5.12.2006 – VII-Verg 56/06 NZBau 2007, 668; OLG Schleswig Beschl. v. 30.5.2012 – 1 Verg 2/12, BeckRS 2012, 11885.
[29] VK Rheinland Beschl. v. 29.6.2017 – VK VOB 6/17; Im Einzelnen *Heuvels* ZIP 2014, 397 ff.

III. Fakultative Ausschlussgründe (Abs. 1)   19–23 § 124 GWB

Fordert der öffentliche Auftraggeber bei der Überprüfung der finanziellen und wirtschaftlichen 19
Leistungsfähigkeit ua die Vorlage einer **Bonitätserklärung** mit einer geringen Ausfallwahrscheinlichkeit, kann bei der Ausschlussentscheidung im Einzelfall das Ermessen auf Null reduziert sein, wenn der insolvente Bewerber oder Bieter einen derartigen Nachweis nicht erbringen kann. Das ist insbesondere dann der Fall, wenn der Bewerber nicht in der Lage ist, gleichwertige Unterlagen beizubringen, die eine solide Finanzierung der ausgeschriebenen Leistung trotz der Insolvenz belegen.[30]

Bei **Bewerber- oder Bietergemeinschaften** ist die Leistungsfähigkeit der gesamten Gemein- 20 schaft maßgeblich. Grundsätzlich gilt hierbei die gesamtschuldnerische Haftung ihrer Mitglieder. Eine Ausnahme hiervon wird bei der Prüfung der finanziellen und wirtschaftlichen Leistungsfähigkeit gemacht. Dabei kann die Insolvenz eines Mitglieds dazu führen, dass die Bietergemeinschaft nach Abs. 1 Nr. 2 ausgeschlossen wird. Bei Bietergemeinschaften handelt es sich um Gesellschaften bürgerlichen Rechts. Sollten die Gesellschafter keine Regelungen über eine Fortführung getroffen haben, wird die Gesellschaft nach § 728 Abs. 2 BGB aufgelöst, wenn über das Vermögen eines Gesellschafters ein Insolvenzverfahren eröffnet wird.[31] Dabei gelten interne Absprachen nicht im Außenverhältnis zum Auftraggeber.[32]

Einem Hauptunternehmer kann die insolvenzbedingte Leistungsunfähigkeit des **Nachunter-** 21 **nehmers** zugerechnet werden, wenn sich der Hauptauftragnehmer die finanzielle Leistungsfähigkeit vom Nachunternehmer leiht und aufgrund der vorliegenden Tatsachen erhebliche Risiken für die Auftagsabwicklung zu befürchten sind.[33] Vor dem endgültigen Ausschluss des Hauptauftragnehmers kann als milderes Mittel die Ersetzung des Nachunternehmers nach § 36 Abs. 5 S. 3 VgV verlangt werden.

5. Schwere Verfehlung des Unternehmens. Unternehmen können vom Verfahren ausge- 22 schlossen werden, wenn sie eine schwere Verfehlung im Rahmen ihrer beruflichen Tätigkeit iSd Abs. 1 Nr. 3 begangen haben. Eine **Verfehlung** liegt vor, wenn ein Unternehmen gesetzliche oder vertragliche Verpflichtungen verletzt. Dabei kann es sich zum Beispiel um schuldhafte Verstöße gegen strafrechtliche Vorschriften,[34] gegen Wettbewerbsrecht, arbeitsrechtliche oder sonstige zivilrechtliche Vorschriften handeln.[35] Hat ein Unternehmen eine wesentliche Anforderung bei der Auftragsausführung nach § 128 Abs. 2 bei früheren öffentlichen Aufträgen mangelhaft erfüllt oder gegen gesetzliche Verpflichtungen verstoßen, kommt als Ausschlussgrund dagegen lediglich Abs. 1 Nr. 7 als lex specialis in Betracht. Daneben können aber auch schwere Verstöße gegen das Vergaberecht wie dem Grundsatz des Wettbewerbs, der Gleichbehandlung oder den Geheimwettbewerb zum Ausschluss führen, wenn nicht speziellere Vorschriften wie Abs. 1 Nr 4 in Betracht kommen.[36] Weiterhin muss die Verfehlung im Zusammenhang zur beruflichen Tätigkeit des Unternehmens stehen.[37] Unerheblich ist, ob die Verfehlung gegenüber dem Auftraggeber begangen worden ist, der über den Ausschluss entscheidet oder ob die Pflichtverletzung im Zusammenhang mit der Vergabe eines anderen öffentlichen Auftrags stand.[38] Folglich kommt Abs. 1 Nr. 3 als Ausschlussgrund dann in Betracht, wenn die Verletztung gegen umwelt-, sozial- oder arbeitsrechtliche Verpflichtungen nach § 124 Abs. 1 Nr. 1 außerhalb eines öffentlichen Auftrags erfolgt ist. Die Verfehlung ist **schwer**, wenn die Pflichtverletzung eine solche Intensität aufweist, dass der öffentliche Auftraggeber berechtigterweise an der Integrität des Unternehmens zweifeln darf.[39]

Bei einer schweren Verfehlung handelt es sich demnach um einen **erheblichen Rechtsverstoß**, 23 der geeignet ist, die **Zuverlässigkeit eines Bewerbers grundlegend in Frage** zu stellen. Das ist nur dann der Fall, wenn die Verfehlung schuldhaft begangen wurde und erhebliche Auswirkungen hat.[40] Erhebliche Auswirkungen können dann angenommen werden, wenn besonders schützens-

---

[30] OLG Düsseldorf Urt. v. 21.12.2011 – VII Verg 84/11, IBRRS 2013, 1301.
[31] VK Lüneburg Beschl. v. 18.5.2020 – VgK-06/2020, VPR 2020, 168.
[32] VK Nordbayern Beschl. v. 18.9.2003 – 320-VK-3194-31/03.
[33] OLG Schleswig Beschl. v. 30.5.2012 – 1 Verg 2/12, BeckRS 2012, 11885.
[34] OLG Düsseldorf Beschl. v. 18.04.2018 – VII Verg 28/17, NZBau 2018, 486; VK Niedersachsen Beschl. v. 14.2.2012 – VgK-05/2012, IBRRS 2012, 0626.
[35] VK Sachsen Beschl. v. 25.6.2003 – 1/SVK/051-03, IBRRS 2004, 3421.
[36] OLG Naumburg Beschl. v. 2.8.2012 – 2 Verg 3/12, IBRRS 88001.
[37] EuGH Urt. v. 13.12.2012 – C-465/11, NZBau 2013, 116; *Hölzl/Ritzenhoff* NZBau 2012, 28.
[38] OLG München Beschl. v. 21.4.2006 – Verg 08/06, VergR 2006, 561; Beck VergabeR/*Opitz* Rn. 36.
[39] Gesetzesbegründung BT-Drs. 18/6281, 105; EuGH Urt. v. 13.12.2012 – C-465/11, NZBau 2013, 116; OLG Celle Beschl. 13.5.2019 – 13 Verg 2/19, BeckRS 2019, 13155.
[40] OLG München Beschl. v. 21.5.2010 – Verg 02/10, ZfBR 2010, 606; VK Niedersachsen Beschl. v. 12.12.2011 – VgK-53/2011, IBRRS 2012, 0626.

werte Rechtsgüter verletzt wurden und ein erheblicher Schaden entstanden ist oder zu entstehen drohte.[41]

24   Der Gesetzgeber geht beispielsweise davon aus, dass Verletzungen der Verpflichtung zu Vertraulichkeit und Sicherheit in der Regel eine schwere Verfehlung im Sinne der Norm darstellen werden, die zum Ausschluss berechtigt.[42] Ferner kann eine schwere Verfehlung bei schwerwiegenden Verstößen gegen die Grundsätze des Geheimwettbewerbs der Fall sein, etwa bei Preisabsprachen.[43] Die besondere Bedeutung des Tatbestand der schweren Verfehlung liegt in der Praxis aber darin, dass er als **Auffangtatbestand** fungiert, der neben den anderen fakultativen oder zwingenden Ausschlussgründen anwendbar sein kann, wenn deren Voraussetzungen nicht oder nur teilweise vorliegen.[44] Der Auftraggeber hat das Vorliegen der Tatsachen, die eine schwere Verfehlung begründen, aber vollumfänglich zu beweisen.[45]

25   Die schwere Verfehlung einer Person ist nach Abs. 1 Nr. 3 Hs. 2 iVm § 123 Abs. 3 einem Unternehmen **zuzurechnen,** wenn diese Person als für die Leitung des Unternehmens Verantwortlicher gehandelt hat; dazu gehört auch die Überwachung der Geschäftsführung oder die sonstige Ausübung von Kontrollbefugnissen in leitender Stellung.[46]

26   **6. Wettbewerbsbeschränkende Vereinbarungen.** Sofern der öffentliche Auftraggeber über hinreichende Anhaltspunkte dafür verfügt, dass das Unternehmen Vereinbarungen mit anderen Unternehmen getroffen oder Verhaltensweisen aufeinander abgestimmt hat, die eine Verhinderung, Einschränkung oder Verfälschung des Wettbewerbs bezwecken oder bewirken, liegt ein Ausschlussgrund nach Abs. 1 Nr. 4 vor. Der intendierte Zweck dieser Norm ist es, einen unverfälschten Wettbewerb zu gewährleisten. Dafür ist die Einhaltung des Geheimwettbewerbs maßgeblich. Nur, wenn die Bieter ihre Angebote ohne Kenntnis der Bedingungen des Konkurrenzangebots erstellen und dabei an die eigene Rentabilitätsgrenze kalkulieren, kann dem öffentlichen Auftraggeber das möglichst wirtschaftlichste Angebot unterbreitet und damit ein fairer Wettbewerb gewährleistet werden.

27   Eine Vereinbarung im Sinne der Norm liegt in jeder wettbewerbsbeschränkenden **Vereinbarung nach § 1.** Die wettbewerbsbeschränkende Vereinbarung muss nicht den Wettbewerb des Vergabeverfahrens betreffen, aus dem der Ausschluss droht.[47] Die Zuverlässigkeit des Unternehmens steht bereits in Frage, wenn es überhaupt wettbewerbswidrige Vereinbarungen trifft.[48] Im Einklang mit § 1 hat das Verbot aufeinander abgestimmter Verhaltensweisen eine Ergänzungsfunktion zu den Vereinbarungen, für die inhaltlich übereinstimmende Willensäußerungen der Parteien erforderlich sind. Das bestimmende Kriterium für eine verbotene Verhaltensabstimmung ist daher die aktive Ausräumung von mit einem unkoordinierten Marktverhalten verbundenen Risiken.[49] Sind die Voraussetzungen des Abs. 1 Nr. 4 gegeben, liegt zugleich auch eine schwere Verfehlung nach Abs. 1 Nr. 3 vor, die jedoch hinter diese Norm tritt.

28   Der Zusammenschluss zu einer **Bietergemeinschaft** für die Leistungserbringung in einem Vergabeverfahren kann im begründeten Einzelfall eine wettbewerbsbeschränkende Vereinbarung nach Abs. 1 Nr. 4 sein. Anlass zur kritischen Prüfung besteht dann, wenn durch den Zusammenschluss die Konkurrenzsituation aufgehoben und dadurch die Leistung mit einer höheren Gewinnmarge angeboten werden kann als es im Rahmen von Einzelbewerbungen möglich wäre. Das ist insbesondere in den Fällen denkbar, in denen kein breiter Markt besteht und wenig Wettbewerb herrscht und damit eine spürbare Auswirkung auf das Vergabeverfahren gegeben ist. Unbedenklich sind hingegen Zusammenschlüsse von Bietergemeinschaften, bei denen ein Bieter eigenständig in der Lage wäre, die Leistung zu erbringen, der Zusammenschluss aber aus wirtschaftlichen und kaufmännischen Gesichtspunkten vernünftig erscheint.[50] Darüber hinaus ist auch der Zusammen-

---

[41]   VK Niedersachsen Beschl. v. 12.12.2011 – VgK-53/2011, IBRRS 2012, 0626; VK Lüneburg Beschl. v. 24.3.2011 – VgK 04/2011, ZfBR 2011, 595.
[42]   BT-Drs. 18/6281, 105.
[43]   OLG Düsseldorf Beschl. v. 18.2.2008 – VII-Verg 2/08, BeckRS 2009, 06123.
[44]   BT-Drs. 18/6281, 105; OLG Celle Beschl. v. 9.1.2017-13 – Verg 9/16, ZfBR 2017, 407.
[45]   OLG Düsseldorf Beschl. v. 25.6.2014 – Verg 39/13, ZfBR 2014, 815. OLG Celle Beschl. v. 9.1.2017-13 – Verg 9/16, ZfBR 2017, 407.
[46]   → § 123 Rn. 20 ff.
[47]   BT-Drs. 18/6281, 106.
[48]   BT-Drs. 18/6281, 106.
[49]   Immenga/Mestmäcker/Zimmer § 1 Rn. 91.
[50]   OLG Düsseldorf Beschl. v. 17.1.2018 – VII-Verg 39/17, NzBau 2018, 237; OLG Düsseldorf Beschl. v. 8.6.2016 – VII Verg 3/16, BeckRS 2016, 13184; OLG Düsseldorf Beschl.v. 17.12.2014 – VII Verg 22/14, BeckRS 2015, 626.

schluss von konzernangehörigen Unternehmen nach § 36 Abs. 2 unkritisch (sog. Konzernprivileg).[51] In diesen Fällen hat der EuGH festgestellt, dass verbundene Unternehmen nicht verpflichtet seien, dem öffentlichen Auftraggeber gegenüber von sich aus ihre Verbindung offenzulegen.[52] Insbesondere dann nicht, wenn die Vergabeunterlagen diese Offenlegung nicht ausdrücklich vorsehen.[53]

Bei der Beteiligung **konzernverbundener Unternehmen** mit jeweils eigenen **Einzelangeboten** besteht die widerlegbare Vermutung, dass eine unzulässige und wettbewerbsbeschränkende Abrede besteht.[54] Daher ist den Bietern die Gelegenheit zur Stellungnahme zu geben, ob Maßnahmen oder Vorkehrungen ergriffen worden sind, die einen wettbewerbsbeschränkenden Austausch verhindern.[55] Dabei kann es bereits für die Annahme eines wettbewerbsbeschränkenden Austausches ausreichen, wenn die verbundenen Unternehmen gemeinsame Ressourcen nutzen und beispielsweise auf gemeinsame Computerlaufwerke zugreifen, ohne dass konkrete technische oder organisatorische Vorkehrungen (chinese walls) getroffen worden sind, um die Vertraulichkeit der Angebotsinformationen zu wahren.[56] Weiterhin kann auch die Personenidentität zwischen den beteiligten Geschäftsführern oder den Zeichnungsberechtigten der Angebote einen Verstoß gegen den Geheimwettbewerb nicht widerlegen.[57] 29

Bei der Parallelbeteiligung eines Mitglieds einer Bietergemeinschaft wird ebenfalls widerlegbar vermutet, dass ein Verstoß gegen den Grundsatz des Geheimwettbewerbs besteht.[58] Auch in solchen Fällen ist den Bietern die Gelegenheit zur Stellungnahme zu geben, ob Maßnahmen oder Vorkehrungen ergriffen worden sind, die einen wettbewerbsbeschränkenden Austausch verhindern.[59] Dabei muss der Bieter glaubhaft machen, dass er bei der Erstellung des Angebots der Bietergemeinschaft nicht involviert wurde und die Mitglieder der Bietergemeinschaft keinen Einblick in relevante Angebotsunterlagen des Einzelbieters erhalten haben. Solange aufgrund der Mehrfachbeteiligung Anhaltspunkte dafür vorliegen, dass die Beteiligten Kenntnisse von wesentlichen Angebotsbestandteilen des anderen Bieters haben, sind öffentliche Auftraggeber angehalten, die Sachlage vor dem Ausschluss der Bieter aufzuklären. 30

Für den Nachweis des Ausschlussgrundes genügen hinreichende Anhaltspunkte. Solche sind zum Beispiel nach der Gesetzesbegründung gegeben, wenn eine Kartellbehörde einen Verstoß in einer Entscheidung festgestellt hat. Es reicht bereits aus, wenn der öffentliche Auftraggeber aufgrund von objektiven Tatsachen die Überzeugung gewonnen hat, dass ein Verstoß gegen § 1 mit hoher Wahrscheinlichkeit vorliegt. Die Tatsachen müssen jedoch so aussagekräftig sein, dass die Verwirklichung eines Kartellverstoßes zwar noch nicht feststeht, jedoch hierüber nahezu Gewissheit besteht.[60] Dagegen soll die bloße Durchführung von kartellbehördlichen Ermittlungsmaßnahmen, wie beispielsweise Durchsuchungen, nicht ausreichen.[61] 31

7. Interessenkonflikt. Die Zuverlässigkeit eines Unternehmens steht nach Abs. 1 Nr. 5 in Frage, wenn ein **Interessenkonflikt bei der Durchführung des Vergabeverfahrens** besteht, der die Unparteilichkeit und Unabhängigkeit einer für den öffentlichen Auftraggeber tätigen Person bei der Durchführung des Vergabeverfahrens beeinträchtigen könnte und der durch andere, weniger einschneidende Maßnahmen nicht wirksam beseitigt werden kann. 32

Der Begriff „Interessenkonflikt" deckt zumindest alle Situationen ab, in denen eine Person **direkt oder indirekt ein finanzielles, wirtschaftliches oder sonstiges persönliches Interesse** hat, von dem man annehmen könnte, dass es ihre Unparteilichkeit und Unabhängigkeit im Rahmen des Vergabeverfahrens beeinträchtigt (Art. 24 Abs. 2 RL 2014/24/EU). Näheres zum Interessenkonflikt ist in § 6 VgV geregelt. 33

Eine für den öffentlichen Auftraggeber tätige Person kann gem. Art. 24 Abs. 2 RL 2014/24/EU Mitarbeiter des öffentlichen Auftraggebers oder ein **im Namen des öffentlichen Auftraggebers handelnder Beschaffungsdienstleister** sein. Voraussetzung ist allerdings, dass die Person an der 34

---

[51] OLG Düsseldorf Beschl. v. 29.7.2015 – VII Verg 5/15, NzBau 2015, 787; *Kling* NzBau 2018, 715.
[52] EuGH Urt. v. 17.5.2018 – C-531/16, EuZW 2018, 702.
[53] EuGH Urt. v. 17.5.2018 – C-531/16, EuZW 2018, 702.
[54] OLG Düsseldorf Beschl. v. 13.4.2011 – VII Verg 4/11, NzBau 2011, 371; VK Bund Beschl. v. 27.6.2011 – VK 1-66/11, IBR 2011, 479.
[55] EuGH Urt v. 23.12.2009 – C-376/08, NZBau 2010, 261.
[56] OLG Düsseldorf Beschl. v.11.5.2011 – VII Verg 8/11, ZfBR 2011, 789.
[57] VK Westfalen Beschl. v. 22.4.2015 – VK 1-12/15, IBRRS 2015, 2180.
[58] zu den Folgen von Mehrfachbeteiligungen vgl. *Dicks* VergabeR 2013, 1.
[59] EuGH Urt v. 23.12.2009 – C-376/08, NZBau 2010, 261.
[60] OLG Düsseldorf Beschl. v. 17.1.2018 – VII-Verg 39/17, NzBau 2018, 237.
[61] Gesetzesbegründung BT-Drs. 18/6281, 106; OLG Düsseldorf Beschl. v. 17.1.2018 – VII-Verg 39/17, ZfBR 2018, 282.

Durchführung des Vergabeverfahrens beteiligt ist oder Einfluss auf den Ausgang des Verfahrens nehmen kann.[62]

35 Der Vorbehalt, dass ein Ausschluss nur zulässig ist, wenn andere, weniger einschneidende Maßnahmen den Interessenkonflikt nicht wirksam beseitigen, dient der Umsetzung des **Grundsatzes der Verhältnismäßigkeit** nach § 97 Abs. 1.[63] Als derartige Maßnahme kommt in Betracht, den Interessenkonflikt aufzulösen, indem die Person auf Seiten des öffentlichen Auftraggebers von der Durchführung des Vergabeverfahrens ausgeschlossen oder ihr der Einfluss auf den Ausgang des Verfahrens entzogen wird. Eine entsprechende Maßnahme ist im Vergabevermerk zu dokumentieren.

36 **8. Projektantenstellung.** Abs. 1 Nr. 6 regelt die sog. **„Projektantenproblematik"**. Projektant ist eine Person, welche den öffentlichen Auftraggeber bei der Vorbereitung des Vergabeverfahrens beraten oder sonst unterstützt hat. Durch die Beteiligung von Projektanten als Bieter, Bewerber oder mit diesen verbundenen Unternehmen[64] am Vergabeverfahren, droht eine Wettbewerbsverzerrung. Der Projektant kann nämlich zum einen wegen seiner Vorbefassung über Informationen verfügen, die ihn bei der Erstellung seines Angebots begünstigen. Zum anderen kann er die Bedingungen für den öffentlichen Auftrag in einem für sich günstigen Sinne beeinflussen. Eine solche Situation wäre geeignet, den Wettbewerb zwischen den Bietern zu verfälschen.[65]

37 Ein Ausschluss erfolgt jedoch nur, wenn keine andere Möglichkeit besteht, die Einhaltung der Pflicht zur **Wahrung des Grundsatzes der Gleichbehandlung** zu gewährleisten. Eine solche Möglichkeit besteht, wenn das Unternehmen nachweisen kann, dass seine Beteiligung an der Vorbereitung des Vergabeverfahrens den Wettbewerb nicht verzerren kann.[66] Dies basiert auf der Rechtsprechung des EuGH, nach der ein Ausschluss von Projektanten unverhältnismäßig ist, wenn ihnen nicht die Möglichkeit gegeben wird, den „bösen Schein" einer Wettbewerbsverzerrung zu widerlegen.[67] Ferner kann ein milderes Mittel darin liegen, einen etwaigen Informationsvorsprung des Projektanten durch die Bekanntgabe aller relevanten Informationen an alle Bieter auszugleichen und angemessene Fristen für die Angebotsabgabe festzulegen.[68] Kommt der Auftraggeber der Pflicht zum Ausgleich des Wissensvorsprungs im Rahmen des Vergabeverfahrens nicht hinreichend nach, ist das Vergabeverfahren zurückzuversetzen oder zu wiederholen.[69]

38 **9. Schlechtleistung bei Vorauftrag.** Ein Unternehmen begründet Zweifel an seiner Zuverlässigkeit nach Abs. 1 Nr. 7, wenn es eine wesentliche Anforderung bei der Ausführung eines früheren öffentlichen Auftrags oder Konzessionsvertrags **erheblich oder fortdauernd mangelhaft** erfüllt und dies zu einer vorzeitigen Beendigung, zu Schadensersatz oder zu einer **vergleichbaren Rechtsfolge** geführt hat.

39 Der frühere öffentliche Auftrag oder Konzessionsvertrag muss zwar von demselben Unternehmen ausgeführt, aber **nicht von demselben Auftraggeber** vergeben worden sein.[70] Nach dem Wortlaut der Norm kann bereits eine einzige Schlechtleistung ausreichen, wenn sie eine wesentliche Anforderung bei der Ausführung betraf und erheblich war.[71] Die RL 2014/24/EU gibt als Beispiele einen Lieferungs- oder Leistungsausfall an, erhebliche Defizite der gelieferten Waren oder Dienstleistungen, die sie für den beabsichtigten Zweck unbrauchbar machen, oder Fehlverhalten, das ernste Zweifel an der Zuverlässigkeit des Wirtschaftsteilnehmers aufkommen lässt.[72] Geringfügige Schlechtleistungen reichen jedoch für den Ausschluss nach Abs. 1 Nr. 7 nicht aus.[73] Die mangelhafte Erfüllung einer wesentlichen Anforderung kann darüber hinaus auch in der Verletzung einer wesentlichen vertraglichen Pflicht bestehen, beispielsweise bei einem Verstoß gegen eine Verpflichtung zur Wahrung der Vertraulichkeit oder gegen wesentliche Sicherheitsauflagen.[74] Eine Vertragsverletzung ist daher wesentlich, wenn sie den Auftraggeber in tatsächlicher oder rechtlicher Hinsicht deutlich

---

[62] So auch die Gesetzesbegründung BT-Drs. 18/6281, 106; *Greb* NZBau 2016, 262.
[63] OLG Karlsruhe Beschl. v. 30.10.2018 – 15 Verg 6/18, BeckRS 2018, 27498, VergabeR 2019, 190.
[64] OLG Celle Beschl. v. 14.4.2016 – 13 Verg 11/15, VPR 2016, 103.
[65] EuGH Urt. v. 3.3.2005 – C-21/03 und C-34/03, NZBau 2005, 351.
[66] BT-Drs. 18/6281, 106.
[67] EuGH Urt. v. 3.3.2005 – C-21/03 und C-34/, NZBau 2005, 351.
[68] OLG Koblenz Beschl. v. 6.11.2008 – 1 Verg 3/08, ZfBR 2009, 93; VK Bund Beschl. v. 21.11.2013 – VK 2-102/13, ZfBR 2014, 302.
[69] Ziekow/Völlink/*Stolz* Rn. 36, BeckOK VergabeR/*Friton*, 18 Ed. 30.4.2020, Rn. 64.
[70] BT-Drs. 18/6281, 106; VK Südbayern Beschl. v. 8.4.2019 – Z3 -3-3194-1-46-12/18, BeckRS 2019, 23385.
[71] BT-Drs. 18/6281, 106.
[72] Erwägungsgrund 101 RL 2014/24/EU.
[73] EuGH Urt. v. 19.6.2019 – C 41/18, BeckRS 2019,11629.
[74] BT-Drs. 18/6281, 106; OLG Celle Beschl. v. 9.1.2017 – 13 Verg 9/16, ZfBR 2017, 407; OLG Karlsruhe Beschl. v. 27.6.2018 – 15 Verg 7/17, BeckRS 2018, 43502.

belastet.[75] Daneben kann eine unberechtigte und endgültige Leistungsverweigerung des Bieters für den Ausschluss nach Abs. 1 Nr. 7 ausreichen.[76] Ist ein einzelner Verstoß nicht als erheblich zu bewerten, kann auch die fortdauernde mangelhafte Erfüllung einer wesentlichen Anforderung Zweifel an der Zuverlässigkeit begründen.

Entscheidend ist aber, dass die Schlechtleistung zu einer vorzeitigen Beendigung des Vertrages, 40 zu Schadensersatz oder zu einer **vergleichbaren Rechtsfolge** geführt hat.[77] Als vergleichbare Rechtsfolge kommt für den Gesetzgeber beispielsweise eine Ersatzvornahme nach erfolgloser Fristsetzung, der Rücktritt vom Vertrag, die Minderung der Vergütung oder unter Umständen auch das Verlangen nach umfangreichen Nachbesserungen in Betracht.[78] Liegt eine solche Rechtsfolge nicht vor, war die Schlechtleistung offenbar nicht als so erheblich zu werten, dass ein Vertrauen in die Zuverlässigkeit des Unternehmers nachhaltig gestört wäre. Nach der Rechtsprechung des OLG Celle trägt der Auftraggeber insoweit die Pflicht nachzuweisen, dass die Tatbestandsvoraussetzungen des Ausschlussgrundes vorliegen. Allerdings muss die Sachlage vor der Vergabekammer nicht wie im Zivilprozess festgestellt werden. Dh, es bedarf weder einer rechtskräftigen Entscheidung einer Zivilkammer noch einer aufwendigen Beweisaufnahme durch die Vergabekammer. Ausreichend ist nach Ansicht des Gerichts daher, wenn der Auftraggeber konkrete Indiztatsachen vorlegen kann, die von einigem Gewicht sind, die Entscheidung des Auftraggebers nachvollziehbar erscheinen lassen und einer kritischen Prüfung durch die Vergabekammer standhalten und die Zuverlässigkeit des Unternehmens nachvollziehbar in Frage stellen.[79]

10. Täuschung oder fehlende Nachweise bei Eignungsprüfung. Ein Unternehmen 41 erscheint nach Abs. 1 Nr. 8 als unzuverlässig, wenn es in Bezug auf Ausschlussgründe oder Eignungskriterien eine **schwerwiegende Täuschung** begangen oder Auskünfte zurückgehalten hat. Der Begriff der Täuschung legt nahe, dass das Unternehmen durch falsche Darstellung objektiver Tatsachen einen Irrtum beim öffentlichen Auftraggeber hervorgerufen und dabei zumindest vorsätzlich,[80] wenn nicht sogar mit Täuschungsabsicht gehandelt haben muss. Fahrlässiges Verhalten wird hingegen vom Ausschlussgrund aus Abs. 1 Nr. 9 lit. c erfasst. Es handelt sich um eine schwerwiegende Täuschung, wenn das Unternehmen bei Vorlage der richtigen Informationen vom öffentlichen Auftraggeber vom Vergabeverfahren ausgeschlossen worden wäre. Das „Zurückhalten" von Auskünften setzt ein bewusstes Handeln und damit Vorsatz voraus. Dabei ist es unerheblich, ob die Voraussetzungen dieses Ausschlussgrundes im konkreten Vergabeverfahren oder gegenüber demselben Auftraggeber erfolgt sind.

Ferner liegt ein fakultativer Ausschlussgrund vor, wenn ein Unternehmen nicht in der Lage ist, 42 die erforderlichen Nachweise in Bezug auf Ausschlussgründe oder Eignungskriterien im konkreten Vergabeverfahren zu übermitteln. Der Grund für den Zweifel an der Zuverlässigkeit des Unternehmens besteht in diesem Fall darin, dass die **Nichtvorlage von Belegen für die Eignung** ein Indiz dafür bildet, dass die entsprechenden Angaben unzutreffend waren. Bei diesem Ausschlussgrund handelt es sich um einen personenbezogenen Ausschlussgrund, der von den angebotsbezogenen Ausschlussgründen nach § 57 VgV zu trennen sind. Das Fehlen von Unterlagen begründet nach § 57 Abs. 1 Nr. 2 VgV auch einen Grund, das Angebot auszuschließen. Es handelt sich um zwei verschiedene Ausschlussgründe, die nebeneinander bestehen.

11. Unlautere Beeinflussung eines Vergabeverfahrens. Letztlich steht die Zuverlässigkeit 43 eines Unternehmens in Frage, wenn es versucht hat, das Verfahren unlauter zu beeinflussen. Die Norm verfolgt den Zweck der ordnungsgemäßen Durchführung von Vergabeverfahren und der Gleichbehandlung der Bewerber und Bieter. Deshalb bezieht sich die unlautere Beeinflussung auf das konkret laufende Vergabeverfahren bei dem Auftraggeber, dem das Ermessen über den Ausschluss obliegt. Eine derartige Beeinflussung liegt nach Abs. 1 Nr. 9 vor, wenn das Unternehmen versucht hat, die Entscheidungsfindung des öffentlichen Auftraggebers in **unzulässiger Weise zu beeinflussen.** Dies kann zum Beispiel durch Druck, Täuschung oder Bestechung geschehen. Ebenfalls unlau-

---

[75] OLG Düsseldorf Beschl. v. 28.3.2018 – VII-Verg 49/17, BeckRS 2018, 12709; OLG Celle Beschl. v. 9.1.2017 – 13 Verg 9/16, ZfBR 2017, 407.
[76] Ziekow/Völlink/*Stolz* Rn. 37.
[77] BeckOK VergabeR/*Friton*, 18. Ed. 30.4.2020, Rn. 69 f.
[78] BT-Drs. 18/6281, 106.
[79] OLG Celle Beschl. v. 9.1.2017 – 13 Verg 9/16, BeckRS 2017, 100613; aA OLG Düsseldorf Beschl. v. 11.7.2018 – VII-Verg 7/18, BeckRS 2018, 19004 = VergabeR 2019, 103 (108) mwN; OLG Düsseldorf Beschl. v. 28.3.2018 – VII-Verg 49/17, BeckRS 2018, 12709 – hier wird verlangt, dass der Auftragebers Gewissheit von der Schlechtleistung erlangt haben muss, also eine Überzeugung gewonnen hat, die „vernünftigen Zweifeln Schweigen gebietet".
[80] OLG Celle Beschl. v. 13.5.2019 – 13 Verg 2/19, BeckRS 13155, VergabeR 2019, 767.

ter und ein Ausschlussgrund ist der Versuch, vertrauliche Informationen zu erhalten, durch die das Unternehmen unzulässige Vorteile beim Vergabeverfahren erlangen könnte. Dabei wird der Begriff der vertraulichen Infomationen weiter ausgelegt als in § 164. Danach sollen alle Informationen erfasst sein, die einen bestimmten Personenkreis betreffen,[81] insbesondere die Betriebs- und Geschäftsgeheimnisse der Konkurrenzangebote. Betriebsgeheimnisse umfassen den technischen Bereich und Geschäftsgeheimnisse den kaufmännischen Bereich eines Unternehmens.[82] Letztlich steht die Zuverlässigkeit eines Unternehmens in Frage, wenn es fahrlässig oder vorsätzlich irreführende Informationen übermittelt hat, die die Vergabeentscheidung des öffentlichen Auftraggebers erheblich beeinflussen könnten, oder versucht hat, solche Informationen zu übermitteln.[83]

IV. Spezialgesetzliche Vorschriften (Abs. 2)

44 Abs. 2 enthält die Klarstellung, dass spezialgesetzliche Vorgaben von den Regelungen zu den fakultativen Ausschlussgründen unberührt bleiben. Die in Abs. 2 genannten **spezialgesetzlichen Vorschriften** sind § 21 AEntG, § 98c AufenthaltsG, § 19 MiLoG und § 21 SchwarzarbeitsbekämpfungsG. Diese Normen enthalten besondere Regelungen zum Ausschluss von Unternehmen von Vergabeverfahren.

45 Bewerber oder Bieter droht zum Beispiel nach § 21 Abs. 1 S. 1 AEntG wegen einer schweren Verfehlung gegen ihre Pflichten aus dem Arbeitnehmer-Entsendegesetz der Ausschluss. Nach der Regelung sollen sie ausgeschlossen werden, wenn sie wegen eines Verstoßes nach § 23 AEntG mit einer **Geldbuße von wenigstens zweitausendfünfhundert Euro** belegt wurden. Der Ausschluss soll für eine angemessene Zeit bis zur nachgewiesenen Wiederherstellung ihrer Zuverlässigkeit gelten. Das Gleiche gilt auch schon vor Durchführung eines Bußgeldverfahrens, wenn im Einzelfall angesichts der Beweislage kein vernünftiger Zweifel an einer schwerwiegenden Verfehlung gegen die Pflichten aus dem Arbeitnehmer-Entsendegesetz besteht. Vergleichbare Regelungen enthalten die anderen Normen des Aufenthaltsgesetzes, des Mindestlohngesetzes und des Schwarzarbeitsbekämpfungsgesetzes.

V. Rechtsfolge und bieterschützender Charakter der Norm

46 Es handelt sich bei § 124 um einen fakultativen Ausschlussgrund, sodass der Ausschluss eines Bewerbers oder Bieters aus dem Vergabeverfahren im Ermessen des öffentlichen Auftraggebers steht. Liegen die Voraussetzungen einer Selbstreinigung nach § 125 Abs. 1 vor, darf der öffentliche Auftraggeber das Unternehmen nicht ausschließen.[84] Sollte ein Unternehmen, bei dem ein Ausschlussgrund nach § 124 vorliegt, keine oder keine ausreichenden Selbstreinigungsmaßnahmen nach § 125 ergriffen haben, kann der öffentliche Auftraggeber das Unternehmen höchstens für drei Jahre ab dem betreffenden Ereignis von der Teilnahme an Vergabeverfahren ausschließen.[85]

47 Die Norm hat **bieterschützenden Charakter.** Werden Bieter von der weiteren Teilnahme an einem Vergabeverfahren ausgeschlossen, können sie die Verletzung in ihren Rechten nach § 97 Abs. 6 geltend machen und darlegen, dass ihnen wegen des unrechtmäßigen Ausschlusses und der aussichtslosen Zuschlagserteilung ein Schaden entstanden ist.

48 Die Norm hat zudem **drittschützenden Charakter.** Konkurrierende Unternehmen können gegen einen unterlassenen Ausschluss nach § 124 in einem Nachprüfungsverfahren vorgehen. Dafür spricht zum einen, dass das Vorliegen von fakultativen Ausschlussgründen bei Unternehmen Auswirkungen auf den Zugang und die Zulassung zum Wettbewerb hat. Die fakultativen Ausschlussgründe sind zum anderen als Ausprägung des Gleichbehandlungsgrundsatzes zu verstehen.

§ 125 Selbstreinigung

(1) ¹Öffentliche Auftraggeber schließen ein Unternehmen, bei dem ein Ausschlussgrund nach § 123 oder § 124 vorliegt, nicht von der Teilnahme an dem Vergabeverfahren aus, wenn das Unternehmen nachgewiesen hat, dass es
1. für jeden durch eine Straftat oder ein Fehlverhalten verursachten Schaden einen Ausgleich gezahlt oder sich zur Zahlung eines Ausgleichs verpflichtet hat,
2. die Tatsachen und Umstände, die mit der Straftat oder dem Fehlverhalten und dem dadurch verursachten Schaden in Zusammenhang stehen, durch eine aktive Zusam-

---

[81] Vgl. *Conrad* in Müller-Wrede GWB Rn. 183.
[82] MüKoHGB/*Klinger* HGB § 333 Rn. 15.
[83] OLG Karlsruhe Beschl. v. 30.10.2018 – 15 Verg 6/18, BeckRS 2018, 27498.
[84] → § 125 Rn. 1 ff.
[85] Vgl. § 126 Nr. 2; VK Rheinland Beschl. v. 29.6.2017 – VK VOB 6/17; Ziekow/Völlink/*Stolz* Rn. 2.

menarbeit mit den Ermittlungsbehörden und dem öffentlichen Auftraggeber umfassend geklärt hat, und
3. konkrete technische, organisatorische und personelle Maßnahmen ergriffen hat, die geeignet sind, weitere Straftaten oder weiteres Fehlverhalten zu vermeiden.
²§ 123 Absatz 4 Satz 2 bleibt unberührt.

(2) ¹Öffentliche Auftraggeber bewerten die von dem Unternehmen ergriffenen Selbstreinigungsmaßnahmen und berücksichtigen dabei die Schwere und die besonderen Umstände der Straftat oder des Fehlverhaltens. ²Erachten die öffentlichen Auftraggeber die Selbstreinigungsmaßnahmen des Unternehmens als unzureichend, so begründen sie diese Entscheidung gegenüber dem Unternehmen.

Schrifttum: *Baumann/Gerhardt*, Konkretisierung der Anforderungen an die vergaberechtliche Selbstreinigung, NZBau 2019, 565; *Burgi*, Ausschluss und Vergabesperre als Rechtsfolgen von Unzuverlässigkeit, NZBau 2014, 595; *Dabringhausen/Fedder*, Die Pflicht zur Herausgabe der Beute fördert die Rechtstreue – Eine Erwiderung auf Dreher/Hoffmann (NZBau 2012, 265 ff.), VergabeR 2013, 20; *Dreher/Engel*, Wettbewerbsregister und wettbewerbliche Vergaben, ZWeR 2019, 3; *Dreher/Engel*, Die Vorlage kartellrechtlicher Bußgeldbescheide zur Selbstreinigung, NZBau 2019, 545; *Dreher/Engel*, Vergaberechtliche Selbstreinigung und kartellrechtliche Schadensersatzklagen, WuW 2020, 363 und 457; *Dreher/Hoffmann*, Sachverhaltsaufklärung und Schadenswiedergutmachung bei der vergaberechtlichen Selbstreinigung, NZBau 2012, 265; *Dreher/Hoffmann*, Schlusswort: Vergaberechtliche Fremdreinigung und Schadenswiedergutmachung, NZBau 2012, 426; *Dreher/Hoffmann*, Die erfolgreiche Selbstreinigung zur Wiedererlangung der kartellvergaberechtlichen Zuverlässigkeit und die vergaberechtliche Compliance, NZBau 2014, 67 und 150; *Fülling/Freiberg*, Das neue Wettbewerbsregister, NZBau 2018, 259; *Gabriel/Ziekow*, Die Selbstreinigung von Unternehmen nach dem neuen Vergaberecht, VergabeR 2017, 119; *Herrlinger/Valdini*, Das neue Bundeswettbewerbsregister im Überblick, WuW 2018, 195; *Hölzl/Ritzenhoff*, Compliance leicht gemacht! Zu den Voraussetzungen des Verlustes, den Konsequenzen daraus und der Wiedererlangung der Zuverlässigkeit im Vergaberecht, NZBau 2012, 28; *Huerkamp*, Vergaberechtliche Selbstreinigung und Kartellrechtsverstoß, WuW 2020, 294; *Jaeger*, Zum Verhältnis der §§ 125, 126 GWB zur Durchsetzung kartellrechtlicher Schadensersatzansprüche, ZWeR 2020, 246; *Prieß*, Warum die Schadenswiedergutmachung Teil der vergaberechtlichen Selbstreinigung ist und bleiben muss, NZBau 2012, 425; *Prieß/Stein*, Nicht nur sauber, sondern rein: Die Wiederherstellung der Zuverlässigkeit durch Selbstreinigung, NZBau 2008, 230; *Roth*, Selbstreinigung und Wiedergutmachung im Vergaberecht, NZBau 2008, 672; *Stein/Friton*, Internationale Korruption, zwingender Ausschluss und Selbstreinigung, VergabeR 2010, 151; *Stein/Friton/Huttenlauch*, Kartellrechtsverstöße als Ausschlussgründe im Vergabeverfahren, WuW 2012, 38; *Ulshöfer*, Kartell- und Submissionsabsprachen von Bietern – Selbstreinigung und Schadenswiedergutmachung, VergabeR 2016, 327.

Übersicht

	Rn.			Rn.
I.	Bedeutung der Norm	1	3. Geeignete technische, organisatorische und personelle Maßnahmen zur Vermeidung weiterer Straftaten oder weiteren Fehlverhaltens (§ 125 Abs. 1 S. 1 Nr. 3)	26
II.	Anwendungsbereich	3		
III.	Grundlagen für die Anwendung des Instruments der Selbstreinigung	10	V. Die Bewertung der nachgewiesenen Selbstreinigungsmaßnahmen durch den Auftraggeber (§ 125 Abs. 2)	30
IV.	Voraussetzungen für eine erfolgreiche Selbstreinigung (§ 125 Abs. 1 S. 1)	17	VI. Überblick über die künftigen Änderungen des § 125 infolge des Wettbewerbsregistergesetzes	32a
1.	Wiedergutmachung des Schadens (§ 125 Abs. 1 S. 1 Nr. 1)	18	1. Überblick über die künftig in Kraft tretende Änderung des § 125 Abs. 1 S. 1	35
2.	Umfassende Aufklärung des dem Ausschlussgrund zugrunde liegenden Sachverhalts (§ 125 Abs. 1 S. 1 Nr. 2)	22	2. Die künftig in Kraft tretende Neufassung des § 125 Abs. 2	39

I. Bedeutung der Norm

Die durch das VergRModG 2016 eingeführte Vorschrift ist eine Neuheit im geschriebenen **1** deutschen Vergaberecht. Sie **setzt Art. 57 Abs. 6 RL 2014/24/EU in deutsches Recht um.**[1] Mit dieser Richtlinienvorschrift wurde erstmals das Instrument der Selbstreinigung im europäischen Vergaberecht kodifiziert und zugleich präzisiert. Der Einsatz des Instruments der Selbstreinigung **bezweckt** die **Wiedererlangung der Zuverlässigkeit** im Sinne der Rechts-, Gesetzes- und Ver-

---

[1] Begr. RegE, BT-Drs. 18/6281, 107.

tragstreue (also nicht der fachlichen, technischen oder finanziellen Leistungsfähigkeit) derjenigen Unternehmen, denen die Zuverlässigkeit infolge eines vorhandenen Ausschlussgrundes – ohne Selbstreinigung – vom öffentlichen Auftraggeber aberkannt werden müsste (s. Art. 57 Abs. 1 RL 2014/24/EU, § 123) oder zumindest mit ziemlich hoher Wahrscheinlichkeit aberkannt zu werden drohte (s. Art. 57 Abs. 4 RL 2014/24/EU, § 124). Dass der Nachweis der wiederhergestellten Zuverlässigkeit im vorgenannten Sinne das Ziel der Selbstreinigung ist und zugleich die Art und Intensität der (erfolgreichen) Selbstreinigungsmaßnahmen bestimmt, ergibt sich klar aus Art. 57 Abs. 6 UAbs. 1 S. 1 und Abs. 7 S. 2 RL 2014/24/EU.[2] Danach ist die **Selbstreinigung** begrifflich so zu **definieren,** dass ein Unternehmen, zu dessen Lasten (mindestens) ein Ausschlussgrund (iSd Art. 57 Abs. 1 und 4 RL 2014/24/EU, §§ 123, 124) existiert, Maßnahmen durchführt, die geeignet sind, seine Zuverlässigkeit oder (maW) seine Integrität – objektiv und auch in der Bewertung durch öffentliche Auftraggeber – dauerhaft wiederherzustellen und eine Begehung weiterer Straftaten sowie weiteres Fehlverhalten zu verhindern.[3] Eine in diesem Sinne gelungene Selbstreinigung, deren Maßnahmen es erreichen, dass sich das vorherige dem Unternehmen zuzurechnende (strafbare oder sonstige schwerwiegende) Fehlverhalten – nach der vom öffentlichen Auftraggeber anzustellenden Prognose – höchstwahrscheinlich nicht wiederholen wird, führt dazu, dass aus jenem Fehlverhalten der Mangel an Zuverlässigkeit des Unternehmens für die Zukunft nicht mehr abgeleitet werden darf. Demzufolge **entfällt** – für das Vergabeverfahren, in dem der öffentliche Auftraggeber die vorbezeichnete Prognose trifft (→ Rn. 11 f. und 30) – der **zuvor verwirklichte Ausschlussgrund,**[4] sodass das Unternehmen vom Vergabeverfahren nicht mehr ausgeschlossen werden darf.[5] Diese Rechtsfolge ordnet – in Umsetzung des Art. 57 Abs. 6 RL 2014/24/EU – § 125 an und regelt hierfür die erforderlichen Voraussetzungen im Einzelnen. Als eigentlicher Grund dafür, dass eine gelungene Selbstreinigung den Ausschluss des betreffenden Unternehmens von einem Vergabeverfahren trotz eines zuvor verwirklichten Ausschlussgrundes verhindert, ist der auch im Vergaberecht geltende **Grundsatz der Verhältnismäßigkeit** (s. § 97 Abs. 1 S. 2) anzusehen.[6] Dabei ist zu bedenken, dass die die Ausschlussgründe enthaltenden Vorschriften (§§ 123, 124) keinen Strafcharakter haben, sondern dazu beitragen sollen, die öffentlichen Auftraggeber vor unzuverlässigen Auftragnehmern, die wegen ihrer Unzuverlässigkeit für die Auftragsvergabe untauglich sind, zu bewahren und den fairen Wettbewerb zu schützen.

2 Schon vor der Veröffentlichung der RL 2014/24/EU hatte jedenfalls die deutsche **Vergaberechtsprechung** das Instrument der Selbstreinigung als Möglichkeit, dem Ausschluss von einem Vergabeverfahren trotz eines verwirklichten Ausschlussgrundes zuvorzukommen, entwickelt und die dafür zu erfüllenden Voraussetzungen herausgearbeitet, die im Wesentlichen den jetzt in § 125 Abs. 1 S. 1 normierten Voraussetzungen entsprechen.[7] Unsicherheit hinsichtlich der Voraussetzungen einer erfolgreichen Selbstreinigung war hauptsächlich in der Frage zu beobachten, ob und inwieweit auch die Schadenswiedergutmachung (s. jetzt § 125 Abs. 1 S. 1 Nr. 1) zu den notwendigen Voraussetzun-

---

[2] S. auch Begr. RegE, BT-Drs. 18/6281, 107, wo für Zuverlässigkeit zT auch der Ausdruck „Integrität" verwendet wird, den das Gesetz in § 124 Abs. 1 Nr. 3 verwendet. Nach allgemeinem Sprachgebrauch ist „Integrität" gleichbedeutend mit „Makellosigkeit, Unbescholtenheit, Unbestechlichkeit". Für den vorliegenden Themenbereich fügt der EuGH NZBau 2019, 796 Rn. 29, ergänzend hinzu: „berufliche Glaubwürdigkeit". Für das Ziel der Selbstreinigung sind (wiederherzustellende) „Zuverlässigkeit" und „Integrität" synonyme Begriffe. So auch der EuGH NZBau 2018, 768 Rn. 18, 20, 23 aE, 24, 26 aE, 27, 28, 30, 33 – Vossloh Laeis; aA *Dreher/Engel* WuW 2020, 363 (364 f.): Da das frühere Eignungskriterium der Zuverlässigkeit durch das VergRModG 2016 in Umsetzung der EU-Vergaberechtsrichtlinien des Jahres 2014 ersatzlos entfallen sei und seither in dem „Vorliegen von Ausschlussgründen" [genauer wohl: im Nichtvorhandensein von Ausschlussgründen] nach §§ 123, 124 aufgehe, sei es systemwidrig, hier von einer Wiedererlangung der Zuverlässigkeit auszugehen; es könne nur um die Wiederherstellung der „Integrität" gehen.

[3] Vgl. Begr. RegE, BT-Drs. 18/6281, 107; *Dreher/Hoffmann* NZBau 2012, 265 (268); *Ulshöfer* VergabeR 2016, 327 (334); Beck VergabeR/*Opitz* Rn. 2; Byok/Jaeger/*Ohrtmann* Rn. 2; Immenga/Mestmäcker/*Kling* Rn. 7; Reidt/Stickler/Glahs/*Ley* Rn. 1.

[4] Mit dieser im Zusammenhang mit der Selbstreinigung verwendeten Bezeichnung („verwirklichter Ausschlussgrund") sind hier und im Folgenden selbstverständlich nur diejenigen Ausschlussgründe der §§ 123, 124 gemeint, gegenüber denen eine Selbstreinigung gem. § 125 überhaupt in Betracht kommt (→ Rn. 4–9).

[5] Vgl. Begr. RegE, BT-Drs. 18/6281, 107.

[6] Begr. RegE, BT-Drs. 18/6281, 107; *Roth* NZBau 2016, 672 (673 f.); *Burgi* NZBau 2014, 595 (597); *Prieß/Stein* NZBau 2008, 230; *Dreher/Engel* WuW 2020, 363 (365); Beck VergabeR/*Opitz* Rn. 3; Immenga/Mestmäcker/*Kling* Rn. 4.

[7] Vgl. OLG Düsseldorf NZBau 2003, 578; OLG Düsseldorf Beschl. v. 9.4.2003 – Verg 66/02 (nicht veröffentlicht); OLG Frankfurt a. M. VergabeR 2004, 642; OLG Brandenburg NZBau 2008, 277; OLG München NZBau 2013, 261; VK Lüneburg NZBau 2011, 574.

gen gehöre.[8] Abgesehen von dieser Frage, die jetzt durch § 125 Abs. 1 S. 1 Nr. 1 zumindest im Grundsatz geklärt ist, kann die bisherige deutsche Rechtsprechung durchaus noch zur Auslegung des § 125 unterstützend herangezogen werden, zumal diese Rechtsprechung und die sie begleitende Literatur die in Art. 57 Abs. 6 RL 2014/24/EU getroffene Regelung zur Selbstreinigung mitgeprägt haben.[9]

II. Anwendungsbereich

§ 125 steht im Abschnitt 2 des Teils 4 Kapitel 1 des GWB und gilt daher unmittelbar nur für die Vergabeverfahren öffentlicher Auftraggeber iSd § 99 (s. auch den jeweiligen Anfang der Abs. 1 und 2). Der EU-Gesetzgeber hat jedoch das Instrument der Selbstreinigung – außer in Art. 57 Abs. 6 RL 2014/24/EU für öffentliche Auftraggeber – gem. Art. 80 Abs. 1 UAbs. 1 Sektoren-RL auch für die Vergabeverfahren von Sektorenauftraggebern (iSd § 100) und gem. Art. 38 Abs. 9 RL 2014/23/EU auch für die Vergabeverfahren von Konzessionsgebern (iSd § 101) vorgesehen. Das hat der deutsche Gesetzgeber in der Weise in deutsches Recht umgesetzt, dass er die entsprechende Geltung des § 125 in § 142 sowie in § 154 Nr. 2 auch für die Vergabeverfahren der Sektorenauftraggeber und der Konzessionsgeber angeordnet hat. Außerdem gilt § 125 gem. § 147 auch für die Verfahren über die Vergabe von verteidigungs- oder sicherheitsspezifischen öffentlichen Aufträgen entsprechend. Demzufolge gilt § 125 für **alle Vergabeverfahren aller Auftraggeber** iSd § 98 unmittelbar oder „entsprechend" (§§ 142, 147, 154 Nr. 2), aber ohne sachliche Änderungen.

Relevant ist die in § 125 geregelte Selbstreinigung nur für (potenzielle) Bewerber und Bieter, zu deren Lasten ein Ausschlussgrund nach § 123 oder § 124 vorhanden ist, der sich noch nicht wegen Zeitablaufs gem. § 126 erledigt hat. Aus dem so geregelten Anwendungsbereich des § 125 nimmt **§ 125 Abs. 1 S. 2** die in § 123 Abs. 4 S. 1 normierten Ausschlussgründe heraus: Nach der zwingenden Regelung des § 123 Abs. 4 S. 1 müssen die Auftraggeber (§ 98) ein Unternehmen von der Teilnahme an einem Vergabeverfahren zu jedem Zeitpunkt ausschließen, wenn das Unternehmen seinen Pflichten zur Zahlung von Steuern, Abgaben oder Sozialversicherungsbeiträgen nicht nachgekommen ist und dies entweder durch eine rechtskräftige Gerichts- oder bestandskräftige Verwaltungsentscheidung festgestellt worden ist oder vom betreffenden Auftraggeber auf sonstige geeignete Weise nachgewiesen werden kann. Diese in § 123 Abs. 4 S. 1 normierten zwingenden Ausschlussgründe können von dem betreffenden Unternehmen gem. § 123 Abs. 4 S. 2 (nur) dadurch behoben werden, dass es seinen Zahlungspflichten nachkommt, indem es die Zahlung aller noch offenen Beträge leistet oder sich zur Zahlung der aufgelaufenen Steuern, Abgaben und Sozialversicherungsbeiträge einschließlich Zinsen, Säumnis- und Strafzuschlägen unbedingt verpflichtet. Weitere in die Zukunft wirkende (Selbstreinigungs-)Maßnahmen sind allerdings auch nicht gefordert. Diese Spezialregelung des § 123 Abs. 4 S. 2 bleibt nach ausdrücklicher Vorschrift des § 125 Abs. 1 S. 2 von § 125 „unberührt", verdrängt also die allgemein gegenüber den Ausschlussgründen der §§ 123 und 124 geltenden Regeln des § 125 für eine mögliche Selbstreinigung.[10]

Im **Schrifttum** findet man den **Hinweis**, es gebe **Ausschlussgründe**, deren Relevanz sich in einem bestimmten Vergabeverfahren erschöpfe und die folglich auch **keiner Selbstreinigung zugänglich** seien; das treffe auf die Ausschlussgründe kraft Interessenkollision (§ 124 Abs. 1 Nr. 5), Projektantenstellung (§ 124 Abs. 1 Nr. 6) sowie unzutreffende Angaben über Ausschlussgründe oder Eignungskriterien (§ 124 Abs. 1 Nr. 8) zu.[11] Dieser Ansicht ist zunächst entgegenzuhalten, dass jedenfalls ihre Begründung nicht stimmig ist, weil es nicht ausgeschlossen ist, dass erfolgreiche Selbstreinigungsmaßnahmen auch noch während des Vergabeverfahrens, an dessen Teilnahme das betreffende Unternehmen interessiert ist, vorgenommen werden. Sie müssen nur bis zum maßgeblichen Zeitpunkt (→ Rn. 15) der nach § 125 Abs. 2 zu treffenden Entscheidung des Auftraggebers beendet sein.

Was den **Ausschlussgrund wegen Interessenkollision** (§ 124 Abs. 1 Nr. 5) anbelangt, muss man wohl annehmen, dass das Instrument der Selbstreinigung hier nur selten in Betracht kommt. Denn in erster Linie ist es gem. Art. 24 RL 2014/24/EU und dem diese Richtlinienvorschrift umsetzenden § 6 VgV die Aufgabe des öffentlichen Auftraggebers, Interessenkollisionen iSd § 124

---

[8] Vgl. OLG München NZBau 2013, 261 (263: „Eine Schadenswiedergutmachung ist nicht zu verlangen"); KG NZBau 2012, 56 (63: „Richtiger ..., die Wiedergutmachung eines Schadens als Element des Selbstreinigungsprozesses auf die Fälle zu begrenzen, in denen die auszugleichende Forderung unstreitig ist"); VK Lüneburg NZBau 2011, 574 (576): die VK nennt als einen der wichtigen Aspekte ohne jede Einschränkung „die Wiedergutmachung des durch die Verfehlung entstandenen Schadens".
[9] Begr. RegE, BT-Drs. 18/6281, 107.
[10] Begr. RegE, BT-Drs. 18/6281, 110.
[11] *Roth* NZBau 2016, 672 (675); iErg ebenso für die Ausschlussgründe gem. § 124 Abs. 1 Nr. 5 und 6: Beck VergabeR/*Opitz* Rn. 7; Reidt/Stickler/Glahs/*Ley* Rn. 23; *Stein* in RKPP GWB Rn. 5.

Abs. 1 Nr. 5 und § 6 VgV zu vermeiden. Folglich ist zuvörderst der öffentliche Auftraggeber zur Verhinderung von Interessenkollisionen verpflichtet, indem er Organmitglieder, Mitarbeiter oder Dienstleister, bei denen ein Interessenkonflikt iSd § 6 VgV besteht, von vornherein von der Mitwirkung in dem betreffenden Vergabeverfahren fernhält oder, wenn der Interessenkonflikt erst während des Vergabeverfahrens erkannt wird, sie sofort von der weiteren Mitwirkung entbindet.[12] Für die Sektorenauftraggeber und Konzessionsgeber gilt Entsprechendes (s. § 6 SektVO, § 5 KonzVgV und §§ 142, 154 Nr. 2, jeweils mit Verweisung auf § 124 Abs. 1 Nr. 5). Wenn aber dem Auftraggeber – aus welchen Gründen auch immer – die Vermeidung eines Interessenkonflikts nicht möglich ist oder er jedenfalls nichts Geeignetes zu diesem Zweck tut, würde es dem Wortlaut und dem Normzweck des § 125 zuwiderlaufen, es dem betreffenden Unternehmen zu versagen, eine etwa noch mögliche, erfolgversprechende Maßnahme der „Selbstreinigung" vorzunehmen. In dieser Lage muss § 125 zugunsten des von dem Interessenkonflikt betroffenen Unternehmens **anwendbar** sein.[13] In Betracht kommen insbesondere personelle Maßnahmen (s. § 125 Abs. 1 S. 1 Nr. 3) auf Seiten des Unternehmens, also eine endgültige Trennung von der-/denjenigen Person(en), die bis dahin für das Unternehmen iSd § 6 Abs. 3 Nr. 2 oder Nr. 3 lit. a oder Abs. 4 VgV beratend, unterstützend, vertretend oder sonst wie tätig waren, sowie im Falle des § 6 Abs. 3 Nr. 3 lit. b VgV ein endgültiger Abbruch der geschäftlichen Beziehungen von Seiten des (an der Vergabe interessierten) Unternehmens zu dem (vom Auftraggeber) „in das Vergabeverfahren eingeschalteten Unternehmen". Ob mit solchen Selbstreinigungsmaßnahmen der eingetretene Interessenkonflikt noch hinreichend beseitigt und damit der Ausschluss vom Vergabeverfahren vermieden werden kann, muss dann der Auftraggeber gem. § 125 Abs. 2 entscheiden (was das Unternehmen im Falle eines negativen Ergebnisses gem. §§ 160 ff. nachprüfen lassen kann).

7   Mit Blick auf den **Ausschlussgrund wegen Projektantenstellung** (§ 124 Abs. 1 Nr. 6) haben die betroffenen Bewerber und Bieter ohnehin – unabhängig von § 125 – die Möglichkeit, nachzuweisen, dass ihre Mitwirkung an der Vorbereitung des Vergabeverfahrens den Wettbewerb nicht verzerren kann.[14] Das ist in § 7 Abs. 3 VgV nochmals ausdrücklich festgeschrieben worden. Außerdem ist der Auftraggeber, falls er dennoch eine Wettbewerbsverzerrung erkennt oder befürchtet, vor einem etwaigen Ausschluss des Projektanten verpflichtet, „weniger einschneidende Maßnahmen" zur Beseitigung der Wettbewerbsverzerrung zu ergreifen (§ 124 Abs. 1 Nr. 6, § 7 Abs. 1 VgV). Zu diesen Maßnahmen gehört insbesondere, allen anderen am Vergabeverfahren teilnehmenden Unternehmen diejenigen Informationen zu erteilen, die mit dem Projektanten anlässlich der Vorbereitung des Vergabeverfahrens schon ausgetauscht wurden oder die aus der gemeinsamen Vorbereitung resultierten (§ 7 Abs. 2 VgV). Wenn allerdings dem Projektanten jener Nachweis (s. § 7 Abs. 3 VgV) nicht gelingt und ausnahmsweise die dem Auftraggeber zur Verfügung stehenden Maßnahmen zur Beseitigung der Wettbewerbsverzerrung nicht ausreichen, sind in der Tat weitere vom Projektanten zu ergreifende Maßnahmen einer „Selbstreinigung" iSd § 125, die seinen Ausschluss vom Vergabeverfahren noch verhindern könnten, nicht vorstellbar. Gegen den Ausschlussgrund des § 124 Abs. 1 Nr. 6 ist daher das Instrument der **Selbstreinigung** – entgegen dem Gesetzestext (§ 125 Abs. 1 S. 1, auch Art. 57 Abs. 6 UAbs. 1 S. 1 RL 2014/24/EU iVm Art. 57 Abs. 4 UAbs. 1 lit. f RL 2014/24/EU) – **nicht anwendbar**.[15]

8   Gemäß **§ 124 Abs. 1 Nr. 8** kann der öffentliche Auftraggeber ein Unternehmen von der Teilnahme an einem Vergabeverfahren zu jedem Zeitpunkt ausschließen, wenn „das Unternehmen in Bezug auf Ausschlussgründe oder Eignungskriterien eine schwerwiegende Täuschung begangen oder Auskünfte zurückgehalten hat oder nicht in der Lage ist, die erforderlichen Nachweise zu übermitteln". Die Vorschrift ist mit Blick auf ihre Zeitbestimmung („zu jedem Zeitpunkt des Vergabeverfahrens") so zu verstehen, dass sie nur auf ein (ihrem Wortlaut entsprechendes) Verhalten eines Bewerbers oder Bieters im jeweils laufenden Vergabeverfahren anwendbar ist und nicht (auch) für ein solches täuschendes Verhalten oder eine Unfähigkeit eines Bewerbers/Bieters zur Vorlage erforderlicher Nachweise in vorangegangenen Vergabeverfahren gilt.[16] Dann aber ist nicht zweifelhaft, dass der dritten Variante dieses Ausschlussgrunds („nicht in der Lage **ist,** die erforderlichen Nachweise zu übermitteln") mit dem Instrument der Selbstreinigung nicht abgeholfen werden kann; § 125 ist insoweit nicht anwendbar. Anders verhält es sich mit den **beiden ersten Varianten** des § 124 Abs. 1 Nr. 8: Hier handelt es sich um Fehlverhalten, das die Vertrauenswürdigkeit (maW: die Zuverlässigkeit) des betreffenden Unternehmens beschädigt, wie es der Ausgangslage entspricht, bei der nach dem Konzept des § 125 ein Bedarf für Selbstreinigungsmaßnahmen besteht; daher **kommt** das Instrument der **Selbstreinigung** der Sache

---

[12]   *Hausmann/von Hoff* in RKPP GWB § 124 Rn. 53.
[13]   IErg aA: *Roth* NZBau 2016, 672 (675); *Stein* in RKPP GWB Rn. 5.
[14]   Begr. RegE, BT-Drs. 18/6281, 106.
[15]   Ebenso: *Roth* NZBau 2016, 672 (675); *Stein* in RKPP GWB Rn. 5.
[16]   *Hausmann/von Hoff* in RKPP GWB § 124 Rn. 80.

nach **hier durchaus in Betracht,** um die Vertrauenswürdigkeit bzw. die Zuverlässigkeit des Unternehmens wiederherzustellen.[17] Es ist lediglich ein Zeitproblem, ob es dem betreffenden Unternehmen gelingt, nicht nur die geforderten Auskünfte und/oder Nachweise zu den Ausschlussgründen oder Eignungskriterien noch rechtzeitig nachzuliefern, sondern auch die konkret erforderlichen Selbstreinigungsmaßnahmen noch bis zu dem maßgeblichen Zeitpunkt (→ Rn. 15) zu erledigen. Die vorstehenden Ausführungen zu den beiden ersten Varianten des § 124 Abs. 1 Nr. 8 gelten entsprechend für die in **§ 124 Abs. 1 Nr. 9** zusammengefassten rechtsähnlichen Ausschlussgründe.

Den in **§ 124 Abs. 1 Nr. 2** zusammengefassten Ausschlussgründen (insbesondere Zahlungsunfähigkeit, beantragtes oder eröffnetes Insolvenzverfahren, aktuell laufendes Verfahren der Liquidation des betreffenden Unternehmens) kann – wie sich von selbst versteht – nicht mit Maßnahmen der in § 125 normierten Selbstreinigung abgeholfen werden. **§ 125** ist hier – entgegen dem Gesetzestext (§ 125 Abs. 1 S. 1, auch Art. 57 Abs. 6 UAbs. 1 S. 1 RL 2014/24/EU iVm Art. 57 Abs. 4 UAbs. 1 lit. b RL 2014/24/EU) – **nicht anwendbar.**[18]   9

III. Grundlagen für die Anwendung des Instruments der Selbstreinigung

Nach der Gesetzesbegründung[19] zu § 125 Abs. 1 begründet Art. 57 Abs. 6 UAbs. 1 S. 2 RL   10
2014/24/EU einen **Rechtsanspruch** des von einem Ausschlussgrund betroffenen Unternehmens, **nicht von einem Vergabeverfahren ausgeschlossen zu werden,** wenn es ausreichende Maßnahmen zur Wiederherstellung seiner Integrität (oder – maW – seiner Zuverlässigkeit) nachgewiesen hat. So soll nach der Ansicht des deutschen Gesetzgebers ersichtlich auch § 125 Abs. 1 ausgelegt werden. Wegen dieses Rechtsanspruchs steht es also nicht im Ermessen des jeweiligen Auftraggebers (→ Rn. 3), ob er die ihm dargelegten und nachgewiesenen Selbstreinigungsmaßnahmen eines Unternehmens einer Überprüfung daraufhin unterzieht, ob sie zur Wiederherstellung der zuvor abhanden gekommenen oder zumindest zweifelhaft gewordenen Zuverlässigkeit des betreffenden Unternehmens ausreichen oder nicht. Zwar hat der **Auftraggeber bei ihm obliegenden Überprüfung** einen **Beurteilungsspielraum** (→ Rn. 14 und → Rn. 31), ob die nachgewiesenen Selbstreinigungsmaßnahmen ihr Ziel erreicht haben; laut der Gesetzesbegründung soll dieser Beurteilungsspielraum sogar „weit" sein.[20] Wenn aber der Auftraggeber des konkreten Vergabeverfahrens die Selbstreinigungsmaßnahmen als für die Wiederherstellung der Zuverlässigkeit ausreichend „bewertet" (§ 125 Abs. 2 S. 1), ist die Rechtsfolge für ihn zwingend, dass er das betreffende Unternehmen trotz der Feststellung oder Feststellbarkeit eines Ausschlussgrundes – auch eines zwingenden Ausschlussgrundes (§ 123) – nicht mehr von der Teilnahme am Vergabeverfahren ausschließen darf; der Eintritt dieser Rechtsfolge steht **nicht im Ermessen des Auftraggebers.**[21]

Es ist daher konsequent, dass Art. 57 Abs. 6 RL 2014/24/EU – in der Auslegung gem. Erwä-   11
gungsgrund 102 RL 2014/24/EU – für das von einem Ausschlussgrund betroffene Unternehmen ein **Recht auf Prüfung** der von ihm durchgeführten Selbstreinigungsmaßnahmen vorsieht.[22] Nach Erwägungsgrund 102 S. 4 RL 2014/24/EU sollen solche Unternehmen „beantragen können, dass die im Hinblick auf ihre etwaige Zulassung zum Vergabeverfahren getroffenen Compliance-Maßnahmen geprüft werden". Hierzu wird es aber den Mitgliedstaaten überlassen, die „genauen verfahrenstechnischen und inhaltlichen Bedingungen" für das Prüfungsverfahren zu bestimmen (Erwägungsgrund 102 S. 5 RL 2014/24/EU). Ausdrücklich wird als eine mögliche Variante für die einzelstaatliche Regelung des Prüfungsverfahrens aufgeführt, dass „es den jeweiligen öffentlichen Auftraggebern überlassen (wird), die einschlägigen Bewertungen vorzunehmen" (Erwägungsgrund 102 S. 6 RL 2014/24/EU). Diese Regelungsvariante hat der deutsche Gesetzgeber bei der Umsetzung der RL 2014/24/EU durch das VergRModG 2016 zunächst eingeführt: Nach der mit § 125 in seiner **ursprünglichen Fassung** geschaffenen Regelung wird dem betroffenen Unternehmen (noch) **kein isoliertes, von der Durchführung eines Vergabeverfahrens unabhängiges Antrags- und Prüfungsrecht** bezüglich der schon absolvierten Selbstreinigungsmaßnahmen gewährt. Vielmehr kann das von einem Ausschlussgrund betroffene Unternehmen bisher nur in einzelnen konkreten Vergabeverfahren vom jeweiligen Auftraggeber beanspruchen, dass dieser die ihm jeweils dargelegten und nachgewiesenen Selbstreinigungsmaßnahmen prüft und für das einzelne Vergabeverfahren entscheidet, ob die vom Unternehmen getroffenen Maßnahmen für die Wiederherstellung der Zuverlässigkeit (und damit Vertrauenswürdigkeit) des Unternehmens ausreichen,

---

[17] AA *Roth* NZBau 2016, 672 (675).
[18] *Roth* NZBau 2016, 672 (675); Beck VergabeR/*Opitz* Rn. 7; *Stein* in RKPP GWB Rn. 5.
[19] Begr. RegE, BT-Drs. 18/6281, 107.
[20] Begr. RegE, BT-Drs. 18/6281, 107; zust. Immenga/Mestmäcker/*Kling* Rn. 5.
[21] Begr. RegE, BT-Drs. 18/6281, 107.
[22] Vgl. Begr. RegE, BT-Drs. 18/6281, 107.

sodass ein Ausschluss von diesem konkreten Vergabeverfahren ausscheidet.[23] Für die **Zukunft** sieht das schon am 28.7.2017 verkündete Gesetz zur Einführung eines Wettbewerbsregisters und zur Änderung des Gesetzes gegen Wettbewerbsbeschränkungen vom 18.7.2017 (EinfG-WReg)[24] vor, dass die an einer Selbstreinigung interessierten Unternehmen für einen Großteil der gesetzlichen Ausschlussgründe die von ihnen **getroffenen Selbstreinigungsmaßnahmen auch außerhalb eines Vergabeverfahrens vom Bundeskartellamt** als Registerbehörde des einzurichtenden Wettbewerbsregisters **überprüfen lassen** und sich den etwaigen Erfolg der Selbstreinigung mit genereller Wirkung attestieren lassen können (→ Rn. 33–41). Dieses alternative Prüfungsverfahren wird den Unternehmen – dann nach ihrer eigenen Wahl – zur Verfügung stehen, sobald der Betrieb des Wettbewerbsregisters voll funktionsfähig ist (→ Rn. 33 f.).

12 Wenn das an einer bestimmten öffentlichen Auftragsvergabe interessierte Unternehmen beim betreffenden Auftraggeber als derzeit einziger Prüfungsinstanz und in Zukunft nach seiner (des Unternehmens) Wahl als alternativer Instanz (→ Rn. 11) die Überprüfung der getroffenen Selbstreinigungsmaßnahmen beantragt, ist die Prüfungspflicht des Auftraggebers – im Rahmen der Überprüfung der Zuverlässigkeit des betreffenden Unternehmens in Verbindung mit einem zuvor verwirklichten Ausschlussgrund – auf das konkrete Vergabeverfahren bezogen[25] und (in rechtlicher Hinsicht) nur für dieses Vergabeverfahren von Bedeutung.[26] Die **von einem Auftraggeber** für ein konkretes Vergabeverfahren **getroffene** – positive oder negative – **Entscheidung** über den Erfolg der dargelegten Selbstreinigungsmaßnahmen hat **keine Bindungswirkung für andere Auftraggeber und andere Vergabeverfahren**.[27] Vielmehr ist es rechtlich durchaus möglich und nicht per se als vergaberechtswidrig zu beanstanden, wenn mehrere Auftraggeber für verschiedene Vergabeverfahren zu unterschiedlichen Ergebnissen bei ihrer Bewertung der identisch dargelegten Selbstreinigungsmaßnahmen desselben Unternehmens gelangen.[28] Freilich wird jeder verantwortungsbewusste Auftraggeber bei seiner Prüfung und Bewertung zumindest mitberücksichtigen, ob ein Bewerber oder Bieter, zu dessen Lasten ein Ausschlussgrund vorhanden ist, seine Selbstreinigungsmaßnahmen gegenüber einem anderen Auftraggeber schon erfolgreich nachgewiesen hat.[29]

13 Das Unternehmen, zu dessen Lasten ein Ausschlussgrund besteht, das aber trotzdem an einem Vergabeverfahren teilnehmen will, hat konsequent die volle **Darlegungs- und Beweislast für** eine **wirksame** und **erfolgreiche Selbstreinigung**. Daher hat das Unternehmen zunächst konkret und substantiiert darzulegen und – soweit erforderlich – nachzuweisen, welche Maßnahmen zum Zweck der Selbstreinigung es durchgeführt hat.[30] Die Darlegungs- und Beweislast erstreckt sich aber auch darauf, dass und weshalb die durchgeführten Maßnahmen zur Wiederherstellung seiner Zuverlässigkeit und Vertrauenswürdigkeit geeignet und ausreichend sind[31] (zu den gesetzlichen Voraussetzungen s. § 125 Abs. 1 S. 1, → Rn. 17–29). Sofern für diesen dem öffentlichen Auftraggeber (→ Rn. 11 f.) zu erbringenden Nachweis die Kenntnis von Unterlagen wie zB Aufzeichnungen, Belege, Zeugenaussagen oder sonstige Dokumente erforderlich ist, hat das betreffende Unternehmen die ihm zur Verfügung stehenden Unterlagen dem öffentlichen Auftraggeber – sogar unaufgefordert – vorzulegen.[32] Das schließt nicht aus, dass der öffentliche Auftraggeber von sich aus Beweismittel an- und nachfordern kann.[33] Um dem Auftraggeber die ihm obliegende Bewertung (§ 125 Abs. 2 S. 1) zu ermöglichen, muss das Unternehmen ihm überdies wahrheitsgemäß die Straftat oder das Fehlverhalten, die bzw. das dem Ausschlussgrund zugrunde liegt, nicht nur in den „Umrissen",[34] sondern in den wesentlichen Fakten, die für die Beurteilung der Zuverlässigkeit des Unternehmens relevant sind, darlegen.

14 Es ist sodann die **Aufgabe des Auftraggebers, zu würdigen,** ob das betreffende Unternehmen in der **Gesamtschau** aller Darlegungen und Nachweise trotz des verwirklichten Ausschlussgrundes jetzt schon glaubwürdig die Gewähr dafür bietet, künftig derartige Rechtsverstöße zu vermeiden sowie (bzgl. der eigenen Gesellschafter, Organe und Mitarbeiter) zu verhindern, und

---

[23] Vgl. Begr. RegE, BT-Drs. 18/6281 107.
[24] BGBl. 2017 I 2739. Die Änderung des GWB (s. die Gesetzesüberschrift) besteht vor allem aus einer Änderung des § 125, durch die alternative Prüfungszuständigkeit des BKartA normiert (→ Rn. 32a).
[25] *Ulshöfer* VergabeR 2016, 327 (338).
[26] Begr. RegE, BT-Drs. 18/6281, 107 f.
[27] VK Westfalen NZBau 2019, 610 Rn. 78; *Roth* NZBau 2016, 672 (676).
[28] *Roth* NZBau 2016, 672 (675 f.).
[29] Vgl. auch *Roth* NZBau 2016, 672 (678).
[30] Vgl. VK Lüneburg NZBau 2011, 574 (576); Immenga/Mestmäcker/*Kling* Rn. 9; *Stein* in RKPP GWB Rn. 18.
[31] Begr. RegE, BT-Drs. 18/6281, 108; *Ulshöfer* VergabeR 2016, 327 (334); *Prieß* NZBau 2012, 425 (426); Immenga/Mestmäcker/*Kling* Rn. 9; *Stein* in RKPP GWB Rn. 19.
[32] Reidt/Stickler/Glahs/*Ley* Rn. 82; s. auch *Dreher/Hoffmann* NZBau 2014, 150 (154).
[33] Vgl. auch EuGH NZBau 2018, 768 Rn. 32 f. – Vossloh Laeis.
[34] So aber Begr. RegE, BT-Drs. 18/6281, 108.

III. Grundlagen für die Anwendung des Instruments der Selbstreinigung   15   § 125 GWB

demzufolge – bezogen auf das konkrete Vergabeverfahren, aber auch auf künftige Vergabeverfahren im öffentlichen Auftragswesen[35] (§ 125 Abs. 1 S. 1 Nr. 3) – ordnungsgemäße, vertragsgerechte und in jeder Hinsicht zuverlässige Ausführungen der jeweils ausgeschriebenen Leistung einschließlich etwaiger Gewährleistungen erwarten lässt.[36] Da das Bewertungsergebnis, wenn es eine erfolgreiche Selbstreinigung bescheinigt, zu einer Ausnahme von dem entweder gem. § 123 zwingenden oder gem. § 124 im pflichtgemäßen Ermessen des Auftraggebers stehenden Ausschluss führt, müssen die **Voraussetzungen der Selbstreinigung streng ausgelegt** werden[37] und muss auch die **Gesamtbewertung** durch den Auftraggeber **methodisch streng** sein. Gleichwohl wird dem Auftraggeber für diese auch eine Prognose enthaltende Bewertung – unbestritten – ein **Beurteilungsspielraum** belassen (→ Rn. 10 und 31),[38] weshalb die Bewertung nur eingeschränkt – auf Beurteilungsfehler – von den Nachprüfungsinstanzen nachprüfbar ist: Die eingeschränkte Nachprüfung betrifft nur, ob der Auftraggeber das richtige Verfahren eingehalten hat, seiner Bewertung einen zutreffenden und vollständig ermittelten Sachverhalt zugrunde gelegt hat, keine das Bewertungsergebnis beeinflussenden sachwidrigen Erwägungen angestellt hat und bei der Entscheidungsfindung einen mit Gesetz und Beurteilungsermächtigung vereinbaren Beurteilungsmaßstab angewandt hat.[39]

Der **maßgebliche Zeitpunkt,** bis zu dem das von einem Ausschlussgrund betroffene Unternehmen seine Selbstreinigungsmaßnahmen abgeschlossen und diese dem Auftraggeber des konkreten Vergabeverfahrens dargelegt sowie nachgewiesen haben muss, ist **grundsätzlich identisch mit** demjenigen nach der gewählten Vergabeverfahrensart vorgesehenen Zeitpunkt, in dem der Auftraggeber im Rahmen seiner **Eignungsprüfung** über die Zuverlässigkeit des betreffenden Bewerbers oder Bieters (im Sinne des Nichtvorhandenseins von Ausschlussgründen gem. §§ 123, 124) befinden muss.[40] Unerheblich sind insoweit jedenfalls grundsätzlich die Zeitpunkte des Beginns des Vergabeverfahrens und der Fristen für die Abgabe des Teilnahmeantrags, des Angebots oder etwaiger weiterer geforderter Nachweise.[41] In den nachfolgend genannten **Ausnahmesituationen** kommen jedoch auch spätere Zeitpunkte für den Abschluss der Selbstreinigungsmaßnahmen als die Eignungsprüfung in Betracht: Wenn von einem Bündel von nachweislich fest geplanten und auch schon in Werk gesetzten Maßnahmen einige wenige bis zur Eignungsprüfung noch nicht abgeschlossen worden sind, kann es ausreichen, wenn die Maßnahmen nach der glaubhaften Gesamtdarstellung des betreffenden Unternehmens höchstwahrscheinlich bis zum vorgesehenen Beginn der Auftragsausführung abgeschlossen sein werden. So verhält es sich zB bei vom betreffenden Unternehmen zwecks Selbstreinigung fest organisierten und auch schon angelaufenen Mitarbeiterschulungen, die zur Zeit der Eignungsprüfung noch nicht abgeschlossen sind, aber nach den glaubhaften Darlegungen des betreffenden Unternehmens bis zur Auftragsausführung abgeschlossen sein werden.[42] In der Rechtsprechung wird überdies – wegen einer weiteren Ausnahme – an die allgemein anerkannte ungeschriebene Regel angeknüpft, dass etwaige nach einer positiven Eignungs- und Zuverlässigkeitsprüfung des Bewerbers/Bieters auftretende neue Tatsachen oder Anhaltspunkte für eine Unzuverlässigkeit dieses Unternehmens noch berücksichtigt werden dürfen und – mit der Folge einer erneuten Prüfung mit evtl. gegenteiligem Ergebnis – berücksichtigt werden müssen.[43] Deshalb wird – letztlich wohl aus Gründen der Gleichbehandlung – erwogen, dass andererseits auch Selbsthilfemaßnahmen, die eine vorherige Zuverlässigkeitsprüfung des Auftraggebers mit negativem Ergebnis ins Gegenteil wenden könnten und zB erst während eines

---

[35] Vgl. *Jaeger* ZWeR 2020, 246 (263 iVm 254).
[36] Vgl. OLG Brandenburg NZBau 2008, 277 (280 li. Sp.); *Dreher/Hoffmann* NZBau 2012, 265 (266); *Hölzl/Ritzenhoff* NZBau 2012, 28 (30) mwN; *Prieß* NZBau 2012, 425 (426).
[37] *Prieß* NZBau 2012, 425; *Stein* in RKPP GWB Rn. 54.
[38] Begr. RegE, BT-Drs. 18/6281, 107; OLG Brandenburg NZBau 2008, 277 (280); *Roth* NZBau 2016, 672 (675); Beck VergabeR/*Opitz* Rn. 12; vgl. auch *Dreher/Hoffmann* NZBau 2012, 265 (266 f.).
[39] Vgl. *Dreher/Hoffmann* NZBau 2012, 265 (267) mwN; Beck VergabeR/*Opitz* Rn. 12.
[40] OLG Brandenburg NZBau 2008, 277 (279 f.); *Dreher/Hoffmann* NZBau 2014, 67 (70) mwN; *Hölzl* VergabeR 2013, 504 (506); *Gabriel/Ziekow* VergabeR 2017, 119 (128); Byok/Jaeger/*Ohrtmann* Rn. 74; *Stein* in RKPP GWB Rn. 59. Dem steht die Ansicht von *Roth* NZBau 2016, 672 (672–674), die Zuverlässigkeit sei seit der RL 2014/24/EU kein Eignungskriterium mehr, nicht entgegen. Wenn diese vereinzelte Ansicht dogmatisch zutreffen sollte, was mit Blick auf die die Art. 57–64 RL 2014/24/EU zusammenfassende Überschrift des dortigen Unterabschnitts der RL 2014/24/EU („Qualitative *Eignungskriterien*") sowie Art. 57 Abs. 6 UAbs. 1 S. 1 und Abs. 7 S. 2 RL 2014/24/EU (wo der Nachweis der *Zuverlässigkeit* behandelt wird) sehr zweifelhaft ist, kommt es auf den maßgeblichen Zeitpunkt der Prüfung der positiven oder negativen Zuverlässigkeit (Ausschlussgründe) an, der aber schon wegen seiner inneren „Verwandtschaft" mit der Eignungsprüfung zusammenfällt.
[41] OLG Brandenburg NZBau 2008, 277 (279); *Dreher/Hoffmann* NZBau 2014, 67 (70).
[42] *Dreher/Hoffmann* NZBau 2014, 67 (70).
[43] Vgl. OLG München NZBau 2013, 261 (262) mwN; *Dreher/Hoffmann* NZBau 2014, 67 (70) mwN; *Hölzl* VergabeR 2013, 504 (506).

Jaeger

Nachprüfungsverfahrens durchgeführt worden sind, ebenfalls noch berücksichtigt und geprüft werden müssen. Der letztmögliche ausschlaggebende Zeitpunkt für die Beendigung der Durchführung erforderlicher Selbstreinigungsmaßnahmen sei daher die letzte mündliche Verhandlung in einem Nachprüfungsverfahren.[44] Dieser Ansicht kann man vorbehaltlos nur dann zustimmen, wenn es sich bei den während des Nachprüfungsverfahrens – nach der ersten mit Negativergebnis beendeten Zuverlässigkeitsprüfung – nachgeholten Selbstreinigungsmaßnahmen nur um ergänzende Maßnahmen handelt, nachdem vorher der Auftraggeber und das betreffende Unternehmen zB darüber gestritten haben, wie weit die erforderlichen Selbstreinigungsmaßnahmen gehen müssten. Im Übrigen handelt es sich um eine Frage des jeweiligen Einzelfalls. Wenn nämlich das betroffene Unternehmen vor der (ersten) Zuverlässigkeitsprüfung keine oder fast keine Selbstreinigungsmaßnahmen ergriffen und ein Nachprüfungsverfahren angestrengt hat, um dadurch zusätzlich Zeit zu gewinnen und/oder zu erfahren, mit welchen Selbstreinigungsmaßnahmen es auskommen wird, sollte eine solche Methode, die auf einen Missbrauch des Nachprüfungsverfahrens hinausläuft und eine für Auftraggeber und solide Bieter kaum zumutbare Verlängerung des Vergabeverfahrens bedeutet, nicht gebilligt werden. Tendenziell sollte daher an dem je nach Vergabeverfahrensart maßgeblichen Zeitpunkt der Eignungs- und Zuverlässigkeitsprüfung als Schlusspunkt für zu berücksichtigende Selbsthilfemaßnahmen festgehalten werden.[45] Es gibt allerdings (wohl eher seltene) Fallgestaltungen, bei denen noch frühere Zeitpunkte, zB der Zeitpunkt der Unterzeichnung des Angebots im offenen Vergabeverfahren, für den zeitlichen Abschluss der überprüfbaren Selbsthilfemaßnahmen entscheidend sind. Das hängt von der Art der den Ausschlussgrund auslösenden konkreten Verfehlung einerseits, die bei der vorliegenden Problematik immer mitbedacht werden muss, und dem Ablauf des betreffenden Vergabeverfahrens andererseits ab. Wenn zB die dem Bieter zuzurechnende nachweisliche schwere Verfehlung seines Geschäftsführers (§ 124 Abs. 1 Nr. 3) einen Betrug darstellt und sich dieses strafbare Verhalten des Geschäftsführers erheblich auf die Kalkulation der Angebote des Bieters auswirken kann, müssen etwaige Selbstreinigungsmaßnahmen dieses Bieters, insbesondere die völlige Entfernung des bisherigen Geschäftsführers von seinem Posten nebst der Unterbindung jeglicher Möglichkeit der Einflussnahme auf die Geschäfte des Bieters (→ Rn. 27), bis zur Kalkulation des beabsichtigten Angebots in dem betreffenden Vergabeverfahren durchgeführt worden sein. Denn eine Nachkalkulation von Angebotspreisen infolge erst später durchgeführter Selbstreinigungsmaßnahmen und eine daraus resultierende Abänderung des eingereichten Angebots nach abgelaufener Angebotsfrist sind vergaberechtlich unzulässig.[46]

16 Art. 57 Abs. 6 UAbs. 4 RL 2014/24/EU sieht als **optional** umsetzbare Regelung vor, dass in einem selbständigen Gerichtsverfahren darüber entschieden wird, ob gegen einen Wirtschaftsteilnehmer tatsächlich ein Ausschlussgrund iSd Art. 57 Abs. 1 oder Abs. 4 RL 2014/24/EU besteht, ob dieser Wirtschaftsteilnehmer deshalb von der Teilnahme an Verfahren zur Auftrags- oder Konzessionsvergabe ausgeschlossen wird und – wenn so entschieden wird – welcher Ausschlusszeitraum zugleich festgelegt wird. Sofern ein Mitgliedstaat eine solche Verfahrensregelung einführt, hat dies zur Folge, dass ein betroffener Wirtschaftsteilnehmer einen Ausschlusszeitraum, der gegen ihn durch eine rechtskräftige gerichtliche Entscheidung festgelegt worden ist, nicht durch Selbstreinigungsmaßnahmen iSd Art. 57 Abs. 6 RL 2014/24/EU beseitigen lassen oder abkürzen lassen kann, sondern bis zum Ablauf erdulden muss. Da es in Deutschland bisher keine durch gerichtliche Entscheidung verhängten Ausschlüsse von Vergabeverfahren gab, hat der Gesetzgeber **von** einer **Umsetzung** des Art. 57 Abs. 6 UAbs. 4 **abgesehen**.[47]

IV. Voraussetzungen für eine erfolgreiche Selbstreinigung (§ 125 Abs. 1 S. 1)

17 § 125 Abs. 1 setzt außer Art. 57 Abs. 6 UAbs. 1 RL 2014/24/EU, der den Grundsatz der Selbstreinigung (→ Rn. 1, 10 und 11) normiert, den Art. 57 Abs. 6 UAbs. 2 RL 2014/24/EU um, der die drei notwendigen Voraussetzungen für eine wirksame Selbstreinigung festlegt: Wiedergutmachung des Schadens, der durch die Straftat oder das Fehlverhalten, die bzw. das dem konkreten Ausschlussgrund zugrunde liegt, verursacht worden ist (umgesetzt durch Abs. 1 S. 1 Nr. 1); umfassende Klärung der Tatsachen und Umstände in aktiver Zusammenarbeit mit den Ermittlungsbehörden (umgesetzt durch Abs. 1 S. 1 Nr. 2); Ergreifen konkreter Maßnahmen technischer, organisatorischer und personeller Art, die geeignet sind, weitere Straftaten oder Verfehlungen zu vermeiden (umgesetzt durch Abs. 1 S. 1 Nr. 3). Es handelt sich ohne Zweifel um

---

[44] OLG München NZBau 2013, 261 (262); zust. *Hölzl* VergabeR 2013, 504 (506); iErg ebenso: Beck VergabeR/*Opitz* Rn. 9; *Stein* in RKPP GWB Rn. 59; nur bezüglich des Schadensausgleichs: Ziekow/Völlink/*Stolz* Rn. 5.
[45] IErg sehr ähnlich: *Dreher/Hoffmann* NZBau 2014, 67 (70).
[46] Vgl. OLG München NZBau 2013, 261 (263); *Dreher/Hoffmann* NZBau 2014, 67 (70).
[47] Begr. RegE, BT-Drs. 18/6281, 108.

IV. Voraussetzungen für eine erfolgreiche Selbstreinigung (§ 125 Abs. 1 S. 1)

strenge Voraussetzungen.[48] Sie sind verbindlich; dh sie stehen nicht zur Disposition des öffentlichen Auftraggebers und des betreffenden Unternehmens sowie (demnächst) des Bundeskartellamts (→ Rn. 11, 33 ff.).[49]

1. Wiedergutmachung des Schadens (§ 125 Abs. 1 S. 1 Nr. 1). Als eine der notwendigen Voraussetzungen für eine erfolgreiche Selbstreinigung verlangt § 125 Abs. 1 S. 1 Nr. 1 in wortgetreuer Umsetzung des Art. 57 Abs. 6 UAbs. 2 (1. Teil) RL 2014/24/EU den Nachweis des von einem Ausschlussgrund betroffenen Unternehmens, dass es „für jeden durch eine Straftat oder ein Fehlverhalten verursachten Schaden einen Ausgleich gezahlt oder sich zur Zahlung eines Ausgleichs verpflichtet hat". Hinsichtlich der Verursachung des zu ersetzenden Schadens wird von der Vorschrift trotz der unbestimmt weiten Formulierung („eine Straftat", „ein Fehlverhalten") – wie sich nach dem Kontext von selbst versteht – nur diejenige Straftat oder dasjenige Fehlverhalten erfasst, die bzw. das dem im konkreten Vergabeverfahren festgestellten Ausschlussgrund (aus § 123 oder § 124) zugrunde liegt. Nach dem Wortlaut und dem Zweck der Norm (→ Rn. 1) stehen mindestens zwei Teilergebnisse für die Normauslegung fest: Das zwingende Gebot des Schadensausgleichs betrifft **nicht nur** die schon rechtskräftig **festgestellten Schadensersatzansprüche**,[50] sondern **jeden** durch die Straftat oder das Fehlverhalten **verursachten Schaden**.[51] Außerdem erfasst dieses Gebot nicht nur Schäden, die dem Auftraggeber des konkreten Vergabeverfahrens durch die relevante Vortat entstanden sind, wobei es nicht einmal erforderlich ist, dass er selbst überhaupt geschädigt worden ist; vielmehr umfasst das Gebot die durch die Vortat verursachten **Schäden aller Personen, Unternehmen und juristischen Personen** einschließlich derjenigen der öffentlichen Hand[52] (mit zwei noch darzustellenden Ausnahmen → Rn. 18a und 18b). Das wird im Schrifttum zT bezweifelt oder sogar in Abrede gestellt: Trotz des Wortlauts der Norm werde man für eine Selbstreinigung kaum pauschal verlangen können, dass auch Schäden ersetzt werden, die gar nicht bei dem betreffenden öffentlichen Auftraggeber, sondern bei einem anderen eingetreten seien, denn derartige Schäden bei einem anderen stellten die Zuverlässigkeit zur Ausführung des konkreten Auftrages jedenfalls nicht generell in Frage.[53] Noch entschiedener heißt es an anderer Stelle, bei dem Erfordernis der Schadenswiedergutmachung gehe es nur um den geschädigten (konkreten) Auftraggeber, nicht um mögliche andere Geschädigte.[54] Diese Gegenstimmen sind mit dem Wortlaut der Norm unvereinbar: Nicht nur § 125 Abs. 1 S. 1 Nr. 1, sondern auch die umzusetzende Richtlinienvorschrift Art. 57 Abs. 6 UAbs. 2 RL 2014/24/EU fordert in zweifelsfreier Deutlichkeit den nachzuweisenden Ausgleich für „jeglichen" durch eine Straftat oder Fehlverhalten „verursachten Schaden" (oder eine diesbezügliche Verpflichtungserklärung). Es trifft auch nicht zu, dass dieses Erfordernis des Ausgleichs der Schäden „jeglicher" durch die Vortat kausal geschädigter Personen und Unternehmen mit Blick auf das Ziel der Wiederherstellung der Zuverlässigkeit einen erheblich überschießenden Zwang darstellt, soweit es mehr als den dem konkreten Auftraggeber entstandenen Schaden umfasst. Denn als wirklich voll vertrauenswürdig, verantwortungsbewusst und daher zuverlässig kann von den Bewerbern/Bietern, die einmal iSd §§ 123, 124 „gefehlt" haben, nur derjenige wieder angesehen werden, der voll zu seiner Verantwortung für die ihm zuzurechnende Tat steht, zu deren Aufarbeitung hinsichtlich der Ursachen und Folgen uneingeschränkt bereit ist und daher ebenso bereit ist, die Schadensfolgen bei allen Geschädigten (zu zwei Ausnahmen → Rn. 18a und 18b) finanziell zu beseitigen. Dies kann durchaus als der **spezielle Normzweck des § 125 Abs. 1 S. 1 Nr. 1** bezeichnet werden.[55] Dagegen ist ein Bewerber/Bieter, der sich nur darum bemüht, den durch seine Vortat (iSd §§ 123, 124) demjenigen Auftraggeber zugefügten Schaden zu ersetzen, von dem er in einem

---

[48] S. auch *Jaeger* ZWeR 2020, 246 (262 und 264). *Dreher/Engel* ZWeR 2019, 3 (27), halten die Anforderungen an eine Selbstreinigung für „sehr hoch und teilweise sogar überschießend".
[49] S. auch *Jaeger* ZWeR 2020, 246 (263 f.).
[50] Zumindest tw. aA: *Huerkamp* WuW 2020, 294 (296): „Schaden und Anspruchsteller (also Geschädigter) müssen feststehen, somit in vielen Fällen erst durch rechtskräftiges Urteil."
[51] So ausdrücklich: Begr. RegE, BT-Drs. 18/6281, 108. Dass das betreffende Unternehmen die Zahlung oder die verbindliche Verpflichtungserklärung zur Zahlung eines Ausgleichs für „jeglichen" durch seine Straftat oder sein Fehlverhalten verursachten Schaden (wie Art. 57 Abs. 6 UAbs. 2 RL 2014/24/EU noch deutlicher betont) nachweisen muss, hebt auch der EuGH NZBau 2018, 768 Rn. 30 – Vossloh Laeis, besonders hervor.
[52] Begr. RegE, BT-Drs. 18/6281 108 („Schaden..., der ... dem öffentlichen Auftraggeber oder einem anderen entstanden ist"). Ebenso *Gabriel/Ziekow* VergabeR 2017, 119 (121); Beck VergabeR/*Opitz* Rn. 16; *Stein* in RKPP GWB Rn. 22.
[53] *Ulshöfer* VergabeR 2016, 327 (335 Fn. 75).
[54] *Burgi* NZBau 2014, 595 (598) zu Art. 57 Abs. 6 UAbs. 2 RL 2014/24/EU der damals schon veröffentlichten RL 2014/24/EU; so iErg wohl auch *Dreher/Engel* WuW 2020, 363 (366 re. Sp.).
[55] *Jaeger* ZWeR 2020, 246 (269 f.); vgl. auch *Reidt/Stickler/Glahs/Ley* Rn. 33; *Stein* in RKPP GWB Rn. 20; *Ziekow/Völlink/Stolz* Rn. 5 aE.

konkreten Vergabeverfahren einen Auftrag erhalten will, ein Opportunist, dem man nicht unbedingt trauen kann.

18a   In der Rechtsprechung und im Schrifttum wird – soweit ersichtlich – bisher nicht das Problem behandelt, ob zu den Schäden, deren Ausgleich der betreffende Bewerber/Bieter für eine erfolgreiche Selbstreinigung nachzuweisen hat, auch die **Schäden** gehören, **für die** er nur **gesamtschuldnerisch mithaftet.**[56] Dieses Problem tritt hauptsächlich in den Fällen auf, in denen das wiedergutzumachende Fehlverhalten ein Kartellrechtsverstoß iSd Art. 101 AEUV und/oder § 1 (Ausschlussgrund gem. § 124 Abs. 1 Nr. 4) – also eine der praktisch wichtigsten Arten von Fehlverhalten iSd §§ 123, 124 (→ Rn. 19) – war, mit der gesetzlichen Regelung der gesamtschuldnerischen Mithaftung gem. § 33d. Mit Blick auf den Grundsatz der Verhältnismäßigkeit (§ 97 Abs. 1 S. 2), der bei der Auslegung des § 125 unbedingt mitberücksichtigt werden muss (→ Rn. 1), ist es sachgerecht, bei dem gem. Abs. 1 S. 1 Nr. 1 nachzuweisenden Schadensausgleich (durch Zahlung oder Verpflichtungserklärung) diejenigen Schäden, für die der betreffende Bewerber/Bieter nur aus gesamtschuldnerischer Haftung einstehen muss (bei Kartellrechtsverstößen gem. § 33d Abs. 1), außen vor zu lassen, obwohl die Voraussetzung der Schadenskausalität bei gesamtschuldnerischer Haftung per se erfüllt ist. Für eine solche teleologische Reduktion des § 125 Abs. 1 S. 1 Nr. 1 sprechen folgende Gründe: Zum einen würde bei einer Einbeziehung der gesamtschuldnerischen Haftung in die Voraussetzung für eine Selbstreinigung, auch insoweit den Schadensausgleich gem. Abs. 1 S. 1 Nr. 1 nachweisen zu müssen, das Volumen der zu erbringenden Schadensersatzleistungen erheblich, je nach Kartell sogar gewaltig anwachsen (mit einem schwer kalkulierbaren Risiko für den Bewerber/Bieter, ob er anschließend die Regressansprüche aus § 33d Abs. 2 gegenüber den anderen Gesamtschuldnern durchsetzen kann). Hinzu käme als – in der Zeitknappheit eines Vergabeverfahrens – kaum erfüllbare Obliegenheit, gegenüber dem öffentlichen Auftraggeber auch alle Tatsachen und Umstände, die im Unternehmensbereich der anderen Kartellanten mit dem durch das Kartell insgesamt verursachten Schaden im Zusammenhang stehen, gem. § 125 Abs. 1 S. 1 Nr. 2 iVm Nr. 1 umfassend aufzuklären. Es ist daher wahrscheinlicher, dass ein an einer Selbstreinigung eigentlich interessierter ehemaliger Kartellant unter diesen Umständen nicht bereit wäre, so große Schwierigkeiten in Kauf zu nehmen, um an einem Vergabeverfahren teilnehmen zu können, sondern lieber den Ablauf der relativ kurzen Frist gem. § 126 Nr. 2[57] abwartet, um dann die nächste Chance eines Vergabeverfahrens zu nutzen. Die Chance, den Schadensausgleich zugunsten der kartellbetroffenen unmittelbaren Abnehmer oder Lieferanten des an jenem Kartell beteiligt gewesenen Bewerbers/Bieters – als Voraussetzung einer erstrebenswerten Selbstreinigung – zu fördern, wäre dann vertan. Deshalb entspricht es den Normzwecken des § 125 mehr, die Schäden, für die der betreffende Bewerber/Bieter nur gesamtschuldnerisch mithaftet (insbesondere in Fällen gem. § 33d Abs. 1), von vornherein an ihm gem. § 125 Abs. 1 S. 1 Nr. 1 obliegenden Nachweis auszuklammern, mit Ausnahme des (allerdings aus zeitlichem Aspekt sehr unwahrscheinlichen) Falls, dass im maßgeblichen Zeitpunkt (→ Rn. 15) schon ein rechtskräftiges Schadensersatzurteil gegen ihn aufgrund seiner gesamtschuldnerischen Haftung ergangen ist.

18b   Aus den vorstehenden Gründen (→ Rn. 18a) ist es erst recht als teleologische Reduktion des § 125 Abs. 1 S. 1 Nr. 1 gerechtfertigt, bei der von einem vormaligen Kartellanten (gegenüber dem Ausschlussgrund des § 124 Abs. 1 Nr. 4) betriebenen Selbstreinigung etwaige **Preisschirmschäden** nicht in die erforderliche Schadenswiedergutmachung einzubeziehen. Dieser Ausdruck erfasst Schäden, die Marktteilnehmer dadurch erlitten haben, dass sie Kartellaußenseitern für deren Warenlieferungen oder Dienstleistungen Preise gezahlt haben, die durch das erhöhte Kartellpreisniveau beeinflusst und deshalb ihrerseits erhöht worden waren. Bei solchen Preisschirmschäden ist zwar die Voraussetzung des Ursachenzusammenhangs mit dem kartellrechtlichen Fehlverhalten des Bewerbers/Bieters iSd § 125 Abs. 1 S. 1 Nr. 1 (in der Regel) zweifelsfrei erfüllt.[58] Aber auch hier würde unter den besonderen Zeitumständen eines Vergabeverfahrens die Anforderung an die Selbstreinigung, dass der betreffende Bewerber/Bieter alle insoweit relevanten mit dem Kartell zusammenhängenden Tatsachen und Umstände einschließlich der dadurch eventuell verursachten Preisschirmschäden darlegen, nachweisen und die Schäden womöglich noch regulieren muss, eine unrealistische Überforderung darstellen.

19   Zum **Erfordernis der Schadenswiedergutmachung** selbst hat § 125 Abs. 1 S. 1 Nr. 1 die Rechtslage zwar zT geklärt und präzisiert (→ Rn. 18), gerade auch zum Grundsätzlichen, dass die Schadenswiedergutmachung zu den unverzichtbaren Selbstreinigungsmaßnahmen gehört.[59] Es

---

[56] Ausnahme: *Huerkamp* WuW 2020, 294 (295 re. Sp.), benennt das Problem; s. auch (ausf.) *Jaeger* ZWeR 2020, 246 (270 f.).
[57] S. dazu *Jaeger* ZWeR 2020, 246 (283–286).
[58] Vgl. EuGH WuW 2014, 783 Rn. 32–34 – Kone.
[59] Das wurde in Deutschland nach bisheriger Rechtslage zT ganz verneint, zB von OLG München NZBau 2013, 261 (263 li. Sp.), und zT fast ganz – lediglich mit der Ausnahme der nach Grund und Höhe unbestritte-

IV. Voraussetzungen für eine erfolgreiche Selbstreinigung (§ 125 Abs. 1 S. 1)   20   § 125 GWB

bleiben aber erhebliche Zweifelsfragen (→ Rn. 20–21a). Unzweifelhaft ist nach § 125 Abs. 1 S. 1 Nr. 1, dass der Bewerber/Bieter die **nach Grund und Höhe** klaren oder **unstreitigen Ersatzforderungen** wegen der Schäden, die irgendwelche andere Personen oder Unternehmen (→ Rn. 18) durch das dem Bewerber/Bieter zuzurechnende strafbare oder sonstige Fehlverhalten iSd §§ 123, 124 erlitten haben (zur Zurechnung s. auch § 123 Abs. 3, § 124 Abs. 1 Nr. 3),[60] bis zum maßgeblichen Zeitpunkt (→ Rn. 15) durch Zahlung ausgeglichen oder hierüber dem jeweiligen Gläubiger eine klare unbedingte Verpflichtungserklärung erteilt haben muss. Eine solche rechtsverbindliche **Verpflichtungserklärung** wird in Form entweder eines (zur Beweisbarkeit schriftlichen) Schuldbestätigungsvertrags (sog. deklaratorisches Schuldanerkenntnis) oder eines Vergleichs mit dem jeweiligen Anspruchsinhaber erteilt. Diese Verpflichtungserklärung muss so beschaffen sein, dass der Gläubiger mit ihr notfalls vor dem Zivilgericht unschwer einen vollstreckbaren Titel erwirken kann, und der Bewerber/Bieter darf, indem er statt sofortiger Zahlung zur Verpflichtungserklärung als Alternative gegriffen hat, keinen Anlass zu dem ernsten Verdacht geben, dass er nicht wirklich zur baldigen Schadensersatzzahlung bereit ist. Dass Schadensersatzansprüche der hier in Betracht kommenden Art **nach Grund und Höhe unstreitig** sind, ist jedoch eher **selten**.[61] Denn die **praktisch wichtigsten Fälle** von Straftaten und Fehlverhalten iSd §§ 123, 124 sind Beteiligungen an wettbewerbsbeschränkten Absprachen, nicht nur in Bezug auf Vergabeverfahren, sondern jedwede **Kartellrechtsverstöße iSd § 1** und/oder **Art. 101 AEUV**, die unter § 124 Abs. 1 Nr. 4 fallen,[62] ferner **Bestechung** und **Vorteilsgewährung** (erfasst durch § 123 Abs. 1 Nr. 6 und Nr. 8, vor einer rechtskräftigen Verurteilung durch § 124 Abs. 1 Nr. 3) sowie **Betrug** (erfasst durch § 124 Abs. 1 Nr. 3).[63] In allen diesen Fällen ist in der Regel die Höhe des durch die Tat verursachten und zu ersetzenden Schadens streitig, wenn nicht sogar auch die Frage, ob überhaupt ein Schaden verursacht worden ist.[64]

Wenn nun ein (hier in Betracht kommender) **Schadensersatzanspruch** zwar **dem Grunde 20 nach unstreitig** begründet, aber der **Höhe** nach unklar oder **streitig** ist, besteht die gem. § 125 Abs. 1 S. 1 Nr. 1 **erforderliche Maßnahme** jedenfalls darin, dass das betreffende Unternehmen diesen **Anspruch gegenüber dem Gläubiger dem Grunde nach** in verbindlicher Form – also durch einen Schuldbestätigungsvertrag oder Vergleich, der den Anspruchsgrund als unstreitig feststellt – **anerkennt**.[65] Außerdem muss, sofern ein **Teil des** geltend gemachten **Schadens** und damit ein Teil des Anspruchs **unstreitig** ist, bezüglich dieses Teils nach den vorstehenden Ausführungen, also Nachweis des **Ausgleichs durch Zahlung oder** einer entsprechenden **Verpflichtungserklärung** (→ Rn. 19), verfahren werden.[66] Hinsichtlich des der Höhe nach streitigen (Teil-)Anspruchs kommt es darauf an, ob die Klärung der Höhe des Schadens und damit des Ersatzanspruchs bislang an Umständen scheitert, die dem betreffenden Unternehmen zuzurechnen sind (zB wegen nicht mehr vertretbaren Bestreitens oder wegen verweigerter oder nur unzulänglich geleisteter Mitwirkung bei der Aufklärung, ob und ggf. ein wie hoher Schaden durch die ihm zuzurechnende Tat entstanden ist, → Rn. 20a). Ist das der Fall, so muss dem Unternehmen das Testat einer erfolgreichen Selbstreinigung wegen Nichterfüllung der Voraussetzungen des § 125 Abs. 1 S. 1 Nr. 1 verweigert werden, weil das Unternehmen – und zwar wegen ungenügenden Einsatzes seinerseits – nicht nachweisen kann, dass der durch die Tat verursachte Schaden ausgeglichen worden ist.[67] Beruht dagegen die andau-

---

nen Schadensersatzansprüche – verneint, zB von KG NZBau 2012, 56 (63 li. Sp.), und *Dreher/Hoffmann* NZBau 2012, 265 (270 und 275).

[60] Zur Zurechnung vgl. ua: EuGH NZBau 2018, 307 Rn. 34 – Mantovani; VK Lüneburg NZBau 2011, 574 (576); *Dreher/Hoffmann* NZBau 2012, 265 (268 mwN); *Dreher/Hoffmann* NZBau 2014, 67 (68 f. mwN); *Fritz* NZBau 2018, 735 (736); *Hölzl/Ritzenhoff* NZBau 2012, 28 (29 mwN); *Stein/Friton* VergabeR 2010, 151 (154 ff. mwN); *Stein/Friton/Huttenlauch* WuW 2012, 38 (44 ff. mwN); *Jaeger* ZWeR 2020, 246 (253).

[61] *Ulshöfer* VergabeR 2016, 327 (335 und 339).

[62] Begr. RegE, BT-Drs. 18/6281, 106; *Ulshöfer* VergabeR 2016, 327 (330); *Jaeger* ZWeR 2020, 246 (249–261) mwN.

[63] Vgl. VK Lüneburg NZBau 2011, 574 (575); *Burgi* NZBau 2014, 595 (597); *Dreher/Hoffmann* NZBau 2014, 67; *Hölzl/Ritzenhoff* NZBau 2012, 28 (29); *Ulshöfer* VergabeR 2016, 327 (328 ff.).

[64] Vgl. *Ulshöfer* VergabeR 2016, 327 (335 und 339).

[65] Vgl. Begr. RegE, BT-Drs. 18/6281, 108; *Burgi* NZBau 2014, 595 (599); Byok/Jaeger/*Ohrtmann* Rn. 8; Immenga/Mestmäcker/*Kling* Rn. 12 f.; Reidt/Stickler/Glahs/*Ley* Rn. 38; Ziekow/Völlink/*Stolz* Rn. 6. Dagegen kritisch: *Huerkamp* WuW 2020, 294 (295 f.) mit Hinweis auf „erhebliche praktische Bedenken" (die jedoch nicht überzeugen).

[66] Ebenso: Reidt/Stickler/Glahs/*Ley* Rn. 37; *Stein* in RKPP GWB Rn. 26; aA *Gabriel/Ziekow* VergabeR 2017, 119 (127 f.).

[67] So ist wohl auch die Begr. RegE, BT-Drs. 18/6281, 108, zu verstehen. IErg ebenso: Reidt/Stickler/Glahs/*Ley* Rn. 38; *Stein* in RKPP GWB Rn. 26. AA Beck VergabeR/*Opitz* Rn. 18 iVm Fn. 52 (Ablehnung dieser zusätzlichen Prüfung).

ernde Unklarheit der Höhe des verursachten Schadens und damit der Höhe des umstrittenen Ersatzanspruchs nicht auf einem Mangel an Kooperation des ersatzpflichtigen Unternehmens, so würde es mit dem Normzweck des § 125 (→ Rn. 1) nicht harmonieren, vielmehr dem Grundsatz der Verhältnismäßigkeit widersprechen, wenn dem Unternehmen allein wegen des (noch) nicht möglichen Nachweises des Schadensausgleichs die erfolgreiche Selbstreinigung nicht bescheinigt und es vom Vergabeverfahren ausgeschlossen werden würde.[68] Denn § 125 bezweckt nicht, ersatzpflichtige Unternehmen in der Wahrnehmung eigener berechtigter Interessen und damit in der Verteidigung gegenüber evtl. überhöhten und zweifelhaften Ersatzforderungen durch Druckausübung zu beschränken oder gar zu beeinträchtigen. Vielmehr muss es in einem solchen Fall für Abs. 1 S. 1 Nr. 1 ausreichen, wenn das Unternehmen seine Ersatzpflicht dem Grunde nach sowie bzgl. des evtl. unstreitigen Teilbetrags verbindlich anerkennt (→ Rn. 20 S. 1 und 2) und außerdem in glaubwürdiger Weise seine kooperative Bereitschaft zeigt und für die Zukunft verbindlich zusagt, an der Aufklärung der Höhe des zu ersetzenden Schadens (weiterhin) mitzuwirken.[69]

20a Diese **Pflicht** des die Selbstreinigung betreibenden Unternehmens **zur Mitwirkung an der Aufklärung, ob** überhaupt **und** ggf. **in welcher Höhe** durch die Tat ein **Schaden verursacht worden ist,** wird man im Wege teleologischer Auslegung schon dem § 125 Abs. 1 S. 1 Nr. 1 als Minus zu der eigentlich geforderten verbindlichen Verpflichtungserklärung, den Schadensausgleich zu zahlen, entnehmen können.[70] Hilfsweise ist darauf zu verweisen, dass sich diese Pflicht für das Unternehmen, das eine erfolgreiche Selbstreinigung anstrebt, direkt (auch) aus § 125 Abs. 1 S. 1 Nr. 2 ergibt (→ Rn. 23, 25).[71] Dem **kann nicht** mit Erfolg **entgegengehalten werden,** dass diese – nicht nur sekundäre, sondern durchaus vollwertige – Mitwirkungspflicht im **Gegensatz zur Verteilung der Darlegungs- und Beweislast im Zivilprozess** stehe.[72] Denn das eine und das andere ist auf unterschiedliche Ziele ausgerichtet: Die Verteilung der Darlegungs- und Beweislast im Zivilprozess dient der gerechten Zuordnung der Prozessführungslasten und der Prozessrisiken. Dagegen dient die Erfüllung der vorstehend erläuterten Mitwirkungspflicht dem notwendigen glaubwürdigen Versprechen des betreffenden Unternehmens, die Verantwortung für die Wiedergutmachung von wirklich verursachten Schäden zu übernehmen, und damit der Wiederherstellung der Vertrauenswürdigkeit und Zuverlässigkeit des Unternehmens.[73]

21 Oft, wenn nicht gar in der Regel, sind die hier in Betracht kommenden **Schadensersatzansprüche nach Grund und Höhe streitig.**[74] Das gilt vor allem für kartellrechtliche Schadensersatzansprüche,[75] die mit dem Ausschlussgrund des § 124 Abs. 1 Nr. 4 zusammenhängen. Die Einstufung, dass der Schadensersatzanspruch (auch) dem Grunde nach streitig ist, betrifft diejenigen Fälle, in denen das seine Selbstreinigung betreibende Unternehmen die Entstehung eines Schadens beim jeweiligen Anspruchsteller infolge seines Rechtsverstoßes, nicht aber den Rechtsverstoß (zB den Kartellrechtsverstoß iSd § 124 Abs. 1 Nr. 4) selbst abstreitet. Wird nämlich auch der Rechtsverstoß von den am Vergabeverfahren interessierten Unternehmen bestritten, verbleiben Unternehmen und öffentlicher Auftraggeber im Anwendungs- und Problembereich des in Betracht kommenden Ausschlussgrundes (zB § 124 Abs. 1 Nr. 4). Das ist die Auseinandersetzung, ob ein Ausschluss vom Vergabeverfahren geboten ist oder nicht, ohne dass eine Selbstreinigung, deren Anlass vom betreffenden Unternehmen gerade geleugnet wird, in Rede steht. Als ein Beispiel unter vielen nach Grund und Höhe streitigen Schadensersatzansprüchen sei die Schadensersatzforderung eines unmittelbaren Abnehmers wegen kartellbedingt überhöhter Preise gegen seinen Lieferanten oder Dienstleister, einen Kartellanten eines Preiskartells, genannt, der die gem. § 33a Abs. 1 erhobene Schadensersatzforderung (ua) mit dem von der Rechtsprechung des BGH und seit der 9. GWB-Novelle durch § 33c grundsätzlich zugelassenen Einwand der passing-on-defence[76] nach Grund und Höhe bestreitet.

---

[68] IErg ebenso, wenn auch vorsichtig formuliert („kann es unverhältnismäßig sein ..."): Begr. RegE, BT-Drs. 18/6281, 108.
[69] IErg ebenso: Begr. RegE, BT-Drs. 18/6281, 108 f.
[70] IErg ebenso: Reidt/Stickler/Glahs/*Ley* Rn. 38 (das Unternehmen ist „auch hinsichtlich der Umstände des haftungsausfüllenden Tatbestandes zur Aufklärung verpflichtet").
[71] Begr. RegE, BT-Drs. 18/6281, 109.
[72] So aber *Gabriel/Ziekow* VergabeR 2017, 119 (125); so auch iErg: *Dreher/Engel* WuW 2020, 363 (366 re. Sp.); tendenziell ebenso mit deutlicher Kritik: Beck VergabeR/*Opitz* Rn. 24.
[73] Vgl. auch *Burgi* NZBau 2014, 595 (599); *Dabringhausen/Fedder* VergabeR 2013, 20 (28 f.); *Hölzl* VergabeR 2013, 504 (508); *Prieß* NZBau 2012, 425 (426); *Pauka/Pauka* NZBau 2018, 83 (90 li. Sp.); Reidt/Stickler/Glahs/*Ley* Rn. 44. Diese Ansicht harmoniert auch mit der Rechtsprechung des EuGH: vgl. EuGH NZBau 2018, 768 Rn. 30 – Vossloh Laeis.
[74] *Ulshöfer* VergabeR 2016, 327 (335 und 339).
[75] Reidt/Stickler/Glahs/*Ley* Rn. 43.
[76] BGHZ 190, 145 = NJW 2012, 928 – ORWI; vgl. zu diesem Einwand ua LMRKM/*Kersting* § 33c Rn. 13–35; LMRKM/*Jaeger* AEUV Art. 101 Abs. 2 Rn. 51 f.

IV. Voraussetzungen für eine erfolgreiche Selbstreinigung (§ 125 Abs. 1 S. 1) 21a § 125 GWB

Eine weitere Ursache dafür, dass die hier relevanten Schadensersatzansprüche oft insgesamt streitig sind, liegt darin, dass die für die Vergabepraxis besonders bedeutsamen Ausschlussgründe des § 124 Abs. 1 Nr. 3 und 4 keine rechtskräftige oder bestandskräftige Feststellung des dort sanktionierten Fehlverhaltens von Bewerbern/Bietern voraussetzen; diejenigen unter ihnen, die sich trotz der vom Auftraggeber vorgebrachten „Nachweise" oder „Anhaltspunkte" weiter gegen den Vorwurf vorherigen Fehlverhaltens wehren, werden erst recht keine Schadensersatzansprüche anerkennen. In dieser Situation kann gegenüber den betreffenden Bewerbern/Bietern, sofern die Fortdauer der Unklarheit oder des Streits über relevante Schadensersatzansprüche nicht durch dem einzelnen Bewerber/Bieter zuzurechnende Umstände verursacht ist, die Anerkennung des Erfolgs der Selbstreinigung nach der vorstehend (→ Rn. 20) erläuterten Auslegung des § 125 Abs. 1 S. 1 Nr. 1 trotz dessen Wortlauts nicht von irgendeiner Ausgleichszahlung oder einer diesbezüglichen Verpflichtungserklärung, auch nicht in der Variante „dem Grunde nach", abhängig gemacht, aber auch nicht insgesamt verweigert werden. Vielmehr reicht es für die erfolgreiche Selbstreinigung insoweit aus, dass der betreffende Bewerber/Bieter in glaubwürdiger Weise seine bedingungslose Bereitschaft zeigt und auch für die Zukunft verbindlich zusagt, an der Aufklärung des gesamten Falls aktiv mitzuwirken, auch in Bezug darauf, ob und ggf. in welcher Höhe zu ersetzende Schäden verursacht worden sind. Auf dieser Linie liegt die in der Gesetzesbegründung – zusätzlich zu der für sie ohnehin selbstverständlichen Aufklärungspflicht – dokumentierte Erwägung, es könne insbesondere bei Kartellverstößen „angesichts der dabei häufig schwierigen Feststellung des Gesamtschadens und der Identität der einzelnen Gläubiger unter Umständen ausreichend für die Selbstreinigung sein, wenn das Unternehmen sich generell zum Ersatz des durch seine Beteiligung an einem Kartell entstandenen Schadens bereit erklärt".[77] Das entscheidende Ergebnis dieser dem Gesetzgeber zuzurechnenden Erwägung besteht darin, dass in solchen Fällen § 125 zugunsten der vom Ausschluss bedrohten Bewerber/Bieter anwendbar bleibt, obwohl die Voraussetzung des § 125 Abs. 1 S. 1 Nr. 1 – streng genommen – nicht erfüllt wird. Denn jene „generelle Bereiterklärung" ist keine rechtsverbindliche Verpflichtungserklärung, aus der geklagt werden könnte.[78] Aber sie ist ein deutliches Zeichen der Bekundung guten Willens, die Verantwortung für den Ausgleich etwaiger Schäden aus dem (evtl. noch festzustellenden) früheren Fehlverhalten zu übernehmen. Das muss – zusammen mit der bejahten Mitwirkungspflicht bei der Aufklärung (→ Rn. 21) – in diesen Fällen nach dem Normzweck des § 125 (→ Rn. 1) für die Erfüllung des Abs. 1 S. 1 Nr. 1 ausreichen,[79] allerdings mit einer noch zu behandelnden Ausnahme (→ Rn. 21a). Überdies wird in einem Teil des Schrifttums gefordert, dass die Selbstreinigung betreibende Unternehmen müsse in den Fällen, in denen Schadensersatzansprüche dem Grund und der Höhe nach streitig seien und daher der Erfolg der Selbstreinigung nicht von einer (effizienten) Verpflichtungserklärung abhängig gemacht werden könne, auf Verlangen des potenziellen Anspruchsinhabers – auch als Beleg für die Bereitschaft des Unternehmens zum Ausgleich von künftig noch feststellbaren Schäden – eine Erklärung des Verzichts auf die Verjährungseinrede abgeben.[80] Einer solchen Anforderung, für die es im Gesetz (§ 125) eigentlich keine Grundlage gibt, wird man zumindest für den Bereich der kartellrechtlichen Schadensersatzansprüche in Anbetracht der ohnehin langen Verjährungsfrist gem. § 33h nicht zustimmen können.

Von dem vorstehend (→ Rn. 21) dargestellten Auslegungsergebnis, wonach ein Bewerber/ 21a Bieter trotz eines Rechtsverstoßes iSd § 123 oder des § 124, sofern daraus eventuell resultierende Schadensersatzansprüche dem Grunde und (dann selbstverständlich auch) der Höhe nach streitig sind, die in § 125 Abs. 1 S. 1 Nr. 1 geforderten Nachweise nicht erbringen muss, um seine Selbstreinigung zum Erfolg zu führen, muss eine **Ausnahme** gemacht werden: Dieses Auslegungsergebnis ist nicht anwendbar für den Fall, dass der Rechtsverstoß in der Beteiligung an einem horizontalen Kartell iSd § 33a Abs. 2 S. 2 und 3 – dem Hauptanwendungsfall des § 124 Abs. 1 Nr. 4 – besteht. Denn es kollidiert in diesem Fall mit der **Schadensvermutung** des neuen Kartellschadensersatzrechts **gem. § 33a Abs. 2.** Gemäß § 33a Abs. 2 S. 1 gilt[81] die widerlegliche gesetzliche Vermutung, dass das Kartell (§ 33a Abs. 2 S. 2 und 3) allgemein „einen Schaden" verursacht, und außerdem, dass es allen unmittelbaren Abnehmern und unmittelbaren Lieferanten eines kartellbeteiligten Unternehmens, die von den Kartellabsprachen hinsichtlich ihrer Beschaffungsvorgänge oder Lieferungen

---

[77] Begr. RegE, BT-Drs. 18/6281 108; vgl. auch die sehr ähnlich formulierte Erwägung von *Roth* NZBau 2016, 672 (678 re. Sp.).
[78] Zweifel dieser Art äußert auch *Ulshöfer* VergabeR 2016, 327 (336).
[79] IErg ebenso: *Burgi* NZBau 2014, 595 (599); *Roth* NZBau 2016, 672 (678).
[80] So *Brüggemann/Vogel* NZBau 2018, 263 (267); *Hövelberndt* NZBau 2017, 464 (466); Beck VergabeR/*Opitz* Rn. 18; Byok/Jaeger/*Ohrtmann* Rn. 10; Reidt/Stickler/Glahs/*Ley* Rn. 38. AA *Huerkamp* WuW 2020, 294 (296); *Stein* in RKPP GWB Rn. 24.
[81] Das gilt für alle derartige Ansprüche, die nach dem 26.12.2016 entstanden sind (§ 186 Abs. 3 S. 1).

individuell betroffen sind, einen Schaden verursacht hat[82] (typischerweise eine Preiserhöhung als Schaden). Dass der den Schadensersatz begehrende unmittelbare Abnehmer oder Lieferant selbst von dem Kartell betroffen ist oder war, wird zwar von der Vermutung des § 33a Abs. 2 S. 1 nicht mit erfasst. Diese Voraussetzung der Kartellbetroffenheit für das Eingreifen der Vermutung ist aber ohne Weiteres erfüllt, wenn der Anspruchsteller von einem Kartellmitglied Waren oder Dienstleistungen erworben oder einem Kartellmitglied Waren oder Dienstleistungen geliefert hat, die in sachlicher, räumlicher und zeitlicher Hinsicht Gegenstand der konkreten Kartellabsprache waren.[83] Diese Voraussetzung für das Eingreifen der Schadensvermutung lässt sich aber im Selbstreinigungsverfahren ohne Weiteres aufgrund der Aufklärungsobliegenheit des betreffenden Bewerbers/Bieters, also aufgrund der umfassenden Klärung der Tatsachen und Umstände, die mit dem Rechtsverstoß – dem Kartell und seiner Durchführung – und dem dadurch verursachten Schaden zusammenhängen (§ 125 Abs. 1 S. 1 Nr. 2), feststellen. Das bedeutet, dass zugunsten aller unmittelbaren Abnehmer und/oder Lieferanten, die sich so aufgrund der ohnehin gebotenen Aufklärung als Betroffene des vormaligen Kartellrechtsverstoßes des Bewerbers/Bieters feststellen lassen, gem. § 33a Abs. 2 die gesetzliche Vermutung gilt, dass sie durch den Verstoß einen Schaden erlitten haben. Die Entkräftung dieser Vermutung erfordert mehr als Behauptungen und Glaubhaftmachung, nämlich den Vollbeweis,[84] dass entweder das Kartell allgemein keine Schäden verursacht hat oder der einzelne Abnehmer oder Lieferant wegen der Umstände des Einzelfalls keinen Schaden erlitten hat. Dieser Beweis muss bei der Anwendung des § 125 Abs. 1 S. 1 Nr. 1 als notwendiger „Nachweis" der Nichtexistenz eines auszugleichenden Schadens angesehen werden. Folglich muss der öffentliche Auftraggeber, wenn ihm dieser Nachweis im Rahmen der Sachaufklärung gem. § 125 Abs. 1 S. 1 Nr. 2 oder der dem Abs. 1 S. 1 Nr. 1 dienenden Bemühungen nicht erbracht wird, von kartellbedingten Schäden und damit von der Existenz von Schadensersatzansprüchen der betroffenen Vertragspartner des Bewerbers/Bieters während dessen Kartellbeteiligung ausgehen. Das erfordert zumindest als notwendige Selbstreinigungsmaßnahme, dass der Bewerber/Bieter gegenüber jedem dieser betroffenen Vertragspartner den Schadensersatzanspruch dem Grunde nach in wirksamer Form (→ Rn. 20) anerkennt[85] und dies dem öffentlichen Auftraggeber nachweist. Geschieht dies nicht, muss der öffentliche Auftraggeber die Selbstreinigung in einem solchen zum Geltungsbereich der Schadensvermutung (§ 33a Abs. 2) gehörenden Fall als misslungen bewerten.

22   **2. Umfassende Aufklärung des dem Ausschlussgrund zugrunde liegenden Sachverhalts (§ 125 Abs. 1 S. 1 Nr. 2).** Entsprechend dem Wortlaut des umzusetzenden Art. 57 Abs. 6 UAbs. 2 (2. Teil) RL 2014/24/EU, der die Selbstreinigung anstrebende Wirtschaftsteilnehmer müsse nachweisen, dass er „die Tatsachen und Umstände umfassend durch eine aktive Zusammenarbeit mit den Ermittlungsbehörden geklärt" habe, beschreibt auch § 125 Abs. 1 S. 1 Nr. 2 das Mittel zur umfassenden Aufklärung mit den gleichen Worten („**durch** eine Zusammenarbeit mit den Ermittlungsbehörden") und fügt noch ergänzend „und dem öffentlichen Auftraggeber" hinzu. Demgegenüber ist es allg. Ansicht, dass der Bewerber/Bieter, der auf eine Selbstreinigung abzielt, nicht auf einen Anstoß seitens der Ermittlungsbehörden oder des Auftraggebers zur Zusammenarbeit warten darf oder sollte.[86] Denn je selbstständiger und früher der betreffende Bewerber/Bieter die **Eigeninitiative zur Aufklärung** ergreift, desto glaubwürdiger ist sein ernster Wille zur endgültigen Beendigung des bisherigen und zur Verhinderung künftigen Fehlverhaltens. Ferner setzt eine erfolgversprechende Zusammenarbeit mit externen Institutionen in der Regel ohnehin die interne Sachverhaltsaufklärung voraus.[87] Schließlich ist es für ihn auch eine Frage der Zeit, die umfassende Sachverhaltsaufklärung bis zum maßgeblichen Zeitpunkt eines konkreten Vergabeverfahrens (→ Rn. 15) nachweisen zu können; ist die Aufklärung noch nicht vollendet, braucht der Auftraggeber mit der abschließenden Zuverlässigkeitsprüfung nicht zuzuwarten – wegen des Gebots der Gleichbehandlung aller Bewerber/Bieter darf er es nicht einmal –, sondern muss (gem. § 123) oder kann (gem. § 124) den Ausschluss vom Vergabeverfahren aussprechen.

---

[82] Vgl. Begr. der BReg. zur 9. GWB-Novelle, BT-Drs. 18/10207, 55 f.; *Oppolzer/Seifert* WuW 2019, 71 (77).
[83] Vgl. BGH WuW 2020, 202 Rn. 25 – Schienenkartell II; zur Relevanz dieses noch zur Rechtslage vor der 9. GWB-Novelle erlassenen BGH-Urteils für die Anwendung des § 33a Abs. 2 s. *Jaeger* ZWeR 2020, 246 (277 Fn. 121).
[84] Immenga/Mestmäcker/*Franck* § 33a Rn. 92; Langen/Bunte/*Bornkamm/Tolkmitt* § 33a Rn. 25 („strenge Anforderungen" an die Widerlegung der Vermutung).
[85] Zu den Vorteilen, die ein solches Schuldanerkenntnis dem jeweiligen Anspruchsinhaber erbringt, s. *Jaeger* ZWeR 2020, 246 (277 f.) mwN.
[86] Vgl. nur Begr. RegE, BT-Drs. 18/6281, 109 (1. und 3. Abs. der Begr. zu § 125 Abs. 1 S. 1 Nr. 2); *Hölzl* VergabeR 2013, 504 (506); *Prieß/Simonis* in KKPP GWB Rn. 32.
[87] Vgl. Byok/Jaeger/*Ohrtmann* Rn. 14; Reidt/Stickler/Glahs/*Ley* Rn. 48 f.

IV. Voraussetzungen für eine erfolgreiche Selbstreinigung (§ 125 Abs. 1 S. 1)   23, 24   § 125 GWB

Sachlich ist die Anforderung des § 125 Abs. 1 S. 1 Nr. 2 an den betreffenden Bewerber/Bieter – 23
sowohl für Aufklärung in Eigeninitiative als auch in Zusammenarbeit mit Ermittlungsbehörden –
dahin aufzufassen, dass er sich erkennbar aktiv, ernsthaft und nachdrücklich um eine umfassende
Aufklärung des Sachverhalts zum in Rede stehenden Ausschlussgrund bemühen muss.[88] Zum **aufzu-
klärenden Sachverhalt** gehören alle Tatsachen und Umstände, die zu der relevanten Straftat bzw.
dem relevanten Fehlverhalten geführt haben und mit ihr bzw. ihm zusammenhängen, einschließlich
der Verantwortlichkeit der handelnden Personen sowie der ihre Aufsichtspflicht bzgl. der Tat evtl.
vernachlässigenden Personen und einschließlich aller Umstände betreffend die Verursachung von
Schäden und ihr Ausmaß.[89] Von einer Ermittlungsbehörde angeforderte Auskünfte und Unterlagen
dürfen, wenn die Selbstreinigung nicht gefährdet werden soll, nicht verweigert werden, vorbehaltlich
schutzwürdiger Betriebs- und Geschäftsgeheimnisse. Der **rechtfertigende Grund für** eine so **weit
gespannte Aufklärungspflicht** wird überzeugend darin gesehen, dass es ohne Aufklärung der
Vorgänge gar nicht möglich ist, zukünftiges Fehlverhalten annähernd sicher zu verhindern und die
erforderlichen Maßnahmen hierfür zu erkennen.[90] Die zur Selbstreinigung erforderliche Aufklärungspflicht bedeutet aber nicht, dass der betreffende Bewerber/Bieter die ihm gemachten Vorwürfe
iSd §§ 123, 124 selbst einräumt oder sich insoweit entgegen eigener Meinung selbst bezichtigt.[91]

Abweichend vom Wortlaut des umzusetzenden Art. 57 Abs. 6 UAbs. 4 RL 2014/24/EU, hat 24
§ 125 Abs. 1 S. 1 Nr. 2 im Rahmen der Aufklärungspflicht auch die aktive **Zusammenarbeit mit
dem** (öffentlichen) **Auftraggeber** zum Erfordernis erhoben (→ Rn. 22). In der Rechtsprechung
und im Schrifttum wurden vereinzelt Zweifel geäußert, ob dieses Erfordernis mit der RL 2014/24/
EU im Einklang steht.[92] Die Gesetzesbegründung rechtfertigt diese (Wortlaut-)Erweiterung damit,
der Richtlinienbegriff der Ermittlungsbehörden sei hier weit zu verstehen und umfasse auch den
konkreten öffentlichen Auftraggeber, wie die englische Sprachfassung der RL 2014/24/EU zeige.[93]
Dies kann indessen auf sich beruhen. Das Erfordernis der aktiven Zusammenarbeit mit dem konkreten Auftraggeber ist hier schon deshalb richtig und mit der RL 2014/24/EU vereinbar, weil dieser
durch hinreichend ergiebige Informationen in den Stand gesetzt werden muss, die durchgeführten
Selbstreinigungsmaßnahmen zu bewerten, ob sie gegenüber der/dem den Gegenstand des Ausschlussgrundes bildenden Straftat/Fehlverhalten ausreichen, wobei der Auftraggeber die Schwere
und die besonderen Umstände der Straftat oder des Fehlverhaltens berücksichtigen muss (§ 125
Abs. 2 S. 1; so auch Art. 57 Abs. 6 UAbs. 3 S. 1 RL 2014/24/EU iVm Erwägungsgrund 102 S. 6
Alt. 1 RL 2014/24/EU). Dem Grundsatz der Verhältnismäßigkeit entspricht es, dass sich die Sachver-
haltsaufklärungspflicht gegenüber dem Auftraggeber nach der Gesetzesbegründung nicht auf alle
Details der Straftat oder des Fehlverhaltens erstreckt, sondern nur auf die für seine Prüfung relevanten
Umstände.[94] Diese Ansicht **hat der** von einer Vergabekammer[95] angerufene **EuGH in der Sache
voll bestätigt:** Da der Unionsgesetzgeber (im Erwägungsgrund 102 RL 2014/24/EU) es den
Mitgliedstaaten freigestellt habe, den jeweiligen Auftraggeber anstatt andere Behörden auf zentraler
oder dezentraler Ebene die für die Selbstreinigung erforderlichen Bewertungen vornehmen zu lassen,[96] sei gemäß der dementsprechenden nationalen Regelung, hier also § 125 Abs. 1 S. 1 Nr. 2,
der Nachweis des Wirtschaftsteilnehmers, dass er ausreichende Maßnahmen zur Selbstreinigung
ergriffen habe, demselben öffentlichen Auftraggeber zu erbringen, der auch über den Ausschluss
gem. Art. 57 RL 2014/24/EU entscheide und dann auch zu beurteilen habe, ob dieser Wirtschaftsteilnehmer seine Zuverlässigkeit tatsächlich wiederhergestellt habe.[97] Sofern und soweit diese Funk-

---

[88] Begr. RegE, BT-Drs. 18/6281, 109; vgl. auch *Dreher/Hoffmann* NZBau 2014, 67 (71) mwN.
[89] Zust.: Immenga/Mestmäcker/*Kling* Rn. 14 iVm Fn. 34; vgl. auch Begr. RegE, BT-Drs. 18/6281, 109; *Hölzl* VergabeR 2013, 504 (506); *Stein* in RKPP GWB Rn. 28; Ziekow/Völlink/*Stolz* Rn. 7. Vgl. ferner *Dreher/ Hoffmann* NZBau 2012, 265 (269 und 275), seinerzeit jedoch unter Ausklammerung der Schadensumstände; so nach wie vor bezüglich des dem konkreten öffentlichen Auftraggeber eventuell zugefügten Schadens: *Dreher/Engel* WuW 2020, 363 (366). Kritisch gegenüber der so definierten Aufklärungspflicht: Beck Verga- beR/*Opitz* Rn. 24 und 26.
[90] Begr. RegE, BT-Drs. 18/6281, 109; vgl. auch OLG München NZBau 2013, 261 (263); *Dreher/Hoffmann* NZBau 2014, 67 (71) mwN.
[91] Begr. RegE, BT-Drs. 18/6281, 109; vgl. auch *Roth* NZBau 2016, 672 (677).
[92] VK Südbayern NZBau 2017, 509 (511 f.) mit Vorlage dieser Frage an den EuGH; *Ulshöfer* VergabeR 2016, 327 (336); vgl. auch *Prieß/Simonis* in KKPP GWB Rn. 31. Nach *Dreher/Engel* WuW 2020, 457 (460), ist § 125 Abs. 1 S. 1 Nr. 2 dahin auszulegen, dass immer nur eine alternative Zusammenarbeit – mit Ermittlungs- behörde oder öffentlichem Auftraggeber – erforderlich ist, nicht aber eine kumulative Zusammenarbeit mit beiden Stellen; folglich sei das „und" in § 125 Abs. 1 S. 1 Nr. 2 teleologisch ein „oder" zu reduzieren.
[93] Begr. RegE, BT-Drs. 18/6281, 109.
[94] Begr. RegE, BT-Drs. 18/6281, 109.
[95] VK Südbayern NZBau 2017, 509.
[96] EuGH NZBau 2018, 768 Rn. 22 iVm Rn. 21 – Vossloh Laeis.
[97] EuGH NZBau 2018, 768 Rn. 23 – Vossloh Laeis.

tion des öffentlichen Auftraggebers es erfordere, müsse der Wirtschaftsteilnehmer, der trotz eines einschlägigen Ausschlussgrunds seine (durch seine Maßnahmen wiedererworbene) Zuverlässigkeit nachweisen möchte, wirksam mit dem öffentlichen Auftraggeber zusammenarbeiten.[98] Diese Zusammenarbeit muss aber nach der verbindlichen Auslegung des Art. 57 Abs. 6 RL 2014/24/EU durch den EuGH auf die Maßnahmen beschränkt sein, die unbedingt für den öffentlichen Auftraggeber erforderlich sind, damit das Ziel, das die Prüfung der Zuverlässigkeit des Wirtschaftsteilnehmers gem. Art. 57 Abs. 6 RL 2014/24/EU (umgesetzt durch § 125) hat, wirksam verfolgt werden kann.[99]

24a Was die **Art und Weise der Kenntnisvermittlung an den Auftraggeber** anbelangt, ist es die Aufgabe der betreffenden Bewerber/Bieters, das Ergebnis der eigenen Prüfung sämtlicher mit der Straftat bzw. dem Fehlverhalten zusammenhängender Tatsachen und Umstände (→ Rn. 23) einschließlich der schon getroffenen und der evtl. noch geplanten Selbstreinigungsmaßnahmen in einer klaren, genauen, substantiierten und glaubwürdigen Darstellung, möglichst sogleich mit Unterlagen („Nachweisen"), dem Auftraggeber zu übermitteln.[100] Eine solche Darstellung kann auch in einem Bericht von mit einer Sonderprüfung beauftragten unabhängigen externen Personen (zB Wirtschaftsprüfer) bestehen; derartige Sonderprüfungsberichte genießen in der Regel von vornherein ein höheres Vertrauen.[101] Aufgrund des Erfordernisses der Zusammenarbeit, hat der betreffende Bewerber/Bieter auch Nachforderungen des Auftraggebers hinsichtlich ergänzender Informationen oder zusätzlicher Nachweise, soweit sie sich in den Grenzen des berechtigten Informationsinteresses des Auftraggebers halten, zu erfüllen. **Zu** diesen dem prüfenden Auftraggeber **notwendig vorzulegenden Nachweisen gehört,** im Fall eines vorausgegangenen Kartellrechtsverstoßes, auf jeden Fall die **Entscheidung der Wettbewerbsbehörde,**[102] die den Kartellrechtsverstoß des Bewerbers/Bieters festgestellt sowie diesen zur Abstellung verpflichtet und/oder ein Bußgeld gegen ihn verhängt hat (in Deutschland: gem. § 32 und/oder § 81). Daran hat der EuGH bei seiner Auslegung des Art. 57 Abs. 6 RL 2014/24/EU (und damit mittelbar des § 125 Abs. 1 S. 1 Nr. 1 und 2) keinen Zweifel gelassen.[103] In den in der Vergaberechtspraxis zu § 125 (iVm § 124 Abs. 1 Nr. 4) so wichtigen Fällen eines vorherigen Verstoßes gegen § 1 und/oder Art. 101 AEUV – als wichtigstes Beispiel –, benötigt der öffentliche Auftraggeber diese Entscheidung unbedingt[104] zur verlässlichen, möglichst genauen Erkenntnis, an welchem Kartell welcher Art (Preis-, Kundenschutz-, Quoten-, Marktaufteilungskartell oder Kartell anderer Art) der Bewerber/Bieter beteiligt war, in welchem Zeitraum seine Beteiligung bestand und welche Marktteilnehmer, Unternehmen oder Personen als durch den Kartellrechtsverstoß Geschädigte in Betracht kommen. Darüber hinaus benötigt der (prüfende) Auftraggeber die kartellbehördliche Entscheidung, um erkennen zu können, welche weiteren Aufklärungsmaßnahmen und Nachweise notwendig sind und von ihm für die sachgerechte und verantwortungsvolle Überprüfung gem. § 125 Abs. 1 S. 1 Nr. 2 iVm Nr. 1 verlangt werden müssen. Aus allen genannten Gründen reicht zur Erfüllung dieser Aufklärungs- und Nachweisobliegenheit des um Selbstreinigung bemühten Bewerbers/Bieters nur die Vorlage der echten (ggf. also vertraulichen) Fassung der kartellbehördlichen Entscheidung, nicht deren mit Schwärzungen versehene Fassung aus.[105]

25 Durch das Erfordernis der aktiven Zusammenarbeit des eine erfolgreiche Selbstreinigung anstrebenden Bewerbers/Bieters mit den Ermittlungsbehörden und dem Auftraggeber des konkreten Vergabeverfahrens ist ein **Zielkonflikt** vorprogrammiert.[106] In einem Ermittlungsverfahren tendie-

---

[98] EuGH NZBau 2018, 768 Rn. 27 – Vossloh Laeis.
[99] EuGH NZBau 2018, 768 Rn. 28 – Vossloh Laeis.
[100] Vgl. OLG Düsseldorf NZBau 2003, 578 (580); VK Lüneburg NZBau 2011, 574 (576); *Dreher/Hoffmann* NZBau 2014, 67 (72) und *Dreher/Hoffmann* NZBau 2014, 150 (154); vgl. auch *Prieß/Simonis* in KKPP GWB Rn. 35.
[101] Vgl. OLG Düsseldorf NZBau 2003, 578 (580); *Prieß/Stein* NZBau 2008, 230; *Gabriel/Ziekow* VergabeR 2017, 119 (123).
[102] In Deutschland: „Kartellbehörde" (§ 48 GWB).
[103] EuGH NZBau 2018, 768 Rn. 30 – Vossloh Laeis („… ist festzustellen, dass der öffentliche Auftraggeber von einem Wirtschaftsteilnehmer … verlangen können muss, dass er die ihn betreffende Entscheidung der Wettbewerbsbehörde vorlegt").
[104] Ebenso: VK Westfalen NZBau 2019, 610 Rn. 59–68; *Pfannkuch* VergabeR 2019, 139 (143); Immenga/Mestmäcker/*Kling* Rn. 24. Dagegen kritisch bis ablehnend: *Dreher/Engel* NZBau 2019, 545 (546); *Dreher/Engel* WuW 2020, 363 (364, 369 und 370 aE).
[105] Ebenso: VK Westfalen NZBau 2019, 610 Rn. 61 und 67. – Zulässig ist allerdings die Anonymisierung der in der Entscheidung evtl. aufgeführten Klarnamen der für die Kartellanten handelnden Personen, sofern der öffentliche Auftraggeber die Kenntnis dieser Namen für seine Beurteilung der Selbstreinigungsmaßnahmen, insbesondere zu § 125 Abs. 1 S. 1 Nr. 3, nicht benötigt; vgl. VK Westfalen NZBau 2019, 610 Rn. 63; Immenga/Mestmäcker/*Kling* Rn. 25.
[106] Vgl. auch – durchaus krit. – *Prieß/Simonis* in KKPP GWB Rn. 34: Die umfassende Aufklärungspflicht „steht in einem Spannungsverhältnis zum im Strafverfahren anwendbaren Grundsatz der Selbstbelastungsfreiheit".

IV. Voraussetzungen für eine erfolgreiche Selbstreinigung (§ 125 Abs. 1 S. 1)

ren Unternehmen und die für sie verantwortlich handelnden Personen oft dazu, sich möglichst nicht überführen zu lassen, jedenfalls nicht dazu beizutragen. In den Vergabeverfahren der vorliegenden Art dagegen ist die Möglichkeit einer Teilnahme am Vergabeverfahren aufgrund aktiver Selbstreinigung mit dem Erfordernis einer Offenlegung aller Fakten verbunden, die zu einer erheblichen Förderung der Ermittlungstätigkeit der Behörden (insbesondere Staatsanwaltschaft und BKartA) und auf Seiten des Auftraggebers, sofern gerade ihm durch jene Vortat ein Schaden entstanden ist, zu einer erheblichen Erleichterung der Durchsetzung seines Schadensersatzanspruchs führt. Dieser Zielkonflikt spricht jedoch nicht gegen die Richtigkeit des Konzepts der Selbstreinigung, wie es jetzt durch Art. 57 Abs. 6 RL 2014/24/EU und § 125 kodifiziert worden ist: Der Zielkonflikt ist nicht dem Risikobereich der Auftraggeberseite, sondern allein dem Risikobereich des betroffenen Bewerbers/Bieters zuzuordnen, weil dieser einen ihn belastenden Ausschlussgrund durch Selbstreinigung beseitigen will.[107] Diese Zuordnung wird im Schrifttum vereinzelt für den Fall bezweifelt und als „weitgehend ungeklärt" bezeichnet, dass der konkrete Auftraggeber selbst zu den Geschädigten der Vortat gehört, vor allem, wenn es sich bei der Vortat um eine Kartellabsprache handelt. Denn das, was der kartellbeteiligte Bewerber/Bieter im Rahmen der Selbstreinigung zum „Ob" und zur Höhe des Schadens vortragen müsse, gehe durchaus über das hinaus, was er als Beklagter im Zivilprozess vorzutragen habe.[108] Diese Argumentation deckt jedoch keinen „ungeklärten" Zielkonflikt auf, sondern negiert den Zweck des § 125 Abs. 1 S. 1 Nr. 1, durch die Anerkennung der Verantwortung für die Wiedergutmachung von wirklich verursachten Schäden die verloren gegangene eigene Vertrauenswürdigkeit und Zuverlässigkeit wiederzugewinnen. Um diesen Zweck zu erreichen, ist die Verteilung der Darlegungs- und Beweislast im Zivilprozess genuin unbrauchbar (→ Rn. 20a) und kann daher den gesetzlichen Erfordernissen der Selbstreinigung nicht entgegengehalten werden.[109]

In den Fällen vorheriger **Kartellrechtsverstöße** von Bewerbern/Bietern wird im Schrifttum ein weiterer **Konflikt hinsichtlich der Aufklärungspflicht** gesehen und hierzu die These aufgestellt, man werde die Grenze der Mitwirkungspflicht bei der Selbstreinigung dort ziehen müssen, wo das **staatliche Kronzeugenprogramm berührt** werde. Diese These wird mit dem Hinweis verknüpft, dass den Kartellgeschädigten im Rahmen von § 406e StPO nach der Rechtsprechung – im öffentlichen Interesse an der Wirksamkeit der Kronzeugenregelung – die Akteneinsicht in den Bonusantrag und die in diesem Zusammenhang freiwillig herausgegebenen Unterlagen verwehrt werde.[110] Diese Wertung sei auf die Aufklärungspflicht im Rahmen der Selbstreinigung zu übertragen, sodass auch hier die Vorlage des Kronzeugenantrages nebst den freiwillig herausgegebenen Informationen und Unterlagen nicht durchgesetzt werden könne.[111] Diese Argumentation beruht auf einer weiteren (in Bezug genommenen) vor Inkrafttreten des Art. 57 Abs. 6 RL 2014/24/EU und des § 125 aufgestellten These und ist nur in Verbindung mit dieser These verständlich: Wenn die Effektivität der Kronzeugenregelung – so wurde seinerzeit argumentiert und gefordert – auch in den Fällen erhalten bleiben solle, in denen die Marktgegenseite kartellierender Unternehmen maßgeblich oder ausschließlich aus öffentlichen Auftraggebern bestehe, müssten Unternehmen die Aussicht haben, nach der Aufdeckung eines Kartells noch Aufträge zu erhalten, ohne sich vorher ihrer Rechtspositionen in den drohenden Schadensersatzprozessen begeben zu müssen.[112] Diese ganze Argumentation ist heute nach Inkrafttreten des § 125 und nach der Entscheidung des europäischen und des deutschen Gesetzgebers, dass zu einer erfolgreichen Selbstreinigung die freiwillige volle Schadenswiedergutmachung oder zumindest – in noch streitigen Schadensfällen – die hierzu vorhandene uneingeschränkte Bereitschaft des betreffenden Bewerbers/Bieters als (etwaigen) Schädigers gehört (→ Rn. 18–21a), nicht mehr haltbar, weil sie § 125 Abs. 1 S. 1 Nr. 1 verfehlt.[113] Diese Norm enthält – mit Recht – **keine begünstigende Ausnahme für Kartellanten unter den Bewerbern/Bietern, die sich** in ihrem Kartellfall **zuvor** der Kartellbehörde **als Kronzeuge offenbart haben**. Der Kronzeuge muss sich zwischen der Chance entscheiden, trotz seines vorherigen Kartellrechtsverstoßes weiterhin öffentliche Aufträge erhalten zu können, in Verbindung mit

---

[107] Ebenso: OLG München NZBau 2013, 261 (263); *Pfannkuch* VergabeR 2019, 139 (144); *Reidt/Stickler/Glahs/Ley* Rn. 55.

[108] *Ulshöfer* VergabeR 2016, 327 (337); sehr kritisch auch *Dreher/Engel* WuW 2020, 363 (364); Beck VergabeR/*Opitz* Rn. 24; die Aufklärungspflicht des Bewerbers/Bieters zur Höhe des Schadens sogar ablehnend: *Gabriel/Ziekow* VergabeR 2017, 119 (125).

[109] Das entspricht iErg der Rechtsprechung des EuGH NZBau 2018, 768 Rn. 30 – Vossloh Laeis; iErg ebenso: *Stein* in RKPP GWB Rn. 28.

[110] *Ulshöfer* VergabeR 2016, 327 (337) unter Hinweis auf OLG Düsseldorf Beschl. v. 22.8.2012 – V-4 Kart 5/11 (nicht veröffentlicht).

[111] *Ulshöfer* VergabeR 2016, 327 (337), unter Bezugnahme auf *Dreher/Hoffmann* NZBau 2012, 265 (273); vgl. auch *Huerkamp* WuW 2020, 294 (298).

[112] *Dreher/Hoffmann* NZBau 2012, 265 (273); von *Ulshöfer* VergabeR 2016, 327 (337) in Bezug genommen.

[113] Vgl. dazu auch (ausf.) *Jaeger* ZWeR 2020, 246 (278–280).

dem Erfordernis voller Schadenswiedergutmachung und Sachaufklärung als Selbstreinigung, oder – da ihn niemand dazu zwingen kann – dem puren Kronzeugenprogramm mit der ihm von der Kartellbehörde und der Rechtsprechung teilweise gewährten Geheimhaltung seiner Auskünfte und Unterlagen. Wegen dieser Entscheidungsfreiheit des Kronzeugen trifft es also nicht zu, dass die Praktizierung des § 125 Abs. 1 S. 1 Nr. 1 und 2 (jedenfalls) in der hier vertretenen Auslegung (→ Rn. 18–24a) das staatliche Kronzeugenprogramm in Kartellfällen beeinträchtigt.

26   **3. Geeignete technische, organisatorische und personelle Maßnahmen zur Vermeidung weiterer Straftaten oder weiteren Fehlverhaltens (§ 125 Abs. 1 S. 1 Nr. 3).** Die durch § 125 Abs. 1 S. 1 Nr. 3 geforderten Selbstreinigungsmaßnahmen sind entscheidend für die möglichst sichere Vermeidung künftigen Fehlverhaltens oder künftiger Straftaten, die sich das betreffende Unternehmen vergaberechtlich zurechnen lassen müsste. Welche Einzelmaßnahmen hierfür unbedingt erforderlich sind und welche weiteren Maßnahmen, ggf. im Zusammenwirken mit zusätzlichen Maßnahmen, gut geeignet sind, das Ziel der Verhinderung künftigen Fehlverhaltens oder künftiger Straftaten zu erreichen, **hängt vom konkreten Einzelfall ab,** insbesondere von Art und Schwere der vorherigen Straftat oder des vorherigen Fehlverhaltens sowie von der Größe, der Struktur, der Überschaubarkeit und dem Tätigkeitsbereich des Unternehmens.[114]

27   In allen Fällen **unbedingt erforderlich** ist eine **personelle Trennung** der für die Teilnahme am konkreten Vergabeverfahren maßgeblichen Unternehmenseinheit von denjenigen Personen, die für das den Ausschlussgrund bildende Fehlverhalten oder die Straftat verantwortlich waren.[115] Das bedeutet eine strikte Trennung **von den** insoweit **seinerzeit „handelnden Personen",** seien es Mitarbeiter, Geschäftsführer, sonstige Organe oder Gesellschafter von juristischen Personen (insbesondere GmbH) oder Personalhandelsgesellschaften.[116] Hierfür muss vor allem unverzüglich sichergestellt werden, dass den zu jenen handelnden Personen gehörenden Geschäftsführern, sonstigen Organen, Gesellschaftern und – soweit dies in Betracht kommt – Mitarbeitern (zB leitenden Angestellten) **jeglicher Einfluss auf die Geschäftsleitung und auf das operative Geschäft entzogen wird.**[117] Bei **Geschäftsführern** (ohne Gesellschafterstellung) wird als Trennungsakt in der Regel nur eine Entlassung aus dem gesamten Unternehmen in Betracht kommen, um damit auch faktische Einflussnahmen, die bei einem bloßen Entzug der Geschäftsführerstellung und einer Versetzung auf einen anderen Posten im Unternehmen möglich sein könnten, zu verhindern. Bei **Gesellschaftern** reicht es – statt der klaren Trennung in Form des Ausscheidens oder des Ausschlusses aus der Gesellschaft – in der Regel auch aus, wenn sie unwiderruflich auf die Ausübung ihrer Gesellschafterrechte einschließlich aller (etwaigen) bisherigen Befugnisse, Einfluss nehmen zu können auf Entscheidungen des Aufsichtsrats und des Beirats (sofern vorhanden), der Geschäftsleitung und sonstiger Gremien des Unternehmens/des Konzerns mit strategischen oder operativen Aufgaben, verzichten. Die Beibehaltung der formalen Gesellschafterstellung ist dann unerheblich.[118] Sofern man es gesellschaftsrechtlich für problematisch hält, ob ein Gesellschafter dauerhaft, also für immer, auf wesentliche Teile seiner aus der Gesellschafterstellung resultierenden Rechte überhaupt wirksam verzichten kann,[119] mag man im vorliegenden Zusammenhang den Verzicht auf die Ausübung der Gesellschafterrechte auf den im konkreten Fall gem. § 126 zu berechnenden Zeitraum begrenzen. Das muss für das Erfordernis personeller Maßnahmen gem. § 125 Abs. 1 S. 1 Nr. 3 insoweit mit Blick auf den Grundsatz der Verhältnismäßigkeit genügen.[120] Den **Mitarbeitern,** die zu den „handelnden Personen" gehören, muss – um das Erfordernis des § 125 Abs. 1 S. 1 Nr. 3 einzuhalten – fristlos gekündigt werden, sofern dies im konkreten Fall arbeitsrechtlich zulässig ist, oder sonst mit der vereinbarten Frist gekündigt werden;[121] im letztgenannten Fall muss der betreffende Mitarbeiter jedoch von seinem Posten, von dem aus er sich an der den Ausschlussgrund begründenden Straftat

---

[114] Begr. RegE, BT-Drs. 18/6281, 109 f.
[115] Ebenso: Immenga/Mestmäcker/*Kling* Rn. 30; Byok/Jaeger/*Ohrtmann* Rn. 54.
[116] Vgl. OLG Brandenburg NZBau 2008, 277 (279 f.); *Dreher/Hoffmann* NZBau 2012, 265 (268) und *Dreher/Hoffmann* NZBau 2014, 67 (72–75); *Hölzl* VergabeR 2013, 504 (506); *Prieß/Stein* NZBau 2008, 230 (231 mwN); *Stein/Friton* VergabeR 2010, 151 (158 mwN); Beck VergabeR/*Opitz* Rn. 31 f.
[117] Vgl. OLG Brandenburg NZBau 2008, 277 (279 f.); OLG Düsseldorf NZBau 2018, 486 Rn. 71–73; *Opitz* NZBau 2018, 662 (664 re. Sp.); *Gabriel/Ziekow* VergabeR 2017, 119 (125); *Dreher/Hoffmann* NZBau 2014, 67 (72, 74); *Prieß/Stein* NZBau 2008, 230 (231 mwN); Reidt/Stickler/Glahs/*Ley* Rn. 75; *Stein* in RKPP GWB Rn. 53; Ziekow/Völlink/*Stolz* Rn. 12.
[118] Vgl. OLG Brandenburg NZBau 2008, 277 (279 f.); vgl. auch *Dreher/Hoffmann* NZBau 2014, 67 (74 f.); Reidt/Stickler/Glahs/*Ley* Rn. 77; *Stein* in RKPP GWB Rn. 53.
[119] S. *Dreher/Hoffmann* NZBau 2014, 67 (75 mwN).
[120] Ebenso: Beck VergabeR/*Opitz* Rn. 32; *Stein* in RKPP GWB Rn. 53.
[121] *Dreher/Hoffmann* NZBau 2014, 67 (72); *Prieß/Stein* NZBau 2008, 230 (231); Byok/Jaeger/*Ohrtmann* Rn. 58; Immenga/Mestmäcker/*Kling* Rn. 30; Reidt/Stickler/Glahs/*Ley* Rn. 76; *Stein* in RKPP GWB Rn. 50.

bzw. dem Fehlverhalten beteiligt hat, sofort entfernt werden, sodann innerhalb des Unternehmens oder der Unternehmensgruppe in eine andere Abteilung oder Unternehmenseinheit versetzt oder von der Arbeit freigestellt werden. In minder schweren Fällen der Beteiligung eines Mitarbeiters an der Straftat oder dem Fehlverhalten kann es für die Prognose einer höchstwahrscheinlichen Vermeidung künftiger Straftaten und künftigen Fehlverhaltens ausreichen, es statt der Kündigung bei der Versetzung des Mitarbeiters bewenden zu lassen.[122] Eine bloße Versetzung des Mitarbeiters in Verbindung mit der Zusage, bei nachfolgendem kooperativen Verhalten von einer Kündigung abzusehen, kommt auch in dem nicht seltenen Konfliktfall in Betracht, wenn das seine Selbstreinigung betreibende Unternehmen auf die aktive konstruktive Mitwirkung des Mitarbeiters bei der internen Sachverhaltsaufklärung angewiesen ist.[123]

Das vorstehend (→ Rn. 27) erläuterte **Erfordernis personeller Trennung** gilt **auch** für **Geschäftsführer**, sonstige **Organe, Gesellschafter** und **leitende Angestellte**, die zwar an der relevanten Straftat bzw. dem Fehlverhalten nicht als handelnde Personen aktiv beteiligt waren, die es aber (ggf.) durch **Vernachlässigung ihrer Aufsichtspflicht** unterlassen haben, die von anderen Personen begangene Straftat bzw. das Fehlverhalten zu verhindern. Zu diesem Personenkreis gehört auch ein im Unternehmen etwa schon bestellter Compliance-Beauftragter als Leiter eines bereits eingerichteten Compliance-Systems (→ Rn. 29), wenn er die ihm anvertraute spezielle Aufsichtspflicht verletzt und dadurch die Straftat bzw. das Fehlverhalten mitverursacht hat. Auch die vorgenannten Personen haben durch die Verletzung ihrer jeweiligen Aufsichtspflicht mitverursacht, dass das betreffende Unternehmen seine Zuverlässigkeit verloren hat, gehören daher mit zu den unzuverlässigen Personen, sodass es für die Erfüllung des Erfordernisses des § 125 Abs. 1 S. 1 Nr. 3 unausweichlich ist, ihnen jeglichen Einfluss auf die Geschäftsleitung und das operative Geschäft, auch in Gestalt von Aufsichtsfunktionen, zu entziehen. Ohne vollständige Trennung aller nach den vorstehenden Ausführungen in Betracht kommenden unzuverlässigen Personen von den Möglichkeiten der Beeinflussung der Geschäftsleitung und des operativen Geschäfts in dem betreffenden Unternehmen kann die Wiederherstellung der Zuverlässigkeit des Unternehmens iSd § 125 Abs. 1 S. 1 nicht gelingen.[124]

Den personellen Maßnahmen kommt zwar bei der in § 125 Abs. 1 S. 1 Nr. 3 normierten Voraussetzung für eine Selbstreinigung die wichtigste Bedeutung zu. Sie reichen aber in der Regel nicht aus, weil selten ausgeschlossen werden kann, dass nicht auch das neue Personal, das die für die zuvor begangene Straftat bzw. das Fehlverhalten verantwortlichen Personen abgelöst hat, für Straftaten oder Fehlverhalten anfällig ist.[125] Im Gesetz ist dieses Erfordernis der Selbstreinigung auch so formuliert: „organisatorische **und** personelle Maßnahmen" (nicht **oder**). Nach der Gesetzesbegründung muss (!) das Unternehmen außer personellen Maßnahmen auch **strukturelle und organisatorische Maßnahmen** ergreifen, die geeignet sind, weitere Straftaten oder Fehlverhalten zu verhindern.[126] Hierzu wird auf die Auflistung möglicher Maßnahmen in Erwägungsgrund 102 RL 2014/24/EU hingewiesen, die aber nur beispielhaft, nicht verbindlich und nicht abschließend sei.[127] Im Erwägungsgrund 102 S. 2 RL 2014/24/EU werden als solche „Compliance-Maßnahmen" – außer Personalmaßnahmen – folgende aufgeführt: Abbruch aller Verbindungen zu an dem Fehlverhalten beteiligten Organisationen, Einführung von Berichts- und Kontrollsystemen, Schaffung einer internen Auditstruktur zur Überwachung der Compliance, Einführung interner Haftungs- und Entschädigungsregelungen. Welche zur Verhinderung von Straftaten und Fehlverhalten geeigneten Maßnahmen sich anbieten, hängt vom konkreten Einzelfall ab (→ Rn. 26). Wenn die Vortat aus Kartellrechtsverstößen besteht, ist nach der Empfehlung des Erwägungsgrunds 102 S. 2 RL 2014/24/EU der Abbruch aller Geschäftsbeziehungen zu den anderen an den Kartellabsprachen beteiligten Unternehmen und (ggf.) Organisationen geboten, mit Ausnahme derjenigen, die ihrerseits schon eine erfolgreiche Selbstreinigung erkennbar durchgeführt haben. Um eingefahrene und für Fehlverhalten evtl. anfällige Unternehmensabläufe zum Besseren hin zu verändern, kommt im Einzelfall als strukturelle Maßnahme die (evtl. nur teilweise) Umorganisation des Unternehmens in Betracht, sei es durch eine organisatorische Abspaltung von Unternehmensbereichen durch Neugründung(en) von einer oder mehrerer juristischen Personen, oder sei es durch eine Umorganisation der Unternehmensabteilungen und eine Neuordnung der Aufsichtsstrukturen.[128]

---

[122] Vgl. OLG Düsseldorf NZBau 2003, 578 (580); *Dreher/Hoffmann* NZBau 2014, 67 (72); Byok/Jaeger/Ohrtmann Rn. 60; Reidt/Stickler/Glahs/*Ley* Rn. 78; *Stein* in RKPP GWB Rn. 51.
[123] Vgl. dazu ausf.: Byok/Jaeger/*Ohrtmann* Rn. 15 und 61 je mwN; Beck VergabeR/*Opitz* Rn. 33 mwN; *Stein* in RKPP GWB Rn. 52 mwN.
[124] Vgl. *Ulshöfer* VergabeR 2016, 327 (338) mwN; *Hölzl* VergabeR 2013, 504 (506).
[125] Ähnlich: *Dreher/Hoffmann* NZBau 2012, 265 (268); *Prieß/Stein* NZBau 2008, 230 (231).
[126] Begr. RegE, BT-Drs. 18/6281, 110.
[127] Begr. RegE, BT-Drs. 18/6281, 110.
[128] Vgl. ausf. *Dreher/Hoffmann* NZBau 2014, 150; Byok/Jaeger/*Ohrtmann* Rn. 26–53; vgl. auch OLG Brandenburg NZBau 2008, 277 (280); *Prieß/Stein* NZBau 2008, 230 (232); *Stein* in RKPP GWB Rn. 44.

29 Im Übrigen ist unter den im Gesetz als erforderlich genannten „technischen und organisatorischen Maßnahmen" in erster Linie die Einführung eines sog. **Compliance Management Systems** zu verstehen.[129] Die Einrichtung solcher Compliance-Maßnahmen mit den drei Grundfunktionen der Compliance, nämlich der Instruktion aller Belegschaftsangehörigen bis in die Spitze des Unternehmens, der präventiven Kontrolle und der repressiven Sanktionierung,[130] erachten viele – mit Recht – als erforderlich für die Selbstreinigung.[131] Um die Effektivität des Compliance-Systems zu gewährleisten und zu erhöhen, empfiehlt es sich, zumindest ab einer ausreichenden Größe des Unternehmens einen Compliance-Beauftragten als Leiter dieses Systems mit entsprechenden internen Befugnissen zu bestellen und diesen entweder in den Vorstand aufzunehmen oder ihn direkt dem Vorstand nachzuordnen, sodass er selbst einen direkten Kontakt mit dem Vorstand erwirken kann. Diesen Compliance-Beauftragten muss dann auch jedes Belegschaftsmitglied direkt mit Informationen über Vorgänge im Unternehmen ansprechen können, die strafrechtlich oder kartellrechtlich relevant sein können.[132] Wenn schon vor der den Ausschlussgrund bildenden Straftat oder dem Fehlverhalten ein Compliance-System im Unternehmen eingerichtet war, gebietet die zweckentsprechende Auslegung des § 125 Abs. 1 S. 1 Nr. 3, dass das Unternehmen sorgfältig prüft oder durch externe unabhängige Personen (zB Wirtschaftsprüfer) prüfen lässt, warum das vorhandene Compliance-System es nicht vermocht hat, jene Vortat zu verhindern, sowie welche Änderungen und Verbesserungen des Systems möglich und erforderlich sind, um künftig Straftaten und Fehlverhalten höchstwahrscheinlich zu vermeiden. Solche Verbesserungen müssen dann auch unverzüglich durchgeführt werden.[133]

V. Die Bewertung der nachgewiesenen Selbstreinigungsmaßnahmen durch den Auftraggeber (§ 125 Abs. 2)

30 § 125 Abs. 2 setzt Art. 57 Abs. 6 UAbs. 3 RL 2014/24/EU um. Dabei hat der deutsche Gesetzgeber im VergRModG 2016 zunächst von der durch die RL 2014/24/EU eröffneten Umsetzungsvariante (vgl. Erwägungsgrund 102 S. 6 RL 2014/24/EU) Gebrauch gemacht, dass durchgeführte Selbstreinigungsmaßnahmen, mit denen das betreffende Unternehmen den Ausschluss aus einem Vergabeverfahren (gem. § 123 oder § 124) vermeiden will, nicht in einem Sonderverfahren mit allgemeingültiger Wirkung, sondern **nur in einem konkreten Vergabeverfahren vom jeweiligen Auftraggeber** und auch nur mit Wirkung für dieses Vergabeverfahren **geprüft und beurteilt** werden (→ Rn. 11 f.). Nach der Gesetzesbegründung erachtete der Gesetzgeber diese Variante – durchaus überzeugend[134] – deshalb als die sinnvollste, weil jeder einzelne Auftraggeber auch die Prüfung eines Ausschlusses vom Vergabeverfahren aufgrund der Existenz von Ausschlussgründen in eigener Verantwortung vornehmen müsse; beides, die Prüfung eines Ausschlusses und die Prüfung geltend gemachter Selbstreinigungsmaßnahmen, gehöre zusammen.[135]

31 Nach diesem Konzept (→ Rn. 30 iVm Rn. 11 f.) hat der jeweilige Auftraggeber im laufenden Vergabeverfahren, an dem das betreffende Unternehmen teilnehmen will, die ihm dargelegten und nachgewiesenen Selbstreinigungsmaßnahmen daraufhin zu prüfen und zu bewerten, ob sie eine hinreichende Gewähr dafür bieten, dass dem Unternehmen zuzurechnende Straftaten oder zuzurechnendes Fehlverhalten künftig höchstwahrscheinlich vermieden werden. Es versteht sich von selbst, dass bei dieser Bewertung auch die Schwere und die besonderen Umstände der vorausgegangenen Straftat oder des Fehlverhaltens, die verursachte Höhe des Schadens und der Zeitabstand seit der Begehung jener Vortat berücksichtigt werden müssen.[136] Soweit das Unternehmen mit seinen Selbstreinigungsmaßnahmen das der Vergangenheit angehörende Fehlverhalten „aufarbeiten" muss, ist deren Bewertung streng an den Voraussetzungen des § 125 Abs. 1 S. 1 Nr. 1 und 2 auszurichten. Auch eine optimale Gestaltung der der Zukunft des Unternehmens geltenden technischen, organisatorischen und personellen Maßnahmen (§ 125 Abs. 1 S. 1 Nr. 3) ermäßigt in keiner Weise die nach

---

[129] Begr. RegE, BT-Drs. 18/6281, 110.
[130] So prägnant: *Dreher/Hoffmann* NZBau 2012, 265 (268 f.) mwN; vgl. ferner ausf. *Dreher/Hoffmann* NZBau 2014, 150 (151 f., 154) mwN.
[131] *Dreher/Hoffmann* NZBau 2012, 265 (268) mwN; *Hölzl* VergabeR 2013, 504 (506 f.); *Stein/Friton/Huttenlauch* WuW 2012, 38 (50); *Gabriel/Ziekow* VergabeR 2017, 119 (126); *Byok/Jaeger/Ohrtmann* Rn. 22; *Stein* in RKPP GWB Rn. 45–47; *Ziekow/Völlink/Stolz* Rn. 13; vgl. auch OLG Brandenburg NZBau 2008, 277 (280).
[132] Vgl. auch *Stein/Friton/Huttenlauch* WuW 2012, 38 (50); *Stein* in RKPP GWB Rn. 45 f.
[133] Vgl. Begr. RegE, BT-Drs. 18/6281, 110; *Dreher/Hoffmann* NZBau 2014, 150 (152); *Stein/Friton/Huttenlauch* WuW 2012, 38 (50); *Ulshöfer* VergabeR 2016, 327 (338); *Reidt/Stickler/Glahs/Ley* Rn. 73.
[134] Ebenso *Roth* NZBau 2016, 672 (676).
[135] Begr. RegE, BT-Drs. 18/6281, 110.
[136] Begr. RegE, BT-Drs. 18/6281, 110.

Abs. 1 S. 1 Nr. 1 und 2 gebotenen Maßnahmen.[137] Bei der Gesamtbewertung der Selbstreinigung handelt es sich wegen der Beurteilung derjenigen Maßnahmen, die auch für die Zukunft die Zuverlässigkeit (oder maW Integrität) des Unternehmens gewährleisten sollen (insbesondere gem. § 125 Abs. 1 S. 1 Nr. 3), um eine **Prognoseentscheidung des Auftraggebers**,[138] die auf das konkrete Vergabeverfahren, auf die Ausführung des konkret zu vergebenden Auftrags,[139] aber auch auf künftige Vergabeverfahren im öffentlichen Auftragswesen[140] bezogen ist. Für diese Prognoseentscheidung kommt dem jeweiligen Auftraggeber ein Beurteilungsspielraum zu (→ Rn. 10 und 14).[141]

Wenn ein zwingender Ausschlussgrund (§ 123) besteht, muss der Auftraggeber die ihm dargelegten Selbstreinigungsmaßnahmen auf jeden Fall prüfen. Im Falle eines vorhandenen fakultativen Ausschlussgrundes (§ 124) muss der Auftraggeber, sofern § 125 überhaupt anwendbar ist (→ Rn. 5–9), die Selbstreinigungsmaßnahmen nur dann prüfen, wenn er das Unternehmen aufgrund der Ausübung seines pflichtgemäßen Ermessens ohne Selbstreinigung vom Vergabeverfahren ausschließen würde. In beiden Fällen **bedarf es bei** einem für das Unternehmen **positiven Bewertungsergebnis keiner** besonderen zusätzlich **bekannt zu gebenden Entscheidung des Auftraggebers.** Vielmehr wird das betreffende Unternehmen im Vergabeverfahren als gleichberechtigter Teilnehmer wie die anderen Bewerber/Bieter behandelt. Freilich müssen die Prüfung der Selbstreinigungsmaßnahmen und das Bewertungsergebnis im Zusammenhang mit der Eignungs- und Zuverlässigkeitsprüfung (→ Rn. 15) im Vergabevermerk dokumentiert werden. Wenn der Auftraggeber gerade das Angebot desjenigen Unternehmens, das nur aufgrund der positiven Bewertung seiner Selbstreinigungsmaßnahmen am Vergabeverfahren teilnehmen kann, anzunehmen beabsichtigt und dies den **anderen Bewerbern/Bietern** gem. § 134 Abs. 1 mitteilt, können diese die Bewertung des Auftraggebers mit einem **Nachprüfungsantrag** angreifen, sofern ihr Nachprüfungsantrag auch iÜ die Zulässigkeitsvoraussetzungen gem. § 160 Abs. 2 und 3 erfüllt. Wenn dagegen der Auftraggeber die **Selbstreinigungsmaßnahmen als unzureichend bewertet,** hat er dies **dem betreffenden Unternehmen** noch im laufenden Vergabeverfahren in einer besonderen Entscheidung – in Verbindung mit dem Ausschluss vom Vergabeverfahren gemäß dem existenten Ausschlussgrund – **bekanntzugeben und zu begründen** (§ 125 Abs. 2 S. 2). Das Unternehmen kann diese Entscheidung mit einem **Nachprüfungsantrag** (§ 160) anfechten.[142] In beiden Fallgestaltungen des Nachprüfungsantrags ist zu beachten, dass die Prognoseentscheidung des Auftraggebers (→ Rn. 31), soweit der ihm zukommende Beurteilungsspielraum reicht, von den Nachprüfungsinstanzen nur eingeschränkt nachprüfbar ist (→ Rn. 14).

VI. Überblick über die künftigen Änderungen des § 125 infolge des Wettbewerbsregistergesetzes

Künftige Fassung des § 125 infolge des Wettbewerbsregistergesetzes:

§ 125 Selbstreinigung

(1) Öffentliche Auftraggeber schließen ein Unternehmen, bei dem ein Ausschlussgrund nach § 123 oder § 124 vorliegt, nicht von der Teilnahme an dem Vergabeverfahren aus, wenn das Unternehmen dem öffentlichen Auftraggeber oder nach § 8 des Wettbewerbsregistergesetzes dem Bundeskartellamt nachgewiesen hat, dass es
1. für jeden durch eine Straftat oder ein Fehlverhalten verursachten Schaden einen Ausgleich gezahlt oder sich zur Zahlung eines Ausgleichs verpflichtet hat,
2. die Tatsachen und Umstände, die mit der Straftat oder dem Fehlverhalten und dem dadurch verursachten Schaden in Zusammenhang stehen, durch eine aktive Zusammenarbeit mit den Ermittlungsbehörden und dem öffentlichen Auftraggeber umfassend geklärt hat und
3. konkrete technische, organisatorische und personelle Maßnahmen ergriffen hat, die geeignet sind, weitere Straftaten oder weiteres Fehlverhalten zu vermeiden.

§ 123 Absatz 4 Satz 2 bleibt unberührt.

(2) Bei der Bewertung der von dem Unternehmen ergriffenen Selbstreinigungsmaßnahmen sind die Schwere und die besonderen Umstände der Straftat oder des Fehlverhaltens zu berücksichtigen. Die

---

[137] Ebenso: Reidt/Stickler/Glahs/*Ley* Rn. 28; *Stein* in RKPP GWB Rn. 18.
[138] *Gabriel/Ziekow* VergabeR 2017, 119 (129), beschränken den Prognosecharakter der Entscheidung auf die Beurteilung der zukunftsbezogenen Maßnahmen gem. § 125 Abs. 1 S. 1 Nr. 3; so wohl auch Reidt/Stickler/Glahs/*Ley* Rn. 94.
[139] Begr. RegE, BT-Drs. 18/6281, 110.
[140] Vgl. auch *Jaeger* ZWeR 2020, 246 (263 iVm 254). S. auch § 125 Abs. 1 S. 1 Nr. 3.
[141] S. auch (ausf.) *Jaeger* ZWeR 2020, 246 (281 f.) dazu, dass der Beurteilungsspielraum bei der auf die Selbstreinigungsmaßnahmen gem. § 125 Abs. 1 S. 1 Nr. 1 und 2 bezogenen (Teil-)Bewertung nur eng ist.
[142] VK Lüneburg Beschl. v. 13.5.2016 – VgK-10/2016, forum vergabe Monatsinfo 11/2016, 431 (Ls.).

Entscheidung, dass die Selbstreinigungsmaßnahmen des Unternehmens als unzureichend bewertet werden, *ist* gegenüber dem Unternehmen zu begründen.

33 Am 28.7.2017 ist das Gesetz zur Einführung eines Wettbewerbsregisters und zur Änderung des GWB vom 18.7.2017 (nachfolgend abgekürzt: EinfG-WReg) im BGBl. (BGBl. 2017 I 2739) verkündet worden. Als Hauptsache des EinfG-WReg enthält Art. 1 EinfG-WReg das „Gesetz zur Einrichtung und zum Betrieb eines Registers zum Schutz des Wettbewerbs um öffentliche Aufträge und Konzessionen (Wettbewerbsregistergesetz – WRegG)". Das Wettbewerbsregister soll als bundesweites Register den fairen Wettbewerb um öffentliche Aufträge und Konzessionen sichern, Bieter von Nachweispflichten entlasten und Auftraggebern die Prüfung, dass keine Ausschlussgründe vorliegen, erleichtern. Zudem soll das Gesetz ermöglichen, dass Unternehmen, die nach Rechtsverstößen Selbstreinigungsmaßnahmen vorgenommen haben, diese einer zentralen Stelle gegenüber nachweisen.[143] Gemäß Art. 3 Abs. 1 EinfG-WReg ist das WRegG am 29.7.2017 in Kraft getreten. Als eine der „Folgeänderungen" enthält Art. 2 Abs. 2 Nr. 4 EinfG-WReg eine **Neufassung** des **§ 125** (die vorstehend *kursiv* abgedruckt ist, mit Unterstreichung der Änderungen, → Rn. 32a). Die Neufassung erweitert Abs. 1 S. 1 des § 125 durch die **Begründung der zusätzlichen Zuständigkeit einer Behörde, der** gegenüber ein **Unternehmen** – nach Verwirklichung bestimmter Ausschlusstatbestände der §§ 123 und 124 – **die Voraussetzungen für** eine erfolgreiche **Selbstreinigung nachweisen kann;** diese Behörde ist das **Bundeskartellamt als Registerbehörde** gem. § 1 Abs. 1 WRegG (→ Rn. 35–38). Die bisherige Zuständigkeit des Auftraggebers eines konkreten Vergabeverfahrens, an dessen Teilnahme das betreffende Unternehmen interessiert ist, für die Entgegennahme und Prüfung der für eine Selbstreinigung notwendigen Nachweise (→ Rn. 10–15, 30–32) bleibt als selbständige alternative Zuständigkeit bestehen. Der vorgenannten Änderung des Abs. 1 S. 1 passt der neu gefasste Abs. 2 des § 125 den bisherigen Wortlaut des Abs. 2 ohne weitere sachliche Änderung lediglich an (→ Rn. 39–41).

34 Die vorstehend skizzierte Änderung des § 125, also die Erweiterung der Vorschrift um die alternative Zuständigkeit einer zentralen Prüfungsbehörde, ist jedoch **noch nicht in Kraft getreten.** Art. 3 Abs. 2 S. 2 EinfG-WReg sah vor, dass die Neufassung des § 125 als Folgeänderung gem. Art. 2 Abs. 2 Nr. 4 EinfG-WReg erst zusammen mit der noch zu erlassenden Rechtsverordnung nach § 10 WRegG (Wettbewerbsregisterverordnung – WRegV) in Kraft treten sollte. Durch diese Rechtsverordnung mussten erst die (vor allem) technischen, organisatorischen und datenschutzrechtlichen Voraussetzungen für die Einrichtung und den Betrieb des Wettbewerbsregisters geregelt werden (vgl. die sieben in § 10 WRegG aufgeführten Regelungsbereiche). Vor Erlass dieser Wettbewerbsregisterverordnung[144] hat das GWB-Digitalisierungsgesetz (mit der 10. GWB-Novelle in Art. 1 GWB-Digitalisierungsgesetz) vom 18.1.2021[145] in Art. 11 GWB-Digitalisierungsgesetz das Inkrafttreten der Neufassung des § 125 weiter hinausgeschoben, nämlich auf den Tag, der in der Bekanntmachung nach § 12 Abs. 2 S. 1 WRegG nF (idF des Art. 10 Nr. 8 GWB-Digitalisierungsgesetz) bezeichnet werden wird. Das ist der Tag, ab dem § 2 WRegG (Regelung der in das Wettbewerbsregister einzutragenden strafgerichtlichen Verurteilungen, Strafbefehle und Bußgeldentscheidungen) und § 4 WRegG (Verpflichtung der zuständigen Behörden, der Registerbehörde nach § 3 Abs. 1 WRegG relevanten Daten der in § 2 WRegG bezeichneten Entscheidungen mitzuteilen) anzuwenden sind. Diesen Tag – so ordnet § 12 Abs. 2 S. 1 WRegG nF es an – wird das Bundesministerium für Wirtschaft und Energie (BMWi) im Bundesanzeiger bekannt machen. § 12 Abs. 2 S. 1 WRegG nF legt diesen Tag auf den Monatsersten „nach Ablauf des Monats, der auf den Tag der Bekanntmachung nach Absatz 1 Nummer 2 [des § 12 WRegG nF] folgt", fest. Diese vorherige Bekanntmachung hat ebenfalls das BMWi im Bundesanzeiger zu veranlassen; sie wird die Feststellung enthalten, dass die Voraussetzungen für die elektronische Datenübermittlung entsprechend § 9 WRegG, die für das – gem. § 1 Abs. 3 WRegG elektronisch geführte – Wettbewerbsregister essentiell ist, erfüllt sind. Wann die beiden vorbezeichneten Bekanntmachungen im Bundesanzeiger erfolgen, steht zurzeit[146] noch nicht fest. Bis zum künftigen Inkrafttreten

---

[143] So die Begr. des Entwurfs des BMWi zum EinfG-WReg, zitiert nach NZBau 3/2017, VII.
[144] „Verordnung über den Betrieb des Registers zum Schutz des Wettbewerbs um öffentliche Aufträge und Konzessionen (Wettbewerbsregisterverordnung – WRegV)" v. 16.4.2021, BGBl. 2021 I 809, gem. § 15 WRegV in Kraft getreten am 23.4.2021.
[145] BGBl. 2021 I 2.
[146] Im Zeitpunkt des Abschlusses dieser Kommentierung. – bevor die elektronische Datenübermittlung (§ 9 WRegG) technisch funktioniert und das BKartA als Registerbehörde sodann seine Arbeit gem. § 2 und § 4 WRegG aufnehmen kann – ist es ersichtlich ausgeschlossen, dass das BKartA mit der Erfüllung seiner ihm durch § 125 nF zugewiesenen Aufgabe beginnen kann, als zentrale Registerbehörde ihm gegenüber nachgewiesene Selbstreinigungsmaßnahmen daraufhin zu überprüfen, ob die betreffenden Unternehmen damit die Voraussetzungen des § 125 erfüllt haben. Daher ist es verständlich, dass das Inkrafttreten des § 125 nF noch um einige Zeit hinausgeschoben worden ist.

VI. Überblick über die künftigen Änderungen des § 125 infolge des WRegG   35–37   § 125 GWB

des Art. 2 Abs. 2 Nr. 4 EinfG-WReg mit der Neufassung des § 125 gilt § 125 idF des VergRModG 2016 (→ Rn. 1–32) unverändert fort.

1. Überblick über die künftig in Kraft tretende Änderung des § 125 Abs. 1 S. 1. Wenn 35 das an der Teilnahme an einem konkreten Vergabeverfahren interessierte Unternehmen versucht, gegenüber dem betreffenden Auftraggeber (iSd § 98) darzulegen und nachzuweisen, dass die von ihm mit Blick auf einen Ausschlussgrund (des §§ 123 oder 124) ergriffenen Maßnahmen die – unveränderten – sachlichen Voraussetzungen des § 125 Abs. 1 S. 1 für eine erfolgreiche Selbstreinigung erfüllen, ändert sich an der derzeitigen Rechtslage nach dem VergRModG 2016 nichts. Den Unternehmen steht es nach wie vor frei, sich zur Prüfung der von ihnen unternommenen Selbstreinigungsmaßnahmen nur an den Auftraggeber des konkreten Vergabeverfahrens zu wenden (→ Rn. 11 f. und 14 f.). Stattdessen kann das betreffende Unternehmen seinen Prüfungsantrag – nach eigener ungebundener Entscheidung – auch ausschließlich an das BKartA (als die das Wettbewerbsregister führende Behörde) richten, allerdings mit der sachlichen Einschränkung, dass es sich bei dem zugrunde liegenden Ausschlussgrund um einen solchen handeln muss, für den das WRegG dem **BKartA** eine **Entscheidungskompetenz** zur Beurteilung der ihm darzulegenden Selbstreinigungsmaßnahmen zugewiesen hat. Diese Einschränkung ergibt sich aus § 125 Abs. 1 S. 1 nF, wonach das Unternehmen die für eine Selbstreinigung erforderlichen Voraussetzungen „**nach § 8 WRegG** dem Bundeskartellamt" nachweisen muss, sowie auch aus dem übrigen Inhalt des WRegG.

Formal handelt es sich bei dem in § 125 Abs. 1 S. 1 nF eröffneten Weg zur Prüfung von Selbstreini- 36 gungsmaßnahmen durch das BKartA um einen **Antrag auf vorzeitige Löschung**[147] eines zulasten des betreffenden Unternehmens **eingetragenen Ausschlussgrundes** iSd § 123 oder § 124 aus dem Wettbewerbsregister[148] wegen Selbstreinigung (§ 8 WRegG). Der Vorteil der Möglichkeit, das BKartA mit der Überprüfung der Selbstreinigungsmaßnahmen zu befassen, besteht für das betreffende Unternehmen ua darin, dass es den Löschungsantrag ohne zeitlichen Zusammenhang mit einem Vergabeverfahren – also früher – stellen kann. Für die Zulässigkeit des Antrags muss das Unternehmen aber ein berechtigtes Interesse an der vorzeitigen Löschung – also der Löschung vor Ablauf der regulären Löschungsfrist (§ 7 Abs. 1 WRegG) ohne durchgeführte Selbstreinigung – glaubhaft machen (§ 8 Abs. 1 S. 2 WRegG).[149] Dafür reicht es aus, dass das Unternehmen glaubhaft die Wahrscheinlichkeit darlegt, dass es sich künftig an Vergabeverfahren beteiligen wird, ohne dabei schon ein konkretes Vergabeverfahren benennen zu müssen.[150] Wenn der Löschungsantrag Erfolg hat, wenn also die Registereintragung gelöscht worden ist, darf die der Eintragung zugrunde liegende Straftat oder Ordnungswidrigkeit in keinem Vergabeverfahren mehr zum Nachteil des betroffenen Unternehmens verwertet werden (§ 7 Abs. 2 S. 1 WRegG). An diese Rechtsfolge ist jeder Auftraggeber gebunden. Um diese Rechtsfolge erwirken zu können, **setzt** aber der **Antrag nach § 8 WRegG** die **vorherige Eintragung** des Ausschlussgrundes **und** damit überhaupt die **Kompetenz des BKartA für** die **Eintragung des** in Betracht kommenden **Ausschlussgrundes** in das Wettbewerbsregister **voraus**. Eine solche Befugnis steht dem BKartA aber **nicht für alle in den §§ 123 und 124 aufgeführten Ausschlussgründe**, soweit sie überhaupt einer Selbstreinigung zugänglich sind (→ Rn. 4–9), zu: Das ergibt sich aus § 2 WRegG, der die zulässigen Eintragungen von Ausschlussgründen enumerativ aufzählt.

Die Kompetenz des BKartA zur Eintragung in das Wettbewerbsregister erfasst alle **zwingenden** 37 **Ausschlussgründe** gem. § 123 Abs. 1 (s. § 2 Abs. 1 Nr. 1 lit. a und Nr. 3 WRegG iVm § 2 Abs. 3 WRegG) sowie den zwingenden Ausschlussgrund gem. § 123 Abs. 4 S. 1 Nr. 1, den letztgenannten Ausschlussgrund jedoch nur dann, wenn dieser als Steuerhinterziehung oder als Vorenthalten oder Veruntreuen von Arbeitsentgelt (§ 266a StGB) durch eine rechtskräftige strafgerichtliche Verurteilung, einen rechtskräftigen Strafbefehl oder eine rechtskräftige Bußgeldentscheidung (nach § 30 OWiG) festgestellt worden ist (s. § 2 Abs. 1 Nr. 1 und Nr. 3 WRegG). Wenn dagegen die Tatsache, dass das Unternehmen Steuern, Abgaben oder Sozialversicherungsbeiträge trotz bestehender Verpflichtungen nicht gezahlt hat, durch eine andere rechtskräftige Gerichtsentscheidung (zB eines Finanzgerichts) oder durch eine bestandskräftige Verwaltungsentscheidung festgestellt worden ist oder der betreffende Auftraggeber die Verletzung derartiger Zahlungspflichten auf sonstige geeignete Weise nachweisen kann, kann das Unternehmen gegenüber den daraus resultierenden zwingenden Ausschlussgründen (§ 123 Abs. 4 S. 1 Nr. 1 und Nr. 2) nicht das BKartA nach § 8 WRegG, son-

---

[147] Vor Ablauf der regulären Löschungsfrist nach § 7 Abs. 1 WRegG.
[148] Formal eingetragen werden die in § 2 WRegG enumerativ aufgeführten rechtskräftigen strafgerichtlichen Verurteilungen und Strafbefehle sowie rechtskräftigen Bußgeldentscheidungen, ferner ausnahmsweise auch noch nicht rechtskräftige Bußgeldentscheidungen, die wegen Verstößen gegen Art. 101 Abs. 1 AEUV oder gegen § 1 erlassen worden sind (§ 2 Abs. 2 WRegG).
[149] Diese Zulässigkeitsvoraussetzung wird von Dreher/Engel ZWeR 2019, 3 (28), mit guten Gründen als problematisch kritisiert.
[150] Vgl. Entwurf des BMWi zum WRegG, BT-Drs. 18/12051, 32.

Jaeger 683

38 Ferner erfasst die Kompetenz des BKartA zur Eintragung in das Wettbewerbsregister mit enumerativen Aufzählungen noch **einige** der **fakultativen Ausschlussgründe,** die unter § 124 Abs. 1 Nr. 1 Var. 3 (Verstöße gegen arbeitsrechtliche Verpflichtungen, s. § 2 Abs. 1 Nr. 2 und Nr. 3 WRegG iVm § 2 Abs. 3 WRegG) sowie unter § 124 Abs. 1 Nr. 3 und Nr. 4 (Verstöße gegen §§ 263 und 264 StGB, aber nur, wenn sie zulasten öffentlicher Haushalte[151] verübt wurden, ferner Verstöße gegen § 298 StGB sowie gegen Art. 101 Abs. 1 AEUV oder § 1; s. § 2 Abs. 1 Nr. 1 lit. b und e, Nr. 3 und Abs. 2 WRegG iVm § 2 Abs. 3 WRegG) fallen. Die vorgenannten Ausschlussgründe werden jedoch nur eingetragen, wenn sie durch eine rechtskräftige strafgerichtliche Verurteilung, einen rechtskräftigen Strafbefehl oder eine rechtskräftige Bußgeldentscheidung (nach § 30 OWiG)[152] oder – im Falle eines Verstoßes gegen Art. 101 Abs. 1 AEUV oder § 1 – zumindest durch eine schon erlassene, noch nicht rechtskräftige Bußgeldentscheidung festgestellt worden sind (s. § 2 Abs. 1 Nr. 1, 2 und 3 sowie Abs. 2 S. 1 WRegG). Die letztgenannten (rechtskräftigen oder noch nicht rechtskräftigen) Bußgeldentscheidungen des BKartA oder einer anderen deutschen Kartellbehörde, mit denen Verstöße gegen Art. 101 Abs. 1 AEUV oder § 1 (Ausschlussgrund gem. § 124 Abs. 1 Nr. 4) geahndet werden, können gem. § 2 Abs. 2 S. 1 WRegG jedoch nur dann in das Wettbewerbsregister eingetragen werden, wenn eine Geldbuße von wenigstens 50.000 EUR festgesetzt worden ist.[153] Wenn es also einem Bonusantragsteller gelungen ist, aus einem Kartellbußgeldverfahren mit einer Geldbuße unterhalb von 50.000 EUR herauszukommen, wird der gegen ihn erlassene Bußgeldbescheid nicht ins Wettbewerbsregister eingetragen. Kronzeugen, denen die Geldbuße völlig erlassen worden ist, erscheinen ohnehin nicht im Wettbewerbsregister. Herber ist der Mangel des Wettbewerbsregisters zu bewerten, dass Bußgeldentscheidungen gem. § 81 Abs. 1 Nr. 1 und Abs. 2 Nr. 1 wegen „einseitiger" Kartellrechtsverstöße, also wegen Verstößen gegen Art. 102 AEUV oder gegen eine Vorschrift der §§ 19, 20, 21 (Abs. 3 oder 4) oder § 29, die unter den Ausschlussgrund des § 124 Abs. 1 Nr. 3 fallen,[154] nach der klaren enumerativen Regelung des § 2 WRegG überhaupt nicht in das Wettbewerbsregister eingetragen werden. Mindestens ebenso erheblich ist die Lücke im Wettbewerbsregister, die dadurch verursacht wird, dass nur inländische, also von deutschen Gerichten oder Behörden erlassene Entscheidungen eingetragen werden können (entgegen § 123 Abs. 2), wie § 2 WRegG klar normiert.[155] Das ist vornehmlich mit Blick auf Kartellrechtsverstöße hervorzuheben: Das BKartA wird als Registerbehörde keine Entscheidungskompetenz für die Prüfung von Selbstreinigungsmaßnahmen eines Unternehmens haben, dessen vorheriger Kartellrechtsverstoß (insbesondere gegen Art. 101 AEUV) von der EU-Kommission oder von der Wettbewerbsbehörde eines anderen EU-Mitgliedstaats festgestellt und geahndet worden ist.

38a Aus den vorstehenden Ausführungen (→ Rn. 37 f.) ergibt sich, dass **sich ein** durchaus **erheblicher Teil der** unter § 124 Abs. 1 Nr. 1, 3, 4, 6, 7, 8 (Var. 1 und 2) sowie Nr. 9 fallenden fakultativen **Ausschlussgründe,** aber auch der zwingende Ausschlussgrund gem. § 123 Abs. 2 und im Teilbereich des zwingenden Ausschlussgrunds gem. § 123 Abs. 4 S. 1 Nr. 1 **der Kompetenz des BKartA entzieht,** über Anträge von Unternehmen auf Prüfung, ob von ihnen durchgeführte Selbstreinigungsmaßnahmen zur Behebung der jeweiligen Ausschlussgründe ausreichen, zu entscheiden. Insoweit verbleibt es unverändert bei der jetzigen Rechtslage, dass nur der Auftraggeber des jeweils in Rede stehenden Vergabeverfahrens dafür zuständig ist, die ihm darzulegenden und nachzuweisenden Selbstreinigungsmaßnahmen auf ihre Eignung und Vollständigkeit zu prüfen und darüber zu entscheiden. Demzufolge wird ein Zweck des WRegG, denjenigen Unternehmen, die den Ausschluss aus einem (evtl. erst bevorstehenden) Vergabeverfahren wegen eines der in §§ 123, 124 normierten Gründe besorgen müssen, den Nachweis ihrer (ausreichenden) Selbstreinigungsmaßnahmen gegenüber einer zentralen Stelle zu ermöglichen (→ Rn. 33), nur teilweise, also unvollkommen erfüllt.

---

[151] Sofern es sich bei den geschädigten öffentlichen Haushalten um denjenigen der EU oder um Haushalte handelt, die von der EU oder in ihrem Auftrag verwaltet werden, fallen die Verstöße schon unter die in das Wettbewerbsregister einzutragenden Straftaten gem. § 2 Abs. 1 Nr. 1 lit. a WRegG iVm § 123 Abs. 1 Nr. 4 und 5.

[152] Die Eintragung derjenigen Entscheidungen, die Verstöße gegen arbeitsrechtliche Verpflichtungen (iSd § 124 Abs. 1 Nr. 1 Var. 3) ahnden, wird durch § 2 Abs. 1 Nr. 2 WRegG noch weiter durch bestimmte Schwellenwerte eingeschränkt, die die verhängten Freiheitsstrafen, Geldstrafen oder Geldbußen überstiegen haben müssen.

[153] Dieser Schwellenwert soll mit Blick auf die oft recht hohen Geldbußen in der kartellrechtlichen Praxis wohl Bagatellfälle aus dem Wettbewerbsregister heraushalten. Dem Bundesrat war die Schwelle seinerzeit aber zu hoch; vgl. Reidt/Stickler/Glahs/*Ley* § 123 Rn. 69c mwN.

[154] S. *Jaeger* ZWeR 2020, 246 (252 und 261 f. mwN).

[155] S. auch *Dreher/Engel* ZWeR 2019, 3 (15); *Fülling/Freiberg* NZBau 2018, 259 (261).

2. Die künftig in Kraft tretende Neufassung des § 125 Abs. 2.

Der noch geltende Abs. 2 des § 125 idF des VergRModG 2016 benennt ausdrücklich die „öffentlichen Auftraggeber"[156] als die derzeit einzige Instanz, die die von den betreffenden Unternehmen ergriffenen Selbstreinigungsmaßnahmen zu bewerten haben (S. 1) und, falls sie die nachgewiesenen Maßnahmen als unzureichend erachten, diese „Entscheidung" gegenüber dem jeweiligen Unternehmen zu begründen haben (S. 2). Da ab dem künftigen Inkrafttreten der Neufassung des § 125 eine alternative (Teil-)Zuständigkeit des BKartA (→ Rn. 35–38) für die Bewertung der nachgewiesenen Selbstreinigungsmaßnahmen und die anschließende Entscheidung, ob sie zur Beseitigung des betreffenden Ausschlussgrundes ausreichen oder nicht, hinzukommt, hat der Gesetzgeber den ab dem genannten Zeitpunkt geltenden Abs. 2 des § 125 unpersönlich formuliert. Eine Unklarheit entsteht durch diese Gesetzgebungstechnik nicht: Die in § 125 Abs. 2 normierten Pflichten zur Bewertung der Selbstreinigungsmaßnahmen und zur Entscheidung über sie richten sich unzweifelhaft an die in Abs. 1 des § 125 genannten Prüfungsinstanzen, je nachdem, welche Instanz das betreffende Unternehmen um die Prüfung ersucht hat. Im Übrigen enthält § 125 Abs. 2 nF **keine sachliche Änderung zum Verfahren und Maßstab** bei der **Bewertung und Entscheidung** über die nachgewiesenen Selbstreinigungsmaßnahmen. Hinzuweisen ist allerdings auf § 8 WRegG: § 8 Abs. 2–6 WRegG trifft für das Verfahren und die Entscheidung des BKartA über einen bei ihm gestellten Antrag auf vorzeitige Löschung einer Eintragung aus dem Wettbewerbsregister wegen Selbstreinigung (§ 8 Abs. 1 WRegG, → Rn. 36) spezifische Regelungen. Gemäß § 8 Abs. 2 S. 1 und 2 WRegG hat das BKartA als Registerbehörde den Sachverhalt, soweit er mit Blick auf die Voraussetzungen einer erfolgreichen Selbstreinigung gem. § 125 Abs. 1 S. 1 relevant ist, von Amts wegen zu ermitteln. Dabei kann es sich – methodisch entsprechend § 163 Abs. 1 S. 1 und 2 – auf das beschränken, was von dem antragstellenden Unternehmen vorgebracht wird oder ihm (dem BKartA) sonst bekannt sein muss. Die Ermittlungsbefugnisse gemäß den entsprechend anzuwendenden §§ 57 und 59–59b stehen dem BKartA zur Verfügung (§ 8 Abs. 2 S. 4 WRegG). Dass die Mitwirkungsobliegenheiten des die Selbstreinigung betreibenden Unternehmens gem. § 125 Abs. 1 S. 1 trotzdem nicht geringer sind, als wenn es in einem konkreten Vergabeverfahren den öffentlichen Auftraggeber um die Prüfung der Selbstreinigungsmaßnahmen ersucht hätte, versteht sich von selbst. Ein erheblicher Unterschied zu den Befugnissen eines zur Prüfung verpflichteten öffentlichen Auftraggebers besteht darin, dass das **BKartA** als Registerbehörde **dem** betreffenden **Unternehmen verpflichtend aufgeben kann, ein** geeignetes, objektives und nachvollziehbares **Gutachten zur Bewertung der Selbstreinigungsmaßnahmen von** einem **unabhängigen Gutachter einzuholen** und vorzulegen (§ 8 Abs. 2 S. 3 WRegG und § 11 WRegV). Wenn das Unternehmen dieser Auflage innerhalb einer angemessenen Frist nicht nachkommt, kann das BKartA den Löschungsantrag ablehnen. Demgegenüber kann ein mit der Prüfung befasster öffentlicher Auftraggeber die Erstellung eines solchen Gutachtens bei dem betreffenden Unternehmen nur anregen, aber seine Prüfung der Selbstreinigungsmaßnahmen nicht allein deshalb, weil der Anregung nicht gefolgt wird, mit negativem Ergebnis abschließen. Für den Bewertungsvorgang auf Seiten des BKartA wiederholt § 8 Abs. 4 S. 1–3 WRegG den Inhalt des § 125 Abs. 2 ohne sachliche Änderung.

Ferner ist noch auf die bemerkenswerte Regelung des § 7 Abs. 2 S. 2 WRegG hinzuweisen. Danach ist der **Auftraggeber** eines konkreten Vergabeverfahrens, an dessen Teilnahme ein Unternehmen interessiert ist, zu dessen Lasten eine oder mehrere Eintragungen im Wettbewerbsregister (→ Rn. 36–38) existieren, **an die negative Entscheidung des BKartA,** also an die Ablehnung eines von dem Unternehmen beim BKartA gem. § 8 Abs. 1 WRegG gestellten Löschungsantrags durch das BKartA, **nicht gebunden.**[157] Daher ist der Auftraggeber, wenn das Unternehmen nunmehr ihm die Selbstreinigungsmaßnahmen im konkreten Vergabeverfahren nachweist, rechtlich nicht gehindert, diese als zureichend zu bewerten und daher das Unternehmen uneingeschränkt zum Vergabeverfahren zuzulassen. Die Eintragung des in Rede stehenden Ausschlussgrundes im Wettbewerbsregister bleibt aber trotz einer solchen Entscheidung des Auftraggebers bestehen.

Der **Rechtsweg** für die Anfechtung negativer Entscheidungen einerseits des Auftraggebers und andererseits des BKartA ist etwas **unterschiedlich.** Wenn das betroffene Unternehmen den Ausschluss aus einem konkreten Vergabeverfahren, den der Auftraggeber ihm gegenüber erklärt hat, weil die nachgewiesenen Selbstreinigungsmaßnahmen unzureichend seien, anfechten will, muss es zunächst die (gem. § 156 Abs. 1, § 159 zuständige) Vergabekammer mit einem Nachprüfungsantrag gem. §§ 160 ff. anrufen. Gegen die Ablehnung des gem. § 8 WRegG gestellten Löschungsantrags durch das BKartA ist dagegen (nur) die fristgebundene Beschwerde gem. § 11 WRegG iVm den

---

[156] Aufgrund der Verweisungen in den §§ 142, 147 und 154 Nr. 2 gilt § 125 für die Vergabeverfahren aller Auftraggeber iSd § 98 (→ Rn. 3).

[157] Das Gegenteil (also Bindung) gilt für die positive Entscheidung des BKartA über den Löschungsantrag nach § 8 Abs. 1 WRegG (→ Rn. 36).

dort (in § 11 Abs. 1 WRegG) genannten GWB-Vorschriften, zu denen auch § 171 Abs. 3 gehört, sofort zum Vergabesenat des OLG Düsseldorf zulässig.

§ 126 Zulässiger Zeitraum für Ausschlüsse

Wenn ein Unternehmen, bei dem ein Ausschlussgrund vorliegt, keine oder keine ausreichenden Selbstreinigungsmaßnahmen nach § 125 ergriffen hat, darf es
1. bei Vorliegen eines Ausschlussgrundes nach § 123 höchstens fünf Jahre ab dem Tag der rechtskräftigen Verurteilung von der Teilnahme an Vergabeverfahren ausgeschlossen werden,
2. bei Vorliegen eines Ausschlussgrundes nach § 124 höchstens drei Jahre ab dem betreffenden Ereignis von der Teilnahme an Vergabeverfahren ausgeschlossen werden.

Übersicht

	Rn.		Rn.
I. Normzweck und Normstruktur	1	3. Beginn des zulässigen Zeitraumes	6
II. Entstehungsgeschichte	2	a) Beginn des Zeitraumes bei zwingendem Ausschlussgrund	6
III. Tatbestand (Zulässiger Zeitraum für Ausschlüsse)	3	b) Beginn des Zeitraums bei fakultativem Ausschlussgrund	8
1. Vorliegen eines Ausschlusstatbestandes	3		
2. Kein Vorliegen von Selbstreinigungsmaßnahmen	5	4. Ende des zulässigen Zeitraumes	10
		5. Ermessensausübung	11

I. Normzweck und Normstruktur

1 § 126 regelt den zulässigen **Höchstzeitraum**, innerhalb dessen das Vorliegen eines Ausschlussgrundes nach §§ 123 und 124 von einem öffentlichen Auftraggeber im Vergabeverfahren berücksichtigt werden darf. Vor Ablauf des Zeitraumes kann das Unternehmen durch Maßnahmen der Selbstreinigung nach § 125 einen Ausschluss abwenden. § 126 Nr. 1 betrifft den höchstzulässigen Zeitraum für einen Ausschluss wegen eines zwingenden Ausschlussgrundes nach § 123. § 126 Nr. 2 regelt, wie lange ein Unternehmen bei Vorliegen eines fakultativen Ausschlussgrundes nach § 124 ausgeschlossen werden darf. Die Norm ist Ausdruck des Verhältnismäßigkeitsgrundsatzes nach § 97 Abs. 1 S. 2.[1]

II. Entstehungsgeschichte

2 § 126 ist durch die Vergaberechtsmodernisierung geschaffen worden und setzt Art. 57 Abs. 7 S. 2 und 3 RL 2014/24/EU um. Im Gegensatz zu § 126 findet diese Norm auf die Verstöße gegen die Verpflichtungen zur Entrichtung von Steuern oder Sozialversicherungsbeiträgen keine Anwendung. Die Umsetzung dieser Vorschrift in § 126 geht **insoweit über die Regelung in der RL 2014/24/EU hinaus**.[2]

III. Tatbestand (Zulässiger Zeitraum für Ausschlüsse)

3 **1. Vorliegen eines Ausschlusstatbestandes.** Der Verstoß gegen einen Ausschlussgrund führt nicht zwangsläufig zu einem Ausschluss des Unternehmes vom Vergabeverfahren, sondern setzt eine Entscheidung des öffentlichen Auftraggebers voraus.[3] Zunächst ist Voraussetzung, dass bei einem Unternehmen ein **Ausschlussgrund** vorliegt. Ein derartiger Ausschlussgrund kann einerseits ein **zwingender** Ausschlussgrund wegen einer Straftat nach § 123 Abs. 1 oder wegen der Nichtentrichtung von Steuern und Sozialabgaben nach § 123 Abs. 4 sein. Andererseits wird ein **fakultativer** Ausschlussgrund nach § 124 Abs. 1 von der Regelung erfasst.

4 Nicht unmittelbar erfasst von dieser Regelung sind die spezialgesetzlichen Ausschlusstatbestände nach § 129 Abs. 2, die besondere Regelungen zum Ausschluss von Unternehmen von Vergabeverfahren enthalten. Soweit diese Vorschriften bestimmen, dass Unternehmen „**für eine angemessene Zeit**" von Vergabeverfahren auszuschließen sind, sofern die Ausschlussgründe der spezialgesetzlichen Bestimmungen vorliegen, hat der öffentliche Auftraggeber jedoch im Rahmen des pflichtgemäßen

---

[1] BeckOK VergabeR/*Friton*, 18. Ed. 31.10.2019, Rn. 1; Beck VergabeR/*Opitz* Rn. 9.
[2] BeckOK VergabeR/*Friton*, 18. Ed. 31.10.2019, Rn. 4.
[3] BeckOK VergabeR/*Friton*, 18. Ed. 31.10.2019, Rn. 1; Beck VergabeR/*Opitz* Rn. 10.

Ermessens bei der Bestimmung der Angemessenheit des Zeitraumes nach diesen Normen die Wertung des § 126 zu berücksichtigen.

2. Kein Vorliegen von Selbstreinigungsmaßnahmen. Innerhalb des einschlägigen Zeitraumes nach § 126 kann das Unternehmen Maßnahmen der Selbstreinigung ergreifen. Der öffentliche Auftraggeber hat dann im Rahmen pflichtgemäßen Ermessens nach § 125 zu prüfen, ob diese **Selbstreinigung** geeignet ist, die Zuverlässigkeit wieder herzustellen. In diesem Fall kann ein Ausschluss bereits vor Ablauf des Höchstzeitraumes nach § 126 unzulässig sein.

3. Beginn des zulässigen Zeitraumes. a) Beginn des Zeitraumes bei zwingendem Ausschlussgrund. Der Zeitraum für einen Ausschluss wegen einer Straftat nach § 123 Abs. 1 oder wegen der Nichtentrichtung von Steuern und Sozialabgaben nach § 123 Abs. 4 beginnt **ab dem Tag der rechtskräftigen Verurteilung.** Entgegen dem zu engen Wortlaut des § 126 Nr. 1 ist der Fristbeginn jedoch **nicht auf Verurteilungen beschränkt:** Im Einklang mit § 123 Abs. 1 steht es einer Verurteilung gleich, wenn gegen das Unternehmen eine Geldbuße nach § 30 OWiG rechtskräftig festgesetzt wurde. Ferner steht der Verurteilung gleich, wenn durch eine rechtskräftige Gerichts- oder bestandskräftige Verwaltungsentscheidung festgestellt wurde, dass das Unternehmen seinen Verpflichtungen zur Zahlung von Steuern, Abgaben oder Beiträgen zur Sozialversicherung nicht nachgekommen ist.

Fraglich ist, wie der Fristbeginn bemessen wird, wenn der Pflichtverstoß nach § 123 Abs. 4 Nr. 2 **auf sonstige geeignete Weise** nachgewiesen wird. Hier wird in Analogie zu § 126 Nr. 2 auf das „betreffende Ereignis" abzustellen sein. Wenn beispielsweise das Unternehmen im Rahmen einer Eigenerklärung selbst erklärt, in einem vorausgegangenen Jahr einen Pflichtverstoß nach § 123 Abs. 4 begangen zu haben, ist nicht auf den Zeitpunkt der Erklärung, sondern auf den Zeitpunkt der Pflichtverletzung abzustellen.

b) Beginn des Zeitraums bei fakultativem Ausschlussgrund. Bei Vorliegen eines fakultativen Ausschlussgrundes ist für den Beginn des Zeitraumes auf den **Eintritt des betreffenden Ereignisses** abzustellen, mit dem der jeweilige Tatbestand des § 124 Abs. 1 verwirklicht wird. Das ist zum Beispiel der Verstoß gegen geltende umwelt-, sozial- oder arbeitsrechtliche Verpflichtungen nach § 124 Abs. 1 Nr. 1. Ferner kann dies beim Ausschlussgrund der Insolvenz des Bewerbers oder Bieters nach § 124 Abs. 1 Nr. 2 je nach Tatbestandsvariante auf den Zeitpunkt abzustellen, an dem über das Vermögen des Unternehmens ein Insolvenzverfahren beantragt oder eröffnet worden ist. Bei dem fakultativen Ausschlussgrund eines Verstoßes gegen Wettbewerbsrecht nach § 124 Abs. 1 Nr. 4 kann das betreffende Ereignis insbesondere die Entscheidung der zuständigen Kartellbehörde über das Vorliegen eines Wettbewerbsverstoßes sein.[4] Im Falle des fakultativen Ausschlussgrundes wegen Schlechtleistung nach § 124 Abs. 1 Nr. 7 ist der Zeitpunkt maßgeblich, in dem der Anspruch auf vorzeitige Beendigung, Schadensersatz oder auf eine vergleichbare Rechtsfolge entstanden ist.

Für den Beginn des Zeitraumes nach § 126 Nr. 2 kommt es stets auf den Eintritt des Ereignisses an, das den Tatbestand des Ausschlussgrunds verwirklicht. **Unerheblich** ist, zu welchem Zeitpunkt der Auftraggeber davon **Kenntnis** erlangt hat.

4. Ende des zulässigen Zeitraumes. Der zulässige Zeitraum für den Ausschluss wegen eines zwingenden Ausschlussgrundes nach § 123 Abs. 1 und 4 endet gem. § 126 Nr. 1 nach **fünf Jahren.** Im Falle eines fakultativen Ausschlussgrundes nach § 124 Abs. 1 endet der zulässige Höchstzeitraum nach **drei Jahren.** Diese Fristen stehen im Einklang mit Art. 57 Abs. 7 S. 3 RL 2014/24/EU.

5. Ermessensausübung. Ein Ausschluss nach § 126 ist „**höchstens**" im Rahmen der festgesetzten Zeiträume zulässig. Ein öffentlicher Auftraggeber hat daher bei jedem Ausschluss im **pflichtgemäßen Ermessen** zu prüfen, ob ein Ausschluss noch gerechtfertigt ist. Das gilt auch für zwingende Ausschlussgründe. Bei der Ermessenausübung sind die Schwere und die besonderen Umstände der Straftat oder des Fehlverhaltens zu berücksichtigen.[5] Sofern aufgrund einer anderen rechtlichen Regelung eine Auftragssperre zulässig ist, sind die durch § 126 festgelegten Grenzen bei der Ausübung des Ermessens zu berücksichtigen.[6]

§ 127 Zuschlag

(1) ¹Der Zuschlag wird auf das wirtschaftlichste Angebot erteilt. ²Grundlage dafür ist eine Bewertung des öffentlichen Auftraggebers, ob und inwieweit das Angebot die vorgegebe-

---

[4] BT-Drs. 18/8281, 111.
[5] BT-Drs. 18/6281, 111.
[6] BT-Drs. 18/6281, 111.

nen Zuschlagskriterien erfüllt. ³Das wirtschaftlichste Angebot bestimmt sich nach dem besten Preis-Leistungs-Verhältnis. ⁴Zu dessen Ermittlung können neben dem Preis oder den Kosten auch qualitative, umweltbezogene oder soziale Aspekte berücksichtigt werden.

(2) Verbindliche Vorschriften zur Preisgestaltung sind bei der Ermittlung des wirtschaftlichsten Angebots zu beachten.

(3) ¹Die Zuschlagskriterien müssen mit dem Auftragsgegenstand in Verbindung stehen. ²Diese Verbindung ist auch dann anzunehmen, wenn sich ein Zuschlagskriterium auf Prozesse im Zusammenhang mit der Herstellung, Bereitstellung oder Entsorgung der Leistung, auf den Handel mit der Leistung oder auf ein anderes Stadium im Lebenszyklus der Leistung bezieht, auch wenn sich diese Faktoren nicht auf die materiellen Eigenschaften des Auftragsgegenstandes auswirken.

(4) ¹Die Zuschlagskriterien müssen so festgelegt und bestimmt sein, dass die Möglichkeit eines wirksamen Wettbewerbs gewährleistet wird, der Zuschlag nicht willkürlich erteilt werden kann und eine wirksame Überprüfung möglich ist, ob und inwieweit die Angebote die Zuschlagskriterien erfüllen. ²Lassen öffentliche Auftraggeber Nebenangebote zu, legen sie die Zuschlagskriterien so fest, dass sie sowohl auf Hauptangebote als auch auf Nebenangebote anwendbar sind.

(5) Die Zuschlagskriterien und deren Gewichtung müssen in der Auftragsbekanntmachung oder den Vergabeunterlagen aufgeführt werden.

Schrifttum: *Braun/Kappenmann*, Die Bestimmung des wirtschaftlichsten Bieters nach den Zuschlagskriterien der RL 2004/18/EG, NZBau 2006, 544; *Bultmann*, Beschaffungsfremde Kriterien: Zur „neuen Formel" des Europäischen Gerichtshofes, ZfBR 2004, 134; *Bungenberg*, Die Berücksichtigung des Umweltschutzes bei der Vergabe öffentlicher Aufträge, NVwZ 2003, 314; *Burgi*, Kriterien für die Vergabe von Postdienstleistungen im Gewährleistungsstaat – Zugleich ein Beitrag zum Regime von Leistungsbeschreibung, Eignungs- und Zuschlagskriterien, VergabeR 2007, 457; *Freise*, Berücksichtigung von Eignungsmerkmalen bei der Ermittlung des wirtschaftlichsten Angebots?, NZBau 2009, 225; *Frenz*, Auftragsvergabe nach Umweltschutzkriterien und Gemeinschaftsrecht, WuW 2002, 352; *Greb*, Der Ermessens- und Beurteilungsspielraum öffentlicher Auftraggeber unter Druck, NZBau 2020, 147; *Gröning*, Spielräume für die Auftraggeber bei der Wertung von Angeboten, NZBau 2003, 86; *Hölzl/Friton*, Entweder – Oder: Eignungs- sind keine Zuschlagskriterien, NZBau 2008, 307; *Opitz*, Der Wirtschaftlichkeitsbegriff des Kartellvergaberechts, NZBau 2001, 12; *Otting*, Eignungs- und Zuschlagskriterien im neuen Vergaberecht, VergabeR 2016, 316; *Stein/Wolters*, Gesteigerte Bewertungsanforderungen infolge der „Schulnoten-Rechtsprechung", NZBau 2020, 339; *Wiedmann*, Die Zulässigkeit sozialer Vergabekriterien im Lichte des Gemeinschaftsrechts, 2007; *Wirner*, Anm. zu den Schlussanträgen der GA in *Stix-Hackl*, C-247/02, Slg. 2004, I-9215 = IBR 2004, 527 – Sintesi.

Übersicht

	Rn.
A. Allgemeines	1
I. Überblick, systematische Ort und Regelungsgehalt	1
II. Zweck, Gesetzgebungsverfahren und Historie der Vorschrift	6
1. Zweck der Vorschrift	6
2. Gesetzgebungsverfahren	9
3. Historie	10
III. Unionsrechtliche Grundlagen der Vorschrift	12
IV. Anwendungsbereich des § 127 und weitere Vorschriften zu Zuschlagskriterien	13
V. Die Wirtschaftlichkeitsprüfung der Angebote	19
B. Die Regelungen des § 127 im Einzelnen	22
I. Die Ermittlung des wirtschaftlichsten Angebots	22

	Rn.
1. Abs. 1 S. 1 und 2	22
2. Zulässige Zuschlagskriterien (Abs. 1 S. 3)	34
a) Begriff und Abgrenzung	34
b) Auslegung von Zuschlagskriterien	36
c) Bestimmung der Zuschlagskriterien	37
d) Zuschlagskriterien bei einer funktionalen Leistungsbeschreibung	38
e) Beispiele für zulässige Zuschlagskriterien	42
3. Durchführung der Wirtschaftlichkeitsprüfung	52
a) Bewertungsspielraum	52
b) Wertungsvermerk	56
II. Berücksichtigung verbindlicher Vorschriften der Preisgestaltung (Abs. 2)	62
III. Zusammenhang der Zuschlagskriterien mit dem zu vergebenden Auftrag (Abs. 3)	67
1. Überblick	67
a) Lebenszyklus der Leistung	69
b) Vergabefremde Zwecke bzw. Kriterien	70

A. Allgemeines 1–3 § 127 GWB

	Rn.		Rn.
c) Rechtsprechung zu praxisrelevanten Zuschlagskriterien	71	1. Inhalt und Umfang der Bekanntgabepflicht	83
2. Maßgaben für die Ausgestaltung von Zuschlagskriterien (Abs. 4)	78	2. Gewichtungsregeln	91
a) Vorgabe von nicht kontrollierbaren Zuschlagskriterien	81	3. Keine/unzureichende Bekanntgabe von Zuschlagskriterien und Gewichtungsregeln	97
b) Dokumentation der Auswahl der Zuschlagskriterien	82	4. Abweichende Angaben in der Bekanntmachung und in den Vergabeunterlagen	100
IV. Bekanntgabe der Zuschlagskriterien und ihrer Gewichtung (Abs. 5)	83	5. Ausnahmsweise Zulässigkeit der nachträglichen Änderung von Kriterien	102

A. Allgemeines

I. Überblick, systematische Ort und Regelungsgehalt

§ 127 enthält **wesentliche Vorgaben zur Bekanntgabe und dem Inhalt von Zuschlagskriterien sowie zur Ermittlung des wirtschaftlichsten Angebots.** Bei § 127 handelt es sich im Vergleich zum GWB aF formal um eine neue Vorschrift. Sie übernimmt inhaltlich jedoch weitgehend Vorgaben, die bislang in den Vergabe- und Vertragsordnungen verortet waren und verleiht diesen **Gesetzesqualität.** Zu beachten ist allerdings, dass zusätzlich VgV, VOB/A EU, SektVO, KonzVgV und VSVgV eigene Vorschriften zu Zuschlagskriterien enthalten, die – auch wenn es sich sehr weitgehend um Doppelungen handelt –, in den einzelnen Bereichen zwingend zu beachten sind. Das betrifft beispielsweise die Benennung zulässiger Kategorien von qualitativen Zuschlagskriterien und die Vorgaben zum Zeitpunkt der Bekanntmachung der Zuschlagskriterien.

Die Vorschrift ist **Teil des Kapitel 1** *Vergabeverfahren* des zweiten Abschnitts des GWB *Vergabe von öffentlichen Aufträgen durch öffentliche Auftraggeber.* Bislang waren die Vorgaben zur Ermittlung des wirtschaftlichsten Angebots im GWB in § 97 Abs. 5 aF und damit im Ersten Abschnitt *Vergabeverfahren* und hier wiederum im Rahmen der *Allgemeinen Grundsätze* geregelt und damit systematisch etwas prominenter. Die Vorschrift über den „Zuschlag" ist konsequent im Anschluss an die Vorschriften zum Ausschluss von Unternehmen (§§ 123, 124), zur Eignung (§ 122) und vor der Vorschrift zur Auftragsausführung (§ 128) angeordnet. Die Überschreibung der Vorschrift mit „Zuschlag" geht allerdings fehl, weil sie gerade nicht Regelungen zum Zuschlag, sondern zu den Zuschlagskriterien enthält, deren Festlegung Voraussetzung für die Angebotswertung und nicht unmittelbar für den Zuschlag sind. Es ist irritierend, dass beispielsweise auch § 34 VSVgV mit Zuschlag überschrieben ist und entgegen § 127 in der Tat in Abs. 1 eine Vorgabe zur Zuschlagserteilung enthält. Hingegen ist § 31 KonzVgV zutreffend mit Zuschlagskriterien überschrieben, weil die Vorschrift eben diese benennt.

§ 127 soll entsprechend der herausgehobenen Stellung im GWB und in dessen Systematik die wesentlichen Vorgaben in Bezug auf die Vorgabe, den Inhalt und die Verwendung von Zuschlagskriterien enthalten. Dieses Ziel ist aufgrund der teilweise weitergehenden Regelungen in VgV, VOB/A EU, SektVO, KonzVgV und VSVgV nicht erreicht worden. Abs. 1 bestimmt, dass der Zuschlag auf das wirtschaftlichste Angebot erteilt wird. Grundlage dafür ist eine Bewertung des öffentlichen Auftraggebers, ob und inwieweit das einzelne Angebot die vorgegebenen Zuschlagskriterien erfüllt. Das wirtschaftlichste Angebot bestimmt sich nach dem besten Preis-Leistungs-Verhältnis. Zu dessen Ermittlung können neben dem Preis oder den Kosten auch qualitative, umweltbezogene oder soziale Aspekte berücksichtigt werden. Abs. 2 ordnet an, dass verbindliche Vorschriften zur Preisgestaltung bei der Ermittlung des wirtschaftlichsten Angebots zu beachten sind. Abs. 3 gibt vor, dass die Zuschlagskriterien mit dem Auftragsgegenstand in Verbindung stehen müssen. Diese Verbindung ist auch dann anzunehmen, wenn sich ein Zuschlagskriterium auf Prozesse im Zusammenhang mit der Herstellung, Bereitstellung oder Entsorgung der Leistung, auf den Handel mit der Leistung oder auf ein anderes Stadium im Lebenszyklus der Leistung bezieht, auch wenn sich diese Faktoren nicht auf die materiellen Eigenschaften des Auftragsgegenstandes auswirken. Gemäß Abs. 4 müssen die Zuschlagskriterien so festgelegt und bestimmt sein, dass die Möglichkeit eines wirksamen Wettbewerbs gewährleistet wird, der Zuschlag nicht willkürlich erteilt werden kann und eine wirksame Überprüfung möglich ist, ob und inwieweit die Angebote die Zuschlagskriterien erfüllen. Lassen öffentliche Auftraggeber Nebenangebote zu, legen sie die Zuschlagskriterien so fest, dass sie sowohl auf Hauptangebote als auch auf Nebenangebote anwendbar sind.

Hölzl 689

4 § 127 ist zusammen mit § 122 eine der zentralen Vorschriften des materiellen Vergaberechts. § 127 konkretisiert das in Abs. 1 verankerte Wettbewerbsgebot dahin, dass der das Vergabeverfahren abschließende Zuschlag auf das wirtschaftlichste Angebot zu erteilen ist. Darüber hinaus ist die Vorschrift im besonderen Maß Ausdruck und Gegenstand des Transparenz- und Gleichbehandlungsgebots aus § 97 Abs. 1 und Abs. 2. So folgt aus dem Transparenzgebot, dass der Auftraggeber bei der Wertung nur diejenigen Kriterien berücksichtigen darf, die er in der Bekanntmachung oder den Vergabeunterlagen bekannt gegeben hat (→ Rn. 46 ff.).[1] Grund dafür ist, dass jeder Bieter vor der Erstellung und Abgabe seines Angebotes wissen muss, worauf es dem Auftraggeber bei der Vergabe seines Auftrags ankommt und sich darauf einstellen können muss. Bieter können auf der Grundlage der Bekanntgabe der Zuschlagskriterien und deren Gewichtung ihre Chancen auf den Zuschlag bereits zu einem frühen Zeitpunkt realistisch einschätzen und ihr Angebot entsprechend den Anforderungen des Auftraggebers ausgestalten. Wenn die Bieter bei der Abfassung der Angebote die gleichen Chancen haben sollen, müssen die Angebote aller Wettbewerber den gleichen Bedingungen unterworfen sein. Das Transparenzgebot verlangt, dass der Auftraggeber alle für die Zuschlagsentscheidung maßgeblichen Umstände den Bietern so klar und eindeutig bekannt macht, dass diese bei Anwendung der üblichen Sorgfalt deren genaue Bedeutung verstehen und in gleicher Weise auslegen können, sodass der Auftraggeber die abgegebenen Angebote ohne Weiteres darauf prüfen kann, ob und inwieweit diese die für den Auftraggeber geltenden Kriterien erfüllen. Zugleich können die Bieter in diesem Fall darauf vertrauen, dass der Auftraggeber die bekannt gemachten Kriterien bei allen Bietern heranzieht. Ggf. können Bieter im Wege eines Nachprüfungsverfahrens prüfen lassen, ob sich der Auftraggeber an die von ihm aufgestellten Anforderungen und Kriterien gehalten hat.

5 Der Gleichbehandlungsgrundsatz fordert eine nicht diskriminierende Behandlung aller Bewerber/Bieter vom Beginn bis zum Ende eines Vergabeverfahrens.[2] Auch und gerade bei der Angebotswertung darf kein Bieter bevorzugt oder benachteiligt werden. Die vergaberechtliche Wirtschaftlichkeitsprüfung zur Auswahl des Vertragspartners muss auf der Grundlage objektiver, willkürfreier, möglichst nicht manipulierbarer Kriterien erfolgen, transparent und nachvollziehbar sein.[3] Die Einhaltung dieser vergaberechtlichen Kardinalgrundsätze hat unmittelbar Auswirkung auf die Chancengleichheit und den Erfolg der Bieter im Vergabeverfahren. Die einzelnen Vergabe- und Vertragsordnungen – VgV, VOB/A EU, SektVO, KonzVgV und VSVgV – füllen die Maßgaben des § 127 weiter aus.

II. Zweck, Gesetzgebungsverfahren und Historie der Vorschrift

6 **1. Zweck der Vorschrift.** Die Bedeutung von § 127 liegt zunächst in der Disziplinierung des öffentlichen Auftraggebers.[4] Er wird zum einen zu einer wirtschaftlichen bzw. sparsamen Verwendung der zur Verfügung stehenden Haushaltsmittel, zum anderen auch zur Beschaffung bestmöglicher Qualität gezwungen („*value for money*"). Um das zu erreichen, ist die Einhaltung des in § 97 Abs. 1 geregelten Wettbewerbs- und Transparenzprinzips von Beginn des Vergabeverfahrens an und nicht erst bei der eigentlichen Zuschlagsentscheidung notwendig. Nur so ist gewährleistet, dass der Auftraggeber möglichst viele Angebote konkurrierender Wettbewerber erhält, aus denen er das wirtschaftlichste bzw. preislich niedrigste auswählen kann. § 127 dient jedoch nicht nur den Interessen des einzelnen Auftraggebers, sondern generell der Marktöffnung, in dem sie die Voraussetzungen für eine diskriminierungsfreie Angebotswertung schafft. Dies ist Konsequenz der Vorgaben der europäischen Vergaberichtlinien zur Zuschlagserteilung, die der Verwirklichung des freien Verkehrs von Waren, Personen und Dienstleistungen auf den Beschaffungsmärkten dienen. Insgesamt steht § 127 in engem Zusammenhang mit § 97 Abs. 1 und 2. Denn die Zuschlagsregel konkretisiert, worauf eine Vergabe bei Einhaltung der dortigen Grundsätze hinausläuft: Auf ein rechtmäßiges Vergabeverfahren, das durch den Zuschlag auf das wirtschaftlichste bzw. preislich niedrigste Angebot abgeschlossen wird.

7 Das Vergaberechtsänderungsgesetz fasste 1999 in § 97 – größtenteils bereits geltende – allgemeine Grundsätze zusammen und stellte sie dem im 4. Teil des GWB neu geregelten Vergaberecht voran. Die prominente Anordnung der in § 97 normierten allgemeinen Grundsätze des Vergaberechts hatte auch ihre Aufwertung zum Ziel. Die in § 97 Abs. 1 und 2 verankerten Grundsätze sind nicht nur bei der Auslegung der Vorschriften des GWB-Vergaberechts maßgeblich zu berücksichtigen, sondern auch für die Auslegung untergesetzlicher Vorschriften. Diesen gehen sie sogar vor. Das ist vor allem dann von Bedeutung, wenn die untergesetzlichen Vorschriften keine ausreichenden

---

[1] OLG München Beschl. v. 19.3.2009 – Verg 2/09, NZBau 2009, 341 (342).
[2] OLG München Beschl. v. 19.3.2009 – Verg 2/09, NZBau 2009, 341 (342).
[3] OLG Naumburg Beschl. v. 5.12.2008 – 1 Verg 9/08, BeckRS 2009, 02589.
[4] OLG Naumburg Beschl. v. 5.12.2008 – 1 Verg 9/08, BeckRS 2009, 02589: „Abschaffung der Haus- und Hoflieferanten".

Regelungen enthalten. Regelungslücken sind dann unter Heranziehung der Grundsätze des § 97 zu schließen. Dies kommt insbesondere auch in Hinblick auf die Abs. 1–3 zum Tragen. Die herausragende Bedeutung der Zuschlagskriterien wird nicht dadurch abgeschwächt, dass diese nunmehr statt in § 97 Abs. 5 aF in § 127 geregelt sind.

Der Gesetzgeber bringt durch die Regelung der Eignung in § 122 und die separate Regelung **8** der Zuschlagskriterien in § 127 eine der wesentlichen Grundentscheidungen des europäischen und deutschen Vergaberechts zum Ausdruck. Die Eignung und damit ua die Erfahrung von Unternehmen und der Umstand, dass bereits der Bestandsauftrag ausgeführt wird, reicht für sich genommen nicht aus, auch den Folgeauftrag zu erhalten. Vielmehr muss sich auch ein Bestandsauftragnehmer stets erneut dem Wettbewerb mit anderen Unternehmen stellen, um den Anschlussauftrag zu erhalten. Dieser Wettbewerb wird auf der Grundlage von objektiven, nachvollziehbaren und mit dem Auftrag sachlich zusammenhängenden Zuschlagskriterien vergeben. Insbesondere auch Unternehmen aus den EU-Mitgliedstaaten sollen grundsätzlich in jedem Vergabeverfahren die gleiche Chance auf den Zuschlag haben wie Unternehmen mit Sitz in Deutschland.

2. Gesetzgebungsverfahren. Der Wortlaut der Vorschrift entspricht dem ursprünglichen **9** Gesetzesentwurf der Bundesregierung.[5] Die Anträge auf Änderung des Wortlauts im Gesetzgebungsverfahren im Bundesrat und im Bundestag mit der Intention, eine stärkere Berücksichtigung von qualitativen, umweltbezogenen und sozialen Aspekten im Vergabeverfahren zu erreichen, konnten nicht durchgesetzt werden.[6] Die Anträge betrafen das Wort „können" in Abs. 1 S. 4 durch das Wort „sollen" bzw. durch das Wort „müssen" zu ersetzen. Auch zwei Entschließungsanträge dahingehend, ausdrücklich zwingende Regelungen zur Berücksichtigung von sozialen und ökologischen Kriterien bei der Ermittlung des besten Preis-Leistungs-Verhältnisses und damit beim Zuschlag vorzusehen, sind abgelehnt worden.[7] Gleiches gilt für die Aufnahme von „Soll-Formulierungen" in Abs. 1 zur ausdrücklichen Erwähnung der Lebenszykluskosten in Abs. 1 und zur Erweiterung der Aufzählung in Abs. 1 S. 4 um die Einhaltung des Antidiskriminierungsrechts.[8]

3. Historie. Die Idee, mittels einer öffentlichen Ausschreibung das preiswerteste Angebot zu **10** ermitteln, um Vorhaben des Staates zu realisieren, geht auf die Antike zurück. Bereits im antiken Griechenland und in der Römischen Republik ist so verfahren worden.[9] In deutschen Städten sind zumindest seit dem 16. Jahrhundert „Bau-Instruktionen" bekannt, die dem Vergaberecht verwandte Strukturen aufweisen.[10] Am Ende des 17. Jahrhunderts begann man, Aufträge (relativ geregelt) im Wege einer öffentlich durchgeführten Versteigerung zu vergeben („Lizitation"), wobei der Zuschlag auf das niedrigste Gebot erfolgte.[11] Umfassende, als „Instruktionen" bezeichnete Regelwerke erschienen erst in den 1830er Jahren in Bayern und Preußen.[12] Die Lizitation wurde in der Folgezeit allmählich durch die schriftliche Einreichung von Angeboten („Submission") abgelöst, weil die Lizitation zu einem ruinösen Preiskampf führte, der minderwertige Leistungen zur Folge hatte.[13] Ein Meilenstein dieser Entwicklung war ein Erlass des preußischen Arbeitsministeriums von 1885, der statt des niedrigsten das in jeder Hinsicht annehmbarste Angebot für maßgeblich erklärte.[14] Der 1914 von einer Reichstagskommission ausgearbeitete „Entwurf eines Gesetzes, betreffend das öffentliche Verdingungswesen"[15] nahm diesen Grundsatz auf, der später in die Verdingungsordnungen übernommen worden ist.[16]

Das Unionsrecht geht im Gegensatz dazu für die Ermittlung des erfolgreichen bzw. besten **11** Angebots von einem **dualen System** aus. Das bedeutet, der Zuschlag wird entweder auf das wirtschaftlichste Angebot oder auf das Angebot mit dem niedrigsten Preis erteilt. Der vergaberechtlichen Wirtschaftlichkeitsprüfung liegt ein einzelwirtschaftlicher Maßstab zugrunde, dh es geht stets um die Wirtschaftlichkeit des konkreten Beschaffungsvorgangs für den Auftraggeber, nicht um gesamtwirtschaftliche Erwägungen.[17] Dieses Konzept kann auf zwei Arten umgesetzt werden: Entweder

---

[5] BR Drs. 367/15, 27 f.; Entwurfsbegründung S. 31 f.
[6] Empfehlungen der Ausschüsse des Bundesrates v. 11.9.2015, BR Drs. 367/1/15, 9; Änderungsantrag v. 16.12.2015, BT Drs. 18/7089, 2.
[7] BT Drs. 18/7090.
[8] BT Drs. 18/7090; Plenarprotokoll 18/146 v. 17.12.2015, 14428 zu Drs. 18/1790 und 18/1792.
[9] MwN Byok/Jaeger/*Rudolf* Einführung Rn. 2–4.
[10] MwN *Schäfer* BB-Beil. Heft 12/1996, 1 (3).
[11] Byok/Jaeger/*Rudolf* Einführung Rn. 5.
[12] *Schäfer* BB-Beil. Heft 12/1996, 1 (3).
[13] Byok/Jaeger/*Rudolf* Einführung Rn. 5 und 7; *Schäfer* BB-Beil. Heft 12/1996, 1 (3).
[14] MwN *Schäfer* BB-Beil. Heft 12/1996, 1 (3).
[15] *Schäfer* BB-Beil. Heft 12/1996, 1 (3).
[16] Zu deren Ersteinführung *Schäfer* BB-Beil. Heft 12/1996, 1 (4).
[17] OLG Naumburg Beschl. v. 5.12.2008 – 1 Verg 9/08, BeckRS 2009, 02589.

durch das sog. **Minimalprinzip,** dh für eine genau definierte Leistung wird das Angebot mit dem niedrigsten bzw. minimalen Preis gesucht. Oder durch das sog. **Maximalprinzip,** wonach mit einem relativ feststehenden Aufwand das bestmögliche bzw. maximale Ergebnis erzielt werden soll.[18]

III. Unionsrechtliche Grundlagen der Vorschrift

12   Die europäischen Vorgaben sind vom Gesetzgeber für das deutsche Vergaberecht auf der Grundlage des Wortlauts des § 127 weitgehend übernommen worden. Ausgangspunkt sind unionsrechtlich Art. 67 Abs. 1 und 2 RL 2014/24/EU und Art. 82 Abs. 1 und 2 RL 2014/25/EU (Sektoren-RL), die im Wortlaut übereinstimmen. Der Unionsgesetzgeber stellt begrifflich auf das „wirtschaftlich günstigste Angebot" ab, der deutsche Gesetzgeber benutzt weiterhin den bereits bislang verwendeten Begriff „wirtschaftlichstes Angebot". Inhaltlich sind damit Unterschiede weder bezweckt noch verbunden. Die Vorgaben zu Zuschlagskriterien sind im Zuge der Neufassung der Vergaberichtlinien und des GWB da und dort in eine eigene Vorschrift zusammengezogen worden. Der Unionsgesetzgeber und der deutsche Gesetzgeber gehen nunmehr sowohl von dem – in Deutschland traditionellen – Zuschlagskriterium der Wirtschaftlichkeit[19] als auch vom niedrigsten Angebotspreis als Zuschlagskriterium aus. Der Preis ist nach dem deutschen Vergaberecht zwar regelmäßig das wichtigste, aber nicht das allein entscheidende Kriterium.[20] Danach ist der Zuschlag unter Berücksichtigung aller im konkreten Fall wesentlichen und im Vergabeverfahren veröffentlichten Kriterien auf das Angebot zu erteilen, das das beste Preis-Leistungs-Verhältnis bietet.[21] Das entspricht der Erteilung des Zuschlags auf das „wirtschaftlichste günstigste Angebot" iSd europäischen Vergaberechts.[22] So heißt es in Art. 67 Abs. 1 RL 2014/24/EU, „*die öffentlichen Auftraggeber erteilen unbeschadet der für den Preis bestimmter Lieferungen oder die Vergütung bestimmter Dienstleistungen geltenden nationalen Rechts- und Verwaltungsvorschriften den Zuschlag auf der Grundlage des wirtschaftlich günstigsten Angebots*". Die Nichtberücksichtigung des Zuschlagskriteriums „niedrigster Preis" sollte – entsprechend der beschriebenen historischen Entwicklung – wirtschaftliche Fehlentwicklungen verhindern. Insbesondere befürchtete man, dass es auf der Grundlage dieses Kriteriums zu Qualitätseinbußen kommen würde.

IV. Anwendungsbereich des § 127 und weitere Vorschriften zu Zuschlagskriterien

13   § 127 ist grundsätzlich die Ausgangsvorschrift für die Anwendung mehr oder weniger entsprechender Vorschriften der VgV, der VOB/A EU, der SektVO, der KonzVgV und der VSVgV. Der Gesetzgeber sieht für alle diese Bereiche spezifische Vorschriften vor, deren Inhalt sich mit § 127 weitgehend, aber nicht vollständig deckt. Die Vorschriften sind deshalb in den einzelnen Bereichen zwingend zu beachten. Insgesamt hat die Neuregelung des Vergaberechts im Bereich der Zuschlagskriterien nicht zu der erhofften verbesserten Übersichtlichkeit und vereinfachten Anwendung geführt.

14   § 58 Abs. 1 VgV regelt für **klassische öffentliche Auftraggeber,** dass der Zuschlag gem. Abs. 1 auf das wirtschaftlichste Angebot erteilt wird. Und gem. § 58 Abs. 2 S. 1 VgV erfolgt die Ermittlung des wirtschaftlichsten Angebots auf der Grundlage des besten Preis-Leistungs-Verhältnisses. § 58 Abs. 2 S. 2 Nr. 1–3 VgV listen qualitative, umweltbezogene oder soziale Zuschlagskriterien auf, die neben dem Preis und den Kosten vorgegeben werden können. Der öffentliche Auftraggeber kann gem. § 58 Abs. 3 VgV auch Festpreise oder Festkosten vorgeben, sodass das wirtschaftlichste Angebot ausschließlich nach qualitativen, umweltbezogenen oder sozialen Zuschlagskriterien nach S. 1 bestimmt wird. Der öffentliche Auftraggeber muss gem. § 58 Abs. 4 VgV in der Auftragsbekanntmachung oder den Vergabeunterlagen angeben, wie er die einzelnen Zuschlagskriterien gewichtet, um das wirtschaftlichste Angebot zu ermitteln. Für die Bestimmung der Gewichtung besitzt der Auftraggeber einen Beurteilungsspielraum. Die Grenze zur Vergaberechtswidrigkeit ist nach der Rechtsprechung des OLG Celle beim Beurteilungsspielraum zur Gewichtung von Zuschlagskriterien überschritten, wenn qualitativen Wertungskriterien einzeln oder in ihrer Gesamtheit ein Gewicht zugemessen würde, das sachlich nicht zu rechtfertigen ist und deshalb die Annahme nahelegt, dass die Kriterien so ausgestaltet wurden, dass nur ein oder einzelne Unternehmen realistische Aussichten auf den Zuschlag haben, während andere Anbieter trotz Vergabe im offenen Verfahren und objektiv gegebener Eignung von vornherein chancenlos wären.[23] Diese Gewichtung kann auch mittels einer Spanne angegeben werden, deren Band-

---

[18] OLG Naumburg Beschl. v. 5.12.2008 – 1 Verg 9/08, BeckRS 2009, 02589.
[19] VK Niedersachsen Beschl. v. 11.11.2008 – VgK-39/2008, BeckRS 2009, 08146; VK Brandenburg Beschl. v. 14.6.2007 – 1 VK 17/07, IBRRS 2007, 3779.
[20] OLG Düsseldorf Beschl. v. 28.4.2008 – Verg 1/08, BeckRS 2008, 15517.
[21] So Begr. zum VgRÄG, BT-Drs. 13/9340, 14.
[22] Bundesregierung BT-Drs. 13/9340, 48, als Antwort auf die Kritik des Bundesrates.
[23] *OLG Celle* Beschl. v. 19.3.2019 – 13 Verg 7/18, NZBau 2019, 462; zu den Grenzen des Beurteilungsspielraums *Greb* NZBau 2020, 147 ff.

breite angemessen sein muss. Ist die Gewichtung aus objektiven Gründen nicht möglich, so gibt der öffentliche Auftraggeber die Zuschlagskriterien in absteigender Rangfolge an. Weitere Einzelheiten enthalten § 58 Abs. 4 und 5 VgV. Die VgV enthält für die Vergabe von Architekten- und Ingenieurleistungen besondere Vorgaben. Der Zuschlag wird danach gem. § 76 VgV „im Leistungswettbewerb" vergeben. Dadurch soll wohl zum Ausdruck gebracht werden, dass im Anwendungsbereich gesetzlicher Gebühren- oder Honorarordnungen dem Preis gegenüber der Leistung nur eine geringere Bedeutung zugemessen werden kann.[24] Das bei der Angebotswertung maßgebliche Wirtschaftlichkeitsprinzip ist damit jedoch nicht in Frage gestellt, das folgt aus der Normhierarchie und der notwendigen europarechtskonformen Anwendung des Vergaberechts.

§ 127 ist über § 142 Abs. 1 Nr. 1 SektVO auf **Sektorenauftraggeber** anzuwenden. Die Vorschrift ist weitgehend identisch mit § 58 VgV. Gem. § 52 SektVO wird der Zuschlag nach Maßgabe des § 127 auf das wirtschaftlichste Angebot erteilt. Gem. § 52 Abs. 2 S. 1 VgV erfolgt die Ermittlung des wirtschaftlichsten Angebots auf der Grundlage des besten Preis-Leistungs-Verhältnisses. § 52 Abs. 2 S. 2 Nr. 1–3 VgV listen qualitative, umweltbezogene oder soziale Zuschlagskriterien auf, die neben dem Preis und den Kosten vorgegeben werden können. Auch die weiteren Vorgaben entsprechen im Wesentlichen den Vorgaben des § 58 VgV.

Für **Bauvergaben und Baukonzessionen** regelt § 16d EU VOB/A die Vorgaben für Zuschlagskriterien. Der Zuschlag wird gem. § 16d EU Abs. 2 Nr. 1 S. 1 VOB/A auf das wirtschaftlichste Angebot erteilt. Grundlage dafür ist gem. § 16d EU Abs. 2 Nr. 1 S. 2 VOB/A eine Bewertung des öffentlichen Auftraggebers, ob und inwieweit das Angebot die vorgegebenen Zuschlagskriterien erfüllt. Das wirtschaftlichste Angebot bestimmt sich gem. § 16d EU Abs. 2 Nr. 1 S. 3 VOB/A nach dem besten Preis-Leistungs-Verhältnis. Zu dessen Ermittlung können neben dem Preis oder den Kosten gem. § 16d EU Abs. 2 Nr. 1 S. 4 VOB/A auch qualitative, umweltbezogene oder soziale Aspekte berücksichtigt werden. § 16d EU Abs. 2 Nr. 2 S. 1 VOB/A ordnet an, dass nur Zuschlagskriterien und deren Gewichtung berücksichtigt werden dürfen, die in der Auftragsbekanntmachung oder in den Vergabeunterlagen genannt sind. § 16d EU Abs. 2 Nr. 2 S. 2 VOB/A listet beispielhaft Zuschlagskriterien auf. Weitere Vorgaben für Zuschlagskriterien enthalten § 16d EU Abs. 2 Nr. 3–7 VOB/A, das gilt insbesondere für die Berücksichtigung von Lebenszykluskosten.

Der Zuschlag wird in **Konzessionsverfahren** gem. § 152 Abs. 3 S. 1 auf der Grundlage objektiver Kriterien erteilt, die sicherstellen, dass die Angebote unter wirksamen Wettbewerbsbedingungen bewertet werden, sodass ein wirtschaftlicher Gesamtvorteil für den Konzessionsgeber ermittelt werden kann. Die Zuschlagskriterien müssen gem. § 152 Abs. 3 S. 2 mit dem Konzessionsgegenstand in Verbindung stehen und dürfen dem Konzessionsgeber keine uneingeschränkte Wahlfreiheit einräumen. Sie können gem. § 152 Abs. 3 S. 4 qualitative, umweltbezogene oder soziale Belange umfassen. Gemäß § 152 Abs. 3 S. 4 müssen die Zuschlagskriterien mit einer Beschreibung einhergehen, die eine wirksame Überprüfung der von den Bietern übermittelten Informationen gestatten, damit bewertet werden kann, ob und inwieweit die Angebote die Zuschlagskriterien erfüllen.

Für **Vergaben im Bereich der Verteidigung und Sicherheit** regelt § 34 Abs. 1 S. 1 VSVgV, dass der Auftraggeber zur Ermittlung des wirtschaftlichsten Angebots die in der Bekanntmachung oder in den Vergabeunterlagen angegebenen Zuschlagskriterien in der festgelegten Gewichtung oder in der absteigenden Reihenfolge der ihnen zuerkannten Bedeutung anwendet. Diese Zuschlagskriterien müssen gem. § 34 Abs. 1 S. 2 VSVgV sachlich durch den Auftragsgegenstand gerechtfertigt sein. § 34 Abs. 1 S. 2 Hs. 2 VSVgV zählt beispielhaft Zuschlagskriterien auf.

V. Die Wirtschaftlichkeitsprüfung der Angebote

Der Auftraggeber hat die **Wertung der Angebote** grundsätzlich in vier aufeinander folgenden und voneinander getrennten **Wertungsstufen** vorzunehmen (→ § 122 Rn. 16 ff.). Beim offenen Verfahren findet die Wertung der Angebote in diesen vier Stufen in einem unmittelbaren zeitlichen Zusammenhang statt. Hingegen besteht beim nicht offenen Verfahren und beim Verhandlungsverfahren mit vorausgehendem Teilnahmewettbewerb stets ein erheblicher zeitlicher Abstand zwischen der Durchführung der Wertungsstufen 1 und 2 einerseits und den Wertungsstufen 3 und 4 andererseits. Das entspricht ua den Anordnungen des § 58 VgV, § 52 SektVO und § 16d EU Abs. 2 Nr. 2 S. 2 VOB/A sowie bislang beispielsweise der § 16 VOB/A und § 19 EG VOL/A. Insbesondere bei der **Eignungsprüfung** und der **Wirtschaftlichkeits- bzw. Zuschlagsprüfung** handelt es sich um **zwei verschiedene Vorgänge**. Diese sind streng voneinander zu trennen, wie sich aus der Systematik sowohl der alten als auch der neuen Vergaberichtlinien ergibt.[25] Die Neuregelungen zu Nachfor-

---

[24] Otting VergabeR 2016, 316 (326).
[25] EuGH Urt. v. 24.1.2008 – C 532/06, Slg. 2008, I-251 Rn. 26 = NZBau 2008, 262 – Lianakis u.a., zu diesem Urteil vgl. auch *Hölzl/Friton* NZBau 2008, 307; EuGH Urt. v. 26.9.2002 – C-351/01, Slg. 2003, I-6351 Rn. 59 = BeckRS 2004, 76653 – GAT, für die RL 93/36/EGW; EuGH Urt. v. 20.9.1988 – 31/87, Slg. 1988, 4635 Rn. 15 = NVwZ 1990, 353 – Beentjes.

derungen, ua § 16a EU VOB/A und § 56 Abs. 2–5 VgV, dh die Anordnung einer Nachforderungspflicht bzw. -möglichkeit des Auftraggebers bei Fehlen von geforderten Erklärungen – weicht die strenge Reihenfolge des Wertungsprozesses nicht auf, sondern dehnt die einzelne Wertungsstufe lediglich zeitlich aus.[26] Die einzelne Wertungsstufe kann erst abgeschlossen werden, wenn die Nachforderung abgeschlossen und ausgewertet ist. Die Stufen der Angebotswertung finden allerdings in der Praxis häufig nicht streng chronologisch bzw. sukzessive statt. Das ändert jedoch nichts daran, dass ein Angebot, das auf der zweiten Wertungsstufe auszuschließen ist, nicht in die dritte und vierte Wertungsstufe gelangen kann. Im Anschluss an die Angebotswertung folgt die Phase der Zuschlagserteilung. Vor der Erteilung des Zuschlags muss der Auftraggeber – entsprechend der Vorgaben der Rechtsmittelrichtlinien[27] – gem. § 134 die unterlegenen Bieter über die beabsichtigte Zuschlagserteilung informieren und die Stillhaltefrist abwarten. Der Zuschlag darf erst nach deren Ablauf erteilt werden; ansonsten ist der Vertrag „schwebend unwirksam" (§ 135 bzw. § 134b aF).[28]

20 Sind im offenen und im nicht offenen Verfahren die Angebote abgegeben oder in einem Verhandlungsverfahren die letztverbindlichen Angebote abgegeben, darf das Angebot des einzelnen Bieters nicht mehr geändert werden. Die Wertung der Angebote und insbesondere die Wertung nach dem Preis bzw. nach dem Preis und qualitativen Kriterien muss zwingend auf der Grundlage der eingereichten Angebote erfolgen. Im Rahmen der Wertung der Angebote ist es allerdings möglich, dass der Auftraggeber für die Durchführung der Wertung über den Angebotsinhalt hinausgehende Informationen benötigt.[29] Ferner können in Bezug auf bestimmte Bieterangaben Unklarheiten bestehen, die einer Erläuterung bedürfen. Inwieweit der Auftraggeber in diesen Fällen den Bieter zur Aufklärung des Angebots anhalten darf, regeln ua § 15 EU VOB/A und § 15 Abs. 5 VgV. Diese **eng auszulegenden Ausnahmevorschriften** erlauben dem Auftraggeber, den Inhalt der Angebote dadurch aufzuklären, dass er sich diese vom Bieter erläutern lässt; inhaltliche Ergänzungen oder Änderungen dürfen nicht vorgenommen werden.[30] Entsprechend sind Verhandlungen über den Angebotsinhalt und dessen Abänderung grundsätzlich verboten („Verhandlungsverbot").[31] Insbesondere dürfen keine Preisverhandlungen geführt und Preise nicht nachträglich geändert werden. Denn dadurch könnte ein Angebot entscheidend verbessert werden, was mit dem Wettbewerbs- und Gleichbehandlungsgrundsatz unvereinbar ist;[32] Gleiches gilt, wenn ein Angebot widersprüchliche Preisangaben enthält.[33] Nutzt der Auftraggeber die ihm eingeräumte Möglichkeit zur Aufklärung durch Nachfragen bei einem Bieter, muss er zur Einhaltung des Wettbewerbs- und Gleichbehandlungsgebots in gleichem Umfang alle relevanten Bieter einbeziehen. Mit „relevanten" Bietern ist gemeint, dass der Auftraggeber Aufklärungsmaßnahmen auf solche Bieterangebote beschränken kann, die eine Zuschlagsaussicht haben.[34] Ferner ist er beim Rückgriff auf die Möglichkeit zur Aufklärung daran gehindert, bei der Beurteilung der Aufklärungsfähigkeit unterschiedliche Maßstäbe anzulegen.[35] Im Übrigen darf der Auftraggeber zur Aufklärung des Angebots auch auf bieterfremde Erkenntnisquellen zurückgreifen (zB Nachfrage beim Hersteller eines Produktes).[36]

21 § 15 EU Abs. 1 Nr. 1 VOB/A enthält anders als § 15 Abs. 5 VgV genaue Angaben darüber, welche Erläuterungen im Einzelnen zulässig sind: Bei Ausschreibungen darf der Auftraggeber nach Öffnung der Angebote bis zur Zuschlagserteilung von einem Bieter nur **Aufklärung** verlangen, um sich über dessen Eignung zu unterrichten. Das gilt insbesondere in Bezug auf dessen technische und wirtschaftliche Leistungsfähigkeit, das Angebot selbst, etwaige Nebenangebote, die geplante Art der Durchführung, etwaige Ursprungsorte oder Bezugsquellen von Stoffen oder Bauteilen und über die Angemessenheit der Preise. Dafür darf er sich, wenn nötig, die Preisermittlung (Kalkulationen) vorlegen lassen. Bei den aufgeführten Alternativen, die als Verhandlungsobjekte genannt sind, handelt es sich grundsätzlich um abschließende Aufzählungen.[37]

---

[26] So Materialsammlung zur Änderung der VOB/A des BMVBS v. 17.9.2008, 34.
[27] RL 89/665, ABl. 1989 L 395, 33 und RL 92/13, ABl. 1992 L 76, 14, beide wesentlich verändert durch RL 2007/66, ABl. 2007 L 335, 31.
[28] *Dreher/Hoffmann* NZBau 2009, 216 (219).
[29] Vgl. OLG Jena Beschl. v. 21.11.2002 – 6 Verg 7/02, ZfBR 2003, 86 (87).
[30] OLG München Beschl. v. 17.9.2007 – Verg 10/07, ZfBR 2007, 828 (830); OLG Düsseldorf Beschl. v. 30.7.2003 – Verg 32/03, NJOZ 2003, 3389; OLG Koblenz Beschl. v. 15.7.2008 – 1 Verg 2/08, BeckRS 2010, 10527.
[31] OVG Münster Urt. v. 22.2.2005 – 15 A 1065/04, NZBau 2006, 64 (65).
[32] VK Nordbayern Beschl. v. 12.11.2004 – 320.VK-3194-43/04, BeckRS 2004, 34972.
[33] VK Bund Beschl. v. 21.7.2005 – VK 3-61/05, IBRRS 2005, 2791; VK Brandenburg Beschl. v. 22.2.2008 – VK 3/08, IBRRS 2008, 1336.
[34] MwN OLG München VergabeR 2008, 114 (117).
[35] OLG Saarbrücken Beschl. v. 29.5.2002 – 5 Verg 1/01, IBRRS 2003, 0486.
[36] VK Hessen Beschl. v. 7.10.2004 – 69 d-VK-60/2004.
[37] OLG München Beschl. v. 17.9.2007 – Verg 10/07, ZfBR 2007, 828 (830).

B. Die Regelungen des § 127 im Einzelnen

I. Die Ermittlung des wirtschaftlichsten Angebots

1. Abs. 1 S. 1 und 2. Abs. 1 S. 1 bestimmt wie bereits § 97 Abs. 5 aF, dass der **Zuschlag auf** 22 **das wirtschaftlichste Angebot zu erteilen** ist.[38] Der deutsche Gesetzgeber behält damit weiterhin den bekannten Begriff des „wirtschaftlichsten Angebots" bei. Er hat sich damit gegen den in Art. 67 RL 2014/24/EU und Art. 82 Sektoren-RL verwendeten Begriff „wirtschaftlich günstigstes Angebot" entschieden. Der Begriff „wirtschaftlichstes Angebot" ist in Bezug auf die Bedeutung der Komponente Preis eindeutiger als der Begriff „wirtschaftlich günstigstes Angebot". Dieser suggeriert durch das Attribut „günstigstes", es käme auch bei der Berücksichtigung von qualitativen Zuschlagskriterien letztlich entscheidend auf den Preis an. Der Begriff des „wirtschaftlich günstigsten Angebots" ist zudem in den vorausgehenden Richtlinien nicht als Oberbegriff, sondern als Bezeichnung für das sog. Maximalprinzip verwendet worden.[39]

Grundlage für die Ermittlung des wirtschaftlichsten Angebots ist gem. Abs. 1 S. 2 die eigenständige **Bewertung des öffentlichen Auftraggebers,** ob und inwieweit das Angebot die vorgegebenen Zuschlagskriterien und ggf. auch die Unterkriterien erfüllt. Das bedeutet ua, dass der Auftraggeber die Bewertung der Angebote auf der Grundlage der Zuschlagskriterien grundsätzlich selbst vornehmen und die Entscheidung über den Zuschlag selbst treffen muss.[40] Es handelt sich grundsätzlich um eine **nicht abschließend delegierbare Aufgabe;** die Übertragung der Wertung ausschließlich auf einen externen Berater – wie etwa ein Projektsteuerungsbüro oder Rechtsberater – ist nicht zulässig. Das Gebot der Eigenverantwortung war ua in § 2 Nr. 3 VOL/A aF explizit festgelegt.[41] Es galt auch ohne eine ausdrückliche Normierung im Rahmen der VOB/A.[42] Daran hat sich nichts geändert. Sachverständige oder Berater dürfen allerdings im Vorfeld der Entscheidung des Auftraggebers für eine zutreffende und nachvollziehbare Aufklärung über die Entscheidungsgrundlagen unterstützend hinzugezogen werden.[43] Setzt der Auftraggeber für die Durchführung der Angebotswertung Berater ein, muss er zumindest deren Bewertungen überprüfen sowie sich deren Vorgehensweise und Ergebnis ausdrücklich **zu eigen machen.**[44] Dies muss er in der Vergabeakte und insbesondere im Wertungsvermerk entsprechend **dokumentieren.**

Entgegen dem Wortlaut der Vorschrift darf der öffentliche Auftraggeber den Zuschlag auch auf 24 das Angebot mit dem **niedrigsten Preis** erteilen,[45] vorausgesetzt, er hat dies den Unternehmen vorab bekannt gemacht. Der Zuschlag darf danach entweder auf das Angebot mit dem niedrigsten Gesamtpreis oder auf das Angebot, das auf der Grundlage des niedrigsten Gesamtpreises sowie qualitativer und anderer Kriterien das wirtschaftlichste ist, erteilt werden. Bei der Ermittlung des wirtschaftlichsten Angebots ist der niedrigste Angebotspreis damit lediglich eines von mehreren zu berücksichtigenden Kriterien und grundsätzlich nicht allein entscheidend.[46] Das bedeutet, nur wenn die eingereichten Angebote sachlich und inhaltlich völlig übereinstimmen, ist der Preis als Kriterium für die Vergabeentscheidung ausschlaggebend. Abs. 1 S. 1 ist wie vormals § 97 Abs. 5 aF anhand von Art. 67 RL 2014/24/EU (vormals Art. 53 Abs. 1 Vergabe-RL 2004) und Art. 82 Sektoren-RL (vormals Art. 55 Abs. 1 Sektoren-RL 2004) dahingehend richtlinienkonform auszulegen, dass öffentliche Auftraggeber die Wahl haben zwischen dem Kriterium der Wirtschaftlichkeit und dem Kriterium des niedrigsten Preises.[47]

---

[38] BGH NJW 2000, 661; OLG Düsseldorf Beschl. v. 28.4.2008 – Verg 1/08, BeckRS 2008, 15517.
[39] *Wiedemann* in KKPP GWB Rn. 18.
[40] OLG München Beschl. v. 21.8.2008 – Verg 13/08, BeckRS 2008, 20532.
[41] OLG Naumburg Beschl. v. 26.2.2004 – 1 Verg 17/03, NJOZ 2004, 1828 (1834 f.); OLG Bremen Beschl. v. 2.9.2004 – Verg 3/2003, IBRRS 2004, 3056.
[42] OLG München Beschl. v. 21.8.2008 – Verg 13/08, BeckRS 2008, 20532.
[43] OLG Naumburg Beschl. v. 5.12.2008 – 1 Verg 9/08, BeckRS 2009, 02589; OLG Naumburg Beschl. v. 26.2.2004 – 1 Verg 17/03, NJOZ 2004, 1828 (1834).
[44] VK Nordbayern Beschl. v. 18.6.2020 – RMF-SG21-3194-5-7, IBRRS 2020, 2024.
[45] OLG Frankfurt a. M. Beschl. v. 14.5.2013 – 11 Verg 4/13, BeckRS 2013, 11361; VK Bund Beschl. v. 25.3.2015 – VK 15/15 mwN; so bereits Art. 53 Vergabe-RL 2004 und Art. 55 Sektoren-RL 2004; zuvor Art. 36 Dienstleistungskoordinierungsrichtlinie 92/50/EWG, ABl. 1992 L 209, 1; Art. 34 Baukoordinierungsrichtlinie 93/37/EWG, ABl. 1993 L 199, 54, und Art. 26 Lieferkoordinierungsrichtlinie 93/36/EWG, ABl. 1993, L 199, 1.
[46] Das wirtschaftlichste Angebot idS wird gleichbedeutend häufig auch als das „wirtschaftlich günstigste Angebot" bezeichnet.
[47] EuGH Urt. v. 24.1.2008 – C 532/06, Slg. 2008, I-251 Rn. 28 = NZBau 2008, 262 – Lianakis u.a., mAnm *Hölzl/Friton* NZBau 2008, 307 ff.; EuGH Urt. v. 7.10.2004 – C 247/02, Slg. 2004, I-9215 = NZBau 2004, 685 = VergabeR 2005, 62 – Sintesi; EuGH Urt. v. 20.9.1988 – 31/87, Slg. 1988, 4635 Rn. 15 u. 16 = NVwZ 1990, 353 – Beentjes; OLG Düsseldorf Beschl. v. 14.1.2009 – VII-Verg 59/08, NZBau 2009, 398.

25 Das wirtschaftlichste Angebot bestimmt sich gem. Abs. 1 S. 2 nach dem besten **Preis-Leistungs-Verhältnis**. Es können damit auch betriebswirtschaftliche Wirtschaftlichkeitskriterien wie beispielsweise Service, Garantiezeiten, Lieferzeit, Ausführungsdauer, Betriebskosten, Rentabilität, Qualität, Zweckmäßigkeit, technischer Wert, Kundendienst und technische Hilfe, die Verpflichtung hinsichtlich der Ersatzteile, die Versorgungssicherheit, Reparaturzeiten und -kosten oder Anwenderfreundlichkeit, Zuverlässigkeit, Standfestigkeit etc berücksichtigt werden.[48] Zur Ermittlung des wirtschaftlichsten Angebots können gem. Abs. 1 S. 3 ferner neben dem Preis oder den Kosten auch qualitative, umweltbezogene oder soziale Aspekte berücksichtigt werden. Die zulässigen Zuschlagskriterien sind und können zudem nur beispielhaft aufgezählt werden. Der öffentliche Auftraggeber hat die Befugnis und Möglichkeit, andere Zuschlagskriterien festzulegen als sie von den Richtlinien und von § 122 Abs. 1 aufgezählt sind, soweit diese im Zusammenhang mit dem Auftragsgegenstand stehen und die in Art. 2 Vergabe-RL 2004 festgelegten Grundsätze einhalten. Der öffentliche **Auftraggeber muss diese Freiheit umso mehr haben, als das wirtschaftlich günstigste Angebot „aus Sicht des öffentlichen Auftraggebers" zu beurteilen ist.**[49] Eine Vergabestelle kann eine rechtmäßige Zuschlagsentscheidung allerdings nur dann treffen, wenn die maßgeblichen Anforderungen von allen beteiligten fachkundigen Bietern im gleichen Sinne verstanden und ihren Angeboten zugrunde gelegt werden können.[50] Die Transparenz und Gleichbehandlung der Bieter bilden deshalb eine der Begrenzungen des Spielraums des öffentlichen Auftraggebers.

26 Die zur Ermittlung wirtschaftlich günstigste Angebot zum Zweck vom Auftraggeber aufgestellten wirtschaftlichen und qualitativen Kriterien müssen es ermöglichen, das Leistungsniveau jedes einzelnen Angebotes im Verhältnis zu dem in den technischen Spezifikationen beschriebenen Auftragsgegenstand zu bewerten sowie das Preis-Leistungs-Verhältnis jedes Angebots zu bestimmen.[51] Die in der Vorbereitung einer Ausschreibung zu treffende Auswahl von konkreten Zuschlagskriterien setzt die Grundentscheidung voraus, ob der Zuschlag auf das wirtschaftlichste Angebot oder das Angebot mit dem niedrigsten Preis erteilt werden soll. Diese Entscheidung muss der Auftraggeber notwendigerweise für jeden konkreten Beschaffungsvorgang individuell treffen. Sie ist von der Konzeption der jeweiligen Vergabe und insbesondere von dem definierten Leistungs-Soll abhängig. Die Entscheidung kann deshalb nur vom jeweiligen Auftraggeber selbst und nicht abstrakt, zB durch den Gesetzgeber, getroffen werden.[52] Der Begriff „wirtschaftlichstes Angebot" hat ohne konkretisierende Kriterien keine eigenständige Bedeutung bzw. Aussagekraft.[53] Abstrakt beschrieben ist das „wirtschaftlichste Angebot" das Angebot mit dem besten Preis-Leistungs-Verhältnis bzw. dem insgesamt besten Verhältnis zwischen Kosten und Nutzen.[54]

27 Die **vergaberechtliche Wirtschaftlichkeitsprüfung** ist darauf gerichtet, eine an objektiven, willkürfreien, (möglichst) nicht manipulierbaren Kriterien orientierte Auswahl des Vertragspartners zu organisieren.[55] Sie hat einen **einzelwirtschaftlichen Maßstab**, dh es geht stets um die Wirtschaftlichkeit des konkreten Beschaffungsvorgangs für den Auftraggeber, nicht um gesamtwirtschaftliche Erwägungen. Nach diesem Begriffsverständnis kann **Einzelwirtschaftlichkeit grundsätzlich in zwei Alternativen** definiert werden: Einzelwirtschaftlichkeit kann (1) erreicht werden, wenn **für eine genau definierte Leistung die Gegenleistung in Form von Entgelt möglichst gering** ist, dh wenn der vom Auftraggeber zu leistende Aufwand so gering, so minimal, wie möglich, ist (daher auch: **Minimalprinzip**). Einzelwirtschaftlichkeit kann (2) **auch dadurch verwirklicht** werden, dass **mit den für die Beschaffungsmaßnahme zur Verfügung stehenden finanziellen Mitteln als fixe Größe eine möglichst hochwertige Leistung erworben** werden soll, dh, dass mit einem relativ feststehenden Aufwand das bestmögliche, maximale Ergebnis erzielt werden soll (daher auch: **Maximalprinzip**).[56]

28 Das deutsche Recht schließt damit nicht aus, dass die preisliche Beurteilung des Angebots im Rahmen der Prüfung des wirtschaftlichsten Angebots eine, wenn nicht die maßgebliche Rolle spielt.

---

[48] OLG Düsseldorf Beschl. v. 28.4.2008 – VII-Verg 1/08, BeckRS 2008, 15517.
[49] EuGH Urt. v. 26.3.2015 – C-601/13, NZBau 2015, 312; EuGH Urt. v. 12.3.2015 – C- 538/13.
[50] VK Nordbayern Beschl. v. 19.2.2014 – 21.VK-3194-58/13, IBRRS 2014, 1063.
[51] Zutr. VK Brandenburg Beschl. v. 14.6.2007 – 1 VK 17/07, IBRRS 2007, 3779, unter Bezugnahme auf Erwägungsgrund 46 Vergabe-RL 2004.
[52] OLG Naumburg Beschl. v. 5.12.2008 – 1 Verg 9/08, BeckRS 2009, 02589; *Burgi* VergabeR 2007, 457 (471).
[53] VK Baden-Württemberg Beschl. v. 21.11.2001 – 1 VK 37/01, IBRRS 2004, 3633; VK Sachsen Beschl. v. 30.4.2008 – 1/SVK/020-08, IBRRS 2008, 1623; VK Mecklenburg-Vorpommern Beschl. v. 30.8.2004 – 2 VK 09/04.
[54] Begr. zum VgRÄG, BT-Drs. 13/9340, 14, zu § 106 Abs. 4 aF (§ 97 Abs. 5 nF); Erwägungsgrund 46 Vergabe-RL 2004.
[55] OLG Naumburg Beschl. v. 5.12.2008 – 1-Verg 9/08, BeckRS 2009, 02589.
[56] OLG Naumburg Beschl. v. 5.12.2008 – 1-Verg 9/08, BeckRS 2009, 02589.

B. Die Regelungen des § 127 im Einzelnen	29, 30	**§ 127 GWB**

Der Preis ist nach dem deutschen Vergaberecht vielmehr zwar regelmäßig das wichtigste, aber nicht das allein entscheidende Kriterium. Der Auftraggeber muss bei der Vergabe eines Auftrags nach dem Kriterium des wirtschaftlichsten Angebots anderen Wirtschaftlichkeitsmerkmalen neben dem Preis allerdings einen angemessenen Raum zur Bewertung einräumen.[57] Der Preis darf weder unter- noch übergewichtet werden. Er stellt ein gewichtiges Merkmal dar, das beim Zuschlagskriterium des wirtschaftlichsten Angebots nicht am Rande der Wertung stehen darf, sondern vom Auftraggeber in ein angemessenes Verhältnis zu den übrigen Wertungskriterien zu bringen ist. Eine Festlegung und Gewichtung von Zuschlagskriterien, bei denen Wirtschaftlichkeitskriterien neben dem Angebotspreis nur eine marginale Rolle spielen oder der Preis eine übermäßige Bedeutung einnimmt, kann demnach gegen das Wirtschaftlichkeitsprinzip verstoßen.[58] Stuft eine Vergabestelle bei Erteilung des Zuschlags auf das wirtschaftlichste Angebot nicht den Preis, sondern die anderen, der Auswahl des wirtschaftlichsten Angebots geltenden Kriterien auf ein unbedeutendes Maß herab (zB auf 5%) – um ggf. die Rechtsprechung zur Unzulässigkeit von Nebenangeboten bei dem einzigen Zuschlagskriterium des niedrigsten Preises zu umgehen – und kann das weitere Zuschlagskriterium (zB eine vorgegebene Terminplanung) problemlos von den Bietern eingehalten werden, richtet sich die Vergabeentscheidung faktisch allein nach dem Angebotspreis.[59] Das Kriterium der Terminplanung hat in diesem Fall lediglich eine „Alibifunktion"; dies ist vergaberechtlich unzulässig.[60] Die Gewichtung der Zuschlagskriterien Preis und Technischer Wert im Verhältnis 90:10 verstößt hingegen grundsätzlich nicht gegen § 122 Abs. 1 bzw. § 97 Abs. 5 aF.[61] Entscheidend dafür ist, dass das Kriterium Technischer Wert im Einzelfall keine bloße „Alibifunktion" hat. Ist die Leistung durch den Auftraggeber weitgehend vorgegeben, findet der Wettbewerb der Bieter vornehmlich auf der Ebene der Preisgestaltung statt, nicht aber auf der Ebene der Qualität der Leistung. Diesem Umstand bei der Entscheidung über die vorzusehende Gewichtung der Zuschlagskriterien Rechnung zu tragen, ist nicht zu beanstanden.[62] In Anbetracht des in der Haushaltsordnung vorgeschriebenen Gesichtspunkts der sparsamen Mittelverwendung darf das Preiskriterium zwar nicht marginalisiert, sondern ihm muss zumindest noch angemessene Bedeutung eingeräumt werden.[63] Der Preis darf weder unter- noch überbewertet werden. In einem Verhältnis zwischen Preis und Leistung von 40% zu 60% ist eine Marginalisierung bzw. Nivellierung des Preiskriteriums noch nicht gegeben.

Auch die EU-Vergaberichtlinien sehen ein „duales System" hinsichtlich möglicher Zuschlagskriterien vor. Gem. Art. 67 Abs. 1 RL 2014/24/EU (vormals Art. 53 Abs. 1 Vergabe-RL 2004) und Art. 82 Abs. 1 Sektoren-RL (vormals Art. 55 Abs. 1 Sektoren-RL 2004) kann der Zuschlag entweder auf das wirtschaftlich günstigste Angebot oder auf das Angebot mit dem niedrigsten Preis erteilt werden. Bestätigt wird das durch Art. 67 Abs. 2 UAbs. 2 RL 2014/24/EU und Art. 82 Abs. 2 UAbs. 2 Sektoren-RL, wonach die Mitgliedstaaten vorsehen können, dass die Auftraggeber nicht den Preis oder die Kosten allein als einziges Zuschlagskriterium verwenden dürfen, oder sie können deren Verwendung auf bestimmte Kategorien von Auftraggebern oder bestimmte Arten von Aufträgen beschränken. Im Gegensatz dazu bestimmt Abs. 1 S. 1 (vormals § 97 Abs. 5 aF), dass der Zuschlag auf das wirtschaftlichste Angebot zu erteilen ist. § 16 EU Abs. 2 Nr. 1 VOB/A sowie § 58 Abs. 1 und 2 VgV bestimmen zudem, dass der niedrigste Angebotspreis allein nicht entscheidend ist. Das deutsche Recht räumt dem Kriterium des wirtschaftlichsten Angebots auf der Grundlage des Wortlauts der Vorschrift den Vorrang ein. 29

Der Auftraggeber darf das beste Angebot auch allein auf der Grundlage des Zuschlagskriteriums niedrigster Preis ermitteln.[64] Mit Art. 45 Abs. 2 S. 2 RL 2014/24/EU iVm Art. 67 Abs. 2 und 5 RL 2014/24/EU hat der Unionsgesetzgeber klargestellt, dass auch bei Nebenangeboten das wirtschaftlich günstigste Angebot allein auf der Grundlage des Preises ermittelt werden kann.[65] Als 30

---

[57] OLG Düsseldorf Beschl. v. 27.11.2013 – VII-Verg 20/13, NZBau 2014, 121; OLG Düsseldorf Beschl. v. 21.5.2012 – VII-Verg 3/12, BeckRS 2012, 15472.
[58] OLG Düsseldorf Beschl. v. 27.11.2013 – VII-Verg 20/13, NZBau 2014, 121; OLG Düsseldorf Beschl. v. 21.5.2012 – VII-Verg 3/12, BeckRS 2012, 15472.
[59] OLG Düsseldorf Beschl. v. 27.11.2013 – VII-Verg 20/13, NZBau 2014, 121; OLG Düsseldorf Beschl. v. 21.5.2012 – VII-Verg 3/12, BeckRS 2012, 15472.
[60] OLG Düsseldorf Beschl. v. 27.11.2013 – VII-Verg 20/13, NZBau 2014, 121; OLG Düsseldorf Beschl. v. 21.5.2012 – VII-Verg 3/12, BeckRS 2012, 15472.
[61] 2. VK Bund Beschl. v. 14.1.2014 – VK 2-118/13.
[62] 2. VK Bund Beschl. v. 14.1.2014 – VK 2-118/13.
[63] OLG Celle Beschl. v. 11.6.2015 – 13 Verg 4/15, BeckRS 2015, 11003.
[64] OLG Naumburg Beschl. v. 5.12.2008 – 1 Verg 9/08, BeckRS 2009, 02589; BayObLG Beschl. v. 9.9.2004 – Verg 18/04, BeckRS 2004, 100016; OLG Düsseldorf Beschl. v. 2.5.2007 – VII-Verg 1/07, NZBau 2007, 600.
[65] Gesetzesbegründung zu § 127 Abs. 4, BT-Drs. 18/6281, 109 f.

Korrektiv muss der öffentliche Auftraggeber Mindestbedingungen festlegen, die ggf. Nebenangebote erfüllen müssen, um berücksichtigt werden zu können.[66] Die Vorschriften des deutschen Vergaberechts sind unionsrechtsrechtskonform dahin auszulegen, dass der Auftraggeber auch dem Angebot mit dem niedrigsten Preis den Zuschlag erteilen darf.[67] Der EuGH hat entschieden, dass die EU-Vergaberichtlinien dem nationalen Gesetzgeber zumindest verbieten, abstrakt festzulegen, dass der Zuschlag stets auf das Angebot mit dem niedrigsten Preis erteilt werden muss.[68] In den Schlussanträgen zur Entscheidung des Gerichtshofs vertrat die Generalanwältin Stix-Hackl die Auffassung, dass es dem nationalen Gesetzgeber verwehrt sei, das Ermessen der Auftraggeber in einer Weise einzuschränken, die die Richtlinie nicht ausdrücklich gestatte.[69] Danach wäre die Festlegung des Gesetzgebers, den Zuschlag ausschließlich auf das wirtschaftlichste Angebot zu erteilen, unionsrechtswidrig.[70]

31 Voraussetzung dafür, dass der Auftraggeber auch in qualitativer Hinsicht ausgewogene oder homogene Angebote erhält, ist in diesem Fall eine detaillierte Leistungsbeschreibung und ein Ausschreibungsgegenstand mit geringem **Differenzierungspotential.** In der Regel wird man allein auf das Zuschlagskriterium niedrigster Preis vor allem bei **Standardleistungen** zurückgreifen können. Entscheidend ist, wie genau bzw. konkret die Leistung, die beschafft werden soll, beschrieben werden kann oder auch soll. Wird nur der niedrigste Preis vorgegeben, darf nur dieser bei der Ermittlung des wirtschaftlichsten Angebots berücksichtigt werden, andere Zuschlagskriterien nicht. Auch einen Beurteilungsspielraum oder Ermessen des Auftraggebers bei der Ermittlung des siegreichen Angebots besteht in diesem Fall nicht. Der Wechsel vom Zuschlagskriterium Preis auf andere, zB Preis und qualitative Kriterien ist nicht zulässig.

32 Bei der Bestimmung des relevanten niedrigsten Preises sind allerdings unbedingte Nachlässe für eine Gesamtvergabe wie für verschiedene Loskombinationen berücksichtigungsfähig.[71] Das hat der Verordnungsgeber durch die Negativbestimmung in § 16 EU Abs. 4 VOB/A, früher § 16 Abs. 9 S. 1 VOB/A, ausdrücklich geregelt. Danach sind Preisnachlässe ohne Bedingung nicht wertbar, wenn sie nicht an der vom Auftraggeber nach § 13 EU Abs. 4 VOB/A bezeichneten Stelle aufgeführt sind. Die Zulässigkeit von Preisnachlässen, die von ungewissen zukünftigen Ereignissen abhängen, wie zB Skonti, ist strittig. So wird vertreten, dass diese nicht in den zu bewertenden Angebotspreis einfließen dürfen.[72] Nach anderer Auffassung begegnet die Einbeziehung eines Skontos als Vergleichsbasis keinen Bedenken.[73] Das gilt zumindest für die Fälle, in denen die Skontierungsfrist, die Skontohöhe und der vom Skonto betroffene Preisteil klar benannt sind. Allerdings wird auch vertreten, dass zur Wahrung der Transparenz und zur Vermeidung von Manipulationen die Berücksichtigung eines Skontos und die dafür nötigen Voraussetzungen klar und eindeutig bekannt gegeben sein müssen.[74] Dieser Umstand spricht jedoch dafür, im Falle des Zuschlagskriteriums „niedrigster Preis" keine Skonti bei der Festlegung des relevanten Preises zuzulassen. Das gilt im Rahmen der VOB/A gem. § 16 EU Abs. 4 VOB/A für beide möglichen Zuschlagskriterien ausdrücklich: Unaufgefordert angebotene Preisnachlässe mit Bedingungen für die Zahlungsfrist (Skonti) werden bei der Wertung der Angebote nicht berücksichtigt. Da dieser Regelung das Transparenzgebot zugrunde liegt, ist auch iRd VgV von deren Gültigkeit auszugehen. Betriebs- oder Folgekosten dürfen bei der Bestimmung des relevanten Preises nicht berücksichtigt werden. Diese betreffen nicht unmittelbar das Zuschlagskriterium „Preis", sondern bestimmen vielmehr die Wirtschaftlichkeit eines Angebots.[75] Betriebs- und Folgekosten sind vielmehr ein eigenes Zuschlagskriterium. Vor diesem Hintergrund wählen öffentliche Auftraggeber nur in seltenen Fällen den niedrigsten Preis als Zuschlagskriterium. Denn sollten die sonstigen vorgenannten Kostenpunkte in Bezug auf den Auftragsgegenstand eine Rolle spielen, zwingt das Haushaltsrecht bzw. der Wettbewerb auf dem Markt dazu, diese bei der Ermittlung des zu bezuschlagenden Angebots einzubeziehen. Da in der weit überwiegenden Mehrzahl der Fälle diese Kostenpunkte zumindest auch von Bedeutung sein werden, ist verständlich,

---

[66] Gesetzesbegründung zu § 127 Abs. 4, BT-Drs. 18/6281, 109 f.
[67] OLG München Beschl. v. 20.5.2010 – Verg 4/10, BeckRS 2010, 12883; OLG Düsseldorf Beschl. v. 14.1.2009 – VII-Verg 59/08, NZBau 2009, 398; ähnlich OLG Naumburg Beschl. v. 5.12.2008 – 1 Verg 9/08, BeckRS 2009, 02589; OLG Karlsruhe NJOZ 2008, 3347 (3355); vgl. auch BayObLG Beschl. v. 9.9.2004 – Verg 18/04, BeckRS 2004, 09727; ebenso *Braun/Kappenmann* NZBau 2006, 544 (545).
[68] EuGH Slg. 2004, I-9215 Rn. 42 – Sintesi.
[69] Schlussanträge der GA-in *Stix-Hackl* Slg. 2004, I-9215 Rn. 65 = NZBau 2004, 685 – Sintesi.
[70] *Wirner* IBR 2004, 527.
[71] BayObLG Beschl. v. 9.9.2004 – Verg 18/04, BeckRS 2004, 100016.
[72] BayObLG Beschl. v. 9.9.2004 – Verg 18/04, BeckRS 2004, 100016.
[73] BGH Urt. v. 26.10.1999 – X ZR 30/98, NZBau 2000, 35 (38), mit der Besonderheit, dass aufgrund im Übrigen gleichwertiger Angebote der Preis das maßgebliche Kriterium darstellte.
[74] BGH NZBau 2008, 459 (460).
[75] Zu Transportkosten des Auftraggebers VK Südbayern Beschl. v. 16.4.2003 – 12-03/03, IBRRS 2003, 1398.

warum der deutsche Gesetzgeber dem Zuschlagskriterium „wirtschaftlichstes Angebot" den Vorrang einräumt.

Der Auftraggeber darf gem. § 34 Abs. 2 S. 3 VgV nunmehr **Nebenangebote** auch ausschließlich nach dem niedrigsten Preis oder ausschließlich nach den niedrigsten Kosten vergeben. Bislang war dies nach der Rechtsprechung nicht zulässig. Der **BGH** hatte den lange Zeit zwischen den Vergabenachprüfungsinstanzen bestehenden Streit dahingehend entschieden, dass Nebenangebote nicht zugelassen und gewertet werden dürfen, wenn in einem Vergabeverfahren der Preis alleiniges Zuschlagskriterium ist.[76] Der BGH hatte zutreffend entschieden, dass Hauptangebote und Nebenangebote allein auf der Basis des niedrigsten Preises nicht unter Wahrung des Grundsatzes der Gleichbehandlung gewertet werden können. Sinn und Zweck von Nebenangeboten ist es gerade, qualitativ eine andere Leistung anzubieten. Der niedrigste Preis als alleiniges Zuschlagskriterium kann qualitative Unterschiede im Rahmen der Angebotswertung gerade nicht widerspiegeln. Die Vorgabe des Gesetzgebers in **§ 34 Abs. 2 S. 2 VgV**, dass Zuschlagskriterien gem. Abs. 4 so festzulegen sind, dass sie sowohl auf Hauptangebote als auch auf Nebenangebote anwendbar sind, wird in der Praxis in Bezug auf den Preis nur selten möglich sein. 33

2. Zulässige Zuschlagskriterien (Abs. 1 S. 3). a) Begriff und Abgrenzung. Das wirtschaftlichste Angebot bestimmt sich gem. Abs. 1 S. 2 nach dem besten Preis-Leistungs-Verhältnis. Zur Ermittlung des besten Preis-Leistungs-Verhältnisses können nach gem. Abs. 1 S. 3 neben dem Preis oder den Kosten auch **qualitative, umweltbezogene oder soziale Aspekte** berücksichtigt werden. Die Vorgaben für Zuschlagskriterien sind im Unionsrecht durch Art. 67 RL 2014/24/EU (bislang Art. 53 Vergabe-RL 2004) und Art. 82 Sektoren-RL (bislang Art. 55 Sektoren-RL 2004) („Zuschlagskriterien") geregelt. Die Vorschriften enthalten Bestimmungen zu den zulässigen Zuschlagskriterien, Bedingungen, die diese erfüllen müssen und zur Bekanntmachung der Zuschlagskriterien. 34

Die Zuschlagskriterien sind die Kriterien, auf deren Grundlage das wirtschaftlichste Angebot ermittelt wird. Die Abgrenzung von Eignungs- und Zuschlagskriterien erfolgt danach, ob sie im Schwerpunkt die Leistungsfähigkeit und fachliche Eignung des Bieters oder die Wirtschaftlichkeit des Angebots betreffen.[77] **Die Wahrung der Grundsätze der Gleichheit, der Nichtdiskriminierung und der Transparenz verlangt, dass die Zuschlagskriterien objektiv sind.**[78] Das gewährleistet, dass der Vergleich und die Bewertung der Angebote in objektiver Weise erfolgt und somit unter Bedingungen eines wirksamen Wettbewerbs. Das wäre **nicht der Fall bei Kriterien, die dem öffentlichen Auftraggeber eine uneingeschränkte Entscheidungsfreiheit** einräumen.[79] Zuschlagskriterien sind inhaltlich als aggregierte Begriffe, die jeweils in Form eines Stichwortes oder einer Wortverbindung die unter ihnen subsumierten sachlichen Grundlagen für deren Bewertung benennen.[80] Zuschlagskriterien können in weitere, diesen zuordenbare Unterkriterien usw aufgegliedert werden. Als Grundlage der Angebotsbewertung gelten die von der Vergabestelle abgeforderten und von den Bewerbern/Bietern mit dem Angebot abzugebenden Angaben, Sachverhalte, Konzepte und deren Inhalte, die unter den Kriterien bzw. den Unterkriterien zu subsumieren sind. Es ist nicht jede einzelne Überlegung, die für den Auftraggeber im Rahmen der Wertung von Bedeutung ist, qua *definitionem* ein Zuschlagskriterium, das der Vorabbekanntmachung bedürfte.[81] Dem Auftraggeber steht bei jeder Wertung ein von den Nachprüfungsinstanzen nur begrenzt überprüfbarer Beurteilungsspielraum zu. In Ausübung dieses Beurteilungsspielraums muss der Auftraggeber die Angebotsinhalte unter die bekannt gemachten Kriterien subsumieren.[82] 35

b) Auslegung von Zuschlagskriterien. Für die Bedeutung und die Rechtmäßigkeit ausgewählter Zuschlagskriterien bzw. Unterkriterien kommt es in tatsächlicher Hinsicht darauf an, welchen **objektiven Bedeutungsgehalt** ein **fachkundiger und mit den Einzelheiten der Ausschreibung vertrauter Bieter** den bekannt gemachten Kriterien beimessen darf.[83] Insoweit ist eine Auslegung der bekannt gemachten Informationen – Vergabebekanntmachung, Vergabeunterlagen, 36

---

[76] BGH NZBau 2014, 185, auf Divergenzvorlage des OLG Jena ZfBR 2013, 824.
[77] OLG Rostock Beschl. v. 12.8.2020 – 17 Verg 2/20, IBRRS 2020, 3052.
[78] EuGH Urt. v. 10.5.2012 – C-368/10, NZBau 2012, 445.
[79] EuGH Urt. v. 10.5.2012 – C-368/10, NZBau 2012, 445.
[80] VK Thüringen Beschl. v. 17.3.2009 – 250-4003.20-650/2009-003-EF, IBRRS 2009, 1094; *Weyand* ibrOK VergabeR § 97 Rn. 1143.
[81] 2. VK Bund Beschl. v. 24.10.2014 – VK 2-85/14, IBRRS 2015, 0028; 2. VK Bund Beschl. v. 21.11.2013 – VK 2-102/13, ZfBR 2014, 302; *Weyand* ibrOK VergabeR § 97 Rn. 1143/1.
[82] 2. VK Bund Beschl. v. 24.10.2014 – VK 2-85/14, IBRRS 2015, 0028; 2. VK Bund Beschl. v. 21.11.2013 – VK 2-102/13, ZfBR 2014, 302; *Weyand* ibrOK VergabeR § 97 Rn. 1143.
[83] OLG Naumburg Beschl. v. 12.4.2012 – 2 Verg 1/12, BeckRS 2012, 10195; VK Südbayern Beschl. v. 22.4.2013 – Z3-3-3194-1-13-04/13, IBRRS 2013, 2389; *Weyand* ibrOK VergabeR § 97 Rn. 1144.

nachfolgende Bieterinformationen – vor Ablauf der Angebotsfrist bzw. der letzten Frist zur Überarbeitung der Angebote vorzunehmen. Diese Bewertung ist stets auf den konkreten Einzelfall zu beziehen. Die jeweilige Benennung des Kriteriums allein ist nicht entscheidend, Bedeutung können insbesondere auch seine nähere Erläuterung sowie die für die Bieter erkennbaren Grundlagen der Bewertung erlangen, dh derjenigen Angaben aus ihrem Angebot, die zur Beurteilung des Wertungsaspekts herangezogen werden sollen.[84] Der Auftraggeber muss die Zuschlagskriterien grundsätzlich so formulieren und ausgestalten, dass die Bieter **keine Verständnisschwierigkeiten** haben.[85] Dies bedeutet, dass die Zuschlagskriterien in den Vergabeunterlagen oder in der Bekanntmachung so gefasst werden müssen, dass alle durchschnittlich fachkundigen Bieter sie bei **Anwendung der üblichen Sorgfalt** in der gleichen Weise auslegen können. Dabei hat die Auslegung der Zuschlagskriterien aus der objektiven Sicht eines verständigen und mit Leistungen der ausgeschriebenen Art vertrauten Bieters zu erfolgen. Danach kommt es **in erster Linie auf den Wortlaut,** zudem **aber auch auf die konkreten Verhältnisse der Leistung** an, wie sie in den Vergabeunterlagen ihren Ausdruck gefunden haben.[86] Ein **missverständlich formuliertes Kriterium ist nicht hinreichend bekannt gemacht** und **darf** deshalb bei der Wertung der Angebote **nicht berücksichtigt werden.**[87] Der Umstand, dass die Zuschlagskriterien nicht nachvollziehbar oder unklar sind, kann ein Verstoß gegen die Vorgaben des § 127 sein.

37   **c) Bestimmung der Zuschlagskriterien.** Der Auftraggeber hat bei der **Bestimmung bzw. Festlegung der Kriterien zur Ermittlung des wirtschaftlichsten Angebots** einen weiten Spielraum.[88] Der Auftraggeber ist weitgehend ungebunden, bestimmten Faktoren eine Bedeutung zuzumessen.[89] Die Formulierung der Zuschlagskriterien und ggf. der Unterkriterien richtet sich nach dem Gegenstand, der beschafft werden soll. Die wesentlichen Anforderungen an diesen müssen die Zuschlagskriterien möglichst abbilden. Der Auftraggeber darf nur solche Zuschlagskriterien festlegen, zu deren Überprüfung er sowohl bereit als auch in der Lage ist. Zuschlagskriterien müssen so festgelegt und bestimmt sein, dass die Möglichkeit eines wirksamen Wettbewerbs gewährleistet wird, der Zuschlag nicht willkürlich erteilt werden kann und eine wirksame Überprüfung möglich ist, ob und inwieweit die Angebote die Zuschlagskriterien erfüllen.[90] Andernfalls verstieße er gegen die Grundsätze der Transparenz und der Objektivität des Vergabeverfahrens, die eine effektive Kontrolle der Richtigkeit der Angaben der Bieter erfordern.[91] Häufig ist deshalb die Bestimmung von Unterkriterien erforderlich, insbesondere sind bei technisch aufwändigen Beschaffungsgegenständen die genaue technische Beschreibung und deren wertungsmäßige Umsetzung notwendig.[92] Der Auftraggeber ist bei der Wertung der bekannt gegebenen Aspekte jedoch nicht gehalten, jeden Aspekt einzeln zu bewerten und daraus den Mittelwert zu bilden; er kann der Wertung auch die niedrigste Punktzahl als Mittelwert zugrunde legen.[93]

38   **d) Zuschlagskriterien bei einer funktionalen Leistungsbeschreibung.**[94] Auf der Grundlage einer richtlinienkonformen Auslegung des Abs. 1 darf der öffentliche Auftraggeber auch den niedrigsten Preis als ausschließliches Zuschlagskriterium bestimmen, wenn andere Kriterien nicht geeignet sind oder erforderlich erscheinen.[95] Funktionale Leistungsbeschreibungen sind nicht nur dort, wo ein bestimmter Erfolg geschuldet ist, sondern auch bei Dienstleistungen zulässig.[96] Das

---

[84]   OLG Naumburg Beschl. v. 12.4.2012 – 2 Verg 1/12, BeckRS 2012, 10195; VK Südbayern Beschl. v. 22.4.2013 – Z3-3-3194-1-13-04/13, IBRRS 2013, 2389.
[85]   VGH Kassel Urt. v. 15.10.2014 – 9 C 1276/13.T, BeckRS 2015, 41177; 2. VK Bund Beschl. v. 18.6.2012 – VK 2-53/12, ZfBR 2013, 75; *Weyand* ibrOK VergabeR § 97 Rn. 1144.
[86]   VK Brandenburg Beschl. v. 12.11.2008 – VK 35/08, BeckRS 2010, 26841; VGH Kassel Urt. v. 15.10.2014 – 9 C 1276/13.T, BeckRS 2015, 41177; 2. VK Bund Beschl. v. 18.6.2012 – VK 2-53/12, ZfBR 2013, 75.
[87]   VK Münster Beschl. v. 12.5.2009 – VK 5/09, IBRRS 2009, 2742; VK Südbayern Beschl. v. 29.6.2010 – Z3-3-3194-1-35-05-10, IBRRS 2010, 4229.
[88]   EuGH Slg. 1978, 2215 Rn. 20 = BeckRS 2004, 73338 – Agence européenne d'intérims/Kommission; EuG Slg. 2002, II-609 Rn. 95 = IBRRS 2014, 0431 – Esedra/Kommission; OLG Düsseldorf Beschl. v. 21.5.2008 – Verg 19/08, ZfBR 2008, 834.
[89]   OLG Düsseldorf Beschl. v. 21.5.2008 – Verg 19/08, ZfBR 2008, 834.
[90]   VK Bund Beschl. v. 10.6.2020 – VK 2-15/20, IBRRS 2020, 1587.
[91]   EuGH Urt. v. 4.12.2003 – C-448/01, Slg. 2003, I-14527 Rn. 51, 52 = NZBau 2004, 105 – EVN und Wienstrom.
[92]   Vgl. OLG Naumburg Beschl. v. 25.9.2008 – 1 Verg 3/08, IBRRS 2008, 2781.
[93]   VK Bund Beschl. v. 16.6.2020 – VK 2-37/20, IBRRS 2020, 2585.
[94]   *Weyand* ibrOK VergabeR § 97 Rn. 1154 ff.
[95]   OLG Düsseldorf Beschl. v. 11.12.2013 – VII-Verg 22/13, NZBau 2014, 374.
[96]   OLG Düsseldorf Beschl. v. 27.3.2013 – Verg 53/12, ZfBR 2015, 408; OLG Düsseldorf Beschl. v. 23.11.2005 – VII-Verg 66/05, BeckRS 2006, 01785.

gilt insbesondere für qualitätsorientierte Dienstleistungen, beispielsweise können qualitätsorientierte Reinigungsdienstleistungen hinsichtlich qualitativer Kriterien wie Schulungskonzept und organisatorischer Umsetzung (teil-)funktional ausgeschrieben werden.[97] Jedoch unterliegt auch die funktionale Leistungsbeschreibung gewissen Anforderungen an die Bestimmtheit. Die Kriterien für die spätere Angebotsbewertung müssen festlegen und das Leistungsziel, die Rahmenbedingungen sowie die wesentlichen Einzelheiten der Leistung in der Weise bekannt sein, dass mit Veränderungen nicht mehr zu rechnen ist.[98]

Im Rahmen funktionaler oder nur teilfunktionaler Ausschreibung von Bauleistungen ist der Preis jedoch als alleiniges Zuschlagskriterium wegen des qualitativen Elements von Planungsleistungen ungeeignet, weil eine allein am Preis ausgerichtete Wertung der Angebote qualitative Elemente von Planungsleistungen nicht berücksichtigt. Da Planungsleistungen aber nach den gesetzlichen Vorgaben der § 7 EU Abs. 13–15 VOB/A, § 2 EU Abs. 1 VOB/A dem Wettbewerb zu unterstellen sind, kommt in einem solchen Fall nur das wirtschaftlich günstigste Angebot als Zuschlagskriterium in Betracht, bei dem neben dem Preis qualitative Wertungskriterien ins Gewicht fallen.[99] Weist ein Beschaffungsvorhaben auch funktionale Elemente in der Leistungsbeschreibung auf, sind an die Bestimmtheit der Zuschlagskriterien geringere Anforderungen zu stellen, als bei Beschaffungsvorhaben mit einem konkret umrissenen Leistungsprofil, bei dem die zu erbringende Leistung in jeder Hinsicht eindeutig und erschöpfend beschreibbar ist.[100] Ist eine Ausschreibung in Bezug auf die genannten Zuschlagskriterien im Wesentlichen funktionaler Natur, bringt dies mit sich, dass die Zuschlagskriterien offen formuliert werden können und Bieter im Gegenzug eine größere Freiheit beim Leistungsangebot und der kaufmännischen Kalkulation haben.[101]

Es spricht nichts dagegen, dass eine Leistungsbeschreibung auch **konzeptionelle Elemente** enthält, die den Bietern einen gewissen Spielraum bei der Erstellung ihrer Angebote lassen. Es ist bei konzeptionellen Elementen gerade der Sinn, dass die Bieter eigene gute Ideen einfließen lassen dürfen.[102] Diese eigenen Ideen dürfen, wenn nicht gar müssen sich in der Wertung widerspiegeln, indem der Auftraggeber bei der Wertung Raum für die Berücksichtigung dieser eigenen Ideen lässt. Dies ist nur möglich, indem hierfür eine Art „Generalklausel" auf Wertungsebene vorgesehen wird; wäre der Auftraggeber hier zu verpflichten, wiederum exakte Kriterien vorzugeben, so würde der Sinn der vergaberechtlich ausdrücklich zugelassenen funktionalen Elemente konterkariert, da er die eigenen Ideen gerade nicht vorwegnehmen und in exakt vorformulierten Wertungskriterien abbilden kann. Der Auftraggeber kann zB in angemessener Weise Raum für die Wertung der funktionalen Elemente lassen, indem er die Wertungskriterien in fünf von sechs Stufen exakt vorgibt und lediglich für die letzte Besserbewertung, also den Sprung von Stufe fünf auf Stufe sechs, eine Möglichkeit für die Berücksichtigung der eigenen Ideen der Bieter eröffnet.[103] Sinn und Zweck der Erarbeitung der Konzepte ist es, bei den Bietern vorhandene Fachkunde und Kreativität abzufragen. Denn diese sind aufgrund ihrer Erfahrungen und dem täglichen Umgang mit den ausgeschriebenen Leistungen viel eher in der Lage, effektive Mittel zu benennen und umzusetzen.[104] Würde der Auftraggeber vorab ein eigenes Konzept erarbeiten müssen, an dem er die Konzepte der Bieter messen wollen würde, so müsste er dieses Konzept den Bietern als Wertungsmaßstab vorab wiederum zur Kenntnis geben. Dann aber würde es für die Bieter ausreichen, das Konzept des Auftraggebers zu übernehmen, um eine optimale Punktzahl zu erhalten. Damit aber wären die Maßnahmen wieder auf den Kenntnisstand des Auftraggebers beschränkt. Dies würde allerdings dem Ziel des Auftraggebers, hier von den Bietern eigene und möglicherweise auch neue Maßnahmen zu benennen, widersprechen.[105] Zu beachten ist zudem, dass ein vorab aufgestellter Anforderungskatalog den unterschiedlichen Maßnahmen und Herangehensweisen nur bedingt gerecht werden würde. Maßnahmen, die der

---

[97] OLG Düsseldorf OLG Düsseldorf Beschl. v. 27.3.2013 – Verg 53/12, ZfBR 2015, 408; OLG Düsseldorf Beschl. v. 2.8.2002 – Verg 25/02, IBRRS 2003, 0300.
[98] OLG Düsseldorf OLG Düsseldorf Beschl. v. 27.3.2013 – Verg 53/12, ZfBR 2015, 408; OLG Düsseldorf Beschl. v. 14.2.2001 – Verg 14/00, BeckRS 2001, 03588 und OLG Düsseldorf Beschl. v. 5.10.2000 – Verg 14/00, IBRRS 2003, 0839; OLG Naumburg Beschl. v. 2.4.2001 – 1 Verg 4/01, IBRRS 2003, 1412.
[99] OLG Düsseldorf Beschl. v. 11.12.2013 – VII-Verg 22/13, NZBau 2014, 374.
[100] OLG Düsseldorf Beschl. v. 4.2.2013 – VII-Verg 31/12, NZBau 2013, 321; OLG München Beschl. v. 25.9.2014 – Verg 9/14, ZfBR 2015, 195.
[101] OLG Düsseldorf Beschl. v. 4.2.2013 – VII-Verg 31/12, NZBau 2013, 321; OLG München Beschl. v. 25.9.2014 – Verg 9/14, ZfBR 2015, 195.
[102] 3. VK Bund Beschl. v. 30.7.2013 – VK 3-61/13, IBRRS 2013, 3634; iErg ebenso 2. VK Bund Beschl. v. 24.10.2014 – VK 2-85/14, IBRRS 2015, 0028.
[103] 3. VK Bund Beschl. v. 30.7.2013 – VK 3-61/13, IBRRS 2013, 3634; iErg ebenso 2. VK Bund Beschl. v. 24.10.2014 – VK 2-85/14, IBRRS 2015, 0028.
[104] 1. VK Sachsen Beschl. v. 7.3.2014 – 1/SVK/048-13, VPRRS 2014, 0384.
[105] 1. VK Sachsen Beschl. v. 7.3.2014 – 1/SVK/048-13, VPRRS 2014, 0384.

Auftraggeber bisher nicht bedacht oder gesehen hat, wären unter diesem Umständen ggf. nicht ihrer Bedeutung entsprechend wertbar.[106] Der Auftraggeber muss auch die Variationen der angebotenen Leistungen hinsichtlich ihrer einzelnen Merkmale gegeneinander abwägen können, denn ein direkter Vergleich der Angebote untereinander ist letztlich nur bedingt möglich. Aufgrund der Komplexität der Aufgabenstellung sowie der unterschiedlichen Herangehensweisen an die Lösung der gestellten Aufgabe durch die Bieter muss es dem Auftraggeber möglich sein, den unterschiedlichen Lösungsansätzen der Bieter gerecht zu werden.[107] Zur Wahrung der erforderlichen Transparenz reicht es daher aus, dass der Auftraggeber durch eine abgestufte Notenskala (gemäß den Schulnoten) zum Ausdruck gebracht hat, dass die Angaben in dem Angebot bezüglich zB der Unterkriterien umso besser bewertet würden, je effektiver, konkreter und nachprüfbarer sie das jeweils begehrte Ziel erreichen lassen. Eine weitergehende Konkretisierung hätte den innovativen Spielraum der Bieter beschränkt und sie von vorneherein auf bestimmte Lösungen festgelegt.[108] Die Hinterlegung von Punkten mit Zielvorstellungen, wann der Punktwert erreicht ist, kann nur in allgemeiner Form erfolgen, zumal es um die Bewertung von Konzepten geht, die der Bieter zu erarbeiten hat und damit in gewissem Umfang um eine Art kreative Leistung.[109] Exakte Vorgaben des Auftraggebers für die Punktwerte würden hier die Eigenleistung vorwegnehmen. Dennoch eröffnet das völlige Fehlen zu viel Spielraum bei der Bewertung, willkürliche Bewertungen sind nicht ausgeschlossen.[110] Bedient sich ein Auftraggeber ausschließlich eines aus qualitativen Aspekten zusammengesetzten Kriterienkatalogs, bei dem die Angebote in Bezug auf die Qualitätskriterien mittels eines Benotungssystems bewertet werden, muss er seine für die Zuschlagserteilung maßgeblichen Erwägungen in allen Schritten so eingehend dokumentieren, dass nachvollziehbar ist, welche konkreten qualitativen Eigenschaften der Angebote mit welchem Gewicht in die Benotung eingegangen sind.[111] Die Begründung muss alle Informationen enthalten, die notwendig sind, um die Entscheidungen des öffentlichen Auftraggebers nachvollziehen zu können. Bei Wertungsentscheidungen hat der öffentliche Auftraggeber darzulegen, nach welchen konkreten Gesichtspunkten die Bewertung erfolgt.

41 Die Zuschlagskriterien müssen jedoch die Grundsätze des Unionsrechts einhalten, insbesondere das Diskriminierungsverbot.[112] Die Zuschlagskriterien dürfen gem. Art. 67 Abs. 4 RL 2014/24/EU und Art. 82 Abs. 4 Sektoren-RL nicht zur Folge haben, dass den öffentlichen Auftraggeber uneingeschränkte Wahl- oder Entscheidungsfreiheit übertragen wird.[113] Die Kriterien müssen tatsächlich der Ermittlung des wirtschaftlich günstigsten Angebots dienen.[114] Sie müssen die Möglichkeit eines wirksamen Wettbewerbs gewährleisten und mit Spezifikationen einhergehen, die eine wirksame Überprüfung der von den Bietern übermittelten Informationen gestatten, damit bewertet werden kann, wie gut die Angebote die Zuschlagskriterien erfüllen. Im Zweifelsfall nehmen die öffentlichen Auftraggeber eine wirksame Überprüfung der Richtigkeit der von den Bietern beigebrachten Informationen und Nachweise vor. Insbesondere müssen Zuschlagskriterien notwendigerweise mit dem Auftragsgegenstand zusammenhängen,[115] so schon Art. 53 Abs. 1 lit. a Vergabe-RL 2004 und Art. 55 Abs. 1 lit. a Sektoren-RL 2004. Die Kontrolle der Vergabenachprüfungsinstanzen beschränkt sich auf Ermessensfehler, dh darauf, ob ein Ermessensmissbrauch oder ein sonstiger Ermessensfehler zu beanstanden ist.[116] Aus der Rechtsprechung des EuGH folgt, dass Kriterien auch dann noch als mit dem Auftragsgegenstand zusammenhängend anzusehen sind, wenn sich das betreffende Kriterium nicht in einer Produkteigenschaft widerspiegelt.[117] Die Anforderung des

---

[106] 1. VK Sachsen Beschl. v. 7.3.2014 – 1/SVK/048-13, VPRRS 2014, 0384.
[107] 1. VK Sachsen Beschl. v. 7.3.2014 – 1/SVK/048-13, VPRRS 2014, 0384.
[108] 1. VK Sachsen Beschl. v. 7.3.2014 – 1/SVK/048-13, VPRRS 2014, 0384; iErg ebenso 1. VK Bund Beschl. v. 6.12.2013 – VK 1-103/13, IBRRS 2014, 1183.
[109] 2. VK Bund Beschl. v. 24.10.2014 – VK 2-85/14, IBRRS 2015, 0028.
[110] 2. VK Bund Beschl. v. 24.10.2014 – VK 2-85/14, IBRRS 2015, 0028.
[111] OLG Düsseldorf Beschl. v. 16.10.2019 – Verg 6/19; VGH Hessen Beschl. v. 25.9.2018 – 3 B 1684/18, NZBau 2020, 319 ff.; zu den Erfordernissen der Dokumentation im Anschluss an die Schulnoten-Rspr. des BGH *Stein/Wolters* NZBau 2020, 339 ff.
[112] EuGH Urt. v. 17.9.2002 – C-513/99, Slg. 2002, I-7213 Rn. 63 = NZBau 2002, 618 – Concordia Bus Finland.
[113] EuGH Urt. v. 10.5.2012 – C-368/10, NZBau 2012, 445; *Weyand* ibrOK VergabeR § 97 Rn. 1150.
[114] EuGH Urt. v. 4.12.2003 – C-448/01, Slg. 2003, I-14527 Rn. 37 = NZBau 2004, 105 – EVN und Wienstrom.
[115] Noch vor Geltung der Vergabe-RL 2004 EuGH Urt. v. 17.9.2002 – C-513/99, Slg. 2002, I-7213 Rn. 59 = NZBau 2002, 618 – Concordia Bus Finland.
[116] OLG Düsseldorf Beschl. v. 21.5.2008 – Verg 19/08, NZBau 2009, 67; OLG Düsseldorf Beschl. v. 5.5.2008 – VII-Verg 5/08, NZBau 2009, 269.
[117] So bei aus erneuerbaren Energiequellen erzeugtem Strom – s. EuGH Urt. v. 4.12.2003 – C-448/01, Slg. 2003, I-14 527 Rn. 34 = NZBau 2004, 105 – EVN und Wienstrom.

Zusammenhangs ist damit weit zu verstehen. Ausreichend ist nach der Literatur bereits, dass der Auftraggeber durch eine entsprechende Gestaltung der Vergabeunterlagen mit jedem Kriterium den geforderten Zusammenhang herstellen kann.

e) Beispiele für zulässige Zuschlagskriterien. Als Kriterien zur Bestimmung des wirtschaftlichsten Angebots kommen beispielsweise Qualität, Preis, technischer Wert, Ästhetik, Zweckmäßigkeit, Umwelteigenschaften, Zugänglichkeit, Betriebs- und Folgekosten, Rentabilität, Kundendienst, technische Hilfe, innovative Eigenschaften oder die Ausführungsfrist in Betracht, vgl. § 16 EU Abs. 2 Nr. 2 VOB/A bzw. § 58 Abs. 2 Nr. 1–3 VgV. Die Aufzählung der Kriterien in den genannten Vorschriften ist nicht abschließend.[118] Das ergibt sich aus dem Wortlaut der Vorschriften, in denen es heißt „insbesondere". Der öffentliche Auftraggeber hat daher die Möglichkeit, andere Zuschlagskriterien festzulegen, soweit diese im Zusammenhang mit dem Auftragsgegenstand stehen und die in Art. 2 Vergabe-RL 2004 festgelegten Grundsätze eingehalten werden. Der öffentliche **Auftraggeber muss diese Freiheit umso mehr haben, als das wirtschaftlich günstigste Angebot „aus Sicht des öffentlichen Auftraggebers" zu beurteilen** ist.[119]

„**Qualität**" beschreibt die Beschaffenheit, die Merkmale einer Leistung. Unter Qualität ist die Güte der vom Bieter angebotenen Leistung zu verstehen. Das Zuschlagskriterium Qualität ist für sich kaum aussagekräftig. Der Auftraggeber muss deshalb sein Verständnis von Qualität in Bezug auf die konkret zu erbringende Leistung durch Unterkriterien konkretisieren.[120] Bei einer IT-Ausschreibung können bspw. die Kriterien Akkutausch ohne Datenverlust, erweiterbarer Speicher, Einschätzung Außendienst und Einschätzung Arbeitssicherheit verwendet werden.[121] Die Qualität einer Leistung kann auch anhand des Personals, der technischen und logistischen Mittel, der Geschäftsführung und der Informationsweiterleitung sowie der Fähigkeit, die besten Tarife auszuhandeln, bewertet werden.[122]

Das Kriterium „**Ästhetik**" beschreibt eine Reihe von Eigenschaften, die darüber entscheiden, wie Menschen Gegenstände oder eine bestimmte Leistung wahrnehmen. Dieses Kriterium wird hauptsächlich im Rahmen einer funktionalen Leistungsbeschreibung zur Anwendung gelangen. Auf der Grundlage einer funktionalen Leistungsbeschreibung geht es ua um die gestalterisch beste Lösung. Dieses Kriterium betrifft die Frage nach der gestalterischen Umsetzung (Farb- und Formgebung) der Leistung,[123] dessen Bewertung stark von der subjektiven Einschätzung des Auftraggebers abhängt. Es entzieht sich einer exakten Umrechnung in einen finanziellen Maßstab.[124] Deshalb wird das Kriterium Ästhetik nur dann zulässig sein, wenn es insgesamt einen nur geringen Einfluss auf die Gesamtbewertung einer Leistung hat.[125]

Das Kriterium „**Zweckmäßigkeit**" bringt in einem umfassenden Sinne zur Geltung, inwieweit die angebotene Leistung eines Bieters sowohl den Interessen des Auftraggebers als auch den Belangen der Personen dient, für die wiederum der Auftraggeber die Leistung erbringen wird.[126] Daher kommt es maßgeblich auf die gegenüber den Bietern dargestellten Ziele und Zwecke der Leistungserbringung an. Zu den „Umwelteigenschaften" zählt etwa bei der Lieferung von Strom dessen Gewinnung aus erneuerbaren Energieträgern.[127] Auch der Transportaufwand zur Abfallbeseitigungsanlage kann im Hinblick auf die erheblichen Immissionen der Transportfahrzeuge ein zulässiges umweltschutzbezogenes Kriterium darstellen.[128]

Das Kriterium „**Betriebskosten**" bezieht sich auf Kosten, die bei der Nutzung bestimmter Geräte/Gegenstände anfallen, etwa Stromkosten oder bei einem Fuhrpark Kraftstoffverbrauch und Versicherungskosten. Voraussetzung für dieses Kriterium ist, dass eine halbwegs zuverlässige Aussage über zukünftige Betriebskosten gemacht werden kann. Dafür müssen die richtigen Gerätedaten

---

[118] OLG Düsseldorf Beschl. v. 14.1.2009 – VII-Verg 59/08, NZBau 2009, 398, für § 25a VOL/A aF; später § 19 EG Abs. 9 VOL/A; ähnlich bislang § 16 Abs. 6 Nr. 3 S. 2 VOB/A; § 19 EG Abs. 9 VOL/A, § 29 Abs. 2 SektVO und § 34 Abs. 3 VSVgV.
[119] EuGH Urt. v. 26.3.2015 – C-601/13, NZBau 2015, 312; EuGH Urt. v. 12.3.2015 – C-538/13, NZBau 2015, 306; *Weyand* ibrOK VergabeR § 97 Rn. 1145.
[120] VK Südbayern Beschl. v. 21.4.2004 – 24-04/04, IBRRS 2004, 1697; VK Baden-Württemberg Beschl. v. 21.11.2001 – 1 VK 37/01, IBRRS 2004, 3633.
[121] OLG Düsseldorf Beschl. v. 19.7.2006 – Verg 27/06, BeckRS 2007, 00389.
[122] EuG Slg. 2005, II-2627 Rn. 87 = BeckRS 2005, 70489 – TQ3 Travel.
[123] Vgl. OLG Naumburg Beschl. v. 29.10.2001 – 1 Verg 11/01, BeckRS 2009, 13730.
[124] BayObLG Beschl. v. 23.3.2004 – Verg 3/04, NJOZ 2004, 2717 (2722).
[125] BayObLG Beschl. v. 23.3.2004 – Verg 3/04, NJOZ 2004, 2717 (2722).
[126] OLG Düsseldorf ZfBR 2003, 721 (723).
[127] EuGH Urt. v. 4.12.2003 – C-448/01, Slg. 2003, I-14 527 Rn. 34 = NZBau 2004, 105 – EVN und Wienstrom.
[128] OLG Rostock Beschl. v. 30.5.2005 – 17 Verg 4/05, IBRRS 2005, 3055.

zugrunde gelegt und von einer realistischen Nutzung der Geräte ausgegangen werden.[129] Unter „Folgekosten" sind die Kosten zu verstehen, die in Folge der erbrachten Leistung bzw. zu ihrer weiteren Nutzung notwendig werden,[130] ohne dass diese den Betriebskosten zurechenbar wären. Das können etwa Entsorgungskosten sein[131] oder aber bei Softwareprodukten die Kosten für Folgeversionen bzw. Updates. Auch dieses Kriterium benötigt konkretisierende Unterkriterien, uU die Festlegung eines Zeitraumes, für den die Prognose der Folgekosten wertungsrelevant sein soll, sowie aussagekräftige Umstände zur Bestimmung der Folgekosten, die evtl. vom Bieter zu fordern sind.[132]

47 Die **„Rentabilität"** eines Angebots betrifft die Auswirkung der Leistungserbringung auf die künftige Wirtschaftlichkeit der zu erbringenden Leistungen für den Auftraggeber. So können von der Leistungserbringung beeinflusste Einnahmen/Gebühren von Bedeutung sein oder die Langlebigkeit eines Produkts oder sonstige Ersparnisse an anderer Stelle.[133]

48 **„Kundendienste"** oder „technische Hilfe" werden immer dann eine erhöhte Bedeutung besitzen, wenn die (möglichst) ununterbrochene störungsfreie Nutzung der Leistung hohen Stellenwert besitzt. Das ist etwa bei medizinischen Geräten denkbar, bei Schleusen in der Binnenschifffahrt oder im Zusammenhang mit Leistungen auf Flughäfen.[134] Zum „Kundendienst" wird man auch Servicedienstleistungen zählen dürfen, die Leistungen zur Unterstützung der Vertragsverwaltung sowie Leistungen zur reibungslosen Abwicklung von Schadensfällen umfassen.[135]

49 Die Kriterien **„Ausführungsfrist"** bzw. „Lieferzeitpunkt" und „Lieferungsfrist"[136] betreffen die Erbringung der Leistung in zeitlicher Hinsicht. Dabei muss der Auftraggeber deutlich machen, welche Bedeutung einem Termin – etwa hinsichtlich der Wertung des Angebots – zukommt.[137] Beispielsweise kann die Kürze der Nachlieferfrist von bestimmten Produkten ein wichtiger Aspekt im Rahmen der Zuschlagsentscheidung des Auftraggebers sein.[138]

50 Der Auftraggeber darf zur Ermittlung des wirtschaftlichsten Angebots auch den **Preis** der zu beschaffenden Leistung als Zuschlagskriterium heranziehen. Das Kriterium „Preis" erfasst nur die Beträge, die im Angebot genannt sind. Kaufmännische Veränderungen der angegebenen Preise, etwa nach der Annuitätsmethode oder durch Einrechnung oder Abzug von weiteren Kosten wären nur dann möglich, wenn sie den Bietern als Wertungsmethode vorher bekannt gemacht worden sind.[139] Unter den Kriterien, derer sich der Auftraggeber bedienen kann, um das wirtschaftlichste Angebot zu ermitteln, wird der Preis schon wegen haushaltsrechtlicher und tatsächlicher Budgetvorgaben eine entscheidende Rolle spielen.[140] Der Auftraggeber muss Preis und Leistung im Wege einer Abwägung in ein angemessenes Verhältnis zueinander bringen. Hinsichtlich der angemessenen Einbeziehung des Preises kommt dem Auftraggeber, gerade weil aufgrund der Betonung der Wirtschaftlichkeit weitere Kriterien der Angebote relevant sind und im Einzelfall beispielsweise ein Mehr an Qualität einen höheren Preis rechtfertigen kann, ein erheblicher Beurteilungs- und Ermessensspielraum zu.[141] Es ist anerkannt, dass der Angebotspreis nicht nur marginal gewichtet und der Zuschlag nicht losgelöst von preislichen Erwägungen erteilt werden darf. Der Auftraggeber hat vielmehr den Preis in einer angemessenen Weise in die Wertung einzubeziehen.[142] Strittig ist jedoch, ob die Gewichtung des Preises generell 30% nicht unterschreiten darf.[143] Eine derartige Pauschalisierung ist nicht sinnvoll und ergibt sich weder aus dem Gemeinschaftsrecht noch aus dem nationalen Recht. Vielmehr obliegt es dem Auftraggeber im Einzelfall zu beurteilen, welches Gewicht der Preis nach

---

[129] VK Brandenburg Beschl. v. 28.6.2006 – 2 VK 22/06, IBRRS 2007, 3118; vgl. VK Brandenburg Beschl. v. 31.8.2006 – 1 VK 33/06, IBRRS 2007, 3233.
[130] Vgl. OLG Bremen ZfBR 2006, 719 (722).
[131] VK Schleswig-Holstein Beschl. v. 19.1.2005 – VK-SH 37/04, BeckRS 2005, 00905.
[132] OLG Naumburg Beschl. v. 25.9.2008 – 1 Verg 3/08, BeckRS 2008, 23014.
[133] *Wiedemann* in KMPP VOL/A, 2. Aufl. 2011, VOL/A § 16 Rn. 283; *Noch* in Müller-Wrede GWB § 25 Rn. 358.
[134] *Noch* in Müller-Wrede GWB § 25 Rn. 360.
[135] VK Lüneburg Beschl. v. 24.11.2003 – 203-VgK-29/2003, IBRRS 2004, 0020.
[136] Die beiden letztgenannten Kriterien stammen aus § 25a Nr. 1 Abs. 1 S. 1 VOL/A aF bzw. Art. 53 Abs. 1 lit. a Vergabe-RL 2004.
[137] EuGH Urt. v. 4.12.2003 – C-448/01, Slg. 2003, I-14527 Rn. 58 = NZBau 2004, 105 – EVN und Wienstrom.
[138] S. VK Münster Beschl. v. 22.7.2005 – VK 16/05, IBRRS 2005, 2850.
[139] VK Düsseldorf Beschl. v. 29.4.2008 – VK-06/2008-B, IBRRS 2009, 0313.
[140] Vgl. BGH Urt. v. 26.10.1999 – X ZR 30/98, NZBau 2000, 35 (37).
[141] VK Brandenburg Beschl. v. 14.6.2007 – 1 VK 17/07, IBRRS 2007, 3779; *Weyand* ibrOK VergabeR Rn. 610/2.
[142] OLG Düsseldorf Beschl. v. 29.12.2001 – Verg 22/01, NZBau 2002, 578 (580); OLG Dresden Beschl. v. 5.1.2001 – WVerg 11 u. 12/00, NZBau 2001, 459 (460); VK Bund Beschl. v. 10.6.2005 – VK 2–36/05.
[143] Dafür OLG Dresden Beschl. v. 5.1.2001 – WVerg 11 u. 12/00, NZBau 2001, 459 (460).

Abwägung aller Umstände haben muss. Der Auftraggeber soll im Rahmen des ihm zustehenden Spielraums selbst entscheiden, wie Preis und Leistung eines Angebots in ein angemessenes Verhältnis zu bringen sind.[144] Zu berücksichtigen ist, dass der Preis als absolute und eindeutige Größe ausschlaggebend ist, wenn die Wirtschaftlichkeitsprüfung zum Ergebnis führt, dass die (verbliebenen) Angebote hinsichtlich aller übrigen Kriterien gleichwertig sind.[145] Im Einzelfall kann es schwierig sein, auf der Grundlage von qualitativen und damit weichen Kriterien zu einer unterschiedlichen Bewertung einer Leistung zu kommen. Des Weiteren kann der Preis im Zusammenhang mit der Bekanntgabe der Zuschlagskriterien und Unterkriterien ausschlaggebende Bedeutung erlangen.

Ein Sonderfall, in dem der Preis kein Kriterium zur Ermittlung des wirtschaftlichsten Angebots 51 sein darf, liegt vor, wenn **Preise gesetzlich festgeschrieben** sind. Auf diesen Aspekt geht auch Erwägungsgrund 47 Vergabe-RL 2004 ein.[146] Danach dürfen Zuschlagskriterien nicht die Anwendung nationaler Bestimmungen beeinträchtigen, die die Vergütung bestimmter Dienstleistungen, wie bspw. die Vergütung von Architekten, Ingenieuren und Rechtsanwälten, regeln oder – bei Lieferaufträgen – feste Preise für Schulbücher festlegen. Dieser Aspekt findet sich auch in Art. 53 Abs. 1 Vergabe-RL 2004, wonach die Zuschlagsregeln „unbeschadet der für die Vergütung von bestimmten Dienstleistungen geltenden einzelstaatlichen Rechts – und Verwaltungsvorschriften" gelten. Als Kriterien für die Zuschlagserteilung kommen im Falle gesetzlich festgelegter Preise hauptsächlich qualitative Kriterien in Betracht; quantitativ könnten der Ausführungszeitraum oder Folgekosten[147] relevant sein.

3. Durchführung der Wirtschaftlichkeitsprüfung. a) Bewertungsspielraum. Die Wer- 52 tung der Angebote erfolgt anhand der bekannt gegebenen Zuschlagskriterien, Unterkriterien und Gewichtungsregeln bzw. Bewertungsgrundsätze und Bewertungsmethoden.[148] Auf dieser Grundlage besitzt der Auftraggeber bei der Bewertung von Einzelpositionen bzw. der Vergabe von Punkten/ Noten einen weiten **Beurteilungsspielraum**.[149] Der Auftraggeber muss jedes einzelne Angebot für sich bewerten. Der Auftraggeber übt sein Ermessen vielmehr bereits bei der Festlegung der Kriterien und Gewichtungsregeln aus,[150] was ihn bei der späteren Wertung bindet. Dementsprechend entfällt ein Ermessenspielraum, wenn das Angebot den Zuschlag erhalten soll, das nach Anwendung der bekannt gegebenen Bewertungsmatrix den höchsten Punktwert erreicht. Hat der Auftraggeber Margen bekannt gegeben, muss er sein Ermessen dahingehend ausüben, vor der Einzelbewertung der Angebote die Gewichtungen endgültig festzulegen. Alle Angebote sind anhand dieser Festlegungen zu werten.[151]

Der öffentliche Auftraggeber verfügt bei der qualitativen Bewertung der Angebote über einen 53 Beurteilungsspielraum.[152] Den Nachprüfungsinstanzen ist es verwehrt, ihr Ermessen an die Stelle des Ermessens des Auftraggebers zu setzen. Das bedeutet, dass den Prüfern der Angebote ein von der Rechtsprechung nur sehr eingeschränkt überprüfbarer Beurteilungsspielraum zusteht. Die Bewertung erfolgt nach der fachlichen Beurteilung der jeweiligen Prüfer und Prüferinnen[153] bzw. des Prüferteams. Das bedeutet, dass die Bewertungen letztlich nicht einer absoluten Richtigkeitskontrolle zugänglich sind. Entscheidend ist, wie das Ergebnis der Bewertung jeweils hergeleitet und begründet wird. Es gibt also nicht unbedingt nur eine einzige richtige Bewertung bzw. nicht einen richtigen Punktewert. Ebenso wie bei Prüfungen mündlicher oder schriftlicher Leistungen allgemein ist eine vollständig gleichmäßige Bewertung nicht möglich.[154] Die Wertungsentscheidungen müssen jedoch willkürfrei in Anwendung der mitgeteilten Zuschlags- und Unterkriterien getroffen werden.[155]

---

[144] OLG Düsseldorf Beschl. v. 29.12.2001 – Verg 22/01, NZBau 2002, 578 (580).
[145] BGH NZBau 2002, 344 (345); OLG Düsseldorf Beschl. v. 28.4.2008 – VII-Verg 1/08, IBRRS 2008, 4208; BayObLG Beschl. v. 2.12.2002 – Verg 24/02, BeckRS 2003, 00016; VK Brandenburg Beschl. v. 20.10.2004 – VK 56/04, IBRRS 2005, 2862; VK Lüneburg Beschl. v. 3.2.2004 – 203-VgK-41/2003, IBRRS 45397.
[146] Ähnlich aber weniger umfangreich ist Erwägungsgrund 56 Sektoren-RL 2004.
[147] Dazu s. OLG Naumburg Beschl. v. 13.5.2008 – 1 Verg 3/08, BeckRS 2008, 14157, mAnm *Wittchen* IBR 2008, 757.
[148] Vgl. etwa OLG Schleswig Beschl. v. 20.3.2008 – 1 Verg 6/07, IBRRS 2008, 2132.
[149] EuGH Urt. v. 9.9.2010 – T-300/07, IBRRS 2010, 3896; OLG Celle Beschl. v. 10.1.2008 – 13 Verg 11/ 07, IBRRS 2008, 0114; dieser betrifft im Gegensatz zum rechtsfolgenbezogenen Ermessen die Tatbestands- und damit Tatsachenebene; OLG München Beschl. v. 17.1.2008 – Verg 15/07, NJOZ 2008, 1019 (1024); OLG Düsseldorf Beschl. v. 22.8.2007 – VII-Verg 27/07, BeckRS 2007, 17784, wo aber nicht streng zwischen Beurteilungsspielraum und (Wertungs-)Ermessen unterschieden wird.
[150] Zum bestehenden Ermessen OLG Düsseldorf Beschl. v. 14.1.2009 – Verg 59/08, IBRRS 2009, 1140.
[151] *Braun/Kappenmann* NZBau 2006, 544 (547).
[152] OLG Celle Beschl. v. 7.11.2013 – 13 Verg 8/13, IBRRS 2014, 1423.
[153] Soweit im Folgenden von Prüfern gesprochen wird, meint dies auch „Prüferinnen".
[154] OLG Düsseldorf Beschl. v. 7.12.2009 – VII-Verg 47/09, IBRRS 2013, 0659.
[155] S. OLG Naumburg Beschl. v. 13.5.2008 – 1 Verg 3/08, BeckRS 2008, 23014.

54 Die Angebote dürfen zusätzlich auch vergleichend betrachtet und gewertet werden, um den Erfüllungsgrad der jeweils angebotenen Leistungen in Bezug auf das einzelne Zuschlags- bzw. Unterkriterium genau bestimmen zu können. Jedes Bewertungssystem hat neben einem objektiven auch ein vergleichendes Element.[156] Die inhaltlichen Abweichungen können ermittelt und unter Berücksichtigung des Gesamterfüllungsgrades entsprechend mit Punkten bewertet werden. Ein solcher Vergleich ist jeder Bewertung immanent, insbesondere wenn es darum geht, die abgestufte Erfüllung von bestimmten Zielerfüllungsgraden (hoch – durchschnittlich – gering) bzw. von erreichten Punkten der einzelnen Angebote zueinander festzustellen und in der Wertung angemessen zu würdigen.[157] Aufgrund der erhöhten Transparenzpflichten dürfte nach der Einzelbewertung der Angebote für eine vergleichende Analyse der Angebote untereinander allerdings nur ein geringer Ermessensspielraum verbleiben. Eine **vergleichende Wertung** der Angebote darf nur dahingehend stattfinden, dass eine genauere Abstimmung der Wertung in Bezug auf die von einem fachkundigen Bieter bei realistischer Betrachtung geleistet werden kann. Das bedeutet, der Maßstab muss stets die „realistische Idealleistung" sein.

55 Der durch den Gleichbehandlungsgrundsatz (§ 97 Abs. 2) gebotenen gleichförmigen Bewertung der Angebote ist möglichst durch die **Vorgabe eines Wertungsleitfadens** und dadurch entsprochen, dass die Angebote in den jeweiligen Bereichen von **ein und derselben Prüfergruppe** bewertet werden.[158] Die Angebotswertung ist ggf. über die einzelnen Prüfergruppen hinweg einheitlich und gleichmäßig für alle Angebote durchzuführen, um die Beurteilungen möglichst objektiv und nachvollziehbar zu machen. Bei der Bewertung der Angebote ist deshalb insbesondere einheitlicher Bewertungsmaßstab gleicher „Strenge" anzuwenden, sodass auch unter diesem Aspekt die Gleichbehandlung der Bieter gewahrt wird. Innerhalb einer Prüfergruppe kann die einheitliche Bewertung der Angebote ua auch dadurch unterstützt werden, dass eine „parallele" Betrachtung der zu bewertenden Unterlagen der Bieter erfolgt. Die Angaben bzw. Konzepte der Bieter sollen insbesondere also nicht nacheinander und nur für sich bewertet werden. Die Angaben bzw. Konzepte sind bei der Bewertung vielmehr „nebeneinander zu legen". Das bedeutet, die Angaben der Bieter sind unter Berücksichtigung des mitgeteilten objektiven Bewertungsmaßstabs zu vergleichen und zueinander ins Verhältnis zu setzen. Dies stellt sicher, dass eine einheitliche und diskriminierungsfreie Beurteilung der Angebote unter Wahrung des Gleichbehandlungsgrundsatzes erfolgt.[159]

56 **b) Wertungsvermerk.** Der Auftraggeber muss über die Angebotswertung wie auch für das Vergabeverfahren als solches einen Wertungsvermerk und einen fortlaufenden Vergabevermerk fertigen. Diese Vermerke sind insbesondere für den Fall der Überprüfung der Wertung durch die vergaberechtlichen Nachprüfungsinstanzen von erheblicher Bedeutung. Nur auf dieser Basis kann der Auftraggeber später nachweisen, dass er die Grenzen seines Beurteilungsspielraums eingehalten und einwandfreie Entscheidungen getroffen hat. Die Pflicht zur Erstellung eines aussagekräftigen Vergabevermerks und insbesondere eines Wertungsvermerks ergibt sich aus dem Grundsatz der Transparenz des Vergabeverfahrens (§ 97 Abs. 1). Darüber hinaus enthalten VgV, VOB/A EU, SektVO, KonzVgV und VSVgV explizite Vorgaben dazu. Der Auftraggeber muss den Vermerk von Beginn des Vergabeverfahrens und dann **fortlaufend** während des gesamten Vergabeverfahrens führen. Der Vermerk ist zeitnah zu seinen Entscheidungen und Maßnahmen anzufertigen. Es genügt dabei nicht, dass der Vergabevermerk erst nach Abschluss des Vergabeverfahrens und Zuschlagserteilung vorliegt. Er muss darin die wesentlichen verfahrensrelevanten Schritte und Entscheidungen festhalten sowie nachvollziehbar begründen. Dazu gehört beispielsweise die Niederlegung der Grundlagen für die Schätzung des Auftragswerts, die Auswahl der Verfahrensart und grundsätzlich auch die Wertung der Angebote und die Entscheidung für die Erteilung des Zuschlags auf der Grundlage des wirtschaftlichsten Angebots bzw. des niedrigsten Preises.[160] Die Dokumentation der Gründe für die Entscheidung der Vergabestelle für eine Ausschreibung allein nach dem Kriterium des niedrigsten Preises ist vergaberechtlich dann nicht erforderlich, wenn nach der konkreten Definition des Leistungs-Solls des Beschaffungsvorgangs sehr homogene, sich nur im Angebotspreis unterscheidende Angebote zu erwarten sind. Da die Dokumentation stets zeitnah zu den jeweiligen Vergabeentscheidungen erfolgen muss und meist auch die nächsten Schritte im Vergabeverfahren einzubeziehen sind, muss der Vergabevermerk nicht durchgehend im Imperfekt gehalten sein, sondern darf auch Passagen enthalten, die Präsens oder im Futur geschrieben sind. Ist ein Vergabevermerk in verschiedenen Tempi

---

[156] OLG Düsseldorf Beschl. v. 30.7.2009 – VII-Verg 10/09, BeckRS 2009, 29056.
[157] VK Bund Beschl. v. 22.11.2013 – VK 1103/13.
[158] OLG Düsseldorf Beschl. v. 7.12.2009 – VII-Verg 47/09, IBRRS 2013, 0659.
[159] OLG Düsseldorf Beschl. v 23.3.2015 – VII-Verg 68/04, BeckRS 2005, 04881; VK Bund Beschl. v. 4.8.2016 – VK 2-69/16, IBRRS 2016, 2225.
[160] OLG Naumburg Beschl. v. 5.12.2008 – 1 Verg 9/08 (Ls. 4), BeckRS 2009, 02589.

B. Die Regelungen des § 127 im Einzelnen 57–59 § 127 GWB

formuliert, spricht dies nicht für mangelnde Sorgfalt des Verfassers, vielmehr erhöht dieser Umstand gerade die Authentizität des Vermerks.

Der Auftraggeber muss sowohl den formalen Verfahrensablauf als auch materiell die Maßnahmen, Feststellungen und Begründungen der einzelnen Entscheidungen dokumentieren. § 8 VgV, § 20 EU VOB/A, § 8 SektVO, § 6 KonzVgV und § 43 VSVgV normieren weitgehend übereinstimmend eine die Vergabestelle treffende, zwingende Pflicht, die Auswahlentscheidung als wesentliche Entscheidung in nachvollziehbarer Weise zu dokumentieren, um für den Bewerber die erforderliche Prüfbarkeit zu gewährleisten.[161] Nachvollziehbar zu dokumentieren ist insbesondere die Grundlage für die im Rahmen der Bewertung vergebenen Punkte. Es muss ersichtlich sein, wie der Auftraggeber seine Zuschlagskriterien berücksichtigt und gewertet hat. Insbesondere muss er darin die Gründe festhalten, die für seine Entscheidung im Rahmen seines Beurteilungsspielraums – also etwa für eine bestimmte Punktvergabe – maßgeblich waren.[162] Das gilt im besonderen Maße für die Darlegungen, mit denen die Auswahl des für den Zuschlag vorgesehenen Bieters gerechtfertigt wird. Hierzu müssen die Tatsachenumstände und Überlegungen, welche die in Aussicht genommene Zuschlagsentscheidung tragen, vollständig, wahrheitsgemäß und verständlich mitgeteilt werden.[163] Insbesondere müssen alle Wertungsschritte mit ihren Ergebnissen nachvollziehbar dargestellt werden. Es muss ohne weitere Erläuterung nachvollziehbar sein, aus welchen Gründen der Auftraggeber sich für ein bestimmtes Angebot entschieden oder einen bestimmten Bieter für ungeeignet gehalten hat.[164] Die Dokumentation dient dem Ziel, die Entscheidungen der Vergabestelle transparent und sowohl für die Überprüfungsinstanzen (Vergabekammer und Vergabesenat) als auch für die Bieter überprüfbar zu machen. Besteht ein Dokumentationsmangel und wirkt sich dieser gerade auch auf die Rechtsstellung eines Bieters im Vergabeverfahren aus, ist dieser in seinem subjektiven Recht auf Einhaltung der Vergabebestimmungen (§ 97 Abs. 7) verletzt und kann erfolgreich das Vergabenachprüfungsverfahren betreiben.[165]

Die einzelnen Stufen des Verfahrens, die einzelnen Maßnahmen und die Begründung der einzelnen Entscheidungen müssen festgehalten werden.[166] Die Dokumentation der Wertung muss für alle maßgebliche Schritte so umfangreich und detailliert sein, dass sie für einen mit der Sachlage des jeweiligen Vergabeverfahrens vertrauten Leser nachvollziehbar ist, welche konkreten qualitativen Eigenschaften eines Angebots mit welchem Gewicht in die Benotung eingegangen sind, wobei die Dokumentation durchaus in einer knappen, prägnanten Form erfolgen kann.[167] Stichpunktartige Ausführungen dazu, was bei den jeweils zu wertenden Ausführungen eines Bieters positiv und oder negativ aufgefallen ist, reichen grundsätzlich aus.[168] Das gilt insbesondere für die Darlegungen, mit denen die Auswahl des für den Zuschlag vorgesehenen Bieters gerechtfertigt wird. Hierzu müssen die Tatsachenumstände und Überlegungen, welche die in Aussicht genommene Zuschlagsentscheidung tragen, vollständig, wahrheitsgemäß und verständlich mitgeteilt werden. Dies gilt vor allem für Entscheidungen, welche die Ausübung von Ermessen oder die Ausfüllung eines Beurteilungsspielraumes enthalten, hier sind die Gründe für die erfolgte Ermessensausübung bzw. Beurteilung darzulegen, weil sich die Entscheidung nicht unmittelbar aus dem Gesetz oder einer sonstigen Vorschrift ergibt.

Die Pflicht zur Dokumentation findet ihre Grenze darin, dass die Vergabestelle verbale Begründungen nicht auch dann machen muss, wenn das Konzept eines Bieters zu einzelnen Wertungskriterien genau den Anforderungen der Vergabestelle entspricht und deshalb mit einer bestimmten Punktzahl bewertet wird. Die Forderung einer Begründung in Form einer Wiederholung der Vorgaben der Verdingungsunterlagen wäre in einem solchen Fall reine Förmelei und hätte keinen zusätzlichen Erkenntniswert.[169] Der Vergabevermerk soll jedoch (nur) die Einhaltung der Vergaberegeln transparent machen. Eine etwaige Intransparenz haushaltsrechtlich determinierter Entscheidungen kann keine Verletzung subjektiver Bieterrechte aus dem Vergaberecht iSv § 97 Abs. 7 begründen.[170] Ihr Aufgreifen bleibt uU einer verwaltungsinternen Rechnungsprüfung vorbehalten.

---

[161] OLG Brandenburg NZBau 2000, 44.
[162] OLG Düsseldorf Beschl. v. 22.8.2007 – VII-Verg 27/07, BeckRS 2007, 17784; vgl. auch OLG Schleswig Beschl. v. 20.3.2008 – 1 Verg 6/07, BeckRS 2008, 08129; VK Lüneburg Beschl. v. 22.6.2007 – VgK-21/ 2007, IBRRS 2009, 2720.
[163] OLG Düsseldorf Beschl. v. 17.3.2004 – Verg 1/04, BeckRS 2004, 03905.
[164] VK Sachsen Beschl. v. 24.2.2005 – 1/SVK/0004–05; IBRRS 2006, 0031; VK Düsseldorf Beschl. v. 9.4.2003 – VK-8/2003-B; VK Lüneburg Beschl. v. 8.5.2006 – VgK-07/2006, IBRRS 2006, 1679.
[165] BayObLG VergabeR 2002, 63 (69); BayObLG VergabeR 2001, 65 (68).
[166] VK Lüneburg Beschl. v. 28.6.2011 – VgK-21/2011, BeckRS 2011, 52555.
[167] OLG Celle Beschl. v. 15.1.2010 – 13 Verg 16/09, IBRRS 2010, 0427; VK Bund Beschl. v. 12.4.2019 – VK 1-11/19, IBRRS 2019, 2117.
[168] OLG Celle Beschl. v. 11.6.2015 – 13 Verg 4/15, BeckRS 2015, 11003.
[169] VK Bund Beschl. v. 18.8.2006 – VK 1 82/06.
[170] OLG Naumburg Beschl. v. 5.12.2008 – 1 Verg 9/08, BeckRS 2009, 02589.

60 Es ist nicht erforderlich, in der Begründung der Wertungsentscheidung ausdrücklich auf jede Einzelheit der ggf. umfangreichen Angebotsunterlagen einzugehen. Eine zusammenfassende, auf die tragenden Gründe beschränkte Darstellung genügt. Ausreichend kann es etwa auch sein, wenn lediglich auf diejenigen Umstände eingegangen wird, die letztlich zu einem Punktabzug geführt haben.[171] Bei einer unterschiedlichen Bewertung der Angebote der verschiedenen Bieter sollten vergleichende Querbezüge hergestellt und dokumentiert werden.

61 Die Anforderungen an die Dokumentation der Wertung sind erfüllt, wenn sich in der Vergabeakte die Bewertungsbögen befinden, aus denen sich ergibt, mit welcher Punktzahl jedes einzelne Leistungsmerkmal bewertet worden ist. Nicht erforderlich erscheint es, zu der Vergabeakte auch die Handzettel zu nehmen, auf denen sich die einzelnen an der Wertung beteiligten Personen ihre jeweiligen Ergebnisse notieren. Damit würde die Dokumentationspflicht überspannt werden.[172] Dass ein Bewertungsgremium lediglich auf die Punkte eingegangen ist, in denen es Unterschiede zwischen den einzelnen Bietern festgestellt hat, ist vergaberechtlich nicht zu beanstanden.[173] Die Dokumentationspflicht kann nicht so weit ausgedehnt werden, dass der Auftraggeber verbale Begründungen auch dann machen muss, wenn die Bieter in bestimmten Punkten übereinstimmend den Anforderungen des Auftraggebers gerecht werden.[174] Beispielsweise ist folgende Formulierung ausreichend: *Das Konzept des Bieters erfüllt die Anforderungen weitestgehend, weist aber die folgenden Schwächen/Mängel auf: [...] Gerade im Vergleich mit den Konzepten der Bieter X und Y vermag das Konzept aber insgesamt inhaltlich deutlich mehr zu überzeugen, da [...]. Daher Bewertung mit 2 Punkten.*

II. Berücksichtigung verbindlicher Vorschriften der Preisgestaltung (Abs. 2)

62 Abs. 2 bestimmt, dass verbindliche **Vorschriften zur Preisgestaltung bei der Ermittlung des wirtschaftlichsten Angebots zu beachten** sind. Es handelt es um eine inhaltlich und formal neue Vorschrift. Vorschriften zur Preisgestaltung im Sinne der Vorschrift sind gesetzliche Gebühren- oder Honorarordnungen wie beispielsweise das in der VO PR 30/53 geregelte öffentliche Preisrecht, die Honorarordnung für Architekten und Ingenieure (HOAI), das Buchpreisgesetz (BuchPrG) oder das Rechtsanwaltsvergütungsgesetz (RVG).

63 Die Vorgabe, dass verbindliche Vorschriften zur Preisgestaltung bei der Ermittlung des wirtschaftlichsten Angebots zu beachten sind, ist lediglich **deklaratorisch.** Die Vorschrift begründet selbst keine neuen Rechtspflichten und muss es auch nicht. Die Vorschrift stellt lediglich klar, dass die Vorgaben von gesetzlichen Gebühren- oder Honorarordnungen bei der Auswahl und insbesondere auch bei der Wertung von preislichen Zuschlagskriterien zu berücksichtigen sind. Da die Vorschrift damit keinen eigenen Regelungsgehalt hat, ist sie im Zuge des Gesetzgebungsverfahrens für überflüssig befunden worden.

64 Abs. 2 geht nicht auf die RL 2014/24/EU und Sektoren-RL zurück, die Richtlinien enthalten keine derartige Vorschrift. Die Erwägungsgründe der RL 2014/24/EU (Erwägungsgrund 92 Abs. 3 RL 2014/24/EU) und Sektoren-RL (Erwägungsgrund 97 Abs. 3 Sektoren-RL) stellen klar, dass die Zuschlagskriterien „keinerlei Auswirkungen" auf die Anwendung von nationalen Bestimmungen zur Festlegung der Vergütung für bestimmte Dienstleistungen oder zu Festpreisen für bestimmte Leistungen haben sollen, sodass Abs. 2 auch im Einklang mit dem Unionsrecht steht.

65 Öffentliche Auftraggeber sind bei der Prüfung der Angebote verpflichtet, diese darauf zu prüfen, ob die durch eine Gebühren- oder Honorarordnung vorgegebenen Schranken für zulässige Entgelte eingehalten werden. Bei Geltung einer gesetzlichen Gebühren- oder Honorarordnung, zB der Honorarordnung für Architekten und Ingenieure (HOAI), sind die entsprechenden Honorarvorgaben bei der Beurteilung des Zuschlagskriteriums „Preis" entsprechend zu berücksichtigen.[175] Sofern die Gebühren- oder Honorarordnung für die betreffende Leistung keine Schwankungsbreite zulässt, ist vom öffentlichen Auftraggeber das festgelegte Honorar als fixe Position in Anschlag zu bringen.[176] Die Bestimmung des wirtschaftlichsten Angebots kann in diesem Fall nur aufgrund der Bewertung anderer Zuschlagskriterien als des Zuschlagskriteriums „Preis" erfolgen.[177]

66 Das Preisrecht betrifft die Bestimmung des Preises für eine Leistung und die Grenzen der Preisbestimmung.[178] Das Preisrecht gliedert sich in allgemeine Preisvorschriften, die auf eine Vielzahl von Waren und Leistungen anwendbar sind, und besondere Preisvorschriften, die jeweils für bestimmte

---

[171] VK Lüneburg Beschl. v. 10.2.2012 – VgK-44/11, BeckRS 2012, 5629 und der Hinweis auf OLG Celle.
[172] OLG München Beschl. v. 25.9.2014 – Verg 9/14, ZfBR 2015, 195.
[173] VK Brandenburg Beschl. v. 12.11.2008 – VK 35/08, BeckRS 2010, 26841.
[174] VK Brandenburg Beschl. v. 12.11.2008 – VK 35/08, BeckRS 2010, 26841.
[175] Gesetzesbegründung, BT-Drs. 18/6281, 109.
[176] Gesetzesbegründung, BT-Drs. 18/6281, 109.
[177] Gesetzesbegründung, BT-Drs. 18/6281, 109.
[178] *Wiedemann* in KKPP GWB Rn. 62.

Leistungen ua Mindest- und Höchstpreisvorschriften oder Genehmigungserfordernisse für Preise enthalten. Das Preisrecht ist im Vergabeverfahren jedoch insoweit relevant, als der öffentliche Auftraggeber einerseits bei der Gestaltung des Verfahrens die preisrechtlichen Rahmenbedingungen berücksichtigen muss – eine Ausschreibung darf nicht auf Abgabe von Angeboten mit unzulässigen Preisen gerichtet sein – und andererseits bei der Prüfung und Wertung der Angebote auf die Einhaltung der preisrechtlichen Vorschriften zu achten hat – es verbietet sich ein Zuschlag auf ein Angebot mit unzulässigen Preisbestimmungen. Ein Angebot, dessen Preis sich nicht in dem durch eine Gebühren- oder Honorarordnung vorgegebenen Rahmen hält oder mangels Genehmigung nicht wirksam vereinbart werden darf, darf den Zuschlag nicht erhalten. Die Verwendung von qualitativen Zuschlagskriterien kann bei der Ausschreibung von Liefer- und Dienstleistungen zu Diskrepanzen in Bezug auf Vorgaben des öffentlichen Preisrechts führen.[179] Nach der VO PR 30/53 lässt sich ein Marktpreis grundsätzlich nur im Wege eines Vergabeverfahrens ermitteln. Voraussetzung dafür ist gem. § 4 VO PR 30/53 jedoch, dass eine marktgängige Leistung ausgeschrieben und nach preislichen Kriterien bewertet wird. Die Vorgabe von zahlreichen qualitativen Kriterien und ihre hohe Gewichtung erschwert diese Beurteilung, weil in diesem Fall nicht gewährleistet ist, dass die betreffende Leistung zum Marktpreis beschafft wird. In Hinblick auf die Vorgaben des öffentlichen Preisrechts ist deshalb auf eine maßvolle Verwendung nicht-preislicher Zuschlagskriterien zu achten.

III. Zusammenhang der Zuschlagskriterien mit dem zu vergebenden Auftrag (Abs. 3)

1. Überblick. Der öffentliche Auftraggeber darf gem. Abs. 1 S. 1 (vormals § 97 Abs. 5 aF) den 67 Zuschlag auf das wirtschaftlichste Angebot erteilen. Entscheidet sich der Auftraggeber dafür, muss er gem. Art. 67 Abs. 2 RL 2014/24/EU (vormals Art. 53 Abs. 2 Vergabe-RL 2004) und Art. 82 Abs. 2 Sektoren-RL (vormals Art. 55 Abs. 1 Sektoren-RL 2004) Zuschlagskriterien festlegen, die mit dem **Auftragsgegenstand zusammenhängen** (s. bereits Art. 53 Abs. 1 lit. a Vergabe-RL 2004 und Art. 55 Abs. 1 lit. a Sektoren-RL 2004).[180] Die Vorgabe, dass die vom Auftraggeber als Zuschlagskriterien für die Ermittlung des wirtschaftlich günstigsten Angebots festgelegten Kriterien mit dem Gegenstand des Auftrags zusammenhängen bzw. sich **auf die Leistung beziehen** müssen, die den Gegenstand des Auftrags bildet, geht auf die Rechtsprechung des EuGH zurück.[181] Die deutschen Vergabenachprüfungsinstanzen haben diese Rechtsprechung übernommen.[182] Ist kein Zusammenhang mit dem Auftragsgegenstand gegeben, besteht nach dem zutreffenden Verständnis des Gesetzgebers die Gefahr, dass ein weniger wirtschaftliches Angebot aus sachfremden Erwägungen den Zuschlag erhält, sodass der in § 97 Abs. 1 normierte Wettbewerbsgrundsatz nicht eingehalten wird.[183]

Die Forderung, Qualitätskriterien müssten sich unmittelbar aus dem Leistungsgegenstand ergeben, 68 ist vor dem Hintergrund der klaren und eindeutigen Vorgaben der neuen Richtlinien hingegen zu eng. Einem derartigen Verständnis widersprechen auch die in Erwägungsgrund 93 RL 2014/24/EU mitgeteilten Motive des Unionsgesetzgebers. Danach sollen unter Qualitätsgesichtspunkten auch ökologische und soziale sowie Kundendienstaspekte und die offerierten Liefer- und Zahlungsbedingungen bei der Angebotswertung berücksichtigt werden können – allesamt Gesichtspunkte, die keinen unmittelbaren Zusammenhang mit der ausgeschriebenen Leistung aufweisen, sondern mittelbare und teils sogar sekundäre Ziele der Ausschreibung sind.[184] Qualitätskriterien müssen sich demnach auf die ausgeschriebene Leistung lediglich beziehen. Auch die Maßgabe, Zuschlagskriterien müssten durch den Auftragsgegenstand gerechtfertigt sein, ist zu eng.[185] Die unionsrechtlichen Vorschriften sind offener für eine Bestimmung mit dem Auftragsgegenstand zusammenhängender Qualitätskriterien, auch die Forderung, Qualitätskriterien müssten sich unmittelbar aus dem Leistungsgegenstand ergeben, ist zu eng.[186] Auch diesem Verständnis widersprechen die in Erwägungsgrund 93 RL 2014/24 mitgeteilten Motive des Unionsgesetzgebers.[187]

---

[179] Otting VergabeR 2016, 316 (326).
[180] OLG Düsseldorf Beschl. v. 19.11.2014 – Verg 30/14, IBRRS 2014, 3058; OLG Düsseldorf Beschl. v. 14.1.2009 – VII-Verg 59/08, NZBau 2009, 398 (401); noch vor Geltung der Vergabe-RL 2004; EuGH Urt. v. 17.9.2002 – C-513/99, Slg. 2002, I-7213 Rn. 59 = NZBau 2002, 618 – Concordia Bus Finland.
[181] EuGH Urt. v. 10.5.2012 – C-368/10, NZBau 2012, 445.
[182] OLG Düsseldorf Beschl. v. 15.6.2016 – VII-Verg 49/15, NZBau 2016, 653; OLG Celle Beschl. v. 11.6.2015 – 13 Verg 4/15, BeckRS 2015, 11003; 2. VK Bund Beschl. v. 16.3.2015 – VK 2-7/15, VPRRS 2015, 0147.
[183] Gesetzesbegründung zu § 127 Abs. 3, BT-Drs. 18/6281, 109; EuGH Urt. v. 4.12.2003 – C-448/01, NZBau 2004, 105; 1. VK Sachsen Beschl. v. 30.4.2008 – 1/SVK/020-08, IBRRS 2008, 1623; VK Südbayern Beschl. v. 29.6.2010 – Z3-3-3194-1-35-05-10, IBRRS 2010, 4229.
[184] OLG Düsseldorf Beschl. v. 19.11.2014 – VII-Verg 30/14, NZBau 2015, 43.
[185] OLG Düsseldorf Beschl. v. 19.11.2014 – VII-Verg 30/14, NZBau 2015, 43.
[186] OLG Düsseldorf Beschl. v. 19.11.2014 – VII-Verg 30/14, NZBau 2015, 43.
[187] OLG Düsseldorf Beschl. v. 19.11.2014 – VII-Verg 30/14, NZBau 2015, 43.

69 **a) Lebenszyklus der Leistung.** Der Gesetzgeber hebt ein in der Praxis wichtiges Beispiel explizit hervor und stellt klar, dass die erforderliche Verbindung mit dem Auftragsgegenstand gem. Abs. 1 S. 1 auch dann vorliegt, wenn sich ein Zuschlagskriterium auf Prozesse im Zusammenhang mit der Herstellung, Bereitstellung oder Entsorgung der Leistung, auf den Handel mit der Leistung oder auf ein anderes Stadium im **Lebenszyklus der Leistung** bezieht, auch wenn sich diese Faktoren nicht auf die materiellen Eigenschaften des Auftragsgegenstandes auswirken. Es handelt sich dabei lediglich um ein Beispiel und nicht um eine abschließende Vorgabe, sodass der erforderliche Zusammenhang mit dem Auftragsgegenstand auch auf andere Weise gegeben sein kann. Abs. 3 setzt Art. 67 Abs. 2 RL 2014/24/EU und Art. 82 Abs. 2 Sektoren-RL um. Zuschlagskriterien stehen gem. Art. 67 Abs. 3 RL 2014/24/EU und Art. 82 Abs. 3 Sektoren-RL mit dem Auftragsgegenstand des öffentlichen Auftrags in Verbindung, wenn sie sich in irgendeiner Weise und in irgendeiner Phase ihres Lebenszyklus auf die gemäß dem Auftrag zu erbringenden Bauleistungen, Lieferungen oder Dienstleistungen beziehen, einschließlich Faktoren, die zusammenhängen mit (a) dem konkreten Prozess der Herstellung oder der Bereitstellung solcher Bauleistungen, Lieferungen oder Dienstleistungen oder des Handels damit oder (b) einem bestimmten Prozess in Bezug auf eine andere Phase des Lebenszyklus, auch wenn derartige Faktoren nicht materielle Bestandteile von ihnen sind. Abs. 3 stellt nach der Intention des Gesetzgebers in Umsetzung des Art. 67 Abs. 3 RL 2014/24/EU klar, dass der erforderlich Auftragsbezug künftig auch dann angenommen werden kann, wenn sich das Kriterium auf ein beliebiges Stadium im Lebenszyklus der Leistung bezieht.[188] Dies kann insbesondere Prozesse der Herstellung (auch der Rohstoffgewinnung), Bereitstellung oder Entsorgung der Leistung betreffen, aber (insbesondere bei Warenlieferungen) zB auch den Handel mit ihr. Dabei müssen sich solche Kriterien nicht zwingend auf die materiellen Eigenschaften des Auftragsgegenstandes auswirken. Künftig kann somit ein zu beschaffendes Produkt, das aus fairem Handel (zB durch die Beachtung internationaler Standards, wie etwa die ILO-Kernarbeitsnormen entlang der Produktions- und Lieferkette) stammt, im Rahmen der Zuschlagswertung mit einer höheren Punktzahl versehen werden als ein konventionell gehandeltes Produkt.[189] Der Gesetzgeber hat damit Art. 67 Abs. 3 und 4 RL 2014/24/EU bzw. Art. 82 Abs. 3 und 4 Sektoren-RL zwar nicht wörtlich übernommen. Die in Abs. 3 vorgegebene Begrifflichkeit sollte jedoch keine Änderung der inhaltlichen Vorgaben der Richtlinien sein, sondern lediglich die Verständlichkeit der Vorgaben erhöhen[190] und Nachdruck verleihen. Der Gesetzgeber gibt darüber hinaus insbesondere statt „stehen ... in Verbindung" bzw. „sollten ... die mit dem Gegenstand des Auftrags verbundenen ... Kriterien festlegen" eine zwingende Berücksichtigung vor („müssen").

70 **b) Vergabefremde Zwecke bzw. Kriterien.** Die Vorgabe, dass ein Zusammenhang zwischen den vorgegebenen Zuschlagskriterien und dem Auftragsgegenstand gegeben ist, ist eine notwendige, jedoch keine hinreichende Bedingung. Das führt insbesondere in Hinblick den erforderlichen Zusammenhang mit dem Auftragsgegenstand in Hinblick auf Kriterien, die **vergabefremde Zwecke** bzw. vergabefremde Kriterien betreffen, zu Schwierigkeiten. Es kommen nur solche vergabefremde Zwecke in Betracht, die unionsrechtlich rechtmäßig sind. Vergabefremde Zwecke stehen entweder generell im Widerspruch zu den Zielen des Binnenmarkts, der zu rechtfertigen ist[191] oder es handelt sich um einen rechtfertigungsbedürftigen Eingriff in den Grundsatz der Gleichbehandlung nach Art. 2 Vergabe-RL 2004.[192] Der EuGH stellt diesbezüglich auf die Querschnittsklauseln des AEUV ab, um die Zulässigkeit vergabefremder Zuschlagskriterien zu begründen.[193] Öffentliche Auftraggeber können beispielsweise für sozialpolitische Ziele Art. 3 EUV, Art. 8 und 147 Abs. 2 AEUV heranziehen. Das jeweilige Zuschlagskriterium muss jedoch tatsächlich einem sozialen Zweck dienen. **Tariftreueklauseln** haben vor diesem Hintergrund kein legitimes Ziel.[194] Die Zahlung von Tariflohn kann deshalb kein Zuschlagskriterium sein. **Umweltaspekte** sind hingegen durch Art. 11 AEUV gerechtfertigt.

71 **c) Rechtsprechung zu praxisrelevanten Zuschlagskriterien.** Die **Rechtsprechung zur Zulässigkeit von bestimmten Zuschlagskriterien** ist inzwischen sehr detailliert und ausdifferen-

---

[188] Gesetzesbegründung zu § 127 Abs. 3, BT-Drs. 18/6281, 109.
[189] Gesetzesbegründung zu § 127 Abs. 3, BT-Drs. 18/6281, 109.
[190] BR-Drs. 367/15, 132, zu Abs. 3 und 133 zu Abs. 4.
[191] *Bultmann*, Beihilfenrecht und Vergaberecht, 2004, 103.
[192] *Kühling* VerwArch 2004, 337 (350).
[193] EuGH Urt. v. 17.9.2002 – C-513/99, Slg. 2002, I-7213 Rn. 56 f. = NZBau 2002, 618 – Concordia Bus Finnland; EuGH Urt. v. 4.12.2003 – C-448/01, Slg. 2003, I-14 527 Rn. 38 ff. = NZBau 2004, 105 – Wienstrom GmbH.
[194] EuGH Slg. 2008, I-01 989 Rn. 39 ff. = NZBau 2008, 332 – Rüffert.

ziert, sodass an dieser Stelle lediglich einige Beispiele dargestellt werden können.[195] Das Zuschlagskriterium **Schulungskonzept** ist unter bestimmten Voraussetzungen zulässig.[196] Ein Schulungskonzept dient zwar auf den ersten Blick seinem Kerngehalt nach der Hebung der Qualifikation der Beschäftigten und wirkt sich über eine höhere Qualifikation der Mitarbeiter positiv auf die Eignung des Unternehmens aus. Fragt der Auftraggeber mit den Anforderungen an die Darstellung des Schulungskonzepts jedoch nicht das bloße Vorhandensein von Kriterien ab, sondern fordert vom Bieter, dass dieser sich konkret mit der ausgeschriebenen Leistung auseinandersetzt und soll diese Auseinandersetzung vom Auftraggeber einer Bewertung unterzogen werden und ist die aufgabenbezogene Schulung der Mitarbeiter ein wesentlicher Faktor für die Erreichung des vorgegebenen Qualitätsniveaus und damit ein integrierter Bestandteil der qualitätsorientierten Reinigung und können nur Mitarbeiter, die für die besonderen Anforderungen dieses Reinigungstyps geschult und motiviert werden, die Reinigungsstandards halten und verbessern und wird demgemäß in den Angebotsunterlagen eine plausible, auf die qualitätsorientierte Reinigung bezogene und kontrollierbare Darstellung des Schulungskonzepts gefordert, schließt dies die Vorlage eines allgemeinen, beim Bieter gebräuchlichen Konzepts aus.[197] Hat der Auftraggeber zur Auswertung eine Wertungsmatrix entwickelt, die den Grad der Eignung des Konzepts für die Vertragserfüllung, dh die Erfüllung des mit dem Schulungskonzept verbundenen Zwecks der Leistungssteigerung, nach einem Punktesystem misst und hat er darüber hinaus auftragsbezogene Leitfragen entwickelt und den Bietern die Auswertung des Pilotprojekts und die Präsentation zur Neuausschreibung der Reinigungsleistungen an die Hand gegeben, um ein geeignetes auftragsbezogenes Schulungskonzepts zu entwickeln, ist bei dieser Ausgestaltung die Heranziehung des Schulungskonzepts des Bieters als Zuschlagskriterium nicht vergaberechtswidrig.[198] Auch das Zuschlagskriterium **Auftragsbezogene Teambesetzung** ist ein zulässiges Zuschlagskriterium.[199] Dieser Aspekt bezieht sich hier nicht auf die abstrakte personelle Leistungsfähigkeit und auch nicht auf die personellen Ressourcen des Bieters im Allgemeinen, sondern auf das Konzept des Bieters, und zwar dahingehend, wie und in welchem Maße er die zeitgerechte und planmäßige Ausführung des konkreten Auftrags gewährleisten möchte. Es geht dem Antragsgegner ersichtlich um die Plausibilität der vorgelegten Konzepte, mithin um die leistungsbezogene Bewertung der Auftragsausführung. Nichts anderes gilt für den Unteraspekt **Mitarbeiterzahl ausreichend – kein Risiko,** der im Zusammenhang mit der Schlüssigkeit des Zeit- und Ablaufplanes steht.[200] Es ist ohne Weiteres nachvollziehbar und für einen fachkundigen Bieter ohne weitere Erläuterungen auch erkennbar, dass ein Konzept bzw. Zeit- und Ablaufplan stets mit Blick auf die Personalausstattung zu bewerten ist. Je weniger Personal zur Verfügung steht, desto schlüssiger muss das vorgelegte Konzept der Bieter belegen, dass das Projekt im vorgesehenen Zeitrahmen auch ordnungsgemäß erfüllt werden kann und kein Risiko für die Projektlaufzeit besteht. Damit ist dieser Aspekt nicht auf die Bewertung von abstrakten Fähigkeiten der Mitarbeiter eines Bieters gerichtet, sondern darauf, wie und in welchem Umfang der Bieter seine Personalressourcen projektbezogen einsetzen und welches Konzept er insoweit für die Leistungsausführung verfolgen möchte.[201] Die **Qualität der Ausführung eines öffentlichen Auftrags kann maßgeblich von der beruflichen Qualifikation der mit der Ausführung beauftragten Personen abhängig** sein, die sich aus ihrer beruflichen Erfahrung und ihrer Ausbildung zusammensetzt.[202] Dies gilt **insbesondere, wenn die Dienstleistung, die Gegenstand des Auftrags ist, einen intellektuellen Charakter aufweist und wie im Ausgangsverfahren Fortbildungs- und Beratungsdienstleistungen betrifft.** Wenn ein solcher Auftrag von einem Team ausgeführt werden muss, sind die **Befähigung und die Erfahrung dieser Personen für die Bewertung der beruflichen Qualität dieses Teams ausschlaggebend.** Diese Qualität kann ein wesentliches Merkmal des Angebots sein und mit dem Auftragsgegenstand iSv Art. 53 Abs. 1 lit. a Vergabe-RL 2004 zusammenhängen. Folglich kann diese **Qualität als Zuschlagskriterium** in der betreffenden Ausschreibungsbekanntma-

---

[195] Weyand ibrOK VergabeR § 97 Rn. 1256 ff.
[196] OLG Düsseldorf Beschl. v. 17.1.2013 – VII-Verg 35/12, NZBau 2013, 329; OLG Düsseldorf Beschl. v. 7.11.2012 – VII-Verg 24/12, NZBau 2013, 184.
[197] OLG Düsseldorf Beschl. v. 17.1.2013 – VII-Verg 35/12, NZBau 2013, 329; OLG Düsseldorf Beschl. v. 7.11.2012 – VII-Verg 24/12, NZBau 2013, 184.
[198] OLG Düsseldorf Beschl. v. 17.1.2013 – VII-Verg 35/12, NZBau 2013, 329; OLG Düsseldorf Beschl. v. 7.11.2012 – VII-Verg 24/12, NZBau 2013, 184.
[199] 1. VK Hessen Beschl. v. 21.3.2013 – 69d VK -01/2013, IBRRS 2013, 1431; iErg ebenso 2. VK Bund Beschl. v. 21.11.2013 – VK 2-102/13, ZfBR 2014, 302.
[200] 1. VK Hessen Beschl. v. 21.3.2013 – 69d VK 01/2013, IBRRS 2013, 1431; 2. VK Bund 2. VK Bund Beschl. v. 21.11.2013 – VK 2-102/13, ZfBR 2014, 302.
[201] 1. VK Hessen Beschl. v. 21.3.2013 – 69d VK 01/2013, IBRRS 2013, 1431; 2. VK Bund 2. VK Bund Beschl. v. 21.11.2013 – VK 2-102/13, ZfBR 2014, 302.
[202] EuGH Urt. v. 26.3.2015 – C-601/13, NZBau 2015, 312.

chung oder in den betreffenden Verdingungsunterlagen aufgeführt werden.[203] Ein **Zuschlagskriterium Bewertung des Teams mit den Unterkriterien Zusammensetzung des Teams,** die nachgewiesene Erfahrung und die beruflichen Werdegänge ist zulässig.[204] Bei dem Zuschlagskriterium **Erfahrung und Eignung des Planungsteams,** insbesondere des Projektleiters, handelt es sich nicht um ein Eignungskriterium, sondern um ein zulässigerweise gesetztes Zuschlagskriterium.[205] Besonders im qualifizierten Dienstleistungsbereich, zu dem Ingenieur- und Architekturleistungen gehören, hat die persönliche Qualifikation eines Bieters regelmäßig auch Einfluss auf die Qualität seiner Leistungen. Das kann nicht zur Folge haben, dass als Zuschlagskriterium nur der niedrigste Preis, nicht aber auch qualitative Gesichtspunkte in Betracht kommen. Auch ein geeigneter Bieter kann schlechte Leistungen anbieten. Es ist daher möglich, aus den im Rahmen der Eignungsprüfung getroffenen Feststellungen zu Fachkunde, Leistungsfähigkeit und Zuverlässigkeit gleichwohl Zuschlagskriterien zu generieren, wenn für diese Zuschlagskriterien unabhängig von den getroffenen Festsetzungen zur Eignung ein Wertungsspielraum verbleibt, der den jeweiligen Leistungen unterschiedliche Qualität zumessen kann. Da der Projektleiter die Person ist, die zum einen den reibungslosen Ablauf der Bauplanung und Ausführung koordinieren muss, zum anderen gegenüber dem Auftraggeber und dessen zuständigen Gremien, ggf. aber auch den betroffenen Anwohnern, das Projekt in transparenter, leicht verständlicher Form nahebringen muss, beinhaltet die Auswahl des Projektleiters einen über die Eignung hinausgehenden weiteren Entscheidungsspielraum, der hier angemessen in Form des Zuschlagskriteriums Erfahrung und Eignung des Planungsteams, insbesondere des Projektleiters umgesetzt worden ist. Gleiches gilt für die vorgesehenen Personen der Bauüberwachung und Bauoberleitung sowie die konkret und auftragsbezogene vorgesehene Projektorganisation bzw. Aufbauorganisation.[206] Referenzen können sowohl bei der Eignung des Bieters als auch als Anknüpfungspunkt zur Bewertung der Qualität der Leistung berücksichtigt werden, bei der Prüfung der Angebote besteht kein Doppelverwertungsverbot.[207]

72   Die **Präsentation von Planung und Team** stellt ein übliches Verfahren bei der Auswahl des am besten erscheinenden Bieters dar.[208] Dies gilt gerade für den Bereich der VOF, in welchem individuell geplante Ingenieur- und Architektenleistungen beauftragt werden sollen. Nicht nur das geplante Objekt an sich, sondern auch die geplante konkrete Ausführung sind vom Auftraggeber einzuschätzen. Ein Eindruck hiervon lässt sich im Rahmen einer Präsentation gewinnen.[209] Etwas restriktiver ist insoweit das OLG Düsseldorf. Sachfremd sei die Erwägung, der Bieter habe seine Präsentation nicht durch beide Gesellschafter durchgeführt, sondern nur durch den Architekten V..., wogegen das Büro B... alle Architekten in die Präsentation einbezogen habe.[210] Hierbei handelt es sich um ein kaum messbares geschmackliches Kriterium, das über die Qualität einer Präsentation schlechterdings nichts aussagen kann. Nach Auffassung des OLG Düsseldorf hingegen ist eine negative Bewertung dahingehend, dass der Bieter die Ausführungsbetreuung des Projekts „durch (zu) viele Hände durchreichen" wolle, mit Blick auf die in Art. 25 und 47 Abs. 2 Vergabe-RL, Art. 48 Abs. 3 Vergabe-RL 2004 getroffenen Regelungen zu Unteraufträgen und zur sog. Eignungsleihe nicht zulässig.[211] In einem späteren Beschluss verallgemeinert das OLG Düsseldorf seine Rechtsprechung dahingehend, dass es vergaberechtlich unzulässig ist, die Antragstellerin schlechter zu bewerten, wenn sie Leistungen nicht vollständig selbst erbringt, sondern sich bei der Leistungserbringung eines Unterauftragnehmers bedient.[212] Die Zuschlagskriterien **Projekteinschätzung/Projektanalyse** im Hinblick auf die Besonderheiten und Schwierigkeiten der Maßnahme und die Sicherung des Projektziels „Green Hospital" und die Darstellung einzelner Aspekte der Projektrealisierung (mit der Konkretisierung: Aufzeigen von wirtschaftlichen Einsparpotentialen/Vorgehensweise zur Kosteneinhaltung/Vorgehensweise, zur Termineinhaltung/Einbindung und Schnittstellen-

---

[203] EuGH Urt. v. 26.3.2015 – C-601/13, NZBau 2015, 312.
[204] EuGH Urt. v. 26.3.2015 – C-601/13, NZBau 2015, 312.
[205] VK Niedersachsen Beschl. v. 28.6.2013 – VgK-18/2013, BeckRS 2013, 14310; EuGH Urt. v. 26.3.2015 – C-601/13, NZBau 2015, 312; 2. VK Bund 2. VK Bund Beschl. v. 21.11.2013 – VK 2-102/13, ZfBR 2014, 302.
[206] VK Niedersachsen Beschl. v. 28.6.2013 – VgK-18/2013, BeckRS 2013, 14310; EuGH Urt. v. 26.3.2015 – C-601/13, NZBau 2015, 312; 2. VK Bund 2. VK Bund Beschl. v. 21.11.2013 – VK 2-102/13, ZfBR 2014, 302.
[207] VK Baden-Württemberg Beschl. v. 12.11.2019 – 1 VK 62/19, IBRRS 2019, 3871.
[208] OLG München Beschl. v. 2.11.2012 – Verg 26/12, ZfBR 2013, 73; etwas krit. OLG München Beschl. v. 25.7.2013 – Verg 7/13, BeckRS 2014, 00490.
[209] OLG München Beschl. v. 2.11.2012 – Verg 26/12, ZfBR 2013, 73; etwas krit. OLG München Beschl. v. 25.7.2013 – Verg 7/13, BeckRS 2014, 00490.
[210] OLG Düsseldorf Beschl. v. 31.10.2012 – Verg 1/12, ZfBR 2013, 198.
[211] OLG Düsseldorf Beschl. v. 31.10.2012 – Verg 1/12, ZfBR 2013, 198.
[212] OLG Düsseldorf Beschl. v. 9.4.2014 – VII Verg 36/13, BeckRS 2015, 03520.

lösung, zu den fachlich Beteiligten und den ausführenden Firmen/Erreichbarkeit und Anwesenheit während den einzelnen Phasen von Planung und Realisierung zur Qualitätssicherung") sind zulässig.[213] Das Zuschlagskriterium **Qualität der Projektorganisation zur Durchführung der Begleitforschung** ist nicht zu kritisieren.[214] Es bezieht sich bei der vorliegenden, ohne Weiteres auf Dienstleistungen intellektuellen Charakters durch ein Team des Auftragnehmers zugeschnittenen Ausschreibung auf die Qualität der Projektorganisation zur Durchführung der Begleitforschung und die Erfahrungen des Projektleiters sowie der Mitarbeiter mit vergleichbaren Datenerhebungen und -auswertungen und deren Kenntnisse des Vergütungssystems, demnach auf Merkmale, die in Übereinstimmung mit dem Urteil des Gerichtshofs für die Qualität der Auftragsausführung relevant sind.[215] Die Heranziehung des vom Bieter zu erstellenden **Konzepts zur Ausfallsicherheit** als Zuschlagskriterium ist nicht zu beanstanden.[216] Vom Auftragnehmer für die Sicherstellung seiner Leistungserbringung erstellte Konzepte dienen ihrem Kerngehalt nach zwar grundsätzlich der Qualitätssicherung seiner unternehmerischen Leistung und wirken sich damit positiv auf seine Leistungsfähigkeit und damit auf die Eignung des Unternehmens aus. Fragt der Auftraggeber mit den Anforderungen an die Darstellung eines „Konzepts zur Ausfallsicherheit" jedoch nicht das bloße Vorhandensein von Kriterien ab, die im Unternehmen des Bieters allgemein die jederzeitige Leistungsfähigkeit sicher stellen, sondern fordert er vom Bieter, dass dieser sich konkret mit der ausgeschriebenen Leistung auseinandersetzt und ein Konzept entwickelt, das die in seinem Angebot ausgearbeiteten Dienstleistungen sicher stellt, schließt dies die Vorlage eines allgemeinen, beim Bieter gebräuchlichen Konzepts aus und ist auf den Auftrag bezogen. Unter Berücksichtigung der hohen Bedeutung einer nachhaltig zuverlässigen Vorhaltung jederzeit einsetzbarer Rettungskräfte und -mittel steht die Notwendigkeit einer für den konkreten Auftrag erforderlichen Ausfallsicherheit zudem außer Frage. Die Ausarbeitung eines solchen Konzepts stellt eine eigene Dienstleistung dar, die vertraglich vereinbart und geschuldet wird.[217]

Das Zuschlagskriterium **Angaben zur IT-Infrastruktur** bezieht sich eindeutig auf die Konzeption des Bieters für die Erbringung der konkreten IT-Dienstleistungen, insbesondere darauf, wie und wodurch der Bieter in welchem Maß Transparenz bezüglich des Einsatz- und Kostenplanes gewährleisten und die Schlüssigkeit belegen möchte. Damit ist dieser Aspekt nicht auf die Bewertung der technischen Leistungsfähigkeit des Unternehmens gerichtet.[218] Für eine Bewertung des Zuschlagskriteriums **Folgekosten** ist eine Angabe nachvollziehbarer Unterkriterien sowie uU eine Festlegung eines Zeitraumes, für den die Prognose der Folgekosten wertungsrelevant sein soll, sowie eine Aufforderung zur Erklärung über aussagekräftige Umstände erforderlich.[219] Folgekosten, die unmittelbar mit dem Auftragsgegenstand zusammenhängen und beim öffentlichen Auftraggeber im Rahmen der Auftragsdurchführung anfallen, dürfen grundsätzlich im Rahmen der Zuschlagsentscheidung berücksichtigt werden. Aus ihrer Eigenschaft als Zuschlagskriterium folgt jedoch auch, dass sie durch die Angebotsausgestaltung vom Bieter ihrer Höhe nach beeinflusst werden können (müssen). Dies setzt jedoch voraus, dass dem Bieter vor Angebotsabgabe die Umstände bekannt gegeben werden, unter denen Folgekosten in welcher Höhe anfallen und als solche in die Wertung unter dem entsprechenden Zuschlagskriterium.[220]

Die Kriterien **Zeitplan des Projekts, Mitwirkungsleistungen des Auftraggebers** sowie **Supportkonzept** sind Kriterien, die sich nicht auf die fachliche Eignung und Leistungsfähigkeit des Bieters, also auf generelle Eigenschaften des Unternehmens beziehen.[221] Sie sind vielmehr Eigenschaften der angebotenen Leistung und damit allein in der Wirtschaftlichkeitsprüfung zu berücksichtigen. Alle drei Kriterien beziehen sich nämlich auf die eigentliche Leistungserbringung und sind Bestandteil des Leistungskonzepts. Damit wird in der Wirtschaftlichkeitsprüfung kein unzulässiges „Mehr an Eignung" berücksichtigt.[222] Als Wertungskriterien kommen die Kriterien **Einführungsphase, Vorgehen Datenmigration, Redaktions- und Support-Konzept** sowie **Kreativkonzept** in Betracht. Gibt die Wertungsmatrix den Bietern insoweit auf, im Rahmen der

---

[213] OLG München Beschl. v. 25.9.2014 – Verg 9/14, ZfBR 2015, 195; VK Nordbayern Beschl. v. 15.4.2014 – 21.VK-3194-06/14, VPRRS 2014, 0547.
[214] OLG Düsseldorf Beschl. v. 29.4.2015 – VII-Verg 35/14, NZBau 2015, 440.
[215] OLG Düsseldorf Beschl. v. 29.4.2015 – VII-Verg 35/14, NZBau 2015, 440.
[216] OLG Düsseldorf Beschl. v. 29.4.2015 – VII-Verg 35/14, NZBau 2015, 440; 1. VK Sachsen Beschl. v. 13.12.2013 – 1/SVK/039-13, BeckRS 2014, 09542.
[217] OLG Düsseldorf Beschl. v. 19.6.2013 – Verg 4/13, ZfBR 2013, 720; 1. VK Sachsen Beschl. v. 13.12.2013 – 1/SVK/039-13, BeckRS 2014, 09542.
[218] 1. VK Hessen Beschl. v. 21.3.2013 – 69d VK-01/2013, IBRRS 2013, 1431.
[219] OLG Naumburg Beschl. v. 13.5.2008 – 1 Verg 3/08, BeckRS 2008, 14157.
[220] 1. VK Bund Beschl. v. 12.12.2013 – VK 1-101/13, VPRRS 2014, 0296.
[221] 3. VK Bund Beschl. v. 4.11.2009 – VK 3-190/09, VPRRS 2009, 0465.
[222] 3. VK Bund Beschl. v. 4.11.2009 – VK 3-190/09, VPRRS 2009, 0465.

funktionalen Leistungsbeschreibung Ausführungen zu ihrer beabsichtigten Vorgehensweise zu den genannten Unterkriterien zu machen, sind weitergehende Vorgaben bei einer eher konzeptionell geprägten Ausschreibung nicht erforderlich.[223] Von Auftraggeberseite her ist eine weitere Untergliederung schon deshalb nicht sinnvoll, um die Bieter nicht zu sehr in ihrer Konzeption zu beeinflussen.[224] Aus der Bekanntgabe **Einhaltung der Ausführungsfristen** als Zuschlagskriterium kann bei einer Auslegung nach §§ 133, 157 BGB ein fachkundiger Bieter erkennen, dass lediglich Optimierungsvorschläge zur Einhaltung der Ausführungsfristen, also Vorschläge zur Sicherstellung der vorgegebenen Bauzeit zugelassen waren.[225] Die bloße Vorgabe des Auftraggebers, dass das Angebot mit der **kürzesten Bauzeit** die höchste Punktzahl erreicht, hat weder einen fassbaren Inhalt noch einen konkreten Sachverhaltsbezug und war daher mit dieser unkonkreten Formulierung als Zuschlagskriterium Bauzeit für die Wertung nicht anwendbar.[226] Dies stellt einen Verstoß gegen das Transparenzgebot gem. § 2 EU Abs. 1 Nr. 1 VOB/A dar. Dadurch hatten die Bieter keine Möglichkeit, das Zuschlagskriterium Verkürzung der Bauzeit auf ihr Angebot auszurichten und anzubieten. Für die Bieter war weder die Grundlage des Nachweises der Verkürzung der Bauzeit erkennbar noch welche Auswirkungen sich dadurch auf die vorgegebene vertragliche Bauzeit ergeben.[227]

75 Der notwendige Auftragsbezug ist beispielsweise gegeben, wenn eine Leistung von den Bietern fakultativ angeboten werden kann, beispielsweise in dem Fall, dass im Rahmen eines „Patientenprogramms" nicht bestimmte Leistungen von den Bietern gefordert werden (mit der Rechtsfolge eines Angebotsausschlusses, falls Bieter dergleichen nicht anboten), sondern es ihnen ermöglicht werden sollte, mit dem fakultativen Angebot eines „Patientenprogramms" ggf. einen Wertungsvorsprung zu erzielen oder Preisnachteile auszugleichen.[228] Ein Zusammenhang mit dem Auftragsgegenstand liegt beim Qualitätskriterium „Patientenprogramm" vor, weil es sich auf die Verordnung und Anwendung des Arzneimittels bezieht.[229] Das **Zuschlagskriterium Grad der Übereinstimmung des Angebots mit den Anforderungen der Ausschreibungsunterlagen** steht offensichtlich im Zusammenhang mit dem Auftragsgegenstand.[230] Das **Zuschlagskriterium Qualitätssicherungskonzept bei der Vergabe von Beförderungsleistungen ist zulässig und kann zB** unterteilt werden in Fahrdienstorganisation mit 16%, Änderungsdienst mit 8%, Ausfallkonzept mit 8% und Beschwerdemanagement mit 8%.[231]

76 Das Zuschlagskriterium CO_2-neutraler Versand ist grundsätzlich statthaft.[232] Es führt im Ergebnis nicht zu einer unverhältnismäßigen Benachteiligung von Wettbewerbern. Gemäß § 58 Abs. 2 Nr. 2 VgV bzw. früher nach § 19 EG Abs. 9 VOL/A darf der Auftraggeber ua umweltbezogene Eigenschaften berücksichtigen. Gleichfalls bestehen gegen die Vorgabe des Zuschlagskriteriums Schadstoffemissionen und Energieverbrauch grundsätzlich keine vergaberechtlichen Bedenken.[233] Auch Transportkosten sind ein zulässiges Zuschlagskriterium, sie dienen der Minimierung der Transportentfernungen und der Verkürzung der Fahrzeiten der Sammelfahrzeuge.[234] Sie stellen in Hinblick auf die mit dem Abfalltransport verbundene Geräusch- und Geruchsbelästigung sowie mit den erheblichen Immissionen der Transportfahrzeuge ein unter Umweltgesichtspunkten zulässiges Vergabekriterium dar.[235] Das Zuschlagskriterium „Energieeffizienz" ist unbestimmt und bedarf unter Beachtung zB des § 2 Abs. 1 TVgG NRW, § 17 TVgG NRW, §§ 6 ff. RVO NRW der konkreten Angabe von Unterkriterien, die es dem Auftraggeber ermöglichen, das Leistungsniveau jedes einzelnen Angebots im Verhältnis zu dem in den technischen Spezifikationen beschriebenen Auftragsgegenstand zu bewerten.[236] Hierbei müssen die konkret zu bezeichnenden Aspekte objektiv bestimmt werden, um eine Vergleichbarkeit der Angebote und eine objektive Bewertung zu ermöglichen. Sie

---

[223] 3. VK Bund Beschl. v. 4.11.2009 – VK 3-190/09, VPRRS 2009, 0465.
[224] 3. VK Bund Beschl. v. 4.11.2009 – VK 3-190/09, VPRRS 2009, 0465.
[225] VK Nordbayern Beschl. v. 11.6.2014 – 21.VK-3194-12/14, IBRRS 2014, 1965.
[226] 3. VK Sachsen-Anhalt Beschl. v. 9.7.2014 – VK LSA 67/14, IBRRS 2015, 0235.
[227] 3. VK Sachsen-Anhalt Beschl. v. 9.7.2014 – VK LSA 67/14, IBRRS 2015, 0235.
[228] OLG Düsseldorf Beschl. v. 7.3.2012 – VII-Verg 82/11, BeckRS 2012, 05922.
[229] OLG Düsseldorf Beschl. v. 19.11.2014 – VII-Verg 30/14, NZBau 2015, 43.
[230] EuGH Urt. v. 12.3.2015 – C-538/13, NZBau 2015, 306.
[231] VK Münster Beschl. v. 30.5.2007 – VK 08/07.
[232] 3. VK Bund Beschl. v. 23.12.2010 – VK 3-132/10, VPRRS 2013, 0614.
[233] VK Westfalen Beschl. v. 3.2.2015 – 1 VK 1-1/15, VPR 2015, 219.
[234] VK Brandenburg Beschl. v. 17.10.2011 – VK 39/11, ZfBR 2012, 279; VK Brandenburg Beschl. v. 28.7.2011 – VK 18/11, IBRRS 2011, 4497, beide für den Entsorgungsbereich.
[235] VK Brandenburg Beschl. v. 17.10.2011 – VK 39/11, ZfBR 2012, 279; VK Brandenburg Beschl. v. 28.7.2011 – VK 18/11, IBRRS 2011, 4497, beide für den Entsorgungsbereich.
[236] OLG Düsseldorf Beschl. v. 19.6.2013 – VII-Verg 4/13, NZBau 2013, 720; *Weyand* ibrOK VergabeR § 97 Rn. 1293/1.

sind so zu formulieren, dass der Bieter in transparenter Form über ihre Bedeutung informiert wird und sie sind den Bietern rechtzeitig bekannt zu geben. Ein in der Wertungsmatrix mit 6% angegebener Wertungsanteil erscheint angemessen (§ 17 Abs. 7 TVgG NRW, § 9 Abs. 1 RVO NRW).[237]

Gleiches gilt für **soziale und innovative Aspekte**, wenn sie im sachlichen Zusammenhang mit dem Auftragsgegenstand stehen und sich aus der Leistungsbeschreibung ergeben. Gleichfalls bestehen gegen die Vorgabe des Zuschlagskriteriums Schadstoffemissionen und Energieverbrauch grundsätzlich keine vergaberechtlichen Bedenken.[238] In Erwägungsgrund 46 Abs. 4 Vergabe-RL 2004 heißt es, dass „ein öffentlicher Auftraggeber auch Kriterien zur Erfüllung sozialer Anforderungen anwenden [kann], die insbesondere den in den ... Spezifikationen [des Auftrags] festgelegten Bedürfnissen besonders benachteiligter Bevölkerungsgruppen entsprechen, denen die Nutzieser/Nutzer der Bauleistungen, Lieferungen oder Dienstleistungen angehören". Daher ist davon auszugehen, dass öffentliche Auftraggeber auch Zuschlagskriterien wählen dürfen, die auf soziale Aspekte gestützt sind, die die Nutzer oder Nutznießer der Bauleistungen, Lieferungen oder Dienstleistungen, die Gegenstand des Auftrags sind, aber auch andere Personen betreffen können.[239] 77

2. Maßgaben für die Ausgestaltung von Zuschlagskriterien (Abs. 4). Die Zuschlagskriterien müssen gem. Abs. 4 S. 1 so festgelegt und bestimmt sein, dass die Möglichkeit eines wirksamen Wettbewerbs gewährleistet wird, der Zuschlag nicht willkürlich erteilt werden kann und eine wirksame Überprüfung möglich ist, ob und inwieweit die Angebote die Zuschlagskriterien erfüllen. Lassen öffentliche Auftraggeber Nebenangebote zu, legen sie die Zuschlagskriterien gem. Abs. 4 S. 2 so fest, dass sie sowohl auf Hauptangebote als auch auf Nebenangebote anwendbar sind. Öffentliche Auftraggeber müssen die Bewertungsmaßstäbe so genau und objektiv angeben, dass sich im Vorhinein bestimmen lässt, welchen Erfüllungsgrad die Angebote auf Grundlage des Kriterienkatalogs und konkreter Kriterien aufweisen müssen, um mit den festgelegten Kriterien bewertet zu werden.[240] Das Bewertungssystem darf keinen Raum für Manipulationen und Willkür bei der Bewertung der Angebote lassen. Für die Bieter muss zu erkennen sein, unter welchen Voraussetzungen „konkret" ein Kriterium mit wie vielen Punkten gewertet wird.[241] Sie müssen im Vorhinein beurteilen können, auf welche konkreten Leistungen die Antragsgegnerin besonderen und ggf. unverzichtbaren Wert gelegt hat.[242] Jeder Bieter muss vor Abgabe seines Angebots Klarheit haben, worauf es dem Auftraggeber bei der Zuschlagsentscheidung entscheidend ankommt. Nur so wird er in die Lage versetzt, seine Chancen auf den Zuschlag realistisch einschätzen und sein Angebot entsprechend ausgestalten zu können. Darüber hinaus kann er im Nachhinein nur überprüfen, ob sich der Auftraggeber bei der Wertung der Angebote an die aufgestellten Wertungskriterien gehalten hat. Die Bieter müssen wissen, welche (funktional zu formulierenden) Erwartungen der Auftraggeber an das Konzept stellt und, wenn mehrere Anforderungen zu erfüllen sind, welche Wichtigkeit der Auftraggeber den Anforderungen im Verhältnis zueinander beimisst. Andernfalls lässt das Wertungssystem objektiv Raum für Manipulationen und Willkür bei der Bewertung der Angebote.[243] Aus der Rechtsprechung des EuGH ergibt sich nichts anderes. So hatte der EuGH in Bezug auf einen Streit, ob bei einer Gewichtung der Angebotsqualität zu 50/100 und des Preises zu 50/100 die konkrete Bewertungsmethode in der Bekanntmachung oder den Verdingungsunterlagen veröffentlicht werden muss, auf der Grundlage der damals maßgeblichen Vergabe-RL 2004 dahingehend beantwortet, dass öffentliche Auftraggeber nicht verpflichtet sind, den potenziellen Bietern die Bewertungsmethode zur Kenntnis zu bringen, anhand deren er eine konkrete Bewertung der Angebote hinsichtlich der zuvor in den Auftragsdokumenten festgelegten Zuschlagskriterien und ihrer Gewichtung vornimmt und eine Rangfolge für sie erstellt.[244] 78

Abs. 4 S. 1 setzt Art. 67 Abs. 4 RL 2014/24/EU um. Grundsätzlich stehe dem öffentlichen Auftraggeber bei der Festlegung von Zuschlagskriterien ein **weiter Ermessensspielraum** zu.[245] Dieser findet seine Begrenzung in den allgemeinen vergaberechtlichen Grundsätzen der Nichtdiskriminierung, Gleichbehandlung und Transparenz. Daher sind die Zuschlagskriterien so zu gestalten, 79

---

[237] OLG Düsseldorf Beschl. v. 19.6.2013 – VII-Verg 4/13, NZBau 2013, 720; *Weyand* ibrOK VergabeR § 97 Rn. 1293/1.
[238] VK Westfalen Beschl. v. 3.2.2015 – 1 VK 1-1/15, VPR 2015, 219.
[239] EuGH Urt. v. 10.5.2012 – C-368/10, NZBau 2012, 445.
[240] VK Südbayern Beschl. v. 21.11.2016 – Z3-3-3194-1-37-09/16, IBRRS 2016, 3352.
[241] VK Südbayern Beschl. v. 21.11.2016 – Z3-3-3194-1-37-09/16, IBRRS 2016, 3352.
[242] OLG Düsseldorf NZBau 2016, 235; OLG Düsseldorf Beschl. v. 16.12.2015 – VII-Verg 25/15, NZBau 2016, 232 und Beschl. v. 1.6.2016 – VII-Verg 6/16, VPRRS 2016, 0373.
[243] OLG Düsseldorf Beschl. v. 1.6.2016 – VII-Verg 6/16, VPRRS 2016, 0373.
[244] EuGH Urt. v. 14.7.2016 – C-6/15, NZBau 2016, 772 – TNS Dimarso v. Vlaams Gewest; VK Südbayern Beschl. v. 21.11.2016 – Z3-3-3194-1-37-09/16, BeckRS 2016, 55879.
[245] Gesetzesbegründung zu § 127 Abs. 4, BT-Drs. 18/6281, 109 f.

dass dem Auftraggeber bei der Zuschlagserteilung keine unbeschränkte Entscheidungsfreiheit eingeräumt wird. Die Kriterien müssen vielmehr so vorgegeben werden, dass sie einen effektiven Wettbewerb der konkurrierenden Angebote zulassen. Darüber hinaus muss der öffentliche Auftraggeber in der Lage sein, die Erfüllung der von ihm festgelegten Kriterien objektiv zu überprüfen. Abs. 4 S. 2 dient der Umsetzung von Art. 45 Abs. 2 S. 2 RL 2014/24/EU und Art. 64 Abs. 1 UAbs. 1 S. 2 Sektoren-RL. Aufgrund der Bedeutung von Innovation sollten öffentliche Auftraggeber so oft wie möglich Nebenangebote zulassen. Die Regelungen zu Nebenangeboten werden, insbesondere im Hinblick auf das Erfordernis zur Festlegung von Mindestbedingungen, auf Ebene der Rechtsverordnungen weiter ausgeführt. Die Regelung der Zuschlagskriterien erfolgt aufgrund des Sachzusammenhangs im Rahmen des Abs. 4. Öffentliche Auftraggeber haben nach dieser Vorschrift die Zuschlagskriterien so zu wählen, dass sie sowohl auf die Nebenangebote als auch auf die Hauptangebote angewandt werden können. Nach Abs. 1 wird der Zuschlag auf das wirtschaftlich günstigste Angebot erteilt. Die Bestimmung des aus der Sicht des öffentlichen Auftraggebers wirtschaftlich günstigsten Angebots erfolgt dabei gem. Abs. 2 anhand des besten Preis-Leistungs-Verhältnisses. Dabei ist es aber auch zulässig, den Zuschlag allein auf das preislich günstigste Angebot zu erteilen. Mit Art. 45 Abs. 2 S. 2 RL 2014/24/EU iVm Art. 67 Abs. 2 und 5 RL 2014/24/EU hat der Unionsgesetzgeber klargestellt, dass auch bei Nebenangeboten das wirtschaftlich günstigste Angebot allein auf der Grundlage des Preises ermittelt werden kann. Als Korrektiv legt der öffentliche Auftraggeber Mindestbedingungen fest, die Nebenangebote erfüllen müssen, um berücksichtigt zu werden.[246]

80   Der Auftraggeber muss die Zuschlagskriterien und Unterkriterien in der Vergabebekanntmachung und/oder den Verdingungsunterlagen **klar und eindeutig formulieren.** Insbesondere dürfen durchschnittlich fachkundige Bieter bei der Anwendung der üblichen Sorgfalt keine Verständnisschwierigkeiten haben.[247] Die Kriterien müssen von allen Interessenten gleich verstanden bzw. ausgelegt werden können, sodass alle bei der Erstellung ihrer Angebote die gleichen Chancen haben. Die Auslegung der Zuschlagskriterien muss aus der objektiven Sicht eines verständigen und mit Leistungen der ausgeschriebenen Art vertrauten Bieters erfolgen.[248] In erster Linie kommt es auf den Wortlaut, darüber hinaus aber auch auf die konkreten Verhältnisse der Leistung an, wie sie in den Vergabeunterlagen ihren Ausdruck gefunden haben.[249] Wird ein Kriterium missverständlich formuliert und kann es auch auf der Grundlage der vorstehend beschriebenen Auslegung nicht verstanden werden, gilt es als nicht hinreichend bekannt gemacht und darf deshalb bei der Wertung der Angebote nicht berücksichtigt werden.[250] Die Vergabestelle muss die Zuschlagskriterien und Unterkriterien so formulieren und ihr Verhältnis zueinander so transparent machen, dass für einen fachlich durchschnittlich versierten Bieter erkennbar wird, worauf es dem Auftraggeber ankommt.[251] Gleiches gilt für die vorgenommenen Einstufungen in Bezug auf die Punkteverteilung. Maßstab für die Verständlichkeit ist kein juristischer, sondern der Empfängerhorizont eines fachkundigen Bieters.

81   **a) Vorgabe von nicht kontrollierbaren Zuschlagskriterien.** Öffentliche Auftraggeber dürfen keine solchen Zuschlagskriterien vorgeben, deren Einhaltung sie nicht kontrollieren bzw. prüfen können.[252] Legt ein öffentlicher Auftraggeber ein Zuschlagskriterium fest und gibt dabei an, dass er weder bereit noch in der Lage ist, die Richtigkeit der Angaben der Bieter zu prüfen, so verstößt er gegen den Grundsatz der Gleichbehandlung, denn ein solches Kriterium gewährleistet nicht die Transparenz und die Objektivität des Vergabeverfahrens. Somit ist festzustellen, dass ein Zuschlagskriterium, das nicht mit Anforderungen verbunden ist, die eine effektive Kontrolle der Richtigkeit der Angaben der Bieter ermöglichen, gegen die für die Vergabe öffentlicher Aufträge geltenden Grundsätze des Gemeinschaftsrechts verstößt.

---

[246] Gesetzesbegründung zu § 127 Abs. 4, BT-Drs. 18/6281, 109 f.
[247] EuGH Urt. v. 12.3.2015 – C-538/13, NZBau 2015, 306; EuGH Urt. v. 10.5.2012 – C-368/10, NZBau 2012, 445; OLG Bremen Beschl. v. 6.1.2012 – Verg 5/11, BeckRS 2012, 18167; OLG Frankfurt a. M. Beschl. v. 24.7.2012 – 11 Verg 6/12, NZBau 2012, 726; VGH Kassel DÖV 2015, 390; *Weyand* ibrOK VergabeR § 97 Rn. 1144/2.
[248] EuGH Urt. v. 12.3.2015 – C-538/13, NZBau 2015, 306; EuGH Urt. v. 10.5.2012 – C-368/10, NZBau 2012, 445; OLG Bremen Beschl. v. 6.1.2012 – Verg 5/11, BeckRS 2012, 18167; OLG Frankfurt a. M. Beschl. v. 24.7.2012 – 11 Verg 6/12, NZBau 2012, 726; VGH Kassel DÖV 2015, 390; *Weyand* ibrOK VergabeR § 97 Rn. 1144/2.
[249] VK Brandenburg Beschl. v. 12.11.2008 – VK 35/08, IBRRS 2009, 0804; *Weyand* ibrOK VergabeR § 97 Rn. 614/1.
[250] VK Münster Beschl. v. 12.5.2009 – VK 5/09, IBRRS 2009, 2742.
[251] OLG Naumburg Beschl. v. 25.9.2008 – 1 Verg 3/08, IBRRS 2008, 2781.
[252] EuGH Urt. v. 4.12.2003 – C-448/01, NZBau 2004, 105; 2. VK Bund Beschl. v. 14.9.2009 – VK 2-153/09; VK Westfalen Beschl. v. 3.2.2015 – VK 1-1/15; ähnlich VK Hessen Beschl. v. 21.3.2003 – 69 d VK-11/2003; *Weyand* ibrOK VergabeR § 97 Rn. 1156.

b) Dokumentation der Auswahl der Zuschlagskriterien. Der Auftraggeber muss die Auswahl und Festlegung der Zuschlagskriterien grundsätzlich dokumentieren. Bislang geht die Rechtsprechung noch davon aus, dass eine **fehlende Dokumentation der Gründe für die Wahl der Zuschlagskriterien der Kontrolle der Vergabenachprüfungsinstanzen weitgehend entzogen ist.**[253] Denn bei der Bestimmung der Kriterien für das wirtschaftlichste Angebot ist der Auftraggeber weitgehend ungebunden und einer Kontrolle nur dahingehend unterworfen, ob ein Zusammenhang mit dem Auftragsgegenstand gegeben ist und insoweit kein offensichtlicher Beurteilungsfehler oder ein Ermessensfehlgebrauch vorliegt. Daher **kann der öffentliche Auftraggeber auch nicht dazu gezwungen werden, die Gründe für die Wahl bestimmter Zuschlagskriterien im Vergabevermerk detailliert niederzulegen,** hierdurch würde die insoweit grundsätzlich gegebene Ungebundenheit des öffentlichen Auftraggebers unterlaufen. Auch die **Gründe für die Auswahl bestimmter Leistungsoptimierungskriterien sind ebenso der Nachprüfung durch die Vergabekammer entzogen,** da es sich um den Bereich der Festlegung des Leistungsgegenstandes handelt, der dem alleinigen Bestimmungsrecht des Auftraggebers unterfällt. 82

IV. Bekanntgabe der Zuschlagskriterien und ihrer Gewichtung (Abs. 5)

1. Inhalt und Umfang der Bekanntgabepflicht. Abs. 5 stellt zur Wahrung der Transparenz im Vergabeverfahren klar, dass die für die Wertung der Angebote vorgesehenen **Zuschlagskriterien und ihre Gewichtung** bereits in der Auftragsbekanntmachung oder den Vergabeunterlagen bekannt gegeben werden müssen.[254] Der öffentliche Auftraggeber muss ggf. zudem die zugehörigen **Unterkriterien sowie deren Gewichtung** vorab bekannt geben.[255] Ein späteres Nachschieben von Zuschlagskriterien und/oder Unterkriterien sowie ihrer Gewichtung ist nicht zulässig. Ein Bieter hat unter bestimmten Umständen einen Anspruch auf Schadensersatz, wenn die Vergabestelle die bei der Wertung berücksichtigten Unterkriterien nicht hinreichend transparent mitgeteilt hat.[256] Der Auftraggeber darf nach der Rechtsprechung des EuGH und der deutschen Vergabenachprüfungsinstanzen Zuschlagskriterien, Unterkriterien oder Gewichtungsregeln nicht bei der Wertung der Angebote verwenden, die er nicht vor der Erstellung der Angebote bekannt gemacht hat.[257] Die interessierten Unternehmen müssen auf Grundlage vom öffentlichen Auftraggeber nach § 97 Abs. 1 und 2 einzuhaltenden Grundsätze der **Transparenz** und **Gleichbehandlung** in der Lage sein, sämtliche für die Entscheidung über den Zuschlag relevanten Kriterien bei der Erstellung ihrer Angebote berücksichtigen zu können. Der Auftraggeber muss umgekehrt sämtliche von ihm bekannt gemachten Zuschlagskriterien und Unterkriterien bei der Wertung der Angebote berücksichtigen, ansonsten ist die Wertung der Angebote vergaberechtswidrig und kann erfolgreich angegriffen werden.[258] Der Auftraggeber kann allerdings weder verpflichtet sein noch ist er in der Lage, jedes Wertungsdetail, das im Rahmen der Subsumtion des konkreten Angebotsinhalts bedeutsam wird, vorab bekannt zu machen. Ansonsten bestünde die Gefahr, dass eine ausdifferenzierte Konzeptbewertung die Problemlösung, die Gegenstand des ausgeschriebenen Auftrags ist, vorwegnimmt.[259] 83

Der öffentliche Auftraggeber muss zur Wahrung der gebotenen Transparenz ggf. zudem die **Bewertungsmethoden, Bewertungsformeln, Umrechnungsformeln**[260] und **Wertungsleitfä-** 84

---

[253] 1. VK Bund Beschl. v. 6.7.2011 – VK 1-60/11, IBRRS 2012, 0241; iErg ebenso VK Brandenburg Beschl. v. 29.11.2011 – VK 50/11, IBRRS 2012, 0734.

[254] Gesetzesbegründung zu § 127 Abs. 5, BT-Drs. 18/6281, 110.

[255] EuGH Urt. v. 24.1.2008 – C 532/06, Slg. 2008, I-251 Rn. 38 und 40 = NZBau 2008, 262 – Lianakis; OLG Celle Beschl. v. 2.2.2021 – 13 Verg 8/20, IBRRS 2021, 0449; OLG München Beschl. v. 19.3.2009 – Verg 2/09, NZBau 2009, 341 (342); OLG Düsseldorf Beschl. v. 23.1.2008 – Verg 31/07, IBRRS 2008, 0867; jurisPK-VergabeR/*Lausen* VOB/A § 25a Rn. 15.

[256] OLG Frankfurt a. M. Beschl. v. 22.9.2020 – 11 Verg 7/20, IBRRS 2020, 3324.

[257] EuGH Urt. v. 14.7.2016 – C-6/15, NZBau 2016, 772 Rn. 24; EuGH Urt. v. 24.1.2008 – C 532/06, Slg. 2008, I-251 Rn. 37 und 38 = NZBau 2008, 262 – Lianakis ua; OLG Düsseldorf Beschl. v. 28.1.2015 – VII-Verg 31/14, NZBau 2015, 503; OLG Brandenburg Beschl. v. 29.1.2013 – Verg W 8/12, BeckRS 2013, 03142; OLG Brandenburg Beschl. v. 19.12.2011 – Verg W 17/11, ZfBR 2012, 182; OLG Düsseldorf Beschl. v. 31.10.2012 – Verg 1/12, ZfBR 2013, 198; OLG München Beschl. v. 19.3.2009 – Verg 2/09, NZBau 2009, 341 (342); OLG Düsseldorf Beschl. v. 5.5.2008 – VII-Verg 5/08, NZBau 2009, 269 (270); *Weyand* ibrOK VergabeR § 97 Rn. 1179 ff.

[258] OLG Naumburg Beschl. v. 25.9.2008 – 1 Verg 3/08, IBRRS 2008, 2781.

[259] 2. VK Bund Beschl. v. 24.10.2014 – VK 2-85/14, IBRRS 2015, 0028; 2. VK Bund Beschl. v. 21.11.2013 – VK 2-102/13, ZfBR 2014, 302.

[260] Umrechnungsformeln der Preise in Wertungspunkte, die nicht der in den Vergabehandbüchern des Bundes oder des Freistaats Bayern niedergelegten linearen Interpolation entsprechen, sind den Bietern vor Angebotsabgabe in den Vergabeunterlagen bekannt zu machen, OLG München Beschl. v. 21.5.2010 – Verg 2/10, BeckRS 2010, 13748.

den vorab bekannt geben.²⁶¹ Bewertungsmethoden, Bewertungsformeln, Umrechnungsformeln bestimmen, wie die Angaben der Bieter zu den Zuschlagskriterien bewertet werden und wie die Umrechnung in Wertungspunkte erfolgt.²⁶² Die Umrechnung kann auch in Form einer Wertungsmatrix erfolgen; diese gibt die Methode wieder, wie der Auftraggeber die einzelnen Bewertungen bzw. ggf. Noten in Punkte umrechnet.²⁶³ Es besteht nur dann keine Pflicht, die Bewertungsmethode in der Auftragsbekanntmachung oder den Vergabeunterlagen anzugeben, wenn die Bewertungsmethode die Zuschlagskriterien und deren Gewichtung nicht verändert²⁶⁴ und die Bieter aus den bekannt gegebenen Informationen die Bewertungsmethode erkennen können.

85   Der Auftraggeber bzw. dessen Bewertungsteam muss bei der Erfüllung seiner Aufgabe und damit bei der Bestimmung der Bewertungsmethode über einen gewissen Freiraum verfügen.²⁶⁵ Die Festlegung der Bewertungsmethode bzw. zu bestimmen, was nach den von ihm aufgestellten Kriterien als wirtschaftlich erachtet wird, steht im Beurteilungsspielraum des Auftraggebers.²⁶⁶ Allerdings muss das Bewertungssystem ausreichend transparent sein. Die Vorgabe eines **Schulnotensystem** zur Bewertung der Konzepte unter Verweis auf die Internetseite: http://de.wikipedia.org/wiki/Schulnote#Unter- und Mittelstufe statt der Angabe konkreter Kriterien, anhand derer Schulnoten vergeben werden sollen, ist unzulässig.²⁶⁷ Derartige Vorgaben als Wertungsmaßstäbe lassen nicht zu, im Vorhinein zu bestimmen, welchen Erfüllungsgrad die Angebote auf der Grundlage des Kriterienkatalogs und konkreter Kriterien aufweisen müssen, um mit den festgelegten Schulnoten bewertet zu werden. Für Bieter ist in diesem Fall nicht zu erkennen, unter welchen Voraussetzungen welche Kriterien mit welcher Schulnote bewertet werden. Aufgrund der Vergabeunterlagen haben Bieter im Voraus nicht zuverlässig ermitteln können, auf welche konkreten Leistungen die Vergabestelle Wert gelegt hat und wie Angaben und angebotene Konzepte insofern zueinander gewichtet werden sollten. Ein solches Wertungssystem lässt objektiv Raum für Manipulationen und Willkür bei der Bewertung der Angebote.²⁶⁸ Unabhängig davon, dass die Festlegung abstrakter Anforderungen an den Erfüllungsgrad der Angebote für Bieter nicht erkennen lässt, worauf es dem Auftraggeber ankommt, was er also anzubieten hat, um Bestpunkte zu erzielen, leidet der Verweis auf die Datenbank „Wikipedia" unter Angabe eines Internet-Links an der jederzeitigen Abänderbarkeit der Einträge durch Nutzer. Sofern darüber hinaus in dem vom Antragsgegner in Bezug genommen Eintrag in der Datenbank „Wikipedia" die Bewertung an den Erfüllungsgrad von „Anforderungen" festgemacht wird, ist für Bieter nicht erkennbar, inwieweit es sich hierbei um zwingend einzuhaltende Ausschreibungsbedingungen oder um weitere dem Leistungsverzeichnis nicht zu entnehmende „Anforderungen" handelt. Die Nichterfüllung vergaberechtlicher Anforderungen einer Ausschreibung führt zum Angebotsausschluss. Für eine mangelhafte Erfüllung von Anforderungen ist kein Raum. Soweit der Antragsteller ausführt, über die Erfüllung oder Nichterfüllung von Anforderungen hinaus, komme es auch darauf an, mit welchen Mitteln oder Methoden Qualitätsziele erreicht werden sollen, verkennt er, dass das einfache und unter Bezugnahme auf einen Link im allgemein zugänglichen Internet verwendete Schulnotensystem die konkrete Bezeichnung mit der Ausschreibung angestrebter Qualitätsziele gerade nicht erkennen lässt. Gleiches gilt für die vom Antragsgegner aufgestellten Bewerbungsbedingungen, denen der konkrete und messbare Inhalt der jeweils in Bezug genommenen „Anforderungen" fehlt.

86   Die Pflicht zur Bekanntgabe der vorgesehenen Zuschlagskriterien einschließlich deren Gewichtung und Bewertungsmethoden folgt aus Art. 67 Abs. 5 RL 2014/24/EU (bislang Art. 53 Vergabe-RL 2004) und Art. 82 Abs. 5 Sektoren-RL (bislang Art. 55 Sektoren-RL 2004). Zwar ist dort wörtlich nur von der Bekanntgabe der Gewichtung die Rede. Daraus folgt jedoch inzident, dass auch die Zuschlagskriterien als solche bekannt zu geben sind. Die Verpflichtung, die Bieter vorab über die Zuschlagskriterien und, soweit möglich, über deren relative Gewichtung zu informieren,

---

²⁶¹ 1. VK Bund Beschl. v. 6.12.2013 – VK 1-103/13, BRRS 2014, 1183; 1. VK Bund Beschl. v. 9.9.2011 – VK 1-114/11, IBRRS 2012, 1568.
²⁶² OLG Düsseldorf Beschl. v. 27.3.2013 – Verg 53/12, ZfBR 2015, 408; OLG München Beschl. v. 19.3.2009 – Verg 2/09, NZBau 2009, 341.
²⁶³ OLG München Beschl. v. 19.3.2009 – Verg 2/09, NZBau 2009, 341.
²⁶⁴ EuGH Urt. v. 14.7.2016 – C-6/15, NZBau 2016, 772 (Ls. 2).
²⁶⁵ EuGH Urt. v. 14.7.2016 – C-6/15, NZBau 2016, 772 Rn. 29; EuGH Urt. v. 21.7.2011 – C-252/10 P, BeckEuRS 2011, 577898 Rn. 35.
²⁶⁶ OLG Düsseldorf Beschl. v. 15.6.2016 – VII-Verg 49/15, NZBau 2016, 653; OLG Düsseldorf Beschl. v. 21.5.2012 – VII-Verg 3/12, BeckRS 2012, 15472.
²⁶⁷ OLG Düsseldorf Beschl. v. 15.6.2016 – VII-Verg 49/15, NZBau 2016, 653.
²⁶⁸ OLG Düsseldorf Beschl. v. 15.6.2016 – VII-Verg 49/15, NZBau 2016, 653; OLG Düsseldorf Beschl. v. 21.10.2015 – Verg 28/14 ZfBR 2016, 83; OLG Düsseldorf Beschl. v. 16.12.2015 – VII-Verg 25/15, NZBau 2016, 232.

soll die Beachtung der Grundsätze der Gleichbehandlung und der Transparenz sicherstellen.[269] Der Bewerberkreis soll vorhersehen können, worauf es dem Auftraggeber in besonderem Maße ankommt und dies bei der Angebotserstellung berücksichtigen können. Die Bekanntgabe kann statt in der Aufforderung zur Abgabe von Angeboten auch in der Vergabebekanntmachung oder in den Verdingungsunterlagen erfolgen. Der Auftraggeber darf die Zuschlagskriterien nicht erst nach Ablauf der Angebotsfrist und in Kenntnis der eingereichten Angebote festlegen, weil er in diesem Fall Manipulationsmöglichkeiten hätte.[270] Die Auffassung des OLG Dresden, das in einem *obiter dictum* meinte, dass der Auftraggeber auch nach Aufforderung zur Angebotsabgabe ein sachgerechtes und plausibles Wertungssystem erst im Verlauf des Wertungsprozesses, also in Ansehung der ihm vorliegenden Angebote entwickeln dürfe,[271] ist deshalb abzulehnen.[272]

Der Auftraggeber darf Unterkriterien oder Gewichtungsregeln, die er den Bietern nicht vorab 87 bekannt gegeben hat, auf der Grundlage der Rechtsprechung des EuGH nur unter drei Voraussetzungen verwenden, wenn (1) die Unterkriterien oder Gewichtungsregeln die maßgeblichen „Hauptzuschlagskriterien" nicht ändern, diese (2) nicht unter Berücksichtigung von Umständen gewählt wurden, die einen der Bieter diskriminieren könnten, und sie (3) keine Angaben enthalten, die, wären sie Bietern bei der Vorbereitung der Angebote bekannt gewesen, die Vorbereitung und Erstellung der Angebot hätte beeinflussen können.[273] Gleichfalls müssen Unterkriterien auch nach der national herrschenden Auffassung der Rechtsprechung zumindest in den Fällen vor Angebotsabgabe mitgeteilt werden, in denen nicht auszuschließen ist, dass sich die Unterkriterien auf die Abfassung der Angebote der Bieter auswirken können.[274] Regelungen zur Bekanntgabe der Gewichtung von Unterkriterien enthalten weder die europäischen noch die nationalen Vorschriften. Das OLG München leitete die Pflicht, auch die Gewichtungsregeln für die Unterkriterien bekannt zu geben, zutreffend aus dem Transparenzgebot und der gemeinschaftskonformen Auslegung § 19 EG Abs. 8 VOL/A ab.[275] Jedem Bieter müsse vor Abgabe seines Angebotes klar sein, worauf es dem Auftraggeber bei der Vergabe seines Auftrags auch hinsichtlich der Unterkriterien und deren Gewichtung ankomme.

Unterkriterien füllen die Zuschlagskriterien zur Ermittlung des wirtschaftlichen Angebots weiter aus und präzisieren, worauf es dem Auftraggeber im Einzelnen ankommt.[276] Unterkriterien sind 88 damit Instrumente zur Feinabstimmung der Angebotswertung. Als Unterkriterien dürfen sie die durch die zugehörigen Zuschlagskriterien (Hauptkriterien) vorgegebenen Grenzen nicht überschreiten. Zur Verwendung von Unterkriterien ist der Auftraggeber – trotz deren transparenzfördernder Wirkung – jedoch nicht verpflichtet.[277] Es gibt keine Pflicht zur Aufstellung von Unterkriterien.[278] Dem Auftraggeber steht bei der Auswahl und Festsetzung der Bewertungskriterien ein von der Vergabekammer nicht überprüfbarer Wertungsspielraum zu; der Auftraggeber kann sich zB dafür entscheiden, keine Unterkriterien aufzustellen.[279] Bildet der Auftraggeber Unterkriterien zur

---

[269] EuGH Urt. v. 18.11.2010 – C-226/09, NZBau 2011, 50; OLG Düsseldorf Beschl. v. 28.1.2015 – VII-Verg 31/14, NZBau 2015, 503; OLG Düsseldorf Beschl. v. 19.6.2013 – Verg 8/13, ZfBR 2014, 85; OLG Frankfurt a. M. Beschl. v. 28.5.2013 – 11 Verg 6/13, BeckRS 2013, 10982.
[270] OLG Düsseldorf Beschl. v. 23.1.2008 – Verg 31/07, BeckRS 2008, 13108; Beschl. v. 19.7.2005 – VII-Verg 27/06, BeckRS 2007, 00389; OLG Dresden Beschl. v. 6.4.2004 – WVerg 0001/04, VergabeR 2004, 609 (613).
[271] OLG Dresden Beschl. v. 6.4.2004 – WVerg 0001/04, VergabeR 2004, 609 (613).
[272] So OLG Bremen VergabeR 2005, 537 (542), für eine vergleichbare Konstellation.
[273] EuGH Urt. v. 24.1.2008 – C 532/06, Slg. 2008, I-251 Rn. 43–45 = NZBau 2008, 262 – Lianakis ua; vgl. auch OLG München Beschl. v. 19.3.2009 – Verg 2/09, NZBau 2009, 341 (342); OLG Düsseldorf Beschl. v. 22.12.2010 – Verg 40/1ZfBR 2011, 388; OLG Düsseldorf Beschl. v. 23.1.2008 – Verg 31/07, BeckRS 2008, 13108.
[274] OLG München Beschl. v. 19.3.2009 – Verg 2/09, NZBau 2009, 341 (342), unter Verweis auf OLG Düsseldorf Beschl. v. 23.3.2005 – Verg 77/04, BeckRS 2005, 04430; OLG Düsseldorf Beschl. v. 9.4.2008 – Verg 2/08, BeckRS 2008, 07456; OLG Düsseldorf Beschl. v. 5.5.2008 – Verg 5/08, BeckRS 2008, 17155; OLG München Beschl. v. 17.1.2008 – Verg 15/07, NJOZ 2008, 1019; OLG München Beschl. v. 9.2.2009 – Verg 27/08, ZfBR 2009, 288. Das gilt ebenfalls für die Gewichtungsregeln: OLG Düsseldorf Beschl. v. 5.5.2008 – Verg 5/08, BeckRS 2008, 17155, und eine detaillierte Wertungsmatrix: OLG Düsseldorf Beschl. v. 9.4.2008 – Verg 2/08 IBRRS 2008, 2967; OLG München Beschl. v. 9.2.2009 – Verg 27/08, ZfBR 2009, 288.
[275] OLG München Beschl. v. 19.3.2009 – Verg 2/09, NZBau 2009, 341 (342 f.); OLG Düsseldorf Beschl. v. 23.1.2008 – Verg 31/07, BeckRS 2008, 13108.
[276] OLG München Beschl. v. 19.3.2009 – Verg 2/09, NZBau 2009, 341 (342).
[277] OLG Brandenburg Beschl. v. 28.9.2010 – W 7/10, IBRRS 2010, 4164.
[278] 1. VK Bund Beschl. v. 29.7.2008 – VK 1-81/08, VPRRS 2013, 0717; 2. VK Bund Beschl. v. 15.6.2012 – VK 1-44/12.
[279] VK Niedersachsen Beschl. v. 5.10.2010 – VgK-39/2010, IBRRS 2010, 4809.

Ermittlung des wirtschaftlichsten Angebots,[280] ist ihre konkrete Ausgestaltung bzw. ihre Auswahl ihm überlassen.[281] Formuliert er Unterkriterien, muss er sie, unabhängig davon, in welcher Phase sich das Vergabeverfahren befindet, den Bietern bekannt geben. Die Pflicht zur Bekanntgabe der Unterkriterien folgte aus der richtlinienkonformen Auslegung von § 8a VOB/A und § 9 EG Abs. 1 lit. b VOL/A.[282] Das ergibt sich zutreffend aus dem Wortlaut von § 8a VOB/A („die maßgebenden Wertungskriterien") bzw. § 9 EG Abs. 1 lit. b VOL/A („Zuschlagskriterien und deren Gewichtung"). Grund dafür ist, dass nur so die Transparenz des Verfahrens und die Chancengleichheit der Bieter gewährleistet werden kann. Die Pflicht zur Veröffentlichung von Unterkriterien gilt nicht nur für im Voraus, dh vor Veröffentlichung der Bekanntmachung und Übersendung der Vergabeunterlagen aufgestellte Unterkriterien, sondern auch für solche, die der Auftraggeber nach Veröffentlichung der Bekanntmachung und Versendung der Verdingungsunterlagen aufstellt; Gleiches gilt für die Bekanntgabe der Gewichtung der Unterkriterien.[283] Die Festlegung der Unterkriterien und ihrer Gewichtung nach Ablauf der Angebotsfrist und in Kenntnis der eingereichten Angebote ist dem Auftraggeber verwehrt, weil diese Vorgehensweise dem Auftraggeber Raum für Manipulationen eröffnen würde.[284] Für den Fall, dass der öffentliche Auftraggeber zur Ausfüllung bereits bekannt gegebener Unterkriterien nachträglich differenzierende (Unter-)Unterkriterien und Detailforderungen aufstellt und diese gewichtet, muss er das den Bietern nachträglich bekannt geben, sofern die Kenntnis davon die Vorbereitung der Angebote beeinflussen kann. Darüber hinaus muss der Auftraggeber den Bietern Gelegenheit zu einer Änderung oder Anpassung der Angebote, soweit diese bereits vorbereitet sind, geben. Notfalls ist die Frist zur Angebotsabgabe zu verlängern, sofern nicht auszuschließen ist, dass eine Festlegung weiterer (Unter-)Unterkriterien und Detailforderungen sowie deren Gewichtung objektiv geeignet ist, den Inhalt der Angebote zu beeinflussen.[285] Differenzierende (Unter-)Unterkriterien und Detailforderungen (Detailkriterien) sind den Bietern genauso wie deren Gewichtung bekannt zu geben.

89 Erfolgen die Festlegung der Unterkriterien und deren Gewichtung zu einem Zeitpunkt, zu dem zB die Bewerbungen bereits geöffnet und gesichtet sind, birgt dies das Risiko, dass die maßgeblichen Kriterien so gewählt und gewichtet werden können, dass eine an ihnen orientierte Prüfung und Bewertung der Angebote zu einem bestimmten gewünschten Ergebnis führt und damit für eine oder mehrere Bewerbungen von Vorteil ist.[286] Dies gilt gerade in Anbetracht des weiten Beurteilungsspielraumes der Behörde sowohl bei der Festlegung der im Rahmen der Bewertung zB der Mustermengenkalkulationen zu berücksichtigenden Gesichtspunkte und bei deren Gewichtung im Verhältnis zueinander als auch bei der konkreten Prüfung, ob und inwieweit einzelne Bewerbungen die jeweiligen Anforderungen erfüllen. Allein dass durch dieses Vorgehen die Möglichkeit eröffnet wird, die Bewertungskriterien und deren Gewichtung nachträglich auf einen bestimmten Bewerber „zuzuschneiden", widerspricht der Forderung nach einer transparenten Verfahrensgestaltung. Denn verhindert werden soll bereits die bloße Gefahr einer Günstlingswirtschaft oder willkürlicher Entscheidungen. Darauf, ob die Kriterien tatsächlich so festgelegt und gewichtet worden sind, dass sie ein vorgefasstes Ergebnis zu begründen vermochten, kommt es daher nicht an.[287] Eine spätere Festlegung ist den potenziellen Bietern nachträglich bekannt und ihnen ist Gelegenheit zu einer Änderung oder Anpassung ihrer Angebote zu geben, soweit diese bereits vorbereitet sind. Notfalls hat dies dadurch zu geschehen, dass die Frist zur Angebotsabgabe verlängert wird.[288]

90 Angaben zu diesen Parametern sind grundlegend für die Transparenz des Vergabeverfahrens und die Gleichbehandlung der Bieter und insbesondere für die Ermittlung des wirtschaftlichsten

---

[280] EuGH Urt. v. 4.12.2003 – C-448/01, Slg. 2003, I-14 527 Rn. 37 = NZBau 2004, 105 – EVN und Wienstrom.

[281] OLG Brandenburg Beschl. v. 28.9.2010 – W 7/10, IBRRS 2010, 4164; OLG München Beschl. v. 17.1.2008 – Verg 15/07, NJOZ 2008, 1019 (1025).

[282] OLG Düsseldorf Beschl. v. 23.1.2008 – Verg 31/07, BeckRS 2008, 13108, unter Bezugnahme auf EuGH Urt. v. 12.12.2002 – C-470/99, Slg. 2002, I-11 617 = NZBau 2003, 162 – Universale Bau; EuGH Slg. 2005, I-10 109 = NZBau 2006, 193 – ATI EAC u.a.

[283] OLG Düsseldorf Beschl. v. 23.1.2008 – Verg 31/07, BeckRS 2008, 13108; OLG Jena VergabeR 2007, 522 (525).

[284] OLG Düsseldorf Beschl. v. 23.1.2008 – Verg 31/07, BeckRS 2008, 13108; OLG Düsseldorf Beschl. v. 19.7.2005 – VII-Verg 27/06, IBRRS 2007, 0219; OLG Dresden Beschl. v. 6.4.2004 – WVerg 0001/04, VergabeR 2004, 609 (613).

[285] OLG Düsseldorf Beschl. v. 23.1.2008 – Verg 31/07, BeckRS 2008, 13108; OLG Düsseldorf Beschl. v. 14.11.2007 – VII-Verg 23/07, BeckRS 2008, 07555.

[286] VGH Kassel Urt. v. 15.10.2014 – 9 C-1276/13 T, VPRRS 2015, 0218.

[287] VGH Kassel Urt. v. 15.10.2014 – 9 C-1276/13 T, VPRRS 2015, 0218.

[288] OLG Düsseldorf Beschl. v. 19.6.2013 – Verg 8/13, ZfBR 2014, 85; OLG Düsseldorf Beschl. v. 27.3.2013 – Verg 53/12, ZfBR 2015, 408; OLG Frankfurt a. M. Beschl. v. 28.5.2013 – 11 Verg 6/13, BeckRS 2013, 10982.

Angebots. Nur auf der Grundlage der Festlegung und Bekanntgabe dieser Parameter sind die Wertungsmaßstäbe des Auftraggebers für die Bieter vorhersehbar und wird der Schutz vor einer willkürlichen bzw. manipulativen Bewertung der Angebote durch den Auftraggeber gewährleistet.[289] Zudem ist dadurch sichergestellt, dass die Vergabestelle bei der Angebotswertung nicht mehr unbemerkt von den einmal festgelegten Kriterien abweichen kann.[290] Die unionsrechtlichen Grundsätze zur Bekanntgabe gelten direkt nur bei Vergaben über den EU-Schwellenwerten. Da diese Grundsätze wiederum auf den Geboten der Gleichbehandlung und Transparenz beruhen, die auch im Unterschwellenbereich gelten,[291] finden sie mittelbar jedoch auch bei Unterschwellenvergaben Anwendung.[292] Liegt ein Vergabeverstoß in Form einer fehlenden Unterrichtung der Bieter über die Wertungskriterien vor, ist der Bieter in seinen nach § 97 Abs. 7 garantierten Bieterrechten verletzt. In diesem Fall muss der Bieter nicht nachweisen, was er in Kenntnis der Kriterien im Einzelnen an seinem Angebot oder an seiner Präsentation geändert hätte, sondern es genügt, dass eine Änderung seines Angebotes bzw. seiner Präsentation mit der Aussicht auf eine bessere Wertung jedenfalls nicht auszuschließen ist.[293]

2. Gewichtungsregeln. Die **Gewichtungsregeln** bestimmen, wie die Angaben der Bieter zu 91 den einzelnen Kriterien und Unterkriterien zu bewerten sind und beispielsweise eine Umrechnung in Wertungspunkte erfolgt.[294] Diese Umrechnung kann auch in Form einer umfangreichen **Wertungsmatrix** erfolgen. Unter Wertungsmatrix ist die Darstellung der Methode zu verstehen, wie die einzelnen Noten bzw. Bewertungen in Punktwerte umgerechnet werden.[295] Die potenziellen Bieter müssen in die Lage versetzt werden, bei der Vorbereitung ihrer Angebote nicht nur vom Bestehen, sondern auch von der Tragweite der Zuschlagskriterien Kenntnis zu nehmen. Zur Tragweite der Zuschlagskriterien gehört nicht nur die Gewichtung selbst, sondern auch die jeweilige Umrechnungsformel bei der Wertung. Die inhaltliche Gestaltung der von dem Auftraggeber zur Umrechnung der Angebotspreise in Punkte angewendeten Formel ermöglicht eine eindeutige Einflussnahme auf die über den Preis erzielbare Punkteverteilung. So bestimmt sich nach der Formel, in welches Verhältnis die Bieter zueinander gesetzt werden, wie und in welchem Maße die Punktabstände der Bieter zueinander beeinflusst werden können und bis zu welchem Preis überhaupt noch Punkte verteilt werden. Damit erlangt die konkret angewendete Umrechnungsformel eine Bedeutung für die Tragweite der Zuschlagskriterien, insbesondere in Bezug auf deren Verhältnis zueinander. Beschränkt sich der Auftraggeber bei der Wertung nicht nur auf das Zuschlagskriterium Preis, sondern wählt er neben diesem monetären auch nichtmonetäre Zuschlagskriterien, und wird den potenziellen Bietern die Möglichkeit gewährt, Nachteile beim Zuschlagskriterium Preis durch Vorteile bei den nichtmonetären Zuschlagskriterien (zB Qualität des Konzeptes und Präsentation/Verhandlungsgespräch) auszugleichen und umgekehrt. Demzufolge ist es möglich, über die nichtmonetären Zuschlagskriterien die Bieterrangfolge zu beeinflussen. Ohne Bekanntgabe der Umrechnungsformel für den Preis fehlt den potenziellen Bietern die Kenntnis dahingehend, wie sie ihre Angebote optimal kalkulieren und insbesondere auch, wie viel Aufwand sie in die Erlangung der Erstplatzierung beim Zuschlagskriterium Preis investieren wollen. So können die potenziellen Bieter nur durch Kenntnis von der Umrechnungsformel abwägen, ob es sich beispielsweise lohnen könnte, im Zuschlagskriterium Konzept einen höheren oder besser qualifizierten und damit teureren Personalstock anzubieten und dafür einen höheren Angebotspreis und damit ggf. den Verzicht auf den ersten Rang im Kriterium Preis in Kauf zu nehmen.[296] Wählt also der Auftraggeber zB mehrere preisliche und nichtpreisliche Kriterien für die Entscheidung des Zuschlags, so ist für die Ermittlung des wirtschaftlichsten Angebots ein gemeinsamer Vergleichsmaßstab zu erstellen. Das gewählte System muss in sich widerspruchsfrei und die Gewichtung der Kriterien rechnerisch richtig umgesetzt sein.[297] Außerdem muss der Bieter bei der Abgabe seines Angebots wissen, auf welche Gesichtspunkte mit

---

[289] OLG München Beschl. v. 19.3.2009 – Verg 2/09, NZBau 2009, 341 (342); OLG Düsseldorf Beschl. v. 21.5.2008 – Verg 19/08, NZBau 2009, 67.
[290] Vgl. BGH NJW 1998, 3644 (3646); OLG Düsseldorf Beschl. v. 23.3.2005 – VII-Verg 77/04, BeckRS 2005, 04430.
[291] Vgl. Ziffer 1.2. der Mitt. „Gemeinschaftsrecht", ABl. 2006, C 179, 2 (3).
[292] OLG Düsseldorf Beschl. v. 23.3.2005 – VII-Verg 77/04, BeckRS 2005, 04430.
[293] OLG München Beschl. v. 19.3.2009 – Verg 2/09, NZBau 2009, 341 (343).
[294] OLG Düsseldorf Beschl. v. 30.7.2009 – VII Verg 10/09, BeckRS 2009, 29056; OLG Frankfurt a. M. ZfBR 2011, 394; 3. VK Bund Beschl. v. 24.6.2013 – VK 3-44/13; *Weyand* ibrOK VergabeR § 97 Rn. 1158 und 1162.
[295] OLG München Beschl. v. 19.3.2009 – Verg 2/09, NZBau 2009, 341.
[296] 1. VK Bund Beschl. v. 3.3.2015 – VK 1-4/15, IBRRS 2015, 1034; VK Niedersachsen Beschl. v. 29.10.2014 – VgK-38/2014, IBRRS 2015, 0482.
[297] 3. VK Bund Beschl. v. 13.1.2012 – VK 3-173/11.

welcher Gewichtung es dem Auftraggeber ankommt. Erst dann kann er sein Angebot entsprechend den Bedürfnissen des Auftraggebers gestalten.[298] Der BGH differenziert: Hat der Auftraggeber zwar mehrere Zuschlagskriterien rechtzeitig bekannt gegeben, sich hinsichtlich ihrer Gewichtung aber nicht vor Kenntnis der Angebote durch eine Bewertungsmatrix festgelegt, kommt dem Preis bei der Gewichtung umso größere Bedeutung zu, je standardisierter der Gegenstand der Beschaffung ist oder je detaillierter der Leistungsinhalt in den Vergabeunterlagen festgelegt wurde.[299] Der sog. „Flipping-Effekt" wird von der Literatur zur Bezeichnung eines Phänomens bezeichnet, in dem die Zuschlagszahl des zu wertenden Angebots vom Inhalt des Angebots eines dritten Bieters beeinflusst wird. Wenn in solchen Fällen die Bieterreihenfolge von dem dritten Angebot abhängt, kann es in Einzelfällen zu einer Umkehrung der Bieterreihenfolge kommen.[300] Sehen die bekannt gemachten Zuschlagskriterien eine Gewichtung von Preis und Qualität mit jeweils 50% vor, ist es zum Zwecke einer Gewichtung des Preises erforderlich, zunächst eine Bezugsgröße (zB das preisgünstigste Angebot) zu definieren und – von dieser Basis ausgehend – die anderen Angebote durch Interpolation zu diesem Wert ins Verhältnis zu setzen. So hätte zB das preisgünstigste Angebot mit der vollen Punktzahl bewertet werden können, während die anderen Angebote eine entsprechend dem prozentualen Abstand zum preisgünstigsten Angebot geringere Punktzahl erhalten hätten. Die Division der Zahl 100.000 durch den angebotenen Preis hingegen lässt zwar den relativen Abstand der preislichen Angebote zueinander unverändert, stellt aber keine Gewichtung dar.[301] Die Festlegung der Bewertungsmaßstäbe unterliegt grundsätzlich dem Beurteilungsspielraum des Auftraggebers. Ein Auftraggeber darf keine untaugliche Bewertungsmethode anwenden und er darf seine Bewertung nicht auf sachwidrige Erwägungen stützen. Es ist nicht sachwidrig, dass das Angebot mit der niedrigsten Wertungssumme 2.500 Punkte erhält, ein Angebot mit dem 2-fachen der niedrigsten Wertungssumme der Angebote „0" Punkte erhält und die Punktebewertung für dazwischen liegende Wertungssummen über eine lineare Interpolation erfolgt.[302] Sachgerecht erscheint ein System, wonach ein (fiktives) Angebot, das doppelt so teuer ist wie das günstigste, 0 Punkte erhält, und zwischen diesem und dem billigsten interpoliert wird. Auch wenn dieses System durchaus auch zur Folge haben kann, dass ein Angebot mit 0 Preispunkten zu bewerten ist, so ist danach doch über das günstigste Angebot als Anker eine Rückkopplung zum relativen Preisabstand gegeben.[303] Nach der zutreffenden Rechtsprechung müssen die relativen Preisabstände angemessen bei der Punkteverteilung berücksichtigt werden. Dies kann die gewählte Umrechnungsformel mit den gewählten Preisstufen nicht leisten. Bei der von der Antragsgegnerin gewählten Formel kann im theoretischen Extremfall ein Preisabstand von 4.999 Euro für die Bewertung irrelevant sein (Angebotspreise zwischen 5.000 und 9.999 Euro), ein Preisabstand von 1 Euro aber einen Unterschied von 40 Bewertungspunkten ausmachen (Angebotspreise von 9.999 bzw. 10.000 Euro). Dies hält die Vergabekammer Südbayern wegen der dadurch eintretenden Wettbewerbsverzerrungen für nicht mehr mit dem Gleichbehandlungs- und dem Wirtschaftlichkeitsgrundsatz des § 97 Abs. 1 aF vereinbar. Auch wenn dem Auftraggeber bei Festlegung der anzuwendenden Wertungsformeln ein weiter Beurteilungsspielraum zusteht, ist dieser vorliegend überschritten. Der relative Preisabstand zwischen den Angeboten muss in irgendeiner Weise auch bei der Wertung zum Tragen kommen.[304] Die Antragsgegnerin durfte bei der Ermittlung des in die Berechnungsformel einzustellenden Preises nicht den hochgerechneten Preis für eine Leistungszeit von 48 Monaten (Vertragslaufzeit mit Verlängerungsmöglichkeit) zugrunde legen, ohne dies den Bietern bekannt zu geben, sondern sie musste den ausweislich des vorgegebenen Preisblatts kalkulierten und angebotenen Preis für eine Laufzeit von 36 Monaten (Vertragslaufzeit ohne Verlängerungsmöglichkeit) berücksichtigen. Die Antragstellerin hat zutreffend darauf hingewiesen, dass die Länge der Vertragslaufzeit, insbesondere wegen der Einmalkosten, einen entscheidenden Einfluss auf die Kalkulation eines Bieters hat.[305]

92 Nicht alle Kriterien sind geeignet, auf der Grundlage einer ausdifferenzierten Wertungsskala bewertet zu werden. Denkbar ist deshalb, dass einfachere Anforderungen aus der Leistungs-beschreibung allein mit „erfüllt" oder „nicht erfüllt" bewertet werden können. Es ist darauf zu achten, dass Ja/Nein-Kriterien nicht in einem solchen Maße in die Wertung einfließen, dass dadurch das

---

[298] OLG Brandenburg ZfBR 2012, 513; OLG Düsseldorf Beschl. v. 29.4.2015 – VII-Verg 35/14, NZBau 2015, 440.
[299] BGH NZBau 2013, 319.
[300] 2. VK Bund Beschl. v. 21.10.2014 – VK 2-81/14, VPRRS 2014, 0561.
[301] 3. VK Bund Beschl. v. 1.9.2011 – VK 3-110/11, VPRRS 2014, 0088.
[302] VK Südbayern Beschl. v. 22.4.2013 – Z3-3-3194-1-13-04/13, IBRRS 2013, 2389.
[303] 2. VK Bund Beschl. v. 24.10.2014 – VK 2-85/14, IBRRS 2015, 0028; iErg ebenso OLG Düsseldorf Beschl. v. 29.4.2015 – VII-Verg 35/14, NZBau 2015, 440.
[304] VK Südbayern Beschl. v. 24.7.2015 – Z3-3-3194-1-28-04/15, IBRRS 2015, 2261.
[305] OLG Düsseldorf Beschl. v. 9.4.2014 – VII Verg 36/13, BeckRS 2015, 03532.

Wertungsergebnis auf den Preis als Zuschlagskriterium reduziert wird. Bei komplexeren Anforderungen ist eine Bewertung nach dem Erfüllungsgrad sachgerechter und präziser und wird auch dem Gleichbehandlungsgebot gem. § 97 Abs. 2 gerechter. Die Vermischung verschiedener Anforderungskategorien in ein und derselben Wertungsmatrix ist zulässig. Die Vergleichbarkeit sämtlicher Wertungspunkte lässt sich dadurch gewährleisten, dass bei einer Ja/Nein-Anforderung die Bewertung mit der Höchst- bzw. der Niedrigstpunktzahl bewertet und in der Gesamtwertung entsprechend berücksichtigt wird. Problematisch kann die vielfache Verwendung von Ja/Nein-Kriterien innerhalb einer Wertung dann werden, wenn hierdurch alle Bieter gleich hohe Wertungspunkte erhalten und hierdurch letztendlich nur nach dem Preis entschieden wird. Damit würden die in der Bekanntmachung vorgegebenen Zuschlagskriterien faktisch entwertet. Die Vergabestelle ist aber an die bekannt gemachten Kriterien gebunden. Aus Gründen der Transparenz und Gleichbehandlung (§ 97 Abs. 1 und 2) darf sie in ihrer Vergabeentscheidung hiervon nicht abweichen.[306]

Gewichtungsregeln bestimmen, wie die Angaben der Bieter zu den einzelnen Kriterien und Unterkriterien zu bewerten sind,[307] dh welches Gewicht ihnen im Vergleich zu den anderen Kriterien oder Unterkriterien zukommt. Regelungen zur Gewichtung können festlegen, wie einzelne Angaben der Bieter in Wertungspunkte umgerechnet werden. Entsprechend den europäischen Vorgaben hat der Auftraggeber auch national ein Wahlrecht, ob er seiner Pflicht zur Bekanntgabe durch Angaben in der Vergabebekanntmachung oder in den Vergabeunterlagen nachkommt.[308] Gewichtungsregeln hängen ab von der Komplexität des zu beschaffenden Gegenstands. So kann die Gewichtung über die Festlegung eines einfachen Bewertungsschemas von „nicht erfüllt", „schlecht erfüllt" und „erfüllt" nebst zugehöriger Punktzahl null, eins oder zwei erfolgen.

Die Gewichtung kann aber auch über Bewertungsmatrizen und durch das sog. Scoring-Verfahren vorgegeben werden.[309] Eine Wertungsmatrix ist die Darstellung der Methode, wie die einzelnen Noten bzw. Bewertungen in konkrete Bewertungspunkte umgerechnet werden.[310] Am Ende der Bewertung eines Angebots mittels einer Bewertungsmatrix erhält jedes Angebot eine bestimmte Zahl von Punkten. Die Anzahl der erreichten Punkte dient als Vergleichsmaßstab zu anderen Angeboten.[311] Jede Bewertungsmatrix muss, um dem Gleichbehandlungsgrundsatz zu genügen, eine **ausreichende Differenzierung** der Angebote gewährleisten.[312] Das ist dann nicht der Fall, wenn in so groben Einheiten bewertet wird, dass alle Angebote trotz inhaltlicher Unterschiede gleiche Punktzahlen erhalten.[313] Zudem dürfen keine willkürlichen und damit vergabefremden Zwecke verfolgt werden.[314] Auch der Begriff „Scoring-Verfahren" bezeichnet ein Verfahren zur Vergabe von Wertungspunkten.[315] Die Gewichtung kann der öffentliche Auftraggeber auch in Form einer Marge vorgeben. Eine weitere Art, die Angebote zu bewerten, ist die sog. Richtwertmethode. Die Anwendung der einfachen Richtwertmethode bedeutet, dass der Quotient aus den erreichten Leistungspunkten und dem Preis in Euro gebildet wird. Je höher der Quotient ist, desto besser ist das Preis-Leistungs-Verhältnis. Deshalb ist das Angebot mit dem höchsten Quotienten das wirtschaftlichste Angebot.[316]

Für den Ausnahmefall, dass eine Gewichtung (überhaupt) nicht möglich ist und der Auftraggeber deshalb die Zuschlagskriterien in absteigender Reihenfolge ihrer Bedeutung angibt, muss der Auftraggeber dies im Vergabevermerk entsprechend begründen.[317] Unterlässt er das, verstößt er gegen das Transparenzgebot.[318] Teilweise wird darüber hinaus verlangt, dass der Auftraggeber den Bietern die nachvollziehbaren Gründe, warum eine Gewichtung nicht möglich ist, bekannt geben

---

[306] VK Bund Beschl. v. 17.3.2005 – VK 2-09/05, IBRRS 2005, 2762; BayObLG Beschl. v. 9.9.2004 – Verg 18/04, BeckRS 2004, 09727.
[307] OLG München Beschl. v. 19.3.2009 – Verg 2/09, NZBau 2009, 341 (342).
[308] VK Thüringen Beschl. v. 12.1.2009 – 250–4003.20–6372/2008-007-IK, BeckRS 2011, 01138.
[309] OLG Düsseldorf VergabeR 2005, 364 (371); vgl. auch OLG Düsseldorf Beschl. v. 23.3.2005 – VII-Verg 77/04, IBRRS 2005, 1255; vgl. auch OLG München Beschl. v. 19.3.2009 – Verg 2/09, NZBau 2009, 341 (342); vgl. EuGH Urt. v. 12.12.2002 – C-470/99, Slg. 2002, I-11617 Rn. 21 und 97 = NZBau 2003, 162 – Universale Bau.
[310] OLG München Beschl. v. 19.3.2009 – Verg 2/09, NZBau 2009, 341 (342).
[311] VK Lüneburg Beschl. v. 18.11.2004 – 203-VgK-49/2004, IBRRS 2004, 3824.
[312] OLG München Beschl. v. 26.6.2007 – Verg 6/07, IBRRS 2007, 3373.
[313] OLG München Beschl. v. 26.6.2007 – Verg 6/07, IBRRS 2007, 3373.
[314] OLG München Beschl. v. 17.1.2008 – Verg 15/07, NJOZ 2008, 1019 (1025).
[315] OLG Brandenburg Beschl. v. 15.5.2007 – Verg W 2/07, IBRRS 2007, 4848.
[316] OLG Koblenz Beschl. v. 5.12.2007 – 1 Verg 7/07, BeckRS 2010, 09736.
[317] OLG Celle Beschl. v. 2.2.2021 – 13 Verg 8/20, IBRRS 2021, 0449.
[318] VK Thüringen Beschl. v. 12.1.2009 – 250–4003.20–6372/2008-007-IK, BeckRS 2011, 01138; VK Sachsen-Anhalt Beschl. v. 22.11.2007 – 1 VK LVwA 24/07, IBRRS 2008, 0088.

muss.³¹⁹ Argument dafür ist, dass die Bieter aus dieser Angabe Informationen ziehen können, die bei der Fertigung des Angebotes sachdienlich sein können. Dieses Ziel werde normalerweise durch die Angabe der Gewichtungsregeln verfolgt.³²⁰ Es müsse demnach sinngemäß ebenso für die Ausnahme gelten.

96   Ist dem Auftraggeber die Angabe der Gewichtung aus nachvollziehbaren Gründen nicht möglich, muss er die Zuschlagskriterien zur Ermittlung des wirtschaftlichsten Angebots in der absteigenden Reihenfolge ihrer Bedeutung angeben. Ist die Angabe der Gewichtung nicht gänzlich ausgeschlossen, sondern aus nachvollziehbaren Gründen erst kurz vor Ablauf der Frist zur Angebotsabgabe möglich, muss der Auftraggeber zudem seine späteren Festlegungen den Bietern bekannt geben, wenn das ihre Vorbereitung der Angebote beeinflussen kann.³²¹ Ggf. muss der Auftraggeber den Bietern Gelegenheit zu einer Änderung oder Anpassung der Angebote geben, soweit diese im Zeitpunkt der später getroffenen Festlegungen bereits vorbereitet waren. Im Ausnahmefall kann dies eine Verlängerung der Frist zur Angebotsabgabe erforderlich machen. Gründe für eine spätere Festlegung von Unterkriterien oder Gewichtungsregeln können haushaltsrechtliche Gründe sein oder sich aus der Komplexität des Auftragsgegenstands ergeben.³²² Gleichfalls kann, wenn die Wertung der Angebote unter Zugrundelegung einer umfangreichen Rechenformel erfolgt, eine Gewichtung nachvollziehbar nicht angegeben werden. In diesem Fall ist jedoch die Formel zu erläutern.³²³ Die Änderung der Gewichtung der Zuschlagskriterien nach der Phase, in der die Angebote erstmalig geprüft werden, verstößt gegen die Grundsätze der Transparenz und Gleichbehandlung, auch wenn der öffentliche Auftraggeber im Einzelfall nicht dazu verpflichtet ist, die Gewichtung vorab zu bestimmen und den potenziellen Bietern bei der Aufforderung, ihre Angebote einzureichen, mitzuteilen, weil der Auftrag nicht in den Anwendungsbereich von Art. 53 VergabeRL 2004 fällt.³²⁴

97   **3. Keine/unzureichende Bekanntgabe von Zuschlagskriterien und Gewichtungsregeln.** Die Wertung der Angebote darf nur auf der Grundlage der ausdrücklich und eindeutig bekannt gemachten Kriterien durchgeführt werden.³²⁵ Mit der Bekanntmachung der Wertungskriterien reduziert sich der Beurteilungs- und Ermessensspielraum des Auftraggebers.³²⁶ Unterlässt der öffentliche Auftraggeber die Bekanntgabe von (einzelnen) Zuschlagskriterien oder Unterkriterien oder macht er diese Informationen nicht ausreichend oder eindeutig bekannt, darf er sie nicht zur Ermittlung des wirtschaftlichsten Angebots einsetzen. Das folgt auf der Grundlage der Rechtsprechung zu § 25a Nr. 1 VOB/A aF und § 19 EG Abs. 8 VOL/A iVm § 19 EG Abs. 9 VOL/A. Der Auftraggeber darf in diesem Fall die Wertung ausschließlich auf der Grundlage der bekannt gegebenen Kriterien durchführen.³²⁷ Andere oder zusätzliche Kriterien als er dem Bieterkreis bekannt gegeben hat, darf er nicht in die Angebotswertung einbeziehen;³²⁸ sämtliche bekannt gegebenen Wertungskriterien muss er tatsächlich berücksichtigen.³²⁹ Nur dann ist dem Gebot eines transparenten Vergabeverfahrens (§ 97 Abs. 1) und der Gleichbehandlung aller Bieter (§ 97 Abs. 2) Genüge getan.

98   Für den Fall, dass der Auftraggeber – versehentlich oder gewollt – keine Zuschlagskriterien bekannt gegeben hat, ist die Angebotswertung allein nach dem Kriterium des niedrigsten Angebotspreises durchzuführen.³³⁰ In einem solchen Fall ist zu beachten, dass Nebenangebote nicht zugelassen werden dürfen.³³¹ Ferner dürfen sie, sollten sie zugelassen sein, nach einer neueren

---

³¹⁹ VK Münster Beschl. v. 30.3.2007 – VK 4/07, IBRRS 2007, 2368.
³²⁰ VK Bund Beschl. v. 20.6.2007 – VK 3–52/07.
³²¹ OLG Düsseldorf Beschl. v. 23.1.2008 – Verg 31/07, IBRRS 2008, 0867.
³²² OLG Düsseldorf Beschl. v. 23.1.2008 – Verg 31/07, IBRRS 2008, 0867; VK Nordbayern Beschl. v. 16.4.2008 – 21.VK-3194-14/08, BeckRS 2008, 42717.
³²³ VK Bund Beschl. v. 23.1.2009 – VK 3–194/08, IBRRS 2009, 2992.
³²⁴ EuGH Urt. v. 18.11.2010 – C-226/09, NZBau 2011, 50 Rn. 62.
³²⁵ OLG Schleswig VergabeR 2001, 214; BayObLG Beschl. v. 3.7.2002 – Verg 13/0213.
³²⁶ BayObLG ZfBR 2001, 45.
³²⁷ BGH NZBau 2004, 517 (518).
³²⁸ OLG Düsseldorf Beschl. v. 25.11.2002 – Verg 56/02, BeckRS 2004, 12170; VK Baden-Württemberg Beschl. v. 21.10.2010 – 50/10.
³²⁹ OLG Düsseldorf Beschl. v. 7.7.2003 – Verg 34/03, BeckRS 2011, 29094; BayObLG NZBau 2003, 105 (108).
³³⁰ KG VergabeR 2003, 84 (86); OLG Frankfurt a. M. Beschl. v. 10.4.2001 – 11 Verg 1/01, NZBau 2002, 161 (165); VK Lüneburg Beschl. v. 11.11.2008 – VgK-39/2008, BeckRS 2009, 08146; VK Lüneburg Beschl. v. 6.12.2004 – 203-VgK-50, IBRRS 2005, 0089 mwN; VK Hamburg Beschl. v. 17.12.2002 – VgK FB 3/02, IBRRS 2003, 0043; VK Sachsen Beschl. v. 8.11.2001 – 1/SVK/104-01, IBRRS 2004, 3697; vgl. BGH VergabeR 2008, 641 (644).
³³¹ OLG Düsseldorf Beschl. v. 23.3.2010 – Verg 61/09, ZfBR 2010, 822.

B. Die Regelungen des § 127 im Einzelnen

Auffassung nicht gewertet werden, weil das gegen Art. 24 Abs. 1 Vergabe-RL 2004 verstoße.[332] Das gleiche gilt, wenn der Auftraggeber als Zuschlagskriterium die Wirtschaftlichkeit gewählt hat, jedoch keine konkretisierenden Kriterien genannt hat oder diese insgesamt rechtswidrig waren.[333] Das ergibt sich im Umkehrschluss aus Art. 53 Abs. 1 und 2 Vergabe-RL 2004 und Art. 55 Abs. 1 und 2 Sektoren-RL 2004.[334] Danach ist der Zuschlag entweder auf der Grundlage der bekannt gemachten Kriterien auf das wirtschaftlichste Angebot oder ausschließlich auf das Angebot mit dem niedrigsten Preis zu erteilen. Nur für den ersten Fall sieht Abs. 2 der Regelungen vor, dass Zuschlagskriterien zur Ermittlung des wirtschaftlichsten Angebots bekannt zu geben sind. Gibt der Auftraggeber also weder in der Bekanntmachung noch in den Vergabeunterlagen Zuschlagskriterien an, kommt nur der niedrigste Preis als Kriterium in Betracht. Würde der Auftraggeber in einer solchen Situation den Begriff der Wirtschaftlichkeit mit Zuschlagskriterien ausfüllen, die er im Zuge der Angebotswertung bildet, wäre die Verwendung dieser Kriterien vergaberechtswidrig, weil sie den Bietern nicht vorab bekannt gemacht worden sind.[335] Das folgt aus dem Willkürverbot, dem Gleichbehandlungsgebot und dem Diskriminierungsverbot.[336] Für den Fall, dass die eingegangenen Angebote für eine Wertung auf der Grundlage des niedrigsten Preises nicht ausreichend homogen sind, kann der Auftraggeber die Ausschreibung auch in die Phase vor der Abgabe der Angebote zurückversetzen,[337] Zuschlagskriterien bekannt geben und den Bietern Gelegenheit geben, auf dieser Basis neue Angebote abzugeben. Möglich ist grundsätzlich auch die Aufhebung der Ausschreibung, selbst wenn diese rechtswidrig sein sollte. Sind allerdings die Voraussetzungen eines Aufhebungsgrundes nicht erfüllt, ist der Auftraggeber möglicherweise Schadensersatzansprüchen der Bieter ausgesetzt. Die Zurückversetzung des Vergabeverfahrens ist auch auf der Grundlage der Rechtsprechung des EuGH vorzuziehen. Danach ist die Ausschreibung zurückzusetzen oder neu zu starten,[338] wenn ein unzulässiges Kriterium bekannt gemacht worden ist.[339] Denn die Nichtanwendung dieses Kriteriums kommt der nachträglichen Änderung der Zuschlagskriterien gleich; diese würde gegen das Transparenzgebot verstoßen. Diese Rechtsfolge gilt nicht nur dann, wenn ein einzelnes Kriterium rechtswidrig ist, sondern auch, wenn Kriterien überhaupt nicht bekannt gegeben werden.

Strittig ist, wie zu verfahren ist, wenn der öffentliche Auftraggeber für die bekannt gemachten Zuschlagskriterien **keine Gewichtungsregeln** veröffentlicht hat. Für diesen Fall wird vertreten, dass eine ordnungsgemäße Wertung der Angebote nicht möglich sei, weil es an einem Wertungsmaßstab fehle.[340] Das Vergabeverfahren müsse in die Phase vor der Angebotswertung zurückgesetzt, Gewichtungsregeln bekannt gegeben, und den Bietern die Möglichkeit gegeben werden, auf dieser Grundlage neue Angebote abzugeben.[341] Als ultima ratio kommt in diesem Fall auch die Aufhebung der Ausschreibung in Betracht. Allerdings ist in diesem Fall möglicherweise mangels Aufhebungsgrundes mit Schadensersatzansprüchen der Bieter zu rechnen. Nach einer anderen Auffassung führt die fehlende Angabe von Gewichtungsregeln dazu, dass die bekannt gegebenen Zuschlagskriterien

99

---

[332] VK Brandenburg Beschl. v. 8.11.2010 – VK 51/10, IBRRS 2010, 4258, unter Verweis auf OLG Düsseldorf Beschl. v. 23.3.2010 – Verg 61/09, ZfBR 2010, 822; OLG Düsseldorf ZfBR 2011, 103; OLG Düsseldorf Beschl. v. 15.6.2010 – Verg 10/10, BeckRS 2010, 19462. Der anderslautenden Entscheidung der VK Schleswig-Holstein Beschl. v. 8.10.2010 – VK-SH 13/10, IBRRS 2010, 3902 lag der Sonderfall zugrunde, dass nicht alle Bieter ein Hauptangebot einreichten.
[333] VK Hamburg Beschl. v. 17.12.2002 – VgK FB 3/02, IBRRS 2003, 0043; VK Sachsen Beschl. v. 8.11.2001 – 1/SVK/104-01, IBRRS 2004, 3697; VK Brandenburg Beschl. v. 14.6.2007 – 1 VK 17/07, IBRRS 2007, 3779; VK Nordbayern Beschl. v. 23.2.2004 – 320.VK-3194-03/04, IBRRS 2004, 0558; vgl. auch BGH VergabeR 2008, 641 (644), wobei die Entscheidung im Rahmen eines Schadensersatzprozesses erging.
[334] OLG Frankfurt a. M. Beschl. v. 10.4.2001 – 11 Verg 1/01, NZBau 2002, 161 (165).
[335] VK Hamburg Beschl. v. 17.12.2002 – VgK FB 3/02, IBRRS 2003, 0043; VK Sachsen Beschl. v. 8.11.2001 – 1/SVK/104-01, IBRRS 2004, 3697.
[336] VK Bund NZBau 2001, 228; VK Bund Beschl. v. 26.5.2000 – VK 2 -8/00, IBRRS 2000, 1290.
[337] Das entspricht der Rspr. des OLG Düsseldorf VergabeR 2005, 364 (372).
[338] So Kommission in EuGH Urt. v. 4.12.2003 – C-448/01, Slg. 2003, I-14527 Rn. 88 = NZBau 2004, 105 – EVN und Wienstrom; aA der von Aufhebung ausgeht Bultmann ZfBR 2004, 134 (140); wohl auch aA VK Sachsen-Anhalt Beschl. v. 6.3.2009 – 1 VK LVwA 32/08, IBRRS 2009, 1279.
[339] EuGH Urt. v. 4.12.2003 – C-448/01, Slg. 2003, I-14 527 Rn. 95 = NZBau 2004, 105 – EVN und Wienstrom; ebenso bei mehreren unzulässigen Kriterien OLG Düsseldorf Beschl. v. 28.4.2008 – VII-Verg 1/08, IBRRS 2008, 4208; – dem folgend VK Südbayern Beschl. v. 26.3.2009 – Z3-3-3194-1-03-01/09, IBRRS 2009, 1618.
[340] VK Bund Beschl. v. 15.9.2008 – VK 2-91/08, VPRRS 2014, 0187.
[341] OLG Düsseldorf Beschl. v. 21.5.2008 – Verg 19/08, NZBau 2009, 67; OLG Düsseldorf VergabeR 2005, 364 (372); das entspricht der Rechtsfolge, die ein rechtswidriges Zuschlagskriterium auslösen würde – s. EuGH Urt. v. 4.12.2003 – C-448/01, Slg. 2003, I-14527 Rn. 95 (gelesen im Lichte von Rn. 88) = NZBau 2004, 105 – EVN und Wienstrom.

gleichrangig seien und die Wertung auf dieser Grundlage durchzuführen sei.[342] Gebe der Auftraggeber keine speziellen Regeln für die Gewichtung an, könnten Bieter davon ausgehen, dass die Kriterien kein unterschiedliches Gewicht haben sollen. Die erste Auffassung ist vorzuziehen. Zunächst spricht der Zweck der Bekanntgabe der Kriterien und Gewichtungsregeln, dh die Transparenz des Vergabeverfahrens[343] und die Gleichbehandlung der Bieter für diese Auffassung. Der Auftraggeber wird auf diese Weise dazu gezwungen, die Art und Weise, in der er werten möchte, transparent anzugeben und die Ausschreibung sorgfältig vorzubereiten; er kann sich nicht darauf verlassen, dass er trotz eines erheblichen Verfahrensfehlers das Vergabeverfahren abschließen kann. Zudem wäre es ansonsten möglich, eine Ausschreibung vergaberechtswidrig auf der Grundlage von Gewichtungsregeln zu Ende zu führen, die weder vom Auftraggeber festgelegt noch den Bietern mitgeteilt worden sind.[344] Darüber hinaus würde die andere Auffassung unter Umständen dazu führen, dass die Wertung der Angebote möglicherweise ein Ergebnis hat, das qualitativ für die Zwecke des Auftraggebers ungeeignet ist.

100   **4. Abweichende Angaben in der Bekanntmachung und in den Vergabeunterlagen.** Bei Veröffentlichung der Zuschlagskriterien in der Vergabebekanntmachung und den Vergabeunterlagen kann es vorkommen, dass die Angaben voneinander abweichen. In diesem Fall ist die Verletzung der Grundsätze der Transparenz und Gleichbehandlung zu befürchten, auf deren Grundlage sich der Auftraggeber während des gesamten Verfahrens an dieselben Kriterien halten muss.[345] Strittig ist bislang, wie diese Fälle zu lösen sind. Nach einer Auffassung muss die Ausschreibung aufgehoben werden und die betreffende Leistung neu ausgeschrieben werden.[346] Die VOB/A löse diesen Konflikt nicht zugunsten der einen oder der anderen Bekanntgabemodalität auf. War für den Bieter aus der Zusammenschau von Vergabebekanntmachung und Aufforderung zur Angebotsabgabe nicht zweifelsfrei erkennbar, welche Kriterien die Vergabestelle bei der Wertung der Angebote anzuwenden beabsichtige, so könne dieser Fehler nur durch eine Neuausschreibung korrigiert werden. Nach anderer Auffassung gelten bei Widersprüchen die Angaben in der Vergabebekanntmachung vorrangig gegenüber denen in den Vergabeunterlagen.[347] Da die Bieter hauptsächlich aufgrund der Vergabebekanntmachung entscheiden, an einem bestimmten Vergabeverfahren teilzunehmen, seien die Angaben darin maßgeblich.[348] Diese Auffassung orientiert sich am Wortlaut des § 10a VOB/A aF (§ 8a VOB/A nF), wonach die Wertungskriterien (nur dann) in der Angebotsaufforderung anzugeben sind, sofern sie nicht bereits in der Bekanntmachung angegeben sind.[349] Mit Blick auf § 9 EG VOL/A wird darauf hingewiesen, dass durch die Worte „alle Zuschlagskriterien" hinreichend deutlich gemacht sei, dass alle relevanten Kriterien in der EU-Bekanntmachung oder in den Verdingungsunterlagen benannt werden müssten. Die sukzessive Nennung von einigen Zuschlagskriterien schon in der EU-Bekanntmachung und anderen erst in den Verdingungsunterlagen sei demnach unzulässig.[350] Ausschlaggebend sind damit die zeitlich zuerst bekannt gegebenen Zuschlagskriterien. Anhänger dieser Auffassung stützen sich zudem auf das Transparenzgebot. Dieses erfordere, dass bei den Bietern keine Unklarheiten entstehen dürften, an welchen Maßstäben ihr Angebot gemessen werde.[351] Solche Unklarheiten bestünden aber nicht, wenn bei der Wiederholung der Zuschlagskriterien in den Vergabeunterlagen zwei Zuschlagskriterien vergessen wurden. Die VK Bund zieht unter Zugrundelegung der gleichen Prämisse den gegenteiligen Schluss: Die zusätzliche Angabe von Wertungskriterien in den Vergabeunterlagen sei unbedenklich, wenn kein Widerspruch zur Vergabebekanntmachung bestehe.[352] Letzteres lege der Wortlaut von § 9 EG VOL/A nahe, wonach die Angaben entweder in der Vergabebekanntmachung oder in den Verdingungsunterlagen erfolgen

---

[342] VK Bund Beschl. v. 20.6.2007 – VK 3–52/07; VK Sachsen-Anhalt Beschl. v. 22.11.2007 – 1 VK LVwA 24/07, IBRRS 2008, 0088.
[343] Auf diesen Aspekt stellt die VK Bund Beschl. v. 15.9.2008 – VK 2–91/08, VPRRS 2014, 0187, ab.
[344] Vgl. Wiedergabe der rechtlichen Würdigung des vorlegenden Gerichts in EuGH Urt. v. 4.12.2003 – C-448/01, Slg. 2003, I-14527 Rn. 85 = NZBau 2004, 105 – EVN und Wienstrom.
[345] Vgl. EuGH Urt. v. 4.12.2003 – C-448/01, Slg. 2003, I-14527 Rn. 93 = NZBau 2004, 105 – EVN und Wienstrom.
[346] VK Münster Beschl. v. 4.10.2000 – VK 10/00, IBRRS 2015, 0910.
[347] VK Schleswig-Holstein Beschl. v. 12.7.2005 – VK-SH 14/05, IBRRS 2005, 2466; VK Thüringen Beschl. v. 28.11.2002 – 216–4002.20–057/02-EF-S, IBRRS 2003, 0311; VK Sachsen Beschl. v. 17.6.2005 – 1/SVK/058-05, IBRRS 2006, 0386.
[348] VK Thüringen Beschl. v. 28.11.2002 – 216–4002.20–057/02-EF-S, IBRRS 2003, 0311.
[349] VK Schleswig-Holstein Beschl. v. 12.7.2005 – VK-SH 14/05, IBRRS 2005, 2466.
[350] VK Sachsen Beschl. v. 17.6.2005 – 1/SVK/058-05, IBRRS 2006, 0386; VK Sachsen Beschl. v. 15.8.2002 – 1/SVK/075-02, IBRRS 2002, 1352.
[351] VK Schleswig-Holstein Beschl. v. 12.7.2005 – VK-SH 14/05, IBRRS 2005, 2466.
[352] VK Bund Beschl. v. 5.9.2002 – VK 2–68/02, IBRRS 2013, 3948.

müssen. Besteht kein Widerspruch zur Vergabebekanntmachung, könne unter diesen Umständen keine Unklarheit darüber entstehen, an welchen Maßstäben das Angebot gemessen werde. In einer späteren Entscheidung stellte die VK Bund demgegenüber darauf ab,[353] ob die unterschiedliche Angabe von Kriterien zur Diskriminierung des Bieters führe. In dem zu entscheidenden Fall sollten die zusätzlich angegebenen (rechtswidrigen) Kriterien in den Vergabeunterlagen nicht zur Anwendung gelangen. Eine Diskriminierung des Antrag stellenden Bieters hätte aber nicht vorgelegen, weil sein Angebot auch bei Berücksichtigung aller Kriterien in den Vergabeunterlagen nicht den Zuschlag erhalten hätte.

Angesichts dieser Rechtsunsicherheit ist jedem Auftraggeber zu raten, nur die Zuschlagskriterien **101** und deren Gewichtung entweder in der Vergabebekanntmachung oder in den Verdingungsunterlagen anzugeben. Unabhängig davon kann die Lösung des Streits nur darin bestehen, jegliche Zweifel an der Transparenz und Gleichbehandlung der Bieter auszuschließen. Das spricht grundsätzlich für die erstgenannte Auffassung, dh die Aufhebung des Verfahrens bzw. dessen Zurückversetzung in das Stadium der Vergabebekanntmachung. Denn unterschiedliche Angaben in der Bekanntmachung und in den Vergabeunterlagen können immer zu Zweifeln oder Irrtümern führen; eine vom Auftraggeber zu verantwortende uneindeutige Faktenlage darf nicht zulasten der Bieter gehen. Andererseits ist der Auftraggeber gem. Art. 2 VO 1564/2005[354] iVm Art. 35 Abs. 2 Vergabe-RL 2004 bei Ausschreibungen oberhalb der Schwellenwerte zur Verwendung der Standardformulare des Anhangs II der VO 1564/2005 verpflichtet.[355] Nr. IV.2 des Anhangs II gibt dem Auftraggeber auf, sich bei der Wahl des wirtschaftlichsten Angebots als Zuschlagskriterium zwischen folgenden Alternativen zu entscheiden: Entweder für „das wirtschaftlich günstigste Angebot in Bezug auf die nachstehenden Kriterien" oder für „das wirtschaftlich günstigste Angebot in Bezug auf die Kriterien, die in den Verdingungs-/Ausschreibungsunterlagen, der Aufforderung zur Angebotsabgabe oder zur Verhandlung bzw. in der Beschreibung zum wettbewerblichen Dialog aufgeführt sind". Dieses Formular ist so eindeutig formuliert, dass ein Bieter dann, wenn der Auftraggeber sich für die erste Variante entscheidet, wissen muss, dass es auf die Vergabeunterlagen nicht mehr ankommen kann. Das würde für die zweite Ansicht sprechen. Allerdings würde man so den Bieter zwingen, immer dann die Bekanntmachungseintragungen zu überprüfen, wenn die Vergabeunterlagen Zuschlagskriterien enthalten. Nur so könnte er nämlich vermeiden, sein Angebot mit Blick auf unzulässige Zuschlagskriterien zu entwerfen bzw. zu perfektionieren. Im Ergebnis würde man so dem Bieter eine zusätzliche Prüfpflicht auferlegen, was aber kaum aus dem Transparenz- und Gleichbehandlungsgebot folgen kann.

5. Ausnahmsweise Zulässigkeit der nachträglichen Änderung von Kriterien. Der Auf- **102** traggeber darf bei der Angebotswertung keine anderen Zuschlags- und Unterkriterien zugrunde legen als die, die er bekannt gegeben hat. Auch die bekannt gegebene Gewichtung dieser Kriterien darf er nicht ändern. Die bekannt gegebenen Zuschlags- und Unterkriterien dürfen lediglich konkretisiert werden. Der Grat zwischen der zulässigen Konkretisierung und der vergaberechtswidrigen Änderung der Zuschlagskriterien im laufenden Vergabeverfahren ist allerdings nur sehr schmal. Wird das Vergabeverfahren durch ein Nachprüfungsverfahren angegriffen, besteht im Erfolgsfall die Konsequenz darin, dass die Wertung oder uU das gesamte Vergabeverfahren wiederholt werden muss oder eine Zurückversetzung des Verfahrens bis vor die Abgabe der Angebote angeordnet wird. Das ist insbesondere nach der Rechtsprechung des EuGH dann der Fall, wenn sich auf der Grundlage der schließlich der Angebotswertung zugrunde gelegten Zuschlagskriterien andere und/oder mehr Unternehmen beteiligt hätten.

Die Bindung des Auftraggebers an die bekannt gegebenen Kriterien gilt nicht für Fälle,[356] in **103** denen der Auftraggeber im Laufe eines Vergabeverfahrens feststellt, dass sein Bedarf nur durch eine technisch geringfügig geänderte Leistung gedeckt werden kann. In diesem Fall darf er nachträglich entsprechend höhere Anforderungen stellen. Eine Aufhebung der Ausschreibung ist dafür nicht erforderlich. Das Gleichbehandlungsgebot erfordert dann aber, dass alle in die engere Wahl für den Zuschlag kommenden Spitzenbewerber darüber gleich informiert werden und diese die Gelegenheit erhalten, ihre Angebote anzupassen. Eine nachträgliche Konkretisierung gesetzter Vergabekriterien ist grundsätzlich möglich, setzt aber voraus, dass rechtzeitig taugliche und konkretisierbare Kriterien gesetzt worden sind. Die Konkretisierung ist allgemein anerkannt, wenn den Bietern bzw. Teilnehmern anschließend die Gelegenheit gegeben wird, ihre Angebote darauf einrichten zu können. Die Konkretisierung der

---

[353] VK Bund Beschl. v. 10.12.2003 – VK 2-116/03, IBRRS 2005, 0795.
[354] VO 1564/2005, ABl. 2005 L 257, 1.
[355] Diese Verpflichtung ist umgesetzt in § 17a Nr. 2 Abs. 2 VOB/A bzw. in § 15 EG Abs. 1 VOL/A.
[356] VK Südbayern Beschl. v. 18.3.2002 – 04-02/02; KG NZBau 2000, 209 (211); ähnlich aber mit Bezug auf Eignungskriterien OLG München Beschl. v. 21.8.2008 – Verg 13/08, BeckRS 2008, 20 532.

gesetzten Zuschlagskriterien setzt jedoch voraus, dass der Auftraggeber überhaupt taugliche Zuschlagskriterien benannt hat.[357] Nicht dazu zählen Änderungen, die gerade nicht geeignet sind, den Inhalt der Angebote zu beeinflussen. Dies ist insbesondere dann der Fall, wenn die Änderung im Kontext der Ausschreibung nur eine Konkretisierung darstellen würde oder es sich dabei um einen Ausfluss der Fortschreibung eines bestimmten Kriteriums handeln würde oder geforderte Angaben lediglich abgebildet wurden und kein zusätzlicher Gesichtspunkt aufgenommen wurde.[358]

§ 128 Auftragsausführung

(1) Unternehmen haben bei der Ausführung des öffentlichen Auftrags alle für sie geltenden rechtlichen Verpflichtungen einzuhalten, insbesondere Steuern, Abgaben und Beiträge zur Sozialversicherung zu entrichten, die arbeitsschutzrechtlichen Regelungen einzuhalten und den Arbeitnehmerinnen und Arbeitnehmern wenigstens diejenigen Mindestarbeitsbedingungen einschließlich des Mindestentgelts zu gewähren, die nach dem Mindestlohngesetz, einem nach dem Tarifvertragsgesetz mit den Wirkungen des Arbeitnehmer-Entsendegesetzes für allgemein verbindlich erklärten Tarifvertrag oder einer nach § 7, § 7a oder § 11 des Arbeitnehmer-Entsendegesetzes oder einer nach § 3a des Arbeitnehmerüberlassungsgesetzes erlassenen Rechtsverordnung für die betreffende Leistung verbindlich vorgegeben werden.

(2) ¹Öffentliche Auftraggeber können darüber hinaus besondere Bedingungen für die Ausführung eines Auftrags (Ausführungsbedingungen) festlegen, sofern diese mit dem Auftragsgegenstand entsprechend § 127 Absatz 3 in Verbindung stehen. ²Die Ausführungsbedingungen müssen sich aus der Auftragsbekanntmachung oder den Vergabeunterlagen ergeben. ³Sie können insbesondere wirtschaftliche, innovationsbezogene, umweltbezogene, soziale oder beschäftigungspolitische Belange oder den Schutz der Vertraulichkeit von Informationen umfassen.

Übersicht

	Rn.		Rn.
I. Normzweck und Normstruktur	1	4. Rechtsfolgen eines Verstoßes gegen Abs. 1	17
II. Entstehungsgeschichte und europarechtlicher Hintergrund	4	IV. Ausführungsbedingungen (Abs. 2)	20
III. Einhaltung der geltenden rechtlichen Verpflichtungen (Abs. 1)	6	1. Begriff der Ausführungsbedingungen	20
1. Anwendungsbereich	6	2. Verbindung zum Auftragsgegenstand	23
2. Die geltenden rechtlichen Verpflichtungen	8	3. Transparenz der Ausführungsbedingungen	25
a) Erfasste Normen	8	4. Inhalt der Ausführungsbedingungen	26
b) Internationale Abkommen	10	5. Nachweis über die Entsprechung des Angebots mit den Ausführungsbedingungen	27
c) Tariftreueregelungen	12		
3. Maßgeblicher Ort für die Bestimmung der Rechtspflichten	15	6. Rechtsfolge bei Verletzung einer zusätzlichen Ausführungsbedingung	28

I. Normzweck und Normstruktur

1 § 128 enthält Regelungen, die die Auftragsausführung betreffen. Während Abs. 1 eine generelle Pflicht zur Einhaltung von rechtlichen Verpflichtungen vorgibt, die das ausführende Unternehmen treffen, bestimmt Abs. 2, dass der Auftraggeber darüber hinaus zusätzlich individuelle Ausführungsbedingungen verpflichtend vorgeben kann. Letztere sind freiwillig und von den zwingend zu berücksichtigenden Ausführungsbedingungen nach § 129 zu unterscheiden, zu deren Vorgabe der öffentliche Auftraggeber aufgrund einer gesetzlichen Bestimmung verpflichtet ist.

2 Abs. 1 der Norm stellt klar, dass Unternehmen die sie treffenden **rechtlichen Verpflichtungen** während der Auftragsausführung einzuhalten haben und benennt einige Beispiele von Rechtspflichten, die für die Ausführung öffentlicher Aufträge von besonderer Bedeutung sind. Neben der Regelungen

---

[357] VK Niedersachsen Beschl. v. 28.6.2013 – VgK-18/2013, BeckRS 2013, 14310; 1. VK Sachsen Beschl. v. 22.1.2014 – 1/SVK/044-13, BeckRS 2014, 10425.
[358] 1. VK Hessen Beschl. v. 21.3.2013 – 69 d VK-01/2013, BeckRS 2013, 13759 = IBRRS 2013, 1431.

III. Einhaltung der geltenden rechtlichen Verpflichtungen (Abs. 1) 3–8 § 128 GWB

zur Eignung der §§ 122 ff. ist es der Zweck der Regelung in Abs. 1 sicherzustellen, dass nur solche Unternehmen den Zuschlag erhalten, die ihre rechtlichen Verpflichtungen in der Vergangenheit eingehalten haben und bei denen auch in Zukunft ein gesetzestreues Verhalten zu erwarten ist.[1]

Abs. 2 der Bestimmung regelt, unter welchen Umständen der Auftraggeber über die rechtlichen Verpflichtungen an den Auftragnehmer hinaus **zusätzliche verbindliche Ausführungsbedingen** vorgeben kann, die dieser bei der Auftragsausführung einzuhalten hat. 3

II. Entstehungsgeschichte und europarechtlicher Hintergrund

§ 128 ersetzt und erweitert seit dem VergModG den 2009 geschaffenen § 97 Abs. 4 S. 1 und 2 aF. § 97 Abs. 4 S. 1 aF ordnete lediglich an, öffentliche Aufträge ausschließlich an gesetzestreue Unternehmen zu vergeben. Die Norm entspricht insofern, wenn auch weniger ausführlich, dem § 128 Abs. 1. § 97 Abs. 4 S. 2 aF erlaubte dem öffentlichen Auftraggeber weiterhin zusätzliche Anforderungen an den Auftragnehmer zu stellen, und bezog sich dabei insbesondere auf soziale, umweltbezogene und innovative Aspekte.[2] 4

Die Regelung setzt Art. 18 Abs. 2 RL 2014/24 EU um.[3] Die Richtlinie verlangt, dass die Mitgliedsstaaten dafür sorgen, dass bei der Ausführung öffentlicher Aufträge die **geltenden umwelt-, sozial- und arbeitsrechtlichen** Verpflichtungen eingehalten werden und die in Anhang X der Richtlinie aufgeführten internationalen Abkommen, im Wesentlichen die **ILO Krenarbeitsnormen**, Anwendung finden. 5

Art. 18 Abs. 2 RL 2014/24 EU basiert auf der ratio legis der **Beentjes-Entscheidung** des EuGHs. Schon hier unterschied der EuGH zwischen Zuschlags- bzw. Eignungskriterien und „sonstigen Bedingungen", die sich auf die Ausführung des Auftrags beziehen.[4] Damit war der Grundstein für politikorientierte zusätzliche Bedingungen der Vergabe gelegt, wie sie auch im sog. EU-Legislativpaket von 2004 kodifiziert wurden.[5] 5a

III. Einhaltung der geltenden rechtlichen Verpflichtungen (Abs. 1)

1. Anwendungsbereich. Adressat der Verpflichtung zur Einhaltung geltenden Rechts sind die **Unternehmen**.[6] Während der Auftragsausführung ist dies der Auftragnehmer, also das Unternehmen, das den Zuschlag erhalten hat. Insofern weicht die Norm von der üblichen Systematik des Vergaberechtes, den Auftragnehmer nur indirekt durch den Auftraggeber zu verpflichten, ab. 6

Unternehmen im Sinne der Norm kann auch eine **Bietergemeinschaft** sein. Bietergemeinschaften sind nach § 43 Abs. 2 S. 1 VgV wie Einzelbewerber oder -bieter zu behandeln. Im Falle des Zuschlags an eine Bietergemeinschaft trifft zunächst jedes Mitgliedsunternehmen der Bietergemeinschaft die Verpflichtung aus Abs. 1 selbst. Nach den allgemeinen Regeln haften die beteiligten Unternehmen aber ggf. für Rechtsverletzungen, die ein anderes Unternehmen aus der Bietergemeinschaft zu vertreten hat. Letztlich trifft die Verpflichtung geltendes Recht einzuhalten nach § 36 Abs. 4 VgV auch die **Unterauftragnehmer**. Diese Verpflichtung ändert aber nichts daran, dass nach allgemeinem Vertragsrecht der Auftragnehmer gegenüber dem öffentlichen Auftraggeber Schuldner der ordnungsgemäßen Leistungserbringung bleibt und nach den allgemeinen zivilrechtlichen Regeln für seine Erfüllungsgehilfen haftet. 7

2. Die geltenden rechtlichen Verpflichtungen. a) Erfasste Normen. § 128 Abs. 1 verpflichtet den Auftragnehmer abstrakt zur Beachtung der für ihn geltenden gesetzlichen Regelungen. Beispielhaft genannt werden Regelungen aus dem Bereich des Steuer- und Abgabenrechts sowie die Pflicht zur Zahlung von Beiträgen an die Sozialversicherungen. Vom Wortlaut erfasst sind ebenfalls arbeitnehmerschützende Vorschriften des Mindestlohngesetzes,[7] des Tarifvertragsgesetzes[8] und des Arbeitnehmer-Entsendegesetzes. Gleiches gilt für allgemeinverbindlich erklärte Tarifverträge, wobei die Nachprüfungsinstanzen dazu befugt sind, inzident die Repräsentativität von Tarifverträgen zumindest eingeschränkt zu prüfen.[9] 8

---

[1] BT-Drs. 18/6281, 101.
[2] Immenga/Mestmäcker/*Kling* Rn. 11.
[3] BT-Drs. 18/6281, 101.
[4] EuGH NVwZ 1990, 353 Rn. 34.
[5] Erwägungsgrund 33 VKR, Erwägungsgrund 44 Sektoren-RL 2004, Erwägungsgrund 41 ff. RL 2014/23/EU.
[6] Beck VergabeR/*Opitz* Rn. 10.
[7] VK Nordbayern Beschl. v. 7.9.2017 – 21. VK – 3194-02-04, IBRRS 2017, 3394.
[8] VK Südbayern Beschl. v. 21.12.2018 – Z3-3-3194-1-32-09/18, BeckRS 2018, 37330.
[9] OLG Celle Beschl. v. 8.5.2019 – 13 Verg 10/18, NZBau 2019, 674.

9 Die Einhaltung der rechtlichen Verpflichtungen bezieht sich nur auf die für die Unternehmen „**geltenden**" Verpflichtungen. Voraussetzung ist somit stets, dass die Regelungen, aus denen sich die konkrete Rechtspflicht ergibt, und ihre Anwendung mit höherrangigem Recht, vor allem mit dem Unionsrecht vereinbar sind.[10] In Zweifelsfällen obliegt es dem ausführenden Unternehmen zu klären, ob eine rechtliche Verpflichtung Geltung hat.

10 **b) Internationale Abkommen.** Der Wortlaut der Norm spricht in der ersten Alternative allgemein von geltenden rechtlichen Verpflichtungen. Abs. 1 setzt insoweit Art. 18 Abs. 2 RL 2014/24/EU um, dessen Wortlaut jedoch enger ist. Nach dieser Bestimmung des europäischen Rechts haben die Mitgliedstaaten dafür zu sorgen, dass die Wirtschaftsteilnehmer bei der Ausführung öffentlicher Aufträge die geltenden umwelt-, sozial- und arbeitsrechtlichen Verpflichtungen einhalten, die durch Rechtsvorschriften der Union, einzelstaatliche Rechtsvorschriften, Tarifverträge oder die in Anhang X RL 2014/24/EU aufgeführten internationalen umwelt-, sozial- und arbeitsrechtlichen Vorschriften festgelegt sind. Die Vorschriften in Anhang X RL 2014/24/EU sind im Wesentlichen die Übereinkommen der Internationalen Arbeitsorganisation zur Vereinigungsfreiheit und zum Recht zu Kollektivverhandlungen, zur Beseitigung der Zwangs- und der Kinderarbeit sowie zum Verbot der Diskriminierung in Beschäftigung und Beruf (sog. **ILO-Kernarbeitsnormen**). Ferner sind dies folgende weitere Abkommen: das Wiener Übereinkommen **zum Schutz der Ozonschicht,** das Basler Übereinkommen über die **Kontrolle der grenzüberschreitenden Verbringung gefährlicher Abfälle und ihrer Entsorgung,** das Stockholmer Übereinkommen über **persistente organische Stoffe** und schließlich das sog. **PIC-Übereinkommen** über das Verfahren der vorherigen Zustimmung nach Inkenntnissetzung für bestimmte gefährliche Chemikalien.[11]

11 Während die Regelung in der RL 2014/24/EU somit nur auf die geltenden umwelt-, sozial- und arbeitsrechtlichen Verpflichtungen abstellt, stellt Abs. 1 klar, dass Unternehmen bei der Auftragsausführung **alle** für sie geltenden rechtlichen Verpflichtungen einzuhalten haben. Der Gesetzgeber wollte damit über den Regelungsgehalt des Art. 18 Abs. 2 RL 2014/24/EU hinausgehen.[12] Ob ihm das gelungen ist, ist zumindest zweifelhaft. Überzeugende Argumente sprechen dafür, dass die Normierung einer abstrakten Rechtstreuepflicht für Unternehmen nicht der Ratio der RL 2014/24/EU entspricht.[13] Erwägungsgrund 39 RL 2014/24/EU verweist als geeignete Maßnahme der Mitgliedsstaaten iSv Art. 18 Abs. 2 RL 2014/24/EU auf die verpflichtende Verwendung von entsprechenden Klauseln in Verträgen sowie geeigneten, gesetzlich geregelten Sanktionsmaßnahmen. Aktuell bestehen, wenn überhaupt, nur die Sanktionsmaßnahmen, die die einzuhaltenden Normen vorsehen. Die dort geregelten Sanktionen haben allerdings oftmals keinen Bezug zum Vergaberecht oder zu zukünftigen Vergabeverfahren.

12 **c) Tariftreueregelungen.** Besondere „Virulenz" kam in den letzten Jahren **Tariftreueregelungen** im Kontext des Vergaberechts zu. Während seit der Entscheidung des BVerfG im Jahr 2006[14] eine Vereinbarkeit von Tariftreueregelungen mit dem nationalen Verfassungsrecht angenommen werden kann, ist weiterhin umstritten, ob solche Regelungen mit den Vorgaben des Europarechts vereinbar sind.[15] Maßstab für die Bewertung der Europarechtskonformität von Mindestlohnregelungen sind im Wesentlichen die **Dienstleistungsfreiheit** aus Art. 56 AEUV sowie die RL 2018/957/EU **(Entsenderichtlinie).**

13 Ausgehend von diesem Maßstab sind **Tariftreueregelungen,** die sich auf das AEntG beziehen, grundsätzlich zulässig. Der EuGH geht zu Recht davon aus, dass ein Verstoß gegen die Entsenderichtlinie nicht vorliegt, wenn der Tarifvertrag, auf den sich die Tariftreueregelung bezieht, für allgemeinverbindlich erklärt wurde. Umgekehrt sind solche Regelungen, die sich auf nicht für allgemeinverbindlich erklärte Tarifverträge beziehen, unwirksam.[16]

14 Gleichwohl zulässig sind Tariftreueregelungen, die sich auf **Dienstleistungen des ÖPNV** beziehen. Diese werden nicht am Maßstab der Dienstleistungsfreiheit gemessen, sondern an den Art. 90 ff. AEUV, die ein Sonderregime für den ÖPNV darstellen.[17]

---

[10] Erwägungsgrund 37 RL 2014/24/EU.
[11] Anhang X RL 2014/24/EU.
[12] Gesetzesbegründung BT-Drs. 18/6281, 113.
[13] Ziekow/Völlink/*Ziekow* Rn. 5.
[14] BVerfG Beschl. v. 11.7.2006 – 1 BvL 4/00, NJW 2007, 51 (Verfassungsmäßigkeit der Berliner Tariftreueregelungen).
[15] MwN Immenga/Mestmäcker/*Kling* Rn. 32 ff.
[16] EuGH Beschl. v. 3.4.2008 – Rs. C-346/06, NJW 2008, 3485 (Verstoß der Tariftreuepflicht gegen Dienstleistungsfreiheit – Rüffert).
[17] *Redmann* LKV 2012, 297.

3. Maßgeblicher Ort für die Bestimmung der Rechtspflichten. Sofern die rechtlichen 15
Verpflichtungen am Sitz des Auftraggebers nach Art oder Umfang andere sind als die am Sitz des
Auftragnehmers stellt sich die Frage, welcher Ort für die Bestimmung der Rechtspflichten der
maßgebliche ist. Nach der RL 2014/24/EU soll es insoweit auf den **Ort der Erbringung der
Leistung** ankommen. Als solcher soll der Ort gelten, an dem die charakteristischen Leistungen
erbracht werden.[18] Dieser Ansicht ist der nationale Gesetzgeber gefolgt.[19]

Der Ort der Leistungserbringung wird nach **allgemeinem Schuldrecht** durch den Auftrags- 16
gegenstand und die vertraglichen Vereinbarungen bestimmt. Bei Dienstleistungen eines Call-Centers
ist, wie ein Beispiel des Richtliniengebers und des Gesetzgebers deutlich macht, der Leistungserbrin-
gungsort der Sitz des Call-Centers, nicht der Sitz des öffentlichen Auftraggebers.[20] Bei Warenlieferungen, in denen eine Bringschuld vereinbart ist, wird der Ort der Erbringung der Leistung in der
Regel der Sitz des öffentlichen Auftraggebers sein.[21]

4. Rechtsfolgen eines Verstoßes gegen Abs. 1. Rechtsfolgen aus dem Verstoß gegen die 17
Verpflichtung zur Einhaltung der geltenden rechtlichen Vorschriften ergeben sich zunächst aus diesen
Vorschriften selbst. So können diese Vorschriften durch eigene **Sanktionsmechanismen** wie Straf-
oder Bußgeldzahlungen, erzwingende Verwaltungsakte von Kontrollbehörden oder Ähnliches abgesichert sein.[22]

Darüber hinaus kann ein Verstoß gegen die Verpflichtung zur Einhaltung der geltenden rechtli- 18
chen Vorschriften zur Folge haben, dass das Unternehmen bei der Vergabe zukünftiger Verfahren
ausgeschlossen wird. Zwar führt nicht jeder Verstoß gegen eine rechtliche Verpflichtung zu einem
Ausschluss von weiteren Vergabeverfahren. Es kann aber ein fakultativer Ausschlussgrund nach § 124
gegeben sein. So kann ein fakultativer Ausschlussgrund zum Beispiel nach § 124 Abs. 1 Nr. 1 bei
einem Verstoß gegen umwelt-, sozial- oder arbeitsrechtliche Verpflichtungen gegeben sein. Ferner
kann ein Rechtsverstoß eine schwere Verfehlung nach § 124 Abs. 1 Nr. 3 begründen, durch die die
Integrität des Unternehmens infrage gestellt wird.

Im Übrigen gelten die **allgemeinen vertragsrechtlichen Bestimmungen,** insbesondere 19
wegen Schlecht- oder Nichterfüllung oder in Bezug auf mögliche Schadensersatzansprüche wegen
Vertragsverletzungen.

IV. Ausführungsbedingungen (Abs. 2)

1. Begriff der Ausführungsbedingungen. Neben den allgemeinen Rechtspflichten nach 20
Abs. 1 kann der öffentliche Auftraggeber dem ausführenden Unternehmen **zusätzlich individuelle
Ausführungsbedingungen** verpflichtend vorgeben. Im Gegensatz zu den zwingend zu berücksichtigenden Ausführungsbedingungen nach § 129, zu deren Vorgabe der öffentliche Auftraggeber aufgrund einer gesetzlichen Bestimmung verpflichtet ist, sind die zusätzlichen Ausführungsbedingungen
gesetzlich nicht gefordert, erscheinen dem öffentlichen Auftraggeber aber zweckmäßig, um seinen
Beschaffungsbedarf optimal zu decken oder weitere, zum Beispiel sozialpolitische Ziele durch die
Beschaffung zu verwirklichen. Der Gesetzgeber sieht daher in den zusätzlichen Ausführungsbedingungen ein wesentliches Instrument für den öffentlichen Auftraggeber, um das Vergabeverfahren
nach seinem Beschaffungsbedarf zu gestalten, dem eine wichtige Steuerungswirkung zukomme.[23]
Bei den Ausführungsbedingungen handelt es sich regelungstechnisch um vertragliche Vereinbarungen.[24] Die besonderen Ausführungsbedingungen sind dabei Ausfluss der Beschaffungsautonomie des
öffentlichen Auftragnehmers.

Zusätzliche Ausführungsbedingungen sind besondere Bedingungen für die Ausführung eines 21
öffentlichen Auftrags, die nicht gesetzlich vorgegeben sind, mit dem Auftragsgegenstand in Verbindung stehen und sich aus der Auftragsbekanntmachung oder den Vergabeunterlagen ergeben. Der
Begriff **ist weit zu verstehen,** kann den gesamten „Lebenszyklus" einer Ware umfassen und muss
sich nicht auf die tatsächliche Beschaffenheit der Sache auswirken.[25]

Problematisch ist teilweise die **Abgrenzung zu anderen vergabebezogenen Kriterien.** 22
Anders als bei Ausschluss- und Eignungskriterien, dienen Ausführungsbedingungen der Bestimmung
der konkret geschuldeten Handlung. In Abgrenzung zu Zuschlagskriterien, die als Grundlage für eine

---

[18] Erwägungsgründe 37 und 38 RL 2014/24/EU.
[19] Gesetzesbegründung BT-Drs. 18/6281, 113.
[20] Erwägungsgrund 38 RL 2014/24/EU; Gesetzesbegründung BT-Drs. 18/6281, 113.
[21] Gesetzesbegründung BT-Drs. 18/6281, 140.
[22] So auch die Gesetzesbegründung BT-Drs. 18/6281, 113.
[23] Gesetzesbegründung BT-Drs. 18/6281, 113.
[24] Ziekow/Völlink/*Ziekow* Rn. 19.
[25] Vgl. Erwägungsgrund 97 RL 2014/24/EU.

vergleichende Bewertung der Qualität der Angebote dienen,[26] finden sie keine Berücksichtigung bei der Bewertung des Angebotes.[27]

23 **2. Verbindung zum Auftragsgegenstand.** Voraussetzung für die Zulässigkeit zusätzlicher Ausführungsbedingungen ist, dass diese **mit dem Auftragsgegenstand in Verbindung** stehen. Damit soll ausgeschlossen werden, über Ausführungsbedingungen dem Unternehmen allgemeine Vorgaben für seine Unternehmenspolitik oder Betriebsorganisation zu machen.[28] Davon ausgehend sind allgemein Vorgaben bezüglich **Tariftreue,** der **Gleichstellung der Geschlechter,** der **Beschäftigung von Behinderten** oder **umweltbezogenen Maßnahmen** für das Unternehmen unzulässig. Zulässig ist es jedoch zu verlangen, dass die oben genannten Kriterien im Rahmen des konkreten Auftrages beachtet werden.

24 Zur Bestimmung, ob eine Verbindung zum Auftragsgegenstand besteht, finden die zu § 127 Abs. 3 entwickelten Grundsätze Anwendung. Eine Verbindung zum Auftragsgegenstand ist demnach auch dann anzunehmen, wenn sich die zusätzlichen Ausführungsbedingungen auf Prozesse im Zusammenhang mit der Herstellung, Bereitstellung oder Entsorgung der Leistung, auf den Handel mit der Leistung oder auf ein anderes Stadium im Lebenszyklus der Leistung bezieht, auch wenn sich diese Faktoren nicht auf die materiellen Eigenschaften des Auftragsgegenstandes auswirken.[29]

25 **3. Transparenz der Ausführungsbedingungen.** Die Ausführungsbedingungen müssen sich aus der Auftragsbekanntmachung oder den Vergabeunterlagen ergeben. Diese Vorgabe folgt aus dem **Transparenzgebot** nach § 97 Abs. 1. Ein Interessent soll vorab auf gesicherter Grundlage entscheiden können, ob er im Falle des Zuschlags diese Bedingungen einhalten kann.[30]

26 **4. Inhalt der Ausführungsbedingungen.** Zusätzliche Auftragsbedingungen können insbesondere **wirtschaftliche, innovationsbezogene, umweltbezogene, soziale oder beschäftigungspolitische Belange oder den Schutz der Vertraulichkeit von Informationen** umfassen. Sie sind daher ein Instrument zur Umsetzung der Vorgabe aus § 97 Abs. 3, bei der Vergabe Aspekte der Qualität und der Innovation sowie soziale und umweltbezogene Aspekte zu berücksichtigen sind. Damit ist es beispielsweise zulässig, den Einsatz von Auszubildenden oder Langzeitarbeitslosen bei der Ausführung des konkreten Auftrages festzuschreiben. Ferner sind auch Maßnahmen zur Förderung der Gleichstellung von Frauen und Männern am Arbeitsplatz und zur verstärkten Beteiligung von Frauen am Erwerbsleben erfasst.[31]

27 **5. Nachweis über die Entsprechung des Angebots mit den Ausführungsbedingungen.** Nach § 61 VgV gilt für den Beleg, dass die angebotene Leistung den geforderten Ausführungsbedingungen entspricht, die Bestimmungen der VgV zur **Nachweisführung** durch Bescheinigungen von Konformitätsbewertungsstellen nach § 33 VgV und zur Nachweisführung durch Gütezeichen nach § 34 VgV entsprechend. Auftraggeber sind grundsätzlich nicht verpflichtet, die Einhaltung der Ausführungsbedingungen in jedem Einzelfall zu prüfen. Entsprechende Regelungen zu den Zuschlagskriterien sind nicht übertragbar.[32]

28 **6. Rechtsfolge bei Verletzung einer zusätzlichen Ausführungsbedingung.** Soweit ein Bieter nicht willens oder fähig ist, eine Ausführungsbedingung bei der Leistungserbringung zu erfüllen, ist sein Angebot **nicht zuschlagsfähig** und damit auszuschließen.[33] Lässt sich der Auftraggeber die Einhaltung der Ausführungsbedingung durch eine gesonderte Erklärung seitens des Bieters oder Bewerbers zusichern und gibt dieser die Erklärung nicht ab, ist das Angebot als unvollständig nach Maßgabe des § 57 Abs. 1 VgV **auszuschließen.** Eine unrichtige Erklärung oder die Nichteinhaltung einer abgegebenen Erklärung kann in zukünftigen Vergabeverfahren einen **Ausschluss** vom Vergabeverfahren wegen mangelnder Eignung nach § 124 Abs. 1 sich ziehen.[34]

29 Nach Beginn der Vertragsausführung gelten die **allgemeinen vertragsrechtlichen Bestimmungen,** insbesondere wegen Schlecht- oder Nichterfüllung oder in Bezug auf mögliche Schadensersatzansprüche wegen Vertragsverletzungen. Zusätzlich hat der Auftraggeber die Möglichkeit, vertragliche Instrumente wie Vertragsstrafen zu nutzen, um die Befolgung abzusichern.

---

[26] Erwägungsgrund 104 RL 2014/24/EU.
[27] *Ohlrich* in Gabriel/Krohn/Neun VergabeR-HdB § 20 Rn. 50.
[28] Gesetzesbegründung BT-Drs. 18/6281, 114.
[29] Erwägungsgrund 104 RL 2014/24/EU; Erwägungsgrund 102 Abs. 3 Sektoren-RL.
[30] BT-Drs. 18/6281, 114.
[31] BT-Drs. 18/6281, 114.
[32] Ziekow/Völlink/*Ziekow* Rn. 27; VK Westfalen Beschl. v. 21.1.2015 – VK 18/14, IBRRS 2015, 3256.
[33] So ausdrücklich BT-Drs.18/6281, 113.
[34] Vgl. auch zur Rechtslage vor dem Vergaberechtsmodernisierungsgesetz 2016: OLG Düsseldorf NZBau 2014, 314.

§ 129 Zwingend zu berücksichtigende Ausführungsbedingungen

Ausführungsbedingungen, die der öffentliche Auftraggeber dem beauftragten Unternehmen verbindlich vorzugeben hat, dürfen nur aufgrund eines Bundes- oder Landesgesetzes festgelegt werden.

Übersicht

	Rn.		Rn.
I. Normzweck und Normstruktur	1	a) Bundes- oder Landesgesetze	4
II. Die Tatbestandsmerkmale im Einzelnen	2	b) Beispiele für zwingende Ausführungsbedingungen	6
1. Zwingende Ausführungsbedingungen	2		
2. Vorgabe aufgrund eines Bundes- oder Landesgesetzes	4	3. Rechtsfolgen eines Verstoßes gegen zwingende Ausführungsbedingungen	11

I. Normzweck und Normstruktur

§ 129 ist mit dem Vergaberechtsmodernisierungsgesetz 2016 ins GWB aufgenommen worden. 1 Mit § 129 wird der Regelungsgehalt des bisherigen § 97 Abs. 4 S. 3 aF aufgegriffen und präzisiert. Dieser sah in Abgrenzung zu den zusätzlichen Ausführungsbedingungen (§ 128 Abs. 2) vor, dass andere oder weitergehende Anforderungen an einen Auftragnehmer nur gestellt werden dürfen, wenn dies durch Bundes- oder Landesgesetz vorgesehen ist. Dadurch enthält die Vorschrift sowohl einen **Gesetzesvorbehalt** als auch eine **Öffnungsklausel** für den nach Art. 74 Nr. 11 GG eigentlich unzuständigen Landesgesetzgeber.

II. Die Tatbestandsmerkmale im Einzelnen

1. Zwingende Ausführungsbedingungen. Dem öffentlichen Auftraggeber steht das Leistungsbestimmungsrecht zu, das vergaberechtlich nur eingeschränkt überprüfbar ist (→ § 121 2 Rn. 11). Dazu gehört auch, dass er durch die Vorgabe von zusätzlichen Ausführungsbedingungen (§ 128 Abs. 2) das Vergabeverfahren nach seinem Beschaffungsbedarf und ggf. weiteren Aspekten frei gestalten kann. Nach dem Willen des Gesetzgebers können jedoch übergeordnete politische Erwägungen, insbesondere soziale, beschäftigungspolitische und umweltbezogene Aspekte iSd § 97 Abs. 3, das Bedürfnis begründen, den öffentlichen Auftraggeber zu verpflichten, bestimmte Bedingungen dem Auftragnehmer obligatorisch für die Ausführung des Auftrags vorzugeben.[1] Zwingende Ausführungsbedingungen im Sinne dieser Norm unterscheiden sich daher von den zusätzlichen Ausführungsbedingungen nach § 128 Abs. 2 im Wesentlichen dadurch, dass dem öffentlichen Auftraggeber gesetzlich vorgegeben ist, diese Ausführungsbedingungen zu fordern.

Nach der Gesetzesbegründung wird mit § 129 der Regelungsgehalt des bisherigen § 97 Abs. 4 3 S. 3 aF aufgegriffen und präzisiert.[2] Die bisherige Regelung betraf jedoch „andere oder weitergehende Anforderungen **an Auftragnehmer**". Als unternehmensbezogene Kriterien betrafen diese Anforderungen daher nach allgemeiner Ansicht die Eignung der Bieter.[3] § 129 nF erfasst dagegen Ausführungsbedingungen, also Bedingungen, die dem Auftraggeber zwingend **für die Ausführung des Auftrags** vorgegeben werden. Es handelt sich nunmehr um leistungsbezogene Merkmale des Auftrags, nicht mehr um unternehmensbezogene Merkmale der Eignung. Darin liegt eine Änderung der bisherigen Regelung und nicht lediglich eine Präzisierung. Aus der Änderung ergeben sich aber **keine praktischen Konsequenzen.** Auch nach bisheriger Rechtslage war Voraussetzung für die Zulässigkeit vergabefremder Eignungskriterien, dass diese einen Bezug zum Auftragsgegenstand aufwiesen.[4]

2. Vorgabe aufgrund eines Bundes- oder Landesgesetzes. a) Bundes- oder Landesge- 4 **setze.** Zwingende Ausführungsbedingungen müssen „aufgrund eines Bundes- oder Landesgesetzes" erlassen werden. Damit weicht die Norm von der Vorgängervorschrift § 97 Abs. 4 S. 3 ab. Diese erlaubte eine Ausführungsbedingung nur „durch Gesetz". Durch die Änderung ergibt sich die Frage, ob nunmehr auch Rechtsverordnungen Grundlage einer zwingenden Ausführungsbedingung sein können.[5] Dem ist im Ergebnis zuzustimmen. Während der Wortlaut der Vorgängervorschrift zwin-

---

[1] Gesetzesbegründung BT-Drs. 18/6281, 114.
[2] Gesetzesbegründung BT-Drs. 18/6281, 114.
[3] Immenga/Mestmäcker/*Dreher* § 97 aF Rn. 267; *Diemon/Wies/Graiche* NZBau 2009, 409 (411).
[4] → 1. Aufl. 2011, § 97 Rn. 252, 254.
[5] Zustimmend Beck VergabeR/*Opitz* Rn. 9; ablehnend Immenga/Mestmäcker/*Kling* Rn. 26.

gend auf formelle Bundes- oder Landesgesetze verwies,[6] ist der Wortlaut nun offener gestaltet. Die Formulierung „aufgrund" verlangt, anders als die Formulierung „durch", keine direkte Verbindung zwischen der Ausführungsbedingung und dem formellen Gesetz. Ausreichend ist daher auch, dass die Ausführungsbedingung aufgrund einer Rechtsverordnung vorgeschrieben wird, die gem. Art. 80 GG aufgrund eines formellen Gesetzes ergeht.

5 Beispiele für landesgesetzliche Regelungen zu zwingenden Ausführungsbestimmungen enthalten die in den meisten Ländern existierenden Landesvergabegesetze. Sie enthalten beispielsweise Vorgaben zu vergabespezifischen Mindestlöhnen, verbindliche Aspekte des Umweltschutzes und der Energieeffizienz, verbindliche soziale Aspekte oder Vorgaben zur Beachtung der Frauenförderung.[7]

6 **b) Beispiele für zwingende Ausführungsbedingungen. aa) Tariftreueklauseln und Mindestlohnforderungen in Landesvergabegesetzen.** In den Landesvergabegesetzen wird häufig angeordnet, dass öffentliche Aufträge nur an Unternehmen erteilt werden dürfen, die sich dazu verpflichten, bestimmte Tarifverträge zu beachten oder Mindestlöhne zu zahlen. Voraussetzung für die Wirksamkeit solcher Regelungen ist, dass die entsprechenden Gesetze mit dem höherrangigen Recht, insbesondere der **Dienstleistungsfreiheit,** vereinbar sind.

7 Gemessen an der Dienstleistungsfreiheit sind Landesgesetze, die einen **vergabespezifischen Mindestlohn** vorsehen, mit den europarechtlichen Vorgaben vereinbar. In dem Urteil in Sachen RegioPost[8] entschied der EuGH, dass eine als Ausführungsbedingung gestaltete Mindestlohnvorgabe, die das Ziel hat, ein allgemeines und branchenübergreifendes Mindestmaß an Schutz für Arbeitnehmer zu gewährleisten, mit dem Europarecht vereinbar ist.[9] Die Entscheidung erging allerdings vor Erlass des MiLoG. **Zukünftig** wird zu klären sein, ob das vom EuGH geforderte Mindestmaß an Schutz durch vergaberechtliche Mindestlohnvorgaben gewährleistet werden muss, die über den allgemeinen Mindestlohn hinausgehen.

8 **bb) ILO-Kernarbeitsnormen.** Der Bundesgesetzgeber ist der Ansicht, dass die unmittelbar an die Vertragsstaaten gerichteten Verpflichtungen aus den ILO-Kernarbeitsnormen (→ § 128 Rn. 13) vollständig in das deutsche Recht und die Rechtsordnungen der EU-Mitgliedsstaaten umgesetzt worden seien.[10] Aufgrund der allgemeinen Bestimmung, alle rechtlichen Verpflichtungen einzuhalten, ist ein Auftragnehmer daher – zumindest sofern der Ort der Leistungserbringung innerhalb der Europäischen Union liegt – zur Einhaltung des Schutzniveaus der ILO-Kernarbeitsnormen verpflichtet. Dennoch sehen die Landesvergabegesetze einiger Bundesländer vor, dass bei der Auftragsausführung keine Waren verwandt werden dürfen, die unter Missachtung der „ILO-Kernarbeitsnormen" gewonnen oder hergestellt worden. Dabei geht es dem Landesgesetzgeber wohl darum, ein „politisches Signal" gegen ausbeuterische Arbeitsbedingungen im Ausland zu setzen.[11] Soweit ein öffentlicher Auftraggeber einem entsprechenden Landesvergabegesetz unterliegt, ist er zur Beachtung verpflichtet. Es handelt sich daher um zwingende Ausführungsbedingungen. Die Vorgaben der Landesvergabegesetze werden überwiegend als rechtlich zulässig erachtet.[12]

9 Diese Ansicht ist im Ergebnis aber zumindest zweifelhaft. Die ILO-Übereinkommen sind völkerrechtliche Verträge, die sich nicht an Unternehmen, sondern in erster Linie an Staaten wenden. Ferner sind den ILO-Übereinkommen kaum konkrete Verpflichtungen zu entnehmen. Es handelt sich oftmals um eher politische Absichtserklärungen. Letztlich ist die Einhaltung der ILO-Kernarbeitsnormen weder für den Auftraggeber im Hinblick auf seine Auftragnehmer noch im Hinblick des Auftragnehmers in Bezug auf seine Nachunternehmer oder Zulieferer wirksam zu überprüfen.[13] Das OLG Düsseldorf hat zu Recht darauf hingewiesen, dass nach der Rechtsprechung des EuGH das Gleichbehandlungsgebot eine objektive und transparente Bewertung der eingereichten Angebote erfordert. Öffentliche Auftraggeber müssen grundsätzlich in der Lage und gewillt sein, von Bietern gemachte Angaben auf deren Richtigkeit und daraufhin zu prüfen, ob sie die festgelegten Zuschlagskriterien erfüllen. Ob diese Vorgaben auf zusätzliche Ausführungsbedingungen übertragbar sind, ließ das Gericht jedoch offen.[14]

---

[6] Etwa OLG Düsseldorf Beschl. v. 29.7.2009 – VII-Verg 18/09, BeckRS 2009, 23467.
[7] Vgl. zB die Vorgaben des Tariftreue- und Vergabegesetzes Nordrhein-Westfalen (TVgG-NRW) v. 1.5.2012.
[8] EuGH Urt. v. 17.11.2015 – C-115/14, NZBau 2016, 46 Rn. 69.
[9] Ablehnend Beck VergabeR/*Burgi* § 19 Rn. 22; differenziert Immenga/Mestmäcker/*Kling* § 128 Rn. 37; *Bonitz* NZBau 2016, 418.
[10] Gesetzesbegründung BT-Drs. 18/6281, 113.
[11] *Pünder/Klafki* NJW 2014, 429 (433).
[12] Beck VergabeR/*Opitz* § 128 Rn. 95; *Pünder/Klafki* NJW 2014, 429 (433); *Ziekow*, Die Berücksichtigung sozialer Aspekte bei der Vergabe öffentlicher Aufträge, 2007, 71.
[13] *Summa* VergabeR 2016, 147 ff.
[14] OLG Düsseldorf Beschl. v. 29.1.2014 – VII-Verg 28/13, NZBau 2014, 314 unter Verweis auf EuGH Urt. v. 4.12.2003 – C – 448/01, ZfBR 2004, 185 Rn. 50, 51 – Wienstrom.

Es ist jedoch kein Grund ersichtlich, der im Hinblick auf Ausführungsbedingungen gegen 10
die Anwendung des Gleichbehandlungsgebots und eine objektive und transparente Bewertung der
eingereichten Angebote spricht. Auch im Hinblick auf Ausführungsbedingen müssen die Auftraggeber grundsätzlich in der Lage und gewillt sein, von Bietern gemachte Angaben daraufhin zu prüfen,
ob die Angaben richtig sind und die festgelegten Ausführungsbedingen erfüllen. Anderenfalls werden
„ehrliche" Bieter, die sich nicht in der Lage sehen, einer unerfüllbaren Forderung zu Erklärungen
über die ILO-Kernarbeitsnormen in der gesamten Lieferkette oder zu nicht überprüfbaren Angaben
über Zulieferer und Nachunternehmen nachzukommen, gegenüber den „unehrlichen" Bietern
benachteiligt, die Erklärungen wenigstens gedankenlos abgeben.

3. Rechtsfolgen eines Verstoßes gegen zwingende Ausführungsbedingungen. Ein Ver- 11
stoß gegen zwingende Ausführungsbestimmungen führt für das Unternehmen bei der Vergabe
zukünftiger Verfahren regelmäßig zum Ausschluss. Insoweit kann ein fakultativer Ausschlussgrund
nach § 124 Abs. 1 Nr. 1 wegen Verstoßes gegen umwelt-, sozial- oder arbeitsrechtliche Verpflichtungen oder eine schwere Verfehlung nach § 124 Abs. 1 Nr. 3 vorliegen.

Im Übrigen gelten auch für die zwingenden Ausführungsbestimmungen im Verhältnis zwischen 12
öffentlichem Auftraggeber und Auftragnehmer die allgemeinen vertragsrechtlichen Bestimmungen.
Im Einzelfall kommen daher Ansprüche wegen Schlecht- oder Nichterfüllung oder auf Schadensersatz wegen Vertragsverletzungen in Betracht.

§ 130 Vergabe von öffentlichen Aufträgen über soziale und andere besondere Dienstleistungen

(1) ¹Bei der Vergabe von öffentlichen Aufträgen über soziale und andere besondere Dienstleistungen im Sinne des Anhangs XIV der Richtlinie 2014/24/EU stehen öffentlichen Auftraggebern das offene Verfahren, das nicht offene Verfahren, das Verhandlungsverfahren mit Teilnahmewettbewerb, der wettbewerbliche Dialog und die Innovationspartnerschaft nach ihrer Wahl zur Verfügung. ²Ein Verhandlungsverfahren ohne Teilnahmewettbewerb steht nur zur Verfügung, soweit dies aufgrund dieses Gesetzes gestattet ist.

(2) Abweichend von § 132 Absatz 3 ist die Änderung eines öffentlichen Auftrags über soziale und andere besondere Dienstleistungen im Sinne des Anhangs XIV der Richtlinie 2014/24/EU ohne Durchführung eines neuen Vergabeverfahrens zulässig, wenn der Wert der Änderung nicht mehr als 20 Prozent des ursprünglichen Auftragswertes beträgt.

Schrifttum: *Antweiler*, Ausschreibungspflicht und „Bereichsausnahme" bei der Vergabe von Rettungsdienstleistungen, VergabeR 2015, 265; *Bulla*, Die Vergabe von Architekten- und Ingenieurleistungen, VergabeR 2019, 8; *Burgi/Krönke*, Es zählt mehr als nur der Preis – Qualität und Nachhaltigkeit sozialer Dienstleistungen nach dem neuen Vergaberecht, SRa 2017, 222; *Fülling*, Die Reform des Vergaberechts und ihre Auswirkungen auf die Erbringung sozialer Dienstleistungen, SRa 2017, 226; *Gerner*, Die neue EU-Richtlinie über die öffentliche Auftragsvergabe im Bereich sozialer Dienstleistungen und deren Umsetzung in nationales Recht, NZS 2016, 492; *Giesemann*, Mit mehr Regeln zu mehr Rechtssicherheit?, VergabeR 2014, 351; *Gröning*, Die neue Richtlinie für die öffentliche Auftragsvergabe – ein Überblick, VergabeR 2014, 339; *Hansen*, Vergaberecht in der gesetzlichen Krankenversicherung ab 18.4.2016, NZS 2016, 814; *Höfer/Nolte*, Das neue EU Vergaberecht und die Erbringung sozialer Leistungen, NZS 2015, 441; *Luthe*, Die Vergabe sozialer Dienstleistungen nach § 130 GWB, SGb 2016, 489; *Neun/Otting*, die EU-Vergaberechtsreform 2014, 446; *Prieß/Simonis*, Die künftige Relevanz des Primärvergabe- und Beihilfenrechts – Ein Zwischenruf, NZBau 2015, 731; *Wagner*, Ausschreibung von sozialen Dienstleistungen – Wird durch das neue Vergaberecht alles anders?, ZG 2017, 58.

Übersicht

	Rn.		Rn.
I. Allgemeines	1	III. Verfahrensvorgaben (§ 130 Abs. 1)	8
II. Soziale und andere besondere Dienstleistungen	3	IV. Auftragsänderungen (§ 130 Abs. 2)	10

I. Allgemeines

§ 130 stellt **Anforderungen an die Vergabe von sozialen und anderen besonderen** 1
Dienstleistungen auf. Bei diesen handelt es sich um eine neue Auftragskategorie, die im Rahmen
der europäischen Vergaberechtsreform 2016 eingeführt wurde. Das ist eine Konsequenz daraus,
dass die vorherige Unterscheidung zwischen sog. prioritären (vorrangigen) und nichtprioritären

(nachrangigen) Dienstleistungen entfallen ist. Während die Vorgaben der Vergabe-RL 2004 (= RL 2004/18/EG) und Sektoren-RL 2004 (= RL 2004/17/EG) für prioritäre Dienstleistungsaufträge iSv Anhang II Teil A Vergabe-RL 2004 und Anhang XVII Teil B Sektoren-RL 2004 uneingeschränkte Geltung beanspruchten, galten für die Vergabe von nichtprioritären Dienstleistungen gem. Art. 21 Vergabe-RL 2004, Art. 32 Sektoren-RL 2004 lediglich Vorgaben in Bezug auf technische Spezifikationen[1] sowie nachträgliche Bekanntmachungspflichten.[2] Die in Anhang XIV RL 2014/24/EU und Anhang XVII Sektoren-RL (= RL 2014/25/EU) durch CPV-Codes benannten sozialen und anderen besonderen Dienstleistungen entsprechen weitgehend denjenigen Dienstleistungen, die zuvor als nichtprioritär qualifiziert wurden.[3] Diese Dienstleistungen haben nach Auffassung des europäischen Richtliniengebers naturgemäß lediglich eine **begrenzte grenzüberschreitende Dimension**, da sie in einem besonderen Kontext erbracht werden, der sich aufgrund unterschiedlicher kultureller Traditionen in den einzelnen Mitgliedstaaten stark unterscheidet.[4] Das betrifft etwa bestimmte Rechtsdienstleistungen sowie Rettungs-, Feuerwehr- und Strafvollzugsdienste.[5] Aufgrund dessen gilt für die Vergabe von sozialen und anderen besonderen Dienstleistungen gem. Art. 4 lit. d RL 2014/24/EU ein erhöhter **Schwellenwert von gegenwärtig 750.000 EUR**.

2   Wie in Erwägungsgrund 114 RL 2014/24/EU ausgeführt wird, ist den Mitgliedstaaten angesichts der Bedeutung des kulturellen Kontexts und des sensiblen Charakters dieser Dienstleistungen ein **weiter Ermessensspielraum** eingeräumt, damit sie die Auswahl der Dienstleister in einer Weise organisieren können, die sie für am besten geeignet erachten.[6] Für die Vergabe von Aufträgen zur Erbringung sozialer und anderer besonderer Dienstleistungen, die den geltenden Schwellenwert erreichen oder überschreiten, sehen die europäischen Vergaberichtlinien **lediglich Mindestanforderungen** vor. Während Art. 75 RL 2014/24/EU bzw. Art. 92 Sektoren-RL Vorgaben für die Veröffentlichung von Bekanntmachungen enthält, verpflichten Art. 76 Abs. 1 RL 2014/24/EU, Art. 93 Abs. 1 Sektoren-RL die Mitgliedstaaten dazu, einzelstaatliche Regeln für die Vergabe sozialer und anderer besonderer Dienstleistungen einzuführen, um sicherzustellen, dass die öffentlichen Auftraggeber die Grundsätze der Transparenz und der Gleichbehandlung der Wirtschaftsteilnehmer einhalten. Zudem haben Auftraggeber nach Art. 76 Abs. 2 RL 2014/24/EU bzw. Art. 93 Abs. 2 Sektoren-RL die Notwendigkeit, Qualität, Kontinuität, Zugänglichkeit, Bezahlbarkeit, Verfügbarkeit und Vollständigkeit der Dienstleistungen sicherzustellen. Die Mitgliedstaaten können auch vorsehen, dass die Auswahl der Dienstleister auf der Grundlage des Angebots mit dem besten Preis-Leistungs-Verhältnis unter Berücksichtigung von Qualitäts- und Nachhaltigkeitskriterien für soziale Dienstleistungen getroffen wird. Die Festlegung der einzelnen Verfahrensregelungen wird im Übrigen vollständig den Mitgliedstaaten überlassen.

II. Soziale und andere besondere Dienstleistungen

3   Welche Dienstleistungen unter die Kategorie der sozialen und anderen besonderen Dienstleistungen fallen, ergibt sich aus Anhang XIV RL 2014/24/EU sowie Anhang XVII Sektoren-RL.[7] Die jeweiligen Dienstleistungen werden durch die **Bezugnahme auf CPV-Codes** nach der VO (EG) Nr. 2195/2002[8] konkretisiert.[9] Diesbezüglich stellen Erwägungsgrund 119 RL 2014/24/EU und Erwägungsgrund 125 Sektoren-RL klar, dass eine Bezugnahme auf eine Abteilung der CPV-Nomenklatur nicht automatisch auch eine Bezugnahme auf untergeordnete Unterteilungen bedeutet.[10] Unter die Kategorie der sozialen und anderen besonderen Dienstleistungen dürften nahezu alle Leistungen fallen, die nach dem deutschen Sozialrecht als Sozialleistungen (zu Sozialleistungsträgern und Formen der Sozialleistungen in Band 4 → Vergaben durch Träger der Sozialversicherung Rn. 1–3) gewährt werden.[11] Die Gesetzesbegründung benennt als soziale und andere besondere Dienstleistungen beispielhaft ebenso Arbeitsmarktdienstleistungen des SGB II, SGB III und SGB IX, rechtsanwaltliche Beratungsdienstleistungen (ohne forensische Tätigkeit) sowie Dienstleistungen des

---

[1]   Art. 23 Vergabe-RL 2004, Art. 34 Sektoren-RL 2004.
[2]   Art. 35 Abs. 4 Vergabe-RL 2004, Art. 43 Sektoren-RL 2004.
[3]   Zu den inhaltlichen Änderungen im Zuge dieses Begriffswechsels vgl. Ziekow/Völlink/*Kraus* Rn. 2.
[4]   Erwägungsgrund 114 RL 2014/24/EU.
[5]   Vgl. Erwägungsgrund 116, 117 RL 2014/24/EU.
[6]   Vgl. *Höfer/Nolte* NZS 2015, 441 (446).
[7]   Hierzu auch BeckOK VergabeR/*Schulz* Rn. 4 ff.
[8]   VO (EG) Nr. 2195/2002 des Europäischen Parlaments und des Rates v. 5.11.2002 über das Gemeinsame Vokabular für öffentliche Aufträge (CPV), ABl. 2002 L 340, 1.
[9]   Zu Auslegungen aller in Anhang XIV RL 2014/24/EU genannten CPV-Codes vgl. Beck VergabeR I/*Rixen* Rn. 60–118.
[10] Dazu auch Gesetzesbegründung der BReg zum VergRModG 2016, BT-Drs. 18/6281, 115.
[11] *Höfer/Nolte* NZS 2015, 441 (446).

Gaststätten- und Beherbergungsgewerbes.[12] Als solche können zudem ua Verträge über eine hausarztzentrierte Versorgung nach § 73b SGB V und besondere Versorgungsverträge zur integrierten und besonderen ambulanten ärztlichen Versorgung gem. § 140a SGB V qualifiziert werden, sofern diese im Einzelfall einen Dienstleistungsanteil umfassen, der seinem Wert nach gem. § 110 Abs. 2 Nr. 2 denjenigen einer potentiell mitumfassten Warenlieferung übersteigt.[13] Nach der jüngsten Abschaffung der Ausschreibungsoption bei Hilfsmittelversorgungsverträgen nach § 127 SGB V (in Band 4 → Vergaben durch Träger der Sozialversicherung Rn. 26 ff.), hat § 130 diesbezüglich keine Bedeutung mehr. Auch Architekten- und Ingenieurleistungen können in Einzelfällen soziale und andere besondere Dienstleistungen darstellen.[14]

Im Zusammenhang mit der Qualifikation als soziale und andere besondere Dienstleistungen spielt zudem Erwägungsgrund 4 RL 2014/24/EU eine Rolle, in dem zur Präzisierung des Begriffs des öffentlichen Auftrags ausgeführt wird, dass **bloße Zulassungen**, die Wirtschaftsteilnehmer unter bestimmten Voraussetzungen zur Wahrnehmung einer bestimmten Aufgabe berechtigen, **nicht als Auftragsvergabe verstanden werden sollen** (zu Open-House-Verfahren als Zulassungsmodell speziell im Gesundheitsbereich in Band 4 → Vergaben durch Träger der Sozialversicherung Rn. 15 ff.). Der deutsche Gesetzgeber zieht daraus den Schluss, dass die Zulassung von Dienstleistungserbringern im sozialhilferechtlichen Dreiecksverhältnis sowie die Zulassung von Pflegeeinrichtungen sowie die Feststellung der fachlichen Eignung im Rahmen der Zulassung besonderer Dienste oder besonderer Einrichtungen nicht der RL 2014/24/EU unterfällt.[15] Darüber hinaus ist es den Mitgliedstaaten freigestellt, die Erbringung von sozialen oder anderen Dienstleistungen entweder als **Dienstleistungen von allgemeinem wirtschaftlichem Interesse** oder als **nichtwirtschaftliche Dienstleistungen von allgemeinem Interesse** oder als eine Mischung davon zu organisieren, die nicht in den Geltungsbereich der Vergaberichtlinien fallen.[16]

Auftragsvergaben, die sowohl soziale und andere besondere Dienstleistungen nach § 130 betreffen, **als auch zugleich Dienstleistungen** beinhalten, **die nicht im Anhang XIV RL 2014/24/EU aufgeführt sind,** unterfallen nach der Rechtsprechung nicht dem besonderen Schwellenwert für soziale und besondere Dienstleistungen. Die in Zusammenhang mit § 130 geltenden gesonderten Regelungen gelten nur, wenn ausschließlich soziale und andere besondere Dienstleistungen iSv § 130 ausgeschrieben werden.[17] Das folgt aus dem Ausnahmecharakter der Vorschrift des § 130, denn „bei den besonderen Dienstleistungen gemäß § 130 handelt es sich um eine Ausnahme, die eng zu interpretieren ist".[18] Anderenfalls sind insbesondere die regulären Schwellenwerte anzuwenden. Bei **Auftragsvergaben, die sowohl (soziale und andere besondere) Dienstleistungen als auch Lieferleistungen beinhalten,** ist es unerheblich, ob der Dienstleistungsanteil von § 130 erfasst ist, wenn die Lieferleistungen den Hauptgegenstand des Auftrags ausmachen (Rechtsgedanke aus §§ 110, 103 Abs. 2 S. 2).[19]

Durch die **Rechtsprechung** wurden seit Einführung des § 130 ua die folgenden Dienstleistungen als **soziale und andere besondere Dienstleistungen qualifiziert:**
– Sicherheitsdienste und Objektschutz bei städtischen Gemeinschaftsunterkünften (CPV-Code 79710000-4 „Dienstleistungen von Sicherheitsdiensten" oder CPV-Code 79713000-5 „Bewachungsdienste");[20]
– die Erprobung von Integrationshelfer-Pools an Grundschulen (CPV-Code 85312120 „Betreuungsleistungen für behinderte Kinder und Jugendliche in Tagesheimen");[21]
– Beherbergungen von Schulklassen in Jugendherbergen oder Hostels (CPV-Code 55210000-5);[22]
– grundsätzlich Dienstleistungen der Feuerwehr und Rettungsdienste wie Krankentransportdienstleistungen (ua CPV-Code 75252000-7), jedoch vorbehaltlich der Ausnahmeregelung des § 107 Abs. 1 Nr. 4 (zur Ausnahmeregelung → § 107 Rn. 19 ff.);[23]

---

[12] Gesetzesbegründung der BReg, BT-Drs. 18/6281, 116.
[13] Hierzu auch *Hansen* NZS 2016, 814 (818 ff.).
[14] Hierzu ausführlich *Bulla* VergabeR 2019, 8 (14 ff.).
[15] Gesetzesbegründung der BReg, BT-Drs. 18/6281, 115.
[16] Erwägungsgrund 6 RL 2014/24/EU.
[17] VK Niedersachsen Beschl. v. 19.3.2020 – VgK-02/2020, BeckRS 2020, 7164 Rn. 36; VK Bund Beschl. v. 27.9.2017 – VK 2-100/17, VPRRS 2018, 0059; Beschl. v. 2.8.2017 – VK 2-74/17, VPRRS 2017, 0274; Beschl. v. 1.8.2017 – VK 2-72/17, veris.
[18] VK Niedersachsen Beschl. v. 19.3.2020 – VgK-02/2020, BeckRS 2020, 7164 Rn. 36 und 27.
[19] VK Bund Beschl. v. 14.3.2018 – VK 2-14/18, VPRRS 2018, 0107; Beschl. v. 13.2.2018 – VK 2-5/18, IBRRS 2018, 4251.
[20] VK Rheinland Beschl. v. 27.9.2019 – VK 35/19, IBRRS 2019, 3410.
[21] VK Rheinland Beschl. v. 26.3.2019 – VK 5/19-L, BeckRS 2019, 22739.
[22] OLG Rostock Beschl. v. 5.2.2020 – 17 Verg 4/19, VergabeR 2020, 611 – Jugendbeherbergung.
[23] BGH Beschl. v. 31.1.2017 – X ZB 10/16, NZBau 2017, 230 Rn. 24; VK Westfalen Beschl. v. 21.12.2017 – VK 1-40/17, VPRRS 2018, 0016; VK Rheinland Beschl. v. 11.9.2017 – VK D-20/2017, VPRRS 2017,

– das Verpacken und Frankieren von Briefsendungen (CPV 64110000-0 „Postdienste" und CPV 64112000-4 „Briefpostdienste"); nicht aber der Transport und die Auslieferung also die Postzustellung und -beförderung von Briefsendungen. Denn Art. 2 Nr. 1 Post-RL 97/67/EG definiert „Postdienste" als Dienste, die im Zusammenhang mit dem Transport und der Zustellung stehen – wie beispielsweise Konsolidierungsleistungen – umfasst aber nicht den Transport und die Zustellung selbst.[24]

7 **Nicht als soziale und besondere Dienstleistungen** iSv § 130 wurden hingegen die folgenden Dienstleistungen **eingestuft:**
– das Erbringen von Verpflegungsleistungen für Kinderbetreuungseinrichtungen (wie insbesondere Schulen). Denn der zur Anwendung des § 130 führende CPV-Code 5552400-9 „Verpflegungsdienste für Schulen" ist hierbei nicht einschlägig, da diesem stattdessen die – nicht im Anhang XIV RL 2014/24/EU aufgeführte – speziellere CPV-Codierung 15894210-6 „Schulmahlzeiten" vorgehe;[25]
– Empfangs- und Pförtnerdienstleistungen, wie ua die Durchführung von Personen- und Ausweiskontrollen, Besuchermanagement und -kontrollen, Kontrollgänge zur Überprüfung der Verschlusssicherheit; denn die in Anhang XIV RL 2014/24/EU genannten CPV-Codes 79700000-1 bis 97721000-4 (ua „Leistungen von Sicherheitsdiensten" und „Bewachungsdienste") sind hierbei nicht einschlägig;[26]
– der Transport und die Auslieferung von Briefsendungen (→ Rn. 6).[27]

III. Verfahrensvorgaben (§ 130 Abs. 1)

8   Der deutsche Gesetzgeber hat für die Vergabe sozialer und anderer besonderer Dienstleistungen vergleichsweise strenge Verfahrensvorgaben aufgestellt. Während etwa der britische Gesetzgeber den Auftraggebern die Gestaltung des Vergabeverfahrens im jeweiligen Einzelfall überlässt und lediglich bestimmte Bekanntmachungsvorgaben aufstellt,[28] räumt der deutsche Gesetzgeber den Auftraggebern in § 130 Abs. 1 S. 1 die Möglichkeit ein, **zwischen den Vergabeverfahrensarten** – mit Ausnahme des Verhandlungsverfahrens ohne Teilnahmewettbewerb – **frei zu wählen.** Das hat insbesondere zur Folge, dass die Zulassungsvoraussetzungen für das Verhandlungsverfahren mit Teilnahmewettbewerb und den wettbewerblichen Dialog keine Anwendung finden.[29] Im Übrigen kommen die Vorschriften des 4. Teils des GWB sowie der VgV und der SektVO uneingeschränkt zur Anwendung.[30] Lediglich das **Verhandlungsverfahren ohne Teilnahmewettbewerb** steht gem. § 130 Abs. 1 S. 2 nur dann zur Verfügung, wenn die jeweiligen Zulässigkeitsvoraussetzungen im Einzelfall erfüllt sind. Das beruht darauf, dass Art. 75 Abs. 1 RL 2014/24/EU, Art. 92 Abs. 1 Sektoren-RL für die Vergabe von sozialen und anderen besonderen Dienstleistungen eine grundsätzliche Pflicht zur Auftragsbekanntmachung bzw. zur Veröffentlichung einer Vorinformation enthalten, die einer uneingeschränkten Anwendbarkeit des Verhandlungsverfahrens ohne Teilnahmewettbewerb entgegensteht. Diese **Art der Richtlinienumsetzung ist,** obwohl sie den Auftraggebern einen geringeren Gestaltungsspielraum einräumt, als es nach den Vorgaben der europäischen Vergaberichtlinien möglich gewesen wäre, **aus Gründen der Rechtssicherheit** durchaus **zu begrüßen.** Einerseits bietet die Möglichkeit, zwischen verschiedenen Verfahrensarten frei wählen zu können, ein hinreichendes Maß an Flexibilität, um den Besonderheiten von Aufträgen über soziale und andere besondere Dienstleistungen Rechnung zu tragen. Andererseits wird durch die Pflicht, die für die gewählte Verfahrensart geltenden vergaberechtlichen Vorgaben einzuhalten, sichergestellt, dass diese

---

0393; VK Westfalen Beschl. v. 15.2.2017 – VK 1-51/16, NZBau 2017, 445. Ergänzend auch VK Westfalen Beschl. v. 18.6.2018 – VK 1-18/18, VPRRS 2018, 0277. Zur Anwendbarkeit des § 130 bei Rettungsdiensten vgl. auch Risch KommJur 2017, 129 (132 ff.).
[24] VK Bund Beschl. v. 27.9.2017 – VK 2-100/17, VPRRS 2018, 0059; Beschl. v. 2.8.2017 – VK 2-74/17, VPRRS 2017, 0274; Beschl. v. 1.8.2017 – VK 2-72/17, veris.
[25] VK Baden-Württemberg Beschl. v. 21.11.2017 – 1 VK 50/17, VPRRS 2018, 0024. Offengelassen von VK Südbayern Beschl. v. 23.8.2017 – Z3-3-3194-1-24-05/17, BeckRS 2017, 127710 Rn. 93 ff., die aber eine interessante Auslegung des CPV-Codes 5552400-9 „Verpflegungsdienste für Schulen" unter Zuhilfenahme der englischen und französischen Sprachfassungen tätigt.
[26] VK Sachsen-Anhalt Beschl. v. 10.8.2018 – 2 VK LSA 21/17, IBRRS 2019, 2890.
[27] VK Niedersachsen Beschl. v. 19.3.2020 – VgK-02/2020, BeckRS 2020, 7164 Rn. 36; VK Bund Beschl. v. 27.9.2017 – VK 2-100/17, VPRRS 2018, 0059; Beschl. v. 2.8.2017 – VK 2-74/17, VPRRS 2017, 0274; Beschl. v. 1.8.2017 – VK 2-72/17, veris.
[28] Reg. 76 Public Contracts Regulations 2015.
[29] Gesetzesbegründung der BReg, BT-Drs. 18/6281, 116.
[30] Gesetzesbegründung der BReg, BT-Drs. 18/6281, 116.

Aufträge tatsächlich im Einklang mit den Grundsätzen der Transparenz und der Gleichbehandlung der Wirtschaftsteilnehmer vergeben werden.

Der Gesetzgeber des GWB-Vergaberechts ist von dieser begrüßenswerten Form der Richtlinienumsetzung allerdings nur kurze Zeit nach Inkrafttreten des geänderten GWB-Vergaberechts teilweise wieder abgewichen und hat in § 69 Abs. 4 SGB V für die **Vergabe von Dienstleistungsaufträgen nach §§ 63 und 140a SGB V** vergaberechtliche Erleichterungen vorgesehen, die den Mindestanforderungen der europäischen Vergaberichtlinien entsprechen sollen. Danach können öffentliche Auftraggeber bei dem Abschluss von Verträgen über Modellvorhaben nach § 63 SGB V oder von besonderen Versorgungsverträgen nach § 140a SGB V das Vergabeverfahren im Wesentlichen frei gestalten ("hauseigene Verfahren"[31]) und sind nicht gehalten, ein förmliches Vergabeverfahren durchzuführen, sofern es sich bei den jeweiligen Verträgen um Aufträge über soziale und andere besondere Dienstleistungen handelt. Dabei sind die vergaberechtlichen Grundsätze der Transparenz und der Gleichbehandlung zu gewährleisten. Es ist in jedem Fall eine Bekanntmachung zu veröffentlichen, weshalb auch bei der Vergabe dieser Aufträge nur unter den Voraussetzungen des § 14 Abs. 4 und § 6 VgV auf das Verhandlungsverfahren ohne Teilnahmewettbewerb zurückgegriffen werden darf. Begründet wird diese legislative Kehrtwende damit, dass es bei den erfassten Versorgungsformen um **innovative Konzepte** gehe, die darauf ausgerichtet sind, die Qualität, Wirksamkeit und Wirtschaftlichkeit der Versorgung zu verbessern, Verfahrens- und Organisationsformen der Leistungserbringung weiterzuentwickeln und Leistungen fach- und sektorenübergreifend zu erbringen sowie neue Leistungen zu erproben, die über die Regelversorgung hinausgehen bzw. davon abweichen. Um bei diesen Versorgungsformen den **Dialogprozess zwischen den Beteiligten zu vereinfachen** und den konzeptionellen Besonderheiten und regionalen Versorgungsstrukturen gerecht zu werden, sollen die Krankenkassen in Fällen öffentlicher Auftragsvergaben an diese Versorgungsformen angepasste Vergabeverfahren vorsehen können.[32]

IV. Auftragsänderungen (§ 130 Abs. 2)

Wesentliche Änderungen eines öffentlichen Auftrags während der Vertragslaufzeit erfordern gem. § 132 Abs. 1 S. 1 die Durchführung eines neuen Vergabeverfahrens (→ § 132 Rn. 4 ff.). Dieser aus der Rechtsprechung des EuGH stammende Grundsatz wurde im Rahmen der europäischen Vergaberechtsreform 2016 ebenso erstmalig gesetzlich kodifiziert[33] wie ein Kanon von **Ausnahmen von dieser Neuausschreibungspflicht**. So ist die Änderung eines öffentlichen Liefer- und Dienstleistungsauftrags etwa gem. § 132 Abs. 3 ohne Durchführung eines neuen Vergabeverfahrens zulässig, wenn sich der Gesamtcharakter des Auftrags nicht ändert und der Wert der Änderung zum einen die jeweiligen Schwellenwerte nach § 106 nicht übersteigt, sowie zum anderen **nicht mehr als 10% des ursprünglichen Auftragswerts beträgt**.[34]

Diese Ausnahmeregelung wird in Bezug auf Aufträge, die soziale oder andere besondere Dienstleistungen zum Gegenstand haben, von § 130 Abs. 2 in Form einer **Flexibilisierung** modifiziert.[35] Abweichend von § 132 Abs. 3 ist die Änderung eines solchen Auftrags auch dann ohne die Durchführung eines neuen Vergabeverfahrens zulässig, wenn der Wert der Änderung nicht mehr als **20% des ursprünglichen Auftragswerts** beträgt. Grund dafür ist nach der Gesetzesbegründung, dass der Anstieg der Nachfrage nach sozialen und anderen besonderen Dienstleistungen durch äußere, vom öffentlichen Auftraggeber nicht vorhersehbare und beeinflussbare Umstände bewirkt werden kann. Öffentliche Auftraggeber sollen in solchen Sachverhaltskonstellationen vereinbarte Teilnehmerkontingente flexibel in einem höheren Umfang erweitern können, um den Bedürfnissen betroffener Menschen vor allem im Sozial-, Bildungs- und Gesundheitsbereich angemessen Rechnung tragen zu können.[36]

Umstritten ist, ob durch die Regelung des § 130 Abs. 2 sämtliche weitere in § 132 Abs. 3 genannten Voraussetzungen bei sozialen und anderen besonderen Dienstleistungen entfallen und allein maßgeblich ist, ob der Wert der Änderung mehr als 20% des ursprünglichen Auftragswerts beträgt.[37] Nach den zusätzlichen Voraussetzungen iSd § 132 Abs. 3 darf sich ferner der Gesamtcharakter des Auftrags nicht verändern und der Schwellenwert des § 106 nicht überschritten werden.

---

[31] BT-Drs. 18/8260, 7.
[32] BT-Drs. 18/8260, 7.
[33] Art. 72 RL 2014/24/EU, Art. 89 Sektoren-RL, § 132.
[34] Zu Auftragsänderungen nach § 132 vgl. auch *Müller* ZfBR 2019, 444; *Linke* NVwZ 2017, 510; *Pfannkuch* KommJur 2016, 448; *Hausmann/Queisner* NZBau 2016, 619 und speziell zu Auftragsänderungen bedingt durch SARS-CoV-2 *Winters* ZfBR 2020, 460.
[35] Hierzu auch *Queisner* VergabeR 2017, 299.
[36] Gesetzesbegründung der BReg, BT-Drs. 18/6281, 116.
[37] So *Gerner* NZS 2016, 492 (495).

Da insbesondere nicht erkennbar ist, warum es zulässig sein sollte, den Gesamtcharakter des Auftrags bei sozialen und anderen besonderen Dienstleistungen ohne Durchführung eines neuen Vergabeverfahrens vollständig verändern zu dürfen,[38] ist § 130 Abs. 2 dahingehend zu verstehen, dass **allein der in § 132 Abs. 3 S. 1 Nr. 2 enthaltene Prozentsatz von 15% auf 20% angehoben wird.**[39]

§ 131 Vergabe von öffentlichen Aufträgen über Personenverkehrsleistungen im Eisenbahnverkehr

(1) ¹**Bei der Vergabe von öffentlichen Aufträgen, deren Gegenstand Personenverkehrsleistungen im Eisenbahnverkehr sind, stehen öffentlichen Auftraggebern das offene und das nicht offene Verfahren, das Verhandlungsverfahren mit Teilnahmewettbewerb, der wettbewerbliche Dialog und die Innovationspartnerschaft nach ihrer Wahl zur Verfügung.** ²**Ein Verhandlungsverfahren ohne Teilnahmewettbewerb steht nur zur Verfügung, soweit dies aufgrund dieses Gesetzes gestattet ist.**

(2) ¹**Anstelle des § 108 Absatz 1 ist Artikel 5 Absatz 2 der Verordnung (EG) Nr. 1370/2007 des Europäischen Parlaments und des Rates vom 23. Oktober 2007 über öffentliche Personenverkehrsdienste auf Schiene und Straße und zur Aufhebung der Verordnungen (EWG) Nr. 1191/69 und (EWG) Nr. 1107/70 des Rates (ABl. L 315 vom 3.12.2007, S. 1) anzuwenden.** ²**Artikel 5 Absatz 5 und Artikel 7 Absatz 2 der Verordnung (EG) Nr. 1370/2007 bleiben unberührt.**

(3) ¹**Öffentliche Auftraggeber, die öffentliche Aufträge im Sinne von Absatz 1 vergeben, sollen gemäß Artikel 4 Absatz 5 der Verordnung (EG) Nr. 1370/2007 verlangen, dass bei einem Wechsel des Betreibers der Personenverkehrsleistung der ausgewählte Betreiber die Arbeitnehmerinnen und Arbeitnehmer, die beim bisherigen Betreiber für die Erbringung dieser Verkehrsleistung beschäftigt waren, übernimmt und ihnen die Rechte gewährt, auf die sie Anspruch hätten, wenn ein Übergang gemäß § 613a des Bürgerlichen Gesetzbuchs erfolgt wäre.** ²**Für den Fall, dass ein öffentlicher Auftraggeber die Übernahme von Arbeitnehmerinnen und Arbeitnehmern im Sinne von Satz 1 verlangt, beschränkt sich das Verlangen auf diejenigen Arbeitnehmerinnen und Arbeitnehmer, die für die Erbringung der übergehenden Verkehrsleistung unmittelbar erforderlich sind.** ³**Der öffentliche Auftraggeber soll Regelungen vorsehen, durch die eine missbräuchliche Anpassung tarifvertraglicher Regelungen zu Lasten des neuen Betreibers zwischen der Veröffentlichung der Auftragsbekanntmachung und der Übernahme des Betriebes ausgeschlossen wird.** ⁴**Der bisherige Betreiber ist nach Aufforderung durch den öffentlichen Auftraggeber verpflichtet, alle hierzu erforderlichen Angaben zu machen.**

Übersicht

	Rn.			Rn.
A. Wettbewerbliche Vergabe von Schienenpersonenverkehrsdienstleistungen (Abs. 1) *(Bremer/Helmstädter)*	1	II.	Anforderungen an die Direktvergabe an interne Betreiber	11
I. Überblick und Anwendungsbereich	1	III.	Notmaßnahmen und Aufträge mit geringem Volumen	22
II. Wettbewerbliche Vergabe und Wahl der Verfahrensarten (Abs. 1)	3	IV.	Geltung der Transparenzanforderungen und beihilferechtlichen Vorgaben der VO (EG) 1370/2007	25
1. Regelungsgehalt, Sinn und Zweck und Verhältnis zur Personenverkehrsverordnung	3	C.	Arbeitnehmerrechte bei Vergaben von öffentlichen Aufträgen über Personenverkehre (Abs. 3) *(Bayreuther)*	27
		I.	Allgemeines	27
2. Entstehungsgeschichte	6	1.	Korrespondierende Bestimmungen	27
3. Zulässige Verfahrensarten	7	2.	Handreichungen aus der Praxis, tarifliche Selbstregulierung	30
B. Freihändige Vergabe an interne Betreiber und bei Notmaßnahmen (Abs. 2) *(Bremer/Helmstädter)*	10	3.	Regelungszweck und: Originärer Betriebsübergang bei Vergaben von Schienenverkehrsleistungen	32
I. Regelungsgehalt	10			

---

[38] So auch Ziekow/Völlink/*Kraus* Rn. 18–20.
[39] Ebenso Ziekow/Völlink/*Kraus* Rn. 18–20; Beck VergabeR I/*Rixen* Rn. 119–122; wohl auch BeckOK VergabeR/*Schulz* Rn. 16.

A. Wettbewerbliche Vergabe von Schienenpersonenverkehrsdienstleistungen (Abs. 1)

	Rn.		Rn.
4. Verhältnis von § 131 Abs. 3 und § 613a BGB	41	d) Schicksal des Altvertrags	92
5. Verfassungskonformität	43	2. Übernahmeverweigerung durch den Neubetreiber, Abänderung des Arbeitsvertrags	93
6. Praktische Schwierigkeiten bei der Umsetzung von Betriebsübergangsanordnungen	48	a) Vollständige Übernahmeverweigerung	93
7. Kompromisscharakter der Regelung, Divergenzen zwischen Gesetzeswortlaut und Ausschussbegründung	50	b) Übernahme lediglich zu geänderten Arbeitsbedingungen	95
		3. Abweichendes Verfahren bei Erlass eines Verwaltungsakts	99
II. Verhältnis zwischen § 131 Abs. 3, Art. 4 Abs. 5 VO (EG) 1370/2007, verbleibender Anwendungsbereich der VO	52	4. Übergang des gesamten Arbeitsbedingungen	100
		a) Grundsätze, Entgeltbestandteile, Unmöglichkeit der Erfüllung durch den Neubetreiber	100
III. Verhältnis zu einschlägigem Landesrecht	55	b) Betriebliche Altersversorgung	105
		c) Nachhaftung des Altbetreibers	107
IV. Anordnungspflicht nach § 131 Abs. 3 und -ermessen nach Art. 4 Abs. 5 VO (EG) 1370/2007	56	5. Übergang von kollektiven Arbeitsbedingungen	108
		a) Allgemeines	108
V. Privatrechtliche Übernahme – Erlass eines Verwaltungsakts?	63	b) Ausschluss „missbräuchlicher" Tarifregelungen	109
VI. Angaben zu den maßgeblichen Arbeitsbedingungen in den Ausschreibungsunterlagen	66	IX. Information und Widerspruch	112
		1. Information des Arbeitnehmers	112
1. Benennung der übergehenden Arbeitsverhältnisse und ihrer Arbeitsbedingungen in den Ausschreibungsunterlagen	66	2. Partielles Widerspruchsrecht gegenüber beiden Betreibern	113
		X. Rechtsschutzmöglichkeiten	115
2. Mitteilungspflicht des Altbetreibers	70	1. Bieter	115
3. Haftung für fehlerhafte Angaben	71	2. Beschäftigte	118
VII. Einbezogene Arbeitnehmer	72	a) Vorgehen gegen den Neubetreiber	118
1. Arbeitnehmer, Leiharbeitnehmer, Beschäftigte von Subunternehmern, Beamte	72	b) Vorgehen gegen den Aufgabenträger und Altbetreiber	119
2. Unmittelbarer Einsatz im ausgeschriebenen Verkehr (Abs. 3 S. 2)	75	XI. Tariftreueverlangen des Aufgabenträgers bei Vergaben von Diensten im ÖPNV	125
3. Angleichung an das Bedarfskonzept des Neuanbieters?	80	1. Anwendungsbereich, Bedeutung neben der Betriebsübergangsanordnung, Verpflichtung durch Landesrecht	125
4. Zuordnung der Mitarbeiter zur ausschreibungsrelevanten Linie, Teilausschreibungen – Auswahlverfahren bei Berücksichtigung des Betreiberkonzepts	84	2. Umsetzungsfragen	128
		a) Entgelttarifverträge, Repräsentative Tarifverträge	128
VIII. Der Betriebsübergang nach § 613a BGB bzw. RL 2001/23/EG	88	b) Begründung von Individualansprüchen und Sanktionierung von Verstößen	131
1. Der Übergang des Arbeitsverhältnisses	88	c) Subunternehmer, Leiharbeitnehmer, Eingruppierung	135
a) Drittwirkende Übernahmeerklärung bei Angebotsabgabe	88	3. Verfassungs- und Europarechtskonformität von Tariftreueverlangen im ÖPNV	137
b) Annahmefrist	90	4. Rechtsschutz	144
c) Zeitpunkt des Übergangs der Arbeitsverhältnisse	91		

A. Wettbewerbliche Vergabe von Schienenpersonenverkehrsdienstleistungen (Abs. 1)

Schrifttum zu § 131 Abs. 1 und 2: *Bremer/Helmstädter,* Kartellvergaberecht und Marktöffnung im Schienenpersonennahverkehr, FS Marx, 2013, 53; *Jürschik,* VO über öffentliche Personenverkehrsdienste, 2. Aufl. 2020; *Knauff,* Neuerungen im EU-Verkehrsmarktrecht, N&R 2018, 26; *Kühling,* Ausschreibungspflichten im SPNV nach dem BGH-Beschluss vom 8.2.2011, IR 2011, 101; *Linke,* Marktöffnung im öffentlichen Schienenpersonenverkehr.

Der neue Ansatz der EU bei der Novellierung der VO (EG) Nr. 1370/2007, NZBau 2017, 331; *Müller-Wrede*, Rechtliche Aspekte bzgl. des Anwendungsverhältnisses des Art. 5 VO 1370/2007 zum allgemeinen, nationalen Vergaberecht bei der Beschaffung von Verkehrsleistungen im SPNV, FS Marx, 2013, 461; *Mutschler-Siebert/ Dorschfeldt*, Die Vergabe von SPNV-Leistungen nach der Vergaberechtsreform, VergabeR 2016, 385; *Polster*, Die Zukunft der (Direkt-)Vergabe von SPNV-Aufträgen, NZBau 2011, 209; *Prieß*, Ausschreibungspflicht für Verkehrsverträge im Schienenpersonennahverkehr?, NZBau 2002, 539; *Wagner-Cardenal/Dierkes*, Die Direktvergabe von öffentlichen Personenverkehrsdiensten, NZBau 2014, 738.

I. Überblick und Anwendungsbereich

1 Die Vorschrift des § 131 ist eine erstmals durch das Vergaberechtsmodernisierungsgesetz 2016 in das Regelungsgefüge des nationalen Vergaberechts eingefügte Bestimmung für die Vergabe von öffentlichen Aufträgen über Schienenpersonenverkehrsleistungen. Gemäß der Gesetzesbegründung schreibt sie „die bisher bestehende Rechtslage bei der Vergabe von öffentlichen Aufträgen über Eisenbahndienste im Wesentlichen fort".[1] Deutlicher gesprochen ist die Vorschrift eine Errungenschaft, die erstmals die **Pflicht zur wettbewerblichen Vergabe** von Schienenpersonenverkehrsdienstleistungen im nationalen Recht explizit kodifiziert und damit eine seit dem Jahre 1999 mit dem Inkrafttreten des 4. Teils des GWB ohnehin bestehende Rechtslage zweifelsfrei klarstellt und weiter präzisiert. Die gesetzliche Klarstellung folgt der Entscheidung des BGH aus dem Jahre 2011.[2] In § 131 legt der Gesetzgeber nunmehr das grundsätzliche Verbot von Direktvergaben im Eisenbahnsektor fest, indem er spezielle Regelungen über die anzuwendenden Verfahrensarten für die Vergabe im Wettbewerb vorsieht (**Abs. 1**, → Rn. 3 ff.). Zudem enthält die Vorschrift eine sektorspezifische Regelung der Inhouse-Vergabe; durch Verweis finden insofern die unmittelbar geltende VO (EG) Nr. 1370/2007 (auch sog. PersonenverkehrsVO, nachfolgend VO (EG) 1370/2007[3]) und die dort getroffenen Bestimmungen zur Vergabe von Leistungen an sog. interne Betreiber Anwendung; auch bei Notmaßnahmen gelten die Regelungen der VO (EG) 1370/2007; bei Direktvergaben an interne Betreiber sowie im Fall von Notmaßnahmen sind die Transparenzanforderungen der VO (EG) 1370/ 2007 zu beachten (**Abs. 2**, → Rn. 10 ff.). Schließlich trifft § 131 eine Regelung, die berücksichtigt, dass mit der wettbewerblichen Vergabe der Verkehrsleistungen regelmäßig Betreiberwechsel verbunden sind, soweit der netzbezogene Verkehrsvertrag nicht erstmals vergeben wird. Die VO (EG) 1370/ 2007 ermächtigt die zuständigen Behörden, unter bestimmten Voraussetzungen den im Wettbewerb ausgewählten Betreiber zu verpflichten, die Arbeitnehmer des vorhergehenden Betreibers zu übernehmen; Abs. 3 regelt diesen Mechanismus im Fall eines Betreiberwechsels unter Bezugnahme auf die arbeitsrechtlichen Regelungen, die im Fall eines Betriebsübergangs gem. § 613a BGB Anwendung finden (**Abs. 3**, → Rn. 27 ff.).

2 § 131 gilt für die Vergabe von öffentlichen Aufträgen über **Personenverkehrsleistungen im Eisenbahnverkehr.** Die VO (EG) 1370/2007 trifft ebenfalls und als unionsrechtliche Vorschrift zunächst vorrangig Regelungen über die Vergabe von Schienenpersonenverkehrsleistungen. Sie belässt den Mitgliedstaaten bei einzelnen Regelungen jedoch Raum zur Konkretisierung und eröffnet insbesondere die Möglichkeit strengerer, dh Direktvergaben entgegenstehender nationaler Bestimmungen.[4] In Deutschland übernimmt § 131 diese Funktion und schließt bis auf die in Abs. 2 ausdrücklich festgelegte Anwendung von Art. 5 Abs. 2 VO (EG) 1370/2007 (Vergabe an interne Betreiber) und Art. 5 Abs. 5 VO (EG) 1370/2007 (Notmaßnahmen) die von der VO (EG) 1370/ 2007 in Art. 5 VO (EG) 1370/2007 vorgesehenen Direktvergabemöglichkeiten (neben Art. 5 Abs. 4 und 6 VO (EG) 1370/2007 nunmehr auch die mit Wirkung zum 3.12.2019 eingefügten Art. 5 Abs. 3a, 3b, 4a und 4b VO (EG) 1370/2007) aus.[5] Über § 154 Nr. 3 finden die Abs. 2 und 3 auch für die Vergabe von Konzessionen in diesem Bereich Anwendung, während für das Verfahren bei Konzessionen nicht Abs. 1 gilt, sondern dieses nach § 151 frei ausgestaltet werden kann. § 131 gilt gem. § 142 auch im Sektorenbereich. Für die Vergabe von öffentlichen Aufträgen und Dienstleistungskonzessionen über Personenverkehrsdienste gem. § 1 des Personenbeförderungsgesetzes

---

[1] Begr. BT-Drs. 18/6281, 117 zu § 131; zur Entstehungsgeschichte → Rn. 6 sowie Beck VergabeR/*Bungenberg/Schelhaas* Rn. 2 ff., 33 f.
[2] BGH BGHZ 188, 200 = NZBau 2011, 175 – Abellio Rail.
[3] Ausf. zur VO (EG) 1370/2007 *Berschin* → VO (EG) 1370/2007 Rn. 1 ff. sowie *Otting/Olgemöller/Tresselt* in Gabriel/Krohn/Neun VergabeR-HdB, 3. Aufl. 2021, §§ 69 ff.
[4] Vgl. *Fandrey* in RKPP GWB Rn. 1.
[5] Lediglich bei der Konzessionsvergabe, bei der Abs. 1 nicht greift, könnte das Interessenbekundungsverfahren nach Art. 5 Abs. 3b VO (EG) 1370/2007 zur Anwendung gelangen, sofern die Ausgestaltung im Einklang mit § 151 iVm §§ 12 ff. KonzVgV erfolgt, vgl. *Knauff* N&R 2018, 26 (29); eine Anwendung der unionsrechtlichen Direktvergabemöglichkeiten halten auch Ziekow/Völlink/*Zuck* Rn. 11, 19 und Immenga/Mestmäcker/*Kling* Rn. 18 nur bei Änderung des § 131 Abs. 1 für möglich; aA Linke/*Linke* VO (EG) 1370/2007 Art. 5 Rn. 182t, der Art. 5 Abs. 3b VO (EG) 1370/2007 uneingeschränkt unmittelbar anwendbar hält.

A. Wettbewerbliche Vergabe von Schienenpersonenverkehrsdienstleistungen (Abs. 1)   3–5   § 131 GWB

(PBefG) gelten hingegen die Regelungen der §§ 8a, 8b PBefG.[6] Nach § 1 Abs. 1 und § 4 Abs. 2 PBefG sind vom PBefG die Beförderung von Personen mit Straßenbahnen (einschließlich Hoch- und Untergrundbahnen sowie Schwebebahnen, jeweils für die überwiegende Beförderung von Personen im Orts- oder Nachbarschaftsbereich), Oberleitungsomnibussen und mit Kraftfahrzeugen sowie die Vermittlung dieser Beförderung erfasst. Für die Anwendung des § 131 verbleibt damit die Vergabe von Verkehrsdienstleistungen im Schienenpersonenverkehr mit Eisenbahnen (zum Begriff der Eisenbahnen vgl. § 2 AEG), also im Kern die Vergabe von Schienenpersonennahverkehrsleistungen (SPNV-Leistungen).[7] Mit der Regelung des § 131 und der Einbeziehung von Konzessionsvergaben in den 4. Teil des GWB ist auch geklärt, dass die Vergabe von Eisenbahnverkehrsleistungen dem vergaberechtlichen Rechtsschutz unterliegt.[8]

II. Wettbewerbliche Vergabe und Wahl der Verfahrensarten (Abs. 1)

1. Regelungsgehalt, Sinn und Zweck und Verhältnis zur Personenverkehrsverordnung. Abs. 1 regelt, welche Verfahrensarten dem öffentlichen Auftraggeber bei der Vergabe der Personenverkehrsleistungen im Eisenbahnverkehr zur Verfügung stehen. Dies sind gem. Abs. 1 S. 1 **nach freier Wahl des Auftraggebers** das offene und das nicht offene Verfahren, das Verhandlungsverfahren mit Teilnahmewettbewerb, der wettbewerbliche Dialog und die Innovationspartnerschaft. Das Verhandlungsverfahren ohne Teilnahmewettbewerb kann der Auftraggeber gem. Abs. 1 S. 2 nur bei Vorliegen der besonderen Voraussetzungen nutzen, die aufgrund des Gesetzes festgelegt sind (§ 113 Nr. 2 iVm § 14 Abs. 4, Abs. 6 VgV).[9] 3

Mit der Festlegung der zulässigen wettbewerblichen Verfahrensarten wird vor allem die voraussetzungslose Direktvergabe von Personenverkehrsleistungen im Eisenbahnverkehr im nationalen Recht unterbunden. Dies stellt klar, dass im Geltungsbereich des GWB für eine Direktvergabe kein Raum besteht. Einer im Unionsrecht gegenwärtig[10] noch in Art. 5 Abs. 6 VO (EG) 1370/2007 genannten voraussetzungslosen Direktvergabe[11] steht mit § 131 nationales Recht entgegen. Dies gilt auch für die mit Wirkung zum 3.12.2019 eingefügten, an enge Voraussetzungen geknüpfte Direktvergabemöglichkeiten der Art. 5 Abs. 3a, 3b, 4a und 4b VO (EG) 1370/2007 und die Direktvergabeoption der Art. 5 Abs. 4 VO (EG) 1370/2007. Auch deren Anwendung in Deutschland bei der Vergabe öffentlicher Aufträge im Eisenbahnverkehr wegen entgegenstehenden bzw. strengeren nationalen Rechts unzulässig.[12] Abs. 1 enthält allerdings hinsichtlich der Wahl der Verfahrensarten eine **Privilegierung** gegenüber den allgemeinen Regeln zur Vergabe von öffentlichen Aufträgen im Anwendungsbereich des 4. Teils, als die freie Wahl der Verfahrensarten über die Wahl zwischen offenem und nicht offenem Verfahren hinausgeht.[13] 4

Mit Abs. 1 hat der Gesetzgeber Vorgaben für die Vergabe von Eisenbahnverkehrsleistungen in wettbewerblichen Vergabeverfahren iSd Art. 5 Abs. 3 VO (EG) 1370/2007 getroffen und in Bezug auf Art. 5 Abs. 6 VO (EG) 1370/2007 zugleich klargestellt, dass nationales Recht einer 5

---

[6] Begr. BT-Drs. 18/6281, 117 zu § 131; *Mutschler-Siebert/Dorschfeldt* VergabeR 2016, 385; Willenbruch/Wieddekind/*Hübner* Rn. 11.
[7] Vgl. zu den Verkehrsdiensten im Eisenbahnbereich § 2 Abs. 2 AEG. Eine Vergabe von Personenverkehrsleistungen im Schienenpersonenfernverkehr ist ebenfalls erfasst. In der Praxis werden jedoch grundsätzlich SPNV-Leistungen durch die Aufgabenträger der Länder vergeben. Auch die Anerkennung von Nahverkehrstarifen in InterCity-Fernverkehrszügen stellt eine Vergabe von SPNV-Leistungen dar (und kann daher nicht im Wege der Direktvergabe mit dem Fernverkehrsunternehmen vereinbart werden), s. VK Münster BeckRS 2017, 111294; zum Geltungsbereich des § 131 s. auch *Fandrey* in RKPP GWB Rn. 6.
[8] *Mutschler-Siebert/Dorschfeldt* VergabeR 2016, 385 (394).
[9] VK Münster BeckRS 2017, 111294; kritisch in Bezug auf die Regelungen der Ausnahmen auf Verordnungsebene in der VgV Beck VergabeR/*Bungenberg/Schelhaas* Rn. 118.
[10] Die unionsrechtliche Direktvergabeoption wird im Dezember 2023 gestrichen. Die VO (EG) 1370/2007 wurde mit Wirkung zum 24.12.2017 durch die VO (EU) 2016/2338 (ABl. 2016 L 354, 22) geändert; vgl. hierzu *Linke* NZBau 2017, 331. Nach Art. 8 Abs. 2 VO (EG) 1370/2007 nF wird Art. 5 Abs. 6 VO (EG) 1370/2007 ab dem 25.12.2023 keine Anwendung mehr finden und zwischen dem 3.12.2019 und 24.12.2023 vergebene Aufträge dürfen höchstens eine Laufzeit von zehn Jahren haben.
[11] Zur einschränkenden Auslegung dieses Begriffs der Direktvergabe am Maßstab des Unionsrechts *Bremer/Helmstädter* FS Marx, 2013, 53 (64 ff.).
[12] *Knauff* N&R 2018, 26 (29); Ziekow/Völlink/*Zuck* Rn. 11, 19; *Jürschik*, VO über öffentliche Personenverkehrsdienste, 2. Aufl. 2020, VO (EG) 1370/2007 Art. 5 Rn. 29 und Rn. 38 f.; *Otting/Olgemöller/Tresselt* in Gabriel/Krohn/Neun VergabeR-HdB, 3. Aufl. 2021, § 72 Rn. 5a.
[13] Gem. § 113 Nr. 2 iVm § 14 Abs. 2 VgV stehen die Verfahrensarten Verhandlungsverfahren mit Teilnahmewettbewerb, wettbewerblicher Dialog und Innovationspartnerschaft außerhalb des Anwendungsbereichs des § 131 Abs. 1 nur unter engen Voraussetzungen zur Verfügung.

Direktvergabe entgegensteht.[14] Dies steht auch im Einklang mit der RL 2014/24/EU, die auf die Vergabe von Aufträgen über öffentliche Personenverkehrsdienste auf Schiene oder per Untergrundbahn keine Anwendung[15] findet (vgl. Art. 10 lit. i RL 2014/24/EU) sowie in Erwägungsgrund 27 klarstellt, dass diese Fälle der VO (EG) 1370/2007 unterliegen und nationale Vorschriften die zwingende Durchführung eines Vergabeverfahrens vorsehen können.[16] Der gesetzgeberische Wille ist auch auf die mit Wirkung zum 3.12.2019 in die VO (EG) 1370/2007 eingefügten Direktvergabemöglichkeiten der Art. 5 Abs. 3a, 3b, 4a und 4b VO (EG) 1370/2007 zu übertragen. Im Anwendungsbereich des 4. Teils des GWB sind die über Abs. 1 bzw. § 151 für den Konzessionsbereich vorgeschriebenen wettbewerblichen Verfahren anzuwenden.[17] Die VO (EG) 1370/2007, die direkt und unmittelbar in sämtlichen Mitgliedstaaten gilt, trifft in Art. 5 Abs. 3 VO (EG) 1370/2007 lediglich Mindestanforderungen auf.[18] Abs. 1 konkretisiert Art. 5 Abs. 3 VO (EG) 1370/2007. Die durch den deutschen Gesetzgeber vorgenommene Ausgestaltung normiert gleichzeitig durch die Benennung der anzuwendenden Verfahrensarten die unionsrechtlichen **Anforderungen an das wettbewerbliche Verfahren** (offener Zugang, Fairness, Transparenz und Nichtdiskriminierung).[19] Sofern die VO (EG) 1370/2007 im Übrigen – anders als es etwa in Art. 5 Abs. 3 und 3b VO (EG) 1370/2007 der Fall ist – abschließende Regelungen trifft und diese nicht – wie etwa in Art. 5 Abs. 3a, 4, 4a VO (EG) 1370/2007 – unter den Vorbehalt strengerer nationaler Bestimmungen stellt, finden die Vorschriften der unmittelbar geltenden EU-Verordnung auch ohne ausdrückliche Bezugnahme im 4. Teil des GWB auf die Vergabe von Eisenbahnverkehrsleistungen Anwendung.[20]

6   **2. Entstehungsgeschichte.** Mit Abs. 1 soll, wie mit der gesamten Vorschrift des § 131, die bisher bestehende Rechtslage klargestellt und auch fortgeschrieben werden. Der Gesetzgeber folgt dem **Beschluss des BGH vom 8.2.2011,** mit dem dieser das Anwendbarkeit des allgemeinen Vergaberechts und des Grundsatzes der wettbewerblichen Vergabe auf die Vergabe von Eisenbahnleistungen bestätigte.[21] Dem war ein jahrelanger Streit über die Zulässigkeit von Direktvergaben im SPNV vorausgegangen.[22] Der Ansicht,[23] wonach SPNV-Leistungen einem auf § 15 Abs. 2 AEG und der VO (EWG) Nr. 1191/69 gestützten Sonderrechtsregime unterlägen und mangels Anwendbarkeit des GWB-Vergaberechts ausschreibungsfrei vergeben werden könnten, war im Jahr 2003 das OLG Brandenburg[24] gefolgt und hatte den SPNV-Aufgabenträgern damit einen Weg für Direktvergaben eröffnet. Der BGH stellte in seinem Beschluss vom 8.2.2011 klar, dass § 15 Abs. 2 AEG nicht als *lex specialis* gegenüber dem Kartellvergaberecht anzusehen sei und auch keine anderen Vorschriften existierten, die die Vergabe von SPNV-Leistungen der Anwendung des 4. Teils des GWB entzögen.[25] Der BGH sah insbesondere auch keinen Raum für Direktvergaben auf Basis des Art. 5 Abs. 6 VO (EG) 1370/2007.[26] Der Gesetzgeber setzt mit § 131 Abs. 1 also in der Tat die – seit langer Zeit[27] geltende und erst mit dem Beschluss des BGH vom 8.2.2011

---

[14] Begr. BT-Drs. 18/6281, 117 zu § 131; Beck VergabeR/*Bungenberg*/*Schelhaas* Rn. 31 ff.
[15] Zur indirekten Berücksichtigung der RL 2014/24/EU hinsichtlich der darin geregelten Verfahrensarten s. Beck VergabeR/*Bungenberg*/*Schelhaas* Rn. 14.
[16] Vgl. Beck VergabeR/*Bungenberg*/*Schelhaas* Rn. 34; Willenbruch/Wieddekind/*Hübner* Rn. 3.
[17] *Otting*/*Olgemöller*/*Tresselt* in Gabriel/Krohn/Neun VergabeR-HdB, 3. Aufl. 2021, § 72 Rn. 5a.
[18] *Müller-Wrede* FS Marx, 2013, 461 (474 f.); zT wird die Verordnung insoweit als „unvollständig" bezeichnet, *Mutschler-Siebert*/*Dorschfeldt* VergabeR 2016, 385 (387); s. auch *Otting*/*Olgemöller*/*Tresselt* in Gabriel/Krohn/Neun VergabeR-HdB § 71 Rn. 16 ff.
[19] Zum Anwendungsbereich der VO (EG) 1370/2007 in Abgrenzung zu den EU-Vergaberichtlinien s. die Übersicht in der Mitteilung der Kommission über die Auslegungsleitlinien zu der Verordnung (EG) Nr. 1370/2007 über öffentliche Personenverkehrsdienste auf Schiene und Straße, ABl. 2014 C 92, 1 (3). Die Kommission verlangt in Ziff. 2.4.1 der Mitteilung insbesondere auch, dass öffentliche Vergabeverfahren gem. Art. 5 Abs. 3 VO (EG) 1370/2007 so gestaltet werden, dass die Voraussetzungen für einen „echten Wettbewerb" gegeben sind.
[20] Vgl. für die Erteilung von Unteraufträgen in Bezug auf Art. 4 Abs. 7 VO (EG) 1370/2007 *Mutschler-Siebert*/ *Dorschfeldt* VergabeR 2016, 385 (387 f.).
[21] Begr. BT-Drs. 18/6281, 117 zu § 131; BGH BGHZ 188, 200 = NZBau 2011, 175 – Abellio Rail; s. dazu *Polster* NZBau 2011, 209; *Kühling* IR 2011, 101.
[22] Ausf. *Bremer*/*Helmstädter* FS Marx, 2013, 53 (35 ff.); s. auch Beck VergabeR/*Bungenberg*/*Schelhaas* Rn. 35 ff.
[23] *Prieß* NZBau 2002, 539.
[24] OLG Brandenburg NZBau 2003, 688.
[25] BGH NZBau 2011, 175; zusammenfassend *Polster* NZBau 2011, 209; *Müller-Wrede* FS Marx, 2013, 461.
[26] BGH NZBau 2011, 175 Rn. 26.
[27] Vor der Entscheidung des OLG Brandenburg im Jahr 2003 stufte die Vergabekammerpraxis streitgegenständliche Verkehrsverträge als öffentliche Aufträge im Sinne des 4. Teils des GWB ein, vgl. VK Düsseldorf ZfBR 2002, 621; VK Magdeburg ZfBR 2002, 706.

A. Wettbewerbliche Vergabe von Schienenpersonenverkehrsdienstleistungen (Abs. 1)   7–9   **§ 131 GWB**

bestätigte – bisherige Rechtslage im 4. Teil des GWB explizit um, einschließlich der Absage an Direktvergaben auf Basis des Art. 5 Abs. 6 VO (EG) 1370/2007. Dieser in § 131 zum Ausdruck gebrachte gesetzgeberische Wille steht auch der Anwendung der mit Wirkung zum 3.12.2019 in die VO (EG) 1370/2007 eingefügten Direktvergabemöglichkeiten der Art. 5 Abs. 3a, 3b, 4a und 4b VO (EG) 1370/2007 auf öffentliche Aufträge über Schienenpersonenverkehrsleistungen entgegen, sofern nicht nationale Regelungen ausnahmsweise eine Möglichkeit für ein Verhandlungsverfahren ohne Teilnahmewettbewerb eröffnen.[28]

3. Zulässige Verfahrensarten. Abs. 1 eröffnet den Aufgabenträgern Flexibilität bei der Wahl   7
der Verfahrensarten. Frei gewählt werden kann zwischen offenem und nicht offenem Verfahren, Verhandlungsverfahren mit Teilnahmewettbewerb, wettbewerblichem Dialog und Innovationspartnerschaft. Die damit verbundenen Erleichterungen[29] im Vergleich zu den allgemeinen Regeln des Vergaberechts (gem. § 119 Abs. 2 dort Beschränkung der Wahl zwischen dem offenen und dem nicht offenen Verfahren) sind der besonderen **Komplexität der Vergabe von Verkehrsleistungen** geschuldet.[30] Für die Vergabe von Verkehrsleistungen bietet sich regelmäßig ein Verhandlungsverfahren mit vorgeschaltetem Teilnahmewettbewerb an, für das komplexe Regelungen (zB Qualitätsstandards, Fahrzeugfinanzierung) fallbezogen festgelegt werden können. Abs. 1 findet bei der Vergabe von Konzessionen keine Anwendung (vgl. § 154 Nr. 3), da für die Konzessionsvergabe die Verfahrenserleichterungen gem. §§ 151 ff. und nach §§ 12 ff. KonzVgV gelten.[31]

Für die Vergabe von Verkehrsverträgen im Verhandlungsverfahren ohne vorgeschalteten Teilnah-   8
mewettbewerb gelten gem. Abs. 1 S. 2 die allgemeinen Regeln des Vergaberechts, die den Verzicht auf einen Teilnahmewettbewerb nur unter besonderen Voraussetzungen und nur ausnahmsweise erlauben.[32] Die Anforderungen an die Zulässigkeit des Verzichts auf einen Teilnahmewettbewerb sind hoch, weil ein **Verhandlungsverfahren ohne vorherigen Teilnahmewettbewerb** *de facto* **einer Direktvergabe nahe kommen** kann, sodass das grundsätzliche Verbot von Direktvergaben leerliefe. Die Ausnahmetatbestände des § 14 Abs. 4 VgV (iVm § 14 Abs. 5, 6 VgV),[33] die eine Wahl des Verhandlungsverfahrens ohne Teilnahmewettbewerb unter bestimmten Voraussetzungen für zulässig erklären, sind eng auszulegen.[34] So entspricht es etwa dem Zweck des § 14 Abs. 4 Nr. 2b iVm Abs. 6 VgV (aus technischen Gründen ist kein Wettbewerb vorhanden), dass die Vergabestelle die Auftragsvergabe nicht so ausgestalten darf, dass sie Vergabekriterien (Auftragsparameter, Rahmenbedingungen) mit Blick auf einen bestimmten Bieter maßschneidert, der erst infolge der formulierten Vergabekriterien eine Alleinstellung erhält. In einem solchen Fall ist der Verzicht auf einen Teilnahmewettbewerb durch § 14 Abs. 4 Nr. 2 VgV nicht legitimiert.[35]

Ein Vergabekriterium, das die Wettbewerblichkeit des Verfahrens in tatsächlicher Hinsicht   9
entscheidend einschränken kann, ist nun auch in Abs. 3 S. 1 hinsichtlich der Anordnung des **Personalübergangs bei Wechsel des Betreibers** geregelt.[36] Es handelt sich dem Wortlaut nach um eine Soll-Vorschrift, deren genauer Leitliniencharakter anhand einer auch Entstehungsgeschichte, Systematik und Zweck berücksichtigenden Auslegung zu ermitteln ist. Jedenfalls griffe eine Auslegung, wonach schon allein wegen des Wortlauts „soll" nur in (besonders) atypischen

---

[28] Im Konzessionsbereich sind Verfahrenserleichterungen gem. Art. 5 Abs. 3b VO (EG) 1370/2007 in Übereinstimmung mit § 151 iVm §§ 12 ff. KonzVgV möglich; zwischen öffentlichen Aufträgen und Dienstleistungskonzessionen differenzierend etwa auch *Knauff* N&R 2018, 26 (29); HK-VergabeR/*Winnes* Rn. 20.

[29] Zu den Erleichterungen gegenüber der alten Rechtslage s. *Mutschler-Siebert/Dorschfeldt* VergabeR 2016, 385 (387 f.).

[30] Begr. BT-Drs. 18/6281, 117 zu § 131.

[31] Das Interessenbekundungsverfahren nach Art. 5 Abs. 3b VO (EG) 1370/2007 kann bei Ausgestaltung auch im Einklang mit §§ 151 ff. und §§ 12 ff. KonzVgV für (bei Schienenpersonenverkehrsdienstleistungen allerdings seltene) Fälle der Konzessionsvergabe eine Ausgestaltungsmöglichkeit bieten; vgl. auch *Knauff* N&R 2018, 26 (29).

[32] Begr. BT-Drs. 18/6281, 118 zu § 131; VK Münster BeckRS 2017, 111294.

[33] Die Voraussetzung gem. Abs. 1 S. 2, wonach eine Gestattung „aufgrund dieses Gesetzes" erforderlich ist, ist mit der gem. § 113 (hier S. 2 Nr. 2) erlassenen und den Anforderungen des Art. 80 GG entsprechenden VgV erfüllt; kritisch hingegen Beck VergabeR/*Bungenberg/Schelhaas* Rn. 118.

[34] S. mit Blick auf die beihilferechtlichen Konsequenzen einer wettbewerbslosen Vergabe auch Kom., Mitteilung über die Auslegungsleitlinien zu der Verordnung (EG) Nr. 1370/2007 über öffentliche Personenverkehrsdienste auf Schiene und Straße, ABl. 2014 C 92, 1 (13 f.) Nr. 2.4.1; *Fett* → VgV § 14 Rn. 75 und Rn. 94; VK Münster BeckRS 2017, 111294.

[35] VK Münster BeckRS 2017, 111294 (Unzulässigkeit des Verzichts auf Teilnahmewettbewerb infolge maßgeschneiderter Vergabekriterien, die absehbarerweise nur von einem Unternehmen erfüllt werden können – hier: Anerkennung von Nahverkehrstarifen auf IC-Verbindungen).

[36] Vgl. auch *Fandrey* in RKPP GWB Rn. 37; *Mutschler-Siebert/Dorschfeldt* VergabeR 2016, 385 (389 f.).

Konstellationen von der Anordnung eines Personalübergangs abgesehen werden könne,[37] – und woraus folglich *de facto* eine Pflicht der Auftraggeber resultierte, einen Betriebsübergang zwischen Altbetreiber und Neubetreiber sicherzustellen – deutlich zu kurz. Der Wortlaut sieht gerade keine Pflicht vor. Die Diskussion über die nicht bereits im Regierungsentwurf enthaltene (dort noch „können"), sondern erst vom Bundesrat vorgeschlagene „muss"-Regelung mündete in einem Kompromiss (s. *Bayreuther* → Rn. 50 f.). Hingegen kein Kompromiss, sondern ein klarer gesetzgeberischer Wille ist in den Abs. 1 und 2 verankert, die von den Auftraggebern eine wettbewerbliche Vergabe von SPNV-Leistungen verlangen und Ausnahmen hiervon nur in engen Grenzen zulassen. In diese Systematik reiht sich auch Abs. 3 ein, der unter Beachtung der grundlegenden Pflicht zur Vergabe von SPNV-Leistungen im Wettbewerb auszulegen ist. Dem öffentlichen Auftraggeber obliegt neben der Berücksichtigung der Belange der Arbeitnehmer auch die Verantwortung „für die Erbringung von effizienten Verkehrsdienstleistungen (...) sowie für den Wettbewerb".[38] Eine bei einer Soll-Vorschrift generell anzunehmende Pflicht oder ein quasi ausnahmslos geltender Anwendungsbefehl lässt sich auch nicht aus der verwaltungsrechtlichen Rechtsprechung herleiten und auf den Satz „sollen" bedeute „im Regelfall müssen" reduzieren.[39] Denn es handelt sich bei den vergaberechtlichen Bestimmungen nicht um klassisches Verwaltungsrecht, sondern um vom Grundsatz des Wettbewerbs (§ 97) geleitete Verfahrensvorschriften *sui generis*.[40] Zudem lässt sich aus der jüngeren Rechtsprechung des BVerwG[41] zu anderen (Netz-)Infrastrukturen eine wettbewerbsgeleitete Rechtsanwendung erkennen.[42] Es gilt für die Anwendung des Abs. 3 S. 1 daher Folgendes: Eine Abweichung von Soll-Vorschriften ist regelmäßig zulässig, wenn dafür ein sachlicher Grund besteht;[43] der Auftraggeber hat bei Anwendung des Abs. 3 bei der Feststellung, ob ein entsprechender sachlicher Grund vorliegt, einen Ermessensspielraum.[44] Ein sachlicher Grund wird hier ausweislich der Gesetzesmaterialien zB dann vorliegen, wenn „der Zuschnitt des Personenverkehrsnetzes in Bezug auf Bedarf und Qualifikation erheblich vom Status Quo abweicht (Mehr-/Minderleistungen durch Vergrößerung oder Verkleinerung von Netzen mit Auswirkung auf den Personaleinsatz, Änderungen in der Traktionsart etc)".[45] Aber nicht nur solche verkehrsnetztechnischen Ursachen sind zu berücksichtigen. Gleiches wird zu gelten haben, wenn zu erwarten ist, dass eine Verpflichtung des neuen Betreibers zur Übernahme von Arbeitnehmern zu im bisherigen Arbeitsverhältnis geltenden Konditionen zu einer nicht unerheblichen Verringerung der Zahl der Teilnehmer am Vergabeverfahren führen wird.[46] Dies kann zB dann der Fall sein, wenn die Verpflichtung geeignet ist, Wettbewerber des bisherigen Betreibers an der Abgabe eines wirtschaftlichen Angebots zu hindern. Die Anwendung der Soll-Vorschrift des Abs. 3 S. 1 darf also nicht zu einer Schwächung bzw. Ausschaltung des Vergabewettbewerbs führen, weil die Verpflichtung zur wettbewerblichen Vergabe von Verkehrsverträgen damit *de facto* leerliefe.[47] Dies entspricht auch den unionsrechtlichen Vorgaben, die mit Inkrafttreten der Änderungen der VO (EG) 1370/2007 zum 24.12.2017 durch die VO (EU) 2016/2338 an der Option zur Regelung eines Personalübergangs festhalten, gleichzeitig aber die umstrittene Direktvergabemöglichkeit nach Art. 5 Abs. 6 VO (EG) 1370/2007 nach einer Übergangszeit abschaffen und damit das allgemeine Prinzip der Vergabe dieser Leistungen im Wettbewerb weiter stärken werden.[48]

---

[37] Nur besondere, atypische Ausnahmen akzeptierend *Bayreuther* → Rn. 57 f.; Beck VergabeR/*Bungenberg/Schelhaas* Rn. 136 und *Mutschler-Siebert/Dorschfeldt* VergabeR 2016, 385 (389).
[38] BT-Drs. 18/7086, 14.
[39] So aber *Bayreuther* (→ Rn. 56), der aus der Rspr. des BVerwG ableitet, dass eine Anordnung im Regelfall erfolgen müsse.
[40] Auch das nach Zuschlagserteilung bestehende Rechtsverhältnis ist häufig privatrechtlicher Natur, was sich nicht zuletzt auf die Rechtswegeröffnung bei Streitigkeiten hinsichtlich des Betriebsübergangs gem. § 131 Abs. 3 auswirkt, s. VG Gelsenkirchen BeckRS 2021, 1779 (Verweisung an das sachlich zuständige Landgericht aufgrund der zivilrechtlichen Rechtsnatur des ausgeschriebenen Verkehrsvertrags).
[41] BVerwGE 146, 325; BVerwGE 148, 48.
[42] Vgl. *Säcker,* Das europäische Kartell- und Regulierungsrecht der Netzindustrien, 2015, 81 (90); *Säcker/Mengering* N&R 2014, 74.
[43] Vgl. VK Südbayern VergabeR 2018, 444 (453).
[44] *Fandrey* in RKPP GWB Rn. 49.
[45] BT-Drs. 18/7086, 14; aA *Bayreuther* (→ Rn. 59), unter ausdrücklicher Negierung der Gesetzesbegründung, mit der Argumentation, dass zumindest ein Teilbetriebsübergang vorliege.
[46] Dagegen *Bayreuther* → Rn. 58; *Fandrey* in RKPP GWB Rn. 50.
[47] Ebenso kritisch Immenga/Mestmäcker/*Kling* Rn. 38; Ziekow/Völlink/*Zuck* Rn. 80 f., mit Hinweis auf die daraus folgenden haushälterischen Konsequenzen wegen fiskalischer Verteuerung der Auftragsvergaben.
[48] S. Erwägungsgrund 19 VO (EU) 2016/2338 zum Festhalten am Vorrang der wettbewerblichen Vergabe im Bereich des öffentlichen Schienenpersonenverkehrs; s. zu den Diskussionen im europäischen Gesetzgebungsverfahren jurisPK-VergabeR/*Dorschfeldt/Mutschler-Siebert* Rn. 51; zu den Änderungen der VO (EG) 1370/2007 durch die VO (EU) 2016/2338 vgl. *Knauff* N&R 2018, 26; *Linke* NZBau 2017, 331.

B. Freihändige Vergabe an interne Betreiber und bei Notmaßnahmen (Abs. 2)

I. Regelungsgehalt

Abs. 2 eröffnet unter besonderen Voraussetzungen **Ausnahmen** vom Grundsatz der wettbe- 10
werblichen Vergabe von Eisenbahnverkehrsleistungen. Zum einen ist gem. Abs. 2 S. 1 die Vergabe
an sog. interne Betreiber gem. Art. 5 Abs. 2 VO (EG) 1370/2007 zulässig. Die allgemeine Regelung
des § 108 Abs. 1 zu sog. Inhouse-Vergaben (→ § 108 Rn. 15 ff.) findet im Bereich der SPNV-
Vergaben keine Anwendung. An dessen Stelle tritt Art. 5 Abs. 2 VO (EG) 1370/2007.[49] Zum
anderen erlauben die in Art. 5 Abs. 5 VO (EG) 1370/2007 geregelten Notmaßnahmen im Fall
besonderer Dringlichkeit unter engen Voraussetzungen ebenfalls im Einzelfall eine Direktvergabe
(Abs. 2 S. 2). Im Übrigen bleiben die Regelungen der VO (EG) 1370/2007 anwendbar. Dies stellt
Abs. 2 S. 2 hinsichtlich der Transparenzanforderungen bei Direktvergaben (Art. 7 Abs. 2 VO (EG)
1370/2007) ausdrücklich klar. Die Gesetzesbegründung ergänzt ebenfalls klarstellend die unveränderte Geltung der beihilferechtlichen Vorgaben, die sich aus der VO (EG) 1370/2007 (Art. 6 VO
(EG) 1370/2007 und Anhang) ergeben.[50]

II. Anforderungen an die Direktvergabe an interne Betreiber

Nach Abs. 2 S. 1 ist „anstelle des § 108 Abs. 1" (allgemeine Regelung der sog. vertikalen 11
Inhouse-Vergabe) für die Vergabe von öffentlichen Aufträgen über Personenverkehrsleistungen im
Eisenbahnverkehr Art. 5 Abs. 2 VO (EG) 1370/2007 anzuwenden.[51] Nach dem durch Abs. 2 S. 1
verdrängten § 108 Abs. 1 ist die sog. **vertikale Inhouse-Vergabe** im Allgemeinen, dh nicht sektor-
spezifisch geregelten Bereich nicht vom 4. Teil des GWB erfasst. Dies gilt für die Vergabe von
öffentlichen Aufträgen, die von einem öffentlichen Auftraggeber an eine juristische Person des
öffentlichen oder privaten Rechts vergeben werden, wenn (1.) der öffentliche Auftraggeber über
die juristische Person eine ähnliche Kontrolle wie über seine eigenen Dienststellen ausübt (sog.
Kontrollkriterium), (2.) mehr als 80 Prozent der Tätigkeiten der juristischen Person der Ausführung
von Aufgaben dienen, mit denen sie von dem öffentlichen Auftraggeber oder von einer anderen
juristischen Person, die von diesem kontrolliert wird, betraut wurde (sog. Wesentlichkeits- oder
Tätigkeitskriterium), und (3.) – unter bestimmten Ausnahmen – an der juristischen Person keine
direkte private Kapitalbeteiligung besteht (sog. Beteiligungskriterium).

Art. 5 Abs. 2 VO (EG) 1370/2007 stellt eine Sonderregelung zur allgemeinen Inhouse-Aus- 12
nahme nach Art. 12 RL 2014/24/EU dar, der der Gesetzgeber entsprechend auf nationaler Ebene
für den Eisenbahnverkehr abschließenden Vorrang gegenüber § 108 Abs. 1 einzuräumen hatte.[52]
Der EuGH hat entschieden, dass Art. 5 Abs. 2 VO (EG) 1370/2007 bei Vergaben über Leistungen
im Bereich Busse und Straßenbahnen nur bei Vorliegen von Dienstleistungskonzessionen Anwendung findet und im Übrigen (bei Verträgen – und nach Auffassung des BGH auch Weisungen[53])
§ 108 greift.[54] Gleichzeitig entschied der EuGH, dass bei der Vergabe von Eisenbahn- und U-
Bahnverkehrsleistungen an interne Betreiber stets Art. 5 Abs. 2 VO (EG) 1370/2007 Anwendung
findet.[55] Die für Eisenbahnverkehrsleistungen sowohl im Berich von öffentlichen Aufträgen als auch
von Konzessionen geltende **Sonderregelung des Art. 5 Abs. 2 VO (EG) 1370/2007** lautet wie
folgt:

Art. 5 Abs. 2 VO (EG) 1370/2007

Sofern dies nicht nach nationalem Recht untersagt ist, kann jede zuständige örtliche Behörde – unabhängig davon, ob es sich dabei um eine einzelne Behörde oder eine Gruppe von Behörden handelt,
die integrierte öffentliche Personenverkehrsdienste anbietet – entscheiden, selbst öffentliche Personen-

---

[49] Für den Eisenbahnbereich ist die Anwendung des Art. 5 Abs. 2 VO (EG) 1370/2007 bei Vergaben an interne Betreiber damit geklärt; zum Streitstand hinsichtlich der Anwendung sowohl auf Konzessionen als auch auf öffentliche Aufträge im Bereich Bus- und Straßenbahnverkehr nach der Entscheidung des OLG München NZBau 2016, 583 s. *Lenz/Jürschik* NZBau 2016, 544; krit. *Najdenova* VergabeR 2016, 636 (Urteilsanmerkung).
[50] Begr. BT-Drs. 18/6281, 118 zu § 131.
[51] Zu Art. 5 Abs. 2 VO (EG) 1370/2007 im Einzelnen s. *Berschin* → VO (EG) 1370/2007 Art. 5 Rn. 23 ff.
[52] Begr. BT-Drs. 18/6281, 118 zu § 131. Zur Herausnahme der öffentlichen Aufträge über Personenverkehrsleistungen im Eisenbahnverkehr aus dem Anwendungsbereich der RL 2014/24/EU → Rn. 5.
[53] BGH NVwZ 2020, 330 Rn. 49 ff.; kritisch dazu *Hübner* VergabeR 2020, 559.
[54] EuGH NZBau 2019, 319 Rn. 69 f.; EuGH NZBau 2019, 658 Rn. 26 f.
[55] EuGH NZBau 2019, 319 Rn. 71 f.

verkehrsdienste zu erbringen oder öffentliche Dienstleistungsaufträge direkt an eine rechtlich getrennte Einheit zu vergeben, über die die zuständige örtliche Behörde – oder im Falle einer Gruppe von Behörden wenigstens eine zuständige örtliche Behörde – eine Kontrolle ausübt, die der Kontrolle über ihre eigenen Dienststellen entspricht.

¹Im Falle öffentlicher Schienenpersonenverkehrsdienste kann die im ersten Unterabsatz genannte Gruppe von Behörden ausschließlich aus zuständigen örtlichen Behörden bestehen, deren geografischer Zuständigkeitsbereich sich nicht auf das gesamte Staatsgebiet erstreckt. ²Der in Absatz 1 genannte öffentliche Personenverkehrsdienst oder öffentliche Dienstleistungsauftrag darf nur den Verkehrsbedarf städtischer Ballungsräume und ländlicher Gebiete oder beides decken.

Fasst eine zuständige örtliche Behörde diesen Beschluss, so gilt Folgendes:
a) Um festzustellen, ob die zuständige örtliche Behörde diese Kontrolle ausübt, sind Faktoren zu berücksichtigen, wie der Umfang der Vertretung in Verwaltungs-, Leitungs- oder Aufsichtsgremien, diesbezügliche Bestimmungen in der Satzung, Eigentumsrechte, tatsächlicher Einfluss auf und tatsächliche Kontrolle über strategische Entscheidungen und einzelne Managemententscheidungen. Im Einklang mit dem Gemeinschaftsrecht ist zur Feststellung, dass eine Kontrolle im Sinne dieses Absatzes gegeben ist, – insbesondere bei öffentlich-privaten Partnerschaften – nicht zwingend erforderlich, dass die zuständige Behörde zu 100% Eigentümer ist, sofern ein beherrschender öffentlicher Einfluss besteht und aufgrund anderer Kriterien festgestellt werden kann, dass eine Kontrolle ausgeübt wird.
b) Die Voraussetzung für die Anwendung dieses Absatzes ist, dass der interne Betreiber und jede andere Einheit, auf die dieser Betreiber einen auch nur geringfügigen Einfluss ausübt, ihre öffentlichen Personenverkehrsdienste innerhalb des Zuständigkeitsgebiets der zuständigen örtlichen Behörde ausführen – ungeachtet der abgehenden Linien oder sonstiger Teildienste, die in das Zuständigkeitsgebiet benachbarter zuständiger örtlicher Behörden führen – und nicht an außerhalb des Zuständigkeitsgebiets der zuständigen örtlichen Behörde organisierten wettbewerblichen Vergabeverfahren für die Erbringung von öffentlichen Personenverkehrsdiensten teilnehmen.
c) Ungeachtet des Buchstabens b kann ein interner Betreiber frühestens zwei Jahre vor Ablauf des direkt an ihn vergebenen Auftrags an fairen wettbewerblichen Vergabeverfahren teilnehmen, sofern endgültig beschlossen wurde, die öffentlichen Personenverkehrsdienste, die Gegenstand des Auftrags des internen Betreibers sind, im Rahmen eines fairen wettbewerblichen Vergabeverfahrens zu vergeben und der interne Betreiber nicht Auftragnehmer anderer direkt vergebener öffentlicher Dienstleistungsaufträge ist.
d) Gibt es keine zuständige örtliche Behörde, so gelten die Buchstaben a, b und c für die nationalen Behörden in Bezug auf ein geografisches Gebiet, das sich nicht auf das gesamte Staatsgebiet erstreckt, sofern der interne Betreiber nicht an wettbewerblichen Vergabeverfahren für die Erbringung von öffentlichen Personenverkehrsdiensten teilnimmt, die außerhalb des Gebiets, für das der öffentliche Dienstleistungsauftrag erteilt wurde, organisiert werden.
e) Kommt eine Unterauftragsvergabe nach Artikel 4 Absatz 7 in Frage, so ist der interne Betreiber verpflichtet, den überwiegenden Teil des öffentlichen Personenverkehrsdienstes selbst zu erbringen.

13   Bei der Vergabe von Eisenbahnverkehrsleistungen sind im Falle einer sog. Inhouse-Vergabe (nach der VO (EG) 1370/2007: Vergabe an einen internen Betreiber) damit anstelle der in § 108 Abs. 1 für die allgemeine vertikale Inhouse-Vergabe aufgestellten Kriterien (Kontrollkriterium, Wesentlichkeitskriterium, Beteiligungskriterium) die in Art. 5 Abs. 2 VO (EG) 1370/2007 festgelegten Anforderungen zu erfüllen, um eine **Direktvergabe an einen sog. internen Betreiber** vornehmen zu können. Art. 5 Abs. 2 VO (EG) 1370/2007 sieht die Möglichkeit vor, dass die zuständige Behörde die Entscheidung trifft, die Personenverkehrsleistungen selbst zu erbringen (Eigenerbringung),[56] vor allem aber eröffnet die Vorschrift die Direktvergabe an einen internen Betreiber iSd Art. 2 lit. j VO (EG) 1370/2007 und des Art. 5 Abs. 2 UAbs. 1 VO (EG) 1370/2007. Als interner Betreiber ist eine rechtlich getrennte Einheit zu verstehen, über die eine zuständige örtliche Behörde – oder im Falle einer Gruppe von Behörden wenigstens eine zuständige örtliche Behörde – eine Kontrolle ausübt, die der Kontrolle über ihre eigenen Dienststellen entspricht. Unter Direktvergabe ist die Vergabe eines öffentlichen Dienstleistungsauftrags an einen bestimmten Betreiber eines öffentlichen Dienstes ohne Durchführung eines vorherigen wettbewerblichen Verfahrens (Art. 2 lit. h VO (EG) 1370/2007) zu verstehen.[57]

14   Art. 5 Abs. 2 lit. a VO (EG) 1370/2007 enthält den Vorgaben des § 108 Abs. 1 (iVm § 108 Abs. 2) vergleichbare **Anforderungen an die Kontrolle über den internen Betreiber**. Es ist sowohl nach § 108 Abs. 1 als auch nach der Sonderregelung in der VO (EG) 1370/2007 eine Kontrolle auszuüben, die derjenigen über eine eigene Dienststelle entspricht (bzw. nach § 108 Abs. 1

---

[56] Zur Eigenerbringung von Busdienstleistungen vgl. OLG Rostock IR 2012, 359; die Eigenerbringung erfolgt durch sog. Eigen- oder Regiebetriebe, s. dazu Ziekow/Völlink/*Zuck* VO (EG) 1370/2007 Art. 5 Rn. 24.
[57] Auf diese Definition hinsichtlich des § 131 Abs. 2 stellt ebenfalls ab Begr. BT-Drs. 18/6281, 118 zu § 131 Abs. 2.

B. Freihändige Vergabe an interne Betreiber und bei Notmaßnahmen (Abs. 2)   15   **§ 131 GWB**

dieser ähnlich ist).[58] Bei der Ermittlung, ob die für die Vergabe von Eisenbahnverkehrsleistungen an eine rechtlich getrennte Einheit erforderliche Kontrolle vorliegt, sind nach § 131 Abs. 2 iVm Art. 5 Abs. 2 lit. a VO (EG) 1370/2007 die dort genannten Kriterien, soweit anwendbar, vollständig einzubeziehen.[59] Hierzu zählen der Umfang der Vertretung in Verwaltungs-, Leitungs- oder Aufsichtsgremien ebenso wie diese Vertretung betreffende Bestimmungen in der Satzung und das Vorhandensein von Eigentumsrechten. Maßgeblich sind aber auch der tatsächliche Einfluss auf und die tatsächliche Kontrolle über strategische Entscheidungen und einzelne Managemententscheidungen, sodass es sich um eine Einzelfallprüfung unter Berücksichtigung sämtlicher rechtlicher und tatsächlicher Umstände handelt.[60] Art. 5 Abs. 2 lit. a VO (EG) 1370/2007 stellt zudem klar, dass für die erforderliche Kontrolle nicht 100% des Eigentums an der rechtlich getrennten Einheit gehalten werden müssen.[61] Bei der Vergabe durch eine Gruppe von Behörden kann die Kontrolle gemeinsam oder durch eine der Behörden alleine erfolgen.[62] Im Gegensatz zu § 108 Abs. 1 enthält Art. 5 Abs. 2 lit. a VO (EG) 1370/2007 auch keine Begrenzung der Beteiligung Privater, denn es fehlt eine dem Beteiligungskriterium des § 108 Abs. 1 vergleichbare Anforderung.[63]

Abweichend von § 108 Abs. 1 ist es nicht erforderlich, dass der interne Betreiber gemessen an **15** den Umsätzen des Unternehmens im Wesentlichen für den kontrollierenden öffentlichen Auftraggeber tätig ist.[64] Gleichwohl enthält Art. 5 Abs. 2 lit. b VO (EG) 1370/2007 ein von dem internen Betreiber zu erfüllendes **Tätigkeitskriterium bezogen auf das geografische Gebiet**, in dem dieser Verkehrsdienstleistungen erbringt. Damit soll – vergleichbar dem der Rechtsprechung des EuGH entnommenen Wesentlichkeitskriterium des § 108 Abs. 1 – sichergestellt werden, dass der interne Betreiber jedenfalls bei der Erbringung von Verkehrsdienstleistungen keine „Marktausrichtung" aufweist.[65] Um Umgehungen zu verhindern, ist die Regelung weit zu verstehen und bietet lediglich hinsichtlich der Berücksichtigung von abgehenden Linien eine gewisse Flexibilität, um Querverbindungen zwischen benachbarten Regionen zu ermöglichen.[66] Damit sind sämtliche Verkehrsleistungen, die der interne Betreiber selbst oder durch von ihm kontrollierte oder von diesem auch nur geringfügig beeinflussbare[67] Unternehmen erbringt, aber auch die durch andere von der zuständigen Behörde kontrollierten Unternehmen[68] erbrachten Verkehrsdienstleistungen im Wesentlichen (bis auf – gemessen an der Kilometerleistung – untergeordnete Leistungen bei abgehenden Linien oder sonstigen Teildiensten[69]) im geografischen Gebiet der zuständigen Behörde zu erbringen. Eine Umgehung über Schwester- oder Mutterunternehmen ist daher nicht zulässig.[70] Ist eine Gruppe von Behörden als zuständige Behörde anzusehen, ist auf das Gebiet der Gruppe abzustellen.[71] Die Vorschrift ist drittschützend und deren Einhaltung kann im Wege des Vergaberechtsschutzes überprüft werden.[72]

---

[58] BGH NVwZ 2020, 330 Rn. 50 mAnm *Lenz/Jürschik* NVwZ 2020, 335 ff.
[59] Kom., Mitteilung über die Auslegungsleitlinien zu der Verordnung (EG) Nr. 1370/2007 über öffentliche Personenverkehrsdienste auf Schiene und Straße, ABl. 2014 C 92, 1 (10).
[60] Ziekow/Völlink/*Zuck* VO (EG) 1370/2007 Art. 5 Rn. 26; jurisPK-VergabeR/*Dorschfeldt/Mutschler-Siebert* Rn. 25; Beck VergabeR/*Bungenberg/Schelhaas* Rn. 43.
[61] Es kann sich nach OLG München NZBau 2016, 583, bei der rechtlich getrennten Einheit auch um eine (Ur-)Enkelgesellschaft handeln; s. dazu *Lenz/Jürschik* NZBau 2016, 544 (insoweit jeweils auch nach EuGH NZBau 2019, 319 Rn. 69 f. und EuGH NZBau 2019, 658 Rn. 26 f. noch zutreffend).
[62] Ziekow/Völlink/*Zuck* VO (EG) 1370/2007 Art. 5 Rn. 30 ff.
[63] Nach Kom., Mitteilung über die Auslegungsleitlinien zu der Verordnung (EG) Nr. 1370/2007 über öffentliche Personenverkehrsdienste auf Schiene und Straße, ABl. 2014 C 92, 1 (10), ist das Verständnis des internen Betreibers nach der VO (EG) 1370/2007 daher weiter als in der Rspr. des EuGH (mit Verweis auf EuGH Slg. 2008, I-8457 Rn. 30). Krit. mit Blick auf mit der Beteiligung Privater verbundener denkbarer Wettbewerbsverzerrungen *Fandrey* in RKPP GWB Rn. 14.
[64] Ziekow/Völlink/*Zuck* Rn. 25.
[65] Kom., Mitteilung über die Auslegungsleitlinien zu der Verordnung (EG) Nr. 1370/2007 über öffentliche Personenverkehrsdienste auf Schiene und Straße, ABl. 2014 C 92, 1 (10).
[66] Vgl. Kom., Mitteilung über die Auslegungsleitlinien zu der Verordnung (EG) Nr. 1370/2007 über öffentliche Personenverkehrsdienste auf Schiene und Straße, ABl. 2014 C 92, 1 (10 f.).
[67] S. den weiten Wortlaut des Art. 5 Abs. 2 lit. b VO (EG) 1370/2007; vgl. OLG Düsseldorf NZBau 2011, 244 (250 f.).
[68] Kom., Mitteilung über die Auslegungsleitlinien zu der Verordnung (EG) Nr. 1370/2007 über öffentliche Personenverkehrsdienste auf Schiene und Straße, ABl. 2014 C 92, 1 (10).
[69] Kom., Mitteilung über die Auslegungsleitlinien zu der Verordnung (EG) Nr. 1370/2007 über öffentliche Personenverkehrsdienste auf Schiene und Straße, ABl. 2014 C 92, 1 (10 f.).
[70] Ausführlich dazu *Fandrey* in RKPP GWB Rn. 19 f.
[71] Ziekow/Völlink/*Zuck* VO (EG) 1370/2007 Art. 5 Rn. 52; zur Tätigkeit auf dem Gebiet eines Zweckverbands als zuständiger Behörde in einer Gruppe von Behörden OLG Düsseldorf NZBau 2020, 816 Rn. 63.
[72] VK Südbayern Beschl. v. 22.12.2014 – Z3-3-3194-1-51-11/14 Rn. 121; *Wagner-Cardenal/Dierkes* NZBau 2014, 738 (743).

16   Der interne Betreiber darf sich nach Art. 5 Abs. 2 lit. b VO (EG) 1370/2007 auch nicht an wettbewerblichen Vergabeverfahren über Eisenbahnverkehrsleistungen außerhalb des Zuständigkeitsgebiets des ihn direkt beauftragenden Aufgabenträgers beteiligen. Um die **Überleitung eines internen Betreibers in den Wettbewerb** zu ermöglichen, gestattet Art. 5 Abs. 2 lit. c VO (EG) 1370/2007 frühestens zwei Jahre vor Ablauf des direkt vergebenen Verkehrsvertrags, an wettbewerblichen Vergabeverfahren teilzunehmen.[73] Der Beschluss, vom Status eines internen Betreibers in den Wettbewerb zu wechseln, ist endgültig und kann nicht von der erfolgreichen Teilnahme an einer Ausschreibung abhängig gemacht werden.[74]

17   Die Regelung des Art. 5 Abs. 2 lit. d VO (EG) 1370/2007 ist für die Vergabe von Eisenbahnverkehrsleistungen in Deutschland nicht von Bedeutung. Sie knüpft an ein Fehlen örtlicher Behörden und die **zentrale Zuständigkeit einer nationalen Behörde** an. Mit dem Regionalisierungsgesetz und den ÖPNV-Gesetzen der Länder ist die Aufgabenwahrnehmung für die Beauftragung von Nahverkehrsleistungen den Ländern zugewiesen, sodass keine einheitliche Behörde auf Bundesebene für die Vergabe von Eisenbahnverkehrsleistungen zuständig ist.[75]

18   Die **Vergabe von Unteraufträgen** durch interne Betreiber ist durch Art. 5 Abs. 2 lit. e VO (EG) 1370/2007 im Vergleich zur allgemeinen Regelung des Art. 4 Abs. 7 VO (EG) 1370/2007[76] stärker eingeschränkt. Es ist danach nicht nur ein „bedeutender" Teil der Leistungen, sondern der „überwiegende" Teil des öffentlichen Personenverkehrsdienstes durch den internen Betreiber selbst zu erbringen. Während das allgemeine Vergaberecht keine derartige Beschränkung vorsieht, soll mit Art. 5 Abs. 2 lit. e VO (EG) 1370/2007 vermieden werden, dass der interne Betreiber als reine Hülle dazwischen geschaltet wird und die Ausnahmevorschrift auf diese Weise ausgehöhlt wird.[77] Die Vergabe von Unteraufträgen hat bei Vorliegen der Voraussetzungen im Wettbewerb zu erfolgen.[78]

19   Die VO (EG) 1370/2007 wurde mit Wirkung zum 24.12.2017 durch die VO (EU) 2016/2338 geändert. Art. 5 Abs. 2 VO (EG) 1370/2007 erhielt dadurch nach S. 1 aF (nunmehr UAbs. 1) einen **neuen UAbs. 2** (→ Rn. 12).

20   Diese Ergänzung dient dazu, zu vermeiden, dass Auftraggeber allein oder durch die Zusammenarbeit mit anderen Auftraggebern für das gesamte Staatsgebiet oder größere Regionen flächendeckend Eisenbahnverkehrsleistungen im Wege einer Direktvergabe an interne Betreiber vornehmen. Dadurch würde das Ziel der Marktöffnung im Eisenbahnverkehrssektor unterlaufen. Der Einschub soll klarstellen, dass Direktvergaben an interne Betreiber jeweils **nur einzelne Ballungsräume und/oder ländliche Gebiete** umfassen dürfen.[79] Sofern Ballungsräume und ländliche Gebiete von einem Auftrag umfasst sind, darf dies ebenfalls nicht zu einer flächendeckenden Direktvergabe führen, sondern die Vergabe sich nur auf einen einzelnen Ballungsraum und die diesen Ballungsraum unmittelbar umgrenzenden ländlichen Gebiete beziehen.[80]

21   § 131 Abs. 2 S. 1 verweist nur anstelle des § 108 Abs. 1 auf Art. 5 Abs. 2 VO (EG) 1370/2007. Fraglich ist daher, ob § 108 Abs. 2–8 neben § 131 Anwendung finden, die **weitere Inhouse-Konstellationen** regeln. Angesichts der spezielleren Regelung des Art. 5 Abs. 2 VO (EG) 1370/2007 und des Verweises insbesondere in § 108 Abs. 3 auch auf § 108 Abs. 1 (für den gem. § 131 Abs. 2 S. 1 wiederum die Vorschrift der VO (EG) 1370/2007 gilt) müssten beispielsweise im Falle der inversen Inhouse-Vergabe oder der Vergabe an ein Schwesterunternehmen (horizontale Inhouse-

---

[73] *Wagner-Cardenal/Dierkes* NZBau 2014, 738 (741). Vgl. auch Beck VergabeR/*Bungenberg/Schelhaas* Rn. 52.
[74] *Fandrey* in RKPP GWB Rn. 23.
[75] S. jurisPK-VergabeR/*Dorschfeldt/Mutschler-Siebert* Rn. 31; zur Bedeutung im potentiellen Fall einer Direktvergabe an die Deutsche Bahn AG im Fernverkehr auf Bundesebene Ziekow/Völlink/*Zuck* VO (EG) 1370/2007 Art. 5 Rn. 55.
[76] Zur Auslegung des Art. 4 Abs. 7 VO (EG) 1370/2007 EuGH NZBau 2017, 48 mAnm *Lenz/Jürschik* NZBau 2017, 205.
[77] Vgl. Beck VergabeR/*Bungenberg/Schelhaas* Rn. 54 f.; *Otting/Olgemöller/Tresselt* in Gabriel/Krohn/Neun VergabeR-HdB § 72 Rn. 25; *Jürschik*, VO über öffentliche Personenverkehrsdienste, 2. Aufl. 2020, VO (EG) 1370/2007 Art 5 Rn. 20 ff.; Kom., Mitteilung über die Auslegungsleitlinien zu der Verordnung (EG) Nr. 1370/2007 über öffentliche Personenverkehrsdienste auf Schiene und Straße, ABl. 2014 C 92, 1 (9), die von einem Rechtfertigungsbedarf ausgeht, wenn der interne Betreiber mehr als ein Drittel der Dienste durch Untervergabe weiterbeauftragt.
[78] Kom., Mitteilung über die Auslegungsleitlinien zu der Verordnung (EG) Nr. 1370/2007 über öffentliche Personenverkehrsdienste auf Schiene und Straße, ABl. 2014 C 92, 1 (9); *Fandrey* in RKPP GWB Rn. 25.
[79] So bereits das Impact Assessment der Kom., Commission Staff Working Document v. 30.1.2013, SWD(2013) 10 final, Ziffer 7.3.2; im weiteren Gesetzgebungsverfahren dann als Ergebnis der interinstitutionellen Verhandlungen in die Änderungsverordnung aufgenommen, s. EP-Plenarsitzungsdok. v. 7.12.2016, A8-0373/2016, Begr. Ziffer 4(e).
[80] Kom., Commission Staff Working Document v. 30.1.2013, SWD(2013) 10 final, Ziffer 7.3.2 („immediate surroundings").

Vergabe) auch die Anforderungen des Art. 5 Abs. 2 VO (EG) 1370/2007 erfüllt sein. Der Fall der Vergabe durch eine Gruppe von zuständigen Behörden an einen internen Betreiber ist durch Art. 5 Abs. 2 VO (EG) 1370/2007 speziell geregelt[81] und ist aufgrund des generellen Verweises von § 131 Abs. 2 S. 1 auf Art. 5 Abs. 2 VO (EG) 1370/2007 auch im Eisenbahnsektor anwendbar. Im Übrigen hat der Gesetzgeber über § 131 Abs. 2 hinaus keine weiteren Ausnahmen vom Grundsatz der wettbewerblichen Vergabe (Abs. 1) normiert. Dies spricht dafür, dass im Bereich der Vergabe von Eisenbahnverkehrsleistungen lediglich die Inhouse-Konstellationen der VO (EG) 1370/2007 Anwendung finden sollen.[82] Diese Ansicht steht im Einklang mit der Rechtsprechung des EuGH, wonach der Unionsgesetzgeber für Konzessionen und Verträge über Personenverkehrsdienste mit Eisenbahnen und U-Bahnen ua die in Art. 5 Abs. 2 VO (EG) 1370/2007 enthaltene spezifische Regelung geschaffen hat.[83]

III. Notmaßnahmen und Aufträge mit geringem Volumen

Art. 5 Abs. 5 VO (EG) 1370/2007 sieht für den Fall der Unterbrechung des Verkehrsdienstes 22 oder bei unmittelbarer Gefahr für eine solche Unterbrechung die Möglichkeit vor, Notmaßnahmen zu ergreifen. **Notmaßnahmen** bestehen danach in der Direktvergabe oder einer förmlichen Vereinbarung über eine Auftragserweiterung oder in einer Auferlegung der Übernahme bestimmter Verpflichtungen. Als Notmaßnahmen vergebene Aufträge oder Auferlegungen gelten für eine Zeit von längstens zwei Jahren und damit nur für einen begrenzten Übergangszeitraum. Nach § 131 Abs. 2 S. 2 bleibt diese Vorschrift unberührt. Der Gesetzgeber sieht darin eine Klarstellung, dass Art. 5 Abs. 5 VO (EG) 1370/2007 Anwendung findet.[84] Für die Anwendung der Vorschrift reicht die unmittelbare Gefahr einer Unterbrechung der Verkehrsleistungen aus, ohne dass es auf die Ursache der drohenden Unterbrechung ankommt. Damit bietet diese Ausnahmevorschrift Raum für Missbrauch, etwa wenn durch Verzögerung der wettbewerblichen Vergabe die Notsituation erst herbeigeführt wird.[85]

Abs. 2 stellt – anders als mit der ausdrücklichen Nennung des Art. 5 Abs. 5 VO (EG) 1370/ 23 2007 – keinen Bezug zu Art. 5 Abs. 4 VO (EG) 1370/2007 her. Dieser sieht vor, dass öffentliche **Dienstleistungsaufträge unterhalb bestimmter Schwellenwerte** direkt vergeben werden können, sofern dies nicht nach nationalem Recht untersagt ist. Der Gesetzgeber hat weder in § 131 noch in der Gesetzesbegründung die Anwendung dieser Direktvergabemöglichkeit bei sog. Bagatellfällen ausdrücklich untersagt. Auch findet die VO (EG) 1370/2007 als unionsrechtliche Verordnung in den Mitgliedstaaten unmittelbar und direkt Anwendung. Daraus wird zum Teil abgeleitet, dass Art. 5 Abs. 4 VO (EG) 1370/2007 anwendbar sei.[86]

Wie auch hinsichtlich der Direktvergabeoption des Art. 5 Abs. 6 VO (EG) 1370/2007, die 24 ebenfalls unter der entsprechenden Einschränkung steht, ist auch in Bezug auf Art. 5 Abs. 4 VO (EG) 1370/2007 im Ergebnis festzustellen, dass die Direktvergabe nach nationalem Recht untersagt ist. Auftraggeber können daher **nicht auf Art. 5 Abs. 4 VO (EG) 1370/2007 zurückgreifen**.[87] Der Gesetzgeber hat die Rechtslage kodifiziert, die mit dem Beschluss des BGH vom 8.2.2011 bestätigt worden war. Der BGH bestätigte in seinem Beschluss auch, dass Ausnahmen von der wettbewerblichen Vergabe eng zu verstehen seien. Der Gesetzgeber regelt nun in Abs. 1 des § 131 die wettbewerbliche Vergabe von Eisenbahnverkehrsleistungen und benennt in Abs. 2 des § 131 die hierzu geltenden Ausnahmen (Vergabe an interne Betreiber, Vergabe bei Notmaßnahmen). Vor diesem Hintergrund hat die fehlende Nennung des Art. 5 Abs. 4 VO (EG) 1370/2007 in § 131 Abs. 2 mehr Gewicht als die fehlende Klarstellung in der Gesetzesbegründung, dass nationales Recht nicht nur der Direktvergabe nach Art. 5 Abs. 6 VO (EG) 1370/2007, sondern auch derjenigen nach

---

[81] Vgl. OLG Düsseldorf BeckRS 2016, 19234, zur Anwendung auf vertikale GU.
[82] Willenbruch/Wieddekind/*Hübner* Rn. 20 zu § 108 Abs. 4; dagegen halten Mutschler-Siebert/*Dorschfeldt* VergabeR 2016, 385 (388) § 108 Abs. 3–6 für anwendbar, sofern auch die Voraussetzungen des Art. 5 Abs. 2 VO (EG) 1370/2007 erfüllt sind.
[83] EuGH NZBau 2019, 319 Rn. 71 f.; → Rn. 12.
[84] Begr. BT-Drs. 18/6281, 118 zu § 131; s. zum Ganzen Beck VergabeR/*Bungenberg/Schelhaas* Rn. 87 ff.
[85] Vgl. OLG Rostock BeckRS 2019, 39669 Rn. 42 f. mit ausdrücklichem Hinweis, dass der Regelung die Möglichkeit des Missbrauchs immanent ist; gleichzeitig hielt der Senat die Voraussetzungen der Notmaßnahme für gegeben, da eine Notsituation jedenfalls zum maßgeblichen Zeitpunkt der mündlichen Verhandlung vorlag (OLG Rostock BeckRS 2019, 39669 Rn. 33 ff.). Bei missbräuchlichem Verhalten ist auf aufsichtsrechtliche und schadensrechtliche Sanktionen zurückzugreifen, vgl. auch Ziekow/Völlink/*Zuck* VO (EG) 1370/2007 Art. 5 Rn. 102; für eine enge Auslegung *Linke* VergabeR 2019, 739.
[86] jurisPK-VergabeR/*Dorschfeldt/Mutschler-Siebert* Rn. 44 („gute Argumente für die Anwendbarkeit"), allerdings offengelassen in *Mutschler-Siebert/Dorschfeldt* VergabeR 2016, 385 (389).
[87] *Fandrey* in RKPP GWB Rn. 31; Willenbruch/Wieddekind/*Hübner* Rn. 23.

Art. 5 Abs. 4 VO (EG) 1370/2007 entgegensteht. Entsprechend steht auch den mit Wirkung seit 3.12.2019 unionsrechtlich unter dem Vorbehalt einer Untersagung nach nationalem Recht eingeführten Direktvergabemöglichkeiten in Art. 5 Abs. 4a und 4b VO (EG) 1370/2007 mit § 131 Abs. 1 nationales Recht entgegen (→ Rn. 4).

IV. Geltung der Transparenzanforderungen und beihilferechtlichen Vorgaben der VO (EG) 1370/2007

25 Schließlich stellt Abs. 2 S. 2 ausdrücklich klar, dass auch die **Transparenzanforderungen** des Art. 7 Abs. 2 VO (EG) 1370/2007 weiterhin auf die Vergabe von Eisenbahnverkehrsleistungen Anwendung finden. Danach haben die Auftraggeber spätestens ein Jahr vor Einleitung des wettbewerblichen Vergabeverfahrens oder ein Jahr vor der Direktvergabe im Amtsblatt der Europäischen Union Mindestinformationen (Name und die Anschrift der zuständigen Behörde; die Art des geplanten Vergabeverfahrens; die von der Vergabe möglicherweise betroffenen Dienste und Gebiete) zu veröffentlichen.[88] Die veröffentlichten Informationen müssen es bei einer geplanten Direktvergabe erlauben, prinzipielle Einwände gegen die beabsichtigte Direktvergabe zu erheben. Es müssen in diesem Fall zwar nicht alle erforderlichen Informationen veröffentlicht werden, die eine Angebotsabgabe ermöglichen, jedoch muss auf Basis der veröffentlichten Informationen wirksam Rechtsschutz erlangt werden können.[89] Die Vergabe von Notmaßnahmen gem. Abs. 2 iVm Art. 5 Abs. 5 VO (EG) 1370/2007 ist von den Transparenzanforderungen nicht erfasst (Art. 7 Abs. 2 S. 4 VO (EG) 1370/2007) da dies mit der besonderen Eilbedürftigkeit, die solche Notmaßnahmen gerade erst rechtfertigt, nicht vereinbar wäre.

26 Eine weitere Klarstellung enthält die Gesetzesbegründung zu Abs. 2, wonach im Fall einer Direktvergabe nach der VO (EG) 1370/2007 die dort vorgesehenen beihilfenrechtlichen Bestimmungen zu beachten sind, um die **beihilfenrechtliche Zulässigkeit der Ausgleichsleistung** zu gewährleisten.[90] Obwohl das Vergaberecht des 4. Teils des GWB grundsätzlich als vom Beihilferecht getrenntes Regelungsregime anzusehen ist und daher eine solche Klarstellung gesetzessystematisch in § 131 schwerlich zu verorten gewesen wäre, ist die explizite Inbezugnahme in der Gesetzesbegründung zu § 131 aufgrund der Bedeutung des Beihilferechts bei der Vergabe von Eisenbahnverkehrsleistungen und der engen Verzahnung der Regelungsmaterien auf unionsrechtlicher Ebene in der VO (EG) 1370/2007[91] zu begrüßen.[92]

C. Arbeitnehmerrechte bei Vergaben von öffentlichen Aufträgen über Personenverkehre (Abs. 3)

Schrifttum: *Bader/Ronellenfitsch,* Beck'scher Onlinekommentar VwVfG, 49. Edition 2020; *Bayreuther,* Inländerdiskriminierung bei Tariftreueerklärungen im Vergaberecht, EuZW 2009, 102; *Bayreuther,* Konzessionsvergabe im öffentlichen Personenverkehr – Betriebsübergang durch behördliche Anordnung?, NZA 2009, 582; *Bayreuther,* Betriebs-/Beschäftigungsübergang und Tariftreueverlangen nach Neuvergabe eines Dienstleistungsauftrags im ÖPNV, NZA 2014, 1171; *Bayreuther,* Die Anordnung eines Betriebsübergangs bei Vergabe von Verkehrsdienstleistungen nach § 131 II GWB, NZBau 2016, 459; *Bayreuther,* Die Verfassungskonformität des § 131 III GWB, NZA 2016, 1506; *Bayreuther,* Personalübergang bei Vergaben im SPNV, Warum Aufgabenträger zu einer Anordnung verpflichtet sind, Der Nahverkehr 2017, 28; *Bühner/Siemer,* Linienbündelung im ÖPNV, DÖV 2015, 21; *CER/ETF,* Gemeinsame Stellungnahme vom 23.9.2013: Soziale Aspekte und der Schutz der Beschäftigten bei wettbewerblichen Ausschreibungen bei öffentlichen Schienenverkehrsdiensten und im Falle eines Betreiberwechsels als Folge; *Däubler,* Der vergaberechtliche Mindestlohn im Fadenkreuz des EuGH – auf dem Weg zu Rüffert II?, NZA 2014, 694; *Dietrich/Ulber,* Zur Verfassungsmäßigkeit von Tariftreuepflicht und Repräsentativitätserfordernis, ZTR 2013, 179; *Dobmann,* Anm. zum Urteil des EuGH v. 3.4.2008 – Tariftreueerklärung bei grenzüberschreitenden Entsendungen, VergabeR 2008, 484; *Dreher,* Landesvergabegesetze ohne Landeskompetenz, Editorial NZBau 01/2014; *Faber,* Rechtsfragen zum Tariftreue- und Vergabegesetz NRW unter Berücksichtigung der verfassungs- und europarechtlichen Rahmens sowie des Rechtsschutzes, NWVBl. 2012, 255; *Faber,* Die verfassungs- und

---

[88] Zur konstitutiven Voraussetzung der Vorabbekanntmachung für eine Direktvergabe VK Südbayern IBRRS 2015, 2976.
[89] EuGH NVwZ 2019, 1825 Rn. 33.
[90] Begr. BT-Drs. 18/6281, 118 zu § 131 Abs. 2.
[91] Vg. zu dem Zusammenhang zwischen wettbewerblicher Vergabe und beihilferechtlichen Anforderungen auch Kom., Mitteilung über die Auslegungsleitlinien zu der Verordnung (EG) Nr. 1370/2007 über öffentliche Personenverkehrsdienste auf Schiene und Straße, ABl. 2014 C 92, 1 (13 ff.) Nr. 2.4.
[92] Zur Bedeutung der beihilfenrechtlichen Vorgaben der VO (EG) 1370/2007 auch bei der Vergabe von Busdiensten nach allgemeinen Inhouse-Grundsätzen s. BGH NVwZ 2020, 330 Rn. 61.

europarechtliche Bewertung von Tariftreue- und Mindestentgeltregelungen in Landesvergabegesetzen, NVwZ 2015, 257; *Germelmann,* Das Mindestlohngesetz des Bundes und seine Auswirkungen auf das Vergaberecht der Länder, NordÖR 2015, 413; *Glaser/Kahl,* Zur Europarechtskonformität kombinierter Tariftreue- und Mindestlohnklauseln in Landesvergabegesetzen, ZHR 177 (2013), 643; *Greiner,* Von der Tariftreue zum Landesvergabemindestlohn – Bestandsaufnahme und europarechtliche Bewertung, ZIP 2011, 2129; *Greiner,* Repräsentativität des Tarifvertrages als Vergabekriterium, ZfA 2012, 483; *Greiner,* Vergaberegeln im öffentlichen Personennahverkehr – ein Angriff auf die Tarifautonomie, ZTR 2013, 647; *Greiner,* Vergaberechtliche Arbeitsbedingungen in der Personenbeförderung, ZAAR-Schriftenreihe 2015 Bd. 38, 97; *Henssler/Willemsen/Kalb,* Arbeitsrecht Kommentar, 9. Aufl. 2020; *Herbert/Schrag,* „Steine statt Brot", ZTR 2015, 691; *Jankowiak,* Das behördliche Betriebsübergangsverlangen nach Art. 4 Abs. 5 Verordnung (EG) Nr. 1370/2007 bei der Vergabe von Aufträgen im öffentlichen Personenverkehr, 2012; *Kämmerer/Thüsing,* Tariftreue im Vergaberecht, ZIP 2002, 596; *Knauff,* Die Beauftragung von Verkehrsleistungen im ÖPNV: Direktvergabe versus wettbewerbliches Vergabeverfahren, DVBl. 2014, 692; *Kramer,* Die Entwicklung des Eisenbahnrechts in den Jahren 2015/2016, N&R 2016, 220; *Krebber,* Vergabegesetze der Länder und Dienstleistungsfreiheit, EuZA 2013, 435; *Langenbrinck,* Tariftreuegesetze erfordern Augenmaß, ZTR 2013, 411; *Lehmann,* Deutsche und europäische Tariflandschaft im Wandel, BB-Schriftenreihe 2013 (zit. *Bearbeiter* in Tariflandschaft im Wandel); *Linke,* Die Vergabe von Subunternehmerleistungen im öffentlichen Personenverkehr, NZBau 2012, 338; *Linke,* Die staatliche Finanzierung öffentlicher Personenverkehrsdienste, EuZW 2014, 766; *Löwisch,* Landesrechtliche Tariftreue als Voraussetzung der Vergabe von Bau- und Verkehrsleistungen, DB 2004, 814; *Löwisch/Rieble,* Tarifvertragsgesetz, 4. Aufl. 2017; *Meyer,* Fragilität oder Effektivität im Betriebsübergangsrecht?, BB 2020, 1908; *Mutschler-Siebert/Dorschfeldt,* Die Vergabe von SPNV-Leistungen nach der Vergaberechtsreform, VergabeR 2016, 385; *Müller-Glöge/Preis/Schmidt,* Erfurter Kommentar zum Arbeitsrecht, 21. Aufl. 2021; *Neumann,* Daseinsvorsorgeaufgabe Schienenpersonennahverkehr, 2015; *Pünder/Klafki,* Rechtsprobleme des Arbeitnehmerschutzes in den neuen Landesvergabegesetzen, NJW 2014, 629; *Rechten/Röbke,* Sozialstandards bei der Vergabe öffentlicher Aufträge in Berlin und Brandenburg, LKV 2011, 337; *Reidt,* Die Personalübernahme im Schienenpersonennahverkehr, VergabeR 2018, 387; *Reidt/Stickler,* Die Neuregelung in § 131 Abs. 3 GWB zur Arbeitnehmerübernahme im Schienenpersonennahverkehr, VergabeR 2016, 708; *Rödl,* Bezifferte Mindestentgeltvorgaben im Vergaberecht, EuZW 2011, 292; *Rohrmann,* Wird Deutschland tariftreu? – Was Arbeitgeber wissen sollten, AuA-Sonderheft 2013, 48; *Rohrmann/Eiserloh,* Update Tariftreue, AuA 2014, 720; *Ruge/v. Tiling,* Die Anordnung der Personalübernahme durch die Vergabestelle im Konflikt mit dem Grundgesetz, NZA 2016, 1055; *Sack/Schulten/Sarter/Böhlke,* Öffentliche Auftragsvergabe in Deutschland, 2016; *Schaub,* Arbeitsrechts-Handbuch, 18. Aufl. 2019; *Schieferdecker,* Die Rechtsgrundlage zum Erlass allgemeiner Vorschriften im Sinne von Art. 3 Abs. 2 der Verordnung (EG) 1370/2007, GewArch 2014, 6; *Schweibert/Hermann,* Tarifverträge zur Regelung der Personalübernahme infolge eines Dienstleisterwechsels, NZA 2018, 1294; *Seidel,* Betriebsübergang im betriebsmittelgeprägten Betrieb ohne Übernahme von Betriebsmitteln, NZA 2020, 498; *Siegel,* Mindestlöhne im Vergaberecht und der EuGH, EuZW 2016, 101; *Simon,* Verstößt das Tariftreue- und Vergabegesetz Nordrhein-Westfalen gegen EU-Recht? – Zur Inkohärenz von Tariftreuepflichten und Mindestlohnklauseln im Vergaberecht, RdA 2014, 165; *Stelkens/Bonk/Sachs,* Verwaltungsverfahrensgesetz, 9. Aufl. 2018; *Thüsing,* MiLoG AEntG, Mindestlohngesetz Arbeitnehmer Entsendegesetz, Kommentar, 2. Aufl. 2016; *Thüsing/Granetzky,* Noch einmal: Was folgt aus Rüffert?, NZA 2009, 183; *Tugendreich,* Mindestlohnvorgaben im Kontext des Vergaberechts, NZBau 2015, 395; *Wagner-Cardenal/Dierkes,* Die Direktvergabe von öffentlichen Personenverkehrsdiensten, NZBau 2014, 738; *Winnes,* Personalübernahme im Rahmen der Vergabe öffentlicher Dienstleistungsaufträge im Nahverkehr, Der Landkreis 2016, 207; *Wolff/Decker,* Studienkommentar VwGO/VwVfG, 4. Aufl. 2021.

I. Allgemeines

1. Korrespondierende Bestimmungen. Abs. 3 soll den Schutz der Beschäftigten bei Neuvergaben von Aufträgen im Schienenpersonennahverkehr (SPNV) sicherstellen. Inhaltlich lehnt sich die Regelung eng an Art. 4 Abs. 5 VO (EG) 1370/2007 an. Dieser lautet:

VO (EG) 1370/2007 Art. 4 Abs. 5

(4a) Bei der Ausführung von öffentlichen Dienstleistungsaufträgen halten Betreiber eines öffentlichen Dienstes die nach dem Unionsrecht, dem nationalen Recht oder Tarifverträgen geltenden sozial- und arbeitsrechtlichen Verpflichtungen ein.

(4b) Die Richtlinie 2001/23/EG findet Anwendung auf den Wechsel des Betreibers eines öffentlichen Dienstes, wenn ein solcher Wechsel einen Unternehmensübergang im Sinne jener Richtlinie darstellt.

(5) ¹Unbeschadet des nationalen Rechts und des Gemeinschaftsrechts, einschließlich Tarifverträge zwischen den Sozialpartnern, kann die zuständige Behörde den ausgewählten Betreiber eines öffentlichen Dienstes verpflichten, den Arbeitnehmern, die zuvor zur Erbringung der Dienste eingestellt wurden, die Rechte zu gewähren, auf die sie Anspruch hätten, wenn ein Übergang im Sinne der Richtlinie 2001/23/EG erfolgt wäre. ²Verpflichtet die zuständige Behörde die Betreiber eines öffentlichen Dienstes, bestimmte Sozialstandards einzuhalten, so werden in den Unterlagen des wettbewerblichen Vergabeverfahrens und den öffentlichen Dienstleistungsaufträgen die betreffenden Arbeitnehmer aufgeführt und transparente Angaben zu ihren vertraglichen Rechten und zu den Bedingungen gemacht, unter denen sie als in einem Verhältnis zu den betreffenden Diensten stehend gelten.

27a Anders als Art. 4 Abs. 5 VO (EG) 1370/2007, der auf die europäische Betriebsübergangs-RL (RL 2001/23/EG)[93] verweist, greift § 131 Abs. 3 zur Rechtsfolgenanordnung auf § 613a BGB zurück. Diese Bestimmung lautet:

§ 613a BGB

(1) ¹Geht ein Betrieb oder Betriebsteil durch Rechtsgeschäft auf einen anderen Inhaber über, so tritt dieser in die Rechte und Pflichten aus den im Zeitpunkt des Übergangs bestehenden Arbeitsverhältnissen ein. ²Sind diese Rechte und Pflichten durch Rechtsnormen eines Tarifvertrags oder durch eine Betriebsvereinbarung geregelt, so werden sie Inhalt des Arbeitsverhältnisses zwischen dem neuen Inhaber und dem Arbeitnehmer und dürfen nicht vor Ablauf eines Jahres nach dem Zeitpunkt des Übergangs zum Nachteil des Arbeitnehmers geändert werden. ³Satz 2 gilt nicht, wenn die Rechte und Pflichten bei dem neuen Inhaber durch Rechtsnormen eines anderen Tarifvertrags oder durch eine andere Betriebsvereinbarung geregelt werden. ⁴Vor Ablauf der Frist nach Satz 2 können die Rechte und Pflichten geändert werden, wenn der Tarifvertrag oder die Betriebsvereinbarung nicht mehr gilt oder bei fehlender beiderseitiger Tarifgebundenheit im Geltungsbereich eines anderen Tarifvertrags dessen Anwendung zwischen dem neuen Inhaber und dem Arbeitnehmer vereinbart wird.

(2) ¹Der bisherige Arbeitgeber haftet neben dem neuen Inhaber für Verpflichtungen nach Absatz 1, soweit sie vor dem Zeitpunkt des Übergangs entstanden sind und vor Ablauf von einem Jahr nach diesem Zeitpunkt fällig werden, als Gesamtschuldner. ²Werden solche Verpflichtungen nach dem Zeitpunkt des Übergangs fällig, so haftet der bisherige Arbeitgeber für sie jedoch nur in dem Umfang, der dem im Zeitpunkt des Übergangs abgelaufenen Teil ihres Bemessungszeitraums entspricht.

(3) Absatz 2 gilt nicht, wenn eine juristische Person oder eine Personenhandelsgesellschaft durch Umwandlung erlischt.

(4) ¹Die Kündigung des Arbeitsverhältnisses eines Arbeitnehmers durch den bisherigen Arbeitgeber oder durch den neuen Inhaber wegen des Übergangs eines Betriebs oder eines Betriebsteils ist unwirksam. ²Das Recht zur Kündigung des Arbeitsverhältnisses aus anderen Gründen bleibt unberührt.

(5) Der bisherige Arbeitgeber oder der neue Inhaber hat die von einem Übergang betroffenen Arbeitnehmer vor dem Übergang in Textform zu unterrichten über:
1. den Zeitpunkt oder den geplanten Zeitpunkt des Übergangs,
2. den Grund für den Übergang,
3. die rechtlichen, wirtschaftlichen und sozialen Folgen des Übergangs für die Arbeitnehmer und
4. die hinsichtlich der Arbeitnehmer in Aussicht genommenen Maßnahmen.

(6) ¹Der Arbeitnehmer kann dem Übergang des Arbeitsverhältnisses innerhalb eines Monats nach Zugang der Unterrichtung nach Absatz 5 schriftlich widersprechen. ²Der Widerspruch kann gegenüber dem bisherigen Arbeitgeber oder dem neuen Inhaber erklärt werden.

28 Neben § 131 Abs. 3 finden sich in zahlreichen **Landesvergabegesetzen** Regelungen zu Betriebsübergangsanordnungen im Bereich des öffentlichen Personennahverkehrs (ÖPNV) und damit auch des SPNV (zu Tariftreueverlangen in diesem Zusammenhang, → Rn. 127). Inhaltlich bleiben die meisten allerdings hinter dem Bundesrecht zurück, da sie in der Regel die Anwendung der VO (EG) 1370/2007 nur für optional möglich erklären. Diese sind mit Erlass des § 131 Abs. 3 hinfällig (zu Einzelheiten → Rn. 55 ff.). Dies trifft auf folgende Bestimmungen (Stand 30.3.2021) zu:
- Baden-Württemberg: § 9 LTMG[94]
- Brandenburg: § 4 Abs. 2 BbgVergG[95]
- Hessen: § 5 HVTG[96]
- Niedersachsen: § 6 S. 1 NTVergG[97]
- Saarland: § 7 S. 1 STTG[98]

---

[93] Richtlinie 2001/23/EG des Rates v. 12.3.2001 zur Angleichung der Rechtsvorschriften der Mitgliedstaaten über die Wahrung von Ansprüchen der Arbeitnehmer beim Übergang von Unternehmen, Betrieben oder Unternehmens- oder Betriebsteilen, ABl. 2001 L 82, 16.
[94] Tariftreue- und Mindestlohngesetz für öffentliche Aufträge in Baden-Württemberg (Landestariftreue- und Mindestlohngesetz – LTMG) v. 16.4.2013, GBl. 2013, 50.
[95] Brandenburgisches Vergabegesetz v. 29.9.2016, GVBl. 2016 I Nr. 21.
[96] Hessisches Vergabe- und Tariftreuegesetz (HVTG) v. 19.12.2014, GVBl. 2014, 354.
[97] Niedersächsisches Gesetz zur Sicherung von Tariftreue und Wettbewerb bei der Vergabe öffentlicher Aufträge (Niedersächsisches Tariftreue- und Vergabegesetz – NTVergG) v. 31.10.2013, Nds. GVBl. 2013, 259.
[98] Gesetz Nr. 1798 über die Sicherung von Sozialstandards, Tariftreue und Mindestlöhnen bei der Vergabe öffentlicher Aufträge im Saarland (Saarländisches Tariftreuegesetz – STTG) v. 6.2.2013, ABl. I 2013, 84.

- Sachsen-Anhalt: § 11 S. 1 LVG LSA[99]
- Thüringen: § 10a S. 1 ThürVgG[100]

Dagegen geht das rheinland-pfälzische Landesrecht über Abs. 3 hinaus. Dieses legt den Vergabestellen 29 eine Anordnungs*pflicht* auf. Die einschlägige Regelung (zu deren Verhältnis zu Abs. 3, → Rn. 55) des § 1 Abs. 4 LTTG[101] lautet:

§ 1 Abs. 4 LTTG

(4) ¹Aufgabenträger haben im Rahmen der Vergabe eines öffentlichen Dienstleistungsauftrags im Sinne der Verordnung (EG) Nr. 1370/2007 des Europäischen Parlaments und des Rates vom 23.10.2007 über öffentliche Personenverkehrsdienste auf Schiene und Straße und zur Aufhebung der Verordnungen (EWG) Nr. 1191/69 und (EWG) Nr. 1107/70 des Rates (ABl. EU Nr. L 315 S. 1) in der jeweils geltenden Fassung Auftragnehmer auf der Grundlage von Artikel 4 Abs. 5 der Verordnung (EG) Nr. 1370/2007 dazu zu verpflichten, den Arbeitnehmerinnen und Arbeitnehmern, die zuvor zur Erbringung der Dienste eingestellt wurden, ein Angebot zur Übernahme zu den bisherigen Arbeitsbedingungen zu unterbreiten. ²Der bisherige Betreiber ist nach Aufforderung des Aufgabenträgers binnen sechs Wochen dazu verpflichtet, dem Aufgabenträger alle hierzu erforderlichen Informationen zur Verfügung zu stellen. ³In einem repräsentativen Tarifvertrag im Sinne von § 4 Abs. 3 können Regelungen zu den Arbeitsbedingungen getroffen werden, auf die im Falle einer Übernahme der Arbeitnehmerinnen und Arbeitnehmer auf der Grundlage von Artikel 4 Abs. 5 der Verordnung (EG) Nr. 1370/2007 als vorrangig verwiesen werden kann.

2. Handreichungen aus der Praxis, tarifliche Selbstregulierung. Wichtige Handreichungen für die Praxis finden sich in Gestalt des **Handlungsleitfadens** des Landesamts für Soziales, Jugend und Versorgung des Landes Rheinland-Pfalz.[102] Die Bundesarbeitsgemeinschaft Schienenpersonennahverkehr (BAG-SPNV) hat 2018 einen Leitfaden vorgelegt,[103] der nicht nur außerordentlich informativ ist, sondern dessen Wirkungen auch in Richtung einer Selbstbindung der Verwaltung reichen könnten. Auch die Mitteilung der Kommission über die Auslegungsleitlinien zur VO (EG) 1370/2007 enthält unter Ziffer 2.2.8. einschlägige Hinweise,[104] die indes kaum über den Verordnungstext samt Erwägungsgründen hinausgehen. Schließlich existiert eine umfassende Studie der Europäischen Akademie für umweltorientierten Verkehr (EVA-Akademie) über die Anordnung von Betriebsübergängen in ausgewählten Mitgliedstaaten der EU.[105] Aus Nordrhein-Westfalen und Rheinland-Pfalz liegen Evaluationsberichte vor.[106]

In der Tariflandschaft finden sich bislang einzelne **Tarifbestimmungen** zu Vergaben im SPNV. 31 So sieht etwa der mit der GdL verabredete BuRa-Tarifvertrag vom 29.7.2014 eine – partielle – Übernahmepflicht des Neubetreibers vor. Tarifrechtlich sind solche Rechtsnormen als Abschlussgebote iSd § 1 Abs. 1 TVG einzuordnen. Selbstverständlich steht es den Tarifpartnern frei, ergänzend oder auch alternativ zu den gesetzlichen Normen das Schicksal von Arbeitsverträgen und -bedingungen zu ordnen. Sie können allerdings nicht den durch Abs. 3 vorgegebenen gesetzlichen Mindestumfang abbedingen, sondern den Belegschaften nur zusätzliche oder flankierende Rechte verleihen. Sollten Tarifregelungen hinter dem gesetzlichen Mindestbestand zurückbleiben, werden sie deshalb aber nicht unwirksam. Zumindest erlangen sie Bedeutung für Arbeitnehmer, die nicht vom Anwendungsbereich der gesetzlichen Bestimmungen erfasst werden. Auch aktivieren sie sich, sollte der Aufgabenträger, warum auch immer, von einer Personalübergangsanordnung absehen. Schließlich

---

[99] Gesetz über die Vergabe öffentlicher Aufträge in Sachsen-Anhalt (Landesvergabegesetz – LVG LSA) v. 19.11.2012, GVBl. LSA 2012, 536.
[100] Thüringer Gesetz über die Vergabe öffentlicher Aufträge (Thüringer Vergabegesetz – ThürVgG) v. 23.1.2020, GVBl. 2020, 29.
[101] Landesgesetz zur Gewährleistung von Tariftreue und Mindestentgelt bei öffentlichen Auftragsvergaben (Landestariftreuegesetz – LTTG) v. 1.12.2010, GVBl. 2010, 426.
[102] Handlungsleitfaden für die Anwendung des Art. 4 Abs. 5 und 6 der Verordnung (EG) Nr. 1370/2007 bei Ausschreibungen über öffentliche Personenverkehrsdienste auf Schiene und Straße, https://lsjv.rlp.de/fileadmin/lsjv/Dateien/Aufgaben/Arbeit/LTTG/OEPNV/Handlungsleitfaden_RLP.pdf (zuletzt abgerufen am 23.7.2021).
[103] Leitfaden abrufbar unter 2018-02-01 Leitfaden PÜ final.pdf (bag-spnv.de) (zuletzt abgerufen am 23.7.2021).
[104] Mitteilung der Kommission über die Auslegungsleitlinien zu der Verordnung (EG) Nr. 1370/2007 über öffentliche Personenverkehrsdienste auf Schiene und Straße v. 29.3.2014, ABl. 2014 C 92, 1.
[105] https://www.eva-akademie.de/fileadmin/website/projekte/projektarchiv/sozialbedingungen_in_%C3%B6pnv_unternehmen_studie_de.pdf, zuletzt abgerufen am 23.7.2021.
[106] NRW: Übersendung des Endberichts zur Evaluierung des Tariftreue- und Vergabegesetzes NRW v. 18.3.2015, Vorlage Nr. 16/2771; Rheinland-Pfalz: Bericht der Landesregierung über die Auswirkungen des Landesgesetzes zur Schaffung tariftreuerechtlicher Regelungen (Evaluation des Landesgesetzes zur Schaffung tariftreuerechtlicher Regelungen) v. 25.2.2015, LT-Drs. 16/4799.

bieten Tarifbestimmungen Arbeitnehmern auch den Vorteil, dass sie aus diesen direkte Rechte gegenüber dem Neubetreiber herleiten können, ohne dass sie darauf angewiesen sind, dass dieser ihnen ein Übernahmeangebot unterbreitet (→ Rn. 64, 88, 93). Sollten einschlägige Tarifregelungen einigermaßen umfassend gestaltet sein und in der Branche überwiegende Bedeutung erlangen bzw. für allgemeinverbindlich erklärt werden, dürften diese auf die Vergabepraxis auch insoweit Einfluss nehmen, weil die Aufgabenträger die Tarifgewohnheiten in die Auslegung der sich im Anwendungsbereich des Abs. 3 ergebenden offenen Rechtsfragen einfließen lassen werden.

32 **3. Regelungszweck und: Originärer Betriebsübergang bei Vergaben von Schienenverkehrsleistungen.** Zweck sowohl des Art. 4 Abs. 5 VO (EG) 1370/2007 als auch des § 131 Abs. 3 ist es, für einen angemessenen Schutz der betroffenen Arbeitnehmer zu sorgen. Einerseits soll die Vergabe von öffentlichen Aufträgen im Eisenbahnverkehr im freien Wettbewerb erfolgen.[107] Andererseits sollen dabei aber elementare Arbeitnehmerrechte und soziale Schutzstandards gewahrt bleiben. Die Ausschreibung von Verkehrsdienstleistungen im SPNV bringt mit sich, dass es alle 10–15 Jahre zu einem Betreiberwechsel kommen kann. Da es im Eisenbahnsektor – anders als bei Vergaben in vielen anderen Wirtschaftsbereichen (Paradebeispiel: Neuvergabe des Reinigungsauftrags in einer Schule) – dem Altbetreiber nicht ohne Weiteres möglich ist, einen ortsnahen Anschlussauftrag zu akquirieren, insbesondere dann nicht, wenn dieser allein das fragliche Wettbewerbsnetz bedient hat, müssen die betroffenen Arbeitnehmer bei jedem Betreiberwechsel fürchten, dass sie ihren Arbeitsplatz verlieren oder aber, dass sie zwar zum neuen Betreiber wechseln können, dort aber wieder „bei Null" beginnen. Dem wiederum liegt die Besorgnis zugrunde, dass Vergaben im Eisenbahnsektor möglicherweise nicht den Tatbestand des § 613a Abs. 1 BGB erfüllen und daher nicht in einen originären Betriebsübergang münden (die vor dem Hintergrund der jüngeren Judikatur des EuGH allerdings etwas entschärft erscheint; → Rn. 33 ff., insbesondere → Rn. 40). Das Risiko eines Dumpingwettbewerbs kommt hinzu. Erste Erfahrungen mit der Vergabe von Nahverkehrsaufträgen im Schienenverkehr hatten gezeigt, dass insbesondere neu gegründete Unternehmen besonders günstige Angebote abgeben können. Diese sind nicht nur nicht tarifgebunden, sondern verfügen zum Zeitpunkt der Angebotsabgabe häufig noch über kein Fahrpersonal, sondern beabsichtigen vielmehr, nach Zuschlagserteilung in weit reichendem Umfang Subunternehmer zu beauftragen oder neue Arbeitnehmer einzustellen. Nicht selten werden dabei junge und erstmalig gelernte Arbeitnehmer ohne Vordienstzeiten bevorzugt. Damit haben die beim Vorbetreiber beschäftigten Arbeitnehmer das Nachsehen.

33 Die Vergabe von öffentlichen Schienenverkehren kann durchaus „von sich aus" in einen Betriebsübergang münden, zwingend angelegt ist dies jedoch nicht. Ein **Betriebsübergang** setzt voraus, dass der neue Betreiber die vom Vormann genutzte wirtschaftliche Einheit so übernimmt, dass deren wirtschaftliche Identität auch nach der Betriebsfortführung erhalten bleibt. Unter einer wirtschaftlichen Einheit ist eine organisierte Zusammenfassung von Ressourcen zur Verfolgung einer wirtschaftlichen Tätigkeit zu verstehen. Um festzustellen, ob ein Betriebsübergang vorliegt, haben der EuGH und das BAG einen 7 Punkte umfassenden Katalog ausgearbeitet. Danach ist maßgeblich: (1.) die Art des betreffenden Unternehmens oder Betriebs; (2.) der Übergang materieller Aktiva; (3.) der Übergang immaterieller Betriebsmittel; (4.) eine etwaige Übernahme der Hauptbelegschaft; (5.) ein Übergang der Kundschaft; (6.) der Grad der Ähnlichkeit zwischen der vor und nach dem Übergang verrichteten Tätigkeit; (7.) die Dauer einer eventuellen Unterbrechung in der Geschäftstätigkeit. Dabei kommt keinem der Merkmale absolute Bedeutung zu. Vielmehr ist eine Gesamtwürdigung aller relevanten Umstände des Einzelfalls vorzunehmen. Dennoch erlangen die Kriterien Nr. 4–7 allgemein eher nur eingeschränkte Bedeutung, da diese mehr oder weniger bei jeder Auftragsneuvergabe erfüllt sind und daher nur wenig zur Abgrenzung eines Betriebsübergangs von einer einfachen Funktionsnachfolge beitragen.

34 Übernimmt der Neubetreiber das rollende Material seines Vormanns, deutet dieser Umstand recht sicher auf einen **Betriebsübergang** hin und zwar auch, wenn er das nur auf Betreiben der Behörde tut. Das gilt auch, wenn der Eigentümer (Auftraggeber) anlässlich der Auftragsneuvergabe den Fahrzeugpark modernisiert bzw. austauscht. Maßgeblich ist nämlich nicht, dass der Neubetreiber die Linie mit exakt denselben Fahrzeugmodellen betreibt wie sein Vormann, sondern die wirtschaftliche Zuordnung der genutzten Betriebsmittel. Im vorliegenden Kontext ist unbedingt zu beachten, dass es für die Annahme eines Betriebsübergangs keiner unmittelbaren **rechtsgeschäftlichen Vertragsbeziehung** zwischen „Veräußerer" und „Erwerber" bedarf. Vielmehr kann der Betriebsübergang auch über einen Dritten, namentlich den Eigentümer der übergehenden Betriebsmittel oder denjenigen, der eine entsprechende Dienstleistung vergibt (hier also den Auftraggeber), vermittelt werden.

---

[107] *Knauff* in Goede/Stoye/Stolz VergabeR-HdB Kap. 13 Rn. 2.

Im betriebsübergangsrechtlichen Sinn wird rollendes Material auch dann übernommen, wenn 35
dieses dem jeweiligen Verkehrsunternehmen **durch den Aufgabenträger** zur Verfügung gestellt
wird. Eine ganz ähnliche Wirkung haben vom Auftraggeber gegebene **Wiedereinsetzungs- und
Kapitaldienstgarantien** oder die Vermittlung von **Fahrzeugpools.** Nach ständiger Rechtsprechung von EuGH und BAG ist es nämlich unerheblich, ob der Übernehmer das **Eigentum** an den
übertragenen Betriebsmitteln erlangt oder nicht. Entscheidend, aber auch ausreichend, ist, dass dem
Übernehmer die fraglichen Betriebsmittel zugerechnet werden können, weil dieser die **arbeitstechnische Organisationsgewalt** über sie ausüben kann. So reicht es nach der Rechtsprechung, dass
dem „Erwerber" die Betriebsmittel etwa im Rahmen eines Pacht-, Miet- oder Leasingvertrags
überlassen werden. Auch braucht es für die Annahme eines Betriebsübergangs keiner unmittelbaren
rechtsgeschäftlichen Vertragsbeziehung zwischen „Veräußerer" und „Erwerber".[108] Ob ein Betriebsübergang allerdings schon allein unter Verweis darauf begründet werden kann, dass der Aufgabenträger den Betreiber daran bindet, bestimmte Werkstattdienstleistungen in Anspruch zu nehmen,
erscheint hingegen fraglich.

Ohnehin bedarf die Annahme einer kritischen Beleuchtung, wonach ein Betriebsübergang dann 36
ausscheiden müsse, wenn der Neubetreiber weder das rollende Material noch das Personal seines
Vormanns übernimmt. Diese Überlegung basiert auf der Rechtsprechung des EuGH in Sachen
Liikenne.[109] Davon abgesehen, dass diese mittlerweile überholt ist (→ Rn. 37), bezog sie sich auf
den Busverkehr. Während ein Busbetreiber nämlich ohne Weiteres am öffentlichen Straßenverkehr
teilnehmen kann, muss das Eisenbahnverkehrsunternehmen exakt dasselbe Schienennetz nutzen, das
schon sein Vormann befahren hatte. Dieses stellt eine in sich geschlossene Infrastruktureinrichtung
von erheblichem Wert dar, deren Nutzung für die Verkehrsleistung essenziell und gerade nicht für
jedermann zugänglich ist. Der Neubetreiber erhält vielmehr allein aufgrund der Auftrags- bzw. der
Konzessionsvergabe **Zugang zum Wettbewerbsnetz.** Deshalb ließe sich im Anschluss an die Rechtsprechung des EuGH in Sachen Abler,[110] Güney-Görres[111] sowie der Containerhafenfälle des EuGH
und des BAG[112] sehr wohl überlegen, ob dem neuen Betreiber über den Netzzugang nicht doch
entscheidende Betriebsmittel seines Vormanns vermittelt werden. Wie in → Rn. 38 skizziert, hatte
es der EuGH bei der Neuvergabe der Essensversorgung in einer Klinik für ausreichend erachtet, dass
der neue Caterer dasselbe durch die Klinik zur Verfügung gestellte Mobiliar zur Herstellung der Speisen
nutzt wie sein Vormann. Ganz ähnlich bewertete er im Fall Güney-Görres die Neuvergabe der
Sicherheitskontrolle am Düsseldorfer Flughafen als Betriebsübergang unter Hinweis darauf, dass Alt-
und Neubetreiber auf dieselben, von der Bundesrepublik überlassenen Schleusen und Sonden zurückgreifen müssen. In den Containerhafenfällen stützten die Gerichte den Betriebsübergang darauf, dass
der neu beauftragte Dienstleister ankommende Schiffe mit Kränen und Transportkapazitäten des Hafeneigners entlud. *Willemsen/Annuß*[113] haben dies sehr treffend zusammengefasst, dass entscheidend ist,
dass der Anbieter seine Dienstleistung nicht nur an, sondern mit den ihm vom Auftraggeber zur
Verfügung gestellten Ressourcen erbringt. Genau das könnte aber bei der Vergabe von Verkehrsleistungen im SPNV durchaus bereits auf die Nutzung des Schienennetzes zutreffen.

Darüber hinaus tritt ein „natürlicher" Betriebsübergang jedenfalls dann ein, wenn der neue 37
Betreiber von sich aus einen **nicht unerheblichen Teil der Belegschaft** seines Vormanns übernimmt (→ Rn. 33, Kriterium Nr. 4[114]). Im Urteil Grafe und Pohle[115] hat der EuGH mit Blick auf
die Übernahme eines regionalen Busverkehrs im ÖPNV erkannt, dass es, wenn der Neubetreiber
einen Teil des Personals seines Vormanns (vermeintlich) „neu" einstellt, der Annahme eines Betriebsübergangs nicht zwingend entgegensteht, dass er von diesem kein rollendes Material (im Fall: keine
Busse) übernommen hat, sondern, so wie vom Auftraggeber vorgegeben, für den Linienverkehr
neue Fahrzeuge eingesetzt hat. Damit relativiert der EuGH seine frühere – und im vorliegenden

---

[108] Grundlegend EuGH Urt. v. 11.3.1997 – C-13/95, Slg. 1997, I-1259 = NZA 1997, 433 – Ayse Süzen; EuGH Urt. v. 20.11.2003 – C-340/01, Slg. 2003, I-14023 = NZA 2003, 1385 – Abler.
[109] EuGH Urt. v. 25.1.2001 – C-172/99, Slg. 2001, I-745 = NZA 2001, 249 – Liikenne; ähnlich auch BAG Urt. v. 13.6.2006 – 8 AZR 271/05, NZA 2006, 1105.
[110] EuGH Urt. v. 20.11.2003 – C-340/01, Slg. 2003, I-14023 = NZA 2003, 1385 – Abler.
[111] EuGH Urt. v. 15.12.2005 – C-232/04, Slg. 2005, I-11237 = NZA 2006, 29 – Nurten Güney-Görres.
[112] EuGH Urt. v. 26.11.2015 – C-509/14, NZA 2016, 31 – Aira Pascual; BAG Urt. v. 22.8.2013 – 8 AZR 521/12, DB 2014, 848.
[113] *Willemsen/Annuß* DB 2004, 134.
[114] Ausf. dazu *Preis* in Müller-Glöge/Preis/Schmidt, Erfurter Kommentar zum Arbeitsrecht, 21. Aufl. 2021, BGB § 613a Rn. 25 ff.
[115] EuGH Urt. v. 27.2.2020 – C-298/18, ECLI:EU:C:2020:121 = ZIP 2020, 681 – Grafe und Pohle; nachfolgend: ArbG Cottbus Urt. v. 15.6.2020 – 11 Ca 10090/17; s. dazu auch: *Seidel* NZA 2020, 498; kritisch *C. Meyer* BB 2020, 1908.

Kontext häufig zitierte – Rechtsprechung in Sachen Liikenne.[116] Damals hatte der EuGH noch entschieden, dass es sich beim Betrieb eines regionalen Buslinienetzes um eine Tätigkeit handeln würde, die in erheblichem Umfang Material und Einrichtungen erfordere. Daher komme es jedenfalls bei der Neuvergabe eines Busnetzes darauf an, ob der neue Auftragnehmer den Auftrag mit den materiellen Betriebsmitteln des bisherigen Diensterbringers fortführt oder nicht. Diese Rechtsprechung – der sich das BAG zwischenzeitlich angeschlossen hatte (Paradebeispiel: Übernahme des Rettungsdienstes in einem Landkreis mit neuen Einsatzfahrzeugen[117]) – ist mit dem Urteil in Sachen Grafe und Pohle partiell **obsolet**.

38 Wie der EuGH im erwähnten Urteil Grafe und Pohle ausführt, darf die Übernahme von Fahrzeugen also nicht abstrakt als der einzig ausschlaggebende Faktor bei der Beurteilung eines Betriebsübergangs angesehen werden. Vielmehr stellt es bei Auftragsnachfolgen im Verkehrsbereich auch ein wichtiges Kriterium dar, wenn der *„neue Betreiber im wesentlichen die gleichen (…) Verkehrsdienste erbringt, wie sie das vorige Unternehmen erbrachte, die nicht unterbrochen und vermutlich größtenteils auf denselben Strecken und für dieselben Fahrgäste betrieben wurden"*.[118] Entsprechend kann die Übernahme von Arbeitnehmern auf einen Betriebsübergang hinweisen, wenn die **Hauptbelegschaft** und damit **ein nach Zahl und Sachkunde wesentlicher Teil des Personals** übernommen wird. Zwischen der erforderlichen **Anzahl** der weiterbeschäftigten Arbeitnehmer und deren Stellung im Veräußererbetrieb besteht eine **Interdependenz**. Handelt es sich um Arbeitnehmer mit einer geringeren Qualifikation, bedarf es einer höheren Übernahmezahl (eher zwischen 75% und 85%), während bei Arbeitnehmern, deren Spezialwissen zur Aufrechterhaltung des Betriebsablaufs erforderlich ist, deutlich geringere Quoten ausreichen. Das erweist sich von herausragender Bedeutung. Allein schon wegen der Personalknappheit in einzelnen Berufsfeldern sind Erwerber nämlich durchaus bereit, Führungskräfte, Beschäftigte mit einschlägigem Know-how oder ihnen leistungsstark erscheinende Arbeitnehmer des Vormanns zu übernehmen, schließen indes andere Belegschaftsteile von einschlägigen Angeboten aus. Auch ist aus dem Betriebsübergangsrecht die Situation bekannt, dass der Erwerber das Personal seines Vormanns an sich weiterbeschäftigen möchte, indes nicht zu dessen Arbeitsbedingungen. Er bietet den Arbeitnehmern daher neue Arbeitsverträge mit geänderten Arbeitsbedingungen an. Zu Personal, das allein aufgrund einer Personalübergangsanordnung nach Art. 4 Abs. 5 VO (EG) 1370/2007 bzw. § 131 Abs. 3 übernommen wurde, → Rn. 42.

39, 40 *nicht vergeben*

41 **4. Verhältnis von § 131 Abs. 3 und § 613a BGB.** Hat die Behörde eine Betriebsübergangsanordnung nach Art. 4 Abs. 5 VO (EG) 1370/2007 bzw. § 131 Abs. 3 erlassen, schließt dies den **Eintritt eines „echten" Betriebsübergangs** nicht aus: Art. 4 Abs. 4b VO (EG) 1370/2007.[119] Die Rechtsfolgen des § 613a BGB greifen dann ex lege und vollständig. Die Arbeitnehmer erlangen so den Vorteil, dass sie nicht auf ein explizites Übernahmeangebot des Neubetreibers angewiesen sind. Auch kann der Kreis der vom Betriebsübergang erfassten Arbeitnehmer im Geltungsbereich des § 613a BGB größer ausfallen, als das bei der behördlichen Anordnung der Fall ist. Soweit sich zwischen beiden Übergängen Widersprüchlichkeiten ergeben – denkbar ist das insbesondere bezüglich des Zeitpunkts der Vertragsübernahme – gelten die für die Beschäftigten günstigeren Bestimmungen. Lässt sich nicht feststellen, welche Rechtsfolgen für die betroffenen Arbeitnehmer günstiger sind, sollte dem gesetzlichen Betriebsübergang gegenüber dem angeordneten Betriebsübergang der Vorrang eingeräumt werden.

42 Ein durch den Aufgabenträger veranlasster Personalübergang darf nicht bei der **Subsumtion des Tatbestands des § 613a BGB** berücksichtigt werden. Insbesondere kann das Kriterium „Übernahme eines nach Zahl und Sachkunde wesentlichen Teils des Personals" (→ Rn. 36 ff.) nicht mit Personal „ausgefüllt" werden, das der Neubetreiber allein aufgrund einer Anordnung eingestellt hat. Alles andere würde zu einem Zirkelschluss führen, der offensichtlich weder der Intention der VO (EG) 1370/2007 noch der des § 131 Abs. 3 entspricht.

43 **5. Verfassungskonformität.** Abs. 3 ist **verfassungskonform**.[120] Der Gesetzgeber konnte sich bei der Schaffung der Regelung auf Art. 74 Abs. 1 Nr. 11 GG[121] stützen (→ Rn. 137). Insoweit gilt nichts anderes als für den „originären" Betriebsübergang nach § 613a BGB auch, gegen dessen

---

[116] EuGH Urt. v. 25.1.2001 – C-172/99, Slg. 2001, I-745 = NZA 2001, 249 – Liikenne.
[117] BAG Urt. v. 25.8.2016 – 8 AZR 53/15, NZA-RR 2017, 123.
[118] EuGH Urt. v. 27.2.2020 – C-298/18, ECLI:EU:C:2020:121 = NZA 2020, 443 Rn. 27 – Grafe und Pohle.
[119] So auch *Jankowiak*, Das behördliche Betriebsübergangsverlangen nach Art. 4 Abs. 5 Verordnung (EG) Nr. 1370/2007 bei der Vergabe von Aufträgen im öffentlichen Personenverkehr, 2012, 99.
[120] *Bayreuther* NZA 2016, 1506; *Linke/Bayreuther/Kaufmann/Linke/Lübbig/Prieß* VO (EG) 1370/2007 Art. 4 Rn. 53f; *Reidt/Stickler/Glahs/Reidt/Stickler* Rn. 14; *Byok/Jaeger/Suermann* Rn. 39.
[121] Vgl. dazu BVerfG Urt. v. 11.7.2006 – 1 BvL 4/00, BVerfGE 116, 202 = NJW 2007, 51 – Berliner Tariftreue.

C. Vergabe von öff. Aufträgen über Personenverkehre (Abs. 3)   44–46   § 131 GWB

Verfassungskonformität[122] sich keine tragfähigen Bedenken vortragen lassen. Soweit dennoch eine andere Ansicht in den Raum gestellt wird, wäre zu beachten, dass der Aufgabenträger dessen ungeachtet nach Art. 4 Abs. 5 VO (EG) 1370/2007 verpflichtet bliebe, sein Ermessen pflichtgemäß dahingehend auszuüben, ob eine Personalübergangsordnung getroffen werden soll (→ Rn. 60).

Anders als bei § 613a BGB setzt ein nach § 131 Abs. 3 herbeigeführter Personalübergang eine Anordnung des Aufgabenträgers voraus. Dessen ungeachtet basiert der Betriebsübergang aber auch hier auf einer **unternehmerischen Entscheidung des Erwerbers,** nämlich der, sich an einem Wettbewerbsverfahren trotz des Hinweises auf die mit Zuschlagserteilung ergehende Personalübergangsanordnung zu beteiligen. Daher trifft es nicht zu, wenn behauptet wird, dass die Regelung einen Kontrahierungszwang begründe, weil der Neubetreiber allein durch staatliche Disposition gezwungen werde, Arbeitnehmer einzustellen.[123] Soweit darauf verwiesen wird, dass das BAG[124] entschieden habe, dass § 613a BGB seine Rechtfertigung darin finde, dass der Erwerber die vom Vorgänger geschaffene Betriebsorganisation für eigene geschäftliche Zwecke weiternutzt, sich also die spezifische Verknüpfung von materiellen, immateriellen und personellen Ressourcen gezielt zu eigen macht und ihre Widmung für den bisherigen Betriebszweck aufrechterhält, ist zu beachten, dass das BAG die verfassungsrechtliche Rechtfertigung des § 613a BGB aber keineswegs daran gebunden hatte, dass der Betriebsübergang deshalb exakt in der Art und Weise erfolgen müsse, wie das Gericht aktuell den Tatbestand des § 613a BGB auslegt. Im Gegenteil: Das BVerfG hat entschieden, dass die Konkretisierung des Begriffs des Übergangs der wirtschaftlichen Einheit, wie sie derzeit durch den EuGH und das BAG vorgenommen wird, lediglich eine verfassungsrechtlich mögliche Auslegung darstellt, dass Gesetzgeber und Rechtsprechung hierüber aber auch hinausgehen können.[125] So ließe sich ja kaum behaupten, dass die Betriebsübergangsrichtlinie der Union „verfassungswidrig" wäre, würde der EuGH den Begriff des Betriebsübergangs (wieder) offener fassen, wie er dies etwa mit der in → Rn. 37 erwähnten Entscheidung in Sachen Grafe und Pohle getan hat.

Richtig ist aber die Beobachtung, dass die Ankündigung, einen Personalübergang vollziehen zu wollen, mittelbar die Einstellungs- und Angebotspolitik der beteiligten Verkehrsunternehmen steuert.[126] Auch werden die Möglichkeiten des Neubetreibers eingeschränkt, durch neues Personal Kostensenkungs- und Effizienzpotenziale zu nutzen.[127] Das belastet Anbieter in ihrer Vertragsfreiheit,[128] weil sie ihre Angebote nicht mehr „freihändig" kalkulieren können, etwa indem sie planen, auf den ausgeschriebenen Linien allein neueingestellte Arbeitnehmer ohne Vordienstzeiten einzusetzen, diese ohne Tarifbindung zu betreiben oder zahlreiche Leistungen an Subunternehmen zu vergeben, sondern immer damit rechnen müssen, dort auch Altarbeitnehmer zu ihren bisherigen Beschäftigungsbedingungen einsetzen zu müssen. Der damit verbundene **Grundrechtseingriff** zulasten von potenziellen Anbietern liegt indes signifikant niedriger als dies bei einem echten, weil anlasslosen Kontrahierungszwang der Fall ist. Hinzu kommt noch, dass im Regelfall allenfalls ein Teil der angesprochenen Arbeitnehmer das Übernahmeangebot des Neubetreibers annehmen wird. Im Übrigen haben die durch die Länder Rheinland-Pfalz und Nordrhein-Westfalen durchgeführten Evaluationen gezeigt, dass die Verkehrsunternehmen Personalübergangsanordnungen überwiegend nicht als besondere Belastung empfinden.[129]

Soweit die Regelung Grundrechte der beteiligten Verkehrsunternehmen belastet, ist sie **gerechtfertigt.** Das ergibt sich im Grunde bereits aus dem Urteil des BVerfG zur Verfassungskonformität von Tariftreueverlangen.[130] Denn danach ist es dem Gesetzgeber möglich, bei der Ausgestaltung des Vergaberechts festzulegen, dass der von ihm eröffnete Wettbewerb nicht unbegrenzt über Arbeitsbedingungen ausgetragen wird. Dazu kommt, dass die von der Neuvergabe betroffenen **Arbeitneh-**

---

[122] Zur Verfassungskonformität des § 613a BGB s. insbes. BVerfG Urt. v. 15.1.2015 – 1 BvR 2796/13, ZIP 2015, 445 Rn. 7; BAG Urt. v. 10.5.2012 – 8 AZR 434/11, NZA 2012, 1161.
[123] So aber *Ruge/von Tiling* NZA 2016, 1055 (1056); in diese Richtung auch: *Schweibert* NZA 2018, 1294 (1298).
[124] BAG Urt. v. 10.5.2012 – 8 AZR 434/11, NZA 2012, 1161; ähnlich *Willemsen* in Henssler/Willemsen/Kalb, 9. Aufl. 2020, BGB § 613a Rn. 6.
[125] BVerfG Urt. v. 15.1.2015 – 1 BvR 2796/13, ZIP 2015, 445 Rn. 10 f.
[126] BVerfG Urt. v. 11.7.2006 – 1 BvL 4/00, BVerfGE 116, 202 Rn. 59 = NJW 2007, 51 – Berliner Tariftreue.
[127] → VO (EG) 1370/2007 Art. 4 Rn. 30; kritisch zu Personalübergangsanordnungen insbes. das Sondergutachten der Monopolkommission gemäß § 36 AEG, Nr. 69, Bahn 2015, Rn. 155.
[128] Vgl. BVerfG Urt. v. 11.7.2006 – 1 BvL 4/00, BVerfGE 116, 202 Rn. 80 = NJW 2007, 51 – Berliner Tariftreue.
[129] NRW: Übersendung des Endberichts zur Evaluierung des Tariftreue- und Vergabegesetzes NRW v. 18.3.2015, Vorlage Nr. 16/2771, 118; Rheinland-Pfalz: Bericht der Landesregierung über die Auswirkungen des Landesgesetzes zur Schaffung tariftreuerechtlicher Regelungen (Evaluation des Landesgesetzes zur Schaffung tariftreuerechtlicher Regelungen) v. 25.2.2015, LT-Drs. 16/4799, 59 ff.
[130] BVerfG Urt. v. 11.7.2006 – 1 BvL 4/00, BVerfGE 116, 202 = NJW 2007, 51 – Berliner Tariftreue.

mer grundrechtlichen Schutz erfahren.[131] Unzweideutig hat das BverfG erkannt, dass, soweit der Gesetzgeber es zulässt, dass die Arbeitgeberseite ohne Zustimmung der Beschäftigten ausgewechselt wird, ihn auch eine Schutzpflicht trifft, damit das Interesse der Arbeitnehmerseite an der Erhaltung der Arbeitsplätze trotz Arbeitgeberwechsels hinreichend Beachtung findet.[132] Das gilt hier umso mehr, als es im vorliegenden Bereich der Gesetzgeber selbst ist, der durch die Entscheidung, Verkehrsleistungen in einem bestimmten Zeitturnus immer wieder neu zu vergeben, die von ihm befürchteten sozialpolitischen Fehlentwicklungen[133] erst herbeiführt.

47 Daher musste der Gesetzgeber die Interessen der Belegschaft des Altbetreibers mit denen der Aufgabenträger und der Neubetreiber zwingend in eine praktische Konkordanz bringen. Dabei geht es keineswegs nur darum, die Arbeitnehmer vor einem völligen Verlust ihres Arbeitsplatzes zu schützen, sondern auch davor, dass sie immer wieder von vorne beginnen müssen, weil sie zu schlechteren Arbeitsbedingungen eingestellt und ihre Vordienstzeiten bzw. wohlerworbenen Besitzstände nicht anerkannt werden. Dass der Gesetzgeber dabei berechtigt ist, auch in privatrechtliche Vertragsbeziehungen einzugreifen, ist seit den **Bürgschafts- und Handelsvertreterentscheidungen** des BverfG[134] anerkannt und durch das Gericht in seinem **Beschluss zu den §§ 32 ff. UrhG** nochmals ausdrücklich bestätigt worden.[135] Dabei ist zu beachten, dass dem Gesetzgeber auf dem Gebiet der Arbeitsmarkt- und Wirtschaftsordnung traditionell ein besonders weitgehender Einschätzungs- und Prognosevorrang gebührt. Es ist vornehmlich seine Sache, auf Grundlage seiner wirtschafts-, arbeitsmarkt- und sozialpolitischen Vorstellungen und Ziele zu entscheiden, welche Maßnahmen er ergreifen will.[136] Daher verfängt auch nicht das Argument, dass einzelne Berufsgruppen auch von sich aus einigermaßen verhandlungsstark sind.[137] Das trifft nämlich allenfalls auf ausgewählte Beschäftigte zu (namentlich die Lokomotivführer), aber keineswegs auf alle. Auch vorhandene Tarifverträge leisten (bislang) nicht den notwendigen Schutz, da Betreiber nicht flächendeckend an sie gebunden sind. Weiter kommt hinzu, dass Arbeitnehmerrechte vor allem dann gefährdet sind, wenn es sich bei dem Altbetreiber um eine „singuläre" Gesellschaft handelt, deren einziger Unternehmenszweck im Betrieb des zur Ausschreibung anstehenden Linienetzes besteht. Verliert dieser die Ausschreibung, droht die Betriebsschließung. Das unterscheidet die vorliegende Situation maßgeblich von einem „gewöhnlichen" Auftragsverlust in „normalen" Vergabeverfahren.

48 **6. Praktische Schwierigkeiten bei der Umsetzung von Betriebsübergangsanordnungen.** Im Umfeld des Erlasses des Abs. 3 wurden aus der Vergaberechtspraxis immer wieder auch **Zweifel** an der **praktischen Realisierbarkeit** einer Anordnung eines Personalübergangs vorgebracht. So wurde darauf hingewiesen, dass der neue Betreiber weder den Personalbestand seines Vormanns noch die dort einschlägigen Arbeitsbedingungen kennen könne, weshalb dieser sein Angebot nicht mehr auf einer verlässlichen Basis kalkulieren könne. Auch könne es bei diesem zu einem Personalüberhang[138] kommen, etwa wenn dieser plant, die Verkehrsleistung mit weniger Personal zu erbringen als der bisherige Dienstleister. Da umgekehrt der Altbetreiber nicht über das Betriebskonzept seines Nachfolgers informiert sei, scheitere auch die nach § 613a Abs. 5 BGB erforderliche Unterrichtung. Ohne Frage dürfen die sich daraus ergebenden Schwierigkeiten nicht

---

[131] BVerfG Urt. v. 15.1.2015 – 1 BvR 2796/13, ZIP 2015, 445 Rn. 10 f.; ähnlich zum Kündigungsrecht BVerfG Urt. v. 27.1.1998 – 1 BvL 15/87, BVerfGE 97, 169 Rn. 28 = NZA 1998, 470.
[132] BVerfG Urt. v. 15.1.2015 – 1 BvR 2796/13, ZIP 2015, 445; BVerfG Urt. v. 25.1.2011 – 1 BvR 1741/09, BVerfGE 128, 157 Rn. 73 = NZA 2011, 400.
[133] Vgl. BT-Drs. 18/6281, 55 f. und 118; BT-Drs. 18/7086, 14; BR-Drs. 367/15, 139; Erwägungsgründe 4, 16 f. VO (EG) 1370/2007.
[134] Zur Bürgschaft BVerfG Urt. v. 19.10.1993 – 1 BvR 567/89, BVerfGE 89, 214 = NJW 1994, 36; BVerfG Urt. v. 2.5.1996 – 1 BvR 696/96, NJW 1996, 2021; zu Handelsvertretern BVerfG Urt. v. 7.2.1990 – 1 BvR 26/84, BVerfGE 81, 242 = NJW 1990, 1469.
[135] Zu §§ 32 ff. UrhG BVerfG Urt. v. 23.10.2013 – 1 BvR 1842/11, BVerfGE 134, 204 Rn. 68 = NJW 2014, 46.
[136] So etwa zur Verfassungsmäßigkeit des § 10 BurlG 1994 BVerfG Urt. v. 3.4.2001 – 1 BvL 32/97, BVerfGE 103, 293 Rn. 51 = NZA 2001, 777; zu Lohnabstandsklauseln BVerfG Urt. v. 27.4.1999 – 1 BvR 2203/93, BVerfGE 100, 271 Rn. 61 = NZA 1999, 992; ganz ähnlich zum AEntG BVerfG Urt. v. 20.3.2007 – 1 BvR 1047/05, NZA 2007, 609 – Berliner Vergabegesetz; zum Equal-pay-Gebot in der Arbeitnehmerüberlassung BVerfG Urt. v. 29.12.2004 – 1 BvR 2283/03, NZA 2005, 153; zu Tariftreueverlangen BVerfG Urt. v. 11.7.2006 – 1 BvL 4/00, BVerfGE 116, 202 = NJW 2007, 51 – Berliner Tariftreue; zu den §§ 32 ff. UrhG BVerfG Urt. v. 23.10.2013 – 1 BvR 1842/11, BVerfGE 134, 204 Rn. 68 = NJW 2014, 46.
[137] *Ruge/v. Tiling* NZA 2016, 1055 (1058); im Übrigen: Würde zutreffen, dass Unternehmen bereits mit Rücksicht auf die Marktmacht der Beschäftigten oder bestehende Tarifverträge gezwungen wären, die Arbeitnehmer ihres Vormanns zu deren bisherigen Beschäftigungsbedingungen zu übernehmen, würde sie eine Betriebsübergangsanordnung gar nicht mehr belasten.
[138] *Winnes* Der Landkreis 2016, 207 (208).

einfach in Abrede gestellt werden. Dennoch ist der gesetzgeberische Anordnungsbefehl ganz eindeutig. Überdies tun sich die beschriebenen Probleme genauso bei jedem „gewöhnlichen" Betriebsübergang auf, ohne dass dort die Anwendung des § 613a BGB jemals in Abrede gestellt worden wäre. Vor allem aber ist es alles andere als ungewöhnlich, dass ein „normales" Vergabeverfahren am Ende in einen Betriebsübergang mündet.[139] Erinnert sei insoweit nur an die Entscheidungen des EuGH in Sachen „Abler" (Übernahme der Essensversorgung einer Wiener Klinik)[140] oder „Güney-Görres" (Neuvergabe der Sicherheitskontrolle am Düsseldorfer Flughafen).[141] In all diesen Fällen sahen sich die Vergabestelle, der Altbetreiber und der erfolgreiche Neuanbieter mit den gleichen Problemen konfrontiert, ohne dass dort überlegt worden wäre, deshalb die Reichweite oder die Rechtsfolgen des Betriebsübergangs zurückzunehmen.

nicht vergeben 49

7. Kompromisscharakter der Regelung, Divergenzen zwischen Gesetzeswortlaut und 50
Ausschussbegründung. Die Anwendung des Abs. 3 wird ganz erheblich dadurch erschwert, dass die Regelung einen starken **Kompromisscharakter** aufweist. Sie steht in dem hinlänglich bekannten Spannungsverhältnis zwischen einem mehr oder weniger offenen Vergabewettbewerb, der auch über Arbeitsbedingungen geführt wird, und einer möglichst effektiven Berücksichtigung der Interessen der von der Vergabe betroffenen Arbeitnehmer. Ursprünglich plante der Gesetzgeber, die Betriebsübergangsanordnung bei Vergaben im Verkehrssektor gar nicht zu regeln, sondern es bei der bisherigen Rechtslage zu belassen. Danach galt Art. 4 Abs. 5 VO (EG) 1370/2007 allein und direkt. In der Folge wäre es weiterhin in das (pflichtgemäße[142]) Ermessen des Auftraggebers gestellt gewesen, ob er eine Betriebsübergangsanordnung treffen will oder nicht.[143] Der Bundesrat drängte dagegen darauf, die Vergabestellen auf eine Anordnung zu verpflichten.[144] Im Ausschuss für Wirtschaft und Energie wurde schließlich der Kompromiss erzielt, statt einer „Kann-" oder eben einer „Muss-Bestimmung" die jetzige „Soll-Regelung" in das Gesetz aufzunehmen. Dieses „Sowohl-als-auch" des Gesetzgebers verursacht zahlreiche Anwendungsprobleme, da in der Folge viele zentrale Kernfragen der Betriebsübergangsanordnung nicht oder, noch schlimmer, im faktischen Endergebnis doppeldeutig geregelt wurden. Sehr viel besser wäre es daher gewesen, wenn der Gesetzgeber sich dazu durchgerungen hätte, in § 613a BGB schlicht niederzulegen, dass eine Auftragsnachfolge im ÖPNV als Betriebsübergang gelten soll.

Zu beachten ist ferner auch, dass zwischen dem Gesetzeswortlaut und der **abschließenden** 51
Begründung (Ausschussbericht)[145] teils nicht unerhebliche **Divergenzen** bestehen. Die Begründung korreliert nämlich nicht in allen Punkten mit dem Gesetzeswortlaut. Vielmehr beschreibt diese sowohl den Anwendungsbereich als auch die Rechtsfolgenseite des Abs. 3 enger, als der Gesetzestext selbst das tut. Bei Auslegungszweifeln kann die Gesetzesbegründung daher nur mit einer gewissen Vorsicht herangezogen werden. Schon grundsätzlich ist die grammatikalische und systematische Auslegung des Gesetzes der **historischen Auslegung** vorrangig.[146] Dies gilt hier umso mehr, als sich die Überlegungen der Koalitionsfraktionen im Ausschuss,[147] und damit die des eigentlichen Souveräns, in entscheidenden Punkten weitaus offener zeigen als die durch die Administration redigierte Schlussbegründung.

II. Verhältnis zwischen § 131 Abs. 3, Art. 4 Abs. 5 VO (EG) 1370/2007, verbleibender Anwendungsbereich der VO

Art. 4 Abs. 5 VO (EG) 1370/2007 und § 131 sind eng miteinander verzahnt. Art. 4 Abs. 5 VO (EG) 52
1370/2007 ist unmittelbar anwendbares Recht, gilt in den Mitgliedstaaten also auch ohne spezifischen nationalen Umsetzungsakt (Art. 288 Abs. 2 S. 2 AEUV). Die Bestimmung ist primärrechtskonform. Sie

---

[139] S. nur EuGH Urt. v. 7.3.1996 – C-171/94, Slg. 1996, I-1253 Rn. 28–30 = NZA 1996, 413 – Merckx; EuGH Urt. v. 11.3.1997 – C-13/95, Slg. 1997, I-1259 Rn. 12 = NZA 1997, 433 – Ayse Süzen; EuGH Urt. v. 10.12.1998 – C-173/96, Slg. 1998, I-8237 Rn. 34 = NZA 1999, 189 – Francisca Sánchez Hidalgo; EuGH Urt. v. 15.12.2005 – C-232/04, Slg. 2005, I-11237 = NZA 2006, 29 – Nurten Güney-Görres; EuGH Urt. v. 20.11.2003 – C-340/01, Slg. 2003, I-14023 = NZA 2003, 1385 – Abler. Im Prinzip ähnlich auch EuGH Urt. v. 26.11.2015 – C-509/14, NZA 2016, 31 – Aira Pascual und BAG Urt. v. 23.5.2013 – 8 AZR 207/12, AP BGB § 613a Nr. 441.
[140] EuGH Urt. v. 20.11.2003 – C-340/01, Slg. 2003, I-14023 = NZA 2003, 1385 – Abler.
[141] EuGH Urt. v. 15.12.2005 – C-232/04, Slg. 2005, I-11237 = NZA 2006, 29 – Nurten Güney-Görres.
[142] Kopp/Ramsauer/*Ramsauer* VwVfG § 40 Rn. 72 ff.
[143] BT-Drs. 18/6281, 117.
[144] BT-Drs. 18/7086, 14.
[145] BT-Drs. 18/7086, 16.
[146] *Larenz/Canaris*, Lehrbuch des Schuldrechts: Besonderer Teil II/2, 13. Aufl. 1994, 155 ff.
[147] BT-Drs. 18/7086, 13 f.

und nicht etwa § 131 Abs. 3 stellt die **Rechtsgrundlage** für eine jede Personalübergangsanordnung dar. Allerdings stellt das europäische Recht den Erlass einer Betriebsübergangsanordnung in das **Ermessen** der zuständigen Behörde (auf europäischer Ebene wurde einige Zeit diskutiert, ob eine Anordnungspflicht eingeführt werden soll, was letztlich aber verworfen wurde[148]). Soweit dann aber der Anwendungsbereich des § 131 Abs. 3 eröffnet ist, ist der Aufgabenträger zum Erlass einer Betriebsübergangsanordnung verpflichtet (→ Rn. 56 ff.). Art. 4 Abs. 5 VO (EG) 1370/2007 regelt mit anderen Worten das **rechtliche „Können"** der Vergabestelle, § 131 Abs. 3 **ihr „Müssen"**.

53 Nach wie vor können Vergabestellen direkt auf Art. 4 Abs. 5 VO (EG) 1370/2007 zugreifen. Bedeutung erlangt das, weil § 131 Abs. 3 und Art. 4 Abs. 5 VO (EG) 1370/2007 sowohl auf Tatbestands- als auch auf Rechtsfolgenseite nicht in allen Punkten deckungsgleich sind. Denkbar ist, dass sich eine Vergabe außerhalb des Anwendungsbereichs des § 131 vollzieht. Während sich § 131 nur auf den Schienenverkehr erstreckt, ist Art. 4 Abs. 5 VO (EG) 1370/2007 auf sämtliche Auftrags- und Konzessionsvergaben im Bereich des öffentlichen Personennahverkehrs anwendbar[149] und damit auf
 – die Vergabe von Dienstleistungen und Konzessionen für Straßen-, U-Bahn- oder von Busverkehren,[150]
 – die Vergabe von Fahrleistungen im freigestellten Schülerverkehr.[151]

53a Weiterhin würde (allein) Art. 4 Abs. 5 VO (EG) 1370/2007 auf Konzessionen Anwendung finden, würde man Konzessionserteilungen im Schienenverkehr – mE zu Unrecht – nicht unter § 131 subsumieren und diese entgegen §§ 154, 147, 104 Abs. 4, §§ 136 ff. nicht dessen ungeachtet in § 131 Abs. 3 einbeziehen.[152]

53b Auch in dieser Konstellation ist die Vergabestelle nicht in der Entscheidung frei, ob ein Betriebsübergang angeordnet werden soll oder nicht. Sie ist dann zwar von der Regelfallbindung des § 131 Abs. 3 befreit. Dessen ungeachtet muss sie nach pflichtgemäßem Ermessen darüberbefinden, ob eine Anordnung ergehen soll oder nicht. Dieses muss sie dem Zweck der Ermächtigung entsprechend ausüben. Ihre Entscheidung muss eine Rechtfertigung in der vom Gesetzgeber gewollten Ordnung der Materie finden. Daher muss auch an dieser Stelle in die Beurteilung mit einfließen, ob ein elementarer Grundbestand an Arbeitnehmerrechten und sozialen Belangen auch ohne eine Anordnung gewahrt bliebe.

54 Darüber hinaus ist vorstellbar, dass die Vergabestelle über den in Abs. 3 vorgegebenen Anordnungsumfang hinausgehen möchte, etwa indem sie die Anordnung über den in § 131 Abs. 1 S. 1 und 2 genannten Personenkreis hinaus erweitern will oder in materieller Hinsicht weitergehende Anordnungen treffen möchte. Das kann sie unter Zugriff auf die VO (EG) 1370/2007 tun. Daraus folgt schließlich auch: Schießt eine Personalübergangsanordnung über die Maßgaben des § 131 Abs. 3 hinaus, bleibt das ihr zugrunde liegende Vergabeverfahren dessen ungeachtet rechtmäßig, solange sich die Anordnung noch im Rahmen der Ermächtigung nach Art. 4 Abs. 5 VO (EG) 1370/2007 gehalten hat.

III. Verhältnis zu einschlägigem Landesrecht

55 Abs. 3 ist **kein abschließendes Bundesrecht** iSd Art. 31 GG. Vielmehr bleibt der Landesgesetzgeber ermächtigt, in sein Vergaberecht weitergehende Bestimmungen aufzunehmen (Beispiel: § 1 Abs. 4 LTTG Rheinland-Pfalz: unbedingte Anordnungspflicht und zwar auch für den

---

[148] Vgl. Council Position v. 11.12.2006, Dok. 13736/1/2006, 9 u. Vorschlag der Kommission v. 26.7.2000, KOM(2000), 7 endgültig.
[149] Art. 5 Abs. 1 S. 2 und 3 VO (EG) 1370/2007, Erwägungsgrund 17 VO (EG) 1370/2007; Art. 1 Abs. 2 VO (EG) 1370/2007 iVm 10 lit. i RL 2014/24/EU, sowie Mitteilung der Kommission über die Auslegungsleitlinien zu der VO (EG) Nr. 1370/2007 über öffentliche Personenverkehrsdienste auf Schiene und Straße v. 29.3.2014, ABl. 2014 C 92, 1 u., dort insbes. Tabelle, dort Punkt 2.1.1; *Bayreuther* NZABau 2016, 459 (460); *Bayreuther* NZA 2014, 1171; *Bayreuther* NZA 2009, 582 (584); *Jankowiak*, Das behördliche Betriebsübergangsverlangen nach Art. 4 Abs. 5 Verordnung (EWG) Nr. 1370/2007 bei der Vergabe von Aufträgen im öffentlichen Personenverkehrs, 2012, 83.
[150] Die nach dem Willen des Gesetzgebers nicht von § 131 erfasst sind, vgl. auch BT-Drs. 18/6281, 117; BR-Drs. 367/15 (Beschluss), 9 (vorgeschlagener § 131a); BT-Drs. 18/6281, Anlage 4, 159 (Ziffer 10). Die §§ 8a, 8b PBefG verweisen auf das Vergaberecht des GWB (§ 8a Abs. 2 PBefG und § 8b Abs. 7 PBefG), unterfallen dessen ungeachtet aber nicht der Bestimmung des § 131 Abs. 3, eben weil sie das dafür entscheidende Tatbestandsmerkmal des „Eisenbahnverkehrs" nicht erfüllen.
[151] Strittig, aA VK Lüneburg Beschl. v. 15.5.2015 – VgK-09/2015, ZfBR 2015, 610: Die VO (EG) 1370/2007 erfasste nur Personenbeförderungsleistungen iSd § 8 Abs. 1 PBefG und damit nur solche, die grds. jedem Passagier offenstehen.
[152] So in der Tat *Winnes* Der Landkreis 2016, 207; richtig dagegen *Mutschler-Siebert/Dorschfeldt* VergabeR 2016, 385 (386); *Reidt/Stickler* VergabeR 2016, 708 (709); Reidt/Stickler/Glahs/Reidt/Stickler Rn. 6: Selbst, wenn eine Konzession vorliegt, unterfällt die Vergabe jedenfalls § 131 Abs. 3.

Bereich Straßenbahn und Bus). Der Gesetzgeber wollte mit dem neuen Abs. 3 zunächst nur klarstellen, dass die Vergabestellen ohne Weiteres auf die Regelung des Art. 4 Abs. 5 VO (EG) 1370/2007[153] zugreifen können, dass es also kein solches entgegenstehendes nationales Recht gibt.[154] Im Ausschuss für Wirtschaft und Energie wurde dann zudem der Kompromiss erzielt, das Ermessen der Verwaltung, ob ein Betriebsübergang angeordnet werden soll oder nicht, unter den in § 131 beschriebenen Voraussetzungen und im dort vorgegebenen Umfang zu einer „Soll-Verpflichtung" zu verdichten. Schließlich sprechen auch die § 128 Abs. 2 S. 4, §§ 129, 170 für diese Sichtweise.

IV. Anordnungspflicht nach § 131 Abs. 3 und -ermessen nach Art. 4 Abs. 5 VO (EG) 1370/2007

Nach Abs. 3 „*sollen*" öffentliche Auftraggeber eine Betriebsübergangsanordnung treffen. „*Sollen*" bedeutet nach der Rechtsprechung des BVerwG „*im Regelfall müssen*".[155] Wie sich auch aus der Gesetzesbegründung ergibt,[156] ist danach im Regelfall eine Anordnung zu treffen.[157] Vergabestellen haben mithin **kein Auswahl- oder Anordnungsermessen.** 56

Sie dürfen lediglich in besonders gelagerten, **atypischen Fällen** von einem Betriebsübergangs- 57
verlangen absehen. Ein Absehen liegt dabei auch vor, wenn die Behörde die Anordnung so trifft, dass die Verpflichtung zur Übernahme von Arbeitnehmern des bisherigen Betreibers faktisch **leer-läuft.**[158] Ein bloßer „sachlicher Grund" genügt nicht.[159] Vielmehr liegt ein „atypischer Fall" nach ständiger verwaltungsgerichtlicher Rechtsprechung nur vor, wenn ein Vorgehen nach der allgemeinen Regel unverhältnismäßig wäre und von der ratio legis offenbar nicht gefordert wird. Danach kommt es in der vorliegenden Konstellation darauf an, ob der Schutzzweck des Abs. 3 bzw. des Art. 4 Abs. 5 VO (EG) 1370/2007 es zulässt, ausnahmsweise keine Betriebsübergangsanordnung zu treffen. Entsprechend restriktiv ist das Tatbestandsmerkmal „atypisch" auszulegen. Ob ein „atypischer" Fall vorliegt, ist eine Rechtsfrage, sodass dies durch die Vergabekammern bzw. Gerichte in vollem Umfang geprüft werden darf (→ Rn. 117). Liegt ein solcher Ausnahmefall vor, ist dieser zu begründen und dies zu dokumentieren.[160]

Im Grundsatz ist erforderlich, dass die Ausnahme **verkehrstechnischer Natur** ist.[161] Dage- 58
gen reicht für die Annahme eines atypischen Ausgangsfalles nicht, dass der Aufgabenträger lediglich der Ansicht ist, dass die Betriebsübergangsanordnung ihm einen Mehraufwand bereiten könnte, sie die Verkehrsdienstleistung verteuern oder einzelne Anbieter von einer Angebotsabgabe abhalten könnte. Auch ist kein Argument, dass ein Betriebsübergang möglicherweise nicht mit dem Betriebskonzept einzelner Bewerber kompatibel sein könnte und zwar schon deshalb nicht, weil die Angebote andernfalls unvergleichbar und das Vergabeverfahren in der Konsequenz völlig intransparent würde.[162] Auch bloße Schwierigkeiten bei der Ermittlung der relevanten Arbeitsbe-

---

[153] Art. 4 Abs. 5 VO (EG) 1370/2007 lässt eine Anordnung (nur) „unbeschadet des nationalen Rechts" zu.
[154] BT-Drs. 18/6281, 117.
[155] LG Essen Urt. v. 22.3.2021 – 1035/21, n.v., VK Südbayern Beschl. v. 12.12.2017 – Z3-3-3194-1-40-08/17, BeckRS 2017, 137224 Rn. 74; BVerwG Urt. v. 29.7.1993 – 1 C 25/93, BVerwGE 94, 35 = NVwZ 1994, 381; BVerwG Urt. v. 2.7.1992 – 5 C 39/90, BVerwGE 90, 275 = NVwZ 1993, 588; BVerwG Urt. v. 17.3.1992 – 1 C 31/89, BVerwGE 90, 88 = NVwZ 1993, 675; BVerwG Urt. v. 15.12.1989 – 7 C 35/87, NVwZ 1990, 963 (966); BVerwG Urt. v. 31.3.1987 – 1 C 29/84, BVerwGE 77, 164 = NVwZ 1987, 809; BVerwG Urt. v. 14.1.1982 – 5 C 70/80, BVerwGE 64, 318 = DÖV 1982, 1044; BVerwG Urt. v. 28.2.1973 – VIII C 49.72, BVerwGE 42, 26 = NJW 1973, 1206; Kopp/Schenke/*Ruthig* VwGO § 114 Rn. 21; *Sachs* in Stelkens/Bonk/Sachs, Verwaltungsverfahrensgesetz, 9. Aufl. 2018, VwVfG § 40 Rn. 26; *Wolff* in Wolff/Decker, Studienkommentar VwGO/VwVfG, 4. Aufl. 2021, VwGO § 114 Rn. 13; Byok/Jaeger/*Suermann* Rn. 40.
[156] BT-Drs. 18/7086, 14 (4. Textabsatz) u. 16 (oben, 1. Absatz, 1. Zeile: „[...] *dass für den Regelfall der Anordnung* [...]").
[157] LG Essen Urt. v. 22.3.2021 – 1035/21, n.v.; VK Südbayern Beschl. v. 12.12.2017 – Z3-3-3194-1-40-08/17, BeckRS 2017, 137224 Rn. 74; Leitfaden abrufbar unter 2018-02-01 Leitfaden PÜ final.pdf (bag-spnv.de), 2 (zuletzt abgerufen am 23.7.2021); *Mutschler-Siebert/Dorschfeldt* VergabeR 2016, 385 (389); *Reidt/Stickler* VergabeR 2016, 708 (712f.); BeckOK VergabeR/*Bungenberg/Schelhaas* Rn. 59f.; *Bayreuther* NZA 2016, 1506 (1509f.); *Bayreuther* Der Nahverkehr 2017, 28.
[158] VK Südbayern Beschl. v. 12.12.2017 – Z3-3-3194-1-40-08/17, BeckRS 2017, 137224 Rn. 87.
[159] *Otting* in Gabriel/Krohn/Neun VergabeR-HdB Rn. 51; aA – im Gegensatz ohne Berücksichtigung der stRspr der Verwaltungsgerichte zum Begriff des „Sollens" oder der vergaberechtlichen Literatur – *Fandrey* in KKPP GWB Rn. 49; Willenbruch/Wieddekind/*Hübner* Rn. 26ff.
[160] VK Südbayern Beschl. v. 12.12.2017 – Z3-3-3194-1-40-08/17, BeckRS 2017, 137224 Rn. 88.
[161] BT-Drs. 18/7086, 14.
[162] *Mutschler-Siebert/Dorschfeldt* VergabeR 2016, 385 (390); *Reidt/Stickler* VergabeR 2016, 708.

dingungen genügen nicht,[163] weil sich Aufgabenträger dann ohne großen Aufwand der Anordnungspflicht entziehen können.[164] Ebenso wenig lässt sich in (vermeintlichen) Missbrauchsfällen eine Ausnahme begründen. Denn es kann schlechterdings nicht zulasten der Beschäftigten gehen, wenn der Altbetreiber versucht, über arbeitsvertragliche Gestaltungen eine Ausschreibung zu seinen Gunsten zu entscheiden. In derartigen Fallgestaltungen – sollten sie sich überhaupt ereignen – ist der Übergang der Arbeitsverträge ohne erkennbar missbräuchliche Abreden anzuordnen (→ Rn. 109 ff., insbesondere → Rn. 111).[165]

59 Vorstellbar ist ein Absehen von einer Personalübergangsanordnung bei dringlichen Notvergaben oder bei der Wiedervergabe einer reaktivierten Linie. Dagegen ist sie auch bei Interimsvergaben regelmäßig zu treffen.[166] Entgegen der Gesetzesbegründung[167] darf von einer Betriebsübergangsanordnung nicht lediglich deshalb abgesehen werden, weil sich lediglich der Zuschnitt des Wettbewerbsnetzes ändert. Aus arbeitsrechtlicher Sicht kommt es in einem solchen Fall vielmehr zu einem Teilbetriebsübergang.[168] Würden also beispielsweise aus einem Netz mit bislang fünf Linien, nur noch drei zusammenhängend ausgeschrieben, kann dies nicht zum Ausschluss eines Betriebsübergangs führen. Vielmehr besteht lediglich eine Einschränkung dahingehend, dass allein die Arbeitsverhältnisse derjenigen Beschäftigten übergehen, die auf dieser Linie eingesetzt sind. Das liegt schon deshalb nahe, weil es mit dem Schutzzweck der Regelung nicht vereinbar wäre, wenn große Belegschaftsteile immer dann ohne Schutz bleiben würden, wenn ein größerer Linienverbund nicht deckungsgleich mit seinem bisherigen Format zur Ausschreibung gebracht würde (→ Rn. 82, 84 ff.). Sollte man sich diesen Überlegungen nicht anschließen und entgegen den vorstehenden Ausführungen bereits Veränderungen im Wettbewerbsnetz als Anknüpfungspunkt für einen atypischen Fall ausreichen lassen, ist zu beachten, dass nach der Gesetzesbegründung selbst dann ein Absehen von einer Anordnung nur in Betracht kommen könnte, wenn die Veränderung des Netzes so einschneidend ausfällt, dass die bisherige Verkehrsleistung ihren Charakter oder arbeitsrechtlich formuliert „ihre betriebliche Identität" verliert.

60 Nicht angängig ist es, Abs. 3 „verfassungskonform" so auszulegen, dass sich die Verpflichtung des Aufgabenträgers auf ein „normales" Anordnungsermessen reduziert.[169] Nach dieser Ansicht sollen die Behörden nur dann eine Anordnung treffen (dürfen), wenn die von der Neuvergabe betroffenen Arbeitnehmer im konkreten Fall auch wirklich schutzbedürftig sind. Derart darf schon deshalb nicht verfahren werden, weil die Regelung – wie unter → Rn. 43 ff. dargelegt – keinerlei verfassungsrechtlichen Bedenken unterliegt. Hinzu kommt, dass der Aufgabenträger dessen ungeachtet nach Art. 4 Abs. 5 VO (EG) 1370/2007 verpflichtet bliebe, sein Ermessen pflichtgemäß dahingehend auszuüben, ob eine Personalübergangsordnung getroffen werden soll (→ Rn. 43). Auch dürfte auf der Hand liegen, dass ein solches Verfahren in praktischer Hinsicht gar nicht durchführbar ist. Denn zu Beginn des Verfahrens weiß der Aufgabenträger nicht, wer sich um die ausgeschriebene Linie bewerben und noch weniger, wer den Zuschlag erhalten wird. Auch lässt sich gar nicht ermitteln, welche Arbeitnehmer konkret und in welchem Umfang schutzbedürftig sind. Überdies würde das Vergabeverfahren intransparent gemacht, ginge man so vor. Auch ist der Wortlaut der Norm abschließend und keiner reduzierenden Auslegung zugänglich. Der Gesetzgeber hat sich ganz bewusst für ein intendiertes Ermessen entschieden (→ Rn. 55). Aufgabenträger haben im Übrigen keine Verwerfungskompetenz über verfassungsrechtlich (vermeintlich) bedenkliche Gesetze. Soweit sie zumindest partiell „hoheitlich" handeln,[170] würden sie mit einer Reduktion der Regelung überdies gegen Art. 20 Abs. 3 GG verstoßen. Für rein privatrechtlich organisierte Aufgabenträger hätte eine unmotivierte Nichtanwendung der Regelung zudem haftungs- und compliance-rechtliche Folgen.

61, 62 *nicht vergeben*

V. Privatrechtliche Übernahme – Erlass eines Verwaltungsakts?

63 Weder § 131 Abs. 3 noch Art. 4 Abs. 5 VO (EG) 1370/2007 enthält einen Hinweis darauf, wie sich der Betriebsübergang rechtstechnisch vollzieht. Das ist dem Kompromisscharakter beider

---

[163] AA aber offenbar *Fandrey* in KKPP GWB Rn. 50.
[164] *Reidt/Stickler* VergabeR 2016, 708 (714).
[165] *Reidt/Stickler* VergabeR 2016, 708 (714).
[166] *Reidt/Stickler* VergabeR 2016, 708 (713 f.).
[167] BT-Drs. 18/7086, 14.
[168] *Preis* in Müller-Glöge/Preis/Schmidt, Erfurter Kommentar zum Arbeitsrecht, 21. Aufl. 2021, BGB § 613a Rn. 8; *Willemsen* in Henssler/Willemsen/Kalb, 9. Aufl. 2020, BGB § 613a Rn. 30; BAG Urt. v. 24.4.1997 – 8 AZR 848/94, NZA 1998, 253; BAG Urt. v. 26.8.1999 – 8 AZR 718/98, NZA 2000, 144; BAG Urt. v. 16.5.2002 – 8 AZR 319/01, NZA 2003, 93; BAG Urt. v. 25.9.2003 – 8 AZR 421/02, NZA 2004, 316; BAG Urt. v. 18.12.2003 – 8 AZR 621/02, NZA 2004, 791.
[169] So aber *Ruge/von Tiling* NZA 2016, 1055 (1059).
[170] Vgl. zu deren möglicher Grundrechtsbindung BVerfG Urt. v. 22.2.2011 – 1 BvR 699/06, BVerfGE 128, 226 = NJW 2011, 1201.

Regelungen geschuldet. Unzweifelhaft einfacher würden sich die Dinge gestalten, hätte sich der Gesetzgeber dazu durchgerungen, § 613a BGB dahingehend zu ergänzen, dass auch eine Vergabe im Eisenbahnverkehr als Betriebsübergang iSd Regelung gilt. Das aber hat er – leider – nicht getan. Der Gesetzestext spricht lediglich davon, dass der Aufgabenträger „*verlangen*" soll, dass der ausgewählte Betreiber die betroffenen Arbeitnehmer „*übernimmt und ihnen die Rechte gewährt*", auf die sie Anspruch hätten, wenn ein Übergang gem. § 613a des Bürgerlichen Gesetzbuchs „*erfolgt wäre*". Etwas darüber hinaus geht die europäische Regelung. Danach kann die zuständige Behörde den ausgewählten Betreiber eines öffentlichen Dienstes „*verpflichten*", den Arbeitnehmern, die zuvor zur Erbringung der Dienste eingestellt wurden, die Rechte zu gewähren, auf die sie Anspruch hätten, wenn ein Übergang im Sinne der Betriebsübergangs-RL erfolgt wäre.

Im deutschen Rechtskreis wird sich ein Personalübergang letztlich eher auf **privatrechtlichem** **64** **Wege** vollziehen. Ein Arbeitsverhältnis eines betroffenen Arbeitnehmers geht im Regelfall dadurch über, indem der neue Betreiber ihm ein Angebot auf Fortführung seines Arbeitsverhältnisses unterbreitet und dieser das Angebot annimmt (→ Rn. 88 ff.).[171] Dagegen kann allein die „Anordnung" des Aufgabenträgers regelmäßig noch keinen Betriebsübergang bewirken.[172] Keinesfalls ist es möglich, dass die Behörde durch eine einschlägige Bekanntmachung die im konkreten Fall möglicherweise nicht erfüllten Tatbestandsmerkmale des § 613a BGB (→ Rn. 33 ff.) ersetzt.

Nicht abschließend klar ist, ob ein Personalübergang auch durch **Verwaltungsakt** herbeigeführt **65** werden könnte. Abs. 3 enthält jedenfalls keine hinreichend bestimmte Ermächtigung zum Erlass eines Verwaltungsakts. Eine solche könnte aber eventuell aus Art. 4 Abs. 5 VO (EG) 1370/2007[173] hergeleitet werden.[174] Daran anknüpfend könnte dann natürlich auch im Anwendungsbereich des Abs. 3 ein Verwaltungsakt ergehen.[175] Probleme bleiben indes. Davon abgesehen, dass auch der Wortlaut des Art. 4 Abs. 5 VO (EG) 1370/2007 für eine derartige Annahme möglicherweise nicht ausreicht,[176] sind die meisten Aufgabenträger im fraglichen Sektor privatrechtlich organisiert und können daher, zumindest ohne separate Beleihung, keine Verwaltungsakte erlassen. Weiter ist zu beachten, dass mittels Verwaltungsakt auch über Rechtsverhältnisse unbeteiligter Dritter (Altbetreiber, Arbeitnehmer) disponiert würde, die nicht Adressat der Entscheidung des Aufgabenträgers sind, was verfassungsrechtlich nicht ganz unbedenklich wäre. Schließlich hat sich der privatrechtliche „Vollzug" des Betriebsübergangs in der Praxis durchgesetzt und bewährt. Wenn dessen ungeachtet im Umfeld des Vergabeverfahrens – und so auch in der nachfolgenden Kommentierung – immer wieder von der „*Anordnung*" eines Personalübergangs die Rede ist, dann ist damit nicht gemeint, dass die Behörde den Betriebsübergang unmittelbar herbeiführen würde. Vielmehr handelt es sich dabei lediglich um eine faustformelartige Umschreibung,[177] mit der das Übernahmeverlangen der Behörde und ihre praktische Durchführung kurz zusammengefasst werden.

VI. Angaben zu den maßgeblichen Arbeitsbedingungen in den Ausschreibungsunterlagen

1. Benennung der übergehenden Arbeitsverhältnisse und ihrer Arbeitsbedingungen **66** **in den Ausschreibungsunterlagen.** Aufgabenträger müssen die **begünstigten Arbeitnehmer** in den Ausschreibungsunterlagen so **hinreichend konkretisieren,** dass **bestimmbar** ist, an wen sich das vom Bieter abzugebende Übernahmeangebot richtet (zur Gestaltung des Übernahmeangebots → Rn. 88 ff.). Dazu reicht es aus zivilrechtlicher Sicht zunächst aus, dass der von der Betriebsübergangsanordnung erfasste Arbeitnehmerkreis in den Verdingungsunterlagen durch abstrakte Eckdaten bestimmbar ist. Ein rechtsgeschäftlich bindendes Angebot kann nämlich auch an einen noch unbestimmten, wenngleich bereits abstrakt bestimmbaren Personenkreis gerichtet werden. So gesehen

---

[171] Ähnlich auch die Formulierung des Art. 4 Abs. 5 VO (EG) 1370/2007.
[172] Saxinger/Winnes/*Dönneweg,* 18. EL 2020, VO EG/1370/2007 Art. 4 Abs. 5 Rn. 19.
[173] „[...] *kann die zuständige Behörde den ausgewählten Betreiber eines öffentlichen Dienstes verpflichten, den Arbeitnehmern, die zuvor zur Erbringung der Dienste eingestellt wurden, die Rechte zu gewähren [...]*".
[174] Dies hält für möglich: VK Thüringen Beschl. v. 3.7.2019 – 250-4003-11441-2019-E-3-HBN, BeckRS 2019, 24157 Rn. 144; *Jankowiak,* Das behördliche Betriebsübergangsverlangen nach Art. 4 Abs. 5 Verordnung (EG) Nr. 1370/2007 bei der Vergabe von Aufträgen im öffentlichen Personenverkehr, 2012, 105; Otting in Gabriel/Krohn/Neun VergabeR-HdB Kap. 13 Rn. 55; Linke/*Bayreuther*/*Kaufmann*/*Linke*/*Lübbig*/ *Prieß* VO (EG) 1370/2007 Art. 4 Rn. 54i; in diese Richtung auch meine Überlegungen in *Bayreuther* NZA 2009, 582 (583). Soweit ich diesbezüglich in NZBau 2016, 459 (460 f.) eine restriktivere Auffassung vertreten habe, möchte ich die dort mitgeteilte Zurückhaltung wieder etwas relativieren.
[175] „[...] *sollen gemäß Artikel 4 Absatz 5 der Verordnung (EG) Nr. 1370/2007 verlangen [...]*".
[176] Rechten/Röbke LKV 2011, 337 (342).
[177] Auch die Begründung spricht verschiedentlich von einem „[...] *angeordneten Beschäftigtenübergang* [...]", vgl. BT-Drs. 18/7086, 16.

würde es genügen, dass die betreffenden Arbeitsverhältnisse hinreichend identifizierbar sind. Belegschaftsmitglieder des Altbetreibers müssen lediglich verlässlich ermitteln können, ob sie in das Übernahmeangebot einbezogen sind.

67 Darüber hinaus wird es aus vergaberechtlichen Überlegungen aber allgemein auch für notwendig erachtet, dass in den **Ausschreibungsunterlagen** die betroffenen Arbeitnehmer und deren Arbeitsbedingungen offengelegt werden.[178] Ob das tatsächlich erforderlich ist, ließe sich indes durchaus hinterfragen. Auch bei einem originären Betriebsübergang, der sich im Rahmen einer „normalen" Vergabe vollzieht, ist es ja nicht Aufgabe der Vergabestelle, den Bietern die notwendigen Informationen zur Verfügung zu stellen, damit diese das Angebot auch unter der Maßgabe kalkulieren können, dass es später zu einem Betriebsübergang kommen wird. Das gilt umso mehr, als zu Beginn „gewöhnlicher" Vergabeverfahren häufig noch gar nicht absehbar ist, ob ein Betriebsübergang eintreten wird oder nicht. Nicht selten hängt das sogar vom neuen Auftragnehmer selbst ab, etwa davon, in welchem Umfang er „freiwillig" Personal des Altbetreibers einstellt.[179] Für den Normalfall ist es also gerade das unternehmerische Risiko eines jeden Bewerbers selbst, dass eine Auftragsneuvergabe mit einem Betriebsübergang verbunden ist und er in der Folge das Personal des Vorbetreibers übernehmen muss. Wenn im vorliegenden Kontext etwas anderes gelten soll, dann lässt sich das allenfalls unter Hinweis darauf begründen, dass es erst die Entscheidung der Vergabestelle selbst ist, die den Betriebsübergang herbeiführt und dieser vice versa dafür sorgen muss, dass der Anbieter sein Angebot auf einer hinreichend verlässlichen Grundlage kalkulieren kann. Es kommt hinzu, dass Art. 4 Abs. 5 S. 2 VO (EG) 1370/2007 die Behörde ebenfalls zu entsprechenden Angaben verpflichtet.

68 Nach allgemeiner Ansicht ist der Aufgabenträger dazu gehalten, die Bieter über die zum Übergang **anstehenden Arbeitsverhältnisse** hinreichend genau zu **informieren**. Er muss die betreffenden Arbeitnehmer in den Ausschreibungsunterlagen benennen und hinreichend genaue Angaben zu ihren Arbeitsbedingungen machen. Danach ist zumindest die Zahl der zu übernehmenden Arbeitnehmer anzugeben, deren Beruf und ihre ausgeübte Tätigkeit, ihr Alter, die bisherige Beschäftigungsdauer, die auf das Arbeitsverhältnis anzuwendenden Tarifverträge, eventuell wesentliche Betriebsvereinbarungen, eine Auflistung der derzeitigen Entgeltbestandteile, eine Aufstellung von Ansprüchen auf eine betriebliche Altersversorgung und weitere wesentliche Angaben über das einzelne Arbeitsverhältnis (zB Befristung, Teilzeitarbeitsverhältnis).[180] Insgesamt ist insoweit aber Augenmaß zu wahren. Die Behörde braucht nicht die Bieter über jedes noch so kleine Detail der Arbeitsbedingungen der einbezogenen Arbeitnehmer informieren. Alles andere würde ihr Unmögliches abverlangen. Sie hat die Angaben des Altbetreibers auf Plausibilität zu überprüfen, indes keine darüber hinausgehenden Ermittlungspflichten. Allenfalls wird man ihr eine stichprobenartige Kontrolle von ansonsten plausibel erscheinenden Angaben abverlangen können.

69 Die einschlägigen Daten müssen anonymisiert bzw. pseudonymisiert werden (Art. 4 Abs. 5 DS-GVO, Art. 5 Abs. 1 DS-GVO, § 3 Abs. 6 BDSG und §§ 6a, 3a BDSG). Im Übrigen ist die Erhebung bzw. Weitergabe der relevanten Daten nach §§ 28 und 32 BDSG bzw. Art. 6 Abs. 1 lit. b und lit. c DS-GVO durch § 131 Abs. 3 bzw. Art. 4 Abs. 5 VO (EG) 1370/2007 gerechtfertigt.

70 **2. Mitteilungspflicht des Altbetreibers.** Im Anwendungsbereich des § 131 sind Altbetreiber nach Abs. 3 S. 4 verpflichtet, dem Aufgabenträger die **notwendigen Informationen** zukommen zu lassen, damit dieser seiner Verpflichtung zur Offenlegung der maßgeblichen Arbeitsbedingungen in den Ausschreibungsunterlagen nachkommen kann. Darüber hinaus ist der Altbetreiber hierzu aber auch aus § 241 Abs. 2 BGB, § 242 BGB iVm Art. 4 Abs. 5 S. 2 VO (EG) 1370/2007 verpflichtet.[181] Im Übrigen empfiehlt sich für den Aufgabenträger, bereits im Betreibervertrag einschlägige Bestimmungen hierfür zu treffen. Der Aufgabenträger sollte dabei ggf. auch eine Sanktion für unrichtige Angaben in Form von Vertragsstrafen in Erwägung ziehen (→ Rn. 71).

71 **3. Haftung für fehlerhafte Angaben.** Hat der Aufgabenträger die Angaben des Altbetreibers hinreichend sorgfältig auf **Plausibilität** geprüft (→ Rn. 68), hat er das seinerseits Erforderliche getan.

---

[178] Saxinger/Winnes/*Dönneweg*, 18. EL 2020, VO EG/1370/2007 Art. 4 Abs. 5 Rn. 35; Linke/*Bayreuther/Kaufmann/Linke/Lübbig/Prieß* VO (EG) 1370/2007 Art. 4 Rn. 55; überbetont bei *Fandrey* in KKPP GWB Rn. 42, 45 ff.

[179] Dazu, dass die Übernahme eines wesentlichen Teils des Personals des Vormanns einen Betriebsübergang auslösen kann, → Rn. 39, 42.

[180] Muster im Handlungsleitfaden Rheinland-Pfalz (https://lsjv.rlp.de/fileadmin/lsjv/Dateien/Aufgaben/Arbeit/LTTG/OEPNV/Handlungsleitfaden_RLP.pdf; zuletzt abgerufen am 23.7.2021), 22, sowie im Handlungsleitfaden der BAG-SPNV (2018-02-01LeitfadenPÜfinal.pdf), 3, 5; s. auch Saxinger/Winnes/*Dönneweg*, 18. EL 2020, VO EG/1370/2007 Art. 4 Abs. 5 Rn. 36.

[181] Saxinger/Winnes/*Dönneweg*, 18. EL 2020, VO EG/1370/2007 Art. 4 Abs. 5 Rn. 49; *Bayreuther* NZA 2009, 582 (584); *Knauff* in Goede/Stoye/Stolz VergabeR-HdB Kap. 13 Rn. 17.

Eine Haftung gegenüber dem Neubetreiber für etwaige Fehlinformationen seitens des Altbetreibers ist dann ausgeschlossen. Dieser ist insoweit auch nicht Erfüllungsgehilfe iSd § 278 BGB in einem etwaigen Vertragsverhältnis zwischen Aufgabenträger und Bieter bzw. Betreiber. Umgekehrt haftet der Altbetreiber regelmäßig nicht gegenüber dem Aufgabenträger. Insoweit käme zwar ein Anspruch aus § 241 Abs. 2 BGB, § 280 BGB in Betracht, indes fehlt es beim Aufgabenträger regelmäßig an einem bezifferbaren Schaden. Aber auch der Neubetreiber kann den Altbetreiber nicht in Anspruch nehmen. Zwischen beiden Beteiligten fehlt es an einem Vertragsverhältnis. Vertragliche Schadensersatzansprüche scheiden mithin aus. Deliktische Ansprüche sind, soweit nicht ausnahmsweise § 826 BGB eingreifen sollte, regelmäßig versperrt, da es an der Schädigung eines absolut geschützten Rechtsguts fehlt. Denkbar wäre allenfalls ein Rückgriff des Neubetreibers auf den Altbetreiber im Wege der Drittschadensliquidation. Der Neubetreiber hat zwar einen Schaden erlitten, aber keinen Anspruch gegen den Altbetreiber. Dagegen steht dem Aufgabenträger zwar regelmäßig ein Vertragsanspruch gegen den Altbetreiber zu, indes fehlt es in dieser Beziehung an einer Schadenszufügung.

VII. Einbezogene Arbeitnehmer

1. Arbeitnehmer, Leiharbeitnehmer, Beschäftigte von Subunternehmern, Beamte.

72 Abs. 3 S. 1 richtet sich an Arbeitnehmer, *„die beim bisherigen Betreiber für die Erbringung der Verkehrsleistung beschäftigt waren"*. Die Regelung setzt folglich einen Arbeitsvertrag zwischen dem Altbetreiber und dem Arbeitnehmer voraus. Nicht erfasst werden beim Altbetreiber eingesetzte Beschäftigte von Subunternehmern[182] und noch weniger kann der Altbetreiber verpflichtet werden, diese im Fall seines Erfolgs im Wettbewerb zu übernehmen.[183] Das ist bedauerlich, da nicht wenige Verkehrsunternehmen insbesondere im Hinblick auf Nebenleistungen (Zugbegleitung, Fahrkartenkontrolle, Reinigung, Sicherheit, Vertrieb) Unteraufträge in signifikantem Umfang vergeben und etwaige vom Aufgabenträger vorgegebene Subunternehmerquoten voll ausschöpfen. Der Schutz der Arbeitnehmer darf indes nicht von den Zufälligkeiten einer geringen oder auch höheren Subunternehmerquote beim Altbetreiber abhängen. Sogar der Gesetzgeber selbst ging davon aus, dass öffentliche Auftraggeber *„besonderes Augenmerk auf Situationen richten werden, in denen in den übergangsrelevanten Tätigkeitsbereichen ein besonders hoher Subunternehmeranteil besteht"*.[184]

73 Aufgabenträgern steht es frei, den Neubetreiber zu verpflichten, die Beschäftigung von **Leiharbeitnehmern,** die beim Vormann eingesetzt waren, fortzuführen. Das folgt daraus, dass Abs. 3 den Aufgabenträgern nur ein rechtliches „Müssen" vorschreibt. Dessen ungeachtet können sie weiterhin von der offeneren Ermächtigungsnorm des Art. 4 Abs. 5 VO (EG) 1370/2007 Gebrauch machen (→ Rn. 52).[185] Diese knüpft allein daran an, dass der Arbeitnehmer bei der Erbringung der fraglichen Dienste eingesetzt ist.[186] Dazu kommt, dass nach der Rechtsprechung des EuGH ein Betriebsübergang auch *„nichtvertragliche"* Arbeitsverhältnisse mit dem Veräußerer wie zB auch Leiharbeitnehmer erfassen kann.[187] Was indes nicht angeht, ist, den Neubetreiber zur Einstellung solcher Personen zu verpflichten. Erst recht kann der Altbetreiber nicht zu deren „Übernahme" angehalten werden, sollte er erneut den Zuschlag erteilt bekommen.[188]

74 **Beamte** sind keine Arbeitnehmer iSd Abs. 3, aber auch nicht iSd Art. 4 Abs. 5 VO (EG) 1370/2007 iVm Art. 2 Nr. 1 lit. d der Betriebsübergangsrichtlinie 2011/23/EG.[189] Rein theoretisch wäre zwar nicht ausgeschlossen, dass der Neubetreiber auch Beamten ein Angebot auf Abschluss eines Arbeitsvertrags zu ihren bisherigen Bedingungen unterbreitet. Doch lassen sich die Beschäftigungsbedingungen von Beamten schon mit Rücksicht auf ihren besonderen Kündigungsschutz und die besonderen Versorgungsleistungen im öffentlichen Dienst kaum verlässlich taxieren, wodurch das Vergabeverfahren unübersichtlich würde, und auch ansonsten passt das Betriebsübergangsrecht nicht auf Beamte. Ein solches Vorgehen ist indes weder erforderlich noch durch die Kompetenznorm der VO (EG) 1370/2007 gedeckt. Soweit es in der Gesetzesbegründung heißt, dass *„beamteten Mitarbeitern (...) keine Nachteile entstehen"* dürfen, kann sich diese nur auf das Innenverhältnis zwischen dem BEV und den betroffenen Beamten beziehen. Sollte das BEV infolge des Betreiberwechsels Beamte zum neuen Anbieter abstellen, dann dürfen diese dadurch keine Einbußen in ihrem dienstrechtlichen Besitzstand erleiden.

---

[182] VK Thüringen Beschl. v. 3.7.2019 – 250-4003-11441-2019-E-3-HBN, BeckRS 2019, 24157 Rn. 145; *Winnes* Der Landkreis 2016, 207 (209).
[183] VK Thüringen Beschl. v. 3.7.2019 – 250-4003-11441-2019-E-3-HBN, BeckRS 2019, 24157 Rn. 145.
[184] BT-Drs. 18/7086, 14.
[185] So auch *Winnes* Der Landkreis 2016, 207 (209).
[186] An anderer Stelle heißt es auch, dass die Behörde in den Vergabeunterlagen transparente Angaben zu den Bedingungen machen soll, *„unter denen sie als in einem Verhältnis zu den betreffenden Diensten stehend gelten"*.
[187] EuGH Urt. v. 21.10.2010 – C-242/09, Slg. 2000, I-10309 = NZA 2010, 1225 – Albron Catering.
[188] VK Thüringen Beschl. v. 3.7.2019 – 250-4003-11441-2019-E-3-HBN, BeckRS 2019, 24157 Rn. 145.
[189] Saxinger/Winnes/*Dönneweg*, 18. EL 2020, VO EG/1370/2007 Art. 4 Abs. 5 Rn. 5.

75 **2. Unmittelbarer Einsatz im ausgeschriebenen Verkehr (Abs. 3 S. 2).** Nach Abs. 3 S. 2 hat sich das Übernahmeverlangen der Vergabestelle auf diejenigen Arbeitnehmer zu beschränken, *„die für die Erbringung der übergehenden Verkehrsleistung unmittelbar erforderlich sind"*. Noch etwas enger liest sich die Gesetzesbegründung, wonach der Beschäftigtenübergang *„ausschließlich operativ tätige Mitarbeiter bestimmter Tätigkeitsgruppen"* umfassen soll.[190] Erneut ist darauf hinzuweisen, dass sich diese Einschränkung nur auf das rechtliche „Müssen" des Aufgabenträgers bezieht, nicht aber auf seine – weitergehende – Anordnungskompetenz nach Art. 4 Abs. 5 VO (EG) 1370/2007 (→ Rn. 52). Der Vergabestelle wäre es also unbenommen, die Anordnung auch auf Arbeitnehmer zu erstrecken, die nicht der Unmittelbarkeitsdefinition des § 131 Abs. 3 S. 2 unterfallen, soweit diese wenigstens durch die Kompetenznorm des Art. 4 Abs. 5 VO (EG) 1370/2007 erfasst sind.

76 Das Tatbestandsmerkmal der „unmittelbaren Erforderlichkeit" ist mit Blick auf den Regelungszweck der Norm, aber auch die beschränkte Aussagekraft der Gesetzesbegründung (→ Rn. 51) weit auszulegen. Dafür sprechen vor allem auch die Beratungen der Koalitionsfraktionen im Ausschuss, wo von „übergangsrelevanten Tätigkeits*bereichen*" die Rede ist.[191] Es sind daher **alle Arbeitnehmer** in die Anordnung einzubeziehen, die **schutzwürdig** sind, weil sie dem fraglichen Linienbetrieb zugeordnet sind und die Vergabe daher den Fortbestand ihres Arbeitsverhältnisses gefährden könnte. Das findet seine Grenze freilich dort, wo der neue Verkehrsdienstleister auch Betriebseinheiten übernehmen soll, die allenfalls mittelbar an die fragliche Verkehrsleistung angebunden sind. Andernfalls würde er seine Wettbewerbsvorteile in diesem Bereich verlieren.

77 **Faustformelartig** lässt sich festhalten, dass zur Erbringung der Verkehrsdienstleistung alle Arbeitnehmer erforderlich sind, ohne die die Verkehrsdienstleistung innerhalb eines überschaubaren Zeitraums zum Erliegen kommt oder in Umfang oder Qualität mangelhaft würde. Maßstab für das zuletzt genannte Merkmal sind die Anforderungen aus dem bisherigen öffentlichen Dienstleistungsauftrag, soweit der neu zu vergebende öffentliche Dienstleistungsauftrag vergleichbare Anforderungen enthält.

78 In jedem Fall erfasst sind Triebfahrzeugführer. Weiterhin einzubeziehen sind das Zugbegleit-, Reinigungs- und Sicherheitspersonal, sowie andere, vergleichbare Kundenbetreuer im Zug. Während Neubetreiber nicht selten einigen Aufwand betreiben müssen, um Lokomotivführer zu gewinnen und deshalb in Einzelfällen durchaus bereit sind, diese zu den Arbeitskonditionen des bisherigen Betreibers zu übernehmen, wird häufig versucht, Kosten dadurch zu reduzieren, dass für flankierende Leistungen wenig qualifizierte Arbeitnehmer zu ungünstigen Arbeitsbedingungen eingestellt oder diese Arbeiten an Subunternehmer abgegeben werden. Eher an der Grenze dürfte sich das Vertriebs-, Verkaufs- und Beratungspersonal bewegen (Fahrkartenverkauf, Fahrplanauskunft, Auskunftspersonen vor Ort usw) sowie die Dispatcher im Fahrbetrieb. Jedenfalls nicht in Abs. 3 einbezogen sind „Overhead"-Mitarbeiter, die in der Unternehmensleitung, der Verwaltung oder im Management des Altbetreibers beschäftigt sind. Das ist auch im Betriebsübergangsrecht so anerkannt, wo Einigkeit darüber besteht, dass Arbeitnehmer, die vorwiegend in einem nicht mit übertragenen Zentral- oder Verwaltungsbereich beschäftigt sind, dem Veräußerer zugeordnet bleiben.[192]

79 Besondere Einordnungsschwierigkeiten bereiten Mitarbeiter in den Werkstätten. Insoweit kommt es auf den jeweiligen Einzelfall an. Sollte der Aufgabenträger Werkstattleistungen separat ausschreiben, kommt es nur bei dieser Vergabe zu einem eigenständigen Betriebsübergang. Davon scheint auch der Gesetzgeber auszugehen, wenn er in der Gesetzesbegründung festhält, dass *„darüber hinaus der Übergang von Werkstattpersonal zu regeln (ist), welches für den Weiterbetrieb der Werkstatt des Altbetreibers benötigt wird"*.[193] In allen anderen Fällen zählen Werkstattleistungen zum Fahrbetrieb.[194]

80 **3. Angleichung an das Bedarfskonzept des Neuanbieters?** Welche Arbeitnehmer in die Personalübergangsanordnung einzubeziehen sind, ist nach abstrakt-objektiven Kriterien zu bestimmen. Umstritten ist, inwieweit das **Betreiberkonzept des Erwerbers** Berücksichtigung finden kann. Dabei geht es darum, ob darauf Rücksicht genommen werden darf, dass der Anbieter sein Angebot mit einem geringeren Personaleinsatz kalkuliert als der Altbetreiber oder vermehrt Leistungen an Subunternehmer vergeben möchte. Das ist nicht der Fall. Dies ist nach dem Gesetzeswortlaut, aber auch nach klassischem Betriebsübergangsrecht ausgeschlossen.[195] Mit letzterem wäre es völlig unvereinbar, wenn der neue Betreiber nur Personal seines Vormanns in dem Umfang übernehmen

---

[190] BT-Drs. 18/7086, 6,16.
[191] BT-Drs. 18/7086, 14.
[192] BAG Urt. v. 18.4.2002 – 8 AZR 347/01, ZInsO 2002, 1198.
[193] BT-Drs. 18/7086, 16.
[194] Vgl. VK Thüringen Beschl. v. 3.7.2019 – 250-4003-11441-2019-E-3-HBN, BeckRS 2019, 24157 Rn. 149.
[195] Linke/*Bayreuther/Kaufmann/Linke/Lübbig/Prieß* VO (EG) 1370/2007 Art. 4 Rn. 54c; VK Südbayern Beschl. v. 12.12.2017 – Z3-3-3194-1-40-08/17, Beck RS 2017, 137224 Rn. 9; *Reidt* VergabeR 2018, 388(390); *Winnes* Der Landkreis 2016, 207 (209).

müsste, in dem er vorgibt, dieses auch tatsächlich zu benötigen. Es ist ja geradezu der Dreh- und Angelpunkt des § 613a BGB, dass sämtliche mit dem Erwerber begründete Arbeitsverhältnisse übergehen und der Erwerber nicht etwa nur Personal in dem Umfang übernimmt, in dem ihm dessen Beschäftigung wünschenswert erscheint. Auch in vergaberechtlicher Hinsicht erschiene ein solches Vorgehen bedenklich: Würde man tatsächlich das Betriebskonzept des Neuanbieters berücksichtigen, könnte im Ergebnis jeder Anbieter selbst bestimmen, in welchem Umfang er das bisherige Personal übernimmt. Die eingereichten Angebote würden so unvergleichbar, das Vergabeverfahren völlig intransparent. Schließlich ging auch der europäische Gesetzgeber davon aus, dass die Belegschaft eine Neuvergabe im Verkehrssektor auch dann möglichst „unbeschadet" überstehen soll, wenn das Betreiberkonzept wechselt.

Dagegen verfängt auch der Hinweis nicht, dass es derart zu einem **Personalüberhang beim** 81 **neuen** Betreiber kommen könnte.[196] Richtig ist, dass dieser möglicherweise sein Konzept, die Linie mit weniger Personal zu betreiben als der Vormann, nicht mehr vollständig realisieren kann. Möglicherweise ergeben sich auch Schwierigkeiten, wenn er bereits über eigenes Personal verfügt und plant, dieses auf der gewonnenen Linie einzusetzen. Doch realisiert sich derart genau das Wirtschaftsrisiko, dass jedem Betriebsübergang immanent ist. Nichts anderes gilt für jeden anderen Wirtschaftsteilnehmer auch, der einen Auftrag übernimmt, der später in einen Betriebsübergang mündet (→ Rn. 33 ff., 48 f.). Sollte der Erwerber tatsächlich das übernommene Personal nicht vollständig beschäftigen können, muss er – wie bei jedem anderen Betriebsübergang auch – ggf. betriebsbedingte Kündigungen aussprechen, wobei sich sowohl die übernommenen Arbeitnehmer als auch ein etwa vorhandenes „Altpersonal" des Erwerbers einer gemeinsamen Sozialauswahl stellen müssen. Freilich ist schon in tatsächlicher Hinsicht fraglich, ob sich dieses Szenario überhaupt je realisieren wird (→ Rn. 45 aE). Ist der Erhalt der Arbeitsplätze beim Neubetreiber nicht gesichert, werden sich die Arbeitnehmer des Altbetreibers gut überlegen, ob sie zum neuen Diensterbringer wechseln wollen. Schließlich lässt sich eine auf das eigene Betriebskonzept begrenzte Übernahme auch nicht auf die Rechtsfigur der sog. „sanierenden Kündigungen auf Erwerberkonzept"[197] stützen. Einmal ganz abgesehen davon, dass hier kein Sanierungsfall vorliegt, gehen auch nach diesem Modell sämtliche mit dem Veräußerer begründete Arbeitsverhältnisse auf den Erwerber über, nur mit dem Unterschied, dass der Veräußerer berechtigt ist, bereits vor dem Betriebsübergang eine dem Erwerberkonzept entsprechende Anzahl von Beschäftigten zu kündigen.

Was der Aufgabenträger dagegen unzweifelhaft in Anschlag bringen darf (und muss), ist hingegen 82 eine von ihm veranlasste **Änderung des verkehrstechnischen Bedarfs.** So wäre es etwa nachvollziehbar, wenn bei der Bemessung der Beschäftigtenzahl, die in den Betriebsübergang einbezogen ist, proportional berücksichtigt wird, dass der Takt gestreckt wurde (etwa: zweistündlich statt bisher stündlich) oder Linien verkürzt werden (→ Rn. 59, 84 ff.).

Eine in der Praxis stark verbreitete Auffassung, wonach das Personalkonzept des Neubetreibers 83 auch darüber hinaus berücksichtigt werden darf, verweist auf die Gesetzesbegründung, in der es heißt, dass sich die Anordnung des Personalübergangs nach „*dem Bedarf des neuen Betreibers*" richte und weiter: „*potenzielle Wettbewerbsvorteile neuer Betreiber sollen damit erhalten bleiben*".[198] Wie eingangs dargelegt (→ Rn. 51) korrespondiert die Begründung aber nicht immer mit dem Gesetzeswortlaut, weshalb dieser Passage kein besonderes Gewicht beigemessen werden sollte. Folgt man dessen ungeachtet dieser Ansicht und hält das Personalkonzept des Neubetreibers für berücksichtigungsfähig, dann ist dies zwangsläufig mit einer besonderen Verantwortung des Aufgabenträgers zur Prüfung des vorgelegten Personalkonzepts verbunden. Dieser muss dieses zumindest auf Plausibilität prüfen und unangemessen „niedrige" Kalkulationen aus dem Verfahren ausschließen. Weiter muss der Aufgabenträger dann selbst objektive Kriterien festlegen, nach denen sich das nun nötige Auswahlverfahren vollzieht (→ Rn. 84 ff.). Was indes keinesfalls angängig ist, ist die in der Praxis zuweilen geschilderte Empfehlung, wonach der Neubetreiber in einem bestimmten Zeitraum „Auswahlgespräche" mit den Altarbeitnehmern führen und nach deren Auswertung einzelnen Arbeitnehmern ein Übernahmeangebot unterbreiten kann oder soll. Selbst wenn man unterstellt, dass der Auftragnehmer seine Auswahl entsprechend den Vorgaben des AGG gestaltet, dürfte dies im Ergebnis häufig dazu führen, dass vor allem junge Beschäftigte mit kurzen Vordienstzeiten und geringerem Gehaltsniveau berücksichtigt werden. Eine derartige „Rosinenpickerei" ist mit den Intentionen des GWB bzw. des § 613a BGB absolut unvereinbar.

4. Zuordnung der Mitarbeiter zur ausschreibungsrelevanten Linie, Teilausschreibun- 84 **gen – Auswahlverfahren bei Berücksichtigung des Betreiberkonzepts.** Die Notwendigkeit

---

[196] *Winnes* Der Landkreis 2016, 207 (209).
[197] BAG Urt. v. 20.3.2003 – 8 AZR 97/02, NZA 2003, 1027.
[198] BT-Drs. 18/7086, 15.

eines Auswahlverfahrens ergibt sich zunächst dann, wenn der Altbetreiber das Wettbewerbsnetz bisher innerbetrieblich im Verbund mit anderen Strecken bzw. Netzen bewirtschaftet. In dieser Konstellation ist eine Zuordnung einzelner Mitarbeiter zu den ausgeschriebenen Linien erforderlich. Gleiche Fragen können sich auch dann stellen, wenn aus einem Netz, das bislang nur von einem Dienstleister befahren wurde, einzelne Linien herausgetrennt werden oder auch einzelne Dienstleistungen, wie zB Werkstattleistungen, separat ausgeschrieben werden. Bereits oben (→ Rn. 59) wurde darauf hingewiesen, dass die separate Ausschreibung einzelner Linien oder Leistungen keinen atypischen Fall begründet, der es dem Aufgabenträger gestattet, von einer Übergangsanordnung abzusehen. Vielmehr tritt in diesem Fall ein Teilbetriebsübergang ein (→ Rn. 59, 82). Schließlich muss der Aufgabenträger auch dann ein Auswahlkonzept vorgeben, wenn er (entgegen der hier vertretenen Auffassung, → Rn. 80 f.) im Rahmen der Anordnung das Personalkonzept des Neubetreibers berücksichtigt.

85 In den Personalübergang einzubeziehen sind nur Mitarbeiter, die **überwiegend und hinreichend lange** in den entsprechenden Funktionen im **Wettbewerbsnetz** tätig gewesen sind.[199] Für die Zuordnung des Arbeitsverhältnisses ist dabei entscheidend, wo der eindeutige Schwerpunkt[200] der Tätigkeit der einzelnen Arbeitnehmer liegt. Insoweit bietet sich ein Rückgriff auf die arbeitsgerichtliche Rechtsprechung zur Zuordnung von Beschäftigten bei Betriebsteilübergängen an.[201] Alternativ dazu kann der Aufgabenträger auch Zuordnungsquoten festlegen.[202] Denkbar ist, dass er einen bestimmten Mindestprozentsatz[203] festlegt, zu dem die betroffenen Arbeitnehmer auf der relevanten Linie eingesetzt gewesen sein müssen. Ein solches Vorgehen ist freilich unter Gleichheitsgesichtspunkten nicht ganz unproblematisch, weil derart Arbeitnehmer von kleinen Gesellschaften, die nur wenige Linien betreiben, gegenüber Beschäftigten größerer Unternehmen bevorzugt werden und umgekehrt der Neubetreiber die mit einem Personalübergang verbundenen Lasten desto eher tragen muss, je beschränkter das Geschäftsfeld seines Vormanns aufgestellt war. Daher dürften die Quoten kaum höher als 30% angesetzt werden.

86 Denkbar erscheint aber auch folgendes Vorgehen:
– Zunächst wird ermittelt, welcher Personaleinsatz für den Linienbetrieb erforderlich ist.
– Dabei sind allein durch den Auftraggeber vorzugebende objektive Kriterien maßgeblich, nicht aber das subjektive Betreiberkonzept einzelner Anbieter (→ Rn. 80 f.).
– Dem so berechneten Arbeitsbedarf werden so viele Arbeitnehmer des Altbetreibers gegenübergestellt bis dieser abgedeckt ist („Zuordnungslisten").
– Die Auswahl unter den Mitarbeitern hat dabei nach dem zeitlichen Aufwand und dem Arbeitseinsatz der Mitarbeiter zu erfolgen. Entscheidend ist also der relative Schwerpunkt des bisherigen Einsatzes im Wettbewerbsnetz.

87 Folgende Variante[204] erscheint – soweit man das Bedarfskonzept des Neubetreibers für berücksichtigungsfähig hält – ebenfalls möglich:
– Der Altbetreiber ordnet die Arbeitnehmer innerhalb der Tätigkeitsgruppe in Form von Vollzeitäquivalenten entsprechend ihres relativen Tätigkeitsschwerpunktes dem jeweiligen Netz zu.
– Die Arbeitnehmer werden entsprechend ihrem Arbeitsanteil in absteigender Reihung aufgelistet. Hierbei erscheint eine Gruppenbildung denkbar (beispielsweise in Schritten von jeweils 10%).
– Der Aufgabenträger prüft die Listen auf Plausibilität und verweist in den Ausschreibungsunterlagen auf diese.
– Der Aufgabenträger prüft bei der Auswertung der Angebote die Personalkonzepte der Bieter auf Plausibilität.
– Der Neubetreiber muss Arbeitnehmer entsprechend seiner Kalkulation im Angebot übernehmen.
– Die Liste ist abzuarbeiten, bis die vom Neubetreiber benötigten Vollzeitäquivalente erreicht sind. Nehmen Arbeitnehmer das Übernahmeangebot nicht an, rücken nachrangig gereihte Arbeitnehmer nach.
– Wurde eine Gruppenbildung (etwa nach 10%-Schritten) vorgenommen und kann eine Gruppe nicht insgesamt berücksichtigt werden, ist innerhalb der betroffenen Arbeitnehmer eine Sozialauswahl durchzuführen.

---

[199] BT-Drs. 18/7086, 15.
[200] So auch iRd Art. 4 Abs. 5 VO EG Nr. 1370/2007; VK Thüringen Beschl. v. 3.7.2019, – 250-4003-11441-2019-E-3-HBN, BeckRS 2019, 24157 Rn. 149; Saxinger/Winnes/*Dönneweg*, 18. EL 20220, VO EG/1370/2007 Art. 4 Abs. 5 Rn. 3.
[201] BAG Urt. v. 21.2.2013 – 8 AZR 877/11, EzA BGB 2002 § 613a Nr. 143; BAG Urt. v. 22.7.2004 – 8 AZR 350/03, NZA 2004, 1383.
[202] BT-Drs. 18/7086, 15.
[203] Dies empfehlen *Mutschler-Siebert/Dorschfeldt* VergabeR 2016, 385 (390).
[204] S. Handlungsleitfadens BAG-SPNV, Anlagen.

VIII. Der Betriebsübergang nach § 613a BGB bzw. RL 2001/23/EG

1. Der Übergang des Arbeitsverhältnisses. a) Drittwirkende Übernahmeerklärung bei Angebotsabgabe. Schließt man sich der hier vertretenen Auffassung an, wonach sich ein angeordneter Personalübergang regelmäßig nur über eine privatrechtliche Übernahmevereinbarung vollziehen lässt (→ Rn. 63 f.), dann dürfen sich die Aufgabenträger bei der Ausschreibung nicht auf den bloßen Hinweis beschränken, dass ein Betriebsübergang herbeigeführt werden soll. Sie müssen vielmehr verlangen, dass die Bieter zusammen mit der Einreichung der Offerte ein **Angebot auf Übernahme** der betroffenen Arbeitsverhältnisse abgeben, das auf die Zuschlagserteilung bedingt ist. Dieses ist an den in den Verdingungsunterlagen benannten Personenkreis gerichtet und beinhaltet ein Angebot auf Abschluss eines Übernahmevertrags (§§ 133, 145 BGB, § 328 Abs. 1 BGB entsprechend). Dazu muss der von der Betriebsübergangsanordnung erfasste Arbeitnehmerkreis in den Verdingungsunterlagen noch nicht einmal zwingend personalisiert sein. Vielmehr genügt, dass er durch abstrakte Eckdaten bestimmbar ist. Ein rechtsgeschäftlich bindendes Angebot kann nämlich auch an einen noch unbestimmten, wenngleich bereits bestimmbaren Personenkreis gerichtet werden.[205] Dazu, dass eine weitere Konkretisierung der angesprochenen Arbeitnehmer und ihrer Arbeitsbedingungen allgemein aus vergaberechtlichen Gründen für erforderlich gehalten wird (→ Rn. 66).

Der Bieter ist bereits an das im Rahmen der Ausschreibung abgegebene Angebot gebunden. Die einzelnen Arbeitnehmer brauchen dieses also nach Zuschlagserteilung nur anzunehmen und können so ohne Weiteres den Vertragsübergang herbeiführen, ohne dass der Bieter (Neubetreiber) hierauf noch Einfluss nehmen könnte. Selbst aber wenn der Aufgabenträger Bietern im Vergabeverfahren nicht explizit eine drittwirkende Erklärung abgefordert hatte, ergibt sich eine solche häufig durch Auslegung des eingereichten Angebots.

b) Annahmefrist. Wie lange der Arbeitnehmer Zeit hat, um das Übernahmeangebot anzunehmen, bestimmt sich nach § 147 Abs. 1 BGB und damit nach der vom Neubetreiber gesetzten Annahmefrist. Einzelheiten müssten freilich durch den Aufgabenträger vorgegeben werden. Der Neubetreiber muss dabei in die Lage versetzt werden, rechtzeitig einen **Überblick** darüber zu gewinnen, wie viel Personal tatsächlich auf ihn übergeht, da ja keineswegs feststeht, dass alle angesprochenen Arbeitnehmer sein Übernahmeangebot auch wirklich annehmen. Um insoweit einen Gleichlauf mit § 613a Abs. 6 BGB herzustellen, sollte die Annahmefrist im absoluten Minimum einen Monat betragen.

c) Zeitpunkt des Übergangs der Arbeitsverhältnisse. Soweit nichts anderes bestimmt wird, gehen die Arbeitsverhältnisse mit dem Betreiberwechsel über. Die besondere Konstruktion des Betriebsübergangs bei Vergaben im ÖPNV ermöglicht insoweit aber auch flexiblere Verfahren (→ Rn. 49). Solche sind meist schon deshalb erforderlich, um die Kontinuität des Verkehrsbetriebs zu gewährleisten. Aufgabenträger können daher in der Ausschreibung **abweichende Leitlinien** vorgeben. Insbesondere können sich Alt- und Neubetreiber einvernehmlich auf einen abweichenden Zeitpunkt des Übergangs der Arbeitsverhältnisse oder auf deren sukzessive Übernahme verständigen.

d) Schicksal des Altvertrags. Aufgrund des in Art. 4 Abs. 5 VO (EG) 1370/2007 bzw. § 131 Abs. 3 enthaltenen Rechtsfolgenverweises auf § 613a BGB endet das bisherige Arbeitsverhältnis, sobald der Arbeitnehmer das Übernahmeangebot des Neubetreibers annimmt und sich das derart begründete Arbeitsverhältnis aktiviert. Es kommt dann zu einem gleitenden Übergang des Arbeitsverhältnisses auf den ausgewählten Diensterbringer. Zumindest aber ist aus den genannten Vorschriften ein Sonderkündigungsrecht des Arbeitnehmers abzuleiten, das das **Arbeitsverhältnis mit dem jeweiligen Übernahmezeitpunkt** enden lässt. Der Arbeitnehmer wird so von der Einhaltung gesetzlicher oder vertraglicher Kündigungsfristen entbunden, die möglicherweise nicht mit dem Zeitpunkt der Vertragsübernahme korrelieren. Auch könnten sich etwaige Wettbewerbsverbote aktivieren. Insoweit würde ihm auch der Abschluss eines Aufhebungsvertrags nur bedingt weiterhelfen, weil er dazu auf das Einverständnis des Altbetreibers angewiesen wäre, der überdies versuchen könnte, seine Haftung für aus dem Arbeitsverhältnis aufgelaufene Ansprüche über eine Abgeltungsklausel auszuschließen. Der Aufgabenträger kann indes den Zeitpunkt des Vertragsübergangs durch entsprechende Vorgaben in der Ausschreibung beeinflussen. Auch ist denkbar, dass Alt- und Neubetreiber bzw. die Tarifvertragsparteien hierzu Bestimmungen treffen, vorausgesetzt dass diese mit dem Regelungszweck der Norm zu vereinbaren sind, also die Rechte der betroffenen Arbeitnehmer nicht in unzulässiger Weise verkürzen.

---

[205] MüKoBGB/*Busche* BGB § 145 Rn. 6.

93 **2. Übernahmeverweigerung durch den Neubetreiber, Abänderung des Arbeitsvertrags. a) Vollständige Übernahmeverweigerung.** Hat der Bieter schon bei Angebotseinreichung ein drittwirkendes Einstellungsangebot abgegeben, ist seine spätere Weigerung, die betroffenen Arbeitnehmer übernehmen zu wollen, unbeachtlich. Solange das ursprüngliche, bedingte **Übernahmeangebot** noch offen ist, brauchen die Arbeitnehmer dieses nur anzunehmen, um einen **Vertragswechsel** herbeizuführen. Das gleiche gilt, wenn er mit seinem Übernahmeangebot hinter den bisherigen Arbeitsbedingungen oder hinter § 613a BGB zurückbleibt. Der Neubetreiber kann den Beschäftigtenübergang also nicht durch Untätigkeit blockieren.

94 Daneben sind natürlich auch die Aufgabenträger aufgerufen, über die **allgemeinen Kontroll- und Sanktionsmöglichkeiten des Vergaberechts** darauf hinzuwirken, dass der Neubetreiber der „Übergangsanordnung" auch tatsächlich nachkommt. Da allerdings eine Kündigung des Betreibervertrags häufig nicht in Betracht kommt und der Aufgabenträger selbst durch die Übernahmeverweigerung keinen bezifferbaren Schaden erleidet, sollte die Nichtbeachtung der Übernahmepflicht in den Vertragsstrafenkatalog der Vereinbarung mit dem Verkehrsunternehmen aufgenommen werden. Auch sollten einschlägige Nachweispflichten festgelegt werden.

95 **b) Übernahme lediglich zu geänderten Arbeitsbedingungen.** Erklärt sich der Neubetreiber zwar im Grundsatz bereit, die betroffenen Arbeitnehmer zu übernehmen, ringt er diesen dann aber eine Einwilligung zu einer Verschlechterung ihrer Arbeitsbedingungen ab, so kann darin eine **unzulässige Umgehung** des Betriebsübergangsrechts liegen. § 613a BGB ist unabdingbar, weshalb Vereinbarungen nach § 134 BGB unwirksam sind, die verhindern sollen, dass der Erwerber umfassend in die Rechte und Pflichten aus dem Arbeitsverhältnis eintritt. Umgekehrt gilt aber zu beachten, dass natürlich auch ein Betriebsübergang den Parteien nicht ihre Privatautonomie nehmen kann und dieser den Arbeitsvertrag notwendigerweise nicht gegen jede einvernehmliche Abänderung immunisieren kann. Das wird schon daran deutlich, dass das Gesetz selbst allein übernommene Tarifverträge gegen jegliche Veränderungen sperrt und auch das nur für ein Jahr (§ 613a Abs. 1 S. 2 BGB).

96 Das BAG[206] stellt insoweit auf die **Umstände des Einzelfalls** ab. Maßgeblich ist, ob sich der Betriebsübergang als der entscheidende Grund für die Vertragsänderung erweist. Danach ist eine Vertragsänderung gem. §§ 134, 613a Abs. 1 S. 1 BGB unwirksam, wenn deren objektive Zielsetzung in der Beseitigung der Kontinuität des Arbeitsverhältnisses bei gleichzeitigem Erhalt des Arbeitsplatzes besteht. Das ist insbesondere der Fall, wenn die Änderungsvereinbarung zur Voraussetzung dafür gemacht wird, dass überhaupt ein Betriebsübergang stattfindet, oder sie für den Fall auflösend bedingt wird, dass ein Betriebsübergang nicht zu Stande kommt.

97 Daraus folgt: Hat der Neubetreiber dem Arbeitnehmer im Umfeld des Betreiberwechsels lediglich eine Übernahme zu schlechteren Arbeitsbedingungen angetragen, ist dieses Angebot sekundär. Das ursprüngliche, im Vergabeverfahren abgegebene Übernahmeangebot (→ Rn. 88) besteht daneben fort. Der Arbeitnehmer kann dieses weiterhin annehmen, und zwar ungeachtet des Umstands, dass er zwischenzeitlich die geänderten Vertragsbedingungen akzeptiert hat. Mit seinem Einverständnis zu dem „aliud" des Neubetreibers hatte er sich ja noch nicht zu dessen ursprünglichem Angebot erklärt. Dieser könnte sich dabei noch nicht einmal darauf berufen, dass eine etwaige Annahmefrist mittlerweile verstrichen sei, weil das rechtsmissbräuchlich wäre (§ 242 BGB). Mit der Annahme des Ursprungsangebots fallen die geänderten Arbeitsbedingungen weg. Das Arbeitsverhältnis lebt dann zu den ursprünglichen Bedingungen wieder auf und setzt sich so beim Neubetreiber fort.

98 Möglich sind dagegen **Modifikationen des Arbeitsvertrags,** wenn diese nach einer ansonsten „unbestrittenen" Übernahme des Arbeitsverhältnisses vereinbart werden und der Sache nach gerechtfertigt sind, um die Arbeitsbedingungen an die neuen betrieblichen bzw. verkehrstechnischen Verhältnisse anzupassen, wenn diese nicht in das Synallagma des Arbeitsvertrags vordringen. Der Maßstab bemisst sich umso großzügiger, je länger die Übernahme zurückliegt. Wurde der ursprüngliche Arbeitsvertrag über einige Zeit tatsächlich fortgeführt, macht das auch deutlich, dass es den Parteien nun wirklich um eine Anpassung des Vertrags und nicht lediglich um eine Verhinderung der Rechtsfolgen des § 613a BGB geht. Umgekehrt werden Vereinbarungen über eine Absenkung des Entgelts, zumindest dann, wenn sie im Umfeld der Netzübernahme erfolgen, regelmäßig unwirksam sein. Der Aufgabenträger kann hier ggf. begleitende Bestimmungen treffen, mit denen die Verschlechterung von Entgeltbedingungen direkt nach Vertragsübernahme für eine angemessene Zeit gesperrt wird.

99 **3. Abweichendes Verfahren bei Erlass eines Verwaltungsakts.** Die in den vorstehenden Ziffern 1 und 2 dargestellten Rechtsfragen bilden sowohl aus dogmatischer als auch aus praktischer

---

[206] BAG Urt. v. 19.3.2009 – 8 AZR 722/07, NZA 2009, 1091; ähnlich auch BAG Urt. v. 18.8.2005 – 8 AZR 523/04, NZA 2006, 145.

Sicht gewissermaßen die Achillesferse der vertragsrechtlichen Einbettung des Personalübergangs. Dieser ist nur mit einigem Aufwand zu konstruieren und hängt im Endergebnis in nicht unerheblichem Maß von der Bereitschaft des Neubetreibers ab, der Betriebsübergangsanordnung auch wirklich nachzukommen. Dass er das tut, kann der Aufgabenträger wiederum nur in eingeschränktem Maß kontrollieren. Das ist bedauerlich. Doch ist das die fast unausweichliche Konsequenz dessen, dass der Gesetzgeber sich nicht zu einer Regelung durchgerungen hat, wonach eine Vergabe im Eisenbahnverkehr auch als Betriebsübergang iSd § 613a BGB gelten soll, oder wenigstens eine hinreichend klare Kompetenzgrundlage für den Erlass eines Verwaltungsakts durch den Aufgabenträger geschaffen hat (→ Rn. 62). Sollte man abweichend von der hier vertretenen Auffassung den Erlass eines solchen für möglich halten, ließen sich die beschriebenen Probleme weitgehend vermeiden. Die Behörde könnte dann, wohl in Form einer Auftragsbedingung, hoheitlich regeln, dass und wann die Arbeitsverhältnisse übergehen sollen.

4. Übergang der gesamten Arbeitsbedingungen. a) Grundsätze, Entgeltbestandteile, Unmöglichkeit der Erfüllung durch den Neubetreiber. Abs. 3 verweist, was die **Rechtsfolgen** betrifft, wie bereits auch Art. 4 Abs. 5 VO (EG) 1370/2007, auf das **Recht des Betriebsübergangs in seiner Gesamtheit.** Hierbei handelt es sich um einen Vollverweis auf § 613a BGB. Das folgt für das neue Recht schon daraus, dass § 131 Abs. 3 den Aufgabenträger regelmäßig zur Betriebsübergangsanordnung verpflichtet und diesem daher weder ein Entschließungs- noch ein Auswahlermessen zukommt (→ Rn. 55 ff.).[207] Ausgeschlossen ist damit eine kupierte Anordnung, etwa dergestalt, dass der neue Betreiber nur angehalten wird, die Arbeitnehmer einzustellen, indes nicht dazu, deren bisherige Arbeitsbedingungen fortzuführen (insoweit ganz eindeutig auch § 1 Abs. 4 LTTR Rheinland-Pfalz: „ [...] *ein Angebot zur Übernahme zu den bisherigen Arbeitsbedingungen zu unterbreiten* [...]"). Umgekehrt lässt sich aber nicht in Abrede stellen, dass sich das „klassische" Betriebsübergangsrecht nicht immer und für alle Detailfragen im Verhältnis 1:1 auf die vorliegende Konstellation übertragen lässt. Am Ende macht es eben doch einen gewissen Unterschied, ob sich ein Betriebsübergang von Gesetzes wegen vollzieht oder darüber bewerkstelligt werden muss, dass Bietern aufgegeben wird, den Beschäftigten des Altbetreibers ein Übernahmeangebot zu unterbreiten. Daher kann man es als unschädlich ansehen, wenn mit Blick auf unabweisbare praktische Notwendigkeiten im Einzelfall die Vorgaben des § 613a BGB in einzelnen Randbereichen – geringfügig – angepasst werden. Denkbare Beispiele hierfür sind* etwa eine abweichende Festlegung des Zeitpunkts des Personalübergangs (→ Rn. 91) oder eine abweichende Handhabung der betrieblichen Altersvorsorge (→ Rn. 105).

Soweit dagegen in der Gesetzesbegründung kryptisch formuliert wird, dass beim Übergang *„nur entgeltrelevante Inhalte zu berücksichtigen (sind)"*, damit der Neubetreiber keine *„wettbewerblich schwierige(n) Regelung(en)"* übernehmen müsse,[208] kann dem nicht gefolgt werden. Dies würde quer zu der bindenden Anordnungspflicht des Aufgabenträgers, aber auch zu den allgemeinen Grundsätzen des Betriebsübergangsrechts liegen (dazu, dass der Gesetzesbegründung nur eingeschränkte Aussagekraft zukommt, → Rn. 51). Sowohl § 613a BGB als auch Art. 3 Abs. 1 Betriebsübergangs-RL sprechen klar vom Eintritt des Erwerbers in alle Rechte und Pflichten des im Zeitpunkt des Übergangs bestehenden Arbeitsverhältnisses.[209] Dazu gehören selbstverständlich auch die Betriebszugehörigkeit, die der Erwerber im Fall einer betriebsbedingten Kündigung in die Sozialauswahl einzustellen oder bei der Berechnung von Kündigungsfristen zu berücksichtigen hat, Wartezeiten (wie etwa: § 1 Abs. 1 KSchG, § 4 BUrlG, § 3 Abs. 3 EFZG uvam) oder auch ein (tarif-)vertraglicher Sonderkündigungsschutz.

Die Weiterführung der bisherigen Arbeitsbedingungen kann dem Neubetreiber **Schwierigkeiten** bereiten, soweit diese ganz spezifisch auf den Altbetreiber zugeschnitten sind (etwa: konzernweiter Kündigungsschutz größerer Anbieter). Doch gelten insoweit die **allgemeinen Grundsätze des Betriebsübergangsrechts,** wo es immer wieder dazu kommen kann, dass der Erwerber aus rechtlichen oder tatsächlichen Gründen nicht in der Lage ist, die vom Veräußerer begründeten Verpflichtungen vollständig zu erfüllen (typischerweise werden dort etwa diskutiert: Personaleinkäufe, Aktienoptionen, Dienstwagen, Versorgungsanwartschaften, Mitgliedschaften in Unterstützungskassen). Insoweit gilt: Der Erwerber muss eine beim Altbetreiber bestehende Verpflichtung übernehmen, wenn er diese wenigstens in gleichwertiger Form erbringen kann. Ist dies nicht möglich, lässt sich die Leistung aber in Geld bemessen, so hat er einen Ausgleich in Geld zu leisten. Dagegen wird er nicht gebunden, wenn ihm die Erfüllung der fraglichen Verpflichtung insgesamt

---

[207] Anderes noch für Art. 4 Abs. 5 VO (EG) 1370/2007: *Jankowiak,* Das behördliche Betriebsübergangsverlangen nach Art. 4 Abs. 5 Verordnung (EG) Nr. 1370/2007 bei der Vergabe von Aufträgen im öffentlichen Personenverkehr, 2012, 95 ff., was sich mit dem Inkrafttreten des § 131 Abs. 3 indes nicht mehr aufrechterhalten lässt.
[208] BT-Drs. 18/7086, 16.
[209] BT-Drs. 18/7086, 16.

unmöglich ist (§ 275 BGB); zumindest kommt ein Teilrücktritt hiervon nach den Regelungen zum Wegfall der Geschäftsgrundlage (s. § 313 Abs. 3 BGB) in Betracht.[210]

103 Weiter ist beachtlich, dass nur **vertragsbezogene Verpflichtungen** auf den Neubetreiber übergehen, es indes zu keiner Perpetuierung der Eigenart, Größe oder Struktur des übertragenden Unternehmens kommt. Zu Recht hat das BAG daher für die Kleinbetriebsklausel des § 23 KSchG entschieden,[211] dass der im Arbeitsverhältnis mit dem Betriebsveräußerer aufgrund der Zahl der beschäftigten Arbeitnehmer erwachsene Kündigungsschutz nach dem KSchG nicht mit auf den Betriebserwerber übergeht, wenn in dessen Betrieb die Voraussetzungen des § 23 KSchG nicht vorliegen. Entsprechend wirkt ein konzernbezogener Kündigungsschutz nicht gegen den Neubetreiber. Soweit die kündigungsrechtliche Stellung des Arbeitnehmers dagegen vertragsbezogen ist (etwa: Betriebszugehörigkeit, vereinbarter Ausschluss der ordentlichen Kündigung), setzt sich diese beim Erwerber fort.

104 Selbst wenn man die in → Rn. 101 dargestellte Aussage in der Gesetzesbegründung beim Wort nehmen wollte und nur „*entgeltrelevante Inhalte*" berücksichtigen würde, dann bedeutet das nicht, dass sich deshalb die Übernahmepflicht des neuen Betreibers allein in der Entgelthöhe erschöpfen würde. Vielmehr erstreckt sie sich selbst dann auf alle Parameter, die die Vergütung mit beeinflussen (etwa: Vordienstzeiten, Eingruppierungsmerkmale, Bewährungs- und Leistungsaufstieg usw).

105 **b) Betriebliche Altersversorgung.** Nach ständiger Rechtsprechung sind bei einem Betriebsübergang auch die gegenüber aktiven Arbeitnehmern **bestehenden Versorgungsverpflichtungen** zu übertragen.[212] Der Neubetreiber hat auch dann in die betriebliche Altersversorgung seines Vormanns einzutreten, wenn die betroffenen Arbeitnehmer mit dem Betriebsübergang aus dem Geltungsbereich eines Zusatzversorgungssystems ausscheiden und der Erwerber diesem nicht angehört und auch nicht angehören kann.[213] In diesem Fall hat er anderweitig eine gleichwertige Versorgung zu verschaffen.

106 Gegebenenfalls wäre an dieser Stelle ein flexibleres Verfahren denkbar, sollten praktische Notwendigkeiten dies unabweisbar erforderlich werden lassen (→ Rn. 49). Stützen ließe sich dies ggf. darauf, dass Art. 4 Abs. 5 VO (EG) 1370/2007 auf die Betriebsübergangsrichtlinie verweist. Diese wiederum überlässt es der Entscheidung der Mitgliedstaaten, ob sie auch den Übergang von Versorgungsverpflichtungen vorsehen wollen (Art. 3 Abs. 4 lit. a Betriebsübergangs-RL). Überdies wird in der Gesetzesbegründung ausgeführt (aber → Rn. 51), dass der Neubetreiber nicht in die mit dem bisherigen Anbieter begründete Altersversorgung eintreten müsse.[214] Freilich kann von einer Übernahmeverpflichtung nur in ganz begründeten Ausnahmefällen abgesehen werden. Denn das deutsche Recht hat sich eindeutig dafür entschieden, von der durch die Richtlinie vorgegebenen Option Gebrauch zu machen, wonach eine Übernahmeverpflichtung auch in Bezug auf die betriebliche Altersvorsorge angeordnet werden darf.

107 **c) Nachhaftung des Altbetreibers.** Mit dem Übergang des Arbeitsverhältnisses haftet der bisherige Arbeitgeber neben dem neuen Betreiber weiter für Altschulden aus dem Arbeitsvertrag in dem durch § 613a Abs. 2 BGB bestimmten Umfang. Insoweit gelten die in → Rn. 49, 92 getroffenen Überlegungen entsprechend.

108 **5. Übergang von kollektiven Arbeitsbedingungen. a) Allgemeines.** Für den Übergang kollektiver Arbeitsbedingungen gelten die S. 2–4 des § 613a Abs. 1 BGB. Damit realisiert sich der relativ komplizierte Dualismus der kollektivrechtlichen Fortgeltung vormals normativ geltender Tarifverträge und der rein schuldrechtlichen Weiterführung über Bezugnahmeklauseln auch hier. Mithin ist zu unterscheiden:
– Hat der **Tarifvertrag** beim Altbetreiber **normativ** gegolten, so ist dieser durch den Neubetreiber – wenn auch nur statisch, dh in der Fassung, die am Tag der Vertragsübernahme aktuell war – fortzuführen: § 613a Abs. 1 S. 2 BGB. Die übernommenen Arbeitsbedingungen dürfen innerhalb eines Jahres nicht, und zwar auch nicht einvernehmlich, abgeändert werden. Anderes gilt nur, wenn das Arbeitsverhältnis beim Neubetreiber einem **anderen Tarifvertrag unterliegt,** wenn also sowohl Neubetreiber als auch Arbeitnehmer an diesen kraft Organisationszugehörigkeit oder über eine Allgemeinverbindlicherklärung gebunden sind: § 613a Abs. 1 S. 3 BGB. Dann findet

---

[210] *Willemsen/Müller-Bonanni* in Henssler/Willemsen/Kalb, 9. Aufl. 2020, BGB § 613a Rn. 234.
[211] BAG Urt. v. 15.2.2007 – 8 AZR 397/06, NZA 2007, 739.
[212] BAG Urt. v. 12.5.1992 – 3 AZR 247/91, NZA 1992, 1080; *Ahrendt* in Schaub, Arbeitsrechts-Handbuch, 18. Aufl. 2019 § 118 Rn. 15.
[213] Beispiele: Der Betrieb wandert aus dem Geltungsbereich eines Tarifvertrags über eine gemeinsame Einrichtung heraus: BAG Urt. v. 13.11.2007 – 3 AZR 191/06, NZA 2008, 600. Die branchenspezifische Versorgungskasse (etwa eine solche des öffentlichen Dienstes) nimmt den Erwerber nicht auf: BAG Urt. v. 15.2.2011 – 3 AZR 54/09, NZA 2011, 928.
[214] BT-Drs. 18/7086, 16.

schon gar keine Transformation statt oder sie endet, sobald beim Erwerber die kongruente Tarifbindung eintritt. Fehlt es daran, kann die Transformation nur dadurch beendet werden, dass der Arbeitnehmer in die Anwendung des Erwerbertarifvertrags einwilligt: § 613a Abs. 1 S. 4 BGB. In all diesen Fällen ist es unerheblich, ob die **Ablösung der Transformation** vor dem Ende der einjährigen Veränderungssperre herbeigeführt wird oder ob der neue Tarifvertrag bessere bzw. schlechtere Arbeitsbedingungen vorsieht als der alte.

– War der Tarifvertrag über eine **Bezugnahmeklausel** in den Vertrag eingeführt, geht diese unverändert auf den Erwerber über: § 613a Abs. 1 S. 1 BGB. Damit ist entscheidend, ob diese als große dynamische Bezugnahmeklausel, als kleine dynamische Bezugnahmeklausel, als kleine dynamische Bezugnahmeklausel mit Tarifbindungsvorbehalt oder als statische Klausel ausgestaltet war. Die Einzelheiten können hier nicht näher dargestellt werden. Vielmehr handelt es sich dabei um allgemeine Grundfragen des Tarifrechts. Die langjährige Rechtsprechung des BAG zur weiteren Dynamisierung vorbehaltlos formulierter Verweisungsabreden stand zwischenzeitlich auf dem Prüfstand des EuGH,[215] ist durch diesen mittlerweile aber als europarechtskonform bestätigt.[216]

– Konkurriert ein transformierter Tarifvertrag mit einem über eine Bezugnahmeklausel übernommenen Tarifvertrag, setzen sich entsprechend § 4 Abs. 3 TVG die besseren Tarifbedingungen durch.[217]

b) Ausschluss „missbräuchlicher" Tarifregelungen. Weithin unverständlich bleibt die Regelung des Abs. 3 S. 3, wonach der öffentliche Auftraggeber Regelungen vorsehen soll, durch die eine **missbräuchliche Anpassung tarifvertraglicher Regelungen** zulasten des neuen Betreibers zwischen der Veröffentlichung der Auftragsbekanntmachung und der Übernahme des Betriebes ausgeschlossen werden. 109

Offenbar scheint der Gesetzgeber ein gewisses Misstrauen gegen Verkehrsdienstleister zu haben. Er befürchtet, dass der bisherige Betreiber kurz vor Torschluss die Arbeitskosten künstlich verteuert, um sich unliebsamer Wettbewerber zu entledigen. Die Vorstellung, dass sich die Tarifpartner dazu hergeben, um im kollusiven Zusammenwirken Dritte zu schädigen, befremdet. Aber auch sonst erweist sich die Regelung als Novum im deutschen Arbeits- und auch Verfassungsrecht, denn nach diesem ist eine Missbrauchs- bzw. Inhaltskontrolle von Tarifverträgen ausgeschlossen.[218] Man mag vielleicht noch argumentieren, dass das Koalitionsgrundrecht möglicherweise keinen Anspruch auf Erhalt der Tarifgeltung bei einem Betreiberwechsel gibt, der nicht zu einem originären Betriebsübergang führt. Dennoch kann man die Aufgabenträger nur aufrufen, von dieser Regelung **keinen Gebrauch** zu machen. Dies gilt umso mehr, als es keinerlei Erfahrungswerte dazu gibt, wann ein Tarifvertrag „missbräuchlich" ist. Völlig außer Frage steht, dass Sozialplan- oder Überleitungstarifverträge, mit denen der Betriebsübergang begleitet, seine Durchführung erleichtert oder mit ihm verbundene negative Folgen für die Arbeitnehmer abgefangen werden sollen, wirksam bleiben. 110

Wenn Altbetreiber tatsächlich „regulierend" auf das Wettbewerbsverfahren einwirken wollten, werden sie dies nicht auf kollektiver, sondern vielmehr auf individualrechtlicher Ebene tun. Indes darf das dahingehende Missbrauchsrisiko nicht überbewertet werden. Denn der Altbetreiber weiß, dass, sollte der Zuschlag an ihn gehen, natürlich auch er die überhöhten Arbeitsbedingungen gewähren muss. Zudem muss er damit rechnen, dass viele Beschäftigte das Übernahmeangebot nicht annehmen werden und er zahlreiche Arbeitnehmer damit zu den betont günstigen Arbeitsbedingungen fortbeschäftigen muss. Noch am ehesten erscheint denkbar, dass der Altbetreiber mit seinem Arbeitnehmer „Abwehrklauseln" (iwS) vereinbart, die die Rechtsposition des Arbeitnehmers gezielt für den Fall eines Auftragsverlustes und des nachfolgenden Personalübergangs beeinflussen. Bereits in → Rn. 58 wurde dargelegt, dass derartige Fallgestaltungen keine Ausnahme von der Anordnungspflicht des Abs. 3 begründen, weil es nicht zulasten der Beschäftigten gehen darf, wenn der Altbetreiber versucht, über arbeitsvertragliche Gestaltungen eine Ausschreibung zu seinen Gunsten zu entscheiden. Denkbar erscheint dagegen, dass derartige Regelungen entweder generell unwirksam sind (§ 138 BGB [kollusives Zusammenwirken zulasten Dritter]) oder aus der Übergangsanordnung ausgenommen werden.[219] 111

IX. Information und Widerspruch

1. Information des Arbeitnehmers. Nach der Gesetzesbegründung soll die Vergabestelle den Beteiligten die Verantwortung für die Unterrichtung nach § 613a Abs. 5 BGB „klar" zuweisen 112

---

[215] BAG Urt. v. 17.6.2015 – 4 AZR 61/14 (A), NZA 2016, 373.
[216] EuGH Urt. v. 27.4.2017 – C 680/15, NZA 2017, 697 – Asklepios.
[217] BAG Urt. v. 15.4.2015 – 4 AZR 587/13, NZA 2015, 1274.
[218] StRspr BAG, zuletzt BAG Urt. v. 18.3.2015 – 7 AZR 272/13, NZA 2015, 821 (823); BAG Urt. v. 24.9.2008 – 6 AZR 76/07, NZA 2009, 154 Rn. 49.
[219] *Reidt/Stickler* VergabeR 2016, 708 (714).

und festlegen, gegenüber wem der Arbeitnehmer widersprechen kann. Der Gesetzgeber moniert insoweit nämlich, dass „*§ 613a Absatz 5 und 6 BGB es offenlassen, ob der alte oder der neue Betreiber zu informieren hat und gegenüber wem der Arbeitnehmer widersprechen kann*".[220] Das liegt quer zur gesetzlichen Regelung. § 613a Abs. 5 BGB ordnet für die Unterrichtung bzw. Ausübung des Widerspruchsrechts ausdrücklich eine Gesamtschuldnerschaft bzw. -zuständigkeit von Veräußerer und Erwerber an.[221] Dabei muss es bleiben. Ansonsten weiß der Arbeitnehmer nicht sicher, wem gegenüber er widersprechen soll und für die beteiligten Unternehmen stellt sich das Problem, dass die jeweils erteilten Informationen nicht dem anderen Beteiligten zugerechnet werden könnten. Dagegen ist der Aufgabenträger – entgegen einer in der täglichen Praxis immer wieder geäußerten Besorgnis – zu keinem Zeitpunkt und unter keinen Umständen Schuldner der Unterrichtungspflicht nach § 613a Abs. 5 BGB. Zu dessen Informationspflichten im Vergabeverfahren → Rn. 67.

113 **2. Partielles Widerspruchsrecht gegenüber beiden Betreibern.** Das Widerspruchsrecht nach Abs. 6 kann bei einem angeordneten Personalübergang nur eingeschränkt zur Anwendung kommen. Sinn des Widerspruchsrechts ist, dass dem Arbeitnehmer gegen seinen Willen kein neuer Vertragspartner aufgedrängt werden kann.[222] Dazu braucht es hier aber **keines Widerspruchsrechts:** Will der Arbeitnehmer beim bisherigen Betreiber bleiben, braucht er dessen Übernahmeangebot lediglich ablehnen bzw., noch einfacher, sich dazu gar nicht zu äußern.

114 Anders liegen die Dinge dagegen, wenn der Arbeitnehmer das Übernahmeangebot akzeptiert hat, der Arbeitsvertrag auf den neuen Diensterbringer übergegangen ist und sich später herausstellt, dass er nicht, nicht richtig oder nicht vollständig über den Vertragswechsel und dessen Folgen informiert wurde. Ist dies der Fall, kann der Arbeitnehmer, wie im „normalen" Betriebsübergangsrecht auch,[223] von seinem Widerspruchsrecht nach wie vor Gebrauch machen. Insoweit reicht es nicht, würde man ihn auf einen Schadensersatzanspruch nach § 613a Abs. 5 BGB, § 241 Abs. 2 BGB, § 280 BGB verweisen. Die Unterrichtungspflicht ist zwar eine echte Rechtspflicht und rein theoretisch könnte er seine Annahmeerklärung über die Naturalrestitution des § 249 BGB wieder beseitigen. Dagegen spricht aber schon, dass das BAG[224] ein solches Vorgehen für das allgemeine Betriebsübergangsrechts explizit abgelehnt hat. Überdies müsste festgestellt werden, ob der Übernehmer schuldhaft gegen seine Unterrichtspflicht verstoßen hat (§ 280 Abs. 1 S. 2 BGB, § 276 BGB), wobei ihm ein Verschulden des Altbetreibers nicht zugerechnet werden darf (§ 425 BGB). Weiter müsste der Arbeitnehmer nachweisen, dass die unterbliebene oder falsche Information wirklich kausal für sein Einverständnis mit der Vertragsübernahme war. Und selbst wenn der Arbeitnehmer sich von seiner Annahmeerklärung lösen könnte, heißt das noch lange nicht, dass er deshalb auch vom Altbetreiber verlangen könnte, den alten Arbeitsvertrag wieder aufleben zu lassen. Entsprechend scheitert auch eine Lösung über § 123 Abs. 1 BGB. Arglist wird allenfalls in Ausnahmefällen vorliegen und wäre überdies nur in den von § 123 Abs. 2 S. 1 BGB bestimmten Fällen wechselseitig zurechenbar. Vor allem aber lässt sich über eine Anfechtung des neuen Arbeitsvertrags nicht der alte Vertrag wiederherstellen.

X. Rechtsschutzmöglichkeiten

115 **1. Bieter.** Die Verpflichtung der Vergabestelle, im Regelfall einen Betriebsübergang anzuordnen, ist **drittschützend** iSd § 97 Abs. 6, § 160 Abs. 2.[225] § 131 Abs. 3 hat wettbewerbsregulierende Wirkung und dient der Herstellung der Möglichkeit gleicher Teilnahme am Wettbewerb. Daher sind alle Unternehmen geschützt, die ihre Arbeitnehmer zu tarif- bzw. marktüblichen Bedingungen beschäftigen wollen und daher Wettbewerbsnachteile erleiden würden, wenn ihre Wettbewerber mit günstigeren Beschäftigungsbedingungen kalkulieren könnten. Mitnichten ist es so, dass andere Bieter

---

[220] BT-Drs. 18/7086, 16.
[221] Die Gesetzesbegründung hat daher insoweit Unrecht, als dort ausgeführt wird, dass „§ 613a Absatz 5 und 6 BGB es offenlassen, ob der alte oder der neue Betreiber zu informieren hat und gegenüber wem der Arbeitnehmer widersprechen kann".
[222] BVerfG Urt. v. 25.1.2011 – 1 BvR 1741/09, BVerfGE 128, 157 = NZA 2011, 400 – Marburger Kliniken; s. auch BT-Drs. 14/7760, 20; aus europarechtlicher Hinsicht wäre das Widerspruchsrecht dagegen nicht geboten: EuGH Urt. v. 16.12.1992 – C-132/91, Slg. 1992, I-6577 Rn. 37 = NZA 1993, 169 – Katsikas.
[223] S. dazu allg. *Preis* in Müller-Glöge/Preis/Schmidt, Erfurter Kommentar zum Arbeitsrecht, 21. Aufl. 2021, BGB § 613a Rn. 93; *Willemsen/Müller-Bonanni* in Henssler/Willemsen/Kalb, 9. Aufl. 2020, BGB § 613a Rn. 336.
[224] BAG Urt. v. 20.5.2010 – 8 AZR 1011/08, AP BGB § 613a Widerspruch Nr. 22.
[225] VK Südbayern Beschl. v. 12.12.2017 – Z3-3-3194-1-40-08/17, BeckRS 2017, 137224 Rn. 8; VK Thüringen Beschl. v. 3.7.2019 – 250-4003-11441-2019-E-3-HBN, BeckRS 2019, 24157 (zu Art. 4 Abs. 5 VO (EG) 1370/2007); *Reidt* VergabeR 2018, 387 (388 f.); *Reidt/Stickler* VergabeR 2016, 708 (716); *Bayreuther* NZA 2016, 1506 (1510); vgl. auch Byok/Jaeger/*Suermann* Rn. 44.

C. Vergabe von öff. Aufträgen über Personenverkehre (Abs. 3)   116–120 § 131 GWB

als der Altbetreiber keine Einwendungen vorbringen könnten, weil sie von einer Entscheidung für einen Personalübergang „nur belastet" würden.[226] Da am Ausschreibungsverfahren beteiligte Wettbewerber vielmehr einen Anspruch darauf haben, dass eine solche Anordnung getroffen wird (→ Rn. 56), können sie im **Nachprüfungsverfahren** rügen, wenn eine solche ohne besonders triftigen Grund unterblieben ist.[227] Andere Rechtsschutzmöglichkeiten außerhalb des Vergabeverfahrens bestehen jedoch nicht.

Der **Altbetreiber** kann, wie jeder andere Bieter auch, vergaberechtlichen Rechtsschutz in 116 Anspruch nehmen, wenn er sich am Ausschreibungsverfahren beteiligt.[228] Dafür spricht bereits, dass seine Mitbewerber ohne Anordnung einen Vorteil erlangen würden, wenn sie ihre Arbeitnehmer zu schlechteren Bedingungen beschäftigen als der bisherige Betreiber. Auch muss er mit einem Personalüberhang für den Fall kalkulieren, dass er den Zuschlag nicht erhält.

Die **Darlegungs- und Beweislast** für das Vorliegen eines atypischen Falls trifft die Vergabe- 117 stelle.[229] Bei der Kontrollentscheidung handelt es sich nicht lediglich um eine eingeschränkte Prüfung, ob der Aufgabenträger sein Ermessen richtig ausgeübt hat. Vielmehr gilt es an Hand objektiver Kriterien festzustellen, ob tatsächlich ein atypischer Fall vorliegt und ob der Behörde deshalb überhaupt erst ein Ermessensspielraum eingeräumt war. Es geht mithin um die Entscheidung einer Rechtsfrage. Umgekehrt braucht die Behörde bei Vorliegen des Regelfalls keine weiteren Ermessenserwägungen anzustellen;[230] ihre Entscheidung, einen Betriebsübergang anzuordnen, ist dann ohne Weiteres korrekt. Soweit man Bietern gestattet zu rügen, dass Mitbewerber unangemessen niedrige Angebote abgegeben haben,[231] kann es dabei auch auf eine Prüfung dahingehend ankommen, ob der jeweilige Bieter die wirtschaftlichen Folgen eines angeordneten Personalübergangs in seine Kalkulation mit eingebracht hat.[232]

2. Beschäftigte. a) Vorgehen gegen den Neubetreiber. Bestreitet der Neubetreiber, dass 118 das Arbeitsverhältnis auf ihn übergegangen ist, obwohl der Arbeitnehmer sein Übernahmeangebot angenommen hat (→ Rn. 64 f.), kann der **Arbeitnehmer unmittelbar Klage auf Feststellung** des Bestehens eines Arbeitsverhältnisses erheben. Er muss also nicht erst den Umweg über eine **Leistungsklage auf Abgabe einer** entsprechenden **Willenserklärung** gehen. Anderes gilt nur für den Fall, dass das im Vergabeverfahren abgegebene Bieterangebot ausnahmsweise kein drittwirkendes Übernahmeversprechen enthält und sich auch nicht als solches auslegen lässt. In dieser Konstellation könnte und müsste der Arbeitnehmer tatsächlich Leistungsklage auf einen entsprechenden Vertragsschluss erheben. Der Anspruch ergibt sich dann aus dem drittschützenden Charakter der „Betriebsübergangsanordnung" durch den Aufgabenträger. Zuständig sind in allen Konstellationen die Arbeitsgerichte (§ 2 Abs. 1 Nr. 3b ArbGG).

b) Vorgehen gegen den Aufgabenträger und Altbetreiber. Schwieriger verhält es sich 119 mit der Frage, ob auch die von Abs. 3 angesprochenen Arbeitnehmer einen Anspruch gegen den Aufgabenträger auf Erlass einer „Betriebsübergangsanordnung" haben oder – noch weitergehend – darauf, in die Liste der zum Übergang stehenden Arbeitnehmer aufgenommen zu werden. Eindeutig ist, dass Beschäftigte kein vergaberechtliches Nachprüfungsverfahren anstrengen können, da sie kein eigenes Interesse am Erhalt des Auftrags haben. Sie sind daher nicht Beteiligte des Vergabeverfahrens nach § 160 Abs. 2.

Für ein grundständiges **Klagerecht des einzelnen Arbeitnehmers** auf Erlass einer „Betriebs- 120 übergangsordnung", aber auch auf eine richtige Beschreibung des von der Anordnung erfassten Arbeitnehmerkreises, spricht der Schutzzweck des Abs. 3. Dieser soll Arbeitnehmer vor dem Verlust ihrer Arbeitsplätze bei einer Linienneuvergabe bewahren. Anderes hätte sich möglicherweise für die reine „Kann-Bestimmung" des Art. 4 Abs. 5 VO (EG) 1370/2007 noch vertreten lassen, weil diese es in das Ermessen der Verwaltung gestellt hat, ob ein Betriebsübergang herbeigeführt werden soll oder nicht.[233] Nachdem der Gesetzgeber die Behörde nunmehr aber für den Regelfall zum Erlass

---
[226] So aber – wenngleich ohne Bezug auf die Gesetzgebungsgeschichte und ohne Auseinandersetzung mit der gegenteiligen Auffassung – *Fandrey* in KKPP GWB Rn. 52.
[227] *Reidt/Stickler* VergabeR 2016, 708 (716 ff.); *Bayreuther* NZA 2016, 1506 (1510).
[228] VK Thüringen Beschl. v. 3.7.2019 – 250-4003-11441-2019-E-3-HBN, BeckRS 2019, 24157 Rn. 93; *Reidt/Stickler* VergabeR 2016, 708 (716 f.).
[229] Schoch/Schneider/*Dawin* VwGO § 108 Rn. 102 f.; Kopp/Schenke/*Schenke* VwGO § 108 Rn. 12.
[230] BVerwG Urt. v. 25.6.1975 – VIII C 77.74, BVerwGE 49, 16 = NZWehrr 1976, 27.
[231] Zum Streitstand s. etwa HK-VergabeR/*Fehling* § 97 Rn. 214; Langen/Bunte/*Wagner* § 97 Rn. 136.
[232] *Reidt/Stickler* VergabeR 2016, 708.
[233] LG Essen Urt. v. 22.3.2021 – 10 35/21, n.v.; in dieser Richtung auch *Jankowiak,* Das behördliche Betriebsübergangsverlangen nach Art. 4 Abs. 5 Verordnung (EG) Nr. 1370/2007 bei der Vergabe von Aufträgen im öffentlichen Personenverkehr, 2012, 164 zu Art. 4 Abs. 5 VO (EG) 1370/2007, dieser allerdings vor in Kraft treten von § 131 Abs. 3 GWB.

einer derartigen arbeitnehmerschützenden Anordnung anhält, lässt sich die drittschützende Wirkung des Abs. 3 kaum mehr bestreiten.[234] Die Regelung ist eindeutig mehr als eine bloße vergaberechtliche Ordnungsvorschrift, die dem öffentlichen Auftraggeber lediglich die Verfolgung bestimmter sozialer Zwecke bei der Auftragsvergabe ermöglicht. Dazu kommt, dass anders als bei den in Vergabeverfahren zuweilen verfolgten anderweitigen Zielen (etwa: Förderung von mittelständischen Anbietern, Ausbildungsbetrieben, Frauen oder Langzeitarbeitslosen, → § 97 Rn. 79 ff.) Abs. 3 den Kreis der normbegünstigten Personen sehr eindeutig konkretisiert. Schließlich lässt sich gegen ein Klagerecht auch nicht einwenden, dass der Arbeitnehmer bei einfachen Auftragsneuvergaben, die zu keinem Betriebsübergang führen, keinen vergleichbaren Schutz erfährt. Entscheidend ist allein, dass der Gesetzgeber sich dafür entschieden hat, die Belange des Arbeitnehmers in der vorliegenden Konstellation als schützenswert anzuerkennen. Gegen ein Klagerecht lässt sich indes anführen, dass so eine unüberschaubare Vielzahl von Personen entweder das Vergabeverfahren aufhalten könnte oder aber, dass eine Entscheidung regelmäßig erst zu einem Zeitpunkt ergehen wird, zu dem das Vergabeverfahren längst abgeschlossen ist. Auch könnte ein klagestattgebendes Urteil nur für den einzelnen Kläger wirken. Dieser kann jedenfalls keinen Betriebsübergang mit Wirkung für sämtliche vom Betreiberwechsel betroffene Beschäftigte erzwingen. Alles andere würde zu einer Popularklage führen, die dem deutschen Recht fremd ist.

121 Der **Rechtsweg** für einschlägige Klagen hängt von der Rechtsnatur des Betreibervertrags ab. Qualifiziert man diesen als öffentlich-rechtlichen Vertrag,[235] wäre die Zuständigkeit der Verwaltungsgerichte begründet. Freilich erscheint diese Annahme weniger überzeugend und dürfte der Abschluss derartiger Aufträge ein Einzelfall bleiben. Wird der Abschluss eines „gewöhnlichen" privatrechtlichen Vertrags angestrebt, sind in Anlehnung an die Rechtsprechung zu Vergaben im Unterschwellenbereich[236] die **Zivilgerichte** zuständig.[237] Ein Rechtsweg zu den Arbeitsgerichten lässt sich dagegen nicht begründen. Statthafte Klageart ist die Leistungsklage. Sie ist auf Verurteilung des Aufgabenträgers dazu gerichtet, den Neubetreiber zur Abgabe einer Willenserklärung zu verpflichten, die Grundlage für eine Vertragsübernahme ist. In Entsprechung der jeweiligen Verfahrensordnung besteht auch die Möglichkeit, einstweiligen Rechtsschutz anzustreben. Dieser kann wegen des Verbots der Vorwegnahme der Hauptsache regelmäßig aber nur dahingehen, dem Aufgabenträger die Fortführung des Verfahrens bis zur endgültigen Entscheidung des Rechtsstreits zu untersagen.

122 Die Klage ist nicht fristgebunden. Allerdings dürfte regelmäßig sehr frühzeitig Verwirkung eintreten. Dies dürfte in aller Regel bereits im laufenden Vergabeverfahren geschehen. Einschlägige Verfahren laufen meist so lange, dass der Arbeitnehmer ausreichend Zeit hat, um seine Rechte geltend zu machen. Umgekehrt dürfen die beteiligten Bieter spätestens im Umfeld der Zuschlagserteilung darauf vertrauen, dass der Auftrag so auszuführen ist, wie er ausgeschrieben wurde. Denkbare Anknüpfungspunkte sind also etwa die Zuschlagsankündigung nach § 134, die Zuschlagserteilung oder der Betreiberwechsel, stets vorausgesetzt, dass der Arbeitnehmer sowohl von der Ausschreibung als auch von der bevorstehenden Zuschlagserteilung bzw. dem Betreiberwechsel Kenntnis erlangt hat oder wenigstens hätte erlangen müssen. Hierfür sprechen auch eine Parallele zu den §§ 134 ff., § 168 Abs. 2 S. 2, sowie Praktikabilitätsgesichtspunkte. Ist die Behörde im laufenden Verfahren in Anspruch genommen, wird sie nochmals sorgfältig prüfen müssen, ob sie nicht doch eine einschlägige Anordnung trifft und die hierzu erforderlichen vergaberechtlichen Verfahrensschritte einleitet. Zumindest wird sie aus Gründen der vergaberechtlichen Transparenz die Bieter informieren müssen, dass eine entsprechende Klage erhoben wurde.

123 Ein klagestattgebendes **Urteil** wirkt allerdings nur **für den einzelnen Kläger.** Daher kann ein einzelner Arbeitnehmer nicht einen Betriebsübergang mit Wirkung für sämtliche vom Betreiberwechsel betroffene Beschäftigte erzwingen. Obsiegt der Arbeitnehmer, ergibt sich also die durchaus bemerkenswerte Situation, dass die Ausschreibungsunterlagen dahingehend zu ergänzen sind, dass der Neubetreiber dem erfolgreichen Kläger ein Angebot auf Vertragsübernahme zu unterbreiten hat. Sollte das Verfahren bereits abgeschlossen sein, bevor der Arbeitnehmer ein klagestattgebendes Urteil erwirkt, müsste die Behörde nachträglich eine Anordnung mit Wirkung gegenüber dem Kläger erlassen. Da diese allein in die Zukunft gerichtet sein kann, lässt sich der Vertragsübergang nur nach Abgabe der notwendigen Willenserklärungen durch den Neubetreiber bewirken. In diesen Fällen kann es, abhängig von den Umständen des Einzelfalls, notwendig sein, ein neues Vergabeverfahren durchzuführen. Das hängt insbesondere von der Zahl der in den Übergang einbezogenen

---

[234] Reidt/Stickler VergabeR 2016, 708.
[235] So in der Tat VG Gelsenkirchen Urt. v. 19.12.2008 – 14 K 2147/07, BeckRS 2009, 30968; VG Gelsenkirchen Urt. v. 19.12.2008 – 14 K 3814/08, BeckRS 2009, 30969.
[236] BVerwG Urt. v. 2.5.2007 – 6 B 10/07, BVerwGE 129, 9 = NVwZ 2007, 820.
[237] VerwG Gelsenkirchen Beschl. v. 3.2.2021 – 15 L 107/21.

Arbeitnehmer ab (s. hierzu für den Zeitpunkt nach dem Betreiberwechsel auch § 132, insbesondere § 132 Abs. 2 Nr. 3).

Ist ein Betriebsübergang angeordnet, kann der Arbeitnehmer vom Altbetreiber verlangen, in die dem Aufgabenträger übermittelte **Liste der betroffenen Arbeitnehmer** aufgenommen zu werden, soweit er die jeweiligen Voraussetzungen erfüllt (Tätigkeitsmerkmale, Mindesteinsatzzeiten auf der Linie etc). Was er dagegen nicht erreichen kann, ist die Zuordnung zu einer bzw. die Herausnahme aus einer bestimmten Linie. Auch im allgemeinen Betriebsübergangsrecht kann ein Arbeitnehmer nicht eine Zuteilung zu einem übergehenden Betrieb (Betriebsteil) erzwingen bzw. verhindern. Anderes gilt allenfalls dann, wenn die Weisung des Arbeitgebers, eine bestimmte Linie zu fahren, nicht mehr durch das arbeitgeberseitige Direktionsrecht (§ 106 GewO) gedeckt sein sollte, wenn diese diskriminierend ist (etwa, weil der Arbeitgeber auf der Linie gezielt ältere Beschäftigte einsetzt) oder aber wenn diese gegen den kollektivrechtlichen Gleichbehandlungsgrundsatz verstoßen sollte. 124

XI. Tariftreueverlangen des Aufgabenträgers bei Vergaben von Diensten im ÖPNV

1. Anwendungsbereich, Bedeutung neben der Betriebsübergangsanordnung, Verpflichtung durch Landesrecht. Art. 4a der novellierten VO (EG) 1370/2007 bestimmt, dass der Betreiber einer Verkehrsleistung die nach dem Unionsrecht, dem nationalen Recht oder den Tarifverträgen geltenden sozial- und arbeitsrechtlichen Verpflichtungen einzuhalten hat. Das ist eine Selbstverständlichkeit und erlangt nicht mehr als deklaratorische Bedeutung. Darüber hinaus kann der Aufgabenträger neben bzw. unabhängig von einer Betriebsübergangsanordnung Bietern Tariftreueversprechen abverlangen.[238] Abs. 3 nimmt keinerlei Einfluss auf die einschlägigen Befugnisse, die das Europarecht den Aufgabenträgern einräumt (→ Rn. 52 f.). Dieses sieht in Art. 4 Abs. 5 S. 2 VO (EG) 1370/2007, sowie in den Erwägungsgründen 16 und 17 die Möglichkeit zur Vorgabe von Tariftreueverlangen vor.[239] Nach Nr. 16 sind die Mitgliedstaaten nicht daran gehindert, *„bei der Festlegung der Arbeitsbedingungen der Arbeitnehmer des Betreibers, die zwischen den Sozialpartnern abgeschlossenen Tarifverträge zu berücksichtigen"* bzw. den Betreiber zur Einhaltung sozialer Kriterien wie beispielsweise Mindestarbeitsbedingungen oder Verpflichtungen aus Tarifverträgen anzuhalten. Nach Nr. 17 sollen die Behörden sogar *„zur Gewährleistung transparenter und vergleichbarer Wettbewerbsbedingungen zwischen den Betreibern und um das Risiko des Sozialdumpings zu verhindern (...) soziale Normen vorschreiben"*. Darüber hinaus ist in Ziffer 2.2.8 der einschlägigen Leitlinien der Kommission[240] ausdrücklich festgelegt, dass die Vergabestellen die Einhaltung von Sozialstandards *„einschließlich von in Tarifverträgen festgelegten Arbeitsbedingungen"* verlangen dürfen. In letzter Konsequenz käme es allerdings gar nicht auf die VO an, weil die Mitgliedstaaten im Bereich des ÖPNV auch ohne eine sekundärrechtliche Befugnis schon aus eigener Kompetenz Tariftreueregelungen erlassen könnten (→ Rn. 52 ff.). 125

Die Vorgabe von Tariftreueverlangen unterscheidet sich sowohl in den Tatbestandsvoraussetzungen als auch in den Rechtsfolgen von der zuvor dargestellten Anordnung eines Personalübergangs: 126
– Tariftreueverlangen können auch bei der Vergabe von Verkehrsdiensten erfolgen, die nicht in den Anwendungsbereich des § 131 fallen. Sie kommen daher auch in Betracht bei der Vergabe von Dienstleistungen und Konzessionen von Straßen-, U-Bahn- oder von Busverkehren (zu freigestellten Schülerverkehren → Rn. 54).
– Über die Anordnung eines Beschäftigtenübergangs kann die Vergabestelle zwar sicherstellen, dass die Arbeitsplätze des bisher mit dem Linienbetrieb beschäftigten Personals bei einem Betreiber-

---

[238] Saxinger/Winnes/*Dönneweg*, 18. EL 2020, VO EG/1370/2007 Art. 4 Abs. 5 Rn. 21, 27; Linke/*Bayreuther*/*Kaufmann*/Linke/Lübbig/Prieß VO (EG) 1370/2007 Art. 4 Rn. 58a ff.; *Simon* RdA 2014, 165 (174 f.); *Greiner* ZIP 2011, 2129 (2135); *Greiner* ZfA 2012, 483 (484 ff.); *Rohrmann* in Lehmann, Tariflandschaft im Wandel, 2013, 270 (281); *Bayreuther* NZA 2014, 1171 (1175 f.); *Bayreuther* NZA 2009, 582 (584); *Bayreuther* EuZW 2009, 102; *Dobmann* VergabeR 2008, 484.

[239] Wörtlich lauten diese: (16) (...) hindert die Mitgliedstaaten nicht daran, die Bedingungen für die Übertragung anderer Ansprüche der Arbeitnehmer als der durch die Richtlinie 2001/23/EG (= Betriebsübergangsrichtlinie, Anm. d. Autors) abgedeckten zu wahren und dabei ggf. die durch nationale Rechts- und Verwaltungsvorschriften oder zwischen den Sozialpartnern geschlossene Tarifverträge oder Vereinbarungen festgelegten Sozialstandards zu berücksichtigen. (17) Gemäß dem Subsidiaritätsprinzip steht es den zuständigen Behörden frei, soziale Kriterien und Qualitätskriterien festzulegen, (...) bspw. bezüglich der Mindestarbeitsbedingungen, (...) sowie bezüglich der sich aus Kollektivvereinbarungen ergebenden Verpflichtungen (...) in Bezug auf den Arbeitsplatz und den Sozialschutz an dem Ort, an dem der Dienst erbracht wird. Zur Gewährleistung transparenter und vergleichbarer Wettbewerbsbedingungen zwischen den Betreibern und um das Risiko des Sozialdumpings zu verhindern, sollten die zuständigen Behörden besondere soziale Normen (...) vorschreiben können.

[240] ABl. 2014 C 92, 1.

wechsel nicht verloren gehen und zudem, dass den beim Altbetreiber beschäftigten Arbeitnehmern ihre vormaligen Arbeitsbedingungen erhalten bleiben. Indes kann sie auf diesem Weg keine Vorgaben für Arbeitsbedingungen von Arbeitnehmern machen, die der Neubetreiber bereits vor dem Personalübergang beschäftigt hat oder die er nach der Betriebsübernahme neu einstellt. Gerade letzteres bereitet in der Praxis dann Probleme, wenn Anbieter erstmalig Arbeitnehmer einstellen und diese unter den branchenüblichen Tarifsätzen entlohnen.
- Die Tarifverträge des Altbetreibers gehen – zumindest kollektivrechtlich (§ 613a Abs. 1 S. 2 BGB, → Rn. 108) – nur statisch über. Folglich lässt sich über eine Personalübergangsanordnung nicht in allen Fällen sicherstellen, dass die Arbeitsverträge übernommener Arbeitnehmer zumindest partiell die aktuellen Tarifentwicklungen in der Branche nachvollziehen.

127 Zwischen der Anordnung eines Betriebsübergangs und dem Verlangen nach Tariftreueerklärungen besteht **kein Exklusiv- oder Subsidiaritätsverhältnis.** Wie auch die Kommission in ihren Leitlinien[241] klargestellt hat, kann der Aufgabenträger keines, eines oder beide Sicherungsinstrumente aktivieren. Dabei ist freilich zu beachten, dass der Aufgabenträger im Bereich des von Abs. 3 erfassten SPNV regelmäßig zum Erlass einer Anordnung verpflichtet ist (→ Rn. 56) bzw. im Anwendungsbereich des Art. 4 Abs. 5 VO zumindest nach pflichtgemäßem Ermessen zu prüfen hat, ob er einen Personalübergang herbeiführen will (→ Rn. 62 f.). Auf der anderen Seite geben viele einschlägige Landesregelungen den Aufgabenträgern die Abgabe von Tariftreueversprechen verbindlich vor. Das sind derzeit:
- § 3 Abs. 3, 4 LTMG in Baden-Württemberg
- § 1 Abs. 3 BerlAVG in Berlin
- § 3 Abs. 2 BbgVergG in Brandenburg
- § 10 TtVG in Bremen
- § 4 Abs. 4–7 in HVTG Hessen
- § 9 Abs. 1 VgG M-V in Mecklenburg-Vorpommern
- § 5 Abs. 1 NTVergG in Niedersachsen
- § 4 Abs. 2 TVgG-NRW in Nordrhein-Westfalen
- § 4 Abs. 3–4 LTTG in Rheinland-Pfalz
- § 3 Abs. 2 STTG in Saarland
- § 10 Abs. 2 LVG LSA in Sachsen-Anhalt
- § 4 Abs. 2 TTG in Schleswig-Holstein
- § 10 Abs. 2 in ThürVgG Thüringen.

128 **2. Umsetzungsfragen. a) Entgelttarifverträge, Repräsentative Tarifverträge.** Die einschlägigen Landesvergabegesetze beschränken sich derzeit auf die **Vorgabe allein des Arbeitsentgelts.** Danach muss sich der Anbieter bei der Angebotsabgabe verpflichten, seinen Beschäftigten bei der Ausführung der Leistung das Entgelt zu zahlen, das insgesamt mindestens dem vom Aufgabenträger vorgegebenen Tarifvertrag entspricht. Rechtstechnisch handelt es sich dabei um eine Auftragsbedingung.[242]

129 Was die Bestimmung des tariflichen Vergleichsobjekts betrifft, sieht die Mehrheit der Landesregelungen[243] vor, dass sich der Anbieter zur Anwendung eines in der fraglichen Region für die jeweilige Leistung einschlägigen und vor allem repräsentativen Tarifvertrags bereit erklären muss. Die Verfahren zur Ermittlung der einschlägigen und repräsentativen Tarifverträge variieren dabei von Land zu Land. Faustformelartig lassen sich diese aber dahingehend zusammenfassen, dass ein paritätisch aus Vertretern der Tarifvertragsparteien besetzter Ausschuss festlegt, welche Tarifverträge in der Branche als repräsentativ gelten. In aller Regel wird dabei zwischen Verkehrsleistungen auf der Schiene und im Omnibusverkehr unterschieden. Die einschlägigen Tarifverträge werden in den Gesetz- und Verordnungsblättern der Länder oder den Amtsblättern der beteiligten Ministerien veröffentlicht. Einige Länder haben einschlägige Homepages[244] oder Servicestellen[245] eingerichtet, über die Anbieter die notwendigen Informationen einsehen bzw. erhalten können.

---

[241] ABl. 2014 C 92, 1, dort Ziffer 2.2.8.
[242] OLG Düsseldorf Beschl. v. 15.7.2015 – VII-Verg 11/15, Verg 11/15, NZBau 2016, 55.
[243] Anders Berlin § 1 Abs. 3 S. 2 BerlAVG; Bremen § 10 Abs. 3 S. 1 TtVG (Auswahl des Tarifs durch den Auftraggeber). Saarland, Thüringen (keine einschlägige Regelung). Grundsätzlich keine Tariftreuepflicht kennen die Bundesländer Bayern und Sachsen; in Hamburg nicht im Bereich des SPNV.
[244] S. etwa Berlin, Vergabeplattform Berlin, https://www.berlin.de/vergabeplattform/ (zuletzt abgerufen am 23.7.2021) oder auch: Hessen, Vergabeplattform Land Hessen, https://vergabe.hessen.de (zuletzt abgerufen am 23.7.2021); Nordrhein-Westfalen, Portal zum öffentlichen Auftragswesen in Nordrhein-Westfalen, https://www.vergabe.nrw.de (zuletzt abgerufen am 23.7.2021).
[245] S. etwa Servicestelle Landestariftreue- und Mindestlohngesetz (LTMG) Baden-Württemberg, https://rp.baden-wuerttemberg.de/Themen/Wirtschaft/Tariftreue/Seiten/default.aspx (zuletzt abgerufen am 23.7.2021).

Auf einem relevanten Markt können auch mehrere Tarifverträge für repräsentativ erklärt werden 130 (→ Rn. 139).[246] Sind mehrere Tarifverträge vorgegeben, hat der Anbieter letztlich die Wahl, welchem Tarifvertrag er sich unterwerfen will. Da die Verfassungskonformität der Repräsentativitätserklärungen derzeit allerdings umstritten ist (→ Rn. 138), war zum Zeitpunkt des Manuskriptabschlusses nicht sicher abzuschätzen, ob bzw. inwieweit dieses Verfahren in Zukunft noch Bestand haben wird.

b) Begründung von Individualansprüchen und Sanktionierung von Verstößen. Ob die 131 einzelnen Arbeitnehmer bereits über ein Tariftreueversprechen einen direkten Zahlungsanspruch gegen ihren Arbeitgeber aus dem fraglichen Tarifvertrag erwerben, ist umstritten. Ein solcher ließe sich durchaus über die Annahme eines **Vertrags zugunsten Dritter (§ 328 BGB)** konstruieren, erklärt der Anbieter doch mit Angebotsabgabe, dass er alle zur Auftragserfüllung eingesetzten Beschäftigten nach dem fraglichen Tarifvertrag entlohnen wird.[247] Für allgemeine Tariftreueverlangen wurde dies jedoch in der Vor-*Rüffert*[248]-Ära in der Literatur häufig bestritten.[249]

Darüber hinaus ist es Sache des **Aufgabenträgers** durchzusetzen, dass abgegebene Tariftreueer- 132 klärungen auch tatsächlich eingehalten werden.[250] Dies gilt unter wettbewerblichen Überlegungen selbst dann, wenn man mit der hier vertretenen Auffassung einen direkten Zahlungsanspruch der begünstigten Arbeitnehmer bejaht, weil keineswegs sichergestellt ist, dass diese ihre Individualansprüche auch tatsächlich gegenüber ihrem Arbeitgeber geltend machen. Das freilich setzt eine hinreichende **Kontrolltätigkeit der Vergabestelle** voraus, die zwar in den meisten Landestariftreuegesetzen vorgesehen, in der Praxis aber naturgemäß nur in einem eingeschränkten Umfang zu gewährleisten ist.

Der Vergabestelle steht im Fall einer Zuwiderhandlung ein **Kündigungsrecht** nach §§ 324, 133 241 Abs. 2 BGB zu; auch sehen zahlreiche Landesregelungen ein vergabespezifisches Kündigungsrecht vor.[251] Darüber hinaus empfiehlt es sich, in die Betreibervereinbarung vorsorglich auch ein vertragliches Kündigungsrecht für den Fall einer Zuwiderhandlung gegen eine Tariftreueerklärung aufzunehmen. In Betracht kommt eine Kündigung aber in der Regel nur dann, wenn der Auftraggeber das Tarifregime als solches in Frage stellt. Daher reicht nicht, dass er lediglich in Zahlungsrückstand gerät oder vereinzelt Ansprüche einzelner Arbeitnehmer etwa nach Umfang oder Höhe bestreitet. Vielmehr muss er bewusst und zielgerichtet Arbeit zu untertariflichen Arbeitsbedingungen entgegennehmen. Gerade im Verkehrssektor ist es allerdings so, dass für den Aufgabenträger eine Kündigung des Betreibervertrags allenfalls in Ausnahmefällen in Betracht kommt, droht in deren Folge doch eine Unterbrechung der jeweiligen Versorgungsleistung.

Darüber hinaus kann der Aufgabenträger im Betreibervertrag für den Fall des Verstoßes gegen 134 auferlegte Tariftreuepflichten auch **Sanktionsmechanismen** vorsehen. In Betracht kommen **Vertragsstrafen** (etwa: 1% des Auftragswerts für jeden schuldhaften Verstoß). Die meisten Landestariftreuegesetze verpflichten die Vergabestellen sogar zur Aufnahme einschlägiger Sanktionsabreden (etwa § 7 LTTG Rheinland-Pfalz).

c) Subunternehmer, Leiharbeitnehmer, Eingruppierung. Um die Einhaltung vorgegebe- 135 ner Tarifverträge sicherzustellen, kann und muss die Vergabestelle Anbieter verpflichten, auch **Nachunternehmen** zur Einhaltung des jeweils abgegebenen Tariftreueversprechens anzuhalten oder dafür zu sorgen, dass **Leiharbeitnehmer** bei der Ausführung der Leistung für die gleiche Tätigkeit ebenso entlohnt werden wie ihre regulär Beschäftigten (zur grundsätzlichen Begrenzung des Einsatzes von Subunternehmern s. Art. 4 Abs. 7 VO (EG) 1370/2007). Darüber hinaus kann der Aufgabenträger die Bieter auch verpflichten, nur Leistungen von Nachunternehmen entgegen zu nehmen, die sich ebenfalls an den einschlägigen bzw. zugesagten Tarifwerken orientieren (so genannte Nachunternehmerklausel, s. § 13 iVm § 10 Abs. 1 TtVG Bremen).

Nur begrenzt Einflussmöglichkeiten haben die Aufgabenträger, was die **Eingruppierung** der 136 Beschäftigten betrifft. So finden sich etwa im Branchentarifvertrag für den Schienenpersonennahverkehr in Deutschland, der allgemein als repräsentativer Tarifvertrag iSd Landestariftreuegesetze aner-

---

[246] OLG Düsseldorf Urt. v. 19.10.2015 – VII-Verg 30/13, NZBau 2016, 50; *Herbert/Schrag* ZTR 2015, 691 (694); *Faber* NWVBl. 2012, 255 (258).
[247] *Kempen* in Peter/Kempen/Zachert, Rechtliche und rechtspolitische Aspekte der Sicherung von tariflichen Mindeststandards – Rechtsgutachten für das Ministerium für Wirtschaft und Arbeit des Landes NRW, 2003, 53 ff.
[248] EuGH Urt. v. 3.4.2008 – C-346/06, Slg. 2008, I-01989 = NZBau 2008, 332 – Rüffert.
[249] *Kämmerer/Thüsing* ZIP 2002, 596 (605).
[250] S. insbes. den Bericht aus der Praxis von *Rohrmann* AuA-Sonderausgabe 2013, 48 (50).
[251] So etwa in Berlin § 6 Abs. 2 BerlAVG, Nordrhein-Westfalen § 11 Abs. 2 TVgG-NRW, Rheinland-Pfalz § 7 Abs. 2 LTTG.

kannt ist, drei Entgeltgruppen für Zugbegleiter.[252] Ungeachtet jeder Tarifautomatik bietet das dem Betreiber einen nicht unerheblichen Spielraum bei der „Festsetzung" von Vergütungen (im Fall von knapp 3.000 EUR Jahresgesamtvergütung). Variationsmöglichkeiten im Bereich von Überstunden und für Nacht-, Sonntags- und Feiertagsarbeit kommen hinzu. Daneben ergeben sich auch Abgrenzungsprobleme, wenn einzelne Berufsgruppen mit „sachfremden" Tätigkeiten betraut werden, etwa wenn Sicherheitskräfte angewiesen werden, auch Fahrkarten zu kontrollieren oder Reisenden Auskünfte zu erteilen. Insoweit können Aufgabenträger bei Prüfungen freilich kaum mehr als eine Plausibilitätskontrolle leisten.

137 **3. Verfassungs- und Europarechtskonformität von Tariftreueverlangen im ÖPNV.** Tariftreueverlangen sind unzweifelhaft insoweit verfassungskonform, als sie nicht tarifgebundenen Anbietern die Verpflichtung auferlegen, ihre Arbeitnehmer nach den einschlägigen Tarifverträgen zu entlohnen. In seinem Beschluss zum Berliner Tariftreuegesetz hat das BVerfG[253] für die (früheren) „allgemeinen" Tariftreueverlangen ausdrücklich entschieden, dass eine Tariftreueverpflichtung Außenseiter weder in ihrem Grundrecht aus Art. 9 Abs. 3 GG noch in dem aus Art. 12 GG verletzt (→ Einl. VergabeR Rn. 126, → § 97 Rn. 179 f., → § 151 Rn. 10 ff.). Zu Recht hat das Gericht in diesem Beschluss auch die landesrechtliche Kompetenz zum Erlass von Tariftreueregelungen neben dem GWB festgestellt. Sie folgt aus Art. 74 Nr. 11 GG, da der Bundesgesetzgeber den fraglichen Bereich nicht abschließend geregelt hat.[254] Daran ändert auch der nach der Entscheidung des BVerfG erstmals eingeführte gesetzliche Mindestlohn nichts. Dieser ist Tariftreueverlangen in den Landesvergabegesetzen nicht vorrangig;[255] wie der Gesetzesbegründung zu entnehmen ist, sollte dieser lediglich eine generelle Lohnuntergrenze vorgeben,[256] die auf Tariftreueverlangen keinen Einfluss nehmen kann.

138 Zuletzt umstritten war allerdings, ob die derzeitigen Landesregelungen nicht deshalb gegen Art. 9 Abs. 3 GG verstoßen, weil sie auch tarifgebundenen Anbietern die Beachtung der repräsentativen Tarifverträge auferlegen. Sollte „ihr" Tarifvertrag also nicht in die Liste der relevanten Tarifwerke aufgenommen worden sein, führt das dazu, dass sie trotz eigener Tarifbindung einen anderen Tarifvertrag auf das Arbeitsverhältnis anwenden müssen. Das ist, nebenbei bemerkt, freilich nur dann der Fall, wenn das repräsentative Tarifwerk einen höheren Arbeitslohn vorsieht als ihr „eigener" Tarifvertrag, was das Gewicht des damit bewirkten Grundrechtseingriffs von vorneherein stark relativiert (auf Arbeitnehmer- und Gewerkschaftsseite dürfte dieser kaum beachtlich sein[257]). Dahingehende Bedenken haben namentlich das VerwG Düsseldorf[258] und in der Literatur vor allem *Greiner*[259] geäußert. Das VerwG Düsseldorf hat sich – allerdings unter der irrigen Annahme (→ Rn. 130, 139), dass es nur einen repräsentativen Tarifvertrag geben könne – davon überzeugt gezeigt, dass durch dieses Verfahren in die Koalitionsfreiheit derjenigen Tarifvertragsparteien und ihrer Mitglieder eingegriffen werde, deren Tarifvertrag auf dem Gebiet des ÖPNV nicht für repräsentativ erklärt worden ist. Deshalb hat es die einschlägige nordrhein-westfälische Regelung des § 4 Abs. 2 TVgG NRW dem Verfassungsgerichtshof Nordrhein-Westfalen zur Prüfung ihrer Verfassungsmäßigkeit vorgelegt. Das Verfahren wurde dort unter dem AZ – VerfGH 10/15 geführt. Das Verfahren hat sich mittlerweile anderweitig erledigt und das VerwG seinen Vorlagebeschluss zurückgenommen.

139 Sicher nicht richtig ist die vom VerwG Münster vertretene Annahme, dass es auf einem relevanten Markt stets nur einen **einzigen repräsentativen Tarifvertrag** geben könne (→ Rn. 130). Dem widerspricht bereits die gängige Spruchpraxis der einschlägigen Stellen, die häufig ein ganzes

---

[252] Anlage 2 zum BranchenTV SPNV v. 14.2.2011 (https://www.tarifregister.nrw.de/pdf/RepTVVO/2-02-BranchenTV-SPNVPartner-2015.pdf; zuletzt abgerufen am 23.7.2021); rechtlich gesehen liegen insoweit ohnehin zwei mehrgliedrige Tarifverträge vor.

[253] BVerfG Urt. v. 11.7.2006 – 1 BvL 4/00, BVerfGE 116, 202 = NJW 2007, 51 – Berliner Tariftreue.

[254] Was trotz der insoweit völlig eindeutigen Stellungnahme des BVerfG erstaunlicherweise immer noch bestritten wird, etwa durch *Faber* NVwZ 2015, 257.

[255] VK Rheinland-Pfalz Beschl. v. 23.2.2015 – VK 1-39/14, BeckRS 2015, 15439; *Bayreuther* in Thüsing, MiLoG AEntG, Kommentar, 2. Aufl. 2016, MiLoG § 1 Rn. 20; *Bayreuther* NZA 2014, 865 (867); *Forst* NJW 2014, 3755 (3756); *Tugendreich* NZBau 2015, 395 (396 f.); *Siegel* EuZW 2016, 101 (103); aA, wenngleich nur für vergaberechtliche Mindestlöhne *Germelmann* NordÖR 2015, 413.

[256] BT-Drs. 18/1858, 28, 34.

[257] Zutreffend *Dieterich/Ulber* ZTR 2013, 179 (184); ganz generell wird der mit Mindestlohn- oder Tariftreuefestsetzungen verbundene Eingriff in die Tarifautonomie „unterlegener" Koalitionen erheblich überbewertet, denn häufig ist er nur theoretischer Natur, s. dazu umfassend *Bayreuther* in Thüsing, MiLoG AEntG, Kommentar, 2. Aufl. 2016, AEntG § 8 Rn. 48 ff.

[258] VerwG Düsseldorf Urt. v. 27.8.2015 – 6 K 2793/13, NZBau 2015, 643.

[259] *Greiner* ZfA 2012, 483; *Greiner* ZAAR Schriftenreihe 38 (2015), 97 (108 ff.); *Greiner* ZTR 2013, 647 (647 ff.).

Bündel von Tarifverträgen in die jeweiligen Listen aufnehmen.[260] Allein in Nordrhein-Westfalen zeigten sich die Landesbehörden eine Zeit lang etwas zurückhaltender.[261] Deshalb trifft auch die Kritik von *Greiner*[262] an der praktischen Handhabung des Repräsentativitätserfordernisses, wenn überhaupt, dann allein auf die – mittlerweile aufgegebene – Praxis in NRW zu. Aber auch in rechtlicher Hinsicht ist die Annahme nicht tragfähig. Wie nämlich das OLG Düsseldorf[263] ganz klar herausgearbeitet hat, lässt sich der fraglichen Regelung in NRW keineswegs eindeutig entnehmen, ob es nur einen einzigen repräsentativen Tarifvertrag geben kann oder ob nicht mehrere Tarifverträge für repräsentativ erklärt werden müssen. Mit Blick auf Art. 9 Abs. 3 GG völlig folgerichtig schließt das OLG daraus, dass deshalb die zuständigen Behörden sich zumindest eingehend mit der Frage auseinandersetzen müssen, ob auf dem einschlägigen Markt mehrere Tarifverträge für repräsentativ zu erklären sind.[264] Noch weitergehend: Sollte eine einschlägige Regelung tatsächlich derart offen formuliert sein, wie es das OLG Düsseldorf für § 4 Abs. 2 TVgG NRW annimmt, ergibt sich aus einer Auslegung, dass diese für sämtliche Tarifverträge offen ist, die auf dem einschlägigen Markt hinreichend relevant sind.[265]

Darüber hinaus hat es das BVerfG aber auch ganz grundsätzlich akzeptiert, dass Tarifttreuever- **140** pflichtungen (ggf.: mittelbar) dazu führen können, dass der **eigene Tarifvertrag des Auftragnehmers** während der Ausführung des Auftrags verdrängt wird.[266] Es hat klargestellt, dass die Tariftreueverpflichtung dessen ungeachtet nicht zu einer staatlichen Normsetzung in einem Bereich wird, in dem den tarifautonom gesetzten Absprachen der Sozialpartner ein Vorrang zukommt. Dagegen kann auch nicht argumentiert werden, dass sich der Beschluss des Gerichts auf eine Tariftreueregelung ohne Repräsentativitätserfordernis bezogen habe.[267] Das erweist sich nur auf den ersten Blick als zutreffend. In der Tat sah das damalige Berliner Tariftreuegesetz kein derartiges Auswahlkriterium vor. Doch verpflichtete es eben sämtliche Anbieter, die im Land Berlin geltenden Tarifverträge anzuwenden. Damit musste sich auch schon seinerzeit ein Anbieter aus einem anderen Bundesland, und entsprechend einer mit anderer Tarifbindung, fremden Tarifverträgen unterwerfen und erlitt in der Folge einen (Teil-)Verlust im „eigenen" Tarifbestand. Folglich verfängt auch die zuweilen vorgetragene Kritik nicht, wonach das Repräsentativitätskriterium über bloße soziale Schutzstandards hinausgehe, weil es den Aufgabenträgern bzw. den Landesbehörden zusätzlich eine Auswahl unter verschiedenen, nach kollektivem Arbeitsrecht ja zunächst für wirksam befundenen Tarifverträgen einräume.[268] Will der Staat Tarifrecht erstrecken und finden sich auf dem fraglichen Markt mehrere Tarifverträge, muss er zwangsläufig entscheiden, ob er einen, mehrere oder alle zum Anknüpfungspunkt einer Erstreckungsentscheidung nehmen will (vgl. nur § 7 Abs. 2 und § 8 Abs. 2 AEntG).[269] Ansonsten müsste er jedwede Tarifbindung akzeptieren, könnte also nur verlangen, dass der Anbieter gegenüber seinen Beschäftigten überhaupt irgendeinen Tarifvertrag anwendet. Das wäre aus Gründen des europarechtlichen Gleichbehandlungsgrundsatzes bedenklich, weil die Behörden dann auch Tarifverträge EU-ausländischer Anbieter anerkennen müssten, was zum Zusammenbruch jeglicher Tariftreueverlangen führen würde.[270] Daher liegt nahe, nur solche Tarifverträge zu akzeptieren, die auf dem räumlich und fachlich relevanten Markt sich hinreichend verlässlich durchgesetzt haben.[271]

---

[260] S. zB Niedersachsen, Liste repräsentative Tarifverträge im ÖPNV, www.mw.niedersachsen.de/download/157097/Liste_repraesentative_Tarifvertraege_im_OePNV_gem._NTVergG.pdf (zuletzt abgerufen am 23.7. 2021).
[261] Einzelheiten zur Erlassgeschichte *Herbert/Schrag* ZTR 2015, 691 (694).
[262] *Greiner* ZAAR-Schriftenreihe 38 (2015), 97 (109 f.); ähnlich auch *Langenbrinck* ZTR 2013, 411 (412).
[263] OLG Düsseldorf Urt. v. 19.10.2015 – VII-Verg 30/13, NZBau 2016, 50; wie hier auch *Dieterich/Ulber* ZTR 2013, 179 (182); *Herbert/Schrag* ZTR 2015, 691 (694); *Faber* NWVBl. 2012, 255 (258).
[264] Da das Arbeitsministerium in NRW dies nach Ansicht des OLG nicht getan hat, verwarf es dessen einschlägige Verordnung.
[265] *Faber* NWVBl. 2012, 255 (258).
[266] S. BVerfG Urt. v. 11.7.2006 – 1 BvL 4/00, BVerfGE 116, 202 = NJW 2007, 51 (53) – Berliner Tariftreue.
[267] So namentlich *Greiner* ZAAR-Schriftenreihe 38 (2015), 97 (108 f.); *Greiner* ZTR 2013, 647 (649); *Faber* NWVBl. 2012, 255 (258).
[268] *Greiner* ZAAR-Schriftenreihe 38 (2015), 97 (108 ff.); *Faber* NVwZ 2015, 257 (261).
[269] Dass die „Erstreckungsentscheidung" hier noch nicht abschließend durch den Verordnungsgeber erfolgt, der den fraglichen Tarifvertrag auswählt, sondern erst durch den – ebenfalls im öffentlichen Auftrag handelnden – Auftraggeber macht aus meiner Sicht keinerlei Unterschied dazu (anders aber *Greiner* ZAAR-Schriftenreihe 38 (2015), 97 (111); *Greiner* ZTR 2013, 647 (650 f.)). Daran ändert auch nichts, dass das AEntG „lediglich" einen (überdies: differenzierten) „absoluten" Mindestlohn vorgibt (auch insoweit anders *Greiner* ZTR 2003, 647).
[270] Vgl. zur Parallelproblematik im AEntG *Bayreuther* in Thüsing, MiLoG AEntG, Kommentar, 2. Aufl. 2016, AEntG § 8 Rn. 48 ff.
[271] Umfassend zur Rechtfertigung des Repräsentativitätskriteriums *Dieterich/Ulber* ZTR 2013, 179 (185); dagegen *Greiner* ZTR 2013, 647; *Greiner* ZfA 2012, 483 (496 ff.).

141 Art. 4 Abs. 5 VO (EG) 1370/2007, deren Erwägungsgründe 16 bzw. 17 und mithin Tariftreueverlangen sind **primärrechtskonform**.[272] Hierauf nimmt die ablehnende Haltung, die der EuGH in den Rechtssachen Rüffert und Bundesdruckerei gegen Stadt Dortmund[273] zu Tariftreueverlangen an den Tag gelegt hat, keinen Einfluss. Der Grund hierfür ist, dass für Auftrags- und Konzessionsvergaben im Verkehrsbereich nicht die Dienstleistungsfreiheit des Art. 56 AEUV, sondern vielmehr die Niederlassungsfreiheit des Art. 49 AEUV einschlägig ist.[274] Auftragsvergaben für die Erbringung einer Verkehrsdienstleistung im öffentlichen Nahverkehr erfolgen über einen längeren Zeitraum. Das zwingt den Betreiber schon rein faktisch, eine Niederlassung vor Ort einzurichten. Überdies unterliegen potenzielle Anbieter einem – europarechtskonformen[275] – Niederlassungserfordernis im Inland: § 6 Abs. 3 AEG, § 13 Abs. 1 Nr. 4 PBefG. Zwar hält die **Niederlassungsfreiheit** des Vertrags auch in Beschränkungsverbot bereit, doch besteht das nur in einem sehr eingeschränkten Umfang. Derjenige, der eine **Integration in einen Inlandsmarkt** anstrebt und sich damit in die Obhut einer fremden Rechtsordnung begibt, muss sich so behandeln lassen wie ein Inländer.[276] Er hat folglich keinen Anspruch darauf, von tätigkeitsbezogenen Regulierungen verschont zu bleiben, die – wie das bei Tariftreueverlangen der Fall ist – alle Marktanbieter völlig gleich treffen.

142 Das würde auch dann gelten, wenn man die Dienstleistungsfreiheit als Auslegungsmaßstab für den Verkehrsbereich mit heranzieht[277] und selbst dann, wenn man Vergaben im Verkehrsbereich nicht der Niederlassungs-, sondern der Dienstleistungsfreiheit des Vertrags zuordnen würde. Denn stets wäre zu beachten, dass gem. Art. 58 Abs. 1 AEUV auf Verkehrsdienstleistungen die Regelungen der Art. 90 ff. AEUV Anwendung finden. Das legt der EuGH dahingehend aus, dass Anbieter sich einschränkungslos nur dann auf die Dienstleistungsfreiheit berufen können, wenn eine **Harmonisierung** im jeweiligen Bereich erreicht ist.[278] Eine solche besteht im Eisenbahnverkehr nur für den Güter- und den grenzüberschreitenden Personenverkehr, nicht aber im Hinblick auf rein nationale Personenverkehre und ganz besonders nicht für Stadtverkehre sowie für Vorort- und Regionalverbindungen.[279]

143 Dieser Befund ist im Schrifttum lediglich ganz vereinzelt in Frage gestellt worden. Zunächst wurde argumentiert, dass sich der 2. Satz des Art. 4 Abs. 5 VO (EG) 1370/2007 allein auf Art. 4 Abs. 5 S. 1 VO (EG) 1370/2007 beziehe[280] und daher nur regele, dass die Vergabestelle, wenn sie einen Beschäftigtenübergang herbeiführen will, in den Ausschreibungsunterlagen die Arbeitsbedingungen aufführen müsse, die über § 613a BGB auf den neuen Betreiber zukommen. Das ist nach Wortlaut, Systematik und Gesetzgebungshistorie indes nicht zutreffend.[281] Darüber hinaus ist die Zulässigkeit von Tariftreueverlangen für den Bereich des ÖPNV ganz generell bestritten worden,[282] das allerdings ohne Berücksichtigung der VO (EG) 1370/2007 bzw. des Umstands, dass einschlägige Leistungen (lediglich) in den Anwendungsbereich der Niederlassungsfreiheit fallen. Schließlich wurde eingewandt, dass das sekundärrechtliche Niederlassungsgebot nichts daran ändere, dass ausländische Unternehmen nach internationalem Privatrecht Entgelte mit ihrem aus dem Heimatland stammenden Arbeitnehmern nach dem Recht des Heimatlands vereinbaren dürften.[283] Abgesehen

---

[272] *Greiner* ZAAR-Schriftenreihe 38 (2015), 97 (104 ff.); *Greiner* ZIP 2011, 2129 (213); *Greiner* ZfA 2012, 483 (484 ff.); *Rohrmann* in Lehmann Tariflandschaft im Wandel, 2013, 270 (281); *Bayreuther* NZA 2014, 1171 (1176 f.); *Bayreuther* NZA 2009, 582 (583); *Bayreuther* EuZW 2009, 102 (106 f.); *Simon* RdA 2014, 165 (174); *Pünder/Klafki* NJW 2014, 429; *Dobmann* VergabeR 2008, 484; *Faber* NVwZ 2015, 257 (261).
[273] EuGH Urt. v. 3.4.2008 – C-346/06, Slg. 2008, I-01989 = NZBau 2008, 332 – Rüffert; EuGH Urt. v. 18.9.2014 – C-549/13, NZBau 2014, 647 – Bundesdruckerei/Stadt Dortmund; großzügiger nun aber EuGH Urt. v. 17.11.2015 – C-115/14, NZBau 2016, 46 – RegioPost; → § 97 Rn. 192 ff.
[274] EuGH Urt. v. 22.12.2010 – C-338/09, Slg. 2010, I-13927 = EuZW 2011, 190 – Yellow Cab.
[275] EuGH Urt. v. 22.12.2010 – C-338/09, Slg. 2010, I-13927 = EuZW 2011, 190 – Yellow Cab.
[276] Calliess/Ruffert/*Korte* AEUV Art. 49 Rn. 2 f.; Grabitz/Hilf/Nettesheim/*Forsthoff* AEUV Art. 49 Rn. 88, 96 ff.
[277] *Greiner* ZAAR-Schriftenreihe 38 (2015), 97 (106); im Ansatz auch *Faber* NVwZ 2015, 257 (261), der sich allerdings gegen die Bindung an repräsentative Tarifverträge im ÖPNV wendet.
[278] Grabitz/Hilf/Nettesheim/*Randelzhofer/Forsthoff* AEUV Art. 58 Rn. 1; Schwarze/*Holubek* AEUV Art. 58 Rn. 1; EuGH Urt. v. 22.5.1985 – C-13/83, Slg. 1985, 1513 = NJW 1985, 2080 – Parlament/Rat; EuGH Urt. v. 13.12.1989 – C-49/89, Slg. 1989, 04441 = RIW 1991, 76 – Corsica Ferries; EuGH Urt. v. 7.11.1991 – C-17/90, Slg. 1991, I-05253 = NVwZ 1992, 1182 – Pinaud Wieger.
[279] Art. 2 Abs. 2 Eisenbahnraum-RL und Art. 10 Abs. 2 Eisenbahnraum-RL v. 21.11.2012, ABl. 2012 L 343, 32.
[280] Ziekow/Völlink/*Zuck* VO (EG) 1370/2007 Art. 4 Rn. 53.
[281] S. nur Erwägungsgründe 16 und 17 VO (EG) 1370/2007, sowie Leitlinien der Kommission, ABl. 2014 C 92, 1, dort Ziffer 2.2.
[282] *Krebber* EuZA 2013, 435.
[283] *Löwisch/Rieble*, Tarifvertragsgesetz, 4. Aufl. 2017, TVG § 5 Rn. 467 ff.

davon, dass diese Fallkonstellation kaum je praktisch relevant werden dürfte,[284] führt das Niederlassungserfordernis dazu, dass der Betreiber eine rechtlich handlungsfähige Einheit im Inland errichten muss.[285] Vor allem aber wird die fragliche Arbeitsleistung ja alleine im Inland erbracht. Folglich findet auf die vom Betreiber im Inland abgeschlossenen Arbeitsverhältnisse auch allein deutsches Arbeitsrecht Anwendung (s. nur Art. 8 Abs. 2 Rom-I-VO). Erneut gilt: Wer eine Integration in den Inlandsmarkt anstrebt und sich so in die Obhut einer fremden Rechtsordnung begibt, muss sich deren Regelungen voll unterwerfen.

4. Rechtsschutz. Gibt das Landesrecht eine Anordnungspflicht bezüglich Tariftreueverlangen 144 vor, so sind diese **bieterschützend**.[286] Die einschlägigen Regelungen richten sich nicht etwa nur an den öffentlichen Auftraggeber, sondern haben vielmehr auch wettbewerbsregulierende Wirkung, weil sie der Herstellung der Möglichkeit gleicher Teilnahme am Wettbewerb dienen und einem Dumpingwettbewerb über Lohnkosten entgegen wirken sollen. In diesem Fall haben am Ausschreibungsverfahren beteiligte Wettbewerber einen Anspruch darauf, dass eine solche Anordnung getroffen wird. Unterbleibt eine solche ohne besonders triftigen Grund, können die unterlegenen Wettbewerber dies im Nachprüfungsverfahren rügen (§ 97 Abs. 6, § 160 Abs. 2, § 131 Abs. 3; vgl. auch die Parallele zur Betriebsübergangsanordnung → Rn. 115 ff.). Hat der Aufgabenträger ein Tariftreueverlangen in das Verfahren eingebracht, ist er gegenüber sämtlichen Bietern verpflichtet, sich an diese Vorgabe zu halten. Entsprechend kann die Nichteinhaltung von einem übergangenen Bieter im Nachprüfungsverfahren geltend gemacht werden.[287]

§ 132 Auftragsänderungen während der Vertragslaufzeit

(1) ¹Wesentliche Änderungen eines öffentlichen Auftrags während der Vertragslaufzeit erfordern ein neues Vergabeverfahren. ²Wesentlich sind Änderungen, die dazu führen, dass sich der öffentliche Auftrag erheblich von dem ursprünglich vergebenen öffentlichen Auftrag unterscheidet. ³Eine wesentliche Änderung liegt insbesondere vor, wenn
1. mit der Änderung Bedingungen eingeführt werden, die, wenn sie für das ursprüngliche Vergabeverfahren gegolten hätten, die Zulassung anderer Bewerber oder Bieter ermöglicht hätten, die Annahme eines anderen Angebots ermöglicht hätten oder das Interesse weiterer Teilnehmer am Vergabeverfahren geweckt hätten,
2. mit der Änderung das wirtschaftliche Gleichgewicht des öffentlichen Auftrags zugunsten des Auftragnehmers in einer Weise verschoben wird, die im ursprünglichen Auftrag nicht vorgesehen war,
3. mit der Änderung der Umfang des öffentlichen Auftrags erheblich ausgeweitet wird oder
4. ein neuer Auftragnehmer den Auftragnehmer in anderen als den in Absatz 2 Satz 1 Nummer 4 vorgesehenen Fällen ersetzt.

(2) ¹Unbeschadet des Absatzes 1 ist die Änderung eines öffentlichen Auftrags ohne Durchführung eines neuen Vergabeverfahrens zulässig, wenn
1. in den ursprünglichen Vergabeunterlagen klare, genaue und eindeutig formulierte Überprüfungsklauseln oder Optionen vorgesehen sind, die Angaben zu Art, Umfang und Voraussetzungen möglicher Auftragsänderungen enthalten, und sich aufgrund der Änderung der Gesamtcharakter des Auftrags nicht verändert,
2. zusätzliche Liefer-, Bau- oder Dienstleistungen erforderlich geworden sind, die nicht in den ursprünglichen Vergabeunterlagen vorgesehen waren, und ein Wechsel des Auftragnehmers aus wirtschaftlichen oder technischen Gründen nicht erfolgen kann und mit erheblichen Schwierigkeiten oder beträchtlichen Zusatzkosten für den öffentlichen Auftraggeber verbunden wäre,
3. die Änderung aufgrund von Umständen erforderlich geworden ist, die der öffentliche Auftraggeber im Rahmen seiner Sorgfaltspflicht nicht vorhersehen konnte, und sich aufgrund der Änderung der Gesamtcharakter des Auftrags nicht verändert oder
4. ein neuer Auftragnehmer den bisherigen Auftragnehmer ersetzt aufgrund einer Überprüfungsklausel im Sinne von Nummer 1, aufgrund der Tatsache, dass ein anderes Unternehmen, das die ursprünglich festgelegten Anforderungen an die Eignung erfüllt, im Zuge einer Unternehmensumstrukturierung, wie zum Beispiel durch Übernahme,

---

[284] *Greiner* ZAAR-Schriftenreihe 38 (2015), 97 (106).
[285] *Greiner* ZAAR-Schriftenreihe 38 (2015), 97 (106).
[286] *Thüsing/Granetzny* NZA 2009, 183 (185 f.); aA *Faber* NWVBl. 2012, 255 (259).
[287] *Faber* NWVBl. 2012, 255 (259).

Zusammenschluss, Erwerb oder Insolvenz, ganz oder teilweise an die Stelle des ursprünglichen Auftragnehmers tritt, sofern dies keine weiteren wesentlichen Änderungen im Sinne des Absatzes 1 zur Folge hat, oder aufgrund der Tatsache, dass der öffentliche Auftraggeber selbst die Verpflichtungen des Hauptauftragnehmers gegenüber seinen Unterauftragnehmern übernimmt.
²In den Fällen des Satzes 1 Nummer 2 und 3 darf der Preis um nicht mehr als 50 Prozent des Wertes des ursprünglichen Auftrags erhöht werden. ³Bei mehreren aufeinander folgenden Änderungen des Auftrags gilt diese Beschränkung für den Wert jeder einzelnen Änderung, sofern die Änderungen nicht mit dem Ziel vorgenommen werden, die Vorschriften dieses Teils zu umgehen.

(3) ¹Die Änderung eines öffentlichen Auftrags ohne Durchführung eines neuen Vergabeverfahrens ist ferner zulässig, wenn sich der Gesamtcharakter des Auftrags nicht ändert und der Wert der Änderung
1. die jeweiligen Schwellenwerte nach § 106 nicht übersteigt und
2. bei Liefer- und Dienstleistungsaufträgen nicht mehr als 10 Prozent und bei Bauaufträgen nicht mehr als 15 Prozent des ursprünglichen Auftragswertes beträgt.
²Bei mehreren aufeinander folgenden Änderungen ist der Gesamtwert der Änderungen maßgeblich.

(4) Enthält der Vertrag eine Indexierungsklausel, wird für die Wertberechnung gemäß Absatz 2 Satz 2 und 3 sowie gemäß Absatz 3 der höhere Preis als Referenzwert herangezogen.

(5) Änderungen nach Absatz 2 Satz 1 Nummer 2 und 3 sind im Amtsblatt der Europäischen Union bekannt zu machen.

Schrifttum: *Brüning/Pfannkuch,* Neuausschreibungspflicht bei Vertragsänderung, VergabeR 2015, 144; *Fett,* Die Verlängerung und Veränderung bestehender Verträge – immer ausschreibungsrelevant?, Festschrift für Fridhelm Marx, 2013, 103; *Frenz,* Ausschreibungspflicht wesentlicher Vertragsverlängerungen und -änderungen, VergabeR 2017, 323; *Greb/Stenzel,* Die nachträgliche Vertragsanpassung als vergaberechtsrelevanter Vorgang, NZBau 2012, 404; *Hausmann/Queisner,* Auftragsänderungen während der Vertragslaufzeit, NZBau 2016, 619; *Hübner/Frauer,* Vergaberecht und Insolvenz – Der Debt-Equity-Swap in seiner vergaberechtlichen Dimension, NZBau 2011, 142; *Kunde,* Nennung von Vertragsanpassungsklauseln in Auftragsbekanntmachung, NZBau 2014, 550; *Malmendier/Wild,* Vertragsänderungen versus Vergaberecht – Möglichkeiten und Grenzen der Änderung von ausschreibungspflichtigen Verträgen bei Leistungsstörungen, VergabeR 2014, 12; *Müller,* Nach dem Zuschlag ist vor dem Zuschlag! Auftragsänderungen nach Zuschlag als vergaberechtlicher Dauerbrenner in der Praxis – Eine erste Analyse der Richtlinie 2014/24/EU und des Regierungsentwurfs, VergabeR 2015, 652; *Polster,* Die Änderung bestehender öffentlicher Aufträge bei Eintritt außergewöhnlicher Ereignisse, VergabeR 2012, 282; *Prieß/Hölzl,* Auftragnehmer, wechsel Dich! Vorliegen, Konsequenzen und Handhabung eines vergabe- oder primärrechtlich relevanten Auftragnehmerwechsels, NZBau 2011, 513; *Rosenkötter/Fritz,* Vertragsänderungen nach den neuen Richtlinien, VergabeR 2014, 290; *Ziekow,* Auftragsänderungen nach der Auftragsvergabe, VergabeR 2016, 278.

Übersicht

	Rn.		Rn.
I. Bedeutung der Norm	1	d) Auftragnehmerwechsel (§ 132 Abs. 1 S. 3 Nr. 4)	17
II. Anwendungsbereich	3	e) Ersetzung des Nachunternehmers nach dem Zuschlag	18
III. Die Grundregel: Erforderlichkeit eines neuen Vergabeverfahrens bei wesentlichen Auftragsänderungen nach dem Zuschlag (§ 132 Abs. 1)	4	2. Weitere wesentliche Auftragsänderungen gemäß der Grundnorm (§ 132 Abs. 1 S. 1 und 2)	20
1. Die gesetzlichen Regelbeispiele für eine wesentliche Auftragsänderung (§ 132 Abs. 1 S. 3)	5	IV. Die Ausnahmen vom Erfordernis eines neuen Vergabeverfahrens (§ 132 Abs. 2)	24
a) Änderung der ursprünglichen Vergabebedingungen (§ 132 Abs. 1 S. 3 Nr. 1)	7	1. Überprüfungsklauseln und Optionen (§ 132 Abs. 2 S. 1 Nr. 1)	25
b) Änderung des wirtschaftlichen Gleichgewichts des ursprünglichen Auftrags zugunsten des Auftragnehmers (§ 132 Abs. 1 S. 3 Nr. 2)	11	2. Notwendigkeit zusätzlicher Leistungen (§ 132 Abs. 2 S. 1 Nr. 2)	32
c) Erhebliche Ausweitung des Umfangs des ursprünglichen Auftrags (§ 132 Abs. 1 S. 3 Nr. 3)	13	3. Erforderliche Auftragsänderungen aufgrund unvorhersehbarer Umstände (§ 132 Abs. 2 S. 1 Nr. 3)	42

	Rn.		Rn.
4. Die Ausnahmen der zulässigen Auftragnehmerwechsel ohne neues Vergabeverfahren (§ 132 Abs. 2 S. 1 Nr. 4)	47	c) Übernahme der Auftragnehmerpflichten gegenüber den Unterauftragnehmern durch den öffentlichen Auftraggeber selbst (§ 132 Abs. 2 S. 1 Nr. 4 lit. c)	56
a) Auftragnehmerwechsel aufgrund einer Überprüfungsklausel oder einer Option (§ 132 Abs. 2 S. 1 Nr. 4 lit. a)	48	V. Die Bagatell- oder De-minimis-Regelung (§ 132 Abs. 3)	57
b) Auftragnehmerwechsel im Zuge einer Unternehmensumstrukturierung (§ 132 Abs. 2 S. 1 Nr. 4 lit. b)	50	VI. Rechtsschutz	63

I. Bedeutung der Norm

Es gibt wahrscheinlich keine andere Vertragsart des öffentlichen Auftragswesens, bei der öffentliche Auftraggeber – wissentlich oder unwissentlich – so (relativ) häufig gegen Vergaberecht verstoßen wie bei Verträgen, die vergaberechtlich korrekt vergebene öffentliche Aufträge nach dem Zuschlag, zumeist während der Zeit ihrer Durchführung, ändern. Das Problem der vergaberechtlichen Beurteilung der Auftragsänderungen während der Vertragslaufzeit, also vor allem die Frage, ob und unter welchen Voraussetzungen solche Auftragsänderungen die Vornahme eines neuen regulären Vergabeverfahrens erfordern, hat die Nachprüfungsinstanzen vom ersten Tage der Geltung des neuen unionsrechtlich geprägten Vergaberechts an (in Deutschland seit dem 1.1.1999) beschäftigt. In den Anfangsjahren orientierte sich die deutsche Rechtsprechung (zumindest überwiegend) an dem von ihr so formulierten Grundsatz, dass die vertragliche Änderung eines erteilten öffentlichen Auftrags eines erneuten Vergabeverfahrens bedarf, wenn die Änderung in ihren wirtschaftlichen Auswirkungen bei wertender Betrachtung einer Neuvergabe gleichkommt; dabei richtete sich die „wertende Betrachtung" am Zweck des Vergaberechts aus, wonach öffentliche Auftraggeber die von anderen Unternehmen zu erwerbenden Waren, Bau- und Dienstleistungen nur im Wettbewerb und mittels transparenter, das Gleichbehandlungsgebot wahrender Vergabeverfahren beschaffen sollen.[1] In diesem Sinne[2] oder doch zumindest sehr rechtsähnlich entschied im Jahre 2008, als es in den EU-Vergaberechtsrichtlinien noch keine spezielle Vorschrift zur vorliegenden Rechtsfrage gab, auch der **EuGH** in einem Vorlageverfahren, in dem zu mehreren verschiedenartigen vertraglichen Änderungen eines öffentlichen Auftrags die Frage zu beantworten war, ob hierfür aufgrund des EU-Rechts ein neues Vergabeverfahren notwendig sei: In diesem Urteil **(„pressetext")** stellte der EuGH in dem Bestreben, „die Transparenz der Verfahren und die Gleichbehandlung der Bieter sicherzustellen" sowie auch „einen unverfälschten Wettbewerb in allen Mitgliedstaaten zu gewährleisten", die **Grundregel** auf, dass Änderungen der Bestimmungen eines öffentlichen Auftrags während seiner Geltungsdauer als Neuvergabe des Auftrags (iSd EU-Vergaberechts) anzusehen sind, wenn sie „wesentlich" sind, wenn sie also wesentlich andere Merkmale aufweisen als der ursprüngliche Auftrag und damit den Willen der Parteien zur Neuverhandlung wesentlicher Bestimmungen dieses Vertrags erkennen lassen.[3] Dieser so noch stärker an die elementaren vergaberechtlichen Grundsätze anknüpfenden EuGH-Rechtsprechung schlossen sich fortan selbstverständlich die deutschen Nachprüfungsinstanzen an.[4] Da trotz der vom EuGH aufgestellten Grundregel und einiger von ihm selbst erläuterter Ableitungen aus dieser Grundregel[5] zahlreiche weitere Fragen zu diesem Thema zwangsläufig offen blieben, hielt es der EU-Gesetzgeber für erforderlich, im Zuge der Modernisierung des Vergaberechts (erstmals) mit einer speziellen Richtlinienvorschrift die Bedingungen näher zu bestimmen, unter denen Änderungen eines Auftrags während des Ausführungszeitraums ein neues Vergabeverfahren erfordern (Erwägungsgrund 107 Abs. 1 S. 1 RL 2014/24/EU). Das Ergebnis dieser Gesetzgebungsarbeit, **Art. 72 RL 2014/24/EU** (sowie je eigene, ganz überwiegend gleiche Vorschriften für die Sektorenvergaben, Art. 89 Sektoren-RL, und die Konzessionsvergaben, Art. 43 RL 2014/23/EU), kodifiziert im Wesentlichen die EuGH-Rechtsprechung und entwickelt sie an einigen Stellen vorsichtig weiter. Durch die **Umsetzung des Art. 72 RL 2014/24/EU** im VergRModG 2016 erhält auch das deutsche Vergaberecht mit § 132 **erstmals eine gesetzliche Regelung,** unter welchen Voraussetzungen während der Vertragslaufzeit vertraglich vereinbarte Auftragsänderungen dem Erfordernis eines neuen Vergabeverfahrens unterliegen oder frei davon sind. Die Gesetzesvorschrift

1

---

[1] OLG Düsseldorf NZBau 2001, 696 (700); vgl. auch die Rspr.-Analysen: *Schwab/Giesemann* VergabeR 2014, 351 (361); *Ziekow* VergabeR 2016, 278 (279 f. mwN); *Polster* VergabeR 2012, 282 mwN.
[2] Vgl. nur *Fett* FS Marx, 2013, 103 (104 bei Fn. 8).
[3] EuGH Slg. 2008, I-4447 Rn. 34 iVm Rn. 31 = NZBau 2008, 518 – pressetext.
[4] Vgl. zB OLG Düsseldorf NZBau 2012, 50 (53 f.).
[5] S. EuGH Slg. 2008, I-4447 Rn. 35–37 = NZBau 2008, 518 – pressetext; s. nachfolgend → Rn. 5–16.

trägt zu **mehr Rechtssicherheit** in diesem Problembereich bei;[6] eine vollkommene Rechtssicherheit ist freilich nicht von ihr zu erwarten.

2   Bei der Umsetzung des Art. 72 RL 2014/24/EU hat der deutsche Gesetzgeber den **Aufbau der Norm** – ohne inhaltliche Änderungen – gründlich abgeändert und so die Norm besser verständlich gemacht:[7] Art. 72 RL 2014/24/EU führt die Einzelvorschriften, die funktional die Grundregeln zum vorliegenden Problemkreis enthalten (nämlich zur wesentlichen Änderung eines Auftrags, die ein neues Vergabeverfahren erforderlich macht), erst am Ende in den Abs. 4 und 5 auf und beginnt mit den Ausnahmen von diesen Grundregeln (mit dem Dispens vom Erfordernis eines neuen Vergabeverfahrens) in den Abs. 1 und 2 zuzüglich einer vergaberechtstechnischen Ergänzung hierzu nebst. eine im Ursprungsauftrag evtl. vereinbarte Indexierungsklausel in Abs. 3. Dagegen beginnt § 132 in Abs. 1 mit dem Grundsatz, dass wesentliche Änderungen eines öffentlichen Auftrags während der Vertragslaufzeit ein neues Vergabeverfahren erfordern (S. 1). Dem Grundsatz werden in Abs. 1 angefügt die Legaldefinition des Begriffs „wesentlich" (S. 2) und vier – genau genommen sogar sechs – Regelbeispiele für eine „wesentliche Änderung" (S. 3 Nr. 1–4, wovon Nr. 1 dreifach aufgefächert ist). Die nachfolgenden Abs. 2 und 3 enthalten die eigenständigen Ausnahmen vom Erfordernis eines neuen Vergabeverfahrens, die auch dann eingreifen, wenn der einzelne Ausnahmefall definitorisch eine wesentliche Änderung iSd § 132 Abs. 1 S. 2 darstellt und/oder die Voraussetzungen eines der Regelbeispiele des § 132 Abs. 1 S. 3 ausfüllt. Die abschließenden Abs. 4 und 5 bilden Ergänzungen zu den Ausnahmevorschriften der Abs. 2 und 3, soweit für deren Anwendung eine im Ursprungsauftrag evtl. vereinbarte Indexierungsklausel relevant ist (Abs. 4), und ferner dergestalt, dass für einige ohne Vergabeverfahren zulässige Arten von Änderungsverträgen deren nachträgliche Bekanntmachung im EU-Amtsblatt angeordnet wird (Abs. 5). Für die Vergabepraxis liegt die **Hauptbedeutung** des § 132 **in den Ausnahmevorschriften der Abs. 2 und 3.** Die nachstehende Kommentierung folgt dem Aufbau des § 132, mit Ausnahme der Abs. 4 und 5, die im Zusammenhang mit den zugehörigen Hauptvorschriften erläutert werden (Abs. 4 → Rn. 39, 45 und 60; Abs. 5 → Rn. 41 und 46).

II. Anwendungsbereich

3   § 132 setzt nur Art. 72 RL 2014/24/EU,[8] nicht auch die entsprechenden Vorschriften für die Sektorenvergaben (Art. 89 Sektoren-RL) und die Konzessionsvergaben (Art. 43 RL 2014/23/EU) um und gilt daher – auch gemäß seinem Wortlaut – direkt nur für Änderungen öffentlicher Aufträge, die öffentliche Auftraggeber (s. § 132 Abs. 2 S. 1 Nr. 2 lit. b, Nr. 3 und Nr. 4 lit. c) außerhalb etwaiger Sektorentätigkeiten (§ 102) vergeben haben, sowie für Rahmenvereinbarungen (§ 103 Abs. 5 S. 2). Eingeschlossen in den Anwendungsbereich sind gem. § 147 S. 1 die Änderungen verteidigungs- oder sicherheitsspezifischer öffentlicher Aufträge (§ 104). Gemäß § 142 gilt § 132 jedoch entsprechend für die Änderung von öffentlichen Aufträgen durch Sektorenauftraggeber zum Zweck der Ausübung von Sektorentätigkeiten (s. §§ 100, 102 und 103), lediglich mit der Ausnahme, dass die Vorschriften des § 132 Abs. 2 S. 2 und 3 (→ Rn. 38, 40), die die Anwendbarkeit des § 132 Abs. 2 S. 1 Nr. 2 und 3 begrenzen, ausgeklammert sind. Ferner gilt § 132 gem. § 154 Nr. 3 auch entsprechend für die Änderung von Konzessionsverträgen durch Konzessionsgeber (§ 101), wiederum mit der Ausnahme, dass die vorgenannten Vorschriften des § 132 Abs. 2 S. 2 und 3 für Konzessionen, die (Sektoren-)Tätigkeiten nach § 102 Abs. 2–6 betreffen, ausgeklammert sind, und außerdem mit der Besonderheit für die De-minimis-Regel des § 132 Abs. 3 (→ Rn. 57 f.), dass die Obergrenze des § 132 Abs. 3 Nr. 2 für Bau- und Dienstleistungskonzessionen nicht unterschiedlich mit 15% und 10% des ursprünglichen Konzessionswerts geregelt ist, sondern einheitlich 10% jenes Werts beträgt. Demzufolge gilt § 132 – unmittelbar oder entsprechend – für die Änderung von öffentlichen Aufträgen und Konzessionen aller Auftraggeber (iSd § 98), lediglich mit den vorstehend skizzierten geringfügigen Ausnahmen. Zu erwähnen ist noch die Sondervorschrift des § 130 Abs. 2 für die Änderung öffentlicher Aufträge über soziale und andere besondere Dienstleistungen: Für diese Auftragsart erweitert die Sondervorschrift den Anwendungsbereich der De-minimis-Regelung des § 132 Abs. 3 (→ Rn. 57 f.). Was das Instrument der Änderung von öffentlichen Aufträgen oder Konzessionsverträgen anbelangt, gilt § 132 für **alle Vereinbarungen** der Vertragspartner **mit Vertragscharakter**, auch wenn es sich um einen **Vergleich** zum Zweck der Behebung von Streit oder Ungewissheiten handelt,[9] sowie für die Ausübung von einseitig berechtigenden, im ursprünglichen Auftrag/Vertrag

---

[6] *Brüning/Pfannkuch* VergabeR 2015, 144 (153); *Ziekow* VergabeR 2016, 278 (291).
[7] *Summa* NZBau 2015, 329 (330): „Der eher unverdauliche Art. 72 wurde auseinandergenommen und zu einer besser verständlichen Regelung zusammengefügt". Kritisch aber Ziekow/Völlink/*Ziekow* Rn. 5, dem der Aufbau des Art. 72 RL 2014/24/EU stringenter erscheint.
[8] Begr. RegE, BT-Drs. 18/6281, 118.
[9] Vgl. EuGH NZBau 2016, 649 Rn. 32, 34 und 40 – Finn Frogne A/S (noch zu Art. 2 Vergabe-RL 2004); BGH NZBau 2011, 175 Rn. 47; *Delcavé* VergabeR 2017, 41 (42); *Frenz* VergabeR 2017, 323 (330); Reidt/Stickler/Glahs/*Ganske* Rn. 4, 10 und 13; *Geitel/Jansen* in RKPP GWB Rn. 46–50.

eingeräumten **Optionen**, wie sich aus § 132 Abs. 2 S. 1 Nr. 1 ergibt. Da es auf die Form der Änderungsvereinbarung nicht ankommt, fallen auch konkludente Änderungen mit Vertragscharakter unter § 132, wie zB die einvernehmliche Fortsetzung eines ursprünglich befristeten Dienstleistungsauftrags.[10] In zeitlicher Hinsicht kommt es für die Anwendbarkeit des seit dem 18.4.2016 geltenden § 132 auf den Zeitpunkt der Änderungsvereinbarung, nicht des Ursprungsauftrags an, der auch vor dem 18.4.2016 erteilt worden sein kann.[11]

III. Die Grundregel: Erforderlichkeit eines neuen Vergabeverfahrens bei wesentlichen Auftragsänderungen nach dem Zuschlag (§ 132 Abs. 1)

§ 132 Abs. 1 S. 1 übernimmt ins gesetzliche Vergaberecht in unkomplizierter klarer Diktion 4 den vom EuGH geprägten **Grundsatz**, dass **wesentliche Änderungen** eines öffentlichen Auftrags während seiner Geltungsdauer (oder gleichbedeutend: „während der Vertragslaufzeit") ein **neues Verfahren nach den Vergaberechtsregeln erfordern** (→ Rn. 1).[12] Damit setzt § 132 Abs. 1 S. 1 aus dem in komplizierter Regelungstechnik zusammengefügten Art. 72 RL 2014/24/EU dessen Abs. 4 S. 1, Abs. 5 und Abs. 1 UAbs. 1 lit. e insoweit um, als man diesen Einzelbestimmungen mit einer analysierenden Gesamtschau ebenfalls den vorgenannten EuGH-Grundsatz als gemeinsame Kernaussage entnehmen kann und muss. Über das Abgrenzungskriterium „wesentlich" lässt sich trefflich streiten;[13] unter welchen Voraussetzungen oder Bedingungen vertragliche Änderungen eines öffentlichen Auftrags als wesentlich zu beurteilen sind, hat der EuGH bisher nicht für alle denkbaren Einzelfälle allgemeingültig und rechtssicher entschieden und lässt sich auch nicht generell festlegen.[14] Möglicherweise deshalb haben der Unionsgesetzgeber und – ihm bei der Umsetzung folgend – der deutsche Gesetzgeber in ihrer jeweiligen **Legaldefinition** der „wesentlichen Änderung" den Begriff gewechselt und die Definition so gefasst, dass wesentliche Änderungen dahin führen, dass sich der geänderte öffentliche Auftrag „erheblich" von dem ursprünglich vergebenen öffentlichen Auftrag unterscheidet (Art. 72 Abs. 4 S. 1 RL 2014/24/EU, § 132 Abs. 1 S. 2). Allein damit ist kaum etwas für die Auslegung gewonnen. **„Wesentlich" und „erheblich" sind gleichermaßen vage, unbestimmte Begriffe.**[15] Es bedarf daher der (weiteren) Klärung und Konkretisierung dieser Begriffe durch die Rechtsprechung, am ehesten durch die Bildung von Fallgruppen und/oder die Kennzeichnung typischer Anwendungsfälle des § 132 Abs. 1 S. 1 und 2. Dazu kann auch schon die bisherige Rechtsprechung zum vorliegenden Problembereich herangezogen werden, weil sie zumindest in ihren frühen Ergebnissen auf einer Linie mit dem nachfolgenden Grundsatzurteil des EuGH „pressetext" lag, auf dem Art. 72 RL 2014/24/EU und damit auch § 132 aufbauen, und weil die nationale Rechtsprechung nach Erlass des „pressetext"-Urteils diesem ohnehin gefolgt ist (→ Rn. 1).

1. Die gesetzlichen Regelbeispiele für eine wesentliche Auftragsänderung (§ 132 5 **Abs. 1 S. 3).** Im pressetext-Urteil hat der EuGH selbst für die Anwendbarkeit seiner Grundregel (→ Rn. 1) beispielhaft drei (genau genommen vier) Fallgruppen formuliert, bei denen die Änderung des ursprünglichen Auftrags „als wesentlich angesehen werden kann".[16] Diese Anwendungsbeispiele hat der Unionsgesetzgeber in Art. 72 Abs. 4 S. 2 lit. a–c RL 2014/24/EU sämtlich und inhaltsgleich aufgegriffen, allerdings mit dem gegenüber der EuGH-Formulierung verschärften Zusatz, dass in jedem Fall, in dem die Voraussetzungen eines der Anwendungsbeispiele erfüllt sind, die betreffende Änderung des Ursprungsauftrags als wesentlich angesehen werden muss (wobei die Rechtsfolge eines notwendigen neuen Vergabeverfahrens freilich noch aufgrund einer der Ausnahmebestimmungen der Abs. 1 und 2 des Art. 72 RL 2014/24/EU abgewendet werden kann). Der deutsche Gesetzgeber hat diese Anwendungsbeispiele in § 132 Abs. 1 S. 3 Nr. 1 lit. a und b, Nr. 2 und Nr. 3 inhaltsgleich übernommen. Ferner hat der Unionsgesetzgeber selbst noch eine den ersten beiden EuGH-Beispielen[17] (im GWB umgesetzt in § 132 Abs. 1 S. 3 Nr. 1 lit. a und b) sehr ähnliche Fallgruppe als wesentliche Auftragsänderung deklariert (Art. 72 Abs. 4 S. 2 lit. c Var. 3 RL 2014/24/EU) und schließlich die Beantwortung der Vorlagefragen im Vorlageurteil auch die Fallgruppe des Auftragnehmerwechsels entnommen (Art. 72 Abs. 4 S. 2 lit. d RL 2014/24/EU), die im Allgemeinen – abgesehen von bestimmten Ausnahmesituationen – als wesentliche Auftragsänderung anzusehen ist.[18]

---

[10] Reidt/Stickler/Glahs/*Ganske* Rn. 10; *Geitel/Jansen* in RKPP GWB Rn. 36.
[11] *Herrmann* NZBau 2020, 704 (705) mwN.
[12] EuGH Slg. 2008, I-4447 Rn. 34 = NZBau 2008, 518 – pressetext.
[13] Zutr. *Greb/Stenzel* NZBau 2012, 404 (410).
[14] *Prieß/Hölzl* NZBau 2011, 513 (514).
[15] *Malmendier/Wild* VergabeR 2014, 12 (18).
[16] EuGH Slg. 2008, I-4447 Rn. 35–37 = NZBau 2008, 518 – pressetext.
[17] EuGH Slg. 2008, I-4447 Rn. 35 = NZBau 2008, 518 – pressetext.
[18] EuGH Slg. 2008, I-4447 Rn. 40 = NZBau 2008, 518 – pressetext.

Die beiden letztgenannten RL 2014/24/EU-Bestimmungen sind durch § 132 Abs. 1 S. 3 Nr. 1 lit. c und Nr. 4 umgesetzt worden. Somit beruhen **alle** sechs **Regelbeispiele** des § 132 Abs. 1 S. 3 auf einer **Auswertung des EuGH-Urteils „pressetext"**.

6   Dass zu diesen Regelbeispielen für eine wesentliche Auftragsänderung im allg. der **Auftragnehmerwechsel** gehört, versteht sich mit Blick auf die zu beachtenden Grundsätze des Wettbewerbs und der Gleichbehandlung aller Bieter (→ Rn. 1) von selbst. In diesem Bereich sind hauptsächlich die Ausnahmen vom Erfordernis eines neuen Vergabeverfahrens (Art. 72 Abs. 1 UAbs. 1 lit. d RL 2014/24/EU; § 132 Abs. 2 S. 1 Nr. 4) interessant (→ Rn. 47–56). Das Regelbeispiel des § 132 Abs. 1 S. 3 Nr. 3 **(erhebliche Ausweitung des Auftragsumfangs)** war schon zur Zeit des Erlasses des EuGH-Urteils „pressetext" nicht neu[19] und dem Grunde nach unproblematisch; kritisch ist hier nur die Grenze der Umfangsausweitung, bei deren Überschreitung eine wesentliche Auftragsänderung festzustellen ist. In dieser Grenzfrage leistet § 132 Abs. 1 S. 3 Nr. 3 mit dem unbestimmten Begriff „erheblich" (Auftragsumfang wird „erheblich ausgeweitet") keine nennenswerte Klärung (→ Rn. 15 f.). Bei den **übrigen Regelbeispielen** ist **Skepsis** angebracht, **ob sie für die Vergabepraxis** zur Abgrenzung der wesentlichen von den unerheblichen Auftragsänderungen **wirklich hilfreich** sind; denn – so wird nicht ohne Grund kritisch angemerkt – sie bestünden aus relativ abstrakten Grundsätzen[20] und seien überwiegend stark wertausfüllungsbedürftig[21] bzw. hätten Prognosecharakter.[22] Unabhängig von dieser Kritik sind nachfolgende Erläuterungen zu den einzelnen Regelbeispiele angebracht. Dabei ist stets zu beachten, dass es sich zwar bei der Erfüllung der Voraussetzungen eines der in § 132 Abs. 1 S. 3 aufgeführten Regelbeispiele unbezweifelbar um eine wesentliche Auftragsänderung iSd § 132 Abs. 1 S. 2 handelt,[23] was aber im Einzelfall noch nicht endgültig zur Durchführung eines neuen Vergabeverfahrens nötigt,[24] weil zugleich die Voraussetzungen einer der Ausnahmevorschriften des § 132 Abs. 2 und 3 erfüllt sein können, sodass die Notwendigkeit eines neuen Vergabeverfahrens doch entfällt. Der **Vorrang der Ausnahmevorschriften** kommt sprachlich in Art. 72 Abs. 4 S. 2 RL 2014/24/EU („Unbeschadet der Absätze 1 und 2 … ") besser zum Ausdruck als in § 132 Abs. 2 und 3.

7   **a) Änderung der ursprünglichen Vergabebedingungen (§ 132 Abs. 1 S. 3 Nr. 1).** Die erste Variante (§ 132 Abs. 1 S. 3 Nr. 1 lit. a) erfasst Auftragsänderungen, für die im Vergleich zum ursprünglichen Vergabeverfahren neue Vergabebedingungen und/oder geänderte Vergabebedingungen (einschließlich der durch Streichung bisheriger Bedingungen geänderten Gesamtbedingungen)[25] eingeführt werden, die **die Zulassung anderer Bewerber oder Bieter ermöglicht hätten,** wenn sie schon für das ursprüngliche Vergabeverfahren gegolten hätten. Diese Variante ist anwendbar auf neue oder geänderte Bedingungen, die die von Bewerbern/Bietern zu erfüllenden Eignungskriterien oder die von ihnen bei der Auftragserfüllung zu beachtenden Ausführungsbedingungen (§ 128 Abs. 2) verändern.[26] Die Textfassung der umzusetzenden Richtlinienvorschrift Art. 72 Abs. 4 S. 2 lit. a Var. 1 RL 2014/24/EU („… Bedingungen eingeführt, die … die Zulassung anderer als der ursprünglich ausgewählten Bewerber … ermöglicht hätten") ergibt noch deutlicher als der deutsche Gesetzestext, dass hier geprüft werden muss, ob es im ursprünglichen Vergabeverfahren tatsächlich Bewerber oder Bieter gegeben hat, die an seinerzeit nicht erfüllten Eignungskriterien oder an (mangels abgegebener Erklärungen oder Belegen) nicht erfüllten Ausführungsbedingungen (s. §§ 61, 33, 34 VgV und § 57 Abs. 1 Nr. 2 VgV) gescheitert sind, die aber aufgrund der neuen oder geänderten Bedingungen, wenn sie seinerzeit gegolten hätten, am Vergabeverfahren bis zum Ende (Angebotswertung) hätten teilnehmen können.[27] Ob die seinerzeit nicht zugelassenen Bewerber/Bieter

---

[19] Vgl. ua OLG Düsseldorf NZBau 2001, 696 (700).
[20] *Hausmann/Queisner* NZBau 2016, 619 (619 und 620); *Müller* VergabeR 2015, 652 (655).
[21] *Gröning* NZBau 2015, 690 (691); OLG Düsseldorf NZBau 2014, 454 (455), das zur Originalfassung der Regelbeispiele treffend bemerkt, der EuGH habe „drei Fallgruppen genannt, die mehrfach wertungsbesetzt sind und einen rechtlichen Laie keine auch nur einigermaßen zuverlässige Subsumtion wagen kann".
[22] *Gröning* NZBau 2015, 690 (691).
[23] Insoweit ebenso: *Ziekow* VergabeR 2016, 278 (280); *von Engelhardt/Kaelble* in Müller-Wrede GWB Rn. 16; aA zur entsprechenden Vorschrift Art. 72 Abs. 4 RL 2014/24/EU *Schwab/Giesemann* VergabeR 2014, 351 (362): widerlegbare Vermutung für wesentliche Auftragsänderung.
[24] AA *Ziekow* VergabeR 2016, 278 (280): „Liegen die in § 132 Abs. 1 S. 3 genannten Voraussetzungen eines dieser Fälle vor, so ist immer eine die Pflicht zur Neuausschreibung begründende wesentliche Änderung gegeben."; *von Engelhardt/Kaelble* in Müller-Wrede GWB Rn. 16: so „ist eine Neuvergabe erforderlich".
[25] Vgl. *von Engelhardt/Kaelble* in Müller-Wrede GWB Rn. 21.
[26] OLG Celle NZBau 2020, 535 Rn. 44 mwN; *Ziekow* VergabeR 2016, 278 (280); Byok/Jaeger/*Wiedemann* Rn. 24; Immenga/Mestmäcker/*Kling* Rn. 20; Reidt/Stickler/Glahs/*Ganske* Rn. 18.
[27] Ebenso: OLG Celle NZBau 2020, 535 Rn. 45 mwN; *Ziekow* VergabeR 2016, 278 (280); Reidt/Stickler/Glahs/*Ganske* Rn. 18.

III. Die Grundregel: Erforderlichkeit eines neuen Vergabeverfahrens

ein iÜ aussichtsreiches Angebot abgegeben hatten oder hätten, ist dagegen hier nicht zu prüfen. Die Interessen potenzieller Bewerber/Bieter, die beim ursprünglichen Vergabeverfahren – aus welchen Gründen auch immer – tatsächlich nicht versucht haben, zugelassen zu werden, können nur gem. § 132 Abs. 1 S. 3 Nr. 1 lit. c relevant sein.

Die zweite Variante (§ 132 Abs. 1 S. 3 Nr. 1 lit. b) erfasst Auftragsänderungen, für die im Vergleich zum ursprünglichen Vergabeverfahren neue und/oder (evtl. auch durch bloße Reduzierung) geänderte Vergabebedingungen eingeführt werden, **die die Annahme eines anderen Angebots ermöglicht hätten,** wenn sie schon für das ursprüngliche Vergabeverfahren gegolten hätten. Diese Variante ist anwendbar auf neue oder geänderte Bedingungen, die die Zuschlagskriterien[28] und/oder die Bedingungen für Nebenangebote verändern oder auch Nebenangebote erstmals zulassen (relevant zB für seinerzeitige Angebote, die gem. § 57 Abs. 1 Nr. 4 und 6 VgV ausgeschlossen worden sind, aber in die Angebotsprüfung und -wertung hätten einbezogen werden müssen, wenn Nebenangebote mit entsprechenden Bedingungen schon im ursprünglichen Vergabeverfahren zugelassen worden wären). Auch die Veränderung von Ausführungsbedingungen (§ 128 Abs. 2) ist für diese Variante relevant, zumindest dann, wenn die Bieter nach den ursprünglichen Bedingungen in ihrem Angebot nur die Verpflichtung erklären mussten, die geforderten Ausführungsbedingungen nach Vertragsschluss zu erfüllen, aber hierzu keine Unterlagen iSd § 57 Abs. 1 Nr. 2 VgV (→ Rn. 7) mit dem Angebot einreichen mussten. Die Textfassung der umzusetzenden Richtlinienvorschrift Art. 72 Abs. 4 S. 2 lit. a Var. 2 RL 2014/24/EU („Bedingungen eingeführt, die ... die Annahme eines anderen als des ursprünglich angenommenen Angebots ermöglicht hätten") ergibt noch deutlicher als der deutsche Gesetzestext, dass hier geprüft werden muss, ob es im ursprünglichen Vergabeverfahren tatsächlich Bieter gegeben hat, deren Angebot an seinerzeit nicht erfüllten Zuschlagskriterien, Ausführungsbedingungen oder Bedingungen für Nebenangebote oder an deren pauschaler Nichtzulassung gescheitert ist, aber an der abschließenden Angebotsprüfung und -wertung in der letzten Stufe (vgl. § 57 Abs. 2 VgV, § 58 Abs. 1 und 2 VgV) hätte teilnehmen können (und müssen), wenn die neuen oder geänderten Bedingungen seinerzeit gegolten hätten.[29] Für die Anwendbarkeit des § 132 Abs. 1 S. 3 Nr. 1 lit. b ist es nicht erforderlich, darüber hinaus festzustellen, dass ein seinerzeit erfolgloses Angebot bei einer Angebotswertung aufgrund der neuen oder geänderten Bedingungen sogar den Vorzug bekommen hätte;[30] denn es geht nur darum, ob die Annahme eines anderen als des seinerzeit siegreichen Angebots „ermöglicht" worden wäre. Der Variante b des § 132 Abs. 1 S. 3 Nr. 1 wird im Schrifttum zT noch die Fallgestaltung zugeordnet, dass der Auftraggeber ursprünglich den Auftragsinhalt oder Leistungsgegenstand sehr eingegrenzt hatte, zB (zulässigerweise, s. § 31 Abs. 6 S. 1 aE VgV und § 7 EU Abs. 2 S. 1 VOB/A) auf bestimmte Produkte oder Produktgruppen, und nach dem Zuschlag einer Vertragsänderung zustimmt, die dem Auftragnehmer den Einsatz anderer Produkte bei der Auftragserfüllung ermöglicht.[31] Das Beispiel ist zwar theoretisch richtig, passt aber nur für den wohl sehr unwahrscheinlichen Fall, dass im ursprünglichen Vergabeverfahren (erfolglose) Angebote eingereicht worden sind, die den Einsatz genau derjenigen seinerzeit nicht gestatteten Produkte umfassten, der der Auftraggeber bei der späteren Auftragsänderung dann zugelassen hat. Trifft das nicht zu, verbleibt aber immer noch die Anwendbarkeit der Variante c des § 132 Abs. 1 S. 3 Nr. 1 oder der Generalklausel (§ 132 Abs. 1 S. 2).

Die dritte Variante (§ 132 Abs. 1 S. 3 Nr. 1 lit. c) erfasst Auftragsänderungen, für die im Vergleich zum ursprünglichen Vergabeverfahren neue und/oder (evtl. auch durch bloße Reduzierung) geänderte Vergabebedingungen eingeführt werden, **das Interesse weiterer Teilnehmer am Vergabeverfahren geweckt hätten,** wenn sie schon für das ursprüngliche Vergabeverfahren gegolten hätten. Dieser Variante ist das vorstehend (→ Rn. 8) letzte Beispiel in Bezug auf diejenigen potenziellen Bieter zuzuordnen, die sich beim ursprünglichen Vergabeverfahren durch die Eingrenzung des Leistungsgegenstands auf bestimmte Produkte von der Teilnahme haben abhalten lassen, ohne diese Eingrenzung – also entsprechend der späteren Auftragsänderung – aber Interesse am Auftrag gehabt hätten. Zur Variante c gehören auch andere, insbesondere qualitative Abänderungen des Auftragsgegenstands,[32] wenn aufgrund der Marktkenntnisse oder aufgrund von Marktbeobachtungen konkrete Anhaltspunkte ermittelt werden können, die die Annahme realistisch erscheinen lassen, dass durch die für die Auftragsänderung geänderten Vergabebedingungen typischerweise (auch) andere potenzielle Anbieter angesprochen werden als durch die ursprünglichen Vergabebedin-

---

[28] *Ziekow* VergabeR 2016, 278 (280 f.); Immenga/Mestmäcker/*Kling* Rn. 20; Reidt/Stickler/Glahs/*Ganske* Rn. 19.
[29] Vgl. auch OLG Celle NZBau 2020, 535 Rn. 47; Ziekow/Völlink/*Ziekow* Rn. 20.
[30] So aber *Ziekow* VergabeR 2016, 278 (281); Ziekow/Völlink/*Ziekow* Rn. 20; wie hier: *von Engelhardt/Kaelble* in Müller-Wrede GWB Rn. 20.
[31] *Eschenbruch* in KKPP GWB Rn. 40; Reidt/Stickler/Glahs/*Ganske* Rn. 19.
[32] Ebenso: Byok/Jaeger/*Wiedemann* Rn. 26.

gungen.³³ Für die Anwendbarkeit des § 132 Abs. 1 S. 3 Nr. 1 lit. c ist es jedoch nicht erforderlich, konkrete Unternehmen, die Interesse am ursprünglichen Vergabeverfahren bekundet hätten, wenn die geänderten Vergabebedingungen schon seinerzeit gegolten hätten, zu ermitteln.

10 Als ein charakteristisches Beispiel für die Variante c des § 132 Abs. 1 S. 3 Nr. 1 wird im Schrifttum eine nachträgliche Reduzierung des Auftragsvolumens (ohne weitere Änderungen) genannt, wenn der Auftrag mit dem reduzierten Volumen einen anderen Kreis von Unternehmen, zB nunmehr auch kleinere und mittlere Unternehmen (KMU), ansprechen würde.³⁴ Dem kann nicht zugestimmt werden. Eine **bloße Reduzierung des Leistungsumfangs** ohne weitere Änderungen – wie etwa eine (direkte oder indirekte) Preiserhöhung für die bestehen bleibenden, noch zu erbringenden Leistungen (→ Rn. 12) – ist **immer** eine **unwesentliche Auftragsänderung** iSd § 132.³⁵ Das ergibt sich aus folgenden Erwägungen: Die Abänderung eines über zu erbringende Leistungen geschlossenen Vertrags, die nur in einer Verringerung der vereinbarten Leistungen (und damit des entsprechenden Entgelts) besteht, ist unter dem Aspekt der Beschaffung ein bloßes Negativum. Würde man eine solche Vertragsabänderung als „wesentliche Auftragsänderung" iSd § 132 Abs. 1 S. 1 ansehen, müsste man das von dieser Vorschrift geforderte neue Vergabeverfahren über ein Beschaffungsnegativum abhalten. Denn das in § 132 Abs. 1 S. 1 normierte Erfordernis eines neuen Vergabeverfahrens zielt auf die Änderungs- oder Ergänzungsvereinbarung, nicht auch auf den gesamten Ursprungsauftrag, ebenso wie die Rechtsfolge des Unterlassens des erforderlichen neuen Vergabeverfahrens – die Unwirksamkeit gem. § 135 Abs. 1 Nr. 2 (iVm Abs. 2) – nur die Änderungsvereinbarung trifft.³⁶ Über ein Beschaffungsnegativum ein Vergabeverfahren durchzuführen, ist aber sinnlos (und steht auch im Widerspruch zur Definition des öffentlichen Auftrags gem. § 103 Abs. 1). Im Übrigen lässt sich jedenfalls das Ergebnis, dass die bloße Reduzierung des Leistungsumfangs des Ursprungsauftrags nicht zur Durchführung eines neuen Vergabeverfahrens verpflichtet, auch mit § 132 Abs. 3 begründen: Der Wert dieser (Vertrags-)Änderung selbst, also die Annullierung eines Teils der zuvor beauftragten Leistungen zu einem Preis (im Sinne eines Entgelts) von 0 EUR, übersteigt nicht die in § 132 Abs. 3 genannten Schwellen- und Grenzwerte.

11 **b) Änderung des wirtschaftlichen Gleichgewichts des ursprünglichen Auftrags zugunsten des Auftragnehmers (§ 132 Abs. 1 S. 3 Nr. 2).** Wenn sich die im Ursprungsauftrag angelegte Ausbalancierung der vom Auftragnehmer zu erbringenden Leistungen zu den vereinbarten Bedingungen und des ihm hierfür zustehenden Entgelts infolge der Auftragsänderung zugunsten des Auftragnehmers messbar verschiebt, ist § 132 Abs. 1 S. 3 Nr. 2 anwendbar. Die Vorschrift enthält nicht die Einschränkung, dass nur eine „erhebliche" Änderung des wirtschaftlichen Gleichgewichts des Ursprungsauftrags zugunsten des Auftragnehmers als wesentliche Änderung anzusehen ist, was man in Anbetracht der Formulierung des § 132 Abs. 1 S. 2 vielleicht hätte erwarten können. Dafür, dass nur geringfügige Verschiebungen des wirtschaftlichen Gleichgewichts des Ursprungsauftrags nicht zur Notwendigkeit eines neuen Vergabeverfahrens führen, sorgt die De-minimis-Regelung des § 132 Abs. 3. Aus dem Norminhalt, dass nur Verschiebungen dieses Gleichgewichts zugunsten des Auftragnehmers als wesentliche Auftragsänderungen anzusehen sind, muss gefolgert werden, dass **Auftragsänderungen, die** das **wirtschaftliche Gleichgewicht** des Ursprungsauftrags **zugunsten des Auftraggebers verschieben, niemals wesentlich** sind, also nie unter § 132 Abs. 1 fallen.³⁷ Daher sind bloße Preisänderungen zugunsten des Auftraggebers oder sonstige Vertragsänderungen, die sich nur zugunsten des Auftraggebers auswirken, für die Anwendung des § 132 immer unerheblich.³⁸ Anders verhält es

---

33 Vgl. OLG Celle NZBau 2020, 535 Rn. 54; *Ziekow* VergabeR 2016, 278 (281); Reidt/Stickler/Glahs/*Ganske* Rn. 20; vgl. auch – zwar nicht direkt zu § 132 Abs. 1 S. 3 Nr. 1 lit. c, aber zu wesentlichen Auftragsänderungen durch „qualitative Änderungen des Auftragsgegenstands" – *Müller* VergabeR 2015, 652 (656 f. mit mehreren Beispielen).

34 *Ziekow* VergabeR 2016, 278 (281); Ziekow/Völlink/*Ziekow* Rn. 21; *Frenz* VergabeR 2017, 323 (330); Immenga/Mestmäcker/*Kling* Rn. 20 iVm Fn. 36; iErg ebenso: *von Engelhardt/Kaelble* in Müller-Wrede GWB Rn. 97 f.; vgl. auch *Polster* VergabeR 2012, 282 (284).

35 IErg ebenso: *Eschenbruch* in KKPP GWB Rn. 31; Reidt/Stickler/Glahs/*Ganske* Rn. 15 (zur dort so genannten „Auftragsreduzierung"); *Geitel/Jansen* in RKPP GWB Rn. 45. AA EuGH NZBau 2016, 649 Rn. 29 – Finn Frogne A/S, in einem obiter dictum (der in diesem Vorlageverfahren zu prüfende Vergleich enthielt nicht ausschließlich eine Auftragsreduzierung, sondern auch eine Vereinbarung erheblicher zusätzlicher Leistungen des Auftragnehmers) zum alten Richtlinienrecht der Vergabe-RL 2004, die keine De-minimis-Regelung wie jetzt Art. 72 Abs. 2 RL 2014/24/EU (→ Rn. 10) vorsah.

36 BGH NZBau 2011, 175 Rn. 56 und 62; OLG Düsseldorf NZBau 2014, 454 (456); *Malmendier/Wild* VergabeR 2014, 12 (19); *Polster* VergabeR 2012, 282 (286).

37 Vgl. *Ziekow* VergabeR 2016, 278 (281); Reidt/Stickler/Glahs/*Ganske* Rn. 22; *Geitel/Jansen* in RKPP GWB Rn. 57.

38 *Ziekow* VergabeR 2016, 278 (281); *Eschenbruch* in KKPP GWB Rn. 48; Reidt/Stickler/Glahs/*Ganske* Rn. 22; vgl. auch schon EuGH Slg. 2008, I-4447 Rn. 85 f. = NZBau 2008, 518 – pressetext. AA *Frenz*

sich, wenn mit Preisreduzierungen (zB in Form einer Rabattgewährung) weitere Vertragsänderungen verknüpft werden, die auf dem relevanten Markt zu Wettbewerbsbeeinträchtigungen oder -verzerrungen zulasten anderer potenzieller Bieter führen (können), zB eine Verlängerung der Vertragslaufzeit.[39] Ob man eine solche kombinierte Vertragsänderung – wegen des Teils, der die Vertragsbindung des Auftraggebers verlängert – gem. § 132 Abs. 1 S. 3 Nr. 2 oder Nr. 3 oder gemäß der Generalklausel des § 132 Abs. 1 S. 1 und 2 als wesentliche Auftragsänderung beurteilt, ist für das Ergebnis bedeutungslos.

Unmittelbar zum Anwendungsbereich des § 132 Abs. 1 S. 3 Nr. 2 gehören auf jeden Fall **Preiserhöhungen** ohne Änderung des Leistungsgegenstands und -umfangs sowie sonstiger Leistungsbedingungen,[40] es sei denn, die betreffende Preiserhöhung war für den maßgeblichen Zeitpunkt im Ursprungsvertrag schon genau oder genau berechenbar durch eine **Preisanpassungsklausel** vorweg vereinbart worden (zB durch eine Indexierungsklausel), ohne dass die Preiserhöhung hinsichtlich der Höhe und/oder des Anfangszeitpunkts noch der vertraglichen Aushandlung oder näheren Bestimmung bedurfte[41] (für diesen Fall greift evtl. § 132 Abs. 2 S. 1 Nr. 1 ein). Auch eine Verminderung der ursprünglich vereinbarten Leistungsmenge oder -zeit, der überhaupt keine oder eine verhältnismäßig zu geringe Reduzierung des Gesamtentgelts gegenübersteht, fällt unter § 132 Abs. 1 S. 3 Nr. 2[42] (wegen indirekter Entgelterhöhung). Im Schrifttum wird es ferner für möglich gehalten, dass auch eine Vertragsverlängerung zu einer Verschiebung der durch den Ursprungsauftrag zwischen den Vertragsparteien angelegten Risikoverteilung und damit des wirtschaftlichen Gleichgewichts zugunsten des Auftragnehmers führt.[43] Derartige Fälle wird man jedoch, wenn sie mit einer Ausweitung des Auftragsumfangs verbunden sind, in der Regel mit geringerem Prüfungsaufwand (auch) dem Anwendungsbereich des § 132 Abs. 1 S. 3 Nr. 3 oder der Generalklausel (§ 132 Abs. 1 S. 1 und 2) zuordnen können.

c) Erhebliche Ausweitung des Umfangs des ursprünglichen Auftrags (§ 132 Abs. 1 S. 3 Nr. 3). Dieses Regelbeispiel umfasst sowohl die vertragliche **Erhöhung des Volumens von Leistungen,** die der Art nach schon im Ursprungsauftrag vereinbart worden sind,[44] als auch die vertragliche **Ausweitung der Leistungspflichten** des Auftragnehmers **auf andersartige Leistungen.**[45] Warum für die zweitgenannte Gruppe etwas anderes gelten soll (sie müsste ohnehin zweifellos nach der Generalnorm § 132 Abs. 1 S. 1 und 2 als wesentliche Auftragsänderung eingestuft werden) als für die erstgenannte Gruppe, ist nicht einzusehen. Die Begründung mit dem Wortlaut[46] des § 132 Abs. 1 S. 3 Nr. 3 ist – auch sprachlich – nicht überzeugend. Für die hier vertretene weite Auslegung dieser Vorschrift spricht, dass sie richtlinienkonform gemäß dem (freilich fast wortgleichen) Art. 72 Abs. 4 S. 2 lit. c RL 2014/24/EU auszulegen ist, dessen Auslegung wiederum den zugehörigen Erwägungsgrund 107 Abs. 1 S. 2 RL 2014/24/EU berücksichtigen muss: Danach sind insbesondere Änderungen „des Umfangs und der inhaltlichen Ausgestaltung der gegenseitigen Rechte und Pflichten der Parteien" – also beide vorgenannte Kategorien – als wesentliche Auftragsänderungen zu beurteilen. Außerdem steht fest, dass der EU-Gesetzgeber mit Art. 72 Abs. 4 S. 2 lit. c RL 2014/24/EU (und folglich mittelbar auch der deutsche Gesetzgeber) den Auslegungshinweis des EuGH im „pressetext"-Urteil aufgegriffen hat, dass eine Auftragsänderung als wesentlich angesehen werden kann, wenn sie den Auftrag „in großem Umfang auf ursprünglich nicht vorgesehene Dienstleistungen erweitert".[47] Diese Formulierung deckt zweifellos sowohl die Ausweitung des Auftrags

---

[39] VergabeR 2017, 323 (330) und *von Engelhardt/Kaelble* in Müller-Wrede GWB Rn. 100, die die Prüfung für notwendig halten, ob sich das Bieter-/Bewerberfeld iSd § 132 Abs. 1 S. 3 Nr. 1 geändert hätte; das ist zu verneinen, weil sich das Preisniveau immer erst im Vergabeverfahren (frühestens) bei Angebotsöffnung herausstellt.

[39] Vgl. OLG Düsseldorf Beschl. v. 14.2.2001 – Verg 13/00, NZBau 2002, 54 (55); *Brüning/Pfannkuch* VergabeR 2015, 144 (148 f.).

[40] *Ziekow* VergabeR 2016, 278 (281); *von Engelhardt/Kaelble* in Müller-Wrede GWB Rn. 99; *Eschenbruch* in KKPP GWB Rn. 59 (s. aber auch *Eschenbruch* in KKPP GWB Rn. 45 aE); Reidt/Stickler/Glahs/*Ganske* Rn. 21; vgl. auch schon EuGH Slg. 2008, I-4447 Rn. 59 f. = NZBau 2008, 518 – pressetext.

[41] Vgl. auch *von Engelhardt/Kaelble* in Müller-Wrede GWB Rn. 101; Byok/Jaeger/*Wiedemann* Rn. 32.

[42] *Ziekow* VergabeR 2016, 278 (281); Reidt/Stickler/Glahs/*Ganske* Rn. 21. Das ist eine andere als die in → Rn. 10 erörterte Fallgestaltung.

[43] *Ziekow* VergabeR 2016, 278 (281); *Eschenbruch* in KKPP GWB Rn. 46.

[44] Insoweit ebenso: *Ziekow* VergabeR 2016, 278 (282); ferner Byok/Jaeger/*Wiedemann* Rn. 29 und 47; Immenga/Mestmäcker/*Kling* Rn. 22; Reidt/Stickler/Glahs/*Ganske* 23; *Eschenbruch* in KKPP GWB Rn. 58 (ausdrücklich für Vertragsverlängerungen).

[45] Insoweit aA: *Ziekow* VergabeR 2016, 278 (282); Reidt/Stickler/Glahs/*Ganske* Rn. 23; wie hier: *Eschenbruch* in KKPP GWB Rn. 58 („inhaltliche Leistungserweiterungen"); *von Engelhardt/Kaelble* in Müller/Wrede GWB Rn. 24.

[46] So *Ziekow* VergabeR 2016, 278 (282).

[47] EuGH Slg. 2008, I-4447 Rn. 36 = NZBau 2008, 518 – pressetext.

auf ihrer Art nach bisher nicht vereinbarte Leistungen[48] als auch die Erweiterung des Volumens der ihrer Art nach schon beauftragten Leistungen ab; denn auch der Teil, um den die artgleich schon beauftragten Leistungen nach Menge und/oder Zeitraum aufgestockt werden, stellt „ursprünglich nicht vorgesehene Leistungen" dar.

14 Als Untergruppe der Fallgruppe „Erhöhung des Volumens der ihrer Art nach schon beauftragten Leistungen" ist auch die **Verlängerung der Vertragslaufzeit** bei **beauftragten Dienstleistungen** anzusehen.[49] Im Schrifttum werden solche Vertragsverlängerungen zT als „unbenannte wesentliche Änderungen", die nicht von § 132 Abs. 1 S. 3, sondern nur durch die Grundnorm des § 132 Abs. 1 S. 1 und 2 erfasst seien, eingeordnet.[50] Für das Ergebnis der Beurteilung, ob ein neues Vergabeverfahren erforderlich ist oder nicht, ist diese Frage nach der Einordnung unerheblich. Außer dem Normalfall, der Vereinbarung eines weiteren – befristeten oder mit Kündigungsrecht versehenen unbefristeten – Zeitraums im Anschluss an die ursprünglich fest bestimmte Vertragsdauer, kommen die als wesentlich anzusehenden Verlängerungen der Vertragslaufzeit noch in weiteren verschiedenen Formen vor: Die vereinbarte Umwandlung einer noch laufenden, bisher befristeten in eine unbefristete Vertragslaufzeit (mit Kündigungsmöglichkeit);[51] die Verlängerung eines unbefristeten, jeweils in mehrjährigen Abständen kündbaren Dienstleistungsvertrags dergestalt, dass auf die nächste mögliche und ernsthaft erwogene Kündigung verzichtet und das Vertragsverhältnis ausdrücklich bis mindestens zum danach nächstmöglichen Kündigungstermin fortgesetzt wird;[52] die einvernehmliche vertragliche Rücknahme einer wirksam ausgesprochenen Kündigung eines unbefristeten Dienstleistungsvertrags.[53] Dagegen ist die schlichte Nichtnutzung einer Kündigungsmöglichkeit vergaberechtlich unerheblich,[54] zumal da sie als einseitiger Akt keine vertragliche Einwirkung auf den öffentlichen Auftrag darstellt. Die einvernehmliche **Verlängerung von Ausführungsfristen** bei unverändertem Auftragsgegenstand (insbesondere bei Bauaufträgen) ist in der Regel unerheblich; unter besonderen Umständen kann im Einzelfall zwar nicht § 132 Abs. 1 S. 3 Nr. 3, aber ausnahmsweise Abs. 1 S. 3 Nr. 1 lit. c anwendbar sein.[55]

15 Die schwierigste Frage zur Auslegung des § 132 Abs. 1 S. 3 Nr. 3 besteht darin, wie – möglichst rechtssicher – zu ergründen ist, unter welchen Voraussetzungen die erweiternde Änderung des Auftragsumfangs, die wohl am häufigsten vorkommende Art einer nachträglichen Auftragsänderung überhaupt, als **erhebliche** Ausweitung beurteilt werden muss. Mit der Methode der systematischen Auslegung kann dazu sicher gesagt werden, dass eine Ausweitung des Umfangs, deren Wert die De-minimis-Grenzen des § 132 Abs. 3 nicht übersteigt, nicht als erheblich anzusehen ist.[56] Im Schrifttum wird aber bezweifelt, dass aus § 132 Abs. 3 auch umgekehrt gefolgert werden könne, dass eine Überschreitung der De-minimis-Werte des § 132 Abs. 3 zwingend zu der Beurteilung der Umfangsausweitung als erheblich iSd § 132 Abs. 1 S. 3 Nr. 3 führe, weil sonst gesetzgeberisch nahegelegen hätte, dies durch einen auf die De-minimis-Werte bezogenen Zusatz in § 132 Abs. 1 S. 3 Nr. 3 zum

---

[48] So auch OLG Düsseldorf NZBau 2014, 454 (456).
[49] Ebenso: *Eschenbruch* in KKPP GWB Rn. 58 und 61; *von Engelhardt/Kaelble* in Müller-Wrede GWB Rn. 103; *Geitel/Jansen* in RKPP GWB Rn. 72; *Frenz* VergabeR 2017, 323 (328).
[50] *Ziekow* VergabeR 2016, 278 (282 f.); Reidt/Stickler/Glahs/*Ganske* Rn. 13 (s. aber auch Reidt/Stickler/Glahs/*Ganske* Rn. 23); wohl auch Byok/Jaeger/*Wiedemann* Rn. 45.
[51] OLG Jena VergabeR 2004, 113 (116); *Ziekow* VergabeR 2016, 278 (283); *Fett* FS Marx, 2013, 103 (105); Reidt/Stickler/Glahs/*Ganske* Rn. 23; *Geitel/Jansen* in RKPP GWB Rn. 73.
[52] OLG Düsseldorf NZBau 2002, 54 (55); OLG Düsseldorf NZBau 2001, 696 (700); *Eschenbruch* in KKPP GWB Rn. 51. S. aber EuGH Slg. 2008, I-4447 Rn. 79 = NZBau 2008, 518 – pressetext, wonach es sich dann nicht um eine wesentliche Auftragsänderung handelt, wenn es keine Anhaltspunkte dafür gibt, dass der Auftraggeber zuvor Absichten für eine baldige Kündigung hegte, und der vom Kündigungsverzicht betroffene Zeitraum in Bezug auf den Vertragsgegenstand nicht als verhältnismäßig lang zu werten ist. Diese Abwägung des EuGH vereinfachend halten einen solchen vereinbarten Kündigungsverzicht generell für unerheblich: *Greb/Stenzel* NZBau 2012, 404 (405 f.); *Fett* FS Marx, 2013, 103 (106); *von Engelhardt/Kaelble* in Müller-Wrede GWB Rn. 106; wohl auch *Polster* VergabeR 2012, 282 (284); dagegen diff. zT wie EuGH: *Ziekow* VergabeR 2016, 278 (283) und in Ziekow/Völlink Rn. 29; Byok/Jaeger/*Wiedemann* Rn. 43.
[53] OLG Naumburg VergabeR 2012, 218 (227); OLG Düsseldorf Beschl. v. 8.5.2002 – Verg 8-15/01; *Frenz* VergabeR 2017, 323 (328); *Müller* VergabeR 2015, 652 (656); *Polster* VergabeR 2012, 282 (284); Byok/Jaeger/*Wiedemann* Rn. 44; *Eschenbruch* in KKPP GWB Rn. 48; aA *Ziekow* VergabeR 2016, 278 (283); *von Engelhardt/Kaelble* in Müller-Wrede GWB Rn. 107.
[54] KG VergabeR 2012, 783 (791 mwN); *Ziekow* VergabeR 2016, 278 (283); Byok/Jaeger/*Wiedemann* Rn. 40 mwN; *von Engelhardt/Kaelble* in Müller-Wrede GWB Rn. 105; Reidt/Stickler/Glahs/*Ganske* 13 (auch dann, wenn die Kündigung rechtlich geboten war) mwN.
[55] Byok/Jaeger/*Wiedemann* Rn. 35 mwN; vgl. auch Reidt/Stickler/Glahs/*Ganske* Rn. 14 mwN.
[56] Ebenso: *Ziekow* VergabeR 2016, 278 (282); Byok/Jaeger/*Wiedemann* Rn. 48; Reidt/Stickler/Glahs/*Ganske* Rn. 23.

III. Die Grundregel: Erforderlichkeit eines neuen Vergabeverfahrens 16 § 132 GWB

Ausdruck zu bringen.[57] Zur Feststellung der Erheblichkeit der Umfangsausweitung sei stattdessen die Bewertung in einer Gesamtbetrachtung, die insbesondere die Spezifika des konkreten Auftragsgegenstands und des in dem betreffenden Markt Üblichen einschließe, notwendig. Fixe Grenzen werde man insoweit nur schwer ziehen können; lediglich eine Verdoppelung des Auftragsvolumens müsse man immer als eine erhebliche Ausweitung ansehen, und die Untergrenze werde durch § 132 Abs. 3 S. 1 Nr. 2 bestimmt.[58]

Dieser Auslegung (→ Rn. 15 aE) des Begriffs der „erheblichen" Ausweitung des Auftragsumfangs, die keine Rechtssicherheit schafft, sollte nicht zugestimmt werden. Vielmehr ist § 132 Abs. 1 S. 3 Nr. 3 richtlinienkonform doch dahin auszulegen, dass eine **Ausweitung des Auftragsumfangs, deren** eigener **Wert** (zu schätzen nach den üblichen Regeln des § 3 VgV) die De-minimis-Grenze des § 132 Abs. 3 S. 1 Nr. 1, also den jeweiligen **Schwellenwert nach § 106 übersteigt**, als **„erheblich"** beurteilt werden muss (wobei auch S. 2 des § 132 Abs. 3 für die Wertberechnung der Umfangsausweitung gilt). Das ergibt sich aus Erwägungsgrund 107 Abs. 2 RL 2014/24/EU und aus Art. 72 Abs. 5 RL 2014/24/EU: In Erwägungsgrund 107 Abs. 2 RL 2014/24/EU wird einleitend ausgeführt, dass Auftragsänderungen, die nur zu einer geringfügigen Änderung des Auftragswerts bis zu einer bestimmten Höhe führen, jederzeit ohne ein neues Vergabeverfahren möglich sein sollen. Zu diesem Zweck und zur Gewährleistung von Rechtssicherheit sollen laut Erwägungsgrund 107 Abs. 2 S. 2 in der RL 2014/24/EU Geringfügigkeitsgrenzen vorgesehen werden, was ersichtlich durch Art. 72 Abs. 2 RL 2014/24/EU (umgesetzt durch § 132. Abs. 3) realisiert worden ist. Daran anknüpfend erläutert Erwägungsgrund 107 Abs. 2 S. 3 RL 2014/24/EU, dass Auftragsänderungen, die diese Schwellenwerte überschreiten, ohne erneutes Vergabeverfahren – nur dann (wie nach dem Kontext zu ergänzen ist) – möglich sein sollen, wenn die Auftragsänderungen die in der RL 2014/24/EU festgelegten Bedingungen erfüllen. Mit diesen Bedingungen sind ersichtlich die in Art. 72 Abs. 1 RL 2014/24/EU aufgeführten verschiedenartigen Ausnahmebedingungen gemeint. Das bedeutet, dass Auftragsänderungen, die den ursprünglichen Auftragsumfang in einem Wert oberhalb der Schwellenwerte (Art. 72 Abs. 2 RL 2014/24/EU/§ 132 Abs. 3) ausweiten und keine der Ausnahmebedingungen des Art. 72 Abs. 1 lit. a–c[59] erfüllen, nach dem Erwägungsgrund 107 Abs. 2 S. 3 RL 2014/24/EU ein erneutes Vergabeverfahren erfordern und daher folgerichtig (dh im Rückschluss) in ihrem Ausmaß der Umfangsausweitung „erheblich" sein müssen. Diese Auswertung des Erwägungsgrunds 107 Abs. 2 RL 2014/24/EU wird im Ergebnis voll bestätigt durch Art. 72 Abs. 5 RL 2014/24/EU, wonach bei allen Auftragsänderungen, die nicht den in Art. 72 Abs. 1 und 2 RL 2014/24/EU definierten Auftragsänderungen entsprechen und damit ua in ihrem Wert die Schwellenwerte des Art. 72 Abs. 2 RL 2014/24/EU übersteigen, ein „neues Vergabeverfahren im Einklang mit dieser Richtlinie erforderlich ist". Wenn es sich dabei um eine Auftragsänderung wegen Ausweitung des Auftragsumfangs handelt, bedeutet diese Rechtsfolge, dass der Wert der Umfangsausweitung gem. Art. 72 Abs. 2 UAbs. 1 lit. i RL 2014/24/EU jedenfalls den Wert des maßgeblichen in Art. 4 RL 2014/24/EU (entsprechend § 106) genannten Schwellenwerts übersteigt und deshalb „erheblich" ist. Denn auf die Überschreitung dieses Schwellenwerts und nicht des in Art. 72 Abs. 2 UAbs. 1 lit. ii RL 2014/24/EU (entsprechend § 132 Abs. 3 S. 1 Nr. 2) genannten Werts kommt es für das Erfordernis eines neuen Vergabeverfahrens „im Einklang mit" der RL 2014/24/EU an. Wenn nämlich die im konkreten Fall vereinbarte Umfangsausweitung in ihrem Wert den gem. Art. 4 RL 2014/24/EU maßgeblichen Schwellenwert übersteigt, reicht das schon für die Geltung der RL 2014/24/EU mit ihrer Anforderung eines neuen regulären Vergabeverfahrens aus,[60] selbst wenn der andere Wert (Art. 72 Abs. 2 UAbs. 1 lit. ii RL 2014/24/EU) nicht

---

[57] Ziekow VergabeR 2016, 278 (282); Byok/Jaeger/*Wiedemann* Rn. 48; Immenga/Mestmäcker/*Kling* Rn. 23; Reidt/Stickler/Glahs/*Ganske* Rn. 23; Geitel/Jansen in RKPP GWB Rn. 71; aA *Eschenbruch* in KKPP GWB Rn. 59 und 60: wesentliche Auftragserweiterung zumindest dann, wenn der maßgebliche Schwellenwert überschritten wird oder 20% des ursprünglichen Auftragsvolumens erreicht werden; Langen/Bunte/*Schneider* Rn. 26, der die vorstehende 1. Alternative als plausibel bezeichnet.

[58] Ziekow VergabeR 2016, 278 (282); vgl. auch Byok/Jaeger/*Wiedemann* Rn. 48; Immenga/Mestmäcker/*Kling* Rn. 22.

[59] Die weiteren Ausnahmebedingungen des Art. 72 Abs. 1 lit. d und e RL 2014/24/EU werden hier deshalb nicht aufgeführt, weil der Auftragnehmerwechsel (lit. d, korrespondiert nur mit Abs. 4 lit. d) und der Auffangtatbestand (lit. e) keine Berührungspunkte mit dem hier behandelten Regelbeispiel des Abs. 4 lit. c haben, der Auffangtatbestand (vgl. dazu *Rosenkötter/Fritz* VergabeR 2014, 290 (294)) deshalb nicht, weil er nur Auftragsänderungen erfasst, die von ihrer Art her nicht wesentlich sind, ohne dass hierfür ihr Wert irgendeine Relevanz haben kann („unabhängig von ihrem Wert"), was gerade auf Auftragsänderungen iSd Art. 72 Abs. 4 lit. c RL 2014/24/EU nicht zutrifft.

[60] Das entspricht iErg auch der bisherigen Rspr. vor Inkrafttreten des Art. 72 RL 2014/24/EU und des § 132: vgl. EuGH Slg. 2010, I-3759 Rn. 100f. = NZBau 2010, 450 – Rettungsdienstleistungen; OLG Celle NZBau 2010, 194 (196); OLG Düsseldorf NZBau 2014, 454 (456).

überschritten ist. Im umgekehrten Fall, wenn der letztgenannte Wert (lit. ii) durch den Wert der konkret vereinbarten Umfangsausweitung überschritten worden ist, nicht aber auch der maßgebliche Schwellenwert gem. Art. 4 RL 2014/24/EU, ist ein neues Vergabeverfahren „im Einklang mit der RL 2014/24/EU" – und nur das interessiert für die Auslegung des Art. 72 RL 2014/24/EU – nicht erforderlich, weil die RL 2014/24/EU für öffentliche Aufträge und damit auch für deren vertragliche Änderungen unterhalb der Schwellenwerte gem. Art. 4 RL 2014/24/EU nicht gilt.

17 **d) Auftragnehmerwechsel (§ 132 Abs. 1 S. 3 Nr. 4).** Der Austausch oder die Ersetzung des Auftragnehmers, an den der ursprüngliche öffentliche Auftrag vergeben worden ist, durch einen anderen Auftragnehmer, der jenen Auftrag ganz oder zu seinem restlichen Teil durchführen soll, ist **grundsätzlich** eine **wesentliche Auftragsänderung,** die eines erneuten Vergabeverfahrens bedarf (→ Rn. 6).[61] § 132 Abs. 1 S. 3 Nr. 4 stellt klar, dass Ausnahmen von diesem Grundsatz nur unter den gesetzlichen Voraussetzungen des § 132 Abs. 2 S. 1 Nr. 4 zulässig sind (→ Rn. 47–56). Mit den genannten GWB-Vorschriften werden die inhaltsgleichen RL 2014/24/EU-Vorschriften Art. 72 Abs. 4 S. 2 lit. d RL 2014/24/EU und Art. 72 Abs. 1 UAbs. 1 lit. d RL 2014/24/EU in deutsches Recht umgesetzt.

18 **e) Ersetzung des Nachunternehmers nach dem Zuschlag.** Der vom Auftragnehmer nach dem Zuschlag geplante oder gar schon durchgeführte Austausch seines Nachunternehmers ist in erster Linie ein vertragsrechtliches/zivilrechtliches Problem. In vergaberechtlichen Entscheidungen spielt er relativ selten eine Rolle. Die einvernehmliche Ersetzung des vom Auftragnehmer noch vor dem Zuschlag gemäß der Anforderung des Auftraggebers benannten Nachunternehmers durch ein anderes Unternehmen ist als Vertragsänderung nicht eindeutig (nur) einem der Regelbeispiele des § 132 Abs. 1 S. 3 zuzuordnen. Der **EuGH** hat im Jahre 2010 in seinem **Urteil „Wall"** eine mögliche vergaberechtliche Relevanz eines Nachunternehmerwechsels erwähnt, dort aber nicht selbst entschieden: Er wiederholte zunächst einige der Grundsätze aus seinem vorangegangenen „pressetext"-Urteil, unter welchen Voraussetzungen Auftragsänderungen ein erneutes Vergabeverfahren erfordern, und speziell die Fallgestaltung, dass eine Änderung während der Vertragslaufzeit als wesentlich angesehen werden kann, wenn sie Bedingungen einführt, die die Zulassung anderer als der ursprünglich zugelassenen Bieter oder die Annahme eines anderen als des ursprünglich angenommenen Angebots erlaubt hätten, wenn sie Gegenstand des ursprünglichen Vergabeverfahrens gewesen wären[62] (s. jetzt § 132 Abs. 1 S. 3 Nr. 1 lit. a und b, → Rn. 7 f.). Daran anknüpfend führte der EuGH aus, ein Wechsel des Nachunternehmers könne, auch wenn er als möglich im Vertrag vorgesehen sei, in Ausnahmefällen eine solche Änderung eines der wesentlichen Bestandteile des ursprünglich vergebenen Vertrags darstellen, wenn die Heranziehung eines Nachunternehmers anstelle eines anderen unter Berücksichtigung der besonderen Merkmale der betreffenden Leistung ein ausschlaggebendes Element für den Abschluss des Vertrags gewesen sei.[63]

19 Diese Andeutungen im EuGH-Urteil „Wall" lassen sich mit Blick auf § 132 folgendermaßen deuten: Ein **Wechsel des Nachunternehmers** (nach dem Zuschlag) ist **ausnahmsweise** nur dann **vergaberechtlich** – mit dem Erfordernis eines neuen Vergabeverfahrens – **relevant,** wenn er im konkreten Fall (ausdrücklich oder konkludent) mit der Änderung einer der ursprünglichen Vergabe- und Vertragsbedingungen iSd § 132 Abs. 1 S. 3 Nr. 1 verbunden ist. Das trifft zB dann zu, wenn der Austausch eines schon während des Vergabeverfahrens zu benennenden Nachunternehmers (s. § 36 Abs. 1 S. 2 VgV) aufgrund der Vergabebedingungen nach dem Zuschlag nicht zulässig ist (zB mit Blick auf die Prüfungspflicht des öffentlichen Auftraggebers gem. § 36 Abs. 1 S. 3 und Abs. 5 VgV sowie § 47 Abs. 2 VgV), der Auftraggeber aber dem späteren Antrag des Auftragnehmers, den benannten Nachunternehmer austauschen zu können, doch zustimmt (relevant im Hinblick auf § 132 Abs. 1 S. 3 Nr. 1 lit. c). Eine Anwendung des § 132 Abs. 1 S. 3 Nr. 1 kommt ferner dann in Betracht, wenn der Austausch eines benannten Nachunternehmers nach dem Vertrag mit Zustimmung des Auftraggebers zwar grundsätzlich möglich ist, aber im konkreten Fall hinsichtlich des vom Auftragnehmer neu eingesetzten Nachunternehmers in Bezug auf dessen unternehmerische Eignung und Befähigung nur unter Abstandnahme, also Änderung von ursprünglich vorgesehenen, insbesondere anspruchsvollen Eignungsanforderungen (vgl. § 47 Abs. 1 S. 3 und Abs. 2 S. 1 sowie S. 3 VgV) oder von ursprünglich vorgeschriebenen Ausführungsbedingungen (§ 128 Abs. 2) durchgeführt werden kann. Schließlich ist ein Anwendungsfall des § 132 Abs. 1 S. 3 Nr. 1 lit. b dann denkbar, wenn gerade in Bezug auf den vom Nachunternehmer zu erbringenden Leistungsanteil zB hinsichtlich

---

[61] EuGH Slg. 2008, I-4447 Rn. 40 = NZBau 2008, 518 – pressetext.
[62] EuGH Slg. 2008, I-4447 Rn. 34 u. 35 = NZBau 2008, 518 – pressetext; EuGH NZBau 2010, 382 Rn. 37 u. 38 – Wall.
[63] EuGH NZBau 2010, 382 Rn. 39 – Wall (die Rn. 39 schließt damit, dass die mit dem Wenn-Satz aufgegebene Prüfung jedenfalls dem vorlegenden Gericht obliege).

qualitativer Aspekte (s. § 127 Abs. 1 S. 3) gewichtige, bei der Ursprungsvergabe evtl. ausschlaggebende Zuschlagskriterien bestimmt worden waren, die der Auftragnehmer mit dem von ihm neu eingesetzten Nachunternehmer nur noch mit einem schwächeren Wertungsergebnis erfüllen würde, wenn man die Prüfung des Preis-Leistungs-Verhältnisses (§ 127 Abs. 1 S. 2) aufgrund der Ersetzung des Nachunternehmers erneut vornehmen würde. Dann kommt die Zustimmung des Auftraggebers zum Nachunternehmeraustausch im Effekt einer Abänderung (Abschwächung) der ursprünglich festgelegten Zuschlagskriterien gleich, die – wenn sie seinerzeit schon gegolten hätte – die Annahme eines anderen Angebots ermöglicht hätte.[64]

2. Weitere wesentliche Auftragsänderungen gemäß der Grundnorm (§ 132 Abs. 1 S. 1 und 2). Auftragsänderungen, die den Begrifflichkeiten der Regelbeispiele des § 132 Abs. 1 S. 3 nicht zugeordnet werden können, müssen anhand der Grundnorm des § 132 Abs. 1 S. 1 einschließlich ihrer Legaldefinition für den Begriff „wesentlich" (S. 2) daraufhin geprüft werden, ob es sich um wesentliche Auftragsänderungen handelt (→ Rn. 4). Eine durch Auftragsänderung(-en) herbeigeführte „erhebliche Unterscheidung" des (geänderten) öffentlichen Auftrags vom ursprünglich vergebenen öffentlichen Auftrag (§ 132 Abs. 1 S. 2) betrifft nach der Gesetzesbegründung[65] und dem insoweit wortgleichen Erwägungsgrund 107 Abs. 1 S. 2 RL 2014/24/EU insbesondere Änderungen, die den Umfang und die inhaltliche Ausgestaltung der gegenseitigen Rechte und Pflichten der Parteien einschließlich der Zuweisung der Rechte des geistigen Eigentums betreffen. Derartige Änderungen seien – so wird erläuternd hinzugefügt – Ausdruck der Absicht der Parteien, wesentliche Bedingungen des betreffenden Auftrags neu zu verhandeln.[66] Diese Erläuterung bedeutet freilich nicht, dass es zur Feststellung einer wesentlichen Auftragsänderung notwendig ist, eine solche Absicht der Vertragsparteien als wirklich vorhandene subjektive Tatsache festzustellen. Nach dem derzeitigen Stand der Rechtsprechung lassen sich folgende **Fallgruppen**, auf die § 132 Abs. 1 S. 1 anwendbar ist, nennen:

Die volle oder teilweise **Auswechslung des Auftragsgegenstands** betrifft direkt die inhaltliche Ausgestaltung der gegenseitigen Rechte und Pflichten der Parteien und ist daher sicher eine wesentliche Auftragsänderung iSd § 132 Abs. 1 S. 1 und 2,[67] sofern sie nicht schon unter das Regelbeispiel des § 132 Abs. 1 S. 3 Nr. 1 lit. c fällt (→ Rn. 9). Davon kann – im Zuge der immer notwendigen Beurteilung der konkreten besonderen Umstände – der Fall ausgenommen sein, dass nur eine einzelne Komponente des Auftragsgegenstands, die nicht zu dessen maßgebenden Auftragsbestandteilen gehört, ausgetauscht werden soll,[68] etwa ein für die Auftragserfüllung einzubauender Gegenstand von einem anderen Vorlieferanten und damit in Gestalt eines anderen Fabrikats beschafft werden soll.[69] Nicht wesentlich ist in der Regel auch die Änderung von bloßen Ausführungsmodalitäten der beauftragten Leistung, die den eigentlichen Leistungsgegenstand und -inhalt nicht mit erfassen, es sei denn, diese Änderung ist mit einer Preiserhöhung in einer den jeweiligen Schwellenwert (§ 106) übersteigenden Höhe verknüpft oder wäre, wenn sie von Anfang an schon für den ursprünglichen Auftrag vereinbart worden wäre, für die Angebotskalkulation derart relevant gewesen, dass der Angebotspreis um mehr als der jeweilige Schwellenwert niedriger ausgefallen wäre, was aber im Zuge der Änderung preislich nicht ausgeglichen wird.[70]

Die **Änderung der** vereinbarten **Abrechnungsweise**, zB von einer Pauschale für den gesamten Vertragszeitraum oder für jeweils zeitlich genau bestimmte Leistungszeiträume (zB pro Monat oder pro Jahr), zu einem bestimmten Entgelt für jede tatsächlich geleistete Stunde, betrifft ebenfalls direkt die inhaltliche Ausgestaltung der gegenseitigen (Vergütungs-)Rechte und (Zahlungs-)Pflichten der Parteien und ist daher als wesentliche Auftragsänderung einzustufen.[71]

Der **Wechsel des Auftraggebers,** also die Übernahme des über einen öffentlichen Auftrag geschlossenen Vertrags durch einen anderen öffentlichen Auftraggeber im allseitigen (vertraglichen) Einverständnis, ist grundsätzlich eine wesentliche Auftragsänderung iSd § 132 Abs. 1 S. 1, weil ein solcher Wechsel zweifellos den Umfang und die inhaltliche Ausgestaltung der Rechte und Pflichten

---

[64] Dieser Fall entspricht am ehesten der zitierten Erwägung im EuGH-Urteil NZBau 2010, 382 Rn. 39 – Wall. Vgl. auch *Greb/Stenzel* NZBau 2012, 404 (406); Byok/Jaeger/*Wiedemann* Rn. 62; Ziekow/Völlink/ *Ziekow* Rn. 59.
[65] Begr. RegE, BT-Drs. 18/6281, 119.
[66] Begr. RegE, BT-Drs. 18/6281, 119; Erwägungsgrund 107 Abs. 1 S. 3 RL 2014/24/EU. Diese Erläuterung wurde entnommen aus dem EuGH-Urteil Slg. 2008, I-4447 Rn. 34 = NZBau 2008, 518 – pressetext.
[67] Vgl. *Ziekow* VergabeR 2016, 278 (284); Reidt/Stickler/Glahs/*Ganske* Rn. 15; vgl. auch Byok/Jaeger/*Wiedemann* Rn. 54.
[68] Vgl. *Ziekow* VergabeR 2016, 278 (284).
[69] Vgl. OLG Rostock NZBau 2003, 457 (458).
[70] Vgl. *Ziekow* VergabeR 2016, 278 (284).
[71] Vgl. *Eschenbruch* in KKPP GWB Rn. 29 mwN; Reidt/Stickler/Glahs/*Ganske* Rn. 15.

der an der Vertragsübernahme Beteiligten direkt betrifft, und ist daher grundsätzlich nicht ohne neues Vergabeverfahren, durchzuführen vom neuen öffentlichen Auftraggeber, zulässig.[72] Ausnahmen sind denkbar, etwa wenn dem öffentlichen Auftraggeber schon im ursprünglich vergebenen Vertrag eingeräumt worden war, den Vertrag mit allen Rechten und Pflichten auf einen dazu bereiten anderen öffentlichen Auftraggeber zu übertragen, oder wenn in Bezug auf den ursprünglichen öffentlichen Auftraggeber eine dem § 132 Abs. 2 S. 1 Nr. 4 lit. b entsprechende Situation eingetreten ist.[73]

IV. Die Ausnahmen vom Erfordernis eines neuen Vergabeverfahrens (§ 132 Abs. 2)

24 Mit der Umsetzung des Art. 72 Abs. 1 RL 2014/24/EU führt § 132 Abs. 2 diejenigen Fälle auf, in denen eine Änderung des ursprünglich vergebenen Vertrags ohne neues Vergabeverfahren zulässig ist, auch wenn die betreffende Änderung gem. § 132 Abs. 1 als eine wesentliche Änderung des Ursprungsauftrags zu qualifizieren ist.[74] Da es sich um Ausnahmen von dem in § 132 Abs. 1 normierten Grundsatz handelt, sind die einzelnen Bestimmungen des § 132 Abs. 2 tendenziell **eng auszulegen.**

25 **1. Überprüfungsklauseln und Optionen (§ 132 Abs. 2 S. 1 Nr. 1).** § 132 Abs. 2 S. 1 normiert zunächst in Nr. 1 eine Ausnahme für Auftragsänderungen, die schon auf dem ursprünglichen Vertrag selbst in Gestalt von präzise formulierten Überprüfungsklauseln oder gleichermaßen präzise formulierten Optionen beruhen. Der Unterschied zwischen den beiden Klauselarten besteht in Folgendem: Eine **Option** verleiht der durch die Klausel begünstigten Vertragspartei – in der Vergabepraxis typischerweise dem Auftraggeber – die Befugnis, durch einseitige empfangsbedürftige Willenserklärung die Option auszuüben und dadurch den vergebenen Auftrag entsprechend dem (präzise formulierten) Inhalt der Option und – im Falle dessen Teilbarkeit – entsprechend der Optionserklärung zu ändern.[75] Ein typisches Beispiel ist eine **Vertragsverlängerungsoption,** die auch mit mehreren Verlängerungsraten, die gemäß den Optionsbedingungen einzeln nacheinander verwirklicht werden können, vereinbart werden kann. Eine **Überprüfungsklausel** gibt dagegen beiden Vertragsparteien nur das Recht, eine gemeinsame Überprüfung des Ursprungsauftrags in Bezug auf die vereinbarten, präzise formulierten Aspekte und – soweit die vereinbarten Anpassungsvoraussetzungen erfüllt sind – eine gemeinsame Abstimmung darüber, also den Abschluss eines dementsprechenden Änderungsvertrags (Vertragsanpassung) zu verlangen.[76] Typisch hierfür sind **Preisüberprüfungsklauseln,**[77] die in Art. 72 Abs. 1 UAbs. 1 lit. a RL 2014/24/EU sogar ausdrücklich erwähnt werden.

26 Optionen und Überprüfungsklauseln **können** jedoch **alle Arten von Auftragselementen erfassen.**[78] Erwägungsgrund 111 RL 2014/24/EU erwähnt als mögliche Gegenstände von Überprüfungsklauseln und Optionen zB Anpassungen des Auftrags, die aufgrund technischer Schwierigkeiten während des auftragsgemäßen Betriebs oder der Instandhaltung erforderlich werden, ferner außerordentliche Instandhaltungsarbeiten, die während eines langfristigen Dienstleistungsauftrags über laufende Wartungsmaßnahmen erforderlich werden können, um die Kontinuität dieser öffentlichen Dienstleistung zu gewährleisten. Auch Anpassungen von Geräten, die gemäß dem Ursprungsauftrag über einen bestimmten Zeitraum hinweg zu liefern sind, an – vorhersehbare oder nicht

---

[72] IErg ebenso: *Greb/Stenzel* NZBau 2012, 404 (406 f.); aA Byok/Jaeger/*Wiedemann* Rn. 64; *Eschenbruch* in KKPP GWB Rn. 77 mit einer generellen Aussage: „Zulässig ist ein Auftraggeberwechsel"; *von Engelhardt/Kaelble* in Müller-Wrede GWB Rn. 109 („Auftraggeberwechsel" ohne neues Vergabeverfahren „grundsätzlich zulässig"), jedoch mit der Einschränkung in Rn. 111, wenn sich der Auftraggeberwechsel auf das Bieter-/Bewerberfeld auswirkt); aA für Vertragsübernahmen generell auch Immenga/Mestmäcker/*Dreher* § 103 Rn. 66 (sofern kein „Umgehungs- oder Missbrauchssachverhalt" vorliegt).
[73] Zum letztgenannten Beispiel ebenso: *Greb/Stenzel* NZBau 2012, 404 (407).
[74] Begr. RegE, BT-Drs. 18/6281, 119.
[75] Ebenso: *Hausmann/Queisner* NZBau 2016, 619 (621); *von Engelhardt/Kaelble* in Müller-Wrede GWB Rn. 35; Reidt/Stickler/Glahs/*Ganske* Rn. 31; *Geitel/Jansen* in RKPP GWB Rn. 84; iErg wohl ebenso: *Brüning/Pfannkuch* VergabeR 2015, 144 (151): „Optionen vermitteln einseitiges Recht"; wohl auch, aber unscharf: *Ziekow* VergabeR 2016, 278 (284): „Berechtigung, die in der Option vorgesehene Änderung unter den festgelegten Voraussetzungen zu verlangen". Die Begr. RegE, BT-Drs. 18/6281, 119, erwähnt merkwürdigerweise nur Überprüfungsklauseln, aber nicht Optionen.
[76] Ebenso: Byok/Jaeger/*Wiedemann* Rn. 66; iErg wohl ebenso: *Brüning/Pfannkuch* VergabeR 2015, 144 (151); *von Engelhardt/Kaelble* in Müller-Wrede GWB Rn. 33; vgl. auch *Ziekow* VergabeR 2016, 278 (284); *Geitel/Jansen* in RKPP GWB Rn. 83; aA *Hausmann/Queisner* NZBau 2016, 619 (621), die den Begriff der Überprüfungsklausel nicht nur auf eine spätere einvernehmliche Auftragsänderung beziehen.
[77] Begr. RegE, BT-Drs. 18/6281, 119.
[78] *Ziekow* VergabeR 2016, 278 (284).

vorhersehbare – technologische Änderungen können mit hinreichend klar formulierten Überprüfungsklauseln oder Optionen bewirkt werden, damit die Geräte weiterhin funktionsfähig sind (Erwägungsgrund 111 S. 3 RL 2014/24/EU). Die Grenze des Änderungspotenzials solcher (klar formulierter) Klauseln ist erst dort zu ziehen, wo sich aufgrund der Änderung(en) „der Gesamtcharakter des Auftrags verändern" würde (→ Rn. 31).

Aufgrund des Wortlauts des Gesetzes, das mit drei bedeutungsähnlichen Adjektiven die „klare, 27 genaue und eindeutige Formulierung" der betreffenden Klausel(n) fordert (so auch Art. 72 Abs. 1 UAbs. 1 lit. a RL 2014/24/EU), ist im konkreten Einzelfall der präzise, Ungewissheiten vermeidende Text einer Überprüfungsklausel oder einer Option als besonders wichtig anzusehen. Mit dieser **Klarheit, Genauigkeit** und **Eindeutigkeit** muss die jeweilige Klausel oder Option Angaben zur Art, zum Umfang und zu den Voraussetzungen möglicher Auftragsänderungen enthalten. So wird zB bei Überprüfungsklauseln oder Optionen, die eine Auftragsverlängerung ermöglichen sollen, verlangt, dass die mögliche Länge und Anzahl der Verlängerungen von vornherein klar erkennbar bestimmt sind.[79] Allgemein gehaltene Änderungsklauseln waren schon nach bisheriger Rechtsprechung ungeeignet, für die Zulässigkeit wesentlicher Auftragsänderungen ohne neues Vergabeverfahren zu sorgen.[80] Die jetzige Gesetzeslage ist demgegenüber eher noch strenger geworden. Die Präzisionsanforderungen an den Text einer geeigneten Klausel sollen es auch verhindern, dass den öffentlichen Auftraggebern durch solche Klauseln ein „unbegrenzter Ermessensspielraum" eingeräumt wird.[81] Wenn die Nachprüfungsinstanz den Text einer Überprüfungsklausel oder einer Option, gemessen am Maßstab des § 132 Abs. 2 S. 1 Nr. 1, als nicht klar und genau genug beurteilt, ist sie nicht etwa befugt, dieses Defizit durch eine zweckorientierte Auslegung des Ursprungsauftrags zu beheben oder zu kompensieren. Vielmehr bleibt dann die betreffende Klausel oder Option unwirksam, erschafft also keine Grundlage für eine ohne neues Vergabeverfahren zulässige Auftragsänderung.

Ein weiteres zwingendes Erfordernis für die Wirksamkeit von Überprüfungsklauseln und Optio- 28 nen iSd § 132 Abs. 2 S. 1 Nr. 1 besteht darin, dass sie mit ihrem endgültigen Text schon in den **Vergabeunterlagen des ursprünglichen Vergabeverfahrens** enthalten sein müssen. Das fordert auch die zugrunde liegende RL 2014/24/EU-Vorschrift Art. 72 Abs. 1 UAbs. 1 lit. a RL 2014/24/EU, wo diese zum Vergabeverfahren gehörenden Unterlagen „Auftragsunterlagen" genannt werden. Dieser Oberbegriff ist allerdings umfassender als der Begriff „Vergabeunterlagen" iSd GWB und der VgV (§ 29 VgV). Die Auftragsunterlagen werden in Art. 2 Abs. 1 Nr. 13 RL 2014/24/EU definiert als „sämtliche Unterlagen" seitens des öffentlichen Auftraggebers, „um Bestandteile der Auftragsvergabe oder des Verfahrens zu beschreiben oder festzulegen"; dazu zählen ua die Bekanntmachung und – hier am besten auf die Überprüfungsklauseln und Optionen passend – „die vorgeschlagenen Auftragsbedingungen". Das bedeutet, dass die im später vergebenen öffentlichen Auftrag als „Auftragsbedingungen" enthaltenen Überprüfungsklauseln und Optionen schon in den „Auftragsunterlagen" des dazugehörigen Vergabeverfahrens an derjenigen Stelle enthalten gewesen sein müssen, an der es sinnvoll ist (am besten bei den „vorgeschlagenen Auftragsbedingungen"), und umgekehrt, dass die dort enthaltenen vorgeschlagenen Auftragsbedingungen mit dem Zuschlag notwendigerweise auch zu **Vertragsbedingungen** werden. Wenn so verfahren wird, gebietet weder Art. 72 Abs. 1 UAbs. 1 lit. a RL 2014/24/EU noch eine andere RL 2014/24/EU-Vorschrift, dass Überprüfungsklauseln und Optionen außer ihrer Aufnahme in die vorgeschlagenen Auftragsbedingungen zusätzlich noch in der Auftragsbekanntmachung veröffentlicht werden müssen, um wirksam werden zu können (vgl. Art. 49 S. 2 RL 2014/24/EU iVm Anhang V Teil C RL 2014/24/EU). Dies alles ist – wie sich von selbst versteht – auch in deutsches Recht umgesetzt worden (s. § 132 Abs. 2 S. 1 Nr. 1 iVm § 29 Abs. 1 S. 1 und S. 2 Nr. 3 VgV). Damit wird zweckentsprechend erreicht, dass die hier relevanten Überprüfungsklauseln und Optionen **bereits Gegenstand des wettbewerblichen und transparenten** ursprünglichen **Vergabeverfahrens** gewesen sein müssen.[82] Insofern sind mit dem in § 132 Abs. 2 S. 1 Nr. 1 verwendeten Begriff „Vergabeunterlagen" im eigentlichen Sinne

---

[79] Ziekow/Völlink/*Ziekow* Rn. 40; zust. Byok/Jaeger/*Wiedemann* Rn. 71 aE; ebenso streng bei Optionen, dagegen weniger streng hinsichtlich der Details möglicher Anpassungen mit Überprüfungsklauseln: *Geitel/Jansen* in RKPP GWB Rn. 84 f.

[80] Vgl. zB OLG Düsseldorf NZBau 2012, 50 (53): „sehr allgemein gehaltene Änderungsklausel: ... Die Übertragung weiterer bereits bestehender [Abfallentsorgungs-]Aufgaben von der Stadt B. auf [die Auftragnehmerin] U. erfolgt zum jeweils frühest möglichen Zeitpunkt aufgrund ergänzender Vereinbarungen zu diesem Zeitpunkt. Neue Aufgaben im Rahmen künftiger Abfallwirtschaftskonzepte der Stadt B., insbesondere den Bau und Betrieb neuer Anlagen, wird die Stadt B. der U. übertragen."; vgl. auch OLG Celle NZBau 2010, 194 (196 re. Sp.).

[81] Erwägungsgrund 111 S. 1 RL 2014/24/EU; Begr. RegE, BT-Drs. 18/6281, 119.

[82] Ebenso: *Müller* VergabeR 2015, 652 (658).

Vergabeunterlagen auch gemeint (iSd § 29 VgV, hier speziell iSd § 29 Abs. 1 S. 2 Nr. 3 VgV) und nicht etwa nur „Vertragsunterlagen" (in angeblich notwendiger Abgrenzung zu „Ausschreibungsbedingungen").[83] Andererseits ist es jedenfalls nach heutiger Gesetzeslage ausreichend, aber auch unbedingt erforderlich, die Überprüfungsklauseln und Optionen in die Vergabeunterlagen iSd § 29 VgV aufzunehmen. Vor Inkrafttreten des VergRModG 2016 hatte ein Teil der Rechtsprechung es für zwingend notwendig gehalten, solche Überprüfungsklauseln und Optionen als für sich allein taugliche Grundlage von Auftragsänderungen schon in der Auftragsbekanntmachung zu veröffentlichen.[84] Diese Notwendigkeit besteht nach der jetzigen Gesetzeslage nicht (mehr);[85] eine bloße Veröffentlichung lediglich in der Auftragsbekanntmachung würde nach § 132 Abs. 2 S. 1 Nr. 1, der die Einbeziehung von Überprüfungsklauseln und Optionen in die Vergabeunterlagen als Voraussetzung für ihre vergaberechtliche Wirksamkeit zwingend vorschreibt, nicht einmal ausreichen. An der Wirksamkeit des § 132 Abs. 2 S. 1 Nr. 1 wiederum ist aufgrund der – sich aus den obigen Ausführungen ergebenden – völlig zutreffenden Umsetzung des Art. 72 Abs. 1 UAbs. 1 lit. a RL 2014/24/EU nicht zu zweifeln. Es kann auch nicht ernsthaft angenommen werden, dass der EuGH, der es in seinem „pressetext"-Urteil für die Zulässigkeit einer Auftragsänderung noch hat ausreichen lassen, diese „in den Bedingungen" des ursprünglichen Auftrags (also nicht in der Auftragsbekanntmachung) vorzusehen,[86] Art. 72 Abs. 1 UAbs. 1 lit. a RL 2014/24/EU anders auslegen wird oder bei einer etwaigen Normenkontrolle, zB wegen eines etwaigen Verstoßes gegen die primärrechtlichen Grundsätze der Gleichbehandlung aller potenziellen Bieter und der Transparenz der Auftragsvergabe,[87] beanstanden wird.

29 Im Schrifttum wird die Ansicht vertreten, dass von den ursprünglichen Vergabeunterlagen, also von der Leistungsbeschreibung abweichende Leistungsänderungen beim öffentlichen Bauauftrag, die auf der Ausübung der **Anordnungsrechte des Auftraggebers gem. § 1 Abs. 3 oder 4 VOB/B** beruhen, zulässige Auftragsänderungen darstellen, weil es sich entweder nicht um wesentliche Auftragsänderungen handele[88] oder weil die auf den Anordnungsbefugnissen basierenden Leistungsänderungen im ursprünglichen Bauvertrag (und damit im dazugehörigen Vergabeverfahren) schon angelegt gewesen seien.[89] Dem kann nicht uneingeschränkt zugestimmt werden. Ob sich die Frage der Anwendbarkeit des § 132 Abs. 2 S. 1 Nr. 1 schon deshalb nicht stellt, weil die auf die Anordnung des Auftraggebers zurückgehende Leistungsänderung keine wesentliche Auftragsänderung darstellt, muss im Einzelfall anhand des Maßstabs des § 132 Abs. 1 (insbesondere S. 3 Nr. 1 lit. c und Nr. 3) geprüft werden. Ist die Leistungsänderung danach als wesentlich zu bewerten, kommt eine Rechtfertigung der Leistungsänderung gem. § 132 Abs. 2 S. 1 Nr. 1 ohnehin nur in Betracht, wenn die Vertragsbedingung, die die Anordnungsrechte des Auftraggebers einräumt, also § 1 VOB/B, im genauen Text in den Vergabeunterlagen enthalten war. Dass jeder Bauauftragnehmer derartige Änderungsrechte kennt und weiß, dass sich in diesem Umfang Vertragsanpassungen während der Ausführungszeit ergeben können, ferner dass die einschlägigen VOB/B-Vorschriften spezifische Änderungsklauseln sind, die Standardvertragsbedingungen für Bauverträge darstellen, führt nicht zum Fortfall des in § 132 Abs. 2 S. 1 Nr. 1 zwingend normierten Erfordernisses, dass die Vertragsänderungsklauseln – gleichgültig, ob sie einseitig oder beidseitig berechtigen – schon in den Vergabeunterlagen im vollen Wortlaut enthalten gewesen sein müssen.[90] Inhaltlich erfüllen die sehr allgemein formulierten Bestimmungen des § 1 Abs. 3 und Abs. 4 S. 2 VOB/B auch nicht annähernd die strengen Anforderungen an Klarheit, Genauigkeit und Eindeutigkeit, die § 132 Abs. 2 S. 1 Nr. 1 an vergaberechtlich wirksame Anpassungsklauseln stellt (→ Rn. 27).[91] Das schließt aber nicht aus, zu prüfen, ob auf-

---

[83] So aber *Eschenbruch* in KKPP GWB Rn. 81.
[84] OLG Düsseldorf NZBau 2014, 454 (456), unter Hinweis auf EuGH NZBau 2010, 643 Rn. 55 (dieses EuGH-Urteil betraf jedoch keinen Fall einer Auftragsänderung nach dem Zuschlag, sondern die Bekanntmachungspflicht für ein Vergabeverfahren über eine Baukonzession, deren ursprünglicher Konzessionsgegenstand während des Vergabeverfahrens erweitert worden war).
[85] Ebenso: *von Engelhardt/Kaelble* in Müller-Wrede GWB Rn. 37; tendenziell ebenso: Reidt/Stickler/Glahs/Ganske Rn. 30; aA *Hausmann/Queisner* NZBau 2016, 619 (622); kompliziert: *Geitel/Jansen* in RKPP GWB Rn. 91: zumindest abstrakte Ankündigung derartiger Anpassungsklauseln schon in der Auftragsbekanntmachung, endgültiger Wortlaut erst in den Vergabeunterlagen.
[86] EuGH Slg. 2008, I-4447 Rn. 40 = NZBau 2008, 518 – pressetext.
[87] Vgl. zur vorgebrachten Relevanz dieser Grundsätze im vorliegenden Zusammenhang: OLG Düsseldorf NZBau 2014, 454 (456).
[88] *Stoye/Brugger* VergabeR 2011, 803 (808 ff.).
[89] Ausf.: *Eschenbruch* in KKPP GWB Rn. 88 und insbes. 89; vgl. auch *Stoye/Brugger* VergabeR 2011, 803 (807 f.).
[90] AA wohl (etwas unklar) *Eschenbruch* in KKPP GWB Rn. 89.
[91] IErg aA: *Eschenbruch* in KKPP GWB Rn. 89; Byok/Jaeger/*Wiedemann* Rn. 57 (nur zu § 1 Abs. 3 VOB/B); vor Inkrafttreten des § 132 iErg aA: *Polster* VergabeR 2012, 282 (286 mwN). Dagegen wie hier: *Geitel/*

IV. Die Ausnahmen vom Erfordernis eines neuen Vergabeverfahrens (§ 132 Abs. 2) **30, 31** § **132 GWB**

grund dieser VOB/B-Bestimmungen angeordnete oder vereinbarte Leistungsänderungen nicht doch ohne neues Vergabeverfahren gem. § 132 Abs. 2 S. 1 Nr. 2 oder Nr. 3 durchgeführt werden können. Dagegen ist es gut vertretbar, § 1 Abs. 4 S. 1 VOB/B, wonach der Auftraggeber anordnen kann, dass der Auftragnehmer im ursprünglichen Bauauftrag nicht vereinbarte Leistungen mit ausführt, die „zur Ausführung der vertraglichen Leistung erforderlich werden", wegen dieser inhaltlichen Beschränkung als eine wirksame Optionsklausel iSd § 132 Abs. 2 S. 1 Nr. 1 anzusehen.[92] Denn trotz der strengen Anforderungen brauchen die Überprüfungs- und Optionsklauseln die von ihnen erfassten Auftragsänderungen nicht bis ins Detail vorweg zu beschreiben.

Im Schrifttum ist es umstritten, ob bei einer Störung der Geschäftsgrundlage des öffentlichen **30** Auftrags die Anpassungsregelung des § 313 BGB den Anforderungen des § 132 Abs. 2 S. 1 Nr. 1 an Überprüfungsklauseln genügt, deren Ausübung kein neues Vergabeverfahren erfordert.[93] Indessen fällt die Anwendung des § 313 BGB, also die **Anpassung eines öffentlichen Auftrags gem. § 313 BGB** wegen eingetretener Störung der Geschäftsgrundlage überhaupt **nicht** in den **Anwendungsbereich des § 132.** § 132 regelt nur, unter welchen Voraussetzungen die von den Vertragspartnern selbst beabsichtigte vertragliche Änderung eines öffentlichen Auftrags (sowie die Ausübung einer auf eine Auftragsänderung gerichteten Option, die einem Vertragspartner im Ursprungsauftrag eingeräumt war, s. § 132 Abs. 2 S. 1 Nr. 1) ein neues reguläres Vergabeverfahren oder aber kein Vergabeverfahren zu ihrer vergaberechtlichen Wirksamkeit (bzw. Rechtmäßigkeit) erfordert (→ Rn. 1). Dagegen ist die Anpassung eines in seiner Geschäftsgrundlage gestörten öffentlichen Auftrags durch eine (ggf. noch mögliche) für beide Partner zumutbare Vertragsregelung die beiderseitige Verwirklichung des gesetzlichen Anspruchs gem. § 313 BGB. Das steht außerhalb des Regelungsbereichs des § 132,[94] selbst dann, wenn die Vertragspartner ihre beiderseitigen Anpassungsansprüche aus § 313 BGB im gemeinsamen Zusammenwirken in der Form eines Anpassungsvertrags durchsetzen. Auch dann bleibt der Zweck entscheidend, dass der Anpassungsvertrag nur dazu dient, die gesetzlichen Anpassungsansprüche aus § 313 BGB zu einem für beide Partner zumutbaren Ergebnis zu führen. Ein solches Vorgehen ist vergaberechtlich irrelevant, dh ohne Weiteres zulässig, es sei denn, ein solcher Anpassungsvertrag wird zur Umgehung des Vergaberechts missbraucht.

§ 132 Abs. 2 S. 1 Nr. 1 sieht für den Wert der Auftragsänderung, die durch die Nutzung einer **31** Überprüfungsklausel oder einer Option bewirkt werden kann, keine pauschale Obergrenze in Höhe eines bestimmten Prozentsatzes vom ursprünglichen Auftragswert vor, anders als § 132 Abs. 2 S. 2 (50%) für die Ausnahmetatbestände der Nr. 2 und 3 des § 132 Abs. 2 S. 1. Stattdessen zieht die Norm eine Grenze in der Weise, dass die aufgrund einer Klausel iSd § 132 Abs. 2 S. 1 Nr. 1 bewirkte Auftragsänderung den **Gesamtcharakter des Auftrags nicht verändern** darf. Diese aus Art. 72 Abs. 1 UAbs. 1 lit. a RL 2014/24/EU übernommene Einschränkung wird vielfach als **unklare Regelung** kritisiert.[95] Man sollte daher diese gewissermaßen als Rückausnahme anzusehende Einschränkung eher **eng auslegen**. Zum Ausnahmetatbestand des § 132 Abs. 2 Nr. 3, der die gleich formulierte Grenzziehung aufweist (übernommen aus Art. 72 Abs. 1 UAbs. 1 lit. c RL 2014/24/EU), führt die Gesetzesbegründung als Beispiele für eine mit der Auftragsänderung herbeigeführte Änderung des Gesamtcharakters des Auftrags auf, dass die zu beschaffenden Liefer-, Bau- oder Dienstleistungen durch andersartige Leistungen ersetzt werden oder dass sich die Art der Beschaffung grundlegend ändert.[96] Diese authentischen Beispiele sind so zu verstehen, dass zB ursprünglich vereinbarte Bauleistungen (je nach ihrer Art) durch Lieferungen oder durch Dienstleistungen ersetzt werden,[97] oder dass in der Beschaffungsart von der Vergabe einer Dienstleistungskonzession zum öffentlichen Dienstleistungsauftrag oder umgekehrt gewechselt wird.[98] Ein weiteres im Schrifttum genanntes Beispiel erscheint dagegen ungeeignet: Die Abänderung eines befristeten in einen unbefristeten Dienstleistungsauftrag stellt zwar eine wesentliche Auftragsänderung dar (Typ: Verlängerung der Vertragslaufzeit, § 132 Abs. 1

Jansen in RKPP GWB Rn. 94 und 96; iErg tendenziell wie hier: Reidt/Stickler/Glahs/Ganske Rn. 34; BeckOGK/Bulla BGB § 631 Rn. 1063; Byok/Jaeger/Wiedemann Rn. 58 (nur zu § 1 Abs. 4 S. 2 VOB/B).
[92] IErg ebenso: Eschenbruch in KKPP GWB Rn. 89; Polster VergabeR 2012, 282 (286) [vor Inkrafttreten des § 132]. AA Geitel/Jansen in RKPP GWB Rn. 97; tendenziell aA: Reidt/Stickler/Glahs/Ganske Rn. 34; BeckOGK/Bulla BGB § 631 Rn. 1063.
[93] Abl.: Eschenbruch in KKPP GWB Rn. 92; Geitel/Jansen in RKPP GWB Rn. 99; tendenziell zust.: Polster VergabeR 2012, 282 (288 ff.).
[94] Ebenso: Immenga/Mestmäcker/Kling Rn. 14.
[95] Brüning/Pfannkuch VergabeR 2015, 144 (153); Müller VergabeR 2015, 652 (658); Fett FS Marx, 2013, 103 (111); ähnlich Eschenbruch in KKPP GWB Rn. 96.
[96] Begr. RegE, BT-Drs. 18/6281, 119, wörtlich entnommen aus Erwägungsgrund 109 S. 4 RL 2014/24/EU.
[97] Hausmann/Queisner NZBau 2016, 619 (621); Ziekow 2016, 278 (285).
[98] Hausmann/Queisner NZBau 2016, 619 (621); Ziekow 2016, 278 (285). Abstrakter formuliert Byok/Jaeger/Wiedemann Rn. 75: Grenze der Zulässigkeit von Überprüfungsklauseln und Optionen dort, wo die Inanspruchnahme der Klausel zur Verletzung der Identität des Beschaffungsgegenstands führt.

S. 3 Nr. 3; → Rn. 14), diese Änderung, die die Beendigung des Dienstleistungsauftrags – nunmehr durch Kündigung – nicht verhindert, verändert aber noch nicht den Gesamtcharakter des Auftrags.[99]

32 **2. Notwendigkeit zusätzlicher Leistungen (§ 132 Abs. 2 S. 1 Nr. 2).** § 132 Abs. 2 S. 1 Nr. 2 ist anwendbar in Situationen, in denen der öffentliche Auftraggeber, um das Ziel – also die Vollendung – des Ursprungsauftrags erreichen zu können, zusätzliche Liefer-, Bau- oder Dienstleistungen benötigt, diese Mehrleistungen aber in den ursprünglichen Vergabeunterlagen nicht vorgesehen waren Die Vorschrift setzt Art. 72 Abs. 1 UAbs. 1 lit. b RL 2014/24/EU inhaltlich vollständig, sprachlich aber in kürzerer Fassung um, sodass die RL 2014/24/EU-Vorschrift hier für die Auslegung wertvoll ist. Die Gesetzesbegründung erwähnt als Beispiele („insbesondere") solche „zusätzlichen Lieferungen", die entweder als **Teilersatz oder** zur **Erweiterung** bestehender Dienstleistungen, Lieferungen oder Einrichtungen bestimmt sind.[100] Danach kommen als zusätzliche Liefer-, Bau- oder Dienstleistungen sowohl solche Leistungen, die ihrer Art nach nicht in den ursprünglichen Vergabeunterlagen vorgesehen waren,[101] als auch solche Leistungen in Betracht, die ihrer Art nach im bisherigen Leistungsprogramm schon vorgesehen waren, die aber nach Ausmaß und/oder Menge zu „erweitern"[102] erforderlich geworden ist.[103] Danach wird man § 132 Abs. 2 S. 1 Nr. 2 als die wichtigste Vorschrift unter den Ausnahmebestimmungen der Abs. 2 und 3 ansehen können, die es dem Auftraggeber gestattet, die zur Erfüllung des ursprünglichen Auftrags notwendig gewordenen **Nachträge** bei demselben Auftragnehmer ohne erneutes Vergabeverfahren in Auftrag zu geben.[104] Dass nur die **vom ursprünglichen Auftragnehmer zu erbringenden Mehrleistungen** hier vergaberechtlich privilegiert sind, wird im Wortlaut des Art. 72 Abs. 1 UAbs. 1 lit. b noch deutlicher zum Ausdruck gebracht als in § 132 Abs. 2 S. 1 Nr. 2.

33 Die auf die zusätzlichen Leistungen bezogene Voraussetzung **„erforderlich geworden ist"** ist ernst zu nehmen und gemäß dem für alle Ausnahmebestimmungen geltenden Grundsatz (→ Rn. 24) eng auszulegen.[105] Das bedeutet, dass die zusätzlichen Leistungen zur Vollendung des Ursprungsauftrags mit allem, was vom Beschaffungsziel des Auftraggebers her betrachtet vernünftigerweise dazugehört, notwendig sind.[106] Eine Ausdehnung des Anwendungsbereichs dieser Ausnahmevorschrift, indem als Maßstab der Erforderlichkeit der zusätzlichen Leistungen außer der Ausführung des Ursprungsauftrags auch ein ggf. veränderter Bedarf des Auftraggebers zu beachten sei,[107] ist mit Wortlaut und Zweck des Art. 72 Abs. 1 UAbs. 1 lit. b RL 2014/24/EU und des darauf beruhenden § 132 Abs. 2 S. 1 Nr. 2 nicht zu vereinbaren. Dagegen ist es nicht notwendig, dass die Erforderlichkeit solcher zusätzlicher Leistungen im ursprünglichen Vergabeverfahren unvorhersehbar war.[108] Denn diese in Nr. 3 des § 132 Abs. 2 S. 1 aufgestellte Voraussetzung fehlt auffälligerweise in Nr. 2.

34 Der Dispens von einem neuen Vergabeverfahren ist noch von weiteren, in § 132 Abs. 2 S. 1 Nr. 2 unter den lit. a und b aufgeführten Voraussetzungen abhängig, die bei zutreffender Gesetzesauslegung (→ Rn. 37) jedoch alternativ, also entgegen dem Wortlaut („und") nicht kumulativ aufzufassen sind.

35 Die erste dieser beiden Voraussetzungen lautet, dass für die Beschaffung der zusätzlich erforderlich gewordenen Leistungen „ein Wechsel des Auftragnehmers aus wirtschaftlichen oder technischen Gründen nicht erfolgen kann" (§ 132 Abs. 2 S. 1 Nr. 2 **lit. a**). Das bedeutet nach dem eindeutigen

---

[99] AA *Ziekow* VergabeR 2016, 278 (285); Reidt/Stickler/Glahs/*Ganske* Rn. 35 aE.
[100] Begr. RegE, BT-Drs. 18/6281, 119, wörtlich entnommen aus Erwägungsgrund 108 RL 2014/24/EU.
[101] Insoweit ebenso: *Ziekow* VergabeR 2016, 278 (286); *von Engelhardt/Kaelble* in Müller-Wrede GWB Rn. 44; Byok/Jaeger/*Wiedemann* Rn. 77; Reidt/Stickler/Glahs/*Ganske* Rn. 38.
[102] Vgl. Begr. RegE, BT-Drs. 18/6281, 119; Erwägungsgrund 108 RL 2014/24/EU.
[103] AA (kein Anwendungsfall für § 132 Abs. 2 S. 1 Nr. 2): *Ziekow* VergabeR 2016, 278 (286) und Reidt/Stickler/Glahs/*Ganske* Rn. 38; aber das dortige Gegenargument, die bloße Ausweitung ursprünglich schon vorgesehener Leistungen sei nach § 132 Abs. 1 S. 3 Nr. 3 zu beurteilen, kann nicht überzeugen, weil die letztgenannte Vorschrift nur die Qualifizierung als wesentliche Auftragsänderung betrifft, die wiederum Gegenstand der Ausnahmebestimmungen – auch des § 132 Abs. 2 S. 1 Nr. 2 – sein kann (s. vor allem Art. 72 Abs. 4 S. 2 RL 2014/24/EU: „Unbeschadet der Absätze 1 und 2 …").
[104] Vgl. auch *Rosenkötter/Fritz* VergabeR 2014, 290 (293).
[105] IErg ebenso: Byok/Jaeger/*Wiedemann* Rn. 80.
[106] Großzügiger *Ziekow* VergabeR 2016, 278 (286): Keine Unentbehrlichkeit der Zusatzleistung, vielmehr ausreichend, dass mit ihr die weitere Nutzung der im Vergabeverfahren beschafften Leistungen verbessert werden kann.
[107] So *von Engelhardt/Kaelble* in Müller-Wrede GWB Rn. 46 und *Geitel/Jansen* in RKPP GWB Rn. 115: Die Autoren schöpfen ihre Auslegung aus einem Wortlautvergleich des § 132 Abs. 2 S. 1 Nr. 2 GWB und des früheren § 3 EG Abs. 4 lit. f VOL/A (!). § 132 Abs. 2 S. 1 Nr. 2 ist aber an Art. 72 Abs. 1 UAbs. 1 lit. b zu messen.
[108] Vgl. *Rosenkötter/Fritz* VergabeR 2014, 290 (293); *Ziekow* VergabeR 2016, 278 (286); Byok/Jaeger/*Wiedemann* Rn. 77; *von Engelhardt/Kaelble* in Müller-Wrede GWB Rn. 47; *Geitel/Jansen* in RKPP GWB Rn. 115; aA *Müller* VergabeR 2015, 652 (659: „nicht vorhersehbarer Zusatzbedarf"); Langen/Bunte/*Schneider* Rn. 25.

IV. Die Ausnahmen vom Erfordernis eines neuen Vergabeverfahrens (§ 132 Abs. 2) **36, 37** § 132 GWB

Wortlaut der Norm, auch des umzusetzenden Art. 72 Abs. 1 UAbs. 1 lit. b i RL 2014/24/EU, dass die **Beschaffung** der benötigten Leistungen **von einem anderen Unternehmen unmöglich** sein muss („nicht erfolgen kann"),[109] und zwar aus – in der Vergabepraxis sicher im Vordergrund stehenden – technischen Gründen oder aus wirtschaftlichen Gründen. Anders als der schlankere Wortlaut des § 132 Abs. 2 S. 1 Nr. 2 lit. a führt Art. 72 Abs. 1 UAbs. 1 lit. b i RL 2014/24/EU beispielhaft technische Gründe „wie die (ergänze: fehlende) Austauschbarkeit oder Kompatibilität mit im Rahmen des ursprünglichen Vergabeverfahrens beschafften Ausrüstungsgegenständen, Dienstleistungen oder Anlagen" auf. Danach steht die technische Inkompatibilität der beschaffbaren Drittleistungen mit den aufgrund des Ursprungsauftrags schon beschafften Gegenständen oder Leistungen als technisches Hindernis im Vordergrund.[110] Eine technische Unmöglichkeit besteht auch dann, wenn der Einsatz der überhaupt in Betracht kommenden Drittleistungen notwendig zu Kollisionen mit Rechten des geistigen Eigentums auf Seiten des ursprünglichen Auftragnehmers an seinen schon geleisteten Gegenständen oder sonstigen erbrachten Leistungen führen würde. Die wirtschaftliche Unmöglichkeit eines Auftragnehmerwechsels ist zB dann anzunehmen, wenn der Zeitverlust, der durch ein neues Vergabeverfahren und die Auftragsvorbereitung eines in Betracht kommenden Drittunternehmers eintreten würde, aus zwingenden terminlichen oder ablaufbezogenen Gründen beim ursprünglichen Auftragnehmer und/oder beim Auftraggeber nicht verkraftet werden könnte, vielmehr zum Scheitern des Auftragsprojekts führen würde.[111] Ein anderes Beispiel einer wirtschaftlichen Unmöglichkeit kann darin gesehen werden, dass die Mehrkosten, die die Beauftragung eines Drittunternehmers für die zusätzlichen Leistungen zuzüglich der Kosten des neuen Vergabeverfahrens verursachen würde, mit den zur Verfügung stehenden Haushaltsmitteln nicht aufgefangen werden könnten und das Zuwarten bis zur nächsten Haushaltsperiode aus terminlichen Gründen ausgeschlossen wäre.

Gemäß § 132 Abs. 2 S. 1 Nr. 2 **lit. b** lautet die zweite Voraussetzung, dass für die Beschaffung **36** der zusätzlich erforderlich gewordenen Leistungen „ein Wechsel des Auftragnehmers mit erheblichen Schwierigkeiten oder beträchtlichen Zusatzkosten für den öffentlichen Auftraggeber verbunden wäre" (so wörtlich auch der umgesetzte Art. 72 Abs. 1 UAbs. 1 lit. b ii RL 2014/24/EU). Das bedeutet nach dem insoweit klaren Wortlaut, dass die **Beschaffung** der benötigten Leistungen **von einem anderen Unternehmen** zwar **möglich**, aber deutlich spürbar **schwieriger oder beträchtlich teurer** als die Beschaffung vom ursprünglichen Auftragnehmer sein muss. Mit den erheblichen Schwierigkeiten, mit denen ein im Ergebnis durchaus möglicher Wechsel des Auftragnehmers verbunden wäre, sind in erster Linie technische Schwierigkeiten gemeint. Als einige unter vielen Beispielen können genannt werden, dass die Einschaltung eines anderen Auftragnehmers für die zusätzlichen Leistungen zu längeren Verzögerungen in der Durchführung des Hauptauftrags mit daraus resultierenden weiteren technischen Schwierigkeiten, ferner zu komplexen technischen Anpassungsarbeiten, außerdem zu notwendig werdenden oder sich steigernden Überwachungsarbeiten oder schließlich – wegen neuartiger Produkte – zur Einrichtung einer zusätzlichen Stelle bzw. Abteilung mit neuer Wartungs- und Instandhaltungstechnik führen wird.[112] Solche technischen Schwierigkeiten verursachen in der Regel auch beträchtliche Zusatzkosten.

Die vorstehend (→ Rn. 35 und 36) erläuterten Voraussetzungen für eine Ausnahme von dem **37** Erfordernis eines neuen Vergabeverfahrens sind in den Buchstaben a und b des § 132 Abs. 2 S. 1 Nr. 2 mit einem „und" miteinander verbunden, also scheinbar kumulativ vorgeschrieben. Die Forderung, dass beide Voraussetzungen kumulativ erfüllt sein müssen, wäre aber sinnlos.[113] Denn wenn die Beschaffung der zusätzlich benötigten Leistungen von einem anderen Unternehmen aus den in § 132 Abs. 2 S. 1

---

[109] Zutr. *Summa* NZBau 2015, 329 (330); so auch *Schwab/Giesemann* VergabeR 2014, 351 (362: „fehlende Möglichkeit", für zusätzlichen Leistungen den Auftragnehmer zu wechseln). AA *Eschenbruch* in KKPP GWB Rn. 104, der vom Wortlaut abweicht mit der Ansicht, es sei nicht eine technische oder wirtschaftliche Unmöglichkeit, sondern die objektive Unzweckmäßigkeit unter Berücksichtigung wirtschaftlicher oder technischer Gesichtspunkte gemeint. Dies fällt jedoch unter lit. b des § 132 Abs. 2 S. 1 Nr. 2. Ebenso wie *Eschenbruch*: BeckOGK/*Bulla* BGB § 631 Rn. 1065.1; *Geitel/Jansen* in RKPP GWB Rn. 119; ähnlich wie *Eschenbruch* auch *von Engelhardt/Kaelble* in Müller-Wrede GWB Rn. 49, die hier eine – näher erläuterte – „relative Unmöglichkeit" ausreichen lassen.
[110] Vgl. auch *von Engelhardt/Kaelble* in Müller-Wrede GWB Rn. 48 und 50.
[111] Zumindest ähnlich: *Eschenbruch* in KKPP GWB Rn. 104.
[112] Vgl. *Ziekow* VergabeR 2016, 278 (286); *Hausmann/Queisner* NZBau 2016, 619 (622); Reidt/Stickler/Glahs/Ganske Rn. 39.
[113] Zutr. *Summa* NZBau 2015, 329 (330); aA *Eschenbruch* in KKPP GWB Rn. 105 f. aufgrund seiner vom Wortlaut abweichenden Auslegung des § 132 Abs. 2 S. 1 Nr. 2 lit. a in Rn. 104; aA auch *von Engelhardt/Kaelble* in Müller-Wrede GWB Rn. 53: Fehle es an erheblichen Schwierigkeiten/Kosten iSd lit. b, müsse die zusätzliche Leistung neu vergeben werden; die Inkompatibilität iSd lit. a sei ggf. hinzunehmen (das überzeugt nicht, → Rn. 35-37). IErg aA auch Langen/Bunte/*Schneider* Rn. 24 und 28; BeckOGK/*Bulla* BGB § 631 Rn. 1065; *Geitel/Jansen* in RKPP GWB Rn. 116, 117 und 124.

Nr. 2 lit. a genannten Gründen unmöglich ist (→ Rn. 35), so ist sie und damit auch der Auftragnehmerwechsel objektiv unmöglich. Folglich ist es dann in einem solchen Fall zwecklos und unsinnig, zusätzlich zu prüfen, ob ein Wechsel des Auftragnehmers (zwar objektiv möglich, aber) mit erheblichen Schwierigkeiten oder beträchtlichen Zusatzkosten für den öffentlichen Auftraggeber verbunden wäre (§ 132 Abs. 2 S. 1 Nr. 2 lit. b, → Rn. 36). Umgekehrt ist es bei einem Ergebnis der gem. § 132 Abs. 2 S. 1 Nr. 2 lit. b veranstalteten Prüfung, dass die Beschaffung der zusätzlichen Leistungen von einem anderen Unternehmen durchaus möglich, aber mit erheblichen Schwierigkeiten oder beträchtlichen Zusatzkosten iSd Norm verbunden ist, unverständlich und sinnlos, dann noch zusätzlich die Prüfung mit dem Ergebnis iSd anderen Norm (lit. a) zu verlangen, dass die zusätzlich erforderliche Beschaffung von einem anderen Unternehmen und damit ein Auftragnehmerwechsel doch objektiv unmöglich ist (→ Rn. 35). Die Voraussetzungen der lit. a und b des § 132 Abs. 2 S. 1 Nr. 2 stehen zueinander in einem unauflöslichen Widerspruch, wenn man sie kumulativ auffasst. **Sinnvoll** und zweckentsprechend ist **nur** ein **alternatives Verhältnis der beiden Voraussetzungen** zueinander.[114] Des Rätsels Lösung besteht darin, dass es sich hier um ein **Redaktionsversehen** des Gesetzgebers handelt, der die beiden Voraussetzungen mit „und" anstatt des gebotenen „oder" verbunden hat. Das Redaktionsversehen hat er allerdings aus Art. 72 Abs. 1 UAbs. 1 lit. b RL 2014/24/EU kopiert. Die Begründung zu dieser Vorschrift in Erwägungsgrund 108 RL 2014/24/EU enthält jedoch des erläuternde und die Alternativität klärende Beispiel:[115] Eine Änderung des ursprünglichen Auftrags in Bezug auf zusätzlich benötigte Bauleistungen, Lieferungen oder Dienstleistungen könne ohne neues Vergabeverfahren gerechtfertigt sein, wenn „ein Wechsel des Lieferanten dazu führen würde, dass der öffentliche Auftraggeber Material, Bau- oder Dienstleistungen mit unterschiedlichen technischen Merkmalen erwerben müsste und dies eine Unvereinbarkeit[116] *oder* unverhältnismäßige technische Schwierigkeiten bei Gebrauch und Instandhaltung[117] mit sich bringen würde". Dieses Beispiel, das das alternative Verhältnis der beiden Voraussetzungen der lit. a und b des § 132 Abs. 2 S. 1 Nr. 2 klärt, hat auch die Gesetzesbegründung zu dieser Vorschrift wörtlich übernommen.[118]

38   Wenn der Sache nach alle Voraussetzungen des § 132 Abs. 2 S. 1 Nr. 2 für eine ohne neues Vergabeverfahren zulässige Auftragsänderung in Bezug auf die zusätzlich benötigten Leistungen erfüllt sind, muss noch die **pauschale Obergrenze** gem. § 132 Abs. 2 S. 2 beachtet werden. Danach darf das Entgelt[119] für die zusätzliche Beschaffung durch einen Auftrag, der eine Änderung des Ursprungsauftrags iSd § 132 Abs. 2 S. 1 Nr. 2 darstellt, 50% des Wertes dieses Ursprungsauftrags nicht übersteigen. Das gilt auch dann, wenn der Änderungsauftrag die engen Voraussetzungen des lit. a des § 132 Abs. 2 S. 1 Nr. 2 erfüllt, also den Wechsel des Auftragnehmers für die zusätzlichen Leistungen objektiv unmöglich ist (→ Rn. 35).[120] Der Sinn der 50%-Obergrenze erschließt sich dem Gesetzesanwender in diesen Fällen der ersten Alternative zwar nicht, zumal die sachliche Begrenzung schon durch das Tatbestandsmerkmal „erforderlich geworden ist" erreicht wird. Dennoch bedarf es hier keiner (teleologischen) Reduktion des Anwendungsbereichs des § 132 Abs. 2 S. 1 Nr. 2, weil in diesen Fällen (auch) das Verhandlungsverfahren ohne Teilnahmewettbewerb gem. § 14 Abs. 4 Nr. 2 lit. b oder c oder Nr. 5 VgV (Umsetzung des Art. 32 Abs. 2 lit. b ii und iii sowie Abs. 3 lit. b RL 2014/24/EU) zulässig ist, was dem öffentlichen Auftraggeber einen gleichwertigen Dienst tut. Bei mehreren aufeinander folgenden Auftragsänderungen iSd § 132 Abs. 2 S. 1 Nr. 2 gilt die Beschränkung durch die 50%-Obergrenze jeweils neu und selbständig für jede einzelne Auftragsänderung (§ 132 Abs. 2 S. 3). Die Entgelte für die mehreren nacheinander vereinbarten Auftragsänderungen werden daher zwecks Beachtung der Obergrenze nicht addiert, sondern getrennt behandelt. Sie werden jedoch zusammengerechnet, wenn sich feststellen lässt, dass die Beschaffung zusätzlich benötigter Leistungen durch mehrere aufeinander folgende Änderungsverträge mit dem Ziel vorgenommen wurde, die GWB-Vorschriften des Vergaberechts durch die Aufteilung zu umgehen (§ 132 Abs. 2 S. 3 aE).[121]

---

[114]   Zutr. *Summa* NZBau 2015, 329 (330); ebenso: *Marx/Hölzl* NZBau 2017, 513 (514); aA *Eschenbruch* in KKPP GWB Rn. 105 f. aufgrund seiner vom Wortlaut abweichenden Auslegung des § 132 Abs. 2 S. 1 Nr. 2 lit. a in Rn. 104; aA auch *von Engelhardt/Kaelble* in Müller-Wrede GWB Rn. 53.
[115]   Ebenso *Summa* NZBau 2015, 329 (330).
[116]   Entspricht hinsichtlich der technischen Seite der Voraussetzung gem. Art. 72 Abs. 1 UAbs. 1 lit. b i RL 2014/24/EU = § 132 Abs. 2 S. 1 Nr. 2 lit. a.
[117]   Entspricht hinsichtlich der technischen Seite der Voraussetzung gem. Art. 72 Abs. 1 UAbs. 1 lit. b ii RL 2014/24/EU = § 132 Abs. 2 S. 1 Nr. 2 lit. b.
[118]   Begr. RegE, BT-Drs. 18/6281, 119.
[119]   Berechnungsbasis sind die jeweiligen Nettopreise sowohl des Ursprungs- als auch des Zusatzauftrags (§ 3 Abs. 1 VgV analog): Byok/Jaeger/*Wiedemann* Rn. 87–89.
[120]   AA *Summa* NZBau 2015, 329 (330): Die 50%-Grenze hat hier keinen Sinn und kann nur für die zweite Alternative (lit. b) gelten.
[121]   Vgl. *Hausmann/Queisner* NZBau 2016, 619 (622); *Ziekow* VergabeR 2016, 278 (287); vgl. auch Byok/Jaeger/*Wiedemann* Rn. 89; Reidt/Stickler/Glahs/*Ganske* Rn. 40 aE und 49 aE.

IV. Die Ausnahmen vom Erfordernis eines neuen Vergabeverfahrens (§ 132 Abs. 2) **39–42** § **132 GWB**

Wenn der ursprüngliche Auftrag bezüglich des Entgelts eine **Indexierungsklausel** enthält, wird 39
vor der Überprüfung, ob das Entgelt für den einzelnen Änderungsauftrag die pauschale **Obergrenze**
übersteigt oder nicht, das für den Ursprungsauftrag vereinbarte Entgelt mit der Indexierungsklausel
auf den aktuellen Wert umgerechnet (in der Regel also hochgerechnet), wovon dann 50% die
maßgebliche Obergrenze bilden (§ 132 Abs. 4). Laut der Gesetzesbegründung soll mit § 132 Abs. 4
die entsprechende RL 2014/24/EU-Vorschrift Art. 72 Abs. 3 RL 2014/24/EU ohne inhaltliche
Abweichung umgesetzt werden.[122] Sprachlich unterscheiden sich die beiden Vorschriften dadurch,
dass Art. 72 Abs. 3 RL 2014/24/EU den nach der Berücksichtigung der Indexierungsklausel aus
dem ursprünglichen Auftragsentgelt errechneten **Referenzwert** als „angepassten Preis" bezeichnet
(wovon dann 50% die Obergrenze bilden), während § 132 Abs. 4 insoweit vom „höheren Preis als
Referenzwert" spricht. Dem liegt ersichtlich die Vorstellung zugrunde, dass die Anwendung von
Indexierungsklauseln den dadurch angepassten Preis immer höher ausfallen lässt. Sollte die vereinbarte Indexierung ausnahmsweise einmal zu einem niedrigeren Preisnennbetrag führen, müsste § 132
Abs. 4 richtlinienkonform dahin ausgelegt werden, dass mit „der höhere Preis als Referenzwert"
wie in Art. 72 Abs. 3 RL 2014/24/EU der angepasste Preis gemeint ist;[123] sonst wäre das deutsche
Recht bezüglich der Zulassung derartiger Auftragsänderungen ohne neues Vergabeverfahren wegen
der höher errechneten Obergrenze großzügiger als das EU-Recht gem. Art. 72 Abs. 3 RL 2014/
24/EU, was unzulässig wäre.[124]

Für die ohne neues Vergabeverfahren zulässigen Änderungen von Aufträgen der **Sektorenauf-** 40
traggeber und von Verträgen der **Konzessionsgeber,** soweit die Konzessionsvergaben Tätigkeiten
nach § 102 Abs. 2–6 betreffen, gibt es **keine Wertobergrenze** (s. § 142 Nr. 3 und § 154 Nr. 3
lit. a).

Auftragsänderungen, deren vergaberechtliche Zulässigkeit auf § 132 Abs. 2 S. 1 Nr. 2 beruht 41
und die wegen geringen Ausmaßes nicht schon gem. § 132 Abs. 3 (De-minimis-Regelung) ohne
neues Vergabeverfahren zulässig sind, müssen gem. § 132 Abs. 5 nach Vertragsschluss im **EU-Amts-**
blatt mit einer **Bekanntmachung,** die sich nach § 39 Abs. 5 VgV richtet, bekannt gemacht werden.
§ 132 Abs. 5 und § 39 Abs. 5 VgV setzen Art. 72 Abs. 1 UAbs. 2 RL 2014/24/EU um.

3. Erforderliche Auftragsänderungen aufgrund unvorhersehbarer Umstände (§ 132 42
Abs. 2 S. 1 Nr. 3). § 132 Abs. 2 S. 1 Nr. 3 enthält eine weitere Ausnahmevorschrift, die es gestattet,
einen öffentlichen Auftrag an neu aufgetretene Erfordernisse – sei es durch Änderungen von Teilleistungen, sei es durch zusätzliche Leistungen[125] – anzupassen und dadurch das ursprüngliche Beschaffungsvorhaben mit dem schon beauftragten Vertragspartner (ohne erneutes Vergabeverfahren) zu
verwirklichen. Ein Unterschied zum Ausnahmetatbestand des § 132 Abs. 2 S. 1 Nr. 2 besteht darin,
dass Nr. 3 nicht nur die Beschaffung benötigter zusätzlicher Leistungen, sondern erforderlich gewordene Anpassungen des Ursprungsauftrags aller Art grundsätzlich zulässt, vorbehaltlich dessen, dass
dadurch der Gesamtcharakter des Auftrags nicht verändert werden darf. Den Hauptunterschied zur
Ausnahmevorschrift Nr. 2 wird man darin sehen müssen, dass die **Erforderlichkeit der Anpassung**
durch externe Umstände[126] **verursacht** worden ist, die für den Auftraggeber bis zum Zuschlag[127]
unvorhersehbar waren. Danach scheiden jedenfalls Umstände, die auf die vereinbarte Auftragsausführung störend einwirken und nur der Sphäre des öffentlichen Auftraggebers entstammen, als für
die Anwendung des § 132 Abs. 2 S. 1 Nr. 3 relevante Umstände aus. Zu denken ist vielmehr zB an
ungewöhnliche Naturereignisse;[128] plötzlich eintretende Verknappung von Rohstoffen oder Gegenständen, die zur ursprünglich vorgesehenen Auftragsausführung vorgesehen waren; Änderung von

---

[122] Begr. RegE, BT-Drs. 18/6281, 120.
[123] IErg wohl ebenso: *Eschenbruch* in KKPP GWB Rn. 126.
[124] AA *von Engelhardt/Kaelble* in Müller-Wrede GWB Rn. 89: Es gelte laut § 132 Abs. 4 der jeweils höhere Preis; das sei eine verschärfende Umsetzung des Art. 72 Abs. 3 RL 2014/24/EU, die europarechtlich unschädlich, weil wettbewerbsschützender sei (diese Deutung erscheint fragwürdig, → Rn. 39).
[125] Vgl. *Müller* VergabeR 2015, 652 (660): Die Regelung „erlaubt sowohl qualitativ als auch quantitativ Zusatzbeauftragungen".
[126] So ausdrücklich Begr. RegE, BT-Drs. 18/6281, 119, übernommen aus dem Erwägungsgrund 109 S. 1 RL 2014/24/EU; ebenso: Byok/Jaeger/*Wiedemann* Rn. 93; Reidt/Stickler/Glahs/*Ganske* Rn. 42. Demgegenüber meinen *von Engelhardt/Kaelble* in Müller-Wrede GWB Rn. 56 ohne weitere Begründung, dass auch „Faktoren innerhalb der Leistungsbeziehung" erfasst werden; zust. *Geitel/Jansen* in RKPP GWB Rn. 130.
[127] Begr. RegE, BT-Drs. 18/6281, 119; übernommen aus dem Erwägungsgrund 109 S. 1 RL 2014/24/EU.
[128] *Von Engelhardt/Kaelble* in Müller-Wrede GWB Rn. 56. Ein Anwendungsfall, in dem kurzfristige Beschaffungsbedarfe auch durch Änderung, Verlängerung und/oder Ausweitung schon laufender öffentlicher Aufträge bewältigt werden müssen, ist die Corona-Pandemie der Jahre 2020/2021; vgl. dazu auch das Rundschreiben des BMWi vom 19.3.2020 „zur Anwendung des Vergaberechts im Zusammenhang mit der Beschaffung von Leistungen zur Eindämmung der Ausbreitung des neuartigen Coronavirus SARS-CoV-2", Abschnitt 3, NZBau 2020 Heft 4 S. VI (VII); grds. zust. *Dreher* NZBau 2020, 201 (202).

relevanten Durchführungsvorschriften des Gesetz- oder Verordnungsgebers[129] oder von relevanten technischen Vorschriften. Der Unionsgesetzgeber und mit ihm der deutsche Gesetzgeber sehen das Hauptanwendungsfeld dieser Ausnahmevorschrift in Aufträgen (insbesondere langfristigen Dienstleistungs- und großen Bauaufträgen), deren Ausführung sich über einen längeren Zeitraum erstreckt.[130] Der spezifische **Zweck der Norm** besteht darin, den öffentlichen Auftraggebern für die in Betracht kommenden Aufträge das notwendige Maß an Flexibilität zu verleihen, um den betreffenden Auftrag an die sich während der Auftragsausführung entwickelnden „Gegebenheiten" anzupassen, ohne auf die Einleitung eines neuen Vergabeverfahrens angewiesen zu sein.[131] Daher kann der teilweise im Schrifttum vertretenen sehr einengenden Auslegung des Begriffs „erforderlich geworden", wonach es sich um erhebliche Änderungen der äußeren Umstände „im Sinne einer Störung des ursprünglichen Äquivalenzverhältnisses" handeln müsse,[132] nicht zugestimmt werden.

43   Die Auslegung des Begriffs der **Unvorhersehbarkeit der** die Anpassungsnotwendigkeit verursachenden **Umstände für den Auftraggeber** muss sich an den Erläuterungen des Unionsgesetzgebers orientieren, die auch die Gesetzesbegründung zu § 132 wörtlich übernommen hat: Danach bezeichnet der Begriff solche Umstände, die auch bei einer nach vernünftigem Ermessen sorgfältigen Vorbereitung der ursprünglichen Zuschlagserteilung durch den öffentlichen Auftraggeber unter Berücksichtigung der diesem zur Verfügung stehenden Mittel, der Art und Merkmale des spezifischen Projekts, der bewährten Praxis im betreffenden Bereich und der Notwendigkeit, ein angemessenes Verhältnis zwischen den bei der Vorbereitung der Zuschlagserteilung eingesetzten Ressourcen und dem absehbaren Nutzen zu gewährleisten, nicht hätten vorausgesagt werden können.[133] Aus dieser vielschichtigen Begriffsumschreibung ist zu entnehmen: (1) An die Feststellung der (für den konkreten öffentlichen Auftraggeber!) „unvorhersehbaren Umstände" werden zwar erhebliche, aber keine sehr hohen Anforderungen gestellt.[134] (2) Hinsichtlich der Sorgfaltsanforderungen („sorgfältige Vorbereitung") ist auf den individuellen Auftraggeber in seiner konkreten Situation bezüglich des Beschaffungsprojekts vor und während des Vergabeverfahrens abzustellen, wobei allerdings ein durchschnittlicher Sorgfaltsmaßstab („bewährte Praxis im betreffenden Bereich") nicht unterboten werden darf. (3) Bei der Bewertung der kausalen Umstände als vorhersehbar oder unvorhersehbar kommt es in erheblichem Maß auf die Konstellation des Einzelfalls an. (4) Schließlich ist (auch) bei den Sorgfaltsanforderungen an den öffentlichen Auftraggeber stets zu beachten, dass die Vorschrift für ihn eine flexible Hilfe sein soll, das ursprüngliche Beschaffungsziel unter veränderten Umständen doch noch – ohne den zusätzlichen Aufwand eines erneuten Vergabeverfahrens – zu erreichen.

44   Wie beim Ausnahmetatbestand der Nr. 1 des § 132 Abs. 2 S. 1 darf sich auch bei demjenigen der Nr. 3 aufgrund der Auftragsänderung, also der Auftragsanpassung (→ Rn. 42), der **Gesamtcharakter des Auftrags nicht verändern.** Wie die Gesetzesbegründung[135] zeigt, ist hier die gleiche Kontrollprüfung vorzunehmen wie beim Ausnahmetatbestand der Nr. 1. Auf die dortigen Ausführungen (→ Rn. 31) wird verwiesen.

45   Ferner gilt auch hier wie beim Ausnahmetatbestand der Nr. 2 des § 132 Abs. 2 S. 1 für die Zulässigkeit einer Auftragsänderung ohne erneutes Vergabeverfahren die pauschale **Wertobergrenze** gem. § 132 Abs. 2 S. 2 und 3 sowie Abs. 4, der auch hier für die Wertberechnung gebietet, eine etwaige im Ursprungsauftrag enthaltene **Indexierungsklausel** zu berücksichtigen. Auf die hier gleichermaßen geltenden Ausführungen zum Ausnahmetatbestand Nr. 2 (→ Rn. 38–40) wird verwiesen.

46   Ein Änderungsvertrag, dessen Zulässigkeit ohne erneutes Vergabeverfahren sich auf § 132 Abs. 2 S. 1 Nr. 3 stützt, ist **im EU-Amtsblatt** gem. § 132 Abs. 5 und § 39 Abs. 5 VgV **bekannt zu machen** (→ Rn. 41).

47   **4. Die Ausnahmen der zulässigen Auftragnehmerwechsel ohne neues Vergabeverfahren (§ 132 Abs. 2 S. 1 Nr. 4).** Gemäß § 132 Abs. 1 S. 3 Nr. 4 ist der Austausch oder die Ersetzung des Auftragnehmers, dem aufgrund des ursprünglichen Vergabeverfahrens der öffentliche Auftrag vergeben worden ist, grundsätzlich eine wesentliche Auftragsänderung, die nicht ohne neues Vergabeverfahren zulässig ist (→ Rn. 17). § 132 Abs. 2 S. 1 Nr. 4 führt **abschließend** diejenigen **Ausnah-**

---

[129] *Von Engelhardt/Kaelble* in Müller-Wrede GWB Rn. 56; *Geitel/Jansen* in RKPP GWB Rn. 130.
[130] Erwägungsgrund 109 S. 1 RL 2014/24/EU; Begr. RegE, BT-Drs. 18/6281, 119.
[131] Vgl. Begr. RegE, BT-Drs. 18/6281, 119; Erwägungsgrund 109 S. 2 RL 2014/24/EU.
[132] So Byok/Jaeger/*Wiedemann* Rn. 93.
[133] Erwägungsgrund 109 S. 3 RL 2014/24/EU; Begr. RegE, BT-Drs. 18/6281, 119.
[134] AA *Hausmann/Queisner* NZBau 2016, 619 (623), Reidt/Stickler/Glahs/*Ganske* Rn. 42 und *Geitel/Jansen* in RKPP GWB Rn. 133: „hohe Anforderungen" an die Unvorhersehbarkeit. Dagegen eher wie hier *Eschenbruch* in KKPP GWB Rn. 110: „Es kann nicht auf eine absolute Unvorhersehbarkeit ankommen"; iErg wohl ebenso: Byok/Jaeger/*Wiedemann* Rn. 95.
[135] Begr. RegE, BT-Drs. 18/6281, 119.

men auf, unter deren Voraussetzungen ein **Auftragnehmerwechsel ohne neues Vergabeverfahren** vergaberechtlich **erlaubt** ist (abgesehen von dem wohl nur theoretischen Fall, dass auf den Auftragnehmerwechsel § 132 Abs. 3 mit allen Voraussetzungen zutrifft).

a) Auftragnehmerwechsel aufgrund einer Überprüfungsklausel oder einer Option 48
(§ 132 Abs. 2 S. 1 Nr. 4 lit. a). Die erste Ausnahme eines ohne neues Vergabeverfahren zulässigen Auftragnehmerwechsels benötigt gem. § 132 Abs. 2 S. 1 Nr. 4 lit. a als Grundlage eine „Überprüfungsklausel im Sinne von Nummer 1". Hinter dieser sprachlich verkürzten Fassung der Norm verbirgt sich, dass sowohl eine auf eine einvernehmliche Absprache angelegte Überprüfungsklausel als **auch** eine nur einseitig berechtigende und auszuübende **Option**, die aber jeweils alle strengen sachlichen Voraussetzungen des § 132 Abs. 2 S. 1 Nr. 1 (→ Rn. 27 f.) in Bezug auf einen möglichen Auftragnehmerwechsel erfüllen müssen, eine taugliche Grundlage für die Herbeiführung eines zulässigen Auftragnehmerwechsels ist. Das ergibt sich jedenfalls aus einer **richtlinienkonformen Auslegung** des § 132 Abs. 2 S. 1 Nr. 4 lit. a; denn die entsprechende RL 2014/24/EU-Vorschrift (Art. 72 Abs. 1 UAbs. 1 lit. d i RL 2014/24/EU), beschreibt die hier geforderte Grundlage für einen Auftragnehmerwechsel mit den Worten: „eine eindeutig formulierte Überprüfungsklausel oder Option gemäß Buchstabe a" (= Art. 72 Abs. 1 UAbs. 1 lit. a RL 2014/24/EU). Der Gesetzesbegründung[136] ist auch zu entnehmen, dass lit. d i des Art. 72 Abs. 1 UAbs. 1 RL 2014/24/EU ohne Abweichung umgesetzt werden soll.[137]

Problematisch ist, welche inhaltlichen **Anforderungen an** die **Formulierung der Überprü-** 49
fungsklausel oder Option gestellt werden müssen. Im Schrifttum wird angenommen, dass die zugrunde liegende RL 2014/24/EU-Vorschrift (→ Rn. 48) auf das EuGH-Urteil „pressetext" zurückgeht.[138] Der EuGH hat aber dort zum vorliegenden Rechtsproblem nur sehr allgemein ausgeführt, dass die Ersetzung des Vertragspartners eines öffentlichen Auftrags als Änderung einer wesentlichen Vertragsbestimmung des betreffenden Auftrags anzusehen ist, „wenn sie nicht in den Bedingungen des ursprünglichen Auftrags vorgesehen war".[139] Aus dieser allgemeinen Bemerkung kann nicht annähernd sicher geschlossen werden, welche Anforderungen der EuGH auf der Grundlage seiner „pressetext"-Rechtsprechung an die Klarheit, Genauigkeit und Eindeutigkeit der notwendigen Angaben (iSd § 132 Abs. 2 S. 1 Nr. 1 und Nr. 4 lit. a) zu einem etwaigen einvernehmlichen oder optionalen Auftragnehmerwechsel stellen würde (oder wird). Da diese Angaben bereits in den Vergabeunterlagen enthalten sein müssen (→ Rn. 28), steht fest, dass der etwaige Ersatzauftragnehmer noch nicht bei der maßgeblichen Formulierung und Fixierung der Überprüfungsklausel benannt werden kann und muss;[140] denn da während des Vergabeverfahrens der Auftragnehmer noch nicht feststeht, erscheint es mit Blick auf die vergaberechtlichen Grundsätze (§ 97 Abs. 1 und 2) ausgeschlossen, in diesem Stadium schon den Ersatzauftragnehmer festzulegen. In Anbetracht der enormen Bedeutung für einen öffentlichen Auftrag, welches Unternehmen die Aufgaben des Auftragnehmers übernimmt, muss dann aber die Überprüfungsklausel oder die Option eine klare und genaue objektive Beschreibung und Charakterisierung des für einen Auftragnehmerwechsel in Betracht kommenden Unternehmens einschließlich aller Eignungskriterien und sodann klare und genaue Angaben über die in Betracht kommenden Gründe für einen Auftragnehmerwechsel enthalten. Außerdem sind klare und genaue Angaben über die Modalitäten der dann erforderlichen Prüfung, insbesondere der Eignungsprüfung notwendig.[141] Bei geringeren Anforderungen besteht die Gefahr einer Umgehung des Vergaberechts. So würde zB eine zugunsten des Auftraggebers vorgesehene Option, die ihm „für den Fall des Verzugs oder der Unmöglichkeit der (vom ursprünglichen Auftragnehmer zu erbringenden) Leistungen die Möglichkeit der Drittvornahme" zu wählen gestattet, den Anforderungen an die notwendige Klarheit und Genauigkeit der erforderlichen Angaben über den wählbaren Ersatzauftragnehmer und über die Prüfung seiner Eignung nicht genügen.[142]

b) Auftragnehmerwechsel im Zuge einer Unternehmensumstrukturierung (§ 132 50
Abs. 2 S. 1 Nr. 4 lit. b). Nach der Gesetzesbegründung soll der Auftragnehmer, dem der öffentli-

---

[136] Begr. RegE, BT-Drs. 18/6281, 120.
[137] Ziekow VergabeR 2016, 278 (288) nimmt ein Redaktionsversehen des deutschen Gesetzgebers an; ebenso: Byok/Jaeger/*Wiedemann* Rn. 99; Immenga/Mestmäcker/*Kling* Rn. 37; Reidt/Stickler/Glahs/*Ganske* Rn. 46; aA *Geitel/Jansen* in RKPP GWB Rn. 143 (gemäß Wortlaut des § 132 Abs. 2 S. 1 Nr. 4 lit. a können bloße Optionen hier nichts bewirken).
[138] *Hausmann/Queisner* NZBau 2016, 619 (623); *Müller* VergabeR 2015, 652 (660); *Ziekow* VergabeR 2016, 278 (288); Reidt/Stickler/Glahs/*Ganske* Rn. 46.
[139] EuGH Slg. 2008, I-4447 Rn. 40 = NZBau 2008, 518 – pressetext.
[140] Aus anderen Gründen iErg ebenso: *Ziekow* VergabeR 2016, 278 (289); vgl. auch *Geitel/Jansen* in RKPP GWB Rn. 144.
[141] IErg nahezu ebenso: *Ziekow* VergabeR 2016, 278 (289); vgl. auch Reidt/Stickler/Glahs/*Ganske* Rn. 46 (aber: keine grds. Pflicht zur Durchführung einer Eignungsüberprüfung des neuen Auftragnehmers).
[142] AA bzgl. der bisherigen Rechtslage vor Inkrafttreten des § 132: *Prieß/Hölzl* NZBau 2011, 513 (516).

che Auftrag nach erfolgreichem Vergabewettbewerb erteilt worden ist, durch diese Vorschrift unter folgendem Aspekt begünstigt werden: Der spezifische **Normzweck** besteht darin, „dem erfolgreichen Bieter die Möglichkeit einzuräumen, während der Ausführung des Auftrags gewisse interne strukturelle Veränderungen (Wechsel des Auftragnehmers) zu vollziehen, ohne dass deswegen ein neues Vergabeverfahren durchgeführt werden muss".[143] Dieser Zweckbeschreibung fügt die Gesetzesbegründung noch Anwendungsbeispiele an: Die Vorschrift betreffe zB „rein interne Umstrukturierungen, Übernahmen, Zusammenschlüsse, Unternehmenskäufe oder Insolvenzen".[144] Außer dem erstgenannten (am wenigsten problematischen) Beispiel sind alle anderen vier Beispiele in die Vorschrift selbst aufgenommen worden; dabei ist das (unklare) Beispiel „Unternehmenskäufe" durch den (im Normzusammenhang ebenso unklaren) Begriff „Erwerb" ersetzt worden. Aus dem Wortlaut des zugrunde liegenden Art. 72 Abs. 1 UAbs. 1 lit. d ii RL 2014/24/EU iVm dem dazugehörigen Erwägungsgrund 110 S. 2 und 3 RL 2014/24/EU[145] geht noch klarer als aus der sie umsetzenden deutschen Vorschrift hervor, dass es **nur** darum geht, **strukturelle Veränderungen des Auftragnehmerunternehmens** während der Auftragsausführung, auch wenn sie mit einem Wechsel der juristischen Personenidentität verbunden sind, nicht mit der Notwendigkeit zu verknüpfen, dass die Fortsetzung der Auftragsausführung eines neuen Vergabeverfahrens bedarf.[146] Die sich daraus ergebende Beschränkung des Anwendungsbereichs des § 132 Abs. 2 S. 1 Nr. 4 lit. b deckt sich auch mit dem oben wiedergegebenen Normzweck der Vorschrift.

51   Demzufolge ist § 132 Abs. 2 S. 1 Nr. 4 lit. b anwendbar auf eine **Übertragung des** vergebenen öffentlichen **Auftrags in einem Konzern** von der Muttergesellschaft, der bisherigen Auftragnehmerin, auf eine 100%ige Tochtergesellschaft,[147] nach der bisherigen Rechtsprechung des EuGH zumindest dann, wenn dem öffentlichen Auftraggeber iVm seiner zivilrechtlich erforderlichen Zustimmungserklärung die Fortdauer der (Mit-)Haftung der Muttergesellschaft garantiert wurde.[148] Das Gleiche gilt für eine Ausgründung der bislang den öffentlichen Auftrag ausführenden Unternehmensabteilung in eine rechtlich selbständige 100%ige Tochtergesellschaft des bisherigen Auftragnehmers[149] sowie für eine Übertragung des Auftrags (einschließlich der ausführenden Betriebsabteilung) innerhalb eines Konzerns von einer Konzerngesellschaft auf eine andere schon bestehende Konzerngesellschaft[150] (zB aus Gründen der Effizienzsteigerung oder wegen Synergieeffekten). Für die Zulässigkeit eines solchen Auftragnehmerwechsels kommt es nicht darauf an, dass die aufnehmende Konzerngesellschaft erst während des Zeitraums der Auftragsausführung errichtet wurde;[151] bestand sie schon vor dem Zuschlag, so ist in diesem Beispielsfall die der Norm eigene Voraussetzung der „Unternehmensumstrukturierung" in der Neuorganisation der unternehmerischen und betrieblichen Zuständigkeiten innerhalb des Konzerns zu sehen. Dass auch eine solche Umstrukturierung ein tauglicher Anknüpfungspunkt für die Anwendung des § 132 Abs. 2 S. 1 Nr. 4 lit. b ist, wird dadurch bestätigt, dass in der Gesetzesbegründung auch „rein interne Umstrukturierungen" als Anwendungsbeispiel aufgeführt werden.[152] Mit Blick auf den öffentlichen Auftrag lässt sich das Ergebnis des vorstehend letzten Beispiels auch erreichen durch eine Verschmelzung der vorgenannten Konzerngesellschaften (ein Fall iSd gesetzlichen Beispiele „Übernahme" und „Zusammenschluss"). In den dargestellten Beispielen ändert sich an der vergaberechtlichen Beurteilung, dass diese strukturellen Veränderungen kein neues Vergabeverfahren erfordern, auch dann nichts, wenn sich an den den öffentlichen Auftrag übernehmenden Gesellschaften (juristischen Personen) im Zuge der Unternehmensumstrukturierung oder später neue Gesellschafter mit Minderheitsanteilen beteiligen

---

[143] Begr. RegE, BT-Drs. 18/6281, 120.
[144] Begr. RegE, BT-Drs. 18/6281, 120.
[145] Erwägungsgrund 110 S. 2 RL 2014/24/EU: „Der erfolgreiche Bieter, der den Auftrag ausführt, sollte jedoch – insbesondere wenn der Auftrag an mehr als ein Unternehmen vergeben wurde – während des Zeitraums der Auftragsausführung gewisse strukturelle Veränderungen durchlaufen können, wie etwa eine rein interne Umstrukturierung, eine Übernahme, einen Zusammenschluss oder Unternehmenskauf oder eine Insolvenz." S. 3: „Derartige strukturelle Veränderungen sollten nicht automatisch neue Vergabeverfahren für sämtliche von dem betreffenden Bieter ausgeführten öffentlichen Aufträge erfordern".
[146] Ebenso, dh Beschränkung des Anwendungsbereichs auf „interne strukturelle Veränderungen" des Auftragnehmers: Immenga/Mestmäcker/*Kling* Rn. 35; wohl auch Reidt/Stickler/Glahs/*Ganske* Rn. 47.
[147] Ebenso: Ziekow/Völlink/*Ziekow* Rn. 65; zust. Immenga/Mestmäcker/*Kling* Rn. 40.
[148] Das war der Fall des EuGH-Urteils Slg. 2008, I-4447 Rn. 41–45 = NZBau 2008, 518 – pressetext.
[149] Ebenso *Ziekow* VergabeR 2016, 278 (289).
[150] Ebenso: *Geitel/Jansen* in RKPP GWB Rn. 152.; aA *Ziekow* VergabeR 2016, 278 (289) für den Fall, dass die aufnehmende Konzerngesellschaft im Zeitpunkt des Zuschlags als solche schon bestand.
[151] AA *Ziekow* VergabeR 2016, 278 (289); iErg wie hier: *von Engelhardt/Kaelble* in Müller-Wrede GWB Rn. 71 und 76 (auf die Konzernverbundenheit ist abzustellen).
[152] Begr. RegE, BT-Drs. 18/6281, 120; ebenso im Erwägungsgrund 110 S. 2 RL 2014/24/EU.

IV. Die Ausnahmen vom Erfordernis eines neuen Vergabeverfahrens (§ 132 Abs. 2) 52, 53   § 132 GWB

(→ Rn. 53).[153] Unter solchen strukturellen Veränderungen darf die Eignung der den Auftrag neu übernehmenden Gesellschaft, also sowohl die technische und berufliche als auch die wirtschaftliche und finanzielle Leistungsfähigkeit nicht leiden, vielmehr gelten die ursprünglichen Eignungsanforderungen, wie das Gesetz ausdrücklich betont, unvermindert fort. Vor seiner (vertragsrechtlichen) Zustimmungserklärung muss sich der öffentliche Auftraggeber hierüber Gewissheit verschaffen, notfalls durch eine zusätzliche Eignungsprüfung.[154] Wenn die den Auftrag übernehmende Gesellschaft selbst die erforderliche wirtschaftliche und finanzielle Leistungsfähigkeit aufweist, bedarf es dann für die Zulässigkeit des Auftragnehmerwechsels – anders als im „pressetext"-Fall des EuGH – auch keiner zusätzlichen Mithaftungsübernahme seitens des bisherigen Auftragnehmers.

Der in § 132 Abs. 2 S. 1 Nr. 4 lit. b als Anwendungsbeispiel aufgeführte **Erwerb** kann sich als 52 Erwerbsvorgang nach dem Normzusammenhang nur auf das Unternehmen des ursprünglichen Auftragnehmers beziehen. Das ergibt sich noch deutlicher aus dem Wortlaut des zugrunde liegenden Art. 72 Abs. 1 UAbs. 1 lit. d ii RL 2014/24/EU: „... ein anderer Wirtschaftsteilnehmer ... im Zuge einer Unternehmensumstrukturierung – einschließlich Übernahme, Fusion, Erwerb oder Insolvenz – ganz oder teilweise an die Stelle des ursprünglichen Auftragnehmers tritt".[155] Da es sich aber nach beiden genannten Vorschriften zwingend um eine Art von Unternehmensumstrukturierung handeln muss, kommt auch hier **nur** ein **Unternehmenserwerb** oder Unternehmenskauf **innerhalb eines Konzerns** – also in der Konzernverbundenheit, die durch den Unternehmenserwerb nicht aufgegeben wird – in Betracht.[156] Wenn demgegenüber die „Unternehmensumstrukturierung" des Auftragnehmers auch zu einer Neuorientierung hinsichtlich seines künftigen Geschäftsfelds und deshalb zu einem Verkauf der den öffentlichen Auftrag ausführenden Betriebseinheit oder gar des ganzen Unternehmens an ein Drittunternehmen, dh bei einer Konzernzugehörigkeit des Auftragnehmers an ein konzernfremdes Unternehmen, führt, wird dieser „Erwerb" vom spezifischen Normzweck des § 132 Abs. 2 S. 1 Nr. 4 lit. b (→ Rn. 50) nicht mehr erfasst und würde auch bei einer Zustimmung des öffentlichen Auftraggebers (gem. § 415 Abs. 1 BGB) nicht von der Notwendigkeit eines neuen Vergabeverfahrens befreien.[157] Das Drittunternehmen würde sonst ohne Vergabewettbewerb, also entgegen § 97 Abs. 1, und ohne Deckung durch den Normzweck der in § 132 Abs. 2 S. 1 Nr. 4 lit. b normierten Ausnahme einen öffentlichen Auftrag erhalten.

Wie sich die **Veräußerung von Geschäftsanteilen am Unternehmen des Auftragnehmers** 53 (nach dem Zuschlag) vergaberechtlich auf den öffentlichen Auftrag auswirkt, ist nicht unmittelbar Regelungsgegenstand des § 132 Abs. 2 S. 1 Nr. 4 lit. b, es sei denn, es handelt sich um eine konzerninterne Gesellschaftsumstrukturierung, die jedenfalls durch die Vorschrift abgedeckt ist, weil alle Geschäftsanteile innerhalb des Konzerns verbleiben (→ Rn. 52). Im Übrigen ist zu bedenken, dass Gesellschaften als juristische Personen durch einen Gesellschafterwechsel ihre juristische formale Personenidentität nicht verändern, sodass formal gar kein Auftragnehmerwechsel eintritt. Daher legt der EuGH für börsennotierte Aktiengesellschaften und Genossenschaften mit beschränkter Haftung, bei denen der jederzeit mögliche Wechsel der Anteilsinhaber ihrem Wesen entspricht, das Vergaberecht dahin aus, dass ein solcher Wechsel grundsätzlich nicht zu einer wesentlichen Änderung der solchen Unternehmen erteilten öffentlichen Aufträge führt.[158] Diese Erkenntnis lässt sich auf sog. Publikumsgesellschaften sowie auf Gesellschaften in der Rechtsform der GmbH, deren Gesellschafterzahl so groß ist, dass sich der Wechsel einzelner Gesellschafter nicht erheblich auf das Unternehmen unter wirtschaftlichen Aspekten auswirkt, übertragen.[159] In der deutschen Rechtsprechung und im Schrifttum wird die Veräußerung von Geschäftsanteilen einer GmbH an Dritte, also der bloße Wechsel von Gesellschaftern, grundsätzlich als vergaberechtlich unerheblich beurteilt.[160] Es ist jedoch Vorsicht geboten, insbesondere vor Versuchen, das Vergaberecht zu umgehen. Die „bloße" Veräußerung von Gesellschaftsanteilen (insbesondere) an einer GmbH kann für das Unternehmen des Auf-

---

[153] Vgl. EuGH Slg. 2008, I-4447 Rn. 51–53 iVm Rn. 45 = NZBau 2008, 518 – pressetext.
[154] Ebenso: Ziekow VergabeR 2016, 278 (290); Byok/Jaeger/Wiedemann Rn. 107; Langen/Bunte/Schneider Rn. 36; Reidt/Stickler/Glahs/Ganske Rn. 47; Geitel/Jansen in RKPP GWB Rn. 156.
[155] Im Erwägungsgrund 110 S. 2 RL 2014/24/EU wird diese Form der „strukturellen Veränderung" gar als „Unternehmenskauf" bezeichnet.
[156] IErg ebenso: von Engelhardt/Kaelble in Müller-Wrede GWB Rn. 71 und 76.
[157] IErg wohl ebenso: Eschenbruch in KKPP GWB Rn. 115 f.; aA Frenz VergabeR 2017, 323 (332 Fn. 89 und 333).
[158] EuGH Slg. 2008, I-4447 Rn. 51 f. = NZBau 2008, 518 – pressetext.
[159] Ziekow VergabeR 2016, 278 (290 f.).
[160] OLG Naumburg VergabeR 2010, 979 (985 f.); Greb/Stenzel NZBau 2012, 404 (406); Hübner/Frauer NZBau 2011, 142 (143 f.); Müller VergabeR 2015, 652 (656); Polster VergabeR 2012, 282 (285); Prieß/Hölzl NZBau 2011, 513 (516 f.); von Engelhardt/Kaelble in Müller-Wrede GWB Rn. 73; Eschenbruch in KKPP GWB Rn. 70 (mit Ausnahme der Übertragung sämtlicher Gesellschaftsanteile, Rn. 69); skeptisch dagegen: Brüning/Pfannkuch VergabeR 2015, 144 (150 f.); diff. Ziekow VergabeR 2016, 278 (290 f.).

tragnehmers so bedeutsam sein, dass sie bei wirtschaftlich wertender Betrachtung als eine tatsächliche Änderung des Vertragspartners des öffentlichen Auftraggebers zu beurteilen ist. Auch eine tatsächliche Änderung des Vertragspartners sieht der EuGH als „Änderung einer wesentlichen Vertragsbestimmung" (jetzt iSd § 132 Abs. 1 S. 3 Nr. 4) an.[161] Nach hier vertretener Ansicht ist eine solche tatsächliche Änderung des Auftragnehmers in der Rechtsform der GmbH jedenfalls dann anzunehmen, wenn – außerhalb eines Konzerns (s. oben) – sämtliche Gesellschaftsanteile an bisher außerhalb des Gesellschafterkreises stehende Personen übertragen werden,[162] oder wenn der Hauptgesellschafter (sofern es einen gibt) wechselt. Außerdem ist bei einer Übertragung der Mehrheit der Gesellschaftsanteile, auch wenn sie während der Auftragsausführung in mehreren Stufen vollzogen wird, in wirtschaftlich wertender Betrachtung zu prüfen, ob dieser in großem Umfang vorgenommene Austausch der Unternehmensträger der GmbH als „tatsächliche Änderung des Vertragspartners" iSd EuGH- Rechtsprechung zu beurteilen ist. Wenn die Prüfung dieses Ergebnis erbringt, darf der öffentliche Auftrag nicht weiter ohne erneutes Vergabeverfahren ausgeführt werden (gem. § 132 Abs. 1 S. 1 und 2; Abs. 2 S. 1 Nr. 4 lit. b nicht anwendbar).

54   Entsprechend den vorstehenden Erläuterungen (→ Rn. 51–53) ist auch das letzte Anwendungsbeispiel des § 132 Abs. 2 S. 1 Nr. 4 lit. b „Unternehmensumstrukturierung einschließlich ... **Insolvenz**"[163] aufzufassen. Die Vorschrift ist anwendbar auf die Fortführung des Auftrags durch den Insolvenzverwalter oder durch das insolvente Unternehmen selbst nach dessen etwaiger Umwandlung.[164] Ferner ist die Vorschrift anwendbar auf Auftragnehmerwechsel infolge von Insolvenzen und Unternehmenssanierungen konzernangehöriger Auftragnehmer, bei denen die Auffanggesellschaft oder das Nachfolgeunternehmen, das zB die ursprünglich den öffentlichen Auftrag ausführende Betriebseinheit übernimmt, demselben Konzern angehört und in der Konzernverbundenheit bleibt.[165] Steht die aufnehmende Gesellschaft außerhalb des Konzerns oder war der Auftragnehmer vor dem Übertragungsakt gar nicht konzernverbunden, so ist der insolvenzbedingte Auftragnehmerwechsel eine wesentliche Auftragsänderung, die nicht von der Ausnahmeerlaubnis des § 132 Abs. 2 S. 1 Nr. 4 lit. b erfasst wird,[166] sondern ohne neues Vergabeverfahren unzulässig ist.[167] Vor dem Inkrafttreten der RL 2014/24/EU und des § 132 ist im Schrifttum die Meinung veröffentlicht worden, dass die sog. rechtsträgererhaltende Sanierung vergaberechtlich unproblematisch sei, da die Fortführung des öffentlichen Auftrags durch den sanierten Auftragnehmer kein neues Vergabeverfahren erfordere.[168] Bei dieser Sanierungsart führt der Schuldner (= Auftragnehmer) das Unternehmen im Rahmen des Insolvenzplanverfahrens selbst fort; die Gläubiger erhalten allerdings in der Regel, um sie für diese Verwertungsmöglichkeit zu motivieren, eine eigene Beteiligung am Grundkapital des schuldnerischen Unternehmens, zB im Wege eines sog. Debt-Equity-Swap.[169] § 132 Abs. 2 S. 1 Nr. 4 lit. b ist auf diese Sanierungsart nicht direkt anwendbar, weil mit Blick auf die juristische Personenidentität kein Auftragnehmerwechsel stattfindet. Sofern die Insolvenzgläubiger im konkreten Sanierungsfall eine eigene Kapitalbeteiligung am zu sanierenden Unternehmen des Auftragnehmers erhalten, kann der dargestellten Schrifttumsansicht nach jetzt geltendem Vergaberecht nur eingeschränkt nach Maßgabe der vorstehenden Erläuterungen (→ Rn. 53) zugestimmt werden.

55   Bei einem nach den vorstehenden Ausführungen (→ Rn. 50–54) ohne neues Vergabeverfahren zulässigen Auftragnehmerwechsel muss zusätzlich gewährleistet sein, dass der neue Auftragnehmer die im ursprünglichen Vergabeverfahren festgelegten Anforderungen an die **Eignung** erfüllt (→ Rn. 51 aE) und dass der Auftragnehmerwechsel **keine weiteren wesentlichen Auftragsänderungen** zur Folge hat. Eine Bekanntmachung des Auftragnehmerwechsels schreibt das Gesetz nicht vor (vgl. § 132 Abs. 5).

---

[161] EuGH Slg. 2008, I-4447 Rn. 47 = NZBau 2008, 518 – pressetext.
[162] Ebenso: *Eschenbruch* in KKPP GWB Rn. 69; aA *Frenz* VergabeR 2017, 323 (333): Auftragsfortsetzung ist ohne Ausschreibung zulässig, wenn das aus den neuen Gesellschaftern gebildete Unternehmen die ursprünglich festgelegten Anforderungen an die Eignung erfüllt.
[163] Zitiert nach der Textfassung des zugrunde liegenden Art. 72 Abs. 1 UAbs. 1 lit. d ii RL 2014/24/EU.
[164] *Byok/Jaeger/Wiedemann* Rn. 106; ebenso: *Geitel/Jansen* in RKPP GWB Rn. 151 für den Fall der rechtsträgererhaltenden Sanierung mit bloßem Anteilsinhaberwechsel.
[165] Ebenso wohl: *von Engelhardt/Kaelble* in Müller-Wrede GWB Rn. 74; *Eschenbruch* in KKPP GWB Rn. 115.
[166] AA zum zugrunde liegenden Art. 72 Abs. 1 UAbs. 1 lit. d ii RL 2014/24/EU: *Gröning* VergabeR 2014, 339 (350, in einer knappen Bemerkung).
[167] Ebenso, allerdings für die Zeit vor dem § 132: *Greb/Stenzel* NZBau 2012, 404 (406); *Hübner/Frauer* NZBau 2011, 142 (144); *Brüning/Pfannkuch* VergabeR 2015, 144 (150). AA zu § 132 Abs. 2 S. 1 Nr. 4 lit. b, sofern der Käufer des insolventen Unternehmens die ursprünglich festgelegten Eignungskriterien erfüllt: *Frenz* VergabeR 2017, 323 (333).
[168] *Hübner/Frauer* NZBau 2011, 142 (145).
[169] *Hübner/Frauer* NZBau 2011, 142 (143).

c) Übernahme der Auftragnehmerpflichten gegenüber den Unterauftragnehmern **56**
durch den öffentlichen Auftraggeber selbst (§ 132 Abs. 2 S. 1 Nr. 4 lit. c). Die Vorschrift
erlaubt ohne das Erfordernis eines neuen Vergabeverfahrens, dass der öffentliche Auftraggeber als
neuer Vertragspartner diejenigen Verpflichtungen (aber auch die Rechte) übernimmt, die zuvor sein
Auftragnehmer zur Erfüllung des ihm erteilten öffentlichen Auftrags jeweils durch Vertrag mit
Unterauftragnehmern begründet hatte, und dass der Auftragnehmer aus den betreffenden Verträgen
ausscheidet. Der Grund für das Eintreten des öffentlichen Auftraggebers in den oder die Verträge
mit dem oder den Unterauftragnehmern – die Vertragsübernahme kann sich im Einzelfall auf einen
oder einige derartige Verträge beschränken – ist für die Anwendung des § 132 Abs. 2 S. 1 Nr. 4
lit. c unerheblich. Die Vertragsübernahmen können auf Zahlungsschwierigkeiten oder gar einer
Insolvenz des bisherigen Auftragnehmers, auf einer Kündigung des (Haupt-)Auftrags durch den
Auftragnehmer oder durch den öffentlichen Auftraggeber, zB wegen Schlechtleistung oder Verzugs
des bisherigen Auftragnehmers, oder auf anderen Gründen bzw. wirtschaftlichen Erwägungen der
Vertragsbeteiligten beruhen. Ohnehin müssen alle drei Beteiligten der Übernahme der betreffenden,
zwischen Auftragnehmer und Unterauftragnehmer bestehenden Verträge durch den öffentlichen
Auftraggeber zustimmen (§ 415 BGB). In einem solchen Übernahmevertrag muss überdies zwischen
dem bisherigen Auftragnehmer und dem öffentlichen Auftraggeber konsequenterweise eine Aufhebung derjenigen Leistungspflichten (nebst korrespondierendem Entgelt) vereinbart werden, die der
bisherige Auftragnehmer durch den Einsatz der betreffenden Unterauftragnehmer erfüllen wollte.
Darüber hinaus ermöglicht § 132 Abs. 2 S. 1 Nr. 4 lit. c keine weiteren Auftragsänderungen, auch
keine Auswechslungen von bisherigen Unterauftragnehmern, nachdem sie infolge der jeweiligen
Vertragsübernahme unmittelbare Auftragnehmer des öffentlichen Auftraggebers geworden sind. Die
Vertragsübernahmen iSd § 132 Abs. 2 S. 1 Nr. 4 lit. c sind im Umfang nicht begrenzt und selbst dann
ohne erneutes Vergabeverfahren zulässig, wenn sie das volle Leistungsprogramm des betreffenden
öffentlichen Auftrags ausmachen. Auch für diesen extremen Fall ist die im Schrifttum vereinzelt
geäußerte Ansicht, dass auf § 132 Abs. 2 S. 1 Nr. 4 lit. c gestützte Vertragsübernahmen ihre „Außengrenzen in den Fällen des § 132 Abs. 1 finden",[170] nicht zutreffend (→ Rn. 24). Auftragnehmerwechsel der vorstehend erläuterten Art bedürfen keiner Bekanntmachung (vgl. § 132 Abs. 5).

V. Die Bagatell- oder De-minimis-Regelung (§ 132 Abs. 3)

§ 132 Abs. 3 führt im Einklang mit der damit umgesetzten RL 2014/24/EU-Vorschrift Art. 72 **57**
Abs. 2 RL 2014/24/EU eine Bagatellgrenze für dem Wert nach geringfügige Auftragsänderungen
ein. Wenn der Grenzwert nicht überschritten wird, ist die betreffende Auftragsänderung – **unabhängig von der Art der Änderung** und auch bei jeder der in § 132 Abs. 1 definierten Fallgestaltungen – ohne neues Vergabeverfahren zulässig, unter der einzigen weiteren Voraussetzung, dass sich
der Gesamtcharakter des Auftrags aufgrund der Auftragsänderung nicht verändert.

Die **Bagatellgrenze** für zulässige Auftragsänderungen besteht aus **zwei kumulativen Kompo-** **58**
nenten: Der Wert der Änderung selbst (für sich berechnet) darf (1.) den für die jeweilige Auftragsart
im Zeitpunkt der Auftragsänderung[171] geltenden Schwellenwert nach § 106 nicht übersteigen und
darf (2.) bei Liefer- und Dienstleistungsaufträgen nicht mehr als 10% und bei Bauaufträgen nicht
mehr als 15% des Wertes des Ursprungsauftrags betragen. Abweichend hiervon besteht die Bagatellgrenze für zulässige Änderungen von öffentlichen Aufträgen über soziale und andere besondere
Dienstleistungen iSd § 130 nur aus einer Komponente: Hier darf der Wert der Änderung selbst nicht
mehr als 20% des ursprünglichen Auftragswerts betragen (§ 130 Abs. 2). Für die zulässige Änderung
von Konzessionsverträgen (§ 105) besteht die Bagatellgrenze zwar aus den zwei kumulativen Komponenten, aber für den Wert der Änderung beträgt die Obergrenze der zweiten Komponente für Bau-
und Dienstleistungskonzessionen einheitlich 10% des Wertes der ursprünglichen Konzession (§ 154
Nr. 3 lit. b). Die Ermittlung des Werts der Auftragsänderung richtet sich nach § 3 VgV; relevant ist
der Netto-Auftragswert (ohne Umsatzsteuer) der Auftragsänderung.[172] Dabei ist genau darauf zu
achten, dass diese Wertermittlung nur die Änderung als solche erfasst und bewertet.[173] Für die
Ermittlung des Werts von Auftragsänderungen im Sektorenbereich ist § 2 SektVO und des Werts
der Änderung eines Konzessionsvertrags ist § 2 KonzVgV maßgeblich.

Wenn der ursprünglich vergebene Vertrag bzgl. des Entgelts eine **Indexierungsklausel** enthält, **59**
wird vor der Überprüfung, ob das Entgelt für den einzelnen Änderungsauftrag die zweite Komponente der Bagatellgrenze (→ Rn. 58) übersteigt oder nicht, das für den Ursprungsauftrag vereinbarte

---

[170] So *von Engelhardt/Kaelble* in Müller-Wrede GWB Rn. 79 (unklar, welche Grenze gemeint ist).
[171] Byok/Jaeger/*Wiedemann* Rn. 116.
[172] *Ziekow* VergabeR 2016, 278 (287); Byok/Jaeger/*Wiedemann* Rn. 112; Reidt/Stickler/Glahs/*Ganske* Rn. 50.
[173] *Ziekow* VergabeR 2016, 278 (287); *von Engelhardt/Kaelble* in Müller-Wrede GWB Rn. 86; Reidt/Stickler/
Glahs/*Ganske* Rn. 50.

Entgelt mit der Indexierungsklausel auf den aktuellen Wert umgerechnet. Dieser aktuelle Wert, also der „angepasste Preis", ist sodann der **„Referenzwert"** (→ Rn. 39). Von diesem Referenzwert bilden sodann 10% bei Liefer- und Dienstleistunsaufträgen und 15% bei Bauaufträgen die zweite Komponente der Bagatellgrenze für zulässige Auftragsänderungen gem. § 132 Abs. 3 S. 1 Nr. 2.

60 Wenn die Vertragspartner den Ursprungsauftrag während des Zeitraums der Auftragsausführung (ab dem Zuschlag) durch **mehrfache Vereinbarungen,** ggf. auch zu unterschiedlichen Zeitpunkten, **ändern,** müssen die Werte der einzelnen Änderungen (→ Rn. 58) gem. § 132 Abs. 3 S. 2 zusammengerechnet werden Die Vertragspartner dürfen den freien Änderungsspielraum, der durch die beiden Komponenten der Bagatellgrenze hinsichtlich des Werts der Änderung genau umgrenzt ist, während der Auftragsausführung nur einmal ausschöpfen. Bei der Zusammenrechnung der Werte mehrerer Auftragsänderungen und der Prüfung, ob die Bagatellgrenze überschritten ist oder noch nicht, kommt es im Falle einer Indexierungsklausel im Ursprungsauftrag für die Berechnung des Referenzwerts iSd zweiten Komponente (§ 132 Abs. 3 S. 1 Nr. 2), also des „angepassten Preises" (→ Rn. 39) auf den Zeitpunkt der letzten Änderungsvereinbarung an. Wenn die Bagatellgrenze in einer der beiden Komponenten (oder sogar in beiden) erst durch den hinzuaddierten Wert der letzten von mehreren Änderungen überschritten wird, sind die voraufgegangenen Änderungen durchaus als zulässig und wirksam ohne neues Vergabeverfahren anzusehen.[174] Nur die letzte Auftragsänderung, deren Wert zur Grenzüberschreitung führt, ist – ohne neues Vergabeverfahren – nicht mehr durch § 132 Abs. 3 gedeckt. Eine Ausnahme hiervon, also das Gebot, auch die voraufgegangenen Auftragsänderungen in das erforderliche neue Vergabeverfahren mit einzuschließen, gilt freilich dann, wenn die aufeinander folgenden Auftragsänderungen im Hinblick auf den Auftragsgegenstand in einem einander bedingenden inhaltlichen und zeitlichen Zusammenhang stehen,[175] sodass die Aufteilung auf mehrere Vereinbarungen einer Umgehung des Vergaberechts gleichkommt.

61 Außer der Einhaltung der Bagatellgrenze in beiden Komponenten (→ Rn. 58) ist für die Freistellung vom Erfordernis eines neuen Vergabeverfahrens gem. § 132 Abs. 3 noch erforderlich, dass sich der **Gesamtcharakter des** ursprünglichen **Auftrags** durch die Auftragsänderung(en) **nicht verändert.** Es ist zwar fraglich, ob eine so starke Veränderung des Ursprungsauftrags in der Realität des öffentlichen Auftragswesens durch die hier in Rede stehenden Bagatelländerungen überhaupt hervorgerufen werden kann.[176] Aber das Gesetz befiehlt diese Prüfung. Hierfür gelten gleichermaßen[177] die Erläuterungen zum gleichen Tatbestandsmerkmal in § 132 Abs. 2 S. 1 Nr. 1 und Nr. 3 (→ Rn. 31 und 44).

62 Wenn es an einer der Voraussetzungen des § 132 Abs. 3 fehlt, ist noch zu prüfen, ob es sich überhaupt um eine wesentliche Auftragsänderung iSd § 132 Abs. 1 handelt und – wenn ja – ob sich aus einem der Ausnahmetatbestände des § 132 Abs. 2 die Freistellung der betreffenden Auftragsänderung von einem neuen Vergabeverfahren ergibt. Wenn auch das Ergebnis dieser Prüfungen nicht zur Freistellung führt, wird oft kurz und bündig gesagt, dass die (nach solcher Prüfung als wesentlich qualifizierte) Auftragsänderung ein neues Vergabeverfahren (gemeint: iSd GWB-Vergaberechts und der RL 2014/24/EU) erfordert.[178] Das trifft jedoch nicht in allen derartigen Fällen zu. Richtig ist es, ein neues Vergabeverfahren zu fordern, wenn die Bagatellgrenze in der ersten Komponente (Schwellenwert nach § 106) überschritten worden ist. Anders verhält es sich, wenn der Grenzwert der zweiten Komponente, der jeweils maßgebliche Prozentsatz des ursprünglichen Auftragswerts (§ 132 Abs. 3 S. 1 Nr. 2 iVm Abs. 4), niedriger liegt als der Schwellenwert und der Wert der Auftragsänderung nur diesen Grenzwert, nicht aber den Schwellenwert übersteigt (und ihn auch nicht „erreicht", § 106 Abs. 1 S. 1). In einem solchen durchaus realistischen Fall ist es für die Zulässigkeit und Wirksamkeit der Auftragsänderung nicht zwingend, dass ein neues Vergabeverfahren gem. §§ 97 ff. durchgeführt wird. Aus dem Wortlaut des Art. 72 Abs. 5 RL 2014/24/EU geht deutlicher als aus § 132 hervor, dass dann, wenn keine der Ausnahmevorschriften des Art. 72 Abs. 1 und 2 RL 2014/24/EU (entsprechend § 132 Abs. 2 und 3) eingreift, ein neues

---

[174] Ziekow VergabeR 2016, 278 (287 f.); Eschenbruch in KKPP GWB Rn. 124.
[175] Ziekow VergabeR 2016, 278 (287 f.); im Wesentlichen ebenso, wobei der zeitliche Zusammenhang der mehreren Auftragsänderungen für die gebotene Zusammenrechnung ihrer Werte ausreichen soll: Byok/Jaeger/Wiedemann Rn. 113.
[176] Zutr. Rosenkötter/Fritz VergabeR 2014, 290 (294).
[177] Ebenso: Ziekow VergabeR 2016, 278 (288). AA Immenga/Mestmäcker/Kling Rn. 11: Die entscheidende Frage nach der „Wahrung des Gesamtcharakters" des Auftrags werde in § 132 Abs. 3 vor allem an Prozentsätzen [s. Abs. 3 S. 1 Nr. 2] festgemacht. Dem muss widersprochen werden: Abs. 3 S. 1 formuliert deutlich, dass jene „Frage" und die Wertobergrenze gem. Abs. 3 S. 1 Nr. 2 zwei selbständige, voneinander unabhängige Prüfungspunkte sind.
[178] Vgl. Begr. RegE, BT-Drs. 18/6281, 148 (Begr. zu § 132 Abs. 3 aE); Schwab/Giesemann VergabeR 2014, 351 (362); Eschenbruch in KKPP GWB Rn. 124 aE.

VI. Rechtsschutz

Vergabeverfahren nur „im Einklang mit dieser Richtlinie" erforderlich ist. Das bedeutet ua, dass die Erforderlichkeit eines neuen Vergabeverfahrens iSd RL 2014/24/EU (und damit der §§ 97 ff.) nach wie vor vom Erreichen oder Übersteigen des maßgeblichen Schwellenwerts (Art. 4 RL 2014/24/EU, entsprechend § 106) abhängt. Die **zweite Komponente der Bagatellgrenze** (Art. 72 Abs. 2 UAbs. 1 lit. ii RL 2014/24/EU, entsprechend § 132 Abs. 3 S. 1 Nr. 2) **ändert** die **Relevanz der Schwellenwertvorschrift** (Art. 4 RL 2014/24/EU, entsprechend § 106) **nicht ab.** Man muss daher differenzieren: Erforderlich ist die Klärung, welche Leistungen – sofern erforderlich – neu ausgeschrieben werden müssten, um die beabsichtigte Auftragsänderung zu verwirklichen. Besteht die beabsichtigte Änderung zB nur in einer Preiserhöhung zugunsten des Auftragnehmers (→ Rn. 12), so beschränkt sich zwar der Wert der Änderung selbst (→ Rn. 58) auf die Preiserhöhungsdifferenz, aber die Neuausschreibung müsste alle noch nicht erbrachten Leistungen aus dem Ursprungsauftrag mit umfassen, für die der Preis erhöht werden soll, sodass erneut der Gesamtwert dieser Leistungen für die Schwellenwertprüfung relevant ist und damit in derartigen Fällen in der Regel der maßgebliche Schwellenwert für das neue Vergabeverfahren überschritten sein wird. Besteht dagegen die beabsichtigte Änderung zB nur in einer Umfangserweiterung des bisherigen Auftrags, gegenständlicher oder zeitlicher Art (→ Rn. 13 f., zB Verlängerung eines Vertrags über wiederkehrende Dienstleistungen),[179] so müsste die Neuausschreibung nur die Umfangserweiterung selbst, also die gegenständlichen Mehrleistungen oder die Dienstleistungen während der Verlängerungszeit erfassen. Der Wert der Änderung selbst wäre dann identisch mit dem geschätzten Auftragswert im Rahmen der Schwellenwertprüfung gem. § 106/Art. 4 RL 2014/24/EU. In solchen Fällen, in denen – wie hier dargestellt – § 132 Abs. 3 nur deshalb nicht eingreift, weil die Bagatellgrenze der zweiten Komponente, aber nicht diejenige der ersten Komponente überschritten ist, ist dann ein neues Vergabeverfahren gemäß GWB und RL 2014/24/EU für die Auftragsänderung doch nicht erforderlich.[180] Ob stattdessen ein andersartiges Vergabeverfahren nach nationalem Vergaberecht (im Unterschwellenbereich) oder nach europäischem Primärrecht[181] erforderlich ist, ist nicht Regelungsgegenstand des § 132 und auch nicht des zugrunde liegenden Art. 72 RL 2014/24/EU.

VI. Rechtsschutz

Wenn der öffentliche Auftraggeber mit dem Auftragnehmer ohne erneutes Vergabeverfahren eine Auftragsänderung vereinbart, die gegen § 132 verstößt, weil sie eine wesentliche Änderung des ursprünglichen Auftrags iSd Abs. 1 darstellt und die Voraussetzungen keiner Ausnahme der Abs. 2 und 3 erfüllt sind, handelt es sich bei dem Änderungsvertrag um eine **De-facto-Vergabe** iSd **§ 135 Abs. 1 Nr. 2**.[182] Im Ergebnis das Gleiche gilt für eine (wesentliche) Auftragsänderung, die durch die Ausübung einer ursprünglich vereinbarten **Option** zustande kommt, ohne dass die Voraussetzungen des § 132 Abs. 2 S. 1 Nr. 1 oder die Voraussetzungen einer anderen Ausnahme gem. Abs. 2 oder 3 erfüllt sind. Derartige vergaberechtswidrige Auftragsänderungen sind daher gem. § 135 Abs. 1 Nr. 2 und Abs. 2 seitens der Wettbewerber des Auftragnehmers angreifbar. Denn § 132 ist eine **bieterschützende Vorschrift**[183] (iSd § 97 Abs. 6). Für die Feststellung der Unwirksamkeit (§ 135 Abs. 1 Nr. 2) ist ein **Nachprüfungsverfahren** gem. §§ 155 ff. **erforderlich**, für dessen Zulässigkeit die in § 135 Abs. 2 geregelten **Fristen** gelten. Zugunsten des öffentlichen Auftraggebers gilt aber auch § 135 Abs. 3.

Gemäß den §§ 155, 160 ff. iVm § 106 ist ein Nachprüfungsantrag nur zulässig, wenn der geschätzte Auftragswert desjenigen Vertrags, der zur Verwirklichung der beabsichtigten Auftragsänderung hätte ausgeschrieben werden müssen, den **gem. § 106** einschlägigen **Schwellenwert erreicht** oder überschreitet. Sind die durch die Auftragsänderung vereinbarten neuen oder geänderten Auftragselemente tatsächlich und rechtlich abtrennbar vom Gesamtauftrag, wie zB bei einer bloßen Umfangserweiterung gegenständlicher oder zeitlicher Art (→ Rn. 13 f. und → Rn. 62), ist nur der Auftragswert dieser abtrennbaren Auftragselemente relevant. Stellt dagegen die Auftragsänderung eine Änderung der noch nicht erfüllten Leistungen aus dem Ursprungsauftrag und/oder eine zugunsten des Auftragnehmers vereinbarte Änderung der Gegenleistung hierfür (zB Preiserhöhung) dar, ist der Auftragswert des noch nicht erfüllten Teils des Ursprungsauftrags zuzüglich der vereinbarten Änderungen maßgeblich (→ Rn. 62).[184]

---

[179] Eine solche Auftragsänderung kann außer der Fallgruppe des § 132 Abs. 1 S. 3 Nr. 3 auch derjenigen des § 132 Abs. 1 S. 3 Nr. 1 lit. c unter spezifischen Marktbedingungen zuzuordnen sein.
[180] AA *von Engelhardt/Kaelble* in Müller-Wrede GWB Rn. 83.
[181] Vgl. ua EuGH NZBau 2015, 383.
[182] *Frenz* VergabeR 2017, 323 (334); Byok/Jaeger/*Wiedemann* Rn. 127; Reidt/Stickler/Glahs/*Ganske* Rn. 1 aE; *Geitel/Jansen* in RKPP GWB Rn. 31.
[183] Byok/Jaeger/*Wiedemann* Rn. 122 f.
[184] IErg wohl ebenso: Byok/Jaeger/*Wiedemann* Rn. 125.

65 Die (erforderliche) **Antragsbefugnis** des Wettbewerbers, der die vergaberechtswidrige Auftragsänderung angreifen will, richtet sich nach den Regeln des § 160 Abs. 2 und deren spezieller Anwendung bei De-facto-Vergaben (→ § 160 Rn. 20 und 49). Hervorzuheben ist, dass das Nachprüfungsverfahren (auch) hier nicht nur den ehemaligen Bewerbern/Bietern des ursprünglichen Vergabeverfahrens offensteht. Es reicht aus, dass das antragstellende Unternehmen als Fachunternehmen der Branche, die für die Erbringung der von der Änderungsvereinbarung umfassten Leistungen in Frage kommt, angehört und sein Interesse an diesem Auftrag jedenfalls im Form des Nachprüfungsantrags bekundet (→ § 160 Rn. 20).[185]

66 Aus § 135 Abs. 1 Nr. 2 und Abs. 2 ergibt sich, dass der Nachprüfungsantrag des antragsbefugten Wettbewerbers jedenfalls ab dem **Zeitpunkt** des (vergaberechtswidrigen) Vertragsschlusses über die Auftragsänderung oder der Ausübung der (vergaberechtswidrig vereinbarten) Option zur Auftragsänderung (→ Rn. 63) zulässig ist. So lange braucht der (evtl. informierte) Wettbewerber aber nicht zu warten: Er kann den Nachprüfungsantrag schon vorher ab dem materiellen Beginn des Verfahrens über die Vergabe des Änderungsauftrags bei der Vergabekammer stellen, also ab dem Zeitpunkt, in dem der öffentliche Auftraggeber sich intern entschlossen hat, die Beschaffungsmaßnahme des Ursprungsauftrags ganz oder teilweise abzuändern und/oder zu erweitern (vgl. § 132 Abs. 1 S. 3 Nr. 3 zu diesem speziellen Fall des Oberbegriffs „Änderung" eines öffentlichen Auftrags), und mit der externen Umsetzung dieses Entschlusses begonnen hat, insbesondere durch Verhandlungen mit dem ursprünglichen Auftragnehmer oder – im Sonderfall des § 132 Abs. 1 S. 3 Nr. 4 – mit einem neuen in Betracht kommenden Auftragnehmer.[186] Für die Zulässigkeit des Nachprüfungsantrags ist die **Antragsfrist** zu beachten, die § 135 Abs. 2 je nach den dort definierten Ausgangslagen auf 30 Kalendertage (nach dem jeweils genannten Ereignis) oder längstens auf sechs Monate nach Abschluss des Änderungsauftrags oder nach der die Auftragsänderung bewirkenden Optionsausübung (→ Rn. 63) festsetzt.

67 Hinsichtlich des Zeitpunkts des Nachprüfungsantrags gibt es in Bezug auf **Optionen** iSd § 132 Abs. 2 S. 1 Nr. 1 das **Sonderproblem**, ob eine den strengen Anforderungen dieser Vorschrift nicht genügende Optionsklausel schon oder gar nur während des ursprünglichen Vergabeverfahrens, bevor sie per Zuschlag endgültig Vertragsinhalt wird, oder erst (oder jedenfalls auch noch) anlässlich der späteren Ausübung der Option vor der Vergabekammer angegriffen werden kann.[187] Zutreffend ist, dass eine gegen § 132 Abs. 2 S. 1 Nr. 1 verstoßende Optionsklausel sowohl im ursprünglichen Vergabeverfahren als auch später anlässlich der Ausübung der Option bei der Vergabekammer zur Nachprüfung gestellt werden kann, wobei es entscheidend auf die Antragsbefugnis (§ 160 Abs. 2) ankommt: Während des ursprünglichen Vergabeverfahrens ist es für die Antragsbefugnis bei einem gegen die Optionsklausel gerichteten Nachprüfungsantrag erforderlich, dass der Antragsteller – ein Bewerber/Bieter oder ein am Auftrag (oder an der Konzession) interessiertes Unternehmen, das wegen der störenden Optionsklausel noch kein Angebot abgegeben hat – die in den Vergabeunterlagen enthaltene Optionsklausel strikt ablehnt, weil er/es sich keiner als rechtswidrig bewerteten Option unterwerfen will.[188] Wird diese Nachprüfungsmöglichkeit nicht ausgenutzt, kann der ausgewählte Auftragnehmer später im Zeitpunkt der Ausübung der Option, auf die er sich sehenden Auges eingelassen und auf die er sich mit dem Auftraggeber geeinigt hat, nicht mehr mit Erfolg vor der Vergabekammer angreifen.[189] Antragsbefugt sind dann nur die Wettbewerber des Auftragnehmers, die ihr Interesse an dem durch die Optionsausübung zustande kommenden (mangels Vergabeverfahren vergaberechtswidrigen Änderungs-)Auftrag gem. § 160 Abs. 2 darlegen können (→ Rn. 63 und 65). Die vorstehenden Ausführungen gelten entsprechend für gegen § 132 Abs. 2 S. 1 Nr. 1 verstoßende **Überprüfungsklauseln**.

68 Vor dem Antrag auf Nachprüfung einer (vereinbarten oder durch Optionserklärung zustande gekommenen) wesentlichen Änderung eines öffentlichen Auftrags, die gem. § 132 ein neues Verga-

---

[185] Ebenso: Byok/Jaeger/*Wiedemann* Rn. 126.
[186] Vgl. OLG Düsseldorf NZBau 2017, 623 Rn. 18 f. mwN; OLG Karlsruhe VergabeR 2019, 411 (414); *Opheys* NZBau 2017, 714 (715) mwN; vgl. auch Byok/Jaeger/*Wiedemann* Rn. 126.
[187] Vgl. die (allerdings sehr allgemein gehaltene) Darstellung der Problemlage von *Frenz* VergabeR 2017, 323 (324 f. mwN), mit dem Resümee, es sei sachgerecht, das Vergaberecht bereits bei der Einräumung der Option im Hauptvertrag anzuwenden und einen späteren bloßen Optionsabruf nicht mehr gesondert vergaberechtlich zu berücksichtigen.
[188] AA VK Bund VergabeR 2020, 71 (79), die ein solches Begehren als Antrag auf vorbeugenden Rechtsschutz ansieht, der im Nachprüfungsverfahren nicht gewährt werde, und den Antragsteller auf die Zukunft, nämlich den Zeitpunkt vertröstet, in dem der öffentliche Auftraggeber ggf. die Option ausübt. Eine Ausnahme (also Zulässigkeit des Nachprüfungsantrags schon während des ursprünglichen Vergabeverfahrens) erkennt die VK Bund nur für den Fall an, dass der Antragsteller als Bieter die von ihm abgelehnte Option, sofern sie bestehen bleibt, bei einer kaufmännisch vernünftigen Kalkulation des anzubietenden Preises berücksichtigen muss.
[189] AA VK Bund VergabeR 2020, 71 (79 re. Sp.).

beverfahren erfordert hätte, gibt es gem. § 160 Abs. 3 S. 2 iVm § 135 Abs. 1 Nr. 2 (→ Rn. 63) **keine Rügeobliegenheit.** Das gilt auch dann, wenn der Nachprüfungsantrag schon vor dem eigentlichen Abschluss des Vertrags über die Auftragsänderung (→ Rn. 66) gestellt wird (→ § 160 Rn. 96 aE).

Wenn die Vergabekammer oder der Vergabesenat des OLG trotz des Untersuchungsgrundsatzes 69 (§ 163 Abs. 1, § 175 Abs. 2, § 75 Abs. 1 [= § 70 Abs. 1 aF]) keine sicheren Feststellungen zu einer entscheidungserheblichen Tatsache treffen kann, liegt die Beweislast, juristisch genauer: die **Feststellungslast,** wenn es sich um eine der in § 132 Abs. 2 oder 3 normierten Ausnahmevoraussetzungen für eine ohne neues Vergabeverfahren zulässige wesentliche Änderung eines öffentlichen Auftrags handelt, sicherlich beim öffentlichen Auftraggeber.[190] Kann dagegen eine Tatsache nicht hinreichend sicher festgestellt werden, deren Feststellung aber für die Bewertung der umstrittenen Änderung eines öffentlichen Auftrags als wesentlich iSd § 132 Abs. 1 notwendig ist, trifft die Feststellungslast den Angreifer (Antragsteller) im Nachprüfungsverfahren.[191]

§ 133 Kündigung von öffentlichen Aufträgen in besonderen Fällen

(1) Unbeschadet des § 135 können öffentliche Auftraggeber einen öffentlichen Auftrag während der Vertragslaufzeit kündigen, wenn
1. eine wesentliche Änderung vorgenommen wurde, die nach § 132 ein neues Vergabeverfahren erfordert hätte,
2. zum Zeitpunkt der Zuschlagserteilung ein zwingender Ausschlussgrund nach § 123 Absatz 1 bis 4 vorlag oder
3. der öffentliche Auftrag aufgrund einer schweren Verletzung der Verpflichtungen aus dem Vertrag über die Arbeitsweise der Europäischen Union oder aus den Vorschriften dieses Teils, die der Europäische Gerichtshof in einem Verfahren nach Artikel 258 des Vertrags über die Arbeitsweise der Europäischen Union festgestellt hat, nicht an den Auftragnehmer hätte vergeben werden dürfen.

(2) ¹Wird ein öffentlicher Auftrag gemäß Absatz 1 gekündigt, kann der Auftragnehmer einen seinen bisherigen Leistungen entsprechenden Teil der Vergütung verlangen. ²Im Fall des Absatzes 1 Nummer 2 steht dem Auftragnehmer ein Anspruch auf Vergütung insoweit nicht zu, als seine bisherigen Leistungen infolge der Kündigung für den öffentlichen Auftraggeber nicht von Interesse sind.

(3) Die Berechtigung, Schadensersatz zu verlangen, wird durch die Kündigung nicht ausgeschlossen.

Schrifttum: *Görlich/Conrad,* Die neuen Kündigungstatbestände für öffentliche Aufträge, VergabeR 2016, 567; *Hausmann/Queisner,* Auftragsänderungen während der Vertragslaufzeit, NZBau 2016, 619.

Übersicht

	Rn.		Rn.
I. Bedeutung der Norm	1	3. Kündigung wegen vom EuGH festgestellten schweren Verstoßes gegen die Verpflichtungen aus dem AEUV oder aus den Vergaberechtsrichtlinien (§ 133 Abs. 1 Nr. 3)	10
II. Anwendungsbereich	3		
III. Gemeinsame Regeln für die in § 133 Abs. 1 vorgesehenen Kündigungsgründe	4		
IV. Die einzelnen Kündigungsgründe gem. § 133 Abs. 1	8	V. Beschränkung des Vergütungsanspruchs nach Kündigung (§ 133 Abs. 2)	14
1. Kündigung wegen wesentlicher Auftragsänderung iSd § 132 (§ 133 Abs. 1 Nr. 1)	8	VI. Schadensersatzansprüche (§ 133 Abs. 3)	16
2. Kündigung wegen zwingender Ausschlussgründe iSd § 123 Abs. 1–4 (§ 133 Abs. 1 Nr. 2)	9	VII. Rechtsschutz	17

---

[190] Byok/Jaeger/*Wiedemann* Rn. 130.
[191] AA Byok/Jaeger/*Wiedemann* Rn. 131, dessen Argumentation mit Hilfe des Art. 72 Abs. 1 UAbs. 1 lit. e RL 2014/24/EU aber in Anbetracht der komplizierten Regelungstechnik des Art. 72 RL 2014/24/EU (→ Rn. 2 und 4) und vor allem in Anbetracht der Diktion des Erwägungsgrunds 107 RL 2014/24/EU nicht überzeugt.

I. Bedeutung der Norm

1 § 133 setzt mit seinem Abs. 1 Art. 73 RL 2014/24/EU in deutsches Recht um. Der Unionsgesetzgeber ist bei der Schaffung des Art. 73 RL 2014/24/EU von der Erwägung ausgegangen, dass öffentlichen Auftraggebern eine vorzeitige Kündigung öffentlicher Aufträge ermöglicht werden muss, wenn die Kündigung erforderlich ist, damit aus dem Unionsrecht erwachsende Verpflichtungen im Bereich der öffentlichen Auftragsvergabe eingehalten werden (Erwägungsgrund 112 S. 1 RL 2014/24/EU). Daher sollten die Mitgliedstaaten – so lautet der Appell im Erwägungsgrund 112 S. 2 RL 2014/24/EU – sicherstellen, dass öffentliche Auftraggeber über die Möglichkeit verfügen, einen öffentlichen Auftrag während seiner Laufzeit zu kündigen, wenn dies aufgrund des Unionsrechts erforderlich ist. Im Vergleich zu diesem recht weitgespannt formulierten Ziel hat der Unionsgesetzgeber selbst in seine dazu erlassene Richtlinienvorschrift, Art. 73 RL 2014/24/EU, nur drei relativ enge Fallgruppen aufgenommen, in denen öffentliche Auftraggeber in Konflikt mit dem Unionsrecht geraten (können), wenn sie sich nicht von den betreffenden öffentlichen Aufträgen lösen können. Gemessen an dem **weitgespannten Zweckgedanken** des Unionsgesetzgebers ist Art. 73 RL 2014/24/EU eine **unvollständige Regelung.** In dieser Unvollständigkeit hat der deutsche Gesetzgeber die Regelung in § 133 Abs. 1 übernommen. Immerhin ist mit § 133 **erstmals** eine gesetzliche Regelung geschaffen worden, die den öffentlichen Auftraggebern ein **Lösungsrecht für drei besondere Fallgruppen** gibt, von denen der Gesetzgeber meint, dass ein Festhalten am Vertrag das öffentliche Interesse an der Gesetzmäßigkeit der Verwaltung beeinträchtigen würde.[1] Dabei ging der Gesetzgeber laut der Gesetzesbegründung davon aus, dass sich gerade bei diesen Fallgruppen insbesondere aus dem Unionsrecht die Pflicht ergeben kann, im Interesse einer effektiven Umsetzung der aus dem Unionsrecht erwachsenen Verpflichtungen (effet utile) eine Kündigung vertraglicher Vereinbarungen vorzunehmen.[2] Die dem öffentlichen Auftraggeber in § 133 gewährten Kündigungsrechte sind auf die in Abs. 1 genau beschriebenen drei Fallgruppen beschränkt, reichen also nicht darüber hinaus[3] (schließen aber anderweit normierte Kündigungsrechte auch nicht aus, → Rn. 2). § 133 verleiht daher außerhalb der drei Fallgruppen dem öffentlichen Auftraggeber nicht das Recht, alle sonstigen unter Verstoß gegen das Vergaberecht geschlossenen und trotzdem wirksamen Verträge vorzeitig zu kündigen, zB gegen § 134 verstoßende Verträge oder (sonstige) De-facto-Vergaben (§ 135 Abs. 1), die nach Ablauf der im konkreten Einzelfall gem. § 135 Abs. 2 geltenden Frist wirksam werden, wenn sie nicht innerhalb der Frist mit einem Nachprüfungsantrag angefochten werden.[4]

2 Die in § 133 Abs. 1 normierten eng formulierten Kündigungsgründe sollen die bisherigen **Kündigungsmöglichkeiten** der öffentlichen Auftraggeber bei Vergaberechtsverstößen nicht beschränken oder gar abschließend regeln, sondern **erweitern.**[5] Die rechtlichen Möglichkeiten, im Vertrag selbst Kündigungsregeln zu schaffen sowie aus den Vorschriften des BGB gesetzliche Kündigungs- oder Vertragsauflösungsrechte (ua aus den §§ 313 und 314 BGB) geltend zu machen, sollen durch § 133 Abs. 1 nicht eingeschränkt werden.[6] Folglich stehen die durch § 133 Abs. 1 geschaffenen Kündigungsmöglichkeiten und etwaige andere gesetzliche oder vertragliche Kündigungsrechte gleichrangig nebeneinander; es ist kein rechtlicher Grund für einen Vorrang der Kündigungsrechte aus § 133 Abs. 1 ersichtlich.[7] Besonders betont die Gesetzesbegründung, dass durch § 133 ferner die von der Rechtsprechung anerkannte Möglichkeit unberührt bleibt, dass der zwischen öffentlichem Auftraggeber und Auftragnehmer geschlossene Vertrag nichtig sein kann (gem. § 138 BGB), wenn der öffentliche Auftraggeber in bewusster Missachtung des Vergaberechts handelt oder er sich einer solchen Kenntnis mutwillig verschließt und er kollusiv mit dem Auftragnehmer zusammenwirkt.[8]

II. Anwendungsbereich

3 § 133 ist direkt anwendbar auf öffentliche Aufträge, die von öffentlichen Auftraggebern (§ 99) vergeben worden sind. Gemäß § 142 ist § 133 entsprechend anwendbar auf von Sektorenauftragge-

---

[1] Begr. RegE, BT-Drs. 18/6281, 120.
[2] Begr. RegE, BT-Drs. 18/6281, 120.
[3] Ebenso: Langen/Bunte/*Schneider* Rn. 5.
[4] AA *Geitel* in RKPP GWB Rn. 5, der meint, dass *alle* unter Vergaberechtsverstößen zustande gekommenen Verträge seitens des öffentlichen Auftraggebers gem. § 133 vorzeitig kündbar sind.
[5] Begr. RegE, BT-Drs. 18/6281, 120.
[6] Begr. RegE, BT-Drs. 18/6281, 120.
[7] AA Ziekow/Völlink/*Braun* Rn. 34: Vorrang des § 133 Abs. 1 als „spezieller Norm"; andererseits Ziekow/Völlink/*Braun* Rn. 38a: Vorrang des § 649 BGB als „spezieller Kündigungsregelung" vor § 133 Abs. 1.
[8] Begr. RegE, BT-Drs. 18/6281, 120; vgl. dazu *Görlich/Conrad* VergabeR 2016, 567 (569) mwN; Immenga/Mestmäcker/*Kling* Rn. 10.

bern erteilte öffentliche Aufträge (unter Beachtung der Ausnahmen gem. §§ 137–140); damit setzt § 142 den mit Art. 73 RL 2014/24/EU übereinstimmenden Art. 90 Sektoren-RL um. Für Konzessionsverträge iSd § 105 ordnet § 154 Nr. 4 an, dass § 133 auf sie entsprechend anwendbar ist (unter Beachtung der Ausnahmen gem. §§ 149 und 150); damit wird der mit Art. 73 RL 2014/24/EU übereinstimmende Art. 44 RL 2014/23/EU umgesetzt. Daher gilt § 133 – direkt oder entsprechend – für die von allen Auftraggebern (iSd § 98) vergebenen öffentlichen Aufträge und Konzessionsverträge (abgesehen von den vorgenannten Ausnahmen).

III. Gemeinsame Regeln für die in § 133 Abs. 1 vorgesehenen Kündigungsgründe

Aus dem Tatbestandsmerkmal „während der Vertragslaufzeit" folgt, dass ein Kündigungsrecht des jeweiligen Auftraggebers **nur während des Zeitraums der Auftragsausführung** besteht und voraussetzt, dass sich aus dem Vertrag noch fortdauernde Leistungspflichten ergeben. § 133 Abs. 1 ist keine Grundlage für die Rückabwicklung ausgetauschter Leistungen und Gegenleistungen.[9] In der Vergabepraxis hat § 133 zwar seine Hauptbedeutung für Dienstleistungs-Dauerschuldverhältnisse; § 133 ist aber auch anwendbar auf öffentliche Aufträge, die sich in einem einmaligen Leistungsaustausch erschöpfen, solange der vereinbarte Leistungsaustausch (vor allem die vereinbarte Leistung des Auftragnehmers) noch nicht beendet ist.[10] Die Kündigung, auch diejenige gem. § 133, kann die vereinbarte Leistungserbringung nur für die Zukunft beenden.[11] Dabei kann der Auftraggeber die noch ausstehende Auftragserfüllung durch die Kündigung mit sofortiger Wirkung – ohne Gewährung einer Frist, in der der Auftragnehmer noch ursprünglich vereinbarte Leistungen erbringen könnte – abbrechen.[12] Zur Einräumung einer solchen Frist ist der Auftraggeber nicht verpflichtet, weil er das Kündigungsrecht im öffentlichen Interesse an der Erfüllung letztlich unionsrechtlicher Pflichten, vergaberechtswidrige Aufträge zu beenden, ausübt.

§ 133 verleiht den Auftraggebern das **Kündigungsrecht** aber auch **schon für öffentliche Aufträge, die vor dem Inkrafttreten des VergRModG 2016** (18.4.2016) **vergeben** worden sind.[13] Aus der Übergangsvorschrift § 186 Abs. 2 ergibt sich nichts anderes: § 186 Abs. 2 schreibt nur für Vergabeverfahren und anschließende Nachprüfungsverfahren vor, dass sie, wenn das betreffende Vergabeverfahren vor dem 18.4.2016 begonnen hat, nach bisherigem Recht, das zur Zeit der Einleitung des Verfahrens galt, zu Ende geführt werden. Die nach dem Zuschlag ausgesprochene Kündigung ist kein Teil des Vergabeverfahrens mehr. Es ist auch sonst kein durchgreifender Grund ersichtlich, den vor dem 18.4.2016 abgeschlossenen Verträgen, die zT noch eine lange Laufzeit haben, die Kündigungsmöglichkeit nach § 133 vorzuenthalten, wodurch sich das Wirksamwerden des § 133 noch zweckwidrig lang hinauszögern würde.

Anders als das Nachprüfungsrecht bei De-facto-Vergaben (§ 135 Abs. 1 Nr. 2) und bei Verstößen gegen die Informations- und Wartepflicht (§§ 134, 135 Abs. 1 Nr. 1), das gem. § 135 Abs. 2 zeitlich begrenzt ist, ist das Kündigungsrecht gem. § 133 Abs. 1 an **keine Frist** gebunden,[14] solange noch erfüllbare Leistungspflichten aus dem öffentlichen Auftrag bestehen (→ Rn. 4). Im Schrifttum mehren sich jedoch die Stimmen, die hiervon für **öffentlich Bauaufträge** eine Ausnahme machen wollen. Gemäß § 2 S. 2 VgV iVm § 8a EU Abs. 1 S. 1 VOB/A haben öffentliche Auftraggeber in ihren Vergabeunterlagen für öffentliche Bauaufträge (§ 2 S. 2 VgV iVm § 1 EU VOB/A) vorzuschreiben, dass die VOB/B (Allgemeine Vertragsbedingungen für die Ausführung von Bauleistungen) Bestandteile des Bauvertrags werden. **§ 8 Abs. 4 VOB/B** sieht in S. 1 Nr. 2 vor, dass der Auftraggeber den Vertrag, wenn die (in der Vorschrift wiedergegebenen) Voraussetzungen für einen der in § 133 Abs. 1 normierten Kündigungsgründe erfüllt sind, kündigen kann, schreibt aber zugleich in S. 2 vor, dass eine solche Kündigung innerhalb von zwölf Werktagen nach Bekanntwerden des Kündigungsgrunds auszusprechen ist. Mehrere Stimmen im Schrifttum vertreten die Ansicht, dass

---

[9] Begr. RegE, BT-Drs. 18/6281, 120.
[10] Ebenso: Reidt/Stickler/Glahs/*Ganske* Rn. 11; aA Immenga/Mestmäcker/*Kling* Rn. 11 (anwendbar nur auf Dauerschuldverhältnisse); Ziekow/Völlink/*Braun* Rn. 6–9 und 12 (anwendbar nur auf Dauerschuldverhältnisse sowie Rahmenvereinbarungen und auf Sukzessivlieferungsverträge nur dann, wenn keine bestimmte Gesamtmenge vereinbart worden ist); im Widerspruch dazu Ziekow/Völlink/*Braun* Rn. 19: „§ 133 GWB gilt ohne weiteres für Bauaufträge".
[11] *Görlich/Conrad* VergabeR 2016, 567 (574 f.); Byok/Jaeger/*Fett* Rn. 2.
[12] Ebenso: *Geitel* in RKPP GWB Rn. 5 aE; Ziekow/Völlink/*Braun* Rn. 117 (im Grundsatz ebenso), jedoch Ziekow/Völlink/*Braun* Rn. 118 (in Ausnahmefällen könne der Verhältnismäßigkeitsgrundsatz die Einräumung einer Kündigungsfrist zugunsten des Auftragnehmers erforderlich machen).
[13] *Fülling* in Müller-Wrede GWB Rn. 22.
[14] Begr. RegE, BT-Drs. 18/6281, 120 f.; s. auch Reidt/Stickler/Glahs/*Ganske* Rn. 12; aA Langen/Bunte/*Schneider* Rn. 5: mangels einer besonderen vergaberechtlich normierten Frist „gelten daher die allgemeinen zivilrechtlichen Kündigungsfristen".

diese VOB/B-Klausel für die öffentlichen Auftraggeber verbindlich sei und eine danach verspätete Kündigung unwirksam sei.[15] Dem kann nicht zugestimmt werden. § 133 Abs. 1 hat die auf drei unterschiedlichen Kündigungsgründen beruhenden Kündigungsrechte des öffentlichen Auftraggebers aus dem umzusetzenden Art. 73 RL 2014/24/EU übernommen. Der Unionsgesetzgeber hat diese Kündigungsrechte in Art. 73 RL 2014/24/EU vorgesehen, weil die jeweils zugrunde liegenden Tatbestände die Kündigung des betreffenden öffentlichen Auftrags während seiner Laufzeit für den Auftraggeber „aufgrund des Unionsrechts erforderlich" machen (Erwägungsgrund 112 S. 2 RL 2014/24/EU, → Rn. 1). Daher hat der deutsche Gesetzgeber die Kündigungsrechte in § 133 Abs. 1 sachgerecht nicht durch eine Kündigungsfrist, binnen deren sie für eine wirksame Kündigung ausgeübt werden müssen, eingeschränkt.[16] Infolge seiner dazu konträren Fristbestimmung ist § 8 Abs. 4 S. 2 VOB/B, eine untergesetzliche Regelung, unwirksam und darf von öffentlichen Auftraggebern (und von Gerichten) nicht beachtet werden.

7   Die in § 133 Abs. 1 normierten Kündigungsgründe sind zulasten der Auftragnehmer zwingend. Auch wenn der Auftraggeber die Hauptverantwortung oder eine Mitverantwortung für das Entstehen des Kündigungsgrunds im Einzelfall trägt, kann der Auftragnehmer die Kündigungserklärung des Auftraggebers nicht mit dem Einwand aus **§ 242 BGB** abwehren.[17] Denn das Kündigungsrecht ist dem Auftraggeber im öffentlichen Interesse an der Gesetzmäßigkeit der Verwaltung und vor allem im öffentlichen Interesse daran verliehen, dass in dem betreffenden Einzelfall nicht länger gegen die aus dem Unionsrecht stammenden Verpflichtungen im öffentlichen Auftragswesen verstoßen wird.[18] Durch die Kündigung trotz des Vergütungsanspruchs (§ 133 Abs. 2) verursachte erhebliche Beeinträchtigungen oder gar Schädigungen des Unternehmens des Auftragnehmers, die diesem nicht selbst zuzurechnen sind, können nur durch die Geltendmachung etwaiger Schadensersatzansprüche, die nach anderweiten Rechtsregeln begründet sein können (§ 133 Abs. 3), ausgeglichen werden.[19]

7a   § 133 Abs. 1 selbst normiert keine Kündigungspflichten, sondern nur Kündigungsrechte der öffentlichen Auftraggeber. Aus dem Wortlaut der Vorschrift („... können ... kündigen") könnte man folgern, dass die Ausübung des jeweiligen Kündigungsrechts im (pflichtgemäßen) Ermessen des öffentlichen Auftraggebers steht.[20] **Kündigungspflichten** ergeben sich aber **aus anderen Rechtsvorschriften.** Das gilt insbesondere für Fälle gem. § 133 Abs. 1 Nr. 3 (→ Rn. 10): Nach einem Urteil des EuGH im Sinne dieser Vorschrift sind der von der EU-Kommission verklagte Mitgliedstaat (hier also Deutschland) und selbstverständlich auch der konkrete öffentliche Auftraggeber, der den betreffenden unter Verstoß gegen das Unionsrecht zustande gekommenen öffentlichen Auftrag nicht hätte vergeben dürfen, verpflichtet, unverzüglich die erforderlichen Maßnahmen zu ergreifen, um die fortdauernde Verletzung des Unionsrechts zu beenden. Daraus resultiert die Pflicht des öffentlichen Auftraggebers, das Kündigungsrecht aus § 133 Abs. 1 Nr. 3 auszuüben.[21] Im Ergebnis gilt nichts anderes für das Kündigungsrecht aus § 133 Abs. 1 Nr. 1, weil die zugrunde liegende Änderung des ursprünglichen öffentlichen Auftrags, die nicht ohne ein neues Vergabeverfahren hätte vorgenommen werden dürfen, ebenfalls eine Verletzung des Unionsrechts (Art. 72 RL 2014/24/EU) darstellt und die öffentlichen Auftraggeber unionsrechtlich verpflichtet sind, derartige Rechtsverletzungen – soweit ihnen möglich – abzustellen.[22] Lediglich für das Kündigungsrecht aus **§ 133 Abs. 1 Nr. 2** ist es **vertretbar,** dem öffentlichen Auftraggeber, nachdem nun einmal der betreffende Auftragnehmer im ursprünglichen Vergabeverfahren nicht ausgeschlossen worden ist, nicht einer strikten Kündigungspflicht zu unterwerfen, sondern es seiner Abwägung im **pflichtgemäßen Ermessen** zu überlassen, ob eher der Abbruch (per Kündigung) oder doch die Vollendung der begonnenen Auftragserfüllung aus Gründen des öffentlichen Interesses geboten ist (zur analogen Anwendung des § 123 Abs. 5 → Rn. 9).

IV. Die einzelnen Kündigungsgründe gem. § 133 Abs. 1

8   **1. Kündigung wegen wesentlicher Auftragsänderung iSd § 132 (§ 133 Abs. 1 Nr. 1).**
Das Kündigungsrecht resultiert aus einer wesentlichen Änderung des zuvor erteilten öffentlichen

---

[15] Byok/Jaeger/*Fett* Rn. 2 aE; *Geitel* in RKPP GWB Rn. 6; Ziekow/Völlink/*Braun* Rn. 116 und 119 (anders allerdings in Rn. 20).
[16] Begr. RegE, BT-Drs. 18/6281, 120 f.
[17] *Geitel* in RKPP GWB Rn. 9; nur zu § 133 Abs. 1 Nr. 1: Reidt/Stickler/Glahs/*Ganske* Rn. 13; Ziekow/Völlink/*Braun* Rn. 111; aA „in seltenen Ausnahmefällen unter dem Gesichtspunkt der mangelnden Verhältnismäßigkeit": Byok/Jaeger/*Fett* Rn. 2. Das überzeugt aus dem oben im Text nachfolgend genannten Grund (→ Rn. 7) nicht.
[18] Vgl. Begr. RegE, BT-Drs. 18/6281, 120.
[19] IErg ebenso: Reidt/Stickler/Glahs/*Ganske* Rn. 13; *Geitel* in RKPP GWB Rn. 9.
[20] Vgl. Byok/Jaeger/*Fett* Rn. 31; Ziekow/Völlink/*Braun* Rn. 39–41.
[21] Vgl. Byok/Jaeger/*Fett* Rn. 32; als Grundsatz ebenso: Reidt/Stickler/Glahs/*Ganske* Rn. 26.
[22] S. Erwägungsgrund 112 aE RL 2014/24/EU; vgl. auch Ziekow/Völlink/*Braun* Rn. 59 („idR Pflicht zur Kündigung").

IV. Die einzelnen Kündigungsgründe gem. § 133 Abs. 1 9 § 133 GWB

Auftrags iSd § 132 Abs. 1, die ohne erneutes Vergabeverfahren vorgenommen worden ist, obwohl ein erneutes Vergabeverfahren hätte durchgeführt werden müssen, weil die Voraussetzungen der Ausnahmevorschriften des § 132 Abs. 2 und 3 nicht erfüllt waren und auch der maßgebliche Schwellenwert (§ 106) durch den Auftragswert des auszuschreibenden Änderungsvertrags erreicht oder überschritten wurde (→ § 132 Rn. 62). Das Kündigungsrecht besteht auch dann, wenn der Auftraggeber die Auftragsänderung veranlasst hat (→ Rn. 7).[23] Dem Wortlaut des § 133 Abs. 1 Nr. 1 ist nicht ganz klar zu entnehmen, worauf die Kündigungserklärung zu richten bzw. zu erstrecken ist, ob nur die Änderungsvereinbarung oder der gesamte geänderte Auftrag Objekt der Kündigung ist. Mit Blick auf den Verhältnismäßigkeitsgrundsatz ist die Kündigung, wenn und solange die Auftragsänderung vom Ursprungsauftrag gegenständlich trennbar ist, auf die Auftragsänderung selbst zu beschränken.[24] Das trifft zB auf Verlängerungen von öffentlichen Dienstleistungsverträgen oder auf sonstige trennbare Umfangserweiterungen, ferner auf bloße einseitige Preiserhöhungen zu. Wenn jedoch die gegenseitigen Rechte und Pflichten der Vertragspartner durch die Auftragsänderung nicht unerheblich inhaltlich umgestaltet worden sind, wird keine andere Lösung übrig bleiben, als den geänderten Auftrag insgesamt zu kündigen.[25]

2. Kündigung wegen zwingender Ausschlussgründe iSd § 123 Abs. 1–4 (§ 133 Abs. 1 Nr. 2). Voraussetzung für ein Kündigungsrecht gem. § 133 Abs. 1 Nr. 2 ist lediglich, dass im Zeitpunkt der Zuschlagserteilung in Bezug auf den Auftragnehmer einer der in § 123 Abs. 1–4 aufgeführten zwingenden Ausschlussgründe – in vollendeter Form, also einschließlich des Eintritts der Rechtskraft der dort genannten Verurteilungen – vorlag. Für das Kündigungsrecht ist es weder erforderlich, dass der Auftraggeber zur Zeit des Zuschlags schon Kenntnis vom zwingenden Ausschlussgrund erlangt hatte, noch schließt es das Kündigungsrecht aus, wenn er in diesem Zeitpunkt die Kenntnis schon hatte.[26] Die Gesetzesbegründung sieht darin eine Stärkung der Stellung der zwingenden Ausschlussgründe, weil § 133 Abs. 1 Nr. 2 im Falle der Existenz eines zwingenden Ausschlussgrundes auch im Nachhinein noch eine Vertragsbeendigung und damit einen nachträglichen Ausschluss des Auftragnehmers ermögliche.[27] Dieser Zweckgedanke kompensiert das etwas widersprüchlich anmutende Verhalten desjenigen öffentlichen Auftraggebers, der trotz Kenntnis vom Ausschlussgrund dem Auftragnehmer den Auftrag seinerzeit – eventuell mit Erwägungen gem. § 123 Abs. 5 – erteilt hatte, später ihm den Auftrag durch Kündigung aber doch wieder entzieht (auch → Rn. 7).[28] Da die Ausübung des Kündigungsrechts hier im pflichtgemäßen Ermessen des öffentlichen Auftraggebers steht (→ Rn. 7a), ist es iÜ nicht ermessensfehlerhaft und damit nicht zu beanstanden, wenn der Auftraggeber den erteilten Auftrag einem Auftragnehmer nicht kündigt, bei dem der Unterlassung eines Ausschlusses im Zeitpunkt des Zuschlags gem. § 123 Abs. 5 S. 1 oder 2 objektiv gerechtfertigt war.[29] Dementsprechend ist auch das Absehen von einer Kündigung des Auftrags nach dem Zuschlag gem. § 123 Abs. 5 analog ermessensfehlerfrei, wenn nunmehr die in § 123 Abs. 5 S. 1 oder S. 2 (Satz 2 nur in Bezug auf § 123 Abs. 4) normierten Voraussetzungen erfüllt sind, weil § 123 Abs. 5 eine Einschränkung der Ausschlusspflichten gem. § 123 Abs. 1–4 darstellt, was die Analogie zu § 123 Abs. 5 in der Entscheidungslage des öffentlichen Auftraggebers in einem Fall gem. § 133 Abs. 1 Nr. 2 rechtfertigt.[30] Der deutsche Gesetzgeber ist mit § 133 Abs. 1 Nr. 2 noch etwas über die Regelung des Art. 73 Buchst. b RL 2014/24/EU hinausgegangen, indem er die Existenz des zwingenden Ausschlussgrunds des § 123 Abs. 4 (Nichtzahlung von Steuern, Abgaben oder Beiträgen zur Sozialversicherung) im Zuschlagszeitpunkt in die Kündigungsgründe einbezogen hat. Da Art. 73 RL 2014/24/EU als Mindestregelung für die Normierung von Kündigungsgründen anzusehen ist, ist diese vorsichtige Vermehrung der Kündigungsgründe in § 133 Abs. 1 Nr. 2 unionsrechtlich als

---

[23] *Fülling* in Müller-Wrede GWB Rn. 26; Byok/Jaeger/*Fett* Rn. 22; Reidt/Stickler/Glahs/*Ganske* Rn. 13.
[24] Ebenso: Byok/Jaeger/*Fett* Rn. 21; Reidt/Stickler/Glahs/*Ganske* Rn. 15.
[25] *Fülling* in Müller-Wrede GWB Rn. 25; Reidt/Stickler/Glahs/*Ganske* Rn. 15; tw. aA (ohne die oben im Text vorgenommene Differenzierung): Immenga/Mestmäcker/*Kling* Rn. 13: Teilkündigung nur ausnahmsweise sachlich angemessen.
[26] Begr. RegE, BT-Drs. 18/6281, 121; *Görlich/Conrad* VergabeR 2016, 567 (571); *Fülling* in Müller-Wrede GWB Rn. 28; Reidt/Stickler/Glahs/*Ganske* Rn. 17; aA (kein Kündigungsrecht, wenn der Auftraggeber die Kenntnis im Zuschlagszeitpunkt schon hatte): Immenga/Mestmäcker/*Kling* Rn. 18; *Geitel* in RKPP GWB Rn. 11; Ziekow/Völlink/*Braun* Rn. 79.
[27] Begr. RegE, BT-Drs. 18/6281, 121.
[28] IErg ebenso: *Görlich/Conrad* VergabeR 2016, 567 (571 f.).
[29] IErg ebenso: Immenga/Mestmäcker/*Kling* Rn. 18; Ziekow/Völlink/*Braun* Rn. 79 (aber nur für den Fall, dass der Auftraggeber den Ausschlussgrund z. Zt. des Zuschlags erkannt hatte); aA (für den Fall, dass die vorherigen zwingenden öffentlichen Interessen in der Zwischenzeit entfallen sind): Ziekow/Völlink/*Braun* Rn. 80.
[30] AA Ziekow/Völlink/*Braun* Rn. 74 aE.

zulässig anzusehen. Wenn zwingende Ausschlussgründe der in § 123 Abs. 1–4 genannten Art erst nach der Zuschlagserteilung entstehen, vermögen sie ein Kündigungsrecht jedenfalls nach § 133 Abs. 1 Nr. 2 nicht mehr zu begründen.[31]

10   **3. Kündigung wegen vom EuGH festgestellten schweren Verstoßes gegen die Verpflichtungen aus dem AEUV oder aus den Vergaberechtsrichtlinien (§ 133 Abs. 1 Nr. 3).**
§ 133 Abs. 1 Nr. 3 dient der exakten Umsetzung des Art. 73 Buchst. c RL 2014/24/EU und betrifft den sehr speziellen Fall, dass der EuGH in einem von der EU-Kommission gegen Deutschland geführten Vertragsverletzungsverfahren festgestellt hat, dass ein deutscher öffentlicher Auftraggeber aufgrund eines Verstoßes gegen eine im Vergabeverfahren zu beachtende Verpflichtung aus dem AEUV oder aus einer der drei Vergaberechtsrichtlinien RL 2014/24/EU, Sektoren_RL oder RL 2014/23/EU den zu kündigenden Auftrag (oder die Konzession) an einen Auftragnehmer erteilt hat, dem der Auftrag (oder die Konzession) nicht hätte vergeben werden dürfen. Aus dieser Wiedergabe der in § 133 Abs. 1 Nr. 3 normierten Kündigungsvoraussetzung ergibt sich als Selbstverständlichkeit, dass zwischen dem vom EuGH festgestellten vergaberechtlich relevanten Rechtsverstoß und der Auftrags- oder Konzessionsvergabe an den konkreten Auftrag- oder Konzessionsnehmer ein ursächlicher Zusammenhang bestehen muss.[32]

11   Bei dieser Sach- und Rechtslage war der betreffende Mitgliedstaat, im Normzusammenhang des § 133 Abs. 1 Nr. 3 also Deutschland, schon vor dem Erlass der RL 2014/24/EU nach der **Rechtsprechung des EuGH** sogar verpflichtet, den vergaberechtswidrig vergebenen Vertrag, sofern dessen vereinbarte Laufzeit noch nicht abgelaufen war und er weiter praktiziert wurde, durch den öffentlichen Auftraggeber beenden zu lassen, auch wenn in dem Vertrag selbst für einen solchen Fall kein Kündigungsrecht vereinbart worden war. Denn gem. Art. 260 Abs. 1 AEUV hat der Mitgliedstaat, zu dessen Lasten der EuGH die konkrete Vertragsverletzung festgestellt hat, eben diese Vertragsverletzung zu beenden. Die gebotene Maßnahme, dieser absoluten und unbedingten Verpflichtung nachzukommen, ist der Abbruch der Erfüllung des vergaberechtswidrig geschlossenen Vertrags, also die Aufhebung des Vertrags. Dieser Pflicht zur Beendigung eines – während der Vertragsfortführung – andauernden Verstoßes gegen den AEUV oder sonstiges Unionsrecht (insbes. Vergaberechtsrichtlinien) konnten schon vor der Geltung der RL 2014/24/EU keine Hindernisse aus dem betreffenden einzelstaatlichen Recht entgegengehalten werden. Aus dieser EuGH-Rechtsprechung[33] ergab sich für das innerstaatliche deutsche Recht die zwingende Folge, dass dem öffentlichen Auftraggeber im Falle einer aus Art. 260 Abs. 1 AEUV resultierenden Pflicht zur Vertragsbeendigung ein Recht zur sofortigen Kündigung aus wichtigem Grund gegenüber dem Auftragnehmer zugebilligt werden musste, bei den in derartigen Fällen häufigen Dauerschuldverhältnissen (langfristigen Dienstleistungsverträgen) gem. § 314 Abs. 1 BGB, sonst gem. § 313 Abs. 3 BGB (Störung oder Wegfall der Geschäftsgrundlage).

12   Die **Funktion dieser allgemeinen Normen** hat **nunmehr** für die vorliegende Fallkonstellation § 133 Abs. 1 Nr. 3 als **Spezialvorschrift** übernommen und räumt dem öffentlichen Auftraggeber, damit dieser nach einem für ihn negativen Feststellungsurteil des EuGH (iSd § 133 Abs. 1 Nr. 3) seiner Verpflichtung aus Art. 260 Abs. 1 AEUV genügen kann, ein Kündigungsrecht ein. Diese Auslegung führt auch zu der Erkenntnis, dass es sich bei einem in einem EuGH-Urteil festgestellten vergaberechtlichen Verstoß (gegen Vorschriften des AEUV oder der Vergaberechtsrichtlinien), wonach „der öffentliche Auftrag nicht an den Auftragnehmer hätte vergeben werden dürfen", immer um eine **schwere Verletzung** der unionsrechtlichen Verpflichtungen iSd § 133 Abs. 1 Nr. 3 handelt,[34] weil der öffentliche Auftraggeber das Kündigungsrecht benötigt, um der Verpflichtung aus Art. 260 Abs. 1 AEUV nachzukommen (unionsrechtskonforme Auslegung).

13   Bevor der EuGH in einem Vertragsverletzungsverfahren (nach Art. 258 AEUV) durch Urteil eine dem Normtext des § 133 Abs. 1 Nr. 3 entsprechende Feststellung einer Vergaberechtsverletzung

---

[31] Byok/Jaeger/*Fett* Rn. 23; *Geitel* in RKPP GWB Rn. 11; Ziekow/Völlink/*Braun* Rn. 68 und 69 (eine außerordentliche Kündigung nach §§ 313, 314 BGB kommt in Betracht); ebenso: Immenga/Mestmäcker/*Kling* Rn. 19.

[32] Trotzdem wird dieser notwendige Kausalzusammenhang zwischen dem vom EuGH festgestellten vergaberechtlich relevanten Rechtsverstoß und der geschehenen Auftrags- oder Konzessionserteilung – als Feststellungsaufgabe des Auftraggebers – besonders betont von: Ziekow/Völlink/*Braun* Rn. 91; Immenga/Mestmäcker/*Kling* Rn. 27; iErg ebenso: Reidt/Stickler/Glahs/*Ganske* Rn. 24.

[33] Zum Vorstehenden s. insbes. EuGH Slg. 2007, I-6183 Rn. 29–40, 42 = NZBau 2007, 594 – Abfallentsorgung Braunschweig II.

[34] IErg ebenso: *Fülling* in Müller-Wrede GWB Rn. 31; wohl auch Byok/Jaeger/*Fett* Rn. 29; *Geitel* in RKPP GWB Rn. 14; dagegen nach unterschiedlichen Typen von Verstößen differenzierend: Reidt/Stickler/Glahs/*Ganske* Rn. 23; Ziekow/Völlink/*Braun* Rn. 90; wohl auch Immenga/Mestmäcker/*Kling* Rn. 25; skeptisch: Görlich/Conrad VergabeR 2016, 567 (572).

getroffen hat, gewährt die Vorschrift dem öffentlichen Auftraggeber nach ihrem klaren Wortlaut (noch) kein Kündigungsrecht.[35] In der Gesetzesbegründung zu § 133 Abs. 1 Nr. 3 ist der vorletzte Satz so formuliert, dass man ihn vielleicht dahin missverstehen kann, dass das Kündigungsrecht schon im Vorfeld eines drohenden Vertragsverletzungsverfahrens besteht.[36] Der sofort nachfolgende Satz stellt dann aber klar, dass § 133 Abs. 1 Nr. 3 dieses Kündigungsrecht im GWB nur „für den Fall normiert, dass der EuGH eine entsprechende Vertragsverletzung festgestellt hat".[37] **Vor der Feststellung eines Vergaberechtsverstoßes durch den EuGH** verbleibt es bei der Prüfung der **allgemeinen Vorschriften des deutschen Rechts,** ob sie eine vorzeitige Kündigung des öffentlichen Auftrags erlauben, um ein Vertragsverletzungsverfahren der EU-Kommission zu vermeiden (→ Rn. 11 aE).

V. Beschränkung des Vergütungsanspruchs nach Kündigung (§ 133 Abs. 2)

Über das Regelungsprogramm des Art. 73 RL 2014/24/EU hinaus normiert § 133 Abs. 2 **14** Rechtsfolgen für die Vergütung des Auftragnehmers, falls der Auftraggeber sein Kündigungsrecht, das ihm § 133 Abs. 1 unter den engen Voraussetzungen einräumt, ausübt. Die für den Auftragnehmer günstigere Alternative enthält § 133 Abs. 2 S. 1 für die **Kündigungsfälle des Abs. 1 Nr. 1 und 3:** Danach kann der Auftragnehmer denjenigen Teil der vereinbarten Vergütung beanspruchen, der seinen bis zur Kündigung (bzw. bis zum Ende der Leistungszeit) erbrachten Leistungen entspricht. Diese Regelung hat der Gesetzgeber von der „Wertung des § 628 Abs. 1 S. 1 BGB" übernommen und sieht darin – wohl zu Recht – einen angemessenen Interessenausgleich.[38] Dem gekündigten Auftragnehmer wird dadurch jedenfalls die Gewinnmarge als Teil der vereinbarten Vergütung für die nunmehr nicht erbrachten Leistungen (vgl. § 649 BGB) verwehrt. Vorenthalten wird ihm nach dem klaren Wortlaut des § 133 Abs. 2 S. 1 aber auch ein Ausgleich für schon getätigte unternehmensinterne Aufwendungen, mit denen die weiteren vertraglichen (durch die Kündigung zurückgewiesenen) Leistungen vorbereitet werden sollten;[39] ein solcher Ausgleich kann allenfalls als Schadensersatz (§ 133 Abs. 3) verlangt werden.

Die für den Auftragnehmer weniger günstige Alternative enthält § 133 Abs. 2 **S. 2 für** die **15 Kündigungsfälle des Abs. 1 Nr. 2.** Danach wird der gem. § 133 Abs. 2 S. 1 (→ Rn. 14) zu berechnende Vergütungsanspruch für den Fall weiter gekürzt, dass vom Auftragnehmer bis zur Kündigung (bzw. bis zum Ende der Leistungszeit) schon erbrachte Leistungen für den Auftraggeber infolge der Kündigung nicht von Interesse sind. Um den auf diese Leistungen entfallenden Anteil an der vereinbarten Vergütung wird der verbleibende Vergütungsanspruch weiter gekürzt. Diese zusätzliche Beschränkung der Vergütung erscheint deshalb angemessen, weil der Auftragnehmer in den Fällen des § 133 Abs. 1 Nr. 2 allein oder doch hauptsächlich verantwortlich für die vorzeitige Kündigung ist.[40] Der Wegfall des Interesses des öffentlichen Auftraggebers an den schon erbrachten Leistungen richtet sich allerdings nicht (allein) nach der subjektiven Einschätzung des Auftraggebers, sondern ist aufgrund der sich infolge der Kündigung ergebenden Sachlage objektiv zu prüfen und festzustellen.[41]

VI. Schadensersatzansprüche (§ 133 Abs. 3)

§ 133 Abs. 3 hat nur eine klarstellende, keine regelnde Funktion. Die Vorschrift stellt klar, dass **16** sie selbst sowohl für den gekündigten Auftragnehmer als auch für den kündigenden Auftraggeber keine Schadensersatzansprüche begründet, aber auch keine ausschließt. Etwaige Schadensersatzansprüche richten sich – zumindest in erster Linie – nach den allgemeinen Vorschriften des BGB.[42]

---

[35] Ebenso: *Görlich/Conrad* VergabeR 2016, 567 (573); *Geitel* in RKPP GWB Rn. 14; *Fülling* in Müller-Wrede GWB Rn. 32; aA *Hausmann/Queisner* NZBau 2016, 619 (625 f.).
[36] Begr. RegE, BT-Drs. 18/6281, 121: „Soweit dies erforderlich ist, kann der öffentliche Auftraggeber daher einen laufenden Vertrag kündigen, um ein ansonsten drohendes Vertragsverletzungsverfahren der Europäischen Kommission zu verhindern."; diesen Satz beziehen *Hausmann/Queisner* NZBau 2016, 619 (625 f.) ersichtlich als Auslegung auf § 133 Abs. 1 Nr. 3.
[37] Begr. RegE, BT-Drs. 18/6281, 121.
[38] Begr. RegE, BT-Drs. 18/6281, 121; krit. *Geitel* in RKPP GWB Rn. 16 f.
[39] Byok/Jaeger/*Fett* Rn. 33 aE; aA *Görlich/Conrad* VergabeR 2016, 567 (577); Immenga/Mestmäcker/*Kling* Rn. 30; Ziekow/Völlink/*Braun* Rn. 135.
[40] Vgl. Begr. RegE, BT-Drs. 18/6281, 121, Begr. zu § 133 Abs. 2 aE; *Görlich/Conrad* VergabeR 2016, 567 (576 f.).
[41] IErg wohl ebenso: Reidt/Stickler/Glahs/*Ganske* Rn. 28; Byok/Jaeger/*Fett* Rn. 34 f. (keine Vergütung für Leistungen, die infolge der Kündigung „ohne Wert oder Vorteil für den öffentlichen Auftraggeber" sind).
[42] Ausf.: *Görlich/Conrad* VergabeR 2016, 567 (577 ff.); vgl. auch *Fülling* in Müller-Wrede GWB Rn. 39; Immenga/Mestmäcker/*Kling* Rn. 34–37; Reidt/Stickler/Glahs/*Ganske* Rn. 31 f.; Ziekow/Völlink/*Braun* Rn. 144–149.

VII. Rechtsschutz

17 Gegen eine **Kündigung des Auftrags**, die der öffentliche Auftraggeber auf einen der Kündigungsgründe des § 133 Abs. 1 gestützt hat, kann der Auftragnehmer, der die Voraussetzungen des konkreten Kündigungsgrunds bestreitet, **Kündigungsschutzklage** (auf Feststellung der Unwirksamkeit der ausgesprochenen Kündigung) vor dem **Zivilgericht** erheben, wenn es sich bei dem gekündigten Auftrag – wie zumeist – um einen zivilrechtlichen Vertrag handelt. Ist der öffentliche Auftrag ausnahmsweise in der Rechtsform eines öffentlich-rechtlichen Vertrags erteilt worden, wie zB ein aufgrund einer gesetzlichen Anordnung geschlossener Vertrag über Rettungsdienstleistungen,[43] muss der Auftragnehmer seine Klage zur Abwehr der Kündigung vor dem **Verwaltungsgericht** erheben. Bei der Vergabekammer kann der gekündigte Auftragnehmer jedenfalls keinen Rechtsschutz erlangen. Die Vergabekammern sind gem. §§ 156, 160 ff. nur zuständig für die Nachprüfung der Rechtmäßigkeit aller Akte *im* Vergabeverfahren bis zur (wirksamen) Zuschlagserteilung (oder sonstigen Beendigung des Vergabeverfahrens). Für den Rechtsschutz im Stadium der Auftragsausführung, in das die auf § 133 Abs. 1 gestützte Kündigung fällt, und damit für die Überprüfung dieser Kündigung ist die **Vergabekammer nicht mehr zuständig**.[44]

18 Da die in § 133 Abs. 1 normierten Kündigungsrechte den in Betracht kommenden öffentlichen Auftraggebern allein im öffentlichen Interesse gewährt werden (→ Rn. 1), ist § 133 Abs. 1 keine bieterschützende Vorschrift,[45] also keine Norm, die (auch) die Interessen der **Konkurrenten des** – unter Verstoß gegen Vergaberecht beauftragten – **Auftragnehmers** schützen soll. Die Konkurrenten **haben** selbst **keinen Anspruch auf** die Beendigung der in den Anwendungsbereich des § 133 Abs. 1 fallenden öffentlichen Aufträge durch **Kündigung** seitens des zuständigen öffentlichen Auftraggebers.[46] Daher können die Konkurrenten vor Gericht nicht die Ausübung des Kündigungsrechts eines öffentlichen Auftraggebers erzwingen, der die von Rechts wegen an sich erforderliche oder zumindest mögliche Kündigung (→ Rn. 7a) verabsäumt.[47]

§ 134 Informations- und Wartepflicht

(1) ¹Öffentliche Auftraggeber haben die Bieter, deren Angebote nicht berücksichtigt werden sollen, über den Namen des Unternehmens, dessen Angebot angenommen werden soll, über die Gründe der vorgesehenen Nichtberücksichtigung ihres Angebots und über den frühesten Zeitpunkt des Vertragsschlusses unverzüglich in Textform zu informieren. ²Dies gilt auch für Bewerber, denen keine Information über die Ablehnung ihrer Bewerbung zur Verfügung gestellt wurde, bevor die Mitteilung über die Zuschlagsentscheidung an die betroffenen Bieter ergangen ist.

(2) ¹Ein Vertrag darf erst 15 Kalendertage nach Absendung der Information nach Absatz 1 geschlossen werden. ²Wird die Information auf elektronischem Weg oder per Fax versendet, verkürzt sich die Frist auf zehn Kalendertage. ³Die Frist beginnt am Tag nach der Absendung der Information durch den Auftraggeber; auf den Tag des Zugangs beim betroffenen Bieter und Bewerber kommt es nicht an.

(3) ¹Die Informationspflicht entfällt in Fällen, in denen das Verhandlungsverfahren ohne Teilnahmewettbewerb wegen besonderer Dringlichkeit gerechtfertigt ist. ²Im Fall verteidigungs- oder sicherheitsspezifischer Aufträge können öffentliche Auftraggeber beschließen, bestimmte Informationen über die Zuschlagserteilung oder den Abschluss einer Rahmenvereinbarung nicht mitzuteilen, soweit die Offenlegung den Gesetzesvollzug behindert, dem öffentlichen Interesse, insbesondere Verteidigungs- oder Sicherheitsinteressen, zuwiderläuft, berechtigte geschäftliche Interessen von Unternehmen schädigt oder den lauteren Wettbewerb zwischen ihnen beeinträchtigen könnte.

Schrifttum: *Bulla/Schneider*, Das novellierte Vergaberecht zwischen Beschleunigungsgrundsatz und effektivem Bieterschutz, VergabeR 2011, 664; *Dreher/Hoffmann*, Die Informations- und Wartepflicht sowie die Unwirksamkeitsfolge nach den neuen §§ 101a und 101b GWB, NZBau 2009, 216; *Frenz*, Rechtsmitteländerungsrichtlinie

---

[43] Vgl. Immenga/Mestmäcker/*Dreher* § 103 Rn. 38. § 133 Abs. 1 ist auf einen Vertrag über Rettungsdienstleistungen allerdings nur dann anwendbar, wenn dieser Vertrag nicht alle Voraussetzungen des § 107 Abs. 1 Nr. 4 erfüllt und daher dem GWB-Vergaberecht unterfällt.
[44] Ebenso: Immenga/Mestmäcker/*Kling* Rn. 39; Reidt/Stickler/Glahs/*Ganske* Rn. 34.
[45] Byok/Jaeger/*Fett* Rn. 41; Reidt/Stickler/Glahs/*Ganske* Rn. 33; vgl. auch OLG Frankfurt a. M. NZBau 2016, 511 Rn. 51; aA Ziekow/Völlink/*Braun* Rn. 162, 164, 166 f.
[46] Reidt/Stickler/Glahs/*Ganske* Rn. 33; aA Ziekow/Völlink/*Braun* Rn. 167–169.
[47] AA Ziekow/Völlink/*Braun* Rn. 170 f.

und Folgen einer Vergaberechtswidrigkeit, VergabeR 2009, 1 f.; *Macht/Stadler*, Die Informationspflichten des Auftraggebers für ausgeschiedene Bewerber – Sinn oder Unsinn, NZBau 2012, 143; *Stoye/Schoepffer*, Versendung der Vorabinformation nach § 134 GWB über Vergabeplattform unzureichend?, NZBau 2020, 357.

Übersicht

	Rn.		Rn.
I. Entstehungsgeschichte und unionsrechtliche Grundlagen	1	a) Regelfrist 15 Kalendertage	58
		b) Fristverkürzungsmöglichkeiten	62
II. Normzweck	5	c) Absendung	63
III. Tatbestandsvoraussetzungen	15	**IV. Ausnahme (Abs. 3 S. 1)**	68
1. Informationsverpflichtete	15	**V. Einschränkung des Informationsinhalts (Abs. 3 S. 2)**	73
2. Informationsberechtigte (Abs. 1)	21	1. Behinderung des Gesetzesvollzugs	83
a) Bieter	21	2. Dem öffentlichen Interesse zuwiderlaufen	87
b) Bewerber	26	3. Schädigung berechtigter geschäftlicher Interessen von Unternehmen	88
3. Notwendiger Inhalt der Information (Abs. 1 S. 1)	33	4. Beeinträchtigung des lauteren Wettbewerbs zwischen Unternehmen	95
4. Textform (Abs. 1 S. 1)	53		
5. Fristgebundenes Verbot des Vertragsschlusses (Abs. 2)	58	**VI. Rechtsschutz**	97

I. Entstehungsgeschichte und unionsrechtliche Grundlagen

§ 134 und korrespondierend § 135, vormals §§ 101a und 101b, sind aus dem bisherigen § 13 **1** VgV hervorgegangen. Sie setzen Art. 2a Abs. 2 UAbs. 2 und 3 RL 2007/66/EG (Rechtsmittelrichtlinie)[1] um und haben die zu § 13 VgV ergangene Rechtsprechung aufgenommen und nach den Erfahrungen der Vergangenheit versucht, Klarheit zu schaffen zur erforderlichen Informationstiefe und zum Unwirksamkeitsrisiko von Verträgen, die unter Verstoß gegen die Informationspflicht zustande gekommen sind. § 134 konstituiert eine Vorabinformations-, Warte- und Stillhaltefrist für öffentliche Auftraggeber, damit der beabsichtigte Zuschlag noch vor seiner vertragsbegründenden Wirkung wirksam und effektiv von betroffenen Unternehmen überprüft werden kann.

Schon 1999 stellte der **EuGH** 1999 in dem Vorlageverfahren „**Alcatel**" der Republik Österreich fest,[2] dass es eine Möglichkeit geben muss, **die Zuschlagsentscheidung überprüfen zu lassen, bevor der Vertrag geschlossen wird**. Wirksamer **Rechtsschutz** müsse die Möglichkeit umfassen, den Vertrag noch erhalten zu können und dürfe **nicht auf Schadensersatz beschränkt** sein. Die Forderung, den Rechtsschutz so zu gestalten, dass das Unternehmen den Auftrag noch erhalten könne, hat der EuGH später in einem Verfahren gegen die Stadt Halle noch einmal bekräftigt und dies auch für den Fall der Vergabe außerhalb eines förmlichen Verfahrens, also der faktischen Vergabe, gefordert.[3] Diese Forderung wurde in der Spruchpraxis der Vergabekammer des Bundes aus **Art. 19 GG** abgeleitet.[4] Unter dem Druck dieser Rechtsprechung entstand 2001 der ursprüngliche § 13 VgV.

Die ursprüngliche Fassung des **§ 13 VgV** wurde nach den Erfahrungen der Praxis schon verbes- **3** sert. So wurde die ursprüngliche Forderung einer **schriftlichen Information** der Unternehmen durch die Forderung einer **Information in Textform ersetzt**, was im Umgang mit modernen Kommunikationsmedien klarstellen sollte, dass keine eigenhändige Unterschrift des Auftraggebers notwendig ist. In den **§§ 101a und 101b** wurden 2009 die Regelungen zur Begründungstiefe, zur Frist und zur Unwirksamkeitsfolge neu gefasst.

Mit der **GWB-Novelle 2016** erfolgten nochmals **sprachliche Korrekturen** gegenüber dem **4** vormaligen § 101a und eine **Aufspaltung** des bisherigen Abs. 1 in die neuen Abs. 1 und 2. Laut der Gesetzesbegründung[5] zu § 134 Abs. 3 S. 2 „wurden in den neuen § 134 **Abs. 3 S. 2 die Ausnahmen von der Informationspflicht bei verteidigungs- oder sicherheitsspezifischen Aufträgen gem. Art. 35 Abs. 3 RL 2009/81/EG aus dem bisherigen § 36 Abs. 2 VSVgV in das GWB übernommen**". Dieser neue § 134 Abs. 3 S. 2 sieht nunmehr nur für diesen Bereich die **Möglichkeit**

---

[1] Vgl. dazu *Frenz* VergabeR 2009, 1 f.
[2] EuGH Urt. v. 28.10.1999 – C-81/98, Slg. 1999, I-7593.
[3] EuGH Urt. v. 11.1.2005 – C-26/03, Slg. 2005, I-1.
[4] VK Bund Beschl. v. 29.4.1999 – VK 1-7/99, NJW 2000, 151.
[5] BT-Drs. 18/6281, 121 und 122.

der Zurückhaltung bestimmter Informationen in der automatischen Vorabinformation in **vier** enumerativ aufgeführten **Fallkonstellationen** vor.

II. Normzweck

5   Nach klassischem Zivilrecht führt die historisch Zuschlag genannte **Annahme eines Bieterangebots (**vgl. nunmehr § 127 und § 34 SektVO mit einer entsprechenden, erstmaligen Legaldefinition) durch den Auftraggeber unter normalen Umständen gem. §§ 145 ff. BGB zum eigentlich irreversiblen **Vertragsschluss.** Ein wirksam erteilter Zuschlag kann nach der ausdrücklichen Regelung in § 168 Abs. 2 S. 1 auch in einem nachfolgenden Nachprüfungsverfahren von den Nachprüfungsinstanzen nicht mehr aufgehoben werden, pacta sunt servanda.

6   Die jetzigen §§ 134 und 135 sollen dem nunmehr in § 97 Abs. 6 verankerten Anspruch von Unternehmen auf Einhaltung der Bestimmungen über das Vergabeverfahren zur Durchsetzbarkeit verhelfen. Mit dem Primärrechtsschutz sollte aber die grundsätzliche Einheitlichkeit von Zuschlag und Vertragsschluss im deutschen Vergaberecht nicht aufgehoben werden. Dem Zuschlag muss deshalb aber notwendigerweise ein interner Entscheidungs- und Willensbildungsprozess des Auftraggebers vorausgehen (interne Quasi-Zuschlagsentscheidung). Solange dessen Ergebnis nicht in einem Zuschlag nach draußen gedrungen ist, liegt mit der internen Willensbildung noch kein Vertragsschluss vor. Mit der Informationspflicht sollen daher vor der nach §§ 145 ff. BGB vertragsschließenden Äußerung der Zuschlagsentscheidung an das erfolgreiche Unternehmen die abgewiesenen Unternehmen die Chance bekommen, den vorgesehenen Rechtsschutz auch abzurufen. Damit dies nicht unbeachtet bleibt, können Verstöße gegen die Informationspflicht in einem anhängigen Nachprüfungsverfahren mit der Unwirksamkeitsfolge der schon erteilten Aufträge nach § 135 Abs. 1 Nr. 1 sanktioniert werden (vgl. § 135 Abs. 1 Nr. 1). Mit § 134 werden Vorabinformations-, Warte- und Stillhaltepflicht des öffentlichen Auftraggebers festgeschrieben, die im Zusammenspiel mit § 135 einen effektiven Rechtsschutz gewährleisten sollen.

7   § 134 enthält dabei nur noch die Formalien für die Informations- und Wartepflicht, während die denkbaren Rechtsfolgen bei Verstößen gegen den jetzigen § 134 seit 2009 gesondert im jetzigen § 135 geregelt sind, der zudem weitere fristgebundene Sanktionsbestimmungen für die Verletzung europaweiter Ausschreibungspflichten enthält.

8   Abs. 1 S. 1 regelt dabei die **automatische Vorabinformationspflicht** des Auftraggebers, die im S. 2 auf im Zeitpunkt der Vorabinformation ggf. **noch nicht abschlägig informierter Bewerber erstreckt** wird.

9   Abs. 2 S. 1 enthält das Verbot, einen Vertrag ohne vorherige Vorabinformation abzuschließen und die normale fünfzehntägige Vorabinformationsfrist, während **S. 2** eine sehr praxisrelevante **Fristverkürzungsmöglichkeit bei elektronischer Vorabinformation** vorsieht.

10 S. 3 determiniert den Fristbeginn und die Unbeachtlichkeit des Tags des Zugangs beim jeweils nichtberücksichtigten Bieter.

11 **Abs. 3 S. 1** beinhaltet **seit 2009** unverändert eine **gegenüber den Richtlinienvorgaben** in den Art. 2b S. 1 lit. a–c RL 889/65/EWG, Art. 2b S. 1 lit. a–c RL 92/13/EG und Art. 58 S. 1 lit. a RL 2009/81 EG (Vergabe-RL Verteidigung und Sicherheit) **sehr viel engere Ausnahmeregelung** zum **Entfallen der Informationspflicht** bei einem begründeten Verhandlungsverfahren ohne vorherige EU-Bekanntmachung **(nur) wegen besonderer Dringlichkeit.**

12 Nach den vorbenannten Richtlinienbestimmungen wäre bei jedem rechtmäßig gewählten Verhandlungsverfahren ohne EU-Bekanntmachung eine Vorabinformation entbehrlich; darüber hinaus auch teilweise bei Einzelabrufen aus Rahmenvereinbarungen oder Einzelaufträgen im Rahmen eines Beschaffungssystems.

13 Da es sich dabei aber allesamt um **Kann-Regelungen** auf EU-Ebene handelt, hat der deutsche Gesetzgeber lediglich mögliche weitere Ausnahmen von der Wartefrist ermessensgebunden **nicht in deutsches Recht implementiert.**

14 2016 wurde lediglich ein **neuer S. 2** angefügt, der bestimmte **Zurückbehaltungsrechte bei verteidigungs- oder sicherheitsspezifischen Aufträgen** entsprechend Art. 35 Abs. 3 Vergabe-RL Verteidigung und Sicherheit gewährt, nicht aber die Vorabinformation als solche entbehrlich macht.

III. Tatbestandsvoraussetzungen

15 **1. Informationsverpflichtete.** Zur Information verpflichtet sind **öffentliche Auftraggeber,** die eine Beschaffung vornehmen wollen. Mit der GWB-Novelle hat der Gesetzgeber der besseren Zuordnung wegen eine im bisherigen § 98 noch nicht gekannte Aufspaltung des Auftraggeberbegriffs vorgenommen. Nach § 98 gibt es nun öffentliche Auftraggeber nach § 99, Sektorenauftraggeber

nach § 100 und Konzessionsgeber nach § 101. Nach seinem klaren **Wortlaut erfasst § 134 direkt nur erstgenannte öffentliche Auftraggeber nach § 99.**

Nach § 142 gelten für Sektorenauftraggeber nach § 100 ab Erreichen der für diese verdoppelten 16 EU-Schwellenwerte (s. § 106) die **§§ 131–135 entsprechend**. Einschränkende Maßgaben sind dort nur für den § 132 Abs. 2 Nr. 2 und 3, nicht aber für § 134 und den korrespondierenden § 135 verankert.

Für **Konzessionsgeber** gelten die **Verpflichtungen aus § 134** entsprechend über die Ver- 17 weisung in **§ 154 Nr. 4**, wenn auch erst ab einen geschätzten Auftragswert von derzeit 5,350 Mio. EUR (netto) für Bau- wie Dienstleistungskonzessionen (vgl. § 106).

Rechtsschutz bei der Vergabe öffentlicher Aufträge soll somit auch gewährt werden, wenn der 18 Auftraggeber kein klassischer Auftraggeber nach § 99 Nr. 1–4 ist. Dies gilt jedoch mittlerweile **nicht historisch bedingt per se so oder wegen Art. 19 Abs. 4 GG, sondern,** weil die einschlägige, **separate Rechtsmittelrichtlinie für Sektorenauftraggeber,**[6] die **Vergabe-RL Verteidigung und Sicherheit sowie die völlig neue Konzessionsrichtlinie dies in nahezu paralleler Weise fordern.**[7]

Nach dem Wortlaut des **§ 134 S. 1** hat **der Auftraggeber** die Information zu erteilen. Damit 19 stellt sich die Frage nach der Möglichkeit der **Delegation**, wenn zB für die Durchführung des Vergabeverfahrens ein **Dienstleister** eingesetzt wurde. Der Auftraggeber hat grundsätzlich alle wesentlichen Entscheidungen in einem Vergabeverfahren selbst und in eigener Verantwortung zu treffen, zB sog. Bauherrenaufgaben. Die Auswahl des zur Beauftragung vorgesehenen Unternehmens ist daher grundsätzlich nicht übertragbar (vgl. auch § 58 Abs. 5 VgV). Die **Information darüber jedoch kann der Auftraggeber aber durchaus delegieren**. Dafür spricht jetzt auch die institutionelle **Nutzungsmöglichkeit eingerichteter Zentraler Beschaffungsstellen** nach § 120 Abs. 4. Denn Auftraggeber können nach § 120 Abs. 4 S. 2 nunmehr Liefer-, Bau- und Dienstleistungsaufträge mittels zentraler Beschaffungsstellen vergeben. Eine solche Vermittlertätigkeit kann dabei entweder sogar im Wege eines autonom durchgeführten Vergabeverfahrens ausgeübt werden oder nach Weisung des öffentlichen Auftraggebers erfolgen. Im letzteren Falle bleibt der öffentliche Auftraggeber selbst für die Maßnahmen des Vergabeverfahrens verantwortlich, die er selbst durchführt oder aber auch anweist,[8] zB Absageschreiben nach § 134. Dem steht auch die Bestimmung des **§ 4 VgV** für eine nur gelegentliche gemeinsame Auftragsvergabe und zentrale Beschaffung **nicht entgegen**. Denn nach § 4 Abs. 2 S. 2 VgV kann einer von mehreren Auftraggebern das Verfahren **in seinem Namen und im Auftrag der anderen öffentlichen Auftraggeber allein** ausführen, auch wenn natürlich die gemeinsame Verantwortlichkeit für die Einhaltung vergaberechtlicher Bestimmungen nach § 4 Abs. 1 S. 1 VgV bestehen bleibt.

Dies bedeutet im Umkehrschluss aber auch, dass die Delegation nur von Teilen des Verfahrens 20 oder die Sicherstellung der Einhaltung etwa nur des § 134 **erst recht auch an einen Dienstleister delegiert werden kann.**

2. Informationsberechtigte (Abs. 1). a) Bieter. Informationsberechtigte sind in erster 21 Linie die **Bieter** des konkreten Vergabeverfahrens, deren Angebote **nicht per Zuschlag berücksichtigt** werden sollen.

Ein **Bieter** ist nach den einschlägigen EU-Definitionen ein Wirtschaftsteilnehmer, der ein 22 Angebot abgegeben hat.[9] In Abs. 1 S. 1 wurde das Wort „betroffene" vor Bieter zwar **gegenüber der Vorgängerregelung gestrichen. In S. 2** findet sich aber nach wie vor das **Begriffspaar** „**betroffenen Bieter**", sodass die bisherige Beschränkung auf im Zeitpunkt der Information **noch betroffenen Bieter** nach wie vor Geltung beansprucht. Entsprechend Art. 2a Abs. 2 UAbs. 2 S. 1 RL 2007/66/EG gelten Bieter als noch **betroffen**, wenn sie **noch nicht endgültig ausgeschlossen** wurden.[10] Endgültig in diesem Sinne ist ein Ausschluss, wenn er den betroffenen Bietern **mitgeteilt wurde und entweder von einer unabhängigen Nachprüfstelle als rechtmäßig anerkannt** wurde oder keinem **Nachprüfungsverfahren mehr unterzogen** werden kann.[11] Endgültig ausgeschieden und mithin nicht mehr benachrichtigungspflichtig ist deshalb ein

---

[6] In der Fassung der RL 2007/66/EG.
[7] Art. 1 Abs. 1 RL 92/13/EWG; Art. 57 Vergabe-RL Verteidigung und Sicherheit sowie Art. 46 und 47 RL 2014/23/EU, die entsprechende Änderungen und Erweiterungen in den beiden klassischen Rechtsmittelrichtlinien vorgenommen haben.
[8] Vgl. Gesetzesbegründung zu § 120, BT-Drs. 18/6281, 99.
[9] Art. 5 S. 4 Nr. 4 RL 2014/23/EU; Art. 2 Abs. 1 S. 1 Nr. 11 RL 2014/24/EU; Art. 2 S. 1 Nr. 7 RL 2014/25/EU.
[10] So auch damalige RegBegr. zur noch anders gefassten Vorgängerregelung in § 101a Abs. 1, BT-Drs. 16/10117, Anlage 2, S. 21.
[11] RegBegr. zur Vorgängerregelung § 101a Abs. 1 GWB 2009, BT-Drs. 16/10117, Anlage 2, 21 unter Hinweis auf Art. 2 Abs. 2 UAbs. 2 S. 2 RL 2007/66/EG.

Bieter, wenn der Auftraggeber sicher sein kann, dass die mitgeteilte Ablehnung rügelos hingenommen wurde, da zB die Rügefrist des § 160 Abs. 3 Nr. 1 von maximal zehn Tagen weit überschritten ist oder die Rechtmäßigkeit des Ausschlusses **zumindest von der erstinstanzlichen Vergabekammer festgestellt** worden ist. Gleiches gilt, wenn die Fünfzehntagefrist nach Zurückweisung einer Rüge nach § 160 Abs. 3 S. 1 Nr. 4 ohne Anrufung der Vergabekammer verstrichen ist. Auch Bewerber gelten so lange als noch betroffen, solange ihnen der Auftraggeber noch keine Information über die Ablehnung ihrer Bewerbung zur Verfügung gestellt hat.

23   **Informationsberechtigte** sind somit in erster Linie solche noch betroffenen Bieter, die in einem offenen oder nicht offenen Verfahren oder einem Verhandlungsverfahren oder einem wettbewerblichen Dialog, neuerdings auch im Rahmen einer Innovationspartnerschaft nach § 119 Abs. 7 iVm § 19 VgV, ein Angebot abgegeben haben und den Zuschlag nicht erhalten sollen.[12] Das schließt auch Bieter ein, die im Rahmen einer elektronischen Auktion oder einer dynamischen elektronischen Beschaffung nach § 120 ein Angebot abgegeben haben. Jedem Teilnehmer an einem Wettbewerb zur Vergabe eines öffentlichen Auftrages soll unabhängig von der Wahl der Verfahrensart die Chance auf Inanspruchnahme von Rechtsschutz gewährt werden.[13]

24   **Bieter- oder Arbeitsgemeinschaften** sind nach den Vergabebestimmungen (zB § 43 Abs. 2 S. 1 VgV) und der VOB/A EU (§ 6 EU Abs. 3 Nr. 2 S. 1 VOB/A) gleich zu behandeln. Da Bietergemeinschaften jeweils eines ihrer Mitglieder als Vertreter für den Abschluss und die Durchführung des Vertrages benennen müssen (vgl. etwa § 53 Abs. 9 S. 1 VgV), ist die **Informationspflicht mit einer Information an das benannte vertretungsberechtigte Mitglied der Bietergemeinschaft erfüllt.**

25   Soweit Bieter eines offenen Verfahrens **schon in der Eignungsprüfung ausgeschlossen** werden, kann die Information auch unmittelbar im Anschluss an die Ausschlussentscheidung ergehen, was unter dem Gesichtspunkt eines zügigen Vergabeverfahrens sinnvoll sein kann. Erfolgt dies nicht, hat die Information vor der Zuschlagsentscheidung zu erfolgen. Selbst im erstgenannten Fall ist der ausgeschlossene Bieter dann aber auch noch über den ja erst später feststehenden Zuschlagsbieter und den frühesten Zeitpunkt des Vertragsschlusses **gesondert zu informieren.** Unzulässig wäre es, mit dem Argument, dass die ausgeschlossenen Unternehmen keine Bieter mehr sind, diese nicht zu informieren.[14] Auch der frühzeitige Ausschluss eines Bieters oder eines Angebotes muss überprüfbar sein und das Unternehmen deshalb die Chance haben, die Vergabekammer anzurufen.

26   **b) Bewerber.** Bewerber (S. 2), denen **keine Information über die Ablehnung** ihrer Bewerbung zur Verfügung gestellt wurde, bevor die Vorabinformation an noch betroffene Bieter ergangen ist, sind ebenfalls **zu informieren.** Die jetzige Fassung hat 2009 **Art. 2a Abs. 2 UAbs. 2 und 3 RL 2007/66/EG (Rechtsmittelrichtlinie)** umgesetzt und sieht seitdem ausdrücklich auch die Bewerber als Adressaten der Informationspflicht vor. **Bewerber ist** nach den Definitionen auf EU-Ebene ein Wirtschaftsteilnehmer, der sich um eine Aufforderung zur Teilnahme an (einem Konzessionsvergabeverfahren), einem nicht offenen Verfahren, einem Verhandlungsverfahren (einem Verhandlungsverfahren ohne vorherige Bekanntmachung), einem wettbewerblichen Dialog oder einer Innovationspartnerschaft **beworben oder eine solche Anforderung erhalten hat.**[15]

---

[12]   BGH Urt. v. 22.2.2005 – KZR 36/03, BeckRS 2005, 03782 = NZBau 2005, 530.
[13]   Soweit *Gnittke/Hattig* in Müller-Wrede GWB Rn. 44, unter Hinweis auf OLG Düsseldorf Beschl. v. 2.12.2009 – VII-Verg 39/09, VergabeR 2010, 487, auch nicht zum Zuge gekommenen Preisträgern eines Wettbewerbs nach GRW oder jetzt RPW 2013 einen benachrichtigungspflichtigen „Bieterstatus" zubilligen wollen, geht dies fehl. Denn wie die Regelung in § 78 Abs. 2 S. 2 VgV zu Planungswettbewerben zeigt, können diese vor oder ohne Vergabeverfahren ausgerichtet werden; gem. § 14 Abs. 4 Nr. 8 VgV ist ein Verhandlungsverfahren ohne Teilnahmewettbewerb zulässig, wenn im Anschluss an einen Planungswettbewerb (§ 103 Abs. 6 iVm § 69) ein Dienstleistungsauftrag nach den Bedingungen dieses Wettbewerbs an den Gewinner oder einen der Preisträger vergeben werden soll; im letzteren Fall müssen alle Preisträger des Wettbewerbs zur Teilnahme an Verhandlungen aufgefordert werden. Somit erlangen die Preisträger nur einen Bieter gleichen Status, wenn sie nach Aufforderung durch den Auftraggeber auch ein Verhandlungsangebot abgeben. Der Planungswettbewerb stellt somit nur einen Teilnahmewettbewerb eigener Art dar, OLG Koblenz Beschl. v. 16.2.2011 – 1 Verg 2/10, VergabeR 2011, 631; VK Südbayern Beschl. v. 13.10.2014 – Z3-3-3194-37-08/14, VPR 2015, 72. Planungswettbewerb und das sich anschließende Verhandlungsverfahren sind mithin zwei eigenständige Verfahren, so zu Recht auch *Hartmann* in KKMPP VgV § 78 Rn. 71 und 74 mwN unter Hinweis auf die vorbenannte Entscheidung der VK Südbayern. Zuzugeben ist dem OLG Düsseldorf, dass 2009 eine analoge Anwendung der für Bieter geltenden Unterrichtungsregeln mangels ausdrücklich gesetzlich normierter Unterrichtungsrechte für Bewerber im damaligen § 13 VgV aF nachvollziehbar war.
[14]   VK Südbayern Beschl. v. 22.5.2015 – Z3-3-3194-1-13-02/15, NZBau 2016, 126.
[15]   Art. 5 S. 4 Nr. 3 RL 2014/23/EU; Art. 2 Nr. 12 RL 2014/24/EU; Art. 2 S. 1 Nr. 8 RL 2014/25/EU.

Nach der durchaus weiten Fassung auch des jetzigen § 134 ist es deshalb formal auf der 27 Zeitachse auch noch möglich, einen bisher vergessenen Bewerber ordnungsgemäß nachzuinformieren, sofern man zeitgleich mit der Absendung der Vorabinformation an die Bieter nach Abs. 1 S. 1 zuwartet und diese erst absendet, nachdem die Absage an den bisher vergessenen Bewerber versandt worden ist.[16]

Anders ist es aber, wenn man zB erst nach Versendung der Absageschreiben nach § 134 bemerkt, 28 dass man einen **ehemaligen Bewerber,** der nicht zur Angebotsabgabe aufgefordert wurde, überhaupt **noch nicht über sein Scheitern informiert** hatte. In einen solchen Fall ist der Bewerber **einem nichtberücksichtigten Bieter vollkommen gleichgestellt** und erhält die **kompletten Informationen** nach § 134, wie Name des Zuschlagsbieters und frühester Zeitpunkt der Auftragserteilung sowie (nur) die Gründe für die Ablehnung seiner Bewerbung, weil mitteilenswerte Gründe für die Nichtberücksichtigung eines Angebotes mangels Angebots gar nicht mitgeteilt werden könnten.

Keine Vorabinformationspflicht besteht gegenüber dem Bieter, dessen Angebot vom Auf- 29 traggeber **für den** kurz bevorstehenden **Zuschlag vorgesehen** ist, da er ja gerade mit seinem Angebot berücksichtigt werden soll.[17]

Nichtsdestotrotz enthält etwa des aktuelle **Vergabehandbuch des Bundes** das **Formblatt** 30 **Nr. 333** (Informationsschreiben an erfolgreichen Bieter) mit dem Wortlaut: „ ... nach dem derzeitigen Stand des Vergabeverfahrens beabsichtige ich, Ihr Angebot nach Ablauf der in § 134 GWB genannten Frist anzunehmen". In dieser Schlussphase eines Vergabeverfahrens muss es ein Auftraggeber andererseits auch vermeiden, unnötigerweise bei einem potenziellen Zuschlagsbieter ggf. Vertrauenstatbestände, etwa nach § 311 BGB, zu wecken, die spätere Schadensersatzansprüche begründen könnten.[18]

Die **Formulierung aus S. 2** trägt dem Umstand Rechnung, dass es dem Auftraggeber freisteht, 31 die Bewerber auch schon während oder aber nach Abschluss des Teilnahmewettbewerbs über ihr Scheitern zu informieren. Das kann im Interesse einer zügigen Verfahrensabwicklung sinnvoll sein. Denn **wenn die Information frühzeitig an die Bewerber erfolgt ist, erübrigt sich eine nochmalige Information** nach § 134 Abs. 1.[19] Sollte ein abgelehnter Bewerber sich erfolgreich gegen seine Ablehnung wehren, müsste seinetwegen bei später Information unter Umständen aus Gründen der Gleichbehandlung und Chancengleichheit das Angebotsverfahren vollständig wiederholt werden, was zu erheblichen Verzögerungen führen kann. Es ist jedoch nicht ausgeschlossen, die Bewerber erst zum Ende des Verfahrens zu informieren. **S. 2 benennt lediglich den zeitlich spätesten,** aber nicht den einzig möglichen **Zeitpunkt** für die Information.

Der **Nachteil** einer späten, erst im Rahmen der Information unterliegender Bieter erfolgenden 32 Information auch der gescheiterten Bewerber liegt darin, dass diese dann auch **den Namen des Zuschlagsbieters sowie den frühesten Zeitpunkt des Vertragsschlusses** erfahren. Gegebenenfalls stellt ein ganz knapp im Teilnahmewettbewerb gescheiterter Bewerber einen Nachprüfungsantrag, weil er Ausschlussgründe nach § 123 oder eine mangelnde Eignung gegen den Zuschlagsbieter vorbringt, um sich selbst den letzten Platz zur Angebotsaufforderung nachträglich zu erstreiten, während er das reine Scheitern seines Teilnahmeantrags in einem frühen Stadium des Verfahrens rügelos akzeptiert hätte. Zu beachten bleibt, dass die Unterrichtung nicht erfolgreicher Bewerber über die Gründe für die Ablehnung des Teilnahmeantrags gem. § 62 Abs. 2 Nr. 1 VgV im Übrigen nur auf gesondertes Verlangen eines Bewerbers erfolgen muss.

3. Notwendiger Inhalt der Information (Abs. 1 S. 1). Nach S. 1 muss die Information 33 zwingend enthalten:
– den Namen des Unternehmens, dessen Angebot angenommen werden soll,
– die Gründe der vorgesehenen Nichtberücksichtigung ihres Angebotes,
– den frühesten Zeitpunkt des Vertragsschlusses.

Mit diesen Punkten ist der **Mindestinhalt der Information** definiert. Es steht dem Auftraggeber 34 frei, **weitere Informationen** zu erteilen, wenn er sie für sinnvoll hält, um zB den Bieter vor einem

---

[16] So zu Recht schon Willenbruch/Wieddekind/*Fett,* 3. Aufl. 2014, § 101a Rn. 37 zur wortgleichen Vorgängerregelung.
[17] Etwas anderes kann aber gelten, wenn dieser Bieter auch noch ein zweites Angebot im Rennen hat, etwa zugelassene Nebenangebote, und diese schlussendlich etwa gegenüber dem Hauptangebot desselben Bieters unberücksichtigt bleiben sollen oder auch in der umgekehrten Konstellation mit einem angenommenen Nebenangebot.
[18] Vgl. den instruktiven Rettungsdienstfall OLG Naumburg Beschl. v. 1.8.2013 – 2 U 151/12, VergabeR 2014, 85.
[19] *Macht/Städler* NZBau 2012, 143, dort zum mittlerweile aufgehobenen § 10 Abs. 5 VOF, der nunmehr annähernd § 62 Abs. 2 Nr. 1 VgV entspricht.

aussichtslosen und sich selbst vor einem zeitraubenden Nachprüfungsverfahren zu schützen. So kann es sinnvoll sein, den **Rangplatz** des konkreten Angebotes unter allen geprüften Angeboten mitzuteilen, damit ein Unternehmen sieht, ob es den Zuschlag nur knapp verpasst hat oder selbst nach erfolgreichem Nachprüfungsverfahren nicht unbedingt den Zuschlag erhalten würde. Ein weit hinten liegender Rangplatz kann, wenn nicht die Möglichkeit besteht, dass er durch die Art des geltend gemachten Vergabefehlers überwunden werden kann, die Zulässigkeit eines Nachprüfungsantrages in Frage stellen. Ein entsprechender Wunsch auf Klarstellung durch den Bundesrat hat aber 2009 keine Mehrheit erhalten.[20]

35   Mitzuteilen ist nach Abs. 1 S. 1 ua der **Name des Unternehmens,** das den Zuschlag erhalten soll. Bei **Bietergemeinschaften** ist der Name **der Bietergemeinschaft samt deren Mitglieder** anzugeben. Nur auf diese Weise können nicht berücksichtigte Bieter mögliche Eignungsdefizite einzelner Mitglieder innerhalb einer Bietergemeinschaft abschätzen. **Unschädlich** ist es hingegen, wenn bei der Firmenbezeichnung die **genaue Rechtsform** des Zuschlagsbieters **nicht mitgeteilt wird, sofern dieser nichtsdestotrotz auch ohne diesen Zusatz eineindeutig identifizierbar ist.**[21] Deshalb ist **in der Regel** auch die Mitteilung des **Firmensitzes nicht erforderlich,** es sei denn, dass diese Zusatzinformation zur genauen Identifikation des Zuschlagsbieters unerlässlich ist.[22] Die Angabe des Namens muss so vollständig und präzise sein, dass es dem unterlegenen Bieter möglich ist, den erfolgreichen Bieter eindeutig zu erkennen. Die Angabe des Namens soll den unterlegenen Bietern ermöglichen, auf der Basis ihrer Marktkenntnisse zu beurteilen, ob die Auswahl nach den bekannt gemachten Kriterien richtig sein kann (ist das ausgewählte Unternehmen ein bekannter Marktführer oder kann es als Neugründung zB die geforderten Referenzen gar nicht vorgelegt haben, ist das Unternehmen in der Branche als preisgünstig oder teuer bekannt). Deshalb ist **detailliert das konkret betroffene Unternehmen zu benennen,** das für das anzunehmende Angebot verantwortlich ist und mit dem der Vertrag zustande kommen soll, **wenn der Bieter Teil einer Holding-Konstruktion oder einer gesellschaftsrechtlich wenig fassbaren „Gruppe"** ist.[23] Sinn und Zweck der Namensmitteilung ist es auch, dass ein unterlegener Bieter auch Gründe geltend machen kann, die in der konkreten Person des Zuschlagsbieters liegen, etwa eine mangelnde konkrete Eignung für den Auftrag oder eine Verwicklung in gerade bekannt gewordenen Kartellabsprachen oder eine gerade erst eingetretene Insolvenz als zwingende oder fakultative Ausschlussgründe nach § 123 bzw. § 124 Abs. 1.

36   **Auch die ebenfalls mitzuteilenden Gründe für die vorgesehene Nichtberücksichtigung des Angebotes** des unterlegenen Bieters sind so **aussagekräftig und präzise** darzustellen, dass der Bieter nachvollziehen kann, was konkret zum Misserfolg seines Angebotes geführt hat. Dazu reicht die Wiederholung des Textes der Vergabe- und Vertragsordnungen oder eine **formelhafte, nicht den Einzelfall** treffende Begründung **nicht** aus. Ausweislich der amtlichen Begründung zur wortgleichen Vorgängerregelung muss die Information dem Unternehmen, das ein erfolgreiches Angebot vorgelegt hat, **hinreichend deutlich machen, aus welchem Grund sein Angebot nicht** zu berücksichtigen war. Die Begründung hat auch die Komplexität des Auftrags und den daraus resultierenden Aufwand für die Angebotserstellung zu berücksichtigen. **Ein bloßer Hinweis darauf, dass das Angebot nicht das wirtschaftlichste gewesen sei, genügt** der Informationspflicht **nicht.**[24]

37   Hingegen ist eine standardisierte Aufbereitung der Information, zB durch Vordrucke oder Formblätter zulässig, solange eine hinreichend individuelle Information erhalten bleibt. Die **Darstellungstiefe** muss dem Bieter ermöglichen, die Erfolgsaussichten eines Nachprüfungsverfahrens abwägen zu können. In Abweichung vom Text des ehemaligen **§ 13 VgV,** in dem lediglich die **Angabe des Grundes** gefordert war, ist in **§ 101a** seit 2009 und auch dem jetzigen § 134 von der **Angabe der Gründe** im Plural die Rede, was schon für die Verstärkung der Pflicht zu einer **präzisen einzelfallbezogenen** Begründung spricht. Das erfordert in der Regel nicht eine detaillierte Darstellung aller Überlegungen des Auftraggebers, was insbesondere bei Verfahren mit vielen Bietern kaum handhabbar wäre. Mitgeteilt werden muss lediglich **der oder die tragenden Gründe für die Ablehnung** des konkreten Angebotes (zB „weil es preislich günstigere Angebote gab und die angebotene Materialqualität nicht dem Qualitätsniveau der anderen Angebote entsprach").[25]

---

[20] Vgl. Gesetzesbegründung VergRModG, BT-Drs. 16/10117, 21.
[21] OLG Jena Beschl. v. 24.9.2014 – 2 Verg 3/14.
[22] OLG Jena Beschl. v. 24.9.2014 – 2 Verg 3/14.
[23] Willenbruch/Wieddekind/*Fett,* 3. Aufl. 2014, § 101a Rn. 13 zur Vorgängerregelung.
[24] Gesetzesbegründung zur wortgleichen Vorgängerregelung § 101a, BT-Drs. 16/10117, Anlage 2, S. 21 zu Nr. 7.
[25] Entsprechend dem Erwägungsgrund 7 RL 2007/66/EG waren auch schon bisher vonnöten: „in zusammengefasster Form die einschlägigen Gründe, die in Art. 41 der RL 2004/18/EG und in Art. 49 der RL 2004/17/EG vorgesehen sind." Nach der Gesetzesbegründung zur Vorgängerregelung § 101a muss das unterlegene

Durch die in Fußnote 26 aufgezeigten Querverweise der beiden Rechtsmittelrichtlinien auf 38 Ex-post-Informationsbestimmungen der jeweiligen Vergaberichtlinien hat zumindest der EU-Richtliniengeber mittelbar auch den notwendigen Inhalt der Vorabinformation unterlegener Unternehmen geschärft und determiniert. So beinhaltet der in Bezug genommene Art. 55 Abs. 2 RL 2014/24/EU ua auch folgende Pflichtangaben:
– Art. 55 Abs. **2 lit. c RL 2014/24/EU:** „jeden Bieter, der ein **ordnungsgemäßes Angebot** eingereicht hat, über die **Merkmale und relativen Vorteile des ausgewählten Angebots** sowie über den Namen des erfolgreichen Bieters oder der Parteien der Rahmenvereinbarung;
– Art. 55 Abs. 2 lit. d RL 2014/24/EU: jeden Bieter, der ein ordnungsgemäßes Angebot eingereicht hat über den Verlauf und die Fortschritte der Verhandlungen und des Dialogs mit den Bietern".

Der deutsche Normgeber hat es bei der Novelle 2016 unterlassen, diese klaren Pflichtabgaben der 38a Richtlinie in den Informationsschreiben an unterlegene Bieter in gleicher Weise zu verankern, sodass insoweit die angestrebte 1:1-Umsetzung der Richtlinie nicht erfolgt ist.

Allein der Umstand, dass ein Bewerber oder Bieter erfährt, **dass seine Bewerbung oder** 39 **sein Angebot zurückgewiesen** worden ist, setzt ihn deshalb auch im Lichte dieser Richtlinienvorgaben **nicht in die Lage, wirksam** mit einem Nachprüfungsantrag dagegen vorzugehen. Solche Informationen genügen für einen Bewerber oder Bieter nicht, um ggf. einen anfechtbaren Rechtsverstoß erkennen zu können. Ein betroffener Bewerber oder Bieter kann sich **erst dann darüber klar werden,** ob etwa ein Verstoß gegen die anwendbaren Vorschriften vorliegt oder die Einleitung eines Nachprüfungsverfahrens angebracht ist, **nachdem er von den Gründen in Kenntnis gesetzt** worden ist, **aus denen seine Bewerbung oder sein Angebot** in dem Verfahren zur Vergabe eines öffentlichen Auftrags **abgelehnt** wurde.[26]

Die **Unterrichtung** eines Bieters darf sich also **nicht auf Leerformeln beschränken.** Mit 40 dem pauschalen Satz, dass ein Bieter nicht das wirtschaftlichste Angebot abgegeben hat, erfüllt der Auftraggeber deshalb seine Informationspflicht nach § 134 nicht.[27] Die Begründung muss den unterlegenen Bieter vielmehr in die Lage versetzen, seine Position im Vergabeverfahren zu erkennen und die Sinnhaftigkeit eines Nachprüfungsverfahrens zu prüfen. Es reicht dazu aber durchaus aus, wenn der öffentliche Auftraggeber zB die einzelnen Wertungskriterien aufgreift und mitteilt, dass beim Empfänger mit seinem Angebot in allen Wertungspunkten schlechtere Ergebnisse erzielt worden seien, als das für den Zuschlag vorgesehene Angebot[28] oder die Zuschlagskriterien nebst Gewichtung benannt werden und erläutert wird, welchen Rang das jeweilige Angebot hat.[29] Gibt es **mehrere tragende Ablehnungsgründe,** sind diese nichtsdestotrotz **vollständig** mitzuteilen.[30] Demgemäß ist die Vorabinformation nach § 134 nicht ordnungsgemäß erfolgt, wenn der Auftraggeber einen von zwei von ihm intern angenommenen Gründen für die Nichtberücksichtigung nicht benennt und vom benannten Grund später Abstand nimmt.[31] Nach dem Wortlaut von S. 1 muss **keine Aussage zum Angebot des erfolgreichen Bieters** gemacht werden, insbesondere hat der erfolgreiche Bieter Anspruch auf Schutz seiner Geschäfts- und Betriebsgeheimnisse. Die Information muss daher nach dem Wortlaut der Vorschrift **nicht ausführen, in welchen Punkten konkret die Vorteile des erfolgreichen Angebotes liegen.** Insbesondere steht dem Auftraggeber in den

---

Unternehmen eine aussagekräftige Begründung für die Nichtberücksichtigung erhalten, BT-Drs. 16/11428, 33. Auch die Rechtsprechung hat schon frühzeitig gefordert, dass die mitgeteilten Gründe verständlich und präzise sein müssen, OLG Düsseldorf Beschl. v. 6.8.2001 – Verg 28/01, VergabeR 2001, 429 (430) und die konkreten Überlegungen des Auftraggebers widerspiegeln müssen, KG Beschl. v. 4.4.2002 – KartVerg 5/02, BeckRS 2002, 03174 = NZBau 2002, 522, sodass sich zumindest bei rein schematische Ablehnungsgründe verbieten. Daran ist nicht zuletzt deshalb festzuhalten, weil im Rahmen der EU-Novellierungen 2014 auch insoweit Anpassungen der beiden bisherigen Rechtsmittelrichtlinien erfolgt sind. So änderte Art. 46 RL 2014/23/EU ua die bisherige Regelung in Art. 2a Abs. 2 UAbs. 4 erster Gedankenstrich RL 89/665 wie folgt: „eine Zusammenfassung der einschlägigen Gründe gemäß Art. 55 Abs. 2 der RL 2014/24/EU vorbehaltlich des Artikels 55 Absatz 3 jener Richtlinie bzw. gemäß Art. 40 Absatz 1 UAbs. 2 der RL 2014/23/EU vorbehaltlich des Artikels 40 Absatz 2 jener Richtlinie. Selbiges tat Art. 47 mit Art. 2a Abs. 2 UAbs. 4, erster Gedankenstrich der RL 92/13/EWG".

[26] EuGH Urt. v. 28.1.2010 – C-406/08, IBRRS 2010, 0235; EuG Urt. v. 20.9.2011 – T-461/08, BeckEuRS 2011, 607792.
[27] VK Rheinland Beschl. v. 7.5.2019 – VK 12/19, VPRRS 2019, 0392.
[28] OLG Dresden Beschl. v. 7.5.2010 – WVerg 6/10, NZBau 2010, 526.
[29] VK Brandenburg Beschl. v. 12.3.2019 – VK 1/19, ZfBR 2020, 310.
[30] *Bulla/Schneider* VergabeR 2011, 666; VK Südbayern Beschl. v. 31.1.2020 – Z3-3194-1-51-11/19, VPR 2020, 128.
[31] VK Südbayern Beschl. v. 31.1.2020 – Z3-3194-1-51-11/19, VPR 2020, 128 zu den Ablehnungsgründen „fehlendes Prüfzeugnis", das gar nicht gefordert war und der im Außenverhältnis unterschlagenen mangelnden Vergleichbarkeit vorgelegter Referenzen.

Fett

selbst gesetzten Grenzen seiner Auswahlkriterien sowie nach den Regeln der Vergabeverordnungen oder der Vergabe- und Vertragsordnungen ein Auswahlermessen zu. Vor der Vergabekammer könnte daher die Auswahl eines bestimmten Angebotes nur angegriffen werden mit dem Vorwurf, dass diese Auswahl mit den bekannt gemachten Kriterien und den Vergabe- und Vertragsordnungen nicht in Einklang stehe und das eigene Angebot deshalb vorzuziehen sei. Für diese Argumentation ist aber **unverzichtbar,** zu wissen, **warum das eigene Angebot abgelehnt** wurde. Für die Prüfung der möglichen Erfolgsaussichten eines Nachprüfungsantrages reicht daher die Information über die Ablehnungsgründe des eigenen Angebotes aus.

41 **Weitergehende Ansprüche** auch hinsichtlich der Merkmale und (relativen) Vorteile des Zuschlagsbieterangebotes vermitteln im deutschen Vergaberecht **expressis verbis nur die antragsgebundenen Ex-post-Informationsrechte** nach § 62 Abs. 2 Nr. 3 VgV, § 56 Abs. 2 Nr. 3 SektVO, § 30 Abs. 2 KonzVgV, § 36 Abs. 2 Nr. 3 VSVgV, § 19 EU Abs. 4 Nr. 2 VOB/A und § 19 VS Abs. 4 Nr. 2 VOB/A nach Zuschlagserteilung.

42 Wie die **umzusetzenden Richtlinienbestimmungen** in Art. 55 RL 2014/24/EU iVm Art. 2a Abs. 2 UAbs. 4 erster Gedankenstrich RL 89/665/EWG für die Vorabinformation vor Zuschlagserteilung **jedoch ausweisen,** müssen richtlinienkonform zumindest Bieter, die ein **ordnungsgemäßes Angebot** eingereicht haben, zwingend auch über die **Merkmale und relativen Vorteile des ausgewählten Angebots informiert werden, wenn auch nur in zusammengefasster Form.**

43 Da mit der neuen Regelung in **S. 2** uU auch die **Bewerber zu informieren** sind, gelten die dargestellten Grundsätze auch für Bewerber, die etwa nach erfolgtem Teilnahmewettbewerb nicht zur Angebotsabgabe aufgefordert wurden. Diesen sind die Gründe mitzuteilen, die zur Ablehnung der Bewerbung führten. Auch hier muss die Begründung **auf den Einzelfall bezogen, präzise, aussagekräftig und so konkret** sein, dass der Bewerber erkennen kann, ob ein Nachprüfungsverfahren erfolgreich sein könnte.

44 Eine ungeschriebene, sich aus dem Gebot eines fairen und transparenten Verfahrens ableitende Voraussetzung für eine Information nach § 134 ist die **Wahrheit** der **Information.**[32] Der mitgeteilte Grund muss der tatsächliche Grund sein, auch wenn er konflikträchtig ist (zB wäre es unzulässig, einem Bieter im offenen Verfahren mitzuteilen, sein Angebot sei nicht zum Zuge gekommen, weil es preisgünstigere Angebote gegeben habe, wenn das Angebot tatsächlich nicht mehr geprüft wurde, weil der Bieter schon wegen Ungeeignetheit abgelehnt wurde). Da der Bieter oder Bewerber erkennen können muss, ob sich ein Nachprüfungsverfahren für ihn lohnen könnte, muss er wahrheitsgemäße Angaben bekommen. Liegen mehrere Ablehnungsgründe vor, sind zumindest die tragenden tatsächlichen Gründe mitzuteilen. Nur auf diese Weise wird den Zielvorstellungen der klassischen Rechtsmittelrichtlinie entsprochen, die in ihrem Erwägungsgrund 6 gerade fordert, dass den Informationsempfängern die relevanten Informationen zu übermitteln sind, die für sie unerlässlich sind, um eine wirksame Nachprüfung beantragen zu können. Falsche Angaben führen den Bewerber/Bieter in die Irre, verursachen möglicherweise erst recht ein unnützes Nachprüfungsverfahren und sind mit den Grundsätzen eines auch in dieser Phase noch fair zu führenden Verfahrens nicht vereinbar.

45 Unterschiede gab es hinsichtlich der Frage, ob auch eine gegebene Information, wenn auch mit falschen Gründen, ausreiche, die Nichtigkeitsfolge des ehemaligen **§ 13 Abs. 6 VgV** (und heutigen § 135) zu verhindern. Mit der neuen Fassung **des § 135 Abs. 1 Nr. 1** sollte die **Frage eigentlich geklärt** sein. Danach tritt die **Unwirksamkeitsfolge** auch ein, **wenn die Verpflichtung aus § 134 nicht erfüllt** wurde. § 134 verlangt die Mitteilung der Gründe für die Nichtberücksichtigung des Angebotes. Das ist nur erfüllt, wenn die mitgeteilten Gründe auch diejenigen sind, die zur Ablehnung des Angebotes geführt haben. Alles andere wäre eine Zweckvereitelung und würde gegen § 134 verstoßen mit der notwendigen Folge der feststellbaren Unwirksamkeit der geschlossenen Verträge. Nichtsdestotrotz schränkt die Rechtsprechung die Geltendmachung von Verstößen gegen § 134 zu Recht ein, wenn es dem antragstellenden Unternehmen möglich war, rechtzeitig vor Zuschlagserteilung seine Rechte aus § 97 Abs. 6 wahrzunehmen.[33]

46 Ansonsten muss es beim **klaren Wortlaut des Gesetzes** bleiben. Während der Stillhaltefrist nach Versendung der Vorabinformation darf der Zuschlag nicht erteilt werden. Ein vor Ablauf der Frist, **aber auch nach unvollständiger** oder gänzlich ohne **Vorabinformation** geschlossener Vertrag ist nach § 135 Abs. 1 Nr. 1 von Anfang an unwirksam.[34] Hat der Auftraggeber somit auch nur gegen

---

[32] OLG Düsseldorf Beschl. v. 6.8.2001 – Verg 28/01, VergabeR 2001, 429; VK Schleswig-Holstein Beschl. v. 6.5.2015 – VK-SH 4/15, VPR 2015, 268.
[33] VK Bund Beschl. v. 10.10.2013 – VK 1-83/13, VPR 2014, 1033; aA aber und den Verstoß gegen die Vorgängerregelung in § 101a aF bejahend OLG Rostock Beschl. v. 6.11.2015 – 17 Verg 2/15, BeckRS 2016, 03773.
[34] *Gnittke/Hattig* in Müller-Wrede GWB Rn. 1.

III. Tatbestandsvoraussetzungen	47–49 § 134 GWB

seine Informations- und Wartepflicht verstoßen, ist ein geschlossener **Vertrag von Anfang an unwirksam**,[35] selbstverständlich nicht automatisch wie noch unter der Geltung des § 13 VgV, sondern **nur bei entsprechender – auch fristgebundener – Feststellung durch die Nachprüfungsinstanzen.**

Die **Mitteilung des frühesten Zeitpunktes des Vertragsschlusses** soll den Bewerber/Bieter 47 darüber informieren, **wie viel Zeit er hat,** sich über die Erfolgsaussichten eines Nachprüfungsverfahrens klar zu werden und die Entscheidung zu treffen, ob er ein Nachprüfungsverfahren beantragen möchte. Dies ist **angesichts der kurzen Fristen** für die Information und des Umstandes, dass es für den Lauf der Frist nach Art. 2a Abs. 2 RL 2007/66/EG in der Umsetzung durch § 134 Abs. 2 nicht auf den Zugang, sondern die Absendung der Information ankommt, für die Empfänger der Information **von großer Bedeutung.** Der mitgeteilte Zeitpunkt muss der Frist **des Abs. 1 S. 3** entsprechen. Selbst wenn die Frist nach der Information tatsächlich eingehalten wird, kann eine vorher mitgeteilte zu kurze Frist den Zweck des **§ 134** vereiteln, indem er bei den Bewerbern/Bietern möglicherweise den Eindruck erweckt, es sei für die Inanspruchnahme von Rechtsschutz schon zu spät. Dies gilt umso mehr, als bei verschiedenen Versendeformen der Information nicht unbedingt erkennbar ist, wann der Auftraggeber sie abgesandt hat. Demgemäß beginnt die Wartefrist insgesamt nicht zu laufen, wenn der Auftraggeber in seiner Vorabinformation nach § 134 für den frühestmöglichen Zeitpunkt des Vertragsschlusses eine zu kurze Frist gewählt hat.[36] Ein ohne erneute zutreffende Vorabinformation erteilter Zuschlag ist dann unter Verstoß gegen die Wartepflicht erteilt und verstößt dann gegen § 135 Abs. 1 Nr. 1.

Hat der **Auftraggeber demgegenüber** die eigentlich einzuhaltende **Schutzfrist** von **zehn** 48 **Kalendertagen fälschlicherweise zu lang vorausberechnet** und könnte er nach Abs. 2 eigentlich nach gesetzlichem Fristablauf von Gesetzes wegen den Zuschlag früher als mitgeteilt erteilen, so **darf er dies dennoch nicht.**[37] Gegebenenfalls müsste er die Vorabinformation mit der kürzeren Frist wiederholen. Fehlen somit zwingende Mindestbestandteile in der Vorabinformation ganz oder teilweise, liegt ein mit der denkbaren Unwirksamkeitsfolge des § 135 Abs. 1 Nr. 1 sanktionierbarer Verstoß vor.[38]

Zu beachten bleibt aber, dass eine **Beseitigung von Informationsdefiziten** trotz früher 49 Bedenken eines Teils der Rechtsprechung[39] **auch noch in einem schon anhängigen Nachprüfungsverfahren**[40] möglich ist und dann der **schon erfolgte Verstoß gegen § 134 entfällt.**[41] Zuzustimmen ist lediglich der einschränkenden Sichtweise, dass diese Heilungsmöglichkeit nur bis zum Zeitpunkt der Zuschlagserteilung zu begrenzen ist.[42]

---

[35] So OLG Brandenburg Beschl. v. 6.12.2016 – 6 Verg 4/16; VK Baden-Württemberg Beschl. v. 8.4.2016 – 1 VK 3/16, VPR 2016, 1027 und VK Südbayern Beschl. v. 12.8.2016 – Z3-3-3194-1-27-07-16; aA OLG München Beschl. v. 12.5.2011 – Verg 26/10, BeckRS 2011, 12760 = NZBau 2011, 630, weil ein zwingend auszuschließender Bieter an dieser Feststellung kein schützenswertes Interesse habe; OLG Düsseldorf Beschl. v. 17.8.2011 – VII-Verg 55/11, BeckRS 2011, 23805, weil es für die Unwirksamkeitsfeststellung über den Informationsverstoß hinaus einer weiteren Rechtsverletzung durch die Nichtbeachtung von weiteren Bestimmungen des Vergaberechts bedürfe. Zuzugeben ist dieser einschränkenden Rechtsprechung, dass für sie der Wortlaut der RL 2007/66/EG streitet. Denn die jeweiligen Art. 2d Abs. 1 lit. b der durch diese RL modifizierten Rechtsmittelrichtlinien für klassische (RL 89/665/EWG) und Sektorenauftraggeber (RL 92/13/EWG) fordern für die Unwirksamkeitsfeststellung zum einen ergänzend, „falls dieser Verstoß dazu führt, dass der Bieter, der eine Nachprüfung beantragt, nicht mehr die Möglichkeit hat, vor Abschluss des Vertrages Rechtsschutz zu erlangen" und zweitens „dieser Verstoß verbunden ist mit einem Verstoß gegen die Richtlinie 2004/18/EG (2004/17/EG), falls der letztgenannte Verstoß die Aussichten des Bieters ... auf die Erteilung des Zuschlags beeinträchtigt hat".
[36] OLG Düsseldorf Beschl. v. 12.6.2019 – Verg 54/18, NZBau 2020, 109.
[37] So zu Recht VK Bund Beschl. v. 7.7.2015 – VK 2-49/15, IBRRS 2015, 2723 und Willenbruch/Wieddekind/*Fett*, 3. Aufl. 2014, § 101a Rn. 32 sowie für das alte Recht auch schon OLG Bremen Beschl. v. 5.3.2007 – Verg 4/07, BeckRS 2008, 08135. Selbiges gilt selbstverständlich auch bei einem völligen Fehlen dieses frühesten Termins für den Vertragsschluss, OLG Jena Beschl. v. 9.9.2010 – 9 Verg 4/10, VergabeR 2011, 96.
[38] OLG Koblenz Beschl. v. 25.9.2012 – 1 Verg 5/12, NZBau 2013, 63; OLG Jena Beschl. v. 9.9.2010 – 9 Verg 4/10, VergabeR 2011, 96.
[39] OLG Celle Beschl. v. 24.9.2014 – 13 Verg 9/14, NZBau 2014, 784.
[40] OLG Düsseldorf Beschl. v. 16.10.2019 – Verg 6/19, NZBau 2020, 138 wonach mittlerweile allgemein anerkannt sei, dass der Auftraggeber eine mängelbehaftete Vorabinformation infolge einer Rüge mit Informationen ergänzen kann; so auch schon OLG Celle Beschl. v. 12.5.2016 – 13 Verg 10/15, NZBau 2016, 711; hier zur zunächst nur erfolgten Absage „aus Gründen der Wirtschaftlichkeit" und VK Lüneburg Beschl. v. 27.9.2019 – VgK-34/2019, VPR 2020, 44.
[41] OLG Naumburg Beschl. v. 27.5.2010 – Verg 1/10, ZfBR 2010, 714; VK Lüneburg Beschl. v. 13.5.2016 – VgK-10/2016, VPR 2016, 240; VK Bund Beschl. v. 14.7.2015 – VK 2-57/15, IBRRS 2015, 2661.
[42] So OLG Düsseldorf Beschl. v. 12.6.2019 – Verg 8/19, VPR 2020, 129.

50 In einem schon anhängigen Nachprüfungsverfahren nach Information des Auftraggebers über den anhängigen Nachprüfungsantrag bleibt aber die dadurch kraft **Gesetzes nach § 169 Abs. 1 ausgebrachte Zuschlagssperre zu beachten.** Trotz – nachträglichen – Entfalls des Verstoßes gegen die Informationspflichten aus Abs. 1 und der damit partiell erfolgten Klaglosstellung[43] bleibt der Antragsteller nach wie vor Herr des Verfahrens.

51 Reagiert der Antragsteller formal nicht auf die Heilung der fehlerhaften Vorabinformation, müsste der Nachprüfungsantrag bei weiterhin fortbestehender Zuschlagssperre abgelehnt werden. Erklärt der Antragsteller hingegen das Nachprüfungsverfahren nach § 168 Abs. 2 für erledigt oder nimmt er seinen Nachprüfungsantrag zurück, kann der Auftraggeber nach Ablauf der Vorabinformationsfrist des § 134 (bemessen ab der zur Kenntnis genommenen Heilungserklärung des Auftraggebers vor der Nachprüfungsinstanz) den Zuschlag erteilen.

52 Es entspricht in diesen Fällen dann regelmäßig der Billigkeit nach § 182 Abs. 3, dem Auftraggeber bei einer Antragsrücknahme des Antragstellers die Kosten des Verfahrens – ggf. teilweise – aufzuerlegen.[44]

53 **4. Textform (Abs. 1 S. 1).** Die seit **2014 neu gestaltete Definition der Textform** richtet sich nach **§ 126b BGB.** Danach muss für eine in Textform abzugebende Erklärung „eine **lesbare Erklärung** auf einem **dauerhaften Datenträger** abgegeben werden, in der die **Person** des Erklärenden **genannt** ist". Als dauerhafter Datenträger gilt dabei nach der Legaldefinition des § 126b S. 2 BGB **jedes Medium,** das (1.) es dem Empfänger ermöglicht, eine auf dem Datenträger befindliche, an ihn persönlich gerichtete **Erklärung so aufzubewahren oder zu speichern,** dass sie ihm während eines für ihren Zweck angemessenen Zeitraums **zugänglich** ist, und (2.) geeignet ist, die **Erklärung unverändert wiederzugeben.**

54 Auch nach dieser neuen Definition kann die Information nach § 134 somit sowohl klassisch per **Brief** (mit dann längerer Frist), **per Fax oder E-Mail,** aber auch auf **CD-ROM, USB-Stick, Speicherkarten** oder **Festplatten** abgegeben werden. Die Textform wird daher den Anforderungen an die zügige Durchführung eines Vergabeverfahrens eher gerecht als die ursprünglich geforderte **Schriftform** nach § 126 BGB, die eine eigenhändige Unterschrift des Ausstellers oder ein notariell beglaubigtes Handzeichen voraussetzte. Damit waren ehedem Übermittlungen in elektronischer Form ausgeschlossen gewesen. Zwar sieht § 126 Abs. 3 BGB vor, dass die Schriftform durch die elektronische Form ersetzt werden kann, soweit keine gesetzlichen Bestimmungen entgegenstehen (einzig die 2016 neu eingeführte Konstellation des § 135 Abs. 3 ausgenommen). **§ 126a BGB** bestimmt jedoch, dass die elektronische Form die Schriftform nur dann ersetzen kann, **wenn** der Aussteller der Erklärung seinen Namen hinzufügt und das elektronische Dokument mit einer **qualifizierten elektronischen Signatur** versieht. Über eine solche elektronische Signatur verfügen öffentliche Auftraggeber oft noch nicht. Die **nunmehr verlangte Textform eröffnet daher den größten Spielraum an Übermittlungsmöglichkeiten** für den öffentlichen Auftraggeber.

55 **Nicht ausreichend** ist damit schon aus **Formmangel** eine **rein telefonische Vorabinformation,**[45] dass ein Angebot nicht berücksichtigt wird, weil ein preisgünstigeres Angebot vorliegt.

56 Ergänzend hat der **EuGH** zum bisherigen Richtlinienrecht klargestellt, dass die Verbreitung der Information über eine beabsichtigte Zuschlagserteilung auf der **Internetseite** des Auftraggebers sowie selbst die **Veröffentlichung im Amtsblatt** der EU[46] **kein tauglicher Ersatz für die förmliche, direkte Information eines nicht berücksichtigten Unternehmens** über die vergleichbare Entscheidung nach Art. 1 Abs. 1 RL 2007/66/EG ist.[47]

57 Nach **Abs. 1 S. 1 und 2** sind die unterlegenen Bieter und Bewerber zu informieren. Nach **Sinn und Zweck des § 134** ist die Übermittlung der Information daher technisch so zu gestalten, dass sie den Empfänger erreicht und von diesem gelesen werden kann. Auch bei Gebrauch moderner Medien muss die Übermittlung in einer Form erfolgen, die der Empfänger mit **handelsüblichen Kommunikationsmitteln und -programmen** öffnen und lesen kann. Sie darf nicht in einer Weise und mit dem Ziel gestaltet werden, dem Empfänger den Weg zum Rechtsschutz zu

---

[43] So VK Lüneburg Beschl. v. 13.5.2016 – VgK 10/2016, BeckRS 2016, 17220, unter Hinweis ua auf OLG Naumburg Beschl. v. 27.5.2010 – 1 Verg 1/10, ZfBR 2010, 714 und VK Bund Beschl. v. 14.7.2015 – VK 2-57/15, IBRRS 2015, 2661.
[44] VK Sachsen Beschl. v. 12.1.2015 – 1/SVK/033-14, BeckRS 2015, 15667.
[45] OLG München Beschl. v. 2.6.2016 – Verg 15/15, VPR 2016, 186; und zwar unabhängig davon, welche Kommunikationsformen der Auftraggeber nach § 9 Abs. 2 (dort uU auch mündliche mit Einschränkungen möglich) oder § 11 Abs. 3 VgV im Übrigen zugelassen hatte, da § 134 insoweit lex specialis ist.
[46] Vorbehaltlich der neuen Sonderkonstellation des 2016 eingeführten § 135 Abs. 3, bei der aber ohnehin keine individuelle Benachrichtigung konkret unterlegener Unternehmen erfolgt, sondern eine Globalanzeige auf EU-Ebene an alle Unternehmen, die es angeht bzw. angehen könnte.
[47] EuGH Urt. v. 28.1.2010 – C-456/08, NZBau 2010, 256.

erschweren. Zulässig ist aber die reine Nutzung einer Vergabeplattform, auf der das Vorabinformationsschreiben abgelegt wird.[48]

5. Fristgebundenes Verbot des Vertragsschlusses (Abs. 2). a) Regelfrist 15 Kalendertage. Abs. 2 S. 1 sieht vor, dass ein Vertrag erst **15 Kalendertage** nach Absendung der Information geschlossen werden darf. Die Frist **beginnt nach Abs. 2 S. 3 am Tag nach** der **Absendung** der Information durch den Auftraggeber und läuft unabhängig vom Zugang beim Empfänger. Die Bedeutung dieser Regelung wird klar, wenn man sich vor Augen führt, **was in diesen Tagen geschehen muss, damit der Bieter oder Bewerber Rechtsschutz in Anspruch nehmen kann.** Innerhalb von 15 Tagen muss die Information vom Bieter oder Bewerber zur Kenntnis genommen werden; er muss die Information prüfen, sich ggf. **rechtlich beraten** lassen, entscheiden, ob er Rechtsschutz suchen will, die für die Zulässigkeit eines Nachprüfungsantrages notwendige **Rüge (§ 160 Abs. 3)** beim Auftraggeber platzieren, den **Nachprüfungsantrag stellen** und über dieses muss von **der Vergabekammer** vor Ablauf der Frist noch eine **Information in Textform an den Auftraggeber** erfolgen, sonst kann der Vertrag sofort nach Ablauf der Frist wirksam geschlossen werden (**§ 169 Abs. 1**). Im Hinblick auf Sinn und Zweck der Regelung und den von den europäischen Richtlinien geforderten effektiven Rechtsschutz sind diese **Fristen daher extrem kurz.** 58

Es ist zudem **singulär im deutschen Recht,** dass es bei einer Frist, die für oder gegen den Empfänger einer Maßnahme wirkt, **nicht auf deren Zugang ankommt.** In der Praxis lässt sich durch geschickte Wahl des Absendetermins diese Frist weiter verkürzen und der Zugang zum Rechtsschutz erschweren oder sogar unmöglich machen. Eine Übersendung unter geschickter Nutzung von Feiertagen und/oder Wochenenden, zB am 23.12. oder am Abend vor Karfreitag kann von den vorgesehenen 15 Tagen schon 4–5 Tage verbrauchen. Sollte es sich dann noch um eine Branche handeln, die traditionell zwischen Weihnachten und Silvester geschlossen hat (zB manche Branchen im Baubereich), ist der Zugang zum Rechtsschutz wirksam vereitelt. Eine Pflicht, die Information so abzusenden, dass dem unterlegenen Bieter oder Bewerber möglichst viel Spielraum bleibt, ist in § 134 aber nicht ausdrücklich enthalten. Aus **Sinn und Zweck der Norm sowie aus dem Fairnessgebot des § 97 Abs. 1** wird man jedoch ableiten müssen, dass der Absendetermin der Information jedenfalls nicht willkürlich mit dem Ziel der weiteren Verkürzung der ohnehin schon kurzen Überlegungs- und Reaktionszeit der Betroffenen gewählt werden darf.[49] Ist zB die interne Entscheidung Anfang Dezember gefallen, wäre ein Hinauszögern der Information bis zu den Feiertagen rechtsmissbräuchlich. Soweit aber das **OLG Düsseldorf**[50] annimmt, dass die **Zehntagesfrist** des jetzigen § 134 Abs. 2 S. 2 **nicht wirksam in Gang gesetzt** wird, wenn die Frist so über (Oster-)Feiertage und Wochenenden gelegt wird, dass einem Bieter für die Entscheidung über einen Nachprüfungsantrag **nur vier bis fünf Tage verbleiben, überzeugt** dies **nicht.**[51] Denn der **EuGH** hat in der Entscheidung Fastweb[52] bei der **ebenfalls nur zehn Tage während**en **Informationsfrist** hinsichtlich der **heute in § 135 Abs. 3** gesetzlich geregelten „Freiwilligen EU-Bekanntmachung" **keinen Anstoß daran genommen, dass die vorherige Ex-ante-Bekanntmachung nur wenige Tage vor Weihnachten erfolgte und der Vertragsschluss nach Ablauf dieser ohnehin kurzen Frist am Silvestertag erfolgte.** Allenfalls kann in einer solchen Situation dem Auftraggeber **verwehrt** werden, sich mit Erfolg auf eine **Verletzung der Rügeobliegenheit** nach § 160 Abs. 3 S. 1 Nr. 1 mit einer nunmehr nach der Novelle **ebenfalls zehntägigen Rügefrist** zu berufen. 59

Ob die **Vorabinformation** mit einen dann jeweils neuen Fristbeginn **auch mehrfach** hintereinander erfolgen muss, wenn der Auftraggeber nach einer Rüge eines nicht berücksichtigten Bieters sein bisheriges Vorabinformationsschreiben ganz oder teilweise korrigieren möchte, ist grundsätzlich zu bejahen. **Eindeutig** ist die Konstellation, dass sich dabei der **Zuschlagsbieter ändert,** denn die Information des schlussendlich für den Zuschlag vorgesehenen Bestbieters ist zwingender Bestandteil einer fristauslösenden und rechtsschutzverkürzenden Vorabinformation. Selbiges gilt für den **frühestmöglichen Termin** einer Zuschlagserteilung, weil **dieser Termin üblicherweise nicht mehr** 60

---

[48] VK Sachsen Beschl. v. 28.7.2021 – 1/SVK/043-20, IBR 2021, 534 und problematisierend *Stoye/Schoepffer* NZBau 2020, 357.
[49] EuGH Urt. v. 28.1.2010 – C-456/08, NZBau 2010, 256: Die Information der Bieter muss so rasch wie möglich erfolgen und auf einzuhaltende Fristen hinweisen.
[50] OLG Düsseldorf Beschl. v. 5.11.2014 – Verg 20/14, NZBau 2015, 178.
[51] Gegen eine angeblich unzumutbare Verkürzung der Wartefrist bei Versendung an einem Brückentag inklusive eines Feiertags innerhalb der Frist deshalb zu Recht auch OLG München Beschl. v. 30.11.2015 – Verg 7/15, BeckRS 2015, 20261, sofern dem informierten Bieter fünf komplette Arbeitstage für die Korrespondenz mit dem Auftraggeber und die Entscheidung über die Einleitung eines Nachprüfungsverfahrens verblieben sind).
[52] EuGH Urt. v. 11.9.2014 – C-19/13, NZBau 2015, 175.

der ehedem mitgeteilte sein dürfte. Etwas anderes kann allenfalls gelten, wenn die erste Vorabinformation klassisch mit 15-Tagesfrist versandt wurde, die korrigierte zweite Vorabinformation elektronisch oder per Fax mit dann nur noch 10-Tagesfrist schnellstmöglich nachgeschoben wird und sich beide Fristenden decken. Ansonsten ist wie folgt zu differenzieren: Allein die Übermittlung weiterer Unterlagen und Erläuterungen zur Wertung eines Angebotes eines nicht berücksichtigten Bieters allein verpflichten den Auftraggeber nicht dazu, die Vorabinformation nach § 134 nochmals fristwahrend zu wiederholen.[53] Eine erneute Vorabinformation mit neuerlicher Fristwahrung nach § 134 ist nur notwendig, wenn der Auftraggeber tatsächlich die Angebotswertung wiederholt, unabhängig davon, ob die neue Angebotswertung zu einem abweichenden Ergebnis geführt hat oder nicht.[54]

61 Auch, wenn der Auftraggeber die Angebotswertung aufgrund einer Rüge oder Nachprüfungsentscheidung wiederholen muss, entsteht die Vorabinformationspflicht wegen der Gewährleistung aktuellen Rechtsschutzes somit grundsätzlich neu.[55]

62 **b) Fristverkürzungsmöglichkeiten.** Abs. 2 S. 1 bestimmt grundsätzlich, dass ein **Vertrag erst 15 Kalendertage** nach Absendung der Vorabinformation geschlossen werden darf, sog. **Warte- und Stillhaltefrist**. Schon 2009 hat der Gesetzgeber im **jetzigen Abs. 2 S. 2 richtlinienkonform** gem. Art. 2a Abs. 2 RL 2007/66/EG eine **Verkürzung dieser Frist auf lediglich zehn Kalendertage** zugestanden, wenn die **Information per Fax oder auf elektronischem Weg erfolgt**.

63 **c) Absendung.** Abs. 2 S. 2 Hs. 2 bestimmt, dass es **auf den Tag des Zugangs der Vorabinformation** beim betroffenen Bieter oder Bewerber für den Fristbeginn **nicht ankommt**. Vielmehr **beginnt die Frist am Tag nach der Absendung** der Information durch den Auftraggeber (Abs. 2 S. 2 Hs. 1).[56]

64 Abgesendet ist eine Information, wenn sie den Herrschaftsbereich des Auftraggebers tatsächlich verlässt. Sie ist nicht schon abgesandt, wenn sie nur den Bereich der Sachbearbeitung verlässt und auf dem Weg zur Poststelle noch in den Umlauf zur Herbeiführung der notwendigen Mitzeichnungen geht. Sie ist auch nicht abgesandt, wenn sie die Niederlassung des Auftraggebers verlässt, in der die sachbearbeitende Stelle sitzt, wenn sie von dort zunächst in die Zentrale geht und erst von dort das Haus des Auftraggebers in die neutrale „gelbe" Post verlässt.

65 Die Beweislast der tatsächlichen und ordnungsgemäßen Absendung der Vorabinformation liegt beim Auftraggeber als eine für ihn günstige Tatsache. Das Übermittlungsrisiko hingegen hat der Gesetzgeber dem nicht berücksichtigten Unternehmen aufgebürdet. Da sich der GWB-Normgeber konform zu Art. 2a Abs. 2 UAbs. 1 RL 2007/66/EG für die fristbegründende Absendung der Vorabinformation und nicht für den tatsächlichen Zugang beim Bieter entschieden hat, verbieten sich aus Rechtsschutzmotiven durchaus nachvollziehbare anderslautende europarechtskonforme Auslegungen des insoweit eindeutigen Wortlauts.[57]

66 In der Praxis haben diese kurzen Fristen zwangsläufige Auswirkungen auf die Rüge (**§ 160 Abs. 3**) und mindern deren Sinn und Zweck. Die Rüge soll dem Auftraggeber Gelegenheit geben, sein Verfahren zunächst selbst zu überprüfen und ggf. Fehler in eigener Regie zu korrigieren. Unter Berücksichtigung einer notwendigen Prüfungszeit durch die Vergabekammer zu der Frage, ob sie dem Auftraggeber eine Kopie des Antrags übermittelt,[58] kann die Rüge nur noch ein formaler Akt sein. Ein Abwarten einer Reaktion des Auftraggebers kann zum Fristablauf und zu einem wirksamen Vertragsschluss führen. **Selbst wenn der Auftraggeber ankündigt, die Rüge prüfen zu wollen, hindert diese Ankündigung einen wirksamen Vertragsschluss nicht, wenn ein Nachprüfungsantrag nicht rechtzeitig genug zugestellt wurde.**[59] Letztlich wird ein Bewerber/Bieter, der sich die Möglichkeit einer Nachprüfung offenhalten will, daher einen **Nachprüfungsantrag selbst dann stellen müssen, wenn der öffentliche Auftraggeber die Prüfung der Rüge zugesagt** hat. Hilft der Auftraggeber der Rüge nach Zustellung des Nachprüfungsantrages noch ab, trägt der Bieter/Bewerber das Kostenrisiko für das Nachprüfungsverfahren (s. § 182) im Falle der Antragsrücknahme.

---

[53] VK Brandenburg Beschl. v. 12.3.2019 – VK 1/19, VPR 2019, 252.
[54] VK Brandenburg Beschl. v. 12.3.2019 – VK 1/19, VPR 2019, 252.
[55] So zu Recht *Maimann* in RKPP GWB Rn. 42.
[56] So zu Recht VK Südbayern Beschl. v. 29.3.2019 – Z3-3-3194-1-07-03/19, NZBau 2019, 751 insoweit bestätigt durch OLG München Beschl. v. 28.8.2019 – Verg 10/19.
[57] So zu Recht Byok/Jaeger/*Kühnen* Rn. 37; so auch schon Willenbruch/Wieddekind/*Fett*, 3. Aufl. 2014, § 101a Rn. 42 zur wortgleichen Vorgängerregelung; aA *Maimann* in RKPP GWB Rn. 51, ua unter Hinweis auf ua Dreher/Hoffmann NZBau 2009, 216 (219) zur Gewährung effektiven Rechtsschutzes.
[58] Dies kann uU unterbleiben, sofern der Antrag offensichtlich unzulässig oder unbegründet ist (vgl. § 163 Abs. 2 S. 3).
[59] OLG Frankfurt a. M. Beschl. v. 6.3.2013 – 11 Verg 7/12, ZfBR 2013, 621.

IV. Ausnahme (Abs. 3 S. 1)

Im Zusammenhang mit der **Rügepflicht (§ 160 Abs. 3)** besteht eine weitere **für den Rechts-** 67 **schutz relevante Frist,** die sich an **§ 134 Abs. 1** anlehnt. Kündigt der öffentliche Auftraggeber an, der Rüge nicht abhelfen zu wollen, bleiben dem Bewerber/Bieter nach **§ 160 Abs. 3 S. 1 Nr. 4** noch **15 Tage** ab Eingang der Nachricht, um einen **Nachprüfungsantrag zu stellen.** Danach ist, unabhängig davon, ob ein Vertrag schon geschlossen wurde, sein **Nachprüfungsantrag unzulässig.** In dieser Regelung, die eine Phase betrifft, in der der Bewerber/Bieter sich seine Meinung in rechtlicher und tatsächlicher Hinsicht schon gebildet und auch den Beschluss, rechtliche Schritte einzuleiten, schon gefasst hat, also die wesentliche verfahrensbestimmende Willensbildung seinerseits schon stattgefunden hat, kommt es nunmehr auf den **Eingang** der Mitteilung an und die verschiedenen Übermittlungsmöglichkeiten führen auch nicht mehr zu unterschiedlichen Fristen. Der Zeitrahmen ist im Maßstab an **Abs. 1** angepasst und soll eine Grenze setzen, ab der der öffentliche Auftraggeber sicher einen wirksamen Vertrag schließen kann.

IV. Ausnahme (Abs. 3 S. 1)

Eine Ausnahme von der Informationspflicht besteht, wenn das Verhandlungsverfahren 68 ohne Teilnahmewettbewerb **wegen besonderer Dringlichkeit gerechtfertigt** ist. Die Ausnahme betrifft unter allen Fällen, in denen das Verhandlungsverfahren ohne vorherige Bekanntmachung zulässig ist, **nur den einen Fall der besonderen Dringlichkeit. In der VgV** ist Voraussetzung für die **Dringlichkeit,** dass sie auf Ereignissen oder Ursachen beruht, die der öffentliche Auftraggeber **nicht selbst herbeigeführt hat und nicht vorhersehen** konnte und die **so dringlich sind,** dass die **vorgesehenen Fristen der Bekanntmachung nicht einzuhalten** sind. (§ 14 Abs. 4 Nr. 3:„wenn äußerst dringliche, zwingende Gründe im Zusammenhang mit Ereignissen, die der betreffende öffentliche Auftraggeber nicht voraussehen konnte, es nicht zulassen, die Mindestfristen einzuhalten, die für das offene und das nicht offene Verfahren sowie für das Verhandlungsverfahren mit Teilnahmewettbewerb vorgeschrieben sind; die Umstände zur Begründung der äußersten Dringlichkeit **dürfen dem Auftraggeber nicht zuzurechnen** sein").[60] Die Regelung soll Flexibilität **für besonders dringliche Vergabeverfahren** schaffen.[61] Nach der Gesetzesbegründung zur Vorgängerregelung waren bei der Regelung **Naturkatastrophen** im Blick. Hier soll die Vergabe der notwendigen Aufträge ohne Wartezeit ermöglicht werden.[62] Als besonders dringlich dürften auch außerhalb der Einflusssphäre des Auftraggebers aufgetretene Gefahren für Leib und Leben von Menschen anzuerkennen sein, zB Einsturzgefährdung von Dächern öffentlicher Gebäude oder Stadien durch ungewöhnliche Schneemassen oder einen Brandschaden. Eine unvorhersehbare Dringlichkeit kann sich auch auf einer Baustelle ergeben, wenn plötzlich durch vorherige ordnungsgemäße Prüfung nicht erkennbare Bodenverhältnisse auftreten oder im Fall einer plötzlich auftretenden Pandemie Medikamente sofort und in großer Menge beschafft werden müssen. Dabei bleibt aber zu beachten, dass der Wettbewerbsgrundsatz es gebietet, auch bei anderen Bietern als dem bisherigen Vertragspartner Angebote einzuholen, wenn dies sinnvoll ist und zu keinen Verzögerungen führt.[63]

Entscheidend ist die Beurteilung im Einzelfall: bei Medikamenten ist eine gewisse Vorrats- 69 haltung üblich und einer sorgfältigen Aufgabenwahrnehmung geschuldet, bei Bauvorhaben auf unbekanntem Grund gehören besonders sorgfältige Bodenprüfungen zu einer ordnungsgemäßen Vorbereitung. Wurde die **Dringlichkeit selbst herbeigeführt,** (die Einsturzgefahr resultiert zB aus versäumten Sanierungsmaßnahmen), ist der Gefahrenherd uU, soweit möglich, **anders zu sichern und ein vollständiges Verfahren durchzuführen. Vorhersehbar** sind auch Sachverhalte, auf deren Entstehung der Auftraggeber keinen Einfluss hat, zB die oft mehrere Jahre im Voraus feststehenden Termine einer Landesgartenschau im eigenen Gemeindegebiet oder der Schuljahresbeginn. Ergeben sich daraus Beschaffungsbedürfnisse, sind die Verfahren so rechtzeitig zu beginnen, dass keine Dringlichkeit entsteht. **Kommunale Auftraggeber** sind als Organisations**einheit** zu sehen, auch wenn ihre interne Struktur üblicherweise aus einem politischen Bereich, dem Rat, und der Verwaltung besteht. Ein Ratsbeschluss ist für die Verwaltung **kein** eine Dringlichkeit begründender Sachverhalt, da der öffentliche Auftraggeber sich mit dem Beschluss selbst Fristen setzt, die Fristensi-

---

[60] Vgl. auch EuGH Urt. v. 15.10.2009 – C-275/08, NZBau 2010, 63 = VergabeR 2009, 57, zum Kausalzusammenhang zwischen unvorhersehbarem Ereignis und Dringlichkeit.
[61] RegBegr. zum Gesetzentwurf zur Vorgängerregelung § 101a, BT-Drs. 16/10117, Anlage 2, 21.
[62] Gesetzesbegründung Teil B, Art. 1, Nr. 7 zur fast wortgleichen Vorgängerregelung in § 101a Abs. 2.
[63] So die VK Bund Beschl. v. 12.11.2012 – VK 1-109/12, IBR 2013, 172, für den Fall, dass der ausgewählte und vertraglich gebundene Zuschlagsbieter wider Erwarten keine Zulassung für seinen Impfstoff erhält und nunmehr einen handelsüblichen anderen Impfstoff liefern soll, den auch die nachplatzierten Bieter des Vergabeverfahrens angeboten hatten und ebenfalls problemlos liefern können. Anders und durchaus bedenklich § 8 Abs. 4 Nr. 9 UVgO iVm § 12 Abs. 3 UVgO im Unterschwellenwertbereich (auch nur ein Unternehmen). Vgl. auch OLG Rostock Beschl. v. 9.12.2020 – 17 Verg 4/20, NZBau 2021, 484.

tuation somit aus seiner Einflusssphäre resultiert. Die **zeitlich begrenzte Verfügbarkeit von Haushaltsmitteln zur Konjunkturförderung** (Erhalt der Mittel hängt davon ab, dass das geförderte Projekt bis zu einem bestimmten Termin fertig gestellt oder in Betrieb gegangen ist) kann eine Dringlichkeit begründen. Üblicherweise lässt der Zeitrahmen solcher Förderungen jedoch Vergabeverfahren nach den allgemeinen Regeln zu. Ergeben sich Verzögerungen aus dem Vergabeverfahren, zB Bieter weisen auf Mängel in den Vergabeunterlagen hin, die beseitigt werden müssen; der Auftraggeber erkennt aus den abgegebenen Angeboten, dass er mit einer anderen Leistungsbeschreibung eine bessere Lösung, ein besseres Produkt hätte erhalten können und will deshalb neu ausschreiben; es gibt ein Nachprüfungsverfahren oder der Auftraggeber hält von den abgegebenen Angeboten keines für wertbar, kommt es für das Vorliegen zwingender Dringlichkeit darauf an, **inwieweit der Auftraggeber die Störung des Verfahrens selbst verursacht** hat. Allein der Umstand, dass ihm Fördermittel verloren gehen können, wenn er den Auftrag nicht „freihändig" vergibt, entbindet ihn nicht von der Einhaltung der Vergaberegeln, wenn er die Dringlichkeit selbst verursacht hat. Dabei **reicht eine Mitverursachung aus**, da die Dringlichkeit **auf keinen Fall** auf den Auftraggeber zurückgehen darf.

70 Wie bei allen Ausnahmen ist auch die Frage, ob eine dringliche Beschaffung vorliegt, **nach einem strengen Maßstab zu beurteilen**.[64] Nur so kann vermieden werden, dass die Wettbewerbsregeln umgangen und Verträge ohne Not direkt mit einem Marktteilnehmer geschlossen werden. Hier ist zu berücksichtigen, dass **im Falle von Dringlichkeit auch die Möglichkeit der Verkürzung der Bekanntmachungs- und Angebotsfristen besteht**.[65] Die Ausnahme erfasst nur die Aufträge, die **zur Beseitigung der die Dringlichkeit begründenden Sachverhalte** notwendig sind. Ist die Dringlichkeit durch die Einsturzgefahr eines Gebäudes begründet, unterfallen alle Aufträge zur Sicherung und ggf. Sanierung des Gebäudes der Ausnahme. Soweit lediglich **bei Gelegenheit der Dringlichkeit** auch andere Aufträge vergeben werden sollen (zB auch weitere Gebäude saniert werden sollen), sind diese nach den üblichen Regeln auszuschreiben und die unterlegenen Bewerber/Bieter nach Abs. 1 zu informieren.

71 **Die Ausnahmeregelung entzieht aus Dringlichkeitsgründen ohne Information geschlossene Verträge nicht der Nachprüfung.** Der Nachprüfungsantrag kann, wenn er vor Abschluss des Vertrages gestellt wurde, ohnehin sowohl die Dringlichkeit als auch, dass diese nicht vom Auftraggeber verursacht oder für ihn nicht vorhersehbar war, anzweifeln. Ist der Vertrag schon geschlossen, kann ein Nachprüfungsantrag zunächst die Feststellung zum Ziel haben, dass die Voraussetzungen der Ausnahme nicht vorlagen. Wird im Rahmen der Nachprüfung festgestellt, dass die Voraussetzungen für die Dringlichkeit tatsächlich nicht vorlagen, die Ausnahme also zu Unrecht in Anspruch genommen wurde, liegt ein Verstoß gegen die Informationspflicht und gegen Bestimmungen über die Vergabe von Aufträgen vor mit der **Konsequenz, dass der geschlossene Vertrag nach § 135 für unwirksam erklärt werden kann**. Ohne diese Konsequenz wäre jedoch dem Primärrechtsschutz nicht ausreichend Rechnung getragen. Es geht gerade darum, vorgeschobene Direktvergaben nicht mit Erfolg zu honorieren, sondern auch in diesem Fall den Rechtsschutz so zu gestalten, dass der zu Unrecht nicht berücksichtigte Bewerber/Bieter **den Auftrag noch bekommen** kann. Das Ziel wird nicht erreicht, wenn allein mit dem Hinweis auf Unwirtschaftlichkeit die Lösung des nicht ordnungsgemäß zustande gekommenen Vertrages verweigert werden könnte.

72 Insoweit hat es der Gesetzgeber auch in der Novelle 2016 bewusst unterlassen, in der RL 2007/66/EG schon jahrelang vorgesehene sog. alternative Sanktionsmöglichkeiten einzuführen,[66] die weniger einschneidend wären als die Unwirksamkeitsfolge in § 135.

V. Einschränkung des Informationsinhalts (Abs. 3 S. 2)

73 Abs. 3 S. 2 räumt öffentlichen Auftraggebern **erstmalig und neu** die **Möglichkeit**[67] ein, **(nur) im Falle verteidigungs- oder sicherheitsspezifischer Aufträge** (nur) **bestimmte**

---

[64] EuGH Urt. v. 15.10.2009 – C-275/08, VergabeR 2010, 57; OLG Dresden Beschl. v. 21.9.2016 – Verg 5/16, BeckRS 2016, 118858; OLG Naumburg Beschl. v. 14.3.2014 – 2 Verg 1/14, ZfBR 2014, 619 (Ls.). So auch Rundschreiben des Bundesministeriums für Wirtschaft und Energie v. 9.1.2015 („Vergabe ohne vorherigen Aufruf zum Wettbewerb") zur Anwendung der vormaligen § 3 EG Abs. 4d VOL/A, § 3 Abs. 4c VOF und § 6 Abs. 2 Nr. 4 SektVO.

[65] ZB § 15 Abs. 3 VgV, § 16 Abs. 3 VgV, § 17 Abs. 3 VgV und insbesondere § 17 Abs. 15 VgV, § 10a EU Abs. 3 VOB/A, § 10b EU Abs. 5 VOB/A, § 10c EU Abs. 2 VOB/A.

[66] Vgl. dazu schon Willenbruch/Wieddekind/*Fett*, 3. Aufl. 2014, § 101a Rn. 6 Fn. 26; Selbiges gilt auch für weitere Ausnahmen außerhalb des Dringlichkeitsverhandlungsverfahrens. Damit bleibt der deutsche Normgeber bei der bisherigen, gegenüber dem EU-Recht strengeren Lösung.

[67] Dies stellt nur eine ermessengebundene Möglichkeit dar, was der Wortlaut „können ... Auftraggeber beschließen" verdeutlicht.

V. Einschränkung des Informationsinhalts (Abs. 3 S. 2) 74–82 § 134 GWB

Informationen über die Zuschlagserteilung oder den Rahmenvereinbarungsabschluss nicht berücksichtigten Bietern vor der Zuschlagserteilung **nicht mitzuteilen, sondern zurückzuhalten.** Voraussetzung sind dabei **alternativ vier Gründe,** die so oder in ähnlicher Form auch schon aus anderen Paragrafen zu aber in der Regel sog. Ex-post-Informationspflichten nach Zuschlagserteilung geläufig waren. Die europarechtliche Ermächtigung dazu stammt aus **Art. 57 Abs. 2 UAbs. 4 Vergabe-RL Verteidigung und Sicherheit,** der eigentlich schon Ende 2011 in deutsches Recht umzusetzen war.

Ausweislich der **Gesetzesbegründung** zu § 134[68] sollen „diese Ausnahmen von der Informationspflicht" nach Abs. 1 **aus dem bisherigen § 36 Abs. 2 VSVgV aF übernommen** worden sein. 74

Dies mag dem **Wortlaut nach nachvollziehbar sein, in der Sache trifft dies jedenfalls insoweit nicht** zu. § 36 VSVgV aF formulierte ähnlich wie auch die Neufassung des § 36 VSVgV „Unbeschadet der Verpflichtung aus § 101a ... unterrichten die Auftraggeber auf Verlangen des Betroffenen ..." sowie im damaligen Abs. 2: „Der Auftraggeber darf darauf verzichten, Informationen über die Auftragserteilung ... mitzuteilen, wenn auch gem. § 35 Abs. 2 auf eine Bekanntmachung verzichtet werden könnte". 75

§ 35 Abs. 2 VSVgV aF regelte die nachträgliche Ex-post-Bekanntmachung spätestens innerhalb von 48 Tagen nach der Vergabe eines Auftrags und enthielt im dortigen Abs. 2 die vier Zurückbehaltungsgründe, die jetzt auch § 134 erstmalig, aber auch die korrekte Parallelregelung in § 36 Abs. 2 VSVgV enthält. 76

Beide angesprochenen Fallvarianten in den §§ 35 und 36[69] **VSVgV aF haben somit nichts mit der automatischen Vorabinformation** vor dem Zuschlag auf der Grundlage der Rechtsmittelrichtlinien bzw. hier nach Art. 57 Vergabe-RL Verteidigung und Sicherheit zu tun, was insbesondere der Wortlaut „**unbeschadet**" in § 36 Abs. 1 VSVgV aF auch schon bisher deutlich herausstrich. 77

Somit **setzt der Normgeber 2016 erstmalig die Bestimmungen des Art. 57 Vergabe-RL Verteidigung und Sicherheit in deutsches Recht um.** Soweit die Gesetzesbegründung eine Umsetzung von Art. 35 Abs. 3 jener Richtlinie vorgibt,[70] ist dieser **Hinweis somit nicht stichhaltig.** Richtig ist aber, dass sich derartige Zurückbehaltungsrechte auch in Art. 35 Abs. 3 für die antragsbezogene Ex-post-Information wiederfinden, **Art. 57 Abs. 2 UAbs. 4 Vergabe-RL Verteidigung und Sicherheit** zwecks Vorabinformationspflicht unterlegener Unternehmen (Zusammenfassung der einschlägigen Gründe samt Einschränkungen) vor dem Zuschlag **auf Art. 35 Abs. 2 und 3 Vergabe-RL Verteidigung und Sicherheit verweist.** 78

Die auch dort in Art. 35 Abs. 3 Vergabe-RL Verteidigung und Sicherheit benannten **vier Fälle einer Zurückhaltung** bestimmter Informationen sind gegeben, wenn ihre Herausgabe (1) den **Gesetzesvollzug vereiteln** würde oder (2) **nicht im öffentlichen Interesse** stünde oder wenn (3) berechtigte **Unternehmensinteressen** oder (4) der **faire Wettbewerb beeinträchtigt** würden. 79

Insbesondere aufgrund der doch sehr allgemein gehaltenen Formulierungen der vier Ausnahmetatbestände können sich **diese oftmals gegenseitig überlagern.** Wichtig ist jedoch, dass selbst bei Vorliegen einer der Ausnahmebestimmungen **nicht** etwa **jedwede Information** vollständig im Vorabinformationsschreiben **oder** gar das **Vorabinformationsschreiben selbst** (wie im Falle des Abs. 3 S. 1) **unterlassen** werden darf. 80

Der Auftraggeber wird und muss daher in jedem Einzelfall eine genaue **Interessenabwägung** vorzunehmen haben, **welche konkreten Informationen** uU zurückgehalten werden müssen. Dabei ist auch in die Erwägungen **einzustellen, welche Informationen schon ohnehin** über die EU-Bekanntmachung, die Vergabeunterlagen oder Bietergespräche in den Wissenskreis der Bieter oder darüber hinaus **in die Öffentlichkeit gelangt** sind. Auf der anderen Seite ist aber bei verteidigungs- und sicherheitsrelevanten Beschaffungen zu berücksichtigen, dass die einschlägige **VSVgV** das sonst übliche **offene Verfahren nicht** kennt und sowohl das nicht offene als auch das Verhandlungsverfahren mit EU-Bekanntmachung einen vorgeschalteten Teilnahmewettbewerb bedingen, der auch schon Anforderungen an den Schutz von Verschlusssachen nach § 7 VSVgV schon für potenzielle Bewerber stellt. 81

Auf der anderen Seite hängt der **Umfang der ggf. rückhaltebedürftigen Informationen** auch **immer vom generell gesetzlich vorgegebenen Umfang der Vorabinformation** ab. Vor diesem Hintergrund geht es in erster Linie um die Vermittlung von Informationen an nicht berücksichtigte Unternehmen, die für das Scheitern des eigenen Angebots ursächlich waren. Bei den nicht berücksichtigten Bietern treten dazu noch Informationen über den **Namen des Zuschlagsbieters** und speziell über die **Merkmale und Vorteile seines Angebotes.** Ergänzend wird der vorgesehene früheste Zeitpunkt der Zuschlagserteilung mitgeteilt. Nur falls im Hinblick auf diese Pflichtbestand- 82

---

[68] BT-Drs. 18/6281, 121 und 122.
[69] Dieser tatsächlich allein fußend auf Art. 35 Abs. 3 Vergabe-RL Verteidigung und Sicherheit.
[70] BT-Drs. 18/6281, 122.

teile der Vorabinformation die vier benannten Zurückbehaltensgründe relevant sein können, stellt sich die Frage der Verkürzung des Vorabinformationsumfangs, es sei denn der Auftraggeber würde überobligate Informationen weitergeben, die dann einer gesonderten Betrachtung zu unterziehen wären.

83 **1. Behinderung des Gesetzesvollzugs.** Wegen der **generalklauselartigen Fassung** dieses Ausnahmetatbestandes bedarf dieser einer **Einschränkung nach Sinn und Zweck der Regelung.** Abs. 1 soll unterlegenen Unternehmen noch vor dem dann in der Regel irreversiblen Zuschlag auch bei verteidigungs- oder sicherheitsspezifischen Aufträgen Kenntnisse verschaffen, anhand derer sie entscheiden können, ob sie eine Vergabenachprüfung ins Auge fassen sollen oder nicht. Werden diese **ohnehin knapp gehaltenen Informationen noch weiter verkürzt, leidet die objektive Faktenlage** eines unterlegenen Unternehmens. Eine abstrakte Behinderung irgendeines Gesetzesvollzuges kann diesem legitimen Informationsinteresse nicht wirksam entgegengebracht werden. Vielmehr können damit nur die **Behinderung des GWB selbst** oder aber von Gesetzen gemeint sein, deren Vollzug ggf. durch eine Informationsverschaffung massiv behindert würde. Dazu können das **Urheberrecht**, das Gesetz gegen unlauteren Wettbewerb **(UWG)**, das Geschäftsgeheimnisgesetz (§ 23 **GeschGehG** stellt die Verletzung von Geschäfts- und Betriebsgeheimnissen unter Strafe) oder die **Datenschutzgesetze** von Bund und Ländern zählen.

84 Erfasst werden auch Informationsweitergaben, die gleichzeitig zu einer **Behinderung innerhalb von Beschaffungsvorgängen**, zB nach der **VSVgV**, führen, sodass Beschaffungsaufgaben in sensiblen, besonders geschützten Bereichen nicht sicher (Wahrung der Vertraulichkeit, § 6 VSVgV; Schutz von Verschlusssachen, § 8 VSVgV) oder krisensicher (Sicherstellung der Versorgungssicherheit nach § 7 VSVgV) vollzogen werden können. Dies können **Behinderungen im Beschaffungsbereich des Militärs**, der **Polizei** und **sonstigen der Geheimhaltung** unterliegenden Beschaffungsvorgängen sein.

85 Andererseits ist einzustellen, dass der Normgeber schon 2012 gerade mit der spezialgesetzlichen VSVgV in Umsetzung der Vergabe-RL Verteidigung und Sicherheit auch versucht hat, **mehr Wettbewerb und Transparenz in diese Bereiche der Beschaffungen** zu bringen, auch wenn es dort das offene Verfahren von vorneherein nicht gibt (vgl. § 11 Abs. 1 VSVgV).

86 Zudem ist andererseits auch immer nachzuhalten, ob der Auftraggeber den Schutz derart sensibler Informationen auch im betroffenen Verfahren **entsprechend durch Formalakte** (zB **Sicherheitsüberprüfungen** nach dem **SÜG**, **Geheimhaltungsklassifizierungen** von Akten nach der Verschlusssachenanordnung etc) **parallel abgesichert** hat.

87 **2. Dem öffentlichen Interesse zuwiderlaufen.** Das für sich gesehen eher konturenlose, aber auch uferlose „Öffentliche Interesse" ist **noch weiter gefasst als der Gesetzesvollzug** in Variante 1, sodass diese Variante am wenigsten praktische Bedeutung haben dürfte, um bestimmte Angaben in der Vorabinformation nach Abs. 1 ermessengebunden zurückzuhalten.

88 **3. Schädigung berechtigter geschäftlicher Interessen von Unternehmen.** Eine Schädigung berechtigter geschäftlicher Interessen von Unternehmen, zu denen **nach der Gesetzesbegründung**[71] sowohl private wie **auch öffentliche Unternehmen** zählen, käme namentlich bei einer **Verletzung von Betriebs- und Geschäftsgeheimnissen** in Betracht.

89 Als Betriebs- und Geschäftsgeheimnisse werden alle auf ein Unternehmen bezogene **Tatsachen, Umstände und Vorgänge** verstanden, die **nicht offenkundig**, sondern nur einem **begrenzten Personenkreis zugänglich** sind und an deren **Nichtverbreitung der Rechtsträger** ein **berechtigtes Interesse** hat.[72] **Betriebsgeheimnisse** umfassen im Wesentlichen **technisches Wissen** im weitesten Sinne sowie Fabrikationsgeheimnisse;[73] **Geschäftsgeheimnisse** betreffen vornehmlich **kaufmännisches Wissen**. Zu derartigen Geheimnissen werden etwa **Umsätze**, Ertragslagen, Geschäftsbücher, Kundenlisten, **Bezugsquellen, Konditionen, Marktstrategien,** Unterlagen zur **Kreditwürdigkeit, Kalkulationsunterlagen, Patentanmeldungen** und sonstige Entwicklungs- und Forschungsprojekte gezählt, durch welche die wirtschaftlichen Verhältnisse eines Betriebs maßgeblich bestimmt werden können.[74]

90 § 6 Abs. 2 S. 2 VSVgV verdeutlicht dabei die Pflicht zur Wahrung der Vertraulichkeit in Bezug auf technische Geheimnisse und Betriebsgeheimnisse in einem Vergabeverfahren im verteidigungs- und sicherheitsrelevanten Bereich. Diese **Gefahr** besteht vor allem dann, wenn der Zuschlagsbieter nur aufgrund eines gleichwertigen Hauptangebotes oder eines **zugelassenen, insbesondere tech-**

---

[71] BT-Drs. 18/6281, 122.
[72] BGH Beschl. v. 31.1.2017 – X ZB 10/16, NZBau 2017, 230.
[73] BGH Beschl. v. 31.1.2017 – X ZB 10/16, NZBau 2017, 230.
[74] Beachte dazu auch die nunmehrige Definition in § 2 Nr. 1 GeschGehG v. 18.4.2019 (BGBl. 2019 I 466).

nischen, **Nebenangebotes** der insgesamt wirtschaftlichste Bieter geworden ist und die Merkmale und Vorteile jenes Haupt- oder Nebenangebotes mitzuteilen wären. Die Weitergabe derartiger technischer Geschäfts- oder Betriebsgeheimnisse kann dabei nicht nur die Unternehmensinteressen des Zuschlagsbieters, sondern auch diejenigen von Bietergemeinschaftsmitgliedern oder Subunternehmen schädigen.

Gemäß **§ 29 Abs. 6 S. 1 VSVgV** kann ein Auftraggeber verlangen, dass Bieter im Angebot 91 angeben, ob für den **Gegenstand des Angebots gewerbliche Schutzrechte bestehen oder** von den Bietern oder Dritten **beantragt** sind. Bieter haben zudem stets anzugeben, ob sie erwägen, Angaben zu ihrem Angebot für die Anmeldung eines gewerblichen Schutzrechtes zu verwerten (§ 29 Abs. 6 S. 2 VSVgV).

§ 29 Abs. 6 S. 2 VSVgV nimmt mittelbar eine **Obliegenheit aus § 3 Abs. 1 Patentgesetz** 92 in Bezug. Danach gilt eine **Erfindung** nur dann noch als **neu,** wenn sie nicht schon zum Stand der Technik gehört. Der **Stand der Technik** aber umfasst alle Kenntnisse, die vor der Patentanmeldung **der Öffentlichkeit schon einmal** (schriftlich, mündlich, durch Benutzung oder in sonstiger Weise) **zugänglich** gemacht worden sind. Würde nun der Auftraggeber beispielsweise technische Angaben aus einem Angebot zur Verdeutlichung der Merkmale und Vorteile desselben streuen, wäre das Merkmal einer neuen Erfindung nicht mehr erfüllt. Kommt somit ein betroffener Bieter seiner Verpflichtung aus § 29 Abs. 6 S. 2 VSVgV durch Kenntlichmachung im Angebot nach, macht sich ein **Auftraggeber schadenersatzpflichtig,** wenn er entgegen dieser Warnfunktion die für die Anmeldung eines gewerblichen Schutzrechtes benötigten technischen Angaben in Vorabinformationsschreiben weiterverbreitet.

Könnten **Wettbewerber,** aktuelle im derzeitigen Vergabeverfahren, aber auch potenzielle in 93 künftigen Vergabeverfahren, vor diesem Hintergrund **in einer Zusammenschau aus dem Namen** des vorgesehenen Zuschlagsbieters, den mitgeteilten **Gründen der Nichtberücksichtigung** und den wirtschaftlichen Merkmalen und Vorteilen des Zuschlagsangebotes **Rückschlüsse auf die Kalkulation, Bezugsquellen, Marktstrategien oder auf Lieferanten oder Subunternehmen** ziehen, so bestünde die Gefahr, dass **Subunternehmer abgeworben oder geschätzte Patentinhalte** zulasten geschäftlicher Interessen von Unternehmen abgeschöpft werden.

Soweit *Leinemann*[75] auch den **Namen des Zuschlagsbieters** als zurückhaltensfähige Infor- 94 mation ansieht, kann dies **nicht überzeugen.** Denn ohne den Namen des Zuschlagsbieters sind möglichen Beschwerdeführern sämtliche **Einwände gegen die leistungsbezogene Eignung** des Zuschlagsbieters von vorneherein **unmöglich.** Auch Verteidigungs- und Sicherheitsinteressen unter Nr. 2 können eine derart massive Einschränkung eines tatsächlich effektiven Rechtsschutzes nicht rechtfertigen.

4. Beeinträchtigung des lauteren Wettbewerbs zwischen Unternehmen. Der **lautere** 95 **Wettbewerb** zwischen Unternehmen kann innerhalb der Vorabinformationsgewährung insbesondere **durch die Weitergabe von wettbewerbsrelevanten Informationen beeinträchtigt** werden. Durch das Wort „lauterer" Wettbewerb ist damit auch eine **Brücke zum Geheimnisschutzgesetz** angesprochen. § 23 GeschGehG verbietet – unter **Strafandrohung** – die **unberechtigte Weitergabe von Betriebs- oder Geschäftsgeheimnissen.** Derartige Straftatbestände beeinträchtigen somit sicherlich den lauteren Wettbewerb zwischen Unternehmen, dürften aber gleichzeitig auch die Alternativen 3 und 1 erfüllen, da dadurch auch immer berechtigte geschäftliche Interessen der davon betroffenen Unternehmen geschädigt werden und der Gesetzesvollzug behindert wird. Eine Beeinträchtigung des lauteren Wettbewerbs kommt aber **auch schon unterhalb dieser Strafbarkeitsgrenze in Betracht,** wenn **nur die Wettbewerbssituation der Unternehmen beeinflusst** wird, zB weil ein Unternehmen aufgrund der ihm übermittelten Informationen in der Lage ist, **sich einen Wettbewerbsvorteil für die in der Zukunft liegenden Vergabeverfahren zu verschaffen.**[76]

Derartige technische Lösungsansätze könnten insbesondere in **kund getanen Inhalten von** 96 **Nebenangeboten** oder gleichwertigen Lösungsansätzen bei Hauptangeboten liegen. In finanzieller Sicht sind insbesondere **Preise, Preisbestandteile oder den Preis betreffende Angaben (zB Preisnachlässe ohne Bedingungen) eines Konkurrenten wettbewerbsrelevant** (zudem könnte dadurch auch einer künftigen Kartellbildung nach § 1 Vorschub geleistet werden).

---

[75] *Leinemann* Vergabe öff. Aufträge Rn. 2292.
[76] So Willenbruch/Wieddekind/*Schubert* VOL/A § 23 EG Rn. 9 zur insoweit wortgleichen, ehemaligen Regelung zur Ex-post-Transparenz binnen ehedem 48 Tagen nach Zuschlagserteilung gegenüber dem Amt für amtliche Veröffentlichungen der EU in § 23 EG Abs. 1 S. 2 VOL/A.

VI. Rechtsschutz

97 Ist die Erteilung des Zuschlags zwar wegen des Verstoßes gegen die Vorabinformationspflicht des § 134 rechtswidrig, war aber das **Vergabeverfahren im Übrigen fehlerfrei und rechtmäßig**, so droht einem unterlegenen Bieter durch den Vergaberechtsverstoß aber **kein Schaden**.[77] Erweist sich demnach die Zuschlagserteilung zugunsten eines anderen Bieters trotz eines Verstoßes gegen die Vorabinformationspflicht nach § 134 Abs. 1 S. 1 im Ergebnis als die materiell-rechtlich zutreffende Vergabeentscheidung, so ist der Vergabenachprüfungsantrag dennoch unbegründet.[78] Zu beachten bleibt aber für die Antragsbefugnis in einem Vergabenachprüfungsverfahren nach § 160 Abs. 2, dass es dafür genügt, die Wertung des Auftraggebers pauschal in Zweifel zu ziehen, wenn ein Bieter über die inhaltlichen Gründe seiner schlechten Angebotsbewertung vollständig im Unklaren gelassen wird, sodass er objektive Gesichtspunkte nicht vortragen kann, die die Wertung als uU vergaberechtswidrig erscheinen lassen.[79] Zudem können sich aus einer **unzureichenden Vorabinformation** zumindest **nachteilige Kostenfolgen** in einem Vergabenachprüfungsverfahren ergeben. So kann der Auftraggeber trotz des Obsiegens in einem vergaberechtlichen Beschwerdeverfahren die Kosten vor der Vergabekammer nach § 182 Abs. 3 S. 3 zu tragen haben, wenn er die Einleitung des Nachprüfungsverfahrens durch eine unzureichende Information des Bieters **schuldhaft verursacht** hat.[80] Dies ist zB der Fall, wenn er die Nichtberücksichtigung des Angebots in erster Linie unzutreffend auf einen zwingenden Ausschlussgrund nach § 57 Abs. 1 Nr. 1 VgV stützt, während dieses lediglich aus rein wirtschaftlichen Gründen auf der letzten Wertungsstufe erfolgt ist.[81]

§ 135 Unwirksamkeit

(1) Ein öffentlicher Auftrag ist von Anfang an unwirksam, wenn der öffentliche Auftraggeber
1. gegen § 134 verstoßen hat oder
2. den Auftrag ohne vorherige Veröffentlichung einer Bekanntmachung im Amtsblatt der Europäischen Union vergeben hat, ohne dass dies aufgrund Gesetzes gestattet ist, und dieser Verstoß in einem Nachprüfungsverfahren festgestellt worden ist.

(2) ¹Die Unwirksamkeit nach Absatz 1 kann nur festgestellt werden, wenn sie im Nachprüfungsverfahren innerhalb von 30 Kalendertagen nach der Information der betroffenen Bieter und Bewerber durch den öffentlichen Auftraggeber über den Abschluss des Vertrags, jedoch nicht später als sechs Monate nach Vertragsschluss geltend gemacht worden ist. ²Hat der Auftraggeber die Auftragsvergabe im Amtsblatt der Europäischen Union bekannt gemacht, endet die Frist zur Geltendmachung der Unwirksamkeit 30 Kalendertage nach Veröffentlichung der Bekanntmachung der Auftragsvergabe im Amtsblatt der Europäischen Union.

(3) ¹Die Unwirksamkeit nach Absatz 1 Nummer 2 tritt nicht ein, wenn
1. der öffentliche Auftraggeber der Ansicht ist, dass die Auftragsvergabe ohne vorherige Veröffentlichung einer Bekanntmachung im Amtsblatt der Europäischen Union zulässig ist,
2. der öffentliche Auftraggeber eine Bekanntmachung im Amtsblatt der Europäischen Union veröffentlicht hat, mit der er die Absicht bekundet, den Vertrag abzuschließen, und
3. der Vertrag nicht vor Ablauf einer Frist von mindestens zehn Kalendertagen, gerechnet ab dem Tag nach der Veröffentlichung dieser Bekanntmachung, abgeschlossen wurde.

²Die Bekanntmachung nach Satz 1 Nummer 2 muss den Namen und die Kontaktdaten des öffentlichen Auftraggebers, die Beschreibung des Vertragsgegenstands, die Begründung der Entscheidung des Auftraggebers, den Auftrag ohne vorherige Veröffentlichung einer Bekanntmachung im Amtsblatt der Europäischen Union zu vergeben, und den Namen und die Kontaktdaten des Unternehmens, das den Zuschlag erhalten soll, umfassen.

Schrifttum: *Czepull,* Die „Freiwillige Ex-ante-Transparenzbekanntmachung", VPR 2017, 1007; *Dreher/Hoffmann,* Die schwebende Wirksamkeit nach § 101b I GWB, NZBau 2010, 201; *Henzel,* Rechtssichere De-facto-

---
[77] So zu Recht OLG Rostock Beschl. v. 6.2.2019 – 17 Verg 6/18, VPR 2020, 129.
[78] OLG Düsseldorf Beschl. v. 12.6.2019 – Verg 8/19.
[79] KG Berlin Beschl. v. 19.12.2019 – Verg 9/19.
[80] OLG Karlsruhe Beschl. v. 29.5.2020 – 15 Verg 2/20, VergabeR 2020, 658.
[81] OLG Karlsruhe Beschl. v. 29.5.2020 – 15 Verg 2/20, VergabeR 2020, 658.

II. Normzweck

Vergabe nur zehn Tage nach Ex-ante-Transparenzbekanntmachung?, NZBau 2016, 148; *Shirvani*, Zur unionsrechtskonformen Auslegung des § 101b GWB, VergabeR 2013, 669; *Wolf/Wolters*, Wirkung und Voraussetzungen der freiwilligen ex-ante-Transparenzbekanntmachung, NZBau 2019, 560.

Übersicht

	Rn.			Rn.
I. Entstehungsgeschichte	1	1.	Hintergründe	60
II. Normzweck	6	2.	Sechs-Monats-Frist nach Abs. 2 S. 1 Hs. 2	64
III. Unwirksamkeitsvoraussetzungen (Abs. 1)	9	3.	30-Tages-Frist nach Abs. 2 S. 1 Hs. 1	71
		4.	30-Tages-Frist nach Abs. 2 S. 2	74
1. Verstoß gegen § 134 (Abs. 1 Nr. 1)	9	V.	Ausnahmeregelung im Hinblick auf sog. de-facto-Vergaben iSv Abs. 1 Hs. 1 Nr. 2 (Abs. 3)	83
2. De-facto-Vergabe (Abs. 1 Nr. 2)	30			
a) Keine Veröffentlichung einer EU-Bekanntmachung	30	1.	Hintergründe	83
b) Aufgrund Gesetzes gestattete Vergabe ohne EU-Bekanntmachung	32	2.	Ansicht des Auftraggebers (Abs. 3 S. 1 Nr. 1)	93
3. Feststellung des Verstoßes in einem Nachprüfungsverfahren	44	3.	Bekanntmachung (Abs. 3 S. 1 Nr. 2)	102
a) Antragsbefugnis gem. § 160 Abs. 2	47	4.	Frist (Abs. 3 S. 1 Nr. 3)	107
b) Rügeverpflichtungen nach § 160 Abs. 3	54	5.	Rechtsfolge	110
IV. Fristen (Abs. 2)	60	VI.	Rechtsschutz	117

I. Entstehungsgeschichte[1]

§ 135 **ersetzt mit leichten Änderungen** den **vormaligen § 101b**, der 2009 seinerseits § 13 VgV mit damaliger Nichtigkeitsfolge abgelöst hatte. **1**

§ 135 regelt in **Ergänzung von § 134** zum einen die **Rechtsfolgen bei Verstößen gegen die Vorabinformations- und Wartepflichten aus § 134**. Zum Zweiten sanktioniert er mit der seit 2009 gültigen antragsbezogenen Unwirksamkeitsfolge auch **unrechtmäßige de-facto-Vergaben**, nunmehr erstmalig **klargestellt als nicht gesetzlich fundiertes Abweichen von einer eigentlich bestehenden europaweiten Ausschreibungspflicht**. **2**

Schon 2009 hatte der Gesetzgeber **richtlinienkonform die vormalige Nichtigkeitsfolge** des § 13 S. 6 **bewusst nicht** in den damaligen § 101b übernommen,[2] sondern die nunmehrige **Unwirksamkeitsfolge** für den geschlossenen Vertrag **einschränkend und zusätzlich auch noch davon abhängig** gemacht, dass diese **nur innerhalb der Fristen des nunmehrigen § 135 Abs. 2** im Rahmen eines förmlichen Nachprüfungsverfahren **von den Nachprüfungsinstanzen festgestellt** wird bzw. **werden muss**. **3**

2016 hat der **Gesetzgeber im Abs. 1** zum einen **klargestellt**, dass die **Unwirksamkeitsfolge schon** von den Nachprüfungsinstanzen festgestellt werden kann, **wenn** lediglich die **notwendige EU-Bekanntmachung verabsäumt** wurde, es somit **irrelevant** ist, ob der Auftraggeber im Übrigen ein **wettbewerbliches Verfahren durchgeführt** oder rein national ausgeschrieben hatte. Zum Zweiten wurde **die 30-Tage-Frist ab Kenntnis eines Vertragsschlusses** im Abs. 2 S. 1 wiederum **richtlinienkonform** daran geknüpft, dass die **Kenntniserlangung** der betroffenen Bewerber oder Bieter nur **durch eine Information des öffentlichen Auftraggebers erfolgt sein muss** bzw. **darf**. **4**

Schlussendlich hat der **Gesetzgeber** einen **völlig neuen Abs. 3 zur sog. Freiwilligen Ex-ante-Transparenz – erstmalig richtlinienkonform** ein – bzw. angefügt. **5**

II. Normzweck

Die seit 2009 überkommene Regelung in **§ 13 VgV** sah noch die Nichtigkeit eines Vertrages, der unter Verstoß gegen die Informationspflicht geschlossen wurde, ohne Begrenzung vor. Danach konnte ein Vertrag bis über seine vollständige Abwicklung hinaus mit dem Makel der Nichtigkeit behaftet sein, was Auswirkungen auf Gewährleistung, Garantie oder die Möglichkeit notwendiger Nachträge haben konnte. Die nunmehr getroffene Regelung des **§ 135** enthält nach wie vor eine **6**

---

[1] Vgl. auch die Kommentierung zur Entstehungsgeschichte des § 134 (→ § 134 Rn. 1 und 3).
[2] Vgl. BT-Drs. 16/10117, Anlage 2, 21 (Begründung der Bundesregierung zum damaligen § 101a).

Sanktion, ohne die die Regelung des § 134 wirkungslos wäre, doch ist diese **Sanktionsmöglichkeit zeitlich begrenzt** und damit für die Vertragspartner überschaubar.

7 Nach der jetzigen Regelung in § 135 **ist jedweder Vertrag zunächst einmal** nach der zugrunde liegenden **gesetzlichen Grundkonstruktion wirksam.** Lediglich dann, wenn in einem Nachprüfungsverfahren innerhalb vorgegebener Fristen des Abs. 2 **einer der beiden in Abs. 1 Nr. 1**[3] **oder Nr. 2 unabhängig nebeneinander genannten Verstöße** von den Nachprüfungsinstanzen bestandkräftig bzw. rechtskräftig **festgestellt** wird, wird die **zunächst** immer bestehende **schwebende Wirksamkeit**[4] eines Vertrages nachträglich mit **Rückwirkung wieder beseitigt** und der geschlossene **Vertrag als von Anfang an (ex tunc) unwirksam erklärt.**[5]

8 Der Vertrag steht damit zivilrechtlich unter einer auflösenden Bedingung iSd § 158 Abs. 2 BGB. Oder mit den Worten der Bundesregierung in ihrer Gegenäußerung zum gegenläufigen Wunsch des Bundesrates auf Einfügung des Wortes „schwebend" vor Unwirksamkeit in § 101b Abs. 1 S. 1 aF (= § 135 Abs. 1 S. 1): „Im Rahmen des § 101b GWB nF geht es um einen Umstand, nämlich die Feststellung des vergaberechtlichen Verstoßes in einem Nachprüfungsverfahren, der den wirksam geschlossenen Vertrag nachträglich von Anfang an unwirksam werden lässt".[6]

III. Unwirksamkeitsvoraussetzungen (Abs. 1)

9 **1. Verstoß gegen § 134 (Abs. 1 Nr. 1).** Ein Verstoß gegen § 134 liegt vor, wenn gegenüber einem benachrichtigungspflichtigen Bieter oder Bewerber **keine** oder **eine unvollständige,**[7] **falsche** oder **irreführende Information** in Textform erfolgt ist oder die von Gesetzes wegen vorgegebenen **Fristen nicht abgewartet** wurden. § 134 gehört damit zu den **Bestimmungen über das Vergabeverfahren,** auf deren Einhaltung die Unternehmen **nach § 97 Abs. 6 einen Anspruch** haben.

10 Die aktuelle Fassung des § 135 beruht auf den aktuellen **Rechtsmittelrichtlinien,**[8] die grundsätzlich und eigentlich zwingend **auch alternative Sanktionen** vorsehen. Der **deutsche Gesetzgeber** hat aber **von einer Umsetzung dieser den Auftraggeber weniger belastenden Sanktionen als die Unwirksamkeitsfolge** eines schon geschlossenen Vertrages trotz Kenntnis und verhaltener Kritik[9] **abgesehen.** Somit **muss davon ausgegangen werden,** dass sich der **Gesetzgeber der Absolutheit der Unwirksamkeitsfolge bei Verletzung auch nur der Vorabinformationspflicht nach § 134 bewusst war** und **deshalb eine** rein theoretisch denkbare **teleologische Reduktion des klaren Wortlauts in § 135 Abs. 1 Nr. 1 nicht in Frage** kommt.

11 Ein Verstoß gegen § 134 führt somit bei Feststellung in einem Vergabenachprüfungsverfahren unter weiteren Voraussetzungen zur Unwirksamkeit des geschlossenen Vertrags. Diese **starke Sanktionsmaßnahme** der Nachprüfungsinstanzen **stellt sicher,** dass ein nicht berücksichtigter Bewerber/Bieter **auch noch nach einem EU-widrigen Vertragsschluss** eines Auftraggebers **in effizienter Art** und Weise die **Vergabenachprüfungsinstanzen anrufen kann und sein Recht auf strikte Einhaltung der Vorabinformationspflichten aus § 134 sichern und durchsetzen** kann. Denn nach § 168 Abs. 2 S. 1 kann **nur ein tatsächlich wirksam erteilter Zuschlag von einer Vergabekammer nicht mehr revidiert** werden.

---

[3] Vgl. dazu VK Baden-Württemberg Beschl. v. 8.4.2016 – 1 VK 3/16, VPR 2016, 1027 mit Unwirksamkeitserklärung des geschlossenen Bewachungsvertrages, da gegen die Informations- und Wartefrist gem. § 101a aF verstoßen worden war. Der Antragsteller war in einem vermeintlich und fälschlich nur unterschwellig durchgeführten Vergabeverfahren lediglich nach § 19 Abs. 1 VOL/A nach Zuschlagserteilung über die schon erfolgte Bezuschlagung an den namentlich benannten Konkurrenten und seine individuellen Ausschlussgründe informiert worden.

[4] *Dreher/Hoffmann* NZBau, 2010, 201 (206).

[5] OLG München Beschl. v. 2.6.2016 – Verg 15/15, ZfBR 2016, 705, zumindest dann, wenn zu einem Verstoß gegen § 134 ein weiterer Verstoß hinzutritt; VK Nordbayern Beschl. v. 20.11.2012 – 21.VK-3194-26/12, IBRRS 2013, 0366.

[6] BT-Drs. 16/10117, Anlage 4, 66. So auch zu Recht OLG München Beschl. v. 10.3.2011 – Verg 1/11, NZBau 2011, 445.

[7] ZB Nichtnennung des Namens des Zuschlagsbieters (vorbehaltlich evtl. nur des § 134 Abs. 3 S. 2 bei verteidigungs- oder sicherheitsspezifischen Aufträgen) oder des frühestmöglichen Zeitpunkts des Vertragsschlusses, OLG München Beschl. v. 2.6.2016 – Verg 15/15, ZfBR 2016, 705; OLG Düsseldorf Beschl. v. 19.6.2013 – VII-Verg 55/12, NZBau 2013, 653; OLG Jena Beschl. v. 9.9.2010 – 9 Verg 4/10, VergabeR 2011, 96.

[8] RL 89/665/EWG und RL 92/13/EWG in der Fassung der RL 2007/66/EG und den Änderungen aufgrund der aktuellen Vergaberichtlinien 2014/23/EU, 2014/24/EU und 2014/25/EU.

[9] Vgl. Willenbruch/Wieddekind/*Fett*, 3. Aufl. 2014, § 101b Rn. 5.

III. Unwirksamkeitsvoraussetzungen (Abs. 1)   12–18   § 135 GWB

Die **Verletzung der Vorabinformations- oder Wartefrist** stellt deshalb für sich gesehen   12
einen **Vergaberechtsverstoß** dar, für den einem Unternehmen das **Rechtsschutzbedürfnis nicht
abgesprochen** werden kann.[10]

Soweit **teilweise** die **Rechtsprechung**[11] ein derartiges Rechtsschutzbedürfnis schon auf der   13
Zulässigkeitsebene generell abspricht, wenn ein Unternehmen trotz Mängeln bei der Vorabinformation die Vergabenachprüfungsinstanzen erreicht hat, geht dies fehl. Zum einen sieht der Wortlaut des § 135 eine derartige – ggf. auch teleologische – Reduktion ausdrücklich nicht vor. Insbesondere hat der Gesetzgeber 2016 in Kenntnis dieser relativierenden Sichtweise keinerlei Einschränkung in der Feststellungsmöglichkeit des Abs. 1 Nr. 1 eingeführt. Zum Zweiten kann ein Verstoß gegen die Vorabinformationsverpflichtung nach § 134 überhaupt **nur in einem Nachprüfungsverfahren** und nirgends sonst **festgestellt** werden. Wenn eine derartige Feststellung aber immer schon dann ausgeschlossen sein sollte, wenn die Nachprüfungsinstanz erreicht wäre, liefe diese Bestimmung praktisch leer. Zudem sind im Rahmen der **Zulässigkeitsprüfung** nach höchstrichterlicher Spruchpraxis[12] **keine überzogenen Anforderungen** an eine Schadensdarlegung iSv § 160 Abs. 1 S. 2 zu stellen. Die Schadensdarlegung muss lediglich schlüssig sein und ein Schaden muss denkbar sein. **Alles andere ist eine Frage der Begründetheit.**[13] Die Darlegung oder gar der Nachweis, dass der Antragsteller bei einem rechtmäßigen Vergabeverfahren den Zuschlag erhalten hätte oder dass er eine echte Chance auf den Zuschlag gehabt hätte, sind somit in diesem Zusammenhang nicht erforderlich, um den Zulässigkeitsanforderungen an einen Nachprüfungsantrag zu genügen.[14]

Eine davon zu unterscheidende Frage ist, ob ein Antrag wegen Verstoßes gegen die Vorabinformationspflicht nach § 134 (→ § 134 Rn. 46) allein deswegen schon begründet ist oder ob noch ein   14
weiterer Vergaberechtsverstoß hinzutreten muss.[15]

Für diese Sichtweise streitet in der Tat der **Wortlaut** der jeweiligen **Rechtsmittelrichtlinien**   15
bzw. vergleichbarer Abschnitte in den Vergaberichtlinien, **ohne** dass dies aber **1:1** vom Gesetzgeber in deutsches Recht umgesetzt worden wäre.

Denn zB **Art. 60 Abs. 1 lit. b Vergabe-RL Verteidigung und Sicherheit** bestimmt für   16
verteidigungs- und sicherheitsrelevante Beschaffungen in seinem nachprüfungsrelevanten Teil, dass die Mitgliedstaaten Sorge dafür zu tragen haben, dass ein Vertrag für unwirksam erklärt wird: bei einem Verstoß ua gegen Art. 57 Abs. 2 Vergabe-RL Verteidigung und Sicherheit (i.e. *Vorabinformation inkl. der Zusammenfassung der einschlägigen Gründe sowie der genauen Angabe der konkreten Stillhaltefrist*), falls dieser Verstoß dazu führt, dass der Bieter, der eine Nachprüfung beantragt, **nicht mehr die Möglichkeit hat, vor Abschluss** des Vertrags Rechtsschutz zu erlangen, **und dieser Verstoß verbunden ist mit einem anderen Verstoß gegen die Titel I oder II,** falls der letztgenannte Verstoß die **Aussichten des Bieters,** der eine Nachprüfung beantragt, auf die **Erteilung des Zuschlags beeinträchtigt** hat.

Unerheblich ist dabei im Übrigen, ob der Auftraggeber **verkannt** hat, dass er als öffentlicher   17
Auftraggeber einen öffentlichen Auftrag vergibt und sich deshalb nicht zur Information nach § 134 verpflichtet gesehen hat. Die richtige rechtliche Einordnung eines geplanten Vorgehens gehört zum allgemeinen Risiko, das jeder zu tragen hat, der am Rechtsleben teilnimmt.[16]

Keine Information ist **erforderlich, wenn ein bestehender Vertrag in rechtlich zulässiger Weise ohne Vergabeverfahren verlängert** (Ausübung einer schon im ehemaligen Vergabeverfahren veröffentlichten Option nach **§ 132 Abs. 2 S. 1 Nr. 1**) oder ergänzt (zB zusätzliche Lieferleistungen, **§ 14 Abs. 4 Nr. 5 VgV**) werden darf und die geschlossene Vereinbarung sich innerhalb dieses zulässigen Rahmens bewegt. **Entzieht** der öffentliche Auftraggeber jedoch nach einem schon erteilten Zuschlag und eingetretenen Leistungsstörungen **dem bisherigen Vertragspartner den Auftrag,** um ihn dem im damaligen Vergabeverfahren **zweitbesten Bieter zu übertragen,** hat eine **erneute Information aller am vorherigen Wettbewerb beteiligten Unternehmen,** auch   18

---

[10] OLG München Beschl. v. 2.6.2016 – Verg 15/15, VPR 2016, 186; OLG Naumburg Beschl. v. 27.5.2010 – 1 Verg 1/10, ZfBR 2010, 714.
[11] VK Rheinland Beschl. v. 23.4.2019 – VK 7/19, ZfBR 2020, 310; VK Sachsen Beschl. v. 8.7.2016 – 1/SVK/012-16, BeckRS 2016, 14107.
[12] BVerfG Beschl. v. 29.7.2004 – 2 BvR 2248/03, NZBau 2004, 564; BGH Beschl. v. 18.5.2004 – X ZB 7/04, NZBau 2004, 473.
[13] So zu Recht VK Schleswig-Holstein Beschl. v. 6.5.2015 – VK-SH 4/15, IBRRS 2015, 2431, die den behaupteten Verstoß gegen den damaligen § 101a iErg der materiellen Prüfung lediglich als unbegründet zurückgewiesen hatte und nunmehr auch OLG Düsseldorf Beschl. v. 19.4.2017 – VII-Verg 38/16, BeckRS 2017, 116312.
[14] BVerfG Beschl. v. 29.7.2004 – 2 BvR 2248/03, NZBau 2004, 564; BGH Beschl. v. 18.5.2004 – X ZB 7/04, NZBau 2004, 473.
[15] So zu Recht zB schon OLG Düsseldorf Beschl. v. 17.8.2011 – Verg 55/11, IBRRS 2011, 3752 (§ 118 aF).
[16] BGH Beschl. v. 1.2.2005 – X ZB 27/04, VergabeR 2005, 328.

des ehemaligen Vertragspartners, zu erfolgen.[17] In aller Regel hat in einer solchen Situation jedoch sogar **ein erneutes Vergabeverfahren stattzufinden,** da das durchgeführte Vergabeverfahren mit dem Zuschlag seinen Abschluss gefunden hat und die ehemaligen Bindefristen abgelaufen sind. Sollte durch die Leistungsstörungen **Dringlichkeit** eingetreten sein, ist zu prüfen, ob diese selbst verschuldet wurde durch Auswahl eines vorhersehbar ungeeigneten Unternehmens und inwieweit der Dringlichkeit mit den verkürzten Bekanntmachungsfristen, etwa nach § 15 Abs. 3 VgV oder § 16 Abs. 3 VgV, ausreichend begegnet werden kann.

19 Ist eine **Information nach § 134** zwar erteilt, aber **nicht an alle unterlegenen Bieter oder Bewerber** versandt worden, können sich **nur diejenigen Bieter oder Bewerber auf** das Fehlen der Information **berufen, die keine Information bekommen** haben und **nicht für den Zuschlag vorgesehen** sind. Sinn der Regelungen in § 134 und § 135 ist es, den unterlegenen Bietern die Möglichkeit zu eröffnen, Rechtsschutz zu erlangen, wenn sie die Entscheidung des Auftraggebers für vergaberechtswidrig halten. Gegenüber Bewerbern/Bietern, die eine **Information nach § 134 erhalten** haben, hat der **Auftraggeber seine Pflicht erfüllt,** sodass diese nach erfolgtem Vertragsschluss nicht dessen Unwirksamkeit unter Hinweis auf die fehlende Information anderer Bieter geltend machen können.[18]

20 Denn **auch im Rahmen des Abs. 1 Nr. 1** sind die **allgemeinen Zulässigkeitskriterien,** wie die **Antragsbefugnis nach § 160 Abs. 2 und die Rügeverpflichtung nach § 160 Abs. 3,** einzuhalten. Auch im Rahmen des § 135 sind Popularbeschwerden Riegel vermittels dieser Zulässigkeitsschranken vorzuschieben.

21 Auf einen Verstoß gegen § 134 kann sich deshalb auch **der erfolgreiche Bewerber/Bieter nicht berufen,** wenn er sich nach erfolgtem Vertragsschluss vom Vertrag gerne wieder lösen möchte. Er ist durch eine fehlerhafte Vorabinformation oder eine Verletzung der europaweiten Ausschreibungspflicht **nicht beschwert.** Die Regelungen der §§ 134 und 135 zielen nicht auf die Absicherung eines allgemeinen Gerechtigkeitsgedankens ab, sondern auf die **Sicherung effektiven Primärrechtsschutzes.** Der erfolgreiche Bieter benötigt den Rechtsschutz zumindest im Vergabeverfahren nicht, kann aber möglicherweise **später vertragsrechtliche Ansprüche** haben. Diese sind auf den zivilprozessualen Wegen zu suchen und unterliegen nicht der sehr kurzen Frist, in der allein effektiver Primärrechtsschutz im Vergabeverfahren möglich ist.[19]

22 Hatte ein Bewerber/Bieter schon **aus einer anderen Quelle des Auftraggebers oder durch Dritte,** zB im Rahmen eines Gesprächs erfahren, dass seine Bewerbung/sein Angebot nicht den Zuschlag erhalten soll, sah die Rechtsprechung zu § 13 VgV vor, dass damit der Informationszweck erfüllt und ein Ausbleiben einer weiteren förmlichen Information keine Nichtigkeitsfolge nach sich ziehen sollte.[20] Diese Rechtsprechung sah den Zweck der Regelung durch die faktische Information als erfüllt an, was angesichts der unbefristeten Nichtigkeitsfolge und des damit für die Vertragspartner verbundenen Risikos eine vertretbare Wertung war. Angesichts des **klaren Wortlauts in § 134 und der in § 135 Abs. 2 S. 1 eingeführten Ergänzung zur relevanten Kenntniserlangung nur über den Auftraggeber** gibt es **für diese Rechtsprechung seit 2009 keine Basis mehr.**[21] Diese Neuregelungen mindern das Risiko einer Unwirksamkeitsfeststellung zulasten des Auftraggebers und setzen dem Rechtsschutzsuchenden eine **kurze Ausschlussfrist** für die Zulässigkeit dieses individuellen Sonderrechtsschutzes. Die rückwirkende Unwirksamkeitsfolge des Abs. 1 kann und soll daher nach der gesetzgeberischen Intention nicht mehr eintreten, wenn der Verstoß gegen Abs. 1 Nr. 1 und 2 nicht innerhalb der Fristen des Abs. 2 bei der Vergabekammer vermittels Nachprüfungsantrags geltend gemacht wurde.[22]

23 Im Interesse eines effektiven Primärrechtsschutzes muss daher für den Bewerber/Bieter **zweifelsfreie Klarheit** über den Entscheidungsstand des Auftraggebers einschließlich der nach § 134 mindestens zu erteilenden Informationen über die Gründe bestehen. Nach dem **Wortlaut von § 134** hat daher auch bei vorausgegangenen Gesprächen schlussendlich die entscheidende vollständige Information **in Textform**[23] zu erfolgen.

---

[17] OLG Naumburg Beschl. v. 15.3.2007 – 1 Verg 14/06, VergabeR 2007, 512.
[18] OLG Düsseldorf Beschl. v. 19.4.2017 – VII-Verg 38/16, IBR 2017, 516.
[19] BGH Beschl. v. 1.2.2005 – X ZB 27/04, VergabeR 2005, 328.
[20] OLG Schleswig Beschl. v. 28.11.2005 – 6 Verg 7/05, VergabeR 2006, 258; OLG Celle Beschl. v. 8.12.2005 – 13 Verg 2/05, NZBau 2006, 197.
[21] So auch *Noch* VergabeR-HdB Kap. A Rn. 448, entgegen zwischenzeitlich auch ergangener Rechtsprechung (OLG München Beschl. v. 21.2.2013 – Verg 21/12, NZBau 2013, 458 und Beschl. v. 10.3.2011 – Verg 1/11, NZBau 2011, 445), wonach auch eine anderweitige Kenntniserlangung die 30-Tages-Frist des jetzigen § 135 Abs. 2 S. 1 in Gang setze.
[22] BT-Drs. 16/10117, Anlage 1, 21, schon zur Vorgängerregelung.
[23] *Gnittke-Hattig* in Müller-Wrede GWB Rn. 39; in dieser formalen Diktion auch EuGH Urt. v. 28.1.2010 – C-456/08, VergabeR 2010, 457.

Danach muss für **eine in Textform abzugebende Erklärung** „eine **lesbare Erklärung auf** 24
einem dauerhaften Datenträger abgegeben werden, in der die Person des Erklärenden genannt
ist". Als dauerhafter Datenträger gilt dabei nach der Legaldefinition des § 126b S. 2 BGB jedes
Medium, das (1.) es dem Empfänger ermöglicht, eine auf dem Datenträger befindliche, an ihn
persönlich gerichtete **Erklärung** so **aufzubewahren oder zu speichern,** dass sie ihm während
eines für ihren Zweck **angemessenen Zeitraums zugänglich** ist, und (2.) geeignet ist, die **Erklärung unverändert wiederzugeben.**

Auch nach dieser neuen Definition kann die Information nach § 134 somit sowohl klassisch 25
per **Brief** (mit dann längerer Frist), per **Fax** oder **E-Mail**, aber auch auf CD-ROM, USB-Stick,
Speicherkarten oder Festplatten abgegeben werden und verstößt somit auch formell nicht gegen
§ 135 Abs. 1 Nr. 1.

Da der Auftraggeber zudem die **Beweislast** für die Rechtmäßigkeit seines Vergabeverfahrens 26
auch in diesem Punkt trägt, ist auch aus diesem Grund eine „aktenkundige" und später nachvollziehbare Information in Textform geboten, auf deren nachprüfbaren Inhalt späterhin verwiesen werden kann.

Das Informationsschreiben verstößt auch gegen **§ 134,** wenn es **nicht die zutreffenden** 27
Gründe für die Nichtberücksichtigung des Angebotes angibt. Diese müssen zumindest so **klar und**
vollständig dargestellt sein, dass der Bewerber/Bieter bei verständiger Würdigung erkennen kann,
warum seine Bewerbung/sein Angebot nicht erfolgreich war.[24]

Deshalb darf durchaus erwartet werden, dass dem Bieter die **Wertungssumme oder Wer-** 28
tungspunktzahl seines eigenen Angebots sowie ggf. auch diejenige des vorgesehenen Zuschlagsbieters mitgeteilt wird. Bei Wertungsformeln hingegen, die einen mittelbaren, **problemlosen Rückschluss auf den konkreten Angebotspreis des Zuschlagsbieters** erlauben, **verbietet** sich die
konkrete Angabe zum Angebot des Zuschlagsbieters, da damit mittelbar dessen **Geschäfts- und**
Betriebsgeheimnisse unberechtigt offengelegt würden. Vergleiche dazu auch § 39 Abs. 6 VgV, der
nach Zuschlagserteilung für die **Vergabebekanntmachung** generelle **Zurückbehaltungs-**
rechte hinsichtlich einzelner Angaben enthält, wenn deren Veröffentlichung zB den berechtigten
geschäftlichen Interessen eines Unternehmens schaden oder den lauteren Wettbewerb zwischen
Unternehmen beeinträchtigen würde. § 134 Abs. 3 S. 2 kennt und nennt **diese Zurückbehaltungsrechte nunmehr erstmalig auch,** beschränkt diese Möglichkeiten aber **auf verteidigungs- und sicherheitsspezifische Aufträge.**

Sinn und Zweck der Vorabinformation ist es, dass der betroffene Bieter lediglich eine verlässliche 29
Basis erhält, gegen die Entscheidung des Auftraggebers vorzugehen,[25] er also Anlass für eine Nachprüfung des Vergabeverfahrens sieht.

2. De-facto-Vergabe (Abs. 1 Nr. 2). a) Keine Veröffentlichung einer EU-Bekanntma- 30
chung. Abs. 1 Nr. 2 **entspricht** im Wesentlichen dem **vormaligen § 101b Abs. 1 Nr. 2 GWB**
2009. Klargestellt wurde aber nunmehr gegenüber § 101b, dass **allein schon** die Vergabe eines
Auftrags **ohne** die erforderliche **Veröffentlichung einer Bekanntmachung im Amtsblatt der**
Europäischen Union die Feststellung der Nachprüfungsinstanzen ermöglicht, dass der vom Auftraggeber geschlossene Vertrag rückwirkend unwirksam ist. **Wie viel Wettbewerb** dabei erzeugt
oder nicht erzeugt wurde oder ob ggf. nur ein Unternehmen ohne förmliches Verfahren einbezogen
wurde,[26] ist **nunmehr irrelevant für die Unwirksamkeitsfeststellung.** Einzige Gegenausnahme
ist aber, dass der Verzicht auf die EU-Bekanntmachung ausnahmsweise aufgrund Gesetzes gestattet
war.

Ziel der zugrunde liegenden **Vergabenachprüfungsrichtlinien** war es insbesondere, bisherige 31
Schwachstellen **eines effektiven Rechtsschutzes zu beseitigen**[27] und insbesondere eine Verstärkung von Nichtdiskriminierung und Transparenz. Ein **weiterer Zweck** der in § 135 umgesetzten
EU-rechtlichen Intension war es demgegenüber aber **auch, nach** einer gewissen **Zeitspanne** eine
Rechtssicherheit zu gewährleisten, ein Vorgehen gegen bereits abgeschlossene Verträge zu untersagen und die Wirksamkeit solcher Verträge nicht mehr in Frage zu stellen.

b) Aufgrund Gesetzes gestattete Vergabe ohne EU-Bekanntmachung. Die Vergabe eines 32
öffentlichen Auftrages **ohne Veröffentlichung einer Bekanntmachung im Amtsblatt der Euro-**

---

[24] OLG Jena Beschl. v. 14.2.2005 – 9 Verg 1/05, VergabeR 2005, 521; VK Schleswig-Holstein Beschl. v. 6.5.2015 – VK-SH 4/15, VPR 2015, 268.
[25] OLG Düsseldorf Beschl. v. 19.4.2017 – VII-Verg 38/16, VPR 2017, 3116.
[26] Sog. de-facto-Vergabe im engeren Sinne gegenüber der sog. de-facto-Vergabe im weiteren Sinne, bei der zumindest mehrere Unternehmen einbezogen wurden. Diese alte Unterscheidung ist nunmehr im Geltungsbereich des § 135 überholt und irrelevant.
[27] Erwägungsgrund 4 RL 2007/66/EG.

päischen Union schließt Transparenz und Wettbewerb aus und ist deshalb **nur unter den spezialgesetzlich oder im GWB** oder den verschiedenen **Vergabeverordnungen** oder in der **EG VOB/A bzw. VS VOB/A definierten Voraussetzungen zulässig**, die im Interesse eines größtmöglichen Wettbewerbs **eng auszulegen** sind. Ausnahmen enthalten zB – über die generellen Bereichsausnahmen des GWB hinaus – die in **§ 14 Abs. 4 Nr. 1–9 VgV, § 13 Abs. 2 SektVO** und **§ 3a EU Abs. 3 Nr. 1– 5 VOB/A bzw. § 3a VS Abs. 2 Nr. 1–5 VOB/A** aufgeführten Fallgruppen.

33   Aber auch in den dort verankerten Ausnahmefällen eines **Verhandlungsverfahren ohne vorherige Bekanntmachung,** gehen die dort definierten Fallgestaltungen **grundsätzlich von einer Vergabe im Wettbewerb** aus. Lediglich für **gesondert genannte Alternativen** ist **darüber hinaus eine sog. „Direktvergabe"** an ein **bestimmtes Unternehmen als zulässig** anerkannt, zB in § 14 Abs. 4 Nr. 2 lit. a, b oder c VgV bzw. § 3a EU Abs. 3 Nr. 3 lit. a, b oder c VOB/A (aufgrund von nicht vorhandenem Wettbewerb aus künstlerischen, technischen Gründen oder aufgrund von rechtlich fundierten Ausschließlichkeitsrechten), § 14 Abs. 4 Nr. 5 (zusätzliche Lieferleistungen, die aus technischen Gründen an das Unternehmen gehen müssen, das den Hauptauftrag innehat, vgl. auch § 132 Abs. 2 Nr. 2), § 14 Abs. 4 Nr. 9 VgV (wenn nach den bekannt gemachten Bedingungen an den Gewinner eines Auslobungsverfahrens zu vergeben ist). In den letztgenannten Fällen liegt aber allenfalls ein separat geltend zu machender Verstoß gegen vorrangig zu beachtende Verfahrensregularien vor, nicht aber gegen § 135 Abs. 1 Nr. 2, da zumindest eine Dispensierung von der vorherigen EU-weiten Veröffentlichung auf Grundlage paralleler Bestimmungen zugestanden ist, die lediglich eine Begrenzung des Wettbewerbs auf ein Unternehmen nicht vorsehen. Nichtsdestotrotz gebieten Gesetzgebungsgeschichte und Normzweck des § 135 Abs. 1 S. 2 eine weite Auslegung, sodass die Feststellung der Unwirksamkeit eines Auftrags nach § 135 Abs. 1 S. 2 auch dann in Betracht kommt, wenn die tatbestandlichen Voraussetzungen für das Absehen von einer EU-Bekanntmachung, etwa in äußerst dringlichen Beschaffungsfällen wie bei Coronatests in Alten- und Pflegeheimen, nur in anderer als der konkret gewählten und durchgeführten Art und Weise objektiv vorlagen.[28] In diesen Fällen steht auch der Umstand, dass der Vertrag zwischenzeitlich erfüllt ist, der Feststellung seiner von Anfang an bestehenden Unwirksamkeit nicht entgegen.[29]

34   Weitere generelle Ausnahmebestimmungen iSd Abs. 1 Nr. 2 aE enthalten auch die § 130 Abs. 1 S. 2, § 131 Abs. 1 S. 2 für Aufträge über soziale und andere besondere Dienstleistungen und über Personenverkehrsleistungen im Eisenbahnverkehr sowie § 141 Abs. 2 für Sektorenauftraggeber. Gleiches gilt für die Vergabe von Konzessionen aufgrund der Sonderbestimmung in § 151 Abs. 2 und gem. § 146 S. 2 für verteidigungs- und sicherheitsspezifische öffentliche Aufträge.

35   Zusammenfassend scheidet somit die Feststellung der Unwirksamkeit eines ohne vorherigen EU-weiten Wettbewerb geschlossenen Vertrages nach Abs. 1 Nr. 2 immer und nur dann aus, wenn das betroffene Vergabeverfahren im Rahmen eines zulässigen Verhandlungsverfahrens ohne vorherigen Teilnahmewettbewerbs ausnahmsweise zulässig ist.

36   Diese objektive Notwendigkeit unterscheidet diese Situation von der neu eingeführten Möglichkeit einer freiwilligen EU-Bekanntmachung gem. Abs. 3, bei der es nur rein subjektiv darauf ankommt, dass der Auftraggeber nur der – ggf. auch fehlerhaften – Ansicht ist, eine Vergabe ohne jedwede normale EU-Bekanntmachung, etwa nach § 37 VgV, vergeben zu dürfen.

37   Da **§ 13 VgV** in seinem Wortlaut eine Information **nur an Bieter** vorsah, stellte sich in der praktischen Anwendung ehedem die Frage, wie der Fall einer vollständigen Umgehung von Vergaberecht zu behandeln sei. Ausgehend von der sachlichen Betrachtungsweise, dass eine unter Umgehung von Vergaberecht unmittelbar bei einem Unternehmen erfolgte Beschaffung die Vergabe eines Auftrages beinhaltet, wurde der Begriff der de-facto-Vergabe geprägt. Vom **Wortlaut des § 13** war jedoch dieser Sachverhalt, der immerhin den weitestgehenden Verstoß gegen Vergaberecht darstellte, nicht erfasst, da es bei dieser Art der Vergabe keine benachrichtigungspflichtigen anderen Bieter gibt. Das unbefriedigende Ergebnis war, dass der besonders rechtswidrig handelnde Auftraggeber nicht einmal dem Risiko eines nichtigen Vertrages ausgesetzt war. Dem hat die **Rechtsprechung in einer umfangreichen Kasuistik** schon vor 2016 versucht entgegenzuwirken, in der sie klargestellt hatte, dass die Informationspflicht auch in Fällen von de-facto-Vergaben gilt, wenn es Unternehmen gibt, die Interesse am Auftrag bekundet hatten und ein Angebot abgegeben hätten. Wurde danach ein Auftrag außerhalb eines förmlichen Verfahrens vergeben, bei dem aber bei verschiedenen Unternehmen Angebote eingeholt worden waren, waren diese Bieter nach **§ 13 VgV analog** zu informieren.[30] Dabei ließ es die Rechtsprechung ausreichend, dass dem Auftraggeber

---

[28] So OLG Rostock Beschl. v. 9.12.2020 – 17 Verg 4/20, NZBau 2021, 484.
[29] OLG Rostock Beschl. v. 9.12.2020 – 17 Verg 4/20, NZBau 2021, 484.
[30] BGH Beschl. v. 1.2.2005 – X ZB 27/04, NZBau 2005, 290; OLG Celle Beschl. v. 14.9.2006 – 13 Verg 3/06, ZfBR 2006, 818; OLG Düsseldorf Beschl. v. 25.1.2005 – VII-Verg 93/04, NZBau 2005, 484; OLG München Beschl. v. 7.6.2005 – Verg 4/05, VergabeR 2005, 620; EuGH Urt. v. 15.10.2009 – C-275/08, NZBau 2010, 63; OLG Celle Beschl. v. 29.10.2009 – 13 Verg 8/09, NZBau 2010, 194.

III. Unwirksamkeitsvoraussetzungen (Abs. 1) 38–43 § 135 GWB

das Interesse am Auftrag von mindestens einem weiteren Unternehmen bekannt war. Der Abgabe eines Angebotes bedurfte es für diese untechnische „Interessensbekundung" nicht, da mangels Ausschreibung regelmäßig keine Grundlage für ein konkretes Angebot vorlag.[31] Wurde ein Vertrag ohne jeden Wettbewerb und ohne zu Tage getretenes Interesse weiterer Unternehmen geschlossen, versuchte die Rechtsprechung, diesen Sachverhalt über die Frage der Sittenwidrigkeit (§ 138 BGB) zu lösen und kam dabei zu der Wertung, dass Sittenwidrigkeit nur bei bewusster Umgehung oder kollusivem Zusammenwirken der Vertragspartner anzunehmen war.[32]

Diese Rechtsprechung und Analogiebildungen sind nunmehr durch die schon 2016 vorgenommenen **Gesetzesänderungen obsolet** geworden. Denn § 135 Abs. 1 wurde 2016 gegenüber der Vorgängerbestimmung in § 101b Abs. 1 Nr. 2 aF dahingehend geändert, dass nicht mehr die Auftragsvergabe an ein Unternehmen, ohne andere Unternehmen am Vergabeverfahren zu beteiligen, relevant ist, sondern einzig und allein, ob der Auftrag ohne – notwendige – vorherige Veröffentlichung einer Bekanntmachung im Amtsblatt der Europäischen Union vergeben wurde, egal wie viel Wettbewerb im Übrigen, etwa durch eine nationale öffentliche Ausschreibung oder die direkte Ansprache zahlreicher Unternehmen, erzeugt worden sein mag. **38**

Mit der **Novelle 2016** reicht es **für** die Rechtsfolge der erklärbaren **Unwirksamkeitsfolge** deshalb **erstmalig richtlinienkonform** aus, dass ein Auftrag **nur ohne die erforderliche,** aufgrund Gesetzes nicht dispensierte, **EU-Bekanntmachung** vergeben wurde und dieser Verstoß mit der damit verbundenen Unwirksamkeitsfolge des Vertrages von Anfang an – unter **Beachtung aller formellen Erfordernisse und einzuhaltenden Fristen** – in einem Nachprüfungsverfahren festgestellt wird. **39**

Wird ein derartiger de-facto-Vertrag geschlossen, ist er **zunächst schwebend wirksam**,[33] **kann aber** von den Nachprüfungsinstanzen nachträglich unter sämtlichen Voraussetzungen des § 135 und der einschlägigen eines Vergabenachprüfungsverfahrens **rückwirkend für unwirksam erklärt** werden.[34] **40**

Dies gilt auch für im Kleide des neuen § 132 abgeschlossene **Änderungsverträge**, die unter Nutzung etwa eines schon **im Altvertrag** vereinbarten **Leistungserweiterungsrechts** nach § 132 **Abs. 2 Nr. 1** erfolgten, bei denen dieses Leistungserweiterungsrecht aber **nicht qualitativ oder quantitativ hinreichend definiert und begrenzt** war,[35] sodass eine solche **Änderung als wesentlich** anzusehen ist. Bei mehreren aufeinanderfolgenden Aufstockungen ist dabei der Gesamtumfang der Aufstockung entscheidend.[36] Auch in diesen Fällen kann der **Änderungsvertrag gem. Abs. 1 Nr. 2** mangels nicht erfolgter EU-Ausschreibung **für unwirksam erklärt** werden.[37] **41**

Als scheinbar durch das Gesetz gestatteter Fall war früher streitig, ob **nach einem vorangegangenen und aufgehobenen Vergabeverfahren,** wenn im Verhandlungsverfahren zum Schluss nur noch mit einem Unternehmen verhandelt und diesem der Zuschlag erteilt wurde, die abgewiesenen Bewerber oder ausgeschiedenen Verhandlungspartner zu informieren waren. Die Rechtsprechung sah hier die Informationspflicht in einer analogen Anwendung des **§ 13 VgV** oder begründete sie damit, dass die Unternehmen mit ihren Angeboten in dem aufgehobenen Verfahren Bieterstatus erlangt hatten.[38] Durch die Regelung des jetzigen **§ 134 Abs. 1 S. 2** ist schon seit der Novelle in 2009 gesetzlich geklärt, dass **auch Bewerber zu informieren** sind, **wenn sie nicht schon vorher vom Auftraggeber über ihr Scheitern informiert wurden** und dass nur im Falle von besonderer Dringlichkeit die Informationspflicht wie bei Bietern entfällt. **42**

In gleicher Weise kommt die **Feststellung der Unwirksamkeit** des geschlossenen Vertrages nach Abs. 1 Nr. 2 **nicht in Betracht,** wenn der Verzicht auf eine EU-weite Ausschreibung vergaberechtlich zulässig war, da die **Vergabe von vorneherein** schon gar **keiner** solchen **Ausschreibungspflicht** unterfiel,[39] weil der Auftrag zB nicht gem. § 106 dem Vergaberegime unterlag, die **43**

---

[31] OLG Celle Beschl. v. 14.9.2006 – 13 Verg 3/06, ZfBR 2006, 818; OLG Hamburg Beschl. v. 25.1.2007 – 1 Verg 5/06, NZBau 2007, 801.
[32] OLG Karlsruhe Beschl. v. 6.2.2007 – 17 Verg 7/06, NZBau 2007, 395; OLG Hamburg Beschl. v. 25.1.2007 – 1 Verg 5/06, NZBau 2007, 801. Beachte aber § 135 OLG Saarbrücken Urt. v. 17.8.2016 – 1 U 159/14, NZBau 2016, 792, wonach ein Vertrag, den die Vertragsparteien unter bewusster und gewollter Außerachtlassung der nach vergaberechtlichen Vorschriften zwingend erforderlichen Ausschreibung der Leistungen geschlossen haben, gegen die Grundwerte des Vergaberechts verstößt und nach § 138 Abs. 1 BGB sittenwidrig ist. In einem solchen Fall sind danach wechselseitige Ansprüche nach § 817 S. 2 BGB ausgeschlossen.
[33] Grundlegend Dreher/Hoffmann NZBau 2010, 201.
[34] OLG Dresden Beschl. v. 21.9.2016 – Verg 5/16, BeckRS 2016, 118858.
[35] OLG Schleswig Beschl. v. 28.8.2015 – 1 Verg 1/15, VergabeR 2015, 768.
[36] OLG Schleswig Beschl. v. 28.8.2015 – 1 Verg 1/15, VergabeR 2015, 768.
[37] OLG Schleswig Beschl. v. 28.8.2015 – 1 Verg 1/15, VergabeR 2015, 768.
[38] OLG Düsseldorf Beschl. v. 23.2.2005 – VII-Verg 85/04, NZBau 2005, 536.
[39] OLG Düsseldorf Beschl. v. 17.12.2014 – VII-Verg 25/14, ZfBR 2015, 414, für die Vorgängerregelung in § 101b aF.

einschlägigen Schwellenwerte nicht erreicht werden oder sonstige Ausnahmebestimmungen im Vorfeld und unabhängig vom zu wählenden Vergabeverfahren eingreifen.

44 **3. Feststellung des Verstoßes in einem Nachprüfungsverfahren.** Das Vorliegen eines Verstoßes gegen § 134 oder § 135 Abs. 1 Nr. 2 muss **in einem Nachprüfungsverfahren** festgestellt worden sein, das unter Berücksichtigung der **Fristen des Abs. 2** beantragt worden ist.

45 Die vormalige, etwas unglückliche Formulierung „in einem Nachprüfungsverfahren nach Absatz 2" im vormaligen § 101b wurde durch Weglassen von „nach Absatz 2" schon 2016 **klargestellt**.

46 Eine Feststellung des Verstoßes liegt vor, wenn die Entscheidung einer Vergabekammer oder eines Beschwerdesenates den Verstoß rechtskräftig festgestellt hat. Die Feststellung des Verstoßes gegen die Informationspflicht ist jedoch kein Selbstzweck. Die unterlassene Information berührt die Chancen auf Erhalt des Auftrages nur im Hinblick auf die ggf. notwendige Inanspruchnahme von Rechtsschutz. Der **Nachprüfungsantrag** muss daher die **in den §§ 160, 161 geregelten Zulässigkeitsvoraussetzungen und inhaltlichen Anforderungen erfüllen** (Erfüllung der **Rügepflicht**, nach § 160 Abs. 3 S. 1 und 2 (nur) im Falle von § 135 Abs. 1 Nr. 1, Darlegung der **Antragsbefugnis**, Bezeichnung des Antragsgegners, Sachverhaltsdarstellung) und die **Rechtsverletzung** durch die Nichtbeachtung von Vergaberechtsbestimmungen **darlegen**.

47 **a) Antragsbefugnis gem. § 160 Abs. 2.** Da die Spezialregelung in § 135 Abs. 1 **nur** das ansonsten gem. **§ 168 Abs. 2 S. 1** bestehende **Verfahrenshindernis** eines bereits erteilten **Zuschlags beseitigt,** sind Nachprüfungsverfahren, die nur auf eine allgemeine Rechtmäßigkeitskontrolle abzielen, oder gar reine **Popularbeschwerden unzulässig.** Deshalb bedarf es auch in den Fällen des § 135 für die **Zulässigkeit** eines entsprechenden **Antrags** einer **individuellen Antragsbefugnis** des konkret antragstellenden Bewerbers oder Bieters nach **§ 160 Abs. 2**.[40] Die Gesetzesbegründung zur fast wortgleichen Vorgängerregelung in § 101b GWB 2009 sprach deshalb konsequent von der Einleitung eines Nachprüfungsverfahrens „durch einen Antragsbefugten".[41]

48 Gemäß § 160 Abs. 2 ist jedes Unternehmen antragsbefugt, das ein **Interesse an dem öffentlichen Auftrag oder der Konzession** hat und eine **Verletzung in seinen Rechten** nach § 97 Abs. 6 durch **Nichtbeachtung von Vergabevorschriften** geltend macht und darüber hinaus darlegt, dass ihm **durch die behauptete Verletzung** von Vergabevorschriften ein **Schaden** entstanden ist oder zu entstehen droht.

49 Hinsichtlich der Antragsbefugnis nach § 160 Abs. 2 ist zwischen einem Verstoß gegen § 135 Abs. 1 Nr. 1 und Abs. 1 Nr. 2 zu differenzieren.

50 Das notwendige Interesse an dem Auftrag wird in der Regel schon allein dadurch nachgewiesen, dass ein Unternehmen ein Angebot abgegeben hat. Der nach § 160 Abs. 2 S. 2 ebenfalls noch darzulegende Schaden oder drohende Schaden setzt grundsätzlich die Verschlechterung der Zuschlagschancen durch den behaupteten Vergaberechtsverstoß voraus.[42]

51 Bei der **Verletzung (nur) der Informationspflichten aus § 134** im Falle des § 135 Abs. 1 Nr. 1 steht eine solche **Antragsbefugnis nur denjenigen Bewerbern oder Bietern** zu, denen der Auftraggeber gegenüber einen **vermeintlichen Verstoß gegen § 134** begangen hat.[43]

52 Hat der Auftraggeber somit **nicht allen** Bewerbern und Bietern die erforderliche **Vorabinformation nach § 134 Abs. 1** erteilt, können sich auch **nur diejenigen Unternehmen auf die Unwirksamkeit des geschlossenen Vertrages** nach § 135 Abs. 1 Nr. 1 berufen, die **keine oder keine vollständige oder eine völlig unzutreffende Information** gemäß den Erfordernissen des § 134 erhalten haben oder denen gegenüber die Stillhalte- und Wartefrist nicht eingehalten wurde. **Nicht antragsbefugt** sind hingegen die ordnungsgemäß vorinformierten Bewerber oder Bieter. Dies gilt auch für den vorgesehenen Zuschlagsbieter, da diesem **gegenüber keine Vorabinformationspflicht** besteht und dieser auf diese vergaberechtlichen Rechtsschutzmechanismen nicht angewiesen ist.

53 Bei einem behaupteten **Verstoß** gegen **Abs. 1 Nr. 2** ist der Antragsteller in der Regel gehindert worden, sich an dem Vergabeverfahren mangels Publikation durch Abgabe eines Angebots oder eines Teilnahmeantrags zu beteiligen. Für diese **Antragsbefugnis reicht** es deshalb in der Regel aus, wenn er **behauptet,** er hätte sich bei einer europaweiten Ausschreibung durch **Abgabe eines Angebots** beteiligt. Etwas anderes kann **ausnahmsweise** nur dann gelten, wenn der ausgeschriebene Auftrag **nicht zum Branchenumfeld** des Antragstellers gehört oder er selbst die mangelnde Lieferfähigkeit des ausgeschriebenen Produktes eingeräumt hat.[44]

---

[40] OLG München Beschl. v. 12.5.2011 – Verg 26/10, VergabeR 2011, 762.
[41] BT-Drs. 16/10117, Anlage 2, 21.
[42] BGH Beschl. v. 10.11.2009 – X ZB 8/09, VergabeR 2010, 210.
[43] VK Bund Beschl. v. 2.6.2017 – VK 2-52/17, IBRRS 2017, 2374, für den Fall, dass sich der nicht informationspflichtige Zuschlagsbieter an die Vergabekammer wendet und einen Verstoß gegen § 134 geltend macht.
[44] So im Fall des OLG Rostock Beschluss v. 25.11.2020 – 17 Verg 1/20, VPR 2021, 69 wonach sich ein Unternehmen im Vergabenachprüfungsverfahren nicht auf die eigene Leistungsfähigkeit berufen kann, wenn

b) Rügeverpflichtungen nach § 160 Abs. 3. Zudem bleibt die **Spezialregelung** in § 160 **54** Abs. 3 S. 2 zu beachten, wonach die **Rügepflichten** des § 160 Abs. 3 S. 1 Nr. 1–4 **gerade nicht** bei einem **Antrag** auf Feststellung der Unwirksamkeit des Vertrages **nach § 135 Abs. 1 Nr. 2** gelten. Im Rahmen des **Abs.** 1 sind Rügepflichten somit **nur bei Geltendmachung einer Verletzung der Vorabinformations- und Wartepflicht nach § 134 bei der Nr. 1 relevant.**[45]

Bei einem derart behaupteten Verstoß gegen § 134 jedoch stellt sich dann aber die **Frage des** **55** **Verhältnisses der Fristen** aus **§ 160 Abs. 3 S. 1 Nr. 4** nach Zurückweisung einer Rüge durch den Auftraggeber und den in **§ 135 Abs. 2** genannten Fristen, etwa nach Kenntnisvermittlung durch den Auftraggeber. Denn die Frist in § 160 Abs. 3 S. 1 Nr. 4 ist mit **15 Tagen erheblich kürzer** als etwa die **30-Tages-Frist** nach § 135 Abs. 2 S. 1.

Da beide Fristen völlig unterschiedliche Sachverhalte und unterschiedliche Reaktionspflichten **56** betreffen, spricht vieles dafür, dass sie **vollständig unabhängig voneinander** gegen ein Antrag stellendes Unternehmen gelten und jede Versäumung auch nur einer dieser Fristen zur **Unzulässigkeit eines Feststellungsantrages** nach § 135 Abs. 1 Nr. 1 führt.

Für den Fall der zeitgleichen Zurückweisung einer Rüge wegen Verstoßes gegen § 134 und **57** einer Zuschlagserteilung wird **teilweise**[46] **vertreten**, dass § 160 Abs. 3 S. 2 entweder im Sinne einer **teleologischen Erweiterung** so zu lesen sei, dass § 160 Abs. 3 S. 1 Nr. 4 in Fällen der vorliegenden Art auch **nicht** bei einem Antrag auf Feststellung der Unwirksamkeit des Vertrages nach § 135 Abs. 1 Nr. 1 **gilt**, oder es sei die **Frist des § 135 Abs. 2** als diejenige des § 160 Abs. 3 S. 1 Nr. 4 **verdrängende, speziellere Frist** anzusehen.

Diese Sichtweise **überzeugt** im Ergebnis **nicht,** da es sich bei § 160 Abs. 3 S. 1 Nr. 4[47] und **58** § 135 Abs. 2 S. 1 um zwei **unabhängige Antragsfristen** handelt. Insbesondere nach einer Zurückweisung einer Rüge besteht aufgrund des **Beschleunigungsgrundsatzes nach § 167** und der Intention des § 160, eine schnellstmögliche **Klärung durch die Vergabekammer** zu erwirken und Rügen nicht auf Vorrat in der Hinterhand behalten zu sollen, eine eigenständige Pflicht zur Fristeinhaltung. Gerade weil im Rahmen des Abs. 1 Nr. 1 die **verfahrensbeendende Wirkung eines Zuschlags** nach § 168 Abs. 2 ausnahmsweise **revidiert werden** kann, muss auch in dieser offenen Frage schnellstens eine abschließende Klärung durch die Nachprüfungsinstanzen erfolgen, zumal der Disput durch Rüge und Zurückweisung der Rüge offen zu Tage getreten ist. Der **Rechtsgedanke des § 168 Abs. 2 S. 2** einer nicht mehr eiligen Situation **greift gerade nicht ein.**

Da Sinn der Regelung die Gewährleistung der Rechtsschutzmöglichkeiten ist, wird der schein- **59** bar schon geschlossene **Vertrag durch Abs. 2 offengehalten, bis über das Rechtsschutzbegehren rechtskräftig entschieden** ist. Kommt die Nachprüfung zu dem Ergebnis, dass **kein Verstoß gegen andere Bestimmungen über das Vergaberecht** als § 134 oder § 135 Abs. 1 Nr. 2 vorliegt oder der Antragsteller durch den **möglicherweise vorhandenen Verstoß gegen Vergaberegeln nicht in seinen Chancen beeinträchtigt wurde,** wird der Nachprüfungsantrag trotz Verstoßes gegen die Informationspflicht im Ergebnis erfolglos bleiben. Den Zweck, den Vertrag nicht vor einer Entscheidung über den beantragten Rechtsschutz rechtsgültig werden und damit die Chance auf Erhalt des Antrages offen zu lassen, hat die Regelung in diesem Fall dennoch erfüllt.

IV. Fristen (Abs. 2)

1. Hintergründe. Abs. 2 definiert und begrenzt den Zeitraum, in dem der Verstoß gegen die **60** Informationspflichten nach **§ 134 und das Unterlassen bestehender EU-weiter Ausschreibungspflichten nach § 135 Abs. 1 Nr. 2** geltend gemacht werden kann. Für die Dauer dieser Zeiträume ist der ohne Vorabinformation oder Bekanntmachungsveröffentlichung geschlossene Vertrag schwebend wirksam. **Wird in den definierten Fristen kein Nachprüfungsantrag gestellt, wird der schwebend wirksame Vertrag rechtsgültig von Anfang an.** Die Befristung der schwebenden Wirk-

---

im Rahmen der vorherigen Markterkundung dessen mit dem Vertrieb beauftragte Mitarbeiter schon unmissverständlich erklärten, dass das eigene Produkt nicht über geforderte technische Spezifikationen verfüge und deren Umsetzung auch späterhin nicht erfolgen werde.
[45] OLG Rostock Beschl. v. 20.11.2013 – 17 Verg 7/13, VPR 2014, 158; OLG Brandenburg Beschl. v. 20.9.2011 – Verg W 11/11, VergabeR 2012, 110; VK Bund Beschl. v. 18.2.2016 – VK 2-137/15, NZBau 2016, 514.
[46] OLG Düsseldorf Beschl. v. 19.4.2017 – VII-Verg 38/16, BeckRS 2017, 116312.
[47] Und auch bei derjenigen nach § 160 Abs. 3 S. 1 Nr. 1; vgl. VK Rheinland-Pfalz Beschl. v. 13.6.2019 – VK 1-4/19, VPRRS 2019, 0355: § 135 Abs. 2 enthalte keine § 160 Abs. 3 S. 1 Nr. 1 verdrängende Sonderregelung. Beide Fristbestimmungen seien bei einer unzureichenden Vorabinformation nebeneinander anwendbar. Dies gilt in gleicher Weise auch für das unabhängige Verhältnis der Fristen in § 134 Abs. 2 und § 160 Abs. 3 S. 1 Nr. 1; vgl. VK Sachsen-Anhalt Beschl. v. 4.5.2020 1 VK LSA 1/20, VPR 2021, 37.

samkeit dient der zügigen Herbeiführung von Rechtssicherheit für alle Beteiligten. Die Regelung definiert **verschiedene Fristen, die zT abhängig vom Kenntnisstand** der Unternehmen sind, andererseits aber **auch ohne jedwede Kenntnis an- und ablaufen.**

61 Im **Maximalfall** und grundsätzlich stehen einem Unternehmen als Bewerber oder Bieter für die Geltendmachung eben genannter Verstöße **ab dem Zeitpunkt des Vertragsschlusses sechs Monate** zur Verfügung (Abs. 2 S. 1 aE).

62 Diese maximale Sechs-Monats-Frist kann aber in besonderen Konstellationen durch Sonderaktivitäten des **Auftraggebers aktiv stark verkürzt** werden. So stehen einem Bieter für die Geltendmachung der Unwirksamkeit eines geschlossenen Vertrages nach § 135 Abs. 2 S. 1 **lediglich 30 Kalendertage** zur Verfügung, wenn der Auftraggeber die Bieter oder Bewerber **entsprechend über den Vertragsabschluss informiert** hat. Das die verkürzte Frist auslösende **Ereignis** ist dabei nicht der Vertragsschluss, sondern die **Information des Auftraggebers** über den bereits erfolgten Vertragsschluss.

63 Zum Dritten ist eine weitere **Fristverkürzungsmöglichkeit** wiederum auf **nur noch 30 Kalendertage** (gerechnet nach der Veröffentlichung der Auftragsvergabe) möglich, wenn der Auftraggeber die Auftragsvergabe **im Amtsblatt der Europäischen Union bekannt** gemacht hat (§ 135 Abs. 2 S. 2).

64 **2. Sechs-Monats-Frist nach Abs. 2 S. 1 Hs. 2.** Erlangt das Unternehmen **keine Kenntnis vom Verstoß**, beträgt die Frist für die Einreichung eines Nachprüfungsantrags **6 Monate nach Vertragsschluss.** Auch eine unzulässige de-facto-Vergabe kann auch im Falle einer wesentlichen Vertragsänderung nur innerhalb von sechs Monaten nach dem Vertragsschluss geltend gemacht werden. Auf den Zeitpunkt des Änderungsvertrages kann nur für den Fristbeginn nur dann abgestellt werden, wenn die Änderung isoliert angegriffen werden soll.[48]

65 **Mit** dem **Ablauf jeder der in Abs. 2 genannten Fristen** (30 Tage ab vom Auftraggeber vermittelter Kenntnis, 30 Tage ab nachträglicher EU-Bekanntmachung oder sechs Monate nach Vertragsschluss), ohne dass ein Nachprüfungsverfahren eingeleitet wurde, **ist der Vertrag rechtsgültig von Anfang an.** Die Fristen des Abs. 2 S. 1 und 2 sind somit voneinander unabhängig, auch wenn sie sich in der Weise überlagern, dass jede Fristversäumung schon für sich allein zur Unzulässigkeit eines Nachprüfungsantrags führt.[49] Insbesondere die Frist von **6 Monaten** in Abs. 2 S. 1 ist eine – absolute – **Ausschlussfrist,** bei der es **keine nachträgliche Wiedereinsetzung in den vorigen Stand**[50] geben kann. Als formelle Ausschlussfrist sind für sie deshalb auch die Vorschriften über materielle Verjährungsfristen (§§ 207 ff. BGB) nicht – auch nicht analog – anwendbar.[51] Auf das zwischenzeitlich rechtsgültige und in der Regel schon in die Erfüllung übergegangene Vertragsverhältnis sollen die **Vertragsparteien grundsätzlich im Sinne von abschließender Rechtssicherheit vertrauen** dürfen.

66 Die Regelung mag ungerecht erscheinen in den Fällen, in denen der Auftraggeber einem Bewerber/Bieter **bewusst eine falsche Auskunft oder** auch **gar keine Information** erteilt, um ihn an der Inanspruchnahme von Rechtsschutz zu hindern und dieser somit keinerlei Kenntnis vom vollzogenen Vertragsschluss hatte oder haben konnte. Im Interesse von **Rechtssicherheit** und im Hinblick auf den Vertragspartner, der auf das Informationsverhalten des Auftraggebers keinen Einfluss hat, hat der Richtliniengeber auf EU-Ebene sowie 1:1 auch der deutsche **Gesetzgeber** jedoch die Wertung getroffen, dass ein Vertragsverhältnis, das über ein halbes Jahr nicht angegriffen wurde, grundsätzlich Bestand haben soll. Die **Grenze** zur alternativ einschlägigen **Sittenwidrigkeit** des geschlossenen Vertrages **iSv § 138 Abs. 1 BGB** ist aber ganz ausnahmsweise überschritten, wenn ein Mitbewerber die Einreichung eines Nachprüfungsantrags erwägt, Kontakt zu einer vorher benannten Schlichtungsstelle aufnimmt und von dieser ohne Offenlegung eines eigenen **Interessenkonflikts** als Subdienstleister eines **Konkurrenten zur Abstandnahme von einer Nachprüfung bestimmt** wird.[52] Ansonsten ist von einer Sperrwirkung gegen derartige zivilrechtliche Durchbrechungen der absoluten 6-Monats-Frist auszugehen.[53] Dies verdeutlichen neben dem in § 135 Abs. 2 umgesetzten

---

[48] OLG Frankfurt a. M. Beschl. v. 3.5.2016 – 11 Verg 12/15, NZBau 2016, 511.
[49] OLG München Beschl. v. 10.3.2011 – Verg 1/11, VergabeR 2011, 755.
[50] OLG Schleswig Beschl. v. 1.4.2010 – 1 Verg 5/09, ZfBR 2010, 726 (Ls.); OLG München Beschl. v. 10.3.2011 – Verg 1/11, VergabeR 2011, 755.
[51] OLG Brandenburg Beschl. v. 22.12.2011 – Verg W 14/11, IBR 2014, 1135; OLG München Beschl. v. 10.3.2011 – Verg 1/11, VergabeR 2011, 755; im letztgenannten Fall war somit selbst das verzögernde Verhalten des Verfahrensbevollmächtigten des Auftraggebers in Verhandlungen folgenlos für den Fristablauf.
[52] OLG Brandenburg Urt. v. 16.12.2015 – 4 U 77/14, NZBau 2016, 184.
[53] So verbieten sich nach *Noch* VergabeR-HdB Kap. A Rn. 449, Relativierungen der absoluten Ausschlussfrist schon vom Ansatz her, sei es gem. § 138 BGB, sei es gem. § 134 BGB, da sie den Zielstellungen des GWB als auch des Art. 2f Abs. 1 RL 2007/66/EG zur fristgebundenen Rechtssicherheit widersprechen.

IV. Fristen (Abs. 2)

Art. 2f Abs. 1 RL 2007/66/EG auch deren Erwägungsgründe 25 und 27. Diese bestimmen zum einen, dass die Notwendigkeit für **Sicherheit hinsichtlich der Entscheidungen** der Auftraggeber zu sorgen, die **Festlegung** einer angemessenen „**Mindest-Verjährungsfrist** für Nachprüfungen, in denen die Unwirksamkeit eines Vertrages festgestellt werden kann", erfordern.[54] Zum Zweiten ist die Geltendmachung der Unwirksamkeit eines Vertrages aus **Gründen der Rechtssicherheit** auf einen bestimmten **Zeitpunkt beschränkt. „Die Effektivität**[55] **dieser Fristen sollte respektiert werden".** Umgekehrt erscheint es auch wegen der kurzen Antragsfristen des § 135 Abs. 2 S. 1 in diesem Sinne zweifelhaft, ob überhaupt ergänzend Raum für das Rechtsinstitut der Verwirkung und damit für eine weitere Fristverkürzung im Einzelfall wäre. Jedenfalls ist die reine Untätigkeit eines Antragstellers so lange nicht geeignet, beim Auftraggeber einen Vertrauenstatbestand im Sinne des Umstandsmoments der Verwirkung zu schaffen.[56]

Dass auch im Nachprüfungsverfahren die oft gegenläufigen Interessen an einem effektiven **67** Rechtsschutz einerseits und an der Rechtssicherheit bezüglich abgeschlossener Verträge andererseits zum Ausgleich gebracht werden müssen und das Interesse an einem effektiven Rechtsschutz unter Umständen zurückstehen muss, lässt sich ergänzend auch aus Art. 2d Abs. 4 der einschlägigen Rechtsmittelrichtlinie und der dazu ergangenen Rechtsprechung des EuGH[57] entnehmen.[58]

Die **6-Monats-Frist** des Abs. 2 gilt somit nach Wortlaut und Systematik des Gesetzes im **68** Übrigen **unabhängig davon, ob der betroffene Bieter überhaupt Kenntnis** von dem Vergaberechtsverstoß hatte oder nicht. Dies steht im Einklang mit **Art. 2f Abs. 1 lit. b RL 2007/66/EG** und ist somit **europarechtskonform.**[59]

Aber nichtsdestotrotz muss man zumindest einen **Vorbehalt** hinsichtlich einer **autonomen 69 Prüfung durch den EuGH** aufgrund eines **Vertragsverletzungsverfahrens** nach **Art. 258 AEUV,** sog. **Aufsichtsklage,** machen. So hat der **EuGH**[60] klargestellt, dass die Einleitung eines solchen Vertragsverletzungsverfahrens allein im **Ermessen der EU-Kommission** liegt. Selbst der Umstand, dass unterlegene oder beschwerdewillige Unternehmen ein Verhalten des Auftraggebers erfolglos angegriffen hatten, ist insoweit irrelevant. Auch die **rechtskräftige Bestätigung des Verhaltens eines Auftraggebers in einem abgeschlossenen Vergabeverfahren** durch ein **nationales Gericht** wirke sich auf den Ausgang eines Vertragsverletzungsverfahrens **nicht aus.** Selbst die Präklusion eines Bieters hindert – nach dem EuGH[61] – die EU-Kommission ihrerseits nicht daran, auf eine Beschwerde selbst jenes unterlegenen Bieters hin, selbst aktiv zu werden.

Zudem besteht mit dem **neuen § 133,** insbesondere dessen Abs. 1 Nr. 3, nunmehr erstmals **70** eine Bestimmung zu **Kündigungsmöglichkeiten des Auftraggebers,** sofern ua der EuGH in einem Verfahren nach Art. 258 AEUV festgestellt hat, dass der öffentliche Auftrag aufgrund einer **schweren Verletzung der Verpflichtungen aus dem AEUV** oder des 4. Teils des GWB **nicht an** den **Auftragnehmer** hätte vergeben werden dürfen.

3. 30-Tages-Frist nach Abs. 2 S. 1 Hs. 1. Hat das Unternehmen Kenntnis vom Verstoß 71 durch den Auftraggeber erlangt und möchte dagegen vorgehen, muss es innerhalb von 30 **Kalendertagen** den Nachprüfungsantrag stellen. Schon zur Vorgängerregelung in § 101b aF hatte die Rechtsprechung[62] eine einengende richtlinienkonforme Auslegung der Regelung im damaligen § 101b Abs. 2 S. 1 aF eingefordert. Danach konnte die 30-Tage-Frist erst beginnen, wenn der Auftraggeber selbst das Unternehmen über den Vertragsschluss in Kenntnis setzt. Eine Kenntniserlangung des Unternehmens aufgrund eigener Recherchen oder ihm von dritter Seite bei irgendeiner

---

[54] So auch VK Bund Beschl. v. 23.12.2016 – VK 1-124/16, VPRRS 2017, 0093.
[55] Vgl. aber EuGH Urt. v. 26.11.2015 – C-166/14, NZBau 2016, 182. In dieser Entscheidung betont der EuGH den schon erwähnten Grundsatz der Effektivität, der einer nationalen Regelung entgegen steht, nach der die Einreichung einer Schadenersatzklage wegen eines Vergaberechtsverstoßes binnen einer sechsmonatigen Ausschlussfrist erfolgen muss, die ab dem auf die Zuschlagserteilung folgenden Tag zu laufen beginnt, unabhängig davon, ob der Antragsteller von der Rechtswidrigkeit der Entscheidung des Auftraggebers Kenntnis haben konnte. Diese Entscheidung zum Sekundärrechtsschutz ist aber gerade nicht auf den Primärrechtsschutz mit entsprechenden Ausschlussfristen nicht 1:1 übertragbar. Dies wäre nur der Fall, wenn bundesdeutsches Schadenersatzrecht eine entsprechende Sperrfrist vorsehe, die ggf. an die Nichtgeltendmachung innerhalb der Fristen des § 135 Abs. 2 anknüpfen würde.
[56] So zu Recht OLG Hamburg Beschl. v. 11.2.2019 – 1 Verg 3/15, NZBau 2019, 398 wenn auch noch zum vormaligen § 101b Abs. 2 S. 1.
[57] Urt. v. 11.9.2014 – C-19/13, BeckRS 2014, 81838 Rn. 43 – Fastweb.
[58] So zu Recht VK Bund Beschl. v. 23.12.2016 – VK 1-124/16, VPRRS 2017, 0093.
[59] VK Lüneburg Beschl. v. 5.10.2015 – VgK-37/2015, VPR 2016, 97.
[60] Urt. v. 22.4.2010 – C-423/07, VergabeR 2010, 632.
[61] Urt. v. 21.1.2010 – C-17/09, VergabeR 2010, 465.
[62] ZB OLG Düsseldorf Beschl. v. 1.8.2012 – Verg 15/12, NZBau 2012, 791.

Gelegenheit zugetragener Informationen genügten nicht.[63] Der Gesetzgeber hat dies 2016 nachvollzogen und nunmehr in Abs. 2 S. 1 bestimmt, dass die Unwirksamkeit nach Abs. 1 nur festgestellt werden kann, wenn sie im Nachprüfungsverfahren **innerhalb von 30 Kalendertagen nach der Information** der betroffenen Bieter und Bewerber **durch den öffentlichen Auftraggeber über den Abschluss des Vertrages** geltend gemacht worden ist. § 135 Abs. 2 S. 1 sieht im Gesetz keine bestimmte Form der Information über den Vertragsschluss vor. Eine rein telefonische Information erscheint aber vor dem Hintergrund der Beweisfälligkeit und der sicheren Fristenbestimmung als zu dürftig, um diese Voraussetzungen zu erfüllen und setzt daher nach richtiger Ansicht[64] die 30-Tages-Frist nicht in Gang. **Die 30-tägige Frist** des § 135 Abs. 2 S. 1 beginnt im Übrigen **nicht schon** mit der **Kenntnis** des **falschen Vergabeverfahrens** wegen des tatsächlichen Überschreitens der EU-Schwellenwerte, **sondern frühestens** mit der positiven **Kenntnis vom Vertragsschluss**,[65] und zwar gezielt **durch den Auftraggeber**.

72   Die **Bindung an Kalendertage** für diese Frist bedeutet, dass es **nicht darauf ankommt, ob Wochenenden, Feiertage** oder sonst generell arbeitsfreie Tage in der Frist enthalten sind. Dies war dem Umstand geschuldet, dass es EU-weit unterschiedliche Feiertage und unterschiedliche generell arbeitsfreie Tage gibt. Nur mit der Bindung an Kalendertage war ein EU-weit einheitlicher Maßstab für die Frist gefunden worden.

73   Hat der Auftraggeber somit zB einen Bieter über den Abschluss des Vertrages am 1. Juli (Zugang beim Bieter) informiert, läuft die dreißigtägige Frist des Abs. 2 S. 1 am 2. Juli an und endet um 23.59 Uhr am 31. Juli. Demnach ist die Feststellung der Unwirksamkeit des geschlossenen Vertrages am nachfolgenden 1. August nicht mehr fristgemäß möglich.

74   **4. 30-Tages-Frist nach Abs. 2 S. 2. Will der Auftraggeber für die Kenntnisnahmemöglichkeit am Markt oder bei Bewerbern/Bietern sorgen,** kann er die **Auftragsvergabe im Amtsblatt der EU** bekannt machen. Damit **verkürzt** sich nicht nur die **Zeit der Angreifbarkeit** des Vertrages nach § 135 Abs. 2 S. 2 **auf** wiederum nur **30 Kalendertage**. Mit dem **Datum der Veröffentlichung** ist auch ein **greifbarer Termin** für den Beginn der 30 Kalendertagefrist gesetzt, die grundsätzlich aber **erst am nächsten Tag zu laufen** beginnt. Art. 2f Abs. 1 S. 1 lit. a RL 89/665/EWG idF der RL 2007/66/EG bestimmt dazu: „30 Kalendertage, gerechnet **ab dem Tag, der auf den Tag folgt,** an dem ...veröffentlicht hat". Somit ist die reine Absendung an das EU-Amtsblatt allein noch nicht fristauslösend.[66] Mangels einer abweichenden Regelung in GWB und mangels Geltung der nur für Fristen der VgV anwendbaren Verweisbestimmung in § 82 VgV ist **§ 187 Abs. 1 BGB** heranzuziehen. Danach beginnt die Frist in Übereinstimmung mit den vorbenannten Richtlinienvorgaben erst an dem auf die Kenntniserlangung folgenden Tag und **endet nach § 188 Abs. 1 BGB** mit Ablauf des letzten Fristtages, **ohne** dass die **Sonderbestimmung nach § 193 BGB** für Fristenden an Sonn- und Feiertagen ergänzend und **fristverlängernd einschlägig** wäre.[67]

75   Diese **30-Tages-Frist** ist im Hinblick auf Art. 2f Abs. 1 S. 1 lit. a erster Gedankenstrich RL 89/665/EWG idF der RL 2007/66/EG **unionsrechtskonform** dahin **auszulegen,** dass die Bekanntmachung der Auftragsvergabe **nur dann** die **Ausschlussfrist** von 30 Kalendertagen **in Gang** setzt, **wenn in** der **Bekanntmachung** die **Entscheidung** des öffentlichen Auftraggebers **begründet** wird.[68] Die vormalige Regelung in § 101b Abs. 2 S. 2 aF stellte somit eine unvollständige Umsetzung des Art. 2f Abs. 1 lit. a RL 89/665/EWG dar.[69] Auch die nunmehrige Regelung in § 135 Abs. 2 S. 2 ist in gleicher Weise unionsrechtskonform auszulegen und zu ergänzen.

76   **Fraglich** ist, **wie detailliert** die **Begründung** des Auftraggebers **für** sein gesetzlich fundiertes **Abweichen von einer EU-weiten Ausschreibung** ausfallen muss. Soweit es das OLG Naumburg[70] insoweit für ausreichend erachtet hat, für eine freihändige Vergabe lediglich auf die Bestimmung des § 3 Abs. 5 lit. l VOL/A und den Zusatz „vorteilhafte Gelegenheit" verwiesen zu haben, überzeugt dies nicht. Denn die **Angabe einer gesetzlichen Bestimmung allein** begründet noch nicht mit den dahinterstehenden tatsächlichen Umständen, dass im konkreten Einzelfall tatsächlich verbriefte Alleinstellungsmerkmale, singuläre technische Monopolstellungen oder eine objektiv ein-

---

[63] OLG Düsseldorf Beschl. v. 1.8.2012 – Verg 15/12, NZBau 2012, 791.
[64] OLG Karlsruhe Beschl. v. 22.2.2019 – 15 Verg 9/18, NZBau 2019, 748.
[65] So auch schon OLG Rostock Beschl. v. 6.11.2015 – 17 Verg 2/15, VPR 2016, 102, zur Vorgängerregelung in § 101b.
[66] OLG Naumburg Beschl. v. 6.12.2012 – 2 Verg 5/12, VergabeR 2013, 438.
[67] OLG Naumburg Beschl. v. 6.12.2012 – 2 Verg 5/12, VergabeR 2013, 438.
[68] OLG Naumburg Beschl. v. 6.12.2012 – 2 Verg 5/12, VergabeR 2013, 438.
[69] OLG Naumburg Beschl. v. 6.12.2012 – 2 Verg 5/12, VergabeR 2013, 438.
[70] OLG Naumburg Beschl. v. 6.12.2012 – 2 Verg 5/12, VergabeR 2013, 438.

malige vorteilhafte Gelegenheit vorliegen, zumal der Wortlaut des § 3 Abs. 5 lit. 1 VOL/A dieses Begriffspaar gar nicht aufweist.[71]

Im damaligen vorgegebenen Standard-Formular 3 (Anhang D, Bekanntmachung über vergebene Aufträge) heißt es dazu: „Um die verkürzte Frist nutzen zu können, bitte das relevante Feld bzw. die relevanten Felder anhaken und die u. g. **zusätzlichen Informationen angeben**". Weiter heißt es in dem Formular: „Um die o. g. verkürzte Frist nutzen zu können, ist nach vorherigem Anklicken des Feldes bzw. der Felder **klar und ausführlich darzulegen, warum** die Vergabe des Auftrags ohne vorherige Veröffentlichung einer Auftragsbekanntmachung im Amtsblatt der Europäischen Union **rechtmäßig** ist, und zwar **jeweils unter Angabe der relevanten Fakten und gegebenenfalls der rechtlichen Schlussfolgerungen** im Einklang mit den Artikeln der Richtlinie 2004/18/EG (**höchstens 500 Wörter)** ". Im **neuen Standardformular „Anhang D1** — Allgemeine Aufträge" heißt es noch deutlicher: „Bitte erläutern Sie in einer **klaren und leicht verständlichen Form** unter Angabe der **entsprechenden Tatsachen** und gegebenenfalls der rechtlichen Schlussfolgerungen im Einklang mit der Richtlinie, warum die Vergabe des Auftrags ohne vorherige Veröffentlichung im Amtsblatt der Europäischen Union rechtmäßig ist: (max. 500 Wörter)". Gerade die Beschränkung auf 500 Worte verdeutlicht, dass ein Kurzbetreff oder ein paar Schlagworte das erforderliche Rechtfertigungsniveau nicht ausfüllen, andererseits seitenlange Abhandlungen wie ggf. in einem internen Vergabevermerk ebenfalls ein begrenzender Riegel vorgeschoben werden sollte. 77

Gerade aber in den in der Praxis häufig vorgetragenen wettbewerbshemmenden Alleinstellungsmerkmalen von Bietern aus technischen Gründen oder wegen des Schutzes von ausschließlichen Rechten bleibt die neue Zusatzanforderung in § 14 Abs. 6 VgV[72] bzw. § 3a EU Abs. 3 Nr. 3 S. 2 VOB/A zu beachten. 78

Diese **30-Tages-Frist** beginnt erst recht **nicht zu laufen,** wenn der öffentliche **Auftraggeber in der Bekanntmachung fehlerhafte Angaben zu dem einzulegenden Rechtsbehelf macht.**[73] 79

Bewerbern/Bietern, die sich an europaweiten Vergaben beteiligen, ist danach zuzumuten und anzuraten, dass sie **auch die Informationen über erteilte Aufträge im Amtsblatt der Europäischen Union periodisch verfolgen.** Ob ein Bewerber/Bieter die Information tatsächlich gelesen und zur Kenntnis genommen hat, ist für diese Alternative aber unerheblich, da es einzig darauf ankommt, dass die **Kenntnisnahmemöglichkeit** geschaffen wurde. 80

Hat der Auftraggeber somit die Auftragsvergabe am 2. Dezember im EU-Amtsblatt bekannt gemacht, läuft die dreißigtägige Frist des Abs. 2 S. 2 am 3. Dezember an und endet am 1. Januar des Folgejahres um 24.00 Uhr. Somit ist die Feststellung der Unwirksamkeit des geschlossenen Vertrages am darauffolgenden 2. Januar nicht mehr fristgemäß möglich. Eine Verlängerung der Frist auf den Ablauf des nächsten Werktages nach diesem Feiertag tritt nicht ein, weil **§ 193 BGB nicht anwendbar** ist.[74] 81

Zu beachten bleibt auch, dass es nicht zuletzt einem Gebot der Rechtssicherheit entspricht, dass die Regelung einer **Antrags- und Klagefrist** als Ausschlussfrist wie die fristgerechte Geltendmachung bei einer Nachprüfungsinstanz im Rahmen des Abs. 2 **absolut** gilt. Diesem Zweck liefe es zuwider, wenn die Möglichkeit bestünde, durch nachträgliche Änderungen eines ursprünglich unzulässigen Antrags die Frist quasi zu verlängern oder Beteiligte in die Prüfung einzubeziehen, für die **Rechtssicherheit** bereits eingetreten ist.[75] 82

---

[71] Lediglich in den „amtlichen Erläuterungen" des DVAL zu § 3 Abs. 5 lit. 1 VOL/A ist vermerkt, dass die ehedem eigenständige freihändige Vergabe wegen einer vorteilhaften Gelegenheit sich nunmehr angeblich unter § 3 Abs. 5 lit. 1 VOL/A subsumieren lasse.

[72] Durch eine erst im August 2017 erfolgende klarstellende Änderung in § 14 Abs. 6 VgV erstreckt sich dieser nunmehr nicht mehr auf die beiden Varianten in § 14 Abs. 4 Nr. 2 lit. a und b VgV, sondern richtigerweise auf die beiden Varianten in § 14 Abs. 4 Nr. 2 lit. b und c VgV, vgl. Art. 7 Nr. 2 des Gesetzes zur Durchführung der Verordnung (EU) Nr. 910/2014 des Europäischen Parlaments und des Rates v. 23.7.2014 über die elektronische Identifizierung und Vertrauensdienste für elektronische Transaktionen im Binnenmarkt und zur Aufhebung der Richtlinie 99/93/EG (eIDAS-Durchführungsgesetz) v. 18.7.2017, BGBl. 2017 I 2745 (2752).

[73] OLG Dresden Beschl. v. 21.9.2016 – Verg 5/16, zur Vorgängerregelung in § 101b Abs. 2 S. 2 2013 bei einem fehlerhaften Verweis auf die Frist des § 107 Abs. 3 S. 1 Nr. 4 GWB 2013 = § 160 Abs. 3 S. 1 Nr. 4 GWB 2016. Die VK Sachsen hat zu Recht schon das Anlaufen dieser Frist für den Fall verneint, dass der Auftraggeber fälschlicherweise das Sozialgericht Leipzig anstatt der zuständigen Vergabekammer Sachsen angegeben hatte, vgl. VK Sachsen Beschl. v. 8.4.2011 – 1/SVK/002-11, ZfBR 2011, 604.

[74] OLG Naumburg Beschl. v. 6.12.2012 – 2 Verg 5/12, VergabeR 2013, 438.

[75] OLG Naumburg Beschl. v. 6.12.2012 – 2 Verg 5/12, VergabeR 2013, 438.

V. Ausnahmeregelung im Hinblick auf sog. de-facto-Vergaben iSv Abs. 1 Hs. 1 Nr. 2 (Abs. 3)

83 **1. Hintergründe.** Die Regelung des **Abs. 3** ist mit dem Vergaberechtsmodernisierungsgesetz im **April 2016 völlig neu in das GWB** implementiert worden. Damit **schließt der Normgeber** ein insbesondere durch die Entscheidung des EuGH in Sachen Fastweb[76] augenfällig gewordenes und schon **seit 2009 andauerndes Umsetzungsdefizit**[77] im Hinblick auf die RL 665/89/EWG bzw. RL 92/13/EWG, jeweils idF der RL 2007/66/EG.

84 Die **jeweiligen Art. 2d Abs. 4** dieser Rechtsmittelrichtlinien für klassische und Sektorenauftraggeber und Art. 46 Nr. 6 RL 2014/23/EU iVm Art. 2f Abs. 1 lit. a RL 89/665/EWG, Art. 47 Nr. 5 RL 2014/23/EU iVm Art. 2d Abs. 4 RL 92/13/EWG für Konzessionsgeber sowie Art. 60 Abs. 4 Vergabe-RL Verteidigung und Sicherheit für den Bereich verteidigungs- und sicherheitsrelevanter Beschaffungen regeln die Voraussetzungen und Rechtswirkungen der freiwilligen Ex-ante-Transparenzbekanntmachung. Die Mitgliedstaaten mussten somit schon seit 2009 bzw. 2011 vorsehen, dass die Vergabenachprüfungsinstanzen Verträge unter den Voraussetzungen der freiwilligen Ex-ante-Bekanntmachung nicht für unwirksam erklären dürfen.

85 Diese Bestimmungen sahen übereinstimmend eine Ausnahme von der Unwirksamkeitsfolge des jetzigen § 135 Abs. 1 Nr. 2 für Auftraggeber vor, die Verträge ohne die klassische EU-Bekanntmachung als Aufruf zum nachfolgenden Wettbewerb unter den Voraussetzungen des jetzigen Abs. 3 abgeschlossen haben.

86 Dazu bedarf es **dreier kumulativ vorliegender Voraussetzungen:**
1. der öffentliche Auftraggeber muss – **subjektiv** – der Ansicht sein, dass die Vergabe ohne vorherige Veröffentlichung einer verpflichtenden EU-Auftragsbekanntmachung (als Aufruf zum Wettbewerb) **rechtmäßig** ist,
2. er muss **eine (freiwillige) Ex-ante-Transparenzbekanntmachung EU-weit** veröffentlichen und
3. der **Vertrag** darf **nicht vor Ablauf einer Frist von mindestens zehn Kalendertagen** ab Veröffentlichung der freiwilligen EU-Bekanntmachung **geschlossen** werden.

87 Mit der Bezugnahme lediglich auf **öffentliche Auftraggeber** könnte nur bezogen auf den Wortlaut des Abs. 3 der Eindruck entstehen, dass nur diese, nicht aber Sektorenauftraggeber, Konzessionsgeber oder Auftraggeber im verteidigungs- und sicherheitsspezifischen Bereich diese **Privilegierung nutzen** können.

88 Wie dargelegt, sah aber Art. 60 Abs. 4 **Vergabe-RL Verteidigung und Sicherheit** schon seit 2011[78] eine analoge, eigentlich in deutsches Recht umzusetzende, **Parallelbestimmung für verteidigungs- und sicherheitsspezifische Aufträge** vor. Durch die insoweit **schrankenlose Verweisung in § 147 S. 1** ua auch auf die §§ 134 und 135 steht die Ausnahmeregelung in Abs. 3 **nunmehr erstmalig auch Auftraggebern im verteidigungs- und sicherheitsspezifischen Bereich zur Verfügung.**

89 Das **Gleiche** gilt aufgrund der **schrankenlosen Verweisung in § 142 S. 1** auf die §§ 134 und 135 **auch für Sektorenauftraggeber** gem. § 100.

90 **Konzessionsgebern** nach § 101 stehen die Befugnisse aus § 135 Abs. 3 ebenfalls über § 154 S. 1 Nr. 4 aufgrund der dortigen Verweisung auf die §§ 133–135 direkt zu.

91 Zudem erfasst sind Konzessionsvergaben durch öffentliche Auftraggeber nach **§ 99 Nr. 1–3, § 101 Abs. 1 Nr. 1.** In den Fällen des § 101 **Abs. 1 Nr. 2 oder** 3 sind sie auch **Sektorenauftraggeber nach § 100 Abs. 1 Nr. 1 oder 2** und partizipieren **über § 142 Abs. 1** an den Pflichten und Rechten der §§ 134 und 135.

92 Die Ausnahmebestimmung des Abs. 3 betrifft **einzig und allein Fälle der de-facto-Vergabe iSv Abs. 1 Nr. 2, nicht** aber Verstöße gegen die Informationspflichten nach §§ 134, 135 Abs. 1 **Nr. 1,** was die **klare Bezugnahme in § 135 Abs. 3 S. 1** verdeutlicht.

93 **2. Ansicht des Auftraggebers (Abs. 3 S. 1 Nr. 1).** Die initiative **erste Voraussetzung** für die Ausnahmeregelung des § 135 Abs. 3 ist nach deren Nr. 1, dass der **Auftraggeber der Ansicht**

---

[76] EuGH Urt. v. 11.9.2014 – C-19/13, NZBau 2015, 175.
[77] Für eine direkte Anwendung des zugrunde liegenden Art. 2d Abs. 4 RMR vor Einführung von § 135 Abs. 3 deshalb *Henzel* NZBau 2016, 148, da die Richtlinien unmittelbar gelten, sofern die betreffenden Bestimmungen inhaltlich als unbedingt und hinreichend genau erscheinen und der Mitgliedstaat die Richtlinie nicht fristgemäß oder nicht ordnungsgemäß umgesetzt hat. Dies schon vorher ebenfalls bejahend *Shirvani* VergabeR 2013, 669 (674), noch bezogen auf die Vorgängerregelung in § 101b.
[78] Die jetzt in § 135 Abs. 3 enthaltene Regelung für öffentliche Auftraggeber hätte – wie dargelegt – sogar schon 2009 in deutsches Recht implementiert werden müssen, da die Umsetzungsfrist der RL 2007/66/EG am 20.12.2009 ablief.

V. Ausnahmeregelung bzgl. sog. de-facto-Vergaben, Abs. 1 Hs. 1 Nr. 2   94–104   § 135 GWB

ist, dass die Vergabe des geplanten Auftrags **ohne vorherige Veröffentlichung einer Bekanntmachung im Amtsblatt der Europäischen Union zulässig** ist.

Bleibt im Ergebnis einer späteren Nachprüfung **zweifelhaft, ob** die vorausgesetzte **Ansicht** 94 des Auftraggebers als sog. innere Tatsache **tatsächlich vorlag,** muss die **Unaufklärbarkeit zu seinen Lasten gehen,** da ihm **im Zweifel die Beweislast** für das tatsächliche Vorliegen des für ihn positiven Ausnahmetatbestands trifft.[79]

Der Auftraggeber ist daher gut beraten, Umstände im Zusammenhang mit dieser Ansichtsbil- 95 dung und -sicherung **sorgfältig fortlaufend,** etwa **nach § 8 VgV zu dokumentieren** und auch **im abschließenden Vergabevermerk nachvollziehbar niederzulegen.**

In der Rechtssache „Fastweb" hatte der EuGH insbesondere die vom Auftraggeber bei einer 96 ministeriellen Prüfungsstelle ergänzend vorgenommene Rechtsprüfung samt positivem Ergebnis als unterstützende Plausibilisierung seiner Ansicht gewertet, obwohl objektiv gesehen die Voraussetzungen für das Unterlassen einer EU-weiten Ausschreibung nicht vorlagen.

Diese Anerkennung der Subjektivierung der Ansicht des Auftraggebers erscheint auch sachge- 97 recht, da das Gesetz eben **nur** von der **„Ansicht"** spricht, nicht aber davon, dass der Verzicht auf eine EU-weite Ausschreibung – wie etwa im Falle des § 135 Abs. 1 Nr. 2 – objektiv aufgrund Gesetzes gestattet ist.

Fraglich erscheint daher die ehemalige Ansicht der VK Westfalen,[80] es müsse objektiv[81] festste- 98 hen, dass kein Vergaberechtsverstoß durch den Auftraggeber vorläge und dass seinen **subjektiven Vorstellungen keine entscheidende Bedeutung** zuzumessen sei. Denn auch der **EuGH**[82] weist auf die subjektive Komponente hin, wenn er auf den Zeitpunkt der Entscheidung des Auftraggebers und auf sein **sorgfältiges Handeln** hinsichtlich der tatsächlichen Erfüllung der Ausnahmegründe für ein Verhandlungsverfahren ohne vorherigen Teilnahmewettbewerb abstellt, die die Vergabekammer Westfalen mit Blick auf den restriktiven Charakter des streitigen § 14 Abs. 4 Nr. 2 lit. b VgV in ihrem Fall objektiv für nicht einschlägig angesehen hat.

Zu Recht hat aber nachfolgend das zweitinstanzliche OLG Düsseldorf[83] diese **Subjektivierung** 99 im Sinne der EuGH-Rechtsprechung **korrigiert:** Voraussetzung für den Nichteintritt der Unwirksamkeit nach Abs. 3 sei nur, dass der **Auftraggeber** in **vertretbarer Weise** der **Auffassung** ist, dass die Auftragsvergabe ohne vorherige Veröffentlichung einer Bekanntmachung zulässig sei. Dieser Entscheidung müsse **jedoch eine sorgfältige Prüfung der Sach- und Rechtslage** vorgehen, um eine **Umgehung** der europaweiten Ausschreibungspflicht zu **verhindern.**

Dies **unterscheidet** die Situation im Rahmen des § 135 Abs. 3 von derjenigen in § 135 **Abs. 1** 100 **Nr. 2 aE,** bei der es entscheidend darauf ankommt, dass die fehlende Veröffentlichung einer EU-Bekanntmachung **objektiv tatsächlich aufgrund Gesetzes gestattet ist.**

Schweigen die **Vergabeunterlagen** zu der Entscheidung des Auftraggebers nach Abs. 3, 101 besteht **keine** tatsächliche **Vermutung,** dass der **Auftraggeber den Verzicht für zulässig** hält.[84]

3. Bekanntmachung (Abs. 3 S. 1 Nr. 2). Als **zweite Voraussetzung** sieht § 135 Abs. 3 102 Nr. 2 vor, dass der öffentliche Auftraggeber seine Absicht, den gewünschten Vertrag abzuschließen, durch eine **Bekanntmachung im Amtsblatt der Europäischen Union veröffentlicht.**

§ 135 Abs. 2 S. 2 ergänzt diese generelle Bekanntmachungsverpflichtung auf der Grundlage von 103 Art. 3a RMR durch ergänzende **Zwangsangaben** („**muss** ...umfassen"), die die Bekanntmachung enthalten muss. Dazu zählen der **Name** und die **Kontaktdaten** des öffentlichen Auftraggebers, die **Beschreibung des Vertragsgegenstandes,** der **Name** und die **Kontaktdaten des Unternehmens,** das den Zuschlag erhalten soll und insbesondere die **Begründung der Entscheidung** des Auftraggebers, den Auftrag **ohne** vorherige Veröffentlichung einer **Bekanntmachung** im EU-Amtsblatt zu vergeben.

Damit ist formal in der Terminologie der EU eine **„freiwillige Veröffentlichung"** angespro- 104 chen, für die nach Art. 5 VO (EU) 2015/86 das **Standardformular 15 im Anhang XII** zur „Freiwilligen Ex-ante-Transparenzbekanntmachung" zu verwenden ist. Dieses sieht im Abschnitt VI 1.1 vor, den **Anhang D** auszufüllen. Der Anhang D1 wiederum sieht eine sehr **ausführliche Begründungspflicht** für Auftragsvergaben ohne vorherige Veröffentlichung einer Bekanntmachung vor. Insbesondere ist zu belegen, dass die dafür angeführte **Begründung den einschlägigen Artikeln** der RL 2014/24/EU entsprechen muss. In **maximal 500 Worten in einer klaren**

---

[79] So zu Recht auch *Maimann* in KKPP GWB Rn. 61 unter Hinweis auf OLG Düsseldorf Beschl. v. 12.7.2017 – VII – Verg 13/17, VergabeR 2018, 67.
[80] Beschl. v. 28.2.2017 – VK 1-02/17, BeckRS 2017, 111335.
[81] So aber etwa auch *Gnittke/Hattig* in Müller-Wrede GWB Rn. 119.
[82] Urt. v. 11.9.2014 – C-19/13, BeckRS 2014, 81838 Rn. 48 – Fastweb.
[83] Beschl. v. 12.7.2017 – VII-Verg 13/17, BeckRS 2017, 123147.
[84] OLG Düsseldorf Beschl. v. 12.7.2017 – VII-Verg 13/17, BeckRS 2017, 123147.

und leicht verständlichen Form näher ausführbar sind dabei die schlagwortartigen Gründe näher zu hinterlegen. Diese Kurzbegründungen lauten etwa:
- **keine oder keine geeigneten Angebote/Teilnahmeanträge** im Anschluss an ein offenes/ nicht offenes Verfahren oder
- **dringende Gründe** im Zusammenhang mit für den öffentlichen Auftraggeber **unvorhersehbaren Ereignissen,** die den strengen Anforderungen der Richtlinie genügen oder
- **zusätzliche Lieferungen,** deren Beschaffung den strengen Vorschriften der Richtlinie genügen.

105 Dabei ist weiterhin **darzulegen, warum** die Auftragsvergabe ohne vorherige Veröffentlichung im Amtsblatt der EU **rechtmäßig ist oder warum der Auftrag nicht unter die Richtlinie** fällt.

106 Zudem muss der Auftraggeber **nach erfolgter Beauftragung zusätzlich** auch noch eine ganz **normale Vergabebekanntmachung nach § 39 VgV binnen 30 Tagen** nach Vertragsschluss EU-weit veröffentlichen, da die freiwillige Ex-ante-Transparenzbekanntmachung des § 135 Abs. 3 Nr. 2 lediglich einen Vertragsschluss ankündigt,[85] der theoretisch aber auch niemals realisiert werden könnte. Wird er aber wie beabsichtigt unter Beachtung der Restriktionen des § 135 Abs. 3 realisiert, unterliegt er **denselben Publikationspflichten** wie etwa ein Vertragsschluss bei einem zulässigen Verhandlungsverfahren ohne EU-Bekanntmachung nach § 14 Abs. 4 VgV iVm § 39 VgV oder ähnlich wie bei einer EU-Vorabinformation nach § 38 VgV iVm § 39 Abs. 3 VgV.

107 **4. Frist (Abs. 3 S. 1 Nr. 3).** Als dritte Voraussetzung **gegen die Unwirksamkeit nach Abs. 1 Nr. 2** ist die **Einhaltung der zehntägigen Mindest-Stillhaltefrist als Schutzfrist**[86] vor Abschluss des beabsichtigten Vertrages vonnöten.

108 Die **zehntägige Schutzfrist** beginnt erst am Tag nach der freiwilligen EU-Bekanntmachung zu laufen („gerechnet ab dem **Tag nach** der Veröffentlichung").

109 Das **Standardformular** für die freiwillige Ex-ante-Transparenzbekanntmachung sieht im Anschnitt C.2.1 die **Angabe des Tages des (-geplanten-) Abschlusses** des Vertrages vor. Insoweit gelten dieselben Überlegungen wie bei einer Vorabinformation unterlegener Bieter nach § 134. Wurde die freiwillige EU-Bekanntmachung somit am 1. Dezember veröffentlicht,[87] so läuft die zehntägige Schutzfrist **erst am 2. Dezember an** und mit Ablauf des 11. Dezember, 24.00 Uhr, ab, sodass der Vertrag am 12. Dezember rechtssicher geschlossen werden kann und der 12. Dezember im Standardformular anzugeben ist.

110 **5. Rechtsfolge.** Liegen die Voraussetzungen des § 135 Abs. 3 S. 1 und 2 vollständig vor (Ex-ante EU-Bekanntmachung mit den Mindestinhalten des § 135 Abs. 3 S. 2 und Abwarten der 10-Tages-Frist), können **nicht berücksichtigte Unternehmen nicht** mehr die **Unwirksamkeit** eines **vom Auftraggeber ohne vorherige EU-Auftragsbekanntmachung** geschlossenen **Vertrages nach § 135 Abs. 1 Nr. 2 geltend** machen.

111 Auch einer **Vergabekammer** ist es dann **verwehrt, im Rahmen des § 168**[88] auf die Rechtmäßigkeit des Vergabeverfahrens durch ihr ggf. verhältnismäßig erscheinende Maßnahmen **einzuwirken.** Dies hat der EuGH – wie schon dargelegt – in der Fastweb-Entscheidung vom 11.9.2014 deutlich herausgestellt, in dem er anders lautende Überlegungen des Generalanwalts *Bot* nicht 1:1 aufgegriffen hat. Dieser hatte in seinen Schlussanträgen vom 10.4.2014[89] dem Gleichbehandlungsgrundsatz und der notwendigen Wirksamkeit von Rechtsbehelfen sowie der zu fordernden Gutgläubigkeit des Auftraggebers ein derart starkes Gewicht zugewiesen, dass er einen Automatismus bei der Aufrechterhaltung eines geschlossenen Vertrages bei rein formaler Erfüllung der drei Voraussetzungen des Abs. 3 abgelehnt und eine Ermessensentscheidung der nationalen Nachprüfungsinstanz befürwortet und eine denkbare Schadensersatzvariante auf der Rechtsfolgenseite bei einer Fehleinschätzung des Auftraggebers als paradox bezeichnet hatte.

112 Auch die Vergabekammer verfügt insoweit über **keinen Entscheidungsspielraum** und **muss** unter diesen Voraussetzungen einen **Antrag** nach § 135 Abs. 1 Nr. 2 zwingend **zurückweisen.**

113 Hinsichtlich einer denkbaren Zuschlagssperre zumindest während der Entscheidungsfrist der Vergabekammer kann aber durchaus anderes gelten, wenn diese **drei Voraussetzungen zwar erfüllt** sind, der Auftraggeber aber den **Zuschlag** vor Information über einen Vergabenachprüfungsantrag der Vergabekammer **noch nicht erteilt** hat. Denn dann greift die **Zuschlagssperre nach § 169 Abs. 1.**

---

[85] So zu Recht *Czepull* VPR 2017, 1007.
[86] Sie soll entsprechend Art. 26 RL 2007/66/EG eine wirksame Nachprüfung ermöglichen.
[87] Auf den Tag nach der reinen Absendung der Bekanntmachung kommt es hier anders als bei den Teilnahme- und Angebotsfristen der §§ 15–19 VgV nicht an.
[88] Dessen Wortlaut, insbesondere dessen Abs. 2 S. 1, noch nicht entsprechend synchronisiert ist zu § 135 Abs. 2, der ja nunmehr gerade die Revision/Unwirksamkeitserklärung eines Zuschlags ermöglicht.
[89] EuGH Schlussantrag v. 10.4.2014 – C-19/13, ECLI:EU:C:2014:266 – Fastweb des Generalanwalts Bot.

Ein Auftraggeber wird deshalb ggf. gut beraten sein, offensiv seine Rechtspositionen gegen 114
mögliche künftige Antragsteller und die Zulässigkeit oder Begründetheit eines Nachprüfungsantrags
auszuspielen und **durch Schutzschriften bei der Vergabekammer** nach § 163 Abs. 2 S. 2 eine
Übermittlung des Nachprüfungsantrags unter Hinweis auf § 135 Abs. 3 zu verhindern suchen,
damit eine Zuschlagssperre gar nicht erst eintreten kann. Dies ist insbesondere kurz vor Ablauf der
Zehn-Tages-Frist des § 135 Abs. 3 Nr. 3 anzuraten. Die **Vergabekammer** berücksichtigt bei ihrer
Vorprüfung vor Antragsübermittlung mit dann kraft Gesetzes eintretender gesetzlicher
Zuschlagssperre nach § 134 BGB, **ob** der bei ihr gestellte **Antrag ggf. offensichtlich unzulässig**
oder **unbegründet** ist (§ 169 Abs. 2 S. 1) und **berücksichtigt** dabei **auch** einen vorsorglich hinterlegten **Schriftsatz** (sog. **Schutzschrift**) des Auftraggebers (§ 169 Abs. 2 S. 2).

Wird die **Unwirksamkeit des Vertrages** im Nachprüfungsverfahren **festgestellt**, ist er **von** 115
Anfang ab (ex tunc) **unwirksam** und entfaltet **keinerlei Wirkung** mehr. Die bisherigen gegenseitigen **Vertragspflichten erlöschen**, der bisherige **Rechtsgrund** von Leistungen **entfällt** beidseitig.
Die Rückabwicklung des Vertrages hat[90] nach **Bereicherungsrecht** gem. § 812 Abs. 1 S. 1
BGB, ggf. durch **Wertersatz (§ 818 Abs. 2 BGB)** zu erfolgen.

Schadenersatzansprüche gegenüber Auftraggebern wegen der Verletzung vergaberechtlicher 116
Pflichten nach § 135 sind in der Norm **nicht direkt angesprochen**. Zivilrechtliche **Schadenersatzansprüche** sind aber insbesondere in den Fällen **denkbar**, in denen der Auftraggeber **in** seiner
Bekanntmachung einen unzutreffend zu früh datierten Vertragsschluss angibt und ein beschwerdewilliges Unternehmen deshalb letztlich davon **abhält, einen fristgerechten Antrag nach § 135**
auf Feststellung der Unwirksamkeit des geschlossenen Vertrages **zu stellen**.

VI. Rechtsschutz

Selbst ein im Übrigen zulässiger Nachprüfungsantrag auf Feststellung der Unwirksamkeit gem. 117
§ 135 Abs. 1 S. 1[91] ist insgesamt nur dann erfolgreich, wenn der Antragsteller **auch ohne Verstoß**
gegen die **Informationspflicht in seinen Rechten verletzt** ist und ihm dadurch ein **Schaden
entsteht** oder entstanden ist.[92] Zu beachten bleibt aber, dass die Rechtsprechung in jüngerer Zeit
immer **schärfere Anforderungen an die notwendige Dokumentation** von gesetzlich normierten Ausnahmetatbeständen macht, die ein Absehen von einer europaweiten Ausschreibungspflicht
legitimieren können. So kann die Feststellung der Unwirksamkeit eines Vertrages nach § 135 Abs. 1
Nr. 2 auch auf einer dazu unzureichenden Dokumentation des Verfahrens beruhen. Dabei kann sich
die **Rechtsverletzung** eines Unternehmens daraus ergeben, dass die **Vergabekammer** wegen
unzureichender Dokumentation etwa die **Voraussetzungen** der Wahl der – eine europaweite
Ausschreibungspflicht nicht benötigenden – Verfahrensart **nicht objektiv eindeutig feststellen**
kann und auch **nachträgliche Heilungsversuche** zur Begründung im Nachprüfungsverfahren bei
derart essenziellen Pflichtinhalten der Dokumentation von ihr **nicht mehr zugelassen** werden.[93]

Abschnitt 3. Vergabe von öffentlichen Aufträgen in besonderen Bereichen und von Konzessionen

Unterabschnitt 1. Vergabe von öffentlichen Aufträgen durch Sektorenauftraggeber

§ 136 Anwendungsbereich

**Dieser Unterabschnitt ist anzuwenden auf die Vergabe von öffentlichen Aufträgen und die
Ausrichtung von Wettbewerben durch Sektorenauftraggeber zum Zweck der Ausübung
einer Sektorentätigkeit.**

§ 137 Besondere Ausnahmen

**(1) Dieser Teil ist nicht anzuwenden auf die Vergabe von öffentlichen Aufträgen durch
Sektorenauftraggeber zum Zweck der Ausübung einer Sektorentätigkeit, wenn die Aufträge Folgendes zum Gegenstand haben:
1. Rechtsdienstleistungen im Sinne des § 116 Absatz 1 Nummer 1,**

---

[90] OLG Brandenburg Beschl. v. 29.1.2013 – VergW 8/12, VPR 2013, 92.
[91] Für den kein besonderes Feststellungsinteresse wie in Fällen des § 168 Abs. 2 S. 2 (zB eine Wiederholungsgefahr) erforderlich ist; vgl. OLG Rostock Beschl. v. 9.12.2020 – 17 Verg 4/20, NZBau 2021, 484.
[92] VK Rheinland Beschl. v. 10.7.2019 – VK 19/19, VPRRS 2019, 0255.
[93] So VK Baden-Württemberg Beschl. v. 31.1.2020 – 1 VK 74/19, VPR 2020, 151.

2. Forschungs- und Entwicklungsdienstleistungen im Sinne des § 116 Absatz 1 Nummer 2,
3. Ausstrahlungszeit oder Bereitstellung von Sendungen, wenn diese Aufträge an Anbieter von audiovisuellen Mediendiensten oder Hörfunkmediendiensten vergeben werden,
4. finanzielle Dienstleistungen im Sinne des § 116 Absatz 1 Nummer 4,
5. Kredite und Darlehen im Sinne des § 116 Absatz 1 Nummer 5,
6. Dienstleistungen im Sinne des § 116 Absatz 1 Nummer 6, wenn diese Aufträge aufgrund eines ausschließlichen Rechts vergeben werden,
7. die Beschaffung von Wasser im Rahmen der Trinkwasserversorgung,
8. die Beschaffung von Energie oder von Brennstoffen zur Energieerzeugung im Rahmen der Energieversorgung oder
9. die Weiterveräußerung oder Vermietung an Dritte, wenn
   a) dem Sektorenauftraggeber kein besonderes oder ausschließliches Recht zum Verkauf oder zur Vermietung des Auftragsgegenstandes zusteht und
   b) andere Unternehmen die Möglichkeit haben, den Auftragsgegenstand unter den gleichen Bedingungen wie der betreffende Sektorenauftraggeber zu verkaufen oder zu vermieten.

(2) Dieser Teil ist ferner nicht anzuwenden auf die Vergabe von öffentlichen Aufträgen und die Ausrichtung von Wettbewerben, die Folgendes zum Gegenstand haben:
1. Liefer-, Bau- und Dienstleistungen sowie die Ausrichtung von Wettbewerben durch Sektorenauftraggeber nach § 100 Absatz 1 Nummer 2, soweit sie anderen Zwecken dienen als einer Sektorentätigkeit, oder
2. die Durchführung von Sektorentätigkeiten außerhalb des Gebietes der Europäischen Union, wenn der Auftrag in einer Weise vergeben wird, die nicht mit der tatsächlichen Nutzung eines Netzes oder einer Anlage innerhalb dieses Gebietes verbunden ist.

Schrifttum: *Marx* in Theobald/Kühling, 162. Vergaberecht für Versorgungsbezüge, 99. EL September 2018.

Übersicht

	Rn.			Rn.
I.	**Regelungsgehalt und Überblick**	1	5. Besondere Verträge, die die Weiterveräußerung oder Vermietung an Dritte zum Gegenstand haben (§ 137 Abs. 1 Nr. 9)	10
1.	Regelungsgehalt des § 136	1	6. Verträge bestimmter Sektorenauftraggeber, die anderen Zwecken als der Sektorentätigkeit dienen (§ 137 Abs. 2 Nr. 1)	11
2.	Besondere Ausnahmen des § 137	4		
3.	Besondere Ausnahmen des § 137 Abs. 1 Nr. 1–6	7	7. Sektorenaufträge außerhalb des Gebietes der EU (§ 137 Abs. 2 Nr. 2)	13
4.	Beschaffung von Wasser (§ 137 Abs. 1 Nr. 7) und von Energie oder Brennstoffen zur Energieerzeugung (§ 137 Abs. 1 Nr. 8)	9	II. **Systematische Stellung und Zweck der Normen**	15
			1. Systematische Stellung der Vorschriften	15
			2. Zweck der Vorschriften	17

I. Regelungsgehalt und Überblick

1. Regelungsgehalt des § 136. Der § 136 beschreibt positiv den Anwendungsbereich des Unterabschnitts 1 des Abschnittes 3 von Teil 4 Kapitel 1 des GWB. Dieser Unterabschnitt 1 gilt – neben dem ersten Abschnitt von Kapitel 1 und neben Kapitel 2 des 4. Teils des GWB – **für die Vergabe von öffentlichen Aufträgen und die Ausrichtung von Wettbewerben durch Sektorenauftraggeber** nach § 100.

Voraussetzung für die Anwendung der Vorschriften des Unterabschnitts ist, dass die Vergabe des Auftrags oder die Ausrichtung des Wettbewerbs durch Sektorenauftraggeber erfolgt.

Das heißt, ein Auftrag fällt nur unter die besonderen Vergaberegeln für Versorgungsunternehmen, wenn er **zum Zweck der Ausübung einer Sektorentätigkeit,** wie sie in § 102 beschrieben ist, erfolgt und der Tätigkeit dient, die das Versorgungsunternehmen als Sektorenauftraggeber qualifiziert. Das ergibt sich aus der Ausnahmeregel des § 137 Abs. 2 Nr. 1, ist aber im Gesamtzusammenhang der Vergabevorschriften für die verschiedenen öffentlichen Auftraggeber mehr als nur eine Ausnahme. Es ist Ausdruck des Prinzips, dass nur die Beschaffungen dem Sektorenrecht unterworfen sind, die auch die entsprechende inhaltliche Konnexität mit der Sektorentätigkeit aufweisen. Eine vergaberechtliche Bindung gilt für einen Versorger **nur bei Konnexität des jeweiligen Auftrags (oder Wettbewerbs) mit der Versorgungstätigkeit**. Dabei reicht eine mittelbare Förderung der Sektorentätigkeit aus. Es muss nur eine kausale Verknüpfung des Auftragsgegenstandes mit der Sektorentätigkeit vorliegen. Dient die beabsichtigte Baumaßnahme, der Einkauf der Waren oder die Dienstleistung nicht der Sektorentätigkeit, sondern einem anderen Zweck, baut beispielsweise ein Energieversorgungsunter-nehmen ein Krankenhaus oder Sportzentrum, hängt die Pflicht zur Anwendung von Vergaberegeln vom Status des Sektorenauftraggebers ab: Das Versorgungsunternehmen braucht keine Vergabevor-schriften einzuhalten, wenn es ein Unternehmen allein nach § 100 Abs. 1 Nr. 2a ist und daher nur an Auftragsregeln gebunden ist, wenn es Aufträge zugunsten der Sektorentätigkeit vergibt. Dagegen gelten die – strengeren – allgemeinen Regeln für Auftraggeber nach § 99 Nr. 1–3, wenn die Sektorentätigkeit von einem Unternehmen wahrgenommen wird, das zugleich öffentlicher Auftraggeber nach § 99 Nr. 1, 2 oder 3 ist oder ein von einem solchen Auftraggeber beherrscht ist.[1]

2. Besondere Ausnahmen des § 137. Die Richtlinien über die öffentliche Auftragsvergabe haben bis zum Jahre 2014 die Dienstleistungen in vorrangige und nachrangige Dienstleistungen eingeteilt. Dabei waren nachrangige Dienstleistungen keinem ausgefeilten Vergaberegime unterworfen; für sie galten nur das allgemeine Diskriminierungsverbot und eine nachrangige Transparenzverpflichtung. **Nunmehr gilt für alle Dienstleistungen ein förmliches Vergabeverfahren,** wobei jedoch die Mitgliedstaaten für bestimmte Dienstleistungen ein einfacheres Verfahren einführen können, und Deutschland dies mit den § 130 und §§ 64–66 VgV auch eingeführt hat. 4

Außerdem wurden die **Bereichsausnahmen** vom Vergaberecht neu gefasst und erweitert: In den **§§ 107–109** wurden sog. **allgemeine Ausnahmen** aufgenommen, die für alle öffentlichen Auftraggeber, Sektorenauftraggeber und Konzessionsgeber gelten. Die §§ 116 und 117 beschreiben besondere Ausnahmen nur für öffentliche Auftraggeber iSd § 99. **Die §§ 137–140 umreißen besondere Ausnahmen nur für Sektorenauftraggeber** iSd § 100. § 145 beschreibt besondere Ausnahmen für die Vergabe von verteidigungs- oder sicherheitsspezifischen Aufträgen durch öffentliche Auftraggeber oder Sektorenauftraggeber, während die §§ 149 und 150 besondere Ausnahmen für die Vergabe von Konzessionen beschreiben.[2] 5

Die „**Besonderen Ausnahmen**" in § 137 umfassen die Ausnahmen von den Regeln für die Vergabe öffentlicher Aufträge und die Durchführung von Wettbewerben durch Sektorenauftraggeber nach § 100. 6

3. Besondere Ausnahmen des § 137 Abs. 1 Nr. 1–6. Das ist in erster Linie ein Großteil der Ausnahmebereiche, die auch bei der Vergabe von öffentlichen Auftraggebern gelten: 7
– Forensische Rechtsdienstleistungen,
– Forschungs- und Entwicklungsdienstleistungen,
– Ausstrahlungszeit oder Bereitstellung von Sendungen, wenn diese Aufträge an Anbieter von audiovisuellen Mediendiensten vergeben werden; die Ausnahme über Erwerb, Entwicklung, Produktion und Koproduktion von Sendematerial für audiovisuelle Mediendienste entfällt, weil es im Sektorenbereich und in der Sektorenrichtlinie keinen öffentlich-rechtlichen Hörfunk und kein öffentlich-rechtliche Fernsehsender gibt,
– Finanzielle Dienstleistungen,
– Kredite und Darlehen,
– Dienstleistungen, wenn diese aufgrund eines ausschließlichen Rechtes vergeben werden.
Für diese Ausnahmen kann auf die jeweilige Kommentierung zu § 116 verwiesen werden. 8

4. Beschaffung von Wasser (§ 137 Abs. 1 Nr. 7) und von Energie oder Brennstoffen zur Energieerzeugung (§ 137 Abs. 1 Nr. 8). Für das Verständnis einer Reihe von Vorschriften, die nur für den **Bereich der sog. ausgeschlossenen Sektoren** gelten, ist es wichtig, die historische Situation zu der Zeit des Erlasses der Sektorenrichtlinie Ende der 80er/Anfang der 90er Jahre zu berücksichtigen. Die zum größten Teil damals noch fest in Monopolstrukturen eingebundenen Versorgungsunternehmen sollten bei der Beschaffung der für ihre Tätigkeit erforderlichen Ressourcen so behandelt werden wie Behörden. Das ist der Hauptgedanke der Sektorenrichtlinie. Das bedeutete aber nicht nur, dass den Unternehmen **bestimmte Verfahrensweisen beim Einkauf der erforderlichen Güter und Leistungen auferlegt** wurden. Es bedeutete auch **umgekehrt**, 9

---

[1] Immenga/Mestmäcker/*Dreher*, § 100b aF Rn. 14; *Marx*, Vergaberecht für Versorgungsbetriebe, 2011, 34 f.; Reidt/Stickler/Glahs/*Bosselmann* § 137 Rn. 13 f.; *Röwekamp* in RKPP GWB § 137 Rn. 10; HK-VergabeR/ *Schellenberg* § 137 Rn. 7.
[2] Eine tabellarische Darstellung der Umstrukturierung der Ausnahmetatbestände findet sich bei *Röwekamp* in RKPP GWB § 107 Rn. 2 f.

dass die **Sektorenrichtlinie keine spezielle Liberalisierungspolitik in den Sektoren** betreibt.[3] Das heißt: Für die Beschaffung der Waren und Leistungen, welche die öffentlichen Versorgungsunternehmen auf ihrem Versorgungssektor weiter veräußern, knüpfte man an die bestehenden Lieferantenstrukturen an. Dieser Gedanke ist der Hintergrund für die vorliegende Ausnahme, dass das Vergaberechtsregime ausdrücklich nicht für Aufträge von Trinkwasserversorgern zum Einkauf von Trinkwasser und nicht für Energieversorger beim Einkauf von Energie und Brennstoffen zur Energieerzeugung gilt. Energieversorgung bedeutet dabei sowohl Elektrizitätsversorgung wie auch Gas-[4] und Wärmeversorgung. Beschaffung von Energie oder Brennstoff zur Energieerzeugung liegt bei einem Energie-Contracting-Vertrag, der zusätzlich zur Energielieferung noch den Bau und den Betrieb eines Kraftwerkes vorsieht, nicht vor.

10 **5. Besondere Verträge, die die Weiterveräußerung oder Vermietung an Dritte zum Gegenstand haben (§ 137 Abs. 1 Nr. 9).** Gemäß § 137 Abs. 1 Nr. 9 sind auch solche Aufträge im Sektorenbereich vom Vergaberecht des GWB ausgenommen, die zum Zwecke der Weiterveräußerung oder der Vermietung an Dritte erworben werden. Voraussetzung dabei ist, dass der Auftraggeber kein besonderes oder ausschließliches Recht zum Ankauf oder zur Miete des Auftragsgegenstands besitzt und dass andere Unternehmen die Möglichkeit haben, diese Waren unter gleichen Bedingungen zu verkaufen oder zu vermieten. Bei den in der Vorschrift genannten „Dritten" kann es sich zB um Börsen, Großhändler, Generalisten, Handelsagenturen oder Makler handeln. Allerdings muss in allen Fällen sichergestellt sein, dass ein hinreichender Wettbewerb besteht und die Waren allgemein zum Kauf oder zur Miete angeboten werden.[5]

11 **6. Verträge bestimmter Sektorenauftraggeber, die anderen Zwecken als der Sektorentätigkeit dienen (§ 137 Abs. 2 Nr. 1).** Bei der Ausnahme nach § 137 Abs. 2 Nr. 1 geht es eigentlich um eine sachlich überflüssige Regelung. Dass die Aufträge von Sektorenauftraggebern nicht dem Recht zur Auftragsvergabe von Sektorenauftraggebern unterworfen sind, ergibt sich bereits aus der Formulierung „**zum Zweck der Ausübung einer Sektorentätigkeit**" aE des § 136. Die Ausnahme, um die es hier geht, hat nur klarstellenden Effekt: Sie soll deutlich machen, dass nicht nur der Unterabschnitt 1 keine Geltung für Sektorenaufträge haben soll, sondern auch die allgemeinen Bestimmungen der §§ 97 ff. nicht gelten, wenn private Sektorenauftraggeber nach § 100 Abs. 1 Nr. 2 Aufträge vergeben oder Wettbewerbe durchführen, die mit der Sektorentätigkeit in keinem Zusammenhang stehen.[6]

12 Wird der Auftrag sowohl im Zusammenhang mit der Sektorentätigkeit als auch zu anderen Zwecken vergeben, kommt es nach § 112 Abs. 3 S. 1 auf den **Hauptgegenstand** des Auftrags an. Ist der nicht einem Sektor zuzuordnen, besteht für den privaten Sektorenauftraggeber iSd § 100 Abs. 1 Nr. 2 keine Notwendigkeit zur Beachtung der Vergaberegeln. Für den Fall, dass nicht festzustellen ist, ob der zu vergebende Auftrag hauptsächlich einer Sektorentätigkeit dient, wird in der Literatur einem Sektorenauftraggeber iSd § 100 Abs. 1 Nr. 2 die Anwendung von Sektorenvergaberecht empfohlen;[7] eine Pflicht zur Anwendung lässt sich dann schwerlich herleiten. Sektorenauftraggeber iSd § 100 Abs. 1 Nr. 1 dürfen bei Aufträgen, die sowohl dem Zwecke einer Sektorentätigkeit als auch sektorenfremden Zwecken dienen, nur dann die Bestimmungen über die Auftragsvergabe im Sektorenbereich anwenden, wenn der Auftrag eindeutig hauptgegenständlich ein Sektorenauftrag ist.

13 **7. Sektorenaufträge außerhalb des Gebietes der EU (§ 137 Abs. 2 Nr. 2).** Der 4. Teil des GWB ist schließlich nicht anzuwenden auf die Vergabe von öffentlichen Aufträgen und die Ausrichtung von Wettbewerben,
– die die Durchführung von Sektorentätigkeiten außerhalb des Gebietes der Europäischen Union zum Gegenstand haben, und
– so vergeben werden, dass sie nicht mit der tatsächlichen Nutzung eines Netzes oder einer Anlage innerhalb des Gebietes der Union verbunden sind.

14 Die Ausnahme entspricht der bisherigen Ausnahme in § 100b Abs. 4 Nr. 2 aF.

---

[3] Dies zeigt sich auch in der speziellen Ausnahme für Tätigkeiten, die unmittelbar dem Wettbewerb ausgesetzt sind. Sie wäre nicht zu verstehen, wenn auch an sich wettbewerbs- und marktfeindliche Regelungen im Sektorenbereich aufrechterhalten würden.
[4] AA Prieß DB 1998, 405 und 612.
[5] Eschenbruch/Opitz/Röwekamp/*Wolters* SektVO § 137 Rn. 6; *Röwekamp* in RKPP GWB § 137 Rn. 7; Ziekow/Völlink/*Antweiler* § 137 Rn. 12.
[6] *Röwekamp* in RKPP GWB § 137 Rn. 9.
[7] *Röwekamp* in RKPP GWB § 137 Rn. 11.

II. Systematische Stellung und Zweck der Normen

1. Systematische Stellung der Vorschriften. Die Vorschriften des §§ 136 und 137 zur **15** Anwendung der Regeln über Sektorenaufträge zu den „Besonderen Ausnahmen" für die Vergabe von öffentlichen Aufträgen im Sektorenbereich schließt direkt an die Umstellung der Behandlung der „nachrangigen Dienstleistungen" an und fügt sich in die damit verbundene, neu gestaltete **Struktur der Ausnahmeregelungen** ein, die **einerseits mit den §§ 107, 108 und 109 über eine Vorschrift für allgemeine Ausnahmen** von der Anwendung des Vergaberechts, über eine Ausnahmevorschrift bei öffentlich-öffentlicher Zusammenarbeit und über Ausnahmen für die Vergabe auf der Grundlage internationaler Verfahrensregeln verfügt und – **andererseits – mit den §§ 116, 117, 137, 138, 139, 140, 145 und 149 sowie § 150 über „Besondere Ausnahmen"** von den Vergaberegeln für öffentliche Aufträge, für Aufträge im Verteidigungs- und Sicherheitsbereich, für Sektorenaufträge und die Konzessionsvergabe vorsieht.

Die Vorschrift über die „Besonderen Ausnahmen" steht als **zweite Vorschrift im Abschnitt 3** **16** über die Vergabe von öffentlichen Aufträgen in besonderen Bereichen und von Konzessionen im Unterabschnitt 1 (Vergabe von öffentlichen Aufträgen durch Sektorenauftraggeber) und hat die sich daraus ergebende besondere Bedeutung. Abschnitt 3 bündelt alle zentralen Elemente des Vergabeverfahrens im Sektorenbereichen, im Verteidigungs- und Sicherheitsbereich sowie bei der Vergabe von Konzessionen. Er ist in drei Unterabschnitte aufgegliedert, von denen der erste die Vergabe von öffentlichen Aufträgen durch Sektorenauftraggeber betrifft, der zweite die Vorschriften zur Vergabe von verteidigungs- oder sicherheitsspezifischen öffentlichen Aufträgen enthält und der dritte sich mit der Vergabe von Konzessionen befasst.

2. Zweck der Vorschriften. Der Zweck der Vorschrift des § 136 besteht in einer positiven **17** Beschreibung der Anwendungspflicht der Vergaberegeln in den Sonderbereichen Versorgung, Verteidigung und Sicherheit sowie Konzessionsvergabe. § 137 **präzisiert den Anwendungsbereich** des Abschnitts 3 und dient der genauen Festlegung des Anwendungsbereiches der Sektorenregeln. Dabei **dienen die einzelnen Ausnahmeregeln der Umsetzung einer ganzen Reihe von Ausnahmen der RL 2014/25/EU in deutsches Recht,** und zwar dient
- § 137 Abs. 1 Nr. 1 der Umsetzung des Art. 21 lit. c RL 2014/25/EU;
- § 137 Abs. 1 Nr. 2 der Umsetzung von Art. 32 RL 2014/25/EU;
- § 137 Abs. 1 Nr. 3 der Umsetzung des Art. 21 lit. i RL 2014/25/EU;
- § 137 Abs. 1 Nr. 4 der Umsetzung von Art. 21 lit. d RL 2014/25/EU und betrifft finanzielle Ausnahmen, die bisher zT in § 100b Abs. 2 Nr. 1 aF geregelt waren;
- § 137 Abs. 1 Nr. 5 der Umsetzung von Art. 21 lit. e RL 2014/25/EU in deutsches Recht; dabei wird wie in § 116 Abs. 1 Nr. 5 die Aufnahme von Krediten und Darlehen unabhängig von der Ausgabe von Wertpapieren und anderen Finanzinstrumenten freigestellt;
- § 137 Abs. 1 Nr. 6 der Umsetzung von Art. 22 RL 2014/25/EU; die Regel entspricht der bisherigen Regel aus § 100a Abs. 3 aF. Sie betrifft die relativ wenigen Fälle, in denen ein bestimmter öffentlicher Auftraggeber per Gesetz oder Verordnung der einzige Anbieter einer bestimmten Dienstleistung ist. Dabei muss dieses Gesetz oder diese Verordnung mit dem Vertrag über die Arbeitsweise der EU – und natürlich auch mit dem deutschen GG – in Einklang stehen.[8]
- § 137 Abs. 1 Nr. 7 der Umsetzung von Art. 23 lit. a RL 2014/25/EU und übernimmt damit unverändert die bisherige Ausnahme des § 100b Abs. 2 Nr. 2 aF für den Wasserbezug von Unternehmen, die auf dem Sektor der Wasserversorgung tätig sind;
- § 137 Abs. 1 Nr. 8 der Umsetzung von Art. 23 lit. b RL 2014/25/EU in deutsches Recht und übernimmt unverändert die bisherige Ausnahme des § 100b Abs. 2 Nr. 3 aF für den Energie- und Brennstoffbezug von Unternehmen auf dem Energiesektor;
- § 137 Abs. 1 Nr. 9 der Umsetzung von Art. 18 RL 2014/25/EU und stellt damit die unveränderte Übernahme der Ausnahmeregel des § 100b Abs. 4 Nr. 3 aF dar;
- § 137 Abs. 2 Nr. 1 der Umsetzung von Art. 19 Abs. 1 RL 2014/25/EU und damit die unveränderte Übernahme der Ausnahmeregel des § 100b Abs. 4 Nr. 1 aF dar;
- § 137 Abs. 2 Nr. 2 der Umsetzung von Art. 19 Abs. 1 RL 2014/25/EU in deutsches Recht.

Nach der Umstrukturierung der Regeln für die Dienstleistungen und für die Ausnahmen von den **18** Vergabevorschriften besteht der **Zweck der Vorschriften** in einer **vollständigen Ausnahme von den europäischen Regeln.** Es kann nicht mehr davon ausgegangen werden, dass auf den Ausnahmefeldern etwa ein europäisches „Vergaberecht light" mit Transparenzpflicht und Pflicht zur Entscheidung nach objektiven Maßstäben aufgrund europäischen Primärrechtes gilt.[9] Die „Allge-

---

[8] Gesetzesbegründung BT-Drs. 18/6281, 95 zu § 116 Abs. 1 Nr. 6.
[9] S. dazu Kom. Mitt. v. 26.7.2006, ABl. 2006 C 294, 52 sowie die Entscheidung des EuG Urt. v. 20.5.2010 – T 258/06, VergabeR 2010, 593 ff.

meinen Ausnahmen" in §§ 107 und 108 und die Ausnahmefelder der „Besonderen Ausnahmen" in §§ 116 und 137 betreffen keine Binnenmarktaktivitäten, die den Freiheiten des Binnenmarktes unterliegen, und sind daher primärrechtlich nur und allein dem allgemeinen Diskriminierungsverbot unterworfen.

§ 138 Besondere Ausnahme für die Vergabe an verbundene Unternehmen

(1) Dieser Teil ist nicht anzuwenden auf die Vergabe von öffentlichen Aufträgen,
1. die ein Sektorenauftraggeber an ein verbundenes Unternehmen vergibt oder
2. die ein Gemeinschaftsunternehmen, das ausschließlich mehrere Sektorenauftraggeber zur Durchführung einer Sektorentätigkeit gebildet haben, an ein Unternehmen vergibt, das mit einem dieser Sektorenauftraggeber verbunden ist.

(2) Ein verbundenes Unternehmen im Sinne des Absatzes 1 ist
1. ein Unternehmen, dessen Jahresabschluss mit dem Jahresabschluss des Auftraggebers in einem Konzernabschluss eines Mutterunternehmens entsprechend § 271 Absatz 2 des Handelsgesetzbuchs nach den Vorschriften über die Vollkonsolidierung einzubeziehen ist, oder
2. ein Unternehmen, das
    a) mittelbar oder unmittelbar einem beherrschenden Einfluss nach § 100 Absatz 3 des Sektorenauftraggebers unterliegen kann,
    b) einen beherrschenden Einfluss nach § 100 Absatz 3 auf den Sektorenauftraggeber ausüben kann oder
    c) gemeinsam mit dem Auftraggeber aufgrund der Eigentumsverhältnisse, der finanziellen Beteiligung oder der für das Unternehmen geltenden Bestimmungen dem beherrschenden Einfluss nach § 100 Absatz 3 eines anderen Unternehmens unterliegt.

(3) Absatz 1 gilt für Liefer-, Bau- oder Dienstleistungsaufträge, sofern unter Berücksichtigung aller Liefer-, Bau- oder Dienstleistungen, die von dem verbundenen Unternehmen während der letzten drei Jahre in der Europäischen Union erbracht wurden, mindestens 80 Prozent des im jeweiligen Leistungssektor insgesamt erzielten durchschnittlichen Umsatzes dieses Unternehmens aus der Erbringung von Liefer-, Bau- oder Dienstleistungen für den Sektorenauftraggeber oder andere mit ihm verbundene Unternehmen stammen.

(4) Werden gleiche oder gleichartige Liefer-, Bau- oder Dienstleistungen von mehr als einem mit dem Sektorenauftraggeber verbundenen und mit ihm wirtschaftlich zusammengeschlossenen Unternehmen erbracht, so werden die Prozentsätze nach Absatz 3 unter Berücksichtigung des Gesamtumsatzes errechnet, den diese verbundenen Unternehmen mit der Erbringung der jeweiligen Liefer-, Dienst- oder Bauleistung erzielen.

(5) Liegen für die letzten drei Jahre keine Umsatzzahlen vor, genügt es, wenn das Unternehmen etwa durch Prognosen über die Tätigkeitsentwicklung glaubhaft macht, dass die Erreichung des nach Absatz 3 geforderten Umsatzziels wahrscheinlich ist.

§ 139 Besondere Ausnahme für die Vergabe durch oder an ein Gemeinschaftsunternehmen

(1) Dieser Teil ist nicht anzuwenden auf die Vergabe von öffentlichen Aufträgen,
1. die ein Gemeinschaftsunternehmen, das mehrere Sektorenauftraggeber ausschließlich zur Durchführung von Sektorentätigkeiten gebildet haben, an einen dieser Auftraggeber vergibt oder
2. die ein Sektorenauftraggeber, der einem Gemeinschaftsunternehmen im Sinne der Nummer 1 angehört, an dieses Gemeinschaftsunternehmen vergibt.

(2) Voraussetzung ist, dass
1. das Gemeinschaftsunternehmen im Sinne des Absatzes 1 Nummer 1 gebildet wurde, um die betreffende Sektorentätigkeit während eines Zeitraums von mindestens drei Jahren durchzuführen, und
2. in dem Gründungsakt des Gemeinschaftsunternehmens festgelegt wird, dass die das Gemeinschaftsunternehmen bildenden Sektorenauftraggeber dem Gemeinschaftsunternehmen mindestens während desselben Zeitraums angehören werden.

Schrifttum: *Drömann,* Das Konzernprivileg im Lichte der neuen Sektorenkoordinierungsrichtlinie NZBau 2015, 202; *Greb,* Das Konzernprivileg für Sektorenauftraggeber nach den §§ 138, 139 GWB, VergabeR 2016, 303; *Marx,* Vergaberecht für Versorgungsbetriebe, 2011, 34; *Opitz,* Was bringt die neue Sektorenvergaberichtlinie, VergabeR 2014, 369; *Schrotz/Faasch,* Erweiterte vergaberechtliche Handlungsspielräume für Sektorenauftraggeber vor dem Hintergrund des Vergaberechtsmoderni-sierungsgesetzes, VersorgW 2015, 261; *Stickler,* Ausgewählte Fragen der In-House-Vergabe durch Sektorenauftraggeber, FS Marx, 2013, 725.

Übersicht

	Rn.		Rn.
I. Regelungsgehalt und Überblick bei § 138	1	4. 80%-Regel (§ 138 Abs. 3, 4 und 5)	8
1. Prinzip und Abgrenzung zum In-House-Geschäft	1	**II. Regelungsgehalt und Überblick zu § 139**	11
2. Ausnahmevorschrift des § 138 Abs. 1	4	**III. Systematische Stellung und Zweck der Normen**	13
3. Definition des Begriffs des verbundenen Unternehmens (§ 138 Abs. 2)	5	1. Systematische Stellung der Vorschriften	13
		2. Zweck der Vorschriften	15

I. Regelungsgehalt und Überblick bei § 138

1. Prinzip und Abgrenzung zum In-House-Geschäft. § 138 enthält zusammen mit § 139 **1** eine Ausnahmeregelung von der Anwendung des Vergaberechts für Vergaben zwischen verbundenen Unternehmen im Sektorenbereich. Wegen der gesellschaftsrechtlichen Verbundenheit zwischen Auftraggeber und Auftragnehmer wird die Ausnahmeregelung „Konzernprivileg" genannt. Wegen der offensichtlichen Überschneidung des Anwendungsbereichs beider Vorschriften müssen die Vorschriften der § 138 und § 139 zusammen gesehen werden.[1] Im Rahmen des Konzernprivilegs kann wie im Falle einer In-House-Vergabe ein Auftrag direkt erteilt werden. Denn die **Ausnahmeregelung der §§ 138, 139 beruht auf demselben Gedanken wie das sog. In-House-Geschäft,** nach dem klassische Auftraggeber von der Anwendung des Vergaberechtes befreit sind: Beim In-House-Geschäft wie beim „Konzernprivileg" geht es eigentlich nicht um die Inanspruchnahme des Marktes durch einen öffentlichen Auftraggeber, sondern um eine interne Leistungsbeziehung. Und interne Leistungsbeziehungen, die innerhalb staatlicher Strukturen ablaufen, sind generell nicht Gegenstand des Vergaberechtes. Diese Feststellung ist gerade in einem föderalen Staat wie der Bundesrepublik Deutschland von ganz besonderem Interesse.

Vor der Neuregelung des Vergaberechtes 2016 war es umstritten, ob die In-House-Grundsätze, **2** die jetzt in § 108 Abs. 1–5 niedergelegt sind, neben den in § 138 geregelten Bereichsausnahmen Anwendung finden können.[2] Heute sieht **§ 108 Abs. 8 ausdrücklich** eine Trennung vor: Die **In-House-Bestimmungen des § 108 Abs. 1–7** gelten **nur für die klassischen** Sektorenauftraggeber des § 100 Abs. 1 Nr. 1, während sich die „privaten" Sektorenauftraggeber des § 100 Abs. 1 Nr. 2 nicht auf die In-House-Regeln berufen können, sondern nur auf das Konzernprivileg der §§ 138, 139.[3]

Konzernprivileg ist eine eher saloppe Bezeichnung für eine Ausnahmeregelung vom **3** gesamten Vergaberecht, deren Präzision sich nicht aus dem Begriff, sondern nur aus den einzelnen Regelungen der §§ 138 und 139 ergibt.[4] Dabei setzt die Freistellung von Aufträgen nach § 138 an ein verbundenes Unternehmen voraus, dass alle Voraussetzungen des § 138 kumulativ vorliegen: Es muss die Vergabe an ein verbundenes Unternehmen oder ein Gemeinschaftsunternehmen vorliegen und es muss die Vergabe an ein zu 80% für das beauftragende Unternehmen arbeitende Einheit gegeben sein. Die Freistellung nach § 139 an ein Gemeinschaftsunternehmen verlangt dagegen lediglich die Vergabe an ein in bestimmter Art und Weise qualifiziertes gemeinsames Unternehmen von Sektorenauftraggebern.

2. Ausnahmevorschrift des § 138 Abs. 1. In § 138 Abs. 1 wird bestimmt, dass die vergabe- **4** rechtlichen Regeln der §§ 97 ff. keine Anwendung finden, wenn **Sektorenauftraggeber an ein verbundenes Unternehmen** öffentliche Aufträge vergeben oder ein **Gemeinschaftsunternehmen, das ausschließlich durch mehrere Sektorenauftraggeber zur Durchführung einer Sektorentätigkeit gebildet worden ist, Aufträge an ein Unternehmen vergibt, das mit**

---

[1] *Greb* VergabeR 2016, 303.
[2] Eschenbruch/Opitz/Röwekamp/*Opitz* § 138 Rn. 14.
[3] *Röwekamp* in RKPP GWB § 138 Rn. 4.
[4] *Müller-Wrede* in Müller-Wrede GWB § 138 Rn. 1.

einem dieser Sektorenauftraggeber verbunden ist. Die Ausdehnung der Freistellung auf Gemeinschaftsunternehmen überschneidet sich mit den Fällen des § 139, erscheint aber dadurch gerechtfertigt, dass Gemeinschaftsunternehmen oft nur für die Ausübung einer bestimmten Sektorentätigkeit und ein bestimmtes Projekt gegründet werden, weil das Fachwissen der beteiligten Unternehmensgruppen dem Projekt zugutekommen soll.[5]

5   **3. Definition des Begriffs des verbundenen Unternehmens (§ 138 Abs. 2).** Ein verbundenes Unternehmen ist in erster Linie ein Unternehmen, dessen Jahresabschluss mit dem Jahresabschluss des Auftraggebers in einem Konzernabschluss einer Mutterkonzerns **gem. § 271 Abs. 2 HGB nach den Vorschriften über die Vollkonsolidierung** einzubeziehen ist.[6]

6   **In zweiter Linie** – so bestimmt § 138 Abs. 2 Nr. 2 – ist ein verbundenes Unternehmen ein Unternehmen,
   – auf das der Sektorenauftraggeber einen **beherrschenden Einfluss ausüben** oder
   – dem der Sektorenauftraggeber einen beherrschenden Einfluss **unterliegen** kann oder
   – das **gemeinsam mit dem Auftraggeber** aufgrund der Eigentumsverhältnisse, der finanziellen Beteiligung oder der für das Unternehmen geltenden Bestimmungen dem **beherrschenden Einfluss eines anderen Unternehmens** unterliegt.[7]

7   Bei der Feststellung des **beherrschenden Einflusses** kommt es auf die Vermutungsregeln des § 100 Abs. 3 an. Dabei reicht jeweils die Möglichkeit der Einflussnahme auf die Geschäftstätigkeit aus. Der Einfluss muss nicht tatsächlich ausgeübt werden.[8] Es wird vermutet, dass der öffentliche Auftraggeber einen beherrschenden Einfluss ausübt, wenn er unmittelbar oder mittelbar die Mehrheit am gezeichneten Kapital des Unternehmens hält oder über die Mehrheit der mit den Anteilen am Unternehmen verbundenen Stimmrechte verfügt oder mehr als die Hälfte der Mitglieder des Verwaltungs-, Leitungs- oder Aufsichtsorgans eines anderen Unternehmens ernennen kann (vgl. § 100 Abs. 3).

8   **4. 80%-Regel (§ 138 Abs. 3, 4 und 5).** Außer der Verbundenheit eines Unternehmens muss, wenn die Freistellung vom Vergaberecht erreicht werden soll, ein weiterer wesentlicher **Aspekt** vorliegen, der von Greb[9] „**Tätigkeitskriterium**" genannt wird. Es geht in Wahrheit um eine besonders enge Bindung, die zwischen den Unternehmen vorliegen müssen, damit sichergestellt ist, dass der Sektorenbereich der öffentlichen Hand nicht doch unter der Hand am Markt vorbei agiert. Nach § 138 Abs. 3 gilt daher der Freistellungstatbestand für öffentliche Aufträge nur, wenn die Liefer-, Bau- und Dienstleistungen, die das verbundene Unternehmen während der letzten drei Jahre in der EU erbracht hat, **80% des im jeweiligen Leistungssektor insgesamt erzielten durchschnittlichen Umsatzes** dieses Unternehmens aus der Erbringung von Liefer-, Bau- oder Dienstleistungen für den Sektorenauftraggeber oder andere mit ihm verbundene Unternehmen stammen. Eine getrennte Berechnung der 80%-Vorgabe etwa nach unterschiedlichen Tätigkeiten oder Sparten ist nicht möglich.[10] Die überwiegende Haupttätigkeit des beauftragten Unternehmens darf nicht darin bestehen, seine Leistungen am Markt anzubieten. Sie muss darin bestehen, für die Unternehmensgruppe zu arbeiten.

9   Wenn das zu beauftragende Unternehmen noch keine drei Jahre besteht, ist eine Freistellung vom Vergaberecht nach § 138 nur möglich, wenn zu erwarten ist, dass das Unternehmen mindestens 80% seines Umsatzes in der Unternehmensgruppe erzielen wird. Entsprechende Prognosen müssen diese Entwicklung glaubhaft machen (§ 138 Abs. 5).

10   Werden **gleiche oder gleichartige Liefer-, Bau- oder Dienstleistungsaufträge** von mehr als einem mit dem Sektorenauftraggeber verbundenen Unternehmen erbracht, werden nach § 138 Abs. 4 die in § 138 Abs. 3 genannten 80% unter Zusammenrechnung der Gesamtumsatzes errechnet, den die verbundenen Unternehmen aus der Erbringung der Liefer-, Bau- oder Dienstleistung erzielen.[11] Damit soll ausgeschlossen werden, dass mehrere Unternehmen mit gleichem Tätigkeitsfeld gegründet werden, von denen das eine Unternehmen ausschließlich für die Unternehmensgruppen agiert und das andere sog. Drittgeschäft am allgemeinen Markt betreibt.[12]

---

[5]   *Röwekamp* in RKPP GWB § 137 Rn. 5; Eschenbruch/Opitz/Röwekamp/*Opitz* § 138 Rn. 20 ff.
[6]   Beck VergabeR/*Lausen* § 138 Rn. 8 ff.
[7]   BeckOK VergabeR/*Jäger* § 138 Rn. 5–7; Ziekow/Völlink/*Antweiler* § 138 Rn. 8; HK-VergabeR/*Schellenberg* § 138 Rn. 7; Willenbruch/Wieddekind/*Willenbruch* § 138 Rn. 3.
[8]   *Röwekamp* in RKPP GWB § 138 Rn. 10.
[9]   *Greb* VergabeR 2016, 303; Greb/Müller/*Greb* §§ 138, 139 Rn. 25. Ich spreche lieber von „Marktkriterium". Es soll ja sicherstellen, dass mit der Freistellung nicht hinten herum doch am Markt vorbei eingekauft wird.
[10] *Röwekamp* in RKPP GWB § 138 Rn. 11.
[11] HK-VergabeR/*Schellenberg* § 138 Rn. 9–11; Beck VergabeR/*Lausen* § 138 Rn. 25 ff.
[12] *Röwekamp* in RKPP GWB § 138 Rn. 12; Eschenbruch/Opitz/Röwekamp/*Opitz*. § 138 Rn. 28.

II. Regelungsgehalt und Überblick zu § 139

Gilt die Freistellung des § 138 vom Vergaberecht für Aufträge von Sektorenauftraggebern an ein verbundenes Unternehmen oder ein Gemeinschaftsunternehmen, das mit einem Sektorenauftraggeber verbunden ist, **kommt mit dem § 139 ein weiterer Freistellungskomplex** hinzu: Freigestellt sind danach alle öffentlichen Aufträge, 11
- die ein Gemeinschaftsunternehmen, das mehrere Sektorenauftraggeber ausschließlich zur Durchführung ihrer Sektorentätigkeit gebildet haben, an eines der Gründerunternehmen vergibt, und
- die ein Sektorenauftraggeber, der einem Gemeinschaftsunternehmen der vorgenannten Art angehört, an dieses Gemeinschaftsunternehmen vergibt.[13]

Voraussetzung ist in beiden Fällen, dass das **Gemeinschaftsunternehmen** gebildet wurde, um die Sektorentätigkeit mindestens über einen Zeitraum von **drei Jahren** zu **betreiben**, und in dem Gründungsakt des Gemeinschaftsunternehmens festgelegt wurde, dass die das Gemeinschaftsunternehmen bildenden Sektorenauftraggeber dem Gemeinschaftsunternehmen mindestens während dieser drei Jahre angehören werden. Es soll verhindert werden, dass Gemeinschaftsunternehmen nur zur Gelegenheit der Vergabe eines ganz bestimmten Auftrags an einen bestimmten Auftragnehmer gegründet werden.[14] 12

III. Systematische Stellung und Zweck der Normen

1. Systematische Stellung der Vorschriften. Die Vorschriften der Regeln der §§ 138 und 139 über Besondere Ausnahmen von Sektorenaufträgen für die Vergabe an verbundene Unternehmen und an Gemeinschaftsunternehmen stehen am Anfang des Unterabschnitts „Vergabe von öffentlichen Aufträgen durch Sektorenauftraggeber" und schließen direkt an die besonderen Ausnahmen für Sektorenauftraggeber an. Die Regeln fügen sich so in die damit verbundene, neu gestaltete **Struktur der Ausnahmeregelungen** ein, die **einerseits mit den §§ 107, 108 und 109 über eine Vorschrift für allgemeine Ausnahmen** von der Anwendung des Vergaberechts, über eine Ausnahmevorschrift bei öffentlich-öffentlicher Zusammenarbeit und über Ausnahmen für die Vergabe auf der Grundlage internationaler Verfahrensregeln verfügt und – **andererseits – mit den §§ 116, 117, 137, 138, 139, 140, 145 und 149 sowie § 150 über „Besondere Ausnahmen"** von den Vergaberegeln für öffentliche Aufträge, für Aufträge im Verteidigungs- und Sicherheitsbereich, für Sektorenaufträge und die Konzessionsvergabe vorsieht. 13

Die Vorschriften über die „Besonderen Ausnahmen für die Vergabe an verbundene Unternehmen" (§ 138) und über die „Besondere Ausnahme für die Vergabe durch oder an ein Gemeinschaftsunternehmen" (§ 139) stehen als **dritte und vierte Vorschrift im Abschnitt 3** über die Vergabe von öffentlichen Aufträgen in besonderen Bereichen und von Konzessionen im Unterabschnitt 1 (Vergabe von öffentlichen Aufträgen durch Sektorenauftraggeber). Abschnitt 3 bündelt alle zentralen Elemente des Vergabeverfahrens im Sektorenbereichen, im Verteidigungs- und Sicherheitsbereich sowie bei der Vergabe von Konzessionen. Er ist in drei Unterabschnitte aufgegliedert, von denen der erste die Vergabe von öffentlichen Aufträgen durch Sektorenauftraggeber betrifft, der zweite die Vorschriften zur Vergabe von verteidigungs- oder sicherheitsspezifischen öffentlichen Aufträgen enthält und der dritte sich mit der Vergabe von Konzessionen befasst. 14

2. Zweck der Vorschriften. Der **Zweck der Vorschriften der §§ 138 und 139** besteht darin, die Leistungsbeziehungen, die dem freien Wettbewerb entzogen sind, vergaberechtlich abzusichern. Das mit ihnen verbundene „Konzernprivileg" soll einen **Freiraum für vergaberechtsfreie Vertragsbeziehungen innerhalb eines Konzernverbundes** schaffen. 15

Mit den Ausnahmen des **§ 138 wird Art. 29 RL 2014/25/EU in deutsches Recht** umgesetzt. 16
Der Erwägungsgrund 39 der genannten RL begründet die Regel mit folgenden Worten:
„Viele Auftraggeber sind als Wirtschaftsgruppe organisiert, die aus einer Reihe getrennter Unternehmen bestehen kann; oft hat jedes Unternehmen in der Wirtschaftsgruppe eine spezielle Aufgabe. Es ist daher angezeigt, bestimmte Dienstleistungs-, Liefer- und Bauaufträge (s.c. vom Vergaberecht) auszuschließen, die an ein verbundenes Unternehmen vergeben werden, welches seine Dienstleistungen, Lieferungen und Bauleistungen nicht am Markt anbietet, sondern hauptsächlich für die eigene Unternehmensgruppe erbringt."

Die beiden Ausnahmetatbestände des **§ 139 setzen Art. 30 RL 2014/25/EU** in deutsches Recht **um**. 17

§ 140 Besondere Ausnahme für unmittelbar dem Wettbewerb ausgesetzte Tätigkeiten

(1) ¹Dieser Teil ist nicht anzuwenden auf öffentliche Aufträge, die zum Zweck der Ausübung einer Sektorentätigkeit vergeben werden, wenn die Sektorentätigkeit unmittelbar

---
[13] Greb/Müller/*Greb* §§ 138 139 Rn. 14 ff.
[14] Reidt/Stickler/Glahs/*Bosselmann* § 139 Rn. 3; Eschenbruch/Opitz/Röwekamp/*Opitz* § 139 Rn. 10.

dem Wettbewerb auf Märkten ausgesetzt ist, die keiner Zugangsbeschränkung unterliegen. ²Dasselbe gilt für Wettbewerbe, die im Zusammenhang mit der Sektorentätigkeit ausgerichtet werden.

(2) ¹Für Gutachten und Stellungnahmen, die aufgrund der nach § 113 Satz 2 Nummer 8 erlassenen Rechtsverordnung vorgenommen werden, erhebt das Bundeskartellamt Kosten (Gebühren und Auslagen) zur Deckung des Verwaltungsaufwands. ²§ 62 Absatz 1 Satz 3 und Absatz 2 Satz 1, Satz 2 Nummer 1, Satz 3 und 4, Absatz 5 Satz 1 sowie Absatz 6 Satz 1 Nummer 2, Satz 2 und 3 gilt entsprechend. ³Hinsichtlich der Möglichkeit zur Beschwerde über die Kostenentscheidung gilt § 73 Absatz 1 und 4 entsprechend.

Schrifttum: *Marx*, Vergaberecht für Versorgungsbetriebe, 2011.

I. Regelungsgehalt und Überblick

1 Nach § 140 ist der 4. Teil des GWB nicht auf öffentliche Aufträge und die Ausrichtung von Wettbewerben anzuwenden, wenn sie zum Zwecke einer Sektorentätigkeit vergeben werden, die auf Märkten mit freiem Marktzugang unmittelbar dem Wettbewerb ausgesetzt ist.¹ Der **Sinn der Regel** ist ein ziemlich einfacher: Es bedarf keiner Regelung zur Herstellung und zum Aufbau von Wettbewerb für einzelne Aufträge, wenn der Sektor, auf dem der Auftrag vergeben werden soll, ohnehin generell dem Wettbewerb unterliegt.² Die Regelung entspricht also der ordnungspolitischen Ratio des Vergaberechtes,³ wobei allerdings nicht ein ganzer Sektor mit allen seinen Tätigkeiten ausgenommen ist, sondern immer nur der Teilbereich innerhalb eines Sektors, auf dem bei freiem Marktzugang unmittelbarer Wettbewerb herrscht.⁴

2 **Die Formulierung des Gesetzes** („ist nicht anzuwenden") legt nahe, dass die Vergabe von öffentlichen Aufträgen und die Veranstaltung von Wettbewerben auf einem dem Wettbewerb unterliegender Teilsektor von vornherein per Gesetz ausgeschlossen ist. Dies ist indessen trotz der eigentlich eindeutigen Formulierung des Gesetzes nicht der Fall.

3 Die Feststellung, dass Wettbewerb bei freiem Zugang herrscht, kann nicht das betroffene Unternehmen für sich treffen so, wie es beispielsweise das Vorliegen der Voraussetzungen der §§ 137–139 treffen kann. Der Markt oder die Teilmärkte müssen **durch Entscheidung der EU-Kommission als offen und dem Wettbewerb unmittelbar ausgesetzt bezeichnet** sein. Diese Entscheidung ist nach Kriterien zu treffen, die mit den Wettbewerbsregeln des EG-Vertrages in Übereinstimmung stehen und ergeht in einem komplizierten Verfahren auf Antrag eines Mitgliedstaates oder – wenn der Sitzmitgliedstaat dies in seinen Rechtsvorschriften vorgesehen hat – auch auf Antrag eines Unternehmens. Die Bundesrepublik Deutschland hat mit dem Vergaberechtsmodernisierungsgesetz 2009 schon die nationalrechtlichen Grundlagen für ein entsprechendes Verfahren und mit der **SektorenVO**⁵ das Verfahren festgelegt, nach dem Auftraggeber, die auf dem Gebiet der Trinkwasser- oder der Energieversorgung oder des Verkehrs tätig sind, sowie Auftraggeber nach dem Bundesberggesetz von der Verpflichtung zur Anwendung des 4. Teils des GWB „befreit werden können". Die Neufassung der SektVO von 2016 sieht nun in ihrer Eingangsformulierung vor, dass Auftraggeber bei der Europäischen Kommission beantragen können, festzustellen, dass die Vorschriften des 4. Teils des GWB sowie der SektVO keine Anwendung finden. Obwohl dies wie die Eingangsformulierung des § 140 Abs. 1 eine etwas merkwürdige Formulierung ist, weil hier der Kommission zugestanden wird, deutsches Recht außer Kraft zu setzen, versteht man, was gemeint ist: Nur nach einer positiven Entscheidung der Kommission über das Bestehen von Wettbewerb auf einem Teilsektor können die Sektorenunternehmen von der Anwendung des Vergaberechtes absehen.

4 Die **Regeln der RL 2014/25/EU** formulieren die Voraussetzungen und die Aktivitäten **um die besondere Ausnahme** von unmittelbar dem Wettbewerb ausgesetzte Tätigkeiten in Art. 34 und 35 RL 2014/25/EU denn auch **etwas anders** als das deutsche Recht: In der Richtlinie heißt es in Art. 34 Abs. 1 RL 2014/25/EU, dass Aufträge nicht der Richtlinie unterliegen, wenn Mitgliedstaat oder Auftraggeber einen entsprechenden Antrag gestellt haben und nachweisen können, dass die Tätigkeit, um die es geht, unmittelbar dem Wettbewerb ausgesetzt ist und die Kommission dem Antrag stattgibt. Als wichtigste Leitlinie für die (von der Generaldirektion Binnenmarkt

---

¹ Zu einzelnen Beispielen, zu denen Entscheidungen der EU-Kommission vorliegen, s. Greb/Müller/*Dietrich* Rn. 10.
² *Prieß* VergabeR-HdB S. 1790.
³ *Röwekamp* in RKPP GWB Rn. 1.
⁴ *Röwekamp* in RKPP GWB Rn. 1; Eschenbruch/Opitz/Röwekamp/*Sudbrock* SektVO § 3 Rn. 6.
⁵ Zur SektVO *Eschenbruch/Opitz*, SektVO, 2012; *Greb/Müller*, SektVO, 2011; *Müller-Wrede*, SektVO, 2010; HK-VergabeR, 2011, SektVO.

vorgeprägte) Regelung galt der EU-Kommission immer die nationale rechtliche Regelung über den freien Zugang zu den Märkten. In Art. 34 Abs. 2 RL 2014/25/EU sind nun ausdrücklich zwei wesentliche Aspekte hinzugefügt worden, die nicht aus dieser Perspektive stammen, sondern fest mit dem Wettbewerbsrecht des AEUV verbunden sind: Die Frage, ob die Tätigkeiten unmittelbar dem Wettbewerb ausgesetzt sind, ist danach erstens auf der Grundlage von Kriterien zu entscheiden, die mit den Wettbewerbsbestimmungen des AEUV übereinstimmen und – zweitens – umfasst der geographisch abgegrenzte Bezugsmarkt, auf dessen Grundlage die Wettbewerbssituation bewertet wird, das Gebiet, in dem die betreffenden Unternehmen an Angebot und Nachfrage der Waren oder Dienstleistungen beteiligt sind, in dem die Wettbewerbsbedingungen ausreichend homogen sind und das von benachbarten Gebieten unterschieden werden kann.

Eine der wichtigsten Entscheidungen in dem Zusammenhang der besonderen Ausnahme von unmittelbar dem Wettbewerb ausgesetzten Tätigkeiten im Sektorenbereich **wurde von der EU-Kommission am 24.4.2012** getroffen. Danach wurden die Erzeugung und der Großhandel von konventionellem Strom in Deutschland vom Vergaberecht freigestellt.[6] Öffentliche Sektorenauftraggeber sind nach Auffassung mancher aus haushaltsrechtlichen Gründen an Vergaberegeln gebunden.[7] Ob und inwieweit ein konkreter Auftrag der Erzeugung oder dem Großhandel mit konventionell erzeugtem Strom dient, ist im Einzelfall zu entscheiden.[8]

Abs. 2 ist eine rein technische Vorschrift. Sie legt fest, dass das Bundeskartellamt, das nach § 4 SektVO immer in das Antragsverfahren zur Feststellung des Vorliegens von Wettbewerb eingeschaltet werden muss, Kosten zur Deckung des Verwaltungsaufwands verlangen kann.

II. Systematische Stellung und Zweck der Norm

§ 140 steht im Abschnitt 3 Unterabschnitt 1 am Ende der Regeln über die Vergabe von öffentlichen Aufträgen durch Sektorenauftraggeber, die von den Anwendungsbereich dieser Vorschriften definieren, und beschreibt eine besondere, herausgehobene Art der Ausnahme von der Anwendungspflicht von Vergaberegeln für Sektorenauftraggeber.

Die Bestimmung dient der **Umsetzung von Art. 34 RL 2014/25/EU** in deutsches Recht.

§ 141 Verfahrensarten

(1) Sektorenauftraggebern stehen das offene Verfahren, das nicht offene Verfahren, das Verhandlungsverfahren mit Teilnahmewettbewerb und der wettbewerbliche Dialog nach ihrer Wahl zur Verfügung.

(2) Das Verhandlungsverfahren ohne Teilnahmewettbewerb und die Innovationspartnerschaft stehen nur zur Verfügung, soweit dies aufgrund dieses Gesetzes gestattet ist.

Schrifttum: *Badenhausen-Fähnle*, Die neue Vergabeart der Innovationspartnerschaft – Fünftes Rad am Wagen ? VergabeR 2015, 743; *Gröning*, Die neue Richtlinie für die öffentliche Auftragsvergabe – ein Überblick, VergabeR 2014, 339; *Marx*, Vergaberecht für Versorgungsbetriebe, 2011; *Opitz*, Die neueSektorenverordnung, VergabeR 2009, 689; *Prieß/Stein*, Die neue EU-Sektorenrichtlinie; NZBau 2014, 323.

I. Regelungsgehalt und Überblick

Nach Abs. 1 dürfen Sektorenauftraggeber unter dem offenen Verfahren und dem nicht offenen Verfahren mit Teilnahmewettbewerb sowie dem Verhandlungsverfahren mit Teilnahmewettbewerb und dem wettbewerblichen Dialog frei wählen. Die Wahlfreiheit gilt für alle Sektorenauftraggeber, erstreckt sich aber nur auf die Verfahrensarten mit vorheriger Bekanntmachung. Der Auftraggeber kann „frei" wählen, unterliegt also nicht einer Pflicht zu einer Angemessenheitsprüfung oder irgendwelchen anderen Regeln.[1] Weder in Gesetz noch in der SektVO, die in § 13 Abs. 1 S. 1 SektVO den Grundsatz der Wahlfreiheit noch einmal wiederholt und hervorhebt, gibt es Ansatzpunkte für ein Hierarchieverhältnis unter den für die Sektorenauftraggeber zur freien Verfügung gestellten Verfahrensarten. Ebenso wenig folgt eine Hierarchie aus dem Wettbewerbsgrundsatz oder gar dem

---

[6] BAnz. AT 2012, B3.
[7] *Greb/Stenzel* VergabeR 2013, 403 ff.
[8] Ob darunter bspw. auch der Rückbau eines Kraftwerks fällt, mit dem konventionell Strom erzeugt wurde, wird bereits bezweifelt. S. *Röwekamp* in RKPP GWB Rn. 4.
[1] HK-VergabeR/*Pünder* Rn. 6: „Diese Großzügigkeit ist die entscheidende Erleichterung für die Auftragsvergabe im Sektorenbereich".

hier ohnehin nicht relevanten haushaltsrechtlichen Wirtschaftlichkeitsgrundsatz.[2] Allerdings muss er sich vor Beginn des Verfahrens auf ein bestimmtes Verfahren festlegen und ist danach an die gewählte Verfahrensart gebunden.[3]

2   Die vom Gesetzgeber offensichtlich gewollte freie Wahl der Sektorenauftraggeber kann jedoch eine Einschränkung erfahren, wenn der Sektorenauftraggeber Subventionen für ein Projekt erhält und vom Zuwendungsgeber eine bestimmte Verfahrensform – beispielsweise das offene Verfahren – vorgeschrieben wird. Dies ist nicht etwa durch die allgemein geltenden Richtlinienregelungen ausgeschlossen, die Haushaltsrecht und den Zuwendungsfall jedenfalls nicht gezielt betreffen. Kein Unternehmen, auch kein Sektorenauftraggeber, braucht eine Subvention in Anspruch zu nehmen.[4]

3   Gemäß § 142 Abs. 2 steht Sektorenauftraggebern das Verhandlungsverfahren ohne Teilnahmewettbewerb und die Innovationspartnerschaft nur zur Verfügung, soweit dies aufgrund des Gesetzes, dh aufgrund der § 13 Abs. 2 SektVO und § 18 Abs. 1 S. 1 und 2 SektVO gestattet ist. § 13 Abs. 2 SektVO enthält einen langen Katalog von Ausnahmefällen, in denen auf den Teilnahmewettbewerb verzichtet werden darf. Er entspricht weitestgehend dem entsprechenden Katalog in § 14 Abs. 4 VgV und enthält im Wesentlichen Fälle der Dringlichkeit, Fälle, in denen im vorangegangenen Teilnahmewettbewerb keine Anträge abgegeben wurden, günstige Gelegenheitskäufe, Fälle, in denen nur ein einziges Gut zum Erwerb in Frage kommt, Beschaffungen aus Insolvenzen an Börsen uÄ. Die Innovationspartnerschaft ist nur zulässig, wenn Zweck des Auftrags die Entwicklung einer innovativen Leistung, die auf dem Markt noch nicht verfügbar ist.

II. Systematische Stellung und Zweck der Norm

4   § 141 steht im Abschnitt 3 mit den besonderen Vorschriften über die Vergabe öffentlicher Aufträge von Sektorenauftraggebern und Konzessionen im Unterabschnitt 1 über die Regeln zur Vergabe von öffentlichen Aufträgen von Sektorenauftraggebern nach den Vorschriften über den Anwendungsbereich an der Spitze der Verfahrensregeln.

5   Die Vorschrift dient der Privilegierung der Sektorenauftraggeber gegenüber den klassischen Auftraggebern und soll dazu beitragen, dass die Sektorenauftraggeber sich wie Wirtschaftsunternehmen verhalten können. Abs. 1 setzt Art. 44 Abs. 2 RL 2014/25/EU, Abs. 2 setzen Art. 44 Abs. 3 RL 2014/25/EU und Art. 50 RL 2014/25/EU in deutsches Recht um.

§ 142 Sonstige anwendbare Vorschriften

Im Übrigen gelten für die Vergabe von öffentlichen Aufträgen durch Sektorenauftraggeber zum Zweck der Ausübung von Sektorentätigkeiten die §§ 118 und 119, soweit in § 141 nicht abweichend geregelt, die §§ 120 bis 129, 130 in Verbindung mit Anhang XVII der Richtlinie 2014/25/EU sowie die §§ 131 bis 135 mit der Maßgabe entsprechend, dass
1. **Sektorenauftraggeber abweichend von § 122 Absatz 1 und 2 die Unternehmen anhand objektiver Kriterien auswählen, die allen interessierten Unternehmen zugänglich sind,**
2. **Sektorenauftraggeber nach § 100 Absatz 1 Nummer 2 ein Unternehmen nach § 123 ausschließen können, aber nicht ausschließen müssen,**
3. **§ 132 Absatz 2 Satz 2 und 3 nicht anzuwenden ist.**

I. Regelungsgehalt und Überblick

1   **Durch § 142 werden die gesetzlichen Vorschriften bezeichnet, die der Sektorenauftraggeber bei der Vergabe seiner Aufträge anzuwenden hat.** Dabei geht es in Hs. 1 um eine ganze Reihe von Vorschriften, die der klassische öffentliche Auftraggeber bei der Vergabe seiner öffentlichen Aufträge anzuwenden hat. Diese Vorschriften hat der Sektorenauftraggeber zum Zwecke der Ausübung von Sektorentätigkeiten „entsprechend" anzuwenden. Dabei gibt es **zwei Kategorien von anzuwendenden Regeln: Die Regeln,** auf die in des § 142 Hs. 1 verwiesen wird, **gelten** – abgesehen von § 119 – **direkt, ganz und unmittelbar.** Die Regeln der § 122 Abs. 1 und 2, der § 123 und die des § 132 Abs. 3 S. 2 und 3, auf die in Hs. 1 verwiesen wird, **gelten nur auf eine speziell modifizierte Art und Weise in besonderen Fällen.**

---

[2]   Greb/Müller/*Müller* SektVO § 6 Rn. 2; *Opitz* in RKPP GWB Rn. 9; Willenbruch/Wieddekind/*Sang* Rn. 3.
[3]   *Opitz* in RKPP GWB Rn. 8 unter Berufung auf EuGH Urt. v. 25.4.1996 – C-87/94, NVwZ 1997, 374.
[4]   Eschenbruch/Opitz/Röwekamp/*Wichmann* Rn. 11; gegenteiliger Ansicht offenbar *Opitz* in RKPP GWB Rn. 11.

I. Regelungsgehalt und Überblick 2–4 § 142 GWB

Der ersten Kategorie der **direkt und unmittelbar anzuwendenden Vorschriften** sind: 2
1. § 118, der es Auftraggebern gestattet, Aufträge Werkstätten für Menschen mit Behinderungen vorzubehalten;
2. § 119, der die Verfahrensarten beschreibt und vorgibt – allerdings mit der wesentlichen Modifikation der freien Wahl der Verfahrensarten, wie sie sich aus § 141 ergibt;
3. § 120 mit den Regeln über die besonderen Methoden und Instrumente im Vergabeverfahren;
4. die Leistungsbeschreibung nach § 121;
5. § 124 über die fakultativen Ausschlussgründe;
6. § 125 über die Selbstreinigung;
7. die Regelung über den zulässigen Zeitraum für Ausschlüsse nach § 126;
8. die gegenüber der früheren Regeln des § 97 aF und der SektVO aF erheblich ausgeweiteten und dadurch bürokratisierten Vorgaben für den Zuschlag in § 127;
9. die Auftragsausführung nach § 128;
10. § 129 zu den zwingend aufzuerlegenden Auftragsausführungsbestimmungen;
11. § 130 über die Vergabe sozialer und anderer besonderer Dienstleistungen;
12. Vergabe von Personenverkehrsleistungen im Eisenbahnverkehr nach § 131;
13. Regeln über die Auftragsänderung während der Vertragslaufzeit nach § 132 und
14. die Kündigung nach § 133;
15. die Vorschriften über die Informations- und Wartepflicht nach § 134 sowie die
16. damit zusammenhängende Unwirksamkeit Aufträgen nach § 135.

Außer der freien Wahl der Verfahrensart, die wegen ihrer besonderen Bedeutung für die Sektorentätigkeit in einer eigenen Vorschrift (§ 141) geregelt ist, **sind laut § 142 drei Regelungen abweichend von den allgemeinen Vorschriften – modifiziert – anzuwenden: Sie betreffen die §§ 122, 123 und 132.** 3

– **Abweichend von § 122 Abs. 1 und 2 dürfen** die Sektorenauftraggeber für die Auswahl der Bewerber und Bieter **andere Eignungskriterien** heranziehen als die Befähigung und Erlaubnis zur Berufsausübung, die wirtschaftliche und finanzielle Leistungsfähigkeit, die technische und berufliche Leistungsfähigkeit oder die zwingenden und fakultativen Ausschlussgründe.[1] Diese anderen Kriterien müssen lediglich **„objektiver Natur" und allen interessierten Unternehmen zugänglich sein,** dh zuvor transparent gemacht worden,[2] sein. Die von den Sektorenunternehmen gewählten Kriterien können vorrangig dem Ziel dienen, eine ordnungsgemäße Ausführung des bevorstehenden Auftrags sicherzustellen, eine schnelle und effiziente Auftragsausführung anzustreben oder auf die Verfolgung mittelständischer, sozialer oder umweltbezogener Interessen zu zielen. Jedoch müssen die Kriterien am Ende mit dem Auftragsgegenstand in Verbindung stehen und in einem angemessenen Verhältnis stehen. Das ergibt sich aus der Tatsache, dass § 122 Abs. 4 S. 1 von der Abweichungsregel des § 142 Nr. 1 nicht erfasst wird.[3]

– **Abweichend von § 123 müssen** die **sog. staatlichen Sektorenauftraggeber des § 100 Abs. 1 Nr. 2** die Ausschlussgründe des § 123 nicht zwingend anwenden. Sie können danach ein wegen einer bestimmten Wirtschaftsstraftat rechtskräftig verurteiltes Unternehmen durchaus zum Wettbewerb zulassen. Anderes gilt für private Sektorenauftraggeber nach § 100 Abs. 1 Nr. 1. Diese Auftraggeber unterliegen der gesetzlichen Pflicht, bei Vorliegen eines zwingenden Ausschlusses das betreffende Unternehmen auch auszuschließen. Obwohl diese Differenzierung zwischen den beiden unterschiedlichen Sektorenauftraggeberklassen nicht ganz nachvollziehbar ist, so ist sie doch Gesetz und anzuwenden.

– Schließlich gilt im **Sektorenbereich in Abweichung von § 132 eine Erleichterung für Auftragsänderungen** während der Laufzeit des öffentlichen Auftrags: Nach § 132 Abs. 2 und 3 sind zusätzliche Liefer-, Bau- und Dienstleistungen vergaberechtsfrei an den Auftragnehmer vergebbar, wenn der Wert des ursprünglichen Auftrags nicht um mehr als 50% erhöht wird. Gleiches gilt für objektiv unvorhersehbare Änderungen, wenn sich der Gesamtcharakter des Auftrags nicht ändert und nicht mehr als 50% in seinem ursprünglichen Wert steigt. Im Sektorenvergaberecht entfallen gem. § 142 Nr. 3 die beiden Festlegungen auf die jeweiligen 50%-Grenzen. Die Auftragsänderungen sind also ohne eine maximale Preisänderung möglich.

Nicht in § 142 genannt, aber dennoch anzuwenden sind die näheren Bestimmungen der 4
untergesetzlichen Regeln der SektVO. Das sind insbesondere Regeln zur Ausgestaltung des Verhandlungsverfahrens und der Rahmenvereinbarung – auch mit einer längeren Laufzeit der Rahmenvereinbarung – Verfahrenserleichterungen durch kürzere Mindestfristen und die Errichtung eigener Qualifikationssysteme uÄ.

---
[1] Greb/Müller/*Müller* Rn. 50 f.
[2] *Opitz* in RKPP GWB Rn. 7.
[3] *Opitz* in RKPP GWB Rn. 8.

5   In den beiden Fällen der Verweisung, der direkten und der modifizierten, verpflichtet § 142 zur Anwendung von Regeln bei der Vergabe von Aufträgen nur, wenn der Auftrag „zum **Zwecke der Ausübung einer Sektorentätigkeit**" erfolgt. Gleiches gilt auch für die Anwendungspflicht der näheren Bestimmungen der SektVO.[4]

6   **Dabei rechnen zu Tätigkeiten zum Zwecke der Ausübung einer Sektorentätigkeit nicht** Tätigkeiten, die an sich Tätigkeiten auf dem Sektor sind, aber nur als Nebenprodukt einer anderen Tätigkeit anfallen und einen bestimmten Prozentsatz des Umsatzes nicht übersteigen. Danach zählt als Sektorentätigkeit nicht die Erzeugung von Strom, Gas oder Wärme, die für die Ausübung einer anderen Tätigkeit zur Versorgung der Öffentlichkeit erforderlich ist und bei der die Lieferung von Strom an das öffentliche Netz nur vom Eigenverbrauch abhängt und im Durchschnitt der letzten drei Jahre – das laufende Jahr mit eingeschlossen – nicht mehr als 30% der gesamten Energieerzeugung ausmacht. Gleiches gilt für die Gewinnung von Trinkwasser. Bei Gas und Wärme darf die Lieferung an das öffentliche Netz 20% des Umsatzes nicht überschreiten.

7   Ein Auftrag fällt im Übrigen nur unter die besonderen Vergaberegeln für Versorgungsunternehmen, wenn er der Tätigkeit dient, die das Versorgungsunternehmen als Sektorenauftraggeber qualifiziert.[5] Das ergibt sich just aus der Formulierung des § 142 „**zum Zweck der Ausübung von Sektorentätigkeiten**". Diese Regel ist **Ausdruck eines Prinzips:** Es sollen nur die Beschaffungen dem Sektorenrecht unterworfen sein, die auch die entsprechende inhaltliche Konnexität mit der Sektorentätigkeit aufweisen. Eine **vergaberechtliche Bindung** gilt für einen Versorger **nur bei Konnexität des jeweiligen Auftrags mit der Versorgungstätigkeit.** Dient die beabsichtigte Baumaßnahme, der Einkauf der Waren oder die Dienstleistung nicht der Sektorentätigkeit, sondern einem anderen Zweck, baut beispielsweise ein Energieversorgungsunternehmen ein Krankenhaus oder Sportzentrum, hängt die Pflicht zur Anwendung von Vergaberegeln vom Status des Sektorenauftraggebers ab: Das Versorgungsunternehmen braucht keine Vergabevorschriften einhalten, wenn es privates Unternehmen ist. Ein privates Unternehmen ist nur an Auftragsregeln gebunden, wenn es Aufträge zugunsten der Sektorentätigkeit vergibt, oder auf sonstige Weise vertraglich daran gebunden ist. Dagegen gelten die – strengeren – allgemeinen Regeln für klassische Auftraggeber, wenn die Sektorentätigkeit von einem Unternehmen wahrgenommen wird, das zugleich öffentlicher Auftraggeber nach § 99 Nr. 1, 2 oder 3 ist.

II. Systematische Stellung und Zweck der Norm

8   § 142 steht ganz am Ende des im Unterabschnitts 1, der die Vorschriften für die Vergabe von öffentlichen Aufträgen durch Sektorenauftraggeber enthält. Er ist eine reine **Verweisungsnorm,** die erforderlich geworden ist, weil der Gesetzgeber mit der Reform bestimmte Vergaberegeln im Gesetz, andere in der SektVO unterbringen wollte. **Mit § 142 Nr. 3** wird außerdem eine Regel **aus Art. 89 Abs. 1 lit. b und c RL 2014/25/EU** in deutsches Recht umgesetzt, während mit der Abweichung in **§ 142 Nr. 1 Art. 78 RL 2014/25/EU** in deutsches Recht transponiert wird.

§ 143 Regelung für Auftraggeber nach dem Bundesberggesetz

(1) ¹Sektorenauftraggeber, die nach dem Bundesberggesetz berechtigt sind, Erdöl, Gas, Kohle oder andere feste Brennstoffe aufzusuchen oder zu gewinnen, müssen bei der Vergabe von Liefer-, Bau- oder Dienstleistungsaufträgen oberhalb der Schwellenwerte nach § 106 Absatz 2 Nummer 2 zur Durchführung der Aufsuchung oder Gewinnung von Erdöl, Gas, Kohle oder anderen festen Brennstoffen die Grundsätze der Nichtdiskriminierung und der wettbewerbsorientierten Auftragsvergabe beachten. ²Insbesondere müssen sie Unternehmen, die an Interesse an einem solchen Auftrag haben können, ausreichend informieren und bei der Auftragsvergabe objektive Kriterien zugrunde legen. ³Die Sätze 1 und 2 gelten nicht für die Vergabe von Aufträgen, deren Gegenstand die Beschaffung von Energie oder Brennstoffen zur Energieerzeugung ist.

(2) ¹Die Auftraggeber nach Absatz 1 erteilen der Europäischen Kommission über das Bundesministerium für Wirtschaft und Energie Auskunft über die Vergabe der unter diese Vorschrift fallenden Aufträge nach Maßgabe der Entscheidung 93/327/EWG der Kommission vom 13. Mai 1993 zur Festlegung der Voraussetzungen, unter denen die öffentlichen Auftraggeber, die geographisch abgegrenzte Gebiete zum Zwecke der Suche oder Förderung von Erdöl, Gas, Kohle oder anderen Festbrennstoffen nutzen, der Kommission Aus-

---

[4] Ziekow/Völlink/*Debus* Rn. 2.
[5] *Marx,* Vergaberecht für Versorgungsbetriebe, 2011, Kap. 2 Rn. 30.

kunft über die von ihnen vergebenen Aufträge zu erteilen haben (ABl. L 129 vom 27.5.1993, S. 25). ²Sie können über das Verfahren gemäß der Rechtsverordnung nach § 113 Satz 2 Nummer 8 unter den dort geregelten Voraussetzungen eine Befreiung von der Pflicht zur Anwendung dieser Bestimmung erreichen.

I. Regelungsgehalt und Überblick

§ 143 enthält eine Sonderregel für Sektorenauftraggeber, die nach dem Bundesbergge- 1
setz berechtigt sind, Erdöl, Gas, Kohle oder andere feste Brennstoffe aufzusuchen oder zu gewinnen. Für diese Sektorenauftraggeber besteht eine weitgehende Befreiung von den Vorschriften des europäischen Vergaberechts.[1] Die §§ 6 ff. BBergG sehen ein Konzessionsverfahren für die Förderung bergfreier Bodenschätze vor. Sektorenauftraggeber, die diese Berechtigung nach dem BBergG besitzen und Liefer- Bau- oder Dienstleistungsaufträge vergeben, müssen nach dem GWB weniger strenge Regeln einhalten als die übrigen Sektorenauftraggeber. Sie sind schon gar nicht an die SektVO gebunden.

Die Sektorenauftraggeber nach BBergG brauchen bei der Vergabe von Aufträgen selbstverständ- 2
lich nur dann Regeln einzuhalten, wenn die Auftragsvergabe im inhaltlichen Zusammenhang mit den Tätigkeiten, die Gegenstand der bergrechtlichen Konzession sind. Hier gilt der gleiche **Grundsatz der Konnexität** wie bei allen Sektorentätigkeiten. Das heißt, dass ein privater Auftraggeber, der nur deswegen Sektorenauftraggeber ist, weil er die besondere bergrechtliche Genehmigung besitzt, keinerlei Vergaberegeln unterliegt,[2] wenn er einer konzessionsfremden Tätigkeit wie zB einer Immobilienverwaltung nachgeht, während umgekehrt ein Sektorenauftraggeber, der zugleich öffentlicher Auftraggeber ist, an die strengeren allgemeinen Regeln gebunden ist.[3] Für **die besondere Sektorentätigkeit gelten die Schwellenwerte des Sektorenbereichs**, und zwar für Bauaufträge der derzeitig übliche Schwellenwert für Bauaufträge und Konzessionen von 5,350 Mio. EUR und für Liefer- und Dienstleistungsaufträge ein Schwellenwert von 428.000 EUR.[4]

Nach Abs. 1 müssen sich die Auftraggeber nach BBergG bei der Auftragsvergabe nicht 3
an alle Regeln des GWB und das untergeordnete Recht halten, sondern nur an den Grundsatz der Nichtdiskriminierung und an eine Pflicht zur wettbewerbsorientierten Auftragsvergabe. Das Verfahren kann wie ein Verhandlungsverfahren durchgeführt werden, und es müssen jeweils nur Mindeststandards eingehalten werden, die den § 97 Abs. 1 und 2 entsprechen.[5] Da es sich um – wenn auch wenig strenge – Pflichten von Auftraggebern bei der Auftragsvergabe handelt, gilt selbstverständlich auch der Primärrechtsschutz des Nachprüfungsverfahrens des GWB und die Informationspflicht nach § 134.[6]

Nach Abs. 2 S. 1 gibt der Sektorenauftraggeber nach BBergG über das Bundesministerium 4
für Wirtschaft und Energie Auskunft über die Vergabe der unter diese Vorschrift fallenden Aufträge an die Europäische Kommission. Oberhalb von 5,225 Mio. EUR sind die Aufträge innerhalb von 48 Tagen nach der Vergabe zu melden. Zwischen 418.000 EUR und 5,2225 Mio. EUR müssen die Informationen über die Aufträge nur vierteljährlich oder auf Abruf erteilt werden.

Nach Abs. 2 S. 2 **können die Auftraggeber** über das Verfahren gemäß der Rechtsverordnung 5
nach § 113 S. 2 Nr. 8 unter den dort geregelten Voraussetzungen eine Befreiung von der Pflicht zur Anwendung dieser Bestimmung erreichen. Eine spezielle Verordnung zur Befreiung besteht indessen nicht. Daher gilt die Regelung der Kommission aus der Entscheidung vom 13.5.1993[7] (mit den entsprechenden Anpassungen zu den Schwellenwerten[8]). Dort heißt es:

Artikel 1

Die Mitgliedstaaten sorgen dafür, dass die Auftraggeber, die die in Artikel 3 Absatz 1 der RL 90/531/ EWG genannten Tätigkeiten ausüben, der Kommission für jeden von ihnen vergebenen Auftrag mit einem Wert (siehe Artikel 12 der Richtlinie 90/531/EWG) von über 5 Millionen ECU alle im Anhang genannten Auskünfte innerhalb einer Frist von 48 Tagen nach der Vergabe des Auftrags erteilen.

---

[1] Eschenbruch/Opitz/Röwekamp/*Opitz* Rn. 1.
[2] *Schröder/Müller-Wrede* in Müller-Wrede GWB, 2. Aufl. 2014, § 129 Rn. 4; HHKW/*Wagner*, 2. Aufl. 2014, § 129b Rn. 4.
[3] HK-VergabeR/*Schellenberg* Rn. 3; Willenbruch/Wieddekind/*Wieddekind* Rn. 5.
[4] Zur europarechtlichen Ableitung der Schwellenwerte s. Röwekamp in RKPP GWB § 106 Rn. 5.
[5] HK-VergabeR/*Schellenberg* Rn. 8 f.
[6] HM; s. dazu HK-VergabeR/*Schellenberg* Rn. 12; Willenbruch/Wieddekind/*Wieddekind* Rn. 7; Reidt/Stickler/Glahs/*Bosselmann/Ganske* Rn. 11; *Schröder/Müller-Wrede* in Müller-Wrede GWB Rn. 17.
[7] Kom., ABl. 1993 L 129, 25.
[8] Gesetzesbegründung zu § 143 GWB, BT-Drs. 16/10117, 25: § 143 entspricht der bisherigen Regelung in § 129b.

Artikel 2

Bei Aufträgen, deren Wert zwischen 400 000 ECU und 5 Millionen ECU liegt, gehen die in Artikel 1 dieser Entscheidung genannten Auftraggeber folgendermaßen vor:
1. Sie halten die in den Punkten 1 bis 9 des Anhangs genannten Angaben für jeden Auftrag mindestens während eines Zeitraumes von vier Jahren nach dem Datum der Auftragsvergabe bereit und
2. teilen der Kommission diese Auskünfte für jeden im Laufe eines Kalendervierteljahres vergebenen Auftrag entweder direkt auf deren Ersuchen oder spätestens 48 Tage nach Ablauf jedes Vierteljahres mit.

Anhang:

Angaben, die über die vergebenen Aufträge, die bereitzuhalten oder der Kommission zu übermitteln sind. Nicht zur Veröffentlichung bestimmte Informationen
1. Name und Anschrift des Auftraggebers.
2. Art des Auftrags (Liefer- oder Bauauftrag; falls zweckdienlich, Angabe, ob es sich um einen Rahmenvertrag handelt).
3. Genaue Angaben der Art der gelieferten Produkte, Bau- oder Dienstleistungen (z.B. unter Anwendung der CPA-Kennziffern).
4. Angabe darüber, ob oder wo (Zeitung/en, Fachzeitschrift/en) auf den zu vergebenden Auftrag hingewiesen wurde. Wie wurde anderenfalls zum Wettbewerb aufgerufen?
5. Anzahl der eingegangenen Angebote.
6. Zeitpunkt der Auftragsvergabe.
7. Name und Anschrift erfolgreicher Auftragnehmer.
8. Wert des Auftrags.
9. Voraussichtliche Dauer des Auftrags.
10. Angabe des Teils des Auftrags, der an Zulieferer vergeben wurde bzw. werden kann (nur bei Überschreiten von 10%).
11. Ursprungsland der Erzeugnisse oder der Dienstleistung.
12. Für die Feststellung des wirtschaftlich günstigsten Angebots zugrunde gelegte Hauptvergabekriterien.
13. Wurde der Auftrag an einen Bieter vergeben, der ein von den ursprünglichen Spezifikationen des Auftraggebers abweichendes Angebot vorlegte?

6 **Außerdem gilt § 3 SektVO** für Tätigkeiten, die unmittelbar dem Wettbewerb ausgesetzt sind. Auf dem dort vorgegebenen Weg können sich nach der Ansicht eines überwiegenden Teils der Literatur[9] die betroffenen Unternehmen nicht nur von der Berichtspflicht des Abs. 2 S. 1 befreien lassen, sondern von den gesamten Pflichten des § 143. Als Grund wurde angenommen, dass die Vorschrift des § 129b Abs. 2 S. 2 systematisch falsch eingeordnet sei und eigentlich als eigenständiger Abs. 3 hätte formuliert werden müssen. Nach der Neufassung des GWB in § 143 erscheint dies jedoch keine überzeugende Argumentation mehr zu sein. Denn der Gesetzgeber hat die Vorschrift in Kenntnis der Diskussion in der Literatur so belassen, wie sie war, und keinen eigenständigen Absatz über die Befreiungsmöglichkeiten angefügt. Es muss daher davon ausgegangen werden, dass sich die Befreiungsmöglichkeit nur auf die Berichtspflichten bezieht,[10] zumal der Grundsatz der Nichtdiskriminierung und der Wettbewerbsgrundsatz solch fundamentale Werte des EU-Vergaberechtes sind, dass ihre Nichtbeachtung nur durch fundamentale inhaltliche Gründe gerechtfertigt sein könnten, die aber hier nicht vorliegen und auch von keiner Seite vorgebracht worden sind.

II. Systematische Stellung und Zweck der Norm

7 **§ 143 ist die letzte Vorschrift im Unterabschnitt 1** des Abschnitts 3 über die Vergabe von öffentlichen Aufträgen durch Sektorenauftraggeber und schließt diesen Unterabschnitt ab.
§ 143 hat den Zweck, Konzessionsnehmer nach dem BBergG auf die vergaberechtlichen Grundregeln der Vergabe im Wettbewerb und unter Beachtung des Gleichbehandlungsgebotes zu verpflichten.

8 **§ 143 basiert auf Art. 3 RL 93/38/EWG,** nach der die Mitgliedstaaten die Möglichkeit haben, auf Antrag bei der Kommission die Nutzung bestimmter geografisch abgegrenzter Gebiete zum Zwecke der Aufsuchung nach oder der Förderung von Erdöl, Gas, Kohle oder anderen festen Brennstoffen nicht als Sektorentätigkeit zu betrachten. Die Bundesrepublik Deutschland hat einen

---

[9] → 1. Aufl. 2011, § 129b Rn. 2; *Schröder/Müller-Wrede* in Müller-Wrede GWB Rn. 15; HK-VergabeR/*Schellenberg* Rn. 9; Ziekow/Völlink/*Debus* Rn. 11.
[10] So auch *Verfürth* in RKPP GWB Rn. 19 f.

entsprechenden Antrag am 12.11.2002 gestellt. Er wurde von der Kommission am 15.1.2004 positiv beschieden.[11]

Als Ergebnis konnte die **Bundesregierung in der Begründung zum Entwurf des Gesetzes zur Modernisierung des Vergaberechtes 2009 feststellen:** „Der Bereich des Aufsuchens und der Förderung von Brennstoffen wird grundsätzlich von der Sektorenrichtlinie 2004/17/EG (Art. 7 lit. a) erfasst. Unternehmen, die in Deutschland in diesem Bereich tätig sind und die sonstigen Anforderungen an öffentliche Auftraggeber erfüllen (§ 98 Nr. 1–3 oder öffentliches Unternehmen oder Tätigkeit aufgrund besonderer und ausschließlicher Rechte), haben jedoch aufgrund einer (auf Art. 3 RL 93/38/EWG gestützten) Entscheidung der Kommission eine weitgehende Befreiung von der Anwendungspflicht. Sie sind lediglich gehalten, bei Auftragsvergaben oberhalb der Schwellenwerte den Grundsatz der Nichtdiskriminierung und der wettbewerbsorientierten Auftragserteilung einzuhalten. § 129b Abs. 1 verpflichtet zur Einhaltung dieser Grundsätze. [...] Gleichzeitig wird diesen Auftraggebern in § 129b Abs. 2 die Möglichkeit eröffnet, sich gänzlich von der Anwendungsverpflichtung dieser Vorschrift zu befreien".[12] § 129b wurde durch das Vergaberechtsmodernisierungsgesetz 2016 durch den wortgleichen § 143 ersetzt. 9

Unterabschnitt 2. Vergabe von verteidigungs- oder sicherheitsspezifischen öffentlichen Aufträgen

§ 144 Anwendungsbereich

Dieser Unterabschnitt ist anzuwenden auf die Vergabe von verteidigungs- oder sicherheitsspezifischen öffentlichen Aufträgen durch öffentliche Auftraggeber und Sektorenauftraggeber.

Abschnitt 3 des Gesetzes fasst die Regelungen über die Vergabe von öffentlichen Aufträgen in besonderen Bereichen und über die Vergabe von Konzessionen zusammen. Zu den besonderen Bereichen zählt das Gesetz auch die Vergabe von verteidigungs- oder sicherheitsspezifischen öffentlichen Aufträgen. Für diese sieht § 144 vor, dass der 2. Unterabschnitt des Abschnitts 3, dh die §§ 144–147, anzuwenden ist auf die Vergabe von verteidigungs- oder sicherheitsspezifischen öffentlichen Aufträgen durch öffentliche Auftraggeber (§ 99) und Sektorenauftraggeber (§ 100). 1

Welche öffentlichen Aufträge als verteidigungs- oder sicherheitsspezifisch zu gelten haben, ergibt sich aus § 104 (→ § 104 Rn. 8 ff.). Insbesondere der 2020 neu gefasste **§ 107 Abs. 2**[1] als Ausnahme für Beschaffungen, bei denen wesentliche Sicherheitsinteressen tangiert werden und die deshalb unter die Ausnahme des Art. 346 AEUV fallen, kann jedoch trotz Erfüllung der Voraussetzungen von § 104 Abs. 1 zu einer Unanwendbarkeit der §§ 144–147 und somit auch der VSVgV führen. Die pauschale Anwendbarkeit dieser Ausnahme bei der Beschaffung von sog. „Schlüsseltechnologien", wie sie in den neuen S. 2 und 3 von § 107 Abs. 2 normiert wird, wird wohl insbesondere Großprojekte im Rüstungsbereich dem Vergaberecht entziehen[2] – dies auf europarechtlich durchaus fragwürdiger Rechtsgrundlage. 2

Inhaltlich enthält der 2. Unterabschnitt **besondere Ausnahmen** für die Vergabe von verteidigungs- oder sicherheitsspezifischen öffentlichen Aufträgen (§ 145), Regelungen zu den anwendbaren Verfahrensarten (§ 146) und zu den sonstigen anwendbaren Vorschriften (§ 147). Liegen die Voraussetzungen des § 145 vor, ist der öffentliche Auftraggeber nicht verpflichtet, ein Vergabeverfahren nach Maßgabe des 4. Teils des GWB bzw. der VSVgV durchzuführen. Den Bietern steht somit auch der vergaberechtliche Rechtsschutz nicht zugebote. Dies schließt allerdings nach der Rechtsprechung des EuGH nicht aus, dass ein Vergabeverfahren nach Maßgabe des EU-Primärrechts durchzuführen ist, dh unter Berücksichtigung der Grundsätze der Transparenz und der Gleichbehandlung aller Bieter. Voraussetzung hierfür ist, dass der streitgegenständliche Auftrag Binnenmarktrelevanz hat. 3

§ 145 Besondere Ausnahmen für die Vergabe von verteidigungs- oder sicherheitsspezifischen öffentlichen Aufträgen

Dieser Teil ist nicht anzuwenden auf die Vergabe von verteidigungs- oder sicherheitsspezifischen öffentlichen Aufträgen, die

1. den Zwecken nachrichtendienstlicher Tätigkeiten dienen,

---

[11] Kom., ABl. 2004 L 16, 57.
[12] BT-Drs. 16/10117, 25.
[1] GWB Novelle 2020, Abs. 2 angef. mWv 2.4.2020 durch G v. 25.3.2020 (BGBl. 2020 I 674).
[2] *Byok* NJW 2020, 1565 (1571).

2. im Rahmen eines Kooperationsprogramms vergeben werden, das
   a) auf Forschung und Entwicklung beruht und
   b) mit mindestens einem anderen Mitgliedstaat der Europäischen Union für die Entwicklung eines neuen Produkts und gegebenenfalls die späteren Phasen des gesamten oder eines Teils des Lebenszyklus dieses Produkts durchgeführt wird;
   beim Abschluss eines solchen Abkommens teilt die Europäische Kommission den Anteil der Forschungs- und Entwicklungsausgaben an den Gesamtkosten des Programms, die Vereinbarung über die Kostenteilung und gegebenenfalls den geplanten Anteil der Beschaffungen je Mitgliedstaat mit,
3. in einem Staat außerhalb der Europäischen Union vergeben werden; zu diesen Aufträgen gehören auch zivile Beschaffungen im Rahmen des Einsatzes von Streitkräften oder von Polizeien des Bundes oder der Länder außerhalb des Gebiets der Europäischen Union, wenn der Einsatz es erfordert, dass im Einsatzgebiet ansässige Unternehmen beauftragt werden; zivile Beschaffungen sind Beschaffungen nicht-militärischer Produkte und Beschaffungen von Bau- oder Dienstleistungen für logistische Zwecke,
4. die Bundesregierung, eine Landesregierung oder eine Gebietskörperschaft an eine andere Regierung oder an eine Gebietskörperschaft eines anderen Staates vergibt und die Folgendes zum Gegenstand haben:
   a) die Lieferung von Militärausrüstung im Sinne des § 104 Absatz 2 oder die Lieferung von Ausrüstung, die im Rahmen eines Verschlusssachenauftrags im Sinne des § 104 Absatz 3 vergeben wird,
   b) Bau- und Dienstleistungen, die in unmittelbarem Zusammenhang mit dieser Ausrüstung stehen,
   c) Bau- und Dienstleistungen speziell für militärische Zwecke oder
   d) Bau- und Dienstleistungen, die im Rahmen eines Verschlusssachenauftrags im Sinne des § 104 Absatz 3 vergeben werden,
5. Finanzdienstleistungen mit Ausnahme von Versicherungsdienstleistungen zum Gegenstand haben,
6. Forschungs- und Entwicklungsdienstleistungen zum Gegenstand haben, es sei denn, die Ergebnisse werden ausschließlich Eigentum des Auftraggebers für seinen Gebrauch bei der Ausübung seiner eigenen Tätigkeit und die Dienstleistung wird vollständig durch den Auftraggeber vergütet, oder
7. besonderen Verfahrensregeln unterliegen,
   a) die sich aus einem internationalen Abkommen oder einer internationalen Vereinbarung ergeben, das oder die zwischen einem oder mehreren Mitgliedstaaten der Europäischen Union und einem oder mehreren Staaten, die nicht Vertragsparteien des Übereinkommens über den Europäischen Wirtschaftsraum sind, geschlossen wurde,
   b) die sich aus einem internationalen Abkommen oder einer internationalen Vereinbarung im Zusammenhang mit der Stationierung von Truppen ergeben, das oder die Unternehmen eines Mitgliedstaates der Europäischen Union oder eines anderen Staates betrifft, oder
   c) die für eine internationale Organisation gelten, wenn diese für ihre Zwecke Beschaffungen tätigt oder wenn ein Mitgliedstaat öffentliche Aufträge nach diesen Regeln vergeben muss.

Übersicht

		Rn.			Rn.
I.	Allgemeines	1	VI.	Vergabe von Finanzdienstleistungen (§ 145 Nr. 5)	14
II.	Vergabe dient nachrichtendienstlicher Tätigkeit (§ 145 Nr. 1)	2			
III.	Vergabe im Rahmen eines Kooperationsprogramms (§ 145 Nr. 2)	5	VII.	Vergabe von Forschungs- und Entwicklungsdienstleistungen (§ 145 Nr. 6)	16
IV.	Vergabe in einem Staat außerhalb der EU (§ 145 Nr. 3)	9			
V.	Vergabe an eine andere Regierung oder Gebietskörperschaft eines anderen Staates (§ 145 Nr. 4)	11	VIII.	Vergaben, die besonderen Verfahrensregelungen unterliegen (§ 145 Nr. 7)	18

I. Allgemeines

§ 145, der Art. 12 und 13 RL 2009/81/EG (Vergabe-RL Verteidigung und Sicherheit) umsetzt, enthält besondere Ausnahmen für die Vergabe von verteidigungs- oder sicherheitsspezifischen öffentlichen Aufträgen iSd § 104. Liegen die Voraussetzungen eines der in § 145 enumerativ aufgeführten Tatbestände vor, sind der 4. Teil des GWB bzw. die VsVgV nicht anwendbar. Dies schließt allerdings nicht aus, dass sich aus dem Primärrecht nach den vom EuGH entwickelten Grundsätzen eine Verpflichtung zur Ausschreibung ergibt. Da es sich um einen Ausnahmetatbestand handelt, ist die Vorschrift eng auszulegen und keiner erweiternden Auslegung zugänglich.[1] Im Rahmen der richtlinienkonformen Auslegung besteht gem. Art. 11 Vergabe-RL Verteidigung und Sicherheit ein ausdrückliches – und zugleich deklaratorisches – Umgehungsverbot. Inhaltlich entspricht § 145 im Wesentlichen dem bisherigen § 100c Abs. 2–4.[2] § 145 kommt neben § 107 zur Anwendung, der die allgemeinen Ausnahmen vom 4. Teil des GWB regelt.[3] Insbesondere § 107 Abs. 2[4] als Ausnahme für Beschaffungen von Militärgütern, bei denen die Beschaffung wesentliche Sicherheitsinteressen tangiert, ist neben § 145 bedeutsam.[5]

II. Vergabe dient nachrichtendienstlicher Tätigkeit (§ 145 Nr. 1)

§ 145 Nr. 1 übernimmt Art. 13 lit. b Vergabe-RL Verteidigung und Sicherheit, der Aufträge für die nachrichtendienstliche Tätigkeit vom Anwendungsbereich der Richtlinie ausnimmt. Beschaffungen durch Nachrichtendienste oder Beschaffungen für alle Arten von nachrichtendienstlichen Tätigkeiten, einschließlich der Maßnahmen zur Abwehr nachrichtendienstlicher Tätigkeit, sind so sensibel, dass eine Anwendung der Richtlinie unangebracht wäre.[6] Der Begriff der nachrichtendienstlichen Tätigkeit ist bei dem derzeitigen Stand der Unionsgesetzgebung nicht harmonisiert, sodass eine Definition dem nationalen Gesetzgeber vorbehalten ist.[7] Der deutsche Gesetzgeber hat den Begriff unter anderem in § 1 Abs. 2 BNDG, § 1 MADG und § 3 BVErfSchG legaldefiniert; den Definitionen ist der Zweck des Informations- und Erkenntnisgewinns für die jeweils verfolgten staatlichen Zwecke gemein.

Nicht jede nachrichtendienstliche Tätigkeit unterfällt automatisch dem Ausnahmetatbestand; sie muss dem Kern der nachrichtendienstlichen Tätigkeit zuzuordnen sein.[8] Nach Ansicht des OLG Düsseldorf[9] muss zwischen dem Auftragsgegenstand und der nachrichtendienstlichen Tätigkeit ein hinreichend enger Zusammenhang bestehen. Einen solchen hinreichend engen Zusammenhang hat das Gericht bei der Beschaffung sondergeschützter Fahrzeuge für den BND zum Zwecke nachrichtendienstlicher Tätigkeit in ausländischen Krisengebieten bejaht. Der Einsatz der sondergeschützten Fahrzeuge diene gerade der Abwehr von Gefährdungen, die mit nachrichtendienstlichen Tätigkeiten in ausländischen Krisengebieten einhergehen.

Beschaffungen, die im Zusammenhang mit der Terrorismusbekämpfung stehen, die der Verschlüsselung von Informationen dienen oder die „verdeckte Tätigkeiten" betreffen und als solche unter § 145 Nr. 1 fallen könnten, sind nunmehr auch als Regelbeispiele der **allgemeinen Ausnahme in § 107 Abs. 2 S. 3** für die Verfolgung wesentlicher Sicherheitsinteressen genannt und daher parallel bereits über diesen Ausnahmetatbestand erfasst.

III. Vergabe im Rahmen eines Kooperationsprogramms (§ 145 Nr. 2)

Die Vorschrift setzt Art. 13 lit. c RL 2009/71/EG um. Mit dieser Ausnahmevorschrift anerkennt der Gesetzgeber die Bedeutung von Kooperationsprogrammen für eine Stärkung der militärischen Fähigkeiten der Union und die Schaffung einer europäischen technologischen und industriellen Verteidigungsbasis (European Defence Technological and Industrial Base – EDTIB).[10] Derzeit werden beispielsweise das Kampfflugzeug *Eurofighter Typhoon*, die Hubschrauber *Tiger* und *NH 90*, die Fregatte

---

[1] Erwägungsgrund 17 Vergabe-RL Verteidigung und Sicherheit; s. auch OLG Düsseldorf Beschl. v. 13.4.2016 – VII-Verg. 46/15, NZBau 2016, 659 Rn. 43.
[2] BT-Drs. 18/6281, 126.
[3] BT-Drs. 18/6281, 126.
[4] GWB Novelle 2020, Abs. 2 angef. mWv 2.4.2020 durch G v. 25.3.2020 (BGBl. 2020 I 674).
[5] → § 104 Rn. 1.
[6] Erwägungsgrund 27 Vergabe-RL Verteidigung und Sicherheit.
[7] Erwägungsgrund 27 Vergabe-RL Verteidigung und Sicherheit; vgl. hierzu auch GD Markt, Guidance Note Defence- and security-specific exclusions, Rn. 12.
[8] GD Markt, Guidance Note Defence- and security-specific exclusions, Rn. 12.
[9] OLG Düsseldorf Beschl. v. 13.4.2016 – VII Verg 46/15, BeckRS 2016, 12813.
[10] Erwägungsgrund 28 Vergabe-RL Verteidigung und Sicherheit; GD Markt, Guidance Note Defence- and security-specific exclusions, Rn. 14.

FREMM sowie als jüngstes Großprojekt die Drohne *European MALE* über solche Kooperationsprogramme beschafft. Vorteil solcher Kooperationsprogramme ist, dass sie die Entwicklung neuer Technologien und die Übernahme der mitunter hohen Forschungs- und Entwicklungskosten komplexer Waffensysteme erleichtern. Zudem sollen intra-europäische Kooperationsprogramme auch zur Konsolidierung der zersplitterten europäischen Rüstungsindustrie beitragen. Um Kooperationen zu fördern, hat die EU 2020 und 2021 Rüstungsfonds aufgelegt, die mit einem Volumen von 8 Milliarden EUR Kooperationsprojekte von mindestens drei Mitgliedstaaten fördern soll.[11]

6 Kooperationsprogramme nach Nr. 2 müssen von mindestens zwei Mitgliedstaaten der Gemeinschaft durchgeführt werden; die Teilnahme von Drittstaaten an dem Programm steht der Anwendung der Norm nicht entgegen (etwa bei Beschaffungen über NATO-Beschaffungsagenturen). In den Anwendungsbereich der Vorschrift fallen auch Kooperationsprogramme internationaler Organisationen, insbesondere der Gemeinsamen Organisation für Rüstungskooperation (OCCAR), der NATO oder der Europäischen Verteidigungsagentur (EDA).[12] Praktisch relevant und von der Ausnahme erfasst sind auch Beschaffungen einer nationalen Beschaffungsbehörde im Auftrag von mehreren Mitgliedstaaten,[13] so etwa bei den zukünftig größten Europäischen Kooperationsprojekten, zum einen durch die französische Rüstungsbeschaffungsbehörde DGA für das deutsch-französisch-spanische *Future Combat Air System* (Eurofighter-Nachfolge), und ferner für Deutschland und Frankreich durch das Bundesamt für Ausrüstung, Informationstechnik und Nutzung der Bundeswehr (BAAINBw) für die nächste Generation von Kampfpanzern, *Main Combat Ground System*.

7 Entscheidende Voraussetzung für eine Anwendbarkeit der Norm ist, dass das Kooperationsprogramm auf die Schaffung eines neuen Produkts gerichtet ist. Deshalb muss ein solches Programm zwingend auf einer Forschungs- und Entwicklungsphase basieren. Auf die Beschaffung bereits vorhandener Serienprodukte („off the shelf equipment"), auch wenn Anpassungsentwicklungen stattfinden, findet die Norm hingegen keine Anwendung.[14] Forschung und Entwicklung umfasst nach der Definition in Art. 1 Nr. 27 Vergabe-RL Verteidigung und Sicherheit Grundlagenforschung, angewandte Forschung und experimentelle Entwicklung. Ist diese Voraussetzung erfüllt, ist der gesamte Lebenszyklus der entwickelten Produkts (Entwicklung, Produktion, Wartung, Reparatur, Modernisierung)[15] ausgenommen. Das heißt, dass auch Folgeverträge im Rahmen der Kooperation ohne eigenen Entwicklungsanteil vom Vergaberecht ausgenommen sind; nicht jedoch Folgeverträge, die ein Mitgliedstaat alleine, außerhalb der ursprünglichen Kooperation für das Produkt abschließt.[16] Umgekehrt kann ein Mitgliedstaat, der erst nach der Entwicklungsphase an der Kooperation teilnehmen möchte, die Ausnahme in Anspruch nehmen, wenn er der Kooperation formell als Partei der multilateralen Kooperationsvereinbarungen beitritt.[17]

8 Um in den Genuss der Ausnahmevorschrift zu kommen, müssen die Mitgliedstaaten beim Abschluss eines solchen Abkommens der Europäischen Kommission den Anteil der Forschungs- und Entwicklungsausgaben an den Gesamtkosten des Programms, die Vereinbarung über die Kostenteilung und ggf. den geplanten Anteil der Beschaffungen je Mitgliedstaat mitteilen; entgegen dem Wortlaut von Nr. 2 letzter Hs. sind allein die beteiligten Mitgliedstaaten und nicht die Kommission zu dieser Mitteilung verpflichtet.[18] Es handelt sich um ein Redaktionsversehen bei der Umsetzung der RL, die in Art. 13 lit. c letzter Hs. Vergabe-RL Verteidigung und Sicherheit ausdrücklich von einer Mitteilungspflicht der Mitgliedstaaten spricht. Auch könnte ein deutsches Gesetz die Kommission nicht rechtswirksam verpflichten. Die Verpflichtung zur Mitteilung entfällt, wenn ein Drittstaat Beteiligter des Kooperationsabkommens ist.[19] Auf der Grundlage der gemachten Angaben prüft die Kommission, ob das Programm tatsächlich auf die Entwicklung eines neuen Produktes gerichtet ist und ob die Beteiligung der Mitgliedstaaten nicht nur eine rein symbolische ist. Durch diese Mitteilungspflicht soll einem Missbrauch des Ausnahmetatbestands entgegengewirkt werden.

IV. Vergabe in einem Staat außerhalb der EU (§ 145 Nr. 3)

9 Die Vorschrift setzt Art. 13 lit. d Vergabe-RL Verteidigung und Sicherheit um und entspricht dem früheren § 100c Abs. 3. Wie aus dem Erwägungsgrund 29 Vergabe-RL Verteidigung und

---

[11] *European Defence Industrial Development Programme*, VO 2018/1092 (ABl. 2018 L 200, 30) sowie der Nachfolgefond *European Defence Fund* für den Zeitraum 2021–2027, VO 2021/697 (ABl. 2021 L 170, 149).
[12] Erwägungsgrund 28 Vergabe-RL Verteidigung und Sicherheit; s. auch *Friton/Wolters/Andree*, EPPPL 2020, 24 (34).
[13] Erwägungsgrund 28 Vergabe-RL Verteidigung und Sicherheit am Ende.
[14] GD Markt, Guidance Note Defence- and security-specific exclusions, Rn. 15.
[15] Definition in Art. 1 Nr. 26 Vergabe-RL Verteidigung und Sicherheit.
[16] GD Markt, Guidance Note Defence- and security-specific exclusions, Rn. 15.
[17] GD Markt, Guidance Note Defence- and security-specific exclusions, Rn. 18.
[18] So auch Immenga/Mestmäcker/*Dreher* Rn. 16 mwN auch zur gegenteiligen Auffassung.
[19] GD Markt, Guidance Note Defence- and security-specific exclusions, Rn. 17.

Sicherheit hervorgeht, soll die Ausnahmevorschrift in Fällen zur Anwendung kommen, in denen Sicherheitskräfte der Mitgliedstaaten außerhalb der Grenzen der Union Operationen durchführen, die es erforderlich machen, dass die im Einsatzgebiet stationierten Auftraggeber Aufträge an im Einsatzgebiet ansässige Marktteilnehmer erteilen. Es kommt also entscheidend darauf an, dass die Aufträge in einem Drittland erteilt werden. Dies muss nicht zwingend das Einsatzland selbst sein, sondern kann auch ein benachbarter Staat sein, wenn die Beschaffung dort aufgrund der Einsatzgegebenheiten geboten ist.[20] Entgegen dem Wortlaut von Nr. 3 bezieht sich die **Voraussetzung der Einsatzerforderlichkeit** sowohl auf zivile als auch auf militärische lokale Beschaffungen. Nr. 3 ist gemäß dem Wortlaut von Art. 13 lit. d Vergabe-RL Verteidigung und Sicherheit und Erwägungsgrund 29 Vergabe-RL Verteidigung und Sicherheit ebendort insofern richtlinienkonform auszulegen.[21] Von einer solchen Erforderlichkeit für Einsatzzwecke ist auszugehen, wenn eine Beschaffung bei EU-Unternehmen etwa wegen logistischen oder zeitlichen Zwängen, oder unverhältnismäßigen Transportkosten oder Sicherheitserfordernissen nicht sinnvoll wäre.[22] Eine Beschaffung bei lokalen Tochterunternehmen statt von EU-Unternehmen ist nicht per se ausgeschlossen; wenn es sich nicht um einen Missbrauch der Ausnahme handelt.[23]

Die Vorschrift soll auch gelten für zivile Beschaffungen, die in unmittelbarem Zusammenhang 10 mit der Durchführung des Einsatzes stehen. Als zivile Beschaffungen definiert das Gesetz im letzten Halbsatz Beschaffungen nicht-militärischer Produkte und Beschaffungen von Bau- oder Dienstleistungen. In Betracht kommen bspw. logistische Dienstleistungen, Bauleistungen, Instandhaltungsarbeiten an Unterkünften oder die Lieferung von Verpflegung. Generell stellt sich bezüglich der Ausnahme für zivile Beschaffungen die Frage, wie diese überhaupt eingreifen kann, wenn für zivile Beschaffungen der Anwendungsbereich der §§ 144 ff. und der VSVgV nach § 104 nicht eröffnet wird. Richtigerweise hätte der zivile Güter betreffende Teil der Ausnahme nach Art. 13 lit. d Vergabe-RL Verteidigung und Sicherheit in § 117 umgesetzt werden sollen.

V. Vergabe an eine andere Regierung oder Gebietskörperschaft eines anderen Staates (§ 145 Nr. 4)

Die Regelung setzt Art. 13 lit. f Vergabe-RL Verteidigung und Sicherheit um und entspricht 11 dem bisherigen § 100c Abs. 2 Nr. 4. Ratio legis der Norm ist, dass Aufträge, welche die Regierung eines Landes an die Regierung eines anderen Landes vergibt, aufgrund der Besonderheiten des Verteidigungs- und Sicherheitssektors nicht dem Anwendungsbereich der Vergabevorschriften unterliegen sollen.[24] Als Beispiele für solche Sonderkonstellationen nennt die Kommission etwa zwischenstaatliche Abkommen zur Ausbildung von Soldaten und den Verkauf gebrauchter Militärausrüstung.[25] Die Regelung gilt nur für Verträge zwischen Regierungen; Verträge zwischen einer Regierung und einem Unternehmen werden von der Bestimmung nicht erfasst.[26] Die Ausnahme umfasst sowohl zwischenstaatliche Vereinbarungen zwischen EU-Mitgliedstaaten, als auch zwischen solchen und Drittstaaten.

Voraussetzung ist, dass Gegenstand des Auftrags die Lieferung oder die Erbringung einer Bau- 12 oder Dienstleistung ist, welche die Voraussetzungen der lit. a–d erfüllt, also die Lieferung von Militärausrüstung im Rahmen eines Verschlusssachenauftrags oder mit einer dieser beiden Kategorien in unmittelbarem Zusammenhang stehenden Bau- oder Dienstleistungen. Der sachliche Anwendungsbereich orientiert sich an § 104 Abs. 1.[27]

Die Ausnahme ist praktisch bedeutsam, da sie insbesondere bei großvolumigen Beschaffungsvor- 13 haben von militärischen Systemen, insbesondere in den Vereinigten Staaten von Amerika, angewendet wird (etwa beim Verkauf von F-35-Kampfflugzeugen an Belgien, Dänemark und die Niederlande). Auch EU-Mitgliedstaaten wie etwa Frankreich verkaufen Rüstungsgüter bevorzugt über solche vergaberechtsfreie „Government-to-Government" oder „G2G"-Abkommen.[28] Um einem Missbrauch der Ausnahmevorschrift entgegenzuwirken, hat die Kommission 2016 Leitlinien zu ihrem Anwendungsbereich veröffentlicht, in denen sie die Voraussetzungen von Art. 13 lit. f Vergabe-RL Verteidigung und Sicherheit präzisiert und eine intensivere Überwachung der Inanspruch-

---

[20] GD Markt, Guidance Note Defence- and security-specific exclusions, Rn. 23 Abs. 1.
[21] So auch Ziekow/Völlink/*Antweiler* Rn. 10 und Immenga/Mestmäcker/*Dreher* Rn. 17.
[22] GD Markt, Guidance Note Defence- and security-specific exclusions, Rn. 22.
[23] GD Markt, Guidance Note Defence- and security-specific exclusions, Rn. 23 Abs. 2.
[24] Erwägungsgrund 30 Vergabe-RL Verteidigung und Sicherheit.
[25] GD Markt, Guidance Note Defence and security-specific exclusions, Rn. 25, 26.
[26] GD Markt, Guidance Note Defence and security-specific exclusions, Rn. 26.
[27] Zum sachlichen Anwendungsbereich → § 104 Rn. 8 ff.
[28] So etwa beim Verkauf von *Rafale*-Kampfflugzeugen an Griechenland.

nahme angekündigt.[29] So soll die Ausnahme insbesondere dann grundsätzlich nicht anwendbar sein, wenn für das zu beschaffende Gut konkurrierende Anbieter in der EU existieren und eine Beschaffung im Wettbewerb daher möglich wäre.[30]

VI. Vergabe von Finanzdienstleistungen (§ 145 Nr. 5)

14 Die Vorschrift dient, ebenso wie der frühere § 100c Abs. 2 Nr. 1, der Umsetzung von Art. 13 lit. h Vergabe-RL Verteidigung und Sicherheit.[31] Die Ausnahmevorschrift gilt für Aufträge, die Finanzdienstleistungen zum Gegenstand haben, nicht jedoch für Versicherungsdienstleistungen. Die Regelung trägt dem Umstand Rechnung, dass mit Finanzdienstleistungen Personen oder Einrichtungen zu Bedingungen beauftragt werden, die nicht mit der Anwendung der Vergabevorschriften vereinbar sind.[32]

15 Der in Art. 13 lit. h Vergabe-RL Verteidigung und Sicherheit verwendete Begriff der Finanzdienstleistungen deckt sich nicht mit der in Art. 10 lit. e RL 2014/24/EU verwendeten Begrifflichkeit, die in § 116 Nr. 4 umgesetzt ist. Während in Art. 10 lit. e RL 2014/24/EU niedergelegt ist, dass die Richtlinie nicht für Finanzdienstleistungen gilt, wenn diese „im Zusammenhang mit der Ausgabe, dem Verkauf, dem Ankauf oder der Übertragung von Wertpapieren oder anderen Finanzinstrumenten im Sinne der RL 2004/39/EG" stehen, fehlt eine entsprechende Einschränkung in der Vergabe-RL Verteidigung und Sicherheit. Es ist daher davon auszugehen, dass der Begriff der Finanzdienstleistung in Art. 13 lit. h Vergabe-RL Verteidigung und Sicherheit – und damit auch der seiner Umsetzung dienende § 145 Nr. 5 – einen Bezug zum Kapitalmarkt nicht voraussetzt, sondern weiter zu verstehen ist und alle verteidigungs- oder sicherheitsspezifischen Aufträge für Finanzdienstleistungen[33] umfasst.

VII. Vergabe von Forschungs- und Entwicklungsdienstleistungen (§ 145 Nr. 6)

16 Mit der Vorschrift soll Art. 13 lit. j Vergabe-RL Verteidigung und Sicherheit umgesetzt werden. Die Vorläuferregelung war angesiedelt im bisherigen § 100 Abs. 4 Nr. 2. Der Erwägungsgrund 34 Vergabe-RL Verteidigung und Sicherheit führt als Begründung für diesen Ausnahmetatbestand an, dass die Unterstützung der Forschung und der technologischen Entwicklung dazu beiträgt, die wissenschaftlichen und technologischen Grundlagen der Industrie der Union zu stärken. Die Mitfinanzierung von Forschungs- und Entwicklungsprogrammen soll daher nach dem Willen des Unionsgesetzgebers nicht dem Vergaberecht unterliegen. Den Begriff der Forschung erfüllen sowohl die Grundlagenforschung als auch die angewandte Forschung.[34]

17 Die Ausnahmeregelung gilt allerdings dann nicht, wenn die Ergebnisse ausschließlich Eigentum des Auftraggebers für seinen Gebrauch bei der Ausübung seiner eigenen Tätigkeit werden und die Dienstleistung vollständig durch den Auftraggeber vergütet wird. Die Rückausnahme hat demnach zunächst zur Voraussetzung, dass der Auftraggeber das ausschließliche Eigentum erwirbt; praktisch geht es dabei hauptsächlich um das geistige Eigentum an den Entwicklungsergebnissen. Bei der Frage, ob der Auftraggeber Eigentum an den Ergebnissen erwirbt, kommt es nicht auf den zivilrechtlichen Eigentumsbegriff an. Maßgebend ist vielmehr, ob der Auftraggeber das alleinige Nutzungs- und Verwertungsrecht erlangt, was in deutschen militärischen Forschungs- und Entwicklungsverträgen die Ausnahme ist.[35] Eine Offenlegung gegenüber der Allgemeinheit schadet dabei nicht.[36] Hinzukommen muss, dass der Auftraggeber die Forschungsleistung vollständig vergütet. Ist dies nicht der

---

[29] Leitlinien für die Vergabe von Aufträgen zwischen Regierungen in den Bereichen Verteidigung und Sicherheit (Artikel 13 Buchstabe f der Richtlinie 2009/81/EG des Europäischen Parlaments und des Rates), ABl. 2016 C 450, 1 ff.

[30] Leitlinien für die Vergabe von Aufträgen zwischen Regierungen in den Bereichen Verteidigung und Sicherheit (Artikel 13 Buchstabe f der Richtlinie 2009/81/EG des Europäischen Parlaments und des Rates), ABl. 2016 C 450, 3; kritisch zu dieser „ungeschriebenen zusätzlichen" Anforderung *Friton/Wolters/Andree*, EPPPL 2020, 24 ff (33 f.).

[31] BT-Drs. 18/6281, 126, zu Nr. 5.

[32] Erwägungsgrund 33 Vergabe-RL Verteidigung und Sicherheit.

[33] Zum Begriff der Finanzdienstleistungen eingehend Immenga/Mestmäcker/*Dreher* Rn. 30 ff.

[34] Erwägungsgrund 13 Vergabe-RL Verteidigung und Sicherheit; s. auch BayObLG Beschl. v. 27.2.2003 – Verg 25/02, NZBau 2003, 634.

[35] In der Regel erhält der Auftraggeber ein nicht-ausschließliches Nutzungsrecht, s. etwa § 12 der *Allgemeinen Bedingungen für Entwicklungsverträge mit Industriefirmen* des BMVg, BAAINBw–B 086/10.2012 abrufbar unter: https://www.bundeswehr.de/resource/blob/132990/c899134185eb13f95acd75dda0279da8/b086-data.pdf (zuletzt abgerufen am 5.8.2021).

[36] BayObLG beschl. v. 27.2.2003 – Verg 25/02, NZBau 2003, 634.

Fall, bezahlt der Auftraggeber also nur einen Teil der Entwicklungskosten, findet die Rückausnahme keine Anwendung.

VIII. Vergaben, die besonderen Verfahrensregelungen unterliegen (§ 145 Nr. 7)

Die Vorschrift dient der Umsetzung von Art. 12 Vergabe-RL Verteidigung und Sicherheit und soll verhindern, dass die speziellen Vergaberegeln eines internationalen Vertrages oder einer internationalen Organisation im Widerspruch zu parallel anwendbarem, deutschem Vergaberecht stehen.[37] Wie der bisherige § 100c Abs. 4 gilt die Vorschrift für Aufträge, die aufgrund von Verfahrensregeln vergeben werden, die sich aus internationalen Verträgen ergeben.

Die besonderen Verfahrensregeln können sich ergeben aus internationalen Abkommen oder einer internationalen Vereinbarung, das oder die zwischen einem Mitgliedstaat der EU und einem Drittstaat, der nicht Vertragspartei des Übereinkommens über den Europäischen Wirtschaftsraum ist, abgeschlossen wurde (lit. a). In Betracht kommen ferner internationale Abkommen oder eine internationale Vereinbarung im Zusammenhang mit der Truppenstationierung, das oder die Unternehmen eines Mitgliedstaates oder eines anderen Staates betrifft (lit. b). Hier ist insbesondere das NATO-Truppenstatut zu nennen,[38] soweit auf dessen Grundlage nicht nach deutschen Ausführungsvorschriften, sondern nach eigenen Verfahrensregeln beschafft wird.[39] Dieses wird zugleich von lit. a erfasst. Der Anwendungsbereich von lit. b könnte praktisch relevant werden, wenn nur Mitgliedstaaten untereinander Stationierungsabkommen abschließen. Schließlich können besondere Verfahrensregeln für internationale Organisationen gelten, wenn ein Mitgliedstaat für diese Zwecke Beschaffungen tätigt oder wenn ein Mitgliedstaat öffentliche Aufträge nach diesen Regeln vergeben muss (lit. c). Eigene Beschaffungen der internationalen Organisation selbst (nach ihren Regeln) fallen nicht unter die Ausnahme; das deutsche Vergaberecht ist auf diese eigenständigen Völkerrechtssubjekte nicht anwendbar.

Eine ähnliche Regelung wie § 145 Nr. 7 findet sich in § 117 Nr. 4 und 5, deren Anwendungsbereich allerdings auf Vergaben beschränkt ist, für die nicht gem. § 104 der Anwendungsbereich der §§ 144–147 bzw. der VSVgV eröffnet ist, die aber Verteidigungs- und Sicherheitsaspekte enthalten. Die Regelungen in § 145 Nr. 7 einerseits und § 117 andererseits weichen allerdings in einzelnen Punkten voneinander ab; § 145 Nr. 7 lit. a und b etwa setzen bei der Vergabe im Rahmen von internationalen Übereinkünften keine in diesen Vereinbarungen normierten besonderen Vergaberegeln voraus (sondern lassen nachfolgende Vereinbarungen, etwa auf Ministerialebene, genügen[40]), damit die Ausnahme greift, § 117 Nr. 4.[41] Umgekehrt sind die Voraussetzungen von § 145 Nr. 7 lit. c insofern weiter als die in § 117, als § 117 Nr. 4 lit. c nur eine Vergabe durch internationale Organisationen ausnimmt, nicht aber eine staatliche Vergabe nach den Regeln einer solchen Organisation.

§ 146 Verfahrensarten

¹Bei der Vergabe von verteidigungs- oder sicherheitsspezifischen öffentlichen Aufträgen stehen öffentlichen Auftraggebern und Sektorenauftraggebern das nicht offene Verfahren und das Verhandlungsverfahren mit Teilnahmewettbewerb nach ihrer Wahl zur Verfügung. ²Das Verhandlungsverfahren ohne Teilnahmewettbewerb und der wettbewerbliche Dialog stehen nur zur Verfügung, soweit dies aufgrund dieses Gesetzes gestattet ist.

Die Vorschrift setzt Art. 25 RL 2009/81/EG (Vergabe-RL Verteidigung und Sicherheit) in deutsches Recht um und regelt, welche von den in § 119 aufgeführten Verfahrensarten im Bereich der verteidigungs- und sicherheitsspezifischen öffentlichen Aufträge in Betracht kommen. Inhaltlich entspricht die Norm weitgehend dem früheren § 101 Abs. 7 S. 3.[1]

Adressaten der Norm sind öffentliche Auftraggeber (§ 98) und Sektorenauftraggeber (§ 99). Diese Auftraggeber können verteidigungs- und sicherheitsspezifische Aufträge nach ihrer freien Wahl im nicht offenen Verfahren (§ 119 Abs. 4) und im Verhandlungsverfahren mit Teilnahmewettbewerb (§ 119 Abs. 5) ausschreiben. Eine Entsprechung findet diese Regelung in § 11 Abs. 1 S. 1 VSVgV

---

[37] GD Markt, Guidance Note Defence and security-specific exclusions, Rn. 3.
[38] Insbes. Art IX des Abkommens zwischen Parteien des Nordatlantikvertrages über die Rechtsstellung ihrer Truppen v. 19.6.1952, BGBl. 1952 II 1190; → § 117 Rn. 13.
[39] HK-VergabeR/*Schellenberg* Rn. 14 f., mit Verweis auf VK Bund Beschl. v. 20.12.2005 – VK 2-159/05.
[40] Gesetzesbegründung, BT Drs. 17/7275, 17.
[41] *Byok* NVwZ 2012, 70 (74).
[1] RegBegr., BT-Drs. 18/6281, 127, Art. 1 zu § 147.

bzw. §§ 3 VS–3b VS VOB/A. Im Rahmen eines nicht offenen Verfahrens und eines Verhandlungsverfahrens mit Teilnahmewettbewerb ist es möglich, die erhöhten Anforderungen an die Sicherheit und Vertraulichkeit solcher Aufträge zu berücksichtigen.[2] Entscheidet der Auftraggeber sich zB für ein Verhandlungsverfahren mit vorgeschaltetem Teilnahmewettbewerb, kann er Unternehmen, die die Eignungsanforderungen nicht erfüllen, bereits in diesem Verfahrensstadium ausschließen und nur solche Unternehmen zur Angebotsabgabe auffordern, welche die bekanntgemachten Sicherheits- und Zuverlässigkeitsanforderungen erfüllen. Einblick in sensible Vergabeunterlagen erhalten somit nur solche Unternehmen, welche den Teilnahmewettbewerb erfolgreich bestanden haben.

3 In § 101 Abs. 7 S. 3 aF war nicht geregelt, ob dort sog. verteidigungs- und sicherheitsrelevante Aufträge auch im Rahmen eines wettbewerblichen Dialogs vergeben werden können. Da das Unionsrecht in Art. 25 S. 3 Vergabe-RL Verteidigung und Sicherheit iVm Art. 27 Vergabe-RL Verteidigung und Sicherheit den wettbewerblichen Dialog als zulässige Verfahrensart ausdrücklich vorsah, wurde in der Literatur die Auffassung vertreten, dass diese Verfahrensart schon nach bisherigem Recht zulässig war.[3] Für diese Auffassung sprach auch § 13 VSVgV aF, der, in Umsetzung von Art. 27 der Vergabe-RL Verteidigung und Sicherheit, Vorgaben zu den Voraussetzungen für die Durchführung eines wettbewerblichen Dialogs und die zu beachtenden Verfahrensregelungen enthielt. Diese Unklarheit hat der Gesetzgeber des Vergaberechtsmodernisierungsgesetzes (2016) beseitigt. Nunmehr ist in § 146 S. 2 klargestellt, dass der wettbewerbliche Dialog zulässig ist, soweit dies aufgrund des GWB gestattet ist. Gleiches gilt für das Verhandlungsverfahren ohne Teilnahmewettbewerb. Für die Wahl eines dieser beiden Verfahren als Ausnahme vom nicht offenen oder Verhandlungsverfahren mit Teilnahmewettbewerb ist eine schlüssige Begründung notwendig; § 11 Abs. 1 S. 2 VSVgV spricht von „begründeten Ausnahmefällen". Diese sind in § 12 VSVgV (Verhandlungsverfahren ohne Teilnahmewettbewerb)[4] und § 13 VSVgV (Wettbewerblicher Dialog) definiert.

4 Nicht zugelassen hat der Gesetzgeber das offene Verfahren (§ 119 Abs. 1 Nr. 3) und die Innovationspartnerschaft (§ 119 Abs. 1 Nr. 7). Das offene Verfahren muss in diesem sicherheitssensiblen Bereich ausscheiden, weil es den Anforderungen an Vertraulichkeit und Informationssicherheit nicht genügt.[5]

§ 147 Sonstige anwendbare Vorschriften

[1]Im Übrigen gelten für die Vergabe von verteidigungs- oder sicherheitsspezifischen öffentlichen Aufträgen die §§ 119, 120, 121 Absatz 1 und 3 sowie die §§ 122 bis 135 mit der Maßgabe entsprechend, dass ein Unternehmen gemäß § 124 Absatz 1 auch dann von der Teilnahme an einem Vergabeverfahren ausgeschlossen werden kann, wenn das Unternehmen nicht die erforderliche Vertrauenswürdigkeit aufweist, um Risiken für die nationale Sicherheit auszuschließen. [2]Der Nachweis, dass Risiken für die nationale Sicherheit nicht auszuschließen sind, kann auch mit Hilfe geschützter Datenquellen erfolgen.

1 Die Vorschrift erklärt die Regelungen im Unterabschnitt 2 zu Vergabeverfahren und Auftragsausführung – mit geringfügigen Einschränkungen – auf die Vergabe von verteidigungs- oder sicherheitsspezifischen Aufträgen für unmittelbar anwendbar. Der Unterabschnitt 2 enthält ua Regelungen zur Leistungsbeschreibung, zur Eignung, zu den Ausschlussgründen, zum Zuschlag oder zu Auftragsänderungen während der Vertragslaufzeit. § 147 stellt damit sicher, dass die das Vergabeverfahren regelnden Vorschriften auch in diesem Sonderbereich Geltung beanspruchen können.

2 Ausdrücklich für unanwendbar erklärt § 147 S. 1 lediglich **§ 121 Abs. 2**, der vorsieht, dass bei der Beschaffung von Leistungen, die zur Nutzung durch natürliche Personen vorgesehen sind, bei der Erstellung der Leistungsbeschreibung grundsätzlich die Zugänglichkeitskriterien für Menschen mit Behinderung oder die Konzeption für alle Nutzer zu berücksichtigen sind. Die Begründung für die Ausnahme ist darin zu suchen, dass die RL 2009/81/EG (Vergabe-RL Verteidigung und Sicherheit) den Mitgliedstaaten insoweit keine Vorgaben macht.[1]

3 Obwohl nicht ausdrücklich in § 147 vorgesehen, dürften **faktisch auch** die **§§ 130, 131** bei Verteidigungs- und Sicherheitsvergaben unanwendbar bleiben. Die §§ 130, 131 enthalten Regelun-

---

[2] *Hölzl* VergabeR 2012, 141 (143).
[3] *Hölzl* VergabeR 2012, 141 (143); Ziekow/Völlink/*Antweiler* § 101 aF Rn. 46 unter Hinweis auf *Byok* NVwZ 2012, 70 ff.
[4] Zu den Anforderungen an eine Vergabe im Verhandlungsverfahren ohne Teilnahmewettbewerb OLG Düsseldorf Beschl. v. 31.5.2017 – VII-Verg 36/16, NZBau 2017, 623; *Hindelang/Eisentraut* EuZW 2019, 149 (152).
[5] *Hölzl* VergabeR 2012, 141 (143).
[1] RegBegr., BT-Drs. 18/6281, 127, Art. 1 zu § 147.

gen, die inhaltlich nicht auf verteidigungs- oder sicherheitsspezifische Aufträge übertragen werden können. Während § 130 Sonderregelungen zur Vergabe von öffentlichen Aufträgen über soziale und andere besondere Dienstleistungen enthält, sieht § 131 Sonderregelungen über die Vergabe von öffentlichen Aufträgen über Personenverkehrsleistungen im Eisenbahnverkehr vor.

Unklar ist, warum der Gesetzgeber in § 147 S. 1 auch **§ 119** uneingeschränkt für anwendbar 4
erklärt hat. § 119 benennt die zulässigen Verfahrensarten zur Vergabe von Bau-, Liefer- und Dienstleistungsaufträgen. Nach § 119 Abs. 2 stehen den öffentlichen Auftraggebern das offene Verfahren und das nicht offene Verfahren mit vorgeschaltetem Teilnahmewettbewerb nach ihrer Wahl zur Verfügung, die anderen Verfahrensarten nur dann, soweit dies gesetzlich zulässig ist. Mit der Maßgabe, dass der Auftraggeber Wahlfreiheit zwischen dem offenen Verfahren und dem nicht offenen Verfahren hat, steht § 119 Abs. 2 S. 1 in Widerspruch zu § 146, der das offene Verfahren gerade nicht als zulässige Verfahrensart vorsieht.² Dieser anscheinende Widerspruch wird jedoch durch die Geltung der §§ 119 ff „im Übrigen" aufgelöst; der Wortlaut räumt demnach dem spezielleren § 146 vorrangige Geltung ein. Diese Lesart steht auch im Einklang mit Art. 25 Vergabe-RL Verteidigung und Sicherheit, der als zulässige Verfahrensarten das nicht offene Verfahren und das Verhandlungsverfahren vorsieht, dagegen nicht das offene Verfahren oder die Innovationspartnerschaft.

Nach § 147 S. 1 letzter Hs. kann ein Unternehmen auch dann gem. § 124 Abs. 1 von der 5
Teilnahme am Wettbewerb ausgeschlossen werden, wenn das Unternehmen nicht die erforderliche Vertrauenswürdigkeit aufweist, um Risiken für die nationale Sicherheit auszuschließen. § 147 S. 1, letzter Hs. ergänzt somit den Katalog der fakultativen Ausschlussgründe um den Ausschlussgrund der Risiken für die **nationale Sicherheit.** Die Vorschrift entspricht inhaltlich dem bisherigen § 24 Abs. 1 Nr. 5 VSVgV, der seinerseits der Umsetzung von Art. 39 Abs. 2 lit. e Vergabe-RL Verteidigung und Sicherheit diente. Weder dem GWB noch der Gesetzesbegründung sind Hinweise zu entnehmen, welche Voraussetzungen erfüllt sein müssen, um die Annahme zu rechtfertigen, dass die Vertrauenswürdigkeit fehlt. Einen Hinweis gibt jedoch Erwägungsgrund 65 letzter Satz Vergabe-RL Verteidigung und Sicherheit, der als Beispiele für Sicherheitsrelevanz „bestimmte Merkmale" der Liefergegenstände und die Gesellschafterstruktur des Bewerbers nennt. Im Kern geht es um eine vom öffentlichen Auftraggeber zu treffende Prognoseentscheidung, ob das Unternehmen in der Lage sein wird, den Auftrag zuverlässig abzuwickeln.³ Da Aufträge im Bereich der Verteidigung und Sicherheit sich regelmäßig durch eine besondere Sensibilität auszeichnen, kann die Vertrauenswürdigkeit zB dann fehlen, wenn ein Unternehmen direkt oder indirekt unter dem staatlichen Einfluss eines sicherheitspolitisch als kritisch angesehenen Drittstaats befindet (vgl. etwa die Diskussion um das chinesische Unternehmen Huawei) oder in der Vergangenheit geheimhaltungsbedürftige Verschlusssachen, die ihm zur Kenntnis gebracht worden sind, unbefugt an Dritte weitergegeben hat.

Das Gesetz lässt es genügen, wenn das Risiko für die nationale Sicherheit **nicht ausschließbar** 6
ist, dh nicht gänzlich unmöglich ist. Nicht erforderlich ist, dass das Risiko überwiegend wahrscheinlich ist.⁴

Der S. 2 von § 147 sieht vor, dass der öffentliche Auftraggeber den Nachweis, dass Risiken für 7
die nationale Sicherheit nicht auszuschließen sind, auch mit Hilfe **geschützter Datenquellen** erbringen kann. Als geschützte Datenquellen kommen die Erkenntnisse von Geheimdiensten oder Sicherheitsbehörden in Betracht.⁵ Eine Offenlegung dieser Datenquellen im Nachprüfungsverfahren kann aufgrund ihrer besonderen Sensibilität verweigert werden; ggf. findet § 99 VwGO Anwendung.⁶

Unterabschnitt 3. Vergabe von Konzessionen

§ 148 Anwendungsbereich

Dieser Unterabschnitt ist anzuwenden auf die Vergabe von Konzessionen durch Konzessionsgeber.

Schrifttum: *Goldbrunner,* Das neue Recht der Konzessionsvergabe, VergabeR 2016, 365; *Mohr,* Energiewirtschaftliche Konzessionsverträge und Unionsrecht, RdE 2016, 269; *Siegel,* Das Haushaltsvergaberecht – Systematisierung eines verkannten Rechtsgebiets, VerwArch 2016, 1; *Siegel,* Das neue Konzessionsvergaberecht, NVwZ 2016, 1672.

---

² → § 146 Rn. 3.
³ Dippel/Sterner/Zeiss/*Dippel* VSVgV § 24 aF Rn. 28.
⁴ Dippel/Sterner/Zeiss/*Dippel* Rn. 28.
⁵ Dippel/Sterner/Zeiss/*Dippel* Rn. 29.
⁶ Immenga/Mestmäcker/*Dreher* Rn. 9.

I. Allgemein

1 **§ 148** bestimmt den **Anwendungsbereich des Konzessionsvergabeverfahrens gem. den §§ 149–154.** Hiernach sind die Vorschriften des Unterabschnitts 3 allein auf die Vergabe von Konzessionen durch Konzessionsgeber anzuwenden. Zudem gelten für Konzessionen die §§ 97–114.[1] § 148 korrespondiert mit **§ 1 KonzVgV,** der Gegenstand und Anwendungsbereich der Verordnung deckungsgleich mit dem GWB-Vergaberecht normiert (→ § 1 KonzVgV Rn. 1 ff.). Die §§ 149–154 regeln die zentralen Grundsätze der Vergabe von Bau- und Dienstleistungskonzessionen und setzen damit die Vorgaben der **RL 2014/23/EU** um, die erstmals sekundärrechtlich die Vergabe von Dienstleistungskonzessionen behandelt.[2] § 148 knüpft begrifflich, systematisch und teleologisch an die Legaldefinitionen in §§ 101, 105 an. Der **persönliche Anwendungsbereich** des GWB-Konzessionsvergaberechts ergibt sich danach aus § 101 (→ Rn. 4). Der **zeitliche Anwendungsbereich** folgt dem Inkrafttreten des neuen reformierten GWB am 18.4.2016. Der **sachliche Anwendungsbereich** bestimmt sich gem. § 105 nach den Merkmalen der Konzession (→ Rn. 4; zur Inzidentprüfung von § 105 im Rahmen von § 101 → § 101 Rn. 60). Praktisch bedeutsam ist zudem **§ 111** hinsichtlich der Vergabe von Konzessionen, deren Teile unterschiedlichen rechtlichen Regelungen unterliegen.[3] Die §§ 149–154 sind nur dann anwendbar, wenn keine der **Ausnahmeregelungen in den §§ 107 ff., 149 f.** eingreift. Die Geltung der §§ 148 ff. beschränkt sich zudem auf Vergaben oberhalb des **Schwellenwerts** gem. § 106 Abs. 1, Abs. 2 Nr. 4 iVm Art. 8 Abs. 1 RL 2014/23/EU, der für Bau- und Dienstleistungskonzessionen einheitlich gilt.[4] Im Unterschwellenbereich gilt in Deutschland das Haushaltsvergaberecht,[5] welches bei grenzüberschreitenden Sachverhalten durch das europäische Primärvergaberecht überformt ist.[6] Bei der Vergabe von Baukonzessionen unterhalb der Schwellenwerte sind gem. § 23 Abs. 2 VOB/A die §§ 1–22 VOB/A anzuwenden,[7] sofern die Besonderheiten der Baukonzession einer Anwendung nicht entgegenstehen.[8]

II. Unionsrechtliche Vorgaben

2 Das Unionsrechtlich enthält sowohl primärrechtliche als auch sekundärrechtliche Vorgaben an die Vergabe von Konzessionen.[9] Das europäische **„Primärvergaberecht"**[10] gilt bei Binnenmarktrelevanz für staatliche Verteilungsverfahren, die die Möglichkeit einer wirtschaftlichen Betätigung eröffnen[11] oder den Zugang zu grundfreiheitlich gewährleisteten Märkten regulieren, selbst für Auswahlentscheidungen durch den Staat als Anbieter und nicht als Nachfrager.[12] Somit ist das Primärvergaberecht auch auf die Vergabe von Bau- und Dienstleistungskonzessionen als staatliche Verteilungsverfahren anzuwenden. Nach dem EuGH sind im Bereich der öffentlichen Aufträge und der öffentlichen Dienstleistungskonzessionen der Gleichbehandlungsgrundsatz und dessen spezielle Ausprägungen wie das Verbot der Diskriminierung aus Gründen der Staatsangehörigkeit gem. Art. 18 AEUV sowie die Art. 49 und 56 AEUV in allen Fällen anwendbar, in denen eine öffentliche Stelle einem Dritten die Ausübung wirtschaftlicher Tätigkeiten überträgt.[13] Für Einzelheiten → § 105 Rn. 4 ff.

3 Die am 26.2.2014 erlassene **RL 2014/23/EU** fasst die Rechtsprechung des EuGH zum Primärvergaberecht bezüglich der Vergabe von Bau- und Dienstleistungskonzessionen zusammen und soll für ein Mehr an Rechtsklarheit sorgen.[14] In Art. 5 Nr. 1 RL 2014/23/EU werden die Dienstleistungs- und die Baukonzession legal definiert. Charakteristisches Merkmal ist, dass mit der Vergabe das Betriebsrisiko für die Nutzung des entsprechenden Bauwerks bzw. für die Verwertung der

---

[1] *Knauff* in Goede/Stoye/Stolz VergabeR-HdB § 12 Konzessionsvergabe Rn. 13.
[2] Beck VergabeR/*Burgi* Rn. 2.
[3] Beck VergabeR/*Burgi* Rn. 1; *Siegel* NVwZ 2016, 1672 (1673).
[4] Immenga/Mestmäcker/*Kling* Rn. 10.
[5] *Siegel* VerwArch 2016, 1 (13 f.).
[6] *Mohr* RdE 2016, 269 (272 f.).
[7] *Goldbrunner* VergabeR 2016, 365 (371).
[8] *Siegel* VerwArch 2016, 1 (15).
[9] S. auch *Knauff* in Goede/Stoye/Stolz VergabeR-HdB § 12 Konzessionsvergabe Rn. 5–8.
[10] Statt anderer *Prieß/Simonis* NZBau 2015, 731.
[11] Für eine Spielbank-Genehmigung EuGH Urt. v. 9.9.2010 – C-64/08, Slg. 2010, I-8244 Rn. 52 = EuZW 2010, 821 – Engelmann; *Wollenschläger*, Effektive staatliche Rückholoptionen bei gesellschaftlicher Schlechterfüllung, 2006, 115.
[12] *Prieß/Simonis* NZBau 2015, 731 (735); *Latzel* NZBau 2014, 673 (674).
[13] EuGH Urt. v. 25.10.2018 – C-260/17, NZBau 2019, 189 Rn. 36 – Anodiki.
[14] *Opitz* NVwZ 2014, 753 f.; *Knauff* in Goede/Stoye/Stolz VergabeR-HdB § 12 Konzessionsvergabe Rn. 9 f.

Dienstleistungen auf den Konzessionsnehmer übergeht.[15] Das Betriebsrisiko gilt als vom Konzessionsnehmer getragen, wenn unter normalen Betriebsbedingungen nicht garantiert ist, dass die Investitionsaufwendungen oder die Kosten für den Betrieb des Bauwerks oder die Erbringung der Dienstleistungen, die Gegenstand der Konzession sind, wieder erwirtschaftet werden können.[16] Der Teil des auf den Konzessionsnehmer übergegangenen Risikos muss zudem umfassen, den Unwägbarkeiten des Marktes tatsächlich ausgesetzt zu sein, sodass potenzielle geschätzte Verluste des Konzessionsnehmers nicht rein nominell oder vernachlässigbar sind.[17] Im Hinblick auf die vom Richtliniengeber adressierte Rechsklarheit sind die Bestimmungen der RL 2014/23/EU vorrangig vor den Vorgaben des Primärvergaberechts anzuwenden, auch wenn sie diese aus Gründen der Normhierarchie nicht verdrängen können.[18] Dessen unangeachtet hat der Richtliniengeber die zentralen Aussagen des Primärvergaberechts in Art. 3 RL 2014/23/EU übernommen. Das Sekundärrecht nimmt auch die Grundsätze des Art. 3 RL 2014/23/EU zT sogar explizit Bezug, zB bei der Ermittlung der zulässigen Zuschlagskriterien nach Art. 41 RL 2014/23/EU.[19] Im Unterschwellenbereich sowie bei Eingreifen einer Ausnahmebestimmung gem. den §§ 107 ff., 149 f. bleiben die primärrechtlichen Anforderungen weiterhin anwendbar.[20]

III. Tatbestand

Gemäß § 148 ist „dieser Unterabschnitt", genauer: Unterabschnitt 3 über die Vergabe von Konzessionen (§§ 148–154), anzuwenden auf die Vergabe von Konzessionen durch Konzessionsgeber. Der Anwendungsbereich wird somit geprägt durch die Tatbestandsmerkmale „Konzession", „Konzessionsgeber" sowie „Vergabe". Der Begriff der Konzession ist in § 105 legal definiert und bestimmt den sachlichen Anwendungsbereich des Konzessionsvergaberechts.[21] Die Vorschrift differenziert zwischen Bau- und Dienstleistungskonzessionen. Konzessionen sind entgeltliche Verträge, mit denen ein oder mehrere Konzessionsgeber ein oder mehrere Unternehmen mit der Erbringung von Bauleistungen oder mit der Erbringung und der Verwaltung von Dienstleistungen betrauen (vgl. § 105 Abs. 1 Nr. 1 und 2). Die Gegenleistung besteht entweder allein im Recht zur Nutzung des Bauwerks oder – bei Dienstleistungskonzessionen – im Recht zur Verwertung der Dienstleistung oder in diesem Recht zuzüglich einer Zahlung. Bei gemischten Verträgen sind ergänzend die §§ 110 ff. zu beachten. Enthält ein gemischter Vertrag Elemente eines öffentlichen Auftrags und einer Konzession, richtet sich das Vergaberegime nach § 111, bei einer hinzukommenden Sektorentätigkeit nach § 112.[22] Der **persönliche Anwendungsbereich** des Konzessionsvergaberechts bestimmt sich gem. § 101. Nach dem von § 101 verfolgten tätigkeitsbezogenen Ansatz unterscheidet sich ein Konzessionsgeber von einem regulären öffentlichen Auftraggeber bzw. einem regulären Sektorenauftraggeber durch die Vergabe einer Konzession (→ § 101 Rn. 1). Konzessionsgeber sind hiernach öffentliche Auftraggeber gem. § 99 Nr. 1–3, die eine Konzession vergeben (§ 101 Abs. 1 Nr. 1), sowie Sektorenauftraggeber iSv § 100 Abs. 1 Nr. 1 oder iSv § 100 Abs. 1 Nr. 2, die eine Sektorentätigkeit gem. § 102 Abs. 2–6 ausüben und eine Konzession zum Zweck der Ausübung dieser Tätigkeit vergeben (§ 101 Abs. 1 Nr. 2 und 3). Für Einzelheiten → § 101 Rn. 1 ff. Eine **Vergabe** iSd § 148 liegt vor, wenn ein Konzessionsgeber iSd § 101 mit einem Wirtschaftsteilnehmer einen als Konzession iSd § 105 einzustufenden Vertrag schließen will und der Schwellenwert in § 106 Abs. 1, Abs. 2 Nr. 4 iVm Art. 8 Abs. 1 RL 2014/23/EU übersteigt.

Die Zuordnung **gemischter Vergaben** bestimmt sich nach den **§§ 110–112**[23] (zur Systematik → § 110 Rn. 1). Da die Schwellenwerte und die sonstigen rechtlichen Rahmenbedingungen von Bau- und Dienstleistungskonzessionen grundsätzlich übereinstimmen, ist die nach **§ 110 Abs. 1** erfolgende Abgrenzung zwischen Dienstleistungen und Bauleistungen iSd § 105 Abs. 1 bei der

---

[15] Vgl. EuGH Urt. v. 10.11.2011 – C-348/10, Slg. 2011, I-11008 = NZBau 2012, 183 (185) Rn. 44 ff. – Norma A; EuGH Urt. v. 10.3.2011 – C-274/09, Slg. 2011, I-1350 = EuZW 2011, 352 Rn. 29 ff. – Rettungsdienst Stadler; *Knauff/Badenhausen* NZBau 2014, 395 (396); BeckOK VergabeR/*Bungenberg/Schelhaas* § 105 Rn. 6.
[16] *Opitz* NVwZ 2014, 753 (756); BeckOK VergabeR/*Bungenberg/Schelhaas* § 105 Rn. 6 f.
[17] Vgl. auch EuGH Urt. v. 10.3.2011 – C-274/09, Slg. 2011, I-1350 = EuZW 2011, 352 Rn. 37 – Rettungsdienst Stadler.
[18] Anders Ziekow/Völlink/*Siegel* Rn. 9, der mit Blick auf das sekundärrechtliche Ziel der Rechtssicherheit von einer Verdrängung ausgeht.
[19] Dies betont Ziekow/Völlink/*Siegel* Rn. 9.
[20] Ebenso Ziekow/Völlink/*Siegel* Rn. 10, der die hieraus resultierende Rechtsunsicherheit beklagt.
[21] *Knauff* in Goede/Stoye/Stolz VergabeR-HdB § 12 Konzessionsvergabe Rn. 20 ff.
[22] *Siegel* NVwZ 2016, 1672 (1673).
[23] *Knauff* in Goede/Stoye/Stolz VergabeR-HdB § 12 Konzessionsvergabe Rn. 19.

Konzessionsvergabe weitaus weniger bedeutsam als bei der herkömmlichen Vergabe.[24] Die vergaberechtliche Behandlung von Verträgen, die sowohl Bestandteile eines öffentlichen Auftrags als auch einer Konzession enthalten, bestimmt sich gem. **§ 111 Abs. 6** nach § 111 Abs. 1–5 (→ § 111 Rn. 31). In einem ersten Schritt ist zu prüfen, ob die Bestandteile gem. § 111 Abs. 6 iVm § 111 Abs. 1–3 objektiv trennbar sind. Bei Bejahung der objektiven Trennbarkeit richtet sich die rechtliche Bewertung nach § 111 Abs. 2, 3, bei Verneinung nach § 111 Abs. 4.[25] Wird trotz der Möglichkeit zur Trennung ein Gesamtauftrag vergeben, sind im Verhältnis von öffentlichen Aufträgen und Konzessionen gem. § 111 Abs. 3 Nr. 4 die Bestimmungen zur herkömmlichen Auftragsvergabe anzuwenden, wenn der entsprechende Teil den dafür geltenden Schwellenwert erreicht.[26] Ist eine Trennung nicht möglich, entscheidet gem. § 111 Abs. 6 iVm § 111 Abs. 4 der Hauptgegenstand des Auftrags (→ § 111 Rn. 27). Kommt eine Sektorentätigkeit hinzu, bestimmt sich die Abgrenzung gem. **§ 112 Abs. 6**.[27]

6 § 148 verweist auf das **Sondervergaberecht für Konzessionen** des Unterabschnitts 3, also auf die Regelungen in den §§ 149–154 iVm der KonzVgV. Anders als die RL 2014/23/EU enthalten die §§ 149 ff. kein umfassend eigenständiges Regelungsregime, sondern **verweisen** in größerem Umfang auf die **allgemeinen Vergabebestimmungen.** Die Regelungstechnik ist nicht nur übermäßig kompliziert und unübersichtlich, sondern auch unvollständig, wie der unterbliebene Verweis auf die allgemeinen Grundsätze des § 97 besonders anschaulich macht.[28] Die §§ 149 ff. und die Vorschriften der RL 2014/23/EU sind freilich unionsrechtskonform im Lichte des Primärrechts und des Art. 3 RL 2014/23/EU zu interpretieren. Im Einzelnen enthält § 149 einen besonderen Ausnahmekatalog für bestimmte Arten von Bau- und Dienstleistungskonzessionen, der in den Nr. 15 auf Vorschriften des allgemeinen Vergaberechts verweist. Ergänzend normiert § 150 besondere Ausnahmen für die Vergabe von Konzessionen in den Bereichen Verteidigung und Sicherheit iSd § 104. Auch diese Vorschrift lehnt sich inhaltlich an Regelungen für öffentliche Aufträge an. Das eigentliche Konzessionsverfahren bestimmt sich nach den Kernbestimmungen der §§ 151 ff. Die allgemeinen Vergaberegeln sind in § 151 statuiert.[29] Diese werden durch den Grundsatz der freien Verfahrensgestaltung geprägt, der Einschränkungen durch das GWB selbst (etwa durch § 97 Abs. 1–3, 5 und § 151 S. 1) sowie durch die KonzVgV unterliegt. § 152 formt das Verfahren im Hinblick auf die Leistungsbeschreibung, die Eignung, den Zuschlag und vertragliche Bedingungen für die Auftragsdurchführung näher aus. § 153 regelt die Vergabe von Konzessionen über soziale und andere besondere Dienstleistungen. § 154 enthält schließlich eine Verweisungsnorm, die die Anwendung bestimmter Vorschriften für die Vergabe öffentlicher Aufträge auch auf Konzessionen anordnet, etwa der Informations- und Wartefrist gem. § 154 Nr. 4 iVm § 133.

7 Die Details des Konzessionsvergabeverfahrens finden sich – unter Beachtung der Vorgaben des höherrangigen Rechts – in der **KonzVgV.** Da die KonzVgV das Vergabeverfahren gem. den §§ 148 ff. näher ausgestaltet, setzt sie die Anwendbarkeit des GWB-Vergaberechts voraus, etwa das Erreichen des Schwellenwertes gem. § 106 Abs. 1, Abs. 2 Nr. 4. Dies stellt § 1 KonzVgV klar, wonach diese Verordnung nähere Bestimmungen über die einzuhaltende Verfahren bei der dem Teil 4 des GWB unterliegenden Vergabe von Konzessionen durch einen Konzessionsgeber trifft. Anders als die §§ 149 ff. ist die KonzVgV als **Gesamtregelung** ausgestaltet, da das Konzessionsvergabeverfahren zT erheblich vom allgemeinen Vergabeverfahren nach der VgV und der SektVO abweicht.[30] Soweit deshalb nicht die Verweisungen in den §§ 152, 154 mittelbar auch die in Bezug genommenen Vorschriften des GWB ausgestaltenden Bestimmungen der VgV erfassen, ist im Anwendungsbereich der KonzVgV ein Rückgriff auf die **VgV** ausgeschlossen.[31] Das Nebeneinander von GWB-Konzessionsvergaberecht und KonzVgV führt in der praktischen Prüfung zu einer **zweistufigen Kaskade,** welche aus den §§ 148 ff. iVm den §§ 101, 105, 106, 107 f. und 110 ff. als erster Stufe und den Regelungen in der KonzVgV als zweiter Stufe besteht.[32]

---

[24] Zutreffend Ziekow/Völlink/*Siegel* Rn. 21.
[25] Ziekow/Völlink/*Ziekow* § 111 Rn. 7.
[26] VK Westfalen Beschl. v. 25.1.2018 – VK 1-43/17, IBRRS 2018, 0959.
[27] Ziekow/Völlink/*Siegel* Rn. 21.
[28] Immenga/Mestmäcker/*Kling* Rn. 4.
[29] *Knauff* in Goede/Stoye/Stolz VergabeR-HdB § 12 Konzessionsvergabe Rn. 52, der zu Recht darauf hinweist, dass es nicht ausgeschlossen sei, „im Konzessionsvergaberecht enthaltene Spielräume durch die Übertragung von Wertungen aus den Bestimmungen über die öffentliche Auftragsvergabe auszufüllen und die VgV zu diesem Zweck als ‚Inspirationsquelle' zu nutzen".
[30] *Siegel* NVwZ 2016, 1672 (1673).
[31] *Knauff* in Goede/Stoye/Stolz VergabeR-HdB § 12 Konzessionsvergabe Rn. 14.
[32] HK-VergabeR/*Fehling* § 97 Rn. 29.

IV. Rechtsschutz

Konzessionsvergaben oberhalb der Schwellenwerte in § 106 Abs. 1 Nr. 4 unterliegen dem **Nachprüfungsverfahren gem. § 155 ff.**[33] Es ist insoweit nicht entscheidend, ob ein privatrechtlicher oder ein öffentlich-rechtlicher Vertrag vorliegt. Unterhalb der Schwellenwerte gelten die allgemeinen Regeln für den Unterschwellenbereich, wobei der Primärrechtsschutz grundsätzlich im Zivilrechtsweg erfolgt.[34] In spezifischen Fallgestaltungen wird der Rechtsweg zu den **Verwaltungsgerichten** für einschlägig erachtet, sofern die Konzessionsvergabe „in spezifischer Weise öffentlich-rechtlich geprägt sei.[35] Dies wird von einer Ansicht bereits dann bejaht,wenn eine Konzession im Unterschwellenbereich in Form eines öffentlich-rechtlichen statt eines privatrechtlichen Vertrages vergeben wird.[36] Nach der Rechtsprechung des BGH führt die Verneinung der Statthaftigkeit eines Vergabenachprüfungsverfahrens in entsprechender Anwendung von § 17a Abs. 2 S. 1 GVG nicht zwangsläufig zur Verweisung in einen anderen zuständigen Rechtsweg.[37] Gründe der Verfahrensökonomie und des effektiven Rechtsschutzes erfordern aber dann eine Verweisung analog § 17a GVG, wenn der Antragsteller sein im Vergabenachprüfungsverfahren verfolgtes Rechtsschutzziel im anderen Rechtsweg weiterverfolgen will und kann.[38]

8

§ 149 Besondere Ausnahmen

Dieser Teil ist nicht anzuwenden auf die Vergabe von:
1. Konzessionen zu Rechtsdienstleistungen im Sinne des § 116 Absatz 1 Nummer 1,
2. Konzessionen zu Forschungs- und Entwicklungsdienstleistungen im Sinne des § 116 Absatz 1 Nummer 2,
3. Konzessionen zu audiovisuellen Mediendiensten oder Hörfunkmediendiensten im Sinne des § 116 Absatz 1 Nummer 3,
4. Konzessionen zu finanziellen Dienstleistungen im Sinne des § 116 Absatz 1 Nummer 4,
5. Konzessionen zu Krediten und Darlehen im Sinne des § 116 Absatz 1 Nummer 5,
6. Dienstleistungskonzessionen, die an einen Konzessionsgeber nach § 101 Absatz 1 Nummer 1 oder Nummer 2 aufgrund eines auf Gesetz oder Verordnung beruhenden ausschließlichen Rechts vergeben werden,
7. Dienstleistungskonzessionen, die an ein Unternehmen aufgrund eines ausschließlichen Rechts vergeben werden, das diesem im Einklang mit den nationalen und unionsrechtlichen Rechtsvorschriften über den Marktzugang für Tätigkeiten nach § 102 Absatz 2 bis 6 gewährt wurde; ausgenommen hiervon sind Dienstleistungskonzessionen für Tätigkeiten, für die die Unionsvorschriften keine branchenspezifischen Transparenzverpflichtungen vorsehen; Auftraggeber, die einem Unternehmen ein ausschließliches Recht im Sinne dieser Vorschrift gewähren, setzen die Europäische Kommission hierüber binnen eines Monats nach Gewährung dieses Rechts in Kenntnis,
8. Konzessionen, die hauptsächlich dazu dienen, dem Konzessionsgeber im Sinne des § 101 Absatz 1 Nummer 1 die Bereitstellung oder den Betrieb öffentlicher Kommunikationsnetze oder die Bereitstellung eines oder mehrerer elektronischer Kommunikationsdienste für die Öffentlichkeit zu ermöglichen,
9. Konzessionen im Bereich Wasser, die
   a) die Bereitstellung oder das Betreiben fester Netze zur Versorgung der Allgemeinheit im Zusammenhang mit der Gewinnung, dem Transport oder der Verteilung von Trinkwasser oder die Einspeisung von Trinkwasser in diese Netze betreffen oder
   b) mit einer Tätigkeit nach Buchstabe a im Zusammenhang stehen und einen der nachfolgend aufgeführten Gegenstände haben:

---

[33] *Knauff* in Goede/Stoye/Stolz VergabeR-HdB § 12 Konzessionsvergabe Rn. 90.
[34] Immenga/Mestmäcker/*Kling* Rn. 19; Ziekow/Völlink/*Siegel* Rn. 25.
[35] Ziekow/Völlink/*Siegel* Rn. 26.
[36] So für eine Dienstleistungskonzession zum Bau und Betrieb einer Kita das OVG Lüneburg Beschl. v. 29.10.2018 – 10 ME 363/18, NVwZ 2019, 656; s. auch *Braun* NZBau 2019, 622 (624), wonach „Konzessionsgeber [...] durch die Wahl der Handlungsform das rechtliche Gerüst für die Beschaffung wählen" könnten.
[37] BGH Beschl. v. 10.12.2019 – XIII ZB 119/19, NZBau 2020, 313 Rn. 17 ff. – Grippeimpfstoffe.
[38] BGH Beschl. v. 10.12.2019 – XIII ZB 119/19, NZBau 2020, 313 Leitsatz und Rn. 17 ff. – Grippeimpfstoffe.

aa) Wasserbau-, Bewässerungs- und Entwässerungsvorhaben, sofern die zur Trinkwasserversorgung bestimmte Wassermenge mehr als 20 Prozent der Gesamtwassermenge ausmacht, die mit den entsprechenden Vorhaben oder Bewässerungs- oder Entwässerungsanlagen zur Verfügung gestellt wird, oder
bb) Abwasserbeseitigung oder -behandlung,
10. Dienstleistungskonzessionen zu Lotteriedienstleistungen, die unter die Referenznummer des Common Procurement Vocabulary 92351100-7 fallen, und die einem Unternehmen auf der Grundlage eines ausschließlichen Rechts gewährt werden,
11. Konzessionen, die Konzessionsgeber im Sinne des § 101 Absatz 1 Nummer 2 und 3 zur Durchführung ihrer Tätigkeiten in einem nicht der Europäischen Union angehörenden Staat in einer Weise vergeben, die nicht mit der physischen Nutzung eines Netzes oder geografischen Gebiets in der Europäischen Union verbunden ist, oder
12. Konzessionen, die im Bereich der Luftverkehrsdienste auf der Grundlage der Erteilung einer Betriebsgenehmigung im Sinne der Verordnung (EG) Nr. 1008/2008 des Europäischen Parlaments und des Rates vom 24. September 2008 über gemeinsame Vorschriften für die Durchführung von Luftverkehrsdiensten in der Gemeinschaft (ABl. L 293 vom 31.10.2008, S. 3) vergeben werden, oder von Konzessionen, die die Beförderung von Personen im Sinne des § 1 des Personenbeförderungsgesetzes betreffen.

Schrifttum: *Antweiler/Dreesen,* Vergaberechtliche Beurteilung der Rundfunkgebührenfinanzierung – Neue Entwicklungen und Parallelen zum Beihilferecht, EuZW 2007, 107; *Bary,* Geschäftsmodelle beim kommunalen Ausbau von Breitbandnetzen und deren vergaberechtliche Qualifizierung, NZBau 2014, 208; *Bayreuther,* Betriebs-/Beschäftigtenübergang und Tariftreueverlangen nach Neuvergabe eines Dienstleistungsauftrags im ÖPNV, NZA 2014, 1171; *Berger/Rübsamen,* Bundesbankgesetz, 2. Aufl. 2014; *Bergmann,* Handlexikon der Europäischen Union, 5. Aufl. 2015; *Bora,* Innovationsregulierung als Wissensregulierung, in Eifert/Hoffmann-Riem, Innovation und Recht II, Innovationsfördernde Regulierung, 2009, 24; *Bourazeri,* Wirtschaftskrise und Tarifautonomie, 2018; *Braun,* Der Retter in der Not: Dienstleistungskonzession?, NZBau 2011, 400; *Braun,* Konzessionsvergaben für Sportwetten – Maßstab für alle verwaltungsrechtlichen Konzessionsauswahlverfahren?, NZBau 2016, 266; *Braun,* Stand der Konzessionsvergabe, NZBau 2019, 622; *Bühs,* Die Vergabe von Rettungsdienstleistungen nunmehr vor dem Verwaltungsgericht: Hauptsache einstweiliger Rechtsschutz, NVwZ 2017, 440; *Burgi,* 20 Jahre Rechtsschutz durch Vergabekammern, NZBau 2020, 3; *Calliess,* Perspektiven des Euro zwischen Solidarität und Recht – Eine rechtliche Analyse der Griechenlandhilfe und des Rettungsschirms, ZEuS 2011, 213; *Calliess,* Der ESM zwischen Luxemburg und Karlsruhe – Die Krise der Währungsunion als Bewährungsprobe der Rechtsgemeinschaft, NVwZ 2013, 97; *Cremer,* Auf dem Weg zu einer europäischen Wirtschaftsregierung?, EuR 2016, 256; *Dietlein,* Der Begriff des „funktionalen" Auftraggebers nach § 98 Nr. 2 GWB, NZBau 2002, 136; *Dreher,* Die Beschaffung von Programmmaterial durch Rundfunkanstalten, ZUM 2005, 265; 799; *Fetzer,* Staat und Wettbewerb in dynamischen Märkten. Eine juristisch-ökonomische Untersuchung unter besonderer Berücksichtigung der sektorspezifischen Telekommunikationsregulierung in Deutschland und den USA, 2013; *Fritsch,* Marktversagen und Wirtschaftspolitik, 8. Aufl. 2010; *Gesterkamp,* Rechtsfragen zur Vergabe von Wasserkonzessionen, VergabeR 2020, 705; *Glöckner,* Kartellrecht – Recht gegen Wettbewerbsbeschränkungen, 2012; *Grabitz/Hilf/Nettesheim,* Das Recht der Europäischen Union; *Hattenhauer/Butzert,* Auftragsvergabe im Wissenschaftsbetrieb aus vergaberechtlicher Sicht, VergabeR 2017, 580; *Heller,* Wasserkonzessionen nach der Vergaberechtsreform, EWerK 2016, 210; *Herten-Koch,* Die Vergabe von Wasserkonzessionen, EWerK 2013, 248; *Hertwig,* Die Dienstleistungsfreiheit als Grenze staatlicher Monopole und Eigenleistungen, EuR 2011, 745; *Hoffmann-Riem,* Innovation und Recht – Recht und Innovation, 2016; *Jaeger,* Bestätigung der Bereichsausnahme für Vergaben von Rettungsdienstleistungen, NZBau 2020, 7; *Jacob/Schmidt,* Zur Bereichsausnahme bei Wasserkonzessionen, RdE 2016, 114; *Jochum,* Die deutschen Landesbanken und Girozentralen am Ende einer langen Tradition? – Ein Beitrag zur vergabe- und wettbewerbsrechtlichen Stellung der deutschen Landesbanken und Girozentralen, NZBau 2002, 69; *Knauff,* Das wettbewerbliche Vergabeverfahren nach Art. 5 III Verordnung (EG) Nr. 1370/2007 i. V. mit § 8b PBefG-E, NZBau 2011, 655; *Knauff/Badenhausen,* Die neue Richtlinie über die Konzessionsvergabe, NZBau 2014, 395; *Knauff,* Gerichtliche Entscheidungspraxis, in Knauff, Rechtsanwendung und Finanzierung im ÖPNV. 3. und 4. Jenaer Gespräche zum Recht des ÖPNV, 2020, 67; *Kraßer/Ann,* Patentrecht, 7. Aufl. 2016; *Laskowski,* Nachhaltige Wasserversorgung – besser ohne EU-Konzessionsvergaberichtlinie, ZUR 2013, 385; *Lüder,* Der Dritte Glücksspieländerungsstaatsvertrag, NVwZ 2020, 190; *Markopoulos,* Rechtliche Ge- und Verbote bei der Öffnung der Wasserversorgungsmärkte, KommJur 2012, 361; *Möschel,* Glücksspiel und europäischer Binnenmarkt, EuZW 2013, 252; *Mohr,* Sicherung der Vertragsfreiheit durch Wettbewerbs- und Regulierungsrecht, 2015; *Mohr,* Sozial motivierte Beschaffungen nach dem Vergaberechtsmodernisierungsgesetz 2016, EuZA 2017, 23; *Mohr,* Das Verhältnis von wirtschaftlicher Macht und Innovationen, in Körber/Kühling, Regulierung – Wettbewerb – Innovation, 2017, 213; *Müller,* Öffentlich-rechtliche Dienstleistungskonzessionen künftig ein Beschaffungsvorgang?, NVwZ 2016, 266; *Nettesheim,* „Euro-Rettung" und Grundgesetz. Verfassungsrechtliche Vorgaben für den Umbau der Währungsunion, EuR 2011, 765; *Opitz,* Die Zukunft der Dienstleistungskonzession, NVwZ 2014, 753; *Oppermann,* Euro-Stabilisierung durch EU-Notrecht, FS Möschel, 2011, 909; *Otting/Scheps,* Direktvergabe von Eisenbahnverkehrsdienstleistungen nach der neuen Verordnung (EG) Nr. 1370/2007, NVwZ 2008, 499; *Parmentier,* Die Entwicklung des europäischen Kapitalmarktrechts 2012–2013, EuZW 2014, 50; *Polster,* Der

I. Normzweck

Rechtsrahmen für die Vergabe von Eisenbahnverkehrsleistungen, NZBau 2010, 662; *Prieß/Hölzl,* Causa non finita: Pecunia non est procuranda!, NZBau 2011, 65; *Säcker/Mohr,* Reintegration von Dienstleistungskonzessionen in das Vergaberecht am Beispiel der Wasserversorgung, ZWeR 2012, 417; *Säcker/Mohr/Wolf,* Konzessionsverträge im System des europäischen und deutschen Wettbewerbsrechts, 2010; *Schorkopf,* Gestaltung mit Recht – Prägekraft und Selbststand des Rechts in einer Rechtsgemeinschaft, AöR 136 (2011), 323; *Schröder,* Das Verfahren zur Vergabe von Wasserkonzessionen, NVwZ 2017, 504; *Siegel,* Das neue Konzessionsvergaberecht, NVwZ 2016, 1672; *Spulber,* Deregulating Telecommunications, JREG 12 (1995), 25; *Stewen,* Vergabepflicht von Dienstleistungen im Zusammenhang mit der Kapitalanlage, ZfBR 2008, 146; *Sudbrock,* Wasserkonzessionen, In-House-Geschäfte und interkommunale Kooperationen nach den neuen EU-Vergaberichtlinien, KommJur 2014, 41; *Thym,* Euro-Rettungsschirm: zwischenstaatliche Rechtskonstruktion und verfassungsgerichtliche Kontrolle, EuZW 2011, 168; *Wagner-Cardenal/Dierkes,* Die Direktvergabe von öffentlichen Personenverkehrsdiensten – Anwendungsvoraussetzungen, Rechtsfolgen, Drittschutz, NZBau 2014, 738.

Übersicht

	Rn.			Rn.
I. Normzweck	1	5.	Konzessionen zu Krediten und Darlehen (§ 149 Nr. 5 iVm § 116 Abs. 1 Nr. 5)	37
II. Unionsrechtliche Vorgaben	2	6.	Dienstleistungskonzessionen an einen Konzessionsgeber aufgrund eines ausschließlichen Rechts (§ 149 Nr. 6)	38
III. Kommentierung	6		a) Zweck	38
1. Konzessionen zu Rechtsdienstleistungen (§ 149 Nr. 1 iVm § 116 Abs. 1 Nr. 1)	6		b) Tatbestandsmerkmale	39
a) Anwendungsbereich	7	7.	Dienstleistungskonzessionen an Unternehmen mit ausschließlichen Rechten zur Ausübung einer Sektorentätigkeit (§ 149 Nr. 7)	43
b) Anwaltliche Vertretung von Mandanten in Gerichts- oder Verwaltungsverfahren (§ 116 Abs. 1 Nr. 1 lit. a)	8			
c) Anwaltliche Beratung (§ 116 Abs. 1 Nr. 1 lit. b)	9	8.	Konzessionen zur Bereitstellung oder zum Betrieb öffentlicher Kommunikationsnetze oder zur Bereitstellung von elektronischen Kommunikationsdiensten für die Öffentlichkeit (§ 149 Nr. 8)	45
d) Beglaubigungs- und Beurkundungsdienstleistungen (§ 116 Abs. 1 Nr. 1 lit. c)	10		a) Allgemein	45
e) Tätigkeiten von gerichtlich bestellten Betreuern (§ 116 Abs. 1 Nr. 1 lit. d)	11		b) Tatbestandsmerkmale	47
f) Tätigkeiten, die mit der Ausübung hoheitlicher Befugnisse verbunden sind (§ 116 Abs. 1 Nr. 1 lit. e)	12	9.	Konzessionen im Bereich Wasser (§ 149 Nr. 9)	50
2. Konzessionen zu Forschungs- und Entwicklungsdienstleistungen (§ 149 Nr. 2 iVm § 116 Abs. 1 Nr. 2)	13		a) Zweck	51
a) Zweck	13		b) Tatbestandsmerkmale	52
b) Tatbestandsmerkmale	15		c) Vergabe nach europäischen Primärrecht	53
			d) Prüfpflicht der Kommission	54
3. Konzessionen zu audiovisuellen Mediendiensten oder Hörfunkmediendiensten (§ 149 Nr. 3 iVm § 116 Abs. 1 Nr. 3)	20	10.	Dienstleistungskonzessionen zu Lotteriedienstleistungen (§ 149 Nr. 10)	55
a) Zweck	21		a) Allgemein	55
b) Reichweite des § 149 Nr. 3	22		b) Tatbestandsmerkmale	57
c) Tatbestandsmerkmale	23	11.	Konzessionen zu Sektorentätigkeiten außerhalb der EU (§ 149 Nr. 11)	61
4. Konzessionen zu finanziellen Dienstleistungen (§ 149 Nr. 4 iVm § 116 Abs. 1 Nr. 4)	27		a) Allgemein	61
a) Zweck	28		b) Tatbestandsmerkmale	62
b) Tatbestandsmerkmale	29	12.	Konzessionen im Bereich der Luftverkehrsdienste und zur Beförderung von Personen (§ 149 Nr. 12)	64
c) Konzessionen der Zentralbanken	33		a) Konzessionen im Bereich der Luftverkehrsdienste	65
d) Europäische Finanzstabilisierungsfazilität (EFSF) und Europäischer Stabilitätsmechanismus (ESM)	34		b) Konzessionen über öffentliche Personenverkehrsdienste	66

I. Normzweck

Das Recht der Konzessionsvergabe ist durch Sonderregelungen geprägt, welche die allgemeinen Vorschriften zur Vergabe zT modifizieren, zT aber auch verdrängen.[1] Im zweitgenannten Sinne nimmt § 149 **bestimmte Arten von Bau- und Dienstleistungskonzessionen** aus dem GWB- 1

---

[1] *Siegel* NVwZ 2016, 1672 (1674).

Konzessionsvergaberecht aus. Zwar bezieht sich § 149 nach seinem Wortlaut auf den gesamten 4. Teil des GWB, nicht nur auf Unterabschnitt 3 über die Konzessionsvergabe. Die Vorschrift ist jedoch in systematischem Zusammenhang mit § 148 zu lesen, der wiederum durch die Legaldefinitionen in §§ 101, 105 präzisiert wird.[2] Einzelne Tatbestände von § 149 lehnen sich an Regelungen für öffentliche Aufträge an, die schon vor Inkrafttreten des VergModG 2016 bestanden, weshalb unter Beachtung der Besonderheiten des Konzessionsvergaberechts auf die hierzu entwickelten Grundsätze abgestellt werden kann. Weitere besondere Ausnahmen sind in § 150 für Konzessionen im Bereich der Verteidigung und Sicherheit geregelt. Neben die in den §§ 149 und 150 enthaltenen besonderen Ausnahmetatbestände treten die allgemeinen, auch für öffentliche Aufträge geltenden Ausnahmen in den §§ 107–109 („technische Ausnahmen").[3] Ausnahmevorschriften sind von den **Nachprüfungsinstanzen** grundsätzlich unabhängig davon zu berücksichtigen, ob sich ein Konzessionsgeber auf sie beruft.[4] Das Eingreifen eines Ausnahmetatbestands bedeutet nicht automatisch, dass ein Vorgang vergaberechtsfrei ist. Vielmehr kann bei einem zwischenstaatlichen Sachverhalt das **europäische Primärvergaberecht** mit seinen Grundsätzen der Gleichbehandlung, Diskriminierungsfreiheit und Transparenz und den daraus abgeleiteten Verfahrensvorgaben gelten, wenn es nicht seinerseits unanwendbar ist[5] (→ Rn. 4). Sofern ein Ausnahmetatbestand greift, sind Rechtsstreitigkeiten grundsätzlich von den **Zivilgerichten** zu entscheiden.[6] Zuweilen wird beim Eingreifen einer Ausnahme freilich auch der Rechtsweg zu den **Verwaltungsgerichten** für einschlägig erachtet, sofern eine Konzessionsvergabe „in spezifischer Weise öffentlich-rechtlich geprägt" sei.[7] Hiernach sollen etwa Streitigkeiten über eine Konzessionsvergabe für **Rettungsdienste** iSd Art. 10 Abs. 8 lit. g RL 2014/23/EU vor den Verwaltungsgerichten zu entscheiden sein.[8] Ob eine derart öffentlich-rechtliche Prägung bereits dann gegeben ist, wenn eine Konzession im Unterschwellenbereich in Form eines öffentlich-rechtlichen statt eines privatrechtlichen Vertrages vergeben wird[9] (im Oberschwellenbereich ist dies unerheblich, → § 105 Rn. 32), erscheint zweifelhaft. Nach dem BGH führt die Verneinung der Statthaftigkeit eines Vergabenachprüfungsverfahrens analog § 17a Abs. 2 S. 1 GVG nicht zwangsläufig zur Verweisung in einen anderen zuständigen Rechtsweg.[10] Gründe der Verfahrensökonomie und des effektiven Rechtsschutzes erforderten aber dann eine Verweisung, wenn der Antragsteller sein im Vergabenachprüfungsverfahren verfolgtes Rechtsschutzziel im anderen Rechtsweg weiterverfolgen wolle und könne.[11] In Ausformung dieser allgemeinen Grundsätze hat das OLG Hamburg einen Rechtsstreit bei Unzulässigkeit des Verfahrens vor den Vergabekammern gem. § 107 Abs. 1 Nr. 4 an die öffentlich-rechtlichen Fachgerichte verwiesen.[12]

II. Unionsrechtliche Vorgaben

2   Der Katalog des § 149 geht zurück auf die Vorgaben der **RL 2014/23/EU**, deren Anwendungsbereich in den **Art. 10 ff. RL 2014/23/EU** durch zahlreiche Ausnahmen eingeschränkt ist.[13] Der deutsche Gesetzgeber hat einen Teil der Art. 10 ff. RL 2014/23/EU in die allgemeinen Ausnahmen gem. § 107 überführt. Im Gegenzug finden sich in § 149 Ausnahmevorschriften aus anderen Teilen der RL 2014/23/EU. Im Einzelnen nimmt Art. 10 Abs. 1 RL 2014/23/EU Konzessionen aus dem Anwendungsbereich der Richtlinie aus, die aufgrund ausschließlicher Rechte an öffentliche Auftraggeber (UAbs. 1) bzw. an Wirtschaftsteilnehmer (UAbs. 2) vergeben werden. Art. 10 Abs. 3 RL 2014/23/EU erfasst Konzessionen im Bereich der öffentlichen Personenverkehrsdienste iSd VO

---

[2] Beck VergabeR/*Germelmann* Rn. 18 f.
[3] *Knauff* in Goede/Stoye/Stolz VergabeR-HdB § 12 Konzessionsvergabe Rn. 34.
[4] Verallgemeinerungsfähig OLG Düsseldorf Beschl. v. 1.8.2012 – VII-Verg 10/12, VergabeR 2012, 846.
[5] Ebenso BeckOK VergabeR/*von Hoff* Rn. 2a.
[6] Für Wasserkonzessionsverfahren – im Hinblick auf die Geltung des Zivilverfahrensrechts – OLG Düsseldorf Urt. v. 13.6.2018 – 2 U 7/16 (Kart), WuW 2019, 37 Rn. 130.
[7] Ziekow/Völlink/*Siegel* § 148 Rn. 26.
[8] Vgl. *Bühs* NVwZ 2017, 440; s. auch EuGH Urt. v. 21.3.2019 – C-465/17, NZBau 2019, 314 – Falck Rettungsdienste, wonach eine Gefahrenabwehr iSd Ausnahme (iVm den dort genannten CPV-Codes) auch die Notfallrettung und den qualifizierten Krankentransport durch gemeinnützige Organisationen erfasse; dazu *Jaeger* NZBau 2020, 7; speziell zu Konzessionen Ziekow/Völlink/*Siegel* § 148 Rn. 8.
[9] So für eine Dienstleistungskonzession zum Bau und Betrieb einer Kita das OVG Lüneburg Beschl. v. 29.10.2018 – 10 ME 363/18, NVwZ 2019, 656; s. auch *Braun* NZBau 2019, 622 (624), wonach „Konzessionsgeber [...] durch die Wahl der Handlungsform das rechtliche Gerüst für die Beschaffung wählen" könnten.
[10] BGH Beschl. v. 10.12.2019 – XIII ZB 119/19, NZBau 2020, 313 Rn. 17 ff. – Grippeimpfstoffe.
[11] BGH Beschl. v. 10.12.2019 – XIII ZB 119/19, NZBau 2020, 313 Leitsatz und Rn. 17 ff. – Grippeimpfstoffe.
[12] OLG Hamburg Beschl. v. 16.4.2020 – 1 Verg 2/20, BeckRS 2020, 7323 Rn. 53 ff.; s. zu den verschiedenen Verweisungsmöglichkeiten *Burgi* NZBau 2020, 3.
[13] *Knauff*/*Badenhausen* NZBau 2014, 395.

(EG) Nr. 1370/2007 (ÖPNV/SPNV-VO), da für diese ein gesondertes Vergaberegime geregelt ist sowie Konzessionen für Luftverkehrsdienste. Art. 10 Abs. 8 lit. b RL 2014/23/EU nimmt Konzessionen bezüglich audiovisueller Mediendienste oder Hörfunkmediendienste aus dem Anwendungsbereich der Richtlinie aus. Für juristische Dienstleistungen sieht Art. 10 Abs. 8 lit. d RL 2014/23/EU eine Ausnahme vor. Konzessionen im Bereich der Finanzdienstleistungen werden gem. Art. 10 Abs. 8 lit. e RL 2014/23/EU ausgenommen. Die Richtlinie gilt gem. Art. 10 Abs. 8 lit. f RL 2014/23/EU ebenfalls nicht für Konzessionen bezüglich Krediten und Darlehen und gem. Art. 10 Abs. 9 RL 2014/23/EU nicht für Konzessionen bezüglich Lotteriedienstleistungen. Ein Ausschluss für Konzessionen ohne territorialen Bezug zur EU ergibt sich aus Art. 10 Abs. 10 RL 2014/23/EU. Weitere Ausnahmetatbestände finden sich in **Art. 11 RL 2014/23/EU,** der Konzessionen im Bereich der Telekommunikation vom Vergaberegime der Richtlinie ausnimmt, und in **Art. 12 RL 2014/23/EU,** der entgegen dem Richtlinienvorschlag der EU-Kommission[14] einen Ausnahmetatbestand „Trinkwasser" regelt. Weiterhin von der RL 2014/23/EU ausgenommen sind gem. **Art. 25 RL 2014/23/EU** Konzessionen im Bereich der Forschung und Entwicklung.

Nach **Art. 4 Abs. 2 RL 2014/23/EU** fallen nichtwirtschaftliche Dienstleistungen von allgemeinem wirtschaftlichem Interesse nicht in den Anwendungsbereich der Richtlinie. Demgegenüber unterliegt die Vergabe von Dienstleistungen im allgemeinen wirtschaftlichen Interesse iSd Art. 106 Abs. 2 AEUV grundsätzlich der RL 2014/23/EU (Art. 4 Abs. 1 RL 2014/23/EU),[15] sofern es sich nicht zugleich um ein ausschließliches Recht iSd Art. 106 Abs. 1 AEUV handelt. 3

Auch wenn die vorbenannten Konzessionen nicht in den Anwendungsbereich des Konzessionsvergaberechts fallen, müssen die Mitgliedstaaten vorbehaltlich primärrechtlicher Ausnahmeregelungen wie Art. 346 AEUV (für den Bereich der öffentlichen Sicherheit) das **europäische Primärvergaberecht** beachten.[16] Das Verfahren muss hiernach diskriminierungsfrei und transparent sein und den Gleichbehandlungsgrundsatz beachten[17] (→ § 105 Rn. 4 ff. und → § 151 Rn. 9 ff.). Vor Inkrafttreten der RL 2014/23/EU stellte der EuGH insbesondere bei Dienstleistungskonzessionen auf das Primärvergaberecht ab.[18] Im Schrifttum wird freilich diskutiert, ob der EuGH das Primärrecht „sekundärrechtskonform" interpretieren wird, indem er sekundärrechtliche Ausnahmetatbestände aus teleologischen Gründen auch auf das Primärrecht erstreckt.[19] Diese Sichtweise ist allenfalls rechtspragmatisch, nicht aber normhierarchisch begründbar. 4

Zu beachten ist weiterhin der unionsrechtliche Grundsatz, wonach **Ausnahmen von den grundlegenden Vorschriften der Verträge, zu denen auch die wettbewerblichen Vergaberegeln zählen, teleologisch-eng auszulegen sind.**[20] Dies gründet vorliegend auf der Erkenntnis, dass jede Ausnahmeregelung dem Wettbewerb im Binnenmarkt und demnach der intendierten Öffnung der Märkte und der damit verbundenen Wohlfahrtseffekte für die Bürgerinnen und Bürger entgegensteht. Auch hindern Ausnahmeregelungen die Durchsetzung der Grundfreiheiten, hier insbesondere der Dienstleistungsfreiheit (Art. 56 ff. AEUV).[21] Nach überzeugender Ansicht folgt aus dem Grundsatz der engen Auslegung von Ausnahmen eine **Verhältnismäßigkeitsprüfung** unabhängig davon, ob der Wortlaut der jeweiligen Vorschrift eine derartige Prüfung verlangt.[22] 5

III. Kommentierung

1. Konzessionen zu Rechtsdienstleistungen (§ 149 Nr. 1 iVm § 116 Abs. 1 Nr. 1). § 149 Nr. 1 nimmt Konzessionen bezüglich **Rechtsdienstleistungen** aus dem Anwendungsbereich des 6

---

[14] BR-Drs. 874/11; vgl. *Opitz* NVwZ 2014, 753 (758).
[15] *Opitz* NVwZ 2014, 753 (757).
[16] EuGH Urt. v. 13.10.2005 – C-458/03, ECLI:EU:C:2005:605 = NZBau 2005, 644 (647) – Parking Brixen; EuGH Urt. v. 21.7.2005 – C-231/03, ECLI:EU:C:2005:487 = NVwZ 2005, 1052 – Coname; dazu *Mohr* EuZA 2017, 23 (27 ff.); s. auch Byok/Jaeger/*Brüning* Rn. 2; *Knauff* in Goede/Stoye/Stolz VergabeR-HdB § 12 Konzessionsvergabe Rn. 33.
[17] *Säcker/Mohr* ZWeR 2012, 417 ff.; *Knauff/Badenhausen* NZBau 2014, 395 (398).
[18] Für Wasserkonzessionen iSd § 149 Nr. 9 *Schröder* NVwZ 2017, 504 (505).
[19] Nach *Jaeger* NZBau 2020, 7 (12) gründe das Eingreifen des Primärvergaberechts auf der Existenz einer (nahezu) vollständigen Regelungslücke im Sekundärrecht, was bei Ausnahmetatbeständen gerade nicht der Fall sei. Demgemäß könne das Eingreifen eines Ausnahmetatbestands – im konkreten Fall des § 107 Abs. 1 Nr. 4 – nicht durch Anwendung des Primärvergaberechts relativiert werden. Vor allem aber sei zu erwarten gewesen, dass sich der EuGH zur Relevanz des Primärvergaberechts in seinem Urt. v. 21.3.2019 – C-465/17, NZBau 2019, 314 – Falck Rettungsdienste geäußert haben würde, wenn dieses dort relevant gewesen sei.
[20] EuGH Urt. v. 10.3.1987 – C-199/85, BeckEuRS 1987, 133007 Rn. 14; vgl. *Dreher* ZUM 2005, 265 (273 f.).
[21] *Dreher* ZUM 2005, 265 (273 f.).
[22] OLG Düsseldorf Beschl. v. 1.8.2012 – VII-Verg 10/12, VergabeR 2012, 846.

GWB-Vergaberechts aus. Die Ausnahme bezieht sich auf § 116 Abs. 1 Nr. 1 für Dienstleistungsaufträge (→ § 116 Rn. 4 ff.). Im Konzessionsvergaberecht dient § 149 Nr. 1 der Umsetzung von Art. 10 Abs. 8 lit. d RL 2014/23/EU. Nach **§ 2 Abs. 1 DRG** ist eine Rechtsdienstleistung grundsätzlich jede Tätigkeit in konkreten fremden Angelegenheiten, sobald sie eine rechtliche Prüfung des Einzelfalls erfordert. Rechtsdienstleistungen sind damit nicht nur anwaltliche Beratungstätigkeiten, sondern auch andere Rechtsdienstleistungen durch Rechtsanwälte.[23] Die Tatbestände in § 116 Abs. 1 Nr. 1 verdeutlichen, dass nicht nur anwaltliche Rechtsdienstleistungen, sondern auch solche durch dritte Personen der Ausnahme unterfallen können.[24] § 149 Nr. 1 wird in Deutschland wohl nur selten praktisch werden, da Konzessionen über Rechtsdienstleistungen unüblich sind.[25] Insbesondere werden Dritte wohl nur selten für Rechtsdienstleistungen der Vergabestelle iSd § 105 aufkommen.[26]

7   **a) Anwendungsbereich.** Vom Vergaberecht ausgenommen sind nicht sämtliche Rechtsdienstleistungen, sondern nur diejenigen, die in § 116 Abs. 1 Nr. 1 lit. a–e aufgezählt werden. Dies sind Rechtsdienstleistungen, die von **gerichtlich bestellten Dienstleistern** erbracht werden, zB von Betreuern und Verfahrensbeiständen (§ 116 Abs. 1 Nr. 1 lit. d), die die **anwaltliche Beratung und Vertretung von Mandanten in Zusammenhang mit Gerichts- oder Verwaltungsverfahren** betreffen (§ 116 Abs. 1 Nr. 1 lit. a und b), die von **Notaren** erbracht werden (§ 116 Abs. 1 Nr. 1 lit. c) oder die **mit der Ausübung hoheitlicher Befugnisse verbunden** sind (§ 116 Abs. 1 Nr. 1 lit. e).[27] Der Gesetzgeber erläutert die Hintergründe der differenzierten Ausnahmetatbestände nicht explizit. Denkbare Sachgründe sind die Besonderheiten bei der Bestellung und Auswahl der aufgeführten Personen bzw. Organisationen (vgl. insoweit auch Erwägungsgrund 25 RL 2014/23/EU),[28] das persönliche Vertrauensverhältnis der anwaltlichen Beratung[29] sowie die untergeordnete Binnenmarktrelevanz.[30]

8   **b) Anwaltliche Vertretung von Mandanten in Gerichts- oder Verwaltungsverfahren (§ 116 Abs. 1 Nr. 1 lit. a).** § 116 Abs. 1 Nr. 1 lit. a nimmt Rechtsdienstleistungen vom (Konzessions-)Vergaberecht aus, die **die Vertretung eines Mandanten durch einen Rechtsanwalt in Gerichts- oder Verwaltungsverfahren** oder **in nationalen bzw. internationalen Schieds- und Schlichtungsverfahren** betreffen.[31] Die anwaltliche Vertretung muss nicht zwingend in Deutschland erfolgen. Sie kann auch in anderen EU-Mitgliedstaaten, in Drittstaaten oder vor internationalen Organisationen oder Einrichtungen stattfinden.[32] Der Umfang der Vertretung ist abhängig vom Mandatsvertrag.[33] § 116 Abs. 1 Nr. 1 lit. a setzt voraus, dass das gerichtliche Verfahren bereits begonnen hat. Vorbereitende Beratungen für spätere Verfahren werden durch § 116 Abs. 1 Nr. 1 lit. b erfasst.[34] Demgegenüber unterfallen rein beratende Rechtsdienstleistungen dem Sondervergaberegime für „soziale und andere besondere Dienstleistungen" gem. **§§ 130, 153** (für Konzessionen → § 153 Rn. 18).[35] Die Ausnahmeregelung für Konzessionen bezüglich Rechtsdienstleistungen gründet auf der Überlegung, dass die anwaltliche Vertretung in einem gerichtlichen Verfahren ein persönliches Vertrauensverhältnis zwischen den Parteien voraussetzt[36] (→ Rn. 7).

9   **c) Anwaltliche Beratung (§ 116 Abs. 1 Nr. 1 lit. b).** Ausgenommen sind nach § 116 Abs. 1 Nr. 1 lit. b Rechtsdienstleistungen, die **die anwaltliche Beratung eines Mandanten** betreffen.[37] Diese Vorschrift soll nicht jede anwaltliche Beratung aus dem Anwendungsbereich des Vergaberechts herausnehmen, sondern nur diejenigen Rechtsdienstleistungen, die einen **Bezug zu einem künftigen nationalen oder internationalen Gerichts-, Verwaltungs-, Schiedsgerichts- oder Schlichtungsverfahren** haben.[38] Die letztgenannte Voraussetzung ist entweder gegeben, wenn die Beratung der Vorbereitung der in § 116 Abs. 1 Nr. 1 lit. a aufgezeigten Verfahren dient oder wenn

---

[23] Beck VergabeR/*Lausen* § 116 Rn. 9.
[24] Beck VergabeR/*Lausen* § 116 Rn. 9.
[25] Ebenso BeckOK VergabeR/*von Hoff* Rn. 9.
[26] *Tugendreich/Heller* in Müller-Wrede GWB § 148 Rn. 13.
[27] BT-Drs. 18/6281, 92 ff.
[28] Ziekow/Völlink/*Siegel* Rn. 2; Immenga/Mestmäcker/*Kling* Rn. 7 mit Fn. 1.
[29] Beck VergabeR/*Germelmann* Rn. 30.
[30] Beck VergabeR/*Germelmann* Rn. 30.
[31] BT-Drs. 18/6281, 93.
[32] BT-Drs. 18/6281, 93.
[33] BT-Drs. 18/6281, 93.
[34] BT-Drs. 18/6281, 93.
[35] Ebenso *Burgi* VergabeR § 11 Rn. 3.
[36] *Schwab/Giesemann* VergabeR 2014, 351 (357); Beck VergabeR/*Germelmann* Rn. 30.
[37] BT-Drs. 18/6281, 93.
[38] BT-Drs. 18/6281, 93.

III. Kommentierung   10–13 § 149 GWB

eine hohe Wahrscheinlichkeit besteht, dass es künftig zu einem solchen Verfahren kommt.[39] § 116 Abs. 1 Nr. 1 lit. b soll durch die Bezugnahme auf § 116 Abs. 1 Nr. 1 lit. a sicherstellen, dass die umfassende Prozessverantwortung durch einen Rechtsbeistand vom Kartellvergaberecht freigestellt ist, wohingegen **keine allgemeine Ausnahme für anwaltliche Beratungsleistungen** normiert werden sollte.[40] Für Vergaben von Konzessionen über „sonstige Rechtsdienstleistungen" gilt § 153.[41]

d) Beglaubigungs- und Beurkundungsdienstleistungen (§ 116 Abs. 1 Nr. 1 lit. c). Nach 10 § 116 Abs. 1 Nr. 1 lit. c sind alle **Beglaubigungs- und Beurkundungsdienstleistungen** aus dem Anwendungsbereich des GWB ausgenommen, sofern sie von **Notaren** erbracht werden müssen (zB §§ 128, 129 BGB).[42]

e) Tätigkeiten von gerichtlich bestellten Betreuern (§ 116 Abs. 1 Nr. 1 lit. d). § 116 11 Abs. 1 Nr. 1 lit. d nimmt Tätigkeiten von gerichtlich bestellten Betreuern, Vormündern, Pflegern, Verfahrensbeiständen, Sachverständigen oder Verwaltern vom Konzessionsvergaberecht aus. Weiterhin ausgenommen sind sonstige Rechtsdienstleistungen, deren Erbringer durch ein Gericht dafür bestellt oder durch Gesetz dazu bestimmt werden, um bestimmte Aufgaben unter der Aufsicht dieser Gerichte wahrzunehmen. Die Ausnahme erfasst vor allem Tätigkeiten von Ergänzungs- und Umgangspflegern (§§ 1909 ff. BGB), Verfahrens- und Nachlasspflegern (§§ 1960 ff. BGB), Insolvenzverwaltern (§§ 56 ff. InsO), Sachwaltern (zB Stellvertretern, bei Insolvenz §§ 270 ff. InsO), Treuhändern, Zwangsverwaltern (§ 152 ZVG) und Sequestern in Zwangsvollstreckungsverfahren (§ 25 ZVG; §§ 848, 938 ZPO).[43] Die Aufzählung ist nicht abschließend, weshalb alle gerichtlich bestellten oder durch Gesetz bestimmten Personen erfasst sind, die Rechtsdienstleistungen erbringen.[44]

f) Tätigkeiten, die mit der Ausübung hoheitlicher Befugnisse verbunden sind (§ 116 12 **Abs. 1 Nr. 1 lit. e).** Ausgenommen sind nach § 116 Abs. 1 Nr. 1 lit. e schließlich Tätigkeiten, die **zumindest teilweise mit der Ausübung von hoheitlichen Befugnissen verbunden** sind. Erfasst sind Fallgestaltungen, in denen Personen auf der Grundlage einer Rechtsgrundlage tätig werden, die ihnen hoheitliche Befugnisse einräumt, und dabei Aufgaben erfüllen, deren Umfang und Inhalt von Dritten vorgegeben wird.[45] Hierunter fallen beispielsweise Tätigkeiten eines **Gerichtsvollziehers** (§ 753 ZPO; §§ 802a ff. ZPO). Der Gerichtsvollzieher übt seine Aufgaben als selbstständiges Organ der Rechtspflege hoheitlich aus.[46] Aufgrund eines bestehenden Vollstreckungsauftrages ist er an die Weisungen des Gläubigers gebunden.[47] Die Weisungen müssen im Rahmen der gesetzlichen Vorschriften bleiben und dürfen den Dienstanweisungen des Gerichtsvollziehers nicht widersprechen.[48]

2. Konzessionen zu Forschungs- und Entwicklungsdienstleistungen (§ 149 Nr. 2 iVm 13 **§ 116 Abs. 1 Nr. 2). a) Zweck.** Das Konzessionsvergaberecht ist gem. § 149 Nr. 2 zudem nicht anzuwenden bei **Konzessionen** bezüglich **Forschungs- und Entwicklungsdienstleistungen**, also bezüglich der **Forschungsförderung**, da letztere eigenen Regeln unterliegen soll.[49] § 149 Nr. 2 verweist inhaltlich auf die Ausnahmevorschrift des § 116 Abs. 1 Nr. 2 für Dienstleistungsaufträge. Nach der dort normierten **Rückausnahme ins Vergaberecht** greift die Ausnahme nicht ein, wenn es sich um reine Auftragsforschung iS eines gegenseitigen Vertrags handelt, bei dem die Vergütung für eine Übertragung ausschließlicher Nutzungsrechte an den öffentlichen Auftraggeber erfolgt.[50] Im Konzessionsvergaberecht dient § 149 Nr. 2 der Umsetzung von **Art. 25 RL 2014/23/EU**. Konzessionen zu Forschungs- und Entwicklungstätigkeiten sind bislang kaum praktisch geworden. Als Beispiele werden im Schrifttum der Betrieb einer Forschungseinrichtung oder eines Labors benannt.[51]

---

[39] BT-Drs. 18/6281, 93.
[40] Beck VergabeR/*Lausen* § 116 Rn. 23.
[41] Ebenso BeckOK VergabeR/*von Hoff* Rn. 8.
[42] BT-Drs. 18/6281, 93.
[43] BT-Drs. 18/6281, 93.
[44] Zutreffend Beck VergabeR/*Lausen* § 116 Rn. 31.
[45] Beck VergabeR/*Lausen*, 3. Aufl. 2017, § 116 Rn. 36.
[46] BT-Drs. 18/6281, 93.
[47] BT-Drs. 18/6281, 93.
[48] BT-Drs. 18/6281, 93.
[49] HK-VergabeR/*Schellenberg* § 116 Rn. 16.
[50] VK Südbayern Beschl. v. 27.9.2002 – 36-08/02, IBRRS 2003, 0998, unter 3.1.; HK-VergabeR/*Schellenberg* § 116 Rn. 17, wonach auch einfache Nutzungsrechte umfasst sind, da es sich dann um einen Lieferauftrag handele.
[51] *Tugendreich/Heller* in Müller-Wrede GWB Rn. 41.

14 Die spezifischen Anforderungen des § 149 Nr. 2 sollen die **Mitfinanzierung von Forschungs- und Entwicklungsprogrammen durch die Industrie** fördern und erleichtern, weshalb das Konzessionsvergaberecht nur auf solche Dienstleistungskonzessionen angewendet werden soll, bei denen es keine Kofinanzierung gibt (Erwägungsgrund 35 RL 2014/23/EU).[52] § 149 Nr. 2 will ebenso wie Art. 25 RL 2014/23/EU die wissenschaftlichen und technischen Grundlagen der europäischen Wirtschaft durch die Öffnung der öffentlichen Dienstleistungsmärkte stärken (Erwägungsgrund 23 Vergabe-RL 2004).

15 **b) Tatbestandsmerkmale. aa) Forschung und Entwicklung.** Die Begriffe **Forschung und Entwicklung** (F&E) iSd § 149 Nr. 2 iVm § 116 Abs. 1 Nr. 2 Hs. 1 werden im GWB nicht legal definiert.[53] Allgemein wird der technische Fortschritt als Prozess des Übergangs zu neuen oder neuartigen Produktionsverfahren oder zur Schaffung neuer Produkte oder neuer Qualitäten von Produkten in drei Hauptphasen unterteilt:[54] Erstens die Erfindung oder Invention, zweitens die Entwicklung oder Innovation, drittens die Verbreitung oder Diffusion.[55] Der Terminus „Forschung und Entwicklung" (F&E) umfasst im Wesentlichen die beiden ersten Phasen der Invention und Innovation.[56] Die vorgenannte Dreiteilung dient angesichts der rekursiven, netzwerkförmigen Struktur von Innovationsprozessen nicht zur empirischen Beschreibung, sondern zur Strukturierung der Diskussion über den Umgang mit Neuerungen.[57] In diesem Sinne werden von § 149 Nr. 2 sowohl die Grundlagen als auch die angewandte Forschung erfasst,[58] die dem Ziel der Gewinnung neuer Erkenntnisse dienen.[59]

16 **bb) Rückausnahme ins Konzessionsvergaberecht. (1) Grundsätze.** § 149 Nr. 2 iVm § 116 Abs. 1 Nr. 2 Hs. 2 enthält eine **Rückausnahme** vom Grundsatz, dass Forschungs- und Entwicklungsdienstleistungen vom Konzessionsvergaberecht ausgenommen sind. Eine Konzession zu Forschungs- und Entwicklungsdienstleistungen unterliegt hiernach doch dem Vergaberecht, wenn die Forschungs- und Entwicklungsdienstleistungen kumulativ **ausschließliches „Eigentum" des Auftraggebers für seinen Gebrauch bei der Ausübung seiner eigenen Tätigkeit** werden (§ 116 Abs. 1 Nr. 2 lit. a) und **der Auftraggeber diese Dienstleistungen allein vergütet** (§ 116 Abs. 1 Nr. 2 lit. b).[60] Die Rückausnahme gilt zudem nur **für bestimmte Forschungs- und Entwicklungsdienstleistungen**. Dazu zählen Forschungs- und Entwicklungsdienste und die zugehörige Beratung, Dienstleistungen im Bereich Forschung und experimentelle Entwicklung, Forschungslabordienste, Meeresforschungsdienste, experimentelle Entwicklung, Planung und Ausführung von Forschung und Entwicklung, Vordurchführbarkeitsstudie und technologische Demonstration sowie Test und Bewertung.[61] Für alle weiteren Forschungs- und Entwicklungsdienstleistungen gilt die Rückausnahme nicht, mit der Folge, dass das Konzessionsvergaberecht auf sie keine Anwendung findet. Letzteres betrifft insbesondere Forschungs- und Entwicklungsdienstleistungen in den Bereichen Verteidigung und Sicherheit.[62]

17 Aus den Rückausnahmeregelungen können Rückschlüsse auf den Geltungsbereich des § 149 Nr. 2 gezogen werden. Hiernach gilt der Ausnahmetatbestand für solche Forschungs- und Entwicklungsdienstleistungen, deren **Ergebnisse dem Konzessionsnehmer** zustehen, wie dies der Grundstruktur des § 105 entspricht, wonach das Nutzungsrecht dem Konzessionsnehmer übertragen wird. Vom Konzessionsvergaberecht ausgeklammert sind zudem **Dienstleistungen im Allgemeininteresse,** deren Ergebnisse nicht zur Erfüllung der eigenen Tätigkeiten des Auftraggebers benötigt werden, sondern frei zugänglich und verwertbar sind.[63]

18 **(2) Eigentum.** Der Eigentumsbegriff des § 149 Nr. 2 iVm § 116 Abs. 1 Nr. 2 lit. a ist nicht im Sinne des Bürgerlichen Rechts zu verstehen,[64] denn Forschungsergebnisse können eine unkör-

---

[52] S. auch Ziekow/Völlink/*Siegel* Rn. 5.
[53] S. auch Byok/Jaeger/*Brüning* Rn. 8, der auf Art. 179 AEUV verweist.
[54] Vgl. *Mohr* in Körber/Kühling, Das Verhältnis von wirtschaftlicher Macht und Innovationen, 2017, 213 (234 ff.).
[55] *Ann* in Kraßer/Ann, Patentrecht, 7. Aufl. 2016, § 3 Rn. 30.
[56] *Ann* in Kraßer/Ann, Patentrecht, 7. Aufl. 2016, § 3 Rn. 30.
[57] *Bora* in Eifert/Hoffmann-Riem, Innovation und Recht II, Innovationsfördernde Regulierung, 2009, 24, 29; *Hoffmann-Riem,* Innovation und Recht – Recht und Innovation, 2016, 210.
[58] Ziekow/Völlink/*Antweiler* § 116 Rn. 12.
[59] Immenga/Mestmäcker/*Dreher* § 116 Rn. 30.
[60] Theobald/Kühling/*Marx* VergabeR XVIII Rn. 127.
[61] BT-Drs. 18/6281, 94.
[62] BT-Drs. 18/6281, 94.
[63] HK-VergabeR/*Schellenberg* § 116 Rn. 18.
[64] Immenga/Mestmäcker/*Dreher* § 116 Rn. 32.

perliche Form aufweisen, weshalb an ihnen kein zivilrechtliches Eigentum bestehen kann.[65] Eigentum ist somit im übertragenen Sinn zu verstehen, als „wem das Ergebnis gehört", „wem das Nutzungsrecht zusteht" oder „wem die Verwertung zukommt".[66] Um das Eingreifen der Rückausnahme ins Vergaberecht zu umgehen, reicht es damit nicht aus, wenn der Auftraggeber erlangte Forschungsergebnisse an nachgeordnete Dienststellen oder die Allgemeinheit weitergibt.[67] Da Konzessionen iSd. § 105 ein Nutzungsrecht des Konzessionsnehmers wesensimmanent ist (→ § 105 Rn. 56), wird das Vorliegen der Rückausnahme ins Vergaberecht regelmäßig am „ausschließlichen Eigentum" des Konzessionsgebers an den Ergebnissen der Forschungs- und Entwicklungstätigkeit scheitern.[68]

(3) Vergütung. Nach § 149 Nr. 2 iVm § 116 Abs. 1 Nr. 2 lit. b muss die Dienstleistung **allein** 19 **vom Auftraggeber vergütet** werden. Liegt nur eine teilweise Vergütung vor, scheidet eine Rückausnahme ins Vergaberecht selbst dann aus, wenn es sich um Auftragsforschung handelt.[69] Auch diese Voraussetzung der Rückausnahme ins Vergaberecht wird bei Konzessionen regelmäßig nicht gegeben sein, da das Entgelt des Konzessionsgebers gem. § 105 Abs. 1 S. 2 ganz oder teilweise in der Nutzungsmöglichkeit des Konzessionsnehmers liegt (→ § 105 Rn. 56).[70]

3. Konzessionen zu audiovisuellen Mediendiensten oder Hörfunkmediendiensten 20 **(§ 149 Nr. 3 iVm § 116 Abs. 1 Nr. 3).** Gemäß § 149 Nr. 3 sind vom Anwendungsbereich des Vergaberechts **Konzessionen zu audiovisuellen Mediendiensten oder Hörfunkmediendiensten** ausgenommen. Die Vorschrift erfasst sowohl klassische Mediendienstleistungen als auch Internet-Abrufdienste. § 149 Nr. 3 bezieht sich auf § 116 Abs. 1 Nr. 3, der eine entsprechende Ausnahme für öffentliche Dienstleistungsaufträge regelt (→ § 116 Rn. 13 ff.). Im Bereich des Konzessionsvergaberechts dient § 149 Nr. 3 der Umsetzung von **Art. 10 Abs. 8 lit. b RL 2014/23/EU**.

a) Zweck. Nach **Erwägungsgrund 43 RL 2014/23/EU** dürfen die Mitgliedstaaten bei der 21 Vergabe von Konzessionen für bestimmte audiovisuelle und Hörfunkmediendienste durch Mediendienstleister besondere **kulturelle und gesellschaftspolitische Erwägungen** berücksichtigen, die die Anwendung von Vorschriften für die Konzessionsvergabe unangemessen erscheinen lassen. Die Rundfunkanstalten sollen möglichst unabhängig und frei über die **Programmgestaltung** entscheiden können, ohne an vergaberechtliche Regelungen gebunden zu sein.[71] Eine zentrale Aufgabe der Rundfunkanstalten ist es, die Bevölkerung mittels Fernsehen und Radio mit Informationen zu versorgen.[72] § 149 Nr. 3 gewährleistet die unabhängige und unparteiische Beschaffung dieser Informationen.[73] Der Ausnahmetatbestand des § 149 Nr. 3 deckt sich insoweit mit Art. 11 GRCh und mit Art. 5 GG. Vor diesem Hintergrund übergreifender Erwägungen bezieht sich § 149 Nr. 3 auf Dienstleistungskonzessionen, die den **Erwerb, die Entwicklung, die Produktion oder die Koproduktion von Sendematerial für audiovisuelle Mediendienste oder Hörfunkmediendienste** betreffen, wenn diese Konzessionen von Anbietern von audiovisuellen Mediendiensten oder Hörfunkdiensten vergeben werden sowie andere Vorbereitungsdienste zum Gegenstand haben (Erwägungsgrund 43 RL 2014/23/EU). Die Ausnahme gilt gleichermaßen für Abrufdienste („on demand"; vgl. Erwägungsgrund 43 RL 2014/23/EU). § 149 Nr. 3 hat durch eine Entscheidung des EuGH an praktischer Relevanz gewonnen, wonach Rundfunkanstalten öffentliche Auftraggeber und damit auch mögliche Konzessionsgeber sind.[74]

b) Reichweite des § 149 Nr. 3. Vom Konzessionsvergaberecht ausgenommen sind gem. § 149 22 Nr. 3 iVm § 116 Abs. 1 Nr. 3 Konzessionen, die den **Erwerb, die Entwicklung, die Produktion** oder die **Koproduktion von Sendematerial** betreffen, sowie solche, die die **Ausstrahlungszeit** oder die **Bereitstellung von Sendungen** zum Gegenstand haben. Der Wortlaut erfasst Beschaffungsvorhaben, die sich auf den Kauf von bereits fertigem Sendematerial, die Entwicklung bzw. Produktion von Sendematerial oder auf andere Vorbereitungsdienste (zB Drehbücher) beziehen.[75] Nach Ansicht des EuGH sind nur solche Dienstleistungen freigestellt, „die die eigentliche Funktion

---

[65] BayObLG Beschl. v. 27.2.2003 – Verg. 25/02, NZBau 2003, 634 (635).
[66] BayObLG Beschl. v. 27.2.2003 – Verg. 25/02, NZBau 2003, 634 (635); *Hattenhauer/Butzert* VergabeR 2017, 580 (583); HK-VergabeR/*Schellenberg* § 116 Rn. 32.
[67] BayObLG Beschl. v. 27.2.2003 – Verg. 25/02, NZBau 2003, 634 (635); *Hattenhauer/Butzert* VergabeR 2017, 580 (583).
[68] *Tugendreich/Heller* in Müller-Wrede GWB Rn. 45.
[69] Ziekow/Völlink/*Antweiler* § 116 Rn. 13.
[70] *Tugendreich/Heller* in Müller-Wrede GWB Rn. 46.
[71] Immenga/Mestmäcker/*Dreher* § 116 Rn. 36.
[72] *Antweiler/Dreesen* EuZW 2007, 107.
[73] EuGH Urt. v. 13.12.2007 – C-337/06, Slg. 2007, I-11196 = NZBau 2008, 130 (134) – Rundfunkanstalten.
[74] EuGH Urt. v. 13.12.2007 – C-337/06, Slg. 2007, I-11196 = NZBau 2008, 130 – Rundfunkanstalten.
[75] *Dreher* ZUM 2005, 265 (271); *Aicher* in Müller-Wrede Kompendium VergabeR Kap. 11 Rn. 56.

der Rundfunkanstalten, nämlich die Programmgestaltung und -produktion berühren", also **Dienstleistungen mit unmittelbarem Programmbezug.**[76] Nicht von § 149 Nr. 3 erfasst sind Konzessionen, die in keinem Zusammenhang zu den genannten Dienstleistungen stehen. Dazu zählen Dienstleistungskonzessionen ohne unmittelbaren Programmbezug, wie beispielsweise Verträge über Reinigungsleistungen, Baukonzessionen oder die **Beschaffung technischen Materials** für Produktion, Koproduktion und Ausstrahlung der Sendungen (Erwägungsgrund 43 RL 2014/23/EU).[77]

23 **c) Tatbestandsmerkmale.** Der persönliche Anwendungsbereich des Ausnahmetatbestands adressiert nur **Anbieter von audiovisuellen Mediendiensten** oder **Hörfunkmediendiensten.** De facto bezieht sich die Ausnahmebestimmung[78] insbesondere auf die öffentlich-rechtlichen Rundfunkanstalten.

24 Sofern andere öffentliche Auftraggeber als Anbieter von audiovisuellen Mediendiensten oder Hörfunkmediendiensten Konzessionen über die Produktion oder die Ausstrahlung von Programmen oder Werbefilmen erteilen, ist der Ausnahmetatbestand somit nicht erfüllt.[79] Die Begriffe „audiovisuelle Mediendienste" und „Anbieter von Mediendiensten" entsprechen gem. Art. 10 Abs. 8 lit. b RL 2014/23/EU den Begriffsbestimmungen der RL 2010/13/EU (AVMD-RL), die der Koordinierung bestimmter Rechts- und Verwaltungsvorschriften der Mitgliedstaaten über die Bereitstellung audiovisueller Mediendienste dient.

24a **aa) Audiovisuelle Mediendienste.** Der Begriff der audiovisuellen Mediendienste wird in **Art. 1 Abs. 1 lit. a AVMD-RL** definiert als „Dienstleistung, für die ein Mediendienstanbieter die redaktionelle Verantwortung trägt und deren Hauptzweck die Bereitstellung von Sendungen zu Information, Unterhaltung oder Bildung der allgemeinen Öffentlichkeit über elektronische Kommunikationsnetze ist". Zu den audiovisuellen Mediendiensten gehören zB Fernsehprogramme oder Abrufmediendienste.

25 **bb) Mediendiensteanbieter. Art. 1 Abs. 1 lit. d AVMD-RL** definiert den von Art. 1 Abs. 1 lit. a AVMD-RL angesprochenen Begriff „Mediendienstanbieter". Anbieter von Mediendiensten sind hiernach „natürliche und juristische Personen, die die redaktionelle Verantwortung für die Auswahl der audiovisuellen Inhalte des audiovisuellen Mediendienstes tragen und bestimmen, wie diese gestaltet werden".

26 **cc) Sendung.** Der Begriff Sendung entspricht der Definition in **Art. 1 Abs. 1 lit. b RL AVMD-RL.** Eine Sendung ist danach „eine Abfolge von bewegten Bildern mit oder ohne Ton, die Einzelbestandteil eines von einem Mediendiensteanbieter erstellten Sendeplans oder Katalogs ist und deren Form und Inhalt mit der Form und dem Inhalt von Fernsehprogrammen vergleichbar sind". Als Beispiele für Sendungen nennt die AVMD-RL Spielfilme, Sportberichte, Fernsehkomödien, Dokumentarfilme, Kindersendungen und Originalfernsehspiele. Diese Aufzählung ist nicht abschließend. Nach der RL 2014/23/EU kommt dem Begriff „Sendematerial" die gleiche Bedeutung wie einer „Sendung" zu (vgl. Art. 10 Abs. 8 RL 2014/23/EU).[80]

27 **4. Konzessionen zu finanziellen Dienstleistungen (§ 149 Nr. 4 iVm § 116 Abs. 1 Nr. 4).** Vom Geltungsbereich des Konzessionsvergaberechts ausgenommen sind nach § 149 Nr. 4 Konzessionen bezüglich **finanzieller Dienstleistungen.** Die Vorschrift setzt damit **Art. 10 Abs. 8 lit. e RL 2014/23/EU** um, wonach die Richtlinie nicht für Finanzdienstleistungen in Zusammenhang mit der Ausgabe, dem Verkauf, dem Kauf oder der Übertragung von Wertpapieren oder anderen Finanzinstrumenten im Sinne der RL 2004/39/EG (Finanzmarkt-RL 2004/39/EG) gilt, für Zentralbankdienste und mit der Europäischen Finanzstabilisierungsfazilität und dem Europäischen Stabilitätsmechanismus durchgeführte Tätigkeiten. § 149 Nr. 4 enthält selbst keine näheren Vorgaben, sondern verweist auf **§ 116 Abs. 1 Nr. 4** für Dienstleistungsaufträge.[81] Ergänzend ist deshalb auf die Kommentierung zu § 116 Abs. 1 Nr. 4 zu verweisen (→ § 116 Rn. 16 f.).

28 **a) Zweck.** Der Gesetzgeber will mit § 149 Nr. 4 in Übereinstimmung mit den unionsrechtlichen Vorgaben sicherstellen, dass die **nationale Finanzpolitik,** insbesondere die Kapitalbeschaffung,

---

[76] EuGH Urt. v. 13.12.2007 – C-337/06, Slg. 2007, I-11196 = NZBau 2008, 130 (134) – Rundfunkanstalten.
[77] Vgl. EuGH Urt. v. 13.12.2007 – C-337/06, Slg. 2007, I-11196 = NZBau 2008, 130 (134) – Rundfunkanstalten.
[78] Vgl. Byok/Jaeger/*Brüning* Rn. 15, der von einer rechtlichen Beschränkung der Vorschrift auf den öffentlich-rechtlichen Rundfunk ausgeht. Diese Beschränkung lässt sich dem Wortlaut von § 149 Nr. 3 nicht entnehmen. Sie kann aber mittelbar aus dem Begriff des Konzessionsgebers gem. § 105 folgen.
[79] Zutreffend Ziekow/Völlink/*Antweiler* § 116 Rn. 15.
[80] BT-Drs. 18/6281, 94.
[81] BT-Drs. 18/6281, 128.

flexibel bleibt.[82] Die Finanzierung staatlichen Handels soll keinen vergaberechtlichen Bindungen unterliegen.[83] Ergänzend sollen die **Kapitalmärkte** von Hindernissen freigestellt werden, die das Vergaberecht begründen könnte.[84] So sind diese Märkte durch eine Schnelllebigkeit und eine hohe Volatilität gekennzeichnet, weshalb zB erhebliche Schwankungen der Zinssätze auftreten können.[85] Durch diese Schnelllebigkeit und die hohen Schwankungen werden Angebot und Nachfrage möglichst effizient ausgeglichen.[86]

b) Tatbestandsmerkmale. aa) Wertpapier und Finanzinstrumente. Die Begriffe „**Wert-** 29 **papier**" und „**Finanzinstrumente**" sind weder im Gesetz noch in den Vergaberichtlinien legal definiert.[87] Schon vor Inkrafttreten der Vergaberichtlinien 2014 verwies das Schrifttum[88] zur Definition des Begriffs der Wertpapiere auf RL 2004/39/EG (**Finanzmarkt-RL 2004/39/EG**),[89] wohingegen zur Definition der Finanzinstrumente zuweilen auf die **Kapitaladäquanzrichtlinie RL 2006/49/EG** zurückgegriffen wurde.[90] Gemäß Art. 10 Abs. 8 lit. e RL 2014/23/EU ist sowohl der Begriff der Wertpapiere als auch derjenige der anderen Finanzinstrumente in Anlehnung an das Verständnis der Finanzmarkt-RL 2004/39/EG zu interpretieren (s. auch Erwägungsgrund 26 RL 2014/23/EU).[91] Die Finanzmarkt-RL 2004/39/EG soll einen Rechtsrahmen für Wertpapierdienstleistungen und Anlagetätigkeiten schaffen und den Wettbewerb auf den Finanzmärkten stärken. Im Ausgangspunkt spricht trotz dieser von den Vergaberichtlinien divergierenden Zwecksetzung einiges dafür, die Begriffe übereinstimmend auszulegen, da es inhaltlich um weitgehend standardisierte und auf dem Kapitalmarkt handelbare Produkte geht.[92] Es ist jedoch zu beachten, dass Art. 4 Finanzmarkt-RL 2004/39/EG den sachlichen Anwendungsbereich der unionsrechtlichen Finanzmarktregulierung festlegt, weshalb die Vorschrift weit zu verstehen ist,[93] wohingegen Art. 10 Abs. 8 lit. e RL 2014/23/EU einen Ausnahmetatbestand vom Anwendungsbereich des Konzessionsvergaberechts enthält, der eng auszulegen ist.[94] Welche konkreten Schlussfolgerungen aus dieser theoretischen Erkenntnis zu ziehen sind, ist noch ungeklärt.

Eine Auflistung der relevanten **Finanzinstrumente** findet sich gem. **Art. 4 Nr. 17 Finanz-** 30 **markt-RL 2004/39/EG** in **Anhang I Abschnitt C Finanzmarkt-RL 2004/39/EG:** Übertragbare Wertpapiere (Nr. 1), Geldmarktinstrumente (Nr. 2), Anteile an Organismen für gemeinsame Anlagen (Nr. 3), Optionen, Terminkontrakte, Swaps, Zinsausgleichsvereinbarungen und alle anderen Derivatkontrakte in Bezug auf Wertpapiere, Währungen, Zinssätze oder Zinserträge, oder andere Derivat-Instrumente, finanzielle Indizes oder Messgrößen, die effektiv geliefert oder bar abgerechnet werden können (Nr. 4), Optionen, Terminkontrakte, Swaps, Termingeschäfte und alle anderen Derivatkontrakte in Bezug auf Waren, die bar abgerechnet werden müssen oder auf Wunsch einer der Parteien (anders als wegen eines zurechenbaren oder anderen Beendigungsgrunds) bar abgerechnet werden können (Nr. 5), Optionen, Terminkontrakte, Swaps und alle anderen Derivatkontrakte in Bezug auf Waren, die effektiv geliefert werden können, vorausgesetzt, sie werden an einem „geregelten Markt"[95] und/oder über ein „multilaterales Handelssystem" (Multilateral Trade Facility, MTF) gehandelt (Nr. 6),[96] Optionen, Terminkontrakte, Swaps, Termingeschäfte und alle anderen Derivatkontrakte in Bezug auf Waren, die effektiv geliefert werden können, die sonst nicht in Abschnitt C Nr. 6 genannt sind und nicht kommerziellen Zwecken

---

[82] Beck VergabeR/*Germelmann* Rn. 41.
[83] Ziekow/Völlink/*Antweiler* § 116 Rn. 19.
[84] So Theobald/Kühling/*Marx* VergabeR XVIII Rn. 32.
[85] Ziekow/Völlink/*Antweiler* § 116 Rn. 19.
[86] Langen/Bunte/*Wagner* § 116 Rn. 10.
[87] *Aicher* in Müller-Wrede Kompendium VergabeR Kap. 11 Rn. 66.
[88] Ziekow/Völlink/*Antweiler* § 100a Rn. 11.
[89] Richtlinie 2004/39/EG des Europäischen Parlaments und des Rates v. 21.4.2004 über Märkte für Finanzinstrumente, zur Änderung der Richtlinien 85/611/EWG und 93/6/EWG des Rates und der Richtlinie 2000/12/EG des Europäischen Parlaments und des Rates und zur Aufhebung der Richtlinie 93/22/EWG des Rates, ABl. 2004 L 145, 1.
[90] Richtlinie 2006/49/EG des Europäischen Parlaments und des Rates v. 14.6.2006 über die angemessene Eigenkapitalausstattung von Wertpapierfirmen und Kreditinstituten, ABl. 2006 L 177, 201.
[91] Ziekow/Völlink/*Antweiler* § 116 Rn. 21; BeckOK VergabeR/*von Hoff* Rn. 16.
[92] *Aicher* in Müller-Wrede Kompendium VergabeR Kap. 11 Rn. 66.
[93] *Parmentier* EuZW 2014, 50 (52).
[94] EuGH Urt. v. 10.3.1987 – 199/85, Slg. 1987, 1059 Rn. 14 = BeckRS 2004, 72187 – Stadtreinigung Mailand; s. auch *Dreher* ZUM 2005, 265 (273).
[95] S. zum Terminus des „geregelten Marktes" Art. 4 Abs. 1 Nr. 14 Finanzmarkt-RL 2004/39/EG, Art. 36 Abs. 1 UAbs. 1 Finanzmarkt-RL 2004/39/EG; zudem EuGH Urt. v. 25.9.2002 – C-19/11, EuZW 2012, 350 Rn. 49 – Rareş Doralin Nilaş; *Parmentier* EuZW 2014, 50 (52).
[96] Art. 4 Abs. 1 Nr. 15 Finanzmarkt-RL 2004/39/EG, Art. 48 Finanzmarkt-RL 2004/39/EG.

dienen, die die Merkmale anderer derivativer Finanzinstrumente aufweisen, wobei ua berücksichtigt wird, ob ein Clearing und eine Abrechnung über anerkannte Clearingstellen erfolgen oder ob eine Margin-Einschussforderung besteht (Nr. 7), derivative Instrumente für den Transfer von Kreditrisiken (Nr. 8), finanzielle Differenzgeschäfte (Nr. 9), Optionen, Terminkontrakte, Swaps, Termingeschäfte und alle anderen Derivatkontrakte in Bezug auf Klimavariablen, Frachtsätze, Emissionsberechtigungen, Inflationsraten und andere offizielle Wirtschaftsstatistiken, die bar abgerechnet werden müssen oder auf Wunsch einer der Parteien (anders als wegen eines zurechenbaren oder anderen Beendigungsgrunds) bar abgerechnet werden können sowie alle anderen Derivatkontrakte in Bezug auf Vermögenswerte, Rechte, Obligationen, Indizes und Messwerte, die sonst nicht im vorliegenden Abschnitt C genannt sind und die die Merkmale anderer derivativer Finanzinstrumente aufweisen, wobei u.a berücksichtigt wird, ob sie auf einem geregelten Markt oder einem MTF gehandelt werden, ob ein Clearing und eine Abrechnung über anerkannte Clearingstellen erfolgen oder ob eine Margin-Einschussforderung besteht (Nr. 10).

31   **Als übertragbare Wertpapiere** definiert Art. 4 Nr. 18 Finanzmarkt-RL 2004/39/EG diejenigen **Gattungen von Wertpapieren, die auf dem Kapitalmarkt gehandelt** werden können, wie: Aktien und andere, Aktien oder Anteilen an Gesellschaften, Personengesellschaften oder anderen Rechtspersönlichkeiten gleichzustellende Wertpapiere sowie Aktienzertifikate (lit. a). Zudem können unter den Terminus auch Schuldverschreibungen oder andere verbriefte Schuldtitel subsumiert werden (lit. b). Schließlich sind Wertpapiere auch alle sonstigen Titel, die zum Kauf oder Verkauf solcher Wertpapiere berechtigen oder zu einer Barzahlung führen (lit. c). Nicht unter den Begriff Wertpapiere fallen nach Art. 4 Nr. 18 Hs. 1 Finanzmarkt-RL 2004/39/EG Zahlungsinstrumente, zB Kreditkarten, Lastschriftverfahren oder Banküberweisungen.

32   **bb) Zusammenhangsgeschäfte.** Vom Vergaberecht ausgenommen sind gem. Art. 10 Abs. 8 lit. e RL 2014/23/EU, § 116 Abs. 1 Nr. 4 alle Dienstleistungen, die in **Zusammenhang mit der Ausgabe, dem Verkauf, dem Ankauf oder der Übertragung von Wertpapieren oder sonstigen Finanzinstrumenten** stehen. Nach überzeugender Ansicht umfasst die Ausnahme intermediäre Dienstleistungen in Form der Ausführung solcher Geschäfte für fremde Rechnung und deren Vermittlung sowie die Finanzportfolioverwaltung.[97] Es muss deshalb kein Vergabeverfahren durchgeführt werden beim Erwerb von Wertpapieren, soweit der Auftraggeber direkt einen Assetmanager oder eine Kapitalanlagegesellschaft beauftragt bzw. Leistungen einer Depotbank in Anspruch nimmt.[98] § 149 Nr. 4 erfasst demgegenüber keine nicht-kapitalmarktbezogenen vorbereitenden Tätigkeiten wie die Entwicklung von Vermarktungsstrategien oder die Beratung bei Wertpapieremissionen.[99] Ebenfalls nicht von § 149 Nr. 4, aber ggf. von § 149 Nr. 5 iVm § 116 Abs. 1 Nr. 5 umfasst ist die Kreditaufnahme zum Erwerb von Finanzinstrumenten (→ Rn. 37).[100]

33   **c) Konzessionen der Zentralbanken.** § 149 Nr. 4 nimmt über den Verweis auf § 116 Abs. 1 Nr. 4 auch **Konzessionen der Zentralbanken** von den Anforderungen des Vergaberechts aus. Erfasst sind Dienstleistungskonzessionen, die von der deutschen Bundesbank und ihren Hauptgeschäftsstellen (§ 8 BBankG) für öffentliche Auftraggeber erbracht werden (§§ 14 und 19 ff. BBankG).[101] Mit diesem Ausnahmetatbestand soll gewährleistet werden, dass der Staat nicht durch vergaberechtliche Vorschriften daran gehindert ist, die Dienste der Zentralbanken in Anspruch zu nehmen.[102] Nach dem Wortlaut erstreckt sich der Ausnahmetatbestand nicht auf Konzessionen der Landesbanken und der Sparkassen.[103] Weiterhin umfasst er keine Beschaffungstätigkeiten der Zentralbank selbst.[104]

34   **d) Europäische Finanzstabilisierungsfazilität (EFSF) und Europäischer Stabilitätsmechanismus (ESM).** Nicht vom Konzessionsvergaberecht erfasst sind nach § 149 Nr. 4 iVm § 116 Abs. 1 Nr. 4 schließlich Transaktionen, die mit der **Europäischen Finanzstabilisierungsfazilität** (European Financial Stability Facility; **EFSF**) und dem **Europäischen Stabilitätsmechanismus** (European Stability Mechanism; **ESM**) durchgeführt werden, um den finanz- und geldpolitischen

---

[97] Immenga/Mestmäcker/*Dreher* § 116 Rn. 45.
[98] Stewen ZfBR 2008, 146 (147 f.); HK-VergabeR/*Schellenberg* § 116 Rn. 46.
[99] Ziekow/Völlink/*Antweiler* § 116 Rn. 22.
[100] Immenga/Mestmäcker/*Dreher* § 116 Rn. 45.
[101] Immenga/Mestmäcker/*Dreher* § 116a Rn. 47; *Aicher* in Müller-Wrede Kompendium VergabeR Kap. 11 Rn. 64.
[102] Immenga/Mestmäcker/*Dreher* § 116 Rn. 47.
[103] Immenga/Mestmäcker/*Dreher* § 116 Rn. 47; speziell zu Landesbanken s. *Jochum* NZBau 2002, 69; zu Public-private-Partnerships unter Beteiligung kommunaler Sparkassen *Dietlein* NZBau 2002, 136 (140).
[104] VK Bund Beschl. v. 30.9.2010 – VK 2-80/10, IBRRS 2014, 1836; Immenga/Mestmäcker/*Dreher* § 116 Rn. 47.

III. Kommentierung 35, 36 § 149 GWB

Spielraum der Mitgliedstaaten gerade in Krisenzeiten sicherzustellen.[105] Für diese Transaktionen ist ein spezieller Regelungsrahmen vorgesehen. Die komplexen Regelungen werden nachfolgend kursorisch erläutert.[106]

Die **EFSF** war eine **Zweckgesellschaft** der Euro-Mitgliedstaaten, die als Finanzierungsinstrument im Rahmen des am 9.5.2010 eingerichteten Europäischen Finanzstabilisierungsmechanismus dienen sollte (sog. Rettungsschirm oder Euro-Schutzschirm).[107] Aufgrund der Zuspitzung der Schuldenkrise einzelner Euro-Mitgliedstaaten und der zunehmenden Volatilität der Finanzmärkte einigten sich die Euro-Mitgliedstaaten am 7.6.2010 auf die Gründung der EFSF als privatrechtliche, auf drei Jahre befristete Kapitalgesellschaft nach Luxemburger Recht, um finanzierungsbedürftigen Euro-Mitgliedstaaten durch Kredithilfen der anderen Mitgliedstaaten finanziellen Beistand zu leisten.[108] Die intergouvernemental vereinbarten Kredithilfen sollten die vorrangig in Anspruch zu nehmenden EU-Finanzhilfen ergänzen, die von der Union auf Grundlage des Art. 122 Abs. 2 AEUV und der darauf beruhenden VO (EU) Nr. 407/2010 zur Einführung eines **Europäischen Finanzstabilisierungsmechanismus (EFSM)**[109] zur Verfügung gestellt wurden.[110] Die durch den EFSM oder die EFSF gewährten Finanzhilfen sind mit wirtschaftspolitischen Auflagen verbunden, die in einem zwischen der EU-Kommission und dem jeweiligen Mitgliedstaat ausgehandelten „Memorandum of Understanding" festgehalten wurden.[111] EFSF und EFSM wurden Mitte des Jahres 2013 durch den ESM als dauerhaften „Krisenmechanismus" abgelöst.[112] 35

Der **ESM** wurde auf Grundlage von Art. 136 Abs. 3 AEUV nF[113] durch einen am 2.2.2012 von den Euro-Mitgliedstaaten geschlossenen Vertrag als „internationale Finanzinstitution" zur Wahrung der Finanzstabilität des gesamten Euro-Währungsgebiets gegründet (Art. 1 Abs. 1 ESM-Vertrag).[114] Durch den ESM kann einem finanzierungsbedürftigen Mitgliedstaat eine **Finanzhilfefazilität** gewährt werden, die an wirtschaftspolitische Auflagen geknüpft ist (Art. 136 Abs. 3 AEUV iVm Art. 3 ESM-Vertrag). Die mit einer Finanzhilfefazilität verbundenen Auflagen werden zwischen der EU-Kommission – im Benehmen mit der EZB und ggf. dem IWF – und dem betreffenden Mitgliedstaat ausgehandelt und in einem „Memorandum of Understanding" ausgeführt (Art. 13 Abs. 3 ESM-Vertrag). Die Auflagen müssen in einem angemessenen Verhältnis zum jeweiligen Finanzhilfeinstrument stehen und können von einem makroökonomischen Anpassungsprogramm bis hin zur kontinuierlichen Erfüllung zuvor festgelegter Anspruchsvoraussetzungen reichen (Art. 12 Abs. 1, Art. 16 Abs. 2 ESM-Vertrag). Auch die später erlassene **VO (EU) Nr. 472/2013** enthält Regelungen über makroökonomische Anpassungsprogramme und besondere Informations- und Berichterstattungspflichten, die ein den EFSM, den ESM, oder die EFSF um Finanzhilfe ersuchender Mitgliedstaat zu erfüllen hat.[115] Diese Verordnung implementiert eine vertiefte wirtschafts- und haushaltspolitische 36

---

[105] *Tugendreich/Heller* in Müller-Wrede GWB Rn. 63.
[106] S. zum Folgenden ausführlich *Bourazeri*, Wirtschaftskrise und Tarifautonomie, 2019, 416 ff.
[107] Schlussfolgerungen des Rates (Wirtschaft und Finanzen) v. 9.5.2010, Rat-Dok. SN 2564/1/10 REV 1 v. 10.5.2010, 3; vgl. weiterführend *Calliess* ZEuS 2011, 213 (219 ff.); *Schorkopf* AöR 136 (2011), 323 (336 ff.); *Oppermann* FS Möschel, 2011, 909 (911 ff.).
[108] EFSF-Rahmenvertrag zwischen den Mitgliedstaaten des Euro-Währungsgebiets und der EFSF v. 7.6.2010; vgl. *Thym* EuZW 2011, 168. Zur innerstaatlichen Durchführung erließ der deutsche Gesetzgeber das „Gesetz zur Übernahme von Gewährleistungen im Rahmen eines europäischen Stabilitätsmechanismus" v. 22.5.2010 (StabMechG), BGBl. 2010 I 627.
[109] VO (EU) Nr. 407/2010 des Rates v. 11.5.2010, ABl. 2010 L 118, 1.
[110] Die Finanzierung des EFSM erfolgte durch die Begebung von Anleihen der Kommission; zur umstrittenen Unionsrechtskonformität einer Finanzierung der Union durch die Aufnahme von Anleihen auf den Kapitalmärkten s. *Calliess* ZEuS 2011, 213 (244 ff.).
[111] Vgl. Art. 3 Abs. 3 und 4 VO (EU) Nr. 407/2010, Art. 4 Abs. 2 und 3 VO (EU) Nr. 407/2010 sowie Erwägungsgrund 7 VO (EU) Nr. 407/2010 und Art. 2 Abs. 1 lit. a EFSF-Rahmenvertrag und Präambel Nr. 2 EFSF-Rahmenvertrag.
[112] *Schröder/Franke* in Bergmann, Handlexikon der Europäischen Union, 5. Aufl. 2015, Stichwort ESM, unter II.
[113] Beschluss des Rates v. 25.3.2011 zur Änderung des Art. 136 AEUV – 2011/199/EU, ABl. 2011 L 91, 1; dazu Calliess/Ruffert/*Häde* AEUV Art. 136 Rn. 9–11; umstritten ist, ob die Vorschrift deklaratorisch (EuGH Urt. v. 27.11.2012 – C-370/12 Rn. 72, NJW 2013, 29 Rn. 72 – Pringle) oder konstitutiv ist (BVerfG Beschl. v. 12.9.2012 – 2 BvR 1390/12, NJW 2012, 3145 Rn. 232 f.). Zur Problematik Grabitz/Hilf/Nettesheim/*Palm* AEUV Art. 136 Rn. 42–47.
[114] Der Vertrag zur Einrichtung des Europäischen Stabilitätsmechanismus ist in Deutschland am 27.9.2012 in Kraft getreten, BGBl. 2012 II 1086; zur Vereinbarkeit des ESM mit dem Unionsrecht EuGH Urt. v. 27.11.2012 – C-370/12, NJW 2013, 29 – Pringle mAnm *Calliess* NVwZ 2013, 97; zur Verfassungskonformität des ESM BVerfG Beschl. v. 12.9.2012 – 2 BvR 1390/12 ua, NJW 2012, 3145.
[115] ABl. 2013 L 140, 1.

Überwachung der Euro-Mitgliedstaaten, die von gravierenden Schwierigkeiten bzgl. ihrer finanziellen Stabilität betroffen oder bedroht sind.[116]

37 **5. Konzessionen zu Krediten und Darlehen (§ 149 Nr. 5 iVm § 116 Abs. 1 Nr. 5).** § 149 Nr. 5 enthält eine Ausnahme für Konzessionen bezüglich **Krediten** und **Darlehen**. § 149 Nr. 5 ist an die neugeschaffene Ausnahmeregelung des § 116 Abs. 1 Nr. 5 bezüglich der Aufnahme von Krediten und Darlehen durch die öffentliche Hand angelehnt.[117] Im Konzessionsvergaberecht setzt die Vorschrift **Art. 10 Abs. 8 lit. f RL 2014/23/EU** um. § 149 Nr. 5 nimmt Konzessionen bezüglich Krediten und Darlehen von den Vorgaben der §§ 150 ff. aus, unabhängig davon, ob sie mit der Ausgabe von Wertpapieren oder sonstigen Finanzinstrumenten zusammenhängen.[118] Der Gesetzgeber bezweckt mit § 149 Nr. 5, **Geschäfte in Zusammenhang mit der Ausgabe von Wertpapieren oder Finanzinstrumenten** aus dem Vergaberecht auszunehmen, um damit die Diskussion über die Erfassung von Zusammenhangsgeschäften im Rahmen des § 149 Nr. 4 (iVm § 116 Abs. 1 Nr. 4) zu beenden.[119] Es erscheint nur bedingt praktikabel, dass eine Finanzierung der öffentlichen Hand durch Konzessionen iSd § 105 erfolgt,[120] weshalb § 149 Nr. 4 vor allem klarstellenden Charakter hat.[121]

38 **6. Dienstleistungskonzessionen an einen Konzessionsgeber aufgrund eines ausschließlichen Rechts (§ 149 Nr. 6). a) Zweck.** Die Vorschriften des GWB-Konzessionsvergaberechts sind gem. 149 Nr. 6 nicht anzuwenden auf Dienstleistungskonzessionen iSd § 105 Abs. 1 Nr. 2, die an einen Konzessionsgeber nach § 101 Abs. 1 Nr. 1 oder Nr. 2 aufgrund eines auf Gesetz oder Verordnung beruhenden ausschließlichen Rechts vergeben werden. § 149 Nr. 6 ist an § 116 Abs. 1 Nr. 5 angelehnt – auch wenn er auf diese Norm nicht explizit verweist – und dient der Umsetzung von Art. 10 Abs. 1 UAbs. 1 RL 2014/23/EU. § 149 Nr. 6 will **ausschließliche Leistungsbeziehungen unter öffentlichen Auftraggebern** etwa zur Schaffung zentraler Serviceeinheiten vom Vergaberecht ausnehmen.[122] Folgerichtig erfasst die Vorschrift Sachverhalte, in denen ein bestimmter öffentlicher Auftraggeber oder ein Sektorenauftraggeber der einzige Anbieter einer bestimmten Dienstleistung ist, da er für die Erbringung ein auf Gesetz oder Verordnung beruhendes ausschließliches Recht hat.[123] In einer derartigen Konstellation ist eine Ausschreibung wegen der durch das ausschließliche Recht geschaffenen monopolistischen Stellung des Konzessionsnehmers nicht sinnvoll.[124] § 149 Nr. 6 gilt ausschließlich für Dienstleistungskonzessionen. Eine analoge Anwendung auf Baukonzessionen iSd § 105 Abs. 1 Nr. 1 scheidet aus.[125]

39 **b) Tatbestandsmerkmale. aa) Gewährung an einen anderen Konzessionsgeber.** § 149 Nr. 6 setzt voraus, dass die Konzession an einen Konzessionsgeber nach § 101 Abs. 1 Nr. 1 oder 2 vergeben wird.[126] Der Konzessionsnehmer muss also seinerseits ein potentieller Konzessionsgeber iSv § 101 Abs. 1 Nr. 1 oder § 101 Abs. 1 Nr. 2 sein, also ein **öffentlicher Auftraggeber** gem. § 99 Nr. 1–3, der eine Konzession vergibt, oder ein **Sektorenauftraggeber** iSd § 100 Abs. 1 Nr. 1, der eine Sektorentätigkeit gem. § 102 Abs. 2–6 ausübt und eine Konzession zum Zweck der Ausübung dieser Tätigkeit vergibt.[127] Zur Definition → § 101 Rn. 43 ff.

40 **bb) Ausschließliches Recht.** Der Konzessionsnehmer muss über ein **ausschließliches Recht zur Erbringung der Dienstleistung** verfügen.[128] Der Begriff der ausschließlichen Rechte ist in

---

[116] Die VO (EU) Nr. 472/2013 wird gemeinsam mit der VO (EU) Nr. 473/2013 (ABl. 2013 L 140, 11) als „Two Pack" bezeichnet. Die Verordnungen des „Two Pack" ergänzen die Sekundärrechtsakte des „Six Pack", die im Jahr 2011 im Zuge der Bekämpfung der Eurostabilitätskrise erlassen wurden. S. hierzu *Cremer* EuR 2016, 256 (268 ff.) mwN.
[117] *Dobmann* Neues VergabeR Rn. 335.
[118] BT-Drs. 18/6281, 95.
[119] So Immenga/Mestmäcker/*Dreher* § 116 Rn. 52.
[120] Nach Langen/Bunte/*Schneider* Rn. 10 sollen Darlehen iSd § 488 BGB der Standardfall auch des § 149 Nr. 5 sein.
[121] *Tugendreich/Heller* in Müller-Wrede GWB Rn. 72.
[122] Immenga/Mestmäcker/*Dreher* § 116 Rn. 55.
[123] BT-Drs. 18/6281, 95; Immenga/Mestmäcker/*Dreher* § 116 Rn. 53; Byok/Jaeger/*Brüning* Rn. 28.
[124] Immenga/Mestmäcker/*Kling* Rn. 24; *Tugendreich/Heller* in Müller-Wrede GWB Rn. 78; Reidt/Stickler/Glahs/*Rafii* Rn. 12; allg. auch MüKoEuWettbR/*Gundel* AEUV Art. 106 Rn. 72; Immenga/Mestmäcker/Mestmäcker/*Schweitzer* AEUV § 106 Rn. 44.
[125] Beck VergabeR/*Germelmann* Rn. 54.
[126] Vgl. *Aicher* in Müller-Wrede Kompendium VergabeR Kap. 11 Rn. 73.
[127] Ziekow/Völlink/*Antweiler* § 116 Rn. 26.
[128] S. zum Recht auf Abfallüberlassung der Berliner Stadtreinigung gem. § 17 Abs. 1 KrWG nF das KG Beschl. v. 29.2.2012 – Verg 8/11, IBRRS 2012, 1213; s. auch *Tugendreich/Heller* in Müller-Wrede GWB Rn. 82.

Art. 5 Nr. 10 RL 2014/23/EU legal definiert. Ausschließliche Rechte sind hiernach grundsätzlich „Rechte, die eine zuständige Behörde eines Mitgliedstaats im Wege einer mit den Verträgen im Einklang stehenden Rechts- oder veröffentlichten Verwaltungsvorschrift gewährt hat, wodurch die Möglichkeit anderer Wirtschaftsteilnehmer zur Ausübung dieser Tätigkeit wesentlich eingeschränkt wird". Im Ergebnis handelt es sich damit um **Monopolrechte**.[129] Durch § 149 Nr. 6 wird die Definition des Art. 5 Nr. 10 RL 2014/23/EU insoweit modifiziert, als die ausschließlichen Rechte auf **Gesetz** oder **Verordnung** beruhen müssen (→ Rn. 42). § 149 Nr. 6 beinhaltet damit keine Ermächtigung, auf deren Grundlage ein ausschließliches Recht begründet werden kann,[130] da dies den Ausnahmetatbestand umgehen würde.[131] Vielmehr muss das Monopolrecht bereits im Zeitpunkt der Einleitung des Vergabeverfahrens bestanden haben.[132] Unter teleologischen Gesichtspunkten erscheint es zureichend, dass ein durch Gesetz oder Verordnung begründetes ausschließliches Recht nur gegenüber dem jeweiligen Konzessionsgeber wirkt, da es für die Freistellung vom Vergaberecht genügt, dass auf dem jeweiligen Bietermarkt kein Wettbewerb besteht.[133]

§ 149 Nr. 6 und Art. 10 UAbs. 1 RL 2014/23/EU beziehen sich anders als Art. 106 Abs. 1 AEUV nicht auf **besondere Rechte**.[134] Diese Rechte sind dadurch gekennzeichnet, dass sie anders als ausschließliche Rechte zwei oder mehreren Wirtschaftsteilnehmern gleichzeitig gewährt werden können.[135] Diese Wirtschaftsteilnehmer werden im Wettbewerb durch Sonderrechte begünstigt,[136] während die Möglichkeit zur Ausübung durch andere Wirtschaftsteilnehmer eingeschränkt ist (Art. 5 Nr. 11 RL 2014/23/EU). Besondere Rechte führen in der Regel zur Bildung von Oligopolen iSd Vermutung des § 18 Abs. 5.[137]

cc) **Gesetz oder Verordnung.** Das dem Adressaten der Konzession gewährte ausschließliche Recht muss auf **Gesetz** oder **Verordnung** beruhen. Ein öffentlich-rechtlicher Vertrag, ein Verwaltungsakt oder eine kommunale Satzung reichen somit nicht.[138] § 149 Nr. 6 ist strenger als die RL 2014/23/EU, nach der es ausreicht, dass das ausschließliche Recht im Einklang mit dem AEUV und den Unionsakten gewährt wurde.[139] Dies ist unionsrechtlich zulässig, da die RL 2014/23/EU nur eine Mindestharmonisierung intendiert und eine restriktive Umsetzung der Ausnahmeregelungen den Anwendungsbereich des Konzessionsvergaberechts im Interesse eines funktionsfähigen Binnenmarkts vergrößert.[140] Im Ergebnis führt die Anknüpfung des ausschließlichen Rechts an ein Gesetz oder eine Verordnung dazu, dass für § 149 Nr. 6 kaum ein praktischer Anwendungsbereich verbleibt.[141] Dies gilt grundsätzlich auch für eine durch kommunale Unternehmen (Eigenbetriebe) erfolgende Energie- und Wasserversorgung, da diese regelmäßig auf vertraglicher Grundlage erfolgt.[142]

7. **Dienstleistungskonzessionen an Unternehmen mit ausschließlichen Rechten zur Ausübung einer Sektorentätigkeit (§ 149 Nr. 7).** § 149 Nr. 7 erstreckt die Ausnahme des Nr. 6 auch auf **Dienstleistungskonzessionen,** die an ein **Unternehmen** aufgrund eines ausschließlichen Rechts vergeben werden, das ihm in zulässiger Weise zur Ausübung einer Sektorentätigkeit gem. § 102 Abs. 2–6 gewährt wurde. Dies sind Tätigkeiten in den Bereichen **Energie,** namentlich Elektrizität (§ 102 Abs. 2), Gas, Wärme (§ 102 Abs. 3) und fossile Brennstoffe (§ 102 Abs. 6) sowie **Verkehrsleistungen** (§ 102 Abs. 4) inklusive Häfen und Flughäfen (§ 102 Abs. 5). § 149 Nr. 7 erfasst keine Sektorentätigkeit im Bereich **Wasser** iSd § 102 Nr. 1. Vielmehr ist die Wasserversorgung nach § 149 Nr. 9 aus dem Anwendungsbereich des GWB-Konzessionsvergaberechts ausgenommen.[143] § 149 Nr. 7 ist ebenso wie § 149 Nr. 6 durch das Bestehen eines **ausschließlichen Rechts** gerechtfertigt, da dieses den Ausschluss jeglichen Vergabewettbewerbs bewirkt.[144] Gemäß § 149 Nr. 7 müs-

---

[129] Immenga/Mestmäcker/*Kling* Rn. 25.
[130] Beck VergabeR/*Masing,* 2. Aufl. 2013, § 100 Rn. 43.
[131] Beck VergabeR/*Lausen* § 116 Rn. 73.
[132] *Weyand* ibrOK VergabeR § 100 Rn. 20.
[133] Beck VergabeR/*Lausen* § 116 Rn. 72.
[134] AA *Tugendreich/Heller* in Müller-Wrede GWB Rn. 78, die auch Oligopole als erfasst ansehen.
[135] *Glöckner,* Kartellrecht – Recht gegen Wettbewerbsbeschränkungen, 2012, Rn. 884.
[136] Immenga/Mestmäcker/*Mestmäcker/Schweitzer* AEUV § 106 Rn. 50.
[137] *Glöckner,* Kartellrecht, 2012, Rn. 884.
[138] Immenga/Mestmäcker/*Kling* Rn. 28.
[139] Langen/Bunte/*Wagner* § 116 Rn. 15.
[140] Immenga/Mestmäcker/*Dreher* § 116 Rn. 55.
[141] Ziekow/Völlink/*Antweiler* § 116 Rn. 27; s. zur Entsorgung von Klärschlamm aus einer Kläranlage auch OLG Düsseldorf Beschl. v. 7.11.2012 – VII-Verg 69/11, BeckRS 2013, 1936.
[142] Langen/Bunte/*Wagner* § 116 Rn. 16.
[143] Byok/Jaeger/*Brüning* Rn. 34.
[144] *Tugendreich/Heller* in Müller-Wrede GWB Rn. 85; s. allgemein auch MüKoEuWettbR/*Gundel* AEUV Art. 106 Rn. 72.

sen Auftraggeber, die einem Unternehmen ein ausschließliches Recht gewähren, die EU-Kommission binnen eines Monats nach Gewährung dieses Rechts in Kenntnis setzen. Im Schrifttum werden die Mitgliedstaaten in unionsrechtskonformer Auslegung als Adressaten der Meldepflicht erachtet (Art. 10 Abs. 2 UAbs. 2 RL 2014/23/EU),[145] wobei zu beachten ist, dass öffentliche Konzessionsgeber unionsrechtlich zum Staat zählen können. § 147 Nr. 7 enthält eine **Rückausnahme ins Vergaberecht** für Tätigkeiten, für die die Unionsvorschriften keine branchenspezifischen Transparenzverpflichtungen vorsehen. Im Schrifttum wird die Regelung als Redaktionsversehen des deutschen Gesetzgebers angesehen, da wegen des ausschließlichen Rechts kein Vergabeverfahren stattfinden könne.[146] In der Tat geht das Unionsrecht in Art. 10 Abs. 2 UAbs. RL 2014/23/EU lediglich von der Notwendigkeit einer Zuschlagsbekanntmachung gem. Art. 32 RL 2014/23/EU aus, verlangt also keine vollständige Anwendung des Vergaberechts.

44 § 149 Nr. 7 gilt nur für **Dienstleistungskonzessionen.** Eine analoge Anwendung auf Baukonzessionen scheidet aus.[147] Im Unterschied zu § 149 Nr. 6 ist das die Dienstleistungskonzession erhaltende Unternehmen nicht notwendig selbst ein Konzessionsgeber.[148] Das ausschließliche Recht muss dem Unternehmen im Einklang mit den nationalen und unionalen Vorschriften über den Marktzugang im Sektorenbereich gem. § 102 Abs. 2–6 gewährt worden sein (→ § 102 Rn. 19 ff.; zum Begriff des ausschließlichen Rechts → Rn. 40). Im **Energiesektor** begründen weder die Möglichkeit der Enteignung gem. § 45 EnWG, noch Wegenutzungsrechte gem. § 46 EnWG, noch das Genehmigungserfordernis des § 4 EnWG besondere oder ausschließliche Rechte.[149] § 149 Nr. 7 erfasst mangels ausschließlicher Rechte insbesondere keine **qualifizierten Wegenutzungsverträge iSd § 46 Abs. 2 EnWG.** So muss der alte Netzbetreiber die Anlagen gem. § 46 Abs. 2 S. 2 EnWG nach Ablauf der Konzessionszeit an den neukonzessionierten Netzbetreiber gegen Zahlung einer wirtschaftlich angemessenen Vergütung übereignen.[150] Die Vorgaben in § 46 Abs. 2 EnWG sind insoweit leges speciales zu den §§ 149 ff. iVm der KonzVgV.[151] Nicht von § 149 Nr. 7 erfasst ist die Vergabe von Dienstleistungskonzessionen, die ein Sektorenauftraggeber gegenüber sonstigen privaten Wirtschaftsteilnehmern vergibt.[152]

45 **8. Konzessionen zur Bereitstellung oder zum Betrieb öffentlicher Kommunikationsnetze oder zur Bereitstellung von elektronischen Kommunikationsdiensten für die Öffentlichkeit (§ 149 Nr. 8). a) Allgemein.** Unter Geltung des VergModG unterliegt die Beschaffung von Telekommunikationsdienstleistungen grundsätzlich dem allgemeinen GWB-Vergaberecht.[153] Vom Konzessionsvergaberecht ausgenommen sind gem. § 149 Nr. 8 nur solche Konzessionen, die hauptsächlich dazu dienen, einem öffentlichen Konzessionsgeber iSd § 101 Abs. 1 Nr. 1 die Bereitstellung oder den Betrieb **öffentlicher Kommunikationsnetze** oder die Bereitstellung eines oder mehrerer **elektronischer Kommunikationsdienste für die Öffentlichkeit** zu ermöglichen. Im Recht der öffentlichen Auftragsvergabe entspricht § 149 Nr. 8 der Regelung in **§ 116 Abs. 2**, ohne dass der Gesetzgeber diese für Konzessionsvergaben in Bezug genommen hat.[154] Mit Blick auf den Öffentlichkeitsbezug von § 149 Nr. 8 ist es konsequent, dass die Norm allein öffentliche Konzessionsgeber iSd § 101 Abs. 1 Nr. 1 iVm § 99 Nr. 1–3 adressiert.[155] Weiterhin setzt die Aus-

---

[145] Tugendreich/Heller in Müller-Wrede GWB Rn. 91.
[146] Tugendreich/Heller in Müller-Wrede GWB Rn. 90.
[147] Immenga/Mestmäcker/Kling Rn. 30.
[148] Dobmann Neues VergabeR Rn. 351.
[149] Vgl. zum Betrieb eines Gasnetzes durch ein privates Unternehmen OLG Celle Beschl. v. 8.8.2013 – 13 Verg 7/13, NZBau 2013, 659 (660) – OpenGrid; unzutreffend VK Lüneburg Beschl. v. 30.9.2015 – VgK-30/15, BeckRS 2015, 17936, wonach der Betreiber eines Übertragungsnetzes für Strom, dessen Recht zu keinem Zeitpunkt dem öffentlichen und transparenten Wettbewerb ausgesetzt gewesen sei, ein besonderes oder ausschließliches Recht in Anspruch nehme. Zwar habe das EnWG 1998 nach Ansicht der VK Lüneburg den Netzbetrieb rechtlich für Wettbewerbsteilnehmer geöffnet. Diese rechtliche Öffnung des Netzbetriebs habe trotz der Entflechtung des Netzbetriebs von den Wettbewerbsbereichen vertikal integrierter Energieversorgungsunternehmen langfristig aber nicht zu einer tatsächlichen Marktöffnung geführt. Diese Argumentation verkennt, dass die Entflechtung der Energienetze nicht die Öffnung der Netzmärkte für den Wettbewerb bezweckt, da diese dauerhafte natürliche Monopole darstellen (die Monopolsituation basiert damit gerade nicht auf einem ausschließlichen oder besonderen Recht), sondern die Öffnung der dem Netz vor- und nachgelagerten Märkte für den Wettbewerb; vgl. Säcker/Mohr N&R Beilage Heft 2/2012, 1 ff.
[150] Zutreffend Beck VergabeR/Germelmann Rn. 62.
[151] IE ebenso Beck VergabeR/Germelmann Rn. 62, wonach die Ausnahme das Gebot diskriminierungsfreier Vergabe gem. § 46 Abs. 1 EnWG, das für § 46 Abs. 1 und 2 EnWG gilt, konterkarieren würde.
[152] Beck VergabeR/Germelmann Rn. 68; Immenga/Mestmäcker/Kling Rn. 31.
[153] S. für § 116 Abs. 2 OLG München Beschl. v. 22.7.2019 – Verg 14/18, NZBau 2020, 53 Rn. 34.
[154] S. hierzu OLG München Beschl. v. 22.7.2019 – Verg 14/18, NZBau 2020, 53.
[155] Beck VergabeR/Germelmann Rn. 73.

nahme voraus, dass dem Konzessionsgeber die Bereitstellung des Netzes oder der elektronischen Kommunikationsdienste ermöglicht wird. Unter § 149 Nr. 8 kann insoweit auch der Ausbau von Breitbandkabelnetzen[156] oder von Kabelbreitbanddiensten[157] fallen. Bei den §§ 116 Abs. 2 und § 149 Nr. 8 handelt es sich um restriktiv auszulegende Ausnahmen von den allgemeinen Grundsätzen des GWB-Vergaberechts.[158]

§ 149 Nr. 8 setzt **Art. 11 RL 2014/23/EU** um.[159] Mit der letztgenannten Vorschrift will der **46** Richtliniengeber der großen Relevanz von Kommunikationsinfrastrukturen und -dienstleistungen für die Daseinsvorsorge und die gesellschaftliche Entwicklung Rechnung tragen, indem die Mitgliedstaaten partiell von den Vorgaben des Kartellvergaberechts freigestellt werden.[160] Telekommunikationsdienstleistungen wurden früher nicht vom allgemeinen Vergaberecht erfasst, da aufgrund der bestehenden **Monopolstrukturen** eine europaweite Ausschreibung ergebnislos gewesen wäre. Als zentrales ökonomisches Argument für die Monopolisierung des Telekommunikationssektors diente die Eigenschaft der Netze als natürliche Monopole, die zudem durch positive externe Effekte gekennzeichnet waren.[161] Darüber hinaus wurde mit der Sicherung einer flächendeckenden Versorgung der Bürger mit Telekommunikationsdienstleistungen der Daseinsvorsorge argumentiert, die eine originär hoheitliche Aufgabe sei.[162] Schließlich sollte Telekommunikation flächendeckend zu gleichen und erschwinglichen Preisen möglich sein.[163] Gemäß dieser ordnungspolitischen Grundentscheidung war das Wettbewerbsrecht auf Verträge, Beschlüsse und Empfehlungen der Deutschen Bundespost nach § 99 1990 nicht anwendbar, soweit die Entgelte und Bedingungen hoheitlich geregelt waren.[164] In Umsetzung europarechtlicher Vorgaben wurde der Telekommunikationssektor seit Ende des letzten Jahrhunderts **liberalisiert**.[165] Im Ergebnis der Marktöffnung ist der Telekommunikationssektor mittlerweile bis auf sehr wenige fortbestehende Monopolbereiche von wirksamem Wettbewerb geprägt.[166] Folgerichtig sind heute nur noch solche öffentliche Aufträge und Konzessionen von den Anforderungen des Vergaberechts ausgenommen, die dem jeweiligen Auftraggeber/Konzessionsgeber die Möglichkeit eröffnen, Kommunikationsleistungen **für die Öffentlichkeit** zu beschaffen, da er dann **ohnehin schon im Wettbewerb mit anderen Anbietern steht**.[167]

b) Tatbestandsmerkmale. aa) Öffentliches Kommunikationsnetz. Die Termini „öffent- **47** liches Kommunikationsnetz" und „elektronischer Kommunikationsdienst" sind iSd RL 2002/21/EG zu verstehen (Art. 11 RL 2014/23/EU), die durch das TKG umgesetzt wird.[168] Der Begriff des öffentlichen Kommunikationsnetzes ist in Art. 2 lit. d RL 2002/21/EG definiert als elektronisches Kommunikationsnetz, das ganz oder überwiegend zur Bereitstellung öffentlich zugänglicher elektronischer Kommunikationsdienste eingesetzt wird (gewöhnlich gegen Entgelt erbrachter Dienste), die ganz oder überwiegend in der Übertragung von Signalen über elektronische Kommunikationsnetze bestehen (vgl. auch § 3 Nr. 16a u. Nr. 27 TKG).[169] Von der Definition erfasst sind auch Breitbandkabelnetze[170] und Übertragungswege, die für das Internet genutzt werden,[171] sofern diese mindestens überwiegend der Bereitstellung öffentlich zugänglicher elektronischer Kommunikationsdienste dienen.[172]

bb) Elektronische Kommunikationsdienste. Elektronische Kommunikationsdienste **48** sind gem. Art. 2 lit. c RL 2002/21/EG in der Regel gegen Entgelt erbrachte Dienste, die ganz oder

---

[156] OLG Dresden Beschl. v. 21.8.2019 – Verg 5/19, BeckRS 2019, 41675 Rn. 20.
[157] *Opitz* NVwZ 2014, 753 (758).
[158] VK Mecklenburg-Vorpommern Beschl. v. 13.12.2018 – 3VK918 3 VK 9/18, BeckRS 2018, 35904 Rn. 12.
[159] OLG Dresden Beschl. v. 21.8.2019 – Verg 5/19, BeckRS 2019, 41675 Rn. 19.
[160] So Beck VergabeR/*Germelmann* Rn. 72.
[161] Vgl. *Spulber* JREG 12 (1995), 25 (31 ff.); *Holznagel/Bysikiewicz/Enaux/Nienhaus*, Telekommunikationsrecht, 2000, 21; *Fetzer*, Staat und Wettbewerb, 2013, 8 ff.; ausf. *Mohr*, Sicherung der Vertragsfreiheit durch Wettbewerbs- und Regulierungsrecht, 2015, 556.
[162] *Fritsch*, Marktversagen und Wirtschaftspolitik, 8. Aufl. 2010, 230.
[163] *Spulber* JREG 12 (1995), 25 (58 ff.); *Säcker/Busse von Colbe* TKG Vor § 27 Rn. 75; *Fetzer*, Staat und Wettbewerb, 2013, 64 f.
[164] Immenga/Mestmäcker/*Immenga*, 1. Aufl. 1981, § 99 Rn. 1 und 23 ff.
[165] Grundlegend war das Grünbuch der Kommission zur Telekommunikation v. 30.6.1987, KOM(87) 290 endg.
[166] Theobald/Kühling/*Marx* VergabeR XVIII Rn. 136; BT-Drs. 16/10117, 20.
[167] Beck VergabeR/*Germelmann* Rn. 72; Ziekow/Völlink/*Siegel* Rn. 14.
[168] BT-Drs. 18/6281, 128.
[169] OLG Dresden Beschl. v. 21.8.2019 – Verg 5/19, BeckRS 2019, 41675 Rn. 19.
[170] Speziell zu § 149 Nr. 8 OLG Dresden Beschl. v. 21.8.2019 – Verg 5/19, BeckRS 2019, 41675 Rn. 20.
[171] Beck TKG/*Schütz* TKG § 68 Rn. 15; zur Einstufung als Dienstleistungskonzession VK Südbayern Beschl. 27.5.2015 – Z3-3-3194-1-15-03/15, ZfBR 2015, 713 f. Beck TKG/*Schütz* § 3 Rn. 78.
[172] OLG Dresden Beschl. v. 21.8.2019 – Verg 5/19, BeckRS 2019, 41675 Rn. 20.

überwiegend in der Übertragung von Signalen über elektronische Kommunikationsnetze bestehen.[173] Dazu zählen Telekommunikations- und Übertragungsdienste in Rundfunknetzen. Ausgenommen sind gem. Art. 2 lit. c RL 2002/21/EG Dienste, die Inhalte über elektronische Kommunikationsnetze und -dienste anbieten oder eine redaktionelle Kontrolle über sie ausüben. Elektronische Kommunikationsdienste müssen nur „in der Regel gegen Entgelt erbracht werden". Es ist somit für § 149 Nr. 8 irrelevant, wenn sie ausnahmeweise unentgeltlich erfolgen.[174]

49   **cc) Betrieb und Bereitstellung für die Öffentlichkeit.** Die von § 149 Nr. 8 erfassten Tätigkeiten beziehen sich bei öffentlichen Kommunikationsnetzen auf den **Betrieb** und die **Bereitstellung,** wohingegen bei den Kommunikationsdiensten nur die Bereitstellung erfasst ist.[175] Der Betrieb des Netzes ist die bestimmungsgemäße Verwendung desselben und seine dauerhafte Unterhaltung während der Zeit des Netzbetriebs.[176] Eine Bereitstellung muss eine tatsächliche und unmittelbare Nutzung ermöglichen.[177] Die Kommunikationsnetze und -dienste müssen vom Konzessionsgeber zumindest überwiegend **für die Öffentlichkeit** betrieben bzw. bereitgestellt werden.[178] Im Anwendungsbereich des § 116 Abs. 2 ist es nicht ausreichend, wenn der Auftraggeber lediglich die telekommunikationstechnischen Einrichtungen beschafft, damit potenzielle Nutzer etwa ein Servicecenter erreichen können.[179] Notwendig ist dort vielmehr, dass der Auftraggeber **unmittelbaren Zugriff auf die Kommunikationsdienste** hat.[180] Das Erfordernis des unmittelbaren Zugriffs auf das Kommunikationsnetz bzw. den Kommunikationsdienst schließt es freilich schon im Anwendungsbereich des § 116 Abs. 2 nicht aus, dass sich der Betreiber/Bereitsteller zur Erfüllung seiner Verbindlichkeiten Dritter bedient. Denn gerade die Beschaffung solcher Dienstleistungen, die hauptsächlich den Zweck haben, dem öffentlichen Auftraggeber die Bereitstellung oder den Betrieb eines öffentlichen Kommunikationsnetzes oder die Bereitstellung eines Kommunikationsdienstes für die Öffentlichkeit zu ermöglichen, ist Gegenstand der Regelungen in § 116 Abs. 2.[181] Gemäß § 105 muss dem Konzessionsnehmer freilich – anders als bei öffentlichen Aufträgen – ein **Nutzungsrecht** eingeräumt werden. Zudem muss der Konzessionsnehmer das **überwiegende wirtschaftliche Risiko** tragen.[182] Sofern man vor diesem besonderen rechtlichen Hintergrund für § 149 Nr. 8 überhaupt am unmittelbaren Zugriff des Konzessionsgebers auf die Kommunikationsdienste festhalten will,[183] reicht es hierfür jedenfalls aus, dass der Konzessionsgeber sich bei der Ausführung der Dienste externer Dritter bedient; er muss das Kommunikationsnetz also nicht selbst betreiben, sondern kann sich die entprechenden Leistungen durch Konzession beschaffen.[184] Gemäß § 149 Nr. 8 muss die Konzession **hauptsächlich** dem Betrieb oder der Bereitstellung der Netze bzw. der Bereitstellung der Dienste dienen. Es dürfen damit zwar auch andere Ziele verfolgt werden. Die in § 149 Nr. 8 benannten Tätigkeiten müssen aber den zentralen Kern ausmachen.[185] § 149 Nr. 8 setzt demgegenüber – in teleologischer Reduktion seines Wortlauts – nicht **die Feststellung eines wirksamen Wettbewerbs** voraus, auch wenn dessen Bestehen der tragende teleologische Grund für die Ausnahme ist.[186]

50   **9. Konzessionen im Bereich Wasser (§ 149 Nr. 9).** Wasserkonzessionen unterfallen keinem Sondervergaberecht vergleichbar den §§ 46 ff. EnWG, sind aber regelmäßig als **Dienstleistungskonzessionen** anzusehen.[187] Gemäß § 149 Nr. 9 können Dienstleistungskonzessionen ebenso wie etwaig vergebene Baukonzessionen im Bereich **Wasser** jedoch vom Konzessionsvergaberecht freigestellt sein.[188] Dies ist nach § 149 Nr. 9 lit. a zum einen der Fall, wenn die Konzessionen die Bereitstellung oder das Betreiben fester Netze zur Versorgung der Allgemeinheit im Zusammenhang mit

---

[173] Vgl. auch Langen/Bunte/*Scheider* Rn. 16.
[174] Beck TKG/*Schütz* § 3 Rn. 78.
[175] Beck VergabeR/*Germelmann* Rn. 75.
[176] Beck VergabeR/*Germelmann* Rn. 75.
[177] Beck VergabeR/*Germelmann* Rn. 75.
[178] OLG Dresden Beschl. v. 21.8.2019 – Verg 5/19, BeckRS 2019, 41675 Rn. 21.
[179] Für öffentliche Aufträge VK Bund Beschl. v. 2.9.2011 – VK 1-108/11, IBRRS 85493.
[180] S. für § 116 Abs. 2 OLG München Beschl. v. 22.7.2019 – Verg 14/18, NZBau 2020, 53 Rn. 41.
[181] Für § 116 Abs. 2 das OLG München Beschl. v. 22.7.2019 – Verg 14/18, NZBau 2020, 53 Rn. 44.
[182] Ziekow/Völlink/*Siegel* Rn. 15.
[183] Zweifelnd *Tugendreich*/*Heller* in Müller-Wrede GWB Rn. 97.
[184] OLG Dresden Beschl. v. 21.8.2019 – Verg 5/19, BeckRS 2019, 41675 Rn. 22; ebenso VK Mecklenburg-Vorpommern Beschl. v. 13.12.2018 – 3VK918 3 VK 9/18, BeckRS 2018, 35904.
[185] Beck VergabeR/*Germelmann* Rn. 76.
[186] OLG München Beschl. v. 22.7.2019 – Verg 14/18, NZBau 2020, 53 Rn. 29.
[187] EuGH Urt. v. 10.9.2009 – C-206/08, ECLI:EU:C:2009:540 = NZBau 2009, 729 – WAZV Gotha; s. auch *Heller* EWerK 2016, 210.
[188] Immenga/Mestmäcker/*Kling* Rn. 46; Beck VergabeR/*Germelmann* Rn. 83.

der Gewinnung, dem Transport oder der Verteilung von **Trinkwasser** oder die Einspeisung von Trinkwasser in diese Netze betreffen. Freigestellt sind Konzessionen im Bereich Wasser nach § 149 Nr. 9 lit. b zudem, wenn sie mit den in § 149 Nr. 9 lit. a genannten Tätigkeiten **in Zusammenhang stehen** und einen der nachfolgenden Gegenstände haben: Wasserbau-, Bewässerungs- und Entwässerungsvorhaben, sofern die zur Trinkwasserversorgung bestimmte Wassermenge mehr als 20 Prozent der Gesamtwassermenge ausmacht, die mit den entsprechenden Vorhaben oder Bewässerungs- oder Entwässerungsanlagen zur Verfügung gestellt wird, sowie die Abwasserbeseitigung oder Abwasserbehandlung. Im Ergebnis ist der Anwendungsbereich der Ausnahme weit gefasst, indem sie im Bereich Trinkwasser den Netzbetrieb, die Trinkwasserversorgung- und/oder die Abwasserentsorgung umfasst.[189] § 149 Nr. 9 setzt **Art. 12 RL 2014/23/EU** um, der entgegen dem Richtlinienvorschlag der EU-Kommission[190] die vollständige Herausnahme von Trinkwasserkonzessionen aus dem Anwendungsbereich des Vergaberechts erlaubt.[191] Der Wortlaut des § 149 Nr. 9 stimmt im Wesentlichen mit Art. 12 RL 2014/23/EU überein.[192]

a) Zweck. Die Ausnahme des § 149 Nr. 9 wird mit dem **hohen Stellenwert von Wasser für die Bevölkerung** begründet. Sie ermögliche es, bei der Vergabe von (Trink-)Wasserkonzessionen auf die **besondere Struktur der Wasserversorgung auf kommunaler Ebene** einzugehen, um eine bestmögliche Versorgung aller Bürger auch in ländlichen Regionen zu garantieren.[193] Der ursprüngliche Richtlinienentwurf der Kommission enthielt noch keine Ausnahmeregelung für Trinkwasser.[194] Um eine Pflicht zur europaweiten Ausschreibung von Trinkwasserkonzessionen zu verhindern, formierte sich im Normgebungsverfahren eine von Deutschland ausgehende Bürgerinitiative.[195] Die Beteiligten befürchteten, dass sich ein wettbewerbliches, transparentes und diskriminierungsfreies Vergabeverfahren negativ auf die **Versorgungssicherheit** sowie auf die **Qualität des Wassers** auswirke und wandten sich deshalb gegen eine vermeintliche Privatisierung und Liberalisierung der Wasserversorgung,[196] obwohl es für eine solche Befürchtung keinerlei belastbare Nachweise gab.[197] Auch der Ausschuss für Wirtschaft und Technologie des Bundestags[198] sprach sich gegen die Aufnahme der Wasserversorgung in den Anwendungsbereich des Vergaberechts aus, da die Anwendbarkeit des Vergaberechts im Bereich der Trinkwasserversorgung nicht zu mehr Transparenz führen werde, sondern zu **höheren Kosten für die Verbraucher.** Die vermeintlich gute Qualität des Wassers sei vor allem auf die Arbeit der Kommunen zurückzuführen.[199] Aus diesem Grund solle die Wasserwirtschaft weiterhin eine **kommunale Aufgabe sein** und nicht durch eine europaweite Ausschreibung beeinträchtigt werden.[200] Im Ergebnis nahm der europäische Richtliniengeber Konzessionen im Bereich Wasser durch Art. 12 RL 2014/23/EU aus dem Anwendungsbereich des Konzessionsvergaberechts aus.

b) Tatbestandsmerkmale. § 149 Nr. 9 bezieht sich in lit. a sowie in lit. b aa explizit auf die Versorgung mit Trinkwasser, wohingegen der Begriff des Abwassers an den ersten Blick keinen Trinkwasserbezug hat. Allerdings müssen auch die dort aufgeführten ergänzenden Tätigkeiten mit der Trinkwasserversorgung in Zusammenhang stehen und auf sie bezogen sein.[201] Der Begriff **Trinkwasser** ist weder in der RL 2014/23/EU noch im GWB legal definiert. Nach § 3 Nr. 1 TrinkwV ist Trinkwasser „alles Wasser, im ursprünglichen Zustand oder nach Aufbereitung, das zum Trinken, zum Kochen, zur Zubereitung von Speisen und Getränken oder für weitere häusliche Zwecke bestimmt ist" (zB Körperpflege), sowie „alles Wasser, das in einem Lebensmittelbetrieb verwendet wird". Für eine Ausnahme nach § 149 Nr. 149 Nr. 9 lit. a müssen die Konzessionen die Bereitstellung oder das Betreiben fester Netze **zur Versorgung der Allgemeinheit** betreffen. Die Versorgung eines beschränkten Kundenkreises ist damit nicht erfasst.[202] Die Freistellung von Konzessionen nach § 149 Nr. 9 lit. b betrifft Tätigkeiten, die mit den in § 149 Nr. 9 lit. a genannten

---

[189] *Heller* EWerK 2016, 210 (211).
[190] BR-Drs. 874/11; vgl. *Opitz* NVwZ 2014, 753 (758).
[191] *Sudbrock* KommJur 2014, 41 (42).
[192] Vgl. *Jacob/Schmidt* RdE 2016, 114 (119).
[193] BT-Drs. 18/6281, 128; näher *Knauff* in Goede/Stoye/Stolz VergabeR-HdB § 12 Konzessionsvergabe Rn. 32.
[194] Vgl. BR-Drs. 874/11; *Opitz* NVwZ 2014, 753 (758).
[195] BR-Drs. 17/12482.
[196] *Laskowski* ZUR 2013, 385; *Herten-Koch* EWeRK 5/2013, 248; *Opitz* NVwZ 2014, 753 (758).
[197] Zutreffend Beck VergabeR/*Germelmann* Rn. 6; aA *Tugendreich/Heller* in Müller-Wrede GWB Rn. 99.
[198] BT-Drs. 17/9069.
[199] BT-Drs. 17/9069, 2.
[200] BT-Drs. 17/9069, 2.
[201] Beck VergabeR/*Germelmann* Rn. 82 u. 93.
[202] Byok/Jaeger/*Brüning* Rn. 42.

Tätigkeiten **in Zusammenhang stehen**. Eine isolierte Tätigkeit in den Bereichen Wasserbau-, Bewässungs- und Entwässerungsvorhaben sowie Abwasserbeseitigung oder Abwasserbehandlung reicht damit nicht aus, um den Ausnahmetatbestand zu erfüllen.[203]

53   **c) Vergabe nach europäischen Primärrecht.** Die Freistellung der Trinkwasserkonzessionen bedeutet, dass die §§ 149 ff. nicht angewendet werden dürfen. Auch sektorspezifische Vergabevorschriften vergleichbar § 46 Abs. 2 EnWG existieren im Wasserbereich nicht.[204] Insbesondere ist § 46 Abs. 2 EnWG auf die Vergabe von Wasserkonzessionsverträgen mangels planwidriger Regelungslücke nicht analog anzuwenden.[205] Allerdings muss bei der Vergabe von Wasserkonzessionen nach dem Willen des deutschen Gesetzgebers das europäische **Primärvergaberecht** beachtet werden[206] (→ § 105 Rn. 4 ff.). Die primärrechtlichen Vergabepflichten greifen zwar nur dann ein, wenn eine Konzession im konkreten Einzelfall binnenmarktrelevant ist.[207] Ein Binnenmarktbezug ist aber nur dann zu verneinen, wenn ausländische Unternehmen bei verobjektivierter Betrachtung aufgrund der Eigenart der konzessionierten Dienstleistung aufgrund lokaler, kultureller oder etwa sprachlicher Anforderungen ausnahmsweise von vornherein als Interessenten ausscheiden.[208] Ein derart fehlendes Interesse ist bei Wasser-/Abwasserkonzessionen – ebenso wie etwa bei Rettungsdienstleistungen[209] – schon aufgrund des wirtschaftlichen Volumens häufig nicht gegeben.[210] Unter Geltung des Primärvergaberechts ist die Vergabe an den Grundsätzen der Transparenz, der Gleichbehandlung und der Verhältnismäßigkeit auszurichten.[211] Kontrovers diskutiert wird, ob eine Ausschreibungspflicht auch dann eingreift, wenn das Wassernetz im Eigentum des Konzessionärs steht, da für Wasserkonzessionen keine § 46 Abs. 2 EnWG vergleichbare Vorschrift zur Übertragung des Eigentums gegen Zahlung einer wirtschaftlich angemessenen Vergütung existiert.[212] Für eine Geltung des Primärvergaberechts spricht, dass in derartigen Fallgestaltungen auch die Ausnahmen gem. § 149 Nr. 6 und 7 bezüglich ausschließlicher Rechte mangels besonderer Rechtsbeziehung zum Staat nicht eingreifen würden.[213] Ergänzend zum Primärvergaberecht fodert das **kartellrechtliche Missbrauchsverbot gem. Art. 102 AEUV** bzw. § 19 eine Ausschreibung von Wasserkonzessionen. Das Missbrauchsverbot wird anders als das nationale Kartellverbot gem. § 1 nicht von der Bereichsausnahme des § 31 erfasst (vgl. § 31b Abs. 6; Art. 102 AEUV kann das nationale Recht sowieso nicht ausschließen).[214] Städte und Gemeinden handeln beim Abschluss von Wasser-Konzessionsverträgen als Unternehmen im Sinne des Kartellrechts, wobei sie auf dem sachlich und räumlich relevanten Markt ohne Wettbewerber, mithin marktbeherrschend sind.[215] Auch bei der Vergabe von Konzessionen für die Versorgung mit Wasser gelten somit die aus dem kartellrechtlichen Diskriminierungsverbot und dem primärrechtlichen Transparenzgrundsatz folgenden Anforderungen an den Verfahrensablauf.[216] Die Rechtsprechung orientiert sich in verfahrensrechtlicher Hinsicht an den Grundsätzen für die Vergabe von Strom- oder Gaskonzessionen gem. § 46 EnWG.[217] Da eine § 46 Abs. 4 S. 1 EnWG iVm § 1 EnWG entsprechende Regelung für Wasserkonzessionen nicht vorhanden ist, ist der Konzessionsgeber bei der Aufstellung und Gewichtung der Auswahlkriterien allerdings freier. Allerdings müssen die Kriterien sachbezogen und nicht willkürlich sein.[218]

---

[203] Byok/Jaeger/*Brüning* Rn. 43.
[204] *Schröder* NVwZ 2017, 504.
[205] S. für § 46 Abs. 4 EnWG OLG Düsseldorf Urt. v. 21.3.2018 – VI-2 U (Kart) 6/16, juris Rn. 54; gebilligt von BGH Beschl. v. 26.2.2019 – KZR 22/18, juris.
[206] BT-Drs. 18/6281, 128; s. auch *Gesterkamp* VergabeR 2020, 705 (706); Langen/Bunte/*Schneider* Rn. 19.
[207] EuGH Urt. v. 6.10.2016 – C-318/15, NZBau 2016, 781 Rn. 19 ff. – Tecnoedi Costruzioni Srl; Immenga/Mestmäcker/*Kling* Rn. 55.
[208] *Säcker/Mohr/Wolf*, Konzessionsverträge im System des europäischen und deutschen Wettbewerbsrechts, 2010, 70 f.
[209] *Braun* NZBau 2011, 400 (401).
[210] S. für eine Konzession im grenznahen Bereich mit einer 30jährigen Laufzeit OLG Düsseldorf Urt. v. 13.6.2018 – VI-2 U 7/16 (Kart), 2 U 7/16 (Kart), WuW 2019, 37 Rn. 91; s. auch *Säcker/Mohr* ZWeR 2012, 417 (429); *Schröder* NVwZ 2017, 504 (505).
[211] S. näher *Schröder* NVwZ 2017, 504 (507).
[212] Dafür *Heller* EWeRK 2016, 210 (212); dagegen *Schröder* NVwZ 2017, 504 (506).
[213] AA *Tugendreich/Heller* in Müller-Wrede GWB Rn. 127.
[214] S. für einen Konzessionsvertrag über den Netzbetrieb und die Versorgung mit Wasser OLG Düsseldorf Urt. v. 13.6.2018 – VI-2 U 7/16 (Kart), 2 U 7/16 (Kart), WuW 2019, 37 Rn. 88; *Säcker/Mohr* ZWeR 2012, 418 (419); *Heller* EWeRK 2016, 210 (212); *Gesterkamp* VergabeR 2020, 705 (708).
[215] OLG Düsseldorf Urt. v. 13.6.2018 – VI-2 U 7/16 (Kart), 2 U 7/16 (Kart), WuW 2019, 37 Rn. 85.
[216] OLG Düsseldorf Urt. v. 21.3.2018 – VI-2 U (Kart) 6/16, juris Rn. 50.
[217] OLG Düsseldorf Urt. v. 21.3.2018 – VI-2 U (Kart) 6/16, juris Rn. 50; OLG Düsseldorf Urt. v. 13.6.2018 – VI-2 U 7/16 (Kart), 2 U 7/16 (Kart), WuW 2019, 37 Rn. 90.
[218] OLG Düsseldorf Urt. v. 21.3.2018 – VI-2 U (Kart) 6/16, juris Rn. 54.

III. Kommentierung 54–58 § 149 GWB

d) Prüfpflicht der Kommission. Gemäß **Art. 53 UAbs. 3 RL 2014/23/EU** muss die Kommission die wirtschaftlichen Auswirkungen des Ausschlusses von Trinkwasser auf den Binnenmarkt unter Berücksichtigung der Besonderheiten der Wasserwirtschaft prüfen. Die Kommission musste dem Europäischen Parlament und dem Rat eigentlich bis zum 18.4.2019 Bericht erstatten (Art. 53 UAbs. 3 RL 2014/23/EU). Bislang liegt ein derartiger Prüfbericht aber wohl noch nicht vor.[219] 54

10. Dienstleistungskonzessionen zu Lotteriedienstleistungen (§ 149 Nr. 10). a) Allgemein. § 149 Nr. 10 nimmt Dienstleistungskonzessionen zu **Lotteriedienstleistungen**, die unter die **Referenznummer des Common Procurement Vocabulary 92351100-7 fallen**, aus dem Anwendungsbereich des Konzessionsvergaberechts heraus, sofern die jeweilige Konzession einem Unternehmen aufgrund eines **ausschließlichen Rechts** gewährt wird. § 149 Nr. 10 dient der Umsetzung von Art. 10 Abs. 9 RL 2014/23/EU. Nach Erwägungsgrund 35 RL 2014/23/EU obliegt es den Mitgliedstaaten, den Bereich der Spieltätigkeiten zum **Schutz der öffentlichen und sozialen Ordnung** nach nationalen Vorschriften zu regeln.[220] Auch der EuGH betont, dass im Bereich der Glücksspiele in den Mitgliedstaaten kulturelle, sittliche und religiöse Unterschiede gegeben seien.[221] Folgerichtig müsse es den Mitgliedstaaten obliegen, unter Berücksichtigung der eigenen Wertordnung und zum Schutz des Allgemeininteresses nationale Verfahrensvorschriften festzulegen. Demgemäß sei eine Ausnahme für Lotteriedienstleistungen gerechtfertigt, die einem Unternehmen durch einen Mitgliedstaat auf Grundlage eines ausschließlichen Rechts nach nationalen Rechts- oder veröffentlichten Verwaltungsvorschriften und im Einklang mit dem AEUV gewährt werde.[222] Die Gewährung einer Konzession durch einseitige behördliche Genehmigung – wie von Erwägungsgrund 35 RL 2014/23/EU thematisiert – unterfällt dem Ausnahmetatbestand schon deshalb nicht, weil es an einer vertraglichen Leistungserbringung des Konzessionsnehmers und damit an einer Konzession iSd § 105 mangelt (→ § 105 Rn. 32).[223] 55

In Deutschland enthält der **Glücksspielstaatsvertrag** (GlüStV) in §§ 4a–e GlüStV spezielle Verfahrensvorschriften für den Abschluss von Konzessionen bezüglich Glücksspielen, wozu auch **Lotterien** gehören. Die entsprechenden Verfahrensvorschriften sollen den spezifischen Eigenheiten des nationalen Glücksspielwesens besser als das Vergaberecht Rechnung tragen. Gemäß § 4b Abs. 1 GlüStV müssen bei der Auswahlentscheidung das **Transparenzgebot** und das **Diskriminierungsverbot** berücksichtigt werden. Unter Geltung des Dritten Glücksspielstaatsvertrags sind Sportwetten nicht mehr kontingentiert, sondern werden an jeden tauglichen Bewerber vergeben.[224] Vor diesem Hintergrund entfällt die teleologische Rechtfertigung für ein wettbewerbliches Vergabeverfahren. Einschlägig ist vielmehr das öffentliche Recht der Gefahrenabwehr (zur Nichtgeltung von § 149 Nr. 10 für Sportwettenkonzessionen iSd § 105 → Rn. 60). 56

b) Tatbestandsmerkmale. aa) Ausschließlichkeitsrecht. Die Lotteriedienstleistung muss einem Unternehmen aufgrund eines **ausschließlichen Rechts** gewährt worden sein. Gemäß Art. 10 Abs. 9 RL 2014/23/EU deckt sich der Begriff des ausschließlichen Rechts für diese Zwecke nicht mit den in Art. 7 Abs. 2 RL 2014/23/EU genannten „ausschließlichen Rechten". Es handelt sich bei den in § 149 Nr. 10 genannten ausschließlichen Rechten vielmehr um solche, die im Sinne dieser Richtlinie vergeben werden (vgl. Art. 5 Nr. 10 RL 2014/23/EU). Weiterhin ist die Gewährung eines ausschließlichen Rechts im ABl.EU zu veröffentlichen (Art. 10 Abs. 9 RL 2014/23/EU). 57

bb) „Lotterie". Der Begriff **„Lotterie"** wird weder in der Richtlinie noch im GWB näher expliziert. In Deutschland wird „Lotterie" in § 3 Abs. 3 GlüStV definiert als ein Glücksspiel iSv § 3 Abs. 1 GlüStV, bei dem einer Mehrzahl von Personen die Möglichkeit eröffnet wird, nach einem bestimmten Plan gegen ein bestimmtes Entgelt die Chance auf einen Geldgewinn zu erlangen. Eine Lotterie stellt somit eine Unterkategorie von Glücksspielen dar. Ein Glücksspiel iSv § 3 Abs. 1 GlüStV liegt vor, wenn im Rahmen eines Spiels für den Erwerb einer Gewinnchance ein Entgelt verlangt wird und die Entscheidung über den Gewinn ganz oder überwiegend vom Zufall abhängt. Damit die Tatbestandsmerkmale einer Lotterie vorliegen, müssen sowohl die Voraussetzungen des Glücksspiels als auch diejenigen der Lotterie vorliegen. Da § 149 Nr. 10 den Art. 10 Abs. 9 RL 2014/23/EU umsetzt, ist der Begriff der Lotterie **unionsrechtskonform-autonom** zu interpretieren. Die deutsche Definition kann deshalb lediglich als Annäherung dienen. 58

---

[219] So Immenga/Mestmäcker/*Kling* Rn. 57.
[220] Zum Spielbankenrecht als Bestandteil der öffentlichen Sicherheit und Ordnung *Müller* NVwZ 2016, 266 (267).
[221] EuGH Urt. v. 8.7.2010 – C-447, 448/08, ECLI:EU:C:2010:415 = NVwZ 2010, 1088 (1089 f.) – Sjöberg.
[222] EuGH Urt. v. 8.7.2010 – C-447, 448/08, ECLI:EU:C:2010:415 = NVwZ 2010, 1088 (1089 f.) – Sjöberg.
[223] AA juris-PK VergabeR/*Wagner* Rn. 54.
[224] S. dazu *Lüder* NVwZ 2020, 190 (193).

59 Bei einer Lotterie ist nach dem Wortlaut des § 3 Abs. 3 GlüStV zunächst ein bestimmter **Plan** erforderlich. Darin unterscheidet sich die Lotterie zu anderen Glücksspielen. Der Plan muss die Bedingungen im Voraus festlegen. Den Teilnehmern wird gegen Entgelt die Möglichkeit eröffnet, einen Geldgewinn zu erlangen. Die Höhe des Entgelts wird vorher im Spielplan festgelegt. Dies ergibt sich aus dem Wortlaut des GlüStV („bestimmtes Entgelt"). Hierin spiegelt sich der Unterschied zu einfachen Glücksspielen wider, die kein bestimmtes Entgelt verlangen. Der Einsatz liegt im Ermessen der Spieler. Darüber hinaus muss der Gewinn ganz oder überwiegend vom Zufall abhängen.

60 § 149 Nr. 10 erfasst weder direkt noch analog **Konzessionen für Spielkasinos** oder **sonstige Wetteinrichtungen** wie etwa **Sportwetten**.[225] Zwar heißt es in **Erwägungsgrund 35 RL 2014/23/EU**, dass die Richtlinie das Recht der Mitgliedstaaten nicht beschränken solle, „im Einklang mit dem Unionsrecht zu entscheiden, auf welche Weise – einschließlich durch Genehmigung – der Spiel- und Wettbetrieb organisiert und kontrolliert wird". Diese allgemeine Formulierung könnte dafür sprechen, dass sich § 149 Nr. 10 auch auf Sportwetten und andere Glücksspiele bezieht. Zudem zielt der Ausnahmetatbestand auf den Schutz der öffentlichen Sicherheit und Ordnung ab, was ebenfalls für ein extensives Verständnis sprechen könnte.[226] Allerdings heißt es in Erwägungsgrund 35 RL 2014/23/EU weiter, dass Konzessionen (lediglich) für den Betrieb von Lotterien aus dem Anwendungsbereich des Konzessionsvergaberechts ausgenommen sind. Auch mit Blick auf den Grundsatz der teleologisch-engen Auslegung von Ausnahmen von den Grundregeln eines wettbewerblich organisierten Binnenmarktes (→ Rn. 5) ist deshalb davon auszugehen, dass der Ausnahmetatbestand nicht den gesamten Spiel- und Wettbetrieb umfasst, sondern allein Lotterien. Der Wortlaut des § 149 Nr. 10 spricht ebenfalls für diese Deutung, da er sich allein auf die Referenznummer CVP-Code 92351100-7 bezieht, wohingegen die Referenznummer für Spielkasinos CVP-Code 92351100-8 gerade nicht aufgeführt ist.[227] Dessen ungeachtet kann das Eingreifen der Ausnahme schon daran scheitern, dass Glücksspielkonzessionen nach ihrer konkreten Ausgestaltung als einseitige Gestattungen einzustufen sind (→ § 105 Rn. 32).[228]

61 **11. Konzessionen zu Sektorentätigkeiten außerhalb der EU (§ 149 Nr. 11). a) Allgemein.** Das Konzessionsvergaberecht gilt nach § 149 Nr. 11 nicht für Konzessionen, die **Sektorenkonzessionsgeber** iSd § 101 Abs. 1 Nr. 2 und 3 zur Durchführung ihrer Tätigkeiten **in einem nicht der EU angehörenden Staat** in einer Weise vergeben, die **nicht mit der physischen Nutzung eines Netzes oder geografischen Gebiets in der EU verbunden** ist (vgl. auch § 137 Abs. 2 Nr. 2).[229] § 149 Nr. 11 begrenzt damit den sachlichen Anwendungsbereich der GWB-Konzessionsvergabevorschriften,[230] der grundsätzlich in § 105 geregelt ist. Dienstleistungskonzessionen für Sektorentätigkeiten außerhalb der EU weisen grundsätzlich keinen Binnenmarktbezug auf, da sie nicht geeignet sind, den Bieterwettbewerb in der EU zu beeinträchtigen. Etwas anderes gilt, wenn die entsprechenden Konzessionen mit der physischen Nutzung eines Netzes oder eines geographischen Gebiets in der EU verbunden sind, weshalb die Ausnahme hier ihre teleologische Rechtfertigung verliert.[231] § 149 Nr. 11 dient der Umsetzung von Art. 10 Abs. 10 RL 2014/23/EU.[232]

62 **b) Tatbestandsmerkmale. aa) Konzessionsgeber.** § 149 Nr. 10 verweist für den Begriff des **Sektorenkonzessionsgebers** auf § 101 Abs. 1 Nr. 2 und Nr. 3.

63 **bb) Dienstleistungen außerhalb der EU.** Die durch einen Sektoren-Konzessionsgeber zur Durchführung seiner Tätigkeiten in einem nicht der EU angehörigen Staat vergebenen Konzessionen müssen in einer Weise vergeben werden, die **nicht mit der physischen Nutzung eines Netzes oder geografischen Gebiets in der EU verbunden** ist. Es werden somit nur diejenigen Sektorentätigkeiten in Bezug auf Netze oder Anlagen ausgenommen, die sich nicht in einem der europäischen Mitgliedstaaten befinden und ausschließlich in einem Drittland betrieben werden.[233]

64 **12. Konzessionen im Bereich der Luftverkehrsdienste und zur Beförderung von Personen (§ 149 Nr. 12).** Konzessionen, die im Bereich der **Luftverkehrsdienste** vergeben werden

---

[225] Ebenso *Tugendreich/Heller* in Müller-Wrede GWB Rn. 133; Byok/Jaeger/*Brüning* Rn. 45; Reidt/Stickler/Glahs/*Rafii* Rn. 23; Immenga/Mestmäcker/*Kling* Rn. 62; Langen/Bunte/*Schneider* Rn. 21; aA HK-VergabeR/*Schellenberg* Rn. 12; Willenbruch/Wieddekind/*Willenbruch* Rn. 12.
[226] juris-PK VergabeR/*Wagner* Rn. 53.
[227] Immenga/Mestmäcker/*Kling* Rn. 62; juris-PK VergabeR/*Wagner* Rn. 56.
[228] Vgl. auch *Tugendreich/Heller* in Müller-Wrede GWB Rn. 133.
[229] juris-PK VergabeR/*Wagner* Rn. 56.
[230] Beck VergabeR/*Germelmann* Rn. 100.
[231] Beck VergabeR/*Germelmann* Rn. 103.
[232] BT-Drs. 18/6281, 128.
[233] Ziekow/Völlink/*Antweiler* § 137 Rn. 16.

oder Konzessionen, die die **Beförderung von Personen im Sinne des PBefG** betreffen, sind nach § 149 Nr. 12 vom 4. Teil des GWB ebenfalls ausgenommen, da diese unionsrechtlichen Sonderregelungen unterliegen. § 149 Nr. 12 hat damit die Funktion einer Abgrenzungsvorschrift.[234] Sie setzt **Art. 10 Abs. 3 RL 2014/23/EU** ins deutsche Recht um. Für die Erbringung der Verkehrsdienstleistungen gelten im deutschen Recht Sonderregeln, die die allgemeinen Vorschriften über die Vergabe von Dienstleistungen bzw. Dienstleistungskonzessionen als leges speciales verdrängen.[235] Nach der Regierungsbegründung gilt § 149 Nr. 12 allein für **Dienstleistungskonzessionen**, nicht aber für Baukonzessionen.[236]

a) Konzessionen im Bereich der Luftverkehrsdienste. Nach § 149 Nr. 12 sind vom 65 Anwendungsbereich des Konzessionsvergaberechts **Konzessionen im Bereich der Luftverkehrsdienste** auf der Grundlage einer Betriebsgenehmigung im Sinne der VO (EG) Nr. 1008/2008 (Luftverkehrsdienste-VO) ausgenommen, da für diese Konzessionen Sondervorschriften gelten, die das Kartellvergaberecht des GWB verdrängen. So enthält die Luftverkehrsdienste-VO in Art. 16–18 Luftverkehrsdienste-VO Vorschriften für die Durchführung von Luftverkehrsdiensten.[237] Das Verfahren zur Ausschreibung dieser Dienste ist in Art. 17 Luftverkehrsdienste-VO normiert. Nach Art. 17 Abs. 2 Luftverkehrsdienste-VO übermittelt der Mitgliedstaat der Kommission zunächst den Text der Ausschreibung. Die Ausschreibung wird von der Kommission sodann im Amtsblatt der Union veröffentlicht. Bei der Auswahl des Angebots sind die Angemessenheit des Leistungsangebots, die den Benutzern angebotenen Preise und die sonstigen Bedingungen sowie die ggf. von dem oder den betroffenen Mitgliedstaaten zu zahlenden Ausgleichsleistungen zu berücksichtigen (Art. 17 Abs. 7 Luftverkehrsdienste-VO). § 149 Nr. 12 erfasst allein Luftverkehrsdienste auf Grundlage einer Betriebsgenehmigung. Eine derartige Betriebsgenehmigung im Sinne der Luftverkehrsdienste-VO ist „eine Genehmigung, die einem Unternehmen von der zuständigen Genehmigungsbehörde erteilt wird und das Unternehmen je nach den Angaben in der Genehmigung berechtigt, Flugdienste zu erbringen" (Art. 2 Nr. 1 Luftverkehrsdienste-VO).

b) Konzessionen über öffentliche Personenverkehrsdienste. aa) Grundlagen. Vom 66 sachlichen Anwendungsbereich des Konzessionsvergaberechts ausgenommen sind gem. § 149 Nr. 12 weiterhin Dienstleistungskonzessionen über **öffentliche Personenverkehrsdienste iSd § 1 PBefG**, dh Konzessionen über die entgeltliche oder geschäftsmäßige Beförderung von Personen mit Straßenbahnen, mit Oberleitungsomnibussen und mit Kraftfahrzeugen (§ 1 Abs. 1 PBefG).[238] Demgemäß würde die Erteilung einer Genehmigung für den Aufbau und Betrieb eines Mobilitätskonzepts zur Personenbeförderung mit Kraftfahrzeugen auf der Grundlage virtueller Haltepunkte gem. § 2 Abs. 7 PBefG selbst dann nicht dem GWB-Vergaberecht unterfallen, wenn es sich um eine Dienstleistungskonzession iSd § 105 handelte.[239] Für die Vergabe von Personenverkehrsdiensten gelten vielmehr **vergaberechtliche Sonderregelungen**, die durch § 8b PBefG in Umsetzung von Art. 5 Abs. 3 ÖPNV/SPNV-VO[240] konkretisiert werden.[241] Regelungsgegenstand der in den Mitgliedstaaten unmittelbar anzuwendenden ÖPNV/SPNV-VO ist die Vergabe von Dienstleistungen im Bereich des öffentlichen Personennahverkehrs (ÖPNV).[242] Sachlicher Grund für die Existenz dieses Sonderregimes ist im ÖPNV zu beobachtende Marktversagen, wonach zur Sicherung einer hinreichenden Qualität und Quantität der betroffenen Dienstleistungen vielfältige Subventionierungen durch die öffentliche Hand geboten sind. Vor diesem Hintergrund will die ÖPNV/SPNV-VO die betroffenen Nahverkehrsmärkte durch ein moderat ausgestaltetes Vergaberegime schrittweise in wettbewerbliche Strukturen überführen.[243] Sie differenziert dabei zwischen Verkehrsleistungen mit **Bussen** und **Straßenbahnen** und **Eisenbahnverkehrsleistungen**.

Die ÖPNV/SPNV-VO gilt auch für **Dienstleistungskonzessionen**.[244] Nach Art. 5 Abs. 1 67 S. 1 ÖPNV/SPNV-VO sollen öffentliche Dienstleistungsaufträge im Personenverkehr grundsätzlich

---

[234] Beck VergabeR/*Germelmann* Rn. 106.
[235] HK-VergabeR/*Schellenberg* Rn. 15.
[236] BT-Drs. 18/6281, 129; näher *Tugendreich/Heller* in Müller-Wrede GWB Rn. 150.
[237] Ziekow/Völlink/*Siegel* Rn. 22.
[238] BT-Drs. 18/6281, 129.
[239] Abgelehnt wegen des Vorliegens einer hoheitlichen Erlaubnis von OLG Celle Beschl. v. 16.10.2018 – 13 Verg 3/18, NZBau 2019, 268 Rn. 10 ff.
[240] Hierzu etwa EuGH Urt. v. 21.3.2019 – C-350/17, C-351/17, NZBau 2019, 322 – Mobit Soc. cons. arl.
[241] BT-Drs. 18/6281, 129; OLG Düsseldorf Urt. v. 12.10.2016 – VI-U (Kart) 2/16, U (Kart) 2/16, NZKart 2016, 528 Rn. 62 ff.; s. auch OLG Celle Beschl. v. 16.10.2018 – 13 Verg 3/18, NZBau 2019, 268 Rn. 14; Byok/Jaeger/*Brüning* Rn. 51.
[242] *Polster* NZBau 2010, 662; *Bayreuther* NZA 2014, 1171.
[243] Zum Vorstehenden *Burgi* VergabeR § 23 Rn. 15.
[244] *Otting/Scheps* NVwZ 2008, 499 (500); *Bayreuther* NZA 2014, 1171.

nach „Maßgabe dieser Verordnung vergeben werden". Daraus ergibt sich freilich noch kein Anwendungsvorrang gegenüber den allgemeinen Vergabevorschriften, da Art. 5 Abs. 1 S. 2 ÖPNV/SPNV-VO eine Rückausnahme für Personenverkehrsdienste mit Bussen und Straßenbahnen enthält. Derartige Personenverkehrsdienste mit Bussen und Straßenbahnen sollen nicht nach dem Verfahren des Art. 5 ÖPNV/SPNV-VO vergeben werden, wenn sie öffentliche Dienstleistungsaufträge im Sinne der Vergaberichtlinien darstellen.[245] Liegt ein öffentlicher Dienstleistungsauftrag vor, ist das allgemeine Vergabeverfahren nach dem 4. Teil des GWB somit vorrangig anzuwenden.[246] Die vorstehende Rückausnahme findet nach Art. 5 Abs. 1 S. 2 ÖPNV/SPNV-VO auf Dienstleistungskonzessionen aber keine Anwendung. Für Dienstleistungskonzessionen gilt somit das **besondere Vergabeverfahren der ÖPNV/SPNV-VO einschränkungslos**.[247] Eine Dienstleistungskonzession liegt unter den Voraussetzungen des § 105 insbesondere dann vor, wenn der öffentliche Auftraggeber dem Diensterbringer – vorbehaltlich der Ausnahmeregelung des § 149 Nr. 6 – entweder ein **Ausschließlichkeitsrecht** gewährt oder ihm aber einen Zuschuss verspricht, weil sich die zu erbringenden Verkehre als defizitär erweisen oder er Fahrleistungen bzw. Durchführungsmodalitäten fordert, die unwirtschaftlich sind, soweit sich der Dienstleistungserbringer auch von den Fahrpreiseinnahmen refinanzieren muss und damit ein relevantes Betriebsrisiko trägt.[248] In der Rechtswirklichkeit wird wohl die überwiegende Mehrheit der „Aufträge" im ÖPNV in Form derartiger Dienstleistungskonzessionen vergeben.[249]

68 **bb) Personenverkehrsdienstleistungen mit Bussen und Straßenbahnen.** Dienstleistungskonzessionen, die Personenverkehrsleistungen mit Bussen und Straßenbahnen betreffen, sind gem. **Art. 5 Abs. 3 ÖPNV/SPNV-VO** im Wege eines wettbewerblichen Vergabeverfahrens zu vergeben. Das Verfahren soll „allen Bewerbern offenstehen, fair sein und den Grundsätzen der Transparenz und Nichtdiskriminierung genügen". Allerdings können nach Angebotsabgabe Verhandlungen geführt werden, „um festzulegen, wie der Besonderheit oder Komplexität der Anforderungen am besten Rechnung zu tragen ist". Art. 5 Abs. 2 ÖPNV/SPNV-VO ermöglicht unter den dort normierten Voraussetzungen die Direktvergabe einer Dienstleistungskonzession iSd § 105 Abs. 2 (s. auch § 154 Nr. 3).[250] Dem kommunalen Verkehrsunternehmen muss hiernach ein relevantes wirtschaftliches Risiko zugewiesen werden.[251] Zugleich ist es an die in der Norm genannten Beschränkungen hinsichtlich seines geografischen Tätigkeitsbereichs, von Wettbewerbsteilnahmen und bei der Unterauftragsvergabe gebunden. Letztere ist nur insoweit zulässig, als der interne Betreiber verpflichtet ist, „den überwiegenden Teil des öffentlichen Personenverkehrsdienstes selbst zu erbringen".[252]

69 Im deutschen Recht werden die allgemeinen Grundsätze des Art. 5 Abs. 3 ÖPNV/SPNV-VO durch **§ 8b PBefG** konkretisiert.[253] Gemäß § 1 PBefG unterliegt den Vorschriften dieses Gesetzes die entgeltliche oder geschäftsmäßige Beförderung von Personen mit Straßenbahnen, mit Oberleitungsomnibussen (Obussen) und mit Kraftfahrzeugen. Der Begriff der **„Straßenbahn"** wird in § 4 Abs. 1 PBefG definiert. Straßenbahnen sind nach § 4 Abs. 2 PBefG auch „Bahnen, die als Hoch- und Untergrundbahnen, Schwebebahnen oder ähnliche Bahnen besonderer Bauart angelegt sind oder angelegt werden", sofern sie nicht „Bergbahnen oder Seilbahnen sind". **Oberleitungsomnibusse** sind gem. § 4 Abs. 3 PBefG „elektrisch angetriebene, nicht an Schienen gebundene Straßenfahrzeuge, die ihre Antriebsenergie einer Fahrleitung entnehmen". **Kraftzeuge** sind gem. § 4 Abs. 4 PBefG „Straßenfahrzeuge, die durch eigene Maschinenkraft bewegt werden, ohne an Schienen oder eine Fahrleitung gebunden zu sein" (Personenkraftwagen, Kraftomnibusse, Lastkraftwagen).

---

[245] *Wagner-Cardenal/Dierkes* NZBau 2014, 738.
[246] Hierzu EuGH Urt. v. 27.10.2016 – C-292/15, NZBau 2017, 48 – Hörmann Reisen, wonach der Vorrang zugunsten des allgemeinen Vergaberechts bedeute, dass dieser nur die Unanwendbarkeit der spezifisch vergaberechtlichen Regelungen der Art. 5 Abs. 2–6 ÖPNV/SPNV-VO bewirke, wohingegen er die Anwendbarkeit der übrigen Bestimmungen der ÖPNV/SPNV-VO unberührt lasse, etwa diejenige über die Beschränkung der Unterauftragsvergabe in Art. 4 Abs. 7 ÖPNV/SPNV-VO; vgl. dazu *Knauff* in Knauff, Rechtsanwendung und Finanzierung im ÖPNV, 2020, 67 (75 f.).
[247] *Knauff* NZBau 2011, 655.
[248] *Bayreuther* NZA 2014, 1171.
[249] So *Bayreuther* NZA 2014, 1171 f.
[250] Zur Beschränkung auf Konzessionsvergaben EuGH Urt. v. 21.3.2019 – C-266/17, C-267/17, EuZW 2019, 388 Rn. 68 ff. – Rhein-Sieg-Kreis; s. auch die Anm. von *Knauff* EuZW 2019, 391; zu Verfahren bei Vergaben nach der ÖPNV/SPNV-VO *Knauff* in Knauff, Rechtsanwendung und Finanzierung im ÖPNV, 2020, 67 (78).
[251] *Knauff* NZBau 2017, 391 (392).
[252] *Knauff* NZBau 2017, 391 (392).
[253] *Burgi* VergabeR § 23 Rn. 17, 27.

cc) **Eisenbahnverkehrsdienstleistungen.** Dienstleistungskonzessionen über **öffentliche** 70
Personenverkehrsleistungen im Eisenbahnverkehr unterfallen nicht dem PBefG[254] und werden deshalb auch nicht von der Ausnahme des § 149 Nr. 12 erfasst.[255] Nach Maßgabe der ÖPNV/SPNV-VO besteht entweder die Möglichkeit zur Durchführung eines wettbewerblichen Vergabeverfahrens gem. Art. 5 Abs. 3 ÖPNV/SPNV-VO oder einer Direktvergabe gem. Art. 5 Abs. 6 ÖPNV/SPNV-VO.[256] Das deutsche Recht steht einer derartigen Direktvergabe aber insoweit entgegen, als die Vergabe in den Anwendungsbereich des GWB-Vergaberechts fällt.[257] Bei Überschreitung des Schwellenwerts gem. § 106 Abs. 1, Abs. 2 Nr. 4 sind für die Vergabe von Dienstleistungskonzessionen im Bereich des Eisenbahnverkehrs deshalb die (konzessions-)vergaberechtlichen Vorschriften der §§ 149 ff. anzuwenden, modifiziert durch **§ 154 Nr. 3** (→ § 154 Rn. 34).

§ 150 Besondere Ausnahmen für die Vergabe von Konzessionen in den Bereichen Verteidigung und Sicherheit

Dieser Teil ist nicht anzuwenden auf die Vergabe von Konzessionen in den Bereichen Verteidigung und Sicherheit,
1. bei denen die Anwendung der Vorschriften dieses Teils den Konzessionsgeber verpflichten würde, Auskünfte zu erteilen, deren Preisgabe seines Erachtens den wesentlichen Sicherheitsinteressen der Bundesrepublik Deutschland zuwiderläuft, oder wenn die Vergabe und Durchführung der Konzession als geheim zu erklären sind oder von besonderen Sicherheitsmaßnahmen gemäß den geltenden Rechts- oder Verwaltungsvorschriften begleitet sein müssen, sofern der Konzessionsgeber festgestellt hat, dass die betreffenden wesentlichen Interessen nicht durch weniger einschneidende Maßnahmen gewahrt werden können, wie beispielsweise durch Anforderungen, die auf den Schutz der Vertraulichkeit der Informationen abzielen, die Konzessionsgeber im Rahmen eines Konzessionsvergabeverfahrens zur Verfügung stellen,
2. die im Rahmen eines Kooperationsprogramms vergeben werden, das
    a) auf Forschung und Entwicklung beruht und
    b) mit mindestens einem anderen Mitgliedstaat der Europäischen Union für die Entwicklung eines neuen Produkts und gegebenenfalls die späteren Phasen des gesamten oder eines Teils des Lebenszyklus dieses Produkts durchgeführt wird,
3. die die Bundesregierung an eine andere Regierung für in unmittelbarem Zusammenhang mit Militärausrüstung oder sensibler Ausrüstung in stehende Bau- und Dienstleistungen oder für Bau- und Dienstleistungen speziell für militärische Zwecke oder für sensible Bau- und Dienstleistungen vergibt,
4. die in einem Staat, der nicht Vertragspartei des Übereinkommens über den Europäischen Wirtschaftsraum ist, im Rahmen des Einsatzes von Truppen außerhalb des Gebiets der Europäischen Union vergeben werden, wenn der Einsatz erfordert, dass diese Konzessionen an im Einsatzgebiet ansässige Unternehmen vergeben werden,
5. die durch andere Ausnahmevorschriften dieses Teils erfasst werden,
6. die nicht bereits gemäß den Nummern 1 bis 5 ausgeschlossen sind, wenn der Schutz wesentlicher Sicherheitsinteressen der Bundesrepublik Deutschland nicht durch weniger einschneidende Maßnahmen garantiert werden kann, wie beispielsweise durch Anforderungen, die auf den Schutz der Vertraulichkeit der Informationen abzielen, die Konzessionsgeber im Rahmen eines Konzessionsvergabeverfahrens zur Verfügung stellen, oder
7. die besonderen Verfahrensregeln unterliegen,
    a) die sich aus einem internationalen Abkommen oder einer internationalen Vereinbarung ergeben, das oder die zwischen einem oder mehreren Mitgliedstaaten der Europäischen Union und einem oder mehreren Staaten, die nicht Vertragsparteien des Übereinkommens über den Europäischen Wirtschaftsraum sind, geschlossen wurde,

---

[254] BT-Drs. 18/6281, 129.
[255] Beck AEG/*Fehling* AEG § 15 Rn. 60; Langen/Bunte/*Schneider* Rn. 25.
[256] *Polster* NZBau 2010, 662 (666).
[257] BGH Beschl. v. 8.2.2011 – X ZB 4/10, NZBau 2011, 175 (177 f.); dagegen OLG Brandenburg Beschl. v. 2.9.2003 – Verg W 3/03 u. Verg W 5/03, NZBau 2003, 688; Beck AEG/*Fehling* AEG § 15 Rn. 57 f.

b) die sich aus einem internationalen Abkommen oder einer internationalen Vereinbarung im Zusammenhang mit der Stationierung von Truppen ergeben, das oder die Unternehmen eines Mitgliedstaates der Europäischen Union oder eines anderen Staates betrifft, oder
c) die für eine internationale Organisation gelten, wenn diese für ihre Zwecke Beschaffungen tätigt oder wenn ein Mitgliedstaat der Europäischen Union Aufträge nach diesen Regeln vergeben muss.

Schrifttum: *Byok*, Reformierter Regelungsrahmen für Beschaffungen im Sicherheits- und Verteidigungssektor, NVwZ 2012, 70; *Eifert/Hoffmann-Riem*, Innovation und Recht II, Innovationsfördernde Regulierung, 2009; *Eßig*, Beschaffungsstrategien der öffentlichen Hand in den Bereichen Verteidigung und Sicherheit am Beispiel der Bundeswehr, ZfBR 2016, 33; *Herrmann/Polster*, Die Vergabe von sicherheitsrelevanten Aufträgen, NVwZ 2010, 341; *Hertel/Schöning*, Der neue Rechtsrahmen für die Auftragsvergabe im Rüstungssektor, NZBau 2009, 684; *Hindelang/Eisentraut*, Rüstungsbeschaffung zwischen Bestimmungsfreiheit des Auftraggebers und Sicherstellung von Wettbewerb, EuZW 2019, 149; *Hölzl*, Ausnahmen bleiben Ausnahmen! Zu den Voraussetzungen der Rüstungs-, Sicherheits- und Geheimhaltungsausnahme sowie eines Verhandlungsverfahrens ohne Vergabebekanntmachung, NZBau 2008, 563; *dies.*, Anm. EuGH Urt. v. 7.6.2012 – C-615/10 – keine Ausschreibungspflicht für militärisch und zivil nutzbares Produkt – „InsTiimi Oy", NZBau 2012, 509; *Hoffmann-Riem*, Innovation und Recht – Recht und Innovation, 2016; *Horstkotte/Hünemörder*, Vergabe von Aufträgen im Verteidigungs- und Sicherheitsbereich, LKV 2015, 541; *Kraßer/Ann*, Patentrecht, 7. Aufl. 2016; *Mösinger/Juraschek*, Keine Flucht in Sicherheitsinteressen! Art. 346 AEUV als Ultima Ratio, NZBau 2019, 93; *Mohr*, Energiewirtschaftliche Konzessionsverträge und Unionsrecht, RdE 2016, 269; *Oppenländer*, Die Wirkungen des Patentwesens im Innovationsprozeß, GRUR 1977, 362; *Prieß*, Vergaberechtliche Deregulierung und (Re-)Regulierung in der Wirtschaftskrise, GewArch Beilage WiVerw 1/2010, 24; *Scherer-Leydecker*, Verteidigungs- und sicherheitsrelevante Aufträge – Eine neue Auftragskategorie im Vergaberecht, NZBau 2012, 533; *Wagner/Bauer*, Grundzüge des zukünftigen Vergaberegimes in den Bereichen Verteidigung und Sicherheit, VergabeR 2009, 856.

Übersicht

	Rn.		Rn.
I. Normzweck	1	a) Überblick	45
II. Entstehungsgeschichte	6	b) Kooperationsprogramme zwischen EU-Mitgliedstaaten	47
III. Vorgaben des Unionsrechts	9	c) Forschung und Entwicklung	50
1. Art. 346 AEUV	9	d) Entwicklung eines neuen Produkts	53
2. RL 2009/81/EG (Vergabe-RL Verteidigung und Sicherheit)	14	4. Intergouvernementale Konzessionsvergabe (§ 150 Nr. 3)	55
3. RL 2014/23/EU (RL 2014/23/EU)	18	a) Überblick	55
IV. Kommentierung	23	b) Regierungen als Konzessionsgeber und -nehmer	56
1. Grundlagen	23	c) Konzessionsgegenstände	57
a) Sachlicher Geltungsbereich: Verteidigung und Sicherheit	23	5. Konzessionsvergaben bei Auslandseinsätzen an im Einsatzgebiet ansässige Unternehmen (§ 150 Nr. 4)	69
b) Konzession	25		
c) Ausnahme von den §§ 149–154	26	6. Andere Ausnahmevorschriften des 4. Teils (§ 150 Nr. 5)	73
d) Verhältnis zu den §§ 104, 107 Abs. 2 und § 117 Abs. 2	27	7. Subsidiärer Schutz wesentlicher Sicherheitsinteressen (§ 150 Nr. 6)	74
2. Gefährdung wesentlicher Sicherheitsinteressen (§ 150 Nr. 1)	30	8. Internationales Sondervergaberecht (§ 150 Nr. 7)	75
a) Überblick	30	a) Überblick	75
b) Wesentliche Sicherheitsinteressen	35	b) Internationales Abkommen/internationale Vereinbarung zwischen Mitgliedstaaten der EU und Drittstaaten, die nicht EWR-Vertragsparteien sind	76
c) Erteilung von Auskünften (§ 150 Nr. 1 Hs. 1 Var. 1)	42		
d) Geheimerklärung (§ 150 Nr. 1 Hs. 1 Var. 2)	43		
e) Besondere Sicherheitsmaßnahmen (§ 150 Nr. 1 Hs. 1 Var. 3)	44	c) Internationales Abkommen/Vereinbarung im Zusammenhang mit der Stationierung von Truppen	79
3. Forschungs- und Entwicklungskooperationen (§ 150 Nr. 2)	45	d) Internationale Organisation	81

I. Normzweck

Verteidigung und Sicherheit stellen **originär staatliche Aufgaben** dar, die grundsätzlich nicht den Regeln des AEUV über einen wettbewerblich organisierten Binnenmarkt unterliegen.[1] Etwas anderes kann gelten, wenn sich der **Staat verteidigungs- und sicherheitsrelevante Güter und Dienstleistungen auf Märkten beschafft,** sei es in Form eines öffentlichen Auftrages oder einer Konzession.[2] Denn aus derartigen Vergaben können schon angesichts ihrer großen wirtschaftlichen Relevanz erhebliche Beeinträchtigungen des Wettbewerbs im Binnenmarkt resultieren.[3] Allerdings bedürfen Vergaben von öffentlichen Aufträgen und Konzessionen in den Bereichen Verteidigung und Sicherheit aufgrund ihrer Sensibilität besonderer Vorkehrungen,[4] da sowohl die Sicherheit und Souveränität der Mitgliedstaaten als auch die Autonomie der Union tangiert werden.[5] Diese Vorkehrungen brechen sich nicht zuletzt im Vergabeverfahren Bahn, etwa mit Blick auf die Versorgungssicherheit[6] und die Vertraulichkeit von Informationen (vgl. § 150 Nr. 1).[7]

Vor diesem übergreifenden Hintergrund enthält der durch das VergModG 2016 geschaffene § 150 eine spezifische Ausnahmeregelung für Konzessionen in den Bereichen Verteidigung und Sicherheit, die weitestgehend dem Katalog in § 145 entspricht.[8] Zudem nimmt § 150 Anleihen bei § 117.[9] § 150 ergänzt die allgemeine, sowohl für öffentliche Aufträge als auch für Konzessionen geltende Ausnahmevorschrift des § 107 Abs. 2 S. 1, wonach der 4. Teil des GWB nicht anzuwenden ist auf öffentliche Aufträge und Konzessionen, bei denen die Anwendung dieses Teils dazu zwingen würde, im Zusammenhang mit dem Vergabeverfahren oder der Ausführung des Auftrags bzw. der Konzession Auskünfte zu erteilen, deren Preisgabe nach seiner Ansicht wesentlichen Sicherheitsinteressen der BRD iSd Art. 346 Abs. 1 lit. a AEUV widerspricht (Nr. 1), oder die unter den Anwendungsbereich des Art. 346 Abs. 1 lit. b AEUV fallen (Nr. 2). Bezüglich Konzessionen setzt § 107 Abs. 2 S. 1 die Regelung in Art. 1 Abs. 3 RL 2014/23/EU um, wonach die Anwendung der RL 2014/23/EU den Vorgaben des Art. 346 AEUV unterliegt.[10] Der Geltungsvorrang des Art. 346 AEUV resultiert freilich schon aus allgemeinen Grundsätzen der Normenhierarchie. In Anbetracht des speziellen sekundärrechtlichen Vergaberegimes für verteidigungs- und sicherheitsspezifische Aufträge und Konzessionen wird ein direkter Rückgriff auf Art. 346 AEUV wohl nur noch selten erforderlich sein.[11] Im Jahr 2020 hat der deutsche Gesetzgeber **§ 107 Abs. 2 um die S. 2 und 3 ergänzt,** welche den zentralen, auch im Rahmen des § 150 Nr. 1 relevanten, Terminus der wesentlichen Sicherheitsinteressen näher ausgestalten.[12]

§ 150 setzt die besonderen Ausnahmen für Konzessionen in den Bereichen der Verteidigung und Sicherheit gem. **Art. 10 Abs. 5–7 RL 2014/23/EU** um.[13] Greift keine in § 150 normierte Ausnahme ein, kann das GWB-Vergaberecht gleichwohl unanwendbar sein, sofern **Art. 346 Abs. 1 AEUV** (iVm § 107 Abs. 2) zur Anwendung kommt.[14] Die Regelungen in Art. 10 Abs. 5–7 RL 2014/23/EU sind ihrerseits eng an die Ausnahmen in **Art. 12 und 13 Vergabe-RL Verteidigung und Sicherheit,** an Art. 15 Abs. 2 und 3 RL 2014/24/EU sowie an Art. 17 Abs. 1 und 2 RL 2014/24/EU angelehnt.[15] Die Ausschlusswirkung des § 150 bezieht sich – vergleichbar § 149 (→ § 149 Rn. 4) – ausschließlich auf das Konzessionsvergaberecht gem. den §§ 151 ff. iVm der KonzVgV. § 150 kann die Konzessionsgeber aber nicht von den Anforderungen des **europäischen Primärvergaberechts** befreien, soweit sich nicht aus dem normativ gleichrangigen Unionsrecht –

---

[1] S. auch die Vorauflage → 2. Aufl. 2018, Rn. 1.
[2] *Eßig* ZfBR 2016, 33.
[3] *Hindelang/Eisentraut* EuZW 2019, 149.
[4] BT-Drs. 18/6281, 129.
[5] Erwägungsgrund 8 RL 2009/81/EG v. 13.7.2009 über die Koordinierung der Verfahren zur Vergabe bestimmter Bau-, Liefer- und Dienstleistungsaufträge in den Bereichen Verteidigung und Sicherheit und zur Änderung der RL 2004/17/EG und 2004/18/EG (im Folgenden Vergabe-RL Verteidigung und Sicherheit), ABl. 2009 L 216, 76.
[6] Die herausgehobene Funktion der Versorgungssicherheit betont *Eßig* ZfBR 2016, 33 (34).
[7] *Scherer-Leydecker* NZBau 2012, 533.
[8] Byok/Jaeger/*Brüning* Rn. 1.
[9] *Krohn* in Gabriel/Krohn/Neun VergabeR-HdB 57 Rn. 128; *Sterner* in Müller-Wrede GWB Rn. 3.
[10] BT-Drs. 18/6281, 79.
[11] *Burgi* VergabeR § 23 Rn. 31.
[12] BT-Drs. 19/15603, 57.
[13] BT-Drs. 18/6281, 129.
[14] Art. 15 Abs. 2 UAbs. 2 RL 2014/24/EU stellt dies für die Vergabe von öffentlichen Aufträgen und für öffentliche Wettbewerbe explizit klar; diese Wertung kann auf die vorliegenden Fragestellungen übertragen werden.
[15] BT-Drs. 18/6281, 129.

vorliegend insbesondere aus Art. 346 AEUV – eine entsprechende Ausnahme ergibt[16] (→ Rn. 22 iVm → Rn. 9 ff.).

4 Nach überzeugender Ansicht sind Ausnahmebestimmungen von den EU-Vergaberegeln – mithin auch die Tatbestände des § 150 – **eng auszulegen,** da sie von den grundlegenden Vertragsbestimmungen über einen unverfälschten Wettbewerb im Binnenmarkt abweichen.[17] Das Gebot der engen Auslegung gilt auch für die nationalen Umsetzungsvorschriften und den zu gewährenden Rechtsschutz.[18] Aus dem Grundsatz der engen Auslegung von Ausnahmen folgt ua eine **Verhältnismäßigkeitsprüfung,** wie § 150 Nr. 1 und Nr. 6 deklaratorisch klarstellt.[19] Eine Verhältnismäßigkeitsprüfung ist unabhängig davon geboten, ob der Wortlaut einer Ausnahmevorschrift eine solche vorschreibt[20] (→ Rn. 13). Im vorliegenden Zusammenhang muss ein Konzessionsgeber etwa abwägen, ob den schutzwürdigen Sicherheitsbelangen anstelle eines Verzichts auf ein Konzessionsvergabeverfahren ebenso wirksam durch eine spezifische Gestaltung der Ausschreibungsbedingungen entsprochen werden kann, zB durch Mindestanforderungen an die Eignung von Bewerbern oder Bietern.[21] Zu beachten sind zudem die **Art. 346 und 348 AEUV,** die unter bestimmten Voraussetzungen eine **Missbrauchskontrolle** fordern (→ Rn. 9 ff.).

5 Die Ausnahmeregelungen des § 150 sind von den Nachprüfungsinstanzen **von Amts wegen,** mithin unabhängig davon zu berücksichtigen, ob sich der Konzessionsgeber auf sie beruft.[22]

5a § 150 wird in der Rechtspraxis nur eine **geringe praktische Relevanz** zugesprochen, da die Sicherheitsinteressen in den Bereichen Verteidigung und Sicherheit wohl regelmäßig dazu führen werden, dass Beschaffungsbedarfe durch öffentliche Aufträge und nicht durch Konzessionen gedeckt werden.[23] Öffentliche Auftraggeber werden bei Beschaffungen in den Bereichen Verteidigung und Sicherheit in aller Regel kaum ein Interesse daran haben, dass ein Konzessionsnehmer aktiv an die Öffentlichkeit herantritt und versucht, das durch die Konzession erworbene Recht oder die auf der Grundlage der Konzession ausgeführte Bauleistung am Markt zu verwerten.[24] Vor diesem Hintergrund dient § 150 wohl vornehmlich der Vorsorge und bewirkt insoweit einen weitgehenden Gleichlauf der Ausnahmevorschriften im Auftrags- und Konzessionsvergaberecht.[25] Als **Beispiele für Konzessionen in den Bereichen Verteidigung und Sicherheit** werden solche hinsichtlich des Betriebs eines WLAN-Netzes oder einer Kantine auf einem Kasernengelände benannt, da hier eine Vermarktung gegenüber dem Personal erfolgen kann.[26] Angedacht werden auch Konzessionen über Visa-Anträge im Ausland oder zur Errichtung von Infrastruktureinrichtungen, sofern diese verteidigungs- und sicherheitsspezifische Aspekte aufweisen.[27]

II. Entstehungsgeschichte

6 Vor der Implementierung eines **europäischen Binnenmarkts für die Beschaffung von Verteidigungs- und Rüstungsgütern** hatten die Mitgliedstaaten einen durchgreifenden Einfluss auf ihre nationalen Beschaffungsmärkte insbesondere für Rüstungsgüter, indem sie nicht nur die rechtlichen Rahmenbedingungen der jeweiligen Märkte festlegten, sondern aus strategischen Erwägungen auch an Rüstungsunternehmen beteiligt waren.[28] Dieses Vorgehen basierte im Kern auf sicherheits- und industriepolitischen Motiven, wonach die wehrtechnischen Kernfähigkeiten im Inland behalten werden sollten.[29] Auf dieser tatsächlichen Grundlage mehrten sich kritische Stim-

---

[16] Beck VergabeR/*Germelmann* Rn. 19.
[17] S. zu Art. 346 AEUV EuGH Urt. v. 4.3.2010 – C-38/06, ECLI:EU:C:2010:108 Rn. 62 f. = BeckRS 2010, 90245 – Kommission/Portugal; EuGH Urt. v. 16.9.1999 – C-414/97, ECLI:EU:C:1999:417 = BeckEuRS 1999, 234827 – Kommission/Spanien; *Mösinger/Juraschek* NZBau 2019, 93 (94).
[18] OLG Düsseldorf Beschl. v. 1.8.2012 – VII-Verg 10/12, VergabeR 2012, 846.
[19] Immenga/Mestmäcker/*Kling* Rn. 5; Ziekow/Völlink/*Siegel* Rn. 1.
[20] OLG Düsseldorf Beschl. v. 1.8.2012 – VII-Verg 10/12, VergabeR 2012, 846; *Fandrey* in RKPP GWB Rn. 3.
[21] OLG Düsseldorf Beschl. v. 1.8.2012 – VII-Verg 10/12, VergabeR 2012, 846.
[22] OLG Düsseldorf Beschl. v. 1.8.2012 – VII-Verg 10/12, VergabeR 2012, 846.
[23] *Fandrey* in RKPP GWB Rn. 1; BeckOK VergabeR/*von Hoff* Rn. 2.
[24] BeckOK VergabeR/*von Hoff* Rn. 2.
[25] Krohn in Gabriel/Krohn/Neun VergabeR-HdB 57 Rn. 129; BeckOK VergabeR/*von Hoff* Rn. 2.
[26] *Fandrey* in RKPP GWB Rn. 1.
[27] Krohn in Gabriel/Krohn/Neun VergabeR-HdB § 57 Rn. 129 mit Fn. 237.
[28] Kom., Eine Strategie für eine stärkere und wettbewerbsfähigere europäische Verteidigungsindustrie, KOM(2007) 764 endgültig, abrufbar unter https://eur-lex.europa.eu/LexUriServ/LexUriServ.do?uri=COM:2007:0764:FIN:DE:PDF (zuletzt abgerufen am 29.7.2021).
[29] Vgl. Grünbuch zur Beschaffung v. Verteidigungsgütern, KOM(2004) 608, 5, abrufbar unter https://eur-lex.europa.eu/LexUriServ/LexUriServ.do?uri=COM:2004:0608:FIN:DE:PDF (zuletzt abgerufen am 29.7.2021).

III. Vorgaben des Unionsrechts

men, die eine ineffiziente Spezialisierung und Konzentration der europäischen Verteidigungsindustrie monierten.[30]

Wegen des faktischen Nachfragemonopols der EU-Mitgliedstaaten im Verteidigungssektor kam 7 dem Vergaberecht eine besondere Bedeutung für die Öffnung der vormals national monopolisierten Märkte zu.[31] Einen ersten Schritt zur Implementierung eines **einheitlichen europäischen Markts für Verteidigungsgüter** bildete die Gründung der **Europäischen Verteidigungsagentur** im Jahr 2004, die seitdem auf die Förderung der Zusammenarbeit der EU-Mitgliedstaaten auf dem Gebiet der Rüstung ausgerichtet ist.[32] Zur Auflösung des Zielkonflikts zwischen der Vorbehaltsregelung zugunsten der Mitgliedstaaten gem. Art. 346 AEUV und der Implementierung eines wettbewerblichen Binnenmarkts im Verteidigungs- und Sicherheitsbereich erließ die Union im Jahr 2009 ein sog. **Verteidigungspaket** (Defence Package), mit dem ein rechtsverbindlicher Rahmen für die unionsweite Vergabe von Rüstungsaufträgen geschaffen werden sollte.[33] Das Verteidigungspaket besteht aus einer Mitteilung der EU-Kommission über die Anwendung des Art. 296 EG (Art. 346 AEUV) im Verteidigungssektor vom 7.12.2006,[34] aus der sog. Transfernrichtlinie 2009/43/EG über die innergemeinschaftliche Verbringung von Rüstungsgütern (Verteidigungsgüter-RL), die den grenzüberschreitenden Handel mit Verteidigungsgütern innerhalb der EU erleichtern soll,[35] sowie schließlich aus der **RL 2009/81/EG** über die Koordinierung der Verfahren zur Vergabe bestimmter Bau-, Liefer- und Dienstleistungsaufträge in den Bereichen Sicherheit und Verteidigung **(Vergabe-RL Verteidigung und Sicherheit).**[36]

Die **RL 2009/81/EG (Vergabe-RL Verteidigung und Sicherheit)** enthält besondere verga- 8 berechtliche Vorschriften, die bestimmte verteidigungs- und sicherheitsspezifische Aufträge erfassen.[37] In Umsetzung der unionsrechtlichen Vorgaben wurde in Deutschland das Gesetz zur Änderung des Vergaberechts für die Bereiche Verteidigung und Sicherheit erlassen.[38] Das Vergabeverfahren wurde in der Vergabeverordnung für die Bereiche Verteidigung und Sicherheit **(VSVgV)** und im dritten Abschnitt der Vergabeverordnung für Bauleistungen **(VOB/A-VS)** näher ausgeformt.[39] Seit Inkrafttreten des VergRModG 2016 ist die Vergabe verteidigungs- und sicherheitsspezifischer öffentlicher Aufträgen insbesondere in den §§ 144 ff. normiert[40] (zur komplizierten Normsystematik im Einzelnen → Rn. 27 ff.). Mit § 150 kam eine Vorschrift bezüglich Konzessionen iSd § 105 in den Bereichen Verteidigung und Sicherheit hinzu (→ Rn. 23 ff.).

III. Vorgaben des Unionsrechts

1. Art. 346 AEUV. Art. 346 AEUV (= Art. 296 EG aF) beinhaltet die **primärrechtliche** 9 **Grundlage** für Vergaben in den Bereichen Verteidigung und Sicherheit. Die nicht auf vergaberechtliche Sachverhalte beschränkte Vorschrift soll die Erfordernisse eines **funktionsfähigen Binnenmarkts** mit den **Sicherheitsinteressen der Mitgliedstaaten** in einen sachgerechten Ausgleich bringen.[41] Aufgrund der besonderen Bedeutung für die Souveränität der Mitgliedstaaten stellt **Art. 1 Abs. 3 RL 2014/23/EU** für Konzessionsvergaben klar, dass die Anwendung der Konzessionsrichtlinie den Vorgaben des Art. 346 AEUV unterliegt (Vorrang des Primärrechts). Der deutsche Gesetzgeber hat Art. 346 Abs. 1 AEUV einerseits in der allgemeinen Ausnahmeregelung des **§ 107 Abs. 2** umgesetzt. Wesentliche Aussagen des Art. 346 AEUV finden sich im vorliegenden Zusammenhang andererseits in **§ 150,** etwa im von der Bundesregierung als besonders wichtig angesehenen § 150 Nr. 1, wonach die Mitgliedstaaten nicht verpflichtet sind, Auskünfte zu erteilen, deren Preisgabe ihres Erachtens wesentlichen Sicherheitsinteressen widerspre-

---

[30] Vgl. die gemeinsame Erklärung des Bundesministeriums der Verteidigung und des Ausschusses Verteidigungswirtschaft im BDI v. 20.11.2007 zu Nationalen Wehrtechnischen Kernfähigkeiten, 2 ff.
[31] Vgl. Titel V EU, insbes. Art. 17 Abs. 1 EU.
[32] Byok NVwZ 2012, 70.
[33] Burgi VergabeR § 3 Rn. 42.
[34] Kom., Mitteilung zu Auslegungsfragen bzgl. der Anwendung v. Art. 296 EGV auf die Beschaffung von Verteidigungsgütern v. 7.12.2006 KOM(2006) 779 endgültig.
[35] RL 2009/43/EG des EP und des Rates zur Vereinfachung der Bedingungen für die innergemeinschaftliche Verbringung v. Verteidigungsgütern, ABl. 2009 L 146, 1.
[36] Kom., Eine Strategie für eine stärkere und wettbewerbsfähigere europäische Verteidigungsindustrie, KOM(2007) 764 endgültig.
[37] Burgi VergabeR § 23 Rn. 29.
[38] BGBl. 2011 I 2570 ff.
[39] Statt anderer Horstkotte/Hünemörder LKV 2015, 541.
[40] Burgi VergabeR § 23 Rn. 30.
[41] Vgl. auch GA Mazák Schlussanträge v. 10.7.2007 – C-337/05, ECLI:EU:C:2007:421 – Kommission/Italienische Republik.

che.⁴² Vor diesem Hintergrund sind sowohl **§ 107 Abs. 2** als auch **§ 150 primärrechtskonform zu interpretieren.**

10   Nach **Art. 346 Abs. 1 lit. a AEUV** dürfen die Mitgliedstaaten **Auskünfte verweigern,** deren Preisgabe **ihres Erachtens wesentlichen Sicherheitsinteressen** zuwiderläuft. Die Vorschrift enthält eine sicherheitspolitisch begründete Konkretisierung der Pflicht zur Unionstreue gem. Art. 4 Abs. 3 EUV.⁴³ Die Voraussetzungen des Art. 346 Abs. 1 lit. a AEUV sind erfüllt, wenn ein Auftrag oder eine Konzession derart sensibel sind, dass **schon ihr Vorhandensein geheim zu halten ist** (vgl. Erwägungsgrund 20 Vergabe-RL Verteidigung und Sicherheit). Ebenfalls erfasst sein kann die Beschaffung nachrichtendienstlicher Ausrüstung (vgl. Erwägungsgrund 27 Vergabe-RL Verteidigung und Sicherheit).

11   Nach **Art. 346 Abs. 1 lit. b AEUV** kann jeder Mitgliedstaat zudem diejenigen Maßnahmen ergreifen, die seines Erachtens für die Wahrung seiner wesentlichen Sicherheitsinteressen erforderlich sind, soweit sie die Erzeugung von Waffen, Munition und Kriegsmaterial oder den Handel mit diesen Gütern betreffen. Die Vorschrift legitimiert damit die **Nichtanwendung der Binnenmarktvorschriften und Wettbewerbsregeln auf militärische Beschaffungen,**⁴⁴ nicht jedoch eine Beeinträchtigung der Wettbewerbsbedingungen hinsichtlich der nicht eigens für militärische Zwecke bestimmten Waren.⁴⁵ Der sachliche Anwendungsbereich des Art. 346 Abs. 1 lit. b AEUV wird durch **Art. 346 Abs. 2 AEUV** konkretisiert. Die Vorschrift bezieht sich auf die sog. **Kriegswaffenliste** aus dem Jahr 1958, in der der Rat diejenigen Güter bestimmt hat, auf die die Maßnahmen nach dem heutigen Art. 346 Abs. 1 lit. b AEUV Anwendung finden können. Die Kriegswaffenliste wird heute überwiegend als abschließend betrachtet.⁴⁶ Allerdings handelt es sich um eine generische Liste, die nach überzeugender Ansicht unter Berücksichtigung der sich weiter entwickelnden Technologie, Beschaffungspolitik und militärischen Anforderungen ausgelegt werden kann.⁴⁷ Unberührt bleiben auch sonstige sekundärrechtliche Konkretisierungen, etwa die Liste der Verteidigungsgüter im Anhang der sog. Verteidigungsgüter-RL 2009/43/EG⁴⁸ (→ Rn. 7).

12   **Art. 346 Abs. 1 AEUV** gewährt den Mitgliedstaaten eine **Einschätzungsprärogative** („seines Erachtens") hinsichtlich der Frage, ob durch einen Beschaffungsvorgang „seine (...) wesentlichen Sicherheitsinteressen" betroffen sind und mithin der Anwendungsbereich dieser Freistellung eröffnet ist.⁴⁹ Diese Einschätzungsprärogative findet ihre normative Fortsetzung in einer Missbrauchskontrolle gem. Art. 348 AEUV.⁵⁰

13   Nach Ansicht der EU-Kommission wurden Ein- oder Ausfuhrbeschränkungen oder Eingriffe in den Wettbewerb von Mitgliedstaaten früher nicht selten mit **Art. 346 AEUV** begründet, obwohl die Vorschrift gar nicht einschlägig gewesen sei.⁵¹ Die Mitgliedstaaten hätten Art. 346 AEUV zudem als Rechtfertigung herangezogen, um Aufträge ohne Ausschreibung an die eigene Rüstungsindustrie zu vergeben.⁵² Art. 346 AEUV stellt den Mitgliedstaaten freilich keine unbeschränkte Ausnahme von den Vorschriften der Verträge zur Verfügung. Vielmehr sind die Tatbestandsmerkmale der Norm präzise vorgegeben und **zudem teleologisch-eng** zu interpretieren⁵³ (→ Rn. 4). Ein Mitgliedstaat, der sich für eine Einschränkung der Grundfreiheiten oder der (Vergabe-)Wettbewerbsregeln auf wesentliche Sicherheitsinteressen berufen will, muss deshalb nachweisen, dass die Voraussetzungen der Ausnahmevorschrift vorliegen.⁵⁴ Aufgrund fortbestehender Unsicherheiten im Hinblick auf die

---

⁴² BT-Drs. 18/6281, 129.
⁴³ Grabitz/Hilf/Nettesheim/*Jaeckel* AEUV Art. 346 Rn. 2.
⁴⁴ Kom., Mitteilung zu Auslegungsfragen bzgl. der Anwendung v. Art. 296 EGV auf die Beschaffung von Verteidigungsgütern v. 7.12.2006 KOM(2006) 779, 4 endgültig.
⁴⁵ Dazu EuGH Urt. v. 4.9.2014 – C-474/12, ECLI:EU:C:2014:2139 = BeckRS 2014, 81735 Rn. 32 ff. – Schiebel Aircraft.
⁴⁶ EuG Urt. v. 30.9.2003 – T-26/01, ECLI:EU:T:2003:248 Rn. 58, 61 – Fiocchi munizioni/Kommission; Calliess/Ruffert/*Wegener* AEUV Art. 346 Rn. 7; Streinz/*Kokott* AEUV Art. 346 Rn. 12.
⁴⁷ Kom., Mitteilung zu Auslegungsfragen bzgl. der Anwendung v. Art. 296 EGV auf die Beschaffung v. Verteidigungsgütern v. 7.12.2006 KOM(2006) 779, 6 endgültig.
⁴⁸ So *Scherer-Leydecker* NZBau 2012, 533 (535).
⁴⁹ Immenga/Mestmäcker/*Dreher* § 104 Rn. 6.
⁵⁰ Grabitz/Hilf/Nettesheim/*Jaeckel* AEUV Art. 346 Rn. 20.
⁵¹ Vgl. zur Fusionskontrolle EU-Kommission v. 10.12.2004 – COMP/M. 3596 – ThyssenKrupp/Howaldtswerke Deutsche Werft.
⁵² Zum Vorstehenden *Hertel/Schöning* NZBau 2009, 684 (685).
⁵³ EuGH Urt. v. 4.3.2010 – C-38/06, ECLI:EU:C:2010:108 Rn. 62 f. = BeckRS 2010, 90245 – Kommission/Portugal; EuGH Urt. v. 16.9.1999 – C-414/97, ECLI:EU:C:1999:417 – Kommission/Spanien; Beck VergabeR/*Germelmann* Rn. 4.
⁵⁴ EuGH Urt. v. 4.9.2014 – C-474/12, ECLI:EU:C:2014:2139 Rn. 34 = BeckRS 2014, 81735 – Schiebel Aircraft.

III. Vorgaben des Unionsrechts   14–17 § 150 GWB

Reichweite des Art. 346 AEUV hat die EU-Kommission ihre Interpretation im Jahr 2006 in einer unverbindlichen Mitteilung dargelegt.[55] In einem Urteil aus dem Jahr 2012 schränkte der **EuGH** den Einschätzungsspielraum der Mitgliedstaaten im Rahmen des Art. 346 Abs. 1 lit. b AEUV erheblich ein, indem er ihn iS einer **Verhältnismäßigkeitsprüfung** interpretierte und damit einer vertieften gerichtlichen Kontrolle unterwarf.[56] Diese Rechtsprechung prägt insbesondere die Interpretation des Ausnahmetatbestands in § 107 Abs. 2 Nr. 2, der sich auf Art. 346 Abs. 1 lit. b AEUV bezieht.[57]

2. RL 2009/81/EG (Vergabe-RL Verteidigung und Sicherheit). Am 21.8.2009 trat die 14 RL 2009/81/EG über die Koordinierung der Verfahren zur Vergabe bestimmter Bau-, Liefer- und Dienstleistungsaufträge in den Bereichen Verteidigung und Sicherheit in Kraft (Vergabe-RL Verteidigung und Sicherheit).[58] Die Richtlinie umfasst wegen des Vorrangs der primärrechtlichen Befreiung bestimmter Auftragsvergaben gem. Art. 346 AEUV nicht den gesamten Bereich verteidigungs- und sicherheitsspezifischer Beschaffungsvorgänge, sondern gem. Art. 2 Vergabe-RL Verteidigung und Sicherheit allein solche Auftragsvergaben, die nicht in den Anwendungsbereich des Art. 346 AEUV fallen.[59] Auch wenn die Vergabe-RL Verteidigung und Sicherheit unmittelbar allein für verteidigungs- und sicherheitsspezifische **öffentliche Aufträge** gilt, ist sie für das Verständnis der konzessionsspezifischen Ausnahmen in § 150 mittelbar bedeutsam. So verweist **Erwägungsgrund 34 RL 2014/23/EU** hinsichtlich der Termini „wesentliche Sicherheitsinteressen", „Militärausrüstung", „sensible Ausrüstung", „sensible Bauleistungen" und „sensible Dienstleistungen" auf die Vergabe-RL Verteidigung und Sicherheit.

Für das **zutreffende Verständnis der RL 2014/23/EU** ist die **Vergabe-RL Verteidigung** 15 **und Sicherheit** auch unter **teleologischen Aspekten** bedeutsam. Letztere enthält nach Erwägungsgrund 4 Vergabe-RL Verteidigung und Sicherheit ein harmonisierendes Regelwerk für die Beschaffung von Gütern im Verteidigungssektor unter Berücksichtigung spezifischer, verteidigungstypischer Anforderungen wie der Versorgungs- und der Informationssicherheit. Hierzu soll die Vergabe von Aufträgen in Anlehnung an die Vergabegrundsätze der **Transparenz, Diskriminierungsfreiheit und Wettbewerb** gewährleistet und gestärkt werden. Nach Ansicht der EU-Kommission ist es den Mitgliedstaaten unter Geltung der Vergabe-RL Verteidigung und Sicherheit nicht mehr möglich, sich im Verteidigungsbereich außerhalb der Vorschriften des Binnenmarkts auf Art. 346 AEUV zu stützen,[60] obwohl das Sekundärrecht das Primärrecht allenfalls konkretisieren, nicht jedoch derogieren darf. De facto dürfte ein Rückgriff auf Art. 346 AEUV gleichwohl nur noch ausnahmsweise in Betracht kommen.[61]

Nach Art. 2 Vergabe-RL Verteidigung und Sicherheit gilt die Richtlinie für **Bau-, Liefer-** 16 **und Dienstleistungen zur Beschaffung von Militärausrüstung und sensibler Ausrüstung.** Im Gegensatz zur sog. Verbringungs-RL[62] enthält die Vergabe-RL Verteidigung und Sicherheit keinen Katalog der erfassten Rüstungsgüter. Stattdessen wird der Begriff der Militärausrüstung iSd vom Rat im Jahr 1958 beschlossenen **Kriegswaffenliste** konkretisiert (→ Rn. 61).[63] Diese Liste ist freilich unter Berücksichtigung der modernen Technik auszulegen (Erwägungsgrund 10 Vergabe-RL Verteidigung und Sicherheit und Art. 1 Nr. 6 Vergabe-RL Verteidigung und Sicherheit). Rein national festgelegte Güterlisten sind hiernach nicht zulässig. Die Vergabe-RL Verteidigung und Sicherheit erfasst auch **zivile Sicherheitssektoren,** zB eine Beschaffung für Zwecke der Polizei oder des Grenzschutzes.[64] Dies entspricht grundsätzlich dem Verständnis im Rahmen des § 150 (→ Rn. 36).

Die auch für das Verständnis von § 150 bedeutsamen **Ausnahmen vom Anwendungsbereich** 17 **der Vergabe-RL Verteidigung und Sicherheit** sind in **Art. 12** Vergabe-RL Verteidigung und Sicherheit normiert. Gemäß Erwägungsgrund 16 UAbs. 2 Vergabe-RL Verteidigung und Sicherheit können Aufträge, die eigentlich in den Anwendungsbereich dieser Richtlinie fallen, von deren Geltung ausgenommen werden, wenn dies aus **Gründen der öffentlichen Sicherheit** gerechtfer-

---

[55] Kom., Mitteilung v. 7.12.2006 – KOM(2006) 779 endgültig.
[56] EuGH Urt. v. 7.6.2012 – C-615/10, ECLI:EU:C:2012:324 = EuZW 2012, 631 (633) Rn. 35 – Insinööritoimisto InsTiimi Oy; *André* EuZW 2012 633 (634); Immenga/Mestmäcker/*Dreher* § 104 Rn. 6.
[57] Immenga/Mestmäcker/*Dreher* § 104 Rn. 6.
[58] *Prieß* GewArch-Beil. WiVerw 1/2010, 24 (31 f.).
[59] Immenga/Mestmäcker/*Dreher* § 104 Rn. 6.
[60] Näher Kom., Bericht über die Umsetzung der Richtlinie 2009/81/EG zur Auftragsvergabe in den Bereichen Verteidigung und Sicherheit, KOM(2012) 565 endgültig.
[61] *Burgi* VergabeR § 23 Rn. 29.
[62] RL 2009/43/EG des EP und des Rates zur Vereinfachung der Bedingungen für die innergemeinschaftliche Verbringung v. Verteidigungsgütern, ABl. 2009 L 146, 1.
[63] Erneut veröffentlicht im ABl. 2001 C 364 E, 85.
[64] *Hertel/Schöning* NZBau 2009, 684 (686).

tigt oder zum Schutz der **wesentlichen Sicherheitsinteressen eines Mitgliedstaates** geboten ist. Gemäß Erwägungsgrund 17 Vergabe-RL Verteidigung und Sicherheit ist insoweit jedoch der Grundsatz der Verhältnismäßigkeit zu beachten. **Art. 13 Vergabe-RL Verteidigung und Sicherheit** enthält weitere Ausnahmen, etwa für Aufträge, bei denen ein Mitgliedstaat gezwungen wäre, Auskünfte zu erteilen, deren Preisgabe seines Erachtens seinen wesentlichen Sicherheitsinteressen widerspricht (lit. a). Dasselbe gilt für Zwecke nachrichtendienstlicher Tätigkeiten (lit. b).[65]

18 **3. RL 2014/23/EU (RL 2014/23/EU).** Wie bereits einleitend gesehen, setzt § 150 die besonderen Ausnahmen für Konzessionen in den Bereichen Verteidigung und Sicherheit gem. **Art. 10 Abs. 5, 6, 7 RL 2014/23/EU** um.[66] Die entsprechenden Tatbestände orientieren sich wiederum an den Art. 12 und 13 Vergabe-RL Verteidigung und Sicherheit sowie an Art. 15 Abs. 2 und Abs. 3 RL 2014/24/EU und Art. 17 Abs. 1 und 2 RL 2014/24/EU (→ Rn. 3).[67]

19 Nach **Art. 10 Abs. 5 RL 2014/23/EU** gilt die RL 2014/23/EU nicht für Konzessionen in den Bereichen Verteidigung und Sicherheit gem. der RL 2009/81/EG (Vergabe-RL Verteidigung und Sicherheit), die besonderen Verfahrensregeln einer zwischen einem oder mehreren Mitgliedstaaten und einem oder mehreren Drittländern geschlossenen internationalen Übereinkunft oder Vereinbarung unterliegen (lit. a). Sie gilt weiterhin nicht für Konzessionen, die besonderen, die Unternehmen eines Mitgliedstaats oder eines Drittlands betreffenden Verfahrensregeln einer geschlossenen internationalen Übereinkunft oder Vereinbarung im Zusammenhang mit der Stationierung von Truppen unterliegen (lit. b). Schließlich gilt die RL 2014/23/EU nicht für Konzessionen, die besonderen Verfahrensregeln einer internationalen Organisation unterliegen, die für ihre Zwecke Beschaffungen tätigt, und sie gilt auch nicht für Konzessionen, die von einem Mitgliedstaat nach diesen Regeln vergeben werden müssen (lit. c). Die Vorschrift wurde durch § 150 Nr. 7 ins deutsche Recht umgesetzt.

20 Nach dem praktisch bedeutsamen **Art. 10 Abs. 6 RL 2014/23/EU gilt diese Richtlinie für die Vergabe von Konzessionen in den Bereichen Verteidigung und Sicherheit gemäß der RL 2009/81/EG, sofern nicht** – über die in Art. 10 Abs. 5 RL 2014/23/EU geregelten Sachverhalte hinaus – **folgende Ausnahmen einschlägig sind:** Konzessionen, bei denen die Anwendung dieser Richtlinie einen Mitgliedstaat verpflichten würde, **Auskünfte** zu erteilen, deren Preisgabe seines Erachtens seinen wesentlichen Sicherheitsinteressen zuwiderläuft, oder wenn die Vergabe und Durchführung der Konzession als geheim zu erklären sind oder von besonderen Sicherheitsmaßnahmen gemäß den im jeweiligen Mitgliedstaat geltenden Rechts- oder Verwaltungsvorschriften begleitet sein müssen, sofern der Mitgliedstaat festgestellt hat, dass die betreffenden wesentlichen Interessen nicht durch weniger einschneidende Maßnahmen wie jene gem. Art. 10 Abs. 7 RL 2014/23/EU garantiert werden können (lit. a); Konzessionen, die im Rahmen eines **Kooperationsprogramms** iSd Art. 13 lit. c Vergabe-RL Verteidigung und Sicherheit vergeben werden (lit. b); Konzessionen, die eine Regierung an eine andere Regierung für in unmittelbarem Zusammenhang mit Militärausrüstung oder sensibler Ausrüstung stehende **Bau- und Dienstleistungen** oder für Bau- und Dienstleistungen speziell für militärische Zwecke oder für sensible Bau- und Dienstleistungen vergibt (lit. c); Konzessionen, die in einem **Drittland** im Rahmen des Einsatzes von Truppen außerhalb des Gebiets der Union vergeben werden, wenn der Einsatz erfordert, dass diese Konzessionen an im Einsatzgebiet ansässige Wirtschaftsteilnehmer vergeben werden (lit. d); schließlich gemäß dieser Richtlinie anderweitig ausgeschlossene Konzessionen (lit. e). Die Tatbestände des Art. 10 Abs. 6 RL 2014/23/EU wurden in Deutschland in § 150 Nr. 1 (= lit. a), § 150 Nr. 2 (= lit. b), 150 Nr. 3 (= lit. c), § 150 Nr. 4 (= lit. d) und § 150 Nr. 5 (lit. e) umgesetzt.

21 Der Schutz **wesentlicher Sicherheitsinteressen** wird zudem in **Art. 10 Abs. 7 RL 2014/23/EU** adressiert, wobei die Vorschrift den Grundsatz der **Verhältnismäßigkeit** betont.[68] Hiernach gilt die RL 2014/23/EU nicht für Konzessionen, die nicht gem. Art. 10 Abs. 6 RL 2014/23/EU anderweitig ausgeschlossen sind, wenn der Schutz wesentlicher Sicherheitsinteressen eines Mitgliedstaats nicht durch weniger einschneidende Maßnahmen garantiert werden kann, wie beispielsweise durch Anforderungen, die auf den Schutz der Vertraulichkeit der Informationen abzielen, die der öffentliche Auftraggeber oder der Auftraggeber im Rahmen eines Konzessionsvergabeverfahrens gemäß dieser Richtlinie zur Verfügung stellt. Art. 10 Abs. 7 RL 2014/23/EU wurde durch § 150 Nr. 6 ins deutsche Recht umgesetzt.

22 Auch wenn eine der vorbenannten Ausnahmeregelungen – oder die entsprechende nationale Umsetzungsvorschrift – eingreift, sind die Mitgliedstaaten nicht automatisch von jeder vergaberecht-

---

[65] *Hertel/Schöning* NZBau 2009, 684 (686).
[66] BT-Drs. 18/6281, 129.
[67] BT-Drs. 18/6281, 129.
[68] BT-Drs. 18/6281, 129.

lichen Vorgabe freigestellt. Sie haben sich nach der Rechtsprechung des EuGH vielmehr an die **primärrechtlichen Anforderungen** an die Vergabe von Konzessionen zu halten,[69] soweit nicht ihrerseits eine **primärrechtliche** und damit ranggleiche **Ausnahmeregelung** eingreift. Vorliegend ist dies insbesondere Art. 346 AEUV (→ Rn. 9 ff.).

IV. Kommentierung

1. Grundlagen. a) Sachlicher Geltungsbereich: Verteidigung und Sicherheit. § 150 gilt 23
sachlich nur für Konzessionsvergaben in den Bereichen **Verteidigung** und **Sicherheit**. Allein die wörtlich-formale Erfüllung der Tatbestandsvoraussetzungen der einzelnen Tatbestandsalternativen des § 150 bewirkt damit noch keine Ausnahme vom Konzessionsvergaberecht, sofern die Vergabe nicht in Zusammenhang mit den Bereichen Verteidigung und Sicherheit steht.[70] Die Begriffe Verteidigung und Sicherheit sind freilich weder in der RL 2014/23/EU noch in § 150 legal definiert. Wie bereits gesehen (→ Rn. 12), steht den zuständigen Vergabestellen bei der Definition der sicherheits- und verteidigungsrelevanten Konzessionen jedoch ein Einschätzungsspielraum zu, der sich am gewöhnlichen Verständnis der Begriffe sowie an deren Entwicklungsoffenheit im Sicherheits- und Verteidigungssektor orientiert.[71] Im **Unionsrecht** wird als **Verteidigung** allgemein der Schutz des eigenen Hoheitsgebiets angesehen.[72] Bei einer institutionellen Betrachtung bezieht sich die Verteidigung auf einen Verteidigungsfall, in dem die Zuständigkeit des Verteidigungsministeriums betroffen ist, etwa beim Einsatz von Truppen, von militärischer Ausrüstung oder von militärischem Gerät.[73] Der Terminus **Sicherheit** kann in die innere und die äußere Sicherheit[74] sowie in die militärische und die nicht-militärische Sicherheit untergliedert werden.[75] Eine eindeutige Abgrenzung dieser Untergliederungen ist aufgrund asymmetrischer und länderübergreifender Bedrohungen weder möglich noch ist sie notwendig (vgl. Erwägungsgrund 7 Vergabe-RL Verteidigung und Sicherheit). Kernaufgabe der **inneren Sicherheit** ist der Schutz vor kriminellen und terroristischen Bedrohungen.[76] Bei einer institutionellen Eingrenzung umfasst die innere Sicherheit diejenigen Bereiche, die innerstaatlich in der Zuständigkeit der Innen- und Justizministerien liegen.[77] Demgegenüber ist die **äußere Sicherheit** bei internationalen oder zwischenstaatlichen Bedrohungen betroffen, insbesondere bei solchen militärischer Natur.[78] Vor diesem Hintergrund kann der Begriff der Sicherheit als Oberbegriff zu demjenigen der Verteidigung angesehen werden. Sicherheit kann weiter in **militärische Sicherheit** und **nicht-militärische Sicherheit** unterschieden werden. Nicht-militärische Beschaffungen können ähnliche Merkmale aufweisen und gleichermaßen sensibel sein wie Beschaffungen im Verteidigungsbereich, weshalb sie den erleichterten Vorgaben der Vergabe-RL Verteidigung und Sicherheit unterfallen.[79] Dies ist gem. Erwägungsgrund 11 Vergabe-RL Verteidigung und Sicherheit etwa in Bereichen gegeben, „in denen militärische und nicht-militärische Einsatzkräfte bei der Erfüllung derselben Mission zusammenarbeiten" und/oder in den Fällen, in denen „die Beschaffung dazu dient, die Sicherheit der Union und/oder der Mitgliedstaaten […] vor ernsten Bedrohungen durch nicht-militärische und/oder nichtstaatliche Akteure zu schützen".

Die Vertragsgegenstände von verteidigungs- und sicherheitsspezifischen Beschaffungen sind im 24
deutschen Recht in **§ 104 Abs. 1** näher definiert (→ Rn. 27). Die dort benannten Güter und Leistungen unterfallen – unter Beachtung der Besonderheiten der Vergabe von Konzessionen – auch den verteidigungs- und sicherheitsspezifischen Konzessionen, da sich Konzessionen von öffentlichen Aufträgen vornehmlich durch den Übergang des Betriebsrisikos iSd § 105 Abs. 2 auf den Konzessi-

---

[69] EuGH Urt. v. 7.12.2000 – C-324/98, ECLI:EU:C:2000:669 = NZBau 2001, 148 – Telaustria; EuGH Urt. v. 21.7.2005 – C-231/03, ECLI:EU:C:2005:487 = NZBau 2005, 592 – Coname; EuGH Urt. v. 13.10.2005 – C-458/03, Slg. 2000, I-10745 = NZBau 2005, 644 – Parking Brixen; EuGH Urt. v. 10.9.2009 – C-206/08, ECLI:EU:C:2009:540 = NZBau 2009, 729 – Eurawasser.
[70] S. auch Beck VergabeR/*Germelmann* Rn. 20.
[71] Beck VergabeR/*Germelmann* Rn. 21.
[72] Grabitz/Hilf/Nettesheim/*Kaufmann-Bühler* EUV Art. 42 Rn. 19.
[73] Vgl. Grabitz/Hilf/Nettesheim/*Kaufmann-Bühler* EUV Art. 42 Rn. 19.
[74] EuGH Urt. v. 26.10.1999 – C-273/97, ECLI:EU:C:1999:523 Rn. 17 = EuR 2000, 91 – Sidar; EuGH Urt. v. 11.1.2000 – C-285/98, ECLI:EU:C:2000:2 Rn. 17 = EuR 200, 97 – Kreil; EuGH Urt. v. 17.10.1995 – C-70/94, Slg. 1995, I-3189 Rn. 25 = EuZW 1996, 19 – Werner.
[75] Vgl. *Scherer-Leydecker* NZBau 2012, 533 (537).
[76] *Scherer-Leydecker* NZBau 2012, 533 (537).
[77] Grabitz/Hilf/Nettesheim/*Kaufmann-Bühler* EUV Art. 42 Rn. 19.
[78] *Scherer-Leydecker* NZBau 2012, 533 (539).
[79] *Scherer-Leydecker* NZBau 2012, 533 (537).

onsnehmer unterscheiden.[80] Nach § 104 Abs. 1 sind verteidigungs- oder sicherheitsspezifische öffentliche Aufträge solche öffentlichen Aufträge, deren Auftragsgegenstand mindestens eine der folgenden Leistungen umfasst: die Lieferung von Militärausrüstung, einschließlich dazugehöriger Teile, Bauteile oder Bausätze (Nr. 1); die Lieferung von Ausrüstung, die im Rahmen eines Verschlusssachenauftrags vergeben wird, einschließlich der dazugehörigen Teile, Bauteile oder Bausätze (Nr. 2); Liefer-, Bau- und Dienstleistungen in unmittelbarem Zusammenhang mit der in den Nr. 1 und 2 genannten Ausrüstung in allen Phasen des Lebenszyklus der Ausrüstung (Nr. 3) oder Bau- und Dienstleistungen speziell für militärische Zwecke oder Bau- und Dienstleistungen, die im Rahmen eines Verschlusssachenauftrags vergeben werden (Nr. 4). Der Begriff der Militärausrüstung wird in § 104 Abs. 2 näher expliziert, derjenige des Verschlusssachenauftrags in § 104 Abs. 3.

25 **b) Konzession.** Der Begriff der Konzession ist in § 105 legal definiert (→ § 105 Rn. 1 ff.). Im Rahmen des § 150 muss die Konzession in unmittelbarem Zusammenhang mit verteidigungs- und sicherheitsspezifischen Aspekten stehen, insbesondere mit Militärausrüstung, oder speziell für militärische Zwecke erbracht werden.[81] Hinsichtlich möglicher Vertragsgegenstände kann auf die Aufzählung in § 104 verwiesen werden (→ Rn. 24). Bei Bau- und Dienstleistungen, die nur teilweise militärischen Zwecken dienen, ist die Zuordnung zum einschlägigen Vergaberegime nach **§ 111** vorzunehmen.

26 **c) Ausnahme von den §§ 149–154.** Gemäß § 150 Hs. 1 ist „dieser Teil" nicht anzuwenden auf die Vergabe von Konzessionen in den Bereichen Verteidigung und Sicherheit, sofern die spezifischen Ausnahmetatbestände der Norm erfüllt sind. Die Regelung bezieht sich auf den 4. Teil des GWB über die „Vergabe von öffentlichen Aufträgen und Konzessionen" (§§ 97–184), der insgesamt für unanwendbar erklärt wird. De facto geht es um die Vorschriften über die Konzessionsvergabe gem. den §§ 149 ff. iVm der KonzVgV und um diejenigen über das Nachprüfungsverfahren gem. §§ 155 ff.

27 **d) Verhältnis zu den §§ 104, 107 Abs. 2 und § 117 Abs. 2.** § 104 definiert in Kombination mit den Ausnahmeregelungen in den §§ 107, 117 und 145 den sachlichen Anwendungsbereich des Kartellvergaberechts für **verteidigungs- und sicherheitsspezifische öffentliche Aufträge.** § 104 Abs. 1 erklärt hierzu bestimmte Aufträge im Verteidigungs- oder Sicherheitsbereich zu öffentlichen Aufträgen, für die eine Ausschreibungspflicht gilt.[82] Hieran anknüpfend ist ein spezifisches Vergaberecht anzuwenden, das in den §§ 144 ff. iVm der VSVgV normiert ist.[83] Gemäß § 1 VSVgV gilt diese Verordnung für die Vergabe von verteidigungs- oder sicherheitsspezifischen öffentlichen Aufträgen iSd § 104 Abs. 1, die dem Teil 4 des GWB unterfallen und durch öffentliche Auftraggeber iSd § 99 und Sektorenauftraggeber iSd § 100 vergeben werden. **§ 104 Abs. 1 gilt nicht für Konzessionen iSd § 105.**[84] § 104 Abs. 2 und 3 enthält Definitionen verteidigungs- oder sicherheitsspezifischer öffentlicher Aufträge, die auch für spezifische Ausnahmeregelungen relevant sind, etwa in § 117.[85] **Kraft Sachzusammenhangs gelten die Vorgaben in § 104 Abs. 2 und 3 auch für die konzessionsspezifische Ausnahmeregelung in § 150.**

28 Die **Ausnahmen** von der grundsätzlichen Ausschreibungspflicht verteidigungs- oder sicherheitsspezifischer öffentlicher Aufträge und Konzessionen sind im GWB differenziert geregelt, was ihr Verständnis erschwert:[86] **§ 107 Abs. 2 S. 1 Nr. 1 und Nr. 2** enthält Ausnahmen bei Berührung von wesentlichen Sicherheitsinteressen iSd Art. 346 Abs. 1 AEUV, die für **alle öffentlichen Aufträge und für Konzessionen** greifen.[87] Im Jahr 2020 wurde § 107 Abs. 2 um die S. 2 und 3 ergänzt, die Auslegungshinweise bezüglich des unionsrechtlich determinierten Tatbestandsmerkmals „wesentliche Sicherheitsinteressen" enthalten.[88] **Die Auslegungshinweise in § 107 Abs. 2 S. 2 und 3 sind auch für § 150 relevant.** Gemäß § 117 sind ergänzend solche öffentlichen Aufträge vom Vergaberecht ausgenommen, die wesentliche Sicherheitsinteressen tangieren, geheimhaltungsbedürftig sind oder die aufgrund internationaler Abkommen nach besonderen Vergabevorschriften zu vergeben sind, sofern sie Verteidigungs- oder Sicherheitsaspekte umfassen,

---

[80] Die Begr. des RegE zu § 104 verweist lediglich auf Art. 15–17 RL 2014/24/EU und Art. 24–26 Sektoren-RL 2004; vgl. BT-Drs. 18/6281, 74. Allerdings sind die Regelungen in Art. 10 Abs. 5–7 RL 2014/23/EU ua angelehnt an Art. 15 Abs. 2 und 3 RL 2014/24/EU und an Art. 17 Abs. 1 und 2 RL 2014/24/EU; → Rn. 5.
[81] Ziekow/Völlink/*Siegel* Rn. 3.
[82] Immenga/Mestmäcker/*Dreher* § 104 Rn. 1.
[83] jurisPK-Vergaberecht/*Zeiss* § 104 Rn. 3.
[84] *Krohn* in Gabriel/Krohn/Neun VergabeR-HdB § 57 Rn. 6; Beck VergabeR/*von Wietersheim* § 104 Rn. 10.
[85] Immenga/Mestmäcker/*Dreher* § 104 Rn. 7; bezüglich § 117 jurisPK-Vergaberecht/*Zeiss* § 104 Rn. 6.
[86] Immenga/Mestmäcker/*Dreher* § 104 Rn. 8.
[87] BT-Drs. 18/6281, 78.
[88] BT-Drs. 19/15603, 57; hierzu Immenga/Mestmäcker/*Dreher* § 107 Rn. 60.

ohne dabei verteidigungs- oder sicherheitsspezifische Aufträge iSd § 104 Abs. 1 zu sein.[89] Aufträge, die Verteidigungs- oder Sicherheitsaspekte umfassen, sind solche, die im weiteren Sinne Militär- und/oder Sicherheitsbezug haben, aber nicht in den Anwendungsbereich der RL 2009/81/EG und damit auch nicht in den der VSVgV fallen.[90] § 117 wird in der Rechtspraxis kaum praktische Relevanz zugesprochen.[91] **§ 145 GWB** sieht schließlich besondere Ausnahmetatbestände für öffentliche Aufträge vor, die verteidigungs- oder sicherheitsspezifisch iSd § 104 GWB sind. § 150 enthält für **Konzessionsvergaben** eine Parallelvorschrift insbesondere zu § 145, in Teilen auch zu § 117,[92] welche die allgemeinen Ausnahmen in § 107 und die besonderen Ausnahmen in § 149 ergänzt. Aus § 150 ist – in Zusammenschau mit § 105 und § 107 – im Umkehrschluss zu entnehmen, dass das GWB-Vergaberecht auf Konzessionen in den Bereichen Verteidigung und Sicherheit grundsätzlich anwendbar ist.

Zusammenfassend kann in den Bereichen Verteidigung und Sicherheit zwischen folgenden Vorgaben für öffentliche Aufträge und Konzessionen differenziert werden:[93] Zunächst gibt es allgemeine öffentliche Aufträge iSd § 103 GWB, die keine Verteidigungs- und Sicherheitsaspekte umfassen. Ebenso gibt es allgemeine Konzessionen iSd § 105, die keine Verteidigungs- und Sicherheitsaspekte umfassen. Im Bereich der öffentlichen Aufträge iSd § 103 GWB ist sodann zwischen solchen Aufträgen zu differenzieren, die gem. § 117 Verteidigungs- und Sicherheitsaspekte umfassen, ohne verteidigungs- und sicherheitsspezifisch zu sein, und verteidigungs- und sicherheitsspezifischen öffentlichen Aufträgen gem. § 104 GWB iVm den §§ 144 ff. im eigentlichen Sinne. Im Bereich der Konzessionen enthält § 150 eine spezifische Ausnahmeregelung, die Bestandteile von § 145 und § 117 in sich vereint. Schließlich existieren Aufträge und Konzessionen, bei denen gem. § 107 Abs. 2 iVm Art. 346 AEUV bereits die Absicht, einen Auftrag/eine Konzession mit einem bestimmten Leistungsinhalt vergeben zu wollen, geheimhaltungsbedürftig ist.

2. Gefährdung wesentlicher Sicherheitsinteressen (§ 150 Nr. 1). a) Überblick. Nach 30 § 150 Nr. 1 ist der 4. Teil des GWB nicht anzuwenden auf Konzessionen, bei denen die Anwendung der Vorschriften dieses Teils den Konzessionsgeber verpflichten würde, **Auskünfte zu erteilen,** deren Preisgabe seines Erachtens **den wesentlichen Sicherheitsinteressen der BRD zuwiderläuft** (Var. 1), oder wenn die **Vergabe und Durchführung der Konzession als geheim zu erklären** sind (Var. 2) oder **von besonderen Sicherheitsmaßnahmen** nach den geltenden Rechts- oder Verwaltungsvorschriften **begleitet sein müssen** (Var. 3), sofern der Konzessionsauftraggeber festgestellt hat, dass die betreffenden wesentlichen Interessen **nicht durch weniger einschneidende Maßnahmen gewahrt werden können,** wie beispielsweise durch Anforderungen, die auf den Schutz der Vertraulichkeit der Informationen abzielen, die Konzessionsgeber im Rahmen eines Konzessionsvergabeverfahrens zur Verfügung stellen.

Nach der Regierungsbegründung dient § 150 Nr. 1 der Umsetzung von **Art. 10 Abs. 6 lit. a** 31 **RL 2014/23/EU.**[94] Vergleichbare Regelungen zu § 150 Nr. 1 finden sich in **§ 107 Abs. 2 Nr. 1** und ergänzend in **§ 117 Nr. 2.**[95]

§ 150 Nr. 1 Hs. 1 enthält wie gesehen **drei Tatbestandsvarianten:** Die Erteilung von Aus- 32 künften entgegen der wesentlichen Sicherheitsinteressen, die Notwendigkeit einer Geheimerklärung der Vergabe und Durchführung der Konzession oder ihre Begleitung von besonderen Sicherheitsmaßnahmen. In sämtlichen Fallgestaltungen geht es letztlich um den **Schutz von Sicherheitsinteressen Deutschlands,** die auf unterschiedliche Art und Weise gefährdet werden können. Vor diesem Hintergrund beinhaltet die Auskunftspflicht gem. Var. 1 eine lex specialis-Regelung zum allgemeinen Tatbestand der Geheimhaltung bzw. Sicherung von Vergabe und Durchführung der Konzession im Hinblick auf die wesentlichen Sicherheitsinteressen Deutschlands.

Nicht eindeutig ist die Zuordnung des letzten Teilsatzes, der eine **mit einer Einschätzungs-** 33 **prärogative des Konzessionsgebers verknüpfte Verhältnismäßigkeitsprüfung** statuiert („nicht durch weniger einschneidende Maßnahmen gewahrt werden können"). Die systematische Stellung könnte nahelegen, dass sich diese „Rückausnahme"[96] allein auf Var. 2 und 3, also auf die Geheimerklärung von Vergabe und Durchführung der Konzession bzw. der Begleitung von besonderen Sicherheitsmaßnahmen bezieht. Schon die Wortwahl („die betreffenden wesentlichen Interessen")

---

[89] Beck VergabeR/*Otting* § 117 Rn. 4.
[90] BT-Drs. 18/6281, 95.
[91] Vgl. *Mösinger/Juraschek* NZBau 2019, 93 (94 f.), die die Passherstellung als denkbares Anwendungsgebiet benennen.
[92] *Krohn* in Gabriel/Krohn/Neun VergabeR-HdB § 57 Rn. 128.
[93] Vgl. – ohne Konzessionsvergaben – auch jurisPK-Vergaberecht/*Zeiss* § 104 Rn. 12.
[94] BT-Drs. 18/6281, 129.
[95] *Krohn* in Gabriel/Krohn/Neun VergabeR-HdB § 57 Rn. 130.
[96] Immenga/Mestmäcker/*Kling* Rn. 17.

legt demgegenüber nahe, dass die Verhältnismäßigkeitsprüfung für alle drei Tatbestandsvarianten gilt;[97] denn von (Sicherheits-)Interessen spricht allein § 150 Nr. 1 Hs. 1 Var. 1 („wesentlichen Sicherheitsinteressen der Bundesrepublik Deutschland"). Dasselbe Ergebnis folgt aus teleologischen Erwägungen, sofern man die Auskunftserteilung als Spezialfall einer Offenlegung von Geheimnissen gem. der Var. 2 ansieht (→ Rn. 43). Zudem stellt die Wahrung der Verhältnismäßigkeit einen allgemeinen Grundsatz des Unionsrechts dar, der vom EuGH regelmäßig in Zusammenhang mit der Reichweite von Ausnahmen von grundlegenden Vorschriften der Verträge – etwa von den Grundfreiheiten und den Wettbewerbsregeln – geprüft wird.[98]

34 Nach der Rechtsprechung des EuGH ist Art. 346 Abs. 1 lit. a AEUV **teleologisch-eng** auszulegen. Ein Mitgliedstaat, der sich auf diese Regelung beruft, trägt unter Berücksichtigung des ihm zustehenden Beurteilungsspielraums die volle Nachweislast für die tatbestandlichen Voraussetzungen.[99] Auch für die Verweigerung einer Auskunft iSd § 150 Nr. 1 Hs. 1 Var. 1 ist deshalb ein pauschaler Hinweis auf wesentliche Sicherheitsinteressen des jeweiligen Mitgliedstaates nicht ausreichend. Vielmehr muss der Mitgliedstaat konkret nachweisen, weshalb die Auskunftserteilung seine wesentlichen Sicherheitsinteressen gefährdet.[100] Dies setzt insbesondere eine hinreichend genaue Definition der wesentlichen Sicherheitsinteressen voraus. Dazu im Folgenden (→ Rn. 35).

35 **b) Wesentliche Sicherheitsinteressen.** § 150 Nr. 1 schützt die wesentlichen Sicherheitsinteressen Deutschlands gegen eine Beeinträchtigung durch die Erteilung von Auskünften im Rahmen der Vergabe und Durchführung von Konzessionen. Gemäß **Erwägungsgrund 34 RL 2014/23/EU** ist der Terminus „wesentlichen Sicherheitsinteresse" iSd RL 2009/81/EG (Vergabe-RL Verteidigung und Sicherheit) zu verwenden. Diese enthält eine entsprechende Ausnahmeregelung in **Art. 13 lit. a Vergabe-RL Verteidigung und Sicherheit**, freilich ohne den Terminus ihrerseits legal zu definieren. Im Ergebnis sind die „wesentlichen Sicherheitsinteressen" deshalb primärrechtskonform iSd **Art. 346 Abs. 1 lit. a AEUV** zu interpretieren (vgl. auch Erwägungsgrund 20 Abs. 2 Vergabe-RL Verteidigung und Sicherheit).[101]

36 Die wesentlichen Sicherheitsinteressen stellen das **zentrale Tatbestandsmerkmal von § 150 Nr. 1** dar. Sie sind abzugrenzen von einfachen staatlichen Verwaltungsinteressen in potenziell sicherheitsrelevanten Bereichen. Eine erhöhte Praktikabilität der Beschaffung oder eine erhöhte Wirtschaftlichkeit reichen damit nicht aus, um die Beschaffung in den Anwendungsbereich der Ausnahme zu bringen.[102] Hinweise auf das Verständnis des Richtliniengebers enthält Erwägungsgrund 27 Vergabe-RL Verteidigung und Sicherheit. Im Jahr 2020 hat der Gesetzgeber in **§ 107 Abs. 2 S. 2 und 3** Auslegungshinweise zum Verständis des unionsrechtlich überformten Terminus der wesentlichen Sicherheitsinteressen geschaffen.[103] Diese beanspruchen auch im Rahmen des § 150 Geltung. Gemäß § 107 Abs. 2 S. 2 können wesentliche Sicherheitsinteressen iSd Art. 346 Abs. 1 AEUV insbesondere dann berührt sein, wenn der öffentliche Auftrag oder die Konzession **verteidigungsindustrielle Schlüsseltechnologien** betreffen. Zudem können nach § 107 Abs. 2 S. 3 im Fall des § 107 Abs. 2 S. 1 Nr. 1 wesentliche Sicherheitsinteressen iSd Art. 346 Abs. 1 lit. a AEUV insbesondere berührt sein, wenn der öffentliche Auftrag oder die Konzession **sicherheitsindustrielle Schlüsseltechnologien** betreffen (Nr. 1) oder **Leistungen betreffen, die für den Grenzschutz, die Bekämpfung des Terrorismus oder der organisierten Kriminalität oder für verdeckte Tätigkeiten der Polizei oder der Sicherheitskräfte bestimmt sind [a)], oder Verschlüsselung betreffen [b)]**, soweit jeweils ein besonders hohes Maß an Vertraulichkeit erforderlich ist. Ergänzend sind in jedem Einzelfall die Voraussetzungen des Art. 346 AEUV zu prüfen, die neben der Betroffenheit wesentlicher Sicherheitsinteressen erfüllt sein müssen, um eine Ausnahme vom Vergaberecht begründen zu können.[104]

37 Im Ergebnis umfassen die mitgliedstaatlichen Sicherheitsinteressen die **innere und äußere Sicherheit** sowie den **Schutz der auswärtigen Beziehungen**.[105] Der äußeren Sicherheit unterfallen regel-

---

[97] Ebenso Langen/Bunte/*Schneider* Rn. 5; s. auch *Sterner* in Müller-Wrede GWB Rn. 5; Byok/Jaeger/*Brüning* Rn. 7.
[98] Vgl. BKartA Beschl. v. 12.12.2014 – VK 1 – 98/14 Rn. 39; s. zu Art. 346 Abs. 1 lit. b AEUV auch EuGH Urt. v. 4.9.2014 – C-474/12, ECLI:EU:C:2014:2139 Rn. 37 = BeckRS 2014, 81735 – Schiebel Aircraft.
[99] Vgl. EuGH Urt. v. 4.3.2010 – C-38/06, ECLI:EU:C:2010:108 = BeckRS 2010, 90245 – Kommission/Portugal.
[100] Ziekow/Völlink/*Antweiler* § 107 Rn. 45.
[101] Immenga/Mestmäcker/*Kling* Rn. 13.
[102] Beck VergabeR/*Germelmann* Rn. 5.
[103] BT-Drs. 19/15603, 57; s. dazu auch Immenga/Mestmäcker/*Kling* Rn. 14.
[104] BT-Drs. 19/15603, 58.
[105] EuGH Urt. v. 26.10.1999 – C-273/97, Slg. 1999, I-7403 Rn. 17 = EuR 2000, 91 – Sidar; EuGH Urt. v. 11.1.2000 – C-285/98, Slg. 2000, I-69 Rn. 17 = EuR 200, 97 – Kreil; EuGH Urt. v. 17.10.1995 – C-70/94, Slg. 1995, I-3189 Rn. 25 = EuZW 1996, 19 ff. – Werner.

IV. Kommentierung 38, 39 § 150 GWB

mäßig militärische Auseinandersetzungen.[106] Der Terminus umfasst aber auch den Export von Waffen und von Material, das militärischen Zwecken dient.[107] In der Rechtswirklichkeit ist eine trennscharfe Abgrenzung zwischen der äußeren Sicherheit und der inneren Sicherheit nur bedingt möglich.[108] So kann etwa „die Gefahr einer erheblichen Störung der auswärtigen Beziehungen oder des friedlichen Zusammenlebens der Völker [auch] die Sicherheit eines Mitgliedstaats beeinträchtigen".[109]

Es liegt zwar grundsätzlich in der **Zuständigkeit der Mitgliedstaaten,** ihre Sicherheitsinteressen zu definieren und zu schützen.[110] Insoweit folgerichtig sprach ihnen der EuGH hierzu zunächst einen weiten Beurteilungsspielraum zu.[111] In seinen jüngeren Judikaten legt der EuGH aber regelmäßig strenge Maßstäbe an.[112] Im Hinblick auf den Grundsatz der **Verhältnismäßigkeit** seien die Grundfreiheiten und Wettbewerbsregeln auch bei Vorliegen eines Ausnahmetatbestandes nur dann insgesamt ausgeschlossen, wenn dem konkreten Sicherheitsinteresse nicht im Rahmen des jeweiligen Rechtsbereichs Rechnung getragen werden könne.[113] Die neue Sichtweise wird mit Blick auf Konzessionsgeber durch die Formulierung des § 150 Nr. 1 bestätigt: § 150 Nr. 1 Hs. 1 Var. 1 betont die Zuständigkeit des jeweiligen Konzessionsgebers zur eigenständigen Beurteilung eines Zuwiderlaufens einer regulären Vergabe gegen die Sicherheitsinteressen Deutschlands durch den Terminus „seines Erachtens".[114] § 150 Nr. 1 Hs. 1 Var. 2 und Var. 3 verweisen ergänzend auf die Kompetenz des Konzessionsgebers zur Geheimerklärung bzw. zur Statuierung von Rechts- und Verwaltungsvorschriften im Interesse besonderer Sicherheitsmaßnahmen. Quasi im Gegenzug stellt § 150 Nr. 1 Hs. 2 klar, dass die Ausnahmevorschriften unter dem Vorbehalt der Verhältnismäßigkeit stehen. 38

Die Mitgliedstaaten haben somit zwar einen **Beurteilungsspielraum** zur Festlegung ihrer Sicherheitsinteressen, dieser ist aber **nicht kontrollfrei.**[115] Vielmehr obliegt den Konzessionsgebern die volle Nachweislast, ob die Voraussetzungen einer Ausnahmebestimmung im Hinblick auf die Sicherheitsinteressen des Mitgliedstaats erfüllt sind.[116] Nicht ausreichend ist das pauschale Berufen auf nationale Sicherheitsinteressen oder außenpolitische Befindlichkeiten.[117] Ein Konzessionsgeber muss in jedem Einzelfall konkret nachweisen, um welche tatsächlichen Interessen es sich handelt und inwiefern die Einhaltung primärrechtlicher oder sekundärrechtlicher Vorgaben des Unionsrechts die aufgeführten Interessen gefährden.[118] Allein wirtschaftspolitisch motivierte Maßnahmen können weder über Art. 346 AEUV noch über § 150 Nr. 1 gerechtfertigt werden (allgemein → Rn. 9). Der Konzessionsgeber muss zudem **die öffentlichen Sicherheitsbelange mit den Interessen der** 39

---

[106] Grabitz/Hilf/Nettesheim/*Jaeckel* AEUV Art. 346 Rn. 14.
[107] Grabitz/Hilf/Nettesheim/*Jaeckel* AEUV Art. 346 Rn. 14.
[108] EuGH Urt. v. 17.10.1995 – C-83/94, ECLI:EU:C:1995:329 Rn. 28 = EuZW 1996, 17 – Leifer ua; EuGH Urt. v. 17.10.1995 – C-70/94, ECLI:EU:C:1995:328 Rn. 27 = NVwZ 1996, 365 f. – Werner.
[109] EuGH Urt. v. 17.10.1995 – C-83/94, ECLI:EU:C:1995:329 Rn. 28 = EuZW 1996, 17 – Leifer ua; EuGH Urt. v. 17.10.1995 – C-70/94, ECLI:EU:C:1995:328 Rn. 27 = NVwZ 1996, 365 = NVwZ 1996, 365 – Werner.
[110] Kom., Mitteilung zu Auslegungsfragen bzgl. der Anwendung v. Art. 296 EGV auf die Beschaffung von Verteidigungsgütern v. 7.12.2006 KOM(2006) 779, 5 endgültig; Langen/Bunte/*Schneider* Rn. 6.
[111] EuGH Urt. v. 16.10.2003 – C-252/01, ECLI:EU:C:2003:547 = NZBau 2004, 281 (282) – Kommission/Belgien.
[112] EuGH Urt. v. 8.4.2008 – C-337/05, ECLI:EU:C:2008:203 = NZBau 2008, 401 Rn. 42 ff. – Kommission/Italien.
[113] EuGH Urt. v. 28.3.1995 – C-324/93, Slg. 1995, I-563 – Evans Medical und Macfarlan Smith; OLG Düsseldorf Beschl. v. 30.4.2003 – Verg 61/02, VergabeR 2004, 371 ff.; s. zum Ermessensspielraum auch EuGH Urt. v. 16.10.2003 – C-252/01, ECLI:EU:C:2003:547 = NZBau 2004, 281 f. – Kommission/Belgien.
[114] S. zu Art. 345 AEUV Immenga/Mestmäcker/*Dreher* § 104 Rn. 6.
[115] EuGH Urt. v. 4.12.1974 – C-41/74, ECLI:EU:C:1974:133 – van Duyn; EuGH Urt. v. 14.3.2000 – C-54/99, Slg. 2000, I-1335 Rn. 17 – Église de Scientology; EuGH Urt. v. 18.3.2004 – C-36/02, Slg. 2004, I-9609 Rn. 30; EuGH Urt. v. 14.10.2004 – C-36/02, ECLI:EU:C:2004:162 = NVwZ 2004, 1471 – Omega; EuGH Urt. v. 4.3.2010 – C-38/06, ECLI:EU:C:2010:108 = BeckRS 2010, 90245 – Kommission/Portugal.
[116] EuGH Urt. v. 18.3.1999 – C-414/97, Slg. 1999, I-5585 Rn. 22, 24 – Kommission/Spanien; EuGH Urt. v. 10.2.1999 – C-284/05, Slg. 2009, I-11705 Rn. 48 f. – Kommission/Finnland; EuGH Urt. v. 15.12.2009 – C-372/05, Slg. 2009, I-11801 Rn. 72 = EuZW 2010, 152 f. – Kommission/Deutschland; EuGH Urt. v. 4.3.2010 – C-38/06, ECLI:EU:C:2010:108 Rn. 65 f. = BeckRS 2010, 90245 – Kommission/Portugal; EuGH Urt. v. 7.6.2012 – C-615/10, ECLI:EU:C:2012:324 Rn. 45 = EuZW 2012, 631 f. – Insinööritoimisto InsTiimi Oy.
[117] EuGH Urt. v. 16.9.1999 – C-414/97, Slg. 1999, I-5585 Rn. 22, 24 – Kommission/Spanien; EuGH Urt. v. 15.12.1999 – C-284/05, Slg. 2009, I-11705 Rn. 47 – Kommission/Finnland; EuGH Urt. v. 15.12.2009 – C-372/05, Slg. 2009, I-11801 Rn. 72 = EuZW 2010, 152 – Kommission/Deutschland; EuGH Urt. v. 4.3.2010 – C-38/06, ECLI:EU:C:2010:108 Rn. 64 = BeckRS 2010, 09245 – Kommission/Portugal; EuGH Urt. v. 7.6.2012 – C-615/10, ECLI:EU:C:2012:324 Rn. 45 = EuZW 2012, 631 f. – Insinööritoimisto InsTiimi Oy; EuGH Urt. v. 4.9.2014 – C-474/12, ECLI:EU:C:2014:2139 Rn. 34 – Schiebel Aircraft; EuGH Urt. v. 28.2.2013 – C-246/12 P, BeckRS 2013, 80453 Rn. 18.
[118] von der Groeben/Schwarze/Hatje/*Dittert* AEUV Art. 346 Rn. 8.

Bieter abwägen und den Grundsatz der **Verhältnismäßigkeit** wahren.[119] Erst wenn diese Abwägung ergibt, dass es im Einzelfall notwendig ist, kein Vergabeverfahren durchzuführen, greift der Ausnahmetatbestand ein.[120] Konzessionsgeber sind zudem verpflichtet, die Gründe zu dokumentieren, die im Interesse staatlicher Sicherheitsbelange eine Einschränkung der Bieterrechte erfordern.[121] Mit Blick auf das spezifische Verfahren des Art. 348 Abs. 2 AEUV reicht es aus, wenn sich der Mitgliedstaat auf den Ausnahmetatbestand beruft und ggf. der Vergabenachprüfungsinstanz – die Vergabekammern unterliegen nach § 164 Abs. 2 der Geheimhaltung – plausibel nachweist, dass die tatbestandlichen Voraussetzungen vorliegen.[122]

40 Aufgrund des **Wesentlichkeitskriteriums** ist der Begriff der Sicherheitsinteressen im Rahmen des Art. 346 Abs. 1 lit. a AEUV enger zu verstehen als die allgemein gefasste Formulierung der öffentlichen Sittlichkeit, Ordnung und Sicherheit etwa in Art. 36, 45 Abs. 3 AEUV, Art. 52 Abs. 1 AEUV und Art. 65 Abs. 1b AEUV.[123]

41 Im Einzelfall können konzessionierte Güter zwar für militärische Zwecke verwendet werden, es kann aber auch eine zivile Nutzung denkbar sein (sog. **Dual-use-Güter**).[124] Früher vertrat der EuGH die Ansicht, dass es insoweit auf den speziellen subjektiven Nutzungszweck ankomme.[125] Demgegenüber unterfallen Dual-use-Güter nach neuerer Ansicht des EuGH nur dann dem Ausnahmetatbestand des Art. 10 Vergabe-RL 2004, wenn sie aufgrund ihrer Eigenschaften – auch infolge substanzieller Veränderungen – **speziell für militärische Zwecke konzipiert und entwickelt** wurden.[126] Diese Rechtsprechung kann auf § 150 Nr. 1 übertragen werden. Entscheidend sind hiernach die objektiven Eigenschaften und die Verwendbarkeit des konzessionierten Gegenstands. Es kommt also nicht auf evtl. vom Auftraggeber subjektiv zugewiesene spezielle Konzeptions- und Verwendungszwecke an.[127] Auch wenn ein Gegenstand auf der Liste des Rates von 1958 steht (→ Rn. 11), hat er nur dann eine hinreichend militärische Zweckbestimmung, wenn sich „die Verwendung [...] aus den Eigenschaften eines speziell zu solchen Zwecken konzipierten, entwickelten oder substanziell veränderten Ausrüstungsgegenstands ergibt."[128] Dual-use-Güter, die bei objektiver Betrachtung sowohl zivil als auch militärisch genutzt werden können, sind hiernach nach den Vorschriften des EU-/GWB-Vergaberechts zu beschaffen und unterfallen weder der Ausnahme des Art. 346 AEUV noch dem § 150 Nr. 1.[129]

42 **c) Erteilung von Auskünften (§ 150 Nr. 1 Hs. 1 Var. 1).** Die Sicherheitsinteressen der Mitgliedstaaten können gem. § 150 Nr. 1 durch verschiedene Handlungsweisen gefährdet werden. Var. 1 erfasst die Fallgestaltung, dass der Mitgliedstaat im Rahmen eines Konzessionsvergabeverfahrens zur **Erteilung von Auskünften** verpflichtet wäre, **die seine wesentlichen Sicherheitsinteressen berühren**. Die Vorschrift bezieht sich auf Sachverhalte, in denen schon die Auskunftserteilung über die Vergabe an sich zu Sicherheitsbeeinträchtigungen führte, wobei unerheblich ist, ob die Beeinträchtigung auf der Ausschreibung an sich oder auf anderen Transparenzerfordernissen des Vergabeverfahrens beruht.[130] Die Ausnahme kann praktisch relevant werden mit Blick auf Nachrichtendienste oder sonstiger Ermittlungstätigkeiten.[131]

43 **d) Geheimerklärung (§ 150 Nr. 1 Hs. 1 Var. 2).** Mitgliedstaatliche Sicherheitsinteressen können gem. Var. 2 auch dann gefährdet sein, wenn die **Vergabe und Durchführung der Konzession als geheim zu erklären** sind, sofern der Konzessionsauftraggeber festgestellt hat, dass die betreffenden wesentlichen Interessen **nicht durch weniger einschneidende Maßnahmen gewahrt** werden kön-

---

[119] Vgl. OLG Düsseldorf Beschl. v. 1.8.2012 – VII-Verg 10/12, VergabeR 2012, 846 (849 f.); OLG Düsseldorf Beschl. v. 30.4.2003 – VII-Verg 61/02, VergabeR 2004, 371 ff.
[120] OLG Düsseldorf Beschl. v. 8.6.2011 – VII-Verg 49/11, NZBau 2011, 501 ff.; OLG Koblenz Beschl. v. 15.9.2010 – 1 Verg 7/10, NZBau 2010, 778 f.
[121] OLG Düsseldorf Beschl. v. 30.4.2003 – VII-Verg 61/02, VergabeR 2004, 371 ff.
[122] Immenga/Mestmäcker/*Dreher* § 145 Rn. 51.
[123] von der Groeben/Schwarze/Hatje/*Dittert* AEUV Art. 346 Rn. 5.
[124] EuGH Urt. v. 7.6.2012 – C-615/10, ECLI:EU:C:2012:324 = EuZW 2012, 631 (633) – Insinööritoimisto InsTiimi Oy.
[125] EuGH Urt. v. 8.4.2008 – C-337/05, Slg. 2008, I-2195 = NZBau 2008, 401 – Kommission/Italien.
[126] EuGH Urt. v. 7.6.2012 – C-615/10, ECLI:EU:C:2012:324 = EuZW 2012, 631 (635) – Insinööritoimisto InsTiimi Oy.
[127] EuGH Urt. v. 7.6.2012 – C-615/10, ECLI:EU:C:2012:324 = EuZW 2012, 631 (633) – Insinööritoimisto InsTiimi Oy.
[128] EuGH Urt. v. 7.6.2012 – C-615/10, ECLI:EU:C:2012:324 = EuZW 2012, 631 (633) – Insinööritoimisto InsTiimi Oy.
[129] Zu öffentlichen Aufträgen s. *Hölzl* NZBau 2012, 509 (511).
[130] Beck VergabeR/*Germelmann* Rn. 28; *Sterner* in Müller-Wrede GWB Rn. 9.
[131] Beck VergabeR/*Germelmann* Rn. 28.

IV. Kommentierung 44, 45 § 150 GWB

nen, wie beispielsweise durch Anforderungen, die auf den Schutz der Vertraulichkeit der Informationen abzielen, die Konzessionsauftraggeber im Rahmen eines Konzessionsvergabeverfahrens zur Verfügung stellen (zur Verhältnismäßigkeitsprüfung gem. Hs. 2 → Rn. 33). Entgegen des missverständlichen Wortlauts muss die Erkärung zur Geheimhaltung durch die zuständigen Stellen bereits vor der Vergabe erfolgt sein.[132] Die Geheimhaltungserklärung muss aber nicht zwingend aufgrund eines förmlichen Gesetzes erfolgen.[133] In Deutschland sind etwa das Gesetz über die Voraussetzungen und das Verfahren der Sicherheitsüberprüfung des Bundes (SÜG) und die allgemeine Verwaltungsvorschrift zum materiellen und organisatorischen Schutz von sog. Verschlusssachen (Verschlusssachenanweisung; abgekürzt VSA) einschlägig.[134] **Verschlusssachen** betreffen gem. § 104 Abs. 3 den speziellen Bereich der nichtmilitärischen Sicherheit, wobei der Auftrag/die Konzession ähnliche Merkmale aufweisen und ebenso schutzbedürftig sein muss wie eine solche im militärischen Bereich.[135] Existiert eine Rechtsgrundlage, steht dem Konzessionsgeber ein Beurteilungsspielraum zu.[136] Die Vergabekammer kann insoweit allein nachprüfen, ob die Grenzen des Beurteilungsspielraumes eingehalten worden sind.[137] Der Konzessionsgeber muss aber begründen, welche Informationen auf welcher rechtlichen Grundlage zum Schutz welcher wesentlichen Sicherheitsinteressen geheim bleiben sollen.[138] Betrifft die Erklärung nur einen Teil der Konzession und ist diese trennbar, kommt eine Ausschreibung des nicht für geheim erklärten Teils der Konzession in Betracht.[139]

e) **Besondere Sicherheitsmaßnahmen (§ 150 Nr. 1 Hs. 1 Var. 3).** § 150 Nr. 1 Hs. 1 Var. 3 44 ist einschlägig, wenn die Vergabe bzw. die Durchführung des Beschaffungsvorgangs **von besonderen Sicherheitsmaßnahmen gemäß den geltenden Rechts- oder Verwaltungsvorschriften** begleitet sein müssen. Die Vorschrift adressiert Konzessionen, bei deren Ausführung staatliche Sicherheitsinteressen in besonderem Maße gefährdet sind, weshalb durch Gesetz oder Verwaltungsvorschrift besondere Sicherheitsmaßnahmen gelten, die bei der Vergabe oder der Durchführung zu beachten sind.[140] Gemäß Var. 3 müssen die Sicherheitsanforderungen nicht zwingend in Gesetzen enthalten sein, sondern können auch auf Verwaltungsvorschriften beruhen. Relevante Rechtsgrundlagen sind alle, die direkt oder indirekt dem Schutz staatlicher Sicherheitsinteressen dienen,[141] etwa das LuftSiG,[142] das SÜG oder die VSA (→ Rn. 43). Die Norm lässt offen, welche konkrete Gestalt die Anforderungen haben müssen. Angesichts der unbestimmten Rechtsbegriffe steht der Vergabestelle insoweit ein Beurteilungsspielraum zu.[143] Ein praktischer Anwendungsfall sind staatliche Genehmigungsvorbehalte etwa zur Fertigung von Luftaufnahmen.[144]

3. Forschungs- und Entwicklungskooperationen (§ 150 Nr. 2). a) Überblick. Nach 45 § 150 Nr. 2 ist der 4. Teil des GWB unanwendbar auf Konzessionen in den Bereichen Verteidigung und Sicherheit, die im Rahmen eines **Kooperationsprogramms** vergeben werden, das auf **Forschung und Entwicklung** beruht (lit. a) und mit mindestens einem anderen Mitgliedstaat der EU für **die Entwicklung eines neuen Produkts** und ggf. die späteren Phasen des gesamten oder eines Teils des Lebenszyklus dieses Produkts durchgeführt wird (lit. b). Auch vor dem Hintergrund der wettbewerblichen Besonderheiten von Forschungs- und Entwicklungstätigkeiten soll die Vorschrift Gemeinschaftsprogramme bezüglich militärischer Systeme fördern und damit zugleich die Kosten senken (vgl. auch Erwägungsgrund 28 Vergabe-RL Verteidigung und Sicherheit).[145] Der Wortlaut des § 150 Nr. 2 verdeutlicht, dass die Tatbestandsvoraussetzungen gem. § 150 Nr. 2 lit. a und lit. b kumulativ vorliegen müssen („und"). Erforderlich ist deshalb zunächst ein Kooperationsprogramm, das auf Forschung und Entwicklung beruht. Darüber hinaus muss dieses Kooperationsprogramm mit mindestens einem weiteren Mitgliedstaat der EU für die Entwicklung eines neuen Produktes durchgeführt werden. Die Vorschrift dient der Umsetzung von Art. 10 Abs. 6 lit. b RL 2014/23/

---

[132] Beck VergabeR/*Germelmann* Rn. 31.
[133] OLG Düsseldorf Beschl. v. 30.3.2005 – V-Verg 101/04, WuW 2005, 865.
[134] BeckOK VergabeR/*Voll* § 117 Rn. 23.
[135] Für öffentliche Aufträge *Dobmann* Neues VergabeR Rn. 236.
[136] VK Bund Beschl. v. 14.7.2005 – VK3-55/05.
[137] OLG Celle Urt. v. 3.12.2009 – 13 Verg 14/09, VergabeR 2010, 230.
[138] Vgl. zB VK Bund Beschl. v. 14.7.2005 – VK 3-55/05, ZfBR 2008, 603 ff.
[139] Ebenso Immenga/Mestmäcker/*Kling* Rn. 15.
[140] *Sterner* in Müller-Wrede GWB Rn. 14.
[141] *Sterner* in Müller-Wrede GWB Rn. 16.
[142] VK Bund Beschl. v. 30.5.2008 – VK 1–48/08, ZfBR 2008, 603 ff.
[143] VK Bund Beschl. v. 14.7.2005 – VK 3–55/05, 17; VK Bund Beschl. v. 3.2.2006 – VK 1–01/06; OLG Düsseldorf Beschl. v. 30.3.2005 – VII-Verg 101/04, WuW/E Verg 1111.
[144] EuGH Urt. v. 16.10.2003 – C-252/01, BeckRS 2004, 75455 – Kommission/Belgien.
[145] Langen/Bunte/*Schneider* Rn. 11; *Fandrey* in RKPP GWB Rn. 5; Immenga/Mestmäcker/*Kling* Rn. 20; jurisPK-Vergaberecht/*Wagner* Rn. 23.

EU, der seinerseits auf Art. 13 lit. c Vergabe-RL Verteidigung und Sicherheit verweist. § 150 Nr. 2 findet eine Parallele in **§ 145 Nr. 2 Hs. 1**.[146]

46 § 150 Nr. 2 und Art. 13 lit. c S. 1 Vergabe-RL Verteidigung und Sicherheit stimmen nahezu **wortgleich** überein. Zwar verwendet Art. 13 lit. c S. 1 Vergabe-RL Verteidigung und Sicherheit die Formulierung „mindestens zwei Mitgliedstaaten", wohingegen § 150 Nr. 2 lit. b die Formulierung „mit mindestens einem anderen Mitgliedstaat" gebraucht. Im Ergebnis bedeuten aber beide Formulierungen, dass an der Entwicklung eines neuen Produkts zwei oder mehrere Mitgliedstaaten beteiligt sein müssen.[147] Anders als in § 145 Nr. 2 Hs. 2 hat der deutsche Gesetzgeber in § 150 Nr. 2 die in Art. 13 lit. c S. 2 Vergabe-RL Verteidigung und Sicherheit enthaltene **Mitteilungspflicht** nicht explizit normiert, wonach die Mitgliedstaaten der EU-Kommission beim Abschluss eines Kooperationsprogramms allein zwischen Mitgliedstaaten den Anteil der Forschungs- und Entwicklungsausgaben an den Gesamtkosten des Programms, die Vereinbarung über die Kostenteilung und ggf. den geplanten Anteil der Beschaffungen je Mitgliedstaat mitteilen müssen. Die Meldepflicht folgt bei § 150 Nr. 2 in unionsrechtskonformer Rechsanwendung jedoch aus Art. 13 Vergabe-RL Verteidigung und Sicherheit, auf den Art. 10 Abs. 6 RL 2014/23/EU verweist[148] (→ Rn. 49).

47 **b) Kooperationsprogramme zwischen EU-Mitgliedstaaten.** Gemäß § 150 Nr. 2 muss die Konzession im Rahmen eines **F&E-Kooperationsprogrammes** vergeben werden. Derartige Kooperationsprogramme sind für die Entwicklung neuer Technologien besonders nützlich, da sie das Tragen der zuweilen hohen Forschungs- und Entwicklungskosten vereinfachen (Erwägungsgrund 28 Vergabe-RL Verteidigung und Sicherheit).[149] § 150 Nr. 2 bezieht sich sowohl auf Konzessionsvergaben, die im Rahmen eines Kooperationsprogramms von einem Mitgliedstaat im eigenen Namen vergeben werden, als auch auf solche, die im Namen eines anderen Mitgliedstaats vergeben werden[150] (vgl. Erwägungsgrund 28 Vergabe-RL Verteidigung und Sicherheit). Zudem werden Kooperationsprogramme von internationalen Organisationen verwaltet, zB von der Gemeinsamen Organisation für Rüstungskooperationen (Organisation Conjointe de Coopération en Matière d'Armement – OCCAR), von der NATO oder von der Europäischen Verteidigungsagentur (Erwägungsgrund 28 Vergabe-RL Verteidigung und Sicherheit).[151]

48 Das Kooperationsprogramm muss mit **mindestens einem anderen EU-Mitgliedstaat** für die Entwicklung eines neuen Produkts und ggf. für die späteren Phasen des Lebenszyklus dieses Produkts durchgeführt werden (§ 150 Nr. 2 lit. b). Nach der Formulierung ist es unerheblich, ob darüber hinaus ein Drittstaat am Programm beteiligt ist, wie es etwa bei Kooperationsprogrammen der NATO der Fall sein kann.[152] Erforderlich ist ein gemeinschaftliches Zusammenwirken der Mitgliedstaaten und ggf. der Drittstaaten hinsichtlich der finanziellen und technischen Risiken.[153] Darüber hinaus müssen sich die Kooperationspartner sowohl an der Projektdurchführung als auch an den damit zusammenhängenden Entscheidungsprozessen beteiligen.[154]

49 Art. 13 lit. c S. 2 Vergabe-RL Verteidigung und Sicherheit normiert iVm Art. 10 Abs. 6 lit. b RL 2014/23/EU eine **Mitteilungspflicht**, die auch im Anwendungsbereich des § 150 Nr. 2 zu beachten ist (→ Rn. 46). Sind allein EU-Mitgliedstaaten – dh keine Drittstaaten – am Abschluss des Kooperationsprogramms beteiligt, muss eine Mitteilung an die EU-Kommission erfolgen (Art. 13 lit. c S. 2 Vergabe-RL Verteidigung und Sicherheit). Beteiligt sich demgegenüber ein Drittstaat an einem Kooperationsprogramm, entfällt diese Mitteilungspflicht.[155] Die Mitgliedstaaten müssen der EU-Kommission den Anteil der Forschungs- und Entwicklungsausgaben an den Gesamtkosten des Programms, die Vereinbarung über die Kostenteilung und ggf. den geplanten Anteil der Beschaffung je Mitgliedstaat übermitteln. Die Informationen müssen so detailliert sein, dass die EU-Kommission das Kooperationsprogramm überprüfen kann.[156]

50 **c) Forschung und Entwicklung.** § 150 Nr. 2 lit. a bezieht sich auf Kooperationsprogramme im Bereich **Forschung und Entwicklung.** Die Termini erfassen wegen der Verweisung in Art. 10 Abs. 6

---

[146] BT-Drs. 18/6281, 129; BT-Drs. 17/7275, 17.
[147] Vgl. *Krohn* in Gabriel/Krohn/Neun VergabeR-HdB § 57 Rn. 77.
[148] Ebenso Beck VergabeR/*Germelmann* Rn. 45.
[149] Vgl. Kom., Guidance Note, Defence- and security-specific exclusions, 2016, 6.
[150] *Krohn* in Gabriel/Krohn/Neun VergabeR-HdB § 57 Rn. 73.
[151] Vgl. *Krohn* in Gabriel/Krohn/Neun VergabeR-HdB § 57 Rn. 73.
[152] Immenga/Mestmäcker/*Dreher* § 145 Rn. 12.
[153] *Krohn* in Gabriel/Krohn/Neun VergabeR-HdB § 57 Rn. 77.
[154] Kom., Guidance Note, Defence- and security-specific exclusions, 2016, 7.
[155] Vgl. *Krohn* in Gabriel/Krohn/Neun VergabeR-HdB § 57 Rn. 79; Kom., Guidance Note, Defence- and security-specific exclusions, 2016, 7.
[156] Näher Kom., Guidance Note, Defence- and security-specific exclusions, 2016, 7.

lit. b RL 2014/23/EU auf Art. 13 lit. c Vergabe-RL Verteidigung und Sicherheit iVm der Begriffsbestimmung in Art. 1 Nr. 27 Vergabe-RL Verteidigung und Sicherheit alle Arten der Forschung.[157]

Die Termini „Forschung und Entwicklung" umfassen hiernach die **Grundlagenforschung,** die 51 **angewandte Forschung** und die **experimentelle Entwicklung,** einschließlich der Herstellung von Demonstrationssystemen.[158] Dies stimmt mit der Zuordnung von Forschung und Entwicklung zu den Phasen der Invention, Innovation und Diffusion überein. Die neuere Innovationsforschung betont, dass eine trennscharfe Unterscheidung zwischen diesen Phasen angesichts der rekursiven und zudem netzwerkförmigen Struktur von Innovationsprozessen weniger zur empirischen Beschreibung als vielmehr zur Strukturierung der Diskussion über den Umgang mit Neuerungen dienen kann.[159]

Zentrale Relevanz haben Forschung und Entwicklung insbesondere für die Stärkung der 52 gesamteuropäischen rüstungstechnologischen und rüstungsindustriellen Basis.[160] Diesbezüglich soll den Mitgliedstaaten deshalb gem. Erwägungsgrund 55 Vergabe-RL Verteidigung und Sicherheit ein „**Maximum an Flexibilität**" bei der Vergabe von Aufträgen und Konzessionen zukommen. Allerdings darf diese Flexibilität „nicht den lauteren Wettbewerb in den späteren Phasen des Lebenszyklus eines Produkts ausschalten". Forschungs- und Entwicklungsaufträge – oder Konzessionen – sollen daher nur „Tätigkeiten bis zu der Stufe umfassen, auf der die Ausgereiftheit neuer Technologien in angemessener Weise beurteilt und deren Risikolosigkeit festgestellt werden kann". Sie dürfen nach dieser Stufe nicht mehr eingesetzt werden, die Bestimmungen der Vergabe-RL Verteidigung und Sicherheit bzw. vorliegend der RL 2014/23/EU zu umgehen (Erwägungsgrund 55 Vergabe-RL Verteidigung und Sicherheit).

d) Entwicklung eines neuen Produkts. Damit die Ausnahmeregelung des. § 150 Nr. 2 lit. b 53 greift, muss sich das Kooperationsprogramm kumulativ auf die **Entwicklung eines neuen Produkts** beziehen. § 150 Nr. 2 umfasst damit nicht den Erwerb bereits fertig entwickelter Produkte.[161] Ebenfalls nicht erfasst werden fertig entwickelte Produkte, die noch an die speziellen Verwendungszwecke angepasst werden müssen.[162] Mit Blick auf die Legaldefinition der Konzession in § 105 erscheint es zweifelhaft, ob die Ausnahmebestimmung praktisch relevant werden wird, da der Konzessionsgeber kein Produkt erwirbt, sondern Unternehmen mit der Erbringung von Leistungen betraut, wobei die Gegenleistung entweder allein im Recht zur Nutzung oder in diesem Recht zuzüglich einer Zahlung besteht. Gerade im Bereich der Daseinsvorsorge kann der Konzessionsgeber aufgrund seiner Gewährleistungsverantwortung jedoch mit der Leistungserbringung zugleich ein eigenes Beschaffungsinteresse an einem innovativen (Bau- oder Dienstleistungs-)Produkt verfolgen.[163] Eine vergleichbare Überlegung kann bei originär hoheitlichen Tätigkeiten greifen.

Das Kooperationsprogramm ist nicht notwendig auf die Entwicklungsphase beschränkt, sondern 54 kann sich auch auf die späten Phasen des **Lebenszyklus** des Produkts erstrecken.[164] Der Begriff Lebenszyklus ist in Art. 1 Nr. 26 Vergabe-RL Verteidigung und Sicherheit legal definiert. Hierunter fallen alle aufeinander folgenden Phasen, die ein Produkt durchläuft, mithin „Forschung und Entwicklung, industrielle Entwicklung, Herstellung, Reparatur, Modernisierung, Änderung, Instandhaltung, Logistik, Schulung, Erprobung, Rücknahme und Beseitigung."

4. Intergouvernementale Konzessionsvergabe (§ 150 Nr. 3). a) Überblick. Gemäß § 150 55 Nr. 3 ist der 4. Teil des GWB nicht anzuwenden auf die Vergabe von Konzessionen in den Bereichen Verteidigung und Sicherheit, die **die Bundesregierung an eine andere Regierung** für in unmittelbarem Zusammenhang mit Militärausrüstung oder sensibler Ausrüstung stehende Bau- und Dienstleistungen oder für Bau- und Dienstleistungen speziell für militärische Zwecke oder für sensible Bau- und Dienstleistungen vergibt (**Gouvernement-to-Gouvernement-Konzessionen**[165]). Verteidigungs- und sicherheitsrelevante Konzessionen, die eine Regierung direkt an eine andere Regierung und nicht frei am Markt vergibt, können damit vergaberechtsfrei erfolgen.[166] § 150 Nr. 3 setzt weitgehend wortgleich Art. 10 Abs. 6 lit. c RL 2014/23/EU um.[167] Eine vergleichbare Vorschrift findet sich in Art. 13 lit. f Vergabe-RL Verteidigung und Sicherheit, umgesetzt durch

---

[157] Beck VergabeR/*Germelmann* Rn. 41.
[158] *Krohn* in Gabriel/Krohn/Neun VergabeR-HdB § 57 Rn. 74.
[159] *Bora* in Eifert/Hoffmann-Riem, Innovation und Recht II, Innovationsfördernde Regulierung, 2009, 24, 29; *Hoffmann-Riem,* Innovation und Recht – Recht und Innovation, 2016, 210.
[160] *Krohn* in Gabriel/Krohn/Neun VergabeR-HdB § 57 Rn. 73.
[161] HK-VergabeR/*Schellenberg* § 145 Rn. 4.
[162] *Krohn* in Gabriel/Krohn/Neun VergabeR-HdB § 57 Rn. 76.
[163] Zur Energieversorgung *Mohr* RdE 2016, 269 ff.
[164] *Sterner* in Müller-Wrede GWB Rn. 21; Beck VergabeR/*Germelmann* Rn. 42.
[165] *Sterner* in Müller-Wrede GWB Rn. 22.
[166] jurisPK-Vergaberecht/*Wagner* Rn. 30.
[167] BT-Drs. 18/6281, 129.

§ 145 Nr. 4.[168] Da Konzessionsverträge gem. § 105 primär die Erbringung von Bauleistungen oder die Erbringung und Verwaltung von Dienstleistungen regeln, bezieht sich § 150 Nr. 3 anders als § 145 Nr. 4 nicht auf die Lieferung von Militärausrüstung. Erwägungsgrund 30 Vergabe-RL Verteidigung und Sicherheit begründet den Ausnahmetatbestand mit den Besonderheiten des Verteidigungs- und Sicherheitssektors, wonach die Beschaffung von Ausrüstung und von Bau- und Dienstleistungen durch eine Regierung bei einer anderen Regierung vom Anwendungsbereich dieser Richtlinie ausgenommen sein soll.

56 **b) Regierungen als Konzessionsgeber und -nehmer.** § 150 Nr. 3 weicht insoweit von Art. 10 Abs. 6 lit. c RL 2014/23/EU und § 145 Nr. 4 ab, als die letztgenannten Vorschriften als **Konzessionsgeber** jede Regierung ansehen, im Rahmen einer föderalen Ordnung also auch ein Landesparlament,[169] wohingegen **§ 150 Nr. 3 allein die Bundesregierung** adressiert. Dass „Regierung" grundsätzlich in einem umfassenden Sinn zu verstehen ist, wird durch einen Blick auf Art. 1 Nr. 9 Vergabe-RL Verteidigung und Sicherheit bestätigt, wonach der Begriff der Regierung „nationale, regionale oder lokale Gebietskörperschaften eines Mitgliedstaates oder eines Drittlandes" erfasst.[170] § 150 Nr. 3 ist gleichwohl unionsrechtskonform, da der deutsche Gesetzgeber die Mindestvorgaben der RL 2014/23/EU strenger umsetzen darf, indem er die Reichweite einer Ausnahmeregelung einschränkt.[171] Die Bundesregierung setzt sich gem. Art. 62 GG aus dem Bundeskanzler/der Bundeskanzlerin und den Bundesministern zusammen. **Konzessionsnehmer** iSd § 150 Nr. 3 sind nicht allein die Mitgliedstaaten der Union, sondern auch Drittstaaten. Dies gründet auf der Überlegung, dass Vergaben häufig von internationalen Kooperationen geprägt sind, die mit Bezug zu Drittstaaten nur eine geringen Binnenmarktrelevanz haben.[172] Nicht erfasst werden staatliche Unternehmen („Unternehmen einer Regierung"), da dies der engen Auslegung des Ausnahmetatbestands widerspräche.[173]

57 **c) Konzessionsgegenstände.** § 150 Nr. 3 enthält inhaltliche Präzisierungen gegenüber dem allgemeinen Erfordernis, dass es sich um Konzessionen in den Bereichen Verteidigung und Sicherheit handeln muss.[174]

58 **aa) Konzessionen, die in unmittelbarem Zusammenhang mit Militärausrüstung oder sensibler Ausrüstung stehen (§ 150 Nr. 3 Var. 1).** Var. 1 erfasst in sachlicher Hinsicht Konzessionen für in **unmittelbarem Zusammenhang mit Militärausrüstung** oder **sensibler Ausrüstung** stehende Bau- und Dienstleistungen.

59 **(1) Militärausrüstung.** Der Begriff „**Militärausrüstung**" ist in der RL 2014/23/EU nicht legal definiert. **Erwägungsgrund 34 RL 2014/23/EU** verweist vielmehr auf die RL 2009/81/EG (Vergabe-RL Verteidigung und Sicherheit). Nach der Legaldefinition des **Art. 1 Nr. 6 Vergabe-RL Verteidigung und Sicherheit** umfasst Militärausrüstung jede „Ausrüstung, die eigens zu militärischen Zwecken konzipiert oder für militärische Zwecke angepasst wird und zum Einsatz als Waffen, Munition oder Kriegsmaterial bestimmt ist". Eine vergleichbare Definition **enthält § 104 Abs. 2**.[175] Nach dieser Vorschrift ist erstens der Terminus Ausrüstung zu bestimmen, zweitens ist der objektive militärische Zweck zu ermitteln, drittens die hierfür erfolgte Konzeption oder Anpassung und viertens die subjektive Einsatzbestimmung.[176]

60 Der Terminus der **Ausrüstung** ist weit zu verstehen.[177] Gemäß Art. 1 Abs. 6 Vergabe-RL Verteidigung und Sicherheit umfasst er Ausstattungen, Hilfs- und Betriebsmittel, denen eine militärische Zweckbestimmung zukommt.[178] Erfasst sind auch sonstige Gegenstände, die für militärische Zwecke eingesetzt werden.[179] Entscheidend ist, dass der jeweilige Gegenstand dem Nutzer bei der Zweckerreichung bzw. Zweckförderung behilflich ist.[180] Ausrüstung ist weit zu verstehen, weshalb sie nicht nur

---

[168] Krohn in Gabriel/Krohn/Neun VergabeR-HdB § 57 Rn. 132.
[169] Vgl. Immenga/Mestmäcker/*Dreher* § 145 Rn. 25.
[170] Immenga/Mestmäcker/*Kling* Rn. 25.
[171] Vgl. auch Beck VergabeR/*Germelmann* Rn. 47, der ergänzend auf die Vermeidung von Umgehungsgeschäften verweist.
[172] Beck VergabeR/*Germelmann* Rn. 46.
[173] Immenga/Mestmäcker/*Kling* Rn. 25.
[174] Beck VergabeR/*Germelmann* Rn. 48 verweist insoweit auf die Vermeidung von Umgehungen.
[175] Immenga/Mestmäcker/*Kling* Rn. 26.
[176] Beck VergabeR/*von Wietersheim* § 104 Rn. 29.
[177] Beck VergabeR/*von Wietersheim* § 104 Rn. 35.
[178] *Scherer-Leydecker* NZBau 2012, 533 (535).
[179] Willenbruch/Wieddekind/*Willenbruch* § 99 Rn. 81; *Scherer-Leydecker* NZBau 2012, 533 (535).
[180] *Scherer-Leydecker* NZBau 2012, 533 (535).

IV. Kommentierung   61–63   § 150 GWB

körperliche Gegenstände umfasst, sondern auch Software, Daten, Informationen, Energie oder Rechte.[181]

Eine **militärische Zweckbestimmung** setzt voraus, dass der jeweilige Gegenstand objektiv und feststehend für den militärischen Einsatz verwendet werden soll.[182] Nach Erwägungsgrund 10 Vergabe-RL Verteidigung und Sicherheit gehören zur Militärausrüstung insbesondere solche Produkte, die in der Kriegswaffenliste von 1958 aufgeführt sind (→ Rn. 11). Umfasst sind damit regelmäßig Gegenstände, für die eine zivile Nutzung nicht in Betracht kommt, etwa Panzer oder Kampfflugzeuge (sog. harte Rüstungsgüter).[183] Das Vorliegen einer Militärausrüstung ist zudem unproblematisch gegeben bei Gegenständen, die von Streitkräften tatsächlich im Rahmen eines militärischen Einsatzes verwendet werden.[184] Bei anderen Ausrüstungsgegenständen reicht eine Verwendung durch Streitkräfte allein nicht aus, um ihren militärischen Charakter zu begründen,[185] insbesondere wenn sie auch für zivile Zwecke eingesetzt werden können.[186] Nach der Rechtsprechung des EuGH ist hier auf den **objektiven Konzeptions- und Einsatzzweck** abzustellen.[187] **Dual-use-Güter** sind damit nur dann als militärische Ausrüstung anzusehen, wenn sie aufgrund ihrer Eigenschaften – auch in Folge substanzieller Veränderungen – speziell für militärische Zwecke konzipiert und entwickelt wurden.[188] Ist die Verwendung für militärische Zwecke ungewiss, haben sie keinen militärischen Charakter.[189] Dasselbe gilt für Dual-use-Güter, die sowohl für zivile als auch für militärische Zwecke genutzt werden können.[190] Keinen militärischen Zwecken dienen Ausrüstungsgegenstände, die zwar ursprünglich für militärische Zwecke konzipiert wurden, später aber entgegen ihrer eigentlichen Zweckbestimmung zivil genutzt werden.[191]   61

Als weiteres Tatbestandsmerkmal verlangt § 104 Abs. 2, dass der jeweilige Gegenstand **für den militärischen Zweck konzipiert** wurde oder **für diesen Zweck eine Anpassung erfolgte**. Diese Merkmale sind bei klassischer Militärausrüstung unproblematisch gegeben[192] (zu Dual-use-Gütern → Rn. 61).   62

Schließlich setzt eine Militärausrüstung voraus, dass der Gegenstand **zum Einsatz als Waffe, Munition oder Kriegsmaterial subjektiv bestimmt** ist.[193] Das Tatbestandsmerkmal Waffe ist in der Vergabe-RL Verteidigung und Sicherheit nicht legal definiert. Mit Blick auf den Zweck der Ausnahme ist Waffe in einem militärischen Sinne zu verstehen.[194] Eine Definition kann dem KrWaffKontrG entnommen werden.[195] Nach dessen § 1 Abs. 2 sind Waffen alle Gegenstände, Stoffe und Organismen, die dazu bestimmt sind, allein, in Verbindung miteinander oder mit anderen Gegenständen, Stoffen oder Organismen Zerstörung oder Schäden an Personen oder Sachen zu verursachen oder als Mittel der Gewaltanwendung zu dienen. Sind die jeweiligen Gegenstände, Stoffe oder Organismen in der sog. Kriegswaffenkontrollliste (→ Rn. 11) aufgeführt, kann davon ausgegangen werden, dass es sich um militärische Waffen handelt.[196] Auch der Begriff der Munition wird in der Vergabe-RL Verteidigung und Sicherheit nicht legal definiert. Munition dient der Unterstützung einer relevanten Waffe in ihrer funktionellen Wirkung.[197] Dabei verursacht die Munition die eigentliche schädigende oder zerstörende Wirkung.[198] Kriegsmaterial umfasst alle sonstigen Gegenstände, die im Rahmen eines Kampfeinsatzes oder zur Gefechtsführung verwandt werden, und bei denen es sich nicht bereits um Waffen und Munition handelt.[199]   63

---

[181] HK-VergabeR/*Schellenberg* § 104 Rn. 12.
[182] Beck VergabeR/*von Wietersheim* § 104 Rn. 36.
[183] *Prieß/Hölzl* NZBau 2006, 563 (564); zur Diskussion, ob die Liste abschließend ist, s. HK-VergabeR/*Schellenberg* § 104 Rn. 9 ff.
[184] Vgl. *Scherer-Leydecker* NZBau 2012, 533 (535).
[185] *Krohn* in Gabriel/Krohn/Neun VergabeR-HdB § 57 Rn. 19.
[186] EuGH Urt. v. 8.4.2008 – C-337/05, Slg. 2008, 2195 = NZBau 2008, 401 (403) – Augusta Hubschrauber; dazu auch *Scherer-Leydecker* NZBau 2012, 533 (535).
[187] EuGH Urt. v. 7.6.2012 – C-615/10, ECLI:EU:C:2012:324 = NZBau 2012, 509 – Insinööritoimisto InsTiimi Oy; vgl. auch *Prieß/Hölzl* NZBau 2008, 563 (565).
[188] EuGH Urt. v. 7.6.2012 – C-615/10, ECLI:EU:C:2012:324 = NZBau 2012, 509 – Insinööritoimisto InsTiimi Oy.
[189] EuGH Urt. v. 8.4.2008 – C -337/05, Slg. 2008, 2195 = NZBau 2008, 401 (403) – Augusta Hubschrauber.
[190] *Hölzl* NZBau 2012, 510 (512).
[191] *Scherer-Leydecker* NZBau 2012, 533 (535); *Hölzl* NZBau 2012, 510 (512).
[192] Beck VergabeR/*von Wietersheim* § 104 Rn. 41.
[193] Beck VergabeR/*von Wietersheim* § 104 Rn. 46.
[194] *Krohn* in Gabriel/Krohn/Neun VergabeR-HdB § 57 Rn. 20; vgl. *Scherer-Leydecker* NZBau 2012, 533 (536).
[195] *Scherer-Leydecker* NZBau 2012, 533 (536).
[196] *Krohn* in Gabriel/Krohn/Neun VergabeR-HdB § 57 Rn. 20.
[197] *Scherer-Leydecker* NZBau 2012, 533 (536).
[198] *Scherer-Leydecker* NZBau 2012, 533 (536).
[199] *Krohn* in Gabriel/Krohn/Neun VergabeR-HdB § 57 Rn. 22.

64 **(2) Sensible Ausrüstung.** § 150 Nr. 3 erfasst zudem die Vergabe von Konzessionen in den Bereichen Verteidigung und Sicherheit, die die Bundesregierung an eine andere Regierung für **in unmittelbarem Zusammenhang mit sensibler Ausrüstung stehende Bau- und Dienstleistungen** vergibt. Zur näheren Eingrenzung des Terminus „sensible Ausrüstung" verweist Erwägungsgrund 34 RL 2014/23/EU auf die RL 2009/81/EG (Vergabe-RL Verteidigung und Sicherheit). Gemäß Art. 1 Nr. 7 Vergabe-RL Verteidigung und Sicherheit ist eine Ausrüstung dann „sensibel", wenn sie **Sicherheitszwecken dient,** bei denen **Verschlusssachen verwendet** werden oder die solche Verschlusssachen erfordern und/oder beinhalten.

65 Zum Begriff der „**Sicherheit**" → Rn. 23. Die „**Sensibilität**" setzt voraus, dass **Verschlusssachen verwendet** werden oder dass diese Ausrüstung **Verschlusssachen erfordert und/oder beinhaltet.** Der Begriff der Verschlusssachen ist in Art. 1 Nr. 8 Vergabe-RL Verteidigung und Sicherheit allgemeingültig legal definiert. Im deutschen Recht enthält § 4 Abs. 1 S. 1 des Sicherheitsüberprüfungsgesetzes (SÜG) eine Definition der Verschlusssache, wobei die Vorschrift unionsrechtskonform zu interpretieren ist.[200] Im Recht der öffentlichen Auftragsvergabe ist der Begriff des Verschlusssachenauftrags in **§ 104 Abs. 3** legaldefiniert.[201] Im Kern geht es um den Bereich der nicht-militärischen Sicherheit, dem ähnliche Merkmale und ein ähnliches Schutzbedürfnis zugesprochen werden wie der militärischen Sicherheit.[202]

66 **(3) Unmittelbarer Zusammenhang.** Gemäß § 150 Nr. 3 muss die Konzession für **in unmittelbarem Zusammenhang mit Militärausrüstung oder sensibler Ausrüstung stehende Bau- und Dienstleistungen** vergeben werden. Lediglich mittelbar erforderliche Leistungen werden nicht erfasst.[203]

67 **bb) Konzessionen für Bau- und Dienstleistungen speziell für militärische Zwecke (§ 150 Nr. 3 Var. 2).** § 150 Nr. 3 Var. 2 erfasst **Konzessionen,** die die Bundesregierung an eine andere Regierung **für Bau- und Dienstleistungen speziell für militärische Zwecke** vergibt. Derartige Konzessionen erhalten ihre Verteidigungs- oder Sicherheitsrelevanz durch ihre militärische Zweckbestimmung. Die Tatbestandsvoraussetzung „speziell für militärische Zwecke" impliziert eine spezifische Beziehung der zu erbringenden Leistung im Hinblick auf die militärische Zweckbestimmung.[204] Die Bau- oder Dienstleistung muss demnach besonders geeignet sein, den militärischen Zweck zu erreichen.[205]

68 **cc) Konzessionen für sensible Bau- und Dienstleistungen im Rahmen eines Verschlusssachenauftrags (§ 150 Nr. 3 Var. 3).** § 150 Nr. 3 Var. 3 erfasst zudem **Konzessionen, die die Bundesregierung an eine andere Regierung für sensible Bau- und Dienstleistungen vergibt.** Gemäß der Definition des Art. 1 Nr. 7 Vergabe-RL Verteidigung und Sicherheit unterfallen dieser Variante Bau- und Dienstleistungen für Sicherheitszwecke, bei denen Verschlusssachen verwendet werden oder die Verschlusssachen erfordern und/oder beinhalten. Die Definition entspricht derjenigen der sensiblen Ausrüstung (→ Rn. 64f.). Eine Definition des Verschlusssachenauftrags findet sich in § 104 Abs. 3.[206]

69 **5. Konzessionsvergaben bei Auslandseinsätzen an im Einsatzgebiet ansässige Unternehmen (§ 150 Nr. 4).** Gemäß § 150 Nr. 4 findet der 4. Teil des GWB keine Anwendung auf die Vergabe von Konzessionen in den Bereichen Verteidigung und Sicherheit, die in einem **Staat, der nicht Vertragspartei des Übereinkommens über den EWR** ist, im Rahmen des **Einsatzes von Truppen außerhalb des Gebiets der Union** vergeben werden, wenn der Einsatz erfordert, dass diese **Konzessionen an im Einsatzgebiet ansässige Unternehmen** vergeben werden. Die Norm bezieht sich damit auf Konzessionen bei Auslandseinsätzen außerhalb der EU und statuiert einen doppelten Drittstaatenbezug.[207] Die im Einsatzgebiet stationierten oder tätigen Kräfte sollen die Möglichkeit haben, Konzessionen an im Einsatzgebiet ansässige Unternehmen ohne vergaberechtliche Anforderungen zu vergeben.[208]

---

[200] *Scherer-Leydecker* NZBau 2012, 533 (537).
[201] Im vorliegenden Zusammenhang Ziekow/Völlink/*Siegel* Rn. 10.
[202] *Dobmann* Neues VergabeR Rn. 236.
[203] Beck VergabeR/*von Wietersheim* § 104 Rn. 18, mit Verweis auf VK Bund Beschl. v. 12.12.2014 – VK 1-98/14, BeckRS 2014, 121086, hinsichtlich einer Rahmenvereinbarung über die Betriebsstoffversorgung.
[204] *Scherer-Leydecker* NZBau 2012, 533 (539).
[205] *Scherer-Leydecker* NZBau 2012, 533 (539).
[206] *Fandrey* in RKPP GWB Rn. 8.
[207] Immenga/Mestmäcker/*Kling* Rn. 29.
[208] *Sterner* in Müller-Wrede GWB Rn. 25.

§ 150 Nr. 4 setzt Art. 10 Abs. 6 lit. d RL 2014/23/EU um.[209] Der Wortlaut beider Vorschriften 70 stimmt nur zum Teil überein. So fordert § 150 Nr. 4, dass es sich um einen Staat handelt, der **nicht Vertragspartei des Übereinkommens über den EWR** ist. Diese Konkretisierung ist in Art. 10 Abs. 6 lit. d RL 2014/23/EU nicht enthalten, der von einem Drittland spricht. § 150 Nr. 4 entspricht in seinem Kern **§ 145 Nr. 3**.[210]

Die Konzession muss im Rahmen eines **Einsatzes von Truppen außerhalb des Gebiets der** 71 **EU** vergeben werden. Der Begriff „Truppe" wird weder im GWB noch in der RL 2014/23/EU oder der Vergabe-RL Verteidigung und Sicherheit definiert. Zur Eingrenzung wird auf das NATO-Truppenstatut abgestellt.[211] Art. 1 Abs. 1 lit. a NATO-Truppenstatut definiert eine Truppe als das zu den Land-, See- oder Luftstreitkräften gehörende Personal einer Vertragspartei, wenn es sich im Zusammenhang mit seinen Dienstobliegenheiten in dem Hoheitsgebiet einer anderen Vertragspartei innerhalb des Gebietes des Nordatlantikvertrags befindet. § 150 Nr. 4 bezieht sich damit auf den Einsatz von (deutschen) Militärangehörigen, nicht jedoch auf denjenigen von regulären Polizeikräften. Ob die Ausnahme auch bei streitkräfteähnlichen Polizeikräften einschlägig ist, erscheint angesichts des Wortlauts iVm dem Grundsatz der engen Auslegung zweifelhaft.[212]

Der Truppeneinsatz muss es erfordern, dass die Konzession an **im Einsatzgebiet ansässige** 72 **Unternehmen** vergeben wird, also nicht an Inlandsunternehmen. Die Norm intendiert damit eine Einbindung der örtlichen Bevölkerung zwecks effektiver Krisenbewältigung.[213] Zudem ist bei einer Konzessionierung örtlicher Unternehmen regelmäßig ein Binnenmarktbezug zu verneinen. Eine Ansässigkeit des Unternehmens „im groben räumlichen Zusammenhang" mit dem Einsatzgebiet reicht aus.[214] Im Einsatzgebiet ansässige Töchter von Inlandsunternehmen können beauftragt werden, sofern hierdurch keine missbräuchliche Umgehung der Vergabevorschriften zu besorgen ist.[215] Die **Erforderlichkeit der Beschaffung vor Ort** ist gegeben, wenn sie effektiver als bei einem Unternehmen im Binnenmarkt erfolgen kann, etwa wegen kürzerer Zugangswege.[216] Spiegelbildlich fehlt die Erforderlichkeit der Beschaffung vor Ort, wenn eine solche unproblematisch auch im Binnenmarkt erfolgen könnte oder nur einen entfernten Bezug zur Örtlichkeit aufweist.[217]

6. Andere Ausnahmevorschriften des 4. Teils (§ 150 Nr. 5). Gemäß § 150 Nr. 5 ist der 73 4. Teil des GWB nicht anzuwenden auf die Vergabe von Konzessionen in den Bereichen Verteidigung und Sicherheit, die **von anderen Ausnahmevorschriften** dieses Teils erfasst werden. In den Bereichen Verteidigung und Sicherheit sollen damit zumindest diejenigen Ausnahmen gelten, die auch für zivile Vergaben greifen[218] (→ Rn. 27). § 150 Nr. 5 dient der Umsetzung von Art. 10 Abs. 6 lit. e RL 2014/23/EU.[219] Der Wortlaut des § 150 Nr. 5 bezieht sich auf alle nicht verteidigungs- und sicherheitsspezifischen Ausnahmevorschriften des 4. Teils des GWB, einschließlich derjenigen für öffentliche Aufträge. Demgegenüber beschränkt sich Art. 10 Abs. 6 lit. e RL 2014/23/EU auf die Ausnahmevorschriften der RL 2014/23/EU („gemäß dieser Richtlinie"). § 150 Nr. 5 ist daher unionsrechtskonform zu reduzieren, weshalb nur die konzessionsspezifischen Ausnahmeregelungen in §§ 107 f. und in § 149 erfasst sind (vgl. § 149).[220] Auch mit Blick auf diese teleologische Reduktion hat § 150 Nr. 5 allein klarstellende Funktion.[221]

7. Subsidiärer Schutz wesentlicher Sicherheitsinteressen (§ 150 Nr. 6). § 150 Nr. 6 erfasst 74 Konzessionen in den Bereichen Verteidigung und Sicherheit, die nicht bereits gem. § 150 Nr. 1–5 ausgeschlossen sind, wenn **der Schutz wesentlicher Sicherheitsinteressen Deutschlands nicht durch weniger einschneidende Maßnahmen garantiert werden kann,** wie beispielsweise durch Anforderungen, die auf den Schutz der Vertraulichkeit der Informationen abzielen, die Konzessionsgeber im Rahmen eines Konzessionsvergabeverfahrens zur Verfügung stellen. § 150 Nr. 6 setzt Art. 10 Abs. 7 RL

---

[209] BT-Drs. 18/6281, 129.
[210] So gilt die Norm nur für internationale Truppeneinsätze, nicht aber für Polizeieinsätze, vgl. *Krohn* in Gabriel/Krohn/Neun VergabeR-HdB § 57 Rn. 133.
[211] Immenga/Mestmäcker/*Dreher* § 145 Rn. 20.
[212] Dafür aber Immenga/Mestmäcker/*Kling* Rn. 31; Beck VergabeR/*Germelmann* Rn. 51.
[213] Beck VergabeR/*Germelmann* Rn. 53.
[214] Langen/Bunte/*Schneider* § 149 Rn. 15; *Sterner* in Müller-Wrede GWB Rn. 26: „surrounding geographic zone".
[215] Beck VergabeR/*Germelmann* Rn. 53.
[216] Immenga/Mestmäcker/*Kling* Rn. 30; s. auch Byok/Jaeger/*Brüning* Rn. 15: „aus logistischen oder wirtschaftlichen Gründen nicht zweckmäßig".
[217] Beck VergabeR/*Germelmann* Rn. 54.
[218] *Sterner* in Müller-Wrede GWB Rn. 29; jurisPK-Vergaberecht/*Wagner* Rn. 37.
[219] BT-Drs. 18/6281, 130.
[220] Ebenso *Fandrey* in RKPP GWB Rn. 9.
[221] Langen/Bunte/*Schneider* § 149 Rn. 17; s. auch *Krohn* in Gabriel/Krohn/Neun VergabeR-HdB § 57 Rn. 134: „überflüssig".

2014/23/EU ins deutsche Recht um.²²² Er entspricht im Wesentlichen der Regelung in **§ 117 Nr. 1**.²²³ § 150 Nr. 6 ist als **subsidiäre Auffangvorschrift** ausgestaltet.²²⁴ Er soll sicherheitsrelevante Beschaffungen aus dem Konzessionsvergaberecht ausnehmen, wenn kein anderer Ausnahmetatbestand eingreift, die wesentlichen Sicherheitsinteressen jedoch eine Direktvergabe als erforderlich erscheinen lassen.²²⁵ Um die spezifischen Aussagen der Nr. 1–5 nicht zu entwerten, ist § 150 Nr. 6 eng zu interpretieren und steht unter dem Vorbehalt der Verhältnismäßigkeit (→ Rn. 4).²²⁶

75 **8. Internationales Sondervergaberecht (§ 150 Nr. 7). a) Überblick.** § 150 Nr. 7 nimmt Konzessionen im Bereich Verteidigung und Sicherheit vom GWB-Vergaberecht aus, die nach **besonderen internationalen Verfahrensregelungen vergeben** werden.²²⁷ Die Vorschrift will Kollisionen zwischen dem GWB-Vergaberecht und spezielleren Vergaberegimen verhindern.²²⁸ Im Jahr 2020 wurde der Wortlaut von § 150 Nr. 7 um einen Schreibfehler berichtigt.²²⁹ § 150 Nr. 7 setzt Art. 10 Abs. 5 RL 2014/23/EU ins deutsche Recht um.²³⁰ Im Einzelnen betrifft § 150 Nr. 7 Konzessionen in den Bereichen Verteidigung und Sicherheit, die besonderen Verfahrensregeln unterliegen, die sich alternativ aus einem internationalen Abkommen oder einer internationalen Vereinbarung ergeben, das oder die zwischen einem oder mehreren Mitgliedstaaten der EU oder einem oder mehreren Drittstaaten, die nicht Vertragsparteien des Übereinkommens über den Europäischen Wirtschaftsraum (EWR) sind, geschlossen wurde (lit. a), oder die sich aus einem internationalen Abkommen oder einer internationalen Vereinbarung im Zusammenhang mit der Stationierung von Truppen ergeben, das oder die Unternehmen eines Mitgliedstaats der EU oder eines Drittstaates betrifft (lit. b), oder die für eine internationale Organisation gelten, wenn diese für ihre Zwecke Beschaffungen tätigt oder wenn ein Mitgliedstaat der EU Aufträge nach diesen Regeln vergeben muss (lit. c). § 150 Nr. 7 deckt sich weitestgehend mit **§ 145 Nr. 7**.²³¹

76 **b) Internationales Abkommen/internationale Vereinbarung zwischen Mitgliedstaaten der EU und Drittstaaten, die nicht EWR-Vertragsparteien sind.** Gemäß § 150 Nr. 7 lit. a gilt der 4. Teil des GWB nicht für Konzessionen in den Bereichen Verteidigung und Sicherheit, die **besonderen Verfahrensregeln unterliegen, die sich aus einem internationalen Abkommen oder einer internationalen Vereinbarung ergeben, das oder die zwischen einem oder mehreren Mitgliedstaaten der EU und einem oder mehreren Drittstaaten, die nicht Vertragsparteien des Übereinkommens über den EWR sind, geschlossen wurde**. § 150 Nr. 7 lit. a setzt Art. 10 Abs. 5 lit. a RL 2014/23/EU um. Beide Vorschriften unterscheiden sich in ihrem Wortlaut insoweit, als sich § 150 Nr. 7 lit. a auf Drittstaaten bezieht, die nicht Vertragsparteien des Übereinkommens über den EWR sind, wohingegen Art. 10 Abs. 5 lit. a RL 2014/23/EU lediglich auf Drittstaaten abstellt. Diese Unterscheidung führt im Ergebnis dazu, dass Island, Liechtenstein und Norwegen – obwohl sie keine Mitgliedstaaten der EU sind – nicht als Drittstaaten iSv § 150 Nr. 7 lit. a anzusehen sind (→ Rn. 69 ff.). Darüber hinaus spricht Art. 10 Abs. 5 lit. a RL 2014/23/EU nicht von „internationalen Abkommen", sondern von „internationaler Übereinkunft". Dies stellt aber lediglich eine semantische Abweichung dar.²³²

77 Die Konzessionen müssen nach § 150 Nr. 7 lit. a „besonderen Verfahrensregeln" unterliegen, die sich aus einem **internationalen Abkommen** oder einer **internationalen Vereinbarung** ergeben.²³³ Der Gegenstand des Abkommens oder der Vereinbarung wird nicht näher konkretisiert. Diese können daher jegliche verteidigungs- oder sicherheitsrelevanten Aspekte betreffen.²³⁴ Besondere Verfahrensregelungen müssen sich nicht aus internationalen Abkommen ergeben, sondern können auch internationalen Vereinbarungen zu entnehmen sein, etwa solchen zwischen zuständigen

---

²²² BT-Drs. 18/6281, 130.
²²³ *Krohn* in Gabriel/Krohn/Neun VergabeR-HdB § 57 Rn. 135.
²²⁴ *Byok/Jaeger/Brüning* Rn. 17; Beck VergabeR/*Germelmann* Rn. 56; *Sterner* in Müller-Wrede GWB Rn. 31.
²²⁵ jurisPK-Vergaberecht/*Wagner* Rn. 42.
²²⁶ *Fandrey* in RKPP GWB Rn. 10; Immenga/Mestmäcker/*Kling* Rn. 36; Ziekow/Völlink/*Siegel* Rn. 14.
²²⁷ *Krohn* in Gabriel/Krohn/Neun VergabeR-HdB § 57 Rn. 89.
²²⁸ *Sterner* in Müller-Wrede GWB Rn. 38.
²²⁹ Gesetz zur beschleunigten Beschaffung im Bereich Verteidigung und Sicherheit und zur Optimierung der Vergabestatistik v. 25.3.2020, BGBl. 2020 I 674; vgl. auch BT-Drs. 19/15603, 59: Korrektur eines Redaktionsversehens.
²³⁰ BT-Drs. 18/6281, 130.
²³¹ *Krohn* in Gabriel/Krohn/Neun VergabeR-HdB § 57 Rn. 136; Langen/Bunte/*Schneider* Rn. 21.
²³² Vgl. Grabitz/Hilf/Nettesheim/*Lorenzmeier* AEUV Art. 218 Rn. 8.
²³³ Beck VergabeR/*Germelmann* Rn. 62 erachtet die internationalen Vereinbarungen (zu denen auch Verwaltungsvereinbarungen gehören) überzeugend als Oberbegriff zu den internationalen Abkommen in Form völkerrechtlicher Verträge.
²³⁴ Kom., Guidance Note, Defence- and security-specific exclusions, 2016, 3.

Ministerien.²³⁵ Allerdings müssen die Abkommen oder die Vereinbarungen von den Mitgliedstaaten selbst geschlossen werden.²³⁶

§ 150 Nr. 7 lit. a setzt voraus, dass die internationalen Abkommen oder Vereinbarungen zwischen einem oder mehreren Mitgliedstaaten **und** einem oder mehreren Drittstaaten geschlossen werden. Ferner müssen sie Verfahrensregeln beinhalten, die an die Besonderheiten der Konzessionsvergabe angepasst sind.²³⁷   78

c) Internationales Abkommen/Vereinbarung im Zusammenhang mit der Stationierung von Truppen. Vom Anwendungsbereich des Konzessionsvergaberechts ausgenommen sind nach § 150 Nr. 7 lit. b außerdem Konzessionen in den Bereichen Verteidigung und Sicherheit, die besonderen Verfahrensregeln unterliegen, die sich aus einem **internationalen Abkommen oder einer internationalen Vereinbarung im Zusammenhang mit der Stationierung von Truppen** ergeben, das oder die Unternehmen eines Mitgliedstaats der EU oder eines anderen Staates betrifft. Die Vorschrift dient der Umsetzung von Art. 10 Abs. 5 lit. b RL 2014/23/EU.²³⁸ Art. 10 Abs. 5 lit. b RL 2014/23/EU und § 150 Nr. 7 lit. b stimmen inhaltlich überein. Soweit Art. 10 Abs. 5 lit. b RL 2014/23/EU von internationaler Übereinkunft spricht, hat diese Abweichung keine inhaltliche Relevanz (→ Rn. 76).   79

Die **besonderen Verfahrensregelungen** müssen sich aus einem internationalen Abkommen oder einer internationalen Vereinbarung ergeben.²³⁹ Insoweit kann grundsätzlich auf die Kommentierung zu § 150 Nr. 7 lit. a verwiesen werden (→ Rn. 76 ff.). § 150 Nr. 7 lit. b ist aber enger gefasst als § 150 Nr. 7 lit. a. So müssen sich hier die besonderen Verfahrensregeln aus einem internationalen Abkommen oder einer internationalen Vereinbarung gerade im Zusammenhang mit der Stationierung von Truppen ergeben. Dies sind das NATO-Truppen-Statut und dessen Zusatzabkommen.²⁴⁰   80

d) Internationale Organisation. Gemäß § 150 Nr. 7 lit. c gilt der 4. Teil des GWB schließlich nicht für Konzessionen in den Bereichen Verteidigung und Sicherheit, die besonderen Verfahrensregeln unterliegen, die für eine **internationale Organisation** gelten, wenn diese **für ihre Zwecke Beschaffungen tätigt** oder wenn **ein Mitgliedstaat der EU Aufträge nach diesen Regeln vergeben muss.** Die Vorschrift basiert auf Art. 10 Abs. 5 lit. c RL 2014/23/EU.   81

Die RL 2014/23/EU enthält keine Legaldefinition der **internationalen Organisation.** Nach überzeugender Ansicht muss es sich um eine Organisation mit eigener Rechtspersönlichkeit handeln, die auf Grundlage eines Vertrages zwischen Staaten und/oder zwischenstaatlichen Organisationen gegründet worden ist und eigene organisatorische Strukturen und Verfahrensregeln aufweist.²⁴¹ Im Bereich der Verteidigung sind relevante Organisationen die NATO, die European Defence Agency (EDA) sowie die Vereinten Nationen und ihre Unterorganisationen.²⁴²   82

§ 150 Nr. 7 lit. c erfasst Auftragsvergaben durch internationale Organisationen **für die Zwecke der eigenen Beschaffung** sowie **Auftragsvergaben durch Mitgliedstaaten, wenn diese den Regeln der internationalen Organisationen unterfallen** (Erwägungsgrund 26 Vergabe-RL Verteidigung und Sicherheit). Unter den Tatbestand der Beschaffung für die Zwecke der internationalen Organisation fällt etwa eine solche durch die NATO für das AWACS-Programm.²⁴³ Nicht von § 150 Nr. 7 lit. c erfasst sind Konzessionen, die für Zwecke der Mitglieder der internationalen Organisation oder für Zwecke Dritter beschafft werden.²⁴⁴ Dies ist etwa der Fall, wenn die Organisation lediglich als Stellvertreter für ein Mitglied auftritt.²⁴⁵   83

§ 150 Nr. 7 lit. c gilt auch dann, wenn ein EU-Mitgliedstaat Konzessionen in Übereinstimmung mit den Verfahrensregeln der internationalen Organisation vergeben muss. So kann ein Mitgliedstaat die Konzession im Namen oder im Auftrag der internationalen Organisation durchführen, oder es kann die Organisation die Durchführung der Konzession durch einen finanziellen Beitrag unterstützen.²⁴⁶   84

---

²³⁵ BT-Drs. 17/7275, 17; *Ruff* in Müller-Wrede Kompendium VergabeR Kap. 33 Rn. 42.
²³⁶ Kom., Guidance Note, Defence- and security-specific exclusions, 2016, 3.
²³⁷ Vgl. Kom., Guidance Note, Defence- and security-specific exclusions, 2016, 3.
²³⁸ Vgl. BT-Drs. 18/6281, 130.
²³⁹ *Krohn* in Gabriel/Krohn/Neun VergabeR-HdB § 57 Rn. 99.
²⁴⁰ HK-VergabeR/*Schellenberg* § 145 Rn. 13.
²⁴¹ Kom., Guidance Note, Defence- and security-specific exclusions, 2016, 4.
²⁴² *Krohn* in Gabriel/Krohn/Neun VergabeR-HdB § 57 Rn. 101.
²⁴³ *Krohn* in Gabriel/Krohn/Neun VergabeR-HdB § 57 Rn. 103.
²⁴⁴ BT-Drs. 17/7275, 18; Kom., Guidance Note, Defence- and security-specific exclusions, 2016, 4; *Krohn* in Gabriel/Krohn/Neun VergabeR-HdB § 57 Rn. 103.
²⁴⁵ Kom., Guidance Note, Defence- and security-specific exclusions, 2016, 4; vgl. *Krohn* in Gabriel/Krohn/Neun VergabeR-HdB § 57 Rn. 103.
²⁴⁶ Vgl. Kom., Guidance Note, Defence- and security-specific exclusions, 2016, 4.

GWB § 151

§ 151 Verfahren

¹Konzessionsgeber geben die Absicht bekannt, eine Konzession zu vergeben. ²Auf die Veröffentlichung der Konzessionsvergabeabsicht darf nur verzichtet werden, soweit dies aufgrund dieses Gesetzes zulässig ist. ³Im Übrigen dürfen Konzessionsgeber das Verfahren zur Vergabe von Konzessionen vorbehaltlich der aufgrund dieses Gesetzes erlassenen Verordnung zu den Einzelheiten des Vergabeverfahrens frei ausgestalten.

Schrifttum: *Bayreuther,* Tariftreue vor dem Aus, NZA 2008, 626; *Bayreuther,* Die verfassungsrechtliche Zulässigkeit von partiellen Tariftreueklauseln, Gutachterliche Stellungnahme, 2010; *Böhm/Danker,* Politische Zielvorgaben als Vergabekriterien, NVwZ 2000, 767; *Brackmann,* Nachhaltige Beschaffung in der Vergabepraxis, VergabeR 2014, 310; *Braun,* Umgehungsverbote und Grenzen des Konzessionsrechts, NZBau 2018, 652; *Braun,* Stand der Konzessionsvergabe, NZBau 2019, 622; *Bungenberg,* „Tariftreue" zwischen Bundesverfassungsgericht und EuGH – konträres oder komplementäres wirtschaftsverfassungsrechtliches Verständnis?, EuR 2008, 397; *Bungenberg/Schelhaas,* Die Modernisierung des deutschen Vergaberechts, WuW 2017, 72; *Burgi,* Ökologische und soziale Beschaffung im künftigen Vergaberecht: Kompetenzen, Inhalte, Verhältnismäßigkeit, NZBau 2015, 597; *Däubler,* Der vergaberechtliche Mindestlohn im Fadenkreuz des EuGH – Auf dem Weg zu Rüffert II?, NZA 2014, 694; *Fehling,* Forschungs- und Innovationsförderung durch wettbewerbliche Verfahren, NZBau 2012, 673; *Forst,* Steht der vergaberechtliche Mindestlohn vor dem Aus?, NJW 2014, 3755; *Frenz,* Soziale Vergabekriterien, NZBau 2007, 17; *Glaser/Kahl,* Zur Europarechtskonformität kombinierter Tariftreue- und Mindestlohnklauseln in Landesvergabegesetzen, ZHR 177 (2013), 643; *Goldbrunner,* Das neue Recht der Konzessionsvergabe, VergabeR 2016, 365; *Greb,* Die vergaberechtliche Behandlung von Interessenkonflikten, NZBau 2016, 262; *Greiner/Hennecken,* Anm. EuGH Urt. v. 17.11.2015 – Mindestlohnvorgabe bei der Vergabe öffentlicher Aufträge, EuZA 2016, 318; *Gundel,* Anm. BayVerfGH Entsch. vom 20.6.2008 – Vf. 14-VII/00 – Verfassungsmäßigkeit der bayerischen Tariftreueregelung, EuZW 2008, 675; *Hansen,* Vergaberecht in der gesetzlichen Krankenversicherung ab 18.4.2016, NZS 2016, 814; *Höfer/Nolte,* Das neue EU Vergaberecht und die Erbringung sozialer Leistungen, NZS 2015, 441; *Karenfort/v. Koppenfels/Siebert,* Tariftreueregelungen bei der Vergabe öffentlicher Aufträge – vereinbar mit deutschem Kartellrecht und Europarecht?, BB 1999, 1825; *Kellerbauer,* Zur Reform der EU-Entsenderichtlinie: Arbeitnehmerschutz durch gleichen Lohn für gleiche Arbeit?, EuZW 2018, 846; *Knauff,* Anm. EuGH Urt. v. 18.9.2014 – C-549/13 – Dienstleistungsfreiheit: Unzulässige vergaberechtliche Bindung an Mindestlohn, EuZW 2014, 945; *Knauff/Badenhausen,* Die neue Richtlinie über die Konzessionsvergabe, NZBau 2014, 395; *Knauff,* Elektronische öffentliche Auftragsvergabe, NZBau 2020, 421; *Mager/Ganschow,* Das Aus für den vergabespezifischen Mindestlohn?, NZBau 2015, 79; *Mohr,* Ein soziales Vergaberecht?, VergabeR 2009, 543; *Mohr,* Energiewirtschaftliche Konzessionsverträge und Unionsrecht, RdE 2016, 269; *Mohr,* Sozial motivierte Beschaffungen nach dem Vergaberechtsmodernisierungsgesetz 2016, EuZA 2017, 23; *Opitz,* Die Zukunft der Dienstleistungskonzession, NVwZ 2014, 753; *Prieß/Stein,* Die neue EU-Konzessionsvergaberichtlinie, VergabeR 2014, 499; *Prieß/Simonis,* Die künftige Relevanz des Primärvergabe- und Beihilfenrechts. Ein Zwischenruf, NZBau 2015, 731; *Rechten/Röbke,* Sozialstandards bei der Vergabe öffentlicher Aufträge in Berlin und Brandenburg, LKV 2011, 337; *Rödl,* Bezifferte Mindestentgeltvorgaben im Vergaberecht, EuZW 2011, 292; *Säcker/Mohr,* Reintegration von Dienstleistungskonzessionen in das Vergaberecht am Beispiel der Wasserversorgung, ZWeR 2012, 417; *Schnieders,* Anm. EuGH Urt. v. 17.11.2015 – C-115/14 – Abhängigkeit der Vergabe öffentlicher Aufträge von der Zahlung eines Mindestlohns, NVwZ 2016, 212; *Schröder,* Das Konzessionsvergabeverfahren nach der RL 2014/23/EU, NZBau 2015, 351; *Siegel,* Der neue Rechtsrahmen für die Vergabe von Dienstleistungskonzessionen, VergabeR 2015, 265; *Siegel,* Mindestlöhne im Vergaberecht und der EuGH, EuZW 2016, 101; *Siegel,* Das neue Konzessionsvergaberecht, NVwZ 2016, 1672; *Tugendreich,* Mindestlohnvorgaben im Kontext des Vergaberechts, NZBau 2015, 395; *Wiedmann,* Die Zulässigkeit sozialer Vergabekriterien im Lichte des Gemeinschaftsrechts, 2007; *Wiedmann,* Anm. EuGH Urt. v. 3.4.2008 – C-346/06 – Vergabe von öffentlichen Bauaufträgen nur an tariflohnzahlende Unternehmen verstößt gegen Richtlinie 96/71/EG, EuZW 2008, 306; *Wollenschläger,* Verteilungsverfahren, 2010.

Übersicht

	Rn.		Rn.
I. Normzweck	1	III. Kommentierung	16
II. Unionsrechtliche Vorgaben	9	1. Transparenzgrundsatz und Ausnahmen (§ 151 S. 1 und 2)	16
1. Primärvergaberecht	9	2. Freie Gestaltung des Vergabeverfahrens (§ 151 S. 3)	21
a) Grundlagen	9	a) Allgemeines	21
b) Insbesondere: Strategische Vergaben (Tariftreue/vergabespezifischer Mindestlohn)	10	b) Verfahrensarten	23
		c) Besondere Verfahrensvorgaben (§§ 151 ff. iVm der KonzVgV)	25
2. RL 2014/23/EU und Umsetzung im deutschen Recht	14	d) Insbesondere: elektronische Vergabe	26

I. Normzweck

§ 151 enthält die **grundlegenden Regelungen zur Gestaltung des Verfahrens** bei der Vergabe von Konzessionen iSd § 105 durch Konzessionsgeber gem. § 101 oberhalb der Schwellenwerte gem. § 106 Abs. 1, Abs. 2 Nr. 4.[1] Gemeinsam mit § 152 setzt § 151 die wesentlichen verfahrensrechtlichen Vorschriften der Konzessionsvergaberichtlinie 2014/23/EU (RL 2014/23/EU) um, namentlich die Konzessionsbekanntmachung, die Leistungsbeschreibung, die Eignung, den Zuschlag und die Ausführung der Konzession.[2] Die Einzelheiten des Konzessionsvergabeverfahrens sind in der KonzVgV normiert, die auf der Grundlage von § 113 erlassen wurde. Angesichts der Vielgestaltigkeit von Konzessionen und ihrer unterschiedlichen Ausgestaltung auch in den einzelnen Mitgliedstaaten der Union stellt der Gesetzgeber Konzessionsgebern einen flexibleren Rechtsrahmen als bei öffentlichen Aufträgen zur Verfügung.[3] Im Zentrum des § 151 steht der **Grundsatz der freien Verfahrensgestaltung** gem. § 151 S. 3. Konzessionsgeber sind – über die Vorgaben etwa von § 141 S. 1 für Konzessionsvergaben im Sektorenbereich hinaus – weder an die in § 119 vorgegebenen Verfahrensarten gebunden, noch gibt es ein Regelverfahren.[4] Nach seinem Wortlaut bezieht sich § 151 S. 3 nicht nur auf die freie Wahl der Verfahrensart, sondern auch auf die freie Ausgestaltung des Verfahrens.[5] Dieser Grundsatz der freien Verfahrensgestaltung wird in **§ 12 Abs. 1 S. 1 KonzVgV** nochmals betont. Gemäß § 12 Abs. 2 S. 1 KonzVgV kann das Verfahren einstufig oder zweistufig mit vorgeschaltetem Teilnahmewettbewerb ausgestaltet sein.[6] Auch darf der Konzessionsgeber gem. § 12 Abs. 2 S. 2 KonzVgV mit Bewerbern und Bietern Verhandlungen führen, sofern die Mindestanforderungen des § 12 Abs. 2 S. 3 KonzVgV und die allgemeinen Vergabegrundsätze gem. § 97 Abs. 1, 2 eingehalten werden, insbesondere das Verbot von Diskriminierungen (vgl. Erwägungsgrund 68 RL 2014/23/EU). In § 151 S. 1 und 2 hat der deutsche Gesetzgeber zudem die **Konzessionsbekanntmachung** als üblicherweise verfahrenseinleitende Vorgabe normiert. Systematisch wäre stringenter gewesen, die Konzessionsbekanntmachung erst im Anschluss an den Grundsatz der freien Verfahrensgestaltung zu normieren.[7]

De lege lata unterliegt der Grundsatz der freien Verfahrensgestaltung **Schranken**.[8] Bereits § 151 S. 1 statuiert in Ausformung des allgemeinen Vergabegrundsatzes der Transparenz ein Ex-ante-Bekanntmachungserfordernis.[9] § 152 stellt spezifische Anforderungen an die Leistungsbeschreibung, die Eignungskriterien, die Zuschlagsprüfung und vertragliche Ausführungsbedingungen. In Ergänzung zur Eignungsprüfung verweist § 154 Nr. 2 auf den Katalog zulässiger Ausschlussgründe gem. §§ 123–126. Nach § 154 Nr. 4 gilt auch im Konzessionsvergaberecht die Informations- und Wartepflicht des § 134, mit der Folge einer Unwirksamkeit des Vertrages gem. § 154 Nr. 4 iVm § 135 Abs. 1 Nr. 1 bei Verstößen. Direktvergaben sind gem. § 154 Nr. 4 iVm § 135 Abs. 1 Nr. 2 unter den dort normierten Voraussetzungen unzulässig. Unter den Voraussetzungen des § 154 Nr. 4 iVm § 135 Abs. 1 Nr. 2 ebenfalls unwirksam sind Konzessionen, die ohne vorherige Veröffentlichung einer Bekanntmachung im Amtsblatt vergeben wurden, ohne dass dies aufgrund des Gesetzes gestattet ist.

§ 151 S. 3 stellt den Grundsatz der freien Verfahrensgestaltung unter den **Vorbehalt spezifischer Regelungen in der KonzVgV** als der „auf Grund dieses Gesetzes erlassenen Verordnung". Die auf Grundlage des § 113 erlassene KonzVgV enthält nach ihrem § 1 Regeln über das einzuhaltende Verfahren bei einer dem 4. Teil des GWB unterliegenden Vergabe von Konzessionen durch einen Konzessionsgeber.[10] Eine Anwendung der KonzVgV setzt folglich voraus, dass der Anwendungsbereich des Oberschwellen-Konzessionsvergaberechts eröffnet ist (→ § 148 Rn. 7). Im Einzelnen muss ein Konzessionsgeber iSd § 101 eine Konzession iSd § 105 mit einem Wert oberhalb der Schwelle des § 106 Abs. 1, Abs. 2 Nr. 4 vergeben, für die nach § 110 weder ein anderes Vergaberegime einschlägig ist noch ein Ausnahmetatbestand gem. §§ 107 ff., 149 f. eingreift.[11] Während die §§ 148 ff. in weitem Umfang auf das allgemeine Vergaberecht Bezug nehmen, enthält die KonzVgV – ebenso wie die RL 2014/23/EU – ein in sich geschlossenes Regelwerk.[12] **Einschränkungen des**

---

[1] BReg., Vergaberechtsmodernisierungsverordnung – VergRModVO, BT-Drs. 18/7318, 142.
[2] *Tugendreich/Heller* in Müller-Wrede GWB Rn. 3; Byok/Jaeger/*Brüning* Rn. 2.
[3] Immenga/Mestmäcker/*Kling* Rn. 6.
[4] BT-Drs. 18/6281, 130; *Burgi* VergabeR § 24 Rn. 20; *Siegel* NVwZ 2016, 1672 (1674).
[5] *Burgi* VergabeR § 24 Rn. 20 mit Fn. 38.
[6] *Goldbrunner* VergabeR 2016, 365 (374).
[7] *Tugendreich/Heller* in Müller-Wrede GWB Rn. 5.
[8] *Burgi* VergabeR § 24 Rn. 20; *Siegel* NVwZ 2016, 1672 (1674); Ziekow/Völlink/*Siegel* Rn. 1.
[9] Als zentrales Verfahrenserfordernis bezeichnet von *Fandrey* in RKPP GWB Rn. 2.
[10] S. auch BReg., Vergaberechtsmodernisierungsverordnung – VergRModVO, BT-Drs. 18/7318, 249.
[11] BReg., Vergaberechtsmodernisierungsverordnung – VergRModVO, BT-Drs. 18/7318, 280.
[12] *Siegel* NVwZ 2016, 1672 (1673).

Grundsatzes der freien Verfahrensgestaltung finden sich insbesondere in den §§ 12 ff., 19 ff. KonzVgV. So dürfen gem. § 12 Abs. 2 S. 3 KonzVgV (→ Rn. 1) zum Schutz der Bieter vor Diskriminierungen während der Verhandlungen der Konzessionsgegenstand, die Mindestanforderungen an das Angebot und die Zuschlagskriterien nicht geändert werden.[13] Der Konzessionsgeber darf Bewerber oder Bieter bei der Weitergabe von Informationen gem. § 12 Abs. 3 KonzVgV zudem nicht diskriminieren. Weitere wichtige Schranken der Verfahrensgestaltung folgen aus den Verfahrensgarantien gem. § 13 KonzVgV, dem Umgehungsverbot gem. § 14 KonzVgV[14] sowie den Bekanntmachungspflichten gem. den §§ 19 ff. KonzVgV.[15]

4 Die §§ 12 ff. KonzVgV werden ihrerseits durch die **allgemeinen Vergabegrundsätze gem. § 97** überformt.[16] Nach § 97 Abs. 1 S. 1 werden öffentliche Aufträge und Konzessionen im **Wettbewerb** und im Wege **transparenter Verfahren** vergeben.[17] Nach der Regierungsbegründung zum VergRModG 2016 stellt „die Organisation größtmöglichen Wettbewerbs die breite Beteiligung der Wirtschaft an der Versorgung der öffentlichen Hand" sicher und sorgt „für einen sparsamen, effizienten und effektiven Einsatz von öffentlichen Mitteln".[18] Die grundsätzliche Verpflichtung auf einen wirksamen Wettbewerb stellt das Kernprinzip der Konzessionsvergabe dar (→ § 97 Rn. 6 ff.). Der Wettbewerbsgrundsatz wird im Verhältnis zu den bietenden Unternehmen durch den Grundsatz des **Geheimwettbewerbs** ausgeformt[19] (→ § 97 Rn. 12). Der Geheimwettbewerb stellt insbesondere sicher, dass Unternehmen keine wettbewerbsbeschränkenden Absprachen zulasten des Konzessionsgebers schließen[20] (vgl. § 154 Nr. 2 iVm § 124 Abs. 1 Nr. 4). Nach überzeugender Ansicht gilt der Grundsatz des Geheimwettbewerbs als Ausprägung der wettbewerblichen Ausrichtung des Konzessionsvergabeverfahrens auch für Konzessionsvergaben.[21] Der Grundsatz des Geheimwettbewerbs kann insoweit auch nicht mit Zustimmung der Bewerber oder Bieter eingeschränkt werden, da er nicht zu ihrer Disposition steht.[22] Der die Konzessionsgeber adressierende **Transparenzgrundsatz** dient der Kontrolle der Einhaltung eines wettbewerblichen, fairen und nichtdiskriminierenden Verfahrens[23] und damit „zugleich auch der Korruptionsprävention und der Verhinderung anderer unlauterer Verhaltensweisen".[24] Konzessionsgeber müssen im Vergabeverfahren nach § 97 Abs. 1 S. 2 zudem die **Verhältnismäßigkeit** wahren, insbesondere bei der Leistungsbeschreibung (§ 152 Abs. 1 iVm § 121 Abs. 1, 3), der Eignungsprüfung (§ 152 Abs. 2 iVm § 122[25]) der Zuschlagserteilung (§ 152 Abs. 3) und vertraglichen Ausführungsbedingungen (§ 152 Abs. 4 iVm §§ 128, 129).[26] Zwar bestimmt der Konzessionsgeber im Rahmen der sonstigen gesetzlichen Vorgaben nach § 152 Abs. 1 iVm § 121 selbst, welche konkrete Leistung seinem Beschaffungsbedarf am besten entspricht („Leistungsbestimmungsrecht").[27] Zudem müssen die vom Konzessionsgeber statuierten Anforderungen nicht zwingend nur materielle Auswirkungen auf die Leistung selbst haben, sondern können sich auch auf die Art der Herstellung der Leistung einschließlich der Aspekte entlang der Produktions- und Lieferkette oder auf einen spezifischen Prozess des Lebenszyklus der Leistung beziehen.[28] In diesem Zusammenhang erlaubt § 97 Abs. 3 die Berücksichtigung strategischer Vergabekriterien in allen Verfahrensstufen (→ § 97 Rn. 79 ff.). Sowohl die Eignungskriterien (§ 152 Abs. 2 iVm § 122 Abs. 4), als auch die Zuschlagskriterien (§ 152 Abs. 3), als auch die Ausführungsbedingungen (§ 152 Abs. 4 iVm § 128 Abs. 2 S. 1) müssen aber mit **dem Konzessionsgegenstand in Verbindung**

---

[13] *Goldbrunner* VergabeR 2016, 365 (375).
[14] Dazu *Braun* NZBau 2018, 652.
[15] Hierzu *Prieß/Stein* VergabeR 2014, 499 (507).
[16] *Goldbrunner* VergabeR 2016, 365 (372); *Fandrey* in RKPP GWB Rn. 19.
[17] *Ziekow/Völlink/Ziekow* § 97 Rn. 2.
[18] BT-Drs. 18/6281, 67.
[19] HK-VergabeR/*Fehling* § 97 Rn. 64.
[20] *Weiner* in Gabriel/Krohn/Neun VergabeR-HdB § 1 Rn. 15.
[21] VK Südbayern Beschl. v. 24.7.2018 – Z3-3-3194-1-11-04/18, IBRRS 2018, 2663; s. zu energierechtlichen Wegenutzungsverträgen auch OLG Celle Urt. v. 26.1.2017 – 13 U 9/16 (Kart), BeckRS 2017, 102700 Rn. 151.
[22] Zutreffend VK Südbayern Beschl. v. 24.7.2018 – Z3-3-3194-1-11-04/18, IBRRS 2018, 2663.
[23] EuGH Urt. v. 13.10.2005 – C-458/03, ECLI:EU:C:2005:605 Rn. 46 ff. = EuZW 2005, 727 – Parking Brixen; *Mohr* RdE 2016, 269 (273).
[24] BT-Drs. 18/6281, 67.
[25] Der Verweis in § 122 Abs. 1 u. 3 auf die §§ 123, 124 wird von der Bezugnahme in § 152 Abs. 2 nicht erfasst, wie ein Umkehrschluss zu § 154 Nr. 2 zeigt, der die §§ 123–126 nur vorbehaltlich der dort normierten Besonderheiten für anwendbar erklärt.
[26] BT-Drs. 18/6281, 68; Es handelt sich um einen bieterschützenden Grundsatz, vgl. *Burgi* NZBau 2015, 597 (599 mit Fn. 22).
[27] BT-Drs. 18/6281, 68.
[28] BT-Drs. 18/6281, 100.

und zu diesem in einem angemessenen Verhältnis stehen (§ 97 Abs. 1 S. 2), was die praktische Relevanz strategischer Vergaben verringert.

Nach § 97 Abs. 2 sind die **Teilnehmer am Vergabeverfahren gleich zu behandeln**, es sei 5 denn, Ungleichbehandlungen sind aufgrund dieses Gesetzes, also in der KonzVgV, ausdrücklich geboten oder gestattet. Nach dem Gleichbehandlungsgrundsatz müssen alle am Verfahren beteiligten Unternehmen denselben Zugang zu Informationen haben. Zudem sind an sie dieselben Bewertungsmaßstäbe anzulegen.[29] Eine Diskriminierung aufgrund der Herkunft eines Bieters ist deshalb unzulässig, wobei nach der Regierungsbegründung zum VergRModG 2016 nicht zwischen Bietern aus Deutschland, aus EU-Staaten oder aus Nicht-EU-Staaten unterschieden werden soll.[30]

§ 97 Abs. 4 über die **Berücksichtigung mittelständischer Interessen** gilt nach seinem Wort- 6 laut nur für öffentliche Aufträge und nicht für Konzessionen. Auch die Gesetzesbegründung spricht nur von öffentlichen Aufträgen.[31] Dies lässt sich inhaltlich mit der besonderen Komplexität und dem wirtschaftlichen Volumen von Konzessionsverträgen begründen. Demgegenüber sollen für die auch von § 105 erfassten **energiewirtschaftlichen Wegenutzungsverträge** gem. § 46 Abs. 4 S. 2 EnWG nF nunmehr auch kommunale Interessen berücksichtigt werden können. Dies ist aber nur dann zulässig, wenn diese mit den Zwecken des § 1 EnWG und dem Konzessionsgegenstand in einem hinreichend engen Zusammenhang stehen.[32] Nach wohl hA gilt der Grundsatz der Losteilung gem. § 97 Abs. 4 S. 2 nicht für Konzessionsgeber.[33]

Nach § 97 Abs. 5 verwenden Auftraggeber/Konzessionsgeber und Unternehmen für das Sen- 7 den, Empfangen, Weiterleiten und Speichern von Daten in einem Vergabeverfahren grundsätzlich **elektronische Mittel.** Zwar ist das europäische Konzessionsvergaberecht nach Art. 29 Abs. 1 UAbs. 1 RL 2014/23/EU iVm Erwägungsgrund 74 RL 2014/23/EU grundsätzlich von Formfreiheit geprägt. Nach Art. 29 Abs. 1 UAbs. 2 RL 2014/23/EU können die Mitgliedstaaten jedoch auch bei der Konzessionsvergabe die Verwendung elektronischer Mittel vorschreiben. Da Konzessionsgeber entweder öffentliche Auftraggeber oder Sektorenauftraggeber sind, hat der Verordnungsgeber in **§ 7 Abs. 1 KonzVgV** eine derartige Verpflichtung zur Verwendung elektronischer Kommunikationsmittel aufgenommen.[34] Die „Anforderungen an die verwendeten elektronischen Mittel" und weitere Detailregelungen folgen aus den §§ 8 ff. KonzVgV. Nach **§ 28 Abs. 1 KonzVgV** übermitteln Bewerber oder Bieter ihre Teilnahmeanträge und Angebote grundsätzlich in Textform nach § 126b BGB mithilfe elektronischer Mittel, etwa per E-Mail und/oder unterschriebenem PDF.[35] Die Textform dient insbesondere Dokumentationszwecken.[36]

Nach § 97 Abs. 6 haben Unternehmen schließlich einen Anspruch darauf, dass die Bestimmun- 8 gen über das Vergabeverfahren eingehalten werden. Die Vorschrift vermittelt den Verfahrensteilnehmern ein **konstitutiv wirkendes subjektives Recht auf Einhaltung der Bestimmungen des Vergabeverfahrens.**[37] Im Ergebnis lässt sich jede Bestimmung der §§ 149 ff. iVm der KonzVgV als Ausprägung der Vergabegrundsätze gem. § 97 Abs. 1, 2 verstehen.[38] Die im Interesse der Schonung der Ressourcen der Nachprüfungsinstanzen gebotene Einschränkung des Kreises möglicher Kläger erfolgt über die **Antragsbefugnis** im Nachprüfungsverfahren gem. § 160 Abs. 2.[39] Antragsbefugt ist hiernach jedes Unternehmen, das ein Interesse an dem öffentlichen Auftrag oder der Konzession hat und eine Verletzung in seinen Rechten nach § 97 Abs. 6 durch Nichtbeachtung von Vergabevorschriften geltend macht. Dabei ist auch darzulegen, dass dem Unternehmen durch die behauptete Verletzung der Vergabevorschriften ein Schaden entstanden ist oder zu entstehen droht.

II. Unionsrechtliche Vorgaben

1. Primärvergaberecht. a) Grundlagen. Der Regelungsspielraum des europäischen und 9 deutschen Gesetzgebers wird maßgeblich durch das europäische Primärvergaberecht determiniert.[40]

---

[29] BT-Drs. 18/6281, 68.
[30] BT-Drs. 18/6281, 68.
[31] BT-Drs. 18/6281, 68.
[32] Dazu *Mohr* RdE 2016, 269 (272).
[33] Vgl. Immenga/Mestmäcker/*Kling* Rn. 53; Beck VergabeR/*Bergmann* Rn. 15; *Tugendreich/Heller* in Müller-Wrede GWB Rn. 12.
[34] BT-Drs. 18/7318, 254; Ausnahmen folgen aus § 28 Abs. 2, 4 KonzVgV sowie aus § 35 KonzVgV; vgl. dazu *Siegel* NVwZ 2016, 1672 (1675); *Goldbrunner* VergabeR 2016, 365 (381); unionsrechtlich ist dies nicht zwingend geboten, vgl. *Knauff* NZBau 2020, 421 (422).
[35] MüKoBGB/*Einsele* BGB § 126b Rn. 6; *Goldbrunner* VergabeR 2016, 365 (381).
[36] MüKoBGB/*Einsele* BGB § 126b Rn. 9.
[37] BT-Drs. 18/6281, 69; ebenso Ziekow/Völlink/*Siegel* Rn. 1.
[38] Für öffentliche Aufträge *Burgi* VergabeR § 20 Rn. 6.
[39] *Burgi* VergabeR § 20 Rn. 36 ff.
[40] Näher *Mohr* EuZA 2017, 23 (27 ff.); *Mohr* RdE 2016, 269 (272 ff.); *Säcker/Mohr* ZWeR 2012, 417 (428 ff.); ebenso Immenga/Mestmäcker/*Kling* Rn. 46; Byok/Jaeger/*Brüning* Rn. 2.

Öffentliche Stellen müssen im Fall einer möglichen Beeinflussung des zwischenstaatlichen Handels[41] die **Grundregeln der EU-Verträge** beachten.[42] Das **Diskriminierungsverbot** verlangt, dass alle Bieter bei Aufstellung ihrer Angebote unabhängig von ihrer Staatsangehörigkeit materiell-faktisch über die gleichen Chancen verfügen müssen. Aus dem Diskriminierungsverbot folgt ein **Transparenzgebot**, schon damit seine Einhaltung überwacht werden kann.[43] Der Konzessionsgeber muss einen angemessenen Grad an Öffentlichkeit zugunsten potentieller Bewerber/Bieter herstellen.[44] Inhaltlich müssen die Bekanntmachungen sämtliche Angaben enthalten, anhand derer mögliche Bieter beurteilen können, ob die Konzession für sie von geschäftlichem Interesse ist, einschließlich einer Kurzbeschreibung des Auftrags sowie der Eignungs- und Zuschlagskriterien.[45] Letztere sind zwar nicht notwendig zu gewichten. Sofern der Konzessionsgeber eine derartige Gewichtung vornimmt, sind nachträgliche Änderungen jedoch regelmäßig nicht zulässig.[46] Auch Gesichtspunkte des Sozial- und Umweltschutzes können Eingriffe in die Grundfreiheiten legitimieren, sofern sie den freien Wettbewerb im Binnenmarkt nicht übermäßig beeinträchtigen (→ Rn. 10 ff.).

10 **b) Insbesondere: Strategische Vergaben (Tariftreue/vergabespezifischer Mindestlohn).** Die Regelungen des Primärvergaberechts sind insbesondere für die Beurteilung **strategisch orientierter Vergaben** relevant, etwa im Rahmen der Zuschlagswertung gem. § 152 Abs. 3 und der Vorgaben für die Auftragsausführung gem. § 152 Abs. 4.[47] Zwar ist nach ständiger Rechtsprechung des EuGH eine nationale Maßnahme, die in einen Bereich fällt, der auf Unionsebene vollständig harmonisiert ist, allein anhand der Bestimmungen dieser Harmonisierungsmaßnahme – vorliegend also anhand der RL 2014/23/EU und des diese umsetzenden nationalen Rechts – und nicht anhand des Primärrechts der Union zu prüfen.[48] Das Sekundärrecht verweist jedoch selbst auf die Vorgaben des Primärrechts. So können nach dem Wortlaut des Art. 26 Vergabe-RL 2004 (jetzt: Art. 70 RL 2014/24/EU) nur dann zusätzliche Bedingungen für die Ausführung des Auftrags vorgeschrieben werden, „sofern diese mit dem Gemeinschaftsrecht vereinbar sind".[49] Nach Erwägungsgrund 55 RL 2014/23/EU ist es im Hinblick auf die angemessene Einbeziehung ökologischer, sozialer und arbeitsrechtlicher Erfordernisse in die Verfahren zur Vergabe von Konzessionen besonders wichtig, dass Mitgliedstaaten und öffentliche Auftraggeber oder Auftraggeber geeignete Maßnahmen ergreifen, um die Einhaltung der am Ort der Erbringung der Bau- oder der Dienstleistungen geltenden Anforderungen des Umwelt-, Sozial- und Arbeitsrechts zu gewährleisten, die sich aus auf nationaler und auf Unionsebene geltenden Rechts- und Verwaltungsvorschriften sowie aus Tarifverträgen ergeben, sofern diese Regelungen und ihre Anwendung mit dem Unionsrecht vereinbar sind. Die betreffenden Maßnahmen sollen vor allem mit den **Grundprinzipien des Unionsrechts** im Einklang stehen, insbesondere im Hinblick auf die Gewährleistung der Gleichbehandlung. Sie sollen zudem im Einklang mit der RL 96/71/EG (Arbeitnehmerentsende-RL)[50] und in einer Art und Weise angewandt werden, die **Gleichbehandlung** gewährleistet und Wirtschaftsteilnehmer und Arbeitnehmer aus anderen Mitgliedstaaten **weder direkt noch indirekt diskriminiert**.[51]

11 Die vorstehenden Ausführungen verdeutlichen, dass der EuGH Tariftreueverlangen und vergabespezifische Mindestlöhne zwar primär anhand der Vorgaben der Arbeitnehmerentsende-RL prüft.[52] Er „kontrolliert" das anhand der Entsenderichtlinie gefundene Ergebnis jedoch mit Blick

---

[41] Diese kann auch unterhalb der Schwellenwerte des Sekundärvergaberechts – die eine unwiderlegliche Vermutung für die Binnenmarktrelevanz entfalten – zu bejahen sein; *Mager/Ganschow* NZBau 2015, 79 (82).
[42] EuGH Urt. v. 10.9.2009 – C-206/08, ECLI:EU:C:2009:540 Rn. 44 = NZBau 2009, 729 – WAZV Gotha; EuGH Urt. v. 13.4.2010 – C-91/08, ECLI:EU:C:2010:182 Rn. 33 = NZBau 2010, 382 – Wall.
[43] EuGH Urt. v. 13.10.2005 – C-458/03, ECLI:EU:C:2005:605 Rn. 46 ff. = EuZW 2005, 727 – Parking Brixen.
[44] EuGH Urt. v. 7.12.2000 – C-324/98, Slg. 2000, I-10745 Rn. 61 f. = EuZW 2001, 90 – Telaustria; EuGH Urt. v. 13.11.2008 – C-324/07, Slg. 2008, I-8486 Rn. 25 = EuZW 2009, 55 – Coditel Brabant.
[45] *Prieß/Simonis* NZBau 2015, 731 (734).
[46] EuGH Urt. v. 4.12.2003 – C-448/01, EuZW 2004, 81 Rn. 92 – Wienstrom; EuGH Urt. v. 18.11.2010 – C-226/09, ECLI:EU:C:2010:697 Rn. 60 ff. = NZBau 2011, 50 – Kommission/Irland.
[47] Ausf. *Mohr* EuZA 2017, 23 ff.; zur früheren Rechtslage auch *Mohr* VergabeR 2009, 543 (549 ff.); *Glaser/Kahl* ZHR 177 (2013), 643 ff.
[48] EuGH Urt. v. 17.11.2015 – C-115/14, NZBau 2016, 46 Rn. 57 – RegioPost.
[49] EuGH Urt. v. 17.11.2015 – C-115/14, NZBau 2016, 46 Rn. 58 f. – RegioPost.
[50] Richtlinie 96/71/EG des Europäischen Parlaments und des Rates v. 16.12.1996 über die Entsendung von Arbeitnehmern im Rahmen der Erbringung von Dienstleistungen, ABl. 1997 L 18, 1.
[51] S. bezüglich Art. 26 Vergabe-RL 2004 auch EuGH Urt. v. 17.11.2015 – C-115/14, NZBau 2016, 46 Rn. 61 – RegioPost.
[52] EuGH Urt. v. 3.4.2008 – C-346/06, Slg. 2008, I-2024 Rn. 18 ff. = EuZW 2008, 306 – Rüffert; EuGH Urt. v. 17.11.2015 – C-115/14, NZBau 2016, 46 Rn. 61 ff. – RegioPost.

auf die **Dienstleistungsfreiheit des Art. 56 AEUV**.[53] Letztere ist direkt anwendbar, wenn die Arbeitnehmerentsende-RL mangels Entsendetatbestands nicht anwendbar ist, weil die Arbeitnehmer eines Nachunternehmers die Tätigkeiten ausschließlich in einem anderen Mitgliedstaat erfüllen.[54] Der Begriff der Dienstleistung erfasst in unionsrechtskonformer Auslegung auch die Bedarfsdeckung der öffentlichen Hand,[55] sofern dem bezuschlagten Bieter nicht bloß die Verwendung bestimmter Produkte bei der Auftragsdurchführung vorgeschrieben wird, was primär an der Warenverkehrsfreiheit gem. Art. 34 ff. AEUV zu messen ist.[56] Die Dienstleistungsfreiheit schützt nach ihrer freiheitssichernden, auf die Öffnung der nationalen Märkte abzielenden Konzeption nicht nur vor Diskriminierungen aufgrund der Staatsangehörigkeit von Personen bzw. des Sitzes von Unternehmen, sondern vor allen Regelungen und Maßnahmen, die in ihren Wirkungen den Marktzugang erschweren (sog. Beschränkungsverbot). Sie kann deshalb auch von unterschiedslos geltenden Regelungen, Maßnahmen, Einzelfallentscheidungen oder Realakten verletzt werden, sofern diese geeignet sind, die Tätigkeit eines ausländischen Dienstleistungserbringers zu unterbinden, zu behindern oder weniger attraktiv zu machen.[57] Eine derartige Beschränkung kann grundsätzlich auch bei **vergabespezifischen Tariftreueklauseln** oder **vergabespezifischen Mindestlöhnen** vorliegen,[58] da diese Dienstleistungserbringern eine zusätzliche wirtschaftliche Belastung auferlegen, die die Erbringung der Dienstleistung regelmäßig erschweren.[59]

Zur Wahrung legitimer mitgliedstaatlicher Interessen ist es notwendig, das Beschränkungsverbot des Art. 56 AEUV sachgerecht zu begrenzen.[60] Demgemäß werden unterschiedslos anwendbare, die Erbringung von Dienstleistungen mit Unionsbezug beschränkende Regelungen oder Maßnahmen als zulässig angesehen, wenn sie durch zwingende Gründe des Allgemeininteresses getragen und verhältnismäßig sind (→ Rn. 10). Der Schutz der entsandten Arbeitnehmer durch Mindestarbeitsbedingungen ist grundsätzlich als derart zwingender Grund des Allgemeinwohls anerkannt.[61] Weiterhin ist es nicht notwendig, dass eine nationale Regelung primär Arbeitnehmer schützen will. Vielmehr genügt es, dass sie dem entsandten Arbeitnehmer bei objektiver Betrachtung zugutekommt.[62] Arbeitsrechtliche Schutzvorschriften wie **Tariftreuepflichten** sind nach der Rüffert-Rechtsprechung des EuGH[63] freilich unverhältnismäßig, wenn sie nur für solche Arbeitnehmer gelten, die im Rahmen öffentlicher Aufträge (bzw. vorliegend: Konzessionen) tätig werden, da Arbeitnehmer bei privaten Vertragsverhältnissen ebenfalls zu schützen sind. Nach früherer Rechtsprechung des EuGH ist die Verhältnismäßigkeit ebenfalls zu verneinen, wenn der zu gewährende Schutz über die zwingenden Vorgaben des AEntG hinausgeht. Erforderlich sei entweder ein **gesetzlich normierter Mindestlohn** oder **ein für allgemeinverbindlich erklärter Tarifvertrag**[64] (→ Rn. 13). Dessen ungeachtet können **vergabespezifische Mindestlöhne der Bundesländer** grundsätzlich eine Beschränkung der Dienstleistungsfreiheit rechtfertigen.[65] Sofern der jeweilige vergabespezifische Mindestlohn allerdings auf Arbeitnehmer eines Nachunternehmers Anwendung finden soll, obwohl dieser seine Leistungen ausschließlich im Wohnsitzmitgliedstaat erbringt und dort ein niedrigerer Mindestlohn gilt, ist er nach der Bundesdruckerei-Entscheidung als unverhältnis-

---

[53] EuGH Urt. v. 3.4.2008 – C-346/06, Slg. 2008, I-2024 Rn. 36 ff. = EuZW 2008, 306 – Rüffert; dazu *Mohr* VergabeR 2009, 543 (554); *Mohr* EuZA 2017, 23 (39 ff.); *Glaser/Kahl* ZHR 177 (2013), 643 (648); *Däubler* NZA 2014, 694 (697); krit. zur Methodik *Rödl* EuZW 2011, 292 (293); s. neuerdings aber auch EuGH Urt. v. 17.11.2015 – C-115/14, NZBau 2016, 46 Rn. 67 – RegioPost.
[54] EuGH Urt. v. 18.9.2014 – C-549/13, ECLI:EU:2014:2235 Rn. 29 = NZBau 2014, 647 – Bundesdruckerei; *Knauff* EuZW 2014, 945; *Mohr* EuZA 2017, 23 (41 f.).
[55] EuGH Urt. v. 10.2.1982 – 76/81, BeckRS 2004, 73653 Rn. 14 – Transporoute.
[56] *Mohr* VergabeR 2009, 543 (556).
[57] EuGH Urt. v. 24.1.2002 – C-164/99, NZA 2002, 207 Rn. 16 – Portugaia.
[58] Zur Zulässigkeit nach dem Verfassungsrecht *Mohr* VergabeR 2009, 543 (558 ff.); zur Tariftreuepflicht im öffentlichen Personennahverkehr s. auch VG Düsseldorf Beschl. v. 27.8.2015 – 6 K 2793/12, NZBau 2015, 643.
[59] *Mohr* VergabeR 2009, 543 (554); *Glaser/Kahl* ZHR 177 (2013), 643 (661); s. auch EuGH Urt. v. 3.4.2008 – C-346/06, Slg. 2008, I-2024 Rn. 37 = EuZW 2008, 306 – Rüffert; EuGH Urt. v. 18.9.2014 – C-549/13, ECLI:EU:2014:2235 Rn. 31 = NZBau 2014, 647 – Bundesdruckerei; EuGH Urt. v. 17.11.2015 – C-115/14, NZBau 2016, 46 Rn. 69 – RegioPost.
[60] *Mohr* VergabeR 2009, 543 (553 f.); *Mohr* EuZA 2017, 23 (29).
[61] EuGH Urt. v. 24.1.2002 – C-164/99, NZA 2002, 207 Rn. 16 – Portugaia.
[62] EuGH Urt. v. 25.10.2001 – C-49/98 ua, EuZW 2001, 759 Rn. 41 – Finalarte mAnm *Bayreuther*.
[63] EuGH Urt. v. 3.4.2008 – C-346/06, Slg. 2008, I-2024 Rn. 40 = EuZW 2008, 306 – Rüffert; *Mohr* EuZA 2017, 23 (39 f.); aA *Frenz* NZBau 2007, 17 (22).
[64] EuGH Urt. v. 3.4.2008 – C-346/06, Slg. 2008, I-2024 Rn. 39 f. = EuZW 2008, 306 – Rüffert.
[65] EuGH Urt. v. 18.9.2014 – C-549/13, ECLI:EU:2014:2235 Rn. 31 = NZBau 2014, 647 – Bundesdruckerei; EuGH Urt. v. 17.11.2015 – C-115/14, NZBau 2016, 46 Rn. 70 – RegioPost; ausf. *Glaser/Kahl* ZHR 177 (2013), 643 ff.

mäßig zu bewerten.⁶⁶ Rechtswirksam ist nach dem Urteil „RegioPost" grundsätzlich ein gesetzlicher vergabespezifischer Mindestlohn für entsandte Arbeitnehmer, auch wenn er naturgemäß nicht für sonstige private Vertragsverhältnisse gilt. Es handelt sich hier nämlich um eine Rechtsvorschrift, die als Mindestschutzvorschrift allgemein und branchenunabhängig für die Vergabe aller öffentlichen Aufträge bzw. Konzessionen in einem Bundesland gilt.⁶⁷

13 Am 30.7.2018 trat die **RL 2018/957/EU** vom 28.6.2018 zur Änderung der Richtlinie 96/71/EG über die Entsendung von Arbeitnehmern im Rahmen der Erbringung von Dienstleistungen in Kraft.⁶⁸ Die Richtlinie muss gem. Art. 3 Abs. 1 RL 2018/957/EU ab dem 30.7.2020 angewendet werden. Sie ändert die derzeit geltende Entsenderichtlinie 96/71/EG in drei zentralen Bereichen: die Entlohnung entsandter Arbeitnehmer, die Vorgaben für Leiharbeitnehmer und die langfristige Entsendung.⁶⁹ Vorliegend bedeutsam ist vor allem **Art. 3 Abs. 1 Uabs. 1 lit. c Arbeitnehmerentsende-RL** idF der RL 2018/957/EU, der statt von Mindestlohnsätzen allgemein von „**Entlohnung**" spricht. Hierdurch soll gewährleistet werden, dass für entsandte und lokale Arbeitnehmer über die Mindestlohnsätze hinaus die gleichen Vergütungsvorschriften einschließlich Sondervergütungen wie im Aufnahmemitgliedstaat gelten, so wie sie jeweils in Rechtsvorschriften oder allgemein verbindlichen Tarifverträgen festgelegt sind.⁷⁰ Die neue Entsenderichtlinie statuiert somit ein über die Mindestlohnsätze hinausgehendes **Equal-Pay-Gebot** für entsandte Arbeitnehmer bzw. Leiharbeitnehmer. Der EuGH hat die Neuregelung des Art. 3 Abs. 1 Uabs. 1 lit. c Arbeitnehmerentsende-RL mit Urteil vom 8.12.2020 als unionsrechtskonform bestätigt, da dem Unionsgesetzgeber beim Ausgleich ua von wettbewerblichen und außerwettbewerblichen Gesichtspunkten ein weiter Spielraum zuzuerkennen sei.⁷¹ Der Unionsgesetzgeber wollte mit dem Erlass der angefochtenen Richtlinie „den freien Dienstleistungsverkehr auf einer fairen Grundlage sicherstellen, dh in einem rechtlichen Rahmen, der einen Wettbewerb gewährleistet, der nicht darauf beruht, dass in ein und demselben Mitgliedstaat Arbeits- und Beschäftigungsbedingungen gelten, deren Niveau sich wesentlich danach unterscheidet, ob der Arbeitgeber in diesem Mitgliedstaat ansässig ist oder nicht, und der gleichzeitig den entsandten Arbeitnehmern einen besseren Schutz bietet, wobei, wie sich aus dem zehnten Erwägungsgrund dieser Richtlinie ergibt, dieser Schutz zugleich auch das Mittel ist, um „den freien Dienstleistungsverkehr auf einer fairen Grundlage [...] sicherzustellen. Daraus folgt, dass die angefochtene Richtlinie, indem sie einen besseren Schutz der entsandten Arbeitnehmer gewährleistet, auf die Verwirklichung des freien Dienstleistungsverkehrs in der Union im Rahmen eines Wettbewerbs abzielt, der nicht von übermäßigen Unterschieden in den Arbeits- und Beschäftigungsbedingungen abhängt, die in ein und demselben Mitgliedstaat für die Unternehmen verschiedener Mitgliedstaaten gelten".⁷² Ungeachtet dieser Neujustierung des Verhältnisses von (Vergabe-)Wettbewerb und Arbeitnehmerschutz wird im Schrifttum darauf aufmerksam gemacht, dass die jeweiligen Vergütungsvorschriften auch nach neuer Rechtslage auf einer allgemeingültigen Rechtsgrundlage beruhen, sei dies eine nationale Rechts- oder Verwaltungsvorschrift und/oder ein für allgemeinverbindlich erklärter Tarifvertrag.⁷³ Jedenfalls unter diesem Gesichtspunkt ist die Rüffert-Rechtsprechung des EuGH wohl auch unter Geltung der neuen Entsenderichtlinie relevant (in Band 1 → Grundlagen Rn. 1300; → § 152 Rn. 136 ff.).

14 **2. RL 2014/23/EU und Umsetzung im deutschen Recht.** Nach der Regierungsbegründung zum VergRModG 2016 soll § 151 die wesentlichen Vorschriften der **RL 2014/23/EU** zu den **Grundsätzen des Verfahrens der Konzessionsvergabe** umsetzen, wohingegen die konkrete Ausgestaltung und Präzisierung der **KonzVgV** obliege.⁷⁴ Zu den wesentlichen Verfahrensvorschriften der RL 2014/23/EU zählen für den deutschen Gesetzgeber vor allem **Art. 30 Abs. 1 u. 2 RL**

---

⁶⁶ EuGH Urt. v. 18.9.2014 – C-549/13, ECLI:EU:2014:2235 Rn. 33 = NZBau 2014, 647 – Bundesdruckerei.
⁶⁷ EuGH Urt. v. 17.11.2015 – C-115/14, NZBau 2016, 46 Rn. 75 – RegioPost.
⁶⁸ ABl. 2018 L 173, 16.
⁶⁹ *Mävers* ArbRAktuell 2018, 463 (464); zu den neuen Regelungen im Einzelnen *Kellerbauer* EuZW 2018, 846 (849 ff.).
⁷⁰ Kom., Überarbeitung der Richtlinie über die Entsendung von Arbeitnehmern – häufig gestellte Fragen, Factsheet v. 8.3.2016 – MEMO/16/467; *Kellerbauer* EuZW 2018, 846 (850).
⁷¹ Sinngemäß EuGH Urt. v. 8.12.2020 – C-620/18, NZA 2021, 113 Rn. 112 – Ungarn/Europäisches Parlament, Rat der Europäischen Union.
⁷² EuGH Urt. v. 8.12.2020 – C-620/18, NZA 2021, 113 Rn. 126 f. – Ungarn/Europäisches Parlament, Rat der Europäischen Union.
⁷³ Dazu *Riesenhuber* EuZA 2020, 423 (438), wonach Tariftreue-Vorschriften nicht zu einer allgemeinen Wirksamkeit eines Tarifvertrags führten, sondern nur zu einer punktuellen Wirksamkeit.
⁷⁴ BT-Drs. 18/6281, 130.

2014/23/EU iVm **Art. 3 RL 2014/23/EU** sowie die **Art. 31 und 32 RL 2014/23/EU**.[75] In materieller Hinsicht wird man zu den wesentlichen Verfahrensvorschriften jedoch auch sonstige **Verfahrensregeln des Titels II, Kapitel 1** („Allgemeine Grundsätze", Art. 30–35 RL 2014/23/EU) sowie die Vorschriften in **Titel II, Kapitel 2** („Verfahrensgarantien", Art. 36–41 RL 2014/23/EU) zählen müssen. Der Transparenzgrundsatz wird zudem durch eine Vielzahl weiterer Vorschriften ausgeformt, etwa durch die Vorgaben zur **elektronischen Kommunikation** in Art. 29 RL 2014/23/EU iVm Erwägungsgrund 74 RL 2014/23/EU.[76]

Die zentralen Vergabegrundsätze der **Gleichbehandlung**, der **Nichtdiskriminierung** und **15** der **Transparenz** sind in Art. 3 RL 2014/23/EU normiert. Jedenfalls die ersten beiden Grundsätze sind – entgegen der insoweit missverständlichen Regierungsbegründung – nicht in § 151, sondern in § 97 Abs. 1 und 2 umgesetzt. Der von § 97 Abs. 1 S. 1 ebenfalls statuierte, auch primärrechtlich geforderte **Wettbewerbsbezug** findet sich in der RL 2014/23/EU an diversen Stellen.[77] Genannt seien zunächst die Ausnahmeregelungen des Art. 31 Abs. 4 RL 2014/23/EU. Die Art. 35 Abs. 1 RL 2014/23/EU und Art. 38 Abs. 7 lit. e RL 2014/23/EU sprechen sodann von der Vermeidung von Wettbewerbsverzerrungen. Gemäß Art. 37 Abs. 3 S. 2 RL 2014/23/EU und Art. 38 Abs. 1 S. 2 RL 2014/23/EU zielt das Konzessionsvergabeverfahren auf einen **„echten Wettbewerb"** ab. Nach Art. 41 Abs. 1 RL 2014/23/EU werden Konzessionen schließlich auf der Grundlage objektiver Kriterien vergeben, die den in Art. 3 RL 2014/23/EU festgelegten Grundsätzen genügen und sicherstellen, dass die Angebote unter wirksamen Wettbewerbsbedingungen bewertet werden, sodass ein wirtschaftlicher Gesamtvorteil für den Konzessionsgeber ermittelt werden kann. Zusätzlich zu den Erwägungsgründen 3, 8, 51 und 52 RL 2014/23/EU betont Erwägungsgrund 73 RL 2014/23/EU, dass die Zuschlagskriterien einen „wirksamen Wettbewerb" sicherstellen und mit Vorgaben verbunden sein" sollen, „die eine effiziente Überprüfung der Angaben der Bieter erlauben."[78]

III. Kommentierung

1. Transparenzgrundsatz und Ausnahmen (§ 151 S. 1 und 2). Gemäß § 151 S. 1 geben **16** Konzessionsgeber die Absicht bekannt, eine Konzession zu vergeben. Gemäß § 151 S. 2 darf auf die Veröffentlichung der Konzessionsvergabeabsicht nur verzichtet werden, soweit dies aufgrund dieses Gesetzes zulässig ist. § 151 S. 1 setzt Art. 31 Abs. 1 RL 2014/23/EU iVm Erwägungsgrund 50 RL 2014/23/EU ins deutsche Recht um. Zudem formt die Vorschrift den in Art. 3 Abs. 1 RL 2014/23/EU und in § 97 Abs. 1 S. 1 enthaltenen Grundsatz der **Transparenz des Vergabeverfahrens** näher aus.[79] § 151 S. 2 stellt klar, dass in der KonzVgV im Rahmen der Vorgaben des Unionsrechts Ausnahmen von der Pflicht zur Bekanntmachung der Konzessionsvergabeabsicht festgelegt werden können.[80] § 151 S. 2 basiert auf Art. 31 Abs. 4 und 5 RL 2014/23/EU iVm Erwägungsgrund 51 RL 2014/23/EU. Mindestanforderungen an eine ordnungsgemäße Bekanntmachung sind in Anhang V RL 2014/23/EU normiert. Die nähere Ausgestaltung der Konzessionsbekanntmachung regelt Art. 4 VO (EU) Nr. 2015/1986 iVm Anhang XXI mittels eines Standardformulars.[81] Seine besondere praktische Bedeutung erhält der Transparenzgrundsatz aus dem in § 151 S. 3 statuierten Recht des Konzessionsgebers zur freien Verfahrenswahl, das eine Schranke vornehmlich in den zentralen Vergabegrundsätzen findet.[82] Der allgemeine unionsrechtliche Transparenzgrundsatz verpflichtet Konzessionsgeber zur **Ex-ante-Transparenz** mittels der Konzessionsbekanntmachung und zur **Ex-post-Transparenz** mittels der Vergabebekanntmachung.[83]

Die Regelungen in § 151 S. 1, 2 werden näher ausgeformt durch die **§§ 19–23 KonzVgV**. **17** Allgemeine Regelungen über die Bekanntmachungspflichten sind zudem in **§ 13 Abs. 2 KonzVgV** enthalten. Gemäß § 13 Abs. 2 KonzVgV muss der Konzessionsgeber folgende Angaben erteilen: in der Konzessionsbekanntmachung gem. § 19 KonzVgV eine Beschreibung der Konzession sowie der Teilnahmebedingungen (Nr. 1); in der Konzessionsbekanntmachung gem. § 19 KonzVgV, der Aufforderung zur Angebotsabgabe oder in anderen Vergabeunterlagen die Zuschlagskriterien sowie

---

[75] BT-Drs. 18/6281, 130.
[76] *Siegel* VergabeR 2015, 265 (269); umgesetzt in den §§ 7 ff. KonzVgV, vgl. BT-Drs. 18/7318, 254.
[77] Ebenso *Knauff/Badenhausen* NZBau 2014, 395 (400).
[78] S. auch BT-Drs. 18/6281, 130.
[79] BT-Drs. 18/6281, 130; s. allgemein auch *Wollenschläger*, Verteilungsverfahren, 2010, 140, 683 und öfter.
[80] BT-Drs. 18/6281, 130.
[81] Kom., Durchführungsverordnung (EU) 2015/1986 v. 11.11.2015 zur Einführung von Standardformularen für die Veröffentlichung von Vergabebekanntmachungen für öffentliche Aufträge und zur Aufhebung der Durchführungsverordnung (EU) Nr. 842/2011, ABl. 2015 L 296, 1 (135 ff.); näher *Fandrey* in RKPP GWB Rn. 6.
[82] *Höfer/Nolte* NZS 2015, 441 (442); *Siegel* NVwZ 2016, 1672 (1674).
[83] *Hansen* NZS 2016, 814 (818).

die ggf. festgelegten Mindestanforderungen (Nr. 2). Der Begriff der Vergabeunterlagen ist in § 16 KonzVgV definiert als jede Unterlage, die vom Konzessionsgeber erstellt wird oder auf die er sich bezieht, um Bestandteile der Konzession oder des Verfahrens zu beschreiben oder festzulegen. Dazu zählen insbesondere die Leistungsbeschreibung, der Entwurf der Vertragsbedingungen, Vorlagen für die Einreichung von Unterlagen durch Bewerber oder Bieter sowie Informationen über allgemeingültige Verpflichtungen.

18   § 19 KonzVgV behandelt die **Konzessionsbekanntmachung** und stellt damit die zentrale Publizitätsbestimmung der RL 2014/23/EU dar.[84] Gemäß § 19 Abs. 1 KonzVgV teilt der Konzessionsgeber seine Absicht, eine Konzession zu vergeben, in einer förmlichen Konzessionsbekanntmachung mit. Diese wird gem. § 19 Abs. 2 KonzVgV nach dem Muster des Art. 4 iVm Anhang XXI der Durchführungs-VO (EU) 2015/1986 in der jeweils geltenden Fassung erstellt. Der Konzessionsgeber benennt in der Konzessionsbekanntmachung zudem die konkrete Vergabekammer, an die sich die Unternehmen zur Nachprüfung von Vergabeverstößen wenden können (vgl. §§ 155 ff.). **Ausnahmen** von der Pflicht zur Konzessionsbekanntmachung sind – in Konkretisierung des § 151 S. 2 – in § 20 KonzVgV vorgesehen, wobei die Vorschrift eng auszulegen ist.[85] Eine Konzessionsvergabe ohne vorherige Veröffentlichung, auch benannt als Direktvergabe, ist angesichts der negativen Auswirkungen auf den Wettbewerb nur „unter sehr außergewöhnlichen Umständen zulässig" (vgl. Erwägungsgrund 51 RL 2014/23/EU), ansonsten ex ante unwirksam gem. § 154 Nr. 4 iVm § 135 Abs. 1 Nr. 2. § 20 KonzVgV konkretisiert diese „außergewöhnlichen Umstände" in Übereinstimmung mit Art. 31 Abs. 4 RL 2014/23/EU, sofern die Bau- oder Dienstleistungen aus folgenden Gründen nur von einem bestimmten Wirtschaftsteilnehmer erbracht werden können (Alleinstellung des Konzessionsnehmers[86]): Ziel der Konzession ist die Erschaffung oder der Erwerb eines einzigartigen Kunstwerks oder einer einzigartigen künstlerischen Leistung; ein Wettbewerb kann aus technischen Gründen nicht entstehen oder Rechte des geistigen Eigentums; es besteht ein ausschließliches Recht; andere als die in § 101 Abs. 2 iVm § 100 Abs. 2 S. 1 definierten ausschließlichen Rechte sind zu beachten. Weitere Ausnahmen enthält § 20 Abs. 2 KonzVgV (vgl. auch Art. 31 Abs. 5 RL 2014/23/EU), wenn bei einem vorausgegangenen Konzessionsvergabeverfahren keine oder keine geeigneten Teilnahmeanträge oder Angebote eingereicht wurden, sofern die ursprünglichen Bedingungen des Konzessionsvertrags nicht grundlegend geändert werden und sofern der Kommission auf Anforderung ein Bericht vorgelegt wird. Die letztgenannte Ausnahmeregelung ist nicht unproblematisch, da das Fehlen eines hinreichenden Bieterwettbewerbs zu einem bestimmten Zeitpunkt nur begrenzt etwas darüber aussagt, ob ein solcher auch zu einem späteren Zeitpunkt nicht realisierbar ist. Zudem verursacht die Veröffentlichung einer Konzessionsvergabeabsicht regelmäßig keine unverhältnismäßigen Belastungen des Konzessionsgebers.

19   § 21 KonzVgV regelt die **Ex-post-Zuschlagsbekanntmachung** sowie die **Änderungsbekanntmachung**. Nach § 21 Abs. 1 KonzVgV übermittelt der Konzessionsgeber spätestens 48 Tage nach der Vergabe einer Konzession eine Vergabebekanntmachung mit dem Ergebnis des Vergabeverfahrens an das Amt für Veröffentlichungen der Europäischen Union.

20   Konzessionsgeber geben gem. § 22 **KonzVgV** ihre Absicht zur Vergabe sozialer und anderer besonderer Dienstleistungen lediglich durch Veröffentlichung einer **Vorinformation** bekannt[87] (§ 22 Abs. 1 KonzVgV iVm § 153; → § 153 Rn. 23 ff.). Für **soziale und andere besondere Dienstleistungen** iSd § 153 gilt somit ebenfalls eine Veröffentlichungspflicht, wenn auch keine Pflicht zur Konzessionsbekanntmachung zu Beginn des Vergabeverfahrens[88] (→ KonzVgV § 22 Rn. 6). Das der Vergabebekanntmachung zeitlich vorgelagerte Instrument der Vorinformation steht Konzessionsgebern im Gegensatz zu den öffentlichen Auftraggebern gem. § 22 KonzVgV nur zur Verfügung, wenn soziale und andere besondere Dienstleistungen vergeben werden.[89] Für die Vorinformation für Konzessionsvergaben im Bereich sozialer und anderer besonderer Dienstleistungen enthält Anhang XX VO (EU) Nr. 2015/1986 ein eigenes Muster.[90]

20a   § 23 KonzVgV regelt die **Form** und die **Modalitäten** der Veröffentlichung von Bekanntmachungen. Die Vorschrift gilt sowohl für Konzessionsbekanntmachungen als auch für Vorinformationen, für Vergabebekanntmachungen und für Bekanntmachungen über Änderungen einer Konzes-

---

[84] HK-VergabeR/*Franzius* KonzVgV § 19 Rn. 1; Byok/Jaeger/*Brüning* Rn. 3.
[85] *Fandrey* in RKPP GWB Rn. 12.
[86] BeckOK VergabeR/*von Hoff* Rn. 11; *Fandrey* in RKPP GWB Rn. 13.
[87] Näher *Fandrey* in RKPP GWB Rn. 7.
[88] Dogmatisch stellt § 22 KonzVgV damit keine Ausnahme von der Bekanntmachungspflicht dar; vgl. Ziekow/Völlink/*Siegel* Rn. 4.
[89] HK-VergabeR/*Franzius* KonzVgV § 19 Rn. 1.
[90] Näher Beck VergabeR/*Krohn* KonzVgV § 22 Rn. 6 ff.

sion, die unter dem Oberbegriff der Bekanntmachungen zusammengefasst werden.[91] Für die Bekanntmachungen sind die Bekanntmachungsmuster der VO (EU) 2015/1986 zu verwenden.[92]

2. Freie Gestaltung des Vergabeverfahrens (§ 151 S. 3). a) Allgemeines. Nach § 151 S. 3 dürfen Konzessionsgeber vorbehaltlich der **unionsrechtlich gesicherten Verfahrensgarantien** das **Verfahren zur Wahl des Konzessionsnehmers grundsätzlich frei gestalten**. In der RL 2014/23/EU finden sich Vorgaben zum Verfahren in den Art. 30 ff. RL 2014/23/EU. Der Grundsatz der freien Verfahrensgestaltung ist in Art. 30 Abs. 1 RL 2014/23/EU normiert,[93] der in den Art. 31 ff. RL 2014/23/EU eine Reihe von Einschränkungen erfährt. Besonders wichtige Einschränkungen sind das Bekanntmachungserfordernis gem. Art. 31 RL 2014/23/EU (→ Rn. 16), die Verfahrensgarantien gem. Art. 37 RL 2014/23/EU und das Erfordernis der Zuschlagsbekanntmachung gem. Art. 32 RL 2014/23/EU.[94] Ergänzend ist gem. Art. 30 Abs. 2 S. 1 RL 2014/23/EU das Verfahren unter Beachtung der Grundsätze des Art. 3 RL 2014/23/EU auszugestalten[95] (zu § 97 → Rn. 4). Das Vergabeverfahren beginnt regelmäßig mit der Konzessionsbekanntmachung oder einem vergleichbaren Publikationsakt und endet mit dem Zuschlag gem. § 152 Abs. 3.[96] Die freie Gestaltung des Verfahrens bezieht sich zum einen auf die **Verfahrensart**, da der Gesetzgeber in Übernahme der unionsrechtlichen Vorgaben davon abgesehen hat, einen Katalog zulässiger Verfahren nebst Regelverfahren zu normieren.[97] Zum anderen sieht es der Gesetzgeber als Ausdruck einer freien Verfahrensgestaltung an, durch die Definition der zu beschaffenden Leistung, die Festlegung von Eignungs- und Zuschlagskriterien sowie durch die Vorgabe von Ausführungsbedingungen das **konkrete Konzessionsvergabeverfahren** zu gestalten (näher § 152).[98] Der zweitgenannte Gestaltungsspielraum ist nicht konzessionsspezifisch, sondern gilt im Grundsatz auch für öffentliche Auftraggeber.[99] Der Grundsatz der freien Verfahrensgestaltung gem. § 151 S. 3 wird in **§ 12 Abs. 1 S. 1 KonzVgV** wiederholt.[100]

Wie einleitend geschildert, gilt der Grundsatz der freien Verfahrenswahl **nicht schrankenlos**.[101] Neben dem Transparenzerfordernis gem. § 151 S. 1, den Anforderungen an die Leistungsbeschreibung, die Eignungskriterien und die Zuschlagsprüfung gem. § 152, den Ausschlussgründen gem. § 154 Nr. 2 iVm §§ 123–126 und der Informations- und Wartepflicht gem. § 154 Nr. 4 iVm § 134 stellt § 151 S. 3 den Grundsatz der freien Verfahrensgestaltung ausdrücklich unter den **Vorbehalt abweichender Regelungen in der KonzVgV** (zu den besonderen Verfahrensvorgaben → Rn. 25).

b) Verfahrensarten. Für die Vergabe **öffentlicher Aufträge** regelt § 119 abschließend die Verfahrensarten, es gilt mithin ein Typenzwang.[102] Im Ausgangspunkt wird zwischen dem offenen Verfahren, dem nicht offenen Verfahren, dem Verhandlungsverfahren, dem wettbewerblichen Dialog sowie der Innovationspartnerschaft unterschieden. Aufgrund des Grundsatzes der Gestaltungsfreiheit gem. § 151 S. 3 iVm § 12 Abs. 1 S. 1 KonzVgV kennt das Konzessionsvergabeverfahren keine explizit vorgegebene Hierarchie der Verfahrenstypen.[103] Gemäß **§ 12 Abs. 2 S. 1 KonzVgV** sind vielmehr **einstufige und zwei- bzw. mehrstufige Verfahren** zulässig.[104] Mehrstufigkeit bedeutet, dass die Verfahren sowohl die Vorschaltung eines Teilnahmewettbewerbs vorsehen können als auch die mehrstufige Ausgestaltung eines Verhandlungsverfahrens mit mehreren Angebots- und Verhandlungsrunden, in denen die Anzahl der Bieter auch schrittweise reduziert werden kann.[105] In Betracht kommen auch Mischformen der in § 119 benannten Verfahrenstypen.[106] Allerdings muss sich der Konzessionsgeber vor Beginn des Verfahrens auf eine Verfahrensart festlegen.[107] Gemäß § 13 Abs. 3 S. 1 KonzVgV müssen Bewerber und Bieter stets über den geplanten Verfahrensablauf inklusive eines

---

[91] Ziekow/Völlink/*Siegel* KonzVgV § 23 Rn. 1; Beck VergabeR/*Krohn* KonzVgV § 23 Rn. 3.
[92] Ziekow/Völlink/*Siegel* KonzVgV § 23 Rn. 1.
[93] BeckOK VergabeR/*von Hoff* Rn. 18.
[94] Ziekow/Völlink/*Siegel* Rn. 5.
[95] HK-VergabeR/*Friton/Stein* Rn. 2.
[96] BT-Drs. 18/6281, 1.
[97] *Opitz* NVwZ 2014, 753 (758); Beck VergabeR/*Bergmann* Rn. 14.
[98] BT-Drs. 18/6281, 114.
[99] BT-Drs. 18/6281, 114.
[100] Beck VergabeR/*Bergmann* Rn. 14.
[101] *Schröder* NZBau 2015, 351.
[102] HK-VergabeR/*Pünder* § 119 Rn. 55.
[103] *Opitz* NVwZ 2014, 753 (758); *Siegel* VergabeR 2015, 265 (269); Immenga/Mestmäcker/*Kling* Rn. 52; jurisPK-Vergaberecht/*Wagner* Rn. 33.
[104] BT-Drs. 18/6281, 130.
[105] BeckOK VergabeR/*von Hoff* Rn. 20; s. auch *Schröder* NZBau 2015, 351 (352).
[106] *Goldbrunner* VergabeR 2016, 365 (374).
[107] *Fandrey* in RKPP GWB Rn. 18.

unverbindlichen Schlusstermins informiert sein. Die entsprechenden Informationen können schon in der Konzessionsbekanntmachung enthalten sein, müssen dies aber nicht.[108] Gemäß § 13 Abs. 4 KonzVgV kann die Zahl der Bewerber oder Angebote auf eine angemessene Zahl begrenzt werden, sofern dies anhand objektiver Kriterien und in transparenter Weise geschieht und die Anzahl ausreichend hoch ist, um einen Vergabewettbewerb iSd § 97 Abs. 1 zu gewährleisten. Die Mindestfrist für den Eingang von Teilnahmeanträgen mit oder ohne Angebote beträgt 30 Tage ab dem Tag nach der Übermittlung der Konzessionsbekanntmachung (§ 27 Abs. 3 KonzVgV; Art. 39 Abs. 3 RL 2014/23/EU). Findet das Verfahren in mehreren (Angebots-)Stufen statt, beträgt die Mindestfrist für den Eingang von Erstangeboten 22 Tage ab dem Tag nach der Aufforderung zur Angebotsabgabe. Der Konzessionsgeber kann die Frist für den Eingang von Angeboten um fünf Tage verkürzen, wenn diese mit elektronischen Mitteln eingereicht werden (§ 27 Abs. 4 S. 2 KonzVgV; Art. 39 Abs. 4 und 5 RL 2014/23/EU).

24 Gemäß § 12 Abs. 1 S. 2 KonzVgV ist neben einem **einstufigen (Verhandlungs-)Verfahren** auch ein **zweistufiges Verhandlungsverfahren mit vorgeschaltetem Teilnahmewettbewerb** zulässig.[109] Den Gesetzesmaterialen ist eine Präferenz des Normgebers für das Verhandlungsverfahren mit vorgeschaltetem Teilnahmewettbewerb iSd § 119 Abs. 5 zu entnehmen, schon weil dieses in der Praxis häufig gewählt würde.[110] Auch mit Blick auf die wettbewerbliche Ausrichtung des Konzessionsvergabeverfahrens, die sich in § 97 Abs 1, 2 Bahn bricht, ist das Verhandlungsverfahren mit vorgeschaltetem Teilnahmewettbewerb vorzugswürdig.[111]

25 **c) Besondere Verfahrensvorgaben (§§ 151 ff. iVm der KonzVgV).** In Umsetzung und Weiterentwicklung der Regelungen in den Art. 26 ff. RL 2014/23/EU enthalten die §§ 151 ff. iVm der KonzVgV **besondere Verfahrensvorgaben:**[112]
– Vorgaben zur Wahrung der Vertraulichkeit (§ 4 KonzVgV);
– Vorgaben zur Vermeidung von Interessenkonflikten (§ 5 KonzVgV);
– Vorgaben zur Dokumentation und zum Vergabevermerk (§ 6 KonzVgV);
– Vorgaben zur Kommunikation, insbesondere zur E-Vergabe (§ 97 Abs. 5, §§ 7–11 KonzVgV);
– Allgemeine Verfahrensvorgaben, insbesondere Verfahrensgarantien und Umgehungsverbot (§ 151 S. 3, §§ 12–14 KonzVgV);
– Vorgaben zur Vorbereitung des Vergabeverfahrens (§§ 15–18 KonzVgV), insbesondere Vorgaben für die Leistungsbeschreibung (§ 152 Abs. 1 iVm § 121, § 15 KonzVgV);
– Vorgaben zur Konzessionsbekanntmachung (§ 151 S. 1, 2, § 153, §§ 19–23 KonzVgV);
– Mindestfristen für den Eingang von Teilnahmeanträgen und Angeboten (§ 27 KonzVgV);
– Vorgaben zur Eignungsprüfung (§ 152 Abs. 2 iVm § 122, § 25 f. KonzVgV);
– Vorgaben bezüglich der Zuschlagskriterien und des Wertungsvorgangs (§ 152 Abs. 3, § 31 KonzVgV);
– Vorgaben für die Ausführung der Konzession (§ 152 Abs. 4 iVm §§ 128 f.);
– Vorgaben für die Unterrichtung der Bewerber und Bieter (§ 154 S. 1 Nr. 4 iVm § 134, § 30 KonzVgV);
– Vorgaben zur Vergabebekanntmachung und zur Bekanntmachung über Änderungen einer Konzession (§ 21 KonzVgV).

26 **d) Insbesondere: elektronische Vergabe.** Anders als im allgemeinen Vergaberecht gilt im Recht der Konzessionsvergabe der Grundsatz der **Formfreiheit**.[113] Insoweit folgerichtig stellt Art. 29 Abs. 1 UAbs. 1 RL 2014/23/EU den Mitgliedstaaten die Form der Kommunikation grundsätzlich frei (→ § 97 Rn. 341 ff.). Art. 29 Abs. 1 Uabs. 2 RL 2014/23/EU ermöglicht es den Mitgliedstaaten jedoch, über die Vorgaben des Art. 33 Abs. 2 RL 2014/23/EU und Art. 34 RL 2014/23/EU hinaus die Verwendung elektronischer Kommunikationsmittel verbindlich vorschreiben. Der deutsche Verordnungsgeber hat diesen Umsetzungsspielraum durch **§ 7 KonzVgV** genutzt, der in Umsetzung der übergreifenden Vorgabe des § 97 Abs. 5 die Grundsätze der elektronischen Kommunikation und wenige Ausnahmen regelt.[114] Die Vorschrift ist in weiten Teilen an § 9 VgV angelehnt[115] (→ VgV § 9 Rn. 1 ff.). Gemäß § 7 Abs. 1 KonzVgV verwenden sowohl der Konzessionsge-

---

[108] *Tugendreich/Heller* in Müller-Wrede GWB Rn. 7.
[109] Ziekow/Völlink/*Siegel* Rn. 10.
[110] BReg., Vergaberechtsmodernisierungsverordnung – VergRModVO, BT-Drs. 18/7318, 289; vgl. aber auch Beck VergabeR/*Bergmann* Rn. 14: normativ nicht bindende Empfehlung.
[111] Ebenso *Siegel* NVwZ 2016, 1672 (1675); Ziekow/Völlink/*Siegel* Rn. 10.
[112] Vgl. auch *Tugendreich/Heller* Müller-Wrede GWB Rn. 13.
[113] Ziekow/Völlink/*Siegel* Rn. 11.
[114] HK-VergabeR/*Franzius* KonzVgV § 7 Rn. 2; BeckOK VergabeR/*Levin* KonzVgV § 7 Rn. 3.
[115] Das Konzessionsvergaberecht kennt anders als das Recht der öffentlichen Auftragsvergabe nicht die Interessenbestätigung; vgl. HK-VergabeR/*Franzius* KonzVgV § 7 Rn. 4 mit Fn. 1.

ber als auch die Unternehmen für das Senden, Empfangen, Weiterleiten und Speichern von Daten in einem Vergabeverfahren grundsätzlich Geräte und Programme für die elektronische Datenübermittlung (**elektronische Mittel**). Es gilt somit eine grundsätzliche Verpflichtung zur E-Vergabe.[116] Gemäß § 7 Abs. 2 KonzVgV kann die Kommunikation mündlich erfolgen, wenn sie nicht die Vergabeunterlagen, die Teilnahmeanträge oder die Angebote betrifft und sie ausreichend und in geeigneter Weise dokumentiert wird. Schließlich kann der Konzessionsgeber gem. § 7 Abs. 3 KonzVgV von jedem Unternehmen die Angabe einer eindeutigen Unternehmensbezeichnung sowie einer elektronischen Adresse verlangen (**Registrierung**). Für den Zugang zur Konzessionsbekanntmachung und zu den Vergabeunterlagen darf der Konzessionsgeber keine Registrierung verlangen; eine freiwillige Registrierung ist zulässig. Die Grundsätze der elektronischen Vergabe wirken sich auf verschiedene **Verfahrensschritte** aus, etwa auf die Bereitstellung der Vergabeunterlagen gem. § 17 KonzVgV oder auf den Umfang der einzustellenden Unterlagen gem. § 16 KonzVgV.[117]

§ 152 Anforderungen im Konzessionsvergabeverfahren

(1) Zur Leistungsbeschreibung ist § 121 Absatz 1 und 3 entsprechend anzuwenden.

(2) Konzessionen werden an geeignete Unternehmen im Sinne des § 122 vergeben.

(3) ¹**Der Zuschlag wird auf der Grundlage objektiver Kriterien erteilt, die sicherstellen, dass die Angebote unter wirksamen Wettbewerbsbedingungen bewertet werden, sodass ein wirtschaftlicher Gesamtvorteil für den Konzessionsgeber ermittelt werden kann.** ²**Die Zuschlagskriterien müssen mit dem Konzessionsgegenstand in Verbindung stehen und dürfen dem Konzessionsgeber keine uneingeschränkte Wahlfreiheit einräumen.** ³**Sie können qualitative, umweltbezogene oder soziale Belange umfassen.** ⁴**Die Zuschlagskriterien müssen mit einer Beschreibung einhergehen, die eine wirksame Überprüfung der von den Bietern übermittelten Informationen gestatten, damit bewertet werden kann, ob und inwieweit die Angebote die Zuschlagskriterien erfüllen.**

(4) Die Vorschriften zur Auftragsausführung nach § 128 und zu den zwingend zu berücksichtigenden Ausführungsbedingungen nach § 129 sind entsprechend anzuwenden.

Schrifttum: *Bayreuther*, Tariftreue vor dem Aus, NZA 2008, 626; *Bayreuther*, Inländerdiskriminierung bei Tariftreueerklärungen im Vergaberecht, EuZW 2009, 102; *Bayreuther*, Die verfassungsrechtliche Zulässigkeit von partiellen Tariftreueklauseln, Gutachterliche Stellungnahme, 2010; *Beckmann*, Die Verfolgung ökologischer Zwecke bei der Vergabe öffentlicher Aufträge, NZBau 2004, 600; *Bitterich*, Tariftreue vor dem EuGH, ZIP 2008, 1455; *Bonhage/ Ritzenhoff*, Mindestanforderungen an die finanzielle Leistungsfähigkeit in Vergabeverfahren, NZBau 2013, 151; *Brackmann*, Nachhaltige Beschaffung in der Vergabepraxis, VergabeR 2014, 310; *Breuer*, Das EU-Kartellrecht im Kraftfeld der Unionsziele, 2013; *Bungenberg*, Vergaberecht im Wettbewerb der Systeme – Eine rechtsebenenübergreifende Analyse des Vergaberechts, 2007; *Bungenberg*, „Tariftreue" zwischen Bundesverfassungsgericht und EuGH – konträres oder komplementäres wirtschaftsverfassungsrechtliches Verständnis?, EuR 2008, 397; *Burgi*, Die Förderung sozialer und technischer Innovationen durch das Vergaberecht, NZBau 2011, 577; *Burgi*, Ökologische und soziale Beschaffung im künftigen Vergaberecht: Kompetenzen, Inhalte, Verhältnismäßigkeit, NZBau 2015, 597; *Däubler*, Tariftreue statt Sozialkostenwettbewerb? – Zur Verfolgung sozialpolitischer Ziele durch die Vergabe öffentlicher Aufträge, ZIP 2000, 681; *Däubler*, Der vergaberechtliche Mindestlohn im Fadenkreuz des EuGH – Auf dem Weg zu Rüffert II?, NZA 2014, 694; *Dageförde*, Möglichkeiten der Berücksichtigung von Umweltbelangen bei der Vergabe öffentlicher Aufträge, Die Interpretierende Mitteilung der Kommission vom 4.7.2001, NZBau 2002, 597; *Diemon-Wies*, Soziale und ökologische Kriterien in der Vergabepraxis, VergabeR 2010, 317; *Diemon-Wies/Graiche*, Vergabefremde Aspekte – Handhabung bei der Ausschreibung gem. § 97 IV GWB, NZBau 2009, 409; *Dittmann*, Qualität durch Eignungs- und/oder Zuschlagskriterien?, NZBau 2013, 746; *Eifert/Hoffmann-Riem*, Innovationsfördernde Regulierung – Innovation und Recht II, 2009; *Fehling*, Forschungs- und Innovationsförderung durch wettbewerbliche Verfahren, NZBau 2012, 673; *Fehling*, Perspektiven des Öffentlichen Wirtschaftsrechts, JZ 2016, 540; *Frenz*, Soziale Vergabekriterien, NZBau 2007, 17; *Frenz*, Soziale Vergabekriterien im Spiegel aktueller Judikatur von EuGH und BVerfG, NZS 2011, 321; *Funk/Tomerius*, Aktuelle Ansatzpunkte umwelt- und klimaschützender Beschaffung in Kommunen – Überblick und Wege im Dschungel des Vergaberechts (Teil 1), KommJur 2016, 1; *Funk/Tomerius*, Aktuelle Ansatzpunkte umwelt- und klimaschützender Beschaffung in Kommunen – Überblick und Wege im Dschungel des Vergaberechts (Teil 2), KommJur 2016, 47; *Gabriel/Fritzemeyer/Bärenbrinker*, Rechtliche Rahmenbedingungen und Inkompatibilitäten des so genannten „no spy"-Erlasses, NVwZ 2015, 13; *Germelmann*, Mindestlöhne und ILO-Kernarbeitsnormen: Kernprobleme und Perspektiven sekundärer Sekundärziele im Vergaberecht, GewArch 2016, 60 und 100; *Glaser*, Zwingende soziale Mindeststandards bei der Vergabe öffentlicher Aufträge, 2015; *Glaser/Kahl*, Zur Europarechtskonformität kombinierter Tariftreue- und Mindestlohnklauseln in Landesverga-

---

[116] Immenga/Mestmäcker/*Kling* Rn. 45; Reidt/Stickler/Glahs/*Rafii* Rn. 21.
[117] Näher Ziekow/Völlink/*Siegel* Rn. 12 ff.; s. für öffentliche Aufträge auch *Knauff* NZBau 2020, 421 ff.

begesetzen, ZHR 177 (2013), 643; *Goede,* Anm. EuGH Urt. v. 26.3.2015 – C-601/13 – Vergaberecht: Qualifikationsbezogene Zuschlagskriterien bei Vergabe eines Auftrags über Dienstleistungen mit intellektuellem Charakter, EuZW 2015, 435; *Goldbrunner,* Das neue Recht der Konzessionsvergabe, VergabeR 2016, 365; *Greiner,* Von der Tariftreue zum Landesvergabemindestlohn – Bestandsaufnahme und europarechtliche Bewertung, ZIP 2011, 2129; *Greiner/Hennecken,* Anm. EuGH Urt. v. 17.11.2015 – Mindestlohnvorgabe bei der Vergabe öffentlicher Aufträge, EuZA 2016, 318; *Gröning,* Die neue Richtlinie für die öffentliche Auftragsvergabe – ein Überblick, VergabeR 2014, 339; *Heintzen,* Vergabefremde Ziele im Vergaberecht, ZHR (165) 2001, 62; *Heyne,* Die Verfolgung von Umweltschutzzielen im öffentlichen Beschaffungswesen – eine Untersuchung unter besonderer Berücksichtigung der Unionszielbestimmung zum Umweltschutz, ZUR 2011, 578; *Hoffmann-Riem,* Soziale Innovationen. Eine Herausforderung auch für die Rechtswissenschaft, Der Staat 2008, 288; *Hoffmann-Riem,* Innovation und Recht – Recht und Innovation, 2016; *Jaeger,* Reichweite und Grenzen der Beschaffungsfreiheit des öffentlichen Auftraggebers, ZWeR 2011, 365; *Jaeger,* Die neue Basisvergaberichtlinie der EU vom 26.2.2014 – ein Überblick, NZBau 2014, 259; *Jasper/Seidel,* Umweltkriterien in der kommunalen Vergabe, KommJur 2009, 56; *Kämmerer/Thüsing,* Tariftreue im Vergaberecht, ZIP 2002, 596; *Klumpp,* Dienstleistungsfreiheit versus Tariftreue, NJW 2008, 3473; *Knauff/Badenhausen,* Die neue Richtlinie über die Konzessionsvergabe, NZBau 2014, 395; *Koberski/Schierle:* Balance zwischen Dienstleistungsfreiheit und Arbeitnehmerschutz gewahrt?, RdA 2008, 233; *Koenig,* Mehr transparenten Wettbewerb bei der Vergabe von öffentlichen Dienstleistungskonzessionen!, EuZW 2003, 289; *Kraßer/Ann,* Patentrecht, 7. Aufl. 2016; *Krebber,* Vergabegesetze der Länder und Dienstleistungsfreiheit, EuZA 2013, 435; *Krönke,* Das neue Vergaberecht aus verwaltungsrechtlicher Perspektive, NVwZ 2016, 568; *Krohn,* Leistungsbeschreibung und Angebotswertung bei komplexen IT-Vergaben, NZBau 2013, 79; *Kühling/Huerkamp,* Vergaberechtsnovelle 2010/2011: Reformbedarf bei den vergabefremden Ausführungsbedingungen nach § 97 IV S. 2 GWB?, VergabeR 2010, 545; *Kus,* Losvergabe und Ausführungskriterien, NZBau 2009, 21; *Latzel,* Soziale Aspekte bei der Vergabe öffentlicher Aufträge nach der Richtlinie 2014/24/EU, NZBau 2014, 673; *Löwisch,* Landesrechtliche Tariftreue als Voraussetzung der Vergabe von Bau- und Verkehrsleistungen, DB 2004, 814; *Meißner,* Ökologische und soziale Aspekte der Landesvergabegesetze, VergabeR 2012, 301; *Mohr,* Ein soziales Vergaberecht?, VergabeR 2009, 543; *Mohr,* Bezweckte und bewirkte Wettbewerbsbeschränkungen gemäß Art. 101 Abs. 1 AEUV, ZWeR 2015, 1; *Mohr,* Sicherung der Vertragsfreiheit durch Wettbewerbs- und Regulierungsrecht, 2015; *Mohr,* Sozial motivierte Beschaffungen nach dem Vergaberechtsmodernisierungsgesetz 2016, EuZA 2017, 23; *Mühlbach,* Tariftreue und europäisches Vergaberecht, RdA 2003, 339; *Münch,* Der No-Spy Erlass der Bundesregierung, ZfBR 2015, 241; *Neun/Otting,* Die Entwicklung des europäischen Vergaberechts in den Jahren 2015/2016, EuZW 2016, 486; *Ölcüm,* Die Berücksichtigung sozialer Belange im öffentlichen Auftragswesen, 2009; *Opitz,* Der Wirtschaftlichkeitsbegriff des Kartellvergaberechts, NZBau 2001, 12; *Opitz,* Die Zukunft der Dienstleistungskonzession, NVwZ 2014, 753; *Pfähler/Wiese,* Unternehmensstrategien im Wettbewerb. Eine spieltheoretische Analyse, 3. Aufl. 2008; *Prieß/Simonis,* Die künftige Relevanz des Primärvergabe- und Beihilfenrechts. Ein Zwischenruf, NZBau 2015, 731; *Püstow/Meiners,* Die Innovationspartnerschaft – Mehr Rechtssicherheit für ein innovatives Vertragsmodell, NZBau 2016, 406; *Rechten/Röbke,* Sozialstandards bei der Vergabe öffentlicher Aufträge in Berlin und Brandenburg, LKV 2011, 337; *Reichert,* Vergaberechtlicher Zwang zur Zahlung von Tariflöhnen, 2007; *Rieble/Latzel,* Wirtschaftsförderung nach sozialen Kriterien, in Rieble/Junker/Giesen, ZAAR Schriftenreihe Band 30, 2012; *Rödl,* Bezifferte Mindestentgeltvorgaben im Vergaberecht, EuZW 2011, 292; *Rosenkötter,* Die Qualifikation als Zuschlagskriterium, NZBau 2015, 609; *Ruhland,* Die Dienstleistungskonzession, 2006; *Rust,* GWB-Vergaberecht und soziale Standards, EuZW 1999, 453; *Säcker/Mohr,* Forderung und Durchsetzung ungerechtfertigter Vorteile – Eine Analyse des § 20 Abs. 3 GWB, WRP 2010, 1; *Säcker/Mohr,* Reintegration von Dienstleistungskonzessionen in das Vergaberecht am Beispiel der Wasserversorgung, ZWeR 2012, 417; *Schenek,* Dienstleistungs- und Baukonzession – Neue EU-Konzessionsvergaberichtlinie, BWGZ 2014, 327; *Schmidt/Wollenschläger,* Kompendium Öffentliches Wirtschaftsrecht, 4. Aufl. 2015; *Schneider,* Umweltschutz im Vergaberecht, NVwZ 2009, 1057; *Schnieders,* Anm. EuGH Urt. v. 17.11.2015 – C-115/14 – Abhängigkeit der Vergabe öffentlicher Aufträge von der Zahlung eines Mindestlohns, NVWZ 2016, 212; *Scholtka/Keller-Herder,* Konzessionierungsverfahren und Auswahl des neuen Konzessionsnehmers nach der neuen BGH-Rechtsprechung, N&R 2014, 186; *Schröder,* Das Konzessionsvergabeverfahren nach der RL 2014/23/EU, NZBau 2015, 351; *Seidel,* Anm. EuGH Urt. v. 26.9.2000 – Rs. C-225/98 – Kampf gegen Arbeitslosigkeit zulässiges Vergabekriterium, EuZW 2000, 755; *Siegel,* Wie fair ist das Vergaberecht? Der faire Handel vor dem EuGH, VergabeR 2013, 370; *Siegel,* Der neue Rechtsrahmen für die Vergabe von Dienstleistungskonzessionen, VergabeR 2015, 265; *Siegel,* Mindestlöhne im Vergaberecht und der EuGH, EuZW 2016, 101; *Siegel,* Das neue Konzessionsvergaberecht, NVwZ 2016, 1672; *Steinberg,* Die Flexibilisierung des neuen europäischen Vergaberechts, NZBau 2005, 85; *Stiebert/Pötters,* Spielräume der Exekutive bei Mindestlöhnen durch Rechtsverordnung, RdA 2013, 101; *Streinz,* Anm. EuGH, Urt. v. 3.4.2008, Rs. C-346/06, Dirk Rüffert/Land Niedersachsen (Tariftreueklausel – Beschränkung der freien Dienstleistungsverkehrs – Entsenderichtlinie – Vergabe öffentlicher Aufträge – Sozialer Schutz der Arbeitnehmer), JuS 2008, 823; *Summa,* Quo vadis, Vergaberecht? Vom Haushaltsrecht zur Sozialpolitik, in: Prieß/Lau/Kratzenberg (Hrsg.), Wettbewerb-Transparenz-Gleichbehandlung, Festschrift für Fridhelm Marx, 2013, 763; *Tegeler,* Das neue Hessische Vergabe- und Tariftreuegesetz, VergabeR 2015, 402; *Theobald,* Der umstrittene Kriterienkatalog bei der Vergabe von Strom- und Gaskonzessionen, RdE 2015, 161; *Thieme/Correll,* Deutsches Vergaberecht zwischen nationaler Tradition und europäischer Integration, DVBl 1999, 884; *Varga,* Berücksichtigung sozialpolitischer Anforderungen nach dem neuen § 97 IV 2 GWB – europarechtskonform?, VergabeR 2009, 535; *Wagner/Pfohl,* Die neue Richtlinie 2014/23/EU über die Konzessionsvergabe: Anwendungsbereich, Ausnahmevorschriften und materielle Regelungen, ZfBR 2014, 745; *Wagner/Pfohl,* Vergabefremde Aspekte in den Landesvergabegesetzen – ein Überblick, VergabeR 2015, 389; *Weiß,* Stand und Perspektiven des Rechts der Strom- und Gaskonzessionsvergabe, NVwZ 2014, 1415; *Wiedmann,* Anm. EuGH Urteil vom 3.4.2008 – C-346/06 – Vergabe von öffentlichen Bauaufträgen nur an tariflohnzahlende

Unternehmen verstößt gegen Richtlinie 96/71/EG, EuZW 2008, 306; *Zeiss*, Weniger Energieverbrauch! – Beschaffung energieeffizienter Geräte und Ausrüstung, NZBau 2011, 658; *Zeiss*, Energieeffizienz in der Beschaffungspraxis, NZBau 2012, 201; *Ziekow*, Soziale Aspekte in der Vergabe – Von der „Vergabefremdheit" zur europäischen Regelung, DÖV 2015, 897; *Zimmer*, Berücksichtigung sozialer Standards im Vergaberecht: Auswirkungen der Revision der Entsenderichtlinie, AuR 2019, 152.

Übersicht

	Rn.		Rn.
I. Normzweck	1	d) Insbesondere: strategische und innovative Beschaffung	81
II. Unionsrechtliche Vorgaben (Überblick)	10	4. Zuschlag (§ 152 Abs. 3)	88
III. Kommentierung	16	a) Allgemein	88
1. Definition des Konzessionsgegenstands	16	b) Angebotswertung	94
2. Leistungsbeschreibung (§ 152 Abs. 1 iVm § 121)	20	c) Konkretisierung durch § 31 KonzVgV	102
a) Allgemeines	20	d) Zuschlagskriterien mit qualitativen, umweltbezogenen oder sozialen Belangen	104
b) Verweis auf § 121	25		
c) Konkretisierung durch § 15 KonzVgV	30	5. Auftragsausführung und Ausführungsbedingungen (§ 152 Abs. 4 iVm §§ 128, 129)	116
d) Insbesondere: strategische und innovative Beschaffung	36	a) Allgemeine Grundsätze	116
3. Eignung (§ 152 Abs. 2 iVm § 122)	50	b) Verweis auf die §§ 128, 129	124
a) Allgemeines	50	c) Konkretisierung durch die KonzVgV	130
b) Eignungskriterien gem. § 122	59	d) Insbesondere: strategische und innovative Beschaffung	131
c) Konkretisierung durch §§ 25 f. KonzVgV	77		

I. Normzweck

Von besonderer Bedeutung für die Verwirklichung der allgemeinen Vergabegrundsätze des Wettbewerbs, der Transparenz und der Gleichbehandlung (Diskriminierungsfreiheit) ist die konkrete Ausgestaltung des Konzessionsvergabeverfahrens.[1] § 152 konkretisiert deshalb die allgemeinen Regelungen in den §§ 151, 97 hinsichtlich des Verfahrens zur Vergabe von Konzessionen (vgl. § 151 S. 3) durch konkrete **„Anforderungen an das Konzessionsvergabeverfahren"**, namentlich an die **Leistungsbeschreibung**, die **Eignung** der Bewerber/Bieter (zum Begriff des Unternehmens/Wirtschaftsteilnehmers → § 101 Rn. 3), an die **Zuschlagskriterien** sowie die **Auftragsdurchführung**. § 152 bezieht sich für die Leistungsbeschreibung, die Eignung und die Ausführung mittels entsprechender Verweise auf das Recht der öffentlichen Auftragsvergabe (§ 152 Abs. 1, 2, 4). Demgegenüber wurden für die Zuschlagskriterien und den Zuschlag konzessionsspezifische Regelungen geschaffen (§ 152 Abs. 3).[2]

Die Prüfung erfolgt regelmäßig in **mehreren Stufen:**[3] Während die Erstellung der Leistungsbeschreibung einen internen Vorgang des Konzessionsgebers betrifft,[4] adressieren die nachfolgenden Stufen die Interaktion des Konzessionsgebers mit den Bewerbern/Bietern. Insoweit ist zwischen den Bedingungen für die Teilnahme am Vergabeverfahren (Eignungskriterien), den Bedingungen für die Vergabe des Auftrags (Zuschlagskriterien) und den vertraglichen Ausführungsbedingungen zu der zu erbringenden Leistung sowie den besonderen Ausführungsbedingungen zu differenzieren.[5] Die **Prüfungsreihenfolge** ist in Teilen unionsrechtlich determiniert. Nach Art. 37 Abs. 1 RL 2014/23/EU darf die Angebotswertung iSd Art. 41 RL 2014/23/EU (§ 152 Abs. 3) erst erfolgen, wenn die Bieter sowohl die in der Leistungsbeschreibung enthaltenen **Mindestanforderungen** als auch die Teilnahmebedingungen (insbesondere die **Eignungskriterien**[6]) iSd Art. 38 Abs. 1 RL 2014/23/EU erfüllen, und sie vorbehaltlich des Art. 38 Abs. 9 RL 2014/23/EU (Selbstreinigung) nicht nach Art. 38 Abs. 4–7 RL 2014/23/EU vom Verfahren ausgeschlossen sind. Die Prüfung der Eignungsvoraussetzungen und der Ausschlussgründe

---

[1] *Pünder* in Ehlers/Fehling/Pünder, Besonderes Verwaltungsrecht, 4. Aufl. 2019, § 17 Rn. 83 f.
[2] *Tugendreich/Heller* in Müller-Wrede GWB Rn. 1.
[3] *Schröder* NZBau 2015, 351 (352 f.).
[4] Vgl. verallgemeinerungsfähig OLG Düsseldorf Beschl. v. 12.2.2014 – Verg 29/13, ZfBR 2014, 517 (Ls. 2).
[5] VK Südbayern Beschl. v. 24.7.2018 – Z3-3-3194-1-11-04/18, BeckRS 2018, 18118 Rn. 99; Immenga/Mestmäcker/*Kling* Rn. 3.
[6] Vgl. Anhang V Nr. 7 lit. c. RL 2014/23/EU, der die Eignungskriterien als Unterfall der Teilnahmebedingungen behandelt.

ist der wirtschaftlichen Bewertung der Angebote somit vorgelagert.[7] Im Rahmen dieser Vorgaben verbleibt dem Konzessionsgeber nach dem Grundsatz der Gestaltungsfreiheit des Verfahrensablaufs gem. Art. 30 Abs. 1 RL 2014/23/EU (§ 151 S. 3; → § 151 Rn. 21 ff.) ein **Gestaltungsspielraum**.

3   Eine zentrale Neuerung des VergModG 2016 stellt § 97 Abs. 3 dar, wonach **„sekundäre Vergabezwecke"**, namentlich die Qualität und Innovation sowie soziale und umweltbezogene Aspekte, auf allen Ebenen des Vergabeverfahrens berücksichtigt werden dürfen.[8] In § 152 kommt dies insbesondere in **Abs. 3** bezüglich der Zuschlagskriterien zum Ausdruck. Hiernach sind Konzessionsgeber berechtigt, bei der Auswahl der Angebote neben den weiterhin im Vordergrund stehenden wirtschaftlichen Gesichtspunkten (§ 97 Abs. 1 S. 2, § 153 Abs. 3 S. 1) qualitative, umweltbezogene und soziale Belange, also vormals „vergabefremde Kriterien",[9] zu berücksichtigen (§ 153 Abs. 3 S. 3).[10] Die vorbenannte Aufzählung ist um die Innovationsförderung zu ergänzen (Art. 41 Abs. 2 Abs. 1 RL 2014/23/EU, § 97 Abs. 3). Die öffentliche Hand kann den Erwerb von Bau- und Dienstleistungen mittels Vergabe von Konzessionen mithin dazu benutzen, wirtschafts- und sozialpolitische Ziele zu verfolgen,[11] die sie durch Statuierung von „hartem Gesetzesrecht" ggf. nicht erreichen könnte.[12] Letzteres wird etwa bei der Statuierung von vergaberechtlichen Mindestlöhnen durch die Bundesländer relevant.[13] Einer politischen Inpflichtnahme des Vergaberechts werden aufgund der steuerfinanzierten Nachfragemacht der öffentlichen Auftraggeber erhebliche Steuerungseffekte zugeschrieben, die jedenfalls gegenüber dem alternativ in Frage kommenden zwingenden Recht das mildere Mittel seien.[14] Gleichsam als Kehrseite begründet eine wirtschafts- und sozialpolitisch motivierte Vergabe die Gefahr einer unionsrechtlich nicht zulässigen Diskriminierung von Bietern in Verbindung mit einer Verschließung der öffentlichen Beschaffungsmärkte für den Wettbewerb insbesondere zulasten kleinerer und mittlerer Unternehmen (Problem der Tariftreueverlangen),[15] die Gefahr einer Verteuerung der konkreten Beschaffung jedenfalls in betriebswirtschaftlicher Hinsicht, einer Erhöhung des Arbeitsaufwands für Konzessionsgeber und Bieter sowie nicht zuletzt einer Erhöhung der Rechtsunsicherheit und der damit einhergehenden Verlängerung von Rechtsschutzverfahren.[16]

4   Vor diesem Hintergrund begegnet die Verfolgung strategischer Ziele im Vergaberecht weiterhin **unionsrechtlichen Schranken**.[17] Die erste folgt aus dem Primärvergaberecht, ergibt sich jedoch auch aus dem Wortlaut der RL 2014/23/EU. So zielt das europäische Vergaberecht primär auf den Schutz des Binnenmarktes vor staatlich veranlassten Wettbewerbsbeschränkungen ab.[18] Im Vordergrund steht deshalb der **Schutz eines wirksamen Wettbewerbs** vor einem intransparenten und diskriminierenden Missbrauch staatlicher Nachfragemacht.[19] Die unionalen **Vorschriften gegen Wettbewerbsbeschränkungen** – seien es solche durch Unternehmen (Art. 101–106 AEUV) oder durch die öffentliche Hand (Art. 26–66 AEUV, Art. 107–109 AEUV) – schützen die wirtschaftliche Handlungsfreiheit von Marktteilnehmern vor den schädlichen Außenwirkungen mächtiger Marktteilnehmer.[20] Gemäß dem Sprachgebrauch der **Neuen Institutionenökonomik** geht es um die Vermeidung negativer externer Effekte auf die positiven Freiheitspositionen anderer Marktteilnehmer.[21] Etwaige Wettbewerbsbeschränkungen – seien sie unternehmerisch oder staatlich veranlasst – können nur ausnahmsweise hingenommen („gerechtfertigt") werden, wenn die positiven volkswirtschaftlichen oder politischen Effekte für die Wohlfahrt der Verbraucher die negativen Effekte überwiegen.[22] Insoweit ist zwar

---

[7] Demgegenüber ermöglicht Art. 56 Abs. 2 RL 2014/24/EU im offenen Verfahren eine Umkehrung der Prüfungsreihenfolge von personen- und gegenstandsbezogenen Wertungskriterien; dazu *Siegel* EuZW 2016, 101 (103).
[8] *Braun* in Hettich/Soudry VergabeR 138.
[9] *Krönke* NVwZ 2016, 568 (573); ausf. *Mohr* EuZA 2017, 23 ff.
[10] Diese sind nunmehr gleichsam „assimiliert", vgl. *Burgi* NZBau 2015, 597 (599). Zur früheren Rechtslage *Mohr* VergabeR 2009, 543 mwN.
[11] *Frenz* NZBau 2007, 17 (20); *Rieble/Latzel,* Wirtschaftsförderung nach sozialen Kriterien, 2012, Rn. 4 ff.
[12] *Latzel* NZBau 2014, 673.
[13] GA *Mengozzi* Schlussantr. v. 9.9.2015 – C-115/14, BeckEuRS 2015, 446164 Rn. 73 ff. – RegioPost, wonach die deutschen Bundesländer zwar für die Statuierung eines vergaberechtlichen, nicht jedoch eines allg., auch private Unternehmen erfassenden Mindestlohnes zuständig seien; dazu *Schnieders* NVwZ 2016, 212; *Mohr* EuZA 2017, 23 (39 ff.).
[14] *Ziekow* DÖV 2015, 897.
[15] *Mohr* VergabeR 2009, 543; pointiert *Burgi* NZBau 2015, 597 (598).
[16] *Mohr* VergabeR 2009, 543 (545); *Burgi* NZBau 2015, 597 (598).
[17] *Mohr* EuZA 2017, 23 (31); zur früheren Rechtslage *Mohr* VergabeR 2009, 543 ff.
[18] *Ziekow* DÖV 2015, 897 (898); *Germelmann* GewArch 2016, 60; *Mohr* EuZA 2017, 23 f.
[19] Zur kompetitiven Einhegung der Nachfragemacht privater Unternehmen *Säcker/Mohr* WRP 2010, 1 ff.
[20] S. zu Art. 101 AEUV *Mohr* ZWeR 2015, 1 (8).
[21] *Pfähler/Wiese,* Unternehmensstrategien im Wettbewerb, 3. Aufl. 2008, 45.
[22] *Mohr* ZWeR 2015, 1 (8); *Mohr,* Sicherung der Vertragsfreiheit durch Wettbewerbs- und Regulierungsrecht, 2015, 470 ff.

anerkannt, dass auch außerwettbewerbliche Ziele eine Beschränkung des Wettbewerbs legitimieren können.[23] Diese außerwettbewerblichen Ziele dürfen einen wirksamen Wettbewerb aber nicht unverhältnismäßig beeinträchtigen. Zudem darf der Wettbewerb für einen wesentlichen Teil der betreffenden Güter und Dienstleistungen nicht gänzlich ausgeschaltet werden (s. verallgemeinerungsfähig Art. 101 Abs. 3 Hs. 2 lit. b AEUV).[24] Insbesondere die letztgenannte Vorgabe stellt klar, dass es sich beim Wettbewerb und den strategisch-politischen Zielen nicht um normativ gleichwertige Handlungsalternativen handelt, zwischen denen ein Konzessionsgeber in Abhängigkeit von Gesichtspunkten ökonomischer Effizienz oder politischer Opportunität eine freie Wahlentscheidung treffen kann.[25] Es besteht vielmehr ein Primat des Wettbewerbsschutzes vor außerwettbewerblichen Zielen, das sich auch im Vergaberecht Bahn bricht.[26] Ein zentraler Bestandteil des geforderten Vergabewettbewerbs (nach deutschem Recht gem. § 97 Abs. 1) stellt der sog. **Geheimwettbewerb** zwischen den an der Ausschreibung teilnehmenden Bietern dar.[27] Ein Verstoß hiergegen bedeutet dementsprechend einen schweren Vergabefehler.[28]

Der primärrechtlich verbürgte Vorrang des Wettbewerbs stimmt überein mit den sekundärrechtlichen Vorgaben der **RL 2014/23/EU**. So benennt Erwägungsgrund 1 RL 2014/23/EU an erster Stelle im Interesse einer Förderung öffentlicher Investitionen und strategischer Dienstleistungen für die Bürger die Ziele eines **diskriminierungsfreien Marktzugangs** sowie der **Rechtssicherheit**. Dahinter steht die Erkenntnis, dass der freie und unverfälschte Wettbewerb im Binnenmarkt mittelfristig am besten dazu geeignet ist, den wirtschaftlichen Wohlstand der Bürger zu sichern und dynamische Effizienzen in Form von Innovationen und Investitionen hervorzubringen.[29] Nach Erwägungsgrund 4 RL 2014/23/EU gelten für die Vergabe von Konzessionen mit grenzüberschreitender Bedeutung die Grundsätze des **Primärvergaberechts**, insbesondere die Grundfreiheiten des freien Warenverkehrs, der Niederlassungsfreiheit und der Dienstleistungsfreiheit sowie die davon abgeleiteten Grundsätze wie Gleichbehandlung, Nichtdiskriminierung, gegenseitige Anerkennung, Verhältnismäßigkeit und Transparenz.[30] Bedeutsam ist auch Art. 35 RL 2014/23/EU iVm Erwägungsgrund 61 S. 1 RL 2014/23/EU, wonach die Mitgliedstaaten geeignete Maßnahmen zur **Bekämpfung von Betrug, Günstlingswirtschaft** und **Bestechung** sowie zur **Verhinderung von Interessenkonflikten** ergreifen (müssen), mit denen die Transparenz des Vergabeverfahrens und die Gleichbehandlung aller Bewerber und Bieter sichergestellt werden.[31] Im Gegensatz zu den wettbewerblichen Zielen werden die **zulässigen strategischen Ziele** nicht zu Beginn der Erwägungsgründe, sondern erst in den Erwägungsgründen 55 ff. RL 2014/23/EU adressiert. Dies zeigt, dass die strategischen Ziele trotz ihrer formalen Aufwertung durch die Vergaberichtlinien 2014 weiterhin nur innerhalb der Grundentscheidung für eine wettbewerbliche, diskriminierungsfreie und transparente Vergabe anwendbar sind.[32] Sehr deutlich formuliert insoweit Erwägungsgrund 73 RL 2014/23/EU, dass Konzessionsgeber im Rahmen der Zuschlagskriterien „auch nicht rein wirtschaftliche Faktoren berücksichtigen" können, „die aus der Sicht des öffentlichen Auftraggebers oder des Auftraggebers den Wert eines Angebots beeinflussen und es ihm ermöglichen, einen wirtschaftlichen Gesamtvorteil zu ermitteln". Die Kriterien sollen aber „allen potenziellen Bewerbern oder Bietern vorab bekanntgegeben werden, mit dem Auftragsgegenstand im Zusammenhang stehen und eine unbeschränkte Wahlfreiheit des öffentlichen Auftraggebers oder des Auftraggebers ausschließen". Vor allem aber sollen sie einen „**wirksamen Wettbewerb sicherstellen** und mit Vorgaben verbunden sein, die eine effiziente Überprüfung der Angaben der Bieter erlauben". Nur unter diesen Voraussetzungen ist es zulässig, „in Zuschlagskriterien unter anderem ökologische, soziale oder innovationsbezogene Kriterien aufzunehmen".

Eine für die Praxis wesentliche Einschränkung strategischer Gesichtspunkte folgt aus dem Umstand, dass diese – wie soeben gesehen – einen **Bezug zum bzw. eine Verbindung mit dem Auftragsgegenstand** aufweisen müssen,[33] auch wenn sich dieser Bezug durch das Abstellen auf

---

[23] Ausf. *Breuer*, EU-Kartellrecht im Kraftfeld der Unionsziele, 2013, 569 ff.
[24] *Mohr*, Sicherung der Vertragsfreiheit durch Wettbewerbs- und Regulierungsrecht, 2015, 472.
[25] Immenga/Mestmäcker/*Ellger* AEUV Art. 101 Abs. 3 Rn. 288.
[26] *Mohr* EuZA 2017, 23 (31); aA *Diederichsen/Renner* in Schmidt/Wollenschläger, Kompendium Öffentliches Wirtschaftsrecht, 4. Aufl. 2015, § 7 Rn. 14.
[27] VK Südbayern Beschl. v. 24.7.2018 – Z3-3-3194-1-11-04/18, BeckRS 2018, 18118 Rn. 110.
[28] VK Südbayern Beschl. v. 24.7.2018 – Z3-3-3194-1-11-04/18, BeckRS 2018, 18118 Rn. 114.
[29] Vgl. *Mohr*, Sicherung der Vertragsfreiheit durch Wettbewerbs- und Regulierungsrecht, 2015, 474.
[30] Ausf. *Mohr* EuZA 2017, 23 (27 ff.).
[31] Umgesetzt in § 5 KonzVgV.
[32] S. auch zur RL 2014/24/EU *Ziekow* DÖV 2015, 897 (898).
[33] *Mohr* EuZA 2017, 23 (31); *Ziekow* DÖV 2015, 897 (902); *Gröning* VergabeR 2014, 339 (341); *Mohr* VergabeR 2009, 543 (547).

sog. **Lebenszyklen** gelockert hat.[34] Das Vergaberecht darf damit nicht losgelöst vom Konzessionsgegenstand oder vom Beschaffungsbedarf zur Durchsetzung bestimmter politischer Ziele oder Anschauungen instrumentalisiert werden.[35] Vielmehr ist weiterhin zwischen „Buying" und „Regulating" zu differenzieren.[36] Eine hinreichende sachliche Verknüpfung ist zu verneinen, wenn ein Kriterium in keiner relevanten Beziehung zur Leistung steht, die Gegenstand der Konzession ist,[37] wie etwa allgemeine Anforderungen an die Unternehmens- oder Geschäftspolitik durch Ausbildungsquoten, Quotierungen von Führungspositionen zugunsten bestimmter Personengruppen oder Verpflichtungen zur Beschäftigung langzeitarbeitsloser Menschen.[38] Derartige Regelungsziele bleiben der allgemeinen wirtschafts-, arbeits- oder sozialrechtlichen Normgebung durch die zuständigen Organe vorbehalten.[39] Sofern ein strategisches Kriterium keinen direkten Bezug zum Konzessionsgegenstand hat, jedoch den sonstigen Wert des Angebots für den Auftraggeber erhöht, bedarf es zusätzlich einer Legitimation des Kriteriums in Form der generellen Anerkennung durch das Unionsrecht.[40]

7 § 152 thematisiert strategische Vergabekriterien allein in Zusammenhang mit den **Zuschlagskriterien**. In Übereinstimmung mit den Vorgaben der RL 2014/23/EU können diese jedoch auch schon bei der Leistungsbeschreibung (→ Rn. 11), den Eignungskriterien (→ Rn. 11) und den Ausführungsbedingungen (→ Rn. 15) berücksichtigt werden.[41]

8 Im Rahmen der Zuschlagsregelungen des **Abs. 3** weicht das Konzessionsvergaberecht von den allgemeinen Vorschriften des Vergaberechts, namentlich von § 127 ab, da es dem Konzessionsgeber ein **größeres Maß an Gestaltungsfreiheit** zuspricht, ohne dass explizit ausgeführt wird, wie weit diese Freiheit im Einzelnen reicht (vgl. auch § 151 S. 3). Die entsprechenden Schranken sind deshalb aus teleologischen Erwägungen herzuleiten. Demgegenüber verweist das Gesetz im Rahmen der Abs. 1, 2 und 4, also im Rahmen der Leistungsbeschreibung, der Eignung und der Auftragsdurchführung, „**entsprechend**" auf die Normen für öffentliche Aufträge. Die Verweisungen beziehen sich nach ihrem Wortlaut grundsätzlich nur auf die Vorgaben des GWB. Im Einzelfall kann es jedoch geboten sein, auch die Regelungen der VgV in den Blick zu nehmen, sofern sie etwa Legaldefinitionen der Rechtsbegriffe des GWB enthält. Der Gesetzgeber hat die Reichweite der Verweisung auf die Vorgaben des allgemeinen Kartellvergaberechts nicht näher spezifiziert, obwohl „entsprechend" sowohl eine direkte als auch eine sinngemäße, den Besonderheiten des jeweiligen Regelungsgegenstandes Rechnung tragende Geltungsanordnung implizieren kann. Die Regierungsbegründung legt den Schluss nahe, dass die allgemeinen Vorschriften ohne Abstriche zur Geltung kommen.[42] Insbesondere ist es nach dem unionsrechtlichen Konzept der Mindestharmonisierung iSd Art. 5 Abs. 4 EUV[43] zulässig, dass ein Mitgliedstaat bei Vorliegen einer Konzession von den Vorgaben der RL 2014/23/EU im Interesse einer Effektuierung der allgemeinen, primärrechtlich überformten Vergabeziele abweicht, indem er strengere Vorgaben macht.

9 Als Vorschrift über das Vergabeverfahren (4. Teil, Kapitel 1, §§ 97–154) enthält § 152 **drittschützende Regelungen iSd § 97 Abs. 6**. Negativ betroffenen Unternehmen (Marktteilnehmern) steht deshalb ein subjektives Recht zu, die Nichtbeachtung der Vorgaben des § 152 gem. § 160 Abs. 2 im Rahmen der sonstigen normativen Voraussetzungen im Wege eines Nachprüfungsverfahrens bei der Vergabekammer zu rügen.

II. Unionsrechtliche Vorgaben (Überblick)

10 Die Regelungen in § 152 basieren maßgeblich auf den „Verfahrensgarantien" der Art. 36 ff. RL 2014/23/EU. **Art. 36 RL 2014/23/EU** behandelt die technischen und funktionellen Anforderungen, welche die für die vertragsgegenständlichen Bau- und Dienstleistungen geforderten Merk-

---

[34] Vgl. für die Leistungsbeschreibung § 15 Abs. 2 S. 2 KonzVgV, für die Zuschlagskriterien Erwägungsgrund 64 RL 2014/23/EU, für die Ausführungsbedingungen § 152 Abs. 4 iVm § 128 Abs. 2 S. 1, § 127 Abs. 3 S. 2.
[35] *Gröning* VergabeR 2014, 339 (341).
[36] *Fehling* NZBau 2012, 673 (674); s. auch *Burgi* NZBau 2011, 577 (582 f.); *Mohr* EuZA 2017, 23 (31).
[37] EuGH Urt. v. 4.12.2003 – C-448/01, Slg. 2003, I-14527 Rn. 67 ff. = EuZW 2014, 81 – Wienstrom.
[38] *Mohr* VergabeR 2009, 543 (548).
[39] *Mohr* VergabeR 2009, 543 (548).
[40] EuGH Urt. v. 17.9.2002 – C-513/99, EuZW 2002, 628 – Concordia Bus Finland mAnm *Steinberg; Frenz* NZBau 2007, 17 (19); *Mohr* VergabeR 2009, 543 (548).
[41] Sektorenübergreifend *Mohr* EuZA 2013, 23 (32 ff.).
[42] S. jeweils BT-Drs. 18/6281, 131.
[43] Das Konzept der Mindestharmonisierung ist in der RL 2014/23/EU nicht generell, sondern nur bezüglich Einzelfragen, insbes. zur gemeinsamen Haftung von Unterauftragnehmern und Konzessionsnehmern, normiert (Art. 42 Abs. 5 RL 2014/23/EU iVm Erwägungsgrund 73 RL 2014/23/EU). S. zu seiner Herleitung aus dem Subsidiaritäts- und dem Verhältnismäßigkeitsgrundsatz Calliess/Ruffert/*Calliess* EUV Art. 5 Rn. 55; im vorliegenden Zusammenhang bereits *Koenig* EuZW 2003, 289.

male festlegen, nach deutschem Sprachgebrauch also die Leistungsbeschreibung (§ 152 Abs. 1). Bei den technischen Anforderungen, insbesondere mit Bezug zu personenbezogenen Daten, ist den Anforderungen des Datenschutzes Rechnung zu tragen (vgl. Erwägungsgrund 81 RL 2014/23/EU und ergänzend Erwägungsgrund 77 RL 2014/24/EU). Nach dem Bericht des Ausschusses für Binnenmarkt und Verbraucherschutz des Europäischen Parlaments zur RL 2014/23/EU[44] spricht Art. 36 RL 2014/23/EU bewusst von Anforderungen und nicht von Spezifikationen, wie dies noch in Art. 32 des Kommissionsentwurfs vorgesehen war. Hiernach könne der Konzessionsgeber den Konzessionsgegenstand zwar genauer fassen oder spezifischere Anforderungen festlegen, zB in Bezug auf den Zugang für Menschen mit Behinderungen oder die Umweltleistung. Es solle jedoch nicht von technischen Spezifikationen gesprochen werden, da diese zu ausführlich seien und dem für Konzessionen prägenden **Grundsatz der Risikoübertragung** (→ § 105 Rn. 82 ff.) zuwiderliefen, wobei dem Konzessionsnehmer ein gewisser Spielraum im Zusammenhang mit der Risikoübertragung erhalten bleiben müsse.

Nach **Art. 37 Abs. 1 RL 2014/23/EU** werden Konzessionen auf der Grundlage der von den öffentlichen Auftraggebern oder Auftraggebern **gem. Art. 41 RL 2014/23/EU** genannten Zuschlagskriterien vergeben, sofern „alle folgenden Bedingungen" erfüllt sind: Der Bieter muss zunächst etwaige vom Konzessionsgeber festgelegte Mindestanforderungen erfüllen (lit. a). Unter Mindestanforderungen sind nach Art 37 Abs. 1 UAbs. 2 RL 2014/23/EU „die (insbesondere technischen, physischen, funktionellen und rechtlichen) Bedingungen und Merkmale" zu verstehen, „die jedes Angebot erfüllen beziehungsweise aufweisen sollte". Es handelt sich somit – wie auch Anhang V Nr. 7 lit. c RL 2014/23/EU verdeutlicht – um einen Unterfall der Teilnahmebedingungen. Weiterhin muss der Bieter die sonstigen Teilnahmebedingungen gem. **Art. 38 Abs. 1 RL 2014/23/EU** erfüllen. Hierzu zählen nach Anhang V Nr. 7 RL 2014/23/EU ggf. Angaben, ob es sich um eine Konzession handelt, die geschützten Werkstätten vorbehalten ist oder bei der die Ausführung nur im Rahmen von Programmen für geschützte Beschäftigungsverhältnisse erfolgen darf (lit. a), ob die Erbringung der Dienstleistung aufgund von Rechts- und Verwaltungsvorschriften einem bestimmten Berufsstand vorbehalten ist (lit. b) sowie die Nennung und kurze Beschreibung der Eignungskriterien; etwaige einzuhaltende Mindeststandards; Angabe der Informationserfordernisse, wie Eigenerklärungen und Unterlagen (lit. c). Schließlich darf der Bieter vorbehaltlich des **Art. 38 Abs. 9 RL 2014/23/EU** nicht gem. **Art. 38 Abs. 4–7 RL 2014/23/EU** von der Teilnahme am Vergabeverfahren ausgeschlossen sein. Ebenso wie im deutschen Vergaberecht legt Art. 37 Abs. 1 RL 2014/23/EU somit eine gewisse Prüfungsreihenfolge nahe (→ Rn. 2).

Art. 39 RL 2014/23/EU behandelt die **Fristen** für den Eingang von Teilnahmeanträgen und Angeboten für die Konzession. Die entsprechenden Umsetzungsregelungen sind nicht im GWB, sondern in § 27 KonzVgV normiert.[45] § 28 KonzVgV normiert ergänzend Form und Frist der Teilnahmeanträge und Angebote. Die Vorschrift lehnt sich an Art. 22 RL 2014/24/EU und § 53 VgV an.[46]

Art. 40 RL 2014/23/EU adressiert Mitteilungen an Bewerber und Bieter. Die deutsche Umsetzungsregelung findet sich in § 30 KonzVgV.[47]

Die Zuschlagskriterien werden, wie gesehen, in **Art. 41 RL 2014/23/EU** behandelt, im deutschen Recht umgesetzt in § 152 Abs. 3 und in § 31 KonzVgV. § 31 KonzVgV soll diejenigen Inhalte des Art. 41 RL 2014/23/EU umsetzen, die nicht als wesentliche Vorschriften in § 152 Abs. 3 überführt worden sind.[48] Unter Bezugnahme auf Erwägungsgrund 64 RL 2014/23/EU betont die Regierungsbegründung insbesondere, dass es dem Konzessionsgeber zur besseren Einbeziehung sozialer und ökologischer Aspekte gestattet sein sollte, von Zuschlagskriterien Gebrauch zu machen, welche die zu erbringenden Bau- oder Dienstleistungen in jeder Hinsicht und in jeder Phase ihres Lebenszyklus von der Gewinnung der Rohstoffe für die Ware bis zur Entsorgung des Produkts betreffen. Hierzu gehören nach Erwägungsgrund 64 RL 2014/23/EU auch Faktoren, die mit dem konkreten Prozess der Erzeugung, Bereitstellung der oder Handel mit den betreffenden Bau- oder Dienstleistungen oder einem konkreten Prozess in einer späteren Phase ihres Lebenszyklus zusammenhängen, auch wenn derartige Faktoren kein materieller Bestandteil der Leistungen sind, zB die Energieeffizienz und die Verwendung von fair gehandelten Waren.[49]

---

[44] Europäisches Parlament, Ausschuss für Binnenmarkt und Verbraucherschutz, Bericht über den Vorschlag für eine Richtlinie des Europäischen Parlaments und des Rates über die Konzessionsvergabe [KOM(2011) 0897 – C7-0004/2012 – 2011/0437(COD), A7-0030/2013 v. 1.2.2013, 168 f.].
[45] BT-Drs. 18/7318, 265.
[46] BT-Drs. 18/7318, 266.
[47] BT-Drs. 18/7318, 266.
[48] BT-Drs. 18/7318, 266 f.
[49] Zum Vorstehenden BT-Drs. 18/7318, 266 f. Der Wortlaut der RL 2014/23/EU spricht unzutreffend von „Handel mit der [sic!] betreffenden Bau- oder Dienstleistungen".

15 Vorschriften für die Durchführung der Konzession sind in den **Art. 42–45 RL 2014/23/EU** enthalten. Art. 42 RL 2014/23/EU behandelt die Erteilung von Unteraufträgen, umgesetzt in § 33 KonzVgV.[50] Art. 43 RL 2014/23/EU bezieht sich auf Vertragsänderungen während der Vertragslaufzeit. Art. 44 RL 2014/23/EU regelt die Kündigung von Konzessionen. Art. 45 RL 2014/23/EU bezieht sich schließlich auf die Überwachung und Berichterstattung.

III. Kommentierung

16 **1. Definition des Konzessionsgegenstands.** Das Konzessionsvergaberecht beschränkt die Privatautonomie der Normadressaten, da diese ihre Vertragspartner zum Schutz der wirtschaftlichen Selbstbestimmung der Marktteilnehmer nicht frei wählen dürfen, wie die Regelungen über die Zuschlagsprüfung in Abs. 3 verdeutlichen. Demgegenüber belässt es den Konzessionsgebern – vorbehaltlich sonstiger rechtlicher Vorgaben, seien sie dem primären Unionsrecht, dem Haushaltsrecht oder etwa dem Umweltrecht zu entnehmen[51] – die **Freiheit zur inhaltlichen Determination des Konzessionsgegenstands.** Dieser Freiraum wird im allgemeinen Vergaberecht auch benannt als **Beschaffungsfreiheit, Nachfrageautonomie, Bestimmungs- bzw. Determinierungsfreiheit** oder **Dispositionsbefugnis.**[52] Nach einer überzeugenden Formulierung[53] ist der Normadressat bei der „Beschaffungsentscheidung für ein bestimmtes Produkt, eine Herkunft, ein Verfahren oder dergleichen [...] im rechtlichen Ansatz ungebunden. Die Entscheidung wird erfahrungsgemäß von zahlreichen Faktoren beeinflusst, unter anderem von technischen, wirtschaftlichen, gestalterischen oder solchen der (sozialen, ökologischen oder ökonomischen) Nachhaltigkeit. Die Wahl unterliegt der Bestimmungsfreiheit des Auftraggebers, deren Ausübung dem Vergabeverfahren vorgelagert ist. Sie muss zunächst einmal getroffen werden, um eine Nachfrage zu bewirken. Das Vergaberecht regelt demnach nicht, was der öffentliche Auftraggeber beschafft, sondern nur die Art und Weise der Beschaffung [...]. Einer besonderen vergaberechtlichen Ermächtigungsgrundlage bedarf die Bestimmung des Auftragsgegenstands durch den Auftraggeber nicht. Sie ergibt sich aus der Vertragsfreiheit. Die danach im jeweiligen Fall vorgenommene Bestimmung des Beschaffungsgegenstands ist von den Vergabenachprüfungsinstanzen im Ausgangspunkt nicht zu kontrollieren".[54]

17 In partieller Übereinstimmung mit den vorstehenden Grundsätzen betont **Art. 2 Abs. 1 RL 2014/23/EU** den „**Grundsatz der Verwaltungsautonomie**" der „nationalen, regionalen und lokalen Gebietskörperschaften". Diese dürften selbst entscheiden, „wie die Erbringung von Bau- oder Dienstleistungen am besten gesteuert werden kann, damit bei öffentlichen Dienstleistungen insbesondere ein hohes Maß an Qualität, Sicherheit und Bezahlbarkeit, Gleichbehandlung sowie die Förderung des allgemeinen Zugangs und der Nutzerrechte gewährleistet werden können. Diese Körperschaften können wählen, ob sie ihre Aufgaben von öffentlichem Interesse mit eigenen Mitteln oder in Zusammenarbeit mit anderen Körperschaften erfüllen oder ob sie Wirtschaftsteilnehmer damit betrauen". **Erwägungsgrund 5 S. 3 RL 2014/23/EU** ergänzt, dass die Mitgliedstaaten oder die Behörden auch weiterhin im Einklang mit dem Unionsrecht die Merkmale der zu erbringenden Dienstleistungen, einschließlich qualitativer oder preislicher Anforderungen definieren und festlegen können, um Ziele von öffentlichem Interesse zu erreichen. Nach Art. 4 RL 2014/23/EU sind die Mitgliedstaaten in der Bestimmung von Dienstleistungen im allgemeinen wirtschaftlichen Interesse frei.

18 Trotz der grundsätzlich bestehenden Vertragsinhaltsfreiheit ergeben sich für die Bestimmung des Konzessionsgegenstands **rechtliche Grenzen.** Unionsrechtlich folgen diese aus der angestrebten Öffnung des Beschaffungswesens der öffentlichen Hand für den Wettbewerb, der effektiven Durchsetzung der Grundfreiheiten und des daraus resultierenden Primär- und Sekundärvergaberechts,[55] aber auch der Schaffung eines Mindestmaßes an Rechtssicherheit bei grenzüberschreitenden Beschaffungen (Erwägungsgrund 8 RL 2014/23/EU). Nach der Rechtsprechung sind die vergaberechtlichen Grenzen der Bestimmungsfreiheit des öffentlichen Auftraggebers bereits dann eingehalten, wenn die Bestimmung durch den Auftragsgegenstand sachlich gerechtfertigt ist, dafür nachvollziehbare objektive und auftragsbezogene Gründe angegeben worden sind und die Bestimmung folglich willkürfrei getroffen worden ist, solche Gründe tatsächlich vorhanden sind und die Bestimmung

---

[50] BT-Drs. 18/7318, 266 f.
[51] *Heyne* ZUR 2011, 578 (579).
[52] Immenga/Mestmäcker/*Dreher* § 103 Rn. 14.
[53] Vgl. mwN OLG Düsseldorf Beschl. v. 1.8.2012 – VII-Verg 10/12, NZBau 2012, 785 (789) – MoWas; s. auch *Jaeger* ZWeR 2011, 365 (366).
[54] S. auch *Brackmann* VergabeR 2014, 310 (315).
[55] OLG Düsseldorf Beschl. v. 1.8.2012 – VII-Verg 10/12, NZBau 2012, 785 (789) – MoWas.

andere Wirtschaftsteilnehmer nicht diskriminiert.[56] Insbesondere bei der Verfolgung strategischer („vergabefremder") Zwecke kommen die gebotene Verbindung zum Gegenstand des Auftrages und die Verhältnismäßigkeit hinzu.[57]

Konkrete Schranken für die Bestimmungsfreiheit ergeben sich weiterhin aus dem Umstand, 19 dass **die Definition des Auftragsgegenstandes über die von der RL 2014/23/EU erfassten Anforderungen (Spezifikationen) umgesetzt** wird.[58] So darf nach **Art. 36 Abs. 2 RL 2014/23/EU** – soweit dies nicht durch den Auftragsgegenstand gerechtfertigt ist – in technischen und funktionellen Anforderungen nicht auf eine bestimmte Machart oder Herkunft oder ein besonderes Verfahren, das die Erzeugnisse oder Dienstleistungen eines bestimmten Wirtschaftsteilnehmers kennzeichnet, oder auf Marken, Patente, Typen, oder eine bestimmte Erzeugung verwiesen werden, wenn dadurch bestimmte Unternehmen oder bestimmte Erzeugnisse begünstigt oder ausgeschlossen werden. Solche Verweise sind nur ausnahmsweise zulässig, wenn der Auftragsgegenstand nicht hinreichend genau und allgemein verständlich beschrieben werden kann. Ein derartiger Verweis ist mit dem Zusatz „oder gleichwertig" zu versehen.

2. Leistungsbeschreibung (§ 152 Abs. 1 iVm § 121). a) Allgemeines. In Umsetzung der 20 vorstehend beschriebenen unionsrechtlichen Vorgaben behandelt **§ 152 Abs. 1** die **Leistungsbeschreibung** und die darin enthaltenen technischen, physischen und funktionellen Anforderungen. Die Regelung wird konkretisiert durch **§ 15 KonzVgV**.[59] In der Leistungsbeschreibung werden die **Merkmale des Konzessionsgegenstands durch technische und funktionelle Anforderungen festgelegt** (vgl. § 15 Abs. 1 S. 1 KonzVgV). Die Leistungsbeschreibung bestimmt damit **den Gegenstand der Konzession** und legt **die zu erbringenden Anforderungen** fest.[60] Der Konzessionsgeber ist bei der Beschaffungsentscheidung für eine bestimmte Bau- oder Dienstleistung im rechtlichen Ansatz ungebunden und weitestgehend frei (Art. 2 und 4 RL 2014/23/EU; → Rn. 155 ff.).[61] Das Vergaberecht regelt nicht, was der öffentliche Auftraggeber beschafft, sondern nur die Art und Weise der Beschaffung. Es gilt der Grundsatz der Vertragsfreiheit. Einer besonderen vergaberechtlichen Ermächtigungsgrundlage bedarf die Bestimmung des Auftragsgegenstands durch den Auftraggeber deshalb nicht.[62] Vor diesem Hintergrund dient die Leistungsbeschreibung bei der Konzessionsvergabe zunächst einmal dazu, dem Konzessionsgeber eine klare Einschätzung zu verschaffen, was er dem Konzessionsnehmer zur Ausübung der Konzession überlassen möchte, um auf dieser Grundlage die Einnahmen abzuschätzen und die Konzessionsgebühr bzw. den erforderlichen Zuschuss zu berechnen.[63] Im Interesse einer Öffnung der Beschaffungsmärkte der öffentlichen Hand für den Wettbewerb unterliegt die Bestimmungsfreiheit freilich **Grenzen**.[64] So darf in der Leistungsbeschreibung grundsätzlich nicht auf eine bestimmte Produktion, Herkunft oder ein besonderes Verfahren oder auf gewerbliche Schutzrechte, Typen oder eine bestimmte Erzeugung verwiesen werden, wenn dadurch bestimmte Unternehmen oder bestimmte Produkte begünstigt oder ausgeschlossen werden, es sei denn, dieser Verweis ist durch den Konzessionsgegenstand gerechtfertigt (näher **§ 15 Abs. 3 S. 1 KonzVgV**). Zudem darf ein Angebot nicht mit der Begründung abgelehnt werden, dass die angebotenen Bau- oder Dienstleistungen nicht den in der Leistungsbeschreibung genannten technischen und funktionellen Anforderungen entsprechen, wenn der Bieter mit geeigneten Mitteln nachgewiesen hat, dass die von ihm vorgeschlagenen Lösungen diese Anforderungen in gleichwertiger Weise erfüllen (**§ 15 Abs. 4 KonzVgV**).

Die Leistungsbeschreibung dient nicht nur den Interessen des Konzessionsgebers, sondern auch 21 denjenigen potentieller **Bieter,** da letztere auf ihrer Grundlage eine Entscheidung über die Beteiligung am Wettbewerb und den Angebotsinhalt treffen können.[65] Gleichzeitig gewährleistet die Leis-

---

[56] OLG Düsseldorf Beschl. v. 1.8.2012 – VII-Verg 10/12, NZBau 2012, 785 (789) – MoWas; aA *Jaeger* ZWeR 2011, 365 (380), wonach der Auftraggeber die Beschaffungsentscheidung soweit möglich objektivieren müsse.

[57] *Mohr* EuZA 2017, 23 (31); *Brackmann* VergabeR 2014, 310 (315).

[58] OLG Düsseldorf Beschl. v. 1.8.2012 – VII-Verg 10/12, NZBau 2012, 785 (789) – MoWas; *Steinberg* NZBau 2005, 85 f.; *Heyne* ZUR 2011, 578 (579).

[59] Byok/Jaeger/*Brüning* Rn. 3.

[60] BT-Drs. 18/6281, 100; *Tugendreich/Heller* in Müller-Wrede GWB Rn. 7.

[61] Für öffentliche Aufträge – verallgemeinerungsfähig – OLG Düsseldorf Beschl. v. 12.2.2014 – Verg 29/13, ZfBR 2014, 517 (518) – CampusNet.

[62] OLG Düsseldorf Beschl. v. 12.2.2014 – Verg 29/13, ZfBR 2014, 517 (518) – CampusNet.

[63] Aufgrund der konzessionsspezifischen Übertragung des Nutzungsrechts und des Betriebsrisikos auf den Konzessionär hat die Leistungsbeschreibung keine Relevanz für die Kalkulation der Preise des Konzessionsgebers, aber eine solche für die Kalkulation eines etwaigen Zuschusses; ebenso HK-Verga/*Schellenberg* KonzVgV § 15 Rn. 3; *Dicks* in RKPP GWB Rn. 2.

[64] OLG Düsseldorf Beschl. v. 12.2.2014 – Verg 29/13, ZfBR 2014, 517 (518) – CampusNet.

[65] HK-VergabeR/*Schellenberg* KonzVgV § 15 Rn. 3; Byok/Jaeger/*Brüning* Rn. 2.

tungsbeschreibung die Vergleichbarkeit der Angebote.⁶⁶ Folgerichtig müssen in der Leistungsbeschreibung alle zur Kennzeichnung der Leistungen und Pflichten notwendigen Parameter benannt sowie – unter der Berücksichtigung der ggf. langen Laufzeit der Konzession – so präzise wie möglich beschrieben werden.⁶⁷ Ist eine abschließende Beschreibung nicht möglich, ist auf Erfahrungen und Erfahrungswerte abzustellen, die in der Leistungsbeschreibung anzugeben sind.⁶⁸ Bei der Ausgestaltung der Leistungsbeschreibung ist in Rechnung zu stellen, dass für ihre **Auslegung** auf den objektiven Empfängerhorizont der potenziellen Bewerber und Bieter abzustellen ist.⁶⁹

22   Weiterhin ist die Leistungsbeschreibung die Grundlage der **Angebotswertung** in formaler und inhaltlicher Hinsicht.⁷⁰ Schließlich enthält die Leistungsbeschreibung zentrale Inhalte des zu schließenden **Vertrages**.⁷¹ Sie wird regelmäßig ein Bestandteil der Vertragsunterlagen, womit sie als Grundlage bei Sanktionen bei Vertragsverletzungen dienen kann.⁷²

23   Abs. 2 setzt Art. 36 Abs. 1 RL 2014/23/EU ins deutsche Recht um.⁷³ Nach Art. 36 Abs. 1 S. 1 RL 2014/23/EU werden in den **technischen und funktionellen Anforderungen die für die vertragsgegenständlichen Bau- und Dienstleistungen geforderten Merkmale** festgelegt. Der Richtliniengeber hat in Art. 36 RL 2014/23/EU die Vokabel **Anforderungen** anstatt **Spezifikationen** gewählt, da letztere regelmäßig sehr ausführlich seien und insoweit dem für Konzessionen prägenden Grundsatz der Risikoübertragung (→ § 105 Rn. 82 ff.) zuwiderliefen; denn dem Konzessionsnehmer müsse ein gewisser Spielraum im Zusammenhang mit der Risikoübertragung verbleiben.⁷⁴ Nach Ansicht des deutschen Gesetzgebers entspricht Art. 36 Abs. 1 S. 1 RL 2014/23/EU gleichwohl weitgehend Art. 42 Abs. 1 S. 2 RL 2014/24/EU bezüglich der Vergabe von öffentlichen Dienstleistungsaufträgen.⁷⁵ Vor diesem Hintergrund wird man den Verweis von Abs. 1 auf § 121 Abs. 1 und 3 dahingehend verstehen müssen, dass der deutsche Gesetzgeber die Vorgabe technischer Spezifikationen für zulässig erachtet, solange das wesentliche Betriebsrisiko iSd § 105 Abs. 2 auf den Konzessionsnehmer übergeht. Die Herausbildung detaillierter Grundsätze bleibt der Rechtsentwicklung vorbehalten.

24   Nach Art. 37 Abs. 1 UAbs. 1 lit. a RL 2014/23/EU können Konzessionsgeber den Bietern **Mindestanforderungen** vorgeben. Diese umfassen nach Art. 37 Abs. 1 UAbs. 2 RL 2014/23/EU (insbesondere technischen, physischen, funktionellen und rechtlichen) Bedingungen und Merkmale, die jedes Angebot erfüllen bzw. aufweisen sollte. Beispiele für derartige Mindestanforderungen sind die Anzahl der Fahrstreifen einer Autobahn, die Abmessungen und die Form von Tunneln oder die Häufigkeit von Busverkehrsdiensten.⁷⁶ Das Unionsrecht geht an mehreren Stellen davon aus, dass es sich bei den Mindestanforderungen um **Teilnahmebedingungen** handelt. Dies folgt insbesondere aus den Angaben zur Konzessionsbekanntmachung nach Art. 31 RL 2014/23/EU iVm Anhang V RL 2014/23/EU. Hiernach unterfallen den Teilnahmebedingungen gem. Art. 38 RL 2014/23/EU neben Eignungskriterien auch Mindestanforderungen (Nr. 7). Im deutschen Recht werden die Mindestanforderungen in **§ 13 Abs. 1 Nr. 1 KonzVgV** behandelt. Nach dem Wortlaut handelt es sich um angebotsbezogene Mindestanforderungen.⁷⁷

25   **b) Verweis auf § 121.** Abs. 1 verweist hinsichtlich der näheren Ausgestaltung der Leistungsbeschreibung auf **§ 121 Abs. 1 und Abs. 3**. § 121 führt den bislang im 4. Teil des GWB nicht enthaltenen Begriff der Leistungsbeschreibung in das allgemeine GWB-Vergaberecht ein und setzt damit Art. 42 Abs. 1 RL 2014/24/EU über „technische Spezifikationen" in Teilen um, wie sie in Anhang VII RL 2014/24/EU legal definiert werden.⁷⁸ Es gilt freilich zu beachten, dass der Unionsgesetzgeber in Art. 36 RL 2014/23/EU gerade nicht den Begriff der „Spezifikationen", sondern

---

66 BT-Drs. 18/6281, 100.
67 *Dicks* in RKPP GWB Rn. 2.
68 *Dicks* in RKPP GWB Rn. 2.
69 BGH Urt. v. 20.11.2012 – X ZR 108/10, NZBau 2013, 180 – Friedhofserweiterung.
70 *Tugendreich/Heller* in Müller-Wrede GWB Rn. 8.
71 BT-Drs. 18/6281, 100; s. speziell für Konzessionen auch *Funk/Tomerius* KommJur 2016, 1 (2 f.); *Latzel* NZBau 2014, 673 (674 f.).
72 HK-VergabeR/*Schellenberg* KonzVgV § 15 Rn. 3.
73 BT-Drs. 18/6281, 131.
74 Europäisches Parlament, Ausschuss für Binnenmarkt und Verbraucherschutz, Bericht über den Vorschlag für eine Richtlinie des Europäischen Parlaments und des Rates über die Konzessionsvergabe [KOM(2011) 0897 – C7-0004/2012 – 2011/0437(COD), A7-0030/2013 v. 1.2.2013, 168 f.].
75 BT-Drs. 18/6281, 131.
76 Fact sheet 16 concession guaranties, im Internet abrufbar unter https://ec.europa.eu/docsroom/documents/15253?locale=de (zuletzt abgerufen am 29.7.2021); *Siegel* VergabeR 2015, 265 (269).
77 HK-VergabeR/*Friton/Stein* KonzVgV § 13 Rn. 3.
78 BT-Drs. 18/6281, 100.

III. Kommentierung   26–31   § 152 GWB

denjenigen der „Anforderungen" gewählt hat, um den Gestaltungsspielraum des Konzessionsgebers und die Notwendigkeit einer Übernahme des Betriebsrisikos durch den Konzessionsnehmer zu verdeutlichen (→ Rn. 23). Ob der deutsche Gesetzgeber durch den Verweis auf § 121 die Anforderungen an die Leistungsbeschreibung bei Konzessionen verschärfen wollte, ist nicht eindeutig. Dagegen spricht, dass auch Erwägungsgrund 66 RL 2014/23/EU den Terminus „technische Spezifikationen" verwendet.

Nicht verwiesen wird in § 152 Abs. 1 auf § 121 Abs. 2, der das **„Design für alle"** behandelt.[79]   26
Die Regierungsbegründung enthält insoweit keine näheren Ausführungen.[80] Sofern man Erwägungsgrund 66 RL 2014/23/EU als verbindlich ansehen wollte (→ Rn. 10), läge hierin ein Umsetzungsdefizit, weshalb derartige Anforderungen in unionsrechtskonformer Auslegung des Abs. 1 auch im Konzessionsvergaberecht zulässig wären.[81]

Die Leistungsbeschreibung enthält nach § 152 Abs. 1, § 121 Abs. 1 S. 2 die Funktions- oder   27
Leistungsanforderungen oder eine Beschreibung der zu lösenden Aufgabe sowie die Umstände und Bedingungen der Leistungserbringung.[82] Nach § 152 Abs. 1, § 121 Abs. 1 S. 1 muss der Leistungsgegenstand so **eindeutig und erschöpfend beschrieben** werden, dass er für alle Unternehmen verständlich ist und dem Konzessionsgeber einen Vergleich aller Angebote ermöglicht (vgl. auch § 15 Abs. 1 S. 2 KonzVgV[83]). Bezüglich Art und Umfang der Leistungsbeschreibung kommt dem Konzessionsgeber – wie bereits gesehen (→ Rn. 20) – ein weiter Spielraum zu.[84] So kann der Konzessionsgegenstand durch konkrete Leistungsanforderungen oder – offener – durch funktionelle Anforderungen definiert werden.[85] Nicht nur wegen der langen Vertragslaufzeit wird bei Konzessionen nicht selten eine funktionale Leistungsbeschreibung erfolgen.[86] Funktionelle Leistungsbeschreibungen sind auch bei der Verfolgung strategischer Beschaffungsziele relevant.[87] Bei geistig-schöpferischen innovativen Leistungen, etwa mit Blick auf zu erbringende Planungsleistungen, kann sogar die Beschreibung der zu lösenden Aufgabe ausreichen.[88]

Die vom Konzessionsgeber geforderten Merkmale der Leistung müssen nicht zwingend materi-   28
elle Auswirkungen auf die Leistung selbst haben, sondern können sich auch auf die **Art der Herstellung der Leistung** einschließlich der Aspekte entlang der **Produktions- und Lieferkette** (zB unter Beachtung der ILO-Kernarbeitsnormen) oder einen spezifischen Prozess des **Lebenszyklus** der Leistung beziehen (zB mit Blick auf deren Recycling-Fähigkeit).[89] In Zusammenhang mit der Zulässigkeit einer strategischen Leistungsbeschreibung → Rn. 36.

Gemäß § 152 Abs. 1, § 121 Abs. 3 muss die Leistungsbeschreibung **Bestandteil der Vergabe-**   29
unterlagen sein. Dies stellt § 16 KonzVgV nochmals klar.

c) Konkretisierung durch § 15 KonzVgV. Die Anforderungen an die Leistungsbeschreibung   30
werden durch § 15 KonzVgV konkretisiert. Der Wortlaut des § 15 KonzVgV orientiert sich – nach der Regierungsbegründung im Einklang mit Art. 36 RL 2014/23/EU (zur Differenzierung zwischen „Anforderungen" und „Spezifikationen") → Rn. 10, 23) – an §§ 31, 32 VgV,[90] weshalb diese Regelungen ergänzend zu berücksichtigen sind, soweit in ihrer Anwendung ein hinreichendes Betriebsrisiko iSd § 105 Abs. 2 beim Konzessionsnehmer verbleibt.

Nach **§ 15 Abs. 1 KonzVgV** werden in der Leistungsbeschreibung die für die vertragsgegen-   31
ständlichen Bau- oder Dienstleistungen geforderten Merkmale durch technische und funktionelle Anforderungen festgelegt. Hiernach verfasst der Konzessionsgeber die Leistungsbeschreibung gem. § 152 Abs. 1 iVm § 121 Abs. 1 und 3 in einer Weise, die allen Unternehmen den gleichen Zugang zum Vergabeverfahren ermöglicht und damit zugleich die Öffnung der nationalen Beschaffungsmärkte für den Wettbewerb nicht unangemessen behindert **(Grundsatz der wettbewerblichen Vergabe)**.[91] Dies stimmt überein mit Erwägungsgrund 67 S. 1 RL 2014/23/EU, wonach es die technischen und funktionellen Anforderungen erlauben müssen, die Konzession in einem Wettbe-

---

[79] BT-Drs. 18/6281, 100.
[80] BT-Drs. 18/6281, 131.
[81] Ein Redaktionsversehen erwägen deshalb *Tugendreich/Heller* in Müller-Wrede GWB Rn. 3; Beck VergabeR/ *Burgi/Wolff* Rn. 10; aA HK-VergabeR/*Friton/Stein* Rn. 5.
[82] BT-Drs. 18/6281, 100; *Krönke* NVwZ 2016, 568 (570).
[83] Beck VergabeR/*Burgi/Wolff* KonzVgV § 15 Rn. 9.
[84] BT-Drs. 18/6281, 100.
[85] Näher HK-VergabeR/*Schellenberg* KonzVgV § 15 Rn. 4 f.
[86] *Dicks* in RKPP GWB Rn. 4.
[87] *Burgi* NZBau 2015, 597 (600).
[88] So BT-Drs. 18/6281, 100.
[89] BT-Drs. 18/6281, 100.
[90] BT-Drs. 18/7318, 291.
[91] Vgl. auch *Tugendreich/Heller* in Müller-Wrede GWB Rn. 13.

Mohr   953

werbsverfahren zu vergeben. Gemäß § 13 KonzVgV kann der Konzessionsgeber freilich Mindestanforderungen an die Angebote statuieren, mit der Folge, dass der Zuschlag nur solchen Angeboten erteilt werden darf, die diese Vorgaben erfüllen.[92] § 15 Abs. 2 KonzVgV behandelt die **zulässigen Merkmale der Leistungsbeschreibung.** Hiernach können die in der Leistungsbeschreibung benannten Merkmale Aspekte der Qualität und Innovation sowie soziale und umweltbezogene Aspekte betreffen. Sie können sich auch auf den Prozess oder die Methode zur Herstellung oder Erbringung der Bau- oder Dienstleistungen oder auf ein anderes Stadium im Lebenszyklus des Gegenstands einschließlich der Produktions- und Lieferkette beziehen, auch wenn derartige Faktoren keine materiellen Bestandteile des Gegenstands der Konzession sind, sofern diese Merkmale in Verbindung mit dem Gegenstand der Konzession stehen und zu dessen Wert und Beschaffungszielen verhältnismäßig sind. Der Begriff **Lebenszyklus** ist im Konzessionsvergaberecht nicht legaldefiniert. Gemäß Art. 2 Abs. 1 Nr. 20 RL 2014/24/EU bezieht sich ein Lebenszyklus auf „alle aufeinander folgenden und/oder miteinander verbundenen Stadien" einer Ware, eines Bauwerks oder der Erbringung einer Dienstleistung. Hierunter fallen auch die Forschung und Entwicklung, die Beschaffung der jeweiligen Rohstoffe, die Erzeugung von Ressourcen, die Produktion, der Handel sowie der Transport, die Nutzung und Wartung, die Entsorgung, Aufräumarbeiten und die Beendigung der Dienstleistung oder Nutzung. Lebenszykluskosten sind folglich diejenigen Kosten, die während dieses gesamten Lebenszyklus entstehen (→ Rn. 37).

32 § 15 Abs. 3 KonzVgV enthält den Grundsatz der **hersteller- und produktneutralen Leistungsbeschreibung.**[93] Nach der Rechtsprechung des EuGH haben die Vergabegrundsätze der Gleichbehandlung und Nichtdiskriminierung für technische Anforderungen eine entscheidende Bedeutung, da ihre Auswahl und/oder Formulierung zu einer Diskriminierung von Wirtschaftsteilnehmern führen kann.[94] Technische Anforderungen müssen allen Bietern gleichermaßen zugänglich sein und dürfen die Öffnung der öffentlichen Beschaffungsmärkte für den Wettbewerb nicht in ungerechtfertigter Weise behindern (vgl. auch § 31 Abs. 1 VgV). Sie sind deshalb so genau zu fassen, dass sie den Bietern ein klares Bild vom Auftragsgegenstand vermitteln und dem öffentlichen Auftraggeber die Erteilung des Zuschlags ermöglichen. Sie sind außerdem so klar festzulegen, dass alle Bieter wissen, was die Anforderungen des öffentlichen Auftraggebers umfassen.[95] Vor diesem Hintergrund darf in der Leistungsbeschreibung nach § 15 Abs. 3 S. 1 KonzVgV – wie oben gesehen (→ Rn. 30 f.) – grundsätzlich nicht auf eine bestimmte Produktion oder Herkunft oder ein besonderes Verfahren, das die Erzeugnisse oder Dienstleistungen eines bestimmten Unternehmens kennzeichnet, oder auf gewerbliche Schutzrechte, Typen oder eine bestimmte Erzeugung verwiesen werden, wenn dadurch bestimmte Unternehmen oder bestimmte Produkte begünstigt oder ausgeschlossen werden, es sei denn, dieser Verweis ist durch den Konzessionsgegenstand gerechtfertigt. Hierdurch soll nach Erwägungsgrund 67 S. 4–6 RL 2014/23/EU verhindert werden, dass die Leistungsbeschreibung auf ein oder mehrere Unternehmen zugeschnitten wird. § 15 Abs. 3 S. 2 KonzVgV enthält eine Ausnahme vom Grundsatz der hersteller- und produktneutralen Leistungsbeschreibung, wenn der Konzessionsgegenstand ansonsten nicht hinreichend genau und allgemein verständlich beschrieben werden kann. Entsprechende Verweise sind mit dem Zusatz „oder gleichwertig" zu versehen. Konzessionsgeber können mithin je nach Einzelfall sog. Leitfabrikate oder Leitprodukte vorgeben, die von den an der Konzession interessierten Unternehmen entweder anzubieten oder durch ein gleichwertiges Produkt zu ersetzen sind.[96]

33 § 15 Abs. 4 KonzVgV behandelt schließlich den sog. **Gleichwertigkeitsnachweis.**[97] Hiernach darf ein Angebot nicht mit der Begründung abgelehnt werden, dass die angebotenen Bau- oder Dienstleistungen nicht den in der Leistungsbeschreibung genannten technischen und funktionellen Anforderungen entsprechen, wenn der Bieter in seinem Angebot mit geeigneten Mitteln nachgewiesen hat, dass die von ihm vorgeschlagenen Lösungen diese Anforderungen in gleichwertiger Weise erfüllen. Nach überzeugender Ansicht haben die Bieter keinen Anspruch auf Aufklärung uneindeutiger oder auf Nachbesserung unzureichender Nachweise, weshalb die eingereichten Nachweise für einen durchschnittlichen Konzessionsgeber aus sich heraus und ohne Hinzuziehung externen Sachverstands nachvollziehbar sein müssen.[98]

34 Der Begriff der **technischen Anforderungen** gem. § 15 KonzVgV wird nach dem Willen des Verordnungsgebers durch **§ 31 Abs. 2 Nr. 2 VgV, § 32 VgV iVm Anlage 1 zu § 31 Abs. 2**

---

[92] *Tugendreich/Heller* in Müller-Wrede GWB Rn. 14.
[93] Beck VergabeR/*Burgi/Wolff* KonzVgV § 15 Rn. 13.
[94] EuGH Urt. v. 10.5.2012 – C-368/10, EuZW 2012, 592 Rn. 62 – Max Havelaar.
[95] Zum Vorstehenden EuGH Urt. v. 10.5.2012 – C-368/10, EuZW 2012, 592 Rn. 62 – Max Havelaar.
[96] Beck VergabeR/*Burgi/Wolff* KonzVgV § 15 Rn. 14.
[97] Ziekow/Völlink/*Trutzel* KonzVgV § 15 Rn. 1.
[98] Beck VergabeR/*Burgi/Wolff* KonzVgV § 15 Rn. 15.

VgV („Technische Spezifikation") ausgeformt.[99] Nach Nr. 1 der Anlage 1 zu § 31 Abs. 2 VgV hat der Terminus „Technische Spezifikation" bei Liefer- oder Dienstleistungen eine der folgenden Bedeutungen: „eine Spezifikation, die in einem Schriftstück enthalten ist, das Merkmale für ein Produkt oder eine Dienstleistung vorschreibt, wie Qualitätsstufen, Umwelt- und Klimaleistungsstufen, „Design für Alle" (einschließlich des Zugangs von Menschen mit Behinderungen) und Konformitätsbewertung, Leistung, Vorgaben für Gebrauchstauglichkeit, Sicherheit oder Abmessungen des Produkts, einschließlich der Vorschriften über Verkaufsbezeichnung, Terminologie, Symbole, Prüfungen und Prüfverfahren, Verpackung, Kennzeichnung und Beschriftung, Gebrauchsanleitungen, Produktionsprozesse und -methoden in jeder Phase des Lebenszyklus der Liefer- oder Dienstleistung sowie über Konformitätsbewertungsverfahren". Da es sich um eine allgemeingültige Definition handelt, die insbesondere in keinem relevanten Zusammenhang mit der Übertragung des Betriebsrisikos gem. § 105 Abs. 2 steht, ist sie auch auf § 152 Abs. 1 anzuwenden.

Der Begriff der **funktionellen Anforderungen** gem. § 15 Abs. 1 KonzVgV ist weder im GWB-Vergaberecht noch in der RL 2014/23/EU legal definiert. Allgemein bedeutet die funktionelle (funktionale) Beschreibung einer Leistung eine Darstellung ihres Zwecks, ihrer Funktion sowie der an sie gestellten Anforderungen.[100] Wie Art. 36 Abs. 1 RL 2014/23/EU verdeutlicht, sind funktionale Leistungsbeschreibungen nicht nur dort zulässig, wo ein bestimmter Erfolg geschuldet ist, sondern auch bei Dienstleistungen.[101] Jedoch unterliegt die funktionale Leistungsbeschreibung besonderen Anforderungen an die Bestimmtheit, indem die Kriterien für die spätere Angebotsbewertung festliegen und das Leistungsziel, die Rahmenbedingungen sowie die wesentlichen Einzelheiten der Leistung in der Weise bekannt sein müssen, dass mit Veränderungen nicht mehr zu rechnen ist.[102] Soweit funktionale Anforderungen den Bietern Spielräume lassen, aus denen sich ein höheres oder niedrigeres Leistungsniveau ergeben kann, sollte dies bei der Festlegung der Zuschlagskriterien berücksichtigt werden.[103] In der Praxis ist es verbreitet, bei einer funktionalen Beschreibung die Festlegung der so genannten Feinspezifikationen in die Ausführungsphase zu verlegen.[104]

d) Insbesondere: strategische und innovative Beschaffung. aa) Allgemeines. Die § 152 Abs. 1, § 121 Abs. 1, 3 enthalten keine Aussagen über die Zulässigkeit strategischer Elemente in der Leistungsbeschreibung.[105] Gleichwohl entspricht es überwiegender Ansicht, dass Auftraggeber bereits in der Leistungsbeschreibung strategische Zwecke verfolgen dürfen.[106] Dies gilt auch für das Konzessionsvergaberecht.[107] So können nach **§ 15 Abs. 2 S. 1 KonzVgV** die für die vertragsgegenständliche Leistung prägenden Merkmale **Aspekte der Qualität** und **Innovation** sowie **soziale** und **umweltbezogene Aspekte** betreffen. Nach dem Wortlaut der Norm besteht keine Pflicht zur Berücksichtigung strategischer Belange.[108] Dies gründet auf der grundsätzlich bestehenden Freiheit des Konzessionsgebers zur Definition des Auftragsgegenstands (→ Rn. 155).

Die strategischen und innovativen Merkmale können sich nach **§ 15 Abs. 2 S. 2 KonzVgV** auf den Prozess oder die Methode zur Herstellung oder Erbringung der Bau- oder Dienstleistungen oder auf ein anderes Stadium im **Lebenszyklus** des Gegenstands der Konzession einschließlich der Produktions- und Lieferkette beziehen, sofern diese Merkmale in Verbindung mit dem Gegenstand der Konzession stehen und zu dessen Wert und Beschaffungszielen verhältnismäßig sind. Die Vorschrift rezipiert die Rechtsprechung des EuGH in Sachen Max Havelaar, wonach als technische Spezifikation zwar hinreichend detaillierte Umwelteigenschaften, nicht aber allgemein der Einsatz fair gehandelter Waren verlangt werden kann,[109] schon weil nicht eindeutig ist, was im Einzelfall unter „fair" zu verstehen ist. Technische Spezifikationen (Anforderungen) müssen damit in einem funktionalen Zusammenhang mit dem Gegenstand der Konzession stehen.[110] Ausgeschlossen sind

---

[99] Die RegBegr. verweist zunächst nur auf § 31 VgV, bezieht sich im Folgenden aber auch auf § 32 VgV; s. zu § 15 Abs. 2 KonzVgV, BT-Drs. 18/7318, 259.
[100] *Burgi* VergabeR § 12 Rn. 9; s. auch *Krohn* NZBau 2013, 79 (81).
[101] S. auch OLG Düsseldorf Beschl. v. 27.3.2013 – Verg 53/12, ZfBR 2015, 408 f.
[102] OLG Düsseldorf Beschl. v. 27.3.2013 – Verg 53/12, ZfBR 2015, 408 (409).
[103] *Krohn* NZBau 2013, 79 (81).
[104] *Krohn* NZBau 2013, 79 (81).
[105] *Krönke* NVwZ 2016, 568; *Burgi* NZBau 2015, 597 (599 f.).
[106] *Burgi* VergabeR § 12 Rn. 25.
[107] Ausf. *Mohr* EuZA 2017, 23 (32).
[108] *Burgi* NZBau 2015, 597 (599 f.).
[109] EuGH Urt. v. 10.5.2012 – C-368/10, EuZW 2012, 592 Rn. 62 – Max Havelaar, zu Art. 23 Vergabe-RL 2004. Dazu *Siegel* VergabeR 2013, 370 (372); *Brackmann* VergabeR 2014, 310 (313); *Latzel* NZBau 2014, 673 (675).
[110] *Siegel* VergabeR 2013, 370 (372).

Kriterien und Bedingungen, die sich nur auf die allgemeine Unternehmenspolitik beziehen, da bei solchen Kriterien kein hinreichender Bezug zum Auftragsgegenstand gegeben ist.[111]

38 **bb) Qualität.** § 15 Abs. 2 S. 1 KonzVgV erlaubt bei der Festlegung der für die vertragsgegenständlichen Bau- oder Dienstleistungen geforderten Merkmale im Wege technischer oder funktioneller Anforderungen die Berücksichtigung von **Qualitätsaspekten.** Nach allgemeinen Grundsätzen betrifft die Qualität **nicht-preisliche Elemente der Leistung.**[112] Da Konzessionen iSd § 105 dem Konzessionsnehmer die Nutzung des Konzessionsgegenstands übertragen, kommt derart qualitativen Anforderungen eine große praktische Relevanz zu.

39 Die Qualität eines Gutes oder einer Dienstleistung wird in Zusammenhang mit der Erstreckung der Leistungsbeschreibung auf den **Lebenszyklus** relevant, da nach § 15 Abs. 2 S. 2 KonzVgV eine hinreichende Verbindung zum Konzessionsgegenstand bereits dann vorliegt, wenn das geforderte Merkmal die Qualität einer Leistung beeinflusst.[113]

40 **cc) Innovation.** Nach § 15 Abs. 2 S. 1 KonzVgV können im Rahmen der Leistungsbeschreibung auch „Aspekte der Innovation" berücksichtigt werden. Ebenso wie umwelt- und sozialpolitische Zwecke zielen Aspekte der Innovationsförderung durch Vergaberecht darauf ab, die staatliche Beschaffungstätigkeit für strategische Zwecke zu instrumentalisieren.[114] Eine weitere Überschneidung folgt aus dem Umstand, dass sich Innovationen nicht auf technische Aspekte beschränken, sondern auch soziale und ökologische Neuerungen umfassen können.[115]

41 Im Rahmen des Konzessionsvergaberechts wird der Innovationsbegriff in **Art. 5 Nr. 13 RL 2014/23/EU** für alle Stadien des Verfahrens legal definiert als **die Einführung von neuen oder deutlich verbesserten Waren, Dienstleistungen oder Verfahren,** einschließlich – aber nicht beschränkt auf – Produktions-, Bau- oder Konstruktionsverfahren, einer neuen Vermarktungsmethode oder eines neuen Organisationsverfahrens in Bezug auf Geschäftspraktiken, Abläufe am Arbeitsplatz oder externe Beziehungen, ua mit dem Zweck, zur Meisterung gesellschaftlicher Herausforderungen beizutragen oder die Strategie Europa 2020 zu unterstützen.[116]

42 Gemäß **Art. 25 RL 2014/23/EU** („Forschungs- und Entwicklungsdienstleistungen") gilt die RL 2014/23/EU allein für Dienstleistungskonzessionen auf dem Gebiet der Forschung und Entwicklung, die unter die CPV-Nummern[117] 73000000-2 bis 73120000-9, 73300000-5, 73420000-2 und 73430000-5 fallen,[118] vorausgesetzt, dass beide der nachfolgenden Bedingungen erfüllt sind: Die Ergebnisse stehen ausschließlich dem öffentlichen Auftraggeber oder dem Auftraggeber für die Verwendung in seinem eigenen Geschäftsbetrieb zu (lit. a), und die Dienstleistung wird vollständig durch den öffentlichen Auftraggeber oder den Auftraggeber vergütet (lit. b). Die Vorschrift ist umgesetzt in **§ 149 Nr. 2 iVm § 116 Abs. 1 Nr. 2** (→ § 149 Rn. 13; → § 116 Rn. 8 ff.).

43 Als besonders bedeutsam zur Verfolgung innovativer und strategischer Vergabeziele wird unter den oben geschilderten Voraussetzungen (→ Rn. 36 ff.) eine **funktionale Leistungsbeschreibung** iSd § 121 Abs. 1 angesehen.[119] Durch funktionale Leistungsbeschreibungen kann der Konzessionsgeber **innovative Lösungen** fördern, indem den Bietern nicht ein definitiv feststehender Konzessionsgegenstand vorgegeben wird, sondern diese nach neuen Lösungskonzepten gefragt werden.[120] Zugleich werden die Wettbewerbschancen von innovativen Lösungen gegenüber „klassischen" Produkten und Lösungswegen erhöht.[121] Demgegenüber kann der Konzessionsgeber **grundlegende Innovationsprozesse** aufgrund seines strukturellen Wissensdefizits regelmäßig nicht zielgerichtet in Gang setzen. Er kann jedoch in Ausübung seiner Nachfragemacht Anreize setzen, theoretisch bereits konzipierte Produkte oder Verfahren beschleunigt funktionsfähig und

---

[111] *Mohr* VergabeR 2009, 543 (548 f.); *Burgi* NZBau 2015, 597 (600); *Krönke* NVwZ 2016, 568 (574 f.).
[112] *Mestmäcker/Schweitzer* EuWettbR § 3 Rn. 69.
[113] *Latzel* NZBau 2014, 673 (675), der qualitativ als Gegenbegriff zu materiell verwendet.
[114] *Burgi* VergabeR § 7 Rn. 25.
[115] *Eifert* in Eifert/Hoffmann-Riem, Innovationsfördernde Regulierung, 2009, 11 ff.; *Fehling* NZBau 2012, 673 (674).
[116] Europa 2020 – Eine Strategie für intelligentes, nachhaltiges und integratives Wachstum, KOM(2010) 2020 endgültig.
[117] S. näher die Verordnung (EG) 213/2008 v. 28.11.2007 zur Änderung der Verordnung (EG) 2195/2002 des Europäischen Parlaments und des Rates über das Gemeinsame Vokabular für öffentliche Aufträge (CPV) und der Vergaberichtlinien des Europäischen Parlaments und des Rates 2004/17/EG und 2004/18/EG im Hinblick auf die Überarbeitung des Vokabulars, ABl. 2008 L 74, 1.
[118] Erläuterung bei BT-Drs. 18/6281, 94.
[119] *Schneider* NVwZ 2009, 1057 (1058); *Fehling* in Eifert/Hoffmann-Riem, Innovationsfördernde Regulierung, 2009, 119, 130; *Burgi* VergabeR § 7 Rn. 28.
[120] Ausf. *Burgi* NZBau 2011, 577 (581).
[121] *Schneider* NVwZ 2009, 1057 (1058); *Heyne* ZUR 2011, 578 (580).

marktreif zu machen.[122] Selbst eine funktionale Auftragsbeschreibung stößt freilich an ihre Grenzen, wenn kein Leistungskatalog für den Auftragsgegenstand erstellt werden kann, weil überhaupt noch nicht abzusehen ist, was (technisch) möglich sein wird. In solchen Fällen wird deshalb ein gestuftes Verfahren vorgeschlagen, bei dem erst in einer späteren Stufe eine konkrete Leistungsbeschreibung erfolgt.[123] Dies kann ein Anwendungsfall des im allgemeinen Vergaberecht neugeschaffenen Verfahrens der **Innovationspartnerschaft** sein,[124] das nach § 151 S. 3 auch im Konzessionsvergaberecht gilt (→ § 151 Rn. 21 ff.). Auch bei einem vollständigen Verzicht auf qualitative Vorgaben muss der Konzessionsgeber das Anforderungsprofil so detailliert vorgeben, dass eine sachgerechte Bewertung der angebotenen Lösungen nach Abs. 3 und eine Nachprüfung der entsprechenden Wertungsentscheidung gem. §§ 155 ff. möglich sind.[125]

Die Förderung von Innovationen mittels einer funktionellen Leistungsbeschreibung kann einerseits **den Beschaffungsgegenstand selbst betreffen**, also unmittelbar auf diesen bezogen sein, und auf eine Weiterentwicklung der Qualitätsstandards der konzessionierten Leistung abzielen.[126] Dies wird häufig bei technischen Innovationen der Fall sein.[127] Eine auf den Beschaffungsgegenstand bezogene Innovationsförderung ist aber nicht auf technologische oder logistische Konzepte beschränkt, sondern kann auch die Erbringung von **sozialen oder umweltbezogenen Dienstleistungen** umfassen[128] (vgl. dazu § 153). Allerdings ist der Konzessionsgeber bei einer derartigen Vorgehensweise gehalten, die neuen Konzepte fortlaufend zu bewerten, was einen erheblichen Aufwand mit sich bringen kann.[129] Ein Beispiel für eine zulässige funktionelle Leistungsbeschreibung ist die Festlegung einer Energiedienstleistung wie der Raumklimatisierung eines Gebäudes als Alternative zur technischen Spezifizierung der Heizungs- und Klimaanlage.[130] 44

Die Förderung von Innovationen kann sich zudem nach § 15 Abs. 2 S. 2 KonzVgV (Art. 43 Abs. 2 UAbs. 2 und 3 RL 2014/23/EU) auf den Prozess oder die Methode zur Herstellung oder Erbringung der Bau- oder Dienstleistung oder ein anderes Stadium **im Lebenszyklus des Gegenstands der Konzession** einschließlich der Produkt oder Lieferkette beziehen, auch wenn diese Faktoren keine materiellen Bestandteile des Gegenstands der Konzession sind. Die entsprechenden Merkmale müssen nach dieser Vorschrift in Verhältnismäßig mit dem Gegenstand der Konzession stehen und zu dessen Wert und Beschaffungszielen verhältnismäßig sein.[131] Hierunter können insbesondere soziale oder ökologische Innovationen subsumiert werden.[132] Ein Beispiel ist die ökologische Optimierung der Reinigung von im ÖPNV eingesetzten Bussen, obwohl dadurch der zu erbringende Busverkehr selbst weder schneller noch umweltfreundlicher wird.[133] 45

dd) Soziale Aspekte. Nach § 15 Abs. 2 S. 1 **KonzVgV** können die für die vertragsgegenständlichen Bau- oder Dienstleistungen geforderten Merkmale auch **soziale Aspekte** betreffen.[134] Was soziale Gesichtspunkte sind, wird weder im GWB, noch in der KonzVgV, noch in der RL 2014/23/EU legal definiert.[135] Die deutschen Landesvergabegesetze enthalten Fallgruppen,[136] die freilich nicht notwendig im Rahmen der Leistungsbeschreibung zum Tragen kommen, etwa die Berücksichtigung bestimmter Benachteiligungen oder die Zurverfügungstellung einer bestimmten Anzahl von Arbeitsplätzen für schwerbehinderte Menschen, die Beschränkung des Einsatzes von sog. Leiharbeitnehmern,[137] „positive" Förderungsmaßnahmen für bestimmte Personengruppen wie Frauenquoten,[138] die Zahlung eines bestimmten Mindest- oder Tariflohns an die für die Auftragserfüllung eingesetzten Beschäftigten (vergabespezifischer Mindestlohn oder Tariftreueverlangen; → Rn. 48, 136 ff.), die Einhaltung der Kernarbeitsnormen der internationalen Arbeitsorganisation 46

---

[122] *Fehling* NZBau 2012, 673 (675).
[123] *Fehling* NZBau 2012, 673 (675).
[124] Dazu *Püstow/Meiners* NZBau 2016, 406 ff.
[125] *Fehling* in Eifert/Hoffmann-Riem, Innovationsfördernde Regulierung, 2009, 119, 131.
[126] *Burgi* NZBau 2011, 577 (581).
[127] *Fehling* NZBau 2012, 673 (674).
[128] *Eifert* in Eifert/Hoffmann-Riem, Innovationsfördernde Regulierung, 2009, 11, 12 mit Fn. 6; *Burgi* 2011, 577 (581).
[129] *Burgi* NZBau 2011, 577 (581).
[130] *Schneider* NVwZ 2009, 1057 (1058).
[131] Enger auf der Basis der früheren Rechtslage *Burgi* NZBau 2011, 577 (581 f.).
[132] *Burgi* NZBau 2011, 577 (578).
[133] *Burgi* NZBau 2011, 577 (581).
[134] *Mohr* EuZA 2017, 23 (32).
[135] *Ziekow* DÖV 2015, 897 (898).
[136] Dazu *Meißner* VergabeR 2012, 301; *Wagner/Pfohl* VergabeR 2015, 389; *Tegeler* VergabeR 2015, 402.
[137] Dazu *Rieble/Latzel*, Wirtschaftsförderung nach sozialen Kriterien – Am Beispiel der Leiharbeit, 2012.
[138] Dazu *Frenz* NZBau 2007, 17 (21); *Mohr* VergabeR 2009, 543 (580 ff.).

(ILO; → Rn. 125) oder die Lieferung von Produkten, die bestimmten sozialen Standards genügen (→ Rn. 93, 130).

47 Die sozialen Aspekte müssen nach § 15 Abs. 2 S. 2 KonzVgV mit dem Leistungsgegenstand in Verbindung stehen und zu dessen Wert und den Beschaffungszielen verhältnismäßig sein. Unter diesen Voraussetzungen können sie sich auch auf den Prozess oder die Methode zur Herstellung oder Erbringung der Bau- oder Dienstleistungen oder auf ein anderes Stadium im Lebenszyklus des Gegenstands der Konzession einschließlich der Produktions- und Lieferkette beziehen, auch wenn derartige Faktoren keine materiellen Bestandteile des Gegenstands der Konzession sind.

48 Nach **Erwägungsgrund 67 S. 3 RL 2014/23/EU** zählen zum spezifischen Erzeugungsprozess zB Anforderungen an die Barrierefreiheit für Menschen mit Behinderungen. Es geht also darum, die Leistung inhaltlich auf die Bedürfnisse einer bestimmten sozial schützenswerten Personengruppe zuzuschneiden.[139] Demgegenüber können **Tariftreueverlangen** oder **vergabespezifische Mindestlöhne** nicht im Rahmen der Leistungsbeschreibung vorgegeben werden, da sie sich nicht auf Merkmale der Leistung oder den Prozess ihrer Erbringung beziehen, sondern auf bestimmte Mindestarbeitsbedingungen im Hinblick auf die dabei einzusetzenden Arbeitnehmer.[140] Derartige Mindestarbeitsbedingungen sind deshalb entweder als Zuschlagskriterien oder als Ausführungsbedingungen vorzusehen, je nachdem, ob sie als Wertungskriterium oder als Ja-Nein-Merkmal vorgesehen sind (→ Rn. 93).

49 **ee) Umweltbezogene Aspekte.** Nach § 15 Abs. 2 S. 1 KonzVgV können die für die vertragsgegenständliche Bau- oder Dienstleistung geforderten Merkmale schließlich **umweltbezogene Aspekte** enthalten.[141] Der Begriff der umweltbezogen bzw. ökologischen Aspekte wird in den Richtlinien und im GWB nicht legal definiert. Im Ausgangspunkt verfolgt der Gesetzgeber im Rahmen der ökologischen Beschaffung das Ziel, mit Hilfe von nachhaltigen und umweltbezogenen Kriterien die Umweltbelastungen zu minimieren.[142] Grundsätzlich können sich umweltbezogene Kriterien auf das Produkt, seine Herstellung sowie seine Entsorgung beziehen.[143] Dies stimmt überein mit Art. 38 Abs. 1 UAbs. 2 RL 2014/23/EU, wonach die in technischen und funktionellen Anforderungen festgelegten Merkmale zB Qualitätsstufen sowie Umwelt- und Klimaleistungsstufen umfassen können, sofern sie in Verbindung mit dem Auftragsgegenstand und in einem angemessenen Verhältnis zu dessen Wert und Zielen stehen. Der Konzessionsgeber kann deshalb bestimmte Grundstoffe und Ausgangsmaterialien festlegen, die den eigenen – unionsrechtskonformen – Umweltschutzzielen entsprechen.[144] So kann in der Leistungsbeschreibung etwa die Verpflichtung zur Benutzung von Recycling-Papier anstatt normalem Papier bestimmt werden.[145] Auch kann die Ausstattung von Fahrzeugen mit Elektromotoren gefordert werden.[146] Derartige Vorgaben müssen freilich eine hinreichende Verbindung zum Auftragsgegenstand aufweisen und verhältnismäßig sein (→ Rn. 121 ff.).

50 **3. Eignung (§ 152 Abs. 2 iVm § 122). a) Allgemeines.** § 152 Abs. 2 regelt die materiellen („positiven") **Anforderungen an die persönliche Eignung der Unternehmen**. Die Prüfung der Eignung dient dazu, diejenigen Unternehmen zu ermitteln, die zur Erbringung der konkret nachgefragten Leistung nach Befähigung und Erlaubnis zur Berufsausübung, wirtschaftlicher und finanzieller Leistungsfähigkeit sowie nach technischer und beruflicher Leistungsfähigkeit zur ordnungsgemäßen Ausführung der Konzession generell in der Lage sind, um sodann die unzureichend qualifizierten Bieter auszusondern.[147] Dementsprechend statuiert § 152 Abs. 2 nicht nur ein Recht, sondern auch eine Pflicht des Konzessionsgebers, die Eignung der Bewerber und Bieter festzustellen.[148] Eignungskriterien sind ebenso wie Ausführungsbedingungen keiner Abwägung zugänglich, dh sie liegen vor oder nicht.[149] Dementsprechend ist ein „Mehr an Eignung" jedenfalls im Grundsatz nicht bedeutsam[150] (→ Rn. 57, 83). Auf Verordnungsebene finden sich Konkretisierungen der Eignungsprüfung in den §§ 25 und 26 KonzVgV.[151]

---

[139] Ziekow DÖV 2015, 897 (899).
[140] Glaser/Kahl ZHR 177 (2013), 643 (657); Mohr EuZA 2017, 23 (32).
[141] S. zur früheren Rechtslage Dageförde NZBau 2002, 597 (599); Beckmann NZBau 2004, 600 (601).
[142] Brackmann VergabeR 2014, 310; Braun in Hettich/Soudry VergabeR 185.
[143] Burgi NZBau 2015, 597 (600).
[144] Heyne ZUR 2011, 578 (579).
[145] Funk/Tomerius KommJur 2016, 1 (2).
[146] Diemon-Wies/Graiche NZBau 2009, 409 (410).
[147] BGH Urt. v. 15.4.2008 – X ZR 129/06, NZBau 2008, 505 (Ls. 1) und → Rn. 11 – Sporthallenbau; OLG Celle Beschl. v. 12.1.2012 – 13 Verg 9/11, NZBau 2012, 198 (199) – Rettungsdienstleistungen.
[148] Tugendreich/Heller in Müller-Wrede GWB Rn. 25.
[149] S. auch Ziekow/Völlink/Ziekow § 122 Rn. 8: kein Ermessen des Auftraggebers.
[150] Näher Burgi VergabeR § 16 Rn. 5.
[151] Tugendreich/Heller in Müller-Wrede GWB Rn. 29.

III. Kommentierung 51–55 § 152 GWB

§ 152 Abs. 2 verweist hinsichtlich der Eignung auf die Regeln für öffentliche Auftraggeber in 51 § 122. Nach der Grundvorschrift des § 122 Abs. 1 werden öffentliche Aufträge – und über die Verweisung des Abs. 2 auch Konzessionen – an fachkundige und leistungsfähige („geeignete") Unternehmen vergeben **(Eignung im engeren Sinne)**, die nicht nach § 123 oder § 124 ausgeschlossen worden sind **(Eignung im weiteren Sinne)**. Hiernach bezieht sich die Eignung allein auf die Fachkunde und Leistungsfähigkeit, die in § 122 Abs. 2 näher konkretisiert wird. Sie steht jedoch in engem inhaltlichem Zusammenhang mit der Prüfung der **Ausschlussgründe** gem. **§ 154 Nr. 2 iVm §§ 123–126**, wie auch § 122 Abs. 3 verdeutlicht[152] (→ Rn. 88 ff.).

Durch die § 152 Abs. 2, § 122 setzt der deutsche Gesetzgeber **Art. 38 Abs. 1–3 RL 2014/23/** 52 **EU iVm Erwägungsgrund 63 RL 2014/23/EU** ins deutsche Recht um.[153] Die RL 2014/23/ EU behandelt die Eignungskriterien als Bestandteil der sog. Teilnahmebedingungen iSd Art. 38 Abs. 1 RL 2014/23/EU (iVm Anhang V Nr. 7 RL 2014/23/EU). Dessen Abs. 1 stellt klar, dass Teilnahmebedingungen – abschließend (vgl. Erwägungsgrund 63 RL 2014/23/EU) – die berufliche und fachliche Befähigung sowie die finanzielle und wirtschaftliche Leistungsfähigkeit umfassen. Eine Prüfung der technischen Leistungsfähigkeit ist nicht ausdrücklich vorgesehen.[154] Der Nachweis der geforderten Eignungsmerkmale kann an die Vorlage von Eigenerklärungen und Unterlagen gebunden werden (Anhang V Nr. 7 lit. c RL 2014/23/EU). Zudem kann die Erbringung der Dienstleistung einem bestimmten Berufsstand vorbehalten sein (Anhang V Nr. 7 lit. b RL 2014/23/EU). Zu den Teilnahmebedingungen im Sinne des Unionsrechts zählen nicht nur unternehmensbezogene Anforderungen im engeren Sinne, sondern auch Mindeststandards als Bestandteil der Leistungsbeschreibung (→ Rn. 10 ff.), sowie Angaben, ob die sog. Konzession geschützten Werkstätten vorbehalten ist oder ob ihre Ausführung nur im Rahmen von Programmen für geschützte Beschäftigungsverhältnisse erfolgen darf (Anhang V Nr. 7 lit. a RL 2014/23/EU; sog. vorbehaltene Konzessionen, vgl. Art. 24 RL 2014/23/EU).

Trotz des unterschiedlichen Wortlauts verweist § 152 Abs. 2 hinsichtlich der positiven Eignungs- 53 prüfung auf die **Regelungen für öffentliche Aufträge in § 122**, da nach Ansicht des deutschen Gesetzgeber keine sachlichen Gesichtspunkte ersichtlich sind, zwischen Konzessionsgebern und öffentlichen Auftraggebern zu unterscheiden.[155] Hiernach bezieht sich die Vokabel **„entsprechend"** in Abs. 2 grundsätzlich nur auf den Umstand, dass die Regelungen für öffentliche Auftraggeber auch für Konzessionsgeber iSd § 101 gelten. Besonderheiten gelten freilich für die Konzessionsbekanntmachung gem. § 122 Abs. 4 S. 2 (→ Rn. 101).

Dem Konzessionsgeber steht ein **Beurteilungsspielraum** in Gestalt eines Prognosespielraums 54 bei der Frage zu, ob die von ihm in zulässiger Weise geforderten Eignungskriterien im konkreten Einzelfall erfüllt sind.[156] Der Beurteilungsspielraum gründet auf dem Umstand, dass die Bewertung der Eignung lediglich anhand der im Zeitpunkt der Prüfung vorhandenen Daten erfolgen kann.[157] Kommt der Konzessionsgeber zum Ergebnis, dass ein Bewerber/Bieter die Eignungskriterien erfüllt, so ist der Bieter geeignet; dem Konzessionsgeber kommt insoweit also kein Ermessensspielraum zu[158] (→ Rn. 50).

Die Prüfung der Eignung bezieht sich grundsätzlich auf das konkrete Bieter-Unternehmen. 55 Unter den Voraussetzungen der **§ 25 Abs. 3 KonzVgV, § 26 Abs. 3 KonzVgV** ist jedoch auch eine **Eignungsleihe** möglich.[159] Gemäß Art. 26 Abs. 2 UAbs. 1 RL 2014/23/EU können zudem Gruppen von Wirtschaftsteilnehmern an Konzessionsvergabeverfahren teilnehmen. Dies dient nach Erwägungsgrund 63 RL 2014/23/EU vor allem dazu, kleinen und mittleren Unternehmen die Teilnahme zu ermöglichen. Falls erforderlich, können die Konzessionsgeber nach Art. 26 Abs. 2 UAbs. 2 S. 1 RL 2014/23/EU in den Konzessionsunterlagen näher festlegen, wie Gruppen von Wirtschaftsteilnehmern die Anforderungen in Bezug auf die in Art. 38 RL 2014/23/EU genannten Merkmale zu erfüllen haben, sofern dies durch objektive Gründe gerechtfertigt und angemessen ist (→ Rn. 61 ff.).

---

[152] Ebenso Ziekow/Völlink/*Siegel* Rn. 7; nach aA soll § 152 Abs. 2 auch auf die Ausschlussgründe in §§ 123, 124 verweisen; vgl. HK-VergabeR/*Friton/Stein* Rn. 8. Gegen die letztgenannte Ansicht spricht die systematische Zusammenschau mit § 154 Nr. 2.
[153] BT-Drs. 18/6281, 131.
[154] Europäisches Parlament, Ausschuss für Binnenmarkt und Verbraucherschutz, Bericht über den Vorschlag für eine Richtlinie des Europäischen Parlaments und des Rates über die Konzessionsvergabe [KOM(2011) 0897 – C7-0004/2012 – 2011/0437(COD), A7-0030/2013 v. 1.2.2013, 159 f.]; dazu *Schröder* NZBau 2015, 351 (353).
[155] BT-Drs. 18/6281, 131; als unionsrechtlich zulässig angesehen von Beck VergabeR/*Burgi/Wolff* Rn. 12.
[156] S. etwa OLG Düsseldorf Beschl. v. 14.11.2018 – Verg 31/18, ZfBR 2019, 510 (513).
[157] Ziekow/Völlink/*Ziekow* § 122 Rn. 8.
[158] Ziekow/Völlink/*Ziekow* § 122 Rn. 8.
[159] Näher Beck VergabeR/*Hübner* KonzVgV § 25 Rn. 34.

56 In **einstufigen Verfahren** wird die Eignung nach der formalen Angebotsprüfung festgestellt.[160] In **zweistufigen Verfahren** mit Teilnahmewettbewerb erfolgt die Eignungsprüfung als erste Stufe des Verfahrens.[161]

57 Dogmatisch ist die Eignungsprüfung von der im Konzessionsverfahren zeitlich nachgelagerten **Zuschlagsprüfung** zu unterscheiden (vgl. Art. 37 Abs. 1 RL 2014/23/EU).[162] Eignungskriterien blicken auf die bietenden Unternehmen und ihre bisherige Tätigkeit.[163] Demgegenüber dienen Zuschlagskriterien dazu, relevante Unterschiede zwischen den abgegebenen Angeboten für die ausgeschriebenen Leistungen zu ermitteln.[164] Die Abgrenzung von Eignungs- und Zuschlagskriterien erfolgt danach, ob sie im Schwerpunkt die Leistungsfähigkeit und fachliche Eignung des Bieters oder die Wirtschaftlichkeit des Angebots betreffen.[165] Die Zuschlagsprüfung bezieht sich somit anders als die Eignungsprüfung nicht auf die konkurrierenden Unternehmen, sondern auf ihre Angebote.[166] Vor diesem Hintergrund dürfen die personenbezogenen Eignungskriterien grundsätzlich nicht dazu herangezogen werden, qualitative Unterschiede zwischen den einzelnen Bewerbern zu ermitteln (**kein Mehr an Eignung**), da sie dann zu Zuschlagskriterien würden.[167] Eine Ausnahme gilt für **Verfahren mit Teilnahmewettbewerb**; denn in diesen Verfahren erfolgt nach dem Teilnahmewettbewerb zunächst eine Eignungsprüfung, deren Ergebnis im Sinne einer Abstufung der Eignung der verschiedenen Bieter bei der Auswahl der für das weitere Verfahren vorgesehenen Bieter berücksichtigt werden darf.[168] Nicht zulässig ist es nach dem Vorstehenden, die Inhalte des mit dem erfolgreichen Bieter zu schließenden Vertrags generell als Mindestanforderungen an die Eignung vorzugeben, sofern diese nicht die ausschließlich zulässigen Kriteriengruppen gem. § 152 Abs. 2 iVm § 122 betreffen, sondern die Leistungserbringung im konkreten Auftrag regeln.[169] In einem solchen Fall handelt es sich nicht um unternehmensbezogene, sondern um auftragsbezogene Kriterien und damit nicht um Eignungskriterien.[170] Gerade im sensiblen Bereich der **Daseinsvorsorge** kann die persönliche Qualifikation des Bieters freilich auch Einfluss auf die Qualität der Leistung haben und damit als Zuschlagskriterium dienen.[171] Auch der EuGH hat in jüngerer Zeit bei Dienstleistungen mit intellektuellem Charakter die Organisation, Qualifikation und Erfahrung des mit der Durchführung der Leistung betrauten Personals, also dessen Qualität, als Zuschlagskriterium akzeptiert, da die Qualität insoweit gerade nicht bieter-, sondern auftragsbezogen sei.[172] Es geht somit um Fallgestaltungen, bei denen die Qualität des eingesetzten Personals erheblichen Einfluss auf das Niveau der Auftragsdurchführung hat.[173]

58 Nach § 152 Abs. 2 iVm § 122 Abs. 1 ist die positive Eignungsprüfung (nach anderen Worten: Eignung im engeren Sinne) von der Prüfung der **negativen Ausschlussgründe gem. § 154 Nr. 2 iVm §§ 123–126** zu unterscheiden (Eignung im weiteren Sinne). Erst wenn ein Teilnehmer geeignet ist und keine Ausschlussgründe vorliegen, kann ihm nach § 152 Abs. 3 ein Zuschlag erteilt werden (vgl. Art. 37 Abs. 1 RL 2014/23/EU, der zusätzlich auf die Erfüllung von Mindestanforderungen in der Leistungsbeschreibung verweist). Die Ausschlussgründe sind gem. § 154 Nr. 2 iVm §§ 123 ff. **in jedem Stadium des Vergabeverfahrens** relevant. Ein Unternehmen ist deshalb nicht nur dann von der Teilnahme an einem Vergabeverfahren auszuschließen, wenn der Konzessionsgeber zum Zeitpunkt der Prüfung der Eignung des Unternehmens Kenntnis vom Vorliegen eines zwingenden Ausschlussgrundes hat, sondern auch noch dann, wenn er erst in einem späteren Stadium des Vergabeverfahrens davon Kenntnis erlangt.[174] Letzter Zeitpunkt eines möglichen Ausschlusses im Vergabeverfahren ist

---

[160] *Schröder* NZBau 2015, 351 (353); *Tugendreich/Heller* in Müller-Wrede GWB Rn. 25.
[161] *Tugendreich/Heller* in Müller-Wrede GWB Rn. 25.
[162] Im Recht der öffentlichen Auftragsvergabe ermöglicht Art. 56 Abs. 2 RL 2014/24/EU im offenen Verfahren eine Umkehr der Prüfungsreihenfolge; dazu *Siegel* EuZW 2016, 101 (103).
[163] *Tugendreich/Heller* in Müller-Wrede GWB Rn. 31.
[164] *Pünder* in Ehlers/Fehling/Pünder, Besonderes Verwaltungsrecht, 4. Aufl. 2019, § 17 Rn. 96; *Tugendreich/Heller* in Müller-Wrede GWB Rn. 31; *Rosenkötter* NZBau 2015, 609.
[165] OLG Rostock Beschl. v. 12.8.2020 – 17 Verg 2/20, juris Ls. 1, wonach der Eigenbetrieb von Hubschraubern – anders als die Gesamtflottenstärke eines Bieters – ein zulässiges Zuschlagskriterium sein kann, wenn aufgezeigt wird, dass er das Ausfallrisiko reduziert (Ls. 2 und 3).
[166] BGH Urt. v. 15.4.2008 – X ZR 129/06, NZBau 2008, 505 (Ls. 1 und Rn. 11) – Sporthallenbau.
[167] EuGH Urt. v. 24.1.2008 – C-532/06, ECLI:EU:C:2008:40 Rn. 26 = EuZW 2008, 187 – Lianakis AE; s. auch BGH Urt. v. 15.4.2008 – X ZR 129/06, NZBau 2008, 505 (Ls. 1) u. Rn. 11 – Sporthallenbau; Ziekow/Völlink/*Ziekow* § 122 Rn. 15.
[168] Ziekow/Völlink/*Ziekow* § 122 Rn. 15, 17.
[169] VK Südbayern Beschl. v. 24.7.2018 – Z3-3-3194-1-11-04/18, BeckRS 2018, 18118 Rn. 100 f.
[170] VK Südbayern Beschl. v. 24.7.2018 – Z3-3-3194-1-11-04/18, BeckRS 2018, 18118 Rn. 101.
[171] Vgl. *Säcker/Mohr* ZWeR 2012, 417 (431).
[172] Zur Teamfähigkeit als Zuschlagskriterium EuGH Urt. v. 26.3.2015 – C-601/13, EuZW 2015, 433 Rn. 25 ff. – Ambisig; s. auch die Anm. von *Goede* EuZW 2015, 435.
[173] Näher *Dittmann* NZBau 2013, 746 ff.; *Rosenkötter* NZBau 2015, 609 (610 f.).
[174] BT-Drs. 18/6281, 102.

unmittelbar vor Erteilung des Zuschlags. Bei Kenntniserlangung nach Zuschlagserteilung greift ggf. das Kündigungsrecht des Auftraggebers nach § 154 Nr. 4 iVm § 133 Abs. 1 Nr. 2 ein[175] (→ § 154 Rn. 37 ff.). Die Ausschlussgründe differenzieren zwischen zwingenden und fakultativen. Letztere räumen dem Konzessionsgeber einen Ermessensspielraum ein[176] (→ § 154 Rn. 13 ff.).

b) Eignungskriterien gem. § 122. aa) Allgemeines. Gemäß § 152 Abs. 2 werden Konzessionen an **geeignete Unternehmen iSv § 122** vergeben. Geeignet ist ein Unternehmen nach § 122 Abs. 1, wenn es fachkundig und leistungsfähig ist. Dies ist nach § 122 Abs. 2 S. 1 der Fall, wenn das Unternehmen die durch den Konzessionsgeber im Einzelnen zur ordnungsgemäßen Ausführung der Konzession festgelegten Kriterien **(Eignungskriterien)** erfüllt. Die Festlegung der Eignungskriterien erfolgt somit durch den Konzessionsgeber.[177] Die Kriterien sind nur dann zulässig, wenn sie dem Katalog des § 122 Abs. 2 S. 2 entsprechen. Zusätzlich zu den Eignungskriterien und den Ausschlussgründen gem. § 154 Nr. 2 iVm §§ 123, 124 dürfen daher keine weiteren bieterbezogenen Kriterien aufgestellt werden.[178]   59

§ 122 Abs. 2 konkretisiert die persönlichen Eignungskriterien abschließend dahingehend, dass sie sich auf die **Befähigung und Erlaubnis zur Berufsausübung** beziehen (Nr. 1), auf **die wirtschaftliche und finanzielle Leistungsfähigkeit** (Nr. 2) und auf **die technische und berufliche Leistungsfähigkeit** (Nr. 3),[179] wobei das Unionsrecht nicht explizit eine Prüfung der technischen Leistungsfähigkeit vorgibt (→ Rn. 11).   60

Der **Nachweis** der Eignung und des Nichtvorliegens von Ausschlussgründen kann gem. § 26 Abs. 1 KonzVgV durch Eigenerklärungen oder durch sonstige Nachweise geführt werden.[180] **Eigenerklärungen** sind Erklärungen von Bewerbern oder Bietern, wonach sie die vom Konzessionsgeber vorgegebenen Eignungskriterien erfüllen und die festgelegten Nachweise auf Aufforderung unverzüglich vorlegen können.[181] **Nachweise** (unionsrechtlich: Referenzen) umfassen etwa Führungszeugnisse aus dem Bundeszentralregister.[182] Gemäß § 26 Abs. 2 KonzVgV ist in der Konzessionsbekanntmachung anzugeben, mit welchen Unterlagen Unternehmen die Eignung und das Nichtvorliegen von Ausschlussgründen belegen müssen.[183] Ist eine Konzessionsbekanntmachung gem. § 20 KonzVgV nicht erforderlich, sind diese Angaben in die Vergabeunterlagen aufzunehmen. Im Rahmen der von den § 152 Abs. 2, § 122 Abs. 2 vorgegebenen Eignungskriterien ist der Konzessionsgeber grundsätzlich darin frei, welche Eigenerklärungen und sonstigen Nachweise er verlangt[184] (→ Rn. 79). Ergänzend können sich Bewerber/Bieter eine ansonsten nicht vorhandene Eignung im Wege der **Eignungsleihe** verschaffen (**§ 25 Abs. 3 KonzVgV).**[185] Bei einer derartigen Einbeziehung von Kapazitäten anderer Unternehmen können Konzessionsgeber gem. § 26 Abs. 3 KonzVgV den Nachweis verlangen, dass die zur Erfüllung der Eignungskriterien erforderlichen Mittel während der gesamten Konzessionslaufzeit zur Verfügung stehen werden. Schließlich kann der Nachweis der Eignung oder des Nichtvorliegens von Ausschlussgründen nach **§ 152 Abs. 2, § 122 Abs. 3** ganz oder teilweise durch die Teilnahme an einem **Präqualifikationssystem** erbracht werden.[186]   61

Die in Ausfüllung der zwingenden Vorgaben des § 122 Abs. 2 S. 2 bestehenden Freiräume von Konzessionsgebern zur Festlegung der Eignungskriterien[187] werden durch die allgemeinen Grundsätze der **Transparenz** und der **Gleichbehandlung** begrenzt.[188] Gemäß § 122 Abs. 4 S. 2 iVm Art. 38 Abs. 1 S. 1 RL 2014/23/EU müssen die Eignungskriterien zudem in der **Konzessionsbe-**   62

---

[175] BT-Drs. 18/6281, 102.
[176] *Schröder* NZBau 2015, 351 (353).
[177] Ziekow/Völlink/*Ziekow* § 122 Rn. 19.
[178] Ziekow/Völlink/*Ziekow* § 122 Rn. 19; s. zum Ausschluss von Bewerbern vom Vergabeverfahren nach der Vergabe-RL 2004 auch EuGH Urt. v. 9.2.2006 – C-226/04, EuZW 2006, 187 Rn. 22 – Cascina; EuGH Urt. v. 16.12.2008 – C-213/07, EuZW 2009, 87 Rn. 43 – Michaniki AE; allg. *Bungenberg*, Vergaberecht im Wettbewerb der Systeme, 2007, 302.
[179] *Krönke* NVwZ 2016, 568 (570).
[180] Der Terminus Nachweis fungiert als Oberbegriff zum in Art. 38 RL 2014/23/EU enthaltenen Begriff Referenz; vgl. Beck VergabeR/*Hübner* KonzVgV § 26 Rn. 6.
[181] *Tugendreich/Heller* in Müller-Wrede GWB Rn. 39.
[182] BT-Drs. 18/7318, 265; Beck VergabeR/*Hübner* KonzVgV § 26 Rn. 7.
[183] Der Begriff der Unterlagen umfasst die von Abs. 1 benannten Eigenerklärungen und Nachweise; vgl. Beck VergabeR/*Hübner* KonzVgV § 26 Rn. 12.
[184] Beck VergabeR/*Hübner* KonzVgV § 26 Rn. 15.
[185] *Wagner/Pfohl* ZfBR 2014, 745 (749).
[186] *Goldbrunner* VergabeR 2016, 365 (379).
[187] Dies betont BT-Drs. 18/6281, 114.
[188] EuGH Urt. v. 9.2.2006 – C-226/04, EuZW 2006, 187 Rn. 22 – Cascina.

kanntmachung gem. § 151 S. 1 aufgeführt werden.[189] Nach Art. 38 Abs. 1 S. 1 RL 2014/23/EU prüfen die Konzessionsgeber die Erfüllung der Teilnahmebedingungen hinsichtlich der Eignung der Bewerber oder Bieter gemäß den in der Konzessionsbekanntmachung angegebenen Anforderungen.[190]

63 Die Eignungskriterien müssen **mit dem Auftragsgegenstand in Verbindung stehen** und **verhältnismäßig** sein (**§ 152 Abs. 2, § 122 Abs. 4 S. 1**). Hiernach muss jedes Eignungskriterium geeignet und erforderlich sein, die Leistungsfähigkeit im Hinblick auf den konkret ausgeschriebenen Auftragsgegenstand nachzuweisen.[191] Bedeutsam sind ua die Art und Komplexität der Konzession sowie das Gewicht, das eine ordnungsgemäße Auftragserfüllung für den Konzessionsgeber hat.[192]

64 Wie erläutert (→ Rn. 60), ist die Aufzählung der zulässigen Eignungskriterien in § 122 Abs. 2 S. 2 abschließend („ausschließlich"). Nicht erwähnt werden die im GWB-Vergaberecht bis dato enthaltenen Merkmale der **Zuverlässigkeit** und **Gesetzestreue**.[193] Die Zuverlässigkeit eines Unternehmens iSv § 97 Abs. 4 aF beschränkte sich vor allem auf das Nichtvorliegen von Ausschlussgründen.[194] Hierzu enthält das Konzessionsvergaberecht mit dem § 154 Nr. 2 iVm §§ 123 ff. eigenständige Regelungen. Die Gesetzestreue wird insbesondere durch § 128 Abs. 1 adressiert. Hiernach müssen die Unternehmen bei der Ausführung der Konzession alle für sie geltenden rechtlichen Verpflichtungen einhalten (→ Rn. 117). Dies gilt etwa für die Entrichtung von Steuern und Sozialabgaben, die Einhaltung arbeitsschutzrechtlicher Bestimmungen sowie die Gewährung gesetzlich festgelegter Mindestgelte. Allgemeinverbindlich erklärte Tarifverträge sind ebenfalls zwingend zu beachten.[195] Dogmatisch steht § 128 Abs. 1 damit den Eignungskriterien der Zuverlässigkeit und Gesetzestreue nahe.[196] § 128 Abs. 1 enthält freilich keine explizite Rechtsfolgenanordnung. Die Sicherstellung der Einhaltung der erfassten Vorschriften erfolgt vielmehr über Vorgaben in den einzuhaltenden Regelungen selbst, da diese spezielle Sanktionsmechanismen enthalten.[197] Die in Anhang X RL 2014/24/EU und der RL 2014/23/EU aufgeführten, von allen EU-Mitgliedstaaten ratifizierten internationalen Übereinkommen (insbesondere ILO-Übereinkommen) enthaltenen, unmittelbar an die Vertragsstaaten gerichteten Verpflichtungen wurden nach Ansicht des Gesetzgebers vollständig ins deutsche Recht und die Rechtsordnungen der EU-Mitgliedstaaten umgesetzt, weshalb ein ausdrücklicher Verweis entbehrlich sein soll.[198] Im Schrifttum wird die Funktion der unionsrechtlichen Vorgaben in Art. 18 Abs. 2 RL 2014/24/EU, Art. 30 Abs. 3 RL 2014/23/EU allerdings gerade darin gesehen, öffentliche Auftraggeber und Konzessionsgeber bei Beschaffungsprozessen dazu anzuhalten, die Einhaltung der darin benannten Regelungen auch gegenüber Nachunternehmern und Vertragspartnern in Drittstaaten durchzusetzen, die nicht den EU-Vergaberegeln unterfallen.[199] Bei Zugrundlegung dieser Ansicht läge ein Umsetzungsdefizit vor. Mit dem deutschen Gesetzgeber sprechen gute Gründe dafür, die Vorgaben in Art. 18 Abs. 2 RL 2014/24/EU, Art. 30 Abs. 3 RL 2014/23/EU als deklaratorisch zu betrachten.

65 **bb) Befähigung und Erlaubnis zur Berufsausübung (§ 122 Abs. 2 S. 2 Nr. 1).** Die Eignungskriterien können gem. **§ 122 Abs. 2 S. 2 Nr. 1** in Umsetzung des Art. 58 Abs. 1 RL 2014/24/EU die **Befähigung und die Erlaubnis zur Berufsausübung** betreffen. Die RL 2014/23/EU spricht in Art. 38 Abs. 1 nicht von der Befähigung zur Berufsausübung.[200] Ob diese unterschiedliche Wortwahl auch inhaltliche Folgerungen nach sich zieht, ist unklar. Nach Ansicht des deutschen Gesetzgebers besteht in der Sache zwischen den in Art. 38 Abs. 1 S. 1 RL 2014/23/EU und den Art. 58 Abs. 1 RL 2014/24/EU genannten Anforderungen kein Unterschied, weshalb der Verweis in § 152 Abs. 2 auf § 122 Abs. 1 Nr. 1 insoweit unionsrechtskonform sei.[201] Insbesondere sei kein sachlicher Grund ersichtlich, weshalb an die Auswahl der Bewerber im Hinblick auf die Erbringung

---

[189] BT-Drs. 18/6281, 131.
[190] BT-Drs. 18/6281, 131.
[191] Ziekow/Völlink/*Ziekow* § 122 Rn. 24; s. auch EuGH Urt. v. 18.10.2012 – C-218/11, NZBau 2013, 58 Rn. 29 – Édukövízig.
[192] S. OLG Düsseldorf Beschl. v. 27.6.2018 – Verg 4/18, ZfBR 2019, 189 (191); Ziekow/Völlink/*Ziekow* § 122 Rn. 24.
[193] Zur alten Rechtslage HK-VergabeR/*Fehling* § 97 Rn. 163.
[194] BT-Drs. 18/7318, 183.
[195] BT-Drs. 18/6281, 101.
[196] BT-Drs. 18/6281, 101.
[197] BT-Drs. 18/6281, 113.
[198] BT-Drs. 18/6281, 113.
[199] *Glaser*, Zwingende Mindeststandards bei der Vergabe öffentlicher Aufträge, 2015, 25; *Ziekow* DÖV 2015, 897 (901).
[200] Vgl. BT-Drs. 18/6281, 131.
[201] BT-Drs. 18/6281, 131.

III. Kommentierung 66–70 § 152 GWB

von Dienstleistungen oder Bauleistungen im Rahmen einer Konzessionsvergabe andere qualitative Anforderungen zu stellen seien als an die Ausführung öffentlicher Dienstleistungs- oder Bauleistungsaufträge. In beiden Fällen sollten die Eignungsanforderungen eine ordnungsgemäße Auftragsausführung sicherstellen.[202]

Ein Bieter ist grundsätzlich dann **zur Berufsausübung befähigt,** wenn er die erforderlichen **66** Kenntnisse, Fertigkeiten und Erfahrungen aufweist, um die zu vergebende Leistung ausführen zu können.[203] Die Anforderungen werden durch **§ 44 VgV** näher spezifiziert. Zwar bezieht sich die Verweisung in Abs. 2 nach ihrem Wortlaut allein auf § 122 und nicht auf die konkretisierenden Regelungen der VgV. Auch enthält die KonzVgV in § 25 eigene „Anforderungen an die Auswahl geeigneter Unternehmen". Allerdings erläutert § 44 VgV vornehmlich, welche Nachweise im Rahmen der Befähigung und Erlaubnis zur Berufsausübung von den Bewerbern und Bietern erbracht werden müssen. Vor diesem Hintergrund erscheint es sachgerecht, die Norm analog auf Konzessionen anzuwenden. Hierfür spricht ergänzend, dass die Eignungskategorie der Befähigung und Erlaubnis zur Berufsausübung ausschließlich auf den unionsrechtlichen Vorgaben zur Vergabe von öffentlichen Aufträgen und nicht auf der RL 2014/23/EU beruht. Dies lässt ebenfalls darauf schließen, dass auch Normen, die der näheren Ausgestaltung der Befähigung und Erlaubnis zur Berufsausübung dienen, zur Anwendung kommen dürfen. Schließlich verweist der Gesetzgeber in der Begründung zu § 122 Abs. 2 selbst auf die Konkretisierung durch die VgV.[204]

Gemäß **§ 44 Abs. 1 VgV** kann der öffentliche Auftraggeber verlangen, dass die Bewerber oder **67** Bieter entweder die **Eintragung in einem Berufs- oder Handelsregister** des Staates, in dem sie niedergelassen sind, oder auf **andere Weise die erlaubte Berufsausübung nachweisen.** Die jeweiligen Berufs- oder Handelsregister und die Bescheinigungen oder Erklärungen über die Berufsausübung sind für die EU-Mitgliedstaaten in Anhang XI RL 2014/24/EU aufgelistet (vgl. § 44 Abs. 1 S. 2 VgV). § 44 Abs. 1 VgV legt nach der Verordnungsbegründung nur die Nachweise fest, deren Beibringung der Konzessionsgeber verlangen kann.[205] Eine inhaltliche Überprüfung, ob der Bewerber oder Bieter die Rechtsvorschriften für die erlaubte Ausübung eines Berufs oder Erbringung einer Dienstleistung, die in dem jeweiligen Niederlassungsstaat gelten, erfüllt, ist nicht gestattet.[206] Folglich ist ein Unternehmen im Hinblick auf die Befähigung und Erlaubnis der Berufsausübung schon dann geeignet, wenn es die erforderlichen Nachweise vorlegen kann.[207]

cc) Wirtschaftliche und finanzielle Leistungsfähigkeit (§ 122 Abs. 2 S. 2 Nr. 2). Die **68** Eignungskriterien dürfen nach **§ 122 Abs. 2 S. 2 Nr. 2** auch die **wirtschaftliche und finanzielle Fähigkeit** zur ordnungsgemäßen Ausführung der Konzession (Leistungsfähigkeit) betreffen.[208] Hierdurch soll sichergestellt werden, dass die Unternehmen über die erforderliche ökonomische Leistungsfähigkeit zur Ausführung der Konzession verfügen.[209] Im Gegensatz zur Befähigung und Erlaubnis zur Berufsausübung gem. § 122 Abs. 2 S. 2 Nr. 1 sind die wirtschaftliche und finanzielle Leistungsfähigkeit gem. § 122 Abs. 2 S. 2 Nr. 2 nicht personenbezogen, sondern unternehmensbezogen. Dasselbe gilt für die Leistungsfähigkeit in technischer und beruflicher Hinsicht gem. § 122 Abs. 2 S. 2 Nr. 3.[210]

Bei der wirtschaftlichen und finanziellen Leistungsfähigkeit steht die **Bonität des Bieters** im **69** Vordergrund.[211] Dieser muss über ausreichende Mittel verfügen, um seinen laufenden Verpflichtungen gegenüber den Beschäftigten, dem Staat und den sonstigen Gläubigern nachzukommen.[212] Gemäß § 45 VgV dürfen öffentliche Auftraggeber **Mindestanforderungen** an die wirtschaftliche und finanzielle Leistungsfähigkeit stellen. Die Aufzählung der Mindestanforderungen in § 45 Abs. 1 VgV ist dabei **nicht abschließend.**[213]

Gemäß **§ 122 Abs. 4 S. 1** müssen die Eignungskriterien mit dem Konzessionsgegenstand in **70** Verbindung und zu diesem in einem angemessenen Verhältnis stehen. Problematisch erscheint deshalb das Fordern einer bestimmten **Eigenkapitalausstattung,** sofern sich diese nicht am konkreten

---

[202] BT-Drs. 18/6281, 131.
[203] *Burgi* VergabeR § 16 Rn. 8.
[204] BT-Drs. 18/6281, 101.
[205] BT-Drs. 18/7318, 183.
[206] BT-Drs. 18/7318, 183.
[207] BT-Drs. 18/7318, 183.
[208] *Ziekow/Völlink/Ziekow* § 122 Rn. 29.
[209] Vgl. HK-VergabeR/*Fehling* § 122 Rn. 19.
[210] Zum Vorstehenden *Burgi* VergabeR § 16 Rn. 9.
[211] *Burgi* VergabeR § 16 Rn. 9.
[212] OLG Düsseldorf Beschl. v. 9.6.2004 – Verg 11/04, NJOZ 2007, 5321 = LSK 2013, 410187; OLG Düsseldorf Beschl. v. 19.9.2002 – Verg 41/02, BeckRS 2006, 06242; Beck VergabeR/*Opitz* § 122 Rn. 64.
[213] BT-Drs. 18/7318, 183.

Vertragswert orientiert.²¹⁴ Konzessionsgeber können als Nachweis der finanziellen Leistungsfähigkeit auch nicht ausschließlich auf den Jahresumsatz eines Unternehmens abstellen, da der Jahresumsatz keine hinreichenden Rückschlüsse über die finanzielle und wirtschaftliche Situation eines Bewerbers zulässt, sondern nur als Orientierungshilfe dienen kann²¹⁵ (zulässig ist aber die Vorgabe eines Mindestumsatzes; → Rn. 69). Schließlich kann die finanzielle Leistungsfähigkeit eines Unternehmens nicht allein wegen des Umstandes abgelehnt werden, dass das Konzessionsvolumen den Jahresumsatz des Unternehmens übersteigt.²¹⁶

71 Offene Forderungen begründen für sich genommen nicht das Fehlen der Eignung.²¹⁷ Selbst ein **insolventes Unternehmen** ist nicht automatisch aufgund fehlender finanzieller Leistungsfähigkeit vom Verfahren ausgeschlossen.²¹⁸ In Insolvenzfällen ist vielmehr nach den Umständen des Einzelfalls und nach dem pflichtgemäßen Ermessen des Konzessionsgebers zu entscheiden, ob das Unternehmen trotz des laufenden Insolvenzverfahrens finanziell geeignet ist.²¹⁹ Gemäß § 154 Nr. 2 iVm § 124 Abs. 1 Nr. 2 stellen die Insolvenz, die Zahlungsunfähigkeit, die Liquidation, das gerichtliche Vergleichsverfahren und die Einstellung der gewerblichen Tätigkeit fakultative Ausschlussgründe dar²²⁰ (→ § 154 Rn. 13). Im Ergebnis wird der Ausschluss eines Bewerbers bzw. Bieters um eine Konzession schon wegen des erheblichen finanziellen Volumens regelmäßig zulässig sein, wenn über dessen Vermögen das Insolvenzverfahren oder ein vergleichbares gesetzlich geregeltes Verfahren eröffnet wurde oder die Eröffnung beantragt worden ist oder der Antrag mangels Masse abgelehnt wurde.²²¹

72 Der Nachweis der Bonität ist zuweilen von **kleineren und mittleren Unternehmen** nur schwer zu erbringen.²²² Vor diesem Hintergrund gestattet § 25 Abs. 3 S. 2 KonzVgV eine **Eignungsleihe**, wobei der Konzessionsgeber verlangen kann, dass die Unternehmen gemeinschaftlich für die Vertragsdurchführung haften. Nach einer im Schrifttum vertretenen Ansicht sind Anforderungen an eine finanzielle Mindestausstattung unzulässig, sofern sie über die Anforderungen an eine Eignungsleihe hinausgehen.²²³

73 **dd) Technische und berufliche Leistungsfähigkeit (§ 122 Abs. 2 S. 2 Nr. 3).** Eignungskriterien können gem. § 122 Abs. 2 S. 2 Nr. 3 auch **die technische und berufliche Leistungsfähigkeit** eines Unternehmens betreffen. Die Vorschrift adressiert die personellen und technischen Ressourcen und die Erfahrungen eines Unternehmens, um die konzessionierte Leistung in angemessener Qualität erbringen zu können.²²⁴ § 122 Abs. 2 S. 2 Nr. 3 dient der Umsetzung von Art. 58 Abs. 1 lit. c RL 2014/24/EU. Der Wortlaut dieser Bestimmungen unterscheidet sich von Art. 38 Abs. 1 RL 2014/23/EU insoweit, als sich die letztgenannte Norm nicht auf die technische Leistungsfähigkeit bezieht. Da die unionsrechtlichen Eignungskriterien nach Erwägungsgrund 63 RL 2014/23/EU abschließend sind, wird die Unionsrechtskonformität des Merkmals „technische Leistungsfähigkeit" zuweilen bezweifelt²²⁵ (aber → Rn. 10). Nach Ansicht des deutschen Gesetzgebers unterscheiden sich die Normen unter teleologischen Gesichtspunkten aber nicht, weshalb die unterschiedliche Wortwahl insoweit irrrelevant sei.²²⁶

74 Die Begriffe der **technischen** und **beruflichen Leistungsfähigkeit** werden in § 122 Abs. 2 S. 2 Nr. 3 nicht legal definiert. Vielmehr verweist der Gesetzgeber auf die nähere Ausgestaltung in den Vergabeverordnungen VgV und VOB/A.²²⁷ Vor diesem Hintergrund ist sachgerecht, zur Konkretisierung des § 152 Abs. 2 iVm. § 122 Abs. 2 S. 2 Nr. 3 insbesondere die **VgV** heranzuziehen.

---

[214] Zur primärvergaberechtlichen Unzulässigkeit von Mindestanforderungen an das eingezahlte Gesellschaftskapital unabhängig vom Wert des konkreten Vertrages EuGH Urt. v. 10.5.2012 – C-357/10, NZBau 2012, 714 – Baranzate und Venegono; näher *Bonhage/Ritzenhoff* NZBau 2013, 151 (153): auch anwendbar auf Vergaben im Oberschwellenbereich.
[215] BGH Urt. v. 24.5.2005 – X ZR 243/02, NZBau 2005, 594 (595); s. auch Beck VergabeR/*Opitz* § 122 Rn. 66.
[216] BGH Urt. v. 24.5.2005 – X ZR 243/02, NZBau 2005, 594 (595).
[217] Immenga/Mestmäcker/*Kling* § 122 Rn. 56.
[218] OLG Düsseldorf Beschl. v. 2.5.2012 – VII-Verg 68/11, NZBau 2012, 596; OLG Düsseldorf Beschl. v. 5.12.2006 – VII-Verg 56/06, NZBau 2007, 668.
[219] Immenga/Mestmäcker/*Kling* § 122 Rn. 56.
[220] Immenga/Mestmäcker/*Kling* § 122 Rn. 56.
[221] Beck VergabeR/*Opitz* § 122 Rn. 71.
[222] Immenga/Mestmäcker/*Kling* § 122 Rn. 54.
[223] So Immenga/Mestmäcker/*Kling* § 122 Rn. 54, wonach die Eignungsleihe nicht ausgehebelt werden dürfe.
[224] Beck VergabeR/*Opitz* § 122 Rn. 72.
[225] Vgl. *Tugendreich/Heller* in Müller-Wrede GWB Rn. 28; aA HK-VergabeR/*Friton/Stein* Rn. 10.
[226] BT-Drs. 18/6281, 131.
[227] BT-Drs. 18/6281, 101.

III. Kommentierung

In der VgV werden die Vorgaben in § 122 Abs. 2 Nr. 3 durch § 46 VgV konkretisiert und 75 ausgestaltet (→ § 122 Rn. 60 ff.). Die **berufliche Leistungsfähigkeit** bezieht sich insbesondere auf die Erfahrungen eines Bewerbers oder Bieters. So kann der öffentliche Auftraggeber gem. § 46 Abs. 1 VgV Anforderungen stellen, die sicherstellen, dass die Bewerber oder Bieter über die erforderlichen personellen und technischen Mittel sowie ausreichende Erfahrungen verfügen, um den Auftrag in angemessener Qualität ausführen zu können. Bei Dienstleistungsaufträgen (bzw. vorliegend: Dienstleistungskonzessionen) darf die berufliche Leistungsfähigkeit auch anhand der Fachkunde, Effizienz, Erfahrung und Verlässlichkeit des Bewerbers/Bieters beurteilt werden (§ 46 Abs. 1 S. 2 VgV). Die „Fachkunde" umfasst die Kenntnisse, Erfahrungen und Fertigkeiten eines Bewerbers oder Bieters, die zur ordnungsgemäßen Vorbereitung und Ausführung der zu vergebenden Leistung erforderlich sind.[228]

Die **technische Leistungsfähigkeit** eines Unternehmens nimmt Bezug auf das Vorhandensein 76 bestimmter technischer Hilfsmittel, wie zB bestimmte Maschinen, Geräte oder Werkzeuge, die zur Ausführung des Auftrages zwingend notwendig sind.[229] Zu den technischen Hilfsmitteln können auch Prüf- und Überwachungseinrichtungen und ggf. Forschungsmöglichkeiten zählen.[230]

c) Konkretisierung durch §§ 25 f. KonzVgV. Die Anforderungen an die Eignungsprüfung 77 gem. § 152 Abs. 2 iVm § 122 werden in den **§§ 25 f. KonzVgV** näher spezifiziert. Die KonzVgV unterscheidet dabei zwischen der **Festlegung der Eignungskriterien** in § 25 KonzVgV und den **Belegen für die Eignung und das Nichtvorliegen von Ausschlussgründen** in § 26 KonzVgV.[231] § 24 Abs. 1 KonzVgV enthält zudem Regelungen zur Rechtsform von Bietern, die ebenfalls – mittelbar – für die Eignungsprüfung relevant sind.[232]

Gemäß **§ 25 Abs. 1 KonzVgV** legt der Konzessionsgeber die Eignungskriterien iSd § 152 Abs. 2 78 iVm § 122 fest und gibt die Eignungskriterien in der Konzessionsbekanntmachung gem. § 19 KonzVgV an. Nach **§ 25 Abs. 2 KonzVgV** müssen die Eignungskriterien nichtdiskriminierend sein und erstens sicherstellen, dass der Konzessionsnehmer zur Durchführung der Konzession in Anbetracht des Konzessionsgegenstandes fähig ist, sowie zweitens einen Wettbewerb gewährleisten. Der Konzessionsgeber muss mithin bei der Wahl der Eignungskriterien einen Ausgleich zwischen der regelmäßig für langfristige Konzessionsverträge notwendigen Leistungsfähigkeit und der Gewährleistung eines hinreichenden Wettbewerbs vornehmen.[233] Zur Erfüllung der Eignungskriterien darf ein Unternehmen nach **§ 25 Abs. 3 KonzVgV** Kapazitäten anderer Unternehmen einbeziehen, unabhängig davon, welche rechtlichen Beziehungen zwischen ihm und diesen Unternehmen bestehen (Eignungsleihe). Hinsichtlich der finanziellen Leistungsfähigkeit kann der Konzessionsgeber verlangen, dass die Unternehmen gemeinschaftlich für die Vertragsdurchführung haften (Gesamtschuld iSd § 421 BGB).[234] Die prozeduralen Vorgaben für Nachunternehmer ergeben sich aus § 33 KonzVgV.[235]

Nach **§ 26 Abs. 1 KonzVgV** prüft der Konzessionsgeber die Eignung und das Nichtvorliegen 79 von Ausschlussgründen aufgund der Vorlage von Eigenerklärungen oder von Nachweisen (vgl. Art. 38 Abs. 1 RL 2014/23/EU). Anders als im Recht der öffentlichen Auftragsvergabe enthält die KonzVgV somit keinen Katalog zulässiger Belege, keinen Vorrang der Eigenerklärung gegenüber Nachweisen und keine Pflicht zur Forderung von Nachweisen aus e-Certis.[236] Die Eigenerklärung ist nicht mit der einheitlichen europäischen Eigenerklärung (EEE) zu verwechseln,[237] welche als vorläufiger Eignungsnachweis der Entbürokratisierung des Vergabeverfahrens dient und funktional einer Präqualifikation entspricht.[238] Die Mitgliedstaaten können Rechtsvorschriften erlassen oder es den öffentlichen Auftraggebern und Sektorenauftraggebern überlassen, zu entscheiden, ob die EEE auch im Zusammenhang mit Konzessionsvergaben verwendet werden sollte, unabhängig davon, ob diese der RL 2014/23/EU unterliegen oder nicht.[239] Der deutsche Gesetzgeber hat von dieser

---

[228] OLG Saarbrücken Beschl. v. 12.5.2004 – 1 Verg 4/04, ZfBR 2004, 714 (717); VK Düsseldorf Beschl. v. 21.1.2009 – VK 43/2008-L, IBRRS 2009, 1091.
[229] Beck VergabeR/*Opitz* § 122 Rn. 85.
[230] Beck VergabeR/*Opitz* § 122 Rn. 85.
[231] BT-Drs. 18/7318, 264.
[232] Dazu *Goldbrunner* VergabeR 2016, 365 (378).
[233] Ziekow/Völlink/*Goldbrunner* KonzVgV § 25 Rn. 5.
[234] Näher BeckOK VergabeR/*Bultmann* VgV § 47 Rn. 41 f.
[235] Näher *Goldbrunner* VergabeR 2016, 365 (380).
[236] *Goldbrunner* VergabeR 2016, 365 (379).
[237] Die Durchführungsverordnung (EU) 2016/7 der Kommission v. 5.1.2016 zur Einführung des Standardformulars für die Einheitliche Europäische Eigenerklärung (ABl. 2016 L 3, 16) nimmt nur auf die RL 2014/24/EU und die SRL Bezug, nicht aber auf die RL 2014/23/EU; vgl. auch *Neun/Otting* EuZW 2016, 486 f.
[238] *Gröning* VergabeR 2014, 339 (344).
[239] Anhang 1 der Durchführungsverordnung (EU) 2016/7, ABl. 2016 L 3, 16 (18).

Möglichkeit keinen Gebrauch gemacht (Gegenschluss zu § 50 VgV).[240] Der Begriff der Nachweise, der auch Referenzen iSd unionalen Sprachfassungen erfasst, ist weit zu verstehen und umfasst auch Führungszeugnisse.[241]

80 Nach § 26 Abs. 2 KonzVgV sind grundsätzlich in der Konzessionsbekanntmachung die Eignungskriterien und die Unterlagen anzugeben, mit denen Unternehmen die Eignung und das Nichtvorliegen von Ausschlussgründen belegen müssen. Ist eine Konzessionsbekanntmachung gem. § 20 KonzVgV nicht erforderlich, sind diese Angaben in die Vergabeunterlagen iSd § 16 KonzVgV aufzunehmen.[242] Bei Einbeziehung von Kapazitäten anderer Unternehmen gem. § 25 Abs. 3 KonzVgV können Konzessionsgeber nach § 26 Abs. 3 KonzVgV den Nachweis verlangen, dass die zur Erfüllung der Eignungskriterien erforderlichen Mittel während der gesamten Konzessionslaufzeit zur Verfügung stehen werden, zB durch eine Verpflichtungserklärung.[243]

81 **d) Insbesondere: strategische und innovative Beschaffung. aa) Allgemeines.** Auf der Ebene der Eignung ist die Berücksichtigung strategischer Elemente nur eingeschränkt möglich.[244] Bedeutsam sind etwa Umweltschutzmaßnahmen als Elemente der technischen Leistungsfähigkeit iSd § 122 Abs. 2 S. 2.[245] Zwar stufte der deutsche Gesetzgeber „vergabefremde Kriterien" früher generell als Eignungskriterien ein (§ 97 Abs. 4 Hs. 2 aF).[246] Derart strategische Erwägungen – sind eine neuere Begrifflichkeit – betreffen jedoch häufig **nicht die Fähigkeit des Bieters zur Durchführung der Leistung.**[247] Beispielsweise beziehen sich konstitutive Tariftreueerklärungen inhaltlich auf die Arbeitsbedingungen der an der Ausführung eines Auftrags beteiligten Arbeitnehmer, also nicht auf das Unternehmen an sich.[248] Auch der EuGH stuft beschäftigungspolitische Kriterien seit seiner Entscheidung „Beentjes" aus dem Jahr 1988 nicht als Eignungskriterien, sondern als „besondere zusätzliche Bedingungen" ein.[249] In „Max Havelaar" bewertete der EuGH das Verlangen eines öffentlichen Auftraggebers, wonach der Lieferant „die Kriterien in Bezug auf nachhaltige Einkäufe und gesellschaftlich verantwortliches Verhalten erfüllt", als (unzulässige) Mindestanforderungen an die berufliche Leistungsfähigkeit, da „der Katalog hinsichtlich der „technischen und beruflichen Leistungsfähigkeit" in Art. 48 Vergabe-RL 2004 (Art. 58 Abs. 4 RL 2014/24/EU) abschließend sei.[250]

82 Allerdings kann ein Unternehmen nach **§ 154 Nr. 2 iVm § 124 Abs. 1 Nr. 1** vom weiteren Verfahren ausgeschlossen werden, wenn es bei der Ausführung eines öffentlichen Auftrags bzw. einer Konzession gegen **geltende umwelt-, sozial- oder arbeitsrechtliche Verpflichtungen** verstößt (Eignung im weiteren Sinne).[251] Dies wird man allgemein dahingehend verstehen können, dass Unternehmen wegen fehlender beruflicher Eignung ausgeschlossen werden können, wenn sie nachweislich das geltende europäische und nationale (Umwelt-, Sozial- und Arbeits-)Recht nicht einhalten.[252] Erwägungsgrund 58 RL 2014/23/EU konkretisiert dies dahin, dass die Überprüfung der Einhaltung der umwelt-, sozial- und arbeitsrechtlichen Bestimmungen in den relevanten Phasen des Vergabeverfahrens bei Anwendung der allgemeinen Grundsätze für die Auswahl der Teilnehmer und der Konzessionsvergabe und bei der Anwendung der Ausschlusskriterien erfolgen sollte.

83 **bb) Qualität.** Im Zusammenhang mit der Eignungsprüfung bezieht sich die Vokabel **Qualität** auf diejenige des Bewerbers/Bieters, nicht des Angebots. Letztere darf grundsätzlich nur anhand von Kriterien wie Preis, technischem Wert, Ästhetik, Zweckmäßigkeit oder etwa Umwelteigenschaften, also anhand entsprechender Zuschlagskriterien ermittelt werden. Ob ein Bieter besser qualifiziert ist oder besseres Personal hat, also besser geeignet ist, darf bei der Angebotswertung grundsätzlich

---

[240] *Tugendreich/Heller* in Müller-Wrede GWB Rn. 45; für die Zulässigkeit Beck VergabeR/*Hübner* KonzVgV § 26 Rn. 15.
[241] BT-Drs. 18/7318, 265.
[242] Vgl. auch *Goldbrunner* VergabeR 2016, 365 (379).
[243] *Goldbrunner* VergabeR 2016, 365 (379).
[244] *Mohr* VergabeR 2009, 543 (545); *Ziekow* DÖV 2015, 897 (902); *Krönke* NVwZ 2016, 568 (573); *Funk/Tomerius* KommJur 2016, 47 (48).
[245] *Burgi* VergabeR § 16 Rn. 42.
[246] *Heintzen* ZHR 165 (2001), 62 (75). In diesem Sinne auch *Rust* EuZW 1999, 453 (456); *Thieme/Corell* DVBl 1999, 884 (887); *Däubler* ZIP 2000, 681 (682).
[247] *Reichert*, Vergaberechtlicher Zwang zur Zahlung von Tariflöhnen, 2007, 122; s. auch BKartA Beschl. v. 16.12.2008 – VK 1 – 162/08, IBRRS 2013, 2751.
[248] *Mühlbach* RdA 2003, 339 (342).
[249] EuGH Urt. v. 20.9.1988 – 31/87, NVwZ 1990, 353 Rn. 28 – Beentjes.
[250] EuGH Urt. v. 10.5.2012 – C-368/10, NZBau 2012, 445 Rn. 105 ff. – Max Havelaar; dazu *Ziekow* DÖV 2015, 897 (899).
[251] *Mühlbach* RdA 2003, 339 (343).
[252] *Ziekow* DÖV 2015, 897 (900).

III. Kommentierung 84–88 § 152 GWB

keine Rolle spielen (kein Mehr an Eignung).²⁵³ In seiner jüngeren Rechtsprechung hat der EuGH bei intellektuellen Dienstleistungen jedenfalls die Qualität des Personals als auftragsbezogenes Zuschlagskriterium akzeptiert.²⁵⁴

cc) Innovationen. Innovative Aspekte können mithilfe der Eignungskriterien regelmäßig 84 nicht verfolgt werden, da sich Innovationen auf die Zukunft beziehen, wohingegen die Eignungskriterien auf die Vergangenheit blicken.²⁵⁵ Zum Begriff der Innovation → Rn. 41.

dd) Soziale Aspekte. Ebenso wie im Rahmen der Leistungsbeschreibung können auch **sozi-** 85 **ale Anforderungen** nur begrenzt als Eignungskriterien vorgegeben werden.²⁵⁶ Soziale Kriterien wie vergabespezifische Mindestlöhne oder Tariftreueverlangen betreffen regelmäßig die Vertragsausführung gem. Abs. 4 und nicht die Eignung des Bieters gem. Abs. 2.²⁵⁷ Abzusehende, besonders schwerwiegende Verstöße gegen ausführungsbezogene Anforderungen im späteren Vergabeverfahren können jedoch bereits auf der Stufe der Bietereignung berücksichtigt werden.²⁵⁸ So kann in der Weigerung, eine Erklärung zur Einhaltung vergabespezifischer Mindestlöhne abzugeben, ein zulässiger bieterbezogener Ausschlussgrund liegen.²⁵⁹ Zwar sehen die § 154 Nr. 4 iVm § 133 für diese Fallgestaltung kein explizit geregeltes Kündigungsrecht vor. Die in § 133 normierten Kündigungsgründe sind aber nach dem Willen des Gesetzgebers nicht abschließend, weshalb insoweit die allgemeinen zivilrechtlichen Grundsätze gelten.²⁶⁰ Nach Erwägungsgrund 57 RL 2014/23/EU können sich die rechtlichen und individuellen Verpflichtungen zudem in sog. Konzessionserfüllungsklauseln widerspiegeln.²⁶¹ Verstößt ein Konzessionsnehmer erst nach dem positiven Zuschlag gegen individuelle Ausführungsbedingungen, betrifft dieser Verstoß nicht mehr das eigentliche Vergabeverfahren, da es mit dem wirksamen Zuschlag zugunsten eines Bieters endet.²⁶² In diesem Fall kommt deshalb kein Ausschluss vom Vergabeverfahren gem. § 154 Nr. 2 iVm §§ 123, 124 in Betracht.²⁶³

ee) Umweltbezogene Aspekte. Im Rahmen der wirtschaftlichen und finanziellen Leistungs- 86 fähigkeit ist eine Berücksichtigung von Umweltschutzzielen nicht möglich.²⁶⁴ Demgegenüber kann der Auftraggeber zum Nachweis der **technischen Leistungsfähigkeit** – sofern das Merkmal unionsrechtskonform ist (→ Rn. 10) – etwa spezifische Maßnahmen des Umweltschutzmanagements fordern, sofern die Konzession nach ihrem Gegenstand entsprechende Erfahrungen erfordert und die Anforderungen verhältnismäßig sind.²⁶⁵ Unzulässig ist es, von Unternehmen ohne Auftragsbezug ein Umweltmanagementsystem zu fordern.²⁶⁶

Beispiel: Hat ein Bewerber um einen Abfallentsorgungsauftrag in der Vergangenheit Umwelt- 87 delikte oder schwere Umweltordnungswidrigkeiten begangen, kommt ein Ausschuss vom Vergabeverfahren wegen schwerer Verfehlungen iSd § 124 Abs. 1 Nr. 3 iVm § 154 Nr. 4 in Betracht.²⁶⁷

4. Zuschlag (§ 152 Abs. 3). a) Allgemein. Der Zuschlag bedeutet den Abschluss des Verga- 88 beverfahrens. Er markiert zugleich den Übergang vom Vergaberechtsregime in das Vertragsrechtsregime, wobei der Zuschlag mit dem Abschluss des (Konzessions-)Vertrags in einem Akt zusammenfällt.²⁶⁸ Die **Anforderungen an die Zuschlagsentscheidung** sind in § 152 Abs. 3 normiert.²⁶⁹ Als Bewertungsmaßstab stellt Abs. 3 S. 1 auf das Vorliegen eines **wirtschaftlichen Gesamtvorteils** für den Konzessionsgeber ab²⁷⁰ (→ Rn. 94). Die Zuschlagserteilung erfolgt anhand objektiver Kriterien, die gem. § 152 Abs. 3 S. 2 sicherstellen, dass die Angebote unter wirksamen Wettbewerbsbedin-

---

²⁵³ *Dittmann* NZBau 2013, 746.
²⁵⁴ Zur Teamfähigkeit als Zuschlagskriterium EuGH Urt. v. 26.3.2015 – C-601/13, EuZW 2015, 433 Rn. 25 ff. – Ambisig; s. auch der Anm. von *Goede* EuZW 2015, 435.
²⁵⁵ *Burgi* NZBau 2011, 577 (581 mit Fn. 50).
²⁵⁶ *Mohr* EuZA 2017, 23 (35).
²⁵⁷ Zutr. Bewertung von *Siegel* EuZW 2016, 101 (103).
²⁵⁸ *Mohr* VergabeR 2009, 543 (545 f.); *Ziekow* DÖV 2015, 897 (902); *Siegel* EuZW 2016, 101 (103).
²⁵⁹ EuGH Urt. v. 17.11.2015 – C-115/14, NZBau 2016, 46 Rn. 78 ff. – RegioPost.
²⁶⁰ BT-Drs. 18/6281, 120.
²⁶¹ *Siegel* EuZW 2016, 101 (103), unter Verweis auf Erwägungsgrund 39 RL 2014/24/EU sowie die Spezialität der Erwägungsgründe gegenüber den Vorgaben des Richtlinientextes.
²⁶² BT-Drs. 18/6281, 102.
²⁶³ BT-Drs. 18/6281, 102.
²⁶⁴ *Heyne* ZUR 2011, 578 (580).
²⁶⁵ *Dageförde* NZBau 2002, 597 (599); *Heyne* ZUR 2011, 578 (580); *Burgi* VergabeR § 16 Rn. 37.
²⁶⁶ *Schneider* NVwZ 2009, 1057 (1059).
²⁶⁷ Zur Vergabe-RL 2004 *Schneider* NVwZ 2009, 1057 (1059); *Heyne* ZUR 2011, 578 (580).
²⁶⁸ OLG Naumburg Beschl. v. 16.10.2007 – 1 Verg 6/07, ZfBR 2008, 83 (85); *Burgi* VergabeR § 19 Rn. 1.
²⁶⁹ *Latzel* NZBau 2014, 673 (678).
²⁷⁰ *Dicks* in RKPP GWB Rn. 8.

gungen bewertet werden, mit dem Konzessionsgegenstand in Verbindung stehen und dem Konzessionsgeber keine uneingeschränkte Wahlfreiheit einräumen (→ Rn. 99). Anders als in § 127 iVm §§ 58 f. VgV (Art. 67 RL 2014/24/EU) normiert der Gesetzgeber keinen Katalog zulässiger Zuschlagskriterien. Letztere müssen aber den allgemeinen Grundsätzen in § 97 Abs. 1, 2 genügen.[271] In Übernahme der Rechtsprechung des EuGH[272] können die Zuschlagskriterien nach Abs. 3 S. 3 fakultativ qualitative, umweltbezogene und soziale Belange umfassen. Zuschlagskriterien müssen nach § 152 Abs. 3 S. 4 mit einer Beschreibung einhergehen, die eine wirksame Überprüfung der von den Bietern übermittelten Informationen gestattet, damit bewertet werden kann, ob und inwieweit die Angebote die Zuschlagskriterien erfüllen.

89 § 152 Abs. 3 entspricht nahezu wortgleich **Art. 41 RL 2014/23/EU**.[273] Gemäß Art. 41 Abs. 1 RL 2014/23/EU werden Konzessionen auf der Grundlage objektiver Kriterien vergeben, die den in Art. 3 RL 2014/23/EU festgelegten Grundsätzen genügen und sicherstellen, dass die Angebote unter wirksamen Wettbewerbsbedingungen bewertet werden, sodass ein wirtschaftlicher Gesamtvorteil für den Konzessionsgeber ermittelt werden kann. Nach Art. 41 Abs. 2 UAbs. 1 S. 1 RL 2014/23/EU müssen die Zuschlagskriterien mit dem Konzessionsgegenstand in Verbindung stehen und dürfen dem Konzessionsgeber keine uneingeschränkte Wahlfreiheit einräumen. Der Grundsatz der freien Verfahrensgestaltung gilt für Zuschlagskriterien somit nur eingeschränkt. Nach Art. 41 Abs. 2 UAbs. 2 RL 2014/23/EU müssen die Kriterien zudem mit Anforderungen verbunden sein, die eine wirksame Überprüfung der vom Bieter übermittelten Informationen ermöglichen (Erfüllbarkeit und Kontrollierbarkeit). Dabei muss der Konzessionsgeber nach Art. 41 Abs. 2 UAbs. 3 RL 2014/23/EU wirklich überprüfen, ob die Angebote die Zuschlagskriterien tatsächlich erfüllen. Schließlich müssen die Zuschlagskriterien verhältnismäßig sein.[274]

90 Der Zuschlag wird bei Konzessionen gem. § 152 Abs. 3 S. 4 ebenso wie bei öffentlichen Aufträgen gem. § 127 Abs. 1 S. 2 auf der Grundlage einer **Wertungsentscheidung** getroffen.[275] Während die **Eignung** eines Bewerbers oder Bieters grundsätzlich absolut festgestellt wird – diese liegt vor oder nicht – und auch die Ausführungsbedingungen vom späteren Konzessionsnehmer zwingend zu beachten sind, sind die Zuschlagskriterien vom Konzessionsgeber deshalb mit einer **Wertungsskala** zu versehen und Kriterien für die Beurteilung im Rahmen dieser Wertungsskala festzulegen[276] (→ Rn. 94 ff.). Bewerber werden daher nicht vom weiteren Verfahren ausgeschlossen, wenn sie eines der Kriterien nicht oder nicht ausreichend erfüllen.[277] Vielmehr können fehlende Fähigkeiten grundsätzlich durch andere Fähigkeiten kompensiert werden.[278] So kann beispielsweise die mangelnde Erfahrung eines Bewerbers – sofern diese ein zulässiges Zuschlagskriterium ist[279] – durch andere Fähigkeiten ausgeglichen werden.[280]

91 Nach § 152 Abs. 3 S. 2 können die Zuschlagskriterien **qualitative, umweltbezogene und soziale Belange** umfassen. Nichtsdestotrotz bleibt das Vergabeverfahren nach § 97 Abs. 1 iVm § 152 Abs. 3 S. 1 im Kern auf eine sparsame und wirtschaftliche Beschaffung sowie auf einen offenen Bieterwettbewerb im Binnenmarkt ausgerichtet.[281] In seinen Entscheidungen zu Tariftreueverlangen und zu vergabespezifischen Mindestlöhnen hat der EuGH die Grenzen einer Ausrichtung von Vergaben an strategischen Zwecken verdeutlicht[282] (zum Primärvergaberecht → § 151 Rn. 9 ff.; zum Sekundärrecht → § 151 Rn. 14 f.). Hiernach stellen arbeitsrechtliche Schutzvorschriften wie Tariftreuepflichten einen unverhältnismäßigen Eingriff in die Dienstleistungsfreiheit dar, sofern sie nur für solche Arbeitnehmer gelten, die im Rahmen öffentlicher Aufträge bzw. Konzessionen tätig werden, da Arbeitnehmer bei privaten Vertragsverhältnissen ebenfalls zu schützen sind. Dasselbe gilt, wenn der zu gewährende Schutz über die zwingenden Vorgaben des AEntG hinausgeht[283] (→ Rn. 125, 139). Es bleibt abzuwarten, ob die neue Entsenderichtlinie 2018/957/EU an dieser Rechtsprechung etwas ändert (→ § 151 Rn. 13).

---

[271] *Schröder* NZBau 2015, 351 (354); *Siegel* VergabeR 2015, 265 (270).
[272] EuGH Urt. v. 10.5.2012 – C-368/10, NZBau 2012, 445 Rn. 80 ff. – Max Havelaar.
[273] BT-Drs. 18/6281, 131.
[274] Zum Vorstehenden *Burgi* NZBau 2015, 597 (601).
[275] BT-Drs. 18/6281, 111; HK-VergabeR/*Friton/Stein* Rn. 28.
[276] *Latzel* NZBau 2014, 673 (678).
[277] Immenga/Mestmäcker/*Dreher*, 5. Aufl. 2014, § 97 Rn. 361.
[278] *Funk/Tomerius* KommJur 2016, 47 (49).
[279] Dazu EuGH Urt. v. 26.3.2015 – C-601/13, EuZW 2015, 433 Rn. 25 ff. – Ambisig; *Rosenkötter* NZBau 2015, 609 ff.
[280] *Funk/Tomerius* KommJur 2016, 47 (49).
[281] *Braun* in Hettich/Soudry VergabeR 183.
[282] *Siegel* VergabeR 2015, 265 (270); *Mohr* EuZA 2017, 23 (36 f.).
[283] Zum Vorstehenden EuGH Urt. v. 3.4.2008 – C-346/06, Slg. 2008, I-2024 Rn. 40 = EuZW 2008, 306 – Rüffert; krit. *Frenz* NZBau 2007, 17 (22).

Verfahrenstechnisch können **strategische und innovative Kriterien** iSd § 152 Abs. 3 S. 3 als **92** **Zuschlagskriterien,** aber auch als **Ausführungsbedingungen** statuiert werden.[284] Dies zeigt ein Blick auf die Erwägungsgründe 64–66 RL 2014/23/EU, welche sich sowohl auf Zuschlagskriterien als auch auf Ausführungsbedingungen beziehen. Hiernach gelten für die Zulässigkeit der Kriterien etwa im Hinblick auf die Verbindung zum Konzessionsgegenstand gem. § 152 Abs. 3 S. 2 und gem. § 152 Abs. 4, § 128 Abs. 2 S. 1, 3, § 127 Abs. 3 vergleichbare inhaltliche Voraussetzungen.[285] Obwohl dies nicht explizit normiert ist, folgt aus dem Grundsatz der Verhältnismäßigkeit gem. § 97 Abs. 1 S. 2, dass Ausführungsbedingungen ebenso wie Zuschlagskriterien erfüllbar und kontrollierbar sein müssen.[286]

Die Zuordnung zu den Zuschlagskriterien oder zu den Ausführungsbedingungen obliegt im **93** Rahmen der gewählten Verfahrensart[287] dem Konzessionsgeber (vgl. Erwägungsgrund 66 RL 2014/23/EU).[288] Er wird seine Entscheidung ua davon abhängig machen, **wie das jeweilige Kriterium** nach der Konzessionsbekanntmachung **verwendet werden soll.**[289] Sollen zB Ausführungsbedingungen wie die Lieferung einer Ware in einem Fair-trade-System in die Angebotsbewertung einfließen, werden sie zu Zuschlagskriterien.[290] Dies kann insbesondere dann sinnvoll sein, wenn der Umfang an sozialen oder ökologischen Lösungsmöglichkeiten noch nicht feststeht.[291] Soll demgegenüber die Einhaltung eines (strategischen oder innovativen) Merkmals sichergestellt werden, in Form einer Ja/Nein-Entscheidung, muss es als Ausführungsbedingung vereinbart werden.[292]

b) Angebotswertung. aa) Wirtschaftlicher Gesamtvorteil. Der Zuschlag wird nach § 152 **94** Abs. 3 S. 1 demjenigen Angebot erteilt, das nach Bewertung aller Zuschlagskriterien für den Konzessionsgeber einen **wirtschaftlichen Gesamtvorteil** bringt. Der wirtschaftliche Gesamtvorteil enthält damit einen Bewertungsmaßstab auf der Grundlage der Zuschlagskriterien.[293] Abs. 3 S. 1 geht auf Art. 41 Abs. 1 RL 2014/23/EU und die europäischen Primärvergaberegeln zurück, deren vordringliches Ziel die Verwirklichung des freien Verkehrs von Waren, Personen und Dienstleistungen auf den Beschaffungsmärkten ist.[294]

Während bei der Vergabe von öffentlichen Aufträgen **finanzielle Zuschlagskriterien** wie der **95** Preis eines Gutes im Vordergrund stehen, spielen diese Kriterien bei Konzessionen keine zentrale Rolle, da die Gegenleistung bei Konzessionen grundsätzlich nicht in der Zahlung eines Entgelts liegt[295] (→ § 105 Rn. 42 ff.). Vor diesem Hintergrund hat der Gesetzgeber im Konzessionsvergaberecht mit dem „wirtschaftlichen Gesamtvorteil" eine andere Begrifflichkeit als im allgemeinen Vergaberecht gewählt, wo nach § 127 Abs. 1 S. 1 (Art. 67 Abs. 1 RL 2014/24/EU) das „wirtschaftlichste Angebot" den Zuschlag bekommen soll.[296] Nach Erwägungsgrund 73 RL 2014/23/EU können **alle Faktoren** berücksichtigt werden, **die aus Sicht des Konzessionsgebers den Wert des Angebots beeinflussen** und es ihm ermöglichen, einen wirtschaftlichen Gesamtvorteil zu ermitteln, wobei die Grundsätze der Gleichbehandlung und Transparenz zu beachten sind. Entscheidend ist damit eine **Zweck-Mittel-Relation,** wobei der Zweck die zu erbringende Leistung darstellt, wohingegen sich die Mittel auf sachliche und mit dem Konzessionsgegenstand zusammenhängende Kriterien wie Qualität, Kundendienst, technische Hilfe und Versorgungssicherheit beziehen können.[297] Sofern der Konzessionsgeber dem Konzessionsnehmer in wirksamer Weise einen **Zuschuss** gewährt (→ § 105 Rn. 59 ff.), kann auch dessen – geringe – Höhe ein Zuschlagskriterium bilden.[298]

Der Konzessionsgeber darf grundsätzlich auch **die Höhe der später von den Endnutzern zu** **96** **zahlenden Entgelte** als Zuschlagskriterien berücksichtigen.[299] So ist das höhere Maß an Qualität,

---
[284] *Ziekow* DÖV 2015, 897 (902).
[285] AA *Brackmann* VergabeR 2014, 310 (317).
[286] *Burgi* NZBau 2015, 597 (600); aA *Latzel* NZBau 2014, 673 (680).
[287] *Brackmann* VergabeR 2014, 310 (313).
[288] *Latzel* NZBau 2014, 673 (680).
[289] *Jasper/Seidel* KommJur 2009, 56 (59); *Ziekow* DÖV 2015, 897 (902).
[290] *Latzel* NZBau 2014, 673 (680).
[291] *Heyne* ZUR 2011, 578 (581).
[292] *Ziekow* DÖV 2015, 897 (902 f.).
[293] *Ziekow/Völlink/Siegel* Rn. 9.
[294] Vgl. schon *Opitz* NZBau 2001, 12 (13).
[295] *Dicks* in RKPP GWB Rn. 8; gleichwohl wird der Preis auch bei Konzessionen als relevanter Aspekt im Rahmen des wirtschaftlichen Gesamtvorteils angesehen, vgl. *Ziekow/Völlink/Siegel* Rn. 9; jurisPK-VergabeR/*Wagner* Rn. 26; dies ist insoweit zutreffend, als damit die Höhe eines vom Konzessionsgebers zu zahlenden Zuschusses adressiert wird.
[296] BT-Drs. 18/6281, 111; s. auch *Krönke* NVwZ 2016, 568 (575).
[297] *Ruhland,* Die Dienstleistungskonzession, 2006, 246.
[298] *Burgi* VergabeR § 24 Rn. 28.
[299] BeckOK VergabeR/*von Hoff* Rn. 19; s. auch *Ruhland,* Die Dienstleistungskonzession, 2006, 109.

Umweltfreundlichkeit und Sozialverträglichkeit eines Angebots häufig erst dann hinreichend aussagekräftig, wenn die mit den strategischen Zielen verbundenen Mehrkosten berücksichtigt werden.[300]

97 **bb) Objektivität der Zuschlagskriterien.** Von dem Bewertungsmaßstab zu unterscheiden sind die Kriterien, anhand derer der wirtschaftliche Gesamtvorteil ermittelt wird. Da § 153 Abs. 3 keine bestimmten Kriterien normiert, kommt den inhaltlichen Anforderungen an die Zulässigkeit eine besonders große Bedeutung zu.[301] Nach § 152 Abs. 3 S. 1 muss der Zuschlag auf der Grundlage **objektiver Kriterien** erteilt werden, die sicherstellen, dass die Angebote der Bewerber **unter wirksamen Wettbewerbsbedingungen bewertet** werden. Hiermit soll ausgeschlossen werden, dass der Konzessionsgeber eine nicht überprüfbare Auswahl unter den Angeboten vornehmen kann (vgl. Abs. 3 S. 2), wie dies in subjektivierten Formulierungen wie „zur Zufriedenheit des Konzessionsgebers" zum Ausdruck käme.[302] Objektivität bedeutet damit im Ausgangspunkt, dass die Zuschlagskriterien an tatsächlich feststellbare Merkmale oder Eigenschaften der ausgeschriebenen Leistung und hiermit übereinstimmende Angebote anknüpfen.[303] Zudem ist erforderlich, dass die Zuschlagskriterien den in § 97 Abs. 1 benannten Vergabegrundsätzen genügen.[304] Nach dieser Vorschrift werden Konzessionen im Wettbewerb und im Wege transparenter Verfahren vergeben. Dabei werden die Grundsätze der Wirtschaftlichkeit und der Verhältnismäßigkeit gewahrt. § 97 Abs. 1 bezieht sich verfahrensübergreifend auf jede Phase der Vergabe, also auch auf die Zuschlagskriterien.[305] Die Gefahr von unverhältnismäßigen Marktbeschränkungen und ungerechtfertigten Diskriminierungen ist dann am geringsten, wenn sich Konzessionsgeber so verhalten wie Marktteilnehmer, die einem wirksamen Wettbewerb ausgesetzt sind.[306] Hiernach dürfen die von dem Normadressaten aufgestellten Zuschlagsbedingungen grundsätzlich nicht ungünstiger sein als diejenigen, die sich bei einer Beschaffung unter wirksamen Wettbewerbsbedingungen ergäben.[307] Auch der EuGH betont in ständiger Rechtsprechung, dass die Grundsätze der Gleichheit, der Nichtdiskriminierung und der Transparenz objektive Zuschlagskriterien erfordern, damit der Vergleich und die Bewertung der Angebote in objektiver Weise erfolgen und somit unter Bedingungen eines wirksamen Wettbewerbs stehen.[308]

98 Die „Objektivität" der Zuschlagsentscheidung hat auch eine personelle Komponente, da **Interessenkonflikte** auf Seiten der konzessionserteilenden Stelle auszuschließen sind (**§ 5 KonzVgV**).[309]

99 **cc) Verbindung der Zuschlagskriterien zum Konzessionsgegenstand.** Nach § 152 Abs. 3 S. 2 müssen die Zuschlagskriterien **mit dem Konzessionsgegenstand in Verbindung stehen** und dürfen dem Konzessionsgeber **keine uneingeschränkte Wahlfreiheit** einräumen (zum Ausschluss der Wahlfreiheit mittels objektiver Kriterien → Rn. 97). Der EuGH verlangte erstmals in der Rechtssache „Concordia Bus Finland" aus dem Jahr 2002 einen materiellen Zusammenhang zwischen Zuschlagskriterien und Auftrags- bzw. Konzessionsgegenstand, da sich das Angebot notwendig auf den Auftragsgegenstand beziehe.[310] In der im Jahr 2003 ergangenen Rechtssache „Wienstrom"[311] wurde diese Voraussetzung näher konkretisiert. Hiernach ist ein hinreichender Zusammenhang unproblematisch zu bejahen, wenn das Zuschlagskriterium einen unmittelbaren Bezug zum Auftrag/zur Konzession hat.[312] Mit Blick auf soziale/strategische Kriterien oder Qualitätsvorgaben wird jedoch auch ein mittelbarer Zusammenhang mit dem Leistungsgegenstand als ausreichend angesehen.[313] In diesem Sinne liege ein hinreichender Bezug zum Konzessionsgegenstand vor, wenn ein strategisches Zuschlagskriterium den Wert der Leistung für den Auftraggeber positiv beeinflusst.[314] Nicht jedes Vergabekriterium muss deshalb rein wirtschaftlich sein. Es können sich vielmehr auch andere Faktoren wie etwa ökologische Gesichtspunkte positiv auf den Wert des Angebots

---

[300] *Burgi* VergabeR § 24 Rn. 28.
[301] *Siegel* VergabeR 2015, 265 (270); vgl. auch *Ruhland*, Die Dienstleistungskonzession, 2006, 245.
[302] *Dicks* in RKPP GWB Rn. 10.
[303] *Dicks* in RKPP GWB Rn. 10.
[304] BT-Drs. 18/6281, 131; HK-VergabeR/*Friton/Stein* Rn. 19.
[305] *Burgi* NZBau 2015, 597 (601).
[306] *Opitz* NZBau 2001, 12 (13).
[307] Näher *Mohr*, Sicherung der Vertragsfreiheit durch Wettbewerbs- und Regulierungsrecht, 2015, 487 ff.
[308] Vgl. EuGH Urt. v. 10.5.2012 – C-368/10, NZBau 2012, 445 Rn. 86 – Max Havelaar; s. auch EuGH Urt. v. 20.9.1988 – 31/87, Slg. 1988, 4635 Rn. 27 = NVwZ 1990, 353 – Beentjes.
[309] EuGH Urt. v. 7.12.2000 – C-324/98, Slg. 2000, I-10745 = NZBau 2001, 148 Rn. 62 – Telaustria; *Ruhland*, Die Dienstleistungskonzession, 2006, 247.
[310] EuGH Urt. v. 17.9.2002 – C-513/99, EuZW 2002, 628 – Concordia Bus Finland mAnm *Steinberg*.
[311] EuGH Urt. v. 4.12.2003 – C-448/01, Slg. 2009, I-14527 Rn. 32 = EuZW 2004, 81 – Wienstrom.
[312] *Frenz* NZBau 2007, 17 (19).
[313] *Dicks* in RKPP GWB Rn. 11; vgl. auch OLG Düsseldorf Beschl. v. 19.11.2014 – VII-Verg 30/14, NZBau 2015, 43 Rn. 14 ff.
[314] *Bitterich* ZIP 2008, 1455 (1456); *Mohr* VergabeR 2009, 543 (547).

III. Kommentierung

auswirken.³¹⁵ Der EuGH hat die notwendige Verbindung der Zuschlagskriterien zum Konzessionsgegenstand in seiner Entscheidung Max Havelaar näher spezifiziert.³¹⁶ Danach müssen sich Zuschlagskriterien auf den konzessionierten Gegenstand beziehen, weshalb jedenfalls allgemeine Vorgaben an die Geschäftspolitik, etwa die Einkaufspolitik des Unternehmens, nicht zulässig seien (unternehmensbezogene Verhältnisse).³¹⁷ Demgegenüber sei es nicht erforderlich, dass sich ein Zuschlagskriterium auf eine „echte innere Eigenschaft eines Erzeugnisses" beziehe, also auf „ein Element, das materiell Bestandteil von ihm" sei.³¹⁸ Demgemäß könne ein öffentlicher Auftraggeber im Rahmen der Vergabe eines Auftrags über die Lieferung von Strom ein Kriterium festlegen, das die Lieferung von Strom aus erneuerbaren Energieträgern verlange.³¹⁹ Dasselbe müsse dann aber auch für ein Zuschlagskriterium gelten, das darauf abstellt, dass ein Erzeugnis fair gehandelt worden ist.³²⁰ Ein Bezug auf materielle Eigenschaften ist folglich nicht zwingend erforderlich.³²¹

dd) Erfüllbarkeit und Kontrollierbarkeit der Zuschlagskriterien. Gemäß § 152 Abs. 3 S. 4 (Art. 41 Abs. 2 UAbs. 2 und 3 RL 2014/23/EU) müssen die Zuschlagskriterien mit einer **Beschreibung** einhergehen, die eine wirksame Überprüfung der von den Bietern übermittelten Informationen ermöglicht, damit bewertet werden kann, ob die Angebote der Bewerber die festgelegten Kriterien erfüllen.³²² Dieses Erfordernis geht im Kern auf den Transparenzgrundsatz gem. § 97 Abs. 1 S. 1 zurück, wonach „alle Bedingungen und Modalitäten des Vergabeverfahrens klar, präzise und eindeutig […] formuliert werden" müssen.³²³ Zudem müssen alle Bieter gebührend informiert werden und die Konzessionsgeber müssen überprüfen können, „ob die Angebote der Bieter die für den betreffenden Auftrag geltenden Kriterien erfüllen".³²⁴ Die Zuschlagskriterien müssen mit anderen Worten erfüllbar und kontrollierbar sein.³²⁵

ee) Bekanntmachung der Zuschlagskriterien. Die Zuschlagskriterien sind nach § 13 Abs. 2 Nr. 2 KonzVgV, § 19 Abs. 2 KonzVgV (Art. 33 Abs. 1 RL 2014/23/EU) grundsätzlich in der **Konzessionsbekanntmachung** gem. § 19 KonzVgV iVm Art. 4 und Anhang XXI der Kommissions-Durchführungs-VO (EU) 2015/1986 zu veröffentlichen.³²⁶

c) Konkretisierung durch § 31 KonzVgV. § 31 KonzVgV macht ergänzende Vorgaben zu den Zuschlagskriterien, die in Zusammenschau mit § 152 Abs. 3 zu betrachten sind. Die Vorschrift setzt Art. 41 Abs. 3 RL 2014/23/EU ins deutsche Recht um. § 31 KonzVgV ist ebenso wie § 152 Abs. 3 insgesamt bieterschützend, weshalb sowohl das Unterlassen der Angabe der Zuschlagskriterien oder ihrer Rangfolge, als auch unzulässige Änderungen der Zuschlagskriterien oder die nicht erfolgte oder nicht mögliche Prüfung der Erfüllung der Zuschlagskriterien die Bieter in ihren Rechten aus § 97 Abs. 6 verletzen.³²⁷ Nach **§ 31 Abs. 1 KonzVgV** sind die Zuschlagskriterien zumindest in absteigender Reihenfolge ihrer Bedeutung anzugeben. Im Unterschied zur Auftragsvergabe (§ 58 Abs. 3 S. 1 VgV) müssen Konzessionsgeber die Zuschlagskriterien nicht gewichten, obwohl es ansonsten für potentielle Bieter nicht vollumfänglich erkennbar ist, wo die Präferenzen und Schwerpunktsetzungen des Konzessionsgebers tatsächlich liegen.³²⁸ Im Schrifttum wird deshalb zuweilen eine primärrechtskonforme Präzisierung von § 31 Abs. 1 KonzVgV erwogen, wonach die Zuschlagskriterien aus Transparenzgründen zu gewichten seien und die Gewichtung veröffentlicht werden müsse.³²⁹ Auch nach Erwägungsgrund 73 S. 7 RL 2014/23/EU dient das Gewichtungserfordernis der Sicherstellung von Gleichbehandlung und Transparenz. Konzessionsgeber sollen die Zuschlagskriterien deshalb jedenfalls

---

³¹⁵ EuGH Urt. v. 17.9.2002 – C-513/99, EuZW 2002, 628 Rn. 55 – Concordia Bus Finland mAnm Steinberg.
³¹⁶ Zum Folgenden EuGH Urt. v. 10.5.2012 – C-368/10, NZBau 2012, 445 Rn. 89 ff. – Max Havelaar.
³¹⁷ Ebenso *Dicks* in RKPP GWB Rn. 11.
³¹⁸ EuGH Urt. v. 10.5.2012 – C-368/10, NZBau 2012, 445 Rn. 91 – Max Havelaar.
³¹⁹ EuGH Urt. v. 4.12.2003 – C-448/01, Slg. 2009, I-14527 Rn. 34 = EuZW 2004, 81 – Wienstrom.
³²⁰ EuGH Urt. v. 10.5.2012 – C-368/10, NZBau 2012, 445 Rn. 91 – Max Havelaar; ebenso OLG Düsseldorf Beschl. v. 19.11.2014 – VII-Verg 30/14, NZBau 2015, 43 (Ls. 1) – Patientenprogramm.
³²¹ *Burgi* NZBau 2015, 597 (601); *Latzel* NZBau 2014, 673 (679).
³²² Grundlegend EuGH Urt. v. 4.12.2003 – C-448/01, Slg. 2003, I-14527 Rn. 72 = EuZW 2014, 81 – Wienstrom.
³²³ EuGH Urt. v. 10.5.2012 – C-368/10, NZBau 2012, 445 Rn. 109 – Max Havelaar.
³²⁴ EuGH Urt. v. 10.5.2012 – C-368/10, NZBau 2012, 445 Rn. 109 – Max Havelaar.
³²⁵ *Burgi* NZBau 2015, 597 (601).
³²⁶ Kom., Durchführungsverordnung (EU) 2015/1986 v. 11.11.2015 zur Einführung von Standardformularen für die Veröffentlichung von Vergabebekanntmachungen für öffentliche Aufträge und zur Aufhebung der Durchführungsverordnung (EU) Nr. 842/2011, ABl. 2015 L 296, 1.
³²⁷ *Ziekow/Völlink/Steck* KonzVgV § 31 Rn. 1.
³²⁸ Beck VergabeR/*Burgi/Wolff* KonzVgV § 31 Rn. 9.
³²⁹ *Tugendreich/Heller* in Müller-Wrede GWB Rn. 72; als primärrechtlich zulässig angesehen von Beck VergabeR/*Burgi/Wolff* KonzVgV § 31 Rn. 11.

in absteigender Reihenfolge ihrer Wichtigkeit angeben, damit potenzielle Bieter alle Elemente kennen, die bei der Ausarbeitung ihrer Angebote zu berücksichtigen sind. Eine konkrete Gewichtung von Kriterien und Unterkriterien soll demgegenüber nicht geboten sein, da dies der erwünschten Verfahrensflexibilität entgegenstehen soll.[330] Freilich stellt allein die Mitteilung der Gewichtung – wenn auch nicht notwendig der Bewertungsmethode[331] – eine diskriminierungsfreie Auswahl der Bieter nach zulässigen Kriterien sicher, bietet einen wirksamen Schutz vor „Betrug, Günstlingswirtschaft und Bestechung" und dient der „Verhinderung von Interessenkonflikten" (Erwägungsgrund 61 RL 2014/23/EU). Sie ist deshalb auch vor dem Hintergrund der Vergabegrundsätze des § 97 Abs. 1, 2 regelmäßig erforderlich.[332]

103 Die Reihung der Wertungskriterien darf nur bei **innovativen Lösungen mit außergewöhnlich hoher funktioneller Leistungsfähigkeit** geändert werden, sofern diese vom Konzessionsgeber nicht vorhergesehen werden konnten (§ 31 Abs. 2 S. 1 KonzVgV iVm Art. 41 Abs. 3 S. 2 RL 2014/23/EU).[333] Die Vorschrift beinhaltet damit eine Ausnahme vom Grundsatz der strikten Bindung an die bekanntgemachte Reihenfolge der Zuschlagskriterien.[334] Die Änderung der Gewichtung darf zu keiner Diskriminierung von Bietern führen, was kaum praktikabel umzusetzen ist, da sie per se bestimmte Bieter bevorzugt.[335] An das Vorliegen einer innovativen Lösung sind deshalb hohe Anforderungen zu stellen, die der Konzessionsgeber beweisen muss.[336] Die Bieter müssen über eine Änderung der Rangfolge jedenfalls informiert werden (§ 31 Abs. 2 S. 2 KonzVgV). Außerdem muss eine neue Aufforderung zur Angebotsabgabe unter Berücksichtigung der Mindestfrist nach § 27 Abs. 4 S. 1 KonzVgV veröffentlicht werden (§ 31 Abs. 2 S. 2 KonzVgV).

104 **d) Zuschlagskriterien mit qualitativen, umweltbezogenen oder sozialen Belangen. aa) Allgemeines.** Der Zuschlag wird gem. § 152 Abs. 3 S. 1 grundsätzlich demjenigen Angebot erteilt, das dem Konzessionsgeber den größtmöglichen wirtschaftlichen Gesamtvorteil bringt (→ Rn. 94). Ob und inwieweit bei der Angebotswertung auch strategische („sekundäre") Belange berücksichtigt werden können, war bislang umstritten.[337] § 152 Abs. 3 S. 3 stellt nunmehr in Konkretisierung von § 97 Abs. 3 klar, dass als auch **qualitative, umweltbezogene** und **soziale Belange** berücksichtigt werden dürfen, sofern sie mit dem Konzessionsgegenstand in Verbindung stehen und dem Konzessionsgeber keine uneingeschränkte Wahlfreiheit überantworten. Mit dieser Aufzählung weicht § 153 Abs. 3 S. 3 auf den ersten Blick von den unionsrechtlichen Vorgaben ab; denn Art. 41 Abs. 2 S. 2 RL 2014/23/EU bezieht sich auf **„ökologische, soziale** und **innovationsbezogene Kriterien"**. Während beide Vorschriften somit soziale und ökologische (umweltbezogene) Kriterien adressieren, spricht Art. 41 Abs. 2 S. 2 RL 2014/23/EU von innovationsbezogenen Kriterien, während Abs. 3 S. 3 qualitative Kriterien erwähnt. Dieser Widerspruch lässt sich insoweit auflösen, als das Merkmal der Innovation jedenfalls mittelbar in § 31 Abs. 2 KonzVgV – dort in Zusammenhang mit der Leistungsbeschreibung – benannt wird. Zudem kommt die Innovationsbezogenheit in der qualitativen Beschaffung zum Ausdruck.

105 Gemäß **§ 152 Abs. 4 iVm § 129** können der Bund und die Länder bei den Ausführungsbedingungen im Rahmen ihrer Landesvergabegesetze die Beachtung strategischer Aspekte zwingend vorschreiben. Demgegenüber fehlt es bei den Zuschlagskriterien an einer entsprechenden Regelung in § 152 Abs. 3 iVm § 31 KonzVgV. Vielmehr hat der Bund im Rahmen des § 152 Abs. 3 abschließend über die Zuschlagskriterien und die entsprechenden Verpflichtungen der Auftraggeber entschieden.[338]

106 Ebenso wie bei den Bestimmungen über die Auftragsbedingungen gem. § 152 Abs. 4 iVm § 128 Abs. 2 müssen strategische Zuschlagskriterien **vier Voraussetzungen** erfüllen:[339] Sie müssen erfüllbar und kontrollierbar sein (Abs. 3 S. 4),[340] sie müssen in Verbindung mit dem Gegenstand der Konzession stehen (Abs. 3 S. 2), sie müssen bekannt gemacht werden (§ 13 Abs. 2 Nr. 2 KonzVgV, § 19 Abs. 2 KonzVgV) und sie müssen verhältnismäßig sein (§ 97 Abs. 1 S. 2).

107 Das Erfordernis der **Erfüllbarkeit und Kontrollierbarkeit** von strategischen Zuschlagskriterien ist nicht gewahrt, wenn Bieter pauschal zur „Verbesserung der Nachhaltigkeit"[341] aufgefordert werden,

---

[330] Schröder NZBau 2015, 351 (354).
[331] Hierzu EuGH Urt. v. 14.7.2016 – C-6/15, EuZW 2016, 751 Rn. 19 ff. – TNS Dimarso.
[332] Ebenso Siegel NVwZ 2016, 1672 (1676).
[333] Dies stellt eine Neuerung dar; vgl. Opitz NVwZ 2014, 753 (758).
[334] Beck VergabeR/Burgi/Wolff KonzVgV § 31 Rn. 12.
[335] Ebenso Opitz NVwZ 2014, 753 (758); Goldbrunner VergabeR 2016, 365 (383).
[336] Tugendreich/Heller in Müller-Wrede GWB Rn. 78.
[337] Nachweise bei Mohr VergabeR 2009, 543 ff.
[338] Burgi NZBau 2015, 597 (601).
[339] Burgi NZBau 2015, 597 (601); Mohr EuZA 2017, 23 (37).
[340] Vgl. EuGH Urt. v. 4.12.2003 – C-448/01, Slg. 2003, I-14527 Rn. 72 = EuZW 2014, 81 – Wienstrom; EuGH Urt. v. 10.5.2012 – C-368/10, NZBau 2012, 445 Rn. 109 – Max Havelaar.
[341] EuGH Urt. v. 10.5.2012 – C-368/10, NZBau 2012, 445 Rn. 110 – Max Havelaar.

da dieses ökologische Erfordernis nicht ausreichend klar und präzise formuliert ist. Den Bietern ist hier nicht ersichtlich, welche Kriterien sie zur Verbesserung der Nachhaltigkeit erfüllen müssen.[342]

Praktisch bedeutsam ist, ob die strategischen Zuschlagskriterien mit dem Gegenstand der Konzession in einer hinreichend engen **Verbindung** stehen[343] (→ Rn. 106). Nach Erwägungsgrund 64 RL 2014/23/EU ist der Konzessionsgeber berechtigt (aber nicht verpflichtet), von Zuschlagskriterien – ebenso wie von Ausführungsbedingungen – Gebrauch zu machen, die die gemäß der Konzession zu erbringenden Bau- oder Dienstleistungen in jeder Hinsicht und in jeder Phase ihres **Lebenszyklus** von der Gewinnung der Rohstoffe für die Ware bis zur Entsorgung des Produkts betreffen. Hierzu gehören auch Faktoren, die mit dem konkreten Prozess der Erzeugung, Bereitstellung der oder Handel mit den betreffenden Bau- oder Dienstleistungen oder einem konkreten Prozess in einer späteren Phase ihres **Lebenszyklus** zusammenhängen, auch wenn derartige Faktoren **kein materieller Bestandteil der Leistung** sind. Kriterien und Bedingungen bezüglich eines derartigen Erzeugungs- oder Bereitstellungsprozesses sind etwa, dass die Dienstleistungen, die Gegenstand der Konzession sind, unter Zuhilfenahme energieeffizienter Maschinen erbracht werden.[344] Hiermit stützt sich der Gesetzgeber auf die Rechtsprechung des EuGH in Sachen Max Havelaar, wo sich der Gerichtshof bezüglich öffentlicher Aufträge für eine weite Auslegung des Auftragsbezugs ausgesprochen hat,[345] indem er die Verwendung von fair gehandelten Waren als Zuschlagskriterium oder Bedingungen für die Konzessionsausführung für zulässig hielt.[346] Der Lebenszyklusansatz ist somit nicht auf strategische Aspekte jenseits der erbrachten Leistungen bezogen, sondern erfordert eine Verbindung zum Konzessionsgegenstand.[347] 108

Der **Verhältnismäßigkeitsgrundsatz** gem. § 97 Abs. 1 S. 2 wirkt sich etwa auf die Verwendung von Quotenvorgaben aus, zB wenn ein Angebot besser bewertet werden soll, das den Einsatz und die Betreuung der meisten Langzeitarbeitslosen in Aussicht stellt. Derartige Zuschlagskriterien kommen nur bei länger andauernden und zudem personalintensiven Konzessionen in Betracht.[348] 109

bb) Qualität. Das in Abs. 3 S. 2 aufgeführte Zuschlagskriterium der **„qualitativen Belange"** ist in Art. 41 Abs. 2 S. 2 RL 2014/23/EU nicht enthalten. Gemäß der Rechtsprechung des EuGH zur Vergabe-RL 2004 bilden qualitative Belange einen Unterfall der wirtschaftlichen Kriterien und umfassen auch Umwelteigenschaften.[349] Nach der insoweit verallgemeinerungsfähigen Definition des § 58 VgV schließt das Zuschlagskriterium der Qualität den technischen Wert, die Ästhetik, die Zweckmäßigkeit, die Zugänglichkeit der Leistung insbesondere für Menschen mit Behinderungen, ihre Übereinstimmung mit Anforderungen des „Designs für Alle", soziale, umweltbezogene und innovative Eigenschaften sowie Vertriebs- und Handelsbedingungen mit ein.[350] Bei einem derartigen Verständnis bildet die Qualität den **Oberbegriff** für die sozialen, umweltbezogenen und innovativen Eigenschaften einer konzessionierten Leistung.[351] 110

Gerade im sensiblen Bereich der **Daseinsvorsorge** kann die **persönliche Qualifikation** des Bieters – eigentlich ein von den Zuschlagskriterien zu trennendes Eignungskriterium – Einfluss auf die Qualität der Leistung haben und damit als Zuschlagskriterium dienen.[352] Der EuGH hat folglich bei Dienstleistungen mit intellektuellem Charakter auch die Organisation, Qualifikation und Erfahrung des mit der Durchführung der Leistung betrauten Personals als Zuschlagskriterium akzeptiert, da die Qualität insoweit gerade nicht bieterbezogen, sondern auftragsbezogen sei.[353] Man wird diese Rechtsprechung insbesondere auf Fallgestaltungen beziehen können, bei denen die Qualität des eingesetzten Personals erheblichen Einfluss auf das Niveau der Auftragsdurchführung hat.[354] 111

cc) Innovationen. Zuschlagskriterien können sich nach Abs. 3 S. 3 iVm Art. 41 Abs. 2 S. 2 RL 2014/23/EU auch auf innovative Aspekte beziehen (zum Begriff → Rn. 41). Mit Blick auf das Erfordernis der Erfüllbarkeit und Kontrollierbarkeit erfordern innovative Zuschlagskriterien eine 112

---

[342] *Mohr* EuZA 2017, 23 (37).
[343] Vgl. *Burgi* NZBau 2015, 597 (601); *Ziekow* DÖV 2015, 897 (902); *Latzel* NZBau 2014, 673 (679); *Mohr* EuZA 2017, 23 (37).
[344] Vgl. auch *Latzel* NZBau 2014, 673 (679).
[345] EuGH Urt. v. 10.5.2012 – C-368/10, NZBau 2012, 445 Rn. 85 – Max Havelaar.
[346] Vgl. auch *Krönke* NVwZ 2016, 568 (573).
[347] *Burgi* NZBau 2015, 597 (601).
[348] *Mohr* EuZA 2017, 23 (37 f.); für öffentliche Aufträge *Latzel* NZBau 2014, 673 (680); *Burgi* NZBau 2015, 597 (601).
[349] EuGH Urt. v. 10.5.2012 – C-368/10, NZBau 2012, 445 Rn. 85 – Max Havelaar.
[350] S. dazu auch *Dittmann* NZBau 2013, 746.
[351] Ebenso EuGH Urt. v. 10.5.2012 – C-368/10, NZBau 2012, 445 Rn. 85 – Max Havelaar.
[352] Vgl. *Säcker/Mohr* ZWeR 2012, 417 (431).
[353] Zur Teamfähigkeit als Zuschlagskriterium EuGH Urt. v. 26.3.2015 – C-601/13, EuZW 2015, 433 Rn. 25 ff. - Ambisig; s. auch die Anm. von *Goede* EuZW 2015, 435.
[354] Näher *Dittmann* NZBau 2013, 746 ff.; *Rosenkötter* NZBau 2015, 609 (610 f.).

präzise und klare Formulierung.[355] Zudem müssen sie in hinreichendem Zusammenhang zum Gegenstand der Konzession stehen.

113   **dd) Soziale Aspekte.** § 152 Abs. 3 S. 3 stellt klar, dass soziale Aspekte als Zuschlagskriterien verwandt werden dürfen. Nach Erwägungsgrund 64 RL 2014/23/EU kann ein **handelsbezogenes Zuschlagskriterium** – in Übernahme der Rechtsprechung des EuGH in Sachen Max Havelaar[356] – darin bestehen, dass die jeweilige Ware aus einem fairen Handel stammt.[357] Nach Erwägungsgrund 65 RL 2014/23/EU sollten Zuschlagskriterien oder Bedingungen für die Konzessionsausführung, die soziale Aspekte des Produktionsprozesses betreffen, gemäß der Arbeitnehmerentsende-RL (RL 96/71/EG) in der Auslegung des EuGH angewandt werden und sollten nicht in einer Weise ausgewählt oder angewandt werden, die Wirtschaftsteilnehmer aus anderen Mitgliedstaaten oder aus Drittstaaten, die Partei des Übereinkommens über das öffentliche Beschaffungswesen (im Folgenden „GPA") der Welthandelsorganisation oder der Freihandelsübereinkommen sind, denen die Union angehört, **unmittelbar oder mittelbar diskriminiert.**[358] Folglich sollten Anforderungen hinsichtlich der in der Arbeitnehmerentsende-RL geregelten grundlegenden Arbeitsbedingungen, wie **Mindestlöhne,** auf dem Niveau bleiben, das durch nationale Rechtsvorschriften oder durch Tarifverträge, die **im Einklang mit dem Unionsrecht im Kontext der genannten Richtlinie angewandt werden,** festgelegt wurde. Dies geht zurück auf die Rechtsprechung des EuGH zu Tariftreueerklärungen und vergabespezifischen Mindestlöhnen (→ § 151 Rn. 10 ff.). Es bleibt abzuwarten, ob sich an dieser Rechtsprechung durch die neue Entsenderichtlinie 2018/957/EU etwas ändert (→ § 151 Rn. 13).

114   Soziale Zuschlagskriterien können nach Erwägungsgrund 65 RL 2014/23/EU weiterhin die Umsetzung von Maßnahmen zur **Förderung der Gleichstellung von Frauen und Männern am Arbeitsplatz,** die **verstärkte Beteiligung der Frauen am Erwerbsleben** und die **Vereinbarkeit von Arbeit und Privatleben** und im Kern die Erfüllung der grundlegenden Übereinkommen der Internationalen Arbeitsorganisation (ILO) bezwecken.[359]

115   **ee) Umweltbezogene Aspekte.** § 152 Abs. 3 ermöglicht es dem Konzessionsgeber schließlich, den wirtschaftlichen Gesamtvorteil auf der Basis umweltbezogener (ökologischer) Kriterien zu ermitteln, sofern diese Kriterien in Verbindung mit dem Konzessionsgegenstand stehen und verhältnismäßig sind. Erwägungsgrund 64 RL 2014/23/EU bezieht sich insoweit beispielhaft auf die Abfallminimierung und die Ressourceneffizienz. Weiterhin kann im Rahmen der ökologischen Beschaffung verlangt werden, dass die zu erbringenden Dienst- bzw. Baukonzessionen mit Hilfe energieeffizienter Maschinen erbracht werden.

116   **5. Auftragsausführung und Ausführungsbedingungen (§ 152 Abs. 4 iVm §§ 128, 129).**
a) Allgemeine Grundsätze. Die Zuschlagsentscheidung bildet den Abschluss des Vergabeverfahrens und leitet in das **Vertragsrechtsregime** über. Der allgemeine Rechtsrahmen für die Vertragsausführung ergibt sich aus dem Bürgerlichen Recht und aus Sonderregelungen, für den Baubereich etwa in der VOB/B. Vertragsrechtliche Vorgaben enthalten auch die Vorschriften zur Kündigung von Konzessionen in besonderen Fällen gem. § 154 Nr. 4, § 133.[360] Diese allgemeinen Vorschriften werden ergänzt durch § 152 Abs. 4, nach dem die Vorschriften zur Auftragsausführung gem. **§ 128 Abs. 1,** die Ausführungsbedingungen gem. **§ 128 Abs. 2** sowie die nach **§ 129** kraft Bundes- oder Landesgesetz zwingend zu berücksichtigenden Ausführungsbedingungen entsprechend auf die Vergabe von Konzessionen durch Konzessionsgeber anzuwenden sind. Da keine sachlichen Gründe für eine Differenzierung zwischen öffentlichen Aufträgen und Konzessionsverträgen ersichtlich sind, gelten die §§ 128, 129 ohne inhaltliche Modifikationen.[361] Insoweit folgerichtig enthält die **KonzVgV** keine gesonderten Regelungen über Ausführungsbedingungen.

117   Die Pflicht zur Beachtung der geltenden rechtlichen Verpflichtungen nach der „horizontalen Sozialklausel" des **§ 128 Abs. 1**[362] geht im Konzessionsrecht zurück auf **Art. 30 Abs. 3 RL 2014/23/EU.**[363] Die Vorschrift betrifft alle Anforderungen, welche die Bewerber/Bieter schon aufgrund anderweitiger, nicht notwendig vergaberechtsspezifischer Rechtsvorschriften einhalten müssen, etwa die Begleichung von Steuern, Abgaben und Beiträgen zur Sozialversicherung, die Einhaltung arbeits-

---

[355] Als nicht praktikabel bewertet von *Kühling/Huerkamp* VergabeR 2010, 545 (552).
[356] EuGH Urt. v. 10.5.2012 – C-368/10, NZBau 2012, 445 – Max Havelaar.
[357] *Ziekow* DÖV 2016, 897 (898).
[358] Näher *Mohr* EuZA 2017, 23 (39).
[359] Vgl. *Ziekow* DÖV 2015, 897 (898); *Burgi* NZBau 2015, 597 (598).
[360] *Burgi* VergabeR § 19 Rn. 4 f.
[361] BT-Drs. 18/6281, 131 f.
[362] Kom., Erläuterungen klassische Auftraggeber, Übersicht Nr. 8: Soziale Aspekte der neuen Regeln.
[363] Weitere Vorschriften in diesem Kontext: der spezifische Ausschlussgrund in Art. 38 Abs. 7 lit. a RL 2014/23/EU und die Verpflichtung von Unterauftragnehmern in Art. 42 Abs. 1 RL 2014/23/EU.

schutzrechtlicher Regelungen oder die Gewährung von Arbeitsbedingungen nach dem Mindestlohngesetz, dem Tarif- und Betriebsverfassungsrecht sowie dem Arbeitnehmerentsenderecht.[364] § 128 Abs. 1 ist als allgemeine Vorgabe an die Unternehmenspolitik nicht bieterschützend iSd § 97 Abs. 6.[365]

Der von § 152 Abs. 4 ebenfalls in Bezug genommene **§ 128 Abs. 2** ermöglicht es dem Konzessionsgeber, „**besondere Bedingungen für Ausführung**" einer Konzession vorzugeben, die neben die Ausführung der eigentlichen Leistung beschreibenden Vertragsbedingungen treten.[366] Die Vorschrift hat im Konzessionsrecht keine direkte Vorgabe in der RL 2014/23/EU. Ausführungsbedingungen werden jedoch in den Erwägungsgründen 64–66 RL 2014/23/EU vorausgesetzt.[367] Von den in der Leistungsbeschreibung enthaltenen Anforderungen unterscheiden sich Ausführungsbedingungen dadurch, dass sie auf die Qualität der Leistung keinen Einfluss haben, sondern den „äußeren Vorgang der Leistungserbringung" betreffen.[368] Bei den zusätzlichen Ausführungsbedingungen handelt es sich auch nicht um Eignungskriterien noch um Zuschlagskriterien.[369] Vielmehr wird von dem bezuschlagten Unternehmen ein Tun oder Unterlassen verlangt, das zur Befriedigung des Beschaffungsbedarfs des Konzessionsgebers nicht erforderlich ist, aber mit der Ausführung der Konzession einhergehen soll. Es geht somit um Vertragselemente (Vertragsbedingungen), die dem Konzessionsnehmer zwingend vorgegeben werden, deren Beachtung der Konzessionsgeber jedoch erst nach Zuschlagserteilung – also erst nach Beendigung des Vergabeverfahrens – verlangen kann.[370] Da es zu einem früheren Zeitpunkt noch offen ist, ob und wie der Konzessionsnehmer seinen vertraglichen Pflichten nachkommt, besteht keine Möglichkeit, die tatsächliche Erfüllung – im Gegensatz zur zwingend notwendigen Erfüllbarkeit – bei der Entscheidung über die Auftragsvergabe zu berücksichtigen.[371] Nicht zulässig ist folglich, während des Vergabeverfahrens eine **präventive Kontrolle**, ob ein Bieter besondere Anforderungen an die Ausführung oder gar eine Hauptleistungspflicht erfüllen kann.[372] Insbesondere sehen die § 152 Abs. 4, § 128 Abs. 2 nicht vor, dass ein Konzessionsgeber zum Beleg für die Einhaltung von zusätzlichen Anforderungen (Bedingungen) an die Ausführung im Vergabeverfahren wie bei Eignungskriterien von Bietern die Vorlage von Erklärungen oder Nachweisen verlangen darf.[373] Eine präventive Kontrolle verbietet sich auch deshalb, weil zusätzliche Anforderungen wie gesehen nicht betriebs- oder unternehmensbezogen sind, sondern allein die Auftragsausführung betreffen. Im Ergebnis kann der Konzessionsgeber die Einhaltung zusätzlicher Anforderungen lediglich bei der Auftragsausführung überprüfen.[374]

§ 128 Abs. 2 zielt – wie sein S. 3 verdeutlicht („insbesondere") – neben dem Schutz der Vertraulichkeit von Informationen (sog. **No-Spy-Erklärungen**)[375] ua auf eine **strategische Beschaffung** ab.[376] Allerdings enthält die **RL 2014/23/EU** anders als Art. 70 RL 2014/24/EU keine Regelungen über **individuelle Ausführungsbedingungen.** Sie setzt die Möglichkeit zur Vereinbarung derartiger Ausführungsbedingungen jedoch in den **Erwägungsgründen 64–66 RL 2014/23/EU** sowie in **Art. 31 RL 2014/23/EU iVm Anhang V Nr. 12 RL 2014/23/EU** voraus, insbesondere in Zusammenhang mit der Einbeziehung sozialer und ökologischer Kriterien in das Vergabeverfahren.[377] Dies stimmt überein mit der Rechtsprechung des EuGH, der „besondere zusätzliche Bedingungen" für die Ausführung eines Auftrags seit seiner Beentjes-Entscheidung als eigenständige vergaberechtliche

---

[364] *Burgi* NZBau 2015, 597 (600); Beck VergabeR/*Opitz* § 128 Rn. 8.
[365] Beck VergabeR/*Opitz* § 128 Rn. 13.
[366] *Burgi* VergabeR § 19 Rn. 6; *Mohr* EuZA 2017, 23 (38).
[367] Ziekow/Völlink/*Siegel* Rn. 14.
[368] *Latzel* NZBau 2014, 673 (680).
[369] VK Südbayern Beschl. v. 24.7.2018 – Z3-3-3194-1-11-04/18, BeckRS 2018, 18118 Rn. 101; vgl. auch die EuGH-Vorlage des OLG Koblenz Beschl. v. 19.2.2014 – 1 Verg 8/13, NZBau 2014, 317 (320) – RegioPost, bezüglich Art. 26 Vergabe-RL 2004; zu diesem Beschluss krit. *Däubler* NZA 2014, 694.
[370] BT-Drs. 18/6281, 113; s. auch OLG Koblenz Beschl. v. 19.2.2014 – 1 Verg 8/13, NZBau 2014, 317 (320) – RegioPost; *Ziekow* DÖV 2015, 897 (902).
[371] OLG Koblenz Beschl. v. 19.2.2014 – 1 Verg 8/13, NZBau 2014, 317 (320) – RegioPost.
[372] VK Südbayern Beschl. v. 24.7.2018 – Z3-3-3194-1-11-04/18, BeckRS 2018, 18118 Rn. 105; Immenga/Mestmäcker/*Kling* Rn. 28.
[373] VK Südbayern Beschl. v. 24.7.2018 – Z3-3-3194-1-11-04/18, BeckRS 2018, 18118 Rn. 105; vgl. auch OLG Düsseldorf Beschl. v.7.5.2014 – VII-Verg 46/13, BeckRS 2014, 14161, wonach der öffentliche Auftraggeber darauf beschränkt ist, „von den Bietern entsprechende (ggf. verbindliche) Verpflichtungserklärungen des Inhalts zu verlangen, dass sie die an die Ausführung gerichteten zusätzlichen Anforderungen im Fall eines Zuschlags einhalten werden".
[374] VK Südbayern Beschl. v. 24.7.2018 – Z3-3-3194-1-11-04/18, BeckRS 2018, 18118 Rn. 105.
[375] BT-Drs. 18/6281, 114; OLG Düsseldorf Beschl. v. 21.10.2015 – VII-Verg 28/14, NZBau 2016, 235 Rn. 237 ff.
[376] *Burgi* NZBau 2015, 597 (600).
[377] BT-Drs. 18/6281, 131.

Kategorie anerkennt.[378] Auch in Art. 26 Vergabe-RL 2004 waren vertraglich vereinbarte Ausführungsbedingungen explizit anerkannt, wobei sie insbesondere soziale und umweltbezogene Kriterien betrafen[379] (→ Rn. 110).

120   **Soziale und innovative Kriterien** können vom Konzessionsgeber – sofern sie überhaupt berücksichtigungsfähig sind[380] – sowohl als **Zuschlagskriterien** als auch als **Ausführungsbedingungen iSd § 128 Abs. 2** vorgegeben werden.[381] Dies verdeutlichen die **Erwägungsgründe 64–66 RL 2014/23/EU**, welche sich sowohl auf Zuschlagskriterien als auch auf Ausführungsbedingungen beziehen. Die Entscheidung sollte insbesondere in Abhängigkeit von der in der Konzessionsbekanntmachung veröffentlichten Verwendungsintention gefällt werden.[382] Sollen Ausführungsbedingungen wie die Lieferung einer Ware in einem Fair-trade-System in die Angebotsbewertung einfließen, werden sie zu Zuschlagskriterien.[383] Soll die Einhaltung eines Merkmals auf jeden Fall sichergestellt werden, muss es demgegenüber als Ausführungsbedingung vereinbart werden.[384]

121   Bei der Vorgabe von Ausführungsbedingungen sind – ebenso wie bei der Statuierung von Zuschlagskriterien (→ Rn. 106) – **vier formelle Voraussetzungen** zu beachten:[385] Erstens müssen Ausführungsbedingungen vorab bekannt gemacht werden (§ 128 Abs. 2 S. 2). Zweitens müssen sie eine hinreichende Verbindung zum Konzessionsgegenstand aufweisen (§ 128 Abs. 2 S. 1 iVm § 127 Abs. 3). Drittens müssen sie verhältnismäßig sein (§ 97 Abs. 1 S. 2). Viertens müssen sie ebenso wie Zuschlagskriterien erfüllbar und kontrollierbar sein.[386] Zwar verneint eine Ansicht für Ausführungsbedingungen die Geltung der vierten Voraussetzung, da diese ohnehin für alle Bewerber/Bieter Geltung erlangten.[387] Schon nach dem Wortlaut des § 128 Abs. 2 muss es sich jedoch um „Bedingungen für die Ausführung des Auftrags" handeln, was vertragsrechtlich impliziert, dass sie erfüllbar und kontrollierbar sind.[388] Die Notwendigkeit der Erfüllbarkeit folgt jedenfalls aus dem Verhältnismäßigkeitsgrundsatz gem. § 97 Abs. 1 S. 2, weil eine nicht erfüllbare Bedingung zugleich die Geeignetheit der Belastung zur Erreichung des gesetzgeberischen Ziels entfallen lässt.[389] Folgerichtig müssen Konzessionsgeber die Erfüllbarkeit von Ausführungsbedingungen im Vorfeld des Vertragsschlusses prüfen und deren Nichteinhaltung erforderlichenfalls durch vertragsrechtliche Sanktionsmittel wie eine Vertragskündigung ahnden.[390] In **materiell-rechtlicher Hinsicht** müssen die Ausführungsbedingungen insbesondere mit dem Unionsrecht vereinbar sein, also etwa mit der Arbeitnehmerentsende-RL oder mit der Dienstleistungsfreiheit gem. Art. 56 AEUV.[391] Zudem müssen Ausführungsbedingungen den allgemeinen Vorgaben des Vertragsrechts entsprechen.

121a   Nach überzeugender Ansicht ist § 128 Abs. 2 insoweit **bieterschützend**, als die Zulässigkeit der besonderen Ausführungsbedingung, mithin die Reichweite des Bestimmungsrechts des Konzessionsgebers, betroffen ist.[392] Demgegenüber kann ein Unternehmen vor den Vergabenachprüfungsinstanzen nicht geltend machen, ein Mitbewerber erfülle die besondere Ausführungsbedingung bei der Auftragsausführung nicht, weshalb ein Eingreifen des Auftraggebers erforderlich sei.[393] Bei den besonderen Ausführungsbedingungen selbst handelt es sich – ebenso wie bei der Leistungsbeschreibung und den Vertragsbedingungen – nicht um Bestimmungen über das Vergabeverfahren gem. § 97 Abs. 6.[394]

122   Unter den Voraussetzungen des § 128 Abs. 2 ist ein Konzessionsgeber lediglich berechtigt, individuelle Ausführungsbedingungen vorzuschreiben. **Verpflichtet** ist er hierzu erst dann, wenn

---

[378] EuGH Urt. v. 20.9.1988 – 31/87, NVwZ 1990, 353 Rn. 28 – Beentjes; dazu *Mohr* VergabeR 2009, 543 (545).
[379] Dazu EuGH Urt. v. 17.11.2015 – C-115/14, NZBau 2016, 46 Rn. 53 ff. – RegioPost; s. auch *Mohr* VergabeR 2009, 543 (544 f.); *Kühling/Huerkamp* VergabeR 2010. 545 (546 ff.).
[380] Die Kriterien müssen generell als Zuschlagskriterien bzw. Ausführungsbedingungen in Betracht kommen; vgl. *Brackmann* VergabeR 2014, 310 (313).
[381] *Ziekow* DÖV 2015, 897 (902).
[382] *Ziekow* DÖV 2015, 897 (902).
[383] *Latzel* NZBau 2014, 673 (680).
[384] *Ziekow* DÖV 2015, 897 (902 f.).
[385] *Burgi* NZBau 2015, 597 (600 u. 601); *Mohr* EuZA 2017, 23 (38).
[386] Bezüglich der vorgeschilderten drei Kriterien ist die Übereinstimmung zwischen den Voraussetzungen an Zuschlagskriterien und Ausführungsbedingungen überwiegend anerkannt, vgl. *Latzel* NZBau 2014, 673 (681); s. zum Merkmal „Verbindung zum Auftragsgegenstand" auch BT-Drs. 18/6281, 114.
[387] *Latzel* NZBau 2014, 673 (680).
[388] *Burgi* NZBau 2015, 597 (600).
[389] Überzeugend *Burgi* NZBau 2015, 597 (600).
[390] *Kühling/Huerkamp* VergabeR 2010, 545 (551).
[391] *Glaser/Kahl* ZHR 177 (2013), 643 (657 f.).
[392] Beck VergabeR/*Opitz* § 128 Rn. 20; BeckOK VergabeR/*Gabriel/Bärenbrinker* § 128 Rn. 42.
[393] Beck VergabeR/*Opitz* § 128 Rn. 20.
[394] Beck VergabeR/*Opitz* § 128 Rn. 20.

ein entsprechendes **Bundes- oder Landesgesetz** erlassen wurde.[395] § 129 erlaubt es insoweit dem Bund und – in der Praxis bedeutsam – im Rahmen ihrer Landesvergabegesetze vor allem den Ländern, die Konzessionsgeber zur Vereinbarung politisch opportuner Ausführungsbedingungen zu verpflichten.[396] Der Bund kann insoweit auch auf der Grundlage von § 128 Abs. 1 tätig werden, wobei die Bedeutung dieser Vorschrift vor allem in der Kompetenzzuweisung gegenüber der Union – vorbehaltlich der Vorgaben des Unionsrechts wie des Primärvergaberechts – liegt. § 129 hat ebenso wie § 128 Abs. 2 keine direkte Grundlage in der RL 2014/23/EU, wird jedoch von den Erwägungsgründen 64–66 RL 2014/23/EU gedeckt. Ihre Bedeutung liegt vornehmlich auf der Ebene der innerstaatlichen Kompetenzverteilung, da der Bundesgesetzgeber insoweit – anders als bei Zuschlagskriterien – seine Regelungskompetenz zugunsten der Landesgesetzgeber zurücknimmt, soweit sich die Anwendungsbereiche etwaiger Normen nicht überschneiden.[397] Allerdings müssen die auf der Grundlage des § 129 erlassenen Vorschriften erfüllbar und verhältnismäßig sein.[398] § 129 unterscheidet sich insbesondere dadurch von § 128 Abs. 2, dass er nach seinem Wortlaut keine Verbindung der Ausführungsbedingungen zur Konzession fordert.[399] Allerdings können zwingend vorgegebene Ausführungsbedingungen ohne hinreichende Verbindung zum Auftragsgegenstand einen unverhältnismäßigen Eingriff in die Grundfreiheiten bedeuten (→ § 151 Rn. 4).

123 Vorschriften zur Auftragsausführung iSd § 128 Abs. 1 und Ausführungsbedingungen gem. § 128 Abs. 2, § 129 sind ebenso wie Eignungskriterien und im Gegensatz zu Zuschlagskriterien **keiner Abwägung** zugänglich.[400] Ist ein Bewerber oder der Bieter nicht willens oder in der Lage, diese Bedingungen im Falle der Zuschlagserteilung bei der Auftragsausführung zu beachten, liegt von Beginn an **kein zuschlagsfähiges Angebot** vor.[401] Vor der Vergabeentscheidung ist somit eine Erklärung des Bieters notwendig, dass er für den Fall der Zuschlagserteilung die Ausführungsbedingungen einhält.[402] Der EuGH hat die Weigerung eines Bieters, eine Erklärung zur Einhaltung vergabespezifischer Mindestlöhne abzugeben, als zulässigen **Ausschlussgrund** eingestuft (→ Rn. 82).[403] Verstößt ein Konzessionsnehmer jedoch erst nach dem positiven Zuschlag gegen individuelle Ausführungsbedingungen, betrifft dieser Verstoß nicht mehr das eigentliche Vergabeverfahren, da es mit dem wirksamen Zuschlag zugunsten eines Bieters endet. Somit kommt kein Ausschluss vom Vergabeverfahren in Betracht.[404] Da die Ausführungsbedingungen mit dem Zuschlag ein Bestandteil des Konzessionsvertrages werden, liegt eine Vertragsverletzung vor, die je nach Vereinbarung eine Vertragsstrafe verwirken oder ein Sonderkündigungsrecht begründen kann.[405]

124 **b) Verweis auf die §§ 128, 129. aa) Rechtliche Vorgaben für die Auftragsausführung (§ 128 Abs. 1).** § 152 Abs. 4 und § 128 Abs. 1 setzen **Art. 30 Abs. 3 RL 2014/23/EU** um, wonach die Mitgliedstaaten sicherzustellen haben, dass Wirtschaftsteilnehmer bei der Durchführung von Konzessionsverträgen die geltenden umwelt-, sozial- und arbeitsrechtlichen Verpflichtungen einhalten. § 128 Abs. 1 geht hierüber insoweit hinaus, als er klarstellend auf **alle für das betreffende Unternehmen geltenden rechtlichen Vorschriften** hinweist.[406] Normadressaten von § 152 Abs. 4, § 128 Abs. 1 sind nicht die Konzessionsgeber, sondern die Unternehmen. Der Gesetzgeber durchbricht damit die übergreifende Systematik des Kartellvergaberechts, das sich primär an die Auftraggeber bzw. Konzessionsgeber richtet.[407]

125 Nach der beispielhaften Aufzählung in § 128 Abs. 1 müssen die Unternehmen insbesondere **Steuern, Abgaben und Beiträge zur Sozialversicherung** entrichten, die **arbeitsschutzrechtlichen Regelungen** einhalten und den Beschäftigten **wenigstens die Mindestarbeitsbedingungen einschließlich des Mindestentgelts gewähren, die für die betreffende Leistung verbindlich vorgegeben werden.** Derartig verbindliche Vorgaben resultieren aus dem Mindestlohngesetz (MiLoG), aus einem nach dem TVG mit den Wirkungen des AEntG für allgemein verbindlich erklärten Tarifvertrag (Tariftreueverlangen; → Rn. 3) oder aus einer nach §§ 7, 7a, 11 AEntG bzw.

---

[395] *Burgi* NZBau 2015, 597 (600).
[396] *Burgi* NZBau 2015, 597 (602).
[397] *Burgi* NZBau 2015, 597 (601).
[398] Näher *Latzel* NZBau 2014, 673 (680).
[399] Zur früheren Rechtslage *Kus* NZBau 2009, 21 (23).
[400] *Latzel* NZBau 2014, 673 (680); *Ziekow* DÖV 2015, 897 (902 f.).
[401] BT-Drs. 18/6281, 113; s. auch *Heyne* ZUR 2011, 578 (581); *Varga* VergabeR 2009, 535 (538); *Kus* NZBau 2009, 21 (23 f.); HK-VergabeR/*Fehling* § 97 Rn. 165; aA *Burgi* NZBau 2011, 577 (581).
[402] *Burgi* NZBau 2011, 577 (581); *Krönke* NVwZ 2016, 568 (570).
[403] EuGH Urt. v. 17.11.2015 – C-115/14, NZBau 2016, 46 Rn. 78 ff. – RegioPost.
[404] BT-Drs. 18/6281, 102.
[405] So BT-Drs. 18/6281, 113.
[406] S. zu § 128 Abs. 1 BT-Drs. 18/6281, 113.
[407] Beck VergabeR/*Opitz* § 128 Rn. 10.

nach § 3a AÜG erlassenen Rechtsverordnung.[408] Erfasst werden auch die von allen Mitgliedstaaten der EU ratifizierten internationalen Abkommen, etwa die sog. **ILO-Kernarbeitsnormen**.[409] Demgegenüber kann aus § 128 Abs. 1 keine allgemeine Tarifpflicht hergeleitet werden.[410] Die vorbenannten Mindestarbeitsbedingungen sind nur insoweit bindend, als sie mit dem Unionsrecht übereinstimmen (vgl. Art. 55 S. 1 RL 2014/23/EU; → § 151 Rn. 10 ff.). Die Einhaltung der rechtlichen Vorgaben an Unternehmen wird über die jeweiligen Regelungen selbst sichergestellt, schon weil diese regelmäßig spezielle Sanktionsmechanismen enthalten.[411] Eine ergänzende vergaberechtliche Sanktionierungsmöglichkeit besteht darin, dass das betreffende Unternehmen bei Vorliegen der Voraussetzungen in § 154 Nr. 2 iVm §§ 123, 124 von einem Vergabeverfahren ausgeschlossen werden kann oder sogar muss.[412] So kommt etwa bei Verstößen gegen die Verpflichtung zur Zahlung von Steuern und sonstigen Abgaben sowie Sozialversicherungsabgaben ein Ausschluss nach § 123 Abs. 4 in Betracht, bei Verstößen gegen geltende umwelt-, sozial- und arbeitsrechtliche Verpflichtungen ein solcher nach § 124 Abs. 1 Nr. 1.[413] Im Schrifttum wird darüber hinaus die Ansicht vertreten, dass Konzessionsgeber die allgemeinen unternehmensbezogenen Rechtsnormen in die Verträge übernehmen und ihre Einhaltung auf diesem Wege selbst kontrollieren könnten.[414] § 128 Abs. 1 diene insoweit als allgemeine Rechtfertigungsnorm.[415] Schon aus Gründen des Datenschutzes kann aus § 128 Abs. 1 freilich keine Generalermächtigung für Konzessionsgeber hergeleitet werden, die Einhaltung von arbeits- und steuerrechtlichen Vorgaben zu überprüfen.[416] Konzessionsgeber sind keine Super-Ordnungsbehörden, die die Einhaltung aller rechtlichen Vorgaben von Unternehmen kontrollieren dürfen.[417] Jedenfalls werden Konzessionsgebern regelmäßig die erforderlichen Ressourcen fehlen, um etwaige Kontrollen durchzuführen.[418] Soweit Konzessionsgeber in den Konzessionsvertrag – dogmatisch zutreffend nach § 128 Abs. 2[419] – als Nebenpflichten Auskunfts- und Rechenschaftspflichten des Konzessionsnehmers aufnehmen wollen, müssen sich diese Nebenpflichten auf den Vertragsgegenstand beziehen oder mit diesem zusammenhängen (→ Rn. 128). Letzteres ist nicht der Fall bei allgemeinen Anforderungen an die Unternehmenspolitik.[420] Zudem müssen die Anforderungen vertragsrechtlich zulässig sein, worunter nicht nur die Vorgaben des AGB-Rechts, sondern auch die allgemeinen Anforderungen an hinreichend paritätisch-ausgehandelte Verträge zu zählen sind.

126   **bb) Besondere Ausführungsbedingungen (§ 128 Abs. 2).** Nach **§ 152 Abs. 4 iVm § 128 Abs. 2** können Konzessionsgeber unabhängig von den bereits anderweitig begründeten Vertragspflichten **besondere Bedingungen für die Ausführung eines Auftrags** festlegen **(Ausführungsbedingungen).** Eine Pflicht zur Statuierung von Ausführungsbedingungen besteht lediglich unter den Voraussetzungen des § 129, wenn sie also in wirksamem Bundes- oder Landesrecht vorgesehen sind. Der Begriff der Ausführungsbedingungen rührt aus der unionsrechtlich gebotenen Verbindung mit dem Auftragsgegenstand her.[421] Es muss sich um Verpflichtungen handeln, die jedenfalls auch

---

[408] Zu Mindestlohnvorgaben kraft Rechtsverordnung *Stiebert/Pötters* RdA 2013, 101.
[409] Hierunter fallen etwa das Verbot ausbeuterischer Kinderarbeit, die Entgeltgleichheit von Männern und Frauen oder der Schutz von Kollektivverhandlungen; s. *Germelmann* GewArch 2016, 60 (61).
[410] Beck VergabeR/*Opitz* § 128 Rn. 10.
[411] S. zu § 128 Abs. 1 BT-Drs. 18/6281, 113.
[412] S. auch *Burgi* VergabeR § 19 Rn. 10. S. bezüglich einer Weigerung, individuell vereinbarte Ausführungsbedingungen einzuhalten, auch EuGH Urt. v. 17.11.2015 – C-115/14, NZBau 2016, 46 Rn. 78 ff. – RegioPost.
[413] HK-VergabeR/*Fehling* § 128 Rn. 21.
[414] *Wiedemann* in RKPP GWB § 128 Rn. 4, 12 ff.; s. auch BeckOK VergabeR/*Gabriel/Bärenbrinker* § 128 Rn. 12.
[415] So *Wiedemann* in RKPP GWB § 128 Rn. 4.
[416] Vgl. das KG Urt. v. 3.4.2003 – 2 U 19/92, LSK 2006, 070601, wonach eine Vergabestelle vom bezuschlagten Unternehmen in Bezug auf die dort Angestellten mangels gesetzlicher Ermächtigungsgrundlage keine personenbezogenen Daten verlangen kann, wie sie in Verdienstbescheinigungen enthalten sind, selbst wenn das Unternehmen eine Tariftreueerklärung abgegeben hat; s. auch *Summa* FS Marx, 2013, 763 (769 f.).
[417] Beck VergabeR/*Opitz* § 128 Rn. 10.
[418] Dies betont HK-VergabeR/*Fehling* § 128 Rn. 23.
[419] Zutreffend Beck VergabeR/*Opitz* § 128 Rn. 12.
[420] *Mohr* VergabeR 2009, 543 (548 und 549); *Burgi* NZBau 2015, 597 (600); *Krönke* NVwZ 2016, 568 (574 f.); aA *Wiedemann* in RKPP GWB § 128 Rn. 5, wonach der öffentliche Auftraggeber über § 129 hinaus auch solche Ausführungsbedingungen statuieren könne, „deren Allgemeingültigkeit gesamtgesellschaftlich bisher noch keine politischen Mehrheiten gefunden" habe.
[421] *Diederichsen/Renner* in Schmidt/Wollenschläger, Kompendium öffentliches Wirtschaftsrecht, 4. Aufl. 2015, § 7 Rn. 118.

während der Auftragsdurchführung erfüllt werden.[422] Die Ausführungsbedingungen iSd § 128 Abs. 2 betreffen somit Vorgaben an den Konzessionsnehmer, die nicht sein Angebot oder den Leistungsgegenstand betreffen, sondern im Anschluss an die Zuschlagsentscheidung die **Phase der Leistungserbringung** ausgestalten.[423]

Nach § 128 Abs. 2 S. 3 können Ausführungsbedingungen auf den **Schutz der Vertraulichkeit von Informationen** abzielen, wie er unionsrechtlich durch Art. 28 Abs. 2 RL 2014/23/EU legitimiert wird (sog. **No-Spy-Erklärungen**).[424] In der Rechtswirklichkeit geht es ua um die Nichtweitergabe schützenswerter Informationen an ausländische Geheimdienste.[425] 127

Individuelle Ausführungsbedingungen müssen **erfüllbar** und **kontrollierbar** sein, **mit dem Konzessionsgegenstand in Verbindung stehen, vorab bekannt gemacht** werden und schließlich **verhältnismäßig** sein (→ Rn. 121). Von besonderer Relevanz ist gerade bei strategischen Zielen die Verbindung zum Gegenstand der Konzession iSd § 128 Abs. 2 S. 1 iVm § 127 Abs. 3. Gemäß § 127 Abs. 3 ist dies der Fall, wenn sich eine Ausführungsbedingung auf Prozesse im Zusammenhang mit der Herstellung, Bereitstellung oder Entsorgung der Leistung, auf den Handel mit der Leistung oder auf ein anderes Stadium im **Lebenszyklus** der Leistung bezieht, auch wenn sich diese Faktoren nicht auf die materiellen Eigenschaften des Konzessionsgegenstands auswirken (s. auch Erwägungsgrund 64 RL 2014/23/EU). Im Ergebnis müssen die Ausführungskriterien hiernach zwar leistungsbezogen sein. Sie müssen jedoch nicht zwingend die Leistung selbst betreffen, sondern können auch das persönliche Verhalten des Unternehmers bei der Auftragsausführung steuern.[426] Ausgeschlossen sind aber Kriterien und Bedingungen, die sich nur auf die **allgemeine Unternehmenspolitik** beziehen, da hier kein hinreichender Bezug zum Auftragsgegenstand gegeben ist.[427] 128

cc) Zwingend zu berücksichtigende Ausführungsbedingungen. Während § 128 Abs. 2 die vom Konzessionsgeber individuell statuierten besonderen Ausführungsbedingungen behandelt, bezieht sich der unionsrechtlich nicht determinierte § 129 auf Ausführungsbedingungen, die der Bund und die Landesgesetzgeber den Konzessionsgebern zwingend vorgeben.[428] Anders als § 128 eröffnet § 129 dem Konzessionsgeber damit keine Option, sondern verpflichtet ihn zur Statuierung bestimmter Ausführungsbedingungen.[429] Die Vorschrift adressiert insbesondere die **Landesgesetzgeber**, die in ihren Landesvergabegesetzen die **Berücksichtigung strategischer Ausführungsbedingungen vorschreiben**.[430] Die Regierungsbegründung[431] verweist auf übergeordnete politische Erwägungen, aus denen das Bedürfnis entstehen könne, alle Konzessionsgeber zu verpflichten, bestimmte Bedingungen obligatorisch für die Ausführung des Auftrags vorzugeben. Dies könnten wiederum vor allem soziale, beschäftigungspolitische und umweltbezogene Aspekte sein. Mit § 129 wird der Regelungsgehalt des früheren § 97 Abs. 4 S. 3 aF aufgegriffen und präzisiert.[432] Die Vorschrift unterscheidet sich nach ihrem Wortlaut dadurch von § 128 Abs. 2, dass sie keine konkrete Verbindung der Ausführungsbedingungen zum Gegenstand des Konzessionsvertrages fordert.[433] Ein solcher Zusammenhang ist freilich aus dem Primärvergaberecht abzuleiten (→ § 151 Rn. 9 ff.). Dessen ungeachtet handelt es sich bei § 129 vor allem um eine klarstellende Regelung, da die Landesgesetzgeber die besonderen Ausführungsbedingungen schon in ihren Landesvergabegesetzen vorsehen können.[434] 129

c) Konkretisierung durch die KonzVgV. Die KonzVgV enthält wie gesehen keine spezifischen Regelungen über Ausführungsbedingungen. Im Rahmen der freien Verfahrensgestaltung des § 151 S. 3 können jedoch Anleihen bei den Vorgaben der VgV gemacht werden. Nach **§ 61 VgV** gelten für den Nachweis der Einhaltung von besonderen Ausführungsbedingungen iSd § 128 Abs. 2 die §§ 33, 34 VgV bezüglich der Leistungsbeschreibung entsprechend. Die Vorschrift setzt Art. 43 Abs. 1, Art. 44 Abs. 1 RL 2014/24/EU um.[435] Nach § 33 Abs. 1 S. 1 VgV kann der öffentliche 130

---

[422] *Burgi* NZBau 2015, 597 (600).
[423] Beck VergabeR/*Opitz* § 128 Rn. 15; *Mohr* VergabeR 2009, 543 (546); *Latzel* NZBau 2014, 673 (680).
[424] Zur Einstufung als Ausführungsbedingungen OLG Düsseldorf Beschl. v. 21.10.2015 – VII-Verg 28/14, NZBau 2016, 235 Rn. 237 ff.
[425] Näher *Münch* ZfBR 2015, 241; *Gabriel/Fritzemeyer/Bärenbrinker* NVwZ 2015, 13.
[426] *Kus* NZBau 2009, 21 (23) spricht von einem „zwitterhaften Charakter".
[427] *Mohr* VergabeR 2009, 543 (548 f.); *Burgi* NZBau 2015, 597 (600); *Krönke* NVwZ 2016, 568 (574 f.).
[428] BeckOK VergabeR/*Gabriel/Bärenbrinker* § 129 Rn. 3; *Burgi* NZBau 2015, 597 (600).
[429] Byok/Jaeger/*Brüning* Rn. 30.
[430] *Burgi* NZBau 2015, 597 (601).
[431] BT-Drs. 18/6281, 114.
[432] Dazu *Kus* NZBau 2009, 21 (22 f.).
[433] Zur früheren Rechtslage *Mohr* VergabeR 2009, 543 (548); *Kus* NZBau 2009, 21 (23).
[434] BeckOK VergabeR/*Gabriel/Bärenbrinker* § 129 Rn. 3.
[435] BT-Drs. 18/7318, 198.

Auftraggeber als Beleg dafür, dass eine Liefer- oder Dienstleistung bestimmten, in der Leistungsbeschreibung geforderten Merkmalen entspricht, die **Vorlage von Bescheinigungen** (insbesondere von Testberichten oder Zertifizierungen) **einer Konformitätsbewertungsstelle** verlangen. Nach § 34 VgV kann der öffentliche Auftraggeber als Nachweis auch **Gütezeichen** nach Maßgabe von § 34 Abs. 2–5 VgV verlangen.

131 **d) Insbesondere: strategische und innovative Beschaffung. aa) Allgemeines.** Gemäß § 128 Abs. 1 muss das Unternehmen die Vorgaben des MiLoG sowie die Regelungen in allgemeinverbindlich erklärten Tarifverträgen nach dem TVG bzw. dem AEntG einhalten. Gemäß § 128 Abs. 2 S. 3 darf der Konzessionsgeber bei der Festlegung besonderer Ausführungsbedingungen auch **innovationsbezogene, umweltbezogene, soziale** sowie **beschäftigungspolitische Aspekte** berücksichtigen.[436] Da für die Statuierung von Zuschlagskriterien und Ausführungsbedingungen dieselben Voraussetzungen gelten – namentlich die Erfüllbarkeit und Kontrollierbarkeit, die Verbindung mit dem Auftragsgegenstand, die vorherige Bekanntmachung und die Verhältnismäßigkeit – kann im Ausgangspunkt auf die Ausführungen zu den Zuschlagskriterien verwiesen werden (→ Rn. 88 ff.). Die Konzessionsgeber sind nicht verpflichtet, besondere strategische Ausführungsbedingungen festzulegen und in ihre Entscheidung mit einfließen zu lassen. Gemäß § 129 müssen sie derartige Ausführungsbedingungen aber festlegen, wenn sie hierzu aufgund eines Bundes- oder Landesgesetzes verpflichet sind. Dies betrifft etwa landesgesetzliche Regelungen zur Tariftreue oder über vergabespezifische Mindestlöhne, wobei diese Regelungen nach der Rechtsprechung des EuGH auch nach den Vorgaben des Primärvergaberechts kontrolliert werden[437] (→ § 151 Rn. 9 ff.).

132 **bb) Strategische Rechtsvorschriften zur Auftragsdurchführung.** Nach § 128 Abs. 1 iVm Art. 30 Abs. 2 RL 2014/23/EU müssen die Mitgliedstaaten geeignete Maßnahmen treffen, um sicherzustellen, dass Wirtschaftsteilnehmer **bei der Durchführung von Konzessionsverträgen die geltenden umwelt-, sozial- und arbeitsrechtlichen Verpflichtungen einhalten,** die durch Rechtsvorschriften der Union, nationale Rechtsvorschriften, Tarifverträge oder die internationalen umwelt-, sozial- und arbeitsrechtlichen Vorschriften des Anhang X RL 2014/23/EU festgelegt sind.[438]

133 **Soziale Rechtsvorschriften der Union** iSd § 128 Abs. 1 können sich aus dem gesamten Primär- und Sekundärrecht ergeben.[439] Zudem dürfen die **Mitgliedstaaten** selbst ökologische, soziale oder arbeitsrechtliche Mindeststandards setzen, die von allen Bewerbern/Bietern einzuhalten sind. Hierdurch können die Mitgliedstaaten – im Rahmen der sonstigen Vorgaben des Unionsrechts, also etwa der Arbeitnehmerentsende-RL oder der Dienstleistungsfreiheit gem. Art. 56 AEUV[440] (Erwägungsgrund 55 RL 2014/23/EU) – das Schutzniveau an die staatenspezifischen Umstände wie etwa das allgemeine Lohnniveau anpassen.[441] In Übereinstimmung mit den Gewährleistungen in Art. 28 GRCh und Art. 9 Abs. 3 GG werden die zwingenden sozialen und arbeitsrechtlichen Mindeststandards auch durch **nationale** und künftig ggf. durch unionale **Tarifverträge** definiert.[442] Allerdings können die Konzessionsgeber nach § 128 Abs. 1 iVm Art. 30 Abs. 2 RL 2014/23/EU nur die tarifvertraglich schon gebundenen Unternehmen zur Einhaltung der Tarifverträge anhalten. Sollen die Tarifverträge darüber hinaus Rechtsgeltung erfahren, müssen sie mit Blick auf die „Rüffert"-Rechtsprechung des EuGH für **allgemeinverbindlich** erklärt werden[443] (→ § 151 Rn. 10 ff.). Eine derartige Allgemeinverbindlichkeitserklärung stellt ihrerseits eine nationale Rechtsvorschrift im obigen Sinne dar.[444] Anhang X RL 2014/23/EU enthält eine abschließende Aufzählung der in Frage kommenden **internationalen umwelt-, sozial- und arbeitsrechtlichen Vorschriften.**[445] Hierbei handelt es sich um acht sozialrechtliche Abkommen im Rahmen der Internationalen Arbeitsorganisation (IAO) sowie vier umweltrechtliche Abkommen.[446] Bedeutsam sind insbesondere die **ILO-Kernarbeitsnormen.**[447] Soweit der Konzessionsgeber das Verhalten der Unternehmen über diese Kernarbeitsnormen hinaus lenken will, kann er entsprechende Vorgaben nur unter den in § 128 Abs. 2 normierten Voraus-

---
[436] S. auch EuGH Urt. v. 10.5.2012 – C-368/10, EuZW 2012, 592 Rn. 73 ff. – Max Havelaar.
[437] Dies betont *Burgi* NZBau 2015, 597 (601).
[438] Vgl. auch *Opitz* NVwZ 2014, 753 (759).
[439] *Glaser*, Zwingende soziale Mindeststandards bei der Vergabe öffentlicher Aufträge, 2015, 27.
[440] *Glaser/Kahl* ZHR 177 (2013), 643 (657 f.); *Germelmann* GewArch 2016, 60 (61 ff.); *Mohr* EuZA 2017, 23 (27 ff.).
[441] *Glaser*, Zwingende soziale Mindeststandards bei der Vergabe öffentlicher Aufträge, 2015, 21.
[442] Dazu auch *Glaser/Kahl* ZHR 177 (2013), 643 (661 ff.).
[443] *Glaser*, Zwingende soziale Mindeststandards bei der Vergabe öffentlicher Aufträge, 2015, 23 f.
[444] *Glaser*, Zwingende soziale Mindeststandards bei der Vergabe öffentlicher Aufträge, 2015, 24.
[445] *Glaser*, Zwingende soziale Mindeststandards bei der Vergabe öffentlicher Aufträge, 2015, 24.
[446] Näher *Glaser*, Zwingende soziale Mindeststandards bei der Vergabe öffentlicher Aufträge, 2015, 25 f.
[447] *Germelmann* GewArch 2016, 60 (61).

setzungen als Ausführungsbedingungen statuieren.[448] Nach Ansicht des deutschen Gesetzgebers seien die internationalen Übereinkommen vollständig ins deutsche Recht und die Rechtordnungen der EU-Mitgliedstaaten umgesetzt worden,[449] weshalb die entsprechenden Vorschriften sowieso anzuwenden seien. Im Schrifttum wird demgegenüber darauf hingewiesen, dass die Bedeutung dieser Regelung gerade darin liege, die Einhaltung der Abkommen gegenüber Nachunternehmern unabhängig von deren territorialem Geltungsbereich durchzusetzen.[450]

cc) Strategische Vertragspflichten (Ausführungsbedingungen). (1) Überblick. Vertragsbestimmungen für die Ausführung eines Auftrages/einer Konzession erscheinen besonders geeignet, um strategische Vergabeziele zu verfolgen.[451] Bereits in seiner Beentjes-Entscheidung aus dem Jahr 1998 stufte der EuGH beschäftigungspolitische Kriterien als „besondere zusätzliche Bedingungen" ein.[452] Mit Art. 26 S. 1 Vergabe-RL 2004 hat der europäische Richtliniengeber diese Rechtsprechung insoweit rezipiert, als öffentliche Auftraggeber hiernach „zusätzliche Bedingungen für die Ausführung des Auftrags" vorschreiben durften, sofern sie mit dem Gemeinschaftsrecht (heute: Unionsrecht) vereinbar waren und in der Bekanntmachung oder in den Verdingungsunterlagen angegeben wurden. Die Bedingungen für die Ausführung des Auftrags konnten nach Art. 26 S. 2 Vergabe-RL 2004 insbesondere „soziale und umweltbezogene", also vormals „vergabefremde Aspekte" betreffen. Art. 26 Vergabe-RL 2004 wurde im Schrifttum deshalb als „sozialgestalterische Generalnorm" eingestuft.[453] Nach überzeugender Ansicht wollte der europäische Regelungsgeber mit Art. 26 Vergabe-RL 2004 keine Begrenzung möglicher vergabefremder Zwecke herbeiführen, sondern ganz im Gegenteil klarstellen, dass die Normadressaten solche Zwecke vorbehaltlich des sonstigen Gemeinschaftsrechts verfolgen durften.[454] Maßgebliche Einschränkungen folgen aus dem Erfordernis eines sachlichen Zusammenhangs mit dem Auftragsgegenstand, dem verfahrensrechtlichen Erfordernis der Transparenz sowie aus dem sonstigen Unionsrecht, insbesondere über die Grundfreiheiten des AEUV.[455] 134

Im Zentrum der Diskussion stehen **Tariftreueregelungen** sowie **vergabespezifische Mindestlohnvorgaben.** Soziale Ausführungsbedingungen haben freilich einen weiten Anwendungsbereich, von Maßnahmen zur **Gleichstellung von Frauen und Männern** sowie von **behinderten mit nicht-behinderten Menschen**[456] bis hin zur **Begrenzung eines Einsatzes von Leiharbeitnehmern** oder der mittelbaren Einschränkung desselben durch Verpflichtung auf eine Entgeltgleichstellung.[457] Auch bei einer formal gesehen zu bejahenden Verbindung mit dem Auftragsgegenstand ist gerade bei **auftragsbezogenen Quotenregelungen** etwa zur Gleichstellung von Männern und Frauen oder zur Beschäftigung behinderter Menschen der Grundsatz der Verhältnismäßigkeit gem. § 97 Abs. 1 S. 2 zu beachten, weshalb derartige Vorgaben nur in Zusammenhang mit länger andauernden und personalintensiven Konzessionen zulässig sind, da sie bei generalisierender Betrachtung dann auch von kleinen und mittleren Unternehmen erfüllt werden können.[458] Zudem dürfen derartige Quotenvorgaben nicht ihrerseits eine unverhältnismäßige Diskriminierung der nicht begünstigten Personen bezwecken oder bewirken.[459] 135

(2) Insbesondere Tariftreueregelungen. Auch wenn die Mitgliedstaaten grundsätzlich die Einhaltung zwingender Mindestschutzstandards vorgeben dürfen, müssen die Regelungen und ihre Anwendung **mit dem Unionsrecht** vereinbar sein (s. **Erwägungsgrund 55 RL 2014/23/ EU**). Dieser Vorbehalt ist gerade auch für Tariftreue- und Mindestlohnregelungen bedeutsam.[460] Nach ständiger Rechtsprechung des EuGH müssen sich soziale Vergabekriterien bei Vorliegen eines grenzüberschreitenden Sachverhalts an den Grundfreiheiten des AEUV und der **Arbeitnehmerentsende-RL**[461] (modifiziert durch die RL 2018/957/EU[462]) als die **Dienstleistungsfrei-** 136

---

[448] Burgi VergabeR § 19 Rn. 13.
[449] BT-Drs. 18/6281, 113.
[450] Ziekow DÖV 2015, 897 (901).
[451] Glaser/Kahl ZHR 177 (2013), 643 (656 f.); Burgi VergabeR § 19 Rn. 7; Mohr EuZA 2017, 23 (38).
[452] EuGH Urt. v. 20.9.1988 – 31/87, NVwZ 1990, 353 Rn. 28 – Beentjes.
[453] Ölcüm, Die Berücksichtigung sozialer Belange im öffentlichen Auftragswesen, 2009, 239; speziell zu Innovationen Burgi NZBau 2011, 577 (581).
[454] Mohr VergabeR 2009, 543 (547).
[455] Bitterich ZIP 2008, 1455 (1459); Mohr EuZA 2017, 23 (38).
[456] Dazu Mohr VergabeR 2009, 543 (560 ff.).
[457] Krit. Rieble/Latzel, Wirtschaftsförderung nach sozialen Kriterien, 2012, 24 ff. Rn. 26 ff.
[458] Latzel NZBau 2014, 673 (679 f.); zust. Burgi NZBau 2015, 597 (600).
[459] EuGH Urt. v. 17.10.1995 – C-450/93, AP EWG-Richtlinie Nr. 76/207 Nr. 6 – Kalanke.
[460] Ziekow DÖV 2015, 897 (900); Mohr EuZA 2017, 23 (39).
[461] Richtlinie 96/71/EG v. 16.12.1996 über die Entsendung von Arbeitnehmern im Rahmen der Erbringung von Dienstleistungen, ABl. 1997 L 18, 1.
[462] Richtline (EU) 2018/957 v. 28.6.2018 zur Änderung der RL 96/71/EG über die Entsendung von Arbeitnehmern im Rahmen der Erbringung von Dienstleistungen, ABl.EU L 173, 16.

heit gem. Art. 56 AEUV ausgestaltende Spezialregelung messen lassen.[463] Die Arbeitnehmerentsende-RL bezweckt einen Ausgleich zwischen der auf Abbau von Handelsschranken angelegten Dienstleistungsfreiheit und den nicht-ökonomischen Interessen der Mitgliedstaaten und ist deshalb vorrangig zu prüfen, jedoch im Lichte von Art. 56 AEUV auszulegen.[464] Sofern und soweit sie einen abschließenden Grad an Harmonisierung vorgibt, sind deshalb die in ihr geregelten Optionen und Öffnungsklauseln entscheidend, ohne dass es auf den allgemeinen Rechtfertigungsgrund des „zwingenden Allgemeininteresses" für Beschränkungen der Dienstleistungsfreiheit ankommt.[465] Die Novellierung der Arbeitnehmerentsende-RL durch die **RL 2018/957/EU** erfordert insoweit ein Überdenken der vergaberechtlichen Bewertung.[466] So ermöglicht die Richtlinie nicht mehr nur die normative Festlegung von Mindestlöhnen und die Bezugnahme auf für allgemeinverbindlich erklärte Tarifverträge. Vielmehr können die Mitgliedstaaten nach Art. 3 Abs. 8 UAbs. 2 und 3 RL 2018/957/EU mangels eines Systems zur Allgemeinverbindlicherklärung von Tarifverträgen oder zusätzlich zu einem solchen System auch beschließen, dass solche Tarifverträge gelten, „die für alle in den jeweiligen geographischen Bereich fallenden und die betreffende **Tätigkeit** oder das betreffende Gewerbe ausübenden gleichartigen Unternehmen **allgemein wirksam** sind". Dasselbe gilt für Tarifverträge, „die von den auf nationaler Ebene **repräsentativsten Organisationen** der Tarifvertragsparteien geschlossen werden und innerhalb des gesamten nationalen Hoheitsgebiets zur Anwendung kommen," sofern eine Gleichbehandlung mit inländischen Unternehmen gewährleistet ist.[467] Während die vorstehenden Möglichkeiten einer Erstreckung von Tarifverträgen „mit einer gewissen Breitenwirkung" ursprünglich nur für Mitgliedstaaten ohne die Möglichkeit einer Allgemeinverbindlicherklärung galten, stellen sie nunmehr eine zusätzliche Option dar.[468] Im Schrifttum wird den neuen Möglichkeiten der Erstreckung von Tarifverträgen zuweilen eine erweiterte Zulässigkeit von Tariftreuevorgaben entnommen.[469] Nach überzeugender Ansicht gibt der Tatbestand der allgemeinen Wirksamkeit aber keine entsenderechtliche Rechtfertigung für Tariftreue-Vorschriften, da die Tariftreuevorschriften einen Tarifvertrag nur punktuell zur Wirksamkeit verhelfen, indem sie seine Anwendung allein für das Marktsegment der Durchführung öffentlicher Aufträge/Konzessionen garantieren, nicht aber in der Breite seines sachlichen Anwendungsbereichs.[470] Eine praktisch bedeutsame Änderung der Vorgaben des Arbeitnehmerentsenderechts bewirkt die Erstreckung nicht mehr allein auf Mindestarbeitsbedingungen, sondern bei Vorliegen einer Allgemeinverbindlicherklärung iSd § 5 TVG auf den **gesamten Bereich insbesondere der tarifvertraglichen Entlohnung** (vgl. Art. 3 Abs. 1 UAbs. 1 lit. c. Arbeitnehmerentsende-RL nF), ohne Einschränkung auf bestimmte Branchen.[471] Der EuGH hat diese Neuregelung und die mit ihr einhergehende Neujustierung des Verhältnisses von (Vergabe-)Wettbewerb und Sozialschutz als primärrechtlich zulässig bestätigt.[472] Demgegenüber bezieht sich die Erstreckung kraft Rechtsverordnung gem. §§ 7, 7a AEntG weiterhin nur auf Mindestentgeltsätze iSd § 5 S. 1 Nr. 1 AEntG, wie sich aus der Nichtbeziehung von § 5 S. 1 Nr. 1a AEntG gem. § 7 Abs. 1 S. 2 AEntG, § 7a Abs. 1 S. 2 AEntG ergibt.[473]

137 Dogmatischer Ausgangspunkt der Diskussion über die unionsrechtliche Zulässigkeit von **Tariftreueregelungen** ist weiterhin das „**Rüffert**"-Urteil des EuGH zum Niedersächsischen Landesvergabegesetz.[474] Nach der in Rede stehenden Tariftreueregelung durften Aufträge nur an solche (in- und ausländischen) Unternehmen vergeben werden, die sich zur Einhaltung des jeweils örtlich geltenden Tarifvertrages verpflichteten (sog. effektives Arbeitsortsprinzip).[475] Im konkreten Fall setzte der Auftragnehmer zur Durchführung des Auftrags ein in Polen ansässiges Unternehmen als Nachunternehmer ein, das Arbeitnehmer zu einem Entgelt beschäftigte, das unter

---

[463] Vgl. etwa EuGH Urt. v. 3.4.2008 – C-346/06, Slg. 2008, I-2024 Rn. 17 ff. = EuZW 2008, 306 – Rüffert. Nach *Bayreuther* NZA 2008, 626 ging der EuGH inzident von der Vereinbarkeit der Entsenderichtlinie mit der Dienstleistungsfreiheit des Art. 56 AEUV (Art. 49 EG) aus.
[464] *Streinz* JuS 2008, 823 (824).
[465] *Bitterich* ZIP 2008, 1455 (1461).
[466] S. Immenga/Mestmäcker/*Kling* § 128 Rn. 33.
[467] *Riesenhuber* EuZA 2020, 423 (426).
[468] *Riesenhuber* EuZA 2020, 423 (424).
[469] *Zimmer* AuR 2019, 152 ff.
[470] *Riesenhuber* EuZA 2020, 423 (438 f.).
[471] *Franzen* EuZA 2021, 3, (5 u. 9).
[472] EuGH Urt. v. 8.12.2020 – C-620/18, NZA 2021, 113 insbes. Rn. 104 ff. – Ungarn/Europäisches Parlament, Rat der Europäischen Union.
[473] So überzeugend *Franzen* EuZA 2021, 3, (9).
[474] S. zum Ausgangssachverhalt im Einzelnen *Bungenberg* EuR 2008, 397 (398); *Mohr* VergabeR 2009, 543 (549 f.).
[475] *Löwisch* DB 2004, 814.

dem örtlich anwendbaren Tarifvertrag lag. Das Land Niedersachsen kündigte daraufhin den Werkvertrag mit dem Auftragnehmer und rechnete gegenüber dessen Werklohnforderung mit der vereinbarten Vertragsstrafe auf. Der EuGH entschied, dass derartige Tariftreueklauseln weder mit der Arbeitnehmerentsende-RL noch mit der Dienstleistungsfreiheit des Art. 56 AEUV vereinbar sind.[476] Nachfolgend werden wesentliche Gesichtspunkte der Vereinbarkeit mit der Arbeitnehmerentsende-RL erläutert. Zur Vereinbarkeit mit der Dienstleistungsfreiheit → § 151 Rn. 9 ff.

Nicht geprüft hat der EuGH in „Rüffert" die Vorgaben des **Art. 26 Vergabe-RL 2004** (heute: **Art. 70 RL 2014/24/EU; Erwägungsgründe 64–66 RL 2014/23/EU**), obwohl die Vergabe-RL 2004 die Dienstleistungsfreiheit ebenso wie die Arbeitnehmerentsende-RL konkretisierte und auch inhaltlich einschlägig war.[477] Dies lässt sich dogmatisch auf mehrere Aspekte zurückführen:[478] Erstens datierte der zu entscheidende Sachverhalt auf einen Zeitpunkt vor Inkrafttreten der Vergabe-RL 2004.[479] Zweitens verwies Erwägungsgrund 34 Vergabe-RL 2004 für grenzüberschreitende Sachverhalte auf die Arbeitnehmerentsende-RL, welche nach ihrem Erwägungsgrund 4 auch auf öffentliche Aufträge anwendbar ist (vgl. heute die **Erwägungsgründe 55 und 65 RL 2014/23/EU**).[480] Drittens ist nicht nur die Arbeitnehmerentsende-RL, sondern auch die Vergabe-RL 2004 anhand der Dienstleistungsfreiheit gem. Art. 49 EG (Art. 56 AEUV) auszulegen. Wenn Letztere jedoch vertraglichen Tariftreueverpflichtungen entgegenstehen, kann für die öffentlichen Vergaberichtlinien nichts anderes gelten.[481] Davon zu unterscheiden ist die Frage, ob das Arbeitnehmerentsenderecht und das Vergaberecht dann voneinander abweichen dürfen, wenn die Mindestvorgaben des Primärvergaberechts gewahrt sind. Nach Ansicht des EuGH ist dies zu bejahen.[482]

In „Rüffert" bejahte der EuGH – überzeugend – den sachlichen **Anwendungsbereich der Arbeitnehmerentsende-RL**, weshalb die Mitgliedstaaten den in ihr Hoheitsgebiet entsandten Arbeitnehmern unabhängig von dem auf den Arbeitsvertrag anwendbaren nationalen Recht diejenigen Mindestlohnsätze garantieren müssten, die durch **Rechtsvorschriften** (Art. 3 Abs. 1 UAbs. 1 Arbeitnehmerentsende-RL) oder durch **allgemeinverbindlichen Tarifvertrag** (Art. 3 Abs. 8 UAbs. 1 Arbeitnehmerentsende-RL) festgelegt sind.[483] Diese formalen Erfordernisse sind bei Arbeitsbedingungen, die auf der Grundlage von Tariftreueversprechen der Unternehmen gelten sollen, regelmäßig nicht erfüllt. So sind „allgemeinverbindlich" ausschließlich solche Tarifverträge, die von allen in den jeweiligen geographischen Bereich fallenden und die betreffende Tätigkeit oder das betreffende Gewerbe ausübenden Unternehmen einzuhalten sind.[484] Dies ist bei über Tariftreueklauseln anwendbaren Tarifverträgen typischerweise nicht der Fall, da diese nur auf einzelne Außenseiter erstreckt werden.[485] Arbeitsrechtliche Schutzvorschriften wie Tariftreuepflichten sind hiernach unzulässig, wenn sie nur für solche Arbeitnehmer gelten, die im Rahmen öffentlicher Aufträge/Konzessionen tätig werden, da Arbeitnehmer im Rahmen privater Vertragsverhältnisse ebenfalls zu schützen sind, oder wenn der zu gewährende Schutz über die zwingenden Vorgaben des AEntG hinausgeht.[486] Zulässig sind demgegenüber **gesetzlich normierte Mindestlöhne** oder **für allgemeinverbindlich erklärte Tarifverträge mit Tariftreueklauseln**.[487] Nach Art. 3 Abs. 1 UAbs. 1 lit c. Arbeitnehmerentsende-RL idF der RL 2018/957/EU kann kraft Allgemeinverbindlicherklärung nunmehr der gesamte Bereich der **Entlohnung** erstreckt werden.[488]

Im Urteil „**Bundesdruckerei**" bestätigte der EuGH die vorstehend geschilderten Grundsätze im Hinblick auf vergabespezifische (Mindest-)Entgelte, wobei er sich mangels Anwendbarkeit der Arbeitnehmerentsende-RL allein auf das Primärvergaberecht stützte[489] (→ § 151 Rn. 10 ff.).

---

[476] EuGH Urt. v. 3.4.2008 – C-346/06, Slg. 2008, I-2024 Rn. 17 ff. = EuZW 2008, 306 – Rüffert.
[477] *Streinz* JuS 2008, 823 (824); *Wiedmann* EuZW 2008, 306 (308 f.).
[478] *Mohr* VergabeR 2009, 543 (550 f.). Krit. *Schneider* NVwZ 2009, 1057 (1060).
[479] Darauf verweisen mit Recht *Koberski/Schierle* RdA 2008, 233 (235).
[480] *Bayreuther* NZA 2008, 626 (628).
[481] Ebenso *Bayreuther* EuZW 2009, 102 (103).
[482] Dazu EuGH Urt. v. 17.11.2015 – C-115/14, NZBau 2016, 46 Rn. 66 – RegioPost.
[483] EuGH Urt. v. 3.4.2008 – C-346/06, Slg. 2008, I-2024 Rn. 19 ff. = EuZW 2008, 306 – Rüffert; zur Reichweite der Mindestbedingungen *Frenz* NZS 2011, 321 (324).
[484] EuGH Urt. v. 3.4.2008 – C-346/06, Slg. 2008, I-2024 Rn. 21 = EuZW 2008, 306 – Rüffert.
[485] *Bayreuther* NZA 2008, 626 (628).
[486] EuGH Urt. v. 3.4.2008 – C-346/06, Slg. 2008, I-2024 Rn. 40 = EuZW 2008, 306 – Rüffert; aA *Frenz* NZBau 2007, 17 (22).
[487] EuGH Urt. v. 3.4.2008 – C-346/06, Slg. 2008, I-2024 Rn. 39 f. = EuZW 2008, 306 – Rüffert.
[488] *Franzen* EuZA 2021, 3 (5).
[489] EuGH Urt. v. 18.9.2014 – C-549/13, ECLI:EU:2014:2235 Rn. 33 = NZBau 2014, 647 – Bundesdruckerei; näher *Mohr* EuZA 2017, 23 (41 ff.).

141 **(3) Vergabespezifische Mindestlohnvorgaben.** Problematisch ist auch die vergaberechtliche Zulässigkeit **landesgesetzlicher Mindestlohnvorgaben**[490] (→ § 151 Rn. 12). In seinem Urteil **„RegioPost"** hat der EuGH entschieden, dass gesetzliche Mindestlohnvorgaben auch dann zulässig sind, wenn sie nur gegenüber den Bietern/Bewerbern und nicht auch in privaten Rechtsverhältnissen gelten.[491] Nach Ansicht des EuGH handelt es sich um eine „soziale Aspekte" betreffende „zusätzliche Bedingung für die Ausführung des Auftrags" iSv Art. 26 Vergabe-RL 2004 (vorliegend: **§ 152 Abs. 4 iVm § 129**).[492] Nach Erwägungsgrund 34 Vergabe-RL 2004 **(Erwägungsgründe 55 u. 66 RL 2014/23/EU)** ist diese Bedingung im Einklang mit den Vorgaben des Unionsrechts, namentlich mit der Arbeitnehmerentsende-RL zu prüfen.[493] Anders im Verfahren „Rüffert" handelte es sich nicht um einen – nicht allgemeinverbindlichen – Tarifvertrag, sondern um eine „Rechtsvorschrift" iSv Art. 3 Abs. 1 UAbs. 1 erster Gedankenstrich Arbeitnehmerentsende-RL, die einen „Mindestlohnsatz" iSv Art. 3 Abs. 1 UAbs. 1 lit. c Arbeitnehmerentsende-RL aF vorsah[494] (heute: die gesamte „Entlohnung"). Der EuGH erachtete den vergaberechtlichen Mindestlohn deshalb als zulässig:[495] Zum einen werde der Mindestlohnsatz im Landesvergabegesetz selbst festgelegt, basiere also nicht auf einem dynamischen Blankettverweis auf den jeweils geltenden Tarifvertrag wie in „Rüffert".[496] Zum anderen sahen in dem im Ausgangsverfahren maßgebenden Zeitraum weder das AEntG noch eine andere nationale Regelung ein niedrigeres Entgelt für die relevante Branche der Postdienstleistungen vor.[497] Schließlich betonte der EuGH, dass soziale Ausführungsbestimmungen auch von Art. 26 Vergabe-RL 2004 **(Erwägungsgründe 64–66 RL 2014/23/EU)** gestattet seien.[498] Diese Regelung sei allerdings ihrerseits im Lichte der Dienstleistungsfreiheit gem. Art. 56 AEUV auszulegen[499] (→ § 151 Rn. 11).

142 Bei gesetzlichen Mindestlohnvorgaben – die für entsandte Arbeitnehmer zur Anwendung kommen sollen[500] – spielt es nach Ansicht des EuGH anders als bei Tarifverträgen keine Rolle, dass diese **nur für öffentliche Aufträge/Konzessionen** und nicht auch für private Aufträge gelten.[501] Hierfür wird ergänzend angeführt, dass auch umweltbezogene Anforderungen nur für öffentliche Aufträge bzw. Konzessionen aufgestellt werden könnten.[502] Zudem könnten die deutschen Bundesländer aufgrund der verfassungsrechtlichen Kompetenzverteilung keine allgemeinen Mindestlöhne auch für private Arbeitnehmer vorgeben.[503] Schließlich komme der öffentlichen Hand eine Vorbildfunktion zu,[504] weshalb nicht unwahrscheinlich sei, dass sich vergleichbare Regelungen auch im Bereich der privaten Auftragsvergabe durchsetzen.[505]

143 Der Sachverhalt der Entscheidung „RegioPost" lag vor Inkrafttreten des **allgemeinen deutschen Mindestlohns** durch das MiLoG zum 1.1.2015.[506] Vor diesem Hintergrund ist bezweifelt worden, ob vergabespezifische gesetzliche Mindestlöhne und Tariftreueverlangen unionsrechtlich zulässig sind, sofern sie den allgemeinen Mindestlohn überschreiten[507] (→ § 151 Rn. 12 f.). Da sich Art. 3 Abs. 1 UAbs. 1 lit c. Arbeitnehmerentsende-RL idF der RL 2018/957/EU nunmehr auf den gesamten Bereich der **Entlohnung** bezieht,[508] greifen die geschilderten Bedenken nicht mehr durch.

---

[490] Vgl. *Mohr* EuZA 2017, 23 (43 ff.).
[491] EuGH Urt. v. 17.11.2015 – C-115/14, NZBau 2016, 46 – RegioPost.
[492] EuGH Urt. v. 17.11.2015 – C-115/14, NZBau 2016, 46 Rn. 54 – RegioPost.
[493] EuGH Urt. v. 17.11.2015 – C-115/14, NZBau 2016, 46 Rn. 61 – RegioPost.
[494] EuGH Urt. v. 17.11.2015 – C-115/14, NZBau 2016, 46 Rn. 62 – RegioPost.
[495] Ebenso zuvor *Däubler* NZA 2014, 694 (696); *Rödl* EuZW 2011, 294 f.; *Greiner* ZIP 2011, 2129 (2134); aA etwa *Klumpp* NJW 2008, 3475 (3476); *Krebber* EuZA 2013, 435 (449).
[496] Dazu *Bitterich* ZIP 2008, 1455 (141); *Mohr* VergabeR 2009, 543 (551).
[497] EuGH Urt. v. 17.11.2015 – C-115/14, NZBau 2016, 46 Rn. 62 – RegioPost.
[498] EuGH Urt. v. 17.11.2015 – C-115/14, NZBau 2016, 46 Rn. 64 – RegioPost; die Ausführungen sind insoweit auf Art. 70 RL 2014/24/EU (und damit auf die RL 2014/23/EU, vgl. Erwägungsgründe 64–66 RL 2014/23/EU) zu übertragen; vgl. *Greiner/Hennecken* EuZA 2016, 318 (326).
[499] EuGH Urt. v. 17.11.2015 – C-115/14, NZBau 2016, 46 Rn. 67 ff. – RegioPost.
[500] EuGH Urt. v. 18.9.2014 – C-549/13, ECLI:EU:2014:2235 Rn. 33 = NZBau 2014, 647 – Bundesdruckerei.
[501] EuGH Urt. v. 17.11.2015 – C-115/14, NZBau 2016, 46 Rn. 63 – RegioPost; aA etwa *Simon* RdA 2014, 165 (168 ff.).
[502] GA *Mengozzi* Schlussantr. v. 9.9.2015 – C-115/14, BeckEuRS 2015, 446164 Rn. 86 – RegioPost.
[503] GA *Mengozzi* Schlussantr. v. 9.9.2015 – C-115/14, BeckEuRS 2015, 446164 Rn. 73 ff. – RegioPost.
[504] *Bayreuther*, Die verfassungsrechtliche Zulässigkeit von partiellen Tariftreueklauseln – Vergaberechtliche Handlungsoptionen nach der Rüffert-Entscheidung des EuGH, Gutachten im Auftrag des Berliner Senators für Wirtschaft, Technologie und Frauen, 2010, 9, zitiert nach *Röbke* LKV 2011, 337 (339).
[505] *Glaser/Kahl* ZHR 177 (2013), 643 (670).
[506] Vgl. auch *Schnieders* NVwZ 2016, 212 (217).
[507] *Greiner/Hennecken* EuZA 2016, 318 (324); krit. *Burgi* VergabeR § 19 Rn. 22; *Mohr* EuZA 2017, 23 (45).
[508] *Franzen* EuZA 2021, 3 (5).

(4) Umweltschutz. § 152 Abs. 4 ermöglicht Konzessionsgebern iVm § 128 Abs. 2 das Statuieren **umweltbezogener Vertrags-Ausführungsbedingungen.** Derart ökologische Anforderungen können nach Art. 36 Abs. 1 UAbs. 2 RL 2014/23/EU etwa an den Produktionsprozess oder die Produktionsmethoden gestellt werden. Beispiele sind die Verwendung von Elektrizität aus erneuerbaren Energiequellen,[509] von energiesparenden Produktionstechniken[510] oder von schadstoffarmen Kraftfahrzeugen.[511] § 67 VgV enthält eine spezifische Regelung für die „Beschaffung energieverbrauchsrelevanter Liefer- oder Dienstleistungen", die wegen ihrer anspruchsvollen inhaltlichen Pflichten nicht deckungsgleich auf das Konzessionsvergaberecht übertragen werden kann, das von der inhaltlichen Gestaltungsfreiheit des Konzessionsgebers geprägt ist (vgl. auch § 151 S. 3).[512]

144

Gerade bei vertraglichen Anforderungen an den Produktionsprozess ist darauf zu achten, dass diese **in Verbindung mit dem Auftragsgegenstand und in einem angemessenen Verhältnis zu dessen Wert und Zielen** stehen.[513] In seiner Entscheidung „Wienstrom" sah es der EuGH als unzulässig an, wenn sich ein (Zuschlags-)Kriterium auf den Anteil an Strom aus erneuerbaren Energiequellen am gesamten Liefervolumen eines Vertriebsunternehmens beziehe, zumal ein solches Kriterium große Bieter bevorzugen könne.[514] Bezweifelt wird hiernach auch, ob ein Konzessionsgeber über die Regelungen im EEG 2021 hinaus verlangen könne, dass ein Bieterunternehmen „grünen Strom" ausschließlich mit Windkraft erzeuge, da das EEG andere umweltbezogene Erzeugungsmethoden erlaubt (etwa Photovoltaik).[515] Demgegenüber erscheint es zulässig, wenn ein Lieferant angesichts der physikalischen Besonderheiten von Elektrizität – diese nimmt den Weg des geringsten Widerstandes – die wirtschaftliche, nicht aber die physikalische Lieferung garantiert.[516]

145

(5) Innovation. Nach § 152 Abs. 4, § 128 Abs. 2 S. 3 können Konzessionsgeber innovative Ausführungsbedingungen statuieren (zum Begriff der Innovation → Rn. 41). Das Instrument der Ausführungsbedingung erscheint für **innovative Lösungen** als besonders geeignet, da diese sich aufgrund ihrer Neuartigkeit einer ergebnisbezogenen Festlegung entziehen.[517] Vor diesem Hintergrund ist es besonders wichtig, dass innovative Ausführungsbedingungen nicht nur erkennbar, sondern auch erfüllbar und kontrollierbar sind.[518] Zudem müssen sie eine hinreichend enge Verbindung zum Gegenstand der Konzession aufweisen und verhältnismäßig sein (→ Rn. 121).

146

§ 153 Vergabe von Konzessionen über soziale und andere besondere Dienstleistungen

Für das Verfahren zur Vergabe von Konzessionen, die soziale und andere besondere Dienstleistungen im Sinne des Anhangs IV der Richtlinie 2014/23/EU betreffen, sind die §§ 151 und 152 anzuwenden.

Schrifttum: *Hansen,* Vergaberecht in der gesetzlichen Krankenversicherung ab 18.4.2016, NZS 2016, 814; *Höfer/Nolte,* Das neue EU Vergaberecht und die Erbringung sozialer Leistungen, NZS 2015, 441; *Krautscheid,* Die Daseinsvorsorge im Spannungsfeld von europäischem Wettbewerb und Gemeinwohl, 2009; *Mohr,* Sicherung der Vertragsfreiheit durch Wettbewerbs- und Regulierungsrecht, 2015; *Müller,* Öffentlich-rechtliche Dienstleistungskonzessionen künftig ein Beschaffungsvorgang?, NVwZ 2016, 266; *Neun/Otting,* Die EU-Vergaberechtsreform 2014, EuZW 2014, 446; *Opitz,* Die Zukunft der Dienstleistungskonzession, NVwZ 2014, 753; *Weiß,* Öffentliche Daseinsvorsorge und soziale Dienstleistungen: Europarechtliche Perspektiven, EuR 2013, 669; *Zeiss,* Sektorenverordnung verfassungswidrig – Gebührenerhebung durch Bundeskartellamt unzulässig?, NVwZ 2010, 556.

Übersicht

	Rn.		Rn.
I. Normzweck	1	III. Tatbestandsmerkmale	10
II. Unionsrechtliche Vorgaben	5	1. Konzessionen	10

---

[509] Zur Berücksichtigung von Umweltschutzkriterien bei der Angebotswertung EuGH Urt. v. 4.12.2003 – C-448/01, Slg. 2003, I-14527 Rn. 32 ff. = EuZW 2014, 81 – Wienstrom; zur Übertragung auf die Definition des Auftragsgegenstands *Schneider* NVwZ 2009, 1057 (1058 f.).
[510] *Heyne* ZUR 2011, 578 (579).
[511] *Diemon-Wies* VergabeR 2010, 317.
[512] S. zur Energieeffizienz im allg. Vergaberecht *Zeiss* NZBau 2012, 201; *Zeiss* NZBau 2011, 658.
[513] *Schneider* NVwZ 2009, 1057 (1058 f.).
[514] EuGH Urt. v. 4.12.2003 – C-448/01, Slg. 2003, I-14527 Rn. 67 ff. = EuZW 2014, 81 – Wienstrom.
[515] *Funk/Tomerius* KommJur 2016, 1 (3).
[516] Näher *Schneider* NVwZ 2009, 1057 (1058 f.).
[517] *Burgi* NZBau 2011, 577 (581).
[518] Ausf. *Burgi* NZBau 2011, 577 (581 ff.).

GWB § 153 1–3 Vergabe von Konzessionen über soziale und andere besondere Dienstleistungen

	Rn.		Rn.
2. Soziale und besondere Dienstleistungen	12	b) Spezifische Verfahrenserleichterungen gem. § 22 KonzVgV	23
3. Vergabeverfahren	22		
a) Geltung des allgemeinen Konzessionsvergaberechts	22	IV. Rechtsschutz	26

I. Normzweck

1 § 153 regelt das Verfahren zur Vergabe von Konzessionen, die – bei Erreichen des Schwellenwerts gem. § 106 Abs. 1, Abs. 2 Nr. 4[1] – die Erbringung von **sozialen und anderen besonderen Dienstleistungen** betreffen, da diese dann eine relevante grenzüberschreitende Dimension aufweisen[2] (beachte aber Art. 106 AEUV;[3] → Rn. 5 ff.). Die Vorschrift behandelt spezifische Erscheinungsformen der **Dienstleistungskonzession** iSd § 105 Abs. 1 Nr. 2 (zur Definition → § 105 Rn. 24 ff.). § 153 verweist direkt auf die Vorschriften über das Konzessionsverfahren gem. §§ 151, 152. Hiernach werden Konzessionen – anders als öffentliche Aufträge – in einem vereinfachten Verfahren vergeben, bei dem den Konzessionsgebern im Rahmen der zwingenden Vorgaben des Primärvergaberechts ein erweiterter Entscheidungsspielraum zugesprochen wird (→ § 151 Rn. 9). Bedeutsam ist § 153 insbesondere im **Gesundheits-, Sozial- und Bildungsbereich**,[4] auch weil die Vorschrift die früher zuweilen problematische Abgrenzung zwischen öffentlichen Aufträgen und Konzessionen abmildert.[5] Eine vergleichbare Vorschrift findet sich für öffentliche Aufträge in § 130.[6]

2 § 153 dient der Umsetzung von **Art. 19 RL 2014/23/EU** (→ Rn. 5 ff.), wobei der deutsche Gesetzgeber an einigen Stellen über die in Art. 19 RL 2014/23/EU statuierten Mindeststandards hinausgeht. Dies ist grundsätzlich zulässig, da Art. 19 RL 2014/23/EU lediglich eine Mindestharmonisierung intendiert und den Mitgliedstaaten nicht untersagt, zum Schutz des freien und unverfälschten Bieterwettbewerbs im Binnenmarkt strengere Regelungen aufzustellen. So werden über den Verweis in § 153 auf § 152 Anforderungen an die Leistungsbeschreibung sowie an die Eignungs- und Zuschlagskriterien aufgestellt. Demgegenüber verpflichtet Art. 19 RL 2014/23/EU die Konzessionsgeber bei der Vergabe von Konzessionen hinsichtlich sozialer und besonderer Dienstleistungen lediglich dazu, die Vorschriften der **Art. 31, 32, 46, 47 RL 2014/23/EU** zu beachten.

3 Der **Zweck** des gegenüber regulären Konzessionen nochmals vereinfachten Vergabeverfahrens für soziale und andere besondere Dienstleistungen wird in **Erwägungsgrund 53 RL 2014/23/EU** erläutert. Ausgenommen von der vollständigen Anwendbarkeit der RL 2014/23/EU sind hiernach solche Konzessionen, die **von begrenztem grenzüberschreitenden Interesse** sind, wie zB bestimmte Dienstleistungen im Sozial-, Gesundheits- oder Bildungswesen. Derartige Dienstleistungen gestalteten sich aufgrund der unterschiedlichen kulturellen Traditionen in jedem Mitgliedstaat unterschiedlich. Demgemäß werde bereits durch die Verpflichtung der Konzessionsgeber, eine Vorinformation und die Zuschlagsbekanntmachung zu veröffentlichen, sichergestellt, dass alle potenziellen Bewerber/Bieter in zureichendem Umfang über das Vergabeverfahren und seine Ergebnisse informiert seien. Spiegelbildlich sind die Mitgliedstaaten nach Erwägungsgrund 53 RL 2014/23/EU verpflichtet, ein geeignetes Verfahren für die Vergabe von sozialen und anderen besonderen Dienstleistungskonzessionen einzuführen, das – in Übereinstimmung mit den Vorgaben des EuGH zum Primärvergaberecht – die Transparenz und Gleichbehandlung jedes Wirtschaftsteilnehmers wahrt, den Besonderheiten dieser Dienstleistungen entspricht[7] sowie den Auftraggebern gestattet, Innovationen zu entwickeln (zum Begriff der Innovation → § 152 Rn. 41). Weiterhin soll das (vereinfachte) Vergabeverfahren die Qualität, Sicherheit und Bezahlbarkeit, die Gleichbehandlung sowie die Förderung des universellen Zugangs und die Nutzerrechte sicherstellen (Erwägungsgrund 53 RL 2014/23/EU iVm Art. 14 AEUV und Protokoll Nr. 26 zum Vertrag von Lissabon). **Erwägungsgrund 54 RL 2014/23/EU** betont angesichts des kulturellen Kontextes und des sensiblen Charakters dieser Dienstleistungen den besonderen mitgliedstaatlichen Ermessensspielraum bei der Auswahl der Dienstleister, welcher die Anwendung **spezifischer Qualitätskriterien** umfasst (zum Begriff der Qualität → § 152 Rn. 38 f.). Schließlich steht es den Mitgliedstaaten und/oder Behörden im Rahmen der Vorgaben des (Primärvergabe-)Unionsrechts frei, soziale oder andere besondere

---
[1] Dobmann Neues VergabeR Rn. 360.
[2] Burgi VergabeR § 15 Rn. 18 zu juristischen Beratungsleistungen.
[3] Dazu Weiß EuR 2013, 669 (675).
[4] Dobmann Neues VergabeR Rn. 358.
[5] Höfer/Nolte NZS 2015, 441 (443 f.); Burgi VergabeR § 15 Rn. 8.
[6] Vgl. Beck VergabeR/Rixen Rn. 4, der sich deshalb für einen interpretatorischen Gleichlauf ausspricht.
[7] Neun/Otting EuZW 2014, 446 (452).

Dienstleistungen selbst zu erbringen oder in einer Weise zu organisieren, die nicht mit der Vergabe von Konzessionen verbunden ist (vgl. Erwägungsgrund 54 RL 2014/23/EU).

Das **Vergabeverfahren** für soziale und andere besondere Dienstleistungen richtet sich im deutschen Recht nach den allgemeinen Vergabevorschriften für Konzessionen gem. **§§ 151, 152**, da dieses im Vergleich zu regulären öffentlichen Aufträgen bereits ein erleichtertes Verfahren vorsieht. In § 22 KonzVgV sind weitere Erleichterungen hinsichtlich der Vergabebekanntmachung bzw. der Veröffentlichung einer sog. Vorabinformation geregelt (→ Rn. 23). Bedeutsam ist auch **§ 154,** der die dort normierten Vorgaben des allgemeinen Vergaberechts explizit auch für Konzessionen iSd § 153 für anwendbar erklärt.[8] In der Praxis wird § 153 anders als § 130 nur eine geringe Relevanz zugesprochen, da die Vergabe von Konzessionen gegenüber einer Auftragsvergabe ohnehin weitreichende Privilegierungen genießt, weshalb sich die weiteren Privilegierungen für die Vergabe von sozialen und anderen besonderen Dienstleistungen in Besonderheiten hinsichtlich des Bekanntmachungserfordernisses erschöpften.[9]

II. Unionsrechtliche Vorgaben

Erwägungsgrund 53 RL 2014/23/EU verweist auf **Art. 14 AEUV** und stellt für soziale und andere besondere Dienstleistungen damit einen Bezug zu den in Art. 14 AEUV behandelten („gemeinwirtschaftlichen") **Diensten von allgemeinem wirtschaftlichem Interesse** her. Zwar kennt das an einen funktionalen Unternehmensbegriff anknüpfende europäische Wettbewerbsrecht keinen generellen Ausnahmebereich für die „öffentliche Daseinsvorsorge"[10] (→ Rn. 6). Allerdings sieht **Art. 106 Abs. 2 S. 1 AEUV** vor, dass die EU-Wettbewerbsregeln für Unternehmen, die vom Staat wirksam mit „Dienstleistungen von allgemeinem wirtschaftlichem Interesse" betraut werden, lediglich insoweit gelten, als ihre Anwendung nicht die Erfüllung der den Unternehmen übertragenen, für die Bürger besonders wichtigen Aufgaben rechtlich oder tatsächlich verhindert bzw. übermäßig beeinträchtigt. Art. 106 AEUV bezieht sich nur auf staatliche Maßnahmen. Wettbewerbswidrige Verhaltensweisen von Unternehmen, die vom Mitgliedstaat weder angeregt noch erzwungen werden, können auf der Grundlage des allgemeinen Wettbewerbsrechts kontrolliert werden.[11]

Mit dem Begriff der „Dienstleistungen von allgemeinem wirtschaftlichem Interesse" bezieht sich Art. 106 Abs. 2 AEUV auf marktbezogene („wirtschaftliche") Tätigkeiten, die auch im Interesse der Allgemeinheit erbracht und aus diesem Grunde von den Mitgliedstaaten **mit besonderen Gemeinwohlverpflichtungen verbunden** werden.[12] Sofern wettbewerblich organisierte Märkte Leistungen der Daseinsvorsorge nicht hinreichend bereitstellen, können die Mitgliedstaaten bestimmten Leistungserbringern Rechte und Pflichten im allgemeinen Interesse übertragen. Wenn dies sachlich begründet ist, können sie den betreffenden Unternehmen sogar **besondere oder ausschließliche Rechte** iSd Art. 106 Abs. 1 AEUV übertragen bzw. einen Finanzierungsmechanismus etablieren, der ihnen die Erbringung der Leistungen ermöglicht.[13] Ein derartiger Finanzierungsmechanismus fällt **nicht** unter das **Beihilfeverbot gem. Art. 107 Abs. 1 AEUV,** soweit er lediglich einen Ausgleich für die durch die Erfüllung der Verpflichtungen von allgemeinem wirtschaftlichem Interesse verursachten zusätzlichen Kosten darstellt und die Unternehmen weder einen finanziellen Vorteil erhalten noch sonst gegenüber den mit ihnen im Wettbewerb stehenden Unternehmen in eine günstigere Wettbewerbsstellung gelangen.[14]

Nach **Art. 4 Abs. 1 S. 1 RL 2014/23/EU** berührt die RL 2014/23/EU nicht das Recht der Mitgliedstaaten, im Einklang mit dem Unionsrecht festzulegen, was sie als Dienstleistungen von allgemeinem wirtschaftlichem Interesse erachten, wie diese Dienstleistungen unter Beachtung der Vorschriften über staatliche Beihilfen gem. den Art. 107 ff. AEUV organisiert und finanziert werden und welchen spezifischen Verpflichtungen sie unterliegen sollten. Ebenso wenig berührt diese Richtlinie nach **Art. 4 Abs. 1 S. 2 AEUV** die Art und Weise, in der die Mitgliedstaaten ihre **Systeme**

---

[8] jurisPK-VergabeR/*Wagner* Rn. 16; HK-VergabeR/*Mußgnug* Rn. 8; Reidt/Stickler/Glahs/*Rafii* Rn. 1.
[9] Ziekow/Völlink/*Kraus* Rn. 3.
[10] *Hoffmann* in Dauses EU-WirtschaftsR-HdB H I § 1 Rn. 57.
[11] Statt anderer Beck TKG/*Grussmann/Honekamp* Einl. B. Rn. 64.
[12] *von Danwitz* in Krautscheid, Die Daseinsvorsorge im Spannungsfeld von europäischem Wettbewerb und Gemeinwohl, 2009, 103 (113); Immenga/Mestmäcker/*Mestmäcker/Schweitzer* AEUV Art. 106 Rn. 78 f.
[13] Vgl. das Begleitdokument zur der Mitteilung der Kom. „Ein Binnenmarkt für das Europa des 21. Jahrhunderts" [KOM(2007) 724 endgültig], Dienstleistungen von allg. Interesse unter Einschluss von Sozialdienstleistungen: Europas neues Engagement, KOM(2007) 725 endgültig, im Internet unter https://eur-lex.europa.eu/LexUriServ/LexUriServ.do?uri=COM:2007:0725:FIN:de:PDF (zuletzt abgerufen am 29.7.2021).
[14] Es fehlt insoweit an einem wirtschaftlichen Vorteil, vgl. EuGH Urt. v. 24.7.2003 – C-280/00, Slg. 2003, I-7747 = EuZW 2003, 496 (Ls. 2) – Altmark Trans.

der **sozialen Sicherheit** gestalten. Diese Regelung geht zurück auf das Protokoll Nr. 26 zum Vertrag von Lissabon.[15] Nach dessen Art. 1 anerkennt die Union sowohl die wichtige Rolle und den weiten Ermessensspielraum der nationalen, regionalen und lokalen Behörden in der Frage, wie Dienste von allgemeinem wirtschaftlichem Interesse iSd Art. 14 AEUV auf eine den Bedürfnissen der Nutzer bestmögliche Weise zur Verfügung gestellt, in Auftrag gegeben und organisiert werden, als auch die Vielfalt der jeweiligen Dienstleistungen von allgemeinem wirtschaftlichem Interesse und die Unterschiede bei den Bedürfnissen und Präferenzen der Nutzer, die aus unterschiedlichen geografischen, sozialen oder kulturellen Gegebenheiten folgen können. Im Ergebnis soll ein hohes Niveau in Bezug auf Qualität, Sicherheit und Bezahlbarkeit, Gleichbehandlung und Förderung des universellen Zugangs (Universaldienst[16]) und der Nutzerrechte sichergestellt werden. Ein Mitgliedstaat verstößt aber dann gegen die in Art. 106 Abs. 1 AEUV iVm Art. 102 AEUV aufgestellten Vorgaben, wenn er im Bereich der Gesetzgebung oder Verwaltung eine Maßnahme trifft, mit der er eine Situation schafft, in der ein Unternehmen, dem er besondere oder ausschließliche Rechte verliehen hat, zur missbräuchlichen Ausnutzung seiner beherrschenden Stellung veranlasst wird.[17]

8 Nach einer Mitteilung der Kommission[18] stand bis zum Jahr 2007 die Beseitigung von Hindernissen für grenzübergreifende Tätigkeiten insbesondere im Wege der Rechtsetzung im Mittelpunkt ihrer Bemühungen. Mit Blick auf den erreichten Stand der Integration soll seitdem ein breiteres Spektrum an Instrumenten und ein wirkungsorientierterer Ansatz entwickelt werden, damit die Märkte dort, wo Verbraucher von Wachstum und Schaffung von Arbeitsplätzen am meisten profitieren, noch mehr Resultate bringen. Zugleich müsse die Binnenmarktpolitik den **sozial- und umweltpolitischen Implikationen der Marktöffnung** in vollem Umfang Rechnung tragen und von Maßnahmen begleitet werden, die **alle Bürger und Unternehmen in die Lage versetzen, die neuen Chancen zu nutzen.**[19] Vor diesem Hintergrund können besondere Regelungen für Dienstleistungen von allgemeinem wirtschaftlichem Interesse gerechtfertigt sein, die ua die Bereiche **Sozialdienstleistungen** und **Gesundheitsfürsorge** betreffen (vgl. auch Art. 168 AEUV).[20] Gerade im Bereich der öffentlich-privaten Partnerschaften und der Konzessionen bestünden weiterhin „eine Reihe von Problemen", weshalb die Kommission „mehr Klarheit in Bezug auf die anwendbaren Vorschriften" schaffen sowie „auch im Bereich der Konzessionen auf der Grundlage der Ergebnisse einer Folgenabschätzung weitere Schritte zur Klärung der Rechtslage" unternehmen will.[21] Hierzu dient im Ergebnis **Art. 19 RL 2014/23/EU**, der durch § 153 ins deutsche Recht umgesetzt wird.

9 **Art. 19 RL 2014/23/EU** erlaubt für Konzessionen, die soziale und andere besondere Dienstleistungen betreffen, die Implementierung eines **Sondervergaberegimes.**[22] Die Vorschrift verweist für die Konzessionsvergabe auf **Art. 31 Abs. 3 RL 2014/23/EU** und auf die **Art. 32, 46 und 47 RL 2014/23/EU.** Aus dem Wortlaut des Art. 19 RL 2014/23/EU („ausschließlich") ergibt sich, dass die in Frage stehenden Konzessionen zwingend nur den genannten Artikeln der RL 2014/23/EU unterliegen müssen. Dieses **vereinfachte Verfahren** ist dadurch gekennzeichnet, dass Konzessionsgeber ihre Konzessionsvergabeabsicht durch **Veröffentlichung einer Vorinformation** bekannt geben (Art. 31 Abs. 3 RL 2014/23/EU). Diese Bekanntmachung muss gem. Art. 31 Abs. 3 RL 2014/23/EU die in **Anhang VI RL 2014/23/EU** genannten Angaben enthalten. Dazu zählen zB eine Beschreibung der Dienstleistung, die Teilnahmebedingungen, bestimmte Fristen und ggf. eine kurze Beschreibung der wichtigsten Merkmale des Vergabeverfahrens. Weiterhin müssen die Konzessionsgeber gem. Art. 32 RL 2014/23/EU die **Ergebnisse des Vergabeverfahrens europaweit bekanntgeben** (Zuschlagsbekanntmachung). Gemäß Art. 3 RL 2014/23/EU und übereinstimmend mit der ständigen Rechtsprechung des EuGH[23] sind die Konzessionsgeber trotz des vereinfachten

---

[15] Abgedruckt in Kom., Begleitdokument zu der Mitteilung „Ein Binnenmarkt für das Europa des 21. Jahrhunderts" [KOM(2007) 724 endgültig], Dienstleistungen von allg. Interesse unter Einschluss von Sozialdienstleistungen: Europas neues Engagement, KOM(2007) 725 endgültig, 10.
[16] Kom., Begleitdokument zu der Mitteilung „Ein Binnenmarkt für das Europa des 21. Jahrhunderts" [KOM(2007) 724 endgültig], Dienstleistungen von allg. Interesse unter Einschluss von Sozialdienstleistungen: Europas neues Engagement, KOM(2007) 725 endgültig, 10.
[17] EuGH Urt. v. 22.5.2003 – C-462/99, ECLI:EU:C:2003:297 Rn. 80 = ZUM-RD 2003, 513 – Connect Austria.
[18] Kom., Mitteilung, Ein Binnenmarkt für das Europa des 21. Jahrhunderts, KOM(2007) 724 endgültig, 4.
[19] Kom., Mitteilung, Ein Binnenmarkt für das Europa des 21. Jahrhunderts, KOM(2007) 725 endgültig, 4.
[20] Kom., Begleitdokument zur Mitteilung, „Ein Binnenmarkt für das Europa des 21. Jahrhunderts" [KOM(2007) 724 endgültig], Dienstleistungen von allg. Interesse unter Einschluss von Sozialdienstleistungen: Europas neues Engagement, KOM(2007) 725 endgültig, 7 ff.
[21] Kom., Mitteilung, Ein Binnenmarkt für das Europa des 21. Jahrhunderts, KOM(2007) 725 endgültig, 14.
[22] BT-Drs. 18/6281, 132; *Opitz* NVwZ 2014, 753 (759).
[23] EuGH Urt. v. 13.10.2005 – C-458/03, ECLI:EU:C:2005:605 Rn. 46 ff. = NZBau 2005, 644 – Parking Brixen; EuGH Urt. v. 21.7.2005 – C-231/03, ECLI:EU:C:2005:487 Rn. 17 ff. = NVwZ 2005, 1052 –

Vergaberegimes zur Wahrung der Grundsätze der Transparenz, Nichtdiskriminierung und Gleichbehandlung verpflichtet. Weiterhin gilt für Konzessionen, die soziale und andere besondere Dienstleistungen betreffen, der **Primärrechtsschutz** gem. Art. 46 und 47 RL 2014/23/EU.[24]

III. Tatbestandsmerkmale

1. Konzessionen. § 153 behandelt die Vergabe von Konzessionen zur Erbringung sozialer und anderer besonderer Dienstleistungen iSd Anhangs IV RL 2014/23/EU durch einen Konzessionsgeber. Der Begriff der **Konzession** wird in § 105 Abs. 1 legal definiert. Der Gesetzgeber unterscheidet zwischen Bau- und Dienstleistungskonzessionen, wobei sich § 153 nach seinem Wortlaut allein auf Dienstleistungen bezieht. **Dienstleistungskonzessionen** sind nach § 105 Abs. 1 Nr. 2 „entgeltliche Verträge, mit denen ein oder mehrere Konzessionsgeber ein oder mehrere Unternehmen mit der Erbringung und der Verwaltung von Dienstleistungen betrauen, die nicht in der Erbringung von Bauleistungen [...] bestehen". Die Gegenleistung besteht „entweder allein in dem Recht zur Verwertung der Dienstleistungen oder in diesem Recht zuzüglich einer Zahlung" (→ § 105 Rn. 56 ff.). Eine hoheitliche **Zulassung zur Erbringung von sozialen Dienstleistungen** gilt hiernach nicht als Dienstleistungskonzession,[25] wie Erwägungsgrund 13 RL 2014/23/EU verdeutlicht (→ § 105 Rn. 19). Nicht von § 153 erfasst sind Zulassungssysteme, die nicht mit einer exklusiven Auswahl von Unternehmen verbunden sind, insbesondere im Rahmen des sog. sozialrechtlichen Dreiecksverhältnisses.[26]

Der Begriff des **Konzessionsgebers** wird in § 101 Abs. 1 Nr. 1–3 erläutert. Nach dieser Vorschrift sind Konzessionsgeber öffentliche Auftraggeber gem. § 99 Nr. 1–3, die eine Konzession vergeben (§ 101 Abs. 1 Nr. 1), Sektorenauftraggeber gem. § 100 Abs. 1 Nr. 1, die eine Sektorentätigkeit gem. § 102 Abs. 2–6 ausüben und eine Konzession zum Zweck der Ausübung dieser Tätigkeit vergeben, sowie Sektorenauftraggeber gem. § 100 Abs. 1 Nr. 2, die eine Sektorentätigkeit gem. § 102 Abs. 2–6 ausüben und eine Konzession zum Zweck der Ausübung dieser Tätigkeit vergeben (→ § 101 Rn. 43 ff.).

2. Soziale und besondere Dienstleistungen. Die sozialen und besonderen Dienstleistungen werden in § 153 nicht abstrakt definiert, sondern ergeben sich aus dem **Anhang IV RL 2014/23/EU**.[27] Die Aufzählung ist abschließend.[28] Die nicht von den konkreten CVP-Nummern erfassten Dienstleistungen unterfallen den allgemeinen Regelungen über die Konzessionsvergabe gem. §§ 151 ff. iVm der KonzVgV.[29] Zu beachten ist, dass die sozialen und anderen besonderen Dienstleistungen gem. § 130 und § 153 nicht deckungsgleich sind, da sich die Kataloge in Anhang IV RL 2014/23/EU und in Anhang XIV RL 2014/24/EU zwar ganz überwiegend, aber nicht vollkommen decken.[30]

Soziale Dienstleistungen sind insbesondere dadurch gekennzeichnet, dass sie die menschlichen Bedürfnisse jedes Einzelnen, vor allem aber solche von sozial schwächeren Mitgliedern der Gesellschaft absichern.[31] Sie dienen dem Schutz der Gesellschaft vor Risiken des Lebens und nehmen darüber hinaus eine Sonderrolle bei der Wahrung der Grundrechte und der Menschenwürde ein.[32] Weiterhin sollen sie einen Beitrag zum Gesundheitsschutz, zur Verbesserung des Lebensstandards, zur Gleichbehandlung von Mann und Frau und zur Chancengleichheit für jeden Menschen leisten.[33] Zu den von § 153 erfassten Dienstleistungen zählen solche des **Gesundheits- und Sozialwesens und zugehörige Dienstleistungen** wie zB die Überlassung von Pflegepersonal (CPV 79624000-4) und die Überlassung von medizinischem Personal (CPV 79625000-1).[34] Auch **Rettungsdienstleistungen** unterfallen grundsätzlich § 153, soweit sie nicht von der allgemeinen Ausnahmevorschrift des **§ 107** erfasst werden (→ § 107 Rn. 17 f.). Gemäß § 107 Abs. 1 Nr. 4 findet das Vergaberecht keine Anwendung auf öffentliche Aufträge und Konzessionen bezüglich „Dienstleistungen des Katastrophenschutzes, des Zivilschutzes und der Gefahrenabwehr, die von gemeinnützigen Organisationen oder Vereinigungen erbracht werden und die unter die Referenznummern des Common Procurement Vocabulary 75250000-3, 75251000-0, 75251100-1, 75251110-4, 75251120-7, 75252000-

---

Coname; EuGH Urt. v. 10.9.2009 – C-206/08, ECLI:EU:C:2009:540 Rn. 44 = EuZW 2009, 810 – WAZV Gotha.
[24] BT-Drs. 18/6281, 132.
[25] *Höfer/Nolte* NZS 2015, 441 (443).
[26] Näher Beck VergabeR/*Rixen* Rn. 5 ff.; Reidt/Stickler/Glahs/*Rafii* Rn. 3.
[27] Ziekow/Völlink/*Kraus* Rn. 4; Byok/Jaeger/*Brüning* Rn. 3.
[28] Langen/Bunte/*Schneider* Rn. 3.
[29] S. für öffentliche Aufträge im Gesundheits- und Sozialwesen *Burgi* VergabeR § 15 Rn. 17.
[30] Ziekow/Völlink/*Kraus* Rn. 5.
[31] Kom., Mitteilung, Ein Binnenmarkt für das Europa des 21. Jahrhunderts, KOM(2007) 725 endgültig, 8.
[32] Kom., Mitteilung, Ein Binnenmarkt für das Europa des 21. Jahrhunderts, KOM(2007) 725 endgültig, 8.
[33] Kom., Mitteilung, Ein Binnenmarkt für das Europa des 21. Jahrhunderts, KOM(2007) 725 endgültig, 8.
[34] *Burgi* VergabeR § 15 Rn. 17.

7, 75222000-8, 98113100-9 und 85143000-3 fallen, **mit Ausnahme des Einsatzes von Krankenwagen zur Patientenbeförderung**".[35] § 107 Abs. 1 Nr. 4 dient der Umsetzung des Art. 10 Abs. 8 lit. g RL 2014/23/EU bezüglich Rettungsdienstleistungen. Nach dem Wortlaut von § 107 Abs. 1 Nr. 4 gilt die allgemeine Ausnahme vom Konzessionsvergaberecht für **Rettungsdienstleistungen, die von gemeinnützigen Organisationen oder Vereinigungen erbracht** werden.[36] Gemeinnützige Organisationen oder Vereinigungen sind vor allem Hilfsorganisationen, die nach Landes- oder Bundesrecht als Zivil- und Katastrophenschutzorganisationen anerkannt sind (§ 107 Abs. 1 Nr. 4). Gemäß § 26 Abs. 1 ZSKG zählen zu solchen Hilfsorganisationen in Deutschland etwa der Arbeiter-Samariter-Bund, die Deutsche Lebensrettungsgesellschaft, das Deutsche Rote Kreuz, die Johanniter-Unfall-Hilfe und der Malteser-Hilfsdienst.[37] Alle weiteren Rettungsdienstleistungen, die nicht von gemeinnützigen Organisationen oder Vereinigungen erbracht werden, fallen somit unter § 153, ebenso wie die Durchführung von Patiententransporten, die nicht unter § 107 Abs. 1 Nr. 4 fallen.

14   § 153 erfasst weiterhin **Verwaltungsdienstleistungen im Sozial-, Bildungs- und Gesundheitswesen und im Bereich Kultur,** zB die Bibliotheksverwaltung, Archivierung und Katalogisierung (CPV 79995000-5 bis 79995200-7) sowie das Veranstalten von Ausstellungen, Messen und Kongressen (CPV 79950000-8).

15   § 153 bezieht sich weiterhin auf **Dienstleistungen im Rahmen der gesetzlichen Sozialversicherung** nach Maßgabe der jeweiligen Bücher des Sozialgesetzbuchs (CPV 75300000-9),[38] etwa auf die praktisch besonders bedeutsamen Arbeitsmarktdienstleistungen iSd SGB II-IV (CVP 85321000-5, 85322000-2, 75000000-6). Die Vorschrift gilt auch für **Beihilfen, Unterstützungsleistungen und Zuwendungen** wie Krankenkassenleistungen (CPV 75311000-9) oder Mutterschaftsbeihilfe (CPV 75312000-6). Besonders bedeutsam mit Blick auf Dienstleistungen im Rahmen der gesetzlichen Sozialversicherung ist die Abgrenzung zu nichtwirtschaftlichen Dienstleistungen von allgemeinem Interesse, die nach Art. 4 Abs. 2 RL 2014/23/EU nicht dem Konzessionsvergaberecht unterliegen.[39] Nicht dem Konzessionsvergaberecht unterfällt unter den Voraussetzungen von Erwägungsgrund 13 RL 2014/23/EU auch die reine hoheitliche Zulassung von Dienstleistungserbringern[40] (allgemein → § 105 Rn. 19).

16   § 153 erfasst zudem sonstige öffentliche und persönliche Dienstleistungen, einschließlich **Dienstleistungen von Arbeitnehmervereinigungen, politischen Organisationen, Jugendverbänden und anderen Mitgliedorganisationen** (CPV 98000000-3; 98120000-0; 98132000-7; 98133110-8 und 98130000-3) sowie **Dienstleistungen religiöser Vereinigungen** (CPV 98131000-0).

17   Erfasst werden darüber hinaus **Dienstleistungen im Gaststätten- und Beherbergungsgewerbe,** zB Dienstleistungen von Hotels (CPV 55100000-1), Verpflegungsdienste für Privathaushalte (CPV 55521000-8) oder Essen auf Rädern (CPV 55521100-9).

18   Außerdem unterfallen § 153 Dienstleistungen **im juristischen Bereich,** sonstige **Dienstleistungen der Verwaltung und für die öffentliche Verwaltung,** zB Dienstleistungen der Exekutive, der Legislative und der Judikative (CPV 75111000-7 bis 75111200-9) oder administrative Dienste im Wohnungswesen (CPV 75123000-4) sowie **Dienstleistungen für das Gemeinwesen,** beispielsweise kommunale Dienstleistungen (CPV 75200000-8). § 153 erfasst insbesondere juristische Beratungsleistungen, da diese in zunehmendem Maße eine grenzüberschreitende Dimension aufweisen.[41] Sie sind deshalb gem. § 153 nach den Vorschriften der §§ 151, 152 zu vergeben, da sie nicht bereits gem. **§ 149 Nr. 1 insgesamt vom Vergabeverfahren ausgenommen** sind (anders die gerichtliche Vertretung und deren Vorbereitung; → § 149 Rn. 6ff.).

19   Auch die folgenden Dienstleistungen werden in Anhang IV RL 2014/23/EU gelistet: **Dienstleistungen für den Strafvollzug,** zB Begleitung bei Gefangenentransporten (CPV 75231220-2), **Dienstleistungen im Bereich der öffentlichen Sicherheit,** zB Dienstleistungen der Polizei (CPV 75241100-8), **Rettungsdienste,** soweit nicht aufgrund des Art. 10 Abs. 8 lit. g RL 2014/23/EU ausgeschlossen, **Ermittlungs- und Sicherheitsdienstleistungen,** zB Überwachungsdienste (CPV 79714000-2), Dienstleistungen von Sicherheitsdiensten (CPV 79710000-4) und Ermittlungsdienste (CPV 79720000-7).

---

[35] Konzessionsvergaben im Bereich von Patiententransporten, die nicht unter die Bereichsausnahme des § 107 Abs. 1 Nr. 4 fallen, werden als praktisch wichtigster Anwendungsfall des § 153 angesehen; vgl. HK-VergabeR/*Mußgnug* Rn. 6.

[36] Vgl. *Müller* NVwZ 2016, 266 (268).

[37] Vgl. auch BT-Drs. 18/6281, 79.

[38] Aufzählung bei *Dobmann* Neues VergabeR Rn. 362.

[39] *Dobmann* Neues VergabeR Rn. 363.

[40] *Dobmann* Neues VergabeR Rn. 364.

[41] *Burgi* VergabeR § 15 Rn. 18.

Unter spezifischen Voraussetzungen erfasst sind auch **Postdienste,** zB Post- und Fernmelde- 20
dienste (CPV 64000000-6), Briefpostdienste (64112000-4) und Paketpostdienste (CPV 64113000-
1).[42]

Sonstige Dienstleistungen umfassen beispielsweise Reifenrunderneuerungen (CPV 21
50116510-9) oder Schmiedearbeiten (71550000-8), und **internationale Dienstleistungen,** zB
Dienstleistungen von internationalen Organisationen und Körperschaften (CPV 98910000-5).

3. Vergabeverfahren. a) Geltung des allgemeinen Konzessionsvergaberechts. Im 22
Gegensatz zu § 130 bestimmt § 153, dass für soziale und andere besondere Dienstleistungskonzessionen die Vorschriften der §§ 151, 152 anzuwenden sind, da diese im Vergleich zu „regulären öffentlichen Aufträgen" bereits ein reduziertes Vergaberegime statuieren.[43] Gemäß § 151 S. 1 müssen die Konzessionsgeber die Absicht bekannt geben, eine Konzession zu vergeben. Ansonsten dürfen Konzessionsgeber die Konzessionsvergabe unter Berücksichtigung des Transparenzgebots, der Verhältnismäßigkeit, des Diskriminierungsverbots und des Grundsatzes der Gleichbehandlung aller Unternehmen frei gestalten (dazu sowie zu den Schranken → § 151 Rn. 21 ff.). § 152 statuiert bestimmte Anforderungen an das Konzessionsvergabeverfahren. So gilt für die Leistungsbeschreibung gem. § 152 Abs. 1 die Regelung für öffentliche Aufträge in § 121 Abs. 1 und 3 (→ § 152 Rn. 25 ff.). Der Leistungsbeschreibung kommt – in Zusammenwirken mit den Zuschlagskriterien – die anspruchsvolle Aufgabe zu, die komplexen Anforderungen etwa der Sozialgesetzbücher in vergaberechtliche Anforderungen zu übersetzen.[44] Soziale und andere besondere Konzessionen iSd § 153 dürfen gem. § 152 Abs. 2 außerdem nur an geeignete Unternehmen vergeben werden. Die Eignungsprüfung richtet sich nach § 122 (→ § 152 Rn. 59 ff.). Weiterhin enthält § 152 Abs. 3 spezifische, den Besonderheiten des Vergabegegenstands „Konzession" entsprechende Anforderungen an die Angebotswertung (→ § 152 Rn. 94 ff.). § 152 Abs. 4 behandelt vertragliche Regelungen zur Auftragsausführung (→ § 152 Rn. 116 ff.).

b) Spezifische Verfahrenserleichterungen gem. § 22 KonzVgV. Da soziale und andere 23
besondere Konzessionen iSd § 153 gegenüber regulären Konzessionen Besonderheiten aufweisen, insbesondere einen reduzierten grenzüberschreitenden Bezug, sieht der Verordnungsgeber in § 22 KonzVgV einige spezifische Erleichterungen bei der Bekanntmachung vor.[45] Nach § 22 Abs. 1 KonzVgV muss der Konzessionsgeber seine Absicht, eine Konzession zu vergeben, nicht durch eine Konzessionsbekanntmachung, sondern lediglich durch eine **Ex-ante-Vorinformation** mitteilen.[46] Für die **Ex-post-Vergabebekanntmachung** verweist § 22 Abs. 2 KonzVgV auf § 21 Abs. 1 KonzVgV. Dort heißt es: „Der Konzessionsgeber übermittelt spätestens 48 Tage nach der Vergabe einer Konzession eine Vergabebekanntmachung mit dem Ergebnis des Vergabeverfahrens an das Amt für Veröffentlichungen der Europäischen Union". Der Konzessionsgeber ist gem. § 22 Abs. 2 S. 2 KonzVgV jedoch befugt, die Vergabebekanntmachungen vierteljährlich zusammenzufassen. Diese zusammengefassten Bekanntmachungen müssen innerhalb von 48 Tagen nach Ende des Quartals veröffentlicht werden (§ 22 Abs. 2 S. 3 KonzVgV). **Bekanntmachungen über Änderungen einer Konzession gem. § 154 Nr. 3 iVm § 132 Abs. 5** werden nach dem Muster gem. Anhang XVII der Durchführungsverordnung (EU) 2015/1986 erstellt (§ 22 Abs. 4 KonzVgV iVm § 21 Abs. 2 KonzVgV).

§ 22 KonzVgV dient der Umsetzung von **Art. 31 Abs. 3, Art. 32 RL 2014/23/EU.** 24
Wie erläutert, implementiert Art. 19 RL 2014/23/EU ein Sonderregime für Konzessionen, die soziale und andere besondere Dienstleistungen betreffen. Art. 19 RL 2014/23/EU enthält insbesondere detaillierte Vorschriften zu den Bekanntmachungspflichten und verweist insoweit auf Art. 31 Abs. 3, Art. 32 RL 2014/23/EU.[47] Diese gesonderten Bekanntmachungspflichten werden in § 22 KonzVgV zusammengefasst. Weiterhin müssen zur Beachtung der Grundsätze des § 22 KonzVgV auch die Vorschriften angewendet werden, die für allgemeine Konzessionen gelten.[48]

§ 22 KonzVgV dient der Herstellung von **Transparenz,** indem die Vorschrift sicherstellt, 25
dass interessierte Unternehmer rechtzeitig von beabsichtigten Konzessionsvergaben und deren Ergebnissen erfahren. Vor diesem Hintergrund ist die Regelung **bieterschützend** iSd § 97 Abs. 6.[49]

---

[42] Zur Reichweite *Burgi* VergabeR § 15 Rn. 18.
[43] Immenga/Mestmäcker/*Kling* Rn. 28.
[44] *Burgi* VergabeR § 15 Rn. 20.
[45] *Hansen* NZS 2016, 814 (820); jurisPK-VergabeR/*Wagner* Rn. 10.
[46] Ziekow/Völlink/*Kraus* § 22 KonzVgV Rn. 3.
[47] BR-Drs. 87/16, 291.
[48] BR-Drs. 87/16, 291.
[49] HK-VergabeR/*Mußgnug* KonzVgV § 22 Rn. 11.

IV. Rechtsschutz

26   Die Vergabe von Konzessionen für soziale und andere besondere Dienstleistungen unterliegt oberhalb der Schwellenwerte dem **Primärrechtsschutz,** weshalb die unterlegenen Bieter und Bewerber die Einhaltung der entsprechenden – inhaltlich eingeschränkten – Vorgaben gem. den §§ 155 ff. überprüfen lassen können.[50] Unterwirft sich der Konzessionsgeber freiwillig weitergehenderen Anforderungen als in § 153 vorgesehen, muss er diese gegen sich gelten lassen.[51]

§ 154 Sonstige anwendbare Vorschriften

Im Übrigen sind für die Vergabe von Konzessionen einschließlich der Konzessionen nach § 153 folgende Vorschriften entsprechend anzuwenden:
1. § 118 hinsichtlich vorbehaltener Konzessionen,
2. die §§ 123 bis 126 mit der Maßgabe, dass
    a) Konzessionsgeber nach § 101 Absatz 1 Nummer 3 ein Unternehmen unter den Voraussetzungen des § 123 ausschließen können, aber nicht ausschließen müssen,
    b) Konzessionsgeber im Fall einer Konzession in den Bereichen Verteidigung und Sicherheit ein Unternehmen von der Teilnahme an einem Vergabeverfahren ausschließen können, wenn das Unternehmen nicht die erforderliche Vertrauenswürdigkeit aufweist, um Risiken für die nationale Sicherheit auszuschließen; der Nachweis kann auch mithilfe geschützter Datenquellen erfolgen,
3. § 131 Absatz 2 und 3 und § 132 mit der Maßgabe, dass
    a) § 132 Absatz 2 Satz 2 und 3 für die Vergabe von Konzessionen, die Tätigkeiten nach § 102 Absatz 2 bis 6 betreffen, nicht anzuwenden ist und
    b) die Obergrenze des § 132 Absatz 3 Nummer 2 für Bau- und Dienstleistungskonzessionen einheitlich 10 Prozent des Wertes der ursprünglichen Konzession beträgt,
4. die §§ 133 bis 135,
5. § 138 hinsichtlich der Vergabe von Konzessionen durch Konzessionsgeber im Sinne des § 101 Absatz 1 Nummer 2 und 3 an verbundene Unternehmen,
6. § 139 hinsichtlich der Vergabe von Konzessionen durch Konzessionsgeber im Sinne des § 101 Absatz 1 Nummer 2 und 3 an ein Gemeinschaftsunternehmen oder durch Gemeinschaftsunternehmen an einen Konzessionsgeber im Sinne des § 101 Absatz 1 Nummer 2 und 3 und
7. § 140 hinsichtlich der Vergabe von Konzessionen durch Konzessionsgeber im Sinne des § 101 Absatz 1 Nummer 2 und 3 für unmittelbar dem Wettbewerb ausgesetzte Tätigkeiten.

Schrifttum: *Bayreuther,* Konzessionsvergabe im öffentlichen Personenverkehr – Betriebsübergang durch behördliche Anordnung?, NZA 2009 582; *Bayreuther,* Betriebs-/Beschäftigtenübergang und Tariftreueverlangen nach Neuvergabe eines Dienstleistungsauftrags im ÖPNV, NZA 2014, 1171; *Bayreuther,* Die Anordnung eines Betriebsübergangs bei Vergabe von Verkehrsdienstleistungen nach § 131 III GWB, NZBau 2016, 459; *Burgi,* Ausschluss und Vergabesperre als Rechtsfolgen von Unzuverlässigkeit, NZBau 2014, 595; *Dreher/Hoffmann,* Die schwebende Wirksamkeit nach § 101b I GWB, NZBau 2010, 201; *Dreher/Hoffmann,* Sachverhaltsaufklärung und Schadenswiedergutmachung bei der vergaberechtlichen Selbstreinigung, NZBau 2012, 265; *Goldbrunner,* Das neue Recht der Konzessionsvergabe, VergabeR 2016, 365; *Hölzl/Ritzenhoff,* Compliance leicht gemacht! Zu den Voraussetzungen des Verlustes, den Konsequenzen daraus und der Wiedererlangung der Zuverlässigkeit im Vergaberecht, NZBau 2012, 28; *Knauff,* Das wettbewerbliche Vergabeverfahren nach Art. 5 III Verordnung (EG) Nr. 1370/2007 i. V. mit § 8b PBefG-E, NZBau 2011, 655; *Knauff,* Möglichkeiten der Direktvergabe im ÖPNV (Schiene und Straße), NZBau 2012, 65; *Knauff/Badenhausen,* Die neue Richtlinie über die Konzessionsvergabe, NZBau 2014, 395; *Linke,* Die staatliche Finanzierung öffentlicher Personenverkehrsdienste. Interpretationsansätze der Kommission im Rahmen neuer Auslegungsleitlinien, EuZW 2014, 766; *Ohrtmann,* Korruption im Vergaberecht. Konsequenzen und Prävention – Teil 2: Konsequenzen und Selbstreinigung, NZBau 2007, 278; *Opitz,* Die Zukunft der Dienstleistungskonzession, NVwZ 2014, 753; *Prieß,* Warum die Schadensvermutung Teil der vergaberechtlichen Selbstreinigung ist und bleiben muss, NZBau 2012, 425; *Prieß/Stein,* Nicht nur sauber, sondern rein: Die Wiederherstellung der Zuverlässigkeit durch Selbstreinigung, NZBau 2008, 230; *Prieß/Stein,* Die neue EU-Konzessionsvergaberichtlinie, VergabeR 2014, 499; *Scheps,* Direktvergabe von Eisenbahnverkehrsdienstleistungen nach der neuen Verordnung (EG) Nr. 1370/2007, NVwZ 2008, 499; *Schröder,* Das Konzessionsvergabeverfahren nach der RL 2014/23/EU, NZBau 2015, 351; *Siegel,* Der neue Rechtsrahmen für die Vergabe von Dienstleistungskonzessionen, VergabeR 2015, 265; *Siegel,* Das neue Konzessionsvergaberecht, NVwZ 2016, 1672; *Wagner/*

---

[50] Immenga/Mestmäcker/*Kling* Rn. 32; *Braun* in Müller-Wrede GWB Rn. 9; s. auch Langen/Bunte/*Schneider* Rn. 2.
[51] Byok/Jaeger/*Brüning* Rn. 6.

Pfohl, Die neue Richtlinie 2014/23/EU über die Konzessionsvergabe: Anwendungsbereich, Ausnahmevorschriften und materielle Regelungen, ZfBR 2014, 745; *Wagner-Cardenal/Dierkes*, Die Direktvergabe von öffentlichen Personenverkehrsdiensten, NZBau 2014, 738.

Übersicht

	Rn.		Rn.
I. Normzweck und Überblick	1	c) Änderung von Konzessionen während der Vertragslaufzeit (§ 154 Nr. 3 iVm § 132)	28
II. Entsprechend anwendbare Vorschriften	5		
1. Vorbehaltene Konzessionen (§ 154 Nr. 1 iVm § 118)	5	4. Kündigungsrechte, Informations- und Wartepflichten, Vertragsunwirksamkeit (§ 154 Nr. 4)	36
2. Ausschluss von Bietern (§ 154 Nr. 2)	8	a) Verweis auf die §§ 133–135	36
a) Verweis auf §§ 123–126	8	b) Kündigung von Konzessionsverträgen in besonderen Fällen (§ 154 Nr. 4 iVm § 133)	37
b) Zwingende Ausschlussgründe (§ 154 Nr. 2 iVm § 123)	9		
c) Fakultative Ausschlussgründe (§ 154 Nr. 2 iVm § 124)	13	c) Informations- und Wartepflicht (§ 154 Nr. 4 iVm § 134)	41
d) Selbstreinigung der Unternehmen (§ 154 Nr. 2 iVm § 125)	17	d) Unwirksamkeit von Konzessionen (§ 154 Nr. 4 iVm § 135)	46
e) Zulässiger Zeitraum für Ausschlüsse (§ 154 Nr. 2 iVm § 126)	21	5. Ausnahme für Vergabe an verbundene Unternehmen im Sektorenbereich (§ 154 Nr. 5)	48
3. Besondere Vorschriften für Personenverkehrsleistungen und für Auftragsänderungen (§ 154 Nr. 3)	22	6. Ausnahme für Vergabe durch oder an ein Gemeinschaftsunternehmen im Sektorenbereich (§ 154 Nr. 6)	51
a) Verweis auf die § 131 Abs. 2 und 3, § 132	22		
b) Konzessionen über Personenverkehrsleistungen im Eisenbahnverkehr (§ 154 Nr. 3 iVm § 131 Abs. 2 und 3)	23	7. Ausnahme für Sektorentätigkeiten, die dem Wettbewerb unmittelbar ausgesetzt sind (§ 154 Nr. 7)	53

I. Normzweck und Überblick

§ 154 verweist für die Vergabe von Konzessionen auf einzelne Vorschriften bezüglich öffentlicher Aufträge. Dies spiegelt insoweit die Intention der RL 2014/23/EU wider, als diese nach **Erwägungsgrund 2 RL 2014/23/EU** zwar einen spezifischen Rechtsrahmen für Konzessionen vorsehen, jedoch nur im Rahmen dieser Besonderheiten vom allgemeinen Rechtsrahmen für die öffentliche Beschaffung abweichen will.[1] Soweit sachlich gerechtfertigt, gelten somit gem. § 154 auch für Konzessionen die allgemeinen Vergabegrundsätze und Verfahrensvorgaben.[2] 1

Während einige der von § 154 in Bezug genommenen Vorschriften für öffentliche Aufträge ohne Modifikationen anzuwenden sind, gelten andere Vorschriften nur nach Maßgabe spezifisch-konzessionsbezogener Vorgaben. Im Einzelnen verweist **§ 154 Nr. 1** auf § 118, wonach öffentliche Aufträge bestimmten Sozial-Auftragnehmern vorbehalten sein dürfen. **§ 154 Nr. 2** verweist – zT modifiziert – auf die Ausschlussgründe gem. §§ 123–126. Für Auftragsänderungen während der Vertragslaufzeit gilt gem. **§ 154 Nr. 3** – ebenfalls modifiziert – § 132. Zu berücksichtigen sind gem. § 154 Nr. 3 iVm § 131 Abs. 2 und 3 zudem die Sondervorschriften über die Vergabe von öffentlichen Aufträgen für Personenverkehrsleistungen im Eisenbahnverkehr. Ohne Modifikationen für alle Konzessionsarten gelten gem. **§ 154 Nr. 4** die Vorschriften über die Kündigung von öffentlichen Aufträgen in besonderen Fällen, die Informations- und Wartepflichten und über die Unwirksamkeit öffentlicher Aufträge gem. den §§ 133–136. Für Sektorenkonzessionsgeber iSd § 101 Abs. 1 Nr. 2 und 3 verweist **§ 154** schließlich in den **Nr. 5–7** auf die besonderen Ausnahmen in den §§ 138–140. 2

§ 154 gilt nach seinem Wortlaut für alle Arten von Konzessionen, auch für solche, die **soziale und andere besondere Dienstleistungen** iSd § 153 betreffen. Die §§ 153 und 154 stehen zueinander nicht in einem Ausschlussverhältnis, weshalb etwa die Regelungen bezüglich vorbehaltener Konzessionen gem. § 154 Nr. 1 iVm § 118 kumulativ zu den Verfahrenserleichterungen des § 153 anzuwenden sind.[3] 3

Die nachfolgenden Ausführungen verdeutlichen die durch § 154 angeordneten Verknüpfungen des Konzessionsvergaberechts mit dem Recht der öffentlichen Auftragsvergabe. Hinsichtlich 4

---

[1] BT-Drs. 18/6281, 96; s. auch Beck VergabeR/*Germelmann* § 154 Nr. 1 und 2 Rn. 4.
[2] Byok/Jaeger/*Brüning* Rn. 1.
[3] Beck VergabeR/*Germelmann* § 154 Nr. 1 und 2 Rn. 19.

einer detaillierten Interpretation der in Bezug genommenen Vorschriften ist unter Berücksichtigung der dargestellten Besonderheiten des Konzessionsvergaberechts auf die **Kommentierungen der in Bezug genommenen Vorschriften** zu verweisen.

II. Entsprechend anwendbare Vorschriften

5   **1. Vorbehaltene Konzessionen (§ 154 Nr. 1 iVm § 118).** § 154 Nr. 1 ermöglicht durch den Verweis auf den durch das VergRModG neu geschaffenen § 118 die **Beschränkung des Teilnehmerkreises** zugunsten von Werkstätten für Menschen mit Behinderungen und von Unternehmen, deren Hauptzweck die Integration dieser Menschen ist, da es für diese Werkstätten unter Wettbewerbsbedingungen schwierig sein kann, öffentliche Aufträge bzw. Konzessionen zu erhalten.[4] Für das Konzessionsvergaberecht basiert § 154 Nr. 1 auf **Art. 24 RL 2014/23/EU**, wonach die Mitgliedstaaten das Recht zur Teilnahme an einem Konzessionsvergabeverfahren geschützten Werkstätten und Wirtschaftsteilnehmern vorbehalten dürfen, deren Hauptziel die gesellschaftliche und berufliche Integration von Menschen mit Behinderungen oder benachteiligten Personen ist. Des Weiteren können die Mitgliedstaaten vorsehen, dass solche Konzessionen im Rahmen von Programmen für geschützte Beschäftigungsverhältnisse durchgeführt werden müssen. Der Wortlaut des Art. 24 RL 2014/23/EU ist deckungsgleich mit Art. 20 Abs. 1 RL 2014/24/EU. Der deutsche Gesetzgeber hat die unionsrechtlichen Vorgaben deshalb inhaltsgleich umgesetzt. Folgerichtig kommt § 118 auf Konzessionen ohne inhaltliche Modifikationen zur Anwendung.[5]

6   Kraft Verweisung in § 154 Nr. 1 können Konzessionsgeber gem. **§ 118 Abs. 1** das Recht zur Teilnahme an einem Vergabeverfahren bestimmten „Sozialunternehmen" vorbehalten. Sie können Konzessionen gem. **§ 118 Abs. 2** zudem mit der Maßgabe vergeben, dass sie im Rahmen von Programmen mit geschützten Beschäftigungsverhältnissen durchgeführt werden, sofern mindestens 30% der in diesen Werkstätten oder Unternehmen tätigen Arbeitnehmer Menschen mit Behinderungen oder benachteiligten Personen sind. § 118 gründet auf der Erkenntnis, dass die soziale und berufliche Integration dieser Personengruppen zwar erwünscht, unter regulären Wettbewerbsbedingungen aber nur bedingt umsetzbar ist.[6] Macht ein Konzessionsgeber von der Möglichkeit des § 118 Gebrauch, findet ein Vergabewettbewerb nur noch zwischen den durch die Norm adressierten Werkstätten bzw. Unternehmen statt.[7]

7   Unter den Voraussetzungen des **§ 224 Abs. 1 SGB IX** werden Aufträge der öffentlichen Hand, die von anerkannten Werkstätten für Menschen mit Behinderungen ausgeführt werden können, bevorzugt diesen Werkstätten angeboten.[8] Die Vorschrift bleibt von § 154 Nr. 1 unberührt.[9] Die Vorschrift soll über § 118 hinaus auch auf anderen Verfahrensstufen Bevorzugungen für anerkannte Werkstätten für behinderte Menschen legitimieren.[10]

8   **2. Ausschluss von Bietern (§ 154 Nr. 2). a) Verweis auf §§ 123–126.** § 154 Nr. 2 verweist für den Ausschluss von Bietern mit gewissen Modifikationen auf die **§§ 123–126**. Die §§ 123 ff. enthalten für öffentliche Aufträge zwingende und fakultative Ausschlussgründe, vgl. § 123 einerseits und § 124 andererseits. Die Ausschlussgründe in §§ 123 und 124 sind abschließend und nicht analogiefähig.[11] Über den Verweis in § 124 Abs. 2 sind von der abschließenden Aufzählung auch Ausschlussgründe aus anderen bundesgesetzlichen Regelungen umfasst, etwa aus dem Arbeitnehmer-Entsendegesetz, dem Aufenthaltsgesetz, dem Mindestlohngesetz und dem Gesetz zur Bekämpfung der Schwarzarbeit und illegalen Beschäftigung.[12] § 125 ermöglicht die Wiederherstellung der Integrität von Unternehmen im Wege einer sog. Selbstreinigung. § 126 behandelt den zulässigen Zeitraum des Ausschlusses eines Unternehmens, bei dem ein Ausschlussgrund gem. § 123 f. vorliegt und das keine oder keine ausreichenden Selbstreinigungsmaßnahmen gem. § 125 ergriffen hat. § 154 Nr. 2 setzt für Konzessionen **Art. 38 RL 2014/23/EU** um. Die Ausschlussgründe stehen in engem Zusammenhang mit der **persönlichen Eignung** von Bewerbern/Bietern gem. § 152 Abs. 2 iVm § 122. Während die Eignungsprüfung als „positive Eignung" verstanden werden kann (gleichbedeutend: Eignung im engeren Sinne), bezieht sich die Ausschlussprüfung gleichsam auf die „negative Eignung" (gleichbedeutend: Eignung im weiteren Sinne; → § 152 Rn. 58).

---

[4] Byok/Jaeger/*Brüning* Rn. 2.
[5] Ebenso HK-VergabeR/*Friton/Stein* Rn. 2.
[6] BT-Drs. 18/6281, 96.
[7] *Burgi* VergabeR § 9 Rn. 5.
[8] Dazu BeckOK SozR/*Jabben* SGB IX § 224 Rn. 1 f.
[9] Zur alten Rechslage Byok/Jaeger/*Brüning* Rn. 3.
[10] *Burgi* VergabeR § 9 Rn. 5.
[11] Ziekow/Völlink/*Stolz* § 124 Rn. 1.
[12] Ziekow/Völlink/*Stolz* § 124 Rn. 1.

b) Zwingende Ausschlussgründe (§ 154 Nr. 2 iVm § 123). aa) Besonders schwerwiegende Verstöße. Sofern ein Unternehmen einen der besonders schwerwiegenden Ausschlussgründe des § 123 verwirklicht, ist es nach § 154 Nr. 2 iVm § 123 grundsätzlich zwingend vom Konzessionsvergabeverfahren auszuschließen (zur Ausnahme für private Sektorenkonzessionsgeber → Rn. 12). Gemäß § 123 Abs. 1 müssen öffentliche Auftraggeber/Konzessionsgeber ein Unternehmen zu jedem Zeitpunkt des Vergabeverfahrens von der Teilnahme ausschließen, wenn sie Kenntnis davon haben, dass eine Person, deren Verhalten nach § 123 Abs. 3 dem Unternehmen zuzurechnen ist,[13] wegen einer der in **§ 123 Abs. 1 Nr. 1–10** aufgeführten Gründe rechtskräftig verurteilt worden ist oder gegen das Unternehmen deswegen eine Geldbuße nach § 30 OWiG rechtskräftig festgesetzt worden ist. Des Weiteren muss ein Unternehmen zu jedem Zeitpunkt des Vergabeverfahrens von der Teilnahme ausgeschlossen werden, wenn einer der Gründe gem. **§ 123 Abs. 4 S. 1 Nr. 1 und 2** vorliegt. Ein öffentlicher Auftraggeber/Konzessionsgeber hat insoweit zwar kein Entscheidungsermessen.[14] Er muss jedoch den Grundsatz der Verhältnismäßigkeit gem. § 97 Abs. 1 S. 2 beachten.[15]

Zu den **Ausschlussgründen gem. § 123** zählen Verstöße gegen **Straftatbestände** wegen Bildung krimineller Vereinigungen (§ 129 StGB), terroristischer Vereinigungen (§ 129a StGB) oder krimineller und terroristischer Vereinigungen im Ausland (§ 129b StGB); wegen Terrorismusfinanzierung (§ 89c StGB) oder wegen der Teilnahme an einer solchen Tat oder Bereitstellung finanzieller Mittel in Kenntnis, dass diese finanziellen Mittel ganz oder teilweise dazu verwendet werden oder verwendet werden sollen, eine Tat nach § 89a Abs. 2 Nr. 2 StGB zu begehen; wegen Geldwäsche oder Verschleierung unrechtmäßig erlangter Vermögenswerte (§ 261 StGB); wegen Betruges (§ 263 StGB), soweit sich die Straftat gegen den Haushalt der EU oder gegen Haushalte richtet, die von der EU oder in ihrem Auftrag verwaltet werden; wegen Subventionsbetruges (§ 264 StGB), soweit sich die Straftat gegen den Haushalt der EU richtet oder gegen Haushalte, die von der EU oder in ihrem Auftrag verwaltet werden; wegen Bestechlichkeit und Bestechung im geschäftlichen Verkehr (§ 299 StGB); wegen Bestechlichkeit und Bestechung von Mandatsträgern (§ 108e StGB); wegen Vorteilsgewährung und Bestechung (§§ 333, 334 StGB), jeweils auch iVm § 335 StGB; wegen Bestechung ausländischer Abgeordneter im Zusammenhang mit internationalem Geschäftsverkehr (Art. 2 § 2 IntBestG) oder wegen Menschenhandels (§§ 232, 233 StGB) oder Förderung des Menschenhandels (§ 233a StGB).

Darüber hinaus muss ein Unternehmen gem. § 123 Abs. 4 ausgeschlossen werden, wenn es seinen Verpflichtungen zur **Zahlung von Steuern, Abgaben oder Beiträgen zur Sozialversicherung** nicht nachgekommen ist und dies durch eine rechtskräftige Gerichts- oder bestandskräftige Verwaltungsentscheidung festgestellt wurde (§ 123 Abs. 4 S. 1 Nr. 1) oder die öffentlichen Auftraggeber die Rechtsverletzung auf sonstige geeignete Weise nachweisen (§ 123 Abs. 4 S. 1 Nr. 2). Hinsichtlich der Nichtzahlung von Steuern, Abgaben oder Beiträgen zur Sozialversicherung kann ein Auftragnehmer/Konzessionsnehmer einem Ausschluss gem. § 123 Abs. 4 S. 2 entgehen, indem er die noch ausstehenden Zahlungen vornimmt.[16] Im Einzelnen ist auf die Kommentierung zu § 123 zu verweisen.

bb) Keine zwingenden Ausschlussgründe für privatrechtliche Konzessionsgeber im Sektorenbereich (§ 154 Nr. 2 lit. a). Die Regelungen in § 154 Nr. 2 iVm § 123 Abs. 1 und 4 basieren auf **Art. 38 Abs. 4 und 5 RL 2014/23/EU**. Die dortige Aufzählung der Ausschlussgründe entspricht inhaltlich weitgehend **Art. 57 Abs. 1 RL 2014/24/EU**. Die RL 2014/23/EU enthält jedoch in Art. 38 Abs. 4 UAbs. 3 und Abs. 5 UAbs. 2 RL 2014/23/EU spezifische Ergänzungen für **Sektorenkonzessionsgeber**, die sich im deutschen Recht in § 154 Nr. 2 lit. a finden. Hiernach können privatrechtlich organisierte Sektorenkonzessionsgeber iSv § 101 Abs. 1 Nr. 3 ein Unternehmen unter den Voraussetzungen des § 123 vom Konzessionsvergabeverfahren ausschließen, müssen dies jedoch nicht. Der zwingende Ausschlussgrund wird in einem solchen Fall zu einem **fakultativen**. Weder aus der Regierungsbegründung noch aus der RL 2014/23/EU wird voll deutlich, welche Erwägungen hinter dem Ermessensspielraum für Sektorenauftraggeber stehen. Im Grundsatz gilt, dass ein Unternehmen bei Vorliegen eines der in § 123 aufgeführten schwerwiegenden Ausschlussgründe vom Vergabeverfahren ausgeschlossen werden muss. Deshalb müssen überzeugende, am Inhalt des Ausschlussgrundes ausgerichtete sachliche Gründe vorliegen, die ausnahmsweise ein Absehen von dem eigentlich gebotenen Ausschluss rechtfertigen.

---

[13] In der Rechtswirklichkeit stellt sich die Zurechenbarkeit des Fehlverhaltens einzelner Personen zur juristischen Person nicht selten als problematisch dar; vgl. *Burgi* VergabeR § 16 Rn. 17.
[14] BT-Drs. 18/6281, 102; *Schröder* NZBau 2015, 351 (353).
[15] *Prieß/Stein* VergabeR 2014, 499 (508).
[16] Dies stellt einen Sonderfall der Selbstreinigung dar, vgl. BeckOK VergabeR/*Friton* § 123 Rn. 40.

13   c) **Fakultative Ausschlussgründe (§ 154 Nr. 2 iVm § 124). aa) Weniger schwerwiegende Verstöße.** Die fakultativen Ausschlussgründe gem. **§ 154 Nr. 2 iVm § 124** beziehen sich auf vergleichsweise weniger schwerwiegende Verstöße gegen sonstige Rechtsvorschriften. Hiernach können Auftraggeber/Konzessionsgeber ein Unternehmen unter Berücksichtigung des Grundsatzes der Verhältnismäßigkeit zu jedem Zeitpunkt des Vergabeverfahrens von der Teilnahme am Vergabeverfahren ausschließen, wenn einer der in § 124 Abs. 1 Nr. 1–9 aufgeführten Gründe vorliegt. Ein derart fakultativer Ausschlussgrund ist zB gegeben, wenn ein Unternehmen – im Sinne der angestrebten Öffnung des Vergabeverfahrens für strategische Ziele – nachweislich gegen umwelt- oder sozialrechtliche Verpflichtungen verstoßen hat (§ 124 Abs. 1 Nr. 1); bei Insolvenz des Unternehmens (§ 124 Abs. 1 Nr. 2); wegen der Verletzung von Wettbewerbsregeln (vgl. § 124 Abs. 1 Nr. 4 und 6); bei erheblicher oder fortdauernder mangelhafter Leistung bei früheren Aufträgen oder Konzessionen (§ 124 Abs. 1 Nr. 7); bei Täuschung und Interessenkonflikten (vgl. § 124 Abs. 1 Nr. 5 und 8) oder wenn das Unternehmen versucht, die Entscheidungsfindung zu beeinflussen, vertrauliche Informationen zu erhalten, sowie wenn es fahrlässig oder vorsätzlich irreführende Informationen übermittelt hat (§ 124 Abs. 1 Nr. 9). Einen Auffangtatbestand bildet § 124 Abs. 1 Nr. 3, wonach ein fakultativer Ausschluss möglich ist, wenn das Unternehmen im Rahmen seiner Tätigkeit eine schwere Verfehlung begangen hat, durch die die Integrität des Unternehmens infrage gestellt wird.[17] Zusätzlich zum Beurteilungsspielraum auf Tatbestandseite hat der Konzessionsgeber auf Rechtsfolgeseite einen Ermessensspielraum.[18]

14   Gemäß § 124 Abs. 1 müssen die Auftraggeber den Grundsatz der Verhältnismäßigkeit beachten (vgl. auch § 97 Abs. 1). Nach **Erwägungsgrund 101 RL 2014/24/EU** sollen **kleinere Unregelmäßigkeiten** nur im Ausnahmefall zum Ausschluss eines Bewerbers oder Bieters führen. Wiederholte kleinere Unregelmäßigkeiten ließen jedoch vermuten, dass ein Unternehmen unzuverlässig sei, weshalb auch ein Ausschluss dieses Wirtschaftsteilnehmers in Betracht komme. Im Bereich von Kann-Ausschlüssen gehört zur ordnungsgemäßen Ausübung des Ermessens grundsätzlich auch die Prüfung, ob die Voraussetzungen einer Selbstreinigung vorliegen.[19] Der durch das VergRModG 2016 neugeschaffene § 125 enthält hierzu nunmehr detailliertere Vorgaben (→ Rn. 17 ff.).

15   **bb) Ausschluss nicht vertrauenswürdiger Unternehmen bei Konzessionen in den Bereichen Verteidigung und Sicherheit (§ 154 Nr. 2 lit. b).** Über die Vorgaben des § 124 hinaus sieht **§ 154 Nr. 2 lit. b** vor, dass Konzessionsgeber einzelne Unternehmen bei der Vergabe von Konzessionen in den Bereichen Verteidigung und Sicherheit[20] vom Vergabeverfahren ausschließen können, wenn die Unternehmen nicht die erforderliche **Vertrauenswürdigkeit** aufweisen, um **Risiken der nationalen Sicherheit** auszuschließen.[21] § 154 Nr. 2 lit. b dient der Umsetzung von Art. 38 Abs. 7 lit. i RL 2014/23/EU. Der Nachweis kann gem. § 154 Nr. 2 lit. b Hs. 2 mithilfe geschützter Datenquellen erfolgen. Wie der Terminus „auch" impliziert, dürfen zudem alle sonstigen Beweismittel verwandt werden.[22] Der Bezug von § 154 Nr. 2 lit. b zu den §§ 123 ff. – und damit die systematische Einordnung unter Nr. 2 – ergibt sich erst auf den zweiten Blick. Zwar enthalten die §§ 123 ff. keinen vergleichbaren Ausschlussgrund. Ein solcher ergibt sich jedoch aus **§ 147**, der § 124 Abs. 1 dahingehend ergänzt, dass ein Unternehmen im Falle fehlender Vertrauenswürdigkeit vom Vergabeverfahren ausgeschlossen werden kann. § 154 Nr. 2 lit. b enthält somit eine § 147 entsprechende Ergänzung für Konzessionen.[23]

16   § 154 Nr. 2 lit. b erstreckt sich auch auf **gemischte Konzessionen**, sofern die Vorschriften über die Vergabe von verteidigungs- und sicherheitsrelevanten Konzessionen anzuwenden sind. Dies bestimmt sich insbesondere nach **§ 111 Abs. 3 Nr. 2, Abs. 4 Nr. 2** sowie aus **§ 112 Abs. 3 S. 2**. Nicht anwendbar ist § 154 Nr. 2 lit. b unter den Voraussetzungen des § 107 Abs. 2 und des § 111 Abs. 3 Nr. 1,[24] da in den dort behandelten Fallgestaltungen der 4. Teil des GWB insgesamt unanwendbar ist. Dasselbe gilt für den konzessionsspezifischen Ausnahmetatbestand des § 150.

---

[17] Ziekow/Völlink/*Stolz* § 124 Rn. 19.
[18] BT-Drs. 18/6281, 104; *Schröder* NZBau 2015, 351 (353); *Wagner/Pfohl* ZfBR 2014, 745.
[19] *Burgi* NZBau 2014, 595 (598).
[20] Dies betrifft den Anwendungsbereich der RL 2009/81/EG, ABl. 2009 L 216, 76, wobei zu beachten ist, dass § 104 den Anwendungsbereich für verteidigungs- und sicherheitsrelevante Vorschriften gegenüber der RL 2009/81/EG erweitert, vgl. BT-Drs. 18/6281, 74.
[21] Beck VergabeR/*Germelmann* § 154 Nr. 1 und 2 Rn. 27; Ziekow/Völlink/*Siegel* Rn. 6.
[22] Dies ergibt sich aus dem Wortlaut des Art. 38 Abs. 7 lit. i RL 2014/23/EU: „[…] was mit Hilfe gleich welchen Beweismittels […] nachgewiesen wurde."; ebenso Art. 39 Abs. 2 lit. e RL 2009/81/EG, ABl. 2009 L 216, 76: „[…] was mit Hilfe irgendeines Beweismittels […] nachgewiesen wurde".
[23] Vgl. auch Beck VergabeR/*Germelmann* § 154 Nr. 1 und 2 Rn. 26.
[24] Die Normen betreffen wesentliche Sicherheitsinteressen der Bundesrepublik Deutschland iSv Art. 346 lit. a und b AEUV.

d) Selbstreinigung der Unternehmen (§ 154 Nr. 2 iVm § 125).

Nach § 154 Nr. 2 iVm 17
§ 125 kann ein eigentlich unzuverlässiger Bieter durch verschiedene Maßnahmen seine Zuverlässigkeit wiederherstellen und damit einem Ausschluss nach §§ 123, 124 entgehen.[25] Selbstreinigungsmaßnahmen sollen erstens die Folgen der Straftat oder des Fehlverhaltens aus der Vergangenheit beseitigen und so die Integrität und Zuverlässigkeit des Unternehmens wiederherstellen.[26] Zweitens haben Selbstreinigungsmaßnahmen eine präventive Komponente, um Straftaten oder schweres Fehlverhalten in Zukunft zu vermeiden.[27] **§ 125 Abs. 1 S. 1 Nr. 1–3** nennt die kumulativ zu erfüllenden Voraussetzungen einer Selbstreinigung.[28] Das Unternehmen muss gem. **Nr. 1** nachweisen, dass es für jeden durch eine Straftat oder Fehlverhalten verursachten Schaden einen Ausgleich gezahlt oder sich zur Zahlung eines Ausgleichs verpflichtet hat. Dies gilt jedenfalls dann, wenn Ob und Höhe einer Pflicht zum Schadensersatz unstreitig sind. Ist nur das Ob unstreitig, muss das Unternehmen nach Nr. 1 die Schadensersatzpflicht dem Grunde nach anerkennen. Sind demgegenüber sowohl Grund als auch Höhe des Ersatzanspruchs streitig, muss es nicht nur aktiv mit den Ermittlungsbehörden, sondern kumulativ („und") auch mit dem Konzessionsgeber zusammenarbeiten.[29] Unter teleologischen Aspekten erfasst Nr. 1 nicht nur Schadensersatzzahlungen, sondern auch anderweitige Schadenskompensationen iSd § 249 BGB, etwa eine Richtigstellung von Tatsachen.[30] Nach der spezifisch vergaberechtlichen, von allgemeinen zivilprozessualen Vorgaben abweichenden **Nr. 2** muss ein Unternehmen nachweisen, dass es die Tatsachen und Umstände, die mit der Straftat oder dem Fehlverhalten und dem dadurch verursachten Schaden zusammenhängen, durch aktive Zusammenarbeit mit den Ermittlungsbehörden und zugleich mit dem Konzessionsgeber umfassend geklärt hat. Schließlich muss das Unternehmen nach **Nr. 3** nachweisen, dass es konkrete technische, organisatorische oder personelle Compliance-Maßnahmen ergriffen hat, die geeignet sind, weitere Straftaten oder weiteres Fehlverhalten zu vermeiden.[31] Derartige Maßnahmen können die Aufbauorganisation eines Unternehmens betreffen, aber auch Unternehmensabläufe, wobei die Bereiche Information, Kommunikation, Entscheidung und Kontrolle nicht selten im Mittelpunkt stehen werden.[32]

§ 154 Nr. 2 iVm § 125 setzt im Hinblick auf Konzessionen **Art. 38 Abs. 9 RL 2014/23/EU** 18
um,[33] wohingegen die unionsrechtlichen Vorschriften zur Selbstreinigung bezüglich öffentlicher Aufträge in **Art. 57 Abs. 6 RL 2014/24/EU** normiert sind. Art. 38 Abs. 9 RL 2014/23/EU verleiht den Wirtschaftsteilnehmern durch die Möglichkeit, dass sie den Nachweis der getroffenen Abhilfemaßnahmen erbringen können, ein subjektives Recht, das die Mitgliedstaaten bei der Umsetzung dieser Richtlinie unter Einhaltung der darin festgelegten Bedingungen gewährleisten müssen.[34] **Erwägungsgrund 71 RL 2014/23/EU** benennt Beispiele präventiver Selbstreinigungsmaßnahmen: Personelle und organisatorische Anordnungen, zB der Abbruch aller Verbindungen zu den am Fehlverhalten beteiligten Personen oder Organisationen;[35] geeignete Personalorganisationsmaßnahmen; die Einführung von Berichts- und Kontrollsystemen; die Schaffung einer internen Audit-Struktur zur Überwachung der Rechtsbefolgung oder die Einführung interner Haftungs- und Entschädigungsregelungen. Der weitgehende Gleichklang von Art. 38 Abs. 9 RL 2014/23/EU und Art. 57 Abs. 6 RL 2014/24/EU spricht dafür, § 125 ohne Modifikationen auch auf Konzessionen anzuwenden.[36] Die Regelung ist sowohl für öffentliche Aufträge als auch für Konzessionen unionsrechtskonform, da sie die vom Unionsrecht geforderte Möglichkeit vorsieht, einem Ausschluss durch den Nachweis der Selbstreinigung zuvorzukommen.[37]

Gemäß § 125 Abs. 1 S. 2 bleibt **§ 123 Abs. 4 S. 2** unberührt. Wenn also ein Unternehmen 19
seinen Verpflichtungen zur Zahlung von Steuern, Abgaben oder Beiträgen zur Sozialversicherung nicht nachgekommen ist, gelten ergänzend die **speziellen Selbstreinigungsmaßnahmen** des § 123

---

[25] *Burgi* VergabeR § 16 Rn. 25.
[26] HK-VergabeR/*Kaufmann* § 125 Rn. 5.
[27] OLG Düsseldorf Beschl. v. 9.4.2003 – Verg 43/02, NZBau 2003, 578 (581); OLG Brandenburg Beschl. v. 14.12.2007 – Verg W 21/07, NZBau 2008, 277; BT-Drs. 18/6281, 107; *Prieß/Stein* NZBau 2008, 230; *Prieß* NZBau 2012, 425; *Hölzl/Ritzenhoff* NZBau 2012, 28 (30).
[28] BeckOK VergabeR/*Friton* § 125 Rn. 8.
[29] HK-VergabeR/*Kaufmann* § 125 Rn. 6.
[30] BeckOK VergabeR/*Friton* § 125 Rn. 10.
[31] *Hölzl/Ritzenhoff* NZBau 2012, 21.
[32] So Beck VergabeR/*Opitz* § 125 Rn. 28.
[33] Hierzu EuGH Urt. v. 11.6.2020 – C-472/19, VergabeR 2020, 902 = BeckRS 2020, 11955 – Vert Marine SAS.
[34] EuGH Urt. v. 11.6.2020 – C-472/19, VergabeR 2020, 902 = BeckRS 2020, 11955 Rn. 17 – Vert Marine SAS.
[35] Vgl. *Prieß/Stein* NZBau 2008, 230 (231); *Hölzl/Ritzenhoff* NZBau 2012, 28 (30).
[36] BT-Drs. 18/6281, 133; ebenso *Stein/Braun* jurisPR-Compl 4/2020 Anm. 3.
[37] *Stein/Braun* jurisPR-Compl 4/2020 Anm. 3.

Abs. 4 S. 2. Diese Vorschrift enthält im Vergleich zu § 125 Abs. 1 S. 1 weniger strenge Anforderungen an die Wiederzulassung zum Vergabeverfahren, da insoweit lediglich die Begleichung der Rückstände bzw. eine von dem betroffenen Unternehmen übernommene dahingehende Verpflichtung erforderlich ist.[38]

20 Die Darlegungs- und Beweislast für eine erfolgreiche Selbstreinigung liegt gem. § 125 grundsätzlich beim Unternehmen.[39] Gemäß **§ 125 Abs. 2** müssen öffentliche Auftraggeber – und über § 154 Nr. 2 Konzessionsgeber – die **Selbstreinigungsmaßnahmen bewerten**. Hierbei müssen sie die Schwere und die besonderen Umstände der Straftat oder des Fehlverhaltens berücksichtigen (§ 125 Abs. 2 S. 1). An eine Selbstreinigung in Zusammenhang mit fakultativen Ausschlussgründen sind somit geringere Anforderungen als an eine solche in Zusammenhang mit zwingenden Ausschlussgründen zu stellen.[40] Erachten die öffentlichen Auftraggeber/Konzessionsgeber eine Selbstreinigungsmaßnahme als unzureichend, müssen sie ihre Entscheidung gegenüber dem Unternehmen begründen, damit dieses ggf. nachbessern oder Rechtsschutz in Anspruch nehmen kann (§ 125 Abs. 2 S. 2).[41]

21 **e) Zulässiger Zeitraum für Ausschlüsse (§ 154 Nr. 2 iVm § 126).** Soweit nach den §§ 123, 124 ein Ausschlussgrund vorliegt, durch den die Zuverlässigkeit oder Integrität eines Unternehmens in Frage gestellt wird, kann dies nicht nur in einem konkreten Vergabeverfahren, sondern für eine gewisse Dauer relevant sein.[42] Vor diesem Hintergrund schließen Auftraggeber/Konzessionsgeber Unternehmen wegen einer aktuellen Verfehlung zT für einen längeren Zeitraum von Vergabeverfahren aus (sog. **Vergabesperren**).[43] Zwar enthält § 126 keine Ermächtigungsgrundlage für die Verhängung von Vergabesperren, ebenso wenig wie das Wettbewerbsregistergesetz (WRegG).[44] Sind derartige Vergabesperren jedoch auf der Grundlage anderer Ermächtigungsgrundlagen zulässig, begrenzt § 154 Nr. 2 iVm § 126 den Zeitraum eines zulässigen Ausschlusses.[45] Liegt ein zwingender Ausschlussgrund iSv § 123 vor, darf das Unternehmen höchstens fünf Jahre ab dem Tag der rechtskräftigen Verurteilung von der Teilnahme an einem Vergabeverfahren ausgeschlossen werden (§ 126 Nr. 1). Demgegenüber darf ein Unternehmen bei Vorliegen eines fakultativen Ausschlussgrundes gem. § 124 höchstens für drei Jahre ab dem betreffenden Ereignis ausgeschlossen werden (§ 126 Nr. 2). Der Wortlaut des § 126 impliziert einen **Ermessensspielraum** bei der festzulegenden Dauer der Ausschlusssperre („höchstens").[46] Diese hängt im Einzelfall etwa von der Schwere der Straftat oder des Fehlverhaltens ab.[47] § 126 basiert für das Konzessionsvergaberecht auf **Art. 38 Abs. 10 RL 2014/23/EU,** der seinerseits weitgehend deckungsgleich mit **Art. 57 Abs. 7 RL 2014/24/EU** ist. Aus diesem Grund ist § 126 ohne Modifikationen auch auf Konzessionen anzuwenden.[48]

22 **3. Besondere Vorschriften für Personenverkehrsleistungen und für Auftragsänderungen (§ 154 Nr. 3). a) Verweis auf die § 131 Abs. 2 und 3, § 132.** Gemäß § 154 Nr. 3 sind § 131 Abs. 2 und 3 sowie § 132 auf die Vergabe von Konzessionen entsprechend anwendbar, allerdings mit den in lit. a und lit. b normierten Abweichungen („mit der Maßgabe"). § 131 normiert besondere Regelungen für die Vergabe öffentlicher Aufträge über **Personenverkehrsleistungen im Eisenbahnverkehr.** § 132 behandelt ohne inhaltlichen Bezug zu § 131 Abs. 2 und 3 die Zulässigkeit und Grenzen einer **Änderung von Aufträgen während der Vertragslaufzeit.**[49] Für Konzessionen im Sektorenbereich verweist § 154 Nr. 3 auf § 132 nach Maßgabe spezifischer Verfahrenserleichterungen (→ Rn. 28 ff.).

23 **b) Konzessionen über Personenverkehrsleistungen im Eisenbahnverkehr (§ 154 Nr. 3 iVm § 131 Abs. 2 und 3). aa) Verordnung (EG) Nr. 1370/2007 (ÖPNV/SPNV-VO).** § 154 Nr. 3 verweist auf § 131 Abs. 2 und Abs. 3. § 131 enthält besondere Vorschriften zur **Vergabe von öffentlichen Aufträgen über Personenverkehrsleistungen im Eisenbahnverkehr.** § 154 Nr. 3 gründet nicht in der RL 2014/23/EU. Letztere sieht vielmehr in **Art. 10 Abs. 3 RL 2014/23/ EU** vor, dass die Richtlinie nicht für Konzessionen gilt, die im Bereich der öffentlichen Personenver-

---

[38] BeckOK VergabeR/*Friton* § 125 Rn. 55, mit rechtspolitischer Kritik.
[39] Dazu sowie zur Diskussion im Schrifttum BeckOK VergabeR/*Friton* § 125 Rn. 63.
[40] *Burgi* VergabeR § 16 Rn. 26.
[41] BeckOK VergabeR/*Friton* § 125 Rn. 65.
[42] Beck VergabeR/*Opitz* § 126 Rn. 7.
[43] *Mutschler-Siebert/Baumann* NZBau 2016, 678 (679).
[44] Ziekow/Völlink/*Stolz* § 126 Rn. 1.
[45] Ziekow/Völlink/*Siegel* Rn. 5.
[46] BT-Drs. 18/6281, 111.
[47] BT-Drs. 18/6281, 111.
[48] BT-Drs. 18/6281, 133.
[49] Beck VergabeR/*Knauff* § 154 Nr. 3 Rn. 2.

kehrsdienste im Sinne der VO (EG) Nr. 1370/2007 (ÖPNV/SPNV-VO) vergeben werden.[50] Denn für (Dienstleistungs-)Konzessionen über Personenverkehrsdienste im Eisenbahnverkehr kommt gem. Art. 5 Abs. 1 S. 2 ÖPNV/SPNV-VO ein spezifisches Sondervergaberegime zur Anwendung[51] in Form eines abgemilderten wettbewerblichen Vergabeverfahrens iSd Art. 5 Abs. 3 ÖPNV/SPNV-VO.[52] Im deutschen Recht wird Art. 10 Abs. 3 RL 2014/23/EU grundsätzlich durch den **Ausnahmetatbestand des § 149 Nr. 12** umgesetzt. Allerdings bezieht sich § 149 Nr. 12 gerade nicht auf Personenverkehrsleistungen im Eisenbahnverkehr (→ § 149 Rn. 64 ff.). Für diese gilt vielmehr – als strengere nationale Regelung – das reguläre Konzessionsvergaberecht. Vor diesem Hintergrund war es zulässig, dass der deutsche Gesetzgeber in § 131 Sonderregelungen für eine Inhouse-Vergabe und für einen Personalwechsel im Falle eines Betreiberwechsels geschaffen hat.

§ 154 Nr. 3 verweist nur auf § 131 Abs. 2 und 3, nicht jedoch auf **§ 131 Abs. 1,** wonach 24 öffentliche Auftraggeber die Wahl zwischen verschiedenen Verfahrensarten haben, zB zwischen dem offenen, dem nicht-offenen oder dem Verhandlungsverfahren. Hieraus folgt nicht im Umkehrschluss, dass Konzessionsgeber bei der Vergabe von Konzessionen über Personenverkehrsleistungen keine derartige Wahlmöglichkeit hätten. Es gilt vielmehr der allgemeine Grundsatz der **freien Verfahrensorganisation** gem. § 151 S. 3, wonach im Ausgangspunkt keine spezifischen Verfahrensarten vorgegeben sind (→ § 151 Rn. 21).

bb) Inhouse-Vergaben gem. Art. 5 Abs. 2 ÖPNV/SPNV-VO. Gemäß § 154 Nr. 3 sind 25 die Vorgaben des § 131 Abs. 2 über die erweiterte Zulässigkeit von Inhouse-Vergaben auch auf Konzessionen über Personenverkehrsleistungen im Eisenbahnverkehr anzuwenden. § 131 Abs. 2 verweist seinerseits auf **Art. 5 Abs. 2 ÖPNV/SPNV-VO.**[53] Letzterer enthält eine Sonderregelung gegenüber der allgemeinen Inhouse-Ausnahme gem. Art. 17 Abs. 1 RL 2014/23/EU und Art. 12 Abs. 1 RL 2014/24/EU,[54] im deutschen Recht umgesetzt durch § 108. Nach Art. 5 ÖPNV/SPNV-VO kann – soweit dies nicht nach nationalem Recht untersagt ist[55] (→ § 149 Rn. 66 f.) – jede zuständige örtliche Behörde, unabhängig davon, ob es sich um eine einzelne Behörde oder eine Gruppe von Behörden handelt, die integrierte öffentliche Personenverkehrsdienste anbietet, beschließen, selbst öffentliche Personenverkehrsdienste zu erbringen oder öffentliche Dienstleistungsaufträge direkt an eine rechtlich getrennte Einheit zu vergeben, über die die zuständige örtliche Behörde eine Kontrolle ausübt, die der Kontrolle über ihre eigenen Dienststellen entspricht. Eine Direktvergabe ist nach der Legaldefinition des Art. 2 lit. h ÖPNV/SPNV-VO die Vergabe eines öffentlichen Dienstleistungsauftrags an einen bestimmten Betreiber eines öffentlichen Dienstes ohne Durchführung eines vorherigen wettbewerblichen Vergabeverfahrens.

Nach § 131 Abs. 2 S. 2 bleiben **Art. 5 Abs. 5 ÖPNV/SPNV-VO und Art. 7 Abs. 2 ÖPNV/** 26 **SPNV-VO** unberührt. Art. 5 Abs. 5 ÖPNV/SPNV-VO berechtigt die zuständige Behörde zu Notmaßnahmen einschließlich einer Direktvergabe im Falle einer drohenden oder bereits eingetretenen Unterbrechung des Fahrdienstes.[56] Art. 7 Abs. 2 ÖPNV/SPNV-VO enthält Regelungen über die Veröffentlichung von Vorinformationen über eine beabsichtigte Vergabe, wobei er auf die in Art. 5 Abs. 5 ÖPNV/SPNV-VO normierten Fallgestaltungen nicht anzuwenden ist.

cc) Personalübergang bei Betreiberwechsel. Gemäß § 154 Nr. 3 iVm § 131 Abs. 3 können 27 Konzessionsgeber gem. Art. 4 Abs. 5 ÖPNV/SPNV-VO verlangen, dass bei einem Wechsel des Betreibers der Personenverkehrsleistung der ausgewählte Betreiber die Arbeitnehmerinnen und Arbeitnehmer übernimmt, die bei dem bisherigen Betreiber zur Erbringung der Dienste beschäftigt waren, und ihnen diejenigen Rechte einräumt, die sie bei einem rechtsgeschäftlichen **Betriebsübergang gem. § 613a BGB** hätten[57] (vertiefend → § 131 Rn. 27 ff.).

c) Änderung von Konzessionen während der Vertragslaufzeit (§ 154 Nr. 3 iVm § 132). 28 **aa) Verweis auf § 132.** Da Konzessionsverträge regelmäßig eine längere Laufzeit aufweisen, ergibt sich im Vergleich zur regulären öffentlichen Auftragsvergabe eine besondere Notwendigkeit zur Anpassung an veränderte Gegebenheiten (zur Laufzeit → § 105 Rn. 89 ff.). § 154 Nr. 3 verweist insoweit auf § 132 und die dort enthaltene Unterscheidung zwischen wesentlichen Vertragsänderungen, die eine neue Ausschreibung erfordern, und unwesentlichen Änderungen, die ohne neue Ausschreibung vorgenommen werden können. Außerhalb der besonderen Vorgaben in § 154 Nr. 3

---

[50] Dazu auch *Wagner/Pfohl* ZfBR 2014, 745 (746).
[51] *Linke* EuZW 2014, 766 (767); *Knauff* NZBau 2012, 65 (69).
[52] Dazu *Knauff* NZBau 2011, 655.
[53] Näher *Knauff* NZBau 2012, 65 (69 ff.).
[54] BT-Drs. 18/6281, 118; näher *Wagner-Cardenal/Dierkes* NZBau 2014, 738.
[55] Dazu BGH Beschl. v. 8.2.2011 – X ZB 4/10, NZBau 2011, 175 (177 f.) – Abellio Rail.
[56] Beck VergabeR/*Knauff* § 154 Nr. 3 Rn. 3.
[57] Ausf. *Bayreuther* NZA 2009, 582 ff.; *Bayreuther* NZA 2014, 1171 ff.; *Bayreuther* NZBau 2016, 459 (462).

lit. a und b kommt § 132 grundsätzlich ohne inhaltliche Änderungen zur Anwendung.[58] Unterlässt der Konzessionsgeber bei einer wesentlichen Änderung des Konzessionsvertrags eine Neuausschreibung trotz entsprechender Rechtspflicht, handelt es sich um eine De-facto-Vergabe, die unter den Voraussetzungen der § 154 Nr. 4 iVm § 135 Abs. 1 Nr. 2 von Anfang an unwirksam ist.[59]

29   Gemäß § 132 Abs. 1 S. 1 ist bei **wesentlichen Änderungen** einer Konzession während der Vertragslaufzeit ein neues Vergabeverfahren durchzuführen, sofern die Änderungen dazu führen, dass sich die Konzession erheblich vom ursprünglichen Vertragsinhalt unterscheidet. Zur Bestimmung der Wesentlichkeit gelten die Begriffsbestimmung in § 132 Abs. 1 S. 2 und die Regelbeispiele in § 132 Abs. 1 S. 3.[60] Gemäß § 132 Abs. 1 S. 2 sind „wesentlich" solche Änderungen, die dazu führen, dass sich der öffentliche Auftrag (über § 154 Nr. 3: die Konzession) „erheblich" von dem ursprünglich vergebenen öffentlichen Auftrag (von der ursprünglich vergebenen Konzession) unterscheidet. § 132 Abs. 1 S. 3 enthält gesetzliche Beispiele, in denen eine wesentliche, da erhebliche Änderung iSd Vorschrift vorliegt. § 132 Abs. 1 geht zurück auf zentrale Aussagen der pressetext-Rechtsprechung des EuGH und führt diese fort.[61] Speziell für Dienstleistungskonzessionen betonte der EuGH in „Wall", dass die allgemeinen Grundsätze der Transparenz und Gleichbehandlung bei wesentlichen Änderungen der wesentlichen Bestimmungen eines Dienstleistungskonzessionsvertrags in bestimmten Fällen die Vergabe eines neuen Konzessionsvertrags erfordern, wenn sie wesentlich andere Merkmale aufweisen als der ursprüngliche Konzessionsvertrag und damit den Willen der Parteien zur Neuverhandlung wesentlicher Bestimmungen dieses Vertrags erkennen lassen.[62] Die Änderung eines Dienstleistungskonzessionsvertrags während seiner Laufzeit ist als wesentlich anzusehen, wenn sie Bedingungen einführt, die die Zulassung anderer als der ursprünglich zugelassenen Bieter oder die Annahme eines anderen als des ursprünglich angenommenen Angebots erlaubt hätten, wenn sie Gegenstand des ursprünglichen Vergabeverfahrens gewesen wären.[63]

30   In Übernahme der vorstehenden Rechtsprechung nennt der Gesetzgeber in **§ 132 Abs. 1 S. 3 Nr. 1–4** – vorliegend iVm § 154 Nr. 3 – **Regelbeispiele,** bei denen eine wesentliche, die Grundsätze der Transparenz und Gleichbehandlung tangierende Änderung vorliegt („Positivliste").[64] Nach § 132 Abs. 1 S. 3 Nr. 1 liegt eine wesentliche Änderung vor, wenn mit ihr Bedingungen eingeführt werden, die, wenn sie für das ursprüngliche Vergabeverfahren gegolten hätten, die Zulassung anderer Bewerber oder Bieter (lit. a) oder die Annahme eines anderen Angebots ermöglicht (lit. b) oder das Interesse weiterer Teilnehmer am Vergabeverfahren geweckt hätten (lit. c). Nach § 132 Abs. 1 S. 3 Nr. 2 ist eine Änderung zudem wesentlich, wenn mit ihr das wirtschaftliche Gleichgewicht des öffentlichen Auftrags/der Konzession zugunsten des Auftragnehmers/Konzessionsnehmers in einer Weise verschoben wird, die im ursprünglichen Auftrag/der ursprünglichen Konzession nicht vorgesehen war. § 132 Abs. 1 S. 3 Nr. 3 bezieht sich auf Fallgestaltungen, in denen mit der Änderung der Umfang des öffentlichen Auftrags/der Konzession erheblich ausgeweitet wird. Nach § 132 Abs. 1 S. 3 Nr. 4 liegt schließlich eine wesentliche Vertragsänderung vor, wenn ein neuer Auftragnehmer/Konzessionsnehmer den Auftragnehmer/Konzessionsnehmer in anderen als den in § 132 Abs. 2 S. 1 Nr. 4 vorgesehenen Fällen ersetzt.

31   **§ 132 Abs. 2** enthält iVm § 154 Nr. 3 Fallgestaltungen, in denen Vertragsänderungen zulässig sind, gleich ob wesentlich iSd § 132 Abs. 1 oder nicht („Negativliste").[65] Zulässig sind nach § 132 Abs. 2 S. 1 Nr. 1 etwa Änderungen des Vertrages, wenn in den ursprünglichen Vergabeunterlagen klare, genaue und eindeutig formulierte **Überprüfungsklauseln oder Optionen** vorgesehen sind, die Angaben zu Art, Umfang und Voraussetzungen möglicher Änderungen enthalten, und sich aufgrund der Änderung der Gesamtcharakter des Auftrags/der Konzession nicht verändert. In diesem Fall gilt – im Umkehrschluss zu § 132 Abs. 2 S. 2 – keine pauschale Obergrenze in Höhe von 50% des ursprünglichen Werts des Auftrags/der Konzession.[66] Anzuwenden ist diese Obergrenze demgegenüber in den Fallgestaltungen gem. § 132 Abs. 2 S. 1 Nr. 2 und 3. Gemäß § 132 Abs. 2 S. 1 Nr. 2 ist eine Vertragsänderung zulässig, wenn **zusätzliche Liefer-, Bau- oder Dienstleistungen** erforderlich geworden sind, die nicht in den ursprünglichen Vergabeunterlagen vorgesehen waren, ein Wechsel des Auftragnehmers aus wirtschaftlichen oder technischen Gründen nicht erfolgen kann

---

[58] Beck VergabeR/*Knauff* § 154 Nr. 3 Rn. 5.
[59] *Burgi* VergabeR § 10 Rn. 12.
[60] Byok/Jaeger/*Brüning* Rn. 15.
[61] EuGH Urt. v. 19.6.2008 – C-454/06, ECLI:EU:C:2008:351, NZBau 2008, 518 Rn. 35 ff. – pressetext; aus dem Schrifttum *Knauff/Badenhausen* NZBau 2014, 395 (399).
[62] EuGH Urt. v. 13.4.2010 – C-91/08, ECLI:EU:C:2010:182 Rn. 37 = NZBau 2010, 382 – Wall.
[63] EuGH Urt. v. 13.4.2010 – C-91/08, ECLI:EU:C:2010:182 Rn. 38 = NZBau 2010, 382 – Wall.
[64] *Fandrey* in Gabriel/Krohn/Neun VergabeR-HdB § 4 Rn. 18.
[65] *Fandrey* in Gabriel/Krohn/Neun VergabeR-HdB § 4 Rn. 19a ff.; *Siegel* NVwZ 2016, 1672 (1676).
[66] BT-Drs. 18/6281, 119; HK-VergabeR/*Ritzenhoff* § 132 Rn. 39.

(lit. a) und mit erheblichen Schwierigkeiten oder beträchtlichen Zusatzkosten für den öffentlichen Auftraggeber verbunden wäre (lit. b). Nach § 132 Abs. 2 S. 1 Nr. 3 ist eine Änderung unter Beachtung der 50%-Wertgrenze ebenfalls zulässig, wenn die Änderung aufgrund von **externen Umständen** erforderlich geworden ist, die der öffentliche Auftraggeber im Rahmen seiner Sorgfaltspflicht nicht vorhersehen konnte, und sich aufgrund der Änderung der Gesamtcharakter des Auftrags/der Konzession nicht verändert. § 132 Abs. 2 S. 1 Nr. 4 ermöglicht schließlich **interne strukturelle Veränderungen,** wenn ein neuer Auftragnehmer/Konzessionsnehmer den bisherigen Auftragnehmer/Konzessionsnehmer ersetzt aufgrund einer Überprüfungsklausel im Sinne von Nr. 1 (lit. a), aufgrund der Tatsache, dass ein anderes Unternehmen, das die ursprünglich festgelegten Anforderungen an die Eignung erfüllt, im Zuge einer Unternehmensumstrukturierung, wie zB durch Übernahme, Zusammenschluss, Erwerb oder Insolvenz, ganz oder teilweise an die Stelle des ursprünglichen Auftragnehmers tritt, sofern dies keine weiteren wesentlichen Änderungen iSd § 132 Abs. 1 zur Folge hat (lit. b), oder aufgrund der Tatsache, dass der öffentliche Auftrag- bzw. Konzessionsgeber selbst die Verpflichtungen des Hauptauftrag- bzw. Hauptkonzessionsnehmers gegenüber seinen Unterauftragnehmern/Unterkonzessionsnehmern übernimmt (lit. c). § 132 Abs. 2 S. 2 enthält mit Blick auf die Nr. 2 und 3 die bereits thematisierte **50%-Obergrenze** im Hinblick auf den Wert des ursprünglichen Auftrags/der ursprünglichen Konzession. Gemäß § 132 Abs. 2 S. 3 gilt bei mehreren aufeinander folgenden Änderungen des Auftrags/der Konzession diese Wertbeschränkung für den Wert jeder einzelnen Änderung, sofern die Änderungen nicht mit dem Ziel vorgenommen werden, die Vorschriften des 4. Teils des GWB zu umgehen.

§ 132 Abs. 3 enthält eine praktisch wichtige **De-minimis-Regelung,** unter deren – kumulativ **32** geltenden – Voraussetzungen kein neues Vergabeverfahren notwendig ist.[67] Sofern die Voraussetzungen dieser Vorschrift erfüllt sind, erübrigt sich die Prüfung der Negativliste des § 132 Abs. 2.[68] Nach § 132 Abs. 3 S. 1 ist die Änderung eines öffentlichen Auftrags/einer Konzession ohne Durchführung eines neuen Vergabeverfahrens zulässig, wenn sich der Gesamtcharakter des Auftrags/der Konzession nicht ändert und der Wert der Änderung die jeweiligen Schwellenwerte nach § 106 nicht übersteigt (Nr. 1) und bei Liefer- und Dienstleistungsaufträgen bzw. Dienstleistungskonzessionen nicht mehr als 10% und bei Bauaufträgen bzw. Baukonzessionen nicht mehr als 15% des ursprünglichen Auftragswertes beträgt (Nr. 2). Nach § 132 Abs. 3 S. 2 ist bei mehreren aufeinander folgenden Änderungen der Gesamtwert der Änderungen maßgeblich. Für **Sektorenkonzessionsgeber** weicht § 154 Nr. 3 von dieser Regelung ab (→ Rn. 34).

§ 132 Abs. 4 regelt den Umgang mit sog. **Indexierungsklauseln.** § 132 Abs. 5 schreibt die **33** **Bekanntmachung von Änderungen** iSd § 132 Abs. 2 S. 1 Nr. 2 und 3 im Amtsblatt der EU vor.

bb) Eingeschränkte Anwendung auf Konzessionsvergaben im Sektorenbereich (§ 154 34 Nr. 3 lit. a). Die Verweisung des § 154 Nr. 3 auf § 132 wird bei Sektorentätigkeiten iSd § 102 Abs. 2–6 (Elektrizität, Gas und Wärme, Verkehrsleistungen, Häfen und Flughäfen sowie fossile Brennstoffe) durch **§ 154 Nr. 3 lit. a** modifiziert. § 154 Nr. 3 lit. a bezieht sich nicht auf Konzessionen im Bereich der Wasserwirtschaft, da diese gem. § 149 Nr. 9 insgesamt vom Konzessionsvergaberecht ausgenommen sind.[69] Wie gesehen, enthält § 132 Abs. 2 S. 2 eine pauschale Obergrenze, wonach der Wert einer Änderung nicht mehr als 50% des ursprünglichen Auftrags- bzw. Konzessionswertes betragen darf. Diese Obergrenze gilt nach § 132 Abs. 2 S. 3 bei mehreren aufeinander folgenden Änderungen des Auftrags/der Konzession für den Wert jeder einzelnen Änderung, sofern die Änderungen nicht mit dem Ziel vorgenommen werden, die Vorschriften dieses Teil zu umgehen (→ Rn. 31). Die Obergrenze gilt gem. § 154 Nr. 3 lit. a nicht für Konzessionen, die zur **Ausübung einer Sektorentätigkeit iSd § 102 Abs. 2–6** vergeben werden. Dies geht zurück auf Vorgaben des Unionsrechts; denn eine spezifische Wertgrenze ist in der Sektoren-RL überhaupt nicht[70] und in der RL 2014/23/EU nur für Nicht-Sektorentätigkeiten vorgesehen.[71] Damit darf ein zu zahlendes Entgelt bei Konzessionen iSd § 102 Abs. 2–6 während der Laufzeit der Konzession um mehr als 50% des Wertes der ursprünglichen Konzession erhöht werden.[72]

cc) Einheitliche Höchstgrenze für zulässige Wertänderungen bei Bau- und Dienstleis- 35 tungskonzessionen (§ 154 Nr. 3 lit. b). § 154 Nr. 3 lit. b modifiziert die De-minimis-Regelung

---

[67] Ziekow/Völlink/*Ziekow* § 132 Rn. 55.
[68] *Siegel* NVwZ 2016, 1672 (1676).
[69] Beck VergabeR/*Knauff* § 154 Nr. 3 Rn. 6.
[70] Dies ergibt sich aus dem Vergleich zwischen Art. 72 Abs. 1 RL 2014/24/EU, der eine 50%-Grenze vorsieht, mit dem ansonsten gleichlautenden Art. 89 Abs. 1 lit. b und c Sektoren-RL.
[71] Vgl. Art. 43 Abs. 1 S. 1 lit. b und c iVm S. 2 RL 2014/23/EU, wonach die 50%-Grenze nur für solche Tätigkeiten vorgesehen ist, die nicht in Anhang II RL 2014/23/EU (dieser zählt die Sektorentätigkeiten auf) genannt sind. Konzessionen für Sektorentätigkeiten unterliegen der 50%-Grenze somit nicht.
[72] *Braun* in Müller-Wrede GWB Rn. 34 f.

des § 132 Abs. 3 S. 1. Nach § 132 Abs. 3 S. 1 ist die Änderung eines öffentlichen Auftrags ohne Durchführung eines neuen Vergabeverfahrens zulässig, wenn sich der Gesamtcharakter des Auftrags nicht ändert und der Wert der Änderung die jeweiligen Schwellenwerte nach § 106 nicht übersteigt (§ 132 Abs. 3 Nr. 1) sowie bei Liefer- und Dienstleistungsaufträgen nicht mehr als 10% und bei Bauaufträgen nicht mehr als 15% des ursprünglichen Auftragswertes beträgt (§ 132 Abs. 3 Nr. 2). § 154 Nr. 3 verweist für Konzessionen zwar auf § 132, bestimmt jedoch in § 154 Nr. 3 lit. b eine **einheitliche Höchstgrenze für Änderungen von Bau- und Dienstleistungskonzessionen in Höhe von 10%.**[73] § 154 Nr. 3 lit. b ist allein für Konzessionen außerhalb des Sektorenbereichs relevant, da Letztere bereits von den Freistellungen nach § 154 Nr. 3 lit. a erfasst werden.[74]

36 **4. Kündigungsrechte, Informations- und Wartepflichten, Vertragsunwirksamkeit (§ 154 Nr. 4). a) Verweis auf die §§ 133–135.** Gemäß § 154 Nr. 4 sind die §§ 133–135 auf Konzessionen anwendbar. Die §§ 133–135 regeln Rechte zur Kündigung des Vertrages in besonderen Fällen (§ 133), die Informations- und Wartepflicht des Auftraggebers (§ 134) sowie die Unwirksamkeit des Vertrages bei grundlegenden Verstößen gegen Regelungen zum Schutz von Transparenz, Gleichbehandlung und Diskriminierungsfreiheit (§ 135). Die vorbenannten Vorschriften gelten nach § 154 Nr. 4 uneingeschränkt auch für Konzessionen.[75]

37 **b) Kündigung von Konzessionsverträgen in besonderen Fällen (§ 154 Nr. 4 iVm § 133).** Die Kündigung von Konzessionsverträgen bestimmt sich nach § 154 Nr. 4 iVm § 133. § 154 Nr. 4 iVm § 133 Abs. 1 setzen **Art. 44 RL 2014/23/EU** ins deutsche Recht um,[76] der sich wiederum mit **Art. 73 RL 2014/24/EU** deckt, weshalb § 154 Nr. 4 einen Vollverweis auf § 133 enthält. Über die Kündigungsmöglichkeiten des § 133 in besonderen Fällen hinaus können die Vertragsparteien sonstige Kündigungsgründe vereinbaren. Im Ausnahmefall ist zudem eine außerordentliche Kündigung gem. § 314 BGB denkbar.[77]

38 Gemäß § 154 Nr. 4 iVm § 133 darf der Konzessionsgeber einen wirksam vereinbarten Konzessionsvertrag für die Zukunft kündigen, sofern ein Festhalten am Vertrag gegen den Grundsatz der Gesetzmäßigkeit der Verwaltung verstoßen würde.[78] Dies ist nach § 132 Abs. 1 Nr. 1 der Fall, wenn eine wesentliche Vertragsänderung iSd § 132 erfolgt ist, die der Vertrag dann sowieso neu ausgeschrieben werden muss (→ Rn. 29). Der Verweis in § 154 Nr. 4 iVm § 133 auf § 132 gilt nur unter Berücksichtigung der in § 154 Nr. 3 lit. a und b enthaltenen Modifikationen.[79] Gemäß § 132 Abs. 1 Nr. 2 kann ein Konzessionsvertrag zudem gekündigt werden, wenn zum Zeitpunkt der Zuschlagserteilung ein zwingender Ausschlussgrund gem. § 154 Nr. 2 iVm 123 Abs. 1–4 vorlag (→ Rn. 9 ff.). Diese Ausschlussgründe werden im Konzessionsvergaberecht durch § 154 Nr. 2 lit. a modifiziert, wenn die Konzessionsvergabe durch einen Sektorenkonzessionsgeber erfolgt, indem die ansonsten zwingenden Ausschlussgründe nur als fakultative gelten. Soweit der Sektorenkonzessionsgeber – fakultativ – in zulässiger Weise einen Ausschluss erklären könnte, ist auch eine Kündigung gem. § 154 Nr. 4 iVm § 133 Abs. 1 Nr. 2 iVm § 123 zulässig.[80] Schließlich kommt eine Kündigung des Konzessionsvertrages in Betracht, wenn der EuGH in einem Vertragsverletzungsverfahren eine schwere Verletzung der Pflichten des Konzessionsgebers aus dem AEUV oder aus den Vorschriften „dieses Teils", also des 4. Teils des GWB, festgestellt hat,[81] weshalb die Konzession nicht an den Konzessionsnehmer hätte vergeben werden dürfen. Eine vom EuGH festgestellte Verletzung unionsrechtlicher Vorgaben indiziert dabei die Schwere der Verletzung.[82]

39 Der Grundsatz der Gesetzmäßigkeit der Verwaltung streitet bei Vorliegen eines Kündigungsgrundes iSd § 133 Abs. 1 für eine **Kündigungspflicht.**[83] So ist schwer vorstellbar, dass ein Konzessionsgeber einen Konzessionsvertrag nicht kündigt, obwohl er neu ausgeschrieben werden muss oder zum Zeitpunkt der Zuschlagserteilung ein gravierender Ausschlussgrund gem. § 123 Abs. 1–4 vorlag. Das Ermessen des Konzessionsgebers wird insoweit regelmäßig auf Null reduziert sein.

---

[73] Immenga/Mestmäcker/*Kling* Rn. 18.
[74] Beck VergabeR/*Knauff* § 154 Nr. 3 Rn. 7.
[75] Ebenso Beck VergabeR/*Knauff* § 154 Nr. 4 Rn. 8.
[76] Die Rechtsfolgen einer Kündigung gem. § 154 Nr. 4 iVm § 133 Abs. 2, 3 finden in Art. 44 RL 2014/23/EU keine Entsprechung.
[77] BT-Drs. 18/6281, 120; *Siegel* NVwZ 2016, 1672 (1677).
[78] BT-Drs. 18/6281, 120.
[79] Beck VergabeR/*Knauff* § 154 Nr. 4 Rn. 10.
[80] AA Beck VergabeR/*Knauff* § 154 Nr. 4 Rn. 11, wonach es an einem durch die Kündigung zu beseitigenden Rechtsverstoß fehlt.
[81] Der EuGH stellt nur einen Verstoß gegen das Unionsrecht fest, insbes. gegen die im GWB umgesetzten Vorgaben des AEUV und der Vergaberichtlinien; vgl. BT-Drs. 18/6281, 121.
[82] Dies erwägt auch *Siegel* NVwZ 2016, 1672 (1677).
[83] AA *Siegel* NVwZ 2016, 1672 (1677).

Dies gilt im Fall des § 133 Abs. 1 Nr. 3 auch unter dem Gesichtspunkt des unionsrechtlichen Effektivitätsgebots.[84]

Die **Rechtsfolgen einer erfolgten Kündigung während der Vertragslaufzeit** ergeben sich aus **§ 133 Abs. 2 und 3**. Gemäß Abs. 2 ist der Konzessionsnehmer berechtigt, nach der Kündigung einen seinen bisherigen Leistungen entsprechenden Teil der **Vergütung** zu verlangen. Diese Regelung soll in Anlehnung an die Wertung des § 628 Abs. 1 S. 1 BGB einen angemessenen Interessenausgleich zwischen Konzessionsgeber und Konzessionsnehmer herbeiführen.[85] Im Konzessionsvergaberecht ist die Relevanz des § 132 Abs. 2 eher gering, da der Konzessionär grundsätzlich keine Vergütung erhält, sondern allenfalls eine Zuzahlung.[86] Unter teleologischen Gesichtspunkten gilt § 133 Abs. 2 analog für Fallgestaltungen, in denen ein Konzessionsnehmer im Einzelfall Konzessionsabgaben leisten muss.[87] Der Vergütungsanspruch wird durch § 133 Abs. 2 S. 2 für die Fälle des § 133 Abs. 1 Nr. 2 beschränkt, sofern also ein zwingender Ausschlussgrund gem. § 123 vorliegt. Vor dem Hintergrund, dass ein zwingender Ausschlussgrund nach § 123 Abs. 1–4 in der Regel die Verurteilung wegen einer schweren Straftat voraussetzt, ist es in der Tat sachgerecht, den Vergütungsanspruch insoweit zu beschränken, als die bisherigen Leistungen infolge der Kündigung für den Konzessionsgeber nicht von Interesse sind.[88] Nach **§ 133 Abs. 3** wird ein etwaiger Anspruch auf **Schadensersatz** durch die Kündigung nicht ausgeschlossen (zum Rechtsweg → § 156 Abs. 3). Im Rahmen des Schadensersatzrechts können die Verantwortlichkeiten und das (Mit-)Verschulden im Einzelfall sachgerecht bewertet werden.[89]

c) **Informations- und Wartepflicht (§ 154 Nr. 4 iVm § 134).** Im Zuge des VergRModG 2016 wurde der **vergaberechtliche Primärrechtsschutz** gemäß den §§ 155 ff. in Umsetzung von Art. 46 f. RL 2014/23/EU auf Bau- und Dienstleistungskonzessionen iSd § 105 erstreckt, soweit Letztere die Schwelle des § 106 Abs. 1, Abs. 2 Nr. 4 überschreiten.[90] Der Primärrechtsschutz ist grundsätzlich **zweistufig** ausgestaltet:[91] Zunächst muss ein antragsbefugtes Unternehmen ein Nachprüfungsverfahren durch die Vergabekammern in Gang setzen (§§ 156 ff.).[92] In der zweiten Instanz entscheidet das Oberlandesgericht sodann auf eine sofortige Beschwerde hin (§§ 171 ff.).[93] Etwaige Schadensersatzansprüche – der sog. Sekundärrechtsschutz – sind gem. § 156 Abs. 3 nicht vor den Vergabekammern, sondern vor den ordentlichen Gerichten geltend zu machen. Unberührt bleiben nach § 156 Abs. 3 ebenfalls die Befugnisse der Kartellbehörden bei Verstößen gegen das europäische und deutsche Wettbewerbsrecht, etwa bei sog. Submissionsabsprachen.[94]

Im deutschen Recht fällt der Zuschlag im Vergabeverfahren mit dem Abschluss des (Konzessions-)Vertrages in einem Akt zusammen.[95] Wegen des Grundsatzes „**pacta sunt servanda**" muss ein unterlegener Mitbieter deshalb befürchten, dass er selbst bei einem Erfolg im Nachprüfungsverfahren nicht Partner des Konzessionsvertrages wird, sofern er nicht rechtzeitig einen Antrag auf Einleitung eines Nachprüfungsverfahrens stellt.[96] Dies verdeutlicht auch § 168 Abs. 2, wonach ein wirksam erteilter Zuschlag nicht mehr aufgehoben werden kann **(Grundsatz der Unaufhebbarkeit)**. Die Unaufhebbarkeit eines wirksam erteilten Zuschlags dient zum einen der Kompetenzabgrenzung zwischen den für den vergaberechtsspezifischen Primärrechtsschutz zuständigen Vergabekammern und Vergabesenaten und den für Schadensersatzklagen zuständigen Zivilgerichten.[97] Zum anderen markiert sie die Grenze des vergaberechtlichen Primärrechtsschutzes und verweist unterlegene oder übergangene Bewerber/Bieter auf die auch nach einer wirksamen Zuschlagserteilung mögliche Geltendmachung von Schadensersatzansprüchen vor den Zivilgerichten.[98] Zur Sicherstellung eines effektiven Primärrechtsschutzes enthält § 169 einen **vergaberechtlichen Eilrechtsschutz**.[99] Nach § 169 Abs. 1 ist die Vergabekammer verpflichtet, den Konzessionsgeber über einen

---

[84] Insoweit ebenso *Siegel* NVwZ 2016, 1672 (1677).
[85] BT-Drs. 18/6281, 121.
[86] Byok/Jaeger/*Brüning* Rn. 19; Immenga/Mestmäcker/*Kling* Rn. 23.
[87] Beck VergabeR/*Knauff* § 154 Nr. 4 Rn. 13.
[88] Ebenso BT-Drs. 18/6281, 121.
[89] So BT-Drs. 18/6281, 121.
[90] Statt anderer *Goldbrunner* VergabeR 2016, 365 (384).
[91] *Dobmann* Neues VergabeR Rn. 662 f.
[92] Da es sich bei den Vergabekammern nicht um Gerichte, sondern um Behörden handelt, ergehen ihre Entscheidungen nach § 168 Abs. 3 S. 1 durch Verwaltungsakt im Wege des Beschlusses.
[93] Zur Divergenzvorlage zum BGH s. § 179 Abs. 2.
[94] Dazu *Säcker/Mohr* ZWeR 2012, 417 (439).
[95] OLG Naumburg Beschl. v. 16.10.2007 – 1 Verg 6/07, ZfBR 2008, 83 (85); *Burgi* VergabeR § 20 Rn. 27.
[96] Dazu OLG Celle Beschl. v. 24.10.2019 – 13 Verg 9/19, NZBau 2020, 535 Rn. 30.
[97] HK-VergabeR/*Nowak* § 168 Rn. 22.
[98] HK-VergabeR/*Nowak* § 168 Rn. 22.
[99] Beck VergabeR/*Antweiler* § 169 Rn. 14; für Konzessionsverträge *Säcker/Mohr* ZWeR 2012, 417 (437).

eingegangenen Nachprüfungsantrag zu unterrichten. Der Konzessionsgeber darf bis zur Entscheidung der Vergabekammer und dem Ablauf der Beschwerdefrist nach § 172 Abs. 1 grundsätzlich keinen Zuschlag erteilen.[100] Wird der Zuschlag gleichwohl erteilt, ist der Konzessionsvertrag wegen des Verstoßes gegen § 169 Abs. 1 als gesetzliches Verbot iSd § 134 BGB unwirksam,[101] sofern nicht die spezifische Regelung für den Verteidigungssektor in § 169 Abs. 4 eingreift. Das Zuschlagsverbot des § 169 Abs. 1 wird seinerseits flankiert durch die **Informations- und Wartepflicht gem. § 154 Nr. 4 iVm § 134** als spezifische Ausprägung des Transparenzgrundsatzes gem. § 97 Abs. 1.[102] Die Rechtsfolgen eines Verstoßes gegen § 154 Nr. 4 iVm § 134 ergeben sich aus § 154 Nr. 4 iVm § 135 Abs. 1 Nr. 1 (→ Rn. 46 f.).

43 Konzessionsgeber müssen gem. **§ 154 Nr. 4 iVm § 134 Abs. 1 S. 1** diejenigen Bieter, deren Angebote nicht berücksichtigt werden sollen, über den Namen des erfolgreichen Unternehmens, über die Gründe der vorgesehenen Nichtberücksichtigung ihres Angebots und über den frühesten Zeitpunkt des Vertragsschlusses unverzüglich iSd § 121 Abs. 1 S. 1 BGB und in Textform gem. § 126b BGB informieren, also schriftlich, per Telefax oder per E-Mail, nicht jedoch mündlich.[103] Die Informationspflicht besteht auch gegenüber Bewerbern, denen keine Information über die Ablehnung ihrer Bewerbung zur Verfügung gestellt wurde, bevor die Mitteilung über die Zuschlagserteilung an die betroffenen Bieter ergangen ist (§ 134 Abs. 1 S. 2). Gemäß § 154 Nr. 4 iVm § 134 Abs. 2 S. 1 muss der Konzessionsgeber grundsätzlich 15 Tage zuwarten, bis er den Zuschlag erteilt. Wird die Information auf elektronischem Weg oder per Fax versendet, verkürzt sich diese Frist auf zehn Kalendertage (§ 134 Abs. 2 S. 2). Die Frist beginnt in beiden Fallgestaltungen am Tag nach der Absendung der Information durch den öffentlichen Auftraggeber (§ 134 Abs. 2 S. 3). Auf den Zugang bei den betroffenen Empfängern soll es nicht ankommen,[104] was freilich kaum mit allgemeinen Grundsätzen des Privatrechts in Einklang zu bringen ist.

44 Die Regelungen zur Informations- und Wartepflicht in § 154 Nr. 4 iVm § 134 Abs. 2 sind in Zusammenschau mit den **Rügeobliegenheiten gem. § 160 Abs. 3** zu sehen, die nach § 155 ebenfalls für Konzessionsverträge gelten und der Verfahrensbeschleunigung dienen.[105] Gemäß § 160 Abs. 3 Nr. 1 ist ein Antrag auf Einleitung eines Nachprüfungsverfahrens gem. § 160 Abs. 1 unzulässig, wenn der Antragsteller den geltend gemachten Verstoß gegen Vergabevorschriften vor Einreichen des Nachprüfungsantrags tatsächlich erkannt und gegenüber dem Auftraggeber nicht innerhalb einer Frist von zehn Kalendertagen gerügt hat.

45 Gemäß **§ 134 Abs. 3 S. 1** entfällt die Informationspflicht in Fällen, in denen das **Verhandlungsverfahren ohne Teilnahmewettbewerb wegen besonderer Dringlichkeit gerechtfertigt** ist. Der Verweis in § 154 Nr. 4 auf § 134 Abs. 3 S. 1 geht im Konzessionsvergaberecht mangels besonderer Verfahresarten grundsätzlich ins Leere.[106] Im Interesse einer wertungsstimmigen Interpretation ist die Verweisung als solche auf **§ 20 KonzVgV** zu interpretieren, wonach die Pflicht zur Vorabinformationen in den dort benannten Fallgestaltungen entfällt.[107]

46 **d) Unwirksamkeit von Konzessionen (§ 154 Nr. 4 iVm § 135).** Hinsichtlich der **vertragsrechtlichen Folgen von Fehlern im Vergabeverfahren** verweist § 154 Nr. 4 auf § 135, wonach Verträge unter den dort normierten Voraussetzungen unwirksam sind.[108] Die Regelung gründet für Konzessionsverträge auf Art. 46 Nr. 5 RL 2014/23/EU iVm Art. 2d RL 89/665/EWG.[109]

47 Ein Konzessionsvertrag ist nach § 135 Abs. 1 Nr. 1 von Anfang an **unwirksam**, wenn der Konzessionsgeber gegen die **Informations- und Wartepflichten des § 134** verstoßen hat. Dasselbe gilt gem. § 135 Abs. 1 Nr. 2, wenn er den Konzessionsvertrag **ohne vorherige Veröffentlichung einer Bekanntmachung im Amtsblatt der EU** geschlossen hat, sofern eine solche Direktvergabe nicht ausnahmsweise aufgrund des Gesetzes gestattet ist.[110] Bei Konzessionen liegt eine solche De-

---

[100] Säcker/Mohr ZWeR 2012, 417 (437).
[101] BGH Beschl. v. 10.11.2009 – X ZB 8/09, ZfBR 2010, 298; Ziekow/Völlink/Herrmann § 169 Rn. 6.
[102] Es handelt sich um verfahrensbezogene Regelungen, nicht lediglich um prozessuale Vorgaben; zutr. Burgi VergabeR § 20 Rn. 29.
[103] OLG Jena Beschl. v. 29.5.2002 – 6 Verg 2/02, NZBau 2002, 526; Burgi VergabeR § 20 Rn. 30.
[104] Zu den unionsrechtlichen Vorgaben s. EuGH Urt. v. 8.5.2014 – C-161/13, ECLI:EU:C:2014:307 Rn. 33 = EuZW 2014, 552 – Idrodinamica.
[105] De lege ferenda Säcker/Mohr ZWeR 2012, 417 (437).
[106] Immenga/Mestmäcker/Kling Rn. 25.
[107] Zutreffend Beck VergabeR/Knauff § 154 Nr. 4 Rn. 16.
[108] Burgi VergabeR § 20 Rn. 29.
[109] Allg. Siegel VergabeR 2015, 265 (271); Knauff/Badenhausen NZBau 2014, 395 (401).
[110] Zur Unwirksamkeit von öffentlichen Aufträgen ohne vorherige Ausschreibung EuGH Urt. v. 21.1.2010 – C-17/09, ECLI:EU:C:2010:33 = NZBau 2010, 326 – Müllverwertungsanlage Bonn.

facto-Vergabe vor, wenn die Vergabe ohne Bekanntmachung erfolgt ist, obwohl die Voraussetzungen des § 20 KonzVgV nicht vorlagen.[111] Nach § 154 Nr. 4 iVm § 135 Abs. 2 kann die Unwirksamkeit gem. § 154 Nr. 4 iVm § 135 Abs. 1 nur festgestellt werden, wenn sie im **Nachprüfungsverfahren** innerhalb von 30 Kalendertagen nach der Information der betroffenen Bieter und Bewerber durch den Konzessionsgeber über den Abschluss des Vertrags, jedoch nicht später als sechs Monate nach Vertragsschluss, geltend gemacht worden ist. Hat der Konzessionsgeber den Abschluss des Konzessionsvertrags im **Amtsblatt der EU** bekannt gemacht, endet die Frist zur Geltendmachung der Unwirksamkeit 30 Kalendertage nach Veröffentlichung der Bekanntmachung im **Amtsblatt der EU**. Dogmatisch bedeutet dies, dass der Vertrag zwischen Vertragsschluss und Feststellung seiner Unwirksamkeit im Nachprüfungsverfahren schwebend unwirksam ist.[112] § 135 Abs. 3 regelt Ausnahmen von der Unwirksamkeitsfolge, sofern der Konzessionsgeber der Ansicht ist, es bestehe keine Vergaberechtspflicht.[113]

5. Ausnahme für Vergabe an verbundene Unternehmen im Sektorenbereich (§ 154 Nr. 5). Nach § 154 Nr. 5 gilt für die Vergabe von Konzessionen an verbundene Unternehmen durch Konzessionsgeber iSd § 101 Abs. 1 Nr. 2 und 3 die **besondere Ausnahme des § 138** entsprechend.[114] Die Vorschrift erfasst nur Sektorenkonzessionsgeber iSd § 102 Abs. 2–6. § 138 gilt im Konzessionsvergabeverfahren ohne inhaltliche Modifikationen.[115] Gemäß § 138 Abs. 1 ist der 4. Teil des GWB nicht anzuwenden auf die Vergabe von öffentlichen Aufträgen, die ein Sektorenauftraggeber an ein verbundenes Unternehmen vergibt (Nr. 1) oder die ein Gemeinschaftsunternehmen, das ausschließlich mehrere Sektorenauftraggeber zur Durchführung einer Sektorentätigkeit gebildet haben, an ein Unternehmen vergibt, das mit einem dieser Sektorenauftraggeber verbunden ist (Nr. 2). Konzessionsgeber iSv **§ 101 Abs. 1 Nr. 2** sind öffentliche Sektorenauftraggeber gem. **§ 100 Abs. 1 Nr. 1**, die eine Sektorentätigkeit gem. § 102 Abs. 2–6 (Energie, Transport oder Verkehr) ausüben und eine Konzession zum Zweck der Ausübung dieser Tätigkeit vergeben. Unter Konzessionsgeber iSv **§ 101 Abs. 1 Nr. 3** fallen Sektorenauftraggeber gem. **§ 100 Abs. 1 Nr. 2** in der Rechtsform natürlicher oder juristischer Personen des Privatrechts, die eine Sektorentätigkeit gem. § 102 Abs. 2–6 ausüben und eine Konzession zum Zweck der Ausübung dieser Tätigkeit vergeben, vorausgesetzt, dass die Tätigkeit entweder auf Grundlage von besonderen oder ausschließlichen Rechten ausgeübt wird, die von einer zuständigen Behörde gewährt wurden (lit. a), oder öffentliche Auftraggeber gem. § 99 Nr. 1–3 auf diese Personen einzeln oder gemeinsam einen beherrschenden Einfluss ausüben können.

§ 138 enthält ein sog. **Konzernprivileg**, wonach unter den dort normierten Voraussetzungen konzerninterne Verträge innerhalb eines verbundenen Unternehmens im **Sektorenbereich** vom Vergaberecht freigestellt sind.[116] Eine Anwendung des § 138 auf „reguläre" Konzessionsgeber iSv § 101 Abs. 1 Nr. 1 scheidet aus. Für Konzessionsverträge setzen § 154 Nr. 5 iVm § 138 **Art. 13 RL 2014/23/EU** ins deutsche Recht um, der sich inhaltlich an Art. 29 Sektoren-RL anlehnt. Der Normzweck des Konzernprivilegs ergibt sich aus **Erwägungsgrund 38 S. 1 RL 2014/23/EU**. Hiernach sind „viele Auftraggeber […] als eine Wirtschaftsgruppe organisiert, die aus einer Reihe getrennter Unternehmen bestehen kann; oft hat jedes dieser Unternehmen in der Wirtschaftsgruppe eine spezielle Aufgabe. Es ist daher angezeigt, bestimmte Dienstleistungs- und Baukonzessionen auszuschließen, die an ein verbundenes Unternehmen vergeben werden, welches seine Dienst- oder Bauleistungen nicht am Markt anbietet, sondern hauptsächlich für die eigene Unternehmensgruppe erbringt". Gemäß **Erwägungsgrund 39 RL 2014/23/EU** sollten „Unternehmen […] als verbunden gelten, wenn ein unmittelbarer oder mittelbarer beherrschender Einfluss zwischen dem Auftraggeber und dem betreffenden Unternehmen vorliegt oder wenn beide dem beherrschenden Einfluss eines anderen Unternehmens unterliegen; in diesem Zusammenhang sollte eine private Beteiligung als solche nicht ausschlaggebend sein. Die Überprüfung, ob ein Unternehmen mit einem Auftraggeber verbunden ist, sollte möglichst einfach durchzuführen sein. Da bereits für die Entscheidung, ob der Jahresabschluss der betreffenden Unternehmen und Einrichtungen konsolidiert werden sollte, geprüft werden musste, ob möglicherweise ein derartiger unmittelbarer oder mittelbarer beherrschender Einfluss vorliegt, sollten Unternehmen als verbunden betrachtet werden, wenn ihr Jahresabschluss konsolidiert wird. Die Unionsvorschriften zu konsolidierten Abschlüssen gelten in bestimmten Fällen jedoch nicht, beispielsweise aufgrund der Größe des Unternehmens oder weil bestimmte Voraussetzungen hinsichtlich ihrer Rechtsform nicht erfüllt sind. In solchen Fällen, in denen die

---

[111] Beck VergabeR/*Knauff* § 154 Nr. 4 Rn. 17.
[112] *Dreher/Hoffmann* NZBau 2010, 201.
[113] Dazu *Burgi* VergabeR § 20 Rn. 32.
[114] *Braun* in Müller-Wrede GWB Rn. 49.
[115] Beck VergabeR/*Germelmann* § 154 Nr. 5 Rn. 3.
[116] Immenga/Mestmäcker/*Kling* Rn. 26.

Richtlinie 2013/34/EU des Europäischen Parlaments und des Rates [...] nicht anzuwenden ist, muss geprüft werden, ob ein unmittelbarer oder mittelbarer beherrschender Einfluss unter Berücksichtigung der Eigentumsverhältnisse, der finanziellen Beteiligung oder der für das Unternehmen geltenden Vorschriften ausgeübt wird".

50 Der Begriff des **verbundenen Unternehmens** ist in § 138 Abs. 2 legal definiert.[117] Der **sachliche Anwendungsbereich des § 138 Abs. 1** ergibt sich aus **§ 138 Abs. 3**. Über die Verweisung des § 154 Nr. 5 gilt die Ausnahme auch für Bau- und Dienstleistungskonzessionen (vgl. Art. 13 Abs. 4 RL 2014/23/EU). Die Ausnahme für die Vergabe an verbundene Unternehmen greift nur dann, wenn der erforderliche Mindestumsatz erreicht ist, indem die verbundenen Unternehmen mindestens 80% des Umsatzes für den Sektorenkonzessionsgeber oder für andere mit ihm verbundene Unternehmen erbringen.[118] **§ 138 Abs. 4** enthält Vorgaben für den Fall, dass gleiche oder gleichartige Bau- und Dienstleistungen von mehr als einem mit dem Sektorenauftraggeber verbundenen und mit ihm wirtschaftlich zusammengeschlossenen Unternehmen erbracht werden. Die Prozentsätze werden in solchen Fällen unter Berücksichtigung des Gesamtumsatzes errechnet, den diese verbundenen Unternehmen mit der Erbringung der jeweiligen Dienst- oder Bauleistung erzielen. Liegen für die letzten drei Jahre keine Umsatzzahlen vor, genügt es nach **§ 138 Abs. 5,** wenn das Unternehmen etwa durch Prognosen über die Tätigkeitsentwicklung glaubhaft macht, dass die Erreichung des Umsatzziels von 80% wahrscheinlich ist. Dies betrifft insbesondere Unternehmen, die neu gegründet wurden oder erst kürzlich die Tätigkeit aufgenommen haben.[119]

51 **6. Ausnahme für Vergabe durch oder an ein Gemeinschaftsunternehmen im Sektorenbereich (§ 154 Nr. 6).** § 154 Nr. 6 ordnet die entsprechende Anwendung des **§ 139** auf Konzessionen an. Diese Norm statuiert eine **besondere Ausnahme** für die **Vergabe durch oder an ein Gemeinschaftsunternehmen.** Gemäß 139 Abs. 1 ist der 4. Teil des GWB nicht anzuwenden auf die Vergabe von öffentlichen Aufträgen, die ein Gemeinschaftsunternehmen, das mehrere Sektorenauftraggeber ausschließlich zur Durchführung von Sektorentätigkeiten gebildet haben, an einen dieser Auftraggeber vergibt (Nr. 1), oder die ein Sektorenauftraggeber, der einem Gemeinschaftsunternehmen iSv § 139 Abs. 1 Nr. 1 angehört, an dieses Gemeinschaftsunternehmen vergibt (Nr. 2). § 139 ergänzt damit das Konzernprivileg des § 138 um zwei weitere Konzernprivilegien für Sektorenkonzessionsgeber.[120] Für Konzessionen basiert § 139 auf **Art. 14 RL 2014/23/EU,** der sich wiederum an **Art. 30 Sektoren-RL** anlehnt. Der Normzweck von § 154 Nr. 6 folgt ebenso wie derjenige von § 154 Nr. 5 aus dem Umstand, dass Konzessionsgeber als Wirtschaftsgruppe organisiert sein können, die aus getrennten Unternehmen besteht, von denen jedes Unternehmen eine spezielle Aufgabe innerhalb der Wirtschaftsgruppe innehat (Erwägungsgrund 38 S. 1 RL 2014/23/EU). Insoweit folgerichtig erachtet der europäische Gesetzgeber auch in solchen Fallgestaltungen eine Ausnahme als angezeigt, in denen eine Konzession von einem Konzessionsgeber an (oder durch) ein Gemeinschaftsunternehmen vergeben werden soll, das von mehreren Konzessionsgebern gebildet wurde, um die von der Konzessionsrichtlinie erfassten Tätigkeiten durchzuführen und dem der jeweilige Konzessionsgeber angehört.[121] In den Worten des Erwägungsgrundes 38 S. 2 RL 2014/23/EU sollten „bestimmte Dienstleistungs- und Baukonzessionen ausgeschlossen werden, die ein Auftraggeber an ein Gemeinschaftsunternehmen vergibt, das von mehreren Auftraggebern gebildet wird, um die von dieser Richtlinie erfassten Tätigkeiten durchzuführen, und dem dieser Auftraggeber angehört".

52 Normadressaten des § 154 Nr. 6 sind **Konzessionsgeber iSd § 101 Abs. 1 Nr. 2 und 3** (zu § 154 Nr. 5 → Rn. 48 ff.). Gemeinschaftsunternehmen sind solche, die von mehreren Sektorenkonzessionsgebern gebildet werden.[122] § 154 Nr. 6 erfasst sowohl die Vergabe einer Konzession durch den Sektorenauftraggeber an das Gemeinschaftsunternehmen (Alt. 1) als auch die Vergabe einer Konzession durch das Gemeinschaftsunternehmen an den Konzessionsgeber (Alt. 2). **§ 139 Abs. 2** enthält die Voraussetzungen, die eine Ausnahme vom Vergabeverfahren rechtfertigen. Das Gemeinschaftsunternehmen muss gegründet worden sein, um die betreffende Sektorentätigkeit während eines Zeitraums von mindestens 3 Jahren durchzuführen (Nr. 1). Zudem muss in dem Gründungsakt des Gemeinschaftsunternehmens festgelegt sein, dass die das Gemeinschaftsunternehmen bildenden Sektorenauftraggeber dem Gemeinschaftsunternehmen mindestens während desselben Zeitraums angehören werden (Nr. 2).[123]

---

[117] Näher Beck VergabeR/*Germelmann* § 154 Nr. 5 Rn. 9 ff.
[118] Vgl. BT-Drs. 18/6281, 124.
[119] BT-Drs. 18/6281, 124.
[120] HK-VergabeR/*Schellenberg* § 139 Rn. 1: Annex.
[121] jurisPK-VergabeR Rn. 27.
[122] Ziekow/Völlink/*Siegel* Rn. 17.
[123] Immenga/Mestmäcker/*Kling* Rn. 34.

7. Ausnahme für Sektorentätigkeiten, die dem Wettbewerb unmittelbar ausgesetzt 53
sind (§ 154 Nr. 7). Anzuwenden ist im Konzessionsvergaberecht gem. § 154 Nr. 7 schließlich die **besondere Ausnahme des § 140** bezüglich der Vergabe von Konzessionen durch Konzessionsgeber iSd § 101 Abs. 1 Nr. 2 und 3 für unmittelbar dem Wettbewerb ausgesetzte Tätigkeiten, sofern die Märkte unbeschränkt zugänglich sind.[124] Konkret schließt § 140 die Anwendung des 4. Teils des GWB auf öffentliche Aufträge aus, die zum Zweck der Ausübung einer Sektorentätigkeit vergeben werden, wenn die Sektorentätigkeit unmittelbar dem Wettbewerb auf Märkten ausgesetzt ist, die keiner Zugangsbeschränkung unterliegen (§ 140 Abs. 1 S. 1). Dasselbe gilt für Wettbewerbe, die im Zusammenhang mit der Sektorentätigkeit ausgerichtet werden (§ 140 Abs. 1 S. 2).

Im Konzessionsvergaberecht dient § 154 Nr. 7 der Umsetzung von **Art. 16 RL 2014/23/EU**, 54 der seinerseits auf **Art. 34 und 35 Sektoren-RL** verweist.[125] Im deutschen Recht sind die speziellen Verfahrensvorschriften der Art. 34 und 35 Sektoren-RL zT in der **SektVO** normiert. Während § 140 die Ausnahmeregelung des Art. 34 Abs. 1 Sektoren-RL umsetzt, werden die Verfahrensvorschriften des Art. 35 Sektoren-RL durch § 3 SektVO umgesetzt.[126] Da die Feststellung, ob eine freigestellte Tätigkeit vorliegt, eine notwendige Voraussetzung für die Anwendbarkeit von § 140 ist, muss sich die Verweisung in § 154 Nr. 7 auch auf § 3 SektVO und die dort enthaltene Antragsbefugnis des Auftraggebers bzw. Konzessionsgebers erstrecken.[127] § 154 Nr. 7 adressiert – ebenso wie § 154 Nr. 5 und 6 – **Sektorenauftraggeber iSv § 101 Abs. 1 Nr. 2 und 3**, die eine Sektorentätigkeit iSv § 102 Abs. 2–6 ausüben und Konzessionen zum Zweck der Ausübung ihrer Tätigkeit vergeben (→ Rn. 48, 52). Die Feststellung, ob eine freigestellte Tätigkeit nach § 140 vorliegt, erfolgt gem. § 3 Abs. 1 SektVO auf Antrag durch die EU-Kommission.

---

[124] Ziekow/Völlink/*Siegel* Rn. 18.
[125] BeckOK VergabeR/*von Hoff* Rn. 11.
[126] BT-Drs. 18/7318, 210.
[127] Ebenso Ziekow/Völlink/*Siegel* Rn. 18; HK-VergabeR/*Friton/Stein* Rn. 19.

Kapitel 2. Nachprüfungsverfahren

Abschnitt 1. Nachprüfungsbehörden

§ 155 Grundsatz

Unbeschadet der Prüfungsmöglichkeiten von Aufsichtsbehörden unterliegt die Vergabe öffentlicher Aufträge und von Konzessionen der Nachprüfung durch die Vergabekammern.

Übersicht

	Rn.			Rn.
I. Normzweck	1	3.	Verfahrensgegenstand	24
II. Entstehungsgeschichte	3	4.	Anwendungsbereich des Kartellvergaberechts	25
III. Rechtscharakter der Vergabekammern und des Nachprüfungsverfahrens	13	IV.	Aufsichtsbehörden	38
1. Einrichtung der Vergabekammern	13	1.	Tätigkeit der Aufsichtsbehörden	38
2. Rechtscharakter des Nachprüfungsverfahrens	16	2.	Verhältnis der Zuständigkeitsbereiche von Aufsichtsbehörden und Vergabekammern	41

I. Normzweck

1 § 155 garantiert die **institutionelle Existenz der Vergabekammern**. Zusammen mit § 156 wird die Aufgabe der Vergabekammern und das Verhältnis zu den Prüfungsmöglichkeiten von Aufsichtsbehörden bestimmt. Insbesondere iVm § 156 Abs. 2 wird damit ein **eigenständiger ausschließlicher Rechtsweg**[1] unter Ausschluss der zivil- und verwaltungsgerichtlichen Zuständigkeit[2] für Rechte aus § 97 Abs. 6 und sonstige Ansprüche gegen öffentliche Auftraggeber auf Handlungen oder Unterlassungen in einem Vergabeverfahren begründet.

2 Etwaig in der Vergangenheit bestehende Unklarheiten hinsichtlich des Rechtsweges, hatten während des Reformprozesses 2009 durch die Vergabeverfahren der gesetzlichen Krankenkassen zur Beschaffung von Arzneimitteln im Wege sog. **Rabattverträge** Aktualität erlangt. Nachdem die Vergabekammer den Zuschlag versagt hatte, wandten sich die Krankenkassen dagegen an die Sozialgerichtsbarkeit und bestritten die Zuständigkeit der Vergabekammern. Die Sozialgerichtsbarkeit sah **§ 130a Abs. 9 SGB V** gegenüber den ehemaligen §§ 102 ff. (heute §§ 155 ff.) als die speziellere Norm an und hielt damit den Rechtsweg zu den Sozialgerichten für gegeben.[3] Dem widersprachen OLG Düsseldorf und abschließend der BGH,[4] wonach gegen eine Entscheidung einer Vergabekammer allein die sofortige Beschwerde zum zuständigen Oberlandesgericht gemäß den ehemaligen §§ 116 ff. (heute §§ 171 ff.) gegeben sei. Die Entscheidung des Bundesgerichtes im konkreten Einzelfall konnte der BGH dennoch nicht abändern, weil das Bundessozialgericht bereits seine Zuständigkeit bejaht hatte. Daran war der BGH aufgrund seiner Rechtsprechung zum negativen Kompetenzkonflikt[5] gebunden. Die nunmehr bestehende Fassung des 4. Teils des GWB trägt der **Besonderheit des Sozialbereichs** durch die **Privilegierung in § 130** Rechnung. Zweifel an der **Ausschließlichkeit des Rechtswegs** dürften damit ausgeräumt sein.

II. Entstehungsgeschichte

3 Nachdem das **Kapitel 1** des 4. Teils des GWB unter der Überschrift „Vergabeverfahren" die **Grundsätze der Vergabe öffentlicher Aufträge** einschließlich des Rechtsanspruchs auf Einhaltung der Vergabebestimmungen, die wesentlichen Begriffsdefinitionen und den Anwendungsbereich einschließlich der Ausnahmen regelt und die Bestimmungen für besondere Auftraggeber oder besondere Auftragsarten enthält, befasst sich **Kapitel 2** mit den **Regelungen über das Nachprüfungs-**

---

[1] BT-Drs. 13/9340, 17.
[2] OLG Düsseldorf Beschl. v. 18.12.2007 – Verg 44/07 mit Verweis auf *Kus* in KKP GWB § 102 Rn. 5.
[3] BSG Beschl. v. 22.4.2008 – B 1 SF 1/08 R, VergabeR 2008, 693.
[4] OLG Düsseldorf Urt. v. 16.4.2008 – Verg 57/07, IBRRS 2008, 4851 = VergabeR 2008, 686; BGH Beschl. v. 15.7.2008 – X ZB 17/08, NZBau 2008, 662 = Kurzdarstellung in Vergabe spezial 2008, 62.
[5] BGH Beschl. v. 7.5.1965 – Ib ARZ 207/64; BGHZ 44, 14 (15) = NJW 1965, 1596.

II. Entstehungsgeschichte

verfahren, untergliedert in die **Regelungen zu den Nachprüfungsbehörden (Abschnitt 1, §§ 155–159)**, das Verfahren vor den Vergabekammern (Abschnitt 2, §§ 160–170) und das Beschwerdeverfahren vor den Oberlandesgerichten (Abschnitt 3, §§ 171–179). Abschnitt 3 enthält neben den Regelungen über das Beschwerdeverfahren auch die Bestimmungen über eine rechtsmissbräuchliche Inanspruchnahme des Rechtsschutzes (§ 180), über den Anspruch auf Ersatz des Vertrauensschadens (§ 181) und über die Kosten des Verfahrens vor der Vergabekammer (§ 182), über den Korrekturmechanismus der Kommission (§ 183) und die Unterrichtungspflichten der Nachprüfungsinstanzen (§ 184).

Die Regelungen tragen den Anforderungen der Rechtsmittelrichtlinien Rechnung. Die **Richtlinien 89/665/EWG und 92/13/EWG (für den Sektorenbereich)**, beide geändert durch Art. 2 **RL 2007/66/EG** des Europäischen Parlaments und des Rates, in der Fassung vom 11.12.2007, veröffentlicht im ABl. 2007 L 335, 31, verlangen beide in **Art. 2 Abs. 1 RL 89/665/EWG, Art. 2 Abs. 1 RL 92/13/EWG**, dass die Nachprüfungsinstanzen mit der Befugnis ausgestattet sein müssen, die sie berechtigt, so schnell wie möglich durch den Erlass einstweiliger Maßnahmen den behaupteten Rechtsverstoß zu beseitigen oder weitere Schädigungen der betroffenen Interessen zu verhindern, dazu gehören Maßnahmen wie die Aussetzung des Verfahrens. Die Befugnis muss auch die **Anordnung der Aufhebung rechtswidriger Entscheidungen** einschließlich der **Streichung diskriminierender technischer, wirtschaftlicher oder finanzieller Spezifikationen** in den Verdingungsunterlagen oder in anderen die Ausschreibung betreffenden Unterlagen sowie die Entscheidung über **Schadensersatz** für die Geschädigten umfassen. Diese Befugnisse können mehreren Stellen übertragen werden, die für das Nachprüfungsverfahren unter verschiedenen Gesichtspunkten zuständig sind **(Art. 2 Abs. 2 RL 2007/66/EG)**.

Art. 2 Abs. 9 RL 2007/66/EG bestimmt zudem, dass dann, wenn eine Instanz befasst wird, die kein Gericht ist, sichergestellt werden muss, dass der Rechtsweg zu einer unabhängigen gerichtlichen Instanz gegeben ist. Weiter gelten gem. **Art. 2 Abs. 9 RL 2007/66/EG** für die **Ernennung und das Ende der Amtszeit** der Mitglieder dieser unabhängigen Stelle, der **Dauer ihrer Amtszeit** und ihrer **Absetzbarkeit** sowie bezüglich der **für ihre Ernennung zuständigen Behörde** die gleichen Bedingungen wie für Richter.

Insbesondere der Forderung nach effektivem Rechtsschutz hatte die Bundesrepublik erst sehr zögerlich Rechnung getragen. In der zunächst vorgesehenen haushaltsrechtlichen Lösung waren Vergabekammern nicht vorgesehen, in seiner ersten Fassung war das Vergaberechtsänderungsgesetz, das als 4. Teil in das GWB aufgenommen wurde, so gestaltet, dass bei regulärem Ablauf der einzelnen Phasen des Vergabeverfahrens Rechtsschutz vor Vertragsschluss kaum möglich war. Erst nach Einführung des § 13 VgV, der mit der Reform 2009 durch **§ 101a und § 101b** ersetzt wurde, deren Inhalt sich in der aktuellen Fassung **in §§ 134, 135** wiederfindet, war der geforderte effektive Rechtsschutz erreicht. **Die institutionelle Einrichtung der Vergabekammern** ist hingegen in ihrer ursprünglichen Fassung erhalten geblieben. Die Bestimmung genügte wegen der heute in § 157 Abs. 4 festgelegten **Unabhängigkeit der Mitglieder** und der in § 168 Abs. 1 enthaltenen **Offenheit ihres Entscheidungsrahmens** („trifft die geeigneten Maßnahmen") den Anforderungen der Richtlinie.

Mit dem am 24.4.2009 in Kraft getretenen Gesetz zur Modernisierung des Vergaberechts[6] wurde § 103 (§ 155 war zuvor § 102), der sich mit der Einrichtung und dem Befugnisrahmen der **Vergabeprüfstellen** befasste, ersatzlos aufgehoben. Nach **§ 103 Abs. 3** konnte gegen eine Entscheidung der Vergabeprüfstellen nur die Vergabekammer angerufen werden, wohingegen die Anrufung der Vergabekammer keine vorherige Prüfung durch die Vergabeprüfstelle voraussetzte. Damit kam durch die Anrufung einer Vergabeprüfstelle ein zusätzlicher Verfahrensschritt in das ausdrücklich auf Beschleunigung angelegte Verfahren. Da dieser Schritt nicht zwingend war, war es nach der Interessenlage aller Beteiligten bei Vergaben oberhalb der Schwellenwerte nur folgerichtig, ihn einfach wegzulassen. Die Möglichkeit, dennoch **Vergabeprüfstellen** einzurichten, sollte damit nicht beschnitten werden.[7] Da sie auch ohne Antrag **vergleichbar einer Rechts- oder Fachaufsicht** tätig werden können, haben einige Bundesländer an deren Bestand festgehalten.[8] Ihre Tätigkeit dürfte jedoch ihren **Schwerpunkt in Vergabeverfahren mit Auftragswerten unterhalb der Schwellenwerte** haben.

Durch das **Vergaberechtsmodernisierungsgesetz (VergRModG)** vom 17.2.2016[9] wurde sodann insbesondere Teil 4 des GWB überarbeitet. Es umfasste nun erstmals die wesentlichen Vorgaben zur Vergabe von öffentlichen Aufträgen und von Konzessionen oberhalb der maßgeblichen EU-

---

[6] BT-Drs. 16/10117; BGBl. 2009 I 790.
[7] Gesetzesbegründung zur Änderung 2009, Teil B Art. 1 zu Nr. 103.
[8] Bremen, Rheinland-Pfalz, Schleswig-Holstein, außerdem verschiedene Bundesministerien und Bundesbehörden.
[9] BT-Drs. 18/6281; BGBl. 2016 I 203.

Schwellenwerte. Infolgedessen wurde in § 155 aufgenommen, dass sich die Nachprüfmöglichkeiten nunmehr auch auf die **Vergabe von Konzessionen** beziehen. Bis dahin unterfielen reine Dienstleistungskonzessionen nicht dem Vergaberecht. Für die Überprüfung der Vergabe einer Dienstleistungskonzession waren die ordentlichen Gerichte zuständig, wenn die Vergabe durch privatrechtlichen Vertrag erfolgte. Erfolgte die Vergabe hingegen in den Formen des öffentlichen Rechts, waren die Verwaltungsgerichte zuständig.[10] Etwas anderes galt lediglich dann, wenn ein Anspruch darauf gestützt wurde, dass die streitige Beschaffung im Wege einer Dienstleistungskonzession gesetzwidrig sei und nur im Wege eines öffentlichen Auftrags hätte erfolgen dürfen.[11]

9 Soweit sich die Nachprüfmöglichkeiten nunmehr auch auf die Vergabe von Konzessionen beziehen, sind diesbezüglich wiederum die **Ausnahmen im Falle des § 149** zu beachten. So ist beispielsweise nach § 149 Nr. 8 der Teil 4 des GWB, dh die §§ 97–184, nicht anzuwenden, soweit es sich um Konzessionen handelt, die hauptsächlich dazu dienen, dem Konzessionsgeber iSd § 101 Abs. 1 Nr. 1 die Bereitstellung oder den **Betrieb öffentlicher Kommunikationsnetze** oder die **Bereitstellung** eines oder mehrerer **elektronischer Kommunikationsdienste für die Öffentlichkeit** zu ermöglichen.[12]

10 Auch auf Dienstleistungskonzessionen im Bereich der **Trinkwasserversorgung** ist gem. § 149 Abs. 9 der 4. Teil des GWB nicht anzuwenden. § 149 Nr. 9 enthält für verschiedene Tätigkeiten im Bereich der Wasserwirtschaft Ausnahmen von den Vergabevorschriften. Die Ausnahme umfasst die Bereitstellung und das Betreiben von festen Netzen, welche in Zusammenhang mit der Trinkwassergewinnung, -verteilung und -einspeisung stehen (§ 149 Nr. 9 lit. a). Durch diese Ausnahme vom Vergaberecht wird die Vorgabe des Art. 12 RL 2014/23/EU inhaltsgleich umgesetzt.[13] Dennoch gelten auch bei der Vergabe von Konzessionen für die Versorgung mit Wasser die aus dem Diskriminierungsverbot und dem Transparenzgrundsatz folgenden Anforderungen an den Verfahrensablauf. Besteht an der zu vergebenden Wasserkonzession ein grenzüberschreitendes Interesse, gelten zusätzlich die primärrechtlichen Grundsätze des AEUV.[14]

11 Der Rechtsweg zu den Vergabenachprüfungsinstanzen kann auch aus einer direkten oder auch entsprechenden[15] Anwendung von **§ 8a Abs. 2 S. 1, Abs. 7 S. 1 PBefG** folgen. Nach § 8a Abs. 2 PBefG gilt der 4. Teil des GWB, wenn **öffentliche Dienstleistungsaufträge im Sinne der Verordnung (EG) 1370/2007** (= ÖPNV/SPNV-VO) für den Verkehr mit Straßenbahnen, Bussen oder mit Kraftfahrzeugen zugleich öffentliche Aufträge iSd § 103 sind. § 8a Abs. 7 PBefG der Regelung sieht vor, dass auch die Vergabe eines öffentlichen Dienstleistungsauftrags nach Art. 5 Abs. 2–5 ÖPNV/SPNV-VO der Nachprüfung durch die Vergabenachprüfungsinstanzen unterliegt.

12 Nach Auffassung des OLG Düsseldorf[16] gilt diese Rechtswegzuweisung auch dann, wenn der öffentliche Auftraggeber zwar die Absicht einer Direktvergabe nach Art. 5 Abs. 2 ÖPNV/SPNV-VO bekanntgegeben hat, tatsächlich aber die Regeln über ein sog. Inhouse-Geschäft anwendbar sind. Zwar sind die durch das Vergaberechtsmodernisierungsgesetz in das GWB eingeführten Voraussetzungen eines sog. Inhouse-Geschäfts in § 108 als Bereichsausnahme formuliert, mit der Folge, dass bei deren Vorliegen der 4. Teil des GWB keine Anwendung findet. Dies bedeutet aber nicht, dass eine Überprüfung durch die Vergabenachprüfungsinstanzen ausscheidet, sondern vielmehr sind in einem solchen Fall die Voraussetzungen einer Inhouse-Vergabe bzw. des § 108 im Rahmen der Begründetheit zu prüfen.

III. Rechtscharakter der Vergabekammern und des Nachprüfungsverfahrens

13 **1. Einrichtung der Vergabekammern.** Durch die Rechtsmittelrichtlinie waren der Bund und die Länder verpflichtet, unabhängige Einrichtungen zur Nachprüfung von Vergabeverfahren zu schaffen. Die Anforderungen der Richtlinie legten eine gerichtsförmige Organisation nahe, sodass man auch an die Einrichtung spezieller Kammern bei den Gerichten hätte denken können. Die Bundesrepublik entschied sich jedoch für eine erste Instanz in der Verwaltung, deren Entscheidungen

---

[10] BGH Urt. v. 23.1.2012 – X ZB 5/11, VergabeR 2012, 440 = ZfBR 2012, 276 = NZBau 2012, 248.
[11] BGH Beschl. v. 18.6.2012 – X ZB 9/11, NZBau 2012, 586 = VergabeR 2012, 839 = ZfBR 2012, 721.
[12] OLG Dresden Beschl. v. 21.8.2019 – Verg 5/19, VergabeR 2020, 59; VK Mecklenburg-Vorpommern Beschl. v. 13.12.2018 – 3 VK 9/18, BeckRS 2018, 35904; VK Westfalen Beschl. v. 25.1.2018 – VK 1-43/17, VPR 2018, 101.
[13] VK Sachsen Beschl. v. 12.4.2017 – 1/SVK/003-17.
[14] OLG Düsseldorf Beschl. v. 21.3.2018 – 2 U (Kart) 6/16, VPR 2018, 189.
[15] OLG Düsseldorf Beschl. v. 19.2.2020 – Verg 27/17; OLG Düsseldorf Beschl. v. 18.12.2019 – Verg 16/16; OLG Frankfurt a. M. Beschl. v. 30.1.2014 – 11 Verg 15/13; s. auch BayObLG Beschl. v. 24.6.2021 – Verg 2/21 (Vorlage EuGH).
[16] OLG Düsseldorf Beschl. v. 19.2.2020 – Verg 27/17; OLG Düsseldorf Beschl. v. 19.12.2019 – Verg 16/16; OLG Frankfurt a. M. Beschl. v. 30.1.2014, 11 – Verg 15/13.

in der zweiten Instanz in die zivilgerichtliche Überprüfung gehen. Damit wurde einerseits der Verwaltungsnähe der betroffenen öffentlichen Auftraggeber und andererseits dem typisch zivilrechlichen Ziel des Verfahrens, zu einem vertraglichen Austauschverhältnis ohne Über- und Unterordnungsverhältnis wie bei hoheitlichem Handeln zu kommen, Rechnung getragen. Die Anbindung der Vergabekammern erfolgte in den Ländern und beim Bund unterschiedlich.

Eingerichtet sind 14
- die Bundeskammern beim Bundeskartellamt,
- die Vergabekammern der Länder Berlin, Brandenburg, Bremen, Hamburg, Mecklenburg-Vorpommern, Niedersachsen, Rheinland-Pfalz, Saarland und Schleswig-Holstein auf der Ebene der Ministerien oder Senatsverwaltungen,
- die Vergabekammern der Länder Baden-Württemberg, Bayern, Hessen, Nordrhein-Westfalen, Sachsen sowie zwei der drei Kammern in Sachsen-Anhalt bei den Mittelbehörden,
- Thüringen hat die Vergabekammer bei der Landesoberbehörde (Landesverwaltungsamt) eingerichtet.[17]

Eine regelmäßig aktualisierte Übersicht über die Adressen und Kontaktdaten aller Vergabekammern, 15 sowie weiterführende Links hierzu, stellt das Bundeskartellamt auf seiner Homepage zur Verfügung.[18]

2. Rechtscharakter des Nachprüfungsverfahrens. In einer Grundsatzentscheidung hat der 16 BGH[19] geurteilt, dass das Nachprüfungsverfahren vor der Vergabekammer, auch wenn es den Rechtsschutz in einem gerichtsähnlichen Verfahren gewährleisten soll, dennoch einem gerichtlichen Verfahren nicht gleichzusetzen ist. Ob sie auch Teil der **„rechtsprechenden Gewalt"** sind, ist sehr fraglich und damit ebenso ihre verfassungsrechtliche Lage.[20]

Auch wenn die Vergabekammer ihre Tätigkeit unabhängig und in eigener Verantwortung 17 ausübt, handelt es sich bei ihr organisatorisch um eine **Einrichtung innerhalb der Verwaltung.** Das Verfahren vor der Vergabekammer zielt nicht auf die bloße Überprüfung eines abgeschlossenen Vergabeverfahrens auf seine Rechtmäßigkeit, sondern auf den **Erlass eines Verwaltungsakts** in dem noch laufenden Vergabeverfahren. Im Ergebnis erlassen also die Vergabekammern in grundsätzlich kontradiktorisch ausgetragenen Verfahren **streitentscheidende Verwaltungsakte,** die funktional gerichtlichen Entscheidungen entsprechen und auch wie solche vor einem Rechtsmittelgericht anzufechten sind.[21] Die Vergabekammern sind an die gestellten Anträge nicht gebunden und können auch unabhängig davon auf die Rechtmäßigkeit des Vergabeverfahrens einwirken. Trotz seiner gerichtsähnlichen Ausgestaltung handelt es sich also nach Auffassung des BGH bei dem Verfahren vor der Vergabekammer um ein **Verwaltungsverfahren.**[22]

Angesichts des nach § 163 Abs. 1 geltenden Untersuchungsgrundsatzes ist das Verfahren vor 18 der Vergabekammer zudem weit eher dem **verwaltungsgerichtlichen Verfahren** als einem Zivilprozess vergleichbar.[23]

Dass eine Vergabekammer kein Gericht iSv Art 92 GG iVm § 17a Abs. 2 S 1 GVG ist, steht 19 nach gefestigter, höchstrichterlicher Rechtsprechung einer direkten **Verweisung** eines Rechtsstreits von einem Gericht an die Vergabekammer entgegen.[24] Aus gleichen Gründen ist auch eine **Verweisung** eines Rechtsstreits von einer Vergabekammer an ein Gericht unzulässig,[25] weil anderenfalls eine Verwaltungsbehörde über die Zuständigkeit (irgend-)eines Gerichtes entscheiden könnte.[26] Wegen ihrer rechtlichen Konstruktion als **Teil der Verwaltung** ist eine Vergabekammer zudem nicht berechtigt, über die Verfassungswidrigkeit einer Norm zu befinden, da sie gegenüber Parla-

---

[17] Übersicht mit Zuständigkeitsverordnungen der Länder in VgR Vergaberecht, Beck-Texte in dtv Nr. 5595, 23. Aufl. 2020.
[18] https://www.bundeskartellamt.de/DE/UeberUns/LinksundAdressen/Vergabekammern_der_L%C3%A4nder/Vergabekammern_artikel.html (zuletzt abgerufen am 30.11.2020).
[19] BGH Beschl. v. 10.12.2019 – XIII 119/19, NZBau 2020, 313; BGH Beschl. v. 9.12.2003 – X ZB 14/03, NZBau 2004, 285 = VergabeR 2004, 414.
[20] Burgi NZ Bau 2020, 3 (lesenswert!).
[21] BGH Beschl. v. 25.10.2011 – X ZB 5/10, NZBau 2012, 186.
[22] BGH Beschl. v. 9.12.2003 – X ZB 14/03, NZBau 2004, 285 = VergabeR 2004, 414.
[23] BGH Beschl. v. 9.2.2004 – X ZB 44/03, NZBau 2004, 229 = VergabeR 2004, 201 = ZfBR 2004, 399.
[24] BSG Beschl. v. 6.3.2019 – B 3 SF 1/18 R, NZBau 2019, 386; BGH Beschl. v. 25.10.2011 – X ZB 5/10; BSG Beschl. v. 22.4.2008 – B 1 SF 1/08 R, NZBau 2008, 527 = VergabeR 2008, 693 = ZfBR 2008, 617; OVG Lüneburg Beschl. v. 12.6.2019 – 13 ME 164/19, NVwZ-RR 2019, 931; VGH Bayern Beschl. v. 26.4.2019 – 12 C 19.621, NVwZ-RR 2020, 256; OVG Bautzen Beschl. v. 9.2.2016 – 5 B 315/15, BeckRS 2016,47601.
[25] BGH Beschl. v. 10.12.2019 – XIII 119/19, NZBau 2020, 313; OLG Dresden Beschl. v. 21.8.2019 – Verg 5/19, VPRRS 2020, 67; BSG Beschl. v. 22.4.2008 – B 1 SF, 1/08 R, NJW 2008, 3238 = NZBau 2008,527.
[26] Burgi NZBau 2020, 3 (7).

GWB § 155 20–26 Grundsatz

mentsgesetzen weder eine **Normverwerfungskompetenz** noch die **Befugnis zur Richtervorlage** nach Art. 100 Abs. 1 GG hat.[27]

20 Allerdings steht nach einer Grundsatzentscheidung des **EuGH** dahingegen ebenso fest, dass Vergabekammern als **„Gericht" iSv Art. 267 AEUV** zu qualifizieren sind und ihr **Vorabentscheidungsersuchen** mithin zulässig sind. Dies leitet der EuGH aus §§ 156 und 157 ab, aus denen hervorgeht, dass die Vergabekammern, die mit einer ausschließlichen Zuständigkeit für die erstinstanzliche Entscheidung über Rechtsstreitigkeiten zwischen Wirtschaftsteilnehmern und öffentlichen Auftraggebern ausgestattet sind, bei der Wahrnehmung dieser Zuständigkeit eine Reihe von Merkmalen erfüllen, wie beispielsweise deren ständigen Charakter und Einrichtung auf gesetzlicher Grundlage sowie insbesondere deren Unabhängigkeit.[28] Diese grundsätzliche Einstufung der Vergabekammern als Gericht iSv Art. 267 AEUV hat der EuGH bei einer Vorlage von der VK Südbayern nochmals explizit bestätigt[29] und nachfolgend nicht mehr in Frage gestellt.[30]

21 **Ein Aussetzungsbeschluss einer Vergabekammer** zur Klärung einer entscheidungserheblichen Rechtsfrage beim EuGH **kann daher nicht mit der sofortigen Beschwerde angegriffen werden**,[31] denn auch das erstinstanzliche Gericht muss seine Entscheidung unabhängig von einer Steuerung von außen, auch von der übergeordneten Instanz treffen können. Das ist nur dann möglich, wenn ein erstinstanzliches Gericht eine für entscheidungserheblich gehaltene Frage dem EuGH vorlegen kann, ohne dass dies von einer Prozesspartei durch die Anfechtung des Aussetzungsbeschlusses verhindert werden kann.

22 Die Vergabekammern sind in Besetzung (§ 157, Vorsitzende/r, hauptamtliche Beisitzende/r und ehrenamtlich Beisitzende/r) und Verfahrensvorgaben (§ 160 Tätigkeit nur auf Antrag, § 161 Formerfordernisse an den Antrag, § 163 Abs. 2 Übermittlung des Antrages an den Gegner, § 162 Beiladungen, § 165 Akteneinsichten, § 166 mündliche Verhandlung, kontradiktorisches Verfahren) weitgehend ihrer Beschwerdeinstanz angepasst. Der für die Vergabekammern normierte Untersuchungsgrundsatz in § 163 wurde mit § 175 Abs. 2 und der dort enthaltenen **Verweisung auf § 167 Abs. 2 S. 1** in das Beschwerdeverfahren übernommen, da Amtsermittlungen dem Zivilprozess grundsätzlich fremd sind. Insoweit wurde das Verfahren vor den Beschwerdegerichten dem Verfahren vor den Vergabekammern angepasst.

23 Die Verfahrensregelungen des GWB sind lex specialis zu den ansonsten geltenden Verfahrensbestimmungen, decken jedoch nicht den gesamten Ablauf eines Nachprüfungsverfahrens ab. Da die Vergabekammern gem. § 168 Abs. 3 durch Verwaltungsakt entscheiden und trotz aller Annäherung an unabhängige Gerichte Teil der Verwaltung sind, haben sie ergänzend die Verwaltungsverfahrensgesetze[32] und ggf. die Verwaltungsvollstreckungsgesetze[33] anzuwenden. Zur Anwendung können diese Regelungen kommen zB in Fragen der Befangenheit einzelner Kammermitglieder oder bei der Weigerung eines Auftraggebers, einer rechtskräftigen Entscheidung der Vergabekammer zu folgen. Da die Verwaltungsverfahrensgesetze auf die Verwaltungsgerichtsordnung und diese wiederum in vielen Punkten auf die Zivilprozessordnung verweisen, sind die Verfahren jedoch so weit angeglichen, dass sich aus der Bindung an unterschiedliche Verfahrensrechte in der Praxis keine Probleme ergeben.

24 **3. Verfahrensgegenstand.** Voraussetzung der Zuständigkeit der Vergabekammern ist zum einen, dass in persönlicher und sachlicher Hinsicht der Anwendungsbereich des Kartellvergaberechts eröffnet ist. Zudem bedarf es eines noch laufenden, dh noch nicht abgeschlossenen Vergabeverfahrens im materiellen Sinn.

25 **4. Anwendungsbereich des Kartellvergaberechts.** Zunächst muss also der **persönliche Anwendungsbereich** des Vergaberechts eröffnet sein. Erforderlich dafür ist, dass ein Beschaffungsvorgang eines **öffentlichen Auftraggebers iSd § 98** vorliegt.

26 Der **sachliche Anwendungsbereich** des Vergaberechts ist eröffnet, soweit ein öffentlicher Auftraggeber iSd § 98 beabsichtigt, einen **Auftrag** oder eine **Konzession** zu vergeben oder einen **Wettbewerb iSd § 103 Abs. 6 auszurichten,** der (resp. die) gem. § 106 dem Anwendungsbereich

---

[27] VK Südbayern Beschl. v. 15.10.2015 – Z3-3-3194-1-36-05/15; VK Detmold Beschl. v. 6.8.2013 – VK.2-07/13.
[28] EuGH Urt. v. 18.9.2014 – C-549/13, NZBau 2014, 647 = VergabeR 2015, 28 ff. zu VK Arnsberg; EuGH Urt. v. 27.10.2016 – C-292/15, NZBau 2017, 48 = ZfBR 2017, 102 = VergabeR 2017, 152 (156) zu VK Südbayern; zu den grundsätzlichen Anforderungen an ein Gericht nach Art. 267 AEUV EuGH Urt. v. 6.10.2015 – C-203/14, NZBau 2015, 784-787 = VergabeR 2016, 214 (217) – Districts Maresme; EuGH Urt. v. 24.5.2016 – C-396/14, NZBau 2016, 506-508 = VergabeR 2016, 590 (593) – Højgaard/Züblin.
[29] EuGH Urt. v. 24.10.2018 – C-124/17, NZBau 2018, 768 = ZfBR 2019, 284.
[30] EuGH Urt. v. 21.3.2019 – C-465/17, EuZW 2019, 427 = NZBau 2019, 314.
[31] OLG München Beschl. v. 18.10.2012 – Verg 13/12, NZBau 2013, 189 = VergabeR 2013, 514 ff.
[32] BGH Beschl. v. 9.12.2003 – X ZB 14/03, NZBau 2004, 285 = VergabeR 2004, 414 (416).
[33] OLG Düsseldorf Beschl. v. 29.12.2000 – Verg 31/00, NZBau 2001, 582 = VergabeR 2001, 62 (63).

des Vierten Teils des GWB unterfällt. Die Einordnung von § 155 in den 4. Teil des GWB zeigt, dass der Vergaberechtsweg nur eröffnet ist bei der Vergabe öffentlicher Aufträge, die den vorgesehenen Schwellenwert erreichen oder überschreiten (**§ 106**).[34] Die Nachprüfung soll ermöglichen, in ein laufendes Vergabeverfahren einzugreifen und durch geeignete Maßnahmen die Rechtmäßigkeit wieder herzustellen (**§ 168 Abs. 1**).

Mit dem Begriff der „*Vergabe*" ist dabei nicht lediglich die Durchführung eines förmlichen Vergabeverfahrens gemeint, sondern es ist von einem weiten, materiellen Verständnis des Vergabeverfahrens auszugehen.[35]

Das Vergabeverfahren muss im Zeitpunkt der Antragstellung **schon begonnen haben** und darf **noch nicht abgeschlossen** sein.[36]

Der **Beginn eines Vergabeverfahrens** ist im GWB nicht legaldefiniert. Er bedarf daher seiner Bestimmung durch Auslegung. Der **Beginn eines Vergabeverfahrens** setzt zunächst nicht voraus, dass schon eine Bekanntmachung erfolgt ist. Dafür, dass ein Vergabeverfahren im materiellen Sinne begonnen hat, müssen zwei Elemente kumulativ vorliegen. Der öffentliche Auftraggeber muss sich einerseits verbindlich intern entschlossen haben, einen (gegenwärtigen oder zukünftigen) Bedarf nicht durch Eigenleistung, sondern durch Beschaffen von Lieferungen und Leistungen als Nachfrager am Markt zu decken. Andererseits muss der Auftraggeber darüber hinaus zweckbestimmt äußerlich wahrnehmbar Anstalten getroffen haben, den Auftragnehmer mit dem Ziel eines Vertragsschlusses auszuwählen.[37] Der Auftraggeber muss über das Stadium bloßer Vorstudien des Marktes (Markterkundung) oder sonstiger rein vorbereitenden Handlungen hinausgelangt sein. Die reine Erstellung von Machbarkeitsstudien, vergleichenden Wirtschaftlichkeitsberechnungen oder Kostenschätzungen oder interne Beratungen einschließlich der Erstbefassung der späteren Entscheidungsgremien reichen nicht aus.[38] Ebenso genügen Ankündigungen oder Absichtserklärungen des Auftraggebers nicht.[39]

Eine formlose und das Vergaberecht völlig ignorierende Direktvergabe (**de-facto-Vergabe**) kann daher nur unter den Bedingungen und Fristen der **§§ 134, 135** wirksam werden und unterliegt für die Dauer der schwebenden Unwirksamkeit uneingeschränkt der Nachprüfung.[40] Ein interessierter Marktteilnehmer kann sich dabei schon im Vorfeld des Vertragsschlusses gegen eine bevorstehende de-facto-Vergabe wehren und muss sich nicht darauf verweisen lassen, den Vertragsschluss abzuwarten und gegen diesen gem. § 135 vorzugehen.[41] Voraussetzung für eine Nachprüfung in einem solchen Fall ist allerdings, dass ein konkreter, nicht nur künftiger Beschaffungsvorgang vorliegt.[42]

Vorbeugender Rechtsschutz gegen vermutete Vergaberechtsverstöße in einem künftigen Vergabeverfahren wird hingegen nicht gewährt.[43] So ist beispielsweise ein Vorgehen gegen einen **generellen Ausschluss von Vergabeverfahren (Vergabesperre)**[44] außerhalb eines konkreten Vergabeverfahrens weder für Vergabeverfahren im Anwendungsbereich der §§ 97 ff., also ab Erreichen oder Überschreiten der Schwellenwerte des § 106, noch unterhalb dieser Schwellenwerte spezialgesetzlich normiert.[45] Der Gesetzgeber hat weder allgemein geregelt, unter welchen Voraussetzungen eine Vergabesperre verhängt werden kann,[46] noch, unter welchen Voraussetzungen gegen eine solche Vergabe-

---

[34] OLG Düsseldorf Beschl. v. 11.7.2018 – Verg 1/18; NZBau 2018, 628 = ZfBR 2019, 289; zum Rechtsschutz unterhalb der Schwellenwerte → § 100 Rn. 5, 6; → Vor § 97 Rn. 279 f.
[35] BGH Beschl. v. 1.2.2005 – X ZB 27/04, NZBau 2005, 290 = VergabeR 2010, 799; ebenso BGHZ 149, 165 (173) = GRUR 2002, 238 und OLG Düsseldorf Beschl. v. 19.7.2006 – VII-Verg 26/06 = IBR 2007, 149 (red. Leitsatz), OLG Düsseldorf Beschl. v. 20.6.2001 – Verg 3/01, NZBau 2001, 696 = IBR 2002, 98.
[36] OLG Düsseldorf Beschl. v. 19.7.2006 – Verg –26/06, IBR 2007, 149.
[37] OLG Düsseldorf Beschl. v. 17.12.2014 – VII-Verg –26/14 = VergabeR 2015, 242 = ZfBR 2015, 505; OLG Celle Beschl. v. 30.10.2014 – 13 Verg 8/14, VergabeR 2015, 244 = NZBau 2014, 780.
[38] OLG München Beschl. v. 19.7.2012 – Verg 8/12, NZBau 2012, 658 = VergabeR 2012, 856; OLG Naumburg Beschl. v. 8.10.2009 – 1 Verg 9/09, ZfBR 2010, 312.
[39] OLG Koblenz v. 15.8.2014 – 1 Verg 7/14; VergabeR 2014, 829.
[40] OLG Celle Beschl. v. 30.10.2014 – 13 Verg 8/14, NZBau 2014, 780 = VergabeR 2015, 244 ff.; OLG Düsseldorf Beschl. v. 10.3.2014 – VII Verg 11/14, BeckRS 2014, 08972 = VergabeR 2014, 621.
[41] VK Thüringen Beschl. v. 28.10.2020 – 250–4003-4720/2020-E-009-SLF; OLG Karlsruhe Beschl. v. 16.11.2016 – 15 Verg 5/16, VergabeR 2017, 165; VK Sachsen Beschl. v. 27.4.2015 – 1/SVK/012-15.
[42] BGH Beschl. v. 1.2.2005 – X ZB 27/04, NZBau 2005, 290 = VergabeR 2005, 328.
[43] OLG Koblenz Beschl. v. 15.8.2014 – 1 Verg 7/14, MDR 2014, 1337 = ZfBR 2014, 826; OLG Düsseldorf Beschl. v. 10.3.2014 – VII-Verg 11/14, VergabeR 2014, 621; VK Bund Beschl. v. 25.3.2020 – VK 1-12/20; VK Bund Beschl. v. 12.8.2016 – VK 1-42/15.
[44] S. zum Begriff: VK Lüneburg Beschl. v. 13.5.2016 – VgK-10/2016; OLG Köln Beschl. v. 17.4.2013 – 11 W 20/13, NZBau 2013, 600.
[45] *Wolters/Voss* VergabeR 2020, 884 ff.
[46] BGH Urt. v. 3.6.2020 – XIII ZR 22/19, NZBau 2020, 609 mit Verweis auf die Begründung zu § 126 GWB-E im Gesetzentwurf der Bundesregierung für ein Vergaberechtsmodernisierungsgesetz, BT-Drucks. 18/6281, 111.

sperre vorgegangen werden kann. Aus dem Fehlen solcher Regelungen kann aber nicht geschlossen werden, dass das Vergaberecht Rechtsschutz gegen eine Vergabesperre außerhalb eines Vergabeverfahrens ausschließen will. Denn jedenfalls kann ein Unternehmen, das aufgrund einer Vergabesperre von zukünftigen Vergabeverfahren ausgeschlossen wird, einen Unterlassungsanspruch nach § 1004 Abs. 1 S. 2 BGB analog iVm § 823 Abs. 1 BGB **(vor den Zivilgerichten)** geltend machen,[47] da ein rechtswidriger Eingriff in den eingerichteten und ausgeübten Gewerbebetrieb des Klägers vorliegt und weitere Beeinträchtigungen zu befürchten sind.

32 Wird ein Unternehmen hingegen aufgrund einer Vergabesperre von einem **konkreten Vergabeverfahren** nach §§ 97 ff. ausgeschlossen, hat es die Möglichkeit, den Ausschluss in einem Nachprüfungsverfahren nach §§ 155 ff. überprüfen zu lassen. Die im Nachprüfungsverfahren getroffene Entscheidung wirkt aber nur für das der Nachprüfung unterzogene Vergabeverfahren und nicht für alle folgenden Vergabeverfahren, die derselbe öffentliche Auftraggeber führt.[48]

33 Jedes auf den Abschluss eines Vertrages gerichtete Beschaffungsverhalten ist nachprüfbar, solange noch kein wirksamer Vertrag geschlossen wurde. Erst der im Hinblick auf **§§ 134 und 135** wirksam erfolgte Vertragsschluss wird durch **§ 168 Abs. 2 S. 1** geschützt.

34 Das **Ende eines Vergabeverfahrens** und damit auch das **Ende der Statthaftigkeit** eines Nachprüfungsverfahrens liegen regelmäßig in der Erteilung eines **wirksamen Zuschlags**.[49] Nach einer wirksamen Erteilung des Zuschlags kann ein Unternehmen nur noch Sekundäransprüche, wie beispielsweise Schadensersatz geltend machen,[50] zuständig hierfür sind die Zivilgerichte.

35 Hebt der Auftraggeber die Ausschreibung auf, ist der Akt der **Aufhebung** ebenfalls überprüfbar und muss den gemeinschaftsrechtlichen Bestimmungen genügen.[51] Ein Bewerber kann dennoch, auch wenn ein öffentlicher Auftraggeber die Ausschreibung für einen öffentlichen Auftrag bereits aufgehoben hat, in zulässiger Weise die Vergabekammer anrufen und geltend machen, durch Nichtbeachtung der die Aufhebung der Ausschreibung betreffenden Vergabevorschrift in seinen Rechten nach § 97 Abs. 7 verletzt zu sein.[52] Die Erledigung des Vergabeverfahrens infolge der Aufhebung der Ausschreibung steht also der Durchführung eines Nachprüfungsverfahrens nicht entgegen (§ 168 Abs. 2 S. 2 Alt. 2). Denn anders als die Zuschlagserteilung wirkt die Aufhebung der Ausschreibung nicht als absolute Zäsur, die Primärrechtsschutz ausschließt.[53] Allerdings müssen Bieter die Aufhebung des Vergabeverfahrens, von engen Ausnahmen abgesehen, nicht nur dann hinnehmen, wenn sie von einem der in den einschlägigen Bestimmungen der Vergabeverordnungen oder Vertragsordnungen aufgeführten Gründe gedeckt und deshalb von vornherein rechtmäßig ist. Aus den Bestimmungen der Vergabeverordnungen oder Vertragsordnungen folgt nicht im Gegenschluss, dass ein öffentlicher Auftraggeber gezwungen wäre, ein Vergabeverfahren mit der Zuschlagserteilung abzuschließen, wenn keiner der zur Aufhebung berechtigenden Tatbestände erfüllt ist.[54] Vielmehr bleibt es der Vergabestelle grundsätzlich unbenommen, von einem Beschaffungsvorhaben auch dann Abstand zu nehmen, wenn dafür kein in diesen anerkannter Aufhebungsgrund vorliegt. Dies folgt daraus, dass die Bieter zwar einen Anspruch darauf haben, dass der Auftraggeber die Bestimmungen über das Vergabeverfahren einhält (§ 97 Abs. 7), aber nicht darauf, dass er den Auftrag auch erteilt und demgemäß die Vergabestelle das Vergabeverfahren mit der Erteilung des Zuschlags abschließt.

36 Während eine von den Vergabe- und Vertragsordnungen gedeckte und somit rechtmäßige Aufhebung zur Folge hat, dass die Aufhebung keine Schadensersatzansprüche wegen eines fehlerhaften Vergabeverfahrens begründet, kann der Bieter im Falle einer nicht unter die einschlägigen Tatbestände fallenden Aufhebung die Feststellung beantragen, dass er durch das Verfahren in seinen Rechten verletzt ist.

37 Auch ein unter Berufung auf **§ 134 Abs. 2** wegen **Dringlichkeit** direkt geschlossener Vertrag beendet das Vergabeverfahren nicht automatisch. Er ist solange schwebend unwirksam und daher

---

[47] BGH Urt. v. 3.6.2020 – XIII ZR 22/19, NZBau 2020, 609; so auch schon KG Urt. v. 8.12.2011 – 2 U 11/11, NZBau 2012, 389 = VergabeR 2012, 208; KG Urt. v. 17.1.2011 – 2 U 4/06 Kart, NZBau 2012, 56.
[48] BGH Urt. v. 3.6.2020 – XIII ZR 22/19, NZBau 2020, 609.
[49] BGH Urt. v. 19.12.2000 – X ZB 14/00, NZBau 2001, 151 = VergabeR 2001, 71 = ZfBR 2001, 258; OLG Düsseldorf Beschl. v. 19.4.2017 – Verg 38/16, ZfBR 2017, 727.
[50] OLG Naumburg Beschl. v. 29.10.2009 – 1 Verg 5/09.
[51] EuGH Urt. v. 18.6.2002 – C-92/00, Slg. 2002, I-5553 = NZBau 2002, 458 = VergabeR 2002, 361.
[52] BGH Beschl. v. 18.2.2003 – X ZB 43/02, NZBau 2003, 293 = VergabeR 2003, 313 = ZfBR 2003, 40.
[53] OLG Düsseldorf Beschl. v. 26.6.2013 – VII-Verg 2/13; BGH Beschl. v. 18.2.2003 – X ZB 43/02; EuGH Urt. v. 18.6.2001 – C-92/00, Slg. 2002, I-5553 = NZBau 2002, 458 = VergabeR 2002, 361 – Stadt Wien; VK Bund Beschl. v. 23.1.2017 – VK 2-143/16.
[54] BGH Beschl. v. 20.3.2014 – X ZB 18/13, NZBau 2014, 310 = VergabeR 2014, 538; BGH Urt. v. 5.11.2002 – X ZR 232/00, VergabeR 2003, 163.

IV. Aufsichtsbehörden

nachprüfbar, bis die Fristen, in denen nach § 135 Abs. 2 ein Nachprüfungsantrag gestellt werden könnte, verstrichen sind, da auch die Berufung auf Dringlichkeit der Nachprüfung unterliegt.[55]

IV. Aufsichtsbehörden

1. Tätigkeit der Aufsichtsbehörden. Die Regelung berücksichtigt, dass Aufsichtsbehörden einen eigenen gesetzlichen Auftrag haben, dessen Ausübung keiner Initiative von außen, also keines Antrages oder keiner Anzeige eines Unternehmens bedarf, das Verstöße gegen Vergaberechtsbestimmungen geltend macht. Vielmehr kann und muss eine Aufsichtsbehörde in Erfüllung ihrer Aufgabe auch ohne Anstoß tätig werden und in ein Vergabeverfahren eingreifen, wenn ihr Rechtsverstöße bekannt werden. Ihre Tätigkeit umfasst **auch den Bereich der Vergaben unterhalb der Schwellenwerte.** Ob und in welchem Maße sie in die Vergabe eingreift, entscheidet sie nach dem **Opportunitätsprinzip.** Auf eine Anzeige hin muss eine Aufsichtsbehörde daher nicht zwingend tätig werden. Ein verwaltungsgerichtlich einklagbarer Anspruch auf rechtsaufsichtsbehördliches Einschreiten besteht somit regelmäßig nicht.[56] Etwas anderes kann allenfalls dann gelten, wenn ein Fall der Ermessensreduktion auf null vorliegt.

Wenn sie eingreift, obliegt ihr ein Beurteilungs- und Ermessensspielraum hinsichtlich der aufsichtlichen Maßnahmen.[57] Dabei können andere als vergaberechtliche Gesichtspunkte leitend sein. Entscheidungen der Aufsichtsbehörden wenden sich allerdings ausschließlich an den betroffenen öffentlichen Auftraggeber, eine **Bindungswirkung zugunsten eines Bieters besteht nicht,** auch dann nicht, wenn das aufsichtsrechtliche Verfahren wegen einer Beanstandung eines Bieters eingeleitet worden ist.[58]

Hinzu kommt, dass die aufsichtliche Prüfung von Vergabeverfahren häufig im Rahmen der **Prüfung der Verwendungsnachweise von Fördermitteln** erfolgt.[59] Zum Zeitpunkt dieser Prüfung sind das Vergabeverfahren und häufig auch die Vertragsabwicklung schon beendet, sodass die Rechtmäßigkeit des Verfahrens nicht mehr hergestellt werden kann. Die Aufgabenstellung der Aufsichtsbehörden ist vorrangig nicht die Gewährung von Individualrechtsschutz. Sie haben vielmehr generell auf rechtmäßiges Handeln der beaufsichtigten Kommunen, Behörden oder Einrichtungen zu achten. **Bedeutung für den Individualrechtsschutz** erlangen die Aufsichtsbehörden mittelbar **unterhalb der Schwellenwerte.** Da es für die nationalen Vergabeverfahren keinen Primärrechtsschutz gibt und allenfalls Schadensersatzansprüche geltend gemacht werden können, kann die Tätigkeit einer Aufsichtsbehörde die einzige Chance bieten, ggf. vorhandene Rechtsverstöße auch während des laufenden Vergabeverfahrens zu beseitigen und so dem Antragsteller eine neue Chance auf den Zuschlag zu verschaffen.

2. Verhältnis der Zuständigkeitsbereiche von Aufsichtsbehörden und Vergabekammern. § 155 sieht die Prüfungsmöglichkeiten von Aufsichtsbehörden und die Nachprüfung durch die Vergabekammern in einem **konkurrenzlosen Nebeneinander.** Die Aufgabenbereiche der Aufsichtsbehörden und der Vergabekammern berühren sich nur in dem relativ kleinen Bereich der Vergaben, deren Auftragswerte oberhalb der Schwellenwerte liegen. Grundsätzlich aber ist eine **Aufsichtsbehörde** nicht gehindert, eine Aufsichtsanordnung in Bezug auf eine Ausschreibung, die auch Gegenstand eines Nachprüfungsverfahrens ist, zu erlassen. Sie muss jedoch alle Maßnahmen unterlassen, die zu einem Eingriff in den **Kernbereich der Entscheidungsbefugnisse** der Gerichte führen würden. Insbesondere darf die Aufsichtsbehörde nicht in schwebende Gerichtsverfahren eingreifen oder bereits ergangene Gerichtsentscheidungen ignorieren. Dies gilt jedenfalls, solange der für die Aufsichtsbehörde und der für das gerichtliche Verfahren geltende Prüfungsmaßstab identisch ist.[60]

Die weitaus größte Zahl der zu vergebenden Aufträge liegt unterhalb der Schwellenwerte und fällt damit ohnehin nicht in die Zuständigkeit der Vergabekammern. Zu dem sich **nur begrenzt überschneidenden Zuständigkeitsbereich** und der **unterschiedlichen Aufgabenstellung** von Aufsichtsbehörden und Vergabekammern kommt die **unterschiedliche Wirkung** der Handlungsmöglichkeiten. Für die aufsichtliche Tätigkeit gibt es keine Regelung wie § 169 Abs. 1. Das darin

---

[55] OLG Düsseldorf Beschl. v. 20.12.2019 – Verg. 18/19, ZfBR 2020, 699.
[56] Kopp/Schenke VwGO Anhang zu § 42 Rn. 81; BVerwG Beschl. v. 19.6.1972 – VII B 64.71.
[57] Zur Problematik: *Schabel* VergabeR 2012, 333 ff.
[58] BGH Urt. v. 28.10.2003 – X ZR 248/02, NZBau 2004, 166 = ZfBR 2004, 290.
[59] OVG Nordrhein-Westfalen Beschl. v. 15.8.2019 – 15 A 2792/18, VPR 2020, 84 = NVwZ-RR 2020, 333; VG Lüneburg Urt. v. 11.4.2018 – 5 A 330/15, NZBau 2018, 640 = ZfBR 2018, 727; VG Schleswig Urt. v. 13.12.2017 – 12 A 205/15, ZfBR 2018, 287.
[60] LSG Berlin-Brandenburg Beschl. v. 17.9.2018 – L 9 KR 76/18 KL ER mit Verweis auf BSG Urt. v. 21.3.2018 – B 6 KA 59/17 R, BSGE 125, 233 = MedR 2019, 330.

enthaltene gesetzliche Zuschlagsverbot führt unmittelbar zur Nichtigkeit von Verträgen, die unter Verstoß gegen dieses Verbot geschlossen wurden. Die Vergabekammer kann daher ein angegriffenes Vergabeverfahren wirksam anhalten und bis zur rechtskräftigen Entscheidung offenhalten.

43 Eine Aufsichtsbehörde kann zwar untersagen, dass ein Vertrag vor Abschluss ihrer Prüfungen geschlossen wird, ein dennoch weisungswidrig geschlossener Vertrag wäre aber nicht nichtig. Im Falle der Verwendung von **Fördermitteln** riskiert ein öffentlicher Auftraggeber allerdings die anteilige oder vollständige **Rückforderung** der Mittel, wenn später Verstöße gegen Vergaberecht festgestellt werden. Ein Unternehmen, das sich mit seinem Vorgehen gegen ein bestimmtes Vergabeverhalten die Chance auf den Auftrag erhalten will, ist – bei Auftragswerten über den Schwellenwerten – daher besser beraten, sich an die zuständige Vergabekammer zu wenden. Werden Aufsichtsbehörde und Vergabekammer nebeneinander tätig, hat sich bisher das **Risiko widersprüchlicher Prüfungsergebnisse** noch nicht realisiert. Die Vergabekammern unterliegen dem Beschleunigungsgebot (§ 167). Wegen der **Bindungswirkung der bestandskräftigen Entscheidungen der Vergabekammern oder der Oberlandesgerichte (§ 179 Abs. 1)** vergewissern sich Aufsichtsbehörden in der Praxis ganz überwiegend, ob in dem zu prüfenden Verfahren bereits ein Nachprüfungsverfahren anhängig war oder ist und warten ggf. das Ergebnis dieses Verfahrens ab.

§ 156 Vergabekammern

(1) Die Nachprüfung der Vergabe öffentlicher Aufträge und der Vergabe von Konzessionen nehmen die Vergabekammern des Bundes für die dem Bund zuzurechnenden öffentlichen Aufträge und Konzessionen, die Vergabekammern der Länder für die diesen zuzurechnenden öffentlichen Aufträge und Konzessionen wahr.

(2) Rechte aus § 97 Absatz 6 sowie sonstige Ansprüche gegen Auftraggeber, die auf die Vornahme oder das Unterlassen einer Handlung in einem Vergabeverfahren gerichtet sind, können nur vor den Vergabekammern und dem Beschwerdegericht geltend gemacht werden.

(3) Die Zuständigkeit der ordentlichen Gerichte für die Geltendmachung von Schadensersatzansprüchen und die Befugnisse der Kartellbehörden zur Verfolgung von Verstößen insbesondere gegen die §§ 19 und 20 bleiben unberührt.

Übersicht

	Rn.		Rn.
I. Normzweck	1	2. Sonstige Ansprüche gegen öffentliche Auftraggeber iSd § 156 Abs. 2	26
II. Entstehungsgeschichte	2		
III. Zuständigkeitsabgrenzung Bund und Länder (Abs. 1)	3	V. Zuständigkeit der ordentlichen Gerichte und der Kartellbehörden (Abs. 3)	33
IV. Ausschließlichkeit des Rechtsweges (Abs. 2)	9	1. Zuständigkeit der ordentlichen Gerichte	33
1. Rechte aus § 97 Abs. 6	17	2. Befugnisse der Kartellbehörden	38

I. Normzweck

1 § 156 Abs. 1 enthält eine erste Festlegung, wie die Zuständigkeiten der Vergabekammern des Bundes einerseits und die der Länder andererseits voneinander abzugrenzen sind. § 156 Abs. 2 normiert sodann, was überhaupt Gegenstand eines Nachprüfungsverfahrens sein kann, nämlich **Rechte aus § 97 Abs. 6** sowie **sonstige Ansprüche gegen Auftraggeber.** Zudem legt § 156 Abs. 2 zugleich die **ausschließliche Zuständigkeit** der Vergabekammern und -senate für diese Nachprüfungsverfahren fest. Eine Ausnahme von diesem **Ausschließlichkeitsgrundsatz** ergibt sich nur durch die „*unbeschadet*" bleibende Prüfungsmöglichkeit der Aufsichtsbehörden und der weiterhin bestehenden Möglichkeit, Vergabeprüfstellen einzurichten bzw. beizubehalten (→ § 155 Rn. 18, 38 ff.). § 156 Abs. 3 legt fest, dass Schadensersatzansprüche weiterhin vor den ordentlichen Gerichten geltend gemacht werden können. Der mit der Reform 2009 in § 156 Abs. 3 aufgenommene ausdrückliche Hinweis auf die §§ 19 und 20 soll klarstellen, dass sich trotz der in § 156 Abs. 2 normierten Ausschließlichkeit des Rechtsweges zu den Vergabekammern an der Befugnis der Kartellbehörden, gegen unzulässiges Verhalten marktstarker Unternehmen einzuschreiten, nichts geändert hat.

II. Entstehungsgeschichte

Durch das **Vergaberechtsmodernisierungsgesetz (VergRModG)** vom 17.2.2016[1] wurde der bisherige Teil 4 des GWB grundsätzlich überarbeitet und neu strukturiert. Es umfasste nun, neben Regelungen zum Anwendungsbereich und zum Rechtsschutz, erstmals die wesentlichen Vorgaben zur Vergabe von öffentlichen Aufträgen und von Konzessionen oberhalb der maßgeblichen EU-Schwellenwerte (zur Historie der § 155 ff. insgesamt → § 155 Rn. 4.). § 156 entspricht insoweit dem bis zum 17.4.2016 geltenden § 104. Eine Änderung gegenüber § 104 hat sich vor allem durch die Aufnahme der Konzessionen in den Wortlaut ergeben.

III. Zuständigkeitsabgrenzung Bund und Länder (Abs. 1)

§ 156 regelt die Zuständigkeit der Vergabekammern der Länder und des Bundes. Beide Arten von Vergabekammern stehen gleichberechtigt nebeneinander; sie bilden gemeinsam die erste Stufe des Nachprüfungsverfahrens in Kartellvergabesachen. Die damit aufgeworfene Frage nach der Abgrenzung ihrer Zuständigkeiten beantwortet der Gesetzgeber in § 156 Abs. 1.[2] Ergänzend hierzu ist § 159 zu berücksichtigen, in dem genauer definiert wird, welche Aufträge dem Bund oder den Ländern zuzurechnen sind.

Die Abgrenzung zwischen der Zuständigkeit der Vergabekammern des Bundes und der Länder erfolgt nach dem Prinzip der **Zurechenbarkeit**. Bei der »Zurechnung« handelt es sich um einen **unbestimmten Rechtsbegriff**, welcher im Wesentlichen durch § 159 konkretisiert wird. Wem ein Auftrag zuzurechnen ist, bestimmt sich danach, von welchem Auftraggeber das Vergabeverfahren initiiert wurde. Maßgeblich hierfür ist die objektive Rechtslage, nicht etwaig unzutreffende Angaben in der Bekanntmachung.[3] Die **Zuständigkeitsregelungen in § 156 stehen in keinem Exklusivitätsverhältnis,** es können vielmehr **kumulative Zuständigkeiten** bestehen.[4]

Anknüpfungspunkt für die Zurechenbarkeit ist der **öffentliche Auftraggeber, der Sektorenauftraggeber oder der Konzessionsgeber.** Die Zurechenbarkeit kann sich sowohl aus dem **Sitz** als auch aus der **Finanzierung** oder den **Einflussnahmemöglichkeiten,** zB durch Beherrschung oder Verwaltung, ergeben.[5] Eine detaillierte, an der Kategorisierung der öffentlichen Auftraggeber in § 99 ausgerichtete Regelung der Zurechenbarkeit wird in **§ 159 Abs. 1 und 2** vorgenommen (→ § 159 Rn. 6 ff., 38 ff.). Danach ist grundsätzlich die Vergabekammer zuständig, in deren Zuständigkeitsbereich der öffentliche Auftraggeber seinen Sitz hat, der den Auftrag vergibt oder finanziert. Bei Gebietskörperschaften bereitet die Zuordnung der vergebenen Aufträge keine Probleme, bei Anstalten und Körperschaften ergibt sich die Zuständigkeit der Vergabekammer ebenfalls aus deren Sitz, bei Zusammenschlüssen mehrerer öffentlicher Auftraggeber zu einer Einkaufsgemeinschaft in der Regel aus dem örtlichen Schwerpunkt der Beschaffung. Handelt es sich um einen Sektorenauftraggeber iSd § 100 Abs. 1 Nr. 1 iVm § 99 Nr. 2 oder einen Konzessionsgeber iSd § 101 Abs. 1 Nr. 1 iVm § 99 Nr. 2 richtet sich gem. § 159 Abs. 1 Nr. 3 die Zuständigkeit ebenfalls danach, wer auf diesen Auftraggeber einen **beherrschenden Einfluss** ausübt.[6]

Die Frage nach der **Zurechenbarkeit** des Auftrages ist jedoch nicht immer behilflich, denn es sind auch **Mischformen**[7] mit dem Bund und einem oder mehreren Ländern als Beteiligte denkbar, ebenso länderübergreifende Beschaffungen.[8] In solchen Fällen ist die Zuständigkeit der Vergabekammer anhand von § 159 zu bestimmen.

In Ländern, die wie Nordrhein-Westfalen oder Bayern mehrere Vergabekammern mit unterschiedlichen Sitzen haben, ist zudem die Frage der örtlichen Zuständigkeit zu klären. Diese richtet sich dann nach dem Landesrecht und nach dem Sitz (der Vergabestelle) des Auftraggebers.[9]

---

[1] BT-Drs. 18/6281; BGBl. 2016 I 203.
[2] *Neun* FS Marx, 2013, 477.
[3] OLG Frankfurt a. M. Beschl. v. 2.12.2014 – 11 Verg 7/14, NZBau 2015, 448; VK Bund Beschl. v. 25.5.2012 – VK 3-54/12.
[4] VK Sachsen Beschl. v. 25.5.2012 – 1/SVK/014-12.
[5] *Leinemann* VergabeNews 2014, 51 ff.
[6] VK Berlin Beschl. v. 22.1.2020 – VK B 1-38/19; VK Lüneburg Beschl. v. 27.9.2019 – VgK-34/2019; VK Thüringen Beschl. v. 7.2.2019 – 250-4003-262/2019-E-001-EIC.
[7] VK Westfalen Beschl. v. 22.4.2015 – VK 1-12/15; VK Bund Beschl. v. 10.9.2014 – VK 1-66/14; OLG Düsseldorf Beschl. v. 18.12.2013 – Verg 21/13.
[8] OLG Schleswig Beschl. v. 28.6.2016 – 54 Verg 2/16, NZBau 2016, 593; VK Baden-Württemberg Beschl. v. 16.5.2013 – 1 VK 12/13.
[9] Vgl.: Gemeinsame Geschäftsordnung der Vergabekammern des Landes **NRW** in der Fassung v. 15.3.2017; Verordnung zur Regelung von Organisation und Zuständigkeiten im Nachprüfungsverfahren für öffentliche Aufträge (BayNpV) v. 1.1.1999 (GVBl. S. 2, BayRS 73-1-W), zuletzt geändert durch § 1 Abs. 319 der Verordnung v. 26.3.2019 (GVBl. S. 98).

8 Eine falsche Angabe in der Vergabebekanntmachung oder in den Vergabeunterlagen kann keine Zuständigkeit der Vergabekammer begründen, denn die Anwendbarkeit des GWB bestimmt sich objektiv nach dem Vorliegen der entsprechenden Tatbestandsmerkmale zur öffentlichen Auftraggebereigenschaft und zum öffentlichen Auftrag.[10] Rechte aus § 97 Abs. 6 sowie sonstige Ansprüche können vor der Vergabekammer nur gegenüber öffentlichen Auftraggebern geltend gemacht werden (§ 156 Abs. 2).[11] Auch kann ein öffentlicher Auftraggeber nicht selbst entscheiden, ob ein öffentlicher Auftrag dem Kartellvergaberecht unterliegt, wenn aufgrund des Eingreifens einer Bereichsausnahme des § 149 Nr. 8 das Vergaberecht nicht anwendbar ist.[12]

IV. Ausschließlichkeit des Rechtsweges (Abs. 2)

9 **Abs. 2** begründet einen eigenständigen und **ausschließlichen Rechtsweg** für den Primärrechtsschutz in Vergabesachen.[13] Andere Rechtsschutzmöglichkeiten, wie beispielsweise ein Antrag auf Erlass einer einstweiligen Verfügung, der auf Unterlassung einer Handlung im Vergabeverfahren gerichtet ist, kommen mit Blick auf Abs. 2 iVm § 97 Abs. 6 nicht in Betracht. Ebenso ist das Rechtsschutzziel, ein **Vergabeverfahren zu verhindern**[14] und Vergaberecht nicht anzuwenden oder lediglich die **Unzweckmäßigkeit einer Ausschreibung** anzugreifen,[15] vom Vergaberechtsschutz nicht umfasst. Auch Fragen, die einem **Vergabeverfahren vorgelagert** sind,[16] werden von § 156 Abs. 2 nicht erfasst, so beispielsweise Standortentscheidungen.[17] Aufgrund seiner Beschaffungsautonomie kann ein Auftraggeber örtliche, zeitliche und inhaltliche Vorgaben an die Bieter machen, die grundsätzlich vergaberechtlich nicht überprüfbar sind.

10 Es war erklärter Wille des Gesetzgebers, langwierigen Verfahren über mehrere Instanzen zu entgehen, um deren investitionshemmende Wirkung zu vermeiden und die Mittelstandsfreundlichkeit des deutschen Vergaberechts nicht in Frage zu stellen.[18] Aus diesem Grund und weil die Vorgabe einer Entscheidung innerhalb von fünf Wochen ab Antragseingang (§ 167) mit der verfassungsrechtlichen Unabhängigkeit der Berufsrichter nicht vereinbar wäre (eine entsprechende Vorgabe gibt es für die Beschwerdeinstanz nur für die Eilverfahren in § 176 Abs. 3), wurde die **erste Instanz in die Verwaltung** eingegliedert und der **Rechtsweg auf eine weitere Instanz beschränkt**. Die Konzentration der mit dem Vergabeverfahren zusammenhängenden Fragen in einem ausschließlichen Rechtsweg verhindert die Zersplitterung von Rechtsstreitigkeiten über Vergabeverfahren in mehrere Rechtswege und die damit zwangsläufig einhergehende erhebliche Verzögerung einer umfassenden abschließenden Entscheidung.

11 Die Priorität der Beschleunigung wird betont durch den im gesamten Nachprüfungsverfahren geltenden **Beschleunigungsgrundsatz (§ 167)**. Der Beschleunigung dient auch die im gesamten deutschen Rechtssystem einmalige Fiktion einer **materiellen** Entscheidung in **§ 171 Abs. 2** nach Ablauf **der Frist des § 167** ohne Entscheidung der Vergabekammer sowie die insgesamt kurzen Fristen für die Rügepflicht und die Zulässigkeit von Nachprüfungsanträgen in **§ 160 Abs. 3 Nr. 1** und **Nr. 4**.

12 Die Frage, inwieweit die **Beschlüsse der Vergabekammern**, die gem. § 168 Abs. 3 S. 1 als Verwaltungsakt ergehen, auch **vor den Verwaltungsgerichten** oder im konkreten Fall vor den **Sozialgerichten** angegriffen werden können, war im Rahmen der Nachprüfung der Vergabe von Rabattverträgen durch die gesetzlichen Krankenkassen zu klären. Hierzu hat der BGH[19] deutlich ausgeführt, dass es für die Zuständigkeit der Sozialgerichte keine Basis gebe und sich dies auch nicht aus einer Argumentation über die speziellere Norm, hier aus dem SGB V, ableiten lasse. **§§ 104, 116 (aF, heute §§ 156, 171)** seien bei systematischer, die Entstehungsgeschichte des Vergaberechts und Sinn und Zweck der gesetzlichen Regelungen berücksichtigender Auslegung, die spezielleren

---

[10] VK Nordbayern Beschl. v. 30.1.2019 – RMF-SG21-3194-3-40; VK Sachsen Beschl. v. 12.11.2015 – 1/SVK/033-15.
[11] VK Nordbayern Beschl. v. 31.7.2019 – RMF-SG21-3194-4-38, ZfBR 2020, 416; VK Nordbayern Beschl. v. 30.1.2019 – RMF-SG21-3194-3-40, ZfBR 2019, 622.
[12] VK Sachsen Beschl. v. 17.7.2019 – 1/SVK/017-19 mit Verweis auf OLG Koblenz Beschl. v. 24.3.2015 – Verg 1/15, NZBau 2015, 386.
[13] BT-Drs. 13/9340, 17.
[14] VK Bund Beschl. v. 21.9.2018 – VK 1-83/18; VK Bund Beschl. v. 15.8.2018 – VK 1-69/18.
[15] OLG Düsseldorf Beschl. v. 27.6.2018 – Verg 59/17, NZBau 2018, 696.
[16] OLG Düsseldorf Beschl. v. 27.6.2018 – Verg 59/17, NZBau 2018, 696.
[17] VK Bund Beschl. v. 22.8.2019 – VK 1-51/19.
[18] BT-Drs. 13/9340, 12, noch deutlicher BR-Drs. 349/08.
[19] BGH Beschl. v. 15.7.2008 – X ZB 17/08, VergabeR 2008, 787 = NZBau 2008, 662 zu OLG Düsseldorf Urt. v. 30.4.2008 – Verg 57/07, IBRRS 2008, 1818.

IV. Ausschließlichkeit des Rechtsweges (Abs. 2) 13–20 § 156 GWB

Normen. Für einen Willen des Gesetzgebers, für bestimmte Vergabeverfahren andere Rechtswege zuzulassen, sei aus dem Gesetz und den Gesetzesgrundlagen nichts herzuleiten.

Die sich aus **Abs. 2** ergebende Ausschließlichkeit des Rechtsweges erfasst damit nicht nur die 13 erste Instanz der Vergabekammern, sondern stellt klar, dass gegen die Instanz beendenden Beschlüsse der Vergabekammern ausschließlich die Beschwerde bei den gem. § 171 Abs. 3 zuständigen Oberlandesgerichten in Betracht kommt. Den Belangen der Träger von Sozialdienstleistungen wurde in der aktuellen Reform mit der Privilegierung in § 130 Rechnung getragen.

Die Ausschließlichkeit des Rechtsweges umfasst die **Rechte aus § 97 Abs. 6** sowie **sonstige** 14 **Ansprüche** gegen öffentliche Auftraggeber, die auf die **Vornahme oder das Unterlassen einer Handlung in einem Vergabeverfahren** gerichtet sind.

Der **Begriff des „Vergabeverfahren"** ist in § 156, wie grundsätzlich im gesamten Vergaberecht, **materiell** zu verstehen. Hiernach befindet sich der öffentliche Auftraggeber „in einem Vergabeverfahren", wenn er zur Deckung eines fälligen oder demnächst fälligen Bedarfs an Waren, Bau- oder Dienstleistungen entschlossen ist und mit organisatorischen und/oder planenden Maßnahmen begonnen hat zu regeln, auf welche Weise (insbesondere in welcher Vergabeart) und mit welchen gegenständlichen Leistungsanforderungen das Beschaffungsvorhaben eingeleitet und durchgeführt und wie die Person oder der Personenkreis des oder der Leistenden ermittelt und mit dem Endziel des Abschlusses eines entgeltlichen und verbindlichen Vertrags ausgewählt werden soll.[20]

Zu Fragen, die den **Beginn**, die **Aufhebung** oder das **Ende eines Vergabeverfahrens** betref- 16 fen oder **de-facto-Vergaben** oder zu Fragen zum vorläufigen Rechtsschutz → § 155 Rn. 28 ff.

1. Rechte aus § 97 Abs. 6. Der ausschließlichen Rechtswegzuweisung nach § 156 Abs. 2 17 unterfallen zunächst die **Rechte aus § 97 Abs. 6,** wonach Unternehmen, die sich um öffentliche Aufträge oder Konzessionen bewerben, Anspruch darauf haben, dass die **Bestimmungen über das Vergabeverfahren** eingehalten werden.

In mehreren Grundsatzentscheidungen zur alten Rechtslage hat das OLG Düsseldorf[21] die 18 **Bestimmungen über das Vergabeverfahren** wie folgt definiert: „*Bestimmungen über das Vergabeverfahren sind die Vorschriften der Verdingungsordnungen, die durch Verweisung in der Vergabeverordnung und die §§ 97 Abs. 6, 7 und 127 GWB Rechtssatzqualität erlangt haben, ferner die das Verfahren betreffenden Gebote des Wettbewerbs, der Transparenz und der Gleichbehandlung (§ 97 Abs. 1 und 2 GWB) sowie bestimmte ungeschriebene Vergaberegeln (wie das Gebot der Fairness in Vergabeverfahren).*"

Die **Bestimmungen über das Vergabeverfahren** können sich auch aus Vorschriften 19 ergeben, die nicht unmittelbar dem Vergaberecht zugeordnet werden.[22] Solche Vorschriften müssen zwar keine vergaberechtlichen Normen sein wie diejenigen in Teil 4 des GWB, der VgV, der VSVgV, der KonzVgV, der VOB/A, der SektVO oder im EU-Vergaberecht.[23] In Betracht kommen auch außervergaberechtliche Normen, zB aus dem Sozialrecht oder ggf. auch grundgesetzliche Ansprüche. Wenn sich ein Antragsteller jedoch auf solche, nicht genuin zu den Vergabevorschriften gehörenden, „außervergaberechtlichen" Normen beruft, bedarf es einer **vergaberechtlichen Anknüpfungsnorm,** die das Verfahren betreffen, in dem eine Zuschlagsentscheidung zustande kommt.[24] Zu den Bestimmungen des Vergaberechts zählen nach Auffassung des OLG Karlsruhe[25] zudem auch **allgemeine Verwaltungsgrundsätze** sowie die Vergabebedingungen der öffentlichen Auftraggeber in den Vergabeunterlagen.

Neben den Ansprüchen aus § 97 Abs. 6 werden auch Ansprüche erfasst, aus denen sich Unter- 20 lassungsansprüche ergeben können, weil das entsprechende Handeln die **Grundsätze des § 97, insbesondere die Gebote von Fairness, Gleichbehandlung und Diskriminierungsfreiheit** verletzen könnte. Ansprüche können sich zB aus § 20 Abs. 1 und 2, § 19 Abs. 4 iVm § 33, aus § 1 UWG aus § 823 Abs. 1 und 2 BGB iVm § 1004 BGB, Art. 108 Abs. 3 S. 3 AEUV ergeben.[26]

---

[20] OLG Düsseldorf Beschl. v. 22.5.2002 – Verg 6/02, NZBau 2002, 583.
[21] OLG Düsseldorf Beschl. v. 26.7.2002 – VII-Verg 22/02, NZBau 2002, 634 = VergabeR 2002, 607; OLG Düsseldorf Beschl. v. 10.4.2002 – Verg 6/02, NZBau 2002, 583 = VergabeR 2002, 668.
[22] VK Münster Beschl. v. 8.6.2012 – VK 6/12.
[23] VK Bund Beschl. v. 21.9.2018 – VK 1-83/18.
[24] OLG Düsseldorf Beschl. v. 27.6.2018 – Verg 59/17, NZBau 2018, 696; OLG Düsseldorf Beschl. v. 19.10.2015 – VII-Verg 30/13, NZBau 2016, 50; OLG Naumburg Beschl. v. 17.1.2014 – 2 Verg 6/13, BeckRS 2014, 02901 = VergabeR 2014, 480; OLG Schleswig Beschl. v. 4.11.2014 – 1 Verg 1/14, NZBau 2015, 186 (191); iErg ohne Verwendung des Begriffs „Anknüpfungsnorm" ebenso: BGH Beschl. v. 18.6.2012 – X ZB 9/11, NZBau 2012, 586; VK Sachsen Beschl. v. 7.7.2021 – 1/SVK/07-21.
[25] OLG Karlsruhe Beschl. v. 1.4.2011 –15 Verg 1/11, IBR 2011, 359.
[26] OLG Schleswig Urt. v. 6.7.1999 – 6 U Kart 22/99, BauR 2000, 1046 = NZBau 2000, 100, mittlerweile unstreitig.

21 Macht ein Antragsteller mit einem Angriff geltend, die Wahl eines dem vierten Teil des Gesetzes gegen Wettbewerbsbeschränkungen nicht unterliegenden Vertragstyps sei nicht statthaft, macht er der Sache nach die **Einhaltung der Bestimmungen über das Vergabeverfahren** geltend, sodass dafür die Zuständigkeit der Vergabekammer gegeben ist.[27]

22 **Kartellrechtliche Missbrauchsvorwürfe nach § 19 bzw. § 20 sind im Rahmen einer vergaberechtlichen Inzidentprüfung** dann zu berücksichtigen, wenn ein Kartellrechtsverstoß feststeht oder ohne weitere zeitaufwendige Prüfung zweifelsfrei festgestellt werden kann, dass der Auftraggeber gegen das sog. Anzapfverbot nach § 19 verstoßen hat und sich daraus relevante Rechtsverletzungen des Bieters ergeben haben.[28]

23 Ist das Vorliegen einer Bereichsausnahme streitig, betrifft dies die Frage der Zuständigkeit[29] der angerufenen Vergabekammer. In einem solchen Fall ist der Rechtsschutz auf die Kontrolle beschränkt, ob die Voraussetzungen der Bereichsausnahme vom Auftraggeber zutreffend angenommen wurden.[30]

24 Zu den Bestimmungen über das Vergabeverfahren zählen allerdings keine solchen, die lediglich die Durchführung der öffentlichen Aufträge betreffen, also beispielsweise Vertragsklauseln[31] oder AGB.[32]

25 Auch ein isoliert auf die Feststellung der Rechtswidrigkeit einer Verfahrensaufhebung gerichteter Nachprüfungsantrag, mit dem nicht zugleich um Primärrechtsschutz nachgesucht wird, ist mithin unzulässig, weil er nicht auf die **Vornahme oder das Unterlassen einer Handlung in einem Vergabeverfahren** gerichtet ist.[33]

26 **2. Sonstige Ansprüche gegen öffentliche Auftraggeber iSd § 156 Abs. 2.** Der ausschließlichen Rechtswegzuweisung nach § 156 Abs. 2 unterfallen jedoch nicht nur die originär dem Vergaberecht zuzuordnenden Ansprüche, sondern weiterhin auch „**sonstige Ansprüche**" gegen öffentliche Auftraggeber, die auf die Vornahme oder das Unterlassen einer Handlung in einem Vergabeverfahren gerichtet sind.

27 Insoweit scheint § 156 Abs. 2 auf den ersten Blick im Widerspruch zu § 160 Abs. 2 zu stehen, wonach ein Unternehmen nur dann antragsbefugt ist, wenn es „**eine Verletzung in seinen Rechten nach § 97 Abs. 6**" geltend machen kann.[34] Ob im Rahmen des Vergabenachprüfungsverfahrens auch die in § 156 Abs. 2 genannten **sonstigen Ansprüche** zu prüfen sind, ist umstritten.[35] Während zum Teil vertreten wird, § 160 Abs. 2 sei **erweiternd** dahin auszulegen, dass auch die Geltendmachung sonstiger Ansprüche zur Begründung der Antragsbefugnis genüge,[36] ist die Gegenauffassung der Ansicht, dass die ausschließliche Zuständigkeit der Vergabekammer nach § 160 Abs. 2 nur soweit reiche, wie ein Nachprüfungsantrag nach § 160 Abs. 2 zulässigerweise gestellt werden könne.[37] Richtig ist, dass die Geltendmachung weiterer „**sonstiger Ansprüche**" in § 160 Abs. 2 (so wie schon bisher in § 107 Abs. 2 aF) nicht erwähnt wird, sodass ein Nachprüfungsantrag, der sich (nur) auf solche sonstigen Ansprüche stützt, schon deshalb wegen Unzulässigkeit verworfen werden könnte. Eine solche Auslegung würde jedoch dem Sinn und Zweck der §§ 155 ff. widersprechen.

28 Die Aufnahme der Formulierung „sowie sonstige Ansprüche gegen öffentliche Auftraggeber, die auf die Vornahme oder das Unterlassen einer Handlung in einem Vergabeverfahren gerichtet sind" trägt aber nach dem Willen des Gesetzgebers dem Umstand Rechnung, dass die von § 156 Abs. 2 angestrebte Rechtswegkonzentration für den Primärrechtsschutz in Vergabesachen nur erreicht werden kann, wenn in Abs. 2 S. 1 außer für die Rechte aus § 97 Abs. 6 auch für damit konkurrierende Ansprüche, die auf anderen Normen beruhen, vorgeschrieben wird, dass sie nur in einem Nachprüfungsverfahren verfolgt werden können.[38]

---

[27] BGH Beschl. v. 18.6.2012 – X ZB 9/11, NZBau 2012, 586 = VergabeR 2012, 839 = ZfBR 2012, 721.
[28] OLG München Beschl. v. 20.1.2020 – Verg 19/19.
[29] VK Niedersachsen Beschl. v. 22.1.2019 – VgK-01/2019; VK Rheinland Beschl. v. 19.6.2016 – VK D-14/2016.
[30] VK Hamburg Beschl. v. 12.2.2020 – Vgk FB 1/20.
[31] OLG Düsseldorf Beschl. v. 27.6.2018 – Verg 59/17, NZBau 2018, 696; VK Sachsen Beschl. v. 21.4.2015 – 1/SVK/010-15.
[32] VK Berlin Beschl. v. 31.3.2020 – VK B 1-08/20.
[33] OLG Celle Beschl. v. 19.3.2019 – 13 Verg 1/19, VergabeR 2019, 581.
[34] Dazu kritisch: *Summa* VPR 2016, 1.
[35] OLG Karlsruhe Beschl. v. 1.4.2011 – 15 Verg 1/11; Reidt/Stickler/Glahs/*Reidt* Rn. 9.
[36] OLG Dresden Beschl. v. 4.11.2014 – Verg 5/14 (Arzneimittelrecht); VK Bund Beschl. v. 23.3.2015 – VK 1-14/15 (Kommunalverfassungsrecht).
[37] OLG Naumburg Beschl. v. 6.12.2012 2 – Verg 5/12; OLG Düsseldorf Beschl. v. 16.6.2008 – Verg 13/08.
[38] BT-Drs. 13/9340, 17 (39).

Daher kann und sollte § 156 Abs. 2 dahingehend ausgelegt werden, dass sonstige Rechte, die der 29
Antragsteller aus nichtvergaberechtlichen Vorschriften herleitet und als Grundlage für Ansprüche gegen
den Auftraggeber auf Vornahme oder Unterlassen einer Handlung im konkreten Vergabeverfahren
geltend macht, nur dann seine Antragsbefugnis iSd § 160 Abs. 2 S. 1 begründen, wenn die geltend
gemachten Rechte bei der Anwendung der für die Fallbeurteilung (auch) in Betracht zu ziehenden
vergaberechtlichen Norm notwendig inzident (als Voraussetzung für die Anwendung) zu prüfen sind
(→ § 160 Rn. 31), also eine **vergaberechtliche Anknüpfungsnorm** existiert (→ Rn. 7).

So zählen **abfallrechtliche Vorschriften** wie beispielsweise §§ 6 ff KrWG zwar nicht unmittel- 30
bar zu den Normen des Vergaberechts, sie sind jedoch anerkanntermaßen inzident im Rahmen der
vergaberechtlichen Brückennormen (ua § 97 Abs. 6) zu prüfen und können in Nachprüfungsverfahren zulässigerweise geltend gemacht werden.[39] Ebenso können die Bestimmungen aus §§ 19 und
20, aus § 1 EnWG und § 46 Abs. 2 EnWG und dem § 3 KAV Befassungsgegenstand sein und der
Nachprüfung durch die Vergabekammer unterliegen.[40]

Zu sonstigen Ansprüchen gehören jedoch nicht solche öffentlich-rechtlichen Normen, die 31
ohne Wettbewerbsbezug den **Interessen der Altgemeinheit** dienen. Diese haben auch dann keine
bieterschützende Wirkung, wenn ihre Nichteinhaltung im konkreten Einzelfall Auswirkungen auf
eine Auftragsvergabe haben kann.[41]

Die **„sonstigen Ansprüche"** iSv § 156 Abs. 2 müssen sich **schließlich** gegen den **öffentli-** 32
chen Auftraggeber richten. So sind Vorwürfe der unberechtigten „Wissensmitnahme" vom vorherigen Arbeitgeber keine Vergaberechtsverstöße, die einem öffentlichen Auftraggeber vorgeworfen
werden können, sondern es handelt sich vielmehr um **Rechtsverstöße eines Mitkonkurrenten**,
die dem Lauterbarkeitsrecht unterworfen sind und gem. § 156 Abs. 3 als sonstige Ansprüche der
Zuständigkeit der **ordentlichen Gerichte** unterfallen.[42]

V. Zuständigkeit der ordentlichen Gerichte und der Kartellbehörden (Abs. 3)

1. Zuständigkeit der ordentlichen Gerichte. Nach § 156 Abs. 3 bleibt die Zuständigkeit 33
der Zivilgerichte für die Geltendmachung von **Schadensersatzansprüche** unberührt. Schadensersatzansprüche gegen einen Auftraggeber, die ein Unternehmen wegen eines Vergaberechtsverstoßes
zu haben glaubt, können nach dieser Regelung nicht vor den vergaberechtlichen Nachprüfungsinstanzen, sondern allein vor den zuständigen **Zivilgerichten** geltend gemacht werden. In Betracht
kommen sowohl Ansprüche aus der Haftung aus Verschulden bei Vertragsschluss gem. § 280 Abs. 1
BGB, § 241 Abs. 2 BGB, § 311 Abs. 2 Nr. 1 BGB als auch aus unerlaubter Haftung gem. § 823
Abs. 1 und 2 BGB.

So führt beispielsweise das subjektive Bieterrecht aus § 97 Abs. 7 zu Rücksichtnahmepflichten 34
des Auftraggebers gem. § 241 Abs. 2 BGB, deren Verletzung einen Schadensersatzanspruch des
Bieters begründen kann.[43]

Der **Zuständigkeitsbereich der ordentlichen Gerichte** für Schadensersatzansprüche weist 35
keine Überschneidungen mit dem Tätigkeitsfeld der Vergabekammern auf, die über Schadensersatz-
ansprüche nicht entscheiden. Selbst wenn nach einer **Gestattung des Zuschlags**[44] oder einer
Aufhebung der Ausschreibung[45] das Rechtsschutzbedürfnis für die beantragte Feststellung, dass
Rechtsverletzungen durch Verstöße gegen Vergabebestimmungen stattgefunden haben, mit dem Ziel
der späteren **Geltendmachung von Schadensersatzansprüchen** begründet wird,[46] entsteht keine
Überschneidung mit dem Prüfungsrahmen der Zivilgerichte, da die Vergabekammer allein über die
Frage zu entscheiden hat, ob Rechtsverletzungen durch Verstöße gegen Vergabebestimmungen
vorgelegen haben. Schadensersatzansprüche entstehen, wenn der anspruchsbegründende Sachverhalt
feststeht.

Während eines Nachprüfungsverfahrens wird die Vergabekammer auf eine Korrektur der ggf. 36
festgestellten Fehler hinwirken und die geeigneten Maßnahmen treffen, um die Rechtmäßigkeit

---

[39] OLG München Beschl. v. 9.3.2018 – Verg 10/1, NZBau 2018, 427 = VergabeR 2018, 437 mit Verweis auf BGH Beschl. v. 18.6.2012 – X ZB 9/11; OLG Düsseldorf Beschl. v. 18.2012 – Verg 105/11.
[40] VK Münster Beschl. v. 8.6.2012 – VK 6/12.
[41] OLG Karlsruhe Beschl. v. 1.4.2011 – 15 Verg 1/11.
[42] VK Westfalen Beschl. v. 29.11.2017 – VK 1-33/17, VPR 2018, 85.
[43] BGH Urt. v. 17.9.2019 – X ZR 124/18, NZBau 2019, 798; BGH Urt. v. 9.6.2011 – X ZR 143/10, NZBau 2011, 498.
[44] OLG Naumburg Beschl. v. 11.9.2018 – 7 Verg 4/18.
[45] VK Lüneburg Beschl. v. 8.6.2020 – VgK-09/2020; VK Rheinland Beschl. v. 26.2.2020 – VK 46/19; VK Sachsen Beschl. v. 17.1.2019 – 1/SVK/033-18.
[46] Dies ist ausreichend, nicht jedoch der Hinweis auf Wiederholungsgefahr: OLG Celle Beschl. v. 30.10.2014 – 13 Verg 8/14, NZBau 2014, 780 = VergabeR 2015, 244 ff.

des Vergabeverfahrens wieder herzustellen (§ 168 Abs. 1), sodass in dieser Phase noch keine Schadensersatzansprüche entstehen können. Die Ansprüche aus §§ 180, 181 beziehen sich auf Sachverhalte aus der Ex-post-Betrachtung und werden erst nach Abschluss des Vergabe- oder Nachprüfungsverfahrens relevant. Soweit der Schadensersatzanspruch auf ein vorausgegangenes Nachprüfungsverfahren Bezug nimmt, haben die bestandskräftigen Feststellungen der Nachprüfungsinstanzen gem. § 179 Abs. 1 Bindungswirkung, was die Antragsbefugnis für einen Feststellungsantrag begründen kann. Darüber hinaus berühren Schadensersatzansprüche die Zuständigkeit der Vergabekammern jedoch nicht.

37 Sollte gleichzeitig mit dem Nachprüfungsantrag oder ohne Nachprüfungsantrag ein Schadensersatzanspruch geltend gemacht werden, liegt im **Zivilprozess** die **Darlegungslast** für den geltend gemachten Anspruch allein beim Kläger.[47] Das Zivilgericht ermittelt, anders als die Vergabekammer (§ 163), nicht von Amts wegen. Es ist nicht verpflichtet, die Vergabeakten beizuziehen und Akteneinsicht zu ermöglichen. Die Geltendmachung von Schadensersatzansprüchen auf dem Zivilrechtsweg setzt rechtlich grundsätzlich nicht die Durchführung eines Nachprüfungsverfahrens voraus.[48]

38 **2. Befugnisse der Kartellbehörden.** § 156 Abs. 3 Hs. 2 stellt klar, dass die **Befugnisse der Kartellbehörden** zur Verfolgung von Verstößen insbesondere gegen die §§ 19 und 20 unberührt bleiben. Der Verweis auf die §§ 19 und 20 soll klarstellen, dass sich trotz der 2005 in Kraft getretenen 7. GWB-Novelle an den Befugnissen der Kartellbehörden im Falle eines unzulässigen Verhaltens eines marktstarken öffentlichen Auftraggebers nichts geändert hat.[49] Einem Bieter ist es mithin möglich, **parallel zur Anrufung der Vergabekammer** auch einen Antrag bei der zuständigen Behörde auf Einleitung eines kartellrechtlichen Verfahrens zu stellen.[50]

39 Abs. 3 verdeutlicht, dass sich der Vergaberechtsschutz in den Schutz des Wettbewerbs als Institution eingliedern soll, ohne den Geltungsbereich des Kartellrechts einzuschränken. Der Rechtsschutz in Vergabesachen ist Ausdruck und Teil des im Kartellrecht geforderten fairen und diskriminierungsfreien Wettbewerbs. Dass die Kartellbehörden zur Verfolgung von Verstößen insbesondere gegen die strengen Regeln der §§ 19 und 20 über den Missbrauch einer marktbeherrschenden Stellung weiterhin zuständig sind, ist damit **kein Widerspruch zur ausschließlichen Zuständigkeit der Vergabekammern.**

40 Die **Kartellbehörden** können gerade bei der Bekämpfung von Diskriminierung und Missbrauch der marktbeherrschenden Stellung auch von Amts wegen tätig werden und sind insoweit, anders als die Vergabekammern, nicht von einem Antrag abhängig. Hier kann es zu Überschneidungen mit dem Aufgabenfeld der Nachprüfungsinstanzen kommen, doch hat dies bisher, wie bei den Schadensersatzklagen vor den ordentlichen Gerichten, keine praktische Relevanz erlangt. Ein Fall sich widersprechender Entscheidungen (zB Vergabekammer gestattet den Zuschlag nach § 168 aus Gründen der Dringlichkeit, Kartellbehörde untersagt den Zuschlag wegen Missbrauchs der Marktmacht) ist bisher in der Rechtsprechung oder der Literatur nicht bekannt geworden. Die **Zielrichtung der Tätigkeit** der Kartellbehörden geht in der Regel über die reine Rechtmäßigkeitskontrolle eines einzelnen Vergabeverfahrens hinaus und erfasst auch und oft vorrangig die weiterreichenden Störungen eines fairen Wettbewerbs. Sie erfolgt daher auch unabhängig von einem gerade laufenden Vergabeverfahren. Insoweit ist die Überschneidung der Tätigkeitsfelder nur teilweise gegeben. Die unberührte Zuständigkeit der Kartellbehörden bedeutet jedoch nicht, dass die Nachprüfungsinstanzen in ihren Verfahren Verstöße gegen Kartellrecht oder gegen das Gesetz, gegen unlauteren Wettbewerb, wie überhaupt gegen Wettbewerbsregeln, deren Durchsetzung in die Zuständigkeit der Kartellbehörden fällt, unbeachtet lassen dürften. Gerade die im Kartellrecht erfassten Tatbestände des Missbrauchs der Marktmacht, der verbotenen Preisabsprachen, der Kartellbildung usw sind häufig die Ursache für Verstöße gegen die Bestimmungen über das Vergabeverfahren, zu denen auch die Grundsätze des § 97 gehören. Solche Sachverhalte können für die Gewährung effektiven Rechtsschutzes daher von den Vergabekammern nicht außer Betracht gelassen werden. Der Gesetzgeber hat in Kauf genommen, dass es dabei zu abweichenden Entscheidungen kommen kann, was aber in der Praxis, wie oben dargestellt, offenbar extrem selten ist und bisher zu keinerlei Problemen geführt hat. Sollte ein solcher Fall eintreten, könnte eine Klärung bei den sowohl für die Entscheidungen der Kartellbehörden als auch für die sofortigen Beschwerden gegen Entscheidungen der Vergabekammern zuständigen Oberlandesgerichten gesucht werden.

---

[47] OLG Koblenz Urt. v. 6.2.2014 – 1 U 906/13, ZfBR 2014, 505.
[48] VK Rheinland Beschl. v. 15.5.2019 – VK 8/19; OLG Naumburg Beschl. v. 23.12.2014 – 2 U 74/14, VergabeR 2015, 497.
[49] BT-Drs. 16/10117, 23.
[50] OLG Düsseldorf Beschl. v. 27.6.2012 – Verg 7/12, ZfBR 2012, 723.

§ 157 Besetzung, Unabhängigkeit

(1) Die Vergabekammern üben ihre Tätigkeit im Rahmen der Gesetze unabhängig und in eigener Verantwortung aus.

(2) ¹Die Vergabekammern entscheiden in der Besetzung mit einem Vorsitzenden und zwei Beisitzern, von denen einer ein ehrenamtlicher Beisitzer ist. ²Der Vorsitzende und der hauptamtliche Beisitzer müssen Beamte auf Lebenszeit mit der Befähigung zum höheren Verwaltungsdienst oder vergleichbar fachkundige Angestellte sein. ³Der Vorsitzende oder der hauptamtliche Beisitzer muss die Befähigung zum Richteramt haben; in der Regel soll dies der Vorsitzende sein. ⁴Die Beisitzer sollen über gründliche Kenntnisse des Vergabewesens, die ehrenamtlichen Beisitzer auch über mehrjährige praktische Erfahrungen auf dem Gebiet des Vergabewesens verfügen. ⁵Bei der Überprüfung der Vergabe von verteidigungs- oder sicherheitsspezifischen Aufträgen im Sinne des § 104 können die Vergabekammern abweichend von Satz 1 auch in der Besetzung mit einem Vorsitzenden und zwei hauptamtlichen Beisitzern entscheiden.

(3) ¹Die Kammer kann das Verfahren dem Vorsitzenden oder dem hauptamtlichen Beisitzer ohne mündliche Verhandlung durch unanfechtbaren Beschluss zur alleinigen Entscheidung übertragen. ²Diese Übertragung ist nur möglich, sofern die Sache keine wesentlichen Schwierigkeiten in tatsächlicher oder rechtlicher Hinsicht aufweist und die Entscheidung nicht von grundsätzlicher Bedeutung sein wird.

(4) ¹Die Mitglieder der Kammer werden für eine Amtszeit von fünf Jahren bestellt. ²Sie entscheiden unabhängig und sind nur dem Gesetz unterworfen.

Übersicht

	Rn.			Rn.
I. Normzweck	1	V.	Alleinentscheidungsrecht (Abs. 3)	42
II. Entstehungsgeschichte	2	1.	Übertragung durch unanfechtbaren Beschluss	45
III. Unabhängigkeit (Abs. 1 und Abs. 4 S. 2)	6	2.	Zeitpunkt der Übertragung	48
1. Rechtsbindung	12	3.	Voraussetzungen der Übertragbarkeit	49
2. Unabhängigkeit der Vergabekammer	13	4.	Amtsdauer, Unabhängigkeit der einzelnen Mitglieder der Vergabekammer (§ 157 Abs. 4)	54
3. Ausschluss wegen Befangenheit	15		a) Fünfjährige Amtszeit (S. 1)	54
4. Tätigkeit in eigener Verantwortung	26		b) Unabhängigkeit der einzelnen Kammermitglieder (S. 2)	59
5. Das richterliche Haftungsprivileg	30			
IV. Besetzung (Abs. 2)	34	VI.	Geschäftsstelle	63

I. Normzweck

§ 157 regelt die **Besetzung und Unabhängigkeit der Vergabekammer.** Dabei sichern 1 Abs. 1 und Abs. 4 die **fachliche Weisungsungebundenheit** der Vergabekammer und ihrer Mitglieder bei ihrer Tätigkeit. Abs. 2 normiert die Besetzung der Vergabekammern und die notwendige **Qualifikation der Mitglieder,** was zur erhöhten Akzeptanz der Einrichtung und ihrer Entscheidung beitragen soll. Abs. 3 enthält, als weiteres Instrument der Beschleunigung von Vergabenachprüfungsverfahren, die Voraussetzungen, unter denen ein Verfahren auf eines ihrer Mitglieder zur alleinigen Entscheidung übertragen werden kann. Abs. 4 schließlich regelt zudem die Amtsdauer für die Mitglieder der Vergabekammer.

II. Entstehungsgeschichte

Mit Inkrafttreten des Vierten Teils des GWB mit dem VgRÄG[1] zum 1.1.1999 wurden die 2 Vergabekammern, in Ablösung der bisher tätigen **Vergabeüberwachungsausschüsse** gegründet. Regelungen über die personelle Zusammensetzung der Vergabekammern und deren Ausgestaltung als unabhängige und eigenständige Instanzen wurden dabei in § 105 (aF) zusammengefasst.

---

[1] Vergaberechtsänderungsgesetz v. 29.5.1998, BGBl. 1998 I 2512.

3 Art. 2 Abs. 3 und 9 RL 89/665/EWG (Rechtsmittelrichtlinie für die Nachprüfungsverfahren im Rahmen der Vergabe öffentlicher Liefer- und Bauaufträge)[2] und **Art. 2 Abs. 9 RL 92/13/EWG** (Rechtsmittelrichtlinie für die Nachprüfung von Auftragsvergaben im Sektorenbereich)[3] stellten an die nationale Gestaltung des Rechtsschutzes in den Mitgliedstaaten die Forderung, dass es zumindest eine Instanz oder entscheidungsbefugte Stelle gibt, die die **Unabhängigkeit wie ein Gericht und Gerichtsqualität gem. Art. 267 AEUV (vorher Art. 234 EG)** hat und in einem **kontradiktorischen Verfahren** entscheidet. Für die Vergabeüberwachungsausschüsse war die Gerichtsqualität iSd Art. 234 EG-Vertrag (jetzt Art. 267 AEUV) zwar vom EuGH anerkannt worden,[4] da sie in der Behandlung der Einzelfälle unabhängig waren und nur allgemeine Weisungen erteilt werden konnten. Zweifel bestanden jedoch daran, ob das Verfahren vor den Vergabeüberwachungsausschüssen den Anforderungen der Richtlinien gerecht wurde. Das Verfahren auf der Basis des HGrG (§§ 57b und 57c HGrG aF) war nicht kontradiktorisch ausgestaltet und hatte keinen automatischen Suspensiveffekt gegenüber dem Auftraggeber, die Vergabeüberwachungsausschüsse hatten keine Befugnis, vorläufige Maßnahmen gegenüber öffentlichen Auftraggebern zu erlassen.

4 Mit § 157 (§ 105 aF) wurden die Vergabekammern als **unabhängige, in ihrer Sacharbeit von jeder Weisung freie Einrichtung** institutionalisiert, die im kontradiktorischen Verfahren arbeiten und auch von Amts wegen den Sachverhalt ermitteln sowie einstweilige Maßnahmen gegen den öffentlichen Auftraggeber erlassen können **(§§ 163, 168, 169 Abs. 3).** Weiteres Ziel des Gesetzgebungsverfahrens war es, die Vergabekammern nicht nur instanziell, sondern auch **qualitativ** so auszugestalten, dass die Nachprüfungsverfahren überwiegend zum Abschluss gebracht und die als zweite Instanz vorgesehenen Oberlandesgerichte möglichst wenig in Anspruch genommen werden sollten. Aus diesem Grund wurden klar definierte Anforderungen an die Qualifikation der hauptamtlichen wie der ehrenamtlichen Kammermitglieder in die Regelung aufgenommen, die die Akzeptanz und die Effizienz der Entscheidungen der Vergabekammern stützen sollen.[5] Dies in Verbindung mit dem Suspensiveffekt **(§ 169 Abs. 1),** der mit der Übermittlung eines Nachprüfungsantrages einsetzt, diente dem von den Richtlinien geforderten **effektiven Rechtsschutz** sowie der Umsetzung der Forderung nach der Einrichtung von unabhängigen Nachprüfungsinstanzen, die nicht zwingend Gerichte im nationalen verfassungsrechtlichen Sinn sein müssen.[6] Da sich die europarechtliche Reform des Vergaberechts, die ihren vorläufigen Abschluss 2014 in den Richtlinien 2014/24/EU, 2014/23/EU (Konzessionsvergaben) und 2014/25/EU (Vergabeverfahren von Sektorenauftraggebern) fand, ausschließlich mit Fragen der Vergabeverfahren befasste, änderte sich an den Anforderungen an die Existenz und Unabhängigkeit der Nachprüfungsinstanzen sowie die Qualifikation ihrer Mitglieder nichts. Dementsprechend ist **Abs. 2** im Rahmen des **Vergaberechtsmodernisierungsgesetz (VergRModG)** vom 17.2.2016[7] um **S. 5** ergänzt worden, der Sonderregelungen für die Besetzung der Vergabekammer für Überprüfung der Vergabe von verteidigungs- oder sicherheitsspezifischen Aufträgen trifft.

5 Die Vergabekammern sind **Gerichte iSv Art. 267 AEUV.**[8] Nach nationalem Recht haben die Vergabekammern zwar eine gerichtsähnliche Stellung, sind aber keine Gerichte im verfassungsrechtlichen Sinn, denn es handelt sich bei ihnen organisatorisch um eine **Einrichtung innerhalb der Verwaltung** (→ § 155 Rn. 16 ff.).[9] Die Auslegung des Begriffs **„Gericht" iSv Art. 267 AEUV** obliegt ohnedies nicht den Mitgliedstaaten, sondern dem EuGH. Dieser hat in Fortsetzung seiner Rechtsprechung zu dieser Frage betont, dass es auf eine Reihe von Merkmalen ankomme, wie zB die gesetzliche Grundlage der Einrichtung, deren ständiger Charakter, obligatorische Gerichtsbarkeit, streitiges Verfahren, Anwendung von Rechtsnormen durch die Einrichtung sowie

---

[2] RL 89/665/EWG v. 21.12.1989 idF v. 11.12.2007, ABl. 2007 L 335, 31.
[3] RL 92/13/EWG v. 25.2.1992 idF v. 11.12.2007, ABl. 2007 L 335, 31.
[4] EuGH Urt. v. 17.9.1997 – C-54/96, Slg. 1997, I-4961 = BauR 1997, 1011 = NJW 1997, 3365 – Dorsch Consult.
[5] BT-Drs. 13/9340, 17.
[6] → § 155 Rn. 8 ff.
[7] BT-Drs. 18/6281; BGBl. 2016 I 203.
[8] EuGH Urt. v. 21.3.2019 – C-465/17, EuZW 2019, 427 = NZBau 2019, 314; EuGH Urt. v. 24.10.2018 – C-124/17, NZBau 2018, 768 = ZfBR 2019, 284; EuGH Urt. v. 18.9.2014 – C-549/13, NZBau 2014, 647 = VergabeR 2015, 28 ff. zu VK Arnsberg; EuGH Urt. v. 27.10.2016 – C-292/15, NZBau 2017, 48 = ZfBR 2017, 102 = VergabeR 2017, 152 (156) zu VK Südbayern; zu den grundsätzlichen Anforderungen an ein Gericht nach Art. 267 AEUV EuGH Urt. v. 6.10.2015 – C-203/14, NZBau 2015, 784 ff. = VergabeR 2016, 214 (217) – Districts Maresme; EuGH Urt. v. 24.5.2016 – C-396/14, NZBau 2016, 506 ff. = VergabeR 2016, 590 (593) – Højgaard/Züblin.
[9] OLG München Beschl. v. 7.11.2012 – VII-Verg 11/12, Verg 11/12, NZBau 2013, 189 = VergabeR 2013, 514 ff.; BGH Beschl. v. 9.12.2003 – X ZB 14/03, NZBau 2004, 285 = VergabeR 2004, 414.

deren Unabhängigkeit. Danach sei die Vergabekammer ein Gericht iSv Art. 267 AEUV und damit vorlageberechtigt beim EuGH.[10]

III. Unabhängigkeit (Abs. 1 und Abs. 4 S. 2)

Aus den **Abs. 1 und Abs. 4 S. 2** ergeben sich die **institutionelle** und die **persönliche Unabhängigkeit** der **Vergabekammer** und **ihrer Mitglieder**. Weder darf die Vergabekammer Weisungen unterworfen werden noch soll die Freiheit der Entscheidung durch Einflussnahme auf die einzelnen Kammermitglieder eingeschränkt werden. Der weiteren Absicherung der Unabhängigkeit dient die Bestellung für eine **feste Amtszeit**. Sowohl diese Bestellung für eine Amtszeit von fünf Jahren als auch die gerichtsähnliche kontradiktorische Ausgestaltung der Verfahren vor der Vergabekammer schließen es aus, dass die Amtszeit der Kammermitglieder aus Gründen der Zweckmäßigkeit ohne Rücksicht auf die unabhängige Stellung der Kammern verkürzt oder diese gar aufgelöst wird.[11]

Da der Rechtsweg im Nachprüfungsverfahren in der zweiten Instanz ein klassisches Gericht im Sinne des Grundgesetzes vorsieht, wäre nach den europäischen Rechtsmittelrichtlinien die Unabhängigkeit der Vergabekammern nicht mehr zwingend notwendig gewesen. Andererseits sollten von der konzeptionellen Idee her, sowohl unter dem Gesichtspunkt der **Effizienz** als auch der **Beschleunigung des Rechtsschutzes** die Nachprüfungsverfahren möglichst mit der Entscheidung der Vergabekammern beendet sein, was ua die Glaubwürdigkeit und Akzeptanz dieser Entscheidungen voraussetzt.

Diese Erwartung wurde auf die **Erfahrungen in Dänemark** gestützt, da die dänische Regelung zur Umsetzung der EG-Vergaberichtlinien, die zu einem Teil Modell für das deutsche Konzept stand, bislang nicht zu einer häufigen Anrufung des Gerichts geführt hatte. Insoweit ging die Bundesregierung in ihrer Gesetzesbegründung davon aus, dass sich auch in Deutschland die Anrufung der Oberlandesgerichte, insbesondere im Hinblick auf das hohe Kostenrisiko und das Risiko von Schadensersatzansprüchen, in Grenzen halten werde, wenn die Vergabekammern durch die Qualität ihrer Entscheidungen zu überzeugen vermögen.[12]

Mit dem deutlichen und mehrfach abgesicherten Bekenntnis des Gesetzgebers zur Unabhängigkeit der Entscheidungen der Vergabekammern und ihrer Mitglieder wird dem Umstand Rechnung getragen, dass die dem Rechtsschutz zugänglichen Vergabeverfahren auf Grund der hohen Schwellenwerte regelmäßig nur große Aufträge zum Gegenstand haben, deren Erteilung und Umsetzung sowohl erhebliche wirtschaftliche wie politische Interessen berühren kann. Da die Vergabekammern als Teil der Verwaltung in deren hierarchisch geordnetes System eingegliedert sind und die hauptamtlichen Mitglieder als Beschäftigte der Verwaltung ohne diese Regelung weisungsgebunden wären, bedurfte es der Klarstellung in der hier erfolgten sowohl personenbezogenen als auch institutionsbezogenen Weise. Mithin unterliegen die einzelnen Kammermitglieder nur einer **allgemeinen Dienstaufsicht** durch den Dienstherrn, der gem. § 158 Abs. 2 für die Einrichtung der Vergabekammer zuständige Stelle ist.[13]

Entsprechend § 26 Abs. 2 DRiG umfasst diese Dienstaufsicht beispielsweise auch die Befugnis, zu ordnungsgemäßer, **unverzögerter Erledigung der Amtsgeschäfte zu ermahnen**.[14] Die (richterliche) **Amtsführung** unterliegt zumindest insoweit der Dienstaufsicht, als es um die **Sicherung eines ordnungsgemäßen Geschäftsablaufs**, die äußere Form der Erledigung eines Dienstgeschäftes oder um solche Fragen geht, die dem Kernbereich der Rechtsprechungstätigkeit so weit entrückt sind, dass sie nur noch als zur äußeren Ordnung gehörig angesehen werden können.[15]

So verletzt eine **dienstliche Beurteilung** die richterliche Unabhängigkeit nur dann, wenn sie auf eine direkte oder indirekte Weisung hinausläuft, wie der Beurteilte künftig verfahren oder entscheiden soll. In dieser Richtung muss die dienstliche Beurteilung sich auch jeder psychologischen Einflussnahme enthalten. Sie ist unzulässig, wenn die in ihr enthaltene Kritik den Richter veranlassen könnte, in Zukunft eine andere Verfahrens- oder Sachentscheidung als ohne diese Kritik zu treffen.[16] Demgemäß ist die **Verhandlungsführung** einer Dienstaufsicht nicht zugänglich, denn diese gehört zum Kernbereich der richterlichen Tätigkeit.[17]

---

[10] EuGH Urt. v. 24.10.2018 – C-124/17, NZBau 2018, 768 = ZfBR 2019, 284; EuGH Urt. v. 18.9.2014 – C-549/13, NZBau 2014, 647 Rn. 21 ff. mwN = VergabeR 2015, 28 ff.
[11] OVG Hamburg Beschl. v. 30.6.2005 – 1 Bs 182/05, NVwZ 2005, 1447.
[12] BT-Drs. 13/9340, 13.
[13] OLG Bremen Beschl. v. 12.3.2007 – Verg/06, VergabeR 2007, 812.
[14] OLG Bremen Beschl. v. 12.3.2007 – Verg/06, VergabeR 2007, 812.
[15] StRspr; vgl. etwa BGH Urt. v. 22.2.2006 – RiZ(R) 3/05, NJW 2006, 1674.
[16] StRspr.: vgl. BGH Beschl. v. 4.6.2009 – RiZ(R) 5/08, BGHZ 181, 268 = NJW 2010, 302; BGH Urt. v. 25.9.2002 – RiZ(R) 4/01, NJW-RR 2003, 492; BGH Urt. v. 10.8.2001 – RiZ(R) 5/00 = NJW 2002, 359.
[17] BGH Urt. v. 22.2.2006 – RiZ(R) 3/05, NJW 2006, 1674.

12 **1. Rechtsbindung.** Nach § 157 Abs. 1 üben die Vergabekammern ihre Tätigkeit „**im Rahmen der Gesetze**" **unabhängig** und **in eigener Verantwortung** aus. Mit diesem einleitenden Satz wird das Spannungsfeld umschrieben, in dessen Rahmen die Vergabekammern ihre Tätigkeit ausüben. Das bedeutet einerseits, dass die Vergabekammern gem. **Art. 20 Abs. 3 GG an Recht und Gesetz gebunden** und gleichzeitig in ihrer **fachlichen Tätigkeit weisungsungebunden** sind. Die Formulierung „**im Rahmen der Gesetze**" umfasst dabei alle in Deutschland geltenden formellen und materiellen **gesetzlichen Bestimmungen.** Mit dieser Umschreibung lehnt sich § 157 Abs. 1 bewusst an Art. 97 Abs. 1 GG und § 25 DRiG an, die die **richterliche Unabhängigkeit** statuieren. Die Vergabekammern sind also grundsätzlich nicht verpflichtet, einer obergerichtlichen oder höchstrichterlichen Rechtsprechung Folge zu leisten. Ausnahmen gelten lediglich für Entscheidungen des Bundesverfassungsgerichts (Art. 94 Abs. 2 GG, § 31 BVerfGG) und in besonderen Einzelfällen, etwa bei einer Zurückverweisung eines Verfahrens durch das übergeordnete Oberlandesgericht.[18]

13 **2. Unabhängigkeit der Vergabekammer.** Die Unabhängigkeit der Vergabekammern ist ein hohes und unverzichtbares Gut und conditio sine qua non für die Effektivität des Rechtsschutzes. Anders als die richterliche Unabhängigkeit der Beschwerdeinstanz, die verfassungsrechtlich **garantiert** und historisch in der gesellschaftlichen Wahrnehmung und Praxis verankert ist, sind die **Vergabekammern,** die erste Instanz eines einheitlichen Rechtsweges, **in einem hierarchisch geordneten System der Exekutive**[19] angesiedelt, dem Weisungen und Eingriffe in laufende Entscheidungsprozesse eigen und in dem auch Einflussnahmen von außen auf Entscheidungsprozesse aufgabenimmanent sind. Weil aber die Vergabekammern lediglich **gerichtsähnliche Institutionen** sind[20] genießen sie verfassungsrechtlich nicht den Schutz der Judikative, weshalb die Unabhängigkeit der Kammern, damit sie sich ebenfalls als gesetzt und unantastbar in der allgemeinen Wahrnehmung und Behandlung der Vergabekammern festsetzt, zumindest des ausdrücklichen einfachgesetzlichen Schutzes bedarf.

14 Die Unabhängigkeit der Vergabekammer bzw. ihrer Mitglieder ist zudem durch das Unionsrecht in Art. 2 Abs. 9 UAbs. 2 RL 2007/66/EG abgesichert, durch den die Stellung der Mitglieder der Nachprüfungsstelle den Richtern, sowohl in Fragen, bezogen auf den Personenstatus – dort gelten „*die gleichen Bedingungen wie für Richter*" – als auch in Bezug auf die Qualifikationsvoraussetzungen, zumindest für den Vorsitzenden, angenähert wird.[21] Das setzt voraus, dass sowohl in der Einzelfallbearbeitung als auch generell, zB nach Fallkonstellationen geordnet, **keine Weisungen an die Vergabekammern** ergehen dürfen. Auf die Form der Weisung (Erlass, Verwaltungsvorschrift, Einzelweisung oÄ) kommt es nicht an. Ebenso verbieten sich **mittelbare Einflussnahmen,** zB über Arbeitszeitbegrenzungen oder andere organisatorische Einflussnahmen auf die Arbeitsabläufe, oder gar durch **Auflösung der Vergabekammer.**[22]

15 **3. Ausschluss wegen Befangenheit.** Spiegelbildlich korrespondiert die Unabhängigkeit der Vergabekammern mit deren **Pflicht zur Neutralität** gegenüber allen Beteiligten, auch wenn das GWB weder ausdrücklich noch durch Verweisung eine Regelung über **Ausschluss- und Befangenheitsgründe** oder ein **Ablehnungsverfahren** enthält.[23]

16 Nach welchen Vorschriften Befangenheitsanträge gegen Mitglieder der Vergabekammern zu behandeln sind, wird in der Rechtsprechung nicht einheitlich gehandhabt.[24] Nach hiesiger Auffassung ist für die Frage, ob **Befangenheit** vorliegt, für die Vergabekammern, die der Verwaltung zugeordnet sind, der Maßstab aus **§ 21 VwVfG** abzuleiten, der sich in seinen wesentlichen Grundsätzen jedoch nicht von den Regelungen über Befangenheit in den Gerichtsordnungen (§ 54 VwGO, der auf § 42 ZPO verweist) unterscheidet.

17 Nach allen genannten Regelungen reicht danach die **Besorgnis der Befangenheit** aus, tatsächlich befangen muss das angegriffene Kammermitglied nicht sein. **§ 21 VwVfG** und **§ 42 Abs. 2 ZPO** gehen übereinstimmend davon aus, dass eine Ablehnung wegen Besorgnis der Befangenheit stattzufinden hat, wenn ein Grund vorliegt, der geeignet ist, Misstrauen gegen die Unparteilichkeit eines Richters zu rechtfertigen. Schon der äußere Anschein von Befangenheit ist zu vermeiden.[25]

---

[18] BGH Beschl. v. 4.6.2009 – RiZ(R) 5/08, BGHZ 181, 268 = NJW 2010, 302 ff.
[19] BT-Drs. 18/6281, 159.
[20] BGH Beschl. v. 9.12.2003 – X ZB 14/03, NZBau 2004, 285 = VergabeR 2004, 414.
[21] *Burgi* NZBau 2020, 3, (5).
[22] OVG Hamburg Beschl. v. 30.6.2005 – 1 Bs 182/05, NVwZ 2005, 1447.
[23] OLG Naumburg Beschl. v. 31.1.2011 – 2 Verg 1/11.
[24] Vgl. OLG Düsseldorf Beschl. v. 23.1.2006 – VII-Verg 96/05, NZBau 2006, 598; OLG Frankfurt a. M. Beschl. v. 26.8.2008 – 11 Verg 8/08.
[25] EGMR Urt. v. 24.5.1989 – 10486/83, EuGRZ 93, 122.

Besorgnis der Befangenheit kann danach vorliegen, wenn ein Mitglied der Kammer mit der zu entscheidenden Materie schon vorher befasst war, ein eigennütziges Interesse an einem bestimmten Ausgang des Verfahrens bestehen kann, persönliche Bindungen zu einem oder mehreren Verfahrensbeteiligten bestehen oder auch sonst bei jedem Sachverhalt, der geeignet ist, die Neutralität der Entscheidung eines Kammermitglieds, auch die eines **ehrenamtlichen**,[26] in Frage zu stellen.

Die schon aus anderen Entscheidungen **bekannte Rechtsauffassung eines Kammermitgliedes** zu einem bestimmten Sachverhalt begründet **keine Besorgnis der Befangenheit**. Die rechtliche Bewertung eines Sachverhaltes gehört vielmehr zur Unabhängigkeit der Kammermitglieder und eine Kontinuität in der Rechtsprechung fördert die Rechtssicherheit bei den öffentlichen Auftraggebern wie bei den Unternehmen. Keine Befangenheit liegt deshalb in einer von den Vorstellungen des Antragstellers oder des öffentlichen Auftraggebers abweichenden Rechtsauffassung oder Verfahrensführung.[27] Soweit eine vertretene Rechtsauffassung nicht erkennbar sachfremd, unsinnig oder willkürlich ist, gehört es zur freien richterähnlichen Entscheidungsverantwortung der Kammer, sich eine rechtliche Meinung zu bilden und zu vertreten, ohne dass darauf die Besorgnis der Befangenheit gestützt werden könnte. Auch **rechtliche Hinweise** begründen die Besorgnis der Befangenheit in der Regel nicht, soweit sie von der richterlichen Aufklärungspflicht gedeckt sind,[28] selbst dann nicht, wenn einem Antragsteller in Würdigung der Prozessaussichten die **Rücknahme des Vergabenachprüfungsantrages** nahegelegt wird.[29]

Auch ausschließlich verfahrensleitende, sachdienlicher Hinweise können Gegenstand eines Ablehnungsantrages sein, wenngleich zB aus der Ablehnung eines Antrages auf Verlegung der mündlichen Verhandlung oder auf Verlängerung der Äußerungsfristen sowie der Entscheidung, in welchem Umfang Akteneinsicht gewährt wird, in der Regel keine Befangenheit der Kammermitglieder abgeleitet werden kann. Um eine Befangenheit zu begründen, müsste mit konkreten objektiven Tatsachen dargelegt werden, dass die erfolgten Verfügungen der Kammer gerade mit dem Ziel und Zweck der Benachteiligung einer Partei erfolgt sind. Die üblichen der Beschleunigung dienenden Terminierungen für Stellungnahmen und die mündliche Verhandlung sowie der regelmäßig von den Parteien kontrovers beurteilte Umfang der Akteneinsicht reichen dazu nicht aus.

Für die Behandlung von **Befangenheitsanträgen** gelten für die Vergabekammern die gleichen Regeln wie für klassische Gerichte. Das bedeutet, dass die Vergabekammer **nicht pauschal als Gremium** abgelehnt werden kann. Vielmehr müssen, wie gegenüber Gerichten, **für jedes einzelne Mitglied** die Gründe durch objektiv feststellbare Tatsachen dargelegt und glaubhaft gemacht werden, aus denen die Befangenheit abgeleitet wird.[30] Die Kammer entscheidet über die einzelnen Befangenheitsanträge **jeweils unter Ausschluss des angegriffenen Mitglieds** in voller Besetzung, also durch drei Mitglieder, was bedeutet, dass ein anderweitiges Kammermitglied anstelle des an der Entscheidung nicht zu beteiligenden Kammermitglieds mitzuwirken hat. Die Kammer führt das Nachprüfungsverfahren ggf. unter Einsatz der Vertretung des befangenen Mitglieds fort.[31] Deshalb ist es verfahrensfehlerhaft, wenn ein als befangen abgelehnter hauptamtlicher Beisitzer bei der Entscheidung über den Ablehnungsantrag gegen die Vorsitzende mitwirkt, obwohl bis zu diesem Zeitpunkt über den gegen ihn gerichteten Befangenheitsantrag noch nicht entschieden war.[32]

Sind alle Kammermitglieder zugleich angegriffen, kann dies dazu führen, dass die Entscheidung über die Befangenheitsanträge komplett in der Besetzung mit den Vertretungen getroffen werden muss. Sind zugleich auch die Vertretungen angegriffen, sodass für die Entscheidung über den Befangenheitsantrag keine Kammerentscheidung mehr zustande kommt, hat nach Auffassung des OLG Rostock[33] die für die Einsetzung der Vergabekammer zuständige Behörde über das weitere Verfahren zu entscheiden. Einer Befassung des Vergabesenates gem. § 54 Abs. 1 VwGO, § 45 Abs. 3 ZPO bedarf es daher auch in einer solchen Situation nicht.[34] In der Praxis ist die Ablehnung aller Mitglieder einer Kammer nur sehr selten vorgekommen. Die Entscheidung über den Befangenheitsantrag ist als **nicht selbständig anfechtbare Zwischenentscheidung** nicht separat, sondern nur zusammen mit der Hauptsacheentscheidung angreifbar.[35]

---

[26] OLG Düsseldorf Beschl. v. 14.11.2012 – VII-Verg 42/12.
[27] VK Hessen Beschl. v 21.3.2017 – 69d VK-49/2016.
[28] VK Düsseldorf Beschl. v. 8.3.2011 – VK-45/2010-F.
[29] OLG Frankfurt a. M. Beschl. v.26.8.2008 – 11 Verg 8/08.
[30] VK Bund Beschl. v. 18.8.2015 – VK 2–43/15.
[31] OLG Frankfurt a. M. Beschl. v. 2.3.2007 – 11 Verg 15/06.
[32] OLG Frankfurt a. M. Beschl. v. 2.3.2007 – 11 Verg 15/06; VK Hessen Beschl. v. 21.3.2017 – 69d VK-49/2016.
[33] OLG Rostock Beschl. v. 3.2.2021 – 17 Verg 7/20, NZBau 2021, 423 f.; OLG Naumburg Beschl. v. 31.1.2011 – 2 Verg 1/11; Beck VergabeR/*Horn/Hofmann* Rn. 28.
[34] OLG Rostock Beschl. v. 3.2.2021 – 17 Verg 7/20, NZBau 2021, 423 f.; OLG Naumburg Beschl. v. 31.1.2011 – 2 Verg 1/11; Beck VergabeR/*Horn/Hofmann* Rn. 28.
[35] OLG Naumburg Beschl. v. 31.1.2011 – 2 Verg 1/11.

22 Nach § 158 Abs. 2 S. 1 haben die Länder zwar die Organisationshoheit und damit das Recht (und die Pflicht!), Vergabekammern einzurichten und deren Organisation und Besetzung zu bestimmen. Unter die Organisationshoheit fällt aber nicht die – mittelbare oder faktische – Einschränkung der Weisungsfreiheit. Diese ist durch die bundesgesetzliche Regelung für die Länder unantastbar. Das Recht und die Pflicht, Vergabekammern einzurichten, bedeutet auch, dass eine Vergabekammer nicht wegen unliebsamer Entscheidungen aufgelöst und eine neue Kammer mit anderen Mitgliedern eingerichtet werden darf. Zwar dürfen im Rahmen genereller landesorganisatorischer Maßnahmen auch Standortentscheidungen oder Entscheidungen über die behördliche Anbindung verändert werden. Derartige Entscheidungen dürfen jedoch nicht zu einer dauer- oder regelhaften Behinderung der Kammermitglieder oder einer Funktionseinschränkung der Kammertätigkeit führen. Die Auflösung einer Kammer nur zur Disziplinierung der Kammermitglieder wäre rechtsmissbräuchlich.[36]

23 Fraglich ist auch, inwieweit ein Land verpflichtet sein kann, zur Sicherstellung der Unabhängigkeit, bei entsprechender **Auslastung der Vergabekammern mehrere Kammern einzurichten**, wie dies beim Bundeskartellamt geschehen ist. Für die Vergabekammern des Bundes ist in **§ 158 Abs. 1** normiert, dass die erforderliche Anzahl von Kammern einzurichten ist. Für die Länder konnte eine entsprechend klare Vorgabe wegen der Organisationshoheit der Länder nicht gemacht werden. Die Länder sind jedoch verpflichtet, Vergabekammern einzurichten, die in der Lage sind, die Nachprüfungsverfahren nach den gesetzlichen Bestimmungen des 4. Teils des GWB durchzuführen. Dazu gehört insbesondere auch der **Beschleunigungsgrundsatz (§ 167)**. Die jährlichen **statistischen Meldungen über Vergabenachprüfungsverfahren gem. § 184**[37] weisen kontinuierlich eine hohe Zahl an Verlängerungen der Entscheidungsfrist nach § 167 Abs. 1 aus, dies mag als Beleg für die **gewachsene Komplexität**[38] der Verfahren und eine **notorisch knappe Personalausstattung** der Kammern gewertet werden.

24 Führt die Auslastung der Vergabekammern dazu, dass die Frist des § 167 generell nicht mehr eingehalten werden kann, darf dies nicht zu einem Zwang oder Druck auf die Kammern führen, ihre Prüftiefe zu verringern. Die Unabhängigkeit der Kammern beinhaltet auch, dass **die Kammern in jedem einzelnen Verfahren unabhängig und eigenverantwortlich die Prüftiefe bestimmen**. Da § 158 Abs. 1 für den Bund von der erforderlichen Anzahl von Kammern spricht, ist die Möglichkeit und Notwendigkeit der Einrichtung mehrerer Kammern bei einer Behörde schon im Gesetz gesehen worden. In einigen Ländern gibt es mehrere Kammern. Das schließt jedoch nicht aus, dass zusätzlich weitere Kammern eingerichtet werden, wenn die Auslastung es erfordert. Von einer **Verpflichtung** zur Einrichtung wird man ausgehen müssen, wenn über einen längeren Zeitraum die Auslastung konstant oder mit steigender Tendenz die Einhaltung der Frist des § 167 ausgeschlossen hat. In diesem Fall darf der **Rechtsschutz nicht durch Unterausstattung ausgehöhlt** werden.

25 Unzweifelhaft unvertretbar ist, eine Vergabekammer personell teilweise sogar unbesetzt zu lassen und es damit hinzunehmen, dass dort keine Sachbearbeitung stattfindet.[39]

26 **4. Tätigkeit in eigener Verantwortung.** Die Kammern und ihre Mitglieder werden **in eigener Verantwortung** tätig und sind ausdrücklich **nur dem Gesetz unterworfen.** Sie haben daher nach § 97 Abs. 7 alle Bestimmungen über die Vergabe öffentlicher Aufträge, unabhängig davon, aus welchem Gesetz sie sich ergeben, nach bestem Verständnis zu würdigen. Die **nicht als Gesetze zu qualifizierenden Vergabe- und Vertragsordnungen** gehören nach dem Kaskadenprinzip zu den Bestimmungen über das Vergaberecht, sodass auch diese Regelungen Grundlage für die Entscheidungen der Vergabekammern und ihrer Mitglieder sein müssen. Hinzu treten die verfahrensrechtlichen Bestimmungen über das Nachprüfungsverfahren im GWB und für dort nicht geregelte Sachverhalte diejenigen aus allgemeinen Verfahrensgesetzen. Soweit die Nachprüfung eines Verfahrens Hinweise auf die Betroffenheit ganz anderer Gesetze erbringt (zB Strafrecht bei Hinweisen oder Verdacht auf Korruption), ist die Vergabekammer auch in der Würdigung und Entscheidung, ob der Sachverhalt ausreichend Substanz für die Einschaltung der Staatsanwaltschaft bietet, nur dem Gesetz und keinen Weisungen unterworfen. Die Mitglieder der Kammern sind daher, wie es die Richtlinie fordert, „unabhängig wie die Richter".

27 Die **Eigenverantwortlichkeit** verbietet die Übertragung der Entscheidung auf externe Dritte. Zulässig dürfte die Inanspruchnahme von fachspezifischen Expertenkenntnissen im konkreten Ein-

---

[36] OVG Hamburg Beschl. v. 30.6.2005 – 1 Bs 182/05.
[37] S. https://www.bmwi.de/Redaktion/DE/Artikel/Wirtschaft/vergabestatistik.html (zuletzt abgerufen am 1.8.2021).
[38] Burgi NZBau 2020, 3 (6).
[39] KG Beschl. v. 1.9.2014 – Verg 18/13, ZfBR 2014, 804; KG Beschl. v. 24.10.2013 – Verg 11/13, NZBau 2013, 792; KG Beschl. v. 17.2.2014 – Verg 8/13; KG Beschl. v. 1.9.2014 – Verg 18/13.

zelfall sein, wenn dies dazu dient, die Mitglieder der Kammer in den Stand zu setzen, selbst die speziellen fachlichen Fragen des Einzelfalles besser beurteilen zu können. Die in Nachprüfungsverfahren häufig streitige Frage, ob das wirtschaftlichste Angebot sachgerecht ausgewählt wurde, kann von der Prüfung und Bewertung sehr fachspezifischer Fragen aus den unterschiedlichsten Beschaffungsmärkten abhängen (ist die Lebensdauer einer bestimmten technischen Lösung richtig beurteilt, verfügt eine IT-Lösung über die versprochenen Funktionen, ist ein angebotenes Dienstleistungskonzept nachvollziehbar kalkuliert), sodass es sinnvoll sein kann, wenn sich die Mitglieder der Kammer über bestimmte fachliche Zusammenhänge vor ihrer Urteilsbildung informieren.

Sie sind jedoch zur eigenverantwortlichen Entscheidung verpflichtet und dürfen diese nicht **28** ihren Beratern oder Sachverständigen überlassen. Inwieweit das Nachprüfungsverfahren unter Berücksichtigung des Beschleunigungsgrundsatzes überhaupt der **Einschaltung von Sachverständigen** zugänglich ist, ist zweifelhaft. Wird von Seiten eines Verfahrensbeteiligten die Einholung eines Sachverständigengutachtens beantragt, sind für dessen Notwendigkeit von der entsprechenden Partei ausreichende Anknüpfungstatsachen vorzutragen.[40]

Im Gesetz ist die **Einholung eines Sachverständigengutachtens** nicht ausgeschlossen, in **29** der Praxis aber eher selten.[41] Soweit die Kammer in eigener Verantwortung Fehler oder Mängel bei der Auswertung der Angebote feststellt, wird sie das Verfahren zur erneuten Bewertung an den Auftraggeber zurückgeben. Grundsätzlich darf sie ihre eigene Wertung nicht an die Stelle der Wertung des öffentlichen Auftraggebers setzen, sie kann ihm aber aufgeben, die Wertung unter Berücksichtigung der mitgeteilten Rechtsauffassung der Kammer erneut vorzunehmen (vgl. § 168).

5. Das richterliche Haftungsprivileg. Das richterliche Haftungsprivileg **(Spruchrichter-** **30** **privileg)** gem. **§ 839 Abs. 2 S. 1 BGB** wurde für die Mitglieder der Vergabekammern nicht übernommen. Danach haftet ein Richter *„bei einem Urteil in einer Rechtssache"* nur dann, wenn die Amtspflichtverletzung mit der Verwirklichung eines Straftatbestandes einhergeht. Zu nennen sind hier insbesondere die vorsätzliche Rechtsbeugung sowie die Richterbestechlichkeit (vgl. §§ 339, 332 Abs. 2 StGB).

Einer ausdrücklichen Übernahme des **Spruchrichterprivileg** hätte es aber bedurft, da die der **31** Verwaltung zugeordneten Kammern keine Gerichte im verfassungsrechtlichen Sinne sind und ihre Beschlüsse ausdrücklich als Verwaltungsakte definiert wurden, sodass sie nicht unter den Wortlaut der Regelung fallen. Die Übernahme des Haftungsmaßstabs für die Vergabekammern wurde im Gesetzgebungsverfahren 2015/2016 auch diskutiert. So hatte der Bundesrat in seiner Stellungnahme[42] zur Novellierung des GWB gefordert, die Gründe für das sog. Spruchrichterprivileg in § 839 Abs. 2 BGB auf die Mitglieder der Vergabekammerdirekt zu übertragen und hatte vorgeschlagen, dem § 157 Abs. 4 folgenden Satz anzufügen: *„§ 839 Absatz 2 des Bürgerlichen Gesetzbuches gilt für die Tätigkeit der Mitglieder der Vergabekammer entsprechend."*

Der Gesetzgeber hat sich letztlich jedoch dagegen entschieden,[43] weil er die Kammermitglieder **32** durch **§ 839 Abs. 3 BGB** als ausreichend geschützt ansah. Nach § 839 Abs. 3 BGB entfällt der Schadensersatzanspruch, wenn es der Geschädigte unterlässt, den Schaden durch Gebrauch eines Rechtsmittels abzuwenden. Dieser Schutz steht auch allen nicht letztinstanzlich entscheidenden Richtern zu Gebote, sodass in logischer Konsequenz § 839 Abs. 2 S. 1 BGB auf die letztinstanzlich entscheidenden Richter beschränkt werden könnte. Insbesondere weil die Unabhängigkeit der Vergabekammern sich noch nicht als selbstverständlich in der Verwaltung und der allgemeinen Wahrnehmung etabliert hat, hat der Gesetzgeber hier die Chance vertan, die Stellung der Vergabekammern noch einmal deutlich zu machen und diese im Einklang mit der übrigen Ausgestaltung der Unabhängigkeit der Kammern und ihrer Mitglieder folgerichtig zu ergänzen.

Völlig außer Betracht geblieben ist, dass den Mitgliedern der Vergabekammern häufig vorgehalten **33** wird, welche Kosten die Verzögerung der Vergabeentscheidung durch das Nachprüfungsverfahren verursacht und welches Risiko mit der **Gewährung der Akteneinsicht**[44] verbunden ist, die regelmäßig in der ersten Instanz und damit vor den Vergabekammern gewährt wird. Insbesondere nach dem Urteil des EuGH zur Gerichtsqualität der Vergabekammern[45] ist die ohnehin nicht logische unterschiedliche Behandlung erstinstanzlicher Richter und der erstinstanzlich tätigen Kammermitglieder in einem gerichtlichen Verfahren nicht mehr gerechtfertigt. Letztlich führt dies dazu, dass für die in einem **einheitlichen Rechtszug tätigen Mitglieder** der Spruchorgane einem **unterschiedlichen Haftungsmaßstab** unterliegen.

---

[40] VK Rheinland Beschl. v 26.2.2020 – VK 46/19.
[41] S. exempl.: VK Mecklenburg-Vorpommern Beschl. v. 21.2.2012 – 1 VK 7/11.
[42] BR-Drs. 367/15, 10 ff.
[43] S. zur Begründung: BT-Drs. 18/6281, 170 ff.
[44] VK Südbayern Beschl. v. 19.12.2014 – Z3-3-3194-1-45-10/14.
[45] EuGH Urt. v. 18.9.2014 – C-549/13, NZBau 2014, 647 = VergabeR 2015, 28 ff.

IV. Besetzung (Abs. 2)

34 Abs. 2 regelt die personelle Besetzung der Kammern und die notwendige Qualifikation ihrer Mitglieder. Zunächst wird in S. 1 klargestellt, wie die Kammer **personell und funktional** besetzt sein muss. Danach besteht eine Kammer aus **drei Personen** in den Funktionen **Vorsitz, hauptamtlicher Beisitz** und **ehrenamtlicher Beisitz**.

35 Hinsichtlich der Qualifikation wird für die hauptamtlichen Mitglieder in S. 2 verlangt, dass sie Beamte auf Lebenszeit mit der Befähigung zum höheren Verwaltungsdienst oder vergleichbar fachkundige Angestellte sind. Die Befähigung zum höheren Verwaltungsdienst setzt als Regelqualifikation einen universitären Masterabschluss an einer Hochschule oder einen vergleichbaren Abschluss voraus und einen mit einer Laufbahnprüfung abgeschlossenen Vorbereitungsdienst. Genaueres regeln das Bundesbeamtengesetz (§ 17 Abs. 5 BBG) für den höheren Dienst des Bundes bzw. die entsprechenden Bestimmungen der Landesbeamtengesetze.[46]

36 Weiter verlangt S. 3, dass eine hauptamtliche Person die **Befähigung zum Richteramt** hat und als Regelfall wird bestimmt, dass dies die oder der Vorsitzende sein soll. Diese Vorgaben basieren auf Art. 2 Abs. 9 RL 89/665/EWG vom 21.12.1989.[47] Sie sind deshalb bei der Einrichtung und Organisation der Kammern auf Bundes- und Landesebene zu beachten und sollen den juristische Sachverstand des Spruchkörpers sicherstellen.[48] In der Praxis haben häufig beide hauptamtlich tätigen Mitglieder die Befähigung zum Richteramt, was der Materie durchaus angemessen, aber nach dieser Regelung nicht zwingend vorausgesetzt ist.

37 Für Personen, die nicht die Befähigung zum Richteramt haben, werden in **S. 4 gründliche Kenntnisse des Vergabewesens** gefordert. Dies zeigt sich am offensichtlichsten in einer berufspraktischen Erfahrung auf diesem Gebiet. Über **mehrjährige praktische Erfahrungen auf dem Gebiet des Vergabewesens** sollen auch die **ehrenamtlichen Mitglieder** der Kammern verfügen. Durch die Aufnahme der **ehrenamtlichen Beisitzer** in den Spruchkörper soll nach der Begründung der Bundesregierung[49] die Einbeziehung des Sachverstandes aus Wirtschaft und Vergabepraxis gewährleistet werden. Da die Kammern im Laufe eines Geschäftsjahres regelmäßig eine Vielzahl von Verfahren bearbeiten, verfügen sie in der Regel über einen Kreis von ehrenamtlichen Beisitzern aus verschiedenen beruflichen Sparten (zum **Vorschlagsrecht** → § 158 Rn. 12), sodass über die ehrenamtlichen Kammermitglieder auch der oft erforderliche materiespezifische Sachverstand für den konkreten Einzelfall herangezogen werden kann. Diese Qualifikationsanforderung fördert die Möglichkeiten der Kammer, ohne Sachverständige oder Gutachter (→ Rn. 6) auszukommen, wenn durch den ehrenamtlichen Beisitz das notwendige spezielle Fachwissen vorhanden ist. Ziel dieser Anforderungen ist, durch die in der Kammer vorhandene Qualifikation eine ebenso zügige wie kompetente und damit für die Betroffenen akzeptable Entscheidungen sicherzustellen.

38 Die im letzten S. 5 enthaltene Sonderregelung trägt sodann der Sensibilität der Vergaben im verteidigungs- und sicherheitsrelevanten Bereich Rechnung. Mit dem Gesetz zur Änderung des Vergaberechts für die Bereiche Verteidigung und Sicherheit (VergRVÄndG)[50] wurden Vorgaben der Richtlinie 2009/81/EG in nationales Recht umgesetzt und die Nachprüfungsmöglichkeit für die Vergabe von verteidigungs- oder sicherheitsspezifischen Aufträgen in das GWB eingeführt. In dem Gesetzentwurf der Bundesregierung wird die Einführung dieser Abweichung zu S. 1 damit begründet,[51] dass diese Besonderheit erforderlich ist, da Vergabeunterlagen, die Verschlusssachen umfassen, nur von sicherheitsüberprüften Personen bearbeitet werden dürfen. Ehrenamtliche Beisitzer, die sicherheitsüberprüft sind, stehen aber möglicherweise nicht immer kurzfristig vor Ort zur Verfügung. Auch ist ein Versand der Unterlagen an nichtortsansässige ehrenamtliche Beisitzer nicht ohne weiteres möglich, wenn die Unterlagen Verschlusssachen umfassen.

39 Die Organisation der Spruchkörper ähnelt deutlich einer Kammer beim Landgericht, was den gerichtsartigen Charakter der Vergabekammern unterstreicht. Ähnlich wie bei gerichtlichen Kammern besteht auch hier keine interne Hierarchie.

40 Der Vorsitz beinhaltet wie bei klassischen Gerichten lediglich die Befugnis zu verfahrensfördernden Maßnahmen wie zB Terminplanung für die mündlichen Verhandlungen und interne Geschäfts- oder Zuständigkeitsverteilung. Alle drei Mitglieder haben an verschiedenen Zwischenentscheidun-

---

[46] Einen guten Überblick über die Beamtengesetze der Länder gibt: https://www.landtag.brandenburg.de/media_fast/5701/20-11-2013_Einstellungsvoraussetzungen_hoeherer_Dienst_5-81.pdf (zuletzt abgerufen am 1.8.2021).
[47] Ebenso in der heutigen Fassung nach RL 2007/66/EG.
[48] BT-Drs. 13/9340, 17.
[49] Vgl. BT-Drs. 13/9340, 17.
[50] VergRVÄndG v. 7.12.2011, BGBl. 2011 I 2570 (Nr. 64); Geltung ab 14.12.2011.
[51] BT-Drs. 17/7275, 18.

gen (Beiladungs- und ggf. Beweisbeschlüsse, Antrag auf Gestattung des Zuschlags gem. § 115) und am abschließenden Beschluss mitzuwirken.

Die Kammern können durch ihre Geschäftsordnung bestimmen, dass der **Beschluss nur mit** **den Unterschriften der hauptamtlichen Mitglieder gültig** sein soll.[52] Das ist, da die ehrenamtlichen Mitglieder in der Regel nur zur mündlichen Verhandlung anwesend sind, in der Praxis üblich. Hier zeigt sich die Problematik der verschiedenen Verfahrensrechte im Verwaltungsverfahren und im Zivilprozess. Während ein Verwaltungsakt mit einer Unterschrift gültig ist, selbst wenn sie von einer unzuständigen Person geleistet wurde, verlangt die Zivilprozessordnung die Unterschriften des Gremiums. Diese Anforderung wurde als Formerfordernis auf die Beschlüsse der Kammern übertragen, obwohl sie Verwaltungsakte sind **(§ 168)**. Damit könnte allein durch die notwendige Einholung der Originalunterschrift des ehrenamtlichen Beisitzers das Beschleunigungsgebot verletzt werden und ggf. die **Ablehnungsfiktion des § 171** bei vollständig und ansonsten rechtzeitig vorliegender Entscheidung der Kammer eintreten. Nach der Rechtsprechung des BGH Beschl. v. 12.6.2001 – X ZB 10/01, VergabeR 2001, 286 = NZBau 2001, 517 ist es möglich, dieses Risiko für die Antragstellerseite durch die entsprechende Fassung der Geschäftsordnung auszuschalten. Die Vergabekammern haben von dieser Möglichkeit weitgehend Gebrauch gemacht. Die VK Rheinland-Pfalz[53] verweist in diesem Zusammenhang darauf, dass sich die Formerfordernisse, die an einen wirksamen Beschluss der Vergabekammer zu stellen sind, aus dem GWB und dem subsidiär unmittelbar anwendbaren Verwaltungsverfahrensgesetz ergeben. Für eine entsprechende Anwendung von § 315 Abs. 1 ZPO, § 173 VwGO bleibe mangels Regelungslücke kein Raum. Da die Vergabekammer Teil der Exekutive ist und durch Verwaltungsakt in einem Verwaltungsverfahren entscheidet, ist dieser Rechtsauffassung zuzustimmen. Gemäß § 37 Abs. 3 S. 1 VwVfG muss ein schriftlicher Verwaltungsakt zumindest die erlassende Behörde erkennen lassen und die Unterschrift oder die Namenswiedergabe des Behördenleiters oder seines Beauftragten enthalten. Demgemäß muss ein Beschluss der Vergabekammer die erlassende Behörde erkennen lassen und die Unterschrift des vorsitzenden Mitglieds enthalten. Die Unterschriften der an der Entscheidung mitwirkenden hauptamtlich und ehrenamtlich beisitzenden Mitglieder wären nach dieser Auffassung sogar entbehrlich.

V. Alleinentscheidungsrecht (Abs. 3)

§ 157 Abs. 3 regelt die Voraussetzungen, unter denen die Vergabekammer ein Verfahren dem Vorsitzenden oder dem hauptamtlichen Beisitzer zur **alleinigen Entscheidung** übertragen kann, sofern die Sache keine wesentlichen Schwierigkeiten in tatsächlicher oder rechtlicher Hinsicht aufweist und die Entscheidung nicht von grundsätzlicher Bedeutung sein wird.

Eine Übertragung eines Verfahrens auf ein **ehrenamtliches Mitglied** der Vergabekammer zu alleinigen Entscheidung ist aufgrund des eindeutigen Wortlauts nicht zulässig. Dahingegen ist es möglich, das Verfahren zur alleinigen Entscheidung auf ein hauptamtliches Mitglied der Vergabekammer zu übertragen, das **nicht die Befähigung zum Richteramt** hat. Dies ist deshalb rechtlich unbedenklich, weil gegen dessen Entscheidung uneingeschränkt die Beschwerde zulässig ist und sich somit eine Überprüfungsmöglichkeit durch ein **ordentliches Gericht** anschließt, wodurch den Anforderungen der Rechtsmittelrichtlinien[54] (Art. 2 Abs. 9 UAbs. 2 RL 89/665/EWG und Art. 2 Abs. 9 UAbs. 2 RL 92/13/EWG) Rechnung getragen wird (→ Rn. 3).

Abs. 3 dient der **Beschleunigung** des Nachprüfungsverfahrens und der **Entlastung der Vergabekammer** und ist den entsprechenden Regelungen der VwGO (vgl. § 6 Abs. 1 S. 1 VwGO) und der ZPO (vgl. § 348 Abs. 3 ZPO) zur Übertragung einer Sache auf den Einzelrichter nachgebildet. In einfach gelagerten Fällen ohne grundsätzliche Bedeutung soll nicht zwingend die gesamte Kammer tätig werden müssen, sondern eine alleinige Entscheidung durch ein hauptamtliches Mitglied möglich sein. Damit soll erreicht werden, dass die Kapazitäten der Kammer nicht durch einfache Fälle gebunden und für die komplexen Verfahren blockiert werden.[55]

1. Übertragung durch unanfechtbaren Beschluss. Die Übertragung erfolgt nach dem ausdrücklichen Wortlaut der Vorschrift **ohne mündliche Verhandlung** und **nur auf hauptamtliche Mitglieder** der Kammer durch **Beschluss der gesamten Kammer.** Dieser Beschluss ist nicht anfechtbar. Für das Verfahren bedeutet das, dass die Beteiligten vor der Beschlussfassung angehört werden können, nach dem Wortlaut der Vorschrift aber nicht zwingend angehört werden müssen. Die Unanfechtbarkeit des Beschlusses verhindert zeitraubende Nebenstreitigkeiten während des

---

[52] BGH Beschl. v. 12.6.2001 – X ZB 10/01, VergabeR 2001, 286 = NZBau 2001, 517.
[53] VK Rheinland-Pfalz Beschl. v. 6.1.2021 – VK 1-22/19.
[54] RL 89/665/EWG v. 21.12.1989 idF v. 11.12.2007, ABl. 2007 L 335, 31; RL 92/13/EWG v. 25.2.1992 idF v. 11.12.2007, ABl. 2007 L 335, 31.
[55] BT-Drs. 13/9340, 39.

Nachprüfungsverfahrens. Da gegen den Beschluss des allein entscheidenden Mitglieds uneingeschränkt die Beschwerde zulässig ist, entsteht den Beteiligten kein Nachteil.

46 Ist die Übertragung der Entscheidung auf ein einzelnes Mitglied erfolgt, hat dennoch ein kontradiktorisches Verfahren abzulaufen, denn durch die Übertragung des Verfahrens tritt dieses Mitglied an die Stelle der Vergabekammer und kann dementsprechend nur im Rahmen der eigentlichen Befugnisse der Kammer agieren. Eine mündliche Verhandlung kann damit nur unter den Voraussetzungen des § 166 Abs. 1 S. 3 entfallen und es ist eine vollinhaltliche Entscheidung abzufassen und zuzustellen. Der Aufwand für das konkrete Verfahren verringert sich nur dadurch, dass sich nicht die gesamte Kammer damit befasst.

47 Abs. 3 regelt nicht, ob eine **Rückübertragung** auf die gesamte Kammer möglich ist. Dies wird in der Literatur[56] überwiegend für zulässig gehalten, etwa für den Fall, dass sich bei der weiteren Bearbeitung des Verfahrens herausstellt, dass sich der Fall zur alleinigen Entscheidung entgegen der ursprünglichen Einschätzung nicht eignet. Das erscheint sachgerecht. Die Möglichkeit sollte jedoch auf Ausnahmen beschränkt bleiben, da der mehrfache Wechsel zwischen Gremium und allein entscheidendem Mitglied zur Unübersichtlichkeit des Verfahrens für die Beteiligten führt und willkürlich erscheinen kann, insbesondere, wenn er den Anschein erwecken sollte, nur dazu zu dienen, die Möglichkeit der Fristverlängerung nach § 167 Abs. 1 S. 2 herzustellen.

48 **2. Zeitpunkt der Übertragung.** Die Vorschrift trifft keine Aussage zum **Zeitpunkt der Übertragung**, sodass hier nach den Gegebenheiten des Einzelfalles dies sowohl gleich zu Beginn als auch noch zu einem späteren Zeitpunkt erfolgen kann, beispielsweise auch noch nach Durchführung der mündlichen Verhandlung. Den effektivsten Nutzen für die Entlastung der Kammer hat jedoch eine möglichst frühe Übertragung. Zu berücksichtigen ist, dass die **Übertragung durch die Kammer** erfolgen muss. Die Kammermitglieder müssen sich vor Beschlussfassung mit dem Akteninhalt vertraut gemacht und sich über die Frage, ob ein einfach gelagerter Fall vorliegt, ein Bild gemacht haben, um dann die Entscheidung treffen zu können, die als **Beschluss mit – wenn auch kurzen – Entscheidungsgründen** abgefasst werden muss. Angesichts dieses Aufwandes, mit dem auch eine Bearbeitung des Verfahrens in der Sache vorbereitet wird, hat die Übertragung auf ein hauptamtliches Mitglied der Kammer in der Praxis nur einen **geringen Entlastungs- und Beschleunigungseffekt**.

49 **3. Voraussetzungen der Übertragbarkeit.** Die Übertragung kommt nur in Betracht, sofern die Sache **keine wesentlichen Schwierigkeiten in tatsächlicher oder rechtlicher Hinsicht** aufweist **und** die Entscheidung **nicht von grundsätzlicher Bedeutung** sein wird. Auf Grund der Verknüpfung mit „und" müssen beide Voraussetzungen **kumulativ** gegeben sein. **Keine wesentlichen Schwierigkeiten** in tatsächlicher oder rechtlicher Hinsicht sind gegeben, wenn es sich um eine durchschnittliche und einfach gelagerte Angelegenheit mit typischen Sachverhalts- und geklärten Rechtsfragen handelt. Ob die Sache **keine wesentlichen Schwierigkeiten** aufweist, ist **im konkreten Einzelfall** zu entscheiden. Schon auf Grund der Schwellenwerte haben die Vergabekammern, für die die Vergabekammer zuständig sind, **regelmäßig wirtschaftlich bedeutsame Aufträge** zum Gegenstand. Den Vergabeverfahren liegen daher oft komplexe Ausschreibungsunterlagen und umfangreiche Wertungsverfahren zugrunde. Auf Grund der Individualität der Verfahren treten häufig rechtlich noch nicht gesichert beurteilte Sachlagen hinzu, sodass die Übertragung zur Alleinentscheidung der Ausnahmefall bleiben wird.

50 Von **grundsätzlicher Bedeutung** sind Nachprüfungsverfahren, wenn im Rahmen der Entscheidung Rechtsfragen zu klären sind, die Bedeutung über den Einzelfall hinaus haben. Dies war und ist in der sich ständig fortentwickelnden Materie des Vergaberechts relativ häufig der Fall.

51 Die Übertragung zur Alleinentscheidung birgt ein weiteres **Verfahrensrisiko**, das das Ziel, bestandskräftige Entscheidungen der Vergabekammern herbeizuführen, gefährden kann. So können sich in Sachen, die zunächst keine wesentlichen Schwierigkeiten aufweisen, solche aber bei näherer Prüfung des Verfahrens ergeben und eine zeitintensivere Befassung als ursprünglich angenommen erfordern. Fraglich ist, ob in einem solchen Fall das allein entscheidenden Mitglied sodann die fünfwöchige Entscheidungsfrist gem. **§ 167 Abs. 1 S. 2** verlängern kann, was nach dem dortigen Wortlaut nur möglich ist, wenn die Sache eine **besondere tatsächliche und rechtliche Schwierigkeit aufweist.** Da aber die Übertragung zur Alleinentscheidung voraussetzt, dass die Sache **keine** wesentlichen Schwierigkeiten in tatsächlicher oder rechtlicher Hinsicht aufweist, ist eine Fristverlängerung nach § 167 Abs. 1 S. 2 eigentlich ausgeschlossen. Würde sie trotzdem erfolgen, wäre dies eine widersprüchliche Bewertung der Schwierigkeit der Sache durch die Kammer, die einen Verfahrensfehler darstellen kann.

52 Einzig unproblematisch erscheint deshalb **Kostenentscheidungen nach Antragsrücknahmen** oder **Erledigungen auf andere Art** einem hauptamtlichen Mitglied zur alleinigen Entschei-

---

[56] Reidt/Stickler/Glahs/*Reidt* Rn. 19 mwN; *Portz/Steck* in KKPP GWB Rn. 55.

dung zu übertragen, da diese Entscheidungen nicht mehr der Frist des § 167 unterliegen und überwiegend keine Fragen von grundsätzlicher Bedeutung enthalten.

Insgesamt findet die Möglichkeit der Übertragung einer Sache zur alleinigen Entscheidung auf Grund der – nicht immer von Anfang an zu erkennenden – Komplexität der Sachen, der häufig bestehenden grundsätzlichen Bedeutung und der sich gegenseitig ausschließenden Voraussetzungen der § 157 Abs. 3 und § 167 Abs. 1 S. 2 in der Praxis selten Anwendung. 53

4. Amtsdauer, Unabhängigkeit der einzelnen Mitglieder der Vergabekammer (§ 157 Abs. 4). a) Fünfjährige Amtszeit (S. 1). § 157 Abs. 4 S. 1 bestimmt, dass die Mitglieder der Vergabekammer für eine **Amtszeit von fünf Jahren** bestellt werden. Da S. 1 ohne Differenzierung „die Mitglieder" in Bezug nimmt, gilt er für hauptamtliche und ehrenamtliche Mitglieder gleichermaßen. Sie können in dieser Zeit also nicht (beispielsweise wegen einer bestimmten getroffenen oder zu erwartenden Entscheidung) gegen ihren Willen kurzfristig abberufen, umgesetzt oder versetzt werden.[57] Dies ergibt sich daraus, dass sich § 157 in seiner Konzeption und Ausgestaltung bewusst an Art. 97 Abs. 1 und 2 GG und § 25 DRiG anlehnt, die die **richterliche Unabhängigkeit** statuieren. Insoweit lässt sich die Unzulässigkeit einer kurzfristigen Abberufung auch aus § 19 bzw. § 26 Abs. 2 DRiG ableiten. So beschränkt zum einen § 19 DRiG die Möglichkeiten der Rücknahme einer Ernennung auf abschließend normierte Nichtigkeits- und Rücknahmetatbestände. Zum anderen beschränkt § 26 Abs. 2 DRiG die Dienstaufsicht auf die Befugnis, einem Richter die ordnungswidrige Art der Ausführung eines Amtsgeschäfts vorzuhalten und zu ordnungsmäßiger, unverzögerter Erledigung der Amtsgeschäfte zu ermahnen (→ Rn. 13 ff.).[58] 54

Wenn ein Kammermitglied von sich aus ausscheiden möchte, ist eine einvernehmliche Regelung jedoch möglich. Die Regelung der Amtszeit hat zum einen eine Schutzfunktion für die **Unabhängigkeit der einzelnen Kammermitglieder**. Zudem soll die 5jährige Amtszeit **Kontinuität in der Spruchpraxis** gewährleisten und damit zu Rechtssicherheit im Vergabewesen beitragen.[59] Wegen des eindeutigen Wortlauts nicht der Auslegung zugängig ist die Fünf-Jahres-Frist, weder eine längere noch eine kürzere Amtszeit ist mithin zulässig.[60] 55

§ 157 Abs. 4 enthält keine Aussage zu der **Möglichkeit einer erneute Bestellungen** bereits tätiger Kammermitglieder. Dies ist nicht nur **uneingeschränkt zulässig,** sondern aus Gründen der Kontinuität durchaus sinnvoll, da die Qualität der Entscheidungen sich gerade aus der Erfahrung der Kammermitglieder ergeben kann. 56

Der Bestellungszeitraum von fünf Jahren sichert neben der **Kontinuität in der Spruchpraxis** auch die Unabhängigkeit und **Funktionsfähigkeit der Vergabekammer.** Wesentlich kürzere Bestellungszeiträume, die häufigen Personalwechsel, in der Praxis oft mit Vakanz-Phasen verbunden, zur Folge hätten, würden den Aufbau von Routine und Erfahrung verhindern, die Bearbeitungszeit in den Nachprüfungsverfahren belasten und könnten bei längerer Suche nach erneuter Besetzung die rechtliche Existenz der Kammer gefährden, wenn die gesetzlich erforderlichen zwei hauptamtlichen Mitglieder nicht mehr bestellt sind. Vor diesem Hintergrund erscheint eine Verlängerung der Amtszeit auf acht Jahre wünschenswert und sinnvoll.[61] 57

Da das Gesetz ausdrücklich eine Bestellung für fünf Jahre vorsieht, genügt die Bestellung von Personen, bei denen von vornherein eine kürzere Verweildauer feststeht (zB Einsatz im Rahmen einer befristeten Qualifizierungsmaßnahme) den gesetzlichen Anforderungen nicht und ist allenfalls als Notmaßnahme zur Überbrückung eines temporären Engpasses akzeptabel. 58

b) Unabhängigkeit der einzelnen Kammermitglieder (S. 2). Die Unabhängigkeit der einzelnen Mitglieder der Vergabekammern ergibt sich aus Abs. 4 S. 2. In Ergänzung zu § 157 Abs. 1 regelt Abs. 4 S. 2 nicht die Weisungsunabhängigkeit der Vergabekammer als Gremium, sondern die **persönliche Unabhängigkeit** und **Weisungsungebundenheit der einzelnen Mitglieder.** 59

Ebenso wie der Kammer als Ganzes darf auch den einzelnen Mitgliedern **keine Weisung** erteilt und **kein Druck in anderer Form** ausgeübt werden, um eine bestimmte Entscheidung herbeizuführen. Das gilt für Einzelfälle ebenso die für generelle Handhabungen und betrifft die hauptamtlichen Mitglieder ebenso wie die ehrenamtlichen Mitglieder der Kammer. 60

Auch **mittelbarer Druck** durch Inaussichtstellen von Vor- oder Nachteilen dienstlicher Art im Zusammenhang mit der Spruchpraxis, zB der unverbindliche Hinweis auf die nächste Beurteilung oder den möglichen beruflichen Einsatz nach Ablauf der Amtszeit in der Vergabekammer sowie die Übertragung zusätzlicher und damit zeitlich konkurrierender Aufgaben haben zu unterbleiben. 61

---

[57] OVG Hamburg Beschl. v. 30.6.2005 – 1 Bs 182/05, NVwZ 2005, 1447.
[58] S. dazu *Burgi* NZBau 2020, 3 (5).
[59] BT-Drs. 13/9340, 17.
[60] *Burgi* NZBau 2020, 3 (5).
[61] *Burgi* NZBau 2020, 3 (5).

Zulässig ist die Bindung an allgemeine Regeln, die mit der Art und Weise der Amtsausübung nichts zu tun haben, wie zB die Verpflichtung zur Teilnahme an bestimmten Arbeitszeitregelungen (zB Gleitzeit) oder die Verpflichtung, Abwesenheitszeiten anzuzeigen (zB Krankmeldungen abzugeben).

62 Unzulässig wäre jedoch jede Weisung zur Beschränkung der eingesetzten Arbeitszeit (Verbot von oder Höchstgrenze für Überstunden), da dies Auswirkungen auf die Ausübung der Tätigkeit haben kann, weil es beispielsweise zu Verkürzung der Prüfungsmöglichkeiten führen könnte.

VI. Geschäftsstelle

63 § 157 enthält keine Ausführungen zu den Geschäftsstellen. Wie bei den verfahrensrechtlichen Regelungen kann hierzu auf Analogien zur Rechtslage für die Gerichte nach dem Gerichtsverfassungsgesetz (GVG) zurückgegriffen werden. Der Rückgriff auf eine Analogie ist zulässig, wenn eine Regelungslücke besteht, die ersichtlich vom Gesetzgeber nicht gewollt war. Davon ist hier auszugehen. Die Vergabekammern sind wie Gerichte verfasst und als **Gerichte iSv Art. 267 AEUV** anerkannt (→ Rn. 5). Die in Abs. 2 enthaltene Besetzungsvorschrift befasst sich ausdrücklich nur mit der Besetzung der Spruchkörper und nicht mit der organisatorischen Ausgestaltung der Vergabekammern. Das entspricht der Systematik anderer Verfahrensrechte, in denen die Einrichtung einer Geschäftsstelle nicht ausdrücklich angesprochen ist. Das erübrigt sich deshalb, weil die Einrichtung von Geschäftsstellen bei jedem Gericht und jeder Staatsanwaltschaft mit der jeweils erforderlichen Zahl von Urkundsbeamten schon in § 153 GVG vorgegeben ist. In der **VwGO** wird dieses Erfordernis in § 13 VwGO wiederholt, in der **ZPO** wird aus § 49 ZPO deutlich, dass die Existenz von Geschäftsstellen als gegeben angesehen wird. Da die Arbeit der Vergabekammern in Anforderungen und Struktur der Arbeit einer Kammer bei einem Landgericht entspricht und **zusätzlich dem Beschleunigungsgrundsatz unterliegt**, liegt es auf der Hand, dass der Gesetzgeber die hauptamtlichen Kammermitglieder nicht mit Geschäftsstellentätigkeit befassen wollte.

64 Die klare Regelung in **§ 153 GVG für die Gerichtsbarkeit** und die Staatsanwaltschaften und die selbstverständliche Erforderlichkeit legen nahe, dass der Gesetzgeber die Notwendigkeit einer weiteren eigenständigen Erwähnung der Geschäftsstelle nicht angenommen hat. Daraus zu schließen, dass Geschäftsstellen bei Vergabekammern nicht vorgesehen oder nicht gewollt seien, lässt sich aus Abs. 2 jedoch nicht ableiten. Soweit die **Einrichtung und Besetzung von Geschäftsstellen** daher überhaupt weiterer Begründung bedürfen, kann dazu auf **§ 153 GVG analog** zurückgegriffen werden.

65 Für die **Qualität der Besetzung** verlangt § 153 GVG eine **abgeschlossene Ausbildung für den mittleren Verwaltungsdienst**. Diese Anforderung entspricht ebenfalls den Bedürfnissen einer Geschäftsstelle bei den Vergabekammern und den dort anfallenden Aufgaben und kann daher auch zum Maßstab für die Besetzung der Geschäftsstellen dort gemacht werden.

§ 158 Einrichtung, Organisation

(1) ¹Der Bund richtet die erforderliche Anzahl von Vergabekammern beim Bundeskartellamt ein. ²Einrichtung und Besetzung der Vergabekammern sowie die Geschäftsverteilung bestimmt der Präsident des Bundeskartellamts. ³Ehrenamtliche Beisitzer und deren Stellvertreter ernennt er auf Vorschlag der Spitzenorganisationen der öffentlich-rechtlichen Kammern. ⁴Der Präsident des Bundeskartellamts erlässt nach Genehmigung durch das Bundesministerium für Wirtschaft und Energie eine Geschäftsordnung und veröffentlicht diese im Bundesanzeiger.

(2) ¹Die Einrichtung, Organisation und Besetzung der in diesem Abschnitt genannten Stellen (Nachprüfungsbehörden) der Länder bestimmen die nach Landesrecht zuständigen Stellen, mangels einer solchen Bestimmung die Landesregierung, die die Ermächtigung weiter übertragen kann. ²Die Länder können gemeinsame Nachprüfungsbehörden einrichten.

Übersicht

	Rn.			Rn.
I. Normzweck	1	2.	Einrichtung, Besetzung und Geschäftsverteilung durch den Präsidenten des Bundeskartellamts (S. 2)	8
II. Entstehungsgeschichte	2			
III. Vergabekammern des Bundes (Abs. 1)	6	3.	Ernennung der ehrenamtlichen Beisitzer (S. 3)	11
1. Sitz und Anzahl der Vergabekammern beim Bundeskartellamt (S. 1)	6	4.	Geschäftsordnung (S. 4)	16

III. Vergabekammern des Bundes (Abs. 1)   1–6 § 158 GWB

	Rn.			Rn.
IV. Vergabekammern der Länder (Abs. 2)	19	**V.**	**Einrichtung der erforderlichen**	
1. Einrichtung, Organisation und Besetzung (S. 1)	19		**Anzahl an Vergabekammern auf Länderebene**	24
2. Keine gemeinsamen Nachprüfungsbehörden mehrerer Länder (S. 2)	23			

I. Normzweck

§ 158 regelt die Verantwortung für die Einrichtung und Organisation der Vergabekammern des 1
Bundes und der Länder. Dabei normiert Abs. 1 explizit die Einrichtung der Vergabekammern des
Bundes, deren Besetzung und interne Organisation, einschließlich der Ernennung der ehrenamtlichen Beisitzer durch den Präsidenten des Bundeskartellamts und des Erlasses einer Geschäftsordnung.
Abs. 2 enthält die für die Nachprüfungsbehörden der Länder entsprechenden Regelungen.

II. Entstehungsgeschichte

Mit Inkrafttreten des Vierten Teils des GWB mit dem VgRÄG[1] zum 1.1.1999 wurden die 2
Vergabekammern, in Ablösung der bisher tätigen **Vergabeüberwachungsausschüsse** gegründet.
Regelungen über deren Einrichtung und Organisation wurden dabei in § 106 (aF)[2] zusammengefasst.
Nach der Gesetzesbegründung war es ua Ziel der Regelung, die schon bewährten Vergabeüberwachungsausschüsse für den neuen Rechtsschutz nutzbar zu machen und die dazu notwendigen Veränderungen festzulegen.[3]

Die Vergabekammern des Bundes sollten ausweislich der Gesetzesbegründung[4] zunächst mit 3
dem Personal besetzt werden, das bis dahin im Vergabeüberwachungsausschuss tätig war. Die weitere
Personalausstattung sollte sich dann nach dem sich abzeichnenden Bedarf und dem Grad der Inanspruchnahme der Kammer richten.

Abs. 2 S. 2 enthielt ursprünglich zunächst neben der organisatorischen Verpflichtung zur Einrich- 4
tung von Nachprüfungseinrichtungen auf Länderebene Anforderungen an die Qualifikation der Mitglieder der Vergabekammern, die von denen auf Bundesebene deutlich abwichen. Nach der alten Regelung von § 106 Abs. 2 S. 2 musste die Besetzung der **Länderkammern** abweichend von dem
damaligen § 105 Abs. 2 nur gewährleisten, dass **mindestens** ein Mitglied die Befähigung zum Richteramt besaß und **nach Möglichkeit** gründliche Kenntnisse des Vergaberechts vorhanden waren. Für die
weiteren Mitglieder wurden weder die Befähigung zum höheren Verwaltungsdienst noch gründliche
Kenntnisse im Vergabewesen oder eine mehrjährige praktische Erfahrung auf dem Gebiet des Vergaberechts gefordert. Den Ländern sollte damit bei der Einrichtung der Kammern ua im Hinblick auf die
bestehenden haushaltswirtschaftlichen Sparzwänge[5] mehr Spielraum eingeräumt werden. Es spricht
einiges dafür, dass zunächst die quantitative und die qualitative Inanspruchnahme der Länderkammern
unterschätzt wurde, obwohl es in mehreren Ländern schon Vergabeüberwachungsausschüsse gegeben
hatte, aus deren Tätigkeit man Rückschlüsse hätte ziehen können. Aus der Natur der Sache waren die
geringeren Qualifikationsanforderungen an die Mitglieder der Vergabekammern auf Länderebene
jedenfalls nicht gerechtfertigt, da Schwierigkeit und Bedeutung eines Nachprüfungsverfahrens nicht
davon abhängen, ob es in die Zuständigkeit der Bundes- oder der Länderkammern fällt.

Durch das Vergaberechtsmodernisierungsgesetz 2009[6] wurde § 106 Abs. 2 S. 2 aF gestrichen. 5
S. 2 bekam infolgedessen den Inhalt, dass Länder auch gemeinsame Kammern einrichten können.
Mit der Regelung in § 105 Abs. 2 (heute **§ 157 Abs. 2**) gelten für die Vergabekammern der Länder
dieselben Qualifikationsanforderungen wie für die Bundeskammern. Mithin ergänzt und sichert
§ 158 neben § 157 nochmals den qualitativen Standard bei der personellen Ausstattung der Kammern. Im Zuge des VergaberechtsmodernisierungsG 2016 wurde in § 158 (§ 106 aF) sodann lediglich
die Bezeichnung des zuständigen Bundesministeriums[7] aktualisiert.

III. Vergabekammern des Bundes (Abs. 1)

1. Sitz und Anzahl der Vergabekammern beim Bundeskartellamt (S. 1). Die Einrich- 6
tung der Vergabekammern des Bundes beim Bundeskartellamt knüpft an die dort schon vorher

---
[1] Vergaberechtsänderungsgesetz v. 29.5.1998, BGBl. 1998 I 2512.
[2] Vgl. BGBl. 2005 I 2114 ff.
[3] BT-Drs. 13/9340, 17.
[4] BT-Drs. 13/9340, 13.
[5] BT-Drs. 13/9340, 39 f.
[6] BGBl. 2009 I 790 ff.
[7] Seit dem 17.12.2013 „Bundesministerium für Wirtschaft und Energie", zuvor „Bundesministerium für Wirtschaft und Technologie".

tätigen Vergabeüberwachungsausschüsse an. Das Bundeskartellamt ist eine selbstständige Bundesoberbehörde mit dem Sitz in Bonn und gehört zum Geschäftsbereich des Bundesministeriums für Wirtschaft und Energie (§ 51). Für die dortige Einrichtung sprach, dass es Ziel des Gesetzgebers war, den Vergaberechtsschutz unter dem Blickwinkel der Beschleunigung ähnlich auszugestalten wie den bereits erprobten Rechtsschutz gegen Entscheidungen der Kartellbehörden.[8]

7 Neben der Standortbestimmung enthält Abs. 1 die gesetzliche Maßgabe, *„die erforderliche Anzahl"* von Vergabekammern einzurichten. Die *erforderliche Anzahl* von Vergabekammern ist letztlich abhängig von der Anzahl der Vergabenachprüfungsverfahren, die über einen längeren Zeitraum betrachtet, durchschnittlich zu bearbeiten sind und davon, dass stets gewährleistet sein muss, dass die in § 167 gesetzlich vorgeschriebene Verfahrensdauer grundsätzlich eingehalten werden kann. Die **Zahl der eingerichteten Vergabekammern** schwankte bisher zwischen zwei und drei Kammern, wobei sich die zeitweise Erforderlichkeit der 3. Kammer aus der Auslastung der 1. und 2. Kammer ergab. Derzeit sind beim Bundeskartellamt zwei Vergabekammern eingerichtet.[9]

8 **2. Einrichtung, Besetzung und Geschäftsverteilung durch den Präsident des Bundeskartellamts (S. 2).** Eine besondere Rolle kommt dem **Präsidenten des Bundeskartellamtes** zu, der nicht Mitglied der Vergabekammern ist. In seiner Funktion als Leiter der Behörde, bei der die Kammern eingerichtet sind, ist er für die Auswahl und Ernennung der hauptamtlichen Kammermitglieder zuständig. Dabei hat er die sich aus § 157 Abs. 2 S. 2–4 ergebenden Qualifikationsanforderungen der zur Entscheidung berufenen Mitglieder einer Vergabekammer zu berücksichtigen. Hinsichtlich der **Qualifikation** wird für die hauptamtlichen Mitglieder verlangt, dass sie **Beamte auf Lebenszeit** mit der **Befähigung zum höheren Verwaltungsdienst** oder vergleichbar **fachkundige Angestellte** sind. Weiter verlangt § 157 S. 3, dass eine hauptamtliche Person die **Befähigung zum Richteramt** hat und als Regelfall wird bestimmt, dass dies die oder der Vorsitzende sein soll. Die Mitglieder der Vergabekammer sind für eine **Amtszeit von fünf Jahren** zu bestellen und können gegen ihren Willen nicht versetzt, umgesetzt oder abberufen werden (→ § 157 Rn. 14 ff.).

9 Zudem bestimmt er die **Geschäftsverteilung zwischen den Kammern.** Diese ist dabei an sachlichen Kriterien, wie beispielsweise an fachspezifischen Erfahrungen oder der Reihenfolge der Eingänge auszurichten. Die **Geschäftsverteilung** zwischen den Kammern ordnet die eingehenden Nachprüfungsanträge den einzelnen Kammern nach einer neutralen Systematik zur Bearbeitung zu und gleicht in Art und Funktion der Geschäftsverteilung bei Gerichten. Die Frage, ob es für die der Verwaltung zugeordneten Vergabekammern einen Anspruch analog dem Anspruch an den gesetzlichen Richter gibt, kann offen bleiben, da jedenfalls auch in einer der Verwaltung zugeordneten Kammer deren Handeln in seinen Abläufen neutral, transparent, das Gleichbehandlungsgebot wahrend und vorhersehbar sein muss. Bei Einrichtung mehrerer Kammern an einem Standort oder bei einer Behörde ist daher eine transparente Geschäftsverteilung unumgänglich.

10 Der Präsident ist jedoch nicht befugt, die Geschäftsverteilung **innerhalb der Vergabekammer zu bestimmen.** Die entsprechende interne Organisation obliegt der Kammer selbst und gehört zum Kernbereich ihrer gesetzlich garantierten, institutionellen Unabhängigkeit (vgl. § 157).

11 **3. Ernennung der ehrenamtlichen Beisitzer (S. 3).** Der Präsident **ernennt die ehrenamtlichen Beisitzer** und deren Stellvertreter auf Vorschlag der Spitzenorganisationen der öffentlichrechtlichen Kammern (Abs. 1 S. 3).

12 Der **Ernennung der ehrenamtlichen Mitglieder** geht ein **Vorschlagsrecht der Spitzenorganisationen** der öffentlich-rechtlichen Kammern voraus, um auch die Sichtweise des Marktes in die Entscheidungsfindung einfließen zu lassen. **Zum Vorschlag befugt** sind danach der Deutsche Industrie- und Handelskammertag (DIHT), der Zentralverband des Deutschen Handwerks (ZDH), der Deutsche Handwerkskammertag, die Bundesarchitektenkammer (BAK), die Bundesingenieurkammer und weitere vergleichbare Institutionen. Das Vorschlagsrecht der Spitzenorganisationen hatte auch schon bei den früheren, ebenso beim Bundeskartellamt verankerten Vergabeüberwachungsausschüssen bestanden und sollte absichtlich so beibehalten werden.[10]

13 Nur aus dem Kreis der von diesen Organisationen vorgeschlagenen Personen darf der Präsident des Bundeskartellamtes die ehrenamtlichen Mitglieder der Kammern und ihre Vertretungen benennen. Die Geschäftsordnung der Bundeskammern sieht für den Einsatz der ehrenamtlichen Mitglieder, die namentlich auf einer Liste geführt werden, ein **Rotationsprinzip** vor. Danach kommen die ehrenamtlichen Mitglieder in der Reihenfolge, die sich aus der Liste ergibt, zum Einsatz, bei Verhinderung der jeweils Nächste auf der Liste.

---

[8] BT-Drs. 13/9340, 13.
[9] https://www.bundeskartellamt.de/DE/Vergaberecht/vergaberecht_node.html (zuletzt abgerufen am 20.12.2020).
[10] BT-Drs. 13/9340, 13.

Wie bei der Auswahl und Ernennung der hauptamtlichen Kammermitglieder, sind auch bei der Ernennung der ehrenamtlichen Mitglieder die Vorgaben des § 157 zu beachten. Diese sollen über **mehrjährige praktische Erfahrungen auf dem Gebiet des Vergabewesens** verfügen. Ausweislich der aktuellen Geschäftsordnung[11] (vgl. § 1) gehören einer Kammer mindestens vier ehrenamtliche Beisitzer an. Die Beisitzer können auch mehreren Kammern angehören.

4. Geschäftsordnung (S. 4). Der Präsident des Bundeskartellamtes erlässt zudem, nach Genehmigung durch das Bundesministerium für Wirtschaft und Technologie, eine **Geschäftsordnung**[12] über die internen Abläufe in den Vergabekammern (Abs. 1 S. 4).

Die **Geschäftsordnung** bestimmt die internen Abläufe und den Geschäftsgang während der Durchführung eines Nachprüfungsverfahrens, soweit sich diese Abläufe nicht zwingend aus dem Gesetz ergeben. Sie enthält zudem auch organisatorische Regelungen, zB zum Geschäftsjahr oder zu Vertretungsregelungen innerhalb einer Vergabekammer und der Kammern untereinander.

Sie ist vor Erlass dem zuständigen Ministerium zur Genehmigung vorzulegen. Genannt ist hier das Ministerium für Wirtschaft und Energie. Sachlich fällt die Genehmigung der Geschäftsordnung in das Ressort Wirtschaft. Sollten die Ressorts unter veränderten Regierungsverhältnissen neu geordnet werden, bedürfte es daher nicht zwingend einer Änderung dieser Vorschrift, sondern es verbleibt bei der Zuständigkeit des Wirtschaftsressorts.

IV. Vergabekammern der Länder (Abs. 2)

1. Einrichtung, Organisation und Besetzung (S. 1). Für die Einrichtung, Organisation und Besetzung der Vergabekammern der Länder sind die Länder zuständig. Abweichend von der Regelung für den Bund können die Länder diese Befugnis delegieren, was in einigen Bundesländern geschehen ist. Verschiedene Länder haben die Einrichtung auf Ebene der Landesoberbehörden[13] oder Mittelbehörden[14] delegiert (→ § 155 Rn. 7). Eine regelmäßig aktualisierte Übersicht über die Adressen und Kontaktdaten aller Vergabekammern, sowie weiterführende Links hierzu, stellt das Bundeskartellamt auf seiner Homepage zur Verfügung.[15]

Dem Gestaltungsrecht der Länder entzogen sind die bundesgesetzlichen Vorgaben des § 157 mit seinen Anforderungen an die Qualifikation der Kammermitglieder sowie den Regelungen zur Unabhängigkeit und Amtszeit.

Weitere Grenzen der Gestaltungsfreiheit der Länder ergeben sich aus den §§ 160 ff. sowie den ergänzend zu berücksichtigenden Verfahrensrechten, die im Kern eine bestimmte Struktur der Kammern zwingend vorgeben (Kollegialorgan, mindestens zwei hauptamtliche Mitglieder, Abläufe wie Zustellung, Amtsermittlung, mündliche Verhandlung, Beschlussfassung im Gremium usw). Die Kammern der Länder unterscheiden sich in Organisation und Besetzung daher kaum von den Kammern des Bundes.[16] Auch für die Kammern der Länder bestehen **Geschäftsordnungen,** die von den jeweils im Lande zuständigen Ressorts zu genehmigen waren (überwiegend die Ressorts für Wirtschaft). Diese Geschäftsordnungen enthalten strukturell ähnliche Regelungen wie die Geschäftsordnung der Kammern des Bundes. Die Besetzung der Kammern bestimmt der jeweilige **Behördenleiter,** oft im Einvernehmen mit den zuständigen Ressorts. Auch in den Ländern haben die **öffentlich-rechtlichen Spitzenorganisationen und berufsständischen Vereinigungen ein Vorschlagsrecht** für den ehrenamtlichen Beisitz. Für den Einsatz der ehrenamtlichen Mitglieder sehen die Länder häufig ein ähnliches Rotationsprinzip wie die Geschäftsordnung der Bundeskammern vor, wobei die Rotation sich auch nach der Sachnähe zum Vergabegegenstand richten kann (zB Ingenieur/in oder Architekt/in bei Baumaßnahmen, Computerspezialist/in bei IT-Beschaffungen).

Soweit mehrere Kammern an einem Ort (zB Hamburg) oder in einem Land (zB Bayern oder Nordrhein-Westfalen) vorhanden sind, wurde auch die **Geschäftsverteilung** geregelt (in Hamburg sachbezogen, in Bayern[17] und Nordrhein-Westfalen[18] regional nach dem **Sitz der beschwerten Vergabestelle**).

---

[11] Geschäftsordnung der Vergabekammern des Bundes idF v. 26.6.2017 (BAnz AT 24.4.2019 B4).
[12] Geschäftsordnung der Vergabekammern des Bundes idF v. 26.6.2017 (BAnz AT 24.4.2019 B4).
[13] Bspw. Thüringen.
[14] Bspw. Baden-Württemberg, Bayern, Hessen, Nordrhein-Westfalen, Sachsen sowie zwei der drei Kammern in Sachsen-Anhalt.
[15] https://www.bundeskartellamt.de/DE/UeberUns/LinksundAdressen/Vergabekammern_der_L%C3%A4nder/Vergabekammern_artikel.html (zuletzt abgerufen am 30.11.2020).
[16] Die Texte der Organisations- und Zuständigkeitsverordnungen der Länder sind regelmäßig abgedruckt in der Textsammlung Vergaberecht, Beck-Texte im dtv 5595, 18. Aufl. 2016.
[17] Vgl. Verordnung zur Regelung von Organisation und Zuständigkeiten im Nachprüfungsverfahren für öffentliche Aufträge (BayNpV) v. 1.1.1999 (GVBl. S. 2, BayRS 73-1-W), zuletzt geändert durch § 1 Abs. 319 der Verordnung v. 26.3.2019 (GVBl. S. 98).
[18] Vgl. Gemeinsame Geschäftsordnung der Vergabekammern des Landes NRW idF v. 15.3.2017.

23 **2. Keine gemeinsamen Nachprüfungsbehörden mehrerer Länder (S. 2).** Gemeinsame Nachprüfungsbehörden mehrerer Länder sind nicht eingerichtet worden, auch wenn das Gesetz den Ländern diese Möglichkeit, aus Kosten- oder Zweckmäßigkeitsgesichtspunkten[19] ausdrücklich ermöglicht hat. Da die Auslastung der Vergabekammern der Länder jedoch von Anfang an hoch war, hat diese Möglichkeit keinerlei praktische Relevanz erlangt und hätte mit der Reform auch entfallen können.

V. Einrichtung der erforderlichen Anzahl an Vergabekammern auf Länderebene

24 Eine etwaige **Notwendigkeit der Einrichtung der erforderlichen Anzahl** weiterer Kammern auf Länderebene, ebenso wie auf Bundesebene (→ Rn. 6) bemisst sich vorrangig nach der **Auslastung** der Kammern. Kann bei kontinuierlich hoher oder sogar steigender Auslastung die **Frist des § 167 Abs. 1 S. 1** überwiegend oder regelmäßig nicht eingehalten werden, kommt dies einer **Verweigerung effektiven Rechtsschutzes** gleich und stellt einen Verstoß gegen die Anforderungen aus den europäischen Richtlinien dar, die verlangen, dass die Entscheidungen der Vergabebehörden „**wirksam und vor allem möglichst rasch**" überprüft werden können.[20] Diese Anforderungen binden das Ermessen der zur Einrichtung befugten Stellen sowohl des Bundes als auch der Länder, die sich nicht darauf berufen können, mit der Einrichtung von einer oder auch mehreren Kammern die gesetzlichen Anforderungen erfüllt zu haben. Auf Länderebene gilt ebenso uneingeschränkt, auch wenn Abs. 2 keine, dem Abs. 1 S. 1 entsprechende Forderung nach der Einrichtung der *erforderlichen Anzahl von Vergabekammern* enthält, da anderenfalls die **Konzeptidee der Beschleunigung ernsthaft Schaden nehmen könnte**.[21]

25 Bisher nicht geklärt ist die Frage, **ab welcher Auslastung** einer Kammer **die Einrichtung einer** weiteren **Kammer** erforderlich ist. Es muss hier berücksichtigt werden, dass die Sicherstellung eines effektiven Rechtsschutzes nicht nur eine vertragliche Verpflichtung aus dem AEUV ist, deren Nichterfüllung ein Vertragsverletzungsverfahren nach sich ziehen kann. Es ist auch zu berücksichtigen, welche weitreichenden Folgen die Dauer eines Nachprüfungsverfahrens haben kann.

26 Eine langfristige Verzögerung der Zuschlagsentscheidung kann auf Auftraggeberseite die Fördermittelgewährung oder Projektrealisierung gefährden und auf Bieterseite Existenzen gefährden und dazu führen, dass Arbeitsplätze wegfallen. Die **Verfahrensdauer** sollte daher bei der Frage, wann die Einrichtung einer weiteren Kammer erforderlich ist, eine erhebliche Rolle spielen. Hinzu kommt die **Relevanz dieser Frage für die Unabhängigkeit der Kammermitglieder** in ihren Entscheidungen, die sicherzustellen ist. Abs. 1 bringt dies für den Bund schon im Wortlaut zum Ausdruck, für die Länder ergibt sich auch ohne explizite gesetzliche Forderung keine andere Lage.

27 Vor diesem Hintergrund relativiert sich die praktische Relevanz der rechtlichen Frage, ob den hauptamtlichen Mitgliedern einer Vergabekammer **auch andere Aufgaben der Behörde übertragen** werden dürfen. Rechtlich ist die Übertragung aus dem Gesichtspunkt der Unabhängigkeit der Kammermitglieder zwar **problematisch, aber nicht ausgeschlossen**. Neben der sich möglicherweise entwickelnden **Pflichtenkollision** aus dem Beschleunigungsgrundsatz und ggf. eiliger und wichtiger Aufgaben des zusätzlich übertragenen Bereichs sowie der daraus erwachsenden unzulässigen Möglichkeit, mittelbar auf die Unabhängigkeit der Kammermitglieder einzuwirken, bestehen jedoch auch ganz konkrete Risiken der Herbeiführung von Befangenheiten, die den Einsatz der mit anderen Aufgaben befassten Person in einem bestimmten Nachprüfungsverfahren dann ausschließt. In der Praxis sind vereinzelt in den Ländern Öffnungsmöglichkeiten vorgesehen, wenn die Kammermitglieder sie im Einzelfall selbst vorschlagen oder ausdrücklich damit einverstanden sind. Angesichts der Auslastung der Kammern kommt dies jedoch eher selten vor.

§ 159 Abgrenzung der Zuständigkeit der Vergabekammern

(1) Die Vergabekammer des Bundes ist zuständig für die Nachprüfung der Vergabeverfahren
1. **des Bundes;**
2. **von öffentlichen Auftraggebern im Sinne des § 99 Nummer 2, von Sektorenauftraggebern im Sinne des § 100 Absatz 1 Nummer 1 in Verbindung mit § 99 Nummer 2 und Konzessionsgebern im Sinne des § 101 Absatz 1 Nummer 1 in Verbindung mit § 99 Nummer 2, sofern der Bund die Beteiligung überwiegend verwaltet oder die sonstige Finanzierung überwiegend gewährt hat oder über die Leitung überwiegend die Aufsicht**

---

[19] BT-Drs. 13/9340, 17 (zu § 116 Abs. 2 GWB-RegE).
[20] Art. 1 Abs. 1 RL 89/665/EWG; Art. 1 Abs. 1 RL 92/13/EWG.
[21] *Burgi* NZBau 2020, 3 (6).

I. Normzweck

ausübt oder die Mitglieder des zur Geschäftsführung oder zur Aufsicht berufenen Organs überwiegend bestimmt hat, es sei denn, die an dem Auftraggeber Beteiligten haben sich auf die Zuständigkeit einer anderen Vergabekammer geeinigt;
3. von Sektorenauftraggebern im Sinne des § 100 Absatz 1 Nummer 2 und von Konzessionsgebern im Sinne des § 101 Absatz 1 Nummer 3, sofern der Bund auf sie einen beherrschenden Einfluss ausübt; ein beherrschender Einfluss liegt vor, wenn der Bund unmittelbar oder mittelbar die Mehrheit des gezeichneten Kapitals des Auftraggebers besitzt oder über die Mehrheit der mit den Anteilen des Auftraggebers verbundenen Stimmrechte verfügt oder mehr als die Hälfte der Mitglieder des Verwaltungs-, Leitungs- oder Aufsichtsorgans des Auftraggebers bestellen kann;
4. von Auftraggebern im Sinne des § 99 Nummer 4, sofern der Bund die Mittel überwiegend bewilligt hat;
5. die im Rahmen der Organleihe für den Bund durchgeführt werden;
6. in Fällen, in denen sowohl die Vergabekammer des Bundes als auch eine oder mehrere Vergabekammern der Länder zuständig sind.

(2) ¹Wird das Vergabeverfahren von einem Land im Rahmen der Auftragsverwaltung für den Bund durchgeführt, ist die Vergabekammer dieses Landes zuständig. ²Ist in entsprechender Anwendung des Absatzes 1 Nummer 2 bis 5 ein Auftraggeber einem Land zuzuordnen, ist die Vergabekammer des jeweiligen Landes zuständig.

(3) ¹In allen anderen Fällen wird die Zuständigkeit der Vergabekammer nach dem Sitz des Auftraggebers bestimmt. ²Bei länderübergreifenden Beschaffungen benennen die Auftraggeber in der Vergabebekanntmachung nur eine zuständige Vergabekammer.

Schrifttum: *Brauer,* Das Verfahren vor der Vergabekammer, NZBau 2009, 297, 299; *Gabriel,* Die Vergaberechtsreform 2009 und die Neufassung des vierten Teils des GWB, NJW 2009, 2011; *Roth,* Reform des Vergaberechts – der große Wurf?, VergabeR 2009, 404.

Übersicht

	Rn.			Rn.
I. Normzweck	1	6.	Doppelzuständigkeit der Vergabekammer des Bundes und der Vergabekammern der Länder (Abs. 1 Nr. 6)	35
II. Entstehungsgeschichte	4			
III. Zuständigkeit der Vergabekammer des Bundes (Abs. 1)	6	IV.	Zuständigkeit der Vergabekammern der Länder (Abs. 2)	38
1. Vergabeverfahren des Bundes (Abs. 1 Nr. 1)	10	1.	Bundesauftragsverwaltung (Abs. 2 S. 1)	39
2. Vergabeverfahren von Auftraggebern iSd § 99 Nr. 2 (Abs. 1 Nr. 2)	12	2.	Zuordnung des Auftraggebers zu einem Land (Abs. 2 S. 2)	42
3. Vergabeverfahren von Sektorenauftraggebern iSd § 100 Abs. 1 Nr. 2 und von Konzessionsgebern iSd § 101 Abs. 1 Nr. 3 (Abs. 1 Nr. 3)	21	V.	Auffangregelung (Abs. 3 S. 1)	47
		VI.	Länderübergreifende Beschaffungen (Abs. 3 S. 2)	51
4. Vergabeverfahren von Auftraggebern iSd § 99 Nr. 4 (Abs. 1 Nr. 4)	29	VII.	Prüfung der Zuständigkeit und Verweisung bei Unzuständigkeit durch die Vergabekammer	55
5. Vergabeverfahren, die im Rahmen der Organleihe für den Bund durchgeführt werden (Abs. 1 Nr. 5)	33	VIII.	Offene Fragen	58

I. Normzweck

§ 159 grenzt die **Zuständigkeiten der Vergabekammer des Bundes und der Vergabekammern der Länder** verbindlich voneinander ab. Die Vorschrift ergänzt und präzisiert den Grundsatz des § 156 Abs. 1 sowie das darin enthaltene „Zurechnungsprinzip"[1] (→ Rn. 7ff.). Die Einzelheiten der Zuständigkeitsabgrenzung ergeben sich aus den Abs. 1–3 und richten sich im Wesentlichen danach, von welchem Auftraggeber iSd § 98 das Vergabeverfahren durchgeführt wird. § 159 folgt dabei weitgehend der (neuen) Systematik und Gliederung der §§ 98 ff. (→ § 98 Rn. 1 ff.) und sieht Auffangregelungen für nicht eindeutig abgrenzbare Fälle vor. Im Wesentlichen knüpft die

---

[1] Byok/Jaeger/*Müller* Rn. 1; Reidt/Stickler/Glahs/*Reidt* Rn. 4.

Zuständigkeit für die Nachprüfung eines Vergabeverfahrens – Bund oder Land – an den Auftraggeber des streitgegenständlichen Auftrags bzw. an den Geber der betroffenen Konzession und damit an die künftige – zivilrechtliche – Vertragsbeziehung an.[2]

2   Maßgeblich ist – wie bei allen anderen Sachurteilsvoraussetzungen auch – stets die **objektive Rechtslage,** nicht die (ggf. unzutreffende) subjektive Auffassung der Verfahrensbeteiligten oder die Angabe als „zuständige Stelle für Nachprüfungsverfahren" in der Auftragsbekanntmachung und/ oder den Vergabeunterlagen.[3]

3   Keine Regelung trifft § 159 hinsichtlich der Zuständigkeitsabgrenzung zwischen der Tätigkeit der Vergabekammern und der Tätigkeit der Behörden und Gerichte außerhalb des Kartellvergaberechts, insbesondere also der Kartellbehörden und der Rechts- und Fachaufsichtsbehörden sowie der Zivilgerichte, Verwaltungsgerichte und Sozialgerichte. Hierfür ist ua § 156 Abs. 2 und 3 maßgeblich.[4] Auch bestimmt § 159 nicht, welche Vergabekammer des Bundes zuständig ist bzw. welche Vergabekammer auf Landesebene zuständig ist, wenn dort mehrere Vergabekammern eingerichtet sind. Dies richtet sich nach der Geschäftsverteilung gem. § 2 BKartAVKGO (Geschäftsordnung der Vergabekammern des Bundes) bzw. nach den einschlägigen landesrechtlichen Bestimmungen.[5] Nicht in § 159 geregelt ist ferner auch die internationale Zuständigkeit, hinsichtlich derer auf die EuGVVO[6] zurückzugreifen ist.[7]

II. Entstehungsgeschichte

4   § 159 entspricht im Wesentlichen dem bisherigen § 106a aF, der durch das **Gesetz zur Modernisierung des Vergaberechts vom 20.4.2009**[8] eingeführt wurde. In der ursprünglichen Fassung des 4. Teils des GWB war eine über § 156 Abs. 1 hinausgehende Zuständigkeitsabgrenzung noch nicht enthalten, was häufig zu Abgrenzungsschwierigkeiten und Zuständigkeitsproblemen führte.[9] In Ansehung dessen wurde im Rahmen des Erlasses der Vergabeverordnung im Jahr 2001 dahingehend Abhilfe geschaffen, dass § 18 VgV aF die erforderliche Zuständigkeitsabgrenzung, insbesondere für Zweifelsfälle, regelte. Ergänzend dazu bestimmte § 17 VgV aF,[10] dass der Auftraggeber in der Vergabebekanntmachung und den Vergabeunterlagen die Anschrift der zuständigen Vergabekammer anzugeben hat. Durch das Gesetz zur Modernisierung des Vergaberechts vom 20.4.2009 wurde § 18 VgV aF sodann – mit nur wenigen Änderungen – als § 106a aF in das GWB übernommen; aufgrund der Stellungnahme des Bundesrates[11] ergänzt um § 106a Abs. 3 S. 2 aF (dem heutigen § 159 Abs. 1 S. 2), um mit dem darin geregelten konstitutiven Benennungsrecht verbleibende Abgrenzungsschwierigkeiten zu beseitigen.[12]

5   Durch das **Vergaberechtsmodernisierungsgesetz vom 17.2.2016**[13] wurde § 106a aF in § 159 überführt. § 159 entspricht im Wesentlichen dem bisherigen § 106a aF, wurde aber vor allem redaktionell **an die neue Systematik des GWB** angepasst. Die Aufzählung weiterer Auftraggeber in § 159 Nr. 2 und 3 geht zurück auf die neue Systematik der Auftraggeber iSd §§ 98 ff. und der damit einhergehenden Differenzierung zwischen **öffentlichen Auftraggebern iSd § 99, Sektorenauftraggebern iSd § 100 und Konzessionsgebern iSd § 101** (→ § 98 Rn. 1 ff.). **Neu aufgenommen** bzw. mit einem neuen Inhalt versehen wurde **§ 159 Abs. 1 Nr. 6**. Dieser bestimmt die Zuständigkeit der Vergabekammer des Bundes in Fällen einer „Doppelzuständigkeit", dh, wenn die Nachprüfung von Vergabeverfahren sowohl in die Zuständigkeit der Vergabekammer des Bundes als auch in die Zuständigkeit von einer oder mehreren Vergabekammern der Länder fällt. Die Zuständigkeitskonzentration bei einer Vergabekammer dient der Verfahrenskonzentration und

---

[2] Byok/Jaeger/*Müller* Rn. 2; *Ohlerich* in RKKP GWB Rn. 5.
[3] Ziekow/Völlink/*Dittmann* Rn. 1.
[4] Reidt/Stickler/Glahs/*Reidt* Rn. 1.
[5] Reidt/Stickler/Glahs/*Reidt* Rn. 1; jurisPK-VergabeR/*Summa* Rn. 45.
[6] Verordnung (EU) Nr. 1215/2012 des Europäischen Parlaments und des Rates v. 12.12.2012 über die gerichtliche Zuständigkeit und die Anerkennung und Vollstreckung von Entscheidungen in Zivil- und Handelssachen. Diese hat die Verordnung (EG) Nr. 44/2001 des Rates v. 22.12.2000 über die gerichtliche Zuständigkeit und die Anerkennung und Vollstreckung von Entscheidungen in Zivil- und Handelssachen (EuGVVO aF) abgelöst.
[7] Vgl. (mit Verweis auf die EuGVVO aF) OLG München Beschl. v. 12.5.2011 – Verg 26/10, NZBau 2011, 630 ff.; VK Südbayern Beschl. v. 11.3.2015 – Z3-3-3194-1-65-12/14; *Summa* VPR 2015, 149 f.; sowie insbes. auch *Ohlerich* in RKKP GWB Rn. 2.
[8] BGBl. 2009 I 790 ff.
[9] Reidt/Stickler/Glahs/*Reidt* Rn. 2.
[10] S. insoweit auch die heutige Regelung in § 37 Abs. 3 VgV sowie zur fehlenden Verbindlichkeit der Benennung VK Baden-Württemberg Beschl. v. 16.5.2013 – 1 VK 12/13, ZfBR 2013, 600.
[11] BT-Drs. 16/10117, 34.
[12] S. dazu (kritisch) insbes. auch Reidt/Stickler/Glahs/*Reidt* Rn. 2 und 24 ff.
[13] BGBl. 2016 I 203 ff.

III. Zuständigkeit der Vergabekammer des Bundes (Abs. 1)   6–10   § 159 GWB

-beschleunigung in Fällen, in denen aufgrund der Zuständigkeit unterschiedlicher Beschwerdeinstanzen die Gefahr divergierender Entscheidungen besteht. Durch die Ergänzung einer ausschließlichen Zuständigkeit der Vergabekammer des Bundes wird in diesen Fällen sichergestellt, dass alle Nachprüfungsanträge bei derselben Vergabekammer gestellt werden und gleichzeitig die Zuständigkeit der Vergabekammer des Bundes gem. § 159 Abs. 1 Nr. 1–6 gewahrt bleibt.[14] Bis dahin hatte der Antragsteller in solchen Fällen entsprechend § 35 ZPO ein Wahlrecht, an welche Vergabekammer er sich mit seinem Nachprüfungsantrag wendet.[15]

III. Zuständigkeit der Vergabekammer des Bundes (Abs. 1)

§ 159 Abs. 1 führt in den **Nr. 1–6** abschließend die Fallgestaltungen auf, die zu einer **ausschließlichen Zuständigkeit der Vergabekammer des Bundes** führen. Alle Vergabeverfahren, die nicht unter eine dieser Fallgruppen fallen, obliegen der Zuständigkeit einer Vergabekammer der Länder.[16] Umfasst werden allerdings auch die Fälle, in denen sich ein Unternehmen gegen eine aus seiner Sicht vermeintlich zu Unrecht unterlassene Ausschreibung wendet.[17]   6

§ 159 Abs. 1 ergänzt und präzisiert § 156 Abs. 1[18] (→ Rn. 1), der – pauschal – regelt: 7
„Die Nachprüfung der Vergabe öffentlicher Aufträge und der Vergabe von Konzessionen nehmen die Vergabekammern des Bundes für die dem Bund zuzurechnenden öffentlichen Aufträge und Konzessionen, die Vergabekammern der Länder für die diesen zuzurechnenden öffentlichen Aufträge und Konzessionen wahr."

Da die **Zurechnung von Aufträgen** zum Bund oder zu einzelnen Ländern allerdings erhebliche Schwierigkeiten bereiten kann, und zwar vor allem dann, wenn es sich um öffentliche Auftraggeber handelt, die vom Bund und einem oder mehreren Ländern gemeinsam errichtet, beherrscht oder finanziert werden oder wenn es um **gemeinsame Aufträge** mehrerer öffentlicher Auftraggeber geht, trifft § 159 Abs. 1 den Grundsatz des § 156 Abs. 1 ergänzende Zuständigkeitsregeln und führt insoweit zu einem größeren Maß an Rechts- und Verfahrenssicherheit.[19] § 159 Abs. 1 knüpft hierzu an das bereits in § 156 Abs. 1 enthaltene **Kriterium der Zurechnung** an. Die Abgrenzung der sachlichen Zuständigkeiten soll sich letztlich danach richten, ob der jeweilige Auftrag nach sachlichen Gesichtspunkten eher dem Bund oder dem Land zuzurechnen ist (sog. „Zurechnungsprinzip").[20]   8

Dementsprechend beziehen sich insbesondere die in **§ 159 Abs. 1 Nr. 1–5** geregelten Fälle durchgängig auf dem Bund zuzurechnende Auftragsvergaben und eine daran anknüpfende Zuständigkeit der Vergabekammer des Bundes.[21] Ergänzend bestimmt **§ 159 Abs. 1 Nr. 6** die Zuständigkeit der Vergabekammer des Bundes für die Fälle einer „Doppelzuständigkeit", in denen sowohl die Vergabekammer des Bundes als auch eine oder mehrere Vergabekammern der Länder zuständig sind. Der Umstand, dass § 159 Abs. 1 dabei – anders als § 156 Abs. 1 und § 158 Abs. 1 S. 2 – nur von der Vergabekammer im Singular spricht, hat keine besondere Bedeutung.[22]   9

1. Vergabeverfahren des Bundes (Abs. 1 Nr. 1). Gemäß **§ 159 Abs. 1 Nr. 1** ist die Vergabekammer des Bundes zuständig für die Nachprüfung der Vergabeverfahren des Bundes. Erfasst werden mithin alle Vergaben, bei denen die Gebietskörperschaft **„Bund" unmittelbarer Auftraggeber** ist, was in der Regel unproblematisch festzustellen ist.[23] Diese Zuständigkeitsregelung korrespondiert mit dem Auftraggeberbegriff iSd § 99 Nr. 1.[24] Solche Vergabeverfahren des Bundes liegen insbesondere vor, wenn eines der fünf ständigen Verfassungsorgane der Bundesrepublik Deutschland,[25] eine (nachgeordnete) Bundesbehörde (zB ein Bundesamt), eine sonstige Bundeseinrichtung oder ein Sondervermögen des Bundes als Vergabestelle auftritt und eine Vergabe zulasten des Bundeshaushalts vornimmt.[26] In subjektiver Hinsicht umfasst werden also **alle dem Bund zuzuordnenden Organe, Behörden,**   10

---

[14] BT-Drs. 18/6281, 134.
[15] Vgl. OLG Düsseldorf Beschl. v. 18.12.2013 – VII-Verg 24/13, BeckRS 2014, 2421; OLG Düsseldorf Beschl. v. 19.12.2007 – VII-Verg 51/07, NZBau 2008, 194 (200); Diemon-Wies in Müller-Wrede GWB Rn. 24 ff.; Ohlerich in RKKP GWB Rn. 29; Ziekow/Völlink/Dittmann Rn. 1 und 16.
[16] jurisPK-VergabeR/Summa Rn. 2.
[17] Reidt/Stickler/Glahs/Reidt Rn. 4.
[18] Byok/Jaeger/Müller Rn. 1; Reidt/Stickler/Glahs/Reidt Rn. 4.
[19] Reidt/Stickler/Glahs/Reidt Rn. 4.
[20] Byok/Jaeger/Müller Rn. 1.
[21] Reidt/Stickler/Glahs/Reidt Rn. 5.
[22] S. dazu insbes. auch Reidt/Stickler/Glahs/Reidt Rn. 5.
[23] Reidt/Stickler/Glahs/Reidt Rn. 9.
[24] Ohlerich in RKKP GWB Rn. 10.
[25] Bundespräsident, Bundestag, Bundesrat, Bundesregierung und Bundesverfassungsgericht.
[26] jurisPK-VergabeR/Summa Rn. 6.

Sondervermögen und sonstigen Einrichtungen, soweit sie selbst keine eigene Rechtspersönlichkeit haben, sondern ein unselbständiger Teil der Gebietskörperschaft Bund sind.[27]

11 **Nicht erfasst** werden dagegen juristische Personen des öffentlichen Rechts, die – wie zB die Bundesagentur für Arbeit – **rechtsfähige (bundesunmittelbare) Körperschaften** des öffentlichen Rechts sind;[28] sie unterfallen ggf. § 159 Abs. 1 Nr. 2.[29] Ebenfalls nicht erfasst werden bloße Fälle der Beschaffung durch **bundesfinanzierte und/oder -beherrschte Einrichtungen mit eigener Rechtspersönlichkeit.** Auch diese können aber ggf. den anderen Tatbeständen gem. § 159 Nr. 2–4 unterfallen.

12 **2. Vergabeverfahren von Auftraggebern iSd § 99 Nr. 2 (Abs. 1 Nr. 2).** Gemäß § 159 Abs. 1 Nr. 2 ist die Vergabekammer des Bundes zuständig für die Nachprüfung der Vergabeverfahren von öffentlichen Auftraggebern iSd § 99 Nr. 2, von Sektorenauftraggebern iSd § 100 Abs. 1 Nr. 1 iVm § 99 Nr. 2 und Konzessionsgebern iSd § 101 Abs. 1 Nr. 1 iVm § 99 Nr. 2, sofern der Bund die Beteiligung überwiegend verwaltet oder die sonstige Finanzierung überwiegend gewährt hat oder über die Leitung überwiegend die Aufsicht ausübt oder die Mitglieder des zur Geschäftsführung oder zur Aufsicht berufenen Organs überwiegend bestimmt hat, es sei denn, die an dem Auftraggeber Beteiligten haben sich auf die Zuständigkeit einer anderen Vergabekammer geeinigt. Der Tatbestand bezieht sich mithin auf **öffentliche Auftraggeber iSd § 99 Nr. 2 sowie Sektorenauftraggeber und Konzessionsgeber, die an die Definition des öffentlichen Auftraggebers iSd § 99 Nr. 2 anknüpfen.**[30]

13 Danach ist die Vergabekammer des Bundes also zuständig für die Nachprüfung von Vergabeverfahren von **öffentlichen Auftraggebern iSd § 99 Nr. 2,** also juristischen Personen des öffentlichen oder privaten Rechts, die zu dem besonderen Zweck gegründet wurden, im Allgemeininteresse liegende Aufgaben nichtgewerblicher Art zu erfüllen, sofern es der **Bund** ist, der die Beteiligung jedenfalls überwiegend verwaltet, die sonstige Finanzierung jedenfalls überwiegend gewährt hat oder über die Leitung jedenfalls überwiegend die Aufsicht ausübt oder die Mitglieder des zur Geschäftsführung oder zur Aufsicht berufenden Organs jedenfalls überwiegend bestimmt hat.[31] Die insoweit maßgeblichen Begriffe und Tatbestandsmerkmale entsprechen ausdrücklich denen gem. § 99 Nr. 2, sodass an dieser Stelle auf die diesbezügliche Kommentierung verwiesen werden kann (→ § 99 Rn. 22 ff.).

14 Entsprechend der neuen Systematik der §§ 98 ff.[32] (→ § 98 Rn. 1 ff.) werden darüber hinaus auch die Vergabeverfahren *von Sektorenauftraggebern* iSd § 100 Abs. 1 Nr. 1 und *Konzessionsgeber* iSd § 101 Abs. 1 Nr. 1 erfasst, sofern sie zusätzlich, dh neben der Ausübung einer Sektorentätigkeit iSd § 102 bzw. der Vergabe einer Konzession iSd § 105, die Voraussetzungen des § 99 Nr. 2 erfüllen und der Bundesverwaltung, Bundesfinanzierung oder Bundesaufsicht im vorgenannten Sinne (→ Rn. 13) unterliegen.[33]

15 Die Zuständigkeit gem. § 159 Abs. 1 Nr. 2 richtet sich also nach der **Dominanz des Bundes.**[34] Wird ein Auftraggeber beispielsweise zu 90% vom Bund und zu 10% von den Ländern finanziert, so ist die Zuständigkeit der Vergabekammer des Bundes eröffnet.[35] Entsprechendes gilt hinsichtlich der übrigen Kriterien, dh der Ausübung der Aufsicht über die Leitung der betroffenen Einrichtung und der Bestimmung der Mitglieder der zu ihrer Geschäftsführung oder Aufsicht berufenen Organe. Allerdings sieht § 159 Abs. 1 Nr. 2 hinsichtlich der unterschiedlichen **Kriterien,** die nach § 159 Abs. 1 Nr. 2 iVm § 99 Nr. 2 **für die Zurechnung bzw. für die Beherrschung** maßgeblich sind, **keine Rangfolge** vor. Vielmehr zählt der Wortlaut die überwiegende Beteiligungsverwaltung oder sonstige Finanzierung, die überwiegende Leitung über die Aufsicht und die überwiegende Bestimmung der zur Geschäftsführung oder zur Aufsicht berufenen Organe **gleichwertig nebeneinander** auf.[36] Aus diesem gleichrangigen Nebeneinander der Kriterien für eine Beherrschung können sich Schwierigkeiten ergeben, zB wenn ein öffentlicher Auftraggeber zwar überwiegend vom Land verwaltet oder finanziert wird, der Bund aber gleichwohl die Mehrheit der Mitglieder der Geschäftsführungs- oder

---

[27] *Ohlerich* in RKKP GWB Rn. 10; *Diemon-Wies* in Müller-Wrede GWB Rn. 9; Ziekow/Völlink/*Dittmann* Rn. 6.
[28] Vgl. § 367 Abs. 1 SGB III.
[29] *Ohlerich* in RKKP GWB Rn. 10.
[30] Reidt/Stickler/Glahs/*Reidt* Rn. 10.
[31] Ziekow/Völlink/*Dittmann* Rn. 7.
[32] Vgl. BT-Drs. 18/6281, 134.
[33] Ziekow/Völlink/*Dittmann* Rn. 8.
[34] Byok/Jaeger/*Müller* Rn. 8.
[35] VK Bund Beschl. v. 17.4.2000 – VK 1-5/00, NZBau 2000, 580 (581).
[36] Vgl. OLG Düsseldorf Beschl. v. 19.12.2007 – VII-Verg 51/07, NZBau 2008, 194 (200); VK Sachsen Bschl. v. 19.12.2008 – 1 SVK/061/08 und 1 SVK/064-08, BeckRS 2009, 22703; Byok/Jaeger/*Müller* Rn. 8; *Diemon-Wies* in Müller-Wrede GWB Rn. 25; *Ohlerich* in RKKP GWB Rn. 12.

Aufsichtsorgane benennt – oder umgekehrt.[37] Ein weiteres Beispiel bilden die gesetzlichen Krankenkassen, die überwiegend vom Bund finanziert werden, aber der Aufsicht des Landes unterliegen.[38] Derartige Fallgestaltungen wurden in der Vergangenheit kontrovers diskutiert.[39] Der Gesetzgeber hat hierfür nunmehr aber durch die Neuregelung in § 159 Abs. 1 Nr. 6 eine Lösung geschaffen.[40] Ergeben sich nach den einzelnen Beherrschungskriterien für ein und denselben Auftraggeber unterschiedliche Zuständigkeiten der Vergabekammern und ist nach einem Kriterium auch die Vergabekammer des Bundes zuständig, so ist die Vergabekammer des Bundes die gesetzlich zuständige Vergabekammer. Es gilt mithin ein **Vorrang der Vergabekammer des Bundes**.[41]

§ 159 Abs. 1 Nr. 2 letzter Hs. erlaubt es den an dem Auftraggeber Beteiligten, sich auf eine andere Zuständigkeit zu einigen. Eine solche **abweichende Zuständigkeitsvereinbarung** muss – wie sich eindeutig aus dem Wortlaut ergibt – von den an dem Auftraggeber Beteiligten getroffen werden, nicht etwa von den an dem Nachprüfverfahren beteiligten. Gemeint sind damit diejenigen Stellen, die an dem fraglichen Auftraggeber beteiligt sind, also durch Beteiligung (Gesellschafts- bzw. Geschäftsanteile), sonstige Finanzierung, Teilnahme an der Leitungsaufsicht oder Bestimmung von Mitgliedern der Geschäftsführung bzw. des Aufsichtsorgans.[42] Die dergestalt Beteiligten müssen sich auf die Zuständigkeit einer anderen Vergabekammer einigen, was einen Konsens im Sinne der **Zustimmung aller Beteiligten** bedingt.[43] Es reicht daher beispielsweise nicht aus, wenn der Auftraggeber sich ohne Beteiligung der bzw. aller ihn beherrschenden Stellen eine Vergabekammer aussucht und diese in der Auftragsbekanntmachung und den Vergabeunterlagen angibt.[44] Ob die Einigung **ausdrücklich** erzielt werden muss oder ob auch **stillschweigend oder konkludent** erteilte Zustimmungen möglich sind, wird unterschiedlich beurteilt.[45] Für die Notwendigkeit einer ausdrücklichen Zustimmung könnte die Tragweite der Zuständigkeitsvereinbarung sprechen.[46] Für das Ausreichen von stillschweigenden oder konkludenten Erklärungen dürfte dagegen sprechen, dass das Gesetz für die Einigung keine qualifizierten Anforderungen vorsieht. 16

Der Gesetzeswortlaut des § 159 Abs. 1 Nr. 2 letzter Hs. bindet die Wahlfreiheit der an dem Auftraggeber Beteiligten an keinerlei Voraussetzungen. **Grenzen** dürften sich jedoch insbesondere aus dem **Sinn und Zweck des Gesetzes** und der Zielsetzung, effektiven Rechtsschutz zu gewähren, ergeben. Es wird daher zu fordern sein, dass eine Zuständigkeit immer nur zugunsten einer solchen Vergabekammer begründet werden kann, da der auch eine Verbindung über einen der Beteiligten besteht.[47] Hierfür sprechen des Weiteren auch die Gesamtsystematik des § 159 sowie der Umstand, dass bei Sachurteilsvoraussetzungen, wie der Zuständigkeit des Spruchkörpers, stets die objektive Rechtslage entscheidend ist (→ Rn. 2).[48] Darüber hinaus ist zu berücksichtigen, dass die völlige, von jeder Beziehung zum Auftrag losgelöste Freiheit bedeuten würde, dass sich die Stelle, die sich einer Nachprüfung zu stellen hat, selbst von Fall zu Fall aussuchen könnte, welche Vergabekammer ihr genehm ist. Die willkürliche Wahl einer Vergabekammer, deren Zuständigkeit für keinen Beteiligten nach Sitz, Beherrschung oder Finanzierung infrage kommt, ggf. mit Blick auf die Spruchpraxis zu bestimmten Fragen oder um dem Antragsteller die Betreibung des Verfahrens zu erschweren (zB durch Wahl einer Kammer in besonders großer Entfernung), dürfte aber wohl rechtsmissbräuchlich sein.[49] 17

Ist die gewünschte Vergabekammer gewählt, ist sie wie die regulär zuständige Vergabekammer nach den einschlägigen **Bekanntmachungsvorschriften** (zB § 37 Abs. 3 VgV) mitzuteilen. Da die eingeräumte Wahlmöglichkeit von keinerlei weiteren Bestimmungen dazu begleitet ist, könnte sich auch die Frage stellen, ob die schon bekannt gemachte Wahl später wieder geändert werden kann. Die Anforderung an die Transparenz von Vergabeverfahren nach den Grundsätzen des § 97 18

---

[37] S. insoweit auch Byok/Jaeger/*Müller* Rn. 8.
[38] OLG Düsseldorf Beschl. v. 1.8.2012 – VII-Verg 15/12, NZBau 2012, 791; VK Bund Beschl. v. 21.12.2009 – VK 1-212/09, BeckRS 2009, 138145.
[39] S. zum Streitstand insbes. Byok/Jaeger/*Müller* Rn. 8 mit mwN in Fn. 19.
[40] Vgl. insoweit auch BT-Drs. 18/6281, 134.
[41] Byok/Jaeger/*Müller* Rn. 8; Reidt/Stickler/Glahs/*Reidt* Rn. 11; *Ohlerich* in RKKP GWB Rn. 12.
[42] Byok/Jaeger/*Müller* Rn. 9; *Ohlerich* in RKKP GWB Rn. 13.
[43] Byok/Jaeger/*Müller* Rn. 10; jurisPK-VergabeR/*Summa* Rn. 14; *Ohlerich* in RKKP GWB Rn. 13; Reidt/Stickler/Glahs/*Reidt* Rn. 13.
[44] Ähnlich Reidt/Stickler/Glahs/*Reidt* Rn. 13.
[45] So reichen zB nach jurisPK-VergabeR/*Summa* Rn. 14; Reidt/Stickler/Glahs/*Reidt* Rn. 13 auch stillschweigend oder konkludent erteilte Zustimmungen aus. Dagegen halten bspw. Byok/Jaeger/*Müller* Rn. 10; *Ohlerich* in RKKP GWB Rn. 13 eine ausdrückliche Zustimmungserklärung für erforderlich.
[46] Unter Hinweis darauf insbes. *Ohlerich* in RKKP GWB Rn. 13.
[47] So bereits *Reider* in der Vorauflage (→ 2. Aufl. 2018, Rn. 3; ebenso Byok/Jaeger/*Müller* Rn. 9; Ziekow/Völlink/*Dittmann* Rn. 9.
[48] So insbes. auch Ziekow/Völlink/*Dittmann* Rn. 9.
[49] So bereits *Reider* in der Vorauflage → 2. Aufl. 2018, Rn. 3.

ist sehr hoch, sodass die bekannt gemachten Bedingungen des Wettbewerbs nicht ohne Weiteres nachträglich geändert werden dürfen. Geschieht dies doch, liegt darin ein schwerwiegender Vergabefehler, der oft nicht anders als durch Aufhebung der Ausschreibung bzw. eine Berichtigung der Auftragsbekanntmachung zu korrigieren ist. Hinzu kommt, dass mit **§ 160 Abs. 3 Nr. 4** eine enge Befristung für die Zulässigkeit eines Nachprüfungsantrages eingeführt wurde, die keine vom Auftraggeber verursachten Unsicherheiten hinsichtlich der Frage, welche Vergabekammer zuständig ist, zulässt. Eine einmal getroffene und bekannt gemachte Entscheidung über die zuständige Vergabekammer muss daher für das betreffende Verfahren Bestand haben.[50]

19 Eine einvernehmliche Vereinbarung über die Zuständigkeit kann in der Praxis zur Vermeidung späterer Probleme und Schwierigkeiten sinnvoll sein.[51] In diesem Falle muss die ausgewählte Vergabekammer in der Auftragsbekanntmachung mitgeteilt werden. Fehlt es hieran, bleibt es beim gesetzlichen Regelfall der Zuständigkeit der Vergabekammer des Bundes.[52]

20 Fehlt es an einer Zuständigkeitsvereinbarung, beispielsweise weil die Vergabestelle (zu Unrecht) kein förmliches Vergabeverfahren eingeleitet hat, sondern den Auftrag im Wege einer sog. Direkt- bzw. De-facto-Vergabe erteilen will, kann der Antragsteller zur Wahrung effektiven Rechtsschutzes zwischen den Vergabekammern, die für die den Auftraggeber nach § 99 Nr. 2 beherrschenden Stellen zuständig sind, wählen, sofern sich nicht eindeutig eine überwiegende Beherrschung durch den Bund oder ein bestimmtes Land feststellen lässt und sich auch nicht aus § 159 Abs. 3 die Alleinzuständigkeit einer der in Betracht kommenden Vergabekammern ergibt.[53]

21 **3. Vergabeverfahren von Sektorenauftraggebern iSd § 100 Abs. 1 Nr. 2 und von Konzessionsgebern iSd § 101 Abs. 1 Nr. 3 (Abs. 1 Nr. 3).** § 159 Nr. 3 betrifft die Vergaben von **Sektorenauftraggebern iSd § 100 Abs. 1 Nr. 2** und von **Konzessionsgebern iSd § 101 Abs. 1 Nr. 3**. Ähnlich wie in § 159 Nr. 2 wird bestimmt, dass die Vergabekammer des Bundes für die Vergabenachprüfung zuständig ist, sofern der Bund auf diese Auftraggeber einen beherrschenden Einfluss ausübt.

22 Ein **beherrschender Einfluss des Bundes** liegt nach der **Legaldefinition** des § 159 Abs. 1 Nr. 3 Hs. 2 vor, wenn der Bund unmittelbar oder mittelbar die Mehrheit des gezeichneten Kapitals des Auftraggebers besitzt oder über die Mehrheit der mit den Anteilen des Auftraggebers verbundenen Stimmrechte verfügt oder mehr als die Hälfte der Mitglieder des Verwaltungs-, Leitungs- oder Aufsichtsorgans des Auftraggebers bestellen kann. Bei einer gemeinsamen Beherrschung kommt es darauf an, ob der Anteil des Bundes überwiegt.[54] Nach dem eindeutigen Wortlaut der Norm reicht insbesondere auch eine lediglich „mittelbare" Einflussnahme durch Kapitalbeteiligung, über die Mehrheit der Stimmrechte oder durch Aufsicht aus. Damit werden auch sog. **„Auftraggeberketten"**, die durch Ausgliederungen und Beteiligungsgesellschaften entstehen, aber weiterhin vom Bund beherrscht werden, von § 159 Abs. 1 Nr. 3 erfasst.[55]

23 Die **Legaldefinition des § 159 Abs. 1 Nr. 3 Hs. 2 entspricht der des § 100 Abs. 3**, welcher gem. § 101 Abs. 2 auch auf Konzessionsgeber anwendbar ist.[56] Hinsichtlich der Auslegung kann daher auf die diesbezügliche Kommentierung (→ § 100 Rn. 38 ff. und → § 101 Rn. 56 ff.) verwiesen werden.

24 § 159 Abs. 1 Nr. 3 gilt allerdings nur für solche **Sektorenauftraggeber, die unter § 100 Abs. 1 Nr. 2** fallen, bzw. nur für Konzessionsgeber iSd § 101 Abs. 1 Nr. 3, also nur für natürliche oder juristische Personen des privaten Rechts, die eine Sektorentätigkeit gem. § 102 ausüben und bei denen die weiteren Voraussetzungen des § 100 Abs. 1 Nr. 2 lit. a vorliegen; die Tatbestandsvoraussetzungen des § 100 Abs. 1 Nr. 2 lit. b werden bereits durch § 159 Abs. 1 Nr. 3 – beherrschender Einfluss des Bundes – abgedeckt.[57] Das heißt, dass die Sektorentätigkeit auf der Grundlage von besonderen oder ausschließlichen Rechten iSd § 100 Abs. 2, die von einer zuständigen Behörde gewährt wurden, ausgeübt werden muss[58] (→ § 100 Rn. 21 ff.).

---

[50] So bereits *Reider* in der Vorauflage → 2. Aufl. 2018, Rn. 3.
[51] jurisPK-VergabeR/*Summa* Rn. 13.
[52] jurisPK-VergabeR/*Summa* Rn. 15.
[53] OLG Düsseldorf Beschl. v. 19.12.2007 – VII-Verg 51/07, VergabeR 2008, 73 (82 f.); *Brauer* NZBau 2009, 297 (298); Reidt/Stickler/Glahs/*Reidt* Rn. 14; sowie zum Gebot der Wahrung effektiven Rechtsschutzes in diesem Zusammenhang auch OLG Koblenz Beschl. v. 5.9.2002 – 1 Verg 2/02, VergabeR 2002, 617; VK Niedersachsen Beschl. v. 20.9.2004 – 203-VgK 46/2004, BeckRS 2004, 9776; VK Hamburg Beschl. v. 21.4.2004 – VgK FB 1/04, BeckRS 2004, 07963.
[54] Reidt/Stickler/Glahs/*Reidt* Rn. 15.
[55] *Diemon-Wies* in Müller-Wrede GWB Rn. 17.
[56] *Diemon-Wies* in Müller-Wrede GWB Rn. 16; Ziekow/Völlink/*Dittmann* Rn. 10.
[57] Ziekow/Völlink/*Dittmann* Rn. 10; *Diemon-Wies* in Müller-Wrede GWB Rn. 15 f.
[58] Ziekow/Völlink/*Dittmann* Rn. 10; *Diemon-Wies* in Müller-Wrede GWB Rn. 15.

III. Zuständigkeit der Vergabekammer des Bundes (Abs. 1)   25–32   § 159 GWB

Hinsichtlich der Sektorenauftraggeber sind in § 159 Abs. 1 Nr. 2 und 3 alle denkbaren Fallgestal- 25
tungen geregelt. Ob für deren Vergabeverfahren die Vergabekammer des Bundes zuständig ist, ergibt
sich entweder aus § 159 Abs. 1 Nr. 2 oder aus § 159 Abs. 1 Nr. 3. Wenn der in Rede stehende
Sektorenauftraggeber weder nach § 159 Abs. 1 Nr. 2 noch nach § 159 Abs. 1 Nr. 3 dem Bund
zuzurechnen ist, ist die Vergabekammer des betreffenden Landes zuständig (vgl. § 159 Abs. 2 S. 2
iVm § 159 Abs. 1 Nr. 2 oder Nr. 3).[59]

Für die **Konzessionsgeber iSd § 101 Abs. 1 Nr. 2** sieht § 159 dagegen weder in Abs. 1 noch 26
in Abs. 2 eine besondere Zuständigkeitsregel vor. Selbst wenn die Voraussetzungen des § 99 Nr. 2
zugunsten des Bundes erfüllt sind, kann sich die Zuständigkeit daher lediglich nach der Auffangnorm
des § 159 Abs. 3 S. 1, und damit nach dem Sitz des Konzessionsgebers richten.[60]

Im Gegensatz zu § 159 Abs. 1 Nr. 2 (→ Rn. 16 ff.) sieht § 159 Abs. 1 Nr. 3 **keine Möglichkeit** 27
einer abweichenden Zuständigkeitsvereinbarung vor. Eine Abweichungsvereinbarung scheidet
hier daher aus.[61] Die Zuständigkeit ergibt sich somit allein aus der Beherrschung des Auftraggebers
durch den Bund (§ 159 Abs. 1 Nr. 3) oder der Beherrschung des Auftraggebers durch ein bestimmtes
Land (§ 159 Abs. 2 S. 2 iVm § 159 Abs. 1 Nr. 3) bzw. bei paritätischen oder zumindest nicht eindeutigen Beteiligungsverhältnissen aus § 159 Abs. 3 S. 1[62] (→ Rn. 47).

Aus Antragstellersicht kann in Einzelfall zur Wahrung effektiven Rechtsschutzes auch hier ein 28
Wahlrecht in Betracht kommen[63] (→ Rn. 20 und 54).

4. Vergabeverfahren von Auftraggebern iSd § 99 Nr. 4 (Abs. 1 Nr. 4). § 159 Abs. 1 Nr. 4 29
bestimmt die Zuständigkeit der Vergabekammer des Bundes für die Nachprüfung der Vergabeverfahren
von **Auftraggebern iSd § 99 Nr. 4, sofern der Bund die Mittel überwiegend bewilligt hat.**
Erfasst werden hierüber Vergaben sowohl von **juristischen Personen** des privaten Rechts und des
öffentlichen Rechts, soweit sie nicht bereits unter § 99 Nr. 2 fallen, als auch von **natürlichen Perso-**
nen, sofern sie ein in § 99 Nr. 4 genanntes Vorhaben verwirklichen und dafür Fördermittel erhalten,
die überwiegend vom Bund bewilligt wurden.[64] Entsprechend dem Grundgedanken des § 99 Nr. 4
(→ § 99 Rn. 86) leitet sich die Zuständigkeit der Vergabekammer des Bundes daher nicht aus der
Beherrschung des Auftraggebers als Organ ab, sondern ergibt sich diese vielmehr einzelfallbezogen
mit Blick auf die Finanzierung(-sbeherrschung) eines konkreten Beschaffungsprojektes.[65]

Entscheidend ist daher zum einen, dass die **Tatbestandsvoraussetzungen des § 99 Nr. 4** 30
erfüllt sind. Insoweit kann auf die dortige Kommentierung verwiesen werden (→ § 99 Rn. 85 ff.).
Zum anderen müssen die **Mittel**, mit denen das Vorhaben iSd § 99 Nr. 4 zu mehr als 50% iSd §
Nr. 4 subventioniert wird, **ihrerseits wiederum zu mehr als 50% vom Bund gewährt** werden.[66]
Bewilligt sind Mittel vom Bund bereits dann, wenn (nur) der Genehmigungsbescheid über Fördermittel durch den Bund ergeht, während die Fördermittel selbst aus einem Europäischen Förderfonds
stammen.[67] Es kommt mithin nicht darauf an, aus welchem Topf bzw. Töpfen die Mittel stammen.
Maßgeblich ist vielmehr, welche Stelle den Betrag mit einem Zuwendungsbescheid zur Verfügung
stellt bzw. welche Stelle insoweit am meisten fördert.[68]

Werden die Mittel überwiegend vom Bund bewilligt, ist – bei Vorliegen der Voraussetzungen 31
des § 99 Nr. 4 im Übrigen – gem. § 159 Abs. 1 Nr. 4 die Vergabekammer des Bundes zuständig.
Bei einer überwiegenden Bewilligung der Mittel durch ein Land ist gem. § 159 Abs. 2 S. 2 dessen
Vergabekammer zuständig. Fehlt es an einer überwiegenden Bewilligung durch den Bund oder ein
Land, so greift § 159 Abs. 3 ein.[69]

Eine Einigung der bewilligenden Stellen (Bund, Länder) scheidet im Rahmen von § 159 Abs. 1 32
Nr. 4 aus;[70] sie ist allein im Anwendungsbereich des § 159 Abs. 1 Nr. 2 vorgesehen (→ Rn. 16 und 27).

---

[59] Ziekow/Völlink/*Dittmann* Rn. 12.
[60] Ziekow/Völlink/*Dittmann* Rn. 12.
[61] So insbes. auch Reidt/Stickler/Glahs/*Reidt* Rn. 16; Ziekow/Völlink/*Dittmann* Rn. 11; aA *Kratzenberg*
    NZBau 2001, 119 (122) zu § 18 VgV aF; offen gelassen bei OLG Düsseldorf Beschl. v. 19.12.2007 – Verg
    51/07, VergabeR 2008, 73 (83).
[62] Reidt/Stickler/Glahs/*Reidt* Rn. 16; *Ohlerich* in RKKP GWB Rn. 15.
[63] Reidt/Stickler/Glahs/*Reidt* Rn. 16.
[64] Ähnlich *Diemon-Wies* in Müller-Wrede GWB Rn. 18; Ziekow/Völlink/*Dittmann* Rn. 13.
[65] Ebenso Byok/Jaeger/*Müller* Rn. 12.
[66] Vgl. Byok/Jaeger/*Müller* Rn. 12; *Diemon-Wies* in Müller-Wrede GWB Rn. 18; Reidt/Stickler/Glahs/*Reidt*
    Rn. 17; *Ohlerich* in RKKP GWB Rn. 47; Ziekow/Völlink/*Dittmann* Rn. 13.
[67] Vgl. zu Mitteln aus dem Europäischen Fonds für regionale Entwicklung (EFRE) VK Bund Beschl. v.
    3.7.2007 – VK 2-45/07 und VK 2-57/07, BeckRS 2007, 142863; sowie insbes. auch *Ohlerich* in RKKP
    GWB Rn. 17.
[68] jurisPK-VergabeR/*Summa* Rn. 23 ff.
[69] Reidt/Stickler/Glahs/*Reidt* Rn. 17.
[70] Reidt/Stickler/Glahs/*Reidt* Rn. 17.

33 **5. Vergabeverfahren, die im Rahmen der Organleihe für den Bund durchgeführt werden (Abs. 1 Nr. 5).** § 159 Abs. 1 Nr. 5 regelt die Zuständigkeit der Vergabekammer des Bundes[71] für die Nachprüfung der Vergabeverfahren, die im Rahmen der **Organleihe für den Bund** durchgeführt werden. Die Norm betrifft Fälle, in denen eine andere öffentliche Stelle – in der Regel ein Bundesland – für den Bund ein Vergabeverfahren durchführt und dabei nach außen im Namen des Bundes auftritt.[72] Dies beruht auf dem Gedanken, dass das ausgeliehene Organ, soweit die Inanspruchnahme erfolgt, nicht nur funktionell, sondern auch organisatorisch dem ausleihenden Verwaltungsträger „Bund" zugeordnet bzw. zugerechnet wird.[73] Denn dieser steht als faktischer und weisungsbefugter Auftraggeber dahinter.[74] Für Nachprüfungen in diesem Bereich ist daher konsequenter Weise die Zuständigkeit der Vergabekammer des Bundes gegeben, auch wenn Länderbehörden die Ausschreibungen durchführen.[75]

34 Beispiele aus der Praxis sind Bauaufgaben des Bundes, die im Wege einer Organleihe durch die Finanzbauverwaltungen der Länder durchgeführt werden (vgl. § 5b FVG),[76] sowie polizeiliche Aufgaben der See- und der überregionalen Schifffahrt, bei der die Wasserschutzpolizeien der Länder teilweise im Wege der Organleihe tätig werden.[77] Früher ergaben sich Anwendungsfälle zudem im Rahmen von § 8 Abs. 5 FVG aF (Aufgaben und Gliederung der Bundesfinanzdirektionen) und § 18a FVG aF (Sonderregelung zur Verwaltung der Kraftfahrzeugsteuer durch Organleihe), die jedoch zwischenzeitlich aufgehoben wurden.[78]

35 **6. Doppelzuständigkeit der Vergabekammer des Bundes und der Vergabekammern der Länder (Abs. 1 Nr. 6).** § 159 Abs. 1 Nr. 6 wurde durch das Vergaberechtsmodernisierungsgesetz vom 17.2.2016[79] in das Gesetz eingefügt, um eine Regelungslücke des bisherigen § 106a aF zu schließen (→ Rn. 5). Die Norm trifft eine Regelung für den Fall, dass **überschneidende Zuständigkeiten verschiedener Vergabekammern** in Betracht kommen. Insoweit wird – im Sinne einer Kollisions- bzw. Vorrangregelung – eine Zuständigkeit zugunsten der Vergabekammer des Bundes vorgesehen. Die **Zuständigkeitskonzentration bei der Vergabekammer des Bundes** dient der Verfahrenskonzentration und -beschleunigung und beugt der Gefahr divergierender Entscheidungen vor, da alle Nachprüfungsanträge bei derselben Vergabekammer zu stellen sind.[80]

36 Die Problematik, dass mehrere Vergabekammern zuständig sind, stellte sich in der bisherigen Praxis wiederholt insbesondere bei der Nachprüfung von Ausschreibungen der gesetzlichen Krankenkassen.[81] Diesbezüglich hatten sowohl die Vergabekammer des Bundes[82] als auch einige Vergabekammern der Länder[83] ihre Zuständigkeit angenommen. Nach der Rechtsprechung des OLG Düsseldorf stand den Antragstellern in solchen Fällen ein Wahlrecht analog § 35 ZPO zu, an welche Vergabekammer er sich mit seinem Nachprüfungsantrag wendet.[84] Dieses Wahlrecht des Antragstellers entfällt nunmehr aufgrund der Neuregelung in § 159 Abs. 1 Nr. 6.[85] Nachprüfungsanträge betreffend die Vergabe der Rabattverträge der Krankenkassen, die in allen Bundesländern anfallen, werden dementsprechend konzentriert von den Vergabekammern des Bundes bearbeitet.

---

[71] Vgl. dazu VK Bund Beschl. v. 21.10.199 – VK 2-26/99, NZBau 2000, 108.
[72] Byok/Jaeger/*Müller* Rn. 13; jurisPK-VergabeR/*Summa* Rn. 27 ff.; Ziekow/Völlink/*Dittmann* Rn. 14.
[73] Reidt/Stickler/Glahs/*Reidt* Rn. 18; *Ohlerich* in RKKP GWB Rn. 18.
[74] Vgl. *Ohlerich* in RKKP GWB Rn. 18 sowie grundlegend zur Organleihe auch BVerwG Urt. v. 3.31989 – 8 C 98/85, NVwZ-RR 1990, 44 ff.
[75] *Diemon-Wies* in Müller-Wrede GWB Rn. 20.
[76] *Ohlerich* in RKKP GWB Rn. 18; Ziekow/Völlink/*Dittmann* Rn. 14.
[77] Reidt/Stickler/Glahs/*Reidt* Rn. 18 mwN.
[78] S. dazu auch jurisPK-VergabeR/*Summa* Rn. 30.
[79] BGBl. 2016 I 203 ff.
[80] Vgl. BT-Drs. 18/6281, 134; sowie ferner auch jurisPK-VergabeR/*Summa* Rn. 33 f.
[81] Ausf. dazu *Diemon-Wies* in Müller-Wrede GWB Rn. 24 ff.
[82] Vgl. VK Bund Beschl. v. 20.2.2015 – VK 2-3/15, BeckRS 2015, 120375; VK Bund Beschl. v. 10.9.2014 – VK 1-66/14, BeckRS 2015, 7548; VK Bund Beschl. v. 15.11.2007 – VK 2-102/07, BeckRS 2007, 141952; VK Bund Beschl. v. 14.11.2007 – VK 3-124/07, BeckRS 2007, 142188.
[83] VK Münster Beschl. v. 22.4.2015 – VK 1-12/15, IBR 2015, 563; VK Brandenburg Beschl. v. 11.2.2014 – VK 29/13, BeckRS 2014, 15778; VK Arnsberg Beschl. v. 3.12.2009 – VK 30/09, IBRRS 2010, 0386; VK Baden-Württemberg Beschl. v. 19.12.2008 – VK 67/08, IBRRS 2009, 3055; VK Sachsen Beschl. v. 19.12.2008 – 1/SVK/064-08, BeckRS 2009, 22704; VK Düsseldorf, Beschl. v. 31.10.2007 – VK 31/07, BeckRS 2008, 03346.
[84] Vgl. OLG Düsseldorf Beschl. v. 18.12.2013 – VII-Verg 24/13, BeckRS 2014, 2421; OLG Düsseldorf Beschl. v. 19.12.2007 – VII-Verg 51/07, NZBau 2008, 194 (200); sowie dazu auch *Diemon-Wies* in Müller-Wrede GWB Rn. 24 f.; *Ohlerich* in RKKP GWB Rn. 29; Ziekow/Völlink/*Dittmann* Rn. 1 und 16.
[85] *Diemon-Wies* in Müller-Wrede GWB Rn. 26.

IV. Zuständigkeit der Vergabekammern der Länder (Abs. 2) 37–41 § 159 GWB

Die Vorrangregelung des § 159 Abs. 1 Nr. 6 **gilt nicht entsprechend im Falle der parallelen** 37
Zuständigkeit mehrerer Vergabekammern der Länder (vgl. § 159 Abs. 2 S. 2 sowie
→ Rn. 46).[86] Hier verbleibt es bei **§ 159 Abs. 3 S. 2**[87] bzw. – sofern der Obliegenheit gem. § 159
Abs. 3 S. 2 nicht entsprochen wird – bei der Auffangregelung des **§ 159 Abs. 3 S. 1**,[88] und damit
letztlich bei einem **Wahlrecht** des Antragstellers analog § 35 ZPO.[89]

IV. Zuständigkeit der Vergabekammern der Länder (Abs. 2)

§ 159 Abs. 2 regelt – in Abgrenzung zu § 159 Abs. 1 – die Zuständigkeit der Vergabekammern 38
der Länder.

1. Bundesauftragsverwaltung (Abs. 2 S. 1). § 159 Abs. 2 S. 1 weist die Vergabeverfahren, 39
die von einem Land im Rahmen der **Bundesauftragsverwaltung** durchgeführt werden, der
Zuständigkeit der Vergabekammer des betroffenen Landes zu. Dahinter steht der Gedanke, dass
die Aufgabe zwar im Auftrag des Bundes, ansonsten aber in unmittelbarer eigener Verantwortung
als Landesverwaltung ausgeübt wird.[90] Die Länder handeln bei einem solchen Vollzug von Bundesgesetzen regelmäßig mit eigenen Personal- und Sachmitteln im Auftrag des Bundes und üben
insoweit – auch wenn sie hierbei im Innenverhältnis den Weisungen der zuständigen obersten
Bundesbehörden unterliegen (vgl. Art. 85 Abs. 3 und 4 GG) – Landesstaatsgewalt aus.[91] Dementsprechend ist es konsequent, dass auch das jeweilige Land die entsprechende gerichtliche Vertretung
übernimmt.[92]

Die Regelung des § 159 Abs. 2 S. 1 knüpft allein an den Tatbestand der Auftragsverwaltung 40
an.[93] Sie ist zudem **lex specialis** gegenüber § 159 Abs. 1 und begründet daher eine die Vergabekammer des Bundes ausschließende Zuständigkeit selbst dann, wenn eine überwiegende Finanzierung
durch den Bund vorliegt.[94]

Der Hauptanwendungsfall der Norm in der Praxis ist bzw. war zumindest bislang die Verwaltung 41
der Bundesfernstraßen gem. Art. 90 Abs. 3 GG.[95] Speziell betreffend die **Bundesautobahnen** ist
insoweit jedoch – **neu** – zu beachten, dass die Verwaltung der Bundesautobahnen gem. Art. 90
Abs. 2 S. 1 GG in Bundesverwaltung geführt wird, wobei der Bund sich zur Erledigung seiner
Aufgaben einer Gesellschaft privaten Rechts bedienen und das Nähere durch ein Bundesgesetz
regeln kann (vgl. Art. 90 Abs. 2 S. 2 und 5 GG). Mit dem Infrastrukturgesellschaftserrichtungsgesetz
(InfrGG)[96] hat der Bund das Nähere hinsichtlich der Gesellschaft privaten Rechts geregelt. Gemäß
§ 1 Abs. 1 InfrGG hat das Bundesministerium für Verkehr und digitale Infrastruktur die Planung,
den Bau, den Betrieb, die Erhaltung, die Finanzierung und die vermögensmäßige Verwaltung von

---

[86] Byok/Jaeger/*Müller* Rn. 14; jurisPK-VergabeR/*Summa* Rn. 41; *Diemon-Wies* in Müller-Wrede GWB Rn. 22; Reidt/Stickler/Glahs/*Reidt* Rn. 19. *Ohlerich* in RKKP GWB Rn. 19.
[87] Reidt/Stickler/Glahs/*Reidt* Rn. 19.
[88] jurisPK-VergabeR/*Summa* Rn. 42.
[89] OLG Düsseldorf Beschl. v. 18.12.2013 – VII-Verg 24/13, BeckRS 2014, 2421; OLG Düsseldorf Beschl. v. 5.9.2007 – VII-Verg 51/07, NZBau 2008, 194 ff.; Byok/Jaeger/*Müller* Rn. 14; Reidt/Stickler/Glahs/*Reidt* Rn. 26; *Ohlerich* in RKKP GWB Rn. 29.
[90] BVerfG Urt. v. 22.5.1990 – 2 BvG 1/88, BVerfGE 81, 310 (331).
[91] Vgl. OLG Koblenz Beschl. v. 2.2.2011 – 1 Verg 1/11, VergabeR 2011, 515; VK Baden-Württemberg Beschl. v. 21.11.2002 – 1 VK K 59/02; jurisPK-VergabeR/*Summa* Rn. 39; *Diemon-Wies* in Müller-Wrede GWB Rn. 30; Ziekow/Völlink/*Dittmann* Rn. 17.
[92] So Ziekow/Völlink/*Dittmann* Rn. 17 unter Verweis auf BGH Beschl. v. 20.3.2014 – X ZB 18/13, NZBau 2014, 310 mwN; OLG München Beschl. v. 9.4.2015 – Verg 1/15, NZBau 2015, 446.
[93] Vgl. OLG München Beschl. v. 31.5.2012 – Verg 4/12, ECLI:DE:OLGMUEN:2012:0531.VERG4.12.0A; OLG Brandenburg Beschl. v. 19.2.2008 – Verg W 22/07, ZfBR 2009, 296; *Ohlerich* in RKKP GWB Rn. 21.
[94] Byok/Jaeger/*Müller* Rn. 15; Reidt/Stickler/Glahs/*Reidt* Rn. 21; *Ohlerich* in RKKP GWB Rn. 21.
[95] Vgl. BGH Beschl. v. 20.3.2014 – X ZB 18/13, NZBau 2014, 310; OLG München Beschl. v. 9.4.2015 – Verg 1/15, NZBau 2015, 446; OLG Rostock Beschl. v. 9.10.2013 – 17 Verg 6/13, VergabeR 2014, 442; OLG Celle Beschl. v. 6.6.2011 – 13 Verg 2/11, VergabeR 2011, 783; OLG Düsseldorf Beschl. v. 25.11.2009 – VII-Verg 27/09, IBR 2010, 162; OLG Düsseldorf Beschl. v. 14.9.2009 – VII-Verg 20/09, IBR 2010, 57; OLG Brandenburg Beschl. v. 19.2.2008 – Verg W 22/07, ZfBR 2009, 296; VK Sachsen Beschl. v. 17.5.2013 – 1/SVK/016-13, ZfBR 2014, 200; VK Baden-Württemberg Beschl. v. 23.3.2006 – 1 VK 606, IBRRS 2006, 1362; jurisPK-VergabeR/*Summa* Rn. 36; *Diemon-Wies* in Müller-Wrede GWB Rn. 30; Reidt/Stickler/Glahs/*Reidt* Rn. 21; *Ohlerich* in RKKP GWB Rn. 21.
[96] Gesetz zur Errichtung einer Infrastrukturgesellschaft für Autobahnen und andere Bundesfernstraßen (Infrastrukturgesellschaftserrichtungsgesetz – InfrGG; Art. 13 des Gesetzes zur Neuregelung des bundesstaatlichen Finanzausgleichssystems ab dem Jahr 2020 und zur Änderung haushaltsrechtlicher Vorschriften) v. 14.8.2017, BGBl. 2017 I 3122.

Bundesautobahnen, soweit es sich um Aufgaben des Bundes handelt, zur Ausführung auf eine Gesellschaft privaten Rechts, namentlich **Die Autobahn GmbH des Bundes,** übertragen. Dieser wird gem. § 5 Abs. 1 InfrGG **ab dem 1.1.2021** die Ausführung von Aufgaben der Straßenbaulast iSd § 3 FStrG übertragen. Gemäß § 10 Abs. 2 FernstrÜG[97] tritt die Autobahn GmbH des Bundes **zum 1.1.2021** im Rahmen der ihr zur Ausführung übertragenen Aufgaben in die Vergabe- und Gerichtsverfahren sowie sonstige Verfahren und Rechtspositionen ein. Bei den insoweit betroffenen Vergabeverfahren handelt es sich mithin seit dem 1.1.2021 nicht mehr um Vergabeverfahren, die aufgrund einer Durchführung im Rahmen der Auftragsverwaltung für den Bund dem jeweiligen Land zuzurechnen sind. Vielmehr werden die Vergabeverfahren seither durch die Autobahn GmbH des Bundes unmittelbar geführt. Zuständig für deren Nachprüfung ist gem. § 156 Abs. 1, § 159 Abs. 1 die Vergabekammer des Bundes.[98]

42   **2. Zuordnung des Auftraggebers zu einem Land (Abs. 2 S. 2).** Über § 159 Abs. 2 S. 1 hinaus ist gemäß der **Generalklausel** des **§ 159 Abs. 2 S. 2** die Vergabekammer des jeweiligen Landes auch dann zuständig, wenn in **entsprechender Anwendung des § 159 Abs. 1 Nr. 2–5** ein Auftraggeber einem Land zuzuordnen ist. Durch die entsprechende Anwendung der Tatbestände des § 159 Abs. 1 Nr. 2–5 erfolgt nicht nur eine Abgrenzung zur Zuständigkeit der Vergabekammer des Bundes, sondern auch hinsichtlich der Vergabekammer der Bundesländer untereinander.[99]

43   Hinsichtlich der einzelnen Tatbestandsvoraussetzungen des § 159 Abs. 1 Nr. 2–5 kann auf das oben dazu Gesagte verwiesen werden (→ Rn. 12 ff.).

44   Soweit die entsprechende Anwendung der verschiedenen Regelungen gem. § 159 Abs. 1 Nr. 2–5 in Fällen einer mehrfachen Länderbeteiligung dazu führen kann, dass das Vergabeverfahren mehr als einem Bundesland zuzuordnen ist und damit die parallele Zuständigkeit von Vergabekammern verschiedener Länder begründet wird, kommt eine Zuständigkeitskonzentration iSd § 159 Abs. 3 S. 2 in Betracht[100] (→ Rn. 51 ff.) bzw. ist in Ermangelung einer solche auf die Auffangregelung des § 159 Abs. 3 S. 1 zurückzugreifen[101] (→ Rn. 47 ff.). Ergibt sich eine solche parallele Zuständigkeit von Vergabekammern verschiedener Länder innerhalb des (§ 159 Abs. 2 S. 2 iVm) § 159 Abs. 1 Nr. 2 dürfte überdies sogar ein Wahlrecht der an dem Auftraggeber Beteiligten gegeben sein.[102] Im Fall der Organleihe analog § 159 Abs. 1 Nr. 5 kommt es in dem Fall, dass an einem Auftraggeber (zB an einem länderübergreifenden kommunalen Zweckverband oder an einem Sektorenauftraggeber) Gebietskörperschaften aus mehreren Ländern beteiligt sind, entscheidend darauf an, ob die Gebietskörperschaften eines Landes in entsprechender Anwendung des § 159 Abs. 1 überwiegenden Einfluss auf den Auftraggeber ausüben.[103]

45   § 159 Abs. 2 S. 2 verweist **nicht** auf **§ 159 Abs. 1 Nr. 1.** Und auch im Übrigen fehlt es an einer mit § 159 Abs. 1 Nr. 1 vergleichbaren Regelung betreffend das Verhältnis von Ländern und Kommunen. Allerdings wird man schon allein in Ansehung von § 156 Abs. 1 davon ausgehen können, dass insoweit immer nur die Vergabekammer des jeweiligen Landes zuständig sein kann, dem die Kommune bzw. die kommunale Gebietskörperschaft zuzuordnen ist.[104]

46   Mangels eines Verweises in § 159 Abs. 2 S. 2 auf **§ 159 Abs. 1 Nr. 6 gilt** die dort normierte Vorrangregelung **nicht entsprechend** im Falle der parallelen Zuständigkeit mehrerer Vergabekammern der Länder[105] (→ Rn. 37). Hier verbleibt es bei **§ 159 Abs. 3 S. 2**[106] bzw. – sofern der Obliegenheit gem. § 159 Abs. 3 S. 2 nicht entsprochen wird – bei der Auffangregelung des **§ 159 Abs. 3 S. 1,**[107] und damit letztlich bei einem Wahlrecht des Antragstellers analog § 35 ZPO.[108]

---

[97] Gesetzes zu Überleitungsregelungen zum Infrastrukturgesellschaftserrichtungsgesetz und zum Fernstraßen-Bundesamt-Errichtungsgesetz sowie steuerliche Vorschriften (Fernstraßen-Überleitungsgesetz – FernstrÜG; Art. 15 des Gesetzes zur Neuregelung des bundesstaatlichen Finanzausgleichssystems ab dem Jahr 2020 und zur Änderung haushaltsrechtlicher Vorschriften) v. 14.8.2017, BGBl. 2017 I 3122.
[98] Vgl. VK Rheinland-Pfalz Beschl. v. 28.1.2021 – VK 2-2/21, BeckRS 2021, 1748.
[99] HK-VergabeR/*Landsberg* Rn. 9.
[100] Vgl. *Ohlerich* in RKKP GWB Rn. 21.
[101] Vgl. jurisPK-VergabeR/*Summa* Rn. 42.
[102] AA *Reider* in der Vorauflage → 2. Aufl. 2018, Rn. 5.
[103] Byok/Jaeger/*Müller* Rn. 17.
[104] Ausf. dazu und mwN *Ohlerich* in RKKP GWB Rn. 23; iErg ebenso Byok/Jaeger/*Müller* Rn. 16.
[105] Byok/Jaeger/*Müller* Rn. 14; jurisPK-VergabeR/*Summa* Rn. 41; *Diemon-Wies* in Müller-Wrede GWB Rn. 22; Reidt/Stickler/Glahs/*Reidt* Rn. 19; *Ohlerich* in RKKP GWB Rn. 19.
[106] Reidt/Stickler/Glahs/*Reidt* Rn. 19.
[107] jurisPK-VergabeR/*Summa* Rn. 42.
[108] OLG Düsseldorf Beschl. v. 18.12.2013 – VII-Verg 24/13, BeckRS 2014, 2421; OLG Düsseldorf Beschl. v. 5.9.2007 – VII-Verg 51/07, NZBau 2008, 194 ff.; Byok/Jaeger/*Müller* Rn. 14; Reidt/Stickler/Glahs/*Reidt* Rn. 26; *Ohlerich* in RKKP GWB Rn. 29.

V. Auffangregelung (Abs. 3 S. 1)

§ 159 Abs. 3 S. 1 enthält eine **subsidiäre**[109] **Auffangregelung,** die immer dann eingreift, 47
wenn die Abgrenzung der Zuständigkeiten nach den vorgenannten Kriterien („in allen anderen
Fällen") zu keinem eindeutigen Ergebnis führt.[110] Hierdurch wird sichergestellt, dass für jeden öffentlichen Auftraggeber eine Vergabekammer zuständig ist. Praktische Bedeutung hat dies vor allem auf
kommunaler Ebene[111] für paritätisch besetzte Vergabestellen, bei denen keiner der Beteiligten einen
beherrschenden Einfluss etc auszuüben vermag,[112] aber beispielsweise auch für private Sektorenauftraggeber, an denen weder der Bund noch ein Land beteiligt sind.

Die Zuständigkeit der Vergabekammern bestimmt sich dann nach **dem Sitz des Auftraggebers,** 48
was im Ergebnis nur die Zuständigkeit einer Vergabekammer eines Landes zur Folge haben kann.[113]
Als Sitz des Auftraggebers ist der **juristische Unternehmenssitz** zugrunde zu legen, der nicht
identisch mit der ausschreibenden Betriebsstätte oder Niederlassung sein muss. Der Sitz kann sich
aus einer Satzung (Aktiengesellschaft, GmbH) ergeben oder aus Gesetz oder Verordnung, wenn zB
Landesbetriebe mit mehreren Niederlassungen gegründet werden. Je nach Verfassung der Landesbetriebe können die einzelnen Niederlassungen aber auch rechtlich selbstständig gestaltet sein, sodass es
dann auf den Sitz der jeweiligen Niederlassung ankommt. Für kommunale Spitzenverbände, die weder
einem bestimmten Land noch dem Bund zuzurechnen sind, wurde mit der Zuständigkeitsregel iSd
§ 159 Abs. 3 S. 1 die Frage der Zuständigkeit ebenfalls geklärt. „In allen anderen Fällen" erfasst auch
die kommunalen Spitzenverbände, sodass sich die Zuständigkeit der Vergabekammern auch hier nach
dem Sitz des jeweiligen Verbandes richtet. Da mehrere kommunale Spitzenverbände ihren Sitz in
Nordrhein-Westfalen haben, wo sowohl die Kammern des Landes als auch die Kammern des Bundes
ansässig sind, stellt sich die Frage nach den zuständigen Kammern auch deshalb. Nach der klaren
Definition der Zuständigkeit der Vergabekammern des Bundes in § 159 Abs. 1 und der davon deutlich
getrennten Auffangregelung in § 159 Abs. 3 S. 1 ist davon auszugehen, dass die Auffangzuständigkeit
nach § 159 Abs. 3 S. 1 ausschließlich den Vergabekammern der Länder zugewiesen ist.

Hat ein Auftraggeber **mehrere Sitze,** wird teilweise von einem Wahlrecht des Antragstellers 49
ausgegangen;[114] teilweise der Sitz der konkreten Vergabestelle für maßgeblich gehalten.[115]

Wird eine **Mehr-Länder-Vergabestelle** „im Auftrag" eines öffentlichen Auftraggebers aus 50
einem anderen Bundesland tätig, greift die Auffangregelung nicht. Vielmehr ist die für das betroffene
Bundesland zuständige Vergabekammer zuständig.[116]

VI. Länderübergreifende Beschaffungen (Abs. 3 S. 2)

§ 159 Abs. 3 S. 2 sieht für **länderübergreifende Beschaffungen** vor, dass die Auftraggeber in 51
der „Vergabebekanntmachung" bzw. der Auftragsbekanntmachung (→ Rn. 53) nur **eine** zuständige
Vergabekammer benennen. Damit soll vermieden werden, dass verschiedene Vergabekammern angerufen werden.[117] Im Hinblick auf dieses Regelungsziel ist eine solche Benennung insbesondere auch
konstitutiv und für die Unternehmen bindend.[118] Die Anrufung einer anderen als der in der
Auftragsbekanntmachung genannten Vergabekammer wäre mithin unzulässig, und zwar selbst dann,
wenn das Schwergewicht der Leistungen in einem Land erbracht wird, dem die genannte Vergabekammer nicht angehört.[119] Dies gilt allerdings nur wenn und soweit eine der (potentiell) zuständigen
Vergabekammern als zuständig benannt wird. Denn die Zuständigkeit einer an sich unzuständigen
Vergabekammer kann die – dann fehlerhafte – Benennung nicht begründen.[120]

Länderübergreifende Beschaffungen können zB in **Einkaufsgemeinschaften** zur Beschaffung 52
spezieller Waren, zB von Spezialfahrzeugen für den Katastrophenschutz oder in grenzübergreifenden
Baumaßnahmen, zB in Landschafts- oder Gewässerschutz bestehen. Häufig kommen länderübergreifende Beschaffungen auch im Bereich des **Schienenpersonennahverkehrs** (SPNV) bei Landes-

---

109 Reidt/Stickler/Glahs/*Reidt* Rn. 22; *Ohlerich* in RKKP GWB Rn. 24.
110 jurisPK-VergabeR/*Summa* Rn. 44; Ziekow/Völlink/*Dittmann* Rn. 20.
111 Vgl. Ziekow/Völlink/*Dittmann* Rn. 20.
112 Byok/Jaeger/*Müller* Rn. 18.
113 Byok/Jaeger/*Müller* Rn. 18; *Ohlerich* in RKKP GWB Rn. 24; *Diemon-Wies* in Müller-Wrede GWB Rn. 34.
114 So insbes. Reidt/Stickler/Glahs/*Reidt* Rn. 23; Ziekow/Völlink/*Dittmann* Rn. 20.
115 So insbes. und ausf. zum Ganzen *Diemon-Wies* in Müller-Wrede GWB Rn. 35 ff.
116 OLG Schleswig-Holstein Beschl. v. 28.6.2016 – 54 Verg 2/16, VergabeR 2017, 68 mit weiteren Ausführungen zur ggf. notwendigen Verweisung; s. ferner auch HK-VergabeR/*Landsberg* Rn. 10.
117 Reidt/Stickler/Glahs/*Reidt* Rn. 25.
118 *Brauer* NZBau 2009, 297 (298); Reidt/Stickler/Glahs/*Reidt* Rn. 25; *Ohlerich* in RKKP GWB Rn. 26; Ziekow/Völlink/*Dittmann* Rn. 20.
119 Reidt/Stickler/Glahs/*Reidt* Rn. 25.
120 *Diemon-Wies* in Müller-Wrede GWB Rn. 44; sowie ferner auch Reidt/Stickler/Glahs/*Reidt* Rn. 27.

grenzen überschreitenden Verkehren vor. Für diese letztgenannten Fälle wurde auf Vorschlag des Bundesrates[121] bereits im Zuge der Vergaberechtsreform 2009 eine gleichlautende – indes nicht konstitutive – Regelung in § 17 VgV aF geschaffen.[122]

53 Nach dem **Wortlaut von § 159 Abs. 3 S. 2** hat die Benennung der zuständigen Vergabekammer in der **„Vergabebekanntmachung"** zu erfolgen. Hierbei dürfte es sich um ein **Redaktionsversehen** handeln, das noch dem Wortlaut der Vorgängervorschrift des § 106a aF geschuldet ist. Tatsächlich gemeint sein dürfte indes die das Vergabeverfahren einleitende **Auftragsbekanntmachung** gem. § 37 VgV, § 35 SektVO, § 18 VSVgV und den entsprechenden Vorschriften der VOB/A bzw. die Konzessionsbekanntmachung iSd § 19 KonzVgV – und nicht die erst nachträglich erfolgende Vergabebekanntmachung gem. § 39 VgV, § 38 SektVO, § 21 KonzVgV, § 48 VSVgV, § 18 EU Abs. 3 und 4 VOB/A bzw. § 18 VS Abs. 3 und 4 VOB/A.[123] Denn eine Benennung erst in der nachträglichen Vergabebekanntmachung würde dem Sinn und Zweck der Regelung nicht gerecht werden.[124]

54 Der Wortlaut von § 159 Abs. 3 S. 2 setzt **die Benennung einer zuständigen Vergabekammer in der Bekanntmachung** ohne Einschränkung voraus, sodass von einer dahingehenden **Obliegenheit**[125] auszugehen ist. Wird dieser Obliegenheit nicht entsprochen und **keine Vergabekammer benannt,** verbleibt es bei länderübergreifenden Beschaffungen mehrerer öffentlicher Auftraggeber bei der Regelung gem. § 159 Abs. 3 S. 1. Ein Rechtsschutzsuchender hat in diesem Fall – ebenso wie im Fall einer De-facto-Vergabe[126] – ein **Wahlrecht,** an welche Vergabekammer es sich mit seinem Nachprüfungsbegehren richten möchte.[127] Auf das Schwergewicht der Leistungen in dem einen oder anderen Land kommt es dabei nicht an. Denn dies wäre mit der Gewährung effektiven Rechtsschutzes, gerade bei Unsicherheiten über dieses Schwergewicht, insbesondere im Hinblick auf die Herbeiführung des Zuschlagsverbotes gem. § 169 Abs. 1 nicht vereinbar.[128] Insbesondere kann dem Rechtsschutzsuchenden auch schon allein angesichts der kurzen Fristen des § 160 Abs. 3 S. 1 Nr. 4 nicht zugemutet werden, die zuständige Vergabekammer selbst zu ermitteln.[129] Wird bei einer für den Sitz eines beliebigen Mitglieds des Auftraggebers zuständigen Kammer ein Nachprüfungsantrag eingereicht, ist dieser mithin als zulässig anzusehen.

VII. Prüfung der Zuständigkeit und Verweisung bei Unzuständigkeit durch die Vergabekammer

55 Wird eine Vergabekammer angerufen, hat sie ihre **Zuständigkeit von Amts wegen zu prüfen.**[130] Im Falle ihrer Unzuständigkeit hat die Vergabekammer das Nachprüfungsverfahren in entsprechender Anwendung von **§ 83 S. 1 VwGO iVm § 17a Abs. 2 GVG** an die zuständige Vergabekammer **zu verweisen.**[131] Gemäß § 162 S. 1 sind die Verfahrensbeteiligten zuvor anzu-

---

[121] Vgl. BT-Drs. 16/10117, 34; sowie zu der Problematik vor Inkrafttreten von § 106a Abs. 3 S. 2 aF bspw. auch OLG Koblenz Beschl. v. 5.9.2002 – 1 Verg 2/02, VergabeR 2002, 617; VK Niedersachsen Beschl. v. 20.9.2004 – 203-VgK 46/2004, BeckRS 2004, 9776.
[122] S. dazu insbes. Ziekow/Völlink/*Dittmann* Rn. 20 mwN.
[123] *Diemon-Wies* in Müller-Wrede GWB Rn. 40; *Ohlerich* in RKKP GWB Rn. 27.
[124] *Diemon-Wies* in Müller-Wrede GWB Rn. 40.
[125] Vgl. Byok/Jaeger/*Müller* Rn. 20; *Ohlerich* in RKKP GWB Rn. 28; dagegen von einer Rechtspflicht ausgehend *Reider* in der Vorauflage → 2. Aufl. 2018, Rn. 7.
[126] Byok/Jaeger/*Müller* Rn. 20; Reidt/Stickler/Glahs/*Reidt* Rn. 26.
[127] OLG Düsseldorf Beschl. v. 19.12.2007 – Verg 51/07, VergabeR 2008, 73 (83); OLG Koblenz Beschl. v. 5.9.2002 – 1 Verg 2/02, NZBau 2002, 699; VK Sachsen Beschl. v. 19.12.2008 – 1/SVK/064-08, BeckRS 2009, 22704; *Brauer* NZBau 2009, 297 (298); Byok/Jaeger/*Müller* Rn. 20; jurisPK-VergabeR/*Summa* Rn. 51; Reidt/Stickler/Glahs/*Reidt* Rn. 26.
[128] So bereits für die Rechtslage vor Inkrafttreten von § 106a Abs. 3 S. 2 aF etwa OLG Koblenz Beschl. v. 5.9.2002 – 1 Verg 2/02, VergabeR 2002, 617; VK Baden-Württemberg Beschl. v. 19.12.2008 – 1 VK 67/08, IBRRS 2009, 3055; VK Brandenburg Beschl. v. 14.3.2003 – VK 14/03, IBRRS 2003, 3221; VK Hamburg Beschl. v. 21.4.2004 – VgK FB 1/04, BeckRS 2004, 07963; Reidt/Stickler/Glahs/*Reidt* Rn. 26; aA für die frühere Rechtslage OLG Bremen Beschl. v. 17.8.2000 – Verg 2/2000; VK Niedersachen Beschl. v. 20.9.2004 – 203-VgK-46/2004, BeckRS 2004, 9776.
[129] Ähnlich jurisPK-VergabeR/*Summa* Rn. 50.
[130] *Ohlerich* in RKKP GWB Rn. 30.
[131] Vgl. OLG Schleswig-Holstein Beschl. v. 28.6.2016 – 54 Verg 2/16, VergabeR 2017, 68; OLG Dresden Beschl. v. 26.6.2012 – Verg 3/12 und 4/12, VergabeR 2013, 517 f.; OLG Thüringen Beschl. v. 16.7.2007 – 9 Verg 4/07, VergabeR 2008, 269; OLG Bremen Beschl. v. 17.8.2000 – Verg 2/2000; VK Bund Beschl. v. 8.6.2006 – VK 2-114/05, VergabeR 20078, 100 (106 f.); Byok/Jaeger/*Müller* Rn. 21; *Diemon-Wies* in Müller-Wrede GWB Rn. 44; HK-VergabeR/*Landsberg* Rn. 11; *Ohlerich* in RKKP GWB Rn. 30.

hören.[132] Das Nachprüfungsverfahren geht dann in dem jeweiligen Verfahrensstand über.[133] Die Vergabekammer, an die das Nachprüfungsverfahren verwiesen wird, ist an die Entscheidung analog § 83 S. 1 VwGO iVm § 17a Abs. 2 S. 3 GVG grundsätzlich **gebunden**.[134] Ausnahmen kommen nur dann in Betracht, wenn die Verweisung unter Verletzung wesentlicher Verfahrensvorschriften erfolgt oder auf nicht vertretbaren, willkürlichen Überlegungen beruht.[135] Da § 83 S. 1 VwGO iVm § 17a Abs. 2 S. 1 GVG die Unzuständigkeit der zunächst angerufenen Vergabekammer voraussetzt, scheidet eine Verweisung aus, wenn die angerufene, zuständige Vergabekammer eine parallel zuständige Vergabekammer lediglich für die „sachgerechtere Wahl" hält.[136]

Aus Sicht der Verfahrensbeteiligten ist der Verweisungsbeschluss als **Zwischenentscheidung** 56 **nicht isoliert** mit einer sofortigen Beschwerde gem. § 171 Abs. 1 S. 1 **anfechtbar**.[137]

Eine erst im **Beschwerdeverfahren** festgestellte örtliche Unzuständigkeit der Vergabekammer bleibt gem. **§ 55 Abs. 2 analog** in der Regel ohne Folgen.[138] Etwas anderes kann dann gelten, wenn der Zuständigkeitsmangel objektiv willkürlich und rechtlich unhaltbar ist. Dann kann der Vergabesenat die Sache an die Vergabekammer zurückverweisen oder entsprechend § 281 ZPO eine Verweisung der sofortigen Beschwerde an den örtlich zuständigen Vergabesenat beschließen.[139] 57

VIII. Offene Fragen

Im Einzelnen lässt § 159 noch diverse Frage offen, so zB betreffend Bundesländer mit mehreren 58 Vergabekammern (→ Rn. 3), Beschaffungen von grenzüberschreitend miteinander kooperierenden Gebietskörperschaften[140] oder „Zuständigkeiten kraft Sachzusammenhangs".[141]

Abschnitt 2. Verfahren vor der Vergabekammer

§ 160 Einleitung, Antrag
(1) Die Vergabekammer leitet ein Nachprüfungsverfahren nur auf Antrag ein.

(2) ¹Antragsbefugt ist jedes Unternehmen, das ein Interesse an dem öffentlichen Auftrag oder der Konzession hat und eine Verletzung in seinen Rechten nach § 97 Absatz 6 durch Nichtbeachtung von Vergabevorschriften geltend macht. ²Dabei ist darzulegen, dass dem Unternehmen durch die behauptete Verletzung der Vergabevorschriften ein Schaden entstanden ist oder zu entstehen droht.

(3) ¹Der Antrag ist unzulässig, soweit
1. der Antragsteller den geltend gemachten Verstoß gegen Vergabevorschriften vor Einreichen des Nachprüfungsantrags erkannt und gegenüber dem Auftraggeber nicht innerhalb einer Frist von zehn Kalendertagen gerügt hat; der Ablauf der Frist nach § 134 Absatz 2 bleibt unberührt,
2. Verstöße gegen Vergabevorschriften, die aufgrund der Bekanntmachung erkennbar sind, nicht spätestens bis zum Ablauf der in der Bekanntmachung benannten Frist

---

[132] OLG Dresden Beschl. v. 26.6.2012 – Verg 3/12 und 4/12, VergabeR 2013, 517 f.; OLG Düsseldorf Beschl. v. 18.1.2005 – VII-Verg 104/04, BauRB 2005, 210 f.; *Ohlerich* in RKKP GWB Rn. 30.
[133] *Ohlerich* in RKKP GWB Rn. 31.
[134] OLG Schleswig-Holstein Beschl. v. 28.6.2016 – 54 Verg 2/16, VergabeR 2017, 68; OLG Thüringen Beschl. v. 16.7.2007 – 9 Verg 4/07, VergabeR 2008, 269; Byok/Jaeger/*Müller* Rn. 21; HK-VergabeR/*Landsberg* Rn. 11; *Ohlerich* in RKKP GWB Rn. 30.
[135] OLG Dresden Beschl. v. 26.6.2012 – Verg 3/12 und 4/12, VergabeR 2013, 517 f.; OLG Thüringen Beschl. v. 16.7.2007 – 9 Verg 4/07, VergabeR 2008, 269; OLG Düsseldorf Beschl. v. 18.1.2005 – VII-Verg 104/04, BauRB 2005, 210 f.; HK-VergabeR/*Landsberg* Rn. 11; *Ohlerich* in RKKP GWB Rn. 30.
[136] Vgl. OLG Dresden Beschl. v. 26.6.2012 – Verg 3/12 und 4/12, VergabeR 2013, 517 f.; *Ohlerich* in RKKP GWB Rn. 30.
[137] OLG Dresden Beschl. v. 26.6.2012 – Verg 3/12 und 4/12, VergabeR 2013, 517 f.; OLG Düsseldorf Beschl. v. 18.1.2005 – VII-Verg 104/04, BauRB 2005, 210 f.; *Ohlerich* in RKKP GWB Rn. 30.
[138] HK-VergabeR/*Landsberg* Rn. 11; *Ohlerich* in RKKP GWB Rn. 32.
[139] OLG Schleswig-Holstein Beschl. v. 28.6.2016 – 54 Verg 2/16, VergabeR 2017, 68 (aufgrund des Beschleunigungsgrundsatzes tendenziell Verweisung zum zuständigen Vergabesenat); sowie dazu auch HK-VergabeR/*Landsberg* Rn. 11; *Ohlerich* in RKKP GWB Rn. 32.
[140] S. dazu VK Südbayern Beschl. v. 11.3.2015 – Z3-3-3194-1-65-12/14, IBRRS 2015, 0861, für einen Fall, bei dem Kommunen aus Deutschland und Österreich bei der Abfallentsorgung zusammengearbeitet und auch gemeinsam Aufträge vergeben haben.
[141] S. ausführlich zum Ganzen jurisPK-VergabeR/*Summa* Rn. 54 ff.

zur Bewerbung oder zur Angebotsabgabe gegenüber dem Auftraggeber gerügt werden,
3. Verstöße gegen Vergabevorschriften, die erst in den Vergabeunterlagen erkennbar sind, nicht spätestens bis zum Ablauf der Frist zur Bewerbung oder zur Angebotsabgabe gegenüber dem Auftraggeber gerügt werden,
4. mehr als 15 Kalendertage nach Eingang der Mitteilung des Auftraggebers, einer Rüge nicht abhelfen zu wollen, vergangen sind.
²Satz 1 gilt nicht bei einem Antrag auf Feststellung der Unwirksamkeit des Vertrags nach § 135 Absatz 1 Nummer 2. ³§ 134 Absatz 1 Satz 2 bleibt unberührt.

Schrifttum: *Antweiler*, Antragsbefugnis und Antragsfrist für Nachprüfungsanträge von Nichtbewerbern und Nichtbietern, VergabeR 2004, 702; *Antweiler*, Neues zur Rügeobliegenheit und zu öffentlich-rechtlichen Marktzugangsbeschränkungen, NZBau 2020, 761; *Benedict*, Ausnahme von Rügepflicht; Nebenangebot ohne Hauptangebot, VergabeR 2001, 254; *Brauer*, Das Verfahren vor der Vergabekammer, NZBau 2009, 297; *Dreher*, Andere Rechtsgebiete als Vorfrage im Vergaberecht, NZBau 2013, 665; *Eiermann*, Primärrechtsschutz gegen öffentliche Auftraggeber bei europaweiten Ausschreibungen durch Vergabenachprüfungsverfahren, NZBau 2016, 13 und 76; *Glahs*, Die Antragsbefugnis im Vergabenachprüfungsverfahren, NZBau 2004, 544; *Jaeger*, Die Rechtsprechung der OLG-Vergabesenate im Jahr 2000, NZBau 2001, 289; *Jaeger*, Neuerungen zur Rügeobliegenheit (§ 107 III GWB) durch das Vergaberechtsmodernisierungsgesetz, NZBau 2009, 558; *Kling*, Vorbeugender Rechtsschutz im Kartellvergaberecht?, NZBau 2003, 23; *Krist*, Änderungen im Vergabeprozessrecht, VergabeR 2016, 396; *Kühnen*, Die Rügeobliegenheit, NZBau 2004, 427; *Maier*, Bedarf es einer Frist zwischen Rüge und Nachprüfungsantrag?, NZBau 2004, 196; *Maier*, Zur Frage des Nachweises der positiven Kenntnis bzw. der Erkennbarkeit von Verfahrensverstößen als Bedingung des Entstehens der Rügeobliegenheit nach § 107 Abs. 3 GWB, VergabeR 2004, 176; *Opitz*, Wenn es schlau ist, sich dumm zu stellen – Die Rügeobliegenheit im Vergaberecht, NZBau 2019, 617; *Otting*, Reichweite und Europarechtskonformität der Vorschrift des § 107 Abs. 3 GWB, VergabeR 2008, 68; *Schmidt*, Wider den Ausschlussautomatismus: Kein zwingender Ausschluss einer Bietergemeinschaft bei Insolvenz eines Mitgliedsunternehmens, NZBau 2008, 41; *Schröder*, Die Rügepflicht nach § 107 Abs. 3 Satz 1 GWB, VergabeR 2002, 229; *Stoye/von Münchhausen*, Primärrechtsschutz in der GWB-Novelle – Kleine Vergaberechtsreform mit großen Einschnitten im Rechtsschutz, VergabeR 2008, 871; *Wiedemann*, Geplante Neuerungen im Nachprüfungsverfahren, VergabeR 2009, 302; *Wolf/Wolters*, Zur Rügeobliegenheit bei de-facto-Vergaben, VergabeR 2018, 106.

Übersicht

	Rn.			Rn.
I. **Normzweck**	1	5.	Durch die behauptete Rechtsverletzung entstandener oder drohender Schaden	34
II. **Antragserfordernis (Abs. 1)**	8		a) Der Schadensbegriff iSd Abs. 2 S. 2	34
III. **Antragsbefugnis (Abs. 2)**	10		b) Die Darlegung des entstandenen oder drohenden Schadens	35
1. Vorbemerkung	10	IV.	**Rügeobliegenheit (Abs. 3)**	50
2. Überblick über die Voraussetzungen der Antragsbefugnis	14	1.	Allgemeines	50
3. Interesse am Auftrag	15	2.	Rügeobliegenheit gem. Abs. 3 S. 1 Nr. 1 nach Erlangung der Kenntnis des Vergaberechtsverstoßes	52
a) Interesse am Auftrag nach Abgabe eines Angebots oder Teilnahmeantrags	16		a) Anwendungsbereich des Abs. 3 S. 1 Nr. 1	52
b) Interesse am Auftrag ohne vorherige Abgabe eines Angebots oder Teilnahmeantrags	17		b) Objekt der Rügeobliegenheit gem. Abs. 3 S. 1 Nr. 1	55
c) Interesse am Auftrag bei der Beanstandung einer De-facto-Vergabe	20		c) Voraussetzungen für die Erlangung der Kenntnis vom Rechtsverstoß	56
d) Notwendige Kontinuität des Interesses am Auftrag	21		d) Rügefrist	59
e) Mittelbares Interesse am Auftrag	23		e) Erklärung der Rüge	62
f) Interesse am Auftrag gegenüber rechtswidriger Wiederaufnahme eines Vergabeverfahrens	25		f) Wartefrist zwischen Rüge und Nachprüfungsantrag	64
4. Geltendmachung der Verletzung in eigenen Rechten aus § 97 Abs. 6	26		g) Entbehrlichkeit der Rüge	67
a) Existenz des behaupteten Vergaberechtsverstoßes	28		h) Präklusionswirkung	69
b) Verletzung eigener Rechte des Antragstellers	29		i) Beweislast	73
		3.	Rügeobliegenheit gem. Abs. 3 S. 1 Nr. 2 und 3 aufgrund der Erkennbarkeit von Vergaberechtsverstößen	74
c) Verstoß gegen ein aus dem Vergaberecht resultierendes Recht	31		a) Erkennbarkeit im Unterschied zur Kenntnis	74

	Rn.		Rn.
b) Vereinbarkeit mit der EU-Rechtsmittel-		4. Antragsfrist gem. Abs. 3 S. 1 Nr. 4	87
richtlinie?	75		
c) Feststellung der „Erkennbarkeit"	81	5. Ausnahme von der Rügeobliegenheit bei	
d) Rügefrist	84	De-facto-Vergaben	95
e) Weitere Einzelfragen	86		

I. Normzweck

Mit § 160 (vor dem VergRModG vom 17.2.2016: § 107) hat der Gesetzgeber die Grundnorm **1** der Rechtsmittelrichtlinie für das Öffentliche Auftragswesen umgesetzt,[1] wonach die Mitgliedstaaten der EU gewährleisten müssen, dass Nachprüfungsverfahren jedem Unternehmen zur Verfügung stehen, das ein Interesse an einem bestimmten öffentlichen Auftrag oder einer zu vergebenden Konzession hat oder hatte und dem durch einen behaupteten Rechtsverstoß ein Schaden entstanden ist oder zu entstehen droht (Art. 1 Abs. 3 RL 89/665/EWG und Art. 1 Abs. 3 RL 92/13/EWG). Die Möglichkeit, auch in Bezug auf die Vergabe von Dienstleistungskonzessionen die Einhaltung der Regeln über das Vergabeverfahren durch die Vergabekammern (und die ihnen übergeordneten Beschwerdegerichte) gem. §§ 155 ff. nachprüfen zu lassen, ist erst durch das VergRModG mit Wirkung ab 18.4.2016 – im Zuge der Umsetzung der RL 2014/23/EU – geschaffen worden. Dementsprechend eröffnet **Abs. 1** allen an einem konkreten öffentlichen Auftrag oder an einer zu vergebenden Konzession interessierten Unternehmen das justizförmige Verfahren zur Nachprüfung des betreffenden Vergabeverfahrens, wenn sie die Initiative durch Stellung eines Antrags ergreifen **(Antragserfordernis)** und einige Zulässigkeitsvoraussetzungen für das Nachprüfungsverfahren erfüllen. Zwei dieser Zulässigkeitsvoraussetzungen sind in den Abs. 2 und 3 des § 160 mit jeweils unterschiedlichen Normzwecken geregelt.

Die besondere Regelung der **Antragsbefugnis** in **Abs. 2** normiert mit ihren Voraussetzungen **2** eines Interesses am zu vergebenden Auftrag oder an der zu vergebenden Konzession, der Geltendmachung einer Verletzung in eigenen Rechten sowie eines durch die behauptete Rechtsverletzung schon entstandenen oder noch drohenden Schadens ein auf den vergaberechtlichen Rechtsschutz zugeschnittenes **Rechtsschutzbedürfnis** für den Nachprüfungsantrag.[2] Durch das letztgenannte Element (Schaden) dieses Rechtsschutzbedürfnisses soll vor allem verhindert werden, dass ein Bieter, der auch bei einem ordnungsgemäß durchgeführten Vergabeverfahren keine Aussicht auf Berücksichtigung seines Angebots und auf Erteilung des Zuschlags gehabt hätte, ein (investitionshemmendes) Nachprüfungsverfahren einleiten kann.[3]

Abs. 3 enthält drei Tatbestände der – vorprozessual zu erfüllenden – sog. **Rügeobliegenheit** **3** und einen weiteren mit einer **Antragsfrist** verknüpften Präklusionstatbestand. Den vier Vorschriften liegen – jedenfalls im Detail – unterschiedliche Zweckgedanken zugrunde, wie sich den Gesetzesmaterialien entnehmen lässt. Den jetzigen **Abs. 3 S. 1 Nr. 1,** den die Bundesregierung seinerzeit (allerdings statt genauer Rügefrist mit der Obliegenheit zur „unverzüglichen" Rüge) als einzigen der vier Tatbestände vorgesehen hatte, charakterisierte sie in der RegBegr. des VgRÄG 1998 als eine Präklusionsregel unter dem Gesichtspunkt von Treu und Glauben zur Vermeidung unnötiger Verfahren. Erkenne der Unternehmer Fehler im Vergabeverfahren, müsse er dem Auftraggeber Gelegenheit geben, diese Fehler zu korrigieren. Der Unternehmer, der auf einen erkannten Fehler spekuliere, weil er sich möglicherweise zu seinen Gunsten auswirken könnte, solle insoweit nicht Rechtmäßigkeit des Vergabeverfahrens einfordern dürfen, wenn seine Spekulation nicht aufgehe.[4] Von diesen Erwägungen sind bei späteren Normzweckanalysen in der Rechtsprechung und im Schrifttum vor allem das Gebot, dem Auftraggeber eine **beschleunigte Selbstkorrektur eines Vergaberechtsfehlers** ohne Nachprüfungsverfahren zu ermöglichen,[5] und die Wertung, dass Abs. 3

---

[1] Vgl. Begr. RegE zum VgRÄG 1998, BT-Drs. 13/9340, 17.
[2] Hauptsächlich auf Abs. 2 S. 2 bezogen: BayObLG NZBau 2000, 481 (485); OLG Düsseldorf Beschl. v. 22.11.1999 – Verg 2/99; OLG Naumburg NZBau 2001, 579 (580).
[3] Stellungnahme des BRats, auf dessen Vorschlag die Vorschrift in das VgRÄG aufgenommen wurde, zum damaligen RegE, BT-Drs. 13/9340, 40; BVerfG NZBau 2004, 564 (566).
[4] Begr. RegE zum VgRÄG 1998, BT-Drs. 13/9340, 17; vgl. auch die Betonung dieses Zweckgedankens von OLG Brandenburg BeckRS 2012, 01665 = VergabeR 2012, 521 (522 f.), von OLG Celle BeckRS 2010, 04398 = VergabeR 2010, 669 (674) und von Ziekow/Völlink/*Dicks* Rn. 37.
[5] BayObLG NZBau 2002, 348 = VergabeR 2001, 438 (439); OLG Brandenburg BeckRS 2012, 01665 = VergabeR 2012, 521 (522); OLG Brandenburg NZBau 2001, 226 (227); OLG Celle BeckRS 2010, 04938 = VergabeR 2010, 669 (674); OLG Düsseldorf Beschl. v. 22.8.2000 – Verg 9/00; OLG Saarbrücken IBRRS 2016, 2618 = VergabeR 2016, 657 (662); Byok/Jaeger/*Byok* Rn. 64; Immenga/Mestmäcker/*Dreher* Rn. 45; Langen/Bunte/*Schweda* Rn. 14; Loewenheim/Meessen/Riesenkampff/*Heuvels*, 2. Aufl. 2009, § 107 Rn. 25; Ziekow/Völlink/*Dicks* Rn. 37 und Rn. 47a Fn. 194; *Prieß* VergabeR-HdB 363.

S. 1 Nr. 1 eine Ausprägung des Grundsatzes von **Treu und Glauben** sei,[6] besonders hervorgehoben worden. An diesen Normzweckgedanken hat sich dadurch, dass das VergRModG die bisher mit dem Begriff „unverzüglich" nicht präzise festgesetzte Rügefrist durch eine genaue Rügefrist von zehn Kalendertagen (ab dem Erkennen des Vergaberechtsverstoßes) ersetzt hat, ersichtlich nichts geändert. Mit dieser Präzisierung der Rügefrist bezweckt der Gesetzgeber[7] lediglich, die bisher bestehende Rechtsunsicherheit zu beseitigen, ob die Präklusionsvorschrift idF des § 107 Abs. 3 S. 1 Nr. 1 aF überhaupt noch angewandt werden durfte oder wegen der Unbestimmtheit des Begriffs „unverzüglich" und der damit verbundenen Unmöglichkeit für den Betroffenen, die genaue Dauer der Rügefrist vorhersehen zu können, eine unzulängliche Umsetzung der RL 89/665/EWG darstellte und deshalb unangewendet gelassen werden musste.[8]

4   Die Normzwecke der beiden Rügetatbestände (Abs. 3 S. 1 Nr. 2 und 3), die nicht – wie Abs. 3 S. 1 Nr. 1 – auf der Kenntnis des Bewerbers/Bieters vom Vergaberechtsverstoß, sondern auf der Erkennbarkeit eines solchen Rechtsverstoßes gründen, sind weniger klar und transparent. Der Bundesrat, auf dessen Vorschlag die Einfügung des (jetzigen) **Abs. 3 S. 1 Nr. 2** in das VgRÄG 1998 beruht, hat diesen zweiten Rügetatbestand seinerzeit folgendermaßen begründet: Aus der Bekanntmachung sei für den Bewerber/Bieter eine Reihe von wichtigen Entscheidungen des Auftraggebers, wie zB Wahl der Vergabeart, Fristbemessung usw, erkennbar. Es erscheine für den Bewerber/Bieter **zumutbar**, durch rechtzeitige Rüge **zur Vermeidung von Verzögerungen der Vergabeverfahren** infolge später Antragstellung auf Nachprüfung **beizutragen**. Da sich der Bewerber/Bieter auf jeden Fall bis zum Ablauf der in der Bekanntmachung genannten Bewerbungs- bzw. Angebotsfrist mit der Bekanntmachung auseinandersetzen müsse, sei eine Präklusion der Rüge mit Ablauf dieser Frist zumutbar.[9] Diese Normzweckdarstellung des Bundesrats ist deshalb nicht verständlich und erscheint unvollständig, weil ein Bewerber/Bieter, der einen aus der Bekanntmachung erkennbaren Vergaberechtsverstoß tatsächlich nicht erkannt hat (zu dieser Abgrenzung des Abs. 3 S. 1 Nr. 2 gegenüber Nr. 1 → Rn. 52 und 74), keine Rüge dieses Verstoßes erheben und deshalb auch nicht zur Vermeidung einer Verzögerung des Vergabeverfahrens beitragen kann, und es auch fragwürdig ist, dies zulasten des Bewerbers/Bieters mit einem endgültigen Verlust seines Rügerechts zu sanktionieren. Begreiflich wird die Begründung des Bundesrats erst dann, wenn man annimmt, dass er, ohne es besonders auszudrücken, die Bewerber/Bieter mit der zweiten Präklusionsregel motivieren wollte, die Bekanntmachung einer so intensiven Prüfung auf Vergaberechtsverstöße – eventuell unter Einschaltung rechtskundiger Berater – zu unterziehen, dass erkennbare Vergaberechtsfehler auch tatsächlich erkannt werden (und dann wirklich gerügt werden können). Das würde bedeuten, dass der Bundesrat zur Rügeobliegenheit stillschweigend eine auf die Bekanntmachung beschränkte Prüfungsobliegenheit hinzufügen wollte.[10]

5   In dem durch das Vergaberechtsmodernisierungsgesetz 2009 eingefügten **Abs. 3 S. 1 Nr. 3** wird das Erkennbarkeits-Kriterium des Abs. 3 S. 1 Nr. 2 als Grund der Rügeobliegenheit auf Vergaberechtsverstöße in den Vergabeunterlagen erstreckt. Das hiermit verfolgte gesetzgeberische Ziel ist noch weniger transparent als bei der vom Bundesrat durchgesetzten Ursprungsnorm (→ Rn. 4). In der RegBegr. zum Vergaberechtsmodernisierungsgesetz 2009 findet sich zu der Forderung, auch erkennbare Verstöße in der Leistungsbeschreibung (als einem Teil der Vergabeunterlagen)[11] sollten spätestens bis zum Ablauf der Angebotsfrist gerügt werden, nur folgende Zweckerwägung: Damit bekomme der öffentliche Auftraggeber auch in diesen Fällen **eher die Gelegenheit**, etwaige **Verfahrensfehler zu beheben** und so im Interesse aller Beteiligten unnötige Nachprüfungsverfahren zu vermeiden.[12] Im originären Anwendungsbereich des Abs. 3 S. 1 Nr. 3, nämlich in den Fällen bloßer

---

[6] BayObLG NZBau 2002, 348 = VergabeR 2001, 438 (439); OLG Celle BeckRS 2010, 04938 = VergabeR 2010, 669 (674); OLG Düsseldorf NZBau 2000, 45 (47); Byok/Jaeger/*Byok* Rn. 64; Langen/Bunte/*Schweda* Rn. 14; Loewenheim/Meessen/Riesenkampff/*Heuvels*, 2. Aufl. 2009, § 107 Rn. 25; *Prieß* VergabeR-HdB 363; *Wiese* in RKPP GWB Rn. 95 (der diese Wertung sogar auf die Rügetatbestände der Nr. 2 und 3 des § 160 Abs. 3 S. 1 erstreckt).
[7] Vgl. BT-Drs. 18/6281, Begr. RegE Teil B zu Art. 1, § 160.
[8] Vgl. EuGH NZBau 2010, 183 Rn. 38–43 und 49 – Uniplex, wonach eine (englische) Vorschrift, die die Zulässigkeit des Nachprüfungsantrags von der „unverzüglichen" Einleitung des Nachprüfungsverfahrens abhängig machte, wegen Rechtsunsicherheit für den Betroffenen mit Art. 1 Abs. 1 RL 89/665/EWG nicht vereinbar war und daher vom (englischen) Gericht unangewendet zu lassen war.
[9] BR-Drs. 646/97, 14. Den Gesetzesmaterialien zum VgRÄG ist sonst nichts zum Normzweck des (jetzigen) § 160 Abs. 3 S. 1 Nr. 2 zu entnehmen.
[10] Zust.: Immenga/Mestmäcker/*Dreher* Rn. 84.
[11] Vgl. §§ 7 und 8 Abs. 1 Nr. 2 VOB/A 2009, jetzt §§ 7 EU und 8 EU Abs. 1 Nr. 2 VOB/A 2016.
[12] Begr. RegE Teil B, zu Art. 1 Nr. 13, BT-Drs. 16/10117; iErg ebenso OLG Celle VergabeR 2010, 669 (674): An den ursprünglichen Zielsetzungen des § 107 Abs. 3 aF (jetzt: § 160 Abs. 3 S. 1 Nr. 1 und 2) habe sich auch durch die Neufassung des § 107 Abs. 3 aF durch das Vergaberechtsmodernisierungsgesetz 2009 nichts geändert.

Erkennbarkeit des jeweiligen Vergaberechtsverstoßes in den Vergabeunterlagen, ohne dass der Bewerber/Bieter diesen Rechtsverstoß im konkreten Einzelfall tatsächlich erkannt hat (zu dieser Abgrenzung des Abs. 3 S. 1 Nr. 3 gegenüber Nr. 1 → Rn. 52 und 74), wird der Auftraggeber jedoch nicht mehr und nicht frühzeitiger Gelegenheit bekommen, den Fehler aus den Vergabeunterlagen zu beseitigen, als nach bisherigem Recht (vgl. die Argumentation → Rn. 4).[13] Folglich ist der von der BReg vorgetragene Zweckgedanke nicht geeignet, die neue Vorschrift verständlich zu machen. Die wahren Gründe für die Verschärfung der Rügeobliegenheit durch Abs. 3 S. 1 Nr. 3 liegen woanders, wie die ersten Stellungnahmen im Schrifttum zutreffend offengelegt haben: Der dem Auftraggeber gem. Abs. 3 S. 1 Nr. 1 obliegende Beweis dafür, dass der Bewerber/Bieter überhaupt Kenntnis von dem (später) entscheidungserheblichen Vergaberechtsverstoß erlangt hat, und insbesondere, wann er diese die Rügeobliegenheit erst auslösende Kenntnis erlangt hat (→ Rn. 73), ist in der Regel schwer zu erbringen. In der Vergabepraxis wurde diese Beweislage vor allem aus der Sicht der öffentlichen Auftraggeber für unbefriedigend gehalten und ein Bedarf für die mit Abs. 3 S. 1 Nr. 3 vollzogene Abschaffung der Notwendigkeit gesehen, dem individuellen Bewerber/Bieter (insbesondere) den Zeitpunkt der Erlangung der Kenntnis von Vergaberechtsverstößen in den Vergabeunterlagen nachweisen zu müssen.[14] Demzufolge bezweckt Abs. 3 S. 1 Nr. 3 der Sache nach hauptsächlich eine **Korrektur des Abs. 3 S. 1 Nr. 1**, und zwar der zu dieser Vorschrift gehörenden **Beweislastregel**.[15]

Mit **Abs. 3 S. 1 Nr. 4** hat das Vergaberechtsmodernisierungsgesetz 2009 in das deutsche Vergaberecht erstmals eine Frist für den erstinstanzlichen Rechtsschutzantrag, anknüpfend an die eine Rüge zurückweisende Antwort des Auftraggebers, eingeführt. Der Gesetzgeber verfolgt damit den Zweck, dass dadurch **frühzeitig Klarheit** über die **Rechtmäßigkeit des Vergabeverfahrens** geschaffen werden könne.[16]

Der ebenfalls durch das Vergaberechtsmodernisierungsgesetz 2009 eingefügte **Abs. 3 S. 2** normiert eine Ausnahme von der Rügeobliegenheit für Nachprüfungsanträge gem. § 135 Abs. 1 Nr. 2 (bisher § 101b Abs. 1 Nr. 2). Zweck der Norm ist es, eine Wertung des Gesetzgebers zu verwirklichen, der es nicht für sachgerecht hält, den Unternehmen, die sich mit einem Nachprüfungsantrag gegen eine sog. **De-facto-Vergabe** wenden (§ 135 Abs. 1 Nr. 2), eine vorher zu erfüllende Rügeobliegenheit aufzuerlegen.[17]

II. Antragserfordernis (Abs. 1)

Abs. 1 bestimmt, dass die Nachprüfung eines Vergabeverfahrens in Bezug auf Vergaberechtsverstöße vor der Vergabekammer **nur auf Antrag** (eines in Abs. 2 S. 1 näher bezeichneten Unternehmens) stattfindet, dass also die Vergabekammer ein Nachprüfungsverfahren nicht von Amts wegen einleiten kann. Da es sich bei dem – danach erforderlichen – Nachprüfungsantrag um einen Rechtsschutzantrag eines Unternehmens handelt, das sich in seinen eigenen Rechten (aus § 97 Abs. 6) verletzt sieht, folgt aus dem Antragserfordernis, dass der Nachprüfungsantrag jedenfalls hinsichtlich des „Ob" der Nachprüfung zur freien Disposition des betreffenden Unternehmens steht[18] (s. iÜ § 168 Abs. 1 S. 2). Daraus folgt wiederum, dass der Antragsteller den Nachprüfungsantrag bis zur formell bestandskräftigen Entscheidung über den Antrag **jederzeit zurücknehmen** kann, auch noch während des Verfahrens über die sofortige Beschwerde gegen die Entscheidung der Vergabekammer.[19] Das Recht zur Antragsrücknahme wird in der Kostenvorschrift des § 182 Abs. 4 S. 3 vorausgesetzt. Auch wenn schon über den Nachprüfungsantrag schon mündlich verhandelt worden ist, bedarf der Antragsteller zur Wirksamkeit der Antragsrücknahme keiner Zustimmung des Antragsgegners oder weiterer Beteiligter, der Beigeladenen. Das ergibt sich ebenfalls aus der Dispositionsfreiheit des Antragstellers in Verbindung mit dem Umstand, dass der Teil 4 des GWB (§§ 97 ff.) keine Vorschrift enthält, die – wie § 269 Abs. 1 ZPO für die zivilprozessuale Klage – die Möglichkeit der Antragsrücknahme einschränkt und ab der mündlichen Verhandlung über den Antrag von der Zustimmung des Prozessgegners abhängig macht.[20] Auch in der Beschwerdeinstanz bedarf die Antragsrücknahme für ihre sofortige Wirksamkeit keiner Zustimmung der Gegenseite.[21] Eine erneute Stellung eines zuvor zurückgenommenen Nachprüfungsantrags (sog. Rücknahme der Rück-

---

[13] Vgl. ferner *Jaeger* NZBau 2009, 558 (559).
[14] Vgl. *Brauer* NZBau 2009, 297 (299); *Stoye/von Münchhausen* VergabeR 2008, 871 (872); *Wiedemann* VergabeR 2009, 302 (308).
[15] Zust.: Byok/Jaeger/*Byok* Rn. 99; Immenga/Mestmäcker/*Dreher* Rn. 93.
[16] Begr. RegE Teil B, zu Art. 1 Nr. 13, BT-Drs. 16/10117.
[17] Begr. RegE Teil B, zu Art. 1 Nr. 13, BT-Drs. 16/10117.
[18] BGH NZBau 2009, 466 (467).
[19] BGH NZBau 2009, 466 (467).
[20] BGH NZBau 2009, 466 (467).
[21] BGH NZBau 2009, 466 (467); OLG München VergabeR 2017, 680.

nahme) ist grundsätzlich zulässig und verstößt auch mit Blick auf das besondere Beschleunigungsinteresse des Auftraggebers nicht gegen den Grundsatz von Treu und Glauben.[22] Auch für den neuen Antrag müssen jedoch die Zulässigkeitsvoraussetzungen (insbesondere Abs. 2 und 3) aktuell erfüllt sein;[23] vor allem ist die neue Fristenregel des Abs. 3 S. 1 Nr. 4 zu beachten. Der Antragsteller muss nach Antragsrücknahme nicht unbedingt die Kosten der Vergabekammer, die eigenen Aufwendungen sowie die (notwendigen) Aufwendungen der anderen Beteiligten tragen; vielmehr hat die Vergabekammer oder das Beschwerdegericht (bei Antragsrücknahme in der Beschwerdeinstanz) gem. § 182 Abs. 3 S. 5 und gem. § 182 Abs. 4 S. 3 (der § 128 Abs. 4 S. 3 aF insoweit abändert) nach billigem Ermessen zu entscheiden, wer die Verfahrenskosten und die zur zweckentsprechenden Rechtsverfolgung oder Rechtsverteidigung notwendigen Aufwendungen der Beteiligten zu tragen hat. Mit Blick auf die Dispositionsfreiheit des Antragstellers ist auch eine nachträgliche **Erweiterung** des Nachprüfungsantrags – in Bezug auf den Gegenstand der Nachprüfung (zB weitere, vom ursprünglichen Antrag noch nicht erfasste Lose des Vergabeverfahrens) – bis zum Ende der mündlichen Verhandlung ohne Zustimmung der anderen Beteiligten zulässig,[24] auch noch in der Beschwerdeinstanz,[25] sofern nicht die neue Fristenregel des Abs. 3 S. 1 Nr. 4 entgegensteht.

9   Mit dem Eingang des Nachprüfungsantrags bei der Vergabekammer beginnt verfahrensrechtlich sofort das Nachprüfungsverfahren. Hierfür bedarf es – entgegen dem insoweit etwas missverständlichen Wortlaut des Abs. 1 – keiner Maßnahme der „Einleitung", also keiner besonderen Entschließung der Vergabekammer.[26] Das ergibt sich iÜ auch aus § 167 Abs. 1 S. 1, der die für die Entscheidung der Vergabekammer gesetzte Fünf-Wochen-Frist mit dem Eingang des Nachprüfungsantrags und nicht mit einem Einleitungsakt der Vergabekammer beginnen lässt. Bereits der Eingang des (formgerechten) Nachprüfungsantrags begründet auch seine Rechtshängigkeit im prozessualen Sinne.[27]

III. Antragsbefugnis (Abs. 2)

10   **1. Vorbemerkung.** Die Abs. 2 und 3 des § 160 enthalten wichtige, aber nicht alle speziellen Zulässigkeitsvoraussetzungen für das Nachprüfungsverfahren vor der Vergabekammer. Außer den formellen Anforderungen an den Nachprüfungsantrag (§ 161) gehört zu den **Zugangsvoraussetzungen** (Sachurteilsvoraussetzungen), dass das an die Vergabekammer gerichtete Rechtsschutzbegehren ein **Vergabeverfahren iSd §§ 97–154** betrifft. Das beanstandete Verfahren muss also in den **subjektiven Anwendungsbereich des Vergaberechts** nach §§ 98–101 gemäß den dort definierten Begriffen der in Betracht kommenden Auftraggeber einschließlich der Konzessionsgeber fallen. Es muss außerdem in den **sachlichen Anwendungsbereich des Vergaberechts** nach den §§ 103–106 fallen. Das bedeutet, dass das beanstandete Verfahren dem in den §§ 103 und 104 jeweils definierten Begriff des öffentlichen Auftrags (einschließlich Rahmenvereinbarungen und Wettbewerben) oder dem in § 105 definierten Begriff der Konzession als Verfahrens- bzw. Vergabegegenstand zuzuordnen ist. Außerdem muss der Auftrags- oder Vertragswert dieses Verfahrensgegenstands den in § 106 für die betreffende Auftragsart oder Konzession festgelegten Schwellenwert erreichen oder überschreiten. Wenn auch nur eine der Anwendungsvoraussetzungen des § 98 (§ 99, § 100 oder § 101), ferner des §§ 103 ff. (§ 103, § 104 oder § 105) und schließlich des § 106 nicht erfüllt ist, ist der Nachprüfungsantrag unzulässig. Bei dieser Zulässigkeitsprüfung sind außerdem die **Ausnahmevorschriften** der §§ 107–109, 116, 117, 137–140, 145, 149 und 150 (gemeinsamer Normbestandteil jeweils: „Dieser Teil [also Teil 4 des GWB] ist nicht anzuwenden auf die Vergabe von…" bzw. „… nicht anzuwenden, wenn…") zu berücksichtigen. Ergibt sich nach der gebotenen objektiven Prüfung nach den vorgenannten gesetzlichen Vorschriften, dass der Nachprüfungsantrag nicht zulässig ist, ist ihm die Zulässigkeit auch nicht deshalb zuzuerkennen, weil der Auftraggeber oder eine

---

[22] OLG Düsseldorf NZBau 2002, 578 = VergabeR 2002, 267 (271); zust. Immenga/Mestmäcker/*Dreher* Rn. 6; Langen/Bunte/*Schweda* Rn. 2.
[23] Zutr. *Schäfer* in RKPP GWB Rn. 24.
[24] OLG Düsseldorf NZBau 2002, 578 = VergabeR 2002, 267 (271); zust. Byok/Jaeger/*Byok* Rn. 8; Immenga/Mestmäcker/*Dreher* Rn. 6.
[25] Ziekow/Völlink/*Dicks* Rn. 5.
[26] BGH NZBau 2004, 229 (230); OLG Düsseldorf NZBau 2000, 45 (47 f.); zust. Immenga/Mestmäcker/*Dreher* Rn. 6; Langen/Bunte/*Schweda* Rn. 5; Ziekow/Völlink/*Dicks* Rn. 5; aA Reidt/Stickler/Glahs/*Reidt* Rn. 11 (Beginn des Nachprüfungsverfahrens noch nicht mit der Antragstellung, sondern erst durch die Einleitung seitens der Vergabekammer, wenn diese sich mit dem Antrag iSd § 9 VwVfG durch Aufnahme einer nach außen wirkenden Tätigkeit befasst).
[27] BGH NZBau 2004, 229 (230); OLG Düsseldorf NZBau 2000, 45 (48); zust. Immenga/Mestmäcker/*Dreher* Rn. 6.

III. Antragsbefugnis (Abs. 2) **11, 12 § 160 GWB**

Vergabeprüfstelle den Antragsteller auf das Nachprüfungsverfahren gem. §§ 155, 160 ff. verwiesen hat; eine solche Erklärung ist verfahrensrechtlich unerheblich.[28]

Außerdem ist zu beachten, dass die **Zuständigkeit der Vergabekammer** (wie auch des Vergabesenats) gem. § 156 Abs. 2 S. 1 **begrenzt** ist auf die Rechte der Unternehmen aus § 97 Abs. 6 sowie auf sonstige Ansprüche gegen Auftraggeber (iSd § 98), die auf die Vornahme oder das Unterlassen einer Handlung „**in einem Vergabeverfahren**" gerichtet sind. Denn das Nachprüfungsverfahren dient dem **Primärrechtsschutz**. Es soll sicherstellen, dass jeder Bewerber/Bieter sein Recht auf Einhaltung der vergaberechtlichen Bestimmungen gem. § 97 Abs. 6 durchsetzen kann. Die in den §§ 155, 160 vorgesehene Möglichkeit der Anrufung der Vergabekammer ist auf die Zeit beschränkt, zu der – wenn sich ein Verstoß gegen zu beachtende Vergaberegeln feststellen lassen sollte – auf die Rechtmäßigkeit des Vergabeverfahrens eingewirkt werden könnte.[29] Angesichts dieser Zielsetzung erfordert die Zulässigkeit eines Nachprüfungsverfahrens, dass ein Vergabeverfahren schon begonnen hat und es noch andauert.[30] Ein Nachprüfungsantrag ist unstatthaft, wenn er sich gegen ein bei seiner Einreichung durch wirksame Auftrags- oder Konzessionserteilung schon (rechtswirksam) beendetes Vergabeverfahren richtet,[31] wenn also mit dem Nachprüfungsantrag nicht etwa zugleich die Feststellung der Unwirksamkeit des öffentlichen Auftrags oder der Konzession gem. § 135 Abs. 1 und 2 oder gem. § 154 Nr. 4, § 135 Abs. 1 und 2 oder die Feststellung deren Nichtigkeit gem. § 138 BGB[32] beantragt wird. Auch ein erst **nach rechtswirksamer Beendigung des Vergabeverfahrens eingereichter Antrag**, der nur **auf die Feststellung der Rechtswidrigkeit** des beendeten Vergabeverfahrens – also auf die Feststellung der Verletzung von Rechten des Antragstellers iSd § 97 Abs. 6 – gerichtet ist, ist vor der Vergabekammer **unzulässig**[33] (s. auch die andere Verfahrenssituation gem. § 168 Abs. 2 S. 2); ein solcher originärer Feststellungsantrag muss – ein Feststellungsinteresse vorausgesetzt – beim Zivilgericht gestellt werden.[34] Aus dem gleichen Grund kann auch ein in einem abgeschlossenen Vergabeverfahren eventuell rechtswidrig übergangener Bewerber/Bieter gegen den Auftraggeber jedenfalls vor der Vergabekammer nicht zulässigerweise den Antrag stellen, den Auftraggeber zu verpflichten, den betreffenden öffentlichen Auftrag, wenn dessen gravierende Vergaberechtswidrigkeit iSd § 133 Abs. 1 Nr. 3 inzwischen festgestellt worden ist, nunmehr von pflichtgemäß (durch Kündigung) zu beenden.[35] Eine (unechte) Ausnahme von den vorstehenden Grundsätzen ist bei einer Aufhebung des Vergabeverfahrens durch den öffentlichen Auftraggeber anzuerkennen, die ein beteiligter Bewerber/Bieter mit einem Nachprüfungsantrag angreift (→ Rn. 13).

Dieses Verständnis vom Primärrechtsschutz (→ Rn. 11) macht freilich auch ein **materielles Verständnis des Begriffs „Vergabeverfahren"** notwendig, der sich nicht an formellen Merkmalen der Einleitung (Ausschreibung oder sonstige Bekanntmachung) orientiert, sondern auch die ohne die gebotenen Förmlichkeiten und ohne Einhaltung weiterer Vergaberechtsregeln begonnenen und durchgeführten Beschaffungsmaßnahmen der Auftraggeber (§ 98) mit einschließt[36] (s. auch § 135 Abs. 1 Nr. 2). Das setzt einen internen Beschaffungsentschluss des Auftraggebers und eine im Außenbereich erkennbar begonnene Umsetzung dieses Entschlusses voraus, mit der der Auftraggeber über bloße Vorbereitungen hinaus anfängt und zu diesem Zweck bestimmte organisatorische oder planerische Maßnahmen trifft, einen potenziellen Auftrag- bzw. Konzessionsnehmer zu ermitteln.[37]

---

[28] OLG Koblenz NZBau 2015, 386 = VergabeR 2015, 620 (621).
[29] BGH NZBau 2001, 151 (152).
[30] Zur Zulässigkeitsvoraussetzung eines schon und noch „laufenden Vergabeverfahrens" vgl. KG BeckRS 2012, 19210 = VergabeR 2012, 783 (787 ff.); OLG Koblenz BeckRS 2014, 17231 = VergabeR 2014, 829 (830).
[31] BVerfG NZBau 2004, 564 (565); BGH NZBau 2001, 151 (152 f.); BGH NZBau 2005, 290 (292) (so auch für die Beendigung eines ohne die gebotenen Förmlichkeiten eingeleiteten De-facto-Vergabeverfahrens durch wirksamen Vertragsschluss); OLG Celle NZBau 2002, 53; OLG Düsseldorf NZBau 2016, 659 Rn. 36; OLG Düsseldorf NZBau 2004, 113 (114); OLG Düsseldorf NZBau 2001, 696 (698); OLG Rostock VergabeR 2020, 853 (856); OLG Rostock NZBau 2003, 457; *Jaeger* NZBau 2001, 289 (290) mwN.
[32] Byok/Jaeger/*Byok* Rn. 21 f. mwN.
[33] Vgl. OLG Hamburg VergabeR 2021, 136 (137).
[34] Vgl. Langen/Bunte/*Schweda* Rn. 3.
[35] Vgl. OLG Frankfurt a. M. NZBau 2016, 511 Rn. 50 f. (ob dem Antragsteller in einem solchen Fall überhaupt ein dementsprechender materiellrechtlicher Anspruch gegen den Auftraggeber zusteht, ist hier nicht zu erörtern).
[36] BayObLG VergabeR 2003, 563 (564) mwN; OLG Celle NZBau 2014, 780 Rn. 24 mwN; OLG Düsseldorf NZBau 2017, 623 Rn. 18; OLG Düsseldorf NZBau 2001, 696 (698); OLG Düsseldorf NZBau 2004, 343; OLG Frankfurt a. M. NZBau 2004, 692 = VergabeR 2005, 80, 82; OLG Rostock NZBau 2003, 457, 458; so jedenfalls im sachlichen Ergebnis (nur mit anderer Sprachregelung) auch BGH NZBau 2005, 290 (291).
[37] OLG Celle NZBau 2014, 780 Rn. 24 mwN; OLG Düsseldorf NZBau 2017, 623 Rn. 18 f. mwN; OLG Düsseldorf NZBau 2001, 696 (698); OLG Naumburg VergabeR 2017, 627 (635).

In diesem materiellen Sinne setzt die Zulässigkeit des Nachprüfungsantrags ein konkretes Vergabeverfahren voraus, das im Zeitpunkt der Antragseinreichung noch nicht abgeschlossen ist (s. auch § 168 Abs. 2 S. 1; Ausnahme: De-facto-Vergabe iSd § 135 Abs. 1 Nr. 2 und Abs. 2 S. 1), aber auch schon begonnen haben muss (dies spätestens zur Zeit der eventuell stattfindenden mündlichen Verhandlung). Dies ist auch eine zwingende Voraussetzung für die Zulässigkeit eines Nachprüfungsantrags gegen eine drohende De-facto-Vergabe iSd § 135 Abs. 1 Nr. 2.[38] Die bloße Absichtsbekundung des Auftraggebers zB gegenüber einem in Betracht kommenden Leistungserbringer, mit welcher Verfahrensweise er einen bestimmten zukünftigen Bedarf durch einen Dritten decken wolle, ist noch kein Beginn eines Vergabeverfahrens (im materiellen Sinne) und damit keine Handlung des Auftraggebers, die der Nachprüfung gem. §§ 155, 160 ff. unterliegt.[39] Denn die §§ 155, 160 ff. sehen **keinen vorbeugenden Rechtsschutz** vor.[40]

13   Was die Beendigung eines Vergabeverfahrens anbelangt, gibt es von den vorstehenden Grundsätzen lediglich für den Fall eine Ausnahme, dass der Auftraggeber das konkrete Vergabeverfahren – ohne Zuschlagserteilung – aufhebt (wobei zu bedenken ist, dass die rücknehmbare Aufhebung anders als eine wirksame Zuschlagserteilung kein endgültiger Beendigungsakt ist): Gegen die **Aufhebung des Vergabeverfahrens** (sog. Aufhebung der Ausschreibung) kann ein Bewerber/Bieter bei der Vergabekammer einen zulässigen Nachprüfungsantrag mit der Rüge stellen, durch Nichtbeachtung der eine solche Aufhebung betreffenden Vergabevorschrift in seinen Rechten nach § 97 Abs. 6 verletzt zu sein,[41] mit dem Antrag auf Fortsetzung des Vergabeverfahrens. Eine ausschließlich auf die Feststellung der Rechtswidrigkeit der Aufhebung des Vergabeverfahrens gerichteter Nachprüfungsantrag, mit dem also kein Primärrechtsschutz erstrebt wird, wäre jedoch unzulässig.[42]

14   **2. Überblick über die Voraussetzungen der Antragsbefugnis.** Abgesehen von der Kennzeichnung des (zugelassenen) Antragstellers als „Unternehmen" zählt § 160 Abs. 2 drei Voraussetzungen der Antragsbefugnis auf: **Interesse am Auftrag** (→ Rn. 15–25), Geltendmachung einer **Verletzung in eigenen** aus § 97 Abs. 6 folgenden **Rechten** (→ Rn. 26–33), **durch die** (behauptete) **Rechtsverletzung verursachter oder** zumindest **drohender Schaden** (→ Rn. 34–49). Diese Elemente der Antragsbefugnis entsprechen den Vorgaben, die die Rechtsmittelrichtlinie für das Öffentliche Auftragswesen den Mitgliedstaaten für die Errichtung des vergaberechtlichen Rechtsschutzes gestellt hat (Art. 1 Abs. 3 RL 89/665/EWG und Art. 1 Abs. 3 RL 92/13/EWG), und stehen daher im Einklang mit dem Unionsrecht. Für alle drei Voraussetzungen trifft den Antragsteller die Darlegungslast und (notfalls) die materielle Beweislast. Diese Voraussetzungen der Antragsbefugnis gelten **auch für Anträge auf Feststellung der Unwirksamkeit** erteilter öffentlicher Aufträge oder Konzessionen gem. § 135 Abs. 1 und 2, § 154 Nr. 4,[43] weil auch dieses Feststellungsverfahren, wie sich aus § 135 Abs. 2 S. 1 ausdrücklich ergibt, ein Nachprüfungsverfahren (iSd Teil 4 des GWB, also iSd §§ 155, 160 ff.) darstellt. Aufgrund des sowohl unionsrechtlichen als auch verfassungsrechtlichen Gebots eines effektiven Rechtsschutzes gilt aber die generelle Mahnung, dass die **Anforderungen an** die **dem Antragsteller** insgesamt **obliegende Darlegung** nicht hoch angesetzt werden dürfen.[44] Zu beachten ist, dass **für jeden einzelnen gerügten Vergaberechtsverstoß** eine gesonderte Darlegung der Verletzung in eigenen Rechten und insbesondere dazu, dass (gerade) durch den Rechtsverstoß dem Antragsteller ein Schaden entstanden ist oder zu entstehen droht, notwendig ist.[45] Ob die Voraussetzungen der Antragsbefugnis (noch) erfüllt sind, ist als allgemeine Verfahrensvoraussetzung in jeder Lage des Nachprüfungsverfahrens, also auch im Beschwerderechtszug, von Amts wegen zu prüfen.[46]

---

[38]   Vgl. OLG Düsseldorf NZBau 2017, 112; OLG Karlsruhe VergabeR 2019, 411 (414); *Wolf/Wolters* VergabeR 2018, 106 (108 f.).
[39]   OLG Koblenz BeckRS 2014, 17231 = VergabeR 2014, 829 (830).
[40]   BayObLG NZBau 2002, 397 (398); OLG Düsseldorf NZBau 2001, 696 (698); OLG Düsseldorf ZfBR 2005, 404 = VergabeR 2005, 343 (347); OLG Frankfurt a. M. NZBau 2004, 692 = VergabeR 2005, 80 (82); OLG Koblenz BeckRS 2014, 17231 = VergabeR 2014, 829 (830); OLG Naumburg NZBau 2004, 62 = VergabeR 2003, 588 (591); OLG Rostock NZBau 2003, 457 (458); OLG Schleswig NZBau 2013, 453 (455); *Kling* NZBau 2003, 23; Immenga/Mestmäcker/*Dreher* Rn. 20; *Prieß* VergabeR-HdB 359.
[41]   BGH NZBau 2003, 293.
[42]   OLG Celle VergabeR 2019, 581 (582 f.) mkritAnm *Herrmann* VergabeR 2019, 581 (. 586 ff.).
[43]   OLG Brandenburg NJW-Spezial 2010, 653 = VergabeR 2011, 114 (117).
[44]   BVerfG NZBau 2004, 564 (565 f.); BGH NZBau 2005, 290 (291); OLG Karlsruhe NZBau 2016, 449 = VergabeR 2016, 647 (654); OLG München BeckRS 2013, 22620 = VergabeR 2014, 456 (459).
[45]   Vgl. OLG Naumburg BeckRS 2014, 14969 = VergabeR 2014, 808 (812 f.); OLG Naumburg NZBau 2001, 579 (580); *Glahs* NZBau 2004, 544; *Jaeger* NZBau 2001, 289 (292) mwN; Byok/Jaeger/*Byok* Rn. 11; Reidt/Stickler/Glahs/*Reidt* Rn. 14.
[46]   OLG Rostock BeckRS 2010, 27086 = VergabeR 2002, 193 (194).

III. Antragsbefugnis (Abs. 2) 15–17 § 160 GWB

3. Interesse am Auftrag. Wie der Wortlaut des § 160 Abs. 2 S. 1 schon nahelegt, geht es 15 bei diesem Merkmal nicht um eine bloße (subjektive) Bekundung des Interesses an dem in dem streitbefangenen Vergabeverfahren zu vergebenden Auftrag, sondern um ein objektiv feststellbares wirtschaftliches Interesse des Antragstellers selbst gerade an diesem Auftrag. Deshalb kommen auch nur **Unternehmen** – in der funktionalen, weiten Auslegung dieses Begriffs[47] (s. auch die Verwendung dieses Begriffs in § 97 Abs. 6) – einschließlich nichteuropäischer Unternehmen[48] für die Antragsbefugnis in Betracht. Nicht selbst unternehmerisch tätige Berufs-, Wirtschafts- und sonstige Verbände, die nur ein mit ihrer Verbandssatzung zusammenhängendes Interesse an der Rechtmäßigkeit von Vergabeverfahren haben, können daher nicht antragsbefugt sein.[49]

a) Interesse am Auftrag nach Abgabe eines Angebots oder Teilnahmeantrags. Ein Bie- 16 ter, der auf die konkrete Ausschreibung hin ein Angebot abgegeben hat und mit dem Nachprüfungsantrag sein Angebot und damit sein Ziel, den Zuschlag für den Auftrag zu erhalten, weiterverfolgt, hat prozessual hinreichend sein Interesse am Auftrag dargelegt.[50] Das gilt allerdings nicht für einen Antragsteller, der sein Angebot verspätet abgegeben hat,[51] es sei denn, er rügt gerade die Feststellung des Auftraggebers, das Angebot sei verspätet. Sonst kommt es bei verspäteter Angebotsabgabe darauf an, ob der Antragsteller schlüssig geltend macht, dass das Vergabeverfahren in seiner bestehenden Fehlerhaftigkeit nicht zu Ende geführt werden kann (sodass kein rechtzeitiger Bieter den Zuschlag erhalten kann), sondern gänzlich wiederholt oder zumindest in das Stadium vor Angebotsabgabe zurückversetzt werden muss, oder dass die Angebote aller anderen Bieter ebenfalls an den Zuschlag ausschließenden Mängeln leiden (sodass ein neues Vergabeverfahren unvermeidlich ist)[52] (→ Rn. 44, 47). Entsprechendes gilt für Bewerber, die sich am Teilnahmewettbewerb (beim nicht offenen Verfahren, Verhandlungsverfahren, wettbewerblichen Dialog oder bei der Innovationspartnerschaft) beteiligen und sich gegen ihren Ausschluss vom anschließenden Angebotswettbewerb (bzw. Wettbewerb im Dialog) mit dem Nachprüfungsantrag wehren; mit dem (rechtzeitigen) Teilnahmeantrag ist hinreichend das Interesse an dem nach dem Teilnahmewettbewerb zu vergebenden Auftrag dokumentiert.[53]

b) Interesse am Auftrag ohne vorherige Abgabe eines Angebots oder Teilnahmean- 17 **trags.** § 160 Abs. 2 setzt zwar nach seinem Wortlaut die Abgabe eines Angebots oder einer Bewerbung für die Feststellung der Antragsbefugnis nicht voraus. Es ist aber ein Problem der Plausibilität der Darlegung und des Nachweises des Interesses am Auftrag, wenn sich der Antragsteller zuvor am Teilnahme- oder Angebotswettbewerb um diesen Auftrag nicht beteiligt hat. Nach dem Zweck der Vorschrift über die Antragsbefugnis ist es grundsätzlich zulässig, die aktive Teilnahme an dem Vergabeverfahren – durch Teilnahmeantrag oder Angebotsabgabe – zur Voraussetzung dafür zu machen, dass der Antragsteller sein Interesse an dem betreffenden Auftrag nachweisen kann.[54] Unternehmen, die **kein Angebot abgegeben** haben, müssen daher zur Antragsbefugnis darlegen, gerade hieran durch das vergaberechtswidrige Verhalten der Vergabestelle, das sie mit dem Nachprüfungsantrag beanstanden und in der Regel auch schon vorprozessual gem. § 160 Abs. 3 gerügt haben, gehindert worden zu sein.[55] So reicht es zB aus, dass der Antragsteller einleuchtend darlegt, dass die von ihm als vergaberechtswidrig gerügten Vergabebedingungen ihn – in Anbetracht der technischen oder wirtschaftlichen Leistungsfähigkeit seines Unternehmens oder aus anderen vorzutragenden Gründen – daran gehindert haben, überhaupt ein Angebot über die ausgeschriebene Leistung oder jedenfalls ein Angebot mit Zuschlagschancen zu erstel-

---

[47] Vgl. Glahs NZBau 2004, 544 (545) mwN; vgl. auch OLG Stuttgart NZBau 2000, 542 (Ls. 7 u. 8).
[48] OLG Düsseldorf VergabeR 2017, 618 (620 f.).
[49] Immenga/Mestmäcker/*Dreher* Rn. 11 mwN; Glahs NZBau 2004, 544 (545).
[50] Vgl. BVerfG NZBau 2004, 564 (565); BGH NZBau 2004, 457 (458); OLG Düsseldorf NZBau 2015, 314 Rn. 18 mwN.
[51] Vgl. Immenga/Mestmäcker/*Dreher* Rn. 18 (bei verspätetem Angebot „fehlt die Antragsbefugnis") mit Zitat OLG Brandenburg VergabeR 2009, 820 (wohl wegen der Argumentation in VergabeR 2009, 820 (826), wo allerdings § 107 Abs. 2 aF nicht genannt wird).
[52] Vgl. OLG Düsseldorf NZBau 2012, 255; Hölzl/von Hoff VergabeR 2009, 826 (828 f.); aA OLG Brandenburg ZfBR 2009, 390 = VergabeR 2009, 820 (825 f.), das auch bei diesen Fallgestaltungen die Antragsbefugnis verneint.
[53] OLG Düsseldorf NZBau 2000, 45 (48).
[54] EuGH Slg. 2004, I-1829 Rn. 27 = NZBau 2004, 221 – Grossmann Air Service.
[55] BayObLG VergabeR 2003, 345; OLG Celle VergabeR 2020, 934 (937); OLG Düsseldorf NZBau 2020, 184 Rn. 30–32; OLG Düsseldorf NZBau 2010, 390 (391); OLG Frankfurt a. M. VergabeR 2021, 86 (102); OLG Karlsruhe NZBau 2011, 567 (569); OLG München NZBau 2017, 371 Rn. 35; OLG Rostock NZBau 2018, 783 Rn. 5; OLG Schleswig NZBau 2019, 806 Rn. 84 f.; vgl. auch EuGH Slg. 2004, I-1829 Rn. 28 = NZBau 2004, 221 – Grossmann Air Service.

len.⁵⁶ Das kommt zB bei der Beanstandung einer vergaberechtswidrig unterbliebenen oder zu groß geratenen Losbildung in Betracht.⁵⁷ Es genügt aber auch, dass der Antragsteller darlegt, dass die Erstellung eines (technisch und kalkulatorisch an sich möglichen) Angebots ihm mit Blick auf die gerügten Vergabebedingungen als nutzlos vertaner Zeit- und Arbeitsaufwand deshalb nicht zumutbar gewesen sei, weil der Auftraggeber bei einem Erfolg des Nachprüfungsantrags die Vergabebedingungen korrigieren und daher den Angebotswettbewerb neu einleiten müsse.⁵⁸ Das ist auch dann der Fall, wenn der als gravierend gerügte Vergaberechtsverstoß bereits die grundlegenden Rahmenbedingungen der Ausschreibung betrifft.⁵⁹ Es ist eine Frage des Einzelfalls, ob der Antragsteller in solchen Fällen zusätzlich seine Eignung zur Erbringung der betreffenden Leistung darlegen muss, um sein Interesse am Auftrag plausibel erscheinen zu lassen. Keinesfalls kann von Antragsteller aber verlangt werden, dass er mit dem Nachprüfungsantrag ein fiktives Angebot vorträgt, das er ohne Behinderung durch vergaberechtswidrige Vergabebedingungen abgegeben hätte.⁶⁰ In allen diesen Fällen belegt der Antragsteller sein (fortbestehendes) Interesse am Auftrag durch die Rüge der ihn betreffenden Vergaberechtsverstöße und – bei Erfolglosigkeit der Rüge – durch den anschließenden Nachprüfungsantrag.⁶¹

18 Die vorstehenden Grundsätze gelten auch für den Fall, dass ein Unternehmen **keinen Teilnahmeantrag** (zur Bewerbung für ein nicht offenes Verfahren, ein Verhandlungsverfahren, einen wettbewerblichen Dialog oder eine Innovationspartnerschaft) **abgegeben** hat, obwohl dessen Erstellung in der Regel viel weniger Zeit und Mühe kostet als eine Angebotserstellung. Wenn das Unternehmen darlegt, dass es durch einen Vergaberechtsverstoß in den bekannt gemachten Vergabebedingungen gehindert oder in seinen Chancen erheblich beeinträchtigt wird, im Teilnahmewettbewerb und/oder im späteren Angebotswettbewerb zu reüssieren, ist es nicht gehalten, allein wegen der Antragsbefugnis einen aus seiner Sicht sinnlosen Teilnahmeantrag zu stellen. Das Interesse am Auftrag muss es dann durch seine vorprozessuale Rüge (Abs. 3) und den anschließenden Nachprüfungsantrag dokumentieren,⁶² wobei je nach Lage des Einzelfalls zusätzlich die Darlegung der Eignung zur Erbringung der (ordnungsgemäß ausgeschriebenen) Leistung erforderlich ist (→ Rn. 17).

19 In allen diesen Fällen (→ Rn. 17, 18) verlangt aber der EuGH aufgrund der Beschleunigungs- und Effizienzziele der RL 89/665/EWG, dass das Unternehmen **in angemessenem zeitlichem Abstand** nach Erlangung der Kenntnis von den rechtswidrigen Vergabebedingungen deren **Nachprüfung beantragt** und nicht etwa erst die Mitteilung von der Zuschlagserteilung abwartet.⁶³ In Deutschland wird diese Forderung nunmehr (grundsätzlich) durch § 160 Abs. 3 S. 1 Nr. 4 erfüllt.

20 **c) Interesse am Auftrag bei der Beanstandung einer De-facto-Vergabe.** Bei einer sog. De-facto-Vergabe (s. § 135 Abs. 1 Nr. 2) können an das Interessemoment keine hohen formalen Anforderungen gestellt werden. Vielmehr ist dieses Tatbestandsmerkmal zwecks Gewährung effektiven Rechtsschutzes gerade hier weit auszulegen.⁶⁴ Eine formale Bieter- oder Bewerbereigenschaft ist nicht erforderlich,⁶⁵ selbst wenn der Auftraggeber auch den (späteren) Antragsteller zu seinem (vergaberechtswidrigen) freihändigen Vergabeverfahren eingeladen hatte. Es reicht aus, dass das Unternehmen als Fachunternehmen der für die konkrete Auftragserteilung infrage kommenden

---

⁵⁶ EuGH Slg. 2004, I-1829 Rn. 28 = NZBau 2004, 221 – Grossmann Air Service; vgl. auch OLG Düsseldorf NZBau 2013, 329 f.; OLG Düsseldorf NZBau 2001, 155 (157 re. Sp.); OLG Düsseldorf NZBau 2020, 184 Rn. 32 f. (Verstoß gegen das Gebot zur Losbildung).

⁵⁷ Vgl. BGH NZBau 2011, 175 (182) – Abellio Rail; OLG Düsseldorf NZBau 2012, 515 (516); OLG Karlsruhe NZBau 2011, 567 (569); OLG Schleswig NZBau 2013, 395 (396).

⁵⁸ OLG Düsseldorf, NZBau 2013, 788 = VergabeR 2013, 910 (911 f.); OLG Düsseldorf BeckRS 2013, 02606 = VergabeR 2013, 614 (615); OLG Düsseldorf NZBau 2003, 173 (174); OLG München NZBau 2017, 371 Rn. 35; Byok/Jaeger/*Byok* Rn. 18 mwN; Immenga/Mestmäcker/*Dreher* Rn. 18 mwN; *Jaeger* NZBau 2001, 289 (291 f.) mwN.

⁵⁹ Vgl. zB OLG Düsseldorf NZBau 2014, 374 = VergabeR 2014, 401 (403): Gerügt wurde die mangelhafte Bestimmtheit des Leistungsverzeichnisses. OLG Düsseldorf ZfBR 2013, 720 = VergabeR 2013, 796 (798): Die für den Ablauf des Vergabeverfahrens festgesetzten kurzen Fristen und die Ausgestaltung wichtiger Vertragsbedingungen, ua die kurze Vertragslaufzeit, waren geeignet, neue Anbieter zu diskriminieren und vom Wettbewerb fernzuhalten.

⁶⁰ OLG Düsseldorf NZBau 2003, 173 (174); Ziekow/Völlink/*Dicks* Rn. 14 mwN; aA seinerzeit OLG Koblenz NZBau 2000, 445 und OLG Rostock BeckRS 2001, 30207394 = VergabeR 2002, 193.

⁶¹ OLG Düsseldorf, NZBau 2013, 788 = VergabeR 2013, 910 (912).

⁶² OLG Düsseldorf NZBau 2019, 129 Rn. 22; OLG Düsseldorf VergabeR 2017, 469 (475 f.); OLG Düsseldorf NZBau 2004, 688; OLG Naumburg VergabeR 2014, 808 (813 f.); aA (keinesfalls antragsbefugt): *Antweiler* VergabeR 2004, 702 (703); vgl. auch Langen/Bunte/*Schweda* Rn. 6 (idR nicht antragsbefugt).

⁶³ EuGH Slg. 2004, I-1829 Rn. 37 = NZBau 2004, 221 – Grossmann Air Service.

⁶⁴ OLG Düsseldorf NZBau 2016, 659 Rn. 49.

⁶⁵ EuGH Slg. 2005, I-1 Rn. 40 = NZBau 2005, 111 – Stadt Halle.

III. Antragsbefugnis (Abs. 2)   21, 21a   § 160 GWB

Branche angehört und in Form von Anfragen beim Auftraggeber oder bei der übergeordneten
Aufsichtsbehörde oder jedenfalls in Form des Nachprüfungsantrags sein Interesse bekundet sowie
seine Leistungen (noch ohne Konkretisierung) anbietet.[66] Auch hier ist es eine Frage des Einzelfalls,
ob der Antragsteller ausnahmsweise[67] darüber hinaus seine Eignung zur Erbringung der in Betracht
kommenden Leistung darlegen muss, um die Vergabekammer vom Interesse am Auftrag überzeugen
zu können.[68] Die für die Auftragsausführung benötigten Kapazitäten, zB die benötigte Anzahl von
Bussen für einen Verkehrsdienstleistungsauftrag, brauchen beim Antragsteller zur Zeit des Nachprüfungsverfahrens keinesfalls schon real vorhanden zu sein; allenfalls die unternehmerische Fähigkeit,
sich die erforderlichen Kapazitäten für den Fall der (noch unsicheren) Auftragserteilung beschaffen
zu können, muss vom Antragsteller plausibel dargelegt werden.[69]

d) Notwendige Kontinuität des Interesses am Auftrag. Für die Antragsbefugnis ist auch 21
eine Kontinuität des Interesses am Auftrag erforderlich. Der Antragsteller muss es so lange aufrechterhalten, wie der Erhalt des Auftrags theoretisch noch möglich ist. Gibt er sein Interesse am Auftrag
selbst während des Nachprüfungsverfahrens – aus welchen Gründen auch immer – erkennbar auf
(indem er zB der Vergabestelle den Wegfall seiner Einwände gegen die Auftragsvergabe an einen
Dritten mitteilt), entfällt die Antragsbefugnis mit der Folge, dass der Nachprüfungsantrag – auch bei
einer Überleitung in einen Fortsetzungsfeststellungsantrag gem. § 168 Abs. 2 S. 2 – unzulässig wird.[70]
Auch wenn der **Antragsteller** mit dem Nachprüfungsantrag – wegen geltend gemachter Änderung
der Sach- oder Rechtslage – die ersatzlose Aufhebung des laufenden Vergabeverfahrens **beantragt**
und damit die **Verhinderung des ihm** vom Auftraggeber **zugesagten Zuschlags** begehrt, ist die
Antragsbefugnis in aller Regel zu verneinen.[71] Nach Eröffnung des **Insolvenzverfahrens** über das
Vermögen **des** (bisherigen) **Antragstellers** muss der den Antragsteller in dieser Funktion ersetzende
Insolvenzverwalter, wenn er die Teilnahme am Vergabeverfahren fortsetzen will, plausibel darlegen,
dass er das operative Geschäft des bisherigen Antragstellers trotz Zahlungsunfähigkeit und Überschuldung fortführen wird und daher das Interesse an der Beauftragung, die ausgeschriebenen Leistungen
zu erbringen, fortbesteht; ohne eine solche Darlegung entfällt die Antragsbefugnis des Insolvenzver-
walters (als neuen Antragstellers).[72] Das Interesse an der Erlangung des umworbenen Auftrags ist
zwar unverzichtbar für die Antragsbefugnis, es braucht aber **nicht das leitende Motiv** des Antragstellers für den Nachprüfungsantrag zu sein.[73]

Der Fall der **Ablehnung der Bindefristverlängerung** ist differenziert zu sehen. Wenn der 21a
Antragsteller die von der Vergabestelle verlangte Fristverlängerung nur deshalb ablehnt, weil sie
seiner Ansicht nach auf sachfremden Erwägungen beruhe und unzulässig sei, zugleich aber erklärt,
dass er weiterhin an der Erteilung des Zuschlags interessiert sei, bleibt der Nachprüfungsantrag
zulässig.[74] Sofern man in den beiden Erklärungen einen Widerspruch erblicken sollte, ist es eine
Frage der Begründetheit des Nachprüfungsantrags, wie der Widerspruch, vor allem das Verlangen
der Vergabestelle nach der Fristverlängerung, zu beurteilen ist. Wenn der Antragsteller die verlangte
Bindefristverlängerung ablehnt, ohne dies mit vertretbaren Gründen zu rechtfertigen, ist dies grundsätzlich als Wegfall des Interesses am Auftrag zu werten.[75] Die Fortdauer des Interesses am Auftrag

---

[66] Vgl. OLG Düsseldorf NZBau 2016, 659 Rn. 49; OLG Düsseldorf NZBau 2001, 696 (702); OLG Düsseldorf ZfBR 2005, 404 = VergabeR 2005, 343 (344); OLG Frankfurt a. M. NZBau 2014, 386 = VergabeR 2014, 547 (550 f.).
[67] IdR genügen die Zugehörigkeit des Antragstellers zu der für den Auftrag in Betracht kommenden Branche und seine generelle branchentypische Leistungsfähigkeit; vgl. Ziekow/Völlink/*Dicks* Rn. 15; *Schäfer* in RKPP GWB Rn. 50 mwN.
[68] *Prieß* VergabeR-HdB 357, verlangt hier immer den Nachweis der Eignung und der konkreten Leistungsfähigkeit.
[69] OLG Frankfurt a. M. NZBau 2014, 386 = VergabeR 2014, 547 (551).
[70] BayObLG BeckRS 2001, 01662.
[71] OLG Düsseldorf NZBau 2018, 312 Rn. 16 f. – Zulässig kann in einem solchen Fall nur der Antrag sein, zu untersagen, dass derzeitige Vergabevorhaben fortzusetzen, ohne die (geltend gemachte) Rechtsänderung zu beachten (was dann auf eine erneute Ausschreibung hinausläuft).
[72] OLG Düsseldorf NZBau 2020, 806 Rn. 32; vgl. auch *Schäfer* in RKPP GWB Rn. 76.
[73] OLG Karlsruhe NZBau 2014, 378 (379).
[74] OLG Naumburg NZBau 2004, 62 = VergabeR 2003, 588 (590). Im Ergebnis gilt das Gleiche, wenn der Antragsteller der verlangten Bindefristverlängerung zunächst nur zeitlich beschränkt zustimmt, aber fortwährend sein Interesse am zu vergebenden Auftrag deutlich zu erkennen gibt: OLG Jena VergabeR 2007, 118 (120).
[75] Vgl. *Glahs* NZBau 2004, 544 (545); *Schäfer* in RKPP GWB Rn. 77; aA Langen/Bunte/*Schweda* Rn. 6, der die ausdrückliche Ablehnung generell als unerheblich für die Antragsbefugnis ansieht. Kein Beleg für diese Ansicht ist der dort zitierte Sonderfall OLG Frankfurt a. M. ZfBR 2009, 394 = VergabeR 2009, 629 (635): die Antragstellerin hat dort – zur verlangten Bindefristverlängerung zunächst schweigend – nachträglich

ist dagegen anzunehmen, wenn der Antragsteller zur Verlängerung der Bindefrist – anders als die von der Vergabestelle hierzu aufgeforderten Bieter – zwar nichts erklärt hat, aber gerade er als Bieter von der Vergabestelle nicht zur Zustimmung zu einer Fristverlängerung aufgefordert worden war, mag er auch den Fristablauf erkannt haben.[76] Im Ergebnis gilt das Gleiche selbst dann, wenn der Antragsteller zwar zur Fristverlängerung aufgefordert worden war und dazu geschwiegen hatte, aber durch seine fortwährende Teilnahme an der Korrespondenz mit dem öffentlichen Auftraggeber im Vergabeverfahren (zB Einreichung angeforderter Unterlagen) und insbesondere durch Rügeerklärungen gegenüber dem öffentlichen Auftraggeber (zB wegen des Ausschlusses seines Angebots) sein fortwährendes Interesse am Auftrag konkludent erklärt hat.[77] Im Übrigen ist nicht selten zu beobachten, dass die Bindefristverlängerungen während eines Nachprüfungsverfahrens – eventuell versehentlich – nicht fortgesetzt werden. Der Umstand allein, dass der Antragsteller keine Initiative zur Bindefristverlängerung entwickelt und dass es deshalb nach Ablauf der (letzten) Bindefrist formalrechtlich kein bindendes Angebot mehr gibt, darf nicht als Fortfall des Interesses am Auftrag beurteilt werden. Denn mit der weiteren Verfolgung seines Nachprüfungsantrags erklärt der Antragsteller konkludent, dass er im Falle seines Obsiegens in eine dann ggf. erforderlich werdende Bindefristverlängerung einwilligen wird.

22 Die Kontinuität des (erforderlichen) Interesses am Auftrag muss sich auch auf den Auftragsgegenstand beziehen, den zu bestimmen das eigene Recht des Auftraggebers ist. Daher kann das Interesse des Antragstellers am Auftrag grundsätzlich nur festgestellt werden, wenn er bereit ist, den ausgeschriebenen **Auftrag mit dem vom Auftraggeber vorgesehenen Inhalt** abzuschließen, und das auch hinreichend zu erkennen gibt. Die bekundete Bereitschaft, den Auftrag nur mit einem davon abweichenden Inhalt annehmen zu wollen, führt daher grundsätzlich zur Unzulässigkeit des Nachprüfungsantrags.[78] Von diesem Grundsatz muss mit Blick auf das Rechtsschutzbegehren des Antragstellers selbstverständlich eine Ausnahme gemacht werden, soweit der Antragsteller den vergaberechtswidrigen Zuschnitt oder einzelne vergaberechtswidrige Inhaltsbestandteile oder Konditionen des ausgeschriebenen Auftrags beanstandet und dementsprechende Inhaltsänderungen begehrt.[79] Das (erforderliche) Interesse am Auftrag ist anzuerkennen, wenn der Antragsteller mit dem Nachprüfungsantrag auf eine Änderung des Auftragszuschnitts und/oder Auftragsinhalts in der Weise abzielt, wie der konkrete Auftrag ohne den beanstandeten Vergaberechtsverstoß rechtmäßig zu vergeben ist.[80]

23 **e) Mittelbares Interesse am Auftrag.** Der durch das Nachprüfungsverfahren gewährleistete Primärrechtsschutz und damit die Antragsbefugnis ist beschränkt auf die unmittelbar am Vergabeverfahren teilnehmenden Bewerber/Bieter[81] und diejenigen Unternehmen, die sich unmittelbar am Vergabeverfahren beteiligen wollen (falls sie aus Gründen, die ihrer Antragsbefugnis nicht entgegenstehen, noch nicht beteiligt sind). Das ergibt sich auch aus einem Rückschluss aus § 97 Abs. 6 und dem Merkmal der „Verletzung in seinen Rechten" in § 160 Abs. 2 S. 1. Das Interesse muss also **unmittelbar auf die Erteilung des Auftrags** an den Antragsteller gerichtet sein.[82] Daher fehlt den von Bietern unter (Vor-)Vertrag genommenen **Nachunternehmern** sowie den **Zulieferern** der Bieter das Interesse am Auftrag iSd Abs. 2 S. 1 und damit die Antragsbefugnis.[83] Der Gegenansicht, dass die RL 89/665/EWG und die RL 92/13/EWG für die Antragsbefugnis der Nachunternehmer und Zulieferer sprechen, weil das Nachprüfungsverfahren gem. Art. 1 Abs. 3 der beiden Rechtsmittelrichtlinien jedermann (unter weiteren Voraussetzungen) zur Verfügung stehe,[84] kann nicht zugestimmt werden. Denn zu den weiteren dort genannten Voraussetzungen gehört das beim

---

rückwirkend die Verlängerung der Angebotsbindefrist bewirkt, indem sie das ggü. dem Antragsgegner erklärte Einverständnis ihrer Muttergesellschaft mit der Verlängerung genehmigte.
[76] OLG Düsseldorf NZBau 2002, 578.
[77] Vgl. den Fall des OLG Celle NZBau 2020, 745 Rn. 25 f. und 35.
[78] OLG Düsseldorf IBRRS 2010, 3010 = VergabeR 2010, 956 (963).
[79] OLG Düsseldorf IBRRS 2010, 3010 = VergabeR 2010, 956 (963 f.); VK Schleswig-Holstein forum vergabe Monatsinfo 2/2016, 68.
[80] Immenga/Mestmäcker/*Dreher* Rn. 18; vgl. auch BGH NZBau 2011, 175 Rn. 50 f. – Abellio Rail.
[81] Ebenso: Langen/Bunte/*Schweda* Rn. 5; Loewenheim/Meessen/Riesenkampff/*Heuvels*, 2. Aufl. 2009, § 107 Rn. 6 Fn. 15 und Rn. 9; *Prieß* VergabeR-HdB 358; Ziekow/Völlink/*Dicks* Rn. 10.
[82] OLG Düsseldorf BeckRS 2014, 20873 = VergabeR 2015, 473 (474); vgl. auch BVerfG NZBau 2009, 464 = VergabeR 2009, 777 (778 f.); aA Immenga/Mestmäcker/*Dreher* Rn. 19.
[83] OLG Düsseldorf BeckRS 2014, 20873 = VergabeR 2015, 473 (474); OLG Rostock NZBau 2000, 447 (448); *Glahs* NZBau 2004, 544 (545); Langen/Bunte/*Schweda* Rn. 5; Loewenheim/Meessen/Riesenkampff/*Heuvels*, 2. Aufl. 2009, § 107 Rn. 10; *Prieß* VergabeR-HdB 358 mwN; Reidt/Stickler/Glahs/*Reidt* Rn. 24; *Schäfer* in RKPP GWB Rn. 49; Ziekow/Völlink/*Dicks* Rn. 10; aA Byok/Jaeger/*Byok* Rn. 17; Immenga/Mestmäcker/*Dreher* Rn. 19.
[84] Byok/Jaeger/*Byok* Rn. 17 iVm Byok/Jaeger/*Byok* Rn. 39.

Antragsteller vorhandene „Interesse an einem bestimmten Auftrag", das nach der Wortwahl ersichtlich nur auf das Interesse, künftiger Vertragspartner des Auftraggebers für diesen Auftrag zu werden, bezogen ist. Die hier vertretene Auslegung des § 160 Abs. 2 S. 1 ist somit richtlinienkonform.

Aus entsprechenden Gründen (→ Rn. 23) fehlt auch einem einzelnen **Mitglied einer Bietergemeinschaft**, falls keine besonderen prozessualen Gründe eingreifen (→ Rn. 30), die Antragsbefugnis, weil die etwaige Nachprüfung einen anderen Rechtsträger, die Bietergemeinschaft, betrifft, der allein ein unmittelbares Interesse am Auftrag hat und Vertragspartner des Auftraggebers werden soll.[85] Ein Ausscheiden oder ein Wechsel von Mitgliedern innerhalb der (zivilrechtlich bestehen bleibenden) Bietergemeinschaft lässt für sich allein das Interesse der Bietergemeinschaft am Auftrag iSd § 160 Abs. 2 S. 1 nicht entfallen.[86]

24

f) Interesse am Auftrag gegenüber rechtswidriger Wiederaufnahme eines Vergabeverfahrens. Umstritten ist, ob der Primärrechtsschutz gem. §§ 155 ff., § 160 auch gegen die rechtswidrige Wiederaufnahme eines Vergabeverfahrens eröffnet ist. Dieses Problem wird gerade auch mit Blick auf die Zulässigkeitsvoraussetzung des „Interesses am Auftrag" behandelt. Wenn ein Antragsteller die Aufhebung des Vergabeverfahrens mit der Begründung erstrebt, die nunmehr ausgeschriebenen Leistungen seien bereits Gegenstand eines aufgrund eines früheren Vergabeverfahrens ihm erteilten Auftrags und dürften daher nicht erneut ausgeschrieben werden, zumal die erneute Vergabe eine Verletzung des mit ihm bestehenden Vertrags darstellen würde, wird ihm von einem Teil der Rechtsprechung Folgendes entgegengehalten: Der Antragsteller habe kein Interesse an dem jetzt ausgeschriebenen Auftrag. Das Rechtsschutzbegehren ziele darauf ab, die Durchführung eines Vergabeverfahrens zu verhindern und dessen Aufhebung zu erreichen. Dies sei kein Rechtsschutzziel, das mit dem vergaberechtlichen Nachprüfungsverfahren verfolgt werden könne. Das Nachprüfungsverfahren habe den Zweck, dass Aufträge – ordnungsgemäß – erteilt würden, nicht aber, dass die Auftragserteilung verhindert werde. Die dem Auftraggeber möglicherweise zur Last fallende Verletzung des zuerst mit dem Antragsteller geschlossenen Vertrags verstoße gegen zivilrechtliche Normen. Solche Vertragsstreitigkeiten müssten vor den Zivilgerichten ausgetragen werden.[87] Diese Begründung der Unzulässigkeit eines solchen Nachprüfungsantrags mutet sehr formaljuristisch an und ist auch im Ergebnis unter dem Aspekt des Gebots eines effizienten vergaberechtlichen Rechtsschutzes sehr unbefriedigend. Denn bei Beschreiten des Zivilrechtswegs besteht bei dessen Struktur (Instanzenzug, längere Dauer) für den Antragsteller die Gefahr, dass der ihm zuerst erteilte Zuschlag durch einen im zweiten Vergabeverfahren erteilten anderweitigen Zuschlag überlagert, dh entwertet wird, weil der zweite, neue Vertrag im Zeitpunkt der späteren zivilrechtlichen Entscheidung schon ganz oder zu einem erheblichen Teil ausgeführt sein wird. Überzeugender ist daher folgende (vergaberechtliche) Wertung und Lösung: In einem solchen Fall verletzt die erneute Durchführung eines Vergabeverfahrens über dieselbe schon vom ersten Vertrag umfasste Leistung den Antragsteller nicht nur in seinen zivilrechtlichen Vertragsrechten, sondern auch in seinem Recht auf Einhaltung der Vergabebestimmungen. Durch den (ersten) Zuschlag ist nämlich nicht nur eine zivilrechtliche, sondern auch eine vergaberechtliche Bindung entstanden, wie sich aus § 168 Abs. 2 S. 1, der die Bindungswirkung des erteilten Zuschlags anordnet, ergibt. Daher richtet sich das mit dem Nachprüfungsantrag verfolgte Interesse des Antragstellers darauf, den faktischen Verlust des ihm erteilten Zuschlags von sich abzuwenden. In Anbetracht dessen ist das Antragsinteresse durchaus als ein Interesse am zugrundeliegenden, wegen der Leistungsidentität der beiden Vergabeverfahren funktional einheitlich zu wertenden Auftrag anzusehen. Das führt zur Zulässigkeit des Nachprüfungsantrags. Zur Prüfung der Begründetheit gehört es sodann, ob der Auftraggeber an den dem Antragsteller seinerzeit erteilten Zuschlag wirklich noch gebunden ist oder aber rechtlich nicht gehindert war, ein neues Vergabeverfahren über dasselbe Leistungsprogramm durchzuführen.[88]

25

4. Geltendmachung der Verletzung in eigenen Rechten aus § 97 Abs. 6. Zur **Geltendmachung** der den Antragsteller betreffenden **Rechtsverletzung** ist es lediglich erforderlich, dass er „schlüssig behauptet",[89] dass und welche vergaberechtlichen Vorschriften (die nicht exakt nach Regelwerk und Paragraph benannt werden müssen) im Verlauf des Vergabeverfahrens – in Bezug auf ihn – missachtet worden sein sollen. An die „schlüssige" Behauptung sind denkbar geringe Anforderungen

26

---

[85] OLG München NZBau 2015, 575 (576); Langen/Bunte/*Schweda* Rn. 5; Loewenheim/Meessen/Riesenkampff/*Heuvels*, 2. Aufl. 2009, § 107 Rn. 9; *Prieß* VergabeR-HdB 359; Ziekow/Völlink/*Dicks* Rn. 10.
[86] Langen/Bunte/*Schweda* Rn. 5; vgl. auch Immenga/Mestmäcker/*Dreher* Rn. 12.
[87] OLG Brandenburg ZfBR 2005, 84 = VergabeR 2005, 138 (139 f.); zust. OLG Dresden NZBau 2006, 469.
[88] So im Wesentlichen die Lösung des OLG Düsseldorf ZfBR 2006, 713 = VergabeR 2006, 944 (946).
[89] So die Formulierung in BGH NZBau 2004, 457 (458) und in BGH NZBau 2006, 800 Rn. 20. Vgl. auch BGH NZBau 2017, 230 Rn. 12 (erforderlich, dass der Antragsteller „eine Verletzung in seinen Rechten nach § 97 Abs. 6 schlüssig *aufzeigt*" [Hervorhebung hinzugefügt]).

zu stellen. Es reicht aus Gründen des effektiven Rechtsschutzes aus, dass nach der Darstellung des Antragstellers eine **Verletzung eigener Rechte aus § 97 Abs. 6 möglich erscheint**.[90] Diese Voraussetzung ist in der Regel schon dann erfüllt, wenn der Antragsteller die Verletzung eigener Rechte mit der schlüssigen Behauptung geltend macht, der öffentliche Auftraggeber habe eine oder einige näher (aber nicht unbedingt exakt) bezeichnete **Vergaberegeln** aus dem GWB, aus der VgV inkl. der VOB/A 2016 (Abschnitt 2, vgl. § 2 S. 2 VgV), aus der SektVO, der KonzVgV oder der VSVgV oder – bei vor dem 18.4.2016 eingeleiteten Vergabeverfahren (vgl. § 186 Abs. 2) – aus der seinerzeit jeweils einschlägigen Vergabe- und Vertragsordnung (VOB/A, VOL/A oder VOF) einschließlich der sich aus den Vergaberegeln ergebenden Verbindlichkeit der in der Bekanntmachung oder den Vergabeunterlagen festgelegten Bedingungen des betreffenden Vergabeverfahrens missachtet.[91] Dabei ist der Begriff der „schlüssigen Behauptung" dahin zu verstehen, dass der Tatsachenvortrag des Antragstellers (sofern zutreffend) lediglich geeignet sein muss, den Verstoß gegen die vom Antragsteller in Betracht gezogene(n) Vergaberegel(n) darzutun, und nicht schon die Voraussetzung erfüllen muss, dass damit die begehrte Rechtsfolge bereits abschließend feststeht.[92] Danach reichen zwar Rügen ohne reale Substanz nicht aus: Beanstandungen, die pauschal die Fehlerhaftigkeit des Vergabeverfahrens rügen und vage eine Rechtsverletzung behaupten, sind unzureichend; ein solches Defizit in der Darlegung zu § 160 Abs. 2 S. 1 wird nicht ausgeglichen durch den Untersuchungsgrundsatz des § 163 Abs. 1.[93] Über das Mindestmaß an Substantiierung[94] hinaus, das mit der vorstehend erläuterten „schlüssigen Behauptung" des Vergaberechtsverstoßes einzuhalten ist, bedarf es aber keiner weiteren besonderen Darlegung für das (Zulässigkeits-)Merkmal der Verletzung in eigenen Rechten nach § 97 Abs. 6.[95] Die Anforderungen an das „Mindestmaß der Substantiierung" hängen auch von den besonderen Umständen des Einzelfalls ab. Wenn der Antragsteller ohne Sorgfaltsverstoß – etwa mangels Aufklärung durch die Vergabestelle (was dann darzulegen ist) – nicht einmal objektive Anhaltspunkte für die von ihm als wahrscheinliche Vergaberechtsverletzung erachtete und angegriffene Maßnahme des öffentlichen Auftraggebers (zB die Wertung seines Angebots) vortragen kann, kann er ausnahmsweise auch mit einer Pauschalrüge (zB aus seiner darzustellenden Sicht: „Wertung kann nur fehlerhaft sein") seiner Darlegungslast zu § 160 Abs. 2 S. 1 genügen.[96] Alles Weitere bleibt der Prüfung vorbehalten, ob der Nachprüfungsantrag begründet ist. Das steht im Einklang mit der Rechtsmittelrichtlinie der EU, die insoweit ebenfalls nur einen „behaupteten" Vergaberechtsverstoß für die Zulässigkeit des Nachprüfungsantrags verlangt (Art. 1 Abs. 3 RL 89/665/EWG und Art. 1 Abs. 3 RL 92/13/EWG).

27 Demzufolge beschränkt sich die Prüfung dieser Zulässigkeitsvoraussetzung in der Praxis hauptsächlich darauf, ob die geltend gemachte Rechtsverletzung überhaupt schon begonnen hat (→ Rn. 28), ob es sich wirklich um die Verletzung eigener Rechte des Antragstellers handelt (→ Rn. 29 f.) und ob der gerügte Verstoß ein aus dem Vergaberecht resultierendes Recht (§ 97 Abs. 6) oder ein sonstiges Recht betrifft, für das Nachprüfungsverfahren nicht eröffnet ist (→ Rn. 31–33).

28 **a) Existenz des behaupteten Vergaberechtsverstoßes.** Die Antragsbefugnis setzt voraus, dass nach dem Vortrag des Antragstellers eine **Verletzung** seiner Rechte bereits **eingetreten** ist **oder** zumindest von der oder den zuständigen Personen der Vergabestelle **formell angekündigt** worden ist (zB durch die Information gem. § 134 Abs. 1). Wenn die Vergabestelle (vielleicht auch nur eine Person wie zB der Sachbearbeiter in der Vergabestelle) eine – möglicherweise vergaberechtswidrige – Maßnahme zum Vergabeverfahren (zB Ausschluss des Angebots des Antragstellers; Aufhebung der Ausschreibung) bislang nur in Erwägung zieht oder solange eine solche Maßnahme nur Gegenstand einer noch nicht abgeschlossenen internen Willensbildung ist, stellt dies, selbst wenn solche Entscheidungsabsichten außerhalb der Vergabestelle bekannt werden, noch keine Rechtsverletzung iSd § 160 Abs. 2 S. 1 dar.[97]

29 **b) Verletzung eigener Rechte des Antragstellers. Nachunternehmer** und **Zulieferer** des jeweiligen (Haupt-)Bieters, denen nach hier vertretener Ansicht schon das Interesse am Auftrag iSd § 160 Abs. 2 S. 1 fehlt (→ Rn. 23), werden durch vergaberechtswidrige Vergabebedingungen oder

---

[90] BGH NZBau 2006, 800 Rn. 20; OLG Düsseldorf BeckRS 2016, 13257 = VergabeR 2016, 751 (753); OLG Düsseldorf NZBau 2015, 314 Rn. 19.
[91] Vgl. BGH NZBau 2006, 800 Rn. 20.
[92] OLG Celle NZBau 2016, 385 Rn. 13 mwN.
[93] OLG Celle IBRRS 2011, 0133 = VergabeR 2011, 531 (534).
[94] Nach Ziekow/Völlink/*Dicks* Rn. 20 ist die praktische Bedeutung einer „Schlüssigkeitsprüfung" des Nachprüfungsantrags im oben erläuterten Sinn doch nicht gering zu erachten.
[95] BGH NZBau 2006, 800 Rn. 20; vgl. auch BGH NZBau 2017, 230 Rn. 18.
[96] So zutr. KG VergabeR 2020, 967.
[97] Vgl. OLG Naumburg NZBau 2004, 62; OLG Naumburg NZBau 2006, 58 = VergabeR 2006, 88 (90).

Verhaltensweisen des Auftraggebers nicht in eigenen Rechten betroffen, weil sie an dem der Vertragsanbahnung und der Bewerber- oder Bieterauswahl dienenden, zu einem Vertrauensverhältnis führenden Verfahren – dem Vergabeverfahren – nicht beteiligt sind. Auch deshalb haben sie keine Antragsbefugnis.[98] Generell gilt: Der Antragsteller des Nachprüfungsverfahrens kann sich zur Rechtfertigung seines Antrags nicht auf den Schutz Dritter berufen.[99] So kann ein Antragsteller, der mit dem Nachprüfungsantrag ausdrücklich geltend macht, dass er sich wegen der vom Auftraggeber unterlassenen Fachlos-Aufteilung des (Gesamt-)Auftrags nicht um den Auftrag bewerben konnte, sein Nachprüfungsbegehren (ohne weiteren Sachvortrag zur angeblichen Angebotsverhinderung) nicht auch noch darauf stützen, dass der Auftraggeber bei der Ausschreibung des Auftrags auch die Bildung von Teillosen (Gebietslosen) unterlassen habe und auch deshalb das Vergabevorhaben nicht ohne Behebung dieses weiteren Vergaberechtsverstoßes fortsetzen dürfe. Da der Antragsteller mit dieser zweiten Beanstandung nicht dargelegt hat, in seinen *eigenen* Rechten verletzt worden zu sein, fehlt ihm hierfür die Antragsbefugnis.[100]

Bei der **Bietergemeinschaft** ist zu differenzieren zwischen ihrer Antragsbefugnis und derjenigen einzelner Mitglieder. Die Bietergemeinschaft, die sich als solche – als Vereinigung von mehreren Unternehmen zum Zwecke der Teilnahme am Vergabeverfahren – unabhängig von ihrer Rechtsform am Vergabeverfahren beteiligen kann (s. zB § 43 Abs. 1 und 2 VgV), ist als Beteiligte selbst Inhaberin der Rechte aus § 97 Abs. 6, nicht das jeweilige einzelne Mitglied der Bietergemeinschaft. Ihr steht daher bei einer (behaupteten) Verletzung dieser Rechte die Antragsbefugnis zu; das **einzelne Mitglied** hat keine Antragsbefugnis.[101] Es ist eine Frage des Einzelfalls, ob der formal nur von einem Mitglied der Bietergemeinschaft eingereichte Nachprüfungsantrag prozessual als ein Antrag der Bietergemeinschaft ausgelegt werden kann, insbesondere dann, wenn es sich bei diesem Einzelmitglied um den von der Bietergemeinschaft zuvor der Vergabestelle benannten bevollmächtigten Vertreter für den Abschluss und die Durchführung des Vertrags handelt. Ferner ist § 160 Abs. 2 S. 1 offen für die Anwendung der Regeln über die **gewillkürte Prozessstandschaft.** Wenn also deren Voraussetzungen erfüllt sind, was dargelegt werden muss, ist das betreffende Einzelmitglied für die Bietergemeinschaft antragsbefugt.[102] Sind sich die Mitglieder der Bietergemeinschaft intern nicht einig, lehnen also einige Mitglieder einen Nachprüfungsantrag ab, so richtet sich die Antragsbefugnis anderer Mitglieder, die in dieser Eigenschaft (dh als Einzelmitglieder) einen Nachprüfungsantrag stellen, nach den Grundsätzen der actio pro socio.[103] In einem solchen Fall ist aber zusätzlich zu prüfen, ob die Bietergemeinschaft überhaupt noch als aktive Gemeinschaft besteht und außerdem an dem ggf. zuvor schon gelegten Angebot festhält (→ Rn. 21). Bei einem Mitgliederwechsel oder einem Mitgliederaustritt bleibt die Antragsbefugnis der Bietergemeinschaft bestehen.[104] Denn ihr darf der Zugang zum Nachprüfungsverfahren nicht verwehrt werden für die Klärung, für die sie ein Rechtsschutzinteresse hat, ob ihr ggf. zuvor abgegebenes Angebot trotz der Änderung ihrer personellen Zusammensetzung überhaupt noch gewertet werden kann[105] und ob hierfür eventuell eine neue Eignungsprüfung von Seiten des Auftraggebers (iSd § 98) – ggf. mit welchen Konsequenzen – erforderlich ist.[106]

c) Verstoß gegen ein aus dem Vergaberecht resultierendes Recht. Schließlich hängt die Antragsbefugnis davon ab, dass der Antragsteller die Verletzung eigener Rechte durch die Nichtbeachtung von **Vergabevorschriften** (→ Rn. 26) geltend macht. Wirft der Antragsteller dem Auftraggeber die Missachtung anderer Rechtsvorschriften, etwa der Normen des allgemeinen Kartellrechts (zB des § 1 mit der Beanstandung einer von mehreren Auftraggebern gebildeten Einkaufsgemeinschaft)[107] oder des Beihilferechts (zB die Außerachtlassung der vor dem Vergabeverfahren geschehenen Entgegennahme nicht notifizierter Beihilfen durch einen Bieter im Zuge der Angebotswertung),[108] vor, ohne dass die speziell **gerügten Rechtsverstöße auch im Rahmen**

---

[98] OLG Düsseldorf ZfBR 2008, 820 = VergabeR 2008, 661 (663); aA Byok/Jaeger/*Byok* Rn. 39; iErg auch Immenga/Mestmäcker/*Dreher* Rn. 19.
[99] OLG Düsseldorf NZBau 2016, 656 (659) mwN.
[100] OLG Frankfurt a. M. VergabeR 2018, 533 (538).
[101] Vgl. OLG München NZBau 2015, 575 (576); Immenga/Mestmäcker/*Dreher* Rn. 12 mwN. Diese für Bietergemeinschaften und Einzelmitglieder generell geltende deutsche Regelung ist mit dem Unionsrecht vereinbar, vgl. EuGH NZBau 2010, 506 Rn. 74 ff. – Koinopraxia Kazino Attikis.
[102] OLG Düsseldorf NZBau 2014, 121 (122) mwN; OLG München NZBau 2015, 575 (576) mwN; Immenga/Mestmäcker/*Dreher* Rn. 12; Langen/Bunte/*Schweda* Rn. 5.
[103] Immenga/Mestmäcker/*Dreher* Rn. 12.
[104] Immenga/Mestmäcker/*Dreher* Rn. 12; Langen/Bunte/*Schweda* Rn. 5; ausf.: Byok/Jaeger/*Byok* Rn. 16 mwN.
[105] Das ist nach Ansicht von Langen/Bunte/*Schweda* Rn. 5 idR zu verneinen.
[106] Vgl. OLG Celle NZBau 2007, 663; OLG Düsseldorf NZBau 2005, 710 ff.; *Schmidt* NZBau 2008, 41 ff.
[107] OLG Düsseldorf NZBau 2002, 583.
[108] OLG Düsseldorf NZBau 2002, 634 (636 f.).

von **Vergabevorschriften relevant** sein können, so entsteht dadurch keine Antragsbefugnis.[109] Die „Relevanz" von Verstößen gegen Rechtsvorschriften, die nicht genuin zu den Vergabevorschriften gehören, für die Prüfung, ob der Auftraggeber dennoch seine Verhaltenspflichten im Vergabeverfahren (vgl. § 156 Abs. 2) gemäß den Bestimmungen über das Vergabeverfahren (§ 97 Abs. 6) eingehalten hat oder aber doch nicht, wird mit dem bildhaften Ausdruck der **vergaberechtlichen Anknüpfungsnorm** treffend bezeichnet: Danach führt die (schlüssige) Behauptung eines Verstoßes des Auftraggebers gegen eine nichtvergaberechtliche Vorschrift des GWB oder anderer Gesetze nur unter der Voraussetzung zur Antragsbefugnis iSd § 160 Abs. 2 S. 1, dass die betreffende Vorschrift in Verbindung mit einer vergaberechtlichen „Anknüpfungsnorm" – wie zB § 97 Abs. 1 – inzident notwendig zu prüfen ist.[110] **Beispiele:** Der Antragsteller macht einen Verstoß derjenigen Unternehmen gegen Art. 101 AEUV oder § 1 geltend, die eine Bietergemeinschaft gebildet haben, und beanstandet, dass der Auftraggeber ankündigt (§ 134 Abs. 1), dieser den Zuschlag zu erteilen, anstatt sie wegen unzulässiger wettbewerbsbeschränkender Abrede auszuschließen (Anknüpfungsnorm: § 97 Abs. 1; auch § 124 Abs. 1 Nr. 4).[111] Der Antragsteller beanstandet als Verstoß gegen eine abfallrechtliche Bestimmung (hier: § 16 Abs. 1 KrW-/AbfG aF; s. jetzt § 22 KrWG) die vom Auftraggeber angekündigte Beschaffung von Abfallentsorgungsleistungen durch Vergabe einer Dienstleistungskonzession im Verhandlungsverfahren anstatt der durch diese Bestimmung (vermeintlich) gebotenen Vergabe eines öffentlichen Dienstleistungsauftrags (Anknüpfungsnorm seinerzeit: § 97 Abs. 7 aF [= Abs. 6 nF]; heute kämen § 105 Abs. 2 und/oder § 14 KonzVgV in Betracht).[112] Der Antragsteller rügt die Ankündigung (§ 134 Abs. 1) des Auftraggebers, den zu vergebenden öffentlichen Auftrag einer anderweitigen kommunalen Gesellschaft zu erteilen, obwohl diese (wie der Antragsteller meint) hinsichtlich des Auftragsgegenstands einem kommunalwirtschaftsrechtlichen Betätigungsverbot unterliegt (Anknüpfungsnorm: Wettbewerbsgrundsatz des § 97 Abs. 1 und Erfordernis der auch rechtlich bestehenden Leistungsfähigkeit, § 122 Abs. 1).[113]

32   Mit der Anerkennung der Relevanz etwaiger Rechte des Antragstellers gegen den Auftraggeber aus nichtvergaberechtlichen Vorschriften in Verbindung mit einer vergaberechtlichen Anknüpfungsnorm (→ Rn. 31) iRd § 160 Abs. 2 S. 1 kann man auch den nach wie vor bestehenden **Textunterschied** (in Bezug auf die Zuständigkeit der Vergabekammern) zwischen **§ 156 Abs. 2** („Rechte aus § 97 Abs. 6 sowie sonstige Ansprüche gegen Auftraggeber, die auf die Vornahme oder das Unterlassen einer Handlung in einem Vergabeverfahren gerichtet sind, ...") und **§ 160 Abs. 2 S. 1** (nur: [Verletzung in seinen] „Rechten nach § 97 Abs. 6 durch Nichtbeachtung von Vergabevorschriften ...") als entschärft ansehen. Jedenfalls hat die BReg in ihrem vom BMWi sorgfältig erarbeiteten Gesetzentwurf zum VergRModG vom 17.2.2016 ersichtlich keinen Anlass gesehen, bei dieser Gelegenheit[114] die allgemein bekannte[115] Textdivergenz zwischen § 104 Abs. 2 aF und § 107 Abs. 2 S. 1 aF zu beseitigen.[116] Daher kann und sollte § 156 Abs. 2 dahin ausgelegt werden, dass sonstige Rechte, die der Antragsteller aus nichtvergaberechtlichen Vorschriften herleitet und als Grundlage für Ansprüche gegen den Auftraggeber auf Vornahme oder Unterlassen einer Handlung im konkreten Vergabeverfahren geltend macht, nur dann seine Antragsbefugnis iSd § 160 Abs. 2 S. 1 begründen, wenn die geltend gemachten Rechte bei der Anwendung der für die Fallbeurteilung (auch) in Betracht zu ziehenden vergaberechtlichen Norm notwendig inzident (als Voraussetzung für die Anwendung) zu prüfen sind (→ Rn. 31).[117] Daher ist insbesondere bei Vorwürfen des Antragstellers, der Auftragge-

---

[109] Ebenso: KG NZBau 2015, 790 Rn. 29 und 30; Ziekow/Völlink/*Dicks* Rn. 21.
[110] OLG Düsseldorf NZBau 2016, 50 Rn. 27; OLG Düsseldorf ZfBR 2016, 199 = VergabeR 2016, 250 (251 f.); OLG Düsseldorf BeckRS 2013, 01936 = VergabeR 2013, 593 (595); OLG Naumburg BeckRS 2014, 02901 = VergabeR 2014, 480 (Ls. 3 und 483); OLG Schleswig NZBau 2015, 186 (191); zust.: Reidt/Stickler/Glahs/*Reidt* Rn. 31; Ziekow/Völlink/*Dicks* Rn. 21; iErg ohne Verwendung des Begriffs „Anknüpfungsnorm" ebenso: BGH NZBau 2012, 586 Rn. 14. Gegen den Begriff, die Notwendigkeit und die Zwischenschaltung einer vergaberechtlichen Anknüpfungsnorm, stattdessen für § 156 Abs. 2 nF (§ 104 Abs. 2 aF) als Grundlage für die direkte Prüfung der geltend gemachten Verletzung nichtvergaberechtlicher Normen votierend: Immenga/Mestmäcker/*Dreher* Rn. 29; *Dreher* NZBau 2013, 665 (668, 674); iErg ebenso: Byok/Jaeger/*Byok* Rn. 41.
[111] OLG Düsseldorf ZfBR 2016, 199 = VergabeR 2016, 250 (251 f.).
[112] BGH NZBau 2012, 586 Rn. 14.
[113] Vgl. OLG Düsseldorf BeckRS 2009, 24305 = VergabeR 2009, 905 (916) mwN; OLG Düsseldorf NZBau 2000, 155; Ziekow/Völlink/*Dicks* Rn. 21 mwN.
[114] Der Gesetzgeber des VergRModG hat § 107 Abs. 2 S. 1 aF wegen fälliger Änderungen durchaus in den Blick genommen und beim Interessemoment die Wörter „oder der Konzession" eingefügt.
[115] Vgl. statt aller: Ziekow/Völlink/*Dittmann* § 156 Rn. 9 f. mwN.
[116] Scharfe Kritik an diesem Unterlassen des Gesetzgebers: *Krist* VergabeR 2016, 396.
[117] Zumindest iErg wohl ebenso: Immenga/Mestmäcker/*Stockmann* § 156 Rn. 16–19, 29 (einschränkende Auslegung des § 156 Abs. 2); aA, jedenfalls in der dogmatischen Erfassung, *Dreher* NZBau 2013, 665 (668–670, 674).

ber verstoße mit Handlungen oder Unterlassungen in Bezug auf das betreffende Vergabeverfahren gegen beihilferechtliche Regelungen, sehr genau zu prüfen, ob derartige Verstöße im Rahmen der für die Fallentscheidung relevanten vergaberechtlichen (Anknüpfungs-)Normen (zB § 60 Abs. 2 Nr. 5 und Abs. 4 VgV) bedeutsam und inzident zu prüfen sind, was immer eine Frage des Einzelfalls, aber tendenziell eher unwahrscheinlich ist.[118]

Da die Antragsbefugnis voraussetzt, dass der Antragsteller eine Verletzung in seinen eigenen **33** Rechten geltend macht, muss die Vorschrift, gegen die der Auftraggeber laut dem Nachprüfungsantrag verstoßen haben soll, **bieterschützend** sein.[119] Selbstverständlich reicht es aus, wenn die vergaberechtliche Anknüpfungsnorm (→ Rn. 31) bieterschützender Natur ist.

**5. Durch die behauptete Rechtsverletzung entstandener oder drohender Schaden. 34
a) Der Schadensbegriff iSd Abs. 2 S. 2.** Die Auslegung des Schadensbegriffs muss auf den Primärrechtsschutz, dem die §§ 155 ff., § 160 dienen, und damit auf das Ziel, das die Antragsteller zulässigerweise mit Nachprüfungsanträgen anstreben, nämlich die Erhaltung ihrer Chancen auf den Zuschlag, ausgerichtet sein.[120] Der – entstandene oder drohende – Schaden, der vom Antragsteller gem. Abs. 2 S. 2 darzulegen ist, besteht daher darin, dass durch den einzelnen gerügten Vergaberechtsverstoß die Aussichten des Antragstellers auf den Zuschlag beeinträchtigt worden sind oder dass die Zuschlagschancen zumindest verschlechtert worden sein können.[121]

b) Die Darlegung des entstandenen oder drohenden Schadens. Abstrakt formuliert **35** kommt es für die gem. Abs. 2 S. 2 notwendige Darlegung auf die **Eignung der** einzelnen gerügten **Vergaberechtsverstöße** an, im konkreten Vergaberechtsfall eine solche (→ Rn. 34 definierte) **Chancenbeeinträchtigung verursachen zu können.**[122] Über diese abstrakte Auslegung der Norm besteht Einigkeit. Probleme kann die konkrete Anwendung der Norm bzw. des vorstehenden Auslegungssatzes auf den Einzelfall bereiten. Das beruht ua darauf, dass einerseits die auf dem Normzweck beruhende Filterfunktion der Vorschrift nicht außer Acht gelassen werden darf; die Norm soll verhindern, dass ein Bieter, der auch bei Vermeidung der jetzt gerügten Vergaberechtsverstöße keine wirkliche Aussicht auf Berücksichtigung seines Angebots und auf Erteilung des Zuschlags gehabt hätte, ein Nachprüfungsverfahren einleiten (lassen) kann (→ Rn. 2). Andererseits darf der Rechtsschutz der durch einen Vergaberechtsverstoß betroffenen Bewerber/Bieter nicht durch hohe Anforderungen an die Darlegung des hierdurch verursachten oder drohenden Schadens verkürzt werden. Zwischen diesen beiden Aspekten ist es dann zusätzlich von Bedeutung, welcher Grad an Beeinträchtigung der Aussichten auf den Zuschlag oder (maW) welcher Grad an Verschlechterung der Zuschlagschancen durch den (vermeintlichen) Vergaberechtsverstoß – niedrig (jede denkbare, eventuell nur geringe Verschlechterung?) oder aber von deutlichem Gewicht (mit der Folge einer deutlichen Verbesserung der Zuschlagschancen nach Behebung des Vergaberechtsfehlers?) – erforderlich ist (zB → Rn. 45). In der höchstrichterlichen Rechtsprechung besteht die Tendenz, den für die Antragsbefugnis erforderlichen Grad an Verschlechterung der Zuschlagschancen relativ niedrig anzusetzen. Das BVerfG mahnt, an die Darlegung des entstandenen oder drohenden Schadens dürften keine sehr hohen Anforderungen gestellt werden; es reiche vielmehr aus, dass ein Schadenseintritt infolge des (behaupteten) Vergaberechtsverstoßes

---

[118] Vgl. OLG Düsseldorf NZBau 2002, 634 (636 f.); OLG Naumburg BeckRS 2014, 02901 = VergabeR 2014, 480 (Ls. 3 und 483); OLG Schleswig NZBau 2015, 186 (191); abl. ggü. OLG Düsseldorf: Byok/Jaeger/*Byok* Rn. 42.
[119] OLG Düsseldorf NZBau 2012, 194 (195) zu § 25 Nr. 2 Abs. 3 VOL/A 2006 (s. jetzt § 60 VgV); KG NZBau 2015, 790 (791) zu § 5 EG Abs. 1 VOB/A (s. jetzt § 5 EU Abs. 1 VOB/A); OLG Naumburg BeckRS 2012, 21447 = VergabeR 2013, 123 (127) zu § 19 EG Abs. 6 S. 2 VOL/A (vgl. jetzt § 60 VgV); OLG Schleswig NZBau 2015, 186 (191); *Schäfer* in RKPP GWB Rn. 63 f.; Reidt/Stickler/Glahs/*Reidt* Rn. 33; Ziekow/Völlink/*Dicks* Rn. 17; iErg ebenso (ohne Verwendung des Ausdrucks „bieterschützend"): BGH NZBau 2017, 230 Rn. 23 zu § 60 Abs. 3 VgV; aA Immenga/Mestmäcker/*Dreher* Rn. 25, der die zusätzliche Voraussetzung, dass die sich verletzt geglaubte Norm drittschützend sein müsse, wegen der hinreichenden Einschränkung durch § 160 Abs. 2 S. 2 ablehnt (was verkennt, dass der Antragsteller durch den Verstoß gegen eine nicht bieterschützende Norm nicht in *seinen* Rechten verletzt sein kann).
[120] AllgM; vgl. BVerfG NZBau 2004, 564 (565); OLG Düsseldorf NZBau 2018, 696 Rn. 49; OLG Düsseldorf NZBau 2001, 155 (157); *Jaeger* NZBau 2001, 289 (292) mwN.
[121] BVerfG NZBau 2004, 564 (565); BGH NZBau 2006, 800 Rn. 31; OLG Düsseldorf NZBau 2018, 696 Rn. 49; OLG Düsseldorf VergabeR 2016, 751 (753); OLG Düsseldorf NZBau 2001, 155 (157); OLG Frankfurt a. M. NZBau 2018, 498 Rn. 49; OLG Karlsruhe NZBau 2013, 528 = VergabeR 2013, 622 (629); OLG München BeckRS 2010, 02617 = VergabeR 2010, 246 (252); *Jaeger* NZBau 2001, 289 (292) mwN.
[122] BVerfG NZBau 2004, 564 (566); OLG Düsseldorf NZBau 2001, 155 (157); OLG Karlsruhe NZBau 2016, 449 = VergabeR 2016, 647 (654); OLG München BeckRS 2013, 22620 = VergabeR 2014, 456 (459).

nicht offensichtlich ausgeschlossen sei.[123] So richtig es ist, an die Schadensdarlegung iRd § 160 Abs. 2 S. 2 keine hohen Anforderungen zu stellen,[124] so wenig geeignet als Abgrenzungskriterium für die Rechtspraxis ist der Begriffskomplex „Schadenseintritt nicht offensichtlich ausgeschlossen". Denn das, was „offensichtlich", also klar (klar erkennbar), sehr deutlich oder offenkundig,[125] ist, hat eben auch persönlich-individuelle, mit der je eigenen Sicherheit in der Bewertung zusammenhängende Aspekte, sodass die Zuhilfenahme des Begriffs „offensichtlich" bzw. „nicht offensichtlich" mehr Unsicherheit in die Anwendung des § 160 Abs. 2 S. 2 bringen kann als sie nützlich ist.

36   Da die Eignung des gerügten Vergaberechtsverstoßes zur Beeinträchtigung von Zuschlagschancen ein maßgeblicher Gesichtspunkt ist (→ Rn. 35), ist die gem. § 160 Abs. 2 S. 2 erforderliche Darlegung gerade auch an der **Art des Vergaberechtsverstoßes** auszurichten (→ Rn. 41–44). Wenn zB ein Unternehmen mit dem Nachprüfungsantrag geltend macht, durch **unklare Ausschreibungsunterlagen** sei **gegen die Chancengleichheit verstoßen** worden, ist ein drohender Schadenseintritt ohne Weiteres dargelegt, ohne dass weitere Darlegungen zur Konkretisierung der Chancenbeeinträchtigung erforderlich wären.[126] Nicht selten sind aber auch der Stand und die Gesamtumstände des Vergabeverfahrens für die Frage bedeutsam, ob sich der gerügte Vergaberechtsverstoß auf Chancen des Antragstellers, den Zuschlag zu erhalten, überhaupt auswirken kann (→ Rn. 45–48). Zwar braucht der Antragsteller keinesfalls eine Kausalität darzulegen, dass er bei Vermeidung der von ihm gerügten Vergaberechtsfehler den Zuschlag erhalten hätte.[127] Andererseits ergibt sich bereits aus dem Normzweck des § 160 Abs. 2 S. 2 (→ Rn. 2 und 35), dass nach der Behebung des gerügten Vergaberechtsverstoßes grundsätzlich zumindest eine Aussicht auf eine Berücksichtigung des Angebots oder des Teilnahmeantrags des Antragstellers im Wertungsprozess des laufenden Vergabeverfahrens[128] oder wenigstens eine Aussicht auf eine Teilnahme an einem zu erneuernden, ordnungsgemäßen Vergabeverfahren (→ Rn. 44, 47, 49) bestehen muss,[129] wobei es in der Regel eine Überspannung der Anforderungen an die Antragsbefugnis bedeuten würde, vom Antragsteller die Darlegung zu verlangen, dass er bei rechtsfehlerfreiem Vergabeverfahren eine sog. echte Chance (vgl. § 181) auf den Zuschlag gehabt hätte.[130] Demzufolge hängt das Ausmaß der Darlegung zu § 160 Abs. 2 S. 2 maßgeblich von der zur Nachprüfung gestellten Fallkonstellation und von den konkreten Umständen des Einzelfalls ab. Das verdeutlicht die Darstellung folgender **Fallgruppen:**

37   **aa) Doppelte Relevanz der Rüge der Auftraggeberentscheidung für Zulässigkeit und Begründetheit des Nachprüfungsantrags.** Wenn der Antragsteller (zB mangels Eignung) und/oder sein Angebot (zB wegen Unvollständigkeit) vom Auftraggeber aus dem Vergabeverfahren ausgeschlossen werden und der Nachprüfungsantrag sich gegen diesen Ausschluss richtet, findet die Prüfung des Ausschlusses, die (theoretisch) eine doppelte Bedeutung für die Zulässigkeit und für die Begründetheit des Nachprüfungsantrags hat, in der Prüfungsstufe der Begründetheit statt. Das bedeutet, dass der Antragsteller zur (bei der erstrebten Korrektur des Ausschlusses ohnehin selbstverständlichen) Verbesserung seiner Zuschlagschancen im Falle eines (aus seiner Sicht) rechtmäßigen Vergabeverfahrens nichts weiter darlegen muss; die Antragsbefugnis ist ohne Weiteres gegeben. Das gilt selbst dann, wenn der Nachprüfungsantrag gegen den Ausschluss offensichtlich erfolglos ist, der Antragsteller real also keine Chancen auf den Zuschlag hat.[131]

---

[123] BVerfG NZBau 2004, 564 (566) mwN; dem BVerfG folgend ua: OLG Düsseldorf NZBau 2015, 314 Rn. 20; OLG Düsseldorf VergabeR 2019, 128 (132); OLG München BeckRS 2009, 86656 = VergabeR 2010, 677 (681); OLG Saarbrücken BeckRS 2016, 10023 = VergabeR 2016, 639 (642); Immenga/Mestmäcker/*Dreher* Rn. 35; iErg ebenso BGH NZBau 2006, 800 Rn. 31 f. iVm BGH NZBau 2006, 800 Rn. 20.
[124] Vgl. OLG Düsseldorf NZBau 2018, 631 Rn. 13; OLG Düsseldorf NZBau 2015, 314 Rn. 20.
[125] Vgl. Zeitverlag Gerd Bucerius GmbH & Co. KG, Deutsches Wörterbuch, 2005, 1677.
[126] BVerfG NZBau 2004, 564 (566).
[127] BVerfG NZBau 2004, 564 (566) mwN; OLG Düsseldorf NZBau 2000, 45 (48).
[128] Vgl. *Glahs* NZBau 2004, 544 (546).
[129] Umgekehrt formuliert: Wenn keine der beiden im obigen Text definierten „Aussichten" besteht, wenn also zweifelsfrei vorhergesagt werden kann, dass eine Auftragsvergabe an den Antragsteller von vornherein – auch nach unterstellter Behebung des gerügten Vergaberechtsverstoßes – aussichtslos ist, fehlt es gem. § 160 Abs. 2 S. 2 auf jeden Fall an der Antragsbefugnis. Vgl. OLG Düsseldorf NZBau 2018, 377 Rn. 13; OLG Schleswig NZBau 2019, 474 Rn. 60.
[130] Vgl. LSG NRW NZBau 2010, 458 (462); Immenga/Mestmäcker/*Dreher* Rn. 39; Loewenheim/Meessen/Riesenkampff/*Heuvels*, 2. Aufl. 2009, § 107 Rn. 23; *Prieß* VergabeR-HdB 361; Ziekow/Völlink/*Dicks* Rn. 22; vgl. auch BGH NZBau 2006, 800 Rn. 32; aA OLG Saarbrücken BeckRS 2016, 12834 = VergabeR 2016, 657 (661).
[131] Vgl. BayObLG BayObLGZ 2004, 189 = VergabeR 2004, 736 (739); OLG Düsseldorf BeckRS 2004, 12149 = VergabeR 2004, 657 (659 f.); OLG Koblenz NZBau 2004, 571 (572); OLG Naumburg ZfBR 2004, 509 = VergabeR 2004, 387 (392).

bb) Rüge eines weiteren, vom angegriffenen Ausschluss des Angebots des Antragstel- 38
lers unabhängigen Vergaberechtsverstoßes. Wenn der vom Auftraggeber für einen Angebotsausschluss angegebene Grund (zB verspätete Einreichung des Angebots) und damit auch der Ausschluss selbst von den Nachprüfungsinstanzen bestätigt werden, der Antragsteller mit dem Nachprüfungsantrag aber noch einen ganz anderen Vergaberechtsverstoß (zB einen den konkurrierenden Bieter betreffenden Verstoß gegen § 16 VgV aF, s. jetzt § 6 VgV nF) rügt, fehlt hierfür die Antragsbefugnis, weil der Antragsteller schon wegen des sein Angebot betreffenden Ausschlussgrundes keine Chancen auf den Zuschlag hat.[132] Das gilt jedoch nur dann, wenn die Rüge dieses weiteren Vergaberechtsverstoßes nicht zu einer Aufhebung des laufenden Vergabeverfahrens führen kann (→ Rn. 47).

cc) Relevanz eines weiteren, vom Auftraggeber zunächst nicht geltend gemachten 39
Ausschlussgrundes zulasten des Antragstellers. Wenn während eines Nachprüfungsverfahrens über denjenigen (eventuell zweifelhaften) Ablehnungsgrund, den der Auftraggeber dem Ausschluss des Bewerbers/Bieters oder seines Angebots aus dem Vergabeverfahren zugrunde gelegt hat, der Auftraggeber selbst oder die Nachprüfungsinstanzen bei ihrer Untersuchung (zB in den Bewerbungs- oder Angebotsunterlagen) einen anderen, durchgreifenden Ausschlussgrund gegen den Antragsteller entdecken, stellt sich in dieser nicht ganz seltenen Fallsituation (ua) die Frage, welche Bedeutung der andere Ausschlussgrund für die Antragsbefugnis hat. Dass dieser Ausschlussgrund in das laufende Nachprüfungsverfahren eingeführt und überhaupt bei der Beurteilung des Nachprüfungsantrags – eventuell streitentscheidend – berücksichtigt werden darf, hat der EuGH in Auslegung der Rechtsmittelrichtlinie geklärt.[133] Dieses Ergebnis gilt mit Blick auf die auch den öffentlichen Auftraggeber schützenden Beschleunigungs- und Effizienzziele der RL 89/665/EWG[134] in richtlinienkonformer Auslegung auch für das deutsche Nachprüfungsrecht der §§ 155, 160. Der EuGH verlangt aber, dass dem Bewerber/Bieter – wie sich unter dem Aspekt der Gewährung rechtlichen Gehörs von selbst versteht – das Recht zustehen muss, die Stichhaltigkeit des neu aufgekommenen Ausschlussgrunds anzuzweifeln, und dass ihm dafür „das Nachprüfungsverfahren zur Verfügung stehen muss".[135] Das bedeutet nach den deutschen prozessualen Kategorien, dass die Prüfung dieses nachträglich entdeckten Ausschlussgrunds im laufenden Nachprüfungsverfahren nicht mehr dem Stadium der Zulässigkeit (denn das Nachprüfungsverfahren muss „zur Verfügung stehen"), sondern demjenigen der Begründetheit zugehört.[136] Der Antragsteller braucht also in einem solchen Fall zur Antragsbefugnis nichts weiter darzulegen; fest steht aber, dass der Nachprüfungsantrag wegen des anderweitigen durchgreifenden Ausschlussgrunds erfolglos bleibt (aber → Rn. 47).

dd) Abgabe eines Angebots seitens des Antragstellers trotz vorher gerügter vergabe- 40
rechtswidriger Anforderungen in den Vergabeunterlagen. Hat der Antragsteller trotz seiner Rüge, die Leistungsbeschreibung oder sonstige Vergabeunterlagen enthielten unzulässige, vergaberechtswidrige Anforderungen, zuvor im Vergabeverfahren ein Angebot gemäß allen, auch den gerügten Anforderungen abgegeben, schließt das seine Antragsbefugnis nicht von vornherein aus. Er muss aber zumindest ansatzweise plausibel darlegen, dass er ohne die beanstandeten Anforderungen ein teilweise anderes, tendenziell chancenreicheres Angebot abgegeben hätte, weil sonst für die Nachprüfungsinstanzen unklar bleibt, inwiefern die gerügten Vergabebedingungen den Antragsteller wirklich beeinträchtigt haben. Die Anforderungen an dieses „plausible Darlegen" hängen von den Umständen des Einzelfalls ab, können aber grundsätzlich nur gering sein.[137] Die frühere OLG-Rechtsprechung, dass der Antragsteller in einem solchen Fall die Auswirkungen jeder einzelnen gerügten Vergabebedingung auf seine Angebotskalkulation in rechnerisch nachvollziehbaren Schritten aufzeigen müsse,[138] ist seit dem zitierten BVerfG-Beschluss vom 29.7.2004 obsolet.

ee) Beanstandung der nur nationalen statt der gebotenen europaweiten Ausschrei- 41
bung. Zur Antragsbefugnis für einen Nachprüfungsantrag, mit dem beanstandet wird, dass das Vergabeverfahren nur mit einer nationalen anstatt mit der gebotenen europaweiten Ausschreibung eingeleitet worden ist, verlangt die OLG- Rechtsprechung von einem **Antragsteller**, der sich **an** diesem **Vergabeverfahren nicht beteiligt** hat, weil er – wie er darlegt – nur Publikationsorgane

---

[132] Vgl. OLG Frankfurt a. M. NZBau 2004, 567 (569 ff.); OLG Dresden NZBau 2004, 574 (575).
[133] EuGH Slg. 2003, I-6319 = NZBau 2003, 509 – Hackermüller.
[134] Vgl. EuGH Slg. 2004, I-1829 Rn. 37 = NZBau 2004, 221 – Grossmann Air Service.
[135] EuGH Slg. 2003, I-6319 Rn. 26–29 = NZBau 2003, 509 – Hackermüller.
[136] So handhabt es auch der BGH NZBau 2004, 457 (458); ebenso OLG München BeckRS 2009, 86656 = VergabeR 2010, 677 (681 u. 682 f.); vgl. auch OLG Düsseldorf VergabeR 2005, 207 (208): „Entweder ist der Antrag unzulässig oder (jedenfalls) unbegründet".
[137] Vgl. BVerfG NZBau 2004, 564.
[138] OLG Frankfurt a. M. IBRRS 2003, 2206 = VergabeR 2003, 725 (728).

für europaweite Ausschreibungen konsultiere und diese nationale Ausschreibung nicht rechtzeitig bemerkt habe, zT darüber hinaus gem. § 160 Abs. 2 S. 2 noch die Darlegung, dass ihm ein Schaden gerade durch das Unterlassen der europaweiten Ausschreibung entstanden sei (oder zu entstehen drohe) und seine Chancen auf Erteilung des Zuschlags gerade dadurch beeinträchtigt worden seien.[139] Diese Anforderungen sind überzogen. Bei einer solchen Sachlage hat der Antragsteller einen plausiblen Geschehensablauf dafür dargelegt, dass der Vergaberechtsverstoß eine rechtzeitige Erlangung der Kenntnis von der Ausschreibung verhindert, ihn (Antragsteller) dadurch von einer Angebotseinreichung und folglich von jeglicher Chance auf Zuschlagserteilung abgehalten hat. Damit ist eine durch den Vergaberechtsverstoß verursachte Schadensentstehung hinreichend dargelegt.[140] Es bedarf nicht außerdem der Darlegung von Fakten oder Indizien, dass der Antragsteller zur Zeit der nationalen Ausschreibung nach einer europaweiten Ausschreibung recherchiert hat und auf eine solche tatsächlich mit einem Angebot reagiert hätte.[141] Der Antragsteller braucht insoweit für seine Antragsbefugnis auch nicht substantiiert darzulegen, dass er entweder selbst oder in Zusammenarbeit mit bestimmten anderen (konkret anzugebenden) Unternehmen fähig ist, die ausgeschriebenen Leistungen zu erbringen und die verlangten Referenzen vorzulegen.[142] Wenn der Antragsteller die nur nationale Ausschreibung trotz ihrer fehlerhaften Bekanntmachung rechtzeitig zur Kenntnis genommen, sich aber am Vergabeverfahren in keiner Weise beteiligt hat und hierfür auch keinen plausiblen Grund mit Blick gerade auf den Bekanntmachungsfehler vorträgt (zB → Rn. 42), ist ihm die Antragsbefugnis für die Rüge der Unterlassung der gebotenen europaweiten Ausschreibung abzuerkennen.[143]

42 Wenn aber eine Rüge lediglich darin besteht, dass eine Ausschreibung fälschlicherweise nicht europaweit im EU-Amtsblatt, sondern nur im Bundesausschreibungsblatt oder in einem anerkannten Veröffentlichungsorgan des betreffenden Bundeslandes veröffentlicht worden ist, fehlt demjenigen **Antragsteller,** der diese Ausschreibung gelesen und sich sodann **am Vergabeverfahren beteiligt** hat, die Antragsbefugnis, es sei denn, dass er besondere Umstände dafür darlegt, dass die falsche Veröffentlichungsform seine Angebotsmöglichkeiten oder seine Angebotsgestaltung beeinträchtigt und/oder seine Aussichten auf die Zuschlagserteilung verschlechtert hat.[144] Mögen solche Umstände, wenn der Auftraggeber iÜ die Vergabevorschriften eingehalten hat, auch eher selten sein, so sind dennoch an ihre Darlegung keine hohen Anforderungen zu stellen (→ Rn. 35). Ein Ausnahmefall eines durch die (nur) nationale Ausschreibung verursachten drohenden Schadens ist zB dann anzuerkennen, wenn der Antragsteller konkret plausibel darlegt, dass er im Falle einer von vornherein EU-weiten Ausschreibung wegen der erfahrungsgemäß zu erwartenden größeren Bieterzahl und des dementsprechend schärferen oder zumindest schwerer einzuschätzenden Wettbewerbs seine Angebotspreise niedriger kalkuliert hätte.[145]

43 **ff) Beanstandung des vom Auftraggeber vergaberechtswidrig gewählten Verhandlungsverfahrens trotz Teilnahme des Antragstellers und Angebotsabgabe.** Wurde das vom Auftraggeber als Vergabeverfahrensart gewählte Verhandlungsverfahren – statt des (vor dem VergRModG zwar vorrangig vor dem nicht offenen Verfahren) gebotenen offenen Verfahrens – als vergaberechtswidrig gerügt, hatte aber der Antragsteller am Verhandlungsverfahren teilgenommen, war nach Teilnahmewettbewerb zugelassen worden und hatte auch ein Angebot abgegeben, musste er nach überwiegender OLG- Rechtsprechung (bis 2009) für seine Antragsbefugnis darlegen, dass und inwieweit er im Falle eines offenen Verfahrens ein anderes, chancenreicheres Angebot (als sein bisheriges Angebot) abgegeben haben würde.[146] Hohe inhaltliche Anforderungen durften an diese Darlegungen freilich nicht gestellt werden. Der BGH[147] hat Ende 2009 gegenteilig entschieden und

---

[139] OLG Karlsruhe VergabeR 2010, 685 (690) mwN; OLG Saarbrücken NZBau 2014, 241 (243 f.).
[140] Vgl. OLG Düsseldorf NZBau 2014, 374 = VergabeR 2014, 401 (403), zu einer anderen Fallkonstellation einer durch den strittigen Vergaberechtsverstoß verhinderten Angebotsabgabe.
[141] So aber OLG Karlsruhe VergabeR 2010, 685 (690).
[142] So aber OLG Saarbrücken NZBau 2014, 241 (244) mablAnm *Ortner* VergabeR 2014, 490.
[143] OLG Düsseldorf NZBau 2020, 184 Rn. 34 = VergabeR 2020, 197 mkritAnm *Nemec* VergabeR 2020, 197 (205).
[144] OLG Düsseldorf Beschl. v. 22.11.1999 – Verg 2/99; OLG Frankfurt a. M. ZfBR 2016, 79 = VergabeR 2015, 800 (805); OLG Koblenz ZfBR 2009, 292 = VergabeR 2009, 682 (685) mzustAnm *Gulich* VergabeR 2009, 686; iErg ebenso: OLG Jena BeckRS 2010, 22219 = VergabeR 2011, 96 (99) (hier abgehandelt in Verbindung mit der Begründetheit des Nachprüfungsantrags; tw. aA (gegen das Erfordernis, für die Antragsbefugnis die oben im Text angesprochenen „besonderen Umstände" darzulegen): Ziekow/Völlink/*Dicks* Rn. 27 (s. aber auch Fn. 95 ebenda).
[145] OLG München BeckRS 2016, 11378 = VergabeR 2016, 775 (780 re. Sp.) mzustAnm *Hübner*.
[146] OLG Düsseldorf NZBau 2002, 634 (durch die Rspr. des BVerfG NZBau 2004, 564, nicht überholt); vgl. auch *Prieß* VergabeR-HdB 361 mwN.
[147] BGH NZBau 2010, 124 (126 f.) – Endoskopiesysteme, auf Vorlage des OLG Celle NZBau 2010, 68.

bejaht in einem solchen Fall die Antragsbefugnis uneingeschränkt. Deren Voraussetzung, dass die Zuschlagschancen durch den Vergaberechtsfehler beeinträchtigt worden sein können, sieht der BGH schon mit der Erwägung als erfüllt an, dass der Bieter im (vorschriftswidrig gewählten) Verhandlungsverfahren der ansonsten nicht gegebenen Gefahr ausgesetzt ist, im Rahmen von Nachverhandlungen von einem Mitbewerber unterboten zu werden.[148] Dieses **wettbewerbsfremde Argument** und das daraus abgeleitete Ergebnis überzeugen nicht, wie folgende weitere Überlegungen zeigen: Dem BGH genügt allein schon seine (vorstehende) abstrakte Erwägung. Für die Antragsbefugnis ist es also nach Ansicht des BGH nicht erforderlich, dass das Angebot des Antragstellers bei Beginn des Verhandlungsverfahrens preislich vorn lag oder sich (nur zB) unter den drei preisgünstigsten Angeboten befand und erst danach von einem Mitbewerber unterboten wurde. Es ist nicht einmal erforderlich, dass das Angebot des Antragstellers formell fehlerfrei, vollständig und damit überhaupt wertbar war. Denn nach Ansicht des BGH darf ein Vergabeverfahren in Form eines zu Unrecht gewählten Verhandlungsverfahrens, das ein Bieter mit einem Nachprüfungsantrag beanstandet, nicht durch Zuschlag beendet werden.[149] Dieses weitere Hauptargument des BGH läuft auf eine petitio principii hinaus: Mangels Zulässigkeit einer Popularklage im Bereich der Vergabenachprüfung und mangels einer Befugnis der Vergabekammern, ohne Nachprüfungsantrag von Amts wegen in ein fehlerhaftes Vergabeverfahren einzugreifen und eine Zuschlagserteilung zu verhindern, bedarf es eines zulässigen Nachprüfungsantrags, damit die Vergabekammer dem Auftraggeber die Fortsetzung und Beendigung eines in der Verfahrensart fehlerhaften Vergabeverfahrens durch Zuschlag untersagen kann. Der BGH verwendet jedoch dieses nur mit einem zulässigen Nachprüfungsantrag erreichbare Ergebnis als Begründungselement für die Zulässigkeit des Nachprüfungsantrags. Das nicht überzeugende Rechtsprechungsergebnis des BGH kann auch nicht dadurch argumentativ gerechtfertigt werden, dass die Auftraggeber und die Vergabeverfahrensart „Verhandlungsverfahren" unter den Generalverdacht gestellt werden, das Verhandlungsverfahren berge „die grundsätzliche Gefahr der Manipulation und Ungleichbehandlung (der Bieter) in sich".[150] Diese Argumentation wird man auch deshalb als unpassend ansehen können, weil der EU-Gesetzgeber und auch der deutsche Gesetzgeber gerade erst die Möglichkeiten zur Anwendung des Verhandlungsverfahrens für den Auftraggeber erweitert (vgl. Art. 26 Abs. 4 lit. a RL 2014/24/EU, § 113 S. 2 Nr. 2 iVm § 14 Abs. 3 Nr. 1–3 VgV) und damit Vertrauen in die loyale Anwendung dieser Verfahrensart gezeigt haben. Wenn in einem Verhandlungsverfahren der konkrete ernstliche Verdacht auf Manipulation und/oder Ungleichbehandlung der Bieter entsteht, können und müssen diese speziellen Missbräuche des Verhandlungsverfahrens zum Gegenstand der Nachprüfung gemacht werden. Für den öffentlichen Auftraggeber läuft das Rechtsprechungsergebnis des BGH im Einzelfall auf eine Aufhebung des Vergabeverfahrens und in der Regel auf eine Neuausschreibung (im offenen oder im nicht offenen Verfahren, s. § 14 Abs. 2 S. 1 VgV) hinaus, selbst dann also, wenn das zuvor im Verhandlungsverfahren vom Antragsteller abgegebene Angebot nach kaufmännischer und betrieblicher Erfahrung nicht erwarten lässt, dass er im zweiten Verfahren nunmehr ein chancenreiches Angebot einreichen wird. Mit dem Normzweck des § 160 Abs. 2 (→ Rn. 2) lässt sich das alles, insbesondere das dem Wettbewerbsgrundsatz des § 97 Abs. 1 zuwiderlaufende erstgenannte Hauptargument des BGH,[151] kaum vereinbaren. Die Praxis richtet sich freilich nach dieser BGH-Entscheidung wegen ihrer herausgehobenen Bedeutung (§ 179 Abs. 2).[152]

gg) Unterlassen eines Angebots oder eines Teilnahmeantrags infolge des gerügten Vergaberechtsverstoßes. Hat der Antragsteller im Vergabeverfahren infolge des oder der gerügten Vergaberechtsverstöße ein Angebot oder einen Teilnahmeantrag überhaupt nicht eingereicht

---

[148] BGH NZBau 2010, 124 Rn. 33 – Endoskopiesysteme.
[149] BGH NZBau 2010, 124 Rn. 31 – Endoskopiesysteme.
[150] So aber OLG Düsseldorf NZBau 2016, 653 = VergabeR 2016, 762 (765).
[151] BGH NZBau 2010, 124 Rn. 33: Die für die Antragszulässigkeit erforderliche Beeinträchtigung der Zuschlagschancen des Antragstellers durch die vergaberechtswidrig gewählte Verfahrensart des Verhandlungsverfahrens wird durch die Gefahr verursacht, in den Verhandlungsrunden von einem Mitbewerber unterboten zu werden (s. oben im Text).
[152] Vgl. OLG Brandenburg BeckRS 2011, 23533 = VergabeR 2012, 110 (114); OLG Düsseldorf NZBau 2016, 653 = VergabeR 2016, 762 (764 f.); OLG Celle NZBau 2014, 784 (785) (zu einem ohne Teilnahmewettbewerb vergaberechtswidrig gewählten Verhandlungsverfahren, in dem der zugelassene Antragsteller von vornherein ein ungünstigeres Angebot einreichte als der danach für den Zuschlag vorgesehene Beigeladene, sodass die vom BGH beschworene Gefahr überhaupt nicht eintreten konnte); das überwiegende Schrifttum folgt ebenfalls dem BGH: Byok/Jaeger/*Byok* Rn. 53; Immenga/Mestmäcker/*Dreher* Rn. 37; Reidt/Stickler/ Glahs/*Reidt* Rn. 35; *Schäfer* in RKPP GWB Rn. 72; Ziekow/Völlink/*Dicks* Rn. 28; *Neun* in Gabriel/ Krohn/Neun VergabeR-HdB § 39 Rn. 59; Argumente und Ergebnis des BGH anzweifelnd jedoch *Greb* VergabeR 2010, 217 (218).

(→ Rn. 17 f.), reicht es für § 160 Abs. 2 S. 2 aus, dass die gerügten Vergaberechtsverstöße von ihrer Art her geeignet sind, die Leistungs- und Angebotsmöglichkeiten der Bieter/Bewerber einzuschränken oder sonst negativ zu beeinflussen. Daraus ergibt sich schon hinreichend, dass sich die Chancen auf Erteilung des Zuschlags ohne die Rechtsverstöße – eventuell in einem neu auszuschreibenden Vergabeverfahren – nur verbessern können.[153]

45   **hh) Nachprüfungsangriffe mit Platzierungsproblemen.** Nicht einheitlich und sehr von den Einzelfallumständen abhängig sind Fälle mit Platzierungsfragen zu beurteilen. Der Ansicht, dass hintere Rangplätze von Bietern (beim Stand des Angebotswettbewerbs vor der Nachprüfung) für deren Antragsbefugnis immer unerheblich seien,[154] kann nicht zugestimmt werden. Es ist zu differenzieren: Wenn der Antragsteller nicht die Wertung des eigenen Angebots, sondern nur die Wertbarkeit (wegen behaupteter Ausschlussgründe) oder die von der Vergabestelle durchgeführte Wertung eines oder mehrerer vor ihm rangierender konkurrierender Angebote angreift, bei unterstelltem Erfolg des Nachprüfungsantrags aber immer noch eine nicht unerhebliche Zahl von besser eingestuften, nicht (oder jedenfalls nicht mit konkreten Einwänden) angegriffenen Angeboten anderer Bieter übrig bleibt, fehlt dem Antragsteller wegen Aussichtslosigkeit seines Angebots die Antragsbefugnis.[155] Es hängt von den Umständen des Einzelfalls ab, wie hoch die Zahl der vom Antragsteller nicht beanstandeten und daher im Angebotswettbewerb voraussichtlich verbleibenden konkurrierenden Angebote sein muss, damit unter Berücksichtigung von Erfahrungen im Umfeld des Vergabewettbewerbs mit hinreichender Sicherheit festgestellt werden kann, dass das Angebot des Antragstellers chancenlos bleibt. Es gibt strenge Nachprüfungsinstanzen und Stimmen im Schrifttum, die die Antragsbefugnis in solchen Fällen davon abhängig machen, dass der Antragsteller die Wertbarkeit (überhaupt) oder die vom Auftraggeber durchgeführte Wertung aller vor ihm in der Rangliste platzierten Bieter mit konkreten Einwänden angreift, sodass es zB für die Antragsbefugnis eines drittplatzierten Antragstellers nicht schon ausreicht, wenn er die Wertung nur des erstplatzierten Angebots als vergaberechtswidrig rügt; vielmehr muss sich der Nachprüfungsantrag mit einer konkreten vergaberechtlichen Beanstandung auch gegen die Wertbarkeit oder Wertung des Angebots des zweitplatzierten Bieters richten.[156] Diese Auffassung wird man, wenn der Auftraggeber im Nachprüfungsverfahren keinen Zweifel daran lässt, dass er bei einem Wegfall des erstplatzierten Bieters iÜ an seiner Rangliste festhält und dem zweitplatzierten Bieter den Zuschlag erteilen wird, nicht als unvertretbar ablehnen können.[157] Vorzugswürdig ist es jedoch, mit Blick auf die immer bestehende Unsicherheit, ob nicht doch ein Bieter wegen unvorhergesehener Ereignisse (zB Insolvenz) während des Verfahrens ausfällt, die Antragsbefugnis zumindest des drittplatzierten Antragstellers, auch wenn er nur die Wertung des erstplatzierten Angebots angreift, zu bejahen.[158] Wenn der Antragsteller dagegen die Wertung des eigenen Angebots als fehlerhaft rügt oder die Vergabeunterlagen als unvollständig oder sonst fehlerhaft mit der Konsequenz beanstandet, dass die Vergabestelle bei einem Erfolg des Nachprüfungsantrags zumindest die Angebotswertung vollständig wiederholen muss, so ist die sich dann ergebende Wertungsrangfolge völlig offen. Der Antragsteller braucht hierzu keine Prognose

---

[153] OLG Düsseldorf VergabeR 2018, 698 (702); OLG Düsseldorf NZBau 2003, 173 (174); OLG Düsseldorf NZBau 2004, 688; OLG Karlsruhe NZBau 2011, 567 (569); vgl. auch BVerfG NZBau 2004, 564 (566); vgl. ferner Ziekow/Völlink/*Dicks* Rn. 29 (unter den og Voraussetzungen ist die Antragsbefugnis unzweifelhaft).

[154] Byok/Jaeger/*Byok* Rn. 62; Immenga/Mestmäcker/*Dreher* Rn. 39 aE und Fn. 123, 124; vgl. auch *Neun* in Gabriel/Krohn/Neun VergabeR-HdB § 39 Rn. 58 (der Umstand, dass der nach der Angebotswertung im Rang abgeschlagene Antragsteller auch bei einem Erfolg seiner die Angebotsbewertung des Erstplatzierten betreffenden Rüge nicht zum Zuge kommen wird, weil andere, besser platzierte Bieter nachrücken werden, könne sich erst bei der Prüfung der Begründetheit des Nachprüfungsantrags, nicht aber gem. § 160 Abs. 2 S. 2 zulasten des Antragstellers auswirken).

[155] Vgl. OLG Brandenburg VergabeR 2003, 242 (244); OLG Koblenz BeckRS 2001, 31155401 = VergabeR 2001, 445 (449); OLG München ZfBR 2010, 606 = VergabeR 2010, 992 (1000); VK Nordbayern forum vergabe MonatsInfo 8-9/2015, 314; *Eiermann* NZBau 2016, 13 (19); Loewenheim/Meessen/Riesenkampff/*Heuvels*, 2. Aufl. 2009, § 107 Rn. 17; *Schäfer* in RKPP GWB Rn. 75; Ziekow/Völlink/*Dicks* Rn. 34; *Prieß* VergabeR-HdB 361 mwN.

[156] OLG Brandenburg BeckRS 2010, 03986 = VergabeR 2010, 510 (Ls. 1 und 519); OLG Saarbrücken BeckRS 2016, 012834 = VergabeR 2016, 786 (790); iErg ebenso (Erfordernis konkreter Einwände gegen alle in der Rangfolge dem Antragsteller vorgehenden Angebote): OLG München ZfBR 2010, 606 = VergabeR 2010, 992 (1000); VK Nordbayern forum vergabe MonatsInfo 8-9/15, 314; *Eiermann* NZBau 2016, 13 (19); *Schäfer* in RKPP GWB Rn. 75; BeckOGK/*Bulla* BGB § 631 Rn. 1626.3.

[157] So aber *Ortner* VergabeR 2010, 521 unter Hinweis auf BVerfG NZBau 2004, 564.

[158] Ebenso: OLG Karlsruhe BeckRS 2014, 14223 = VergabeR 2014, 598 (604); Loewenheim/Meessen/Riesenkampff/*Heuvels*, 2. Aufl. 2009, § 107 Rn. 17; iErg ebenso: Ziekow/Völlink/*Dicks* Rn. 34; vgl. auch OLG München BeckRS 2012, 23578 = VergabeR 2013, 508 (510).

darzulegen, vielmehr ist seine Antragsbefugnis zu bejahen, ohne dass es auf die bisherige Wertungsrangfolge noch ankommt,[159] selbst wenn er bislang auf dem letzten Platz rangiert haben sollte.

ii) Beanstandung einer fehlerhaften Dokumentation des Vergabeverfahrens. Gemäß 46 § 97 Abs. 1 (Transparenzgrundsatz) und gem. § 8 VgV, § 8 SektVO, § 43 VSVgV sowie § 6 KonzVgV hat der Auftraggeber im sog. Vergabevermerk das Vergabeverfahren von Beginn an fortlaufend zu dokumentieren, um die einzelnen Stufen des Verfahrens, die einzelnen Maßnahmen sowie die Begründung der einzelnen Entscheidungen festzuhalten. Diese Pflicht zur ordnungsgemäßen Dokumentation ist – auch mit Blick auf den den Bietern zu gewährleistenden Primärrechtsschutz – bieterschützend.[160] Dennoch kann ein Antragsteller seinen Nachprüfungsantrag nicht allein auf eine unvollständige, unzutreffende oder sonst unzureichende Dokumentation des Vergabeverfahrens stützen, weil der Dokumentationsfehler für sich allein seine Zuschlagschancen im Vergabeverfahren nicht verschlechtert haben kann. Vielmehr muss der Antragsteller die beanstandete Dokumentation in ihrer Fehlerhaftigkeit auf einen oder mehrere weitere gerügte Vergaberechtsverstöße – zB in Gestalt bestimmter Entscheidungen oder der Angebotswertung des Auftraggebers – beziehen, die geeignet sind, die Zuschlagschancen zu beeinträchtigen, und muss ggf. beanstanden, dass diese im Vergabevermerk nicht hinreichend verständlich oder sonst unzureichend wiedergegeben sind.[161] Ohne eine solche Bezugnahme ist die Antragsbefugnis gem. § 160 Abs. 2 S. 2 zu verneinen.

jj) Antragsziel nach Ausschluss des eigenen Angebots: Erlangung einer zweiten 47 **Chance für ein ordnungsgemäßes Angebot in einem neuen Vergabeverfahren.** Wenn ein Bieter, dessen Angebot wegen eines Ausschlussgrundes im laufenden Vergabeverfahren keine Zuschlagschancen hat, die Nichtbeachtung von Vergabevorschriften in einer Weise darlegt, dass danach als vergaberechtsgemäße Maßnahme die **Aufhebung des Vergabeverfahrens** in Betracht kommt, weil alle anderen Angebote unvollständig oder sonst fehlerhaft sind (und deshalb ebenfalls ausgeschlossen werden müssen), ist er für einen dementsprechenden Nachprüfungsantrag antragsbefugt. In einem solchen Fall ist die Rechtfertigung für die Antragsbefugnis, die iÜ im Gleichbehandlungsgrundsatz liegt, darin zu sehen, dass die für das Rechtsschutzbedürfnis notwendige Verbesserung der Zuschlagschancen auch in einem sich anschließenden neuen Vergabeverfahren eintreten kann, wenn das laufende Vergabeverfahren insgesamt mit dem Ziel der Aufhebung beanstandet wird.[162]

kk) Nachprüfungsantrag gegen die vom Auftraggeber beschlossene Aufhebung des 48 **Vergabeverfahrens.** Dem Antragsteller, der sich mit einem Angebot am Vergabeverfahren beteiligt hatte, dessen – mit dem Nachprüfungsantrag angefochtene – Aufhebung der Auftraggeber danach beschlossen hat, droht dadurch in der Regel schon deshalb ein Schaden iSd § 160 Abs. 2 S. 2, weil sein eingereichtes Angebot jeglicher Zuschlagschancen beraubt wird. Bei einer solchen Sachlage kann daher die Antragsbefugnis gem. § 160 Abs. 2 S. 2 nur dann abgelehnt werden, wenn bei unterstellter Fortführung des ursprünglichen Vergabeverfahrens – also bei einer im Sinne des Nachprüfungsantrags vergaberechtskonformen Handlungsweise des Auftraggebers – ein Zuschlag auf das Angebot des Antragstellers mit Sicherheit ausgeschlossen werden kann.[163]

ll) Beanstandung einer De-facto-Vergabe. Beim Nachprüfungsantrag gegen eine De-facto- 49 Vergabe (s. § 135 Abs. 1 Nr. 2) sind über die Darlegung eines Interesses am Auftrag oder an der Konzession (→ Rn. 20) hinaus keine besonderen Darlegungen iSd § 160 Abs. 2 S. 2 vonnöten, weil der Hinweis genügt, dass dem Antragsteller durch die Missachtung jeglicher Vergabevorschriften

---

[159] Vgl. OLG Düsseldorf BeckRS 2004, 12149 = VergabeR 2004, 657 (660); OLG Karlsruhe NZBau 2016, 449 = VergabeR 2016, 647 (654); OLG München BeckRS 2013, 22620 = VergabeR 2014, 456 (459 f.); OLG München ZfBR 2010, 606 = VergabeR 2010, 992 (1000); *Prieß* VergabeR-HdB 361 mwN.
[160] OLG Düsseldorf NZBau 2011, 765 = VergabeR 2012, 85 (89).
[161] OLG Düsseldorf NZBau 2011, 765 = VergabeR 2012, 85 (89); iErg ebenso: OLG Karlsruhe NZBau 2019, 200 Rn. 32 (ein Dokumentationsmangel kann zulässigerweise – § 160 Abs. 2 S. 2 – nur gerügt werden, wenn der Antragsteller zusätzlich [plausibel] vorträgt, dass sich dieser Mangel auf seine Rechtsstellung als Bieter im Vergabeverfahren negativ auswirken oder ausgewirkt haben kann).
[162] Vgl. EuGH NZBau 2013, 589 Rn. 32 f. – Fastweb; EuGH NZBau 2016, 378 Rn. 23–29 – PFE/Airgest; EuGH NZBau 2019, 734 Rn. 25 und 27 – Lombardi; BGH NZBau 2006, 800 Rn. 31 f.; OLG Brandenburg VergabeR 2017, 482 (484); OLG Rostock NZBau 2020, 120 Rn. 29; vgl. auch OLG Karlsruhe BeckRS 2014, 14223 = VergabeR 2014, 598 (604). Dem widerspricht nicht OLG Koblenz BeckRS 2016, 07917 = VergabeR 2016, 492 (494); denn die dortige Erwägung, die Eröffnung einer „zweiten Chance" komme nur in Betracht, wenn aufgrund der Sach- und Rechtslage am Schluss der mündlichen Verhandlung es nicht nur möglich sei, sondern feststehe, dass ein vergaberechtskonformer Zuschlag im laufenden Vergabeverfahren unmöglich sei, gilt nach dem Kontext der (Un-)Begründetheit, nicht der Zulässigkeit des Nachprüfungsantrags.
[163] OLG München BeckRS 2011, 00890 = VergabeR 2011, 525 (528).

bisher die Möglichkeiten genommen worden sind, im Wettbewerb ein aussagekräftiges und detailliertes Angebot zur Erbringung der (noch) auszuschreibenden Leistungen abzugeben.[164] Das gilt auch dann, wenn der Auftraggeber freihändig – ua vom Antragsteller – Angebote hereingeholt und dasjenige des Antragstellers als zu ungünstig abgelehnt hatte. Dass der Antragsteller mit jenem Angebot auch bei Durchführung eines förmlichen Vergabeverfahrens nicht zum Zuge gekommen wäre, kann ihm nicht entgegengehalten werden, weil es für die Anwendung des § 160 Abs. 2 S. 2 nur auf die Chancen eines auf einer vergaberechtskonformen Art der Ausschreibung beruhenden Angebots ankommt.[165] Daher ist es bei einem Nachprüfungsantrag gegen eine De-facto-Vergabe auch nicht erforderlich, dass der Antragsteller zur Darlegung eines „drohenden Schadens" schon konkret vorträgt, welches Angebot er bei regulärem Vergabeverfahren abgegeben hätte.[166] Da aber die Zulässigkeitsvoraussetzungen des § 160 Abs. 2 auch bei einer rechtswidrigen De-facto-Vergabe bezwecken, eine Popularklage zu verhindern, muss der Antragsteller zu seiner Antragsbefugnis darlegen, dass er der betreffenden gewerblichen Branche schon angehört und zur Ausführung des umstrittenen öffentlichen Auftrags generell leistungsfähig ist, oder muss zumindest plausibel darlegen, dass er im Falle einer vergaberechtsgemäßen Ausschreibung in der Lage ist, sich die zur Auftragsausführung benötigten Betriebsmittel und Personalkräfte noch zu verschaffen.[167]

IV. Rügeobliegenheit (Abs. 3)

50   **1. Allgemeines.** Als Zulässigkeitsschranke für Nachprüfungsanträge steht die Rügeobliegenheit gem. § 160 Abs. 3 in ihrer Bedeutung für die Rechtspraxis nicht hinter der Antragsbefugnis (Abs. 2) zurück, vielmehr dürfte sie die Antragsbefugnis in ihrer Schrankenfunktion sogar übertreffen. Als Beschränkung des nach der RL 89/665/EWG gebotenen Vergaberechtsschutzes muss die Rügeobliegenheit in der RL 89/665/EWG eine zur Rechtfertigung ausreichende Grundlage haben. Die einzige in Betracht kommende **Grundlage**, an der sie in ihrer Ausgestaltung in § 160 Abs. 3 S. 1 Nr. 1–3 zu messen ist, ist **Art. 1 Abs. 4 RL 89/665/EWG**. Nach dieser optionalen Bestimmung können die Mitgliedstaaten „verlangen, dass die Person, die ein Nachprüfungsverfahren anzustrengen beabsichtigt, den öffentlichen Auftraggeber über den behaupteten Verstoß und die beabsichtigte Nachprüfung unterrichtet", wobei die Mitgliedstaaten die sog. Stillhaltefrist nach Art. 2a Abs. 2 RL 89/665/EWG und andere Fristen für die Beantragung einer Nachprüfung nach Art. 2c RL 89/665/EWG unberührt lassen müssen. Der RegE der BReg zum VgRÄG 1998 rechtfertigte die in ihm enthaltene, im Kern dem jetzigen § 160 Abs. 3 S. 1 Nr. 1 entsprechende Vorschrift einer Rügeobliegenheit damit, es sei eine Präklusionsregel unter dem Gesichtspunkt von Treu und Glauben zur Vermeidung unnötiger (Nachprüfungs-)Verfahren.[168] Diese am Grundsatz von Treu und Glauben orientierte Ausgestaltung (und zugleich Beschränkung) der Rügeobliegenheit war ersichtlich von dem Bestreben begleitet, effektiven Bieterrechtsschutz und Auftraggeberinteressen in ein ausgewogenes Verhältnis zueinander zu setzen.[169] Ob diese Ausgewogenheit auch allen jetzigen Einzelregelungen der Rügeobliegenheit (§ 160 Abs. 3 S. 1 Nr. 1–3) attestiert werden kann (zu den unterschiedlichen Zweckgedanken dieser Einzelregelungen → Rn. 3–5), wird zu prüfen sein. Auffällig ist jedenfalls anhand der veröffentlichten Entscheidungen der Nachprüfungsinstanzen und auch statistisch erkennbar,[170] dass viele Nachprüfungsanträge wegen Nichterfüllung der Rügeobliegenheit scheitern. Demgegenüber gilt es hervorzuheben, dass die **Präklusionsvorschriften** des § 160 **Abs. 3 S. 1** gemäß ihrem Wortlaut streng, dh **eng** (restriktiv) **auszulegen** sind, damit der durch Unionsrecht garantierte Primärrechtsschutz nicht mehr als durch Art. 1 Abs. 4 RL 89/665/EWG erlaubt eingeschränkt wird.[171] Infolgedessen ist der Auftraggeber auch nicht befugt, zB in den Vergabeunterlagen die Rügeobliegenheiten gem. § 160 Abs. 3 S. 1 Nr. 1–3 in irgendeinem Punkt zu verschärfen, etwa die gesetzliche Rügefrist zu verkürzen.[172] Eine solche vom Auftraggeber aufgestellte verschärfende Bedingung oder Fristsetzung ist von vornherein rechtlich unwirksam.

---

[164] OLG Düsseldorf NZBau 2001, 696 (702); OLG Düsseldorf NZBau 2006, 662 (663); OLG Jena BeckRS 2010, 28861 = VergabeR 2011, 510 (512); OLG Naumburg VergabeR 2017, 627 (636); OLG Naumburg NZBau 2012, 258 = VergabeR 2012, 445 (454); vgl. auch OLG Düsseldorf NZBau 2016, 659 Rn. 51.
[165] Vgl. BayObLG BeckRS 2003, 04387 = VergabeR 2003, 669 (671).
[166] OLG Rostock BeckRS 2013, 17782 = VergabeR 2014, 209 (216 f.).
[167] Vgl. OLG Hamburg VergabeR 2018, 35 Rn. 32–37; Ziekow/Völlink/*Dicks* Rn. 35.
[168] Begr. RegE des VgRÄG, BT-Drs. 13/9340, 17.
[169] Vgl. Byok/Jaeger/*Byok* Rn. 64.
[170] So Byok/Jaeger/*Byok* Rn. 68.
[171] OLG Düsseldorf NZBau 2019, 390 Rn. 29; OLG Düsseldorf NZBau 2016, 235 (236); OLG Saarbrücken BeckRS 2016, 10023 = VergabeR 2016, 639 (643); Byok/Jaeger/*Byok* Rn. 68; Immenga/Mestmäcker/*Dreher* Rn. 47; Ziekow/Völlink/*Dicks* Rn. 36; *Jaeger* NZBau 2009, 558 (760).
[172] OLG Düsseldorf NZBau 2013, 321 (322); OLG Düsseldorf ZfBR 2014, 85 = VergabeR 2014, 46 (47).

IV. Rügeobliegenheit (Abs. 3) 51, 52 § 160 GWB

Die Rechtsprechung wendet die Vorschriften über die Rügeobliegenheit (jetzt § 160 Abs. 3 51
S. 1 Nr. 1–3) auf den Primärrechtsschutz **in Vergabeverfahren unterhalb der Schwellenwerte**,
also auf Anträge auf vorläufige Untersagung der Zuschlagserteilung in solchen Verfahren per einstweiliger Verfügung, **analog** an, indem der Verfügungsgrund – die Dringlichkeit des Begehrens – verneint wird, wenn die im Vergabeverfahren erkannten Vergaberechtsverstöße oder die aufgrund der Bekanntmachung oder in den Vergabeunterlagen erkennbaren Vergaberechtsverstöße nicht unverzüglich gegenüber dem Auftraggeber gerügt werden.[173] Der Analogie zu S. 1 Nr. 1 ist zuzustimmen, nicht aber der Analogie zu den gegen Unionsrecht verstoßenden Vorschriften in S. 1 Nr. 2 und 3 (→ Rn. 75–80).

**2. Rügeobliegenheit gem. Abs. 3 S. 1 Nr. 1 nach Erlangung der Kenntnis des Verga- 52
berechtsverstoßes. a) Anwendungsbereich des Abs. 3 S. 1 Nr. 1.** Bezogen auf die Erlangung der Kenntnis vom Vergaberechtsverstoß aufseiten des Bewerbers/Bieters galt die Rügeobliegenheit gemäß der bisherigen Fassung der Norm (§ 107 Abs. 3 S. 1 Nr. 1 aF) nach ihrem Wortlaut „im Vergabeverfahren", also während der gesamten Zeit vom Beginn des Vergabeverfahrens, der in der Regel mit der Auftragsbekanntmachung (§ 37 VgV) anzusetzen ist, bis zu dessen Ende (aber → Rn. 53). Die durch das VergRModG verabschiedete Neufassung (§ 160 Abs. 3 S. 1 Nr. 1) hat die den relevanten Zeitraum (für die Kenntniserlangung) kennzeichnenden Worte „im Vergabeverfahren" ersetzt durch die Worte „vor Einreichen des Nachprüfungsantrags". Ausweislich der Begründung zur Änderung dieser Norm, die vor allem der Festsetzung der Rügefrist auf zehn Kalendertage (statt der bisher mit „unverzüglich" definierten Frist) dient (→ Rn. 3), soll durch den neuen Wortlaut aber nichts daran geändert werden, dass Regelungsgegenstand „die Rügeobliegenheit **im Vergabeverfahren**" ist und bleibt.[174] Abs. 3 S. 1 Nr. 1 erfasst also auch die – erkannten – Verstöße, die sich schon allein aus der Bekanntmachung oder allein aus den Vergabeunterlagen ergeben. Insoweit sind Nr. 2 und Nr. 3 des Abs. 3 S. 1 nach dem klaren Wortlaut der drei Vorschriften (Nr. 1–3) und dem Normzweck vor allem der Nr. 1 des Abs. 3 S. 1 (→ Rn. 3) nicht etwa jeweils abschließende Sondervorschriften, die die Erfüllung der Rügeobliegenheit bei aus der Bekanntmachung oder aus den Vergabeunterlagen hervorgehenden Verstößen sowohl bei Kenntnis als auch bei bloßer Erkennbarkeit aufseiten des künftigen Antragstellers zeitlich bis zum Ablauf der Bewerbungs- oder Angebotsfrist gestatten. Vielmehr hat der Bewerber/Bieter, der sich seine Rechte aus § 97 Abs. 6 erhalten will, **aus der Bekanntmachung heraus erkannte Vergaberechtsverstöße** gem. Nr. 1 des Abs. 3 S. 1 schon binnen der Rügefrist von zehn Kalendertagen nach Erlangung der Kenntnis zu rügen,[175] freilich erst ab dem Zeitpunkt, ab dem er sich aktiv am Vergabeverfahren beteiligt, weil vorher noch keine rechtliche Sonderverbindung zum Auftraggeber besteht, in deren Rahmen die Rügeobliegenheit entstehen und erfüllt werden kann.[176] Entsprechendes gilt für die vom Bewerber/Bieter **aus den Vergabeunterlagen heraus erkannten Vergaberechtsverstöße,** die er ebenfalls gem. Nr. 1 des Abs. 3 S. 1 bereits binnen der Rügefrist nach Kenntniserlangung rügen muss.[177] Damit ist das Objekt der Rügeobliegenheit nach Nr. 1 einerseits und Nr. 2 oder Nr. 3 des Abs. 3 S. 1 andererseits in Bezug auf die sich aus der Bekanntmachung und den Vergabeunterlagen ergebenden Vergaberechtsverstöße, auf die sich Nr. 2 oder Nr. 3 der Vorschrift jeweils beschränkt, gleich; der Unterschied in den Anwendungsvoraussetzungen besteht nur im Subjektiven aufseiten des Bewerbers/Bieters: Nr. 1 – Kenntnis des Vergaberechtsverstoßes, Nr. 2 und Nr. 3 – Erkennbarkeit des Vergaberechtsverstoßes. Die zur Abgrenzung von Nr. 1 zu Nr. 2 und 3 des Abs. 3 S. 1 vertretene Gegenansicht, die dem Gesetz – im praktischen Ergebnis – eine jeweils ausschließliche Anwendbarkeit der drei Vorschriften für unterschiedliche Quellen der Erlangung der Kenntnis (oder der Erkennbarkeit) von Vergaberechtsverstößen entnimmt,[178] vermag nicht zu überzeugen. Das Verhältnis von

---

[173] LG Bielefeld IBRRS 2014, 1771 = VergabeR 2014, 832 (836) mwN; iErg ebenso OLG Saarbrücken BeckRS 2015, 05288 = VergabeR 2015, 623 (627).

[174] Begr. RegE, BT-Drs. 18/6281, Teil B zu Art. 1, § 160 („...konkretisiert wird mit einer Dauer von 10 Kalendertagen die Frist, innerhalb derer der Antragsteller nach Erkennen des...Verstoß im Vergabeverfahren gerügt haben" muss). Vgl. auch OLG München VergabeR 2019, 574 (575): nur vorbereitende Handlungen des Auftraggebers unterliegen keiner Rügeobliegenheit; ebenso: Immenga/Mestmäcker/*Dreher* Rn. 49.

[175] Ebenso: BayObLG NZBau 2000, 481 (483 unter 3 b dd); OLG Naumburg BeckRS 2014, 14969 = VergabeR 2014, 808 (814) mwN; *Maier* VergabeR 2004, 176 (177) mwN; Byok/Jaeger/*Byok* Rn. 69; *Wiese* in RKPP GWB Rn. 107; Loewenheim/Meessen/Riesenkampff/*Heuvels*, 2. Aufl. 2009, § 107 Rn. 32; Reidt/Stickler/Glahs/*Reidt* Rn. 49; Ziekow/Völlink/*Dicks* Rn. 39; *Jaeger* NZBau 2001, 289 (294).

[176] Vgl. OLG Düsseldorf NZBau 2017, 112 Rn. 10.

[177] Ebenso: OLG Naumburg BeckRS 2014, 14969 = VergabeR 2014, 808 (814) mwN; Byok/Jaeger/*Byok* Rn. 69; *Wiese* in RKPP GWB Rn. 107; Reidt/Stickler/Glahs/*Reidt* Rn. 49; Ziekow/Völlink/*Dicks* Rn. 39.

[178] Immenga/Mestmäcker/*Dreher* Rn. 54; iErg ebenso, nur mit einem nicht näher begründeten Hinweis auf die Neuregelung des § 107 Abs. 3 aF durch das Vergaberechtsmodernisierungsgesetz 2009: OLG München NZBau 2012, 460 (462).

Nr. 1 zu Nr. 2 und Nr. 3 wird von der Gegenansicht folgendermaßen gedeutet: Nr. 2 betreffe alle Vergabeverstöße, die in der Zeit von der Veröffentlichung der Bekanntmachung bis zum Ablauf der Angebots- bzw. der Bewerbungsfrist aus der Bekanntmachung erkennbar gewesen seien, und müsse daher erst recht auch alle in dieser Zeit erkannten Vergabeverstöße betreffen. Ergänzt werde Nr. 2 durch Nr. 3, die alle Vergabeverstöße zum Gegenstand habe, die aus den Vergabeunterlagen hervorgingen, und entsprechend erst recht auch alle in dieser Zeit erkannten Vergabeverstöße erfasse. Dafür spreche auch, dass Vergabeinteressenten andernfalls zu nach Nr. 1 fristgebundenen Rügen vor einer Angebotsabgabe oder Bewerbung gezwungen wären. Nr. 1 erfasse dagegen alle Vergabeverstöße, die in den Zeiträumen danach während des Vergabeverfahrens erkannt worden seien, und solche, die nicht aus der Bekanntmachung oder den Vergabeunterlagen hervorgingen.[179] Dieser Argumentation kann deshalb nicht gefolgt werden, weil sie den Anwendungsbereich der Nr. 1 des Abs. 3 S. 1 – mit der der Nr. 1 eigenen kurzen Rügefrist von zehn Tagen – in einer mit dem Wortlaut der drei Vorschriften nicht mehr zu vereinbarenden Weise sehr stark einschränkt (nämlich auf Vergaberechtsverstöße, die erst nach der Angebotsabgabe erkannt werden, und auf vorherige, erkannte Vergaberechtsverstöße, die nicht aus der Bekanntmachung und den Vergabeunterlagen hervorgehen). Das steht auch im Widerspruch zum Normzweck des Abs. 3 S. 1 Nr. 1, der dem öffentlichen Interesse daran dienen soll, dass die Vergabestelle eine Korrektur von Vergaberechtsverstößen, wozu sicher die in der Praxis besonders relevanten Vergaberechtsfehler in den Vergabeunterlagen gehören, im frühestmöglichen Stadium vornehmen kann (→ Rn. 3 mwN).

53 Abs. 3 S. 1 Nr. 1 ist **nicht anwendbar auf Vergaberechtsverstöße,** die der Antragsteller erst **nach Einleitung des Nachprüfungsverfahrens** (zB durch Akteneinsicht) **erkennt.** Denn die Vorschrift – also das Entstehen einer Obliegenheit zur außerprozessualen Rüge gegenüber dem Auftraggeber – ist bezogen auf das Vergabeverfahren (→ Rn. 52), nicht auf das Nachprüfungsverfahren. Ohnehin könnte mit einer erst nach dessen Einleitung ausgesprochenen Rüge der Normzweck, ein Nachprüfungsverfahren möglichst zu vermeiden, nicht mehr erreicht werden.[180] Deshalb sind eine unmittelbare Anwendung des § 160 Abs. 3 S. 1 Nr. 1[181] und auch eine Analogie[182] zu dieser Vorschrift abzulehnen, mit der eine in einem Teil der Rechtsprechung vertretene Ansicht erreichen will, dass die erst nachträglich in das Nachprüfungsverfahren eingeführten Rügen der erst in diesem Verfahren erkannten Vergaberechtsverstöße nur dann zulässig sind, wenn sie unverzüglich nach Erlangung der Kenntnis vor der Vergabekammer bzw. vor dem Vergabesenat (also nicht gesondert noch gegenüber dem Auftraggeber) geltend gemacht werden. Dass die direkte oder analoge Anwendung der Norm auf erst im Nachprüfungsverfahren erkannte Vergaberechtsverstöße abzulehnen ist, ist durch die Neufassung des § 160 Abs. 3 S. 1 Nr. 1 gegenüber dem bisherigen § 107 Abs. 3 S. 1 Nr. 1 aF, die ausdrücklich nur die Kenntniserlangung „vor Einreichen des Nachprüfungsantrags" erfasst, noch klarer geworden. Dass nachgeschobene Rügen, die auf der Erlangung der Kenntnis von Vergabeverstößen erst im Nachprüfungsverfahren beruhen, nicht zu einer ungebührlichen Verzögerung dieses Verfahrens führen, kann nur mit den Mitteln des § 167 Abs. 2 (in zweiter Instanz iVm § 175 Abs. 2) erreicht werden.[183] Ob danach ein während des erstinstanzlichen Verfahrens erkannter Vergaberechtsverstoß vom Antragsteller unbedingt noch vor der Vergabekammer geltend gemacht werden muss, sodass ein Nachschieben dieser Rüge erst in zweiter Instanz (zB in der Beschwerdebegründung) der Präklusion anheimfällt,[184] kann nicht als ein allgemeingültiger Grundsatz formuliert werden, sondern bedarf der Abwägung und Beurteilung im jeweiligen Einzelfall.

54 Abs. 3 S. 1 Nr. 1 ist ferner nicht zulasten eines Unternehmens anzuwenden, wenn der Auftraggeber ein (später beanstandetes) **Verhandlungsverfahren ohne öffentliche Auftragsbekanntmachung,** also ohne Teilnahmewettbewerb, durchgeführt hat und das Unternehmen nicht zu den für das Verhandlungsverfahren ausgewählten Bietern gehörte.[185] Das ergibt sich nicht nur aus § 160

---

[179] Immenga/Mestmäcker/*Dreher* Rn. 54.
[180] BGH NZBau 2006, 800 Rn. 37; OLG Düsseldorf NZBau 2020, 670 Rn. 46; OLG Düsseldorf ZfBR 2011, 388 = VergabeR 2011, 622 (627) mwN.
[181] So zu § 107 Abs. 3 S. 1 Nr. 1 aF: OLG Brandenburg BeckRS 2012, 01665 = VergabeR 2012, 521 (524); OLG Frankfurt a. M. BeckRS 2015, 14694 = VergabeR 2015, 800 (806) mwN.
[182] So zu § 107 Abs. 3 S. 1 aF: OLG Celle ZfBR 2007, 373 = VergabeR 2007, 401 (402) mwN. IErg jetzt ebenso: OLG Schleswig NZBau 2019, 806 Rn. 99 (erforderlich, den während des Nachprüfungsverfahrens erkannten Vergabeverstoß „unverzüglich" geltend zu machen). AA – wie oben im Text – Byok/Jaeger/*Byok* Rn. 121; Immenga/Mestmäcker/*Dreher* Rn. 118.
[183] Vgl. OLG Düsseldorf ZfBR 2011, 388 = VergabeR 2011, 622 (627); Byok/Jaeger/*Byok* Rn. 121; Ziekow/Völlink/*Dicks* Rn. 40 Fn. 139.
[184] So Langen/Bunte/*Schweda*, 12. Aufl. 2014, § 107 Rn. 29 mwN.
[185] OLG Celle NZBau 2006, 197 (198); OLG Saarbrücken BeckRS 2006, 11782 = VergabeR 2007, 110 (111); s. auch OLG Düsseldorf NZBau 2017, 112 Rn. 10.

Abs. 3 S. 2 iVm § 135 Abs. 1 Nr. 2 (→ Rn. 95 f.), sondern auch aus § 160 Abs. 3 S. 1 Nr. 1 selbst: Da die Rügeobliegenheit nach dieser Vorschrift nur im Vergabeverfahren besteht (→ Rn. 52), kann diese Obliegenheit ein am Verhandlungsverfahren nicht beteiligtes Unternehmen, das daher den (später angegriffenen) Vergaberechtsverstoß gar nicht „im" Vergabeverfahren hat erkennen können, nicht treffen.

b) Objekt der Rügeobliegenheit gem. Abs. 3 S. 1 Nr. 1. Das Gesetz bezieht die Rügeobliegenheit auf den (vom Antragsteller geltend gemachten) „Verstoß gegen Vergabevorschriften". Es ist daher eine grundsätzlich richtige Auslegung des § 160 Abs. 3 S. 1 Nr. 1, dass die Rügeobliegenheit (abgesehen von der Kenntniserlangung) erst in dem Zeitpunkt einsetzen kann, wenn der Auftraggeber den (vermeintlichen) **Vergaberechtsverstoß** schon **begangen** hat, und dass es nicht ausreicht, wenn er einen Vergaberechtsverstoß voraussehbar in der Zukunft begehen wird.[186] Einzubeziehen in die Rügeobliegenheit sind allerdings – wie bei der Auslegung des Merkmals der Rechtsverletzung in § 160 Abs. 2 S. 1 (→ Rn. 28) – formelle Ankündigungen zu treffender Entscheidungen seitens der zuständigen Person(en) der Vergabestelle (zB die Information gem. § 134 Abs. 1). Demzufolge unterliegen der Rügeobliegenheit die vom Auftraggeber im Vergabeverfahren getroffenen **Entscheidungen und** diejenigen **Zwischenentscheidungen, die relevante Festlegungen** für später zu treffende Entscheidungen des Auftraggebers **enthalten**,[187] wie zB die Wahl der Vergabeverfahrensart und die Aufstellung von Vergabebedingungen und/oder die Unterlassung der Bekanntgabe notwendiger Kriterien in der Bekanntmachung oder den Vergabeunterlagen – immer vorausgesetzt, dass in solchen Entscheidungen der jeweilige (im späteren Nachprüfungsantrag geltend gemachte) Vergaberechtsverstoß zum Ausdruck kommt. Dagegen werden nur **vorbereitende Handlungen** des Auftraggebers **ohne Vorfestlegung** für spätere Vergabeentscheidungen von der Rügeobliegenheit **nicht erfasst**, wie zB die Übersendung der Vergabeunterlagen an ein Unternehmen, das (nach später im Nachprüfungsantrag vertretener Ansicht) einem Verbot der Beteiligung im Vergabeverfahren unterliegt.[188] Auch die Handlungen anderer am Vergabeverfahren beteiligter Konkurrenten, die gegen Vergabebedingungen des Auftraggebers oder sonst gegen Vergaberecht verstoßen, unterfallen nicht (schon) der Rügeobliegenheit; relevant ist nur, wie sich der Auftraggeber selbst daraufhin verhält und entscheidet.[189] Soweit nach den vorstehenden Ausführungen Handlungen und Unterlassungen des Auftraggebers der Rügeobliegenheit unterfallen, ist deren **Erfüllung für jeden einzelnen** (erkannten) **Vergaberechtsverstoß,** der im späteren Nachprüfungsverfahren geltend gemacht wird, **notwendig.**[190]

c) Voraussetzungen für die Erlangung der Kenntnis vom Rechtsverstoß. Der Begriff „Kenntnis" in Abs. 3 S. 1 Nr. 1 ist genau zu nehmen. Er ist deutlich von einem Kennenmüssen abzugrenzen. Das Gesetz lässt die Obliegenheit erst entstehen, nachdem der Antragsteller das Wissen um die Nichtbeachtung von Vergabevorschriften, die dann mit dem Nachprüfungsantrag geltend gemacht wird, erworben hat. Das setzt **positive Kenntnis** aller **Tatsachen**, die der Beanstandung im Nachprüfungsverfahren zugrunde gelegt werden, und die zumindest **laienhafte rechtliche Wertung** voraus, dass sich aus ihnen eine Missachtung von Bestimmungen über das Vergabeverfahren ergibt.[191] Die Rügeobliegenheit entsteht allerdings nicht erst in dem Zeitpunkt, in dem das Unternehmen Kenntnis von einem völlig zweifelsfreien und in jeder Beziehung sicher nachweisbaren Vergabefehler erlangt. Ausreichend ist vielmehr das Wissen um einen Sachverhalt, der aufgrund laienhafter rechtlicher Wertung des individuellen Bewerbers/Bieters den Schluss auf die Verletzung vergaberechtlicher Bestimmungen ergibt und es bei vernünftiger Betrachtung dann gerechtfertigt erscheinen lässt, das Vergabeverfahren als fehlerhaft zu beanstanden.[192] Bloße Vermutungen oder ein

---

[186] OLG München NZBau 2012, 460 (461) mwN; vgl. auch OLG Celle IBRRS 2016, 2082 = VergabeR 2016, 502 (504) mwN.
[187] Vgl. OLG Düsseldorf NZBau 2013, 187 mwN; Ziekow/Völlink/*Dicks* Rn. 41.
[188] OLG Düsseldorf NZBau 2013, 187; Ziekow/Völlink/*Dicks* Rn. 41; aA *Opitz* VergabeR 2013, 253 (255).
[189] OLG Düsseldorf BeckRS 2016, 12257 = VergabeR 2016, 611 (613); aA Reidt/Stickler/Glahs/*Reidt* Rn. 51 aE.
[190] Vgl. OLG Düsseldorf NZBau 2020, 670 Rn. 32; OLG Naumburg BeckRS 2009, 02589 = VergabeR 2009, 486 (489); OLG Rostock NZBau 2009, 531 = VergabeR 2009, 660 (668).
[191] BGH NZBau 2006, 800 (803); BayObLG NZBau 2002, 397; OLG Düsseldorf NZBau 2020, 670 Rn. 35; OLG Düsseldorf NZBau 2014, 374 = VergabeR 2014, 401 (403 f.); OLG Düsseldorf BeckRS 2009, 29529 = VergabeR 2010, 83 (88); OLG Frankfurt a. M. NZBau 2018, 632 Rn. 43; OLG Karlsruhe NZBau 2013, 528 (529); OLG München NZBau 2019, 538 Rn. 33; OLG Naumburg NZBau 2020, 549 Rn. 29; OLG Saarbrücken NZBau 2004, 117 mwN.
[192] OLG Düsseldorf Beschl. v. 22.8.2000 – Verg 9/00; Byok/Jaeger/*Byok* Rn. 75 mwN; vgl. auch Reidt/Stickler/Glahs/*Reidt* Rn. 51 und *Wiese* in RKPP GWB Rn. 115 aE (Vorliegen eines Vergaberechtsverstoßes „nach der subjektiven Einschätzung des Unternehmens").

Verdacht lösen jedoch die Rügeobliegenheit nicht aus.[193] Ein aufkommender Verdacht auf einen Vergaberechtsverstoß begründet auch keine vorgeschaltete Obliegenheit des Inhalts, den Verdacht (alsbald) zu klären. Eine solche **Prüfungsobliegenheit** sieht das Gesetz **nicht** vor.[194] Selbst dann, wenn das Unternehmen die volle Kenntnis aller Tatsachen, aus denen der Vergaberechtsverstoß des öffentlichen Auftraggebers abzuleiten ist, erlangt, aber noch nicht das Wissen – aufgrund laienhafter rechtlicher Wertung – erworben hat, dass diese Tatsachen einen Vergaberechtsverstoß ergeben, entsteht keine Obliegenheit, sich um rechtliche Aufklärung zu bemühen, zB rechtlichen Rat einzuholen, selbst dann nicht, wenn sich bei dem Unternehmen rechtliche Zweifel an der vergaberechtlichen Korrektheit des Vergabeverfahrens bilden.[195] Wenn das Unternehmen dieserhalb – aus freien Stücken – Rechtsrat einholt, beginnt die Kenntnis vom Vergaberechtsverstoß und damit die Rügeobliegenheit erst mit Zugang des einen Vergaberechtsfehler diagnostizierenden Rechtsrats.[196] Da das Gesetz eindeutig auf Kenntnis abstellt, begründet auch grob fahrlässige Unkenntnis des Vergaberechtsverstoßes noch keine Rügeobliegenheit.[197] Die Kenntniserlangung ist – auch im Hinblick auf ihren Zeitpunkt – im Streitfall von der Vergabekammer oder vom Beschwerdegericht festzustellen, wofür den Auftraggeber (und den Beigeladenen in der Rolle des Beschwerdeführers) die (materielle) Beweislast trifft (→ Rn. 73).[198] Auch bei Großunternehmen mit eigener Rechtsabteilung kann die Erlangung der Kenntnis vom später umstrittenen Vergaberechtsverstoß – noch dazu zum frühestmöglichen Zeitpunkt – nicht ohne Weiteres unterstellt werden.[199]

57 Von der Notwendigkeit der Feststellung positiver Kenntnis im vorstehenden Sinne (→ Rn. 56) ist in der Rechtsprechung nur eine **Ausnahme** anerkannt, dass nämlich der Bewerber/Bieter sich der ihm möglichen Erkenntnis bewusst verschließt,[200] dh eine Ausnahme für den Fall, dass der Kenntnisstand des Antragstellers (in tatsächlicher und rechtlicher Hinsicht) einen solchen Grad erreicht hatte, dass die verbleibende Unkenntnis des Vergaberechtsverstoßes nur als ein **mutwilliges Sich-Verschließen vor der Erkenntnis** dieses Rechtsverstoßes aufgefasst werden kann.[201] Dies ist eine Feststellung wertender Art unter Berücksichtigung aller Umstände des konkreten Falls. Zu diesen Umständen des individuellen Einzelfalls gehören auch die Stellung des Bewerbers/Bieters im Geschäftsleben und seine eventuell erlangten Erfahrungen mit Vergabeverfahren des öffentlichen Auftragswesens, die es ggf. unbegreiflich erscheinen lassen können, dass er die rechtliche Wertung der ihm bekannten Tatsachen als Vergaberechtsverstoß nicht vollzogen hat, sodass sich die Wertung eines mutwilligen Sich-Verschließens vor der Erkenntnis aufdrängt. In einem solchen Ausnahmefall ist es ein Teilaspekt der Wertung, dass der betreffende Bewerber/Bieter als seriöser Teilnehmer am Vergabeverfahren in Anbetracht des hohen Grades seines Wissensstands ausnahmsweise doch gehalten war, den erheblichen, an Kenntnis grenzenden Verdacht auf einen Vergaberechtsverstoß durch Nachforschungen, insbesondere durch Einholung anwaltlichen Rats, abzuklären.[202] Dass ein solches Wer-

---

[193] OLG Düsseldorf NZBau 2017, 498 Rn. 32; OLG Düsseldorf BeckRS 2006, 14197 = VergabeR 2007, 229 (231); OLG Düsseldorf IBRRS 2005, 0957 = VergabeR 2005, 364 (367); OLG Düsseldorf BeckRS 2009, 07999 = VergabeR 2004, 511 (513).

[194] OLG Dresden ZfBR 2009, 610 = VergabeR 2010, 106 (107) mwN; OLG Düsseldorf BeckRS 2006, 14197 = VergabeR 2007, 229 (232); OLG Düsseldorf IBRRS 2005, 0957 = VergabeR 2005, 364 (367); vgl. auch OLG Frankfurt a. M. NZBau 2018, 632 Rn. 43; Immenga/Mestmäcker/*Dreher* Rn. 67 und 75; Ziekow/Völlink/*Dicks* Rn. 40 und 44; aA *Opitz* NZBau 2019, 617 (618).

[195] BayObLG NZBau 2002, 397; OLG Düsseldorf BeckRS 2001, 17504 = VergabeR 2001, 419 (421); OLG Düsseldorf IBRRS 2005, 0957 = VergabeR 2005, 364 (369) mwN (mit der Ausnahme einer Obliegenheit zur Einholung rechtlichen Rats, wenn der Kenntnisstand des Bieters/Bewerbers einen solchen Grad erreicht hat, dass die geltend gemachte Unkenntnis vom Vergaberechtsverstoß nur als ein mutwilliges Sich-Verschließen vor der Erkenntnis gewertet werden kann [→ Rn. 57]); OLG Düsseldorf ZfBR 2015, 718 = VergabeR 2015, 669 (671); Byok/Jaeger/*Byok* Rn. 75; *Wiese* in RKPP GWB Rn. 115.

[196] OLG Düsseldorf Beschl. v. 22.8.2000 – Verg 9/00.

[197] OLG Düsseldorf BeckRS 2006, 14197 = VergabeR 2007, 229 (231); OLG Düsseldorf BeckRS 2009, 07999 = VergabeR 2004, 511 (512); OLG Saarbrücken NZBau 2004, 117 mwN; OLG Stuttgart BeckRS 9998, 26324 = VergabeR 2003, 226 (228) mwN; Byok/Jaeger/*Byok* Rn. 76; *Wiese* in RKPP GWB Rn. 109 und 114; Ziekow/Völlink/*Dicks* Rn. 40.

[198] OLG München NZBau 2014, 456 (459) mwN.

[199] Vgl. Byok/Jaeger/*Byok* Rn. 77; Ziekow/Völlink/*Dicks* Rn. 44; vgl. auch OLG Düsseldorf IBRRS 2005, 0957 = VergabeR 2005, 365 (368 f.).

[200] BGH NZBau 2006, 800 (803).

[201] OLG Düsseldorf NZBau 2020, 109 Rn. 38; OLG Düsseldorf IBRRS 2005, 0957 = VergabeR 2005, 364 (369); OLG Düsseldorf BeckRS 2001, 17504 = VergabeR 2001, 419 (421); OLG Dresden ZfBR 2009, 610 = VergabeR 2010, 106 (107); OLG Naumburg NZBau 2020, 549 Rn. 30; vgl. als Beispiel für eine solche Ausnahme: OLG Saarbrücken VergabeR 2016, 657 (662–664).

[202] IErg ebenso: OLG Dresden ZfBR 2009, 610 = VergabeR 2010, 106 (107); OLG Düsseldorf IBRRS 2005, 0957 = VergabeR 2005, 364 (369); Byok/Jaeger/*Byok* Rn. 76; Immenga/Mestmäcker/*Dreher* Rn. 75.

IV. Rügeobliegenheit (Abs. 3) 58–60 § 160 GWB

tungsergebnis nur unter strengen (vom Auftraggeber zu beweisenden) Anforderungen gerechtfertigt sein kann, versteht sich von selbst.[203] Mit dieser Ausnahme von der grundsätzlich erforderlichen Feststellung positiver Kenntnis wird iÜ auch den Schwierigkeiten des dem Auftraggeber obliegenden Beweises der Kenntniserlangung etwas Rechnung getragen.[204] In der Entscheidungspraxis wird die vorgenannte Ausnahme zwar regelmäßig mit in Betracht gezogen; soweit ersichtlich endet die darauf bezogene Prüfung aber regelmäßig mit dem Ergebnis, dass die strengen Voraussetzungen für eine solche Feststellung nicht erfüllt seien.[205]

In personaler Hinsicht ist es grundsätzlich notwendig, dass der **Unternehmer selbst** (bei einem 58 Einzelunternehmen) oder ein **vertretungsberechtigtes Organ** des Unternehmens die erforderliche Kenntnis erlangt.[206] Ist im Unternehmen eine andere Person besonders mit der Vertretung in der Vergabesache beauftragt worden, so löst auch deren Kenntnis die Rügeobliegenheit aus.[207] Nicht geklärt ist bisher, ob auch die Kenntniserlangung seitens des nach der Unternehmensorganisation für die Bearbeitung der konkreten Vergabesache zuständigen, aber nicht mit besonderer Vertretungsbefugnis betrauten **Sachbearbeiters** ausreicht.[208] Es spricht viel dafür, diese Frage nur dann zu bejahen, wenn der betreffende Mitarbeiter nach der Organisation des Unternehmens und seiner sich daraus ergebenden beruflichen Stellung und Funktion im Unternehmen damit betraut ist, im Geschäfts- und Rechtsverkehr als dessen Repräsentant (zumindest hinsichtlich öffentlicher Aufträge) bestimmte Aufgaben – wenn auch ohne besondere rechtsgeschäftliche Vertretungsmacht – in eigener Verantwortung zu erledigen, die dabei anfallenden Informationen aufzunehmen und – soweit von Bedeutung oder Relevanz, an die Unternehmensleitung weiterzugeben (sog. Wissensvertreter, analog § 166 Abs. 1 BGB).[209]

d) Rügefrist. Nach Erlangung der vollen positiven Kenntnis im Sinne der vorstehenden Aus- 59 führungen (→ Rn. 56–58) hat der Bewerber/Bieter den erkannten Vergaberechtsverstoß nach neuem, am 18.4.2016 in Kraft getretenen Recht innerhalb einer festen unabänderlichen Frist von zehn Kalendertagen gegenüber dem Auftraggeber zu rügen (um sein Nachprüfungsrecht nicht zu verlieren). Mit der Ersetzung der bisher nicht genau bemessenen Frist („unverzügliche Rüge", § 107 Abs. 3 S. 1 Nr. 1 aF) durch eine tagesgenaue Frist von zehn Kalendertagen hat der Gesetzgeber die (seit Anfang 2010) bestehende Rechtsunsicherheit, ob die Präklusionsvorschrift des § 107 Abs. 3 S. 1 Nr. 1 aF unter dem Gesichtspunkt der eventuell unzulänglichen Umsetzung des Art. 1 Abs. 1 RL 89/665/EWG überhaupt noch angewandt werden durfte, jedenfalls für die ab dem 18.4.2016 eingeleiteten Vergabeverfahren (s. § 186 Abs. 2) beseitigt (→ Rn. 3). In den vor dem 18.4.2016 begonnenen und noch nicht abgeschlossenen Vergabeverfahren einschließlich der auf sie bezogenen Nachprüfungsverfahren, auf die § 160 Abs. 3 S. 1 Nr. 1 nicht angewandt werden kann, verbleibt es bei jener Rechtsunsicherheit. An der hier in der ersten Auflage dargestellten Erläuterung des unbestimmten Rechtsbegriffs „unverzüglich" sowie der dazu vertretenen Ansicht, dass § 107 Abs. 3 S. 1 Nr. 1 aF – trotz der EuGH-Rechtsprechung zu einer englischen und einer irischen Vorschrift des jeweiligen Nachprüfungsverfahrensrechts[210] – mit Unionsrecht vereinbar und daher weiter anwendbar ist (1. Aufl. → § 107 Rn. 40–41a), wird festgehalten.

Die zehntägige **Rügefrist beginnt** am Tag nach Erlangung der vollen positiven Kenntnis vom 60 Vergaberechtsverstoß (→ Rn. 56–58) um 0 Uhr und **endet** danach **am zehnten Tag um 24 Uhr**[211]

---

[203] OLG Düsseldorf IBRRS 2005, 0957 = VergabeR 2005, 364 (369); OLG Dresden ZfBR 2009, 610 = VergabeR 2010, 106 (107).
[204] Reidt/Stickler/Glahs/*Reidt* Rn. 54, stuft diese Ausnahme ohnehin als eine „Beweiserleichterung" zugunsten des öffentlichen Auftraggebers ein.
[205] *Wiese* in RKPP GWB Rn. 114.
[206] BayObLG NZBau 2002, 397; OLG Düsseldorf NZBau 2020, 670 Rn. 35; Ziekow/Völlink/*Dicks* Rn. 42.
[207] VK Südbayern VergabeR 2018, 444 (452); *Wiese* in RKPP GWB Rn. 110; Ziekow/Völlink/*Dicks* Rn. 42.
[208] Bejahend: *Schröder* VergabeR 2002, 229 (232); aA *Wiese* in RKPP GWB Rn. 110; Ziekow/Völlink/*Dicks* Rn. 42. Die (etwaige) Kenntnis einer nur mit formaler Überprüfung der Vergabeunterlagen beauftragten „Bürokraft" reicht für eine Kenntniserlangung iSd § 160 Abs. 3 S. 1 Nr. 1 sicher nicht aus: OLG Naumburg BeckRS 2009, 02589 = VergabeR 2009, 486 (490 f.).
[209] Die Zurechnung des Kenntnisstands solcher Mitarbeiter ggü. dem Unternehmen bejahen: OLG Düsseldorf NZBau 2020, 670 Rn. 35; Immenga/Mestmäcker/*Dreher* Rn. 66; Ziekow/Völlink/*Dicks* Rn. 42. Enger: Reidt/Stickler/Glahs/*Reidt* Rn. 55 (es kommt auf den Kenntnisstand nur derjenigen Personen im Unternehmen an, die berechtigt sind, darüber zu entscheiden, ob eine Rüge erklärt werden soll oder nicht).
[210] EuGH NZBau 2010, 183 Rn. 38–43 und 49 – Uniplex; EuGH NZBau 2010, 256 Rn. 75–77 und 81 – Kommission/Irland.
[211] Ebenso zum Fristende um exakt 24 Uhr (nicht etwa vorher, zB zum Ende der üblichen Geschäftszeit am 10. Tag): Byok/Jaeger/*Byok* Rn. 79 und 111; Immenga/Mestmäcker/*Dreher* Rn. 80. AA *Wiese* in RKPP GWB Rn. 122 (Eingang vor Fristablauf beim Auftraggeber so, dass die Rügeerklärung ihm noch zur Kenntnis gelangen könne; ein nach Geschäftsschluss eingeworfener Brief gehe erst am nächsten Tag zu); zust.: Reidt/Stickler/Glahs/*Reidt* Rn. 56; so wohl auch Ziekow/Völlink/*Dicks* Rn. 47b.

(zB: Kenntniserlangung am 21.12.2016; Fristablauf am 31.12.2016, 24 Uhr; zum maßgeblichen Zugang der Rüge → Rn. 63). Die Zählung der zehn Tage schon mit dem Tag der Kenntniserlangung zu beginnen, würde deshalb gegen § 160 Abs. 3 S. 1 Nr. 1 verstoßen, weil dann die Rügefrist weniger als zehn volle Kalendertage dauern würde. Im Übrigen deckt sich die hier vertretene Ansicht zum Fristbeginn damit, dass der Gesetzgeber die Rügefrist mit der Festsetzung auf zehn Kalendertage und die in § 134 Abs. 2 normierte Stillhalte- oder Wartefrist – besser als bisher – aufeinander abstimmen wollte (und abgestimmt hat).[212] Gemäß § 134 Abs. 1 hat der öffentliche Auftraggeber die nicht für den Zuschlag auserwählten Bieter über die Gründe, weshalb ihr Angebot nicht angenommen werden soll, über den Namen des für den Zuschlag vorgesehenen Bieters und über den frühesten Zeitpunkt des Vertragsschlusses in Textform zu informieren. Dieser Vertrag darf aufgrund der in § 134 Abs. 2 S. 1 normierten Stillhalte- oder Wartefrist erst 15 Kalendertage nach Absendung jener Information geschlossen werden. Wird die Information – wie üblich – auf elektronischem Weg oder per Fax versandt, verkürzt sich die Wartefrist gem. § 134 Abs. 2 S. 2 auf zehn Kalendertage. Die jeweilige Frist beginnt (erst) am Tag nach der Absendung der Information durch den Auftraggeber (§ 134 Abs. 2 S. 3). Der Gesetzgeber bezweckt, die Schutzfunktion der Stillhalte- oder Wartefrist des § 134 Abs. 2 durch die darauf abgestimmte Rügefrist von genau zehn Kalendertagen zu stärken und nicht in ihrer praktischen Wirksamkeit zu beeinträchtigen.[213] Dieses Ziel wird mit Blick auf den Fristbeginn am ehesten erreicht, wenn die zehntägige Rügefrist entsprechend § 134 Abs. 2 S. 3 erst am Tag nach der Kenntniserlangung vom Vergaberechtsverstoß anfängt (auch wenn damit nicht in jedem Fall ein absoluter Gleichlauf zwischen der Stillhaltefrist und der Rügefrist erreicht wird, sofern überhaupt die gem. § 134 Abs. 1 abgesandte Information die Quelle für die maßgebliche Kenntniserlangung vom Vergaberechtsverstoß darstellt). Wenn der zehnte Tag nach dem Tag der Kenntniserlangung auf einen **Samstag, Sonntag** oder gesetzlichen **Feiertag** fällt, verschiebt sich der **Ablauf der Rügefrist** (nach „Kalendertagen" [!] bemessen) nicht etwa auf den nachfolgenden Werktag, sondern tritt genau an diesem Tag um 24 Uhr ein.[214] Denn § 193 BGB wird in § 160 nicht für entsprechend anwendbar erklärt. Die Rügeerklärung gem. § 160 Abs. 3 ist auch keine Willenserklärung (→ Rn. 62) und keine „zu bewirkende Leistung" iSd § 193 BGB. Die hier vertretene Ansicht, dass die Rügefrist immer genau am Ende des zehnten Tages nach ihrem Anfang abläuft, entspricht auch der von der hM vertretenen Auslegung des § 134 Abs. 2, die auf den § 160 Abs. 3 S. 1 Nr. 1 abgestimmt ist: Auch die Wartefrist gem. § 134 Abs. 2 läuft mangels entsprechender Anwendbarkeit des § 193 BGB genau am Ende des zehnten bzw. fünfzehnten Tages (je nach Informationsmittel) nach Fristanfang ab.[215] Diese Rechtslage hat freilich zur Konsequenz, dass der Auftraggeber auch samstags, sonntags und an Feiertagen Möglichkeiten des Zugangs (→ Rn. 63) von Rügeerklärungen in üblicher Form (Post- und E-Mail-Briefkasten, Faxanzeigegerät) bereithalten muss.

61 Gemäß § 160 **Abs. 3 S. 1 Nr. 1 Hs. 2** „bleibt der Ablauf der Frist nach § 134 Abs. 2 unberührt". Das ist nach dem Wortsinn so zu verstehen, dass die Regelung der Rügefrist in Hs. 1 des § 160 Abs. 3 S. 1 Nr. 1 die Wartefrist des § 134 Abs. 2 – auch in ihrem Ablauf – nicht mitregelt, nicht modifiziert und auch sonst nicht beeinflusst. Vielmehr sind beide Fristen in ihrem Beginn und ihrem Ende selbstständig voneinander, unabhängig davon, dass der Gesetzgeber die beiden Regelungsbereiche (§ 160 Abs. 1 S. 1 Nr. 1 einerseits und § 134 Abs. 1 und 2 andererseits) besser hat aufeinander abstimmen wollen (→ Rn. 60). Das bedeutet, dass dann, wenn der (spätere) Antragsteller nicht sofort aufgrund der gem. § 134 Abs. 1 und Abs. 2 S. 2 (wie üblich) per Fax oder E-Mail erteilten Information, sondern erst nach einigen Tagen (zB) aufgrund eingeholten Rechtsrats die für den Rügefristbeginn erforderliche volle positive Kenntnis vom (später beanstandeten) Vergaberechtsverstoß (→ Rn. 56–58) erhält, die Wartefrist des § 134 Abs. 2 S. 2 früher beginnt als die Rügefrist gem. § 160 Abs. 3 S. 1 Nr. 1, aber auch früher abläuft als – rechtlich für sich betrachtet – die Rügefrist. In einem solchen Fall kann der öffentliche Auftraggeber zwar erst nach Ablauf der Wartefrist, aber noch vor Ablauf der Rügefrist den (angekündigten) Zuschlag erteilen.[216] Für den Antragsteller bedeutet das de facto, dass er in einem solchen Fall, wenn er den Vergaberechtsverstoß, den er mit einem Nachprüfungsantrag anzufechten beabsichtigt, erst während des Laufs der schon begonnenen Wartefrist (§ 134 Abs. 2 S. 2) erkennt, sich für die Abgabe seiner erforderlichen Rügeer-

---

[212] Begr. RegE, BT-Drs. 18/6281, Teil B zu Art. 1, § 160.
[213] Begr. RegE, BT-Drs. 18/6281, Teil B zu Art. 1, § 160.
[214] Ebenso: Ziekow/Völlink/*Dicks* Rn. 47b; aA (Anwendbarkeit des § 193 BGB): Byok/Jaeger/*Byok* Rn. 79; Immenga/Mestmäcker/*Dreher* Rn. 80; aA wohl auch („Berechnung der Frist entsprechend §§ 187 ff. BGB"): *Wiese* in RKPP GWB Rn. 121 und Reidt/Stickler/Glahs/*Reidt* Rn. 56.
[215] Byok/Jaeger/*Kühnen* § 134 Rn. 38; Immenga/Mestmäcker/*Kling* § 134 Rn. 81; Langen/Bunte/*Wagner* § 134 Rn. 29; Reidt/Stickler/Glahs/*Glahs* § 134 Rn. 42; *Maimann* in RKPP GWB § 134 Rn. 49.
[216] Byok/Jaeger/*Byok* Rn. 80; Immenga/Mestmäcker/*Dreher* Rn. 83.

klärung an der laufenden Wartefrist orientieren muss[217] und die später ablaufende Rügefrist nicht voll ausnutzen kann. Auch bei dieser Sach- und Rechtslage bleibt aber die Mindestüberlegungsfrist des Bieters, die durch Art. 2a Abs. 2 UAbs. 1 RL 89/665/EWG (idF der RL 2007/66/EG) in Gestalt der Stillhalte- oder Wartefrist geschützt und durch § 134 Abs. 2 S. 2 in deutsches Recht umgesetzt ist, gewahrt (wie es Art. 1 Abs. 4 RL 89/665/EWG verlangt). Daher kann die von der Rügefrist unabhängige Ausgestaltung der Wartefrist, die je nach Lage des Falls früher als jene ablaufen und damit noch während des Laufs der Rügefrist den Weg zu einem wirksamen Vertragsschluss des Auftraggebers freimachen kann, unionsrechtlich nicht beanstandet werden.

e) Erklärung der Rüge. Für die Rüge ist keine besondere **Form** vorgeschrieben. Daher sind auch mündliche und telefonische Rügen wirksam, die allerdings gegenüber vertretungsberechtigten Personen der Vergabestelle ausgesprochen werden müssen.[218] Da die Darlegungs- und Beweislast dafür, dass die Rüge überhaupt und ggf. mit welchem Inhalt sie erhoben worden ist, den Antragsteller trifft,[219] ist die Schriftform vorzuziehen. § 97 Abs. 5 iVm § 9 Abs. 1 VgV, der für die Kommunikation „in einem Vergabeverfahren" grundsätzlich die Verwendung elektronischer Mittel gebietet (sog. eVergabe), stellt keine Formvorschrift für die Rügeerklärung dar. Denn die Rügeobliegenheit ist im Teil 4 des GWB nicht im Kapitel 1 („Vergabeverfahren"), sondern in Kapitel 2 („Nachprüfungsverfahren") normiert; außerdem ist ihre Erfüllung als Zugangsvoraussetzung für das Nachprüfungsverfahren systematisch diesem und weniger dem Vergabeverfahren zuzuordnen.[220] Der öffentliche **Auftraggeber** hat **keine** rechtliche **Befugnis**, eine bestimmte **Form der Rügeerklärung** – zB in den Vergabeunterlagen – **vorzuschreiben;** eine solche Bedingung (zB Verwendung eines dafür vorgesehenen Vordrucks) wäre unwirksam.[221]

Der notwendige **Inhalt** einer wirksamen Rüge ist durch den Normzweck vorgegeben: In der Rüge müssen konkrete Tatsachen oder – bei beschränktem Informationsstand des Bewerbers/Bieters – zumindest Anknüpfungstatsachen oder Indizien bezeichnet werden,[222] aus denen der Bewerber/Bieter eine konkrete und deutliche Beanstandung des Verstoßes gegen vergaberechtliche Bestimmungen (die nicht konkret benannt werden müssen) ableitet, sodass die Vergabestelle in die Lage versetzt wird, den beanstandeten Fehler zu erkennen und ggf. zu korrigieren.[223] Wenn die Rüge dieses Ziel erreicht, dürfen iÜ an die Substantiierung des Rügevorbringens keine hohen Anforderungen gestellt werden,[224] auch nicht bei anwaltlicher Vertretung.[225] Wenn die Vergabestelle aufgrund des (wenn auch knapp formulierten) Rügeinhalts den ihr vorgeworfenen (etwaigen) Fehler erkennen und auch prüfen kann, ob es sich wirklich um einen Vergaberechtsverstoß handelt und ggf. ob und wie er zu beheben ist, hat der Bewerber/Bieter seine Rügeobliegenheit erfüllt. Es ist dann verfehlt, von ihm zusätzlich zu verlangen, zwecks Benennung tatsächlicher Umstände, die darauf schließen lassen, dass der vorgeworfene Vergaberechtsverstoß wirklich begangen worden ist, und deren Mitteilung an die Vergabestelle deren Prüfung beschleunigen kann, seinerseits alle ihm ohne großen Aufwand zur Verfügung stehenden Erkenntnisquellen auszuschöpfen und bei der Darlegung der so erzielten Untersuchungsergebnisse an die Vergabestelle auch noch anzugeben, woher seine Erkenntnisse stammen, andernfalls die Rügeerklärung als unzureichend zu bewerten wäre.[226] Aus der deutli-

---

[217] Insoweit iErg ebenso: *Krist* VergabeR 2016, 396 (397 f.).
[218] OLG Düsseldorf NZBau 2020, 670 Rn. 36; Immenga/Mestmäcker/*Dreher* Rn. 57; Beispiel einer mündlichen Rüge: OLG Brandenburg BeckRS 2011, 25288 = VergabeR 2012, 242 (247); Beispiele einer telefonischen Rüge: OLG Celle NZBau 2011, 189; LSG NRW NZBau 2010, 458 (462); OLG München BeckRS 2010, 02617 = VergabeR 2010, 246 (253).
[219] OLG Düsseldorf NZBau 2020, 670 Rn. 33.
[220] Ausf.: Immenga/Mestmäcker/*Dreher* Rn. 55–57.
[221] Vgl. OLG Düsseldorf NZBau 2020, 670 Rn. 36.
[222] OLG Düsseldorf NZBau 2020, 249 Rn. 41; Langen/Bunte/*Schweda* Rn. 22.
[223] OLG Brandenburg BeckRS 2013, 12956 = VergabeR 2013, 937 (938) mwN; OLG Dresden BeckRS 2005, 13430 = VergabeR 2006, 249 (250); OLG Düsseldorf NZBau 2020, 403 Rn. 21; OLG Frankfurt a. M. BeckRS 2002, 04481 = VergabeR 2002, 394; OLG München NZBau 2014, 456 (458); *Kühnen* NZBau 2004, 427 (430) mwN.
[224] OLG Brandenburg IBRRS 2012, 4057 = VergabeR 2013, 819 (824); OLG Düsseldorf NZBau 2013, 392 (393); OLG München NZBau 2014, 456 (458 f.); vgl. auch OLG München BeckRS 2012, 25590 = VergabeR 2013, 619 (621); OLG Brandenburg BeckRS 2013, 12956 = VergabeR 2013, 937 (938): Mindestmaß an Substantiierung erforderlich.
[225] OLG München NZBau 2014, 456 (459).
[226] AA die neuere Rspr. des OLG Düsseldorf, NZBau 2020, 732 Rn. 40 mwN aus eigener Rspr., das die hier abgelehnten (erheblichen) Anforderungen an die Rügeerklärung erhebt. So ua in einem Fall, in dem der Bieter ggü. der öffentlichen Auftraggeberin, einer Kommune, einen Verstoß gegen § 7 Abs. 1 VgV gerügt hatte, weil sie es versäumt habe, einen Wissensvorsprung, den der konkurrierende, für den Zuschlag ausgewählte Bieter durch eine vorherige beratende Tätigkeit für die Kommune erlangt habe, auszugleichen.

chen Beanstandung des Vergaberechtsfehlers ergibt sich bereits als objektiver Erklärungsinhalt, dass der Bewerber/Bieter eine Korrektur des Fehlers erstrebt; es bedarf daher nicht zusätzlich einer ausdrücklichen Aufforderung, den Fehler zu beseitigen,[227] zumal die Rügeobliegenheit nur dem Zweck dient, der Vergabestelle die (baldige) Fehlerkorrektur zu ermöglichen. Erst recht braucht der Bewerber/Bieter keine Frist zu setzen und nicht anzudrohen, dass der öffentliche Auftraggeber beim Unterlassen der Fehlerkorrektur mit einem Nachprüfungsverfahren rechnen müsse.[228]

62b Die Rüge muss – erkennbar – von dem durch den beanstandeten Vergaberechtsverstoß betroffenen Unternehmen selbst oder einem **Vertreter,** der das vertretene Unternehmen deutlich erkennen lässt,[229] erklärt werden. Die von einem Vertreter ausgesprochene Rüge ist auch ohne beigefügte Vollmachtsurkunde sofort wirksam; § 174 S. 1 BGB gilt für die Rüge, die nicht als Willenserklärung, sondern als verfahrensrechtliche Erklärung zu qualifizieren ist, nicht.[230] Die Rüge des Vergaberechtsverstoßes durch einen Verband reicht für § 160 Abs. 3 S. 1 Nr. 1 nicht aus, es sei denn, dass das betroffene Unternehmen Mitglied des Verbandes ist und dieser in seiner Rüge erklärt, dass sie auch für das Unternehmen abgegeben werde.[231] Die Rüge eines Mitglieds der (später den Nachprüfungsantrag stellenden) **Bietergemeinschaft** erfüllt deren Rügeobliegenheit nur dann, wenn das Mitglied die Rüge namens und in Vollmacht der Bietergemeinschaft erhoben hat;[232] dies kann sich im Einzelfall – mangels ausdrücklichen Hinweises in der Rüge selbst – auch aus einer vernünftigen Würdigung der Gesamtumstände ergeben, insbesondere wenn das dem Auftraggeber schon vorher bekanntgegebene bevollmächtigte Mitglied der Bietergemeinschaft die Rüge erklärt hat.[233] Wenn ein einzelnes Mitglied der Bietergemeinschaft beabsichtigt, den Nachprüfungsantrag in eigenem Namen nach den **Regeln der gewillkürten Prozessstandschaft** zu stellen (→ Rn. 30), wofür es von den anderen Mitgliedern ermächtigt worden sein muss und ein eigenes schutzwürdiges Interesse an der Durchführung des Nachprüfungsverfahrens im eigenen Namen haben muss, kann es vorbereitend auch die erforderliche Rüge in eigenem Namen erklären. Zur Wirksamkeit dieser Rüge ist es aber notwendig, schon in der Rügeerklärung offenzulegen, dass das rügende Unternehmen hiermit die Rechte der Bietergemeinschaft im eigenen Namen geltend macht und von allen anderen Mitgliedern der Bietergemeinschaft hierzu ermächtigt worden ist.[234]

63 Richtiger **Adressat** der Rüge ist nach dem klaren Gesetzeswortlaut der Auftraggeber. Im Hinblick auf dessen zu schützende Beschleunigungsinteressen kommt es für die Rechtzeitigkeit der Rüge auf den **Zugang**[235] bei der Vergabestelle oder bei der Behörde an, die die Vergabestelle ggf. für den Empfang von Rügen besonders bezeichnet hat (zur Ausschöpfung der Frist bis zum zehnten Tag 24 h → Rn. 60). Der Zugang bei der für die Vergabestelle zuständigen (für den Empfang von Rügen nicht benannten) Aufsichtsbehörde, auch wenn sie derselben Gebietskörperschaft angehört, kann die Rügefrist für sich allein nicht wahren,[236] sondern erst dann, wenn sie nach Weiterleitung noch rechtzeitig bei der Vergabestelle ankommt. Wenn die Vergabestelle – wie es häufig geschieht – Dritte, zB ein Architektur- oder Ingenieurbüro, in die Durchführung

---

Da die Kommune selbst (iÜ besser als der rügende Bieter) wusste, welche Beratungsdienstleistungen der Zuschlagsaspirant in der Vergangenheit für sie erbracht hatte und ob diese Beratung mit Blick auf den jetzt zu vergebenden Auftrag in den Anwendungsbereich des § 7 VgV fiel, war sie ohne Weiteres in der Lage zu prüfen, ob die Rüge berechtigt war oder nicht. Demzufolge hatte der Bieter seiner Rügeobliegenheit – schon ohne weitere eigene Ermittlungen und Darlegungen – genügt (aA OLG Düsseldorf NZBau 2020, 732 Rn. 40–42; wie hier *Antweiler* NZBau 2020, 761 f. in seiner abl. Bespr. der OLG-Entscheidung).

[227] Ebenso: OLG Celle NZBau 2011, 189 f.; OLG Düsseldorf BeckRS 2012, 04919 = VergabeR 2012, 664 (666); Loewenheim/Meessen/Riesenkampff/*Heuvels,* 2. Aufl. 2009, § 107 Rn. 29; aA OLG Brandenburg VergabeR 2005, 660 (663) mwN; *Prieß* VergabeR-HdB 367 mwN.

[228] KG NZBau 2002, 402 = VergabeR 2001, 392 (394); OLG München BeckRS 2009, 86656 = VergabeR 2010, 677 (682); *Kühnen* NZBau 2004, 427 (430) mwN; Byok/Jaeger/*Byok* Rn. 108; Immenga/Mestmäcker/*Dreher* Rn. 63 Fn. 200; Langen/Bunte/*Schweda* Rn. 23; aA OLG Brandenburg VergabeR 2005, 660 (663); *Prieß* VergabeR-HdB 367 mwN; wohl auch *Schröder* VergabeR 2002, 229 (230 bei Fn. 17).

[229] OLG Brandenburg VergabeR 2003, 242 (245).

[230] OLG Düsseldorf Beschl. v. 30.8.2001 – Verg 32/01; *Schröder* VergabeR 2002, 229 (230); Byok/Jaeger/*Byok* Rn. 105.

[231] OLG Brandenburg VergabeR 2003, 242 (245).

[232] OLG Dresden IBRRS 2013, 3608 = VergabeR 2014, 81 (83); OLG Düsseldorf NZBau 2015, 176.

[233] Vgl. OLG Düsseldorf NZBau 2015, 176.

[234] OLG Dresden IBRRS 2013, 3608 = VergabeR 2014, 81 (83); OLG München NZBau 2015, 575 (576) mwN.

[235] OLG München BeckRS 2014, 00957 = VergabeR 2014, 466 (471) betont als maßgeblichen Zeitpunkt den „Eingang" der Rüge, der sich im Streitfall vom Zugang zeitlich nicht unterschied.

[236] *Prieß* VergabeR-HdB 367 mwN; diff. Immenga/Mestmäcker/*Dreher* Rn. 59.

des Vergabeverfahrens eingeschaltet hat, wirkt der Zugang der Rüge bei dem Dritten nicht fristwahrend,[237] es sei denn, dass der Dritte von der Vergabestelle den Bewerbern/Bietern ausdrücklich als Ansprechpartner oÄ benannt worden ist.[238] Dann könnte sich die Vergabestelle zumindest nach dem (der Rügeobliegenheit gem. § 160 Abs. 3 S. 1 Nr. 1 zugrunde liegenden) Grundsatz von Treu und Glauben nicht darauf berufen, dass die Rüge der falschen Stelle zugeleitet worden ist.

f) Wartefrist zwischen Rüge und Nachprüfungsantrag. Während der Gesetzgeber eine 64 Rügefrist durch die genaue Zeitangabe von zehn Kalendertagen normiert hat, schweigt er sich – auch in der Neufassung der Vorschrift durch das VergRModG (§ 160 Abs. 3 S. 1 Nr. 1) – über eine Wartefrist nach der Rüge, bis der Nachprüfungsantrag zulässigerweise gestellt werden kann, aus, obwohl die Anordnung einer Wartefrist mit dem Normzweck in Einklang gestanden hätte, der Vergabestelle eine Fehlerkorrektur zu ermöglichen und dadurch unnötige Nachprüfungsverfahren zu vermeiden. Allein der Verwendung des Perfekts in § 160 Abs. 3 S. 1 Nr. 1 („...gerügt hat") kann die klare Normierung einer verbindlichen Wartefrist (welche Dauer?) nicht entnommen werden.[239] Aus dem Schweigen des Gesetzes folgerten die Rechtsprechung[240] und ein Teil des Schrifttums[241] während der Geltungszeit des § 107 Abs. 3 S. 1 Nr. 1 aF, dass die **Zulässigkeit des Nachprüfungsantrags von** der Beachtung einer solchen – ungeschriebenen – **Wartefrist nicht abhängig** gemacht werden kann, vielmehr der Nachprüfungsantrag auch dann zulässig ist, wenn er der Rüge zeitlich sehr bald nachfolgt oder sogar zeitgleich mit der Rügeerklärung (deren sofortiger Zugang beim Auftraggeber mit den heutigen Kommunikationsmitteln – E-Mail und Fax – ohne Weiteres zu bewerkstelligen ist)[242] eingereicht wird. Dem ist zuzustimmen.

Hieran, und zwar auch an der **Zulässigkeit der zeitgleichen Einreichung des Nachprü-** 65 **fungsantrags** und der **Übermittlung der Rügeerklärung** an den Auftraggeber (sofern die Rügefrist noch nicht abgelaufen ist), hat sich auch mit der Neufassung der Präklusionsvorschrift **durch § 160 Abs. 3 S. 1 Nr. 1 nichts geändert.**[243] Das könnte dann anders beurteilt werden, wenn man die in der Norm enthaltene Zeitbestimmung „vor Einreichen des Nachprüfungsantrags" nicht nur auf den Akt des Erkennens des Vergaberechtsverstoßes, sondern auch auf den Akt der Rügeübermittlung an den Auftraggeber beziehen würde. Das wäre indessen eine unzutreffende Auslegung der Norm. Die vorgenannte Zeitbestimmung gilt nur der Abgrenzung, bis zu welchem Zeitpunkt die Erlangung der Kenntnis von einem Vergaberechtsverstoß die Rügeobliegenheit auslöst. Der Erfüllung der Rügeobliegenheit ordnet die Norm eine andere Zeitbestimmung zu: den Zeitraum von zehn Kalendertagen nach der Kenntniserlangung. Zusätzlich noch die erstgenannte Zeitbestimmung auch der Erfüllung der Rügeobliegenheit zuzuordnen, würde bedeuten, dass man einen unauflöslichen Widerspruch in die Norm hineininterpretiert, nämlich in Bezug auf die häufigen Fälle, in denen der (potenzielle) Antragsteller erst infolge der gem. § 134 Abs. 1 und Abs. 2 S. 2 erteilten Information den ernstlichen Verdacht auf einen Vergaberechtsverstoß schöpft und diesen Verdacht nur mithilfe weiterer Nachforschungen (zB Einholung von Rechtsrat) während der schon laufenden Wartefrist (§ 134 Abs. 2 S. 2) zur positiven Kenntnis (→ Rn. 56) verdichten kann. Würde man in einem solchen Standardfall die erstgenannte Zeitbestimmung „vor Einreichen des Nachprüfungsantrags" auf die erforderliche Erfüllung der Rügeobliegenheit erstrecken, so würde man dadurch den (potenziellen) Antragsteller noch mehr unter Zeitdruck setzen, als er de facto ohnehin schon steht (→ Rn. 61), weil er zur Aufrechterhaltung seiner Auftragschancen den Nachprüfungsantrag vor Ablauf der Wartefrist (§ 134 Abs. 2 S. 2) so rechtzeitig einreichen muss, dass die Vergabekammer noch den Zuschlagsstopp gem. § 169 Abs. 1 bewirken kann. Man würde also mit einer Auslegung des § 160 Abs. 3 S. 1 Nr. 1, wonach die Rügeerklärung dem Auftraggeber unbedingt noch „vor Einreichen des Nachprüfungsantrags" zugehen muss und eine damit zeitgleiche Rügeerklärung zur

---

[237] Kühnen NZBau 2004, 427 (430); Langen/Bunte/Schweda Rn. 20; Loewenheim/Meessen/Riesenkampff/Heuvels, 2. Aufl. 2009, § 107 Rn. 25 Fn. 66; diff. Immenga/Mestmäcker/Dreher Rn. 59; aA OLG Jena NZBau 2000, 539 (540).
[238] Immenga/Mestmäcker/Dreher Rn. 59; Wiese in RKPP GWB Rn. 147.
[239] AA Maier NZBau 2004, 196 (197) zum insoweit gleichen Text des § 107 Abs. 3 S. 1 aF.
[240] OLG Düsseldorf BeckRS 2001, 17504 = VergabeR 2001, 419 (421); OLG Frankfurt a. M. NZBau 2001, 101 (103 f.); KG ZfBR 2002, 614 = VergabeR 2002, 398 (400); OLG Karlsruhe NZBau 2013, 528 (532) mwN.
[241] Kühnen NZBau 2004, 427 (430); Byok/Jaeger/Byok, 3. Aufl. 2011, § 107 Rn. 99; Langen/Bunte/Schweda, 12. Aufl. 2014, § 107 Rn. 22.
[242] Damit kann den Bedenken von Byok/Jaeger/Byok, 3. Aufl. 2011, § 107 Rn. 99, der den Zugang der Rüge insoweit als maßgeblich betont, Rechnung getragen werden.
[243] Ebenso: Byok/Jaeger/Byok Rn. 114; Langen/Bunte/Schweda Rn. 17; Wiese in RKPP GWB Rn. 163; Pfannkuch VergabeR 2020, 217.

Unzulässigkeit des Nachprüfungsantrags führt, die in der Norm absolut auf zehn Kalendertage festgelegte Rügefrist bei einer Fallkonstellation wie dem dargestellten Standardfall erheblich verkürzen, und zwar noch stärker verkürzen, als es für eine abgewogene Lösung dieses Dilemmas notwendig ist (→ Rn. 66), obwohl die zehntägige Rügefrist nach dem Wortlaut des § 160 Abs. 3 S. 1 Nr. 1 absolut (ohne rechtliche Kürzungsmöglichkeit) normiert ist. Ohnehin bliebe bei einer solchen Auslegung völlig offen und unsicher, wie groß die angeblich notwendige Zeitspanne zwischen Übermittlung der Rügeerklärung und Einreichen des Nachprüfungsantrags sein müsste. Aus den vorstehenden Gründen folgt vielmehr, dass die zeitgleiche Übermittlung der Rügeerklärung (sofern die absolute Rügefrist noch nicht abgelaufen ist) die Zulässigkeit des Nachprüfungsantrags nicht verhindert.[244]

66 Dieser Auslegung des § 160 Abs. 3 S. 1 Nr. 1 (→ Rn. 64 und 65) steht **§ 161 Abs. 2** nicht entgegen. Denn bei beiden vorgenannten Alternativen (→ Rn. 64: enge zeitliche Aufeinanderfolge und Zeitgleichheit von Rüge und Antrag) vermag der Antragsteller dieser einzigen weiteren Vorschrift, die zum zeitlichen Verhältnis von Rüge und Antrag etwas besagt, zu genügen: Selbst bei einem zeitgleich mit der Rügeerklärung eingereichten Antrag kann der Antragsteller seine Begründungspflicht gem. § 161 Abs. 2 erfüllen, indem er vorträgt, dass er seine Rügeerklärung abgegeben hat. Die Feststellung einer systemwidrigen Lücke im Gesetz und deren Schließung durch eine rechtsfortbildende Schöpfung einer Wartefrist wären allenfalls dann notwendig, wenn sonst schützenswerte Interessen des öffentlichen Auftraggebers gefährdet wären. Das ist indessen nicht der Fall. Der Auftraggeber wird durch die Einreichung des Nachprüfungsantrags nicht gehindert, etwaige Vergaberechtsverstöße zu beheben oder zu beseitigen. Es bleibt lediglich das **Risiko der Kosten,** von denen aber der Auftraggeber bei einem der Sache nach verfrühten Nachprüfungsantrag befreit werden kann, wenn er aufgrund der Rügeerklärung sofort einlenkt und sich dadurch das Nachprüfungsverfahren erledigt (vgl. § 182 Abs. 3 S. 4 und Abs. 4 S. 3). Unter diesen Umständen fehlt der Gegenansicht, die dem Antragsteller, sofern kein Zuschlag unmittelbar bevorsteht, eine Wartefrist auferlegen will und den Nachprüfungsantrag bei Nichtbeachtung der Wartefrist als unzulässig beurteilt,[245] die erforderliche rechtliche Grundlage.

67 **g) Entbehrlichkeit der Rüge.** Eine Rügeobliegenheit entsteht erst gar nicht, wenn der Antragsteller den Vergaberechtsverstoß erst während des Nachprüfungsverfahrens erkennt (→ Rn. 53). Im Übrigen kann in eher seltenen Ausnahmefällen die Rügeobliegenheit entfallen. Nach dem Normzweck des § 160 Abs. 3 S. 1 Nr. 1 (→ Rn. 3) kann eine Rüge vom Bewerber/Bieter dann nicht verlangt werden, wenn die Vergabestelle schon vorher – zB durch Bieterrundschreiben – eindeutig zu erkennen gegeben hat, an ihrer in Rede stehenden Entscheidung unumstößlich festhalten zu wollen und auch auf Rüge hin unter keinen Umständen gewillt zu sein, einen diskutierten Vergaberechtsverstoß zu beheben.[246] An die Feststellung der **Unumstößlichkeit** einer zum Ausdruck gebrachten **Abhilfeverweigerung** sind jedoch hohe Anforderungen zu stellen.[247] Allgemein wird eine – erneute – Rüge als entbehrlich erachtet, wenn der Auftraggeber einen in demselben Vergabeverfahren schon gerügten Vergaberechtsverstoß wiederholt oder wenn sich das bereits gerügte Verhalten in weiteren Entscheidungen der Vergabestelle fortsetzt.[248] Wenn dagegen der Auftraggeber einen Abschnitt des Vergabeverfahrens aufgrund einer Rüge wiederholt und ihm dabei der gerügte Vergaberechtsverstoß erneut unterläuft, entsteht (Kenntniserlangung vorausgesetzt) auch die Rügeobliegenheit erneut.[249] Problematisch ist die Befreiung von der Rügeobliegenheit infolge der

---

[244] AA Immenga/Mestmäcker/*Dreher* Rn. 64: Falls für eine Stellung des Nachprüfungsantrags noch ausreichend Zeit bleibe, müsse bei teleologischer Auslegung eine – wenn auch knappe – Wartefrist zwischen Rüge und Antrag bestehen (ohne Angabe der Rechtsfolge bei Missachtung dieser Wartefrist – Verwerfung des Nachprüfungsantrags als unzulässig?). AA auch Reidt/Stickler/Glahs/*Reidt* Rn. 77 f.: Infolge der Relativierung des Risikos eines überraschenden Zuschlags durch die Regelung der §§ 134, 135 Abs. 1 Nr. 1 müsse zwischen der Rüge und der Einreichung des Nachprüfungsantrags zumindest eine kurze Frist liegen; ohne deren Einhaltung sei der Nachprüfungsantrag unzulässig, könne aber während des Nachprüfungsverfahrens zulässig werden, wenn der öffentliche Auftraggeber nach angemessener Frist auf die Rüge nicht reagiere oder sogar erkläre, er halte sein gerügtes Vergabeverhalten für rechtmäßig (soll die VK diese „angemessene Frist" abwarten bevor sie tätig wird?).

[245] *Maier* NZBau 2004, 196; *Schröder* VergabeR 2002, 229 (234); *Prieß* VergabeR-HdB 368 f.; Reidt/Stickler/Glahs/*Reidt* Rn. 78; so wohl auch *Eiermann* NZBau 2016, 13 (20 aE); Immenga/Mestmäcker/*Dreher* Rn. 64.

[246] OLG Brandenburg NZBau 2014, 64 (Ls.); OLG Düsseldorf NZBau 2020, 249 Rn. 43; OLG Düsseldorf NZBau 2017, 623 Rn. 29; OLG Frankfurt a. M. NZBau 2015, 448 (449); OLG Koblenz ZfBR 2003, 822 = VergabeR 2003, 709 (714); KG ZfBR 2002, 614 = VergabeR 2002, 398 (401); OLG Saarbrücken VergabeR 2002, 493 (496); OLG Stuttgart NZBau 2001, 462 (463).

[247] Zutr. *Kühnen* NZBau 2004, 427 (428) mwN.

[248] OLG Koblenz ZfBR 2003, 822 = VergabeR 2003, 709 (712); Byok/Jaeger/*Byok* Rn. 122 mwN; Immenga/Mestmäcker/*Dreher* Rn. 125 f.

[249] OLG Koblenz ZfBR 2003, 822 = VergabeR 2003, 709 (712–714); Byok/Jaeger/*Byok* Rn. 122.

rechtzeitigen Rüge des gleichen Vergaberechtsfehlers durch einen anderen Bieter, wenn der Auftraggeber dieser Rüge nicht abgeholfen hat.[250] Die besseren Gründe sprechen dafür, hier die Rügeobliegenheit aufrechtzuerhalten.[251] Jede Rüge ist ein individueller Akt; wenn eine erste Rüge keinen Erfolg hatte, kann das bei einer zweiten Rüge oder bei gehäuften Rügen anders sein. Die **Zurechnung von Rügen Dritter** muss vor allem wegen der dadurch eröffneten Manipulationsgefahr unterbleiben; denn im Zeitpunkt der Rüge des Dritten war der Antragsteller mit seinem Rügerecht möglicherweise schon präkludiert. Seit dem Inkrafttreten des § 107 Abs. 3 S. 1 Nr. 4 aF (jetzt § 160) kann man die Ansicht, dass die Rüge des Vergaberechtsverstoßes durch einen Dritten alle übrigen Bieter von der Obliegenheit zur Rüge des gleichen Vergaberechtsverstoßes befreit, auch deshalb nicht aufrecht erhalten, weil der Auftraggeber gegenüber den übrigen Bietern dann die – vermeintlich zu seinen Gunsten neu eingeführte – Antragsfrist nicht in Lauf setzen kann. Auch wenn der **Vergaberechtsverstoß** aus der Sicht des betroffenen Bieters **offensichtlich** und unbezweifelbar ist, bleibt die Rügeobliegenheit – wegen des auch dann durchaus erreichbaren Zwecks der Rüge (→ Rn. 3) – bestehen.[252] Eine weit verbreitete Ansicht enthebt den Antragsteller dann der Rügeobliegenheit, wenn die betreffenden **Vergaberechtsverstöße irreparabel** sind.[253] Dieser Ansicht kann nicht zugestimmt werden, weil ihre Prämisse nicht zutrifft. Zu den in Betracht kommenden Fehlerbeseitigungsmaßnahmen gehört auch eine selbst vorgenommene Aufhebung des Vergabeverfahrens, die für den Auftraggeber immer noch wirtschaftlicher und kostengünstiger ist als ein Nachprüfungsverfahren, das bei einem nicht korrigierbaren Vergaberechtsfehler in der Regel auch zu einer – allerdings von der Vergabekammer angeordneten – Aufhebung führt.

Abzulehnen ist auch die Ansicht,[254] die (außerprozessuale) Erfüllung der Rügeobliegenheit sei entbehrlich bei aktuell vom Antragsteller erkannten Vergaberechtsverstößen, die er noch **während der** unzweifelhaft nicht abgelaufenen **Rügefrist** mit einem **Nachprüfungsantrag** geltend mache, sodass es gerade ausgeschlossen werden könne, dass er darauf spekuliere, ob sich die Vergaberechtsverstöße zu seinen Gunsten auswirkten. Diese Ansicht verfehlt den weiteren, wichtigeren Normzweck, der Vergabestelle zu ermöglichen, unter Vermeidung eines Nachprüfungsverfahrens die betreffenden Vergaberechtsverstöße selbst zu beheben (→ Rn. 3).[255] Problematisch ist es, ob von einem Antragsteller, der während der Rügefrist genötigt ist, einer drohenden Zuschlagserteilung durch einen Nachprüfungsantrag zuvorzukommen (→ Rn. 61), dennoch verlangt werden muss, eine außerprozessuale Rüge an den Auftraggeber zu richten. Da es keine Wartefrist gibt (→ Rn. 64–66), da es ferner zulässig ist, Rügen dem Auftraggeber zeitgleich mit der Einreichung eines Nachprüfungsantrags zu übermitteln (→ Rn. 65 f.), und da es letztlich nicht auszuschließen ist, dass die zeitgleiche Rüge dem Auftraggeber doch einen gewissen, wenn auch nicht sehr hohen Zeitgewinn für die eigene Fehleruntersuchung erbringt, ist grundsätzlich auch aus Gründen der Rechtsklarheit die Rügeobliegenheit aufrechtzuerhalten.[256] Eine Ausnahme ist allerdings dann einzuräumen, wenn der Antragsteller – während noch nicht abgelaufener Rügefrist – ernstlich befürchten muss, dass die Vergabekammer den Suspensiveffekt des § 169 Abs. 1 nach Einreichung des Nachprüfungsantrags nicht mehr vor Ablauf der Schutzfrist des § 134 Abs. 1 S. 1 bzw. S. 2 herstellen wird und die mit der Antragseinreichung zeitgleiche Rüge den Auftraggeber veranlassen könnte, den Zuschlag schnellstmöglich zu erteilen. In diesem wohl seltenen Ausnahmefall ist es gerechtfertigt, das Informationsinteresse des Auftraggebers hinter dem Rechtsschutzinteresse des Antragstellers zurücktreten zu lassen und diesen von dem Erfordernis einer vorhergehenden oder mit dem Nachprüfungsantrag gleichzeitigen Rüge freizustellen.[257] Schließlich ist eine **Rüge** – wegen Sinnlosigkeit – **entbehrlich,**

---

[250] So OLG Celle ZfBR 2006, 188 = VergabeR 2006, 244; so auch *Wiese* in RKPP GWB Rn. 156.
[251] Zutr. Immenga/Mestmäcker/*Dreher* Rn. 131.
[252] OLG Brandenburg NZBau 2014, 64 (Ls.).
[253] OLG Brandenburg VergabeR 2003, 242 (244); Immenga/Mestmäcker/*Dreher* Rn. 122; Langen/Bunte/*Schweda* Rn. 24; *Prieß* VergabeR-HdB 370; *Schröder* VergabeR 2002, 229 (231).
[254] OLG Saarbrücken VergabeR 2002, 493 (495); KG ZfBR 2002, 614 = VergabeR 2002, 398 (400).
[255] Zutr. *Kühnen* NZBau 2004, 427 (429); Immenga/Mestmäcker/*Dreher* Rn. 130.
[256] Ebenso: Immenga/Mestmäcker/*Dreher* Rn. 128; iErg ebenso: OLG Frankfurt a. M. BeckRS 2013, 13101 = VergabeR 2014, 62 (70), in einem Fall, in dem zwischen der Antragseinreichung und dem frühestmöglichen Tag des Zuschlags drei Kalendertage lagen. AA *Prieß* VergabeR-HdB 370.
[257] Ebenso: *Kühnen* NZBau 2004, 427 (429); Reidt/Stickler/Glahs/*Reidt* Rn. 57 und 71; iErg ebenso OLG Düsseldorf BeckRS 2014, 20873 = VergabeR 2015, 473 (474 f.), in einem Fall, in dem der Auftraggeber das Bieterinformationsfax am Gründonnerstag gegen 17 h abgesandt hatte, sodass sich die Frist für eine interessenwahrende Reaktion des Bieters, insbes. für die Einreichung eines Nachprüfungsantrags de facto realistisch von zehn auf drei Tage verkürzte, weil auch noch eine knappe Prüfungszeit für die VK mit Blick auf die § 169 Abs. 1, § 163 Abs. 2 S. 3 einzukalkulieren war. Vgl. auch Byok/Jaeger/*Byok* Rn. 119 (der die Rüge wohl erst nach Ablauf der Wartefrist des § 134 Abs. 2 für entbehrlich hält [etwas unklar]). AA Immenga/Mestmäcker/*Dreher* Rn. 128 (keine Ausnahme wegen der Möglichkeit gleichzeitiger Rüge und

GWB § 160 69–71

wenn der öffentliche Auftraggeber den **Zuschlag** einem anderen Bieter **schon erteilt** hat und ein Mitbewerber mit seinem Nachprüfungsantrag die Unwirksamkeit des Zuschlags (zB) wegen Verstoßes gegen § 134 Abs. 1 oder § 134 Abs. 2 geltend machen will.[258]

69 **h) Präklusionswirkung.** Das Entstehen und ggf. die Erfüllung der Rügeobliegenheit sind für jeden einzelnen mit dem Nachprüfungsantrag geltend gemachten Vergaberechtsverstoß gesondert zu prüfen. Die Erfüllung einer entstandenen Rügeobliegenheit ist eine **zwingende** Zulässigkeitsvoraussetzung, und zwar sowohl im Sinne einer **Sachurteilsvoraussetzung**, damit die Vergabekammer (und eventuell der Vergabesenat) eine Sachentscheidung über den geltend gemachten Vergaberechtsverstoß fällen kann,[259] als auch – vorgelagert – im Sinne einer **Zugangsvoraussetzung**[260] für das Nachprüfungsverfahren, in dem der betreffende Vergaberechtsverstoß geltend gemacht werden soll. Die Eigenschaft als Zugangsvoraussetzung bedeutet, dass die Erfüllung der Rügeobliegenheit bei Einreichung des Nachprüfungsantrags geschehen sein muss – abgesehen von der Modifikation der bei bestimmten Fallgestaltungen erlaubten gleichzeitigen außerprozessualen Rügeerklärung an den öffentlichen Auftraggeber (→ Rn. 65 f. und 68) und abgesehen von den Ausnahmefällen der Entbehrlichkeit einer Rüge (→ Rn. 67 f.) – und nicht nachgeholt werden kann.[261] Sowohl als Sachurteils- als auch als Zugangsvoraussetzung ist sie von Amts wegen zu prüfen.

70 Die aus der Nichterfüllung der Rügeobliegenheit folgende Präklusion erfasst nur den betreffenden Vergaberechtsverstoß, nicht den gesamten Nachprüfungsantrag, wenn ihm mehrere beanstandete Vergaberechtsverstöße des Antragsgegners zugrunde gelegt werden (s. „soweit" in § 160 Abs. 3). Das hat auch Bedeutung für diejenigen **Vergaberechtsverstöße**, die der Antragsteller erst **während des Nachprüfungsverfahrens erkennt** und die deshalb nicht in den Anwendungsbereich des Abs. 3 S. 1 Nr. 1 fallen (→ Rn. 53). Aufgrund der Beschleunigungs- und Effizienzziele des vergaberechtlichen Rechtsschutzes kann der Antragsteller diese Vergaberechtsverstöße nachträglich in das noch anhängige Nachprüfungsverfahren einführen und zum Gegenstand seines Rechtsschutzbegehrens machen, damit ein weiteres Nachprüfungsverfahren vermieden wird.[262] Das gilt, solange der Nachprüfungsantrag als prozessuales Begehren noch besteht (dh noch nicht zurückgewiesen worden ist), auch dann, wenn dem Nachprüfungsantrag bis dahin nur ein oder mehrere präkludierte Verstöße zugrunde lagen und er deshalb insgesamt unzulässig war.[263] Denn da für den nachträglich erkannten Vergaberechtsverstoß keine Rügeobliegenheit besteht, existiert für ihn auch keine Zugangsvoraussetzung in dem oben (→ Rn. 69) dargestellten Sinne. Folglich kann die Geltendmachung des erst im Nachprüfungsverfahren erkannten Vergaberechtsverstoßes nachträglich die Zulässigkeit des Nachprüfungsantrags begründen.[264]

71 Die Präklusion erfasst auch nur den **konkreten Vergaberechtsverstoß**, den der Antragsteller entgegen seiner Obliegenheit nicht gerügt hat und den er in seiner abgegrenzten Bedeutung nicht mehr geltend machen kann, **nicht** auch **weitere Vergaberechtsverstöße**, die sich konsequent an den ersten Verstoß anschließen und mit diesem **in einem Kausalzusammenhang** stehen. Wenn also ein Bieter die fehlerhafte Wahl des Vergabeverfahrens durch den Auftraggeber (zB nationale Ausschreibung anstatt europaweiter Bekanntmachung aufgrund der unzutreffenden Qualifizierung als Bauauftrag anstatt als Dienstleistungsauftrag, für den der Schwellenwert überschritten war) entgegen der entstandenen Rügeobliegenheit nicht gerügt hat, so ist er zwar hinsichtlich dieses abgegrenzten Vergaberechtsfehlers präkludiert, nicht aber mit den weiteren Beanstandungen der nachfolgenden Vergaberechtsverstöße, die mit der Verfahrenswahl bestimmungsgemäß zusammenhängen (zB Nichtbeachtung des § 134 Abs. 1), und auch nicht mit der andernfalls eintretenden Folge, dass dem Bieter das Nachprüfungsverfahren gem. §§ 155 ff., § 160 nicht mehr eröffnet wäre.[265]

Stellung des Nachprüfungsantrags); aA auch *Kaiser/Plantiko* VergabeR 2015, 475 (476) in abl. Anm. zu OLG Düsseldorf BeckRS 2014, 20873 = VergabeR 2015, 473.

[258] OLG Düsseldorf NZBau 2020, 109 Rn. 36; OLG Düsseldorf NZBau 2020, 739 Rn. 46.
[259] OLG Düsseldorf NZBau 2016, 235 (236); OLG Saarbrücken BeckRS 2016, 012834 = VergabeR 2016, 657 (662) mwN.
[260] OLG Düsseldorf IBRRS 2005, 0957 = VergabeR 2005, 364 (367); OLG Saarbrücken BeckRS 2016, 012834 = VergabeR 2016, 657 (662) mwN; *Kühnen* NZBau 2004, 427 (428) mwN; Ziekow/Völlink/*Dicks* Rn. 36.
[261] OLG Saarbrücken BeckRS 2016, 012834 = VergabeR 2016, 657 (662) mwN; *Kühnen* NZBau 2004, 427 (428).
[262] OLG Düsseldorf NZBau 2020, 739 Rn. 47; *Kühnen* NZBau 2004, 427 (428) mwN.
[263] OLG Brandenburg NZBau 2007, 329 = VergabeR 2007, 529 (533); OLG Celle BeckRS 2001, 31053374 = VergabeR 2001, 252 (254); OLG Düsseldorf NZBau 2020, 739 Rn. 48; OLG Koblenz VergabeR 2006, 392 (397).
[264] Das verkennt *Benedict* VergabeR 2001, 254 (256) in seiner kritAnm zu OLG Celle BeckRS 2001, 31053374 = VergabeR 2001, 252.
[265] OLG Düsseldorf BeckRS 2007, 00456 = VergabeR 2007, 200 (204), entgegen KG NZBau 2003, 338 und OLG Bremen NZBau 2006, 527 = VergabeR 2006, 502. IErg ebenso wie OLG Düsseldorf: EuGH Slg. 2007, I-8415 = NZBau 2007, 798 – Lämmerzahl; Ziekow/Völlink/*Dicks* Rn. 38.

IV. Rügeobliegenheit (Abs. 3)

72 Da die Nichterfüllung der Rügeobliegenheit – bezogen auf den konkreten Vergaberechtsverstoß – zur Unzulässigkeit des Rechtsschutzbegehrens vor der Vergabekammer führt, handelt es sich nur um eine **verfahrensrechtliche Präklusion**. Nur der Primärrechtsschutz wird dem Antragsteller abgelehnt.[266] Soweit Vergabekammer und Vergabesenat einen Nachprüfungsantrag gem. § 160 Abs. 3 S. 1 Nr. 1 als unzulässig zurückweisen, treffen sie über den geltend gemachten Vergaberechtsverstoß keine Sachentscheidung; ihre Entscheidung entfaltet daher keinerlei Bindungswirkung gem. § 179 Abs. 1 für den Sekundärrechtsschutz vor den ordentlichen Gerichten.[267] Die (verfahrensrechtliche) Präklusion erstreckt sich daher nicht auf etwaige vom Auftraggeber verletzte subjektive Rechte des Antragstellers,[268] insbesondere nicht auf **Schadensersatzansprüche**, die aus dem Vergaberechtsverstoß resultieren können.[269] Ob den Bewerber/Bieter wegen der Nichterfüllung seiner Rügeobliegenheit ein Mitverschulden (§ 254 BGB) an der Entstehung des Schadens trifft, muss das Zivilgericht autonom entscheiden.[270] Mit dieser verfahrensrechtlichen Präklusionswirkung ist § 160 Abs. 3 S. 1 Nr. 1 richtlinienkonform, weil auch die tagesgenaue und daher rechtssichere Rügefrist selbst mit zehn Kalendertagen vom Gesetzgeber nicht zu kurz bemessen worden ist (→ Rn. 61). Dass einzelstaatliche Rüge- und Ausschlussfristen, wenn sie angemessen sind, mit dem **Unionsrecht vereinbar** sind, hat der EuGH bereits entschieden.[271] Umstritten ist, ob die Vergabekammer einen von der Rügepräklusion betroffenen Vergaberechtsverstoß doch von Amts wegen aufklären kann und dann, wenn die Ermittlungen einen Vergaberechtsverstoß ergeben, den Auftraggeber gem. § 168 Abs. 1 S. 2 anweisen kann, das Vergabeverfahren durch geeignete Maßnahmen (zB Wiederholung einzelner Verfahrensabschnitte oder gar Aufhebung des gesamten Vergabeverfahrens mit der Chance zur Neuausschreibung) vergaberechtskonform zu gestalten.[272] In Anbetracht dessen, dass es sich bei der Erfüllung der Rügeobliegenheit um eine Zugangsvoraussetzung des Nachprüfungsverfahrens handelt (→ Rn. 69) und die Vergabekammer Vergaberechtsverstöße von Auftraggebern (iSd § 98) nicht ohne Nachprüfungsantrag, also nicht von Amts wegen, aufgreifen darf, weil für die ihr obliegende Nachprüfung das Antragserfordernis gilt (→ Rn. 8), würde die amtswegige Verfolgung von Vergaberechtsverstößen durch die Vergabekammer trotz eingetretener Rügepräklusion eine Umgehung des § 160 Abs. 1 und Abs. 3 S. 1 darstellen. Die **Befugnis zur amtswegigen Verfolgung** ist der Vergabekammer daher **abzusprechen**.

73 i) **Beweislast.** Den **Auftraggeber** trifft die Darlegungs- und (materielle) Beweislast dafür, dass die Rügeobliegenheit iSd § 160 Abs. 3 S. 1 Nr. 1 überhaupt und ggf. wann sie entstanden ist. Daher obliegt es ihm, darzulegen und zu beweisen (oder den Gegendarlegung des Antragstellers auszuräumen), dass der Antragsteller die für das Entstehen der Rügeobliegenheit maßgeblichen Kenntnisse doch so frühzeitig erworben hat, dass seine tatsächlich ausgesprochene Rüge die zehntägige Rügefrist nicht mehr eingehalten hat,[273] also wegen Verspätung dem Zulässigkeitserfordernis der Vorschrift nicht genügt. Dieser Beweis wird dem Auftraggeber – wenn überhaupt – in der Regel

---

[266] Insoweit ebenso: OLG Schleswig NZBau 2011, 375 (376).
[267] Byok/Jaeger/*Jaeger* § 179 Rn. 4 mwN (str.); Ziekow/Völlink/*Dicks* Rn. 36 mwN (str.).
[268] IErg ebenso: Ziekow/Völlink/*Dicks* Rn. 36; aA OLG Naumburg ZfBR 2012, 85 = VergabeR 2012, 93 (100): „materielle Präklusion"; aA iErg auch OLG Koblenz IBRRS 2007, 4867 = VergabeR 2008, 264 (267): „infolge der Rügepräklusion wird das vergaberechtswidrige Verhalten der Vergabestelle als vergaberechtskonform fingiert"; dem zust.: Byok/Jaeger/*Byok* Rn. 67; Immenga/Mestmäcker/*Dreher* Rn. 45.
[269] Ebenso: Immenga/Mestmäcker/*Stockmann* § 179 Rn. 3, 6; *Wiese* in RKPP GWB Rn. 99; Ziekow/Völlink/*Dicks* Rn. 36; zust. *Goede* VergabeR 2015, 825 (827 Fn. 10); iErg ebenso BGH NZBau 2019, 661 Rn. 29 f.; BGH NZBau 2019, 798 Rn. 16 f.; aA OLG Celle NZBau 2018, 314 Rn. 29–36; *Kühnen* NZBau 2004, 427 (428).
[270] Byok/Jaeger/*Jaeger* § 179 Rn. 4 mwN (str.); vgl. auch BGH NZBau 2019, 661 Rn. 31 f.; BGH NZBau 2019, 798 Rn. 21 f. – Mitverschulden generell bejahend: *Wiese* in RKPP GWB Rn. 99 mwN.
[271] EuGH Slg. 2002, I-11617 Rn. 76 f. = NZBau 2003, 162 – Universale-Bau AG; EuGH Slg. 2003, I-1877 Rn. 51, 52, 56, 57, 66 = NZBau 2003, 284 – Santex.
[272] Bejahend: Loewenheim/Meessen/Riesenkampff/*Heuvels*, 2. Aufl. 2009, § 114 Rn. 14–16; *Braun* VergabeR 2013, 149 (150). Verneinend: OLG Brandenburg VergabeR 2003, 242 (246); OLG Dresden BeckRS 2002, 17325 = VergabeR 2003, 333 (336); OLG Düsseldorf NZBau 2011, 501 = VergabeR 2011, 843 (847) mwN; OLG Frankfurt a. M. NZBau 2012, 795 = VergabeR 2013, 138 (144); OLG Naumburg ZfBR 2012, 85 = VergabeR 2012, 93 (100), allerdings mit nicht zutr. Begr.; OLG Schleswig NZBau 2019, 806 Rn. 148 (unter stillschweigender Aufgabe seiner früheren gegenteiligen Rspr.; OLG Schleswig NZBau 2011, 375 [376]); Langen/Bunte/*Schweda* Rn. 15; Immenga/Mestmäcker/*Dreher* § 168 Rn. 16 (ausgenommen „besonders schwerwiegende Verstöße").
[273] Vgl. BGH NZBau 2005, 290 = VergabeR 2005, 328 (331); OLG Düsseldorf BeckRS 2001, 17504 = VergabeR 2001, 419 (421); OLG Jena NZBau 2011, 771 (772); OLG Karlsruhe NZBau 2013, 528 (529); OLG München NZBau 2014, 456 (459); *Kühnen* NZBau 2004, 427 (429); *Maier* VergabeR 2004, 176 (179 f.); *Schröder* VergabeR 2002, 229 (234).

nur mithilfe von Indizien gelingen.[274] Es wäre eine Umgehung dieser Beweislastregel, wenn man im Falle eines konkreten Verdachts, der Antragsteller habe den betreffenden Vergaberechtsverstoß früher, als er ausdrücklich einräumt, erkannt und demzufolge zu spät gerügt, ihm den Beweis aufbürden würde, den Verdacht auszuräumen. Vielmehr trifft auch in diesem Fall die (materielle) Beweislast dafür, dass sich der Verdacht zur notwendigen Gewissheit verdichtet, den Auftraggeber (bzw. den Beigeladenen in der prozessualen Rolle des Beschwerdeführers).[275] Freilich muss sich der Antragsteller aufgrund seiner prozessualen Mitwirkungs- und Wahrheitspflicht zu den gegnerischen Verdachtsdarlegungen äußern.[276] Auch hinsichtlich des den Beweis der Kenntniserlangung ersetzenden Beweises, dass der Antragsteller sich mutwillig vor der Erkenntnis des betreffenden Vergaberechtsverstoßes verschlossen hat (→ Rn. 57), trifft den Auftraggeber die (materielle) Beweislast für alle hierfür beweisnotwendigen Fakten und Indizien.[277] Der **Antragsteller** trägt die Darlegungs- und (materielle) Beweislast dafür, dass und wann er die (in ihrer Entstehung nachgewiesene) Rügeobliegenheit erfüllt hat,[278] einschließlich des Zugangs seiner Rügeerklärung beim Auftraggeber.[279]

74 **3. Rügeobliegenheit gem. Abs. 3 S. 1 Nr. 2 und 3 aufgrund der Erkennbarkeit von Vergaberechtsverstößen. a) Erkennbarkeit im Unterschied zur Kenntnis.** Einer der Hauptunterschiede zwischen dem Rügetatbestand der Nr. 1 und den beiden Rügetatbeständen der Nr. 2 und 3 des § 160 Abs. 3 S. 1 besteht in Folgendem: Beim Tatbestand der Nr. 1 lässt nur die positive Kenntnis (→ Rn. 56 f.) des Bewerbers/Bieters vom Vergaberechtsverstoß die Rügeobliegenheit entstehen. Dagegen hängt die Erkennbarkeit des Vergaberechtsverstoßes iSd § 160 Abs. 3 S. 1 Nr. 2 und 3 zum maßgeblichen Zeitpunkt jedenfalls nicht von der Feststellung der damals vorhandenen positiven Kenntnis des betreffenden Bewerbers/Bieters ab;[280] dabei kommt es nicht darauf an, welcher Maßstab für die Erkennbarkeit richtig ist (→ Rn. 78, 81). Es geht darum, ob dem Bewerber/Bieter in den in § 160 Abs. 3 S. 1 Nr. 2 und 3 jeweils genannten Zeiträumen (und aufgrund der dort genannten Erkenntnisquellen) das **Erkennen** des Vergaberechtsverstoßes **möglich** ist[281] (**Erkennenkönnen** anstelle bereits erlangter positiver Kenntnis). Die niedrigere Schwelle (Erkennbarkeit statt Kenntnis vom Vergaberechtsverstoß) hatte das VgRÄG 1998 für das Entstehen der Rügeobliegenheit schon in Bezug auf Vergaberechtsverstöße in der Bekanntmachung vorgesehen (jetzt Nr. 2 des Abs. 3 S. 1). Durch das Vergaberechtsmodernisierungsgesetz 2009 ist die niedrigere Schwelle für das Entstehen der Rügeobliegenheit auf Vergaberechtsverstöße in den Vergabeunterlagen erstreckt worden (Nr. 3 des Abs. 3 S. 1). Die Vergabeunterlagen (§ 29 VgV) setzen sich insbesondere aus der Leistungsbeschreibung (§ 121, §§ 31, 32 VgV), den Vertragsbedingungen (als weiterem Teil der Vertragsunterlagen, § 29 Abs. 1 S. 2 Nr. 3 VgV) und der Aufforderung zur Abgabe von Teilnahmeanträgen oder Angeboten (§ 29 Abs. 1 S. 2 Nr. 1 VgV) zusammen und machen damit den Kern der vom öffentlichen Auftraggeber vorgesehenen Vergabe- und Vertragsbestimmungen aus.

75 **b) Vereinbarkeit mit der EU-Rechtsmittelrichtlinie?** Nach hier vertretener Ansicht stehen die Nr. 2 und 3 – anders als die Nr. 1 (→ Rn. 61) – des § 160 Abs. 3 S. 1 mit der EU-Rechtsmittelrichtlinie nicht in Einklang. Das ergibt sich aus Art. 1 Abs. 4 RL 89/665/EWG und Art. 1 Abs. 4 RL 92/13/EWG.[282] Nach diesen (fast) wortgleichen Richtlinienbestimmungen können die Mitgliedstaaten „verlangen, dass die Person, die ein Nachprüfungsverfahren anzustrengen beabsichtigt, den öffentlichen Auftraggeber über den behaupteten Verstoß und die beabsichtigte Nachprüfung unterrichtet". Damit stellt Art. 1 Abs. 4 RL 89/665/EWG den Mitgliedstaaten eine Möglichkeit zur Verfügung, eine einschränkende Voraussetzung des Rechtsschutzes im einzelstaatlichen Vergaberecht vorzusehen. Derartige **rechtsschutzbeschränkende Vorschriften** sind **eng (restriktiv)** auszule-

---

[274] Ebenso: OLG Jena NZBau 2011, 771 (772).
[275] BGH NZBau 2005, 290 = VergabeR 2005, 328 (331); OLG München NZBau 2014, 456 (459).
[276] BGH NZBau 2005, 290 = VergabeR 2005, 328 (331); OLG München NZBau 2014, 456 (459).
[277] OLG Jena NZBau 2011, 771 (772).
[278] OLG Düsseldorf NZBau 2020, 670 Rn. 33; *Schröder* VergabeR 2002, 229 (234); Byok/Jaeger/*Byok* Rn. 126; aA (zumindest unklar): *Wiese* in RKPP GWB Rn. 171.
[279] Immenga/Mestmäcker/*Dreher* Rn. 57; Ziekow/Völlink/*Dicks* Rn. 60.
[280] Vgl. OLG Stuttgart NZBau 2000, 301 (302 f.); OLG Stuttgart NZBau 2001, 462 (463); *Kühnen* NZBau 2004, 427 (431); Loewenheim/Meessen/Riesenkampff/*Heuvels*, 2. Aufl. 2009, § 107 Rn. 42.
[281] OLG Frankfurt a. M. NZBau 2015, 319 (320); OLG Düsseldorf ZfBR 2011, 388 = VergabeR 2011, 622 (626): „Maßstab für die Erkennbarkeit ist die Erkenntnismöglichkeit des Bieters…"; zust.: OLG Brandenburg IBRRS 2012, 4057 = VergabeR 2013, 819 (826); OLG Saarbrücken NZBau 2015, 45 (47). Ebenso: *Wiese* in RKPP GWB Rn. 125; Langen/Bunte/*Schweda* Rn. 19 Abs. 2.
[282] Nachfolgend wird der Einfachheit halber nur noch Art. 1 Abs. 4 RL 89/665/EWG zitiert; die Ausführungen gelten auch für Art. 1 Abs. 4 RL 92/13/EWG, dessen Wortlaut sich nur durch das Fehlen des Zusatzes „öffentlichen" beim Begriff „Auftraggeber" von Art. 1 Abs. 4 RL 89/665/EWG unterscheidet, weil die RL 92/13/EWG sich an die sog. Sektorenauftraggeber richtet.

IV. Rügeobliegenheit (Abs. 3) 76, 77 § 160 GWB

gen.[283] Art. 1 Abs. 4 RL 89/665/EWG gestattet den Mitgliedstaaten nur, bei der Umsetzung dieser Richtlinienvorschrift vom (potenziellen) Antragsteller zu verlangen, dass er den öffentlichen Auftraggeber von einem beabsichtigten Nachprüfungsantrag und dem diesem zugrunde liegenden „behaupteten Verstoß", also einem vom Antragsteller erkannten Verstoß, unterrichten muss. Die Unterrichtung soll ersichtlich dazu dienen, dem Auftraggeber Gelegenheit zu geben, das beabsichtigte Nachprüfungsverfahren noch abwenden zu können, indem der Auftraggeber der vorprozessualen Rüge abhilft. Unverständlich wäre es, von einem potenziellen Antragsteller (auch) zu verlangen, den Auftraggeber über einen Vergaberechtsverstoß zu „unterrichten", den der Antragsteller selbst in dem maßgeblichen Zeitpunkt noch gar nicht erkannt hat. Daher kann Art. 1 Abs. 4 RL 89/665/EWG mit diesem Inhalt nicht ausgelegt werden, insbesondere nicht mit dem Ergebnis, dass der künftige Antragsteller mit der Geltendmachung eines Vergaberechtsverstoßes, den er am Ende der im einzelstaatlichen Recht festgelegten Rügefrist (hier: Ablauf der Bewerbungs- oder Angebotsfrist) noch gar nicht erkannt hatte und über den er deshalb auch nicht unterrichten konnte, endgültig ausgeschlossen ist. Demzufolge sind die Nr. 2 und 3 des § 160 Abs. 3 S. 1 als die Nachprüfungsrechte übermäßig erschwerende und verkürzende Vorschriften **mit Art. 1 Abs. 4 RL 89/665/EWG nicht zu vereinbaren**.[284]

Demgegenüber steht die **deutsche Rechtsprechung** – soweit sie diese Frage überhaupt prüft – auf dem Standpunkt, dass (jetzt) § 160 Abs. 3 S. 1 Nr. 2 und 3 unionsrechtskonform ist, und wendet diese Präklusionsvorschriften an, wenn auch in sehr unterschiedlicher Weise (→ Rn. 78 und → Rn. 78a). Ein Teil der Rechtsprechung[285] sieht die Vereinbarkeit dieser Vorschriften mit dem Unionsrecht als durch das Urteil „Lämmerzahl" des EuGH[286] als entschieden an. Vereinzelt stützt sich die Rechtsprechung[287] in ihrer Ansicht, § 160 Abs. 3 S. 1 Nr. 2 und 3 sei unionsrechtlich unbedenklich, auch auf das EuGH-Urteil „Uniplex".[288] Das hier vertretene gegenteilige Ergebnis (→ Rn. 75) steht jedoch nicht im Widerspruch zum Urteil „Lämmerzahl" des EuGH.[289] Im dortigen Ausgangsfall kam zwar nach Ansicht des vorlegenden OLG Bremen[290] eine Präklusion der entscheidungserheblichen Rüge gem. § 107 Abs. 3 S. 2 aF (jetzt § 160 Abs. 3 S. 1 Nr. 2) in Betracht. Der EuGH hat aber keine Entscheidung über die Vereinbarkeit der Vorschrift mit dem Unionsrecht getroffen, sondern diese Frage offengelassen[291] (und dem OLG Bremen aufgrund einer konkreten Sachverhaltswürdigung des Ausgangsfalls die nötigen Auslegungshinweise zu Art. 1 RL 89/665/EWG gegeben[292]). Auch auf das EuGH-Urteil „Uniplex" kann die Ansicht, § 160 Abs. 3 S. 1 Nr. 2 und 3 sei mit der RL 89/665/EWG vereinbar, nicht – jedenfalls nicht direkt – gestützt werden. Denn dieses Urteil hatte eine englische Ausschlussregelung, die allenfalls mit der Nr. 1 des § 107 Abs. 3 S. 1 aF, nicht aber mit Nr. 2 und 3 des § 160 Abs. 3 S. 1 vergleichbar war, auf ihre Vereinbarkeit mit der RL 89/665/EWG (Art. 1 Abs. 1) zu überprüfen.[293] Daher bleiben die dargelegten (→ Rn. 75) erheblichen Zweifel an der Vereinbarkeit des § 160 Abs. 3 S. 1 Nr. 2 und 3 mit der RL 89/665/EWG, insbesondere mit Art. 1 Abs. 4 RL 89/665/EWG bestehen.

Über eine am Wortsinn des Art. 1 Abs. 4 RL 89/665/EWG orientierte Prüfung (→ Rn. 75) hinaus spricht ein weiterer gravierender Grund dagegen, § 160 Abs. 3 S. 1 Nr. 2 und 3 mit seinem für die Präklusion ausschlaggebenden Kriterium der Erkennbarkeit des Vergaberechtsverstoßes für vereinbar mit Art. 1 RL 89/665/EWG zu halten: Die in Art. 1 Abs. 4 RL 89/665/EWG enthaltene Befugnis für die Mitgliedstaaten, angemessene Ausschlussfristen für die notwendigen vorprozessualen Rügen derjenigen Vergabeverfahrensmängel anzuordnen, auf die der Nachprüfungsantrag gestützt werden soll, soll zu einer zügigen Behandlung der gem. Art. 1 Abs. 1 und 3 RL 89/665/EWG von

---

[283] Immenga/Mestmäcker/*Dreher* Rn. 91 iVm Immenga/Mestmäcker/*Dreher* Rn. 47.
[284] Zust.: Immenga/Mestmäcker/*Dreher* Rn. 46, 91 und 95.
[285] OLG Karlsruhe BeckRS 2015, 04323 = VergabeR 2015, 210 (218); OLG Koblenz NZBau 2013, 63 (64); OLG München NZBau 2008, 542 = VergabeR 2008, 665 (668); zust.: *Gulich* VergabeR 2015, 222; ebenso: *Otting* VergabeR 2008, 68; Byok/Jaeger/*Byok* Rn. 87 f.; Reidt/Stickler/Glahs/*Reidt* Rn. 45 iVm dortiger Fn. 2; Ziekow/Völlink/*Dicks* Rn. 48.
[286] EuGH Slg. 2007, I-8415 = NZBau 2007, 798 – Lämmerzahl.
[287] OLG Karlsruhe NZBau 2013, 528 (530). Ebenso: Byok/Jaeger/*Byok* Rn. 89; Ziekow/Völlink/*Dicks* Rn. 48; Reidt/Stickler/Glahs/*Reidt* Rn. 45 iVm dortiger Fn. 2.
[288] EuGH NZBau 2010, 183 – Uniplex.
[289] EuGH Slg. 2007, I-8415 = NZBau 2007, 798 – Lämmerzahl.
[290] OLG Bremen NZBau 2006, 527 = VergabeR 2006, 502.
[291] EuGH Slg. 2007, I-8415 Rn. 56 = NZBau 2007, 798 – Lämmerzahl: Der Konditionalsatz in Rn. 56 („Selbst wenn …") stellt keine gemeinschaftsrechtliche (jetzt: unionsrechtliche) Billigung des (nunmehr) § 160 Abs. 3 S. 1 Nr. 2 dar, sondern ein Offenlassen; vgl. *Jaeger* NZBau 2009, 558 (560).
[292] EuGH Slg. 2007, I-8415 Rn. 57–64 = NZBau 2007, 798 – Lämmerzahl; s. auch *Jaeger* NZBau 2009, 558 (560).
[293] EuGH NZBau 2010, 183 Ls. 2 und Rn. 37–41 – Uniplex.

den Mitgliedstaaten obligatorisch bereitzustellenden Nachprüfungsverfahren und damit zur vollständigen Verwirklichung der mit der RL 89/665/EWG verfolgten Ziele beitragen.[294] Dieses mit der RL 89/665/EWG verfolgte Ziel der zügigen Behandlung muss und darf im nationalen Recht jedoch nur unter **Beachtung der Erfordernisse der Rechtssicherheit** verwirklicht werden.[295] Zu diesem Zweck müssen die Mitgliedstaaten – auch für vorprozessuale Rügefristen, wie der EuGH-Rechtsprechung im Zusammenhang zu entnehmen ist – eine Fristenregelung schaffen, die hinreichend genau, klar und vorhersehbar ist.[296] **Dass** das **Kriterium der Erkennbarkeit des Vergaberechtsverstoßes** – also das auslösende Moment für die Entstehung der Rügeobliegenheit (die dann bis zum Ende der Bewerbungs- oder Angebotsabgabefrist zu erfüllen ist) – **dem** im Unionsrecht **grundlegenden Prinzip der Rechtssicherheit genügt,** ist in der deutschen Rechtsprechung **nicht erkennbar,** im Gegenteil:

78 Zwar ist in der Anwendungspraxis zu § 160 Abs. 3 S. 1 Nr. 2 und 3 die in der Vorauflage (→ Rn. 78) noch als ungeklärt[297] diagnostizierte Streitfrage, ob für die Feststellung der Erkennbarkeit ein auf den individuellen Bewerber/Bieter bezogener subjektiver Maßstab[298] oder ein auf einen „Durchschnitts"-Bieter (oder -Bewerber) bezogener objektivierender Maßstab[299] zu verwenden ist, inzwischen wohl im Sinne der zweiten Alternative beantwortet worden: In der Rechtsprechung (und auch im Schrifttum) bekennt sich jetzt – soweit ersichtlich – zumindest die hM zu einem objektiven Maßstab für die Feststellung der Erkennbarkeit.[300] Dennoch bestehen bei der **Auslegung** des § 160 Abs. 3 S. 1 Nr. 2 und 3 immer noch **Rechtsunsicherheit erzeugende,** nicht akzeptable erhebliche **Differenzen bei** der Anwendung des (objektiven) **Maßstabs der Erkennbarkeit:** Die (für die Bewerber/Bieter) strengere Variante der Rechtsprechung stellt als Basis für die Feststellung der Erkennbarkeit auf ein durchschnittlich fachkundiges Bieterunternehmen mit üblichen Kenntnissen (auch der einschlägigen Verfahrensordnungen[301]) ab, das bei der Lektüre und beim Verständnis der Bekanntmachung und/oder der Vergabeunterlagen die verkehrsübliche Sorgfalt aufwende und das daher den (die Rügeobliegenheit betreffenden) Vergaberechtsverstoß erkennen *könne*.[302] Demgegenüber kommt für die mildere Variante der Rechtsprechung eine Rügepräklusion nur bei Vergaberechtsverstößen in Betracht, die dem Unternehmen bei den Bewerbungs- und Angebotsvorbereitungen ins Auge fallen, die also einem durchschnittlich erfahrenen Bewerber/Bieter auch ohne darauf abzielende Überprüfung der Bekanntmachung und/oder der Vergabeunterlagen auffallen *müssen*; maßgeblich sei, ob der Bewerber/Bieter, wenn man den Maßstab eines durchschnittlich fachkundigen Bieters anlege, den Verstoß hätte erkennen *müssen*.[303]

---

[294] Vgl. EuGH Slg. 2002, I-11617 Rn. 74–78 = NZBau 2003, 162 – Universale-Bau AG; EuGH Slg. 2007, I-8415 Rn. 50, 51 = NZBau 2007, 798 – Lämmerzahl; EuGH NZBau 2010, 183 Rn. 29, 38 – Uniplex.

[295] EuGH NZBau 2010, 183 Rn. 39 – Uniplex; s. auch EuGH Slg. 2002, I-11617 Rn. 76 mwN = NZBau 2003, 162 – Universale-Bau AG (Festsetzung angemessener Ausschlussfristen ist ein Anwendungsfall des grundlegenden Prinzips der Rechtssicherheit).

[296] EuGH NZBau 2010, 183 Rn. 39 – Uniplex.

[297] So ausdrücklich: OLG Düsseldorf ZfBR 2011, 388 = VergabeR 2011, 622 (626); OLG Karlsruhe NZBau 2013, 528 (530).

[298] So: OLG München VergabeR 2016, 775 (779) mwN; OLG Saarbrücken NZBau 2015, 45 (47): grundsätzlich nach der Erkenntnismöglichkeit des betreffenden Unternehmens; OLG Stuttgart NZBau 2000, 301 (303); so zunächst auch OLG Düsseldorf IBRRS 2006, 4416 = VergabeR 2007, 200 (203). Ebenso seinerzeit: Byok/Jaeger/*Byok*, 3. Aufl. 2011, § 107 Rn. 83 mwN; Immenga/Mestmäcker/*Dreher*, 5. Aufl. 2014, § 107 Rn. 88 mwN und Rn. 98.

[299] So: BayObLG BeckRS 2000, 10248; OLG Celle ZfBR 2012, 176 = VergabeR 2012, 237 (240); OLG Frankfurt a. M. NZBau 2015, 319 (Ls. 2 und 320); OLG Jena ZfBR 2013, 824 = VergabeR 2014, 38 (40); OLG Naumburg BeckRS 2009, 28647 = VergabeR 2010, 219 (224); OLG Stuttgart NZBau 2001, 462 (463); VK Schleswig-Holstein forum vergabe MonatsInfo 2015, 456; VK Westfalen forum vergabe MonatsInfo 2016, 75 f.; so ab 2016 auch OLG Düsseldorf BeckRS 2016, 13257 = VergabeR 2016, 751 (754). Ebenso: *Kühnen* NZBau 2004, 427 (431); *Maier* VergabeR 2004, 176 (177); *Wiese* in KKPP GWB Rn. 157; Langen/Bunte/*Schweda*, 12. Aufl. 2014, § 107 Rn. 24; Loewenheim/Meessen/Riesenkampff/*Heuvels*, 2. Aufl. 2009, § 107 Rn. 42.

[300] Vgl. OLG Düsseldorf NZBau 2019, 742 Rn. 25; OLG Düsseldorf VergabeR 2018, 333 (335); OLG Frankfurt a. M. NZBau 2016, 787 Rn. 40; OLG München VergabeR 2019, 668 (670); OLG Naumburg VergabeR 2017, 489 (496 li. Sp.); Byok/Jaeger/*Byok* Rn. 92 und 102; Immenga/Mestmäcker/*Dreher* Rn. 87; Reidt/Stickler/Glahs/*Reidt* Rn. 58; *Wiese* in RKPP GWB Rn. 126; Ziekow/Völlink/*Dicks* Rn. 50.

[301] OLG Düsseldorf NZBau 2019, 264 Rn. 19 und 23.

[302] OLG Düsseldorf NZBau 2019, 742 Rn. 25; OLG Düsseldorf NZBau 2019, 264 Rn. 19 und 23; OLG München NZBau 2020, 331 Rn. 49; OLG Naumburg VergabeR 2017, 489 (496 li. Sp. und 497 li. Sp.); OLG Schleswig NZBau 2019, 480 (Ls.) = VergabeR 2019, 439 (445).

[303] OLG Düsseldorf NZBau 2019, 64 Rn. 24; OLG Düsseldorf NZBau 2019, 665 Rn. 44; OLG Karlsruhe VergabeR 2015, 210 (218) (maßgeblich ist, ob ein sorgfältiger Bieter den Vergaberechtsverstoß hätte erkennen können und müssen); iErg ebenso: OLG München NZBau 2017, 371 Rn. 39 – Diese Variante der

IV. Rügeobliegenheit (Abs. 3) 78a, 79 § 160 GWB

Die **Rechtsunsicherheit** wird dadurch noch gesteigert, dass bei der **Anwendung** des § 160 **78a**
Abs. 3 S. 1 Nr. 2 und 3 zur Feststellung der Erkennbarkeit mit Blick auf viele gleichartige Vergaberechtsverstöße **sehr gegensätzliche Rechtsprechungsergebnisse** zu verzeichnen sind. Das wird anhand folgender **Beispiele** erkennbar: Den Verstoß gegen § 7a Nr. 3 Abs. 3 S. 1 VOL/A aF und § 17a VOL/A aF iVm § 17 Nr. 1 Abs. 2 lit. m VOL/A aF (s. jetzt § 48 Abs. 1 VgV), dass in den Vergabeunterlagen von den Bietern zusätzliche, also mehr Eignungsnachweise als in der Bekanntmachung verlangt werden, hält der strenge Zweig der Rechtsprechung[304] für erkennbar iSd § 160 Abs. 3 S. 1 Nr. 3, während der mildere Zweig der Rechtsprechung[305] dies ablehnt. Den Verstoß gegen das Gebot der strengen Trennung von Eignungs- und Zuschlagskriterien[306] erachtet die strenge Rechtsprechungslinie[307] als erkennbar; die mildere Rechtsprechungslinie[308] hält diesen Verstoß für nicht erkennbar iSd § 160 Abs. 3 S. 1 Nr. 2 und 3. Beruht der Vergaberechtsverstoß, der in einer lediglich nationalen anstatt der gebotenen europaweiten Ausschreibung besteht, auf einer fehlerhaften zu niedrigen Schätzung des Auftragswerts durch den Auftraggeber, so wird dieser Fehler vom strengen Zweig der Rechtsprechung als erkennbar iSd § 160 Abs. 3 S. 1 Nr. 2 und 3 angesehen, wenn dem Bewerber/Bieter in Bezug auf den konkreten Auftragsgegenstand Nachforschungen innerhalb der Angebotsabgabefrist und damit ein eigenes Urteil über das Erreichen des Schwellenwerts real möglich sind.[309] Demgegenüber lehnt die mildere Rechtsprechungslinie eine Obliegenheit zu solchen Nachforschungen im Grundsatz ab, weil der am Auftrag interessierte Bewerber im Unterschwellenbereich grundsätzlich keine Veranlassung habe, das Ausschreibungsverfahren kritisch zu prüfen und mögliche Mängel gegenüber dem Auftraggeber zu rügen, sondern sich in aller Regel auf die Einschätzung der Vergabestelle zum Schwellenwert verlassen könne.[310] Auch zur Frage der Erkennbarkeit eines Verstoßes gegen das Gebot produktneutraler Ausschreibung (§ 31 Abs. 6 S. 1 VgV, § 7 EU Abs. 2 S. 1 VOB/A) divergieren die Rechtsprechungsergebnisse.[311] Die vorstehenden Beispiele konträrer Rechtsprechungsergebnisse zeigen deutlich, dass sich das **Kriterium der Erkennbarkeit** als auslösender Faktor für die Rügeobliegenheit **im Hinblick auf** das insoweit zu beachtende grundlegende Prinzip der **Rechtssicherheit** (→ Rn. 77) als **ungeeignet** erweist.

Gegenüber der These, vom **EuGH** sei die Vereinbarkeit einer nationalen Regelung mit dem **79** Unionsrecht bejaht worden, die die bloße Erkennbarkeit eines Vergaberechtsverstoßes zum Anlass für einen Ausschluss bei Nachprüfungsrechtsbehelfen nehme,[312] ist klarstellend auf Folgendes hinzuweisen: In dem als Beleg für diese These zitierten Urteil „Uniplex" hat der EuGH aus dem Normzweck des Art. 1 RL 89/665/EWG, vor allem die Wirksamkeit der Nachprüfungsmöglichkeiten bei Vergaberechtsverstößen sicherzustellen, gefolgert, dass die Fristen, die für die Einleitung der Nachprüfung (im nationalen Recht) vorgeschrieben sind, erst ab dem Zeitpunkt zu laufen beginnen dürfen, zu dem der (später klagende) Bewerber oder Bieter von dem geltend gemachten Vergaberechtsverstoß **Kenntnis** erlangt hat oder **hätte erlangen müssen**.[313] Dieser aus Art. 1 RL 89/665/EWG abgeleitete Rechtssatz des EuGHs bezieht sich im „Uniplex"-Urteil zwar unmittelbar auf Ausschlussfristen für die Einleitung des gerichtlichen Nachprüfungsverfahrens selbst, kann aber zweifelsfrei auf Ausschlussfristen des nationalen Rechts für vorprozessuale Rügeerklärungen angewandt werden, die für die Zulässigkeit späterer Nachprüfungsverfahren – wie gem. § 160 Abs. 3 S. 1 Nr. 2 und 3 – notwendig sind. Denn im Ergebnis ist es für den Betroffenen

---

Anforderungen an die Erkennbarkeit kommt der in → Rn. 57 dargestellten Variante zur Feststellung der Erlangung positiver Kenntnis nahe.
[304] OLG Celle NZBau 2010, 333 (334); OLG Celle ZfBR 2012, 176 = VergabeR 2012, 237 (240 unter 1.b.cc, zur entspr. VOB/A-Vorschrift); OLG Koblenz VergabeR 2008, 264 (267) (erkennbar iSd damaligen § 107 Abs. 3 S. 2 aF und jetzigen § 160 Abs. 3 S. 1 Nr. 2); VK Baden-Württemberg forum vergabe MonatsInfo 2015, 450.
[305] VK Sachsen BeckRS 2015, 17933 = forum vergabe MonatsInfo 2015, 408 f.
[306] Vgl. EuGH NZBau 2010, 120 Rn. 51–58 – ERGA OSE; EuGH ZfBR 2008, 309 = VergabeR 2008, 496 Rn. 30–32 – Lianakis.
[307] OLG Karlsruhe BeckRS 2015, 04323 = VergabeR 2015, 210 (218 f.); OLG München BeckRS 2014, 00490 = VergabeR 2014, 52 (56).
[308] OLG Düsseldorf ZfBR 2012, 72 = VergabeR 2012, 227 (229); OLG Naumburg BeckRS 2012, 10195 = VergabeR 2012, 749 (755); vgl. auch Byok/Jaeger/*Byok* Rn. 93 Fn. 413 mwN der unterschiedlichen Rspr. zur Erkennbarkeit dieses Vergaberechtsverstoßes.
[309] OLG Karlsruhe BeckRS 2010, 16212 = VergabeR 2010, 685 (690).
[310] OLG München BeckRS 2013, 07174 = VergabeR 2013, 807 (810).
[311] Vgl. Byok/Jaeger/*Byok* Rn. 102 mwN zu den Divergenzen.
[312] Ziekow/Völlink/*Dicks* Rn. 48 (mit Hinweis auf die Urteile EuGH NZBau 2010, 183 Rn. 32, 47 – Uniplex und EuGH Slg. 2007, I-8415 Rn. 56 – Lämmerzahl); ebenso: Byok/Jaeger/*Byok* Rn. 87–89.
[313] EuGH NZBau 2010, 183 Rn. 32, 47, 48 und 50 – Uniplex; wortgleich bestätigt von EuGH NZBau 2015, 306 Rn. 52 – eVigilo.

gleich belastend, ob nun sein Nachprüfungsantrag wegen Versäumung der Einreichungsfrist oder wegen Rügepräklusion nach Versäumung der vorprozessualen Rügefrist als unzulässig verworfen wird. Das für die Entstehung der Rügeobliegenheit und zugleich für den Lauf der Rügefrist entscheidende Kriterium der Erkennbarkeit des Vergaberechtsverstoßes kann daher durchaus an dem oben herausgestellten Rechtssatz des EuGH gemessen werden. Diese Prüfung ergibt nun, dass § 160 Abs. 3 S. 1 Nr. 2 und 3 durch diesen Rechtssatz nicht gedeckt wird. Denn Erkennbarkeit, also „Erkennenkönnen" (→ Rn. 74) ist nach seinem Wortsinn und seiner Bedeutung etwas anderes als der engere Wortbegriff „Erkennenmüssen" (noch genauer: „Hätte-erkennen-müssen" oder mit den gleichbedeutenden Worten des EuGH: „Hätte-Kenntnis-erlangen-müssen"). Der EuGH definiert nicht, was er genau unter „Hätte-Kenntnis-erlangen-müssen" versteht und welche Voraussetzungen er hieran knüpft; nach dem Kontext ist aber klar, dass ein bloßes Erkennenkönnen nicht ausreicht.[314] Es liegt nahe, dass der Ausdruck „Hätte-Kenntnis-erlangen-müssen" die gleiche Bedeutung hat wie der vom Wortsinn her ähnliche Ausdruck „Mutwilliges Sich-Verschließen vor der Erkenntnis" und damit im deutschen Recht der verhältnismäßig geringen Erweiterung des auf Erlangung der Kenntnis (vom Vergaberechtsverstoß) abstellenden Rügetatbestands des § 160 Abs. 3 S. 1 Nr. 1 (→ Rn. 57) entspricht. Dass der EuGH in seinem älteren Urteil „Lämmerzahl", das als weiterer Beleg für die eingangs genannte These zitiert wird, nicht entschieden hat, die bloße Erkennbarkeit des (später streitbefangenen) Vergaberechtsverstoßes als auslösendes Faktum für den Beginn einer (Ausschluss-)Frist für die notwendige außerprozessuale Rüge sei mit dem Unionsrecht (RL 89/665/EWG) vereinbar, ist oben (→ Rn. 76) bereits dargelegt worden. Aus den zeitlich nachfolgenden EuGH-Urteilen „Uniplex" und „eVigilo" ist, wie vorstehend erläutert worden ist, das Gegenteil der These zu folgern.[315]

80   Legt man die hier vertretene Ansicht (→ Rn. 75–79) zugrunde, dass sich § 160 Abs. 3 S. 1 Nr. 2 und 3 mit Art. 1 RL 89/665/EWG, insbesondere mit Art. 1 Abs. 4 RL 89/665/EWG nicht vereinbaren lässt, müssen die Nachprüfungsinstanzen (aber auch die öffentlichen Auftraggeber selbst) die beiden Vorschriften unangewendet lassen[316] und dürfen nur noch § 160 Abs. 3 S. 1 Nr. 1 (abgesehen von Nr. 4, → Rn. 87) anwenden.

81   c) Feststellung der „Erkennbarkeit". Wenn § 160 Abs. 3 S. 1 Nr. 2 und 3 entgegen der hier vertretenen Ansicht **als unionsrechtskonform erachtet werden sollte**, ist für die der Vergabekammer und dem Beschwerdegericht obliegende Feststellung der Erkennbarkeit zu beachten, dass die **Erkennbarkeit auf zwei Komponenten** zu beziehen ist: sowohl auf die den Verstoß begründenden Tatsachen als auch auf deren rechtliche Beurteilung als Vergaberechtsverstoß.[317] Bei beiden Komponenten stellt sich für die Anwendung der Nr. 2 und 3 des § 160 Abs. 3 S. 1 das schon angesprochene **Auslegungsproblem** (→ Rn. 78) zum Kriterium der Erkennbarkeit des Vergaberechtsverstoßes: Es ist zu entscheiden, ob ein auf den individuellen Bewerber/Bieter bezogener **subjektiver Maßstab oder** ein auf einen „Durchschnitts"-Bewerber/-Bieter bezogener **objektivierender Maßstab** für die Feststellung der Erkennbarkeit anzuwenden ist. Die Notwendigkeit eines aus den individuellen Verhältnissen des Bieters gebildeten (subjektiven) Maßstabs wurde anfangs insbesondere aus dem der Rügeobliegenheit zugrunde liegenden Grundsatz von Treu und Glauben sowie daraus abgeleitet, dass die Zumutbarkeit der Erfüllung stets individuell nach den Verhältnissen des in der Obliegenheit stehenden Beteiligten zu beurteilen sei.[318] Das berühre sich mit der Argumentation, allein der subjektive Maßstab gewähre mit Rücksicht auf den Bieterrechtsschutz und die Einzelfallgerechtigkeit eine sachgerechte Beurteilungsgrundlage.[319] Diese Argumente überzeugen nicht: Der Grundsatz von Treu und Glauben wurde seinerzeit in den Gesetzesmaterialien nur für die Präklusionsregel der Nr. 1 und gerade nicht für diejenigen der Nr. 2 und Nr. 3 des § 160 Abs. 3 S. 1 als ratio legis genannt (→ Rn. 3–5). Im Wirtschaftsleben ist den professionellen

---

[314] S. ua EuGH NZBau 2010, 183 Rn. 31– Uniplex: Ein betroffener Bewerber/Bieter könne sich erst dann darüber klar werden, ob etwa ein Verstoß gegen anwendbare Vergabevorschriften vorliege, nachdem er von den Gründen „in Kenntnis" gesetzt worden sei, aus denen sein(e) Bewerbung/Angebot abgelehnt worden sei.
[315] Zust. zur vorstehenden Analyse der EuGH-Rspr.: Immenga/Mestmäcker/*Dreher* Rn. 91.
[316] Vgl. EuGH NZBau 2010, 183 Rn. 49 – Uniplex; EuGH Slg. 2007, I-8415 Rn. 63 mwN = NZBau 2007, 798 – Lämmerzahl.
[317] OLG Düsseldorf NZBau 2019, 742 Rn. 25; OLG Düsseldorf NZBau 2019, 64 Rn. 23; OLG Düsseldorf NZBau 2014, 371 (372); OLG Frankfurt a. M. NZBau 2017, 569 Rn. 46; OLG Frankfurt a. M. NZBau 2015, 319 (320); OLG Karlsruhe NZBau 2013, 528 (530); OLG München NZBau 2020, 331 Rn. 49; OLG München NZBau 2016, 63.
[318] OLG Düsseldorf BeckRS 2007, 00456 = VergabeR 2007, 200 (203).
[319] Byok/Jaeger/*Byok*, 3. Aufl. 2011, § 107 Rn. 83; vgl. auch (mit ähnlicher Begr.) Immenga/Mestmäcker/*Dreher*, 5. Aufl. 2014, § 107 Rn. 88.

IV. Rügeobliegenheit (Abs. 3) 82, 83 § 160 GWB

Teilnehmern (wie hier) auch die Erfüllung eines durchschnittlichen Standards zumutbar. Aus einer vergleichenden Betrachtung einerseits der Nr. 1 und andererseits der Nr. 2 und 3 des Abs. 3 S. 1 ergibt sich, dass die **besseren Gründe** für einen **objektiven Maßstab** zur Feststellung der Erkennbarkeit eines Vergaberechtsverstoßes sprechen: Bezugs-„Punkt" der Kenntnis ist in Nr. 1 der individuelle Antragsteller, wie sich bei einer inneren Tatsache wie der Kenntniserlangung von selbst versteht. Dagegen sind die Bezugspunkte der Erkennbarkeit in der Normierung durch die Nr. 2 und Nr. 3 des Abs. 3 S. 1 – nach der Funktion dieser Normen durchaus verständlich – keine Personen, sondern in jedem Einzelfall objektiv feststehende Dokumente (Bekanntmachung, Vergabeunterlagen). Hinzu kommt, dass auch der Mischung aus Kooperationspflicht und Zumutbarkeit, die man aus den Zweckerwägungen des Bundesrats zur Begründung des von ihm vorgeschlagenen (jetzt) § 160 Abs. 3 S. 1 Nr. 2 (→ Rn. 4) herausfiltern kann, ein objektiver Maßstab besser gerecht wird. Inzwischen hat sich zumindest in der hM von Rechtsprechung und Schrifttum der objektive Maßstab zur Prüfung und Feststellung der Erkennbarkeit eines Vergaberechtsverstoßes durchgesetzt (→ Rn. 78 mwN, auch zur verbleibenden Rechtsunsicherheit bei der Anwendung des objektiven Maßstabs).

Bei **Anwendung** eines solchen **objektiven Maßstabs,** der sich demzufolge an einem sorgfältig handelnden und prüfenden, mit den wichtigsten Regeln der öffentlichen Auftragsvergabe laienhaft (nicht wie ein Rechtsexperte) vertrauten Durchschnittsbieter orientiert, muss aber beachtet werden, dass die Sorgfaltsanforderungen nicht überspannt werden, sondern für einen durchschnittlich sorgfältigen Bieter – auch „im Drang der Geschäfte" – erfüllbar bleiben. Das bedeutet zB, dass bei sehr umfangreichen Vergabeunterlagen, wie sie nicht selten vorkommen, nicht ohne Weiteres erwartet werden kann, dass alle etwaigen Vergaberechtsverstöße für den durchschnittlich sorgfältigen Bieter in der begrenzten Zeit erkennbar sind.[320] Die Feststellung der Erkenntnismöglichkeiten durch einen Durchschnittsbieter hängt von einer Einzelfallwürdigung ab. Vor allem muss darauf geachtet werden, dass nur solche Sorgfaltsanforderungen gestellt werden, die der Durchschnittsbieter selbst erfüllen kann, ohne Anwendung juristischen Sachverstands, der bei ihm nicht vorausgesetzt werden darf.[321] § 160 Abs. 3 S. 1 Nr. 2 und 3 begründet nicht die Obliegenheit, externen Rechtsrat zur Förderung der Erkenntnismöglichkeiten einzuschalten.[322] Wer höhere Anforderungen stellt, läuft Gefahr, die Ausübung der Nachprüfungsrechte der von Vergaberechtsfehlern betroffenen Bieter in einer gegen Art. 1 RL 89/665/EWG verstoßenden Weise übermäßig zu erschweren.[323] 82

Als **Quellen für die Erkennbarkeit** von Vergaberechtsverstößen kommen für den Präklusionstatbestand der Nr. 2 nur die Bekanntmachung und für denjenigen der Nr. 3 nur die Vergabeunterlagen in Betracht. In Bezug auf Nr. 2 des § 160 Abs. 3 S. 1 muss der Vergaberechtsverstoß aufgrund der gebotenen engen Auslegung der Norm (→ Rn. 50) **unmittelbar aus der Bekanntmachung** selbst erkennbar sein.[324] Das bedeutet, dass die die Rügeobliegenheit begründende Erkennbarkeit nicht zusätzlich von Nachforschungen, die außerhalb der Bekanntmachung liegende Umstände betreffen, abhängig sein darf, selbst wenn der Inhalt der Bekanntmachung zu solchen Nachforschungen zwecks Klärung des Verdachts eines Rechtsverstoßes Anlass geben sollte. Wenn die Bekanntmachung (oder die Vergabeunterlagen) nicht mehr als Verdachtsmomente für einen möglichen Vergaberechtsverstoß verursachen können, reicht dies für die Erkennbarkeit iSd § 160 Abs. 3 S. 1 Nr. 2 (oder Nr. 3) nicht aus.[325] Unter „Bekanntmachung" versteht die Rechtsprechung bei der Anwendung dieser Vorschrift nicht nur die europaweite Veröffentlichung im EU-Amtsblatt, sondern auch die ausschließlich nationale Bekanntmachung eines Vergabeverfahrens, wenn der Antragsteller im Nachprüfungsverfahren als Rechtsverstoß geltend macht, es hätte europaweit ausgeschrieben werden müssen.[326] Hier muss man differenzieren: Wenn der Bewerber/Bieter die rein nationale Bekanntma- 83

---

[320] Tendenziell ebenso: OLG Düsseldorf NZBau 2019, 390 Rn. 29; OLG Düsseldorf BeckRS 2011, 21699 = VergabeR 2011, 868 (870); OLG Düsseldorf BeckRS 2013, 04078 = VergabeR 2013, 599 (600): Warnung vor einer Überschätzung der Kognitionsmöglichkeiten der Bieter; OLG München NZBau 2020, 331 Rn. 49.
[321] Ebenso: OLG Düsseldorf BeckRS 2011, 21699 = VergabeR 2011, 868 (870); OLG Frankfurt a. M. NZBau 2015, 319 (320) mwN; iErg ebenso: OLG Düsseldorf NZBau 2019, 742 Rn. 25 und 27.
[322] Vgl. OLG Düsseldorf NZBau 2019, 742 Rn. 25; OLG Düsseldorf BeckRS 2016, 13257 = VergabeR 2016, 751 (754); OLG Frankfurt a. M. BeckRS 2016, 108409 = VergabeR 2016, 768 (771 f.); OLG München NZBau 2020, 331 Rn. 49.
[323] Vgl. EuGH Slg. 2007, I-8415 Rn. 52 = NZBau 2007, 798 – Lämmerzahl; EuGH NZBau 2010, 183 Rn. 40 – Uniplex.
[324] Byok/Jaeger/*Byok* Rn. 91 („in einem wörtlich zu verstehenden Sinne aus der Bekanntmachung selbst"); Ziekow/Völlink/*Dicks* Rn. 48, unter Hinweis auf BGH NZBau 2006, 800 Rn. 34 (fraglich, weil der BGH dort hinzufügt, dass der Inhalt der konkreten Bek. zu Nachforschungen keinen Anlass bot).
[325] OLG Celle NZBau 2014, 784 (787); Immenga/Mestmäcker/*Dreher* Rn. 89; *Wiese* in RKPP GWB Rn. 128.
[326] OLG Karlsruhe BeckRS 2010, 16212 = VergabeR 2010, 685 (690) mwN; KG BeckRS 2008, 11298 = VergabeR 2003, 50; zust.: Immenga/Mestmäcker/*Dreher* Rn. 89.

chung bis zum Ablauf der Bewerbungs- oder Angebotsfrist tatsächlich nicht wahrgenommen hat, waren deren eventuell verfahrensfehlerhafter Inhalt und die Tatsache des Unterlassens der gebotenen EU-weiten Ausschreibung schon deshalb nicht erkennbar. Denn es wäre – zumal vor jeglichem Beginn einer Vertragsanbahnung[327] mit dem Auftraggeber – eine eindeutige Überspannung der Überprüfungs- und Sorgfaltspflicht, von jedem prinzipiell an öffentlichen Aufträgen (insbesondere mit höheren Auftragswerten) interessierten Bewerber/Bieter zu verlangen, auch nationale Publikationsorgane zwecks Ermittlung unter Kontrolle zu halten, ob dort (und nur dort) Vergabeverfahren im Oberschwellenbereich bekannt gemacht werden.[328] Das sollte unterschiedslos auch für Bekanntmachungen im staatlichen Ausschreibungsblatt desjenigen Bundeslandes gelten, in dem der betreffende Bewerber/Bieter seinen Sitz hat.[329] Hatte der Antragsteller dagegen von der (nur) nationalen Bekanntmachung rechtzeitig Kenntnis erhalten und sich eventuell sogar an diesem Vergabeverfahren beteiligt, ist weiter Folgendes zu beachten: Da die in § 160 Abs. 3 S. 1 Nr. 2 normierte Rügeobliegenheit für Vergabeverfahren im Unterschwellenbereich nicht gilt (→ Rn. 51), kann die Rügepräklusion nur dann eingreifen, wenn für den Antragsteller aus dem Inhalt der nationalen Bekanntmachung gerade die Notwendigkeit der EU-weiten Ausschreibung, also das Erreichen oder Überschreiten des Schwellenwerts beim ausgeschriebenen Auftrag – ohne jede weiteren Nachforschungen – erkennbar war. Das wird nur selten der Fall sein,[330] zumal da das Entstehen eines bloßen Verdachts für den Begriff „Erkennbarkeit" nicht ausreicht (→ Rn. 83 S. 3 und 4). Die vorstehenden Ausführungen gelten entsprechend für den Präklusionstatbestand der Rn. § 160 Abs. 3 S. 1: Der Vergaberechtsverstoß muss **aus den Vergabeunterlagen unmittelbar** selbst erkennbar sein.[331] Das bedeutet ua, dass die (nicht die Fachkunde betreffenden) Vorkenntnisse eines Bieters, die die Erkennbarkeit des Vergaberechtsverstoßes in den Vergabeunterlagen erst ermöglichen, nicht berücksichtigt werden dürfen.[332]

84   **d) Rügefrist. Verstöße gegen Vergabevorschriften, die den Teilnahmewettbewerb** (in den damit ausgestatteten Vergabeverfahrensarten) **betreffen** und unmittelbar aufgrund der Bekanntmachung und/oder in den Vergabeunterlagen erkennbar sind (→ Rn. 83), müssen spätestens **bis zum Ablauf der bekanntgemachten Frist zur Bewerbung** gegenüber dem Auftraggeber gerügt werden. Für die Fristwahrung kommt es auf den Zugang bei der Vergabestelle an (→ Rn. 63). Wenn der Auftraggeber die Bewerbungsfrist (ohne neue Bekanntmachung) verlängert, verschiebt sich auch die Rügefrist bis zum Ablauf der neuen Bewerbungsfrist.[333] Diese parallele Verlängerung der Rügefrist muss aus der Normzweckerwägung zum (jetzigen) § 160 Abs. 3 S. 1 Nr. 2 gefolgert werden, dass dem Bewerber eine Präklusion der Rüge der hier relevanten Vergaberechtsverstöße mit Ablauf der bekanntgemachten Bewerbungsfrist zumutbar sei, weil er sich wegen seiner Bewerbung auf jeden Fall bis zum Ablauf dieser Frist mit der Bekanntmachung auseinandersetzen müsse (→ Rn. 4). Der gesetzliche Begriff „Frist zur Bewerbung" ist nach seinem Wortsinn und auch im Sinne der gesetzlich vorgezeichneten Struktur der in § 119 Abs. 2 S. 1 Alt. 2, Abs. 4, 6, 7 sowie Abs. 5 Alt. 1 definierten Vergabeverfahrensarten nur auf den dort jeweils als vorderes Verfahrensstadium vorgeschriebenen „Teilnahmewettbewerb" zu beziehen. Verfehlt ist es daher, auch die vom Auftraggeber im offenen Verfahren (§ 119 Abs. 3) eventuell festgesetzte Frist für die bloße Anforderung der Vergabeunterlagen als Bewerbungsfrist iSd § 160 Abs. 3 S. 1 Nr. 2 aufzufassen und demzufolge alle Vergaberechtsverstöße, die schon aufgrund der Bekanntmachung erkennbar und bis zum Ablauf dieser Anforderungsfrist nicht gerügt worden sind, als präkludiert anzusehen.[334]

85   Die **übrigen Verstöße gegen Vergabevorschriften,** die also alle anderen Stadien des Vergabeverfahrens außer dem Teilnahmewettbewerb – insbesondere die Vertragsunterlagen (§ 29 Abs. 1 S. 2

---

[327] Vgl. Ziekow/Völlink/*Dicks* Rn. 37, der in der mit dem Aufruf der Vergabeunterlagen (vgl. § 41 Abs. 1 VgV) entstehenden schuldrechtlichen Sonderverbindung gem. § 241 Abs. 2 BGB, § 311 Abs. 2 BGB den inneren Grund für die Rügeobliegenheit sieht.
[328] AA OLG Karlsruhe BeckRS 2010, 16212 = VergabeR 2010, 685 (690).
[329] AA OLG Karlsruhe BeckRS 2010, 16212 = VergabeR 2010, 685 (690).
[330] Eine Ausnahme war der Fall des KG VergabeR 2003, 50 (52 f.): aus der in der Bekanntmachung angegebenen großen Anzahl der zu beschaffenden Computer und Drucker konnte ein durchschnittlich erfahrener Bieter unschwer erkennen, dass eine seriöse Schätzung des Auftragswerts den Schwellenwert hätte erreichen müssen.
[331] OLG Schleswig BeckRS 2014, 12004 = VergabeR 2014, 717 (721); Ziekow/Völlink/*Dicks* Rn. 48; aA *Wiese* in RKPP GWB Rn. 137.
[332] OLG Schleswig BeckRS 2014, 12004 = VergabeR 2014, 717 (721); aA OLG Düsseldorf NZBau 2019, 64 Rn. 23 (ohne nähere Begründung); *Wiese* in RKPP GWB Rn. 137.
[333] Ebenso: Byok/Jaeger/*Byok* Rn. 94 mit arg. Treu und Glauben; aA Immenga/Mestmäcker/*Dreher* Rn. 85 und 94; Reidt/Stickler/Glahs/*Reidt* Rn. 59; *Wiese* in RKPP GWB Rn. 132.
[334] So aber *Fürmann* VergabeR 2010, 420 (425 f.) in „praxisgerechter Auslegung des § 107 Abs. 3 S. 1 Nr. 2 GWB" (aF).

Nr. 3 VgV) für die Stellung der Angebote und deren Wertung – betreffen und unmittelbar aufgrund der Bekanntmachung und/oder in den Vergabeunterlagen erkennbar sind (→ Rn. 83), müssen gem. § 160 Abs. 3 S. 1 Nr. 2 und 3 spätestens **bis zum Ablauf der Frist zur Angebotsabgabe** gegenüber dem Auftraggeber, ihm zugehend (→ Rn. 63, 84), gerügt werden. In der Neufassung der Nr. 3 des § 160 Abs. 3 S. 1 sind die den Ort der Bekanntgabe der Angebotsfrist bezeichnenden Wörter „in der Bekanntmachung benannten" („Frist zur …") gestrichen worden. Dadurch ist für die zahlreichen Vergabeverfahren mit Teilnahmewettbewerb, in denen die einleitende Bekanntmachung noch keine Angebotsfrist benennt, die bisherige Rechtsunsicherheit beseitigt worden, ob der Präklusionstatbestand der Nr. 3 des § 107 Abs. 3 S. 1 aF überhaupt galt.[335] Es ist nunmehr geklärt (vorbehaltlich der Frage der Vereinbarkeit mit EU-Recht → Rn. 75–80), dass § 160 Abs. 3 S. 1 Nr. 3 infolge der Textänderung alle Vergabeverfahren erfasst und die Rügefrist mit dem Ablauf der Angebotsabgabefrist endet, gleichgültig, wo und wie der Auftraggeber die Frist zur Angebotsabgabe (transparent) gesetzt hat. Dabei ist im Falle der Verlängerung dieser Frist – nunmehr nach dem Wortlaut der Norm eigentlich zweifelsfrei – die letztgültige Angebotsabgabefrist maßgebend.[336] Im Verhandlungsverfahren ist insoweit die festgesetzte Frist für die Abgabe des Erstangebots (§ 17 Abs. 5 und 6 VgV) entscheidend, weil die Einhaltung dieser Frist grundsätzlich auch die Voraussetzung dafür ist, dass der Bieter an den anschließenden Verhandlungsrunden überhaupt teilnehmen kann; daher kann es auf die finale Frist iSd § 17 Abs. 14 VgV, die keine „verlängerte Angebotsabgabefrist" darstellt, nicht ankommen. Eine gem. § 160 Abs. 3 S. 1 Nr. 3 verbindliche Rügefrist ist auch die für die Abgabe noch nicht verbindlicher, indikativer Angebote festgesetzte Frist, zB bei einer ausgeschriebenen Innovationspartnerschaft (vgl. § 19 Abs. 4 S. 1 und Abs. 5 S. 1 VgV – Erstangebot).[337] Zu den von § 160 Abs. 3 S. 1 Nr. 3 direkt erfassten Vergabeverfahren gehört jetzt auch zweifellos das Verhandlungsverfahren ohne vorherige öffentliche Bekanntmachung (§ 14 Abs. 4–6 VgV);[338] es bedarf hier nicht mehr einer (bis zur Neufassung der Vorschrift fragwürdigen) Analogie, mit der sich die Rechtsprechung[339] bislang behalf. Zur Wahrung der Rügefrist durch rechtzeitigen Zugang beim Auftraggeber ist zu beachten, dass dieser vom Inhalt der Rügeerklärung auch unter Einhaltung der Vergaberegeln vor Fristablauf wirklich Kenntnis nehmen kann, dh zumindest theoretisch Kenntnis nehmen könnte, *ohne* damit zugleich *gegen Vergaberegeln zu verstoßen* (das betrifft nicht das Fristende am letzten Tag der Frist um 24 h: → Rn. 60 und 63). Daher verfehlt eine **Rüge, die im Angebot** (mit einem entsprechenden Zusatz) erklärt wird oder dem Auftraggeber zusammen mit dem schriftlichen Angebot in demselben verschlossenen Umschlag zugesandt wird, die Rügefrist. Denn der Auftraggeber hat bis zum Ablauf der Angebotsabgabefrist elektronisch übermittelte Angebote verschlüsselt zu speichern, hat per Post oder direkt übermittelte Angebote ungeöffnet zu lassen und darf Angebote jeglicher Form erst nach Ablauf jener Frist öffnen und zur Kenntnis nehmen (§§ 54, 55 Abs. 1 VgV; § 14 EU Abs. 1 VOB/A).[340]

e) Weitere Einzelfragen. Zur Erklärung der Rüge (falls es bei bloßer Erkennbarkeit des Vergaberechtsverstoßes überhaupt zu einer Rügeerklärung kommt), zur Frage der Wartefrist zwischen Rügeerklärung und Nachprüfungsantrag, zur etwaigen Entbehrlichkeit der Rüge und zur Präklusionswirkung ergeben sich grundsätzlich keine Unterschiede gegenüber der Rechtslage zu

---

[335] Vgl. ua VK Baden-Württemberg BeckRS 2016, 47931 = forum vergabe MonatsInfo 2015, 451 (bejahend: es galt die Angebotsfrist laut Vergabeunterlagen); OLG Düsseldorf NZBau 2016, 235 (236) (verneinend).
[336] Ebenso: Byok/Jaeger/*Byok* Rn. 94; Reidt/Stickler/Glahs/*Reidt* Rn. 62; Ziekow/Völlink/*Dicks* Rn. 51; aA Immenga/Mestmäcker/*Dreher* Rn. 85 und 94 (Fristverlängerung ist unerheblich). AA ferner OLG Düsseldorf NZBau 2018, 548 Rn. 12 für den Fall eines elektronischen Vergabeverfahrens mit Teilnahmewettbewerb, bei dem die kompletten Vergabeunterlagen – auch für das Angebotsstadium – bereits ab dem Tag der Veröffentlichung der Auftragsbekanntmachung zum Abruf gem. § 41 Abs. 1 VgV bereitgestellt werden: Die Rügefrist gem. § 160 Abs. 3 S. 1 Nr. 3 ende dann insgesamt – auch hinsichtlich etwaiger nur den Angebotswettbewerb betreffender Vergaberechtsverstöße in den Vergabeunterlagen – schon mit Ablauf der Bewerbungsfrist. (Dem ist schon nach dem Wortlaut des § 160 Abs. 3 S, 1 Nr. 3 zu widersprechen, zumal da sich auch der sorgfältige Bewerber innerhalb der Bewerbungsfrist idR nicht mit dem nur die Angebotsphase betreffenden Teil der Vergabeunterlagen genau beschäftigt; an diesem Gesichtspunkt scheiterte im konkreten Fall des OLG Düsseldorf auch die Erkennbarkeit des Verstoßes.).
[337] OLG Schleswig NZBau 2019, 806 Rn. 108 f.
[338] IErg ebenso: Immenga/Mestmäcker/*Dreher* Rn. 99 (analoge Anwendung des § 160 Abs. 3 S. 1 Nr. 3); tendenziell aA: Ziekow/Völlink/*Dicks* Rn. 48 Fn. 201 („wegen des Ausnahmecharakters der Norm", also che § 14 Abs. 4 VgV).
[339] OLG Naumburg ZfBR 2012, 85 = VergabeR 2012, 93 (99); zust.: OLG Brandenburg BeckRS 2011, 23533 = VergabeR 2012, 110 (115).
[340] Vgl. OLG Düsseldorf NZBau 2020, 403 Rn. 26; vgl. zur entspr. Rechtslage nach bisherigem Vergaberecht: OLG Düsseldorf BeckRS 2012, 04919 = VergabeR 2012, 664 (666 f.); VK Westfalen ZfBR 2016, 312 (Ls.) = forum vergabe MonatsInfo 2016, 75.

§ 160 Abs. 3 S. 1 Nr. 1 (→ Rn. 62–64, 66–72). Umstritten ist, wer die materielle **Beweislast** bei der Beurteilung der Erkennbarkeit trägt, soweit diese Beurteilung von Tatsachenfeststellungen (und nicht nur von Wertungen feststehender Tatsachen) abhängt. Da es sich um ein Tatbestandsmerkmal handelt, aus dem der Auftraggeber eine günstige Rechtsfolge für sich ableitet, ist ihm (und dem Beigeladenen in der Rolle des Beschwerdeführers und Gegners des Antragstellers) die Beweislast zuzuordnen.[341] Im Übrigen gelten die Ausführungen zur Beweislast bei § 160 Abs. 3 S. 1 Nr. 1 (→ Rn. 73) entsprechend.

87 **4. Antragsfrist gem. Abs. 3 S. 1 Nr. 4.** Mit dieser Vorschrift ist in das deutsche Vergaberecht durch das Vergaberechtsmodernisierungsgesetz 2009 eine Frist für den erstinstanzlichen Rechtsschutzantrag eingeführt worden. Durch diese Frist soll **frühzeitig Klarheit über die Rechtmäßigkeit des Vergabeverfahrens** geschaffen werden (→ Rn. 6). Da die Frist von 15 Kalendertagen, die erst ab dem Zugang der Mitteilung des öffentlichen Auftraggebers über die Nichtabhilfe der Rüge zu laufen beginnt, als angemessen zu werten ist, bestehen unionsrechtlich gegen die Antragsfrist keine Bedenken.[342] Als Nebeneffekt hat die Vorschrift das frühere Rechtsproblem, ob ein Bewerber/Bieter nach der erfolglosen Rüge eines Vergaberechtsverstoßes und nach anschließendem längeren Zuwarten sein Nachprüfungsrecht verwirken kann,[343] beseitigt: **Zusätzlich** zur jetzigen Möglichkeit des Auftraggebers, den Bewerber/Bieter durch eine Nichtabhilfemitteilung zu zwingen, sich nach einer erklärten Rüge bald zu entscheiden, ob er der Rüge einen Nachprüfungsantrag folgen lässt, kann es **keine** davon getrennte **Möglichkeit der Verwirkung des Nachprüfungsrechts** mehr geben.[344]

88 Es gibt jedoch ein Anwendungsproblem der Vorschrift, das man im Gesetzgebungsverfahren möglicherweise gar nicht erkannt hat. Da nach der Konzeption des § 160 Abs. 3 den Nachprüfungsverfahren in aller Regel eine Rüge (oder mehrere Rügen) vorausgehen muss und ein Nachprüfungsantrag vernünftigerweise nur gestellt wird, wenn der Rüge nicht abgeholfen wird, handelt es sich bei der Frist zwischen der Nichtabhilfe und der Einreichung des Nachprüfungsantrags, eines Rechtsbehelfs, um eine **echte Rechtsbehelfsfrist**.[345] Für Rechtsbehelfsfristen schreibt der Anhang V Teil C RL 2014/24/EU (Überschrift: „In der Auftragsbekanntmachung aufzuführende Angaben") unter Nr. 25 (ebenso unter Anhang V Teil B II Nr. 13 RL 2014/24/EU unter der Überschrift: „In der Vorinformation aufzuführende Angaben, wenn die Bekanntmachung als Aufruf zum Wettbewerb dient") zwingend vor, dass außer Name und Anschrift der für Nachprüfungen und ggf. für Mediationsverfahren zuständigen Stelle noch folgende Angaben in den Bekanntmachungen für öffentliche Aufträge (und für die genannte Art von Vorinformationen) enthalten sein müssen: „Genaue Angaben zu den Fristen für Nachprüfungsverfahren bzw. gegebenenfalls Name, Anschrift, Telefon- und Faxnummer und E-Mail-Adresse der Stelle, bei der diese Informationen erhältlich sind". Entsprechende Vorschriften enthalten Anhang VI Teil A II Nr. 20 Sektoren-RL und Anhang V Nr. 11 RL 2014/23/EU. Die Vorgänger, also die Vergaberechtsrichtlinien 2004, enthielten ebenfalls schon derartige Vorschriften (vgl. zB Anhang VII Teil A Nr. 24 VKR). Die Vorschriften der Anhänge haben Rechtsnormqualität wie die Richtlinienbestimmungen selbst; das ergibt sich aus dem einen Bestandteil der jeweiligen Richtlinie bildenden Inhaltsverzeichnis, in dem die Anhänge aufgeführt sind.[346] Das bedeutet: Solange die zitierte Vorschrift, die in den vorgenannten Anhängen der RL 2014/24/EU, Sektoren-RL und RL 2014/23/EU jeweils enthalten ist, nicht vollständig in deutsches Recht umgesetzt worden ist (vgl. dazu § 37 Abs. 3 VgV, § 35 Abs. 3 SektVO, § 19 Abs. 3 KonzVgV, § 18 Abs. 3 Nr. 4 VSVgV), ist sie hier unmittelbar anzuwenden. Es müssen daher **in jede europaweite Auftragsbekanntmachung genaue Hinweise** in Bezug auf § 160 Abs. 3 S. 1 Nr. 4 oder auf die Dienststelle, die entsprechende Auskünfte erteilen kann, aufgenommen werden. Geschieht dies nicht, gilt die Ausschlussfrist des § 160 Abs. 3 S. 1 Nr. 4 nicht, weil das die einzige geeignete Sanktion ist,

---

[341] Ebenso: OLG München NZBau 2014, 456 (459); Immenga/Mestmäcker/*Dreher* Rn. 57; Ziekow/Völlink/*Dicks* Rn. 60; aA (Beweislast des Antragstellers für Nichterkennbarkeit): *Maier* VergabeR 2004, 176 (177).

[342] EuGH Slg. 2002, I-11 617 Rn. 77–79 = NZBau 2003, 162 – Universale-Bau AG; vgl. auch Art. 2c und Art. 2f Abs. 2 RL 89/665/EWG.

[343] Vgl. OLG Celle NZBau 2010, 194 (199); OLG Düsseldorf NZBau 2008, 461 = VergabeR 2008, 835 (840 f.) mwN; OLG Karlsruhe NZBau 2008, 537 = VergabeR 2008, 826 (830 ff.).

[344] Ebenso: *Wiese* in RKPP GWB Rn. 170; Byok/Jaeger/*Byok* Rn. 135; tw. ebenso: Reidt/Stickler/Glahs/*Reidt* Rn. 90–93 (Verwirkung nur noch in besonderen Ausnahmefällen).

[345] Zust.: OLG Celle NZBau 2010, 333 (334 f.); Byok/Jaeger/*Byok* Rn. 129; Immenga/Mestmäcker/*Dreher* Rn. 106; Ziekow/Völlink/*Dicks* Rn. 39 und 57. Ebenso: OLG Brandenburg BeckRS 2011, 25288 = VergabeR 2012, 242 (248); OLG Düsseldorf ZfBR 2014, 85 = VergabeR 2014, 46 (47): „einer Klagefrist vergleichbare Ausschlussfrist"; aA Langen/Bunte/*Schweda* Rn. 27.

[346] Zust.: Ziekow/Völlink/*Dicks* Rn. 57 Fn. 241.

um jener Vorschrift aus den genannten Anhängen der RL 2014/24/EU, der Sektoren-RL und der RL 2014/23/EU Rechnung zu tragen.³⁴⁷

Zusätzlich zu den genauen Hinweisen in der EU-weiten Auftragsbekanntmachung (→ Rn. 88) bedarf es jedoch **keiner** (inhaltlich entsprechenden) **Rechtsbehelfsbelehrung** in der Nichtabhilfemitteilung **des Auftraggebers**.³⁴⁸ Eine solche Rechtsbehelfsbelehrung wäre allerdings auch nicht geeignet, dem Mangel der notwendigen, aber fehlenden Angaben in der Auftragsbekanntmachung (→ Rn. 87) abzuhelfen.³⁴⁹

Einen weiteren Fall der **Unanwendbarkeit** des § 160 Abs. 3 S. 1 Nr. 4 sieht die Rechtsprechung darin, dass der Auftraggeber eine erhobene Rüge eines Vergaberechtsverstoßes zurückweist, obwohl den rügenden Bewerber/Bieter von Gesetzes wegen – zB gem. § 160 Abs. 3 S. 2 – gar **keine Rügeobliegenheit** traf.³⁵⁰ Dem ist mit Blick auf das Gebot zur restriktiven Auslegung des § 160 Abs. 3 (→ Rn. 50) zuzustimmen.

Eine dem § 160 Abs. 3 S. 1 Nr. 4 genügende **Mitteilung der Nichtabhilfe** muss der Auftraggeber mit diesem (negativen) Ergebnis konkret bezogen auf die erhobene Rüge und **unmissverständlich** formulieren.³⁵¹ Einer Begründung bedarf die Mitteilung nicht. Die Nichtabhilfeerklärung ist genauso formfrei wie die Rügeerklärung (→ Rn. 62), also auch in mündlicher Form wirksam.³⁵² Die Nichtabhilfe muss **vom Auftraggeber selbst** erklärt werden; eine ablehnende Äußerung zB des vom Auftraggeber beauftragten Projektsteuerers zur Rüge reicht nicht aus.³⁵³

Die **Frist** für die Einreichung des Nachprüfungsantrags bei der Vergabekammer **beginnt** mit dem „Eingang", also mit dem **Zugang** der Nichtabhilfemitteilung des Auftraggebers beim rügenden Bewerber/Bieter. Da für den Fristablauf „mehr als 15 Kalendertage" nach dem Zugang vergangen sein müssen, werden schon deshalb die 15 Tage ab dem ersten Tag nach dem Zugang gezählt; das gleiche Ergebnis erreicht man mit der (analogen) Anwendung des § 187 Abs. 1 BGB iVm § 186 BGB.³⁵⁴ Wenn bei dieser Zählweise der **16. Kalendertag angebrochen** ist, sind „mehr als 15 Kalendertage vergangen"; damit ist also die **Antragsfrist abgelaufen.** Folglich muss der Nachprüfungsantrag, um rechtzeitig zu sein, vor dem Ende des 15. Kalendertags bei der Vergabekammer eingehen.³⁵⁵ Fällt der 15. Tag auf einen **Samstag, Sonntag** oder staatlichen **Feiertag**, so verlängert sich die Antragsfrist bis zum Ende des nächsten Werktags; das ergibt sich aus § 193 BGB, der entweder gem. § 186 BGB oder gem. § 222 Abs. 1 und 2 ZPO iVm § 175 Abs. 2, § 73 Nr. 2 hier entsprechend anwendbar ist, weil es sich beim Nachprüfungsantrag – anders als bei der gem. § 160 Abs. 3 S. 1 Nr. 1 befristeten Rügeerklärung (→ Rn. 60) – um eine (prozessuale) Willenserklärung iSd § 193 BGB handelt.³⁵⁶ Die durch die Nichtabhilfemitteilung in Lauf gesetzte Antragsfrist beeinflusst die eventuell ebenfalls schon begonnene Wartefrist des § 134 Abs. 2 nicht. Diese Wartefrist läuft unabhängig von anderen Fristen (→ Rn. 61) und kann daher auch vor dem Ende der Antrags-

---

³⁴⁷ Zum Vorstehenden so schon *Jaeger* NZBau 2009, 558 (562); zust.: OLG Celle NZBau 2010, 333 (334 f.); Byok/Jaeger/*Byok* Rn. 140; Immenga/Mestmäcker/*Dreher* Rn. 106; Ziekow/Völlink/*Dicks* Rn. 57. Ebenso: OLG Brandenburg BeckRS 2011, 25288 = VergabeR 2012, 242 (247 f.); OLG Düsseldorf NZBau 2013, 788 (789); OLG München VergabeR 2020, 824 (833); OLG Schleswig NZBau 2019, 806 Rn. 122; VK Nordbayern IBRRS 2016, 2768 = forum vergabe MonatsInfo 2016, 432; aA OLG Karlsruhe BeckRS 2010, 26785 (auch zitiert von *Mantler* VergabeR 2011, 82 Fn. 15); *Eiermann* NZBau 2016, 13 (14), mit Hinweis auf VK Baden-Württemberg BeckRS 2010, 24477; Langen/Bunte/*Schweda* Rn. 27.

³⁴⁸ Immenga/Mestmäcker/*Dreher* Rn. 106, mit Hinweis auf OLG Düsseldorf BeckRS 2012, 10231; *Dirksen* VergabeR 2013, 410 (413–415); aA wohl OLG Dresden BeckRS 2014, 18013 = VergabeR 2014, 696 (699).

³⁴⁹ IErg ebenso wohl: Byok/Jaeger/*Byok* Rn. 140 aE; aA OLG Celle NZBau 2019, 462 Rn. 23 f.; *Gielen* VergabeR 2019, 572 (572 f.); *Greb* NZBau 2020, 147 (149 und 151 aE); Immenga/Mestmäcker/*Dreher* Rn. 106 aE; Reidt/Stickler/Glahs/*Reidt* Rn. 88; *Wiese* in RKPP GWB Rn. 169.

³⁵⁰ OLG Düsseldorf NZBau 2017, 623 Rn. 34; OLG Düsseldorf NZBau 2013, 187; OLG Karlsruhe NZBau 2014, 378 (379); OLG München NZBau 2013, 458 = VergabeR 2013, 750 (754); OLG Naumburg NZBau 2012, 258 = VergabeR 2012, 445 (454); zust.: Immenga/Mestmäcker/*Dreher* Rn. 111; Ziekow/Völlink/*Dicks* Rn. 55; aA Byok/Jaeger/*Byok* Rn. 133.

³⁵¹ OLG Düsseldorf VergabeR 2017, 752 (754); OLG Düsseldorf ZfBR 2014, 85 = VergabeR 2014, 46 (47); OLG Celle NZBau 2010, 333 (334): hohe Anforderungen an die Eindeutigkeit der Nichtabhilfeerklärung; zust.: Immenga/Mestmäcker/*Dreher* Rn. 107 und Langen/Bunte/*Schweda* Rn. 26; s. auch OLG Dresden BeckRS 2014, 18013 = VergabeR 2014, 696 (699).

³⁵² Vgl. OLG Brandenburg BeckRS 2011, 25288 = VergabeR 2012, 242 (247).

³⁵³ OLG München BeckRS 2009, 27005 = VergabeR 2010, 238 (241); Immenga/Mestmäcker/*Dreher* Rn. 107.

³⁵⁴ VK Nordbayern IBRRS 2015, 2738 = forum vergabe MonatsInfo 2015, 408; Byok/Jaeger/*Byok* Rn. 146; Immenga/Mestmäcker/*Dreher* Rn. 110.

³⁵⁵ Immenga/Mestmäcker/*Dreher* Rn. 110 mwN, auch zur abw. Auslegung in diesem Punkt.

³⁵⁶ VK Nordbayern IBRRS 2015, 2738 = forum vergabe Monatsinfo 2015, 408; Byok/Jaeger/*Byok* Rn. 146; Immenga/Mestmäcker/*Dreher* Rn. 110; Ziekow/Völlink/*Dicks* Rn. 56.

frist schon ablaufen, sodass dann sofort dem Auftraggeber der Vertragsschluss mit dem bekannt gegebenen Zuschlagsaspiranten erlaubt ist.[357]

93 Nach der Konzeption der Nr. 4 des § 160 Abs. 3 S. 1 iVm Nr. 1–3 kann es infolge einer Nichtabhilfemitteilung des Auftraggebers und eines fristgerechten Nachprüfungsantrags zu einer so frühen Einleitung des Nachprüfungsverfahrens kommen, dass noch gar **nicht festgestellt werden kann, ob** und inwieweit sich der jeweilige **gerügte Vergaberechtsverstoß** auf die künftige Vergabeentscheidung – insbesondere zulasten des Antragstellers – auswirken wird oder konkret **auswirken kann.** Folgerichtig darf es darauf für die Zulässigkeit und die Begründetheit des Nachprüfungsantrags auch nicht ankommen. Vielmehr reicht es dann aus, wenn der gerügte Vergaberechtsverstoß abstrakt geeignet ist, die Zuschlagschancen des Antragstellers zu beeinträchtigen.[358]

94 Die Darlegungs- und **Beweislast** dafür, dass der Auftraggeber dem rügenden Bewerber/Bieter eine dem § 160 Abs. 3 S. 1 Nr. 4 genügende Nichtabhilfemitteilung hat zukommen lassen, und für den Zeitpunkt des Zugangs dieser Mitteilung trifft der Auftraggeber.[359] Für die (an den festgestellten Zugang der Nichtabhilfemitteilung anknüpfende) Rechtzeitigkeit des Nachprüfungsantrags trägt der Antragsteller die (materielle) Beweislast,[360] wobei dieser Beweis in der Regel – aufgrund ordnungsgemäßer Registrierung durch die Vergabekammer – unproblematisch ist.

95 **5. Ausnahme von der Rügeobliegenheit bei De-facto-Vergaben.** Von den durch das Vergaberechtsmodernisierungsgesetz 2009 eingeführten Neuerungen zur Rügeobliegenheit ist Abs. 3 S. 2 (nF) die einzige unproblematische Vorschrift. Der Gesetzgeber hält es nicht für sachgerecht, den Unternehmen, die eine Nachprüfung einer sog. De-facto-Vergabe gem. § 135 Abs. 1 Nr. 2 beantragen, eine vorher zu erfüllende Rügeobliegenheit aufzuerlegen (→ Rn. 7). Damit bestätigt der Gesetzgeber die Rechtsprechung, die sich schon bisher zu dieser Frage ganz überwiegend herausgebildet hatte.[361] Für die **Anwendbarkeit des § 160 Abs. 3 S. 2** kommt es nicht auf den (vom Gesetz nicht verwendeten) Begriff der De-facto-Vergabe, für den es durchaus divergierende Definitionen gibt, an, sondern auf den **in § 135 Abs. 1 Nr. 2 definierten Tatbestand**, dass „der öffentliche Auftraggeber den Auftrag ohne vorherige Veröffentlichung einer Bekanntmachung im Amtsblatt der Europäischen Union vergeben hat, ohne dass dies aufgrund Gesetzes gestattet ist", **sowie** darauf, dass der Antragsteller diesen Tatbestand mit einem **Antrag auf Feststellung der Unwirksamkeit des Vertrags** (§ 135 Abs. 1 Nr. 2 und Abs. 2) geltend macht. Ein solcher Feststellungsantrag kann nicht an einer Rügeobliegenheit gem. § 160 Abs. 3 S. 1 Nr. 1–3, die dann nicht erfüllt wäre, und nicht an der Antragsfrist gem. § 160 Abs. 3 S. 1 Nr. 4 scheitern[362] (sondern nur daran, dass der Tatbestand des § 135 Abs. 1 Nr. 2 nicht gegeben ist, oder an den Schranken des § 135 Abs. 2 oder § 135 Abs. 3). Für die Vergabeverfahren der Sektorenauftraggeber (§ 100) und der Konzessionsgeber (§ 101) ordnen die §§ 142 und 154 Nr. 4 ebenfalls die Anwendbarkeit des § 135 an, sodass die vorstehenden Ausführungen auch für die Vergabeverfahren dieser Auftraggeber gelten.

96 Obwohl nach dem vorstehend (→ Rn. 95) erläuterten Wortlaut der Vorschrift deren Anwendungsbereich problemlos sein sollte, sind dennoch **Anwendungsprobleme** zu § 107 Abs. 3 S. 2 aF (jetzt § 160 Abs. 3 S. 2) zu beobachten: Vereinzelt wird die Rügeobliegenheit nach § 160 Abs. 3 S. 1 (je nach gegebenen Voraussetzungen der Nr. 1–3) doch bejaht, wenn der Auftraggeber das **Verhandlungsverfahren ohne Teilnahmewettbewerb,** also ohne vorherige Auftragsbekanntmachung, wählt, dieses aber regelwidrig mit Beteiligung mehrerer Unternehmen durchführt und der Antragsteller die Wahl dieser Vergabeverfahrensart, deren vergaberechtliche Voraussetzungen nicht gegeben seien, beanstandet.[363] Ein solcher Nachprüfungsantrag darf jedoch nicht wegen nicht erfüllter Rügeobliegenheit verworfen werden; es handelt sich um einen klaren Anwendungsfall der § 160 Abs. 3 S. 2, § 135 Abs. 1 Nr. 2 (→ Rn. 95) und es ist (nur) eine Frage der Begründetheit des Antrags, ob der Auftraggeber diese Vergabeverfahrensart rechtmäßig gewählt hat. Für dieses Ergebnis ist es auch nicht entscheidend, dass der Antragsteller vom Vergabeverfahren ferngehalten wurde, also der Auftraggeber ihn nicht zu den am Verhandlungsverfahren (ohne vorherige Bekanntmachung)

---

[357] Byok/Jaeger/*Byok* Rn. 147; vgl. auch Immenga/Mestmäcker/*Dreher* Rn. 113; aA *Krist* VergabeR 2016, 396 (398 f.).
[358] OLG Düsseldorf NZBau 2011, 765 (766) mwN; zu der auch diesen Aspekt betr. rechtspolitischen Kritik an § 160 Abs. 3 S. 1 Nr. 4 vgl. *Jaeger* NZBau 2009, 558 (561); zust.: OLG München IBRRS 2012, 4408 = VergabeR 2013, 654 (658); Ziekow/Völlink/*Dicks* Rn. 58.
[359] IErg ebenso: *Wiese* in RKPP GWB Rn. 172 iVm *Wiese* in RKPP GWB Rn. 171.
[360] AA *Wiese* in RKPP GWB Rn. 172.
[361] OLG Düsseldorf NZBau 2008, 271 (277) mwN.
[362] Ebenso: OLG Naumburg NJOZ 2013, 1213 = VergabeR 2013, 438 (446); Immenga/Mestmäcker/*Dreher* Rn. 116; *Wiese* in RKPP GWB Rn. 168.
[363] OLG Brandenburg BeckRS 2011, 23533 = VergabeR 2012, 110 (116) mwN.

teilnehmenden Bietern ausgewählt hat.[364] Aber auch wenn der Antragsteller an einem solchen Verhandlungsverfahren teilgenommen hat, scheitert sein Nachprüfungsantrag, mit dem er dieses als vergaberechtswidrig beanstandet, gem. § 160 Abs. 3 S. 2 jedenfalls nicht an einer Präklusion nach Abs. 3 S. 1[365] (und in der Regel auch nicht an fehlender Antragsbefugnis gem. § 160 Abs. 2 → Rn. 49). Eine andere Streitfrage dürfte infolge der Neufassung des § 135 Abs. 1 Nr. 2 (Abänderung des § 101b Abs. 1 Nr. 2 aF) behoben sein: Das Unterlassen einer gebotenen EU-weiten Ausschreibung, an deren Stelle lediglich eine nationale Auftragsbekanntmachung veröffentlicht wurde, führte dann, wenn der Auftraggeber danach ein reguläres Vergabeverfahren mit mehreren Bewerbern/Bietern durchführte, aufgrund der Formulierung der bisher der Nachprüfung von De-facto-Vergaben geltenden Vorschrift § 101b Abs. 1 Nr. 2 aF (auf die § 107 Abs. 3 S. 2 aF verwies) bei einem Teil der Rechtsprechung zu dem Ergebnis, dass die in § 107 Abs. 3 S. 1 aF normierte Rügeobliegenheit nicht entfiel, sondern bestehen blieb, und zwar gerade auch bezüglich des Verstoßes gegen das Gebot der EU-weiten Auftragsbekanntmachung.[366] Diese Ansicht, die schon bisher mit Blick auf Art. 2d Abs. 1 lit. a RL 89/665/EWG höchst fragwürdig war, lässt sich in Anbetracht der Neufassung des § 135 Abs. 1 Nr. 2, die für die Anwendbarkeit ausdrücklich auf die Auftragsvergabe „ohne vorherige Veröffentlichung einer Bekanntmachung im Amtsblatt der EU" (und zwar ohne gesetzliche Grundlage) abstellt, nicht mehr aufrechterhalten. Für die Anwendungsfälle des § 160 Abs. 3 S. 2 wird vereinzelt eine dennoch bestehende Rügeobliegenheit (nicht aufgrund einer vergaberechtlichen Norm, sondern) aufgrund des vorvertraglichen Schuldverhältnisses unter der Voraussetzung erwogen, dass sich der Bieter in Kenntnis des Erfordernisses eines regelrechten Vergabeverfahrens, insbesondere einer EU-weiten Auftragsbekanntmachung, an der Verhandlung über eine De-facto-Vergabe beteiligt, ohne den Auftraggeber auf diesen Vergaberechtsverstoß hinzuweisen.[367] Diese Ansicht ist indessen abzulehnen, weil sie – in dem vorstehend gekennzeichneten Teilbereich – auf eine Korrektur der § 160 Abs. 3 S. 2, § 135 Abs. 1 Nr. 2 hinausläuft, die auch deshalb nicht legitim ist, weil § 160 Abs. 3 S. 1 zugunsten der (potenziellen) Antragsteller ohnehin restriktiv auszulegen ist (→ Rn. 50).

In den letzten Jahren ist es unsicher geworden und es wird darüber gestritten, ob die § 160 Abs. 3 S. 2, § 135 Abs. 1 Nr. 2 über den Wortlaut des § 135 Abs. 1 Nr. 2 („Auftrag...vergeben hat") hinaus auch auf diejenigen **De-facto-Vergabeverfahren** – also Vergabeverfahren ohne die gebotene vorherige Bekanntmachung im EU-Amtsblatt – anwendbar sind, die **noch nicht** zu einem **formalen Vertragsschluss** geführt haben, vielmehr noch andauern.[368] Diese Frage muss aufgrund einer teleologischen Erweiterung des § 160 Abs. 3 S. 2 (oder Analogie) bejaht werden, was durch folgende Überlegung bestätigt wird: Es ist sinnlos, einen der vorherigen Rüge entbehrenden Nachprüfungsantrag gegen eine geplante, schon im Verhandlungsstadium befindliche De-factoVergabe als unzulässig (wegen Nichterfüllung der – angeblichen – Rügeobliegenheit) zu verwerfen, wenn nach einer solchen Verwerfung der nachfolgende Nachprüfungsantrag gegen dieselbe, nunmehr durch Vertragsschluss beendete De-facto-Vergabe gemäß der klaren und bestimmten gesetzlichen Regelung des § 160 Abs. 3 S. 2 iVm § 135 Abs. 1 Nr. 2 in seiner Zuläs-

97

---

[364] So aber OLG Celle NZBau 2006, 197 (198), allerdings vor der Kodifizierung des § 107 Abs. 3 S. 2 aF; so auch Immenga/Mestmäcker/*Dreher* Rn. 114; *Wolf/Wolters* VergabeR 2018, 106 (108).
[365] AA *Wolf/Wolters* VergabeR 2018, 106 (108); Immenga/Mestmäcker/*Dreher* Rn. 117 (einschließlich der Fallvariante, in der dem Antragsteller aufgrund seiner Kenntnis vom Vergabeverfahren eine Beteiligung offenstand, er dies aber nicht genutzt hat).
[366] OLG Düsseldorf BeckRS 2010, 15895 = VergabeR 2011, 78 (80); OLG Rostock forum vergabe MonatsInfo 2016, 34; iErg ebenso (keine De-facto-Vergabe iSd § 101b Abs. 1 Nr. 2 aF): OLG München ZfBR 2013, 296 = VergabeR 2013, 477 (481); iErg aA (Anwendbarkeit des § 101b Abs. 1 Nr. 2 aF – und damit auch des § 107 Abs. 3 S. 2 aF – in einem solchen Fall): OLG Saarbrücken NZBau 2014, 241 = VergabeR 2014, 484 (485 f.).
[367] In der Tendenz wohl bejahend: OLG München NZBau 2012, 658 (662) mwN; Immenga/Mestmäcker/*Dreher* Rn. 117; iErg ebenso mit dem Grundsatz von Treu und Glauben (§ 242 BGB): *Vavra* FS Marx, 2013, 777 (788 f.).
[368] Für die Zulässigkeit des Nachprüfungsantrags ohne vorherige Rügeobliegenheit: OLG Hamburg NZBau 2011, 185 = VergabeR 2011, 614 (621); OLG Celle NZBau 2017, 239 Rn. 25 (keine Rügeobliegenheit vor einem Nachprüfungsantrag gegen „drohende nichtige De-facto-Vergabe"; keine weitere Begründung); Immenga/Mestmäcker/*Dreher* Rn. 115; Reidt/Stickler/Glahs/*Reidt* Rn. 66; *Wolf/Wolters* VergabeR 2018, 106 (109 ff.), jedoch mit der Ausnahme der „Begründung einer Rügeobliegenheit" durch eine ex-ante-Transparenzbekanntmachung gem. § 135 Abs. 3 (durch diese Ansicht wird der Rechtsschutz wegen der kurzen Frist des § 135 Abs. 3 S. 1 Nr. 3 aber unzumutbar und damit unionsrechtswidrig erschwert); aA (es besteht in den hier diskutierten Fällen eine Rügeobliegenheit gem. § 160 Abs. 3 S. 1 Nr. 1 [ohne Anwendbarkeit des Abs. 3 S. 2]): 2. VK Bund NZBau 2016, 514 (515 re. Sp.) mwN; *Gabriel* VergabeR 2019, 297 (299 und 300 f.); *Opheys* NZBau 2017, 714 (716).

sigkeit nicht von der vorherigen (oder gleichzeitigen) Erfüllung einer Rügeobliegenheit abhängt, sondern dann schlechthin zulässig ist. Dazu ist ergänzend zu vermerken, dass bei einem solchen Verfahrensverlauf die Verwerfung des ersten Nachprüfungsantrags keinerlei Rechtskraftwirkung zulasten des zweiten Nachprüfungsantrags gegen die dann durch Vertragsschluss besiegelte De-facto-Vergabe entfaltet. Bedenkt man dies alles, so ist es im Interesse aller Beteiligten sogar vorzuziehen, wenn ein antragsbefugter Wettbewerber so früh wie möglich eine geplante (schon im materiellen Vergabeverfahren befindliche → Rn. 12) De-facto-Vergabe ohne weitere Komplikationen (Rügeerklärung) vor der Vergabekammer nachprüfen lassen kann.[369] Lediglich der Nachprüfungsantrag muss diesem vom Tatbestand des § 135 Abs. 1 Nr. 2 etwas abweichenden Sachverhalt angepasst werden und zweckmäßigerweise auf Unterlassung des geplanten Vertragsschlusses ohne regelrechtes Vergabeverfahren lauten.

98 Zu der weiteren Vorschrift des § 160 Abs. 3, **S. 3**, versteht es sich von selbst, dass der Auftraggeber der ihm in § 134 Abs. 1 S. 2 auferlegten Informationspflicht unabhängig von einer etwaigen Rügeobliegenheit der dort bezeichneten Bewerber und deren etwaigen Erfüllung nachkommen muss. Das wird durch S. 3 klargestellt.[370] Einen darüber hinaus gehenden Regelungsgehalt hat die Vorschrift nicht.[371]

§ 161 Form, Inhalt

(1) ¹Der Antrag ist schriftlich bei der Vergabekammer einzureichen und unverzüglich zu begründen. ²Er soll ein bestimmtes Begehren enthalten. ³Ein Antragsteller ohne Wohnsitz oder gewöhnlichen Aufenthalt, Sitz oder Geschäftsleitung im Geltungsbereich dieses Gesetzes hat einen Empfangsbevollmächtigten im Geltungsbereich dieses Gesetzes zu benennen.

(2) Die Begründung muss die Bezeichnung des Antragsgegners, eine Beschreibung der behaupteten Rechtsverletzung mit Sachverhaltsdarstellung und die Bezeichnung der verfügbaren Beweismittel enthalten sowie darlegen, dass die Rüge gegenüber dem Auftraggeber erfolgt ist; sie soll, soweit bekannt, die sonstigen Beteiligten benennen.

Übersicht

	Rn.			Rn.
I. Normzweck	1		4. Benennung eines Empfangsbevollmächtigten	6
II. Form und Inhalt der Nachprüfungsantragsschrift (Abs. 1)	2		III. Die Antragsbegründung (Abs. 1 S. 1 und Abs. 2)	7
1. Schriftform	2		1. Unverzügliche Einreichung	7
2. Zuständige Vergabekammer	4		2. Schriftform	9
3. Bestimmtes Begehren	5		3. Anforderungen an den Inhalt der Antragsbegründung	10

I. Normzweck

1 Als Konsequenz des Antragserfordernisses für das Nachprüfungsverfahren (→ § 160 Rn. 8) schreibt § 161 die **formalen und inhaltlichen Anforderungen** vor, die der Nachprüfungsantrag zT erfüllen muss, zT (nämlich Benennung eines bestimmten Begehrens und der sonstigen Beteiligten) nur erfüllen soll. Indem § 161 auch den **Mindestinhalt der Begründung** des Nachprüfungsantrags festlegt, geht der Regelungsgehalt der Norm über den durch die ursprüngliche Überschrift des § 108 aF („Form") bezeichneten Bereich hinaus. Daher hat das VergRModG 2016 als einzige Änderung des § 108 aF die Überschrift um das Wort „Inhalt" klarstellend ergänzt. Mit einigen der vorgeschriebenen Anforderungen (Mindestinhalt der Begründung, Benennung eines im Inland ansässigen Empfangsbevollmächtigten für den ausländischen Antragsteller sowie der sonstigen Beteiligten) verfolgt der Gesetzgeber auch den Zweck, das **Nachprüfungsverfahren zu beschleunigen**.[1]

---
[369] Dies auch gemäß der Rspr. des EuGH NZBau 2017, 431 Rn. 30–34 – Marina.
[370] Ebenso: Byok/Jaeger/*Byok* Rn. 124; Reidt/Stickler/Glahs/*Reidt* Rn. 67.
[371] Vgl. Byok/Jaeger/*Byok* Rn. 125 mit einer Darstellung vereinzelter anderer, sich aber vom Gesetzeswortlaut entfernender Interpretationen des § 160 Abs. 3 S. 3 in der Lit.
[1] Begr. RegE zum VgRÄG 1998, BT-Drs. 13/9340, 18.

II. Form und Inhalt der Nachprüfungsantragsschrift (Abs. 1)

1. Schriftform. Der Nachprüfungsantrag ist „schriftlich", also als unterschriebener Schriftsatz, bei der Vergabekammer einzureichen. Notwendig ist die **eigenhändige Unterschrift** des Antragstellers oder seines bevollmächtigten Vertreters; eine Faksimile-Unterschrift ist unzureichend.[2] Ohne diese Unterschrift ist der Nachprüfungsantrag **unzulässig**; aufgrund eines nicht unterschriebenen Antrags darf die Vergabekammer das Verfahren nicht weiter durchführen,[3] insbesondere nicht eine Kopie des Antrags dem Auftraggeber übermitteln (§ 163 Abs. 2 S. 3) und diesen nicht iSd § 169 Abs. 1 in Textform über den Nachprüfungsantrag informieren. Die Unterschrift kann jedoch uU **nachgeholt** werden.[4] Früher wurde angenommen, dass die Unterschrift sogar bis zur Entscheidung der Vergabekammer nachgeholt werden könne (sofern diese das Verfahren trotz des Unterschriftsmangels durchgeführt hatte).[5] Diese Ansicht kann infolge der durch das Vergaberechtsmodernisierungsgesetz 2009 eingeführten Antragsfrist (§ 160 Abs. 3 S. 1 Nr. 4) so nicht aufrechterhalten werden. Sofern die Ausschlussfrist gemäß dieser Vorschrift im konkreten Fall gilt (→ § 160 Rn. 87–91), kann die Unterschrift nur bis zum Ablauf der Frist wirksam nachgeholt werden.[6] Denn der Nachholungsakt wirkt nicht auf den Zeitpunkt der Einreichung des Antrags zurück, vielmehr nur für die Zukunft.[7] Die Unterzeichnung eines besonderen Begleitschreibens, mit dem zusammen der – nicht eigens unterschriebene – Nachprüfungsantrag eingereicht wird, genügt, sofern die Urheberschaft des Begleitschreibens und des Nachprüfungsantrags identisch und in dieser Identität zweifelsfrei ist. Die – in der Praxis sehr häufige – Übersendung der unterschriebenen Antragsschrift per **Telefax** wahrt die Schriftform.[8] Soweit das Verfahren vor der Vergabekammer, einer Verwaltungsbehörde (vgl. § 168 Abs. 3 S. 1), in den §§ 160 ff. nicht erschöpfend geregelt ist, sind ergänzend in erster Linie die Verwaltungsverfahrensgesetze (nicht die gerichtlichen Prozessordnungen) anzuwenden.[9] Daher kommt, sobald die Voraussetzungen des § 3a VwVfG – Einrichtung und Eröffnung eines Zugangs für elektronische Dokumente seitens der Vergabekammer – geschaffen sind, auch die Einreichung eines Nachprüfungsantrags per **E-Mail** in Betracht, jedoch nur dann, wenn die E-Mail zwecks Wahrung der Schriftform mit einer qualifizierten elektronischen Signatur versehen wird (§ 3a Abs. 2 S. 2 VwVfG).[10]

Aus der Vorschrift des Abs. 1 S. 1, wonach die in Schriftform angefertigte Nachprüfungsantragsschrift bei der Vergabekammer einzureichen ist, ergibt sich, dass eine **Erklärung** der Antragsschrift **zur Niederschrift bei der Geschäftsstelle** der Vergabekammer **ausgeschlossen** ist.[11] Die Antragsschrift ist gem. § 23 des ergänzend anwendbaren VwVfG (→ Rn. 2) in **deutscher Sprache** abzufassen.[12] Eine in ausländischer Sprache eingereichte Antragsschrift führt zwar nicht zur Unzulässigkeit des Nachprüfungsantrags, kann und darf aber dem Antragsgegner nicht übermittelt und/oder durch „Information" bekannt gegeben werden, sodass der Suspensiveffekt des § 169 Abs. 1 vorerst nicht eintritt. Die Vergabekammer hat die Amtspflicht, vom Antragsteller umgehend eine Übersetzung der Antragsschrift in deutsch zu verlangen oder auch selbst – auf Kosten des Antragstellers – eine Übersetzung zu beschaffen (§ 23 Abs. 2 VwVfG).[13] Im Verfahren vor der Vergabekammer herrscht **kein Anwaltszwang** (Rückschluss aus den § 172 Abs. 3 S. 1, § 175 Abs. 1 S. 1, die nur für das Beschwerdeverfahren Anwaltszwang vorschreiben).

2. Zuständige Vergabekammer. Der Nachprüfungsantrag ist grundsätzlich bei derjenigen Vergabekammer einzureichen, die als zuständige Vergabekammer gem. § 159 berufen ist. Wird der Nachprüfungsantrag bei einer unzuständigen Vergabekammer eingereicht, schützt – mangels einer

---

[2] Ziekow/Völlink/*Dicks* Rn. 2 Fn. 3.
[3] Vgl. OLG Dresden ZfBR 2002, 298 = VergabeR 2002, 142 (143 f.).
[4] Vgl. *Schäfer* in RKPP GWB Rn. 10 mwN.
[5] OLG Dresden ZfBR 2002, 298 = VergabeR 2002, 142 (144); so sogar noch für die heutige Rechtslage (selbst wenn § 160 Abs. 3 S. 1 Nr. 4 eingreifen sollte): *Möllenkamp* in KKPP GWB Rn. 13.
[6] Zust.: Immenga/Mestmäcker/*Dreher* Rn. 4.
[7] Zutr. OLG Dresden ZfBR 2002, 298 = VergabeR 2002, 142 (144); ebenso: Immenga/Mestmäcker/*Dreher* Rn. 4.
[8] BGH NZBau 2004, 229 (230); Byok/Jaeger/*Byok* Rn. 2; Immenga/Mestmäcker/*Dreher* Rn. 3; Langen/Bunte/*Schweda* Rn. 2.
[9] Vgl. OLG Düsseldorf NZBau 2000, 45 (47 f.); BayObLG NZBau 2000, 49 (50); OLG Jena NZBau 2000, 349 (350).
[10] Vgl. Immenga/Mestmäcker/*Dreher* Rn. 3; *Schäfer* in RKPP GWB Rn. 8 und 9; Byok/Jaeger/*Byok* Rn. 3 (ausf.).
[11] IErg ebenso: Byok/Jaeger/*Byok* Rn. 2; *Schäfer* in RKPP GWB Rn. 6; Reidt/Stickler/Glahs/*Reidt* Rn. 4.
[12] Ebenso: Reidt/Stickler/Glahs/*Reidt* Rn. 4; iErg ebenso: *Schäfer* in RKPP GWB Rn. 7 (beruft sich auch auf § 184 S. 1 GVG analog als Rechtsgrundlage).
[13] IErg ebenso: Reidt/Stickler/Glahs/*Reidt* Rn. 4.

geeigneten Verweisungsnorm im GWB und im VwVfG – die auf die Beschleunigungsmaxime gestützte entsprechende Anwendung der § 83 S. 1 VwGO, § 17a Abs. 2 S. 3 GVG den Antragsteller vor einer Verwerfung seines Antrags als unzulässig; der Antrag ist vielmehr an die zuständige Vergabekammer – mit bindender Wirkung (mit Ausnahme eines willkürlichen Vorgehens) – zu verweisen.[14]

5   **3. Bestimmtes Begehren.** Gemäß § 161 Abs. 1 S. 2 „soll" die Antragsschrift ein bestimmtes Begehren enthalten. Danach ist die Formulierung eines bestimmten *Antrags* oder gar eines tenorierungsfähigen Antrags nicht erforderlich. Überdies normiert Abs. 1 S. 2 – als Sollvorschrift – kein für die Zulässigkeit des Nachprüfungsantrags zwingendes Erfordernis. Die Antragsschrift muss nur hinreichend klar erkennen lassen, worin das Verfahrensziel des Antragstellers besteht,[15] zumal die Vergabekammer ohnehin an die (etwaigen) formulierten Anträge nicht gebunden ist (§ 168 Abs. 1 S. 2). Es reicht aus, wenn sich das Rechtsschutzziel für die Vergabekammer und den Antragsgegner hinreichend deutlich erkennbar aus dem Gesamtvortrag des Antragstellers in der Antragsbegründung ergibt.[16] Vorbehaltlich abweichender Erklärungen des Antragstellers muss die Vergabekammer bei der ihr als Amtspflicht obliegenden Auslegung[17] seines Vorbringens allgemein davon ausgehen, dass der Antragsteller die Beseitigung der von ihm behaupteten Rechtsverletzung, die er ohnehin in der Antragsbegründung darstellen muss (§ 161 Abs. 2 Hs. 1), und damit die (Wieder-)Herstellung seiner Zuschlagschancen erreichen will (vgl. auch § 168 Abs. 1 S. 1). Das bedeutet, dass das „bestimmte Begehren" auch noch nachträglich in der Antragsbegründung, wenn diese – in der Praxis nur ausnahmsweise – nicht zusammen mit der Antragsschrift eingereicht werden sollte, zum Ausdruck gebracht werden kann. Eine noch nicht mit der Begründung versehene Antragsschrift muss allerdings, wenn mit ihrer Einreichung die – nach dem Gesetzeswortlaut auf den bloßen Nachprüfungsantrag bezogene (→ Rn. 7) – **Antragsfrist gem. § 160 Abs. 3 S. 1 Nr. 4** gewahrt werden soll, selbst schon so deutliche Angaben zum öffentlichen Auftraggeber, zum betroffenen Vergabeverfahren und zur erfolglosen, vom Auftraggeber zurückgewiesenen Rüge enthalten, dass der Bezug der (noch) laufenden Antragsfrist klar erkennbar ist. Denn bei Ablauf der Antragsfrist muss nach dem Normzweck des § 160 Abs. 3 S. 1 Nr. 4 (→ § 160 Rn. 6 u. 87) vor allem im Interesse des Auftraggebers Klarheit herrschen, ob die betreffende Rüge des Antragstellers endgültig präkludiert ist oder von ihm weiter geltend gemacht wird.

6   **4. Benennung eines Empfangsbevollmächtigten.** Schon in der Antragsschrift hat der Antragsteller, sofern er im Inland weder einen Wohnsitz noch seinen gewöhnlichen Aufenthalt noch den Sitz seines Unternehmens und auch keine ansässige Geschäftsleitung hat, einen im Inland ansässigen Empfangsbevollmächtigten zu benennen. Erfüllt der Antragsteller dieses Erfordernis nicht, ist der Nachprüfungsantrag nach der in der Gesetzesbegründung verlautbarten Auffassung sowie nach immer noch hM unzulässig,[18] sodass ein solcher Nachprüfungsantrag nach hM – zumindest nach fruchtlosem Hinweis der Vergabekammer auf diesen Mangel (vgl. die hier entsprechend geltenden Ausführungen → Rn. 15) – verworfen werden muss. Diese harte Rechtsfolge hält das OLG Düsseldorf für unrichtig: Das Versäumnis eines ausländischen Antragstellers (iSd § 161 Abs. 1 S. 3), in der Antragsschrift einen Empfangsbevollmächtigten im Geltungsbereich des GWB benannt zu haben, führe nicht zur Unzulässigkeit des Nachprüfungsantrags. Da Ausschlussvorschriften grundsätzlich restriktiv anzuwenden seien, führe jenes Versäumnis in entsprechender Anwendung von § 15 VwVfG, § 184 Abs. 1 S. 3 ZPO und § 184 Abs. 2 S. 1 ZPO (iVm § 173 VwGO) lediglich dazu, dass Schriftstücke durch Aufgabe zur Post an die Auslandsanschrift des Antragstellers zugestellt werden können und der Zugang fingiert werde. Die gesetzliche Anordnung gem. § 161 Abs. 1 S. 3, einen Empfangsbevollmächtigten zu bestellen, gebiete keine andere rechtliche Behandlung als bei einer gerichtlichen Anordnung gem. § 184 ZPO, einen Empfangs- oder Zustellungsbevollmächtigten

---

[14] OLG Schleswig VergabeR 2017, 68 (71); OLG Jena ZfBR 2007, 817 = VergabeR 2008, 269 (270); OLG Bremen Beschl. v. 17.8.2000 – Verg 2/2000; zust., soweit eine *Befugnis* der VK zur Verweisung (jedoch ohne Verweisungspflicht) bejaht wird: Immenga/Mestmäcker/*Dreher* Rn. 6; Reidt/Stickler/Glahs/*Reidt* Rn. 8. Jedenfalls eine Verweisungspflicht verneint auch *Schäfer* in RKPP GWB Rn. 11.

[15] OLG Düsseldorf BeckRS 2001, 17504 = VergabeR 2001, 419 (420); OLG Saarbrücken VergabeR 2016, 639 (643).

[16] Ebenso: Immenga/Mestmäcker/*Dreher* Rn. 7 iVm Immenga/Mestmäcker/*Dreher* Rn. 8; Ziekow/Völlink/ *Dicks* Rn. 3; vgl. auch OLG München BeckRS 2011, 26151 = VergabeR 2012, 218 (222).

[17] Ziekow/Völlink/*Dicks* Rn. 3 (in Verbindung mit der der Vergabekammer gem. § 163 Abs. 1 obliegenden Aufklärung).

[18] Vgl. Begr. RegE zum VgRÄG 1998, BT-Drs. 13/9340, 18; Immenga/Mestmäcker/*Dreher* Rn. 21 und 23; Byok/Jaeger/*Byok* Rn. 6; Reidt/Stickler/Glahs/*Reidt* Rn. 20; *Schäfer* in RKPP GWB Rn. 15 iVm *Schäfer* in RKPP GWB Rn. 3; Loewenheim/Meessen/Riesenkampff/*Heuvels*, 2. Aufl. 2009, § 108 Rn. 6; tendenziell ebenso: *Dobmann* VergabeR 2017, 763.

III. Die Antragsbegründung (Abs. 1 S. 1 und Abs. 2)

zu benennen.[19] Dem OLG Düsseldorf ist zuzustimmen: Im Hinblick auf die praxistaugliche und auch dem Beschleunigungsgrundsatz genügende Analogie zu § 184 Abs. 1 S. 2 ZPO und § 184 Abs. 2 S. 1 ZPO ist die von der hM für richtig gehaltene Rechtsfolge der Unzulässigkeit des Nachprüfungsantrags eine zu harte Sanktion des Verstoßes gegen § 161 Abs. 1 S. 3, die mit dem Verhältnismäßigkeitsgrundsatz (§ 97 Abs. 1 S. 2) nicht zu vereinbaren ist.[20]

III. Die Antragsbegründung (Abs. 1 S. 1 und Abs. 2)

1. Unverzügliche Einreichung. Dem § 161 Abs. 1 S. 1 ist zu entnehmen, dass die das Nachprüfungsverfahren einleitende Antragsschrift zunächst ohne Begründung eingereicht werden darf, die dann aber „unverzüglich" nachgeholt werden muss. Von dieser Möglichkeit ist bisher – soweit ersichtlich – kaum je Gebrauch gemacht worden. Die Antragsbegründung später einreichen zu dürfen, ist auch eine fragwürdige „Wohltat" des Gesetzgebers. Nur vom Verfahrensablauf her ist es zulässig, die Begründung nicht sofort mit der Antragsschrift einzureichen, sodass der Nachprüfungsantrag nicht sofort als unzulässig verworfen werden darf. **Bis zur Einreichung der** gem. Abs. 1 S. 1 und Abs. 2 Hs. 1 **zwingend notwendigen Begründung** bleibt es jedoch dabei, dass der **Nachprüfungsantrag** als Rechtsbehelf **unzulässig** ist.[21] Da dies auch offensichtlich ist, darf die Vergabekammer den ohne Begründung eingereichten Nachprüfungsantrag gem. § 163 Abs. 2 S. 3 dem Auftraggeber (noch) nicht in Kopie übermitteln und ist auch daran gehindert, den Suspensiveffekt gem. § 169 Abs. 1 herbeizuführen.[22] Diese Konsequenzen sind für den Antragsteller vor allem deshalb abträglich, weil der Auftraggeber in der Zwischenzeit bis zur Übermittlung der Antragsschrift zusammen mit der nachgereichten Begründung (in Kopie, § 163 Abs. 2 S. 3, § 169 Abs. 1) rechtlich nicht gehindert ist, den Zuschlag zu erteilen, wenn hierfür alle anderen Voraussetzungen erfüllt sind. Möglicherweise werden die Antragsteller künftig etwas häufiger davon Gebrauch machen, die Antragsschrift zunächst ohne Begründung einreichen zu dürfen, wenn sie nämlich mit Blick auf die Antragsfrist des § 160 Abs. 3 S. 1 Nr. 4 in Zeitnot geraten sind. Da § 160 Abs. 3 S. 1 Nr. 4 im Wortlaut nur auf den „Antrag" abstellt, der nach Ablauf der Antragsfrist unzulässig ist, und § 161 Abs. 1 S. 1 im Wortlaut scharf zwischen „Antrag" und „Begründung" (genau: „zu begründen") trennt, sind die vorstehend genannten Vorschriften dahin auszulegen, dass schon die Einreichung der bloßen Antragsschrift zur Fristwahrung ausreicht, zumal da die Möglichkeit, die Begründung nachzureichen, zeitlich eng begrenzt ist (→ Rn. 8). Sofern die Zuschlagsreife eingetreten ist oder dicht bevorsteht, ist die zeitlich getrennte Einreichung der Antragsschrift und ihrer Begründung jedoch riskant für den Antragsteller, weil der öffentliche Auftraggeber, dem zwar die bloße Antragsschrift (noch) nicht übermittelt wird, dennoch nicht gehindert ist, sich mit Blick auf die inzwischen abgelaufene Antragsfrist bei der Vergabekammer zu erkundigen, ob ein Nachprüfungsantrag eingegangen ist. Aufgrund der von der Vergabekammer zu erteilenden Antwort kann der Auftraggeber dementsprechend sein Verhalten einrichten und dem drohenden Suspensiveffekt eventuell zuvorkommen.

Für die Auslegung des Begriffs **„unverzüglich"** muss auf die allgemeingültige Definition in § 121 Abs. 1 S. 1 BGB zurückgegriffen werden. Der Antragsteller muss also die Antragsbegründung ohne schuldhaftes Zögern[23] oder – maW – so bald nachreichen, als es ihm nach den Umständen möglich und zumutbar ist. Für diese Wertung sind einerseits die Besonderheiten des Einzelfalls (durchschnittlicher Umfang oder komplexe schwierige Fallgestaltung?) und der Umstand, wie kurz oder wie lange der Antragsteller bei Antragseinreichung schon wusste, dass er zur Wahrnehmung seiner Interessen den Rechtsweg beschreiten muss, andererseits der sehr enge Zeitrahmen des Verfahrens vor der Vergabekammer, die ihre Entscheidung grundsätzlich binnen fünf Wochen ab Eingang des Nachprüfungsantrags (und nicht erst ab Eingang der ggf. nachfolgenden Begründung) treffen und begründen muss (§ 167 Abs. 1 S. 1), gegeneinander abzuwägen. Die Beschleunigungsmaxime führt dazu, dass die Frist hier verhältnismäßig kurz zu bemessen ist; eine Frist von vier Tagen erscheint grundsätzlich angemessen.[24] Mit Blick auf die Unbestimmtheit des Begriffs „unverzüglich" ist es ein Gebot fairen Verfahrens, dass die Vergabekammer dem Antragsteller sogleich nach Antrags-

---

[19] OLG Düsseldorf VergabeR 2017, 757 (759); so schon vorher: Ziekow/Völlink/*Dicks* Rn. 4 (in 2. Aufl. 2013, § 108 aF Rn. 4).
[20] Die in der Vorauflage vertretene gegenteilige Ansicht wird nicht aufrechterhalten.
[21] Byok/Jaeger/*Byok* Rn. 7; Immenga/Mestmäcker/*Dreher* Rn. 14; *Schäfer* in RKPP GWB Rn. 16.
[22] Immenga/Mestmäcker/*Dreher* Rn. 14; *Schäfer* in RKPP GWB Rn. 16; Ziekow/Völlink/*Dicks* Rn. 2.
[23] Byok/Jaeger/*Byok* Rn. 7; Immenga/Mestmäcker/*Dreher* Rn. 15; Ziekow/Völlink/*Dicks* Rn. 2.
[24] Vgl. Immenga/Mestmäcker/*Dreher* Rn. 15 mwN zu den unterschiedlichen Fristvorstellungen im Schrifttum; vgl. auch Langen/Bunte/*Schweda* Rn. 5 (höchstens zwei bis drei Tage).

eingang mitteilt, ab welchem Datum er mit einer Verwerfung des Antrags rechnen muss, falls er die Antragsbegründung bis dahin nicht eingereicht hat.[25]

9 **2. Schriftform.** Es versteht sich eigentlich von selbst, dass auch die Antragsbegründung wie die eventuell vorab eingereichte Antragsschrift schriftlich abgefasst werden muss. Das Wort „schriftlich" in Abs. 1 S. 1 ist nicht nur auf den einzureichenden „Antrag", sondern bei einer Auslegung nach dem Wortlaut der Norm und nach Sinn und Zweck der Antragsbegründung auch auf diese („...schriftlich...zu begründen") zu beziehen. Es gelten daher auch hier alle Ausführungen (→ Rn. 2 und 3) zur Schriftform der Antragsschrift einschließlich des Unterschriftserfordernisses.

10 **3. Anforderungen an den Inhalt der Antragsbegründung.** Seltsamerweise verlangt § 161 Abs. 2 nicht schon für die Antragsschrift, sondern erst für die Antragsbegründung die **Bezeichnung des Antragsgegners.** Der Antragsteller hat hier richtigerweise den **Auftraggeber** (§ 98) des beanstandeten Vergabeverfahrens zu benennen (vgl. auch § 160 Abs. 3 S. 1), also diejenige Gebietskörperschaft, juristische Person des öffentlichen oder privaten Rechts usw, mit der nach der Bekanntmachung oder den Vergabeunterlagen der zu vergebende Vertrag geschlossen werden soll.[26] Die Zuordnung einer Behörde oder Abteilung einer Behörde oder sonstigen Dienststelle, die das Vergabeverfahren tatsächlich durchführt (Vergabestelle), zu einem Auftraggeber iSd § 98 kann für den Außenstehenden, insbesondere für einen ausländischen Antragsteller bisweilen schwierig sein. Da die Angabe der Vergabestelle die Individualisierbarkeit des betreffenden Auftraggebers ermöglicht, genügt die Bezeichnung der Vergabestelle.[27] Diese Angabe ist unbezweifelbar dahin auszulegen, dass Antragsgegner die hinter der Vergabestelle stehende juristische Person ist, für die die Vergabestelle das Vergabeverfahren geführt hat und die für dieses Vergabeverfahren der Auftraggeber im Rechtssinne ist.[28] Dies von Amts wegen aufzuklären, ist die Aufgabe der Vergabekammer, die daraufhin insbesondere die Antragsschrift nebst Anlagen, aus denen sich in der Regel der konkrete Beschaffungsvorgang genau ergibt und die eventuell auch die Vergabeunterlagen und die Bekanntmachung enthalten, zu prüfen hat, wobei zunächst bestehende Ungewissheiten nicht zulasten des Antragstellers gehen, sondern durch amtswegige Aufklärung auszuräumen sind.[29] Notfalls muss die Vergabekammer zur Erfüllung ihrer Amtsermittlungspflicht auch unmittelbaren Kontakt zur angegebenen Vergabestelle aufnehmen. Nach erfolgreicher Ermittlung des Auftraggebers (im Rechtssinne) hat die Vergabekammer sodann das Rubrum des Nachprüfungsantrags von Amts wegen zu berichtigen.[30] Wenn der Auftraggeber einen (rechtlich selbständigen) Dritten (zB einen Architekten, Ingenieur, Projektsteuerer oder eine sonstige rechtsfähige Institution) ganz oder teilweise mit der Durchführung des Vergabeverfahrens beauftragt hat,[31] ist nicht der Dritte, sondern nur der Auftraggeber selbst, gegen den allein sich das Nachprüfungsverfahren richten kann,[32] als Antragsgegner zu bezeichnen. Aber auch in einem solchen Fall ist die Vergabekammer befugt und sogar von Amts wegen verpflichtet, das Antragsrubrum, das den Dritten als Antragsgegner bezeichnet, auf den Auftraggeber (im Rechtssinne) zu berichtigen, wenn folgende Voraussetzungen erfüllt sind: Aus der Begründung des Nachprüfungsantrags ergibt sich, dass der Antragsteller den Antrag (idR selbstverständlich) gegen den Auftraggeber des umstrittenen Auftrags richten will; aus dem Nachprüfungsantrag nebst Begründung und Anlagen ist für die Vergabekammer erkennbar, dass der umstrittene Auftrag nicht von jenem Dritten, sondern im Namen und für Rechnung eines dahinter stehenden Auftraggebers (iSd § 98) vergeben werden soll.[33] Gleiches gilt für andersartige Falschbezeichnungen, die die Vergabekammer aufgrund der vorgenannten Schriftsätze und Dokumente erkennen kann, einschließlich des wirklichen Auftraggebers und damit richtigen Antragsgegners.[34] Soll der zu vergebende Vertrag **auf Auftraggeberseite** laut Auftragsbekanntmachung und/oder Vergabeunterlagen mit **mehreren juristischen Personen** geschlossen werden (zB mit mehreren Aufgabenträgern des öffentlichen Schienenpersonennahverkehrs in Bezug auf eine alle ihre Zuständigkeitsbereiche durchfahrende

---

[25] AA Ziekow/Völlink/*Dicks* Rn. 2 und Langen/Bunte/*Schweda* Rn. 12 (keine Hinweispflicht der VK).
[26] Vgl. ua OLG München NZBau 2014, 456 = VergabeR 2014, 700 (708); Ziekow/Völlink/*Dicks* Rn. 5.
[27] OLG Celle ZfBR 2015, 199 = VergabeR 2015, 60 (61) mwN.
[28] OLG Celle ZfBR 2015, 199 = VergabeR 2015, 60 (61).
[29] OLG Celle ZfBR 2015, 199 = VergabeR 2015, 60 (61) mwN; vgl. auch OLG Düsseldorf NZBau 2020, 670 Rn. 31; OLG Schleswig NZBau 2013, 395 = VergabeR 2013, 460 (463).
[30] OLG Celle ZfBR 2015, 199 = VergabeR 2015, 60 (61) mwN; OLG Schleswig NZBau 2013, 395 = VergabeR 2013, 460 (463).
[31] Zur vergaberechtlichen Zulässigkeit einer solchen Delegation wird hier nicht Stellung genommen; vgl. hierzu zB OLG Düsseldorf NZBau 2001, 155 (159–161).
[32] OLG Düsseldorf NZBau 2020, 670 Rn. 30; OLG Düsseldorf VergabeR 2003, 87 (87 f.).
[33] OLG Düsseldorf NZBau 2020, 670 Rn. 31; OLG Frankfurt a. M. NZBau 2015, 448 (449).
[34] OLG Dresden NZBau 2011, 775 = VergabeR 2012, 119 (120); OLG München NZBau 2011, 380 = VergabeR 2011, 606 (608).

III. Die Antragsbegründung (Abs. 1 S. 1 und Abs. 2) 11, 12 § 161 GWB

Bahnlinie), sind alle diese Auftraggeber auch als Antragsgegner aufzuführen.[35] Wenn der eingereichte Nachprüfungsantrag im Antragsrubrum in einem solchen Fall nur einen der (im materiellen Sinne) mehreren Auftraggeber aufführt, sich aber aus der Antragsbegründung hinreichend klar ergibt, dass der Nachprüfungsantrag gegen alle Auftraggeber gerichtet ist, hat die Vergabekammer auch dann das Antragsrubrum dementsprechend von Amts wegen zu berichtigen.[36] Nur dann, wenn der Auftraggeber (im Rechtssinne) auch durch Auslegung und durch amtswegige Nachforschungen (→ Rn. 10 weiter oben) der Vergabekammer ausnahmsweise nicht eindeutig zu ermitteln ist, muss der Nachprüfungsantrag als unzulässig zurückgewiesen werden.[37] Es ist nicht möglich, den Nachprüfungsantrag gegen einen Konkurrenten (Bewerber/Bieter) des Antragstellers als Antragsgegner zu richten, wie sich aus § 160 Abs. 2 S. 1 iVm § 97 Abs. 6, aus § 160 Abs. 3 S. 1 und aus § 162 ergibt.[38]

Der bedeutsamste – zwingend notwendige – Teil der Antragsbegründung ist die **Beschreibung der behaupteten Rechtsverletzung mit Sachverhaltsdarstellung.** Aus dem Ausdruck „Beschreibung" ist zu folgern, dass das Gesetz keine genaue oder gar rechtskundige Darlegung einer oder mehrerer konkret verletzter Vergaberechtsvorschriften verlangt, wohl aber eine konkrete vergaberechtliche Beanstandung. Es reicht aus, dass der Antragsteller in laienhafter Darstellung „schlüssig behauptet",[39] dass und welche vergaberechtlichen Vorschriften (die nicht exakt nach Regelwerk und Paragraph benannt werden müssen) im Verlauf des Vergabeverfahrens missachtet worden sein sollen (zu den geringen Anforderungen an diese „schlüssige Behauptung" → § 160 Rn. 26). Den dieser „Behauptung" zugrunde liegenden Sachverhalt hat der Antragsteller in einer Weise – also mit so vielen Fakten, in einem solchen Umfang und so verständlich – konkret darzustellen, dass die Vergabekammer erkennen kann, durch welche Handlungen oder Unterlassungen der Auftraggeber die vom Antragsteller geltend gemachten Rechtsverletzungen begangen hat, und ob dem Antragsteller hierdurch ein Schaden iSd § 160 Abs. 2 S. 2 entstanden ist oder zu entstehen droht (→ § 160 Rn. 34–49). Das bedeutet, dass der Antragsteller nicht nur alle zum Verständnis seines Vorwurfs einer Rechtsverletzung notwendigen Tatsachen aus seiner eigenen Unternehmenssphäre vortragen muss, sondern auch aus der Sphäre der Vergabestelle – in zumindest laienhafter Weise – jedenfalls diejenigen Indizien und tatsächlichen Anhaltspunkte darstellen muss, die ihn zu dem Schluss geführt haben, die Vergabestelle habe sich ihm gegenüber vergaberechtswidrig verhalten.[40] Zu alledem bedarf es (für die Zulässigkeit des Nachprüfungsantrags) nur eines Mindestmaßes an Substantiierung.[41] Ist dieses erfüllt, setzt für die weiter benötigte Aufklärung die Amtsermittlungspflicht (§ 163 Abs. 1) der Vergabekammer ein, sodass sich auch deshalb hohe Anforderungen an die Darlegungen in der Antragsbegründung verbieten.[42] Ausweislich der veröffentlichten Rechtsprechung ist es eine seltene Ausnahme, dass ein Nachprüfungsantrag an einem Mangel der durch § 161 Abs. 2 geforderten Darstellung scheitert. So ist – als Beispiel für eine solche Ausnahme – ein Nachprüfungsantrag als **unzulässig** beurteilt worden, aus dessen Begründung sich keine konkrete Rechtsverletzung ergab, sondern nur die „abstrakte Möglichkeit eines Verstoßes gegen das Vergaberecht in den Raum gestellt" wurde (indem lediglich die Tatsache mitgeteilt wurde, dass die Auswertung der abgegebenen Angebote zu einem für den Antragsteller nachteiligen Ergebnis geführt habe), und dessen Begründung auch keine verständliche Sachverhaltsschilderung enthielt.[43] Eine pauschale Rüge, das Vergabeverfahren sei fehlerhaft, ohne dass hierfür zumindest konkrete Anhaltspunkte benannt werden, reicht für die Antragsbegründung als Zulässigkeitsvoraussetzung nicht aus.[44]

Als Mussvorschrift hat der Gesetzgeber in § 161 Abs. 2 zwecks Beschleunigung des Nachprüfungsverfahrens[45] auch aufgenommen, dass schon die Antragsbegründung die **Bezeichnung der verfügbaren Beweismittel** enthalten muss. Gemeint sind vor allem Urkunden einschließlich der das Vergabeverfahren betreffenden Unterlagen und Korrespondenz sowie Sachverständigengutach-

---

[35] OLG Naumburg NJOZ 2013, 1213 = VergabeR 2013, 438 (447 f.).
[36] Reidt/Stickler/Glahs/*Reidt* Rn. 23.
[37] Vgl. Langen/Bunte/*Schweda* Rn. 7; *Schäfer* in RKPP GWB Rn. 25 iVm *Schäfer* in RKPP GWB Rn. 3; Ziekow/Völlink/*Dicks* Rn. 5.
[38] Vgl. zu dieser These auch Byok/Jaeger/*Byok* Rn. 12.
[39] So die Formulierung des BGH NZBau 2004, 457 (458) und BGH NZBau 2006, 800 (801).
[40] Vgl. OLG Brandenburg BeckRS 2012, 05195 = VergabeR 2012, 866 (870); OLG Dresden WuW/E Verg 711 (713) = WuW 2003, 215 (217); OLG München BeckRS 2009, 27005 = VergabeR 2010, 238 (241 f.); zust. Byok/Jaeger/*Byok* Rn. 8; Immenga/Mestmäcker/*Dreher* Rn. 16; *Schäfer* in RKPP GWB Rn. 23 f.; Langen/Bunte/*Schweda* Rn. 8; vgl. auch OLG Düsseldorf NZBau 2009, 269 (270).
[41] OLG Brandenburg BeckRS 2012, 05195 = VergabeR 2012, 866 (870).
[42] OLG Dresden IBRRS 2010, 4356 = VergabeR 2011, 504 (505).
[43] OLG Koblenz VergabeR 2001, 407 (408); vgl. auch OLG Koblenz NZBau 2000, 534 (536).
[44] OLG Brandenburg BeckRS 2012, 05195 = VergabeR 2012, 866 (870) mwN; vgl. auch OLG Düsseldorf VergabeR 2019, 688 (691).
[45] Begr. RegE zum VgRÄG, BT-Drs. 13/9340, 18.

ten, die der Antragsteller selbst besitzt oder beschaffen kann, und Zeugen, deren Erscheinen vor der Vergabekammer der Antragsteller – voraussichtlich – veranlassen kann („verfügbar"). Die Nichtbeachtung dieser Mussvorschrift führt bei einer am Verhältnismäßigkeitsgrundsatz orientierten Auslegung des § 161 Abs. 2 aus mehreren Gründen nicht zur Unzulässigkeit des Nachprüfungsantrags.[46] Zunächst ist zu beachten, dass sich die Frage des Beweises noch nicht zwingend am Anfang eines (gerichtsähnlichen) Verfahrens stellt, sondern erst dann, wenn eine entscheidungserhebliche Tatsachenbehauptung vom Gegner wirksam bestritten wird. Es wäre daher eine gegen Art. 1 RL 89/665/EWG verstoßende übermäßige Erschwerung des Vergaberechtsschutzes,[47] bereits die Zulässigkeit des Nachprüfungsantrags von der sogleich in der Antragsbegründung vorzunehmenden Angabe der verfügbaren Beweismittel abhängig zu machen. Hinzu kommt, dass für das Vergabekammerverfahren die Amtsermittlung vorgeschrieben ist (§ 163 Abs. 1 S. 1). Insoweit ordnet § 163 Abs. 2 S. 5 die entsprechende Geltung von (ua) § 57 an, wonach die Vergabekammer „alle Ermittlungen führen und alle Beweise erheben kann, die erforderlich sind". In diesem Verfahrensstadium hat (auch) der Antragsteller an der Aufklärung des Sachverhalts mitzuwirken (§ 167 Abs. 2 S. 1). Auf dieser Grundlage kann auch die Vergabekammer – und nicht erst das Beschwerdegericht (s. § 175 Abs. 2, § 75 Abs. 3 S. 1) – ua dem Antragsteller „aufgeben, innerhalb einer zu bestimmenden Frist Beweismittel zu bezeichnen und in (seinen) Händen befindliche Urkunden sowie andere Beweismittel vorzulegen". Zu alledem stünde es im Widerspruch, wenn die Vergabekammer einen Nachprüfungsantrag, in dessen Begründung keine Beweismittel bezeichnet werden (und auch nicht dargelegt wird, dass es auf eine Beweisführung im engeren Sinne für die Sachentscheidung nicht ankommt), sogleich als unzulässig verwerfen könnte oder gar müsste. Die Verpflichtung, schon in der Antragsbegründung alle verfügbaren Beweismittel zu bezeichnen, kann allerdings für die Anwendung des § 163 Abs. 1 S. 2 bedeutsam sein.

13   Unbedingt zu erfüllen ist dagegen die Anforderung, **darzulegen, dass die Rüge** (s. § 160 Abs. 3 S. 1 Nr. 1–3) gegenüber dem Auftraggeber **erfolgt ist.** Aufgrund dieser Anforderung, die ebenfalls der Beschleunigung des Nachprüfungsverfahrens dient,[48] soll die Vergabekammer sofort nach Eingang des Nachprüfungsantrags bzw. seiner Begründung eine erste Prüfung vornehmen können, ob diese wichtige Zulässigkeitsvoraussetzung (→ § 160 Rn. 69 und 86, aber auch 75–80) erfüllt ist. Daraus und aus dem Wortlaut des § 161 Abs. 2 folgt, dass die bloße Mitteilung, die Rüge sei erfolgt, nicht ausreicht, dass vielmehr die erklärte Rüge selbst „darzulegen" ist einschließlich ihres Zeitpunkts,[49] damit die Vergabekammer beurteilen kann, ob es sich inhaltlich und zeitlich um eine der Zulässigkeitsvoraussetzung genügende, wirksame Rügeerklärung (→ § 160 Rn. 62) handelt. Zweckmäßigerweise legt der Antragsteller im Normalfall einer schriftlichen Rüge eine Kopie seines Rügeschreibens vor; den Inhalt einer etwa mündlich oder fernmündlich erklärten Rüge muss er so genau wie möglich vortragen. Es gibt Fallgestaltungen, bei denen vor dem Nachprüfungsantrag keine Rügeobliegenheiten des Antragstellers bestanden (→ § 160 Rn. 67 f.). In diesen Fällen hat der Antragsteller in zweckentsprechender Abwandlung des § 161 Abs. 2 **darzulegen, dass und warum** seiner Ansicht nach vor oder gleichzeitig (→ § 160 Rn. 64–66 und 68) mit der Einreichung des Nachprüfungsantrags **keine Rüge** unmittelbar gegenüber dem öffentlichen Auftraggeber **ausgesprochen zu werden brauchte** (wenn es sich nicht schon aus dem Gesetz – § 160 Abs. 3 S. 2 – ergibt).[50] Ob die dargelegte Ansicht des Antragstellers rechtlich zutrifft, unterliegt dann nicht mehr der Zulässigkeitsprüfung gem. § 161 Abs. 2, sondern derjenigen gem. § 160 Abs. 3 S. 1 Nr. 1–3. Das bedeutet, dass die Darlegungen hierzu im Laufe des Verfahrens noch ergänzt werden können. Enthält die Antragsbegründung keine Darlegung zur erklärten Rüge oder zur Entbehrlichkeit der Rüge, ist der Nachprüfungsantrag wegen Verstoßes gegen § 161 Abs. 2 **unzulässig**.[51] Über die vorstehend genannten Anforderungen hinaus braucht die Antragsbegründung keine weitere Darlegung zur Rügeobliegenheit – zwecks Erfüllung des Zulässigkeitserfordernisses gem. § 161 Abs. 2 –

---

[46] Ebenso: Immenga/Mestmäcker/*Dreher* Rn. 17; Reidt/Stickler/Glahs/*Reidt* Rn. 27; Loewenheim/Meessen/Riesenkampff/*Heuvels*, 2. Aufl. 2009, § 108 Rn. 15; aA Begr. RegE zum VgRÄG, BT-Drs. 13/9340, 18; *Schäfer* in RKPP GWB Rn. 21 iVm *Schäfer* in RKPP GWB Rn. 3.

[47] Vgl. zu diesem Gesichtspunkt EuGH Slg. 2007, I-8415 Rn. 52 = NZBau 2007, 798 – Lämmerzahl.

[48] Vgl. Begr. RegE zum VgRÄG, BT-Drs. 13/9340, 18.

[49] Reidt/Stickler/Glahs/*Reidt* Rn. 32; Ziekow/Völlink/*Dicks* Rn. 8; vgl. auch OLG Düsseldorf VergabeR 2019, 688 (691): insoweit ist pauschales und substanzloses Vorbringen des Antragstellers unzureichend und löst keine Amtsermittlungspflicht der Vergabekammer aus. § 163 Abs. 1 S. 1 aus.

[50] Immenga/Mestmäcker/*Dreher* Rn. 18; iErg ebenso: Reidt/Stickler/Glahs/*Reidt* Rn. 33.

[51] Ebenso: OLG Koblenz NZBau 2000, 534 (536); OLG Jena NZBau 2003, 639 (640); Langen/Bunte/*Schweda* Rn. 6; *Prieß* Vergabe-HdB 356; aA *Schäfer* in RKPP GWB Rn. 28 unter Berufung auf BGH ZfBR 2005, 398 (400) = VergabeR 2005, 328 (331), obwohl sich der BGH dort überhaupt nicht zu den Zulässigkeitsvoraussetzungen gem. § 108 Abs. 2 aF (jetzt § 161 Abs. 2), sondern zu denjenigen gem. § 107 Abs. 3 S. 1 aF (entspricht dem heutigen § 160 Abs. 3 S. 1 Nr. 1) geäußert hat.

III. Die Antragsbegründung (Abs. 1 S. 1 und Abs. 2) 14, 15 § 161 GWB

zu enthalten. Die Vorschrift gebietet nach ihrem insoweit klaren Wortlaut dem Antragsteller nicht, schon in der Antragsbegründung zu den Umständen und zum Zeitpunkt der Erlangung der Kenntnis (iSd § 160 Abs. 3 S. 1 Nr. 1) vom später gerügten Vergaberechtsverstoß oder zur Frage der Erkennbarkeit des sich aus der Bekanntmachung oder den Vergabeunterlagen ergebenden Vergaberechtsverstoßes (iSd § 160 Abs. 3 S. 1 Nr. 2 und 3), wenn dieser erst nach der Angebotsabgabe gerügt wurde, vorzutragen.[52] Gegen eine Erstreckung der in der Antragsbegründung obligatorisch zu leistenden Darlegung auf die vorgenannten Aspekte (Kenntnis/Erkennbarkeit des Vergaberechtsverstoßes) spricht auch, dass die materielle Beweislast hierzu nicht den Antragsteller, sondern den öffentlichen Auftraggeber trifft (→ § 160 Rn. 73 und 86).

Die letzte Anforderung des § 161 Abs. 2, in der Antragsbegründung die **sonstigen Beteiligten,** 14 also diejenigen Unternehmen, deren Beiladung gem. § 162 in Betracht kommt, zu **benennen,** ist nur eine Sollvorschrift, deren Nichtbeachtung keine Sanktion nach sich zieht.

Ungeklärt und im Schrifttum umstritten ist die Frage, ob die Vergabekammer bei den zur 15 Unzulässigkeit des Nachprüfungsantrags führenden Mängeln der Antragsbegründung (→ Rn. 10, 11 und 13) den Antrag ohne vorherigen Hinweis sogleich – ohne mündliche Verhandlung (vgl. § 163 Abs. 2 S. 1, § 166 Abs. 1 S. 3) – verwerfen kann oder sogar muss,[53] oder ob die **Vergabekammer verpflichtet** ist, zuvor den Antragsteller zumindest dann **auf den Mangel hinzuweisen,** wenn es nach der Sachlage möglich erscheint, dass der Mangel umgehend behoben werden kann, und ihm Gelegenheit zur kurzfristigen Abhilfe einzuräumen.[54] Der letztgenannten Ansicht ist unter dem Aspekt der Gewährung rechtlichen Gehörs der Vorzug zu geben, wobei zusätzlich Folgendes zu berücksichtigen ist: Wenn der Nachprüfungsantrag – wie es allgemein üblich ist – sogleich mit Begründung eingereicht wird, steht dem Antragsteller nach der Systematik des § 161 Abs. 1 ohnehin noch ein kurzer Zeitraum, dessen Länge mit dem unbestimmten Rechtsbegriff „unverzüglich" gekennzeichnet ist, zur Ergänzung der Antragsbegründung zur Verfügung. Damit dieser Zeitraum, soweit das im Einzelfall überhaupt möglich ist, zur Behebung der inhaltlichen Mängel der Antragsbegründung sachgerecht genutzt werden kann, ist es ein Gebot fairen Verfahrens und eine Konsequenz des Anspruchs des Antragstellers auf rechtliches Gehör, dass die Vergabekammer ihn mit kurzen, aber verständlichen Angaben auf den Mangel hinweist und ihm eine kurze Frist (von etwa vier Tagen, → Rn. 8) für die Behebung des Mangels setzt. Auch wenn der Mangel in einer unzureichenden Beschreibung der behaupteten Rechtsverletzung mit Sachverhaltsdarstellung (→ Rn. 11) besteht, sollte sich die Vergabekammer mit einer kurzen Kennzeichnung des Mangels begnügen; keinesfalls ist es ihre Aufgabe, dem Antragsteller insoweit eine Beratung zuteilwerden zu lassen.[55] Dem Antragsteller diese Nachbesserungschance dann völlig zu versagen, wenn er die Antragsbegründung erst nachträglich (aber noch unverzüglich, zB vier Tage nach der Antragsschrift) und dann mit einem Mangel der oben behandelten Art (→ Rn. 10, 11 und 13) eingereicht hat, wäre trotz der zusätzlichen Zeitverzögerung, die eine weitere Frist zur Abhilfe mit sich bringt, eine unangemessene Ungleichbehandlung. Dem unterschiedlichen Zeitverbrauch bei den beiden Fallgestaltungen ist dadurch Rechnung zu tragen, dass dem Antragsteller im letztgenannten Fall für die etwaige Abhilfe der Mängel der (nachgereichten) Antragsbegründung eine deutlich kürzere Frist als vier (weitere) Tage gesetzt wird; angemessen erscheinen noch zwei Tage. Dass die Vergabekammer grundsätzlich in beiden Fallgestaltungen von einer sofortigen Verwerfung des Nachprüfungsantrags absieht und die kurz befristete Möglichkeit einer Abhilfe des jeweiligen Mangels einräumt, ist noch aus einem weiteren Grund, der mit der Antragsfrist des § 160 Abs. 3 S. 1 Nr. 4 zusammenhängt, eine verfahrensrechtlich gebotene Maßnahme: Wenn die Vergabekammer den Nachprüfungsantrag wegen eines Mangels der Antragsbegründung sogleich als unzulässig verwirft, ist dieser Antrag (vorbehaltlich der Einlegung einer sofortigen Beschwerde gem. § 171) nicht mehr geeignet, die Antragsfrist zu wahren; wenn dann ein neuer Nachprüfungsantrag mit vorschriftsmäßiger Antragsbegründung eingereicht wird, kann die Antragsfrist verstrichen und damit der Primärrechtsschutz ausgeschlossen sein. Das wäre eine unverhältnismäßig harte Folge eines Verstoßes gegen die inhaltlichen Anforderungen, die § 161 Abs. 2 für die Antragsbegründung aufgestellt hat, in denjenigen Fällen, in denen die Vergabekammer

---

[52] Ebenso: Immenga/Mestmäcker/*Dreher* Rn. 18; *Möllenkamp* in KKPP Rn. 38; Langen/Bunte/*Schweda* Rn. 9; Ziekow/Völlink/*Dicks* Rn. 8; iErg aA: Loewenheim/Meessen/Riesenkampff/*Heuvels*, 2. Aufl. 2009, § 108 Rn. 16.
[53] So Langen/Bunte/*Schweda* Rn. 12.
[54] So OLG Dresden IBRRS 2010, 4356 = VergabeR 2011, 504 (505); OLG Jena NZBau 2003, 639 (640); Immenga/Mestmäcker/*Dreher* Rn. 20; Reidt/Stickler/Glahs/*Reidt* Rn. 38; *Schäfer* in RKPP GWB Rn. 3; *Prieß* Vergabe-HdB 356; aA für den (seltenen) Fall des Unterlassens der unverzüglichen Nachholung der Antragsbegründung: Ziekow/Völlink/*Dicks* Rn. 2 (→ Rn. 8).
[55] AA (aber nur allgemein formuliert): Reidt/Stickler/Glahs/*Reidt* Rn. 37: Beratungspflicht der Vergabekammer gem. § 25 VwVfG.

Jaeger

dem Antragsteller mit geringem Arbeitsaufwand (kurzer Hinweis) und relativ geringem Zeitaufwand (maximal sechs Tage gemäß den vorstehenden Erläuterungen) die Chance zur Nachbesserung der schon eingereichten Antragsbegründung und damit zur Aufrechterhaltung der ursprünglichen fristwahrenden Antragsschrift eröffnen kann.

§ 162 Verfahrensbeteiligte, Beiladung

¹Verfahrensbeteiligte sind der Antragsteller, der Auftraggeber und die Unternehmen, deren Interessen durch die Entscheidung schwerwiegend berührt werden und die deswegen von der Vergabekammer beigeladen worden sind. ²Die Entscheidung über die Beiladung ist unanfechtbar.

Schrifttum: *Freund*, Sonstige Verfahrensbeteiligte und ihre Rechtsstellung, NZBau 2005, 266; *Lausen*, Die Beiladung im Nachprüfungsverfahren, VergabeR 2002, 117.

Übersicht

	Rn.			Rn.
I. Normzweck	1	3.	„Schwerwiegende" Interessenberührung	4
II. Voraussetzungen der Beiladung	2	III.	Entscheidung über die Beiladung	6
1. Unternehmenseigenschaft	2	IV.	Rechtsfolgen der Beiladung	9
2. Berührung von „Interessen"	3	V.	Rechtsfolgen der Unterlassung einer notwendigen Beiladung	12

I. Normzweck

1   Dass der **Antragsteller** des Nachprüfungsverfahrens und der **Auftraggeber,** dessen Vergabeverfahren nachgeprüft werden soll, gegebenenfalls mehrere Auftraggeber (→ § 161 Rn. 10), **Verfahrensbeteiligte** sind, ist **selbstverständlich.** Die Bedeutung der Norm liegt daher in der Regelung, dass überhaupt weiteren Personen („Unternehmen") der Beteiligtenstatus im Nachprüfungsverfahren verliehen werden kann (und ggf. werden muss) und dass dieser Beteiligtenstatus einen Akt der Vergabekammer – die Beiladung – voraussetzt, ferner in der Regelung, welche Voraussetzungen das jeweilige beizuladende Unternehmen erfüllen muss, und dass die – von der gesamten Vergabekammer zu treffende – Entscheidung über die Anordnung oder die Ablehnung der jeweiligen Beiladung nicht anfechtbar ist. Mit diesen Regelungen will der Gesetzgeber hauptsächlich eine **Beschleunigung des Vergabeverfahrens** erreichen.[1] Denn die Beiladung soll die **Verfahrensbeteiligung all derer sicherstellen, die** durch eine für sie nachteilige Entscheidung der Vergabekammer eine Verletzung ihrer eigenen „Rechte" erfahren und – bei Nichtbeteiligung – ein **weiteres Nachprüfungsverfahren beantragen könnten.**[2] Die Beschleunigung des von einem Nachprüfungsantrag betroffenen Vergabeverfahrens soll also durch eine **Konzentration** der möglichen Nachprüfungsverfahren erzielt werden.[3] Für jedes einzelne beizuladende Unternehmen, dessen Rechte oder (so der Gesetzeswortlaut) „Interessen" durch die vom Antragsteller angestrebte Entscheidung der Vergabekammer verletzt oder „schwerwiegend berührt" werden können, dient die Beiladung ersichtlich auch der **Gewährung rechtlichen Gehörs.**[4]

II. Voraussetzungen der Beiladung

2   **1. Unternehmenseigenschaft.** S. 1 beschränkt die Möglichkeit der Beiladung ausdrücklich auf „Unternehmen", deren eigene (unternehmerische) Interessen durch die Entscheidung der angerufenen Vergabekammer „schwerwiegend" – berührt werden können. Der Unternehmensbegriff ist hier in dem gleichen funktionalen weiten Verständnis auszulegen wie bei § 160 Abs. 2 S. 1 (→ § 160 Rn. 15 mwN) und bei § 97 Abs. 6. Das bedeutet ua, dass auch Freiberufler wie Architekten, Ingenieure oder Rechtsanwälte, die sich als Bewerber/Bieter an dem konkreten Vergabeverfahren beteili-

---
[1]   Vgl. Begr. RegE zum VgRÄG 1998, BT-Drs. 13/9340, 18.
[2]   Begr. RegE zum VgRÄG 1998, BT-Drs. 13/9340, 18.
[3]   Ebenso: *Freund* NZBau 2005, 266; Immenga/Mestmäcker/*Dreher* Rn. 3; Loewenheim/Meessen/Riesenkampff/*Heuvels*, 2. Aufl. 2009, § 109 Rn. 3; Ziekow/Völlink/*Dicks* Rn. 1.
[4]   Das ergibt sich der Sache nach aus der vorstehend zitierten Begründungserwägung in Begr. RegE, BT-Drs. 13/9340, 18; ebenso: Immenga/Mestmäcker/*Dreher* Rn. 3; *Dittmann* in RKPP GWB Rn. 3; Ziekow/Völlink/*Dicks* Rn. 1.

II. Voraussetzungen der Beiladung

gen, erfasst werden. Dagegen können Berufs-, Wirtschafts- und sonstige Verbände (→ § 160 Rn. 15 mwN), die nicht selbst unternehmerisch tätig sind und damit nicht unter den Unternehmensbegriff fallen, ferner Handwerkskammern, Industrie- und Handelskammern sowie Behörden (zB die Aufsichtsbehörde für den konkreten öffentlichen Auftraggeber) und sonstige öffentlich-rechtliche Institutionen, deren (institutionelle) Interessen durch die zu erwartende Entscheidung der Vergabekammer berührt werden können, nicht beigeladen werden.[5]

Demgegenüber meint das OLG Düsseldorf in Bezug auf „atypische Fallkonstellationen", § 162 weise mit seiner Beschränkung einer möglichen Beiladung auf Unternehmen eine planwidrige Regelungslücke auf. Der Gesetzgeber habe übersehen, dass im Vergabenachprüfungsverfahren außer Unternehmen auch sonstige Dritte schwerwiegend in ihren Interessen, unter Umständen sogar rechtsgestaltend, betroffen sein könnten, zB eine Gemeinde, die durch das Verfahren in ihrer Planungshoheit betroffen werde.[6] In dem konkreten Fall, in dem das OLG Düsseldorf eine Gemeinde (Gemeinde G) gem. § 109 aF (= § 162 nF) analog beigeladen hat, legte es dieser Entscheidung den Sachvortrag des damaligen Antragstellers, eines Bieters in einem Wettbewerb um den käuflichen Erwerb eines der Bundesrepublik Deutschland (der Antragsgegnerin jenes Nachprüfungsverfahrens) gehörenden Grundstücks, zugrunde: Danach war der abzuschließende Grundstückskaufvertrag gekoppelt mit einem vom erfolgreichen Bieter, also vom Grundstückskäufer mit der Gemeinde G abzuschließenden städtebaulichen Vertrag, den der Antragsteller als Baukonzession und daher als öffentlichen Auftrag (§ 99 Abs. 1 und 6 aF) ansah. Daraus leitete das OLG Düsseldorf damals ab, es, wenn es dem Beschwerdebegehren des Antragstellers auf Ausschluss des von der Antragsgegnerin bevorzugten konkurrierenden Bieters stattgeben sollte, zugleich auch darüber entscheiden würde, wann und mit wem die Gemeinde G jenen städtebaulichen Vertrag abschließen könnte. Dadurch würden „schwerwiegende Interessen" der Gemeinde G nicht nur „berührt" (iSd § 109 aF = § 162 nF), sondern die dem Nachprüfungsantrag eventuell stattgebende Beschwerdeentscheidung habe auf die Gemeinde G sogar eine rechtsgestaltende Wirkung. Nur durch eine Beiladung könne der Gemeinde G das unter diesen Umständen notwendige rechtliche Gehör eingeräumt werden.[7] Dem kann nicht zugestimmt werden: Wenn es sich bei dem von vornherein angekoppelten städtebaulichen Vertrag um einen öffentlichen Auftrag (§ 99 Abs. 1 aF, § 103 Abs. 1 nF) gehandelt haben sollte (was das OLG vorweg zu prüfen hatte[8]), dann war die Gemeinde G weitere Auftraggeberin des Kopplungsgeschäfts und daher ohnehin Verfahrensbeteiligte (→ § 161 Rn. 10), was die Vergabekammer und spätestens das Beschwerdegericht von Amts wegen festzustellen hatten. Eine Beiladung war dann überflüssig und sogar unzutreffend. Im Übrigen ist es der Vergabekammer (und dem Beschwerdegericht) **als ein Mittel der Sachaufklärung von Amts wegen** (§ 163 Abs. 1; § 175 Abs. 2 iVm § 75 Abs. 1 nF) ohnehin **erlaubt, Dritte** – auch Gebietskörperschaften und Behörden (etwa durch Einholung amtlicher Auskünfte) – **ohne Beiladung anzuhören,** wenn Auswirkungen auf deren Interessen durch die Nachprüfungsentscheidung in Betracht kommen und daher mitzuprüfen sind. Auch das ist **Gewährung rechtlichen Gehörs.**[9]

2. Berührung von „Interessen". Der Gesetzeswortlaut charakterisiert die Interessen (rechtliche und/oder wirtschaftliche Interessen?), von deren etwaiger schwerwiegender Berührung durch die bevorstehende Vergabekammerentscheidung die Beiladung abhängt, nicht. Der Begriff der (verletzungsbedrohten eigenen) „Rechte", den die Regierungsbegründung zum VgRÄG 1998[10] in diesem Zusammenhang verwendet hatte, ist in den Gesetzestext nicht aufgenommen worden. Die Rechtsprechung lässt – von der Art der Interessen her – wirtschaftliche Interessen genügen, ohne zu prüfen, ob die im konkreten Fall für die Beiladung ausreichenden (schwerwiegend berührten) Interessen nicht doch auch rechtliche Interessen sind.[11] Im Schrifttum gehen die Meinungen auseinander. Es wird zT argumentiert, dass es nach dem Sinn und Zweck des Nachprüfungsverfahrens und mit Blick auf § 97 Abs. 6 auch bei der Anwendung des § 162 S. 1 nur um die Einhaltung des Vergaberechts gehe und deshalb Voraussetzung für die Beiladung grundsätzlich die Berührung eines

---

[5] *Freund* NZBau 2005, 266; *Lausen* VergabeR 2002, 117 (118); *Dittmann* in RKPP GWB Rn. 1; iErg ebenso: Immenga/Mestmäcker/*Dreher* Rn. 6; Reidt/Stickler/Glahs/*Reidt* Rn. 8.
[6] OLG Düsseldorf VergabeR 2007, 406 (407).
[7] OLG Düsseldorf VergabeR 2007, 406 (407); zust.: Byok/Jaeger/*Byok* Rn. 19; Ziekow/Völlink/*Dicks* Rn. 2; tendenziell auch *Dittmann* in RKPP GWB Rn. 6.
[8] Wenn nämlich der städtebauliche Vertrag kein öffentlicher Auftrag iSd § 99 aF (§ 103 nF) war, dann war das gesamte Kopplungsgeschäft einschließlich des Grundstücksverkaufs kein öffentlicher Auftrag und deshalb das Nachprüfungsverfahren unzulässig, sodass eine Beiladung überhaupt nicht in Betracht kam.
[9] Reidt/Stickler/Glahs/*Reidt* Rn. 8.
[10] BT-Drs. 13/9340, 18.
[11] Vgl. OLG Düsseldorf FHZivR 47 Nr. 7614 = VergabeR 2001, 59 (60); OLG Düsseldorf NZBau 2002, 639; OLG München VergabeR 2020, 125 (129).

Unternehmens in rechtlichen Interessen sei. Eine Berührung rechtlicher Interessen sei anzunehmen, wenn Bestimmungen über das Vergabeverfahren iSd § 97 Abs. 6 verletzt sein könnten und sich die Klärung dieser Frage im Verfahren vor der Vergabekammer auf die rechtliche Stellung des beizuladenden Unternehmens hinsichtlich vergaberechtlicher oder sonstiger Ansprüche auswirken könne.[12] Demgegenüber argumentieren andere Autoren im Schrifttum überwiegend aufgrund des Wortlauts des § 162 S. 1, dass der Gesetzgeber die Voraussetzung der schwerwiegenden Interessenberührung nicht auf rechtliche Interessen beschränkt habe und daher wirtschaftliche (oder eventuell noch sonstige nicht näher charakterisierte) Interessen miterfasst seien.[13] Diese Diskussion ist im Wesentlichen ein (unfruchtbarer) Streit um Formulierungen: Nach dem Normzweck des § 162 (→ Rn. 1) geht es hier – von der Art der Interessen her – um die gleichen Interessen wie bei der Antragsbefugnis des Antragstellers gem. § 160 Abs. 2 S. 1, also um das **Interesse** des einzelnen beizuladenden Unternehmens **an dem im konkreten Vergabeverfahren zu vergebenden Auftrag**.[14] Denn nur ein Unternehmen mit einem solchen Interesse könnte bei Nichtbeteiligung ein weiteres Nachprüfungsverfahren zu demselben Vergabeverfahren beantragen (→ Rn. 1),[15] entweder parallel wegen etwaiger ebenfalls schon eingetretener Verletzung eigener Rechte iSd § 160 Abs. 2 S. 1 oder später, falls die vom Antragsteller erwirkte Vergabekammerentscheidung aus der Sicht dieses nicht beigeladenen Unternehmens dessen Rechte iSd § 160 Abs. 2 verletzt haben sollte. Bei dieser Erkenntnis ist der Streit über die Qualifizierung der Interessen unnötig. Richtig ist aber, dass es sich bei den **Interessen** iSd. § 162 um solche **wirtschaftlicher und zugleich rechtlicher Art** handelt. Denn das beizuladende Unternehmen mit Interesse am Auftrag und einem Anspruch auf Einhaltung der Bestimmungen über das Vergabeverfahren (§ 97 Abs. 6) kann von Rechts wegen nur daran interessiert sein, dass sein Interesse lediglich aufgrund einer richtigen Anwendung des Vergaberechts auf den Nachprüfungsantrag (ggf.) „berührt" wird.[16] Aus den vorstehenden Erwägungen folgt ferner, dass Zulieferer und Nachunternehmer eines am konkreten Vergabeverfahren beteiligten Bewerbers/Bieters, die also kein unmittelbares eigenes Interesse am Auftrag haben (→ § 160 Rn. 23), nicht beigeladen werden können.[17] Schließlich kann aus den vorstehend dargelegten Gründen auch der vereinzelt in der Rechtsprechung vertretenen Ansicht, in Analogie zu (jetzt) § 162 könne auch ein sonstiger Dritter ohne eigene Interessen der in (jetzt) § 160 Abs. 2 definierten Art, dessen anderweite Interessen aber durch die Vergabekammerentscheidung schwerwiegend berührt werden, unter dem Aspekt der Gewährung rechtlichen Gehörs beigeladen werden,[18] nicht zugestimmt werden (→ Rn. 2a). „Interessen" iSd § 162 können nach dem Normzweck (→ Rn. 1) nur eigene Interessen des Beizuladenden vergaberechtlicher Art (iSv § 97 Abs. 6 und § 160 Abs. 2) sein;[19] diese Charakterisierung trifft aber auf jene sonstigen Dritten ohne eigene Interessen iSd § 97 Abs. 6, § 160 Abs. 2 nicht zu.

4   **3. „Schwerwiegende" Interessenberührung.** Der Gesetzgeber ist mit diesem Merkmal, das eine weitere erhebliche Eingrenzung des in Betracht kommenden Beteiligtenkreises bewirken soll, bewusst von dem Begriff der „erheblichen" Interessenberührung abgewichen, die im allgemeinen Kartellverwaltungsverfahrensrecht Voraussetzung für die Beiladung von Personen oder Unternehmen ist (§ 54 Abs. 2 Nr. 3): Diese Voraussetzung sei durch die kartellrechtliche Rechtsprechung schon in einem bestimmten Sinne geprägt. Mit dem neuen Abgrenzungsmerkmal der schwerwiegenden Interessenberührung solle der Rechtsprechung der für den Einzelfall erforderliche Spielraum gegeben werden.[20] Daher ist dieses Abgrenzungsmerkmal entsprechend den Besonderheiten des vergaberechtlichen Rechtsschutzes auszulegen. Zunächst ist zu beachten, dass die schwerwiegende Interessenberührung – entgegen der nicht sehr präzisen Formulierung des § 162

---

[12] Immenga/Mestmäcker/*Dreher* Rn. 7 und 8.
[13] *Freund* NZBau 2005, 266 (267); *Lausen* VergabeR 2002, 117 (119); Byok/Jaeger/*Byok* Rn. 9; Reidt/Stickler/Glahs/*Reidt* Rn. 11; Ziekow/Völlink/*Dicks* Rn. 3 und Fn. 19; Loewenheim/Meessen/Riesenkampff/*Heuvels*, 2. Aufl. 2009, § 109 Rn. 5; *Prieß* Vergabe-HdB 371 f.; wohl auch Langen/Bunte/*Schweda* Rn. 3.
[14] IErg. ebenso: *Lausen* VergabeR 2002, 117 (118 f.); Immenga/Mestmäcker/*Dreher* Rn. 7 f. und 10; Langen/Bunte/*Schweda* Rn. 4; *Prieß* VergabeR-HdB 372.
[15] Vgl. zu dieser Normzweckerwägung: Begr. RegE zum VgRÄG 1998, BT-Drs. 13/9340, 18.
[16] Ebenso: *Lausen* VergabeR 2002, 117 (119).
[17] Ebenso: OLG München VergabeR 2020, 125 (129); *Dittmann* in RKPP GWB Rn. 15; Langen/Bunte/*Schweda* Rn. 4 (mit der Einschränkung: „grundsätzlich"); Ziekow/Völlink/*Dicks* Rn. 2; Loewenheim/Meessen/Riesenkampff/*Heuvels*, 2. Aufl. 2009, § 109 Rn. 8; aA (Beiladung von Nachunternehmern und Zulieferern kommt in Betracht): Immenga/Mestmäcker/*Dreher* Rn. 11; OLG Düsseldorf VergabeR 2021, 127 (136 iVm 133 re. Sp.) (ohne besondere Begründung).
[18] OLG Düsseldorf BeckRS 2012, 09630 = VergabeR 2007, 406 (407).
[19] Ebenso: OLG München VergabeR 2020, 125 (129); Reidt/Stickler/Glahs/*Reidt* Rn. 16; *Dittmann* in RKPP GWB Rn. 14 f.; tw. abweichend aber *Dittmann* in RKPP GWB Rn. 6.
[20] Begr. RegE zum VgRÄG, BT-Drs. 13/9340, 18.

II. Voraussetzungen der Beiladung

S. 1 – im Zeitpunkt der Beiladungsentscheidung selbstverständlich noch nicht eingetreten sein muss, sondern aufgrund des Begehrens des Antragstellers künftig in Gestalt der – nicht nur theoretisch – in Betracht kommenden Entscheidung der Vergabekammer real möglich sein muss;[21] theoretisch denkbare Entscheidungsvarianten, die nach der Sach- und Rechtslage sehr unwahrscheinlich sind, können aus dieser Betrachtung ausgeschieden werden. Auf dieser Basis ist zu prüfen, ob das betreffende Unternehmen – bei Nichtbeteiligung – **durch eine in Betracht kommende nachteilige Entscheidung der Vergabekammer** (an die es nicht gebunden wäre) in seinem **Interesse am Auftrag so erheblich beeinträchtigt** werden würde, **dass** auf seiner Seite – im Hinblick auf seine bisherige konkrete Stellung im Vergabeverfahren – die **Voraussetzungen für die Antragsbefugnis**, insbesondere diejenigen des § 160 Abs. 2 S. 2 (Verschlechterung der Zuschlagschancen → § 160 Rn. 34), **erfüllt** wären. Bei einer solchen Sachlage ist die Interessenberührung in Anbetracht des Normzwecks des § 162, durch die Beiladung ein weiteres Nachprüfungsverfahren zu verhindern, welches das durch eine nachteilige Vergabekammerentscheidung in seinen Interessen betroffene Unternehmen – ohne Beiladung – beantragen könnte (→ Rn. 1 mwN), als „schwerwiegend" zu qualifizieren.[22] Im sachlichen Ergebnis bedeutet das keinen erheblichen Unterschied zur früheren Rechtsprechung, die definierte, das Tatbestandselement der schwerwiegenden Interessenberührung sei verwirklicht, wenn durch den Gegenstand des Nachprüfungsverfahrens oder durch die Entscheidung der Vergabekammer unter Berücksichtigung der Stellung des betreffenden Unternehmens im Vergabeverfahren dessen rechtliche oder wirtschaftliche Belange in besonderer Weise betroffen seien.[23]

Beispiele für schwerwiegende Interessenberührung: (1) Der Antragsteller greift direkt die Position des beizuladenden Unternehmens im Vergabeverfahren an, indem er rügt, das Unternehmen, das bislang im Bieterfeld den ersten oder einen der ersten Plätze einnimmt, müsse wegen Fehlens eines Eignungskriteriums oder sein Angebot müsse wegen Unvollständigkeit ausgeschlossen werden.[24] (2) Wenn als Vergabekammerentscheidung in Betracht kommt, dass der öffentliche Auftraggeber zur Aufhebung des Vergabeverfahrens verpflichtet wird, sind diejenigen Bieterunternehmen in ihren Interessen schwerwiegend berührt, deren Angebote nach dem bisherigen Stand des Vergabeverfahrens schon in die engere Wahl gekommen waren.[25] (3) Hat bei einer in Betracht kommenden Aufhebung des Vergabeverfahrens im Zeitpunkt der Entscheidung über die Beiladung noch gar keine Angebotswertung stattgefunden, sind die Zuschlagsinteressen aller derjenigen Bieter schwerwiegend berührt, die ein Angebot eingereicht haben, das nicht schon aus anderen Gründen ausgeschlossen worden ist.[26] (4) Wenn der Antragsteller die bisherige Angebotswertung beanstandet und deren Wiederholung begehrt, sind diejenigen Bieterunternehmen in ihren Interessen schwerwiegend berührt, deren Angebote nach der bisherigen Wertung des Auftraggebers vor dem Angebot des Antragstellers liegen und zugleich einen der vorderen Rangplätze einnehmen (→ § 160 Rn. 45), und jedenfalls dasjenige Unternehmen, das vom Auftraggeber durch Vorabinformation (§ 134 Abs. 1 S. 1) schon für die Zuschlagserteilung ausgewählt wurde.[27] (5) Dagegen sind diejenigen Bieter nicht beizuladen, deren Angebote im Preis gegenüber mehreren Konkurrenten so ungünstig ausgestaltet sind, dass sie unabhängig von den Erfolgschancen des Antragstellers nicht als das wirtschaftlichste Angebot (§ 127 Abs. 1) in Betracht kommen,[28] oder deren Angebote vor der Entscheidung über die Beiladung als nicht ausschreibungskonform ausgeschlossen worden sind[29] (was auf Antrag eines solchen Bieters in einem eigenen Verfahren nachzuprüfen wäre). (6) Anders ist allerdings dann zu entscheiden, wenn die Vergabestelle alle Angebote als nicht ausschreibungskonform abgelehnt,

---

[21] Vgl. Loewenheim/Meessen/Riesenkampff/*Heuvels*, 2. Aufl. 2009, § 109 Rn. 6; Reidt/Stickler/Glahs/*Reidt* Rn. 12; *Dittmann* in RKPP GWB Rn. 10; *Prieß* VergabeR-HdB 372; nach KG NZBau 2020, 270 Rn. 32 kann das auch schon bejaht werden, wenn sich das Vergabeverfahren noch im Stadium des Teilnahmewettbewerbs befindet.

[22] Ebenso: OLG Düsseldorf VergabeR 2021, 127 (136); KG NZBau 2021, 77 Rn. 17; OLG München VergabeR 2020, 125 (129); OLG Schleswig VergabeR 2017, 63 (67); Ziekow/Völlink/*Dicks* Rn. 4; zumindest iErg ebenso Immenga/Mestmäcker/*Dreher* Rn. 9; *Prieß* VergabeR-HdB 372 bei Fn. 365.

[23] OLG Düsseldorf NZBau 2002, 639.

[24] Ebenso: Ziekow/Völlink/*Dicks* Rn. 5.

[25] OLG Düsseldorf NZBau 2002, 639.

[26] OLG Düsseldorf NZBau 2002, 639 f.; Langen/Bunte/*Schweda* Rn. 3; zumindest tendenziell ebenso: Ziekow/Völlink/*Dicks* Rn. 4 und Fn. 26; aA (grundsätzlich ist dann kein Unternehmen beizuladen): *Dittmann* in RKPP GWB Rn. 12.

[27] Vgl. OLG Düsseldorf NZBau 2002, 639; Byok/Jaeger/*Byok* Rn. 11 und 14; Immenga/Mestmäcker/*Dreher* Rn. 9; Loewenheim/Meessen/Riesenkampff/*Heuvels*, 2. Aufl. 2009, § 109 Rn. 7.

[28] Langen/Bunte/*Schweda* Rn. 4; Ziekow/Völlink/*Dicks* Rn. 4; iErg ebenso: *Dittmann* in RKPP GWB Rn. 13.

[29] OLG Rostock IBRRS 2003, 2580 = VergabeR 2003, 724; Byok/Jaeger/*Byok* Rn. 15; Reidt/Stickler/Glahs/*Reidt* Rn. 10; Ziekow/Völlink/*Dicks* Rn. 4.

sodann das Vergabeverfahren aufgehoben hat und dagegen ein Bieter Nachprüfungsantrag gestellt hat; dann kommt eine Beiladung der übrigen Bieter in Betracht. (7) Beanstandet der Antragsteller einen Teilnahmewettbewerb, der für ihn negativ ausgegangen ist, weil er nicht zur Angebotsabgabe aufgefordert wurde, sind die Interessen aller Bewerber schwerwiegend berührt, die vom Auftraggeber zur Abgabe eines Angebots aufgefordert worden sind; alle diese Bewerber können daher beigeladen werden.[30]

III. Entscheidung über die Beiladung

6   Die Vergabekammer hat spätestens nach Eingang der Vergabeakten (§ 163 Abs. 2 S. 4) **von Amts wegen** zu prüfen, ob und ggf. welche Unternehmen beizuladen sind. Auch die Beiladung selbst bedarf – anders als im Kartellverwaltungsverfahrensrecht (§ 54 Abs. 2 Nr. 3) – keines Antrags. An die Vergabekammer kann aber auch ein **Antrag** auf Beiladung gestellt werden, nicht nur vom beiladungswilligen Unternehmen, sondern auch vom Antragsteller (selten) und vom Antragsgegner. Rechtsprechung und Schrifttum unterscheiden zwischen einfacher und notwendiger Beiladung (vgl. auch § 13 Abs. 2 VwVfG). Wenn die in Betracht kommende (→ Rn. 4) Entscheidung der Vergabekammer für das Interesse des beizuladenden Unternehmens am Auftrag eine rechtsgestaltende Wirkung hat, handelt es sich um eine **notwendige Beiladung,** die die Vergabekammer von Amts wegen – ohne Ermessen – auszusprechen hat.[31] Dieser Verpflichtung genügt die Vergabekammer nicht dadurch, dass sie das betreffende Unternehmen benachrichtigt und ihm die Gelegenheit gibt, einen Beiladungsantrag zu stellen.[32] Eine rechtsgestaltende Wirkung, also die Wirkung einer Veränderung der Rechtsposition im laufenden Vergabeverfahren, haben zB die oben (→ Rn. 5) in den Beispielen (1) bis (3) aufgeführten (in Betracht kommenden) Entscheidungen der Vergabekammer, ferner auch der zweite Teil des Beispiels (4): Gegenüber einem Bieterunternehmen, dessen Angebot für die Zuschlagsentscheidung durch Vorabinformation (§ 134 Abs. 1 S. 1) vom Auftraggeber schon ausgewählt worden war, ist auch die Vergabekammerentscheidung, die nur eine Wiederholung der Angebotswertung anordnet, also keine endgültige Maßnahme (wie den Ausschluss des Angebots des beizuladenden Unternehmens) trifft, von rechtsgestaltender Art, weil das Angebot die sichere Aussicht auf den Zuschlag einbüßt und stattdessen der Unsicherheit eines erneuten Angebotswettbewerbs ausgesetzt ist. Abgesehen von derartigen Sachlagen, bei denen die vom Antragsteller begehrte und in Betracht kommende Entscheidung der Vergabekammer die Rechtsposition des beizuladenden Unternehmens ganz oder teilweise ändert, handelt es sich sonst um eine sog. **einfache Beiladung,** deren Anordnung im pflichtgemäßen **Ermessen** der Vergabekammer steht.[33] Bei der Ermessensprüfung hat die Vergabekammer insbesondere das Gewicht der vom Nachprüfungsverfahren berührten Interessen des eventuell beizuladenden Unternehmens, ferner die Aussichten, ob das Verfahren durch weitere Informationen des beizuladenden Unternehmens gefördert, andererseits durch die Beiladung aber auch verzögert werden kann, und schließlich die durch die Beiladung zusätzlich entstehenden Kosten gegeneinander abzuwägen. Diese Prüfung ist vor allem dann bedeutsam, wenn mehrere Unternehmen die objektiven Beiladungsvoraussetzungen erfüllen; die Vergabekammer kann nach pflichtgemäßem Ermessen auswählen, welche(s) Unternehmen sie beilädt. Zulässige Aspekte bei den Ermessenserwägungen sind ua die Beschleunigungsmaxime (§ 167), die mutmaßliche Fähigkeit des einzelnen Beiladungsaspiranten, die Sachaufklärung durch qualifizierten Vortrag zu fördern, und die Kostenfolgen einer Beiladung.[34] Ob es zutrifft, dass in den Nachprüfungsverfahren in der Regel nur notwendige Beiladungen in Betracht kommen,[35] bedarf keiner Stellungnahme, weil beiladungswillige Unternehmen wegen S. 2 ohnehin keinen durchsetzbaren Anspruch auf Beiladung haben. Im Schrifttum wird jedoch plausibel erwogen, auch **im Falle** eigentlich **notwendiger Beiladung** bei **sehr**

---

[30] Byok/Jaeger/*Byok* Rn. 13; Ziekow/Völlink/*Dicks* Rn. 4; aA (überhaupt keine Beiladung der anderen Bewerber): *Dittmann* in RKPP GWB Rn. 12.
[31] OLG Düsseldorf FHZivR 47 Nr. 7614 = VergabeR 2001, 59 (60); *Lausen* VergabeR 2002, 117 (121 f.); Immenga/Mestmäcker/*Dreher* Rn. 14 f.; *Dittmann* in RKPP GWB Rn. 17; Langen/Bunte/*Schweda* Rn. 6; Loewenheim/Meessen/Riesenkampff/*Heuvels,* 2. Aufl. 2009, § 109 Rn. 12; Ziekow/Völlink/*Dicks* Rn. 7 (einschränkend: nur „grundsätzlich").
[32] AA (Verpflichtung der VK besteht nur in dieser Benachrichtigung): Bechtold/*Otting,* 6. Aufl., § 109 Rn. 4; tendenziell mit einer Empfehlung dieser Verfahrensweise auch BayObLG NZBau 2000, 49 (50).
[33] BayObLG NZBau 2000, 49 (50); OLG Düsseldorf FHZivR 47 Nr. 7614 = VergabeR 2001, 59 (60); *Lausen* VergabeR 2002, 117 (121); Byok/Jaeger/*Byok* Rn. 9–14 und 16; Langen/Bunte/*Schweda* Rn. 6; Reidt/Stickler/Glahs/*Reidt* Rn. 24; Ziekow/Völlink/*Dicks* Rn. 6.
[34] Ziekow/Völlink/*Dicks* Rn. 6; vgl. auch Reidt/Stickler/Glahs/*Reidt* Rn. 25.
[35] So Immenga/Mestmäcker/*Dreher* Rn. 14; noch rigider (im Verfahren nach §§ 160 ff. gibt es nur den Fall der notwendigen Beiladung): *Dittmann* in RKPP GWB Rn. 17 und 21.

zahlreichen in Betracht kommenden Unternehmen (zB bei der Ausschreibung von Rabattverträgen durch gesetzliche Krankenkassen) eine sachgerechte **Auswahl** unter ihnen **für die Beiladung** nach der Einteilung in Interessengruppen aufgrund objektiver Kriterien (zB Marktstellung, Marktanteil, Unternehmenszuschnitt und -größe) vorzunehmen, wobei aus jeder Interessengruppe jeweils nur ein bis zwei Repräsentanten für die Beiladung **nach pflichtgemäßem Ermessen** ausgewählt werden. Der rechtfertigende Grund für eine solche beschränkende Auswahl kann und muss in den Geboten der Verhältnismäßigkeit (in der besonderen Ausprägung des § 163 Abs. 1 S. 4) und der Beschleunigung (§ 167) sowie in der Vorsorge für die Einhaltung der Entscheidungsfrist (§ 167 Abs. 1 S. 1 und 3) gesehen werden.[36]

Zur **Gewährung rechtlichen Gehörs** vor einer von der Vergabekammer beabsichtigten Beiladung wird im Schrifttum vereinzelt die Ansicht vertreten, sie könne im Einzelfall (gegenüber Antragsteller und Auftraggeber) empfehlenswert sein, eine Pflicht hierzu bestehe jedoch nicht.[37] Dem muss widersprochen werden. Die Anordnung der Beiladung ist eine bedeutsame Entscheidung der Vergabekammer, die sich auf das Nachprüfungsverfahren erheblich auswirkt, weil der Beigeladene die Verfahrensrechte eines Beteiligten erwirbt, woraus Nachteile für den Antragsteller und/oder den Auftraggeber resultieren können (zB Akteneinsichtsrecht des Beigeladenen; Kostenfolgen, vgl. § 182 Abs. 4 S. 2 und 3). Auch dem beizuladenden Unternehmen ist vor der Beiladung wegen deren Konsequenzen (Verbindlichkeit der Nachprüfungsentscheidung auch gegenüber dem Beigeladenen (→ Rn. 11) rechtliches Gehör zu gewähren. 7

Nach der Gewährung rechtlichen Gehörs sollte die Vergabekammer den (im Gesetz nicht geregelten) **Zeitpunkt der Beiladung** möglichst früh wählen, damit der Beigeladene seine Verfahrensrechte voll ausüben kann. Verfahrensrechtlich ist die Beiladung durch die Vergabekammer bis zum Eintritt der Bestandskraft ihrer Endentscheidung (§ 168) oder bis zur Einlegung der sofortigen Beschwerde möglich.[38] Nach einer Rücknahme des Nachprüfungsantrags ist eine Beiladung nicht mehr möglich.[39] Ab der Beschwerdeeinlegung ist – trotz des anscheinend entgegenstehenden Wortlauts des § 174 – (nur) das Beschwerdegericht in entsprechender Anwendung der §§ 162, 174, die die OLG-Rechtsprechung auf rechtsstaatliche Erwägungen, auf den mit den §§ 160 ff. verfolgten Zweck der Gewährleistung effektiven Rechtsschutzes im Vergaberecht und auf die Beschleunigungsmaxime gestützt hat, zur Beiladung von bislang nicht beigeladenen Unternehmen befugt,[40] selbst dann, wenn die Vergabekammer die Beiladung des betreffenden Unternehmens im ersten Rechtszug durch Entscheidung abgelehnt hatte.[41] Die Beiladungsentscheidung, die von der vollständig besetzten Vergabekammer zu treffen ist, hat die Rechtsnatur eines **Verwaltungsakts** (vgl. § 168 Abs. 3 S. 1). Im Interesse der Verfahrensbeschleunigung[42] ist sowohl die positive als auch die negative Beiladungsentscheidung **unanfechtbar** (§ 162 S. 2).[43] S. 1 ist dahin auszulegen, dass auch die Vergabekammer sowie das Beschwerdegericht[44] an die einmal ausgesprochene Beiladung gebunden sind. Wenn die Beiladungsvoraussetzungen nachträglich wegfallen, weil der Beigeladene zB endgültig aus dem Bieterkreis ausgeschieden ist, kann die Vergabekammer allerdings die **Beiladung** nach Gewährung rechtlichen Gehörs durch – unanfechtbaren (S. 2) – Beschluss **aufheben.**[45] Diese Befugnis steht auch dem Beschwerdegericht zu. 8

---

[36] Ziekow/Völlink/*Dicks* Rn. 7 iVm Ziekow/Völlink/*Dicks* Rn. 6; grds. abl. *Dittmann* in RKPP GWB Rn. 19 und Fn. 17 (ohne die Voraussetzungen für Ausnahmen darzulegen).

[37] *Portz* in KKP GWB, 2. Aufl. 2009, § 109 Rn. 10; Beck VOB/A/*Gröning*, 1. Aufl. 2001, § 109 Rn. 52. Die Gewährung rechtlichen Gehörs im Beiladungsverfahren wird – soweit ersichtlich – sonst in den Erläuterungswerken zu § 109 aF/§ 162 nF kaum behandelt, mit Ausnahme von Ziekow/Völlink/*Dicks* Rn. 2 (grds. ist rechtliches Gehör zu gewähren „einem Beiladungspetenten und dem gegnerischen Hauptbeteiligten") und Ziekow/Völlink/*Dicks* Rn. 7 (mit der zutreffenden Forderung vorheriger Gewährung rechtlichen Gehörs vor einer Aufhebung der Beiladung).

[38] Vgl. Immenga/Mestmäcker/*Dreher* Rn. 16; *Dittmann* in RKPP GWB Rn. 20; Ziekow/Völlink/*Dicks* Rn. 7; vgl. auch Reidt/Stickler/Glahs/*Reidt* Rn. 27 (nur bis zur Entscheidung der Vergabekammer).

[39] OLG München VergabeR 2020, 125 (128).

[40] OLG Düsseldorf FHZivR 47 Nr. 7614 = VergabeR 2001, 59 (60); OLG Düsseldorf NZBau 2002, 639; vgl. auch Byok/Jaeger/*Jaeger* § 174 Rn. 3 und 4 mwN.

[41] OLG Düsseldorf NZBau 2002, 639.

[42] Begr. RegE zum VgRÄG 1998, BT-Drs. 13/9340, 18.

[43] Vgl. auch Ziekow/Völlink/*Dicks* Rn. 8; Byok/Jaeger/*Byok* Rn. 6 weist darauf hin, dass im Einzelfall zu prüfen sei, ob nicht ausnahmsweise ein Beiladungsbeschluss wegen greifbarer Gesetzwidrigkeit angefochten werden könne.

[44] Vgl. OLG Naumburg BeckRS 2012, 21447 = VergabeR 2013, 123 (126).

[45] Vgl. OLG Düsseldorf Beschl. v. 20.5.2008 – VII-Verg 27/08; bestätigt von OLG Düsseldorf VergabeR 2021, 127 (135 f.); ebenso: Byok/Jaeger/*Byok* Rn. 7; Reidt/Stickler/Glahs/*Reidt* Rn. 29; Ziekow/Völlink/*Dicks* Rn. 7. In einem solchen Fall halten die Aufhebung der Beiladung sogar für notwendig: Immenga/Mestmäcker/*Dreher* Rn. 18; *Dittmann* in RKPP GWB Rn. 22; Langen/Bunte/*Schweda* Rn. 9.

IV. Rechtsfolgen der Beiladung

9 Der Beigeladene erhält die **gleiche Rechtsstellung** wie die anderen **Verfahrensbeteiligten**. Er kann ebenso wie Antragsteller und Antragsgegner zur Sache und zur Rechtslage vortragen, auch neuen Tatsachenvortrag in das Verfahren einbringen, Akteneinsicht nehmen (§ 165 Abs. 1), Beweisanträge stellen sowie alle sonstigen Angriffs- und Verteidigungsmittel geltend machen,[46] also auch Sachanträge stellen. Er ist nicht auf die Rolle beschränkt, einen der Hauptbeteiligten, Antragsteller oder Antragsgegner zu unterstützen, sondern kann Anträge oder sonstige Angriffs- und Verteidigungsmittel zur Wahrnehmung eigener das Vergabeverfahren betreffender Interessen einsetzen.[47] So kann er zB in einem Nachprüfungsverfahren, das der Antragsteller mit der Rüge der (vermeintlich) fehlerhaften Wertung seines Angebots – in der letzten Stufe der Angebotswertung (vgl. § 16d EU Abs. 1 Nr. 4 VOB/A 2016) – beantragt hat, den Streitgegenstand dahin erweitern, dass er geltend macht, das Angebot des Antragstellers sei aus formalen Gründen überhaupt nicht wertbar, vielmehr auszuschließen (vgl. § 16 EU Nr. 2 und Nr. 3 VOB/A 2016).[48] Sofern der Beigeladene durch die Entscheidung der Vergabekammer beschwert ist,[49] kann er gegen sie – auch zur Verfolgung eigener Rechtsschutzziele – sofortige Beschwerde einlegen (§ 171 Abs. 1 S. 2).[50] Ihm **fehlt** freilich die **Befugnis zur Disposition über das Nachprüfungsverfahren:**[51] Er muss den aktuellen Verfahrensstand so hinnehmen, wie er zur Zeit seiner Beiladung besteht; er hat kein Recht auf Wiederholung von Verfahrensabschnitten und -handlungen, zB Beweisaufnahmen.[52] Wenn der Antragsteller seinen Nachprüfungsantrag zurücknimmt, ist das Nachprüfungsverfahren beendet (→ § 160 Rn. 8), ohne dass der Beigeladene das verhindern kann.[53] Nicht erledigte Anträge des Beigeladenen, mit denen er eigene Rechtsschutzziele (zB den völligen Ausschluss des Antragstellers oder dessen Angebots aus dem Vergabeverfahren) verfolgte, werden gegenstandslos.[54] Das gilt auch für den Fall, dass die Hauptbeteiligten das Nachprüfungsverfahren durch eine übereinstimmende Erledigungserklärung beenden, wofür sie nicht der Zustimmung des Beigeladenen bedürfen.[55] Hinsichtlich der Belastung des Beigeladenen mit Kosten und der Erstattung seiner Kosten wird Bezug genommen auf § 182 Abs. 3 S. 1, 3 und 5 sowie Abs. 4 S. 1–3 und die Erläuterungen hierzu.

10 Aus dem mit § 162 verfolgten Zweck der Verfahrenskonzentration (→ Rn. 1) folgt, dass der Beigeladene während der Dauer des Nachprüfungsverfahrens, zu dem er beigeladen ist, grundsätzlich **kein gesondertes Nachprüfungsverfahren** zur Verfolgung eigener Beanstandungen desselben Vergabeverfahrens gegenüber dem öffentlichen Auftraggeber beantragen kann, sondern diese Beanstandungen im laufenden Nachprüfungsverfahren geltend machen kann und muss. Der Antrag des Beigeladenen auf ein eigenes, gesondertes Nachprüfungsverfahren ist zumindest unter dem Gesichtspunkt des Fehlens des Rechtsschutzinteresses in der Regel **unzulässig.**[56] Es hängt von den Umständen des Einzelfalls ab, ob bei einer sehr späten Beiladung das Rechtsschutzinteresse für einen eigenen

---

[46] Vgl. OLG Frankfurt a. M. BeckRS 2000, 30469938 = VergabeR 2001, 243 (246).
[47] Grds. ebenso *Lausen* VergabeR 2002, 117 (122); Ziekow/Völlink/*Dicks* Rn. 1.
[48] AA wohl *Lausen* VergabeR 2002, 117 (122), unklar.
[49] Vgl. hierzu Byok/Jaeger/*Jaeger* § 171 Rn. 32–34 mwN.
[50] Vgl. hierzu auch Byok/Jaeger/*Jaeger* § 171 Rn. 29–31 mwN.
[51] Immenga/Mestmäcker/*Dreher* Rn. 21; Reidt/Stickler/Glahs/*Reidt* Rn. 28.
[52] OLG Frankfurt a. M. BeckRS 2000, 30469938 = VergabeR 2001, 243 (245).
[53] Ebenso: Reidt/Stickler/Glahs/*Reidt* Rn. 28; *Dittmann* in RKPP GWB Rn. 24; Immenga/Mestmäcker/*Dreher* Rn. 21 (Zustimmung des Beigeladenen zur Antragsrücknahme nicht erforderlich).
[54] Ebenso: Loewenheim/Meessen/Riesenkampff/*Heuvels*, 2. Aufl. 2009, § 109 Rn. 4; iErg ebenso: Reidt/Stickler/Glahs/*Reidt* Rn. 28 (Ende der Beiladungswirkung); aA Immenga/Mestmäcker/*Dreher* Rn. 22 und 23 (keine Erledigung der mit eigenem Rechtsschutzziel gestellten Beigeladenenanträge, zB auf Ausschluss des Angebots des [Haupt-]Antragstellers; aber: Wer sind dann die Beteiligten des fortgesetzten Verfahrens? Wird der Beigeladene zum „Antragsteller" und der bisherige Antragsteller evtl. zum „Antragsgegner"?).
[55] Ebenso: *Dittmann* in RKPP GWB Rn. 24; Ziekow/Völlink/*Dicks* Rn. 1; Immenga/Mestmäcker/*Dreher* Rn. 21 (einschränkend: vorbehaltlich nicht erledigter Anträge des Beigeladenen mit eigenem Rechtsschutzziel [Immenga/Mestmäcker/*Dreher* Rn. 23] und vorbehaltlich der Umstellung seines bisherigen Antrags auf einen Antrag zur Verfolgung eines eigenen Rechtsschutzziels [Immenga/Mestmäcker/*Dreher* Rn. 22 aE], womit der [bisherige] Beigeladene das Nachprüfungsverfahren also soll weiterbetreiben können [s. dazu die Anm. in der vorhergehenden Fn.]).
[56] *Lausen* VergabeR 2002, 117 (125); Immenga/Mestmäcker/*Dreher* Rn. 20; Loewenheim/Meessen/Riesenkampff/*Heuvels*, 2. Aufl. 2009, § 109 Rn. 4; so iErg wohl auch OLG Frankfurt a. M. BeckRS 2000, 30469938 = VergabeR 2001, 243 (246 r. Sp.); *Freund* NZBau 2005, 266 (268); aA Reidt/Stickler/Glahs/*Reidt* Rn. 31; aA nur „grundsätzlich": Langen/Bunte/*Schweda* Rn. 9 (mit Vorbehalt: im Einzelfall könne es dem Beigeladenen für ein gesondertes Nachprüfungsverfahren am Rechtsschutzinteresse mangeln; aA auch Ziekow/Völlink/*Dicks* Rn. 1 (mit dem – wohl einschränkend gemeinten – Zusatz, es handele sich um ein Problem des Rechtsschutzbedürfnisses).

Nachprüfungsantrag doch bejaht werden muss, um den Beigeladenen vor Rechtsschutzdefiziten, die bei der Verfolgung eigener Interessen (iSd § 160 Abs. 2) aufgrund des späten Verfahrenseintritts drohen, zu bewahren.[57] Fand die späte Beiladung noch im ersten Rechtszug statt, ist das in der Regel noch kein Grund für den Beigeladenen, auf ein eigenes Nachprüfungsverfahren auszuweichen. Vielmehr ist ihm dann grundsätzlich die Einlegung der sofortigen Beschwerde gegen die (ihn ggf. beschwerende) Entscheidung der Vergabekammer (→ Rn. 9) zumutbar, um seine eigenen Rechtsschutzinteressen zu verfolgen.

Wegen des Status als Verfahrensbeteiligter, der den Beigeladenen mit den Hauptbeteiligten im Wesentlichen gleichstellt (→ Rn. 9), entfaltet die (bestandskräftige) Entscheidung der Vergabekammer oder des Beschwerdegerichts auch **Bindungswirkung** für und gegen den Beigeladenen.[58] Das entspricht auch dem Normzweck des § 162 (→ Rn. 1). Auch die Bindungswirkung gem. § 179 Abs. 1 gilt für und gegen den Beigeladenen.[59] 11

V. Rechtsfolgen der Unterlassung einer notwendigen Beiladung

Das Kammergericht sieht in dem Fall des Unterlassens einer notwendigen Beiladung (→ Rn. 6) einen **schwerwiegenden Mangel des Verfahrens** der Vergabekammer, der es sogar rechtfertigt, das Nachprüfungsverfahren an die Vergabekammer gem. § 178 S. 2 Alt. 2 zurückzuverweisen.[60] Dass ein solches Unterlassen einen erheblichen Verfahrensmangel darstellt, lässt sich mit Blick auf den Normzweck des § 162 (→ Rn. 1) und die Amtspflicht der Vergabekammer, eine notwendige Beiladung auch (sogar unverzüglich) – von Ausnahmen abgesehen (→ Rn. 6 aE) – vorzunehmen, nicht bezweifeln. Fragwürdig ist es allerdings aufseiten des Beschwerdegerichts, aus diesem Grund trotz des Hauptzwecks des § 162, das Vergabeverfahren zu beschleunigen (→ Rn. 1), keine abschließende Beschwerdeentscheidung in der Sache zu treffen, sondern das Nachprüfungsverfahren durch eine Zurückverweisung an die Vergabekammer zu verlängern, obwohl das Beschwerdegericht die von der Vergabekammer unterlassene Beiladung für die Beschwerdeinstanz nachholen kann (→ Rn. 8).[61] Im Übrigen hat das Unterlassen einer an sich gebotenen Beiladung zur Folge, dass die Entscheidung der Vergabekammer und die etwaige Beschwerdeentscheidung gegenüber dem nicht beigeladenen Mitbewerber des Antragstellers keine Bindungswirkung (→ Rn. 11) entfalten.[62] Ferner ist der nicht beigeladene Mitbewerber, wie sich von selbst versteht, nicht gehindert, zur Verfolgung seiner Interessen im Vergabeverfahren (iSd § 160 Abs. 2) einen eigenen Nachprüfungsantrag bei der Vergabekammer zu stellen (zur Problematik eines solchen Antrags im Falle einer vorherigen Beiladung → Rn. 10), und zwar ohne vorher einen (vergeblichen) Beiladungsantrag gestellt zu haben.[63] 12

§ 163 Untersuchungsgrundsatz

(1) ¹Die Vergabekammer erforscht den Sachverhalt von Amts wegen. ²Sie kann sich dabei auf das beschränken, was von den Beteiligten vorgebracht wird oder ihr sonst bekannt sein muss. ³Zu einer umfassenden Rechtmäßigkeitskontrolle ist die Vergabekammer nicht verpflichtet. ⁴Sie achtet bei ihrer gesamten Tätigkeit darauf, dass der Ablauf des Vergabeverfahrens nicht unangemessen beeinträchtigt wird.

(2) ¹Die Vergabekammer prüft den Antrag darauf, ob er offensichtlich unzulässig oder unbegründet ist. ²Dabei berücksichtigt die Vergabekammer auch einen vorsorglich hinterlegten Schriftsatz (Schutzschrift) des Auftraggebers. ³Sofern der Antrag nicht offensichtlich unzulässig oder unbegründet ist, übermittelt die Vergabekammer dem Auftraggeber eine Kopie des Antrags und fordert bei ihm die Akten an, die das Vergabeverfahren dokumentieren (Vergabeakten). ⁴Der Auftraggeber hat die Vergabeakten der Kammer sofort zur Verfügung zu stellen. ⁵Die §§ 57 bis 59 Absatz 1 bis 4, § 59a Absatz 1 bis 3 und § 59b sowie § 61 gelten entsprechend.

---

[57] Vgl. *Freund* NZBau 2005, 266 (268); Immenga/Mestmäcker/*Dreher* Rn. 20.
[58] Ebenso: *Lausen* VergabeR 2002, 117 (122); Byok/Jaeger/*Byok* Rn. 3; Immenga/Mestmäcker/*Dreher* Rn. 26; *Dittmann* in RKPP GWB Rn. 25; Ziekow/Völlink/*Dicks* Rn. 1.
[59] Byok/Jaeger/*Jaeger* § 179 Rn. 4 mwN; aA Beck VOB/A/*Gröning*, 1. Aufl. 2001, § 124 Rn. 6.
[60] KG NZBau 2020, 270 Rn. 31 f. Im konkreten Fall war die sofortige Beschwerde nicht etwa von einem fehlerhaft nicht beigeladenen Mitbewerber des Antragstellers eingelegt worden (zur umstrittenen Beschwerdebefugnis des nicht beigeladenen Mitbewerbers vgl. Byok/Jaeger/*Jaeger* § 171 Rn. 30 mwN), sondern vom Antragsteller, der diesen Verfahrensfehler verständlicherweise nicht gerügt hatte.
[61] Das ist in der OLG-Rspr. inzwischen allgM, vgl. Byok/Jaeger/*Jaeger* § 174 Rn. 3 f. mwN.
[62] Reidt/Stickler/Glahs/*Reidt* Rn. 35.
[63] Hierzu aA Reidt/Stickler/Glahs/*Reidt* Rn. 35.

Schrifttum: *Brauer,* Das Verfahren vor der Vergabekammer, NZBau 2009, 297; *Gröning,* Rechtsschutz gegen die Nichtzustellung des Nachprüfungsantrags?, VergabeR 2002, 435; *Jaeger,* Einwirkungen des Kartellrechts in das Verfahren der öffentlichen Auftragsvergabe, FS Schroeder, 2018, 341; *Maier,* Die prozessualen Grundsätze des Nachprüfverfahrens, NZBau 2004, 667; *Ramm,* Akteneinsicht und Untersuchungsgrundsatz im Vergabeverfahren, VergabeR 2007, 739; *Roth,* Reform des Vergaberechts – der große Wurf, VergabeR 2009, 404; *Wiedemann,* Geplante Neuerungen im Nachprüfungsverfahren, VergabeR 2009, 302.

Übersicht

	Rn.			Rn.
I.	Normzweck	1	III. Ermittlungsbefugnisse und Beweiserhebung	11
II.	Umfang der Amtsermittlung und der Prüfung des Vergabeverfahrens	4	IV. Erstprüfung des Nachprüfungsantrags (Abs. 2 S. 1 und 2)	14
1.	Umfang der amtswegigen Aufklärung des Sachverhalts	5	V. Fortsetzung des Nachprüfungsverfahrens nach der Erstprüfung (Abs. 2 S. 3 und 4)	17
2.	Umfang der Prüfung des Vergabeverfahrens auf Rechtsverstöße	8		

I. Normzweck

1 Abs. 1 normiert für das Verfahren der Vergabekammer **einen der drei Verfahrensgrundsätze,** den Untersuchungsgrundsatz (§ 166 und § 167 enthalten mit dem Prinzip der mündlichen Verhandlung und der Beschleunigungsmaxime [aber auch → Rn. 2] die übrigen Verfahrensgrundsätze). Der Gesetzgeber des VgRÄG hat die **Vergabekammer** in Abs. 1 S. 1 aus zwei Gründen **verpflichtet,** den für die Entscheidung gem. § 168 Abs. 1 relevanten **Sachverhalt von Amts wegen aufzuklären:** aufgrund des öffentlichen Interesses an der Rechtmäßigkeit des Vergabeverfahrens und aufgrund der knappen Frist (§ 167 Abs. 1 S. 1), innerhalb der die Vergabekammer die Nachprüfung einschließlich ihrer Entscheidung zu leisten hat.[1] Mit dem Gebot der Amtsermittlung hat der Gesetzgeber auch eine Angleichung des Verfahrens der Vergabekammer an das allgemeine Verwaltungsverfahren (§ 24 VwVfG) und das Verfahren der Kartellbehörden (s. jetzt § 57 Abs. 1) bewirken wollen.[2] Dementsprechend ordnet der – unsystematisch in Abs. 2 statt in Abs. 1 untergebrachte – **Abs. 2 S. 5**[3] die entsprechende Geltung der §§ 57–59 Abs. 1–4, § 59a Abs. 1–3 und § 59b für die Ermittlungsbefugnisse der Vergabekammer an. Vollends unsystematisch ist die – durch das Vergaberechtsmodernisierungsgesetz 2009 vorgenommene – Erweiterung der Verweisungsnorm des § 163 Abs. 2 S. 5, die nunmehr auch die dem Verfahrensabschluss sowie der Begründung und Zustellung der Entscheidungen im Kartellverwaltungsverfahren gewidmete Vorschrift des § 61 für entsprechend anwendbar erklärt.[4] Da die entsprechende Geltung des § 61 (Abs. 1 und 2) auch schon an der systematisch richtigen Stelle des § 168 Abs. 3 S. 4 normiert ist, muss man annehmen, dass die mit § 163 Abs. 2 S. 5 bewirkte doppelte Verweisung auf § 61 die gem. § 163 Abs. 2 S. 1 vorgesehenen Entscheidungen der Vergabekammer (Zurückweisung des Nachprüfungsantrags wegen offensichtlicher Unzulässigkeit oder Unbegründetheit ohne vorherige Übermittlung des Nachprüfungsantrags an den Auftraggeber → Rn. 14, 16) betreffen soll und damit auf übertriebener Vorsicht des Gesetzgebers beruht.[5]

2 Die durch das Vergaberechtsmodernisierungsgesetz 2009 eingefügten **Sätze 2 und 3** des § 163 **Abs. 1** bezwecken, die **Amtsermittlungspflicht** der Vergabekammer **mit der Tendenz zur Beschränkung zu konkretisieren.**[6] Eine weitere Vorschrift, die das Ausmaß der Amtsermittlung tendenziell beschränken soll, stellt **S. 4 des Abs. 1** dar. Dieses Ziel versucht die – schon seit dem VgRÄG 1998 in § 110 aF (= § 163 nF) enthaltene – Norm mit der unbestimmten Anweisung an

---

[1] Begr. RegE zum VgRÄG 1998, BT-Drs. 13/9340, 18.
[2] Vgl. Begr. RegE zum VgRÄG 1998, BT-Drs. 13/9340, 18.
[3] In der aktuellen, geänderten Fassung gem. Art. 1 Nr. 39 des GWB-Digitalisierungsgesetzes (10. GWB-Novelle) vom 18.1.2021, BGBl. 2021 I 2.
[4] Diese Anordnung, dass „§ 61 entsprechend gilt", erstreckt sich offensichtlich nicht auf den erst durch das GWB-Digitalisierungsgesetz vom 18.1.2021 hinzugefügten § 61 Abs. 3, der sich ausschließlich auf die dort bezeichneten Verfügungen der Kartellbehörde bezieht, sondern betrifft nur – wie bisher – § 61 Abs. 1 und 2 (s. auch § 168 Abs. 3 S. 4 nF).
[5] Die Gesetzgebungsmaterialien zum Vergaberechtsmodernisierungsgesetz 2009 (BT-Drs. 16/10 117 und 16/11 428) enthalten keine Erwägungen und geben keinen Aufschluss darüber, weshalb § 110 Abs. 2 S. 5 aF (Vorläufer des heutigen § 163 Abs. 2 S. 5) um die Verweisung auf § 61 ergänzt wurde.
[6] Vgl. RegE des VergRModG 2009, Begr. RegE Teil B, zu Art. 1 Nr. 14, BT-Drs. 16/10117.

die Vergabekammer zu erreichen, bei ihrer gesamten Tätigkeit im Nachprüfungsverfahren darauf zu achten, dass der Ablauf des Vergabeverfahrens nicht unangemessen beeinträchtigt wird. Damit wird das gesamte Verfahren der Vergabekammer den Grundsätzen der **Beschleunigung**[7] und der **Verhältnismäßigkeit**[8] unterworfen.

Abs. 2 S. 1–3 schreibt der Vergabekammer die ersten Verfahrenshandlungen, die ebenfalls bezwecken, das Vergabeverfahren vor sachlich unnötigen Verzögerungen zu bewahren, verbindlich vor. Die Regelung steht in einem engen sachlichen Zusammenhang mit § 169 Abs. 1. Nach dieser Vorschrift hat die Vergabekammer im Interesse eines effektiven Rechtsschutzes die Kompetenz, auf das Vergabeverfahren – früher durch Zustellung des Nachprüfungsantrags an den Auftraggeber, seit dem Vergaberechtsmodernisierungsgesetz 2009 durch Benachrichtigung („Information") des Auftraggebers in Textform über den Nachprüfungsantrag – mit dem Ergebnis einer Zuschlagssperre (bis zur Vergabekammerentscheidung und bis zum Ablauf der Beschwerdefrist nach § 172 Abs. 1) einzuwirken. § 163 Abs. 2 S. 1–3 bezweckt, diese **Behinderung des Vergabeverfahrens zu vermeiden,** wenn der **Nachprüfungsantrag offensichtlich erfolglos** ist. Zu dieser Prüfung verpflichtet Abs. 2 S. 1 die Vergabekammer zu Beginn des Verfahrens. Hierzu ermöglicht der – durch das Vergaberechtsmodernisierungsgesetz 2009 eingefügte – Abs. 2 S. 2 dem Auftraggeber oder stellt zumindest die Möglichkeit klar, die Vergabekammer vorab über die tatsächlichen und rechtlichen Aspekte der (vermeintlichen) Erfolglosigkeit des Nachprüfungsantrags mit Schriftsatz („Schutzschrift") in Kenntnis zu setzen.[9] Die Vorschrift verpflichtet die Vergabekammer ausdrücklich, die Schutzschrift bei der Erstprüfung auf offensichtliche Erfolglosigkeit des Nachprüfungsantrags zu „berücksichtigen". Abs. 2 erwähnt als Selbstverständlichkeit nicht ausdrücklich, dass die Vergabekammer den Nachprüfungsantrag, den sie aufgrund der Erstprüfung für offensichtlich unzulässig oder offensichtlich unbegründet hält, sogleich – ohne mündliche Verhandlung – durch förmliche Entscheidung zurückzuweisen hat. Nur wenn die Erstprüfung ergibt, dass der Nachprüfungsantrag nicht offensichtlich erfolglos ist, gestattet (und befiehlt) Abs. 2 S. 3 der Vergabekammer, das Nachprüfungsverfahren weiter durchzuführen, (zunächst) dem Auftraggeber eine Kopie des Nachprüfungsantrags zu übermitteln (womit der Suspensiveffekt des § 169 Abs. 1 ebenfalls eintritt, wenn die Vergabekammer den Auftraggeber nicht schon vorher in Textform i.S. des § 169 Abs. 1 über den Nachprüfungsantrag informiert haben sollte) sowie bei ihm die Vergabeakten anzufordern. **S. 4** des **Abs.** 2 bezweckt schließlich, der Vergabekammer den unmittelbaren Besitz an den der **für die Nachprüfung unverzichtbaren Original-Vergabeakten** zu verschaffen und den Auftraggeber wegen der knappen Verfahrensfrist (§ 167 Abs. 1 S. 1) zu verpflichten, dies auf jeden Fall **sofort** zu bewirken.

II. Umfang der Amtsermittlung und der Prüfung des Vergabeverfahrens

Es ist zumindest gedanklich zu unterscheiden zwischen der (amtswegigen) Erforschung des Sachverhalts, der für die Beurteilung der von den Verfahrensbeteiligten geltend gemachten und eventuell außerdem von Amts wegen berücksichtigten vergaberechtlichen Verstöße erheblich ist, und der Frage, ob die Vergabekammer verpflichtet oder zumindest befugt ist, die Prüfung des Vergabeverfahrens über die geltend gemachten Rechtsverletzungen hinaus auf weitere vergaberechtliche Verstöße auszudehnen. Es ist freilich nicht zu verkennen, dass sich die beiden Fragenbereiche überlappen.

1. Umfang der amtswegigen Aufklärung des Sachverhalts. Als **Grundprinzip** gilt, dass die Vergabekammer alle Tatsachen aufzuklären hat, die zur Beurteilung der von den Verfahrensbeteiligten zulässigerweise geltend gemachten Rechtsverstöße sowie der eventuell außerdem relevanten vergaberechtlichen Verstöße (→ Rn. 8–10) und damit für die Entscheidung der Vergabekammer objektiv erforderlich sind.[10] Zu diesem für die Prüfung notwendigen Sachverhalt gehört auch die überhaupt für den Rechtsweg zu den Vergabekammern maßgebliche Schätzung des Auftrags- oder Vertragswerts (§ 106); hat der Auftraggeber dabei die gebotene Sorgfalt missachtet, muss die Vergabekammer die ordnungsgemäße Schätzung gem. § 163 Abs. 1 S. 1 nachholen.[11] Insoweit hat sie den Sachverhalt grundsätzlich ohne Bindung an den Sachvortrag und die Beweisangebote der Beteiligten

---

[7] Ebenso: Immenga/Mestmäcker/*Dreher* Rn. 7.
[8] Ebenso betr. beide genannte Grundsätze: Byok/Jaeger/*Byok* Rn. 9; *Ohlerich* in RKPP GWB Rn. 24; iErg ebenso: Ziekow/Völlink/*Dicks* Rn. 10 (der ausdrücklich nur den Grundsatz der Verhältnismäßigkeit betont).
[9] Vgl. Begr. RegE zum VergRModG 2009, Begr. RegE Teil B, zu Art. 1 Nr. 14, BT-Drs. 16/10117.
[10] Vgl. Begr. RegE zum VergRModG 2009, Teil B zu Art. 1 Nr. 14, BT-Drucks. 16/10 117; vgl. auch OLG Brandenburg BeckRS 2010, 03986 = VergabeR 2010, 516 (520); *Prieß* Vergabe-HdB 374; *Ohlerich* in RKPP GWB Rn. 4, 10 und 11; Ziekow/Völlink/*Dicks* Rn. 2.
[11] OLG Karlsruhe NZBau 2009, 403 (407).

zu ermitteln.[12] Dieser Grundsatz wird jedoch sowohl durch **Abs. 1 S. 2** als auch durch die Mitwirkungspflicht der Beteiligten (§ 167 Abs. 2) eingeschränkt. In erster Linie hat die Vergabekammer bei ihrer Sachverhaltsermittlung von demjenigen auszugehen, was die Beteiligten – mit einiger Substanz – vorgebracht haben (§ 163 Abs. 1 S. 2).[13] Behauptungen der Beteiligten, die die Vergabekammer aufgrund ihrer professionellen Kenntnisse, nach der Art der (insbesondere pauschalen) Behauptungen oder aufgrund der Begleitumstände als Vortrag „ins Blaue hinein" oder jedenfalls als substanzlos oder als bloße, auf keine Anhaltspunkte gestützte Mutmaßungen entlarven kann, braucht sie nicht zu beachten und nicht zum Anlass für weitere Ermittlungen zu nehmen.[14] Andererseits gebietet § 163 Abs. 1 S. 2 ihr, auch dasjenige in ihre Ermittlungsarbeit einzubeziehen, was „ihr sonst *bekannt sein muss*". Daraus ist zu folgern, dass alle tatsächlichen Umstände, die der Vergabekammer – zB aufgrund ihres Studiums der Vergabeakten oder von Presseveröffentlichungen[15] – *bekannt sind*, über den Beteiligtenvortrag hinaus zu berücksichtigen sind, dh in die weitere Sachverhaltsaufklärung und in die Sachverhaltswürdigung (nach Gewährung rechtlichen Gehörs) einzubeziehen sind. Im Übrigen ist der Zusatz in Abs. 1 S. 2 („sonst bekannt *sein muss*") für eine rechtssichere Auslegung der Reichweite der Amtsermittlungspflicht – für sich genommen – zu unbestimmt.[16] Nach der Umschreibung des Zusatzes in der Regierungsbegründung zu § 110 Abs. 1 S. 2 aF (= § 163 Abs. 1 S. 2 nF) sind hiermit „sonstige Umstände" gemeint, „die dem sorgfältig ermittelnden Beamten zur Kenntnis gelangt wären".[17] Daraus ist zu schließen, dass dieser Zusatz in Abs. 1 S. 2 der Vergabekammer keine weitergehende Ermittlungspflicht auferlegt, als sie bisher schon von der Rechtsprechung angenommen wurde. Danach hat die Vergabekammer (wie iÜ auch das Beschwerdegericht gem. den § 175 Abs. 2, § 75 Abs. 1 nF) den Sachverhalt aufgrund eigener Ermittlungen nur insofern aufzuklären, als der Vortrag der Beteiligten reicht oder sich entscheidungserhebliche Tatsachen und konkrete Anhaltspunkte für Vergaberechtsverstöße – insbesondere aufgrund des gebotenen Studiums der Vergabeakten[18] – aufdrängen. Hingegen zwingt der Untersuchungsgrundsatz nicht dazu, allen denkbaren Möglichkeiten der Sachlage von Amts wegen nachzugehen. Die Aufklärungspflicht beschränkt sich darauf, wozu das Vorbringen der Beteiligten oder der Sachverhalt als solcher bei *sorgfältiger* Überlegung der Gestaltungsmöglichkeiten Anlass zu Ermittlungen gibt.[19]

6   Ferner wird die Amtsermittlungspflicht durch die **Mitwirkungs- und Förderungspflichten der Beteiligten** (§ 167 Abs. 2) relativiert. Das betrifft insbesondere den Antragsteller, der die ihm bekannten, die Rechtfertigung seines Begehrens stützenden Tatsachen (→ § 161 Rn. 11 mwN) vortragen und zumindest nach Hinweis der Vergabekammer auf die Beweisbedürftigkeit auch Beweismittel – soweit möglich – vorlegen oder benennen muss,[20] wobei die Vergabekammer Ausschlussfristen setzen kann (§ 167 Abs. 2 S. 2). Der Darlegungslast gem. den § 161 Abs. 2, § 160 Abs. 2 kann sich der Antragsteller ohnehin nicht mit der Berufung auf den Untersuchungsgrundsatz entziehen; die Amtsermittlungspflicht setzt einen in jeder Hinsicht – auch hinsichtlich des § 160 Abs. 3 – zulässigen Nachprüfungsantrag voraus.[21] Das gilt auch für einen einzelnen von mehreren geltend gemachten Vergaberechtsverstößen, für den der Antragsteller seine Rügeobliegenheit (§ 160 Abs. 3), sofern eine solche im konkreten Fall bestanden hat, nicht erfüllt hat.[22] Die Vernachlässigung der (darüber hinausgehenden) Mitwirkungs- und Förderungspflichten wirkt sich auch auf das Ausmaß der Amtsermittlungspflicht aus. Denn die Pflicht der Beteiligten zur Verfahrensförderung und die Amtsermittlungspflicht stehen in einer **Wechselwirkung** zueinander. Wenn ein Verfahrensbeteiligter seiner Mitwirkungs- und Förderungspflicht – erkennbar entgegen seinen Möglichkeiten –

---

[12] Ebenso: Ziekow/Völlink/*Dicks* Rn. 2.
[13] Ebenso: Immenga/Mestmäcker/*Dreher* Rn. 13.
[14] BGH NZBau 2006, 800 Rn. 39; OLG Düsseldorf VergabeR 2019, 688 (691); OLG Düsseldorf VergabeR 2018, 86 (89); OLG Düsseldorf Beschl. v. 20.12.2000 – Verg 20/00; vgl. auch OLG Düsseldorf ZfBR 2004, 98 = VergabeR 2004, 248 (250); OLG München ZfBR 2007, 718 = VergabeR 2007, 802 (803 f.); Byok/Jaeger/*Byok* Rn. 6 mwN.
[15] Beispiel in Begr. RegE zum VergRModG 2009, BT-Drs. 16/10 117, Teil B, zu Art. 1 Nr. 14.
[16] Ähnlich *Brauer* NZBau 2009, 297 (299): „in der Praxis problematisch".
[17] Begr. RegE zum VergRModG 2009, BT-Drucks. 16/10 117, Teil B, zu Art. 1 Nr. 14.
[18] *Ohlerich* in RKPP GWB Rn. 20; Ziekow/Völlink/*Dicks* Rn. 3 (die Vergabeakten sind als sachnächste Erkenntnisquelle zu Rate zu ziehen).
[19] OLG Düsseldorf NZBau 2002, 578 (580) unter Bezugnahme auf BGH NJW 1969, 1027 = WuW/E BGH 990 (993) – Papierfiltertüten, zur entspr. Rechtsfrage im Kartellverfahrensrecht; vgl. auch BGH NZBau 2001, 151 (154); OLG München BeckRS 2009, 27005 = VergabeR 2010, 238 (244); zur gleichen Rechtslage im Beschwerdeverfahren gem. § 175 Abs. 2, § 75 Abs. 1 (nF): OLG Düsseldorf VergabeR 2019, 680 (683). Ebenso: Immenga/Mestmäcker/*Dreher* Rn. 13 f.
[20] Vgl. BGH NZBau 2001, 151 (154).
[21] OLG München ZfBR 2007, 718 = VergabeR 2007, 802 (804).
[22] Vgl. *Ohlerich* in RKPP GWB Rn. 11.

nicht nachkommt, reduziert sich zu seinen Lasten die Pflicht der Vergabekammer, von Amts wegen den Sachverhalt aufzuklären. Ohne einen – im Rahmen des Möglichen und Zumutbaren zu fordernden – detaillierten Sachvortrag des betreffenden Beteiligten ist die Vergabekammer nicht zur Amtsermittlung verpflichtet.[23] So ist zB die Vergabekammer aufgrund einer Rüge, die Ausschreibung verstoße wegen der verdeckten Ausschreibung eines Leitfabrikats gegen das Gebot zur Produktneutralität (§ 7 EU Abs. 2 S. 1 VOB/A 2016), ohne die dem Antragsteller zumutbaren Angaben dazu, welches Leitfabrikat an welchen Stellen verdeckt in der Leistungsbeschreibung enthalten sei, nicht gem. § 163 Abs. 1 dazu verpflichtet, von Amts wegen zu überprüfen, ob tatsächlich einzelne Positionen des Leistungsverzeichnisses trotz des Fehlens von Fabrikatsangaben doch auf bestimmte Fabrikate abzielen.[24]

Wenn dagegen der Vortrag der Beteiligten, ggf. zusammen mit dem vorhandenen Tatsachenmaterial (insbesondere den Vergabeakten), hinreichenden Anlass zur weiteren Sachverhaltsaufklärung gibt und es ungewiss ist, ob der Beteiligte, den es angeht (zB der Antragsteller), seine Mitwirkungspflichten entgegen seinen Möglichkeiten vernachlässigt hat, ist die Vergabekammer zur Amtsermittlung verpflichtet und nicht befugt, dem betreffenden Beteiligten aufzugeben, zunächst den vollständigen Sachverhalt substantiiert darzulegen.[25] Die Ansicht, dass die Vergabekammer bei der ihr obliegenden Sachverhaltserforschung nicht nur die Art, sondern auch den Umfang ihrer Ermittlungen nach pflichtgemäßem Ermessen bestimme,[26] wird dem Untersuchungsgrundsatz nicht gerecht. Es kommt vielmehr auf die Überzeugungsbildung der Vergabekammer an. Im Rahmen der bestehenden Amtsermittlungspflicht (→ Rn. 5 und 6) hat sie **alle Möglichkeiten der Aufklärung auszuschöpfen**[27] und über alle entscheidungserheblichen, beweisbedürftigen Tatsachen Beweis zu erheben;[28] diese Pflicht ist zeitlich nicht beschränkt auf die fünfwöchige Erstfrist gem. § 167 Abs. 1 S. 1.[29] Da die Entscheidungsfrist – notfalls auch mehrfach – verlängert werden kann (§ 167 Abs. 1 S. 2), hat der Untersuchungsgrundsatz Vorrang. 7

Davon will ein Teil der Rechtsprechung eine Ausnahme für **kartellrechtliche Verstöße** machen, die entweder auf Bieterseite wegen eines infrage stehenden Ausschlusses vom konkreten Vergabeverfahren – zB wegen der Bildung einer kartellrechtswidrigen Bietergemeinschaft[30] (Verstoß gegen § 1 iVm § 97 Abs. 1 oder auch § 124 Abs. 1 Nr. 4; → § 160 Rn. 31) oder wegen sonstiger kartellrechtlicher Verstöße iSd § 124 Abs. 1 Nr. 4 oder auf Auftraggeberseite wegen gerügter missbräuchlicher und wettbewerbsbehindernder Maßnahmen bei der Durchführung des Vergabeverfahrens (eventuell Verstoß gegen § 19 oder § 20 in Verbindung mit den Grundsätzen der Gleichbehandlung, der Verhältnismäßigkeit und auch des fairen Wettbewerbs (§ 97 Abs. 1 und 2) als Anknüpfungsnormen, → § 160 Rn. 31)[31] für die Entscheidung im betreffenden Nachprüfungsverfahren relevant sind (bzw. sein können): Es wird argumentiert, dass in solchen Fällen die Prüfungspflicht der Vergabekammern (und auch der OLG-Vergabesenate) zur Aufklärung des Sachverhalts für die Beurteilung, ob ein entscheidungsrelevanter Verstoß gegen Kartellrecht festgestellt werden kann, mit Blick auf die oft schwierigen Abgrenzungsprobleme aus rein verfahrenspraktischen Erwägungen und wegen des Beschleunigungsgebots (§ 167 Abs. 1) eingeschränkt sei. Eine zeitaufwendige Untersuchung (zB) durch Einholung eines betriebswirtschaftlichen Gutachtens und/oder durch sonstige umfangreiche Beweiserhebungen sei im Nachprüfungsverfahren systembedingt nicht durchführbar.[32] Es sei daher allenfalls vertretbar, behauptete, für das betreffende Vergabeverfahren relevante Kartell- 7a

---

[23] OLG Düsseldorf ZfBR 2004, 98 = VergabeR 2004, 248 (250); vgl. auch OLG Düsseldorf VergabeR 2001, 419 (423 f.); zust.: Immenga/Mestmäcker/*Dreher* Rn. 16; *Ohlerich* in RKPP GWB Rn. 19.
[24] OLG München ZfBR 2007, 732 = VergabeR 2007, 799 (801): „Der Untersuchungsgrundsatz hat nicht die Aufgabe, Nachprüfungsanträge schlüssig zu machen".
[25] Zumindest iErg ebenso: Langen/Bunte/*Schweda* Rn. 2 mwN; *Ohlerich* in RKPP GWB Rn. 21.
[26] So Begr. RegE zum VergRModG 2009, Teil B, zu Art. 1 Nr. 14, BT-Drs. 16/10 117; so auch Immenga/Mestmäcker/*Dreher* Rn. 19; *Braun* VergabeR 2014, 572.
[27] Begr. RegE zum VergRModG 2009, Teil B, zu Art. 1 Nr. 14, BT-Drs. 16/10 117; ebenso: Ziekow/Völlink/*Dicks* Rn. 2 und Rn. 3 aE (die Überschrift „Pflichtgemäßes Ermessen" über Ziekow/Völlink/*Dicks* Rn. 3 betrifft ersichtlich nur das „Wie" des Vorgehens bei der notwendigen Erforschung des Sachverhalts); zumindest iErg ebenso: Reidt/Stickler/Glahs/*Reidt* Rn. 8.
[28] Ebenso: Immenga/Mestmäcker/*Dreher* Rn. 15; Ziekow/Völlink/*Dicks* Rn. 2.
[29] AA. wohl Begr. RegE zum VergRModG 2009, Teil B, zu Art. 1 Nr. 14, BT-Drs. 16/10 117.
[30] S. dazu *Jaeger* FS Schroeder, 2018, 341 (343–355) mwN.
[31] Vgl. dazu auch OLG Düsseldorf NZBau 2013, 120 (128) sowie die erstinstanzliche Entscheidung der VK Münster NZBau 2012, 521 (525–528); vgl. ferner *Dreher* NZBau 2013, 665 (670 f. und 674 Nr. 9); *Jaeger* FS Schroeder, 2018, 341 (361 f.).
[32] OLG Saarbrücken VergabeR 2016, 657 (666 f.); OLG Brandenburg VergabeR 2012, 866 (875); OLG Frankfurt a. M. VergabeR 2003, 581 (584); OLG Koblenz VergabeR 2005, 527 (528); iErg ebenso: OLG München VergabeR 2020, 824 (834).

rechtsverletzungen unter der Voraussetzung zu berücksichtigen, dass ein Kartellrechtsverstoß feststehe oder ohne zeitaufwendige Prüfung zweifelsfrei festgestellt werden könne.[33] Diese Beschränkung der Nachprüfung und damit eine solche Verkürzung des effektiven Rechtsschutzes sind jedoch nach § 163 Abs. 1 nicht zu rechtfertigen. Sofern derjenige Verfahrensbeteiligte, der um Rechtsschutz vor den (ihn benachteiligenden oder gar schädigenden) Auswirkungen eines kartellrechtlichen Verstoßes im Vergabeverfahren nachsucht, seine eigenen Mitwirkungspflichten im Nachprüfungsverfahren erfüllt hat, ist die Vergabekammer gem. § 163 Abs. 1 S. 1 verpflichtet, alle für diesen Vorwurf in Betracht kommenden Tatsachen sorgfältig zu prüfen und über die entscheidungserheblichen beweisbedürftigen Tatsachen Beweis zu erheben, einschließlich eines gegebenenfalls erforderlichen Sachverständigengutachtens. Diesen Rechtsschutzauftrag zugunsten der Verfahrensbeschleunigung hintenanzustellen, widerspricht dem Normzweck des § 163 Abs. 1 (→ Rn. 1) und verstößt daher gegen § 163 Abs. 1 S. 1.[34] Gegenüber der besonders betonten Befürchtung einer zeitraubenden Prüfung, die für die Feststellung einer marktbeherrschenden oder marktstarken Stellung des öffentlichen Auftraggebers im Sinne eines gem. §§ 19, 20 erhobenen Vorwurfs in der Regel erforderlich sei, ist darauf hinzuweisen, dass in solchen Fällen schon der (ohnehin) erforderliche Beweis des gerügten missbräuchlichen, zB unbillig behindernden Verhaltens des Auftraggebers, das die Zuschlagschancen des Antragstellers (iSd § 160 Abs. 2 S. 2) beeinträchtigt, für die Feststellung des entscheidungsrelevanten Vergaberechtsverstoßes ausreicht. Denn ein solches Verhalten des Auftraggebers verstößt immer zumindest auch gegen die ungeschriebenen, aber in ihrer Geltung anerkannten Vergaberegeln des Gebots der Fairness im Vergabeverfahren und – je nach Fallkonstellation – des Verbots der Unzumutbarkeit von Vergabebedingungen.[35] Einer Feststellung des Stärkegrads der Marktstellung des Auftraggebers bedarf es dann gar nicht.

7b Generell gilt: Aufgrund des **Vorrangs des Untersuchungsgrundsatzes** kann die Vergabekammer nicht von der Vernehmung von Zeugen, die zur Aufklärung entscheidungserheblicher Tatsachen geeignet ist, absehen, ohne gegen § 163 Abs. 1 zu verstoßen.[36] Wenn sich die Vergabekammer nicht ohne sachverständige Beratung von der Richtigkeit einer entscheidungserheblichen Tatsachenbehauptung überzeugen kann, muss sie auch das erforderliche Sachverständigengutachten einholen;[37] der Ansicht, dass diese Pflicht aus Zeitgründen wegen der Beschleunigungsmaxime eingeschränkt sei,[38] kann nicht zugestimmt werden.[39] Dass der Zeitaufwand für zur Sachaufklärung notwendige Beweiserhebungen hinzunehmen ist, kann auch nicht wegen § 163 Abs. 1 S. 4 bezweifelt werden. Bei einer am Gebot des effektiven Rechtsschutzes orientierten Auslegung dieser – ohnehin ziemlich unbestimmten – Vorschrift ist es nicht als eine unangemessene Beeinträchtigung des Vergabeverfahrens anzusehen, wenn sich dessen Ablauf infolge erforderlicher Beweiserhebungen verzögert,[40] vorausgesetzt, dass die Vergabekammer den Zeitaufwand hierfür durch geeignete Maßnahmen auf das unbedingt nötige Maß verkürzt und dass es sich um verfügbare Beweismittel handelt (zB nicht um Zeugen, die für längere Zeit aus dem Ausland nicht zurückkehren).

8 **2. Umfang der Prüfung des Vergabeverfahrens auf Rechtsverstöße.** Der Untersuchungsgrundsatz ist nicht nur zu beachten, wenn es um die Aufklärung des Sachverhalts zu den von den Beteiligten zulässigerweise geltend gemachten vergaberechtlichen Verstößen geht, sondern ist auch bei der Frage berührt, ob die Vergabekammer verpflichtet oder zumindest berechtigt ist, darüber hinaus weitere Vergaberechtsverstöße zu ermitteln und ggf. in ihrer Beurteilung (vor allem) bei der Endentscheidung (§ 168) einzubeziehen. Die gesetzliche Ausgangslage zur Beantwortung dieser Frage ist nicht in einer über Zweifel erhabenen Klarheit ausgestaltet.[41] **Für eine weite Prüfungspflicht oder** (zumindest) **Prüfungsbefugnis spricht,** dass einer der gesetzgeberischen Gründe für die Normierung des Untersuchungsgrundsatzes im öffentlichen Interesse an der Rechtmäßigkeit des Vergabeverfahrens liegt (→ Rn. 1) und dies anscheinend auch mitursächlich für die Regelung

---

[33] OLG München VergabeR 2020, 824 (834).
[34] *Jaeger* FS Schroeder, 2018, 341 (354 f.); tendenziell ebenso: OLG Düsseldorf NZBau 2015, 787 Rn. 17: behauptete Verstöße gegen Kartellrecht sind grds. zu überprüfen (innerhalb einer vergaberechtlichen Anknüpfungsnorm).
[35] Vgl. *Jaeger* FS Schroeder, 2018, 341 (360 und 361 f.) mwN.
[36] Ebenso: Immenga/Mestmäcker/*Dreher* Rn. 15 mwN.
[37] Ebenso: BGH NZBau 2016, 368 = VergabeR 2016, 479 Rn. 37 (obiter dictum).
[38] OLG Celle IBRRS 2003, 0940; *Maier* in KKP GWB, 2. Aufl. 2009, § 110 Rn. 36 mwN.
[39] Wie hier wohl Immenga/Mestmäcker/*Dreher* Rn. 12 und 13; Ziekow/Völlink/*Dicks* Rn. 2; Reidt/Stickler/Glahs/*Reidt* Rn. 8 und 12.
[40] AA möglicherweise (unklar) Ziekow/Völlink/*Dicks* Rn. 10 (Nach Abs. 1 S. 4 „soll das Vergabeverfahren nicht über Gebühr weiter verzögert werden, zB durch aufwändige oder zeitraubende Beweisaufnahmen, solche mit zweifelhaftem Erkenntnisgewinn…" [aber woher weiß die VK das vorher?]).
[41] Ebenso: *Ramm* VergabeR 2007, 739 (743 f.): „diffuse gesetzliche Regelung".

des § 168 Abs. 1 S. 2 war, dass die Vergabekammer auch unabhängig von den Anträgen der Beteiligten auf die Rechtmäßigkeit des Vergabeverfahrens einwirken kann. Ferner ist es die Aufgabe der Vergabekammer zu entscheiden, ob der Antragsteller in seinen subjektiven Rechten – bezogen auf den Vergaberechtsschutz (gegen die Verschlechterung der Zuschlagschancen → § 160 Rn. 34–36) – verletzt worden ist (§ 168 Abs. 1 S. 1). Eine solche Rechtsverletzung kann auch durch vom Antragsteller nicht erkannte und daher nicht gerügte Vergaberechtsverstöße des Auftraggebers verursacht worden sein. Aber auch das Gegenteil kann der Fall sein, dass ein Vergaberechtsfehler des Auftraggebers durch einen vergaberechtlichen Mangel des Antragstellers so neutralisiert wird, dass im Ergebnis kein subjektives Recht des Antragstellers mit Blick auf sein Interesse am Auftrag verletzt worden ist (→ § 160 Rn. 38 und 39). Solche ggf. nicht geltend gemachten Vergaberechtsfehler zu berücksichtigen, ist der Vergabekammer nur bei einer weiten Prüfungsbefugnis möglich. Gegen eine „Fehlersuche von Amts wegen"[42] (wohl besser: Fehlerberücksichtigung von Amts wegen) könnte sprechen, dass das Nachprüfungsverfahren auf dem Antragserfordernis beruht (§ 160 Abs. 1 und Abs. 2, → § 160 Rn. 1 und 8) und – zumindest hauptsächlich – dem Individualrechtsschutz des Antragstellers (→ § 160 Rn. 1 und 2) und der Beigeladenen (→ § 162 Rn. 1, 3 und 4) dient. Auf dieser Linie liegt die durch das Vergaberechtsmodernisierungsgesetz 2009 eingefügte, allerdings sehr allgemein gehaltene Vorschrift des § 163 Abs. 1 S. 3, die das hier behandelte Problem nicht wirklich löst. Es wird lediglich klargestellt, dass die Vergabekammer nicht zu einer umfassenden Rechtmäßigkeitskontrolle verpflichtet ist.[43] So wurden schon vorher die § 110 Abs. 1 aF, § 114 Abs. 1 aF (jetzt § 163 Abs. 1 nF, § 168 Abs. 1 nF) ganz überwiegend ausgelegt.[44]

Zu dem vorstehend (→ Rn. 8) dargestellten Problem sind die in Betracht kommenden Normen **9** (§§ 163, 168 Abs. 1 und auch § 160) folgendermaßen auszulegen: Unbedingte **Voraussetzung** dafür, dass die Vergabekammer ihre Nachprüfung auf von den Beteiligten nicht geltend gemachte Vergaberechtsfehler erstreckt, ist die **Zulässigkeit des Nachprüfungsantrags**.[45] Bei einer Unzulässigkeit des Nachprüfungsantrags, unabhängig davon, ob sie offensichtlich (iSd Abs. 2 S. 1) ist oder nicht, muss sich die Vergabekammer mit der Verwerfung des Antrags begnügen. Das gilt auch dann, wenn der Antragsteller Vergaberechtsverstöße geltend macht, mit denen er mangels Erfüllung der Rügeobliegenheit gem. § 160 Abs. 3 S. 1 Nr. 1 (zu den Rügeobliegenheiten gem. § 160 Abs. 3 S. 1 Nr. 2 und 3 aber → § 160 Rn. 75–80) oder wegen Versäumung der Antragsfrist gem. § 160 Abs. 3 S. 1 Nr. 4 präkludiert ist. Nach dem Normzweck der vorgenannten Vorschriften darf die Vergabekammer solche Vergaberechtsverstöße auch von Amts wegen nicht verfolgen und keine Rechtsfolgen aus ihnen herleiten.[46] Davon will ein Teil der Rechtsprechung und des Schrifttums bei einem Nachprüfungsantrag, der bezüglich einer anderen weiteren Rüge zulässig ist, für den Fall eine Ausnahme machen, dass die von der Präklusion erfassten Vergaberechtsfehler „besonders gravierende Verstöße" (zB Dauerverstöße, schwerwiegende Verstöße gegen das Gleichbehandlungsgebot oder gegen die Dokumentationspflichten) seien, bei denen trotz einer Verletzung der Rügeobliegenheit dann keine Präklusion eintrete, wenn nicht nur das individuelle Interesse eines Bieters, sondern vornehmlich auch das öffentliche Interesse an einem fairen und ausschließlich wirtschaftliche Gesichtspunkte berücksichtigenden Vergabeverfahren betroffen sei. Solchen behaupteten Verstößen habe die Vergabekammer nachzugehen und den Sachverhalt hierzu aufzuklären.[47] Das überzeugt nicht. Wenn wegen der Art und Schwere des Vergaberechtsverstoßes trotz Nichterfüllung der Rügeobliegenheit „keine Präklusion eintritt" (eine in den Anwendungsbereich des § 160 Abs. 3

---

[42] Ausdruck zB von *Ramm* VergabeR 2007, 739 (744); häufiger als „ungefragte Fehlersuche" bezeichnet, vgl. Immenga/Mestmäcker/*Dreher* Rn. 18 mwN; Ziekow/Völlink/*Dicks* Rn. 7 mwN.
[43] Ebenso: Immenga/Mestmäcker/*Dreher* Rn. 3, s. auch Immenga/Mestmäcker/Dreher Rn. 13.
[44] Vgl. OLG Düsseldorf BeckRS 2005, 07946 = VergabeR 2005, 670 (671); *Maier* NZBau 2004, 667 (668); *Maier* in KKP GWB, 2. Aufl. 2009, § 110 Rn. 5 mwN; *Ramm* VergabeR 2007, 739 (744) mwN; *Wiedemann* VergabeR 2009, 302 (309) mwN; *Stoye/von Münchhausen* VergabeR 2008, 871 (872).
[45] Vgl. OLG Düsseldorf BeckRS 2005, 07946 = VergabeR 2005, 670 (671): die notwendige Zulässigkeit gem. § 107 Abs. 2 und 3 aF [§ 160 Abs. 2 und 3 nF] wird hervorgehoben); vgl. ferner OLG Düsseldorf NZBau 2019, 665 Rn. 41 mwN.
[46] OLG Celle BeckRS 2010, 04938 = VergabeR 2010, 669 (674 f.); OLG Dresden BeckRS 2002, 17325 = VergabeR 2003, 333 (336); OLG Düsseldorf NZBau 2019, 665 Rn. 41; OLG Düsseldorf NZBau 2019, 64 Rn. 42; OLG Düsseldorf NZBau 2002, 634 (636); bestätigt durch OLG Düsseldorf NZBau 2011, 501 = VergabeR 2011, 843 (847); OLG Frankfurt a. M. NZBau 2012, 795 = VergabeR 2013, 138 (144); *Ramm* VergabeR 2007, 739 (744); Immenga/Mestmäcker/*Dreher* Rn. 17; *Ohlerich* in RKPP GWB Rn. 14 (allerdings mit dem Zusatz „grundsätzlich").
[47] KG IBRRS 2004, 3531 = VergabeR 2004, 762 (767 f.); OLG München BeckRS 2010, 02617 = VergabeR 2010, 246 (259) mwN; *Maier* in KKP GWB, 2. Aufl. 2009, § 110 Rn. 9 mwN; vgl. auch OLG München VergabeR 2017, 738 (746) (obiter dictum); Byok/Jaeger/*Byok* Rn. 5; Loewenheim/Meessen/Riesenkampff/ *Heuvels*, 2. Aufl. 2009, § 110 Rn. 4.

fallende Rechtsfrage), besteht kein Hindernis für die Amtsermittlung der Vergabekammer. Kann aber der Antragsteller selbst den Vergaberechtsverstoß wegen Rügepräklusion nicht mehr geltend machen, muss auch die Vergabekammer ohne Ansehung dieses Verstoßes entscheiden; denn es fehlt insoweit an der Zugangsvoraussetzung (→ § 160 Rn. 69 mwN) für die Entscheidungskompetenz der Vergabekammer.

10 **Sofern keine Zulässigkeitshindernisse bestehen,** ergibt sich aus § 163 Abs. 1 S. 2 (Alt. 2), ferner aus der Pflicht zu entscheiden, ob der Antragsteller in seinen Rechten verletzt worden ist (→ Rn. 8) und – ggf. – welche Maßnahmen zur Beseitigung der Rechtsverletzung geeignet sind (§ 168 Abs. 1 S. 1), und schließlich aus § 168 Abs. 1 S. 2, dass die Vergabekammer grundsätzlich **befugt** ist, über die geltend gemachten Vergaberechtsverstöße hinaus **von Amts wegen weitere** etwaige **Vergaberechtsfehler aufzugreifen** und in ihre Sachaufklärung sowie ihre Entscheidung einzubeziehen.[48] Die **Verpflichtung** hierzu ist allerdings, auch mit Blick auf die knappe Entscheidungsfrist (§ 167 Abs. 1), sehr **eingeschränkt.** Nach der Regel des § 163 Abs. 1 S. 2 und unter Beachtung des Abs. 1 S. 4 ist die Vergabekammer nur verpflichtet, solchen Unregelmäßigkeiten der Verhaltensweisen der Beteiligten im Vergabeverfahren, insbesondere hinsichtlich des Inhalts und der sonstigen Ausgestaltung der Vergabeunterlagen des Auftraggebers einerseits und der Bewerbungen und/oder Angebote des Antragstellers und der Beigeladenen andererseits, nachzugehen und auf Vergaberechtsverstöße zu untersuchen, die bei der sorgfältigen Untersuchung des ohnehin zu prüfenden vorgetragenen Streitstoffs zusätzlich ohne Weiteres auffallen, Anlass zu erheblichen Zweifeln geben und für die zu treffende Entscheidung noch relevant sein können.[49] So hat zB das Kammergericht in einem Fall, in dem es zunächst um die Erfüllung der Vorabinformationspflicht gem. § 134 Abs. 1 (seinerzeit § 13 VgV) ging, die Vergabekammer für verpflichtet gehalten, die – nicht gerügte – Wertung der Angebote wegen sich aufdrängender Bedenken von Amts wegen zu untersuchen, die daraus resultierten, dass die Vergabestelle in dem komplexen Vergabeverfahren über Dienstleistungen im Werte von mehreren Millionen Euro die Angebote – sehr unüblich – bereits einen Tag nach Ablauf der Angebotsfrist gewertet hatte.[50] Es gibt keine Rechtsgrundlage, die vorstehend dargestellten engen Grenzen (der Untersuchungs*pflicht*) auch der **Befugnis** zur Untersuchung der bisher von keinem Beteiligten geltend gemachten Vergaberechtsfehler zu setzen. Wie es der Vergabekammer gestattet ist, bisher nicht gerügte (und nicht präkludierte) Vergaberechtsverstöße des Auftraggebers oder dem Angebot eines Beigeladenen anhaftende Vergaberechtsfehler zugunsten des Nachprüfungsbegehrens des Antragstellers zu verwerten,[51] so kann es ihr – auch mit Blick auf das Gebot der Gleichbehandlung der Beteiligten – ebenfalls nicht verwehrt sein, erst bei ihrer Untersuchung erkannte Mängel der Bewerbung oder des Angebots des Antragstellers bei der ihr obliegenden Prüfung, ob der Antragsteller durch einen Vergaberechtsverstoß des Auftraggebers in der *Gesamt*beurteilung in seinen Rechten iSd § 168 Abs. 1 S. 1 verletzt ist (→ Rn. 8), nach Gewährung rechtlichen Gehörs zu berücksichtigen (→ § 160 Rn. 39 mwN).[52] Die Vergabekammer hat jedoch bei solchen Untersuchungen, soweit sie nicht obligatorisch sind, als Zeitgrenze den Beschleunigungsgrundsatz

---

[48] Zumindest iErg ebenso: OLG Düsseldorf BeckRS 2005, 07946 = VergabeR 2005, 670 (671 f.); Begr. RegE zum VgRÄG 1998, BT-Drs. 13/9340, 19; *Ramm* VergabeR 2007, 739 (744); *Maier* NZBau 2004, 667 (668); vgl. auch *Wiedemann* VergabeR 2009, 302 (310); Byok/Jaeger/*Byok* Rn. 5; Loewenheim/Meessen/Riesenkampff/*Heuvels*, 2. Aufl. 2009, § 110 Rn. 3; vgl. ferner (beschränkend auf „schwerwiegende und offenkundige" Vergaberechtsverstöße): OLG Düsseldorf NZBau 2020, 613 Rn. 27; OLG Düsseldorf NZBau 2019, 64 Rn. 42 (dann sogar Pflicht zur Berücksichtigung von Amts wegen, OLG Düsseldorf NZBau 2019, 64 Rn. 41 und 43).

[49] OLG Düsseldorf NZBau 2009, 269 (271); Ziekow/Völlink/*Dicks* Rn. 7; Byok/Jaeger/*Byok* Rn. 5 mwN; ähnlich OLG München VergabeR 2010, 238 (243 f.); Loewenheim/Meessen/Riesenkampff/*Heuvels*, 2. Aufl. 2009, § 110 Rn. 3; vgl. auch OLG Düsseldorf BeckRS 2014, 15908 = VergabeR 2015, 71 (75 f.): Der Sachverhalt, der der VK oder dem Beschwerdegericht im Nachprüfungsverfahren zwangsläufig bekannt sein muss, ist von ihr/ihm, unabhängig von einer Rüge des Antragstellers, rechtlich zu würdigen. Vgl. ferner OLG Düsseldorf NZBau 2019, 64 Rn. 42 f.: Amtspflicht zum Aufgreifen eines Vergaberechtsverstoßes beschränkt auf schwerwiegende und offenkundige Verstöße.

[50] KG NZBau 2002, 522 = VergabeR 2002, 235 (240).

[51] Ebenso: OLG Brandenburg BeckRS 2010, 03986 = VergabeR 2010, 516 (520); für die gleiche Rechtslage betr. § 163 Abs. 1 beim Beschwerdegericht: OLG Düsseldorf NZBau 2016, 232 Rn. 24–35; ebenso, aber nur, soweit der von Amts wegen festgestellte Verstoß subjektive Rechte des Antragstellers verletzt: OLG Dresden BeckRS 2002, 17325 = VergabeR 2003, 333 (336); Immenga/Mestmäcker/*Dreher* Rn. 17.

[52] Vgl. insbes. EuGH Slg. 2003, I-6319 = NZBau 2003, 509 – Hackermüller; Ziekow/Völlink/*Dicks* Rn. 7 aE (zur Feststellung eines Angebotsmangels); aA, da nur subjektive Rechte des Antragstellers *verletzende* Verstöße von Amts wegen aufgegriffen werden dürften: OLG Dresden BeckRS 2002, 17325 = VergabeR 2003, 333 (336); OLG Rostock ZfBR 2006, 388 = VergabeR 2006, 374 (376); Immenga/Mestmäcker/*Dreher* Rn. 17 f.

(§ 163 Abs. 1 S. 4 und § 167 Abs. 1) sehr viel strenger zu beachten und sollte solche Untersuchungen grundsätzlich nicht zulasten der Einhaltung der Erstfrist gem. § 167 Abs. 1 S. 1 durchführen. Schließlich gibt es noch eine Schranke für die amtswegige Ermittlung und Berücksichtigung von nicht gerügten Vergaberechtsverstößen: Für die Ausdehnung der amtswegigen Untersuchung reicht es nicht aus, dass solche Verstöße die Rechtmäßigkeit des Vergabeverfahrens (§ 168 Abs. 1 S. 2) infrage stellen, vielmehr müssen sie zugleich den Antragsteller betreffen und mit der – gem. § 168 Abs. 1 S. 1 vorgesehenen – Feststellung einer Rechtsverletzung des Antragstellers in Zusammenhang stehen.[53] So darf zB die Vergabekammer, die den Nachprüfungsantrag des Antragstellers wegen eines zwingenden Ausschlusses seines Angebots (zB infolge Änderung der Verdingungsunterlagen) zurückgewiesen hat, nicht zugleich den Auftraggeber dazu verpflichten, das gesamte Vergabeverfahren wegen bestimmter Mängel in der Leistungsbeschreibung, die keine Auswirkung auf den Ausschluss des Angebots des Antragstellers und auf seine Bieterposition im Vergabeverfahren hatten, aufzuheben.[54]

III. Ermittlungsbefugnisse und Beweiserhebung

§ 163 Abs. 2 S. 5 ordnet die entsprechende Geltung der §§ 57–59 Abs. 1–4, § 59a Abs. 1–3 und § 59b aus dem Kartellverwaltungsverfahrensrecht an. Für den **Beweis durch Augenschein, Zeugen** und **Sachverständige** verweist § 57 Abs. 2 auf wichtige **ZPO-Regeln,** die sinngemäß anzuwenden sind. Danach bedarf die Beweisaufnahme keines förmlichen Beweisbeschlusses; auf die §§ 358–360 ZPO wird nicht verwiesen.[55] Die Vernehmung von Zeugen und Sachverständigen findet stets vor der vollständig besetzten Vergabekammer statt; denn auch auf § 375 ZPO („Beweisaufnahme durch beauftragten oder ersuchten Richter") verweist § 57 Abs. 2 nicht. Anders als im Kartellverwaltungsverfahren kann aus § 57 Abs. 3[56] nichts Gegenteiliges geschlossen werden; denn von Gesetzes wegen „ermittelt" die gesamte Vergabekammer, nicht nur ihr Mitglied. Die **Zeugen** werden wie im Zivilprozess geladen (§ 377 ZPO). Sie sind verpflichtet, vor der Vergabekammer zu erscheinen; gegen Zeugen, die unentschuldigt nicht erscheinen, kann Ordnungsgeld, aber keine Ordnungshaft verhängt werden, außerdem werden ihnen die durch ihr Ausbleiben verursachten Kosten auferlegt (§ 57 Abs. 2; § 380 ZPO). Die Zeugen werden vernommen, können von den Beteiligten befragt werden und haben Zeugnisverweigerungsrechte wie im Zivilprozess (vgl. § 57 Abs. 2 iVm §§ 395–398 Abs. 1 und §§ 383–387, 390 ZPO). Gemäß § 57 Abs. 3 „soll" über die Zeugenaussage eine Niederschrift aufgenommen werden; das ist eine Abweichung von der Muss-Vorschrift des § 159 Abs. 1 ZPO im Zivilprozess. Auf die Niederschrift sollte nur im Ausnahmefall (zB bei offensichtlicher Unergiebigkeit der Zeugenaussage) verzichtet werden, auch mit Blick auf die Beweiskraft des Protokolls. Denn der Zeuge hat (wiederum abweichend vom Zivilprozess, § 162 ZPO) seine Genehmigung, die er nach der Vorlesung oder eigenen Durchsicht der Niederschrift erteilt, zu unterschreiben (§ 57 Abs. 4 – bei unterbliebener Unterschrift ist der Grund hierfür im Protokoll anzugeben). Die Anordnung, dass der Zeuge die Beweisfrage statt einer Vernehmung schriftlich beantworten soll, ist nach Ermessen der Vergabekammer möglich (§ 57 Abs. 2 iVm § 377 Abs. 3 ZPO). Die Vergabekammer ist nicht befugt, Zeugen zu beeidigen. Wenn sie – nach eigener Vernehmung – die Beeidigung zur Herbeiführung einer wahrheitsgemäßen Aussage als notwendig erachtet, kann sie das Amtsgericht um die Beeidigung des betreffenden Zeugen ersuchen (§ 57 Abs. 6 S. 1). Die örtliche Zuständigkeit richtet sich nach § 157 GVG; es steht im Ermessen der Vergabekammer, ob sie das Ersuchen je nach Zweckmäßigkeit an das Amtsgericht an ihrem Sitz oder an das für den Wohnort oder den Aufenthaltsort des Zeugen zuständige Amtsgericht adressiert.[57] Das angerufene Amtsgericht ist an das Ersuchen nicht gebunden, sondern entscheidet gem. § 57 Abs. 6 S. 2 über die Voraussetzungen der Beeidigung autonom. Wenn es die Beeidigung anordnet,

---

[53] Vgl. OLG Düsseldorf BeckRS 2005, 07946 = VergabeR 2005, 670 (671 f.); OLG München BeckRS 2010, 04938 = VergabeR 2010, 246 (259).

[54] Vgl. OLG Düsseldorf BeckRS 2005, 07946 = VergabeR 2005, 670 (671); s. auch OLG Düsseldorf NZBau 2016, 232 Rn. 21.

[55] Der vereinzelt vertretenen Ansicht, § 61 (s. § 163 Abs. 2 S. 5) sei anwendbar auf „zum Zwecke der Beweiserhebung ergehende Verfügungen" (so Byok/Jaeger/*Byok* Rn. 14; s. auch *Ohlerich* in RKPP GWB Rn. 31), sodass diese Verfügungen zu begründen und mit einer Rechtsmittelbelehrung zu versehen seien, kann nicht zugestimmt werden. Denn § 61 regelt ausdrücklich nur den „Verfahrensabschluss" bildende Verfügungen, woran mit der in § 163 Abs. 2 S. 5 angeordneten entsprechenden Geltung für das Verfahren der Vergabekammer sicher nichts geändert werden sollte; zur entsprechenden Anwendbarkeit des § 61 → Rn. 1 aE.

[56] Aus der Anordnung, dass die Niederschrift über die Zeugenaussage nur vom „ermittelnden Mitglied der Kartellbehörde" zu unterschreiben ist, wird hergeleitet, dass die Vernehmung nicht vor der gesamten Beschlussabteilung stattfinden braucht: Immenga/Mestmäcker/*Schmidt* § 57 Rn. 19.

[57] Immenga/Mestmäcker/*Schmidt* § 57 Rn. 21 mwN.

hat es nur diese durchzuführen, nicht (nochmals) die Vernehmung des Zeugen; eine ergänzende Vernehmung des Zeugen durch das Amtsgericht ist aber nicht ausgeschlossen.[58] Der Beweis durch **Sachverständige** ist in § 163 Abs. 2 S. 5 iVm § 57 Abs. 2 durch eine vollständige Verweisung auf die Vorschriften der ZPO (§§ 402–414 ZPO) mit Ausnahme derjenigen, die auf das Vergabekammerverfahren nicht passen (§§ 403, 405, 410 ZPO), geregelt. Da wegen der knappen Entscheidungsfrist ein Bedarf dafür besteht, Sachverständigengutachten in der mündlichen Verhandlung erstatten zu lassen, ist die ergänzende Vorschrift des § 57 Abs. 5 wichtig, wonach das mündliche Gutachten und die etwaige zusätzliche Vernehmung des Sachverständigen protokollarisch genauso zu behandeln sind wie Zeugenaussagen.

12 Die Vergabekammer ist jedoch nicht auf die förmlichen Beweismittel der ZPO (→ Rn. 11) beschränkt. Sie kann sich aller (rechtmäßigen) Erkenntnisquellen bedienen; gem. § 163 Abs. 2 S. 5 iVm § 57 Abs. 1 gilt für die Beweiserhebung der Grundsatz des **Freibeweises**.[59] Sie kann also nach ihrem Ermessen, wenn sie das als erforderlich, zweckmäßig und verhältnismäßig erachtet, auch formlos Personen einschließlich der Verfahrensbeteiligten, Unternehmen, Verbände und Behörden befragen, formlos Auskünfte insbesondere von Behörden einholen sowie Urkunden und Akten anderer Dienststellen einsehen.[60] Zu bedenken ist freilich, dass bei der Beweiswürdigung den förmlich erhobenen Beweisen in der Regel ein höherer Beweiswert als den im Freibeweisverfahren beschafften Erkenntnissen beigemessen wird. Für das **Beweismaß** gelten keine besonderen Regeln; die Vergabekammer muss – nach dem Prinzip der **freien Beweiswürdigung**[61] – die volle Überzeugung von der zu beweisenden Tatsache (im Sinne des Vollbeweises, nicht einer bloßen Glaubhaftmachung) in dem Sinne gewinnen, dass bei vernünftiger Betrachtung aller Umstände keine Zweifel mehr verbleiben.[62] Infolge des Untersuchungsgrundsatzes (§ 163 Abs. 1 S. 1) gibt es **keine** (formelle) **Beweisführungslast**.[63] Wenn es der Vergabekammer aber trotz Ausschöpfung aller erreichbaren Beweismittel nicht gelingt, die volle Überzeugung von der zu beweisenden entscheidungsrelevanten Tatsache zu erlangen, muss sie ihre Entscheidung (wie ein Gericht) insoweit am Grundsatz der Verteilung der **materiellen Beweislast** (exakter: Feststellungslast) ausrichten: Jeder Verfahrensbeteiligte trägt im Ergebnis das Risiko der Unaufklärbarkeit der – zumeist in einer Vorschrift normierten – tatsächlichen Voraussetzungen derjenigen Rechtsfolge, die er zu seinen Gunsten geltend macht.[64]

13 § 163 Abs. 2 S. 5 iVm §§ 58, 59 Abs. 1–4, § 59a Abs. 1–3 und § 59b räumen der Vergabekammer die im Kartellverwaltungsverfahren sehr wichtigen Ermittlungsinstrumente der **Beschlagnahme** und des förmlichen **Auskunftsverlangens** (auch gegenüber nicht verfahrensbeteiligten Unternehmen und Unternehmensvereinigungen) einschließlich der **Prüfung geschäftlicher Unterlagen** sowie das Instrument der **Durchsuchung** der Räume von Unternehmen und Unternehmensvereinigungen (grundsätzlich nur auf Anordnung des Amtsrichters) ein. Diese Befugnisse gelten auch gegenüber Auftraggebern iSd § 98 unabhängig von ihrer Rechtsform.[65] Die Vergabekammer könnte daher zB die Vergabeakten, wenn eine Vergabestelle sie trotz Aufforderung und Mahnung ohne ausnahmsweise anzuerkennenden triftigen Grund zurückhält, nach den Regeln des § 58 beschlagnahmen und zwangsweise beiziehen.[66] Soweit ersichtlich haben die den Vergabekammern gem. §§ 58–59b verliehenen Befugnisse bisher keine nennenswerte praktische Bedeutung gehabt.[67]

IV. Erstprüfung des Nachprüfungsantrags (Abs. 2 S. 1 und 2)

14 Bevor der Untersuchungsgrundsatz Bedeutung erlangen kann, hat die Vergabekammer den eingereichten Nachprüfungsantrag darauf zu prüfen, ob er „offensichtlich unzulässig oder unbegründet" ist. Das Wort „offensichtlich" bezieht sich nach dem Sinnzusammenhang eindeutig auch auf „unbegründet". Die Prüfung ist sofort nach Antragseingang durchzuführen, zum einen wegen der knappen Entscheidungsfrist für den Fall, dass das Nachprüfungsverfahren mangels offensichtlicher

---

[58] FK-KartellR/*Bracher* § 57 Rn. 38.
[59] *Ramm* VergabeR 2007, 739 (744); Ziekow/Völlink/*Dicks* Rn. 2.
[60] Vgl. ua Ziekow/Völlink/*Dicks* Rn. 2; Langen/Bunte/*Schweda* Rn. 5.
[61] Vgl. Immenga/Mestmäcker/*Dreher* Rn. 20 mwN.; Ziekow/Völlink/*Dicks* Rn. 2; Reidt/Stickler/Glahs/ *Reidt* Rn. 9; *Ohlerich* in RKPP GWB Rn. 34.
[62] *Ramm* VergabeR 2007, 739 (744); Langen/Bunte/*Schweda* Rn. 6.
[63] Byok/Jaeger/*Byok* Rn. 11; Immenga/Mestmäcker/*Dreher* Rn. 20; Reidt/Stickler/Glahs/*Reidt* Rn. 9; Ziekow/Völlink/*Dicks* Rn. 11.
[64] Immenga/Mestmäcker/*Dreher* Rn. 20; Reidt/Stickler/Glahs/*Reidt* Rn. 9; Ziekow/Völlink/*Dicks* Rn. 11.
[65] So schon Begr. RegE zum VgRÄG 1998, BT-Drs. 13/9340, 18.
[66] Vgl. *Wiedemann* VergabeR 2009, 302 (310); *Ohlerich* in RKPP GWB Rn. 30; Langen/Bunte/*Schweda* Rn. 7.
[67] Ebenso: Ziekow/Völlink/*Dicks* Rn. 2 aE; Langen/Bunte/*Schweda* Rn. 8 aE; Reidt/Stickler/Glahs/*Reidt* Rn. 50.

Unzulässigkeit oder Unbegründetheit weiterbetrieben wird, zum anderen, weil die **Prüfung Voraussetzung für die Herstellung des Suspensiveffekts** (§ 169 Abs. 1) ist (→ Rn. 3). Grundlage für die Prüfung ist – vorbehaltlich einer Schutzschrift des Auftraggebers – nur der Nachprüfungsantrag nebst Begründung (§ 161 Abs. 2) und etwaigen Anlagen einschließlich der ggf. nachgereichten ergänzenden Begründung (→ § 161 Rn. 15); diese Erstprüfung findet ohne jede Sachverhaltsermittlung der Vergabekammer und ohne die – noch nicht beigezogenen – Vergabeakten statt.[68] „**Offensichtlich**" **unzulässig oder unbegründet** ist der Nachprüfungsantrag dann, wenn sich nach durchaus sorgfältiger Prüfung des Vorbringens des Antragstellers das Beurteilungsergebnis der Erfolglosigkeit des Antrags der Vergabekammer als zweifelsfrei aufdrängt und auch nicht ansatzweise erkennbar ist, dass begründeter Anlass für weitere Hinweise an den Antragsteller und/oder für den Einsatz der Amtsermittlung besteht und deshalb eine Erfolgschance des Antrags doch möglich ist.[69] Es ist daher unzutreffend oder es ist zumindest ungenau und irreführend formuliert, wenn der Begriff „offensichtlich" so aufgefasst wird, dass sich die Unzulässigkeit oder Unbegründetheit des Nachprüfungsantrags ohne nähere Prüfung,[70] ohne weitere gründliche Prüfung oder aufgrund summarischer Prüfung[71] ergebe. Da der Suspensiveffekt (§ 169 Abs. 1) vor der Zurückweisung des Nachprüfungsantrags als offensichtlich erfolglos nicht hergestellt worden ist und damit eine diese Zurückweisung eventuell korrigierende Beschwerdeentscheidung für den Primärrechtsschutz – wegen § 168 Abs. 2 S. 1 – möglicherweise zu spät kommen wird, ist die Vergabekammer sogar eher zu einer gesteigerten Sorgfalt bei ihrer Erstprüfung verpflichtet.[72]

§ 163 Abs. 2 S. 2 gebietet der Vergabekammer, bei ihrer Erstprüfung eine vorsorglich eingereichte **Schutzschrift** des Auftraggebers zu „berücksichtigen". Das OLG Düsseldorf erstreckt die Vorschrift in erweiternder Auslegung auch auf Schutzschriften von Beigeladenen.[73] Das Berücksichtigungsgebot bedeutet nicht mehr und nicht weniger, als dass die Vergabekammer verpflichtet ist, das in der Schutzschrift enthaltene Vorbringen des Auftraggebers (oder des eventuell Beizuladenden) in die Prüfung einzubeziehen, ob der Nachprüfungsantrag offensichtlich unzulässig oder offensichtlich unbegründet ist. Zweckmäßig ist eine solche Schutzschrift nur dann, wenn sie geeignet ist, die Vergabekammer ohne die Notwendigkeit weiterer Ermittlungen zu der Erkenntnis zu führen, dass der Nachprüfungsantrag zweifelhaft unzulässig oder unbegründet ist, indem sie zB vom Antragsteller beanstandete Vergabebedingungen oder Erklärungen des Auftraggebers erläutert oder rechtliche Ausführungen unterbreitet oder in ihrem Beweiswert unangreifbare Urkunden vorlegt, die eine entscheidungserhebliche Behauptung des Antragstellers eindeutig widerlegen. Weist eine Schutzschrift diese Eignung auf, darf die Vergabekammer die aus ihr gewonnenen Erkenntnisse nicht sofort zur Grundlage ihrer Entscheidung nehmen, mit der der Nachprüfungsantrag als offensichtlich unzulässig oder unbegründet zurückgewiesen wird. Vielmehr muss sie zunächst dem Antragsteller – mit sachangemessen kurzer Frist – rechtliches Gehör zur Schutzschrift gewähren.[74] Andererseits darf die Vergabekammer grundsätzlich nicht allein deshalb, weil durch eine solche Gewährung rechtlichen Gehörs Zeit verstreicht und das Risiko einer dem Suspensiveffekt zuvorkommenden Zuschlagserteilung wächst, nunmehr doch ohne weitere Prüfung die gem. § 169 Abs. 1 relevante Information dem Auftraggeber zugehen lassen. Denn damit würde die Vergabekammer gegen das „Berücksichtigungsgebot" des § 163 Abs. 2 S. 2 verstoßen. Der Zeitbedarf für diese eine Stellungnahme, eventuell unter äußerster Verkürzung der Stellungnahmefrist und mit dem Verweis auf möglichst rasche Kommunikationsmittel, muss hingenommen werden, bevor die Vergabekammer – je nach Inhalt der Erwiderung auf die Schutzschrift – den Nachprüfungsantrag als offensichtlich erfolglos zurückweist oder gem. § 169 Abs. 1 verfährt.[75] Keinesfalls darf die Vergabekammer diese Entscheidung nach der

---

[68] AllgM; s. KG NZBau 2021, 77 Rn. 24; Reidt/Stickler/Glahs/*Reidt* Rn. 19; *Ohlerich* in RKPP GWB Rn. 41.

[69] Zumindest iErg ebenso: Immenga/Mestmäcker/*Dreher* Rn. 29; *Ohlerich* in RKPP GWB Rn. 40; Ziekow/Völlink/*Dicks* Rn. 12; iErg jedenfalls ähnlich: OLG Jena NZBau 2015, 796 (797); Langen/Bunte/*Schweda* Rn. 14.

[70] jurisPK-VergabeR/*Summa* Rn. 32.

[71] Byok/Jaeger/*Byok* Rn. 25.

[72] KG NZBau 2002, 522 = VergabeR 2002, 235 (238); *Gröning* VergabeR 2002, 435 (438); *Ohlerich* in RKPP GWB Rn. 40; Langen/Bunte/*Schweda* Rn. 14; vgl. auch Immenga/Mestmäcker/*Dreher* Rn. 29; Ziekow/Völlink/*Dicks* Rn. 12.

[73] S. Ziekow/Völlink/*Dicks* Rn. 15 (genauer müsste wohl formuliert werden: Schutzschriften von höchstwahrscheinlich beizuladenden Unternehmen; denn in diesem Anfangsstadium des Nachprüfungsverfahrens kann die VK noch keine Beiladung beschlossen haben); wie hier auch *Ohlerich* in RKPP GWB Rn. 47.

[74] Ebenso: *Ohlerich* in RKPP GWB Rn. 49; Langen/Bunte/*Schweda* Rn. 16; Ziekow/Völlink/*Dicks* Rn. 16.

[75] S. aber Ziekow/Völlink/*Dicks* Rn. 16: „Droht eine Auftragsvergabe, wird die VK zur Sicherstellung des Primärrechtsschutzes iZw die erforderliche Information (gemäß § 169 Abs. 1) vornehmen, um das Zuschlagsverbot eintreten zu lassen".

Erwiderung des Antragstellers weiter aufschieben und nunmehr den Auftraggeber (erneut) Stellung nehmen lassen. Mehr Vortrag des Auftraggebers (oder des Beizuladenden) als die ursprüngliche Schutzschrift soll und darf die Vergabekammer in dieser ersten Verfahrensphase nicht berücksichtigen.

16   Den als offensichtlich unzulässig oder offensichtlich unbegründet beurteilten Nachprüfungsantrag hat die Vergabekammer **ohne mündliche Verhandlung** – so rasch wie möglich – **durch** eine **Entscheidung zurückzuweisen,** die den Anforderungen des § 61 iVm § 163 Abs. 2 S. 5 (→ Rn. 1) genügt und dem Antragsteller sowie dem Auftraggeber (als Beteiligtem, vgl. § 61 Abs. 1 S. 1, § 162 S. 1) zuzustellen ist.[76] Dass die Vergabekammer – **ohne Ermessen** – so verfahren muss, wird in § 163 Abs. 2 nach seinem Normzweck als selbstverständlich vorausgesetzt. Die Kann-Vorschrift des § 166 Abs. 1 S. 3 Alt. 2, die der Vergabekammer gestattet, nach ihrem Ermessen „nach Lage der Akten" zu entscheiden, wenn sich der Nachprüfungsantrag im Laufe des Verfahrens als unzulässig (nicht notwendig „offensichtlich" unzulässig) oder offensichtlich unbegründet erweist, passt nicht.[77] Unabhängig davon, ob die ohne mündliche Verhandlung erfolgende Zurückweisung des offensichtlich erfolglosen Nachprüfungsantrags verfahrensrechtlich auf die §§ 61, 163 Abs. 2 S. 5 oder auf § 166 Abs. 1 S. 3 Alt. 2 gestützt wird, ist die Vergabekammer nicht verpflichtet, den Antragsteller vorher darauf hinzuweisen, dass sie so verfahren wird;[78] das lässt sich am ehesten mit dem Normzweck des § 163 Abs. 2 S. 1–3 rechtfertigen, die Behinderung des Vergabeverfahrens in einem solchen Fall so weit wie möglich zu vermeiden (→ Rn. 3; s. aber auch → § 161 Rn. 15). Die auf § 163 Abs. 2 S. 1 (und 2) gestützte Zurückweisung des Nachprüfungsantrags ist mit der sofortigen Beschwerde gem. § 171 Abs. 1 anfechtbar. Allerdings kann die sofortige Beschwerde nicht auf den Angriff beschränkt werden, es sei nicht „offensichtlich", dass der Nachprüfungsantrag unzulässig oder unbegründet sei, um auf diesem Wege ein normales Hauptverfahren mit Suspensiveffekt gem. § 169 Abs. 1 zu erreichen; vielmehr kann nur die Zurückweisung des Nachprüfungsantrags als solche angefochten werden, dh dass die Beschwerde auch dann erfolglos bleibt, wenn der Nachprüfungsantrag nicht offensichtlich, aber „schlicht" unzulässig oder unbegründet ist.[79] Wenn das Beschwerdegericht der Beschwerde eine Erfolgsaussicht beimisst, kann und muss es selbst schnellstmöglich dem Auftraggeber eine Kopie des Nachprüfungsantrags übermitteln (§ 163 Abs. 2 S. 3), um den Suspensiveffekt herzustellen (§ 169 Abs. 1).[80] Die Entschließung der Vergabekammer gem. § 163 Abs. 2 S. 3, ihrerseits den Nachprüfungsantrag nicht sogleich als offensichtlich unzulässig oder unbegründet zurückzuweisen, sondern dem öffentlichen Auftraggeber mit der Folge des Suspensiveffekts zu übermitteln, ist dagegen nicht mit der sofortigen Beschwerde anfechtbar, sondern eine unanfechtbare Zwischenentscheidung.[81]

V. Fortsetzung des Nachprüfungsverfahrens nach der Erstprüfung (Abs. 2 S. 3 und 4)

17   Ergibt die Erstprüfung, dass der Nachprüfungsantrag nicht offensichtlich unzulässig oder offensichtlich unbegründet ist, hat die Vergabekammer dem Auftraggeber gem. § 163 Abs. 2 S. 3 sofort eine **Kopie des** (vollständigen) **Nachprüfungsantrags** nebst Begründung und etwaigen Anlagen **zu „übermitteln",** also nicht mehr – wie vor dem Vergaberechtsmodernisierungsgesetz 2009 – förmlich zuzustellen (Abs. 2 S. 1 aF).[82] Selbstverständlich empfiehlt es sich für die Vergabekammer – vor allem mit Blick auf § 169 Abs. 1 – nach wie vor, sich den Zugang der Kopie des Nachprüfungsantrags durch Empfangsbestätigung des Auftraggebers quittieren zu lassen.[83] Die dem Auftraggeber zugegangene Antragskopie in Verbindung mit dem darauf bezogenen (notwendigen) Begleitschreiben der Vergabekammer erfüllt zugleich alle Voraussetzungen einer Information in Textform über den Nachprüfungsantrag iSd § 169 Abs. 1, selbst wenn die (kopierten) Anlagen zum Nachprüfungsantrag nicht sofort mitgeschickt werden.[84] Nach der Neufassung des § 115 Abs. 1 aF (= § 169 Abs. 1

---

[76] Um den etwa doch noch anzustrebenden Primärrechtsschutz mit Blick auf § 168 Abs. 2 S. 1 nicht zu gefährden, sollte die Vergabekammer diese Entscheidung dem Auftraggeber nicht sofort, sondern erst dann zustellen, wenn die Entscheidung Bestandskraft erlangt hat (so zutr. Ziekow/Völlink/*Dicks* Rn. 13a Fn. 42).

[77] AA Immenga/Mestmäcker/*Dreher* Rn. 30, *Ohlerich* in RKPP GWB Rn. 52 und Langen/Bunte/*Schweda* Rn. 14, die hier die Ermessensvorschrift § 166 Abs. 1 S. 3 für anwendbar halten.

[78] Immenga/Mestmäcker/*Dreher* Rn. 30 Fn. 80; Ziekow/Völlink/*Dicks* Rn. 13; aA, aber unklar: *Ohlerich* in RKPP GWB Rn. 52 (dem Antragsteller sei „unter Umständen" [welchen?] zuvor rechtliches Gehör zu gewähren, um eine Überraschungsentscheidung zu verhindern).

[79] Vgl. Byok/Jaeger/*Jaeger* § 171 Rn. 2 Fn. 2 mwN.

[80] Vgl. Ziekow/Völlink/*Dicks* Rn. 13a mwN; *Ohlerich* in RKPP GWB Rn. 52.

[81] OLG Düsseldorf NZBau 2000, 596.

[82] Immenga/Mestmäcker/*Dreher* Rn. 25 mwN.

[83] Vgl. dazu ausf. Byok/Jaeger/*Byok* Rn. 17–23.

[84] *Ohlerich* in RKPP GWB Rn. 55–57; wohl ebenso: Reidt/Stickler/Glahs/*Reidt* Rn. 40; vgl. auch Ziekow/Völlink/*Dicks* Rn. 12 und Fn. 23, der das bloße Übersenden des Nachprüfungsantrags in Kopie, also ohne das übliche Begleitschreiben der Vergabekammer – für den Eintritt des Zuschlagsverbots als ausreichend ansieht; so wohl auch Langen/Bunte/*Schweda* Rn. 11.

nF) durch das Vergaberechtsmodernisierungsgesetz 2009 genügt es jedoch, dass die Vergabekammer den öffentlichen Auftraggeber **in Textform** (gem. § 126b BGB), also zB auch durch E-Mail[85] oder Telefax[86] **„über"** den **Nachprüfungsantrag** – vor dessen Übermittlung in vollständiger Kopie – **informiert,** um den **Suspensiveffekt** herzustellen. Aufgrund des Gebots der Gewährleistung effektiven Rechtsschutzes hat die Vergabekammer auch diese Möglichkeit zur schnellstmöglichen Bewirkung der Zuschlagssperre zusätzlich auszunutzen und dabei auf die Beweisbarkeit des Zugangs der Information zu achten. Die den Vergabekammern obliegende Gewährleistung effektiven Rechtsschutzes verbietet es überdies, die Herstellung des Suspensiveffekts von der Vorauszahlung einer Mindestgebühr oder irgendeines **Kostenvorschusses** auch dann abhängig zu machen,[87] wenn mit einem nahe bevorstehenden Zuschlag ernstlich zu rechnen ist. Auch in einem solchen Fall gemäß der Kann-Bestimmung des § 16 VwKostG iVm § 182 Abs. 1 S. 2 von der Möglichkeit Gebrauch zu machen, einen Kostenvorschuss vor jeglicher Tätigkeit der Vergabekammer zu verlangen, selbst wenn deshalb der Primärrechtsschutz zu scheitern droht, verstößt (auch) gegen den Grundsatz der Verhältnismäßigkeit.[88] In dringlichen Fällen reicht es – nach vorschussfreier Information iSd § 169 Abs. 1 – aus, wenn nur die Fortsetzung des Nachprüfungsverfahrens von der Vorschusszahlung abhängig gemacht wird.[89]

Zugleich mit der Übermittlung einer Kopie des Nachprüfungsantrags hat die Vergabekammer grundsätzlich immer die **Vergabeakten** anzufordern. Nach der Legaldefinition des § 163 Abs. 2 S. 3 sind das die Akten, die das Vergabeverfahren dokumentieren. Der Begriff ist weit auszulegen.[90] Er umfasst die Bekanntmachung und alle Vergabeunterlagen, die gesamte Korrespondenz mit allen Bewerbern und Bietern sowie mit Dritten in Bezug auf das konkrete (seinerzeit eventuell noch bevorstehende) Vergabeverfahren, die Angebote der Bieter, den oder die Vergabevermerke, etwaige (insbesondere technische) Vorgutachten, alle internen Vermerke, Aktennotizen und Unterlagen, die irgendeinen Bezug zum konkreten Vergabeverfahren haben.[91] Der Auftraggeber hat die vollständigen Vergabeakten im Original vorzulegen.[92] Nach ausdrücklicher gesetzlicher Anordnung (§ 163 Abs. 2 S. 4) hat der Auftraggeber die Vergabeakten der Vergabekammer „sofort" (also nicht nur unverzüglich) zur Verfügung zu stellen. Dem entspricht es, dass die Vergabekammer die Vergabeakten in der Regel sofort nach der Entschließung, den Nachprüfungsantrag nicht wegen offensichtlicher Erfolgslosigkeit zurückzuweisen, anfordern muss. Davon besteht – mit Blick auf den Verhältnismäßigkeitsgrundsatz – eine Ausnahme, solange die Vergabekammer erhebliche Zweifel an der Zulässigkeit des Nachprüfungsantrags hat und die Vergabeakten zur Aufklärung dieser Zweifel ersichtlich nicht benötigt werden.[93] Die Pflicht des Auftraggebers zur sofortigen Vorlage der Vergabeakten lässt ihm aber doch die unbedingt dafür benötigte Zeit, dass er für eigene Zwecke (Mitwirkung am Nachprüfungsverfahren, eventuell Fortsetzung des Vergabeverfahrens bis zum Zeitpunkt vor dem Zuschlag) Kopien der Aktenbestandteile herstellt.[94] Die Vergabeakten „sofort zur Verfügung zu stellen", bedeutet nicht nur Bereitstellung der Vergabeakten zur Selbstabholung durch die Vergabekammer,[95] sondern bei einer realitätsnahen Auslegung der Vorschrift – auch mit Blick auf die eher kärgliche Ausstattung der Vergabekammern durch ihre Dienstherren – die Übersendung der Vergabeakten auf dem schnellstmöglichen Weg.[96] Sollten die Vergabeakten vom konkreten Auftraggeber (ausnahmslos) vollständig – unter Beachtung des weiten Inhalts des Begriffs „Vergabeakten" – elektronisch geführt und gespeichert worden sein (vgl. § 8 iVm §§ 9 ff. VgV; § 20 EU VOB/A iVm §§ 11 EU und 11a EU VOB/A), reicht es aus, dass der Auftraggeber der Vergabekammer die

---

[85] *Roth* VergabeR 2009, 404 (410); *Ohlerich* in RKPP GWB Rn. 57; Ziekow/Völlink/*Dicks* Rn. 12.
[86] *Ohlerich* in RKPP GWB Rn. 57; Ziekow/Völlink/*Dicks* Rn. 12.
[87] Vgl. zB § 4 Abs. 1 GO der VK des Bundes v. 15.7.2005, BAnz. Nr. 151 v. 12.8.2005, 12296.
[88] Rechtliche Bedenken in diese Richtung äußern auch: Byok/Jaeger/*Byok* Rn. 30; Immenga/Mestmäcker/*Dreher* Rn. 26 iVm Immenga/Mestmäcker/*Dreher* § 97 Rn. 225; Langen/Bunte/*Schweda* Rn. 13; keine Bedenken äußern insoweit: Immenga/Mestmäcker/*Stockmann* § 182 Rn. 26; *Ohlerich* in RKPP GWB Rn. 54 iVm *Ohlerich* in RKPP GWB Rn. 53; Ziekow/Völlink/*Dicks* Rn. 12 aE.
[89] Zutr. Byok/Jaeger/*Byok* Rn. 30.
[90] Byok/Jaeger/*Byok* Rn. 38; *Ohlerich* in RKPP GWB Rn. 59; Langen/Bunte/*Schweda* Rn. 18.
[91] Vgl. *Ohlerich* in RKPP GWB Rn. 59; Langen/Bunte/*Schweda* Rn. 18.
[92] *Ohlerich* in RKPP GWB Rn. 60; Ziekow/Völlink/*Dicks* Rn. 14 („ohne Auswahl").
[93] Immenga/Mestmäcker/*Dreher* Rn. 33 mwN.
[94] *Ohlerich* in RKPP GWB Rn. 61; Ziekow/Völlink/*Dicks* Rn. 14 Fn. 45; aA Langen/Bunte/*Schweda* Rn. 19 (wegen unzulässiger Verzögerung der *sofortigen* Aktenübersendung und mit dem Rat, von vornherein die Vergabeakten „doppelt" zu führen).
[95] So aber Byok/Jaeger/*Byok* Rn. 40.
[96] Ziekow/Völlink/*Dicks* Rn. 14; Langen/Bunte/*Schweda* Rn. 17; Immenga/Mestmäcker/*Dreher* Rn. 32 Fn. 85; Reidt/Stickler/Glahs/*Reidt* Rn. 47.

komplette „elektronische Akte" auf einem oder mehreren Datenträgern zur Verfügung stellt.[97] Die Vergabekammer kann die Vergabeakten nach Anforderung und Mahnung, wenn der öffentliche Auftraggeber die Vergabeakten ohne triftige, ausnahmsweise rechtfertigende Gründe zurückhält, notfalls durch Beschlagnahme gem. § 163 Abs. 2 S. 5 iVm § 58 beiziehen (→ Rn. 13 mwN). Wenn die Vergabekammer es (außer im Fall der Zurückweisung des Nachprüfungsantrags als offensichtlich unzulässig oder offensichtlich unbegründet, → Rn. 16) unterlässt, die Vergabeakten beizuziehen und sodann – soweit für die beantragte Nachprüfung relevant – auch zur Kenntnis zu nehmen, begeht sie einen Verstoß gegen den Amtsermittlungsgrundsatz (§ 163 Abs. 1 S. 1) und damit einen schwerwiegenden Verfahrensfehler.[98]

§ 164 Aufbewahrung vertraulicher Unterlagen

(1) Die Vergabekammer stellt die Vertraulichkeit von Verschlusssachen und anderen vertraulichen Informationen sicher, die in den von den Parteien übermittelten Unterlagen enthalten sind.

(2) Die Mitglieder der Vergabekammern sind zur Geheimhaltung verpflichtet; die Entscheidungsgründe dürfen Art und Inhalt der geheim gehaltenen Urkunden, Akten, elektronischen Dokumente und Auskünfte nicht erkennen lassen.

Schrifttum: *Byok*, Reformierter Regelungsrahmen für Beschaffungen im Sicherheits- und Verteidigungssektor, NVwZ 2012, 70; *Hölzl*, Neu: Der Konkurrent im Sicherheits- und Verteidigungsbereich, VergabeR 2012, 141; *Roth/Lamm*, Die Umsetzung der Verteidigungsgüter-Beschaffungsrichtlinie in Deutschland, NZBau 2012, 609; *Scherer-Leydecker*, Verteidigungs- und sicherheitsrelevante Aufträge – Eine neue Auftragskategorie im Vergaberecht, NZBau 2012, 533.

I. Normzweck

1   Die Vorschrift ist mit Wirkung ab 14.12.2011 durch das Gesetz zur Änderung des Vergaberechts für die Bereiche Verteidigung und Sicherheit vom 7.12.2011[1] als § 110a in das GWB eingefügt worden und wird nach dem VergRModG 2016 unverändert als § 164 fortgeführt. Mit § 110a aF/ § 164 nF wird **Art. 56 Abs. 10 UAbs. 1 RL 2009/81/EG** des Europäischen Parlaments und des Rates vom 13.7.2009 über die Koordinierung der Verfahren zur Vergabe bestimmter Bau-, Liefer- und Dienstleistungsaufträge in den Bereichen Verteidigung und Sicherheit und zur Änderung der RL 2004/17/EG und 2004/18/EG[2] (Vergabe-RL Verteidigung und Sicherheit) in deutsches Recht **umgesetzt.** Die Vergabe-RL Verteidigung und Sicherheit ist laut Erwägungsgrund 2 Vergabe-RL Verteidigung und Sicherheit eines der Instrumente zum schrittweisen Aufbau eines europäischen Markts für Verteidigungsgüter, der vor allem für den Ausbau der zur Umsetzung der europäischen Sicherheits- und Verteidigungspolitik notwendigen militärischen Kapazitäten unerlässlich ist. Im Bereich des Auftragswesens setzt die Schaffung eines solchen europäischen Marktes die Koordinierung der Vergabeverfahren voraus, wobei die Sicherheitsanforderungen der Mitgliedstaaten und die aus dem AEUV erwachsenden Verpflichtungen beachtet werden müssen (Erwägungsgrund 4 Vergabe-RL Verteidigung und Sicherheit). Der Erreichung dieses Ziels dient die Vergabe-RL Verteidigung und Sicherheit (Erwägungsgrund 5 Vergabe-RL Verteidigung und Sicherheit).[3] Auch für die Vergabeverfahren, die die Aufträge in den Bereichen Verteidigung und Sicherheit – dem Anwendungsbereich der Vergabe-RL Verteidigung und Sicherheit (s. Art. 2 Vergabe-RL Verteidigung und Sicherheit) – betreffen, soll die Einhaltung der Transparenz- und Wettbewerbsanforderungen durch ein wirksames Nachprüfungsverfahren nach dem Vorbild der RL 89/665/EWG gewährleistet werden (Erwägungsgrund 72 Vergabe-RL Verteidigung und Sicherheit und Art. 55 f. Vergabe-RL Verteidigung und Sicherheit). Bei der Erfüllung dieser Aufgabe sollen jedoch die Nachprüfungsverfahren dem Schutz der Verteidigungs- und Sicherheitsinteressen Rechnung tragen (Erwägungsgrund 73 Vergabe-RL Verteidigung und Sicherheit). Eine dieser Schutzmaßnahmen ist Gegenstand der Vorschrift Art. 56 Abs. 10 UAbs. 1 Vergabe-RL Verteidigung und Sicherheit, die die Anforderungen

---

[97] Ziekow/Völlink/*Dicks* Rn. 14a; Byok/Jaeger/*Byok* Rn. 42, der aber mit Recht darauf hinweist, dass die absolute Vollständigkeit der elektronisch gespeicherten Vergabeakten mit Blick auf die Vielfalt der Unterlagen, die unter den weiten Begriff „Vergabeakten" fallen, eher die Ausnahme sein dürfte.
[98] KG NZBau 2021, 77 Rn. 23.
[1] BGBl. 2011 I 2570.
[2] ABl. EU 2009 L 216, 76 ff. (v. 20.8.2009).
[3] Vgl. auch *Byok* NVwZ 2012, 70 (71); *Roth/Lamm* NZBau 2012, 609 (610); *Scherer-Leydecker* NZBau 2012, 533.

III. Sicherstellung der Vertraulichkeit von Verschlusssachen   2, 3 § 164 GWB

an den Geheimnisschutz in den Nachprüfungsverfahren festlegt[4] und durch § 164 ins deutsche Recht übernommen worden ist. **Hauptsächlicher Zweck** des § 164 aus Sicht des deutschen Gesetzgebers ist es, die **Vertraulichkeit** von **Verschlusssachen während** eines **Nachprüfungsverfahrens sicherzustellen.**[5] Daher versteht es sich von selbst, dass § 164 nach dem Willen des Gesetzgebers auch in der zweiten Instanz des Nachprüfungsverfahrens, im Beschwerdeverfahren, gelten soll. Dieses Ergebnis lässt sich überzeugend durch eine Analogie zu § 164 erreichen,[6] die eine planwidrige Regelungslücke in § 175 Abs. 2, dessen Verweisung auf anzuwendende Verfahrensvorschriften § 164 nicht aufführt, beseitigt.

II. Anwendungsbereich

§ 164 ist nur in Nachprüfungsverfahren anwendbar, die Vergabeverfahren über verteidigungs- 2
oder sicherheitsspezifische öffentliche Aufträge iSd §§ 104, 144 betreffen. Das ergibt sich daraus, dass § 104 nF dem § 99 Abs. 7–9 aF entspricht, in dem diese Kategorie öffentlicher Aufträge noch als „verteidigungs- oder sicherheitsrelevante Aufträge" bezeichnet wurde, und dass bei der Umsetzung der Vergabe-RL Verteidigung und Sicherheit (→ Rn. 1) alle Aufträge des Anwendungsbereichs dieser Richtlinie (s. Art. 2 Vergabe-RL Verteidigung und Sicherheit) durch § 99 Abs. 7–9 aF (jetzt § 104 nF) erfasst worden sind.[7] Die durch § 164 umgesetzte Vorschrift Art. 56 Abs. 10 UAbs. 1 Vergabe-RL Verteidigung und Sicherheit (→ Rn. 1) gilt aber nur für Aufträge iSd Art. 2 Vergabe-RL Verteidigung und Sicherheit und damit für öffentliche Aufträge iSd § 104.[8] Da diese Beschränkung allerdings im Wortlaut des § 164 nicht zum Ausdruck kommt, ist es gut vertretbar, § 164 auch auf sonstige öffentliche Aufträge anzuwenden, wenn in den von den Verfahrensbeteiligten übermittelten Unterlagen – insbesondere in den Vergabeakten – Verschlusssachen und/oder andere vertrauliche Informationen enthalten sind.[9]

III. Sicherstellung der Vertraulichkeit von Verschlusssachen und anderer vertraulicher Informationen (Abs. 1)

Gegenstand des Gebots, die Vertraulichkeit sicherzustellen, sind Verschlusssachen und andere 3
vertrauliche Informationen, die in den Unterlagen (oder schon in den Schriftsätzen) enthalten sind, die die „Parteien" (= die Beteiligten iSd § 162) im Nachprüfungsverfahren einreichen („übermitteln"). Um den Begriff der **Verschlusssache** zu erfassen, verweist das GWB in § 104 Abs. 3 Nr. 1 auf § 4 SÜG (Gesetz über die Voraussetzungen und das Verfahren von Sicherheitsüberprüfungen des Bundes) und auf die entsprechenden Bestimmungen der Länder. In § 4 Abs. 1 SÜG werden Verschlusssachen definiert als „im öffentlichen Interesse geheimhaltungsbedürftige Tatsachen, Gegenstände oder Erkenntnisse, unabhängig von ihrer Darstellungsform". Für die Qualifizierung eines solchen „Objekts" als Verschlusssache bedarf es eines konstitutiven behördlichen Akts,[10] also einer dementsprechenden Kennzeichnung durch eine behördliche Stelle, die auch die Einstufung entsprechend der konkreten Schutzbedürftigkeit in einen der vorgesehenen Geheimhaltungsgrade von (aufsteigend) „VS-Nur für den Dienstgebrauch", „VS-Vertraulich", „Geheim" bis „Streng geheim" (§ 4 Abs. 2 SÜG) vornimmt. Wenn die vorstehenden Voraussetzungen erfüllt sind, kann und muss die Vergabekammer davon ausgehen, dass es sich um eine Verschlusssache handelt, deren Vertraulichkeit sie gem. § 164 Abs. 1 sicherzustellen hat. Dem steht nicht entgegen, dass die Definition der „Verschlusssache" in Art. 1 Nr. 8 Vergabe-RL Verteidigung und Sicherheit (→ Rn. 1) zumindest in einem Punkt scheinbar enger ist: Nach dem Wortlaut[11] dieser RL-Vorschrift hängt die Einstufung zur Verschlusssache ua davon ab, dass die betref-

---

[4] Art. 56 Abs. 10 UAbs. 1 Vergabe-RL Verteidigung und Sicherheit lautet: „Die Mitgliedstaaten stellen sicher, dass die für die Nachprüfungsverfahren zuständigen Stellen ein angemessenes Maß an Vertraulichkeit von Verschlusssachen oder anderer Informationen, die in den von den Parteien übermittelten Unterlagen enthalten sind, garantieren und während des gesamten Verfahrens im Einklang mit den Verteidigungs- und/oder Sicherheitsinteressen handeln".
[5] Begr. RegE zum eingangs zitierten Gesetz v. 7.12.2011, BT-Drs. 17/7275, 18.
[6] Ziekow/Völlink/*Dicks* Rn. 3; Reidt/Stickler/Glahs/*Reidt* Rn. 5; aA Langen/Bunte/*Schweda* Rn. 2, der aber das gleiche Ergebnis durch eine unmittelbare Anwendung des Art. 56 Abs. 10 Vergabe-RL Verteidigung und Sicherheit erreicht.
[7] Vgl. *Hölzl* in RKPP GWB § 104 Rn. 4, 18 und 22 f.; Immenga/Mestmäcker/*Dreher* § 104 Rn. 1 f.
[8] So iErg auch Langen/Bunte/*Schweda* Rn. 3 iVm Langen/Bunte/*Schweda* Rn. 1 f.; Immenga/Mestmäcker/*Dreher* Rn. 5 und 7 sowie Immenga/Mestmäcker/*Dreher* § 104 Rn. 12.
[9] So Reidt/Stickler/Glahs/*Reidt* Rn. 4; *Dittmann* in RKPP GWB Rn. 1; Ziekow/Völlink/*Dicks* Rn. 4 aE.
[10] Byok/Jaeger/*Byok* Rn. 5 iVm Byok/Jaeger/*Byok* Rn. 6; *Dittmann* in RKPP GWB Rn. 3; Ziekow/Völlink/*Dicks* Rn. 4; vgl. auch OLG Düsseldorf NZBau 2016, 659 Rn. 28.
[11] „Verschlusssachen": Informationen bzw. Material, denen (dem) unabhängig von Form, Beschaffenheit oder Art der Übermittlung ein Geheimhaltungsgrad zugewiesen ist oder für die (das) eine Schutzbedürftigkeit anerkannt wurde und die (das) im Interesse der nationalen Sicherheit und nach den in dem betreffenden

fende Information oder das betreffende Material „im Interesse der nationalen Sicherheit" – anstatt „im öffentlichen Interesse" (gem. § 4 Abs. 1 SÜG) – gegen jede Art der Preisgabe an Unbefugte geschützt werden muss. Wegen dieses Wortlautunterschieds zwischen Art. 1 Nr. 8 Vergabe-RL Verteidigung und Sicherheit und § 4 Abs. 1 SÜG wird bezweifelt, ob die Verschlusssachen aller deutscher Klassifizierungen, insbesondere diejenigen in der untersten Geheimhaltungsstufe „VS-Nur für den Dienstgebrauch",[12] zum Zwecke der nationalen Sicherheit mit dem besonderen Geheimhaltungsschutz versehen werden dürfen, also mit den Anforderungen der Vergabe-RL Verteidigung und Sicherheit vereinbar sind.[13] Aus diesen Zweifeln wird gefolgert, dass es jeweils der Prüfung im Einzelfall bedürfe, ob eine Verschlusssache nach der EU-Definition (insbesondere: Geheimhaltungsschutz „im Interesse der nationalen Sicherheit") vorliege.[14] Dem kann nicht zugestimmt werden, und zwar nicht nur deshalb, weil die Vergabekammer mit einer solchen zusätzlichen Prüfung während der kurzen Verfahrensdauer (§ 167 Abs. 1) überfordert werden würde. Richtig erscheint die Wertung, dass die Definition der Verschlusssache in § 4 SÜG mit derjenigen in Art. 1 Nr. 8 Vergabe-RL Verteidigung und Sicherheit im Wesentlichen übereinstimmt.[15] Der nicht allzu große Unterschied zwischen den beiden Definitionen ist durch den Umsetzungsspielraum, den jeder Mitgliedstaat gem. Art. 288 Abs. 3 AEUV hat, gedeckt. Diese Annahme ist auch deshalb gerechtfertigt, weil „Informationen bzw. Material" (s. Art. 1 Nr. 8 Vergabe-RL Verteidigung und Sicherheit), für die bzw. das schon im „öffentlichen" Interesse (iSd § 4 SÜG) ein Geheimhaltungsbedürfnis besteht, in Bezug auf die hier relevanten Auftragsgegenstände gewiss auch im Interesse der „nationalen Sicherheit" (iSd Art. 1 Nr. 8 Vergabe-RL Verteidigung und Sicherheit) des besonderen Geheimhaltungsschutzes bedürfen.[16] Denn bei den für § 164 relevanten Vergabeverfahren handelt es sich gem. § 104 um „Lieferung(en) von Militärausrüstung" oder um Aufträge „im speziellen Bereich der nicht-militärischen Sicherheit, die ähnliche Merkmale aufweisen und ebenso schutzbedürftig sind wie Aufträge über die Lieferung von Militärausrüstung". Von daher ist der oben dargestellte Unterschied der Verschlusssache-Definitionen im Wortlaut kein Unterschied in der Sache.

4 Die **anderen vertraulichen Informationen,** die in von den Verfahrensbeteiligten übermittelten Unterlagen (und eventuell schon in den Schriftsätzen) enthalten sind und deren Vertraulichkeit die Vergabekammer sicherzustellen hat, sind nirgendwo gesetzlich definiert. Für diese Qualifikation bedürfen die Informationen jedenfalls – anders als Verschlusssachen (→ Rn. 3) – keines konstitutiven behördlichen Akts.[17] Es können zB vertrauliche Informationen sein, die ein Verfahrensbeteiligter in das Nachprüfungsverfahren einbringt und die nur noch nicht gem. § 4 SÜG als Verschlusssache klassifiziert worden sind.[18] Mit Blick auf die potenzielle Einschränkung der Gewährung rechtlichen Gehörs (→ Rn. 6, 8 und 9), die mit der Einstufung als „vertrauliche Informationen" verbunden ist, wird mit Recht allgemein angenommen, dass von § 164 Abs. 1 nur solche vertraulichen Informationen erfasst werden, die wegen ihrer Bedeutung, Wichtigkeit und Sensibilität[19] genauso schutzwürdig sind wie Verschlusssachen, also mindestens wie Verschlusssachen auf der Geheimhaltungsstufe „VS-Nur für den Dienstgebrauch".[20] Für eine solche Gleichrangigkeit besonders zu schützender Informationen reicht deren bloße Eigenschaft als Betriebs- oder Geschäftsgeheimnis iSd § 165 Abs. 2 nicht aus.[21] Es ist die Aufgabe der Vergabekammer, die im Verfahren von den Verfahrensbeteiligten übermittelten Informationen selbst auf ihre Vertraulichkeit iSd § 164 Abs. 1 zu prüfen,[22] wobei es

---

Mitgliedstaat geltenden Rechts- und Verwaltungsvorschriften gegen Missbrauch, Zerstörung, Entfernung, Bekanntgabe, Verlust oder Zugriff durch Unbefugte oder jede andere Art der Preisgabe an Unbefugte geschützt werden müssen (muss).

[12] Nach der Begr. RegE zum Umsetzungsgesetz v. 7.12.2011, BT-Drs. 17/7275, 13 sind auch Verschlusssachen dieser Stufe von § 110a aF (= § 164 nF) erfasst.

[13] *Scherer-Leydecker* NZBau 2012, 533 (538).

[14] *Scherer-Leydecker* NZBau 2012, 533 (538).

[15] Ziekow/Völlink/*Dicks* Rn. 4.

[16] Vgl. auch OLG Düsseldorf NZBau 2016, 659 Rn. 28 (aus der Bezeichnung der Vergabeunterlagen als „VS-nur für den Dienstgebrauch" und aus dem Auftragsgegenstand als solchem [Lieferung sondergeschützter Geländewagen] „folgt, dass der Auftrag für genuine Sicherheitszwecke der Bundesrepublik Deutschland erteilt wird").

[17] Ziekow/Völlink/*Dicks* Rn. 4; Byok/Jaeger/*Byok* Rn. 6.

[18] *Dittmann* in RKPP GWB Rn. 4 mwN.

[19] Vgl. aus den Varianten des in Art. 2 Vergabe-RL Verteidigung und Sicherheit normierten Anwendungsbereichs die Kategorie der „Aufträge in den Bereichen Verteidigung und Sicherheit, die…zum Gegenstand haben…sensible Bauleistungen und sensible Dienstleistungen" (Art. 2 lit. d Vergabe-RL Verteidigung und Sicherheit).

[20] Byok/Jaeger/*Byok* Rn. 6; Ziekow/Völlink/*Dicks* Rn. 4; iErg wohl ebenso: Langen/Bunte/*Schweda* Rn. 3.

[21] Ebenso: *Dittmann* in RKPP GWB Rn. 4 (auch weil diese Geheimnisse bereits von § 165 Abs. 2 umfasst werden); aA Reidt/Stickler/Glahs/*Reidt* Rn. 6 und 10.

[22] Ziekow/Völlink/*Dicks* Rn. 4; Byok/Jaeger/*Byok* Rn. 6.

III. Sicherstellung der Vertraulichkeit von Verschlusssachen 5, 6 § 164 GWB

zu den Mitwirkungspflichten der Verfahrensbeteiligten, insbesondere des die jeweilige Information übermittelnden Beteiligten gehört, insoweit sachgerechte Hinweise zu geben.

Das GWB selbst enthält keine Vorschriften, wie die **Sicherstellung der Vertraulichkeit** der 5 Verschlusssachen und anderen vertraulichen Informationen während der Dauer des Nachprüfungsverfahrens in die Tat umgesetzt werden soll. Aus der Verweisung in § 104 Abs. 3 Nr. 1 auf § 4 SÜG ist zu schließen, dass hierzu die Regeln des SÜG und die dazu erlassenen Verwaltungsvorschriften – für die Vergabekammern des Bundes (beim BKartA) die allgemeine Verwaltungsvorschrift des BMI zum materiellen und organisatorischen Schutz von Verschlusssachen (sog. VS-Anweisung in der Fassung vom 10.8.2018 [VSA]) – zu beachten sind.[23] Für die Vergabekammern der Länder gelten insoweit dem SÜG entsprechenden Bestimmungen des jeweiligen Landes (vgl. § 104 Abs. 3 Nr. 1) nebst dazugehöriger VS-Anweisung.[24] Danach sind – zusammengefasst – alle Akten, Beiakten usw, die Verschlusssachen oder andere vertrauliche Informationen iSd § 164 Abs. 1 enthalten, so zu lagern und ggf. zu transportieren, dass nur Personen, die eine **Sicherheitsüberprüfung** absolviert haben, Zugang oder Zugriff zu diesen Akten usw haben können. Das gilt nicht nur für das Personal der Geschäftsstelle, sondern auch für die Mitglieder der Vergabekammer selbst,[25] für die die vorgenannten Vorschriften – anders als für Richter (§ 2 Abs. 3 Nr. 2 SÜG) – keine Ausnahme vorsehen. Gleiches gilt für die ehrenamtlichen Beisitzer der Vergabekammer; zur organisatorischen Erleichterung bei der Besetzung der Vergabekammer gestattet § 157 Abs. 2 S. 5 aber, dass in den dem § 164 unterfallenden Nachprüfungsverfahren (→ Rn. 2) statt eines ehrenamtlichen Beisitzers ein zweiter hauptamtlicher Beisitzer mitwirken kann (nicht muss). Zur Aufbewahrung der Akten, die Verschlusssachen oder andere vertrauliche Informationen enthalten, wird gefordert, dass sie nicht in der allgemeinen Registratur der Geschäftsstelle der Vergabekammer, wo sie in einem unbeobachteten Moment auch unbefugten Bediensteten zugänglich wären, sondern in einem abgesperrten Raum oder in einem Tresor gelagert werden müssen.[26]

Da das SÜG (§ 2 Abs. 3 Nr. 2) nur für Richter eine Ausnahme von der **Notwendigkeit** 6 **vorheriger Sicherheitsüberprüfung** vorsieht, ist es auch für die **Verfahrensbevollmächtigten der Beteiligten** erforderlich, sich der Sicherheitsüberprüfung zu unterziehen, bevor ihnen Einblick in Verschlusssachen sowie andere vertrauliche Informationen iSd § 164 Abs. 1 und Einsicht in Akten, die Verschlusssachen und solche Informationen enthalten, gestattet werden kann.[27] Damit dürfte es in Nachprüfungsverfahren der von § 164 erfassten Art für nicht sicherheitsüberprüfte Rechtsanwälte praktisch ausgeschlossen sein, eine Vertretung von Verfahrensbeteiligten sachgerecht auszuüben. Daher hält die Gegenansicht das auch für Verfahrensbevollmächtigte erhobene Erfordernis der Sicherheitsüberprüfung für verfassungswidrig, weil es die grundgesetzlich geschützten Rechte der Verfahrensbeteiligten auf freie Anwaltswahl und effektiven Rechtsschutz unzulässig beschränke.[28] Dem kann nicht beigepflichtet werden.[29] Der Antragsteller und die eventuell beigeladenen Bieterkonkurrenten haben sich bei ihrem Wettbewerb um einen verteidigungs- oder sicherheitsspezifischen öffentlichen Auftrag (§ 104) von vornherein auf ein Vergabeverfahren eingelassen, in dem sie sich von Anfang an zu einer umfassenden Wahrung der Vertraulichkeit verpflichten (§§ 2, 6 und 7 Abs. 2 Nr. 2 und Nr. 3 VSVgV). Ferner müssen sie sich für einen Auftrag, der Verschlusssachen des Geheimhaltungsgrades „VS-Vertraulich" oder höher umfasst, verpflichten, alle Anforderungen zu erfüllen, damit sie den nach dem SÜG hierfür erforderlichen Sicherheitsbescheid des BMWi (oder der entsprechenden Landesbehörden) zum Zeitpunkt der Auftragsausführung erhalten; wenn der Zugang zu derartigen Verschlusssachen schon für den Teilnahmeantrag oder die Angebotserstellung notwendig ist, muss schon zu diesem Zeitpunkt der Sicherheitsbescheid erteilt sein oder muss der Auftraggeber, falls der Bescheid noch nicht ausgestellt werden kann, eine entsprechende Sicherheitsüberprüfung im Unternehmen des Bewerbers/Bieters durchführen (§ 7 Abs. 2 Nr. 1 und 3 sowie Abs. 3 VSVgV). Es ist nur eine konsequente Fortsetzung dieses von den Bewerbern/Bietern zu erfüllenden Sicherheitsbedürfnisses der iSd § 164 relevanten Vergabeverfahren, dass auch deren Ver-

---

[23] *Byok* NVwZ 2012, 70 (74); Immenga/Mestmäcker/*Dreher* Rn. 11; *Dittmann* in RKPP GWB Rn. 5.
[24] Vgl. Byok/Jaeger/*Byok* Rn. 8 Fn. 17 sowie Byok/Jaeger/*Byok* § 104 Rn. 27 Fn. 71 mit der Aufzählung der VSA der Bundesländer; auch die Vergabe-RL Verteidigung und Sicherheit nimmt bei der Definition der Verschlusssachen in Art. 1 Nr. 8 Vergabe-RL Verteidigung und Sicherheit hinsichtlich der Schutzmaßnahmen auf die „in dem betreffenden Mitgliedstaat geltenden Rechts- und Verwaltungsvorschriften" Bezug.
[25] *Byok* NVwZ 2012, 70 (74); Immenga/Mestmäcker/*Dreher* Rn. 12 und 18; *Dittmann* in RKPP GWB Rn. 5; Ziekow/Völlink/*Dicks* Rn. 1 und 5.
[26] Ziekow/Völlink/*Dicks* Rn. 5; ausf. zu den differenzierten Maßnahmen zwecks sicherer Aufbewahrung: Byok/Jaeger/*Byok* Rn. 10 mwN.
[27] Immenga/Mestmäcker/*Dreher* Rn. 19 f.; *Dittmann* in RKPP GWB Rn. 5 mwN; aA *Byok* NVwZ 2012, 70 (75); Byok/Jaeger/*Byok* Rn. 9.
[28] *Byok* NVwZ 2012, 70 (75); Byok/Jaeger/*Byok* Rn. 9.
[29] So auch ausf. Immenga/Mestmäcker/*Dreher* Rn. 20.

fahrensbevollmächtigte die Sicherheitsüberprüfung vor der Einsichtnahme in Verschlusssachen absolviert haben müssen. Dieses Erfordernis kann daher mit Blick auf seine Wichtigkeit für die nationale Sicherheit nicht als eine verfassungswidrige Einschränkung der prozessualen Rechte der Verfahrensbeteiligten angesehen werden. Das Erfordernis gilt iÜ selbstverständlich auch für die (am Einblick in Verschlusssachen interessierten) **Verfahrensbeteiligten** selbst,[30] wenn sie den notwendigen Sicherheitsbescheid nicht schon früher oder während des Vergabeverfahrens (→ Rn. 6 weiter oben) erhalten haben.

7   Über das Erfordernis der erfolgreichen Sicherheitsprüfung (→ Rn. 6) hinaus resultiert aus § 164 keine weitere Schranke gegenüber der von den Verfahrensbeteiligten und deren Bevollmächtigten nachgesuchten **Akteneinsicht**.[31] Die Regelungen des § 165 werden durch § 164 nicht berührt, also – bei Erfüllung des vorgenannten Erfordernisses – auch nicht verschärft. Im Schrifttum wird das Recht auf Akteneinsicht in den von § 164 erfassten Nachprüfungsverfahren (→ Rn. 2) kontrovers diskutiert. Die verlautbarten Ansichten reichen von der totalen Verneinung[32] über die vage Abschwächung der Verneinung dergestalt, den Verfahrensbeteiligten könne das Recht auf Akteneinsicht auf Grundlage des § 164 Abs. 1 nicht vollständig verweigert werden,[33] bis zu einer grundsätzlichen Bejahung des Rechts auf Akteneinsicht, die allerdings mit der verneinenden Formulierung ausgedrückt wird, es komme bei Vorliegen entsprechend besonders gewichtiger Gründe in Betracht, die Akteneinsicht vollständig zu verweigern.[34] Richtig dürfte sein, dass die Vergabekammer bei ihrer (Zwischen-)Entscheidung nach § 165 Abs. 1 und 2 mit Blick auf die beantragte Einsicht in Verschlusssachen und andere (gleichrangige → Rn. 4) vertrauliche Informationen den der antragstellenden Person erteilten, ohnehin erforderlichen Sicherheitsbescheid (→ Rn. 6) angemessen berücksichtigen muss und die Akteneinsicht nur dann verweigern darf, wenn trotz der positiven Sicherheitsüberprüfung doch noch weitere gewichtige Gründe gegen die Einsichtnahme sprechen. Diese gewichtigen Gründe muss der Verfahrensbeteiligte, der auf den Geheimschutz pocht, so konkret wie nach den Gesamtumständen möglich und zumutbar darlegen, damit dazu Stellung genommen werden kann.

IV. Geheimhaltungspflicht der Vergabekammer (Abs. 2)

8   Da die Vergabekammer, dh alle ihre Mitglieder gem. § 164 Abs. 1 die Vertraulichkeit von Verschlusssachen und anderen vertraulichen Informationen sogar über ihren eigenen Arbeits- und Wirkungsbereich hinaus sicherstellen müssen (→ Rn. 5–7), versteht es sich von selbst, dass sie selbst zur Geheimhaltung dieser vertraulichen Unterlagen verpflichtet sind, mit Ausnahme der Behandlung und Erörterung der vertraulichen Unterlagen bei den Verfahrenskontakten mit sicherheitsüberprüften Verfahrensbeteiligten und deren sicherheitsüberprüften Verfahrensbevollmächtigten (→ Rn. 6). Insofern normiert § 164 Abs. 2 Hs. 1 für die Mitglieder der Vergabekammer keine prinzipiell neuen oder anderen Pflichten als § 164 Abs. 1.[35] Der **Schwerpunkt** der Regelung liegt im **Hs. 2** des **§ 164 Abs. 2**. Danach dürfen die Mitglieder der Vergabekammer **in** ihrer jeweiligen **Entscheidung** einschließlich der gesamten Entscheidungsbegründung die **Art und** den **Inhalt der vertraulichen Unterlagen,** also aller gem. § 164 Abs. 1 und Abs. 2 Hs. 1 geheim zu haltenden Urkunden, Akten, elektronischen Dokumente und Auskünfte **nicht erkennen lassen.** Der in Hs. 2 verwendete, zu kurz greifende Begriff „Entscheidungsgründe" ist im Wege teleologischer Auslegung auf die gesamte Entscheidung einschließlich Tenor und der den Entscheidungsgründen im engeren Sinne eventuell vorausgeschickten Sachverhaltsdarstellung zu erstrecken, weil sonst das Ziel der Norm, die Geheimhaltung auch bei und in der Vergabekammerentscheidung zu wahren, nicht erreicht werden könnte.[36]

9   Die Wahrung der Geheimhaltung aller vertraulichen Unterlagen (iSd § 164 Abs. 1) auch in der gesamten, schriftlich abzufassenden Entscheidung – sowohl der Vergabekammer als auch des Beschwerdegerichts (→ Rn. 1 aE) – verursacht freilich das weitere Problem, wie die Entscheidung selbst sachgerecht und überzeugend begründet werden kann.[37] Denn bei der den Nachprüfungsins-

---

[30]   AA Byok/Jaeger/*Byok* Rn. 9.
[31]   Nur im Ansatz ebenso: Ziekow/Völlink/*Dicks* Rn. 1 (jedoch mit dem Zusatz: aus Gründen des Geheimnisschutzes sei Akteneinsicht ohnehin zu verweigern, § 165 Abs. 2); vgl. auch Byok/Jaeger/*Byok* Rn. 2.
[32]   Ziekow/Völlink/*Dicks* Rn. 1 (gestützt auf § 165 Abs. 2).
[33]   Byok NVwZ 2012, 70 (75); *Roth/Lamm* NZBau 2012, 609 (611); Langen/Bunte/*Schweda* Rn. 3.
[34]   Immenga/Mestmäcker/*Dreher* Rn. 12.
[35]   IErg ebenso: Langen/Bunte/*Schweda* Rn. 4; für einen weiteren, „alle Unterlagen und den Mitgliedern der VK kraft Amtes sonst zuteil gewordenen Informationen" erfassenden Anwendungsbereich des § 164 Abs. 2 Hs. 1 spricht sich Ziekow/Völlink/*Dicks* Rn. 6 aus. Insoweit nimmt die Mitglieder der Vergabekammer aber schon die ihnen ohnehin obliegende Amtsverschwiegenheit in die Pflicht.
[36]   Immenga/Mestmäcker/*Dreher* Rn. 14; Byok/Jaeger/*Byok* Rn. 13.
[37]   Zutr. wird von einem „Spannungsfeld" gesprochen: Ziekow/Völlink/*Dicks* Rn. 6.

tanzen obliegenden objektiven Rechtsfindung müssen die vertraulichen Unterlagen, soweit sie entscheidungsrelevant sind, selbstverständlich berücksichtigt werden,[38] auch dann, wenn den Verfahrensbeteiligten und Verfahrensbevollmächtigten mangels Sicherheitsüberprüfung (→ Rn. 6) kein Einblick in diese Unterlagen gewährt worden war. Das ergibt sich auch aus dem Gebot der richtlinienkonformen Auslegung des § 164, der Art. 56 Abs. 10 UAbs. 1 Vergabe-RL Verteidigung und Sicherheit umsetzt (→ Rn. 1), wenn man – wie es notwendig ist – Art. 56 Abs. 10 UAbs. 4 Vergabe-RL Verteidigung und Sicherheit mit heranzieht. Danach müssen die Mitgliedstaaten „festlegen, wie die Nachprüfungsstellen die Vertraulichkeit von Verschlusssachen mit der Einhaltung der Verteidigungsrechte in Einklang bringen, und gewährleisten dabei im Fall einer gerichtlichen Nachprüfung, dass das Verfahren insgesamt dem Recht auf ein faires Verfahren entspricht". Es ist nicht ersichtlich, dass bzw. wo und wie der deutsche Gesetzgeber Art. 56 Abs. 10 UAbs. 4 Vergabe-RL Verteidigung und Sicherheit umgesetzt hat, sodass dieser UAbs. 4 wenigstens bei der Auslegung und Anwendung des § 164 berücksichtigt werden muss. Das bedeutet, dass die zum nachzuprüfenden Vergabeverfahren (→ Rn. 2) gehörenden vertraulichen Unterlagen einen nicht abtrennbaren Teil des insgesamt nachzuprüfenden Sachverhalts bilden und in der Entscheidungsbegründung zur Information der Verfahrensbeteiligten jedenfalls festgestellt werden muss, dass die vertraulichen Unterlagen bei der Entscheidung berücksichtigt worden sind,[39] ohne dabei aber deren Bezeichnung, Art und Inhalt direkt oder in einer indirekten Weise, die Rückschlüsse erlaubt, offenzulegen. Ferner muss der Vergabekammer (und/oder das Beschwerdegericht) die schwierige Aufgabe erfüllen, die Entscheidungsbegründung – unter Beachtung des Offenlegungsverbots – gem. § 168 Abs. 3 S. 3, § 61 Abs. 1 S. 1 so zu gestalten, dass die Verfahrensbeteiligten nebst ihren Bevollmächtigten die Relevanz der konkreten vertraulichen Unterlagen für die Rechtsfindung und deren Ergebnis (die Entscheidung) so weit wie möglich verstehen können.[40] Im Ergebnis bedeutet das einen **ausnahmsweise** durch Gesetz (§ 164) verursachten und erlaubten Anwendungsfall des **In-Camera-Verfahrens**,[41] wenn auch nur ein Verfahrensbeteiligter und/oder ein Verfahrensbevollmächtigter – mangels Sicherheitsüberprüfung (→ Rn. 6) – keinen Einblick in relevante geheim zuhaltende Unterlagen hatte. Im Übrigen war im Vergabenachprüfungsverfahren das In-Camera-Verfahren gem. § 175 Abs. 2, § 70 Abs. 2 S. 3 nF (= § 72 Abs. 2 S. 3 aF), im VK-Verfahren in Analogie zu diesen Vorschriften, zwar nach früherer hM unzulässig,[42] ist aber nunmehr vom BGH durch rechtsfortbildende Entscheidung vom 31.1.2017[43] in sinngemäßer Anwendung des § 76 Abs. 1 S. 3 nF (= § 71 Abs. 1 S. 3 aF) für die Fälle zugelassen worden, in denen entscheidungserhebliche Umstände und Informationen den Beteiligten wegen des gebotenen Geheimnisschutzes (§ 165 Abs. 2) nicht offengelegt werden; diese Umstände und Informationen darf und muss die Vergabekammer (und das Beschwerdegericht) „in camera" bei der Sachentscheidung zwecks Wahrung des rechtlichen Gehörs berücksichtigen.

§ 165 Akteneinsicht

(1) Die Beteiligten können die Akten bei der Vergabekammer einsehen und sich durch die Geschäftsstelle auf ihre Kosten Ausfertigungen, Auszüge oder Abschriften erteilen lassen.

(2) Die Vergabekammer hat die Einsicht in die Unterlagen zu versagen, soweit dies aus wichtigen Gründen, insbesondere des Geheimschutzes oder zur Wahrung von Betriebs- oder Geschäftsgeheimnissen geboten ist.

(3) ¹Jeder Beteiligte hat mit Übersendung seiner Akten oder Stellungnahmen auf die in Absatz 2 genannten Geheimnisse hinzuweisen und diese in den Unterlagen entsprechend kenntlich zu machen. ²Erfolgt dies nicht, kann die Vergabekammer von seiner Zustimmung auf Einsicht ausgehen.

(4) Die Versagung der Akteneinsicht kann nur im Zusammenhang mit der sofortigen Beschwerde in der Hauptsache angegriffen werden.

---

[38] Ebenso: Langen/Bunte/*Schweda* Rn. 4; nicht ausdrücklich, aber iErg ebenso: Ziekow/Völlink/*Dicks* Rn. 6.
[39] Langen/Bunte/*Schweda* Rn. 4; Byok/Jaeger/*Byok* Rn. 14 und Ziekow/Völlink/*Dicks* Rn. 6 mit Zusatz, dass sich die VK darauf nicht beschränken darf.
[40] Ähnlich: Byok/Jaeger/*Byok* Rn. 14; Ziekow/Völlink/*Dicks* Rn. 6 aE; Reidt/Stickler/Glahs/*Reidt* Rn. 12.
[41] *Roth/Lamm* NZBau 2012, 609 (611 f.); Langen/Bunte/*Schweda* Rn. 4.
[42] OLG Düsseldorf BeckRS 2008, 00742 = VergabeR 2008, 281 (287 f.); Immenga/Mestmäcker/*Dreher*, 5. Aufl. 2014, § 111 Rn. 31 mwN zum Streitstand.
[43] BGH NZBau 2017, 230 Rn. 56ff. Zust.: Byok/Jaeger/*Byok* § 165 Rn. 13 f. mwN; *Kus* in RKPP GWB § 165 Rn. 56; abl.: Immenga/Mestmäcker/*Dreher* § 165 Rn. 31 (wegen Fehlens der verfassungsrechtlich erforderlichen Rechtsgrundlage).

Schrifttum: *Düsterdiek*, Das Akteneinsichtsrecht, NZBau 2004, 605; *Griem*, Das Recht zur Akteneinsicht nach § 111 GWB, WuW 1999, 1182; *Gröning*, Das vergaberechtliche Akteneinsichtsrecht, NZBau 2000, 366; *Kus*, Akteneinsichtsrecht: Darlegungslast der Beteiligten und Begründungszwänge der Nachprüfungsinstanzen, VergabeR 2003, 129; *Losch*, Akteneinsicht im Vergabeverfahren – ein Widerstreit zwischen Transparenzgebot und Geheimhaltungsschutz, VergabeR 2008, 739; *Niehaus*, Die Offenlegung geheim gehaltener Informationen im Verwaltungsprozess, Juris Monatszeitschrift Januar 2020, 19; *Ohly*, Das neue Geschäftsgeheimnisgesetz im Überblick, GRUR 2019, 441; *Opheys/Tmimi*, Das Recht auf Akteneinsicht im Vergabeverfahren, VergabeR 2021, 426; *Ramm*, Akteneinsicht und Untersuchungsgrundsatz in Vergabeverfahren, VergabeR 2007, 739; *Rosenkötter*, Wissen ist Macht – Akteneinsicht bei der Überprüfung von Vergabeentscheidungen, NZBau 2021, 96; *Rosenkötter/Seeger*, Das neue Geschäftsgeheimnisgesetz – Auswirkungen auf das Akteneinsichtsrecht im Vergabeverfahren, NZBau 2019, 619; *Schippel*, Berücksichtigung von Know-how-Richtlinie und GeschGehG im Vergaberecht, VergabeR 2019, 480.

Übersicht

	Rn.		Rn.
I. Die Bedeutung des Akteneinsichtsrechts und die Regelungsgegenstände von § 165	1	d) Generelle bieterseitige Geheimhaltungsbelange	40
II. Der rechtliche Rahmen des Akteneinsichtsrechts	8	e) Spezifisch vergaberechtliche Geheimnisse	41
1. Unionsrecht	8	2. Geheimnisträger bei Angebotsunterlagen	47
2. Spezialgesetzlicher Regelungsvorrang von § 165 und nur partielle Anwendbarkeit des Geschäftsgeheimnisgesetzes	9	V. Die verfahrensmäßige Behandlung von Geheimhaltungsinteressen in der Rechtsprechung des BGH	48
III. Gegenstand und Umfang des Akteneinsichtsrechts nach Abs. 1	13	1. Die Kennzeichnungspflicht in Abs. 3 und ihre Reichweite	48
1. Die einsehbaren Akten	13	2. Gewährung von Akteneinsicht gegen Geheimhaltungsinteresse	50
2. Gegenstand des Nachprüfungsverfahrens und Umfang der Akteneinsicht	18	a) Rechtsnatur	51
3. Die zur Einsichtnahme Berechtigten	23	b) Anhörung der Betroffenen	52
IV. Die Beschränkung der Akteneinsicht aus wichtigen Gründen (Abs. 2)	24	c) Umfang der Darlegungen, Beweismaß	53
1. Die schutzwürdigen Inhalte und Informationen	24	d) Verfahren bei positiver Entscheidung	55
a) Der herkömmliche Geheimnisbegriff	25	e) Rechtsmittel gegen Offenlegungsentscheidungen der Vergabekammer	65
b) Der Geheimnisbegriff des GeschGehG	26	f) Sanktionierung mutwilliger Verweigerung der Akteneinsicht	66
c) Spezifisch auftraggeberseitige Geheimnisse	38	3. Verfahren bei negativer Entscheidung – In-camera-Verfahren	67
		4. Geheimnisschutz und rechtliches Gehör in der Rechtsprechung des BGH lediglich nicht über § 138 TKG konstruiert	70

I. Die Bedeutung des Akteneinsichtsrechts und die Regelungsgegenstände von § 165

1 Vor Inkrafttreten der haushaltsrechtlichen Lösung (→ Vor § 171 Rn. 6) war schon in dem vergaberechtlichen Primärrechtsschutz entsprechender einstweiliger Rechtsschutz allenfalls ausnahmsweise zu erlangen (→ Vor § 171 Rn. 1). Selbst wenn dies einmal rechtzeitig vor Zuschlagserteilung gelang, waren damit jedenfalls aber keine geregelten Ansprüche auf Einsicht in die Vergabeakten verbunden. Auch im Rechtsschutzsystem der haushaltsrechtlichen Lösung (→ Vor § 171 Rn. 6 ff.) war das Akteneinsichtsrecht noch nicht positiv geregelt und die Rechtsprechung des Vergabeüberwachungsausschusses des Bundes eher restriktiv.[1] Der Gesetzgeber des VgRÄG hat sich demgegenüber für ein qualitativ höherwertiges Rechtsschutzsystem entschieden.[2]

2 Neben der Gewährung eines Anspruchs auf Einhaltung der Bestimmungen über das Vergabeverfahren (§ 97 Abs. 6) ist das **Akteneinsichtsrecht die zweite zentrale rechtliche Errungenschaft** des mit Teil 4 des GWB etablierten Primärrechtsschutzsystems. An diesen beiden Instituten manifestiert sich der Paradigmenwechsel in der Rechtmäßigkeitskontrolle des Handelns der öffentlichen Auftraggeber bei der Auftragsvergabe unter dem Einfluss des Unionsrechts in den späten neunziger Jahren des vorigen Jahrhunderts in Deutschland.

---

[1] Vgl. VÜA Bund – 1 VÜ 4/95, WuW/E VergAB 42 (47); anders VÜA Bayern – VÜA 7/95, WuW/E VergAL 21 (26 ff.).

[2] Vgl. RegE, BT-Drs. 13/9340, 18, zu § 121.

Das Akteneinsichtsrechts hatte in der ersten Zeit nach Inkrafttreten von Teil 4 des GWB im 3
Vergleich zum gegenwärtigen Rechtszustand sogar nochmals gesteigerte Bedeutung, weil das Gesetz
die Informations- und Wartepflicht (§ 134) in der ursprünglichen Fassung noch nicht vorsah, sondern
diese erst in Umsetzung der Rechtsprechung des EuGH[3] geschaffen wurde. Die markante Zäsur
des Vergabeverfahrens durch die Vorinformation über die in Aussicht genommene Zuschlagsentscheidung nimmt insoweit Druck aus diesem Verfahren, als die Bieter im Bewusstsein, den Zuschlag
jedenfalls in der entscheidenden Schlussphase noch aufhalten zu können, nicht im Vorfeld ständig
auf Verdachtsmomente für einen möglicherweise vergaberechtswidrigen Vertragsschluss achten müssen. Das bedeutet allerdings keineswegs, dass das Akteneinsichtsrecht infolge der Informations- und
Wartepflicht bedeutungslos geworden wäre. Es ist vielmehr weiterhin für die Untermauerung von
Nachprüfungsanträgen wertvoll, nur können die Bieter sich infolge der Informationspflicht sicher
sein, von der Zuschlagserteilung nicht überrascht zu werden, sondern bei Bedarf jedenfalls noch in
das Vergabeverfahren eingreifen zu können.

Umfang und Reichweite des Akteneinsichtsrechts sind in Abs. 1 und 2 geregelt. Grundsätzlich 4
können die Beteiligten die Akten bei der Vergabekammer einsehen (Abs. 1). Die Vergabekammer
hat Einsicht in die Unterlagen jedoch zu versagen, soweit dies aus wichtigen Gründen, insbesondere
des Geheimschutzes oder zur Wahrung von Betriebs- oder Geschäftsgeheimnissen geboten ist
(Abs. 2). Die Konjunktion „soweit" impliziert, dass Geheimnisschutz auf der einen und etwaige
Offenlegungsinteressen auf der anderen Seite in einem Spannungsverhältnis stehen und gegeneinander abgewogen werden müssen. Es ist zu **unterscheiden zwischen einem Geheimnis und seiner
Schutzwürdigkeit in der Konkurrenz mit Rechten Dritter** (→ Rn. 59 ff.).

Die Praxis verstand das Akteneinsichtsrecht in § 165 überdies recht bald nicht als Regelungsauto- 5
matismus dahin, dass bei einem zulässigen Nachprüfungsantrag grundsätzlich umfassend Akteneinsicht zu gewähren ist, und davon nur punktuell die Teile auszunehmen sind, die unter Abs. 2 fallen.
Vielmehr wurde das nach dem Wortlaut von Abs. 1 auf den ersten Blick **umfassend erscheinende
Akteneinsichtsrecht** regelmäßig als in Wechselwirkung mit dem Gegenstand des Nachprüfungsverfahrens stehend verstanden, also durch die Angriffe determiniert und begrenzt gesehen, die mit
dem Nachprüfungsantrag geführt werden.[4] Im Einzelnen wird hierzu aber ein gewisses Spektrum
divergierender Sichtweisen vertreten (→ Rn. 18 ff.).

Die verfahrensmäßige Bewältigung von **Konflikten über die Akteneinsicht** ist in § 165 nur 6
bruchstückhaft geregelt. Im Interesse der Wahrung etwaiger Geschäftsgeheimnisse und einer möglichst reibungslosen Handhabung des Akteneinsichtsrechts enthält lediglich Abs. 3 eine **verfahrensbezogene Regelung im Vorfeld** der Akteneinsicht. Danach trifft jeden Beteiligten die Obliegenheit, mit Übersendung seiner Akten oder Stellungnahmen auf Geheimhaltungsbedürftiges
hinzuweisen und dies in den Unterlagen entsprechend kenntlich zu machen (→ Rn. 35 f.).

In Abs. 4 ist bestimmt, dass die Versagung der Akteneinsicht nur im Zusammenhang mit der 7
sofortigen Beschwerde in der Hauptsache angegriffen werden kann. Schon dass der Geheimschutz
nicht obligatorisch Vorrang hat, sobald tatbestandlich festgestellt werden kann, dass ein Betriebsoder Geschäftsgeheimnis oder ein dem gleich stehendes Geheimnis betroffen ist, sondern dass insoweit eine Abwägung vorzunehmen ist (→ Rn. 4), hat nicht das Gesetz geregelt, sondern ist Auslegungsergebnis der gerichtlichen Praxis. Parameter für die Entscheidung, wie § 70 Abs. 2 S. 4 sie für
das Kartellbeschwerdeverfahren vorsieht, finden sich in § 165 nicht; die entsprechende Anwendung
dieser Bestimmung aus dem Kartellbeschwerdeverfahren (→ Rn. 43) ist ausdrücklich erst für das
zweitinstanzliche Verfahren vor dem Vergabesenat vorgesehen (§ 175 Abs. 2). Zu Verfahrensfragen
im Zusammenhang mit der Gewährung von Akteneinsicht entgegen geltend gemachten Geheimnisschutzinteressen verhält sich das Gesetz ebenfalls nicht. Auch auf die Frage, welchen Sachverhalt die
Vergabekammer im Falle der Versagung von Akteneinsicht ihrer Entscheidung zugrunde legt, gibt
das Gesetz keine Antwort (→ Rn. 67 ff.).

II. Der rechtliche Rahmen des Akteneinsichtsrechts

1. Unionsrecht. Bei Inkrafttreten des VgRÄG enthielt das damals geltende vergaberechtliche 8
Sekundärrecht der Union noch keine spezifischen Regelungen über das Akteneinsichtsrecht.[5] Art. 21
Abs. 1 RL 2014/24/EU enthält nunmehr[6] eine eigenständige, allerdings auch nur rudimentäre
Regelung zur Behandlung von vertraulich eingestuften Informationen. Danach gibt der öffentliche

---

[3] EuGH Urt. v. 28.10.1999 – C-81/98, NZBau 2000, 33 – Alcatel Austria AG ua.
[4] Vgl. nur OLG Naumburg Beschl. v. 1.6.2011 – 2 Verg 3/11, VergabeR 2012, 250 (251); OLG Celle Beschl.
v. 24.9.2014 – 13 Verg 9/14, NZBau 2014, 784 (789); *Kus* in RKPP GWB Rn. 30 mwN in Fn. 51; diff.
Ziekow/Völlink/*Dicks* Rn. 4 ff.
[5] Vgl. EuGH Urt. v. 14.2.2008 – C-450/06, NZBau 2008, 403 – Varec.
[6] Vgl. demgegenüber Art. 6 RL 2004/18/EG (Vergabe-RL 2004).

Auftraggeber keine ihm von den Wirtschaftsteilnehmern übermittelten und von diesen als vertraulich eingestuften Informationen weiter, sofern in der Richtlinie selbst oder im nationalen Recht betreffend den Zugang zu derartigen Informationen nichts anderes vorgesehen ist. Zu den geschützten Informationen gehören nach der Richtlinie insbesondere technische und handelsbezogene Geschäftsgeheimnisse sowie die vertraulichen Aspekte der Angebote selbst. Die Verpflichtung zur Bekanntmachung vergebener Aufträge und Unterrichtung der Bewerber und Bieter gem. den Art. 50 und 55 RL 2014/24/EU bleibt unberührt. Die Regelung entspricht, auch was die Befugnis zur Ausgestaltung des Einsichtsrechts durch die Mitgliedstaaten betrifft, dem, was der EuGH zuvor aus den allgemeinen Grundsätzen der ÜWR herausgearbeitet hatte.[7] Die Richtlinie (EU) 2016/943 vom 8.6.2016 über den Schutz vertraulicher Know-hows und vertraulicher Geschäftsinformationen (Geschäftsgeheimnisse) vor rechtswidrigem Erwerb sowie rechtswidriger Nutzung und Offenlegung[8] (**Geheimnisschutz-RL**) hat grundsätzlich eine etwas andere Schutzrichtung und strahlt über die Umsetzung in nationales Recht durch das GeschGehG nur partiell auf das Nachprüfungsverfahren aus (→ Rn. 10 ff.).

9 **2. Spezialgesetzlicher Regelungsvorrang von § 165 und nur partielle Anwendbarkeit des Geschäftsgeheimnisgesetzes.** In der Fachliteratur wird in § 165 eine spezialgesetzliche Regelung für das GWB-Vergaberecht mit Vorrang insbesondere vor den Informationszugangsgesetzen des Bundes und der Länder gesehen. Dem ist zuzustimmen. Zu weiteren Regelungen über Akteneinsichtsbefugnisse vgl. eingehend *Losch*. Etwas anders verhält es sich in Bezug auf das GeschGehG. Hier ist zu unterscheiden (→ Rn. 10 ff.). **Vom Geheimnisschutz generell zu unterscheiden ist der Schutz personenbezogener Daten,** der im Zuge der vermehrten Durchführung elektronischer Vergabeverfahren an Bedeutung gewinnen könnte.[9]

10 Der Schutz von Geschäftsgeheimnissen ist in Umsetzung von unionsrechtlichen Vorgaben[10] Gegenstand einer eigenständigen gesetzlichen Regelung geworden, des **GeschGehG**.[11] Seine Regelungen sind indes nur ganz partiell für das vergaberechtliche Nachprüfungsverfahren einschlägig. Die Begriffsbestimmungen in § 2 GeschGehG entfalten grundsätzlich übergeordnete Geltung. Bei Konflikten um die Ausnahme eventueller Geschäftsgeheimnisse von der Akteneinsicht **ist vor allem die Legaldefinition des Geschäftsgeheimnisbegriffs in § 2 Nr. 1 GeschGehG anzuwenden** (→ Rn. 26 ff.). Für die Definition des Inhabers eines Geschäftsgeheimnisses, des Rechtsverletzers und des rechtsverletzenden Produkts (§ 2 Nr. 2–4 GeschGehG) gilt an sich das Gleiche, jedoch ist davon im Nachprüfungsverfahren allenfalls noch der Begriff des Inhabers eines Geschäftsgeheimnisses relevant.

11 Nicht anwendbar bei Auseinandersetzungen um die Akteneinsicht sind demgegenüber die Regelungen über die Ansprüche bei Rechtsverletzungen und das Verfahren in Geschäftsgeheimnisstreitsachen (Abschnitte 2 und 3 GeschGehG). Das **GeschGehG betrifft** schwerpunktmäßig das Zivilrecht[12] und dort vor allem den **gewerblichen Rechtsschutz.** Es ist darauf zugeschnitten, dass der Geschäftsgeheimnisträger Ansprüche bei eingetretener oder drohender Verletzung geltend machen kann (§ 6 GeschGehG). Darauf sind seine Rechtsschutzmechanismen und -instrumente abgestimmt; sie passen aber nicht zum Streit über die Offenlegung von Geschäftsgeheimnissen im Wege der Akteneinsicht in vergaberechtlichen Nachprüfungsverfahren. Nach § 15 GeschGehG müsste der Streit um die Akteneinsicht nämlich in einem separaten Verfahren vor dem Landgericht geführt, also das Nachprüfungsverfahren regelmäßig bis zur Beendigung dieses Zwischenstreits **ausgesetzt** werden. Es wäre offensichtlich aber höchst unzweckmäßig, wenn ein Bieter zur Vermeidung der Erstreckung des Antrags eines Konkurrenten auf Akteneinsicht in die eigenen Geschäftsgeheimnisse außerhalb des Nachprüfungsverfahrens nach Abschnitt 3 GeschGehG vorgehen müsste. Die damit verbundene Verzögerung des Nachprüfungsverfahrens und vor allem des Vergabeverfahrens selbst wäre mit dem vergaberechtlichen Beschleunigungsgebot (→ Vor § 171 Rn. 2 f.) unvereinbar.

12 Die Rechtsgrundlage dafür, die Auseinandersetzung um den Geheimnisschutz im Nachprüfungsverfahren nicht den Regelungen in Abschnitten 2 und 3 GeschGehG zu unterwerfen, ergibt sich **aus der Vorrangregelung in § 1 Abs. 2 GeschGehG.** Danach gehen öffentlich-rechtliche Vorschriften zur Geheimhaltung, Erlangung, Nutzung oder Offenlegung von Geschäftsgeheimnissen vor. Um eine entsprechende Vorschrift handelt es sich bei § 165 Abs. 4. Diese Bestimmung regelt

---

[7] Vgl. EuGH Urt. v. 14.2.2008 – C-450/06, NZBau 2008, 403 – Varec.
[8] ABl. 2016 L 157, 1.
[9] Vgl. hierzu etwa *Pauka/Kemper* NZBau 2017, 71 ff.
[10] Richtlinie 2016/943 über den Schutz vertraulicher Konow-hows und vertraulicher Geschäftsinformationen (Geschäftsgeheimnisse) vor rechtswidrigem Erwerb sowie rechtswidriger Nutzung v. 8.6.2016, ABl. 2016 L 157, 1.
[11] BGBl. 2019 I 466.
[12] *Ohly* GRUR 2019, 441 (442).

die Modalitäten der Handhabung des Akteneinsichtsrechts unmittelbar allerdings nur punktuell, nämlich lediglich für die Konstellation, dass die Vergabekammer die Gewährung von Akteneinsicht abgelehnt hat (→ Rn. 7). Im Übrigen ist das bei der Gewährung von Akteneinsicht einzuhaltende Verfahren durch Richterrecht geregelt. Danach wird über die Akteneinsicht in einem Zwischenverfahren innerhalb des Nachprüfungsverfahrens entschieden (→ Rn. 50 ff.). Insoweit ist die Vorrangregelung in § 1 Abs. 2 GeschGehG zumindest sinngemäß anzuwenden.

III. Gegenstand und Umfang des Akteneinsichtsrechts nach Abs. 1

1. Die einsehbaren Akten. Unter den nach Abs. 1 bei der Vergabekammer einsehbaren 13 „Akten" sind zunächst die von der Kammer angelegten Verfahrensakten mit allen dazu eingereichten Schriftsätzen und Eingaben der Beteiligten nebst Anlagen zu verstehen. § 299 Abs. 4 ZPO ist hier entsprechend anzuwenden.[13] **Gegenstand der Akteneinsicht** sind potenziell (→ Rn. 5, 15 ff.) vor allem aber auch die gesamten Akten, die das Vergabeverfahren bei der Vergabestelle dokumentieren, die **Vergabeakten**. Das ergibt sich mittelbar aus § 163 Abs. 2 S. 3 iVm § 165 Abs. 3. Danach fordert die Vergabekammer diese Akten mit der Übermittlung des Nachprüfungsantrags an den Auftraggeber an.

Die Frage, welche Vorgänge (schon oder noch nicht) zu den Vergabeakten zählen, sollte funktio- 14 nal beantwortet und für die Zuordnung eines Vorgangs zu den Vergabeakten sollte darauf abgestellt werden, ob er einen **unmittelbaren Bezug zum Vergabewettbewerb** aufweist oder (noch) nicht. Insbesondere bei großen Bauvorhaben kann schon die Bedarfsermittlung Gegenstand umfangreicher Vorgänge sein. Solange kein Bezug zu Rechtspositionen besteht, deren Verletzung Gegenstand eines Nachprüfungsantrags sein kann, brauchen diese Vorgänge nicht den Vergabeakten zugeordnet zu werden. Die Zäsur ist da zu setzen, wo vergaberechtliche Beanstandungen prinzipiell frühestens ansetzen können. Sie liegt regelmäßig dort, **wo das Vergabeverfahren Publizität erlangt hat.** Dieses Stadium beginnt frühestens mit der Vorinformation (§ 12 EU Abs. 1, 2 VOB/A), praktisch eher mit der Bekanntmachung und dem Versand der Vergabeunterlagen (§ 12 EU Abs. 3 VOB/A, § 12a EU VOB/A). Die Vergabeakten umfassen dementsprechend alle von der Vergabestelle angelegten Vorgänge, Unterlagen bzw. geführten Aktenstücke mit dazugehörigen Anlagen und Beistücken, die **unmittelbaren Bezug zum publik gemachten Gegenstand des Vergabeverfahrens** haben. Vorher angelegte Vorgänge können zwar noch im folgenden Vergabeverfahren fortwirken und in diesem Zusammenhang auch Gegenstand von Rücksichtnahmepflichten aus § 241 Abs. 2 BGB sein (→ § 181 Rn. 60). Dies ist aber grundsätzlich kein zwingendes Kriterium für die Festlegung des Beginns des Vergabeverfahrens im Sinne des Akteneinsichtsrechts.

Das Akteneinsichtsrecht kann allerdings im Einzelfall weiter zurückliegende Vorgänge erfassen, 15 wenn deren Inhalt aus konkreten Gründen für die Beurteilung des Verhaltens der Vergabestelle während des Vergabeverfahrens und für den Ausgang des Nachprüfungsverfahrens von Bedeutung sein kann. Hält ein Verfahrensbeteiligter das für möglich, kann er ggf. ihre Beiziehung beantragen. Als Beispiel hierfür kann die **Kostenschätzung** angeführt werden (→ Rn. 39). Sie kann zum einen Bedeutung erlangen, wenn es darum geht, ob der Auftragswert zu Recht unterhalb der Schwellenwerte nach § 106 geschätzt und dementsprechend zu Recht nur national ausgeschrieben worden ist, zum anderen, wenn das Vergabeverfahren aufgehoben worden ist und die Frage im Raum steht, ob dies deshalb nicht als anderer schwerwiegender Grund für die Aufhebung anzuerkennen ist, weil der Auftraggeber die Kosten falsch geschätzt hat (→ § 181 Rn. 34).[14]

Die Vergabeakten sind an sich vollständig und sofort zu übersenden (§ 163 Abs. 2 S. 3). In 16 einem gewissen Spannungsverhältnis dazu steht aber, dass die Vergabekammer bei ihrer gesamten Tätigkeit auch darauf achten soll, dass der Ablauf des Vergabeverfahrens nicht unangemessen beeinträchtigt wird (§ 163 Abs. 1 S. 4). Die Arbeit der Vergabestelle kann unnötig erschwert und verzögert werden, wenn sie die gesamten Akten unverzüglich aus der Hand zu geben hat. Der Suspensiveffekt (§ 169 Abs. 1) hindert nämlich grundsätzlich nicht daran, das Vergabeverfahren vorbereitend weiter zu betreiben, es sei denn, die Vergabekammer hätte dieses durch besondere Maßnahmen nach § 169 Abs. 3 vollständig ausgesetzt. Von der Frage des Zeitpunkts der Übersendung der Akten ist ohnehin in jedem Einzelfall, vor dem Hintergrund der konkret erhobenen Beanstandungen, die Frage zu trennen, ob es erforderlich ist, die Akten vollständig zu übermitteln.

Übersendet die Vergabestelle die Vergabeakten nicht vollständig, sondern trifft sie eine **Vorauswahl**, dann gilt jedenfalls aber das **Transparenzgebot sinngemäß**. Sie muss dies offenlegen und 17 die zurückgehaltenen Akten mit kennzeichnungsfähiger Inhaltsbeschreibung auflisten.

---

[13] Vgl. *Ramm* VergabeR 2007, 739.
[14] Vgl. zur Akteneinsicht in die Kostenermittlung OLG Düsseldorf Beschl. v. 28.12.2007 – Verg 40/07, VergabeR 2008, 281.

18 **2. Gegenstand des Nachprüfungsverfahrens und Umfang der Akteneinsicht.** Ungeachtet der etwas apodiktischen Formulierung in Abs. 1, wonach die Beteiligten die Akten bei der Vergabekammer einsehen können, wurde schon bald nach Inkrafttreten des VgRÄG infrage gestellt, ob die Bestimmungen über das Akteneinsichtsrecht in § 165 überhaupt dahin ausgelegt werden müssen, dass grundsätzlich umfassende Akteneinsicht zu gewähren ist, sobald nur ein zulässiger Nachprüfungsantrag angebracht ist (→ Rn. 5). Dazu werden **divergierende Ansätze** vertreten (→ Rn. 19 ff.). Allgemeiner Konsens ist allerdings, dass bei als offensichtlich unzulässig zu verwerfenden Nachprüfungsanträgen Akteneinsicht nur insoweit gewährt zu werden braucht, als dies gerade für den Erfolg eines dagegen gerichteten Rechtsmittels bedeutsam sein kann.[15] Ob das uneingeschränkt auch für offensichtlich unbegründete Aufträge zu gelten hat, kann deshalb fraglich sein, weil der Übergang von der offensichtlichen Unbegründetheit zur „einfachen Unbegründetheit" nicht immer trennscharf verlaufen muss, sodass das Maß der Einschränkungen, mit denen Akteneinsicht gewährt wird, im Einzelfall uU der sorgfältigen Auslotung bedarf.[16] Hat die Vergabekammer den Nachprüfungsantrag als offensichtlich unbegründet ohne mündliche Verhandlung nach Lage der Akten zurückgewiesen (§ 166 Abs. 1 S. 3), bindet dies hinsichtlich des Umfangs der Akteneinsicht den Vergabesenat naturgemäß nicht.

19 Für ein im Übrigen uneingeschränktes Akteneinsichtsrecht plädiert etwa *Dreher*. Seiner Ansicht nach steht dafür der Wortlaut der Norm ebenso wie die Systematik des Gesetzes, das Ausnahmen nur nach Maßgabe von Abs. 2 vorsehe; aber auch mit Sinn und Zweck des Akteneinsichtsrechts, Transparenz des Vergabeverfahrens und effektiven Rechtsschutz zu gewährleisten, sei ein eingeschränktes Akteneinsichtsrecht nicht vereinbar.[17] Ähnlich ist der Ansatz von *Reidt*, der das Akteneinsichtsrecht über die Fälle vollumfänglicher Unzulässigkeit des Nachprüfungsantrags hinaus nur in dem Umfang eingeschränkt sehen will, in dem der Nachprüfungsantrag partiell unzulässig ist, etwa wegen Nichtbeachtung der Rügeobliegenheit.[18]

20 Die herrschende Gegenauffassung vertritt demgegenüber ein engeres Verständnis von der Reichweite des Akteneinsichtsrechts. Sie sieht einen wechselseitigen Bezug zwischen dem jeweiligen **konkreten Rechtsschutzbegehren** und dem Anspruch auf Akteneinsicht.[19] Diese Sichtweise verdient den Vorzug. Das Wortlaut-Argument der Gegenauffassung ist nur vordergründig schlüssig und bei systematischer und teleologischer Auslegung brüchig. Der Gesetzgeber des VgRÄG hat die Regelung zwar offen formuliert; es gab aber keine Vorerfahrungen mit vergleichbaren Rechtsschutzsystem und deshalb auch keine differenzierte Sicht und kein Problembewusstsein dafür, ob eine Einschränkung der Akteneinsicht über die in § 165 Abs. 2 genannten (Geheimhaltungs-)Belange hinaus tunlich sein könnte. Die knappen Ausführungen im Regierungsentwurf[20] lassen sich deshalb nicht als Bekenntnis des historischen Gesetzgebers für ein jenseits des § 165 Abs. 2 umfassendes Akteneinsichtsrecht deuten.[21] Dass der Gesetzgeber dies nicht in einer späteren Novellierung nachgeholt hat, ist nach Lage der Dinge auch nicht aussagekräftig, weil nie drängender Regelungsbedarf im Raum stand. Nicht überzeugend ist auch die Deutung von *Reidt*,[22] Abs. 1 schaffe die grundsätzliche Möglichkeit, (zusätzliche) Mängel in der Tätigkeit öffentlicher Auftraggeber, also (überwiegend) staatlicher Stellen, aufzudecken. Dagegen spricht, dass dem deutschen Recht eine **„Discovery"** wie im amerikanischen Rechtskreis fremd ist. Der Hinweis von *Reidt* auf § 100 VwGO, hinter dem § 165 nicht zurückbleiben dürfe,[23] überzeugt deshalb nicht. Ebenso wenig überzeugt *Reidts* teleologische Argumentation mit dem Gebot effektiven Rechtsschutzes und der Hinweis auf oft formelhafte Informationsschreiben nach § 134 Abs. 1.[24] Gerade durch Letzteres kann sich der Auftraggeber nicht der substanziellen Überprüfung seiner Vergabeentscheidung entziehen und der

---

[15] KG Beschl. v. 10.2.2020 – Verg 6/19, NZBau 2021, 77; OLG München Beschl. v. 8.11.2010 – Verg 20/10, VergabeR 2011, 228; Immenga/Mestmäcker/*Dreher* Rn. 22; *Kus* in RKPP GWB Rn. 33 mwN in Fn. 60.
[16] Vgl. insoweit auch OLG München Beschl. v. 8.11.2010 – Verg 20/10, VergabeR 2011, 228 ff.
[17] Immenga/Mestmäcker/*Dreher* Rn. 17 ff.
[18] Reidt/Stickler/Glahs/*Reidt* Rn. 17 ff.
[19] Ziekow/Völlink/*Dicks* Rn. 6: „...mit dem Rechtsschutzbegehren (Rechtsschutzziel) deckungsgleichen Umfang...."; vgl. iÜ OLG Düsseldorf Beschl. v. 28.12.2008 – VII Verg 40/07, VergabeR 2008, 281; OLG München Beschl. v. 8.11.2010 – Verg 20/10, BeckRS 2010, 28709 = VergabeR 2011, 228; OLG Naumburg Beschl. v. 1.6.2011 – Verg 3/11, BeckRS 2011, 21710 = VergabeR 2012, 250; *Kus* in RKPP GWB Rn. 28 ff.; jurisPK-VergabeR/*Summa* Rn. 18 ff.
[20] BT-Drs. 13/9340, 18 zur RegE § 121.
[21] Zu schematisch deshalb KG Beschl. v. 10.2.2020 – Verg 6/19, NZBau 2021, 77.
[22] Reidt/Stickler/Glahs/*Reidt* Rn. 19.
[23] Reidt/Stickler/Glahs/*Reidt* Rn. 19.
[24] Reidt/Stickler/Glahs/*Reidt* Rn. 20.

Antragsteller wird etwa auf der Grundlage des Vergabevermerks sein Vorbringen substanziieren können, was dann auch auf den Umfang des Akteneinsichtsrechts durchschlagen muss.

Die **systematische Auslegung** darf sich nicht damit begnügen, Abs. 1 in Beziehung zu der 21 Ausnahmeregelung in Abs. 2 zu setzen, sondern muss den Ansatz der Ausgestaltung des Rechts auf Vergabenachprüfung insgesamt in den Blick nehmen. Die gesetzliche Regelung geht davon aus, dass ein Antragsteller, der sich im Vergabeverfahren mit einem ihm vergaberechtswidrig erscheinenden Vorgang oder Ablauf konfrontiert sieht, diesen zur Nachprüfung stellt, indem er die behauptete Rechtsverletzung mit Sachverhaltsdarstellung beschreibt und ein bestimmtes Begehren formuliert (§ 161 Abs. 1 S. 1, Abs. 2 S. 1). Hierfür stehen ihm – so ist Abs. 1 zu verstehen – **die gesamten Vergabeakten potenziell** zur Einsichtnahme zur Verfügung. Die Anbringung eines zulässigen Nachprüfungsantrags ist dafür zwar notwendige, aber keineswegs automatisch auch hinreichende Voraussetzung für ein sofortiges und umfassendes Akteneinsichtsrecht. Vielmehr steht der Umfang dieses Rechts in Wechselwirkung mit dem Antragsvorbringen. Nur wenn dieses erweitert und auf andere Abschnitte des Vergabeverfahrens als bisher erstreckt wird, folgt die Akteneinsicht dem gleichsam akzessorisch im für den Rechtsschutz erforderlichen Umfang.[25] Zu Recht verlangt das OLG Düsseldorf für den Anspruch auf Akteneinsicht grundsätzlich aber über den Wortlaut von § 165 Abs. 1 hinaus einen das Akteneinsichtsgesuch begründenden beachtlichen und entscheidungserheblichen Sachvortrag.[26]

Soweit es die Erweiterung des Nachprüfungsbegehrens und daran anknüpfend die Frage nach 22 erweiterter Akteneinsicht betrifft, ist allerdings dem Umstand Rechnung zu tragen, dass der Antragsteller außerhalb der Sphäre der möglicherweise vergaberechtlich irregulären weiteren Vorgänge steht. Deshalb darf sein Begehren nach erweiterter Akteneinsicht nicht leichtfertig mit der Begründung zurückgewiesen werden, die neuen Vorwürfe seien **„ins Blaue hinein"** erhoben (→ § 180 Rn. 12).[27] Die Formulierung des Umfangs des Akteneinsichtsrechts in Abs. 1 darf nicht in ihr Gegenteil verkehrt werden. Es geht vielmehr lediglich darum zu **verhindern, dass das Akteneinsichtsrecht für eine uferlose Ausforschung instrumentalisiert wird**.[28] Hat der Antragsteller überhaupt einen zur Sachprüfung führenden Nachprüfungsantrag gestellt und bezieht er weitere mögliche, ihm aber nicht in Einzelheiten bekannte Rechtsverstöße ein, ist sein Akteneinsichtsrecht darauf zu erstrecken.[29]

3. Die zur Einsichtnahme Berechtigten. Das Akteneinsichtsrecht steht nach Abs. 1 „den 23 Beteiligten" zu. Dazu gehören notwendigerweise der öffentlichen Auftraggeber und der Antragsteller; darüber hinaus evtl. beigeladene Unternehmen (vgl. § 162). Der Vergabeakten führende öffentliche Auftraggeber benötigt naturgemäß allenfalls Einsicht in die bei der Vergabekammer geführten Verfahrensakten. Hinsichtlich der übrigen Beteiligten stellt sich im Zusammenhang mit der Akteneinsicht die Frage, ob bei der Vorenthaltung von einzelnen Unterlagen aus Gründen des Geheimschutzes nach dem **Status der verschiedenen Beteiligten differenziert** werden kann, ob also einem Beigeladenen uU etwas vorenthalten werden darf, was dem Antragsteller offenbart werden muss, oder ob alle Verfahrensbeteiligten insoweit gleich behandelt werden müssen oder ob zwischen „einfacher" und notwendiger Beiladung unterschieden werden muss (§ 70 Abs. 3, § 76 Abs. 1 S. 3; → Rn. 63 f.). Hier hat eine Entscheidung des BGH für Klarheit bei der verfahrensmäßigen Behandlung gesorgt.[30]

IV. Die Beschränkung der Akteneinsicht aus wichtigen Gründen (Abs. 2)

1. Die schutzwürdigen Inhalte und Informationen. Die Akteneinsicht kann partiell einge- 24 schränkt werden. Die Vergabekammer hat die Einsicht in die Unterlagen zu versagen, soweit dies aus wichtigen Gründen, insbesondere des Geheimschutzes oder zur Wahrung von Betriebs- oder Geschäftsgeheimnissen geboten ist (Abs. 2). Beide Seiten, also Auftraggeber und Bieter, können Schutzbelange geltend machen.[31] **Verfehlt** war die in den Anfangszeiten des neuen Vergaberechtsschutzes vom OLG Jena vertretene Ansicht, durch die Teilnahme an einer öffentlich ausgeschriebenen, in den Anwendungsbereich des VgRÄG fallenden Auftragsvergabe gäben die Bieter jedenfalls einen Teil der im Geschäftsverkehr insbesondere gegenüber Konkurrenten üblichen Geheimhaltung

---

[25] IdS auch OLG Naumburg Beschl. v. 1.6.2011 – Verg 3/11, VergabeR 2012, 250 (251); in diesem Sinne auch Beck VergabeR/*Vavra/Willner* Rn. 18 f.
[26] OLG Düsseldorf Beschl. v. 9.1.2020 – Verg 10/18, VergabeR 2020, 541 Rn. 23.
[27] Vgl. in etwas anderem Zusammenhang jurisPK-VergabeR/*Summa* Rn. 20.
[28] Zu einzelnen Konstellationen vgl. Ziekow/Völlink/*Dicks* Rn. 5 f.
[29] Zutreffend Ziekow/Völlink/*Dicks* Rn. 6 aE.
[30] BGH Beschl. v. 31.1.2017 – X ZB 10/16, NZBau 2017, 230 – Notärztliche Dienstleistungen.
[31] Vgl. RegE, BT-Drs. 13/9340, 18, zu § 121 Abs. 2.

auf.³² Das Gegenteil trifft zu. Die Teilnahme an einer Ausschreibung als solche hat keinerlei konkludenten Erklärungsgehalt in Bezug auf den Willen, Geschäftsgeheimnisse preiszugeben. Das Vergabeverfahren ist im Verhältnis der Bieter untereinander gerade nicht transparent, sondern **vom Prinzip und Ideal des Geheimwettbewerbs bestimmt.** Die Bieter können ohne Weiteres davon ausgehen, dass ihre Geschäftsgeheimnisse grundsätzlich gewahrt und nur dann offengelegt werden, wenn dies aus überwiegenden nachprüfungsrechtlichen Gründen notwendig ist.

25 **a) Der herkömmliche Geheimnisbegriff.** Der Geheimnisbegriff in § 165 deckte sich **bis zum Inkrafttreten des GeschGehG** mit demjenigen in § 70, § 17 UWG aF, § 203 StGB, § 30 VwVfG oder genauer gesagt: Der Geheimnisbegriff deckte sich mit den tatbestandlichen Anforderungen, welche die Rechtsprechung ihm für die Anwendung der genannten Bestimmungen richterrechtlich beigelegt hatte. **Geheimnisse** wurden danach definiert als im Zusammenhang mit einem Geschäftsbetrieb stehende Tatsachen, die nicht offenkundig, sondern nur einem begrenzten Personenkreis bekannt waren und nach dem bekundeten, auf wirtschaftlichen Interessen beruhenden Willen des Betriebsinhabers geheim gehalten werden sollten.³³

26 **b) Der Geheimnisbegriff des GeschGehG.** Das GeschGehG formuliert in § 2 Nr. 1 GeschGehG eine Legaldefinition für den Begriff des Geschäftsgeheimnisses. Danach ist das Geschäftsgeheimnis eine durch drei Merkmale gekennzeichnete Information. Die Information darf
1. weder insgesamt noch in der genauen Anordnung und Zusammensetzung ihrer Bestandteile den Personen in den Kreisen, die üblicherweise mit dieser Art von Informationen umgehen, allgemein bekannt oder ohne Weiteres zugänglich und daher von wirtschaftlichem Wert sein;
2. sie muss Gegenstand von den Umständen nach angemessenen Geheimhaltungsmaßnahmen durch ihren rechtmäßigen Inhaber sein;
3. es muss ein berechtigtes Interesse an der Geheimhaltung bestehen.

27 Der **Geheimnisbegriff des GeschGehG ist bei Anwendung von § 165 zugrunde zu legen** (→ Rn. 10). Dafür spricht eine sinngemäße Anwendung des Grundsatzes „Lex posterior derogat legi priori". Sinngemäß deshalb, weil § 165 selbst, wie die übrigen einschlägigen gesetzlichen Bestimmungen (→ Rn. 25), keine Legaldefinitionen enthält, sondern nur die einschlägigen Rechtsbegriffe, die richterrechtlich konkretisiert waren. Der in § 1 Abs. 2 GeschGehG formulierte Vorrang anderweitiger öffentlich-rechtlicher Vorschriften steht dem Rückgriff auf die Begriffsdefinition in § 2 Nr. 1 GeschGehG nicht entgegen, weil er sich nur auf die Geheimhaltung selbst sowie die Erlangung, Nutzung oder Offenlegung von Geschäftsgeheimnissen bezieht, nicht aber auf die Definition des Geheimnisses selbst. Dagegen möchte *Willner* am herkömmlichen Geheimnisbegriff festhalten, weil der Schutz nach dem GeschGehG insoweit niedriger sei, als der Berechtigte zusätzlich angemessene Geheimhaltungsmaßnahmen nachweisen müsse; dies laufe dem in Erwägungsgrund 18 Geheimnisschutz-RL gerade für das Vergaberecht artikulierten Vertrauensschutz der Geheimnisträger zuwider.³⁴ Diese Begründung kann schon deshalb nicht tragen, weil die Geheimhaltungsberechtigten ihr Geheimhaltungsinteresse schon nach dem bisherigen Recht darlegen mussten (→ Rn. 53) und weil der Richtliniengeber das Vertrauensschutzniveau in der Geheimnisschutz-RL in der Weise festgelegt hat, dass der Berechtigte u.a. angemessene Geheimhaltungsmaßnahmen ergreifen muss. Hinzu kommt, dass es zu beliebig wäre, den erstmals durch Legaldefinition festgelegten Geheimnisbegriff mit der Begründung beiseitezuschieben, er wäre gleichsam unausgewogen zum Nachteil der Geheimnisträger. Auch die von *Willner* zitierte Entscheidung des BVerfG³⁵ und des BVerwG³⁶ stützen ihre Auffassung nicht. Die Entscheidung des BVerfG betrifft eine erfolglose Verfassungsbeschwerde gegen ein letztinstanzliches Urteil aus dem Jahre 2013, also lange vor Inkrafttreten des GeschGehG; das BVerwG hat sich lediglich nicht zu § 2 Nr. 1 lit. b GeschGehG als Abwägungsparameter verhalten.

28 **aa) Umfassender (Ober-)Begriff des Geschäftsgeheimnisses.** Herkömmlich wurde im deutschen Recht zwischen der kaufmännischen (Geschäftsgeheimnisse) und der technisch-betrieblichen Sphäre (Betriebsgeheimnisse) unterschieden. Dabei schloss der Begriff des Betriebsgeheimnisses als Oberbegriff die **Fabrikationsgeheimnisse** ein, die in § 111 in der Fassung des VgRÄG – ebenso wie in § 72 aF – noch ausdrücklich mitaufgeführt waren. Mit der 7. GWB-Novelle wurde dieser Begriff mit der lakonischen Begründung aufgegeben, Fabrikationsgeheimnisse seien Betriebsgeheim-

---

[32] OLG Jena Beschl. v. 26.10.1999 – 6 Verg 3/99, NZBau 2000, 354.
[33] Vgl. nur BGH Urt. v. 22.3.2018 – I ZR 118/16, GRUR 2018, 1161 Rn. 28 – Hohlfasermembranspinnanlage II; BGH Urt. v. 27.4.2006 – I ZR 126/03, GRUR 2006, 1044 Rn. 19 – Kundendatenprogramm; Köhler/Bornkamm/*Köhler*, 37. Aufl. 219, UWG § 17 Rn. 4 ff.
[34] Vgl. Beck VergabeR/*Vavra/Willner* Rn. 25 f.
[35] BVerfG Beschl. v. 27.4.2021 – 2 BvR 206/14, NVwZ 2021, 1211 Rn. 50.
[36] BVerwG Beschl. v. 12.2.2021 – 20 F 1.20, BeckRS 2021, 7813.

IV. Die Beschränkung der Akteneinsicht aus wichtigen Gründen (Abs. 2)   29–33   § 165 GWB

nisse.[37] Fabrikationsgeheimnisse können besondere Fertigungstechniken, -abläufe oder -programme, Herstellungsmodalitäten, bestimmte Stoffzusammensetzungen bzw. -mischungen uÄ betreffen. Im **GeschGehG ist die begriffliche Unterscheidung zwischen der kaufmännischen und der technisch-betrieblichen Sphäre aufgegeben** zugunsten des einheitlichen (Ober-)Begriffs des Geschäftsgeheimnisses,[38] ohne dass dies allerdings mit Abstrichen am Schutzumfang verbunden wäre.

bb) Geheime Informationen. Die Regelung in § 2 Nr. 1 lit. a GeschGehG definiert die **Qualität, die Informationen ihrer Art nach aufweisen müssen**, um als Geschäftsgeheimnisse eingestuft werden zu können. Die Regelung lehnt sich an Erwägungsgrund 14 Geheimnisschutz-RL an. Sie ist allerdings wenig ergiebig, weil es sich um eine Negativabgrenzung in einem zudem sehr groben Raster handelt. **Vom Geheimnisbegriff ausgenommen sind** zum einen belanglose Information, zum anderen gleichsam das allgemeine Fachwissen der jeweils beteiligten Fachkreise. Die Richtlinie verweist insoweit auf die Erfahrungen und Qualifikationen, die Beschäftigte im Zuge der Ausübung ihrer üblichen Tätigkeiten erwerben, sowie auf Informationen, die den Personenkreisen, die üblicherweise mit derartigen Informationen umgehen, generell bekannt bzw. für sie leicht zugänglich sind.[39] Derartige Abgrenzungsfragen werden sich in der vergaberechtlichen Praxis aber kaum je stellen. 29

In Art. 2 Nr. 1 lit. a Geheimnisschutz-RL und in § 2 Nr. 1 lit. a GeschGehG sind des Weiteren übereinstimmend die **Voraussetzungen festgelegt, die erfüllt sein müssen, damit Informationen generell als geheim eingestuft werden können**. Geheimnisschutz besteht für Informationen danach, solange sie weder in ihrer Gesamtheit noch in der genauen Anordnung und Zusammensetzung ihrer Bestandteile den Personen in den Kreisen, die üblicherweise mit dieser Art von Informationen umgehen, allgemein bekannt oder ohne Weiteres zugänglich sind. Das ist umfassend zu verstehen. Aus mehreren Komponenten zusammengesetzte Informationen verlieren den Geheimnischarakter nicht zwangsläufig dadurch, dass die Komponenten einzeln alle bekannt sind, wenn sich aus ihrer Zusammenfügung ein weiter reichender, eigenständiger Mitteilungsgehalt ergibt.[40] 30

cc) Wirtschaftlicher Wert aufgrund der Geheimhaltung. Zur Legaldefinition des Geheimnisbegriffs gehört nach Art. 2 lit. b Geheimnisschutz-RL, dass die betreffenden Informationen „von kommerziellem Wert (sind), weil sie geheim sind". Der Sache nach ist dieses eigenständige Tatbestandsmerkmal[41] auch in § 2 Nr. 1 lit. a GeschGehG eingeflossen, wenn auch unscheinbar nur in einem Nebensatz. Nach den Erläuterungen in Erwägungsgrund 14 Geheimnisschutz-RL ist dies weit zu verstehen. Danach ist darauf abzustellen, ob die Erlangung bzw. Offenlegung und Nutzung am Berechtigten vorbei aller Voraussicht nach dessen Interessen durch Untergrabung seines wissenschaftlichen oder technischen Potenzials, seiner geschäftlichen oder finanziellen Interessen, strategischen Position oder Wettbewerbsfähigkeit **schädigen kann**. Dies ist umfassend zu verstehen. Die fraglichen geheimen Informationen müssen nicht für sich handelbar sein; es reicht vielmehr aus, wenn ihre Kenntnis zum wirtschaftlichen Nachteil seines rechtmäßigen Inhabers eingesetzt werden kann. Dies stimmt mit dem deutschen Rechtsverständnis überein. Nach der Rechtsprechung des BGH braucht ein Geschäftsgeheimnis selbst keinen bestimmten Vermögenswert zu besitzen; es reicht aus, dass es sich für den berechtigten Inhaber nachteilig auswirken kann, wenn Dritte, insbesondere Wettbewerber, Kenntnis von den das Geheimnis ausmachenden Daten erlangen.[42] 31

dd) Gegenstand angemessener Geheimhaltungsmaßnahmen. Geheimnisschutz nach der mit der Geheimnisschutz-RL übereinstimmenden Regelung in § 2 GeschGehG kann der Berechtigte nicht schon beanspruchen, wenn die in Rede stehenden Informationen qualitativ, ihrer Art nach, die Anforderungen an ein Geschäftsgeheimnis erfüllen (→ Rn. 29 f.) und einen wirtschaftlichen Wert ergeben (→ Rn. 30). Ihm obliegt[43] vielmehr zusätzlich, zur Wahrung des Geschäftsgeheimnisses den Umständen nach angemessene Geheimhaltungsmaßnahmen zu ergreifen. Dahinter steht der **Grundgedanke des eigenen widersprüchlichen Verhaltens**. Der Berechtigte soll sich nicht situativ auf ein Geschäftsgeheimnis berufen dürfen, wenn er ansonsten keine hinreichenden Vorkehrungen zu dessen Schutz getroffen hat. 32

Wie weit die Obliegenheit reichen soll, angemessene Maßnahmen zum Geheimnisschutz zu ergreifen, lässt sich Erwägungsgrund 14 Geheimnisschutz-RL entnehmen. Danach ist das legitime 33

---

[37] BR-Drs. 441/04, 114 zu Nr. 43 und 124 zu Nr. 62.
[38] Vgl. RegE GeschGehG, BT-Drs. 19/4724, 24.
[39] ABl. 2016 L 157, 1.
[40] In diesem Sinne auch *Ohly* GRUR 2019, 441 (443).
[41] So zutreffend *Ohly* GRUR 2019, 441 (443).
[42] BGH Urt. v. 27.4.2006 – I ZR 126/03, GRUR 2006, 1044 Rn. 19 – Kundendatenprogramm; vgl. auch *Ohly* GRUR 2019, 441 (443).
[43] Zutreffend *Ohly* GRUR 2019, 441 (443).

Interesse des Berechtigten an der Geheimhaltung einerseits und seiner legitimen Erwartung an die Wahrung der Vertraulichkeit andererseits auszutarieren. Das heißt, es muss das jeweils zumutbare und angemessene Niveau für die innerbetrieblichen Bemühungen um **die Wahrung der Geschäftsgeheimnisse im Unternehmen** bestimmt werden. Dafür ist zu bedenken, dass die für den Geheimnisschutz in Betracht kommenden Informationen von ganz vielfältiger und unterschiedlicher Qualität sein können. In der Begründung des Regierungsentwurfs für ein GeschGehG sind dafür beispielhaft genannt: Herstellungsverfahren, Kunden- und Lieferantenlisten, Kosteninformationen, Geschäftsstrategien, Unternehmensdaten, Marktanalysen, Prototypen, Formeln und Rezepte.[44] Diese können zudem naturgemäß von **unterschiedlicher Wichtigkeit** für das Unternehmen des Berechtigten sein. Der Regierungsentwurf führt als Bezugsgrößen an: den Wert des Geschäftsgeheimnisses und die Kosten der Entwicklung seines Gegenstands, die Natur der Informationen, die Bedeutung für das Unternehmen, die Größe des Unternehmens, die dort üblichen Geheimhaltungsmaßnahmen, die Art der Kennzeichnung der Informationen und vereinbarte vertragliche Regelungen mit Arbeitnehmern und Geschäftspartnern.[45] Dementsprechend können die **Anforderungen an „angemessene" Geheimhaltungsmaßnahmen abgestuft ausfallen.**

34   Als insoweit zu ergreifende **Schutzmaßnahmen** kommen **physische Zugangsbeschränkungen** und Abschirmmaßnahmen in Betracht, aber auch vertragliche Sicherungsmechanismen,[46] namentlich die **Abnahme von Verschwiegenheitspflichten.** Dafür wird es allerdings nicht als erforderlich angesehen, jede geheim zu haltende Information gesondert zu kennzeichnen, sondern es können grundsätzlich Maßnahmen für bestimmte Kategorien von Informationen ergriffen werden (zum Beispiel technische Zugangshürden) oder durch allgemeine interne Richtlinien und Anweisungen oder auch in Arbeitsverträgen vorgegeben werden.[47] Darüber hinaus kann dem Berechtigten obliegen, Vorkehrungen dahingehend zu treffen, dass zu den jeweiligen Geschäftsgeheimnissen nur diejenigen Mitarbeiter Zugang bekommen, die dies für die Erfüllung der ihnen zugewiesenen Aufgaben benötigen (**„Need-to-know-Prinzip").**[48]

35   Ob die Berufung auf Geheimnisschutz im Nachprüfungsverfahren schon daran scheitert, dass der berechtigte Geheimnisträger seiner Obliegenheit zur Ergreifung angemessener Geheimnisschutzmaßnahmen nicht hinreichend nachgekommen ist, wird sich regelmäßig unaufwändig klären lassen, weil **die in Betracht kommenden Geschäftsgeheimnisse** typischerweise auf einige wenige Kategorien reduziert sein werden. Am ehesten und häufigsten vorstellbar sind Geheimhaltungsfragen hinsichtlich der Angebotskalkulation (→ Rn. 43 ff.) oder gegebenenfalls in Bezug auf die Nutzung eingesetzter geheimer Fabrikationstechniken oder Planungselemente (→ Rn. 40). Im Konflikt um die Geheimhaltung musste ein Bieter schon nach dem bisher geltenden Recht dartun, dass die fraglichen Informationen, die von der Akteneinsicht ausgenommen werden sollen, im Unternehmen als Geschäftsgeheimnis behandelt, und welche Vorkehrungen diesbezüglich zur Geheimhaltung ergriffen wurden (→ Rn. 53).

36   **ee) Berechtigtes Interesse an der Geheimhaltung.** Das Tatbestandsmerkmal des berechtigten Interesses an der Geheimhaltung ist auf Empfehlung des Rechtsausschusses des Deutschen Bundestags aufgenommen worden. Dies ist darauf gestützt, dass in Erwägungsgrund 14 GeheimnisschutzRL vom legitimen Interesse des Berechtigten an der Geheimhaltung die Rede ist, sowie auf nicht näher spezifizierte Rechtsprechung des BVerfG.[49] In der vom gewerblichen Rechtsschutz geprägten Fachliteratur stößt die Einfügung dieses Merkmals auf Bedenken und sogar Zweifel hinsichtlich seiner Richtlinienkonformität.[50] Ob dem in dieser Allgemeinheit beigetreten werden kann, kann hier dahinstehen. Für den Streit um die **Offenlegung von Geschäftsgeheimnissen im Nachprüfungsverfahren wurde die Abwägung** der beteiligten Interessen nach der Rechtsprechung des BGH schon bisher verlangt. Diese Rechtsprechung beruht darauf, dass der Konflikt um die Akteneinsicht bei allen Beteiligten widerstreitende Schutzgüter von Verfassungsrang betrifft. Die Offenlegung von Geschäfts- oder Betriebsgeheimnissen berührt die Berufsausübung und das Eigentumsrecht (Art. 12 Abs. 1 GG, Art. 14 Abs. 1 GG) des Betroffenen; demgegenüber betrifft das Interesse des Kontrahenten an der Kenntnis der fraglichen Daten und Informationen seinen Anspruch auf rechtliches Gehör (Art. 103 Abs. 1 GG), der grundsätzlich gebietet, dass die Beteiligten sich zu allen entscheidungserheblichen Tatsachen äußern konnten (vgl. § 108 Abs. 2 VwGO).[51]

---

[44] ReGE GeschGehG, BT-Drs. 19/4724, 24.
[45] ReGE GeschGehG, BT-Drs. 19/4724, 25.
[46] ReGE GeschGehG, BT-Drs. 19/4724, 24.
[47] Vgl. ReGE GeschGehG, BT-Drs. 19/4724, 24 f.
[48] Vgl. *Ohly* GRUR 2019, 441 (444).
[49] Vgl. BT-Drs. 19/8300, 14.
[50] *Ohly* GRUR 2019, 441 (444 f.); vgl. iÜ *Hoppe* in Hoppe/Oldekop, Geschäftsgeheimnisse, 2020, 70 ff.
[51] BGH Beschl. v. 31.1.2017 – X ZB 10/16, BGHZ 214, 11 = NZBau 2017, 230 Rn. 58 – Notärztliche Dienstleistungen.

Aus dem vorstehend Ausgeführten folgt mittelbar, dass sich das berechtigte Interesse aus Umständen ergeben muss, die außerhalb der Anforderungen in § 2 Nr. 1 lit. a und b GeschGehG liegen und kumulativ gegeben sein müssen. Wenn eine Information schon nicht schutzfähig ist, weil sie die Anforderungen an ein Geschäftsgeheimnis nicht erfüllt oder wenn der Berechtigte diesbezüglich keine angemessenen Schutzmaßnahmen ergriffen hat, kann er Geheimnisschutz grundsätzlich nicht mit der Begründung beanspruchen, er habe ein berechtigtes Interesse an der Geheimhaltung. Vielmehr ist die Regelung bei systematischer Auslegung von § 2 Nr. 1 GeschGehG dahin auszulegen, dass je nach Lage der beteiligten Interessen Ansprüche des Berechtigten nach dem GeschGehG uU sogar dann versagt werden können, wenn die Voraussetzungen an ein Geschäftsgeheimnis an sich erfüllt sind. Für Streitigkeiten um die Erstreckung der Akteneinsicht auf Geschäftsgeheimnisse im vergaberechtlichen Nachprüfungsverfahren dürfte diese Teilregelung keine erhebliche praktische Bedeutung erlangen. Es mag sein, dass Beteiligte sich auf diese Regelung berufen; nach Lage der Dinge im Vergabeverfahren und der dort vorrangig in Betracht kommenden Geschäftsgeheimnisse ihrer Art nach (→ Rn. 41 ff.) wird ein berechtigtes Interesse an der Geheimhaltung als unabhängiger Abwägungsparameter allenfalls selten zum Tragen kommen. Die beteiligten Interessen sind ohnehin abzuwägen.

c) Spezifisch auftraggeberseitige Geheimnisse. In den Gesetzgebungsmaterialien zum 38
VgRÄG wird gerade auch Geheimhaltungsbedarf auf Auftraggeberseite angeführt, und zwar unter dem Begriff des Geheimschutzes.[52] In der Sache war dabei an die Natur des zu deckenden Bedarfs (**zB Verteidigung und Sicherheit**, § 104) bzw. an die Hintergründe für die Vergabe[53] gedacht. Die eher vage Begrifflichkeit („Geheimschutz") erklärt sich daraus, dass Teil 4 des GWB in der durch das VgRÄG geschaffenen Fassung bei weitem nicht so ausdifferenziert war, wie in der Fassung, die er durch das Vergaberechtsmodernisierungsgesetz vom 17.2.2016 erhalten hat.[54]

In der Praxis hat sich die Frage gestellt, ob für die **Kostenschätzung** Geheimschutz beansprucht 39
werden kann. Die Kostenschätzung kann Bedeutung erlangen, wenn es darum geht, ob der Auftragswert zu Recht unterhalb der Schwellenwerte nach § 106 geschätzt und zu Recht nur national ausgeschrieben worden ist, oder wenn darum gestritten wird, ob der Auftraggeber das Auftragsvolumen vertretbar geschätzt hat, wenn die eingegangenen Angebote erheblich über diesem Wert liegen, er das Vergabeverfahren deshalb aufgehoben hat, und die Frage im Raum steht, ob ein anderer schwerwiegender Grund zur Aufhebung des Vergabeverfahrens anzuerkennen ist (→ § 181 Rn. 34, 60 ff.). Bestünde hier ein Geheimhaltungsrecht des Auftraggebers, könnte das Nichtvorliegen dieses Aufhebungsgrundes kaum erhärtet werden. Das OLG Düsseldorf hat sich einmal eingehend mit einem solchen Fall befasst und Geheimschutz verneint.[55] Diese Entscheidung erscheint über den Einzelfall hinaus richtungsweisend; etwas anderes wird im Allgemeinen allenfalls unter ganz außergewöhnlichen Umständen gelten können. Das Problem der Darlegung einer unrechtmäßigen Aufhebung des Vergabeverfahrens im Zusammenhang mit der Kostenschätzung kann sich im Übrigen im Schadensersatzprozess fortsetzen, wenn ein solcher im Anschluss an das Vergabeverfahren geführt wird.[56]

d) Generelle bieterseitige Geheimhaltungsbelange. Wenn Unternehmen auf Bieterseite 40
Geheimhaltungsinteressen geltend machen, geht es im Wesentlichen um **kaufmännische oder betrieblich-technische Informationen** entsprechend dem allgemeinen Geheimnisbegriff (→ Rn. 28). Zu den Geschäftsgeheimnissen im **kaufmännischen Bereich** zählen etwa Umsätze, Ertragslagen, Geschäftsbücher, Kundenlisten, Bezugsquellen, Konditionen (Preise), Marktstrategien, Unterlagen zur Kreditwürdigkeit, Kalkulationsunterlagen und -schemata, Patentanmeldungen und sonstige Entwicklungs- und Forschungsprojekte, durch welche die wirtschaftlichen Verhältnisse eines Betriebs bilanziell maßgeblich bestimmt werden können.[57] Patentanmeldungen (bis zu deren Veröffentlichung) und die zuletzt genannten Entwicklungs- und Forschungsprojekte können allerdings je nach Gegenstand im Sinne einer Doppelnatur zugleich auch dem Betriebsgeheimnissen zuzuordnen sein. Die nicht kaufmännischen Aspekte des Geschäftsgeheimnisbegriffs des GeschGehG betreffen demgegenüber **den technischen bzw. produzierenden Bereich** und umfassen im Wesentlichen technisches Wissen im weitesten Sinne, einschließlich dessen, was unter den Begriff der **Fabrikationsgeheimnisse** fiel, die in § 111 aF in der Fassung des VgRÄG – ebenso wie in § 72 aF – noch ausdrücklich mitaufgeführt waren, aber seit der 7. GWB-Novelle im Begriff des Betriebsgeheimnisses

---

[52] RegE, BT-Drs. 13/9340, 18 zu § 121 Abs. 2.
[53] Vgl. Griem WuW 1999, 1182 (1186).
[54] BGBl. 2016 I 203.
[55] Vgl. OLG Düsseldorf Beschl. v. 28.12.2007 – VII Verg 40/07, VergabeR 2008, 281.
[56] Vgl. BGH Urt. v. 20.11.2012 – X ZR 108/10, NZBau 2013, 180 – Friedhofserweiterung.
[57] Vgl. BVerfG Beschl. v. 14.3.2006 – 1 BvR 2087/03, 1 BvR 2111/03, BVerfGE 115, 205 Rn. 87 = NVwZ 2006, 1041.

aufgegangen sind (→ Rn. 28). Fabrikationsgeheimnisse können besondere Fertigungstechniken, -abläufe oder -programme, Herstellungsmodalitäten, bestimmte Stoffzusammensetzungen bzw. -mischungen uÄ betreffen.

41   e) Spezifisch vergaberechtliche Geheimnisse. Im Zusammenhang mit der Vergabe öffentlicher Aufträge kommen auf Anbieterseite hauptsächlich zwei Kategorien von denkbaren Geheimnissen in Betracht. Es sind dies zum einen allgemein **unternehmensbezogene Tatsachen oder Umstände** und zum anderen speziell **auftragsbezogene Gesichtspunkte.** Die sich bewerbenden Unternehmen können den öffentlichen Auftraggebern in ihren Angeboten oder sonst im Zusammenhang mit ihrer Bewerbung – namentlich **für die Eignungsprüfung** – bestimmte Betriebsinterna offenbaren, die Mitbewerber nicht bei Gelegenheit einer Akteneinsicht im Nachprüfungsverfahren sollen in Erfahrung bringen können. Entsprechendes kann je nach Fall für Einzelheiten des in einem konkreten Vergabeverfahren unterbreiteten Angebots gelten. Beide Bereiche können sich überschneiden; so können bestimmte Fertigungstechniken oder -verfahren, über die ein Bieter verfügt, sowohl für die Unternehmens- als auch die Angebotsbewertung relevant sein.

42   aa) Unternehmensbezogene Geheimnisse. Allgemeine unternehmensbezogene Tatsachen, Umstände und Verhältnisse, die für Geheimnisschutz in Betracht kommen, betreffen in erster Linie die **Eignung** (bislang: Fachkunde, Leistungsfähigkeit, Zuverlässigkeit; jetzt: Befähigung und Erlaubnis zur Berufsausübung, wirtschaftliche und finanzielle bzw. technische und berufliche Leistungsfähigkeit, § 122 Abs. 2). Zu diesem Zweck werden die Bewerber uU Angaben zum Profil ihres Unternehmens und zu etwaigen besonderen Stärken oder Vorteilen machen, die ihren Wettbewerbern und auch sonst nicht zwangsläufig allgemein bekannt sind. Daten wie die Größe des eigenen Maschinen- oder Fahrzeugparks[58] oder ihre sonstige **Betriebsausstattung** werden die Unternehmen unabhängig davon lieber geheim gehalten sehen, ob es sich dabei überhaupt noch um Informationen handelt, die entsprechend dem Geheimnisbegriff, nur einem eingeschränkten Personenkreis zugänglich sind (→ Rn. 25). Eine andere Frage ist überdies, inwieweit das diesbezügliche Geheimhaltungsinteresse überhaupt Vorrang beanspruchen kann, wenn hinreichend fundierte Einwände gegen die Eignung eines Konkurrenten vorgebracht werden.[59] Die entscheidungserhebliche Frage für die Geheimhaltung ist dann, wie schwer die möglichen Nachteile entsprechender Offenlegung gegenüber den durch die Offenlegung begünstigten Interessen wiegen.

43   bb) Auftragsbezogene Geheimnisse, insbesondere Preise. Auftragsbezogene Geheimnisse können im Zusammenhang mit **funktionalen Ausschreibungen** eine besondere Rolle spielen, bei denen das Angebot auf einem vom Bieter eigens erarbeiteten Lösungsvorschlag beruht. Es liegt auf der Hand, dass ein Unternehmen, welches eine solche besondere Problemlösung erarbeitet hat, verhindern möchte, dass seine Konkurrenten durch die Akteneinsicht in den Stand gesetzt werden, sich diese Lösung anzueignen oder aus dieser Kenntnis irgendwelchen Nutzen zu ziehen, sei es noch im Rahmen der laufenden Ausschreibung selbst oder sei es – vor allem – im künftigen Wettbewerb. Entsprechendes gilt für Änderungsvorschläge oder Nebenangebote. Auch in ihnen können geheimhaltungsbedürftige und -würdige Leistungen des jeweiligen Anbieters stecken.

44   Von gesteigertem vergaberechtlichem Geheimhaltungsinteresse sind regelmäßig alle Fragen, die mit den **Preisen** zusammenhängen, soweit diese nicht im Zuge des Öffnungstermins bekannt werden. Generell werden die Kalkulationsgrundlagen zur Preisberechnungen zu den Geschäftsgeheimnissen gerechnet (→ Rn. 40). Das schließt die aus der Kalkulation resultierenden Einheitspreise ein. Unter dem Gesichtspunkt des Geheimnisschutzes ist hier aber zwischen Vergabeverfahren nach der VgV und nach der VOB/A und bei den Letzteren zusätzlich nach verschiedenen Phasen des Verfahrens zu unterscheiden. Vor dem Öffnungstermin scheidet die Einsicht in die Angebote selbstredend aus (vgl. § 55 VgV, § 14 EU Abs. 1 VOB/A). Für die Abschnitte danach ist zu unterscheiden. In einem Vergabeverfahren nach VgV sind die Bieter im Öffnungstermin (weiterhin) nicht zugelassen (§ 55 Abs. 2 S. 2 VgV), und die Preise damit zumindest bis auf Weiteres geheim. Bei der Vergabe von Bauleistungen sieht § 14 EU VOB/A entgegen früheren Fassungen nicht mehr ausdrücklich vor, dass die Bieter und ihre Bevollmächtigten im Öffnungstermin anwesend sind. In offenen oder nicht offenen Verfahren informiert der öffentliche Auftraggeber sie aber ua über die Endbeträge der Angebote oder einzelnen Lose und sie haben auch das Recht auf Einsichtnahme in die Niederschrift über den Öffnungstermin und ihre Nachträge (§ 14 EU Abs. 6 VOB/A). Für diese preisbezogenen Angaben kann nach dem Öffnungstermin kein Geheimnisschutz mehr bestehen. Die Angebote und Unterlagen sind aber im Übrigen einschließlich der nicht verlesenen preisbezogenen Angaben, insbesondere der Einzelheiten der **Kalkulation oder auch der Einheitspreise** von der Vergabestelle

---

[58] Vgl. OLG Jena Beschl. v. 8.10.2015 – 2 Verg 4/15, BeckRS 2016, 02749.
[59] Vgl. auch insoweit OLG Jena Beschl. v. 8.10.2015 – 2 Verg 4/15, BeckRS 2016, 02749.

IV. Die Beschränkung der Akteneinsicht aus wichtigen Gründen (Abs. 2)

geheim zu halten (→ Rn. 34). Die Basisparagrafen sehen unterschiedliche Regelungen für rein elektronische und andere Vergabeverfahren vor (§§ 14, 14a VOB/A).

Im Nachprüfungsverfahren ist ggf. abzuwägen, ob in Bezug auf die weiterhin geheimen Teile 45 der Angebote ganz oder ausschnittsweise die Offenlegungsinteressen der übrigen Beteiligten überwiegen. Auf einem so differenzierten Niveau geführte Nachprüfungsverfahren scheinen aber eher die Ausnahme zu sein. Hier könnten sich aber Akzentverschiebungen ergeben, nachdem der BGH die drittbieterschützende Wirkung der Regelungen über die Prüfung und ggf. den Ausschluss von unangemessen bzw. ungewöhnlich niedrigen Angeboten bejaht hat.[60] Im Einzelfall ist genau zu prüfen, inwieweit überhaupt Offenlegungsbedarf besteht. Hierfür ist maßgeblich, inwieweit es für die Beurteilung der Vergaberechtswidrigkeit eines Angebots auf die Kenntnis seiner preislichen Einzelheiten ankommt (→ Rn. 57).

Erscheinen die einzelnen Preise (Einheitspreise) entscheidungserheblich, muss ein Geheimhal- 46 tungsinteresse hier nicht pauschal ohne Weiteres überwiegen. Es erscheint jedenfalls bei generalisierender Betrachtung nicht zwingend, dass die Wettbewerbsfähigkeit des betreffenden Unternehmens bei künftigen Vorhaben durch deren Offenlegung leiden muss. Das wäre beispielsweise zu bejahen, wenn die in einem einzelnen Bauvorhaben eingesetzten Einzelpreise in einem Maße verallgemeinerungsfähig und gleichsam repräsentativ für das betreffenden Unternehmen sind, dass das Kenntnis nehmende Unternehmen bei anderen Projekten gleichsam „hochrechnen" kann, wie dieses konkurrierende Unternehmen anbieten wird. Fallbeispiele aus der Rechtsprechung lassen indes Zweifel daran aufkommen, dass davon generell ausgegangen werden kann. Hier ist etwa an den Problembereich der **Mischkalkulation/Spekulationspreise** zu denken, die kaum schutzwürdig genannt werden den können.[61] In einem Haftpflichtfall stellte sich heraus, dass die auf Grund eines Vergabeverfahrens abrechenbaren Einheitspreise deutlich über den Angebotspreisen der beiden Mitbewerber gelegen hatten.[62] Aufschlussreich erscheinen auch die vom OLG Naumburg in einem Fall getroffenen Feststellungen. Bei einem Vergabeverfahren mit drei eingereichten Hauptangeboten betreffend bestimmte anspruchsvolle Tischlerarbeiten lagen die Angebotssummen dicht beieinander, die Kostenansätze für einzelne Leistungspositionen wichen nach der Einschätzung des Auftraggebers jedoch zT nicht nachvollziehbar voneinander ab.[63] Das könnte darauf hindeuten, dass ein Konkurrent aus einzelnen Einheitspreisen – die Endpreise müssten ihm, wenn es darauf ankommt, auch außerhalb der VOB/A mitgeteilt werden – eher **keine verlässlichen Erkenntnisse** über das künftige Wettbewerbsverhalten der Mitbewerber gewinnen kann. Allerdings sind die Einheitspreise nur ein einzelner Kalkulationsparameter neben anderen, über deren Sensibilität für die wettbewerbliche Position des jeweiligen Bieters damit noch nichts gesagt ist. Dessen Sache ist es, im Geheimhaltungsstreit konkret darzutun, dass seine Position im zukünftigen Wettbewerb entgegen den aufgezeigten Bedenken doch beeinträchtigt werden könnte, wenn die umstrittenen Einzelpreise oder sonstigen Daten durch Akteneinsicht bekannt werden.

2. Geheimnisträger bei Angebotsunterlagen. Geheimnisträger oder – in der Diktion der 47 deutschen Fassung der Geheimnisschutz-RL und des GeschGehG: „Inhaber des Geschäftsgeheimnisses" – ist jede natürliche oder juristische Person, die die rechtmäßige Kontrolle über ein Geschäftsgeheimnis besitzt. Beim Begriff der „Kontrolle über das Geschäftsgeheimnis", soweit es die Einzelheiten der Angebote anbelangt, ist zu unterscheiden: Die (physische) Kontrolle über die Angebote übt nach deren Abgabe die Vergabestelle aus, in deren Obhut sie sich befinden. Nach der Rechtsprechung des BGH (1. Strafsenat) waren die eingehenden Angebote in sachlicher Übereinstimmung damit ein **Geschäftsgeheimnis iSv § 17 Abs. 2 Nr. 2 UWG aF der Vergabestelle**.[64] Mit „Kontrolle" iSd GeschGehG ist aber vor allem auch die Dispositionsbefugnis über das Geschäftsgeheimnis gemeint. Diese steht materiell allein dem Bieter zu und kann nicht vom Auftraggeber ausgeübt werden, schon gar nicht gegen dessen Willen.

V. Die verfahrensmäßige Behandlung von Geheimhaltungsinteressen in der Rechtsprechung des BGH

1. Die Kennzeichnungspflicht in Abs. 3 und ihre Reichweite. Die Regelung in Abs. 3 48 erklärt sich letztlich durch den Beschleunigungsgrundsatz, der das Rechtsschutzsystem von Teil 4

---

[60] BGH Beschl. v. 31.1.2017 – X ZB 10/16, NZBau 2017, 230 – Notärztliche Dienstleistungen.
[61] Vgl. BGH Beschl. v. 18.5.2004 – X ZB 7/04, BGHZ 159, 186 = NZBau 2004, 457; BGH Urt. v. 7.3.2013 – VII ZR 68/10, BGHZ 196, 299 = NZBau 2013, 366; BGH Urt. v. 14.3.2013 – VII ZR 116/12, BGHZ 196, 355 = NZBau 2013, 369.
[62] Vgl. BGH Urt. v. 20.12.2016 – VI ZR 612/15, BeckRS 2016, 113387.
[63] OLG Naumburg Urt. v. 27.11.2014 – 2 U 152/13, BeckRS 2015, 03598 = VergabeR 2015, 489 (490).
[64] BGH Urt. v. 10.5.1995 – 1 StR 764/94, BGHSt 41, 140 = NJW 1995, 2301.

des GWB prägt (→ Vor § 171 Rn. 2f., 9ff.). Der mit der Rücksichtnahme auf die Wahrung von Geheimnissen einhergehende Aufwand soll für die Vergabekammern möglichst klein gehalten werden. Die Verfahrensbeteiligten haben insoweit allerdings **nicht etwa die Dispositionsbefugnis** über ihre Geheimnisse. Sie dürfen der Vergabekammer die aus ihrer Sicht geheimhaltungsbedürftigen Daten nicht von vornherein vorenthalten (etwa durch Schwärzung von Textstellen oÄ). Das Gesetz geht vielmehr davon aus, dass die Vergabekammern den Verfahrensstoff ungefiltert zur Kenntnis erhalten und dann ggf. über die Geheimhaltungsbedürftigkeit entscheiden. Die Kammern sollen lediglich von der Notwendigkeit entbunden werden, die Akten selbst auf Geheimhaltungswürdiges sichten zu müssen; diese Aufgabe soll vielmehr arbeitsteilig von den Beteiligten vorab übernommen werden. Ihnen obliegt, bei Übersendung ihrer Akten oder Stellungnahmen, insbesondere also in ihren Schriftsätzen und den dazu gehörigen Anlagen auf die vom ihnen für geheimhaltungsbedürftig gehaltenen Passagen hinzuweisen und diese kenntlich zu machen. Die **geheimhaltungsbedürftigen Daten müssen konkret bezeichnet** werden. Es reicht nicht aus, pauschal ganze Aktenteile oder die Angebote in ihrer Gesamtheit als geheimhaltungsbedürftig zu deklarieren; was geheim gehalten werden soll, muss spätestens auf eine entsprechende Auflage der Kammer hin spezifiziert werden.

49 So zweckmäßig und praktisch die Regelung in Abs. 3 im Ansatz gedacht ist, hat sie doch auch ihre Kehrseite. Sie kann zum einen zu einer **prozessualen Strategie** animieren, die eigenen Interessen am Ausgang des Nachprüfungsverfahrens durch **flächendeckende Sperrvermerke** zu beeinflussen, deren Rückführung auf das berechtigte Maß den Verfahrensablauf sinnlos belasten kann. Zum anderen greift sie insoweit zu kurz, als die übersandten Vergabeakten – namentlich soweit es die eingereichten Angebote betrifft – Geheimnisse von Beteiligten am Vergabeverfahren enthalten können, die nach dem üblichen Verfahrensgang nicht alle und erst recht nicht alle von Anfang an auch am Nachprüfungsverfahren beteiligt sind, sodass weder ihr Einverständnis fingiert werden noch die Vergabestelle an ihrer Stelle darüber disponieren kann. Übersendet beispielsweise die Vergabestelle mit ihren Akten die einzelnen eingereichten Angebote, ohne darin objektiv geheimhaltungsbedürftige Daten zu kennzeichnen, kann die Vergabekammer zwar von der Zustimmung der Vergabestelle zur Einsicht ausgehen, **nicht aber auch von der der betroffenen Bieter.**

50 **2. Gewährung von Akteneinsicht gegen Geheimhaltungsinteresse.** Im Streit um die Offenlegung von Akteninhalten, für die Geheimnisschutz entweder ausdrücklich geltend gemacht wird oder die der Sache nach objektiv als Geschäfts- oder Betriebsgeheimnisse in Betracht kommen, können folgende Grundkonstellationen unterschieden werden:
– Die Vergabestelle hat bestimmte Angebotsteile bei allen Bietern oder beim Beigeladenen als Geschäftsgeheimnisse deklariert, die Vergabekammer will insoweit jedoch (ggf. partiell) Akteneinsicht gewähren;
– die Vergabestelle hat keine Passagen als geheimhaltungswürdig gekennzeichnet, obwohl sich der Charakter als Geschäftsgeheimnis bezüglich einzelner Daten durchaus stellt; die Vergabekammer möchte gleichwohl uneingeschränkte Akteneinsicht gewähren.

51 **a) Rechtsnatur.** Das Verfahren zur Entscheidung über die Einsicht in die Teile der Vergabeakten, die Geschäftsgeheimnisse enthalten (könnten), ist ein gesondertes Verfahren. Es ist dem **Zwischenstreit** über die Zeugnisverweigerung im Zivilprozess und dem im Kartellbeschwerdeverfahren vorgesehenen **Zwischenverfahren** über die Offenlegung von Geschäftsgeheimnissen (§ 70 Abs. 2 S. 4–6) vergleichbar. Beteiligt an diesem Zwischenverfahren sind nur das Unternehmen, das Akteneinsicht begehrt und das, um dessen Geschäftsgeheimnisse es geht. Geht es um vom Auftraggeber beanspruchten Geheimnisschutz,[65] sind er und das Akteneinsicht begehrende Unternehmen beteiligt.[66] Aus in der Natur der Sache liegenden Gründen handelt es sich bei dem Zwischenverfahren um die Gewährung von Akteneinsicht in Geschäfts- oder Betriebsgeheimnisse um ein sog. **Incamera-Verfahren.** Für den Streit um die Geheimhaltung von Aktenbestandteilen dürfen die Informationen, um deren Geheimhaltung es geht, dem außenstehenden Beteiligten selbstredend nicht zugänglich gemacht werden.[67]

52 **b) Anhörung der Betroffenen.** Will die Vergabekammer einem Akteneinsichtsgesuch uneingeschränkt stattgeben, obwohl Teile der Vergabeakten als Geschäftsgeheimnisse gekennzeichnet sind oder zwar nicht als solche kenntlich gemacht sind, aber – für die Vergabekammer erkennbar – objektiv Geheimnischarakter haben, muss die Kammer den betroffenen Unternehmen vor Freigabe für Akteneinsicht **rechtliches Gehör gewähren,** ihnen also Gelegenheit zur Stellungnahme geben. Das gilt in Bezug auf die am Nachprüfungsverfahren beteiligten Unternehmen (Antragsteller möchte

---

[65] Vgl. OLG Düsseldorf Beschl. v. 28.12.2007 – VII Verg 40/07, VergabeR 2008, 281.
[66] BGH Beschl. v. 31.1.2017 – X ZB 10/16, NZBau 2017, 230 Rn. 44 – Notärztliche Dienstleistungen.
[67] BGH Beschl. v. 31.1.2017 – X ZB 10/16, NZBau 2017, 230 Rn. 45 – Notärztliche Dienstleistungen.

die Angebote des/der Beigeladenen einsehen oder umgekehrt) gleichermaßen, wie für die Einsicht in die Unterlagen von Bietern, die zwar am Vergabeverfahren teilnehmen, aber nicht zum Nachprüfungsverfahren beigeladen worden sind. Es gilt vor allem auch in der bei → Rn. 51 aufgezeigten zweiten Variante (2. Gedankenstrich). Die Einverständnisfiktion des Abs. 3 gilt nur für zum Nachprüfungsverfahren gereichte Akten oder Stellungnahmen.[68]

c) Umfang der Darlegungen, Beweismaß. In der Sache mussten die Unternehmen ihr 53 Geheimhaltungsinteresse schon vor Geltung des GeschGehG konkret dartun und nachvollziehbar begründen.[69] Dazu gehört zunächst, dass die fraglichen Informationen innerhalb des Unternehmens auch tatsächlich **als Geschäftsgeheimnisse behandelt werden.** Es muss demgemäß dargelegt werden, dass nur ein eng begrenzter Mitarbeiterkreis von ihnen Kenntnis hat und insoweit ausdrücklich zu Stillschweigen verpflichtet ist und dass ferner durch die Organisation des betriebsinternen Geschäftsablaufs gewährleistet ist, dass diese Daten nicht einer größeren Zahl von Mitarbeitern ohne Weiteres zugänglich sind. Dies gilt für alle Arten von Geschäftsgeheimnissen. Im Übrigen muss nachvollziehbar dargelegt werden, welche Auswirkungen das Unternehmen von der Offenlegung befürchtet. Denn der Schutz dieser Daten ist kein Selbstzweck, sondern **von ihrer Offenlegung müssen reale Gefahren** für den zukünftigen wirtschaftlich-wettbewerblichen Erfolg des Unternehmens ausgehen[70] und die Vergabekammer muss auf Grund des Vortrags das Offenlegungs- und das Geheimhaltungsinteresse abwägen können.

Sind im Zusammenhang mit dem geltend gemachten Geheimnisschutz vorgetragene Tatsachen 54 streitig, stellt sich die Frage nach dem in diesem Zwischenverfahren anzusetzenden **Beweismaß.** Hier sollten keine höheren Anforderungen gestellt werden, als in einem gerichtlichen Verfahren. Im Zivilprozess ist in der entsprechenden verfahrensrechtlichen Situation, der Zeugnisverweigerung, das Beweismaß der überwiegenden Wahrscheinlichkeit vorgesehen. Der Zeuge hat die Tatsachen, auf die er die Weigerung gründet, **glaubhaft zu machen** (§ 386 Abs. 1 ZPO). Entsprechend ist im Zwischenstreit über die Inanspruchnahme von Geheimnisschutz zu verfahren. Zumeist wird es in diesen Verfahren aber ohnehin meistens weniger um die Feststellung bestimmter Tatsachen gehen, als vielmehr um die Einschätzung, ob aus der Offenlegung der Geheimnisse überhaupt eine **realistische Beeinträchtigung schutzwürdiger Interessen** resultieren kann.

d) Verfahren bei positiver Entscheidung. Hält die Vergabekammer die Offenlegung von 55 Akteninhalten für geboten, für die Geheimnisschutz beansprucht wird, muss sie einen besonderen Beschluss fassen.[71] Er ist einem Zwischenurteil (§ 387 ZPO) bzw. Zwischenbeschluss im Kartellbeschwerdeverfahren[72] vergleichbar.

Parameter für die Entscheidung der Vergabekammer über die Offenlegung von Geheimnissen 56 gibt das Gesetz nicht vor. Hier ist nach Inkrafttreten des VgRÄG die **sinngemäße Anwendung von § 70 Abs. 2 S. 4** mit der Begründung vorgeschlagen worden, diese Vorschrift sei ohnehin einschlägig, wenn der Geheimnisschutz erst in der Beschwerdeinstanz streitig werde (§ 175 Abs. 2).[73] Entsprechend haben sich Vergabesenate in ihrer Rechtsprechung positioniert.[74] Das ist zwar grundsätzlich richtig. Bei Lichte betrachtet lässt sich die Regelung allerdings nur sehr eingeschränkt auf die Vergabenachprüfung übertragen und „entsprechend" anwenden. Gemäß § 70 Abs. 2 S. 4 kann das Beschwerdegericht im Kartellbeschwerdeverfahren nach Anhörung des davon Betroffenen die Offenlegung von Tatsachen oder Beweismitteln, deren Geheimhaltung aus wichtigen Gründen, insbesondere zur Wahrung von Betriebs- oder Geschäftsgeheimnissen, verlangt wird, anordnen, soweit es für die Entscheidung auf diese Tatsachen oder Beweismittel ankommt und andere Möglichkeiten der Sachaufklärung nicht bestehen. Insoweit steht einer analogen Anwendung im Nachprüfungsverfahren nichts entgegen. Problematisch ist dagegen die entsprechende Anwendung, soweit es die **eigentlichen Abwägungsparameter** betrifft. Das Kartellbeschwerdegericht entscheidet über die Offenlegung danach, ob nach Abwägung aller Umstände des Einzelfalles die Bedeutung der Sache für die Sicherung des Wettbewerbs (auf dem betroffenen Markt) das Interesse des Betroffenen an der Geheimhaltung überwiegt. Dafür gibt es in der Vergabenachprüfung an sich keine direkte Entsprechung (→ Rn. 59). Überdies ist das **Regelungsprogramm von § 70 Abs. 2 S. 4** unvoll-

---

[68] Unstr., vgl. nur *Kus* in RKPP GWB Rn. 57.
[69] OLG München Beschl. v. 28.4.2016 – Verg 3/16, NZBau 2016, 591 = VergabeR 2016, 679 (Hauptsachenentscheidung: OLG München Beschl. v. 17.9.2015 – Verg 3/15, NZBau 2015, 711 = VergabeR 2016, 54).
[70] BGH Beschl. v. 31.1.2017 – X ZB 10/16, NZBau 2017, 230 Rn. 49 – Notärztliche Dienstleistungen.
[71] BGH Beschl. v. 31.1.2017 – X ZB 10/16, NZBau 2017, 230 Rn. 51 – Notärztliche Dienstleistungen.
[72] Vgl. KG, Die AG 2000, 80 = KG-Report 1999, 378 f.
[73] Beck VergabeR/*Gröning*, 1. Aufl. 2001, § 111 Rn. 40.
[74] OLG Düsseldorf Beschl. v. 28.12.2007 – VII Verg 40/07, VergabeR 2008, 281; OLG Naumburg Beschl. v. 1.6.2011 – 2 Verg 3/11, BeckRS 2011, 21710 = VergabeR 2012, 250.

ständig. Die Norm verhält sich nicht dazu, welchen Streitstoff das Gericht seiner Entscheidung zugrunde legt, **wenn es die Offenlegungspflicht verneint.** Insoweit enthält auch § 76 Abs. 1 S. 3 nur eine partielle Regelung dahin, dass das Beschwerdegericht Tatsachen verwerten darf, die (einfach) Beigeladenen aus wichtigen Gründen, insbesondere zur Wahrung von Betriebs- oder Geschäftsgeheimnissen, vorenthalten worden sind (→ Rn. 64).[75] Damit bleibt offen, wie es sich mit der Verwertung von Tatsachen verhält, die dem Antragsteller oder einem notwendig Beigeladenen vorenthalten bleiben, weil insoweit das Interesse des Geheimhaltungsberechtigten überwiegt. Insoweit ist in der Vergabenachprüfung angezeigt, ergänzend die **Grundsätze entsprechend heranzuziehen, die § 138 Abs. 2 S. TKG** idF von Art. 1 des Gesetzes zur Änderung telekommunikationsrechtlicher Regelungen vom 3.5.2012[76] zugrunde liegen (→ Rn. 69). Der BGH löst solche Fälle in der Sache identisch, er wendet lediglich nicht das TKG entsprechend an, sondern § 76 Abs. 1 S. 3 (→ Rn. 70).

57 **aa) Relevanz der Geschäftsgeheimnisse.** Macht ein Unternehmen Geheimnisschutz für bestimmte Inhalte der Vergabeakten geltend, die tatbestandlich als Geschäfts- oder Betriebsgeheimnisse einzuordnen sein können, prüft die Vergabekammer zweckmäßigerweise zunächst die **Relevanz** dieser Inhalte für das Nachprüfungsverfahren. Die Relevanz ist eine Frage der Umstände des Einzelfalls. Sie hängt entscheidend von der Stoßrichtung der erhobenen Beanstandungen ab. Stehen die Geschäftsgeheimnisse zu deren Gegenstand in keinerlei Zusammenhang, sodass der Erfolg des Nachprüfungsantrags auch nicht von der Kenntnis oder Unkenntnis der als geheimhaltungsbedürftig reklamierten Daten abhängen kann, ist die Einsicht in die diesbezüglichen Aktenteile nicht erforderlich und zu verweigern.

58 **bb) keine anderen Aufklärungsmöglichkeiten.** Geheimnisse sollen erst offenbart werden, wenn keine anderen Aufklärungsmöglichkeiten bestehen. Dies ist Ausprägung des **Verhältnismäßigkeitsgrundsatzes.** In erster Linie ist eine Falllösung anzustreben, bei der die Entscheidung ebenso zuverlässig, aber ohne Offenlegung des Geheimnisses gefunden werden kann. Das OLG Naumburg hat insoweit in einem Fall einzelne Inhalte der Eignungsunterlagen und des Vergabevermerks **in anonymisierter Form** freigegeben.[77] Ob das geeignet ist, hängt naturgemäß von den Umständen des Einzelfalls ab. Der BGH weist – insoweit ebenfalls Ausdruck des Gedankens der Verhältnismäßigkeit – auf die Möglichkeit hin zu prüfen, ob der Gegenstand des Geheimnisses, ohne es zu offenbaren, abstrakt erläutert werden kann, um das Verfahren auf diese Weise vermittelnd zu fördern.[78]

59 **cc) Abwägung.** Im Nachprüfungsverfahren kann der Abwägungsparameter „**Sicherung des Wettbewerbs**" nicht streng auf die Sicherung des Wettbewerbs als Institution oder auf bestimmten Märkten bezogen werden. Der Wettbewerb als Institution auf bestimmten Märkten wird kaum je durch den Ausgang eines einzigen Vergabeverfahrens nachhaltig beeinträchtigt werden und auch mögliche künftige Verfälschungen des Wettbewerbs dadurch, dass Geschäfts- oder Betriebsgeheimnisse offenbart wurden, werden kaum je die kontrollrechtliche Spürbarkeitsschwelle erreichen. **Bezugsebene ist in der Vergabenachprüfung eher eine konkretere, „lokale" Ebene des Wettbewerbsgeschehens.** Darauf abzustellen bedeutet aber weder, den Rang der Geheimnisse über Gebühr abzuwerten noch den Vergabewettbewerb überproportional aufzuwerten oder umgekehrt. Die Umstände des Einzelfalls müssen den Ausschlag geben.

60 Entscheidend für die Frage der Offenlegung bestimmten Daten oder sonstiger Informationen ist nicht, ob diese an sich die tatbestandlich an ein Geschäfts- oder Betriebsgeheimnis gestellten Voraussetzungen erfüllen, sondern das **Ergebnis einer Abwägung.** Dafür ist einerseits abzuschätzen, welche (wettbewerblichen) Nachteile dem Betroffenen mit einiger Wahrscheinlichkeit aus der Offenlegung erwachsen können. Dem müssen die möglichen Einschränkungen in ihrer Führung des Nachprüfungsverfahrens gegenübergestellt werden, die den Einsicht Begehrenden aus der Vorenthaltung der fraglichen Informationen drohen.[79] **Die Interessen der beteiligten Unternehmen definieren sich** also im Wesentlichen über den Zusammenhang zwischen Offenlegung des Geheimnisses, Ausgang des Nachprüfungsverfahrens mitsamt seiner Ausstrahlung auf den Ausgang des Vergabeverfahrens und eventuell von der Offenlegung ausgehende zukünftige Auswirkungen außerhalb des konkreten Vergabeverfahrens. Bei der erforderlichen Abwägung gilt es, diese Parameter zueinander in Beziehung zu setzen. Im Hintergrund ist dabei zu bedenken, dass im Fall der Versagung der Akteneinsicht die Folgefrage auftritt, auf welcher Grundlage die Vergabekammer ihre Entscheidung trifft, ob sie also befugt ist, die als Geschäftsgeheimnis nicht offengelegten Daten bei ihrer

---

[75] Vgl. Immenga/Mestmäcker/*Schmidt* § 71 Rn. 4.
[76] BGBl. 2012 I 958.
[77] OLG Naumburg Beschl. v. 1.6.2011 – 2 Verg 3/11, BeckRS 2011, 21710 = VergabeR 2012, 250; ebenso OLG München Beschl. v. 28.4.2016 – Verg 3/16, NZBau 2016, 591 = VergabeR 2016, 679.
[78] BGH Beschl. v. 31.1.2017 – X ZB 10/16, NZBau 2017, 230 Rn. 55 – Notärztliche Dienstleistungen.
[79] BGH Beschl. v. 31.1.2017 – X ZB 10/16, NZBau 2017, 230 Rn. 49 – Notärztliche Dienstleistungen.

Entscheidung zu verwerten. Nach der hier vertretenen Ansicht ist das grundsätzlich zu bejahen und der BGH hat sich ebenfalls dafür ausgesprochen[80] (→ Rn. 68 ff.).

Ob die Wahrung eines Geschäfts- oder Betriebsgeheimnisses Vorrang vor den geltend gemachten Offenlegungsinteressen behält, hängt vor allem von qualitativen Gesichtspunkten ab. Beispielsweise sind **Einzel- oder Einheitspreise** zwar objektiv Geschäftsgeheimnisse des jeweiligen Anbieters, jedoch kommt es für die Offenlegung darauf an, welche Nachteile dem betreffenden Bieter konkret drohen, wenn diese durch die Akteneinsicht bekannt werden. Diese Abwägung berücksichtigt zwei Komponenten, die miteinander verwoben sind, nämlich den Wahrscheinlichkeitsgrad des Eintritts einer Beeinträchtigung überhaupt und deren mögliches Gewicht für die künftige wettbewerbliche Position des Geheimnisträgers. Dies muss in Beziehung gesetzt werden zu der Schwächung der prozessualen Position, die die Gegenseite im Nachprüfungsverfahren dadurch erleidet, dass sie nicht zu den Geheimnissen vortragen kann und zu der Gefahr, dass der Ausgang des Nachprüfungsverfahrens dadurch ebenso beeinflusst werden kann, wie der Ausgang des diesem zugrunde liegenden Vergabeverfahrens.[81] Bei **Fabrikationsgeheimnissen** kann die Sachlage dagegen anders zu bewerten sein, als etwa bei Einzel- oder Einheitspreisen. Sie können besonderes Know-how zum Gegenstand haben oder für den Geheimnisträger sonst substanzielle Wettbewerbsvorteile bieten, die ihm nicht ohne rechtfertigenden Grund entzogen werden dürfen. 61

Aufseiten der Auftraggeber können die Geheimhaltungsinteressen grundsätzlich weiter gefächert sein; die Frage ist dort eher, inwieweit sie gewichtig genug sind, um sich gegen die Offenlegungsinteressen der übrigen Beteiligten durchzusetzen. Diese Sichtweise entspricht grundsätzlich auch der Herangehensweise der Rechtsprechung.[82] **Verfehlt** ist die Annahme des OLG Jena, Abs. 2 sei als Ausnahmetatbestand zur Grundregel in Abs. 1 zu verstehen, weshalb das Interesse auf Akteneinsicht grundsätzlich vorrangig sei und nur ein gewichtiges und erhebliches Geheimhaltungsbedürfnis der Akteneinsicht entgegenstehen könne.[83] Darin ist eher ein **„Rückzugsgefecht"** von der von diesem Gericht früher zu Unrecht auch nur von ihm vertretenen These zur Teilaufgabe der üblichen Geheimhaltung bei Teilnahme am Vergabewettbewerb zu sehen (→ Rn. 24).[84] 62

dd) Unterschiedliche Behandlung von Antragsteller und Beigeladenen? Antragsteller und Beigeladene können im Kartellverwaltungsverfahren hinsichtlich des Akteneinsichtsrechts **unterschiedlich behandelt werden.** Das ergibt sich aus der pauschalen Verweisung auf § 70 in § 175 Abs. 2. Nach § 70 Abs. 3 ist in Bezug auf das Akteneinsichtsrecht eine unterschiedliche Behandlung von Beschwerdeführer auf der einen und Beigeladenen auf der anderen Seite zulässig. Das Beschwerdegericht „kann" nämlich, wie es in § 70 Abs. 3 heißt, „den Beigeladenen" Akteneinsicht in gleichem Umfang gewähren, wie den übrigen Verfahrensbeteiligten. 63

Die Bestimmung des § 70 Abs. 3 ist auch für die entsprechende Anwendung im Nachprüfungsverfahren in Zusammenhang mit § 76 Abs. 1 S. 2–4 zu lesen, auch wenn in § 175 Abs. 2 nicht genannt ist. Die Regelungen in **§ 70 Abs. 3 und § 76 Abs. 1 S. 2–4 stehen in einem Sinnzusammenhang,** der im Zusammenhang mit der Geheimniswahrung nicht außer Acht gelassen werden kann. Der instanzbeendende Beschluss des Beschwerdegerichts darf an sich nur auf Tatsachen und Beweismittel gestützt werden, zu denen die Beteiligten sich äußern konnten. Das Beschwerdegericht kann hiervon aber abweichen, soweit Beigeladenen aus wichtigen Gründen, insbesondere zur Wahrung von Betriebs- oder Geschäftsgeheimnissen, Akteneinsicht nicht gewährt und der Akteninhalt aus diesen Gründen auch nicht vorgetragen worden ist. Dies gilt im Kartellbeschwerdeverfahren wiederum nicht für solche Beigeladene, die an dem streitigen Rechtsverhältnis derart beteiligt sind, dass die Entscheidung auch ihnen gegenüber nur einheitlich ergehen kann (notwendige Beigeladene). Für das vergaberechtliche Nachprüfungsverfahren hat sich der BGH für eine **Gleichbehandlung aller Beteiligten** ausgesprochen.[85] 64

e) Rechtsmittel gegen Offenlegungsentscheidungen der Vergabekammer. Gegen die Entscheidung der Vergabekammer, Akteneinsicht entgegen einem geltend gemachten Geheimhaltungsinteresse zu gewähren, ist die selbstständige sofortige Beschwerde zulässig.[86] Das ist sachgerecht, 65

---

[80] BGH Beschl. v. 31.1.2017 – X ZB 10/16, NZBau 2017, 230 Rn. 57 ff. – Notärztliche Dienstleistungen.
[81] Vgl. BGH Beschl. v. 31.1.2017 – X ZB 10/16, NZBau 2017, 230 Rn. 49 f. – Notärztliche Dienstleistungen.
[82] Vgl. OLG Düsseldorf Beschl. v. 28.12.2007 – VII Verg 40/07, VergabeR 2008, 281 (287 f.); OLG München Beschl. v. 28.4.2016 – Verg 3/16, NZBau 2016, 591 = VergabeR 2016, 679.
[83] OLG Jena Beschl. v. 8.10.2015 – 2 Verg 4/15, BeckRS 2016, 02749.
[84] Dagegen auch OLG München Beschl. v. 28.4.2016 – Verg 3/16, NZBau 2016, 591 = VergabeR 2016, 679.
[85] BGH Beschl. v. 31.1.2017 – X ZB 10/16, NZBau 2017, 230 Rn. 60 ff. – Notärztliche Dienstleistungen.
[86] Eingehend OLG Düsseldorf Beschl. v. 28.12.2007 – VII Verg 40/07, VergabeR 2008, 281; ebenso zB OLG Frankfurt a. M. Beschl. v. 12.12.2014 – 11 Verg 8/14, NZBau 2015, 514 und OLG München Beschl. v. 28.4.2016 – Verg 3/16, NZBau 2016, 591 = VergabeR 2016, 679; so jetzt auch BGH Beschl. v. 31.1.2017 – X ZB 10/16, NZBau 2017, 230 Rn. 52 – Notärztliche Dienstleistungen.

bedarf aber unter einem prozessualen Aspekt der Ergänzung. Es würde die Rechtsmittelfähigkeit dieser Entscheidung zu einem bloßen **Fortsetzungsfeststellungsbegehren degradieren,** wenn die umstrittenen Akteninhalte umgehend eingesehen werden könnten, obwohl die Freigabeentscheidung noch angefochten werden kann. Dies ist dadurch zu verhindern, dass die Entscheidung der Vergabekammer, Akteneinsicht entgegen einem Geheimhaltungsinteresse zu gewähren, rechtlich so bewertet wird, wie eine rechtsgestaltende Entscheidung, deren Wirkung erst mit der Rechtskraft des Urteils eintritt.[87] Die Analogie zum Gestaltungsurteil bietet sich auch deshalb gut an, weil die Entscheidung die Zustimmung des Geheimnisträgers zur Offenlegung in ähnlicher Weise fingiert, wie das Urteil nach § 894 ZPO die Abgabe einer Willenserklärung. Die **Akteneinsicht darf faktisch also erst mit Bestandskraft** der sie bewilligenden Entscheidung gewährt werden.[88]

66 **f) Sanktionierung mutwilliger Verweigerung der Akteneinsicht.** Das Zwischenverfahren über die Offenlegung von Akteninhalten, deren Geheimhaltung gewünscht wird, verzögert potenziell den raschen Abschluss des Nachprüfungsverfahrens. Dies ist aus rechtsstaatlichen Gründen grundsätzlich hinzunehmen. Dass der Streit um die Offenlegung geheimhaltungsbedürftiger Daten im Rahmen eines vorvertraglichen Schuldverhältnisses ausgetragen wird, in dem prinzipiell auch die Unternehmen gegenüber dem öffentlichen Auftraggeber Rücksichtnahmepflichten aus § 241 Abs. 2 BGB treffen (→ § 181 Rn. 21), besagt für sich nichts Gegenteiliges. Die Ausübung von prozessualen Rechten, wie die Einlegung einer sofortigen Beschwerde im Zusammenhang mit der Gewährung von Akteneinsicht, kann aus rechtsstaatlichen Gründen nicht ohne Weiteres als zum Schadensersatz verpflichtende Verletzung solcher Rücksichtnahmepflichten bewertet werden. **Schadensersatzpflichtig** kann sich der Beschwerdeführer allerdings unter den Voraussetzungen machen, unter denen ein **Missbrauch des Beschwerderechts (§ 180)** anzunehmen wäre. Insoweit ist, wenn man § 180 nicht sogar für direkt anwendbar ansieht, jedenfalls eine Parallelwertung angezeigt, weil die Sachlage vergleichbar ist.

67 **3. Verfahren bei negativer Entscheidung – In-camera-Verfahren.** Ist der Geheimnisträger mit der Offenlegung nicht einverstanden und hält die Vergabekammer dies für berechtigt, braucht sie darüber nicht gesondert zu befinden, sondern kann sogleich über den Nachprüfungsantrag in der Hauptsache entscheiden (Abs. 4). Dabei lässt die gesetzliche Regelung es bewenden. Auf die sich an sich sogleich stellende Frage, welchen Streitstoff die Vergabekammer – der die geheim zu haltenden Fragen bekannt sind (→ Rn. 48) – ihrer Entscheidung zugrunde legen soll, gibt das Gesetz keine Antwort. Der Rückgriff auf § 70 ist insoweit unergiebig. Bei direkter Anwendung dieser Norm dürfte das Beschwerdegericht von der Regel, dass der instanzbeendende Beschluss des Kartellbeschwerdegerichts nur auf Tatsachen und Beweismittel gestützt werden darf, zu denen die Beteiligten sich äußern konnten, nur **bei einfach Beigeladenen** abweichen (→ Rn. 64). Dies lässt den Kern des Problems allerdings unberührt.

68 Wirklich gravierend ist das Problem, wenn die Offenlegung infolge des als vorrangig bewerteten Geheimnisschutzes auch gegenüber dem Antragsteller oder notwendig Beigeladenen verweigert würde. Lässt sich hier keine zwischen dem Offenlegungs- und dem Geheimhaltungsinteresse vermittelnde Lösung finden, läuft der Konflikt im Allgemeinen auf eine Beweislastenscheidung hinaus, wie das BVerfG in Bezug auf Zwischenentscheidungen des BVerwG[89] nach § 99 Abs. 2 VwGO betreffend die Verletzung der Berufsfreiheit durch die Verpflichtung zur Offenlegung von Betriebs- und Geschäftsgeheimnissen im verwaltungsgerichtlichen Verfahren über die Entgeltregelung des Telekommunikationsrechts angemerkt hat.[90] Das kann bei entsprechender Anwendung im Vergabenachprüfungsverfahren zu spezifischen und unbilligen Verwerfungen führen: Soll beispielsweise der Zuschlag auf das Angebot eines zum Nachprüfungsverfahren beigeladenen Unternehmens erteilt werden, weil dessen – als Betriebsgeheimnis gehütetes – Verfahren eine qualitativ überlegene Ausführung verspricht, die dessen Offerte dem Auftraggeber als wirtschaftlichstes Angebot erscheinen lässt, bleibt der dies bekämpfende Antragsteller im Nachprüfungsverfahren beweisfällig, wenn er nicht die nötigen Informationen bekommt, um den vermeintlichen Qualitätsvorsprung überprüfen zu können. Hier konkurrieren mit dem rechtlichen Gehör auf der einen und dem Eigentum und der Berufsfreiheit auf der anderen Seite zwei Rechtsgüter von Verfassungsrang in einem multipolaren Verhältnis (Auftraggeber, Antragsteller im Nachprüfungsverfahren, weitere am Vergabeverfahren

---

[87] Vgl. Zöller/*Greger* ZPO Vor § 300 Rn. 9.
[88] Vgl. insoweit auch OLG München Beschl. v. 28.4.2016 – Verg 3/16, NZBau 2016, 591 = VergabeR 2016, 679.
[89] BVerwG Beschl. v. 14.8.2003 – 20 F 1.03, DÖV 2004, 77; BVerwG Beschl. v. 15.8.2003 – 20 F 7.03, BeckRS 2003, 31352566; BVerwG Beschl. v. 15.8.2003 – 20 F 8.03, NVwZ 2004, 105 und BVerwG Beschl. v. 15.8.2003 – 20 F 9.03, NVwZ 2004, 745.
[90] Vgl. BVerfG Beschl. v. 14.3.2006 – 1 BvR 2087/03, 1 BvR 2111/03, BVerfGE 115, 205.

beteiligte, insbesondere beigeladene Unternehmen) in einer Weise, bei der eines zurücktreten muss, wenn keine vermittelnde Lösung gefunden werden kann.[91]

Auf einem benachbarten Rechtsgebiet mit hinsichtlich der Wahrung von Geschäftsgeheimnissen 69 vergleichbarer Interessen- und Konfliktlage ist die Rechtssetzung entscheidende Schritte vorangekommen. Es handelt sich um den Bereich der Telekommunikationsdienstleistungen, in dem ein Streit um den Schutz von Geschäftsgeheimnissen auf der Grundlage einer § 76 entsprechenden Norm (§ 138 TKG aF) bis zum BVerfG geführt wurde.[92] Der Gesetzgeber hat hier am Ende unter dem Einfluss unionsrechtlicher Vorgaben[93] eine Regelung geschaffen, die ein **In-camera-Verfahren ausdrücklich vorsieht.**[94] § 138 Abs. 1 und 2 TKG idF von Art. 1 des Gesetzes zur Änderung telekommunikationsrechtlicher Regelungen vom 3.5.2012[95] lauten:

(1) ¹Für die Vorlage von Urkunden oder Akten, die Übermittlung elektronischer Dokumente oder die Erteilung von Auskünften (Vorlage von Unterlagen) durch die Bundesnetzagentur ist § 99 Abs. 1 VwGO mit der Maßgabe anzuwenden, dass anstelle des Rechts der obersten Aufsichtsbehörde nach § 99 Abs. 1 S. 2 VwGO, die Vorlage zu verweigern, das Recht der Bundesnetzagentur tritt, die Unterlagen als geheimhaltungsbedürftig zu kennzeichnen. ²Das Gericht der Hauptsache unterrichtet die Beteiligten, deren Geheimhaltungsinteresse durch die Offenlegung der Unterlagen im Hauptsacheverfahren berührt werden könnte, darüber, dass die Unterlagen vorgelegt worden sind.

(2) ¹Das Gericht der Hauptsache entscheidet auf Antrag eines Beteiligten, der ein Geheimhaltungsinteresse an den vorgelegten Unterlagen geltend macht, durch Beschluss, inwieweit die §§ 100 und 108 Abs. 1 S. 2 sowie Abs. 2 VwGO auf die Entscheidung in der Hauptsache anzuwenden sind. ²Die Beteiligtenrechte nach den §§ 100 und 108 Abs. 1 S. 2 sowie Abs. 2 VwGO sind auszuschließen, soweit nach Abwägung aller Umstände das Geheimhaltungsinteresse das Interesse der Beteiligten auf rechtliches Gehör auch unter Beachtung des Rechts auf effektiven Rechtsschutz überwiegt. ³Insoweit dürfen die Entscheidungsgründe im Hauptsacheverfahren die Art und den Inhalt der geheim gehaltenen Unterlagen nicht erkennen lassen. ⁴Die Mitglieder des Gerichts sind zur Geheimhaltung verpflichtet.

Die entsprechende Anwendung dieser Regelungen in der Vergabenachprüfung ermöglicht einen angemessenen Ausgleich der beteiligten widerstreitenden Interessen.

4. Geheimnisschutz und rechtliches Gehör in der Rechtsprechung des BGH lediglich 70 **nicht über § 138 TKG konstruiert.** Der BGH hat für das vergaberechtliche Nachprüfungsverfahren eine den vorstehend dargelegten Vorgaben im Wesentlichen entsprechende Lösung erarbeitet. Die Vergabekammer darf bei der Sachentscheidung Umstände berücksichtigen, deren Offenlegung sie mit Rücksicht auf ein Geheimhaltungsinteresse abgelehnt hat, das nach Abwägung aller Umstände das Interesse der Beteiligten auf rechtliches Gehör auch unter Beachtung des Rechts auf effektiven Rechtsschutz überwiegt.[96] Der BGH konstruiert nur insoweit etwas anders, als er § 138 TKG nicht entsprechend anwendet, sondern im Rahmen von § 70, 76 bleibt.[97]

§ 166 Mündliche Verhandlung

(1) ¹Die Vergabekammer entscheidet aufgrund einer mündlichen Verhandlung, die sich auf einen Termin beschränken soll. ²Alle Beteiligten haben Gelegenheit zur Stellungnahme. ³Mit Zustimmung der Beteiligten oder bei Unzulässigkeit oder bei offensichtlicher Unbegründetheit des Antrags kann nach Lage der Akten entschieden werden.

(2) Auch wenn die Beteiligten in dem Verhandlungstermin nicht erschienen oder nicht ordnungsgemäß vertreten sind, kann in der Sache verhandelt und entschieden werden.

Schrifttum: *Chen*, Vergaberechtsschutz im Spannungsfeld zwischen Beschleunigungsgebot und Gewährung effektiven Rechtsschutzes, 2019; *Ehlers/Fehling/Pünder*, Besonderes Verwaltungsrecht – Band 1, 4. Aufl. 2019; *Maier*, Die prozessualen Grundsätze des Nachprüfungsverfahrens, NZBau 2004, 667.

---

[91] Krit. dazu die abwM des Richters *Gaier* in BVerfG Beschl. v. 14.3.2006 – 1 BvR 2087/03, 1 BvR 2111/03, BVerfGE 115, 205 Rn. 144 ff. = NVwZ 2006, 1041.
[92] BVerfG Beschl. v. 14.3.2006 – 1 BvR 2087/03, 1 BvR 2111/03, BVerfGE 115, 205 Rn. 144 ff. = NVwZ 2006, 1041.
[93] EuGH Urt. v. 13.7.2006 – C-438/04, MMR 2006, 803 Rn. 40.
[94] BT-Drs. 17/5707, 86 f. zu Nr. 98.
[95] BGBl. 2012 I 958.
[96] BGH Beschl. v. 31.1.2017 – X ZB 10/16, NZBau 2017, 230 Rn. 56 ff. – Notärztliche Dienstleistungen.
[97] BGH Beschl. v. 31.1.2017 – X ZB 10/16, NZBau 2017, 230 Rn. 59 ff. – Notärztliche Dienstleistungen.

Übersicht

	Rn.		Rn.
I. Normzweck und Entstehungsgeschichte	1	a) Zustimmung der Beteiligten	13
		b) Eindeutig fehlende Erfolgsaussichten des Antrags	15
II. Mündliche Verhandlung (Abs. 1)	2	III. Verhandlung und Entscheidung in Abwesenheit (Abs. 2)	25
1. Entscheidung aufgrund mündlicher Verhandlung	4	IV. Die Wiedereröffnung der mündlichen Verhandlung	27
2. Entscheidung nach Aktenlage	10		

I. Normzweck und Entstehungsgeschichte

1 Die Vergabekammer entscheidet gem. § 166 Abs. 1 aufgrund einer mündlichen Verhandlung. Die Normierung des Mündlichkeitsgrundsatzes wurde mit dem Vergaberechtsänderungsgesetz 1998 eingeführt und besteht seither unverändert.[1] Im Hinblick auf die Ausgestaltung des Vergabenachprüfungsverfahrens als kontradiktorisches Verfahren vor einem Spruchkörper sui generis[2] mit gerichtsähnlicher Unabhängigkeit erscheint dies nur konsequent – wenn auch für Verwaltungsverfahren jenseits der §§ 63 ff. VwVfG unüblich.[3] Aufgrund der Normierung des Mündlichkeitsgrundsatzes und der Ausgestaltung des Nachprüfungsverfahrens als streitiges Verfahren findet zudem der Unmittelbarkeitsgrundsatz Anwendung, sodass die Vergabekammer an die Besetzung, in der sie verhandelt hat, im Sinne des erkennenden und ersuchten Richters gebunden ist.[4] Bei dem Mündlichkeitsgrundsatz handelt es sich um eine Maxime, welche auch als Ausprägung der Konzentration des Nachprüfungsverfahrens[5] sowie dem Anspruch auf rechtliches Gehör[6] zu sehen ist und in der Folge als Versuch der Auflösung jenes Spannungsverhältnisses verstanden werden kann.

II. Mündliche Verhandlung (Abs. 1)

2 § 166 Abs. 1 ist zunächst nur der Grundsatz zugunsten der Durchführung einer mündlichen Verhandlung zu entnehmen. Die Beteiligten verhandeln daher grundsätzlich mündlich über den Streitgegenstand. Die Ausgestaltung der mündlichen Verhandlung hingegen bleibt offen, sodass ein Rückgriff auf VwVfG, ZPO oder VwGO erforderlich ist.[7] § 166 Abs. 2 ist e contrario alleinig zu entnehmen, dass weder Anwesenheitspflicht noch Anwaltszwang für die mündliche Verhandlung gelten. Im Gegensatz zu dem Verfahren vor dem Vergabesenat ist die mündliche Verhandlung keine öffentliche Verhandlung iSd § 169 Abs. 1 GVG. Dies ergibt sich zum einen im Umkehrschluss aus dem expliziten Verweis auf die Öffentlichkeit im Rahmen des § 175 Abs. 1 und zum anderen aus der Nähe zum förmlichen Verwaltungsverfahren, welches nach § 68 Abs. 1 S. 1 VwVfG lediglich die Beteiligtenöffentlichkeit kennt. Eine andere Bewertung ergibt sich insbesondere nicht aus den Vorgaben im Hinblick auf den Schutz von Geschäfts- und Betriebsgeheimnissen, welchen die Vergabekammer gem. § 165 Abs. 2, 3 unterliegt.[8]

3 Teilnahmeberechtigt an der mündlichen Verhandlung sind sämtliche geladene Beteiligte sowie deren Verfahrensbevollmächtigte. Bezüglich der Ladung der Beteiligten, Fristen, Zustellungsregelungen sowie Inhalt und Ablauf der mündlichen Verhandlung ist ein Rückgriff auf die Normen des VwVfG geboten, da es sich bei dem Nachprüfungsverfahren unabhängig von der konkreten **Ausgestaltung** weiterhin zunächst nur um ein atypisch ausgestaltetes Verwaltungsverfahren handelt, welches mit Antragstellung beginnt und gem. § 168 Abs. 3 S. 1 mit Erlass eines Verwaltungsaktes beendet wird. Aufgrund der hervorgehobenen Bedeutung der Beschleunigung des Nachprüfungsverfahrens sind zuvörderst § 10 VwVfG analog sowie zur Konkretisierung der Regelungen zum förmlichen Verwaltungsverfahren wie etwa die Mitteilung nach § 67 Abs. 2 S. 2 VwVfG analog zu beachten.[9] Im Hinblick auf die kurze Entscheidungsfrist von fünf Wochen nach § 167 Abs. 1 wird die Angemes-

---

[1] BT-Drs. 13/9340, 20.
[2] Als Verwaltungsbehörde qualifizierend: jurisPK-VergabeR/*Summa* Rn. 4.
[3] Vgl. *Pünder* in Ehlers/Fehling/Pünder, Besonderes Verwaltungsrecht – Band 1, 4. Aufl. 2019, § 17 Rn. 184 f; VK Bund Beschl. v. 27.7.2016 – VK 2-63/16, WuW 2016, 555 (557).
[4] *Boesen* § 112 Rn. 8; jurisPK-VergabeR/*Summa* Rn. 9.
[5] *Maier* NZBau 2004, 667 (669); *Boesen* § 112 Rn. 2.
[6] So iErg auch *Boesen* § 112 Rn. 3; jurisPK-VergabeR/*Summa* Rn. 4.
[7] jurisPK-VergabeR/*Summa* Rn. 13.
[8] *Boesen* § 112 Rn. 5; *Ohlrich* in RKPP GWB Rn. 9.
[9] IErg so auch: jurisPK-VergabeR/*Summa* Rn. 12 f.; aA *Maier* NZBau 2004, 667 (669).

senheit der Frist auch für eine kurzfristige Ladung zu bejahen sein.[10] Grenzen findet die Ladungsfrist in § 166 Abs. 1 S. 1 Hs. 2, wonach sich die mündliche Verhandlung auf einen Termin beschränken soll. Dies erfordert, dass die Vergabekammer den Beteiligten die hierfür erforderliche Zeit zwischen Zustellung der Ladung und Termin zur mündlichen Verhandlung zur Verfügung stellt.[11] Ebenso ist im Hinblick auf eine Entscheidung aufgrund einer mündlichen Verhandlung gem. § 166 Abs. 1 S. 2 durch die Beteiligten bereits im Rahmen ihrer vorab übermittelten Stellungnahmen Beweise bzgl. streitiger Sachverhalte anzubieten.[12] Gleichwohl erscheint eine Ladungsfrist von mehr als einer Woche nur in den hierfür normierten Ausnahmefällen nach § 167 Abs. 1 S. 2 geboten.[13] Ebenso ist im Hinblick auf die Wechselwirkung zwischen rechtlichem Gehör und Beschleunigung des Verfahrens vor der Vergabekammer ein Anspruch auf Terminverlegung abseits der Fallgruppen des § 167 Abs. 1 S. 2 grundsätzlich abzulehnen.[14]

1. Entscheidung aufgrund mündlicher Verhandlung. Die Vergabekammer entscheidet aufgrund mündlicher Verhandlung. Welche **Entscheidung** mit dieser Formulierung gemeint ist, lässt die Vorschrift offen. Im Hinblick auf die Wechselwirkung zwischen Beschleunigungsgrundsatz und Anspruch auf Gewährung des rechtlichen Gehörs ist jedenfalls die Hauptsacheentscheidung nach § 168 Abs. 1 hierunter zu verstehen. Zwischenentscheidungen und Kostenentscheidungen[15] werden dagegen tendenziell nicht einbezogen. Bezüglich Entscheidungen, die mittelbar auch die Hauptsacheentscheidung tangieren, vermag das in Gänze nicht zu überzeugen und der Begriff der Entscheidung ist weiter zu verstehen. Dieses Ergebnis erscheint auch im Hinblick auf die Normierungen von Ermessensentscheidungen in § 166 Abs. 1 Hs. 2, S. 3 vorzugswürdig. Sofern es sachdienlich ist und der Konzentration des Nachprüfungsverfahrens dient, ist auch hierüber gem. § 166 Abs. 1 S. 1 mündlich zu verhandeln.[16]

Auswirkungen entfaltet dieses Konkurrenzverhältnis insbesondere bei Widersprüchen zum mündlichen Vortrag. Sofern sich der Vortrag nicht bereits aufgrund von **Beweismitteln** als unzutreffend darstellt, genießt er Vorrang. Diese Wertung erscheint auch bzgl. der Geltung des Unmittelbarkeitsgrundsatzes als folgerichtig, da der umfassende Eindruck der Sachlage im allgemeinen durch gezieltes Nachfragen der Vergabekammer und entsprechende Auskünfte der Beteiligten eben unmittelbarer ausfällt als das geschriebene, sorgfältig abgewogene Wort.[17] Da Beweismittel und -erhebung nicht separat für das Nachprüfungsverfahren geregelt sind, ist ein Rückgriff auf die Normen der ZPO über § 173 VwGO erforderlich. Ein Rückgriff auf § 26 VwVfG scheitert an einer vergleichbaren Interessenlage. Vor der Vergabekammer gilt der Grundsatz der Unmittelbarkeit der Beweiserhebung, welcher im Verwaltungsverfahren gerade keine Anwendung findet.[18] Die Anwendung der Beweisregeln der ZPO hat zur Folge, dass auch die deren Normen zugrunde liegenden Wertungen mittelbaren Einfluss auf das Verfahren vor der Vergabekammer erhalten. Trägt ein Beteiligter mündlich vor, handelt es sich um eine Parteianhörung gem. § 141 Abs. 1 S. 1 ZPO analog und nicht um einen Beweis durch Parteivernehmung gem. §§ 445 ff. ZPO analog. Gemäß § 141 Abs. 1 S. 1 ZPO soll das Gericht zu diesem Zweck das persönliche Erscheinen anordnen, „...*wenn dies zur Aufklärung des Sachverhaltes geboten erscheint*". Geboten ist das Erscheinen, wenn die Partei Ausführungen zur Aufklärung des Sachverhaltes machen kann. Dies bedingt, dass der Sachverhalt noch nicht hinreichend aufgeklärt werden konnte. Die Würdigung der zu den streitigen Behauptungen hat daher maßgeblich und vorrangig nach §§ 355 ff. ZPO zu erfolgen.

Gemäß § 166 Abs. 1 S. 2 haben alle Beteiligte **Gelegenheit zur Stellungnahme**. Auch in dieser Norm findet sich eine Verankerung des rechtlichen Gehörs wieder, welche in Wechselwirkung steht mit dem Grundsatz der mündlichen Verhandlung und der Ausnahmekonstellation, in der eine Entscheidung aufgrund der Aktenlage möglich ist. Den Parteien ist stets unabhängig von der Entscheidung der Vergabekammer, ob eine mündliche Verhandlung durchgeführt werden soll, ausreichend Gelegenheit zu geben, zu den relevanten Sach- und Rechtsfragen Stellung zu nehmen.[19]

Unabhängig von der Frage, ob eine mündliche Verhandlung oder eine Entscheidung nach Aktenlage erfolgt, ist den Beteiligten **rechtliches Gehör** zu gewähren,[20] wobei sich der Anspruch auf rechtliches Gehör mangels Verfahrensrüge und dank Heilung durch Nachholung im Beschwerde-

---

[10] jurisPK-VergabeR/*Summa* Rn. 10.
[11] So iErg auch: jurisPK-VergabeR/*Summa* Rn. 1 f.
[12] OLG Düsseldorf Beschl. v. 29.4.2009 – VII-Verg 73/08.
[13] jurisPK-VergabeR/*Summa* Rn. 14.
[14] jurisPK-VergabeR/*Summa* Rn. 24.
[15] So auch BayObLG Beschl. v. 29.9.1999 – Verg 5/99, NZBau 2000, 99.
[16] AA Beck VergabeR/*Gröning* Rn. 31.
[17] Vgl. *Maier* NZBau 2004, 667 (669).
[18] Vgl. BeckOK VwVfG/*Herrmann* VwVfG § 26 Rn. 5 f.
[19] *Maier* NZBau 2004, 667 (669).
[20] OLG Düsseldorf Beschl. v. 2.3.2005 – VII Verg 70/04.

verfahren als stumpfes Schwert vor der Vergabekammer erweist.[21] Der Anspruch auf rechtliches Gehör findet seine Grenze in dem aufzulösenden Spannungsverhältnis mit dem Grundsatz der Beschleunigung. Den Beteiligten ist mithin nicht unbegrenzt die Möglichkeit zum Vortrag und zur Stellungnahme einzuräumen. Eine Gelegenheit zum Vortrag oder zur Stellungnahme ist lediglich in den Fällen zu gewähren, in denen die Sach- und Rechtslage erstmals erörtert werden soll oder sich nachträgliche Änderungen ergeben haben.[22] Für das Nachprüfungsverfahren bedeutet dies, dass zumindest vor Beginn der mündlichen Verhandlung respektive einer Entscheidung nach Aktenlage und nach Gewährung oder Versagung der Akteneinsicht den Beteiligten die Möglichkeit zu eröffnen ist, ihrem Anspruch auf rechtliches Gehör Geltung zu verleihen.

8 Gemäß § 166 Abs. 1 S. 1 Hs. 2 soll sich die mündliche Verhandlung auf **einen Termin** beschränken. Die mündliche Verhandlung kann aber auch, wie sich aus der Formulierung der Soll-Bestimmung ergibt, auch aus mehreren Terminen bestehen.[23] Hervorgehoben wird lediglich der Aspekt der Verfahrensbeschleunigung und damit der Ausnahmecharakter eines zweiten oder gar dritten Termins. Wann eine solche Abweichung geboten ist, lässt § 166 offen. Nahe liegt jedoch, dass im Hinblick auf die Normierung des intendierten Ermessens weitere Umstände hinzutreten müssen, die eine Abweichung rechtfertigen.[24] Da § 166 Abs. 1 S. 1 der Beschleunigung nach § 167 zur Geltung verhilft, erscheint es nur konsequent, insoweit die im Rahmen des § 167 Abs. 1 S. 2 normierten Fallgruppen zugrunde zu legen. Besondere tatsächliche oder rechtliche Schwierigkeiten, die die Anberaumung eines neuen Termins rechtfertigen, würden etwa weitergehende erforderliche Maßnahmen zur Sachverhaltsaufklärung, die Notwendigkeit einer Beweisaufnahme oder die nähere Untersuchung von Vergaberechtsverstößen, die für den Antragsteller erst nach Akteneinsicht erkennbar iSd § 160 Abs. 3 analog waren, darstellen.[25]

9 Ziel dieses einen Termins ist die Erörterung der Sach- und Rechtslage der Beteiligten zur abschließenden **Sachverhaltsaufklärung** durch die Vergabekammer, um eine Entscheidung innerhalb der Frist nach § 167 Abs. 1 S. 1 zu ermöglichen.[26] Die Entscheidung der Vergabekammer ist auf Tatsachen und Beweise zu stützen, auf welche in der mündlichen Verhandlung Bezug genommen wird.[27] Maßgeblicher Zeitpunkt für die der Entscheidung zugrunde liegende Beurteilung der Sach- und Rechtslage ist der Abschluss der mündlichen Verhandlung.[28] Da die Durchführung der mündlichen Verhandlung auch der Beschleunigung des Nachprüfungsverfahrens dient,[29] ergibt sich der zeitliche Rahmen für den Erlass einer Entscheidung durch die Vergabekammer aus § 167.[30] Die Sache ist entscheidungsreif, wenn keine neuen Erkenntnisse, die eine anderweitige Beurteilung des Sachverhaltes in rechtlicher Hinsicht zulassen, durch und aufgrund der Durchführung einer mündlichen Verhandlung zu erwarten sind.[31] Es besteht mithin eine Wechselwirkung zwischen der Entscheidung aufgrund mündlicher Verhandlung in einem Termin und den Mitwirkungspflichten der Beteiligten nach § 167 Abs. 2, da den Beteiligten aufgegeben werden kann, innerhalb einer Frist entsprechend vorzutragen, um eine abschließende Beurteilung innerhalb eines Termins überhaupt zu ermöglichen.[32] Keine anderweitige Zielsetzung verfolgt ebenso § 166 Abs. 1 S. 2, wonach den Beteiligten die Gelegenheit zur Stellungnahme zu geben ist. Dies umfasst in Vorbereitung des Termins eine schriftliche Stellungnahme, welche den Beteiligten einen vertieften Vortrag in dem Termin ermöglichen soll.

10 **2. Entscheidung nach Aktenlage.** Gemäß § 166 Abs. 1 S. 3 kann die Vergabekammer nach Aktenlage entscheiden, wenn die Beteiligten zustimmen oder der Antrag unzulässig respektive offensichtlich unbegründet ist. Bei den Fallgruppen handelt es sich um einen abschließenden Katalog von Ausnahmetatbeständen, welche in einem Alternativverhältnis zueinander stehen. Anknüpfungspunkt jener Varianten bilden zum einen die Disposition der Beteiligten über das Vergabenachprüfungsverfahren und zum anderen Mängel im Antrag, deren nachträgliche Heilung nicht möglich ist. Der Normierung liegen zwei unterschiedliche Zielsetzungen zugrunde. Aus Gründen der Prozessökonomie und Beschleunigung soll auf eine mündliche Verhandlung verzichtet werden können, wenn

---

[21] jurisPK-VergabeR/*Summa* Fn. 4.
[22] *Boesen* § 112 Rn. 16.
[23] BT-Drs. 13/9340, 20.
[24] *Ohlrich* in RKPP GWB Rn. 7.
[25] Vgl. Reidt/Stickler/Glahs/*Reidt* Rn. 6.
[26] Vgl. BT-Drs. 13/9340, 19.
[27] *Boesen* § 112 Rn. 7.
[28] *Maier* NZBau 2004, 667 (669).
[29] *Boesen* § 112 Rn. 9.
[30] Reidt/Stickler/Glahs/*Reidt* Rn. 12.
[31] HHKW/*Bork-Galle* § 112 Rn. 21.
[32] *Boesen* § 112 Rn. 11.

II. Mündliche Verhandlung (Abs. 1)

eine Verhandlung von vorneherein unnötig und für das Ergebnis irrelevant erscheint, mithin kein neuer Vortrag zu erwarten ist.[33] Diese Konstellation betrifft allen voran das Zugrundeliegen eines unstrittigen Sachverhaltes. Im Hinblick auf das Zuschlagsverbot gem. § 169 Abs. 1 sollen jedoch auch insbesondere und allen voran die Verfahren vor der Vergabekammer, denen ein aussichtsloser Nachprüfungsantrag zugrunde liegt, ohne mündliche Verhandlung entschieden werden können.[34]

Es ist eine **restriktive Anwendung** dieser Ausnahmetatbestände geboten, „denn nicht selten werden erst durch das Rechtsgespräch in der mündlichen Verhandlung Rechtsstandpunkte sauber herausgearbeitet und Sachverhalte aufgeklärt; zudem bietet die mündliche Verhandlung eine kaum ersetzbare Möglichkeit, den Streit der Verfahrensbeteiligten unkompliziert auf ihren wahren Kern zu fokussieren und ggf. auch beizulegen…".[35] Die Durchführung einer mündlichen Verhandlung dient nicht zuletzt auch der Gewährung und Sicherstellung des rechtlichen Gehörs der Beteiligten. Aufgabe der Vergabekammer ist es daher, zu untersuchen, ob aufgrund des Vorliegens besonderer Umstände in dem konkreten Einzelfall der Anspruch auf rechtliches Gehör auch ohne die Durchführung einer mündlichen Verhandlung gewährleistet werden kann. Diese Untersuchungspflicht und der Ermessensspielraum[36] werden bereits aufgrund der Formulierung, die Vergabekammer „…kann nach Lage der Akten entscheiden…" ersichtlich. **11**

Die Ausübung pflichtgemäßen Ermessens aufseiten der Vergabekammer bedingt sowohl eine interne Dokumentation als auch einen Hinweis gegenüber den Beteiligten, warum eine solche Ausnahmekonstellation in dem konkreten Einzelfall vorliegt.[37] Die systematische Stellung des Ausnahmekatalogs in S. 3 legt nahe, dass zur Gewährung rechtlichen Gehörs und effektiven Rechtsschutz chronologisch S. 2 vorgeht, weswegen vor dem Übergang in das schriftliche Verfahren die Beteiligten anzuhören sind.[38] Die Anhörung vor Übergang in das schriftliche Verfahren und das **Erteilen von Hinweisen** verfolgt zudem eine weitere Schutzrichtung. Dem Anspruch auf rechtliches Gehör ist zu entnehmen, dass Entscheidungen ohne vorherigen Hinweis auf rechtliche Gesichtspunkte oder Erwägungen, mit denen gewissenhafte und kundige Prozessbeteiligte nach dem bisherigen Prozessverlauf nicht zu rechnen brauchten, verboten sind.[39] S. 2 stellt daher sicher, dass die Beteiligten vor Überraschungsentscheidungen geschützt werden.[40] **12**

a) Zustimmung der Beteiligten. Die Beteiligten können über Modi, wie rechtliches Gehör gewährt werden soll, grundsätzlich disponieren. Das Bedürfnis zur Durchführung einer mündlichen Verhandlung fehlt aus Beteiligtensicht regelmäßig dann, wenn diese darauf verzichten wollen, die Sach- und Rechtslage zu erörtern.[41] Bereits das Tatbestandsmerkmal der Zustimmung macht deutlich, dass Voraussetzung für eine Entscheidung nach Aktenlage in dem Fall die konkrete Nachfrage der Vergabekammer ist, welche an alle Beteiligten zu richten ist.[42] Die Zustimmung ist durch die Beteiligten vor Übergang in das schriftliche Verfahren gegenüber der Vergabekammer zu erklären. Als Prozesshandlung ist die **Zustimmung** nicht widerruflich und kann formlos entsprechend § 67 Abs. 2 VwVfG erfolgen.[43] **13**

Die Vergabekammer muss dem **Wunsch** der Beteiligten auf eine mündliche Verhandlung zu verzichten, nicht entsprechen. Dies gilt umso mehr, sofern man der (mündlichen) Verhandlung bereits dem Wortursprung nach auch die Funktion einer Beratung und Unterredung zuschreibt, was ein Begleiten dieses Procederes umfasst. **14**

b) Eindeutig fehlende Erfolgsaussichten des Antrags. Gemäß § 166 Abs. 1 S. 3 kann die Vergabekammer von der Durchführung einer mündlichen Verhandlung absehen, wenn der Antrag unzulässig oder offensichtlich unbegründet ist. Anknüpfungspunkt von Fallgruppe zwei und drei sind demnach fehlende Erfolgsaussichten des Antrags. Fehlen dem Antrag die Erfolgsaussichten, soll **15**

---

[33] Maier NZBau 2004, 667 (669).
[34] VK Mecklenburg-Vorpommern Beschl. v. 13.12.2018 – 3 VK 09/18; Boesen § 112 Rn. 17.
[35] KG Berlin Beschl. v. 21.12.2018 – Verg 7/18.
[36] OLG Brandenburg Beschl. v. 30.4.2013 – Verg W 3/13; BayObLG Beschl. v. 20.8.2001 – Verg 11/01; VK Schleswig-Holstein Beschl. v. 23.8.2012 – VK-SH 21/12.
[37] Vgl. Trautner jurisPR-VergR 6/2020, Anm. 1.
[38] IE so auch: KG Berlin Beschl. v. 19.12.2019 – Verg 9/19; vgl. VK Rheinland Düsseldorf Beschl. v. 30.4.2019 – VK 10/19-L; Chen, Vergaberechtsschutz im Spannungsfeld zwischen Beschleunigungsgebot und Gewährung effektiven Rechtsschutzes, 2019, 335; jurisPK-VergabeRecht/Summa Rn. 19.
[39] Vgl. BGH Beschl. v. 13.1.2011 – VII ZR 22/10, NZBau 2011, 161 Rn. 6 mit Verweis auf BVerfG Beschl. v. 12.6.2003 – 1 BvR 2285/02, NJW 2003, 2524 Rn. 1.
[40] Vgl. BGH Beschl. v. 13.1.2011 – VII ZR 22/10, NZBau 2011, 161 Rn. 6 mit Verweis auf BVerfG Beschl. v. 12.6.2003 – 1 BvR 2285/02, NJW 2003, 2524 Rn. 1.
[41] Boesen § 112 Rn. 19.
[42] Reidt/Stickler/Glahs/Reidt Rn. 14.
[43] Ohlrich in RKPP GWB Rn. 19; aA Boesen § 112 Rn. 21; vgl. Byok/Jaeger/Byok Rn. 5.

das Nachprüfungsverfahren konzentrierter stattfinden. Ziel ist mithin, dass ein Nachprüfungsverfahren, dem ein Antrag mit eindeutig fehlenden Erfolgsaussichten nicht dieselbe Zeitspanne beansprucht wie ein Nachprüfungsverfahren, dem keine derart eindeutige Sach- und Rechtslage zugrunde liegt.

16 **aa) Unzulässigkeit des Antrags. Unzulässig** ist der Antrag, wenn bereits der Anwendungsbereich des Kartellvergaberecht nicht eröffnet ist. Dies ist der Fall, in dem der Auftraggeber nicht öffentlicher Auftraggeber oder Sektorenauftrag- bzw. Konzessionsgeber iSd §§ 99 ff. ist oder der Auftragswert nicht den maßgeblichen Schwellenwert gem. § 106 übersteigt.[44] Ist der Anwendungsbereich des Kartellvergaberechts eröffnet, aber der Antrag erfüllt bereits nicht die Voraussetzungen gem. § 161, ist dieser ebenfalls offensichtlich unzulässig. Die offensichtliche Unzulässigkeit muss dabei nicht zwingend aus dem Antrag selbst ersichtlich werden, sondern kann sich auch aus der Vergabeakte sowie dem schriftlichen Vortrag der Beteiligten ergeben. Dies betrifft insbesondere Fälle, in denen die Anforderungen nach § 160, etwa der Präklusion nach § 160 Abs. 3,[45] nicht erfüllt sind. Des Weiteren können hierunter Fälle der Unzuständigkeit der Vergabekammer sowie der Verwirkung fallen.[46] Auch ein rechtswirksam erteilter Zuschlag vor Antragstellung steht der Zulässigkeit des Antrags gem. § 168 Abs. 2 S. 1 entgegen.[47] Die Similarität dieser Fälle liegt darin, dass das Fehlen der entsprechenden Voraussetzung nicht nachträglich heilbar ist und kein weiterer Erkenntnisgewinn durch eine mündliche Verhandlung zu erwarten ist.[48] Gegen eine etwaige Zurückweisung als offensichtlich unzulässig ohne mündliche Verhandlung ist die Beschwerde statthaft.[49]

17 Parallelen bestehen zu § 163 Abs. 2 S. 3, welcher ebenfalls an die Tatbestandsmerkmale der Unzulässigkeit und Unbegründetheit anknüpft. Anders als § 163 Abs. 2 S. 3 fordert § 166 Abs. 1 S. 3 jedoch keine **offensichtliche Unzulässigkeit.** Hinsichtlich der Unzulässigkeit divergieren demnach die Anforderungen für die Entscheidung nach Aktenlage und an die Übermittlung des Antrags an den Antragsgegner. Da nicht bereits der Antrag unzulässig sein muss, sind die Voraussetzungen niedriger als im Rahmen des § 163 Abs. 2 S. 3. Soweit der Antrag dem Antragsgegner nicht zugestellt werden muss, darf die Vergabekammer nicht den geringsten Zweifel an der Unzulässigkeit (oder Unbegründetheit) des Antrags haben.[50] Anwendungsfälle einer Unzulässigkeit nach § 161 dürften demnach bei Hinterlegung einer etwaigen Schutzschrift bereits nicht zur Zustellung des Antrags führen und sowohl die Voraussetzungen des § 166 Abs. 1 S. 3 als auch des § 163 Abs. 2 S. 3 erfüllen, während hinsichtlich der Voraussetzungen nach § 160 die Sichtung der Vergabeakte und Schriftsätze erforderlich sein werden.[51]

18 **bb) Offensichtliche Unbegründetheit des Antrags.** Die dritte Fallgruppe betrifft den Tatbestand der offensichtlichen Unbegründetheit. Ausgehend vom Wortlaut ist eine Tatsache offensichtlich, wenn sich diese deutlich oder augenscheinlich ergibt. Demnach ist die offensichtliche Unbegründetheit zu bejahen, wenn diese ohne eine weitere gründliche Prüfung auffällt.[52] Dies schließt in jedem Fall eine tiefgehende Prüfung des Sachverhaltes aus, da die Unbegründetheit des Antrags sich ohne Weiteres oder zumindest unschwer aus den gesamten Umständen ergeben würde.[53]

19 Dieses Ergebnis wird der Komplexität des Vergaberechts per se nicht gerecht und lässt auch keine Abgrenzung zur offensichtlichen Unbegründetheit nach § 163 Abs. 2 S. 3 zu. Da § 163 Abs. 2 S. 3 den Fall der Nicht-Zustellung betrifft und somit den Anspruch auf rechtliches Gehör negiert, während die Durchführung der mündlichen Verhandlung lediglich den Modus, wie rechtliches Gehör gewährleistet werden soll, betrifft, können **Entscheidungsmaßstab** und Prüfungstiefe der Vergabekammer in beiden Fällen nicht dieselben sein. Nach § 163 Abs. 2 S. 3 ist der Antrag als offensichtlich unbegründet zu qualifizieren, wenn der Antrag bereits widersprüchlich, unsubstantiiert und im Ergebnis so unschlüssig ist, dass eine Rechtsverletzung aufgrund des Antrags und der Schutzschrift ausscheidet.[54] § 166 Abs. 1 S. 3 stellt hingegen auf einen gänzlich anderen Zeitpunkt ab.

---

[44] VK Ansbach Beschl. v. 9.5.2018 – RMF-SG21-3194-3-10.
[45] VK Hessen Beschl. v. 5.2.2020 – 69d VK – 27/2017; VK Mecklenburg-Vorpommern Beschl. v. 6.11.2018 – 3 VK 07/18; Byok/Jaeger/*Byok* Rn. 7.
[46] VK Brandenburg Beschl. v. 10.2.2003 – VK 80/02; VK Brandenburg Beschl. v. 16.8.2013 – VK 12/13; *Ohlrich* in RKPP GWB Rn. 20; Byok/Jaeger/*Byok* Rn. 7.
[47] Willenbruch/Wieddekind/*Gause* Rn. 7.
[48] Reidt/Stickler/Glahs/*Reidt* Rn. 16.
[49] OLG Düsseldorf Beschl. v. 17.2.2016 – VII-Verg 37/14; OLG Karlsruhe Beschl. v. 8.1.2010 – 15 Verg 1/10.
[50] *Jauch* juris-PR-VergR 12/2017, Anm. 5.
[51] Vgl. VK Südbayern Beschl. v. 11.7.2001 – 21-06/01; vgl. 1. VK Sachsen Beschl. v. 8.7.2011 – 1/SVK/005-06; Willenbruch/Wieddekind/*Gause* Rn. 7.
[52] *Jauch* juris-PR-VergR 12/2017, Anm. 5.
[53] VK Berlin Beschl. v. 17.10.2017 – VK-B 1-15/17.
[54] *Ohlrich* in RKPP GWB Rn. 22; Byok/Jaeger/*Byok* Rn. 8.

II. Mündliche Verhandlung (Abs. 1)

Wenn sich die Frage stellt, ob der Antrag nach § 166 Abs. 1 S. 3 offensichtlich unbegründet ist, wurde die Vergabeakte sowie die schriftlichen Stellungnahmen bereits an die Vergabekammer übersandt.[55] Diese Unterlagen sind im Rahmen der Ermessensentscheidung zu berücksichtigen, sodass offensichtliche Unbegründetheit auch nach einer weiteren gründlichen Prüfung bejaht werden kann. Der Hauptanwendungsfall im Rahmen des § 163 Abs. 2 S. 3 liegt in der Prüfung von Zulässigkeit und Schlüssigkeit des Antrags, wobei die Anforderungen an einen schlüssigen Antrag aufgrund der Geltung von Untersuchungs- und Dispositionsgrundsatz erheblich niedriger einzustufen sind, als im Zivilprozess. Die Durchführung eines beschleunigten Verfahrens wie desjenigen vor der Vergabekammer erfordert jedoch, dass bereits ab Antragstellung dieser geeignet ist, die begehrte Rechtsfolge auch herbeizuführen. Dieser Zielsetzung liegen auch die Präklusionsvorschriften des § 160 Abs. 3 zugrunde. Anderenfalls wird das Betreiben eines beschleunigten Nachprüfungsverfahrens bereits mit der Einleitung erschwert. Der Prüfungsschwerpunkt im Rahmen des § 166 Abs. 1 S. 3 findet hingegen im Hinblick auf die Erheblichkeit statt. Auch an die Frage, ob ein Vortrag geeignet ist, die begehrte Rechtsfolge des Antragstellers zu widerlegen, sind aus den aufgeführten Gründen geringere Anforderungen zu stellen als im Zivilprozess. Da jedoch bereits die Unschlüssigkeit zur Nicht-Zustellung führt, ist diese in den Anwendungsfall der Entscheidung nach Aktenlage a priori inkludiert. Nach Vorlage der Vergabeakten und Einsicht in die Angebote muss aus Sicht der Vergabekammer eine Rechtsverletzung mit sich aufdrängender Wahrscheinlichkeit ausgeschlossen werden können.[56] In der Folge ist ein Antrag dann offensichtlich unbegründet, wenn sich aus der von der Vergabekammer übersandten Unterlagen im Vergleich zu dem Antrag unmittelbar ergibt, dass der behauptete Vergabeverstoß nicht vorliegt.

Dieses Ergebnis spiegelt sich auch in der Teleologie der Norm wider, wonach der Verzicht auf eine mündliche Verhandlung der Beschleunigung nach § 167 dient. Die Offensichtlichkeit ist daher als an den äußeren Umständen anknüpfend zu verstehen. In dem Fall liegt etwa ein unstreitiger oder hinreichend aufgeklärter Sachverhalt vor und ein zusätzlicher Erkenntnisgewinn aufgrund der Durchführung einer mündlichen Verhandlung ist nicht zu erwarten.[57] Bereits nach Lage der Akte, welche grundsätzlich die Dokumentation des gesamten Vergabeverfahrens bis zum Zeitpunkt der Aktenübersendung enthält,[58] besteht an der Unbegründetheit kein vernünftiger Zweifel, der Antrag hat mithin keine Erfolgsaussichten.[59] Zweifel an der Offensichtlichkeit seitens der Vergabekammer schließen die Offensichtlichkeit bereits begrifflich aus.[60]

Die fehlende **Antragsbefugnis** nach § 160 Abs. 2 kann eine offensichtliche Unbegründetheit des Antrags gem. § 166 Abs. 1 S. 3 begründen. Für die Frage, unter welchen Voraussetzungen die fehlende Antragsbefugnis nach § 160 Abs. 2 zur offensichtlichen Unbegründetheit des Antrags führt, dürfen die Anforderungen nicht derart hoch sein, dass sie den effektiven Rechtsschutz torpedieren.[61] Innerhalb der Ermessensentscheidung der Vergabekammer ist daher zu berücksichtigen, dass eine Konkretisierung des Vergaberechtsverstoßes zumeist erst nach erfolgter Akteneinsicht überhaupt möglich ist. Anderes gilt für den kausalen Schaden, dieser liegt in der Sphäre des Bieters und ist entsprechend auch hinsichtlich der Kausalität darzustellen und zu beziffern.[62]

Offensichtlich unbegründet ist ein Antrag auch, wenn sich aus den Angebotsunterlagen des Antragstellers bereits das Vorliegen von Ausschlussgründen gem. §§ 123 f. ergibt. Gleiches gilt für den Fall, in dem **aus Bekanntmachung ersichtlich** ist, dass das Nicht-Vorliegen von Eignungskriterien nach § 122 Abs. 2 S. 2 oder Leistungskriterien gem. § 127 Abs. 1 S. 4, Abs. 5 zum Ausschluss des Angebotes führt und das Angebot des Antragstellers ausweislich der eingereichten Unterlagen diese Anforderungen nicht erfüllt. Dies erfordert eine Prüfung der Vergabeakte sowie der Schriftsätze, was der Offensichtlichkeit entgegenzustehen scheint. Der Angebotsinhalt lässt sich jedoch nicht nachträglich im Rahmen einer mündlichen Verhandlung revidieren, sodass der relevante Sachverhalt bereits hinreichend aufgeklärt ist und eine Entscheidung nach Aktenlage zulässt.[63] Ergibt sich das

---

[55] Reidt/Stickler/Glahs/*Reidt* Rn. 18.
[56] 1. VK Sachsen Beschl. v. 14.2.2006 – 1./SVK/005-06; VK Schleswig-Holstein Beschl. v. 13.12.2004 – VK-SH-33/04; Willenbruch/Wieddekind/*Gause* Rn. 8.
[57] VK Hessen Beschl. v. 5.2.2020, 69d VK – 27/2017; aA VK Schleswig-Holstein Beschl. v. 17.3.2006 – VK-SH 02/06.
[58] Zur Heilung von Dokumentationsmängeln: vgl. OLG Karlsruhe Beschl. v. 27.6.2018 – 15 Verg 7/17, VergabeR 2019, 411 (411) – Werkstattgebäude.
[59] VK Karlsruhe Beschl. v. 3.8.2018 – 1 VK 30/18; VK Lüneburg Beschl. v. 14.11.2016 – VgK-44/2016; Willenbruch/Wieddekind/*Gause* Rn. 8.
[60] Byok/Jaeger/*Byok* Rn. 8.
[61] Vgl. *Zimmermann* jurisPR-VergR 4/2020, Anm. 4.
[62] Vgl. auch *Trautner* jurisPR-VergR 6/2020, Anm. 1.
[63] Näher hierzu: OLG Naumburg Beschl. v. 9.8.2019 – 7 Verg 1/19 – „Gefangenentelefonie", VergabeR 2020, 521 (524).

Vorliegen von Ausschlussgründen oder das Nicht-Vorliegen von Eignungs- oder Leistungskriterien nicht zweifelsfrei aus Bekanntmachung und Vergabeakte oder handelt es sich hierbei um den streitigen Sachverhalt, mangelt es nicht nur an der Offensichtlichkeit, sondern darüber hinaus an der Entscheidungsreife, sodass eine Entscheidung nach Aktenlage nicht getroffen werden kann.

23   Wann ein Antrag gem. § 166 Abs. 1 S. 3 offensichtlich unbegründet ist, sofern **Rechtsansichten** strittig sind, ist in Abhängigkeit von der Frage zu beantworten, wie gefestigt die einschlägige Rechtsprechung bereits ist und ob Teilbereiche noch keiner einhelligen höchstrichterlichen Beurteilung zugeführt wurden. Offensichtlichkeit wird etwa für den Fall bejaht, dass der vermeintliche Verstoß gegen eine kaufmännisch vernünftige Kalkulation nicht den durch die Rechtsprechung entwickelten Anwendungsfällen bezüglich der Unzumutbarkeit unterfällt.[64]

24   Schwierig gestaltet sich die Fallkonstellation, dass der öffentliche Auftraggeber im Rahmen der **Information nach § 134** dem Bieter nicht hinreichende Informationen zur Verfügung stellt, sodass dieser aufgrund der mitgeteilten Informationen im Zweifel nicht beurteilen kann, ob ein Vergaberechtsverstoß vorliegt und ein Nachprüfungsantrag erfolgreich sein wird. Primäre Funktion des § 134 Abs. 1 ist die Gewährung und Sicherstellung effektiven Rechtsschutzes. Würde in dem Fall eines Informationsdefizits des Antragstellers der öffentliche Auftraggeber mittels des Tatbestandsmerkmals der offensichtlichen Unbegründetheit gem. § 166 Abs. 1 S. 3 privilegiert werden, führte dies den effektiven Rechtsschutz und die Informationspflicht nach § 134 Abs. 1 ad absurdum.[65]

III. Verhandlung und Entscheidung in Abwesenheit (Abs. 2)

25   Gemäß § 166 Abs. 2 ermöglicht der Vergabekammer in der Sache zu verhandeln und zu entscheiden, wenn die Beteiligten in dem Verhandlungstermin nicht erscheinen oder nicht ordnungsgemäß vertreten sind. Die Vergabekammer verfügt diesbezüglich über Ermessen.

26   Beteiligte umfasst hier in Abgrenzung zu § 162 zunächst einmal lediglich alle ordnungsgemäß geladenen Beteiligten.[66] Die Ladung erfolgt nach §§ 10, 67 VwVfG[67] und beinhaltet einen Hinweis auf die mögliche Rechtsfolge nach § 166 Abs. 2. Vor der Vergabekammer besteht kein Anwaltszwang, sodass es im Hinblick auf die Verfahrensfairness iSd § 67 Abs. 1 VwVfG und einen Vergleich zu den Hinweispflichten im erstinstanzlichen Prozess vor dem Amtsgericht eines Hinweises bedarf. Dies ermöglicht auch eine kurzfristige Berücksichtigung der **Abwesenheit** aufgrund triftigen Grundes oder Fälle, in denen die Vergabekammer der Überzeugung ist, dass der abwesende Beteiligte einen wesentlichen Beitrag zur Aufklärung des Sachverhaltes leisten kann.[68] Im Rahmen einer Abwesenheitsentscheidung ist sodann Mangels mündlichen Vortrags auf etwaiges schriftsätzliches Vorbringen zurückzugreifen und dieses der Entscheidung mit zugrunde zu legen.[69]

IV. Die Wiedereröffnung der mündlichen Verhandlung

27   Das Spannungsverhältnis zwischen dem Anspruch auf rechtliches Gehör und der Konzentration des Nachprüfungsverfahrens gewinnt bei der Frage, wann eine mündliche Verhandlung nach deren Schluss wiederzueröffnen ist, besondere Bedeutung. Die Vergabekammer ist verpflichtet, den Beteiligten auch für den Fall, dass nach **Schluss der mündlichen Verhandlung** neue Tatsachen bekannt werden, rechtliches Gehör zu gewährleisten. Im Hinblick auf die Zielsetzung, das Vergabenachprüfungsverfahren grundsätzlich binnen fünf Wochen einer Entscheidung zuzuführen, hat die Vergabekammer auch dafür Sorge zu tragen, dass das Verfahren vor der Vergabekammer angemessen beschleunigt betrieben wird. Eine Lösung dieses Spannungsverhältnisses kommt gem. § 167 Abs. 2 in Betracht, wonach den Beteiligten Fristen gesetzt werden können, entsprechend vorzutragen, und ein verspäteter Vortrag als präkludiert unberücksichtigt bleiben kann. Demnach ist eine Wiedereröffnung der mündlichen Verhandlung für den Fall ausgeschlossen, in denen die Beteiligten rechtzeitig vortragen hätten können und nicht vorgetragen haben.[70] Eine Wiedereröffnung der mündlichen Verhandlung kommt nur dann in Betracht, „wenn die Kammer [...] nach Schluss der mündlichen Verhandlung Vergaberechtsverstöße erkennt, auf die bis zum Schluss der mündlichen Verhandlung nicht hingewiesen worden ist und auf eine Wiederaufnahme der mündlichen Verhandlung seitens

---

64   VK Berlin Beschl. v. 5.1.2017 – VK-B 1-34/16.
65   IE so auch: *Zimmermann* jurisPR-VergR 4/2020, Anm. 4.
66   So auch VK Karlsruhe Beschl. v. 24.1.2018 – 1 VK 54/17.
67   Reidt/Stickler/Glahs/*Reidt* Rn. 11.
68   jurisPK-VergabeR/*Summa* Rn. 26.
69   *Maier* NZBau 2004, 667 (669).
70   VK Bund Beschl. v. 3.6.2018 – VK 2-44/18 Rn. 138 f.

der Beteiligten auch nicht verzichtet wurde,"[71] wobei die Amtsermittlung der Vergabekammer auf den Gegenstand der jeweiligen Nachprüfung durch den Antrag beschränkt ist.[72]

§ 167 Beschleunigung

(1) ¹Die Vergabekammer trifft und begründet ihre Entscheidung schriftlich innerhalb einer Frist von fünf Wochen ab Eingang des Antrags. ²Bei besonderen tatsächlichen oder rechtlichen Schwierigkeiten kann der Vorsitzende im Ausnahmefall die Frist durch Mitteilung an die Beteiligten um den erforderlichen Zeitraum verlängern. ³Dieser Zeitraum soll nicht länger als zwei Wochen dauern. ⁴Er begründet diese Verfügung schriftlich.

(2) ¹Die Beteiligten haben an der Aufklärung des Sachverhalts mitzuwirken, wie es einem auf Förderung und raschen Abschluss des Verfahrens bedachten Vorgehen entspricht. ²Den Beteiligten können Fristen gesetzt werden, nach deren Ablauf weiterer Vortrag unbeachtet bleiben kann.

Schrifttum: *Braun,* Beschleunigungsgebot und Ablehnungsfiktion im Vergaberegime des GWB, NZBau 2003, 134; *Burgi,* 20 Jahre Rechtsschutz durch Vergabekammern – Bilanz, Reformimpulse und Praxisprobleme, NZBau 2020, 3; *Maier,* Die prozessualen Grundsätze des Nachprüfungsverfahrens, NZBau 2004, 667; *Stein/Wolters,* Gesteigerte Bewertungsanforderungen infolge der „Schulnoten-Rechtsprechung", NZBau 2020, 339; *Waldner,* Bieterschutz im Vergaberecht unter Berücksichtigung der europäischen Vorgaben, 2000.

Übersicht

	Rn.		Rn.
I. Normzweck und Entstehungsgeschichte	1	4. Vorliegen besonderer tatsächlicher oder rechtlicher Schwierigkeiten	5
II. Entscheidungsfrist und deren Verlängerung	2	5. Zeitraum	8
		6. Mitteilung	9
1. Entscheidung	2	7. Rechtswidrige Verlängerung	10
2. Frist	3	8. Ablehnungsfiktion und Untätigkeitsbeschwerde gem. § 171 Abs. 2	12
3. Verlängerung der Entscheidungsfrist im Ausnahmefall	4	III. Mitwirkung der Beteiligten	16

I. Normzweck und Entstehungsgeschichte

Im Vergabenachprüfungsverfahren vor der Vergabekammer gilt der Beschleunigungsgrundsatz. 1 Ziel dieser Regelung ist es, einen Ausgleich der widerstreitenden Interessen zu ermöglichen. Dies betrifft zum einen die Rechtsschutzinteressen der Unternehmen und zum anderen das Interesse des Auftraggebers sowie der Allgemeinheit an der Durchführung eines schnellen Vergabeverfahrens.[1] Die Konzentrationsmaxime stellte den zentralen Grundsatz im Rahmen des Vergaberechtsänderungsgesetzes aufgrund dieser komplexen dem Verfahren zugrunde liegenden Interessenlage dar. Die Nachprüfung unterliegt in Gänze der Beschleunigung. **Ziel des Vergaberechtsschutzes** ist es, „... Möglichkeiten einer wirksamen und raschen Nachprüfung..." zu schaffen.[2] Die Befürchtungen, dass lang andauernde Verfahren und Unterbrechungen zu Investitionshemmnissen führen oder sich auf Folgeaufträge auswirken könnten, hing wie ein Damoklesschwert bereits zu Beginn der Etablierung des Bieterrechtsschutzes über dem Nachprüfungsverfahren. Um diesen Bedenken entgegenzusteuern, wurde in Abs. 1 eine 5-Wochen-Frist normiert, aus der sich ableiten lässt, dass die Vergabekammer angehalten ist, eine zügige Nachprüfung durchzuführen.[3] Mit dem Vergaberechtsmodernisierungsgesetz 2009 wurde nochmals unter Hervorhebung der enormen Bedeutung einer Konzentration des Verfahrens vor der Vergabekammer eine Verlängerungsoption in Abs. 1 ergänzt, wonach die Vergabekammer die Entscheidungsfrist unter restriktiven Voraussetzungen verlängern kann, wobei die Verlän-

---

[71] VK Bund Beschl. v. 3.6.2018 – VK 2-44/18 Rn. 138 f. mit Verweis auf OLG Düsseldorf Beschl. v. 16.12.2015 – VII-Verg 24/15.
[72] Reidt/Stickler/Glahs/*Reidt* Rn. 9.
[1] *Waldner,* Bieterschutz im Vergaberecht unter Berücksichtigung der europäischen Vorgaben, 2000, 112; so auch Beck VergabeR/*Gröning* Rn. 1.
[2] Erwägungsgründe Richtlinie 89/665/EWG, ABl. 1989 L 395, 33.
[3] BT-Drs. 13/9340, 20.

gerung zwei Wochen nicht überschreiten soll. Trotz anhaltender Bedenken des Bundesrates, dass die zukünftige Regelung zu einer Häufung von Anträgen auf Terminverlegungen sowie Fristverlängerungen führen könnte, hielt die Bundesregierung an ihrem Entwurf fest und verwies auf die Ausgestaltung als Soll-Vorschrift.[4] Das Vergaberechtsmodernisierungsgesetz 2016 nahm keine Änderungen am Regelungsgehalt der Norm vor.

II. Entscheidungsfrist und deren Verlängerung

2   **1. Entscheidung.** Gemäß § 167 Abs. 1 S. 1 trifft und begründet die Vergabekammer die Entscheidung. Der Wortlaut **trifft** ist an der Stelle irreführend und lässt die Schlussfolgerung zu, dass keine Mitteilung, Bekanntgabe oder Zustellung der Entscheidung an die Beteiligten gefordert wird. In der Folge würde das Absetzen der Entscheidung durch die Vergabekammer und deren Zuleitung an die Geschäftsstelle zum Zwecke der Zustellung an die Parteien innerhalb der 5-Wochen-Frist an dieser Stelle ausreichen.[5] Nach § 171 Abs. 2 gilt jedoch der Antrag abgelehnt, sofern die Vergabekammer innerhalb dieser **Frist** nicht entscheidet. Im Hinblick auf die Wechselwirkung zwischen Ablauf der 5-Wochen-Frist ohne Entscheidung nach § 167 Abs. 1 durch die Vergabekammer und der Ablehnungsfiktion gem. § 171 Abs. 2, welche ihrerseits die Beschwerdefrist in Gang setzt, erscheint die Fokussierung auf den Wortlaut nicht der ratio legis der Norm gerecht zu werden. Eine rechtssichere Feststellung des Fristbeginns iSd § 171 Abs. 2 und damit einhergehend eine korrekte Fristberechnung der Beschwerdefrist durch die Beteiligten ist nur im Falle einer tatsächlich erfolgten Bekanntgabe[6] als nach außen erkennbare Tatsache möglich (anders: *Gröning* → § 171 Rn. 36; → § 172 Rn. 16).[7]

3   **2. Frist.** Gemäß § 167 Abs. 1 S. 1 beginnt die Entscheidungsfrist ab Eingang des Antrags unabhängig von der Zustellung des Antrags[8] an den Antragsgegner.[9] Dies gilt auch für Anträge, die die formellen Anforderungen gem. § 161 nicht erfüllen,[10] anderweitig unzulässig, mangelhaft oder unbegründet sind.[11] Die Frist endet 5 Wochen nach Eingang des Antrags mit Ablauf des Wochentages, an dem der Eingang bei der Vergabekammer erfolgte oder unter den Voraussetzungen des § 193 BGB am nächstfolgenden Werktag.[12] Die Fristberechnung erfolgt in Anlehnung an das dem Vergabenachprüfungsverfahren als Vorbild dienende Verwaltungsverfahren gem. § 31 Abs. 1, 3 VwVfG iVm § 187 Abs. 1 BGB, § 188 Abs. 2 BGB.[13] Die Restriktion hinsichtlich einer etwaigen Verlängerung dient der Beschleunigung des Verfahrens und soll daher nur für den Fall, dass besondere Gründe vorliegen und eine entsprechende Verlängerung erforderlich ist, in Betracht kommen.[14] Die Anforderungen an den Tatbestand des § 167 Abs. 1 S. 2 sind damit bereits sehr hoch gesetzt worden, was erneut für eine restriktive Handhabung spricht; insbesondere darf die Verlängerung der Entscheidungsfrist nicht zum Regelfall verkommen.[15]

4   **3. Verlängerung der Entscheidungsfrist im Ausnahmefall.** Der Vorsitzende der Vergabekammer kann im Ausnahmefall gem. § 167 Abs. 1 S. 1 die Entscheidungsfrist verlängern. Diese Formulierung verdeutlicht nicht nur, dass eine routinemäßige Verlängerung[16] der Entscheidungsfrist unzulässig ist. Vielmehr stellt der **Ausnahmefall** ein eigenständiges Tatbestandsmerkmal dar, welches kumulativ zu den rechtlichen oder tatsächlichen Schwierigkeiten hinzutritt.[17] Ein solcher Ausnah-

---

[4]   BT-Drs. 16/10117, 23.
[5]   OLG Naumburg Beschl. v. 13.10.2006 – 1 Verg 6/06, VergabeR 2007, 125 (127); OLG Saarbrücken Beschl. v. 29.4.2003 – 5 Verg 4/02, VergabeR 2003, 429 (430); OLG Düsseldorf Beschl. v. 5.10.2001 – Verg 18/01, VergabeR 2002, 89 (92 f.); Beck VergabeR/*Gröning* Rn. 6; Byok/Jaeger/*Jaeger* § 171 Rn. 15.
[6]   Vgl. *Braun* NZBau 2003, 134 (135); Byok/Jager/*Byok* Rn. 2; Willenbruch/Wieddekind/*Gause* Rn. 3; *Horn* in Müller-Wrede GWB Rn. 9.
[7]   AA HK-VergabeR/*Bungenberg* Rn. 7, 9.
[8]   OLG Dresden Beschl. v. 17.6.2005 – WVerg 8/05, VergabeR 2005, 812; *Ohlrich* in RKPP GWB Rn. 10; für die Verweisung: vgl. OLG Düsseldorf Beschl. v. 11.3.2002 – Verg 43/01, NZBau 2003, 55; jurisPK-VergabeR/*Summa* Rn. 11.
[9]   *Maier* NZBau 2004, 667 (668); *Ohlrich* in RKPP GWB Rn. 8.
[10] Reidt/Stickler/Glahs/*Reidt* Rn. 7.
[11] jurisPK-VergabeR/*Summa* § 161 Rn. 63.
[12] Reidt/Stickler/Glahs/*Reidt* Rn. 7.
[13] Beck VergabeR/*Gröning* Rn. 7; aA Anwendung § 222 ZPO analog: Ziekow/Völlink/*Frister* Rn. 6; *Ohlrich* in RKPP GWB Rn. 10; HK-VergabeR/*Bungenberg* Rn. 6.
[14] Vgl. BT-Drs. 16/10117, 23.
[15] Reidt/Stickler/Glahs/*Reidt* Rn. 7.
[16] Vgl. *Burgi* NZBau 2020, 3 (4, 6).
[17] HK-VergabeR/*Bungenberg* Rn. 15.

mefall kann auch aufgrund einer kurzfristig eintretenden Überlastung etwa durch einen Krankheitsfall oder eine hohe Anzahl eingehender Nachprüfungsanträge vorliegen.[18]

4. Vorliegen besonderer tatsächlicher oder rechtlicher Schwierigkeiten. Eine Verlängerung der Entscheidungsfrist ist bei Vorliegen besonderer tatsächlicher oder rechtlicher Schwierigkeiten möglich. Der Grund für eine etwaige Verlängerung der Entscheidungsfrist im Sinne einer besonderen tatsächlichen oder alternativ besonderen rechtlichen Schwierigkeit ergibt sich aus dem Verfahren selbst.[19]

Besondere **tatsächliche** Schwierigkeiten können für den Fall mehrerer Beteiligten, denen jeweils rechtliches Gehör zu gewährleisten ist, bejaht werden. Auch im Falle einer erforderlichen Beweisaufnahme, insbesondere bei der Notwendigkeit eines Sachverständigengutachtens[20] oder eines Zeugenbeweises,[21] kann eine Fristverlängerung aufgrund besonderer tatsächlicher Schwierigkeiten erforderlich sein.[22] Eine umfassende Beweiserhebung zur Aufklärung von technischen Störungen und Ausfällen bei der Angebotsübermittlung[23] ist ebenso als besondere tatsächliche Schwierigkeit zu qualifizieren. Gleiches gilt für die Notwendigkeit einer besonders zeitintensiven Prüfung oder einer verspäteten Zurverfügungstellung der Originalakten der Vergabestelle,[24] welche anderenfalls zulasten des Antragstellers gehen würde. Bereits an dieser Stelle wird ersichtlich, dass die Verlängerung der Entscheidungsfrist in Wechselwirkung mit den Verfahrensförderungspflichten der Beteiligten steht.[25]

Unter dem Tatbestandsmerkmal der besonderen **rechtlichen** Schwierigkeiten lassen sich Spezialprobleme komplexer Vergaben sowie besonderer oder selten stattfindender Vergabeverfahrensarten wie wettbewerblichem Dialog oder Innovationspartnerschaft subsumieren.[26] Handelt es sich hingegen um eine Frage, welche ebenso in anderen Verfahrensarten auftaucht, dort als Standardproblem eingeordnet wird und ist eine Übertragung der bekannten Lösungsansätze auf den vorliegenden Einzelfall möglich, steht das der Subsumtion unter die besondere rechtliche Schwierigkeit entgegen. Gleiches gilt für umfangreiche, noch nicht im Einzelnen oder abschließend geklärte Rechtsfragen.[27]

5. Zeitraum. Die Verlängerung der Vergabekammerentscheidung ist um den **erforderlichen** Zeitraum zulässig. Die Beurteilung der Frage, welcher Zeitraum erforderlich ist, lässt sich zunächst nur dann beantworten, wenn sich die Vergabekammer vor Ablauf der Entscheidungsfrist auf einen konkreten Zeitraum festgelegt hat und diesen auch den Beteiligten mitteilt. Die Ermittlung dieses konkreten Zeitraums findet aufseiten der Vergabekammer im Rahmen der Ermessensentscheidung innerhalb der Verhältnismäßigkeitsprüfung statt und dient der Selbstkontrolle.[28] Die in § 167 Abs. 1 S. 3 genannten zwei Wochen sind als Höchstgrenze zu verstehen, sodass eine Verlängerung von zwei Wochen oder gar mehr ermessensfehlerhaft wäre, wenn auch eine wesentlich kürzere Frist zur Entscheidungsfindung geeignet ist. Bei der Ausnahmevorschrift des § 167 Abs. 1 S. 3 handelt es sich um eine Soll-Vorschrift, was bereits impliziert, dass es erforderlich sein kann, von einer Verlängerung von bis zu zwei Wochen abzuweichen. Eine Verlängerung wird insbesondere für die Fälle zu bejahen sein, in denen auch innerhalb des Zeitraums von insgesamt sieben Wochen der Anspruch des rechtlichen Gehörs der Parteien nicht hinreichend gewährleistet werden kann. Dies erfordert wiederum eine hierzu nähere Begründung mit dem Schwerpunkt auf der Frage, warum entgegen des intendierten Ermessens zugunsten einer Entscheidung von höchstens sieben Wochen die Frist darüber hinaus verlängert werden muss. Diese Frage ist erneut anhand einer Verhältnismäßigkeitsprüfung zu beantworten. Dem entsprechend ist bei fehlender Erforderlichkeit eine entsprechend kürzere

---

[18] OLG Düsseldorf Beschl. v. 2.1.2012 – VII-Verg 70/11, NZBau 2012, 318; *Boesen* § 113 Rn. 20; aA OLG Brandenburg Beschl. v. 30.11.2004 – Verg W 10/04; *Ohlrich* in RKPP GWB Rn. 13.
[19] *Maier* NZBau 2004, 667 (668); aA Immenga/Mestmäcker/*Dreher* Rn. 11.
[20] AA VK Bund Beschl. v. 12.3.2019 – VK 1-7/19 Rn. 150; VK Lüneburg Beschl. v. 22.8.2016 – VgK-32/2016 Rn. 109; im Falle des Streits um die Rechtmäßigkeit einer Kündigung ist lediglich eine Inzidentprüfung vorzunehmen: vgl. OLG Celle Beschl. v. 9.1.2017 – 13 Verg W 9/16; VK Thüringen Beschl. v. 12.7.2017 – 250-4003-5533/2017-E-016-EF; VK Brandenburg Beschl. v. 17.7.2018 – VK 11/18 Rn. 70.
[21] AA VK Lüneburg Beschl. v. 13.7.2017 – VgK-17/2017 Rn. 100.
[22] *Ohlrich* in RKPP GWB Rn. 13.
[23] VK Südbayern Beschl. v. 14.10.2019 – Z 3-3-3194-1-15-05/19.
[24] *Maier* NZBau 2004, 667 (668).
[25] VK Karlsruhe Beschl. v. 3.8.2018 – 1 VK 30/18 Rn. 43; OLG Düsseldorf Beschl. v. 23.2.2005 – VII-Verg 92/04, BeckRS 2005, 151013; OLG Düsseldorf Beschl. v. 19.11.2003 – VII-Verg 22/03, VergabeR 2004, 248; Immenga/Mestmäcker/*Dreher* Rn. 18.
[26] Vgl. HK-VergabeR/*Bungenberg* Rn. 18.
[27] Vgl. HK-VergabeR/*Bungenberg* Rn. 18.
[28] Vgl. Immenga/Mestmäcker/*Dreher* Rn. 11.

Frist zu wählen.[29] Gleiches gilt für die Frage, ob eine erneute bzw. mehrfache Fristverlängerung zulässig ist.[30] In diesem Fall ist jedoch beachtlich, dass sowohl die einzelnen Verlängerungen als auch die gesamte Verlängerung des Verfahrens dem Maßstab der Erforderlichkeit genügen muss.[31]

9 **6. Mitteilung.** Die Mitteilung an die Beteiligten iSv § 162[32] erfolgt durch Verfügung des Vorsitzenden der Vergabekammer.[33] Während § 167 Abs. 1 S. 1 normiert, dass die Vergabekammer die Entscheidung trifft und begründet, ergibt sich aus S. 2, dass die Mitteilung durch den Vorsitzenden der Vergabekammer abgesetzt wird, sofern der objektive Tatbestand erfüllt ist. Dieser Umstand steht einer Entscheidung innerhalb der fünf Wochen entgegen. Daher liegt der Schluss nahe, dass die Frage, ob die Entscheidung innerhalb der regulären Entscheidungsfrist getroffen werden kann, ebenfalls innerhalb dieser Frist zu treffen ist. Hat die Vergabekammer das Vorliegen der Voraussetzungen des S. 2 festgestellt, kann der Vorsitzende die Entscheidungsfrist verlängern. Da die Mitteilung eine reine Verfahrenshandlung darstellt, gelten keine besonderen Formvorschriften, insbesondere entfällt die förmliche Zustellung gem. § 168 Abs. 3 S. 3.[34] Ebenso ist es zwingend, dass auch die Mitteilung über die Verlängerung den Beteiligten vor Ablauf der 5-Wochen-Frist zugeht.[35] Eine konkludente oder stillschweigende Verlängerung ist bereits im Hinblick auf § 171 Abs. 2 ausgeschlossen.[36] Die Mitteilung ist gem. § 167 Abs. 1 S. 3 zu begründen.[37] Da der Begründungspflicht neben dem informatorischen Charakter an die Beteiligten auch die Aufgabe einer Selbstkontrolle zukommt, sind im Rahmen der Mitteilung die Gründe darzulegen, aus denen sich die Voraussetzungen einer rechtmäßigen Verlängerung, die Ermittlung des konkret erforderlichen Zeitraums sowie etwaige Rechtsfolgen von Fristversäumnissen ergeben.[38] Dies muss nachvollziehbar, kann aber knapp erfolgen.

10 **7. Rechtswidrige Verlängerung.** Auch wenn § 167 Abs. 1 S. 3 eine Begründungspflicht normiert, bleibt das Fehlen einer hinreichenden Begründung sowie eine rechtswidrige Verlängerung aus Sicht der Beteiligten folgenlos – als reine Verfahrenshandlung kommt der Mitteilung keine Verwaltungsaktqualität iSd § 35 VwVfG zu, da es der Regelung an einer unmittelbar nach außen gerichteten Rechtswirkung fehlt.[39] In der Folge ist die Verlängerung nicht selbstständig anfechtbar.[40] Auch der Tatbestand des § 171 Abs. 2 ist nicht erfüllt, sodass die Ablehnungsfiktion ebenso unanwendbar ist.[41] Den Beteiligten fehlt es demnach innerhalb des Nachprüfungsverfahrens an einer Interventionsmöglichkeit zugunsten eines beschleunigten Verfahrens vor der Vergabekammer. Die Konstellation einer rechtswidrigen Verlängerung der Entscheidungsfrist stellt daher ein Grundproblem des Vergabenachprüfungsverfahrens dar, welches bis dato keiner zufriedenstellenden Lösung zugeführt wurde.[42]

11 Als Reaktionsmöglichkeiten kommen lediglich ein Antrag auf vorzeitige Gestattung des Zuschlages gem. § 169 Abs. 2 oder § 169 Abs. 4[43] seitens des öffentlichen Auftraggebers sowie eine Untätigkeitsbeschwerde in Anlehnung an § 171 Abs. 2 für alle Beteiligten gem. § 162 in Betracht. Im Falle einer Untätigkeitsbeschwerde in Anlehnung an § 171 Abs. 2 ist neben der Zulässigkeit und der Begründetheit des Antrags ebenso über die Frage, ob die Vergabekammer die Entscheidungsfrist rechtmäßig verlängert hat, zu entscheiden,[44] wobei zuvörderst zu prüfen ist, ob Fristverlängerung rechtmäßig erfolgte, da anderenfalls die Untätigkeitsbeschwerde als unzulässig abzulehnen ist.

---

[29] So iErg auch Reidt/Stickler/Glahs/*Reidt* Rn. 14.
[30] OLG Düsseldorf Beschl. v. 7.3.2012 – VII-Verg 82/11; OLG Saarbrücken Beschl. v. 5.7.2006 – 1 Verg 6/05; HK-VergabeR/*Bungenberg* Rn. 19; *Boesen* § 113 Rn. 27; aA Immenga/Mestmäcker/*Dreher* Rn. 12.
[31] Beck VergabeR/*Gröning* Rn. 15 f.; aA *Boesen* § 113 Rn. 27.
[32] Reidt/Stickler/Glahs/*Reidt* Rn. 17.
[33] *Maier* NZBau 2004, 667 (668); *Ohlrich* in RKPP GWB Rn. 14.
[34] *Ohlrich* in RKPP GWB Rn. 17.
[35] OLG Frankfurt a. M. Beschl. v. 24.9.2013 – 11 Verg 12/13, NZBau 2014, 247; *Ohlrich* in RKPP GWB Rn. 16; aA Beck VergabeR/*Gröning* Rn. 11; Byok/Jaeger/*Jaeger* Rn. 4.
[36] OLG Düsseldorf Beschl. v. 20.6.2001 – Verg 3/01, VergabeR 2001, 329; Immenga/Mestmäcker/*Dreher* Rn. 11.
[37] Beck VergabeR/*Gröning* Rn. 3.
[38] Ebenso *Ohlrich* in RKPP GWB Rn. 39.
[39] IErg so auch: jurisPK-VergabeR/*Summa* § 166 Rn. 12 f; aA *Maier* NZBau 2004, 667 (669).
[40] Beck VergabeR/*Gröning* Rn. 16; Immenga/Mestmäcker/*Dreher* Rn. 14.
[41] KG Beschl. v. 19.4.2012 – Verg 7/11; OLG Düsseldorf Beschl. v. 2.1.2012 – Verg 70/11, NZBau 2012, 318.
[42] OLG Naumburg Beschl. v. 13.8.2007 – 1 Verg 8/07, VergabeR 2008, 290 (291).
[43] OLG Düsseldorf Beschl. v. 7.3.2012 – VII-Verg 82/11; OLG Naumburg Beschl. v. 13.8.2007 – 1 Verg 8/07, VergabeR 2008, 290 (291); OLG Koblenz Beschl. v. 31.8.2001 – 1 Verg 3/01, NZBau 2001, 641; Immenga/Mestmäcker/*Dreher* Rn. 14.
[44] Vgl. *Braun* NZBau 2003, 134 (135); *Boesen* § 113 Rn. 34; aA Immenga/Mestmäcker/*Dreher* Rn. 14; Beck VergabeR/*Gröning* Rn. 15.

8. Ablehnungsfiktion und Untätigkeitsbeschwerde gem. § 171 Abs. 2. Im Hinblick auf 12 die Ablehnungsfiktion stellt sich das Problem, dass sich die Entscheidung durch die Vergabekammer und die sofortige Beschwerde gem. § 171 Abs. 2 überschneiden können, was mit erheblichen Unsicherheiten bzgl. des weiteren Verfahrensganges einhergeht. Problematisch erscheint zunächst, dass die Ablehnungsfiktion durch reinen Zeitablauf eintreten soll. Die Mitwirkungspflichten nach § 167 Abs. 2 liefen gänzlich ins Leere, wenn unabhängig davon, ob das Verfahren beschleunigt betrieben wurde und die Beteiligten ihrer Mitwirkung nachgekommen sind, der Antrag als abgelehnt gälte.[45] Ebenso steht die Entwicklung hin zu einer inflationären Verlängerung der Entscheidungsfristen seitens der Vergabekammern dem originären Sinn und Zweck der Beschleunigung entgegen und bedarf der Korrektur.[46] Für das Konkurrenzverhältnis von § 171 Abs. 2 und § 167 Abs. 1 hat der BGH zutreffend entschieden, dass in dem Fall, dass „die Vergabekammer über einen Antrag auf Nachprüfung nicht innerhalb der Frist des § 167 Abs. 1 GWB [entscheidet], ... der Antrag nur dann nach § 171 Abs. 2 GWB als abgelehnt [gilt], wenn der Antragsteller innerhalb der Notfrist des § 172 Abs. 1 GWB sofortige Beschwerde einlegt".[47]

§ 167 Abs. 1 selbst ist keine Rechtsfolge für den Fall des Überschreitens der Entscheidungsfrist 13 zu entnehmen. Die Regelung der Ablehnungsfiktion findet sich in den Zulässigkeitsvoraussetzungen zur sofortigen Beschwerde als eine Variante gem. § 171 Abs. 2 wieder.[48] Anknüpfungspunkt bildet demnach zunächst das Vorliegen einer sofortigen Beschwerde, deren Zulässigkeit zu untersuchen ist. Dies spricht bereits gegen eine Ablehnungsfiktion aufgrund reinen Zeitablaufs im Sinne des § 167 Abs. 1. Die systematische Stellung der Ablehnungsfiktion legt dieselbe conclusio nahe.[49] § 167 befindet sich im Kapitel 2, Abschnitt 2 (Verfahren vor der Vergabekammer) des 4. Teils des GWB, während § 171 in Abschnitt 3 (sofortige Beschwerde) verortet wurde. Aufgrund dieser Positionierung ergibt sich, dass die Ablehnungsfiktion in den Fällen eintritt, in denen sowohl und zuvörderst die Voraussetzungen nach § 171 Abs. 2 vorliegen. Lediglich aufgrund des Rechtsgrundverweises in Abs. 2 findet eine Prüfung von § 167 Abs. 1 statt. Ausschlaggebend für das Konkurrenzverhältnis ist demnach, ob einer der Beteiligten sofortige Beschwerde eingelegt hat und nicht lediglich, ob die Entscheidungsfrist der Vergabekammer abgelaufen ist. Dieses Ergebnis begegnet auch den Unsicherheiten des Antragstellers in einer vorzugswürdigen Art und Weise. Bei dem Verfahren vor der Vergabekammer handelt es sich um ein Verfahren ohne Anwaltszwang. Auch bedarf selbst die Entscheidung keiner Rechtsmittelbelehrung.[50] Aus Sicht des Antragstellers hängt es maßgeblich vom Zufall ab, ob er vor Ablauf der fünf Wochen von einer Verlängerung oder Entscheidung Kenntnis durch Zustellung oder Bekanntgabe erlangt. Auch würde es einer richtlinienkonformen Auslegung – nach Art. 2 Abs. 9 S. 1 RL 89/665/EWG[51] sind Entscheidungen der Nachprüfungsinstanzen schriftlich zu begründen – zuwiderlaufen, wenn die Ablehnungsfiktion ohne weiteres Zutun durch Zeitablauf in Gang gesetzt werden würde.[52]

Sinn und Zweck der Ablehnungsfiktion ist, den Beteiligten einen Mechanismus zur Beschleuni- 14 gung des Verfahrens vor der Vergabekammer zur Verfügung zu stellen. Die Beteiligten sollen demnach nicht schutzlos gestellt werden, wenn sich das Nachprüfungsverfahren verzögert, ohne dass der Grund aus der Sphäre der Beteiligten stammt. Für Fälle, in denen die Verzögerung der Sphäre der Vergabekammer entspringt, führt der BGH aus: „Der vom Gesetzgeber gewählte Ort der Regelung im Gesetz erschließt sich aus der Gesetzesbegründung. Zur wortgleichen Vorgängervorschrift des § 171 Abs. 2 GWB heißt es in der amtlichen Begründung, damit der gerichtliche Rechtsschutz nicht durch Untätigkeit oder Langsamkeit der Vergabekammer verzögert werden könne, müsse die sofortige Beschwerde auch dann gewährt werden, wenn die Vergabekammer nicht oder nicht fristgerecht entscheide; dieser Fall der sofortigen Beschwerde sei angelehnt an die Verpflichtungsklage im verwaltungsgerichtlichen Verfahren und die Verpflichtungsbeschwerde nach § 62 Abs. 3 GWB (aF)".[53]

Dieser Argumentation folgend ließe sich mit den Instrumentarium der Untätigkeitsbeschwerde 15 auch der unzulässigen Verlängerung von Entscheidungsfristen begegnen, knüpft § 171 Abs. 2 doch an dem Vorliegen der Voraussetzungen von § 167 Abs. 1 in Gänze an und nicht lediglich am Fehlen eines Tatbestandsmerkmales. Auch im Hinblick auf die Bedeutung einer Konzentration des Nachprüfungsverfahrens sind die Unterschiede, ob die Frist ohne Entscheidung verstreicht oder bereits die Voraussetzungen für eine rechtmäßige Fristverlängerung nicht vorlagen, marginal. Dies gilt insbesondere vor dem

---

45 *Braun* NZBau 2003, 134.
46 Vgl. *Burgi* NZBau 2020, 3 (4, 6).
47 BGH Beschl. v. 14.7.2020 – XIII ZB 135/19 Rn. 17– Fahrscheindrucker.
48 BGH Beschl. v. 14.7.2020 – XIII ZB 135/19 Rn. 20 – Fahrscheindrucker.
49 BGH Beschl. v. 14.7.2020 – XIII ZB 135/19 Rn. 21 – Fahrscheindrucker.
50 BGH Beschl. v. 14.7.2020 – XIII ZB 135/19 Rn. 26 – Fahrscheindrucker.
51 ABl. 1989 L 395, 33.
52 BGH Beschl. v. 14.7.2020 – XIII ZB 135/19 Rn. 29 – Fahrscheindrucker.
53 BGH Beschl. v. 14.7.2020 – XIII ZB 135/19 Rn. 25 – Fahrscheindrucker.

Hintergrund, dass die Frist nur im Sinne beider Vorschriften verstreichen kann, wenn der entsprechende Tatbestand erfüllt wurde. Andernfalls wären die Beteiligten im Falle einer rechtswidrigen Fristverlängerung schutzloser gestellt, als wenn die Vergabekammer gar keine Entscheidung über eine Verlängerung getroffen hätte. Dies führt den beschleunigten und den effektiven Rechtsschutz ad absurdum. Auch für rechtswidrige Fristverlängerungen müssen den Beteiligten Interventionsmöglichkeiten zur Verfügung stehen. Bereits in der Entscheidung des BGH[54] wird nochmals die Nähe zum verwaltungsgerichtlichen Verfahren betont. Da das Vergabenachprüfungsverfahren nach § 168 Abs. 3 S. 1 mit einem Verwaltungsakt beendet wird, sind im Rahmen des Verfahrens vor der Vergabekammer etwaige Regelungslücken in erster Linie durch einen Rückgriff auf das VwVfG zu schließen. Die Frage, welche Möglichkeiten den Beteiligten zur Verfügung stehen, wenn eine Behörde dem Beschleunigungsinteresse nicht hinreichend Rechnung trägt, wurde jedoch nicht im VwVfG, sondern in der VwGO geregelt. Ein Rückgriff auf die ratio legis des § 75 VwGO für die Fälle, in welchen § 171 Abs. 2 keinen Ausgleich der Interessenlagen gewährleistet, erscheint daher naheliegend. Das Tatbestandsmerkmal, welches einen Ausgleich der Interessenlage herbeiführen könnte, stellt hierbei „ohne zureichenden Grund" dar, da der Katalog der Gründe, unter denen eine Fristverlängerung rechtmäßig ist, bereits Niederschlag in § 167 Abs. 1 gefunden hat. Damit ist für den Fall einer rechtswidrigen Fristverlängerung eine Untätigkeitsbeschwerde gem. § 171 Abs. 2 iVm § 75 S. 1 VwGO statthaft.

III. Mitwirkung der Beteiligten

16 Die Vorgaben für das Nachprüfungsverfahren sehen mehrfach Mitwirkungs- und Verfahrensförderungspflichten der Beteiligten vor (vgl. § 160 Abs. 3,[55] § 163 Abs. 1 S. 2, § 165 Abs. 1, § 166 Abs. 1). § 167 Abs. 2 fügt sich in diese Regelungen ein. Das Ziel der Beschleunigung des Nachprüfungsverfahrens würde ohne eine entsprechende Normierung von Verfahrensförderungspflichten sowie der Präklusion des entsprechenden Vortrages bei Fristversäumnissen ins Leere laufen.[56] Sämtliche Mitwirkungshandlungen der Beteiligten stehen mit denen der Vergabekammer in Wechselwirkung. Für den Fall der Mitwirkungspflicht bedeutet dies, dass der Vergabekammer hierdurch die Aufgabe einer permanenten Ablauf- und Terminkontrolle auferlegt wird.[57] § 167 Abs. 2 normiert die Mitwirkung der Beteiligten sowie die Möglichkeit einer Fristsetzung durch die Vergabekammer mit der Rechtsfolge, dass nach Ablauf dieser Frist Vortrag unbeachtlich bleiben kann.[58] Unter Vortrag kann an dieser Stelle nur Sachvortrag[59] gefasst werden, da Ausführungen zur Rechtslage nicht geeignet, zu einer Verzögerung der Entscheidung zu führen.

17 Maßnahmen nach § 167 Abs. 2 stehen im pflichtgemäßen Ermessen der Vergabekammer. Die Bestimmung einer angemessenen Fristsetzung für Beteiligtenvortrag wie auch die Entscheidung über die Präklusion eines verspäteten Vortrags ist anhand einer Verhältnismäßigkeitsprüfung unter Berücksichtigung des Grundsatzes der Verfahrensgerechtigkeit vorzunehmen.[60] Dabei kommt eine Nichtberücksichtigung des Vortrags der Beteiligten nur als ultima ratio in Betracht.[61] Aus diesem Grund scheidet mangels Verzögerung der Entscheidung eine Präklusion von Sachvortrag auch vor der mündlichen Verhandlung aus, sofern diese nicht aufgrund eines verspäteten Vortrags verlegt und zu einem späteren Zeitpunkt anberaumt werden muss.[62] Eine Präklusion kommt hingegen in Betracht, wenn die Beteiligten ihren Verfahrensförderungspflichten aufgrund einer langen Verfahrensdauer nicht mehr hinreichend nachkommen.[63] Nur die Tatsache, dass sich das Verfahren bereits aufgrund von Umständen, die die Beteiligten nicht zu vertreten haben, verzögert hat, kann diese nicht von der weiteren Mitwirkung zugunsten eines beschleunigten Verfahrens befreien. Eine andere Interpretation würde den Sinn und Zweck der Normierung von Mitwirkungspflichten und damit einhergehend den Beschleunigungsgrundsatz selbst ad absurdum führen.

18 Die Frage, wann Vortrag im Ausnahmefall unberücksichtigt bleiben darf, ist anhand der zugrunde liegenden Bedingungen mit Blick auf die Zumutbarkeit einer Erwiderung bis zum Schluss der mündlichen Verhandlung zu beantworten.[64] Eine Präklusion ist jedoch bereits dann ausgeschlos-

---

[54] BGH Beschl. v. 14.7.2020 – XIII ZB 135/19 – Fahrscheindrucker.
[55] Vgl. VK Thüringen Beschl. v. 28.2.2020 – 250-4004-630/2020-E-002-EF Rn. 87.
[56] So auch Reidt/Stickler/Glahs/*Reidt* Rn. 24.
[57] Reidt/Stickler/Glahs/*Reidt* Rn. 6, 27.
[58] *Maier* NZBau 2004, 667 (668).
[59] Immenga/Mestmäcker/*Dreher* Rn. 22; jurisPK-VergabeR/*Summa* Rn. 63; Beck VergabeR/*Gröning* Rn. 22.
[60] Reidt/Stickler/Glahs/*Reidt* Rn. 28 f.
[61] So iErg auch OLG Koblenz Beschl. v. 22.3.2001 – 1 Verg 9/00; Immenga/Mestmäcker/*Dreher* Rn. 18; aA OLG Düsseldorf Beschl. v. 19.11.2003 – Verg 22/03, VergabeR 2004, 248 (248).
[62] Vgl. Reidt/Stickler/Glahs/*Reidt* Rn. 30.
[63] VK Rheinland Köln Beschl. v. 25.4.2019 – VK 2/19-L Rn. 84.
[64] *Maier* NZBau 2004, 667 (668).

sen, wenn auf diese Rechtsfolge verspäteten Vortrags nicht hingewiesen wurde, da eine Präklusion explizit nur für den Fall einer angemessenen Fristsetzung und deren fruchtlosen Verstreichens gem. § 167 Abs. 2 S. 2 vorgesehen ist.[65] Wann hingegen eine Erwiderung zumutbar gewesen wäre, hängt maßgeblich von dem Zeitpunkt der Kenntnis[66] des erheblichen Sachverhaltes ab und bestimmt sich anhand der Zeitspanne, welche zwischen Kenntnis und Vortrag liegt.[67] Im Hinblick auf das Ziel, eine Entscheidung grundsätzlich binnen fünf Wochen treffen zu können, wird der Sachvortrag unverzüglich erfolgen müssen. Für die Frage, wann entsprechende Kenntnis eingetreten ist, bietet sich die Heranziehung des in § 160 Abs. 3 enthaltenen Maßstabs an, welcher seinerseits bereits dem Beschleunigungsinteresse des Verfahrens Rechnung trägt.[68] In der Folge scheidet eine Nichtberücksichtigung bereits nach Sinn und Zweck der Norm für den Fall aus, dass ein Beteiligter mangels Kenntnis nicht zu einem früheren Zeitpunkt in der Lage war, Angaben zu einem strittigen Punkt vorzunehmen.[69] Die Zumutbarkeit wird hingegen für den Fall eines Zeitverzuges zwischen Kenntnis und Vortrag verneint werden müssen, wenn aufgrund des späten Vortrags andere Verfahrensbeteiligte bis zum Schluss der mündlichen Verhandlung nicht ihrerseits unter zumutbaren Bedingungen erwidern können.[70] Die Entscheidung, dass Vortrag präkludiert ist, ist durch die Beteiligten nicht selbstständig im Verfahren vor der Vergabekammer angreifbar.[71]

§ 168 Entscheidung der Vergabekammer

(1) ¹Die Vergabekammer entscheidet, ob der Antragsteller in seinen Rechten verletzt ist und trifft die geeigneten Maßnahmen, um eine Rechtsverletzung zu beseitigen und eine Schädigung der betroffenen Interessen zu verhindern. ²Sie ist an die Anträge nicht gebunden und kann auch unabhängig davon auf die Rechtmäßigkeit des Vergabeverfahrens einwirken.

(2) ¹Ein wirksam erteilter Zuschlag kann nicht aufgehoben werden. ²Hat sich das Nachprüfungsverfahren durch Erteilung des Zuschlags, durch Aufhebung oder durch Einstellung des Vergabeverfahrens oder in sonstiger Weise erledigt, stellt die Vergabekammer auf Antrag eines Beteiligten fest, ob eine Rechtsverletzung vorgelegen hat. ³§ 167 Absatz 1 gilt in diesem Fall nicht.

(3) ¹Die Entscheidung der Vergabekammer ergeht durch Verwaltungsakt. ²Die Vollstreckung richtet sich, auch gegen einen Hoheitsträger, nach den Verwaltungsvollstreckungsgesetzen des Bundes und der Länder. ³Die Höhe des Zwangsgeldes beträgt mindestens 1 000 Euro und höchstens 10 Millionen Euro. ⁴§ 61 Absatz 1 und 2 gilt entsprechend.

Schrifttum: *Brauer,* Das Verfahren vor der Vergabekammer, NZBau 2009, 297; *Conrad,* Rechtsfragen des Vergleichs in Vergabenachprüfungsverfahren, ZfBR 2014, 658; *Dreher/Glöckle,* Der Vergleich im Vergabenachprüfungsverfahren, NZBau 2015, 459 und 529; *Fett,* Die Hauptsacheentscheidung durch die Vergabekammer, NZBau 2005, 141; *Hermann,* Zur Notwendigkeit der Kausalität von Vergaberechtsverstoß und (drohendem) Schaden für den Erfolg des Nachprüfungsantrags, VergabeR 2011, 2; *Jürschik,* „Aufhebung der Aufhebung" und Kontrahierungszwang, VergabeR 2013, 663; *Summa,* Der Feststellungsantrag im Nachprüfungsverfahren – Ein Überblick, VPR 2014, 273.

Übersicht

	Rn.		Rn.
I. Regelungsgehalt und Überblick	1	III. Entscheidung der Vergabekammer (Abs. 1)	6
II. Entstehungsgeschichte, systematischer Ort und Zweck der Norm	2	1. Befugnisse und Prüfungsmaßstab der Vergabekammer (Abs. 1 S. 1)	6

---

[65] VK Rheinland Köln Beschl. v. 25.4.2019 – VK 2/19-L Rn. 73; VK Südbayern Beschl. v. 27.1.2017 – Z3-3-3194-1-48-11/16 Rn. 174; vgl. jurisPK-VergabeR/*Summa* Rn. 64; Immenga/Mestmäcker/*Dreher* Rn. 23.
[66] Vgl. jurisPK-VergabeR/*Summa* Rn. 69; Immenga/Mestmäcker/*Dreher* Rn. 24.
[67] Vgl. VK Rheinland Köln Beschl. v. 25.4.2019 – VK 2/19 – L Rn. 78–82; Immenga/Mestmäcker/*Dreher* Rn. 20.
[68] Immenga/Mestmäcker/*Dreher* Rn. 17; vgl. OLG Frankfurt a. M. Beschl. v. 13.12.2011 – 11 Verg 8/11 Rn. 23, BeckRS 2012, 8327.
[69] So auch VK Rheinland Köln Beschl. v. 26.2.2020 – VK 46/19 – B Rn. 90; HK-VergabeR/*Bungenberg* Rn. 23.
[70] Vgl. VK Rheinland Köln Beschl. v. 25.4.2019 – VK 2/19 – L Rn. 75; VK Rheinland Köln Beschl. v. 26.2.2020 – VK 46/19 – B Rn. 90; HK-VergabeR/*Bungenberg* Rn. 23; aA Immenga/Mestmäcker/*Dreher* Rn. 19.
[71] Immenga/Mestmäcker/*Dreher* Rn. 23.

	Rn.		Rn.
2. Einwirkung auf das Vergabeverfahren unabhängig von gestellten Anträgen (Abs. 1 S. 2)	34	a) Anwendungsbereich	53
		b) Erledigung	57
		c) Feststellungsantrag, -interesse und -entscheidung	64
IV. Zuschlag und Feststellung der Rechtswidrigkeit (Abs. 2)	35	V. Entscheidung durch Verwaltungsakt und Vollstreckung (Abs. 3)	70
1. Keine Aufhebung eines wirksam erteilten Zuschlags (Abs. 2 S. 1)	35	1. Formelle Anforderungen an die Entscheidung und Durchsetzung	70
2. Erledigung und Antrag auf Feststellung der Rechtswidrigkeit (Abs. 2 S. 2)	53	2. Vollstreckung der Entscheidung	77

I. Regelungsgehalt und Überblick

1 § 168, der dem vormaligen § 114 aF bis auf eine Anpassung eines Paragrafenverweises wortgleich entspricht, regelt die **Entscheidungsmöglichkeiten der Vergabekammer.** Die Vorschrift legt den Handlungsspielraum der Vergabekammer fest und bestimmt, welche Entscheidungen sie im Rahmen des Nachprüfungs- und Feststellungsverfahrens treffen kann und wie diese ggf. durchsetzbar sind. Abs. 1 legt die Befugnisse der Vergabekammer fest. Die Vergabekammer prüft und entscheidet im Rahmen des Nachprüfungsverfahrens, ob der Antragsteller in seinen Rechten aus § 97 Abs. 6 verletzt ist. Stellt sie Rechtsverletzungen fest, räumt die Vorschrift der Vergabekammer **weitgehende Entscheidungskompetenzen zur Herstellung der Rechtmäßigkeit eines Vergabeverfahrens** ein.[1] Zudem bestimmt die Vorschrift, dass die Vergabekammer zur Herstellung der Rechtmäßigkeit des Vergabeverfahrens nicht an die Anträge der Beteiligten des Nachprüfungsverfahrens gebunden ist. Abs. 2 setzt als zeitliche und rechtliche Grenze der gestalterischen Eingriffsmöglichkeiten der Vergabekammer in das Vergabeverfahren den wirksam erteilten Zuschlag fest. Dieser führt zum Vertragsschluss und beendet das Vergabeverfahren, vorbehaltlich des § 135. Hat sich das Nachprüfungsverfahren durch Erteilung des Zuschlags, durch Aufhebung oder durch Einstellung des Vergabeverfahrens oder in sonstiger Weise erledigt, kann die Vergabekammer nach Abs. 2 S. 2 auf Antrag eines Beteiligten hin feststellen, ob eine Rechtsverletzung vorgelegen hat.[2] Abs. 3 bestimmt, dass die Vergabekammer durch Verwaltungsakt entscheidet, und regelt, dass dieser über die Verwaltungsvollstreckungsgesetze des Bundes und der Länder durchgesetzt werden kann.

II. Entstehungsgeschichte, systematischer Ort und Zweck der Norm

2 Der jetzige § 168 setzt insbesondere gemeinschaftsrechtliche **Vorgaben der RL 89/665/EWG** um.[3] Abs. 1 ist vor dem Hintergrund von Art. 1 und 2 lit. a und b RL 89/665/EWG und dem auf Art. 4 Abs. 3 EUV (ex Art. 10 EGV) zurückgehenden Prinzip der praktischen Wirksamkeit des Gemeinschaftsrechts zu verstehen und **gemeinschaftsrechtskonform auszulegen.**[4] Abs. 3 S. 2 und 3 setzen Art. 2 Abs. 7 RL 89/665/EWG um, wonach die Mitgliedstaaten sicherstellen, dass die Entscheidungen der für Nachprüfungsverfahren zuständigen Instanzen wirksam durchgesetzt werden können. Das HGrG enthielt 1998 noch keine mit § 168 vergleichbare Bestimmung. § 168 geht inhaltlich im Wesentlichen auf **§ 124 des damaligen Regierungsentwurfs** zurück.[5] Der damalige § 114 und heutige § 168 ist durch das am 24.4.2009 in Kraft getretene Gesetz zur Modernisierung des Vergaberechts um die Klarstellung ergänzt worden, dass nur ein „wirksam" erteilter Zuschlag nicht aufgehoben werden kann.[6] Der Gesetzgeber hat durch die Einfügung des Wortes „wirksam" in Anlehnung an § 135 Abs. 1 klargestellt, dass die Unwirksamkeit eines Zuschlags, beispielsweise, weil die Information nach § 134 Abs. 1 nicht erfolgt ist, durch die Vergabekammer festgestellt werden kann.[7] Ferner ist Abs. 3 S. 3 schon 2009 dahingehend ergänzt worden, dass nicht nur § 61, sondern auch § 86a S. 2 entsprechend gilt, was die Durchsetzbarkeit von Vergabekammerentscheidungen

---

[1] Amtl. Begr. BT- Drs. 13/9340, 19.
[2] § 168 Abs. 2 S. 2 ist auf der Grundlage der RL 89/665/EWG, ABl. 1989 L 395, 33, geändert durch die RL 2007/66/EG, ABl. 2007 L 335, 31, auszulegen; die Aufhebung einer Ausschreibung ist danach grds. aufhebbar, EuGH Urt. v. 2.6.2005 – C-15/04, VergabeR 2005, 472; stark einschränkend aber BGH Beschl. v. 20.3.2014 – X ZB 18/13, BeckRS 2014, 07310 = NZBau 2014, 700.
[3] RL 89/665/EWG, ABl. 1989 L 395, 33, geändert durch die RL 2007/66/EG, ABl. 2007 L 335, 31, Art. 1 Abs. 1 UAbs. 3.
[4] VK Brandenburg Beschl. v. 30.7.2002 – VK 38/02, IBRRS 2002, 2140 = ZfBR 2003, 88.
[5] BT- Drs. 13/9340.
[6] BGBl. 2009 I 790.
[7] *Brauer* NZBau 2009, 297 (299).

massiv verstärkt hat. Im Jahr 2021 wurde dieser Verweis durch konkrete Mindest- und Höchstbeträge von Zwangsgeldern ersetzt.

§ 168 Abs. 1 steht im **Regelungszusammenhang mit den § 97 Abs. 6, § 160 und § 163 Abs. 1.** Diese Vorschriften greifen im Hinblick auf den **Rechtsschutz** des Antragstellers und dessen Durchsetzung ineinander. Abs. 1 räumt der Vergabekammer die Befugnis ein, zu prüfen und zu entscheiden, ob ein Bieter **in seinen ihm durch § 97 Abs. 6 eingeräumten subjektiven Rechten** verletzt ist. Voraussetzung dafür, dass die Vergabekammer in diese Prüfung eintreten kann, ist, dass ein Bieter einen **Nachprüfungsantrag stellt (§ 160 Abs. 1) und eine Verletzung in seinen Rechten nach § 97 Abs. 6 durch Nichtbeachtung von Vergabevorschriften geltend macht (§ 160 Abs. 2).** Für die Prüfung, ob Rechte iSv § 97 Abs. 6 verletzt sind, ermittelt die Vergabekammer gem. § 163 Abs. 1 S. 1 den **Sachverhalt grundsätzlich von Amts wegen.** Abs. 1 setzt § 97 Abs. 6 in verfahrensrechtlicher Hinsicht in konkrete Handlungsbefugnisse um. Stellt die Vergabekammer Verstöße gegen Vergaberecht fest, die den Antragsteller in seinen Rechten verletzen, darf sie nach Abs. 1 S. 1 die geeigneten Maßnahmen treffen, um die Rechtmäßigkeit des Vergabeverfahrens wiederherzustellen. § 168 **Abs. 1 S. 2 räumt der Vergabekammer dabei die Freiheit ein, über den konkreten Antrag hinaus auf das Vergabeverfahren einzuwirken.** Zudem darf sie grundsätzlich auch prüfen, ob **andere subjektive Rechte** als die, die vom Antragsteller explizit geltend gemacht worden sind, verletzt sind. Die Vergabekammer muss bei ihren Anordnungen jedoch nach § 163 Abs. 1 S. 3 darauf achten, dass der Ablauf des Vergabeverfahrens **nicht unangemessen beeinträchtigt** wird. Das bedeutet, die Vergabekammer muss bei der Auswahl und Anordnung der geeigneten Maßnahmen iSv Abs. 1 den **Grundsatz der Verhältnismäßigkeit** beachten.[8]

§ 168 Abs. 2 steht im Regelungszusammenhang mit dem Zuschlagsverbot nach § 169 Abs. 1. Da die Vergabekammer einen wirksam erteilten Zuschlag nicht mehr aufheben kann, erledigt sich das Nachprüfungsverfahren grundsätzlich – vorbehaltlich § 135 – durch die Erteilung des Zuschlags. Das **Zusammenfallen von Vertragsschluss und irreversibler Beendigung des Vergabeverfahrens** ist ein Grundprinzip des deutschen Vergaberechts. Um dem Interesse des Antragstellers eines Nachprüfungsantrags in Hinblick auf eine mögliche Klage auf Schadensersatz gerecht zu werden, kann die Vergabekammer auf Antrag hin feststellen, ob seine Rechte iSv § 97 Abs. 6 verletzt waren, was dann eine Bindungswirkung nach § 179 Abs. 1 nach sich zieht.

Aus § 168 Abs. 3 ergibt sich indirekt, dass die **Vergabekammer nach deutschem Rechtsverständnis kein Gericht** ist. Die Entscheidung der Vergabekammer kann deshalb nicht durch Urteil ergehen. Damit die Vollstreckbarkeit und damit die Durchsetzbarkeit des Vergaberechts gewährleistet ist, entscheidet sie in **Form eines Verwaltungsakts.** Dieser ist **über die Verwaltungsvollstreckungsgesetze** von Bund und Ländern durchsetzbar. Dass die Entscheidung der Vergabekammer durchsetzbar sein muss, ist **Vorgabe von Art. 2 Abs. 1 RL 89/665/EWG.** Der Umsetzung dieser Vorgabe dient auch der Verweis auf die **entsprechende Anwendbarkeit von § 61 Abs. 1 S. 1.**

III. Entscheidung der Vergabekammer (Abs. 1)

1. Befugnisse und Prüfungsmaßstab der Vergabekammer (Abs. 1 S. 1). § 168 Abs. 1 S. 1 bestimmt, dass die Vergabekammer prüft und entscheidet, ob der **Antragsteller in seinen Rechten verletzt** ist. Damit die Vergabekammer in diese Prüfung eintreten kann, muss sich ein Bieter auf die Verletzung seiner subjektiven Rechte berufen. Das bedeutet, er muss einen Nachprüfungsantrag stellen und mit diesem die Überprüfung eines vergaberechtlichen Vorgangs auf **Verstöße gegen ihn schützende vergaberechtliche Vorschriften** und deren Beseitigung verlangen. Die Vergabekammer kann **nicht von sich aus** ein vermeintlich vergaberechtswidriges Vergabeverfahren aufgreifen, weil das Nachprüfungsverfahren ein **Antragsverfahren** ist (§ 160 Abs. 1). Wurde ein Nachprüfungsantrag gestellt, trifft die Vergabekammer die geeigneten Maßnahmen, um die festgestellte Rechtsverletzung zu beseitigen und eine Schädigung der betroffenen Interessen zu verhindern. Diese Befugnisse besitzt die Vergabekammer in Hinblick auf Abs. 2 nur im Rahmen eines laufenden Nachprüfungsverfahrens und unter bestimmen Voraussetzungen auch nach dessen Erledigung. Wird ein Nachprüfungsantrag gestellt, ist die Vergabekammer nach Abs. 1 S. 1 verpflichtet, selbst und abschließend zu entscheiden. Sie darf das **Verfahren nicht** wegen einer entscheidungserheblichen Vorfrage, die Gegenstand eines anderen Rechtsstreits ist, analog § 148 ZPO oder § 94 VwGO **aussetzen.**[9] Die Voraussetzungen für eine **Unterbrechung** des Nachprüfungsverfahrens liegen jedenfalls dann nicht vor, wenn der Gegenstand des Nachprüfungsverfahrens auf die Frage der Wirksamkeit eines ohne Ausschreibung geschlossenen Vertrages beschränkt ist.[10] Setzt die Vergabe-

---

[8] OLG Düsseldorf Beschl. v. 7.5.2014 – VII-Verg 46/13, BeckRS 2014, 14161; *Fett* NZBau 2005, 141 (142).
[9] OLG Düsseldorf Beschl. v. 11.3.2002, Verg 43/01, NZBau 2003, 55 (56).
[10] BGH Beschl. v. 14.7.2020 – XIII ZB 135/19, VPR 2020, 235.

kammer nichtsdestotrotz das Nachprüfungsverfahren aus, gilt das als Abweisung des Nachprüfungsantrages auf Zeit.[11]

7 Dabei gebietet es der Grundsatz des **effektiven Rechtsschutzes** auch, dass die **von einer Vergabekammer verfügte Einsichtnahme in die Vergabeakten** durch den betroffenen Bieter **selbstständig anfechtbar** ist, wenn nach seinem Vorbringen die Gewährung der Akteneinsicht zu einer ungerechtfertigten Offenbarung seiner Geschäfts- und Betriebsgeheimnisse führt, die nicht wiedergutzumachende Nachteile nach sich zieht.[12]

8 Die Vergabekammer entscheidet nach § 168 Abs. 1 S. 1 Hs. 1, ob der Antragsteller eines Nachprüfungsantrags **in seinen Rechten verletzt** ist. Ziel des Nachprüfungsverfahrens ist die Durchsetzung des Anspruchs eines Unternehmens auf Beachtung der Vergabevorschriften, die seinen Schutz bezwecken, nicht aber aller sonstigen Rechtsvorschriften.[13] Rechte iSv § 168 Abs. 1 S. 1 Hs. 1 sind die Bietern zustehenden **subjektiven Rechte aus § 97 Abs. 6.** Bestimmungen iSd § 97 Abs. 6 sind jedenfalls solche, die (auch) dem Schutz berechtigter Interessen von Unternehmen dienen, die am Vergabeverfahren teilnehmen oder zumindest daran interessiert sind.[14] Ausgangspunkt für die Frage, welche vergaberechtlichen Vorschriften auch subjektive Rechte iSv § 97 Abs. 6 vermitteln, ist die **Schutznormlehre.**[15] Danach hat eine objektiv-rechtliche Bestimmung, die für die Vergabe von öffentlichen Aufträgen relevant ist, dann Schutzcharakter, wenn sie zumindest auch den Zweck hat, den Betroffenen zu begünstigen, und es ihm ermöglichen soll, sich auf diese Begünstigung zu berufen, um auf diese Weise einen ihm sonst drohenden Schaden oder sonstigen Nachteil zu verhindern. Es muss ein **unmittelbarer Sachzusammenhang zwischen dem Rechtsverstoß gegen eine bieterschützende Vorschrift und dem möglichen Nachteil für den einzelnen Bieter** bestehen.[16] Die zentrale Zielvorgabe für den subjektiven Bieterschutz im Vergaberecht ist der **Schutz vor der Willkür des Auftraggebers.** Für eine weite Auslegung des § 97 Abs. 6 spricht die hervorgehobene Bedeutung der allgemeinen Vergabekriterien Gleichbehandlung, Nichtdiskriminierung und Wettbewerb.

9 Zu den insoweit relevanten Bestimmungen über das Vergabeverfahren iSv § 97 Abs. 6 zählen neben den Vorschriften der §§ 97 ff. und den europäischen Vergaberichtlinien, sofern sie nicht oder nicht korrekt in nationales Recht umgesetzt sein sollten, auch die **heutigen Vergabeverordnungen** VgV, SektVO, VSVgV, KonzVgV und teilweise über diese auch die **VOB/A EU** mit Rechtssatzqualität, die das Verfahren betreffenden Gebote des Wettbewerbs, der Transparenz und der Nichtdiskriminierung sowie auch ungeschriebene Vergaberegeln, wie die Gewährleistung eines faires Verfahren.[17]

10 Die Rechte eines Bieters können sowohl durch **Tun** als auch durch **Unterlassen** verletzt sein. Eine Rechtsverletzung durch Unterlassen ist beispielsweise die *de-facto*-Vergabe nach § 135 Abs. 1 Nr. 2 trotz vergaberechtlicher Pflicht zur Durchführung einer europaweiten Ausschreibung. Ob eine **Rechtsverletzung** vorliegt, ist **für die Zulässigkeit und die Begründetheit eines Nachprüfungsantrags zu prüfen.** Im Rahmen der Zulässigkeit des Nachprüfungsantrags untersucht die Vergabekammer entsprechend den Anforderungen der Antragsbefugnis nach § 160 Abs. 2, ob die **Möglichkeit einer Rechtsverletzung** besteht bzw. diese **nicht nach jeder Betrachtungsweise ausgeschlossen ist.**[18] Die **Prüfung der Zulässigkeit eines Nachprüfungsantrags muss hinsichtlich jedes Vergaberechtsverstoßes gesondert** erfolgen.[19] Die Zulässigkeit eines Nachprüfungsantrags berechtigt die Vergabekammer noch nicht, auf die Beseitigung einer vermeintlichen Rechtsverletzung hinzuwirken. Denn erst im Zuge der Prüfung der Begründetheit des Nachprüfungsantrages untersucht die Vergabekammer, ob der Antragsteller tatsächlich in seinen subjektiven Rechten iSv § 97 Abs. 6 verletzt ist.

11 Maßgeblich für das Vorliegen einer Rechtsverletzung iSv § 97 Abs. 6 ist der **Zeitpunkt der Entscheidung der Vergabekammer.**[20] Sofern nichts Abweichendes bestimmt ist, muss die Vergabekammer ihrer Entscheidung die zu diesem Zeitpunkt bestehende Sach- und Rechtslage zugrunde

---

[11] OLG Düsseldorf Beschl. v. 11.3.2002, Verg 43/01, NZBau 2003, 55 (57).
[12] OLG München Beschl. v. 28.4.2016 – Verg 3/16, BeckRS 2016, 12762. Demgegenüber kann die Versagung der Akteneinsicht von Gesetzes wegen nur im Rahmen der Sofortigen Beschwerde in der Hauptsache angegriffen werden, vgl. nunmehr die gesetzliche Neuregelung in § 165 Abs. 4.
[13] OLG Koblenz Beschl. v. 4.2.2014 – 1 Verg 7/13, BeckRS 2014, 09707; *Fett* NZBau 2005, 141 (151).
[14] BGH Beschl. v. 18.2.2003 – X ZB 43/02, BGHZ 154, 32 (33) = VergabeR 2003, 313 (314, 315), unter Hinweis auf Begr. RegE, BT- Drs. 13/9340, 14.
[15] Bspw. VK Baden-Württemberg Beschl. v. 11.9.2003 – 1 VK 52/03, IBRRS 2003, 3153.
[16] Vgl. *Hermann* VergabeR 2011, 2.
[17] Vgl. *Müller-Wrede* in Müller-Wrede GWB § 97 Rn. 249 sowie weitergehend die Kommentierung zu § 97 Abs. 6 (→ § 97 Rn. 16).
[18] Vgl. BVerfG Beschl. v. 29.7.2004, 2 BvR 2248/03, NZBau 2004, 564 (565); BGH Beschl. v. 18.5.2004 – X ZB 7/04, BeckRS 2004 30342209.
[19] OLG Celle Beschl. v. 11.2.2010, 13 Verg 16/09, VergabeR 2010, 669.
[20] OLG Düsseldorf Beschl. v. 15.12.2004 – VII-Verg 47/04, BeckRS 2005, 03578.

legen. Da es möglich ist, dass die Vergabestelle während des laufenden Nachprüfungsverfahrens das vergaberechtswidrige Verhalten abstellt, kann es sein, dass zum entscheidungserheblichen Zeitpunkt unter Umständen kein Verstoß gegen Vergaberecht mehr vorliegt. In diesem Fall kommt die Rücknahme des Nachprüfungsantrags, die Erklärung der Erledigung oder die Erklärung der Erledigung nebst Fortsetzungsfeststellungsantrag nach Abs. 2 S. 2 in Betracht.

Grundlage der Prüfung, ob der Antragsteller in seinen Rechten verletzt ist, sind in erster Linie die **Vorschriften,** auf die sich der Antragsteller in Hinblick auf die Geltendmachung seiner subjektiven Rechte aus § 97 Abs. 6 **selbst beruft.** Die Vergabekammer ist bei ihrer Prüfung und Entscheidung jedoch **nicht an die vom Antragsteller geltend gemachten Verstöße gegen vergaberechtliche Vorschriften gebunden (§ 168 Abs. 1 S. 2).** Vielmehr darf sie auch nicht präkludierte Rechtsverstöße prüfen, die nicht vorgetragen worden sind, weil sie bisher mangels Erkennbarkeit übersehen wurden. Diese müssen jedoch **offenkundig und schwerwiegend sowie für das weitere Vergabeverfahren von Relevanz** sein.[21] Stellt die Vergabekammer andere als die von der Antragstellerin ausdrücklich gerügten Rechtsverletzungen fest, kann sie diese Verstöße **unter Beachtung rechtlichen Gehörs** für alle Beteiligten ihrer Entscheidung zugrunde legen.[22] Das ergibt sich ausdrücklich aus dem Wortlaut des § 168 Abs. 1 S. 2, aber auch aus der Entstehungsgeschichte dieser Vorschrift und daraus, dass Ziel der Entscheidung der Vergabekammer ist, auf die **Rechtmäßigkeit des Vergabeverfahrens** einzuwirken. Nichtsdestotrotz dient ein Vergabenachprüfungsverfahren **nicht** der **allgemeinen Rechtmäßigkeitskontrolle** und der Wiederherstellung der objektiven Rechtmäßigkeit des Vergabeverfahrens an sich.[23] Dabei ist ua auch einzustellen, dass der **Amtsermittlungsgrundsatz 2009** im jetzigen § 163 Abs. 1 dadurch **eingeschränkt** wurde, dass die Vergabekammer den Sachverhalt zwar von Amts wegen erforscht, sie sich dabei aber auf das beschränken kann, was von den **Beteiligten vorgebracht wird oder ihr sonst bekannt** sein muss. Zu einer **objektiven Rechtmäßigkeitskontrolle** ist sie gem. § 163 Abs. 1 S. 3 gerade **nicht verpflichtet.**[24] Sie hat vielmehr bei ihrer gesamten Tätigkeit darauf zu achten, dass der **Ablauf des Vergabeverfahrens nicht unangemessen beeinträchtigt** wird (§ 163 Abs. 1 S. 4). Deshalb **scheidet ein Eingreifen dann aus,** wenn der Antragsteller ohnehin **keine Aussicht auf Erteilung des Zuschlags** hat. Liegt somit das Angebot nach der Wertung lediglich auf einem der hinteren Wertungsplätze, kann der Nachprüfungsantrag nur Erfolg haben, wenn die vorgehenden Angebote sämtlichst zwingend von der Wertung auszuschließen sind, oder das Angebot aus anderen Gründen auf einen der ersten Plätze vorrückt.[25] Ist aber **sicher auszuschließen,** dass sich der festgestellte **Vergaberechtsverstoß auf die Auftragschancen** des Antragstellers **ausgewirkt** haben kann, **fehlt** der Vergabekammer die **Befugnis,** von sich aus das Vergabeverfahren über Gebühr anzuhalten und auf diese Weise den vom Gesetz angestrebten möglichst **raschen Abschluss** des Vergabevorhabens zu **verzögern.**[26]

Ein **Aufgreifen von Vergabeverstößen von Amts wegen** durch die Vergabekammer setzt deshalb voraus, dass dadurch nicht vergaberechtliche Vorschriften zur Präklusion (§ 160 Abs. 3) umgangen oder der Charakter des Nachprüfungsverfahrens, das auf den Schutz subjektiver Rechte (§ 160 Abs. 1 u. Abs. 2, § 168 Abs. 1 S. 1) ausgerichtet ist, missachtet wird. **Verstöße, hinsichtlich derer ein Antragsteller mangels Rüge oder rechtzeitiger Rüge nach § 160 Abs. 3 präkludiert ist, sind deshalb grundsätzlich der Prüfung durch die Vergabekammer entzogen.**[27] Verstöße, mit denen der Antragsteller präkludiert wäre, weil er sie trotz Kenntnis oder Kennenmüs-

---

[21] OLG Düsseldorf Beschl. v. 5.5.2008 – Verg 5/08, BeckRS 2008, 17155.
[22] *Blöcker* in RKPP GWB Rn. 27, unter Hinweis auf EuGH Urt. v. 19.6.2003 – C-315/01, BeckRS 2004, 76284.
[23] OLG Frankfurt a. M. Beschl. v. 11.6.2013 – 11 Verg 3/13, ZfBR 2013, 815; OLG Düsseldorf Beschl. v. 30.6.2011 – VII-Verg 25/11, BeckRS 2011, 23803; OLG Koblenz Beschl. v. 4.2.2009 – 1 Verg 4/08, BeckRS 2009, 05152.
[24] In dieser Diktion auch OLG München Beschl. v. 9.8.2010 – Verg 13/10, BeckRS 2010, 20438. Das OLG Saarbrücken Beschl. v. 27.6.2016 – 1 Verg 2/16, BeckRS 2016, 012834, verneint eine umfassende und zeitaufwändige Überprüfung des zweitplatzierten Angebotes bei einer abweisungsreifen Beschwerde des an dritter Stelle liegenden Bieters lediglich gegen das Angebot des Bestbieters mit der nachvollziehbaren Erwägung, dies widerspräche dem auf Beschleunigung zugeschnittenen Wesen des Nachprüfungsverfahrens.
[25] OLG Düsseldorf Beschl. v. 1.10.2012 – Verg 34/12, IBRRS 2012, 4172. Dies kann etwa auch der Fall sein, wenn alle vorgehenden Angebote Nebenangebote darstellen, diese aber mangels Auftraggeberangaben gem. § 35 Abs. 1 S. 2 VgV gar nicht zugelassen waren.
[26] So zumindest einschränkend OLG Düsseldorf Beschl. v. 28.1.2015 – VII-Verg 31/14, BeckRS 2015, 09750; OLG Naumburg Beschl. v. 12.4.2012 – 2 Verg 1/12, BeckRS 2012, 10195; *Kadenbach* in Müller-Wrede GWB Rn. 5.
[27] OLG Karlsruhe Beschl. v. 6.6.2019 – 15 Verg 8/19, VPR 2020, 116; OLG Schleswig Beschl. v. 13.6.2019 – 54 Verg 2/19, NZBau 2019, 806: ausgenommen deshalb nur solche Rechtsverstöße, die zeitlich nach dem Ende der maßgeblichen Rügefrist liegen.

sens nach Maßgabe von § 160 Abs. 3 nicht rechtzeitig gerügt hat, **können von der Vergabekammer** deshalb, von **seltenen Ausnahmen** abgesehen, **nicht aufgegriffen** werden. Die Rügeobliegenheit liefe leer, wenn die Vergabekammer zugunsten des Antragstellers Rechtsverletzungen aufgriffe, die dieser selbst „sehenden Auges" zugelassen und nicht zum Anlass einer Beanstandung genommen hat.[28] Eine umfassende Überprüfung würde dem Zweck des § 160 Abs. 3 widersprechen, der **nicht auf eine haushaltsrechtliche Prüfung von Amts wegen gerichtet** ist.[29] Hinsichtlich präkludierter Verstöße ist der Nachprüfungsantrag deshalb zu verwerfen.[30] Grund dafür ist der **Doppelcharakter des § 160 Abs. 3**. Die Vorschrift enthält eine **Zulässigkeitsvoraussetzung** für den Nachprüfungsantrag und ist darüber hinaus **auch eine materielle Präklusionsregel**.[31] An die materielle Präklusion ist grundsätzlich auch die Vergabekammer gebunden.[32] Das Gesetz verlangt im Einklang mit den EU-Vergaberichtlinien,[33] dass der Bieter vor Einleitung des Nachprüfungsverfahrens der Vergabestelle die Chance zur Fehlerkorrektur gibt.[34] Versäumt er das und sind die Voraussetzungen des § 160 Abs. 3 erfüllt, muss sich der betreffende Bieter daran festhalten lassen.

14   Somit darf ein Fehler nur ganz **ausnahmsweise bei besonders schwerwiegenden**[35] und offenkundigen[36] **Vergabeverstößen** auch **ohne ausdrückliche Rüge** von den Nachprüfungsinstanzen beachtet und geahndet werden.[37]

15   Ist zB das Angebot des Antragstellers rechtmäßiger Weise ausgeschlossen worden, sind aber die Vergabeunterlagen fehlerhaft, kann die Vergabekammer bei fortbestehender Beschaffungsabsicht des Auftraggebers eine **Zurückversetzung des Verfahrens vor Versendung der Vergabeunterlagen** anordnen. In diesem Fall erhält auch der Antragsteller eine **zweite Chance auf die Erteilung des Zuschlags**, sodass sein individueller Ausschlussgrund ein Eingreifen der Vergabekammer ausnahmsweise nicht hindert.[38]

16   Davon **zu unterscheiden** ist der Fall, dass ein Antragsteller mit seinen im Nachprüfungsantrag geltend gemachten Vergabeverstößen **präkludiert** ist, die Vergabekammer jedoch bei der Durchsicht der Akten feststellt, dass der **Antragsteller durch andere, ihm nicht bekannte Verstöße gegen Vergaberecht in seinen Rechten verletzt** ist. Diesen Fall entscheidet die Rechtsprechung überwiegend dahingehend, dass der rein subjektive Charakter des Nachprüfungsverfahrens es verbiete, auf derartige Umstände einzugehen.[39] Dafür lässt sich anführen, dass es in einem Verfahren, das eindeutig **Zulässigkeits- und Begründetheitserfordernisse** aufweist, **systemwidrig erscheint, auf der Grundlage eines unzulässigen Antrags eine Entscheidung in der Sache** zu treffen.[40]

17   Deshalb darf die Wahrung der Rügeobliegenheit als Zulässigkeitserfordernis eines Nachprüfungsantrags auch **nicht mit der Begründung dahingestellt** bleiben, der Nachprüfungsantrag sei **jedenfalls unbegründet**.[41]

---

[28] OLG Dresden Beschl. v. 8.11.2002 – WVerg 19/02, VergabeR 2003, 333 (336); VK Bund Beschl. v. 24.6.2003 – VK 2-46/03.

[29] In dieser Diktion auch OLG Düsseldorf Beschl. v. 2.11.2016 – VII-Verg 23/16, BeckRS 2016, 20409, das Verstöße gegen §§ 7 und 65 Abs. 1 BHO generell nicht von der Kontrollbefugnis der Nachprüfungsinstanzen umfasst sieht.

[30] OLG Celle Beschl. v. 11.2.2010 – 13 Verg 16/09, BeckRS 2010, 04938.

[31] OLG Naumburg Beschl. v. 23.7.2001 – 1 Verg 3/01, NZBau 2001, 641.

[32] OLG Naumburg Beschl. v. 23.7.2001 – 1 Verg 3/01, NZBau 2001, 641.

[33] Beachte ergänzend auch Art. 1 Abs. 3 RL 89/665/EWG und Erwägungsgrund 17 RL 89/665/EWG idF der RL 2007/66/EG, wonach der individuelle Rechtsschutz nur zugunsten desjenigen Unternehmens zu gewährleisten ist, das durch den behaupteten Verstoß ein Schaden entstanden ist oder zu entstehen droht.

[34] OLG Koblenz Beschl. v. 15.5.2003 Verg 3/03, VergabeR 2003, 567.

[35] ZB bei der fehlerhaften Bekanntmachung der Eignungsanforderungen durch Verlinkung auf die Vergabeunterlagen, OLG Düsseldorf Beschl. v. 11.7.2018, Verg 24/18, ZfBR 2019, 292, oder wenn die Leistungsbeschreibung selbst nach Beseitigung anderer monierter Vergaberechtsverstöße die Einreichung zuschlagsfähiger Angebote nicht zulässt und das Vergabeverfahren nicht mit einem vergaberechtskonformen Zuschlag beendet werden könnte, OLG Koblenz Beschl. v. 10.7.2018 – Verg 1/18, NZBau 2018, 636.

[36] OLG Düsseldorf Beschl. v. 12.6.2019 – Verg 54/18, NZBau 2020, 109.

[37] OLG Düsseldorf Beschl. v. 18.9.2019 – Verg 10/19, NZBau 2020, 613; OLG München Beschl. v. 22.1.2016 – Verg 13/15, IBRRS 2016, 1678 und OLG Düsseldorf Beschl. v. 21.10.2015 – VII-Verg 28/14, BeckRS 2015, 18210 = NZBau 2016, 235 für das von keiner Seite monierte Schulnotensystem als Wertungsmatrix.

[38] OLG Düsseldorf Beschl. v. 16.12.2015 – VII-Verg 25/15, BeckRS 2016, 022641 = NZBau 2016, 232 und OLG Düsseldorf Beschl. v. 20.7.2015 – VII-Verg 37/15, BeckRS 2015, 14053 = NZBau 2015, 709.

[39] VK Westfalen Beschl. v. 18.3.2015 – VK 1-6/15, BeckRS 20151, 55048 = ZfBR 2015, 728; OLG Dresden VPR 2014, 160; OLG Jena Beschl. v. 30.5.2002 – 6 Verg 3/02, NZBau 2003, 638 (639).

[40] *Fett* NZBau 2005, 141 (143).

[41] Grundlegend OLG Düsseldorf Beschl. v. 21.10.2015 – VII-Verg 28/14, BeckRS 2015, 18210 = NZBau 2016, 235.

Verfahrenstechnisch ist zudem zu beachten, dass ein Antragsteller bei einem unzulässigen Antrag 18 ja nicht gehindert ist, diesen zurückzunehmen und sofort wieder einen neuen, auf nicht präkludierte Umstände gestützten Antrag zu stellen; wenn auch mit der Gefahr einer zwischenzeitlichen Zuschlagserteilung durch den Auftraggeber.[42]

Die Vergabekammer trifft nach § 168 Abs. 1 S. 1 **geeignete Maßnahmen** zur Beseitigung der 19 Rechtsverletzung und zur Verhinderung einer (weiteren) Schädigung der betroffenen Interessen im aktuellen Vergabeverfahren. Abs. 1 vermittelt der Vergabekammer einen **weiten Entscheidungsspielraum**. Die Vergabekammer unterliegt jedoch bei ihrer Entscheidung für eine geeignete Maßnahme dem **Grundsatz der Verhältnismäßigkeit**.[43] Sie darf nur diejenigen **Maßnahmen treffen, die geeignet, erforderlich und angemessen sind,** um den festgestellten Vergaberechtsverstoß zu beseitigen. Sie muss deshalb im Rahmen der Angemessenheitsprüfung **über die Interessen des Antragstellers hinaus auch die der Vergabestelle berücksichtigen.** Das bedeutet, dass sie in diese Abwägungsentscheidung neben dem Rechtsschutzinteresse des Antragstellers auch das Interesse des Auftraggebers an einer **zügigen Auftragsvergabe und berechtigte Wettbewerbsinteressen konkurrierender Bieter** einstellen muss.[44] Kommen mehrere Möglichkeiten in Betracht, den Rechtsverstoß zu beseitigen, muss die Vergabekammer die auswählen, die geeignet sind, den Verstoß gegen Vergaberecht zu beseitigen, die Interessen der Beteiligten möglichst wenig beeinträchtigen und **nicht mehr als notwendig in das Vergabeverfahren eingreift.**[45] Dementsprechend kommt beispielsweise eine Verpflichtung des öffentlichen Auftraggebers, die angefochtene **Ausschreibung aufzuheben, grundsätzlich nur dann in Betracht, wenn keine milderen Maßnahmen zur Verfügung stehen,** um den festgestellten Vergabefehler zu beseitigen.[46] Trifft die Vergabekammer eine unverhältnismäßige Maßnahme, kann die Vergabestelle gegen die betreffende Anordnung mit einer sofortigen Beschwerde nach § 171 vorgehen.

Der **Beurteilungsspielraum der Vergabestelle** kann durch die Vergabekammer nach allgemeinen Grundsätzen nur daraufhin überprüft werden, ob die Vergabestelle das vorgeschriebene **Verfahren eingehalten** hat, von einem **zutreffend und vollständig ermittelten Sachverhalt ausgegangen** ist, **keine sachwidrigen Erwägungen** einbezogen hat und den sich im Rahmen der Beurteilungsermächtigung haltenden **Beurteilungsmaßstab zutreffend angewandt** hat.[47] Hat die Vergabestelle diese Voraussetzungen eingehalten, kann die Vergabekammer eine unter Berücksichtigung der vorstehend genannten Kriterien zumindest vertretbare Entscheidung nicht revidieren.[48] Da zB die **Eignungsprüfung alleinige Aufgabe des Auftraggebers** ist, sind die Nachprüfungsinstanzen deshalb **nicht befugt,** sich im Rahmen der Nachprüfung an **die Stelle des Auftraggebers zu setzen** und eine fehlerhaft vorgenommene Eignungsprüfung zu korrigieren,[49] **es sei denn,** der Auftraggeber wäre von einem **unzutreffenden Sachverhalt** ausgegangen, habe ungültige Bewertungsmaßstäbe angewandt oder seiner Eignungsprüfung **sachwidrige Erwägungen** zugrunde gelegt. Ein Nachprüfungsantrag ist zudem **unbegründet,** mithin **auszuschließen** ist, dass es durch einen Verstoß gegen Vergabevorschriften zu einer **Beeinträchtigung der Auftragschancen** des Antrags stellenden Unternehmens gekommen ist.[50]

Im begründeten Fall hingegen muss die von der Vergabekammer zu treffende geeignete **Maßnahme im Zusammenhang mit der von ihr festgestellten Rechtsverletzung des Antragstellers stehen.** Die Vergabekammer ist nicht befugt, unabhängig von der Rechtsverletzung des Antragstellers auf das Vergabeverfahren einzuwirken.[51] **Auch in künftige Vergabeverfahren,** die im 21

---

[42] Fett NZBau 2005, 141 (143).
[43] OLG Düsseldorf Beschl. v. 7.5.2014 – VII-Verg 46/13, BeckRS 2014, 14161; VK Sachsen Beschl. v. 30.8.2017 – 1/SVK/015-17, VPR 2018, 80.
[44] Fett NZBau 2005, 141 (142); dies gilt insbes. auch wegen der kraft Gesetzes ohnehin eingeschränkten Amtsermittlungspflicht in § 163 Abs. 1.
[45] OLG Schleswig Beschl. v. 15.4.2011 – 1 Verg 10/10, BeckRS 2011, 11797; OLG Celle Beschl. v. 10.1.2008 – 13 Verg 11/07, BeckRS 2008, 01740.
[46] Grundlegend BGH Beschl. v. 26.9.2006 – X ZB 14/06, BeckRS 2006, 12317.
[47] OLG Koblenz Beschl. v. 25.2.2015 – Verg 5/14, NZBau 2015, 519.
[48] OLG Koblenz Beschl. v. 19.1.2015 – Verg 6/14, BeckRS 2015, 03293.
[49] OLG Koblenz Beschl. v. 25.2.2015 – Verg 5/14, NZBau 2015, 519.
[50] OLG Düsseldorf Beschl. v. 16.8.2019 – Verg 56/18, NZBau 2020, 249, für den Fall, dass sich selbst bei voller Punktzahlvergabe für die Bewertung eines Konzepts bei einem betroffenen Unterkriterium die Rangfolge des Angebots nicht verändern würde.
[51] So darf sie insbes. keine zusätzlichen Anordnungen etwa dergestalt treffen, dem Auftraggeber aufgeben, nach einem Zuschlag die Kassenärztlichen Vereinigungen und die Apothekerverbände über einen Patentschutz zu informieren, OLG Düsseldorf Beschl. v. 1.12.2015 – VII-Verg 20/15, BeckRS 2016, 02948. In gleicher Weise überschreitet eine Vergabekammer ihre Kompetenzen, wenn sie über die Feststellung der Rechtswidrigkeit einer Ausschreibungsbedingung hinaus, den Auftraggeber verpflichtet, eine von ihr autonom für angemessen erachtete Ausschreibungsbedingung (hier Bestimmung der konkreten Entschädigungshöhe in einer ehemaligen VOF-Klausel) festzulegen BGH Urt. v. 19.4.2016 – X ZR 77/14, BeckRS 2016, 07850.

Zeitpunkt der Entscheidung der Vergabekammer **noch nicht in ihrer konkreten Ausgestaltung absehbar** sind oder feststehen, darf die **Vergabekammer,** beispielsweise durch den präventiven Ausschluss eines Konkurrenzunternehmens, **nicht eingreifen.**[52] Stellt die Vergabekammer eine Rechtsverletzung fest, die nicht den Antragsteller betrifft, darf sie diese nicht zum Anlass nehmen, Maßnahmen zu treffen. Die Vergabekammer ist in diesem Fall darauf angewiesen, dass das betroffene Unternehmen selbst einen Nachprüfungsantrag stellt. Verfahrenstechnisch wird die Vergabekammer in so einem Fall die **Beiladung derart in ihren Rechten verletzter Unternehmen nach § 162 erwägen** müssen.[53] Als insoweit theoretisch denkbare **Maßnahmen** einer **Vergabekammer** sind alle denkbar, die zur **Wiederherstellung** der **Rechtmäßigkeit** des Vergabeverfahrens erforderlich sind. Dies können ua sein:

- die **Untersagung** der **Zuschlagserteilung,**[54]
- die Verpflichtung zur Überarbeitung vergaberechtswidriger Vergabeunterlagen und Möglichkeit **erneuter Angebotsabgabe** nach **Zurückversetzung** des Vergabeverfahrens,
- die Verpflichtung zur **erneuten Angebotswertung** bei bisherigen Wertungsfehlern, ua unter Berücksichtigung eines bisher ausgeschlossenen Bieterangebots[55] oder unter nunmehrigem Ausschluss eines bisher in die Wertung gelangten Bieters bzw. Bieterangebots,
- im Ausnahmefall die **Verpflichtung** zur **Zuschlagserteilung,**[56]
- die **Verpflichtung** zur Aufhebung des Ausschreibungsverfahrens,[57]
- die **Aufhebung einer Aufhebung** und die Verpflichtung zur Weiterführung des Vergabeverfahrens[58] oder zumindest die **Feststellung** nach § 168 Abs. 2 S. 2, dass das selbige **rechtswidrig** war,[59]
- die **Zurückversetzung** des Vergabeverfahrens und bei fortbestehender Beschaffungsabsicht die **Fortführung** unter Beachtung der Rechtsauffassung der Vergabekammer,[60]
- die **Feststellung** nach § 135, dass ein **Vertrag von Anfang an unwirksam ist.**[61]

22 Der **Nachprüfungsantrag hat keinen Devolutiveffekt.** Daraus folgt ua, dass die Vergabekammer nicht die gleichen Befugnisse wie die Vergabestelle hat. Der Handlungsspielraum der Vergabekammer ist insbesondere dadurch begrenzt, dass sie **Wertungen der Vergabestelle nicht durch eigene ersetzen** darf, wo diese einen Beurteilungsspielraum besitzt.[62] Sie ist insbesondere nicht befugt, die Ermessensentscheidung der Vergabestelle zu ersetzen.[63] Es liegt damit beispielsweise **nicht in der Kompetenz der Vergabekammer,** im Rahmen des Abs. 1 zur Beseitigung einer Rechtsverletzung eine Maßnahme zu treffen, die für einen öffentlichen Auftraggeber, der trotz Einleitung eines Vergabeverfahrens einen Auftrag nicht mehr erteilen will, einen **rechtlichen oder tatsächlichen Zwang bedeutete, sich doch vertraglich zu binden.**[64] Der **Grundsatz der Vertragsfreiheit** ist die Grenze der Regelungskompetenz der Vergabekammern und -senate.[65] Es ist der **Vergabekammer in aller Regel nicht erlaubt, ein Vergabeverfahren selbst aufzuheben.** Die Vergabekammer darf die Vergabestelle in der Regel nur verpflichten, die fehlerhaften Schritte des Vergabeverfahrens unter Beachtung ihrer rechtlichen Vorgaben erneut vorzunehmen oder bestimmte vergaberechtswid-

---

[52] Das Vergaberecht gewährt grds. keinen vorbeugenden Rechtsschutz, sondern setzt ein konkretes, Vergabeverfahren voraus, das schon begonnen wurde und noch nicht rechtswirksam abgeschlossen ist, OLG Celle Beschl. v. 30.10.2014 – 13 Verg 8/14, VPR 2015, 93; OLG Koblenz Beschl. v. 15.8.2014 – 1 Verg 7/14, BeckRS 2014, 17231; OLG Düsseldorf Beschl. v. 10.3.2014 – Verg 11/14, IBRRS 2014, 0942; aA aber ua OLG München Beschl. v. 19.7.2012 – Verg 8/12, BeckRS 2012, 16370; VK Bund Beschl. v. 18.2.2016 – VK 2-137/15, IBRRS 2016, 0660. Der hinter § 135 Abs. 1 Nr. 2 und Abs. 3 stehende Rechtsgedanke einer nur eingeschränkten, aber mit Rückwirkung versehenen Nachprüfbarkeit mit einhergehenden Ex-ante-Publizitätspflichten dürfte nach wie vor für die zuerst gemeinte Sichtweise sprechen.
[53] *Fett* NZBau 2005, 141 (143).
[54] Vgl. OLG Düsseldorf Beschl. v. 11.7.2018 – VII-Verg 24/18, ZfBR 2019, 292.
[55] Vgl. VK Lüneburg Beschl. v. 9.9.2020 – VgK-32/2020, VPR 2021, 51.
[56] Vgl. KG Beschl. v. 7.8.2015 – Verg 1/15, VergabeR 2016, 111.
[57] Vgl. OLG München Beschl. v. 22.1.2016 – Verg 13/15, VPR 2017, 1003.
[58] Vgl. VK Bund Beschl. v. 11.12.2020 – VK 2-91/20, VPR 2021, 72.
[59] Vgl. VK Sachsen Beschl. v. 17.1.2019 – 1/SVK/033-18, VPR 2019, 91.
[60] Vgl. OLG Frankfurt a. M. Beschl. v. 24.11.2020 – 11 Verg 12/2020, VPR 2021, 61; für das Beschwerdeverfahren nach der Parallelvorschrift § 178.
[61] Vgl. OLG Naumburg Beschl. v. 27.2.2014 – 2 Verg 5/13, VergabeR 2014, 612.
[62] BGH Beschl. v. 18.2.2003 – X ZB 43/02, BGHZ 154, 32 (41) = NZBau 2003, 293 (295); *Fett* NZBau 2005, 141 (142).
[63] OLG Celle Beschl. v. 10.1.2008 – 13 Verg 11/07, BeckRS 2008, 01740.
[64] BGH Beschl. v. 20.3.2014 – X ZB 18/13, BeckRS 2014, 07310 = NZBau 2014, 310. So auch schon BGH Beschl. v. 18.2.2003 – X ZB 43/02, VergabeR, 2003, 313 (317).
[65] *Fett* NZBau 2005, 141 (143). S. auch den jetzigen, ergänzenden Zusatz in § 63 Abs. 1 S. 2 VgV: „Im Übrigen ist der öffentliche Auftraggeber grundsätzlich nicht verpflichtet, den Zuschlag zu erteilen.".

rige Maßnahmen im weiteren Verlauf des Vergabeverfahrens zu unterlassen. Eine geeignete Maßnahme iSd § 168 Abs. 1 kann vor diesem Hintergrund sein, die Vergabestelle zu verpflichten, das Verfahren in den **Stand vor der Aufforderung zur Angebotsabgabe zurückzuversetzen** und die bisher am Verfahren beteiligten Anbieter mit überarbeiteten Vergabeunterlagen, die etwa dem Gebot der produktneutralen Ausschreibung entsprechen, erneut zur Angebotsabgabe aufzufordern.[66] Sie darf auch **anordnen** oder nach inhaltlicher Prüfung bestätigen, dass ein **bestimmter Bieter vom Vergabeverfahren auszuschließen** ist.[67]

Nur in Ausnahmefällen, in denen unter Beachtung aller dem Auftraggeber zustehenden Wertungs- und Beurteilungsspielräume bei bestehendem Beschaffungsbedarf die **Erteilung des Zuschlags** an den Antragsteller die **einzige rechtmäßige Entscheidung** ist, kann eine solche Anweisung der Vergabekammer an den Auftraggeber in Betracht kommen; der Handlungs-, Wertungs- und Beurteilungsspielraum der Vergabestelle muss **auf Null reduziert** sein.[68] Die Vergabestelle darf über **keine Handlungsalternativen** verfügen, es muss sich um **die einzig rechtmäßige Maßnahme** handeln.[69] Auch in diesem Fall ist jedoch der Wille der Vergabestelle zu berücksichtigen. Einem **Ausspruch auf Zuschlagserteilung** steht auch **entgegen**, dass nach der **Rechtsprechung des BGH**[70] ein Bieter keinen Anspruch darauf hat, dass in einem Vergabeverfahren ein der Ausschreibung entsprechender Auftrag erteilt wird, was nur § 63 Abs. 1 S. 2 VgV und § 32 Abs. 1 S. 2 KonzVgV im Gegensatz zur SektVO und der VSVgV nunmehr auch teilweise auf Verordnungsebene klargestellt haben. Das gilt selbst dann, wenn kein Aufhebungsgrund vorliegt. **Auch der EuGH** sieht neuerdings[71] **keinen Verstoß gegen europäisches Recht**, wenn dem einzigen leistungsfähigen Bieter der **Zuschlag nicht** erteilt, **sondern** das Vergabeverfahren **aufgehoben** wird. Demgemäß muss dem Auftraggeber die Möglichkeit erhalten bleiben zu prüfen, ob die Voraussetzungen für die Aufhebung des Vergabeverfahrens vorliegen oder ob er aus sonstigen Gründen von einer Auftragserteilung absehen will.

Sehr häufig wird eine Vergabekammer dem Auftraggeber die **Zuschlagserteilung untersagen**, zB wenn aufgrund unklarer Zuschlagskriterien, Wertungsmatrizen, insbesondere den vielfach verwendeten Schulnotensystemen oder sogar missverständlichen oder widersprüchlichen Vergabebedingungen **nicht gewährleistet ist, dass sämtliche Bieter diese im gleichen, objektiven Sinne verstanden** und bei ihrer Angebotserstellung berücksichtigt haben.[72]

Geeignete Maßnahme iSd § 168 Abs. 1 zur Beseitigung einer von einer Vergabekammer festgestellten Rechtsverletzung kann beispielsweise sein, allen Bietern, die sich bereits an der Ausschreibung beteiligt haben oder einem bisher zu Unrecht nicht berücksichtigten Bieter, unter Setzung einer Frist die Gelegenheit zu geben, ihre Angebote **entsprechend anzupassen und abzugeben**.[73] Bei Fehlern im Rahmen der Prüfung und Wertung kann **erneute Prüfung und Wertung unter Beachtung der Rechtsauffassung der Vergabekammer angeordnet** werden,[74] bei einer selte-

---

[66] VK Nordbayern Beschl. v. 16.4.2008 – 21.VK-3194-14/10, IBR 2008, 1240.
[67] OLG Celle Beschl. v. 9.1.2017 – 13 Verg 9/16, BeckRS 2017, 100613 zum Ausschluss wegen vorheriger Schlechtleistung gem. § 124 Abs. 1 Nr. 7; aA OLG Brandenburg Beschl. v. 12.1.2016 – Verg W 4/15, BeckRS 2016, 07772.
[68] OLG München Beschl. v. 15.3.2012 – Verg 2/12, BeckRS 2012, 06248; OLG Celle Beschl. v. 10.1.2008 – 13 Verg 11/07, BeckRS 2008, 01740.
[69] Fett NZBau 2005, 141 (143).
[70] BGH Beschl. v. 20.3.2014 – X ZB 18/13, VergabeR 2014, 538 sowie auch schon grundlegend BGH Urt. v. 5.11.2002 – X ZR 232/00, BeckRS 2002, 09532 = NZBau 2003, 168; entgegen BayObLG Beschl. v. 5.11.2002 – Verg 22/02, NZBau 2003, 342.
[71] EuGH Urt. v. 11.12.2014 – C-440/13, BeckRS 2014, 82598 = NZBau 2015, 109. Auch wenn das europäische Vergaberecht keine kodifizierten Aufhebungsgründe verankert habe, sei eine Aufhebung zulässig, wenn kein hinreichender Wettbewerb bestehe, weil nur ein Bieter zur Durchführung des Auftrags in der Lage sei. Diese Rechtmäßigkeitskontrolle könne jedoch nicht auf die Prüfung beschränkt werden, ob Entscheidungen des Auftraggebers, zu denen auch der Widerruf der Ausschreibung gehöre, willkürlich erfolgt sind. Dies schließe es jedoch nicht aus, dass der nationale Gesetzgeber die zuständigen nationalen Gerichte sogar auch zur Durchführung einer Zweckmäßigkeitskontrolle ermächtigen könne.
[72] OLG Düsseldorf Beschl. v. 7.11.2012 – VII-Verg 12/12, ZfBR 2013, 192. Eine solche Untersagung des Zuschlags ist im Falle einer sofortigen Beschwerde aufgrund der Sonderregelung in § 173 Abs. 3 („Unterbleiben des Zuschlags, solange …") ausnahmsweise nicht vom grundsätzlichen Suspensiveffekt des § 173 Abs. 1 erfasst. Ein Zuschlag kann deshalb erst nach Aufhebung dieser Vergabekammerentscheidung nach § 176 (Zuschlagsgestattung durch Beschwerdegericht) oder § 178 (Hauptsacheentscheidung des Beschwerdegerichts) erfolgen.
[73] VK Sachsen Beschl. v. 19.4.2012 – 1/SVK/009-12, BeckRS 2012, 10679; VK Bund Beschl. v. 9.1.2008 – VK 3-145/07.
[74] VK Südbayern Beschl. v. 29.10.2013 – ZB-3-3194-1-25-08/13, VPR 2014, 1048.

nen Ermessensreduzierung auf Null auch die Verpflichtung zum Ausschluss eines Bieters.[75] Ist die Wertung fehlerhaft und die Dokumentation der Wertung nicht nachvollziehbar, ist das Vergabeverfahren ab der Wertung fehlerbehaftet und ggf. in diesem Umfang zu wiederholen, es sei denn, dem Auftraggeber gelingt es noch im Vergabenachprüfungsverfahren eine ergänzende Dokumentation mit einer dann plausiblen Wertung nachzureichen.[76]

26 Sind **Verträge** gemäß der Spezialregelung in § 135 Abs. 1 von den Nachprüfungsinstanzen **als von Anbeginn an für unwirksam erklärt** worden, mit der Folge, dass sie zivilrechtlich grundsätzlich ganz oder teilweise rückabzuwickeln sind, bedeutet das **nicht**, dass deren **Rückabwicklung** im Vergabenachprüfungsverfahren **zwingend anzuordnen ist**.[77] Der Ausspruch der Rückabwicklung ist keine geeignete und verhältnismäßige Maßnahme iSd § 168 Abs. 1. Um die festgestellte Vergaberechtsverletzung zu beseitigen und eine Schädigung der betroffenen Bieterinteressen zu verhindern, ist die Anordnung der Rückabwicklung nicht erforderlich. Vielmehr **genügt die Feststellung der Unwirksamkeit der Verträge**. Sanktionen, die über die Anordnung der Unwirksamkeit eines vergaberechtswidrigen und unter Verstoß gegen § 134 zustande gekommenen Vertrags hinausgehen, sieht § 135 selbst nicht vor.

27 Der Gesetzgeber geht davon aus, dass sich der öffentliche Auftraggeber rechtstreu verhält, die insbesondere zivilrechtlichen Rechtsfolgen der Vertragsunwirksamkeit eigenständig beachtet und die erforderlichen Konsequenzen im Zusammenwirken mit seinem bisherigen Vertragspartner zieht. Einen Anspruch auf zivilrechtliche Rückabwicklung unwirksamer Verträge gewährt auch die Vorschrift des § 97 Abs. 6 nicht.

28 Mit der **Vergaberechtsnovelle 2016** hat der **Gesetzgeber aber in § 133** – unbeschadet des § 135 – ergänzend ua auch **eine Kündigungsmöglichkeit** für den Auftraggeber installiert, wenn zB der Europäische Gerichtshof festgestellt hat, dass der Auftrag nicht an den bisherigen Auftragnehmer hätte vergeben werden dürfen. Nach einer solchen Kündigung bestimmt **§ 133 Abs. 2 S. 1**, dass der Auftragnehmer grundsätzlich einen seinen bisherigen Leistungen entsprechenden Teil der Vergütung verlangen kann.

29 Die Vergabekammer darf die Vergabestelle zur **Aufhebung der Ausschreibung**[78] verpflichten, wenn die Wiederholung einzelner Schritte nicht ausreicht. Die Verpflichtung zur Aufhebung ist **als ultima-ratio-Maßnahme** zu verstehen.[79] Das ist beispielsweise der Fall, wenn schwerwiegende Mängel in der EU-Bekanntmachung oder den Vergabeunterlagen vorliegen und die Leistungsbeschreibung nicht mehr geeignet wäre, einem fairen, transparenten und die Bieter gleich behandelnden Wettbewerb nach § 97 Abs. 1 und Abs. 2 als Grundlage zu dienen[80] oder die Vergabestelle ein **falsches Verfahren** gewählt hat. Gleiches gilt, wenn **alle Bieter zwingend aus dem Vergabeverfahren auszuschließen** sind.[81] Auch bei **unzulässigen Vergabekriterien** kann das Vergabeverfahren ausnahmsweise unter einen so schwerwiegenden Mangel leiden, dass es durch die Nachprüfungsinstanz aufzuheben ist.[82]

30 Die **Vergabekammer** ist **kein Gericht iSd Art. 92 GG**,[83] sodass auch eine **Richtervorlage der Vergabekammer** an das Bundesverfassungsgericht bei Zweifeln an der Verfassungsgemäßheit einer Bestimmung des von ihr anzuwendenden GWB **nach Art. 100 GG ausscheidet**. Trotz einer teilweise durchaus gerichtsähnlichen Ausgestaltung des Vergabekammerverfahrens (Antrag, Beiladung, mündliche Verhandlung, Beschluss) und der Unabhängigkeit der Kammer und ihrer Mitglieder nach § 157 Abs. 4 S. 2 ist diese organisatorisch nach § 104 **als Nachprüfungsbehörde in die Verwaltung eingegliedert** und trifft ihre **Entscheidung nach § 168 Abs. 3 S. 1 durch Verwaltungsakt** nach § 35 VwVfG.[84]

31 Die angerufene Vergabekammer kann aber den Nachprüfungsantrag an **eine örtlich** tatsächlich **zuständige Vergabekammer verweisen,** obwohl dies spezialgesetzlich **im GWB nicht**

---

[75] OLG Rostock Beschl. v. 30.5.2005 – 17 Verg 4/05, IBRRS 2005, 3055.
[76] Der BGH lässt diese Möglichkeit entgegen jahrelang strengerer Rspr. der Obergerichte grds. zu, vgl. BGH Beschl. v. 8.2.2011 – X ZB 4/10, BeckRS 2011, 03845 = NZBau 2011, 175.
[77] OLG Karlsruhe Beschl. v. 12.11.2008 – 1 Verg 4/08, VergabeR 2009, 200 (207).
[78] OLG Naumburg Beschl. v. 14.10.2016 – 7 Verg 3/16, VPR 2017, 30.
[79] OLG Schleswig Beschl. v. 15.4.2011 – 1 Verg 10/10, VergabeR 2011, 586.
[80] OLG Naumburg Beschl. v. 14.10.2016 – 7 Verg 3/16, VPR 2017, 30; OLG Schleswig Beschl. v. 30.4.2015 – 1 Verg 7/14, VergabeR 2016, 97.
[81] BGH Beschl. v. 26.9.2006 – X ZB 14/06, BeckRS 2006, 12317; OLG Hamburg Beschl. v. 14.12.2010 – 1 Verg 5/10, NZBau 2011, 185.
[82] OLG München Beschl. v. 22.1.2016 – Verg 13/15, IBRRS 2016, 1678; dort für das Zuschlagskriterium „technische Spezifikation" bei einer Drehleiterausschreibung.
[83] BGH Beschl. v. 25.10.2011 – X ZB 5/10, NZBau 2012, 186.
[84] BT-Drs. 13/9340, 13; BGH Beschl. v. 9.12.2003 – X ZB 14/03, BeckRS 2004, 02243 = NZBau 2004, 285.

III. Entscheidung der Vergabekammer (Abs. 1) 32, 33 § 168 GWB

verankert ist. Der **Verweisungsbeschluss** der Vergabekammer hat für die Vergabekammer, an die verwiesen wird, gemäß einer analogen Anwendung von § 17a Abs. 2 S. 3 GVG **Bindungswirkung**.[85] Die Verweisungskompetenz der Vergabekammer ergibt sich **aus den § 83 VwGO und § 17a Abs. 2 GVG** zugrunde liegenden allgemeinen **Rechtsgedanken**.[86] Stellt sie fest, dass sie oder aber auch jede andere Vergabekammer unzuständig ist, kann sie den Nachprüfungsantrag aber **nicht gem. § 17a GVG in ein ordentliches Klageverfahren verweisen**,[87] insbesondere auch nicht an das **zuständige Fachgericht**.[88] Das Vergabenachprüfungsverfahren ist kein ordentliches Gerichtsverfahren.[89] Nur Gerichte können Rechtsstreitigkeiten an das Gericht des zuständigen Rechtswegs verweisen. Diese Befugnis hat die Vergabekammer als Teil der Verwaltung nicht.[90] **Verweist** aber umgekehrt ein Sozialgericht den Rechtsstreit rechtskräftig zunächst an das zuständige Oberlandesgericht und dieses das Verfahren an die **Vergabekammer**, ist diese Verweisung für die Vergabekammer **bindend** und die Vergabekammer für den Rechtsstreit zuständig.[91]

Die Vergabekammer ist gleichwohl ein **Gericht iSd Art. 267 Abs. 2 und Abs. 3 AEUV** und **deshalb im EU-rechtlichen Sinne vorlageberechtigt an den EuGH**.[92] Die Vorlageberechtigung ist auf der Grundlage des **autonom gemeinschaftsrechtlich bestimmten Gerichtsbegriffs** zu beurteilen.[93] Diesen hat der EuGH durch bestimmte Kriterien konkretisiert. Die vorlegende Stelle muss danach **auf gesetzlicher Grundlage eingerichtet** sein, ihre **Gerichtsbarkeit** muss einen **ständigen und obligatorischen Charakter** haben und einen Rechtsstreit auf der Grundlage eines **rechtsstaatlich geordneten Verfahrens in richterlicher Unabhängigkeit potenziell rechtskräftig** entscheiden.[94] Bei dem Verfahren vor der Vergabekammer handelt es sich zwar nicht um ein Gerichts-, sondern um ein **Verwaltungsverfahren**. Das Nachprüfungsverfahren ist jedoch **gerichtsähnlich ausgestaltet**. Vergabekammern sind wie auch Oberlandesgerichte Gerichte iSd Art. 267 AEUV.[95] Da die RL 89/665/EWG den Mitgliedstaaten vor dem Hintergrund ihrer grundsätzlichen Verfahrensautonomie nicht vorgibt, wie der Instanzenzug im Einzelnen auszugestalten ist, können erstinstanzliche Kontrollorgane auch Verwaltungsbehörden und damit auch Vergabekammern sein. Für diesen Fall der zweizügigen Überprüfung muss dann aber die zweite Instanz zwingend ein Gericht sein.[96]

32

Bei dem **Vorabentscheidungsverfahren** gem. **Art. 267 AEUV** handelt es sich nicht um ein selbstständiges Streitverfahren, sondern um ein **Zwischenverfahren** in einem vor einem im Mitgliedstaat anhängigen Rechtsstreit. Es dient in erster Linie der Wahrung der Rechtseinheit in der EU und ergänzt die Kontrolle, die durch die Kommission und die Mitgliedstaaten gem. Art. 258 und Art. 259 AEUV ausgeübt wird.[97] Durch die Rechtsprechung des EuGH soll gewährleistet werden, dass das Unionsrecht **in allen Mitgliedstaaten einheitlich ausgelegt und angewandt wird**.[98]

33

---

[85] OLG Dresden Beschl. v. 26.6.2012 – Verg 0003/13, VergabeR 2013, 517.
[86] OLG Dresden Beschl. v. 26.6.2012 – Verg 0003/12, VergabeR 2013, 517.
[87] OLG Celle Beschl. v. 4.5.2001 – 13 Verg 5/00, VergabeR 2001, 325 (327).
[88] VK Baden-Württemberg Beschl. v. 26.1.2007 – 1 VK 82/06, VPRRS 2007, 0187.
[89] OLG Celle Beschl. v. 4.5.2001 – 13 Verg 5/00, NZBau 2002, 53 (54).
[90] OLG Rostock Beschl. v. 2.7.2008 – 17 Verg 2/08, ZfBR 2008, 828; VK Baden-Württemberg Beschl. v. 25.7.2014 – 1 VK 29/14, VPRRS 2014, 0556.
[91] VK Bund Beschl. v. 21.9.2018 – VK 1-83/18, VPRRS 2018, 0336.
[92] EuGH Urt. v. 18.9.2014 – C-549/13, BeckRS 2014, 81861, Vorlagebeschluss der ehemaligen VK Arnsberg; so tendenziell auch schon EuGH Urt. v. 19.6.2003 – C-315/01, NZBau 2003, 511, für das mit der Vergabekammer vergleichbare ehemalige österreichische Bundesvergabeamt. Zu beachten sind neuerdings auch die Kündigungsrechte von Auftraggebern ua gem. § 133 Abs. 1 Nr. 3, sofern der EuGH in einem hiervon unabhängigen Vertragsverletzungsverfahren nach Art. 258 AEUV eine schwere Verletzung der Verpflichtungen aus dem AEUV oder des GWB festgestellt hat, die die Beauftragung des bisherigen Auftragnehmers ausschlossen.
[93] Bspw. EuGH Urt. v. 30.5.2002 – C-516/99, Slg. 2002, I-4573 Rn. 34–44 – Schmid; Calliess/Ruffert/*Wegener* AEUV Art. 234 Rn. 16.
[94] EuGH Urt. v. 18.9.2014 – C-549/13, BeckRS 2014, 81861.
[95] So der EuGH Urt. v. 17.9.1997 – C-54/96, BauR 1997, 1011, für die Vergabeüberwachungsausschüsse, die Vorläufer der Vergabekammern, wenn auch als damalige zweite Rechtsschutzinstanz.
[96] Art. 2 Abs. 9 RL 89/665/EWG idF der RL 2007/66/EG. Die EU-Kommission hat nach Konsultationen 2015 in den Mitgliedstaaten und Prüfung der dortigen Gesetzgebung und Rspr. Anfang 2017 eine zunächst geplante Novellierung der Rechtsmittelrichtlinien ausdrücklich verzichtet und dabei ua aufgeführt, die bisherige Handhabung, insbes. auch das in 16 Mitgliedstaaten propagierte zweizügige Modell, habe sich augenscheinlich als kürzer und effizienter bewährt, vgl. Bericht der EU-Kommission zur Effektivität des Rechtsschutzes bei Öffentlicher Auftragsvergabe, COM(2017) 28 final, CELEX-Nr. 52017DC0028.
[97] EuGH Urt. v. 5.2.1963 – C-26/62, NJW 1963, 974.
[98] EuGH Urt. v. 18.10.1990 – C-197/89 und C-297/88.

34 **2. Einwirkung auf das Vergabeverfahren unabhängig von gestellten Anträgen (Abs. 1 S. 2).** Die Vergabekammer kann nach § 168 Abs. 1 S. 2 unabhängig von den gestellten Anträgen auf das Vergabeverfahren einwirken. Eine ähnliche Regelung im Verwaltungsprozess enthält § 88 VwGO, dem diese Bestimmung erkennbar nachgebildet ist. Somit ist die Vergabekammer ausdrücklich aber **nur von der Bindung an die Sachanträge entbunden.** Deshalb darf sie letztlich auch **Maßnahmen anordnen, selbst wenn** der **Antragsteller keinen inhaltsgleichen Antrag gestellt** hat oder sogar die Anordnung anderer Maßnahmen beantragt hatte.[99] Der Vergabekammer sind dadurch **erhebliche Entscheidungs- bzw. Gestaltungsbefugnisse eingeräumt.** Das entspricht den Vorstellungen des Gesetzgebers. Danach soll die Vergabekammer die Interessen der Bieter an der Durchführung eines rechtmäßigen Vergabeverfahrens in effektiver Weise schützen und zugleich dem öffentlichen Interesse an einer zügigen Auftragsvergabe gerecht werden.[100] Die Gestaltungsfreiheit der Vergabekammer bezieht sich allein auf die **Entscheidung, wie eine Verletzung der Rechte** des Antragstellers und der zugrunde liegenden Interessen **verhindert bzw. beseitigt werden kann.** Die Vorschrift ermächtigt die Vergabekammer deshalb **nicht zu einer allgemeinen Rechtmäßigkeitskontrolle.**[101] Die **Vergabekammer prüft** ferner grundsätzlich **nicht, ob das Vergabeverfahren oder die Vergabeentscheidung zweckmäßig,** sondern ob diese rechtmäßig ist.[102] Die Vergabekammer ist zudem hinsichtlich ihrer **Entscheidungsmöglichkeiten an die Rechtsverletzung des Antragstellers gebunden.**[103] Bereits bei der Auswahl der geeigneten Maßnahmen ist die Vergabekammer zudem an den **Grundsatz der Verhältnismäßigkeit gebunden.**[104] Die Vergabekammer darf aber der Vergabestelle ein anderes als das im Nachprüfungsantrag des Antragstellers begehrte Verhalten aufgeben, mit ihrer Entscheidung auch hinter den gestellten Anträgen zurückbleiben oder über das Begehren des Antragstellers hinausgehen. Die Vergabekammer ist zwar **an das generelle Rechtsschutzziel gebunden,** nicht aber an die Angabe bestimmter, vollstreckungsfähiger Maßnahmen. Die Vergabekammer kann beispielsweise über beantragte Begehren hinausgehen, wenn lediglich die Neubewertung eines Angebotes beantragt ist, wegen unzulässiger Wertungskriterien jedoch alle Angebote neu gewertet werden müssen.[105] Sofern dies für die konkrete Entscheidungsfindung erheblich ist, kann die Vergabekammer **auch nicht vergaberechtliche Vorfragen aus anderen Rechtsbereichen inzidenter** mitentscheiden.[106] Für die ggf. auch langwierige Überprüfung der **Verletzung kartellrechtlicher Vorschriften** sind Vergabekammern in Ansehung des § 156 Abs. 3 und wegen des geltenden Beschleunigungsgrundsatzes nach § 167 **nach richtiger Ansicht aber nicht zuständig.**[107]

IV. Zuschlag und Feststellung der Rechtswidrigkeit (Abs. 2)

35 **1. Keine Aufhebung eines wirksam erteilten Zuschlags (Abs. 2 S. 1).** § 168 Abs. 2 S. 1 bestimmt **als zeitliche Grenze** für das Eingreifen der Vergabekammer,[108] dass diese einen wirksam erteilten **Zuschlag nicht aufheben** kann. Das gilt auch für den Vertrag, der durch den wirksamen Zuschlag nach §§ 145 ff. BGB geschlossen wird. **Zuschlag und Vertragsschluss fallen grundsätzlich zusammen.** Dabei handelt es sich um ein Grundprinzip des deutschen Vergaberechts. Der wirksame Abschluss des zivilrechtlichen Vertrages beendet das Vergabeverfahren. Das gilt auch dann, wenn das vorausgehende Vergabeverfahren vergaberechtswidrig war.[109] Die **Erteilung des**

---

[99] Grundlegend OLG Düsseldorf Beschl. v. 15.6.2005 – Verg 5/05, BeckRS 2005, 07946.
[100] BT- Drs. 13/9340, 19.
[101] OLG Düsseldorf Beschl. v. 16.12.2015 – VII-Verg 25/15, BeckRS 2016, 022641 = NZBau 2016, 232.
[102] OLG Koblenz Beschl. v. 5.9.2002 – 1 Verg 2/02, BeckRS 9998, 26311 = NZBau 2002, 699.
[103] OLG Frankfurt a. M. Beschl. v. 16.6.2015 – 11 Verg 3/15, BeckRS 2015, 14694.
[104] OLG Düsseldorf Beschl. v. 7.5.2014 – VII-Verg 46/13, BeckRS 2014, 14161.
[105] Reidt/Stickler/Glahs/*Reidt* Rn. 13.
[106] BGH Beschl. v. 18.6.2012 – X ZB 9/11, NZBau 2012, 586; OLG Naumburg Beschl. v. 17.1.2014 – 2 Verg 6/13, BeckRS 2014, 02901.
[107] VK Bund Beschl. v. 27.7.2016 – VK 2-63/16, IBRRS 2016, 2197; aA noch dieselbe 2. VK Bund Beschl. v. 1.3.2012 – VK 2-5/12, IBR 2013, 1272 sowie auch OLG Düsseldorf Beschl. v. 17.1.2011 – Verg 3/11, BeckRS 2011, 02627.
[108] Grundlegend BGH Beschl. v. 19.12.2000 – X ZB 14/00, BeckRS 2001, 00861, wenn auch vor Implementierung des ehemaligen § 13 VgV 2001 und der jetzigen §§ 134 und 135.
[109] Einzige Ausnahme bildet die Sittenwidrigkeit des Vertrages nach § 138 BGB. Vgl. dazu OLG Saarbrücken Urt. v. 17.8.2016 – 1 U 159/14, BeckRS 2016, 16273, für fünf Architektenverträge zum Neubau eines Museums samt Anschluss an eine Galerie im Gesamtauftragswert von mehr als 1,1 Mio. EUR ohne erforderliche EU-Ausschreibung und Verlust auch noch der gegenseitigen bereicherungsrechtlichen Ansprüche nach § 817 Abs. 2 BGB.

IV. Zuschlag und Feststellung der Rechtswidrigkeit (Abs. 2) 36 § 168 GWB

Zuschlags (vgl. § 127, § 58 VgV, § 18 EU VOB/A) **unterliegt keinem gesetzlichen Formerfordernis** iSd § 126 BGB.[110]

Der Zuschlag ist rechtlich die **Angebotsannahme** und die vergaberechtliche Bezeichnung für **36** die zivilrechtliche **Annahmeerklärung**.[111] Für die Erteilung des **Zuschlags** gelten die allgemeinen Grundsätze des **Bürgerlichen Gesetzbuches**,[112] insbesondere die §§ 145 ff. BGB. Im Zweifel ist durch **Auslegung nach §§ 133, 157 BGB** zu ermitteln, ob ein Zuschlag erteilt worden ist. Der Vertrag kommt zustande, wenn der Zuschlag auf ein Angebot eines Bieters **innerhalb der Zuschlags- oder Bindefrist sowie ohne Abänderungen** erteilt wird.[113] Bei der Zuschlagserklärung handelt es sich um eine **empfangsbedürftige Willenserklärung**. Damit sie wirksam ist, muss sie gem. § 130 Abs. 1 S. 1 BGB dem betreffenden Bieter innerhalb der Angebotsbindefrist zugehen.[114] Verlangt die Vergabestelle in Bezug auf die Erteilung des Zuschlags eine Empfangsbestätigung, handelt es sich **nicht um ein Wirksamkeitskriterium, sondern nur um eine Beweisurkunde über den erteilten Zuschlag**.[115] Die Annahme des Angebots eines Bieters unter Erweiterungen, Einschränkungen und sonstigen Änderungen gilt nach **§ 150 Abs. 2 BGB als Ablehnung**, verbunden mit einem **neuen Antrag**.[116] Die im Rahmen des **§ 150 Abs. 2 BGB** geltenden Grundsätze erfordern deshalb, dass der Bieter als Empfänger eines Vertragsangebots, wenn er vom Vertragswillen des anbietenden Auftraggebers abweichen will, dies in seiner **Annahmeerklärung klar** und unzweideutig zum Ausdruck bringen muss. **Fehlt** es daran, kommt der **Vertrag** zu den **Bedingungen** des **Angebots** zustande.[117] Enthält das Zuschlagsschreiben des Auftraggebers wegen der Verzögerung des Vergabeverfahrens eine **verbindliche neue Bauzeit** und bringt der Auftraggeber darin eindeutig und klar zum Ausdruck, dass er den **Vertrag mit diesen neuen Bauzeitfristen** zu dem **ehedem angebotenen Preis** des Bieters bindend schließen will, kann es aber gerade **nicht** dahin **ausgelegt** werden, der Zuschlag sei auf eine Leistung zur ehedem ausgeschriebenen Bauzeit erteilt worden. Die Erteilung des Zuschlags stellt in einem solchen Fall eine **Ablehnung** des im Vergabeverfahren unterbreiteten **Angebots** des **Bieters** und **zugleich** ein neues Angebot des **Auftraggebers** dar.[118] Ein solcher Antrag des Auftraggebers bedarf zu seiner Wirksamkeit **wiederum** einer **Annahmeerklärung des Bieters**, die der Vergabestelle **wiederum gem. § 130 Abs. 1 S. 1 BGB zugehen** muss.[119] Erklärt der Bieter aber, dass er die Ausführung der Arbeiten von einer **zusätzlichen Vergütung** abhängig mache, **lehnt** er das um die geänderten Bauzeiten **modifizierte Angebot** des Auftraggebers zu den in seinem Ursprungsangebot enthaltenen ursprünglichen Preisen **ab**.[120] Maßgeblich ist somit der zivilrechtliche Vertragsschluss mit dem Bieter und nicht etwa eine im Vorfeld getroffene verwaltungsinterne Vergabeentscheidung der Vergabestelle.[121] Die überkommene VOF stellte allein auf die Erteilung des Auftrags ab (§ 11 Abs. 6 S. 2 VOF), den Begriff des Zuschlags verwendete sie nicht. Auch der **jetzige § 76 VgV** verwendet diesen Begriff für Architekten- und Ingenieurleistungen **nur in der Überschrift**. Ebenfalls **unwirksam** ist ein **Zuschlag,** wenn der Auftraggeber einem Bieter mitteilt, dass ihm der Zuschlag für das Los 1 (zu Fischereirechten) erteilt werde und ihn aber **zugleich zur Besprechung** für die Regelung des neuen Pachtvertrages **einlädt**.[122]

---

[110] BGH Beschl. v. 9.2.2004 – X ZB 44/03, BeckRS 2004, 01815 = NJW 2004, 2092.
[111] Vgl. § 34 Abs. 1 SektVO sowie OLG Naumburg Beschl. v. 16.10.2007 – 1 Verg 6/07, ZfBR 2008, 83 (85).
[112] BGH Urt. v. 3.7.2020 – VII ZR 144/19, NZBau 2020, 570 und BGH Urt. v. 6.9.2012 – VII ZR 193/10, BGHZ 194, 301.
[113] OLG Naumburg Beschl. v. 16.10.2007 – 1 Verg 6/07, ZfBR 2008, 83 (85 f.). Die VgV (§ 20 VgV) kennt im Gegensatz zum ehemaligen § 12 EG VOL/A keine (Zuschlags- und) Bindefrist mehr. Letztere ist aber wegen § 148 BGB (Annahmefrist) bei offenen Verfahren nach wie vor notwendig. Auch Art. 49 RL 2014/24/EU sieht eine Bindefrist in Nr. 21 lit. a des Teils C von Anhang V bei offenen Verfahren zwingend vor. Die VOB/A hat die grds. mit der Zuschlagsfrist identische Bindefrist in der Novelle 2016 oberschwellig auf nunmehr regelmäßig 60 Tage verdoppelt, vgl. §§ 10a, 10b und 10c EG VOB/A.
[114] BGH Beschl. v. 9.2.2004 – X ZB 44/03, BGHZ 158, 43 = NZBau 2004, 229.
[115] OLG Bremen Beschl. v. 17.11.2003 – Verg 6/03, NZBau 2004, 172 (173).
[116] BGH Urt. v. 3.7.2020 – VII ZR 144/19, NZBau 2020, 570; BGH Urt. v. 24.2.2005 – VII ZR 141/03, NZBau 2005, 387; OLG Naumburg Beschl. v. 16.10.2007 – 1 Verg 6/07, ZfBR 2008, 83 (85); OLG Jena Beschl. v. 30.10.2006 – 9 Verg 4/06, NZBau 2007, 195 (196).
[117] BGH Urt. v. 3.7.2020 – VII ZR 144/19, NZBau 2020, 570 und BGH Urt. v. 18.12.2014 – VII ZR 60/14, NZBau 2015, 220.
[118] BGH Urt. v. 3.7.2020 – VII ZR 144/19, NZBau 2020, 570 und BGH Urt. v. 6.9.2012 – VII ZR 193/10, BGHZ 194, 301.
[119] BGH Urt. v. 24.2.2005 – VII ZR 141/03, NZBau 2005, 387; OLG Naumburg Beschl. v. 16.10.2007 – 1 Verg 6/07, ZfBR 2008, 83 (86).
[120] BGH Urt. v. 3.7.2020 – VII ZR 144/19, NZBau 2020, 570 und BGH Urt. v. 6.9.2012 – VII ZR 193/10, BGHZ 194, 301.
[121] OLG Dresden Beschl. v. 11.4.2005 – WVerg 5/05, BeckRS 2005, 11821.
[122] OLG Koblenz Beschl. v. 10.7.2018 – Verg 1/18, NZBau 2018, 636.

37 Ein **Nachprüfungsantrag**, der sich gegen ein Vergabeverfahren richtet, das **bei** seiner **Einreichung durch wirksam erteilten Zuschlag tatsächlich beendet** ist, ist **grundsätzlich unzulässig**.[123] Auch ein erst **nach wirksamer Zuschlagserteilung** eingereichter **Feststellungsantrag** nach § 168 Abs. 2 S. 2 ist ebenfalls **unzulässig**.[124] Das entspricht der Intention des Gesetzgebers.[125] Danach ist **Gegenstand der Nachprüfung das noch nicht abgeschlossene Vergabeverfahren**. Das kommt auch in Wortlaut und Systematik der Bestimmungen über das Nachprüfungsverfahren zum Ausdruck. **Erledigt sich das Nachprüfungsverfahren durch Zuschlagserteilung**, kann, sofern der **Nachprüfungsantrag vorher anhängig** gemacht worden ist, **gem. § 168 Abs. 2 S. 2 nur noch festgestellt werden, dass das Unternehmen, das die Nachprüfung beantragt hat, durch den Auftraggeber in seinen Rechten verletzt worden ist.** Primärrechtsschutz ist in diesem Fall **nicht mehr möglich** und auf der Grundlage des Unionsrechts auch nicht geboten.[126] Etwas anderes ergibt sich auch nicht aus der Rechtsprechung des EuGH. Danach sind Mitgliedstaaten zwar grundsätzlich verpflichtet, einen Vertrag zu beenden, wenn dieser unter Verletzung von Vergaberechtsvorschriften zustande gekommen ist und der EuGH diese Verletzung festgestellt hat.[127] Daraus folgt jedoch nicht, dass die Mitgliedstaaten den Unternehmen unter allen Umständen die Möglichkeit primären Rechtsschutzes eröffnen müssen. Vielmehr sind die **Mitgliedstaaten ermächtigt, nach wirksamem Vertragsschluss den nationalen Rechtsschutz auf Schadensersatz zu begrenzen**.[128] Von dieser Möglichkeit hat der deutsche Gesetzgeber Gebrauch gemacht. Der Zuschlag kann auch noch nach bereits erfolgter Aufhebung eines Vergabeverfahrens wirksam erteilt werden. Voraussetzung dafür ist, dass die Vergabestelle ihre – rechtmäßige – Aufhebung aufhebt.[129] Erforderlich dafür ist, dass sie das Vergabeverfahren wieder aufnimmt und fortführt.[130]

38 Der **nicht wirksam erteilte Zuschlag** bzw. nicht wirksam geschlossene Vertrag **beendet das Vergabeverfahren** hingegen **nicht**. Der Zuschlag ist nicht wirksam, wenn das Zuschlagsschreiben in Bezug auf die *essentialia negotii* wie **Vertragsgegenstand oder Preis zu unbestimmt ist**[131] oder das Zuschlagsschreiben nicht von einer vertretungsberechtigten Person unterzeichnet ist.[132] Der Zuschlag ist ferner unwirksam, wenn Nichtigkeits- bzw. Unwirksamkeitsgründe gegeben sind. Als Nichtigkeitsgründe kommen der **Verstoß gegen ein gesetzliches Verbot iSd § 134 BGB**,[133] **kollusives Zusammenwirken nach 138 Abs. 1 BGB**,[134] als Unwirksamkeitsgründe das Unterlassen einer Vorabinformation, die Verletzung der Stillhaltefrist oder eine **unzulässige de-facto-Vergabe** in Frage (§ 134 iVm **§ 135**). Die Verstöße gegen § 134 müssen gem. § 135 Abs. 2 in einem Nachprüfungsverfahren festgestellt worden sein, damit rückwirkende Unwirksamkeit eintritt. Sind derartige Gründe nicht gegeben, ist ein geschlossener Vertrag wirksam und kann von der Vergabekammer weder aufgehoben noch rückgängig gemacht noch dessen Durchführung untersagt werden.[135] Das Verbot der Zuschlagserteilung nach § 169 Abs. 1 greift erst nach Übermittlung einer Textforminformation über

---

[123] BGH Beschl. v. 19.12.2000 – X ZB 14/00, BGHZ 146, 202 = ZfBR 2001, 258 (260).
[124] Vgl. OLG München Hinweisbeschl. v. 30.1.2020 – Verg 28/19, BeckRS 2020, 5806 = VergabeR 2021, 136.
[125] Begründung zum Entwurf des § 117 aF (1998), im GWB dann § 107 und jetzt § 160, BT- Drs. 13/9340, 17.
[126] OLG Düsseldorf Beschl. v. 23.5.2007 – Verg 14/07, IBRRS 2007, 4463.
[127] EuGH Urt. v. 18.11.2004 – C-126/03, VergabeR 2005, 57. Vgl. dazu aus Sicht des Auftraggebers auch die Kündigungsmöglichkeiten nach § 133.
[128] EuGH Urt. v. 9.9.2004 – C-125/03, EuZW 2004, 636 Rn. 15 – Kommission/Deutschland, zu Art. 2 Abs. 6 RL 89/665/EWG, ABl. 1989 L 395, 33.
[129] BGH Beschl. v. 18.2.2003 – X ZB 43/02, BGHZ 154, 32 (41) = NZBau 2003, 293 (295).
[130] BGH Beschl. v. 18.2.2003 – X ZB 43/02, BGHZ 154, 32 (41) = NZBau 2003, 293.
[131] Willenbruch/Wieddekind/*Fett* VOL/A § 18 Rn. 15 unter Hinweis auf §§ 154, 155 BGB (Dissens).
[132] OLG Schleswig Beschl. v. 1.6.1999 – 6 Verg 1/99, BeckRS 9998, 26219 =NZBau 2000, 96; Willenbruch/Wieddekind/*Fett* VOL/A § 18 Rn. 11, mit dem Hinweis, dass der Vertrag nach § 177 Abs. 1 BGB lediglich schwebend unwirksam ist und mit Genehmigung auch die Unwirksamkeit nach § 184 Abs. 2 BGB geheilt wird. Dabei ist aber die denkbare Zuschlagssperre nach § 169 Abs. 1 nach einer Information der Vergabekammer über einen bei ihr anhängigen Nachprüfungsantrag zu beachten.
[133] OLG Hamburg Beschl. v. 25.1.2007 – 1 Verg 5/06, NZBau 2007, 801; OLG Frankfurt a. M. Beschl. v. 7.9.2004 – 11 Verg 11/04, NZBau 2004, 692; *Noch* VergabeR-HdB A Rn. 1218, zählt dazu kartellrechtliche oder auch andere Verbotstatbestände. Ein Beispiel ist auch die nicht ausdrücklich von der Vergabekammer nach § 169 Abs. 2 gestattete Zuschlagserteilung nach Information über einen Nachprüfungsantrag, da § 169 Abs. 1 als gesetzliches Verbot ausgestaltet ist.
[134] Vgl. OLG Saarbrücken Urt. v. 17.8.2016 – 1 U 159/14, BeckRS 2016, 16273; OLG Düsseldorf Beschl. v. 18.6.2008 – VII-Verg 23/08, ZfBR 2009, 197 (201); OLG Hamburg Beschl. v. 25.1.2007 – 1 Verg 5/06, NZBau 2007, 801 (803).
[135] OLG Frankfurt a. M. Beschl. v. 3.5.2016 – 11 Verg 12/15, BeckRS 2016, 09372. Dies unterstreichen auch die Fristen des § 135 Abs. 2.

IV. Zuschlag und Feststellung der Rechtswidrigkeit (Abs. 2)   39–43   § 168 GWB

einen Antrag durch die Vergabekammer an die Vergabestelle und wirkt grundsätzlich bis zum Ablauf der Beschwerdefrist des § 172 Abs. 1. Ein Vertrag ist jedoch im Umkehrschluss aus § 135 nicht deshalb unwirksam, weil sein Bestand zu **fortwährenden Vergaberechtsverstößen** führt. Lediglich die Möglichkeit zur Kündigung eines solchen Vertrages hat der Normgeber in der Vergaberechtsnovelle 2016 nunmehr im neu kodifizierten § 133 geschaffen. Die Zuschlagserteilung kann ferner wegen Verstoßes gegen kartellrechtliche Vorschriften unwirksam sein (**§ 1, § 19 Abs. 1, § 20 Abs. 1**). Wurde ein Vertrag unter einer **aufschiebenden Bedingung** iSv § 158 Abs. 1 BGB geschlossen, liegt vor dem Eintritt der Bedingung kein wirksamer Zuschlag vor.

Wurde ein **Vergabeverfahren aber durch einen wirksamen Zuschlag beendet, entfällt** 39 das gem. **§ 160 Abs. 2 S. 1** notwendige rechtliche Interesse am Auftrag/an der Konzession und der **Nachprüfungsantrag** ist vorbehaltlich einer ggf. noch **möglichen Umstellung auf einen Feststellungsantrag** nach Abs. 2 S. 2 unzulässig[136] und **abweisungsreif.**

Die Frage, ob auch einer **Aufhebung eine derartige verfahrensbeendende Wirkung** 40 zukommt, zumal der Bieter von ihr mangels Vorinformation erst mit ihrer Verkündung Kenntnis erlangt, war und ist im Detail **umstritten.** Auch die Obergerichte und der BGH haben ihre Sichtweise mehrfach modifiziert.

Die Vergabekammer darf danach grundsätzlich auch die Entscheidung der Vergabestelle zur 41 **Aufhebung einer Ausschreibung** überprüfen und aufheben (**Aufhebung der Aufhebung**).[137] Hebt sie die Aufhebung auf, kann sie die Vergabestelle dazu verpflichten, das Vergabeverfahren wieder aufzunehmen und vergaberechtskonform zu Ende zu führen.[138] Eine **Aufhebung der Aufhebung scheidet** aber in jedem Fall **dann aus, wenn** der **Vergabewille** des Auftraggebers nicht **weiter fortbesteht,** das heißt wenn dieser **endgültig** von dem ausgeschriebenen Verfahren **Abschied** genommen hat.[139]

Die eine **Aufhebung der Aufhebung** nunmehr entgegen jahrelang anders lautender, auch 42 eigener Rechtsprechung[140] auf **seltene Ausnahmefälle eingrenzende Leitentscheidung des BGH** vom 20.3.2014[141] **überzeugt im Ergebnis, aber auch argumentativ,** insbesondere vor den Rechtsschutz gewährenden Rechtsmittelrichtlinien der EU **nicht.** Denn der BGH will die Möglichkeit der Aufhebung einer Aufhebung ua **beschränken auf die Fallgruppe der sog Scheinaufhebung,** bei der diese eingesetzt wird, einen unerwünschten, eigentlich Zuschlagsbieter zu übergehen und in einem anschließenden Vergabeverfahren einen genehmen Bieter auszuwählen **oder Fälle mit Diskriminierungsabsicht,** weil dies dann den Grundsatz der Gleichbehandlung verletze.[142] Ansonsten **könne eine Aufhebung zwar mangels Aufhebungsgrund rechtswidrig sein, dies hindere – von den Ausnahmefällen abgesehen – aber nicht ihre Wirksamkeit.** Dies führe **dann uU zur Begründetheit von Schadenersatzansprüchen gegen den Auftraggeber,** ermögliche **im Primärrechtsschutz** gewährenden Vergabenachprüfungsverfahren **allenfalls eine Feststellung der Rechtswidrigkeit der Aufhebung** nach Abs. 2 S. 2.

Zuzugeben ist, dass auch der Normgeber zumindest in § 63 S. 2 VgV und § 32 Abs. 1 S. 2 43 KonzVgV mittlerweile verankert hat, dass der **Auftraggeber** grundsätzlich **nicht verpflichtet** ist

---

[136] Unbenommen bleibt aber die Anrufung der Zivilgerichte in einem Schadenersatzprozess, KG Beschl. v. 19.4.2012 – Verg 7/11, BeckRS 2012, 19210, bei dem aber dann gerade keine Bindungswirkung nach § 179 Abs. 1 unterstützend genutzt werden kann, weil die Nachprüfungsinstanz zur Begründetheit des Nachprüfungsantrags ja bei einem als unzulässig zurück gewiesenen Antrag gerade keine Entscheidung trifft.
[137] So zu Recht OLG Bremen Beschl. v. 29.1.2016 – 2 Verg 3/15, VPR 2016, 163; OLG München Beschl. v. 4.4.2013 – Verg 4/13, BeckRS 2013, 06636 = NZBau 2013, 524 und OLG München Beschl. v. 31.10.2012 – Verg 19/12, BeckRS 2012, 22638; EuGH Urt. v. 2.6.2005 – C-15/04, VergabeR 2005, 472; EuGH Urt. v. 18.6.2002 – C-92/00, Slg. 2002, I-5553 Rn. 51 – HI; BGH Beschl. v. 18.2.2003 – X ZB 43/02, NZBau 2003, 293 (295).
[138] BGH Beschl. v. 18.2.2003 – X ZB 43/02, BGHZ 154, 32 (41); Fett NZBau 2005, 141 (142).
[139] BGH Beschl. v. 18.2.2003 – X ZB 43/02, NZBau 2003, 293; OLG Bremen Beschl. v. 29.1.2016 – 2 Verg 3/15, VPR 2016, 163.
[140] BGH Beschl. v. 18.2.2003 – X ZB 43/02, BGHZ 154, 32 = NVwZ 2003, 1149; EuGH Urt. v. 18.6.2002 – C-92/00, NZBau 2002, 458; OLG München Beschl. v. 4.4.2013 – Verg 4/13, BeckRS 2013, 06636 = NZBau 2013, 524; OLG Bremen Beschl. v. 7.1.2003 – Verg 2/2002, VergabeR 2003, 175; OLG Koblenz Beschl. v. 23.12.2003 – 1 Verg 8/03, BeckRS 9998, 05171; OLG Düsseldorf Beschl. v. 31.10.2007 – VII-Verg 24/07. So auch Portz in KKMPP VgV § 63 Rn. 93 ff. mwN.
[141] BGH Beschl. v. 20.3.2014 – X ZB 18/13, NZBau 2014, 310.
[142] So die neuere BGH-Rspr. zusammenfassend und bestätigend OLG Celle Beschl. v. 10.3.2016 – 13 Verg 5/15, BeckRS 2016, 05125 = NZBau 2016, 385. So auch OLG Brandenburg Beschl. v. 12.1.2016 – Verg W 4/15, BeckRS 2016, 07772. Vgl. auch VK Hessen Beschl. v. 19.2.2015 – 69d-VK-44/2014, VPR 2017, 1008, zu einer Scheinaufhebung, bei der sich die Grundlagen des Vergabeverfahrens nicht geändert hatten, sondern nur die finanzielle Basis des bisherigen Betreibers eines Abfallwirtschaftszentrums, an dem der Auftraggeber beteiligt und dem diese lange bekannt war.

und werden kann, **den Zuschlag zu erteilen**. **Nicht** korrekt erscheint aber der Umkehrschluss, deshalb wegen **des mangelnden Kontrahierungszwangs** eine **Revision** einer erklärten **Aufhebung nur** in **Willkür- und Diskriminierungsfällen als** seltene **Ausnahmefälle** für zulässig zu erachten. Denn **Aufhebung und Zuschlag sind zwei völlig getrennte Entscheidungen** eines Auftraggebers am Ende eines Vergabeverfahrens, für die beide nach den EU-Rechtsmittelrichtlinien **Nachprüfungsverfahren nach Art. 1 UAbs. 3 RL 89/665/EWG** zur **Verfügung** stehen müssen.[143] Zudem dienen die in den Rechtsmittelrichtlinien vorgesehenen Nachprüfungsverfahren der Sicherstellung der Beachtung der Regelungen der einschlägigen Vergaberichtlinien oder der einzelstaatlichen Vorschriften, die diese Regelungen umsetzen. Deshalb **verstößt** eine **Vergabekammer** mit der **Aufhebung einer Aufhebungsentscheidung** auch **nicht gegen die wirtschaftliche Dispositionsfreiheit des Auftraggebers**.[144] Die Anweisung der Aufhebung der Aufhebung ist grundsätzlich möglich und zulässig, da der **Aufhebung keine verfahrensbeendende Wirkung zukommt** und sie **nicht wie der Zuschlag** nach Abs. 2 S. 2 der widerstreitenden **Aufhebungsentscheidung durch die Vergabekammer entzogen** ist.[145] Der Gesetzgeber hat dieses Überprüfungsproblem im Fall des **Zuschlags durch Vorverlagerung eines „Quasi-Zuschlags" als interne Auswahlentscheidung** gelöst und mit einer **automatischen Vorinformationspflicht im § 134 abgesichert**. Für diesen Fall kann der nachfolgenden, eigentlich erst vertragsschließenden Zuschlagsmitteilung an den Zuschlagsbieter eine in der Regel nicht mehr revisible Wirkung zugestanden werden (vgl. Abs. 2). Da der Normgeber die nach der Leitentscheidung des BGH zur Revisibilität der Aufhebungsentscheidung 2003 **ehedem erwogene Vorinformation vor einer Aufhebung** in einen ehedem geplanten § 13 S. 2 VgV als Vorläufer des § 135 **nicht umgesetzt** hat, besteht **auf der Basis der Rechtsmittelrichtlinien eine volle Überprüfungsmöglichkeit**,[146] wobei sich deren konkreter Inhalt mangels Vorgaben **für die Aufhebungsgründe** von Ausschreibungen im EU-Richtlinienrecht insoweit **aus dem nationalen Recht ergeben**. Diese **Rechtmäßigkeitskontrolle**, die der nationale Gesetzgeber auch auf eine Zweckmäßigkeitskontrolle erstrecken kann, **kann aber in jedem Fall nicht auf eine reine Willkürkontrolle reduziert werden**.[147] Ein Verlagern dieser Prüfung auf die Sekundärebene des Schadenersatzes mit vorheriger bindender reiner Feststellungsmöglichkeit nach Abs. 2 S. 2 wird den **Verpflichtungen aus den Rechtsmittelrichtlinien nicht gerecht**[148] und stellt deshalb ein unzulässiges Dulden und Liquidieren dar. Dies gilt zumindest für die Fallgruppen, in denen das nationale Recht, Aufhebungen nicht grundlos, sondern nur anhand spezieller Aufhebungsgründe, zulässt, nach deren Vorliegen auch noch ein Ermessen auszuüben ist.

44 So kann der einschränkenden Sichtweise des BGH aus dem Jahr 2014 für Vergabeverfahren nach der SektVO zugepflichtet werden, da diese in **§ 57 SektVO keine Voraussetzungen** für

---

[143] So für den Widerruf der Ausschreibung, dem in der nationalen Terminologie die Aufhebung der Ausschreibung entspricht, EuGH Urt. v. 11.12.2004 – C-440/13 Rn. 39, NZBau 2015, 109, unter Hinweis auf die Entscheidung EuGH Urt. v. 2.6.2005 – C-15/04, BeckRS 2005, 70403 Rn. 29 – Koppensteiner. Inhalt des Anspruchs aus § 97 Abs. 6 auf Einhaltung der Bestimmungen über das Vergabeverfahren, zu denen auch die Aufhebungsregelungen gehören, ist insoweit nicht das Recht auf Erteilung des Zuschlags, sondern der Anspruch auf rechtsfehlerfreie Entscheidung zur Aufhebung, so zu Recht Ingenstau/Korbion/*Portz*, 18. Aufl. 2013, VOB/A § 17 Rn. 53.

[144] *Kadenbach* in Müller-Wrede GWB Rn. 26.

[145] BGH Beschl. v. 18.2.2003 – X ZB 43/02, BeckRS 2003, 02527 = NZBau 2003, 293; VK Bund Beschl. v. 7.7.2015 – VK 2-49/15, IBRRS 2015, 2723 = ZfBR 2016, 204; *Kadenbach* in Müller-Wrede GWB Rn. 26; *Blöcker* in RKPP GWB Rn. 75 und 79.

[146] Dies betrifft die Verpflichtung, die Aufhebungsentscheidung den Bewerbern und Bietern schnellstmöglich mitzuteilen und die Gründe dafür anzugeben sowie diese Gründe in einem Vergabevermerk aufzunehmen, vgl. EuGH Urt. v. 11.12.2014 – C-440/13, BeckRS 2014, 82598 = NZBau 2015, 109 zu den Vorgängerbestimmungen in Art. 41 Abs. 1 RL 2004/18/EG und 43 RL 2004/18/EG. Die neuen Richtlinien enthalten ua in den Art. 55 Abs. 1 RL 2014/24/EU und Art. 84 Abs. 1 lit. g RL 2014/24/EU parallele Verpflichtungen. *Lischka* hat in Müller-Wrede VOL/A, 2. Aufl. 2007, VOL/A § 26 Rn. 6, darauf hingewiesen, dass das Europäische Parlament sich ehedem um Begrenzungen der Aufhebung anhand von konkreten Aufhebungsgründen (kein ausschreibungskonformes Angebot sowie schwerwiegende Gründe) in den Vergaberichtlinien bemüht hatte, die EU-Kommission diese Begrenzungen als unverhältnismäßig eng abgelehnt hatte und sie deshalb auch nicht Bestandteil der Vergaberichtlinien wurden. Dies ist auch in der letzten Novelle so geblieben, sodass auf die nationalen Bestimmungen mit Verordnungsrang zurückzugreifen ist, auf deren Einhaltung Bieter einen Rechtsanspruch nach dem jetzigen § 97 Abs. 6 haben, BGH Beschl. v. 18.2.2003 – X ZB 43/02, BeckRS 2003, 02527 = NZBau 2003, 293.

[147] EuGH Urt. v. 11.12.2014 – C-440/13, BeckRS 2014, 82598 Rn. 43–45 = NZBau 2015, 109, unter Hinweis auf die EuGH Urt. v. 18.6.2002 – C-92/00, NZBau 2002, 458.

[148] So zu Recht OLG Bremen Beschl. v. 29.1.2016 – 2 Verg 3/15, VPR 2016, 163 sowie insbes. OLG München Beschl. v. 4.4.2013 – Verg 4/13, BeckRS 2013, 06636 = NZBau 2013, 524; Willenbruch/Wieddekind/*Fett* VOB/A § 17 EG Rn. 18 mwN.

die **Aufhebung eines Vergabeverfahrens vorsieht** und **somit sachliche Aufhebungsgründe ausreichend**[149] sind.

In den anderen drei Vergabeverordnungen und der EU VOB/A jedoch hat der **Normgeber die ermessensgebundene Möglichkeit der Aufhebung**[150] an **ähnliche Aufhebungsgründe gekoppelt** (§ 63 Abs. 1 VgV, § 37 Abs. 1 VSVgV, § 32 Abs. 1 KonzVgV[151] und § 17 EU Abs. 1 VOB/A). 45

Dass diese mit Verordnungsqualität dann **mangels EU-rechtlicher Vorgaben für konkrete Aufhebungsgründe im Lichte des heutigen § 97 Abs. 6 Maßstab der Aufhebungen** sein müssen, hatte der BGH schon 2003[152] festgestellt. 46

Im **österreichischen Vergaberecht** sieht ua § 150 Abs. 1 Bundesvergabegesetz 2018 (BVergG)[153] (nach Ablauf der Angebotsfrist), § 150 Abs. 2 BVergG (vor Ablauf der Angebotsfrist) iVm § 150 Abs. 4 S. 3 BVergG eine **Vorinformationspflicht 10** (bei elektronischer Übermittlung) bzw. **15 Tage** (über Postweg oder anderen geeigneten Weg) **vor dem beabsichtigten Widerruf** (= Aufhebung) **einer Ausschreibung,** ähnlich § 134 vor dem Zuschlag in Deutschland, ausdrücklich vor. **Bei Verletzung dieser Vorinformationspflicht ist der Widerruf der Ausschreibung in Österreich einstweilig unwirksam** (vgl. § 350 Abs. 5 S. 2 und 3 Ziff. 2 BVergG und § 351 Abs. 2 BVergG) **und** kann nach einer entsprechenden **Interessenabwägung** auch final **für unwirksam erklärt werden** (vgl. dazu § 357 Ziff. 2 BVergG). 47

Es erscheint durchaus vertretbar, die Informationspflichten bzgl. einer Aufhebung erst nach deren Erklärung nach außen in Übereinstimmung mit den Vergaberichtlinien der EU und mangels paralleler Vorinformationspflichten in den Rechtsmittelrichtlinien der EU – wie beim Zuschlag – zu verankern, auch wenn die österreichische **Rechtslage mehr Ex-ante-Transparenz und sogar schnellere Rechtssicherheit** in den meisten Fällen verspricht. 48

Wenn man diesen **Ex-post-Weg als Normgeber** geht, **andererseits aber** die **Aufhebungsgründe in rechtsverbindlichen Verordnungen** zT schärfer fasst als in Österreich, wo das **Bundesvergabegesetz** in § 148 Abs. 2 BVergG und § 149 Abs. 2 Ziff. 3 BVergG größtenteils **nur sachliche Gründe** fordert, dann darf die Rechtsprechung die **Rechtsschutzgewährung auch hinsichtlich Aufhebungen nicht** durch eine **restriktive Beschränkung durch Anerkennung rein sachlicher Aufhebungsgründe aushebeln** und **auf seltenste Ausnahmefälle beschränken,** obwohl sich der Auftraggeber noch nicht einmal auf den rechtlich verankerten Auffangtatbestand anderer schwerwiegender Gründe (vgl. § 63 Abs. 1 Nr. 4 VgV) berufen kann. 49

Denn **Art. 2 Abs. 7 UAbs. 2 RL 89/665/EWG** idF der RL 2007/66/EG bestimmt, dass ein Mitgliedstaat (nur) vorsehen kann, dass (erst) **nach dem Vertragsschluss die Befugnisse** der **Nachprüfungsstellen darauf beschränkt** werden können, einer durch einen Verstoß geschädigten Person **Schadenersatz zuzuerkennen.** 50

Lässt es die Rechtsprechung vor diesem Hintergrund jedoch zu, **erkannt rechtswidrige Aufhebungen, die ohne die im nationalen Recht verankerten Aufhebungsgründe erfolgt** sind, dennoch von seltenen Ausnahmen abgesehen, **aus gesetzlich nicht fixierten „sachlichen Gründen" wirksam** werden und im Primärrechtsschutzverfahren fast nur noch Feststellungsentscheidungen zuzulassen, verstößt dies gegen die in den Rechtsmittelrichtlinien und der Rechtsprechung des EuGH[154] 51

---

[149] Vgl. VK Bund Beschl. v. 14.3.2017 – VK 1-15/17, VPR 2017, 99.
[150] Vgl. VK Baden-Württemberg Beschl. v. 25.10.2016 – 1 VK 45/16, BeckRS 2016, 110984, zur festgestellten Rechtswidrigkeit einer Aufhebung, weil der Auftraggeber vor der Aufhebung keine Preisaufklärung und keinerlei Interessenabwägung durchgeführt hatte. Vgl. zur Relevanz der ebenfalls notwendigen Ermessensausübung, OLG Celle Beschl. v. 13.1.2011 – 13 Verg 15/10, BeckRS 2011, 02421 = ZfBR 2011, 514 sowie *Kadenbach* in Müller-Wrede GWB Rn. 28, die zu Recht unter Hinweis auf OLG München Beschl. v. 31.10.2012 – Verg 19/12, BeckRS 2012, 22638, darauf hinweist, dass die Aufhebung der Aufhebungsentscheidung des Auftraggebers zudem angeordnet werden kann, wenn die Aufhebungsentscheidung auf einem fehlerhaften Ermessensgebrauch beruht und offen ist, zu welchem Ergebnis die korrekte Ermessensausübung durch den Auftraggeber führt und ihm mehrere Handlungsalternativen verbleiben. In einem solchen Fall könne die Vergabekammer unter Bezugnahme auf BGH Beschl. v. 18.2.2003 – X ZB 43/02, 10, BeckRS 2003, 02527 = NZBau 2003, 293, den Auftraggeber verpflichten, das Verfahren wieder aufzunehmen und im Einklang mit den Vorschriften des Vergaberechts fortzuführen.
[151] Dort mit dem abweichenden Wortlaut: „Der Konzessionsgeber ist berechtigt ... aufzuheben, wenn ...".
[152] BGH Beschl. v. 18.2.2003 – X ZB 43/02, BeckRS 2003, 02527 = NZBau 2003, 293.
[153] In Kraft seit dem 21.8.2018, BGBl. 2018 I 65 (NR: GP XXVI RV 69 AB 96, 21; BR: AB 9961, 879; CELEX-Nr. 32014L0023, 32014L0024, 32014L0025.
[154] Zweifel an der Rspr. des BGH aus dem Jahr 2014 vor dem Hintergrund der Rspr. des EuGH auch *Leinemann* in Leinemann Vergabe öff. Aufträge Rn. 1855.

bestätigten Nachprüfungsbefugnisse betroffener Unternehmen[155] und bei europarechtlich unveränderter Richtlinienlage auch der eigenen Rechtsprechung aus dem Jahr 2003.

52 Denn auch eine gerichtliche Handhabung, die gesetzlich verbriefte Nachprüfungsrechte nach § 97 Abs. 6 faktisch derart stark beschneidet, verstößt gegen den effet utile der Rechtsmittelrichtlinien.[156] Aufzulösen wäre dieser Konflikt perspektivisch durch eine schon einmal erwogene Vorabinformationsverpflichtung samt -frist[157] entsprechend § 134 wie ehedem in einem geplanten S. 2 des § 13 VgV, der Vorgängerregelung zu § 134, schon einmal angedacht wurde.

53 **2. Erledigung und Antrag auf Feststellung der Rechtswidrigkeit (Abs. 2 S. 2).**
a) Anwendungsbereich. Die Nachprüfung der Vergabe öffentlicher Aufträge durch die Vergabekammer ist grundsätzlich auf Primärrechtsschutz beschränkt.[158] Gemäß § 156 Abs. 2 können vor den Vergabekammern nur Rechte gem. § 97 Abs. 6 und auf dieser Grundlage nur Ansprüche gegen öffentliche Auftraggeber geltend gemacht werden, die auf die **Vornahme oder das Unterlassen einer Handlung in einem Vergabeverfahren** gerichtet sind. Feststellungsanträge sind davon grundsätzlich nicht erfasst.[159] Eine **Ausnahme** von diesem Grundsatz ist der **Antrag auf Feststellung nach Abs. 2 S. 2**. Hat sich das „**Nachprüfungsverfahren**" **durch Erteilung des Zuschlags, durch Aufhebung oder durch Einstellung des Vergabeverfahrens oder in sonstiger Weise erledigt,** stellt die Vergabekammer gem. Abs. 2 S. 2 **auf Antrag eines Beteiligten** fest, ob eine Rechtsverletzung vorgelegen hat. Das Tatbestandsmerkmal Erledigung „in sonstiger Weise" bezieht sich auf der Grundlage der Konzeption des Gesetzgebers auf das den Gegenstand des Nachprüfungsverfahrens bildende Vergabeverfahren, auch wenn Abs. 2 S. 2 – insoweit ungenau – im Wortlaut auf die Erledigung des „Nachprüfungsverfahrens" abstellt. Dafür sprechen zum einen die in Abs. 2 S. 2 ausdrücklich genannten **Erledigungsgründe** Erteilung des Zuschlags, Aufhebung und Einstellung des Vergabeverfahrens. Diese **beziehen sich** unmittelbar **auf das Vergabeverfahren und nur mittelbar auf das Nachprüfungsverfahren**. Für diese Auslegung des Tatbestandsmerkmals „in sonstiger Weise" spricht ferner, dass Abs. 2 S. 2 der Bestimmung des **§ 113 Abs. 1 S. 4 VwGO** zur Fortsetzungsfeststellungsklage **nachgebildet** ist,[160] nach der es auf die Erledigung des Verwaltungsakts und nicht auf die Erledigung der Anfechtungsklage ankommt. Auf Abs. 2 S. 2 übertragen entspricht dem die Erledigung des Vergabeverfahrens. Vor diesem Hintergrund ist beispielsweise der Wegfall der Antragsbefugnis nach § 160 Abs. 2 kein das Fortsetzungsfeststellungsverfahren eröffnendes erledigendes Ereignis iSd Abs. 2 S. 2, sondern führt lediglich zur Zurückweisung des Nachprüfungsantrags als unzulässig.

54 Der **Fortsetzungsfeststellungsantrag** ist ein statthafter Antrag, wenn **zwischen Eingang des Nachprüfungsantrags bei der Vergabekammer und der Übermittlung der Textformmitteilung gem. § 169 Abs. 1 an die Vergabestelle zulässiger Weise der Zuschlag erteilt worden ist.**[161] Mit dem Eingang des Nachprüfungsantrags bei der Vergabekammer wird dieser

---

[155] Gegen eine solche Sichtweise in der Tendenz auch schon vor BGH Beschl. v. 20.3.2014 – X ZB 18/13, VergabeR 2014, 538; OLG München Beschl. v. 4.4.2013 – Verg 4/13, BeckRS 2013, 06636 Rn. 57 = NZBau 2013, 524, zumindest für die Fälle, in denen die Beschaffungsabsicht des Auftraggebers fortbesteht und der Antragsteller die erfolgte Aufhebung aktiv bekämpft: „Jedenfalls ist eine unwirksame Aufhebung nicht auf die Fälle beschränkt, in welchen die Aufhebung nur zum Schein erfolgt oder nur dem Zweck dient, einen Bieter zu diskriminieren. Dies würde den Primärrechtsschutz der Bieter zu sehr einschränken". Folglich hat das OLG München die Aufhebung der Ausschreibung rückgängig gemacht und das Verfahren vor die erfolgte Aufhebung zurückversetzt.

[156] Den Effektivitätsgrundsatz nationaler Umsetzungen ebenfalls betonend EuGH Urt. v. 11.12.2014 – C-440/13, BeckRS 2014, 82598 = NZBau 2015, 109.

[157] Wie sie das österreichische Bundesvergabegesetz auf der Grundlage derselben EU-Richtlinien ja ebenfalls in dem dortigen § 150 Abs. 1, 2 und 4 BVergG etabliert hat.

[158] Die Zuerkennung von Schadensersatz ist gem. § 13 GVG, § 156 Abs. 3 den ordentlichen Gerichten zugewiesen, vgl. dazu BGH Urt. v. 27.11.2007 – X ZR 18/07, BeckRS 2008, 01230; VK Südbayern Beschl. v. 22.5.2015 – Z3-3-3194-1-63-12/14, BeckRS 2016, 00509.

[159] Vgl. dazu den Wortlaut von § 156 Abs. 2. Nichtsdestotrotz wird auch ein isolierter Antrag auf Feststellung der Rechtswidrigkeit einer Aufhebung analog § 168 Abs. 2 S. 2 für möglich und zulässig angesehen; vgl. OLG Celle Beschl. v. 10.3.2016 – 13 Verg 5/15, BeckRS 2016, 05125 = NZBau 2016, 385; VK Sachsen Beschl. v. 19.6.2015 – 1/SVK/009-15, BeckRS 2015, 16424.

[160] OLG Düsseldorf Beschl. v. 23.3.2005 – Verg 77/04, IBRRS 2005, 1255.

[161] OLG Frankfurt a. M. Beschl. v. 6.3.2013 –11 Verg 7/12, BeckRS 2013, 06833. An einer solchen Zuschlagserteilung ist der Auftraggeber nach dieser Entscheidung auch nicht etwa deswegen gehindert, weil er vom späteren Antragsteller über die Antragstellung bei der Vergabekammer vorher informiert wurde. Denn die Zuschlagssperre entsteht erst mit einer entsprechenden Information über einen eingegangenen Antrag durch die Vergabekammer, nicht aber schon durch den Antragsteller. Insoweit kann es auch zum Run am Faxgerät kommen, wer schneller ist: Der Auftraggeber mit seinem Zuschlagsschreiben, das dem Zuschlagsbieter zugehen muss (nur noch Fall des § 168 Abs. 2 S. 2) oder die Vergabekammer mit ihrer Information an den Auftraggeber mit Zuschlagssperre nach § 169 und dann nach § 134 BGB nichtigem, weil zu spätem, Zuschlag.

rechtshängig; auf die Aufnahme einer nach außen wirkenden Tätigkeit der Vergabekammer kommt es nicht an. Die Einleitung eines Feststellungsverfahrens nach wirksamem Vertragsschluss ist deshalb nicht statthaft, wenn dem kein zulässiger Nachprüfungsantrag vorangig.[162] Das ergibt sich aus dem Wortlaut von Abs. 2 S. 2, ferner gehen auch § 160 Abs. 2 S. 1 und die Gesetzgebungsmaterialien davon aus. „Gegenstand der Nachprüfung ist das noch nicht abgeschlossene Vergabeverfahren", heißt es in der Begründung des Regierungsentwurfs.[163] Voraussetzung für die **Zulässigkeit eines Feststellungsantrags ist damit, dass ein Nachprüfungsverfahren anhängig** und zulässig war[164] und sich **dann erledigt** hat. Die in Abs. 2 S. 2 eröffnete Möglichkeit eines Feststellungsantrags stellt unter dem Gesichtspunkt des Primärrechtsschutzes eine Ausnahmevorschrift dar. Sie soll, wie die Rechtsprechung zur entsprechenden Vorschrift des § 113 Abs. 1 S. 4 VwGO formuliert, gewährleisten, **dass eine Partei nicht ohne Not um die Früchte des bisherigen Prozesses gebracht wird**, insbesondere dann nicht, wenn das Verfahren unter entsprechendem Aufwand einen bestimmten Stand erreicht hat.[165] Der Feststellungsantrag soll Bietern ermöglichen, die **Ergebnisse** des Nachprüfungsverfahrens **insbesondere im Hinblick auf die Bindungswirkungen des § 179 Abs. 1 zu erhalten** und auf diese Weise eine der Prozessökonomie widersprechende nochmalige (zivil)gerichtliche Überprüfung derselben Sach- und Rechtslage zu vermeiden.[166] Für das Vorliegen der Rechtsverletzung im Fortsetzungsfeststellungsverfahren gilt deshalb der gleiche Prüfungsmaßstab wie im Nachprüfungsverfahren.

Der Umstand, dass ein Fortsetzungsfeststellungsantrag unstatthaft ist, wenn vor der Einreichung 55 des Nachprüfungsantrags Erledigung eingetreten ist, ist sachgerecht. Ein Antragsteller kann in diesem Fall nicht auf „Früchte" des Nachprüfungsverfahrens zurückgreifen, weil das Verfahren gerade noch nicht unter entsprechendem finanziellen und zeitlichen Aufwand einen bestimmten Stand erreicht hat. Dem Gedanken der Prozessökonomie widerspricht es, mehrere Nachprüfungsinstanzen, das heißt einerseits die Vergabekammer und ggf. den Vergabesenat sowie andererseits das für einen etwaigen Schadensersatzanspruch zuständige Zivilgericht mit ein und demselben Begehren zu beschäftigen. Im Übrigen **können die vergaberechtlichen Nachprüfungsinstanzen nicht über den hinter einem Feststellungsantrag stehenden Schadensersatzanspruch entscheiden.** Bieter werden im Fall der Erledigung des Vergabeverfahrens vor der Einreichung des Nachprüfungsantrags nicht um Rechtsschutz gebracht. Denn die Feststellung, dass eine Rechtsverletzung stattgefunden hat, kann ohne Weiteres auch inzident im zivilrechtlichen Schadensersatzprozess getroffen werden. In diesem Fall ist das gerade auch der einfachere Weg zur Erreichung des Rechtsschutzziels, der eine angesichts der endgültigen Aufgabe der Vergabeabsicht unnötige Anrufung der Vergabekammer vermeidet.[167] Auch für eine **analoge Anwendung** des § 168 Abs. 2 S. 2 ist in diesen Fällen mangels planwidriger Regelungslücke **kein Raum**.[168] **Schadensersatzansprüche** können unmittelbar vor den **Zivilgerichten** geltend gemacht werden. Der **Feststellungsantrag** nach § 168 Abs. 2 S. 2 ist **keine Zulässigkeitsvoraussetzung** für eine Schadensersatzklage. Nicht einmal die Durchführung eines **Vergabenachprüfungsverfahrens** sieht der **BGH**[169] mittlerweile unter dem Gesichtspunkt des § 839 BGB als zwingende Voraussetzung für einen erfolgversprechenden **Schadensersatzprozess** an.[170] Das Nachprüfungsverfahren dient, von dem Sonderfall des Abs. 2 S. 2 abgesehen, über die Sicherstellung von Primärrechtsschutz hinaus, nicht dazu, Schadensersatzansprüche eines am Vergabeverfahren beteiligten Unternehmens zuzusprechen.[171] Diese sind gem. § 156 Abs. 3 vor den ordentlichen Gerichten durchzusetzen. Demgemäß ist auch ein **isoliert nur auf die Feststellung** der Rechtswidrigkeit einer Aufhebung des Vergabeverfahrens gerichteter Vergabenachprüfungsantrag, mit dem **nicht zugleich Primärrechtsschutz** gegen die Aufhebung nachgesucht wird, **unzulässig**.[172]

Der Feststellungsantrag ist im laufenden Nachprüfungsverfahren zu stellen. **Wird der Antrag** 56 **trotz Erledigung nicht** – spätestens im Beschwerdeverfahren[173] – **auf einen Feststellungsantrag umgestellt** oder ist er nicht von Anfang an als Hilfsantrag gestellt, **weist die Vergabekammer**

---

[162] OLG München Hinweisbeschl. v. 30.1.2020 – Verg 28/19, BeckRS 2020, 5806 = VergabeR 2021, 136; OLG Brandenburg Beschl. v. 8.7.2010 – Verg W 4/09, BeckRS 2010, 20526.
[163] Begr. des RegE, BT- Drs. 13/9340, 17.
[164] OLG Frankfurt a. M. Beschl. v. 6.3.2013 – 11 Verg 7/12, BeckRS 2013, 06833.
[165] OLG München Hinweisbeschl. v. 30.1.2020 – Verg 28/19, BeckRS 2020, 5806 = VergabeR 2021, 136.
[166] OLG Düsseldorf Beschl. v. 28.4.2004 – Verg 8/04.
[167] VK Schleswig-Holstein Beschl. v. 4.2.2008 – VK SH-28/07, BeckRS 2008, 20184 = ZfBR 2008, 422.
[168] OLG München Hinweisbeschl. v. 30.1.2020 – Verg 28/19, BeckRS 2020, 5806 = VergabeR 2021, 136.
[169] BGH Urt. v. 17.9.2019 – X ZR 124/18, NZBau 2019, 798.
[170] OLG München Beschl. v. 30.1.2020 – Verg 28/19, BeckRS 2020, 5806 = VergabeR 2021, 136.
[171] BayObLG Beschl. v. 19.12.2000 – Verg 7/00, BeckRS 2001, 01659 = NZBau 2002, 294.
[172] OLG Celle Beschl. v. 19.3.2019 – 13 Verg 1/19, VPR 2019, 120.
[173] OLG Düsseldorf Beschl. v. 28.2.2002 – VII-Verg 37/01, VergabeR 2002, 378.

den **Nachprüfungsantrag als unzulässig** zurück.[174] Der Feststellungsantrag nach Abs. 2 S. 2 wurde bislang häufig in Fällen gestellt, in denen der Zuschlag zwar nach Eingang des Nachprüfungsantrages bei der Vergabekammer, aber vor dessen „Zustellung" (§ 169 Abs. 1) an die Vergabestelle erteilt worden ist, darüber hinaus auch, wenn dem Auftraggeber auf Antrag nach § 169 Abs. 2 die Erteilung des Zuschlags gestattet worden war.[175] Das gilt auch für den Fall, dass der Zuschlag unter der aufschiebenden Bedingung des § 158 Abs. 1 BGB erteilt worden ist. Wird der Nachprüfungsantrag trotz Erledigung nicht für erledigt erklärt, ist er zwingend als unzulässig zurückzuweisen.[176] Wird hingegen für erledigt erklärt und ein Feststellungsantrag gestellt, entscheidet die Vergabekammer nur noch über diesen.[177] Ist der Fortsetzungsfeststellungsantrag zusätzlich zum ursprünglichen Antrag gestellt, ohne dass Erledigung eingetreten ist, entscheidet die Vergabekammer zunächst über den ursprünglichen Antrag und weist den Fortsetzungsfeststellungsantrag – sofern er nicht nur hilfsweise gestellt wurde – als unzulässig zurück.[178] Die Vergabekammer weist nur den Fortsetzungsfeststellungsantrag (als unzulässig) ab, wenn keine Erledigung eingetreten ist und der Antragsteller seinen Nachprüfungsantrag nicht aufrecht erhält.[179]

57 **b) Erledigung.** § 168 Abs. 2 S. 2 nennt als **Erledigungsgründe** ausdrücklich die Erteilung des **Zuschlags**, die **Aufhebung** des Vergabeverfahrens, die **Einstellung des Vergabeverfahrens**[180] und die Erledigung in sonstiger Weise. Der **Katalog des § 168 Abs. 2 S. 2** ist damit in Bezug auf die möglichen erledigenden Ereignisse **nicht abschließend**. Die Erledigung tritt grundsätzlich kraft Gesetzes ein, sodass es keiner ausdrücklichen Erklärung eines der Beteiligten bedarf.[181] **Streiten die Beteiligten darüber, ob Erledigung** eingetreten ist, muss die **Vergabekammer dies auf Antrag feststellen**.[182] Solange das Vergabeverfahren durch Anordnungen der Vergabekammer oder des Beschwerdegerichts noch korrigiert werden könnte, ist für einen Feststellungsantrag nach § 168 Abs. 2 S. 2 kein Raum.[183] Ist die Erledigung beispielsweise durch eine rechtswidrige Scheinaufhebung des Vergabeverfahrens eingetreten, sodass die Erledigung beseitigt werden kann, ist der Nachprüfungsantrag nicht unzulässig.[184] **Ein Erledigungsbeschluss ist notwendig, um den Beteiligten gegenüber festzustellen, dass die Frist des § 167 Abs. 1 nicht gilt**. Ist Erledigung eingetreten, etwa weil der Antragsteller die während des Vergabenachprüfungsverfahrens erklärte Aufhebung des Auftraggebers[185] akzeptiert, wird nur noch über die Kosten des Verfahrens entschieden.

58 Die **Erledigung** des Nachprüfungsverfahrens kann nach § 168 Abs. 2 S. 2 zunächst durch den **wirksam erteilten Zuschlag** eintreten. Der **Zuschlag** führt zur Erledigung, weil der durch den Zuschlag zustande gekommene Vertrag aufgrund der Vertragsfreiheit nicht aufgehoben werden darf.[186] Trotz eines Zuschlags bzw. Vertragsschlusses tritt nur dann keine Erledigung ein, wenn dieser aus zivilrechtlichen Gründen unwirksam ist oder die Unwirksamkeit gem. § 135 Abs. 1 festgestellt wird. Die Erteilung des Zuschlags führt jedoch zur Erledigung, wenn das Vergabeverfahren selbst „nur" vergaberechtswidrig war.

59 Die **Aufhebung der Ausschreibung** als einseitige, nicht empfangsbedürftige Willenserklärung, **beendet das Vergabeverfahren nicht automatisch wie** der **Zuschlag**.[187] Dasselbe gilt für das

---

[174] OLG Düsseldorf Beschl. v. 28.2.2002 – VII-Verg 37/01, ZfBR 2002, 514 (515).
[175] Byok/Jaeger/*Byok* Rn. 27.
[176] OLG Düsseldorf Beschl. v. 28.3.2012 – VII-Verg 37/11, BeckRS 2012, 10229 = NZBau 2012, 518.
[177] Reidt/Stickler/Glahs/*Reidt* Rn. 52.
[178] Reidt/Stickler/Glahs/*Reidt* Rn. 53.
[179] Reidt/Stickler/Glahs/*Reidt* Rn. 54.
[180] Diese betrifft nach richtiger Ansicht die „Aufhebung" eines Verhandlungsverfahrens, die traditionell Einstellung heißt.
[181] BGH Beschl. v. 25.1.2012 – X ZB 3/11, NZBau 2012, 380; aA OLG Rostock Beschl. v. 2.10.2019 – 17 Verg 3/19, NZBau 2020, 113: ausdrückliche Erklärung der Beteiligten notwendig.
[182] OLG Jena Beschl. v. 9.9.2002 – 6 Verg 4/02, VergabeR 2002, 631.
[183] *Boesen* Rn. 68.
[184] BGH Beschl. v. 20.3.2014 – X ZB 18/13, VergabeR 2014, 538; VK Hessen Beschl. v. 19.2.2015 – 69d-VK-44/2014, VPR 2017, 1008. Zur Aufhebung von Aufhebungen und deren grds. nicht erledigende Wirkung → Rn. 41 ff.
[185] § 169 Abs. 1 untersagt lediglich kraft Gesetzes eine Zuschlagserteilung im Nachprüfungsverfahren, hindert aber nicht eine Aufhebung, die ggf. auch nur zur erkannten und sinnvollen Fehlerbeseitigung innerhalb eines Nachprüfungsverfahren dient. Vgl. dazu auch *Kadenbach* in Müller-Wrede GWB Rn. 45 mwN.
[186] KG Beschl. v. 19.4.2012 – Verg 7/11, BeckRS 2012, 19210.
[187] OLG Rostock Beschl. v. 25.9.2013 – 17 Verg 3/13, BeckRS 2013, 17782. Dies muss schon deshalb gelten, weil es keine Vorinformation vor der Aufhebungsentscheidung gibt und ansonsten der durch die vollzogene Aufhebung endlich Informierte keine effektive Nachprüfungsmöglichkeit hätte, da das erledigende Ereignis schon vor der Anrufung der Vergabekammer eingetreten ist.

auf primären Rechtsschutz gerichtete Nachprüfungsverfahren.[188] Der Antrag nach Abs. 2 S. 2 ist grundsätzlich unabhängig davon zulässig, ob ein Aufhebungsgrund gegeben war.[189] Der Feststellungsantrag ist darauf zu richten, dass eine Rechtsverletzung vorgelegen hat, also ungeachtet der Gründe und Umstände des erledigenden Ereignisses. Die Aufhebung der Ausschreibung hat dann die Erledigung des Vergabeverfahrens zur Konsequenz, wenn der Antragsteller sie als solche hinnimmt und nicht mehr mit seinen primären Rechtsschutzantrag weiterhin angreift. Denn **eine rechtswidrige Aufhebung des Auftraggebers kann durch die Nachprüfungsinstanzen grundsätzlich aufgehoben werden („Aufhebung der Aufhebung")** und der Antragsteller kann sein ursprüngliches Begehren auch nach einer im Nachprüfungsverfahren erfolgten Aufhebung weiterverfolgen.[190] Der Antragsteller kann sich jedoch auch darauf beschränken, die Verletzung seiner Rechte im Vergabeverfahren feststellen zu lassen und evtl. Sekundärrechtsschutz in Anspruch zu nehmen, wenn der Primärrechtsschutz für ihn nicht weiter interessant ist. Der Antragsteller kann auch dann sein ursprüngliches Begehren weiterverfolgen, wenn die Vergabestelle selbst ihre Aufhebung aufhebt.[191] Dann fällt die zunächst vorliegende Erledigung nachträglich weg, was keinen Widerspruch zu Abs. 2 S. 2 darstellt. Denn dieser ordnet nicht an, dass die (zunächst erfolgte) Aufhebung der Ausschreibung das Vergabeverfahren endgültig beendet.[192] Eine solche Regel wäre auch sachfremd.[193] Denn die **Vergabestelle kann die Aufhebung der Ausschreibung ohne Zustimmung Dritter rückgängig machen, indem sie das Verfahren wieder aufnimmt** und fortführt.[194] Die **Aufhebung einer Aufhebung eines Vergabeverfahrens versetzt dieses in den vorangegangenen Stand zurück.** Umgekehrt kommt aber eine **Aufhebung einer Aufhebung auf der Primärrechtsebene nicht in Betracht,** wenn der Auftraggeber seinen Beschaffungsvorgang gänzlich einstellt und auch nicht in identitätswahrender Form zeitnah erneut aktiviert. Gerade diese irreversible Aufhebung stellt den wichtigsten Anwendungsfall im Fortsetzungsfeststellungsverfahren nach Abs. 2 S. 2 mit tatsächlicher Erledigung dar.

Eine **Erledigung in sonstiger Weise** ist gegeben, wenn das Nachprüfungsverfahren **gegenstandslos** wird. Das ist beispielsweise dann der Fall, wenn die ausgeschriebenen Arbeiten weitgehend abgeschlossen sind, sodass der Bedarf der Vergabestelle, der mit der Ausschreibung gedeckt werden sollte, nicht mehr besteht[195] bzw. durch Zeitablauf wie bei Flüchtlingsbetreuungsleistungen unumkehrbar gedeckt wurde.[196] Darüber hinaus tritt Erledigung ein, wenn der Auftraggeber den im Nachprüfungsverfahren **geltend gemachten Vergabefehler beseitigt** hat.[197] 60

Die **Rücknahme** des Nachprüfungsantrags durch den Antragsteller beendet die Anhängigkeit desselben sofort und unwiderruflich. Damit entfällt auch automatisch die Zuschlagssperre des § 169 Abs. 1.[198] Damit ist für eine Erledigung in sonstiger Weise mit der privilegierenden Umstellungsmöglichkeit auf einem Feststellungsantrag nach Abs. 2 S. 2 nach einer ausdrücklichen Antragsrücknahme kein Raum mehr.[199] 61

Möglich ist eine Erledigung auch durch einen vor **der Vergabekammer protokollierten Vergleich.**[200] Gegen eine solche Form der Streitschlichtung ist zumindest dann auch grundsätzlich Nichts einzuwenden, wenn über die Interessen der am direkten Vergleichsschluss beteiligten Bieter 62

---

[188] BGH Beschl. v. 18.2.2003 – X ZB 43/02, BeckRS 2003, 02527 = NZBau 2003, 293; VK Bund Beschl. v. 7.7.2015 – VK 2-49/15, IBRRS 2015, 2723 = ZfBR 2016, 204; *Kadenbach* in Müller-Wrede GWB Rn. 26.
[189] So zu Recht *Kadenbach* in Müller-Wrede GWB Rn. 45, unter Hinweis auf BGH Beschl. v. 18.2.2003 – X ZB 43/02, BeckRS 2003, 02527 = NZBau 2003, 293 und *Burbulla* ZfBR 2009, 134.
[190] BGH Beschl. v. 18.2.2003 – X ZB 43/02, BeckRS 2003, 02527 = NZBau 2003, 293; OLG München Beschl. v. 4.4.2013 – Verg 4/13, BeckRS 2013, 06636 = NZBau 2013, 524.
[191] BGH Beschl. v. 18.2.2003 – X ZB 43/02, BGHZ 154, 32 (41) = NVwZ 2003, 1149.
[192] BGH Beschl. v. 18.2.2003 – X ZB 43/02, BGHZ 154, 32 (41) = NVwZ 2003, 1149.
[193] BGH Beschl. v. 18.2.2003 – X ZB 43/02, BGHZ 154, 32 (41) = NVwZ 2003, 1149.
[194] BGH Beschl. v. 18.2.2003 – X ZB 43/02, BGHZ 154, 32 (41) = NVwZ 2003, 1149; so auch OLG Rostock Beschl. v. 25.9.2013 – 17 Verg 3/13, BeckRS 2013, 17782.
[195] VK Bund Beschl. v. 24.7.2007 – VK 2-69/07, IBRRS 2013, 4596.
[196] OLG Rostock Beschl. v. 23.4.2018 – 17 Verg 1/18, NZBau 2018, 783.
[197] OLG Celle Beschl. v. 30.10.2014 – 13 Verg 8/14, NZBau 2014, 780.
[198] OLG Dresden Beschl. v. 14.3.2005 – WVerg 3/05, VergabeR 2005, 546.
[199] So zu Recht OLG Naumburg Beschl. v. 4.9.2001 – 1 Verg 8/01, ZfBR 2002, 200 (Ls.); aA *Blöcker* in RKPP GWB Rn. 81, der ohne nähere Begründung die Konstellationen Antragsrücknahme und übereinstimmende Erledigungserklärung dem Erledigungstatbestand in § 168 Abs. 2 S. 2 unterstellt.
[200] Vgl. dazu vertiefend *Conrad* ZfBR 2014, 658 und *Dreher/Glöckle* NZBau 2015, 459 und *Dreher/Glöckle* NZBau 2015, 529. Dabei bleibt zu beachten, dass die grundsätzliche Gebührenbefreiung einer Kommune nach dem Verwaltungskostengesetz dann nicht gilt, wenn sich diese in dem Vergleich zB zur hälftigen Kostentragung verpflichtet hat, VK Sachsen Beschl. v. 21.3.2002 – 1/SVK/011-02, BeckRS 2002, 03615.

und Auftraggeber hinaus keine weiteren Interessen unbeteiligter Bieter berührt werden können.[201] Dabei ist der Fall, dass sich der Antragsteller in einem solchen Vergleich zur Antragsrücknahme verpflichtet richtiger Weise nicht als Antragsrücknahme, sondern als Erledigung in sonstiger Weise anzusehen.[202]

63 **Keine Erledigung** tritt ein bei **Ablauf der Zuschlags- und Bindefrist**,[203] denn auch für diesen Fall sind Möglichkeiten einer noch wirksamen Zuschlagserteilung nicht von vornherein ausgeschlossen. Zum einen erkennt die Rechtsprechung teilweise an, dass die Zuschlags- und Bindefrist – auch noch nach deren Ablauf nachträglich – verlängert werden kann.[204] Vorzugswürdig erscheint wegen §§ 148 und 150 Abs. 1 BGB aber in einem verspäteten Zuschlag ein Angebot des Auftraggebers auf Abschluss desselben Vertrages zu sehen, das dann aber noch von einer positiven Annahmeerklärung des Bieters abhängt, die Rollen von Anbietendem und Annehmendem somit praktisch vertauscht werden.[205] Eine Vergabekammer ist deshalb ggf. gut beraten, in der mündlichen Verhandlung von den Bietern der engeren Wahl in Abstimmung mit dem Auftraggeber die Erklärung abzufordern, ob sie ihre Angebote über die baldigst ablaufende Zuschlags-/Bindefrist aufrechterhalten wollen und dies auch zu protokollieren. Die einvernehmliche Verlängerung der Zuschlags- und Bindefrist ist natürlich auch einem Auftraggeber parallel zu einem laufenden Nachprüfungsverfahren zu empfehlen, um auch nur theoretische Erledigungsszenarien oder denkbare Folgekosten[206] zu vermeiden.

64 c) **Feststellungsantrag, -interesse und -entscheidung.** Ein **Feststellungsantrag** nach § 168 Abs. 2 S. 2 ist nur zulässig, wenn sich das Vergabenachprüfungsverfahren tatsächlich erledigt hat. Die Erledigung muss nach Anhängigkeit eingetreten sein, sodass es dafür maßgeblich auf den Zeitpunkt der Stellung des Nachprüfungsantrags ankommt. Neben der Erledigung bedarf es eines gesonderten **Antrages** auf Feststellung der Rechtsverletzung. **Antragsberechtigt** ist jeder Beteiligte des Nachprüfungsverfahrens iSv § 162. Da der Fortsetzungsfeststellungsantrag nur in einem noch anhängigen Nachprüfungsverfahren gestellt werden kann, muss er vor der Rücknahme des Nachprüfungsantrags gestellt werden.[207] Entsprechend § 161 besteht für einen Fortsetzungsfeststellungsantrag das allgemeine Schriftformerfordernis, auch wenn sich dies aus § 168 selbst nicht ergibt, der nur – wie § 160 Abs. 1 – von einem Antrag spricht. Da dieser Antrag aber an die Stelle des nach § 161 schriftlich zu stellenden Ursprungsantrags tritt und mit einem erledigenden Ereignis zugleich die Zuschlagssperre des § 169 Abs. 1 entfällt, sollte auch aus Beweisgründen ein paralleles Schriftformerfordernis gewahrt werden. Er kann aber auch mündlich in der Verhandlung (§ 166) gestellt werden. Es gelten im Übrigen die normalen Sachentscheidungsvoraussetzungen. Stellt insbesondere der ursprüngliche Antragsteller trotz eines objektiv eingetretenen erledigenden Ereignisses keinen gesonderten Feststellungsantrag, weist die Vergabekammer den nunmehr unzulässigen Ursprungsantrag kostenpflichtig ab.[208]

65 Ein Feststellungsantrag nach § 168 Abs. 2 S. 2 setzt – wie jeder Feststellungsantrag – als ungeschriebenes Tatbestandsmerkmal voraus, dass ein **Feststellungsinteresse** besteht.[209] Darlegungs-

---

[201] So OLG Frankfurt a. M. Beschl. v. 16.10.2012 – 11 Verg 9/11, BeckRS 2012, 22059 = NZBau 2012, 795.
[202] So zu Recht OLG Frankfurt a. M. Beschl. v. 16.10.2012 – 11 Verg 9/11, BeckRS 2012, 22059 = NZBau 2012, 795 und *Conrad* ZfBR 2014, 658 (659) sowie *Dreher/Glöckle* NZBau 2015, 459 (461) und *Dreher/Glöckle* NZBau 2015, 529 (531); aA VK Hessen Beschl. v. 25.2.2011 – 69d-VK-02/2011, BeckRS 2013, 46172. Gegen letztgenannte Ansicht spricht die ggf. anders lautende Entscheidung zur Kostenlast nach einer Antragsrücknahme zulasten des Antragstellers und die Bedingungsfeindlichkeit einer Rücknahmeerklärung, sofern der Vergleich unter Widerrufsvorbehalt gestellt wurde. Insbes. der Entfall des Zuschlagsverbots nach § 169 Abs. 1 muss an einen klaren Zeitpunkt gekoppelt sein.
[203] OLG Koblenz Beschl. v. 23.5.2018 – Verg 2/18, NZBau 2018, 639.
[204] VK Bund Beschl. v. 8.2.2017 – VK 1-144/16, IBRRS 2017, 1211; aA OLG Rostock Beschl. v. 25.9.2013 – 17 Verg 3/13, BeckRS 2013, 17782, das aber in der Einleitung eines Vergabenachprüfungsverfahrens vor Ablauf der Bindefrist zugleich eine Erklärung des Bieters sieht, an seinem Angebot auch noch nach Ablauf der Bindefrist festhalten zu wollen.
[205] So zu Recht OLG Düsseldorf Beschl. v. 20.2.2007 – Verg 3/07, BeckRS 2007, 17753 sowie VK Sachsen Beschl. v. 19.6.2015 – 1/SVK/009-15, BeckRS 2015, 16424.
[206] So weist der BGH seit 2009 grds. dem Auftraggeber die Verantwortung für eine Verzögerung in der Bauausführung auf der Grundlage einer modifizierten Zuschlagserteilung etwa aufgrund eines durchgeführten Nachprüfungsverfahrens zu, was oftmals zu Nachtragsansprüchen nach § 2 Abs. 5 VOB/B führen kann, vgl. BGH Urt. v. 11.5.2009 – VII ZR 11/08, BeckRS 2009, 12598 und BGH Urt. v. 6.9.2012 – VII ZR 193/10, BeckRS 2012, 20586 = NZBau 2012, 694; s. auch die vergaberechtlich fundierte Kritik an der Rspr. durch *Gröning* FS Marx, 2013, 203: Die Abrundung des GWB-Vergaberechts durch die Rspr. des BGH zur Bewältigung nachprüfungsbedingter Bauzeitverschiebungen und Willenbruch/Wieddekind/*Fett* VOB/A § 18 EG Rn. 13 ff.
[207] Reidt/Stickler/Glahs/*Reidt* Rn. 57.
[208] OLG Düsseldorf Beschl. v. 25.3.2002 – Verg 5/02, BeckRS 9998, 04627.
[209] OLG Koblenz Beschl. v. 4.2.2009 – 1 Verg 4/08, ZfBR 2009, 292 (294).

IV. Zuschlag und Feststellung der Rechtswidrigkeit (Abs. 2) 66 § 168 GWB

und beweispflichtig dafür ist der Antragsteller.[210] Ein Feststellungsinteresse iSv Abs. 2 S. 2 ist **jedes nach vernünftigen Erwägungen und nach Lage des Falles anzuerkennende Interesse rechtlicher, wirtschaftlicher oder ideeller Art**.[211] Das Interesse, eine nachteilige Kosten- oder Auslagenentscheidung abzuwenden, reicht hingegen nicht aus.[212] Die beantragte Feststellung muss geeignet sein, die Rechtsposition des Antragstellers zu verbessern und eine Beeinträchtigung seiner Rechte auszugleichen oder wenigstens zu mildern.[213] Darüber hinaus ist ein Feststellungsinteresse gegeben, wenn eine **hinreichende konkrete Wiederholungsgefahr** besteht,[214] zB wenn die Vergabestelle eine **erneute Ausschreibung** von (Post-)Dienstleistungen beabsichtigt und die **gerügten Ausschreibungsbedingungen** im Vergabenachprüfungsverfahren **verteidigt** hat[215] oder wenn eine Wohnungsbaugesellschaft, der gegenüber die Verletzung der Ausschreibungspflicht geltend gemacht wird, in künftigen Beschaffungsvorhaben der Ansicht äußert, kein öffentlicher Auftraggeber und deswegen nicht zur Ausschreibung verpflichtet zu sein.[216] Ein Feststellungsinteresse besteht auch, wenn die Feststellung zur **Rehabilitierung** erforderlich ist, weil der angegriffenen Entscheidung ein diskriminierender Charakter zukommt[217] und sich aus ihr eine Beeinträchtigung des Persönlichkeitsrechts des Betroffenen ergibt oder durch die Feststellung der Rechtswidrigkeit des Vergabeverfahrens eine **Schadensbegrenzung im Hinblick auf zukünftige Vergabeentscheidungen anderer Auftraggeber** erzielt werden soll.[218] Eine Wiederholungsgefahr ist nicht gegeben, wenn die Vergabestelle erklärt, dass sie künftig keine vergleichbaren Leistungen in einem vergleichbaren Verfahren vergeben werde.[219] Ein **Feststellungsantrag** lediglich zur **Klärung abstrakter Rechtsfragen** wie etwa der zivilrechtlichen Wirksamkeit eines Vertrages ist deshalb ebenfalls **nicht statthaft**.[220]

Das erforderliche Feststellungsinteresse ist beispielsweise aber auch gegeben, wenn der Feststellungsantrag der **Vorbereitung eines Schadensersatzprozesses** wegen des konkreten Vergaberechtsverstoßes dient, dieser **mit hinreichender Sicherheit zu erwarten ist und nicht offenbar aussichtslos erscheint**.[221] Das Feststellungsinteresse ist demgegenüber aber zu verneinen, wenn der beabsichtigte Schadensersatzanspruch offenbar aussichtslos erscheint[222] oder in der Sondersituation, dass dem Antrag stellenden Unternehmen im Laufe des Vergabenachprüfungsverfahrens der Zuschlag erteilt wurde und deswegen keine Schadensersatzansprüche wegen eines Vergabeverstoßes bestehen können.[223] **Stellt die Vergabekammer bestandskräftig fest, dass der Antragsteller in seinen Rechten verletzt ist, sind** die für die Entscheidung über Schadensersatzansprüche zuständigen ordentlichen Gerichte gem. § 181 Abs. 1 an diese Entscheidung gebunden; die Schadensersatzansprüche stehen dann dem Grund nach fest, die **Erfolgsaussichten eines Schadensersatzanspruches,** etwa auch die Kausalität zwischen Rechtsverletzung und Schaden und die Schadenshöhe **prüft die Vergabekammer hingegen nicht**.[224] Ein Schadensersatzanspruch gem. § 241 Abs. 2 BGB, § 280 Abs. 1 BGB, § 311 Abs. 2 BGB kommt nicht nur dann in Betracht, wenn dem

66

---

[210] OLG Koblenz Beschl. v. 4.2.2009 – 1 Verg 4/08, BeckRS 2009, 05152.
[211] OLG Düsseldorf Beschl. v. 7.8.2019 – Verg 9/19, NZBau 2020, 190; OLG München Beschl. v. 19.7.2012 – Verg 8/12, BeckRS 2012, 16370.
[212] VK Westfalen Beschl. v. 29.2.2016 – VK 1-5/16, IBRRS 2016, 2375; VK Bund Beschl. v. 21.5.2008 – VK 2-40/08, IBRRS 2008, 2501; aA noch VK Lüneburg Beschl. v. 26.6.2007 – VgK-29/2007, BeckRS 2008, 08077. Durch die Novellierung der Kostenregelung in § 182 Abs. 3, die nunmehr bei Antragsrücknahmen und Erledigungen gleicher Maßen Billigkeitsgesichtspunkte, insbes. zugunsten des Antragstellers berücksichtigen kann, ist dieser Streit nicht mehr so virulent wie unter der Geltung der nicht aufeinander abgestimmten Regelungen in § 128 Abs. 3 und 4 aF, die teilweise die Berücksichtigung von Billigkeits- und Verschuldensgesichtspunkten, etwa in Fällen der Abhilfe des Verstoßes durch den Auftraggeber, nicht zuließen.
[213] OLG Düsseldorf Beschl. v. 7.8.2019 – Verg 9/19, NZBau 2020, 190 und OLG Düsseldorf Beschl. v. 4.5.2009 – Verg 68/08, VergabeR 2009, 905.
[214] OLG Düsseldorf Beschl. v. 18.4.2018 – VII-Verg 28/17, NZBau 2018, 486; OLG Frankfurt a. M. Beschl. v. 24.1.2017 – 11 Verg 1/16, VergabeR 2017, 407.
[215] OLG Celle v. 19.3.2019 – 13 Verg 7/18, NZBau 219, 462.
[216] OLG Hamburg Beschl. v. 11.2.2019 – 1 Verg 3/15, NZBau 2019, 398.
[217] Ziekow/Völlink-*Steck* Rn. 41a; OLG Celle Beschl. v. 30.10.2014 – 13 Verg 8/14, NZBau 2014, 780.
[218] OLG Düsseldorf Beschl. v. 22.5.2002 – VII-Verg 6/02, VergabeR 2002, 668; VK Bund Beschl. v. 21.5.2008 – VK 2-40/08, IBRRS 2008, 2501.
[219] VK Bund Beschl. v. 2.7.2012 – VK 3-66/12, IBRRS 2012, 3252 = ZfBR 2012, 822.
[220] So OLG Düsseldorf Beschl. v. 4.5.2009 – VII-Verg 68/08, BeckRS 2009, 24305.
[221] Vgl. OLG Düsseldorf Beschl. v. 7.8.2019 – Verg 9/19, NZBau 2020, 190.
[222] OLG Düsseldorf Beschl. v. 30.4.2014 – VII-Verg 35/13, NZBau 2014, 589.
[223] OLG Düsseldorf Beschl. v. 12.6.2019 – Verg 52/18, NZBau 2020, 258.
[224] OLG Düsseldorf Beschl. v. 2.10.2008 – VII-Verg 25/08, NZBau 2008, 727 (729); vgl. dazu *Hermann* VergabeR 2011, 2.

übergangenen Bieter bei einer Fortsetzung des Vergabeverfahrens der Zuschlag[225] zwingend zu erteilen gewesen wäre. Das ist nur Voraussetzung für die Zuerkennung des positiven Schadensersatzinteresses eines Bieters, nicht aber für den Ersatz des Vertrauensschadens. Für diesen, zB auf die Spezialnorm des § 181 S. 1 gestützten, Anspruch genügt es, dass die Vergabestelle gegen eine den Schutz von Bietern bezweckende Vorschrift verstoßen hat, der betreffende Bieter dadurch beeinträchtigt worden ist und bei der Wertung eine echte Chance gehabt hätte, den Zuschlag zu erhalten.[226] Voraussetzung für einen Schadenersatzanspruch ist somit ein Kausalzusammenhang zwischen dem Verstoß und der Beeinträchtigung einer echten Chance auf den Zuschlag. Kausal ist der Verstoß nur dann, wenn er nicht hinweg gedacht werden kann, ohne dass die Beeinträchtigung der echten Chance in ihrer konkreten Gestalt entfiele.[227]

66a Feststellungsinteresse ist in Bezug auf die Geltendmachung eines Anspruchs auf Schadensersatz bereits dann gegeben, wenn die begehrte Feststellung für die Geltendmachung eines **Schadensersatzanspruches** von Bedeutung ist[228] bzw. wenn die Möglichkeit eines Schadensersatzanspruches gegen die Vergabestelle für den Fall, dass eine Rechtsverletzung festgestellt wird, nicht auszuschließen ist.[229] Andererseits ist ein Feststellungsantrag nach § 168 Abs. 2 S. 2 keine Zulässigkeitsvoraussetzung für eine Schadenersatzklage vor einem ordentlichen Gericht.[230]

67 Für das Vorliegen des erforderlichen **Feststellungsinteresses** ist nicht auf den Zeitpunkt abzustellen, zu dem der Nachprüfungsantrag gestellt worden ist. Sämtliche Sachentscheidungsvoraussetzungen müssen vielmehr im **Zeitpunkt der Entscheidung der Vergabekammer** vorliegen. Auch wenn zum Zeitpunkt der Einreichung des Nachprüfungsantrags dem Antragsteller noch ein Schaden gedroht haben sollte, begründet dieser Umstand, beispielsweise nach der Abhilfe durch die Antragsgegnerin, kein Feststellungsinteresse.[231] Ein Feststellungsantrag nach Abs. 2 S. 2 setzt voraus, dass der **Nachprüfungsantrag zulässig** war.[232] Ein Antragsteller soll keinen Vorteil daraus haben, dass ein von vornherein unzulässiger Antrag gegenstandslos geworden ist.[233] Das bedeutet, dass der Antragsteller hinsichtlich des erledigten Nachprüfungsantrags iSv § 160 Abs. 2 antragsbefugt gewesen sein muss und den Verstoß gegen Vergaberecht gem. § 160 Abs. 3 rechtzeitig gerügt haben muss.[234] Die mit dem Antrag nach Abs. 2 S. 2 begehrte Feststellung der Verletzung von Rechten setzt voraus, dass der vom Antragsteller gestellte Nachprüfungsantrag auch begründet gewesen wäre, dh, der Antragsteller Erfolg gehabt hätte. Die Feststellung der Rechtswidrigkeit ist die Fortsetzung des Primärrechtsschutzes. Hätte der Nachprüfungsantrag bzw. die sofortige Beschwerde als unbegründet zurückgewiesen werden müssen, kann der Antragsteller nicht in seinen Rechten nach § 97 Abs. 6 verletzt gewesen sein.[235]

68 Die Vergabekammer ist nach Abs. 2 S. 3 für die **Feststellungsentscheidung** nicht an die Fünf-Wochen-Frist des § 167 Abs. 1 gebunden. Abs. 2 S. 3 bestimmt, dass § 167 Abs. 1 in Bezug auf den Fortsetzungsfeststellungsantrag nicht gilt. Das bedeutet, dass im Fortsetzungsfeststellungsverfahren die **Beschleunigungsvorgabe außer Kraft gesetzt** ist und mithin auch die zu ihrer Durchsetzung geschaffene gesetzliche Fiktion der Antragsablehnung gem. § 171 Abs. 2 nicht gilt. Stattdessen gilt die allgemeine Bestimmung des § 75 VwGO zur Untätigkeitsbeschwerde bei nicht antragsgemäß erlassenen Verwaltungsakten.[236] Nach Erledigung des Nachprüfungsverfahrens gilt die das Vergabeverfahren beherrschende Beschleunigungsmaxime nicht mehr. Eine Verzögerung der Auftragsvergabe ist nicht mehr möglich. Bestehen zwischen den Beteiligten aber Zweifel oder Streit in Bezug auf den Eintritt der Erledigung, muss die Vergabekammer in der Frist des § 167 Abs. 1 entscheiden,[237] damit nicht die Fiktion der Antragsablehnung gem. § 171 Abs. 2 ausgelöst wird.

69 Im Rahmen der nach § 182 zu treffenden Kostenentscheidung entspricht es bei der erfolgenden summarischen Prüfung[238] nicht immer der Billigkeit, einen Antragsteller allein wegen des Unterliegens

---

[225] Vgl. dazu BGH Urt. v. 20.11.2012 – X ZR 108/10, ZfBR 2013, 154.
[226] BGH Urt. v. 27.11.2007 – X ZR 18/07, BeckRS 2008, 01230.
[227] VK Sachsen Beschl. v. 17.1.2007 – 1/SVK/002–05, VPRRS 2007, 0090.
[228] OLG Düsseldorf Beschl. v. 4.5.2009 – Verg 68/08, BeckRS 2009, 24305.
[229] OLG Frankfurt a. M. Beschl. v. 6.2.2003 – 11 Verg 3/02, NZBau 2004, 174.
[230] OLG München Beschl. v. 30.1.2020 – Verg 28/19, BeckRS 2020, 5806 = VergabeR 2021, 136.
[231] VK Bund Beschl. v. 21.5.2008 – VK 2-40/08, IBRRS 2008, 2501.
[232] OLG Naumburg Beschl. v. 16.12.2016 – 7 Verg 6/16, VergabeR 2017, 489.
[233] Vgl. OLG Koblenz Beschl. v. 4.2.2019 – 1 Verg 4/08, ZfBR 2009, 292 (294).
[234] OLG Frankfurt a. M. Beschl. v. 2.11.2004 – 11 Verg 16/04, VPRRS 2005, 0545.
[235] BayObLG Beschl. v. 8.12.2004 – Verg 19/04, BeckRS 2005, 00742; VK Nordbayern Beschl. v. 27.6.2008 – 21. VK-3194-10/08, BeckRS 2010, 26817.
[236] Byok/Jaeger/*Byok* Rn. 36.
[237] Byok/Jaeger/*Byok* Rn. 36.
[238] BGH Beschl. v. 25.1.2012 – X ZB 3/11, BeckRS 2012, 07171 = NZBau 2012, 380.

im Fortsetzungsfeststellungsverfahren mit den gesamten im Nachprüfungsverfahren entstandenen Verfahrenskosten zu belasten. Vielmehr bestimmen die neu gefassten § 182 Abs. 3 und 4 nunmehr, dass bei Antragsrücknahme oder sonstiger Erledigung immer die Entscheidung zur Kostentragung oder zur Tragung der Aufwendungen für die Rechtsverfolgung oder Rechtsverteidigung nach billigem Ermessen zu erfolgen hat. Dabei können Verschuldensgesichtspunkte zulasten des Auftraggebers, etwa aufgrund unrichtiger Informationen, etwa zum Rechtsschutz, in der Auftragsbekanntmachung,[239] dem Vorinformationsschreiben nach § 134 oder der Antwort auf eine Rüge[240] oder infolge des Nachprüfungsantrags korrigierter Fehler ebenso berücksichtigt werden wie unnötigerweise verfrüht gestellte Nachprüfungsanträge durch den Antragsteller.[241]

V. Entscheidung durch Verwaltungsakt und Vollstreckung (Abs. 3)

1. Formelle Anforderungen an die Entscheidung und Durchsetzung. Die Entscheidung der Vergabekammer ergeht nach Abs. 3 S. 1 durch **Verwaltungsakt** iSv § 35 S. 1 VwVfG.[242] Das gilt auch für Fortsetzungsfeststellungsentscheidungen und Verfahrenseinstellungen. Vergabekammern sind keine Gerichte im verfassungsrechtlichen Sinn und dürfen deshalb nicht durch Urteil entscheiden. Sie üben ihre Tätigkeit nach § 157 Abs. 1 im Rahmen der Gesetze unabhängig und in eigener Verantwortung aus und unterliegen keinen Weisungen. Die jeweiligen Verwaltungsverfahrensgesetze des Bundes und der Länder gelten somit[243] auch für denkbare Nichtigkeitsgründe nach § 44 VwVfG[244] oder Befangenheitsanträge gegen Mitglieder der Vergabekammern.[245]

Die Entscheidungen der Vergabekammer müssen eindeutig, klar und ggf. vollstreckbar tenoriert sein. Sie müssen **schriftlich** ergehen, **begründet** (§ 167 Abs. 1 S. 1), mit einer **Rechtsmittelbelehrung** versehen und den Beteiligten nach den Vorschriften des Verwaltungszustellungsgesetzes **zugestellt** werden.[246] Ua an Rechtsanwälte, Behörden, Anstalten, Körperschaften und Stiftungen des öffentlichen Rechts kann gem. § 5 Abs. 4 VwZG auch elektronisch gegen Empfangsbekenntnis zugestellt werden. Handelt es sich um Unternehmen, die ihren Sitz außerhalb des Geltungsbereichs des GWB haben, ist an den vorher benannten Zustellungsbevollmächtigten im Inland zuzustellen. Da gem. § 161 Abs. 1 S. 3 lediglich der ausländische Antragsteller einen inländischen Zustellungsbevollmächtigten benennen muss, kommt insbesondere bei beigeladenen Unternehmen im Ausland auch die Bekanntmachung im Bundesanzeiger gem. § 61 Abs. 1 S. 4 oder die Zustellung im Ausland durch die diplomatische oder konsularische Vertretung der Bundesrepublik Deutschland nach § 9 Abs. 1 Nr. 2 VwZG in Betracht.[247] Gemäß § 168 Abs. 3 S. 3, § 61 Abs. 1 S. 1 gelten für die Zustellung des Beschlusses der Vergabekammer die **Bestimmungen des VwZG Bund.** Nach § 2 Abs. 1 VwZG ist Zustellung die Bekanntgabe eines schriftlichen oder elektronischen Dokuments in der in diesem Gesetz bestimmten Form, zB durch Einlegung in den Briefkasten (vgl. § 5 Abs. 2 Nr. 3 VwZG). Sie ist eine hoheitliche Rechtshandlung, nicht eine bloße tatsächliche Handlung und setzt daher den Zustellungswillen der veranlassenden Behörde voraus. Wird vorab nur ein Entwurf übermittelt, ist das keine Zustellung.[248] Die Übersendung der Entscheidung per Telefax gilt nur dann als wirksame Zustellung der Entscheidung, wenn diesem zugleich ein Empfangsbekenntnis beigefügt ist.[249] Die **Begründung** der Entscheidung der Vergabekammer muss die wesentlichen tatsächlichen und rechtlichen Gesichtspunkte

---

[239] OLG Düsseldorf Beschl. v. 13.4.2011 – VII-Verg 14/11, noch zum vormaligen Recht.
[240] OLG München Beschl. v. 2.9.2015 – Verg 6/15, BeckRS 2015, 15362.
[241] OLG Düsseldorf Beschl. v. 11.5.2011 – VII-Verg 10/11, BeckRS 2011, 18446 = NZBau 2011, 566, noch zum vormaligen Recht.
[242] VwVfG Bund für Vergabekammer des Bundes bzw. entsprechende verwaltungsverfahrensrechtliche Vorschriften der Länder für alle anderen.
[243] Neben dem GWB subsidiär, aber auch vorrangig, grds. deshalb dann auch nicht vor entsprechend anwendbaren Bestimmungen der ZPO oder der VwGO; vgl. VK Rheinland-Pfalz Beschl. v. 6.1.2021 – VK 1-22/19, VPRRS 2021, 0038 mwN.
[244] S. den die Nichtigkeit eines bestandskräftigen Vergabekammerbeschlusses nach § 44 VwVfG annehmenden Beschluss des OLG Düsseldorf Beschl. v. 10.3.2014 – Verg 11/14, IBRRS 2014, 0942, der damit rückwirkend die Grundlage einer Zwangsgeldfestsetzung der Vergabekammer zulasten des Auftraggebers in einer Rettungsdienstvergabe in Höhe von 850.000 EUR beseitigte.
[245] OLG Rostock Beschl. v. 3.2.2021 – 17 Verg 7/20, VPR 2021, 0038; OLG Naumburg Beschl. v. 31.1.2011 – 2 Verg 1/11, IBRRS 2011, 0789.
[246] VK Rheinland-Pfalz Beschl. v. 6.1.2021 – VK 1-22/19, VPRRS 2021, 0038.
[247] Dazu Fett NZBau 2005, 141 (142).
[248] BayObLG Beschl. v. 10.10.2000 – Verg 5/00, BeckRS 2000, 09229 = ZfBR 2001, 189.
[249] OLG Bremen Beschl. v. 18.8.2003 – Verg 7/2003.

erkennen lassen, die die Vergabekammer zu ihrer Entscheidung bewogen haben.[250] Nach Abs. 3 S. 3 gilt der für die Verfügungen der Kartellbehörden geltende § 61 entsprechend. Der Begründungspflicht des § 61 Abs. 1 S. 1 kommt jedoch keine eigenständige Bedeutung zu, weil sich diese bereits aus dem für das Vergabeverfahren spezielleren § 167 Abs. 1 S. 1 ergibt. Soweit die genannten Bestimmungen keine abschließenden Regelungen enthalten, gelten die spezialgesetzlichen Regelungen des Bundes und der Länder sowie deren allgemeine VwVfG ergänzend. Diese sind anwendbar, weil es sich bei den Vergabekammern um Behörden iSv § 1 Abs. 4 VwVfG handelt.[251] Auch eine entsprechende Anwendung der ZPO und des GVG kommen in Betracht.[252] Voraussetzung dafür ist jedoch, dass eine Analogie nach den allgemeinen Grundsätzen zulässig ist, also eine „planwidrige" Regelungslücke vorliegt, die herangezogene Norm analogiefähig ist und eine vergleichbare Interessenlage regelt. Zu beachten sind für die Tätigkeit der Vergabekammern ferner die subsidiären Bestimmungen der Geschäftsordnungen der Vergabekammern.

72 Die Vergabekammer muss ihrer Entscheidung gem. Abs. 3 S. 3, § 61 eine **Rechtsmittelbelehrung** beifügen. Sie muss darin darauf hinweisen, dass gegen ihre Entscheidung die sofortige Beschwerde zum zuständigen Oberlandesgericht (in Berlin Kammergericht) möglich und welche Frist einzuhalten ist. Zudem ist in der Rechtsmittelbelehrung darauf hinzuweisen, dass partiell Anwaltszwang[253] herrscht und die sofortige Beschwerde ggf. auch elektronisch erhoben werden kann. Auch gegen die Feststellungsentscheidung der Vergabekammer nach Abs. 2 S. 2 ist Rechtsmittel die sofortige **Beschwerde** gem. § 171 Abs. 1. Die Fortsetzungsfeststellungsentscheidung ist eine Entscheidung iSv § 168 Abs. 3 S. 1 und § 161 Abs. 1. Vorschriften, die sich auf die Beschleunigung des Verfahrens iSv § 167 beziehen, insbesondere § 171 Abs. 2, §§ 173, 174, sind nicht anzuwenden.[254]

73 Der Beschluss der Vergabekammer wird durch die **Rücknahme des Nachprüfungsantrags** in der Beschwerdeinstanz wirkungslos.[255] Die allgemeinen Bestimmungen des VwVfG und dessen Rechtsgrundsätze über die Behandlung von Verwaltungsakten finden auch auf die Rücknahme von Nachprüfungsanträgen Anwendung. Danach können Anträge auf Erlass eines Verwaltungsaktes, soweit nichts anderes geregelt ist, noch bis zum Abschluss des Verfahrens zurückgenommen werden. Abgeschlossen ist das Verfahren mit dem **Eintritt der Unanfechtbarkeit der Entscheidung**. Die Rücknahme ist selbst dann bis zum Eintritt der Unanfechtbarkeit möglich, wenn in der Zwischenzeit gegen den ergangenen Verwaltungsakt Rechtsbehelfe eingelegt worden sind. Ist ein Verwaltungsakt ergangen, jedoch noch nicht bestandskräftig geworden, wird dieser jedenfalls in den reinen Antragsverfahren durch Antragsrücknahme wirkungslos. Entsprechendes gilt für den Beschluss der Vergabekammer, der (als Verwaltungsakt) seine Grundlage in dem Nachprüfungsantrag des Antragstellers hat.[256]

74 Die Vergabekammer entscheidet gem. § 182 auch über die Kosten (Gebühren und Auslagen) des Verfahrens. Nach § 182 Abs. 1 S. 2 findet das Verwaltungskostengesetz Anwendung. Nach dessen § 14 soll die Kostenentscheidung möglichst zusammen mit der Sachentscheidung ergehen. Die **Kostenentscheidung** kann demnach sowohl in der Nachprüfungsentscheidung enthalten sein als auch durch einen gesonderten Beschluss ergehen.

75 Die Entscheidungen der Vergabekammer müssen **unterschrieben** sein.[257] Die Unterschrift ist insbesondere erforderlich, damit klar ist, dass es sich um die endgültige Entscheidung der Vergabekammer und nicht lediglich um einen Entwurf handelt.[258] Grundsätzlich bestimmen die Geschäftsordnungen der einzelnen Vergabekammern, welche der drei Mitglieder der Vergabekammer, Vorsitzender, hauptamtlicher und ehrenamtlicher Beisitzer (§ 157 Abs. 2 S. 1), die Entscheidung

---

[250] Reidt/Stickler/Glahs/*Reidt* Rn. 65.
[251] Reidt/Stickler/Glahs/*Reidt* Rn. 61b.
[252] So befürwortet das OLG Düsseldorf eine Berichtigung eines Vergabekammerbeschlusses wegen offensichtlicher Unrichtigkeit analog § 118 VwGO, § 319 ZPO oder Tatbestandsberichtigungen analog § 119 VwGO sowie Beschlussergänzungen analog § 120 VwGO Beschl. v. 12.5.2011 – VII-Verg 32/11 und lehnt die Anwendbarkeit der §§ 48 und 49 VwVfG bzgl. Rücknahmen und Widerrufen von Verwaltungsakten für Vergabekammerentscheidungen generell ab; aA VK Lüneburg Beschl. v. 5.6.2014 – VgK-13/2014, BeckRS 2014, 13212.
[253] OLG Celle Beschl. v. 31.5.2007 – 13 Verg 1/07, BeckRS 2008, 02604 = VergabeR 2007, 692. Dieser gilt nach § 172 Abs. 3 S. 2 entgegen S. 1 nur nicht für Beschwerden von juristischen Personen des öffentlichen Rechts, die sich gem. § 175 Abs. 1 S. 2 entgegen S. 1 durch Beamte oder Angestellte mit der Befähigung zum Richteramt vertreten lassen können.
[254] Reidt/Stickler/Glahs/*Reidt* Rn. 60.
[255] OLG Brandenburg Beschl. v. 18.5.2010 – Verg W 1/08, BeckRS 2010, 14421 = ZfBR 2010, 830.
[256] OLG Düsseldorf Beschl. v. 9.12.2002 – Verg 35/02, BeckRS 2014, 20139.
[257] Vgl. BGH Beschl. v. 12.6.2001 – X ZB 10/01, NZBau 2001, 517 (518); OLG Jena Beschl. v. 18.5.2009 – 9 Verg 4/09; OLG Düsseldorf VergabeR 2002, 89 (90).
[258] BayObLG Beschl. v. 6.2.2004 – Verg 24/03, BeckRS 2004, 03815.

unterzeichnen müssen.[259] Eine Unterschrift durch sämtliche Mitglieder der Vergabekammer, die an der Entscheidung mitgewirkt haben, ist nicht erforderlich.[260] Sofern nicht landesrechtlich etwas anderes bestimmt ist,[261] bedarf es zur Wirksamkeit der Entscheidung einer Vergabekammer insbesondere nicht der Unterschrift eines **ehrenamtlichen Beisitzers**.[262] Zwingend erforderlich ist dagegen die Unterschrift des **Vorsitzenden** der Vergabekammer.[263] Das ergibt sich aus dem vorbehaltlich abweichender landesrechtlicher Regelungen anwendbaren **§ 37 Abs. 3 VwVfG**. Danach muss ein schriftlicher Verwaltungsakt die Unterschrift oder die Namenswiedergabe des Behördenleiters oder seines Vertreters bzw. Beauftragten enthalten. Bei einer Kollegialentscheidung ist grundsätzlich die Unterschrift des Vorsitzenden des Kollegiums erforderlich.[264] Die Wirksamkeit einer derart getroffenen Vergabekammerentscheidung entfällt bei einer für den Antragsteller positiven Entscheidung erst mit der Aufhebung durch das Beschwerdegericht. Zwar regeln § 173 Abs. 1 und 2 nur, dass die sofortige Beschwerde zum einen aufschiebende Wirkung gegenüber der Vergabekammerentscheidung zukommt, andererseits diese aufschiebende Wirkung zwei Wochen nach Ablauf der zweiwöchigen Beschwerdefrist entfällt. Ergänzend bestimmt § 173 Abs. 3, dass der Zuschlag bis zur Entscheidung nach § 176 oder 178 zu unterbleiben hat, wenn die Vergabekammer dem Antrag auf Nachprüfung durch Untersagung des Zuschlags stattgegeben hat. Nur für den Unterliegensfall des Antragstellers bestimmt § 173 Abs. S. 3, dass das Beschwerdegericht auf Antrag des Antragstellers die ansonsten entfallende aufschiebende Wirkung seiner sofortigen Beschwerde gegen die Vergabekammerentscheidung bis zur Entscheidung über die Beschwerde verlängern kann, um nicht eine irreversible Zuschlagserteilung des Auftraggebers zu ermöglichen. Hat die Vergabekammer keine Zuschlagsuntersagung angeordnet, sondern eine Zurückversetzung oder Neubewertung der Angebote, ist der Antragsteller gegen eine Zuschlagserteilung nach Erfüllung dieser Obliegenheiten durch die neuerliche Vorinformation nach § 134 geschützt.

Wird der **Nachprüfungsantrag** vor dem Vergabesenat **in zweiter Instanz zurückgenommen**, wird der **Vergabekammerbeschluss hinfällig** und entfaltet keinerlei Wirksamkeit mehr. Dies betrifft insbesondere **auch** schon **dort getroffene Kostenentscheidungen**. Ist der Beschluss hingegen wirksam ergangen und wird er nicht revidiert,[265] ist er auch **vollziehbar**. Ein derart **bestandskräftiger Beschluss der Vergabekammer** in der Sache entfaltet eine materielle Sperrwirkung, sodass zurückgewiesene Rügen in demselben Vergabeverfahren nicht mehr zu beachten sind. Entsprechende **Anträge wären als unzulässig abzuweisen**. 76

2. Vollstreckung der Entscheidung. Die **Vollstreckung** von Vergabekammerbeschlüssen richtet sich gem. **Abs. 3 S. 2 und 3** nach den **Vollstreckungsgesetzen** des Bundes bzw. der Länder. Danach kann eine Vergabekammer im Rahmen eines Nachprüfungsverfahrens **die Durchführung eines Vollstreckungsverfahrens anordnen und nötigenfalls auch mit dem Einsatz von Zwangsmitteln die Durchsetzung bestandskräftiger Entscheidungen betreiben**.[266] Das gilt insbesondere **auch in Bezug auf Hoheitsträger**.[267] Verwaltungsakte können aufgrund ihrer Titelfunktion von der Verwaltung selbst vollstreckt werden.[268] Die Anforderung der Vollstreckbarkeit der Entscheidungen der Vergabekammer beruht auf der **nach Art. 2 Abs. 7 RL 89/665/EWG**[269] **notwendigen Durchsetzbarkeit von Entscheidungen**.[270] Die Vollstreckung der Entscheidung von Vergabekammer und Vergabesenat ist **Teil des Nachprüfungsverfahrens**. Die Vollstreckung der Entscheidung dient anders als die gewöhnlicher Verwaltungsakte, die in erster Linie im öffentli- 77

---

[259] BGH Urt. v. 12.6.2001 – X ZB 10/01, BeckRS 2011, 06168 = NZBau 2011, 517; OLG Jena Beschl. v. 18.5.2009 – 9 Verg 4/09, VPRRS 2013, 0162.
[260] BGH Beschl. v. 12.6.2001 – X ZB 10/01, NZBau 2001, 517 (518).
[261] Vgl. dazu VK Rheinland-Pfalz Beschl. v. 6.1.2021 – VK 1-22/19, VPRRS 2021, 0038 und vorhergehend OLG Koblenz Beschl. v. 17.6.2020 – Verg 1/20, VPR 2020, 194, zum Verhältnis des Unterschriftserfordernisses aus § 37 Abs. 3 S. 1 VwVfG und anders lautenden Festlegungen in Geschäftsordnungen der Vergabekammern.
[262] BGH Beschl. v. 12.6.2001 – X ZB 10/01, NZBau 2001, 517 (518).
[263] OLG Düsseldorf Bechl. v. 5.9.2001 – Verg 18/01, VergabeR 2002, 89.
[264] Reidt/Stickler/Glahs/*Reidt* Rn. 70a.
[265] § 179 Abs. 1 spricht insoweit zu Recht von Bestandskraft und nicht von Rechtskraft, wenn gegen einen Vergabekammerbeschluss binnen zwei Wochen ab Zustellung keine Sofortige Beschwerde beim Vergabesenat erhoben wird oder dieser die Beschwerde als unzulässig oder unbegründet zurückweist.
[266] VK Thüringen Beschl. v. 19.7.2004 – 360–4003.20–003/03-ABG-V.
[267] Und zwar als Durchbrechung von § 17 VwVG, der ein Verbot der Vollstreckung gegen Behörden und juristische Personen des öffentlichen Rechts enthält; vgl. VK Münster Beschl. v. 6.12.2001 – VK 1/01-8/01.
[268] Amtl. Begr. BT- Drs. 13/9340, 19.
[269] Geändert durch RL 2007/66/EG, ABl. 2007 L 335, 31.
[270] Vgl. amtl. Begr. BT- Drs. 13/9340, 19.

chen Interesse vollstreckt werden, dem **Schutz der Interessen der Unternehmen** am Erhalt des strittigen Auftrags.[271] Aus diesem Grund wie auch aus systematischen und praktischen Gründen leitet die Vergabekammer Vollstreckungsmaßnahmen **nicht von Amts wegen** ein, sondern **nur auf Antrag.**[272] Das bedeutet, dass für den Fall, dass die Vergabestelle den Beschluss der Vergabekammer nicht befolgt, das Unternehmen, zugunsten dessen die Vergabekammer entschieden hatte, Vollstreckungsmaßnahmen beantragen kann und muss. Der Umstand, dass die Entscheidung der Vergabekammer durch Verwaltungsakt und nicht durch Urteil ergeht und das Nachprüfungsverfahren auch darüber hinaus große Ähnlichkeit mit dem verwaltungsgerichtlichen Verfahren aufweist, steht dem nicht entgegen. Der Vergabekammer ist es kaum möglich, nach Abschluss des Nachprüfungsverfahrens den weiteren Verlauf des Vergabeverfahrens daraufhin zu überwachen, ob ihre Entscheidung umgesetzt wird. Das gilt selbst vor dem Hintergrund, dass Abs. 3 S. 2 auf die Verwaltungsvollstreckungsgesetze des Bundes und der Länder verweist, wonach eine Vollstreckung antragsunabhängig erfolgt, und das Antragserfordernis in Abs. 3 S. 2 keinen Ausdruck gefunden hat. Das **Antragserfordernis folgt** aus der **gerichtsähnlichen Ausgestaltung der Nachprüfungsverfahren** vor den Vergabekammern **und** der primären **Gewährung subjektiven Rechtsschutzes** für die Betroffenen.[273] Ohne einen zulässigen Antrag mangelt es an einer formellen Voraussetzung für die Betreibung oder Fortführung des Vollstreckungsverfahrens.[274]

78   Auch im Rahmen der Vollstreckung gilt der Grundsatz der Gewährleistung des effektiven Rechtsschutzes der Bieter.[275] **Vollstreckt** wird nach Abs. 3 S. 2 ausdrücklich **auch gegen Vergabestellen, die Hoheitsträger** sind.[276] **Grundlage der Vollstreckung** ist die **Entscheidung der Vergabekammer** bzw. im Rahmen der sofortigen Beschwerde die Entscheidung des Vergabesenats.[277] Sofern landesrechtlich nichts anderes bestimmt ist, sind die Vergabekammern auch für die Vollstreckung der Entscheidungen der Oberlandesgerichte zuständig.[278] Denn Vollzugsbehörde ist nach den Verwaltungsvollstreckungsgesetzen grundsätzlich die Behörde, die den Grundverwaltungsakt erlassen hat.[279]

79   Die Verwaltungsvollstreckung kann **auch im Falle von Unterlassungen** eingeleitet werden, wenn konkrete Anhaltspunkte für einen gegenwärtigen oder künftigen Verstoß gegen die Unterlassungspflicht bestehen. Stellt ein Auftraggeber, dem die Zuschlagserteilung durch die Vergabekammer untersagt worden ist, neben der sofortigen Beschwerde auch noch einen Antrag auf Zuschlagsgestattung nach § 176 beim Beschwerdegericht, ist kein zulässiger Raum für einen gegenläufigen Vollstreckungsantrag des in erster Instanz obsiegenden Antragstellers. Vielmehr sind die gegenläufigen Standpunkte einzig und allein im Eilverfahren vor dem Beschwerdegericht für und gegen die dort beantragte einstweilige Verfügung geltend zu machen.[280]

80   Die Vollstreckung der Entscheidung der Vergabekammer richtet sich gem. Abs. 3 S. 2 nach den Verwaltungsvollstreckungsgesetzen des Bundes und der Länder. Bei der **Entscheidung der Vergabekammer** handelt es sich grundsätzlich um einen **vollstreckbaren Verwaltungsakt iSv § 6 VwVG.** Bloß feststellende Entscheidungen sind nicht vollstreckbar. Die Vollstreckung scheidet auch dann aus, wenn die Vergabestelle die Entscheidung der Vergabekammer nicht befolgt, weil sie gänzlich von der Vergabe des Auftrags absieht.[281] **Vollstreckungsmittel** sind für die Erzwingung von Handlungen, Duldungen oder Unterlassungen die Zwangsmittel der Verwaltungsvollstreckungsgesetze des Bundes und der Länder. Deren Katalog ist abschließend. Zwangsmittel sind nach § 9 VwVG die Ersatzvornahme (§ 10 VwVG), das **Zwangsgeld (§ 11 VwVG)** und der unmittelbare Zwang (§ 12 VwVG). Der Katalog möglicher Zwangsmittel umfasst weder Untersagungsgebote noch Feststellungsmaßnahmen.[282] Diese können lediglich Teil der Entscheidung der Vergabekammer sein, zu deren Durchsetzung die Verwaltungsvollstreckung dient. Ebenso wenig kommt beispielsweise

---

[271] KG Beschl. v. 24.10.2001 – KartVerg 10/01, VergabeR 2002, 100; VK Sachsen-Anhalt Beschl. v. 3.2.2003 – 33-32571/07 VK 05/02 MD, VPRRS 2003, 0464.
[272] Ausf. zu dieser Problematik VK Sachsen-Anhalt Beschl. v. 3.2.2003 – 33-32571/07 VK 05/02 MD, VPRRS 2003, 0464.
[273] *Kadenbach* in Müller-Wrede GWB Rn. 62.
[274] OLG Naumburg Beschl. v. 27.4.2005 – 1 Verg 3/05, NZBau 2005, 485.
[275] Byok/Jaeger/*Byok* Rn. 48.
[276] VK Münster Beschl. v. 6.12.2001 – VK 1/01-8/01.
[277] OLG Düsseldorf Beschl. v. 9.10.2002 – Verg 44/01.
[278] OLG Düsseldorf Beschl. v. 7.11.2001 – Verg 23/01, VPRRS 2003, 0074; KG Beschl. v. 24.10.2001 – KartVerg 10/01, VergabeR 2002, 100 (101).
[279] So auch VK Bund Beschl. v. 2.9.2011 – VK 3-62/11, VPRRS 2013, 0702 für das Verhältnis Vergabekammer – OLG.
[280] BGH Beschl. v. 29.6.2010 – X ZB 15/08, BeckRS 2010, 17567 = NZBau 2010, 713, zu § 121 GWB aF.
[281] Reidt/Stickler/Glahs/*Reidt* Rn. 75.
[282] VK Sachsen-Anhalt Beschl. v. 3.2.2003 – 33-32571/07 VK 05/02 MD, VPRRS 2003, 0464.

die öffentliche Unterrichtung von Bietern als Zwangsmittel zur Durchsetzung der Entscheidung der Vergabenachprüfungsinstanzen in Betracht.[283] Bei den Zwangsmitteln handelt es sich um **Beugemittel zur Erzwingung einer Handlung, Duldung oder Unterlassung, nicht** jedoch um **Strafmittel.** Die Festsetzung der Zwangsmittel erfolgt, wenn der Vollstreckungsschuldner seinen Verpflichtungen aus dem zu vollstreckenden Verwaltungsakt nicht nachgekommen ist oder den Anordnungen aus dem Verwaltungsakt zuwiderhandelt. Das Zwangsmittel kann so lange wiederholt und gewechselt werden, bis der Verwaltungsakt befolgt ist oder sich auf andere Weise erledigt hat (beispielsweise § 57 Abs. 3 VwVG NRW). Der Verpflichtete kann deshalb durch Befolgung des Verwaltungsaktes jederzeit selbst die Einstellung des Vollzugs bewirken. Hat die Vergabestelle im Zeitpunkt der Entscheidung über die Festsetzung des Zwangsgelds dem zu vollstreckenden Gebot bereits Folge geleistet, darf das Zwangsgeld nicht mehr verhängt werden.[284] Das **Zwangsgeld ist typischer Weise das einzige gegen öffentliche Auftraggeber in Betracht kommende Zwangsmittel.**[285]

Nach § 6 Abs. 1 VwVG darf ua aus bestandskräftigen Verwaltungsakten vollstreckt werden. Die Bestandskraft des Vergabekammerbeschlusses ist Voraussetzung für eine Vollstreckung.[286] Nach **Ablauf der Beschwerdefrist des § 172 Abs. 1 von zwei Wochen erwächst eine Vergabekammerentscheidung formell in Bestandskraft.** Diese beinhaltet materiell den Entscheidungsgegenstand,[287] also die jeweiligen Inhalte der Vergabekammerentscheidung, die sich regelmäßig im Tenor widerspiegeln. 81

Durchzuführen ist das sog gestreckte Verfahren. **Zwangsmittel sind** gem. § 13 Abs. 1 VwVG **zunächst anzudrohen** (1. Verwaltungsakt), **danach festzusetzen** (2. Verwaltungsakt). Etwas anderes gilt, wenn die besonderen Voraussetzungen des § 6 Abs. 2 VwVG vorliegen. Gegen die Androhung oder Festsetzung eines Zwangsmittels kann die Vergabestelle sofortige Beschwerde erheben.[288] Vollstreckt die Vergabekammer nicht von sich aus, kann der Vollstreckungsgläubiger bei dieser die Einleitung von **Vollstreckungsmaßnahmen beantragen.**[289] Obwohl § 18 VwVG nur Rechtsmittel gegen die Androhung oder Festsetzung von Zwangsmitteln vorsieht, wird diese Regelung aufgrund der Verweisung in Abs. 3 S. 2 analog für den Antrag auf Einleitung von Vollstreckungsmaßnahmen herangezogen. Die materielle Prüfung erfolgt nach vollstreckungsrechtlichen Bestimmungen des VwVG.[290] Der betroffene Bieter darf keinen neuen Nachprüfungsantrag gegen das von dem ursprünglichen Verfahren erfasste Verhalten der Vergabestelle einlegen. Wird trotzdem ein Antrag gestellt, kann dieser unter Umständen so ausgelegt werden, dass der Antragsteller mit diesem die Vollstreckung der ursprünglichen Entscheidung begehrt.[291] 82

Auf Vollstreckungsanträge findet weder die Entscheidungsfrist des § 167 Abs. 1 S. 1 noch die Ablehnung kraft gesetzlicher Anordnung nach § 171 Abs. 2 Hs. 2 Anwendung.[292] Deren Geltung ist auf das Nachprüfungsverfahren iSd §§ 155 ff. beschränkt. Diese Bestimmungen dienen allein der Beschleunigung des Nachprüfungsverfahrens. 83

Auf einen gestellten Vollstreckungsantrag hin kann die Vergabekammer in dem sich dann anschließenden gestreckten Verfahren zunächst die begehrte **Vollstreckung androhen (§ 13 VwVG).** Dies geschieht wie der zugrunde liegende Hauptsachbeschluss **durch Verwaltungsakt**[293] und unterliegt auch denselben formalen Voraussetzungen. Deshalb muss die Vollstreckungsandrohung auch dem Schriftformerfordernis nach § 37 Abs. 3 VwVfG des Bundes und der Länder genügen. 84

Die Vollstreckungsandrohung der Vergabekammer ist in der Regel mit **einer genauen Frist zu verbinden,** innerhalb derer der Beschlussvollzug durch den Verpflichteten, in der Regel der Auftraggeber, zu erfolgen hat. Der **bei Nichtvollzug fällige Zwangsgeldbetrag muss in genau bestimmter Höhe angedroht** werden, und der zugehörige Verwaltungsakt dem Auftraggeber förmlich zugestellt werden. 85

Schon gegen diesen ersten Verwaltungsakt der Vollstreckungsandrohung ist deshalb die sofortige Beschwerde zum Beschwerdegericht nach § 18 VwVG möglich. 86

---

[283] OLG Düsseldorf Beschl. v. 29.4.2003 – Verg 53/02, BeckRS 2009, 05073.
[284] OLG Düsseldorf Beschl. v. 29.4.2003 – Verg 53/02, BeckRS 2009, 05073.
[285] Bspw. VK Münster Beschl. v. 15.1.2003 – VK 1/01–8/01 Vs; Byok/Jaeger/*Byok* Rn. 30.
[286] OLG Düsseldorf Beschl. v. 10.3.2014 – VII-Verg 11/14, IBRRS 2014, 0942.
[287] VK Münster Beschl. v. 13.3.2012 – VK 2/12, BeckRS 2012, 20905.
[288] Reidt/Stickler/Glahs/*Reidt* Rn. 73.
[289] Reidt/Stickler/Glahs/*Reidt* Rn. 73b.
[290] Vgl. KG Beschl. v. 24.10.2001 – KartVerg 10/01, VergabeR 2002, 100 (101); Reidt/Stickler/Glahs/*Reidt* Rn. 73.
[291] OLG Düsseldorf Beschl. v. 29.12.2000 – Verg 31/00, NZBau 2001, 582.
[292] OLG Düsseldorf Beschl. v. 9.10.2002 – VII-Verg 44/01, BeckRS 2016, 08621.
[293] *Troidl* in Engelhardt/App/Schlatmann, Kommentar zum VwVG/VwZG, 12. Aufl. 2021, VwVG § 18 Rn. 2.

87 Hierfür bestehen dieselben formellen Anforderungen wie für eine sonstige sofortige Beschwerde gegen die Hauptsacheentscheidung, die der Vollstreckung zugrunde liegt. Insoweit ist die **absolute Notfrist von nur zwei Wochen ab Zustellung der Vollstreckungsandrohung** gem. § 171 Abs. 1 zu beachten. Versäumt der Auftraggeber dieses Rechtsmittel, wird die **Vollstreckungsandrohung der Vergabekammer bestandskräftig**. Dann bleibt ihm **nur noch das Vorgehen gegen die daraufhin erfolgende Zwangsgeldfestsetzung** als weiteren eigenständigen Verwaltungsakt der Vergabekammer.

88 Nach einer bestandskräftigen Androhung des Zwangsmittels muss die Vergabekammer von Amts wegen den Vollzug dieses Beschlusses kontrollieren und bei Nichterfüllung der auferlegten Verpflichtung das Zwangsmittel (in Betracht kommt allein ein Zwangsgeld) durch weiteren Verwaltungsakt[294] festsetzen.[295]

89 § 168 Abs. 3 S. 3 erklärte bis zum Jahr 2021 § 61 und § 86a S. 2 hinsichtlich der Vollstreckung von Entscheidungen der Vergabekammer für **entsprechend anwendbar**. Aus der Anwendbarkeit von § 61 aF ergab sich, dass **Verfügungen** der Vergabekammer gem. § 61 Abs. 1 S. 1 **zu begründen und** den Beteiligten nach den Vorschriften des **Verwaltungszustellungsgesetzes mit einer Belehrung über das zulässige Rechtsmittel zuzustellen** sind. Da auf der Grundlage von Abs. 3 S. 3 § 86a S. 2 aF entsprechend anwendbar war, betrug **die Höhe des Zwangsgeldes schon seit 2009 mindestens 1.000 EUR und höchstens 10 Mio. EUR**.[296] Die effektive Durchsetzung von Anordnungen der Vergabekammern setzt voraus, dass **geeignete Zwangsmittel zur Verfügung** stehen. Der Gesetzgeber hatte den Verweis auf § 86a S. 2 aF eingefügt, weil die Rechtspraxis der Vergabekammern gezeigt hatte, dass vereinzelt öffentliche Auftraggeber die Anordnungen der Vergabekammern ignoriert haben.[297]

90 Mit dem **GWB-Digitalisierungsgesetz**[298] hat der Normgeber § 168 Abs. 3 neu gefasst und die konkreten Höhen denkbarer **Zwangsgelder enumerativ mit Unter- und Obergrenze in das Gesetz** (= neuer § 168 Abs. 3 S. 3) integriert. Hintergrund dieser Gesetzesänderung ist die **Neufassung** des bisher in Bezug genommenen **§ 86a S. 2**, der nunmehr im eigentlichen Kartellstreitverfahren folgende Fassung erhalten hat: „Die Höhe des Zwangsgeldes gegen Unternehmen oder Unternehmensvereinigungen kann für jeden Tag des Verzuges ab dem in der Androhung bestimmten Zeitpunkt bis zu 5 Prozent des im vorausgegangenen Geschäftsjahr erzielten durchschnittlichen weltweiten Tagesgesamtumsatzes des Unternehmens oder der Unternehmensvereinigung betragen". Da diese Bezugsnorm nunmehr einen völlig anderen Ansatzpunkt wählt, musste die bisherige Altbestimmung von § 86a S. 2 **aF** nunmehr **wörtlich** in § 168 **übernommen** werden. Zudem wurde der **Verweis** auf § 61 im neuen § 168 Abs. 3 S. 4 konkreter **nur auf die beiden ersten Absätze** spezifiziert. Hintergrund ist, dass auch der jetzige § 61 Abs. 3 einen völlig anderen Sachverhalt betrifft, sodass die alte Verweisung auf den gesamten § 61 zu korrigieren war.

§ 169 Aussetzung des Vergabeverfahrens

(1) Informiert die Vergabekammer den Auftraggeber in Textform über den Antrag auf Nachprüfung, darf dieser vor einer Entscheidung der Vergabekammer und dem Ablauf der Beschwerdefrist nach § 172 Absatz 1 den Zuschlag nicht erteilen.

(2) ¹Die Vergabekammer kann dem Auftraggeber auf seinen Antrag oder auf Antrag des Unternehmens, das nach § 134 vom Auftraggeber als das Unternehmen benannt ist, das den Zuschlag erhalten soll, gestatten, den Zuschlag nach Ablauf von zwei Wochen seit Bekanntgabe dieser Entscheidung zu erteilen, wenn unter Berücksichtigung aller möglicherweise geschädigten Interessen sowie des Interesses der Allgemeinheit an einem raschen Abschluss des Vergabeverfahrens die nachteiligen Folgen einer Verzögerung der Vergabe bis zum Abschluss der Nachprüfung die damit verbundenen Vorteile überwiegen. ²Bei

---

[294] *Troidl* in Engelhardt/App/Schlatmann, Kommentar zum VwVG/VwZG, 12. Aufl. 2021, VwVG § 18 Rn. 10.
[295] *Blöcker* in RKPP GWB Rn. 164.
[296] Die Vergabekammer Arnsberg hatte in einen später aber wegen Nichtigkeit vom OLG Düsseldorf durch Beschl. v. 10.3.2014 – Verg 11/14, IBRRS 2014, 0942, aufgehobenen Beschl. v. 6.2.2014 – VK 22/13, NZBau 2014, 254, ein Zwangsgeld in Höhe von monatlich 850.000 EUR angedroht und die Höhe ua damit begründet, die Androhung müsse beim Auftraggeber bei dessen Haushaltsvolumen in Höhe von 455,2 Mio. EUR spürbar werden.
[297] Vgl. *Brauer* NZBau 2009, 297, 299 mwN.
[298] Gesetz zur Änderung des Gesetzes gegen Wettbewerbsbeschränkungen für ein fokussiertes, proaktives und digitales Wettbewerbsrecht 4.0 und anderer Bestimmungen v. 18.1.2021, in Kraft getreten am 19.1.2021, BGBl. 2021 I 2.

I. Entstehungsgeschichte

der Abwägung ist das Interesse der Allgemeinheit an einer wirtschaftlichen Erfüllung der Aufgaben des Auftraggebers zu berücksichtigen; bei verteidigungs- oder sicherheitsspezifischen Aufträgen im Sinne des § 104 sind zusätzlich besondere Verteidigungs- und Sicherheitsinteressen zu berücksichtigen. [3]Die besonderen Verteidigungs- oder Sicherheitsinteressen überwiegen in der Regel, wenn der öffentliche Auftrag oder die Konzession im unmittelbaren Zusammenhang steht mit
1. einer Krise,
2. einem mandatierten Einsatz der Bundeswehr,
3. einer einsatzgleichen Verpflichtung der Bundeswehr oder
4. einer Bündnisverpflichtung.

[4]Die Vergabekammer berücksichtigt dabei auch die allgemeinen Aussichten des Antragstellers im Vergabeverfahren, den Auftrag oder die Konzession zu erhalten. [5]Die Erfolgsaussichten des Nachprüfungsantrags müssen nicht in jedem Fall Gegenstand der Abwägung sein. [6]Das Beschwerdegericht kann auf Antrag das Verbot des Zuschlags nach Absatz 1 wiederherstellen; § 168 Absatz 2 Satz 1 bleibt unberührt. [7]Wenn die Vergabekammer den Zuschlag nicht gestattet, kann das Beschwerdegericht auf Antrag des Auftraggebers unter den Voraussetzungen der Sätze 1 bis 4 den sofortigen Zuschlag gestatten. [8]Für das Verfahren vor dem Beschwerdegericht gilt § 176 Absatz 2 Satz 1 und 2 und Absatz 3 entsprechend. [9]Eine sofortige Beschwerde nach § 171 Absatz 1 ist gegen Entscheidungen der Vergabekammer nach diesem Absatz nicht zulässig.

(3) [1]Sind Rechte des Antragstellers aus § 97 Absatz 6 im Vergabeverfahren auf andere Weise als durch den drohenden Zuschlag gefährdet, kann die Kammer auf besonderen Antrag mit weiteren vorläufigen Maßnahmen in das Vergabeverfahren eingreifen. [2]Sie legt dabei den Beurteilungsmaßstab des Absatzes 2 Satz 1 zugrunde. [3]Diese Entscheidung ist nicht selbständig anfechtbar. [4]Die Vergabekammer kann die von ihr getroffenen weiteren vorläufigen Maßnahmen nach den Verwaltungsvollstreckungsgesetzen des Bundes und der Länder durchsetzen; die Maßnahmen sind sofort vollziehbar. [5]§ 86a Satz 2 gilt entsprechend.

(4) [1]Macht der Auftraggeber das Vorliegen der Voraussetzungen nach § 117 Nummer 1 bis 3 oder § 150 Nummer 1 oder 6 geltend, entfällt das Verbot des Zuschlags nach Absatz 1 fünf Werktage nach Zustellung eines entsprechenden Schriftsatzes an den Antragsteller; die Zustellung ist durch die Vergabekammer unverzüglich nach Eingang des Schriftsatzes vorzunehmen. [2]Auf Antrag kann das Beschwerdegericht das Verbot des Zuschlags wiederherstellen. [3]§ 176 Absatz 1 Satz 1, Absatz 2 Satz 1 sowie Absatz 3 und 4 ist entsprechend anzuwenden.

Schrifttum: *Brauer*, Das Verfahren vor der Vergabekammer, NZBau 2009, 297; *Erdl*, Der neue Vergaberechtsschutz – Das deutsche Recht im europäischen Kontext, 1999; *Erdmann*, Die Interessenabwägung im vergaberechtlichen Eilrechtsschutz gemäß §§ 115 Abs. 2 S. 1, 118 Abs. 2 und 212 Abs. 1 S. 2 GWB, VergabeR 2008, 908; *Gröning*, Das Beschwerdeverfahren im neuen Vergaberecht, ZIP 1999, 184; *Gröning*, Die Grundlagen des neuen Vergaberechtsschutzes, ZIP 1999, 52; *Kramer*, Konjunkturpakete und Vergaberecht, IR 2009, 58; *Kühnen*, Das Verfahren vor dem Vergabesenat, NZBau 2009, 357; *Leinemann*, Die Vergabe öffentlicher Aufträge, 4. Aufl. 2007; *Leinemann*, Anm. zu OLG Düsseldorf, Beschl. v. 29.12.2000, Verg 31/00, VergabeR 2001, 64; *Opitz*, Das Eilverfahren, NZBau 2005, 213; *Stapenhorst*, Anm. zu KG, Beschl. v. 24.10.2001, Kart Verg 10/01, VergabeR 2002, 103; *Weyand*, ibr-online-Kommentar Vergaberecht, Stand 22.6.2009.

Übersicht

	Rn.		Rn.
I. Entstehungsgeschichte	1	a) Antragsvoraussetzungen	17
II. Normzweck	5	b) Wiederherstellung des Zuschlagsverbots	33
III. Aussetzung des Vergabeverfahrens	7	3. Weitere vorläufige Maßnahmen (Abs. 3)	35
1. Zuschlagsverbot (Abs. 1)	7		
2. Gestattung der vorzeitigen Erteilung des Zuschlags (Abs. 2)	17	4. Fall des § 117 Nr. 1–3 oder § 150 Nr. 1 oder 6	45

I. Entstehungsgeschichte

§ 169 war als § 115 schon in der ersten Fassung des 4. Teils des GWB enthalten. Die Regelung beinhaltet zwei Gesichtspunkte, die nach der vorausgegangenen Erfahrung mit den Vergabeüberwa- 1 chungsausschüssen[1] erforderlich geworden waren, um den geforderten effektiven Rechtsschutz zu gewährleisten. Die Vergabeüberwachungsausschüsse konnten ein **Zuschlagsverbot anordnen, was jedoch nicht die Wirkung eines gesetzlichen Verbots** hatte. Trotzdem geschlossene Verträge waren gültig und öffentliche Auftraggeber retteten sich im Falle von Nachprüfungen in schnelle Vergaben und schufen damit **vollendete Tatsachen**. Das mit § 115 Abs. 1 in der Fassung vom 26.8.1998[2] eingeführte gesetzliche Zuschlagsverbot zog die Lehre aus dieser Beobachtung und begründete mit dem gesetzlichen Verbot die rechtliche Nichtigkeit der gegen das Zuschlagsverbot geschlossenen Verträge.[3] Dem Schutz der Effektivität des Rechtsschutzes dient ergänzend auch Abs. 3. Die **Möglichkeit eines Eilantrages** des Auftraggebers (§ 115 Abs. 2 S. 1 in der Fassung vom 26.8.1998 bzw. § 169 Abs. 2 S. 1) sollte demgegenüber wieder einen Ausgleich schaffen, wobei zunächst im Gesetzgebungsverfahren streitig war, ob dem Bieter, dessen Angebot nicht berücksichtigt werden soll, gegen eine Zuschlagsgestattung automatisch eine Beschwerdefrist zustehen oder diese erst auf Antrag beim Beschwerdegericht eingeräumt werden sollte. Das hätte für die Bieter den Nachteil gehabt, dass bis zur Anordnung des Beschwerdegerichts der Zuschlag in der Mehrzahl der Fälle wohl erteilt gewesen wäre. Die im Ergebnis getroffene Regelung (§ 115 Abs. 2 S. 2 in der Fassung vom 26.8.1998 bzw. § 169 Abs. 2 S. 6) trägt auch dem Rechtsschutzbedürfnis der Bieter Rechnung[4] und bietet eine für beide Seiten faire Lösung.

2   Der ehemalige § 115 wurde durch das am 24.4.2009 in Kraft getretene Gesetz zur Modernisierung des Vergaberechts **neu gefasst.**[5] Die danach geltende Fassung unterschied sich in einigen Punkten erheblich von der Ursprungsfassung von § 115.[6] Das gilt insbesondere in Bezug auf die **Erweiterung der Antragsbefugnis** nach Abs. 2 S. 1 auf das Unternehmen, das den Zuschlag erhalten soll, den bei einem Antrag nach Abs. 2 S. 1 zu berücksichtigenden **Abwägungsmaßstab** (§ 115 Abs. 2 S. 2–4 in der Fassung vom 20.4.2009 bzw. § 169 Abs. 2 S. 2 und 4–5), die Bestimmung des **Abs. 3 S. 4**, dass vorläufige Maßnahmen iSv **Abs. 3 S. 1** nach den Verwaltungsvollstreckungsgesetzen des Bundes und der Länder durchgesetzt werden können, und für den **neu geschaffenen**, auch in der heutigen Fassung von § 169 enthaltenen **Abs. 4**.

3   Mit der **9. GWB-Novelle 2016** wurde aus § 115 schließlich § 169. Inhaltlich wurde die Norm redaktionell angepasst, in Abs. 2 und 3 wurden neben den Aufträgen auch die Konzessionen genannt, in Abs. 4 wurden die entsprechenden Ausnahmevorschriften der RL 2014/24/EU, 2014/25/EU und 2914/23/EU übernommen.

4   Im Jahr 2020 wurde durch Art. 1 des **Gesetzes zur beschleunigten Beschaffung im Bereich der Verteidigung und Sicherheit** und zur Optimierung der Vergabestatistik[7] ein **neuer S. 3 in Abs. 2** eingefügt. Die bisherigen S. 3–8 in Abs. 2 wurden entsprechend zu den S. 4–9. Gemäß Abs. 2 S. 3 nF überwiegen die besonderen Verteidigungs- und Sicherheitsinteressen im Rahmen der nach Abs. 2 S. 1 vorzunehmenden Abwägung in der Regel, wenn der öffentliche Auftrag oder die Konzession im unmittelbaren Zusammenhang steht mit einer Krise, einem mandatierten Einsatz der Bundeswehr, einer einsatzgleichen Verpflichtung der Bundeswehr oder einer Bündnisverpflichtung. Ziel der Neuregelung ist es, den Besonderheiten der genannten Fallkonstellationen in diesem Bereich, in denen regelmäßig ein besonders eilbedürftiger Beschaffungsbedarf besteht, angemessen Rechnung zu tragen. Auf diese Weise soll insbesondere in den aufgeführten Beispielsfällen eine Verzögerung der Beschaffung aufgrund eines Nachprüfungsverfahrens möglichst vermieden oder zumindest minimiert werden.[8]

II. Normzweck

5   § 169 trägt **zwei wesentlichen Säulen des effektiven Rechtsschutzes** Rechnung. Die Vorschrift bezweckt einen Ausgleich zwischen den Interessen der Bieter, deren Angebote nicht berücksichtigt werden sollen, auf der einen und denen des Auftraggebers bzw. des Unternehmens, das den Zuschlag erhalten soll, auf der anderen Seite. Zum einen wird durch das **gesetzliche Zuschlagsverbot und die Regelung in Abs. 3** der Bieterrechtsschutz abgesichert und effektiv gestaltet. Zum anderen wird dem Bedürfnis der öffentlichen Auftraggeber, in bestimmten Situationen schnell reagieren zu können, durch die Möglichkeit, einen **Antrag auf Gestattung des Zuschlags** stellen zu können, Rechnung getragen. Die Vorschrift enthält damit Regelungen, die **effektiven Rechts-**

---

[1] Dreher/Stockmann § 115 Rn. 1, 2.
[2] BGBl. 1998 I 2512.
[3] BT-Drs. 13/9340, 20.
[4] BT-Drs. 13/9340, 50.
[5] BGBl. 2009 I 794.
[6] Zur Altfassung s. BGBl. 1998 I 2512.
[7] BGBl. 2020 I 674.
[8] Amtl. Begr. BT-Drs. 19/15603, 59.

schutz für Bieter und Vergabestellen gleichermaßen sicherstellen.[9] **Abs. 1** legt fest, dass die Vergabestelle den Zuschlag nicht mehr erteilen darf, sobald sie von der Vergabekammer in Textform über einen bei ihr eingegangenen Nachprüfungsantrag informiert worden ist. Das mit Erhalt der Mitteilung **von Gesetzes wegen eintretende Zuschlagsverbot** dauert grundsätzlich mindestens bis zum Ablauf der Beschwerdefrist nach **§ 172 Abs. 1.** Es verhindert, dass die Vergabestelle während eines laufenden Nachprüfungsverfahrens zulasten eines primärrechtsschutzsuchenden Bieters durch die Erteilung des Zuschlags vollendete Tatsachen schaffen kann. Das Vergabeverfahren wird damit zugunsten der Klärung der behaupteten Rechtsverletzung unterbrochen. **Abs. 2** ermöglicht Vergabestellen und Unternehmen, das Zuschlagsverbot unter bestimmten Voraussetzungen vor dem Abschluss des Nachprüfungsverfahrens aufheben zu lassen. Maßstab ist eine anhand der in Abs. 2 genannten Kriterien durchzuführende Abwägung zwischen dem Rechtsschutzinteresse des Bieters, dessen Angebot nicht berücksichtigt werden soll, und dem Interesse der Allgemeinheit an einem raschen Abschluss des Vergabeverfahrens. **Abs. 3** eröffnet Bietern die Möglichkeit, sich mit weiteren Anträgen an die Vergabekammer zu wenden, wenn ihre Rechte während eines Nachprüfungsverfahrens anders als durch den drohenden Zuschlag gefährdet sind. Dazu kann im Extremfall auch der Antrag gehören, den Auftraggeber zu verpflichten, das Verfahren vollkommen ruhen zu lassen.[10] **Abs. 4** enthält besondere Bestimmungen für Anträge nach **Abs. 2** für den Fall, dass es sich um einen Auftrag handelt, der die Voraussetzungen der Sicherheits- und Geheimhaltungsausnahme des § 117 oder § 150 erfüllt.

Abs. 1 steht systematisch im Zusammenhang mit **§ 97 Abs. 6,** der Bietern subjektive Rechte **6** einräumt und damit Grundlage für die Möglichkeit ist, ihnen effektiven Primärrechtsschutz zu gewähren. **Abs. 1** ist insbesondere durch **§ 168 Abs. 2 S. 1 und § 178 S. 4** bedingt, wonach der Zuschlag nicht mehr aufgehoben werden kann. Ohne die **Zuschlagssperre des Abs. 1** wäre die Erlangung von Primärrechtsschutz in der Praxis kaum möglich. **Abs. 2 und Abs. 4** stehen im engen Regelungszusammenhang mit dem in § 167 verankerten **Beschleunigungsgebot.** Denn **Abs. 2** ermöglicht unter bestimmten Umständen die **Vorabgestattung des Zuschlags** und damit den zügigen Abschluss des Vergabeverfahrens. **Abs. 4** genügt dem Beschleunigungsgebot dadurch, dass das Verbot des Zuschlages **fünf Werktage** nach Zustellung eines entsprechenden Schriftsatzes an den Antragsteller entfällt, wenn die Voraussetzungen der **Sicherheits- und Geheimhaltungsausnahme des § 117 oder § 150** erfüllt sind. Darüber hinaus steht **Abs. 1 im Regelungszusammenhang mit § 172 Abs. 1,** der die Beschwerdefrist und damit die grundsätzliche Dauer des Zuschlagsverbots mitbestimmt.

III. Aussetzung des Vergabeverfahrens

1. Zuschlagsverbot (Abs. 1). Das **Zuschlagsverbot nach Abs. 1** dient der effektiven Durch- **7** setzung des **Primärrechtsschutzes,** der sonst trotz laufenden Nachprüfungsverfahrens vom öffentlichen Auftraggeber durch Erteilung des Zuschlags unterlaufen werden könnte.[11] Das Zuschlagsverbot ist Ausdruck des **Art. 1 und des Art. 2 Abs. 1 lit. a RL 89/665/EWG (EG-Überwachungsrichtlinie),**[12] wonach, wie auch auf der Grundlage von **Art. 19 Abs. 4 GG,** effektiver Rechtsschutz sicherzustellen ist. Das gesetzliche Zuschlagsverbot tritt gem. **Abs. 1** ein, sobald die Vergabestelle **von der Vergabekammer** eine **Mitteilung in Textform** erhält. Nicht ausreichend für die Auslösung des Zuschlagsverbots ist, dass der Antragsteller selbst die Vergabestelle vor Ablauf der Wartefrist über die erfolgte Einreichung seines Nachprüfungsantrags informiert[13] oder diese auf sonstige Weise Kenntnis von dem Nachprüfungsantrag erlangt.[14] Die Mitteilung der Vergabekammer muss lediglich die Information enthalten, dass bei ihr ein **Nachprüfungsantrag nach § 160 Abs. 1 eingegangen** ist. Angaben dazu, wer den Nachprüfungsantrag gestellt hat und welche Verstöße gegen Vergaberecht der Vergabestelle vorgeworfen werden, muss die Mitteilung nicht enthalten. Auf die förmliche Zustellung des Nachprüfungsantrags an die Vergabestelle kommt es für den Eintritt des Zuschlagsverbots nicht mehr an. Der **Verzicht auf das Zustellungserfordernis** ermöglicht nach der Intention des Gesetzge-

---

[9] Vgl. OLG Celle Beschl. v. 21.3.2001 – 13 Verg 4/01, VergabeR 2001, 338 (339 f.).
[10] Amtl. Begr. BT-Drs. 13/9340, 20.
[11] BayObLG Beschl. v. 13.8.2004 – Verg 17/04, BayObLGZ 2004, 229; OLG Celle Beschl. v. 21.3.2001 – 13 Verg 4/01, VergabeR 2001, 338 (339).
[12] RL 89/665 zur Koordinierung der Rechts- und Verwaltungsvorschriften für die Anwendung der Nachprüfungsverfahren im Rahmen der Vergabe öffentlicher Liefer- und Bauaufträge, ABl. 1989 L 395, 33, geändert durch RL 2007/66, ABl. 2007 L 335, 31.
[13] OLG Düsseldorf Beschl. v. 11.12.2019 – VII-Verg 53/18, NZBau 2020, 406 Rn. 43 mwN; VK Berlin Beschl. v. 24.9.2020 – VK B 1-10/19, IBRRS 2020, 3199.
[14] VK Berlin Beschl. v. 24.9.2020 – VK B-1 10/19, IBRRS 2020, 3199.

bers zutreffend die **Vereinfachung des Nachprüfungsverfahrens**.[15] Die sich aus der Notwendigkeit einer förmlichen Zustellung des Nachprüfungsantrags an die Vergabestelle ergebenden Probleme entfallen und damit ein Streitpunkt, der die Nachprüfungsinstanzen in der Vergangenheit immer wieder zeitaufwändig beschäftigt hat. Nicht einmal die bloße Übermittlung des Nachprüfungsantrags als solches ist notwendig, um das Zuschlagsverbot auszulösen. Allein die **Mitteilung des Umstandes, dass ein Nachprüfungsantrag eingegangen ist**, reicht aus.

8 Dieser Sachverhalt ist in Textform mitzuteilen. Ist durch Gesetz Textform vorgeschrieben, so muss die Erklärung gem. **§ 126b BGB** in einer Urkunde oder auf andere zur dauerhaften Wiedergabe in Schriftzeichen geeignete Weise abgegeben, die Person des Erklärenden genannt und der Abschluss der Erklärung durch Nachbildung der Namensunterschrift oder anders erkennbar gemacht werden.[16]

9 Sinn und Zweck des gesetzlichen Zuschlagsverbots ist, dass es der Vergabestelle während eines laufenden Nachprüfungsverfahrens nicht möglich sein soll, vollendete Tatsachen zu schaffen.[17] Ein **wirksam erteilter Zuschlag** kann gem. **§ 168 Abs. 2 S. 1** nicht wieder aufgehoben werden, ist also **irreversibel**. Erteilt die Vergabestelle unter Verstoß gegen das Zuschlagsverbot den Zuschlag und schließt damit den Beschaffungsvertrag, so ist dieser jedoch **aufgrund von § 134 BGB nichtig**.[18] Gleichfalls darf die Vergabestelle den Vertrag auch nicht unter einer aufschiebenden Bedingung (**§ 158 Abs. 1 BGB**) schließen sowie insgesamt keinerlei Willenserklärung abgeben, die in Hinsicht auf einen Vertragsabschluss Bindungswirkungen auslösen könnten.[19] Zur Gewährleistung effektiven Primärrechtsschutzes ist ein Zuschlag gem. **§ 169 Abs. 1 iVm § 134 BGB auch nichtig**, wenn die **Übermittlung der Textmitteilung** des Nachprüfungsantrags an den Auftraggeber **durch eine unzuständige Vergabekammer** erfolgt ist.[20]

10 Abs. 1 regelt nicht, welche Voraussetzungen erfüllt sein müssen, damit die Vergabekammer der Vergabestelle die Textmitteilung übermitteln darf bzw. muss. Auf der Grundlage des Wortlauts der Vorschrift des **Abs. 1** ergibt sich in Zusammenschau mit **§ 163 Abs. 2 S. 3**, dass die Vergabekammer vor der Übermittlung dieser Textmitteilung den Nachprüfungsantrag grundsätzlich **nicht** daraufhin **prüfen** muss, ob dieser **offensichtlich unzulässig oder unbegründet** ist. Das folgt zunächst daraus, dass **Abs. 1 nicht (mehr) im direkten Regelungszusammenhang mit § 163 Abs. 2 S. 3** steht. Nach **§ 115 Abs. 1 aF** trat die Zuschlagssperre ein, nachdem die Vergabekammer der Vergabestelle den Nachprüfungsantrag zugestellt hatte. Vor der Zustellung musste die Vergabekammer den Nachprüfungsantrag gem. **§ 110 Abs. 2 S. 1 aF** daraufhin prüfen, ob dieser offensichtlich unzulässig oder unbegründet war. Nach beiden Vorschriften musste der Zustellung des Nachprüfungsantrags damit die Vorabprüfung des Nachprüfungsantrags vorausgehen. Diesem „Gleichlauf" der Vorschriften hat der Gesetzgeber auf der Grundlage des Wortlauts beider Vorschriften die Grundlage entzogen. So knüpft **Abs. 1** den Eintritt des Zuschlagsverbots nunmehr an die Übermittlung einer bloßen Textmitteilung an die Vergabestelle, dass ein Nachprüfungsantrag eingegangen ist. Hingegen übermittelt die Vergabekammer nach **§ 163 Abs. 2 S. 2** dem Auftraggeber eine Kopie des Nachprüfungsantrags und fordert bei ihm die Vergabeakten an, sofern der Antrag nicht offensichtlich unzulässig oder unbegründet ist. Etwas anderes ergibt sich auch nicht aus den zugehörigen **Gesetzesmaterialien**. Der Entwurf der Bundesregierung ging in Bezug auf § 115 Abs. 1 aF und § 110 Abs. 2 S. 3 aF übereinstimmend davon aus, dass eine „Kopie des Antrags" zu übermitteln ist.[21] Die Übermittlung der Kopie des Nachprüfungsantrags durch die Vergabekammer hätte gem. Abs. 1 des Entwurfes die Zuschlagssperre ausgelöst. Die Kopie des Nachprüfungsantrags hätte nach § 110 Abs. 2 S. 3 des Entwurfes jedoch nur dann übermittelt werden müssen, wenn die Vergabekammer den Nachprüfungsantrag nicht für offensichtlich unzulässig oder unbegründet gehalten hätte. Auf der Grundlage des Entwurfes wäre damit weiterhin von einem engen Regelungszusammenhang bzw. „Gleichlauf" der beiden Vorschriften auszugehen gewesen, weil beide Vorschriften auf die Übermittlung einer Kopie des Nachprüfungsantrages abstellten. Im Ergebnis hätte der Übermittlung der Kopie und damit der Auslösung des Suspensiveffekts des Abs. 1 im Einzelfall stets die – in § 110 Abs. 2 S. 3 verlangte – Prüfung des Nachprüfungsantrags auf offensichtliche Unzulässigkeit oder Unbegründetheit vorausgehen müssen. Diesen **Gleichlauf** hat der Gesetzgeber jedoch offensichtlich **nicht gewollt**, weil die Auslösung der Zuschlagssperre in der Endfassung des Abs. 1 S. 1 gerade

---

[15] BR-Drs. 349/08, 43.
[16] Zu den einzelnen Merkmalen s. MüKoBGB/*Einsele* BGB § 126b Rn. 4–10.
[17] Amtl. Begr. BT-Drs. 13/9340, 20.
[18] Amtl. Begr. BT-Drs. 13/9340, 20; BayObLG Beschl. v. 13.8.2004 – Verg 17/04, BayObLGZ 2004, 229; *Gröning* ZIP 1999, 52 (56).
[19] Vgl. OLG Frankfurt a. M. Beschl. v. 20.2.2003 – 11 Verg 1/02, NZBau 2004, 173.
[20] So für die Zustellung eines Nachprüfungsantrags nach § 115 Abs. 1 aF VK Bund Beschl. v. 18.9.2008 – VK 3–122/08, BeckRS 2008, 140966; VK Bund Beschl. v. 18.9.2008 – VK 3–119/08, BeckRS 2008, 140960.
[21] S. BR-Drs. 349/08, 10.

nicht mehr von der Übermittlung einer Kopie des Nachtprüfungsantrags abhängen soll, vielmehr die Übermittlung einer Textmitteilung reicht.

Etwas anderes muss für den Fall gelten, dass die Vergabestelle eine **Schutzschrift** hinterlegt 11 hat. Der Gesetzgeber hat durch **§ 163 Abs. 2 S. 2** klargestellt, dass die Vergabestelle durch die Hinterlegung einer Schutzschrift den Eintritt des Zuschlagsverbots des **Abs. 1 S. 1** verhindern kann. Diese Möglichkeit ist von der Rechtsprechung seit langem anerkannt. Soll nicht der vom Gesetzgeber in Form der Schutzschrift intendierte Zweck, das Nachprüfungsverfahren zu beschleunigen bzw. die Zuschlagssperre in bestimmten Fällen erst gar nicht eintreten zu lassen,[22] unterlaufen werden, muss die Vergabekammer den **Nachprüfungsantrag vor der Übermittlung der Textmitteilung** (Abs. 1) zunächst darauf **prüfen, ob er nicht offensichtlich unzulässig oder unbegründet** ist. Denn ist die Zuschlagssperre einmal eingetreten, so hat die Schutzschrift ihr Ziel verfehlt.

Die Vergabekammer kann und darf die Mitteilung an den öffentlichen Auftraggeber also bereits 12 auf der Basis des Eingangs eines Dokuments schicken, das auf der Grundlage des objektiven Empfängerhorizonts als Nachprüfungsantrag identifizierbar ist[23] und damit zur Sicherung des Rechtsschutzes das Zuschlagsverbot auslösen. Liegt eine **Schutzschrift** vor, wird deren Inhalt in der ersten summarischen Prüfung, ob der Nachprüfungsantrag offensichtlich unzulässig oder offensichtlich unbegründet ist, berücksichtigt. Das Ergebnis dieser Prüfung kann dazu führen, dass **die Vergabekammer von einer Information des Auftraggebers absieht** und das Zuschlagsverbot nicht auslöst, weil ein unter allen erdenklichen Gesichtspunkten aussichtsloser Nachprüfungsantrag das Vergabeverfahren nicht anhalten können soll. Die Entscheidung über die Übermittlung liegt im pflichtgemäßen Ermessen der Vergabekammer. Sie ist nicht verpflichtet, jede noch so unbestimmte Eingabe, die mit „Nachprüfungsantrag" überschrieben ist, dem Auftraggeber zu übermitteln. Eine solche Pflicht lässt sich weder aus § 163 Abs. 2 noch aus § 169 Abs. 1 ableiten und sie ergibt sich auch nicht im Wege der Auslegung aus § 97 Abs. 6. Sieht die Vergabekammer von einer Übermittlung ab, hat sie jedoch sicherzustellen, dass der Antragsteller gegen diese Entscheidung noch rechtzeitig Rechtsschutz suchen kann. In diesem Fall wäre der Antragsteller unverzüglich über die Entscheidung, den Antrag nicht zu übermitteln, zu informieren (der entsprechende Beschluss der Kammer wäre ihm zuzustellen), damit er ggf. Rechtsschutz bei der Beschwerdeinstanz suchen kann. Kommt die Vergabekammer **nach Auslösung des Zuschlagsverbots** zu dem Ergebnis, dass der **Antrag offensichtlich unzulässig oder unbegründet** ist, kann sie dem Antragsteller dazu einen rechtlichen Hinweis geben, um ihm die Antragsrücknahme zu ermöglichen. Folgt der Antragsteller dem Hinweis nicht, hat die Kammer durch Beschluss zu entscheiden, gegen den die sofortige Beschwerde **(§ 171)** möglich ist.

Abs. 1 enthält keine Regelung zur **Art und Weise der Übermittlung der Textmitteilung.** 13 Auf der Grundlage des § 126b BGB und des in § 167 geregelten Beschleunigungsgebots ist jedoch zu fordern, dass die Vergabekammer der Vergabestelle die Textmitteilung auf dem schnellstmöglichen Weg und damit durch **Telefax** mit einem Empfangsbekenntnis schicken muss. Ein **Anruf reicht nicht.** Die Übersendung eines eingescannten, **eine Unterschrift tragenden Schreibens** mit beigefügtem Empfangsbekenntnis per Email ist zulässig. Das Empfangsbekenntnis hat die Vergabestelle unmittelbar an die Vergabekammer zurückzuleiten, ggf. muss der Zugang erfragt werden. Die Sendebestätigungen für Telefax oder E-Mail sind zwar ein Indiz für den Zugang, sodass ein einfaches Bestreiten des Zugangs durch die Vergabestelle nicht reichen würde. Dennoch sind die Empfangsbekenntnisse einzufordern, da sie als Akteninhalt in der Verfahrensakte der Vergabekammer den Zeitpunkt der Auslösung des Zuschlagsverbots dokumentieren. Nach dem Abschicken des Telefaxes sollte sich die Vergabekammer zudem zur Sicherheit fernmündlich über den Eingang der Textmitteilung bei der Vergabestelle erkundigen. Die Vergabekammer muss sich vergewissern, dass die Information tatsächlich bei der Vergabestelle eingegangen ist und diese **tatsächlich Kenntnis von der Mitteilung erhalten** hat. Es reicht aus, dass die Textmitteilung so im Machtbereich der Vergabestelle eingeht, dass diese unter normalen Umständen davon Kenntnis nehmen kann. Ausreichend ist daher die Übermittlung an die offizielle in Schreiben oder im Internet angegebene Kontaktstelle, ebenso an die **Stelle, die in der Bekanntmachung als Kontakt für interessierte Bewerber oder Bieter angegeben** ist oder die bei gebräuchlicher Organisation als mit dem Vergabeverfahren betraute Stelle angesehen werden darf (zB das Rechtsamt einer Kommune oder, falls vorhanden und bekannt, die zentrale Vergabestelle des Antragsgegners). **Kenntnis der Behörden- oder Unternehmensleitung** ist nicht erforderlich, wenn jedoch die einzigen kurzfristig ermittelbaren Kontaktdaten die der Leitung einer Vergabestelle sind, obliegt die Übersendung der Information an die jeweilige Leitung aus. Mehr als die **Übermittlung in die Organisation der Vergabestelle** kann die Vergabekammer nicht tun, die internen Zuständigkeiten und Aufgabenbereiche sind ihr idR nicht bekannt. Ein

---

[22] BR-Drs. 349/08, 42.
[23] Zur Auslegung von Erklärungen bzw. Unterlagen anhand des objektiven Empfängerhorizonts im Vergaberecht s. etwa BGH Urt. v. 10.6.2008 – X ZR 78/07, NZBau 2008, 592 (593).

Auftraggeber, in dessen Machtbereich die Übermittlung nachweislich eingegangen ist, kann einen danach dennoch erfolgten Vertragsschluss nicht damit rechtfertigen, dass er geltend macht, die Information über den Nachprüfungsantrag sei nicht zur Kenntnis der richtigen internen Stelle gelangt. Gleiches gilt für den **Zeitpunkt der Information.** Geht die Information über den Nachprüfungsantrag am späten Freitagnachmittag bei einer Vergabestelle ein, die am Freitagnachmittag keine Geschäftszeiten mehr hat und wird am Montagmorgen frühzeitig der Zuschlag erteilt, bevor die Posteingänge vom Freitagnachmittag gesichtet wurden, kann sich die Vergabestelle ebenfalls nicht darauf berufen, sie habe die Information noch nicht zur Kenntnis nehmen können. Wollte man für die Auslösung des Suspensiveffekts darauf abstellen, dass beim Auftraggeber auf die Kenntnisnahme der intern zuständigen Stelle und nur im Rahmen der internen zeitlichen Organisationsabläufe abzustellen sei, hätte es die Vergabestelle in der Hand, zu steuern, ob sie die Information über den Nachprüfungsantrag rechtzeitig zur Kenntnis nimmt. Das würde einen effektiven Rechtsschutz vereiteln. Etwas anderes gilt jedoch für die **rechtzeitige Einreichung des Nachprüfungsantrags** durch den Antragsteller bei der Vergabekammer innerhalb der Wartefrist gem. § 134. Da das gesetzliche Zuschlagsverbot die Bekanntgabe des Nachprüfungsantrags an den Auftraggeber voraussetzt, kann der Nachprüfungsantrag, wenn er erst **am letzten Arbeitstag der Wartefrist** gem. § 134 gestellt wird, **nur innerhalb der üblichen Geschäftszeiten** und nicht bis Mitternacht bei der Vergabekammer eingereicht werden. Bei Einreichung am letzten Arbeitstag der Wartefrist nach Ablauf der üblichen Geschäftszeiten ist ein danach erteilter Zuschlag nicht gem. § 169 Abs. 1, § 134 BGB unwirksam.[24]

14 Hat die Vergabestelle von der Vergabekammer eine Mitteilung in Textform erhalten, dass ein Nachprüfungsantrag eingegangen ist, darf sie in der Zeit zwischen dem Erhalt dieser Mitteilung bis zu einer Entscheidung der Vergabekammer und dem Ablauf der zweiwöchigen Beschwerdefrist (**§ 172 Abs. 1**) den Zuschlag nicht erteilen. Das iSv **§ 160 Abs. 1** antragstellende Unternehmen hat grundsätzlich einen Anspruch darauf, dass die behauptete Rechtsverletzung noch während des laufenden Vergabeverfahrens festgestellt wird und von der Vergabekammer ggf. geeignete Maßnahmen zur Beseitigung der Rechtsverletzung getroffen werden.[25] Das Vergabeverfahren selbst darf hingegen grundsätzlich bis zur Zuschlagsreife weitergeführt werden.[26] Anders ist das jedoch, wenn die Vergabekammer auf einen zusätzlich zum Nachprüfungsantrag gestellten Antrag nach **Abs. 3** hin das vollständige Ruhen des Vergabeverfahrens angeordnet hat.

15 Gibt die Vergabekammer dem Nachprüfungsantrag statt und untersagt den Zuschlag, erwächst der Verwaltungsakt der Vergabekammer in Bestandskraft, wenn dagegen keine sofortige Beschwerde erhoben wird. Das gesetzliche Zuschlagsverbot des **Abs. 1** bleibt bestehen. Auch in dem Fall, dass die Vergabekammer dem Nachprüfungsantrag stattgibt, jedoch sofortige Beschwerde gegen diese Entscheidung erhoben wird, bleibt das **Zuschlagsverbot bestehen,** und zwar **bis der Vergabesenat die Untersagung des Zuschlags nach § 176 oder § 178** aufhebt. Weist die Vergabekammer den Nachprüfungsantrag zurück und erhebt der Antragsteller sofortige Beschwerde gegen diese Entscheidung, verlängert die Erhebung der sofortigen Beschwerde das Zuschlagsverbot der **Abs. 1 gem. § 173 Abs. 1 S. 2** automatisch bis zwei Wochen nach Ablauf der Beschwerdefrist. Der Antragsteller kann in diesem Fall gem. **§ 173 Abs. 1 S. 3** beantragen, die aufschiebende Wirkung der Beschwerde bis zur Entscheidung über diese zu verlängern. Im Falle einer positiven Entscheidung gilt auch das Zuschlagsverbot weiter. Das **Zuschlagsverbot** besteht **unabhängig von der Kenntnis der Vergabestelle von der sofortigen Beschwerde.**[27] Weist der Vergabesenat ein Verfahren an die Vergabekammer zurück, ist der Nachprüfungsantrag dort wieder anhängig und das Zuschlagsverbot tritt nach **Abs. 1** wieder in Kraft, ohne dass es einer erneuten Zustellung des Nachprüfungsantrags an den Auftraggeber bedarf.[28] Gibt die Vergabekammer dem Nachprüfungsantrag nur teilweise – im Sinne einer Verpflichtung zur Angebots-Neubewertung – statt und lehnt ihn „im Übrigen" ab, bleibt – insoweit – das Zuschlagsverbot (**Abs. 1**) bis zum Ablauf der Beschwerdefrist (**§ 172 Abs. 1**) bestehen.[29]

16 Das **Zuschlagsverbot endet** grundsätzlich erst **mit dem rechtskräftigen Abschluss des Nachprüfungsverfahren,** also ggf. mit dem rechtskräftigen Abschluss des Beschwerdeverfahrens, wobei hier ggf. der Antragsteller die Fortgeltung des Zuschlagsverbots bis zu einer Entscheidung

---

[24] OLG Rostock Beschl. v. 7.11.2018 – 17 Verg 2/18 BeckRS 2018, 49920, IBRRS 2020, 1454 Rn. 47.
[25] OLG Celle Beschl. v. 21.3.2001 – 13 Verg 4/01, VergabeR 2001, 338 (339).
[26] VK Bund Beschl. v. 27.8.1999 – VK 1–19/99-Z; *Opitz* NZBau 2005, 213.
[27] OLG Frankfurt a. M. Beschl. v. 20.2.2003 – 11 Verg 1/02, NZBau 2004, 173 (174); Immenga/Mestmäcker/*Stockmann* § 173 Rn. 6; aA OLG Naumburg Beschl. v. 2.6.1999 – 10 Verg 1/99, NZBau 2000, 96; OLG Naumburg Beschl. v. 16.1.2003 – 1 Verg 10/02, VergabeR 2003, 360 (362).
[28] BayObLG Beschl. v. 9.8.2004 – Verg 15/04, BeckRS 2004, 08250.
[29] OLG Schleswig Beschl. v. 4.5.2001 – 6 Verg 2/2001, IBRRS 2003, 1486.

der Berschwerdeinstanz beantragen muss (§ 173 Abs. 1 S. 3), oder erst nach einem danach noch möglichen BGH- oder EuGH-Verfahren. Das **Zuschlagsverbot endet** auch mit einer **Rücknahme des Nachprüfungsantrags**[30] oder einer **einvernehmlichen Erklärung der Beteiligten über die Erledigung der Hauptsache.** § 169 Abs. 1 setzt das Vorliegen eines Nachprüfungsantrags voraus. Nimmt ein Antragsteller seinen Antrag zurück, liegt diese allein das Zuschlagsverbot rechtfertigende Voraussetzung nicht mehr vor. Erklären die Beteiligten übereinstimmend die Erledigung der Hauptsache, ist der Nachprüfungsantrag gegenstandslos. In beiden Fällen ist nur noch über die Kosten des Verfahrens zu entscheiden. Zum Schutz der gegenseitigen Rechtspositionen im Verfahren über die Kostenentscheidung ist ein fortgeltendes Zuschlagsverbot nicht erforderlich und wird von § 169 deshalb nicht verlangt.

2. Gestattung der vorzeitigen Erteilung des Zuschlags (Abs. 2). a) Antragsvoraussetzungen. Die Vergabekammer kann gem. **Abs. 2 S. 1** auf **Antrag des öffentlichen Auftraggebers oder des Unternehmens,** das für die Erteilung des Zuschlags vorgesehen ist, gestatten, den Zuschlag nach Ablauf von zwei Wochen seit der Bekanntgabe der Entscheidung über den Nachprüfungsantrag zu erteilen. Da im Fall der vorzeitigen Gestattung des Zuschlags und eines daraufhin erfolgten Vertragsschlusses, bevor der Bieter einen Antrag nach Abs. 2 S. 6 Hs. 1 gestellt hat (dadurch verlängert sich das Zuschlagsverbot um einen Zeitraum von zwei Wochen seit Bekanntgabe der vorzeitigen Zuschlagsgestattung, → Rn. 33 aF), Primärrechtsschutz gegen den Zuschlag irreversibel ausgeschlossen wird **(§ 169 Abs. 2 S. 6 Hs. 2 iVm § 168 Abs. 2 S. 1)** und dies ein sehr schwerwiegender Eingriff in das auf die Privilegierung der Bieter ausgerichtete Rechtsschutzsystem des EU-Vergaberechts ist, sind an die Stattgabe eines Antrags durch die Vergabekammer nach **Abs. 2 S. 1 strenge Voraussetzungen** gestellt. Diese gibt **Abs. 2** vor. Der Vergabekammer ist keine konkrete Frist für die Entscheidung über einen Antrag nach **Abs. 2 S. 1** vorgegeben. Die Vorschrift macht jedoch keinen Sinn, wenn sie nicht ebenfalls der Beschleunigung unterliegen würde und als Eilantrag möglichst zügig getroffen werden sollte, zumal sie keine vollständige Prüfung der Hauptsache verlangt, sondern der Schwerpunkt in der Prüfung der Eilbedürftigkeit liegt.

Grundvoraussetzung für den Antrag auf vorzeitige Gestattung des Zuschlags nach **Abs. 2 S. 1** ist, dass das **Zuschlagsverbot des Abs. 1** ausgelöst ist. Weiter muss der Antragsteller **antragsberechtigt** sein. Grundsätzlich sind nach **Abs. 2 S. 1 antragsberechtigt** der öffentliche Auftraggeber und das Unternehmen, dem nach **§ 134** der Zuschlag erteilt werden soll. Der Antrag kann sich nur auf die Fortführung eines Vergabeverfahrens beziehen. Soweit es um Annex-Entscheidungen geht, zB um Maßnahmen zu einem Interimsvertrag oder um Fragen der Vollstreckung, fehlt dem Antragsteller die Antragsberechtigung.[31] Der Antrag nach **Abs. 2 S. 1** ist an **keine besondere Form** gebunden. Das Gesetz stellt **keine ausdrücklichen Anforderungen an die Begründung** eines Antrags auf Gestattung des Zuschlags, allerdings wird ein **Antrag ohne Begründung keine Aussicht auf Erfolg** haben. Das Gesetz stellt, ergänzt durch die Rechtsprechung, zu Recht hohe Anforderungen an die Gestattung des vorzeitigen Zuschlags. Diese ergeben sich üblicherweise nicht aus der Vergabeakte, da sie auf Sachverhalte (Ursachen der Dringlichkeit) Bezug nehmen, die nicht Gegenstand des Vergabeverfahrens sind. **Ein entsprechender Antrag muss daher schlüssig darlegen und glaubhaft machen, dass die Voraussetzungen für die Gestattung des Zuschlags vorliegen.** Ohne Begründung hat die Vergabekammer keine Basis, über die dann ja ggf. endgültige Vernichtung des Primärrechtsschutzes (§ 169 Abs. 2 S. 6 Hs. 2 iVm § 168 Abs. 2 S. 1) zu entscheiden. In zeitlicher Hinsicht normiert das Gesetz ebenfalls keine Voraussetzungen. Der Antrag **kann in jeder Phase des Nachprüfungsverfahrens gestellt werden,**[32] solange die Voraussetzungen hierfür vorliegen,[33] auch noch in der mündlichen Verhandlung, da die Notwendigkeit für einen solchen Antrag jederzeit eintreten kann. Ob der Antrag bereits zu einem früheren Zeitpunkt mit Erfolg hätte gestellt werden können, ist für die Zulässigkeit des Antrags unerheblich,[34] kann sich aber auf die Würdigung der Dringlichkeit im Rahmen der Begründetheitsprüfung des Gestattungsantrags auswirken. Sobald das Nachprüfungsverfahren durch eine Entscheidung der Vergabekammer abgeschlossen ist, kann ein Gestattungsantrag nicht mehr gestellt werden.[35]

---

[30] VK Rheinland-Pfalz Beschl. v. 9.8.2018 – VK 2-11/18, BeckRS 2018, 23773 Rn. 15.
[31] OLG Naumburg Beschl. v. 7.1.2014 – 2 Verg 1/14, BeckRS 2014, 02900 = VergabeR 2014, 491 ff.
[32] OLG Frankfurt a. M. Beschl. v. 6.6.2013 – 11 Verg 8/13, BeckRS 2013, 13101 = VergabeR 2014, 63 f. (69); hier hatte der öffentliche Auftraggeber den Antrag auf Gestattung des Zuschlags der Beigeladenen nachträglich angeschlossen; OLG Frankfurt a. M. Beschl. v. 5.3.2014 – 11 Verg 1/14, VergabeR 2014, 734 ff. = ZfBR 2015, 91 ff.; hier hatte der öffentliche Auftraggeber den Antrag auf Gestattung des Zuschlages erstmalig im Beschwerdeverfahren gestellt.
[33] VK Sachsen-Anhalt Beschl. v. 23.6.2017 – 2 VK LSA 11/17, IBRRS 2018, 2000 Rn. 91 mwN.
[34] VK Sachsen-Anhalt Beschl. v. 23.6.2017 – 2 VK LSA 11/17, IBRRS 2018, 2000 Rn. 91 mwN.
[35] VK Rheinland Köln Beschl. v. 22.7.2019 – VK 21/19 – B, IBR 2019, 576 Rn. 86.

19 **aa) Dringlichkeit.** Wie sich aus der knappen Zeitspanne, innerhalb derer der Suspensiveffekt bei antragsgemäßer Entscheidung noch aufrechterhalten bleibt (zwei Wochen seit Bekanntgabe der dem Antrag stattgebenden Entscheidung, Abs. 2 S. 1), schließen lässt, soll ein Antrag nach **Abs. 2** die rasche Beseitigung von Not- und Problemlagen ermöglichen, die sich daraus ergeben, dass der Zuschlag gem. **Abs. 1** nicht erteilt werden kann.[36] Grundvoraussetzung für die Interessenabwägung ist somit die Dringlichkeit der Zuschlagsgestattung. Für die Stattgabe eines Antrags nach **Abs. 2 S. 1** ist erforderlich, dass nicht einmal das Abwarten der Entscheidung der Vergabekammer innerhalb der fünfwöchigen Entscheidungsfrist des **§ 167 Abs. 1** zumutbar ist.[37] Liegt keine Dringlichkeit vor, kommt eine Zuschlagsgestattung nicht in Betracht.[38] Die Gestattung des Zuschlags vernichtet den Primärrechtsschutz abschließend (§ 169 Abs. 2 S. 6 Hs. 2 iVm § 168 Abs. 2 S. 1), wenn der Zuschlag daraufhin erteilt wird, bevor der Bieter, dessen Angebot nicht berücksichtigt werden soll, einen Antrag nach Abs. 2 S. 6 Hs. 1 gestellt hat (dadurch verlängert sich das Zuschlagsverbot um einen Zeitraum von zwei Wochen seit Bekanntgabe der vorzeitigen Zuschlagsgestattung, → Rn. 33). Anders als in anderen gerichtlichen Eilmaßnahmen, die jeweils voraussetzen, dass die vorläufige Maßnahme die Hauptsache nicht vorwegnehmen darf, ermöglicht die Gestattung des Zuschlags einen wirksamen, gem. § 169 Abs. 2 S. 6 Hs. 2 iVm § 168 Abs. 2 S. 1 nicht wieder rückgängig zu machenden Vertragsschluss. Der Antragsteller im Nachprüfungsverfahren verliert irreversibel seine Chance auf den Zuschlag. Da dieses Ergebnis nicht im Einklang steht mit der Gewährung effektiven Rechtsschutzes, kommt die Gestattung des Zuschlags nur ganz ausnahmsweise und unter Anwendung eines strengen Maßstabs in Betracht. Insbesondere spielen die Erfolgsaussichten des Bieters, dessen Angebot nicht berücksichtigt werden soll, im Vergabeverfahren und die seines Nachprüfungsantrages erst eine Rolle, wenn überhaupt von Dringlichkeit auszugehen ist.[39]

20 Der **EuGH** hat dazu in fortlaufender Rechtsprechung[40] als Kriterien benannt, dass ein **unvorhersehbares Ereignis** und **dringliche und zwingende Gründe,** die die Einhaltung der in anderen Verfahren vorgeschriebenen Fristen nicht zulassen, vorliegen müssen und dass **zwischen dem unvorhersehbaren Ereignis und den sich daraus ergebenden dringlichen Gründen ein Kausalzusammenhang bestehen muss.** Das die Dringlichkeit kausal verursachende Ereignis muss für den Auftraggeber selbst unvorhersehbar gewesen sein, was im Rückschluss bedeutet, dass **er es unter keinen denkbaren Umständen selbst herbeigeführt haben darf.** Dem sind die nationalen Gerichte gefolgt.[41] Das OLG Düsseldorf hat ausgeführt, dass auch schon vor der mit letzter Sicherheit eingetretenen Vergabereife ausgeschrieben werden darf, wenn die Vorbehalte klar und deutlich bekannt gemacht werden. Zudem muss die Vergabestelle in ihrer Zeitplanung ein **Zeitfenster für ein Nachprüfungsverfahren einzukalkulieren** hat.[42] In derselben Entscheidung wird betont, dass ein Antrag auf Gestattung des Zuschlages unstatthaft ist, wenn **eine Beendigung des Vergabeverfahrens in der Regelfrist** noch möglich ist.

21 Das **Interesse des Antragstellers** können angesichts des grundsätzlich zu gewährleistenden effektiven Primärrechtsschutzes und der Gesetzessystematik nur solche Gründe überwiegen, die den zu vergebenden Auftrag so **streng fristgebunden** erscheinen lassen, dass eine Überschreitung der vorgesehenen Zuschlagsfristen seine Durchführung – vergleichbar mit einem **Fixgeschäft** – unmöglich oder wirtschaftlich unsinnig machen oder in unzumutbarer Weise verzögern würde.[43] Dies hat das OLG Naumburg etwa anerkannt, wenn im Falle einer Verzögerung der Zuschlagserteilung für die Durchführung eines Großprojekts bewilligte und fristgebundene Fördermittel verfallen würden.[44] Dasselbe gilt, wenn die entstehende Verzögerung geeignet ist, die Funktionsfähigkeit und Aufgabenerfüllung des Auftraggebers spürbar zu beeinträchtigen, wobei diese Beeinträchtigung mit hinrei-

---

[36] BayObLG Urt. v. 23.1.2003 – Verg 2/03, IBRRS 2003, 0508 = VergabeR 2003, 368 (370).
[37] Amtl. Begr. BT-Drs. 13/9340, 20.
[38] OLG Celle Beschl. v. 17.1.2003 – 13 Verg 2/03, NJOZ 2003, 475; OLG München Beschl. v. 9.9.2010 – Verg 16/10, BeckRS 2010, 22055; OLG Frankfurt a. M. Beschl. v. 26.1.2017 – 11 Verg 1/17, NZBau 2017, 309.
[39] OLG Frankfurt a. M. Beschl. v. 5.3.2014 – 11 Verg 1/14, ZfBR 2015, 91 ff.; OLG Frankfurt a. M. Beschl. v. 26.1.2017 – 11 Verg 1/17, NZBau 2017, 309.
[40] EuGH Urt. v. 15.10.2009 – C-275/08, NZBau 2010, 63 Rn. 66 ff. mwN – Kommission/Bundesrepublik Deutschland.
[41] ZB OLG Düsseldorf Beschl. v. 10.6.2015 – VII-Verg 39/14, NZBau 2015, 572 = VergabeR 2015, 664 ff. m. vielen weit. Nachw.; VK Hamburg Beschl. v. 11.10.2019 – Vgk FB 7/19 juris-Rn. 69 f.
[42] ZB OLG Naumburg Beschl. v. 11.9.2018 – 7 Verg 4/18, BeckRS 2018, 44020; OLG Düsseldorf Beschl. v. 10.6.2015 – VII-Verg 39/14, NZBau 2015, 572 = VergabeR 2015, 664 ff. m. vielen weit. Nachw.; VK Sachsen Beschl. v. 24.10.2018 – 1/SVK/039-18G, BeckRS 2018, 38620 Rn. 33.
[43] VK Thüringen Beschl. v. 25.3.2003 – 216–4002.20–002/03-J-S-G; Immenga/Mestmäcker/*Dreher* Rn. 56.
[44] OLG Naumburg Beschl. v. 11.9.2018 – 7 Verg 4/18, BeckRS 2018, 44020.

chender Wahrscheinlichkeit zu erwarten sein muss.[45] Allgemeine Befürchtungen, **eine negative Folge könne eventuell eintreten, reichen nicht aus.** Schon wenn sich aus dem Vortrag des Antragsgegners Zweifel hinsichtlich der Erforderlichkeit der Stattgabe des Antrags nach Abs. 2 ergeben, weil **die befürchtete Folge auch bei Gestattung des Zuschlags nicht abgewendet werden kann,** darf diesem nicht mehr stattgegeben werden. Befürchtet der öffentliche Auftraggeber, dass er ein mit **Fördermitteln** finanziertes Projekt nicht innerhalb der im Förderbescheid gesetzten Frist fertigstellen oder abschließen kann und kann er nicht darlegen, dass dies aber bei Gestattung des Zuschlags zuverlässig gesichert sei, ist schon allein deshalb die Gestattung ausgeschlossen, weil sie die befürchtete Folge nicht sicher abwendet. Denn eine vorzeitige Erteilung des Zuschlags erfordert das **Vorliegen eines besonderen Ausnahmefalles.**[46] Wird beispielsweise seitens der einen Antrag nach Abs. 2 stellenden Auftraggebers die Möglichkeit einer **Interimsbeauftragung** eingeräumt oder besteht eine solche, wird aber nicht oder erst sehr spät genutzt, so liegt kein Eilfall vor, der eine Entscheidung im summarischen Verfahren des Abs. 2 S. 1 mit seiner faktischen Vorwegnahme der Hauptsache rechtfertigen würde.[47]

Zu berücksichtigen ist auch, ob die Vergabestelle die Dringlichkeit selbst verursacht hat[48] und wie das Ausmaß der Verzögerung in Anbetracht der Gesamtdauer des Vorhabens ins Gewicht fällt.[49] Selbst verursachte oder sogar bewusst herbeigeführte Dringlichkeit muss grundsätzlich die Ablehnung des Gestattungsantrags zur Folge haben, da ansonsten beliebige Manipulationsmöglichkeiten bestehen würden. Ausnahmen kann es nur geben bei konkreter und akuter Gefahr für höchste Güter der Allgemeinheit. Wurde jahrelang eine notwendige Deichsanierung verschleppt und droht nun ein akutes Hochwasser (nicht nur das jedes Jahr zu erwartende Hochwasser), so wird jedenfalls der Bauabschnitt entlang der Flussuferzonen, an denen Wohn- und Arbeitsstätten von Menschen bedroht sind, trotzdem als dringlich anzuerkennen sein. Werden die notwendigen Vorarbeiten zu einem Großprojekt (zB überregionale Messe, großes Sportereignis) spät begonnen und der Termin des Ereignisses selbst gesetzt, ist die durch die eigene Termingestaltung entstandene Dringlichkeit selbst verschuldet. Kein Grund für die Gestattung des Zuschlages ist auch der Verlust eingeplanter Einnahmen aus der Vermietung eines Bauprojektes. Selbst gesetzte Zeitpläne rechtfertigen in aller Regel die Gestattung des Zuschlags nicht.[50] **22**

Etwas anderes kann uU im Bereich der **Daseinsvorsorge** gelten. Hier kann eine Dringlichkeit ausnahmsweise auch dann anzuerkennen sein, wenn die die **Dringlichkeit verursachenden Gründe vom Auftraggeber selbst verursacht** wurden. Das bedeutet jedoch nicht, dass der Wettbewerb ausgesetzt werden darf. Hier ist zunächst erforderlich, durch **Interimsvergaben** die durchgehende Versorgung der Allgemeinheit sicherzustellen. Zur Vermeidung einer Entwertung des Primärrechtsschutzes des Antragstellers sowie aus Verhältnismäßigkeitserwägungen haben mögliche Interimslösungen auch im Bereich der Daseinsvorsorge Vorrang vor der Gestattung der vorzeitigen Zuschlagserteilung.[51] Erst wenn nachgewiesen ist, dass diese Möglichkeit nicht besteht, ist abzuwägen, ob ein zeitweiser Verzicht auf die Leistung (so OLG Frankfurt a. M.[52] zu Stadtverkehrslinien) infrage kommt, oder die Art der Leistung (zB Wasserversorgung, Stromversorgung) dies nicht zulässt. In den Fällen, in denen bereits kein dringendes Interesse der Allgemeinheit an einem raschen Zuschlag dargetan ist, kann die Begründetheit des Nachprüfungsantrags dem ohnehin schon beschleunigten Hauptsacheverfahren vorbehalten bleiben.[53] Das Vorliegen der Voraussetzungen für die Zuschlagsgestattung hat nicht nur die Vergabekammer, sondern ebenso das Beschwerdegericht in den Fällen von Abs. 2 S. 5 und 6 aufgrund eigener Bewertung zu beurteilen.[54] **23**

---

[45] VK Thüringen Beschl. v. 25.3.2003 – 216–4002.20–002/03-J-S-G; VK Bund Beschl. v. 30.6.1999 – VK 2 14/99, IBRRS 2013, 3237; VK Sachsen Beschl. v. 7.10.1999 – 1 SVK 17/99G.
[46] BayObLG Urt. v. 23.1.2003 – Verg 2/03, IBRRS 2003, 0508 = VergabeR 2003, 368 (370); OLG Celle Beschl. v. 17.1.2003 – 13 Verg 2/03, VergabeR 2003, 367; OLG Celle Beschl. v. 21.3.2001 – 13 Verg 4/01, VergabeR 2001, 338 (339); VK Thüringen Beschl. v. 25.3.2003 – 216–4002.20–002/03-J-S-G.
[47] BayObLG Urt. v. 23.1.2003 – Verg 2/03, IBRRS 2003, 0508 = VergabeR 2003, 368 (370); VK Hamburg Beschl. v. 11.10.2019 – Vgk FB 7/19 juris-Rn. 70.
[48] OLG Celle Beschl. v. 17.1.2003 – 13 Verg 2/03, NJOZ 2003, 475 = VergabeR 2003, 367; OLG Jena Beschl. v. 24.10.2003 – 6 Verg 9/03, IBRRS 2003, 2960; Opitz NZBau 2005, 213.
[49] OLG Celle Beschl. v. 21.3.2001 – 13 Verg 4/01, BeckRS 2001, 31053390 = VergabeR 2001, 338 (340); OLG Jena Beschl. v. 24.10.2003 – 6 Verg 9/03, IBRRS 2003, 2960; Opitz NZBau 2005, 213.
[50] OLG Düsseldorf Beschl. v. 10.6.2015 – VII-Verg 39/14, NZBau 2015, 572 = VergabeR 2015, 664 ff. m. vielen weit. Nachw.
[51] OLG Frankfurt a. M. Beschl. v. 26.1.2017 – 11 Verg 1/17, NZBau 2017, 309 (312); VK Hessen Beschl. v. 7.9.2017 – 69d VK-25/2017, BeckRS 2017, 147098 Rn. 58.
[52] OLG Frankfurt a. M. Beschl. v. 30.1.2014 – 11 Verg 15/13, NZBau 2014, 386 = VergabeR 2014, 547 ff. (553).
[53] BayObLG Urt. v. 23.1.2003 – Verg 2/03, IBRRS 2003, 0508 = VergabeR 2003, 368 (371).
[54] OLG Celle Beschl. v. 21.3.2001 – 13 Verg 4/01, BeckRS 2001, 31053390 = VergabeR 2001, 338 (339).

24 Bei der Einbeziehung des Interesses der Allgemeinheit an einem raschen Abschluss des Vergabeverfahrens ist auf der Grundlage der vergaberechtlichen Rechtsprechung zu berücksichtigen, dass die Vergabestelle die Obliegenheit hat, die Durchführung eines **Nachprüfungsverfahrens in den Zeitplan des Vergabeverfahrens einzukalkulieren**.[55] Die kurzzeitige Verzögerung durch ein Nachprüfungsverfahren gehört zu den üblichen Risiken der Vergabe öffentlicher Aufträge und muss im Rahmen der Planung berücksichtigt werden.[56] Entsteht durch das **Nachprüfungsverfahren eine längere Verzögerung** als üblicherweise zu erwarten wäre, **weil die Vergabekammer nicht vollständig besetzt** ist und deshalb wiederholt die **Frist des § 167 verlängert** werden muss, ist dies zumindest für das betroffene Land, das für die Besetzung der Vergabekammern verantwortlich ist, ein **selbst verschuldetes und vorhersehbares Ereignis**, das die Ablehnung des Gestattungsantrages rechtfertigt. Anderenfalls hätten es die Bundesländer in der Hand, durch mangelhafte Besetzung der Vergabekammern Verzögerungen in der Bearbeitungsfrist zu provozieren und damit eine Begründung für die Gestattung des Zuschlags selbst herzustellen.[57] Die voraussichtliche Verzögerung durch das Nachprüfungsverfahren rechtfertigt insbesondere dann nicht die vorzeitige Gestattung des Zuschlags, wenn diese im Verhältnis zur bisherigen Dauer des Vergabeverfahrens und des zeitlichen Rahmens des Gesamtprojekts gering ist.[58] Es ist nicht gerechtfertigt, den aufgetretenen Zeitverlust auf Kosten des Rechtsschutzes im Nachprüfungsverfahren (teilweise) zu kompensieren.[59] Selbst wenn sich die Vergabe durch ein möglicherweise beabsichtigtes Beschwerdeverfahren weiter verzögern würde, könnte dieser Umstand im Rahmen der Interessenabwägung nicht positiv für den Auftraggeber zu Buche schlagen, denn dies wäre rein spekulativ.[60]

25 **bb) Interessenabwägung.** Liegt Dringlichkeit vor, entscheidet die Vergabekammer über die vorzeitige Gestattung des Zuschlags im Wege einer **Ermessensentscheidung nach entsprechender Abwägung der Interessen der Beteiligten**.[61] Die Vergabekammer kann dem Auftraggeber gem. **Abs. 2 S. 1** gestatten, den Zuschlag zu erteilen, wenn unter Berücksichtigung aller möglicherweise geschädigten Interessen sowie des Interesses der Allgemeinheit an einem raschen Abschluss des Vergabeverfahrens die nachteiligen Folgen einer Verzögerung der Vergabe bis zum Abschluss der Nachprüfung die damit verbundenen Vorteile überwiegen.[62] Ausgangspunkt des Gesetzgebers ist, wie an der Anordnung einer grundsätzlichen Zuschlagssperre deutlich wird, dass im Normalfall das Interesse an der Ermöglichung eines effektiven Primärrechtsschutzes überwiegt. Insbesondere hat die **Allgemeinheit ein Interesse an rechtmäßig durchgeführten Vergabeverfahren.** Auf der Grundlage der Rechtsprechung ist deshalb Voraussetzung für die Stattgabe eines Antrages nach **Abs. 2 S. 1**, dass das **dringende Interesse des Auftraggebers und der Allgemeinheit** an einer sofortigen Erteilung des Zuschlags das in Gestalt der gesetzlich angeordneten Zuschlagssperre zum Ausdruck kommende Interesse an einem effektiven Primärrechtsschutz **deutlich überwiegt**.[63] Nur wenn die durch die ordnungsgemäße Durchführung des Nachprüfungsverfahrens entstehende zeitliche Verzögerung und die damit verbundenen Konsequenzen insgesamt von größerem Nachteil sind, als der rasche Abschluss des Vergabeverfahrens, kommt eine vorzeitige Gestattung des Zuschlags in Betracht.[64] Jedoch sind nicht nur die Interes-

---

[55] Vgl. VK Thüringen Beschl. v. 25.3.2003 – 216–4002.20–002/03-J-S-G; OLG Celle Beschl. v. 21.3.2001 – 13 Verg 4/01, BeckRS 2001, 31053390 = VergabeR 2001, 338 (340); OLG Dresden Beschl. v. 14.6.2001 – W Verg 4/01, VergabeR 2001, 342 (345); vgl. auch BayObLG Urt. v. 23.1.2003 – Verg 2/03, IBRRS 2003, 0508.
[56] OLG Celle Beschl. v. 21.3.2001 – 13 Verg 4/01, BeckRS 2001, 31053390 = VergabeR 2001, 338 (340).
[57] KG Beschl. v. 24.10.2013 – Verg 11/13, NZBau 2013, 792; KG Beschl. v. 27.1.2015 – Verg 9/14, ZfBR 2015, 720.
[58] OLG Celle Beschl. v. 21.3.2001 – 13 Verg 4/01, BeckRS 2001, 31053390 = VergabeR 2001, 338 (340).
[59] BayObLG Urt. v. 23.1.2003 – Verg 2/03, IBRRS 2003, 0508 = VergabeR 2003, 368 (370).
[60] VK Bund Beschl. v. 30.6.1999 – VK 2-14/99, IBRRS 2013, 3237.
[61] BayObLG Urt. v. 23.1.2003 – Verg 2/03, IBRRS 2003, 0508 = VergabeR 2003, 368 (370).
[62] § 115 Abs. 2 S. 1 ist offensichtlich Art. 2 Abs. 5 UAbs. 1 RL 89/665, ABl. 1989 L 395, 33, zuletzt wesentlich geändert durch RL 2007/66, ABl. 2007 L 335, 31, nachgebildet, wobei zu beachten ist, dass das GWB-Vergaberecht insbes. auch der Umsetzung der Rechtsmittelrichtlinie dient – s. BT-Drs. 13/9349, 1, bzw. BR-Drs. 349/08, 1.
[63] BayObLG Urt. v. 23.1.2003 – Verg 2/03, IBRRS 2003, 0508 = VergabeR 2003, 368 (370); VK Thüringen Beschl. v. 25.3.2003 –216–4002.20–002/03-J-S-G; mangelnde Erfolgsaussichten des Nachprüfungsantrags reichen nicht aus: OLG Frankfurt a. M. Beschl. v. 26.1.2017 – 11 Verg 1/17, NZBau 2017, 309; bei gravierendem Mangel des Vergabeverfahrens kommt keine Gestattung in Betracht: OLG Düsseldorf Beschl. v. 20.7.2015 – VII-Verg 37/15, ZfBR 2016, 104; zum grundsätzlichen Vorrang des Interesses der Allgemeinheit an rechtmäßigen Vergabeverfahren: KG Beschl. v. 27.1.2015 – Verg 9/14, ZfBR 2015, 720.
[64] BayObLG Urt. v. 23.1.2003 – Verg 2/03, IBRRS 2003, 0508 = VergabeR 2003, 368 (370).

III. Aussetzung des Vergabeverfahrens 26, 27 § 169 GWB

sen der unmittelbar am Nachprüfungsverfahren Beteiligten in die Abwägung einzustellen, sondern auch die Interessen Dritter, die zwar nicht mit der Allgemeinheit, wohl aber mit allen am Vergabeverfahren Beteiligten gleichzusetzen sind.[65] Da die Erteilung des Zuschlags vollendete Tatsachen schafft, war die Rechtsprechung bei der erforderlichen Interessenabwägung bislang sehr streng.[66] Es ist nicht ersichtlich, warum das auf der Grundlage der jetzigen Fassung der Vorschrift anders werden sollte.

Die im Zuge der Novellierung des GWB im Jahr 2009 detaillierter konkretisierten Vorgaben für die Gestattung des Zuschlags wurden mit der Reform 2016 nicht verändert.[67] Im Jahr 2020 wurde durch Art. 1 Gesetz zur beschleunigten Beschaffung im Bereich der Verteidigung und Sicherheit und zur Optimierung der Vergabestatistik[68] ein neuer S. 3 in Abs. 2 eingefügt, nach dem die besonderen Verteidigungs- und Sicherheitsinteressen in bestimmten Fällen in der Regel überwiegen. Die bisherigen S. 3–8 in Abs. 2 wurden entsprechend zu den S. 4–9. 26

Abs. 2 S. 2 konkretisiert das Allgemeininteresse dahingehend, dass die Vergabekammer bei ihrer Abwägung das **Interesse der Allgemeinheit an einer wirtschaftlichen Erfüllung der Aufgaben des öffentlichen Auftraggebers** berücksichtigen muss. Darin drückt sich letztlich das Interesse der Allgemeinheit an der sparsamen Verwendung von Haushaltsmitteln aus.[69] *Wirtschaftlich* wird man jedoch weiter verstehen müssen, als dass damit nur die Beschaffung nach dem Kriterium des niedrigsten Preises gemeint ist. Die Berücksichtigung des wirtschaftlichen Aspekts war auf der Grundlage der Regelung vor 2009 strittig.[70] Dieser Streit wurde mit der Neuregelung 2009 obsolet. Danach ist deutlich, dass das Haushaltsinteresse (nur) *ein* Abwägungselement ist, das zu berücksichtigen ist; **keinesfalls kann es jedoch als maßgeblich oder entscheidend angesehen werden.** Denn der von der Bundesregierung seinerzeit vorgeschlagene Wortlaut – der das vorsah – ist nicht Gesetz geworden.[71] Vielmehr setzte sich der Bundesrat mit den dagegen vorgebrachten Argumenten durch. In seiner Stellungnahme zum Entwurf der Bundesregierung führte er aus,[72] dass eine überwiegende Berücksichtigung **rein wirtschaftlicher Interessen** des öffentlichen Auftraggebers in § 115 Abs. 2 S. 3 GWB-E das bisherige Regel-Ausnahme-Prinzip für eine Zuschlagsgestattung umkehre. Das stehe im **Widerspruch zur Neufassung der Rechtsmittelrichtlinie** durch die Änderungsrichtlinie 2007/66/EG. Diese sehe in Art. 2 d Abs. 3 S. 3 und 4 vor, dass wirtschaftliche Gründe für die Wirksamkeit eines Vertrags nur dann als zwingende Gründe gelten dürfen, **wenn die Unwirksamkeit in Ausnahmesituationen unverhältnismäßige Folgen hätte.** Dabei gelten wirtschaftliche Interessen in unmittelbarem Zusammenhang mit dem betreffenden Vertrag **nicht** als zwingende Gründe des Allgemeininteresses,[73] wozu ua auch die durch die Verzögerung bei der Ausführung des Vertrags verursachten **Kosten** gehören. Diese aber könnte man nach dem Entwurf nahezu immer heranziehen.[74] Außerdem warnte die gerichtliche Praxis davor, die mit einem Nachprüfungsverfahren verbundenen **Zeitverluste** bzw. die damit etwaig einhergehenden Verteuerungen berücksichtigungsfähig zu machen. Denn dies sei geeignet, den europarechtlich garantierten Primärrechtsschutz in seinem Kernbereich auszuhöhlen, weil Teuerungen, die die Einhaltung des Kostenrahmens gefährdeten, nahezu in jedem Fall, der vor Gericht gelangt, zu befürchten seien.[75] Im Ergebnis bedeutet das für **Abs. 2 S. 2,** dass der Aspekt der sparsamen Verwendung von Haushaltsmitteln lediglich *eine* Interessenskomponente ist, die in die Abwägungsentscheidung einfließen muss, ohne jedoch maßgeblich zu sein.[76] Nicht berücksichtigungsfähig sind dabei in Anlehnung an **Art. 2d Abs. 3 UAbs. 3 S. 2 RL 89/665** Kosten, die durch die Verzögerung bei der Ausführung des Vertrags, durch die Einleitung eines neuen Vergabeverfahrens, durch den Wechsel des Wirtschaftsteilnehmers, der den Vertrag ausführt, oder durch rechtliche Verpflichtungen aufgrund der Unwirksamkeit verursacht werden.[77] Ebenso kann es kein Argument sein, dass der ausgewählte Bieter den niedrigsten Preis 27

---

[65] BayObLG Urt. v. 23.1.2003 – Verg 2/03, IBRRS 2003, 0508 = VergabeR 2003, 368 (370).
[66] *Opitz* NZBau 2005, 213; vgl. auch mwN *Kramer* IR 2009, 58 (61).
[67] S. dazu den Gesetzentwurf der BReg. mit Begr. BR-Drs. 349/08, 10 und 44, aber auch die Gegendarstellung des Bundesrates BT-Drs. 16/10117, 35.
[68] BGBl. 2020 I 674.
[69] *Kühnen* NZBau 2009, 357 (358).
[70] Dazu mwN s. Immenga/Mestmäcker/*Dreher* Rn. 5.
[71] S. BR-Drs. 349/08, 10 und 44, wo folgender Wortlaut vorgesehen war: „Ein überwiegendes Interesse der Allgemeinheit liegt vor, wenn die wirtschaftliche Erfüllung der Aufgaben des Auftraggebers gefährdet ist.".
[72] Zur Gegendarstellung zu § 115 GWB-E s. BT-Drs. 16/10117, 35.
[73] OLG Düsseldorf Beschl. v. 10.6.2015 – VII-Verg 39/14, NZBau 2015, 572 = VergabeR 2015, 664 ff.; OLG Frankfurt a. M. Beschl. v. 5.3.2014 – 11 Verg 1/14, ZfBR 2015, 91 ff.
[74] BT-Drs. 16/10117, 35.
[75] BT-Drs. 16/10117, 36.
[76] *Kühnen* NZBau 2009, 357 (358).
[77] Ebenso *Kühnen* NZBau 2009, 357 (358).

geboten habe, da der niedrigste Preis noch nicht bedeutet, dass das Angebot auch das wirtschaftlichste Angebot war.[78] Dass damit die Bedeutung bzw. der Spielraum des Abwägungskriteriums der Wirtschaftlichkeit erheblich eingeschränkt wird, ist offensichtlich. So ist der von der Bundesregierung in der Begründung geschilderte Fall der erheblichen Verteuerung eines großen Bauprojekts aufgrund eines Nachprüfungsverfahrens[79] gerade kein Standardfall einer Berücksichtigung im Abwägungsprozess. Vielmehr ist auch unter dem **Aspekt der Wirtschaftlichkeit das Interesse der Allgemeinheit an rechtmäßig durchgeführten Vergabeverfahren zu berücksichtigen,** da diese eher als willkürlich geführte Verfahren zu wettbewerbsgemäßen Angeboten führen und damit dem Sparsamkeitsprinzip gerecht werden. Konkret drohende Mehrkosten im Falle einer Verzögerung der Zuschlagserteilung können nur dann zugunsten des Interesses der Allgemeinheit an einer wirtschaftlichen Aufgabenerfüllung ins Gewicht fallen, wenn sie nicht nur ganz erheblich sind, sondern auch die Erfüllung der Aufgaben des öffentlichen Auftraggebers gefährden.[80]

28   Gemäß Abs. 2 S. 2 Hs. 2 sind bei der Vergabe verteidigungs- oder sicherheitsspezifischer öffentlicher Aufträge iSv § 104 zusätzlich zu den Aspekten der Wirtschaftlichkeit auch besondere *Verteidigungs- und Sicherheitsinteressen* zu berücksichtigen. Im Jahr 2020 wurde durch Art. 1 des Gesetzes zur beschleunigten Beschaffung im Bereich der Verteidigung und Sicherheit und zur Optimierung der Vergabestatistik[81] darüber hinaus ein **neuer S. 3 in Abs. 2** eingefügt. Gemäß Abs. 2 S. 3 nF überwiegen die besonderen Verteidigungs- und Sicherheitsinteressen im Rahmen der nach Abs. 2 S. 1 vorzunehmenden Abwägung in der Regel, wenn der öffentliche Auftrag oder die Konzession im unmittelbaren Zusammenhang steht mit einer Krise, einem mandatierten Einsatz der Bundeswehr, einer einsatzgleichen Verpflichtung der Bundeswehr oder einer Bündnisverpflichtung. Ziel der Neuregelung ist es, den Besonderheiten der genannten Fallkonstellationen in diesem Bereich, in denen regelmäßig ein besonders eilbedürftiger Beschaffungsbedarf besteht, angemessen Rechnung zu tragen. Auf diese Weise soll insbesondere in den aufgeführten Beispielsfällen eine Verzögerung der Beschaffung aufgrund eines Nachprüfungsverfahrens möglichst vermieden oder zumindest minimiert werden. Die neu eingefügten Regelbeispiele bezwecken deshalb, dass die Vergabekammer bzw. das Oberlandesgericht diese Fälle besonders berücksichtigt, wenn sie die Abwägungsentscheidung zu treffen hat, ob die Vor- oder die Nachteile einer Zuschlagsgestattung vor Abschluss des Nachprüfungsverfahrens überwiegen. Liegt eine der genannten Fallkonstellationen vor, sollte dies mit derart starkem Gewicht in die Abwägung eingehen, dass der Vorabzuschlag in der Regel gewährt wird. Erforderlich ist aber, dass der öffentliche Auftrag oder die Konzession in unmittelbarem Zusammenhang mit einer der aufgezählten Konstellationen steht, er also einen Beschaffungsbedarf bedienen soll, der aufgrund einer solchen Konstellation entstanden ist oder sich mengenmäßig erhöht hat. Der Begriff der **Krise** ist iSv Art. 1 Nr. 10 Vergabe-RL Verteidigung und Sicherheit (RL 2009/81/EG) zu verstehen.[82] Dieser definiert als Krise jede Situation in einem Mitgliedstaat oder einem Drittland, in der ein Schadensereignis eingetreten ist, welches deutlich über die Ausmaße von Schadensereignissen des täglichen Lebens hinausgeht und dabei Leben und Gesundheit zahlreicher Menschen erheblich gefährdet oder einschränkt, eine erhebliche Auswirkung auf Sachwerte hat oder lebensnotwendige Versorgungsmaßnahmen für die Bevölkerung erforderlich macht. Eine Krise liegt auch vor, wenn das Eintreten eines solchen Schadensereignisses als unmittelbar bevorstehend angesehen wird, sowie bei bewaffneten Konflikte und Kriegen. Insbesondere in den Fällen, in denen eine Krise vorliegt, kann es hier sowohl um öffentliche Aufträge oder Konzessionen zur Deckung der Bedarfe der militärischen als auch der nicht-militärischen Sicherheitskräfte gehen. Unter einem **mandatierten Einsatz** ist ein Auslandseinsatz der Bundeswehr zu verstehen, der auf der Grundlage einer Resolution des Sicherheitsrats der Vereinten Nationen erfolgt und für den ein entsprechendes Mandat des Deutschen Bundestags vorliegt. Als **einsatzgleiche Verpflichtung** sind Tätigkeiten der Bundeswehr anzusehen, die einem Einsatz vergleichbar sind, ohne dass ein förmliches Mandat des Deutschen Bundestags vorliegt. Bei einer Bündnisverpflichtung handelt es sich um Beiträge der Bundeswehr, die sich aus ihrer Zugehörigkeit zu einem Verteidigungsbündnis (insbesondere NATO) ergeben. Liegt eine der genannten Konstellationen vor, obliegt es der Vergabekammer entsprechend Art. 56 Abs. 5 Vergabe-RL Verteidigung und Sicherheit gleichwohl, im Wege der Abwägung über die Gestattung des Zuschlags vor Abschluss des Nachprüfungsverfahrens zu entscheiden.[83]

---

[78] OLG Frankfurt a. M. Beschl. v. 5.3.2014 – 11 Verg 1/14, ZfBR 2015, 91 ff. (93) = VergabeR 2014, 735 ff. (738).
[79] BR-Drs. 349/08, 44.
[80] OLG Frankfurt a. M. Beschl. v. 12.10.2017 – 11 Verg 13/17, ZfBR 2018, 701 (705).
[81] BGBl. 2020 I 674.
[82] Amtl. Begr. BT-Drs. 19/15603, 59.
[83] Amtl. Begr. BT-Drs. 19/15603, 59.

III. Aussetzung des Vergabeverfahrens   29, 30   § 169 GWB

Eine weitere Konkretisierung der Kriterien für die Abwägungsentscheidung der Vergabekammer enthält **Abs. 2 S. 4.** Danach sind auch die **allgemeinen Aussichten des Antragstellers im Vergabeverfahren, den Auftrag zu erhalten,** zu berücksichtigen. Diese sind nach der Begründung der Bundesregierung ein **wichtiges Indiz für die Entscheidungsfindung** nach Abs. 2 S. 1. Beispielsweise sei die Platzierung und die Chance des unterlegenen Bieters, den Zuschlag zu erhalten, relevant.[84] Die „allgemeinen Aussichten des Antragstellers" im Vergabeverfahren sind zunächst von den in **Abs. 2 S. 5** angesprochenen „Erfolgsaussichten des Nachprüfungsantrags" zu unterscheiden.[85] Bei ersteren handelt es sich um die Zuschlagsaussichten, während letztere von den konkret gestellten Anträgen bzw. möglichen Maßnahmen der Nachprüfungsinstanzen abhängen. Die Vorgabe des Gesetzgebers, die Zuschlagsaussichten – anders als die Erfolgsaussichten des Nachprüfungsantrags – zwingend zu berücksichtigen, ist vor folgendem Hintergrund nachvollziehbar: Je geringer die Zuschlagschancen des Antragstellers sind, desto bedeutender ist tendenziell das öffentliche Interesse an einem vorzeitigen Abschluss des Vergabeverfahrens.[86] Demgegenüber erlangen die Erfolgsaussichten des Nachprüfungsantrags vor allem dann eine größere Bedeutung, wenn der Antragsteller die vollständige oder teilweise Aufhebung des vermeintlich rechtswidrigen Vergabeverfahrens begehrt. Denn dann ist die bisherige Platzierung wenig aussagekräftig; sie kann bei einer neuen Wertung anders ausfallen.[87]

29

Einen weiteren Aspekt für die Abwägung der Vergabekammer hat der Gesetzgeber im Jahr 2009 durch die Regelung in **Abs. 2 S. 5** vorgenommen. Danach müssen die **Erfolgsaussichten des Nachprüfungsverfahrens** nicht in jedem Falle Gegenstand der Abwägung sein. Diese Vorschrift entspricht dem Entwurf der Bundesregierung. Die Regelung soll klarstellen, dass die Vergabekammer die Erfolgsaussichten des Nachprüfungsverfahrens berücksichtigen kann, dazu allerdings nicht verpflichtet ist und deshalb auf der Grundlage der Abwägung der beteiligten Interessen die Vorabteilung des Zuschlags gestatten darf.[88] Die prozessuale Durchsetzung des subjektiv-öffentlichen Rechts auf Einhaltung der Vergabevorschriften ist in diesem Fall durch die Möglichkeit der Beschwerde zum Vergabesenat sichergestellt.[89] Das spricht dafür, dass es im **Ermessen der Vergabekammer** steht, die Erfolgsaussichten des Nachprüfungsverfahrens zusätzlich zu den sonstigen Interessen bei der Abwägung zu berücksichtigen oder nicht.[90] Demgegenüber wird **Abs. 2 S. 5** in der Literatur – insbesondere wegen des Ausdrucks „nicht in jedem Falle" – dahingehend verstanden, dass ein Regel-Ausnahme-Verhältnis begründet wird; dabei sei die Berücksichtigung der Erfolgsaussichten die Regel. Wolle die Vergabekammer davon abweichen, bedürfe es einer besonderen Begründung.[91] Die Literaturauffassung wird durch die Ausführungen des Bundesrats gestützt, dass oberster Abwägungsgrund für eine ausnahmsweise Zuschlagsgestattung trotz laufenden Nachprüfungsverfahrens die Erfolgsaussichten des Nachprüfungsantrags sein müssten, wie das auch bei den vergleichbaren Parallelregelungen in § 935 ZPO und § 123 VwGO der Fall sei.[92] Die Rechtsprechung betont hingegen, dass auch eine nur summarische Prüfung der Erfolgsaussichten die Erteilung des Vorabzuschlages ungebührlich verzögern könnte und damit dem überwiegenden Interesse der Allgemeinheit an einem raschen Abschluss des Vergabeverfahrens nicht ausreichend Rechnung getragen würde. Daher solle von der Berücksichtigung der Erfolgsaussichten jedenfalls dann Abstand genommen werden, wenn die Tatsachen- und/oder Rechtslage derart komplex ist, dass in vernünftiger Zeit keine im Hinblick auf die Hauptsacheentscheidung einigermaßen sichere Eilentscheidung getroffen werden kann.[93] Sind die Erfolgsaussichten das Nachprüfungsantrags hingegen bereits gut einzuschätzen, sind sie bei der Entscheidung von maßgeblichem Gewicht.[94] Uneinheitlich fällt die Rechsprechung hingegen dazu aus, ob offensichtlich geringe Erfolgsaussichten des Nachprüfungsantrags allein ausreichen können, um die Gestattung des vorzeitigen Zuschlags zu rechtfertigen, oder ob darüber hinaus stets ein weiteres Beschleunigungsinteresse des Auftraggebers an der Gestattung des vorzeitigen Zuschlags hinzutreten muss. Einige Gerichte betonen, dass das Interesse des Antragstellers an der Aufrechterhaltung seines Primärrechtsschutzes hinter den Interessen der Allgemeinheit an einem raschen Abschluss des Vergabeverfahrens zurücktreten muss, wenn der Nachprüfungsantrag voraus-

30

---

[84] BR-Drs. 349/08, 44.
[85] AA *Brauer* NZBau 2009, 297 (300).
[86] *Kühnen* NZBau 2009, 357 (359).
[87] Ähnlich *Kühnen* NZBau 2009, 357 (359).
[88] BR-Drs. 349/08, 44.
[89] BR-Drs. 349/08, 44.
[90] So wohl auch *Kramer* IR 2009, 58 (60).
[91] So Immenga/Mestmäcker/*Dreher* Rn. 61 mwN; *Kühnen* NZBau 2009, 357 (359).
[92] BT-Drs. 16/10117, 35.
[93] VK Hamburg Beschl. v. 11.10.2019 – Vgk FB 7/19 juris-Rn. 61 ff.
[94] VK Sachsen-Anhalt Beschl. v. 30.4.2018 – 2 VK LSA 14 – 17/18 juris-Rn. 44.

sichtlich unbegründet ist.[95] Das OLG Rostock hat dasselbe für den Fall einer einer offensichtlichen Unzulässigkeit des Nachprüfungsantrags festgestellt.[96] Andere Gerichte haben entschieden, dass negative Erfolgsaussichten des Nachprüfungsantrags allein für die Gestattung des vorzeitigen Zuschlags nicht ausreichen.[97] So hat etwa die Vergabekammer des Landes Berlin entschieden, dass der Gestattungsantrag ungeachtet der Prüfung der Erfolgsaussichten des Nachprüfungsauftrags zurückzuweisen ist, wenn schon keine konkreten und besonderen verzögerungsbedingten Nachteile dargetan werden.[98] Dieser Rechtsauffasung scheint grundsätzlich auch das OLG Naumburg zu folgen, wenngleich es in einem Verfahren vermittelnd ausführte, dass „die Gestattung der vorzeitigen Zuschlagserteilung allein wegen fehlender Erfolgsaussichten des Nachprüfungsantrags ... nur in solchen Fällen in Betracht [kommt], in denen sich die Unzulässigkeit bzw. Unbegründetheit des Nachprüfungsantrags im Rahmen einer summarischen Prüfung sofort auf den ersten Blick erschließt".[99]

31   Die Vergabekammer muss bei ihrer Entscheidung insbesondere das **Interesse des Antragstellers** berücksichtigen, das streitbefangene Vergabeverfahren durch die Vergabekammer auf seine Rechtmäßigkeit überprüfen lassen zu können und damit seine Chance auf den Zuschlag zu erhalten.[100] Bei der Abwägung kann aus Sicht des Unternehmens die wirtschaftliche Dimension des Auftrags eine Rolle spielen.[101] Aus Auftraggebersicht sind die strenge Fristgebundenheit eines Auftrags, möglicher Zeit- und Ertragsgewinn, die Erhaltung der Funktionsfähigkeit, die Pflicht zur Aufgabenerfüllung sowie im einzelnen Bauzeitverzögerungen, Mehrkosten, allerdings nicht solche, die in unmittelbarem Zusammenhang mit dem betreffenden Vertrag stehen (→ Rn. 27), Schäden und Unfallgefahren zu berücksichtigen.[102] Der Nutzen in Bezug auf diese und andere Kriterien muss erwiesen sein.[103] Dafür ist eine möglichst genaue und hinreichende Darlegung sowie der entsprechende Nachweis erforderlich; beispielsweise müssen Mehrkosten beziffert werden, ihre pauschale Angabe reicht nicht aus.[104] Es muss eine spürbare Beeinträchtigung gegeben sein, wobei diese Beeinträchtigung mit hinreichender Wahrscheinlichkeit zu erwarten sein muss.[105] Werden Verzögerungen in die Interessenabwägung einbezogen, so muss ein etwaiges Verfahren vor dem Beschwerdegericht außer Acht bleiben, weil dies rein spekulativ wäre. **Folglich ist für die Frage der Zeitersparnis lediglich der Zeitpunkt der Entscheidung der Vergabekammer im Gestattungsverfahren mit dem im Hauptsacheverfahren zu vergleichen.**[106]

32   Auch Folgen für die Allgemeinheit, wie **Gefährdungen der öffentlichen Sicherheit und Ordnung** oder **der Daseinsvorsorge** wie beispielsweise die Verkehrs- und Entsorgungssicherheit, sind in die Interessenabwägung einzubeziehen.[107] Konsequenzen für die Allgemeinheit haben hohes Gewicht.[108] Das zu berücksichtigende **Allgemeininteresse muss im Einzelfall von besonderem Wert sein, konkret dargestellt werden und überprüfbar sein.** Die Interessen der Allgemeinheit an einer zügigen Auftragsvergabe sind in diese Güterabwägung einzubeziehen.[109] Gründe für das Interesse der Allgemeinheit an einem raschen Abschluss des Vergabeverfahrens können **nur die**

---

[95] OLG Düsseldorf Beschl. v. 22.12.2011 – VII-Verg 101/11, ZfBR 2012, 388; VK Bund Beschl. v. 26.4.2011 – VK 3-50/11, IBRRS 2011, 5584; VK Sachsen-Anhalt Beschl. v. 30.4.2018 – 2 VK LSA 14 – 17/18 juris-Rn. 44; VK Sachsen-Anhalt Beschl. v. 23.6.2017 – 2 VK LSA 11/17, IBRRS 2018, 2000 Rn. 83; VK Sachsen-Anhalt Beschl. v. 29.8.2018 – 2 VK LSA 02/18; 2 VK LSA 21/18, BeckRS 2018, 54431 Rn. 59.
[96] OLG Rostock Beschl. v. 21.7.2017 – 17 Verg 3/17, BeckRS 2017, 145157.
[97] OLG Naumburg Beschl. v. 22.11.2019 – 7 Verg 7/19, NZBau 2020, 478 (479); OLG Frankfurt a. M. Beschl. v. 26.1.2017 – 11 Verg 1/17, NZBau 2017, 309 (310); VK Hamburg Beschl. v. 11.10.2019 – Vgk FB 7/19 juris-Rn. 61 ff.; VK Sachsen Beschl. v. 24.10.2018 – 1/SVK/039-18G, BeckRS 2018, 38620; VK Sachsen-Anhalt Beschl. v. 28.2.2019 –1 VK LSA 03/19, IBRRS 2019, 4121; VK Hessen Beschl. v. 7.9.2017 – 69d VK-25/2017, BeckRS 2017, 147098.
[98] VK Berlin Beschl. v. 29.1.2019 – VK – B 1 – 33/18, BeckRS 2019, 2020 = IBRRS 2019, 0894.
[99] OLG Naumburg Beschl. v. 11.9.2018 – 7 Verg 4/18, BeckRS 2018, 44020.
[100] Vgl. *Erdmann* VergabeR 2008, 908 (910).
[101] VK Lüneburg Beschl. v. 26.8.2002 – 203-VgK-15/2002, IBRRS 2004, 2887.
[102] VK Lüneburg Beschl. v. 26.8.2002 – 203-VgK-15/2002, IBRRS 2004, 2887; VK Thüringen Beschl. v. 25.3.2003 – 216–4002.20–002/03-J-S-G; vgl. OLG Celle Beschl. v. 21.3.2001 – 13 Verg 4/01, BeckRS 2001, 31053390 = VergabeR 2001, 338 (339, 340).
[103] VK Thüringen Beschl. v. 25.3.2003 – 216–4002.20–002/03-J-S-G.
[104] VK Thüringen Beschl. v. 25.3.2003 – 216–4002.20–002/03-J-S-G; OLG Celle Beschl. v. 21.3.2001 – 13 Verg 4/01, VergabeR 2001, 338 (339).
[105] VK Bund Beschl. v. 30.6.1999 – VK-14/99, IBRRS 2013, 3237; VK Sachsen Beschl. v. 7.10.1999 – 1 SVK 17/99 G; VK Sachsen Beschl. v. 4.10.2001 – 1/SVK/98–01 g, IBRRS 2002, 0409.
[106] VK Thüringen Beschl. v. 25.3.2003 – 216–4002.20–002/03-J-S-G.
[107] VK Sachsen-Anhalt Beschl. v. 2.2.2018 – 1 VK LSA 45-48/17 juris-Rn. 47; *Opitz* NZBau 2005, 213.
[108] *Opitz* NZBau 2005, 213.
[109] VK Thüringen Beschl. v. 25.3.2003 – 216–4002.20–002/03-J-S-G.

Verletzung hochwertiger Schutzgüter wie der Schutz der Gesundheit, die Aufrechterhaltung und Funktionsfähigkeit des Verkehrs, die Versorgung der Bevölkerung etc sein. Jedoch führt die Betroffenheit der öffentlichen Sicherheit und Ordnung oder der Daseinsvorsorge nicht automatisch zu einem überwiegenden Interesse der Allgemeinheit und zur Gestattung des Zuschlags. War eine vorhandene Technik im **Bereich der öffentlichen Sicherheit und Ordnung** schon länger desolat, ist dies für den öffentlichen Auftraggeber kein unvorhersehbares Ereignis. Eine Zuschlagsgestattung käme nur in Betracht, wenn über die Beschreibung hypothetischer Szenarien hinaus konkret greifbare Anhaltspunkte für eine akute Gefährdung der Allgemeinheit glaubhaft gemacht werden können.[110] Andernfalls könnte jede Modernisierung im logistischen Zusammenhang mit öffentlicher Sicherheit und Ordnung als Argument für die Vernichtung des Primärrechtsschutzes genutzt werden. Bejaht hat die Rechtsprechung ein überwiegendes Interesse der Allgemeinheit ua, wenn die Gefahr besteht, dass die Abfallentsorgung nicht mehr fristgemäß sichergestellt und somit die gesetzliche Grundpflicht der Abfallbeseitigung nicht erbracht werden kann. Für das besondere Beschleunigungsinteresse spreche hier, dass es im Falle des Ausbleibens der Abfallentsorgung zu logistischen, hygienischen und in der Folge auch gesundheitlichen Problemen kommen könne, die es in jedem Fall zu vermeiden gelte.[111] Ein überwiegendes Interesse der Allgemeinheit wurde ebenfalls für den Fall eines erhöhten Unfallrisikos bejaht, wenn Straßenbauarbeiten im Falle einer verzögerten Zuschlagserteilung nicht rechtzeitig vor dem Wintereinbruch abgeschlossen werden können.[112]

b) Wiederherstellung des Zuschlagsverbots. Nach **Abs. 2 S. 6** kann beim zuständigen Beschwerdegericht die **Wiederherstellung des Zuschlagsverbots** beantragt werden. Der Antrag nach **Abs. 2 S. 6**, bei dem es sich nicht um eine sofortige Beschwerde handelt (Abs. 2 S. 9), ist zulässig, wenn die Vergabekammer das Zuschlagsverbot durch Beschluss gem. Abs. 2 S. 1 aufgehoben hat.[113] Auch dieser Antrag ist **schriftlich** zu stellen und zu **begründen**, wie sich aus **§ 169 Abs. 2 S. 6 iVm § 176 Abs. 2 S. 1** ergibt. Der Antrag als solcher führt nicht zu einer Verlängerung des Zuschlagsverbots über die Zweiwochenfrist des Abs. 2 S. 1 hinaus. Das bedeutet, benötigt das Beschwerdegericht mehr als zwei Wochen seit der Bekanntgabe der Zuschlagsgestattung durch die Vergabekammer zur Entscheidung über den Antrag auf Wiederherstellung des Zuschlagsverbots, so kann der Auftraggeber den Zuschlag wirksam erteilen. Tut er das, läuft der Wiederherstellungsantrag leer. Um dies klarzustellen, ordnet Abs. 2 S. 6 Hs. 2 an, dass **§ 168 Abs. 2 S. 1** unberührt bleibt, wonach ein wirksam erteilter Zuschlag nicht aufgehoben werden kann. Der Antrag nach Abs. 2 **S. 6 ist nur zulässig, solange die Vergabekammer das Verfahren noch nicht durch eine Hauptsacheentscheidung abgeschlossen hat.** Andernfalls würde Abs. 2 S. 9 ausgehebelt, nach dem eine gesonderte sofortige Beschwerde gegen Entscheidungen der Vergabekammer nach Abs. 2 nicht zulässig ist. Gestattet die Vergabekammer die vorzeitige Erteilung des Zuschlags nicht, kann gem. Abs. 2 S. 7 das Beschwerdegericht auf Antrag des Auftraggebers unter den Voraussetzungen des Abs. 2 S. 1–5 den Zuschlag gestatten. **Abs. 2 sagt nicht, ob ein solcher Antrag auch dem Unternehmen, das den Zuschlag erhalten soll, gestattet ist.** Auf der Grundlage der Stellungnahme des Bundesrates zum Gesetzentwurf der Bundesregierung zur Reform 2009 wäre dies eher zu verneinen. Der Bundesrat befürwortete die Streichung dieses neuen Antragsrechts und begründet dies damit, dass eine vorzeitige Zuschlagsgestattung wie bisher durch ein überwiegendes öffentliches Interesse gerechtfertigt sein dürfe. Dieses öffentliche Interesse umfasse nicht das wirtschaftliche Interesse eines Beigeladenen, den Zuschlag möglichst schnell und vor rechtskräftigem Abschluss des Nachprüfungsverfahrens zu erhalten. Allerdings konnte sich der Bundesrat damit nicht durchsetzen. **Deshalb ist davon auszugehen, dass vor dem Hintergrund von Abs. 2 S. 1 auch das danach antragsbefugte Unternehmen einen Antrag beim Beschwerdegericht stellen kann.** Es dürfte sich deshalb um einen **redaktionellen Fehler** handeln. Für das Verfahren vor dem Beschwerdegericht gelten **§ 176 Abs. 2 S. 1 und 2 sowie § 171 Abs. 3** entsprechend. Das Beschwerdegericht hat die Abwägung in eigener Verantwortung selbst vorzunehmen und ist nicht etwa darauf

---

[110] OLG Frankfurt a. M. Beschl. v. 5.3.2014 – 11 Verg 1/14, ZfBR 2015, 91 ff.
[111] OLG Frankfurt Beschl. v. 26.1.2017 – 11 Verg 1/17, NZBau 2017, 309 (312); VK Sachsen-Anhalt Beschl. v. 2.2.2018 – 1 VK LSA 45-48/17 juris-Rn. 47; vgl. auch VK Hessen Beschl. v. 12.1.2017 – 69d-VK-58/2016, VPRRS 2017, 0259 Rn. 80.
[112] OLG Naumburg Beschl. v. 18.10.2019 – 7 Verg 5/19, IBR 2020, 365 Rn. 49; VK Sachsen-Anhalt Beschl. v. 20.9.2019 – 1 VK LSA 16/19, IBRRS 2020, 1296.
[113] Zu einem solchen Antrag zB BayObLG Beschl. v. 16.7.2004 – Verg 16/04, VergabeR 2005, 141 (142) und OLG Frankfurt a. M. Beschl. v. 6.8.2015 – 11 Verg 7/15, VergabeR 2016, 133 zum Rechtsschutzbedürfnis, das verneint wurde für den Fall, dass der Auftraggeber aus anderen rechtlichen Gründen den Zuschlag nicht erteilen darf.

beschränkt, die Ermessensentscheidung der Vergabekammer auf Ermessensfehler zu prüfen.[114] Eine sofortige Beschwerde nach § 171 Abs. 1 ist gegen Entscheidungen der Vergabekammer nach Abs. 2 nicht zulässig. Damit wird deutlich gemacht, dass die speziell in Abs. 2 S. 6 und 7 geregelten Antragsrechte die richtigen Rechtsmittel gegen eine Entscheidung nach Abs. 2 S. 1 sind, und dass auf die sofortige Beschwerde nach § 171 Abs. 1 deshalb nicht zurückgegriffen werden kann. Eine sofortige Beschwerde ist nur gegen die Entscheidung der Vergabekammer in der Hauptsache zulässig.

34 **Hat die Vergabekammer im Zeitpunkt ihrer Entscheidung über den Nachprüfungsantrag (Hauptsacheentscheidung) über den Antrag nach Abs. 2 S. 1 noch nicht entschieden,** so erledigt sich dieser.[115] Denn Voraussetzung für die vorzeitige Gestattung der Erteilung des Zuschlags ist, dass es überhaupt zu einer Verzögerung der Vergabe bis zum Abschluss des Nachprüfungsverfahrens vor der Vergabekammer kommt bzw. kommen kann. Das ist beispielsweise bei einer Fristenverlängerung nach **§ 167 Abs. 1 S. 2** der Fall. Mit der Entscheidung über den Nachprüfungsantrag besteht diese Gefahr nicht mehr. Mit der Wartefrist nach einer Gestattung des Zuschlags ist regelmäßig die Frist für die sofortige Beschwerde gegen die Hauptsacheentscheidung nach **§ 172 Abs. 1** identisch. Und auf eine Verzögerung, die durch die Möglichkeit eröffnet ist, dass sich die Sperrwirkung durch Einlegung der sofortigen Beschwerde verlängert (**§ 173 Abs. 1 S. 1 und 2**), kommt es nicht an. Denn im Beschwerdeverfahren hat die Vergabestelle die in **§ 176** vorgesehenen Möglichkeiten des vorläufigen Rechtsschutzes. Strittig ist, ob insoweit auf entsprechenden Antrag die Frist des **§ 173 Abs. 1 S. 2** durch Gestattung des Zuschlags verkürzt werden darf.[116] Im Hinblick auf den hohen Stellenwert des effektiven Rechtsschutzes der Bieter wird ein solcher Antrag einer Vergabestelle allerdings nur in seltenen Ausnahmefällen erfolgversprechend sein.

35 **3. Weitere vorläufige Maßnahmen (Abs. 3).** Die Vergabekammer darf nach Abs. 3 S. 1 für den Fall, dass die Rechte eines Bieters aus § 97 Abs. 6 im Vergabeverfahren auf andere Weise als durch den drohenden Zuschlag gefährdet sind, auf besonderen Antrag hin mit weiteren vorläufigen Maßnahmen in das Vergabeverfahren eingreifen. Eine vorläufige Maßnahme ist demnach nur zulässig, soweit Rechte des Antragstellers **in einem laufenden Vergabeverfahren gefährdet** sind. Die VK Rheinland Köln hat entschieden, dass eine solche Gefährdung in einem laufenden Vergabverfahren nicht vorliegt, soweit sich der Antragsteller mit seinem Antrag nach § 169 Abs. 3 gegen eine bereits erfolgte Interimsvergabe wendet, die der Auftraggeber für die Zeit bis zur Entscheidung der Vergabekammer in der Hauptsache vorgenommen hat. Mit Blick auf eine bereits erfolgte Interimsvergabe fehle es an einem laufenden Vergabeverfahren, sobald der Interimsvertrag mit einem anderen Partner zustande gekommen ist.[117]

35a Auch die Vergabekammer Südbayern hat mit Beschluss vom 3.5.2021 entschieden, dass Abs. 3 aufgrund seines klaren Wortlauts keine Rechtsgrundlage bietet, um die weitere Durchführung eines geschlossenen Vertrags, der unter Verstoß gegen die Verpflichtung zur Durchführung eines EU-weiten Vergabeverfahren geschlossen wurde, zu untersagen. Allerdings spreche viel dafür, dass die Bundesrepublik Deutschland mit der derzeitigen Fassung des Abs. 3 bzw. der fehlenden Möglichkeit, überhaupt vor den Nachprüfungsinstanzen gegen einen faktischen Vollzug eines öffentlichen Auftrags, der unter Verstoß gegen die Verpflichtung zur Durchführung eines EU-weiten Vergabeverfahren geschlossen wurde, mit vorläufigen Maßnahmen vorzugehen, Art. 2 Abs. 1 lit. a RL 2007/66/EG unzureichend umgesetzt habe. Allerdings wende sich Art. 2 Abs. 1 lit. a RL 2007/66/EG ausschließlich an die Mitgliedsstaaten, sodass sich der Antragsteller nicht unmittelbar darauf berufen könne. Vielmehr bedürfe es eines Vorabentscheidungsverfahrens nach Art. 267 AEUV um zu klären, ob Abs. 3 gegen seinen Wortlaut richtlinienkonform so ausgelegt werden könne, dass mit der Gefährdung von Rechten im Vergabeverfahren nicht allein gemeint ist, dass Rechte der Antragstellerin in einem noch laufenden Vergabeverfahren gefährdet sein müssen, sondern dass diese Rechte auch durch ein unzulässigerweise durch Zuschlag beendetes Vergabeverfahren, dh durch die Durchführung eines Vertrags, gefährdet werden können, gegen welches ein Nachprüfungsantrag zulässig erhoben wurde.[118]

35b Die **Entscheidung** über die Anordnung einer vorläufigen Maßnahme muss die Vergabekammer nach Abs. 3 S. 2 auf der **Grundlage des Beurteilungsmaßstabs des Abs. 2 S. 1** treffen. Ausdrück-

---

[114] OLG Naumburg Beschl. v. 22.11.2019 – 7 Verg 7/19, NZBau 2020, 478 (479); OLG Naumburg Beschl. v. 18.10.2019 – 7 Verg 5/19, IBR 2020, 365, und Beschl. v. 18.10.2019 – 7 Verg 4/19, NZBau 2020, 549 (550).
[115] VK Rheinland Köln Beschl. v. 22.7.2019 – VK 21/19 – B, IBR 2019, 576 Rn. 87 mwN; BayObLG Beschl. v. 16.7.2004 – Verg 16/04, VergabeR 2005, 141 (142).
[116] Dafür BayObLG Beschl. v. 16.7.2004 – Verg 16/04, VergabeR 2005, 141 (142); dagegen OLG Naumburg Beschl. v. 15.12.2000 – 1 Verg 11/00, NZBau 2001, 642.
[117] VK Rheinland Köln Beschl. v. 28.1.2020 – VK 3/20 – L/E juris-Rn. 19 ff.
[118] VK Südbayern Beschl. v. 3.5.2021 – 3194.Z3-3_01-21-26, BeckRS 2021, 17137.

III. Aussetzung des Vergabeverfahrens 36, 37 § 169 GWB

lich nicht zu berücksichtigen sind damit die **Abwägungsvorgaben der S. 2–5 des Abs. 2.** Der ausschließlich Bietern mögliche Antrag nach Abs. 3 ist ein **Instrument zur Erlangung vielfältigen vergaberechtlichen Eilrechtsschutzes.**[119] Er ergänzt das durch die Zustellung des Nachprüfungsantrages an die Vergabestelle eintretende Zuschlagsverbot des Abs. 1. Die **Voraussetzungen** des Antrages nach Abs. 3 sind denjenigen der Anträge **nach § 173 Abs. 1 S. 3** auf Verlängerung der aufschiebenden Wirkung der sofortigen Beschwerde und auf vorzeitige Gestattung des Zuschlags im laufenden Nachprüfungsverfahren gem. § 169 Abs. 2 und § 176 ähnlich. Da diese wiederum dem zivilrechtlichen vorläufigen Rechtsschutz nach §§ 935 ff. ZPO bzw. dem verwaltungsrechtlichen nach §§ 80, 80a, 123 Abs. 1 VwGO nachgebildet sind, kann – unter Beachtung der vergaberechtlichen Besonderheiten – in Zweifelsfällen auf die diesbezüglich geltenden Grundsätze entsprechend zurückgegriffen werden.

Abs. 3 legt nicht fest, welche „weiteren vorläufigen Maßnahmen" beantragt werden können 36 und im Hinblick auf bestimmte Verstöße gegen Vergaberecht zu beantragen sind. Eine konkrete Benennung der erforderlichen Maßnahmen durch den Antragsteller ist nicht erforderlich. Maßgeblich ist die vom Antragsteller vorgetragene Gefährdung seiner Rechte. Die Vergabekammer muss Anträge nach Abs. 3 von dem Rechtsschutzziel des Antragstellers her auslegen und von sich aus die notwendigen Maßnahmen bestimmen. Die Vergabekammer ist an den **Sinn und Zweck des Antragsbegehrens,** nicht aber an den Wortlaut des tatsächlich gestellten Antrags gebunden.[120] Die Vergabekammer hat im Rahmen eines Nachprüfungsverfahrens gem. § 168 Abs. 1 die Pflicht, dafür Sorge zu tragen, dass die Rechtmäßigkeit des Vergabeverfahrens sicher- bzw. hergestellt wird. Zu diesem Zweck muss sie die **notwendigen Zwischenverfügungen** erlassen. Das erfolgt dadurch, dass sie der Vergabestelle bestimmtes Tun untersagt oder aufgibt. Ziel ist die Sicherung oder Wiederherstellung der Rechtmäßigkeit des Vergabeverfahrens und die Gewährung effektiven Rechtsschutzes im Sinne des Gemeinschaftsrechts und des Grundgesetzes.[121] Die **Auslegung des Antrags** muss auf der Grundlage des Gemeinschaftsrechts erfolgen und unabhängig von nationalen Begrifflichkeiten. Die gemeinschaftsrechtliche Auslegung orientiert sich im Wesentlichen am Telos einer Vorschrift und an der Durchsetzung ihrer praktischen Wirksamkeit („effet utile").[122]

Der für Bieter über einen **Antrag nach Abs. 3** erreichbare Rechtsschutz ist mannigfaltig. 37 Zulässig sind nach dem Wortlaut der Vorschrift **lediglich vorläufige Maßnahmen.**[123] Zu den dem Wortlaut des Abs. 3 nach – nur – der Vergabekammer möglichen Zwischenverfügungen[124] gehören beispielsweise, die Vergabestelle anzuweisen, das Verfahren vollkommen ruhen zu lassen, dh, die Fortführung des Vergabeverfahrens, beispielsweise den Ausschluss eines Bieters oder die Wertung der Angebote, vorläufig zu untersagen,[125] die Aufhebung der Ausschreibung vorläufig zu unterlassen,[126] die Vergabestelle anzuweisen, die Angebotsfrist bis zum Abschluss des gesamten Nachprüfungsverfahren zu verlängern[127] oder eine einstweilige Bauuntersagung.[128] Auch eine Interimsbeauftragung kann untersagt werden.[129] So sind beispielsweise die Nachprüfungsinstanzen für den Fall, dass eine Vergabestelle ihre Anforderungen während des Verfahrens verändert, berechtigt, diese aufzugeben oder die Angebotsfrist entsprechend anzupassen.[130] Darüber hinaus können die Nachprüfungsinstanzen – unter engen Voraussetzungen – eine Vergabestelle anweisen, die Angebotsfrist bis zum Abschluss des Nachprüfungsverfahrens zu verlängern.[131] Zulässig sind insbesondere auch solche Maßnahmen, die die Vergabestelle zwingen, bestimmte für das Vergabeverfahren relevante Entscheidungen erst nach Abschluss des Nachprüfungsverfahrens zu treffen. Der **weit gefasste Spielraum** der Vergabekammer ermöglicht es ihr darüber hinaus, Maßnahmen gegen drohende Schutzrechtsverletzungen eines Bieters zu ergreifen oder aber der Vergabestelle aufzugeben,

---

[119] OLG Celle Beschl. v. 15.7.2004 – 13 Verg 11/04, BeckRS 2004, 08184; aA VK Hessen Beschl. v. 21.1.2004 – 69 d VK-01/2004.
[120] OLG Celle Beschl. v. 29.8.2003 – 13 Verg 15/03, IBRRS 2003, 2380.
[121] Vgl. EuGH Urt. v. 18.6.2002 – C-92/00, Slg. 2002, I-5553 Rn. 38 = ZfBR 2002, 604 – Hospital Ingenieure; zu Art. 19 Abs. 4 GG grundlegend BVerfG Beschl. v. 27.10.1999 – 1 BvR 385/90, NJW 2000, 1175 (1176).
[122] Schwarze/*Schwarze/Wunderlich* EUV Art. 19 Rn. 38.
[123] VK Hessen Beschl. v. 21.1.2004 – 69 d VK-01/2004.
[124] Zur gleichen Befugnis des OLG s. OLG Celle Beschl. v. 15.7.2004 – 13 Verg 11/04, BeckRS 2004, 08184.
[125] RegE VgRÄG, BT-Drs. 13/9340, 20; Immenga/Mestmäcker/*Dreher* Rn. 85; VK Sachsen Beschl. v. 4.3.2002 – 1/SVK/019–02, IBRRS 2002, 0494.
[126] *Boesen* Rn. 56; *Leinemann* VergabeR Rn. 233.
[127] Vgl. OLG Celle Beschl. v. 15.7.2004 – 13 Verg 11/04, BeckRS 2004, 08184.
[128] OLG Rostock Beschl. v. 21.7.2017 – 17 Verg 3/17, BeckRS 2017, 145157 Rn. 4.
[129] Vgl. OLG Celle Beschl. v. 29.8.2003 – 13 Verg 15/03, IBRRS 2003, 2380.
[130] VK Bund Beschl. v. 8.1.2004 – VK 1–117/03, IBRRS 2013, 4071; VK Bund Beschl. v. 24.3.2004 – VK 3–36/04.
[131] Vgl. OLG Celle Beschl. v. 15.7.2004 – 13 Verg 11/04, BeckRS 2004, 08184.

bestimmte Vorbereitungshandlungen zur späteren Durchführung des Auftrages zu unterlassen, wenn dadurch Bieterrechte unmittelbar beeinträchtigt werden. Ein Antrag nach Abs. 3 kommt zudem auch in Betracht, wenn der Zuschlag nicht unmittelbar bevorsteht, jedoch beispielsweise Bietern die nachträgliche Erreichung oder Änderung von Angeboten ermöglicht werden soll oder unzulässige Verhaltensweisen der Vergabestelle, wie zB durch Veränderung des Auftragsumfangs in einem laufenden Verhandlungsverfahren oder durch nachträgliche Risikoverschiebungen in Auftragsverhandlungen, abgestellt werden sollen.[132]

38 Ein Antrag nach Abs. 3 ist dem Steller des Nachprüfungsantrags, **nicht aber Beigeladenen (§ 162)** möglich. Anträge nach Abs. 3 sind zudem akzessorisch, dh, sie können **nur im Rahmen eines vor der Vergabekammer bzw. dem OLG anhängigen Nachprüfungsverfahrens** gestellt werden.[133] Anhängig ist das Nachprüfungsverfahren, wenn der Nachprüfungsantrag bei der Vergabekammer gestellt bzw. vor dem OLG sofortige Beschwerde erhoben worden ist. Der Antrag nach Abs. 3 muss **ausdrücklich** gestellt werden („besonderer Antrag"). Er gilt nicht konkludent mit einem Nachprüfungsantrag gestellt. Das ergibt sich daraus, dass das Gesetz ihn explizit zusätzlich zum Nachprüfungsantrag erwähnt. Wäre er im Nachprüfungsantrag enthalten, wäre seine gesetzliche Regelung insgesamt überflüssig. Allerdings kann die Vergabekammer **vor dem Hintergrund von § 168 Abs. 1 von sich aus entsprechende Maßnahmen zur Sicherstellung eines rechtmäßigen Vergabeverfahrens erlassen.** Die Pflicht, sich gezielt mit der Notwendigkeit solcher Maßnahmen auseinanderzusetzen, hat sie jedoch nicht, sofern sich das im Einzelfall nicht konkret aufdrängt. Ist ein Antrag nach Abs. 3 gestellt, muss sich die Vergabekammer bzw. der Vergabesenat zwingend mit diesem auseinandersetzen und entscheiden, ob vorläufige Maßnahmen ggf. welche zu treffen sind. Ein Hinweis darauf, dass ein Zuschlag nicht erteilt werden kann oder dass weitere Vergaberechtsverstöße ohnehin im weiteren Verlauf des Vergabenachprüfungsverfahrens berücksichtigt werden, genügt nicht. Inhaltlich steht die Entscheidung über den Antrag nach Abs. 3 im **Ermessen** der Vergabekammer.[134]

39 Ein Antrag nach Abs. 3 kann entgegen dem Wortlaut des Abs. 3, wonach derartige Anträge nur vor der Vergabekammer zulässig sind, in analoger Anwendung der Vorschrift auch im Rahmen einer **sofortigen Beschwerde** vor dem **OLG** gestellt werden.[135] Der Vergabesenat besitzt im Hinblick auf die Anordnung vorläufiger Maßnahmen die gleichen Befugnisse wie die Vergabekammer. Die Notwendigkeit der entsprechenden Anwendung des Abs. 3 ergibt sich schon vor dem Hintergrund des nach dem Unionsrecht – in allen Instanzen – zu gewährenden effektiven Rechtsschutzes.[136] Das Gebot der Gewährung effektiven Rechtsschutzes gilt für alle Instanzen unterschiedslos. Der effektive Rechtsschutz kann auch in der Beschwerdeinstanz auf andere Weise als durch den drohenden Zuschlag gefährdet sein. Das unionsrechtliche Gebot der Gewährung effektiven Rechtsschutzes ergibt sich aus **Art. 2 Abs. 1 lit. a RL 89/665/EWG.** Danach müssen die Mitgliedstaaten für ihre Nachprüfungsinstanzen auch ausreichende Befugnisse zur Anordnung vorläufiger rechtssichernder Maßnahmen vorsehen. Gleichfalls ergibt sich diese Notwendigkeit vor dem Hintergrund der Anerkennung subjektiver Rechte der Bieter eines Vergabeverfahrens sowie aus dem Sinn und Zweck des Vergabeverfahrens als eines förmlichen und subjektiven Rechtsschutz gewährenden Verfahrens. Die Voraussetzungen für die Notwendigkeit der Anordnung vorläufiger Maßnahmen iSv Abs. 3 S. 1 können auch während des Beschwerdeverfahrens vorliegen bzw. erst während des Laufes des Beschwerdeverfahrens entstehen.[137] Ein sachlicher Grund dafür, dass die Vergabekammer in dieser Hinsicht weitergehende Befugnisse haben sollte als die Beschwerdeinstanz, ist nicht ersichtlich. Ist sofortige Beschwerde erhoben, ist es auch aus verfahrensökonomischen Gründen sinnvoll, dass der Vergabesenat die nach Abs. 3 notwendigen Anordnungen trifft und nicht nochmals die Vergabekammer eingeschaltet wird.

40 Der Antrag nach Abs. 3 muss **unverzüglich** gestellt werden. Eine Frist für die Einreichung des Antrages nach Abs. 3 sieht das Gesetz zwar nicht vor. Sowohl aus der Gesetzessystematik als auch nach dem Sinn und Zweck dieses Antragsverfahrens ergibt sich jedoch, dass ein solcher Antrag unverzüglich gestellt werden muss. Wird ein Antrag nicht sobald wie möglich – somit regelmäßig

---

[132] Für den Fall einer Verringerung des Auftragsvolumens VK Lüneburg Beschl. v. 29.4.2005 – VgK-19/2005, BeckRS 2005, 06350.
[133] VK Sachsen Beschl. v. 4.3.2002 – 1/SVK/019–02, IBRRS 2002, 0494.
[134] VK Sachsen Beschl. v. 4.3.2002 – 1/SVK/019–02, IBRRS 2002, 0494; VK Lüneburg Beschl. v. 27.6.2003 – 203-VgK-14/2003, IBRRS 2014, 0437.
[135] OLG Düsseldorf Beschl. v. 30.4.2008 – Verg 23/08, NZBau 2008, 461 (462); OLG Naumburg Beschl. v. 31.7.2006 – 1 Verg 6/06, ZfBR 2006, 811 (812); OLG Celle Beschl. v. 15.7.2004 – 13 Verg 11/04, BeckRS 2004, 08184; vgl. auch Immenga/Mestmäcker/*Dreher* Rn. 86 mwN.
[136] MwN OLG Naumburg Beschl. v. 31.7.2006 – 1 Verg 6/06, ZfBR 2006, 811 (812); OLG Celle Beschl. v. 15.7.2004 – 13 Verg 11/04, BeckRS 2004, 08184.
[137] *Leinemann* VergabeR 2001, 64; *Stapenhorst* VergabeR 2002, 103 (104).

nach Bekanntwerden der Gründe – innerhalb der fünfwöchigen Entscheidungsfrist (**§ 167 Abs. 1**) gestellt, lässt das den Schluss zu, dass eine „Not- oder Problemlage" im Sinne der Norm nicht vorliegt. Der Antrag ist schriftlich zu stellen und zugleich zu begründen.

Voraussetzung für die Begründetheit eines Antrages nach Abs. 3 ist, dass Rechte des Antragstellers aus **§ 97 Abs. 6** derart gefährdet sind, dass sie durch den Erlass einer einstweiligen Anordnung gesichert werden müssen.[138] § 97 Abs. 6 umfasst alle Bestimmungen über das Vergabeverfahren, die dem Antragsteller eines Nachprüfungsverfahrens subjektive Rechte verleihen.[139] Erfasst sind nicht nur Vorschriften im Sinne der verwaltungsrechtlichen Schutznormtheorie; **für eine einschränkende Auslegung des § 97 Abs. 6 ist insofern kein Raum.**[140] Dazu gehört auch die Verletzung kartell-, wettbewerbs- und zivilrechtlicher Rechte. Ein Antrag nach Abs. 3 gewährt deshalb einem Antragsteller in Verbindung mit § 97 Abs. 6 umfassenden Rechtsschutz. Nicht rechtsschutzfähig sind allerdings Rechtspositionen, die über subjektive Rechte des Antragstellers hinausgehen, also Rechte auf die sich der Antragsteller nicht selbst, sondern nur Dritte berufen können. Die durch § 97 Abs. 6 geschützten Rechte müssen auf andere Weise als durch den drohenden Zuschlag gefährdet sein. Die Gefährdung ist dabei vor dem Hintergrund zu sehen, dass Abs. 3 eine ordnungsgemäße Entscheidung der Vergabekammer gem. **§ 168** sichern will.[141] Eine „Gefährdung" in diesem Sinne liegt vor, wenn mehr als die bloße Möglichkeit und weniger als eine bereits feststehende Rechtsverletzung gegeben ist. Entscheidend ist die ernsthafte Wahrscheinlichkeit einer Beeinträchtigung. Eine für Abs. 3 relevante Gefährdung der Rechte aus § 97 Abs. 6 kann allerdings nicht aus einer fehlerhaften Beurteilung der Eignung eines Mitbieters folgen, weil die Überprüfung der Bietereignung erst im Hauptsacheverfahren erfolgt.[142] Das bedeutet, dass in sich abgeschlossene Rechtsverletzungen, die in jedem Fall im Hauptsacheverfahren geprüft werden, aber bis dahin keine weitere **Verschlechterung der Rechtsposition des Antragstellers** im laufenden Vergabeverfahren zur Folge haben können, nicht über vorläufige Maßnahmen nach Abs. 3 korrigiert werden müssen.

Maßgeblich für die Ermessensentscheidung der Nachprüfungsinstanzen im Rahmen eines Antrags nach Abs. 3 sind die **Entscheidungskriterien des Abs. 2 S. 1 und die dabei geltenden Gewichtungen**.[143] Die Entscheidung hat wie bei Anträgen nach §§ 80, 80a, 123 Abs. 1 VwGO im Wege einer Abwägung zu erfolgen. Dabei müssen die Interessen des Antragstellers die nachteiligen Folgen der Gewährung der beantragten Maßnahme überwiegen. Innerhalb der im Rahmen der Entscheidung über den Erlass einer Zwischenverfügung nach Abs. 3 notwendigen Abwägung sind deshalb alle möglicherweise geschädigten Interessen des Bieters sowie das Allgemeininteresse zu berücksichtigen.[144] Das kann, wenn über Abs. 3 die Verlängerung der Angebotsfrist beantragt ist, auch den raschen Ablauf des Vergabeverfahrens betreffen. Im Einzelfall muss das Allgemeininteresse von besonderem Wert sowie konkret dargestellt und überprüft sein. Bloß schematische Abwägungen sowie die Berücksichtigung nur standardmäßiger Kriterien verbieten sich.

Entsprechend Abs. 2 hat auch bei einem Antrag nach **Abs. 3** im Rahmen der Abwägung das **Primärinteresse des Bieters am Zuschlag einen herausragenden Rang.** Beschleunigungs- oder wirtschaftliche Interessen des Auftraggebers haben hingegen lediglich dann hinreichendes Gewicht, wenn die durch eine Anordnung nach Abs. 3 drohende Verzögerung geeignet ist, die Funktionsfähigkeit und Aufgabenerfüllung des Auftraggebers spürbar zu beeinträchtigen.[145] Diese Beeinträchtigung muss nach den konkreten Umständen mit hinreichender Wahrscheinlichkeit zu erwarten sein, die abstrakte Gefahr des Eintritts von Nachteilen reicht demgegenüber nicht aus.[146] Unter Berücksichtigung des **Grundsatzes der Verhältnismäßigkeit** sind zudem die Folgen einer Verzögerung der Vergabe bis zum Abschluss der Nachprüfung gegen die Vorteile einer raschen Auftragsvergabe und damit Abwicklung des Verfahrens abzuwägen,[147] wobei man auch hier einzubeziehen haben wird, inwieweit die Dringlichkeit vom Antragsgegner selbst verursacht wurde.[148]

---

[138] OLG Celle Beschl. v. 15.7.2004 – 13 Verg 11/04, BeckRS 2004, 08184.
[139] Vgl. Immenga/Mestmäcker/*Dreher* § 97 Rn. 226.
[140] Vgl. Immenga/Mestmäcker/*Dreher* § 97 Rn. 243.
[141] VK Hessen Beschl. v. 10.1.2005 – 69 d-VK-96/2004, IBRRS 2005, 2768.
[142] VK Hessen Beschl. v. 10.1.2005 – 69 d-VK-96/2004, IBRRS 2005, 2768.
[143] OLG Celle Beschl. v. 15.7.2004 – 13 Verg 11/04, BeckRS 2004, 08184; VK Lüneburg Beschl. v. 29.4.2005 – VgK-19/2005, BeckRS 2005, 06350; VK Lüneburg Beschl. v. 27.6.2003 – 203-VgK-14/2003, IBRRS 2014, 0347; VK Sachsen Beschl. v. 4.3.2002 – 1/SVK/019–02, IBRRS 2002, 0494.
[144] OLG Naumburg Beschl. v. 31.7.2006 – 1 Verg 6/06, ZfBR 2006, 817 (818).
[145] VK Lüneburg Beschl. v. 27.6.2003 – 203 VgK-14/2003, IBRRS 2014, 0437.
[146] VK Sachsen-Anhalt Beschl. v. 28.2.2019 –1 VK LSA 03/19, IBRRS 2019, 4121; VK Hessen Beschl. v. 10.1.2005 – 69 d-VK-96/2004, IBRRS 2005, 2768; VK Bund Beschl. v. 30.6.1999 – VK 2-14/99, IBRRS 2013, 3237.
[147] Vgl. Immenga/Mestmäcker/*Dreher* Rn. 50.
[148] VK Münster Beschl. v. 10.11.2004 – VK 29/04, IBRRS 2004, 3908, zu § 115 Abs. 2.

Zu berücksichtigen ist ferner, dass durch Nichteingreifen der Nachprüfungsinstanzen verursachte vergebliche Aufwendungen des Rechtsschutzsuchenden, insbesondere wenn diese nur geringfügig sind, ggf. durch Schadensersatz ausgleichbar sind. Allerdings sind diese Forderungen nicht einfach durchzusetzen.[149] Die Erfolgsaussichten in der Hauptsache sind im Rahmen der Interessenabwägung nicht zu berücksichtigen.[150] Das folgt daraus, dass **Abs. 3 S. 2** hinsichtlich des für einen Antrag nach Abs. 3 anzuwendenden **Abwägungsmaßstabs lediglich auf Abs. 2 S. 1** und damit gerade **nicht auf Abs. 2 S. 5** verweist.

44   Eine aufgrund eines Antrags nach **Abs. 3** ergangene Verfügung der Vergabekammer kann gem. Abs. 3 S. 3 nicht isoliert, sondern **nur zusammen mit der Entscheidung über den Nachprüfungsantrag angefochten werden.**[151] Nach Abs. 3 kann die Vergabekammer die von ihr getroffenen weiteren vorläufigen Maßnahmen nach den Verwaltungsvollstreckungsgesetzen des Bundes und der Länder durchsetzen; die Maßnahmen sind sofort vollziehbar. § 86a S. 2 gilt entsprechend. Durch die Ergänzung des Abs. 3 ist klargestellt, dass weitere vorläufige Maßnahmen nach Abs. 3 mit den Mitteln der Verwaltungsvollstreckung durchgesetzt werden können.[152] Wie auch in Bezug auf **§ 168 Abs. 3** ist es auch hier sachgerecht, den Zwangsgeldrahmen des § 86a S. 2 zu übernehmen. Denn aus der Rechtspraxis der Vergabekammern ergibt sich, dass öffentliche Auftraggeber die Anordnungen der Vergabekammern vereinzelt schlicht ignorieren.[153] Die effektive Durchsetzung der Anordnungen der Vergabekammern setzt aber voraus, dass geeignete Zwangsmittel zur Verfügung stehen.[154] Nach alter Gesetzeslage waren mangels spezialgesetzlicher Regelung für die Durchsetzung von Entscheidungen der Vergabekammern die allgemeinen Verwaltungsvollstreckungsgesetze des Bundes und der Länder maßgeblich. Gemäß § 11 Abs. 3 VwVG Bund können Zwangsgelder bis zu 25.000 EUR verhängt werden. Ein solcher Zwangsgeldrahmen ist angesichts der Auftragsvolumina, die den Gegenstand eines Nachprüfungsverfahrens sein können, kein wirksames Zwangsmittel. Außerdem führt diese Rechtslage zur Benachteiligung gegenüber solchen Bietern, die erst in einem Verfahren vor den Oberlandesgerichten erfolgreich waren. Denn Beschlüsse der Oberlandesgerichte können über die Instrumentarien der ZPO vollstreckt werden (§§ 704 ff., 888 ZPO). So können zur Vollstreckung unvertretbarer Handlungen – auch mehrfach – Zwangshaft und Zwangsgelder bis zu 25.000 EUR angeordnet werden. In gleicher Weise wurde auch im Rahmen der 7. GWB-Novelle anerkannt, dass ein Verwaltungszwang entsprechend den allgemeinen Vorschriften zur Verwaltungsvollstreckung nicht ausreichend ist. Denn auch in Bezug auf kartellbehördliche Verfügungen, die ebenso wie das öffentliche Auftragswesen Sachverhalte von erheblicher Bedeutung betreffen, waren die niedrigen Zwangsgelder des allgemeinen Verwaltungsvollstreckungsrechts nicht ausreichend. So entschied der Gesetzgeber im Rahmen der 7. GWB-Novelle, Zwangsgelder in einer Spanne von 1.000–10 Mio. EUR zuzulassen. Deswegen ist es sachgerecht, dass diese Regelung nun auch für den 4. Teil des GWB übernommen wurde, indem dort auf den § 86a S. 2 verwiesen wird.

45   **4. Fall des § 117 Nr. 1–3 oder § 150 Nr. 1 oder 6.** Der Gesetzgeber hat **§ 169** schon in der Novelle 2009 um einen vierten Absatz ergänzt.[155] Diese Regelung wurde 2016 redaktionell an die Ausnahmevorschriften angepasst, die im GWB neu aufgenommen wurden und die Ausnahmebestimmungen der RL 2014/23/EU, 2014/24/EU und 2014/25/EU umsetzen. Macht der Auftraggeber das Vorliegen der Voraussetzungen nach § 117 Nr. 1–3 oder § 150 Nr. 1 oder 6 geltend, **entfällt gem. Abs. 4 das Verbot des Zuschlages nach Abs. 1 fünf Werktage nach Zustellung eines entsprechenden Schriftsatzes an den Antragsteller;** die Zustellung ist durch die Vergabekammer unverzüglich nach Eingang des Schriftsatzes vorzunehmen. Auf Antrag kann das Beschwerdegericht das Verbot des Zuschlages wiederherstellen. Die Regelung des Abs. 4 beruht auf der Erwägung, dass der automatische Suspensiveffekt nach Abs. 1 für Sachverhalte, in denen streitig ist, ob eine der genannten Ausnahmen vorliegt, zu unangemessenen Zeitverzögerungen zulasten der wesentlichen Sicherheitsinteressen des Staates führen kann. Abs. 4 bestimmt deshalb, dass die Automatik des Suspensiveffekts nach Abs. 1 zugunsten des Rechts des Auftraggebers auf umgehende Erteilung des Zuschlags fünf Werktage nach Zustellung entfällt.

---

[149] OLG Celle Beschl. v. 15.7.2004 – 13 Verg 11/04, BeckRS 2004, 08184.
[150] Anders noch für § 115 Abs. 3 aF bspw. VK Lüneburg Beschl. v. 29.4.2005 – VgK-19/2005, BeckRS 2005, 06350; VK Bund Beschl. v. 29.9.2004 – VK 1-162/04, BeckRS 2004, 151066; *Gröning* ZIP 1999, 181 (184).
[151] *Erdl*, Der neue Vergaberechtsschutz – Das deutsche Recht im europäischen Kontext, 1999, Rn. 56, die vor dem Hintergrund des Art. 19 Abs. 4 GG eine einstweilige Verfügung gegen die Entscheidung der Vergabekammer nach § 935 ZPO vor den Zivilgerichten für zulässig hält.
[152] BR-Drs. 349/08, 45.
[153] VK Bund Beschl. v. 17.11.2004 – VK 1-83/02, BauRB 2003, 50.
[154] Dazu und zu den folgenden Ausführungen s. BR-Drs. 349/08, 42.
[155] Dazu *Brauer* NZBau 2009, 297 (299).

§ 170 Ausschluss von abweichendem Landesrecht

Soweit dieser Abschnitt Regelungen zum Verwaltungsverfahren enthält, darf hiervon durch Landesrecht nicht abgewichen werden.

Die Vorschrift ist insofern sachlich notwendig, weil das Vergabenachprüfungsverfahren dem verwaltungsrechtlichen Widerspruchsverfahren nachgebildet worden ist und damit verwaltungsverfahrensrechtliche Regelungen enthält. Die Vergabekammern sind keine Gerichte, sondern organisatorisch Teil der Verwaltung[1] und als solche unabhängige verwaltungsinterne Behörden besonderer Art.[2] Sie entscheiden deshalb nur gerichtsähnlich,[3] auch wenn sie gem. § 157 Abs. 1 ihre Tätigkeit unabhängig und in eigener Verantwortung ausüben.[4] Nach dem Grundgesetz besteht keine Notwendigkeit, die Vergabekammern institutionell und im Verfahren als Gerichte einzurichten, weil durch die Möglichkeit, gegen die Entscheidungen der Vergabekammern Rechtsmittel zu den Oberlandesgerichten einzulegen, der Rechtsschutzgarantie des Art. 19 Abs. 4 GG genügt ist.[5] 1

Ohne die Vorschrift des § 170 könnte es zu einer unterschiedlichen gesetzlichen Ausgestaltungen des Verfahrens vor der jeweiligen Vergabekammer in den Bundesländern und vor den Vergabekammern des Bundes kommen. Denn nach den Art. 83, 84 Abs. 1 S. 1 GG führen die Länder die Bundesgesetze grundsätzlich als eigene Angelegenheit aus und regeln deshalb auch die Einrichtung der Behörden und das Verwaltungsverfahren grundsätzlich selbst. Gemäß Art. 84 Abs. 1 S. 5 GG kann der Bund in Ausnahmefällen wegen eines besonderen Bedürfnisses nach bundeseinheitlicher Regelung das Verwaltungsverfahren ohne Abweichungsmöglichkeit für die Länder regeln. Von dieser Möglichkeit hat der Bund nunmehr durch § 170 Gebrauch gemacht. 2

Ein **besonderes Bedürfnis für eine bundeseinheitliche Regelung des Nachprüfungsverfahrens** vor den Vergabekammern der Länder besteht, weil sich Unternehmen länderübergreifend bei öffentlichen Auftraggebern auf Landesebene und kommunaler Ebene bewerben. Müssten sie sich zu diesem Zweck auf eine Vielzahl unterschiedlicher landesrechtlicher Regelungen des Nachprüfungsverfahrens einstellen, würde das insbesondere für kleine und mittlere Unternehmen eine erhebliche wirtschaftliche Belastung sein und die Erlangung effektiven Primärrechtsschutzes faktisch behindern.[6] Auf Wunsch des Bundesrats ist die Regelung über das Verbot der Abweichung durch Landesrecht von dem zunächst dafür vorgesehenen § 132 auf den alten § 115a und jetzt § 170 vorgezogen und dadurch auf das Verfahren vor der Vergabekammer beschränkt worden. Grund dafür war, dass durch die Platzierung der Vorschrift an prominenter Stelle betont werden sollte, dass die Länder in allen Fällen, in denen das GWB Regeln zum Verwaltungsverfahren enthält, keine abweichenden Regeln treffen dürfen.[7] 3

Abschnitt 3. Sofortige Beschwerde

Vorbemerkungen vor §§ 171 ff.

Schrifttum: *Boesen,* Das Vergaberechtsänderungsgesetz im Lichte der europarechtlichen Vorgaben, EuZW 1998, 551; *Broß,* Das Vergaberechtsänderungsgesetz vom 26.8.1998 – Ungereimtheiten und offene Fragen, FS Geiss, 2000, 559; *Byok,* Das neue Vergaberecht, NJW 1998, 2774; *Dreher,* Die Neugestaltung des Vergaberechtsschutzes, NVwZ 1997, 343; *Erdl,* Der neue Vergaberechtsschutz, 1999, 296; *Erdl,* Neues Vergaberecht: Effektiver Rechtsschutz und Vorab-Informationspflicht des Auftraggebers, BauR 1999, 1341; *Gröning,* Rechtsschutzqualität und Verfahrensbeschleunigung im Entwurf für ein Vergaberechtsänderungsgesetz, ZIP 1998, 370; *Gröning,* Die Grundlagen des neuen Vergaberechtsschutzes; ZIP 1999, 52; *Gröning,* Das Beschwerdeverfahren im neuen Vergaberecht, ZIP 1999, 181; *Gröning,* Das deutsche Vergaberecht nach dem Urteil des EuGH vom 28. Oktober 1999 – Alcatel Austria AG ua, WRP 2000, 49; *Heiermann/Ax,* Neuordnung des Vergaberechts/des Vergaberechtsschutzes, DB 1998, 505; *Kraus,* Die Rechtsprechung zum Bauvergaberecht seit 1.1.1999, BauR 2000, 1545; *Tillmann,* Rechtsfragen des gerichtlichen Vergabe-Kontrollverfahrens, WuW 1999, 340; *Willenbruch,* Vorbeugender und vorläufiger Rechtsschutz nach dem Vergaberechtsänderungsgesetz, NVwZ 1999, 1062.

---

[1] BGH Beschl. v. 9.12.2003 – X ZB 14/03, NZBau 2004, 285 = VergabeR 2004, 414 (416).
[2] VK Südbayern Beschl. v. 3.4.2009 – Z3–3–3194–1–49–12/08, IBRRS 2009, 1225; VK Brandenburg Beschl. v. 29.11.2001 – 2 VK 44/00, IBRRS 2004, 3623; VK Düsseldorf Beschl. v. 31.10.2007 – VK- 31/2007-L, BeckRS 2009, 88395.
[3] OLG Celle Beschl. v. 23.6.2008 – 13 Verg 10/07, IBRRS 2008, 2278.
[4] BGH Beschl. v. 9.12.2003 – X ZB 14/03, NZBau 2004, 285 = VergabeR 2004, 414 (416).
[5] VK Südbayern Beschl. v. 3.4.2009 – Z3–3–3194–1–49–12/08, IBRRS 2009, 1225.
[6] BT-Drs. 16/10117, 26 (zu Nr. 27).
[7] Stellungnahme des Bundesrates v. 4.7.2008, Ziffer 26, zu § 115a – neu – GWB, Anlage 3 zur BT-Drs. 16/10117, 36.

Übersicht

I. **Der Stand des gerichtlichen Primärrechtsschutzes in Deutschland bis zum VgRÄG** ... Rn. 1
1. Die dogmatische Ausgangslage ... 1
2. Gemeinschaftsrechtliche Forderungen und deutsche Widerstände ... 2
3. Die Umsetzungsmaßnahmen in Deutschland vor dem VgRÄG ... 5
   a) Die VOB/A Ausgabe 1990 ... 5
   b) Die „haushaltsrechtliche Lösung" ... 6
II. **Gerichtlicher Vergaberechtsschutz im GWB** ... 9
1. Beschleunigungsprinzip und effektiver Rechtsschutz als antagonistische Regelungsziele des VgRÄG ... 9

Rn.
2. Der konzeptionelle Ansatz für gerichtlichen Rechtsschutz im Lichte des Beschleunigungsprinzips ... 10
   a) Erstinstanzlicher Rechtsschutz innerhalb der Exekutive ... 10
   b) Das Zusammenspiel von Eil- und Hauptsachenverfahren ... 11
3. Die Struktur des Beschwerdeverfahrens im Lichte des Beschleunigungsprinzips ... 13
   a) Gerichtlicher Rechtsschutz grundsätzlich nur vor den Oberlandesgerichten ... 13
   b) Effektiver Rechtsschutz und beschleunigte Auftragsvergabe in der Beschwerdeinstanz ... 14

I. Der Stand des gerichtlichen Primärrechtsschutzes in Deutschland bis zum VgRÄG

1   **1. Die dogmatische Ausgangslage.** Rechtsschutz in laufenden Vergabeverfahren zu erlangen war in der deutschen Rechtspraxis bis Anfang-Mitte der 90er Jahre des vergangenen Jahrhunderts zwar nicht ausgeschlossen, aber weit davon entfernt, als so selbstverständlich verfügbar wahrgenommen zu werden, wie dies der inzwischen eingespielten Rechtslage im Geltungsbereich von Teil 4 des GWB, aber auch unterhalb der Schwellenwerte entspricht. Zu diesbezüglichen gerichtlichen Entscheidungen kam es eher nur sporadisch.[1] Vor den Zivilgerichten konnten die Bieter allenfalls ausnahmsweise Primärrechtsschutz erlangen, weil es an entsprechenden, in der Rechtsprechung anerkannten Anspruchsgrundlagen fehlte. Bezeichnenderweise hat das OLG Düsseldorf in einer der wenigen einschlägigen Entscheidungen betreffend eine geltend gemachte kartellrechtliche Diskriminierung bei der Auftragsvergabe durch die dort beklagte Deutsche Bundespost im Rahmen der erforderlichen Interessenabwägung nach § 26 Abs. 2 aF maßgeblich verfassungsmäßige Bindungen (das Gleichheitsgebot des Art. 3 GG) herangezogen, denen die Beklagte unterlag.[2] Bewerbern oder Bietern (klagbare) Ansprüche auf Einhaltung von Vorschriften über das Vergabeverfahren einzuräumen, war eine dem öffentlichen Auftragswesen – der Terminus „Vergaberecht" war noch nicht etabliert – grundsätzlich eher fremde Vorstellung. Die Regelungen der damals noch als Verdingungsordnungen bezeichneten Vergabe- und Vertragsordnungen wurden in der Rechtsprechung des BGH nicht als Rechtsnormen, insbesondere auch nicht als Schutzgesetze iSv § 823 Abs. 2 BGB anerkannt, sondern als Verwaltungsvorschriften im Innenverhältnis der öffentlichen Auftraggeber angesehen, deren innerdienstliche Verbindlichkeit eine unmittelbare Rechtswirkung nach außen regelmäßig nicht begründen konnte.[3] Damit fehlte es an einem wesentlichen Bindeglied, auf das ein Anspruch auf Unterlassung einer rechtsfehlerhaften Auftragsvergabe, von den erwähnten Grundrechtsverstößen abgesehen, hätte gestützt werden können. Insbesondere auch wettbewerbsrechtliche Ansprüche wurden grundsätzlich verneint.[4]

2   **2. Gemeinschaftsrechtliche Forderungen und deutsche Widerstände.** Der deutsche Gesetzgeber hatte sich lange Zeit durchaus beharrlich der von der Kommission[5] – und nicht zuletzt auch von den Vereinigten Staaten[6] – erhobenen Forderung widersetzt, eine Überprüfung von Vergabeverfahren durch Gerichte im Sinne der Dritten Gewalt zu ermöglichen. Die gesamte in Politik und Rechtslehre geführte Auseinandersetzung um die Verrechtlichung der Vergabe öffentlicher Aufträge bewegte sich dabei zwischen zwei argumentativen Polen. Dies waren das öffentliche Inte-

---
[1] Überblick über verwaltungs- und zivilgerichtliche Entscheidungen bei *Pietzcker,* Die Zweiteilung des Vergaberechts, 2001, 56 ff.
[2] OLG Düsseldorf Urt. v. 12.2.1980 – U (Kart) 8/79, NJW 1981, 585 – Fernmeldetürme; die Revision wurde vom BGH nicht angenommen.
[3] BGH Urt. v. 21.11.1991 – VII ZR 203/90, BGHZ 116, 149 = NJW 1992, 827.
[4] Repräsentativ OLG Stuttgart Urt. v. 11.4.2002 – 2 U 240/01, NZBau 2002, 395 – Weinbergmauer.
[5] Vgl. zB Begründete Stellungnahme der EG-Kommission v. 31.7.1996 betreffend die „haushaltsrechtliche Lösung", dokumentiert in Schriftenreihe des Forum Vergabe eV Heft 6 Vergaberechtsänderungsgesetz 1998 mit Materialien Kennzahl 10.1.
[6] Vgl. die Dokumentation in Schriftenreihe des Forum Vergabe eV Heft 6 Vergaberechtsänderungsgesetz 1998 mit Materialien Kennzahl 10.2.

resse am raschen Abschluss der Vergabeverfahren, das **Beschleunigungsinteresse,** auf der einen und das Interesse der Bieter an einem **effektiven Vergaberechtsschutz** auf der anderen Seite.[7]

Dem vergaberechtlichen Beschleunigungsinteresse ist in Deutschland traditionell der Vorrang 3 vor dem Bieterrechtsschutz eingeräumt worden. Wenn es um Fragen der Verbesserung des Letzteren ging, wurde auf die überlange Dauer von Gerichtsverfahren hingewiesen und die Gefahr von **Investitionsblockaden** als Folge von effektivem Rechtsschutz heraufbeschworen. Besonders anschaulich ist die deutsche Position in der Entstehungsgeschichte der ÜWR dokumentiert. Im Rechtsetzungsverfahren dieser Richtlinie hatte Deutschland sich dem Bestreben der Kommission nach gerichtlichem Vergaberechtsschutz mit Entschiedenheit und letztlich sogar – zumindest vorrübergehend – erfolgreich entgegengestellt. Die Kommission hatte sowohl in ihrem ursprünglichen als auch noch im geänderten Vorschlag für die ÜWR wirksame und rasch einsetzbare außergerichtliche und gerichtliche Rechtsbehelfe vorgesehen. Der Bundesrat bekannte sich in seinem Beschluss vom 25.9.1987[8] zwar im Interesse der Vollendung des Binnenmarktes zur Notwendigkeit einer verstärkten Öffnung der öffentlichen Beschaffungsmärkte. Er beharrte zugleich aber darauf, dass die dazu notwendigen Regelungen einen angemessenen Ausgleich zwischen den Interessen der Auftraggeber an einer raschen und unbürokratischen Verwirklichung öffentlicher Liefer- und Bauaufträge einerseits und der Forderung potenzieller Auftragsbewerber nach größtmöglicher Transparenz und Öffnung der Verfahren andererseits sicherstellen müssten.[9]

Entscheidende Impulse für die – sukzessive – Etablierung eines effektiven vergaberechtlichen 4 Primärrechtsschutzes in Deutschland hat der EuGH mit seiner Rechtsprechung auf dem Gebiet der öffentlichen Auftragsvergabe gesetzt. Der Gerichtshof hat Sinn und Zweck der Vorschriften in den damals noch separaten Richtlinien zur Koordinierung der Verfahren zur Vergabe öffentlicher Bau-, Dienstleistungs- und Lieferaufträge und der Auftragsvergabe durch Sektorenauftraggeber darin gesehen, die Bewerber oder Bieter vor der **Willkür der öffentlichen Auftraggeber** zu schützen und dies in ständiger Rechtsprechung auch unumwunden so beim Namen genannt.[10] Die Vergabekoordinierungsrichtlinien enthielten als Marktöffnungsrichtlinien zwar keine geschriebenen Bestimmungen über die Verfahrensgestaltung, ihnen waren aber aus Sicht des EuGH im Interesse des Bieterschutzes bestimmte verfahrensrechtliche Garantien immanent.

3. Die Umsetzungsmaßnahmen in Deutschland vor dem VgRÄG. a) Die VOB/A 5 **Ausgabe 1990.** Die ersten Umsetzungsmaßnahmen in Deutschland bezogen sich auf die – gemäß der Rechtsprechung des EuGH aus den Marktöffnungsrichtlinien folgenden (→ Rn. 4) – Anforderungen an einen effektiven Bieterschutz. Es handelte sich, soweit es den Baubereich betrifft, um die Ausgabe 1990 der VOB/A. Sie diente insbesondere der Umsetzung der Änderungsrichtlinie zur Baurichtlinie vom 18.7.1989.[11] Die Umsetzung bestand darin, dass die Bestimmungen der VOB/A konstruktiv aufgegliedert wurden in die Basis- und die a-Paragrafen. Die ersteren waren in allen Vergabeverfahren anzuwenden und die a-Paragrafen zusätzlich in gemeinschaftsweit bekannt zu machenden. Die Kommission hielt diese Maßnahme für unzulänglich und erhob Vertragsverletzungsklage. Die Klage hatte vor dem EuGH Erfolg. Sein stattgebendes Urteil vom 11.8.1995[12] überschnitt sich allerdings schon mit der nächsten vom deutschen Bundesgesetzgeber ergriffenen Umsetzungsmaßnahme, der haushaltsrechtlichen Lösung.

b) Die „haushaltsrechtliche Lösung". Das griffige Kürzel „haushaltsrechtliche Lösung" 6 spielt auf die herkömmliche Verankerung der öffentlichen Auftragsvergabe im Haushaltsrecht an. Gemeint ist das durch das Zweite Gesetz zur Änderung des HGrG vom 26.11.1993[13] iVm zwei auf seiner Grundlage erlassenen Rechtsverordnungen, der Vergabe- und der Nachprüfungsverordnung,[14] errichtete System zur Umsetzung „sämtlicher EG-Richtlinien über das Öffentliche Auftragswesen", insbesondere der Nachprüfungsrichtlinie.[15] Konsequenterweise war die haushaltsrechtliche Lösung

---

[7] Vgl. OLG Celle Beschl. v. 20.4.2001 – 13 Verg 7/01, BeckRS 2001, 31053405 = WuW/E Verg 475 = juris Rn. 12.
[8] Vgl. BR-Drs. 298/87 (Beschl.).
[9] Vgl. auch BR-Drs. 62/89 (Beschl.).
[10] Vgl. EuGH Urt. v. 10.2.1982 – 76/81, Slg. 1982, 417 Rn. 17 = BeckRS 2004, 73653 – SA Transporoute/ Ministère des travaux publics; EuGH Urt. v. 20.9.1988 – 31/87, Slg. 1988, 4653 Rn. 42 = NVwZ 1990, 353 – Gebr. Beentjes/Niederlande; EuGH Urt. v. 11.8.1995 – C-433/93, EuZW 1995, 635 Rn. 19 – Kommission/Deutschland.
[11] RL 89/440/EWG, ABl. 1989 L 210, 1.
[12] EuGH Urt. v. 11.8.1995 – C-433/93, EuZW 1995, 635 f. mAnm *Dreher* EuZW 1995, 635; zu dem Urteil ferner *Brinker* JZ 1996, 89 ff.; *Gröning* WuW 1995, 985 (991 ff.); *Gröning* WuW 1996, 566 ff.
[13] BGBl. 1993 I 1928.
[14] BGBl. 1994 I 321 ff.
[15] So die Begr. des Gesetzentwurfs, BT-Drs. 12/4636, 12.

ein ausschließlich auf den Schutz der Bieter zugeschnittenes Rechtsschutzsystem.[16] Die Vergabestellen hatten, da die Entscheidung der Vergabeprüfstelle ihnen gegenüber als Verwaltungsakt zu qualifizieren war, ggf. den Verwaltungsrechtsweg zu beschreiten.[17]

7 Soweit es den Schutz der Bieter anbelangt, sah das Konzept der „haushaltsrechtlichen Lösung" im Interesse eines zügigen Überprüfungsverfahrens erklärtermaßen keine individuellen, einklagbaren Ansprüche für die Bieter vor.[18] Konsequenterweise wurde auch kein Rechtsweg zu Gerichten iSv Art. 92 GG eingerichtet. Die Bieter wurden vielmehr darauf verwiesen, eine Vergabeprüfstelle anzurufen, gegen deren schriftlich begründete Entscheidung binnen vier Wochen ein Antrag auf Entscheidung durch einen Vergabeüberwachungsausschuss gestellt werden konnte.[19] Es handelte sich also um ein System verwaltungsinternen „Rechtsschutzes".

8 Während der EuGH einem prozessualen Gesichtspunkt der haushaltsrechtlichen Lösung zur mehrheitlichen Überraschung der fachlich interessierten Kreise noch die Gemeinschaftsrechtskonformität attestierte, war auf Regierungsebene bereits die nächste Reform des Vergaberechts beschlossen worden. Diese führte zur Verabschiedung des VgRÄG und zum Inkrafttreten des mit diesem Gesetz etablierten Systems vergaberechtlichen Primärrechtsschutzes im Wesentlichen in der heute noch geltenden Ausgestaltung zum 1.1.1999.

II. Gerichtlicher Vergaberechtsschutz im GWB

9 **1. Beschleunigungsprinzip und effektiver Rechtsschutz als antagonistische Regelungsziele des VgRÄG.** War die gemeinschaftsrechtliche Forderung nach der Beseitigung der defizitären Rechtsschutzmöglichkeiten der Bieter auch legislatorischer Anlass für die zunehmende Verrechtlichung dieses Gebiets gewesen, so bedeutete das doch nicht, dass die Verbesserung der Rechtsschutzqualität ein vom Gesetzgeber des VgRÄG absolut und ausschließlich verfolgtes Ziel gewesen wäre. Der Gesetzgeber blieb bei der Etablierung des Vergaberechtsschutzes vielmehr grundsätzlich dem Dogma eines allgemeinen Interesses an einer beschleunigten Vergabe öffentlicher Aufträge (→ Rn. 3) verbunden. **Das Beschleunigungsprinzip ist neben der Rechtsschutzqualität das Leitmotiv schlechthin dieser Gesetzgebung**; im Regierungsentwurf für das VgRÄG werden zahlreiche vorgesehene Regelungen damit begründet, sie seien der Beschleunigung förderlich.[20] Dies spiegelt zum einen der konzeptionelle Ansatz des Systems und zum anderen das Geflecht von Hauptsachen- und Eilverfahren wider.

10 **2. Der konzeptionelle Ansatz für gerichtlichen Rechtsschutz im Lichte des Beschleunigungsprinzips. a) Erstinstanzlicher Rechtsschutz innerhalb der Exekutive.** Gleichermaßen von der haushaltsrechtlichen Lösung adaptiert wie von der Regelung des Kartellverwaltungsverfahrens inspiriert und vom Beschleunigungsprinzip geprägt ist die Verankerung des erstinstanzlichen Nachprüfungsverfahrens in der Exekutive. Die Konzeption als ein nicht strikt justizförmiges Verfahren bot von vornherein Gewähr für eine komprimierte Abwicklung dieser Instanz. Die Vergabekammern entscheiden zwar urteilsähnlich in einem kontradiktorisch geführten Verfahren durch (streitentscheidenden) Verwaltungsakt[21] (§ 168 Abs. 3). Gleichwohl ist dieses Verfahren deutlich flexibler angelegt als ein vom Justizgewährungsanspruch determiniertes Gerichtsverfahren. Die Vergabekammern des Bundes verfahren nach einer Geschäftsordnung, die – mit Genehmigung durch das Bundesministerium für Wirtschaft und Energie – vom Präsidenten des Bundeskartellamts erlassen worden ist (§ 158 Abs. 1).[22] Augenfälligste Ausprägung dieses Katalysators des Beschleunigungsgedankens im VgRÄG ist die Verpflichtung der Vergabekammern, ihre instanzbeendenden Verwaltungsakte grundsätzlich innerhalb von fünf Wochen zu treffen und zu begründen (§ 167 Abs. 1).

---

[16] Vgl. VÜA Bayern – VÜA 3/96, WuW/E VergAL 110 ff. – Dacharbeiten einschließlich Dachbegrünung.
[17] Vgl. VÜA Bayern – VÜA 3/96, WuW/E VergAL 110 ff. – Dacharbeiten einschließlich Dachbegrünung; VG Koblenz Urt. v. 8.7.1997 – 2 K 2971/96 KO, NVwZ 1999, 1133 = IBR 1997, 485.
[18] Vgl. BT-Drs. 12/4636, 12.
[19] Vgl. zu den Einzelheiten des Rechtsschutzes im Rahmen der haushaltsrechtlichen *Boesen* NJW 1997, 345 ff.; *Dreher* ZIP 1995, 1869 ff.; *Gröning* WuW 1995, 985 ff.; *Gröning* WuW 1996, 566 ff.; *Hertwig* WiB 1995, 192 ff.; *Pietzcker* NVwZ 1996, 313 ff.; *Rittner* NVwZ 1995, 313 ff.; *Sterner*, Rechtsbindungen und Rechtsschutz bei der Vergabe öffentlicher Aufträge, 1996, 103 ff.
[20] Vgl. BT-Drs. 13/9340, 13; BT-Drs. 13/9340, 18 zu RegE § 118 und § 119; BT-Drs. 13/9340, 19 zu RegE § 123; BT-Drs. 13/9340, 21 zu RegE § 127 Abs. 4; BT-Drs. 13/9340, 22 zu RegE § 133; vgl. zum Beschleunigungsprinzip → 2. Aufl. 2018, Vor § 171 Rn. 2 ff.
[21] Vgl. BGH Beschl. v. 29.9.2009 – X ZB 1/09, NZBau 2010, 129 Rn. 18 – Gebührenanrechnung im Nachprüfungsverfahren.
[22] Vgl. zu dieser Geschäftsordnung und zu sonstigen verfahrensrechtlichen Bindungen Beck VergabeR/*Gröning* § 166 Rn. 3 ff.

b) Das Zusammenspiel von Eil- und Hauptsachenverfahren. Der vom VgRÄG gefundene prozessuale Garant dafür, dass die Vergabe öffentlicher Aufträge trotz effektiven Rechtsschutzes gegen Vergaberechtsverstöße nicht über Gebühr zeitlich behindert wird, sondern deren beschleunigte Abwicklung gewährleistet bleibt, sind die in beiden Instanzen vorgesehenen Eilverfahren, die eine Zuschlagserteilung vor dem Abschluss des Nachprüfungsverfahrens in der Hauptsache ermöglichen sollen. Im erstinstanzlichen Verfahren können der öffentliche Auftraggeber und – seit Inkrafttreten des Vergaberechtsmodernisierungsgesetzes vom 20.4.2009[23] – auch das nach § 134 Abs. 1 für die Zuschlagserteilung vorgesehene Unternehmen die Gestattung des Zuschlags beantragen (§ 169 Abs. 2), wobei jede Seite bei ihr ungünstigem Ausgang ein Rechtsmittel einlegen kann. In der zweiten Instanz sind, je nach Ausgang des erstinstanzlichen Verfahrens die Eilverfahren zur Vorabentscheidung über den Zuschlag (§ 176) und zur Verlängerung der aufschiebenden Wirkung (§ 173 Abs. 1 S. 3, Abs. 2) vorgesehen. Diese Eilverfahren dienen allesamt – und das unterstreicht eindrucksvoll den Stellenwert des Beschleunigungsprinzips – gerade nicht der Regelung eines vorläufigen Rechtszustands, wie dies für solche Verfahren an sich bestimmungsgemäß ist (vgl. §§ 935, 940 ZPO; § 123 VwGO), sondern sie sollen den **Weg zur endgültigen Zuschlagserteilung frei machen,** obwohl die Entscheidung in der Hauptsache noch offen ist.

Kommt es infolge der Gestattung des Zuschlags in einem der dafür vorgesehenen Eilverfahren (→ Rn. 11) zur Zuschlagserteilung, wird das Vergabeverfahren aufgehoben oder eingestellt oder erledigt es sich in sonstiger Weise, hat sich das auf Primärrechtsschutz gerichtete Begehren in der Hauptsache erledigt. **Tritt Hauptsacherledigung ein, führt das aber nicht bloß dazu, dass nur noch eine Kostenentscheidung getroffen wird.** Vielmehr – und darin zeigt sich die Aufwertung des Regelungsziels eines verbesserten Vergaberechtsschutzes – stellt die Vergabekammer auf Antrag eines Beteiligten fest, ob eine Rechtsverletzung stattgefunden hat (§ 168 Abs. 2 S. 2). Eine entsprechende Regelung für die Beschwerdeinstanz ist in § 178 vorgesehen. Der Sinngehalt dieser Regelungen erschließt sich aus § 179 Abs. 1. Wird wegen eines Verstoßes gegen Vergabevorschriften Schadensersatz begehrt und hat ein Verfahren vor der Vergabekammer stattgefunden, ist das ordentliche Gericht an die bestandskräftige Entscheidung der Vergabekammer und die Entscheidung des Oberlandesgerichts sowie ggf. des nach § 179 Abs. 2 angerufenen Bundesgerichtshofs über die Beschwerde gebunden. **Das Schadensersatzgericht soll auf die in einem Nachprüfungsverfahren Vergaberechtsverstößen gefundenen Ergebnisse zugreifen** und im Interesse einer verfahrensübergreifenden, arbeitsteiligen Prozessökonomie nicht erneut bewerten müssen, ob das im Nachprüfungsverfahren geprüfte Verhalten der Vergabestelle bieterschützende Vergabebestimmungen verletzt hat oder nicht (→ § 179 Rn. 2 ff.).

3. Die Struktur des Beschwerdeverfahrens im Lichte des Beschleunigungsprinzips. a) Gerichtlicher Rechtsschutz grundsätzlich nur vor den Oberlandesgerichten. Aufgrund der Ansiedlung des erstinstanzlichen Nachprüfungsverfahrens in der Exekutive wäre an sich auch eine Betrauung der Verwaltungsgerichtsbarkeit mit der Überprüfung der erstinstanzlichen Entscheidungen plausibel gewesen. Davon hat der Gesetzgeber aber bewusst aus drei Gründen Abstand genommen: Der Standort im GWB für die Neuregelung führe folgerichtig zur Zuständigkeit der ordentlichen Gerichtsbarkeit. Dies entspreche im Hinblick auf die zivilrechtliche Vergabe von öffentlichen Beschaffungsaufträgen auch der materiellen Rechtslage und außerdem werde § 26 aF auf bestimmte Fallgruppen anwendbar bleiben.[24] Ergänzend ist zu bedenken, dass die Rechtsmittelzuständigkeit nach dem Vorbild des Kartellbeschwerdeverfahrens im GWB sofort vor die Oberlandesgerichte führt. Als weiterer und durchaus hoher **Tribut an das Beschleunigungsprinzip** ist zu sehen, dass die Oberlandesgerichte prinzipiell letztinstanzlich entscheiden und der BGH nur durch Divergenzvorlage nach § 179 Abs. 1 in das Nachprüfungsverfahren einbezogen werden kann. Der gerichtliche Vergaberechtsschutz erschöpft sich also in einer Instanz, die in Anspruch genommen werden kann.

b) Effektiver Rechtsschutz und beschleunigte Auftragsvergabe in der Beschwerdeinstanz. In den unter der Überschrift „Sofortige Beschwerde" zusammengefassten §§ 171–178 erwartet den Rechtsanwender weit mehr als nur ein schlichtes Regelwerk für einen Beschwerderechtszug, nämlich ein geradezu kunstvolles Ineinander von Eil- und Hauptsachenverfahren, mit dem der Gesetzgeber die antagonistischen Regelungsziele des VgRÄG, Wahrung des Interesses an der beschleunigten Auftragsvergabe und verbesserten Rechtsschutz (→ Rn. 11) austariert hat.

Das Beschwerde-Hauptsachenverfahren ist als echtes Erkenntnisverfahren ausgestaltet. Die Bezeichnung als Beschwerdeverfahren ergibt sich aus der Einbettung des Vergaberechtsschutzes in das GWB, in dem der Rechtsschutz gegen die Verfügungen der Kartellbehörden ebenfalls als

---

[23] BGBl. 2009 I 790.
[24] BT-Drs. 13/9340, 20 zu § 126 RegE.

GWB § 171 Zulässigkeit, Zuständigkeit

Beschwerdeverfahren angelegt ist (→ § 171 Rn. 5). Das ändert aber nichts daran, dass die Tatsachenfeststellung auch dort grundsätzlich im Strengbeweisverfahren erfolgt.

16 Als Kehrseite dieser dem Rechtsstaatsprinzip verbundenen, der Forderung nach angemessenem Vergaberechtsschutz entsprechenden Ausgestaltung der Beschwerdeinstanz drohten Defizite zulasten des Beschleunigungsprinzips (→ Rn. 3, 9), mit denen für den historischen Gesetzgeber zusätzlich Unwägbarkeiten sowohl quantitativ hinsichtlich der Inanspruchnahme des neuen Rechtsschutzsystems durch die Unternehmen als auch hinsichtlich der damit einhergehenden zeitlichen Verzögerungen verbunden waren. Immerhin handelte es sich um ein vorbildloses Pilotprojekt. Als entsprechendes **Gegengewicht zugunsten des Beschleunigungsprinzips** sah der RegE für ein VgRÄG die Vorabentscheidung über den Zuschlag (§ 176) vor. Die sofortige Beschwerde sollte aufschiebende Wirkung gegenüber der Entscheidung der Vergabekammer haben. Bis zur Entscheidung über einen eventuell gestellten Antrag nach § 131 RegE (= § 176) oder, sofern ein solcher nicht gestellt wird, bis zu der Entscheidung über die sofortige Beschwerde sollte der Auftraggeber den Zuschlag nicht erteilen dürfen.[25]

17 Danach hätten die Unternehmen sich also sicher sein können, dass das Vergabeverfahren frühestens weitergeführt wird, wenn der Auftraggeber die Vorabentscheidung über den Zuschlag (§ 176) beantragt und der Vergabesenat dem Antrag stattgibt. Das Ganze sollte unabhängig davon gelten, ob die Vergabekammer dem Nachprüfungsantrag in erster Instanz stattgegeben oder ihn zurückgewiesen hatte. Die Position der Auftragnehmerseite und ihr Interesse an einer rechtsfehlerfreien Vergabeentscheidung wären enorm gestärkt worden. Der automatische Suspensiveffekt, den die sofortige Beschwerde nach dem Regierungsentwurf hätte auslösen sollen, wurde von den Fraktionen der CDU/CSU, SPD und FDP aber übereinstimmend als für die öffentlichen Auftraggeber zu belastend empfunden. Der Regierungsentwurf für § 118 aF (§ 173) wurde gründlich umgearbeitet. Die Förderung der Rechtsschutzqualität als Regelungszweck wurde deutlich heruntergestuft und die Bestimmung mutierte neben § 121 aF (§ 176) **zur zweiten Säule des Beschleunigungskonzepts des VgRÄG** in der Beschwerdeinstanz.

18 Als Tischvorlage zur Beratung im Wirtschaftsausschuss wurde als Formulierungshilfe (Alternative) die Fassung für den § 118 Abs. 1 aF (§ 173) vorgeschlagen, die sich der Ausschuss dann auch zu eigen machte und die der Gesetzgeber verabschiedet hat.[26] Diese Regelung stärkt ganz eindeutig das Beschleunigungsinteresse.

19 Neben diesem filigranen Verfahrensgeflecht existiert noch eine weitere Rechtszugszuständigkeit der Oberlandesgerichte innerhalb eines weiteren Eilverfahrens. Sie gehört allerdings nicht in den Rechtszug der sofortigen Beschwerde, sondern betrifft die Anfechtung der Entscheidung der Vergabekammer über den Antrag auf Gestattung des Zuschlags (§ 168 Abs. 2; → § 171 Rn. 20 f.).

20 Das VgRÄG hat in seiner verabschiedeten Fassung das Kunststück vollbracht, alle gegenläufigen Tendenzen zu berücksichtigen und dabei das Beschleunigungsinteresse optimal zu fördern. Die gesetzliche Regelung betont die Rechtsschutzqualität, indem sie die Vergabenachprüfung in der Beschwerdeinstanz grundsätzlich in einem Hauptsacheverfahren stattfinden lässt. Das Gesetz ermöglicht gleichzeitig eine beschleunigte Freigabe des Vergabeverfahrens einschließlich des Zuschlags. Dafür stellt es besondere Verfahren für Eilentscheidungen bereit, in denen vor der bestandskräftigen Entscheidung über die geltend gemachten Rechtsverletzungen die Erteilung des Zuschlags entweder auf Antrag des Auftraggebers oder Beigeladenen gestattet oder auf Antrag des Antragstellers untersagt werden kann. Somit kann die jeweils in erster Instanz in der Hauptsache unterlegene Seite entscheiden, ob sie ihre Interessen in einem dieser Eilverfahren durchsetzen will oder nicht.

§ 171 Zulässigkeit, Zuständigkeit

(1) ¹Gegen Entscheidungen der Vergabekammer ist die sofortige Beschwerde zulässig. ²Sie steht den am Verfahren vor der Vergabekammer Beteiligten zu.

(2) Die sofortige Beschwerde ist auch zulässig, wenn die Vergabekammer über einen Antrag auf Nachprüfung nicht innerhalb der Frist des § 167 Absatz 1 entschieden hat; in diesem Fall gilt der Antrag als abgelehnt.

(3) ¹Über die sofortige Beschwerde entscheidet ausschließlich das für den Sitz der Vergabekammer zuständige Oberlandesgericht. ²Bei den Oberlandesgerichten wird ein Vergabesenat gebildet.

(4) ¹Rechtssachen nach den Absätzen 1 und 2 können von den Landesregierungen durch Rechtsverordnung anderen Oberlandesgerichten oder dem Obersten Landesgericht zuge-

---

[25] Vgl. § 128 RegE VgRÄG, BT-Drs. 13/9340, 9.
[26] Vgl. BT-Drs. 13/10328, 31.

wiesen werden. ²Die Landesregierungen können die Ermächtigung auf die Landesjustizverwaltungen übertragen.

Schrifttum: *Braun*, Beschleunigungsgebot und Ablehnungsfiktion im Vergaberegime des GWB, NZBau 2003, 134; *Giedinghagen/Schoop*, Zwingendes Ende vor dem Oberlandesgericht?, VergabeR 2007, 32; *Gröning*, Das Beschwerdeverfahren im neuen Vergaberecht, ZIP 1999, 52; *Gröning*, Voraussetzungen und Folgen der Ablehnungsfiktion des § 116 Abs. 2 GWB, VergabeR 2001, 108; *Gröning*, Die Untätigkeitsbeschwerde nach § 171 Abs. 2 GWB – Was gilt nach BGH „Fahrscheindrucker"?, VergabeR 2021, 552.

Übersicht

	Rn.		Rn.
I. Normzweck und Regelungsgehalt ...	1	b) Die formelle Beschwer des Antragstellers ...	27
II. Die Bezüge der Vergabenachprüfung zum Kartellverwaltungsverfahren ...	4	c) Beschwer des Auftraggebers ...	32
1. Kartellverwaltungs- und erstinstanzliches Nachprüfungsverfahren ...	4	d) Beschwer des Beigeladenen ...	33
2. Elemente des gerichtlichen Kartellbeschwerdeverfahrens in der zweitinstanzlichen Vergabenachprüfung ...	5	5. Sofortige Beschwerde bei fingierter Entscheidung der Vergabekammer (Abs. 2) ..	35
		a) Prinzip der Regelung und darin angelegte Probleme ...	35
III. Die sofortige Beschwerde (Abs. 1 und 2) ...	6	b) Sofortige Beschwerde bei Ablehnungsfiktion nach 171 Abs. 2 und ggf. zusätzlicher verspäteter Vergabekammerentscheidung ...	38
1. Einheitliches Rechtsmittel aller Beteiligten ...	6	c) Keine Beschwerdebefugnis auch des öffentlichen Auftraggebers und ggf. Beigeladener wegen Untätigkeit ...	41
2. Anschlussbeschwerde ...	9	d) Sich kreuzende verspätete Vergabekammerentscheidung und sofortige Beschwerde ...	44
a) Statthaftigkeit ...	9		
b) Befristete Einlegung ...	15	e) Die Entscheidung des Beschwerdegerichts ...	45
3. Rechtsmittel gegen Entscheidungen der Vergabekammer ...	16		
a) Die beschwerdefähigen Entscheidungen	16	IV. Zuständigkeit (Abs. 3) ...	46
b) Nicht beschwerdefähige Entscheidungen ...	20	1. Zuständigkeit der Vergabesenate beim OLG ...	46
4. Beschwer als Zulässigkeitsvoraussetzung für die sofortigen Beschwerde ...	25	2. Örtliche Zuständigkeit ...	47
a) Allgemeines zur Beschwer ...	26	V. Konzentration ...	48

I. Normzweck und Regelungsgehalt

Das Rechtsmittel der sofortigen Beschwerde ist die verfahrensrechtliche Lösung des legislatorischen Problems, vor dem der Gesetzgeber des VgRÄG stand, nämlich **gerichtlichen Vergabe-Primärrechtsschutz bei möglichst geringen Reibungsverlusten** für das Anliegen des beschleunigten Vergabe öffentlicher Aufträge (→ Vor § 171 Rn. 3, 9 ff.) zu gewährleisten. Die Lösung ist im Ausgangspunkt vom Konzept des GWB für das Kartellverwaltungsverfahren inspiriert. Das erstinstanzliche Verfahren wurde analog zur Zuständigkeit der Kartellbehörde in der Exekutive belassen und die Vergabekammern des Bundes wurden beim Bundeskartellamt eingerichtet (→ Rn. 4). Der Rechtsmittelzug führt, wie im Kartellbeschwerdeverfahren, direkt zum Oberlandesgericht. Der historische Gesetzgeber des GWB hatte für Kartellverwaltungssachen ein Beschwerdemodell favorisiert.[1] Daran anknüpfend ist auch das Rechtsmittel gegen die erstinstanzlichen Entscheidungen der Vergabekammern als Beschwerdeverfahren angelegt. Der Instanzenzug endet **im Beschleunigungsinteresse prinzipiell dezentral** bei den Oberlandesgerichten. Die Einheitlichkeit der Rechtsprechung soll durch das Institut der Divergenzvorlage (§ 179 Abs. 2) gewährleistet werden. 1

Von dem das gesamte Vergabenachprüfung durchziehenden Prinzip, die zeitliche Verzögerung des Abschlusses eingeleiteter Vergabeverfahren durch den Vergaberechtsschutz so gering wie möglich zu halten (Beschleunigungsprinzip → Vor § 171 Rn. 3, 9 ff.), ist auch § 171 Abs. 2 geprägt. In weitreichender Voraussicht zog der Gesetzgeber in Betracht, dass das Beschleunigungsprinzip unter einer Entscheidungspraxis leiden könnte, in der die Vergabekammern der ihnen im Beschleunigungs- 2

---

[1] Zur Entstehungsgeschichte vgl. die Begründung des RegE zum GWB BT-Drs. II/1158, 28 ff.; vgl. ferner *K. Schmidt*, Gerichtsschutz in Kartellverwaltungssachen, 1980, 3 ff.

interesse gesetzlich auferlegten Verpflichtung, ihre Entscheidungen grundsätzlich in dem engen Fristenrahmen aus § 167 Abs. 1 zu treffen und zu begründen, nicht würden nachkommen (können). Als Vorkehr dient in rigoroser Weiterbildung der aus dem Verwaltungsgerichtsprozess bekannten Untätigkeitsklage (§ 75 VwGO) die sofortige Beschwerde nach § 171 Abs. 2, die in Anlehnung an die verwaltungsprozessuale Terminologie als **„Untätigkeitsbeschwerde"** bezeichnet werden kann (→ Rn. 35). Danach ist die sofortige Beschwerde auch zulässig, wenn die Vergabekammer über einen Nachprüfungsantrag nicht innerhalb der Frist des § 167 Abs. 1 entschieden hat. Diese Fristüberschreitung definiert das Gesetz als fingierte Ablehnung des Nachprüfungsantrags, die vom kraft Gesetzes somit in die Rolle des Unterlegenen versetzten Antragsteller mit der sofortigen Beschwerde nach Abs. 2 angegriffen werden muss.

3   Ebenfalls vom Beschleunigungsprinzip geprägt ist die Zuständigkeitskonzentration der zweitinstanzlichen Vergabenachprüfung in Abs. 3 und 4. Ausschließlich zuständig ist das für den jeweiligen Sitz der erstinstanzlich tätigen Vergabekammer zuständige Oberlandesgericht, und zwar ein dort einzurichtender Vergabesenat (Abs. 3). Die Zuständigkeit kann nochmals auf einzelne Oberlandesgerichte konzentriert werden (Abs. 4). Davon ist Gebrauch gemacht worden; in keinem Bundesland ist mehr als ein Oberlandesgericht für Vergabesachen zuständig.

II. Die Bezüge der Vergabenachprüfung zum Kartellverwaltungsverfahren

4   **1. Kartellverwaltungs- und erstinstanzliches Nachprüfungsverfahren.** In Deutschland hatte bis zum Beschluss der Bundesregierung vom 25.9.1996[2] rechtspolitisch die Ansicht vorgeherrscht, die Überprüfung von Vergabeentscheidungen durch Gerichte iSv Art. 92 ff. GG sei untunlich, weil dies – insbesondere bei Eröffnung von Rechtsmittelmöglichkeiten – dem Beschleunigungsinteresse (→ Rn. 1) allzu abträglich sein könnte. Dementsprechend hat die Vergabenachprüfung vor Inkrafttreten des VgRÄG in einem rein behördeninternen Verfahren stattgefunden (vgl. aber → Rn. 6 aE). Davon hat der Gesetzgeber des VgRÄG die Betrauung von Verwaltungsstellen mit der erstinstanzlichen Überprüfung von behaupteten Vergaberechtsverstößen bewahrt. Die **Affinität zum Kartellverwaltungsverfahren** zeigt sich auch darin, dass die dem Bund zuzurechnenden Vergabeverfahren durch die beim Bundeskartellamt geschaffenen Vergabekammern des Bundes überprüft werden. Der Unterschied zum Kartellverwaltungsverfahren liegt darin begründet, dass die Kartellbehörde dort als Organ der vollziehenden Gewalt tätig wird und eine Abschlussverfügung durch Verwaltungsakt (Verfügung) erlässt oder es unterlässt, eine Einzelfallregelung zu treffen,[3] während **vor den Vergabekammern ein Streitverfahren geführt** wird. In diesem erlässt die Vergabekammer nicht als Behörde und Träger hoheitlicher Gewalt einen beschwerenden Verwaltungsakt, sondern dort stehen sich ein öffentlicher Auftraggeber und ein privates Unternehmen in einem prozessrechtsähnlichen Verhältnis gegenüber, das von der statt der Kartellbehörde agierenden **Vergabekammer prozessual moderiert** wird. Das vergaberechtliche Nachprüfungsverfahren endet grundsätzlich mit einer in die Form eines Verwaltungsaktes gekleideten Sachentscheidung mit Urteilscharakter **(streitentscheidender Verwaltungsakt[4])**, die nur deshalb nicht als Urteil bezeichnet werden kann, weil die Vergabekammern nicht förmlich der rechtsprechenden Gewalt iSd Art. 92 ff. GG zugerechnet werden können.[5] Darin entscheidet die Vergabekammer darüber, ob der öffentliche Auftraggeber das Recht des Unternehmens auf Einhaltung der Bestimmungen über das Vergabeverfahren (§ 97 Abs. 6) verletzt hat (§ 168 Abs. 1). Dieses Moment ist dem Kartellverwaltungsverfahren naturgemäß nicht eigen.

5   **2. Elemente des gerichtlichen Kartellbeschwerdeverfahrens in der zweitinstanzlichen Vergabenachprüfung.** Für das Verständnis des vom VgRÄG konzipierten Instanzenzuges und der Ausgestaltung der Beschwerdeinstanz ist ein Blick auf die das Kartellbeschwerdeverfahren beherrschenden Grundsätze aufschlussreich, weil der Gesetzgeber sich daran für das Rechtsmittel der sofortigen Beschwerde nach den §§ 171 ff. orientiert hat.[6] Dies zeigt sich etwa in der vorgeschriebenen entsprechenden Anwendbarkeit der wesentlichen kartellrechtlichen Verfahrensvorschriften (vgl. § 175 Abs. 2). Allerdings stellen die für das Kartellbeschwerdeverfahren aufgestellten Regelungen selbst keine in sich geschlossene Verfahrensordnung dar, sondern diese besteht lediglich aus wenigen

---

[2] Dokumentiert in Vergaberechtsänderungsgesetz 1998, Schriftenreihe des Forums Vergabe Heft 6 unter 4.2; vgl. hierzu auch Beck VergabeR/*Gröning*, 2001, Syst IV Rn. 45 ff.

[3] Zu Unterlassungsbeschwerden vgl. BGH Beschl. v. 18.2.1992 – KVR 4/91, BGHZ 117, 209 = NJW 1992, 1829 – Unterlassungsbeschwerde.

[4] Vgl. BGH Beschl. v. 29.9.2009 – X ZB 1/09, NZBau 2010, 129 Rn. 18 – Gebührenanrechnung im Nachprüfungsverfahren.

[5] Vgl. RegE, BT-Drs. 13/9340, 19, zu § 124.

[6] Vgl. Beck VergabeR/*Vavra/Willner* Rn. 7.

grundlegenden Bestimmungen, in die Elemente des seinerzeitigen Verfahrens der freiwilligen Gerichtsbarkeit[7] und des verwaltungsgerichtlichen Verfahrens eingeflossen sind, wobei ergänzend außerdem verschiedene Grundsätze und Regelungen der ZPO gelten.[8] Die Nähe zum FGG-Verfahren aF klingt nicht zuletzt in der Regelung für die Kostenentscheidungen in § 71 an, die § 13a FGG aF nachgebildet ist. In der Praxis, die für die Tatsacheninstanz maßgeblich durch den Kartellsenat des Kammergerichts geprägt worden ist, setzte in verfahrensrechtlicher Hinsicht aber recht bald eine Gravitationsbewegung hin zum verwaltungsgerichtlichen Verfahren ein.[9] In seiner heutigen Ausprägung ist das Kartellbeschwerdeverfahren weitgehend **einem erstinstanzlichen Verwaltungsstreitverfahren angeglichen,** in dem die Abschlussverfügung der Kartellbehörde oder deren Unterlassung (§ 63 Abs. 1 und 3) auf ihre Rechtmäßigkeit hin überprüft wird. Das Verfahren der sofortigen Beschwerde nach den §§ 171 ff. schließt sich an ein erstinstanzliches Verfahren an, das selbst schon gerichtsähnlich ist (→ Rn. 4), wodurch die sofortige Beschwerde nach den §§ 171 ff. **deutlich in die Nähe eines Berufungsverfahrens gerückt** ist.

III. Die sofortige Beschwerde (Abs. 1 und 2)

1. Einheitliches Rechtsmittel aller Beteiligten. Das VgRÄG hat ein einheitliches Rechtsmittel gegen Entscheidungen der Vergabekammer geschaffen, das allen am Verfahren vor der Vergabekammer Beteiligten offensteht und zum Vergabesenat beim OLG führt. Damit wird die Aufspaltung des Rechtswegs überwunden, die für die haushaltsrechtliche Lösung (→ Vor § 171 Rn. 6) charakteristisch war. Dort konnte grundsätzlich nur derjenige, der einen Verstoß gegen Vergabevorschriften geltend gemacht hatte, den Vergabeüberwachungsausschuss als Rechtsmittelinstanz anrufen (§ 57c Abs. 6 S. 1 HGrG). Eine Ausnahme wurde für den Fall zugelassen, dass ein Beigeladener erstmals durch die Entscheidung der Vergabeprüfstelle beschwert war. Der VÜA Bayern hat seine Beschwerde zu Recht für zulässig erachtet.[10] Hatte die Vergabeprüfstelle im Sinne des Antragstellers entschieden und war demgemäß die Vergabestelle beschwert, musste sie, wenn sie sich dieser Entscheidung nicht beugen wollte, den **Verwaltungsrechtsweg** beschreiten.[11] 6

Die sofortige Beschwerde steht nach dem Wortlaut des Gesetzes den am Verfahren vor der Vergabekammer Beteiligten zu, also in erster Linie dem Auftraggeber und dem Antragsteller. Ein Unternehmen, das am zugrunde liegenden Auftrag interessiert ist, aber selbst keinen Nachprüfungsantrag gestellt hat, kann sofortige Beschwerde jedenfalls dann einlegen, wenn es von der Vergabekammer rechtzeitig beigeladen worden war (§ 162). 7

Umstritten ist die Beschwerdebefugnis von Unternehmen, in deren Person die Voraussetzungen für eine Beiladung an sich vorliegen, die aber nicht zum Nachprüfungsverfahren beigeladen worden sind.[12] Für das Kartellverwaltungs- und -beschwerdeverfahren hat der BGH entschieden, dass dem Beiladungspetenten, der zwar die subjektiven Voraussetzungen der Beiladung erfüllt, dessen Antrag aber aus Gründen der Verfahrensökonomie abgelehnt worden ist, gegen die Hauptsachenentscheidung – wenn er durch sie unmittelbar und individuell betroffen ist – ein Beschwerderecht zusteht.[13] Danach wird die **Beschwerdebefugnis des zu Unrecht nicht Beigeladenen** in der Vergabenachprüfung ebenfalls bejaht werden müssen. Dass das Beschwerdegericht selbst Beiladungen aussprechen darf, ist in der Rechtsprechung der Vergabesenate bereits anerkannt, obwohl auch dies jedenfalls nicht zweifelsfrei ist.[14] 8

2. Anschlussbeschwerde. a) Statthaftigkeit. Unter einer Anschlussbeschwerde ist in Anlehnung an die zivil- und verwaltungsprozessuale Anschlussberufung (§ 524 ZPO, § 127 VwGO) die Befugnis eines Beteiligten zu verstehen, sich der sofortigen Beschwerde eines anderen Beteiligten 9

---

[7] Das Gesetz über die Angelegenheiten der freiwilligen Gerichtsbarkeit (FGG) ist zum 1.9.2009 außer Kraft getreten und durch das Gesetz v. 17.12.2008 über das Verfahren in Familiensachen und in den Angelegenheiten der freiwilligen Gerichtsbarkeit ersetzt worden (FamFG, BGBl. 2008 I 2586).
[8] Vgl. BT-Drs. II/1158, 30.
[9] Hintze WuW 1970, 571 (574).
[10] Vgl. VÜA Bayern – VÜA 1/95, WuW VergAL 1 ff. – Erweiterung der Kläranlage.
[11] Vgl. VÜA Bayern – VÜA 3/96, WuW/E VergAL 110 ff. – Dacharbeiten einschließlich Dachbegrünung; VG Koblenz Urt. v. 8.7.1997 – 2 K 2971/96 KO, NVwZ 1999, 1133, mitgeteilt in IBR 1997, 485.
[12] Eingehend erörtert bei Immenga/Mestmäcker/*Stockmann* Rn. 16 ff. mwN zum Streitstand; verneinend noch Beck VergabeR/*Gröning*, 2001, § 116 Rn. 15; *Hunger* in KKP GWB § 116 Rn. 29; bejahend OLG Karlsruhe Beschl. v. 25.11.2008 – 15 Verg 13/08, ZfBR 2009, 493 f. (obiter dictum); *Ulbrich* in RKPP GWB Rn. 59 f. und *Ulbrich* in RKPP GWB § 172 Rn. 18; Ziekow/Völlink/*Dicks* Rn. 14; Willenbruch/Wieddekind/*Raabe* Rn. 44.
[13] BGH Beschl. v. 7.11.2006 – KVR 37/05, BGHZ 169, 370 = NJW 2007, 607 – pepcom.
[14] Vgl. Beck VergabeR/*Gröning*, 2001, § 119 Rn. 3 f.; zum Streitstand vgl. Ziekow/Völlink/*Frister* § 174 Rn. 2 ff.; OLG Düsseldorf Beschl. v. 13.11.2000 – Verg 14/00, VergabeR 2001, 59.

nach Ablauf der Beschwerdefrist anzuschließen. Damit soll dem bzw. den Rechtsmittelgegner(n) die Möglichkeit eröffnet werden, dem (Haupt-)Rechtsmittel mit einem Antrag entgegenzutreten, der dessen Antrag gewissermaßen aufbricht.[15]

10 Die §§ 171 ff. enthalten keine positiven Regelungen über eine (sofortige) **Anschlussbeschwerde**. Das GWB regelt die Anschlussbeschwerde auch außerhalb des vergaberechtlichen Teils nicht ausdrücklich, was sich dadurch erklärt, dass das Kartellbeschwerdeverfahren ein erstinstanzliches Gerichtsverfahren ist (→ Rn. 5) und darum Anschlussrechtsmittel hier schon begrifflich nicht passen. Im vergaberechtlichen Nachprüfungsverfahren steht die Zulässigkeit der Anschlussbeschwerde analog § 524 ZPO und § 127 VwGO als solche gleichwohl so gut wie außer Streit.[16] Die **frühere selbstständige Anschlussberufung** ist sowohl im Zivil- als auch in Verwaltungsgerichtsprozess abgeschafft worden, weil es bei der Anschließung an ein Hautrechtsmittel nur darum geht, den Beteiligten eine „Gegenangriffsmöglichkeit" für den Fall zu verschaffen, dass ein anderer Teil (doch) Rechtsmittel einlegt.[17]

11 Die (sofortige) Anschlussbeschwerde ist ihrem Wesen nach wie die Anschlussberufung Antragstellung im Rahmen eines fremden Rechtsmittels.[18] Sie ist deshalb **nur zwischen Beteiligten des Beschwerdeverfahrens** möglich. Der Bundesgerichtshof hat wiederholt ausgesprochen, dass sie sich nur gegen den Berufungskläger richten kann, nicht gegen Dritte.[19] Im Verwaltungsgerichtsprozess steht die Anschlussberufung allen Beteiligten zu, also auch dem Beigeladenen.[20] Entsprechendes ist grundsätzlich auch für das Verfahren der sofortigen Beschwerde nach §§ 171 ff. anzunehmen.

12 Eine Anschlussbeschwerde ist nur statthaft, wenn mit ihr ein **der sofortigen Beschwerde entgegentretender Antrag verfolgt wird.**[21] Haupt- und Anschlussrechtsmittelführer müssen gegenläufige Interessen verfolgen.[22] Die Anschlussbeschwerde ist unzulässig, wenn sie nur dazu dienen soll, den Antrag des Beschwerdeführers zu unterstützen und der Anschlussbeschwerdeführer gleichsam lediglich dem Hauptrechtsmittelantrag beitritt.[23] Im Zivilprozess ist deshalb die Anschließung einer Hauptpartei an die Berufung ihres eigenen Streithelfers unzulässig.[24] Mit der Anschlussbeschwerde müssen Ansprüche (zumindest auch) gegen den Beschwerdeführer geltend gemacht werden.[25] Ein unterlegener Beteiligter kann sich der Beschwerde eines anderen Beteiligten nur anschließen, wenn sich dessen Rechtsmittel (auch) gegen ihn richtet.[26]

13 Die Anschlussbeschwerde ist **typischerweise zulässig im Verhältnis von Antragsteller als Beschwerdeführer und Antragsgegner** sowie umgekehrt. Grundsätzlich das Gleiche gilt für das Verhältnis von Beigeladenem und Antragsgegner. Allerdings wird in der Vergabenachprüfung aus in der Natur der Sache liegenden Gründen allenfalls in seltenen Ausnahmefällen die Zulässigkeitsvoraussetzung erfüllt sein, dass mit dem Hauptrechtsmittel des Auftraggebers und der Anschlussbeschwerde des Beigeladenen bzw. umgekehrt jeweils gegenläufige Interessen verfolgt werden (→ Rn. 12). Denn typischerweise unterstützt der Beigeladene den Auftraggeber.

14 Nicht eindeutig geklärt ist demgegenüber, inwieweit die Anschlussbeschwerde auch im Verhältnis zwischen Antragsteller und Beigeladenem zulässig ist. Das OLG Naumburg hat dies bejaht.[27] Dem hatte sich das BayObLG angeschlossen.[28] In beiden Fällen lagen allerdings Konstellationen von **notwendiger Beiladung** vor, weil Antragsteller und Beigeladener wechselseitig den Ausschluss ihrer Angebote von der Wertung begehrten. Entsprechend verhielt es sich in einem vom OLG Celle entschiedenen Fall.[29] In Fällen **notwendiger Beiladung ist die Anschlussbeschwerde in jedem**

---

[15] So zur Anschlussrevision BVerwG Urt. v. 25.5.1984 – 8 C 108/82, NJW 1985, 393.
[16] Vgl. zB OLG Naumburg Beschl. v. 5.12.2001 – 6 Verg 4/01, BeckRS 2001, 30471707 = VergabeR 2002, 256; OLG München Beschl. v. 21.5.2010 – Verg 2/10, BeckRS 2010, 13748 = VergabeR 2010, 992 (998 f., 1004 ff.); krit. HHKW/*König* § 116 Rn. 38; vgl. auch Beck VergabeR/*Vavra/Willner* Rn. 25 f.
[17] Vgl. Entwurf eines Gesetzes zur Bereinigung des Rechtsmittelrechts im Verwaltungsprozess (RmBereinVpG), BT-Drs. 14/6393, 13 zu § 127 VwGO.
[18] Vgl. BGH Beschl. v. 14.5.1991 – XI 2/91, NJW 1991, 2569; Zöller/*Heßler* ZPO § 524 Rn. 4 mwN.
[19] BGH Beschl. v. 14.5.1991 – XI 2/91, NJW 1991, 2569.
[20] Vgl. zur Anschlussrevision BVerwG Urt. v. 25.5.1984 – 8 C 108/82, NJW 1985, 393.
[21] Vgl. zur Anschlussrevision BVerwG Urt. v. 25.5.1984 – 8 C 108/82, NJW 1985, 393.
[22] Vgl. OLG München Beschl. v. 21.5.2010 – Verg 2/10, BeckRS 2010, 13748 = VergabeR 2010, 992 (998 f.).
[23] BVerwG Urt. v. 25.5.1984 – 8 C 108/82, NJW 1985, 393.
[24] Zöller/*Heßler* ZPO § 524 Rn. 19 unter Hinweis auf KG VersR 1975, 452.
[25] Vgl. OLG München Beschl. v. 21.5.2010 – Verg 2/10, BeckRS 2010, 13748 = VergabeR 2010, 992 (998 f., 1004 ff.).
[26] So entsprechend zum Verwaltungsgerichtsprozess Schoch/Schneider/*Rudisile* VwGO § 127 Rn. 8.
[27] OLG Naumburg Beschl. v. 5.12.2001 – 6 Verg 4/01, BeckRS 2001, 30471707 = VergabeR 2002, 256.
[28] BayObLG Beschl. v. 5.11.2002 – Verg 22/02, NZBau 2003, 342 = VergabeR 2003, 186 (193); auch hM in der Lit., vgl. etwa Beck VergabeR/*Vavra* Rn. 27; *Ulbrich* in RKPP GWB Rn. 76.
[29] OLG Celle Beschl. v. 17.8.2007 – 13 Verg 9/07, NZBau 2007, 663 = VergabeR 2007, 765.

Fall zulässig.³⁰ Davon prozessual zu unterscheiden ist die Frage, **ob die Anschlussbeschwerde eine Beschwer voraussetzt.**³¹ Die Notwendigkeit einer Beschwer für die Zulässigkeit eines Anschlussrechtsmittels ist generell umstritten.³² Nach der Rechtsprechung des BGH stellt das Anschlussrechtsmittel ein Angriffsmittel dar, mit dem etwa der Anschlussrechtsmittelkläger eine Abänderung der angefochtenen Entscheidung zu seinen Gunsten erstreben muss. Eine **Beschwer** ist nach der BGH-Rechtsprechung dafür **grundsätzlich nicht erforderlich.** Vielmehr kommt es darauf an, ob und dass eine Abänderung der angefochtenen Entscheidung zugunsten des Anschlussrechtsmittelklägers möglich ist.³³ Diese Anforderung wäre nicht erfüllt, wenn beispielsweise der Nachprüfungsantrag abgelehnt worden ist und der Beigeladene mit der Anschlussbeschwerde die Zurückweisung der Beschwerde des Antragstellers dagegen nur auf einen neuen Ausschlussgrund stützt. Im Übrigen bleiben Präklusionsgrenzen unberührt. Hat die Vergabekammer Fristen nach § 167 Abs. 2 S. 2 wirksam gesetzt, kann davon erfasster Vortrag nicht über das Anschlussrechtsmittel eingeführt werden. Ob die Anschlussbeschwerde auch in Fällen **einfacher Beiladung** stets zulässig ist, erscheint demgegenüber zweifelhaft und sollte jedenfalls nur bejaht werden, wenn die allgemeine Voraussetzung erfüllt ist, dass mit der Anschlussbeschwerde gegenläufige Interessen verfolgt werden.³⁴

b) Befristete Einlegung. Welche Frist für Einlegung und Begründung der Anschlussbeschwerde gelten soll, war mit Blick darauf unklar, dass ZPO und VwGO für die Einlegung der Anschlussberufung unterschiedliche Fristen vorsehen, sodass es an einer eindeutigen Orientierung für die **Fristbemessung** fehlte. Nach § 127 Abs. 2 S. 2 VwGO ist die Anschlussberufung bis zum Ablauf eines Monats nach der Zustellung der Berufungsbegründungsschrift zulässig, nach § 524 Abs. 2 S. 2 ZPO bis zum Ablauf der zur Berufungserwiderung gesetzten Frist. Letztere Frist wenden das OLG Naumburg und das OLG Düsseldorf entsprechend an.³⁵ Ersichtlich in Anlehnung daran, dass der Beschwerdeführer sein Rechtsmittel binnen zwei Wochen einlegen und begründen muss, hielt das BayObLG eine **Frist von zwei Wochen** ab Zustellung der Beschwerdebegründungsschrift für angebracht.³⁶ Auch dies ist in Rechtsprechung und Fachliteratur auf Zustimmung gestoßen.³⁷ **Vorzugswürdig** ist, die Anschlussbeschwerde bis zum Ablauf der Frist für die Beschwerdeerwiderung zuzulassen, und zwar auch dann, wenn diese länger als auf zwei Wochen ab Zustellung der Beschwerdebegründung bemessen wird.³⁸ Es wäre nicht prozessökonomisch, dem Beschwerdegegner für die Beschwerdeerwiderung uU eine längere Frist einzuräumen, als für die Einlegung der Anschlussbeschwerde. Das Argument, die ohnehin nicht vorgeschriebene Fristsetzung für die Beschwerdeerwiderung könne versehentlich unterbleiben und die Anschlussbeschwerde dann bis zur Beendigung des Beschwerdeverfahrens eingelegt werden, was dem Beschleunigungsgebot abträglich sei,³⁹ trifft zwar prozessual zu, erscheint aber in Anbetracht des Umstands **nicht gewichtig genug**, dass Anschlussbeschwerden quantitativ kein allgegenwärtiges Angriffsmittel sind.

3. Rechtsmittel gegen Entscheidungen der Vergabekammer. a) Die beschwerdefähigen Entscheidungen. Die sofortige Beschwerde ist nach Abs. 1 zulässig gegen **Entscheidungen der Vergabekammer.** Damit sind in erster Linie die nach § 168 Abs. 1 ergangenen Verwaltungsakte gemeint, mit denen die Vergabekammer Anträge auf Gewährung von primärem Rechtsschutz beschieden hat. Das schließt zwanglos solche Beschlüsse ein, in denen der Nachprüfungsantrag ohne mündliche Verhandlung nach Aktenlage als offensichtlich unzulässig (§ 163 Abs. 2 S. 1, § 166 Abs. 1 S. 3) zurückgewiesen wurde.⁴⁰

Die sofortige Beschwerde ist das zulässige Rechtsmittel aber auch in den Fällen, in denen sich das Nachprüfungsverfahren durch Erteilung des Zuschlags oder in sonstiger Weise **erledigt** und die

---

30 Zu weitgehend in der Verneinung deshalb noch Beck VOB/A/Gröning, 1. Aufl. 2001, § 116 Rn. 18.
31 Dafür Beck VergabeR/*Vavra*, 3. Aufl. 2019, Rn. 28 unter Bezugnahme auf OLG München Beschl. v. 7.4.2006 – Verg 5/06, VergabeR 2006, 525; wie hier Beck VergabeR/*Vavra*/*Willner*, 4. Aufl. 2021, Rn. 28; aA Immenga/Mestmäcker/*Stockmann* Rn. 15.
32 Vgl. Zöller/*Heßler* ZPO § 524 Rn. 31 mwN.
33 BGH Urt. v. 31.5.1995 – VIII ZR 267/94, NJW 1995, 2563.
34 → Rn. 12; vgl. auch HK-VergabeR/*Dieck-Bogatzke* Rn. 47; zur Anschlussbeschwerde ferner *Ulbrich* in RKPP GWB Rn. 76.
35 OLG Naumburg Beschl. v. 26.2.2004 – Verg 17/03, ZfBR 2004, 509 = VergabeR 2004, 387; OLG Düsseldorf Beschl. v. 19.11.2014 – Verg 30/14, ZfBR 2015, 287 = VergabeR 2015, 198 (200); ebenso Ziekow/Völlink/*Dicks* Rn. 9.
36 BayObLG Beschl. v. 5.11.2002 – Verg 22/02, NZBau 2003, 342 = VergabeR 2003, 186.
37 OLG Schleswig Beschl. v. 15.4.2011 – 1 Verg 10/10, NZBau 2011, 375 = VergabeR 2011, 586 (599); *Ulbrich* in RKPP GWB Rn. 79; *Lischka* in Müller-Wrede GWB Rn. 7.
38 So BGH Beschl. v. 4.4.2017 – X ZB 3/17, NZBau 2017, 366 Rn. 15 ff. – Postdienstleistungen.
39 *Ulbrich* in RKPP GWB Rn. 79.
40 OLG Düsseldorf Beschl. v. 17.2.2016 – Verg 37/14, BeckRS 2016, 13665.

Vergabekammer eine Feststellungsentscheidung nach § 168 Abs. 2 S. 2 getroffen hat. Um einen Sonderfall handelt es sich, wenn die Vergabekammer über einen Nachprüfungsantrag nicht innerhalb der Frist des § 167 Abs. 1 entschieden hat. Dann liegt zwar gerade keine Entscheidung vor, gleichwohl ist aber auch hier die sofortige Beschwerde das einschlägige Rechtsmittel (→ Rn. 35 ff.).

18 Die Entscheidungen der Vergabekammer über die **Kostentragung** sind isoliert anfechtbar (→ § 178 Rn. 44). Das beruht darauf, dass für das Nachprüfungsverfahren keine § 99 Abs. 1 ZPO entsprechende Regelung gilt. Mit der sofortigen Beschwerde anfechtbar ist also die Gebührenfestsetzung nach § 182 Abs. 1 und 2;[41] das Gleiche gilt für die nach § 182 Abs. 3 und 4 getroffenen Entscheidungen. Die früher zu Recht bejahte **Anfechtbarkeit von Kostenfestsetzungsbeschlüssen der Vergabekammer** mit der sofortigen Beschwerde[42] ist gegenstandslos, seitdem nach § 182 Abs. 4 S. 5 in der durch das Vergaberechtsmodernisierungsgesetz 2009[43] erhaltenen Fassung vor der Vergabekammer ein gesondertes Kostenfestsetzungsverfahren nicht mehr stattfindet. Zweckmäßigerweise übernehmen es die Oberlandesgerichte, in Fällen, die in die Beschwerdeinstanz gelangt sind, die vor der Vergabekammer entstandenen Kosten bei Gelegenheit der Festsetzung der zweitinstanzlichen Kosten ebenfalls festzusetzen.[44]

19 Der sofortigen Beschwerde unterliegen nach verbreiteter und zutreffender Rechtsprechung der Vergabesenate auch die Entscheidungen der Vergabekammern, in denen Akteneinsicht gegen geltend gemachte Geheimhaltungsinteressen gewährt wurde (→ § 165 Rn. 65 mwN).

20 **b) Nicht beschwerdefähige Entscheidungen. aa) Gestattung des Zuschlags.** Gegen bestimmte Entscheidungen ist ausdrücklich nicht die sofortige Beschwerde das zulässige Rechtsmittel. Hat die Vergabekammer einen Antrag auf Gestattung des Zuschlags beschieden (§ 169 Abs. 2 S. 1), steht dem in diesem Eilverfahren jeweils unterlegenen Beteiligten vielmehr ein **Rechtsmittel sui generis** zur Verfügung, und zwar ein Antrag gleichsam auf gerichtliche Entscheidung.[45] Zuständig ist das Beschwerdegericht, also der Vergabesenat, der auch für die sofortige Beschwerde in der Hauptsache zuständig ist.

21 Kein Rechtsmittel ist gegen eine Entscheidung der Vergabekammer nach § 169 Abs. 3 zulässig. Nach dieser Vorschrift kann die Vergabekammer auf besonderen Antrag mit weiteren Maßnahmen in das Vergabeverfahren eingreifen, wenn Rechte des Antragstellers auf andere Weise als durch den drohenden Zuschlag gefährdet sind, wenn also der Suspensiveffekt allein, der durch die Information über den Nachprüfungsantrag ausgelöst wird (§ 169 Abs. 1), nicht ausreicht, um die Interessen des Antragstellers hinreichend zu schützen. Diese Regelung scheint in der Praxis keine Rolle zu spielen. Die Literatur tut sich bereits schwer, realistisch anmutende Beispiele für ihren Anwendungsbereich zu konstruieren (→ § 180 Rn. 31).

22 **bb) Sonstige Fälle (Zwischenentscheidungen).** Im Verlauf eines erstinstanzlichen Nachprüfungsverfahrens fallen Entschließungen unterschiedlicher Art an, die begrifflich durchaus als Entscheidungen iSv Abs. 1 eingeordnet werden können und deren Beschwerdefähigkeit deshalb im Ausgangspunkt durchaus infrage steht. Einige sind obligatorisch in jedem Streitfall zu treffen (zB darüber, ob der Auftraggeber nach § 169 Abs. 1 über einen Nachprüfungsantrag zu informieren ist), andere nur nach den Umständen des Einzelfalls (zB über Beiladungen). Einige davon hat Gesetz zum Teil ausdrücklich als unanfechtbar erklärt (§ 157 Abs. 1, § 162, § 165 Abs. 4).

23 Nach § 162 S. 2 ist die Entscheidung über die **Beiladung** unanfechtbar. Das gilt unzweifelhaft für positiv ausgesprochene Beiladungen. Sie können nicht angegriffen werden. Streitig ist, ob dies auch für **abgelehnte Beiladungen** zu gelten hat.[46] Das OLG Düsseldorf bejaht die Anfechtbarkeit der ablehnenden Entscheidung zu Recht.[47] Wenn dem zu Unrecht nicht Beigeladenen in Anlehnung an die Rechtsprechung des BGH in Kartellverwaltungssachen sogar die Befugnis zur Rechtsmitteleinlegung zuzuerkennen ist (→ Rn. 8), wird ein Recht zur Beschwerde gegen die unterbliebene Beiladung schwerlich zu verneinen sein. Entsprechende Fallgestaltungen sollten aber wegen des im Vergleich zu manchen Kartellverwaltungssachen überschaubaren Kreises der für eine Beiladung

---

[41] Vgl. BGH Beschl. v. 25.10.2011 – X ZB 5/10, NZBau 2012, 186 – Gebührenbeschwerde in Vergabesachen.
[42] Vgl. etwa BGH Beschl. v. 23.9.2008 – X ZB 19/07, NZBau 2008, 782 – Geschäftsgebühr im Nachprüfungsverfahren.
[43] Als § 128 Abs. 4 S. 5, vgl. BGBl. 2009 I 790.
[44] Vgl. BGH Beschl. v. 17.6.2014 – X ZB 8/13, NZBau 2014, 653 Rn. 10 – Rabattvereinbarungen II.
[45] Vgl. dazu Tilmann WuW 1999, 340 ff.; Willenbruch NVwZ 1999, 1062 ff.
[46] Verneinend OLG Frankfurt a. M. Beschl. v. 28.6.2005 – 11 Verg 9/05, BeckRS 2005, 10513 = VergabeR 2006, 144; so auch Ulbrich in RKPP GWB Rn. 38 mwN; HK-VergabeR/Dieck-Bogatzke Rn. 34.
[47] Vgl. OLG Düsseldorf Beschl. v. 29.4.2010 – vermutlich Verg 14/10, mitgeteilt in OLG Düsseldorf Beschl. v. 9.6.2010 – Verg 14/10 Rn. 35, juris.

infrage kommenden Unternehmen selten sein. Auf den weiteren Fortgang des Nachprüfungsverfahrens muss die Anfechtung der zurückgewiesenen Beiladung allerdings ohne Einfluss sein.[48]

Als Zwischenentscheidung grundsätzlich nicht anfechtbar ist auch die Entschließung der Vergabekammer, **den Auftraggeber nicht nach § 169 Abs. 1 über einen Nachprüfungsantrag zu informieren.**[49] Diese Entschließung kann für den Antragsteller zwar einschneidende Folgen haben, weil das Zuschlagsverbot dann nicht ausgelöst wird. Gleichwohl ist dies grundsätzlich hinzunehmen.[50] Nach Ansicht des KG gilt dies **bis zur Grenze einer sachwidrigen Verzögerung** der Entscheidung.[51] Die Sachwidrigkeit kann von einem Außenstehenden wie dem Antragsteller lediglich am Zeitablauf festgemacht werden. Die Vergabekammer muss ihre instanzbeendende Entscheidung in solchen Fällen unverzüglich treffen; es kann ihr nicht zugestanden sein, dafür die Frist aus § 167 Abs. 1 auszuschöpfen. Den Auftraggeber nicht über den Nachprüfungsantrag zu informieren und diesen doch nicht unverzüglich zurückzuweisen, **kann als Rechtsschutzverweigerung verstanden werden.**[52] Zur Abhilfe wird die gesetzliche Verpflichtung zur unverzüglichen Zustellung des Nachprüfungsantrags ohne weitere Sachprüfung vorgeschlagen.[53] Anders stellt sich die Sachlage allerdings dar, wenn der Auftraggeber zwischenzeitlich den Zuschlag erteilt hat (§ 168 Abs. 2 S. 3).

4. Beschwer als Zulässigkeitsvoraussetzung für die sofortigen Beschwerde. Soweit 25 Abs. 1 S. 2 bestimmt, dass die sofortige Beschwerde den am Verfahren vor der Vergabekammer Beteiligten zusteht, betrifft dies lediglich personell den Kreis der Beschwerdeberechtigten (→ Rn. 6 ff.). Darüber hinaus müssen die allgemeinen Voraussetzungen für die zulässige Einlegung eines Rechtsmittels erfüllt sein. Das gilt insbesondere für den Grundsatz, dass ein Rechtsmittel dazu dient, eine durch die Entscheidung der Vorinstanz geschaffene **Beschwer zu beseitigen** und deshalb nur zulässig ist, wenn dies mit seiner Einlegung zumindest teilweise verfolgt wird.

a) Allgemeines zur Beschwer. Die Beschwer wird in erster Linie von den Anträgen bestimmt, 26 die der Rechtsmittelkläger in der unteren Instanz gestellt hat, vom Tenor der angegriffenen Entscheidung und daneben vom rechtskraftfähigen Inhalt dieser Entscheidung.[54] Im Allgemeinen ist zwischen **formeller und materieller Beschwer** zu unterscheiden.[55] Beim Kläger (**Antragsteller**) hat die formelle Beschwer maßgebliche Bedeutung. Er ist formell beschwert, wenn eine Differenz zwischen seinen Anträgen und dem Entscheidungstenor besteht, wenn das Gericht ihm also etwas ganz oder teilweise versagt hat, was er beantragt hat.[56] Bei der Beschwer des Beklagten (**Antragsgegners**) sind die Einzelheiten umstritten.[57] Im Allgemeinen ist die materielle Beschwer maßgeblich. Danach ist er beschwert, wenn und soweit die Entscheidung für ihn ihrem rechtskraftfähigen Inhalt nach ungünstig ist.[58] Hat er einen Antrag gestellt und bleibt die Entscheidung dahinter zurück, reicht auch hier die formelle Beschwer aus.[59] Für Beigeladene gilt grundsätzlich das Gleiche wie für den Antragsgegner.[60]

b) Die formelle Beschwer des Antragstellers. Der im Zivilprozess,[61] im Verwaltungsgerichtsprozess[62] und im Kartellbeschwerdeverfahren[63] geltende allgemeine Verfahrensgrundsatz, dass dem Kläger (Antragsteller) ein Rechtsmittel nur zusteht, wenn seinen Anträgen nicht voll entsprochen worden ist, wenn er also formell beschwert ist, gilt grundsätzlich auch im Nachprüfungsverfahren. Hier ist nur die **Besonderheit zu beachten, dass das Antragserfordernis deutlich relativiert ist.** Den Gesetzgebungsmaterialien zum VgRÄG zufolge soll § 161, der den Mindestinhalt

---
[48] Vgl. Beck VergabeR/*Gröning*, 2001, § 109 Rn. 51.
[49] Vgl. OLG Dresden Beschl. v. 4.7.2002 – WVerg 11/02, IBRRS 2002, 1037 = VergabeR 2002, 544.
[50] Vgl. dazu *Gröning* VergabeR 2002, 435 ff.
[51] KG Beschl. v. 31.3.2007 – 2 Verg 6/07, BeckRS 2008, 01368 = VergabeR 2007, 551.
[52] Vgl. *Ulbrich* in RKPP GWB Rn. 30.
[53] Beck VergabeR/*Vavra*/*Willner* Rn. 24.
[54] Vgl. Stein/Jonas/*Althammer* ZPO Allg. Einl. vor § 511 Rn. 89 mit Rechtsprechungsnachweisen.
[55] Vgl. Stein/Jonas/*Althammer* ZPO Allg. Einl. vor § 511 Rn. 70 ff.; grundlegend auch *Bettermann* ZZP 82 (1969), 26 ff.; zur formellen und materiellen Beschwer im Kartellverwaltungsverfahren vgl. BGH Beschl. v. 10.4.1984 – KVR 8/83, GRUR 1984, 607 = WuW/E 2078 ff. – Coop/Supermagazin.
[56] Vgl. Schoch/Schneider/*Rudisile* VwGO Vor § 124 Rn. 39; zu Sonderproblemen *Maetzel* FS für BayVGH, 1979, 29 ff.
[57] Vgl. Zöller/*Heßler* ZPO Vor § 511 Rn. 19 mwN; Stein/Jonas/*Althammer* ZPO Allg. Einl. vor § 511 Rn. 84 ff.
[58] Vgl. Schoch/Schneider/*Rudisile* VwGO Vor § 124 Rn. 41.
[59] Vgl. dazu Stein/Jonas/*Althammer* ZPO Allg. Einl. vor § 511 Rn. 84.
[60] Schoch/Schneider/*Rudisile* VwGO Vor § 124 Rn. 42.
[61] Vgl. Musielak/Voit/*Ball* ZPO Vor § 511 Rn. 20.
[62] Vgl. Schoch/Schneider/*Rudisile* VwGO Vor § 124 Rn. 40.
[63] Vgl. BGH Beschl. v. 31.10.1978 – KVR 7/77, GRUR 1979, 180 (182) – Air-Conditioning-Anlagen.

des Nachprüfungsantrags vorgibt, zwar den entsprechenden Regelungen für den Inhalt von Klageschriften (§ 253 Abs. 2 ZPO, § 82 VwGO) nachgebildet sein.[64] Das trifft aber gerade in Bezug auf die Anforderungen an die für die Ermittlung der formellen Beschwer wichtige Formulierung eines Antrags nur bedingt zu.

28   Im Zivilprozess muss bereits die Klageschrift einen bestimmten Antrag enthalten (§ 253 Abs. 2 Nr. 2 ZPO). An den Inhalt der verwaltungsgerichtlichen Klageschrift sind schon geringere Anforderungen gestellt. Sie muss zwar ein bestimmtes Klagebegehren enthalten, nicht aber zwangsläufig auch einen bestimmten Antrag. Ein solcher „soll" nur darin formuliert sein (§ 82 VwGO). Ein bestimmter Antrag muss dann zwar spätestens in der mündlichen Verhandlung gestellt werden (§ 103 Abs. 3 VwGO). Das Gericht ist aber bei seiner Entscheidung an die Fassung der Anträge nicht gebunden, wenngleich es nicht über das Klagebegehren hinausgehen darf (§ 88 VwGO).

29   In der Vergabenachprüfung liegen die Dinge nochmals anders. Nach § 161 soll die verfahrenseinleitende Antragsschrift ein bestimmtes Begehren sowie eine Beschreibung der behaupteten Rechtsverletzung mit Sachverhaltsdarstellung enthalten. Unter „Begehren" ist aber ganz allgemein nur die Kennzeichnung dessen zu verstehen, worum es dem Kläger geht.[65] Das kann von einem bestimmten Antrag weit entfernt sein. Das VgRÄG geht allerdings davon aus, dass der Antragsteller in der mündlichen Verhandlung einen Antrag stellt (arg. aus § 168 Abs. 1 S. 2). Die Vergabekammer ist jedoch daran nicht nur nicht gebunden, sondern sie kann auch **unabhängig vom Antrag des Antragstellers** auf die Rechtmäßigkeit des Vergabeverfahrens hinwirken. Damit sprengt das VgRÄG den im Verwaltungsprozess von § 88 VwGO gesetzten äußersten Rahmen, der dem Gericht, wenn auch ohne Bindung an die Fassung der Anträge, verwehrt, über das Klagebegehren hinauszugehen. Die Vergabekammer kann demgegenüber auf die Beseitigung von Vergaberechtsverletzungen hinwirken, die der Antragsteller selbst gar nicht beanstandet. Dies erklärt, warum das Gesetz das Erfordernis des bestimmten Antrags vernachlässigt hat. Dennoch muss die Vergabekammer spätestens in der mündlichen Verhandlung auf die Stellung eines konkreten Antrags hinwirken. Andernfalls können Unklarheiten über die formelle Beschwer des Antragstellers entstehen, wenn er später zu dem Ergebnis gelangt, die Entscheidung der Kammer sei unzulänglich, um seine Rechte zu wahren.

30   Für die Antragstellung ergibt sich aus dem vorstehend Ausgeführten: Der Antragsteller darf sich darauf beschränken, seinen Antrag unter Bezugnahme auf sein Begehren zu umreißen. Er muss lediglich zum Ausdruck bringen, dass er sich gegen die Verletzung von vergaberechtlichen Bestimmungen wendet, die seinen Schutz bezwecken. Sein Antrag genügt diesen Erfordernissen, wenn aus ihm herauszulesen ist, dass die Nichteinhaltung von Bestimmungen über das Vergabeverfahren durch den Auftraggeber festgestellt und (abstrakt) die zur Beseitigung der Rechtsverletzung (zur Verhinderung der Schädigung seiner Interessen) notwendigen Maßnahmen getroffen werden sollen (arg. aus § 168 Abs. 1 S. 1). Der Antragsteller ist freilich nicht daran gehindert, in seinem Antrag die konkreten Maßnahmen zu bezeichnen, die er selbst für geeignet hält, um die Rechtsverletzung zu beseitigen oder einer Interessenschädigung vorzubeugen.

31   Schwierigkeiten, die formelle Beschwer des Antragstellers festzustellen, können sich ergeben, wenn er keinen konkreten Antrag formuliert hat. Für die Frage einer förmlichen Beschwer kann dann sein gesamtes Vorbringen herangezogen werden. Ergibt sich daraus, dass er bestimmte weitere Maßnahmen durch die Vergabekammer angeordnet sehen wollte, denen nicht entsprochen wurde, lässt sich seine formelle Beschwer danach bestimmen.

32   **c) Beschwer des Auftraggebers.** Die Beschwer des Auftraggebers ist nach den Grundsätzen zu bestimmen, die für den Beklagten im erstinstanzlichen Rechtsstreit vor Verwaltungs- oder Zivilrichtern gelten (→ Rn. 26). Er ist beschwert, wenn die Vergabekammer dem Nachprüfungsantrag stattgegeben hat. Eine Beschwer des Auftraggebers ist regelmäßig zu verneinen, wenn der Antrag als unbegründet und nicht als unzulässig zurückgewiesen worden ist. Hat er dagegen ausdrücklich eine Zurückweisung als unzulässig beantragt, muss die Beschwer bejaht werden.[66]

33   **d) Beschwer des Beigeladenen. aa) Materielle Beschwer und erhebliche Interessenberührung.** Der Beigeladene ist materiell beschwert, wenn bzw. soweit seinem materiellen Anliegen durch den rechtskraftfähigen Inhalt der anzufechtenden Entscheidung nicht entsprochen worden ist.[67] Dabei ist zu beachten, dass als das materielle Anliegen, dessentwegen die Beiladung erfolgte, abweichend von § 13 Abs. 2 VwVfG und § 65 Abs. 1 VwGO, **keine Berührung rechtlicher**

---

[64] Vgl. BT-Drs. 13/9340, 18, zu § 118.
[65] VGH München BayVBl. 1992, 438 ff.; Schoch/Schneider/*Riese*/*Ortloff* VwGO § 82 Rn. 6.
[66] Vgl. Stein/Jonas/*Althammer* ZPO Allg. Einl. vor § 511 Rn. 93 mwN.
[67] Vgl. zur entsprechenden Problematik im Kartellverwaltungsverfahren BGH Beschl. v. 10.4.1984 – KVR 8/83, GRUR 1984, 607 – Coop-Supermagazin.

Interessen erfordert, sondern die mögliche Berührung von Interessen überhaupt ausreicht, soweit sie qualitativ als „schwerwiegend" bewertet werden kann. Insoweit sind die Anforderungen ähnlich wie im Kartellverwaltungsverfahren, wo eine erhebliche Interessenberührung ausreicht (§ 54 Abs. 2 Nr. 3, § 67 Abs. 1 Nr. 3). Von der dazu ergangenen Rechtsprechung wollte der Gesetzgeber des VgRÄG sich abgrenzen und das durch eine abweichende Begrifflichkeit artikulieren.[68] Gemeint ist naturgemäß in erster Linie die **(schwerwiegende) Berührung wirtschaftlicher Interessen** des Beigeladenen.

bb) Formelle Beschwer des Beigeladenen. Die Beschwerde des Beigeladenen ist auch dann zulässig, wenn er im Verfahren vor der Vergabekammer **keine Sachanträge gestellt hat**.[69] Seine Interessenlage und damit auch seine Beschwer sind aufgrund seines bisherigen Vorbringens zu ermitteln. Wenn er einen Antrag gestellt hat und damit nicht durchgedrungen ist, ist er formell beschwert, was dem Zulässigkeitserfordernis genügt. Wenn seinem Antrag entsprochen wurde, fehlt es an einer formellen Beschwer. Er kann dann nicht unter Hinweis auf abweichend definierte Interessen auf eine materielle Beschwer verweisen.[70] 34

5. Sofortige Beschwerde bei fingierter Entscheidung der Vergabekammer (Abs. 2). 35
a) Prinzip der Regelung und darin angelegte Probleme. In Abs. 2 kommt die Konsequenz, mit welcher der Gesetzgeber den Beschleunigungsgrundsatz im neuen Vergabeverfahrensrecht fördern wollte, besonders deutlich zum Ausdruck. Die Regelung kann als eine **spezielle Ausgestaltung der Untätigkeitsklage** aufgefasst werden. Sowohl die VwGO als auch speziell das GWB sehen eine Klagemöglichkeit des Bürgers bei Untätigkeit der Verwaltung vor. Sie setzt voraus, dass über einen Widerspruch oder einen Antrag auf Vornahme eines Verwaltungsaktes (§ 75 VwGO) bzw. einer Verfügung (§ 73 Abs. 3) nicht in „angemessener" Frist entschieden worden ist. Da der Gesetzgeber diese Institute als Vorbild hatte, kann das Rechtsmittel in Abs. 2 als **Untätigkeitsbeschwerde** bezeichnet werden. Der Begriff wird allerdings nicht einheitlich verwendet. Teilweise wird damit das Unterlassen der Informierung des Auftraggebers über den Nachprüfungsantrag durch die Vergabekammer nach § 169 Abs. 1 adressiert.[71] Teils wird er wegen der von der Untätigkeitsklage abweichenden Ausgestaltung für missverständlich erachtet.[72] Insoweit sind in der Tat erhebliche Abweichungen zu verzeichnen. Zum einen richtet sich die sofortige Beschwerde nach Abs. 2 gegen Untätigkeit einer gerichtsähnlich handelnden Instanz und das Unterbleiben einer Sachentscheidung in dem von dieser Instanz durchzuführenden gerichtsähnlichen Verfahren. Zum anderen ist in Abs. 2 das Tatbestandsmerkmal der „angemessenen" Frist iSv § 75 VwGO, während der nicht entschieden wurde, **drastisch verschärft**. Sie ist auf die Zeitspanne reduziert, innerhalb der die Vergabekammer nach § 167 Abs. 1 hätte entscheiden müssen, also auf fünf Wochen, ggf. zuzüglich Verlängerungszeitraums. Sobald diese Frist verstrichen ist, kann die „Untätigkeit" angegriffen werden. Umstritten war bislang allerdings, unter welchen Voraussetzungen die Rechtswirkung, dass der Nachprüfungsantrag als abgelehnt gilt, eintritt, ob dies gleichsam automatisch durch Zeitablauf geschieht oder ob es auch in einem solchen Fall der Einlegung des Rechtsmittels bedarf. Diese Streitfrage hat der BGH inzwischen geklärt[73] (→ Rn. 37 ff.).

Mit der Regelung in § 171 Abs. 2 war bezweckt, dass der *gerichtliche* Rechtsschutz nicht durch Untätigkeit oder Langsamkeit der Vergabekammer verzögert wird.[74] Ungeachtet dieser Zielsetzung ist sie aber kaum als bieterschützende Regelung zur Verbesserung des Rechtsschutzes anzusehen. Ermöglicht wird nämlich eine **Beendigung der ersten Instanz ohne eine Entscheidung** der Vergabekammer bei gleichzeitiger Fingierung der Ablehnung des Nachprüfungsantrags. Darüber hinaus wurde die Regelung von der Mehrzahl der Vergabesenate als ein prozessualer Automatismus dahin verstanden, dass die Ablehnungsfiktion allein durch Zeitablauf eintrat. Dadurch konnten sich die gut gemeinten Vorteile für den Antragsteller schnell in ihr Gegenteil kehren, nämlich den endgültigen Verlust des Rechtsmittels nach sich ziehen.[75] Da es für den Fristbeginn allein darauf ankommt, dass die Entscheidung innerhalb der Frist (§ 167 Abs. 1) getroffen und begründet, nicht aber auch zugestellt worden ist (→ § 172 Rn. 16; vgl. aber auch → § 167 Rn. 2), konnte der 36

---

[68] Vgl. BT-Drs. 13/9340, 18, zu § 119.
[69] So für den Verwaltungsprozess Schoch/Schneider/*Rudisile* VwGO Vor § 124 Rn. 42; offengelassen in BGH Beschl. v. 10.4.1984 – KVR 8/83, GRUR 1984, 607 = WuW/E 2078 (2079) – Coop/Supermagzin.
[70] So Immenga/Mestmäcker/*Schmidt* § 63 Rn. 26 mwN für das Kartellverwaltungsverfahren.
[71] Beck VergabeR/*Vavra/Willner* Rn. 35.
[72] *Ulbrich* in RKPP GWB Rn. 39.
[73] BGH Beschl. v. 14.7.2020 – XIII ZB 135/19, NZBau 2020, 798 – Fahrscheindrucker; vgl. dazu *Gröning* VergabeR 2021, 552; *Peshteryanu* juris-PR-VergR 11/2020, Anm.1.
[74] BT-Drs. 13/9340, 20 zu RegE § 126 Abs. 2.
[75] *Gröning* VergabeR 2021, 552.

Antragsteller zwar ausrechnen, wann der Entscheidungszeitraum endete, für ihn war aber intransparent, ob die Vergabekammer ihre Entscheidung zu diesem Zeitpunkt getroffen und begründet hatte. Traf die Vergabekammer eine ihm günstige Entscheidung objektiv verspätet, konnte ihn die Zustellung dieser Entscheidung zu der Annahme verleiten, als Obsiegender kein Rechtsmittel einzulegen zu haben, während sein Nachprüfungsantrag in Wirklichkeit als abgelehnt galt und deshalb eine Rechtsmittelfrist lief. Entsprechend konnte es sich sogar verhalten, wenn die zugestellte Entscheidung ebenfalls auf Zurückweisung des Nachprüfungsantrags lautete, denn dies änderte nichts daran, dass dessen Ablehnung bereits fingiert war und er seine Rechtsmittelfrist nicht nach § 172 Abs. 1 Alt 1 berechnen durfte, sondern nach der Alt. 2 dieser Bestimmung berechnen musste.

37   Das Risiko der Fristversäumung wurde in der Rechtsprechung der Vergabesenate[76] und der Fachliteratur gleichwohl ganz überwiegend dem Antragsteller aufgebürdet. Er müsse vorsorglich nicht nur in Erfahrung bringen, wann sein Nachprüfungsantrag eingegangen ist, sondern ihm sei anzuraten, sich am Tage des Ablaufs der Frist aus § 167 Abs. 1 bei der Vergabekammer danach zu erkundigen, ob diese Frist eingehalten worden ist,[77] bzw. sich darüber auf dem Laufenden halten, ob die Vergabekammer die Entscheidung innerhalb der Fünf-Wochen-Frist erlassen hat;[78] ihm obliege die Kontrolle des Ablaufs der Entscheidungsfrist; ggf. müsse er die für den Fristablauf erforderlichen Daten bei der Vergabekammer erfragen.[79] Dem Antragsteller die Prüfungslast für interne Vorgänge in der Sphäre der Vergabekammer (rechtzeitige Abfassung und Unterzeichnung der Entscheidung) und im Anschluss daran das Risiko des Rechtsmittelverlusts aufzubürden, stellte die nach der Gesetzeslage bestehenden Verantwortlichkeiten geradezu auf den Kopf. Die **gegenteilige Mindermeinung**[80] hat sich nach nunmehr fast zwei Jahrzehnte lang bestehender Divergenz mit der Entscheidung „Fahrscheindrucker" des BGH **durchgesetzt**.

38   **b) Sofortige Beschwerde bei Ablehnungsfiktion nach 171 Abs. 2 und ggf. zusätzlicher verspäteter Vergabekammerentscheidung.** Nach der klärenden Entscheidung des BGH vom 14.7.2020[81] wird die Ablehnung erst fingiert, wenn der Antragsteller sich tatsächlich gegen die „Untätigkeit" wehrt und sofortige Beschwerde einlegt. Erst dadurch ist die Instanz vor der Vergabekammer beendet und verfahrensmäßig der Status hergestellt, der bei regulärem Gang der Dinge durch die nach § 167 Abs. 1 getroffene und begründete Entscheidung und deren Zustellung gegeben ist. Es mag **prozessual unkonventionell** erscheinen, dass die Einlegung eines Rechtsmittels die instanzbeendende Wirkung auslöst, dies ist aber der außergewöhnlichen Ausprägung der Untätigkeitsbeschwerde durch das VgRÄG geschuldet. Legt der Antragsteller dagegen kein Rechtsmittel ein, bleibt die Sache bei der Vergabekammer anhängig, obwohl der Entscheidungszeitraum überschritten ist. Die Lösung des BGH, dass der Antrag nur dann nach § 171 Abs. 2 als abgelehnt gilt, wenn der Antragsteller innerhalb der Notfrist des § 172 Abs. 1 sofortige Beschwerde einlegt, ist **ein prozessuales „Ei des Columbus"**. Sie verbindet wie die beiden Seiten einer Münze zwei miteinander zusammenhängende Vorzüge: Zum einen hat der Antragsteller es selbst in der Hand, ob er das Nachprüfungsverfahren wegen Untätigkeit der Eingangsinstanz vor das Rechtsmittelgericht bringen will. Legt er nicht sofortige Beschwerde ein, bleibt das Verfahren vor der Vergabekammer anhängig und diese kann ihre Entscheidung weiterhin treffen. Dieses **Einlegungsmonopol** (→ Rn. 41) kann man unter dem Gesichtspunkt des Beschleunigungsprinzips zwar auch als Nachteil auffassen,[82] unter Rechtsschutzgesichtspunkten ist dies jedoch nicht zu beanstanden. Zum anderen wird die Gefahr prozessual grob unbilliger Ergebnisse dadurch, dass der Antragsteller eine Rechtsmittelfrist versäumt, die für ihn unerkannt zu laufen begonnen hat (→ Rn. 36), vermieden. Zur Befugnis des öffentlichen Auftraggebers und Beigeladenen, „Untätigkeitsbeschwerde" erheben können → Rn. 41.

39   Die Grundsätze der Entscheidung des BGH vom 14.7.2020[83] gelten sinngemäß, wenn der Vorsitzende der Vergabekammer den Entscheidungszeitraum nach § 167 Abs. 1 S. 2 verspätet verlän-

---

[76] So OLG Düsseldorf Beschl. v. 22.1.2001 – Verg 24/00, NJOZ 2001, 1661 = VergabeR 2001, 154 (158) und mit eingehender Rechtfertigung OLG Düsseldorf Beschl. v. 5.9.2001 – Verg 18/01, IBRRS 2003, 1489 = VergabeR 2002, 89 (94); OLG Celle Beschl. v. 20.4.2001 – Verg 7/01, BeckRS 2001, 31053405 = WuW/E Verg 475 ff.; OLG Dresden Beschl. v. 17.6.2005 – WVerg 8/05, NJOZ 2005, 4233 = IBR 2005, 1160; OLG München Beschl. v. 4.4.2008 – Verg 4/08, NZBau 2008, 542.
[77] *Hunger* in KKP GWB § 117 Rn. 9.
[78] *Ulbrich* in RKPP GWB § 172 Rn. 19.
[79] HHKW/*König* § 116 Rn. 29; Willenbruch/Wieddekind/*Raabe* § 172 Rn. 11, 2. Abs.
[80] OLG Rostock Beschl. v. 17.10.2001 – 17 Verg 18/99, VergabeR 2002, 85; KG Beschl. v. 7.11.2001 – KartVerg 8/01, NJOZ 2003, 3120 = VergabeR 2002, 95; *Gröning* VergabeR 2001, 108 (110).
[81] BGH Beschl. v. 14.7.2020 – XIII ZB 135/19, NZBau 2020, 798 – Fahrscheindrucker.
[82] Vgl. jurisPK-VergabeR/*Summa* Rn. 46.1.
[83] BGH Beschl. v. 14.7.2020 – XIII ZB 135/19, NZBau 2020, 798 – Fahrscheindrucker.

gert. Das OLG Düsseldorf hatte schon bald nach Inkrafttreten des VgRÄG entschieden, dass die Frist von § 167 Abs. 1 S. 1 nicht mehr nach ihrem Ablauf verlängert werden kann.[84] Dies entspricht generell der Rechtsprechung des BGH zur Unwirksamkeit der Verlängerung von Rechtsmittelbegründungsfristen, die erst nach Fristablauf beantragt worden war.[85] Verlängert der Kammervorsitzende den Entscheidungszeitraum verspätet, ist die **Verlängerung nicht wirksam.** Die Notfrist zur Einlegung der sofortigen Beschwerde beginnt dementsprechend mit dem Ablauf der ursprünglichen Entscheidungsfrist (§ 172 Abs. 1 Alt. 2 iVm § 167 Abs. 1 S. 1; → § 172 Rn. 22, 24).

Kein Fall von Abs. 2 ist es, wenn die Entscheidung der Vergabekammer zwar rechtzeitig getroffen und begründet, die Entscheidung aber ganz ohne Rechtsmittelbelehrung ergangen ist oder mit einer fehlerhaften Belehrung versehen wurde. Die gegenteilige Auffassung[86] fasst das als Verstoß gegen § 167 Abs. 1 auf, weil sie entgegen der ganz herrschenden Meinung annimmt, dass die Entscheidung der Vergabekammer auch innerhalb der Frist aus § 167 Abs. 1 zugestellt sein muss.[87] Auch der Fall einer ansonsten fehlerhaften Zustellung begründet entgegen Stickler[88] nicht die Voraussetzungen für eine sofortige Beschwerde nach Abs. 2. 40

c) Keine Beschwerdebefugnis auch des öffentlichen Auftraggebers und ggf. Beigeladener wegen Untätigkeit. Auf der Grundlage der vor der Entscheidung „Fahrscheindrucker" (→ Rn. 38) hM (→ Rn. 36) stellte sich die Frage einer sofortigen Beschwerde des öffentlichen Auftraggebers nach Abs. 2 nicht, weil die Rechtsfolge, dass der Nachprüfungsantrag als abgelehnt gilt, durch Verstreichen der Frist eintrat und der Auftraggeber und der regelmäßig mit gleicher Interessenlage gegen den Antragsteller streitende Beigeladene nicht beschwert waren. Das ist nach der Entscheidung „Fahrscheindrucker" des BGH diametral anders. Entscheidet die Vergabekammer nicht rechtzeitig und legt der Antragsteller keine sofortige Beschwerde ein, läuft das erstinstanzliche Nachprüfungsverfahren einfach weiter. Das kann mit dem das Vergaberecht von Anfang an beherrschenden Beschleunigungsprinzip (→ Vor § 171 Rn. 9 ff.) kollidieren. Dessen ureigener Sachwalter ist aber der öffentliche Auftraggeber. Ihm und dem Beigeladenen die Befugnis zur Einlegung der sofortigen Beschwerde nach Abs. 2 zuzubilligen, könnte **im Interesse des Beschleunigungsprinzips** zwar durchaus als wünschenswert erscheinen.[89] Dies begegnet letztlich aber durchgreifenden prozessualen Bedenken. Es wäre schon für sich genommen bedenklich, dem Auftraggeber oder Beigeladenen zu ermächtigen, über das Rechtsschutzbegehren eines anderen Verfahrensbeteiligten, des Antragstellers, mit für ihn negativem Ergebnis zu disponieren (§ 171 Abs. 2 letzter Hs.). Hinzu kommt aber, dass Auftraggeber oder Beigeladener dann zwangsläufig auch befugt wären, das eingelegte Rechtsmittel zurückzunehmen. Damit wiederum würde ihnen ermöglicht, **zulasten des Antragstellers die Bestandskraft der fingierten Ablehnung herbeizuführen,** die nämlich mit der Rücknahme eintritt.[90] Beschwerde nach Ablauf der Rechtsmittelfrist und wenn der Antragsteller selbst kein Rechtsmittel eingelegt hat. 41

Im Schrifttum ist in Anbetracht dieser Zusammenhänge die Frage aufgeworfen worden, ob bei Rücknahme der Beschwerde nach Abs. 2 nicht lediglich rückwirkend die Ablehnungsfiktion entfällt.[91] Dies ist indes mit Nachdruck zu verneinen. Die nach Abs. 2 letzter Hs. fingierte Ablehnung des Nachprüfungsantrags wird **trotz des Fehlens einer schriftlichen Begründung bestandskräftig.** Denn die Ablehnungsfunktion soll den Devolutiveffekt auslösen, also die Sache vor die zweite Instanz bringen. Dafür muss die erste Instanz abgeschlossen sein. Um diesen Effekt herbeizuführen, ist ja das Institut der Untätigkeitsklage des Verwaltungsprozesses oder des Kartellbeschwerdeverfahrens so verschärft worden, wie Abs. 2 es vorsieht.[92] Das Beschwerdeverfahren kann danach nicht einfach in den Stand des erstinstanzlichen Verfahrens zurückversetzt werden. 42

Es wäre auch **kein angemessenes Korrektiv,** den Antragsteller auf eine Anschlussbeschwerde zu verweisen oder darauf, selbst ebenfalls Beschwerde einzulegen. Auf ersteres schon deshalb nicht, weil die Anschließung ihre Wirkung verliert, wenn das Hauptrechtsmittel zurückgenommen wird (vgl. § 524 Abs. 4 ZPO); auf Letzteres schon wegen der für ihn unübersichtlichen und riskanten Verfahrenslage nicht: Legt der Auftraggeber oder der Beigeladene am letzten Tag der Frist Untätig- 43

---

[84] OLG Düsseldorf Beschl. v. 20.6.2001 – Verg 3/01, VergabeR 2001, 329.
[85] BGH Urt. v. 17.12.1991 – VI ZB 26/91, BGHZ 116, 377 unter Aufgabe von BGH Urt. v. 30.9.1987 – IVb ZR 86/86, BGHZ 102, 37.
[86] Reidt/Stickler/Glahs/*Stickler* § 172 Rn. 5.
[87] Reidt/Stickler/Glahs/*Stickler* Rn. 16.
[88] Reidt/Stickler/Glahs/*Stickler* § 172 Rn. 5, Reidt/Stickler/Glahs/*Reidt* § 168 Rn. 74.
[89] Für elastischere Lösungen zumindest in extremen Fällen Beck VergabeR/*Vavra/Willner* Rn. 35.
[90] BGH Urt. v. 25.9.2007 – X ZR 60/06, BGHZ 173, 375 – Zerkleinerungsvorrichtung für die Rechtskraft des angefochtenen Urteils bei Rücknahme der Berufung.
[91] Vgl. *Summa* IBR-online 2020, 604.
[92] → 2. Aufl. 2018, Rn. 35.

keitsbeschwerde ein, könnte der Antragsteller kaum noch innerhalb der Frist „nachziehen". Deshalb würde er in eine prozessual unzumutbare Situation gebracht, und zwar weil es hier nicht darum geht, ob er aus freien Stücken das Rechtsmittel einlegen sollte, sondern nur um damit den Rechtsfolgen der möglichen Rücknahme des Rechtsmittels des Auftraggebers oder Beigeladenen durch Einlegung eines eigenen Rechtsmittels vorzubeugen.

44 **d) Sich kreuzende verspätete Vergabekammerentscheidung und sofortige Beschwerde.** Die Möglichkeit der Vergabekammer, ihre Entscheidung weiterhin (wenn auch verspätet) zu treffen und zu begründen, endet in dem Zeitpunkt, in dem eine sofortige Beschwerde wirksam eingelegt ist. Hier kann es zu misslichen Überscheidungen kommen, weil die sofortige Beschwerde beim Beschwerdegericht einzulegen ist und die Vergabekammer, wenn sie darüber nicht umgehend informiert wird, davon ausgehen kann, weiterhin entscheiden zu können. Trifft sie noch eine Entscheidung, nachdem Beschwerde nach Abs. 2 eingelegt wurde und wird die Entscheidung zugestellt, liegen mehrere instanzbeendende Tatbestände vor, nämlich die Fiktion der Ablehnung und die positiv getroffene Entscheidung nach § 168 Abs. 1; beide können zudem einen konträren Inhalt haben. Solche Divergenzen sind im Interesse der Rechtsklarheit **nach dem Prioritätsgrundsatz auszuräumen**. War die sofortige Beschwerde beim Beschwerdegericht eingegangen, bevor die Vergabekammer ihre Entscheidung getroffen und begründet hatte, galt der Antrag bereits als abgelehnt. Die trotzdem ergangene Entscheidung der Vergabekammer ist deklaratorisch aufzuheben, und zwar unabhängig davon, ob der Nachprüfungsantrag zurückgewiesen oder ob ihm stattgegeben wurde. Bei unaufklärbaren Zweifeln über den zeitlichen Vorrang ist die sofortige Beschwerde unzulässig, weil der Beschwerdeführer die Beweislast für die die Zulässigkeit des Rechtsmittels betreffenden Tatsachen trägt.

45 **e) Die Entscheidung des Beschwerdegerichts.** Welche Entscheidung das Beschwerdegericht zu treffen hat, wenn die Vergabekammer nicht innerhalb der Frist des § 167 Abs. 1 entschieden hat und der Antrag auf Vergabenachprüfung nach § 171 Abs. 2 als abgelehnt gilt, richtet sich nach § 178, auch wenn diese Bestimmung ihrem Wortlaut nach den Fall, dass der Antrag auf Vergabenachprüfung lediglich als abgelehnt gilt, nicht erfasst. Hier ist aber eine entsprechende Anwendung dieser Vorschrift geboten. Der Vergabesenat kann also in der Sache selbst entscheiden. So zu verfahren wird wegen des Beschleunigungsinteresses vielfach wünschenswert sein. Wenn der Fall umfangreicher tatsächlicher Aufklärung bedarf, kann das Beschwerdegericht aber auch von der Möglichkeit Gebrauch machen, die Vergabekammer zu erstmaliger Entscheidung zu verpflichten.

IV. Zuständigkeit (Abs. 3)

46 **1. Zuständigkeit der Vergabesenate beim OLG.** Entsprechend der Praxis im Kartellverwaltungsverfahren (§ 91) führt die sofortige Beschwerde gem. Abs. 3 zum Oberlandesgericht.[93] Dort werden Vergabesenate gebildet.

47 **2. Örtliche Zuständigkeit.** Abs. 3 begründet einen ausschließlichen Gerichtsstand. Örtlich zuständig ist jeweils allein das Oberlandesgericht, in dessen Bezirk die erstinstanzlich zuständige Vergabekammer ihren Sitz hat. Auf Bundesebene ist der Vergabesenat des OLG Düsseldorf zuständig, seit das Bundeskartellamt seinen Sitz mit Wirkung vom 1.10.1999 nach Bonn verlegt hat. Bonn liegt zwar im Bezirk des OLG Köln, doch hat Nordrhein-Westfalen von der Möglichkeit Gebrauch gemacht, die Vergabesachen durch Rechtsverordnung einem anderen Oberlandesgericht zuzuweisen. In den Ländern sind die Vergabesenate folgender Gerichte zuständig: Baden-Württemberg: OLG Karlsruhe; Bayern: OLG München; Berlin: Kammergericht; Brandenburg: Brandenburgisches OLG in Brandenburg; Bremen: Hanseatisches Oberlandesgericht in Bremen; Hamburg: Hanseatisches Oberlandesgericht; Hessen: OLG Frankfurt a. M.; Mecklenburg-Vorpommern: OLG Rostock; Niedersachsen: OLG Celle; Nordrhein-Westfalen: OLG Düsseldorf; Rheinland-Pfalz: OLG Koblenz; Saarland: Saarländisches Oberlandesgericht in Saarbrücken; Sachsen: OLG Dresden; Sachsen-Anhalt: OLG Naumburg; Schleswig-Holstein: Schleswig-Holsteinisches Oberlandesgericht, Schleswig; Thüringen: Thüringer Oberlandesgericht in Jena.

V. Konzentration

48 Sieht Abs. 3 auch einen ausschließlichen Gerichtsstand vor, so ermöglicht Abs. 4 zusätzlich, ähnlich wie § 92 für die Kartellsenate, eine Konzentration der Vergabesachen. Sie können von den Landesregierungen durch Rechtsverordnung anderen als den für den Sitz der Vergabekammer zuständigen Oberlandesgerichten oder dem Obersten Landesgericht zugewiesen werden. Dass meh-

---

[93] Zu den Motiven vgl. BT-Drs. 13/9340, 20.

rere Bundesländer die Zuständigkeit länderübergreifend durch Staatsvertrag bei einem Oberlandesgericht bündelten, ist bislang aber ebenso wenig geschehen wie in Kartellsachen. Vergabesachen berühren fiskalische Interessen und deshalb werden die einzelnen Länder es vorziehen, dass ein „eigenes" Oberlandesgericht zuständig ist.

§ 172 Frist, Form, Inhalt

(1) Die sofortige Beschwerde ist binnen einer Notfrist von zwei Wochen, die mit der Zustellung der Entscheidung, im Fall des § 171 Absatz 2 mit dem Ablauf der Frist beginnt, schriftlich bei dem Beschwerdegericht einzulegen.

(2) ¹Die sofortige Beschwerde ist zugleich mit ihrer Einlegung zu begründen. ²Die Beschwerdebegründung muss enthalten:
1. die Erklärung, inwieweit die Entscheidung der Vergabekammer angefochten und eine abweichende Entscheidung beantragt wird,
2. die Angabe der Tatsachen und Beweismittel, auf die sich die Beschwerde stützt.

(3) ¹Die Beschwerdeschrift muss durch einen Rechtsanwalt unterzeichnet sein. ²Dies gilt nicht für Beschwerden von juristischen Personen des öffentlichen Rechts.

(4) Mit der Einlegung der Beschwerde sind die anderen Beteiligten des Verfahrens vor der Vergabekammer vom Beschwerdeführer durch Übermittlung einer Ausfertigung der Beschwerdeschrift zu unterrichten.

Übersicht

	Rn.		Rn.
I. Normzweck und Regelungsgehalt	1	a) Fiktion der ablehnenden Entscheidung durch Einlegung der sofortigen Beschwerde	14
II. Einlegung der sofortigen Beschwerde (§ 171 Abs. 1 und 2)	2	b) Frist für die Einlegung der sofortigen Beschwerde	16
1. Notfrist zur Einlegung (und Begründung)	2	c) Keine Auswirkung der fehlenden Rechtsmittelbelehrung	17
2. Zwei unterschiedliche fristauslösende Ereignisse	3	d) Fristenberechnung	18
3. Einlegung der sofortigen Beschwerde bei zugestellter Entscheidung (Abs. 1 Alt. 1)	4	5. Form der Einlegung	25
a) Fristbeginn	4	III. Begründung der sofortigen Beschwerde (Abs. 2)	27
b) Fristbeginn bei Vorabübermittlung isb. durch Telekopie	5	1. Begründung innerhalb der Notfrist	27
c) Fehlende oder fehlerhafte Rechtsmittelbegründung und Fristenlauf	6	2. Inhalt der Beschwerdebegründungsschrift	29
d) Fristbeginn für zu Unrecht nicht beigeladene Unternehmen	10	a) Die Beschwerdebegründung nach § 66 Abs. 4 als Vorbild	29
		b) Erklärung des Anfechtungsumfangs	31
		c) Tatsachen und Beweismittel	33
		d) Nachschieben von Beschwerdegründen	36
4. Frist für die Einlegung der sofortigen Beschwerde bei Untätigkeit der Vergabekammer	14	IV. Unterzeichnung der Beschwerdeschrift (Abs. 3)	37
		V. Benachrichtigungspflicht (Abs. 4)	39

I. Normzweck und Regelungsgehalt

Die Regelung ergänzt § 171 Abs. 1 und 2. Sie legt Beginn und Länge der Fristen für die Einlegung und Begründung der sofortigen Beschwerde in den Fällen von § 171 Abs. 1 und 2 fest und gibt den notwendigen Inhalt der Rechtsmittelbegründung sowie die Notwendigkeit ihrer Unterzeichnung durch einen Rechtsanwalt bei allen Beteiligten mit Ausnahme von juristischen Personen des öffentlichen Rechts vor. Außerdem wird eine Verpflichtung zur Unterrichtung der übrigen Beteiligten von der Rechtsmitteleinlegung begründet (Abs. 4). Namentlich die Regelungen in Abs. 1, 2 und 4 sind deutlich vom vergaberechtlichen Beschleunigungsprinzip (→ Vor § 171 Rn. 3, 9 ff.) geprägt. 1

II. Einlegung der sofortigen Beschwerde (§ 171 Abs. 1 und 2)

1. Notfrist zur Einlegung (und Begründung). Die sofortige Beschwerde ist stets, unabhängig 2 davon ob es sich um eine solche nach § 171 Abs. 1 oder Abs. 2 handelt, binnen einer **Notfrist von**

zwei Wochen einzulegen (und zu begründen). Das für die Beteiligten entscheidende Merkmal einer als Notfrist bezeichneten Frist ist, dass ihre Verlängerung ausgeschlossen ist.[1] Notfristgebunden ist herkömmlicherweise an sich die Einlegung von Rechtsmitteln oder Rechtsbehelfen, nicht deren Begründung. Fristen zur Begründung von Rechtsmitteln können vielmehr grundsätzlich verlängert werden. Insoweit stellt § 171 Abs. 1, der die Begründung des Rechtsmittels innerhalb der zweiwöchigen Notfrist verlangt, einen **Systembruch** dar, der ersichtlich dem Beschleunigungsprinzip geschuldet ist.

3   **2. Zwei unterschiedliche fristauslösende Ereignisse.** Rechtsmittelfristen beginnen außerhalb des Vergaberechts üblicherweise mit der Zustellung der Entscheidung, um deren mögliche anschließende Anfechtung es geht. In Teil 4 des GWB ist das komplizierter, weil nicht nur ergangene und zugestellte (§ 171 Abs. 1), sondern auch fiktive Entscheidungen anfechtbar sind, durch die der Nachprüfungsantrag nur als abgelehnt gilt (§ 171 Abs. 2). Die Regelung in Abs. 1 sieht deshalb, korrespondierend mit § 171 Abs. 1 und 2, **als Anknüpfungspunkt** für den Beginn der Frist zur Einlegung und Begründung der sofortigen Beschwerde **zwei verschiedene Ereignisse** vor. Es ist dies zum einen die Zustellung der instanzbeendenden Vergabekammerentscheidung, also gleichsam der in § 171 Abs. 1 adressierte Regelfall (→ § 171 Rn. 16). Zum anderen zielt Abs. 1 Alt. 2 auf den in § 171 Abs. 2 geregelten Fall der so zu nennenden Untätigkeitsbeschwerde (→ § 171 Rn. 35). Die Frist zur Einlegung der sofortigen Beschwerde soll hier nach dem Wortlaut der Regelung „mit dem Ablauf der Frist" beginnen. Mit letzterer Frist ist aufgrund des Verweises auf § 171 Abs. 2 und des dortigen Verweises an sich die Frist in § 167 Abs. 1, gemeint also die Frist von 5 Wochen ab Eingang das Nachprüfungsantrags, innerhalb der die Vergabekammer die Entscheidung zu treffen und zu begründen (also nicht notwendig auch zuzustellen, → § 171 Rn. 36) hat, oder die nach § 167 Abs. 1 S. 2–4 verlängerte Entscheidungsfrist. Nach der Entscheidung des BGH vom 14.7.2020[2] sind die maßgeblichen verfahrenrechtlichen Momente für die Einlegung der Beschwerde nach Abs. 2 völlig neu zu bewerten (→ § 171 Rn. 38 ff.).

4   **3. Einlegung der sofortigen Beschwerde bei zugestellter Entscheidung (Abs. 1 Alt. 1).** **a) Fristbeginn.** Die Regelung in Abs. 1 Alt. 1 bezieht sich auf sofortige Beschwerden gegen innerhalb des Zeitraums in § 167 Abs. 1 getroffene und begründete Entscheidungen. Die Notfrist für die Einlegung der sofortigen Beschwerde beginnt in diesen Fällen mit der Zustellung der Vergabekammerentscheidung. Für die **Berechnung der Frist** gelten nach § 31 VwVfG und § 222 Abs. 1 ZPO die Regelungen des BGB. Für die Ingangsetzung der Frist ist § 187 Abs. 1 BGB einschlägig, weil die Zustellung ein Ereignis ist, das in den Lauf eines Tages fällt. Dieser Tag ist bei der Berechnung nicht mitzuzählen. Die Frist endet mit Ablauf des gleichen Wochentags der übernächsten Woche nach Zustellung (§ 188 Abs. 2 BGB). Wird also die Entscheidung der Vergabekammer dem Beschwerdeführer an einem Dienstag zugestellt, endet die Frist am Dienstag der übernächsten Woche 24 Uhr. Die Frist kann uU – namentlich bei nicht anwaltlich vertretenen Beteiligten – auch an einem Samstag durch (Ersatz-)Zustellung nach § 180 ZPO mittels Einlegung in den Postbriefkasten der Geschäftsräume zu laufen beginnen.[3] Für das Ende dieser Frist gilt § 193 BGB bzw. § 222 Abs. 2 ZPO.

5   **b) Fristbeginn bei Vorabübermittlung isb. durch Telekopie.** In der Praxis kommt es vor, dass Vergabekammerentscheidungen **sowohl per Telekopie als auch postalisch** übermittelt werden, sodass fraglich sein kann, an welchen Vorgang für die Fristberechnung anzuknüpfen ist. Meistens ist die erstere Übermittlung nur dazu gedacht, die Adressaten, insbesondere den potenziellen Rechtsmittelführer, vorab über die getroffene Entscheidung zu informieren, während regelmäßig die postalische Übermittlung zu Zustellungszwecken erfolgt. Allerdings ist die Übermittlung per Telekopie gegen Empfangsbekenntnis gegenüber bestimmen Adressaten, zu denen auch Rechtsanwälte gehören, eine zur Zustellung geeignete Übermittlungsform (§ 5 Abs. 4 VwZG). Ein Nebeneinander von verschiedenen Übermittlungen der Entscheidung macht deshalb erforderlich, dass diejenige eindeutig identifiziert werden kann, die die Frist für die Rechtsmitteleinlegung in Gang setzen soll, um derentwillen überhaupt nur der förmliche Zustellung erforderlich ist.[4] Die Beschwerdefrist des Abs. 1 wird nicht dadurch in Lauf gesetzt, dass die Vergabekammer eine Beschlussabschrift „vorab" per Telefax übersendet, wenn für den Empfänger erkennbar ist, dass die Übermittlung per Telefax nur zur Information und nicht zum Zwecke der Zustellung erfolgt.[5] Ob diese erkennbar ist, ist eine Frage der Umstände des Einzelfalls,[6] wobei auch die Regelungen des

---

[1] AllgA, vgl. zB Musielak/Voit/*Stadler* ZPO § 224 Rn. 2.
[2] BGH Beschl. v. 14.7.2020 – XIII ZB 135/19, NZBau 2020, 798 – Fahrscheindrucker.
[3] Vgl. OVG Münster Beschl. v. 2.6.2014 – 15 A 628/14, NJW 2014, 3117.
[4] Vgl. Zöller/*Stöber* ZPO Vor § 166 Rn. 1.
[5] BGH Beschl. v. 10.11.2009 – X ZB 8/09, BGHZ 183, 95 Rn. 22 = NZBau 2010, 124 – Endoskopiesysteme.
[6] Vgl. zu solchen BGH Beschl. v. 10.11.2009 – X ZB 8/09, BGHZ 183, 95 Rn. 23 = NZBau 2010, 124 – Endoskopiesysteme.

ggf. anzuwendenden Landes-Verwaltungszustellungsgesetzes zu berücksichtigen sind.[7] Lässt sich die unter zustellungsrechtlichen Gesichtspunkten maßgebliche Übermittlung nicht bestimmen, gilt das Meistbegünstigungsprinzip, also regelmäßig die spätere Zustellung.[8]

c) Fehlende oder fehlerhafte Rechtsmittelbegründung und Fristenlauf. Der instanzbeendende Verwaltungsakt der Vergabekammer muss nach § 168 Abs. 3 S. 3 iVm § 61 mit einer Rechtsmittelbelehrung versehen sein. Es steht außer Streit, dass sich Mängel der Rechtsmittelbelehrung auf den Lauf der Frist auswirken können. Nach der Rechtsprechung des OLG Celle wird die Frist nicht in Gang gesetzt, wenn nicht über den Anwaltszwang nach Abs. 3 belehrt wird.[9] Gleiches wird erst recht zu gelten haben, wenn die Belehrung gänzlich fehlt. Umstritten ist in der Fachliteratur, ob in einem solchen Fall § 58 VwGO entsprechend anzuwenden ist[10] oder – wie von einer Mindermeinung vertreten – das Recht der **Wiedereinsetzung in den vorigen Stand** gilt.[11] Letzterer Ansicht ist der Vorzug zu geben, und zwar schon allein mit Blick auf den seit Anfang 2014 **für die Erteilung von Rechtsmittelbelehrungen zu verzeichnenden Paradigmenwechsel in der ZPO**. Nach § 175 iVm § 73 Nr. 2 gelten für die Fristen an sich die Bestimmungen der ZPO entsprechend. Dass in der vergaberechtlichen Literatur überhaupt auf § 58 VwGO zurückgegriffen wird, ist ersichtlich dem Umstand geschuldet, dass die ZPO bei Inkrafttreten des VgRÄG und auch danach, bis Ende 2013, keine Rechtsmittelbelehrungen vorsah. Dies ist seit Anfang 2014 anders, wie sich iE aus § 232 ZPO ergibt. **Gleichzeitig unterstellt die ZPO die Fälle unterbliebener oder fehlerhafter Rechtsmittelbelehrungen dem Wiedereinsetzungsrecht.** Nach § 233 S. 2 ZPO wird fehlendes Verschulden bei der Fristversäumnis vermutet, wenn keine oder eine fehlerhafte Rechtsbehelfsbelehrung erteilt wurde. Das bedeutet, dass die Frist zu Einlegung des Rechtsmittels auf der Grundlage dieser Norm auch bei fehlerhafter oder unterbliebener Rechtsmittelbelehrung zu laufen beginnt, aber Wiedereinsetzung in den vorigen Stand beantragt werden kann. Diese Regelung der ZPO sollte auch gelten, wenn Vergabekammerentscheidungen fehlerhafte oder gar keine Rechtsmittelbelehrungen beigefügt werden. Davon zu trennen ist allerdings die Frage, ob ein Jahr lang Wiedereinsetzung verlangt werden kann (vgl. § 234 Abs. 3 ZPO) oder woran eine **Verkürzung der Jahresfrist** rechtssicher festgemacht werden kann (→ Rn. 10).

Auch wenn fehlendes Verschulden an der Fristversäumnis bei fehlender oder fehlerhafter Rechtsmittelbelehrung vermutet wird, muss doch der **ursächliche Zusammenhang** zwischen fehlender oder fehlerhafter Rechtsmittelbelehrung und Fristversäumnis glaubhaft gemacht werden. Eine Wiedereinsetzung ist ausgeschlossen, wenn eine Partei wegen vorhandener Kenntnis über ihre Rechtsbehelfe keiner Rechtsbehelfsbelehrung bedarf.[12] Letzteres ist zwar nicht automatisch anzunehmen, wenn und weil der Betreffende anwaltlich vertreten ist. **Im Vergaberecht ist bei gänzlich fehlender Rechtsmittelbelehrung** die Kausalität für die Fristversäumung aber grundsätzlich zu verneinen. Das beruht darauf, dass es sich um ein abgegrenztes und hochspezialisiertes Rechtsgebiet handelt; von dem hier tätigen Anwalt kann verlangt werden, dass er über die Modalitäten der Rechtsmittelzüge im Bilde ist. Bei fehlerhafter Belehrung ist nach der Begründung des Entwurfs eines Gesetzes zur Einführung einer Rechtsbehelfsbelehrung im Zivilprozess nach Art des Fehlers zu differenzieren und darauf abzustellen, ob er in der gerichtlichen Darstellung der Rechtslage nachvollziehbar ist und auch verständlicherweise den Irrtum des Rechtsanwalts verursacht haben kann.[13] Es kommt danach auf die Umstände des Einzelfalls an, ob die Ursächlichkeit zu verneinen oder zu bejahen ist. Im Nachprüfungsverfahren ist es nicht ausgeschlossen, Kausalität zwischen der fehlerhaften Belehrung und der Fristversäumung anzunehmen, dies wird aber eher selten der Fall sein.

Beim **nicht anwaltlich vertretenen Antragsteller oder Beigeladenen wird die Vermutung des § 233 S. 2 ZPO grundsätzlich zum Tragen kommen.** Hier ist die entscheidende Frage eine andere: Soll Wiedereinsetzung, falls keine Rechtsmittelbelehrung nachgeschoben wird, wirklich erst ein Jahr nach dem Ende der versäumten Frist nicht mehr beantragt werden können (§ 234 Abs. 3 ZPO) oder gibt es eine Zäsur, nach der das Hindernis als behoben gelten kann (§ 234 Abs. 2 ZPO)? Im Schrifttum wird dafür eine Monatsfrist vorgeschlagen; also einen Monat nach Zustellung der Vergabekammerentscheidung soll eine Wiedereinsetzung nicht mehr beantragt wer-

---

[7] Vgl. OLG Rostock Beschl. v. 25.9.2013 – 17 Verg 3/13, BeckRS 2013, 17782 = VergabeR 2014, 209 ff.
[8] Vgl. OLG Rostock Beschl. v. 25.9.2013 – 17 Verg 3/13, BeckRS 2013, 17782= VergabeR 2014, 209 ff.; *Ulbrich* in RKPP GWB Rn. 12.
[9] OLG Celle Beschl. v. 31.5.2007 – 13 Verg 1/07, BeckRS 2008, 02604 = VergabeR 2007, 692.
[10] Vgl. *Ulbrich* in RKPP GWB Rn. 14, 17; Immenga/Mestmäcker/*Stockmann* Rn. 3; Ziekow/Völlink/*Dicks* Rn. 4; jurisPK-VergabeR/*Summa* Rn. 5 ff.; anders Reidt/Stickler/Glahs/*Stickler* Rn. 5; vgl. auch OLG Celle Beschl. v. 31.5.2007 – 13 Verg 1/07, VergabeR 2007, 692 (693 f.).
[11] Dafür Beck VergabeR/*Vavra/Willner* Rn. 9.
[12] Vgl. BT-Drs. 17/10490, 14; Zöller/*Greger* ZPO § 233 Rn. 23 Stichwort „Rechtsbehelfsbelehrung" mwN.
[13] BT-Drs. 17/10490, 14.

den können, eine vom Beschleunigungsprinzip her durchaus attraktive Lösung. Ihre Herleitung erscheint indes etwas beliebig.[14] **Vorliegend wird eine Parallele zu § 135 Abs. 2 vorgeschlagen:** Die Unwirksamkeit wegen Verstoßes gegen die Informations- und Wartepflicht oder Auftragsvergabe ohne Publikation im Amtsblatt der EU kann nur innerhalb von 30 Kalendertagen nach der Information der betroffenen Bieter und Bewerber durch den öffentlichen Auftraggeber über den Abschluss des Vertrags geltend gemacht werden, jedoch nicht später als sechs Monate nach Vertragsschluss; hat der Auftraggeber die Auftragsvergabe im Amtsblatt der EU bekannt gemacht, endet die Frist zur Geltendmachung der Unwirksamkeit 30 Kalendertage nach der dortigen Veröffentlichung. Die **Parallele zu § 135 Abs. 2 rechtfertigt sich durch den Gedanken der Publizität der Auftragsvergabe;** ist sie bekannt gemacht worden, könnte ein Bieter nicht mehr die Unwirksamkeit nach § 134 geltend machen; deshalb ist es gerechtfertigt, einem am Nachprüfungsverfahren Beteiligten unter denselben Voraussetzungen auch die Wiedereinsetzung in den vorigen Stand wegen Versäumung der Beschwerdefrist zu versagen.

9 Von der Frage der Wiedereinsetzung zu trennen ist die Frage nach der **Wirksamkeit eines eventuell inzwischen erteilten Auftrags, wenn Wiedereinsetzung gewährt wird.** Hierzu wird vertreten, dass ein in der Zwischenzeit erteilter Zuschlag nach § 134 BGB wegen des Verstoßes gegen das Zuschlagsverbot (§ 169 Abs. 1) nichtig sei.[15] Dieses Ergebnis wird als dem Sinn und Zweck des Wiedereinsetzungsrechts und den Erfordernissen von Rechtsklarheit und Rechtssicherheit im Vergabeverfahren widersprechend abgelehnt.[16] Letzterem ist im Ergebnis grundsätzlich zuzustimmen. Das gesetzliche Verbot muss generell bei Vornahme der Handlung bestanden haben.[17] Daran fehlt es, wenn die Beschwerdefrist verstrichen ist, ohne dass ein Rechtsmittel eingelegt wurde. Die Wiedereinsetzung fingiert lediglich nachträglich die Rechtzeitigkeit der nachgeholten Prozesshandlung;[18] sie lässt aber nicht den Lauf der Rechtsmittelfrist rückwirkend wiederaufleben. Ungeachtet dessen ist im Einzelfall zu prüfen, ob die Zuschlagserteilung vor dem Hintergrund der fehlenden oder fehlerhaften Rechtsmittelbegründung anstößig erscheint. Das wird aber voraussichtlich selten einschlägig werden, nämlich grundsätzlich nur bei nicht anwaltlich vertretenem Antragsteller oder Beigeladenen (→ Rn. 7 f.).

10 **d) Fristbeginn für zu Unrecht nicht beigeladene Unternehmen.** Wird ein Unternehmen trotz objektiv schwerwiegender Berührung seiner Interessen durch die Entscheidung der Vergabekammer (§ 162) nicht beigeladen und ist dieses Unternehmen gleichwohl als beschwerdebefugt anzusehen (→ § 171 Rn. 8), bleibt zu klären, innerhalb welcher Frist es ggf. Rechtsmittel gegen die Entscheidung der Vergabekammer einlegen kann. Die Vergabekammer kann diesem Problem allerdings dadurch vorbeugen, dass sie dem Beiladungspetenten ihre mit Rechtsmittelbelehrung versehene Entscheidung ebenfalls zustellt, so wie der BGH dies im entsprechenden Fall im Kartellverwaltungsverfahren den Kartellbehörden anheimgegeben hat.[19] Wird die Frist zur Einlegung der sofortigen Beschwerde dann doch versäumt, wird der Beiladungspetent fehlendes Verschulden schwerlich mit Erfolg über die Ungewissheit über seinen Status als bloßer Beiladungspetent rechtfertigen können.

11 Stellt die Vergabekammer nicht an den Beiladungspetenten zu, wird für die Frist zur Einlegung der sofortigen Beschwerde die entsprechende Anwendung von § 58 VwGO befürwortet.[20] Die Einlegung wäre dann innerhalb eines Jahres möglich. Für die Ingangsetzung diese Frist ist an die späteste Zustellung an einen Verfahrensbeteiligten anzuknüpfen.[21] Plausibler erscheint, dafür an das Zustellungsdatum des Hauptbeteiligten anzuknüpfen, den der Beiladungspetent entsprechend seinen eigenen Interessen unterstützt, was regelmäßig der öffentliche Auftraggeber sein wird.

12 Der Rückgriff auf § 58 VwGO erscheint nicht mehr sachgerecht, nachdem sich aus § 233 S. 2 ZPO in der seit Anfang 2014 geltend Fassung ergibt, dass Mängel der Rechtsmittelbelehrung dem Wiedereinsetzungsrecht unterliegen (→ Rn. 6). Das zentrale Problem der Ungewissheit über die Bestandskraft der Vergabekammerentscheidung wird damit in zeitlicher Hinsicht jedenfalls nicht entschärft. Wiedereinsetzung kann ebenfalls binnen eines Jahres beantragt werden (§ 234 Abs. 3 ZPO), wobei dafür an das Ende der versäumten Frist angeknüpft wird, sodass der Gesamtzeitraum sogar noch länger ist, als bei Anwendung von § 58 VwGO.

---

[14] Beck VergabeR/ *Vavra* 3. Aufl. 2019, Rn. 8 aE; ausweichend Beck VergabeR/ *Vavra/Willner* Rn. 9 aE.
[15] Beck VergabeR/ *Vavra/Willner* Rn. 12.
[16] Immenga/Mestmäcker/ *Stockmann* Rn. 6.
[17] Palandt/ *Ellenberger* BGB § 134 Rn. 12a.
[18] Zöller/ *Greger* ZPO § 238 Rn. 3.
[19] BGH Beschl. v. 7.11.2006 – KVR 37/05, BGHZ 169, 370 Rn. 22 = NJW 2007, 607 – pepcom.
[20] *Ulbrich* in RKPP GWB Rn. 18; Ziekow/Völlink/ *Dicks* Rn. 4.
[21] *Ulbrich* in RKPP GWB Rn. 18; Reidt/Stickler/Glahs/ *Stickler* Rn. 23 aE, der allerdings die Beschwerdefrist nach Abs. 1 in Gang gesetzt sehen will und eine Lösung über Wiedereinsetzung vorschlägt.

II. Einlegung der sofortigen Beschwerde (§ 171 Abs. 1 und 2) 13–16 § 172 GWB

Dass ein Beiladungspetent in jedem Fall ein Jahr lang Wiedereinsetzung soll verlangen können, erscheint in Anbetracht des das Vergabe- und Nachprüfungsverfahren beherrschenden Beschleunigungsprinzips schwer annehmbar. Das gilt umso mehr, als es widersprüchlich erscheint, wenn sich ein an einem öffentlichen Auftrag interessiertes Unternehmen einerseits um seine Beiladung zum Nachprüfungsverfahren bemüht, andererseits den Dingen seinen Lauf lässt. Als eine **gesetzesimmanente zeitliche Schranke für das Wiedereinsetzungsbegehren** erscheint die Regelung in § 135 Abs. 2 (vgl. auch → Rn. 8). Ist im Zuge des Nachprüfungsverfahrens der Auftrag erteilt worden, kann die Unwirksamkeit nach § 135 Abs. 1 nicht später als sechs Monate nach Vertragsschluss geltend gemacht werden. Hat der Auftraggeber die Auftragsvergabe im Amtsblatt der Europäischen Union bekannt gemacht, endet die Frist zur Geltendmachung der Unwirksamkeit 30 Kalendertage nach Veröffentlichung der Bekanntmachung der Auftragsvergabe im Amtsblatt der Europäischen Union. Steht die Erteilung des Auftrags, um dessen korrekte Vergabe das fragliche Nachprüfungsverfahren geführt wurde, aufgrund dieser Regelung gar nicht mehr zur Disposition der Beteiligten, wäre es sinnwidrig, das Nachprüfungsverfahren im Zuge eines Wiedereinsetzungsgesuchs wieder aufleben zu lassen. Im Übrigen ist zu erwägen, ob die Vermutung fehlenden Verschuldens im Nachprüfungsverfahren nicht ohnehin von einem bestimmten Zeitpunkt an als widerlegt angesehen werden kann. Dies lässt sich mit den Beteiligten des Vergabeverfahrens aus dem Beschleunigungsprinzip erwachsenen Treuepflichten rechtfertigen. 13

4. Frist für die Einlegung der sofortigen Beschwerde bei Untätigkeit der Vergabekammer. a) Fiktion der ablehnenden Entscheidung durch Einlegung der sofortigen Beschwerde. Ausgangspunkt ist die Rechtslage, die der BGH durch seine Entscheidung vom 14.7.2020 hergestellt hat. Danach gilt der Antrag nur und erst dann nach § 171 Abs. 2 als abgelehnt, wenn der Antragsteller innerhalb der Notfrist des § 172 Abs. 1 sofortige Beschwerde einlegt.[22] Die Beendigung des erstinstanzlichen Verfahrens durch Fiktion einer abschließenden Entscheidung der Vergabekammer wird also überhaupt erst durch die Einlegung des Rechtsmittels herbeiführt (→ § 171 Rn. 38). Dementsprechend besteht für die **Vergabekammer zunächst kein Hindernis zu entscheiden,** obwohl der Entscheidungszeitraum nach § 167 Abs. 1 überschritten bzw. nicht rechtzeitig verlängert worden ist. 14

Diese Möglichkeit der Vergabekammer, ihre Entscheidung weiterhin (verspätet) zu treffen und zu begründen, endet erst in dem Zeitpunkt, in dem eine sofortige Beschwerde eingelegt ist. Hierbei kann es zu misslichen Überschneidungen kommen, weil die sofortige Beschwerde beim Beschwerdegericht einzulegen ist und die Vergabekammer, wenn sie darüber nicht umgehend informiert wird, davon ausgehen kann, weiterhin entscheiden zu können. Tut sie dies und wird die Entscheidung zugestellt, liegen mehrere instanzbeendende Tatbestände vor, nämlich die Fiktion der Ablehnung und die positiv getroffene Entscheidung nach § 168 Abs. 1, die sich zudem im Tenor widersprechen können. **Solche Divergenzen sind im Interesse der Rechtsklarheit nach dem Prioritätsgrundsatz auszuräumen** (→ § 171 Rn. 45). 15

b) Frist für die Einlegung der sofortigen Beschwerde. Nach der Entscheidung des BGH vom 14.7.2020[23] gilt der Nachprüfungsantrag nur dann als abgelehnt, wenn der Antragsteller das Rechtsmittel „binnen der Notfrist von § 172 Abs. 1" einlegt. Für die Einlegung des Rechtsmittels stehen zwei Wochen ab dem nach § 172 Abs. 1 Alt. 2 maßgeblichen Zeitpunkt zur Verfügung. Aufgrund der dortigen Bezugnahme auf § 171 Abs. 1 und auf § 167 Abs. 1 handelt es sich um den letzten Tag des ursprünglichen oder vom Vergabekammervorsitzenden verlängerten Entscheidungszeitraums. Nach § 167 Abs. 1 muss die Vergabekammer ihre Entscheidung innerhalb von fünf Wochen ab Eingang des Nachprüfungsantrags oder innerhalb einer verlängerten Frist treffen und begründen. Getroffen und begründet hat die Kammer ihre Entscheidung, wenn sie in vollständig abgefasster Form vorliegt und vom zuletzt unterschreibenden Kammermitglied, dessen Unterschrift nach dem jeweiligen Bundes- oder Landesrecht erforderlich ist, unterschrieben worden ist[24] und auf den Weg zur für die weitere Bearbeitung zuständigen Dienststelle (Geschäftsstelle) gebracht wurde.[25] Damit ist die Frist gewahrt. Die Zustellung kann außerhalb des Entscheidungszeitraums 16

---

[22] BGH Beschl. v. 14.7.2020 – XIII ZB 135/19, NZBau 2020, 798 – Fahrscheindrucker.
[23] BGH Beschl. v. 14.7.2020 – XIII ZB 135/19, NZBau 2020, 798 – Fahrscheindrucker.
[24] Ziekow/Völlink/*Frister* § 167 Rn. 7.
[25] Saarländisches OLG Beschl. v. 29.4.2003 – 5 Verg 4/02, VergabeR 2003, 429 (430); OLG Naumburg Beschl. v. 13.10.2006 – 1 Verg 6/06 und 7/06, NJOZ 2007, 261 und 275 (Ls.: NZBau 2007, 200); Immenga/Mestmäcker/*Dreher* § 167 Rn. 10; Beck VergabeR/*Gröning* § 167 Rn. 6; enger Beck VergabeR/*Vavra/Willner* § 171 Rn. 30, die zusätzlich den Beginn mit der Ausführung der Zustellungsverfügung durch die Geschäftsstelle verlangen, was aber mit dem Wortlaut der Regelung kollidiert; nochmals anders Knauff/*Frischmuth* → § 167 Rn. 2.

von § 167 Abs. 1 liegen.[26] Diese Lösung ist mit Rechtsunsicherheit verbunden, weil der Fristablauf für sich allein nichts darüber besagt, ob die Entscheidungsfrist gewahrt ist oder nicht, denn ob die Entscheidung – und das ist das maßgebliche Kriterium – rechtzeitig getroffen und begründet worden ist, ist als gleichsam **vergabekammerinterner Umstand für sie intransparent** (→ § 171 Rn. 37). Daraus drohten auf der Grundlage der früheren hM (→ § 171 Rn. 36) Verwerfungen. Dem Beteiligten, der ohne Weiteres sofortige Beschwerde einlegte, drohte entweder das Risiko, ein unzulässiges Rechtsmittel einzulegen, oder, bei zu langem Zuwarten, des Verlusts des Rechtsmittels. Auf der Grundlage der neuen Rechtsprechung des BGH verhält es sich gleichsam wie mit umgekehrten Vorzeichen: Der Beteiligte, der die Notfrist zur Einlegung der Untätigkeitsbeschwerde versäumt, riskiert nunmehr nur noch, dass das erstinstanzliche Verfahren bis zur Entscheidung der Vergabekammer weiterläuft.

17 c) **Keine Auswirkung der fehlenden Rechtsmittelbelehrung.** Bei fingierter Ablehnung des Nachprüfungsantrags nach § 171 Abs. 2, § 172 Abs. 1 Alt. 2 liegt es in der Natur der Sache, dass es auch an einer Rechtsmittelbelehrung fehlt. Dieser Umstand kann auf der Grundlage der neuen Rechtsprechung des BGH (→ § 171 Rn. 39) vernachlässigt werden, weil den Beteiligten keine substanziellen Rechtsmittelverluste drohen, sondern lediglich der „Nachteil", dass das Verfahren vor der Vergabekammer anhängig bleibt.

18 d) **Fristenberechnung. aa) Berechnung der Fünf-Wochen-Frist.** Für die Berechnung der Frist von fünf Wochen ab Eingang des Nachprüfungsantrags (S. 1) gelten, entsprechend § 222 ZPO oder – mit dem gleichen Ergebnis – entsprechend § 31 VwVfG, die Bestimmungen des Allgemeinen Teils des BGB. Da der Eingang des Antrags in den Verlauf eines Tages fällt, ist für den Beginn der Frist § 187 Abs. 1 BGB maßgeblich. Der Tag, an dem der Antrag eingeht, wird nicht mitgerechnet. Die Frist beginnt mit dem folgenden Tag, und zwar unabhängig davon, ob dies ein Sonnabend, Sonntag oder ein Feiertag ist.[27] Für das Fristende gilt § 188 Abs. 2 BGB. Die Frist endet mit Ablauf des gleichen Wochentags, an dem der Antrag fünf Wochen zuvor eingegangen war (24 Uhr). Geht der Antrag am Mittwoch der 10. Kalenderwoche ein, endet die regelmäßige Entscheidungsfrist am Mittwoch der 15. Kalenderwoche 24 Uhr.

19 Problematisch ist, wann der Entscheidungszeitraum – sei es der reguläre oder der verlängerte – endet, wenn der letzte Tag auf einen Sonnabend, Sonntag oder auf einen allgemeinen Feiertag fällt. In der Fachliteratur wird durchweg angenommen, dass in diesem Fall § 193 BGB bzw. § 222 Abs. 2 ZPO entsprechend gilt.[28] Danach endete die Frist erst mit Ablauf des nächsten Werktages. Das ist indes nicht zwingend. Bei dem Entscheidungszeitraum in § 167 Abs. 1 handelt es sich um eine sogenannte **uneigentliche Frist.**[29] Für den Zivilprozess ist es hM, dass auf die Fristen nach § 517 Hs. 2 ZPO, § 551 Abs. 2 S. 3 ZPO und § 544 Abs. 1 S. 2 letzter Hs. ZPO, wonach die Frist zur Einlegung der Berufung, Revision oder Nichtzulassungsbeschwerde mit Ablauf von fünf Monaten nach der Verkündung des Urteils beginnt, wenn dieses vorher nicht in vollständig abgefasster Form zugestellt wurde, § 222 Abs. 2 ZPO nicht anzuwenden ist. Die Frist von fünf Monaten dient allein der technischen Bestimmung des Zeitpunktes, an dem die Rechtsmittelfrist spätestens beginnen soll, wenn das Urteil bis dahin nicht zugestellt worden ist; ihr Sinn ist es, zu verhindern, dass die Rechtskraft des Urteils allzu lange in der Schwebe bleibt.[30] Die reguläre oder verlängerte Frist in § 167 Abs. 1 für den Entscheidungszeitraum hat eine etwas andere Stoßrichtung, aber prinzipiell dieselbe Funktion. Sie definiert den Zeitraum, in dem eine Entscheidung rechtmäßig getroffen und begründet werden muss. Der Sinn und Zweck ist derselbe, wie in den genannten zivilprozessualen Regelungen; der bestands- oder rechtskräftige Abschluss des Nachprüfungsverfahrens soll nicht allzu lange in der Schwebe bleiben. Unterschiede bestehen lediglich insoweit, als im Nachprüfungsverfahren noch keine (verkündete) Entscheidung existiert und der Entscheidungszeitraum verlängert werden kann (→ Rn. 8). Diese abweichenden Modalitäten ändern aber nichts daran, dass die Fünf-Wochen-Frist als Anknüpfungspunkt für die Rechtsmitteleinlegung ebenfalls der Beschleunigung dient. Deshalb sollte **§ 222 Abs. 2 ZPO (§ 193 BGB) hier ebenfalls keine Anwendung** finden.

20 bb) **Verlängerung und Berechnung der verlängerten Frist.** Unter bestimmten Voraussetzungen kann der Vorsitzende die Frist um den erforderlichen Zeitraum verlängern (§ 167 Abs. 1 S. 2). Macht er davon Gebrauch, reicht es für den Eintritt der Verlängerungswirkung wiederum

---

[26] *Ohlerich* in RKPP GWB Rn. 25; Ziekow/Völlink/*Frister* § 167 Rn. 9; vgl. aber → § 167 Rn. 2.
[27] Vgl. Palandt/*Ellenberger* BGB § 187 Rn. 1.
[28] Vgl. zB Ziekow/Völlink/*Frister* § 167 Rn. 6; *Ohlerich* in RKPP GWB § 167 Rn. 10; jurisPK-VergabeR/ Summa Rn. 12; Reidt/Stickler/Glahs/*Stickler* § 167 Rn. 7.
[29] Vgl. dazu Musielak/Voit/*Stadler* ZPO § 221 Rn. 3 ff.
[30] OLG Frankfurt a. M. Beschl. v. 14.9.1972 – 19 U 65/72, NJW 1972, 2313; vgl. auch BAG Urt. v. 17.2.2000 – 2 AZR 350/99, BAGE 93, 360 Rn. 13 = NJW 2000, 2835.

aus, wenn die Verfügung innerhalb der Frist erfolgt und diese Verfügung ordnungsgemäß in den Geschäftsgang gelangt ist.[31]

Für den Beginn der neuen Frist sind § 190 BGB und § 224 Abs. 3 ZPO entsprechend anwendbar. Sie ist von dem Ablauf der vorigen Frist an zu berechnen, wenn im Einzelfall nichts anderes bestimmt ist. Dafür gilt also § 187 Abs. 2 BGB. Der neue Fristablauf muss entweder nach dem Kalendertag bezeichnet sein oder durch Angabe des Verlängerungszeitraums (Tage, Wochen, Monate) nach den allgemeinen Bestimmungen errechnet werden können. Das Fristende muss exakt festgelegt werden, weil die Beschwerdefrist nach Abs. 1 Alt. 2 mit dem Ablauf des Verlängerungszeitraums in Gang gesetzt wird, wenn die Kammer bis dahin nicht entschieden hat. 21

cc) **Verlängerung nach Fristablauf?** Das OLG Düsseldorf hat schon bald nach Inkrafttreten von Teil 4 des GWB entschieden, dass die Frist von § 167 Abs. 1 S. 1 nicht mehr nach ihrem Ablauf verlängert werden kann.[32] Dem ist beizupflichten,[33] auch wenn nach der früheren Rechtsprechung des BGH,[34] die erst Ende 1991 aufgegeben wurde,[35] die Verlängerung einer Berufungsbegründungsfrist, die erst nach ihrem Ablauf beantragt worden war, nicht unwirksam war. Nach Fristablauf nachträglich einen neuen Entscheidungszeitraum eröffnen zu können, wäre der Rechtssicherheit allzu abträglich. Bei verspäteter Verlängerung des Entscheidungszeitraums ist für die Einlegung der Beschwerde nach § 171 Abs. 2 also der Ablauf des ursprünglichen Zeitraums von fünf Wochen ab Eingang des Nachprüfungsantrags maßgeblich. 22

dd) **Fristenlauf trotz Ungewissheit über die Einhaltung des Entscheidungszeitraums.** Hat die Vergabekammer über den Nachprüfungsantrag nicht innerhalb des regelmäßigen bzw. nicht rechtzeitig verlängerten Entscheidungszeitraums (§ 167 Abs. 1) entschieden, berechnet sich die Notfrist für die Einlegung des Rechtsmittels nach § 187 Abs. 2. Diese Frist beginnt mit Ablauf des gesetzlich für die Entscheidung der Vergabekammer eingeräumten Entscheidungszeitraums, also mit Beginn des auf dessen letzten Tag folgenden Tages 0 Uhr (§ 187 Abs. 2 BGB). Die Frist für die Einlegung der sofortigen Beschwerde läuft in diesem Fall mit dem Ablauf desjenigen Tages der übernächsten Woche ab, der durch seine Benennung dem Anfangstag der Frist vorangeht (§ 188 Abs. 2 letzter Hs. BGB). War der letzte Tag, an dem die Vergabekammer innerhalb der Frist hätte entscheiden können, beispielsweise ein Dienstag, beginnt die Beschwerdefrist mit Beginn des folgenden Mittwochs und endet am übernächsten Dienstag 24 Uhr. Für die Frage des Fristbeginns in Fällen, in denen der letzte Tag des regulären Entscheidungszeitraums auf einen Sonnabend, einen Sonntag oder einen allgemeinen Feiertag fällt, gelten die Ausführungen → Rn. 16 entsprechend. Entsprechendes gilt für die Fristberechnung bei rechtzeitig verlängerter Entscheidungsfrist. 23

Wird für die Berechnung der Frist zur Einlegung der „Untätigkeitsbeschwerde" allein an das Verstreichen des Entscheidungszeitraums angeknüpft, **bleibt das bisherige Problem,** dass ungewiss ist, ob die Vergabekammer die Entscheidung nicht doch rechtzeitig getroffen und begründet hat (→ § 171 Rn. 35 ff.), an sich bestehen. Diese Ungewissheit kann aber, wie schon im Zusammenhang mit der fehlenden Rechtsmittelbelehrung ausgeführt (→ Rn. 17), vernachlässigt werden, weil den Beteiligten auf der Grundlage der neuen Rechtsprechung des BGH (→ § 171 Rn. 39) keine substanziellen Rechtsmittelverluste drohen, sondern lediglich der „Nachteil", dass das Verfahren vor der Vergabekammer anhängig bleibt. 24

5. Form der Einlegung. Die sofortige Beschwerde ist schriftlich beim Beschwerdegericht einzulegen. Eine Einlegung zu Protokoll der Geschäftsstelle ist nicht vorgesehen. Wie bei bestimmenden Schriftsätzen im Allgemeinen und Rechtsmitteln im Besonderen darf sich der Beschwerdeführer zur Fristwahrung der bekannten technischen Kommunikationsmittel wie Telegramm, Fernschreiben, Telefax (Computerfax) bedienen.[36] 25

Beim **Computerfax** hat sich hinsichtlich der Unterschriftsleistung eine gewisse Bandbreite von Handlungsformen ergeben, die nicht alle zulässig sind. Ist die Berufungsbegründung elektronisch als Bilddatei (PDF-Datei) durch Einscannen eines vom Prozessbevollmächtigten unterzeichneten Schriftsatzes hergestellt, ist dem Unterschriftserfordernis des § 130 Nr. 6 ZPO genügt. Für die Fristwahrung kommt es insoweit auf den beim Berufungsgericht hergestellten Ausdruck an.[37] Dagegen genügt eine eingescannte Unterschrift des Prozessbevollmächtigten in einem bestimmten 26

---

[31] So auch KG Beschl. v. 6.11.2003 – 2 Verg 12/03, VergabeR 2004, 253 = IBRRS 2004, 0925 – Arbeitsplatz-PC; anders → § 167 Rn. 9.
[32] OLG Düsseldorf Beschl. v. 20.6.2001 – Verg 3/01, NZBau 2001, 696 = VergabeR 2001, 329.
[33] Anders noch Beck VergabeR/*Gröning,* 2001, § 116 Rn. 42 f.
[34] BGH Urt. v. 30.9.1987 – IVb ZR 86/86, BGHZ 102, 37 = NJW 1988, 268.
[35] BGH Urt. v. 17.12.1991 – VI ZB 26/91, BGHZ 116, 377 = NJW 1992, 842.
[36] Vgl. Zöller/*Heßler* ZPO § 519 Rn. 17 ff.
[37] BGH Beschl. v. 15.7.2008 – X ZB 8/08, NJW 2008, 2649.

Schriftsatz nicht den Formerfordernissen des § 130 Nr. 6 ZPO, wenn der Schriftsatz mit Hilfe eines normalen Faxgerätes und nicht unmittelbar aus dem Computer versandt wurde.[38] Auch die Wiedergabe des Vor- und Nachnamens des Prozessbevollmächtigten in Computerschrift unter einer als Computerfax übermittelten Berufungsbegründungsschrift stellt keine den Anforderungen des § 130 Nr. 6 Hs. 2 ZPO genügende Wiedergabe der Unterschrift dar.[39] Die aus einem Blankoexemplar ausgeschnittene und auf die Telefax-Vorlage eines bestimmenden Schriftsatzes (hier: Berufungsschrift und Berufungsbegründung) geklebte Unterschrift des Prozessbevollmächtigten einer Partei erfüllt nicht die an eine eigenhändige Unterschrift nach § 130 Nr. 6 ZPO iVm § 519 Abs. 4 ZPO, § 520 Abs. 5 ZPO zu stellenden Anforderungen.[40]

III. Begründung der sofortigen Beschwerde (Abs. 2)

27 **1. Begründung innerhalb der Notfrist.** Die sofortige Beschwerde ist nach Abs. 2 zugleich mit ihrer Einlegung zu begründen. Mit der Wendung „zugleich mit der Einlegung" soll ersichtlich nicht mehr zum Ausdruck gebracht werden, als dass das Rechtsmittel – atypisch (→ Rn. 2) – innerhalb der Notfrist für seine Einlegung auch begründet werden muss. Die Einlegung und Begründung in verschiedenen Schriftsätzen innerhalb der Notfrist ist unschädlich.[41]

28 Aus dem Erfordernis der schriftlichen Einlegung ergeben sich **einige weitere formale Anforderungen,** die in Abs. 2 nicht gesondert genannt sind, weil diese Bestimmung sich auf die formalen Anforderungen bezieht, die für die Entscheidung in der Sache unerlässlich sind, deren Beachtung aber an sich selbstverständlich ist. Für den Einlegungsschriftsatz gelten § 253 Abs. 1 Nr. 2 ZPO und § 519 Abs. 2 Nr. 1 und 2 ZPO sinngemäß. Auch § 519 Abs. 3 ZPO sollte beherzigt werden.

29 **2. Inhalt der Beschwerdebegründungsschrift. a) Die Beschwerdebegründung nach § 66 Abs. 4 als Vorbild.** An den Inhalt der vergaberechtlichen Beschwerdebegründungsschrift stellt Abs. 2 die gleichen Anforderungen wie § 74 Abs. 4 im Kartellbeschwerdeverfahren. Dass der Gesetzgeber sich wegen des Inhalts der Beschwerdebegründung an § 74 orientiert hat, ist nicht ganz selbstverständlich, weil das Kartellbeschwerdeverfahren ein erstinstanzliches Verfahren ist, während die sofortige Beschwerde nach § 171 dem Berufungsverfahren gleichzusetzen ist (→ § 171 Rn. 5). Deshalb hätte eine Orientierung an dem bei Inkrafttreten des VgRÄG noch geltenden § 519 ZPO aF eigentlich nähergelegen. Der dieser Regelung in der geltenden Fassung entsprechende § 520 ZPO „passt" auf die Vergabenachprüfung nicht mehr, weil das zivilprozessuale Berufungsverfahren in der seit Anfang 2002 geltenden Fassung der ZPO in erster Linie ein Instrument der Fehlerkontrolle und Fehlerbeseitigung darstellt,[42] in dem eigenständige Tatsachenfeststellungen nur noch unter engen Voraussetzungen (§§ 529, 531 ZPO) erfolgen. § 519 aF ZPO erlegte dem Berufungsführer hinsichtlich des Inhalts der Berufungsbegründungsschrift Verpflichtungen auf, die in einem nicht unwesentlichen Punkt weitergingen, als die nach § 74 und § 117 aF. Die Berufungsbegründung musste die bestimmte Bezeichnung der im Einzelnen anzuführenden Gründe der Anfechtung (Berufungsgründe) enthalten. Der Berufungsführer musste sich mit dem angefochtenen Urteil auseinandersetzen. Nach § 74 Abs. 4 Nr. 1 muss der Beschwerdebegründung (lediglich) entnommen werden können, welches Ziel der Beschwerdeführer verfolgt. Der Beschwerdegegenstand und das Begehren müssen erkennbar sein. Die sachliche Begründung kann sich auf ein Mindestmaß beschränken; es reicht grundsätzlich aus, wenn der Beschwerdeführer darlegt, an welchen Punkten er die Würdigung der Kartellbehörde und deren Rechtsauffassung angreift.[43]

30 Die Ausrichtung an § 74 Abs. 4 ist trotz der Affinität des vergaberechtlichen Beschwerdeverfahrens zum Berufungsverfahren (→ § 171 Rn. 5) sachgerecht. Zum einen werden dadurch die Härten gemildert, die dem Beschwerdeführer aus dem engen Fristenrahmen für die Einlegung und Begründung der sofortigen Beschwerde erwachsen. Zum anderen ist zu bedenken, dass der Vergabesenat ebenso wenig an die Anträge gebunden ist und auch unabhängig davon auf die Rechtmäßigkeit des Vergabeverfahrens hinwirken kann, wie die Vergabekammer (→ § 178 Rn. 8 ff.).

31 **b) Erklärung des Anfechtungsumfangs.** Die Beschwerdebegründung muss die Erklärung enthalten, inwieweit die Entscheidung der Vergabekammer angefochten und eine abweichende Entscheidung beantragt wird. Dies bezieht sich auf den Regelfall der Anfechtung einer ergangenen Entscheidung (§ 171 Abs. 1), nicht aber den Fall einer Beschwerde wegen Untätigkeit der Kammer

---

[38] BGH Beschl. v. 10.10.2006 – XI ZB 40/05, NJW 2006, 3784.
[39] BGH Urt. v. 10.5.2005 – XI ZR 128/04, NJW 2005, 2086.
[40] BGH Beschl. v. 27.8.2015 – III ZB 60/14, NJW 2015, 3246.
[41] IErg unstreitig; wie hier zB *Ulbrich* in RKPP GWB Rn. 24.
[42] Musielak/Voit/*Ball* ZPO Vor § 511 Rn. 8.
[43] Vgl. KG Beschl. v. 8.11.1995 – Kart 21/94, NJWE-WettbR 1996, 187 = WuW E/OLG 5568 (5579) – Fernsehübertragungsrechte; krit. dazu Kölner Komm KartellR/*Deichfuss* Rn. 22.

(→ Rn. 23). **Sinn und Zweck der Vorschrift ist die Eingrenzung des Beschwerdebegehrens.** Ein förmlicher Antrag ist, wie auch im Kartellbeschwerdeverfahren,[44] nicht zwingend nötig. Es reicht vielmehr aus, wenn sich das Begehren dem Zusammenhang der Beschwerdebegründung entnehmen lässt. Wie im Kartellbeschwerdeverfahren muss der Gegenstand des Beschwerdeverfahrens aber klar erkennbar sein.[45] Hatte das erstinstanzliche Nachprüfungsverfahren mehrere selbstständige Verstöße gegen bieterschützende Vergabebestimmungen zum Gegenstand und will der Beschwerdeführer alle angreifen, muss dies aus der Beschwerdebegründung hervorgehen. Dem Beschwerdegericht fällt das Nachprüfungsverfahren nur im Umfang der Anfechtung an (→ § 178 Rn. 5).

Liegt der Fall der **Untätigkeitsbeschwerde** (→ § 171 Rn. 2, 35) vor, hat also die Vergabekammer nicht fristgerecht entschieden, so kann Abs. 2 Nr. 1 nur sinngemäße Anwendung finden. Der Antragsteller verfolgt hier sein erstinstanzliches Vorbringen weiter. Für seine Anträge gilt das bei § 171 Ausgeführte entsprechend (→ § 171 Rn. 27 ff.).

c) Tatsachen und Beweismittel. Die Verpflichtung, die Tatsachen und Beweismittel anzugeben, wird dem Beschwerdeführer auferlegt, damit der Streitstoff des Beschwerdeverfahrens in tatsächlicher Hinsicht eingegrenzt wird. Mit „Tatsachen" in Abs. 2 Nr. 2 ist eine Bezeichnung des Sachverhalts oder der Geschehensabläufe im Vergabeverfahren gemeint, in denen sich Rechtsverletzungen zugetragen haben und die zum Gegenstand der sofortigen Beschwerde gemacht werden sollen, was naturgemäß eher bei Rechtsmitteln des Antragstellers oder eines Beigeladenen zum Tragen kommen wird, als bei Beschwerden des Auftraggebers. Das ist nur erforderlich, wenn der von der Vergabekammer festgestellte Sachverhalt infrage gestellt werden soll. Tatsachen sind nur insofern in der Beschwerdeschrift vorzutragen, als diese streitig sind und daher eine Beweiserhebung in Betracht kommt. Die zusätzliche Begründungsanforderung des Abs. 2 Nr. 2 greift in diesem Fall nicht ein.[46]

Allerdings sollte der Beschwerdeführer eine **aus sich selbst heraus verständliche Schilderung des Sachverhalts** und nicht bloß eine isolierte Auflistung der streitigen Tatsachen und der für ihre Feststellung vorhandenen Beweismittel, als im eigenen Interesse liegend ansehen. Gleiches gilt für sämtliche Angriffspunkte, die die Entscheidung der Vergabekammer nach Ansicht des Beschwerdeführers bietet. Geht es ihm darum, dass die Vergabekammer seiner Ansicht nach einen nicht dem wirklichen Geschehensablauf entsprechenden Sachverhalt zugrunde gelegt hat, liegt eine intensivere Auseinandersetzung mit der Beweiswürdigung der Vergabekammer bzw. dem Stellenwert der einzelnen Beweismittel nahe. Umgekehrt führen aber Unzulänglichkeiten bei der Angabe der Tatsachen und Beweismittel nur in extremen Fällen zur Unzulässigkeit der sofortigen Beschwerde, etwa dann, wenn sich der Streitstoff des Beschwerdeverfahrens überhaupt nicht identifizieren und abgrenzen lässt.[47]

Bekämpft die sofortige Beschwerde nicht die von der Vergabekammer getroffenen tatsächlichen Feststellungen, sondern allein deren Rechtsansicht, stellt sich die Frage der anzugebenden Tatsachen und Beweismittel nach Sinn und Zweck von § 172 Abs. 2 Nr. 2 nicht. Der Beschwerdeführer muss dann zum Ausdruck bringen, dass er (nur) die Rechtsauffassung der Vergabekammer bekämpft. Eingehende Rechtsausführungen sind dabei zwar keine Zulässigkeitsvoraussetzung, aber auch hier ist es eine Frage der Wahrnehmung der eigenen prozessualen Interessen, ob die Rechtsauffassung der Vergabekammer nicht besser mit substantiellen Ausführungen bekämpft werden sollte. Hatte das erstinstanzliche Nachprüfungsverfahren mehrere selbstständige Komplexe zum Gegenstand und sollen alle zum Gegenstand des Beschwerdeverfahrens gemacht werden, muss die Beschwerdebegründung den Eindruck vermeiden, nur einzelne Komplexe würden angegriffen (→ Rn. 27).

d) Nachschieben von Beschwerdegründen. In Anbetracht der außerordentlich kurzen Frist für die Begründung der sofortigen Beschwerde gewinnt die Frage nach der Möglichkeit des Nachschiebens von Gründen an Bedeutung. Dies ist zwar grundsätzlich zulässig, aber nur unter bestimmten Voraussetzungen und nicht schrankenlos (→ § 178 Rn. 6 ff.).

IV. Unterzeichnung der Beschwerdeschrift (Abs. 3)

Für das Formerfordernis der Unterzeichnung der Beschwerdeschrift enthält Abs. 3 eine „Regel-Ausnahme-Bestimmung". Während der Antrag auf Vergabenachprüfung vor der Kammer noch von den an einem Auftrag interessierten Unternehmen selbst eingereicht werden kann, herrscht für ihre sofortige Beschwerde Anwaltszwang. Die Beschwerdeschrift eines Antragstellers oder Beigeladenen muss grundsätzlich von einem Rechtsanwalt unterzeichnet sein. Der Gesetzgeber hat sich davon eine der Rechtsschutzqualität förderliche Aufbereitung des Prozessstoffs versprochen.[48]

---

[44] Immenga/Mestmäcker/*Schmidt* § 66 Rn. 4, 13 mwN.
[45] Immenga/Mestmäcker/*Schmidt* § 66 Rn. 4, 13.
[46] KG Beschl. v. 28.9.2009 – 2 Verg 8/09, VergabeR 2010, 289 (290).
[47] Vgl. Immenga/Mestmäcker/*Schmidt* § 66 Rn. 14.
[48] RegE, BT-Drs. 13/9340, 21, zu § 127.

38 Eine **Ausnahme vom Anwaltszwang** gilt für die Beschwerden von juristischen Personen des öffentlichen Rechts. Meinungsverschiedenheiten herrschen zu der Frage, ob bereits der Unterzeichner der Beschwerdeschrift die Befähigung zum Richteramt haben muss. Der unterschiedliche Wortlaut spricht durchaus dafür, dies zu verneinen,[49] und den Anwaltszwang späteren Verfahrenshandlungen vorzubehalten. Für die gegenteilige Ansicht sprechen jedoch die besseren Sachargumente,[50] sodass ihr der Vorzug zu geben ist.

V. Benachrichtigungspflicht (Abs. 4)

39 Abs. 4 verpflichtet den Beschwerdeführer, mit der Einlegung der sofortigen Beschwerde die übrigen Beteiligten zu unterrichten und ihnen eine Ausfertigung der Beschwerdeschrift zu übermitteln. Die Regelung in Abs. 4 ist nicht indirekt so zu verstehen, dass eine Zustellung der sofortigen Beschwerde an die Verfahrensbeteiligten durch das Gericht entbehrlich wäre. Das ist bereits im Interesse der Rechtsklarheit zu verneinen. Im Übrigen handelt es sich hier um einen Schriftsatz, durch den ein Rechtsmittel eingelegt wird. Dieser ist gem. § 175 Abs. 2 iVm § 73 Nr. 2 und § 521 ZPO von Amts wegen zuzustellen. Die Übermittlung einer Ausfertigung der Beschwerdeschrift ist auch keine Zulässigkeitsvoraussetzung für die sofortige Beschwerde.

40 Die Vorschrift dient der Beschleunigung des Nachprüfungsverfahrens durch möglichst schnellen Informationsfluss. Die übrigen Verfahrensbeteiligten sollen sich so frühzeitig wie möglich auf die neue Verfahrenssituation einstellen können.[51] Eine weitere Bedeutung hat sie **ungeachtet ihrer imperativen Formulierung** nicht. Insbesondere kann entgegen der vom OLG Naumburg in zwei Beschlüssen aus der Anfangszeit nach Inkrafttreten von Teil 4 des GWB vertretenen Ansicht der Zuschlag nach Ablauf der Frist des § 169 Abs. 1 von der Vergabestelle nicht deshalb wirksam erteilt werden, weil die Beschwerdeführerin ihrer Obliegenheit aus Abs. 4 zur gleichzeitig mit der Einlegung der sofortigen Beschwerde zu bewirkenden Information der Vergabestelle nicht genügt und die Vergabestelle auch nicht in anderer Weise, zB durch Übermittlung der Rechtsmittelschrift durch das Gericht, Kenntnis von der Einlegung der sofortigen Beschwerde erlangt hatte.[52] Diese Ansicht erscheint unter keinem rechtlich in Betracht kommenden Gesichtspunkt vertretbar.[53]

§ 173 Wirkung

(1) ¹Die sofortige Beschwerde hat aufschiebende Wirkung gegenüber der Entscheidung der Vergabekammer. ²Die aufschiebende Wirkung entfällt zwei Wochen nach Ablauf der Beschwerdefrist. ³Hat die Vergabekammer den Antrag auf Nachprüfung abgelehnt, so kann das Beschwerdegericht auf Antrag des Beschwerdeführers die aufschiebende Wirkung bis zur Entscheidung über die Beschwerde verlängern.

(2) ¹Das Gericht lehnt den Antrag nach Absatz 1 Satz 3 ab, wenn unter Berücksichtigung aller möglicherweise geschädigten Interessen die nachteiligen Folgen einer Verzögerung der Vergabe bis zur Entscheidung über die Beschwerde die damit verbundenen Vorteile überwiegen. ²Bei der Abwägung ist das Interesse der Allgemeinheit an einer wirtschaftlichen Erfüllung der Aufgaben des Auftraggebers zu berücksichtigen; bei verteidigungs- oder sicherheitsspezifischen Aufträgen im Sinne des § 104 sind zusätzlich besondere Verteidigungs- und Sicherheitsinteressen zu berücksichtigen. ³Die besonderen Verteidigungs- und Sicherheitsinteressen überwiegen in der Regel, wenn der öffentliche Auftrag oder die Konzession im unmittelbaren Zusammenhang steht mit
1. einer Krise,
2. einem mandatierten Einsatz der Bundeswehr,
3. einer einsatzgleichen Verpflichtung der Bundeswehr oder
4. einer Bündnisverpflichtung.

⁴Das Gericht berücksichtigt bei seiner Entscheidung auch die Erfolgsaussichten der Beschwerde, die allgemeinen Aussichten des Antragstellers im Vergabeverfahren, den öffentlichen Auftrag oder die Konzession zu erhalten, und das Interesse der Allgemeinheit an einem raschen Abschluss des Vergabeverfahrens.

---

[49] Beck VergabeR/*Gröning*, 2001, § 117 Rn. 16; HK-VergabeR/*Dieck-Bogatzke* Rn. 9.
[50] Immenga/Mestmäcker/*Stockmann* Rn. 19; *Ulbrich* in KKPP GWB Rn. 39 f.
[51] Vgl. RegE, BT-Drs. 13/9340, 21, zu § 127 Abs. 4.
[52] OLG Naumburg Beschl. v. 11.10.1999 – 10 Verg 1/99, NZBau 2000, 96; OLG Naumburg Beschl. v. 16.1.2003 – 1 Verg 10/02, ZfBR 2003, 293 = VergabeR 2003, 360.
[53] Abl. auch OLG Düsseldorf Beschl. v. 17.2.2016 – Verg 37/14, BeckRS 2016, 13665.

(3) Hat die Vergabekammer dem Antrag auf Nachprüfung durch Untersagung des Zuschlags stattgegeben, so unterbleibt dieser, solange nicht das Beschwerdegericht die Entscheidung der Vergabekammer nach § 176 oder § 178 aufhebt.

Schrifttum: *Erdmann,* Die Interessenabwägung im vergaberechtlichen Eilrechtsschutz gemäß §§ 115 Abs. 2, 118 Abs. 1 S. 3, VergabeR 2008, 908; *Opitz,* Das Eilverfahren, NZBau 2005, 213.

Übersicht

	Rn.		Rn.
I. Grundlagen	1	8. Rechtsschutz bei unterbliebener Information des öffentlichen Auftraggebers über den Nachprüfungsantrag	37
1. Vollzugshindernis	1	a) Beschwerde gegen die Untätigkeit der Vergabekammer	38
2. Suspensiveffekt	2	b) Beschwerde gegen die Sachentscheidung	39
3. Sofortige Beschwerde der Vergabestelle	3	c) Verlängerungsantrag entsprechend Abs. 1 S. 3	40
4. Teilnahmewettbewerb	5	III. Gerichtliches Verfahren bei Verlängerungsanträgen	41
5. Anordnungen der Vergabekammer	6	1. Entscheidung durch Beschluss	41
6. Beginn der aufschiebenden Wirkung	7	2. Ablauf der Zwei-Wochen-Frist gem. Abs. 1 S. 2	42
7. Ende der aufschiebenden Wirkung	9	3. Verfahrensgrundsätze	44
8. Vollstreckungsentscheidungen	10	IV. Maßstab der gerichtlichen Entscheidung	45
II. Verlängerung der aufschiebenden Wirkung	11	1. Entscheidungsmaßstab	45
1. Antragstellung	11	2. Prognose der Erfolgsaussichten, offene Hauptsachelage	50
2. Rechtsschutzbedürfnis	12	a) Voraussichtlich erfolglose Beschwerde	50
a) Pflicht zur Neubewertung der Angebote	13	b) Voraussichtlicher Erfolg der Beschwerde	51
b) Aufhebung der Ausschreibung	15	c) Maßstab für die Erfolgsprognose	53
c) Aufhebung der Aufhebung	16	d) Vorrang der Erfolgsprognose	54
d) Beendigung des Vergabeverfahrens	18	e) Prognose der Auftragschancen	56
e) Rechtsposition der Vergabestelle	19	f) Allgemeininteresse in der Abwägung	57
3. Anwendungsvoraussetzungen des Nachprüfungsverfahrens	20	g) Berücksichtigung besonderer Verteidigungs- und Sicherheitsinteressen	58
4. Voraussetzungen des Verlängerungsantrages	22	V. Entscheidung des Beschwerdegerichts über einen Verlängerungsantrag	63
a) Schriftform und Frist	23	VI. Schutz des Zuschlagsverbots (Abs. 3)	66
b) Nicht beendetes Vergabeverfahren	25	VII. Verfahrenskosten	71
c) Antragsziel	27		
d) Anwaltszwang und Antragsfrist	29		
e) Entscheidung des Vergabesenats	32		
5. Antrag des Beigeladenen	33		
6. Unzulässige Anträge nach Abs. 1 S. 3	34		
7. Zulässigkeit eines Abänderungsantrags	36		

I. Grundlagen

1. Vollzugshindernis. Die Regelung in Abs. 1 S. 1 führt in der Konstellation, dass der Nachprüfungsantrag eines Bieters bei der Vergabekammer erfolglos geblieben ist, dazu, dass der öffentliche Auftraggeber nach Einlegung der Beschwerde innerhalb der Zwei-Wochen-Frist (§ 172 Abs. 1) **keine „Folgerungen"** aus der – für ihn – obsiegenden Entscheidung der Vergabekammer ziehen darf, also – insbesondere – den Zuschlag nicht erteilen darf. Die Berechnung der Zwei-Wochen-Frist richtet sich nach § 187 Abs. 2 BGB. Die angegriffene Vergabeentscheidung darf während der Dauer der aufschiebenden Wirkung **weder umgesetzt noch in anderer Weise vollzogen werden.** Die Vergabestelle darf während der Dauer des Suspensiveffektes aus der Vergabeentscheidung keine tatsächlichen oder rechtlichen Schlussfolgerungen ziehen. Das Zuschlagsverbot gilt weiter, bis die aufschiebende Wirkung zwei Wochen nach Ablauf der Beschwerdefrist entfällt (Abs. 1 S. 2); das Gleiche gilt, wenn auf Antrag gem. Abs. 1 S. 3 die aufschiebende Wirkung der sofortigen Beschwerde verlängert wird (→ Rn. 11 ff.).

2 **2. Suspensiveffekt.** Die aufschiebende Wirkung suspendiert den als Verwaltungsakt (§ 168 Abs. 3 S. 1) ergehenden Beschluss der Vergabekammer. In § 173 wird das Verfahren der sofortigen Beschwerde, die einem Hauptsacherechtsschutz entspricht, durch Regelungen des vorläufigen Rechtsschutzes ergänzt. Das **Regelungssystem** entspricht strukturell weitgehend § 80 Abs. 5 VwGO, § 80a Abs. 3 VwGO, § 80b Abs. 2 VwGO. Die Auftragsbewerber werden unter den in § 173 normierten Voraussetzungen vor „vollendeten Tatsachen", also einer nicht mehr rücknehmbaren Zuschlagerteilung (vgl. § 168 Abs. 2 S. 1), geschützt. Dem (gegenläufigen) Interesse des Auftraggebers bzw. des Bestbieters an einer zeitnahen Zuschlagerteilung kann im Wege der (§ 169 Abs. 2 und) § 176 Geltung verschafft werden.

3 **3. Sofortige Beschwerde der Vergabestelle.** Hat der Nachprüfungsantrag bei der Vergabekammer Erfolg, würde der Suspensiveffekt einer sofortigen Beschwerde des Auftraggebers dazu führen, dass der Zuschlag erteilt werden kann. Davor schützt **Abs. 3** im Fall der Beschwerde der Vergabestelle; der Zuschlag darf also – weiterhin – nicht erteilt werden, es sei denn, das Beschwerdegericht gestattet dies gem. § 176 vorab oder es hebt – in der Sache – die Entscheidung der Vergabekammer auf (§ 178). Andere Anordnungen der Vergabekammer (etwa zur Wiederholung bestimmter Abschnitte des Vergabeverfahrens oder zum Ausschluss bestimmter Bieter) müssen infolge des Suspensiveffekts *vorläufig* nicht beachtet werden.

4 Die Regelungen sind vor dem Hintergrund der § 163 Abs. 2, § 169 Abs. 1 zu sehen: Ein Nachprüfungsantrag, der nicht offensichtlich unzulässig oder unbegründet ist, führt zur Information des öffentlichen Auftraggebers in Textform mit der Folge, dass ein **Zuschlagsverbot** gilt. Dieses dauert – zunächst – bis zum Ablauf der Beschwerdefrist gegen die Entscheidung der Vergabekammer fort. Ein zuvor erfolgender Zuschlag ist gem. § 134 BGB nichtig.[1] Die aufschiebende Wirkung nach § 173 sichert diese Regelungen.

5 **4. Teilnahmewettbewerb.** Die vorstehenden Grundsätze sind auf die Auswahlentscheidung nach einem Teilnahmewettbewerb entsprechend anzuwenden. Dem Zuschlagverbot entspricht hier das Verbot, mit den ausgewählten Bewerbern in einen Auftragswettbewerb im Rahmen eines nicht offenen oder eines Verhandlungsverfahrens einzutreten.

6 **5. Anordnungen der Vergabekammer.** Nach dem Wortlaut ist Abs. 1 auch anwendbar, wenn die Vergabekammer in ihrem Beschluss Anordnungen trifft, um „auf die Rechtmäßigkeit des Vergabeverfahrens" einzuwirken (§ 168 Abs. 1 S. 2). In diesem Fall kann der öffentliche Auftraggeber die sofortige Umsetzung dieser Anordnung durch Einlegung der sofortigen Beschwerde für zwei Wochen ab Ende der Beschwerdefrist suspendieren. Allerdings kann der Auftraggeber keinen Verlängerungsantrag nach Abs. 1 S. 3 stellen. Weiter ist er nach Abs. 3 an einer Zuschlagserteilung gehindert, wenn der Bieter Beschwerde einlegt. Der Auftraggeber wird demnach für „nur" zwei Wochen Zeitgewinn kaum sofortige Beschwerde einlegen. Denkbar ist das Motiv des Zeitgewinns, um eine Zuschlagsgestattung nach § 176 ohne Erfüllung der von der Vergabekammer angeordneten Maßnahmen zu erreichen (in der Praxis selten).

7 **6. Beginn der aufschiebenden Wirkung.** Die aufschiebende Wirkung beginnt mit **Einlegung** der sofortigen Beschwerde; sie wirkt auf den Zeitpunkt der Entscheidung der Vergabekammer zurück. Sie tritt nicht ein, wenn die Beschwerdefrist (§ 172 Abs. 1) versäumt wird. Dann kommt auch von vornherein kein Verlängerungsantrag nach Abs. 1 S. 3 in Betracht. Wird dem Beschwerdeführer wegen einer Versäumung der Beschwerdefrist **Wiedereinsetzung** in den vorigen Stand gewährt (§ 175 Abs. 2, § 72 Nr. 2 iVm § 233 ZPO), entsteht damit – verfahrensgestaltend – zugleich die aufschiebende Wirkung der Beschwerde. Diese wirkt auf den Zeitpunkt zurück, der durch Wiedereinsetzung erreicht wird und zu dem die sofortige Beschwerde als eingelegt gilt.[2] Dies gilt (nach nicht unumstrittener Auffassung) auch im materiellen Sinne in dem Sinne, dass ein zurzeit der Wiedereinsetzungsentscheidung bereits erteilter Zuschlag gem. § 134 BGB „rückwirkend" nichtig wird.

8 Die aufschiebende Wirkung einer fristgerechten sofortigen Beschwerde tritt unabhängig davon ein, ob die Beschwerde den Anforderungen des § 173 genügt oder ob sie (offensichtlich) unzulässig oder unbegründet ist. Der im Verwaltungsprozessrecht bestehende analoge Streit[3] bedarf vorliegend keiner Entscheidung, weil im Wege der Abs. 1 S. 3, Abs. 2 und § 176 schnell eine Klärung erreicht werden kann. Zur Situation bei unterbliebener Information des öffentlichen Auftraggebers über den Nachprüfungsantrag → Rn. 37 f.

---

[1] *Schnorbus* BauR 1999, 77 (80).
[2] BayObLGZ 2004, 229.
[3] S. dazu Bader/Funke-Kaiser/Stuhlfauth/v. Albedyll/*Funke-Kaiser*, 7. Aufl. 2018, VwGO § 80 Rn. 19 ff. mwN.

7. Ende der aufschiebenden Wirkung. Die aufschiebende Wirkung endet mit der **Rücknahme** des Nachprüfungsantrages oder der **Entscheidung** des Beschwerdegerichts, wenn das Beschwerdegericht vor Ablauf der Zwei-Wochen-Frist (Abs. 1 S. 2) in der Sache entscheidet. Das Zuschlagsverbot endet dann und ein ggf. gestellter Verlängerungsantrag nach Abs. 1 S. 3 erledigt sich.[4] In der Praxis wird der Fall häufiger sein, dass das Beschwerdegericht über einen Verlängerungsantrag nach Abs. 1 S. 3 erst nach Ablauf der Zwei-Wochen-Frist entscheidet. Gibt es dem Verlängerungsantrag statt, endet die aufschiebende Wirkung erst mit einer „gegenläufigen" (End-)Entscheidung über die sofortige Beschwerde. Der Beschluss nach Abs. 1 S. 3, Abs. 2, dient seinem Wesen nach dem einstweiligen Rechtsschutz und wird dann hinfällig.[5]

8. Vollstreckungsentscheidungen. In Bezug auf die Vollstreckung von Entscheidungen der Vergabekammer findet § 173 keine Anwendung. Insoweit gilt (Landes-)Verwaltungsvollstreckungsrecht; Rechtsbehelfe gegen Maßnahmen in der Verwaltungsvollstreckung haben keine aufschiebende Wirkung (zB § 8 S. 1 AGVwGO NRW). Der Beschwerdeführer kann beim Vergabesenat die Anordnung der aufschiebenden Wirkung seines Rechtsmittels beantragen.

II. Verlängerung der aufschiebenden Wirkung

1. Antragstellung. Da die aufschiebende Wirkung der sofortigen Beschwerde zwei Wochen nach Ablauf der Beschwerdefrist (*nicht* nach Eingang der Beschwerde!) endet, ist der im Verfahren vor der Vergabekammer Unterlegene in der Regel gehalten, eine **Verlängerung** zu erreichen, um einer dem erstrebten Rechtsschutz vereitelnden Zuschlagserteilung entgegenzuwirken. Dazu bedarf es eines entsprechenden Antrags, der zugleich mit der sofortigen Beschwerde gestellt werden kann.[6] Die – dem effektiven Primärrechtsschutz dienende – Verlängerung wird in der Regel von dem unterlegenen Antragsteller des Nachprüfungsantrages beantragt werden.[7]

2. Rechtsschutzbedürfnis. In Konstellationen, in denen mit einer Zuschlagserteilung nicht zu rechnen ist, fehlt für einen Antrag nach § 173 Abs. 1 S. 3 das Rechtsschutzbedürfnis.[8] Das ist in folgenden Fällen relevant:

a) Pflicht zur Neubewertung der Angebote. Verpflichtet die Vergabekammer den Auftraggeber zu einer Neubewertung der Angebote (auch des Beschwerdeführers),[9] muss die Vergabestelle nach Abschluss der erneuten Wertung eine Information nach § 134 erteilen.[10] Erfolgt gleichwohl eine Zuschlagerteilung, ist diese gem. § 135 Abs. 1 Nr. 1 unwirksam.[11] Der Bieter wird vor einer „vorzeitigen" Zuschlagserteilung durch das fortgeltende Zuschlagsverbot (§ 169 Abs. 1) und – weiter – durch die Nichtigkeitsfolge gem. § 135 Abs. 1 Nr. 1 geschützt. Das Ergebnis der erneuten Angebotswertung kann ggf. mit einem Nachprüfungsantrag angegriffen werden.[12]

Hat die Vergabekammer allerdings eine Angebotsneubewertung unter Ausschluss des Angebots eines Bieters beschlossen, kann der betroffene Bieter zugleich mit seiner Beschwerde auch (einstweiligen) Rechtsschutz analog Abs. 1 S. 3 erlangen.[13]

b) Aufhebung der Ausschreibung. Das Rechtsschutzbedürfnis für einen Antrag nach Abs. 1 S. 3 fehlt auch, wenn ein Bieter mit der sofortigen Beschwerde die Aufhebung der Ausschreibung

---

[4] BayObLG Beschl. v. 6.6.2002 – Verg 12/02, BeckRS 2002, 06148 = VergabeR 2003, 109.
[5] BayObLG Beschl. v. 28.5.2003 – Verg 6/03, BeckRS 2003, 07749 = VergabeR 2003, 675.
[6] Vgl. OLG Koblenz Beschl. v. 29.8.2003 – 1 Verg 7/03, VergabeR 2003, 699 (700); OLG Jena Beschl. v. 11.9.2002 – 6 Verg 5/02, VergabeR 2002, 104 (zu der Konstellation, dass die Vergabekammer die Nicht-Eignung des Beigeladenen festgestellt hatte; insoweit – zu Recht – anderer Ansicht: OLG Düsseldorf Beschl. v. 12.7.2004 – VII-Verg 39/04, NZBau 2004, 520).
[7] OLG Naumburg Beschl. v. 5.5.2004 – 1 Verg 7/04, OLGR 2004, 403.
[8] OLG München Beschl. v. 30.10.2019 – Verg 22/19, VergabeR 2020, 534; OLG Celle Beschl. v. 10.4.2007 – 13 Verg 5/07, NZBau 2007, 671; OLG Frankfurt a. M. Beschl. v. 6.8.2015 – 11 Verg 7/15, 11 Verg 8/15, NZBau 2015, 793.
[9] OLG Düsseldorf Beschl. v. 27.7.2006 – Verg 33/06, BeckRS 2007, 02777 (zur – fehlenden – Möglichkeit eines beigeladenen Bieters, im Wege eines Antrags nach Abs. 1 S. 3 eine Angebotsneubewertung unter Ausschluss seines Angebots anzugreifen).
[10] OLG Düsseldorf Beschl. v. 31.3.2004 – Verg 10/04, BeckRS 2016, 08661; s. dazu auch OLG Düsseldorf Beschl. v. 20.6.2017 – Verg 36/16, ZfBR 2017, 727.
[11] OLG Schleswig Beschl. v. 1.12.2005 – 6 Verg 9/05, VergabeR 2005, 13847; OLG München Beschl. v. 5.11.2007 – Verg 12/07, OLGR 2005, 672 = ZfBR 2008, 82 (zum fehlenden Rechtsschutzbedürfnis, wenn es absehbar noch nicht zu einem Zuschlag kommen kann).
[12] OLG Düsseldorf Beschl. v. 27.7.2006 – Verg 33/06, BeckRS 2007, 02777.
[13] OLG Naumburg Beschl. v. 5.2.2007 – 1 Verg 1/07, VergabeR 2007, 554; vgl. dazu auch OLG Düsseldorf Beschl. v. 27.7.2006 – Verg 33/06, BeckRS 2007, 02777.

angreift und die Vergabestelle das Vergabeverfahren ersichtlich nicht mehr weiter betreibt, weil keine Beschaffungsabsicht mehr besteht. Im Einzelfall ist dies allerdings kritisch zu prüfen.

16   c) **Aufhebung der Aufhebung.** Hat der öffentliche Auftraggeber die Ausschreibung aufgehoben, kann die Vergabekammer die Aufhebung aufheben und den Auftraggeber bei fortbestehender Beschaffungsabsicht zur Fortsetzung des Vergabeverfahrens verpflichten. Ein Antrag nach Abs. 1 S. 3 ist dann unzulässig, weil allein infolge der Aufhebung der Aufhebung keine Zuschlagerteilung „droht". Die Vergabestelle muss zunächst neue Angebote einfordern bzw. die Angebotswertung wiederholen; erst danach ist mit einem Zuschlag zu rechnen. Zuvor muss eine Mitteilung gem. § 134 Abs. 1 über die beabsichtigte Vergabeentscheidung erfolgen. Dann kann ggf. ein neuer Nachprüfungsantrag gestellt werden.[14]

17   Hat die Vergabekammer die Aufhebung der Ausschreibung angeordnet und besteht die Gefahr, dass die Vergabestelle den betreffenden Auftrag anschließend „freihändig" vergibt,[15] kann ein betroffener Auftragsbewerber *entsprechend* Abs. 1 S. 3 einer Auftragserteilung entgegenwirken. Damit kann ein unzureichender Schutz gem. § 173 Abs. 3 ergänzt werden. Der Antragsteller sollte ggf. Anhaltspunkte dafür darlegen, dass die Gefahr einer „freihändigen" Vergabe droht.

18   d) **Beendigung des Vergabeverfahrens.** Ist das **Vergabeverfahren** entweder durch wirksame Auftragserteilung (Zuschlag) oder durch wirksame und endgültige Aufhebung der Ausschreibung **beendet,** kann eine Verlängerung der aufschiebenden Wirkung der sofortigen Beschwerde mangels „Substrat" nicht mehr erfolgen; der Antrag gem. Abs. 1 S. 3 ist dann abzulehnen, weil kein Zuschlag mehr erteilt werden kann (vgl. § 168 Abs. 2 S. 1).[16] Dem Bieter bleibt im Beschwerdeverfahren nur noch die Möglichkeit, die Feststellung der Rechtswidrigkeit zu beantragen (§ 178 S. 3) und – außerhalb des Beschwerdeverfahrens – Schadensersatz zu verlangen; für beide Begehren bedarf es keines (einstweiligen) Rechtsschutzes nach Abs. 1 S. 3. Ein Antrag nach Abs. 1 S. 3 bleibt aber zulässig, wenn die Rechtswirksamkeit der Zuschlagerteilung streitig und Gegenstand des Beschwerdeverfahrens ist.[17]

19   e) **Rechtsposition der Vergabestelle.** Die Vergabestelle (Auftraggeber) kann keinen Antrag nach Abs. 1 S. 3 stellen.[18] Ihr „einstweiliger" Vergaberechtsschutz besteht in der Zwei-Wochen-Begrenzung nach Abs. 1 S. 2 sowie weitergehend in einem Antrag auf Zuschlagsgestattung nach § 176 Abs. 1 (vgl. zur entsprechenden Möglichkeit bei der Vergabekammer § 169 Abs. 2). Den Antrag nach § 176 Abs. 1 kann auch das Unternehmen stellen, das nach dem (bisherigen) Vergabeverfahren und der Mitteilung des Auftraggebers nach Abs. 1 den Zuschlag erhalten soll. Betrifft das Nachprüfungsverfahren die Feststellung der Unwirksamkeit eines Vertragsschlusses gem. § 135 Abs. 2, besteht kein Rechtsschutzinteresse des öffentlichen Auftraggebers für einen Antrag auf Gestattung des vorläufigen weiteren Vollzugs des (streitigen) Vertrages.[19]

20   **3. Anwendungsvoraussetzungen des Nachprüfungsverfahrens.** Ein Verlängerungsantrag ist – ebenso wie die sofortige Beschwerde – nur statthaft, wenn die allgemeinen Anwendungsvoraussetzungen des Nachprüfungsverfahrens vorliegen:

21   Der Streit muss einen öffentlichen Auftrag (§ 103) im Anwendungsbereich des GWB (§§ 107–109) betreffen, der von einem öffentlichen Auftraggeber (§ 98) oberhalb der Schwellenwerte (§ 106, § 2 VgV) vergeben werden soll. Das Vorliegen dieser Voraussetzungen ist in jeder Lage des Verfahrens von Amts wegen zu prüfen (→ § 175 Rn. 20).[20] Nur ganz ausnahmsweise können insoweit verbleibende Zweifel der Klärung im Beschwerdeverfahren vorbehalten bleiben.[21]

22   **4. Voraussetzungen des Verlängerungsantrages.** Der Verlängerungsantrag setzt voraus, dass die Vergabekammer den Nachprüfungsantrag ganz oder teilweise abgelehnt hat.[22] Im Falle einer stattgebenden Entscheidung der Vergabekammer wird die Fortdauer des Zuschlagsverbots durch

---

[14] OLG Schleswig Beschl. v. 1.12.2005 – 6 Verg 9/05, BeckRS 2005, 13847.
[15] OLG München Beschl. v. 24.5.2006 – Verg 12/06, VergabeR 2006, 948; s. auch *Weihrauch* IBR 2006, 1462.
[16] OLG Brandenburg Beschl. v. 9.4.2015 – Verg W 2/15, BeckRS 2016, 18136.
[17] OLG Jena Beschl. v. 14.2.2005 – 9 Verg 1/05, VergabeR 2005, 521; BayObLG Beschl. v. 14.2.2000 – Verg 2/00, NZBau 2000, 261.
[18] OLG Stuttgart Beschl. v. 28.6.2001 – 2 Verg 2/01, VergabeR 2001, 451.
[19] OLG Naumburg Beschl. v. 7.1.2014 – 2 Verg 1/14, VergabeR 2014, 491.
[20] OLG Schleswig Beschl. v. 28.6.2004 – 1 Verg 5/04, ZfBR 2004, 620 (Ls.).
[21] OLG Naumburg Beschl. v. 19.10.2000 – 1 Verg 9/00, VergabeR 2001, 134: Entscheidend sei allein, dass der Antragsteller die Anwendbarkeit der §§ 97 ff. behaupte.
[22] OLG Düsseldorf Beschl. v. 12.7.2004 – VII-Verg 39/04, NZBau 2004, 520; OLG Naumburg Beschl. v. 16.1.2003 – 1 Verg 10/02, ZfBR 2003, 293.

§ 173 Abs. 3 bewirkt (→ Rn. 66); die Vergabestelle oder der sog. Bestbieter können demgegenüber nur einen Antrag nach § 176 stellen.

a) Schriftform und Frist. Der Verlängerungsantrag nach Abs. 1 S. 3 muss 23
– schriftlich und
– innerhalb der Zwei-Wochen-Frist (§ 172 Abs. 1)
gestellt werden. Eine besondere Begründung des Antrags wird vom Gesetz nicht gefordert; der Antragsteller kann auf die nach § 172 Abs. 2 gebotene Beschwerdebegründung Bezug nehmen. Ergänzend sollte er aber zur Abwägung der Interessen iSd Abs. 2 S. 2–4 Stellung nehmen.

Ist die Zwei-Wochen-Frist zur Stellung des Verlängerungsantrags versäumt worden, ist eine 24 Wiedereinsetzung in den vorigen Stand nicht möglich. Zwar verweist § 175 Abs. 2 auch auf § 233 ZPO, doch ist die Frist nach § 173 Abs. 1 S. 2 keine Notfrist (§ 224 Abs. 1 S. 2 ZPO), die durch eine Wiedereinsetzung noch erreicht werden kann.[23] Zur Fristgebundenheit weiter → Rn. 29.

b) Nicht beendetes Vergabeverfahren. Das Vergabeverfahren darf noch nicht durch wirksame 25 Auftragserteilung (Zuschlag) oder wirksame Aufhebung der Ausschreibung beendet worden sein. Ist dies der Fall, ist der Verlängerungsantrag unzulässig. Wird allerdings über die Wirksamkeit des Zuschlags gestritten, ohne dass im Eilverfahren insoweit keine endgültige Klärung möglich ist, ist der Verlängerungsantrag zulässig.

Eine **endgültige Aufhebung** der Ausschreibung führt zur Unzulässigkeit des Eilantrages. Hier 26 gilt aber eine ähnliche Überlegung wie beim Streit über die Wirksamkeit eines Zuschlags: Besteht die begründete Befürchtung, dass die Vergabestelle das „aufgehobene" Verfahren (doch) noch fortführt, kann ein Bieter weiter – auch vorläufigen – Rechtsschutz beanspruchen.

c) Antragsziel. Der Verlängerungsantrag ist nicht „automatisch" mit der Einlegung der sofortigen 27 Beschwerde verbunden; der Antrag nach Abs. 1 S. 3 muss ausdrücklich gestellt werden. Zulässiges Antragsziel ist die Verlängerung der aufschiebenden Wirkung der sofortigen Beschwerde.

Gegen Anordnungen der Vergabekammer, die darauf gerichtet sind, „eine Rechtsverletzung zu 28 beseitigen" (§ 168 Abs. 1), ist ein Antrag nach § 173 Abs. 1 S. 3 nicht statthaft. Das Gleiche gilt in Bezug auf Kosten- oder Kostenfestsetzungsbeschlüsse der Vergabekammer.[24]

d) Anwaltszwang und Antragsfrist. Der Verlängerungsantrag muss vor Ablauf von zwei 29 Wochen nach Ablauf der Beschwerdefrist durch einen Anwalt (§ 175 Abs. 1) beim Beschwerdegericht eingehen. Der Antrag kann (und sollte zweckmäßigerweise) zusammen mit der sofortigen Beschwerde gestellt werden. Ist die Zwei-Wochen-Frist abgelaufen, kann die aufschiebende Wirkung der Beschwerde nicht mehr „verlängert" werden.

Den Zeitraum bis zwei Wochen nach Ablauf der Beschwerdefrist kann der Antragsteller, wie 30 jede Frist, ausschöpfen. Ein späterer Verlängerungsantrag ist auch dann unzulässig, wenn der öffentliche Auftraggeber den Zuschlag bis dahin noch nicht erteilt hat.[25] Etwas anderes gilt (aber), wenn und solange die Vergabestelle nach Ablauf der Frist des Abs. 1 S. 2 auf die Erteilung des Zuschlags verzichtet.[26]

Ein Verlängerungsantrag kann auch noch außerhalb der Zwei-Wochen-Frist gestellt werden, 31 wenn der Bieter während der Beschwerdefrist objektiv gehindert war, einen Antrag nach Abs. 1 S. 3 zu stellen.[27] Das ist etwa der Fall, wenn die Vergabestelle zunächst erklärt, mit der Zuschlagserteilung bis zur Beschwerdeentscheidung zu warten, und später – nach Ablauf der Frist des Abs. 1 S. 2 – von dieser Erklärung wieder abrückt. Das Gleiche gilt, wenn zunächst ein Zuschlag der Vergabestelle nicht „droht", dies aber später anders ist; in diesen Fällen kann der Antrag nach Abs. 1 S. 3 nachträglich zulässig werden.[28]

e) Entscheidung des Vergabesenats. Die Entscheidung des Vergabesenats über den Verlängerungsantrag 32 kann auch noch nach Ablauf der Zwei-Wochen-Frist ergehen.[29] In der Praxis wird die

---

[23] BayObLG Beschl. v. 10.9.2004 – Verg 19/04, VergabeR 2005, 143.
[24] OLG Rostock Beschl. v. 17.5.2000 – 17 W 7/00, NZBau 2001, 464.
[25] OLG Düsseldorf Beschl. v. 6.11.2000 – Verg 20/00, VergabeR 2001, 162.
[26] OLG Koblenz Beschl. v. 6.11.2008 – 1 Verg 3/08, ZfBR 2009, 93.
[27] OLG Düsseldorf Beschl. v. 6.11.2000 – Verg 20/00, VergabeR 2001, 162.
[28] OLG München Beschl. v. 30.10.2019 – Verg 22/19, BeckRS 2019, 31784; OLG Düsseldorf Beschl. v. 26.9.2018 – Verg 50/18, ZfBR 2019, 296; OLG Frankfurt a. M. Beschl. v. 24.8.2017 – 11 Verg 12/17, NZBau 2018, 253. Vgl. auch KG Beschl. v. 4.12.2015 – Verg 8/15, BeckRS 2016, 02289 (Rn. 22 [obiter dictum]) – allerdings will das KG den Antrag nach Abs. 1 S. 3 – entgegen der ganz hM – generell auch nach Ende der aufschiebenden Wirkung der sofortigen Beschwerde zulassen; ebenso KG Beschl. v. 27.5.2019 – Verg 4/19, NZBau 2020, 270.
[29] OLG Stuttgart Beschl. v. 11.7.2000 – 2 Verg 5/00, NZBau 2001, 462 (Ls. 2).

Vergabestelle – uU auf entsprechende gerichtliche Anfrage – schriftlich zusichern, dass sie bis zur Entscheidung des Beschwerdegerichts über den Antrag nach Abs. 1 S. 3 von einer Auftrags- bzw. Zuschlagserteilung absehen wird. Bleibt eine solche „Stillhalteerklärung" aus oder wird sie nur für bis zu einem bestimmten Zeitpunkt befristet, kann das Beschwerdegericht den Suspensiveffekt der sofortigen Beschwerde vorläufig bis zur Entscheidung über den Antrag nach Abs. 1 S. 3 verlängern („Hängebeschluss"[30]), um den Zeitbedarf für eine hinreichende Prüfung des Antrags zu sichern. Im Interesse eines effektiven Bieterrechtsschutzes ist ein solcher „Hängebeschluss" uU sogar geboten, wenn eine „Stillhalteerklärung" der Vergabestelle ausbleibt oder nur mit einer im Einzelfall unangemessen kurzen Frist erklärt wird.

33 **5. Antrag des Beigeladenen.** In Abs. 1 S. 3 ist – ausdrücklich – nur ein Verlängerungsantrag des Beschwerdeführers vorgesehen. Will ein – im Verfahren der Vergabekammer – Beigeladener den Antrag stellen, kann er dies nur, wenn er **selbst sofortige Beschwerde** gegen den Beschluss der Vergabekammer erhebt. Allerdings ist ein Verlängerungsantrag des Beigeladenen unzulässig, weil auch in diesem Fall Abs. 3 gilt.[31] In der Konstellation, dass die Vergabekammer Anordnungen zu den Ausschreibungsbedingungen getroffen hat, um auf die Rechtmäßigkeit des Vergabeverfahrens einzuwirken (§ 168 Abs. 1 S. 2), ist allerdings ein Verlängerungsantrag des (beschwerdeführenden) Beigeladenen unzulässig, weil ein Zuschlag auf das Angebot eines bestimmten Konkurrenten nicht bevorsteht. Die Vergabestelle muss in dieser Konstellation die Anordnungen der Vergabekammer umsetzen und sodann eine neue Information nach § 134 Abs. 1 veranlassen.

34 **6. Unzulässige Anträge nach Abs. 1 S. 3.** Der Antrag nach Abs. 1 S. 3 ist nur auf die Verlängerung der aufschiebenden Wirkung der sofortigen Beschwerde gerichtet. Andere Antragsinhalte (zB auf Einbeziehung eines Angebots in die Wertung, auf „vorläufigen" Ausschluss eines anderen Bieters oder auf Fortsetzung des Vergabeverfahrens nach einer unwirksamen „de-facto-Vergabe") sind unstatthaft. Ist die Rechtswirksamkeit einer bereits erfolgten Auftrags- oder Zuschlagserteilung streitig, ist zunächst über die Wirksamkeit des Vertragsschlusses zu entscheiden (vgl. § 135 Abs. 2). Die – für einen Antrag nach Abs. 1 S. 3 relevante – Frage einer Zuschlagserteilung stellt sich nur, wenn eine solche *nach* Feststellung der Unwirksamkeit aus bestimmten Gründen droht.

35 Eine **analoge Anwendung** des Abs. 1 S. 3 auf Fälle einer sog. Direktvergabe ist **abzulehnen**. Die Frage, ob ein Vertrag wegen Verstoßes gegen § 134 Abs. 1 oder wegen einer unterbliebenen Vergabebekanntmachung unwirksam ist (§ 135 Abs. 1), kann nicht einer vorläufigen Regelung – im Zusammenhang mit der aufschiebenden Wirkung einer sofortigen Beschwerde – zugeführt werden.[32]

36 **7. Zulässigkeit eines Abänderungsantrags.** Nach Ablehnung eines Antrages nach Abs. 1 S. 3 kann bei veränderter Sachlage (zB nach Akteneinsicht im Beschwerdeverfahren oder anderweitigem Bekanntwerden neuer Tatsachen) ein Abänderungsantrag gestellt werden. Dieser ist analog §§ 936, 927 Abs. 1 ZPO, § 80 Abs. 7 VwGO zulässig, es sei denn, ein Zuschlag ist bereits erteilt worden (vgl. § 168 Abs. 2 S. 1).

37 **8. Rechtsschutz bei unterbliebener Information des öffentlichen Auftraggebers über den Nachprüfungsantrag.** Die Vergabekammer kann bei offensichtlicher Unzulässigkeit oder offensichtlicher Unbegründetheit des Nachprüfungsantrages davon absehen, den öffentlichen Auftraggeber über den Nachprüfungsantrag in Textform zu informieren. Das führt zu der Rechtsfolge, dass kein Zuschlagsverbot begründet wird (§ 163 Abs. 2 S. 3, § 169 Abs. 1). Effektiver Rechtsschutz des betroffenen Bieters bzw. Nachprüfungsantragstellers dagegen ist auf folgenden Wegen möglich:

38 **a) Beschwerde gegen die Untätigkeit der Vergabekammer.** Entscheidet die Vergabekammer (abschließend) durch Beschluss dahingehend, über den Nachprüfungsantrag keine Information in Textform zu erteilen, kann der Bieter dagegen sofortige Beschwerde erheben *und* einen Antrag nach Abs. 1 S. 3 stellen. Der Vergabesenat hat dann – falls keine offensichtliche Unzulässigkeit oder Unbegründetheit vorliegt – zur (einstweiligen) Sicherung der Rechte des Bieters die **Zuschlagssperre selbst herbeiführen**, indem er die Information über den Nachprüfungsantrag deklaratorisch veranlasst.[33] Das Beschwerdegericht prüft insoweit – zunächst – allein, ob die rechtzeitig (§ 160 Abs. 3) gerügten Vergabeverstöße hinreichende Anhaltspunkte dafür ergeben, dass der Nachprüfungsantrag (iSd § 163 Abs. 2) „offensichtlich" unzulässig oder unbegründet ist. Dafür gilt ein strenger Maßstab. Ist dies nicht der Fall, muss der betroffene Bieter so gestellt werden, wie er im Falle

---

[30] Vgl. OLG Düsseldorf Beschl. v. 30.4.2008 – Verg 23/08, NZBau 2008, 461.
[31] Vgl. OLG München Beschl. v. 17.5.2005 – Verg 9/05, OLGR 2005, 672.
[32] OLG Brandenburg Beschl. v. 9.4.2015 – Verg W 2/15, BeckRS 2016, 18136 Rn. 27 f.
[33] OLG Schleswig Beschl. v. 25.10.2007 – 1 Verg 7/07, IBR 2008, 1048; BayObLG Beschl. v. 9.9.2004 – Verg 18/04, VergabeR 2005, 126; OLG Koblenz Beschl. v. 25.3.2002 – 1 Verg 1/02, VergabeR 2002, 384; KG Beschl. v. 26.10.1999 – Kart Verg 8/99, NZBau 2000, 262.

der Information iSd § 169 Abs. 1 durch die Kammer gestanden hätte. Die (deklaratorische) Information durch das Beschwerdegericht schützt den betroffenen Bieter dann wirksam und rasch vor einer anderweitigen Zuschlagerteilung.

b) Beschwerde gegen die Sachentscheidung. Sofern die Vergabekammer nicht „förmlich" durch Beschluss, sondern durch faktische Handhabung zu erkennen gibt, dass sie keine Information über den Nachprüfungsantrag in Textform zu erteilen gedenkt, soll es dem (davon betroffenen) Bieter „zuzumuten" sein, „die – nach den gesetzlichen Vorschriften zügig zu treffende – Entscheidung der Vergabekammer in der Sache abzuwarten und gegen die dann ergehende Sachentscheidung vorzugehen".[34] Dies erscheint bedenklich. Effektiver Primärrechtsschutz kann so faktisch vereitelt werden, denn die betroffenen Bieter laufen Gefahr, durch eine Zuschlagserteilung mit vollendeten Tatsachen konfrontiert zu werden. Ratsam erscheint es, bei Ausbleiben der Textinformation zeitnah eine **Untätigkeitsbeschwerde** (mit dem Ziel der Erteilung der Textinformation) und einen Antrag auf **Erlass einer Sicherungsverfügung** mit dem Inhalt eines Zuschlagverbotes zu beantragen. Insoweit ist der Rechtsgedanke in § 80 Abs. 5 S. 2 VwGO fruchtbar.

c) Verlängerungsantrag entsprechend Abs. 1 S. 3. Nach Übermittlung einer Textinformation verbleibt Entscheidungsbedarf zu der Frage, ob die (bereits anhängige) Beschwerde über die in Abs. 1 S. 2 bestimmte Frist hinaus aufschiebende Wirkung entfaltet. Die Zwei-Wochen-Frist gem. Abs. 1 S. 2 beginnt in dieser Konstellation mit der nachträglichen Textinformation. Diese löst das Zuschlagsverbot (§ 169 Abs. 1) aus, dessen Fortdauer durch eine Verlängerung der aufschiebenden Wirkung der sofortigen Beschwerde bewirkt wird.

III. Gerichtliches Verfahren bei Verlängerungsanträgen

1. Entscheidung durch Beschluss. Das Beschwerdegericht entscheidet in aller Regel über den Antrag nach Abs. 1 S. 3 ohne mündliche Verhandlung durch Beschluss. Da nicht „über die Beschwerde" entschieden wird, ist dies gem. § 175 Abs. 2, § 65 Abs. 1 im schriftlichen Verfahren zulässig. Im Ausnahmefall kann aber eine mündliche Erörterung durchgeführt werden; in der Praxis wird stattdessen häufig eine frühzeitige mündliche Verhandlung über die sofortige Beschwerde anberaumt.

2. Ablauf der Zwei-Wochen-Frist gem. Abs. 1 S. 2. Eine „Verlängerung" der aufschiebenden Wirkung der sofortigen Beschwerde liegt bei wörtlichem Verständnis nur vor, wenn die Entscheidung innerhalb der Zwei-Wochen-Frist des Abs. 1 S. 2 ergeht. Eine später ergehende Entscheidung des Beschwerdegerichts kann aber die aufschiebende Wirkung ebenfalls „verlängern", denn sie knüpft **rückwirkend** an den Eingang der sofortigen Beschwerde *und* des Antrags nach Abs. 1 S. 3 innerhalb der Zwei-Wochen-Frist an. Diese Rückwirkung entspricht allgemeinen verwaltungsverfahrens- und -prozessrechtlichen Grundsätzen.[35] Das GWB enthält keine Zeitvorgabe für die gerichtliche Entscheidung über den Verlängerungsantrag. Insbesondere ist die Entscheidung nicht innerhalb der Zwei-Wochen-Frist gem. Abs. 1 S. 2 vorgeschrieben. Das OLG kann deshalb verfahrensrechtlich über den Verlängerungsantrag auch noch nach Ablauf dieser Frist entscheiden.[36]

Der **„Zwischenzeitraum"** zwischen Ablauf der Zwei-Wochen-Frist und (späterer) Entscheidung des Beschwerdegerichts über den Verlängerungsantrag kann dadurch überbrückt werden, dass die Vergabestelle umgehend mitteilt, ob sie bis zur Entscheidung über den Antrag nach Abs. 1 S. 3 von einer Zuschlagerteilung Abstand nimmt (sog. **„Stillhalteerklärung"**).[37] Bleibt eine solche Erklärung aus, kann das Beschwerdegericht einen sog. **„Hängebeschluss"**[38] analog § 570 Abs. 3 ZPO für die Dauer des Verfahrens über den Verlängerungsantrag erlassen. Ein solcher Beschluss kann von den Beteiligten ausdrücklich beantragt werden und sollte vor Ablauf der Zwei-Wochen-Frist ergehen, sofern die schriftliche „Stillhalteerklärung" ausbleibt. Der Beschluss sichert zugleich den Anspruch der Beteiligten auf rechtliches Gehör zum Verlängerungsantrag. Der „Hängebeschluss" kann dem Rechtsgedanken des § 80 Abs. 8 VwGO entsprechend in dringenden Fällen durch den Vorsitzenden erfolgen.

3. Verfahrensgrundsätze. Für das Verfahren nach Abs. 1 S. 3 gelten im Übrigen die allgemeinen Verfahrensgrundsätze nach § 175. Eine Anhörung der jeweiligen Gegenseite ist allerdings geboten; sie kann aber im Hinblick auf den Eilbedarf innerhalb knapper Fristen und auch in telefonischer

---

[34] So KG Beschl. v. 29.3.2007 – 2 Verg 6/07 VergabeR 2007, 551 mAnm *Grams* VergabeR 2007, 551, sowie KGR 2005, 597; OLG Dresden Beschl. v. 4.7.2002 – WVerg 11/02, VergabeR 2002, 544.
[35] Vgl. Bader/Funke-Kaiser/Stuhlfauth/v. Albedyll/*Funke-Kaiser*, 7. Aufl. 2018, VwGO § 80 Rn. 113.
[36] OLG Stuttgart Beschl. v. 11.7.2000 – 2 Verg 5/00, NZBau 2001, 462 (Ls. 2).
[37] Dies entspricht einer vergleichbaren Praxis der Verwaltungsgerichte in Verfahren nach § 80 Abs. 5 VwGO.
[38] Vgl. OLG Düsseldorf Beschl. v. 30.4.2008 – Verg 23/08, NZBau 2008, 461.

Form erfolgen. Das Gericht ist lediglich zu einer „summarischen" Prüfung von (Tatsachen-)Fragen verpflichtet; es hat bei „offener" Hauptsachelage eine Interessenabwägung am Maßstab des Abs. 2 S. 1–3 vorzunehmen (→ Rn. 48 und 50 ff.). Der Untersuchungsgrundsatz (§ 175 Abs. 2, § 75) gilt nur eingeschränkt; die Beteiligten sind hier „gesteigert" mitwirkungspflichtig. Sofern es auf Beweisfragen ankommt, beschränkt sich die Prüfung in der Regel auf „vorliegende oder binnen kürzester Zeit verfügbare Beweismittel";[39] im Übrigen wird die Klärung von Beweisfragen dem Hauptsacheverfahren zuzuweisen sein.

IV. Maßstab der gerichtlichen Entscheidung

45 **1. Entscheidungsmaßstab.** Durch die GWB-Reform 2009 ist der Entscheidungsmaßstab für einen Verlängerungsantrag durch eine Neufassung des Abs. 2 modifiziert worden; eine weitere Änderung ist durch das Gesetz v. 25.3.2020 (BGBl. 2020 I 674) erfolgt, durch das der bisherige Abs. 2 S. 3 zu S. 4 modifiziert und ein neuer S. 3 mit einer Vorrangregelung besonderer Verteidigungs- und Sicherheitsinteressen eingefügt worden ist. Die Maßstäbe in Abs. 2 entsprechen weitgehend denjenigen in § 169 Abs. 2; es war erklärtes Ziel des Gesetzgebers, die Entscheidung über die Verlängerung der aufschiebenden Wirkung an diejenigen der vorzeitigen Gestattung eines Zuschlags gem. § 169 Abs. 2 anzupassen.[40] Beabsichtigt ist auch eine gesetzliche Verschärfung des Prüfungsmaßstabes zulasten der Individualinteressen einzelner Bieter und zugunsten einer Beschleunigung der Zuschlagsentscheidung im Vergabeverfahren.

46 Die Rechtsmittelrichtlinie 2007/66/EG enthält nur in Art. 2 Abs. 5 eine (vage) Vorgabe für die in Abs. 2 getroffene Regelung. Der Gesetzeswortlaut ist nach wie vor als missglückt anzusehen. Es bleibt unklar, welche „Vorteile" erfasst werden sollen, die den „nachteiligen Folgen einer verzögerten Vergabe" gegenüber gestellt werden sollen. Als „Vorteile" müssen auch die Rechtsposition des Bieters und das Interesse der Allgemeinheit an einem wirksamen Vergabewettbewerb anerkannt werden. Die weiteren Entscheidungs-/Abwägungsvorgaben zum Allgemeininteresse an einer wirtschaftlichen Aufgabenerfüllung und an einem „raschen Abschluss des Vergabeverfahrens" sind ebenfalls unklar; sie müssen, wenn sie rational nachvollziehbar sein sollen, jeweils einzelfallbezogen konkretisiert werden. Ein Allgemeininteresse betrifft auch die rechtmäßige Vergabe, die sowohl wettbewerbsgerecht als auch wirtschaftlich ist. Die summarische „Freigabe" einer Vergabe, die im Sekundärrechtsschutz zu erheblichen Schadensersatzrisiken führen kann, dürfte einer wirtschaftlichen Aufgabenerfüllung kaum dienlich sein. In den Sonderfällen der Vergabe sicherheitsrelevanter Aufträge iSd § 117 Nr. 1–3, § 150 Nr. 1 oder Nr. 6 können spezifische Allgemeininteressen greifen.

47 Im Hinblick auf den europarechtlich geforderten **effektiven Primärrechtsschutz** müssen bei der Entscheidung des Beschwerdegerichts zu Abs. 1 S. 3, Abs. 2 die Erfolgsaussichten der sofortigen Beschwerde auch im Hinblick auf die Beschleunigungsziele, die mit den „nachteiligen Folgen einer verzögerten Vergabe" und dem „Allgemeininteresse an einem raschen Abschluss des Vergabeverfahrens" angesprochen werden, eine vorrangige Bedeutung behalten. Die frühere „zweistufige"[41] Struktur der Norm ist unter Berücksichtigung der gesetzlichen Neuregelung in ein dreistufiges Entscheidungsprogramm erweitert worden:

48 – Vorrangig („an erster Stelle"[42]) sind die Erfolgsaussichten der sofortigen Beschwerde zu beurteilen (Abs. 2 S. 4 Alt. 1), wobei es auf den Sach- und Streitstand im Zeitpunkt der gerichtlichen Entscheidung ankommt.
– Die Erfolgsaussichten sind – erweitert – zu beurteilen im Hinblick auf die Aussichten des Antragstellers, im Vergabeverfahren den Auftrag zu erhalten (Abs. 2 S. 4 Alt. 2); es kommt also nicht nur auf die „isolierte" Erfolgsprognose der Beschwerde, sondern auf eine darüber hinausgehende Prognose der Auftragschancen an.
– Lassen sich weder die Erfolgsaussichten noch die Auftragschancen hinreichend klar beurteilen, ist nach Abs. 2 S. 2, S. 3 und S. 4 Alt. 3 eine Interessenabwägung vorzunehmen, die das Allgemeininteresse an
  – einer wirtschaftlichen Erfüllung der Aufgabe des Auftraggebers,
  – einem raschen Abschluss des Vergabeverfahrens,
sowie bei verteidigungs- oder sicherheitsspezifischen Aufträgen iSd § 104 zusätzlich besondere Verteidigungs- und Sicherheitsinteressen unter Beachtung der Regelbeispiele des Abs. 2 S. 3 berücksichtigt.

---

[39] BayObLG Beschl. v. 23.11.2000 – Verg 12/00, BeckRS 2000, 10248.
[40] BT-Drs. 16/10117, 24 f.
[41] OLG Düsseldorf Beschl. v. 24.5.2005 – VII-Verg 28/05, NZBau 2005, 710.
[42] OLG Düsseldorf Beschl. v. 9.4.2014 – VII-Verg 8/14, BeckRS 2014, 08974.

Das oben genannte (→ Rn. 48) Entscheidungsprogramm ist im Rahmen einer (summarischen) **49** Überprüfung abzuarbeiten. Dabei ist zwischen Tatsachen- und Rechtsfragen zu unterscheiden. Grundsätzlich sind nur solche Tatsachen zu berücksichtigen, die bis zur Textinformation nach § 134 Abs. 1 bekannt waren. Das Beschwerdegericht kann an die tatsächlichen Feststellungen der Vergabekammer anknüpfen. Entscheidungen der Vergabestelle, die Prognoseelemente enthalten (insbesondere zu Eignungsmerkmalen), sind summarisch im Hinblick auf die Vertretbarkeit der Prognosegrundlagen zu überprüfen. Die Prüfung darf sich auf vorliegende oder binnen kürzester Zeit verfügbare Beweismittel beschränken. Bei Rechtsfragen wird in der Regel das zur Zeit der gerichtlichen Entscheidung geltende Recht zugrunde gelegt;[43] bei Rechtsänderungen ist ggf. zu prüfen, ob der Streit sich dadurch erledigt.

2. Prognose der Erfolgsaussichten, offene Hauptsachelage. a) Voraussichtlich erfolg- 50 lose Beschwerde. Ergibt die Prüfung, dass die sofortige Beschwerde voraussichtlich unzulässig oder unbegründet ist, ist der Verlängerungsantrag aus diesem Grund abzulehnen, ohne dass es noch einer Interessenabwägung nach Abs. 2 S. 2, 3 und S. 4 (Alt. 3) bedarf.[44] Dies ist (zB) der Fall, wenn ein Bieter die nach den Ausschreibungsunterlagen eindeutig geforderten Nachweise seiner fachlichen Eignung nicht erbracht hat.[45] In solchen Fällen überwiegt das Interesse des Antragsgegners an einem raschen Abschluss des Vergabeverfahrens.[46] Eine andere Entscheidung kann – in besonderen Fällen – nur in Betracht kommen, wenn die Vergabestelle im Interesse einer „Heilung" des Vergabeverfahrens in zulässiger, insbesondere diskriminierungsfreier Weise bestimmte Anforderungen gegenüber allen Bietern fallen lässt.

b) Voraussichtlicher Erfolg der Beschwerde. Ergibt die summarische Tatsachenprüfung **51** und die rechtliche Beurteilung, dass die sofortige Beschwerde voraussichtlich zulässig und auch begründet sein wird, ist es in der Regel geboten, ihre aufschiebende Wirkung über den in Abs. 1 S. 2 genannten Zeitpunkt hinaus zu verlängern.[47] Dies gilt auch dann, wenn die Verzögerung der Auftragsvergabe zu erheblichen Mehrkosten führt. Bei einer erfolgversprechenden Beschwerde wird eine Verlängerung der aufschiebenden Wirkung nur ganz ausnahmsweise abzulehnen sein. Einem effektiven Primärrechtsschutz kommt Vorrang vor den vom Auftraggeber geltend gemachten wirtschaftlichen Belangen zu. Die Position eines (beigeladenen) Mitbewerbers ist nicht schutzwürdiger als die des Antragstellers.

Soweit die Beschwerde nur für einen (abtrennbaren) Teil der angegriffenen Vergabeentscheidung **52** (zB eines von mehreren zu vergebenden Losen) erfolgversprechend ist, ist die Entscheidung nach Abs. 1 S. 3 auf diesen Teil zu beschränken.[48] Die gegenläufigen – und konkret belegten – Interessen der Vergabestelle oder eines anderen Beteiligten müssten in diesem Fall von besonders starkem Gewicht sein, weil die „Freigabe" des Zuschlags für den betroffenen Bieter zum Verlust des vergaberechtlichen Primärrechtsschutzes führt.[49]

c) Maßstab für die Erfolgsprognose. Die früher angewandten Maßstäbe für die Beurteilung **53** der Erfolgsaussichten der sofortigen Beschwerde im Verfahren nach Abs. 1 S. 3 bewegten sich zwischen der „Maximalposition" (Stattgabe des Antrags nach Abs. 1 S. 3, wenn die Erfolgsaussichten der sofortigen Beschwerde „überwiegen"[50]), einer „Mittelposition" (Stattgabe, wenn die sofortige Beschwerde weder „offensichtlich" unzulässig noch „offensichtlich" unbegründet ist[51]) und der „Minimalposition" (Stattgabe schon, wenn „offene Erfolgsaussichten" festzustellen sind[52]). Nach der gesetzlichen Neufassung des Abs. 2 wird keine besondere Qualifikation der Erfolgsaussichten (als „überwiegend", „wahrscheinlich" oÄ) gefordert. Die Norm will *vorläufigen* Rechtsschutz regeln; das spricht dafür, die „Schwelle" für eine Zuschlagsfreigabe nicht so weit abzusenken, dass damit eine Vorwegnahme der Hauptsache bewirkt wird. Im Verwaltungsprozess (§ 80 Abs. 5 VwGO) werden „hinreichende" Erfolgsaussichten angenommen, wenn der **Erfolg ebenso**

---

[43] Wilke NZBau 2005, 380 ff.
[44] OLG Naumburg Beschl. v. 18.7.2005 – 1 Verg 5/05, BeckRS 2005, 08475; OLG Düsseldorf Beschl. v. 17.2.2014 – VII-Verg 2/14, NZBau 2014, 716.
[45] OLG Düsseldorf Beschl. v. 25.11.2002 – Verg 56/02, BeckRS 2004, 12170.
[46] BayObLG Beschl. v. 9.4.2021 – Verg 3/21, BeckRS 2021, 9135; OLG München Beschl. v. 19.3.2019 – Verg 3/19, NZBau 2019, 670; OLG Düsseldorf Beschl. v. 3.8.2018 – VII-Verg 30/18, BeckRS 2018, 35115.
[47] OLG Jena Beschl. v. 22.11.2000 – 6 Verg 8/00, VergabeR 2001, 52.
[48] Vgl. OLG Düsseldorf Beschl. v. 22.2.2000 – Verg 5/00, IBRRS 2003, 0945 (I. 2. b).
[49] OLG Stuttgart Beschl. v. 9.8.2001 – 2 Verg 3/01, NZBau 2002, 292 (294).
[50] KG Beschl. v. 10.12.2002 – KartVerg 16/02, VergabeR 2003, 181.
[51] OLG Koblenz Beschl. v. 16.12.1999 – 1 Verg 1/99, IBRRS 2002, 2118.
[52] OLG Frankfurt a. M. Vorlagebeschl. v. 6.3.2006 – 11 Verg 11 u. 12/05, NJOZ 2006, 4286.

wahrscheinlich ist wie deren Misserfolg.[53] Das ist auch im Bereich des Abs. 2 sachgerecht. Tendenziell (noch) weiter gehend solle eine Verlängerungsentscheidung ergehen, wenn „eine summarische Prüfung der Sach- und Rechtslage" nicht erkennen lässt, dass die Beschwerde nur geringe Erfolgsaussichten hat[54] oder wenn die geltend gemachten Vergaberechtsverstöße nicht einfach zu beantwortende, komplexe Fragen aufwerfen, die einer differenzierten Betrachtung und eingehenden Prüfung bedürfen.[55] Wichtiger als diese – in der Praxis schwer einzuschätzenden – Fragen ist aber, in welchem Verhältnis die Prüfung der Erfolgsaussichten zu der – daneben vorzunehmenden – Interessenabwägung steht.

54 **d) Vorrang der Erfolgsprognose.** Soweit früher vertreten wurde, dass die Erfolgsaussichten der sofortigen Beschwerde nur noch „eines von mehreren zu prüfenden Kriterien im Rahmen der Gesamtabwägung" sind und eine Ablehnung des Verlängerungsantrags auch durch überwiegende Allgemeininteressen gerechtfertigt sein kann,[56] vermittelt dies für die Praxis keine berechenbare Vorgabe, weil die (mit „mindestens 50%" geforderten) Erfolgsaussichten aus einer Prognose hervorgehen und die Gewichtigkeit der Allgemeininteressen einer mehr oder weniger offenen Wertung entspringt. Einem rationaleren Ansatz entspricht es, ungeachtet der Regelungssystematik des Abs. 2 die Erfolgsprognose – der sofortigen Beschwerde sowie (erweitert) der Auftragschancen – als *vorrangiges* Kriterium der Entscheidung nach Abs. 2 zugrunde zu legen;[57] nur wenn diese nicht eindeutig möglich, mithin von einer „offenen Hauptsachelage" auszugehen ist, ist in eine nach den Vorgaben des Abs. 2 S. 4 Alt. 1–3 erfolgende Interessenabwägung einzutreten. Dabei ist allerdings stets der Gesichtspunkt des **effektiven Primärrechtsschutzes** der Bieter zu beachten. Unter diesem Aspekt ist einem Verlängerungsantrag (schon) dann stattzugeben, wenn dem Antragsteller zur Wahrung seines Anspruchs auf rechtliches Gehör zunächst Akteneinsicht zu gewähren ist.[58]

55 Soweit im Verfahren nach Abs. 1 S. 3 **Vergaberechtsverletzungen klar hervortreten,** führt eine gerichtliche Entscheidung darüber häufig dazu, dass es keiner Entscheidung über die sofortige Beschwerde mehr bedarf, weil die Beteiligten aus der gerichtlichen Entscheidung über den Verlängerungsantrag von sich auch die richtigen Schlussfolgerungen ziehen. Lehnt der Vergabesenat den Antrag nach Abs. 1 S. 3 ab, wird es häufig zur Rücknahme der sofortigen Beschwerde kommen.[59] Insofern kann die vergaberechtliche Prüfung im Verfahren nach Abs. 1 S. 3 dem Beschleunigungsziel des gesamten Verfahrens besonders förderlich sein.

56 **e) Prognose der Auftragschancen.** Der Prognose der Auftragschancen wird in vielen Fällen nach der Position des Antragstellers im **„Ranking"** der Auftragsbewerber (bei den Bietern der „engeren Wahl") erfolgen können. Wird allerdings mit der sofortigen Beschwerde das Kriterien- oder Wertungssystem angegriffen, das dem „Ranking" zugrunde liegt, kann eine Prognose der Auftragschancen nur erfolgen, wenn die diesbezüglichen Rügen präkludiert sind (§ 160 Abs. 3) oder auch bei Zugrundelegung der Rügen für den Antragsteller keine aussichtsreiche Position entsteht. Ansonsten wird diesbezüglich keine klare Erkenntnis für die Entscheidung über den Verlängerungsantrag zu gewinnen sein.

57 **f) Allgemeininteresse in der Abwägung.** Die in Abs. 2 S. 2 und S. 4 Alt. 3 für eine Interessenabwägung angesprochenen Allgemeininteressen an einer wirtschaftlichen Erfüllung der Aufgabe des Auftraggebers bzw. an einem raschen Abschluss des Vergabeverfahrens dürfen nicht in beliebiger Weise *gegen* den Antragsteller verwendet werden. Bereits das Vergabeverfahren dient den genannten Allgemeininteressen; es wäre auch zugunsten des Antragstellers „rasch" abzuschließen. Um die genannten Vorgaben für eine Entscheidung im Einzelfall operabel zu machen, ist eine konkretisierte Darlegung erforderlich, welche wirtschaftlichen Folgen es hätte, wenn die Auftragserteilung erst nach Abschluss des Verfahrens über die sofortige Beschwerde ergeht. Diese Interessen sind von der Vergabestelle im Einzelnen darzulegen. Allgemeine Hinweise auf einen für ein Beschaffungsvorhaben aufgestellten „Zeitplan", auf Zeitdruck oder auf „Eilbedarf" genügen nicht.[60] Dabei ist auch der für den ausgeschriebenen Vertrag maßgebliche (Leistungs-)Zeitraum zu berücksichtigen; liegt dieser

---

[53] Vgl. zum gleichlautenden Maßstab nach § 80 Abs. 5 VwGO: BVerwG Beschl. v. 30.3.1973 – VII C 100.72, BeckRS 1973, 31297415; OVG Schleswig Beschl. v. 19.4.1991 – 2 M 2/91, NVwZ-RR 1992, 106 (107).
[54] OLG Düsseldorf Beschl. v. 30.5.2016 – VII-Verg 16/16, BeckRS 2016, 13182 (II.).
[55] OLG Düsseldorf Beschl. v. 29.2.2016 – Verg 6/16, BeckRS 2016, 12816 Rn. 2.
[56] *Hunger* in KKP GWB § 118 Rn. 54; vgl. jetzt *Ulbrich* in RKPP GWB Rn. 60.
[57] OLG Düsseldorf Beschl. v. 20.12.2019 – VII-Verg 35/19, NZBau 2020, 194 Rn. 26; OLG Düsseldorf Beschl. v. 17.2.2014 – VII-Verg 2/14, NZBau 2014, 716.
[58] OLG Frankfurt a. M. Beschl. v. 14.4.2016 – 11 Verg 5/16, BeckRS 2016, 11714.
[59] *Opitz* NZBau 2005, 214 (215).
[60] OLG Naumburg Beschl. v. 5.2.2007 – 1 Verg 1/07, VergabeR 2007, 554; OLG Koblenz Beschl. v. 23.11.2004 – 1 Verg 6/04, IBRRS 2005, 1973.

noch (weit) in der Zukunft, besteht keine Notwendigkeit einer (sofortigen) Bedarfsdeckung. Bei Schulbauten, die zur Gewährleistung einer gesicherten Unterrichtsversorgung erforderlich sind, kann dies uU anders sein. Das Beschwerdegericht kann allerdings auch durch eine sehr zeitnahe Terminierung im Verfahren zur sofortigen Beschwerde „helfen". Die Interessenabwägung soll auch die Interessen des betroffenen Bieters berücksichtigen; diese sind seinerseits darzulegen. Dies ist auch deshalb wichtig, weil nach Abs. 2 S. 2 gefordert ist, dass die nachteiligen Verzögerungsfolgen „überwiegen" müssen. Auch unter Berücksichtigung des Beschleunigungsgebots ist die Verlängerung der aufschiebenden Wirkung der sofortigen Beschwerde nur zu versagen, wenn gewichtige Belange der Allgemeinheit einen raschen Abschluss des Vergabeverfahrens erfordern.

g) Berücksichtigung besonderer Verteidigungs- und Sicherheitsinteressen. Die Regelung des Abs. 2 S. 2 aE verweist darauf, dass bei verteidigungs- oder sicherheitsspezifischen Aufträgen iSd § 104 zusätzlich zu den genannten Allgemeininteressen bei der Abwägung besondere Verteidigungs- und Sicherheitsinteressen zu berücksichtigen sind. Deren besondere Bedeutung für die Abwägung hat der Gesetzgeber mit der Ergänzung des neuen S. 3 klargestellt. In S. 3 werden Tatbestände aufgeführt, bei deren Vorliegen in der Regel die besonderen Verteidigungs- und Sicherheitsinteressen in der Abwägung überwiegen. Dies betrifft öffentliche Aufträge und Konzessionen, die in unmittelbarem Zusammenhang mit (1) einer Krise, (2) einem mandatierten Einsatz der Bundeswehr, (3) einer einsatzgleichen Verpflichtung der Bundeswehr oder (4) einer Bündnisverpflichtung stehen. Ziel der Neuregelung ist es, dem in diesen Fällen häufig besonders eilbedürftigen Beschaffungsbedarf Rechnung zu tragen.[61] Die neu eingefügten Beispielsfälle sollen „mit derart starkem Gewicht in die Abwägung eingehen, dass der Vorabzuschlag in der Regel gewährt wird".[62] Auf diese Weise soll insbesondere in diesen Fällen eine Verzögerung der Beschaffung möglichst vermieden oder zumindest so weit wie möglich minimiert werden. Die Gesetzesbegründung stellt jedoch klar, dass es bei Vorliegen einer dieser Konstellationen trotz des Regelvorrangs entsprechend Art. 56 Abs. 5 RL 2009/81/EG (Vergabe-RL Verteidigung und Sicherheit) weiterhin dem zuständigen Spruchkörper obliegt, im Wege der Abwägung über die Gestattung des Zuschlags vor Abschluss des Nachprüfungsverfahrens zu entscheiden.[63] Auch wenn die besonderen Verteidigungs- und Sicherheitsinteressen nach Abs. 2 S. 3 vorliegen und überwiegen, muss eine Abwägungsentscheidung im konkreten Einzelfall getroffen werden, in die auch die Prognose der Erfolgsaussichten der sofortigen Beschwerde mit einzubeziehen ist. 58

Der Vorrang in der Abwägung gilt in Ansehung des S. 2 nur für „besondere Verteidigungs- und Sicherheitsinteressen" iSd § 104. Mithin sind nur solche Aufträge oder Konzessionen erfasst, die „Militärausrüstung" gem. § 104 Abs. 2 oder einen „Verschlusssachenauftrag" gem. § 104 Abs. 3 betreffen. 59

Für das Eingreifen der Vorrangregelung des S. 3 ist es erforderlich, dass der öffentliche Auftrag oder die Konzession im **unmittelbaren Zusammenhang** mit einem der vier Beispielsfälle steht. Dies ist in der Regel der Fall, wenn der öffentliche Auftrag oder die Konzession dazu dient, einen Beschaffungsbedarf zu bedienen, „der aufgrund einer solchen Konstellation entstanden ist oder sich mengenmäßig erhöht hat".[64] Das Tatbestandsmerkmal ist eng auszulegen und nur dann zu bejahen, wenn der Beschaffungsbedarf gerade der Abwehr typischer Gefährdungen dient, die mit dem Vorliegen eines der Beispielsfälle einhergehen.[65] 60

Der Begriff der **„Krise"** ist in § 4 VSVgV legaldefiniert, der die Definition aus Art. 1 Nr. 10 Vergabe-RL Verteidigung und Sicherheit übernimmt.[66] Als Krise definiert wird danach „jede Situation in einem Mitgliedstaat oder einem Drittland, in der ein Schadensereignis eingetreten ist, welches deutlich über die Ausmaße von Schadensereignissen des täglichen Lebens hinausgeht und dabei Leben und Gesundheit zahlreicher Menschen erheblich gefährdet oder einschränkt, eine erhebliche Auswirkung auf Sachwerte hat oder lebensnotwendige Versorgungsmaßnahmen für die Bevölkerung erforderlich macht; eine Krise liegt auch vor, wenn das Eintreten eines solchen Schadensereignisses als unmittelbar bevorstehend angesehen wird; bewaffnete Konflikte und Kriege sind Krisen im Sinne dieser Richtlinie".[67] Die Gesetzesbegründung macht deutlich, dass es sich besonders in den Fällen, 61

---

[61] BT-Drs. 19/15603, 59.
[62] BT-Drs. 19/15603, 59.
[63] BT-Drs. 19/15603, 59.
[64] BT-Drs. 19/15603, 59.
[65] Vgl. dazu OLG Düsseldorf Beschl. v. 13.4.2016 – VII-Verg 46/15, BeckRS 2016, 12813.
[66] Richtlinie 2009/81/EG des Europäischen Parlaments und des Rates vom 13.7.2009 über die Koordinierung der Verfahren zur Vergabe bestimmter Bau-, Liefer-, und Dienstleistungsaufträge in den Bereichen Verteidigung und Sicherheit und zur Änderung der Richtlinie 2004/17/EG und 2004/18/EG (Richtlinie 2009/81/EG).
[67] Art. 1 Nr. 10 der Richtlinie 2009/81/EG des Europäischen Parlaments und des Rates vom 13.7.2009 über die Koordinierung der Verfahren zur Vergabe bestimmter Bau-, Liefer-, und Dienstleistungsaufträge in den Bereichen Verteidigung und Sicherheit und zur Änderung der Richtlinie 2004/17/EG und 2004/18/EG (Richtlinie 2009/81/EG).

in denen eine Krise vorliegt, sowohl um öffentliche Aufträge oder Konzessionen zur Deckung der Bedarfe der militärischen als auch der nicht militärischen Sicherheitskräfte handeln kann.[68] Eine Bedarfsdeckung der nicht militärischen Sicherheitskräfte setzt dabei einen „Verschlusssachenauftrag" gem. § 104 Abs. 3 voraus.

62 Die drei weiteren Beispielsfälle sind nicht legaldefiniert, ihr Bedeutungsgehalt wird jedoch in der Gesetzesbegründung näher erläutert. Unter einem **„mandatierten Einsatz"** ist ein Auslandseinsatz der Bundeswehr zu verstehen, der auf der Grundlage einer Resolution des Sicherheitsrats der Vereinten Nationen erfolgt und für den ein entsprechendes Mandat des Deutschen Bundestags vorliegt. Als **„einsatzgleiche Verpflichtung"** sind Tätigkeiten der Bundeswehr anzusehen, die einem Einsatz vergleichbar sind, ohne dass ein förmliches Mandat des Deutschen Bundestags vorliegt. Bei einer **„Bündnisverpflichtung"** handelt es sich um Beiträge der Bundeswehr, die sich aus ihrer Zugehörigkeit zu einem Verteidigungsbündnis (insbesondere NATO) ergeben.[69]

V. Entscheidung des Beschwerdegerichts über einen Verlängerungsantrag

63 Das Beschwerdegericht entscheidet über den Verlängerungsantrag durch **Beschluss**. Der Beschluss hat im Falle der Verlängerung der aufschiebenden Wirkung gestaltende Wirkung, die durch das Beschwerdegericht „angeordnet" wird.

64 Im Rahmen einer **Zwischenentscheidung** („Hängebeschluss", → Rn. 43) kann der Vergabesenat die Dauer der einstweiligen Verlängerung des Suspensiveffekts befristen.

65 Mit der abschließenden Sachentscheidung des Beschwerdegerichts erledigt sich sowohl ein Beschluss über eine Verlängerung der aufschiebenden Wirkung als auch ein Verlängerungsantrag, über den noch nicht entschieden worden ist.[70] Wird die sofortige Beschwerde zurückgenommen, nachdem ein Beschluss über eine Verlängerung der aufschiebenden Wirkung ergangen ist, wird der Beschluss gem. Abs. 1 S. 3 mit der Rücknahme wirkungslos. Dies kann auf Antrag der Vergabestelle durch Beschluss festgestellt werden.[71]

VI. Schutz des Zuschlagsverbots (Abs. 3)

66 Hat ein Bieter bei der Vergabekammer obsiegt, kann der Auftraggeber dagegen sofortige Beschwerde einlegen. Diese hat nach Abs. 3 keine aufschiebende Wirkung: Nach einer stattgebenden Entscheidung der Vergabekammer hat der Zuschlag zu unterbleiben, solange nicht das Beschwerdegericht die Entscheidung der Vergabekammer nach § 176 oder § 178 aufhebt. Vor einer Beschwerdeentscheidung des Vergabesenats können keine vollendeten Tatsachen entstehen.[72]

67 Entspricht die Vergabekammer einem Nachprüfungsantrag nur insoweit, als sie die Vergabestelle zur Neubewertung der Angebote (oder bestimmter Angebotsteile) oder zur Wiederholung der Angebotswertung verpflichtet, greift im Falle einer sofortigen Beschwerde der Vergabestelle die Regelung in Abs. 3 ebenfalls: Ihr Schutzzweck sichert den primären Vergaberechtsschutz der Bieter vor einem die Entscheidung der Vergabekammer missachtenden Zuschlag so lange, wie die Neubewertung nicht abgeschlossen ist. Deren Ergebnis muss nach § 134 bekannt gegeben werden.[73] Andernfalls ist der Zuschlag nichtig.

68 Eine **unselbständige Anschlussbeschwerde** der Vergabestelle (§ 567 Abs. 3 ZPO) hat keine aufschiebende Wirkung gegenüber der Entscheidung der Vergabekammer. Sie ist keine „sofortige Beschwerde" iSd Abs. 1 und darf ihr auch nicht gleichgestellt werden, denn dies würde zu einer Umgehung sowohl des Abs. 3 als auch des § 176 führen.[74]

69 Hat ein Bieter eine Verlängerung der aufschiebenden Wirkung der sofortigen Beschwerde nach Abs. 1 S. 3, Abs. 2 erstritten, ist ein Antrag des Auftraggebers auf **Gestattung des vorzeitigen Zuschlags** nach § 176 ausgeschlossen. Die im Rahmen der Entscheidung über den Verlängerungsantrag erfolgte Erfolgsprognose und Interessenabwägung ist auch für eine Entscheidung nach § 176 maßgeblich.

70 Eine **Ausnahme** gilt nur bei nachträglich veränderter Sach- und Rechtslage. Diese ist vom Auftraggeber darzulegen. Die Veränderung kann in rechtlichen Umständen bestehen (zB Rechtsänderung, Wegfall einer öffentlich-rechtlichen Erlaubnis zur Ausführung des ausgeschriebenen Auftra-

---

[68] BT-Drs. 19/15603, 59.
[69] BT-Drs. 19/15603, 59.
[70] Opitz NZBau 2005, 214 (215).
[71] OLG Jena Beschl. v. 22.8.2002 – 6 Verg 3/02, IBRRS 2002, 1126.
[72] OLG Celle Beschl. v. 10.4.2007 – 13 Verg 5/07, NZBau 2007, 671.
[73] OLG München Beschl. v. 17.5.2005 – Verg 9/05, ZfBR 2005, 622.
[74] OLG Jena Beschl. v. 4.5.2005 – 9 Verg 3/05, IBRRS 2005, 2021.

ges, geänderte Entgeltgenehmigung uÄ), aber auch in einer nachträglich hervorgetretenen Dringlichkeit.

VII. Verfahrenskosten

Im Verfahren nach Abs. 1 S. 3 ergeht **keine eigenständige Kostenentscheidung**. Das entspricht inzwischen herrschender Spruchpraxis.[75] Bei den Kosten des Verfahrens nach Abs. 1 S. 3 handelt es sich um Kosten des Beschwerdeverfahrens gem. § 171, über die einheitlich im Rahmen der Entscheidung über die Hauptsache zu befinden ist.[76] Unterliegt die Vergabestelle in der abschließenden Beschwerdeentscheidung, hat sie die Kosten eines Eilverfahrens gem. Abs. 1 S. 3 dann nicht zu tragen, wenn der Eilantrag aus Gründen erfolglos geblieben ist, die ihr nicht zuzurechnen sind (zB Antragsrücknahme, unzulässiger Antrag).[77] 71

§ 174 Beteiligte am Beschwerdeverfahren
An dem Verfahren vor dem Beschwerdegericht beteiligt sind die an dem Verfahren vor der Vergabekammer Beteiligten.

Schrifttum: *Freund*, Sonstige Verfahrensbeteiligte und ihre Rechtsstellung – Rechtsfragen der Beiladung im Vergabenachprüfungsverfahren, NZBau 2005, 266; *Gudlich*, Beiladung im Beschwerdeverfahren, VergabeR 2002, 673.

Übersicht

	Rn.		Rn.
I. Allgemeines	1	**III. Rechte der Beteiligten**	11
1. Terminologie des Gesetzes	1	1. Gleiche Rechte	11
2. Beiladung der Vergabekammer	2	2. Akteneinsicht	12
II. Beiladung im Beschwerdeverfahren	7	3. Beigeladene und Beschwerdeeinlegung	13
1. Neue Beiladung	7	4. Bindungswirkung	14
2. Aufhebung bisheriger Beiladungen	9		

I. Allgemeines

1. Terminologie des Gesetzes. Wie im kartellrechtlichen Beschwerdeverfahren (§ 63) spricht 1 § 174 im Beschwerdeverfahren nicht von „Parteien", sondern (allgemein) von „Beteiligten". Damit kommt zum Ausdruck, dass das Verfahren von der Offizialmaxime geprägt ist; die gesetzliche Wortwahl entspricht derjenigen in anderen Verfahrensordnungen öffentlich-rechtlicher Gerichtsbarkeiten (VwGO, SGG, FGO). Eine bestimmte Rolle der Beteiligten wird im Gesetzestext nur punktuell angesprochen (§ 173 Abs. 1 S. 3: „Beschwerdeführer"; § 176 Abs. 1 S. 1, § 177: „Auftraggeber"; § 178 S. 3: „Unternehmen"). In Konkurrenz zueinander stehende Auftragsbewerber können nicht als Streitgenossen gemeinsam agieren; die Beschwerdeverfahren sind zu trennen.[1]

2. Beiladung der Vergabekammer. Wer „Beteiligter" ist, wird gem. § 174 durch das Verfah- 2 ren vor der Vergabekammer vorgegeben. Die Beteiligten des Verfahrens vor der Vergabekammer (§ 162) sind mit denjenigen des Beschwerdeverfahrens identisch (Kontinuität der Verfahrensbeteiligung). Dies gilt unabhängig davon, ob sich der/die Beteiligte im Verfahren vor der Vergabekammer durch eigene Schriftsätze oder Anträge beteiligt hat. Die Vergabekammer (oder ihr Rechtsträger) ist als „erste Instanz" am Beschwerdeverfahren nicht beteiligt,[2] ebenso nicht Kartell-, Regulierungs- oder andere Behörden.

Das Beschwerdegericht muss von der Vergabekammer Beigeladene nicht erneut beiladen.[3] Ist 3 ein (am Verfahren vor der Vergabekammer nicht beteiligter) **„Dritter"** durch die Entscheidung der

---

[75] Vgl. noch die abw. Rspr. des OLG Stuttgart Beschl. v. 16.9.2002 – 2 Verg 12/02, IBRRS 2003, 0165 (für den Fall einer Ablehnung des Antrags nach § 118 Abs. 1 S. 3 sei eine eigenständige Kostenentscheidung erforderlich).
[76] HM; vgl. zB OLG Düsseldorf Beschl. v. 31.7.2007 – Verg 25/07, BeckRS 2008, 03763.
[77] OLG Celle Beschl. v. 7.6.2007 – 13 Verg 5/07, VergabeR 2007, 650.
[1] LSG Mecklenburg-Vorpommern Beschl. v. 24.8.2009 – L 6 B 172/09, BeckRS 2009, 44212.
[2] BT-Drs. 13/9340, 20.
[3] BT-Drs. 13/9340, 13.

Vergabekammer erstmalig beschwert worden, ist er zur sofortigen Beschwerde befugt und wird als Beschwerdeführer „Beteiligter" iSd § 174.

4 Hat ein von der Vergabekammer Beigeladener sofortige Beschwerde eingelegt, heißt das nur, dass er der **„Aktivbeteiligte"** im Beschwerdeverfahren ist[4] und der Antragsteller bei der Vergabekammer und die Vergabestelle (Antragsgegnerin) als „Beteiligte" bezeichnet werden. Ein von der Vergabekammer Beigeladener, der selbst keine sofortige Beschwerde (§ 171) eingelegt hat, kann im Beschwerdeverfahren eines anderen Bieters nicht dessen Ausschluss aus dem Vergabeverfahren erreichen.[5]

5 Hat die Vergabekammer eine Beiladung vorgenommen, ist es im Beschwerdeverfahren unerheblich, ob die Beiladung zur Recht erfolgt ist oder nicht (zur Aufhebung einer Beiladung durch das Beschwerdegericht → Rn. 9). Die Beiladungsentscheidung der Vergabekammer wirkt für das Beschwerdeverfahren fort. Nach Abschluss des Verfahrens vor der Vergabekammer kann eine Beiladung dort nicht mehr erfolgen.[6]

6 Die Beteiligtenstellung im Beschwerdeverfahren beginnt mit dem Zugang der Beschwerdeschrift im Parteibetrieb (§ 172 Abs. 4);[7] sie hängt nicht davon ab, ob die (beigeladenen) Beteiligten im Verfahren vor der Vergabekammer Schriftsätze eingereicht, Anträge gestellt oder selbst Beschwerde erhoben haben.

II. Beiladung im Beschwerdeverfahren

7 **1. Neue Beiladung.** Das Beschwerdegericht ist berechtigt und bei Vorliegen der Voraussetzungen des § 162[8] auch verpflichtet, im Beschwerdeverfahren erstmals Beiladungen zu beschließen.[9] Die Vergabekammer kann nach Einlegung der sofortigen Beschwerde keine Beiladung mehr vornehmen. Dies dient einem effektiven Vergaberechtsschutz und der Gewährung rechtlichen Gehörs; die (nachträgliche) Beiladung kann auch durch eine schriftsätzliche Anregung des Beizuladenden veranlasst werden. Das gilt sowohl dann, wenn die Vergabekammer Beiladungen (vollständig) unterlassen hat als auch dann, wenn diese von der Vergabekammer abgelehnt worden sind.[10] Die Unanfechtbarkeit der Entscheidung der Vergabekammer über Beiladungen (§ 162 S. 2) steht dem nicht entgegen, da das Beschwerdegericht nur für das Beschwerdeverfahren entscheidet.

8 Ein erst im Beschwerdeverfahren Beigeladener kann gegen den Beschluss der Vergabekammer keine sofortige Beschwerde oder Anschlussbeschwerde einlegen.[11] Der im Beschwerdeverfahren erfolgte Beschluss über einer Beiladung ist ebenso, wie es im Verfahren der Vergabekammer der Fall ist (§ 162 S. 2), unanfechtbar.

9 **2. Aufhebung bisheriger Beiladungen.** Das Beschwerdegericht ist auch befugt, von der Vergabekammer beschlossene Beiladungen im Beschwerdeverfahren aufzuheben.[12] Dies kann zB in Betracht kommen in Bezug auf Bieter, deren Angebot nach der Entscheidung der Vergabekammer zwingend auszuschließen ist und die keine eigene sofortige Beschwerde erhoben haben. Auch sonst sind Fälle vorstellbar, in denen nicht (mehr) festgestellt werden kann, dass die Interessen eines von der Vergabekammer Beigeladenen durch die Entscheidung des Vergabesenats „schwerwiegend" berührt sein können (§ 162). Im Interesse der Vermeidung nicht erforderlicher Verfahrenskosten dürfte in diesen Fällen eine Begrenzung der Zahl der Beigeladenen geboten sein.

10 Die (bisherigen) Beteiligten können eine (weitere) Beiladung bzw. die Aufhebung einer von der Vergabekammer beschlossenen Beiladung für das Beschwerdeverfahren anregen.

III. Rechte der Beteiligten

11 **1. Gleiche Rechte.** Die Beteiligten haben unabhängig von ihrer prozessualen Rolle im Beschwerdeverfahren gleiche prozessuale Rechte (Akteneinsicht, schriftsätzliche Stellungnahmen,

---

[4] Zu den Rechten des Beigeladenen als Beschwerdeführer, Eingriffe in das Vergabeverfahren zu verlangen vgl. OLG Koblenz Beschl. v. 31.5.2006 – 1 Verg 3/06, ZfBR 2006, 813.

[5] OLG München Beschl. v. 7.4.2006 – Verg 5/06, IBRRS 2006, 1088; danach kann ein dahingehender Antrag des beigeladenen Bieters als Nachprüfungsantrag, über den zunächst die Vergabekammer zu entscheiden hat, auszulegen sein.

[6] BGH Beschl. v. 30.3.2011 – KVZ 100/10, WuW DE-R 2725.

[7] OLG Jena Beschl. v. 23.8.2004 – 9 Verg 1/04, IBR 2004, 592.

[8] S. dazu OLG Naumburg Beschl. v. 9.12.2004 – 1 Verg 21/04, OLGR 2005, 266 (Ls. 2).

[9] OLG Naumburg Beschl. v. 9.9.2003 – 1 Verg 5/03, NZBau 2004, 350; OLG Düsseldorf Beschl. v. 26.6.2002 – Verg 24/02, NZBau 2002, 639, Beck VergabeR/Vavra/Willner Rn. 9.

[10] Eine solche Entscheidung der Vergabekammer ist („isoliert") nicht anfechtbar; vgl. OLG Frankfurt a. M. Beschl. v. 28.6.2005 – 11 Verg 9/05, VergabeR 2006, 144.

[11] BVerwGE 38, 290 (296).

[12] OLG Düsseldorf Beschl. v. 19.2.2020 – Verg 26/17, VergabeR 2021, 127; LSG Mecklenburg-Vorpommern Beschl. v. 24.8.2009 – L 6 B 172/09, BeckRS 2009, 44212 (Ls. 4).

rechtliches Gehör, Teilnahme an der mündlichen Verhandlung, Stellung von Anträgen etc), aber auch Mitwirkungsobliegenheiten (→ § 175 Rn. 13 ff.). Zwischen- und Endentscheidungen sind auch den beigeladenen Beteiligten zuzustellen. Hinsichtlich der „Hauptbeteiligten" muss ein Beigeladener allerdings deren Verfahrensdisposition hinnehmen; das gilt für Antrags- und Beschwerderücknahmen ebenso wie für Erledigungserklärungen. Soweit zwischen den „Hauptbeteiligten" ein Vergleich vereinbart wird, ist ein Beigeladener daran allerdings nicht ohne Weiteres gebunden. Insbesondere kann im Rahmen eines Vergleichs keine Auftragsvergabe „zu Lasten" der Rechte eines Beigeladenen erfolgen.

2. Akteneinsicht. Hinsichtlich der Akteneinsicht ist nach § 175 Abs. 2 iVm § 76 Abs. 1 S. 3 zwischen den Beteiligten zu differenzieren: Das Beschwerdegericht kann im Rahmen seiner Entscheidung auch Akteile, die zur Wahrung von Betriebs- und Geschäftsgeheimnissen von der Akteneinsicht durch Beigeladene ausgenommen worden sind, bei der Entscheidung verwerten. Die Gegenausnahme für solche Beigeladene, denen gegenüber die Entscheidung des Beschwerdegerichts nur einheitlich ergehen kann (§ 76 Abs. 1 S. 4), bleibt ohne praktische Relevanz, denn auch solchen Beigeladenen dürfen Akteile, die Betriebs- oder Geschäftsgeheimnisse anderer Beteiligter enthalten, nicht zugänglich gemacht werden (§ 165 Abs. 2). 12

3. Beigeladene und Beschwerdeeinlegung. Unterschiede zwischen beschwerdeführenden und beigeladenen Beteiligten ergeben sich aus der „Logik" des Verfahrens: Zielt die Beschwerde eines Beschwerdeführers auf den Ausschluss eines konkurrierenden Bieters, kann ein beigeladener Bieter, der selbst keine Beschwerde eingelegt hat, aus eigenem Recht im Beschwerdeverfahren nicht den Ausschluss eines anderen Bieters erreichen. Dies hätte der Beigeladene im Rahmen eines **eigenen Nachprüfungsantrags**, über den zunächst die Vergabekammer zu entscheiden hätte, geltend machen müssen.[13] 13

4. Bindungswirkung. Die Bindungswirkung der Entscheidung des Beschwerdegerichts (§ 179) gilt gegenüber allen Beteiligten. In kostenmäßiger Hinsicht ist ein Beigeladener wie ein Antragsteller oder Antragsgegner zu behandeln, wenn er sich am Verfahren inhaltlich aktiv beteiligt.[14] 14

§ 175 Verfahrensvorschriften

(1) ¹Vor dem Beschwerdegericht müssen sich die Beteiligten durch einen Rechtsanwalt als Bevollmächtigten vertreten lassen. ²Juristische Personen des öffentlichen Rechts können sich durch Beamte oder Angestellte mit Befähigung zum Richteramt vertreten lassen.

(2) Die §§ 65, 69 bis 72 mit Ausnahme der Verweisung auf § 227 Absatz 3 der Zivilprozessordnung, § 75 Absatz 1 bis 3, § 76 Absatz 1 und 6, die §§ 165 und 167 Absatz 2 Satz 1 sind entsprechend anzuwenden.

Text der in Abs. 2 genannten Verweisvorschriften im GWB:

§ 65 Mündliche Verhandlung

(1) Das Gericht entscheidet über die Beschwerde und über die Rechtsbeschwerde aufgrund mündlicher Verhandlung; mit Einverständnis der Beteiligten kann ohne mündliche Verhandlung entschieden werden.

(2) Sind die Beteiligten in dem Verhandlungstermin trotz rechtzeitiger Ladung nicht erschienen oder ordnungsgemäß vertreten, so kann gleichwohl in der Sache verhandelt und entschieden werden.

§ 69 Abhilfe bei Verletzung des Anspruchs auf rechtliches Gehör

(1) ¹Auf die Rüge eines durch eine gerichtliche Entscheidung beschwerten Beteiligten ist das Verfahren fortzuführen, wenn
1. ein Rechtsmittel oder ein anderer Rechtsbehelf gegen die Entscheidung nicht gegeben ist und
2. das Gericht den Anspruch dieses Beteiligten auf rechtliches Gehör in entscheidungserheblicher Weise verletzt hat.

²Gegen eine der Endentscheidung vorausgehende Entscheidung findet die Rüge nicht statt.

---

[13] OLG München Beschl. v. 7.4.2006 – Verg 5/06, VergabeR 2006, 525.
[14] BGH Beschl. v. 26.9.2006 – X ZB 14/06, VergabeR 2007, 59 (70); OLG Celle Beschl. v. 27.8.2008 – 13 Verg 2/08, VergabeR 2009, 105.

(2) ¹Die Rüge ist innerhalb von zwei Wochen nach Kenntnis von der Verletzung des rechtlichen Gehörs zu erheben; der Zeitpunkt der Kenntniserlangung ist glaubhaft zu machen. ²Nach Ablauf eines Jahres seit Bekanntgabe der angegriffenen Entscheidung kann die Rüge nicht mehr erhoben werden. ³Formlos mitgeteilte Entscheidungen gelten mit dem dritten Tage nach Aufgabe zur Post als bekannt gegeben. ⁴Die Rüge ist schriftlich oder zur Niederschrift des Urkundsbeamten der Geschäftsstelle bei dem Gericht zu erheben, dessen Entscheidung angegriffen wird. ⁵Die Rüge soll die angegriffene Entscheidung bezeichnen und das Vorliegen der in Absatz 1 Satz 1 Nummer 2 genannten Voraussetzung darlegen.

(3) Den übrigen Beteiligten ist, soweit erforderlich, Gelegenheit zur Stellungnahme zu geben.

(4) ¹Ist die Rüge nicht statthaft oder nicht in der gesetzlichen Form oder Frist erhoben, so ist sie als unzulässig zu verwerfen. ²Ist die Rüge unbegründet, weist das Gericht sie zurück. ³Die Entscheidung ergeht durch unanfechtbaren Beschluss. ⁴Der Beschluss soll kurz begründet werden.

(5) ¹Ist die Rüge begründet, so hilft ihr das Gericht ab, indem es das Verfahren fortführt, soweit dies aufgrund der Rüge geboten ist. ²Das Verfahren wird in die Lage zurückversetzt, in der es sich vor dem Schluss der mündlichen Verhandlung befand. ³Im schriftlichen Verfahren tritt an die Stelle des Schlusses der mündlichen Verhandlung der Zeitpunkt, bis zu dem Schriftsätze eingereicht werden können. ⁴Für den Ausspruch des Gerichts ist § 343 der Zivilprozessordnung anzuwenden.

(6) § 149 Absatz 1 Satz 2 der Verwaltungsgerichtsordnung ist entsprechend anzuwenden.

§ 70 Akteneinsicht

(1) ¹Die in § 63 Absatz 1 Nummer 1 und 2 und Absatz 2 bezeichneten Beteiligten können die Akten des Gerichts einsehen und sich durch die Geschäftsstelle auf ihre Kosten Ausfertigungen, Auszüge und Abschriften erstellen lassen. ²§ 299 Absatz 3 der Zivilprozessordnung gilt entsprechend.

(2) ¹Einsicht in Vorakten, Beiakten, Gutachten und Auskünfte ist nur mit Zustimmung der Stellen zulässig, denen die Akten gehören oder die die Äußerung eingeholt haben. ²Die Kartellbehörde hat die Zustimmung zur Einsicht in die ihr gehörenden Unterlagen zu versagen, soweit dies aus wichtigen Gründen, insbesondere zur Wahrung von Betriebs- oder Geschäftsgeheimnissen, geboten ist. ³Wird die Einsicht abgelehnt oder ist sie unzulässig, dürfen diese Unterlagen der Entscheidung nur insoweit zugrunde gelegt werden, als ihr Inhalt vorgetragen worden ist. ⁴Das Gericht kann die Offenlegung von Tatsachen oder Beweismitteln, deren Geheimhaltung aus wichtigen Gründen, insbesondere zur Wahrung von Betriebs- oder Geschäftsgeheimnissen, verlangt wird, nach Anhörung des von der Offenlegung Betroffenen durch Beschluss anordnen, soweit es für die Entscheidung auf diese Tatsachen oder Beweismittel ankommt, andere Möglichkeiten der Sachaufklärung nicht bestehen und bei Abwägung aller Umstände des Einzelfalles die Bedeutung der Sache für die Sicherung des Wettbewerbs das Interesse des Betroffenen an der Geheimhaltung überwiegt. ⁵Der Beschluss ist zu begründen. ⁶In dem Verfahren nach Satz 4 muss sich der Betroffene nicht anwaltlich vertreten lassen.

(3) Den in § 63 Absatz 1 Nummer 3 bezeichneten Beteiligten kann das Gericht nach Anhörung des Verfügungsberechtigten Akteneinsicht in gleichem Umfang gewähren.

§ 71 Kostentragung und -festsetzung

¹Das Gericht kann anordnen, dass die Kosten, die zur zweckentsprechenden Erledigung der Angelegenheit notwendig waren, von einem Beteiligten ganz oder teilweise zu erstatten sind, wenn dies der Billigkeit entspricht. ²Hat ein Beteiligter Kosten durch ein unbegründetes Rechtsmittel oder durch grobes Verschulden veranlasst, so sind ihm die Kosten aufzuerlegen. ³Im Übrigen gelten die Vorschriften der Zivilprozessordnung über das Kostenfestsetzungsverfahren und die Zwangsvollstreckung aus Kostenfestsetzungsbeschlüssen entsprechend.

§ 72 Geltung von Vorschriften des Gerichtsverfassungsgesetzes und der Zivilprozessordnung

Soweit nichts anderes bestimmt ist, gelten entsprechend
1. die Vorschriften der §§ 169 bis 201 des Gerichtsverfassungsgesetzes über Öffentlichkeit, Sitzungspolizei, Gerichtssprache, Beratung und Abstimmung sowie über den Rechtsschutz bei überlangen Gerichtsverfahren;
2. die Vorschriften der Zivilprozessordnung über Ausschließung und Ablehnung eines Richters, über Prozessbevollmächtigte und Beistände, über die Zustellung von Amts wegen, über Ladungen, Termine und Fristen, über die Anordnung des persönlichen Erscheinens der Parteien, über die Verbindung mehrerer Prozesse, über die Erledigung des Zeugen- und Sachverständigenbeweises sowie über die sonstigen Arten des Beweisverfahrens, über die Wiedereinsetzung in den vorigen Stand gegen die Versäumung einer Frist sowie über den elektronischen Rechtsverkehr.

§ 75 Untersuchungsgrundsatz

(1) Das Beschwerdegericht erforscht den Sachverhalt von Amts wegen.

(2) Der oder die Vorsitzende hat darauf hinzuwirken, dass Formfehler beseitigt, unklare Anträge erläutert, sachdienliche Anträge gestellt, ungenügende tatsächliche Angaben ergänzt, ferner alle für die Feststellung und Beurteilung des Sachverhalts wesentlichen Erklärungen abgegeben werden.

(3) ¹Das Beschwerdegericht kann den Beteiligten aufgeben, sich innerhalb einer zu bestimmenden Frist über aufklärungsbedürftige Punkte zu äußern, Beweismittel zu bezeichnen und in ihren Händen befindliche Urkunden sowie andere Beweismittel vorzulegen. ²Bei Versäumung der Frist kann nach Lage der Sache ohne Berücksichtigung der nicht beigebrachten Beweismittel entschieden werden.

(4)–(5) ...

§ 76 Beschwerdeentscheidung

(1) ¹Das Beschwerdegericht entscheidet durch Beschluss nach seiner freien, aus dem Gesamtergebnis des Verfahrens gewonnenen Überzeugung. ²Der Beschluss darf nur auf Tatsachen und Beweismittel gestützt werden, zu denen die Beteiligten sich äußern konnten. ³Das Beschwerdegericht kann hiervon abweichen, soweit Beigeladenen aus wichtigen Gründen, insbesondere zur Wahrung von Betriebs- oder Geschäftsgeheimnissen, Akteneinsicht nicht gewährt und der Akteninhalt aus diesen Gründen auch nicht vorgetragen worden ist. ⁴Dies gilt nicht für solche Beigeladene, die an dem streitigen Rechtsverhältnis derart beteiligt sind, dass die Entscheidung auch ihnen gegenüber nur einheitlich ergehen kann.

(2)–(5) ...

(6) Der Beschluss ist zu begründen und mit einer Rechtsmittelbelehrung den Beteiligten zuzustellen.

§ 165 Akteneinsicht

(1) Die Beteiligten können die Akten bei der Vergabekammer einsehen und sich durch die Geschäftsstelle auf ihre Kosten Ausfertigungen, Auszüge oder Abschriften erteilen lassen.

(2) Die Vergabekammer hat die Einsicht in die Unterlagen zu versagen, soweit dies aus wichtigen Gründen, insbesondere des Geheimschutzes oder zur Wahrung von Betriebs- oder Geschäftsgeheimnissen, geboten ist.

(3) ¹Jeder Beteiligte hat mit Übersendung seiner Akten oder Stellungnahmen auf die in Absatz 2 genannten Geheimnisse hinzuweisen und diese in den Unterlagen entsprechend kenntlich zu machen. ²Erfolgt dies nicht, kann die Vergabekammer von seiner Zustimmung auf Einsicht ausgehen.

(4) Die Versagung der Akteneinsicht kann nur im Zusammenhang mit der sofortigen Beschwerde in der Hauptsache angegriffen werden.

§ 167 Beschleunigung

(1) ...

(2) ¹Die Beteiligten haben an der Aufklärung des Sachverhalts mitzuwirken, wie es einem auf Förderung und raschen Abschluss des Verfahrens bedachten Vorgehen entspricht. ²Den Beteiligten können Fristen gesetzt werden, nach deren Ablauf weiterer Vortrag unbeachtet bleiben kann.

Schrifttum: *Conrad*, Rechtsfragen des Vergleichs im Vergabebachprüfungsverfahren, ZfBR 2014, 658; *Dreher/Glöckle*, Der Vergleich im Vergabenachprüfungsverfahren (Teil I und II), NZBau 2015, 459 und 529; *Rittwage*, Vergleichsvereinbarungen bei der Vergabe öffentlicher Aufträge, NZBau 2007, 484.

Übersicht

	Rn.			Rn.
I. Regelungsinhalt	1	2.	Anwendung von Vorschriften aus kartellrechtlichen Beschwerdeverfahren	17
II. Vertretungszwang	2		a) Mündliche Verhandlung	17
1. Prozesshandlungsvoraussetzung	2		b) Untersuchungsgrundsatz	20
2. Sogenannte Behördenprivileg	4		c) Entscheidungsgrundlage	22
3. Weitere Einzelfragen	5		d) Begründung der Beschwerdeentscheidung	24
III. Verfahrensvorschriften	6		e) Anhörungsrüge	27
1. Anwendung der §§ 165, 167 Abs. 2 S. 1	7	**IV.**	**Verweisungen auf das allgemeine Prozessrecht**	28
a) Akteneinsicht	7			
b) Mitwirkungsobliegenheiten der Beteiligten	13	1.	Verweisungsnormen	28

	Rn.		Rn.
2. Prüfung der Beschwerde	29	4. Weitere Verfahrensvorschriften	35
3. Entsprechende Anwendung der VwGO	30	5. Beweiserhebung	38
V. **Verfahrensrechtliche Fragen**	31	6. Entscheidung des Beschwerdegerichts	39
1. Rechtsweg(-verweisung)	31	a) Beschluss	39
2. Prüfungsprogramm	32	b) Rechtsmittel	40
		c) Anhörungsrüge	41
		d) Kosten, Streitwert	42
3. Hinweispflichten des Beschwerdegerichts	34	e) Vollstreckung	46

I. Regelungsinhalt

1 Aus § 175 sind die wesentlichen Verfahrensvorschriften für das Beschwerdeverfahren zu entnehmen. Abs. 1 enthält den Anwaltszwang, wie er auch in Kartellsachen besteht (§ 64); ausgenommen sind juristische Personen des öffentlichen Rechts. In Abs. 2 wird auf Vorschriften aus dem Kartellbeschwerdeverfahren sowie ergänzend auf das GVG und die ZPO verwiesen. Weitere verfahrensrechtliche Vorschriften für das Beschwerdeverfahren finden sich in § 173. Die Verweisung in Abs. 2 ist im Übrigen unvollständig (→ Rn. 30).

II. Vertretungszwang

2 **1. Prozesshandlungsvoraussetzung.** Die in Abs. 1 geregelte Postulationsfähigkeit ist Voraussetzung zur Vornahme wirksamer Verfahrenshandlungen der Beteiligten. Dem **Anwaltszwang** unterliegt bereits die Einlegung der Beschwerde (§ 172 Abs. 3), ebenso auch das Eilverfahren nach § 173 Abs. 1 S. 3, § 176. Für juristische Personen des öffentlichen Rechts enthält Abs. 1 S. 2 ein „Behördenprivileg". Ein weitergehendes Vertretungsprivileg, wie es in § 67 Abs. 1 S. 4 und 7 VwGO vorgesehen ist, gilt im vergaberechtlichen Beschwerdeverfahren nicht. Die Vorschriften über den Vertretungszwang sind von Amts wegen zu beachten und einem Rügeverzicht nicht zugänglich. Beigeladene müssen sich ebenfalls anwaltlich vertreten lassen, wenn sie sich aktiv am Beschwerdeverfahren beteiligen wollen; allerdings sind Schriftsätze auch anwaltlich (noch) nicht vertretenen Beigeladenen zu übermitteln.

3 Der Anwaltszwang (Abs. 1 S. 1) lässt nur die Vertretung durch Anwälte, nicht jedoch durch Rechtslehrer an einer deutschen Hochschule zu (anders zB in § 67 Abs. 1 S. 1 VwGO). Der vertretende Anwalt muss bei einem deutschen Gericht zugelassen sein. Für Anwälte aus anderen EU-Mitgliedstaaten gilt das Gesetz über die Tätigkeit europäischer Anwälte in Deutschland (EuRAG).[1] Abs. 1 S. 1 gilt, vorbehaltlich des Privilegs in Abs. 1 S. 2, für alle Beteiligten (§ 174), also auch für die (von der Vergabekammer) Beigeladenen. Syndikusanwälte dürfen nach § 46 BRAO vor Gericht nicht in ihrer Eigenschaft als Rechtsanwälte tätig werden; dies gilt gem. § 46 Abs. 3 BRAO auch für die mit dem Rechtsanwalt in Sozietät oder in sonstiger Weise zur gemeinschaftlichen Berufsausübung verbundenen oder verbunden gewesenen Rechtsanwälte.

4 **2. Sogenannte Behördenprivileg.** Für juristische Personen des öffentlichen Rechts besteht kein Anwaltszwang; sie können (müssen aber nicht) die Privilegierung nach Abs. 1 S. 2 nutzen. Betroffen sind Auftraggeber iSd § 98 Nr. 1, Nr. 2 und 3 (soweit sie öffentlich-rechtlich strukturiert sind). Die Privilegierung nach Abs. 1 S. 2 ist enger als die der Kartellbehörde gem. § 64 S. 2, wo keine Befähigung zum Richteramt (§ 5 DRiG) gefordert wird, und auch enger als § 67 Abs. 1 S. 3 VwGO, wo auch Diplomjuristen zugelassen sind. Die Vertretung der juristischen Personen des öffentlichen Rechts muss bereits bei Einlegung einer sofortigen Beschwerde (§ 172 Abs. 3) bzw. bei Einreichung oder Stellung eines Antrags beim Beschwerdegericht den Anforderungen des Abs. 1 S. 2 entsprechen. Im Gegensatz zum Verfahren vor der Vergabekammer (→ § 182 Rn. 36) bedarf es keiner gesonderten Feststellung der Notwendigkeit der Hinzuziehung eines Rechtsanwaltes; diese ergibt sich kraft Gesetzes aus Abs. 1 S. 1.[2]

5 **3. Weitere Einzelfragen.** Die §§ 80–89 ZPO gelten für Einzelfragen der Prozessvertretung entsprechend. Wird dem Vertretungszwang nicht entsprochen, bleibt die Stellung als Verfahrensbeteiligter (§ 174) davon unberührt. Allerdings fehlt dann eine Prozesshandlungsvoraussetzung, die bereits bei Vornahme der *ersten* Verfahrenshandlung (Antragstellung, Beschwerdeeinlegung) gegeben sein

---

[1] EuRAG v. 9.3.2000, BGBl. 2000 I 182 (1349), zuletzt geändert durch Art. 4 des Gesetzes v. 22.12.2020, BGBl. 2020 I 3320.

[2] OLG Koblenz Beschl. v. 27.1.2021 – Verg 1/19, BeckRS 2021, 10061; OLG Rostock Beschl. v. 9.12.2020 – 17 Verg 4/20, NZBau 2021, 484.

muss. Ohne Anwalt vorgenommene Verfahrenshandlungen sind unwirksam;[3] eine ohne Anwalt eingelegte sofortige Beschwerde wird nicht (rückwirkend) wirksam, wenn ein Anwalt sie nachträglich nach Ablauf der Beschwerdefrist genehmigt.[4] Wird demgegenüber zunächst ohne Anwalt sofortige Beschwerde erhoben, sodann aber innerhalb der Beschwerdefrist die Beschwerde „nochmals" eingelegt und begründet, sind die erste (unzulässige) Beschwerde und die zweite (zulässige) Beschwerde als ein einheitliches zulässiges Rechtsmittel anzusehen.[5] Die Vergabekammer hat gem. § 168 Abs. 3 S. 3, § 61 Abs. 1 S. 1[6] über den Anwaltszwang zu belehren. Ein Beteiligter kann in der mündlichen Verhandlung „neben" seinem Anwalt das Wort erhalten oder tatsächliche Erklärungen berichtigen (vgl. § 137 Abs. 4 ZPO, § 85 Abs. 1 S. 2 ZPO); dies ist ggf. gleichzeitig ein Mittel der gerichtlichen Sachaufklärung iSd § 75 Abs. 1.

III. Verfahrensvorschriften

Für das Beschwerdeverfahren verweist Abs. 2 auf Vorschriften des Verfahrens vor der Vergabekammer (§§ 165, 167 Abs. 1) und des kartellrechtlichen Beschwerdeverfahrens (§§ 65, 69–72, § 75 Abs. 1–3, § 76 Abs. 1 und 6); letztere verweisen – in § 72 – auf Vorschriften des Gerichtsverfassungsgesetzes und der Zivilprozessordnung.

1. Anwendung der §§ 165, 167 Abs. 2 S. 1. a) Akteneinsicht. Im Beschwerdeverfahren kann nach Abs. 2 iVm § 165 Akteneinsicht gewährt werden. Vorbehaltlich der Versagungsgründe in § 165 Abs. 2 kann Akteneinsicht im Interesse eines fairen Verfahrens und der Gewährung effektiven Rechtsschutzes (jedenfalls) in dem Umfang beansprucht werden, wie es zur Durchsetzung der subjektiven Rechte des betreffenden Verfahrensbeteiligten erforderlich ist. Eine Begrenzung der Akteneinsicht folgt aus dem Verfahrensgegenstand des Beschwerdeverfahrens.[7] Der Anspruch auf Akteneinsicht ist auf diejenigen Aktenbestandteile beschränkt, deren Inhalt ggf. dem entscheidungserheblichen Sachverhalt zuzuordnen ist.[8]

Ein Akteneinsichtsbegehren kann *nur* aus den in § 165 Abs. 2 genannten „wichtigen" Gründen **abgelehnt** werden. Hat die Vergabekammer keine oder unzureichend Akteneinsicht gewährt, ohne dass dies von Gründen iSd § 165 Abs. 2 getragen wird, so ist auf Antrag des Beteiligten die Akteneinsicht im Beschwerdeverfahren (uU nach Anhörung des davon betroffenen Beteiligten) zu gewähren.

Will ein Beteiligter einem Akteneinsichtsbegehren Geheimschutz-Gründe oder Betriebs- und Geschäftsgeheimnisse[9] entgegensetzen, hat er die betroffenen Aktenteile „kenntlich zu machen" (§ 165 Abs. 3) und die Gründe uU zusätzlich zu erläutern. Der **Umfang des Akteneinsichtsrechts** ergibt sich aus einer gerichtlichen Abwägung des jeweils betroffenen Geheimhaltungsinteresses und des Rechtsschutzinteresses des Beschwerdeführers. In die Abwägung einzubeziehen sind das Transparenzgebot (§ 97 Abs. 1), die Gewährung rechtlichen Gehörs (Art. 101 Abs. 3 GG) und die Effizienz des Vergaberechtsschutzes (Art. 20 Abs. 3 GG). In der Regel dürfte die Akteneinsicht in den von der Vergabestelle gefertigten sog. Vergabevermerk (§ 8 VgV) zu gewähren sein; der Schutz von Betriebs- oder Geschäftsgeheimnissen oder anderer wichtiger Gründe (§ 165 Abs. 2) dürfte – bei Vorliegen konkreter Gründe – die Angebote der (konkurrierenden) Bieter betreffen.

Soweit einem Beteiligten Akteneinsicht verweigert worden ist, können die betroffenen Aktenteile im Rahmen der Entscheidung des Beschwerdegerichts nach § 76 Abs. 1 S. 3 und S. 4 berücksichtigt werden, wenn ihr Inhalt vorgetragen worden ist (§ 70 Abs. 2 S. 3).[10] Von diesem Grundsatz kann nur ausnahmsweise abgewichen werden, wenn aus wichtigen Gründen, insbesondere zur Wahrung von Betriebs- oder Geschäftsgeheimnissen, Akteneinsicht nicht gewährt werden kann und aus diesen Gründen auch der Vortrag des Akteninhaltes nicht möglich ist.[11] Das Verfahren nach § 70 Abs. 2 S. 3 und S. 4 führt zu mehr Transparenz: Danach kann eine begrenzte Offenlegung von Akten (als „ultima ratio") gerichtlich angeordnet werden. Dies kann zB auch durch Einführung in

---

[3] BGHZ 111, 342 = NJW 1990, 3085.
[4] BGHZ 90, 253 = NJW 1984, 1559.
[5] Vgl. OLG Brandenburg Vorlagebeschl. v. 2.12.2003 – Verg W 6/03, NZBau 2004, 169 und OLG Brandenburg Beschl. v. 3.8.1999 – 6 Verg 1/99, NZBau 2000, 39.
[6] Wortlaut: „Verfügungen der Kartellbehörde sind ... mit einer Belehrung über das zulässige Rechtsmittel den Beteiligten ... zuzustellen".
[7] OLG Jena Beschl. v. 12.12.2001 – 6 Verg 5/01, ZfBR 2002, 522 (Ls.).
[8] OLG Naumburg Beschl. v. 1.6.2011 – 2 Verg 3/11, BeckRS 2011, 21710; vgl. auch OLG Düsseldorf Beschl. v. 20.12.2019 – VII-Verg 35/19, NZBau 2020, 194; OLG Düsseldorf Beschl. v. 9.1.2020 – VII Verg 10/18, BeckRS 2020, 188.
[9] Zum Begriff s. BVerfGE 115, 205 ff.
[10] OLG Hamburg Beschl. v. 2.12.2004 – 1 Verg 2/04, OLGR 2005, 452.
[11] BGH Beschl. v. 31.1.2017 – X ZB 10/16, NZBau 2017, 230; OLG Düsseldorf Beschl. v. 12.6.2019 – Verg 52/18, BeckRS 2019, 30789.

die mündliche Verhandlung in der Weise erfolgen, dass wettbewerbsrelevante Betriebsgeheimnisse über Bezugsquellen oder Produktdetails nicht mitgeteilt werden oder bestimmte Aktenteile geschwärzt werden. Das Einsichtsrecht in schutzbedürftige Unterlagen kann nur soweit gehen, wie es zur Durchsetzung der subjektiven Rechte des um Akteneinsicht ersuchenden Verfahrensbeteiligten im konkreten Fall erforderlich ist.

11   Die Zwischenentscheidung des Gerichts über die Gewährung bzw. den Umfang der Akteneinsicht ist nicht selbstständig anfechtbar. Anders ist dies in Bezug auf entsprechende Entscheidungen der Vergabekammer (→ § 171 Rn. 19 und → § 165 Rn. 65).

12   Außerhalb des Nachprüfungs- und Beschwerdeverfahrens können unter den Voraussetzungen der (Landes-)**Informationszugangsgesetze** Informationsansprüche auch in Bezug auf Vergabeverfahren geltend gemacht und (auch) verwaltungsgerichtlich „eingeklagt" werden. Für Zwecke des vergaberechtlichen Nachprüfungs- und Beschwerdeverfahrens führt diese Möglichkeit aber meist nicht zu zeitgerecht verfügbaren Informationen.

13   **b) Mitwirkungsobliegenheiten der Beteiligten.** Die Beteiligten sind zur Förderung und Beschleunigung des Beschwerdeverfahrens verpflichtet (§ 167 Abs. 2). Im Rahmen dieser Obliegenheit wirken sie bei der Amtsermittlung (Abs. 2 iVm § 75 Abs. 1–3) mit. Die Beschwerde kann auch auf neue Tatsachen oder Beweismittel gestützt werden, es sei denn, sie dienen zur Stützung (nach § 160 Abs. 3) präkludierter Rügen. Die Beteiligten können aufgefordert werden, sich zu bestimmten Punkten innerhalb einer bestimmten **Frist** zu äußern, nach deren Ablauf nach Lage der Sache entschieden werden kann (§ 175 Abs. 2, § 167 Abs. 2, § 75 Abs. 3). Der Untersuchungsgrundsatz gilt nicht unbeschränkt; der Vergabesenat *muss* nicht „ungefragt" Tatsachenfragen nachgehen, ohne dass das Vorbringen der Beteiligten dazu Veranlassung gibt.

14   Es genügt nicht, sich im Beschwerdeverfahren zu bestimmten Vorgängen des Vergabeverfahrens nicht „weiter einzulassen". Die Beteiligten müssen vielmehr an der Klärung des Sachverhalts von sich aus aktiv mitwirken und das Verfahren fördern. Dazu gehört auch, dass so rechtzeitig vorgetragen wird, dass eine Erwiderung darauf noch zumutbar möglich ist. Die Beteiligten sind gehalten, verfahrensrelevante Tatsachen so früh wie möglich vorzutragen. Das „verfahrenstaktische" Zurückhalten von Sachvortrag kann dazu führen, dass das Vorbringen unberücksichtigt bleibt. Die im zivilrechtlichen Schadensersatzprozess geltenden Grundsätze zur so genannten **sekundären Behauptungslast** sind anwendbar: Danach darf sich eine (Gegen-)Partei, der die Aufklärung zuzumuten ist, nicht auf ein bloßes Bestreiten bzw. Vortragen anspruchsausschließender Tatsachen zurückziehen, wenn die andere Seite außerhalb des maßgeblichen Geschehensablaufs steht und diesen deshalb von sich aus nicht ermitteln und vortragen kann. Dies kann gerade in Fällen des Vorwurfs von („internen") Vergabeverstößen der Vergabestelle zum Tragen kommen; insoweit kann vom Bieter keine Kenntnis erwartet werden und der Vergabestelle obliegt eine sekundäre Darlegungs- bzw. Glaubhaftmachungslast zum internen Ablauf des Vergabeverfahrens.[12]

15   Aufgrund einer Verfügung nach Abs. 2 iVm § 75 Abs. 3 wird einem Beteiligten Gelegenheit gegeben, sich – fristgebunden – zu bestimmten Punkten zu äußern, Beweismittel zu bezeichnen oder Beweismittel oder Urkunden vorzulegen. Das Gericht muss dabei konkretisieren, zu welcher Frage weiterer Vortrag erwartet wird; weiter muss die dafür gesetzte Frist angemessen sein. Die Möglichkeit, bei Ausbleiben einer Äußerung „nach Lage der Sache" zu entscheiden, ist nach § 75 Abs. 3 S. 2 nicht zwingend, sondern steht im Ermessen des Beschwerdegerichts („kann").

16   Erfolgt Sachvortrag eines Beteiligten derart spät, dass den anderen Verfahrensbeteiligten bis zum Schluss der (letzten) mündlichen Verhandlung keine Erwiderung mehr zumutbar ist, so muss dieses Vorbringen bei der Entscheidungsfindung nicht nur unberücksichtigt bleiben, es löst auch keine Amtsermittlungspflicht des Gerichts aus.[13] Verspätetes Vorbringen darf auch nicht mehr zum Nachteil der anderen Verfahrensbeteiligten verwertet werden.[14] Dies gilt auch dann, wenn im Nachprüfungsverfahren nicht mehr um die Zuschlagserteilung, sondern mit einem Feststellungsbegehren nur noch um eine Rechtsverletzung im Vergabeverfahren gestritten wird (§ 178 S. 3).

17   **2. Anwendung von Vorschriften zum kartellrechtlichen Beschwerdeverfahren. a) Mündliche Verhandlung.** Eine mündliche Verhandlung ist für die Entscheidung „über die Beschwerde" nach Abs. 2 S. 1 iVm § 65 Abs. 1 vorgeschrieben. Die Entscheidung des OLG darf nur auf Tatsachen und Beweismittel gestützt werden, die Gegenstand der mündlichen Verhandlung waren. Ohne mündliche Verhandlung kann entschieden werden, wenn die Beteiligten (auch die von der Vergabekammer Beigeladenen) darauf übereinstimmend verzichten (§ 65 Abs. 1 Hs. 2); ein

---

[12]   OLG Schleswig Beschl. v. 8.1.2013 – 1 W 51/12, ZfBR 2013, 308 (309) = VergabeR 2013, 520.
[13]   OLG Düsseldorf Beschl. v. 19.11.2003 – VII-Verg 22/03, VergabeR 2004, 248 mAnm *Reidt* VergabeR 2004, 252 f.
[14]   OLG Düsseldorf Beschl. v. 19.11.2003 – VII-Verg 22/03, VergabeR 2004, 248.

solcher Verzicht ist nach Eingang bei Gericht unwiderruflich. Der Anwendung der Vorschriften über das schriftliche Verfahren (§ 128 Abs. 2 ZPO) bedarf es daneben nicht. Die mündliche Verhandlung findet vor dem (kompletten) Vergabesenat statt. Zulässig ist auch ein Erörterungstermin durch den Berichterstatter.

Eine Entscheidung ohne mündliche Verhandlung ist zulässig, wenn die zu treffende Entscheidung des Beschwerdegerichts nur noch die Kosten,[15] die Kostenfestsetzung oder die Notwendigkeit der Hinzuziehung eines Bevollmächtigten betrifft. Dann wird nicht mehr „über die Beschwerde" iSd § 65 Abs. 1 entschieden.[16] Weiter wird über Anträge nach § 169 Abs. 2 S. 6, § 173 Abs. 1 S. 3, § 176 Abs. 3 S. 3 („kann"), über (isolierte) Wiedereinsetzungsanträge[17] sowie bei Zwischenentscheidungen über die Beiladung und über Akteneinsichtsanträge ohne mündliche Verhandlung entschieden. 18

Eine mündliche Verhandlung ist analog § 125 Abs. 2 VwGO bzw. § 522 Abs. 1 S. 1 ZPO nicht erforderlich, wenn die sofortige Beschwerde unzulässig ist (zB wegen Form- oder Fristmängeln, § 172).[18] Auch vor einer Entscheidung ohne mündliche Verhandlung muss rechtliches Gehör gewährt werden. 19

b) Untersuchungsgrundsatz. Die Anwendungsvoraussetzungen des Nachprüfungs- und Beschwerdeverfahrens (§§ 98–109: Vergaberechtsweg, öffentlicher Auftraggeber, öffentlicher Auftrag, Schwellenwert[19]) sind stets von Amts wegen zu prüfen. Im Übrigen verpflichtet der Untersuchungsgrundsatz (§ 75 Abs. 1–3) das Beschwerdegericht nicht, sich „ungefragt" auf Fehlersuche im Vergabeverfahren zu begeben. Vielmehr sind nur die Vergaberechtsverstöße zu untersuchen, die unter Beachtung des § 160 Abs. 3 gerügt worden sind. Das Beschwerdegericht darf also Vergaberechtsverstöße, die nicht oder verspätet gerügt worden sind und im Verfahren vor der Vergabekammer keine Rolle gespielt haben, in seine Untersuchung und Entscheidung nicht mehr einbeziehen.[20] Den erstinstanzlich (bei der Vergabekammer) erhobenen Beanstandungen muss das Beschwerdegericht allerdings (von Amts wegen) nachgehen, auch wenn sie bisher erfolglos geblieben sind. Einer erneuten ausdrücklichen Geltendmachung im Beschwerdeverfahren bedarf es insoweit nicht.[21] 20

Gemäß § 75 Abs. 1 erforscht der Vergabesenat den **Sachverhalt von Amts wegen;** an den Vortrag der Beteiligten oder an den von der Vergabekammer festgestellten Sachverhalt ist er nicht gebunden. Das Beschwerdegericht ist deshalb befugt, Beweise auch ohne Beweisantrag oder -anregung in dem Umfang zu erheben, der für erforderlich erachtet wird. Der Umfang der **Amtsermittlungspflicht** des Beschwerdegerichts ist in Anknüpfung an den Vortrag der Beteiligten zu bestimmen. Die Beteiligten haben im Rahmen ihrer Kenntnisse konkrete Fakten und Anhaltspunkte vorzutragen[22] (zur Mitwirkungsobliegenheit der Beteiligten → Rn. 13 ff.). Besondere Ermittlungsbemühungen sind nur geboten, wenn diese sich dem Gericht aufdrängen.[23] Dabei muss allerdings berücksichtigt werden, inwieweit dem Beteiligten die darzulegenden Umstände **zugänglich** sind. Das ist aus der Sicht der Bieter zB für die Unterlagen zur Angebotswertung nur eingeschränkt der Fall. Dementsprechend kann hier – ohne Gewährung von Akteneinsicht – nur die Darlegung von Anhaltspunkten für Wertungsfehler verlangt werden. Der Vergabestelle obliegen dann im Rahmen einer sekundären Darlegungslast substantiierte Angaben. Auf Beweislastgrundsätze kann zurückgegriffen werden, soweit die Beteiligten ihrer Pflicht zur (aktiven und zügigen) Mitwirkung an der Sachverhaltsaufklärung nicht oder unzureichend nachkommen.[24] In tatsächlicher Hinsicht ist auf die Situation zur Zeit der beabsichtigten Vergabeentscheidung abzustellen; im Rechtlichen wendet der Vergabesenat das zur Zeit seiner Entscheidung geltende Recht an.[25] 21

---

[15] OLG Jena Beschl. v. 30.1.2002 – 6 Verg 9/01, IBRRS 2003, 0489.
[16] OLG Düsseldorf Beschl. v. 20.7.2000 – Verg 2/99, NZBau 2001, 165 (Ls. 3).
[17] OLG Koblenz Beschl. v. 5.12.2005 – 1 Verg 5/05, BeckRS 2006, 00518.
[18] OLG München Beschl. v. 28.8.2019 – Verg 10/19, VergabeR 2020, 125; OLG Düsseldorf Beschl. v. 18.1.2000 – Verg 2/00, NZBau 2000, 596 (597).
[19] OLG Schleswig Beschl. v. 30.3.2004 – 6 Verg 1/03, ZfBR 2004, 620 (Ls.); OLG Rostock Beschl. v. 20.9.2006 – 17 Verg 9/06, VergabeR 2007, 394.
[20] Ob dies im Rahmen „geeigneter Maßnahmen" iSd § 168 Abs. 1 S. 1, die auch vom Beschwerdegericht getroffen werden können, ausnahmsweise anders ist, ist noch nicht abschließend geklärt.
[21] OLG Düsseldorf Beschl. v. 18.7.2001 – Verg 16/01, VergabeR 2001, 419 (Ls. 3); OLG Koblenz Beschl. v. 10.8.2000 – 1 Verg 2/00, NZBau 2000, 535 (Ls. 3).
[22] OLG Düsseldorf Beschl. v. 16.5.2001 – Verg 24/01, IBR 2001, 453 (Ls. 2).
[23] OLG Düsseldorf Beschl. v. 29.12.2001 – Verg 22/01, NZBau 2002, 578 (Ls. 4).
[24] Hier gelten die gleichen Grundsätze wie im Kartellverwaltungsverfahren (vgl. § 70 Abs. 3) und im Verwaltungsprozess (vgl. Kopp/Schenke/*Schenke*, VwGO § 86 Rn. 12).
[25] Inwieweit dazu auch die Landesvergabegesetze gehören, ist noch nicht abschließend geklärt; vgl. – bejahend – OLG Naumburg Beschl. v. 7.5.2002 – 1 Verg 19/01, ZfBR 2002, 618 f. sowie OLG Naumburg Beschl. v. 10.9.2002 – 1 Verg 5/02, NZBau 2003, 296 (Ls. 2). Vgl. ferner *v. Loewenich* ZfBR 2004, 23 ff.

22 **c) Entscheidungsgrundlage.** Das Beschwerdegericht entscheidet nach Abs. 2 iVm § 76 Abs. 1 S. 1 auf der Entscheidungsgrundlage seiner freien, aus dem Gesamtergebnis des Verfahrens und der ggf. erfolgten **Amtsermittlung** gewonnenen Überzeugung (§ 286 ZPO). Die Amtsermittlung ist durch das Rechtsschutzziel des Beschwerdeführers determiniert. Allerdings kann der Vergabesenat im Laufe des Verfahrens auftretende offensichtliche und gravierende Vergabefehler in seine Überprüfung einbeziehen.[26]

23 Die gerichtliche **Hinweispflicht** (§ 75 Abs. 2) dient einer zügigen und sachgerechten Erledigung des Beschwerdeverfahrens. Soweit durch Amtsermittlung oder im Wege der Beweiserhebung Tatsachen zu würdigen sind, bedarf es auch unter dem Aspekt der Gewährung rechtlichen Gehörs keines – vor der Beschwerdeentscheidung zu erteilenden – Hinweises auf das voraussichtliche Ergebnis der Tatsachen-/Beweiswürdigung.[27] Anders kann es – ausnahmsweise – sein, wenn das Gericht einem erkennbaren Beweisangebot eines Beteiligten oder einer Aufklärungsmöglichkeit nicht (mehr) nachgeht und später zu dem Ergebnis kommt, dass die Tatsachengrundlage für eine dem Beteiligten günstige Entscheidung doch nicht ausreicht; in diesem Fall sind zur Vermeidung einer Überraschungsentscheidung ein Hinweis und ggf. auch eine erneute mündliche Verhandlung erforderlich.

24 **d) Begründung der Beschwerdeentscheidung.** Die Begründung der Beschwerdeentscheidung gem. § 76 Abs. 6 wird in der Praxis in Anlehnung an § 540 ZPO strukturiert. Im Falle einer Divergenzvorlage (§ 179 Abs. 2) oder eines Vorabentscheidungsersuchens an den EuGH (Art. 267 AEUV) muss die Begründung die Divergenz bzw. die Auslegungsfrage zum EU-Recht angeben. Für einen evtl. nachfolgenden Schadensersatzprozess sind die tatsächlichen Feststellungen und die „tragenden Gründe" des OLG-Beschlusses bindend (§ 179 Abs. 1); die Entscheidungsbegründung muss deshalb die Grenzen der Bindungswirkung erkennen lassen. Unter den Voraussetzungen des § 313a Abs. 1 ZPO können die Beteiligten einer Entscheidung ohne Tatbestand und Gründe zustimmen.[28]

25 Einer Rechtsmittelbelehrung bedarf es nicht, weil die Entscheidung des OLG unanfechtbar ist; darauf kann („nachrichtlich") hingewiesen werden. Die Möglichkeit einer Vorlage an den BGH (§ 179 Abs. 2) ist kein „Rechtsmittel"; die Beteiligten können eine solche uU anregen. Für die (bei nicht erfolgender BGH-Vorlage) Vorlagepflicht des letztinstanzlichen Gerichts nach Art. 267 AEUV gilt Entsprechendes.

26 Der Beschluss ist den Beteiligten (nicht auch der Vergabekammer) zuzustellen (§ 76 Abs. 6). Er erwächst (inter partes) in Rechtskraft.

27 **e) Anhörungsrüge.** Gemäß Abs. 2 iVm § 69 ist gegen die Entscheidung des Vergabesenats die Anhörungsrüge gegeben. Diese ist zur Rechtswegerschöpfung erforderlich, bevor wegen eines Gehörsverstoßes (Art. 103 Abs. 1 GG) Verfassungsbeschwerde erhoben werden kann.

IV. Verweisungen auf das allgemeine Prozessrecht

28 **1. Verweisungsnormen.** In Abs. 2 und in § 72 wird auf die
 – §§ 169–201 GVG (Öffentlichkeit, Sitzungspolizei, Gerichtssprache, Beratung, Abstimmung, Rechtsschutz bei überlangen Gerichtsverfahren)
 – §§ 41–49 ZPO (Ausschließung und Ablehnung eines Richters),
 – §§ 78–90 ZPO (Prozessbevollmächtigte und Beistände),
 – §§ 166–190 ZPO (Zustellungen von Amts wegen),
 – §§ 217–229 ZPO (Ladungen, Termine und Fristen; außer § 227 Abs. 3 ZPO [Abs. 2 iVm § 113 Abs. 2 S. 1]),
 – §§ 141, 273 Abs. 2 Nr. 3 ZPO (Anordnung des persönlichen Erscheinens),
 – §§ 147, 260 ZPO (Verbindung mehrerer Prozesse),
 – §§ 373–414 ZPO (Zeugen u. Sachverständigenbeweis),
 – §§ 415 ff., 445 ff. ZPO (sonstige Arten des Beweisverfahrens),
 – §§ 233–238 ZPO (Wiedereinsetzung, Fristversäumnis)
verwiesen.

29 **2. Prüfung der Beschwerde.** Der Vergabesenat entscheidet in der Besetzung von **drei Berufsrichtern** (§ 171 Abs. 3 S. 2, § 122 GVG). Der Senat kann einem Einzelrichter die Vorbereitung der Entscheidung gem. § 527 Abs. 1 und 2 ZPO zuweisen; dieser kann in einem Erörterungstermin durchführen sowie eine außergerichtliche Einigung anregen. Hat die Vergabekammer die Entscheidung gem. § 157 Abs. 3 S. 1 ihrem Vorsitzenden oder dem hauptamtlichen Beisitzer zur alleinigen

---

[26] Vgl. Beck VergabeR/*Willner* Rn. 16.
[27] KG Beschl. v. 14.3.2014 – Verg 10/13, BeckRS 2014, 08185.
[28] OLG Schleswig Beschl. v. 18.2.2011 – 1 Verg 11/10, BeckRS 2011, 17663.

Entscheidung übertragen, kann auch im Beschwerdeverfahren entsprechend § 526 Abs. 1 Nr. 1 ZPO eine **Einzelrichterübertragung** erfolgen. Mit Zustimmung aller Beteiligten kann der Einzelrichter entsprechend § 527 Abs. 4 ZPO auch im Übrigen entscheiden.[29]

3. Entsprechende Anwendung der VwGO. Die Verweisung in Abs. 2 iVm § 72 ist iÜ lückenhaft. Da die anwendbaren ZPO-Vorschriften im Gesetzestext ausdrücklich bezeichnet sind, ist zu klären, wie weitere Regelungslücken geschlossen werden können. Dazu bietet sich die entsprechende Anwendung der VwGO an, denn im Beschwerdeverfahren wird ein in der Form eines Verwaltungsakts ergehender Beschluss der Vergabekammer (§ 168 Abs. 3) angegriffen. Verwaltungsprozessuale Strukturen sind auch im Hinblick auf die Beiladung (§§ 162, 174), den Amtsermittlungsgrundsatz (→ Rn. 37, 38) und das mit § 80 Abs. 5 VwGO, § 80a VwGO vergleichbare Verfahren nach § 173 Abs. 1 S. 3, § 176 festzustellen.

V. Verfahrensrechtliche Fragen

1. Rechtsweg(-verweisung). Der Vergabesenat kann die Verweisung einer Sache in den richtigen Rechtsweg und an den richtigen Spruchkörper (§ 17a Abs. 2 S. 2 GVG) beschließen.[30] Auf eine fehlende örtliche Zuständigkeit der Vergabekammer kann die Beschwerde nicht gestützt werden, wenn diese nicht zuvor im Verfahren vor der Vergabekammer geltend gemacht worden war (entspr. § 55 Abs. 2).[31] Das OLG kann eine Beschwerde nur bei rechtlich unhaltbaren Zuständigkeitsmängeln verweisen.[32]

2. Prüfungsprogramm. Das Beschwerdegericht prüft auch, ob durch die angegriffene Entscheidung der Vergabekammer eine „Beschwer" für den Beschwerdeführer begründet wird. Das ist zB nicht der Fall, wenn das mit der sofortigen Beschwerde verfolgte Begehren nicht Gegenstand des Verfahrens vor der Vergabekammer war[33] oder nur die Begründung der Vergabekammer-Entscheidung angegriffen wird, ohne dass sich dies auf das Ergebnis auswirkt. Unzulässig ist eine Erweiterung des Beschwerdeangriffs nach Ablauf der Beschwerdefrist.

Eine **Streitverkündung** an Beteiligte im Vergabeverfahren (§§ 72 ff. ZPO) ist ausgeschlossen; ihre Funktion wird durch Beiladung (§ 162) ersetzt.

3. Hinweispflichten des Beschwerdegerichts. Wie im Fall des § 139 ZPO, hat auch das Beschwerdegericht nach Abs. 2 iVm § 75 Abs. 2 Hinweispflichten, um das rechtliche Gehör zu gewährleisten und eine gerechte Entscheidung des Gerichts zu erreichen.[34] Das Gericht ist aber nicht verpflichtet, von sich aus auf alle denkbaren Aspekte des zu entscheidenden Falles hinzuweisen oder Rechtsberatung zu erteilen. **Befangenheit** kann aus der Erteilung von Hinweisen nur dann abgeleitet werden, wenn diese deutlich einseitig erfolgt. Der Anwaltszwang führt auch dann zu keiner erweiterten Hinweispflicht des Gerichts, wenn ein Verfahrensbevollmächtigter die Rechtslage ersichtlich falsch beurteilt.[35]

4. Weitere Verfahrensvorschriften. Die Verfahrensvorschriften über die mündliche Verhandlung, vorbereitende Schriftsätze, verspätetes Vorbringen und Protokollierung (§§ 128 ff., 159 ff. ZPO) sind auch ohne ausdrückliche Verweisung im Beschwerdeverfahren entsprechend anwendbar. Entsprechend § 73 Abs. 1 S. 2 kann die Beschwerde auf neue Tatsachen und Beweismittel gestützt werden, soweit diese nicht auf präkludierten Rügen beruhen. In der Regel ist im Beschwerdeverfahren eine mündliche Verhandlung erforderlich. Abweichungen sind im Einverständnis der Beteiligten möglich (§ 65 Abs. 1). Die Erklärung über den **Verzicht auf eine mündliche Verhandlung** ist bedingungsfeindlich und nach Eingang bei Gericht unwiderruflich. Der Vergabesenat kann auch in Abwesenheit der Beteiligten verhandeln (§ 65 Abs. 2).

Für die Zurückweisung verspäteten Vorbringens gelten die speziellen Vorschriften in Abs. 2 iVm § 75 Abs. 3. Eine Verfahrensaussetzung (§§ 148 ff. ZPO) kommt wegen des Beschleunigungsgrundsatzes (Abs. 2 iVm § 167 Abs. 1) grundsätzlich nicht in Betracht, wohl aber ein beiderseits beantragtes Ruhen des Verfahrens (§ 251 ZPO).

---

[29] *Wilke* NZBau 2005, 380 mwN bei Fn. 22–24.
[30] BGH Beschl. v. 10.12.2019 – XIII ZB 119/19, NZBau 2020, 313; KG Beschl. v. 21.11.2002 – KartVerg 7/02, NZBau 2004, 345 (zu einer Verweisung an das Kartellgericht gem. § 87 Abs. 1); der Beschluss der Vergabekammer ist ggf. aufzuheben.
[31] OLG Schleswig Beschl. v. 13.4.2006 – 1 (6) Verg 10/05, WuW/E Verg 1233.
[32] OLG Schleswig Beschl. v. 28.6.2016 – 54 Verg 2/16, NZBau 2016, 593.
[33] OLG Naumburg Beschl. v. 1.11.2000 – 1 Verg 7/00, BeckRS 2000, 31024414.
[34] BVerfGE 42, 73 f.
[35] OLG Düsseldorf Urt. v. 18.12.1991 – 19 U 16/91, NJW-RR 1992, 1404.

37 Die Antragstellung unterliegt nicht § 297 ZPO; dem **Offizialcharakter** des Beschwerdeverfahrens entsprechend ist eine ausdrückliche Antragstellung in der mündlichen Verhandlung entbehrlich, wenn sich Gegenstand und Ziel des Nachprüfungs- und Beschwerdebegehrens aus den Schriftsätzen (unter Beachtung des § 172 Abs. 2 Nr. 1) und dem Verfahrensverlauf hinreichend klar ergeben.[36] Im Falle der Säumnis eines Beteiligten im Termin kommt es daher auf die Fassung der Anträge nicht entscheidend an, denn es kann ohne die Beteiligten verhandelt und entschieden werden (vgl. § 65 Abs. 2);[37] ein „Säumnisbeschluss" analog §§ 330 ff. ZPO ist ausgeschlossen. Allerdings ist im Falle der Säumnis die ordnungsgemäße Ladung des betroffenen Beteiligten zu prüfen.

38 **5. Beweiserhebung.** Das Beschwerdegericht kann im Rahmen der Amtsermittlung (Abs. 2 iVm § 75 Abs. 1) oder auf entsprechende Anträge der Beteiligten Beweiserhebungen durchführen; dies belegen die Verweisungen auf die §§ 373–414 ZPO (Zeugen und Sachverständige) und die §§ 415 ff., 445 ff. ZPO (sonstige Beweisverfahren). An Beweisanträge der Beteiligten ist das Beschwerdegericht nicht gebunden; es kann die Sachaufklärung – im Rahmen der gerügten Vergabeverstöße – auch durch eigene Recherchen oder durch die Einholung von Auskünften, Beiziehung von Akten oder von technischen Unterlagen, Anforderung von Fotos oder in anderer Weise herbeiführen. Soweit es danach noch auf Beweisfragen ankommt, liegt die Beweislast nach allgemeinen Grundsätzen bei dem durch die Klärung begünstigten Beteiligten.[38]

39 **6. Entscheidung des Beschwerdegerichts. a) Beschluss.** Das Beschwerdeverfahren wird durch einen Beschluss des Vergabesenats beim OLG abgeschlossen (§ 178). Der abschließenden Entscheidung können Vorlage- (§ 179 Abs. 2, Art. 267 AEUV) und Zwischenentscheidungen – zB über Eilanträge nach § 173 Abs. 1 S. 3, § 176, Verfahrensaussetzungen, Beiladungen oder über Akteneinsichtsanträge – vorausgehen. Maßgeblicher Zeitpunkt für die Entscheidung des Beschwerdegerichts ist in tatsächlicher Hinsicht die Situation zur Zeit der beabsichtigten Vergabeentscheidung, in rechtlicher Hinsicht wendet der Vergabesenat das zur Zeit seiner Entscheidung geltende Recht an.[39] Das Beschwerdeverfahren kann auch durch gerichtlichen Vergleich beendet werden (§ 278 Abs. 6 ZPO).

40 **b) Rechtsmittel.** Gegen die Beschwerdeentscheidung des Vergabesenats sind keine weiteren Rechtsmittel gegeben. Als Korrekturmöglichkeit bleibt nur eine Berichtigung (§ 320 Abs. 1 ZPO, § 321 ZPO), die auch tatbestandliche Elemente der Gründe betreffen kann. Eine Vorlage nach § 179 Abs. 2 kann von den Beteiligten nur angeregt werden.

41 **c) Anhörungsrüge.** Als außerordentlicher Rechtsbehelf ist eine Anhörungsrüge (Abs. 2 iVm § 69) zulässig. Die Anhörungsrüge gehört zum Rechtsweg des § 90 Abs. 2 S. 1 BVerfGG, der grundsätzlich ausgeschöpft werden muss, bevor Verfassungsbeschwerde wegen eines Verstoßes gegen Art. 103 Abs. 1 GG erhoben werden kann. Eine Gegenvorstellung bleibt daneben möglich, allerdings nur für außerhalb des § 69 liegende „greifbar" gesetzwidrige und gravierende Mängel der Entscheidung des Vergabesenats.[40] Wird gegen die Endentscheidung des Vergabesenats (§ 178) eine Anhörungsrüge erhoben und hat diese Erfolgsaussichten, ist die Vollziehung des Beschlusses nach § 178 auszusetzen.[41]

42 **d) Kosten, Streitwert.** Das Beschwerdegericht hat zugleich von Amts wegen über die Kosten des Beschwerdeverfahrens einschließlich der Gerichtskosten[42] und der außergerichtlichen Auslagen der Beteiligten und den Streitwert (s. § 50 Abs. 2 GKG, § 23 RVG) zu entscheiden. Die §§ 171 ff. enthalten keine eigene Kostenbestimmung für die Beschwerdeentscheidung, in Abs. 2 wird insoweit auf **§ 71** verwiesen. Zu den Kosten des Beschwerdeverfahrens gehören auch die Kosten eines Verfahrens nach § 173 Abs. 1 S. 3 bzw. nach § 176.[43] Die Kosten eines Verfahrens nach § 169 Abs. 2 S. 4 sind keine Kosten „des Beschwerdeverfahrens"; darüber ist entsprechend § 182 Abs. 3 und 4 zu entscheiden.

43 Im Beschwerdeverfahren entspricht es in der Regel der Billigkeit, dem unterlegenen Beschwerdeführer die Kosten des Beschwerdeverfahrens aufzuerlegen (§ 71 S. 2 Alt. 1); besondere Umstände

---

[36] Vgl. BVerwG Beschl. v. 28.6.1974 – II B 81/73, NJW 1974, 1916.
[37] Eine Vertagung ist zur Gewährung rechtlichen Gehörs zu prüfen, wenn ein Beteiligter ohne Verschulden an der Teilnahme am Termin gehindert war.
[38] Vgl. VK Sachsen Beschl. v. 20.8.2004 – 1/SVK/067-04, IBRRS 2004, 3470 (zu Ausnahmetatbeständen für das Abweichen vom offenen Verfahren); zur Beweislastumkehr im Sekundärrechtsschutz vgl. OLG Schleswig Urt. v. 6.11.2011 – 6 U 50/01, ZfBR 2002, 186.
[39] Vgl. *Wilke* NZBau 2005, 380 ff.
[40] Vgl. BFH Beschl. v. 28.10.2009 – V S 20/08, BeckRS 2009, 25015768 mwN.
[41] OLG Düsseldorf Beschl. v. 20.6.2017 – Verg 36/16, IBR-online.
[42] BGH Beschl. v. 8.2.2011 – X ZB 4/10, NZBau 2011, 175.
[43] OLG Schleswig Beschl. v. 8.5.2007 – 1 Verg 2/07, IBR 2007, 388.

können im Einzelfall eine abweichende Entscheidung begründen (zB in Fällen, in denen im Beschwerdeverfahren erstmals Argumente vorgebracht werden, die schon im Verfahren vor der Vergabekammer hätten vorgebracht werden können, oder bei sonstigem [prozessualen] Verschulden).[44] Der Rechtsgedanke des § 93 ZPO findet bei der Billigkeitsentscheidung nach § 71 S. 1 keine Anwendung.[45] Für die Kosten des (mit) obsiegenden Beigeladenen gilt § 71 S. 1; damit kann zwischen einem aktiven, sich durch eigene Streitbeteiligung (und Antragstellung) und einem passiven Beigeladenen – nach Billigkeit – differenziert werden.[46] Die aktive Beteiligung des Beigeladenen am Beschwerdeverfahren ist – wie im Verwaltungsprozess (§ 154 Abs. 3 VwGO, § 162 Abs. 3 VwGO) – ein sachgerechter Anknüpfungspunkt für die nach Billigkeit vorzunehmende Kostenentscheidung. Wird der (passive) Beigeladene in der Kostenentscheidung nicht angesprochen, hat dies zur Folge, dass er seine Auslagen selbst trägt, aber auch nicht mit Kosten oder Auslagen belastet werden kann.[47]

Im Falle einer **Beschwerderücknahme** ist die Kostenentscheidung ebenfalls nach § 71 S. 1 zu treffen. Wird nicht (nur) die Beschwerde, sondern (auch) der Nachprüfungsantrag zurückgenommen, ist über die Kosten des Verfahrens vor der Vergabekammer nach § 182 und über die Kosten des Beschwerdeverfahrens nach § 71 S. 1 zu entscheiden. Hat sich das Beschwerdeverfahren – etwa durch eine (endgültige) Aufhebung der Ausschreibung – **erledigt**, kommt es für die Kostenentscheidung auf die Erfolgsaussichten der sofortigen Beschwerde im Zeitpunkt des erledigenden Ereignisses an. Dabei ist jedoch nur noch eine summarische Prüfung erforderlich, denn nach Erledigung der Hauptsache bedarf es keiner abschließenden, ins Einzelne gehenden Klärung von Tatsachen- oder Rechtsfragen mehr. Erscheint danach der Verfahrensausgang offen, sind die Kosten im Zweifel gegeneinander aufzuheben.[48] 44

Die Kostenfestsetzung erfolgt entsprechend §§ 103–107 ZPO. 45

e) Vollstreckung. Wird durch den Beschluss des Beschwerdegerichts der Beschluss der Vergabekammer bestätigt, ist dieser Grundlage einer evtl. erforderlichen Vollstreckung; diese richtet sich nach Verwaltungsvollstreckungsrecht.[49] Das Gleiche gilt, wenn durch den Beschluss des Vergabesenats der Beschluss der Vergabekammer abgeändert wird. Vollstreckungsgrundlage bleibt dann dieser in der Form eines Verwaltungsaktes ergehende (geänderte) Beschluss (§ 168 Abs. 3 S. 1). Wird in anderen Fällen die Entscheidung der Nachprüfungsinstanzen missachtet, kommt uU auch eine Nichtigkeit der Maßnahmen der Vergabestelle gem. § 138 BGB in Betracht.[50] 46

§ 176 Vorabentscheidung über den Zuschlag

(1) ¹Auf Antrag des Auftraggebers oder auf Antrag des Unternehmens, das nach § 134 vom Auftraggeber als das Unternehmen benannt ist, das den Zuschlag erhalten soll, kann das Gericht den weiteren Fortgang des Vergabeverfahrens und den Zuschlag gestatten, wenn unter Berücksichtigung aller möglicherweise geschädigten Interessen die nachteiligen Folgen einer Verzögerung der Vergabe bis zur Entscheidung über die Beschwerde die damit verbundenen Vorteile überwiegen. ²Bei der Abwägung ist das Interesse der Allgemeinheit an einer wirtschaftlichen Erfüllung der Aufgaben des Auftraggebers zu berücksichtigen; bei verteidigungs- oder sicherheitsspezifischen Aufträgen im Sinne des § 104 sind zusätzlich besondere Verteidigungs- und Sicherheitsinteressen zu berücksichtigen. ³Die besonderen Verteidigungs- und Sicherheitsinteressen überwiegen in der Regel, wenn der öffentliche Auftrag oder die Konzession im unmittelbaren Zusammenhang steht mit
1. einer Krise,
2. einem mandatierten Einsatz der Bundeswehr,
3. einer einsatzgleichen Verpflichtung der Bundeswehr oder
4. einer Bündnisverpflichtung.
⁴Das Gericht berücksichtigt bei seiner Entscheidung auch die Erfolgsaussichten der sofortigen Beschwerde, die allgemeinen Aussichten des Antragstellers im Vergabeverfahren, den öffentlichen Auftrag oder die Konzession zu erhalten, und das Interesse der Allgemeinheit an einem raschen Abschluss des Vergabeverfahrens.

---

[44] BGHZ 188, 200 ff. Rn. 79 = NZBau 2011, 175.
[45] OLG Frankfurt a. M. Beschl. v. 4.8.2015 – 11 Verg 4/15, NZBau 2015, 794.
[46] Ziekow/Völlink/*Frister* Rn. 24.
[47] jurisPK-VergabeR/*Summa* Rn. 83.
[48] OLG Frankfurt a. M. Beschl. v. 15.7.2015 – 11 Verg 1/15, VergabeR 2015, 841.
[49] OLG Naumburg Beschl. v. 27.4.2005 – 1 Verg 3/05, NZBau 2005, 485.
[50] Vgl. KG Beschl. v. 11.11.2004 – 2 Verg 16/04, VergabeR 2005, 236.

(2) ¹Der Antrag ist schriftlich zu stellen und gleichzeitig zu begründen. ²Die zur Begründung des Antrags vorzutragenden Tatsachen sowie der Grund für die Eilbedürftigkeit sind glaubhaft zu machen. ³Bis zur Entscheidung über den Antrag kann das Verfahren über die Beschwerde ausgesetzt werden.

(3) ¹Die Entscheidung ist unverzüglich, längstens innerhalb von fünf Wochen nach Eingang des Antrags zu treffen und zu begründen; bei besonderen tatsächlichen oder rechtlichen Schwierigkeiten kann der Vorsitzende im Ausnahmefall die Frist durch begründete Mitteilung an die Beteiligten um den erforderlichen Zeitraum verlängern. ²Die Entscheidung kann ohne mündliche Verhandlung ergehen. ³Ihre Begründung erläutert Rechtmäßigkeit oder Rechtswidrigkeit des Vergabeverfahrens. ⁴§ 175 ist anzuwenden.

(4) Gegen eine Entscheidung nach dieser Vorschrift ist ein Rechtsmittel nicht zulässig.

Schrifttum: *Gröning*, Die Gestattung des Zuschlags im Eilverfahren nach Interessenabwägung, VergabeR 2003, 290; *Hertwig/Kast*, Zur Vorabgestattung, VergabeR 2002, 168; *Opitz*, Das Eilverfahren, NZBau 2005, 213.

Übersicht

	Rn.		Rn.
I. Hintergrund der Regelung	1	e) Beschwer	22
1. Beschleunigtes Hauptsacheverfahren	1	3. Entscheidungsfrist	23
2. Rechtsmittelrichtlinie	3	4. Verfahrensgrundsätze	24
3. Verfahren nach § 169 Abs. 2	4	5. Aussetzung des Beschwerdeverfahrens (Abs. 2 S. 3)	26
II. Antragsvoraussetzungen	6	IV. Entscheidungsmaßstab und Entscheidung	27
1. Ausgangslage	6		
2. Verhältnis zu § 173 Abs. 1 S. 3	10	1. Entscheidungsprogramm	27
3. Anordnungen der Vergabekammer und § 176	12	a) Abwägungsvorgaben	28
		b) Struktur	29
		c) Erfolgsprognose	32
4. Darlegung der Eilbedürftigkeit	13	d) Interessenabwägung	36
III. Antragstellung und Entscheidung	14	e) Ermessen	39
		f) Maßgeblicher Zeitpunkt	40
1. Antrag	14	2. Beschluss	41
2. Antragsberechtigte	15	a) Entscheidungsinhalt und weiteres Vergabeverfahren	41
a) Glaubhaftmachung	18		
b) Antragsfrist	19	b) Begründung	43
c) Rechtsschutzinteresse	20	c) Kosten, Vollstreckung	44
d) Begründung	21	d) Rechtsmittel	46

I. Hintergrund der Regelung

1. Beschleunigtes Hauptsacheverfahren. Bei einem Erfolg des Nachprüfungsantrages bei der Vergabekammer bleibt der Zuschlag verboten, bis das Beschwerdegericht den Beschluss der Vergabekammer aufhebt (§ 173 Abs. 3). Während der Dauer des Beschwerdeverfahrens kann der Auftraggeber im Wege des § 176 einer „unerträglichen Verzögerung"¹ entgegenwirken, indem die Gestattung des Zuschlags schon vor der (abschließenden) Beschwerdeentscheidung beantragt wird.

Die Vorschrift dient damit nicht einem „einstweiligen" Rechtsschutz des Bieters, denn die Zuschlagsgestattung führt zu einer endgültigen Regelung: Wird der Zuschlag vorzeitig gestattet, erledigt sich mit der Zuschlagserteilung das Nachprüfungsverfahren. Es entstehen „vollendete Tatsachen", denn ein nach § 176 gestatteter und (sodann) erteilter Zuschlag ist nicht mehr aufhebbar (§ 178 S. 4 iVm § 168 Abs. 2 S. 1). Bleibt der Antrag nach § 176 dagegen erfolglos, ist der Auftraggeber gehalten, binnen zehn Tagen die Maßnahmen zur Herstellung der Rechtmäßigkeit des Vergabeverfahrens zu ergreifen, die sich aus der Entscheidung des Beschwerdegerichts ergeben; andernfalls gilt das Vergabeverfahren als beendet (§ 177). Nach Ablauf der Zehn-Tages-Frist kommt – bei fortbestehender Vergabeabsicht – nur noch eine Neuausschreibung in Betracht.² Dieser Regelungszusammenhang gebietet es, dass das Beschwerdegericht bereits im Verfahren nach § 176 eine mög-

---

¹ BT-Drs. 13/9340, 21 (zu § 131 des Entwurfs eines VgRÄG).
² *Opitz* NZBau 2005, 213 (215).

lichst umfassende (und nicht nur eine „summarische") Klärung der Sach- und Rechtslage herbeiführt. Die Bewertung des Verfahrens mit dem Begriff „beschleunigtes Hauptsacheverfahren" ist von daher berechtigt.[3]

2. Rechtsmittelrichtlinie. Mit der Rechtsmittelrichtlinie 2007/66/EG vom 11.12.2007 ist § 176 vereinbar. Nach der Richtlinie sind die Nachprüfungsinstanzen „vor allem" befugt, aussetzende vorläufige Maßnahmen zu treffen. Damit sind andere, auch gegenläufige vorläufige Maßnahmen nicht ausgeschlossen, also auch solche, die – wie hier – der Förderung einer zeitnahen Vergabeentscheidung dienen.[4]

3. Verfahren nach § 169 Abs. 2. Im Verfahren bei der Vergabekammer findet sich eine vergleichbare Regelung in § 169 Abs. 2; gibt die Vergabekammer dem Antrag auf Zuschlaggestattung statt, kann das Beschwerdegericht das Verbot des Zuschlags wieder herstellen. Lehnt die Kammer die vorzeitige Zuschlagsgestattung ab, kann das Beschwerdegericht diesen (schon mit Wirkung für das Verfahren vor der Vergabekammer) gestatten (§ 169 Abs. 2 S. 6 und 7).

Der Gleichklang der Regelungen von § 169 Abs. 2 und § 176 ist auch durch das Gesetz zur beschleunigten Beschaffung im Bereich der Verteidigung und Sicherheit und zur Optimierung der Vergabestatistik (Gesetz v. 25.3.2020, BGBl. 2020 I 674) beibehalten worden. Die Ergänzung des S. 3 in § 169 Abs. 2 entspricht wortgleich der Ergänzung in § 176 Abs. 1 (und ebenso der Ergänzung in § 173 Abs. 2 S. 3).

II. Antragsvoraussetzungen

1. Ausgangslage. Ein Antrag nach § 176 setzt eine (noch) anhängige, zulässige sofortige Beschwerde voraus. Ein zuvor gestellter (erfolgloser) Antrag bei der Vergabekammer nach § 169 Abs. 2 gehört dagegen nicht zu den Voraussetzungen eines Antrags nach § 176. Der Antragsteller ist auch nicht mit dem Vorbringen präkludiert, das er bereits bei der Vergabekammer hätte anbringen können.[5] Hat die Vergabekammer dem Nachprüfungsantrag stattgegeben und ist dagegen eine sofortige Beschwerde des Auftraggebers und/oder des nach der Information gem. § 134 Abs. 1 für eine Zuschlagerteilung vorgesehenen (beigeladenen) Bieters eingelegt worden, ist der Antrag nach § 176 zur Überwindung des Zuschlagsverbots nach § 173 Abs. 3 statthaft. Ein Antrag nach § 176 kommt auch bei einem Streit um die Rechtswirksamkeit einer bereits erfolgten Zuschlagserteilung in Betracht.[6]

Nach Ergehen der Hauptsacheentscheidung über die sofortige Beschwerde (§§ 171, 178) bedarf es keiner Vorabgestattung des Zuschlags mehr; eine bereits ergangene Entscheidung nach § 176 wird gegenstandslos. Besteht Streit über die (vergaberechtliche) Wirksamkeit eines Vertrages (vgl. § 135 Abs. 1), kann im Wege des § 176 nicht die (vorläufige) Gestattung des weiteren Vollzugs des streitigen Vertrages erreicht werden.[7]

Antragsziel wird in der Regel die sofortige Gestattung des Zuschlags sein. Das umfasst auch den Fall, den Zuschlag erst nach einer (im Beschluss der Vergabekammer angeordneten) Neubewertung der Angebote zu erteilen oder den Zuschlag „frei" von Auflagen oder Anordnungen, die im Beschluss der Vergabekammer getroffen worden sind, zu erteilen.[8] Innerhalb der Zwei-Wochen-Frist nach § 173 Abs. 1 S. 2 kommt ein Antrag nach § 176 in Betracht, um diese Frist (bei entsprechend *hohem* Eilbedarf) zu verkürzen.

Auf den **Teilnahmewettbewerb** ist § 176 nicht anwendbar, da dieser noch nicht zu einer Zuschlags- bzw. Auftragserteilung führt. Ist nach der Auswahlentscheidung der Vergabestelle die Angebotswertung fortgesetzt und abgeschlossen worden, kann die Vergabestelle aber in Bezug auf die dann zu treffende Auftragsentscheidung einen Antrag nach § 176 stellen.

2. Verhältnis zu § 173 Abs. 1 S. 3. Einem Antrag nach § 176 kann kein Erfolg beschieden sein, nachdem – zuvor – ein Antrag nach § 173 Abs. 1 S. 3 auf Verlängerung der aufschiebenden Wirkung positiv beschieden worden ist. Mit einer Entscheidung nach § 173 Abs. 1 S. 3 ist (im Rahmen der – damit verbundenen – Interessenabwägung gem. § 173 Abs. 2 S. 2 (→ § 173 Rn. 69)) die Rechtfertigung einer sofortigen Zuschlagserteilung bereits implizit („spiegelbildlich") abgelehnt

---

[3] Krit. Gröning ZIP 1998, 270 (375): „sinnverkehrtes Eilverfahren".
[4] OLG Celle Beschl. v. 13.3.2002 – 13 Verg 4/02, IBR 2002, 324 va Rn. 4.
[5] OLG Frankfurt a. M. Beschl. v. 5.3.2014 – 11 Verg 1/14, VergabeR 2014, 734 Rn. 46.
[6] Zu dieser Konstellation vgl. OLG Dresden Beschl. v. 11.7.2000 – WVerg 5/00, BauR 2001, 235 f.
[7] Vgl. OLG Naumburg Beschl. v. 7.1.2014 – 2 Verg 1/14, VergabeR 2014, 491 Rn. 23: ein solcher Antrag scheitert danach an einem fehlenden Rechtsschutzinteresse. Zweifelhaft ist – weitergehend –, ob § 176 auf diesen Fall überhaupt anwendbar ist.
[8] BayObLG Beschl. v. 1.10.2001 – Verg 6/01, VergabeR 2002, 63.

worden. Ein Antrag nach § 176 würde diese – unanfechtbare – Entscheidung in Frage stellen. Er ist deshalb unzulässig.[9] Eine Ausnahme kommt nur für den Fall in Betracht, dass nach der Entscheidung gem. § 173 Abs. 1 S. 3 neue Tatsachen bekannt werden, die Einfluss auf die Interessenabwägung haben können. Das ist ggf. im Einzelnen darzulegen.

11 Ist kein Antrag auf Verlängerung der aufschiebenden Wirkung der sofortigen Beschwerde gestellt worden (§ 173 Abs. 1 S. 3) oder wurde ein solcher Antrag abgelehnt, ist der Auftraggeber zwei Wochen nach Ablauf der Beschwerdefrist berechtigt, den Auftrag zu vergeben. Für einen Antrag nach § 176 fehlt dann das Rechtsschutzbedürfnis. Ein vorher gestellter Antrag nach § 176 erledigt sich.

12 **3. Anordnungen der Vergabekammer und § 176.** Außer dem Ziel einer (Vorab-)Gestattung des Zuschlags kann ein Antrag nach § 176 auch darauf gerichtet sein, Anordnungen der Vergabekammer, die der Herbeiführung der Zuschlagsreife entgegenstehen (zB Aufhebung der Ausschreibung) oder die zeitraubende ergänzende Vergabekriterien oder (neue) Bewertungen von Angeboten oder Angebotsteilen betreffen, zu überwinden, indem der von solchen Anordnungen der Vergabekammer freie Fortgang des Verfahrens angeordnet wird.[10] Auch solche Anordnungen können zu Verzögerungen des Vergabeverfahrens führen und den Fortgang des Vergabeverfahrens in der Phase vor dem Zuschlag oder der Auftragserteilung behindern.[11] Zu beachten bleibt allerdings, dass die Vergabestelle die Befolgung von Auflagen selbst „in der Hand" hat. Hat sie zB die von der Vergabekammer angeordnete Berücksichtigung des Angebots des Antragstellers bei einer erneuten Wertung vollzogen, gilt § 173 Abs. 3 nicht mehr und der Zuschlag darf erteilt werden. Evtl. ist eine neue Bieterinformation erforderlich (§ 134 Abs. 1). Für einen Eilantrag nach § 176 fehlt in diesem Fall das Rechtsschutzbedürfnis.

13 **4. Darlegung der Eilbedürftigkeit.** Die Gründe für eine besondere Eilbedürftigkeit der Zuschlagserteilung können auch nachträglich, während des laufenden Beschwerdeverfahrens, entstehen oder bekannt werden und dann Anlass geben, den (als solchen nicht fristgebundenen) Antrag nach § 176 zu stellen. Das ist ggf. darzulegen.

III. Antragstellung und Entscheidung

14 **1. Antrag.** Die Vorabentscheidung über den Zuschlag ergeht nur auf **Antrag**, der den besonderen Zulässigkeitsvoraussetzungen des Abs. 2 genügen muss.

15 **2. Antragsberechtigte.** Antragsberechtigt nach § 176 ist der öffentliche Auftraggeber, der im Verfahren vor der Vergabekammer (ganz oder teilweise) unterlegen ist. Ein „Unterliegen" liegt im Fall des Erfolgs des Nachprüfungsantrags vor, aber auch dann, wenn die Vergabekammer ihn zu einer Neubewertung der Angebote verpflichtet hat.

16 Ein **beigeladener Bieter** ist ebenfalls antragsberechtigt, wenn er nach § 134 Abs. 1 als derjenige benannt worden ist, der den Zuschlag erhalten soll. Seine Antragsberechtigung hängt weder davon ab, dass er zuvor beigeladen worden ist (§ 162) noch davon, dass er (zugleich auch) sofortige Beschwerde eingelegt hat. Der Antrag eines Bieters hat im Falle der Erfolglosigkeit nicht die Folgewirkungen des § 177. Für den Bieterantrag nach § 176 ist erforderlich, dass nach der Mitteilung nach § 134 keine Veränderungen – zB in der Zusammensetzung einer Bietergemeinschaft[12] – eingetreten sind.

17 Für die Antragstellung gilt Anwaltszwang (§ 175 Abs. 1; zum sog. „Behördenprivileg" → § 175 Rn. 4).

18 **a) Glaubhaftmachung.** Die entscheidungserheblichen Tatsachen, va die Gründe für die Eilbedürftigkeit, müssen nach Abs. 2 S. 2 glaubhaft gemacht werden (§ 294 ZPO). Dazu müssen präsente Beweismittel beigefügt sein, die nach Eingang des Antrages ohne Weiteres eine Beweiserhebung durch den Vergabesenat ermöglichen. Praktisch sind das nur Urkunden und eidesstattliche Versicherungen. Ein Antrag, der keine Begründung enthält und/oder dem keine zur Glaubhaftmachung geeigneten Mittel beigefügt sind, ist unzulässig. Ob die Glaubhaftmachung mit den präsenten Beweismitteln gelingt, ist eine Frage der Begründetheit. Die Beweismittel müssen eine überwiegende Wahrscheinlichkeit der Richtigkeit der entscheidungserheblichen Tatsachen ergeben.

19 **b) Antragsfrist.** Eine Frist ist für den Antrag nach § 176 nicht bestimmt. Der Antrag kann zugleich mit der sofortigen Beschwerde der Vergabestelle gestellt werden. Anders als im Fall des

---

[9] OLG Naumburg Beschl. v. 21.8.2003 – 1 Verg 9/03, ZfBR 2004, 101 (Ls.).
[10] BayObLG Beschl. v. 1.10.2001 – Verg 6/01, VergabeR 2002, 63 f.
[11] Vgl. *Opitz* NZBau 2005, 213 (215).
[12] Vgl. dazu OLG Düsseldorf Beschl. v. 18.10.2006 – VII-Verg 30/06, NZBau 2007, 254; anders im Fall einer Verschmelzung: s. OLG Schleswig Beschl. v. 13.4.2006 – 1 Verg 10/05, IBRRS 2006, 1108.

III. Antragstellung und Entscheidung

§ 80 Abs. 5 S. 2 VwGO ist ein Antrag schon *vor* Beschwerdeeinlegung nicht möglich.[13] Die Wiederholung des Antrags nach § 176 nach dessen (erstmaliger) Ablehnung als unbegründet ist bei gleichbleibender Sachlage ausgeschlossen.[14] Die Vergabestelle kann auf eine sofortige Beschwerde eines bei der Vergabekammer unterlegenen Bieters *sofort* mit einem Antrag nach § 176 „reagieren".

c) Rechtsschutzinteresse. Für einen Antrag der Vergabestelle nach § 176 besteht nur (so lange) ein Rechtsschutzinteresse, wie sie (noch) einem Zuschlagsverbot unterliegt. Das ist auch der Fall, wenn die Vergabekammer in ihrem Beschluss bestimmte Maßnahmen angeordnet hat (§ 168 Abs. 1 S. 1), etwa die Nachholung einer Eignungsprüfung oder die Neubewertung der Angebote. Mit einer solchen Anordnung wird zugleich ein Zuschlagsverbot ausgesprochen, das bis zu einer Entscheidung nach § 176 oder einer Aufhebung der Entscheidung der Vergabekammer nach § 178 fortdauert (§ 173 Abs. 3). Das Zuschlagsverbot erlischt, wenn die von der Vergabekammer angeordneten Maßnahmen erfüllt worden sind. Dann bedarf es keines Antrags der Vergabestelle nach § 176 mehr.[15] Allerdings ist § 134 Abs. 1 (Bieterinformation) zu beachten.

d) Begründung. Der Antrag ist schriftlich zu stellen und gleichzeitig zu begründen (Abs. 2). Die Glaubhaftmachung (eidesstattliche Versicherung, Urkunden) ist dem Antrag nach § 176 beizufügen; deren inhaltlicher Gehalt ist im Rahmen der Begründetheit des Antrags zu prüfen. Die Darlegungen und die Glaubhaftmachung zur besonderen Eilbedürftigkeit müssen hinreichend substantiiert sein. Für die Eilbedürftigkeit einer vorzeitigen Zuschlagsgestattung angeführte öffentliche Interessen müssen detailliert und unter Nennung der ggf. betroffenen (öffentlich-rechtlichen) Vorschriften erläutert werden. Je länger mit der Stellung des Antrags nach § 176 gewartet wird, desto höher sind die Anforderungen an die Darlegung eines besonderen Eilbedarfs. Hat die Vergabestelle bereits bei der Vergabekammer einen Antrag nach § 169 Abs. 2 gestellt, ist dieser aber (als solcher) nicht beschieden worden, so erledigt sich dieser Antrag mit der abschließenden Entscheidung der Vergabekammer. Er fällt nicht gleichsam automatisch mit der sofortigen Beschwerde beim Vergabesenat wieder an, der Antrag nach § 176 muss vielmehr ausdrücklich (erneut) gestellt werden.[16]

e) Beschwer. Die Beschwer für einen Antrag nach § 176 ist gegeben, wenn die Vergabekammer einem Nachprüfungsantrag zumindest teilweise stattgegeben hat.[17]

3. Entscheidungsfrist. Nach Abs. 3 S. 1 hat der Vergabesenat über einen Antrag auf Vorabgestattung des Zuschlags unverzüglich, spätestens bis zum Ablauf von **fünf Wochen** nach Antragseingang (mit Begründung) durch Beschluss zu entscheiden. Anders als im Fall des § 171 Abs. 1, § 167 Abs. 1 enthält das Gesetz keine Rechtsfolgenregelung bei Überschreitung der Fünf-Wochen-Frist. Über den Antrag nach § 176 entscheidet der Vergabesenat; eine „Vorsitzendenentscheidung" (wie zB nach § 80 Abs. 8 VwGO) kennt das GWB nicht. Eine Ablehnungsfiktion infolge Ablaufs der Fünf-Wochen-Frist sieht das Gesetz nicht vor. Der Senatsvorsitzende kann im Ausnahmefall die Entscheidungsfrist bei besonderen rechtlichen und tatsächlichen Schwierigkeiten durch begründete Mitteilung an die Beteiligten verlängern (Abs. 3 S. 1 Hs. 2); die Form der Mitteilung oder die Begründung dafür unterliegt von Gesetzes wegen keinen besonderen Anforderungen.

4. Verfahrensgrundsätze. Der Verweis in Abs. 3 S. 4 auf § 175 stellt klar, dass für das Verfahren nach § 176 die allgemeinen Verfahrensgrundsätze gelten. Bei der notwendigen Gewährung rechtlichen Gehörs dürfen (und sollen) im Hinblick auf die Fünf-Wochen-Frist (Abs. 3 S. 1 Hs. 2) sehr kurze Anhörungsfristen gesetzt werden. Telefonische Anhörung ist zulässig. Die anwaltlich vertretenen (§ 175 Abs. 1) Beteiligten haben deutlich gesteigerte Mitwirkungsobliegenheiten, was insbesondere raschen, gestrafften und substantiierten (so weit wie möglich: belegten) Sachvortrag erfordert. Im Verfahren nach § 176 gilt der **Untersuchungsgrundsatz** (§ 175 Abs. 2 iVm § 75 Abs. 1–3) nur eingeschränkt. Der Vergabesenat braucht ohne konkreten Anlass und Anhaltspunkte im Vortrag der Verfahrensbeteiligten erhebliche Tatsachenumstände nicht von Amts wegen zu ermitteln.[18] Der Untersuchungsgrundsatz wird wirksam, wenn die mit dem Antrag nach § 176 vorgetragenen Tatsachen bzw. der Beweiswert der Glaubhaftmachung substantiiert bestritten wird. Das Beschwerdegericht kann zu dem Antrag mündlich verhandeln, wird aber im Regelfall **ohne mündliche Verhandlung** entscheiden (Abs. 3 S. 2). Eine mündliche Verhandlung kann insbesondere die Eilbedürftigkeit des Zuschlags klären. Im Einzelfall kann ein Erörterungstermin vor dem konsentierten Einzelrichter

---
[13] OLG Naumburg Beschl. v. 15.12.2000 – 1 Verg 11/00, NZBau 2001, 642.
[14] Reidt/Stickler/Glahs/*Stickler* Rn. 6.
[15] OLG Düsseldorf Beschl. v. 29.11.2005 – Verg 82/05, VergabeR 2006, 424.
[16] BayObLG Beschl. v. 16.4.2004 – Verg 16/04, VergabeR 2005, 141.
[17] OLG Naumburg Beschl. v. 15.12.2000 – 1 Verg 11/00, NZBau 2001, 642.
[18] OLG Düsseldorf Beschl. v. 1.8.2005 – Verg 41/05, BeckRS 2005, 12246 (B II.2).

des Senats zur Beschleunigung und Effektivierung der Gehörsgewährung beitragen (vgl. § 527 Abs. 1, 2 und 4 ZPO).

25 Gemäß § 175 Abs. 2 iVm § 75 Abs. 2 hat das Beschwerdegericht auf heilbare Mängel des Antrags nach § 176 hinzuweisen. Das Beschwerdegericht kann im Rahmen seines verfahrensleitenden Ermessens sogleich einen Termin zur mündlichen Verhandlung im Hauptsacheverfahren anberaumen, statt über den Antrag nach § 176 (separat) – mit den Folgen des § 177 – zu entscheiden.[19]

26 **5. Aussetzung des Beschwerdeverfahrens (Abs. 2 S. 3).** Die in Abs. 2 S. 3 abgesprochene Aussetzung des Verfahrens über die sofortige Beschwerde bis zur Entscheidung über den Antrag nach § 176 kommt (selten) in Betracht, wenn dem Eilantrag voraussichtlich entsprochen werden soll und die Hauptsache sich (sodann) durch Zuschlagserteilung erledigen wird. Von einer Verfahrensaussetzung nach einem Antrag nach § 176 soll abgesehen werden, wenn über die sofortige Beschwerde sofort entschieden werden kann. Die Verfahrensweise nach Abs. 2 S. 3 wird in der Praxis selten vorkommen, weil das Beschwerdegericht in diesen Fällen zweckmäßiger sogleich die Hauptsache terminieren kann.

IV. Entscheidungsmaßstab und Entscheidung

27 **1. Entscheidungsprogramm.** Im Hinblick darauf, dass der vergaberechtliche Primärrechtsschutz bei einer vorzeitigen Gestattung des Zuschlags irreversibel ausgeschlossen wird (vgl. § 178 S. 4, § 168 Abs. 2 S. 1), ist die Gestattung nach § 176 **nur ausnahmsweise gerechtfertigt**.[20] Das Entscheidungsprogramm in § 176 Abs. 1 ist ähnlich wie in § 173 Abs. 2. Das Gericht nimmt eine Abwägung vor, die „alle möglicherweise geschädigten Interessen" und die mit einer Verzögerung (?) verbundenen „Vorteile" den „nachteiligen Folgen" einer Vergabeverzögerung gegenüberstellen soll.

28 **a) Abwägungsvorgaben.** Die gesetzlichen Vorgaben sind denkbar unklar, weil nicht ersichtlich ist, was für die Bewertung als „geschädigt", „Vorteil" oder „nachteilig" maßgeblich sein soll. Auch die weitere Vorgabe, wonach bei der Abwägung das Interesse der Allgemeinheit an einer wirtschaftlichen Erfüllung der Aufgaben des Auftraggebers zu berücksichtigen sein soll, hilft nicht viel weiter, denn dem genannten Ziel dient das gesamte Vergabeverfahren. In der Praxis handhabbar sind in erster Linie die Vorgaben, wonach „die Erfolgsaussichten der sofortigen Beschwerde, die allgemeinen Aussichten des Antragstellers im Vergabeverfahren, den Auftrag zu erhalten, und das Interesse der Allgemeinheit an einem raschen Abschluss des Vergabeverfahrens" zu berücksichtigen sind.

29 **b) Struktur.** Das Entscheidungsprogramm lässt sich wie folgt (sinnvoll) strukturieren:
– In erster Linie sind die **Erfolgsaussichten** der sofortigen Beschwerde zu beurteilen (Abs. 1 S. 4 Alt. 1); dabei kommt es auf den Sach- und Streitstand im Zeitpunkt der gerichtlichen Entscheidung an.
– Die Erfolgsaussichten sind – erweitert – zu beurteilen im Hinblick auf die „allgemeinen Aussichten" des Antragstellers, im Vergabeverfahren den Auftrag zu erhalten (Abs. 1 S. 4 Alt. 2); es kommt hier nicht auf eine übergreifende Prognose der Auftragschancen an.
– Lassen sich weder die Erfolgsaussichten noch die Auftragschancen hinreichend klar beurteilen, ist nach Abs. 1 S. 2, S. 3 und S. 4 Alt. 3 die in Abs. 1 S. 1 geforderte Interessenabwägung danach vorzunehmen, ob das Allgemeininteresse an
   – einer wirtschaftlichen Erfüllung der Aufgabe des Auftraggebers,
   – einem raschen Abschluss des Vergabeverfahrens,
   eine vorzeitige Zuschlaggestattung rechtfertigt. Dabei sind ggf. besondere Verteidigungs- und Sicherheitsinteressen (§ 104) zu berücksichtigen, die in den Fällen des Abs. 1 S. 3 in der Regel überwiegen (näher → § 173 Rn. 58 ff.).

30 Im Hinblick auf die irreversiblen Folgen einer Entscheidung für den vergaberechtlichen Primärrechtsschutz (→ Rn. 2) ist – generell – zu differenzieren: Ist der Nachprüfungsantrag bzw. die sofortige Beschwerde mit überwiegender Wahrscheinlichkeit unzulässig oder ist festzustellen, dass das Vergabeverfahren fehlerfrei durchgeführt worden ist, braucht der Auftraggeber weitere Verzögerungen nur hinzunehmen, wenn dadurch keine nachteiligen Folgen für ihn bzw. für die Allgemeinheit entstehen. Dann ist die vorzeitige Zuschlagerteilung zu gestatten.[21] Ist demgegenüber – auf der Seite der Begründetheit – von unsicheren oder (gar) mangelnden Erfolgsaussichten eines Nachprü-

---

[19] OLG Jena Beschl. v. 26.10.1999 – 6 Verg 3/99, NZBau 2000, 354.
[20] OLG Celle Beschl. v. 17.1.2003 – 13 Verg 2/03, VergabeR 2003, 367.
[21] BayObLG Beschl. v. 13.8.2001 – Verg 10/01, VergabeR 2001, 402; OLG Düsseldorf Beschl. v. 17.4.2008 – VII-Verg 15/08, BeckRS 2008, 13107.

fungsantrags bzw. einer Beschwerde auszugehen, kommt eine vorzeitige Zuschlagsgestattung nur in Betracht, wenn ein **besonderes Beschleunigungsinteresse** des Auftraggebers hinzukommt.[22]

Wird der Antrag nach § 176 von einem Bieter gestellt, besteht – für diesen – das Problem, ein spezifisches Beschleunigungsinteresse darzulegen. Die gesetzlichen Vorgaben in Abs. 1 S. 2 sind im Wesentlichen auf den Auftraggeber zugeschnitten. Für einen Bieterantrag nach § 176 fehlt das Rechtsschutzinteresse, wenn der Auftraggeber keinen „vorzeitigen" Zuschlag zu erteilen beabsichtigt.[23] 31

c) Erfolgsprognose. Die Prognose der Erfolgsaussichten im Rahmen des § 176 unterliegt strengen Anforderungen, weil mit der „Freigabe" des Zuschlags irreversible Tatsachen in Bezug auf den Primärrechtsschutz der Bieter eintreten. Zwar ist ein Antrag nach § 176 auch für die Vergabestelle mit einem Risiko verbunden, denn sie kann nach vorab gestatteter Zuschlagserteilung später, bei anderem Ausgang des Hauptsacheverfahrens, gegenüber dem die Nachprüfung betreibenden Unternehmen uU schadensersatzpflichtig werden. Eine Vorabgestattung gem. § 176 bleibt jedenfalls insoweit eine einstweilige Entscheidung, als keine (nur im Verfahren der sofortigen Beschwerde mögliche) verbindliche Klärung der Rechtmäßigkeit der Auftragsvergabe erreicht werden kann. Unbeschadet dessen hat das Beschwerdegericht im Hinblick auf den Charakter des Verfahrens nach § 176 als „beschleunigtes Hauptsacheverfahren" (→ Rn. 2) eine möglichst umfassende (und nicht nur eine „summarische") Klärung der Sach- und Rechtslage vorzunehmen. Eine „freie" Interessenabwägung ohne eine Prognose der Erfolgsaussichten würde den Umstand missachten, dass eine Zuschlagsgestattung in Bezug auf den vergaberechtlichen Primärrechtsschutz zu „vollendeten Tatsachen" führt. 32

Sind die Erfolgsaussichten eindeutig zu beurteilen, bedarf es keiner (weiteren) Interessenabwägung. Die Prognose über die Erfolgsaussichten hat – mit anderen Worten – Vorrang vor der Interessenabwägung. Bei offensichtlicher Begründetheit der sofortigen Beschwerde bzw. bei offensichtlicher Rechtswidrigkeit des Vergabeverfahrens kann ein Antrag nach § 176 in aller Regel keinen Erfolg haben.[24] Das Gleiche gilt, wenn die Prognose zu treffen ist, dass das Beschwerdeverfahren mit einer Anordnung der Aufhebung der Ausschreibung enden wird.[25] Kommt im Hauptsacheverfahren (ausnahmsweise) eine Zurückverweisung der Sache an die Vergabekammer (§ 178 S. 2 Alt. 2) in Betracht, ist der Antrag nach § 176 abzulehnen. 33

Je größer die Wahrscheinlichkeit ist, dass die Vergabestelle mit ihrem Rechtsstandpunkt im Beschwerdeverfahren obsiegen wird, umso weniger bedarf es einer besonderen Begründung oder Beurteilung der „Wertigkeit" der (allgemeinen) Interessen der Vergabestelle an einer sofortigen Zuschlagerteilung.[26] 34

Eine Vorabgestattung des Zuschlags kommt in Betracht, wenn die sofortige Beschwerde voraussichtlich unzulässig ist oder wenn Überwiegendes für ein fehlerfreies Vergabeverfahren spricht, weil keine Anhaltspunkte für erhebliche Vergabeverstöße vorliegen.[27] Wendet sich die Vergabestelle im Beschwerdeverfahren gegen eine dem Nachprüfungsantrag stattgebende Entscheidung, kommt es darauf an, ob die sofortige Beschwerde der Vergabestelle mit überwiegender Wahrscheinlichkeit zu ihren Gunsten ausgehen wird. Hat die Vergabestelle bei der Vergabekammer obsiegt, ist zu entscheiden, ob die sofortige Beschwerde des unterlegenen Bieters voraussichtlich erfolglos bleiben wird. 35

d) Interessenabwägung. Sind die Erfolgsaussichten im Rahmen des Verfahrens nach § 176 nicht abschließend zu klären, erfolgt im Rahmen des Abs. 1 S. 1 bis S. 3 eine Interessenabwägung. Ob eine besondere oder „außergewöhnliche" Dringlichkeit des Beschaffungsvorhabens eine Vorabgestattung des Zuschlags rechtfertigt, ist nur im jeweiligen Einzelfall zu entscheiden. Gemäß § 176 Abs. 1 S. 2 [Hs. 2] sind bei Aufträgen nach § 104 zusätzlich besondere Verteidigungs- oder Sicherheitsinteressen zu berücksichtigen. Diese überwiegen nach Abs. 1 S. 3 in der Regel, wenn der öffentliche Auftrag oder die Konzession in unmittelbaren Zusammenhang steht mit einer Krise, einem mandatierten Einsatz der Bundeswehr, einer einsatzgleichen Verpflichtung der Bundeswehr oder einer Bündnisverpflichtung (zu den Begriffen → § 173 Rn. 61 f.). Die Gesetzesbegründung stellt jedoch klar, dass es bei Vorliegen einer dieser Konstellationen trotz des Regelvorrangs entsprechend Art. 56 Abs. 5 Vergabe-RL Verteidigung und Sicherheit weiterhin dem zuständigen Spruchkörper obliegt, im Wege der Abwägung über die Gestattung des Zuschlags vor Abschluss des 36

---
[22] OLG München Beschl. v. 9.9.2010 – Verg 16/10, NZBau 2010, 720.
[23] jurisPK-VergabeR/*Summa* Rn. 12.
[24] OLG Naumburg Beschl. v. 10.11.2003 – 1 Verg 14/03, NJOZ 2004, 845 (Ls. 1).
[25] OLG Naumburg Beschl. v. 21.8.2003 – 1 Verg 9/03, OLGR 2004, 48 (offengelassen).
[26] OLG Düsseldorf Beschl. v. 16.3.2005 – Verg 5/05, BeckRS 2005, 4429 (zu den – strengen – Anforderungen an eine solche Prognose).
[27] BayObLG Beschl. v. 13.8.2001 – Verg 10/01, NZBau 2001, 643.

Nachprüfungsverfahrens zu entscheiden.[28] Auch wenn die besonderen Verteidigungs- und Sicherheitsinteressen nach Abs. 1 S. 3 vorliegen und überwiegen, muss eine Abwägungsentscheidung im konkreten Einzelfall getroffen werden, in die auch die Prognose der Erfolgsaussichten der sofortigen Beschwerde mit einzubeziehen ist.

37 Die die Dringlichkeit begründenden Umstände müssen einen besonderen Ausnahmefall kennzeichnen; sie sind substantiiert darzulegen. Im Regelfall muss ein Auftraggeber auch mit Verzögerungen der Auftragsvergabe durch ein Nachprüfungs- oder Beschwerdeverfahren rechnen und diese bei seiner zeitlichen Planung einkalkulieren.[29] Die Interessen des Auftraggebers an einer sofortigen Zuschlagerteilung müssen das gesetzlich vorgegebene Interesse an einer Fortdauer der Zuschlagssperre deutlich überwiegen. Der allgemeine Hinweis auf eine Verzögerung des Beschaffungsvorhabens oder dessen Verteuerung können nicht allein den Ausschlag für die Interessen des Auftraggebers geben. Dies gilt insbesondere dann, wenn Mehrkosten noch ungewiss sind oder in verhältnismäßig geringem Umfang anfallen.[30] Soweit Vergabeverzögerungen gerade wegen der Folgerungen eintreten, die eine Befolgung des Beschlusses der Vergabekammer nach sich ziehen, sind diese im Rahmen der Interessenabwägung nicht zu berücksichtigen; Gleiches gilt für politisch vorgegebene Zeitpläne des Beschaffungsvorhabens. Ist der Zeitplan von vornherein knapp ausgelegt worden ist, kann der Antrag auf Vorabgestattung des Zuschlags nicht mit Fristüberschreitungen oder in deren Folge eintretenden finanziellen Einbußen gerechtfertigt werden.[31]

38 Ergibt sich eine außergewöhnliche Dringlichkeit aus der unaufschiebbaren Erfüllung öffentlicher, **dem Interesse des Gemeinwohls dienender Pflichten** des Auftraggebers (etwa auf dem Gebiet des Gesundheitswesens oder der Gefahrenabwehr), kann die vorzeitige Gestattung des Zuschlags auch dann in Betracht kommen, wenn begründete Zweifel an der Vergaberechtskonformität des Verfahrens bestehen. Allerdings ist in diesem Fall zu prüfen, ob der Zuschlag nur für einen zeitlich oder sachlich begrenzten, durch (spezielle) Dringlichkeitsgründe betroffenen Teil der Vergabe „frei gegeben" wird **(Interimsvergabe)**, damit für andere Teile oder nach Ablauf einer (verkürzten) Übergangszeit ein ordnungsgemäßer Vergabewettbewerb möglich bleibt.[32] Eine solche Entscheidungsvariante kann einer temporären Dringlichkeit Rechnung tragen, ohne das Vergabeverfahren insgesamt zu beenden.

39 e) **Ermessen.** Eine Zuschlagsgestattung steht im Ermessen des Beschwerdegerichts („kann"). Unsicherheiten bei der Beurteilung der voraussichtlichen Entscheidung im Hauptsacheverfahren oder bei der Beurteilung der in die Interessenabwägung einfließenden Tatsachenfragen gehen regelmäßig zulasten des Auftraggebers. Eine andere Beurteilung kann in dem Sonderfall angezeigt sein, dass das Beschwerdeverfahren wegen eines Vorabentscheidungsersuchens an den EuGH ausgesetzt wird;[33] in diesem Fall kann uU eine zeitlich oder sachlich begrenzte (Freigabe) der Vergabe in Betracht kommen.

40 f) **Maßgeblicher Zeitpunkt.** Maßgeblicher Beurteilungszeitpunkt für die Prüfung der Erfolgsaussichten ist der Tag der Entscheidung des Beschwerdegerichts über den Antrag nach § 176. Dabei ist – im Sinne einer Prognose – zu berücksichtigen, dass im Beschwerdeverfahren auch über Fragen zu entscheiden sein wird, die im Zeitpunkt der Entscheidung nach § 176 noch nicht entscheidungsreif sind; dies kann zB bei heilbaren oder noch nicht abschließend aufgeklärten Vergabefehlern der Fall sein.

41 2. **Beschluss. a) Entscheidungsinhalt und weiteres Vergabeverfahren.** Wird dem Antrag gem. § 176 stattgegeben, wird das Vergabeverfahren fortgeführt. Der Auftraggeber wird den Auftrag bzw. den Zuschlag erteilen. Im Beschwerdeverfahren kommt nach Zuschlagserteilung nur noch eine feststellende Entscheidung nach § 178 S. 3 in Betracht.

42 Wird der Antrag nach § 176 abgelehnt, muss die Vergabestelle § 177 beachten (Zehn-Tages-Frist). Das Beschwerdegericht wird die Vergabestelle in den Beschlussgründen darauf hinweisen und ggf. entsprechend § 168 Abs. 1 S. 2 auf die Rechtmäßigkeit des weiteren Vergabeverfahrens einwirken. Dazu kann auch die Anregung an die Vergabestelle gehören, ihre sofortige Beschwerde zurückzunehmen.

43 b) **Begründung.** Die Entscheidung nach § 176 ist zu begründen (Abs. 3 S. 1 und 3; § 175 Abs. 2 iVm § 76 Abs. 6). Soweit einzelne der von der Vergabekammer getroffenen Anordnungen

---

[28] BT-Drs. 19/15603 S. 59.
[29] OLG Frankfurt a. M. Beschl. v. 5.3.2014 – 11 Verg 1/14, VergabeR 2014, 734 Rn. 55.
[30] VK Sachsen Beschl. v. 13.12.2002 – 1/SVK/109-02g, IBRRS 2003, 0170.
[31] OLG Celle Beschl. v. 17.1.2003 – 13 Verg 2/03, VergabeR 2003, 367.
[32] Vgl. OLG Düsseldorf Beschl. v. 20.7.2015 – VII-Verg 37/15, NZBau 2015, 709.
[33] OLG Naumburg Beschl. v. 8.1.2003 – 1 Verg 7/02, OLGR 2003, 521.

entfallen, ist dies in den Entscheidungstenor aufzunehmen. Nach Abs. 3 S. 3 ist in den Gründen die „Rechtmäßigkeit oder Rechtswidrigkeit des Vergabeverfahrens" zu erläutern. Im Zusammenhang mit § 177 ergibt sich das Erfordernis, im Tenor des Beschlusses und/oder in den Gründen die in Betracht kommenden Maßnahmen der Vergabestelle zur Herstellung der Rechtmäßigkeit des Vergabeverfahrens anzugeben. Die Vergabestelle ist insoweit wegen der Zehn-Tages-Frist gem. § 177 auf **klare Vorgaben** angewiesen. Für das Beschleunigungsziel des Nachprüfungs- und Beschwerdeverfahrens ist es förderlich, wenn in den Entscheidungsgründen die vergaberechtlichen Fragen möglichst klar beantwortet werden. Die Beteiligten können auf der Grundlage solcher (klaren) Entscheidungsgründe auch entscheiden, ob sie die Fortführung weiterer Verfahren, auch solcher nach § 178 S. 3, abbrechen.

c) Kosten, Vollstreckung. Einer eigenständigen Kostenentscheidung bedarf es im Verfahren nach § 176 nicht. Das Verfahren ist als „Zwischenverfahren" innerhalb des Beschwerdeverfahrens konzipiert. Die Kosten müssen im Rahmen der Kostenentscheidung zum Hauptsacheverfahren berücksichtigt werden (vgl. Nr. 1640 der Anlage 1 zu § 3 Abs. 2 GKG; Nr. 3300 der Anlage 1 zu § 2 Abs. 2 RVG). Die Vergabestelle trägt in entsprechender Anwendung des § 96 ZPO die Kosten, die durch einen von ihr zurückgenommenen Antrag nach § 176 entstanden sind, und zwar auch dann, wenn der Bieter (später) seinen Nachprüfungsantrag in der Beschwerdeinstanz zurückgenommen hat.[34] Beschwerdeverfahren und Eilverfahren sind gebührenrechtlich verschiedene Angelegenheiten.[35] 44

Die Entscheidung nach § 176 bedarf keiner Vollstreckung. Eine Zuschlagserteilung ohne (Vorab-)Gestattung wäre nichtig (§ 134 Abs. 1 BGB); nach einem (positiven) Beschluss gem. § 176 ist sie ggf. erlaubt. 45

d) Rechtsmittel. Die Entscheidung nach § 176 ist unanfechtbar (Abs. 4). Daraus ergibt sich auch die Unzulässigkeit einer Wiederholung des Antrags nach § 176 bei gleichbleibenden Verhältnissen (auch zur Dringlichkeit). 46

§ 177 Ende des Vergabeverfahrens nach Entscheidung des Beschwerdegerichts

Ist der Auftraggeber mit einem Antrag nach § 176 vor dem Beschwerdegericht unterlegen, gilt das Vergabeverfahren nach Ablauf von zehn Tagen nach Zustellung der Entscheidung als beendet, wenn der Auftraggeber nicht die Maßnahmen zur Herstellung der Rechtmäßigkeit des Verfahrens ergreift, die sich aus der Entscheidung ergeben; das Verfahren darf nicht fortgeführt werden.

Schrifttum: *Conrad*, Der Rechtsschutz gegen die Aufhebung eines Vergabeverfahrens bei Fortfall des Vergabewillens, NZBau 2007, 287; s. iÜ die Nachweise zu § 176.

Übersicht

	Rn.		Rn.
I. Regelungszusammenhang	1	III. Zehn-Tages-Frist	7
II. Unterliegen des Auftraggebers im Verfahren nach § 176	5	IV. Rechtsfolgen	16

I. Regelungszusammenhang

Die Vorschrift knüpft an eine Ablehnung des Antrags auf Vorabgestattung des Zuschlags nach § 176 an, soweit dieser vom öffentlichen Auftraggeber gestellt worden ist. Sie gilt also *nicht* für den Fall, dass der Antrag nach § 176 von dem Bieter gestellt worden ist, dem der Mitteilung nach § 134 Abs. 1 zufolge der Zuschlag erteilt werden soll. 1

Die Gesetzesbegründung erläutert den Sinn der Vorschriften in § 177: Nachdem der Vergabesenat (und zuvor die Vergabekammer) zu Ungunsten des öffentlichen Auftraggebers entschieden haben, sei es „äußerst unwahrscheinlich, dass die zweite Entscheidung des Beschwerdegerichts anders ausfallen würde als die erste.". Durch § 177 soll „dem Auftraggeber die Möglichkeit des Zuwartens auf die weitere Entscheidung" genommen und es soll ihm der Weg „versperrt" werden, „den er ohnehin sinnvollerweise nicht gehen sollte. ... Die Fortsetzung des Gerichtsverfahrens ohne realistische 2

---

[34] BGH Urt. v. 25.10.2005 – ZB 15/05, NZBau 2006, 392.
[35] OLG Düsseldorf Beschl. v. 20.4.2005 – Verg 42/04, BeckRS 2005, 12947.

Erfolgsaussicht soll zumindest bei weiter bestehendem Schwebezustand des Vergabeverfahrens vermieden werden".[1]

3 Ist ein Antrag des öffentlichen Auftraggebers nach § 176 erfolglos geblieben, bleiben danach im Rahmen des § 177 zwei Alternativen:
- *Entweder* stellt der öffentliche Auftraggeber die durch die Vergabekammer und/oder das Beschwerdegericht festgestellten Vergabeverstöße unverzüglich ab,
- *oder* das Vergabeverfahren ist kraft Gesetzes beendet, sofern keine geeigneten Maßnahmen zur Abstellung der Vergabeverstöße binnen zehn Tagen ab Zustellung des ablehnenden Beschlusses nach § 176 ergriffen werden.[2]

4 Die Regelung zielt – insgesamt – darauf ab, möglichst **schnell Klarheit** für das laufende Vergabeverfahren zu schaffen. Das gilt allerdings nur für den Fall, dass zuvor ein Antrag nach § 176 durch den Auftraggeber gestellt worden ist. Ist der Antrag nach § 176 von dem Bieter gestellt worden, der gem. § 134 für den Zuschlag vorgesehen war, greift § 177 nicht. Das Gesetz vermeidet es damit, das „Schicksal" des Vergabeverfahrens vom prozessualen Verhalten dieses Bieters abhängig zu machen, was auch dann gilt, wenn der Auftraggeber den Antrag dieses Bieters (ohne eigenen Antrag) unterstützt.[3] Hat der Vergabesenat nach § 169 Abs. 2 S. 6 oder S. 7 zu Ungunsten des Auftraggebers entschieden, greift die Rechtsfolge des § 177 nicht ein.

II. Unterliegen des Auftraggebers im Verfahren nach § 176

5 Die Rechtsfolgen des § 177 greifen nur ein, wenn der Auftraggeber mit seinem Antrag nach § 176 unterlegen ist. In der Entscheidung des Beschwerdegerichts wird die Rechtmäßigkeit oder Rechtswidrigkeit des (bisherigen) Vergabeverfahrens erläutert (§ 176 Abs. 3 S. 3). Damit wird der aus der (→ Rn. 2 zitierten) Gesetzesbegründung zu entnehmende Gedanke wirksam, dass bereits **Vergabeverstöße festgestellt** sind, die eine sichere Beurteilungsgrundlage dafür vermitteln, was die Vergabestelle zu deren „Abstellung" tun soll. Ohne die – entscheidungstragende – Feststellung solcher Rechtsverstöße kann die Vergabestelle keine (bestimmten) Maßnahmen zur Herstellung der Rechtmäßigkeit des Vergabeverfahrens ergreifen, wie sie in § 177 erwartet werden. Dementsprechend lösen Entscheidungen nach § 176, die die Erfolgsaussichten der sofortigen Beschwerde offenlassen und die allein im Hinblick eine fehlende Glaubhaftmachung, auf Zulässigkeitsmängel oder wegen einer fehlenden Dringlichkeit der Zuschlagserteilung zu Ungunsten der Vergabestelle ausgehen, die Rechtswirkungen des § 177 nicht aus.[4]

6 Ist die Vergabestelle im Verfahren nach § 176 zwar insoweit unterlegen, als ihr der Zuschlag nicht vorab gestattet worden ist, aber insoweit nicht, als sie nach der Entscheidung des Vergabesenats das Vergabeverfahren fortsetzen darf, liegt – insgesamt – kein „Unterliegen" iSd § 177 vor. Das Vergabeverfahren kann dann noch zur Zuschlagsreife geführt werden; die gravierende(re) Rechtsfolge einer Beendigung des Vergabeverfahrens liegt in dieser Konstellation außerhalb des Regelungszwecks der Norm.

III. Zehn-Tages-Frist

7 Die Maßnahmen zur Herstellung der Rechtmäßigkeit des Vergabeverfahrens sind binnen zehn Tagen ab wirksamer Zustellung des Beschlusses nach § 176 an den Auftraggeber zu „ergreifen". Die Frist ist nicht verlängerbar. Für den Fristbeginn ist die Zustellung an den Auftraggeber maßgeblich, nicht diejenige an andere Beteiligte (die iÜ nicht vorgeschrieben ist).

8 Welche Maßnahmen vom öffentlichen Auftraggeber zur schnellen Herstellung eines vergaberechtskonformen Zustandes zu „ergreifen" sind, soll sich aus dem Beschluss gem. § 176 ergeben. Auf die insoweit bestehenden Begründungsanforderungen, die in § 176 Abs. 3 S. 3 (etwas undeutlich) angesprochen werden, muss geachtet werden. Die Korrekturmaßnahmen sollten – vorrangig – im Tenor des Beschlusses nach § 176 klar benannt werden. Ergänzend können die tragenden Gründe des Beschlusses des Vergabesenats herangezogen werden, uU auch diejenigen des vorangegangenen Beschlusses der Vergabekammer.

9 Ergibt sich weder aus dem Tenor noch aus den Gründen des Beschlusses nach § 176 (entgegen § 176 Abs. 3 S. 3) eindeutig, was am bisherigen Vergabeverfahren zu beanstanden ist, kann von der Vergabestelle kein (unverzügliches) Tätigwerden innerhalb der Zehn-Tages-Frist verlangt werden. Dies gilt insbesondere dann, wenn zur Interessenabwägung nach § 176 Abs. 1 S. 2 nur allgemein

---

[1] BT-Drs. 13/9340, 16 (zu § 111 des RegE des Vergaberechtsänderungsgesetzes); KG Beschl. v. 9.11.1999 – KartVerg 12/99, BeckRS 2008, 12117.
[2] Vgl. *Opitz* NZBau 2005, 213 (215).
[3] *Hänisch* in RKPP GWB Rn. 3.
[4] *Hänisch* in RKPP GWB Rn. 6.

gehaltene Ausführungen erfolgen. Die Konsequenz einer Untätigkeit der Vergabestelle gem. § 177 ist nur zu rechtfertigen, wenn das Beschwerdegericht unmissverständlich dargelegt hat, was es am bisherigen Verfahren zu beanstanden gibt; dazu sollten die notwendigen Maßnahmen – sinnvollerweise – (auch) im Tenor benannt werden.

Die Vergabestelle muss nur die vom Beschwerdegericht für die Rechtswidrigkeit des (bisherigen) 10 Vergabeverfahrens angeführten Punkte aufgreifen. Weitere, in der Entscheidung nach § 176 nicht oder noch nicht festgestellte Vergabeverstöße müssen nicht durch entsprechende Maßnahmen aufgegriffen werden, um die Rechtsfolge des § 177 abzuwenden. Solche weiteren (uU auch nachfolgenden) Vergabeverstöße sind von den betroffenen Bietern unter Beachtung des § 160 Abs. 3 zu rügen und im Rahmen des (weiteren) Nachprüfungsbegehrens zur Überprüfung zu stellen.

Die Vergabestelle kann, wenn der Beschluss nach § 176 Unklarheiten zu den erforderlichen 11 Korrekturmaßnahmen enthält, analog § 321 ZPO binnen zwei Wochen eine Beschlussergänzung beantragen. Diese kann ohne mündliche Verhandlung erfolgen.

Die von der Vergabestelle ergriffenen Maßnahmen müssen zur Erreichung des Erfolges – Her- 12 stellung der Rechtmäßigkeit des Vergabeverfahrens – objektiv **geeignet** sein. Sind die Vergabefehler derart schwerwiegend, dass sie irreparabel sind bzw. nur durch eine Aufhebung der Ausschreibung aus der Welt zu schaffen sind, tritt die Wirkung des § 177 sofort ein.[5] Das Gesetz fordert nicht, dass die Vergaberechtsverstöße innerhalb der Zehn-Tages-Frist vollständig und erfolgreich korrigiert werden. Dies würde die Vergabestelle uU überfordern. Es reicht aus, dass sie Maßnahmen „ergreift", die schnell zu einem vergaberechtskonformen Zustand führen.

Das **„Ergreifen" von Korrekturmaßnahmen** darf sich nicht in der Auswertung und Analyse 13 der Entscheidung des Vergabesenats und evtl. derjenigen der Vergabekammer erschöpfen. Erforderlich sind konkrete und zu dokumentierende **Umsetzungsschritte** innerhalb der Zehn-Tages-Frist, etwa dem Beginn einer neuen Eignungs- oder Angebotsprüfung. Führen die Korrekturmaßnahmen im weiteren Verlauf des Vergabeverfahrens zu neuen Vergabefehlern, sind diese ab Bekanntwerden (uU nach Akteneinsicht) neu zu rügen. Indem das Gesetz ein „Ergreifen" von Korrekturmaßnahmen fordert, wird von Gesetzes wegen nicht auch deren (endgültiger) Erfolg innerhalb der Zehn-Tages-Frist erwartet, wohl aber die objektiv belegbare (Vergabevermerk, Schreiben etc) Einleitung von Maßnahmen und deren Eignung, den angestrebten Erfolg zu erreichen.

Eine **Information** oder „Anzeige" darüber, dass (innerhalb der Frist) geeignete Maßnahmen 14 eingeleitet worden sind, wird vom Gesetz nicht gefordert. Die Einleitung der Maßnahmen muss im Vergabevermerk (§ 8 VgV) dokumentiert werden. Ein Streit darüber, ob die Zehn-Tages-Frist eingehalten worden ist, ist in dem (weiter anhängigen) Beschwerdeverfahren zu klären.

Die **Zehn-Tages-Frist ist nicht verlängerbar.** Für die Fristberechnung gelten gem. § 175 15 Abs. 2, § 72 Nr. 2 die allgemeinen Vorschriften (§ 222 ZPO, §§ 187 ff. BGB). Die fristgerechte Einleitung von Korrekturmaßnahmen iSd § 177 steht aus haftungsrechtlicher Sicht nicht im Belieben der Vergabestelle. Unterbleibt sie oder erfolgt sie verspätet, kann dies sekundärrechtliche Schadensersatzansprüche der dadurch benachteiligten Bieter (§ 280 Abs. 1 BGB, § 311 Abs. 2 BGB) begründen.[6]

IV. Rechtsfolgen

Wird die Einleitung geeigneter „Maßnahmen zur Herstellung der Rechtmäßigkeit des Vergabe- 16 verfahrens" versäumt, gilt das Vergabeverfahren kraft gesetzlicher Fiktion nach Ablauf der Zehn-Tages-Frist als **beendet.** Diese Wirkung, die einer Aufhebung des Vergabeverfahrens (vgl. § 63 VgV) entspricht, ist endgültig und nachträglich nicht mehr „heilbar". Anders als bei einer Aufhebung der Ausschreibung, von der die Vergabestelle wieder abrücken kann,[7] kann die gesetzliche Fiktion des § 177 nicht durch eine Willensentscheidung der Vergabestelle überwunden werden. Nach Eintritt der Fiktion darf das Vergabeverfahren nicht fortgeführt werden (§ 177 letzter Hs.: „das Verfahren darf nicht fortgeführt werden"). Der Auftraggeber kann dies nicht rückgängig machen; das Vergabeverfahren ist unwiderruflich zu Ende. Die Bieter sowie das Amt für Veröffentlichungen der EU sind zu unterrichten. Der Vergabestelle bleibt – bei fortbestehender Beschaffungsabsicht – nichts anderes übrig, als ein **neues Vergabeverfahren** einzuleiten. Wird das „alte" (beendete) Vergabeverfahren gleichwohl fortgesetzt, verstößt dies gegen den letzten Hs. des § 177 und damit gegen ein gesetzliches Verbot iSd § 134 BGB. Ein auf diesem Wege erteilter Zuschlag ist nichtig.

Wegen der aufhebungsgleichen Wirkung des Ablaufs der Zehn-Tages-Frist hat die Vergabestelle 17 nach deren Ablauf die Bieter und auch das Amt für amtliche Veröffentlichungen der Europäischen Union über die Beendigung des Vergabeverfahrens zu **unterrichten.**

---

[5] *Hänisch* in RKPP GWB Rn. 10 mwN.
[6] *Hänisch* in RKPP GWB Rn. 12 mwN.
[7] Vgl. BGHZ 154, 32 = NVwZ 2003, 1149.

18 Werden Korrekturmaßnahmen innerhalb der Zehn-Tages-Frist ergriffen, wird das Vergabeverfahren unter Berücksichtigung der aus den Korrekturen hervorgehenden Ergebnisse vergaberechtskonform fortgesetzt. Das Beschwerdegericht sollte zweckmäßigerweise rasch eine mündliche Verhandlung anberaumen und damit sowohl Klarheit über die ergriffenen Maßnahmen erreichen als auch Gelegenheit zur Erörterung der Frage geben, ob die Maßnahmen ausreichend sind. Ist dies nicht der Fall, stellt das Beschwerdegericht die **Erledigung** des Nachprüfungsverfahrens durch Beendigung des Vergabeverfahrens fest.

19 Die Bieter können sich im Rahmen des (weiter anhängigen) Hauptsacheverfahrens über die Korrekturen und ihre(n) Erfolg(e) informieren; insoweit ist uU Akteneinsicht zu gewähren (§ 175 Abs. 2, § 165). Der Vergabesenat wird prüfen und im Rahmen der mündlichen Verhandlung erörtern, wann welche Maßnahmen ergriffen worden sind. Dabei wird vorrangig auf den Inhalt des Vergabevermerks (§ 8 VgV) abzustellen sein. Sind die Maßnahmen verspätet eingeleitet worden, stellt das Gericht die Erledigung des Nachprüfungsverfahrens wegen Beendigung des Vergabeverfahrens fest.

20 Die Beendigungsfiktion gem. § 177 gilt nicht für das **Beschwerdeverfahren.** Dieses kann von der Vergabestelle bzw. von dem Beschwerdeführer fortgesetzt werden. Nach Eintritt der auf das Vergabeverfahren bezogenen Beendigungsfiktion wird der Nachprüfungsantrag gegenstandslos und das Beschwerdeverfahren erledigt sich in der Hauptsache. Entscheidungsbedarf besteht allenfalls noch hinsichtlich der Frage, ob „ausreichend" (geeignete) Korrekturmaßnahmen ergriffen worden sind. Das Beschwerdeverfahren wird durch einen Beschluss des Vergabesenats, durch Beschwerderücknahme oder durch übereinstimmende Erledigungserklärungen abgeschlossen. Der Antragsteller im Nachprüfungsverfahren kann in diesem Fall (bei gegebenem Feststellungsinteresse) auf einen Feststellungsantrag gem. § 178 S. 3 umstellen oder die Hauptsache für erledigt erklären.

§ 178 Beschwerdeentscheidung

[1]Hält das Gericht die Beschwerde für begründet, so hebt es die Entscheidung der Vergabekammer auf. [2]In diesem Fall entscheidet das Gericht in der Sache selbst oder spricht die Verpflichtung der Vergabekammer aus, unter Berücksichtigung der Rechtsauffassung des Gerichts über die Sache erneut zu entscheiden. [3]Auf Antrag stellt es fest, ob das Unternehmen, das die Nachprüfung beantragt hat, durch den Auftraggeber in seinen Rechten verletzt ist. [4]§ 168 Absatz 2 gilt entsprechend.

Schrifttum: *Wilke,* Die Beschwerdeentscheidung im Vergaberecht, NZBau 2005, 380.

Übersicht

	Rn.		Rn.
I. Normzweck und Regelungsgehalt	1	e) Gegenstand der Entscheidung	42
II. Die verschiedenen Hauptsachenentscheidungen	4	III. Andere Fälle	43
1. Prüfungskompetenz und Entscheidung des Vergabesenats	4	1. Beschwerde gegen Entscheidung nach § 168 Abs. 2	43
a) Anfall des Nachprüfungsverfahrens	5	2. Entscheidung bei Kosten- und Gebührenbeschwerden	44
b) Nachschieben neuen Streitstoffs	6		
c) Bindung an Anträge	8	3. Beschwerde bei Streit um Akteneinsicht	46
2. Begründetes Rechtsmittel (§ 178 S. 1 und S. 2)	11	IV. Form, Gegenstand und Inhalt der Beschwerdeentscheidung	47
a) Entscheidung des Vergabesenats in der Sache selbst	12	1. Einordnung des Beschwerdeverfahrens	48
b) Aufhebung zu neuer Entscheidung	18	2. Freie Beweiswürdigung	50
c) Entscheidung bei sofortigen Beschwerden nach § 171 Abs. 2	21	3. Rechtliches Gehör	51
3. Entscheidungen nach § 178 S. 3 und 4	22	4. Inhalt der Entscheidung	52
a) Inhalt sowie Sinn und Zweck der Regelungen	22	5. Die Kostengrundentscheidung	53
		a) Rechtsgrundlage: § 71 (§ 78 aF) analog	53
b) Antragsbefugnis	23	b) Entscheidungsparameter	54
c) Anwendungsvoraussetzungen	30	c) Die Kosten der Eilverfahren nach § 173 Abs. 1, S. 3 und § 176	56
d) Erledigung zwischen den Instanzen	41		

I. Normzweck und Regelungsgehalt

Die Vorschrift strukturiert, wie es in der Begründung des Regierungsentwurfs für das VgRÄG lapidar heißt, die Beschwerdeentscheidung,[1] wenn auch nur fragmentarisch. Dazu geben die Regelungen in § 178 S. 1 und 2 vor, wie die Beschlüsse der Vergabesenate in der Hauptsache lauten, wenn einer sofortigen Beschwerde gegen eine Entscheidung der Vergabekammer stattgegeben wird. Mit **„Entscheidung"** ist in erster Linie der nach § 168 Abs. 1 ergangene, streitentscheidende Verwaltungsakt gemeint, mit dem die Vergabekammer einen Antrag auf Gewährung von primärem Rechtsschutz bescheidet. Betrifft das Beschwerdeverfahren den Grundtypus des Nachprüfungsverfahrens, in dem über Rechtsverstöße im noch laufenden Vergabeverfahren gestritten wird und erachtet der Vergabesenat die zulässig eingelegte sofortige Beschwerde für begründet, ist nach § 178 S. 1 im ersten Schritt die Aufhebung der angefochtenen Entscheidung auszusprechen. Für den zweiten Teil der Entscheidung sind dem Beschwerdegericht **zwei Alternativen** eröffnet. Es kann selbst in der Sache entscheiden oder die Vergabekammer verpflichten, unter Berücksichtigung seiner Rechtsauffassung erneut über die Sache zu befinden. 1

Die Vorgaben in § 178 S. 1 und 2 erfassen nicht alle möglichen Konstellationen für Beschwerdeentscheidungen in der Hauptsache. Dass eine unzulässige sofortige Beschwerde zu verwerfen ist und eine unbegründete zurückzuweisen ist, hat der Gesetzgeber als Selbstverständlichkeit vorausgesetzt und deshalb nicht erwähnt. Ein weiteres augenfälliges Beispiel sind sofortige Beschwerden nach § 171 Abs. 2, also Fälle, in denen die Vergabekammer gerade nicht (fristgerecht) entschieden hat (→ Rn. 21). 2

Die Regelungen in den S. 3 und 4 setzen grundsätzlich voraus, dass eine Entscheidung im Primärrechtsschutz nicht mehr erfolgen kann, weil sich das Nachprüfungsverfahren erledigt hat (→ Rn. 30 ff.). Unter dieser Voraussetzung hat die zu treffende Entscheidung nur noch zum Gegenstand, ob der Antragsteller in seinen Rechten verletzt ist, was hauptsächlich für die etwaige Geltendmachung von Schadensersatzansprüchen von Bedeutung ist (→ § 179 Rn. 2 ff.). 3

II. Die verschiedenen Hauptsachenentscheidungen

1. Prüfungskompetenz und Entscheidung des Vergabesenats. Welche Entscheidungen die Vergabesenate erlassen, ist nicht losgelöst von der Frage nach ihrer **Prüfungskompetenz** zu beantworten. Es geht dabei im Wesentlichen um drei Aspekte: 4
- In welchem Umfang ist das Nachprüfungsverfahren dem Vergabesenat überhaupt durch die sofortige Beschwerde angefallen (→ Rn. 5)?
- Kann der Beschwerdeführer (weitere) Beanstandungen des Vergabeverfahrens erstmals mit der sofortigen Beschwerde geltend machen (→ Rn. 6 f.)?
- Inwieweit ist der Vergabesenat an die Anträge und das Vorbringen des Beschwerdeführers gebunden (→ Rn. 8 ff.)?

a) Anfall des Nachprüfungsverfahrens. Das Nachprüfungsverfahren ist naturgemäß auf die Beseitigung von (einzelnen) Vergaberechtsverstößen durch die Auftraggeberseite gerichtet. Macht der Antragsteller mit dem Nachprüfungsantrag erstinstanzlich mehrere Verstöße geltend, will er diese im Zweifel allesamt durch die Entscheidung der Vergabekammer beseitigt wissen. Wird sein Antrag zurückgewiesen und greift er die Entscheidung der Vergabekammer nicht in vollem Umfang an, sondern nimmt er hin, dass bestimmte **abtrennbare Ausschnitte des Vergabeverfahrens** nicht als von Vergaberechtsverstößen beeinflusst bewertet worden sind, ist es dem Beschwerdegericht verwehrt, diese von sich aus aufzugreifen und zu korrigieren, wenn die Sache nur wegen anderer Beanstandungen in die Beschwerdeinstanz gebracht worden ist.[2] Damit korrespondiert, dass der Beschwerdeführer, wenn er einen abtrennbaren Komplex der Entscheidung der Vergabekammer nicht innerhalb der Notfrist in einer den Anforderungen von § 172 Abs. 2 genügenden Weise angegriffen hat, dies nach Fristablauf nicht mehr nachholen kann. Zweifelhaft kann in solchen Fällen allerdings manchmal sein, **ob der Streitstoff nur beschränkt** in die Beschwerdeinstanz gelangt ist. Das ist nach demselben Maßstab zu entscheiden, nach dem im Zivilprozess beurteilt wird, ob ein Teilurteil ergehen oder die Revision zulässigerweise auf Teile des Streitstoffs beschränkt werden kann.[3] Im Zweifel wird das Rechtsmittel als uneingeschränkt eingelegt behandelt. 5

b) Nachschieben neuen Streitstoffs. Von der Anfallswirkung (→ Rn. 5) ist die Frage zu unterscheiden, ob das Beschwerdegericht auch über Verstöße entscheiden kann oder zu entschei- 6

---

[1] Vgl. RegE, BT-Drs. 13/9340, 22, zu § 132.
[2] IErg wie hier zB OLG Naumburg Beschl. v. 6.12.2012 – 2 Verg 5/12, NJOZ 2013, 1213 = VergabeR 2013, 438 (444) – Verkehrsvertrag; *Schäfer* in RKPP GWB Rn. 9 f.; HHWK/*König* § 123 Rn. 6 ff.
[3] Vgl. BGH Beschl. v. 20.3.2014 – X ZB 18/13, NZBau 2014, 310 Rn. 13 ff. – Fahrbahnerneuerung I.

hat, die der Beschwerdeführer in erster Instanz nicht geltend gemacht hatte. Das ist unter der Voraussetzung grundsätzlich zu bejahen, dass eine sofortige Beschwerde überhaupt zulässig eingelegt worden ist. Nach allgemeinen prozessualen Grundsätzen dienen Rechtsmittel der Beseitigung einer durch die angefochtene Entscheidung erlittenen Beschwer (→ § 171 Rn. 25 ff.). Ein Rechtsmittel, das nicht zumindest teilweise dieses Ziel verfolgt, ist unzulässig. Das gilt auch für das Beschwerdeverfahren nach den §§ 171 ff. Wenn diese Grundvoraussetzung erfüllt ist, ist die Zulassung neuen Vorbringens aber schon wegen des das Vergabeverfahren und seine Nachprüfung beherrschenden Beschleunigungsprinzips angezeigt, jedenfalls dem Grundsatz nach (→ Rn. 7). Das ist evident, wenn es sich um ein Rechtsmittel des Antragstellers handelt, weil dieser andernfalls gehalten wäre, ein neues Nachprüfungsverfahren einzuleiten, gilt durchaus aber auch für neues Vorbringen des öffentlichen Auftraggebers als Beschwerdeführer.

7   Soweit es den Antragsteller betrifft, finden für das Nachschieben zusätzlicher Rügen allerdings die **Zulässigkeitsvoraussetzungen des § 160 Abs. 3** sinngemäß Anwendung.[4] Der Antragsteller kann im Beschwerdeverfahren nicht mit Vorbringen zugelassen werden, mit dem er aus den in § 160 Abs. 3 genannten Gründen vor der Vergabekammer präkludiert wäre. Lediglich die **Rügeobliegenheit** (§ 160 Abs. 3) stellt sich in zweiter Instanz aus in der Natur der Sache liegenden Gründen etwas anders dar. Sie dient der Vermeidung von Nachprüfungsverfahren. Dieses Ziel kann nicht mehr erreicht werden, wenn die Vergabenachprüfung bereits (zweitinstanzlich) läuft. Vom Antragsteller gleichwohl zu verlangen, die Rüge parallel zum laufenden Beschwerdeverfahren zu erheben, liefe auf ein nicht wünschenswertes, unkoordiniertes Nebeneinander von Nachprüfungs- und nachzubesserndem Vergabeverfahren hinaus. Es muss deshalb ausreichen, dass der Antragsteller die Beanstandung in das Beschwerdeverfahren einführt.[5] Es steht dem Auftraggeber dann frei, einer solchen im Beschwerdeverfahren nachgeschobenen Beanstandung abzuhelfen. Sofern darin ein „sofortiges Anerkenntnis" gesehen werden kann, und es für den Ausgang des Beschwerdeverfahrens nur noch auf diesen Punkt ankommt, lässt sich das kostenmäßig über die vorgesehene analoge Anwendung von § 78 (→ Rn. 51 ff.) elastisch bewältigen. Gleiches wie für die Präklusion entsprechend § 160 Abs. 3 gilt in dem Fall, in dem eine Frist nach § 167 Abs. 2 S. 2 gesetzt worden war.[6] Für die Beschwerdeinstanz präkludiert ist der betreffende Beteiligte auch mit solchem erstinstanzlichen Vorbringen, das von der Vergabekammer nach § 167 Abs. 2 S. 2 ausdrücklich unbeachtet geblieben ist.

8   **c) Bindung an Anträge.** Die Vergabesenate sind grundsätzlich nicht an die Anträge und den zu ihrer Begründung gehaltenen Vortrag gebunden, sondern können darüber hinausgehen. Für sie gilt insoweit das Gleiche wie für die Vergabekammern, die gem. § 168 Abs. 1 S. 2 ohne Bindung an die Anträge auf die Rechtmäßigkeit des Vergabeverfahrens hinwirken können. Der Gesetzgeber wollte die Vergabekammern insoweit ermächtigen, ein beanstandetes Vergabeverfahren im Nachprüfungsverfahren flexibel und rasch wieder in vergaberechtskonforme Bahnen zu lenken.[7] Dafür ist eine gewisse Unabhängigkeit von den gestellten Anträgen und dem diesbezüglichen Vortrag förderlich. Dass in § 178 die sinngemäße Anwendbarkeit von § 168 Abs. 1 S. 2 nicht ausdrücklich angeordnet, sondern nur die entsprechende Geltung von § 168 Abs. 2 ausgesprochen ist, ist nicht als konkludenter Ausdruck eines gesetzgeberischen Willens zu interpretieren, die Entscheidungskompetenz der Vergabesenate gegenüber denjenigen der Vergabekammern zu beschneiden.[8]

9   Dass die Nachprüfungsinstanzen nicht an die Anträge gebunden sind, überschneidet sich mit der Möglichkeit, weiteres Beschwerdevorbringen nachzuschieben (→ Rn. 6 f.) und hat zwei zu unterscheidende Gesichtspunkte. Zum einen geht es dabei darum, die Nachprüfungsinstanzen davon **unabhängig zu machen,** was die Antragsteller ggf. zur Beseitigung der von ihnen beanstandeten Mängel inhaltlich beantragt haben. Daran sollen die Vergabekammern und -senate nicht gebunden sein, wenn sie andere Vorgaben an die Vergabestellen für sinnvoll halten. Zum anderen spielt die Aussage, dass keine Bindung an die Anträge besteht, auf den Amtsermittlungsgrundsatz an. Sowohl Vergabekammern als auch Vergabesenate sollen ggf. von Amts wegen (nur) von ihnen erkannte Unregelmäßigkeiten des Vergabeverfahrens aufgreifen können.

10   Dies bedarf aber in zweierlei Hinsicht der Klarstellung und Eingrenzung. Zum einen hat der Gesetzgeber inzwischen Anlass gesehen, die **Amtsermittlungskompetenz enger** zu definieren. Das zielte zum Teil auf die unrühmliche Praxis insbesondere von Vergabekammern, auf eingereichte Nachprüfungsanträge hin nach Unzulänglichkeiten in den Angeboten des jeweiligen Antragstellers

---

[4] Wie hier Beck VergabeR/*Vavra/Willner* Rn. 7.
[5] Vgl. OLG Schleswig Beschl. v. 15.3.2013 – 1 Verg 4/12, NZBau 2013, 454 ff.
[6] Ebenso Ziekow/Völlink/*Steck* Rn. 7; *Schäfer* in RKPP GWB Rn. 10.
[7] Vgl. RegE, BT-Drs. 13/9340, 19, zu § 124.
[8] IErg wie hier OLG Düsseldorf Beschl. v. 13.6.2007 – Verg 2/07, NZBau 2007, 530 (536) – Fliegerhorst Ahlhorn; wie hier Beck VergabeR/*Vavra* Rn. 7; Immenga/Mestmäcker/*Stockmann* Rn. 3 f.; krit. *Schäfer* in RKPP GWB Rn. 27.

zu suchen, um seinen Antrag als unzulässig zu verwerfen, wenn sich vermeintliche Ausschlussgründe, wie lückenhaft abgegebene Erklärungen darin fanden.[9] Nach § 163 Abs. 1 in der durch das VgRÄG ursprünglich erhaltenen Fassung hatte die Vergabekammer den Sachverhalt allgemein von Amts wegen zu erforschen und bei ihrer gesamten Tätigkeit (nur) darauf zu achten, den Ablauf des Vergabeverfahrens nicht unangemessen zu beeinträchtigen. Durch das Gesetz zur Modernisierung des Vergaberechts vom 20.4.2009[10] ist der **Amtsermittlungsgrundsatz relativiert** worden. Die Vergabekammer kann sich auf das beschränken, was von den Beteiligten vorgebracht wird oder ihr sonst bekannt sein muss (§ 163 Abs. 1 S. 2). Das sollte erst recht für das Beschwerdeverfahren gelten. Zum anderen gilt für neues Vorbringen das in → Rn. 5, 7 Ausgeführte: Einerseits kann der Vergabesenat nicht erstinstanzliches Vorbringen zu Vergabeverstößen aufgreifen, die der Antragsteller nicht mit der sofortigen Beschwerde weiterverfolgt. Andererseits kann der Beschwerdeführer dem Beschwerdegericht grundsätzlich zwar neue Verstöße vortragen, aber nur im Rahmen von § 160 Abs. 3 und sofern er damit nicht nach § 167 Abs. 2 S. 2 präkludiert ist.

2. Begründetes Rechtsmittel (§ 178 S. 1 und S. 2). Erachtet der Vergabesenat die sofortige 11 Beschwerde für begründet, gilt die erste Weichenstellung der Frage, ob **in der Sache selbst zu entscheiden ist** (§ 178 S. 2 Alt. 1, → Rn. 12 ff.). Mit Blick auf das den Nachprüfungsverfahren beherrschenden Beschleunigungsgrundsatz sollte dies grundsätzlich immer angestrebt werden.[11] Das Beschwerdegericht kann die Vergabekammer aber auch verpflichten, unter Berücksichtigung seiner Rechtsauffassung erneut über die Sache zu entscheiden (§ 178 S. 2 Alt. 2, → Rn. 18 ff.). Prozessual handelt es sich bei dieser Entscheidungsvariante um die Aufhebung des angefochtenen „Verwaltungsaktes" und **Zurückverweisung des Verfahrens** an die Vergabekammer. Dass die Beschwerdegerichte dazu ermächtigt sind, mag im Vergleich zum Kartellbeschwerdeverfahren, an welches das Nachprüfungsverfahren in zweiter Instanz immerhin deutlich angelehnt ist, überraschen, sind doch die Kartellsenate nach allgemeiner Ansicht nicht befugt, die Verfügung der Kartellbehörde aufzuheben und das Verfahren an sie zurückzuverweisen. Das beruht auf der Erwägung, dass eine Verweisung grundsätzlich nur an Staatsorgane gleicher Qualität möglich ist.[12] Dass in der Vergabenachprüfung nach Teil 4 des GWB die Zurückverweisung durch das Beschwerdegericht gleichwohl vorgesehen ist, ist aber keineswegs systemwidrig, sondern im Gegenteil nur konsequent. Der Gesetzgeber hat die Vergabekammern in die Nähe zur rechtsprechenden Gewalt gerückt. Ihre Mitglieder entscheiden unabhängig und sind nur dem Gesetz unterworfen (§ 157 Abs. 4). Die instanzbeendenden Entscheidungen der Vergabekammern entsprechen bei streitentscheidende Verwaltungsakte[13] funktionell Urteilen. Sie können lediglich deshalb nicht als solche bezeichnet werden, weil die Vergabekammern keine Gerichte iSd Art. 92 ff. GG sind.[14] Jedenfalls ist der Gesetzgeber aber mit Recht so konsequent gewesen, den Beschwerdegerichten die Aufhebung und Zurückverweisung zu gestatten.

a) Entscheidung des Vergabesenats in der Sache selbst. Das Beschwerdegericht kann, 12 wenn es die Beschwerde für begründet hält, in der Sache selbst entscheiden. Im ersten Schritt wird dann die Aufhebung der anderslautenden Entscheidung der Vergabekammer ausgesprochen (§ 178 S. 1). Der weitere Inhalt des Entscheidungstenors hängt von der Rolle und Stellung des Beschwerdeführers im Vergabe- und Nachprüfungsverfahren ab.

Hat die Vergabekammer den Nachprüfungsantrag aus der Sicht des Beschwerdegerichts zu 13 Unrecht zurückgewiesen, tritt seine Entscheidung an die Stelle derjenigen, die die Vergabekammer gem. § 168 Abs. 1 zu treffen gehabt hätte. Der Vergabesenat entscheidet also, dass der Antragsteller in seinen Rechten verletzt ist und trifft die geeigneten Maßnahmen, um die Rechtsverletzung zu beseitigen oder eine Schädigung der betroffenen Interessen zu verhindern. Letzteres kommt naturgemäß nur dann noch infrage, wenn der Zuschlag noch nicht im Zuge eines Eilverfahrens (§§ 173, 176) erteilt ist oder das Vergabeverfahren sich nicht auf sonstige Weise erledigt hat.

Der Vergabesenat tritt bei seiner Entscheidung – ebenso wenig wie erstinstanzlich die Vergabe- 14 kammer – nicht an die Stelle des Auftraggebers. Er erteilt nicht den Zuschlag[15] und spricht grundsätz-

---

[9] Dagegen schon BGH Beschl. v. 18.4.2004 – X ZB 7/04, BGHZ 159, 186 = NZBau 2004, 457; vgl. auch Gröning VergabeR 2003, 638 und *Luber* VergabeR 2009, 14 ff.
[10] BGBl. 2009 I 790.
[11] Wohl allgA, vgl. etwa Beck VergabeR/*Vavra/Willner* Rn. 5.
[12] Vgl. *Hintze* WuW 1970, 571 (574).
[13] Vgl. BGH Beschl. v. 29.9.2009 – X ZB 1/09, NZBau 2010, 129 Rn. 18 – Gebührenanrechnung im Nachprüfungsverfahren.
[14] Vgl. RegE, BT-Drs. 13/9340, 19, zu § 124 Abs. 3.
[15] So auch OLG Düsseldorf Beschl. v. 10.5.2000 – Verg 5/00, NZBau 2000, 540; zu Unrecht dagegen *Petersen* BauR 2000, 1574 ff.; ähnlich wie hier zB Immenga/Mestmäcker/*Stockmann* Rn. 10; HHKW/*König* § 123 Rn. 14; grds. wie hier Beck VergabeR/*Vavra/Willner* Rn. 8.

lich auch nicht im Tenor die Verpflichtung des Antragsgegners aus, einem bestimmten Bieter den Zuschlag zu erteilen. Die Nachprüfungsinstanzen sind keine Vergabestellen und **beider Zuständigkeiten nicht zu vermengen.** Den Vergabekammern und -senaten obliegt, einen fehlerhaften Verlauf des Vergabeverfahrens zu korrigieren, nicht aber, dieses selbst in die Hand zu nehmen. Wenn sich nach Aktenlage abzeichnet, dass voraussichtlich einem bestimmten Bieter der Zuschlag erteilt werden müsste, kann das zwar in den Entscheidungsgründen zum Ausdruck gebracht werden. Es bleibt dann aber eine Frage des Einzelfalls, ob die Angebotswertung doch noch Umstände offenbart, die eine abweichende Vergabeentscheidung rechtfertigen oder gar gebieten.[16]

15 Wenn der Vergabesenat entsprechend § 168 Abs. 1 S. 1 (vgl. § 178 S. 4) entscheidet, ob der Antragsteller in seinen Rechten verletzt ist, muss das **verletzte Bieterrecht gleichwohl nicht ausdrücklich im Tenor bezeichnet bzw. beschrieben werden.** Dagegen spricht schon, dass nach § 168 Abs. 1 S. 1 eine Entscheidung darüber zu treffen ist, ob eine Verletzung von Rechten vorliegt. Die „Feststellung", ob eine Rechtsverletzung vorgelegen hat, ist nur im Rahmen des Feststellungsverfahrens gem. § 168 Abs. 2 bzw. nach § 178 S. 3 verlangt. Die höhere Stringenz ist dort nach Sinn und Zweck der Regelungen auch angebracht, weil diese Entscheidungen eine Bindungswirkung in etwaigen künftigen Schadensersatzprozessen entfalten sollen (§ 179 Abs. 1). Jedenfalls kommt es im Rahmen der Entscheidung im primären Rechtsschutz nach § 168 Abs. 1 nicht maßgeblich darauf an, ob die Rechtsverletzung im Tenor mehr oder weniger konkret beschrieben ist. Entscheidend ist hier, dass sich aus dem gesamten Inhalt der Entscheidung für die Vergabestelle eindeutig ergibt, was sie zu tun oder zu lassen hat, um das Vergabeverfahren vergaberechtskonform weiterzuführen.

16 Soweit es die geeigneten Maßnahmen zur Beseitigung von Rechtsverletzungen und Verhinderung von Schädigungen der betroffenen Interessen betrifft, wollte der Gesetzgeber den Vergabekammern nach den Erläuterungen im Regierungsentwurf zu der erstinstanzlichen Vorschrift[17] eine weit gehende Entscheidungskompetenz einräumen, „um eine flexible Reaktion zu ermöglichen" (→ Rn. 8). Dies gilt entsprechend, wenn der Vergabesenat selbst in der Sache entscheidet und dem Nachprüfungsantrag stattgibt. Er muss dann noch die Maßnahmen aussprechen, die die Vergabestelle zu ergreifen hat, um die Rechtsverletzung zu beseitigen und der Schädigung von Interessen vorzubeugen. Häufig wird das geschehen, indem die Vergabestelle zur Vornahme oder Unterlassung bestimmter Handlungen innerhalb des Vergabeverfahrens verpflichtet wird. Grundsätzlich sind die Maßnahmen **im Tenor zu bezeichnen,** die die Vergabestelle nach Ansicht des Vergabesenats ergreifen muss, um das Vergabeverfahren in rechtmäßige Bahnen zu lenken. Die Lesbarkeit des Tenors sollte darunter aber nicht allzu sehr leiden. Sind im Einzelfall umfangreiche und/oder detaillierte Anweisungen zu erteilen, ist zu empfehlen, nur deren Kern in den Ausspruch aufzunehmen und die **Einzelheiten in den Gründen zu erläutern.**

17 Sinngemäß das Gleiche wie für Rechtsmittel der Antragsteller gilt in Bezug auf die sofortigen Beschwerden **Beigeladener.**

18 **b) Aufhebung zu neuer Entscheidung.** Das Beschwerdegericht kann anstelle einer eigenen Sachentscheidung auch die Verpflichtung der Vergabekammer aussprechen, unter Berücksichtigung seiner Rechtsauffassung erneut über die Sache zu entscheiden (→ Rn. 11). Die Voraussetzungen von § 538 ZPO brauchen dafür zwar nicht vorzuliegen. Gleichwohl steht die den Vergabesenaten eingeräumte Befugnis zur Aufhebung der angefochtenen Entscheidung und Zurückverweisung an die Vergabekammer in einem gewissen **Spannungsverhältnis** zu dem das Vergaberecht beherrschenden Beschleunigungsgrundsatz (→ Vor § 171 Rn. 3, 9 ff.). Verfährt der Senat in dieser Weise, vergeht zusätzliche Zeit, die bei eigener Entscheidung in der Sache eingespart werden könnte. Im Hinblick auf den hohen Stellenwert des Beschleunigungsprinzips im Vergaberecht darf dies nur ausnahmsweise in Kauf genommen werden. Aus diesem Grund sollte eine **spruchreife** Sache im Primärrechtsschutz nicht an die erste Instanz zurückverwiesen werden. Während § 113 Abs. 5 VwGO es dem Verwaltungsgericht in spruchreifen Sachen gestattet, die Verpflichtung der Behörde auszusprechen, einen Verwaltungsakt mit einem bestimmten Inhalt zu erlassen, ist eine solche Entscheidungsvariante in § 178 bewusst nicht enthalten. Eine solche Verfahrensweise wäre auch umständlich, weil die Vergabekammer nicht als Verwaltungsbehörde tätig wird, sondern als gerichtsähnliche Einrichtung (→ Rn. 11) und das Beschwerdegericht die spruchreife Entscheidung auch selbst treffen kann. **Spruchreif** ist eine Sache immer dann, wenn es nur noch um die rechtliche Bewertung eines feststehenden Sachverhalts geht oder wenn ergänzende Feststellungen ohne erheblichen Ermittlungsaufwand getroffen werden können (→ Rn. 20).

19 Eine Aufhebung der erstinstanzlichen Entscheidung, verbunden mit der Verpflichtung zu neuer Entscheidung, kommt in Betracht, wenn die Vergabekammer den Nachprüfungsantrag verworfen

---

[16] In diesem Punkt etwas anders *Möllenkamp* in RKPP GWB Rn. 27.
[17] RegE, BT-Drs. 13/9340, 19, zu § 124.

hat und sich dann erstmals das Beschwerdegericht mit dem Vorbringen des Antragstellers in der Sache befassen würde. Aber selbst das muss **kein Automatismus** sein, sondern nach den Umständen des Einzelfalls kann sogar hier eine Entscheidung des Vergabesenats selbst angebracht sein. Auch wenn die Vergabekammer den Nachprüfungsantrag zu Unrecht als offensichtlich unbegründet eingeordnet hat, wird eine Aufhebung und Zurückverweisung in Betracht kommen. Das Gleiche kann gelten, wenn der Sachverhalt allzu lückenhaft aufgeklärt und die Sache deshalb in zweiter Instanz nicht spruchreif ist. Die von der Vergabekammer zu beachtende **Rechtsauffassung des Beschwerdegerichts** iSv § 178 S. 2 besteht dann darin, dass nicht ohne Aufklärung bestimmter Tatsachen, Umstände oder Zusammenhänge entschieden werden kann.

Wenn Beweise erhoben werden müssen, sich die Notwendigkeit dazu aber erst aus dem Beschwerdevorbringen ergibt, ist der mit der Zurückverweisung verbundene zusätzliche Zeitaufwand zu vermeiden und das Beschwerdegericht hat selbst in der Sache zu entscheiden. Anders kann es sich verhalten, wenn der Vergabekammer prozessual angelastet werden kann, eine – möglicherweise umfangreiche – Beweiserhebung vermieden zu haben. 20

c) Entscheidung bei sofortigen Beschwerden nach § 171 Abs. 2. § 178 erfasst seinem Wortlaut nach nicht den in § 171 Abs. 2 Hs. 1 geregelten Ausnahmefall, dass die sofortige Beschwerde eingelegt wird, weil die Vergabekammer nicht innerhalb des vorgesehenen Zeitraums entschieden hat (→ § 171 Rn. 35 ff.). In solchen Fällen existiert gerade keine „Entscheidung der Vergabekammer", die iSv § 178 S. 1 aufgehoben werden könnte. Der Nachprüfungsantrag „gilt" dementsprechend nur als abgelehnt (§ 171 Abs. 2 Hs. 2). Folglich entfällt in dieser Fallgestaltung der Ausspruch, dass die Entscheidung der Vergabekammer aufgehoben wird (§ 178 S. 1). Das Beschwerdegericht kann in der Sache selbst entscheiden, es kann die Vergabekammer aber auch verpflichten, erstmals selbst eine Sachentscheidung zu treffen. Zwar ist dem Wortlaut nach nur eine Verpflichtung zu „erneuter" Entscheidung vorgesehen. Das heißt aber nicht, dass eine Zurückverweisung nur in den Fällen von § 171 Abs. 1 zulässig wäre, wenn also eine erstinstanzliche Entscheidung der Vergabekammer positiv vorliegt. Die Variante des § 171 Abs. 2 hat der Gesetzgeber als außergewöhnlichen Störfall bei § 178 nicht gesondert in den Blick genommen. Deshalb können aus dem Wortlaut der Regelung auch insoweit keine einschränkenden Rückschlüsse für die prozessuale Handhabung solcher Fälle hergeleitet werden. 21

3. Entscheidungen nach § 178 S. 3 und 4. a) Inhalt sowie Sinn und Zweck der Regelungen. Das Verhältnis von § 178 S. 3 und S. 4 zueinander wird unterschiedlich beurteilt. Teilweise werden darin zwei von einander verschiedene Regelungsgegenstände gesehen, nämlich ein Feststellungsbegehren (S. 3) und ein Fortsetzungsfeststellungsbegehren (S. 4). Damit korrespondiert der Streit darüber, ob ein Feststellungsbegehren als Zwischenfeststellungsantrag zulässig ist (→ Rn. 31). Das Feststellungsbegehren nach S. 3 soll dem Feststellungsantrag nach § 168 Abs. 1 S. entsprechen.[18] Das erscheint schon als Überinterpretation jener Bestimmung, in der es lediglich heißt, dass die Vergabekammer „entscheidet", ob der Antragsteller in seinen Rechten verletzt ist und die geeigneten Maßnahmen zur Abhilfe trifft. Den Gesetzgebungsmaterialien zufolge sollte zum Ausdruck gebracht werden, dass die Vergabekammer zu beurteilen hat, ob durch das beanstandete Verhalten bieterschützende vergaberechtliche Bestimmungen verletzt worden sind oder nur reine Ordnungsvorschriften.[19] Dagegen ging es dem Gesetzgeber nicht darum, den Antragstellern eine Befugnis zum Stellen förmlicher Feststellungsanträge im Verfahren des Primärrechtsschutzes zu verleihen. Die Regelungen in § 178 S. 3 und 4 sind deshalb grundsätzlich einheitlich zu verstehen und nur redaktionell nicht angemessen präzise formuliert.[20] Sie dienen, wie § 168 Abs. 2, dem Zweck einer verfahrensübergreifenden Prozessökonomie. Wenn der Antragsteller primären Vergaberechtsschutz im Nachprüfungsverfahren nicht mehr erlangen kann, etwa weil der Zuschlag inzwischen erteilt worden ist, soll ihm auf Antrag (wenigstens) Klarheit darüber verschafft werden, ob er in seinen Rechten aus § 97 Abs. 6 verletzt worden ist. Die verfahrensübergreifende Prozesswirtschaftlichkeit besteht darin, dass im Falle einer Schadensersatzklage dieses Antragstellers das Zivilgericht an die bestandskräftige Entscheidung der Vergabekammer nach § 168 Abs. 2 bzw. an die rechtskräftige Entscheidung des Vergabesenats, ggf. des Bundesgerichtshofs, gebunden ist (§ 179 Abs. 1). 22

b) Antragsbefugnis. Die Entscheidung nach § 178 S. 3 trifft das Beschwerdegericht nicht von Amts wegen, sondern nur auf Antrag. Ob alle Beteiligten befugt sind, diesen Antrag zu stellen oder 23

---

[18] Beck VergabeR/*Vavra*, 3. Aufl. 2019, Rn. 11.
[19] RegE, BT-Drs. 13/9340, 19, zu § 124.
[20] HM, vgl. *Schäfer* in RKPP GWB Rn. 37; Willenbruch/Wieddekind/*Raabe* Rn. 22; Ziekow/Völlink/*Steck* Rn. 16; vgl. auch Beck VergabeR/*Vavra/Willner* Rn. 11.

ob das nur dem Antragsteller vorbehalten sein soll, lässt der neutrale Wortlaut des Gesetzes („Auf Antrag stellt ...") offen. Grundsätzlich sind alle Beteiligten als befugt anzusehen.[21]

24   **aa) Antragsteller.** Außer Zweifel steht die Befugnis **des Antragstellers,** den Antrag nach § 178 S. 3 zu stellen. Um die Verletzung seiner Rechte ist es im Nachprüfungsverfahren bis zum Eintritt des erledigenden Ereignisses gegangen und darum geht es auch in Bezug auf das Feststellungsbegehren nach § 178 S. 3.

25   **bb) Antragsgegner.** Problematischer ist, ob auch der öffentliche Auftraggeber befugt ist, den Antrag nach § 178 S. 3 zu stellen. Dass § 178 S. 3 diesen Fall der **„negativen Feststellung",** also der Rechtmäßigkeit des Vergabeverfahrens, einschließt, ergibt sich zwar nicht unmittelbar aus der Vorschrift, ist im Ergebnis aber zu bejahen.[22] Zunächst schließt der Wortlaut des Gesetzes diese Variante nicht direkt aus. Die Konjunktion „ob" („Auf Antrag stellt es fest, ,ob' das Unternehmen, das die Nachprüfung beantragt hat, ..."), eröffnet die **Möglichkeit eines negativen Feststellungsantrags.** Die systematische Auslegung stützt die hier vertretene Ansicht. § 179 Abs. 1 legt die Möglichkeit der „negativen Feststellung", dass eine Verletzung des Antragstellers in seinen Rechten aus § 97 Abs. 6 nicht vorliegt, ebenfalls nahe. Dort wird nämlich nur ganz allgemein vorausgesetzt, dass ein Verfahren vor der Vergabekammer stattgefunden hat. Das deutet darauf hin, dass das Ergebnis dieses Verfahrens unabhängig davon soll verwendet werden können, ob im Nachprüfungsverfahren letztlich eine Verletzung des Antragstellers in seinen Rechten festgestellt worden ist oder nicht. Entscheidende Bedeutung kommt schließlich § 168 Abs. 2 zu. Diese Norm, auf die § 178 S. 3 verweist, verlangt nur den Antrag „eines Beteiligten". Das spricht dafür, nicht allein den Antragsteller als befugt anzusehen, einen Feststellungsantrag nach § 178 S. 3 zu stellen.

26   Der öffentliche Auftraggeber wird naturgemäß allenfalls an der Feststellung interessiert sein, dass der Antragsteller gerade nicht in sein Rechten verletzt ist. Ein entsprechendes **„negatives" Feststellungsinteresse** (allgemein → Rn. 38 f.) wird grundsätzlich zu bejahen sein. Anerkennenswert ist etwa sein Interesse an der Gewissheit, nicht mit den finanziellen Folgen eines Schadensersatzprozesses rechnen zu müssen. **Bedarf** für einen entsprechenden Antrag besteht freilich nur dann, wenn der Antragsteller seinerseits keinen Antrag nach § 178 S. 3 stellt. Denn wenn er das tut, wird das streitige Rechtsverhältnis so oder so geklärt.

27   **cc) Beigeladene.** Auf Beigeladene lässt sich die gesetzliche Regelung nach ihrem Wortlaut nicht unmittelbar lesen. Sie sollte aber entsprechend angewendet werden. Aus heutiger Sicht kann gesagt werden, dass das Gesetz insoweit eine **planwidrige Lücke** enthält (→ § 179 Rn. 8). Auch Beigeladenen kann nach Sinn und Zweck der Regelung in § 178 S. 3 ein anerkennenswertes Rechtsschutzinteresse an einer Feststellungsentscheidung zustehen. Die Entscheidung nach § 178 S. 3 dient im Interesse einer verfahrensübergreifenden Prozessökonomie dazu, in einem eventuellen späteren Schadensersatzprozess auf das von den vergaberechtlich sachkundigen Nachprüfungsinstanzen gewonnene Ergebnis des Nachprüfungsverfahrens ohne Weiteres zurückgreifen zu können (→ § 179 Rn. 2). Ein Interesse für die Feststellung einer Rechtsverletzung nach § 178 S. 3 kann Beigeladenen dementsprechend zustehen, soweit ihnen nach Lage der Dinge ein erstattungsfähiger Schaden entstanden sein kann.

28   Ein Schadensersatzanspruch kann Beigeladenen unabhängig von ihren Aussichten auf Zuschlagserteilung zustehen, wenn das Vergabeverfahren aus einem von den Vergabe- und Vertragsordnungen nicht anerkannten Grund aufgehoben worden ist (→ § 181 Rn. 60 ff.). Deshalb wird ihnen in einem solchen Fall ein eigenes Feststellungsinteresse daran, dass ein anerkannter Aufhebungsgrund nicht vorgelegen hat, nicht abzusprechen sein. Dabei dürften sie sich allerdings naturgemäß auf einer Linie mit dem Antragsteller im Nachprüfungsverfahren bewegen, denn auch er wird, wenn das Vergabeverfahren aufgehoben wurde, an einer entsprechenden Feststellung interessiert sein. Das gilt im Übrigen für alle Teilnehmer des Vergabeverfahrens gleichermaßen.

29   In anderen Fallgestaltungen ist im Ausgangspunkt zu bedenken, dass das Nachprüfungsverfahren naturgemäß behauptete Nichteinhaltungen von Bestimmungen über das Vergabeverfahren zum Nachteil des Antragstellers zum Gegenstand hat. Erledigt sich dieses durch Aufhebung oder Einstellung des Vergabeverfahrens, durch Zuschlagserteilung oder in sonstiger Weise, ist es eine Frage des Einzelfalls, ob und ggf. inwieweit Raum für die Feststellung ist, dass etwaige Beigeladene in ihren Rechten verletzt sein könnten.

30   **c) Anwendungsvoraussetzungen. aa) Erledigung des Primäranspruchs.** Der Regelungsgehalt von § 178 S. 3 entspricht dem von § 168 Abs. 2 S. 2. Grundsätzlich vorauszusetzen ist, dass der Nachprüfungsantrag **ursprünglich zulässig** war und dass sich das Nachprüfungsverfahren

---

[21] IErg wie hier Immenga/Mestmäcker/*Stockmann* Rn. 14.
[22] Im Erg. wie hier auch Beck VergabeR/*Vavra/Willner* Rn. 15.

entweder in erster Instanz – dann ist § 168 Abs. 2 einschlägig – oder während des Beschwerdeverfahrens **in der Hauptsache erledigt hat**. Liegen diese Voraussetzungen vor, stellt die Vergabekammer oder der Vergabesenat fest, ob eine Rechtsverletzung iSv § 97 Abs. 6 vorgelegen hat. In zweiter Instanz kann sich das Hauptsachenverfahren namentlich dann erledigen, wenn das Beschwerdegericht den Antrag auf Verlängerung der aufschiebenden Wirkung (§ 173) abgelehnt oder dem Antrag auf Vorabentscheidung über den Zuschlag (§ 176) stattgegeben und der Auftraggeber in beiden Fällen anschließend den Auftrag vergeben hat. Hauptsachenerledigung tritt im Beschwerdeverfahren ferner ein, wenn das Beschwerdegericht den Antrag nach § 176 abgelehnt und die Vergabestelle nicht binnen zehn Tagen nach Zustellung der Entscheidung die sich aus ihr ergebenden Maßnahmen zur Herstellung der Rechtmäßigkeit des Vergabeverfahrens ergriffen hat. Das Vergabeverfahren gilt dann als beendet (§ 177). Das Vergabeverfahren kann aber auch aus anderen Gründen eingestellt oder aufgehoben werden. Dann erledigt sich das Nachprüfungsverfahren ebenfalls in der Hauptsache (analog § 168 Abs. 2 S. 2).

Unterschiedlich beurteilt wird die Frage, ob der Feststellungsantrag als Zwischenfeststellungsantrag auch **ohne Erledigung des Nachprüfungsantrags** in der Hauptsache zulässig sein kann (→ Rn. 22).[23] Der Frage dürfte keine allzu große praktische Bedeutung zukommen, weil es selten zu Konstellationen kommen wird, in denen Bedürfnis für einen Feststellungsantrag unter diesen Voraussetzungen entsteht. Zu Recht verlangt das OLG Düsseldorf ein besonderes Feststellungsinteresse für einen solchen Antrag.[24] Regelmäßig wird ein entsprechendes **Interesse zu verneinen sein,** solange der Primärrechtsschutz noch eröffnet ist und erst zu bejahen sein, wenn dieser in der Hauptsache erledigt ist.[25] Denn der Primärrechtsschutz dient dazu, Vergaberechtsverstöße rechtzeitig vor Zuschlagserteilung zu korrigieren und dadurch dem Entstehen von Schäden durch eine rechtswidrige Vergabeentscheidung gerade vorzubeugen. Solange der Auftrag noch nicht vergeben ist, kann ein Feststellungsinteresse grundsätzlich nur hinsichtlich solcher Schäden bestehen, die **bereits irreversibel eingetreten** sind. Das muss dargelegt werden. 31

Von der Entscheidung des Beschwerdegerichts nach § 178 S. 3 ist die Variante zu unterscheiden, dass bereits die Vergabekammer eine Feststellungsentscheidung nach § 168 Abs. 2 S. 2 getroffen hat und sich ein Beteiligter dagegen mit der sofortigen Beschwerde wenden will (→ Rn. 43). 32

bb) Die Prozesshandlungen und Anträge der Beteiligten. Die § 178 S. 3 entsprechende Regelung im Kartellbeschwerdeverfahren ist § 76 Abs. 2 S. 2. Im Schrifttum zu dieser Bestimmung ist umstritten, inwieweit die Überleitung in das Feststellungsverfahren Erledigungserklärungen voraussetzt.[26] Dieser Streit braucht nicht in die Anwendungspraxis von § 178 S. 3 hineingetragen zu werden. Die Voraussetzungen beider Bestimmungen sind unterschiedlich. Während im Kartellbeschwerdeverfahren immer nur der Adressat der kartellbehördlichen Verfügung Beschwerdeführer ist, kann in der Vergabenachprüfung einmal der öffentliche Auftraggeber, ein anderes Mal ein Unternehmen in die Rolle des Beschwerdeführers geraten. 33

(1) Übereinstimmende Erledigungserklärungen. Erklären Antragsteller und Antragsgegner die Hauptsache übereinstimmend für erledigt, ist das Beschwerdegericht daran gebunden. Es geht bei seiner anschließenden Entscheidung davon aus, dass der Zuschlag erteilt, das Vergabeverfahren aufgehoben oder aus einem sonstigen Grund erledigt ist. 34

Worüber das Beschwerdegericht alsdann konkret zu entscheiden hat, hängt von den weiteren Anträgen der Beteiligten ab. Das Verfahren wird nicht automatisch in das Feststellungsverfahren nach § 178 S. 3 übergeleitet. Die **Entscheidung nach § 178 S. 3** trifft das Beschwerdegericht nicht von Amts wegen, sondern **nur auf Antrag** (zur Antragsbefugnis → Rn. 23 ff.). Wird ein entsprechender Antrag nicht gestellt, liegt nicht mehr als eine übereinstimmende Erledigungserklärung vor. Das Nachprüfungsverfahren wird in analoger Anwendung von § 92 Abs. 3 S. 1 VwGO **eingestellt.**[27] Wie bei jeder anderen Hauptsachenerledigung entscheidet der Vergabesenat dann lediglich noch darüber, wer die Kosten des Beschwerdeverfahrens zu tragen hat. 35

(2) Streitige Hauptsachenerledigung. Behauptet der öffentliche Auftraggeber den Eintritt eines erledigenden Ereignisses und bestreitet die Gegenseite dies, etwa weil sie bezweifelt, dass der 36

---

[23] Vgl. zum Streitstand *Schäfer* in RKPP GWB Rn. 37 mwN; OLG Düsseldorf Beschl. v. 29.7.2009 – Verg 18/09, juris Rn. 35.
[24] OLG Düsseldorf Beschl. v. 4.5.2009 – VII-Verg 68/08, BeckRS 2009, 24305 = VergabeR 2009, 905 (919 f.).
[25] HM, vgl. Ziekow/Völlink/*Steck* Rn. 14 ff.; *Schäfer* in RKPP GWB Rn. 35 ff. mwN in Fn. 44; anders Beck VergabeR/*Vavra* Rn. 11.
[26] Vgl. Immenga/Mestmäcker/*Schmidt* § 71 Rn. 29.
[27] So für das Kartellbeschwerdeverfahren KG Beschl. v. 28.5.1999 – Kart 39/98; für das erstinstanzliche Nachprüfungsverfahren 1. VK Bund Beschl. v. 9.8.1999 – VK 1-9/99, IBRRS 2013, 3285.

Zuschlag tatsächlich erteilt oder das Vergabeverfahren eingestellt/aufgehoben worden ist oÄ oder weil sie die Zuschlagserteilung oder Aufhebung ausnahmsweise für unwirksam hält,[28] fragt sich zunächst, welche prozessualen Erklärungen die Beteiligten im Einzelnen abzugeben bzw. welche Anträge sie zu stellen haben. Die Antwort ist in § 168 Abs. 2 angelegt, auf den § 178 S. 4 verweist. § 168 stellt darauf ab, dass „das Nachprüfungsverfahren" für erledigt erklärt wird. Das gilt auch für die Beschwerdeinstanz. Es geht hier demnach nicht darum, das Rechtsmittel für erledigt zu erklären, wozu nur der jeweilige Rechtsmittelführer berechtigt wäre, wofür aber auch nur selten ein berechtigtes Interesse besteht. Vielmehr muss auch in zweiter Instanz „das Nachprüfungsverfahren" für erledigt erklärt werden. Die verfahrensrechtliche Initiative dazu kann naturgemäß nicht vom öffentlichen Auftraggeber ausgehen. Ihm fehlt als Antragsgegner die verfahrensrechtliche Dispositionsbefugnis über das vom Antragsteller eingeleitete Nachprüfungsbegehren. Das Nachprüfungsverfahren kann **nur der Antragsteller für erledigt erklären.** Zur Frage der Antragsbefugnis für Entscheidungen nach § 178 S. 3 → Rn. 23 ff.

37   Trägt der öffentliche Auftraggeber Gründe vor, die den Tatbestand der Hauptsachenerledigung erfüllen und erklärt der (erstinstanzliche) Antragsteller das Nachprüfungsverfahren dennoch nicht in der Hauptsache für erledigt, prüft das Beschwerdegericht, ob das behauptete **erledigende Ereignis eingetreten** ist. Es prüft nicht wie im Zivilprozess, ob der Nachprüfungsantrag bis zu diesem Zeitpunkt zulässig und begründet war.[29] Die einseitige Erledigung wird im vergaberechtlichen Nachprüfungsverfahren vielmehr so gehandhabt, wie dies grundsätzlich im Verwaltungsgerichtsprozess der Fall ist.[30] Kann das erledigende Ereignis festgestellt werden und hat der Antragsteller nicht wenigstens hilfsweise beantragt festzustellen, dass er in seinen Rechten verletzt ist, ist seine sofortige Beschwerde zurückzuweisen.

38   **cc) Feststellungsinteresse.** Sowohl die VwGO als auch die Bestimmungen über das Kartellbeschwerdeverfahren verlangen beim Übergang in das Feststellungsverfahren ausdrücklich ein besonderes Interesse an der Feststellung der Rechtsverletzung (vgl. § 113 Abs. 1 VwGO, § 71 Abs. 2). In § 178 ist ein entsprechender Vorbehalt nicht artikuliert. Der Gesetzgeber ist ersichtlich davon ausgegangen, dass ein solches Interesse im Hinblick auf mögliche Schadensersatzprozesse und die Bindungswirkung der Nachprüfungsentscheidung dafür (§ 179 Abs. 1) regelmäßig besteht.

39   Für die Definition des Feststellungsinteresses im vergaberechtlichen Nachprüfungsverfahren wird in der Fachliteratur an die globale **verwaltungsgerichtliche Definition** angeknüpft, die jedes vernünftigerweise anzuerkennende rechtliche, wirtschaftliche oder sogar ideelle Interesse an der begehrten Feststellung ausreichen lässt, sofern die begehrte Feststellung geeignet ist, die Rechtsposition des Antragstellers in dem jeweiligen Zusammenhang zu verbessern oder Beeinträchtigungen wenigstens zu mildern.[31] Diese Definition darf aber nicht darüber hinwegtäuschen, dass damit noch nichts über die Erfolgsaussichten des Feststellungsantrags in der Sache gesagt ist. Wenn die Anerkennung eines Feststellungsinteresses mit der **Gefahr der Wiederholung von Vergabefehlern** begründet wird, um dem Antragsteller die Früchte des von ihm angestrengten Nachprüfungsverfahrens zu erhalten,[32] kommt es für die konkret begehrte Feststellung darauf an, ob ein entsprechender Anspruch im Primärrechtsschutz hätte durchgesetzt werden können.[33] Gegenstand des Feststellungsverfahrens nach § 178 S. 3 kann nur ein Anspruch sein, der zulässigerweise auch im Primärrechtsschutz geltend gemacht werden kann. Da das Rechtsschutzsystem nach Teil 4 des GWB nur auf Abhilfe in einem konkreten Vergabeverfahren ausgerichtet ist, kann hier **kein vorbeugender Rechtsschutz** etwa gegen die Verwendung bestimmter Bedingungen oder Klauseln in Vergabeunterlagen nachgesucht werden.[34] Nach der Rechtsprechung des BGH steht einem (potenziellen) Bieter gegen den öffentlichen Auftraggeber auch kein aus bürgerlich-rechtlichen Vorschriften herzuleitender Anspruch darauf zu, die Verwendung bestimmter als vergaberechtswidrig erachteter Vergabebestimmungen in etwaigen zukünftigen Vergabeverfahren zu unterlassen.[35] **Anderes kann gelten,** wenn die Voraussetzungen für die Anwendbarkeit von § 33 vorliegen, weil diese Norm in den in ihr genannten Fällen bei Wiederholungsgefahr ausdrücklich einen Unterlassungsanspruch gewährt, und zwar bereits dann, wenn eine Zuwiderhandlung droht.

---

[28] Vgl. BT-Drs. 13/9340, 20 liSp oben; *Boesen* EuZW 1998, 551 (558); *Gröning* ZIP 1999, 51 (56).
[29] Vgl. OLG Düsseldorf Beschl. v. 11.5.2011 – Verg 10/11, IBRRS 2011, 1916 = VergabeR 2011, 785 (787); vgl. auch Willenbruch/Wieddekind/*Raabe* Rn. 27.
[30] Vgl. dazu Schoch/Schneider VwGO § 161 Rn. 28 f.
[31] Vgl. Immenga/Mestmäcker/*Stockmann* Rn. 16; *Möllenkamp* in RKPP GWB Rn. 46 f. jew. mwN.
[32] So Willenbruch/Wieddekind/*Raabe* Rn. 23; OLG Düsseldorf Beschl. v. 23.3.2005 – Verg 77/04, IBRRS 2005, 1255.
[33] Beispiel etwa OLG Düsseldorf Beschl. v. 22.5.2002 – Verg 6/02, NZBau 2002, 583.
[34] Vgl. OLG Schleswig Beschl. v. 15.3.2013 – 1 Verg 4/12, NZBau 2013, 454 ff.
[35] BGH Urt. v. 5.6.2012 – 161/11, NZBau 2012, 652 – Fachpersonalklausel (Zivilprozess).

In den Fällen von § 177 kommt ein Feststellungsinteresse unter zwei Gesichtspunkten in Betracht. Wird ein Antrag auf Vorabentscheidung über den Zuschlag (§ 176) zurückgewiesen, können zwei Verfahrenssituationen eintreten: Ergreift der Auftraggeber die sich aus der Entscheidung des Vergabesenats ergebenden Maßnahmen zur Herstellung der Rechtmäßigkeit des Vergabeverfahrens, wird dieses gleichsam in den vorigen Stand zurückversetzt und das primäre Rechtsschutzbegehren des Antragstellers erledigt sich in der Hauptsache. Ein Feststellungsinteresse wegen möglicher Schäden besteht nur insoweit, als dem Antragsteller bereits Schäden unabhängig davon entstanden sind, dass seine Option auf den Zuschlag wieder hergestellt ist. Ein entsprechendes Rechtsschutzbedürfnis muss bei Übergang zum Feststellungsantrag nach § 178 S. 3 besonders dargelegt werden. Andernfalls ist ein solcher Feststellungsantrag unzulässig. Lässt der Auftraggeber die ihm in § 177 zur Nachbesserung des Vergabeverfahrens zugestandene Frist dagegen verstreichen, gilt das Verfahren als eingestellt. § 177 ist zweifelsohne eine bieterschützende Bestimmung. Wird sie dadurch verletzt, dass der Auftraggeber das fehlerhafte Vergabeverfahren nicht korrigiert, können Ansprüche auf Erstattung des negativen Interesses allen Ausschreibungsteilnehmern zustehen (→ § 181 Rn. 60 ff.), die dann grundsätzlich auch ein entsprechendes Feststellungsinteresse haben.

d) Erledigung zwischen den Instanzen. Erledigt sich das Nachprüfungsverfahren nach der Entscheidung der Vergabekammer, aber noch vor Einlegung des Rechtsmittels, kann die Vergabekammer ihre Entscheidung nicht nachträglich aufheben, um der neuen Sachlage gemäß erneut zu entscheiden. Das ergibt sich aus dem in § 318 ZPO enthaltenen Rechtsgrundsatz. Dieser ist hier entsprechend anzuwenden, weil die Entscheidungen der Vergabekammer als streitentscheidende Verwaltungsakte[36] funktionell gerichtlichen Urteilen entsprechen.[37] Hier ist die sofortige Beschwerde mit dem originären Ziel einer Entscheidung nach § 178 S. 3 zulässig. Nach dem – neutralen – Wortlaut von § 178 kommt es nicht darauf an, dass es bei Einlegung der sofortigen Beschwerde noch um den primären Rechtsschutz geht. Zum davon zu unterscheidenden Fall einer sofortige Beschwerde gegen eine Entscheidung der Vergabekammer nach § 168 Abs. 2 (→ Rn. 43).

e) Gegenstand der Entscheidung. Im Beschwerdehauptsachenverfahren klärt der Vergabesenat ungeachtet der Erledigung des vergaberechtlichen Primäranspruchs im **Strengbeweisverfahren**, ob der Antragsteller in seinem Recht auf Einhaltung der seinen Schutz bezweckenden Bestimmungen über das Vergabeverfahren verletzt ist. Diese Entscheidung soll das später mit einem Schadensersatzanspruch des Antragstellers befasste ordentliche Gericht binden (§ 179 Abs. 1). Deshalb ist der Sachverhalt auch im Feststellungsverfahren vollständig aufzuklären.

III. Andere Fälle

1. Beschwerde gegen Entscheidung nach § 168 Abs. 2. In § 178 S. 3 ist die verfahrensrechtliche Situation geregelt, dass sich die Hauptsache erst während des Beschwerdeverfahrens oder allenfalls zwischen den Instanzen (→ Rn. 41) erledigt hat. Die Vorschrift ist aber nicht einschlägig, wenn das erledigende Ereignis bereits im Verlaufe des erstinstanzlichen Nachprüfungsverfahrens eingetreten ist – etwa weil die Vergabekammer den Zuschlag nach § 115 Abs. 2 bestandskräftig gestattet und die Vergabestelle von der dadurch eröffneten Möglichkeit Gebrauch gemacht hat. Die Feststellung, ob eine Rechtsverletzung vorgelegen hat, trifft vielmehr auf Antrag die Vergabekammer (§ 168 Abs. 2). Diese Entscheidung ist aber nicht unanfechtbar, sondern gegen sie ist das Rechtsmittel der sofortigen Beschwerde ebenso zulässig, wie gegen eine Entscheidung der Vergabekammer nach § 168 Abs. 1.

2. Entscheidung bei Kosten- und Gebührenbeschwerden. Die Kostenentscheidung der Vergabekammer ist **isoliert anfechtbar**, wenn ein Beteiligter nur insoweit beschwert ist oder er die Hauptsachenentscheidung gegen sich gelten lassen will. Das gilt beispielsweise, wenn die Vergabekammer zulasten eines Beteiligten entschieden hat, dass die Hinzuziehung eines Bevollmächtigten nicht notwendig war.[38] Die Anfechtung des Kostenfestsetzungsbescheids der Vergabekammer hat sich erübrigt, weil nach § 128 in der durch das Gesetz zur Modernisierung des Vergaberechts vom 20.4.2009[39] erhaltenen Fassung kein gesondertes Kostenfestsetzungsverfahren der Vergabekammer mehr stattfindet. Zu einem isolierten Streit über die Kostenfestsetzung kann es im Übrigen kommen, wenn sich ein Antrag auf Gewährung primären Rechtsschutzes während des erstinstanzlichen Verfahrens durch Erteilung des Zuschlags oder auf sonstige Weise in der Hauptsache erledigt hat und

---

[36] Vgl. BGH Beschl. v. 29.9.2009 – X ZB 1/09, NZBau 2010, 129 Rn. 18 – Gebührenanrechnung im Nachprüfungsverfahren.
[37] Vgl. RegE, BT-Drs. 13/9340, 19, zu § 124.
[38] Vgl. OLG Düsseldorf Beschl. v. 20.7.2000 – Verg 1/00, NZBau 2000, 486.
[39] BGBl. 2009 I 790.

die Beteiligten kein Interesse an einer Feststellung nach § 168 Abs. 2 äußern, sondern sich darauf beschränken, die Hauptsache für erledigt zu erklären (→ Rn. 35). In solchen Fällen entscheidet die Vergabekammer ausschließlich über die Kostentragung. Diese Entscheidung, die nach billigem Ermessen zu treffen ist, kann mit der sofortigen Beschwerde angefochten werden.

45   Die Entscheidung der Vergabekammer über die Höhe der Gebühren in dem vorgegebenen Gebührenrahmen (§ 128 Abs. 1, 2) kann ebenfalls mit der sofortigen Beschwerde angegriffen werden.[40]

46   **3. Beschwerde bei Streit um Akteneinsicht.** Nach der hier vertretenen Ansicht ist das Rechtsmittel der sofortigen Beschwerde außerdem dann gegeben, wenn die Vergabekammer bestimmte Daten im Rahmen der Akteneinsicht Verfahrensbeteiligten zugänglich machen will und der davon Betroffene sich widersetzt (→ § 165 Rn. 65). Es handelt sich hierbei aber um ein Zwischenverfahren, das mit den Endentscheidungen, um die es in § 178 hauptsächlich geht, nichts zu tun hat.

IV. Form, Gegenstand und Inhalt der Beschwerdeentscheidung

47   Für Form, Gegenstand und Inhalt der Beschwerdeentscheidung (in der Hauptsache) gilt über den Verweis in § 175 Abs. 2 § 76 Abs. 1 und 6 entsprechend. Die Bestimmung lautet:

§ 76 Beschwerdeentscheidung

(1) ¹Das Beschwerdegericht entscheidet durch Beschluss nach seiner freien, aus dem Gesamtergebnis des Verfahrens gewonnenen Überzeugung. ²Der Beschluss darf nur auf Tatsachen und Beweismittel gestützt werden, zu denen die Beteiligten sich äußern konnten. ³Das Beschwerdegericht kann hiervon abweichen, soweit Beigeladenen aus wichtigen Gründen, insbesondere zur Wahrung von Betriebs- oder Geschäftsgeheimnissen, Akteneinsicht nicht gewährt und der Akteninhalt aus diesen Gründen auch nicht vorgetragen worden ist. ⁴Dies gilt nicht für solche Beigeladene, die an dem streitigen Rechtsverhältnis derart beteiligt sind, dass die Entscheidung auch ihnen gegenüber nur einheitlich ergehen kann.

Ergänzend ist § 76 Abs. 6 heranzuziehen. Danach ist die Entscheidung des Vergabesenats mit Gründen zu versehen; die Rechtsmittelbegründung entfällt, weil die Entscheidung nicht anfechtbar ist.

48   **1. Einordnung des Beschwerdeverfahrens.** Hinsichtlich der Bezeichnung des Rechtsmittels und der Form, in der darüber entschieden wird, hat sich der Gesetzgeber des VgRÄG für die Anknüpfung an das Kartellbeschwerdeverfahren entschieden. Dass die Entscheidungen des Beschwerde- und Rechtsbeschwerdegerichts dort in Beschlussform ergehen, beruht darauf, dass der historische Gesetzgeber des GWB das Kartellbeschwerdeverfahren am Vorbild des damaligen FGG-Verfahrens ausgerichtet hat, welches als Beschwerdeverfahren ausgestaltet war (→ § 171 Rn. 1, 5).[41]

49   Im Rechtszug entspricht das Verfahren der sofortigen Beschwerde der Berufungsinstanz. In diesem Punkt unterscheidet es sich vom Kartellbeschwerdeverfahren, welches ein erstinstanzliches Streitverfahren ist. Die Verfügung der Kartellbehörde gem. § 61 Abs. 1 ist ein Verwaltungsakt iSv § 35 VwVfG. Wenn dagegen oder gegen deren Unterbleiben Beschwerde eingelegt wird, wird das Beschwerdegericht erstinstanzlich **wie das Verwaltungsgericht tätig.** Für die Vergabenachprüfung hat der Gesetzgeber nach einer Entscheidungsform gesucht, die die gemeinschaftsrechtlich geforderte Durchsetzbarkeit von vergaberechtlichen Nachprüfungsentscheidungen gewährleisten kann, ohne das Anliegen der beschleunigten Vergabe öffentlicher Aufträge über Gebühr zu beeinträchtigen und deshalb Stellen in der Exekutive als Nachprüfungsinstanz und Verwaltungsakte als deren Entscheidungsform gewählt.[42] Deshalb werden die Oberlandesgerichte hier wie ein Berufungsgericht tätig (→ § 171 Rn. 5).

50   **2. Freie Beweiswürdigung.** Gegenstand der Entscheidung ist die aus der Bewertung des Gesamtergebnisses des Verfahrens gewonnene Überzeugung des Beschwerdegerichts. Das Hauptsachenverfahren der sofortigen Beschwerde in Vergabestreitigkeiten nach den §§ 171 ff. ist ein **Erkenntnisverfahren** wie das zivilprozessuale oder verwaltungsgerichtliche Streitverfahren, das arbeitsgerichtliche Urteilsverfahren, die Hauptverhandlung in Strafsachen etc. Darüber darf die Bezeichnung des Rechtsmittels als „Beschwerde" nicht hinwegtäuschen. Es gelten das **Strengbeweisprinzip** und der Grundsatz der **freien Beweiswürdigung.** Soweit der über § 175 Abs. 2 in Bezug genommene § 76 Abs. 1 S. 1 vorsieht, dass das Beschwerdegericht nach seiner freien, aus

---
[40] BGH Beschl. v. 25.10.2011 – X ZB 5/10, NZBau 2012, 186 – Gebührenbeschwerde in Vergabesache.
[41] Vgl. BT-Drs. II/1158, 28 ff.
[42] Vgl. RegE, BT-Drs. 13/9340, 19, zu § 124.

dem Gesamtergebnis des Verfahrens gewonnenen Überzeugung entscheidet, entspricht die Vorschrift ungeachtet des etwas abweichenden Wortlauts den § 108 VwGO, § 286 ZPO oder § 261 StPO.

3. Rechtliches Gehör. § 71 Abs. 1 S. 2, 3 und 4 gelten dem Grundsatz des rechtlichen Gehörs. 51 Die einzelnen Sätze stehen im Verhältnis von „Regel-Ausnahme-weitere Ausnahme" zueinander. S. 2 ist § 108 Abs. 2 VwGO nachgebildet. Die instanzbeendende Sachentscheidung darf grundsätzlich nur auf Tatsachen und Beweismittel gestützt werden, zu denen die Beteiligten sich äußern konnten. Dazu, wie der Schutz von Betriebs- oder Geschäftsgeheimnissen und der Grundsatz des rechtlichen Gehörs zum Ausgleich zu bringen sind, hat der BGH[43] eine differenzierte Lösung erarbeitet (→ § 165 Rn. 67 ff.).

4. Inhalt der Entscheidung. Die Beschlüsse der Vergabesenate müssen begründet werden 52 (§ 71 Abs. 6 iVm § 175 Abs. 2). Die Gründe enthalten tatbestandliche Elemente und eine sachliche Begründung der Entscheidung. Über § 175 Abs. 2 und § 73, dessen Bezugnahme auf bestimmte Regelungen der ZPO nicht abschließend ist,[44] ist § 313 ZPO entsprechend anwendbar. Danach soll der Tatbestand des Urteils die erhobenen Ansprüche und die dazu vorgebrachten Angriffs- und Verteidigungsmittel unter Hervorhebung der gestellten Anträge nur ihrem wesentlichen Inhalt nach knapp darstellen. Das wird in den Beschwerdeentscheidungen der Vergabesenate eher wenig beherzigt. Jedenfalls in den veröffentlichten Entscheidungen dominieren ins Detail gehende Schilderungen des Vorbringens der Beteiligten einschließlich ihrer Rechtsauffassungen, die dann bei der rechtlichen Verarbeitung nicht selten wiederholt werden.

5. Die Kostengrundentscheidung. a) Rechtsgrundlage: § 71 (§ 78 aF) analog. Das 53 VgRÄG hatte keine eigene Regelung über die Verteilung der Kostenlast im Beschwerdeverfahren vorgesehen. Eine dem § 128 Abs. 3 (jetzt: § 182 Abs. 3) entsprechende Bestimmung fehlte. Der Bundesgerichtshof hatte sich in seiner ersten auf eine Divergenzvorlage getroffenen Entscheidung gegen die analoge Anwendung von § 71 und stattdessen für die entsprechende Anwendung der §§ 91 ff. ZPO ausgesprochen.[45] Das Gesetz zur Modernisierung des Vergaberechts vom 20.4.2009[46] hat dies nachträglich geregelt, und zwar dadurch, dass in § 175 Abs. 2 nunmehr auch § 71 als entsprechend anzuwendende Vorschrift genannt ist. Was die *entsprechende* Anwendung anbelangt, ist zu bedenken, dass § 71 direkt für zwei gerichtliche Instanzen gilt, das Kartellbeschwerde- und das -rechtsbeschwerdeverfahren. Im vergaberechtlichen Nachprüfungsverfahren liegen die Dinge anders. Das Beschwerdeverfahren ist einerseits Rechtsmittelverfahren, wodurch es potenziell in den Anwendungsbereich von § 71 S. 2 gerückt erscheint. Andererseits ist das Verfahren der sofortigen Beschwerde erste gerichtliche Instanz und für das eigentliche erstinstanzliche Verfahren sieht das Gesetz in § 182 eigenständige Kostenregelungen vor. Die Bestimmung ist im Übrigen ungeachtet ihres Wortlauts **auch auf die Gerichtskosten** anzuwenden.[47]

b) Entscheidungsparameter. aa) im Verhältnis zwischen Antragsteller und Antrags- 54 **gegner.** Bei unmittelbarer Anwendung von § 71 S. 1 im Kartellbeschwerde- und -rechtsbeschwerdeverfahren sind alle Umstände des konkreten Einzelfalls einschließlich des Verfahrensausgangs zu berücksichtigen und abzuwägen. Dem *erfolgreichen* Beschwerde- und Rechtsbeschwerdeführer sind dort außergerichtliche Kosten nur höchst ausnahmsweise nicht zu erstatten, und zwar wenn dies aufgrund von Abweichungen vom Normalfall und unter Berücksichtigung aller Umstände *billig erscheint*.[48] Dies gilt im Ausgangspunkt grundsätzlich auch im vergaberechtlichen Beschwerdeverfahren. Indes wird für die Möglichkeit, einem obsiegenden Beschwerdeführer aus Billigkeitsgründen den Kostenerstattungsanspruch zu versagen, noch weniger Raum bestehen, als bei unmittelbarer Anwendung von § 71. Das beruht darauf, dass das Verfahren der sofortigen Beschwerde in Teil 4 des GWB als kontradiktorisches Verfahren angelegt ist, in dem sich Antragsteller und öffentlicher Auftraggeber wie gleichberechtigte Parteien gegenüberstehen, die um die Rechtmäßigkeit der Auftragsvergabe streiten, die regelmäßig nach bürgerlichem Recht erfolgt.[49] Mit der Position des öffentlichen Auftraggebers ist die der Kartellbehörde nicht zu vergleichen. Dass mit dem **Obsiegen kein Kostenerstattungsanspruch einhergeht,** wird im vergaberechtlichen Beschwerdeverfahren also

---

[43] BGH Beschl. v. 31.1.2017 – X ZB 10/16, NZBau 2017, 230 Rn. 37 ff. – Notärztliche Dienstleistungen.
[44] Vgl. Immenga/Mestmäcker/*Schmidt* § 73 Rn. 5.
[45] BGH Beschl. v. 19.12.2000 – X ZB 14/00, BGHZ 146, 202 (216) = ZfBR 2001, 258.
[46] BGBl. 2009 I 790.
[47] BGH Beschl. v. 8.2.2011 – X ZB 4/10, BGHZ 188, 200 Rn. 79 = NZBau 2011, 629 – S-Bahn-Verkehr Rhein/Ruhr I.
[48] Vgl. iE Immenga/Mestmäcker/*Stockmann* § 78 Rn. 5 ff.
[49] Vgl. BVerwG Beschl. v. 2.5.2007 – 6 B 10/07, NZBau 2007, 389; zum Rechtsweg auch *Gröning* ZWerR 2005, 276.

jedenfalls im Verhältnis zwischen Antragsteller und Antragsgegner **nur ganz ausnahmsweise** in ungewöhnlichen Konstellationen anzunehmen sein. Vorstellbar wäre am ehesten, einem obsiegenden öffentlichen Auftraggeber die Kostenerstattung aus Billigkeit zu versagen, wenn der Streitfall der Klärung einer grundsätzlichen, für eine Vielzahl künftiger Vergabeverfahren bedeutsamen Rechtsfrage diente und dies auch sonst billig erscheint.

55   **bb) Kostentragung bei Beigeladenen.** Hat der Beigeladene gegen die instanzbeendende Entscheidung der Vergabekammer selbst Beschwerde eingelegt und ist er damit unterlegen, entspricht es regelmäßig der Billigkeit, ihn mit den Gerichtskosten und grundsätzlich auch mit den außergerichtlichen Kosten anderer Verfahrensbeteiligter zu belasten. Hat der Auftraggeber, den der Beigeladene typischerweise unterstützt, ebenfalls sofortige Beschwerde eingelegt, entspricht es bei Zurückweisung ihrer Rechtsmittel grundsätzlich der Billigkeit, diesen Beteiligten die Gerichtskosten des Beschwerdeverfahrens und die außergerichtlichen Kosten des Antragstellers anteilig aufzuerlegen.[50] Im Übrigen sollte gerade hinsichtlich der Kosten des Beigeladenen die Befugnis der Nachprüfungsinstanzen zum Tragen kommen, eine Billigkeitsentscheidung zu treffen. Dafür kann sein Interesse am Verfahrensausgang sowie der Umstand, ob er sich selbst mit Anträgen und Vorbringen am Beschwerdeverfahren beteiligt hat, berücksichtigt werden.[51]

56   **c) Die Kosten der Eilverfahren nach § 173 Abs. 1 S. 3 und § 176.** Die Praxis der Vergabesenate, wo über die Kosten der besonderen Eilverfahren nach § 173 Abs. 1 S. 3 und § 176 zu entscheiden ist (in den Eilentscheidungen selbst oder in den Beschlüssen zur Hauptsache), und wem sie aufzuerlegen sind (differenziert oder akzessorisch zum Unterliegen in der Hauptsache), war von Anfang an uneinheitlich und ist es bis heute. Vorherrschend dürfte sein, in den Eilentscheidungen keine Kostenentscheidungen zu treffen, sondern über die Kosten insgesamt im in der Hauptsache ergehenden Beschluss zu befinden und vorherrschend dürfte des Weiteren sein, die Kosten des Eilverfahrens zumindest prinzipiell dem in der Hauptsache unterliegenden Teil aufzuerlegen.[52] **Beides fordert Kritik heraus.**

57   Die Praxis, die das jeweilige Eilverfahren betreffende Kostenentscheidung der Kostenentscheidung des abschließenden Beschlusses in der Hauptsache vorzubehalten, dürfte durch die ursprünglichen Regelungen im VgRÄG von 1998 begünstigt worden sein. Im VgRÄG waren die Gebührentatbestände für die Eil- und Hauptsachenverfahren miteinander verzahnt, und zwar sowohl bezüglich der Gerichtskosten als auch hinsichtlich der Anwaltsgebühren. Art. 2 Nr. 4 VgRÄG sah vor, dass wenn der Vergabesenat über einen Antrag nach § 173 Abs. 1 S. 3 oder 176 entscheidet und später auch eine instanzabschließende Entscheidung trifft, für den Beschluss im Eilverfahren 3 Gebühren und für den in der Hauptsache ergehenden Beschluss weitere 1,5 Gebühren zuzüglich der insgesamt nur einmal erhobenen Verfahrensgebühr (1,5 Gebühren) anfallen sollten (Kostenverzeichnis Anlage 1 zum GKG Nr. 1220, 1222 und 1224 aF). Soweit es die Rechtsanwaltsgebühren betraf, erhöhte sich die anwaltliche Prozessgebühr bei Durchführung eines solchen Eilverfahrens um die Hälfte auf 19,5/10 Gebühren. Dieses Vermengen der auf das Hauptsachen- und auf das Eilverfahren entfallenden Gebühren konnte einer Praxis Vorschub leisten, über die Kosten des Eilverfahrens erst im Rahmen der Hauptsachenentscheidung zu entscheiden. Das mag vom bloßen Prozedere her unkritisch sein. Jedoch gibt es auch Entscheidungen von Vergabesenaten, denen zufolge die Kosten des Eilverfahrens demjenigen aufzuerlegen sind, der am Ende in der Hauptsache unterliegt, selbst wenn das Eilverfahren zu seinen Gunsten ausgegangen ist. Danach trägt beispielsweise der Antragsteller, dessen Antrag auf Verlängerung der aufschiebenden Wirkung nach § 173 Abs. 1 S. 3 Erfolg hatte, dessen sofortige Beschwerde aber am Ende erfolglos war, auch die Kosten des Verfahrens nach § 173 Abs. 1 S. 3.[53]

58   Konnte sich diese Handhabung für die Zeit vor Inkrafttreten des VgRÄG noch auf die nach diesem Gesetz vorgesehene gebührenmäßige Verzahnung von Eil- und Hauptsachenverfahren stützen (→ Rn. 57), so ist diese argumentative Brücke durch die Neuregelung im Kostenrechtsmodernisierungsgesetz vom 5.4.2004[54] entfallen. Seither fallen für das Hauptsachen- und die Eilverfahren sowohl die Gerichtsgebühren, als auch die anwaltliche Vergütung unabhängig voneinander an. Für das Beschwerdeverfahren in der Hauptsache entstehen Gerichtskosten in

---

[50] BGH Beschl. v. 8.2.2011 – X ZB 4/10, BGHZ 188, 200 Rn. 79 = NZBau 2011, 629 – S-Bahn-Verkehr Rhein/Ruhr I.
[51] IdS auch *Kepler* in RKPP GWB § 182 Rn. 42.
[52] Vgl. den eingehenden Überblick bei *Wiese* in KKP GWB § 128 Rn. 79; vgl. auch *Keppler* in RKPP GWB § 182 mwN in Fn. 180, 181.
[53] So OLG Celle Beschl. v. 12.5.2005 – Verg 6/05, ZfBR 2005, 611 = VergabeR 2005, 654 (659).
[54] BGBl. 2004 I 718, zu seinen das vergaberechtliche Nachprüfungsverfahren betreffenden Regelungen vgl. *Rojahn* VergabeR 2004, 454 ff.

Höhe von 4 Gebühren,[55] für ein Verfahren nach § 173 Abs. 1 S. 3 oder § 176 unabhängig davon Kosten von 3 Gebühren.[56] Hinsichtlich der anwaltlichen Vergütung entstehen im Beschwerdehauptsachenverfahren die Verfahrens- und die Terminsgebühr[57] und das Gleiche gilt für die Eilverfahren nach § 173 Abs. 1 S. 3 oder § 176,[58] wo allerdings kaum je mündlich verhandelt wird.

In Anbetracht der vollständigen kostenmäßigen Trennung der Eil- von den Hauptsachenverfahren erscheint es fragwürdig, dem in der Hauptsache unterliegenden Beteiligten die Kosten eines eventuellen Eilverfahrens auch dann aufzuerlegen, wenn er dort obsiegt hatte. Gleichwohl ist etwa das OLG Celle auch unter der Geltung von § 71 für die Kostenentscheidung auf der Linie seiner früheren Rechtsprechung[59] geblieben. In einem Fall, in dem der vor der Vergabekammer unterlegene Antragsteller sofortige Beschwerde eingelegt hatte, hat das OLG Celle ersichtlich zwar die aufschiebende Wirkung nach § 173 Abs. 1 S. 3 verlängert, die sofortige Beschwerde aber am Ende zurückgewiesen. Die Kosten des Verfahrens nach § 173 Abs. 1 S. 3 hat es dem Antragsteller auferlegt.[60] Die **Zweifelhaftigkeit** dieser Handhabung wird dadurch unterstrichen, dass jeder erstinstanzlich unterlegene Antragsteller wegen des zeitlich eng beschränkten Suspensiveffekts, den die Einlegung der sofortigen Beschwerde nach § 173 Abs. 1 S. 2 auslöst, regelmäßig gezwungen ist, einen Antrag nach § 173 Abs. 1 S. 3 zu stellen, um seine Chance auf den Zuschlag zu wahren. Dass er die Kosten dafür tragen soll, wenn er in diesem Eilverfahren gewinnt und nur in der Hauptsache verliert, ist zumindest diskussionswürdig.

§ 179 Bindungswirkung und Vorlagepflicht

(1) Wird wegen eines Verstoßes gegen Vergabevorschriften Schadensersatz begehrt und hat ein Verfahren vor der Vergabekammer stattgefunden, ist das ordentliche Gericht an die bestandskräftige Entscheidung der Vergabekammer und die Entscheidung des Oberlandesgerichts sowie gegebenenfalls des nach Absatz 2 angerufenen Bundesgerichtshofs über die Beschwerde gebunden.

(2) ¹Will ein Oberlandesgericht von einer Entscheidung eines anderen Oberlandesgerichts oder des Bundesgerichtshofs abweichen, so legt es die Sache dem Bundesgerichtshof vor. ²Der Bundesgerichtshof entscheidet anstelle des Oberlandesgerichts. ³Der Bundesgerichtshof kann sich auf die Entscheidung der Divergenzfrage beschränken und dem Beschwerdegericht die Entscheidung in der Hauptsache übertragen, wenn dies nach dem Sach- und Streitstand des Beschwerdeverfahrens angezeigt scheint. ⁴Die Vorlagepflicht gilt nicht im Verfahren nach § 173 Absatz 1 Satz 3 und nach § 176.

Übersicht

	Rn.		Rn.
I. Regelungsinhalt	1	3. Verfassungsrechtliche Bedenken?	13
II. Bindung an die Entscheidung der Vergabekammer oder des Vergabesenats (Abs. 1)	2	III. Die Vorlage an den BGH (Abs. 2)	14
		1. Entscheidungskompetenz	14
1. Normzweck	2	2. Vorlagevoraussetzungen	15
2. Die Bindungswirkung	3	a) Entscheidung eines anderen OLG oder des BGH	15
a) Einzelne Verstöße als Anknüpfungspunkt	3	b) Vorlage uU auch bei Abweichung von Entscheidung nach § 173 Abs. 1 S. 3 oder § 176	18
b) Die Bindungswirkung in personeller Hinsicht	7	c) Rechtsbegriff der Abweichung	19
c) Bindung nur an Hauptsachenentscheidung	9	d) Rechtliche Abweichung und Sachverhalt	20
d) Bindung an positive wie an negative (Sach-)Entscheidung	10	3. Das Vorlageverfahren	21
		a) Das Verfahren des vorlegenden OLG	21
e) Sonderfälle:	11	b) Das Verfahren beim BGH	25

---

[55] Kostenverzeichnis Anlage 1 zu § 3 Abs. 2 GKG Vorbemerkung 1.2.2 Nr. 1 iVm KV 1220.
[56] Kostenverzeichnis Anlage 1 zu § 3 Abs. 2 GKG KV 1630.
[57] Vorbemerkungen 3.2.1 iVm RVG VV 3200, 3202.
[58] Vorbemerkungen 3.2 Abs. 2 iVm RVG VV 3100, 3104.
[59] OLG Celle Beschl. v. 12.5.2005 – Verg 6/05, VergabeR 2005, 654 (659).
[60] OLG Celle Beschl. v. 11.6.2015 – 13 Verg 4/15, BeckRS 2015, 11003 = VergabeR 2015, 689 (707).

I. Regelungsinhalt

1 Zwischen den in Abs. 1 und 2 zusammengefassten Regelungen scheint auf den ersten Blick kein unmittelbarer Zusammenhang zu bestehen. Es gibt aber einen gemeinsamen Grundgedanken, der sie verklammert, und zwar die Idee der **Einheitlichkeit von vergabebezogenen Entscheidungen,** die das Gesetz auf ganz unterschiedliche Weise fördert. Abs. 1 befasst sich mit der Bindungswirkung von bestands- bzw. rechtskräftigen Entscheidungen der Vergabekammern oder -senate für evtl. nachfolgende Schadensersatzprozesse. In Abs. 2 ist demgegenüber geregelt, wie zu verfahren ist, wenn ein Oberlandesgericht von der Entscheidung eines anderen Oberlandesgerichts oder des BGH abweichen will. Es hat die Sache dann dem BGH vorzulegen. Die Bindungswirkung in Abs. 1 will garantieren, dass eine Streitigkeit zwischen denselben Beteiligten über den nämlichen vergaberechtlichen Streitgegenstand im primären und im sekundären Rechtsschutz nicht unterschiedlich beurteilt wird. Die Vorlagepflicht zum BGH in Abs. 2 dient der Herstellung und Gewährleistung einer bundeseinheitlichen Rechtsprechung in Vergabesachen.[1]

II. Bindung an die Entscheidung der Vergabekammer oder des Vergabesenats (Abs. 1)

2 **1. Normzweck.** Dem Gesetzgeber des VgRÄG erschien es sachgerecht, die für Schadensersatzforderungen – nach wie vor – zuständigen Zivilgerichte (vgl. § 156 Abs. 2 S. 2) an die in der Vergabenachprüfung ergangene Entscheidung zu binden. Die Zivilgerichte sollen, wenn sie mit Schadensersatzansprüchen befasst werden, die auf in einem Nachprüfungsverfahren untersuchte behauptete Vergaberechtsverstöße gestützt werden, nicht erneut zu bewerten haben, ob das im Nachprüfungsverfahren geprüfte Verhalten der Vergabestelle bieterschützende Vergabebestimmungen verletzt hat oder nicht. Im Interesse einer **verfahrensübergreifenden, arbeitsteiligen Prozessökonomie** soll der in der Vergabenachprüfung diesbezüglich festgestellte Sachverhalt nicht mehr erneut ermittelt werden müssen, die Zivilgerichte sollen vielmehr an das im Nachprüfungsverfahren zu dieser Voraussetzung des Schadensersatzanspruchs gefundene Ergebnis gebunden sein.

3 **2. Die Bindungswirkung. a) Einzelne Verstöße als Anknüpfungspunkt.** Die vom Gesetz angeordnete Bindungswirkung gilt für die im Nachprüfungsverfahren bestands- bzw. rechtskräftig ergangene Entscheidung. Diese bezieht sich auf die Beurteilung ganz bestimmter, in einem Nachprüfungsverfahren als Vergaberechtsverstöße beanstandeter Handlungen oder Unterlassungen der Auftraggeberseite durch die Vergabekammer oder den Vergabesenat (ggf. den BGH). Bewerten die Nachprüfungsinstanzen ein solches bestimmtes Verhalten als Verletzung des Anspruchs der Unternehmen auf Einhaltung bieterschützender Bestimmungen über das Vergabeverfahren durch den Auftraggeber (§ 97 Abs. 6), soll dieses Ergebnis dem Schadensersatzprozess zugrunde gelegt werden (zum „negativen" Ergebnis der Nichtverletzung → Rn. 10). Werden in einem Nachprüfungsverfahren verschiedene Handlungen oder Unterlassungen der Auftraggeberseite als Vergaberechtsverstöße beanstandet und ist der Verfahrensausgang insoweit unterschiedlich, ist dem im eventuellen Schadensersatzprozess in entsprechender Weise Rechnung zu tragen.

4 Die „Verwertung" der im Nachprüfungsverfahren gewonnenen Ergebnisse erschöpft sich naturgemäß in der Beurteilung des jeweiligen Verhaltens der Auftraggeberseite als vergaberechtswidrig (oder ggf. auch vergaberechtskonform, → Rn. 10). Die weiteren bürgerlichrechtlichen Voraussetzungen für einen Schadensersatzanspruch entscheiden sich allein im insoweit autonomen Zivilprozess.

5 Die Bindungswirkung gilt für die vergaberechtliche Beurteilung des Sachverhalts, der Gegenstand des Nachprüfungsverfahrens ist. Mit der rechtlichen Beurteilung unauflöslich verknüpft sind die in der Vergabenachprüfung getroffenen **Sachverhaltsfeststellungen.** Wären diese für das Zivilgericht nicht verbindlich, würde beträchtliches prozessuales Durcheinander heraufbeschworen. Der frühere Antragsteller könnte, wenn sein Nachprüfungsantrag rechtskräftig zurückgewiesen worden ist, als Kläger durch bloße Behauptung eines abweichenden Sachverhalts ein bestands- bzw. rechtskräftig abgeschlossenes Nachprüfungsverfahren schadensrechtlich leicht wieder aufrollen. Entsprechendes würde im umgekehrten Fall einer festgestellten Rechtsverletzung für den öffentlichen Auftraggeber gelten. Das Zivilgericht müsste seine Untersuchung zunächst darauf konzentrieren, ob die Vergabekammer oder der Vergabesenat tatsächlich von einem unzutreffenden Sachverhalt ausgegangen ist oder nicht. Das erste Regelungsziel von Abs. 1, eine doppelte Untersuchung der Vergaberechtsverletzung zu vermeiden (→ Rn. 2), würde dadurch unterlaufen. Aber auch die Rechtssicherheit nähme Schaden. Gelangte das Zivilgericht zu dem Ergebnis, dass der Kläger zu Unrecht einen abweichenden Ablauf des Vergabeverfahrens behauptet, wäre es sicherlich an die Beurteilung der

---

[1] RegE, BT-Drs. 13/9340, 22, zu § 133; BGH Beschl. v. 23.9.2008 – X ZB 19/07, NZBau 2008, 782 Rn. 5 – Geschäftsgebühr im Nachprüfungsverfahren.

II. Bindung an die Entscheidung der Vergabekammer oder des Vergabesenats (Abs. 1) 6–8 § 179 GWB

Vergabekammer bzw. des Vergabesenats (ggf. des BGH) gebunden. Stellte es aber einen abweichenden Sachverhalt fest, müsste es diesen seiner rechtlichen Würdigung zugrunde legen und käme dabei, je nach Lage des Falls, uU zu einer Entscheidung, die der im Nachprüfungsverfahren widerspricht. Diese Konsequenzen kann der Gesetzgeber nicht gewünscht haben. Wenn er die Zivilgerichte an die in der Vergabenachprüfung bestands- oder rechtskräftig gewordene Entscheidung binden wollte, dann kann dies nur bedeuten, dass gerade auch **der festgestellte Sachverhalt nicht mehr infrage gestellt werden darf.**

Damit kommt der Frage gesteigerte Bedeutung zu, welcher Sachverhalt Gegenstand des Nachprüfungsverfahrens gewesen ist und nach welchen Kriterien ggf. Abgrenzungen vorzunehmen sind. Als Gegenstand des Nachprüfungsverfahrens sind alle Handlungen und Unterlassungen der Vergabestelle anzusehen, **über die bestands- bzw. rechtskräftig entschieden worden ist.** Unerheblich ist, ob der Antragsteller oder ein Beigeladener sie zum Gegenstand des Verfahrens gemacht hat oder ob die Nachprüfungsinstanzen im Rahmen der Amtsermittlung darauf aufmerksam geworden sind. Maßgeblich ist allein, dass eine Entscheidung darüber ergangen und in Bestands- oder Rechtskraft erwachsen ist. Ob ein bestimmtes Verhalten der Vergabestelle, aus dem ein Schadensersatzanspruch hergeleitet wird, Gegenstand des Nachprüfungsverfahrens war, ist sinngemäß nach den **für die Reichweite der materiellen Rechtskraft geltenden Grundsätzen** zu beurteilen. Der von der Rechtskraft erfasste Streitgegenstand wird bestimmt durch den Klageantrag, in dem sich die vom Kläger in Anspruch genommene Rechtsfolge konkretisiert, und den Lebenssachverhalt (Anspruchsgrund), aus dem der Kläger die begehrte Rechtsfolge herleitet (§ 253 Abs. 2 Nr. 2 ZPO). Zum Anspruchsgrund sind alle Tatsachen zu rechnen, die bei einer natürlichen, vom Standpunkt der Parteien ausgehenden und den Sachverhalt seinem Wesen nach erfassenden Betrachtung zu dem zur Entscheidung gestellten Tatsachenkomplex gehören, den der Kläger zur Stützung seines Rechtsschutzbegehrens dem Gericht vorträgt.[2] Die Grenze verläuft dort, wo der Tatsachenstoff nicht sinnvoll auf verschiedene eigenständige, den Sachverhalt in seinem Kerngehalt verändernde Geschehensabläufe aufgeteilt werden kann, selbst wenn diese einer eigenständigen rechtlichen Bewertung zugänglich sind. Der Streitgegenstand wird damit durch den gesamten historischen Lebensvorgang bestimmt, auf den sich das Rechtsschutzbegehren der Klagepartei bezieht, unabhängig davon, ob einzelne Tatsachen dieses Lebenssachverhalts von den Parteien vorgetragen worden sind oder nicht, und auch unabhängig davon, ob die Parteien die nicht vorgetragenen Tatsachen des Lebensvorgangs kannten und hätten vortragen können. Eine Mehrheit von Streitgegenständen liegt dagegen dann vor, wenn die materiell-rechtliche Regelung die zusammentreffenden Ansprüche durch eine Verselbstständigung der einzelnen Lebensvorgänge erkennbar unterschiedlich ausgestaltet.[3] Bezogen auf das Nachprüfungsverfahren bedeutet dies, dass **abtrennbare Vorgänge** vorliegen, soweit sie unterschiedlichen vergaberechtlichen Regelungskomplexen zuzuordnen sind. Als insoweit **unterschiedliche Komplexe** könnten beispielsweise die Eignungsprüfung, das Vorliegen von Ausschlussgründen für Angebote (§ 16 EU VOB/A), das Nachfordern von Unterlagen (§ 16a EU VOB/A) und die Wertung anzusehen sein, wobei bei der Wertung nach der Systematik etwa von § 16d EU VOB/A nochmals unterschieden werden muss zwischen der Prüfung auf unangemessen hohe oder niedrige Preise und der Zuschlagserteilung auf eines der in die engere Wahl gelangten Angebote. Sind bestimmte abgrenzbare Komplexe nicht Gegenstand des Nachprüfungsverfahrens gewesen, kann insoweit keine Bindungswirkung entstehen (→ Rn. 9).

b) Die Bindungswirkung in personeller Hinsicht. In persönlicher Hinsicht besteht eine Bindungswirkung in erster Linie hinsichtlich der etwaigen Verletzung von Rechten **des Antragstellers.** Für Unternehmen, die sich zwar am zugrunde liegenden Vergabeverfahren beteiligt haben, die aber nicht zum Nachprüfungsverfahren beigeladen worden sind, entsteht entsprechend allgemeinen prozessualen Grundsätzen keine Bindungswirkung.

Die Bindungswirkung sollte in entsprechender Anwendung von Abs. 1 (und § 178 S. 3, → § 178 Rn. 27 f.) aber auf etwaige **von Beigeladenen angestrengte Schadensersatzprozesse** erstreckt werden.[4] Das Gesetz enthält hier eine **planwidrige Regelungslücke.** In der Vergabenachprüfung nach Teil 4 des GWB wird zwar prinzipiell die Verletzung von Rechten des Antragstellers festgestellt oder verneint (vgl. § 168 Abs. 1). Beigeladene können an sich auch stets nur den Antragsteller oder (wie zumeist) den Antragsgegner unterstützen und keine vom unterstützten Beteiligten abweichenden Sachanträge stellen. Das spiegelt § 178 S. 3 wider. Diese Bestimmung regelt das

---

[2] BGH Urt. v. 22.10.2013 – XI ZR 42/12, BGHZ 198, 294 Rn. 15 = NJW 2014, 314.
[3] BGH Urt. v. 13.9.2012 – I ZR 230/11, BGHZ 194, 314 Rn. 19 = GRUR 2013, 401 – Biomineralwasser; vgl. auch Musielak/Voit/*Musielak* Einl. Rn. 76.
[4] Die gegenteilige Ansicht im Beck VergabeR/*Gröning*, 1. Aufl. 2001, § 124 Rn. 6 wird aufgegeben; wie hier Immenga/Mestmäcker/*Stockmann* Rn. 8 mwN; *Hänisch* in RKPP GWB Rn. 6; aA Ziekow/Völlink/*Dicks* Rn. 8; Willenbruch/Wieddekind/*Raabe* Rn. 7.

weitere Verfahren, wenn sich das Nachprüfungsverfahren in der Beschwerdeinstanz in der Hauptsache erledigt hat. Das Beschwerdeverfahren kann in ein Feststellungsverfahren übergeleitet werden. Das Beschwerdegericht stellt bei wörtlichem Verständnis (nur) fest, ob das Unternehmen, das die Nachprüfung beantragt hat, also der Antragsteller, in seinen Rechten verletzt ist. Der historische Gesetzgeber des VgRÄG hat aber nicht im Blick gehabt, dass Schadensersatzansprüche in bestimmten Fallgestaltungen, namentlich bei vergaberechtlich nicht gerechtfertigter Aufhebung des Vergabeverfahrens, uU mehreren oder sogar allen daran beteiligten Unternehmen zustehen können (→ § 181 Rn. 60 ff.). Liegt ein solcher Fall vor, ist es aus denselben prozessökonomischen Überlegungen, aus denen das Gesetz die Bindungswirkung hinsichtlich der den Antragsteller betreffenden Vergaberechtsverstöße vorsieht, gerechtfertigt, den Schadensersatzrichter auch an die in Bezug auf den Beigeladenen vorliegende und festgestellte Vergaberechtsverletzung zu binden.

9   c) **Bindung nur an Hauptsachenentscheidung.** Die Bindungswirkung knüpft nicht an eine möglicherweise in einem Eilverfahren (§ 169 Abs. 2, § 173 Abs. 1 S. 3, § 176) gefallene Entscheidung an, sondern statuiert eine Bindung stets nur an die **in der Hauptsache** ergangene Entscheidung. Von der Bindungswirkung ist dabei aber nur das erfasst, was den im Nachprüfungsverfahren in der Sache nach § 168 Abs. 1 S. 1, Abs. 2 S. 2 oder § 178 ergangenen Ausspruch in tatsächlicher Hinsicht und in der rechtlichen Beurteilung trägt (→ Rn. 6). Die Bindungswirkung setzt eine in der Sache zur Begründetheit des Nachprüfungsantrags ergangene Entscheidung voraus. Der BGH begründet diese Rechtsprechung mit der einschneidenden Rechtsfolge der Bindungswirkung nach Abs. 1, derzufolge die Verletzung einer Bestimmung über das Vergabeverfahren oder auch die Ausschlussreife eines Angebots im Schadensersatzprozess nicht mehr infrage gestellt werden kann.[5] Aus naheliegenden Gründen wird es sich dabei in erster Linie um die **Feststellungsentscheidung** entweder nach § 168 Abs. 2 S. 2 oder nach § 178 S. 3 handeln. Wenn ein Nachprüfungsverfahren nämlich nicht in dieses Feststellungsverfahren übergeleitet worden ist, bedeutet das, dass der primäre Rechtsschutz gegriffen hat und das Vergabeverfahren noch korrigiert werden konnte. Schadensersatzansprüche wegen rechtsfehlerhafter Vergabe werden dementsprechend regelmäßig nicht entstanden sein. Es ist allerdings nicht gänzlich ausgeschlossen, dass einem Bieter trotz der aufgrund seines Nachprüfungsantrags erfolgten Korrektur des Vergabeverfahrens bereits erstattungsfähige Schäden irgendwelcher Art entstanden sind. Wenn er diese später vor dem Zivilgericht geltend macht, kann er sich dann auf die im primären Rechtsschutz ergangene Entscheidung (§ 168 Abs. 1, § 178 S. 1 und 2) stützen.

10 d) **Bindung an positive wie an negative (Sach-)Entscheidung.** Von der Bindungswirkung sind in erster Linie die von den Nachprüfungsinstanzen bejahten Verstöße der Vergabestelle gegen Bestimmungen über das Vergabeverfahren, deren Einhaltung nach § 97 Abs. 6 verlangt werden kann, erfasst. Bindungswirkung kann aber auch – umgekehrt – der Verneinung eines geltend gemachten Vergaberechtsverstoßes zukommen. Desgleichen kann von der Bindungswirkung erfasst sein, wenn sich der Auftraggeber im Nachprüfungsverfahren im Rahmen der sachlichen Prüfung des Nachprüfungsantrags nach den Grundsätzen der Berufung auf rechtmäßiges Alternativverhalten auf Voraussetzungen für den Ausschluss des Angebots des Antragstellers beruft und deren Erfüllung bestands- oder rechtskräftig bejaht wird.[6]

11 e) **Sonderfälle: aa) Unterlassener Nachprüfungsantrag und Schadensersatzprozess.** Mit gänzlich unerkannt gebliebenen Vergabefehlern sind die betroffenen Bewerber oder Bieter im späteren Schadensersatzprozess nicht präkludiert (→ Rn. 5). Fraglich ist aber, ob den Bieter die Obliegenheit trifft, erkannte oder erkennbare Vergabefehler zu rügen und notfalls zum Gegenstand eines Nachprüfungsverfahrens zu machen, um nicht später **mit dem Schadensersatzanspruch präkludiert** zu sein, was unter dem Schlagwort „materielle Präklusion" diskutiert wird (→ § 181 Rn. 38 ff.). Diese Frage hat das Gesetz nicht positiv geregelt. Es könnte an eine analoge Anwendung von § 160 Abs. 3 S. 1 gedacht werden. Danach ist der Nachprüfungsantrag unzulässig, soweit der Antragsteller den gerügten Verstoß gegen Vergabevorschriften im Vergabeverfahren erkannt und gegenüber dem Auftraggeber nicht gerügt hat. Von einer Regelungslücke kann aber nicht gesprochen werden, denn Teil 4 des GWB betrifft nur die Feststellung von Rechtsverletzungen gem. § 97 Abs. 6. Die schadensrechtlichen Konsequenzen der Verletzung des Anspruchs auf Einhaltung der Vergabebestimmungen fallen in die Zuständigkeit der Zivilgerichte (§ 156 Abs. 2 S. 2). Deshalb ist **für eine analoge Anwendung von § 160 Abs. 3 S. 1 kein Raum.** Der Bieter kann einen Schadensersatzanspruch auch zulässig geltend machen, wenn er auf die Durchführung eines Nachprüfungsverfahrens bewusst verzichtet hat.[7] Eine andere Frage ist, ob dem Bewerber oder Bieter,

---

[5] BGH Urt. v. 29.11.2016 – X ZR 122/14, NZBau 2017, 176 Rn. 37 – Tischlerarbeiten.
[6] BGH Urt. v. 29.11.2016 – X ZR 122/14, NZBau 2017, 176 Rn. 37 – Tischlerarbeiten.
[7] Vgl. OLG Naumburg Urt. v. 23.12.2014 – 2 U 74/14, ZfBR 2015, 509 = VergabeR 2015, 497; streitig → § 181 Rn. 38 ff.

der erkannte oder erkennbare Vergabefehler nicht gerügt hat, ihretwegen später aber Schadensersatz verlangt, **Mitverschulden gem. § 254 Abs. 1 BGB** entgegengehalten werden kann (→ § 181 Rn. 53 f.).

bb) Präklusion des Auftraggebers mit nicht geltend gemachten Ausschlussgründen? 12
Auftraggeber können sich im Nachprüfungsverfahren auch darauf berufen, in Bezug auf den Antragsteller oder sein Angebot liege ein Ausschlussgrund im weiteren Sinne vor (→ Rn. 10). Die weiter gehende Frage ist, ob sie Gefahr laufen, mit solchen Einreden im Schadensersatzprozess präkludiert zu sein, wenn entsprechende Rügen nicht im Nachprüfungsverfahren erhoben wurden, was auf eine Obliegenheit der Geltendmachung solcher Ausschlussgründe hinauslaufen würde. So weit sollte indes grundsätzlich nicht gegangen werden. Das Nachprüfungsverfahren ist dem vergaberechtlichen Beschleunigungsgrundsatz verhaftet (→ Vor § 171 Rn. 3, 9). Deshalb sollte es den Auftraggebern grundsätzlich nicht zum Nachteil gereichen, wenn sie auf die Geltendmachung von Ausschlussgründen verzichtet haben. Es muss allerdings klare Grenzen für die Konstellationen geben, in denen (teilweise) von dieser Verteidigungsmöglichkeit Gebrauch gemacht wurde. Es liegt auf der Hand, dass der Auftraggeber sich im Schadensersatzprozess **nicht mit im Nachprüfungsverfahren zurückgewiesenen konkreten Ausschlussgründen erneut verteidigen kann.** Dafür, wie weit hier die Grenzen zu ziehen sind, also bis wann von ein- und demselben Ausschlussgrund im weiteren Sinne (zB fehlende Eignung) gesprochen werden kann, sind die Grundsätze entsprechend anzuwenden, die für die Frage gelten sollten, welche Verstöße Gegenstand des Nachprüfungsverfahrens waren (→ Rn. 6).

3. Verfassungsrechtliche Bedenken? Anfangs sind Bedenken gegen die Bindungswirkung in 13 Verbindung mit der begrenzten Rolle des BGH im System des Primärrechtsschutzes gem. Abs. 2 erhoben worden.[8] Als besonders kritisch wurde empfunden, dass der BGH im Schadensersatzprozess an Entscheidungen der Vergabekammern oder der Oberlandesgerichte gebunden sein soll und nicht im Interesse der Rechtssicherheit und Einheitlichkeit korrigierend eingreifen könne. Diesem Argument den Vorrang einzuräumen, hieße, sich unter Hintanstellung der Schutzgüter des Rechtsfriedens und der Einheit der Rechtsordnung grundsätzlich dazu zu bekennen, dass ein- und dieselbe Rechtsfrage im Primär- und im Sekundärrechtsschutz unterschiedlich bewertet werden kann. Nach den Vorstellungen des Gesetzgebers ist indes die Divergenzvorlage nach Abs. 2 das maßgebliche verfahrensrechtliche **Instrument zur Herstellung der Einheit der Rechtsordnung im Vergaberecht.** Im Übrigen ist zu bedenken, dass der Gesetzgeber die Möglichkeit, den BGH im Zivilprozess anzurufen, keinesfalls obligatorisch eröffnet hat. Vielmehr endet der Instanzenzug auch hier im Regelfall beim Berufungsgericht[9] und der BGH wird nur unter den in § 543 Abs. 2 ZPO bestimmten Voraussetzungen tätig. Dass das Zivilgericht uU sogar an die Entscheidung der Vergabekammer und damit an einen Verwaltungsakt gebunden ist, verliert an Bedenklichkeit, wenn berücksichtigt wird, dass dieser Fall nur eintritt, wenn der durch die Entscheidung der Kammer beschwerte Beteiligte kein Rechtsmittel einlegt und kaum zu erwarten ist, dass die Beteiligten Nachprüfungsverfahren, in denen sich grundsätzliche oder richtungsweisende vergaberechtliche Fragestellungen auftun, ohne Weiteres vor der Vergabekammer zu Ende gehen lassen. Die inzwischen in der Vergabenachprüfung gesammelten Erfahrungen lassen das Verfahren insoweit auch in keinem besonders bedenklichen Licht erscheinen, zumal Fälle, in denen die Bindungswirkung zum Tragen kommt, ohnehin eher rar sind. In den Anfängen der Vergabenachprüfung nach Teil 4 des GWB sind verfassungsrechtliche Bedenken gegen die durch Abs. 1 begründete Bindungswirkung auch mit Blick auf den gedrängten zeitlichen Verfahrensrahmen erhoben worden. Das betrifft zum einen die insbesondere den Vergabekammern auferlegten Fristen für die Entscheidungsfindung (§ 167 Abs. 1), zum anderen die gerade aus anwaltlicher Sicht anfangs kritisch gesehene kurze Frist von zwei Wochen zur Einlegung und Begründung der sofortigen Beschwerde.[10] Auch insoweit haben sich die Wogen inzwischen längst geglättet. Die Vergabekammern machen von der Möglichkeit Gebrauch, die Frist zur Entscheidung und Begründung zu verlängern, wenn dies sich als erforderlich erweist und im Beschwerdeverfahren ergeht die Entscheidung ohnehin in einem Hauptsachenverfahren, für welches das **Strengbeweisprinzip** gilt (→ § 178 Rn. 50 ff.). Was die kurze Frist zur Einlegung und Begründung der sofortigen Beschwerde anbelangt, war es dem Beschwerdeführer ohnehin nie abgeschnitten, Gründe nachzuschieben, wenn er nur ein zulässiges Rechtsmittel eingelegt hat (§ 178 Rn. 6 ff.).

III. Die Vorlage an den BGH (Abs. 2)

1. Entscheidungskompetenz. Für die Harmonisierung divergierender Rechtsprechung 14 durch Vorlage an ein höherrangiges Gericht oder einen übergeordneten Spruchkörper finden sich

---

[8] *Broß* FS Geiss, 2000, 559 (567 ff.).
[9] BGH Beschl. v. 7.1.2003 – X ZR 82/02, BGHZ 153, 254 (257) = NJW 2003, 1125 unten.
[10] Vgl. *Tilmann* WuW 1999, 342 (348).

im Wesentlichen zwei Modelle. Entweder beantwortet das angerufene Gericht nur abstrakt eine kontrovers beurteilte Rechtsfrage (vgl. § 132 Abs. 2 GVG) oder es entscheidet in der Sache selbst. Der historische Gesetzgeber des VgRÄG hatte sich uneingeschränkt für die zweite Variante entschieden. Der BGH hatte danach (obligatorisch) anstelle des Oberlandesgerichts zu entscheiden. Seit Inkrafttreten des Gesetzes zur Modernisierung des Vergaberechts vom 20.4.2009[11] kann er sich auf die Entscheidung der Divergenzfrage beschränken und dem Beschwerdegericht die Entscheidung in der Hauptsache übertragen, etwa wenn der Fall nach seiner Auffassung weiterer Aufklärung bedarf.[12]

15 **2. Vorlagevoraussetzungen. a) Entscheidung eines anderen OLG oder des BGH.** Die Verpflichtung zur Vorlage besteht bei Abweichung von einer Entscheidung des BGH oder bei Abweichung von der eines anderen Oberlandesgerichts. Widerstreitende Entscheidungen verschiedener Oberlandesgerichte begründen stets eine Vorlagepflicht.

16 Die Entscheidung, von der abgewichen wird, muss nicht ihrerseits in einem Nachprüfungsverfahren nach Teil 4 des GWB ergangen sein. Es ist zu bedenken, dass die Bestimmungen über das Vergabeverfahren iSv § 97 Abs. 6 auch im sekundären Rechtsschutz, bei der Geltendmachung von Schadensersatzansprüchen, eine Rolle spielen.[13] Soweit solchen Entscheidungen etwas über die Auslegung oder die Tragweite bieterschützender Vergabebestimmungen zu entnehmen ist, sind sie im Rahmen von Abs. 2 beachtlich. Das gilt jedenfalls für Entscheidungen des BGH. Für solche eines anderen Oberlandesgerichts kann nichts anderes gelten, sofern sie rechtskräftig geworden und – wohl eher selten – für die Vergabenachprüfung einschlägig sind.

17 Die Divergenzvorlage ist **nicht nur für Meinungsverschiedenheiten** bei Fragen vorgesehen, die die Entscheidung in der **Hauptsache** betreffen. Die Bestimmung gehört, wie der BGH ausgeführt hat, zu den Regelungen über die sofortige Beschwerde und bezieht sich wörtlich allgemein auf vom Beschwerdegericht zu treffende Beschwerdeentscheidungen. Die Vorlage dient dem Ziel einer bundeseinheitlichen Rechtsprechung in Vergabesachen.[14] Diese Zwecksetzung schließt die bundeseinheitliche Beurteilung von vergaberechtsbezogenen Kosten- und Gebührenfragen ein.[15] Auf Erinnerungen gegen Kostenfestsetzungsbeschlüsse des Rechtspflegers beim OLG ist Abs. 2 nach der Rechtsprechung des BGH entsprechend anzuwenden.[16]

18 **b) Vorlage uU auch bei Abweichung von Entscheidung nach § 173 Abs. 1 S. 3 oder § 176.** Die Vorlagepflicht gilt nach Abs. 2 S. 4 nicht in den Eilverfahren gem. § 173 Abs. 1 S. 3 und § 176. Nach den Bewertungen des historischen Gesetzgebers des VgRÄG sollten Divergenzen im Interesse der Beschleunigung hier hingenommen werden, weil sie seiner Einschätzung nach die Ausnahme bleiben und sich durch die Beschwerdeentscheidungen in der Hauptsache oder in Schadensersatzprozessen auflösen würden.[17] Die Eilverfahren eigenen sich ihrem Wesen nach nicht für eine Divergenzvorlage.[18] Daraus **darf aber nicht abgeleitet werden,** dass Judikate anderer Vergabesenate in den Eilverfahren, insbesondere in dem praktisch besonders relevanten Verfahren nach § 173 Abs. 1 S. 3, **überhaupt nie zu einer Divergenzvorlage führen** könnten.[19] Dabei bliebe unberücksichtigt, dass das Rechtsschutzsystem von Teil 4 des GWB inzwischen wohl etabliert und gut eingespielt ist und dass Entscheidungen im Verfahren nach § 173 Abs. 1 S. 3 häufig als endgültig hingenommen werden und zu Rücknahmen der Beschwerde führen. Das beruht darauf, dass insbesondere die häufig und häufiger mit Nachprüfungsverfahren befassten Oberlandesgerichte ihren Entscheidungen in Eilverfahren nicht vorläufige Einschätzungen der Rechtslage zugrunde legen, sondern wohldurchdachte Entscheidungen wie im Hauptsachenverfahren treffen,[20] was von den

---

[11] BGBl. 2009 I 790.
[12] Begr. des Gesetzentwurfs der BReg., vgl. BT-Drs. 16/10117, zu Nr. 21.
[13] Vgl. BGH Urt. v. 17.2.1999 – X ZR 101/97, NJW 2000, 137 – Krankenhauswäsche. Anders als hier Broß FS Geiss, 2000, 559 (569).
[14] Vgl. RegE, BT-Drs. 13/9340, 22, zu § 133.
[15] BGH Beschl. v. 25.1.2012 – X ZB 3/11, NZBau 2012, 380 – Rettungsdienstleistungen IV (für Kostenfragen); BGH Beschl. v. 23.9.2008 – X ZB 19/07, NZBau 2008, 782 – Geschäftsgebühr im Nachprüfungsverfahren.
[16] BGH Beschl. v. 29.9.2009 – X ZB 1/09, NZBau 2010, 129 – Gebührenanrechnung im Nachprüfungsverfahren.
[17] RegE, BT-Drs. 13/9340, 23, zu § 133; → Rn. 1 aE.
[18] Vgl. BGH Beschl. v. 31.1.2017 – X ZB 10/16, NZBau 2017, 230 Rn. 8 – Notärztliche Dienstleistungen.
[19] So aber zB OLG Schleswig Beschl. v. 15.4.2011 – Verg 10/10, NZBau 2011, 375 = VergabeR 2011, 586 (592).
[20] Vgl. zB OLG Düsseldorf Beschl. v. 18.10.2010 – VII Verg 39/10, NZBau 2011, 57, eine der Entscheidungen die das OLG Schleswig Beschl. v. 15.4.2011 – Verg 10/10, NZBau 2011, 375 als Entscheidung zitiert, von der es meint, abweichen zu können, weil sie im Verfahren nach § 176 ergangen ist.

spezialisierten Rechtsvertretern erkannt und im Mandanteninteresse dann auch durch Rechtsmittelrücknahme beherzigt wird. Das hat der historische Gesetzgeber so nicht vorausgesehen und bedacht. Will ein Oberlandesgericht von einer solchen Rechtsprechung abweichen, besteht die **Pflicht zur Divergenzvorlage,** auch wenn diese Rechtsprechung bislang nur **in Eilverfahren** zum Tragen gekommen ist.[21] Das beschwört auch keine Gefahr der Rechtsunsicherheit herauf. Eine etablierte Rechtsprechung eines Vergabesenats ist für einen anderen Vergabesenat schnell als solche zu erkennen. Im Übrigen ist die gesetzliche Regelung nicht so zu verstehen, dass eine Divergenzvorlage aufgrund der Abweichung von einer in einem Eilverfahren ergangenen anderen Entscheidung nicht statthaft wäre, sondern es besteht lediglich keine Verpflichtung zur Vorlage.

c) Rechtsbegriff der Abweichung. Die Voraussetzungen des Abs. 2 S. 1 liegen in der Diktion des BGH vor, wenn das vorlegende Oberlandesgericht seiner Entscheidung als tragende Begründung einen Rechtssatz zugrunde legen will, der sich mit einem die Entscheidung eines anderen Obergerichts oder des BGH tragenden Rechtssatz nicht in Einklang bringen lässt.[22] Die Abweichung bezieht sich in der Sache, nicht notwendigerweise im Tenor, auf die **Beantwortung einzelner Rechtsfragen.** Das vorlegende Gericht muss beabsichtigen, von der Beurteilung einer Rechtsfrage durch den BGH oder ein anderes Oberlandesgericht abzuweichen. Dabei muss sich diese Frage nicht notwendigerweise zur gleichen gesetzlichen Bestimmung bzw. zum gleichen Tatbestandsmerkmal gestellt haben. Für die frühere Entscheidung muss die Beurteilung, von der das vorlegende Gericht abweichen will, aber **erheblich gewesen sein.**[23] Das muss konsequenterweise im Grundsatz auch dann gelten, wenn die frühere Entscheidung auf mehrere gleichrangige Erwägungen gestützt ist, also kein Rangverhältnis im Sinne einer Haupt- und Hilfsbegründung erkennbar ist.[24] Von Empfehlungen, die das andere Gericht zur weiteren Sachbehandlung seines Falles ausgesprochen hatte, kann abgewichen werden. Das gilt nach allgemeinen Grundsätzen auch für Anregungen, die der BGH ausspricht, wenn er nach Abs. 2 S. 3 verfahren ist und sich auf die Entscheidung der Divergenzfrage beschränkt hat.[25] Auch **ein obiter dictum ist nicht verbindlich.** Für den Vorlegungsfall bedeutet das Erfordernis der Abweichung, dass seine Lösung bei Anwendung der bereits bestehenden Rechtsauffassung anders ausgehen würde, als bei Zugrundelegung der vom vorlegenden Gericht favorisierten Ansicht. Die Abweichung muss sich also auf das **Ergebnis** auswirken.[26] Eine Abweichung im Ergebnis liegt bereits vor, wenn es um die Frage geht, ob ein Nachprüfungsantrag als unzulässig zu verwerfen oder als unbegründet zurückzuweisen ist.

d) Rechtliche Abweichung und Sachverhalt. Divergenzvorlagen nach Abs. 2 an den BGH sind insgesamt eher selten. Dabei kommt hinzu, dass der Anteil der Kosten- und Gebührenfragen betreffenden Vorlagen am Gesamtaufkommen zumindest in der Vergangenheit recht hoch war. Dieses statistische Ergebnis ist der Interpretation zugänglich. Ein Schlüssel zum Verständnis dürfte sein, dass gerade wenn es um die Frage der Abweichung von einer älteren Entscheidung geht, immer auch die Frage im Raum steht, inwieweit der dortige und der gegenwärtige Sachverhalt übereinstimmen bzw. so unterschiedlich sind, dass sich die Frage einer Divergenz schon nicht mehr stellt. Die Frage, ob eventuelle Sachverhaltsunterschiede so erheblich sind, dass die Anwendung des Rechts auf den früheren Fall durch das andere Oberlandesgericht oder den BGH den neuen Fall nicht mehr präjudiziert, hängt naturgemäß von Bewertungen ab und kann deshalb unterschiedlich ausfallen. Für die Frage einer bestehenden Divergenz sollte zur Vermeidung einer allzu kasuistischen Rechtsprechung nicht auf Unterschiede der beiden Sachverhalte im Detail abgestellt werden, sondern auf **strukturelle Gemeinsamkeiten,** die im Interesse einer bundeseinheitlichen Rechtsprechung in Vergabesachen, der das Institut der Divergenzvorlage dient,[27] einer einheitlichen Beurteilung zugeführt werden. Hier sind die Richter der Vergabesenate aufgefordert, verantwortungsbewusst abzuwägen, ob Abweichungen im Sachverhalt wirklich die Divergenz beseitigen. Immerhin ist die Divergenzvorlage – abgesehen von der (eher seltenen) Möglichkeit des BGH, in Schadensersatzpro-

---

[21] BGH Beschl. v. 31.1.2017 – X ZB 10/16, NZBau 2017, 230 Rn. 8 – Notärztliche Dienstleistungen.
[22] Vgl. BGH Beschl. v. 1.12.2008 – X ZB 31/08, BGHZ 179, 84 Rn. 9 = NZBau 2009, 201 – Rettungsdienstleistungen; BGH Beschl. v. 8.2.2011 – X ZB 4/10, BGHZ 188, 200 Rn. 9 = NZBau 2011, 629 – S-Bahn-Verkehr Rhein/Ruhr.
[23] Vgl. BGH Beschl. v. 23.7.2003 – XII ZB 87/03, NJW-RR 2003, 1585 zu § 28 Abs. 2 FGG (aufgehoben durch Art. 112 Abs. 1 des FGG-Reformgesetzes v. 17.12.2008, BGBl. 2008 I 2586).
[24] So zutr. Ziekow/Völlink/*Dicks* § 124 Rn. 13 unter Hinweis auf BGH Beschl. v. 10.11.2009 – X ZB 8/09, BGHZ 183, 95 Rn. 17 = NZBau 2010, 124 – Endoskopiesystem.
[25] Vgl. BGH Beschl. v. 12.2.2014 – X ZB 15/13, IBRRS 2014, 0950.
[26] Vgl. BGH Beschl. v. 23.2.1977 – IV ARZ (Vz) 2/77, NJW 1977, 1014; BGH Beschl. v. 8.11.1989 – IVa ARZ (Vz) 2/89, NJW 1990, 841 f.
[27] Vgl. RegE, BT-Drs. 13/9340, 22, zu § 133 GWB; BGH Beschl. v. 23.9.2008 – X ZB 19/07, VergabeR 2009, 39 Rn. 5 – Geschäftsgebühr im Nachprüfungsverfahren.

zessen zu spezifisch vergaberechtlichen Fragen Stellung zu beziehen – das hauptsächliche prozessuale Medium zur Herstellung einer einheitlichen Rechtsprechung auf dem Gebiet des Vergaberechts.

21 **3. Das Vorlageverfahren. a) Das Verfahren des vorlegenden OLG. aa) Mündliche Verhandlung.** Nach der Rechtsprechung des BGH muss der Vergabesenat, wenn eine Divergenzvorlage in Betracht kommt, den Beteiligten grundsätzlich im Rahmen einer mündlichen Verhandlung Gelegenheit geben, sich zu den dafür ausschlaggebenden Umständen zu äußern, insbesondere zur Entscheidungserheblichkeit einer Rechtsfrage und zum Vorhandensein einer Entscheidung, von der nach Meinung des Gerichts abgewichen werden soll.[28] Von der mündlichen Verhandlung kann, wenn die Divergenzfrage den Streit in der Hauptsache betrifft, nur mit Einverständnis der Beteiligten abgesehen werden (§ 175 Abs. 2, § 65 Abs. 1). Entbehrlich ist die mündliche Verhandlung darüber hinaus entsprechend allgemeinen Grundsätzen, wenn die Divergenz eine Kosten- oder Gebührenfrage betrifft.

22 **bb) Beschränkung der Vorlage?** Zum früheren § 28 FGG[29] hatte der BGH entschieden, dass das vorlegende Oberlandesgericht, wenn die Voraussetzungen für eine Vorlage zum BGH nur hinsichtlich eines Teils des Verfahrensgegenstandes gegeben waren und hinsichtlich des übrigen Teils eine § 301 ZPO entsprechende Teilentscheidung erlassen werden konnte, **die Vorlage entsprechend beschränken durfte.**[30] Das gilt entsprechend unter umgekehrten Vorzeichen: Die Divergenzvorlage kann nur in denselben Grenzen auf Ausschnitte des Beschwerdeverfahrens beschränkt werden, in denen im Zivilprozess Teilurteile zulässig wären und die Zulassung der Revision wirksam beschränkt werden kann.[31] Ein Teilurteil (§ 301 ZPO) darf nach ständiger Rechtsprechung auch bei grundsätzlicher Teilbarkeit des Streitgegenstandes nicht ergehen, wenn die Gefahr einander widersprechender Entscheidungen – auch infolge abweichender Beurteilung durch das Rechtsmittelgericht – besteht. Die Gefahr einander widersprechender Entscheidungen ist bereits dann anzunehmen, wenn Urteilselemente, die weder in Rechtskraft erwachsen noch das Gericht nach § 318 ZPO für das weitere Verfahren binden können, unterschiedlich bewertet werden könnten.[32] Solche Gefahren hat der BGH in einem Fall bejaht, in dem der Antragsteller die beiden paritätischen Wertungskriterien des Preises und der Qualität der Leistungserbringung ua mit der Erwägung angegriffen hatte, der Auftraggeber habe die beiden Bewertungskriterien „Preis" und „Qualität" rechtswidrig gewichtet, und das OLG über die Preisproblematik entschieden hatte, um dem BGH nur das mit den Qualitätskriterien zusammenhängende Problem („Schulnoten") vorzulegen. Zur Vermeidung von widersprüchlichen Beurteilungen konnte dies aber nicht zwischen dem Bundesgerichtshof einerseits und dem Vergabesenat andererseits aufgeteilt werden. Über den vergaberechtlichen Angriff konnte vielmehr nur aufgrund einer umfassenden Abwägung beider Kriterien und ihres Verhältnisses zueinander entschieden werden. Dies schloss eine Teilentscheidung über die Zulässigkeit eines der beiden Kriterien aus. Hätte der Vergabesenat beispielsweise, wie geschehen, das Preiskriterium als vergaberechtskonform erachtet und wäre der Bundesgerichtshof in Bezug auf das Qualitätskriterium zum gegenteiligen Ergebnis gekommen, würde durch diese beiden Entscheidungen nicht komplementär und einheitlich insgesamt über die Wertungskriterien entschieden. Entsprechend hätte es sich im umgekehrt gedachten Fall (Vergaberechtswidrigkeit des Preiskriteriums und -konformität der Qualitätsbewertung) verhalten. Bei Gefahr solcher Widersprüche ist ein **Teilbeschluss durch den Vergabesenat unzulässig.**[33] Hat das vorlegende Oberlandesgericht die Vorlage davon abweichend unzulässig beschränkt und eine Teilsachentscheidung getroffen, ist diese nicht in Rechtskraft erwachsen, sondern die Sache fällt dem BGH durch die Vorlage insgesamt in vergleichbarer Weise an, wie eine unzulässig beschränkte Revisionszulassung zu einer unbeschränkten Zulassung des Rechtsmittels führt.[34]

23 **cc) Der Beschluss des vorlegenden Vergabesenats.** Der Vergabesenat bereitet den Fall im Vorlageschluss grundsätzlich in gleicher Weise auf, wie in einer eigenen Endentscheidung. Er stellt also den Sachverhalt fest, so wie er sich ihm aufgrund der mündlichen Verhandlung darstellt (→ Rn. 21), skizziert, wie er eigentlich selbst entscheiden möchte und legt dar, dass und warum er sich so zu entscheiden durch die andere Entscheidung gehindert sieht. Diesen Ausführungen zur Abweichung kommt besonderes Gewicht zu, weil der BGH prüft, ob ein Fall der Abweichung vorliegt. Der Vorlagebeschluss wird den Beteiligten übermittelt.

24 Die Frage, inwieweit der vorlegende Vergabesenat beim anderen Oberlandesgericht **anfragen sollte,** ob es an seiner Auffassung festhalten will (vgl. § 132 Abs. 3 GVG), scheint keine praktische

---

[28] BGH Beschl. v. 24.2.2003 – X ZB 12/03, BGHZ 154, 95 = NZBau 2003, 337.
[29] Aufgehoben durch Art. 112 Abs. 1 des FGG-Reformgesetzes v. 17.12.2008, BGBl. 2008 I 2586.
[30] BGH Beschl. v. 28.5.2008 – XII ZB 53/08, FamRZ 2008, 1611.
[31] BGH Beschl. v. 20.3.2014 – X ZB 18/13, NZBau 2014, 310 – Fahrbahnerneuerung I.
[32] BGH Beschl. v. 4.4.2017 – X ZB 3/17, NZBau 2017, 366 Rn. 13 – Postdienstleistungen.
[33] BGH Beschl. v. 4.4.2017 – X ZB 3/17, NZBau 2017, 366 Rn. 14 – Postdienstleistungen.
[34] BGH Beschl. v. 20.3.2014 – X ZB 18/13, NZBau 2014, 310 Rn. 13 ff. – Fahrbahnerneuerung I.

Bedeutung zu haben. Es ist nicht ersichtlich, dass die Oberlandesgerichte davon in nennenswertem Umfang Gebrauch gemacht haben und machen werden.

b) Das Verfahren beim BGH. aa) Bindung an die Vorlage. Der BGH war nach ständiger 25 Rechtsprechung zum inzwischen außer Kraft getretenen § 28 Abs. 2 FGG[35] an die Ansicht des vorlegenden Gerichts gebunden, dass es einer Stellungnahme zu der von diesem herausgestellten Rechtsfrage bedarf.[36] Das gilt auch für die Divergenzvorlage. Es kommt für ihre Zulässigkeit also nicht darauf an, wie der BGH die streitige Rechtsfrage beurteilt und ob nach seiner Ansicht die umstrittene Rechtsfrage für die im Vorlagefall zu treffende, richtige Entscheidung erheblich ist. Der BGH prüft vielmehr nur, ob ein **Abweichungsfall vorliegt** (→ Rn. 20.).[37] Deshalb ist das vorlegende Gericht auch verpflichtet, in seinem Vorlegungsbeschluss darzulegen, dass die Befolgung der Vorentscheidung zu einer anderen Falllösung führen würde, als nach der von ihm selbst favorisierten Ansicht.

bb) Einheit des Beschwerdeverfahrens. Durch die zulässige Vorlage wird das Beschwerde- 26 verfahren vor dem BGH weitergeführt, der nämlich anstelle des Oberlandesgerichts entscheidet. Daraus folgt, dass nicht zwangsläufig weitere Schriftsätze eingereicht werden müssen. Da die Beteiligten in den Nachprüfungsverfahren regelmäßig von hoch spezialisierten und qualifizierten Fachanwälten vertreten werden, sind die den jeweiligen Streitfall einschließlich der Divergenzproblematik betreffenden tatsächlichen und rechtlichen Fragen regelmäßig schon vor dem Vergabesenat, dessen Akten dem BGH vorliegen, eingehend erörtert worden.

Der BGH sieht unter dem Gesichtspunkt des rechtlichen Gehörs keine Notwendigkeit, obliga- 27 torisch eine mündliche Verhandlung anzuberaumen. Da er „anstelle des Oberlandesgerichts" entscheidet, bildet das Beschwerdeverfahren vor dem Vergabesenat und dem BGH eine Einheit, und dem Anspruch der Beteiligten auf rechtliches Gehör sollte grundsätzlich durch eine mündliche Verhandlung vor dem Vergabesenat Genüge geleistet sein. Allerdings macht der BGH von der Möglichkeit, mündlich zu verhandeln, ebenfalls Gebrauch.[38]

cc) Entscheidungsmodalitäten. Ist die Vorlage unzulässig, spricht der BGH dies aus und 28 gibt das Verfahren an das vorlegende Gericht zur Entscheidung in eigener Zuständigkeit zurück.[39] Ansonsten entscheidet grundsätzlich er selbst über die sofortige Beschwerde. Seine Entscheidung ergeht dann nach § 178. Er kann die sofortige Beschwerde zurückweisen oder die Entscheidung der Vergabekammer aufheben und selbst entscheiden oder die Verpflichtung der Kammer aussprechen, erneut zu entscheiden.

Seit Inkrafttreten des Gesetzes zur Modernisierung des Vergaberechts vom 20.4.2009[40] kann 29 der BGH sich auf die Entscheidung der Divergenzfrage beschränken und dem Beschwerdegericht die Entscheidung in der Hauptsache übertragen, etwa wenn der Fall nach seiner Auffassung weiterer Aufklärung bedarf.[41] Die **Disposition** darüber, ob entweder nur die Divergenzfrage beantwortet oder in der Sache entschieden wird, steht allein dem BGH zu; das vorlegende Oberlandesgericht kann den BGH nicht – etwa durch Formulierung einer auf Beantwortung des Divergenzproblems zugeschnittenen Rechtsfrage im Tenor des Vorlagebeschlusses – darauf beschränken, sich nur mit dieser Frage zu befassen.[42]

§ 180 Schadensersatz bei Rechtsmissbrauch

(1) Erweist sich der Antrag nach § 160 oder die sofortige Beschwerde nach § 171 als von Anfang an ungerechtfertigt, ist der Antragsteller oder der Beschwerdeführer verpflichtet, dem Gegner und den Beteiligten den Schaden zu ersetzen, der ihnen durch den Missbrauch des Antrags- oder Beschwerderechts entstanden ist.

(2) Ein Missbrauch des Antrags- oder Beschwerderechts ist es insbesondere,
1. die Aussetzung oder die weitere Aussetzung des Vergabeverfahrens durch vorsätzlich oder grob fahrlässig vorgetragene falsche Angaben zu erwirken;

---

[35] Aufgehoben durch Art. 112 Abs. 1 des FGG-Reformgesetzes v. 17.12.2008, BGBl. 2008 I 2586.
[36] Vgl. BGH Beschl. v. 4.3.1996 – II ZB 8/95, NJW 1996, 1473 mwN.
[37] BGH Beschl. v. 23.2.1977 – IV ARZ (Vz) 2/77, NJW 1977, 1014; BGH Beschl. v. 8.11.1989 – IVa ARZ (VZ) 2/89, NJW 1990, 841 f.
[38] BGH Beschl. v. 8.2.2011 – X ZB 4/10, BGHZ 188, 200 Rn. 9 = NZBau 2011, 175 – S-Bahn-Verkehr Rhein/Ruhr; BGH Beschl. v. 4.4.2017 – X ZB 3/15, NZBau 2017, 366 – Postdienstleistungen.
[39] BGH Beschl. v. 24.2.2003 – X ZB 12/03, BGHZ 154, 95 = NZBau 2003, 337.
[40] BGBl. 2009 I 790.
[41] Begr. des Gesetzentwurfs der BReg., vgl. BT-Drs. 16/10117, zu Nr. 21.
[42] BGH Beschl. v. 20.3.2014 – X ZB 18/13, NZBau 2014, 310 Rn. 12 – Fahrbahnerneuerung I.

Gröning

2. die Überprüfung mit dem Ziel zu beantragen, das Vergabeverfahren zu behindern oder Konkurrenten zu schädigen;
3. einen Antrag in der Absicht zu stellen, ihn später gegen Geld oder andere Vorteile zurückzunehmen.

(3) Erweisen sich die von der Vergabekammer entsprechend einem besonderen Antrag nach § 169 Absatz 3 getroffenen vorläufigen Maßnahmen als von Anfang an ungerechtfertigt, hat der Antragsteller dem Auftraggeber den aus der Vollziehung der angeordneten Maßnahme entstandenen Schaden zu ersetzen.

Übersicht

	Rn.		Rn.
I. Normzweck und Regelungsgegenstand	1	d) Verwerfliche Zweckverfolgung als Missbrauch (Nr. 2 und 3)	15
		e) Andere Missbrauchsfälle	21
II. Der Missbrauchstatbestand (Abs. 1 und 2)	3	4. Anspruchsberechtigte und Inhalt des Anspruchs	22
1. Regelungstechnik	3	a) Anspruchsberechtigte	22
		b) Inhalt	23
2. Anspruchsverpflichtete	5	5. Verjährung	26
3. Tatbestandliche Voraussetzungen	6	6. Verhältnis zu unerlaubten Handlungen und Verletzung vorvertraglicher Rücksichtnahmepflichten	27
a) Unbegründeter Antrag oder unbegründetes Rechtsmittel	6		
b) Missbrauch durch falsche Angaben (Abs. 2 Nr. 1)	10	7. Durchsetzung des Schadensersatzanspruchs	30
c) (Weitere) Aussetzung des Vergabeverfahrens	14	III. Ersatz des Vollziehungsschadens (Abs. 3)	31

I. Normzweck und Regelungsgegenstand

1   Die Regelungen in Abs. 1 und 2 einerseits und Abs. 3 andererseits umfassen zwei Schadensersatztatbestände. Auch wenn beide unter der einheitlichen Überschrift „Schadensersatz bei Rechtsmissbrauch" zusammengefasst sind, handelt es sich um gänzlich unterschiedliche Regelungen. Die ausdrückliche Sanktionierung der **missbräuchlichen Inanspruchnahme** der neuen Rechtsschutzmöglichkeiten in Abs. 1 und 2 ist eine legislatorische Vorsichtsmaßnahme, in der die traditionelle Skepsis des deutschen Vergabewesens gegenüber dem Primärrechtsschutz im Vergabebereich nachhallt. Befürchtete man früher bereits von der bloßen Möglichkeit der Inanspruchnahme gerichtlichen Rechtsschutzes **Investitionsblockaden** für die öffentliche Auftragsvergabe,[1] so hatte der Gesetzgeber des VgRÄG ersichtlich Sorge, die neuen Rechtsschutzmöglichkeiten könnten regelrecht kommerzialisiert oder sonst missbraucht und Vergabeverfahren dadurch empfindlich verzögert werden. Um hier ein Signal zu setzen und vor Missbrauch des neuen Rechtsschutzsystems zu warnen, hat der Gesetzgeber den Missbrauchstatbestand in das Gesetz eingefügt. Die praktische Bedeutung der Vorschrift schien sich – schon wegen der absehbaren Beweisschwierigkeiten jedenfalls zur subjektiven Tatseite[2] – von vornherein in diesem **Warneffekt** zu erschöpfen und die nunmehr langjährige Erfahrung mit dem VgRÄG bestätigt das – freilich vorbehaltlich einer durchaus vorstellbaren „**Dunkelziffer**". Die Vorschrift wird in gerichtlichen Entscheidungen vergleichsweise selten erörtert.

2   Einen besonderen Ersatzanspruch gewährt Abs. 3 für Schäden, die dem Auftraggeber aus der Vollziehung besonderer, gem. § 169 Abs. 3 beantragter Maßnahmen entstanden sind. Diese Regelung ist § 945 ZPO nachgebildet und schien dem Gesetzgeber des VgRÄG angemessen, wenn und weil der Antragsteller im Nachprüfungsverfahren über den obligatorisch mit der Information über den Nachprüfungsantrag durch die Vergabekammer verbundenen Suspensiveffekt (§ 169 Abs. 1) in das Vergabeverfahren eingegriffen hat.[3]

II. Der Missbrauchstatbestand (Abs. 1 und 2)

3   **1. Regelungstechnik.** Der in Abs. 1 und 2 konstituierte Schadensersatzanspruch knüpft für die Sanktion konstruktiv **generalklauselartig** an einen unbestimmten Rechtsbegriff an, und zwar den des Missbrauchs des Antragsrechts aus § 160 oder des Beschwerderechts aus § 171. In Abs. 2

---
[1] Vgl. BR-Drs. 298/87 und 62/89.
[2] Vgl. *Gröning* ZIP 1998, 370 (373); Willenbruch/Wieddekind/*Scharen* Rn. 1.
[3] RegE, BT-Drs. 13/9340, 22, zu § 134.

II. Der Missbrauchstatbestand (Abs. 1 und 2)

wird dieser unbestimmte Rechtsbegriff dann durch drei Beispiele – nicht abschließend – konkretisiert. Diese veranschaulichen, in welche Richtung die Vorstellungen des Gesetzgebers von einer missbräuchlichen Inanspruchnahme der durch das VgRÄG eröffneten Rechtsschutzmöglichkeiten gingen und geben zugleich den **Rahmen für eine sinnhafte Ausfüllung der Generalklausel in Abs. 1** im Übrigen vor.

2. Anspruchsverpflichtete. Adressat des Schadensersatzanspruchs ist in erster Linie der **Antragsteller.** Insbesondere Abs. 1 lässt grundsätzlich aber auch eine Inanspruchnahme des öffentlichen Auftraggebers wegen missbräuchlichen Verhaltens im Nachprüfungsverfahren zu. Das ergibt sich aus dem Wortlaut der Vorschrift. Sie nennt neben dem Antragsteller ausdrücklich **auch den Beschwerdeführer.** Wenn der in erster Instanz ganz oder teilweise unterlegene öffentliche Auftraggeber die Rolle des Beschwerdeführers einnimmt, kann er sich in dieser Rolle nach § 180 schadensersatzpflichtig machen, und zwar durch ein Verhalten, das unter den unbestimmten Rechtsbegriff „Missbrauch des Beschwerderechts" (→ Rn. 7) subsumiert werden kann. Die Beispielstatbestände in Abs. 2 Nr. 2 und 3 können dagegen nur von Verfahrensbeteiligten auf der Auftragnehmerseite verwirklicht werden. 4

Die **Beigeladenen** als weitere Verfahrensbeteiligte sind, nach dem Wortlaut der Regelung, nur in eingeschränktem Umfang Adressaten von Abs. 1 oder Abs. 2. Da der Beigeladene auch zur Einlegung der sofortigen Beschwerde berechtigt ist, kann er sich schadensersatzpflichtig machen, wenn er das Rechtsmittel missbräuchlich einlegt. 5

3. Tatbestandliche Voraussetzungen. a) Unbegründeter Antrag oder unbegründetes Rechtsmittel. Der Schadensersatzanspruch setzt zunächst voraus, dass sich ein Nachprüfungsantrag nach § 160 oder die sofortige Beschwerde als von Anfang an unbegründet erweist. Ob diese Voraussetzungen vorliegen, kann sich bereits im noch laufenden Nachprüfungsverfahren zeigen, wenn nämlich die den Missbrauch begründenden Umstände festgestellt werden können. Die Norm ist nicht so zu verstehen, dass gleichsam ein bestands- oder rechtskräftig abgeschlossenes Nachprüfungsverfahren vorliegen müsste. Wird der Missbrauch im noch laufenden Nachprüfungsverfahren geltend gemacht, hat das missbräuchliche Handeln zwar keinen Erfolg in dem Sinne, dass das Verfahrensergebnis verfälscht wird, ein Schaden kann den übrigen Beteiligten aber schon entstanden sein, insbesondere ein Verzögerungsschaden (→ Rn. 23). 6

Der Missbrauchsfall wird sich typischerweise (wenn überhaupt) aber erst **im Nachhinein herausstellen.** Wird in einem daraufhin angestrengten Schadensersatzprozess eine Schadensersatzpflicht ausgesprochen, steht dies zwar in einem gewissen **Spannungsverhältnis** zum bestands- bzw. rechtskräftigen Ergebnis im Verfahren des Primärrechtsschutzes, wenn der missbräuchlich handelnde Beteiligte, in erster Linie der Antragsteller, dort eine ihm günstige Entscheidung erwirkt hat. Das liegt aber in der Natur der Sache und ist Voraussetzung für die Regelung, die vom Gesetzgeber als spezielle Ausprägung der sittenwidrigen Schädigung nach § 826 BGB und des Prozessbetrugs nach § 823 Abs. 2 BGB iVm § 263 StGB gedacht war.[4] Ein direkter Widerspruch zwischen den Entscheidungen liegt im Übrigen nicht vor, weil der Streitgegenstand nicht deckungsgleich ist. 7

Die Bestimmung setzt für die Verwirklichung des Tatbestands nicht voraus, dass das gesamte Nachprüfungsverfahren, ggf. über beide Instanzen hinweg missbräuchlich betrieben wird. Schon **temporärer Missbrauch** in einer Instanz ist tatbestandsmäßig. Das ergibt sich durch die Bezugnahme auf Nachprüfungsantrag „oder" sofortige Beschwerde im Wortlaut der Norm. Es mag auch vorstellbar sein, dass der Missbrauch im Verlauf des Verfahrens aufgegeben wird, ohne dass dadurch die Tatbestandsmäßigkeit früheren Verhaltens entfiele. 8

Dass der Nachprüfungsantrag oder die sofortige Beschwerde unbegründet ist, ist notwendige, aber aus naheliegenden Gründen[5] nicht allein hinreichende Voraussetzung eines Schadensersatzanspruchs nach Abs. 1 oder Abs. 2. Er muss durch einen Missbrauch des Antrags- oder Beschwerderechts **qualifiziert** sein. Missbrauch bedeutet in diesem Zusammenhang, dass die an sich legitime Ergreifung der Rechtsschutzinstrumentarien in Teil 4 des GWB in **anstößiger Weise instrumentalisiert** wurde. Er ist in der Regel nur als Vorsatztat vorstellbar.[6] Lediglich in der Variante nach Abs. 2 Nr. 1 lässt das Gesetz grob fahrlässig vorgetragene falsche Angaben genügen. Deswegen mag es auch für unter die Generalklausel des Abs. 1 fallende unbestimmte Handlungen ausreichen, wenn dem Betreffenden (nur) grobe Fahrlässigkeit zur Last liegt. 9

b) Missbrauch durch falsche Angaben (Abs. 2 Nr. 1). Nach Abs. 2 Nr. 1 ist es missbräuchlich, die Aussetzung oder weitere Aussetzung des Vergabeverfahrens durch vorsätzlich oder grob 10

---
[4] RegE, BT-Drs. 13/9340, 22, zu § 134.
[5] Vgl. dazu Willenbruch/Wieddekind/*Scharen* Rn. 6.
[6] Ebenso Willenbruch/Wieddekind/*Scharen* Rn. 11; aA HHKW/*Schneider* § 125 Rn. 29.

fahrlässig vorgetragene falsche Angaben zu erwirken. Damit wird die **prozessuale Wahrheitspflicht** (vgl. § 138 Abs. 1 ZPO) besonders bewehrt. Die Regelung will mit der Schadensersatzsanktion verhindern, dass die Zuschlagserteilung in einem Vergabeverfahren durch falsches Vorbringen im Nachprüfungsverfahren verschleppt wird. Der äußere Tatbestand, die objektive Tatseite, kann durch unrichtige Angaben im **gesamten Vortrag** bestehen, der zur Begründung des Nachprüfungsantrags, der sofortigen Beschwerde oder eines Antrags nach § 169 Abs. 3 oder § 173 Abs. 1 S. 3 im weitesten Sinne gehalten wird. Der Anwendungsbereich von Abs. 1 und 2 ist dabei nicht auf Angaben in der Antragsbegründung oder der Beschwerdeschrift beschränkt. Die Rechtsfolge aus diesen Normen setzt zwar tatbestandlich immer voraus, dass Nachprüfungsantrag bzw. sofortige Beschwerde objektiv unbegründet sind (→ Rn. 6 ff.). Die Angaben, die den Missbrauchstatbestand erfüllen, können aber auch in falschem Vorbringen bestehen, mit dem ein **Antrag auf Verlängerung der aufschiebenden Wirkung** nach § 173 Abs. 1 S. 3 begründet, oder mit dem einem Antrag des öffentlichen Auftraggebers **nach § 176** entgegengetreten wird, denn gerade auch das bezweckt die weitere Aussetzung des Vergabeverfahrens.

11 Ob bzw. inwieweit der Vortrag „**unrichtig**" ist, ergibt sich im Wege einer Ex-post-Betrachtung durch Feststellung des wirklichen Sachverhalts iVm dem wertenden Urteil, dass der diesbezügliche Vortrag im Nachprüfungsverfahren davon abweicht.

12 Ein in diesem Sinne von der objektiven Tatseite her „**unrichtiger**" Vortrag dürfte schon aus in der Natur der Sache liegenden Gründen gar nicht selten feststellbar sein. Unbeschadet des vergaberechtlichen Akteneinsichtsrechts und der – bei Inkrafttreten des VgRÄG noch gar nicht vorgesehenen – Information nach § 134 steht der Antragsteller im Nachprüfungsverfahren außerhalb der internen Abläufe in der Vergabestelle und hat regulär keine Informationen über die verfahrens- und vor allem wertungsbezogenen Meinungsbildungsprozesse, die innerhalb der Vergabestelle ablaufen. Zumindest ähnlich wie im Zivilprozess bestehen die prozessualen „Angaben" des Antragstellers notgedrungen in dem, was er nach den ihm gegebenen Einsichten und möglichen Schlussfolgerungen für den „objektiven" Sachverhalt ansieht und ansehen darf. Diese Zusammenhänge zeigen, dass ein gewisses **Spannungsverhältnis** zwischen der Gewährleistung eines effektiven Vergaberechtsschutzes für den einen und dem Schutz des öffentlichen Auftraggebers vor dessen missbräuchlicher Inanspruchnahme auf der anderen Seite besteht. Hier bedarf es eines **Korrektivs**, das verhindert, dass der seine Rechte wahrnehmende Antragsteller sich selbst praktisch stets am Rande eines Missbrauchs vortragend sieht. Dieses Spannungsverhältnis löst das Gesetz dahin, dass nur die gleichsam qualifizierte Erwirkung der (weiteren) Aussetzung des Vergabeverfahrens durch vorsätzlich oder grob fahrlässig vorgetragene falsche Angaben sanktioniert ist.

13 Beim Vorsatz ist zwischen direktem und bedingtem Vorsatz zu unterscheiden. Mit direktem Vorsatz – der die absichtliche Begehung einschließt – wird gehandelt, wenn der Beteiligte sicher weiß, dass seine Angaben ganz oder teilweise falsch sind und er sie doch vorträgt. Bedingter Vorsatz liegt vor, wenn er mit der Möglichkeit rechnet, dass seine Angaben nicht der Wahrheit entsprechen und dies billigend in Kauf nimmt.[7] Grobe Fahrlässigkeit wird im Allgemeinen als besonders schwere Verletzung der im Verkehr erforderlichen Sorgfalt definiert, bei der schon die einfachsten, ganz nahe liegenden Überlegungen nicht angestellt werden und das nicht beachtet wird, was im gegebenen Fall jedem einleuchten musste.[8] Auf das Nachprüfungsverfahren angewandt bedeutet dies, dass sich dem Antragsteller oder Beschwerdeführer die Unrichtigkeit der betreffenden Angaben aufdrängen musste und er nach der Lebens- und Geschäftserfahrung den behaupteten Ablauf schlechterdings nicht für wahr halten konnte. Für das Verschulden eines Verfahrensbevollmächtigten ist einzustehen (§ 85 Abs. 2 ZPO).

14 **c) (Weitere) Aussetzung des Vergabeverfahrens.** Der Schadensersatzanspruch nach Abs. 2 Nr. 1 setzt des Weiteren voraus, dass eine Aussetzung oder weitere Aussetzung des Vergabeverfahrens erwirkt worden ist. Mit „**Aussetzung**" ist die Bewirkung des Suspensiveffekts gemeint, der von der Information über den Nachprüfungsantrag ausgelöst wird (vgl. § 169 Abs. 1). Dies bezieht sich also auf falsche Angaben im Nachprüfungsantrag. Der Tatbestand der „**weiteren Aussetzung**" betrifft zum einen die Einlegung der sofortigen Beschwerde. Zum anderen fallen darunter die verschiedenen Eilverfahren, die das VgRÄG in beiden Instanzen des Nachprüfungsverfahrens zur beschleunigten Herbeiführung des Zuschlags oder zur Verlängerung des Suspensiveffekts vorsieht. In erster Instanz geht es um das Verfahren zur Gestattung des Zuschlags nach § 169 Abs. 2, das vom öffentlichen Auftraggeber in Gang gesetzt werden kann. Hier kann der Beschwerdeführer die weitere Aussetzung des Vergabeverfahrens, je nach Ausgang dieses Eilverfahrens, auf verschiedene Weise erwirken. Durch falschen Vortrag kann eine Zurückweisung des Gestattungsantrags durch die Vergabekammer herbeige-

---

[7] Vgl. BGH Urt. v. 26.7.1967 – 368/67, BGHSt 21, 283 (285) = NJW 1967, 2319.
[8] Vgl. zB BGH Urt. v. 28.6.1994 – X ZR 95/92, NJW-RR 1994, 1471.

führt werden. Falls die Kammer dem Antrag stattgibt, kann durch einen dagegen gestellten Antrag[9] das Zuschlagsverbot wieder hergestellt werden. Im Beschwerderechtszug kann der Beschwerdeführer die weitere Aussetzung des Vergabeverfahrens durch einen Antrag auf Verlängerung der aufschiebenden Wirkung (§ 173 Abs. 1 S. 3) bewirken oder dadurch, dass im Rahmen eines vom Auftraggeber gem. § 176 gestellten Antrags auf Vorabentscheidung über den Zuschlag falsche Angaben gemacht werden. Im Beschwerdeverfahren kann sich auch der Auftraggeber eines Missbrauchs schuldig machen, indem er überhaupt das Rechtsmittel der sofortigen Beschwerde einlegt.

d) Verwerfliche Zweckverfolgung als Missbrauch (Nr. 2 und 3). aa) Verfahrensbehinderung, Konkurrentenschädigung (Nr. 2). Das Gesetz sieht es als einen zum Schadensersatz verpflichtenden Missbrauch an, wenn mit der Vergabenachprüfung bestimmte sachfremde und verwerfliche Zwecke verfolgt werden. Dies ist der Fall, wenn die Überprüfung mit dem Ziel beantragt wird, das Vergabeverfahren zu behindern oder Konkurrenten zu schädigen. „Überprüfung" ist hier weit zu verstehen. Darunter fällt nicht nur die Verfahrenseinleitung, sondern auch die Einlegung der sofortigen Beschwerde. Eines Missbrauchs macht sich also auch der schuldig, der in erster Instanz vielleicht noch nicht missbräuchlich gehandelt hat, dann aber ein offensichtlich aussichtsloses Rechtsmittel einlegt. Wenn das Beschwerdegericht in solchen Fällen die aufschiebende Wirkung nicht verlängert, kann dem im Interesse der **Schadensminderung** für den Auftraggeber angezeigt **sein**, von der Möglichkeit Gebrauch zu machen, das Vergabeverfahren fortzusetzen und den Zuschlag zu erteilen. Andernfalls könnte sich zumindest in eindeutigen Fällen die **Frage nach auftraggeberseitigem Mitverschulden (§ 254 BGB)** an verzögerungsbedingten Schäden stellen. 15

Die Tatbestände in Nr. 2 können nur von Antragstellern und Beigeladenen verwirklicht werden. Das ergibt die wörtliche Auslegung der Regelung. Der öffentliche Auftraggeber beantragt nämlich in keiner Verfahrenslage die „Überprüfung" des Vergabeverfahrens. Er hat auch keinen „Konkurrenten", den er schädigen könnte. 16

Missbrauch durch Erwirkung einer (weiteren) Aussetzung des Vergabeverfahrens aus sachfremden, verwerflichen Zwecken nachzuweisen, wird sich regelmäßig schwierig gestalten, weil es dafür entweder der Informationen aus der Tätersphäre bedarf oder Indizien vorliegen müssen, die eine entsprechende Bewertung zulassen. Es kommt **nur vorsätzliche Begehungsweise** in Betracht. Der Täter muss mit dem „Ziel" der Behinderung des Verfahrens oder der Schädigung von Konkurrenten seine Anträge stellen. Das kann nicht (grob) fahrlässig erfolgen. Behinderungsabsicht kann uU anzunehmen sein, wenn ein an aussichtsloser Stelle liegender Bieter das Nachprüfungsverfahren (weiter) betreibt. 17

Fraglich ist, ob das Ziel der Behinderung oder Schädigung das alleinige Motiv des Täters sein muss. Die Behinderung des Verfahrens oder die Schädigung von Konkurrenten muss zumindest vorwiegend das Ziel des Handelnden sein. Wer sich selbst realistische Chancen auf den Auftrag ausrechnen kann und selbst um diesen kämpft, dem kann schwerlich Behinderungs- oder Schädigungsabsicht unterstellt bzw. nachgewiesen werden. 18

bb) Kommerzialisierungsabsicht (Nr. 3). Nach Abs. 2 Nr. 3 ist es missbräuchlich, einen Antrag in der Absicht zu stellen, ihn später gegen Geld oder andere Vorteile zurückzunehmen. Unter „Antrag" ist in erster Linie der verfahrenseinleitende Nachprüfungsantrag zu verstehen. Darunter fallen aber als Anträge im prozessualen Sinne auch die Einlegung der sofortigen Beschwerde sowie die von Seiten des Antragstellers, ggf. auch seitens eines Beigeladenen in einem Eilverfahren nach § 169 Abs. 2, § 173 Abs. 1 S. 3 oder § 176 gestellten Anträge. Gerade die Anträge in den Eilverfahren eignen sich für den Versuch der Kommerzialisierung, weil es in diesen Verfahren darum geht, den Weg für die Zuschlagserteilung freizumachen. 19

Sofern es um die Rücknahme eines Antrags gegen Geld geht, werden die entsprechenden „Vereinbarungen" regelmäßig zwischen Unternehmen aus dem Auftragnehmerlager getroffen werden. Die Rücknahme gegen „andere Vorteile" ist aber auch aufgrund von Abreden zwischen Auftragnehmer- und Auftraggeberseite denkbar, etwa dergestalt, dass der Auftraggeber als „Gegenleistung" für die Rücknahme eine Berücksichtigung des Gegners bei anderweitig zu vergebenden Aufträgen oÄ zusagt. 20

e) Andere Missbrauchsfälle. Unter den allgemeinen Missbrauchstatbestand in Abs. 1 fallen Sachverhalte, die vom Unrechtsgehalt etwa gleich schwer wiegen, wie die Beispielstatbestände in Abs. 2. Hier ist auch an anstößiges Verhalten von Auftraggeberseite zu denken. Als Missbrauch des Antragsrechts wäre es etwa anzusehen, wenn ein Antrag auf Gestattung des Zuschlags oder auf 21

---

[9] Zur verfahrensrechtlichen Natur dieses „Antrags" vgl. *Tilmann* WuW 1999, 342 (343 f.).

Vorabentscheidung über den Zuschlag gestellt würde, um ein bestimmtes Unternehmen unredlich zu begünstigen und ihm den Zuschlag zu erteilen.

22 **4. Anspruchsberechtigte und Inhalt des Anspruchs. a) Anspruchsberechtigte.** Potenzieller Gläubiger des Schadensersatzanspruchs wegen Missbrauchs ist nach Abs. 1 in erster Linie der „Gegner". Diese Begrifflichkeit zielt auf die Parteirollen im Nachprüfungsverfahren. Gemeint ist also der öffentliche Auftraggeber, wenn ein Missbrauch des Antragsrechts oder des Beschwerderechts durch den Antragsteller vorliegt oder umgekehrt der Antragsteller, wenn es einmal um einen Missbrauch des Beschwerderechts durch den öffentlichen Auftraggeber gehen sollte. Gegner kann im Beschwerderechtszug **auch ein Beigeladener** sein, wenn er selbst sofortige Beschwerde eingelegt hat. Im Übrigen sind alle Beteiligten des Nachprüfungsverfahrens als potenzielle Gläubiger eines Schadensersatzanspruchs wegen Missbrauchs einbezogen. Demgegenüber reicht die bloße Stellung als Mitbewerber um den Auftrag im Vergabeverfahren ohne Beteiligung am Nachprüfungsverfahren (§ 162) nicht aus, um für Ansprüche aus Abs. 2 aktivlegitimiert zu sein.[10]

23 **b) Inhalt.** Erstattungsfähig ist der durch den Missbrauch des Antrags- oder Beschwerderechts entstandene Schaden. Das werden in erster Linie **Mehrkosten** sein, die dem Auftraggeber ggf. durch die missbräuchlich verzögerte Inangriffnahme und Durchführung des Vergabevorhabens entstanden sind.

24 Erstattungsfähig kann uU sogar entgangener Gewinn eines Beteiligten sein.[11] Das ist vorstellbar, wenn der wertungsmäßig beste Bieter nicht zum Zuge kommt, weil sich der Auftraggeber infolge des Missbrauchs gezwungen sieht, das Vergabeverfahren aufzuheben und dieser Bieter bei einer erneuten Ausschreibung nicht zum Zuge kommt.

25 Erstattungsfähig müssen bei konsequenter Anwendung von Abs. 1 und 2 im Falle der nachträglichen Aufdeckung des Missbrauchs (→ Rn. 6 f.) in schwerwiegenden Fällen auch die den übrigen Verfahrensbeteiligten im Nachprüfungsverfahren entstandenen Verfahrenskosten sein. Das ist zwar wegen **Durchbrechung der Rechtskraft** besonders kritisch. Wenn Abs. 1, 2 nach den Vorstellungen des Gesetzgebers des VgRÄG aber als spezielle Ausprägung von § 826 BGB aufzufassen ist (→ Rn. 27),[12] dann sollte für diese einschneidende Rechtsfolge in dem Maße Raum sein, in dem dafür bei § 826 BGB selbst Raum wäre.[13] Das wird allerdings nicht in allen Fallgestaltungen von Abs. 1, 2 in Betracht kommen, aber namentlich im Fall von Abs. 2 Nr. 2 oder auch von Nr. 3, ggf. auch in besonders anstößigen Fällen vorsätzlich falscher Angaben iSv Nr. 1.

26 **5. Verjährung.** Mit Blick darauf, dass die Aufdeckung eines Missbrauchs am ehesten im Nachhinein vorstellbar ist (→ Rn. 6 f.), kommt der Frage der Anspruchsverjährung durchaus gesteigerte Bedeutung zu. Für den Schadensersatzanspruch aus Abs. 1, 2 gelten die allgemeinen Bestimmungen des BGB. Der Anspruch unterliegt der regelmäßigen Verjährungsfrist von drei Jahren (§ 195 BGB). Diese beginnt mit dem Schluss des Jahres, in dem der Anspruch entstanden ist und der Gläubiger von den anspruchsbegründenden Tatsachen und der Person des Schuldners Kenntnis erhält oder ohne grobe Fahrlässigkeit hätte erlangen können. Kumulativ setzt das Gesetz der Möglichkeit, den Anspruch noch erfolgreich durchzusetzen, ungeachtet fehlender oder ohne grobe Fahrlässigkeit nicht erlangter Kenntnis Grenzen. Es gilt eine absolute Grenze von zehn Jahren von der Entstehung des Anspruchs an bzw. von dreißig Jahren von der Begehung der Handlung, der Pflichtverletzung oder dem sonstigen schadensauslösenden Ereignis an ohne Rücksicht auf ihre Entstehung und die Kenntnis oder grob fahrlässige Unkenntnis.[14]

27 **6. Verhältnis zu unerlaubten Handlungen und Verletzung vorvertraglicher Rücksichtnahmepflichten.** In den Gesetzgebungsmaterialien zum VgRÄG wird § 180 als besondere Ausprägung der sittenwidrigen Schädigung (§ 826 BGB) und des Prozessbetrugs (§ 823 Abs. 2 BGB iVm § 263 StGB) bezeichnet.[15] Das trifft nicht ganz zu, denn beides sind Vorsatzdelikte, während § 180 auch grob fahrlässiges Verhalten sanktioniert (→ Rn. 12). Der Schadensersatzanspruch aus § 180 kann im Verhältnis zwischen Bietern und dem öffentlichen Auftraggeber als eine spezielle Ausprägung des Anspruchs auf Rücksichtnahme auf die Rechte, Rechtsgüter und Interessen des anderen Teils aus § 241 Abs. 2 BGB verstanden werden. Das vorvertragliche Schuldverhältnis kann Rücksichtnahmepflichten begründen, deren Verletzung Schadensersatzansprüche auslösen kann. Das gilt insbesondere auch in Bezug auf die Aufnahme von Vertragsverhandlungen, um die es sich ungeachtet

---

[10] Wie hier Willenbruch/Wieddekind/*Scharen* Rn. 3; aA Immenga/Mestmäcker/*Stockmann* Rn. 5.
[11] Ebenso Willenbruch/Wieddekind/*Scharen* Rn. 12.
[12] RegE, BT-Drs. 13/9340, 34, zu § 134.
[13] Vgl. insoweit Palandt/*Sprau*, 76. Aufl. 2017, BGB § 826 Rn. 52.
[14] Vgl. zur Verjährung auch Willenbruch/Wieddekind/*Scharen* Rn. 14.
[15] RegE, BT-Drs. 13/9340, 34, zu § 134.

ihrer mehr oder minder starken Formalisierung bei der Durchführung eines Ausschreibungsverfahrens zur Vergabe eines öffentlichen Auftrags handelt.[16]

Hält ein Teilnehmer des Vergabeverfahrens im Nachprüfungsverfahren falschen Vortrag oder 28 beantragt er die Vergabenachprüfung, um das Vergabeverfahren zu behindern, verstößt er gegenüber dem öffentlichen Auftraggeber gegen seine Pflichten aus § 241 Abs. 2 BGB. Ungewohnt ist daran allenfalls, dass die Bieterseite überhaupt **Adressat vergaberechtsbezogener Schadensersatzansprüche** sein kann. Das war vor dem Inkrafttreten des VgRÄG zwar formal an sich nicht anders. Die Möglichkeit der Inanspruchnahme bestand aber – jedenfalls vor der haushaltsrechtlichen Lösung (→ Vor § 171 Rn. 6) – im Wesentlichen nur **theoretisch**, weil die Bieter gerade keinen Primärrechtsschutz beanspruchen konnten, den sie hätten missbrauchen können (→ Vor § 171 Rn. 1 ff.). Schadensersatzprozesse waren deshalb regelmäßig gegen die öffentlichen Auftraggeber gerichtet und nicht umgekehrt gegen die Auftragnehmer. Nach der Einführung des Primärrechtsschutzes ist die Situation grundlegend anders. Seither können auch die Bieter die vermögenswerten Belange der öffentlichen Auftraggeber oder die anderer Beteiligter durch Instrumentalisierung der neuen Rechtsschutzmöglichkeiten für von der Rechtsordnung missbilligte Zwecke beeinträchtigen.

Etwas anders als im Verhältnis zwischen Bieter und öffentlichem Auftraggeber liegen die 29 Dinge im Verhältnis zwischen den Unternehmen untereinander, also bei Betrachtung allein der Bieter- oder Bewerberseite. Anzunehmen, dass auch zwischen den Konkurrenten um einen öffentlichen Auftrag untereinander Ansprüche aus § 241 Abs. 2 BGB bestehen können, ginge zu weit. Hier greift § 180 Abs. 1, 2 im Sinne eines **Auffangtatbestands** ein und gewährt den von einem Missbrauch des Antrags- oder Beschwerderechts betroffenen Mitbewerbern einen Schadensersatzanspruch.

7. Durchsetzung des Schadensersatzanspruchs. Der Schadensersatzanspruch wegen Miss- 30 brauchs des Primärrechtsschutzes wird im Zivilprozess realisiert. Im Nachprüfungsverfahren vor der Vergabekammer oder vor dem Vergabesenat ist ein Feststellungsantrag des öffentlichen Auftraggebers dahin, dass der Antragsteller verpflichtet ist, dem Auftraggeber allen aus dem Missbrauch des Antrags- bzw. Beschwerderechts entstandenen Schaden zu ersetzen, unzulässig.[17] Davon zu trennen ist die Frage, ob das Zivilgericht an die in der Vergabenachprüfung eventuell bereits zum Missbrauch getroffenen Feststellungen und an die Feststellung oder Verneinung der Rechtsverletzung in ähnlicher Weise **gebunden ist, wie in § 179 Abs. 1.** Das ist zu bejahen.[18] Das Gesetz ordnet diese Bindungswirkung zwar nicht ausdrücklich an. Hier liegt aber ersichtlich eine Gesetzeslücke vor. Im Gesetzgebungsverfahren wurde die Regelung des § 180 offenbar nicht mehr ganz durchdacht und es blieb unbemerkt, dass Nachprüfungsverfahren und Zivilprozess hinsichtlich der Bindungswirkung des Missbrauchs genauso aufeinander hätten abgestimmt werden können, wie bei der Verletzung von Rechten aus § 97 Abs. 7 und § 179 Abs. 1.[19]

III. Ersatz des Vollziehungsschadens (Abs. 3)

Der Schadensersatzanspruch in Abs. 3 ist § 945 ZPO nachgebildet.[20] Er ist gleichsam die Kehr- 31 seite des in § 169 Abs. 3 gewährten Antragsrechts und zugleich Ausdruck einer weit verästelten gesetzgeberischen Vorausschau bei der Regelung der im Zusammenhang mit der Vergabenachprüfung denkbaren Schäden. § 169 Abs. 3 gewährt dem Antragsteller ein besonderes Antragsrecht. Es greift ein, wenn seine Rechte aus § 97 Abs. 6 auf andere Weise als durch den drohenden Zuschlag gefährdet sind. Ist das der Fall, kann die Vergabekammer auf Antrag mit weiteren vorläufigen Maßnahmen in das Vergabeverfahren eingreifen. Zur Anordnung solcher Maßnahmen wird es in der Praxis voraussichtlich aber nur selten kommen. Die Literatur tut sich bereits schwer, realistisch anmutende Beispiele für den Anwendungsbereich der Bestimmung zu konstruieren.[21]

Wenn aus der etwaigen Verhängung einer zusätzlichen Maßnahme nach § 169 Abs. 3 Schäden 32 entstehen, die bei bloßer Suspendierung des Vergabeverfahrens nicht entstanden wären, sind sie über Abs. 3 erstattungsfähig. Zu denken ist hier in erster Linie an Schäden aus der zusätzlichen Verzögerung des Vergabeverfahrens, etwa weil die Vergabekammer als weitere vorläufige Maßnahme jede weitere Bearbeitung des Vergabeverfahrens untersagt hat.

---

[16] Vgl. BGH Urt. v. 9.6.2011 – X ZR 143/10, BGHZ 190, 89 Rn. 11 f. = NZBau 2011, 498 – Rettungsdienstleistungen II; zur Dogmatik → § 181 Rn. 28 ff.
[17] Zutr. OLG Naumburg Beschl. v. 14.3.2014 – 2/Verg 1/14, BeckRS 2014, 14968 = VergabeR 2014, 787 ff. – Projektsteuerung.
[18] AA Willenbruch/Wieddekind/*Scharen* Rn. 15.
[19] IE wie hier *Boesen* § 125 Rn. 21.
[20] Vgl. RegE, BT-Drs. 13/9340, 22, zu § 134.
[21] Vgl. *Willenbruch* NVwZ 1999, 1064; *Bechtold*, 2. Aufl. 2009, § 115 Rn. 8.

§ 181 Anspruch auf Ersatz des Vertrauensschadens

¹Hat der Auftraggeber gegen eine den Schutz von Unternehmen bezweckende Vorschrift verstoßen und hätte das Unternehmen ohne diesen Verstoß bei der Wertung der Angebote eine echte Chance gehabt, den Zuschlag zu erhalten, die aber durch den Rechtsverstoß beeinträchtigt wurde, so kann das Unternehmen Schadensersatz für die Kosten der Vorbereitung des Angebots oder der Teilnahme an einem Vergabeverfahren verlangen. ²Weiterreichende Ansprüche auf Schadensersatz bleiben unberührt.

Schrifttum: *Alexander,* Vergaberechtlicher Schadensersatz gemäß § 126 GWB, WRP 2009, 28; *Ballerstedt,* Zur Haftung für culpa in contrahendo bei Geschäftsabschluss durch Stellvertreter, AcP 151 (1950/1951), 501; *Dähne,* Sekundärer Rechtsschutz gegen Vergabeverstöße – Welcher Schaden ist zu ersetzen?, NZBau 2003; *Dähne,* Schadensersatz wegen unberechtigter Aufhebung einer Ausschreibung nach § 26 Nr. 1 VOB/A, VergabeR 2004, 32; *Gröning,* Ersatz des Vertrauensschadens ohne Vertrauen? – Zur Dogmatik des vergaberechtlichen Schadensersatzanspruchs, GRUR 2009, 266; *Gröning,* Mögliche Tendenzen der nationalen Rechtsprechung zum Vergaberecht, VergabeR 2010, 762; *Gröning,* Erstattungsfähigkeit des positiven Interesses und des innerbetrieblichen Aufwands für die Angebotserstellung, NZBau 2021, 233; *Horn/Graef,* Vergaberechtliche Sekundäransprüche, NZBau 2005, 505; *Kaiser,* Anm. zu EuGH, Urt. v. 30.9.2010 – C-314/09, VergabeR 2011, 76; *Prieß/Bonitz,* Schadensersatz bei Vergabefehlern, NZBau 2013, 477; *Prieß/Hölzl* zu § 126 S. 1 in Remien, Schadensersatz im europäischen Privat- und Wirtschaftsrecht, 2012; *Römling,* Zur unionsrechtskonformen Auslegung des § 280 I Satz 2 BGB in Bezug auf kartellvergaberechtliche Schadensersatzansprüche, VergabeR 2021, 34; *Schnorbus,* Der Schadensersatzanspruch des Bieters bei der fehlerhaften Vergabe öffentlicher Aufträge, BauR 1999, 77; *Wagner,* Haftung der Bieter für Culpa in contrahendo in Vergabeverfahren, NZBau 2005, 436; *Willenbruch,* Die Verjährung der Schadensersatzansprüche nach §§ 125 und 126 GWB, VergabeR 2001, 377.

Übersicht

	Rn.
I. Normzweck und Regelungsgegenstand	1
II. Schadensersatzanspruch aus § 181 S. 1	4
1. Regelungshintergrund und -gegenstand	4
2. Die Tatbestandsmerkmale des Anspruchs aus § 181 S. 1	8
a) Verstoß gegen bieterschützende Vorschriften	8
b) Angebote mit einer echten Chance auf den Zuschlag	9
c) (Kein) Verschulden	18
III. Weiter reichender Schadensersatzanspruch aus § 181 S. 2 – insbesondere iVm § 241 Abs. 2 BGB, § 311 Abs. 2 Nr. 1 BGB und § 280 BGB	19
1. Der Haftungsgrund	21
a) Herkömmliche Anknüpfung: Enttäuschtes Vertrauen des Bieter	22
b) Nunmehrige Anknüpfung: Verletzung vorvertraglicher Rücksichtnahmepflichten	23
2. Die Verletzungshandlung	27
3. Die haftungsbegründenden Pflichtverletzungen	28
a) Verstöße gegen Bestimmungen über das Vergabeverfahren	29
b) Sonderfall: Verletzung schuldrechtlicher Hinweispflichten	35
4. Keine Präklusion mit dem Schadensersatzanspruch durch Rügeverzicht	38
5. Verschulden	41
a) Allgemeine Grundsätze	41
b) Verschuldensmaßstab	42

	Rn.
c) Verschulden bei Zuschlagserteilung im laufenden Nachprüfungsverfahren	46
d) Verschulden in Vergabeverfahren nach Teil 4 des GWB	48
e) Mitverschulden	53
IV. Rechtsfolgenseite: Schadensersatzpflichtigkeit	55
1. Anspruchsgrundlagen	55
2. Ursächlicher Zusammenhang zwischen Pflichtverletzung und Schaden	57
3. Der Kreis der Anspruchsberechtigten	59
a) Regelfall: der potenzielle Ausschreibungsgewinner	59
b) Ausnahme bei Aufhebung der Ausschreibung	60
c) Erweiterung auf Teilnehmer mit echter Chance (§ 181 S. 1)	64
4. Berufung auf rechtmäßiges Alternativverhalten	65
V. Ersatz des negativen Interesses	69
1. Erstattung der Angebots- und sonstigen Teilnahmekosten	70
2. Die erstattungsfähigen Positionen	71
a) Ausgrenzbarer Aufwand	71
b) Innerbetrieblicher personeller Aufwand	72
c) Sonderfall: Festsetzung einer unangemessenen Entschädigung für die Angebotsbearbeitung	75
d) Entgangener Gewinn aus alternativen Geschäften	76
e) Rechtsberatungskosten	77
VI. Positives Interesse	78
1. Allgemeine Erstattungsvoraussetzungen	78

II. Schadensersatzanspruch aus § 181 S. 1   1–5   § 181 GWB

	Rn.		Rn.
2. Bei Aufhebung des Vergabeverfahrens: Hinreichende Übereinstimmung mit dem später erteilten Auftrag	79	c) Keine Voraussetzungen für positives Interesse in den Fällen „Fahrbahnerneuerung I" und „Flüchtlingsunterkunft"	89
3. Mögliche Ausnahmen von der Schadensersatzpflicht	84	4. Inhalt des Anspruchs	92
		VII. Darlegungs- und Beweislast	96
a) Ältere BGH-Rechtsprechung: Keine Ersatzpflicht bei Aufhebung aus sachlichen und willkürfreien Gründen	85	VIII. Verjährung	103
		IX. Konkurrierende Anspruchsgrundlagen	104
b) Ersatzpflicht bei Aufhebung zum Zwecke anderweitiger Vergabe oder vergleichbarem spezifischem Unrechtsmoment	86	1. Prinzipiell erfasste Verstöße	104
		2. Einzelheiten	105

I. Normzweck und Regelungsgegenstand

Die Regelungen in § 181 betreffen den **sekundären Rechtsschutz.** Dieser flankiert das System 1 des primären Rechtsschutzes als den eigentlichen und zentralen Regelungsgegenstand von Teil 4 des GWB. Der Primärrechtsschutz gibt den Unternehmen die erforderlichen rechtlichen Mittel an die Hand, vor Auftragserteilung korrigierend in ein laufendes Vergabeverfahren einzugreifen, um dadurch den Eintritt von Schäden durch irreguläre Vergabeentscheidungen zu verhindern. Die Regelungen in § 181 spiegeln ergänzende Vorgaben in den den Rechtsschutz betreffenden Überwachungsrichtlinien (ÜWR, SÜWR) wider, deren Umsetzung das VgRÄG galt.[1] Danach müssen die Mitgliedstaaten für den Fall, dass irreguläre Maßnahme oder Entscheidungen in Vergabeverfahren, namentlich die Erteilung des Zuschlags auf ein anderes als das wirtschaftlichste Angebot, nicht mehr durch Inanspruchnahme des primären Vergaberechtsschutzes verhindert werden konnten, effektive Regelungen für die Kompensation solcher Schäden vorsehen.

Die diesbezüglichen Vorgaben des Unionsrechts sind allerdings knapp und sehr allgemein gehal- 2 ten. Art. 2 Abs. 1 lit. c ÜWR gibt den Mitgliedstaaten schlicht vor sicherzustellen, dass den durch einen (Vergaberechts-)Verstoß geschädigten Teilnehmern Schadensersatz zuerkannt werden kann. Art. 2 Abs. 1 lit. d SÜWR hat der Sache nach denselben Inhalt.[2] Über diese eher programmatischen Anforderungen hinaus enthält die SÜWR lediglich noch eine ergänzende Regelung betreffend den Umfang der Darlegungs- und Beweislast für Bieter, die Schadensersatz für die Kosten der Vorbereitung eines Angebots oder für die Teilnahme an einem Vergabeverfahren verlangen. Auf die Umsetzung dieser zuletzt genannten Regelung ist § 181 S. 1 gerichtet (→ Rn. 4 ff.).

Nach § 181 S. 2 bleiben weiterreichende Schadensersatzansprüche unberührt. Diese Regelung 3 bezieht sich auf Art. 2 Abs. 1 lit. c ÜWR und Art. 2 Abs. 1 lit. d SÜWR, wonach das Recht der Mitgliedstaaten die Möglichkeit vorsehen muss, dass den durch einen Vergaberechtsverstoß Geschädigten Schadensersatz zuerkannt werden kann. Mit dieser Regelung wird zwar keine eigenständige Anspruchsgrundlage für weiterreichende, namentlich das positive Interesse einschließende Schadensersatzbegehren geschaffen. Sie gestattet den Bewerbern oder Bietern aber in der Sache ähnlich wie eine **Rechtsgrundverweisung, Schadensersatz auf der Grundlage weiter reichender nationaler Bestimmungen** zu erlangen. Insoweit sind für Deutschland materiellrechtlich insbesondere die sich aus dem BGB ergebenden Anspruchsgrundlagen einschlägig (→ Rn. 19 ff.). Rechtswegmäßig zuständig sind die ordentlichen Gerichte (§ 13 GVG).

II. Schadensersatzanspruch aus § 181 S. 1

1. Regelungshintergrund und -gegenstand. Die Regelung in § 181 S. 1 bezieht sich auf 4 Art. 2 Abs. 7 SÜWR. Danach muss derjenige, der im Zusammenhang mit einem Vergaberechtsverstoß Schadensersatz für die Kosten der Vorbereitung eines Angebots oder für die Teilnahme an einem Vergabeverfahren verlangt, lediglich Folgendes nachweisen:
– Es wurde gegen die Vorschriften des Unionsrechts für die Auftragsvergabe oder gegen einzelstaatliche Vorschriften zur Umsetzung dieser Vorschriften verstoßen;
– der Gläubiger hätte eine **echte Chance** auf den Zuschlag gehabt, wenn es nicht zu dem Verstoß gekommen wäre, der diese Chance zunichte gemacht hat.

Das Unionsrecht erweitert und erleichtert durch diese Regelung die Voraussetzungen, unter denen 5 ein Anspruchsteller für die genannten Schadenspositionen Ersatz verlangen kann. Er muss nicht

---
[1] Vgl. BT-Drs. 13/9340, 1.
[2] Vgl. zu beiden Regelungen EuGH Urt. v. 30.9.2010 – C-314/09, NZBau 2010, 773 – Stadt Graz/Strabag AG ua.

nachweisen, dass er bei ordnungsgemäßem Verlauf des Vergabeverfahrens den Zuschlag erhalten hätte, was im deutschen Recht regelmäßige Voraussetzung für einen entsprechenden Schadensersatzanspruch ist (→ Rn. 57, 59), sondern es reicht insoweit im Sinne eines „Minus" aus, dass er die durch den Terminus „echte Chance" umschriebene hervorgehobene „Anwartschaft" auf den Zuschlag hatte (→ Rn. 9 ff.).

6 In Teil 4 des GWB ist diese Vorgabe in § 181 S. 1 rechtstechnisch etwas anders umgesetzt. Es ist eine Anspruchsgrundlage für einen Schadensersatzanspruch geschaffen worden, in der die „echte Chance" auf den Zuschlag Tatbestandsmerkmal ist.[3] Im Schadensersatzprozess muss der Kläger in tatbestandlich-tatsächlicher Hinsicht dementsprechend darlegen und erforderlichenfalls beweisen, dass er bei hinweggedachtem Verstoß gegen die jeweils in Rede stehende bieterschützende Vergabebestimmung und somit bei regulärem Verlauf des Vergabeverfahrens **hypothetisch** eine echte Chance auf den Zuschlag gehabt hätte. Gegenstand der Prognose ist also – insoweit entsprechend den unionsrechtlichen Vorgaben – eben nicht, ob der Anspruchsteller ohne den Verstoß den Zuschlag erhalten hätte, sondern lediglich, ob er im Vergabeverfahren eine in dieser Weise qualifizierte Aussicht auf den Auftrag gehabt hätte.

7 Ein signifikanter praktischer Unterschied zwischen der eher prozessual formulierten unionsrechtlichen Lösung durch eine Nachweisregel und der durch Schaffung einer förmlichen Anspruchsgrundlage eher materiellrechtlich geprägten Lösung des deutschen Rechts besteht aus Sicht der klagenden Unternehmen nicht. Wie das Tatbestandsmerkmal der „echten Chance" materiellrechtlich auszufüllen ist bzw. welche Erleichterungen daraus hinsichtlich der Beweislast resultieren, ist beides gleichermaßen nicht leicht greifbar (→ Rn. 9 ff.). Die Nachweisregel in Art. 2 Abs. 7 SÜWR lässt in gewisser Weise an **§ 287 ZPO** denken, unterscheidet sich davon aber doch. Die zivilprozessuale Vorschrift schafft für den Fall, dass der Haftungsgrund mitsamt haftungsbegründender Kausalität feststeht, Beweiserleichterungen für die Frage, ob ein Schaden entstanden ist und in welcher Höhe. Das würde auf der Grundlage der herkömmlichen Dogmatik des deutschen Vergaberechts aber nichts daran ändern, dass grundsätzlich (zu Ausnahmen → Rn. 60 ff.) nur derjenige einen Schadensersatzanspruch hätte, der bei rechtmäßigem Verlauf des Vergabeverfahrens den Zuschlag hätte erhalten müssen (→ Rn. 57, 59). Die echte Chance auf den Zuschlag, auf die Art. 2 Abs. 7 SÜWR und § 181 S. 1 demgegenüber abstellen, gestattet dagegen potenziell, **mehreren Teilnehmern am Vergabeverfahren Schadensersatz zuzuerkennen**.

8 **2. Die Tatbestandsmerkmale des Anspruchs aus § 181 S. 1. a) Verstoß gegen bieterschützende Vorschriften.** Der Schadensersatzanspruch aus § 181 S. 1 setzt die Verletzung einer bieterschützenden, also den Schutz von Unternehmen bezweckenden Vorschrift voraus. Dem Vergaberecht ist die Unterscheidung zwischen bieterschützenden und nicht bieterschützenden Bestimmungen, insbesondere Ordnungsvorschriften, die nur dem Ablauf des Vergabeverfahrens ein äußeres Gerüst geben sollen, an sich immanent. Sie liegt unausgesprochen auch der Regelung in § 97 Abs. 6 zugrunde. Der Gesetzgeber des VgRÄG ist davon ausgegangen, dass der Rechtsschutz nur so weit geht, als eine bestimmte vergaberechtliche Bestimmung gerade auch den Schutz des potenziellen Auftragnehmers bezweckt.[4] Die Regelung in § 181 S. 1 stellt in Bezug auf die möglichen Anknüpfungspunkte für einen im Sekundärrechtsschutz durchzusetzenden Anspruch insoweit das **schadensrechtliche Pendant zu § 97 Abs. 6** dar.[5] Auf eine Norm, auf die im Primärrechtsschutz mit Erfolg ein Nachprüfungsantrag gestützt werden kann, kann im Sekundärrechtsschutz regelmäßig ein Schadensersatzanspruch aus § 181 S. 1 gegründet werden. Umgekehrt zieht der Verstoß gegen eine Regelung, mit dem kein Nachprüfungsantrag erfolgreich begründet werden kann, iA auch keinen Schadensersatzanspruch nach sich.

9 **b) Angebote mit einer echten Chance auf den Zuschlag.** Zu den Angeboten mit einer echten Chance auf den Zuschlag gehört zwangsläufig stets diejenige, auf das eigentlich der Zuschlag zu erteilen gewesen wäre.[6] Kann eindeutig festgestellt werden, dass ein bestimmtes Angebot den Zuschlag hätte bekommen müssen, fragt sich sogar, ob darüber hinaus noch **weitere Angebote überhaupt eine echte Chance** auf den Zuschlag hatten. Die Frage ist grundsätzlich eher zu verneinen und dieser Befund deutet darauf hin, dass bei Schaffung der Regelung in Art. 2 Abs. 7 SÜWR eher an Verfahrenssituationen gedacht worden, war, in denen die Aussichten auf den Zuschlag noch in der Schwebe waren und deshalb von einer echten Chance für mehrere Teilnehmer „noch" die Rede sein konnte. Für die Anwendung des umgesetzten Rechts erwächst daraus jedenfalls die Notwendigkeit,

---

[3] Vgl. dazu BGH Beschl. v. 1.12.2008 – X ZR 31/08, BGHZ 179, 84 Rn. 24 = NVwZ 2009, 605 – Rettungsdienstleistungen I.
[4] RegE, BT-Drs. 13/9340, 14, zu § 106 Abs. 6.
[5] IErgs wie hier Immenga/Mestmäcker/*Stockmann* Rn. 7.
[6] Vgl. idS OLG Naumburg Urt. v. 1.8.2013 – 2 U 151/12, BeckRS 2013, 13770 = VergabeR 2014, 85 (90).

über den Begriff der „echten Chance" den Grenzverlauf zwischen solchen Angeboten festzulegen, bei denen der Vergabeverstoß auch in der schadensrechtlichen Aufarbeitung folgenlos bleibt, und solchen, bei denen immerhin die Angebots- und Teilnahmekosten erstattet werden müssen.

aa) Kriterien für die Bestimmung der echten Chance. Der deutsche Gesetzgeber hat den **Kreis der Anspruchsberechtigten** mit einer echten Chance auf den Zuschlag **eher eng ziehen wollen.** Das belegt die Entstehungsgeschichte. Die Bundesregierung wollte im Entwurf für das VgRÄG für den vereinfachten Schadensersatzanspruch auf Erstattung der Angebots- und Teilnahmekosten darauf abstellen, ob das Angebot bei der Wertung in die engere Wahl gekommen wäre.[7] Der Bundesrat schlug demgegenüber vor, diesen Begriff durch den der echten Chance zu ersetzen, weil der Regierungsentwurf darüber hinausgehe, was Art. 2 Abs. 7 SÜWR verlange.[8] Der Bundesrat wollte den Rechtsbegriff der echten Chance also enger verstanden wissen, als den der engeren Wahl. Die Bundesregierung hat in ihrer Gegenäußerung bezüglich des Tatbestandsmerkmals der echten Chance zugestimmt[9] und mit dieser Änderung ist der Gesetzentwurf verabschiedet worden.

Das Tatbestandmerkmal der echten Chance durch das das Kriterium der **engeren Wahl** zu definieren bietet sich auch rechtssystematisch an sich nicht an, weil es herkömmlich nur in der VOB/A verankert ist und nicht überall als eigenständige Wertungsstufe verwendet wird. Selbst nach der Systematik des in der VOB/A vorgesehenen Wertungsprozesses handelt es sich bei der engeren Wahl erst um eine Vorsichtung, die noch keinen Rückschluss darauf zulässt, ob jedes darin einbezogene Angebot große oder gesteigerte Aussichten auf den Zuschlag hat.[10]

Die Zugehörigkeit zu einer nahe zusammenliegenden **Spitzengruppe** ist generell wenig aussagekräftig dafür, ob die vom Gesetz vorausgesetzten qualifizierten Aussichten auf den Zuschlag tatsächlich bestehen. In Verfahren mit wenigen Teilnehmern ist dieses Kriterium bereits von seinen Voraussetzungen her unpassend. Eine absonderungsfähige Spitzengruppe setzt schon begrifflich ein größeres Teilnehmerfeld voraus. Die Zugehörigkeit zu einer solchen Spitzengruppe kann darüber hinaus nicht unabhängig von der Zusammensetzung der qualitativen Wertungskriterien bestimmt werden. Je höher die Bedeutung des Preises innerhalb des Gefüges der Wertungskriterien ist, desto geringer sind die Chancen eines Angebots mit einem hohen oder auch nur höheren Preis auf den Zuschlag zu veranschlagen (→ Rn. 15 f.). Scheidet das Spitzengruppenkriterium danach aus, kann für die Annahme, ob eine echte Chance auf den Zuschlag bestanden hätte, schließlich darauf abgestellt werden, ob der Auftraggeber auf das entsprechende Angebot im Rahmen des ihm zustehenden Wertungsspielraums den Zuschlag hätte erteilen dürfen. Das ist die für die Ermittlung des Kreises der potenziell Schadensersatzberechtigten zwar **die reellste, aber auch engste Bemessungsgrundlage** (→ Rn. 13).

bb) Die BGH-Rechtsprechung. Der BGH hatte in einem **Einzelfall** zu entscheiden, wie es sich mit der echten Chance auf den Zuschlag verhält, wenn die **Leistungsbeschreibung fehlerhaft** war und das Vergabeverfahren deshalb aufgehoben werden muss. Er hat angenommen, dass die abgegebenen Angebote in einem solchen Fall nicht vergaberechtskonform verglichen und gewertet werden können und dass deshalb keine echte Zuschlagschance bestand.[11] Dies ist allerdings als eine eher singuläre Konstellation zu bewerten, aus der verallgemeinerungsfähige Lösungsansätze nur mit Vorbehalt abgeleitet werden können und sollten.

Der BGH sieht die Verwendung des Attributs „echt" als Ausdruck eines gesetzgeberischen Willens, den Anwendungsbereich von § 181 S. 1 Angeboten mit **besonders qualifizierten Aussichten auf die Zuschlagserteilung** vorzubehalten. Dafür reicht es nicht aus, wenn das fragliche Angebot in die engere Wahl gelangt wäre. Allgemein hätte nach der Rechtsprechung des BGH ein Angebot iSv § 181 S. 1 nur dann eine echte Chance auf den Zuschlag gehabt, wenn es innerhalb des Wertungsspielraums der Vergabestelle gelegen hätte, sich für dieses Angebot zu entscheiden. Ob diese Voraussetzung erfüllt ist, ist im Einzelfall unter Berücksichtigung der für die Auftragserteilung vorgesehenen Wertungskriterien und ihrer Gewichtung zu prüfen. Dazu hat der öffentliche Auftraggeber ggf. nach den Grundsätzen der sekundären Darlegungslast vorzutragen.[12]

---

[7] Vgl. RegE, BT-Drs. 13/3940, 9, zu § 135.
[8] Vgl. BT-Drs. 13/9340, 44, zu Nr. 37.
[9] Vgl. BT-Drs. 13/9340, 51, zu Nr. 37.
[10] Vgl. BGH Urt. v. 8.9.1998 – X ZR 109/96; BGHZ 139, 273 ff. = NJW 1998, 3644; BGH Urt. v. 15.4.2008 – X ZR 129/06, NZBau 2008, 505 ff. – Sporthallenbau.
[11] BGH Urt. v. 1.8.2006 – X ZR 146/03, NZBau 2007, 58; zum zugrunde liegenden Sachverhalt eingehender LG Berlin Urt. v. 5.6.2002 – 23 O 209/01 – juris; zum parallelen vergaberechtlichen Nachprüfungsverfahren OLG Düsseldorf Beschl. v. 14.2.2001 – Verg 14/00, WuW/E Verg 459.
[12] Vgl. BGH Urt. v. 27.11.2007 – X ZR 18/07, ZfBR 2008, 299 = VergabeR 2008, 219.

15 **cc) Stellenwert des Preises.** Auf der Grundlage dieser Rechtsprechung ist der Kreis der potenziell Entschädigungsberechtigten zwangsläufig umso kleiner, je größeres Gewicht nach den Vergabeunterlagen einem einzelnen **Wertungskriterium** – insbesondere dem **Preis** – zukommen soll. Mit der steigenden Genauigkeit der Prognose, auf welches Angebot der Zuschlag hätte erteilt werden müssen, korrespondiert also die Vorhersage, dass andere Angebote eben keine echte Chance auf den Zuschlag gehabt hätten (→ Rn. 11).

16 Der Fall, in dem der BGH über die Voraussetzungen eines Anspruchs aus § 181 S. 1 zu entscheiden hatte, spiegelt den Einfluss der Wertungskriterien bzw. eines einzigen relevanten Wertungskriteriums anschaulich wider. Dort waren Arbeiten für den Bau einer Hochwasserschutzanlage nach Abschnitt 1 der VOB/A ausgeschrieben. Die Ausschreibung wurde aufgehoben, nachdem einer der vier teilnehmenden Bieter im Nachprüfungsverfahren erfolgreich geltend gemacht hatte, dass der Auftrag nach Teil 4 des GWB hätte ausgeschrieben werden müssen. Es lagen folgende Nettopreise für die Angebote vor:

8.594.108 DM
9.253.440 DM
9.493.401 DM
12.100.000 DM.

Der zweitbeste Bieter verlangte Erstattung seiner Angebotskosten. Das Berufungsgericht bejahte eine echte Chance des Angebots der Klägerin allein deswegen, weil es an zweiter Stelle hinter dem „rein preislich gesehen günstigsten Anbieter" gelegen und damit zur Spitze der Bieterliste gehört habe. Feststellungen dazu, welche Wertungskriterien galten, hatte es nicht getroffen, wobei der Akteninhalt die Annahme nahelegte, dass der Zuschlag auf der Grundlage der seinerzeit geltenden, § 16d Abs. 1 Nr. 3 VOB/A 2016 entsprechenden Regelung auf das unter Berücksichtigung aller technischen und wirtschaftlichen Gesichtspunkte annehmbarste Angebot erteilt werden sollte. Das gleichwohl allein auf das Preisgefüge abstellende Berufungsurteil konnte deshalb keinen Bestand haben.[13] Aber selbst bei isolierter Sicht nur auf das Preisgefüge fragt sich, ob eine echte Chance des zweitbesten Bieters nicht schon in Anbetracht des großen Abstandes zum besten Bieter zu verneinen gewesen wäre (→ Rn. 8).

17 Seit der Entscheidung des BGH vom 27.11.2007 scheint **§ 181 S. 1** in der Praxis als Anspruchsgrundlage für größere Bieterkreise als den potenziellen Ausschreibungsgewinner **keine erhebliche Bedeutung** mehr zuzukommen. Vermutlich – und nachvollziehbar – werden die prozessualen Risiken, eine echte Chance iSv § 181 S. 1 darlegen und ggf. beweisen zu können, in solchen Fällen als unverhältnismäßig hoch bewertet. Diese Rechtsprechung wird deshalb auch – allerdings unfundiert – als zu streng und mit dem Unionsrecht unvereinbar kritisiert.[14]

18 **c) (Kein) Verschulden.** Der Anspruch aus § 181 S. 1 setzt nach der Rechtsprechung des BGH kein Verschulden beim Verstoß gegen bieterschützende Bestimmungen voraus. Dafür ist maßgeblich, dass die vom Gesetzgeber gewählte Formulierung mit Blick auf die Verschuldensunabhängigkeit derjenigen in gesetzlichen Bestimmungen entspricht, in denen eine solche Haftungsverschärfung des Schuldners angeordnet ist, wie zB in § 833 BGB, § 7 Abs. 1 StVG; §§ 1, 2 HPflG, § 1 ProdHaftG; § 1 UmweltHaftG. Außerdem zeige die Entstehungsgeschichte der Norm, dass der Gesetzgeber von Anfang an eine verschuldensunabhängig konzipierte spezialgesetzliche Regelung habe schaffen wollen.[15]

III. Weiter reichender Schadensersatzanspruch aus § 181 S. 2 – insbesondere iVm § 241 Abs. 2 BGB, § 311 Abs. 2 Nr. 1 BGB und § 280 BGB

19 Nach § 181 S. 2 bleiben weiter reichende Ansprüche auf Schadensersatz unberührt. Damit ist der **Rückgriff auf sämtliche Anspruchsgrundlagen im nationalen** Recht eröffnet, die für den Ersatz von Schadenspositionen im Zusammenhang mit der Durchführung eines Vergabeverfahrens in Betracht kommen. **Die wichtigste Anspruchsgrundlage für das gesamte Vergaberecht**, auch außerhalb von Teil 4 des GWB, ist der Anspruch auf Schadensersatz aus § 241 Abs. 2 BGB, § 311 Abs. 2 Nr. 1 BGB und § 280 BGB wegen der **Verletzung von Rücksichtnahmepflichten** in dem mit der Ausschreibung begründeten vorvertraglichen Schuldverhältnis (→ Rn. 20 ff.).

20 Die Regelung in S. 2 ist unabhängig davon anwendbar, ob die Voraussetzungen von § 181 S. 1 erfüllt sind. Letztere Norm begründet insoweit keine Spezialität und schafft keine sonstige verdrängende Konkurrenz. S. 2 eröffnet vor allem den Zugriff auf alle Anspruchsgrundlagen, die in irgendeiner Weise über das hinausgehen, was geschädigte Bieter nach § 181 S. 1 verlangen können. Das kann

---
[13] BGH Urt. v. 27.11.2007 – X ZR 18/07, ZfBR 2008, 299 = VergabeR 2008, 219.
[14] Beck VergabeR/*Antweiler* Rn. 14 f.
[15] Vgl. BGH Urt. v. 27.11.2007 – X ZR 18/07, VergabeR 2008, 219 Rn. 21 ff.

III. Weiter reichender Schadensersatzanspruch aus § 181 S. 2

darin bestehen, dass sie eine über das negative Interesse hinausgehende Kompensation gewähren, namentlich das positive Interesse, also vor allem den **entgangenen Gewinn** (→ Rn. 78 ff.). Sie können aber auch in der Weise weiter reichend sein, als sie einen **noch größeren Adressatenkreis** als die Bieter mit einer echten Chance auf den Zuschlag einschließen. Das kann namentlich bei vergaberechtswidriger Aufhebung von Vergabeverfahren relevant werden (→ Rn. 60 ff.). Grundsätzlich eingeschlossen sind sogar Ansprüche von Unternehmen, die zwar am Auftrag interessiert, aber nicht am Vergabeverfahren beteiligt waren oder daran nicht beteiligt worden sind.[16] Entsprechende Ansprüche werden allerdings nur sehr selten und wenn, dann nur in einem schmalen Bereich darlegbar sein. Am ehesten vorstellbar sind insoweit Ansprüche auf Ersatz von **Kosten im Zusammenhang mit einem Teilnahmewettbewerb** (§ 3 Nr. 2, 3 VOB/A) bei anschließender vergaberechtswidriger Nichtberücksichtigung im Vergabeverfahren.

1. Der Haftungsgrund. Der Haftungsgrund besteht typischerweise in der **Verletzung vorvertraglicher Rücksichtnahmepflichten** (→ Rn. 23 ff.). In der Praxis dominieren Schadensersatzansprüche, die von den Bewerbern und Bietern gegen den Auftraggeber geltend gemacht werden und auf die Verletzung solcher Rücksichtnahmepflichten durch ihn gestützt sind (§ 241 Abs. 2 BGB, § 311 Abs. 2 Nr. 1 BGB). Grundsätzlich **trifft die Rücksichtnahmepflicht aber beide Seiten**, sodass hieraus auch Ansprüche von öffentlichen Auftraggebern gegen Bieter abgeleitet werden können. Diese sind im GWB teilweise sogar speziell geregelt (§ 180). Entsprechende Verstöße kommen aber in der Praxis so gut wie nie zum Tragen. Die Anknüpfung an die Verletzung vorvertraglicher Rücksichtnahmepflichten ist in der neueren Rechtsprechung des BGH an die Stelle der Anknüpfung an enttäuschtes Vertrauen in die Einhaltung der Bestimmungen über das Vergabeverfahren durch den Auftraggeber für einen Schadensersatzanspruch aus cic getreten.[17]

a) Herkömmliche Anknüpfung: Enttäuschtes Vertrauen der Bieter. Die Ersatzpflicht wegen Vergaberechtsverstößen wurde ursprünglich aus der gewohnheitsrechtlich anerkannten Rechtsfigur der cic hergeleitet und knüpfte für die Haftung des öffentlichen Auftraggebers an gewährtes und in Anspruch genommenes Vertrauen an. Die Ersatzpflicht des öffentlichen Auftraggebers hatte einen Grund in der Verletzung des Vertrauens der Bieter oder Bewerber darauf, dass das Vergabeverfahren nach den einschlägigen Vorschriften des Vergaberechts abgewickelt wird. Voraussetzung für einen Anspruch aus cic war dabei, dass der Bieter sein Angebot tatsächlich im Vertrauen darauf abgegeben hat, dass die Vorschriften des Vergaberechts eingehalten werden.[18]

b) Nunmehrige Anknüpfung: Verletzung vorvertraglicher Rücksichtnahmepflichten. Seit der Leitentscheidung „Rettungsdienstleistungen II"[19] ist der aus Vergabeverstößen hergeleitete Schadensersatzanspruch aus § 280 Abs. 1 BGB iVm § 241 Abs. 2 BGB und § 311 Abs. 2 Nr. 1 BGB an die **Verletzung einer aus dem Schuldverhältnis herrührenden Rücksichtnahmepflicht** der Beteiligten (§ 241 Abs. 2 BGB) geknüpft und dabei nicht mehr zusätzlich davon abhängig gemacht, dass der Bieter auf die Einhaltung der Bestimmungen über das Vergabeverfahren durch den Auftraggeber vertraut hat. Diese **Verlagerung des haftungsbegründenden Moments** hat folgenden Hintergrund: Mit der in § 241 Abs. 2 BGB kodifizierten Pflicht zur Rücksichtnahme auf die Rechte, Rechtsgüter und Interessen des jeweils anderen Teils wollte der Gesetzgeber des Schuldrechtsmodernisierungsgesetzes die in der modernen Schuldrechtslehre neben den eigentlichen Leistungspflichten anerkannten Schutzpflichten zur Bewahrung der gegenwärtigen Güterlage der Beteiligten eines Schuldverhältnisses zum Gegenstand einer gesetzlichen Regelung machen. Die Verwendung des Begriffs der Rücksichtnahmepflichten verdeutlicht, dass die gemeinten Schutzpflichten nicht dem entsprechen, was schon nach Deliktsrecht geboten ist. Die in § 241 Abs. 2 BGB kodifizierten Schutzpflichten sollen vielmehr in ihrer Intensität über die allgemeinen deliktischen Verhaltenspflichten hinausgehen und ihre Verletzung soll Ansprüche nach dem Recht der Sonderverbindung erzeugen.[20] In Ergänzung zu § 241 Abs. 2 BGB wollte der Gesetzgeber des Schuldrechtsmodernisierungsgesetzes das Institut der cic gerade auch für die Phase der Vertragsanbahnung in eine abstrakte Regelung kleiden. Das ist in § 311 Abs. 2 und 3 BGB geschehen. Die Ausdifferenzierung sollte der Rechtsprechung vorbehalten bleiben. Die Regelung in **§ 311 Abs. 2 Nr. 1 BGB betrifft das Vergaberecht in besonderem Maße,** weil Vergabeverfahren der Sache nach Vertragsverhandlungen sind, deren Inhalte und Abläufe detailliert und deutlich formal-protokollarisch durch die

---

[16] Vgl. *Gnittke/Hattig* in Müller-Wrede GWB Rn. 80.
[17] BGH Urt. v. 9.6.2011 – X ZR 143/10, BGHZ 190, 89 = NZBau 2011, 498 – Rettungsdienstleistungen II.
[18] BGH Urt. v. 8.9.1998 – X ZR 99/96, BGHZ 139, 280 (283) = NJW 1998, 3640; BGH Urt. v. 26.10.1999 – X ZR 30/98, NJW 2000, 661; BGH Urt. v. 1.8.2006 – X ZR 146/03, NZBau 2007, 58 = VergabeR 2007, 93; BGH Urt. v. 18.9.2007 – X ZR 89/04, NZBau 2008, 137.
[19] BGH Urt. v. 9.6.2011 – X ZR 143/10, BGHZ 190, 89 = NZBau 2011, 498 – Rettungsdienstleistungen II.
[20] Vgl. BT-Drs. 14/6040, 125 f.

Regelungen in VOB/A und VgV vorgegeben sind.[21] An die Einhaltung dieser Regelungen knüpft die Haftung an; die zusätzliche Inanspruchnahme von gewährtem Vertrauen als haftungsbegründendes Moment ist nicht länger erforderlich (→ Rn. 25 f.).

24   **aa) Aufgabe des Vertrauenserfordernisses nur für das Vergaberecht.** Die Abkoppelung des Schadensersatzanspruchs wegen Verletzung einer vorvertraglichen Rücksichtnahmepflicht von dem Element des Vertrauens auf die Einhaltung der Bestimmungen über das Vergabeverfahren stellt **keinen generellen Paradigmenwechsel für alle Arten vorvertraglicher Schuldverhältnisse dar** und könnte es auch nicht sein. Für die Haftung aus cic war allgemein konstitutiv, dass ein Beteiligter durch sein Verhalten ein bestimmtes Vertrauen erweckt und die andere Seite gerade dieses Vertrauen in Anspruch genommen hat.[22] Soweit es den Vertragsschluss betrifft, beruht dies darauf, dass im privaten Rechtsverkehr die Entschließung, doch nicht mit einem bestimmten Verhandlungspartner kontrahieren zu wollen, grundsätzlich von der Vertragsfreiheit gedeckt ist und der potenzielle Vertragspartner es dementsprechend im Allgemeinen hinnehmen muss, wenn sich seine Hoffnungen auf den Vertragsschluss am Ende doch zerschlagen. Die Erstattungsfähigkeit von Aufwendungen, die er im Zusammenhang mit den Vertragsverhandlungen getätigt hat oder von sonstigen Vermögensabflüssen, die sich dadurch ergeben haben, **setzte deshalb ein zusätzliches haftungsbegründendes Moment voraus.** Dieses lag im Rahmen der cic grundsätzlich durchaus darin begründet, dass der eine Teil durch sein Verhalten im anderen Teil einen Vertrauenstatbestand dahin gesetzt hat, dass er sich in bestimmter Weise verhalten wird und der andere dieses Vertrauenssignal in Anspruch genommen hat. Das gilt im Allgemeinen weiterhin. **Die Loslösung von diesem Grundmuster der Haftung aus cic** wegen Gewährung und Inanspruchnahme von Vertrauen gerade und nur für das Gebiet der Vergabe öffentlicher Aufträge[23] **ist durch Besonderheiten gerechtfertigt,** die den Weg zum Vertragsschluss bei öffentlichen Aufträgen von anderen Gebieten unterscheiden.

25   **bb) Detaillierte Vorgaben für die Verhandlungsführung anstelle Vertrauenstatbestands.** Die Vertragsfreiheit des öffentlichen Auftraggebers im Vergabeverfahren ist im Vergleich zu derjenigen des typischen privatrechtlich handelnden Vertragspartners durch erhebliche Einschränkungen gekennzeichnet: Die Vertragsverhandlungen bestehen hier in der Auswahl des wirtschaftlichsten Angebots (§ 127 Abs. 1) in einem fast **nach Art eines Protokolls** durch das GWB, die VgV und die VOB/A detailliert vorgegebenen und dabei je nach Verfahrensart mehr oder minder stark formalisierten Verfahren. Namentlich die für die Bieter besonders wichtige Beurteilung der Eignung und vor allem die Angebotswertung, ist Gegenstand eingehender Regelungen. Da der öffentliche Auftraggeber verpflichtet ist, diese Bestimmungen einzuhalten (§ 97 Abs. 6) bzw. – bei Verfahren unterhalb der Schwellenwerte – Entsprechendes zumindest konkludent zugesagt hat, wäre es geradezu überobligatorisch, die Haftung für diesbezügliche Pflichtverletzungen zusätzlich von der Inanspruchnahme gewährten Vertrauens abhängig zu machen. **Die Verpflichtung, die außerhalb des Vergaberechts durch Gewährung und Inanspruchnahme von Vertrauen erst begründet wird, besteht hier bereits.**

26   Auf dem Gebiet des Vergaberechts kann es zudem zu unbilligen Ergebnissen führen, wenn der Schadensersatzanspruch des Bieters schematisch von der (zusätzlichen) Inanspruchnahme von Vertrauen in die Einhaltung der Vergabebestimmungen durch den Auftraggeber abhängig gemacht wird. Dies lässt sich exemplarisch anhand eines Falles aufzeigen,[24] in welchem die in einem Leistungskatalog ausgeschriebenen Dienstleistungen einem Teilnehmer unspezifiziert und nicht hinreichend von einem Gesamtkonzept getragen erschienen.[25] Nachdem der Auftraggeber die entsprechende Rüge zurückgewiesen hatte, entschied der Teilnehmer sich für eine Doppelstrategie. Er reichte einerseits ein Angebot ein und beantragte andererseits Vergabenachprüfung. Nachdem sich im Beschwerdeverfahren abzeichnete, dass seine Beanstandungen berechtigt waren, hob der Auftraggeber das Vergabeverfahren auf. Daraufhin verlangte der Teilnehmer als Schadensersatz die Erstattung der Kosten für die Vorbereitung des Angebots und Teilnahme am Vergabeverfahren. Der auf cic gestützte Schadensersatzanspruch blieb erfolglos, weil der Kläger nach dem unstreitigen Sachverhalt nicht auf die Einhaltung der Vergabebestimmungen durch den Auftraggeber vertraut haben konnte,

---

[21] BGH Urt. v. 9.6.2011 – X ZR 143/10, BGHZ 190, 89 Rn. 11 = NZBau 2011, 498 – Rettungsdienstleistungen II.
[22] Vgl. *Ballerstedt* AcP 151 (1950/51), 501 (507).
[23] BGH Urt. v. 9.6.2011 – X ZR 143/10, BGHZ 190, 89 = NZBau 2011, 498 – Rettungsdienstleistungen II Rn. 15.
[24] BGH Urt. v. 1.8.2006 – X ZR 146/03, NZBau 2007, 58.
[25] Zum Sachverhalt anschaulich: LG Berlin Urt. v. 5.6.2002 – 23 O 209/01; Berufungsurteil: KG Urt. v. 14.8.2003 – 27 U 264/02, NZBau 2004, 167 (169); paralleles vergaberechtliches Nachprüfungsverfahren: OLG Düsseldorf Beschl. v. 14.2.2001 – Verg 14/00, IBRRS 2013, 2340 = WuW/E Verg 459.

nachdem er sie als vergaberechtswidrig beanstandet hatte.[26] Das ist zwar dogmatisch in sich konsistent, weckt aber **durchgreifende Zweifel an der Sachgerechtigkeit des Ansatzes**. Der Bieter, der die Vergaberechtskonformität der Vergabeunterlagen anzweifelt, steht vor dem Dilemma, sich entweder gar nicht erst am Vergabeverfahren zu beteiligen oder, wenn er dies tut und die Aussicht auf Erstattung der Angebotskosten nicht von vornherein aus der Hand geben will, die Vergaberechtswidrigkeit nicht geltend zu machen. Ersteres wäre im Interesse des Vergabewettbewerbs nicht erwünscht, und Letzteres aus Rechts- und Redlichkeitsgründen nicht zu empfehlen. Wird demgegenüber darauf abgestellt, dass vorvertragliche Rücksichtnahmepflichten es dem öffentlichen Auftraggeber gebieten, etwa den Gegenstand der nachgefragten Leistung so zu gestalten, dass für die Bieter klar ist, was sie anbieten sollen,[27] kommt es auf zusätzliches Vertrauen des Bieters grundsätzlich nicht an. Dies bedeutet im Gegenzug keine einseitige Verlagerung sämtlicher Risiken auf die Auftraggeberseite. Zum einen bestehen Rücksichtnahmepflichten nur in dem Umfang, in dem der Auftraggeber ein bestimmtes Verhalten aus der maßgeblichen Sicht der Bewerber oder Bieter zumindest konkludent zugesagt hat.[28] Zum anderen treffen naturgemäß auch die Bieter Rücksichtnahmepflichten gegenüber den öffentlichen Auftraggebern (→ Rn. 21). Ein angemessener Ausgleich kann in geeigneten Fällen zudem über § 254 BGB gesucht werden.[29]

2. Die Verletzungshandlung. Die Verletzungshandlung besteht typischerweise in Tun, das nach den bestehenden Rücksichtnahmepflichten zu unterlassen gewesen wäre oder in Untätigbleiben, wenn Handeln aus Rücksicht auf die Rechte, Rechtsgüter oder Interessen des anderen Teils geboten gewesen wäre.[30] Es gelten im Ausgangspunkt die allgemeinen Grundsätze. In tatsächlicher Hinsicht handeln für den öffentlichen Auftraggeber regelmäßig Mitarbeiter oder auch hinzugezogene Außenstehende. Für das Verhalten von Personen, die der Beteiligte im Vergabeverfahren für sich handeln lässt, derer er sich also zur Erfüllung seiner Pflichten bedient, wird nach § 278 BGB gehaftet.[31] Die Regelung in § 831 S. 2 BGB ist nicht einschlägig, weil es nicht um Schäden aus unerlaubten Handlungen geht, sondern aus der Verletzung (vor-)vertraglicher Pflichten.[32]

3. Die haftungsbegründenden Pflichtverletzungen. Das Schuldverhältnis, auf das sich die Pflicht zur Rücksichtnahme aus § 241 Abs. 2 BGB auf dem Gebiet des Vergaberechts bezieht, besteht in der Aufnahme von Vertragsverhandlungen (§ 311 Abs. 2 Nr. 1 BGB). Um solche Vertragsverhandlungen handelt es sich bei der Durchführung eines Verfahrens zur Vergabe öffentlicher Aufträge, wobei der Ablauf je nach Verfahrensart mehr oder minder stark formalisiert ist.[33] Das Vergaberecht ist dabei durch die Besonderheit gekennzeichnet, dass der Ablauf der Vertragsverhandlungen wie **nach Art eines Protokolls geregelt** ist (→ Rn. 25). An die daraus resultierenden Verhaltenspflichten knüpfen die Rücksichtnahmepflichten aus § 241 Abs. 2 BGB an.

a) Verstöße gegen Bestimmungen über das Vergabeverfahren. aa) Oberhalb der Schwellenwerte. In Vergabeverfahren, in denen der nach Maßgabe von § 106 Abs. 2 geltende Schwellenwert erreicht ist, ergeben sich die vorvertraglichen Verhaltenspflichten im Wesentlichen aus den bieterschützenden Bestimmungen von Teil 4 des GWB, aus den in der VergRModVO vom 12.4.2016[34] zusammengefassten Vergabeverordnungen (VgV, SektVO, KonzVgV, VSVgV) sowie der VOB/A. In diesem Bereich haben die Unternehmen im Primärrechtsschutz ausdrücklich Anspruch darauf, dass die Bestimmungen über das Vergabeverfahren eingehalten werden (§ 97 Abs. 6). Der Sekundärrechtsschutz korrespondiert damit: Ist gegen Bestimmungen mit bieterschützendem Charakter verstoßen worden, liegt grundsätzlich **auch eine Schadensersatzpflichten auslösende Rücksichtnahmepflichtverletzung vor**.[35] Ausgeschlossen sind insoweit nur Bestimmungen mit reiner Ordnungsfunktion oder mit ausschließlich haushalts- oder gesamtwirtschaftsbezogenen Zielsetzungen.[36] Der Normcharakter ist notfalls durch Auslegung zu ermitteln.

---

[26] BGH Urt. v. 1.8.2006 – X ZR 146/03, NZBau 2007, 58 Rn. 14 ff.
[27] Vgl. BGH Urt. v. 9.6.2011 – X ZR 143/10, BGHZ 190, 89 Rn. 12 = NZBau 2011, 498 – Rettungsdienstleistungen II zur Pflicht, Wertungskriterien vorzusehen, die eine korrekte Wertung erlauben.
[28] Zutr. Willenbruch/Wieddekind/*Scharen* Rn. 43 ff.
[29] So auch Willenbruch/Wieddekind/*Scharen* Rn. 52.
[30] Zu den Verletzungshandlungen eingehend Willenbruch/Wieddekind/*Scharen* Rn. 49; Beck VergabeR/*Antweiler* Rn. 35 ff.
[31] BGH Urt. v. 8.9.1998 – X ZR 99/96, BGHZ 139, 280 = NJW 1998, 3640; eingehend Willenbruch/Wieddekind/*Scharen* Rn. 49.
[32] Vgl. Willenbruch/Wieddekind/*Scharen* Rn. 49.
[33] BGH Urt. v. 9.6.2011 – X ZR 143/10, BGHZ 190, 89 Rn. 11 = NZBau 2011, 498 – Rettungsdienstleistungen II.
[34] BGBl. 2016 I 624.
[35] Zutreffend Willenbruch/Wieddekind/*Scharen* Rn. 40.
[36] Zutreffend Willenbruch/Wieddekind/*Scharen* Rn. 40 aE.

30 **bb) Exkurs: Verstöße unterhalb der Schwellenwerte.** Der Bereich unterhalb der Schwellenwerte fällt naturgemäß nicht in den Regelungsbereich von § 181 S. 2, darauf ist hier im Interesse der Vollständigkeit aber einzugehen: In Vergabeverfahren mit einem die Schwellenwerte gem. § 106 Abs. 2 nicht erreichenden Auftragswert fehlt zwar eine regelrechte Anspruchsgrundlage wie § 97 Abs. 6 und die Regelungsdichte ist herabgesetzt. Gleichwohl ist die **Rechtslage in Bezug auf Schadensersatzansprüche** für die Bieter prinzipiell nicht anders. Gerade weil vor Inkrafttreten von Teil 4 des GWB vergaberechtlicher Primärrechtsschutz nur in äußerst rudimentärer Form existierte,[37] kam dem Sekundärrechtsschutz in der öffentlichen Auftragsvergabe von jeher gesteigerte Bedeutung zu. Der Justizgewährungsanspruch der betroffenen Kreise auf diesem Gebiet war zumindest weitenteils hierauf beschränkt.[38] Er wirkt auch der Rechtsprechung des BVerfG allerdings auf die Auslegung und Anwendung der privatrechtlichen und zivilprozessualen Normen ein, auf die sich ein erfolgloser Bieter stützen kann, um Rechtsschutz gegen eine rechtswidrige Übergehung bei der Auftragsvergabe zu erlangen. Die tatbestandlichen Voraussetzungen und Rechtsfolgen der Normen, aus denen sich ein Schadensersatzanspruch des erfolglosen Bieters ergeben kann, müssen in einer Weise bestimmt werden, die seinem auf die Beachtung von Art. 3 Abs. 1 GG gerichteten Rechtsschutzinteresse hinreichend Rechnung trägt.[39] In der Praxis lässt sich beobachten, dass die Etablierung des effektiven vergaberechtlichen Primärrechtsschutzes für unionsweite Vergabeverfahren auf den Bereich unterhalb der Schwellenwerte ausstrahlt. Gegen die Gewährung einstweiligen Rechtsschutzes hier bestehen in der ordentlichen Gerichtsbarkeit schon lange nicht mehr die dogmatischen Vorbehalte der Anfangsjahre des vergaberechtlichen Primärrechtsschutzes nach Teil 4 des GWB.[40] Entsprechend verhält es sich beim Sekundärrechtsschutz.

31 Die Regelungen der VOB/A sind nach wie vor **keine Schutzgesetze** iSv § 823 Abs. 1 BGB; daran scheitert die Haftung öffentlicher Auftraggeber aber grundsätzlich nicht. Es ist seit langem gefestigte Rechtsprechung des BGH, dass die Vergabe- und Vertragsordnungen, wenn sie zur Grundlage einer Ausschreibung gemacht wurden,[41] mittelbar Rechtswirkungen begründen, etwa Ansprüche aus Verschulden bei Vertragsschluss, Ansprüche auf Gleichbehandlung im Rahmen der Grundsätze über die Selbstbindung der Verwaltung oder Konkretisierung der Grundsätze von Treu und Glauben, und dass es gegen § 242 BGB verstößt, allgemein und öffentlich für sein Ausschreibungsverfahren die Grundsätze einzelner Bestimmungen der Vergabe- und Vertragsordnungen zu formulieren, tatsächlich aber anders zu verfahren.[42] Auch **Private** sind gebunden, wenn sie ein Vergabeverfahren ankündigungsgemäß nach einer Vergabe- und Vertragsordnung durchführen.[43] Im Übrigen ist allerdings *Scharen* darin beizupflichten, dass **interne Vorgaben** mit Bezug zum Vergabeverfahren, wie Vergabehandbücher, Erlasse oÄ jedenfalls nicht ohne Weiteres Rücksichtnahmepflichten begründen.[44] Hier ist ein erfolgversprechender Angriff am ehesten vorstellbar, wenn eine **Verletzung des Gleichbehandlungsgrundsatzes** damit begründet werden kann, dass der Auftraggeber von einer ansonsten internen Handlungsanweisungen vorgegebenen oder sonst gepflegten Beurteilung oder Sachbehandlung abgewichen ist. Ein solcher Angriff dürfte im Allgemeinen aber mangels Kenntnis der üblichen Handhabung gemäß internen Vorgaben, also aus Beweisgründen, schwierig zu führen sein.

32 **cc) Verletzung der Rücksichtnahmepflicht als Wertungsergebnis.** Ob und inwieweit die Verletzung vergaberechtlicher Bestimmungen zugleich einen Verstoß gegen die Pflicht zur Rücksichtnahme darstellt, ist eine Frage der jeweiligen Umstände des **Einzelfalls**.[45] Kritisch sind generell Verstöße zu bewerten, die zur **Aufhebungen des Vergabeverfahrens** zwingen. Dabei geht es zumeist darum, ob ein anderer schwerwiegender Grund vorlag, der zur Aufhebung berechtigte (§ 63 Abs. 1 Nr. 4 VgV, § 17 Abs. 1 Nr. 3 VOB/A). Durch die Aufhebung wird der je nach Auftragsgegenstand unter Umständen ganz beträchtliche Ausschreibungsaufwand aller Bieter zunichte gemacht. Sie haben in den Grenzen der von den Vergabeverordnungen anerkannten Tatbestände aber **ein von § 241 Abs. 2 BGB geschütztes Interesse** daran, dass der öffentliche Auftraggeber das Verfahren

---

[37] Vgl. hierzu *Pietzcker,* Die Zweiteilung des Vergaberechts, 2001.
[38] Zur Verfassungskonformität dieses Rechtszustands BVerfG Beschl. v. 13.6.2006 – 1 BvR 1160/03, NZBau 2006, 791 insbes. Rn. 64 ff.
[39] BVerfG Beschl. v. 13.6.2006 – 1 BvR 1160/03, BVerfGE 116, 135 Rn. 82 = NZBau 2006, 791.
[40] Beispiel für die damals vorherrschende restriktive Rechtsprechung: OLG Stuttgart Urt. v. 11.4.2002 – 2 U 240/01, NZBau 2002, 395 – Weinbergmauer.
[41] An dieses Kriterium anknüpfend auch Willenbruch/Wieddekind/*Scharen* Rn. 44 mwN in Fn. 230.
[42] Vgl. BGH Urt. v. 21.11.1991 – VII ZR 203/90, BGHZ 116, 149 = NJW 1992, 827.
[43] BGH Urt. v. 21.2.2006 – X ZR 39/03, VergabeR 2006, 889; BGH Urt. v. 15.4.2008 – X ZR 129/06, NZBau 2008, 505 Rn. 7 – Sporthallenbau; Willenbruch/Wieddekind/*Scharen* Rn. 44.
[44] Willenbruch/Wieddekind/*Scharen* Rn. 45.
[45] Ebenso Willenbruch/Wieddekind/*Scharen* Rn. 38.

so anlegt und durchführt, dass der genannte Aufwand wenigstens dem Wettbewerbszweck entsprechend zum Einsatz kommt.[46]

Dementsprechend hat der BGH bereits entschieden, dass der öffentliche Auftraggeber darauf 33 Bedacht nehmen muss, die Zuschlagskriterien nicht so aufzustellen, dass eine ordnungsgemäße Wertung der Angebote unmöglich und eine Aufhebung des Vergabeverfahrens deshalb bei Beanstandung unausweichlich ist.[47] Der öffentliche Auftraggeber ist auch **verpflichtet, in der Leistungsbeschreibung die geforderte Leistung eindeutig und erschöpfend zu beschreiben**, sodass alle Bewerber die Beschreibung in gleichem Sinne verstehen können.[48] Sind die Vergabeunterlagen hinsichtlich des Leistungsgegenstands so formuliert, dass aus der maßgeblichen Sicht der potenziellen Bieter[49] unterschiedliche Ausführungsarten vertragsgemäß erscheinen, obwohl für die Vergabestelle nur eine davon infrage kommt und hebt sie das Vergabeverfahren auf, um nicht den Zuschlag auf eine nachteilige Ausführungsmodalität erteilen zu müssen, ist ein zur Aufhebung berechtigender Grund für die Aufhebung unter Berücksichtigung der beteiligten Interessen nicht anzuerkennen (→ Rn. 89).[50]

Macht der Auftraggeber als anderen schwerwiegenden Grund die **fehlende Finanzierbarkeit** 34 geltend, ist die Aufhebung nur gerechtfertigt, wenn zum einen der Kostenrahmen im Ausgangspunkt bei Konzipierung der Vergabeunterlagen aufgrund der vorliegenden Daten vertretbar geschätzt wurde. Lässt der Auftraggeber die Kosten durch einen Dritten (Architekten) ermitteln, haftet er für dessen fehlerhafte Bedarfsermittlung nach § 278 BGB[51] und in solchen Fällen wird regelmäßig auch eine Verletzung der Pflicht zur Rücksichtnahme zu bejahen sein. Ein zur Aufhebung berechtigender schwerwiegender Grund besteht zum anderen nur dann, wenn die Angebote deutlich über den vertretbar geschätzten Kosten liegen.[52]

b) Sonderfall: Verletzung schuldrechtlicher Hinweispflichten. Unter besonderen Umständen kommen auch allgemeine schuldrechtliche Hinweispflichten als **Gegenstand von Rücksichtnahmepflichten** in Betracht. In einem vom BGH zu entscheidenden Fall hatte die beklagte Stadt Architektenleistungen (Gebäude- und Tragwerksplanung) für einen Krankenhausneubau im Verhandlungsverfahren nach Teilnahmewettbewerb nach VOF ausgeschrieben. Die spätere Klägerin im Schadensersatzprozess und einige andere Anbieter wurden aus einem größeren Interessentenkreis zur Abgabe von Angeboten ausgewählt. Die Beklagte entschloss sich dann aber, unter den ausgewählten Teilnehmern einen an sich nicht vorgesehenen Wettbewerb (Gutachtenverfahren) zur Erlangung von Vorentwürfen zu veranstalten; der Sache nach gab sie also das ursprüngliche Verhandlungsverfahren zugunsten dieses Wettbewerbs auf. Während der ganzen Zeit, in der die Wettbewerbsteilnehmer ihren Wettbewerbsbeitrag ausarbeiteten, verschwieg die Beklagte ihnen, dass ein bei der ursprünglichen Teilnehmerauswahl für das Verhandlungsverfahren übergangener Bewerber die Auswahlkriterien gerügt hatte und sie diese Rüge zurückgewiesen hatte. Im anschließenden Nachprüfungsverfahren wurde der Planungswettbewerb aufgehoben und der Beklagten aufgegeben, die Teilnahmeanträge im ursprünglichen Verhandlungsverfahren neu zu bewerten. Dabei wurde die spätere Klägerin im Schadensersatzprozess nicht mehr zur Teilnahme aufgefordert. Mit ihrer daraufhin erhobenen Klage verlangte sie für die im Wettbewerb erbrachten Planungsleistungen nach HOAI ermitteltes Honorar.

Der **Anspruchsgrund ist atypisch**, weil ihm nicht die Verletzung von Vergabebestimmungen, 36 sondern von schuldrechtlichen Hinweispflichten zugrunde liegt. Der BGH hat entschieden, dass die Wettbewerbsteilnehmer auf für sie nicht erkennbare Umstände hätten hingewiesen werden müssen, die die Erteilung des Zuschlags infrage stellen konnten. Dazu hätte gehört, über die Rüge des dort übergangenen Bewerbers informiert zu werden. Als Folge des Unterbleibens stand den Betroffenen ein Anspruch auf Ersatz derjenigen Aufwendungen zu, die sie in Kenntnis des Sachverhalts nicht getätigt hätten.[53] Das betraf in jenem Fall immerhin Kosten für die Teilnahme am Wettbewerb, die die dortige Klägerin nach HOAI berechnet hatte.[54] Das OLG Dresden ging nach Zurückverweisung

---

[46] BGH Urt. v. 9.6.2011 – X ZR 143/10, BGHZ 190, 89 Rn. 12 = NZBau 2011, 498 – Rettungsdienstleistungen II.
[47] BGH Urt. v. 9.6.2011 – X ZR 143/10, BGHZ 190, 89 Rn. 12 = NZBau 2011, 498 – Rettungsdienstleistungen II.
[48] BGH Urt. v. 22.12.2011 – VII ZR 67/11, BGHZ 192, 172 Rn. 15 = NJW 2012, 518.
[49] BGH Urt. v. 3.4.2012 – X ZR 130/10, NZBau 2012, 513 Rn. 10 – Straßenausbau.
[50] BGH Urt. v. 12.6.2001 – X ZR 150/99, NZBau 2001, 637; BGH Beschl. v. 20.3.2014 – X ZB 18/13, NZBau 2014, 310 Rn. 25 – Fahrbahnerneuerung I.
[51] BGH Urt. v. 8.9.1998 – X ZR 99/96, BGHZ 139, 280 = NJW 1998, 3640.
[52] BGH Urt. v. 20.11.2012 – X ZR 108/10, NZBau 2013, 180 Rn. 21 – Friedhofserweiterung; vgl. dazu auch OLG München Urt. v. 21.12.2013 – 1 U 498/13, BeckRS 2014, 18506.
[53] BGH Urt. v. 27.6.2007 – X ZR 34/04, BGHZ 173, 33 = NJW 2008, 366.
[54] Vgl. zu den Honoraransprüchen von Architekten nach den jeweiligen Vergabeunterlagen BGH Urt. v. 19.4.2016 – X ZR 77/14, NZBau 2016, 368 – Westtangente Rüsselsheim.

der Sache davon aus, dass ein Bieter, wäre er über die Rüge informiert worden, rational („aufklärungsgerecht") darauf reagiert und mit an Sicherheit grenzender Wahrscheinlichkeit zutreffend angenommen hätte, dass das Vergabeverfahren nicht wie geplant würde durchgeführt werden können und dass weitere Planungsaufwendungen sich dementsprechend nicht amortisieren würden. Der Klageanspruch wurde dem Grunde nach für gerechtfertigt erklärt.[55]

37 Die tragenden Erwägungen der BGH-Entscheidung im vorstehend erörterten Fall (→ Rn. 35) dürfen allerdings nicht unbesehen von den besonderen Umständen dieses Falls gelöst und vorschnell verallgemeinert werden. Das Verschweigen etwaiger Rügen von Teilnehmern in einem konventionellen Vergabeverfahren wird häufig schon deshalb nicht kausal für Schäden sein, weil die wesentlichen Aufwendungen vor Eingang der Rüge beim Auftraggeber getätigt wurden, wie typischerweise bei einer Rüge der beabsichtigten Zuschlagsentscheidung nach § 134. Im Übrigen dürfen die **Hinweispflichten der Auftraggeberseite unter Zumutbarkeitsgesichtspunkten nicht überspannt werden.** Die Verletzung solcher Pflichten ist als Haftungsgrund dem Grunde nach allenfalls in Fällen vorstellbar, in denen der Auftraggeber die Rüge ganz gravierender Vergaberechtsverstöße ignoriert hat. In solchen Fällen wird jedoch stets – gleichsam komplementär – zu prüfen sein, ob sich ein Teilnehmer des Vergabeverfahrens, der im Nachhinein einen Schadensersatzanspruch daraus herleiten will, dass er nicht über die Rüge eines gravierenden Vergabeverstoßes informiert wurde, jedenfalls Mitverschulden (→ Rn. 53) entgegenhalten lassen muss.

38 **4. Keine Präklusion mit dem Schadensersatzanspruch durch Rügeverzicht.** In der vergaberechtlichen Literatur ist vereinzelt der Gedanke der sog. **materiellen Präklusion mit dem Schadensersatzanspruch** ins Spiel gebracht worden. Danach soll dem Kläger im Schadensersatzprozess, der zuvor im Vergabeverfahren bei erkannten oder aus der Bekanntmachung erkennbaren Verstößen gegen Vergabebestimmungen, seiner Rügeobliegenheit aus § 160 Abs. 3 nicht nachgekommen ist, genauso die Möglichkeit abgeschnitten sein, Schadensersatz zu verlangen, wie er mit der Einreichung eines Nachprüfungsantrags präkludiert ist.[56] Dem hat der BGH zu Recht eine **Absage erteilt.**[57] Der BGH hat darauf abgestellt, dass eine § 839 Abs. 3 BGB entsprechende Regelung im Recht der öffentlichen Auftragsvergabe nach Teil 4 des GWB nicht vorgesehen ist. Eine analoge Anwendung dieser spezifisch deliktsrechtlichen Regelung sei nicht angezeigt; die Tätigkeit der Vergabestellen im Zusammenhang mit öffentlicher Beschaffung sei einer Amtsführung nicht vergleichbar.[58]

39 Der Rechtsprechung des BGH ist zuzustimmen. Zwar kann eine Rüge nach § 160 Abs. 3 durchaus als Rechtsmittel iSv § 839 Abs. 3 BGB aufgefasst werden.[59] Für die im Regelfall in Bahnen des Privatrechts erfolgende öffentliche Auftragsvergabe sieht das Gesetz aber **keine § 839 Abs. 3 BGB entsprechende Bestimmung** vor. Die Präklusion mit nicht gerügten Vergaberechtsverstößen hat der Gesetzgeber des VgRÄG mit Blick auf das vergaberechtliche Beschleunigungsprinzip (→ Vor § 171 Rn. 2 f.) speziell für den Primärrechtsschutz konzipiert. Damit sollte prozessualem Taktieren der Bieter ein Riegel vorgeschoben werden, einen Vergaberechtsverstoß in der Hoffnung auf die Zuschlagserteilung an sich selbst zunächst hinzunehmen und ihn erst zu beanstanden, wenn sich diese Erwartung zu zerschlagen droht.[60] Für eine Übertragung auf den Schadensersatzprozess besteht kein Raum und auch kein Bedarf; hier gestattet § 254 BGB interessengerechte Abwägungen, ob und ggf. inwieweit nach den gesamten Umständen im Einzelfall eine Kürzung des Schadensersatzanspruchs unter dem Aspekt des Mitverschuldens angezeigt sein könnte (→ Rn. 52 f.).

40 Hat der spätere Schadensersatzkläger einen Vergaberechtsverstoß gerügt und der Auftraggeber diese Rüge zurückgewiesen, kann Letzterer sich im Schadensersatzprozess nach Treu und Glauben ohnehin **nicht darauf berufen, der Bieter hätte den Schaden mit verschuldet.** Es besteht aus keinem in Betracht kommenden Rechtsgrund die Verpflichtung, den uneinsichtigen Auftraggeber zur Schadensminderung im Wege eines Nachprüfungsverfahrens oder, unterhalb der Schwellenwerte, ggf. in einem Verfahren der einstweiligen Verfügung zur Beachtung der einschlägigen vergaberechtlichen Bestimmungen zu zwingen.[61]

41 **5. Verschulden. a) Allgemeine Grundsätze.** In Vergabeverfahren unterhalb der nach Maßgabe von § 106 geltenden Schwellenwerte, also im nationalen Kontext, leitet sich der Schadensersatz-

---

[55] OLG Dresden Urt. v. 10.1.2008 – 20 U 1697/03, BeckRS 2008, 41856.
[56] Vgl. Beck VergabeR/*Antweiler* Rn. 16, 22 mwN; *Kühnen* NZBau 2004, 427 (428).
[57] BGH Urt. v. 18.6.2019 – X ZR 86/17, NZBau 2019, 661 – Straßenbauarbeiten; BGH Urt. v. 17.9.2019 – X ZR 124/18, NZBau 2020, 798 – Lärmschutzwände; ablehnend Beck VergabeR/*Antweiler* Rn. 16.
[58] BGH Urt. v. 18.6.2019 – X ZR 86/17, NZBau 2019, 661 Rn. 29 – Straßenbauarbeiten unter Hinweis auf Palandt/*Sprau*, 78. Aufl. 2019, BGB § 839 Rn. 146.
[59] Zum Begriff des Rechtsmittels vgl. BGH Beschl. v. 27.7.2017 – III ZR 440/16, NJW-RR 2017, 1105.
[60] RegE, BT-Drs. 13/9340, 17, zu § 117 Abs. 3.
[61] Vgl. zum Ganzen auch Willenbruch/Wieddekind/*Scharen* Rn. 25, 61.

III. Weiter reichender Schadensersatzanspruch aus § 181 S. 2   42–47 § 181 GWB

anspruch im Allgemeinen aus § 280 Abs. 1 BGB her. Danach haftet der Schuldner für die Pflichtverletzung, wenn er nicht darlegen und erforderlichenfalls beweisen kann, dass er sie nicht zu vertreten hat. Zu vertreten hat der Schuldner Vorsatz und Fahrlässigkeit, es sein denn, eine strengere oder mildere Haftung wäre bestimmt oder aus den Umständen ersichtlich (§ 276 Abs. 1 BGB). Bei der Anwendung dieser Grundsätze im Geltungsbereich von Teil 4 des GWB ist allerdings eine bestimmte Entscheidung des EuGH in Erwägung zu ziehen (→ Rn. 49).

b) Verschuldensmaßstab. Für das Verschulden der Bediensteten eines öffentlichen Auftraggebers geben die für Beamte **im Rahmen des § 839 BGB geltenden Grundsätze Orientierung.** Zwar handeln öffentliche Auftraggeber vergaberechtlich unbeschadet ihrer öffentlich-rechtlichen Bindungen nicht hoheitlich (→ Rn. 38 f.), sondern sie treten als Nachfrager am Markt auf und bewegen sich dabei regelmäßig auf dem Boden des Privatrechts.[62] Es ist aber kein Widerspruch, sich für den Verschuldensmaßstab an den für die Amtshaftung bestehenden Grundsätzen zu orientieren. 42

Für Beamte **gilt der objektivierte Sorgfaltsmaßstab** des § 276 BGB. Nach der Rechtsprechung des BGH dürfen beim Beamten die Kenntnisse und Einsichten vorausgesetzt werden, die für die Führung des übernommenen Amts erforderlich sind. Jeder Beamte muss sich die für sein Amt erforderlichen Rechts- und Verwaltungskenntnisse aneignen – was der öffentliche Auftraggeber zu ermöglichen hat.[63] Entsprechend müssen die öffentlichen Auftraggeber dafür Sorge tragen, dass ihre mit der Auftragsvergabe befassten Mitarbeiter in der Lage sind, ein Vergabeverfahren in der jeweils anzuwendenden Verfahrensart regelkonform abzuwickeln. 43

Für die Anforderungen an die Sorgfalt um Umsicht, mit der das Vergabeverfahren zu betreiben ist, ist es generell angemessen, ein **proportional zum Stellenwert der beteiligten Interessen ansteigendes Anforderungsprofil** zugrunde zu legen. Genauso wie bei einem auf höchster Ebene angesiedelten Verwaltungsverfahren – anders als bei „Alltagsgeschäften" sonstiger staatlicher Genehmigungsbehörden – eine besonders gründliche Prüfung verlangt wird,[64] ist vergaberechtlich eine umso eingehendere Prüfung zu verlangen, je mehr wirtschaftlich für die Beteiligten auf dem Spiel steht. Dementsprechend **steigen die Anforderungen an die Sorgfalt im Allgemeinen proportional zum Auftragsvolumen.** Je ausgabenintensiver die zu tätigende Beschaffung ist, desto sorgfältiger muss das Verfahren im Interesse aller Beteiligten betrieben werden. 44

Auch bezogen auf die einzelnen Abschnitte des Vergabeverfahrens können unterschiedlich ausgeprägte Sorgfaltsanforderungen gelten. Je **einschneidender die Entschließungen** in den einzelnen Abschnitten für die Beteiligten sein können, umso verantwortungsbewusster müssen sie vollzogen werden. Das betrifft vor allem die Prüfung der Eignung, die Voraussetzungen über den Ausschluss von Angeboten und insbesondere die Wertung der Angebote. 45

c) Verschulden bei Zuschlagserteilung im laufenden Nachprüfungsverfahren. Hat der öffentliche Auftraggeber vor Abschluss eines eingeleiteten Nachprüfungsverfahrens den Zuschlag erteilt, stellt sich die Frage nach einer **schuldhaften Schädigung,** wenn sich der Nachprüfungsantrag am Ende als erfolgreich erweist. Folgende Konstellationen kommen in Betracht, wobei in allen Fallgestaltungen zu unterstellen ist, dass die sofortige Beschwerde des Antragstellers am Ende Erfolg hat:[65] 46
– Der vor der Vergabekammer unterlegene Bieter legt zwar sofortige Beschwerde ein, stellt aber keinen Antrag nach § 173 Abs. 1 S. 3; der öffentliche Auftraggeber erteilt nach Ablauf der Frist nach § 173 Abs. 1 S. 2 den Zuschlag;
– dem Auftraggeber wird auf Antrag die Erteilung des Zuschlags nach § 169 Abs. 2 S. 1, S. 5 oder nach § 176 vorab gestattet und er macht davon auch Gebrauch;
– der Antrag des Antragstellers auf Verlängerung der aufschiebenden Wirkung wird nach § 173 Abs. 2 abgelehnt, woraufhin der Auftraggeber den Zuschlag erteilt.
In allen Varianten fragt sich vorab, ob die Grundsätze der sog. **Kollegialitätsrichtlinie** in Betracht kommen. Danach kann die Billigung des Verhaltens eines Beamten durch ein mit mehreren Rechtskundigen besetztes Kollegialgericht den Vorwurf des Verschuldens bei einer Amtspflichtverletzung ausschließen.[66] Im Fallbeispiel → Rn. 46, 1. Spiegelstrich sollte die Kollegialitätsrichtlinie schon deshalb prinzipiell nicht angewendet werden, weil die Vergabekammer von Gesetzes wegen nicht mit drei im erforderlichen Sinne Rechtskundigen besetzt ist und dies tatsächlich allenfalls ausnahms- 47

---

62 BVerwG Beschl. v. 2.5.2007 – 6 B 10.07, NZBau 2007, 389.
63 BGH Urt. v. 20.2.1992 – III ZR 188/90, BGHZ 117, 240 (250) = NJW 1992, 3229; BGH Urt. v. 16.1.1997 – III ZR 117/95, BGHZ 134, 268 (274) = NVwZ 1997, 714.
64 BGH Urt. v. 16.1.1997 – III ZR 117/95, BGHZ 134, 268 (274) = NVwZ 1997, 714.
65 Vgl. zu einer entsprechenden Fallgestaltung OLG Bremen Urt. v. 24.4.2015 – 2 U 136/14, soweit ersichtlich unveröffentlicht.
66 BGH Urt. v. 20.2.1992 – III ZR 188/90, BGHZ 117, 240 (250) = NJW 1992, 3229.

weise einmal der Fall sein wird. Nach § 157 Abs. 2 S. 3 müssen (nur) der Vorsitzende oder der hauptamtliche Beisitzer die Befähigung zum Richteramt haben. Hinzu kommt, dass für das Verfahren vor den Vergabekammern nicht die stringente Anwendung einer Prozessordnung im Rechtssinne vorgeschrieben ist und nicht sein kann, weil sie in die Exekutive eingebettete Entscheidungsgremien sind und ihre Entscheidung grundsätzlich innerhalb von fünf Wochen ab Eingang des Nachprüfungsantrags zu treffen und zu begründen haben (§ 167 Abs. 1). In den Fallbeispielen (→ Rn. 46) nach dem zweiten und dritten Spiegelstrich greifen die Grundsätze der Kollegialitätsrichtlinie deshalb nicht, weil es sich dabei um summarische Verfahren handelt,[67] auch wenn damit, anders als bei Verfahren des einstweiligen Rechtsschutzes bestimmungsgemäß, in Bezug auf die Hauptsache (Auftragsvergabe) keine vorläufige, sondern eine endgültige Regelung ermöglicht werden soll, nämlich, den Zuschlag zu erteilen. Im Übrigen und vorbehaltlich der Frage, inwieweit er sich überhaupt auf fehlendes Verschulden berufen kann (→ Rn. 49 f.), muss sich der öffentliche Auftraggeber, wenn er den Zuschlag in der Folge eines summarischen Verfahrens erteilt, stets des Risikos bewusst sein, dass das Nachprüfungsverfahren in der Hauptsache anders ausgehen kann.

48 **d) Verschulden in Vergabeverfahren nach Teil 4 des GWB.** Über der Verschuldenshaftung bei auftraggeberseitigen Vergaberechtsverstößen in Verfahren oberhalb der Schwellenwerte sollten aus Sicht des nationalen Rechts keine abweichenden Grundsätze gelten. Indes liegt über der Rechtsanwendung hier der Schatten einer einzelnen EuGH-Entscheidung. Der Gerichtshof hat auf Vorlage des OGH einmal entschieden, dass ein Schadensersatzanspruch wegen Verstoßes eines öffentlichen Auftraggebers gegen Vergaberecht nicht von der Schuldhaftigkeit des Verstoßes abhängig gemacht werden darf. Mit dem Unionsrecht unvereinbar soll es danach sogar schon sein, wenn bei Anwendung der einschlägigen Regelung ein Verschulden des öffentlichen Auftraggebers vermutet wird und er sich nicht auf das Fehlen individueller Fähigkeiten und damit auf mangelnde subjektive Vorwerfbarkeit des behaupteten Verstoßes berufen kann.[68]

49 **aa) EuGH-Urteil vom 30.9.2010.** Die Entscheidung vom 30.9.2010[69] postuliert in der Sache einen geradezu fundamentalistischen Bieterschutz und lässt dabei jedes rechtsdogmatische Augenmaß vermissen. Sie ist deshalb **zu Recht vielfach auf Ablehnung gestoßen.**[70] Sie passt auch nicht mehr zu der deutlich elastischeren Rechtsprechung des EuGH zum vergaberechtlichen Sekundärrecht der EU in jüngerer Zeit, die Ausdruck der Erkenntnis zu sein scheint, dass dem vergaberechtlichen Sekundärrecht der Union nicht länger durch eine unnachgiebig streng-formalistische Anwendung zur Beachtung verholfen werden muss. Der Gerichtshof räumt ein, dass die ÜWR nur die Mindestvoraussetzungen für effektiven Rechtsschutz auch hinsichtlich der Erlangung von Schadensersatz festlegt. Er meint dann aber, es sei in Anbetracht der von der ÜWR zugelassenen Möglichkeiten der Mitgliedstaaten, die Ansprüche der Bieter auf sekundäre Schadensersatzansprüche zu begrenzen, geboten, den Sekundärrechtsschutz ebenso wenig von Verschulden abhängig zu machen, wie die Rechtsschutzmöglichkeiten im Primärrechtsschutz.[71] Auf der einen Seite wirkt diese Begründung eher spitzfindig und ergebnisorientiert. Auf der anderen Seite erscheint auch der Versuch wenig erfolgversprechend, den Anwendungsbereich der verschuldensunabhängigen Haftung of § 181 S. 1 zu beschränken.[72] Im vom EuGH entschiedenen Fall ging es um das positive Interesse und die Entscheidung ist im nationalen Kontext deshalb mit Blick auf § 276 Abs. 1 S. 1 BGB und § 280 Abs. 1 S. 2 BGB potenziell durchaus geeignet, unter dem Aspekt der Einheitlichkeit der Rechtsordnung einen **grundsätzlichen Regelungskonflikt auszulösen.**

50 Dass die Entscheidung vom 30.9.2010 einmal tatsächlich einschlägig und erheblich wird, erscheint allerdings unwahrscheinlich, weil den Auftraggeber, wenn die Pflichtverletzung feststeht, die Darlegungs- und Beweislast dafür trifft, dass er die Pflichtverletzung nicht zu vertreten hat. Die Abwendung seiner Haftung unter Berufung auf diese Norm wird nur in seltenen Ausnahmefällen zu Diskussion stehen. Nähere Erörterung verdient insoweit lediglich der Problemkreis der „falschen" Zuschlagserteilung nach entsprechender Rechtsberatung (→ Rn. 51). Schadensersatzansprüche scheitern auf dem Gebiet des Vergaberechts nach einer gern immer wieder zitierten Äußerung viel eher an fehlender Kausalität zwischen Regelverstoß und eingetretenem Schaden.[73]

---

[67] Vgl. BGH Beschl. v. 22.4.1986 – III ZR 104/85, NJW 1986, 2954; BGH Urt. v. 20.2.1992 – III ZR 188/90, BGHZ 117, 240 (250) = NJW 1992, 3229.
[68] EuGH Urt. v. 30.9.2010 – C-314/09, NZBau 2010, 773.
[69] Vgl. zu ihr Kaiser Anm. zu EuGH Urt. v. 30.9.2010 – C-314/09, VergabeR 2011, 76 f.
[70] Vgl. zB Verfürth in RKPP GWB Rn. 72 ff.; HK-VergabeR/Alexander Rn. 72; Immenga/Mestmäcker/Stockmann Rn. 31; anders Beck VergabeR/Antweiler Rn. 38.
[71] EuGH Urt. v. 30.9.2010 – C-314/09, NZBau 2010, 773 Rn. 33 ff.
[72] So zB Immenga/Mestmäcker/Stockmann Rn. 31.
[73] Kaiser VergabeR 2011, 76.

bb) Verschulden trotz Rechtsberatung. Der BGH hatte zeitlich vor der genannten EuGH- 51
Entscheidung einmal das Verschulden eines Auftraggebers verneint, der sich hinsichtlich einer
umstrittenen Rechtsfrage gutachterlich von einem Rechtsanwalt hatte beraten lassen. Zwei Bieter
beanspruchten den Zuschlag jeweils für ihr Angebot und drohten mit Schadensersatzansprüchen für
den Fall des für sie nachteiligen Ausgangs.[74] Diese Entscheidung scheint deutlich von den Besonderheiten des Falls geprägt. Sie ist auch **ohne das spätere Judikat des EuGH**[75] **durchaus problematisch** zu nennen und zu Recht vereinzelt geblieben. Ob bei unzutreffender Anwendung vergaberechtlicher Bestimmungen die Verschuldensvermutung widerlegt werden kann, wird stets unter
Berücksichtigung der Umstände des Einzelfalls einschließlich der Art und Natur des jeweils in Rede
stehenden Verstoßes mit großer Zurückhaltung zu prüfen sein. Die „richtige" Anwendung des
Vergaberechts ist **möglichst objektiviert** zu sehen. Die in → Rn. 41 ff. dargestellten Grundsätze
gelten sinngemäß. Dabei ist auch zu bedenken, dass die Vergabe öffentlicher Aufträge nunmehr
schon seit über zwei Jahrzehnten engmaschig verrechtlicht ist.

cc) Modifizierter Verschuldensmaßstab. In Fällen, die tatbestandlich in den Anwendungs- 52
bereich von § 180 fallen, ist der Verschuldensmaßstab dem für die dortigen Tatbestände geltenden
anzugleichen. Der betreffende Teilnehmer haftet dann regelmäßig nur für Vorsatz, je nach Fall auch
für grobe Fahrlässigkeit (→ § 180 Rn. 12 f., 17).

e) Mitverschulden. Der Mitverschuldenseinwand aus § 254 BGB ist grundsätzlich zulässig. 53
Insbesondere bei erkannten oder iSv § 160 Abs. 3 Nr. 2 und 3 erkennbaren Verstößen kann an ein
Mitverschulden durchaus zu denken sein, wenn der spätere Kläger den Verstoß nicht gerügt hat. Allerdings sind die Voraussetzungen dafür, dass der Mitverschuldenseinwand zu einer Haftungsbegrenzung des Auftraggebers führt, nach den allgemeinen Grundsätzen der hierzu bestehenden BGH-Rechtsprechung des BGH eher hoch.

Eigenes Verhalten ist dem Geschädigten als Mitverschulden nur dann zuzurechnen, wenn es 54
für den Eintritt des Schadens adäquat kausal geworden ist. Das setzt wiederum regelmäßig voraus,
dass durch das Verhalten des Geschädigten die objektive Möglichkeit eines Erfolgs von der Art
des eingetretenen Schadens in nicht unerheblicher Weise erhöht worden ist.[76] Bezogen auf das
Vergabeverfahren bedeutet dies: **Das Unterbleiben der Rüge muss adäquat kausal für die
Vergabe des Auftrags an einen Wettbewerber geworden sein;** es muss also angenommen
werden können, dass der Auftraggeber seine den rügenden Bieter belastende vergaberechtliche
Entscheidung aufgrund der Rüge als vergaberechtswidrig erkannt und zurückgenommen hätte.
Darüber kann naturgemäß nur eine Prognoseentscheidung getroffen werden. Diese muss tragfähig
begründet werden. Dabei wird generell nicht ohne Weiteres davon ausgegangen werden können,
dass sich der Auftraggeber allein aufgrund der Rüge eines Besseren besonnen und dieser Beanstandung mehr oder minder routinemäßig abgeholfen hätte.[77]

IV. Rechtsfolgenseite: Schadensersatzpflichtigkeit

1. Anspruchsgrundlagen. Rechtstechnisch unterscheiden sich die beiden Regelungen in 55
§ 181 S. 1 auf der einen und S. 2 auf der anderen Seite signifikant. Die Erstere ist als eigenständige
Anspruchsgrundlage formuliert. Darin ist konkret festgelegt, was der Anspruchsteller als Rechtsfolge
des Verstoßes verlangen kann. Ihm sind die Kosten der Vorbereitung des Angebots bzw. der Teilnahme am Vergabeverfahren zu erstatten. Die **Bestimmung erfasst damit typische und wesentliche Positionen des negativen Interesses.** Anders verhält es sich bei § 181 S. 2. Diese Regelung
ist nicht als autonome Anspruchsgrundlage formuliert, sondern sie eröffnet vielmehr nach Art einer
Rechtsgrundverweisung (→ Rn. 3) den Zugriff auf weiter reichende schadensersatzrechtliche
Anspruchsgrundlagen des nationalen Rechts (→ Rn. 18 ff.).

Nach dem Wortlaut der Regelung in S. 2 ist offen, ob die weiter reichenden Ansprüche immer- 56
hin dadurch charakterisiert und eingegrenzt sein sollen, dass es sich ausschließlich um Ansprüche
von Bietern gegen öffentliche Auftraggeber handeln soll. Das ist zu verneinen. Einem solchen engen
Verständnis stehen jedenfalls zwei Gesichtspunkte entgegen. Der Verweis auf andere Anspruchsgrundlagen betrifft vor allem Ansprüche aus der Verletzung von Rücksichtnahmepflichten aus § 241
Abs. 2 BGB in einem vorvertraglichen Schuldverhältnis (→ Rn. 21, 23 ff.). Solche Pflichten treffen
nicht nur die Auftraggeber gegenüber den Bietern, sondern sie bestehen auch umgekehrt für die
Bieter gegenüber den Auftraggebern, wenngleich solche Verstöße seltener vorkommen und noch

---

[74] BGH Urt. v. 20.1.2009 – X ZR 113/07, NZBau 2009, 262 Rn. 16.
[75] EuGH Urt. v. 30.9.2010 – C-314/09, NZBau 2010, 773.
[76] BGH Urt. v. 18.6.2019 – X ZR 86/17, NZBau 2019, 661 Rn. 31 ff. – Straßenbauarbeiten; BGH Urt. v. 3.7.2008 – I ZR 218/05, NJW-RR 2009, 103 Rn. 28.
[77] BGH Urt. v. 18.6.2019 – X ZR 86/17, NZBau 2019, 661 Rn. 32 – Straßenbauarbeiten.

viel seltener verfolgt werden dürften (→ Rn. 21). Hinzu kommt ein Gesichtspunkt systematischer Auslegung, nämlich dass die Regelungen auch das Verhältnis von Teilnehmern am Vergabeverfahren untereinander betreffen.

57 **2. Ursächlicher Zusammenhang zwischen Pflichtverletzung und Schaden.** Die Pflichtverletzung (→ Rn. 28 ff.) muss nach allgemeinen Grundsätzen ursächlich für den Schaden gewesen sein, dessen Ersatz verlangt wird. Die Kausalitätsfrage ist im Vergaberecht in besonderer Weise exponiert. Sie muss stets im Lichte einer **Grundbedingung des Vergabewettbewerbs** gesehen werden: Das Ausschreibungsverfahren ist seinem Gegenstand nach ein Wettbewerbsverfahren, bei dem sich die unter Umständen beträchtlichen Aufwendungen der Bieter für die Erstellung der Angebote prinzipiell **nur beim Gewinner amortisieren,** während sie bei den übrigen Teilnehmern regelmäßig kompensationslos verloren sind. Diese Gegebenheit schlägt grundsätzlich auf den Schadensersatzanspruch durch. Dabei sollte unerheblich sein, ob das dogmatisch als Fall von vornherein fehlender Kausalität eingeordnet wird oder ob darin ein Anwendungsfall für den Einwand rechtmäßigen Alternativverhaltens zu sehen ist. Selbst der auf das negative Interesse gerichtete Schadensersatzanspruch steht nach der ständigen Rechtsprechung des BGH aus dem zuletzt genannten, sich aus der Natur der Sache ergebenden Grund prinzipiell (Ausnahmen → Rn. 60 ff.) nur dem zu, der bei gedachtem rechtmäßigen Verlauf des Vergabeverfahrens den Zuschlag hätte erhalten müssen.[78] Ausnahmslos gilt dies unter Kausalitätsgesichtspunkten für den auf das positive Interesse gerichteten Anspruch (→ Rn. 78 ff.).[79]

58 Die Feststellung im Schadensersatzprozess, dass der Kläger den Auftrag bei vergaberechtskonform durchgeführtem Vergabeverfahren hätte erteilt bekommen müssen, erfordert eine **Prognose über den hypothetischen Verlauf** des fraglichen Vergabeverfahrens bei hinweggedachtem Vergaberechtsverstoß. Dabei kann Streitstoff zu prüfen sein, der im tatsächlich abgelaufenen Vergabeverfahren gar nicht zur Sprache gekommen ist, wie zB das Vorliegen von Ausschlussgründen, auf die sich der Auftraggeber im Vergabeverfahren nicht ausdrücklich berufen hat, die er im Schadensersatzprozess aber geltend machen möchte, um den Schadensersatzanspruch abzuwehren. Es ist dem Auftraggeber grundsätzlich nicht verwehrt, etwa die von ihm im Vergabeverfahren bejahte Eignung des späteren Klägers im Schadensersatzprozess infrage zu stellen.[80] Zur Darlegungs- und Beweislast in solchen Fällen → Rn. 97 ff. Der BGH hat ausgesprochen, dass der Auftraggeber im offenen Verfahren nicht an die einmal bejahte Eignung eines Bieters gebunden ist; verneint er die Eignung eines Bieters aber nachträglich, insbesondere erst, nachdem dieser einen Nachprüfungsantrag gestellt hat, kann dies allerdings Anlass geben, besonders kritisch zu prüfen, ob die Entscheidung im Interesse eines verantwortungsvollen Einsatzes öffentlicher Mittel gebotene Korrektur einer Fehleinschätzung darstellt oder von sachfremden Erwägungen getragen ist.[81] Entsprechendes gilt, wenn die Eignung des Klägers erstmals im Schadensersatzprozess angezweifelt wird.

59 **3. Der Kreis der Anspruchsberechtigten. a) Regelfall: der potenzielle Ausschreibungsgewinner.** Der Kreis der Anspruchsberechtigten hängt von der Natur des jeweils vorliegenden Verstoßes gegen Vergabebestimmungen ab. Regelmäßig ist nur derjenige Bieter berechtigt, der bei rechtmäßigem Verlauf des Vergabeverfahrens den Zuschlag hätte bekommen müssen (→ Rn. 57). Von diesem Dogma gibt es im Wesentlichen zwei Ausnahmen.

60 **b) Ausnahme bei Aufhebung der Ausschreibung.** Die wichtigste Ausnahme von dem Grundsatz, dass nur der potenzielle Gewinner einen Schaden aus einem Verstoß gegen Vergabebestimmungen erleiden kann, betrifft Verfahrensfehler, welche die Einleitung des Vergabeverfahrens als solche betreffen. **Wichtigster Anwendungsfall** dafür, dass ein Ersatzanspruch auf das negative Interesse nicht nur dem (potenziellen) Ausschreibungsgewinner zustehen kann, ist die nicht von einem vergaberechtlich anerkannten Grund gedeckte Aufhebung des Vergabeverfahrens.[82] Die

---

[78] BGH Urt. v. 26.1.2010 – X ZR 86/08, NZBau 2010, 387 – Abfallentsorgung I; BGH Urt. v. 15.4.2008 – X ZR 129/06, NZBau 2008, 505 Rn. 7 – Sporthallenbau; BGH Urt. v. 18.9.2007 – X ZR 89/04, NZBau 2008, 137 Rn. 8; BGH Urt. v. 3.4.2007 – X ZR 19/06, NZBau 2007, 523; BGH Urt. v. 3.6.2004 – X ZR 30/03, NZBau 2004, 517 = VergabeR 2004, 813; BGH Urt. v. 16.12.2003 – X ZR 282/02, ZfBR 2004, 404 = VergabeR 2004, 480, BGH Urt. v. 6.10.2020 – XIII ZR 21/19, NZBau 2021, 57 Rn. 12 – Ortenau-Klinikum.

[79] StRspr, vgl. BGH Urt. v. 5.11.2002 – X ZR 232/00, NZBau 2003, 168; BGH Urt. v. 18.9.2007 – X ZR 89/04, NZBau 2008, 137; BGH Urt. v. 26.1.2010 – X ZR 86/08, NZBau 2010, 387 – Abfallentsorgung I; BGH Urt. v. 20.11.2012 – X ZR 108/10, NZBau 2013, 180 – Friedhofserweiterung.

[80] AA Willenbruch/Wieddekind/*Scharen* Rn. 59 m. Rechtsprechungsnachweis in Fn. 349.

[81] BGH Beschl. v. 7.1.2014 – X ZB 13/13, BGHZ 199, 327 = NJOZ 2014, 1870 – Stadtbahnprogramm Gera.

[82] Vgl. BGH Urt. v. 9.6.2011 – X ZR 143/10, BGHZ 190, 89 Rn. 16 = NZBau 2011, 498 – Rettungsdienstleistungen II.

IV. Rechtsfolgenseite: Schadensersatzpflichtigkeit

Rücksichtnahmepflichten gegenüber den Unternehmen aus § 241 Abs. 2 BGB können naturgemäß durchaus schon bei der Konzeption der Ausschreibung ansetzen, wenn die dort angelegten Fehler sich ihrer Art nach im Vergabeverfahren zulasten der Bieter fortsetzend auswirken (→ § 165 Rn. 15). Dementsprechend ist zB die richtige Wahl der Verfahrensart vom Schutzbereich des § 241 Abs. 2 BGB eingeschlossen.[83]

Ratio dafür, dass der Auftraggeber in solchen Fällen nicht nur dem potenziellen Ausschreibungsgewinner den Ausschreibungsaufwand erstatten muss, ist die Prämisse, dass die Bieter ohne Verletzung der Rücksichtnahmepflicht durch nicht vergaberechtskonforme Aufhebung des Vergabeverfahrens **gar kein Angebot oder ein solches nur unter anderen Voraussetzungen eingereicht** hätten.[84] Die übliche Prämisse, dass die einem Teilnehmer entstandenen Angebotskosten nur dann nicht nutzlos gewesen wären, wenn er als Sieger aus dem Vergabewettbewerb hervorgegangen wäre (→ Rn. 57), sodass Ersatz des Vertrauensschadens auch nur diesem Bieter zustehen könne, greift dann nicht, wenn anzunehmen ist, dass ein Unternehmen sich in Kenntnis aller Umstände anders verhalten hätte als geschehen und gar kein Angebot oder ein solches nur unter anderen Voraussetzungen eingereicht hätte.[85]

Zu dem gleichen Ergebnis gelangt *Scharen* mit der Erwägung, dass von vornherein – wie die vergaberechtswidrige Aufhebung im Nachhinein zeige – nur eine irreale Chance auf Amortisation der Angebotserstellungskosten bestanden habe.[86] Ein rational handelnder Bieter würde Kosten für die Beteiligung am Vergabeverfahren aber nicht aufwenden, wenn er davon ausgehen muss, dass dessen Einleitung von vornherein nicht rechtmäßig ist oder dass der Auftraggeber nicht den ernsthaften Willen hat, es bis zur Zuschlagserteilung durchzuführen, bzw. sich insgeheim vorbehält, es vor Vertragsschluss abzubrechen, weil dies die Chancen auf Amortisierung der Teilnahmekosten übermäßig beeinträchtigt. Deshalb ist für solche Fallgestaltungen davon auszugehen, dass die Angebotskosten bei hinweggedachter Verletzung der Rücksichtnahmepflicht unabhängig vom Ausgang des Wettbewerbs nicht entstanden wären. Darum kommen bei einer solchen Sachlage auch solche Bieter als Gläubiger eines auf das negative Interesse gerichteten Schadensersatzanspruchs in Betracht, die den Zuschlag nicht erhalten oder keine echte Chance darauf gehabt hätten.

Aus dem gleichen Grund ist der Auftraggeber insoweit auch mit dem **Einwand rechtmäßigen Alternativverhaltens ausgeschlossen**; er kann also nicht mit Erfolg geltend machen, alle Bieter, die nicht das wirtschaftlichste Angebot abgegeben haben, hätten ihre Aufwendungen zur Angebotserstellung auch dann verloren, wenn das Verfahren nicht aufgehoben worden wäre.[87]

c) Erweiterung auf Teilnehmer mit echter Chance (§ 181 S. 1). Die zweite Ausnahme von dem in der Natur des Vergabewettbewerbs begründeten Dogma, dass nur der potenzielle Ausschreibungsgewinner geschädigt sein kann (→ Rn. 57, ist in der Regelung in § 181 S. 1 begründet, wonach (schon) derjenige Schadensersatz in dem in dieser Regelung genannten Umfang beanspruchen kann, der (lediglich) eine echte Chance auf den Zuschlag hatte (→ oben Rn. 9 ff.).

4. Berufung auf rechtmäßiges Alternativverhalten. Der öffentliche Auftraggeber kann grundsätzlich den **Einwand rechtmäßigen Alternativverhaltens** erheben, er kann sich prinzipiell also darauf berufen dass die mit der Schadensersatzklage geltend gemachte Vermögenseinbuße gleichermaßen eingetreten wäre, wenn er alternativ auf eine bestimmte vergaberechtskonforme Weise gehandelt hätte.[88] Als ein typischer Beispielsfall hierfür wird in der Literatur die Möglichkeit des Auftraggebers angeführt, das Vergabeverfahren aufzuheben, weil ein dazu nach § 63 VgV oder § 17 VOB/A berechtigender Grund vorgelegen hat.[89] Dies ist zwar im Ausgangspunkt richtig, gilt jedoch nur unter erheblichen Einschränkungen.[90]

In der Literatur wird für den Einwand rechtmäßigen Alternativverhaltens auf ein älteres Urteil des VIII. Zivilsenats des BGH verwiesen.[91] Dort ist zum Aufhebungsgrund des anderer schwerwiegender Grundes (jetzt: § 63 Abs. 1 Nr. 4 VgV, § 17 Abs. 1 Nr. 3 VOB/A) ausgeführt, der öffentliche Auftraggeber könne als rechtmäßiges Alternativverhalten einwenden, er hätte die Ausschreibung

---

[83] BGH Urt. v. 27.11.2007 – X ZR 18/07, ZfBR 2008, 299 = VergabeR 2008, 219 Rn. 34.
[84] BGH Urt. v. 27.11.2007 – X ZR 18/07, ZfBR 2008, 299 = VergabeR 2008, 219 Rn. 37.
[85] BGH Urt. v. 27.11.2007 – X ZR 18/07, ZfBR 2008, 299 = VergabeR 2008, 219 Rn. 37.
[86] Willenbruch/Wieddekind/*Scharen* Rn. 55.
[87] Eingehend *Gröning* VergabeR 2010, 762 (768).
[88] So schon BGH Urt. v. 25.11.1992 – VIII ZR 170/91, BGHZ 120, 281 (285 f.); eingehend Willenbruch/Wieddekind/*Scharen* Rn. 24, 60; *Kraus* VergabeR 2009, 512 (513 f.).
[89] Vgl. Willenbruch/Wieddekind/*Scharen* Rn. 24; *Kraus* VergabeR 2009, 512 (513 f.).
[90] So schon BGH Urt. v. 25.11.1992 – VIII ZR 170/91, BGHZ 120, 281 (285 f.).
[91] Vgl. Willenbruch/Wieddekind/*Scharen* Rn. 24; *Kraus* VergabeR 2009, 512 (513 f.).

bei Kenntnis der Pflichtwidrigkeit aufgehoben.[92] Dies gilt jedoch von vornherein nur, wenn dem Auftraggeber die Umstände, auf die er sich stützen will, **erst nachträglich, nach Beginn der Ausschreibung, bekannt geworden sind**.[93] Diese Voraussetzung ist nicht erfüllt, wenn der Auftraggeber beispielsweise nachträglich bestimmte Eignungskriterien anwenden möchte und deshalb eine erste Ausschreibung, in der er diese Kriterien noch nicht zugrunde gelegt hat, aufhebt. Dies betrifft nicht nachträglich aufgetretene, bei Abfassung der Vergabeunterlagen nicht erkennbare Umstände,[94] sondern Umstände, derer der Auftraggeber sich möglicherweise zwar erst nachträglich bewusst geworden ist, die er aber schon von Anfang an hätte vorgeben können. Hebt der Auftraggeber das Vergabeverfahren unter diesen Umständen auf, ist die Aufhebungsentscheidung nicht von § 63 VgV oder § 17 VOB/A gedeckt und daher rechtswidrig. Der Einwand rechtmäßigen Alternativverhaltens geht deshalb in solchen Konstellationen von vornherein ins Leere. Erst recht können der Eignungsprüfung nicht im laufenden Vergabeverfahren andere als die in den Vergabeunterlagen festgelegten Eignungskriterien zugrunde gelegt und diese mit der Begründung angewendet werden, der Auftraggeber hätte sie zugrunde legen dürfen.[95]

67 Die Berufung auf rechtmäßiges Alternativverhalten ist darüber hinaus nur beachtlich, wenn der Schädiger **denselben Erfolg bei pflichtgemäßem Verhalten** tatsächlich herbeigeführt hätte; es reicht nicht aus, dass er ihn hätte herbeiführen können.[96] In diesem Zusammenhang ist deshalb zu prüfen, ob der Auftraggeber sich mit der jetzigen Berufung auf rechtmäßiges Alternativverhalten nicht in Widerspruch zu eigenem früherem Verhalten setzt.[97] Das wäre der Fall, wenn es Anhaltspunkte dafür gibt, dass er in Kenntnis der Umstände nicht anders gehandelt hätte, als er gehandelt hat.

68 Im Übrigen ist generell zu berücksichtigen, dass nach der Rechtsprechung des BGH der **Schutzzweck der jeweils verletzten Norm** darüber entscheiden muss, ob und inwieweit die Berufung auf rechtmäßiges Alternativverhalten im Einzelfall durchgreifen kann.[98] Insbesondere wenn die geltend gemachte Vergaberechtsverletzung den Ausschluss eines Bieters oder die Zuschlagserteilung betrifft, wird immer zu bedenken sein, dass die mit dem VgRÄG eingeleitete und in mehreren Novellen verfeinerte Verrechtlichung des Vergaberechts gerade vor unrechtmäßiger Auftragsvergabe schützen soll.

V. Ersatz des negativen Interesses

69 Der Anspruch auf Schadensersatz in Gestalt des **negativen Interesses** betrifft die Kompensation von Vermögenseinbußen dafür, dass ein Geschäft nicht zustande gekommen ist. Bezogen auf das fehlerhaft verlaufene Vergabeverfahren heißt das, den Bieter so stellen, als hätte er sich nicht an dem Verfahren beteiligt.

70 **1. Erstattung der Angebots- und sonstigen Teilnahmekosten.** Der Ersatz des negativen Interesses betrifft in erster Linie und typischerweise die Kosten der Vorbereitung des Angebots bzw. der Teilnahme an dem Vergabeverfahren. In § 181 S. 1 kommt das direkt zum Ausdruck („... für die Kosten der Vorbereitung des Angebots ‚oder' der Teilnahme an einem Vergabeverfahren"). Die Regelung ist allerdings sprachlich insoweit missverständlich gefasst, als die Verwendung der Konjunktion „oder" in der Bestimmung scheinbar eine gewisse Alternativität zwischen den beiden möglichen Schadenspositionen „Kosten der Vorbereitung des Angebots" bzw. „Kosten der Teilnahme am Vergabeverfahren" andeuten könnte. So ist die Regelung aber nicht zu verstehen. Damit soll zum Ausdruck gebracht werden, dass unabhängig von der gewählten Verfahrensart die Kosten erstattet werden müssen, die der Bewerber oder Bieter zum Zwecke der Beteiligung daran aufgewendet hat. Darüber besteht in der Literatur Einvernehmen.[99] Nicht geklärt ist damit allerdings, welche Kosten als erstattungsfähige Schadensposten anzuerkennen sind.

71 **2. Die erstattungsfähigen Positionen. a) Ausgrenzbarer Aufwand.** Erstattungsfähig ist grundsätzlich der sachliche und personelle Aufwand, der von den sowieso laufenden Betriebskosten ausgegrenzt und konkret der Teilnahme am Vergabeverfahren bzw. der Ausarbeitung des Angebots

---

[92] BGH Urt. v. 25.11.1992 – VIII ZR 170/91, BGHZ 120, 281.
[93] BGH Urt. v. 25.11.1992 – VIII ZR 170/91, BGHZ 120, 281 (286 f.); BGH Urt. v. 6.10.2020 – XIII ZR 21/19, NZBau 2021, 57 Rn. 17 – Ortenau-Klinikum.
[94] BGH Urt. v. 6.10.2020 – XIII ZR 21/19, NZBau 2021, 57 Rn. 17 – Ortenau-Klinikum.
[95] BGH Urt. v. 6.10.2020 – XIII ZR 21/19, NZBau 2021, 57 Rn. 13 ff. – Ortenau-Klinikum.
[96] BGH Urt. v. 25.11.1992 – VIII ZR 170/91, BGHZ 120, 281 (287).
[97] Willenbruch/Wieddekind/*Scharen* Rn. 24 aE.
[98] BGH Urt. v. 24.10.1985 – IX ZR 91/84, BGHZ 96, 157 (172); Willenbruch/Wieddekind/*Scharen* Rn. 24.
[99] Vgl. etwa: Ziekow/Völlink/*Losch* Rn. 43; *Verfürth* in RKPP GWB Rn. 40.

zugeordnet werden kann.[100] Unproblematisch erstattungsfähig, wenn auch der Höhe nach wohl tendenziell eher unerheblich, sind Aufwendungen, die eindeutig ohne Beteiligung am Vergabeverfahren nicht entstanden wären, wie die Kosten für die Beschaffung von in den Vergabeunterlagen geforderten Erklärungen oder für die Angebotsübermittlung und Reisekosten, sei es für die Anreise zum Öffnungstermin oder zu Aufklärungsverhandlungen zum Angebotsinhalt. Auch die **Kosten für externes Personal, das der Bieter** speziell für die Teilnahme am Vergabeverfahren bzw. zur Angebotserstellung hinzugezogen hat, oder für mit dem Auftragsgegenstand zusammenhängende, extern entstandene Aufwendungen wie etwa für Tauglichkeitsuntersuchung von zu verwendenden Materialien, sind unproblematisch erstattungsfähig, weil sie gleichsam ausgesondert und der Bewerbung um den Auftrag konkret zugeordnet werden können. Umstritten war demgegenüber, inwieweit für den Einsatz der eigenen Mitarbeiter bei der Ausarbeitung der Angebote Ersatz verlangt werden kann (→ Rn. 72 ff.).[101]

b) Innerbetrieblicher personeller Aufwand. Ein wirtschaftlich als Erstattungsposten grundsätzlich wohl erheblich ins Gewicht fallender Gegenstand sind die innerbetrieblichen Personalkosten, die für die Ausarbeitung des Angebots bzw. der Teilnahme am Vergabeverfahren aufgewandt werden mussten. An der Erstattungsfähigkeit dieser Kosten kann gezweifelt werden, wenn die das Angebot erstellenden Mitarbeiter angestellt sind und die Arbeitskosten unabhängig davon anfallen, inwieweit die Arbeitnehmer während ihrer Arbeitszeit produktiv sind. Deshalb sind solche Kosten in Entscheidungen der Instanzgerichte auch verschiedentlich unter dem Gesichtspunkt der „Sowiesokosten" nicht als ersatzfähig anerkannt worden, sondern nur dann, wenn festgestellt werden kann, dass durch diesen Einsatz die Möglichkeit zu einer anderweitigen Vermögensmehrung entgangen ist.[102] 72

Der BGH hat die **innerbetrieblichen Personalkosten inzwischen als Schadensposition anerkannt.** Sie sind auch ohne konkreten Nachweis des Bieters erstattungsfähig, dass er seine Mitarbeiter anderweitig hätte einsetzen können und dadurch Einnahmen erwirtschaftet hätte, die ihm jetzt entgangen sind. Der BGH begründet dies knapp mit der Erwägung, die Arbeitskraft habe typischerweise einen Marktwert und sei bei wertender Betrachtung nicht vom Schadensersatz auszugrenzen.[103] Dafür stützt er sich auf die – zum Verwendungsersatz ergangene – Entscheidung des V. Zivilsenats des BGH vom 24.11.1995. Dort hat der V. Zivilsenat es für die Anerkennung als erstattungsfähige Schadensposition nicht als entscheidend angesehen, ob durch die Arbeitsleistung ein gewinnbringender anderweitiger Einsatz der Arbeitskraft unterblieben ist, sondern ob die Arbeitsleistung einen Geldwert, dh einen Marktwert hat und bei wertender Betrachtung nicht vom Schadensersatz ausgegrenzt werden kann.[104] 73

Die Begründung des BGH ist nicht in jeder Hinsicht befriedigend. Er bezieht nicht Stellung zu dem eigentlichen Problem, ob die Anerkennung als Schaden auf der Grundlage der **Differenzhypothese** plausibel ist. Vermögensschäden werden nach der Rechtsprechung des BGH, wie der Große Senat für Zivilsachen es formuliert hat, am subjektbezogenen Zuschnitt des betroffenen Gesamtvermögens nach der **Differenzmethode** durch einen rechnerischen Vergleich ermittelt, der die durch das schädigende Ereignis eingetretene Vermögenslage zu derjenigen in Beziehung setzt, die sich ohne dieses Ereignis ergeben hätte.[105] Der Große Senat für Zivilsachen hat allerdings auch anerkannt, dass bei einer reinen Differenzrechnung ohne jegliche normative Korrekturmöglichkeiten Sinn und Zweck des Schadensausgleichs verfehlt werden kann.[106] Dieser Korrekturbedarf hatte in jenem Fall zwar eine andere Stoßrichtung; dort stand infrage, ob es einen ersatzfähigen Vermögensschaden darstellen kann, wenn der Eigentümer eines von ihm selbst bewohnten Hauses, diese infolge eines deliktischen Eingriffs in das Eigentum vorübergehend nicht benutzen kann, ohne dass ihm hierdurch zusätzliche Kosten entstehen oder Einnahmen entgehen. Die normative Ergänzung war insoweit gegen die Gefahr abzuwägen, „Schadens"-Ersatz unter Verletzung von § 253 BGB auf Nichtvermögensschäden auszudehnen.[107] Trotzdem kann dem **BGH für die Erstattungsfähigkeit** 74

---

[100] Vgl. hierzu OLG Naumburg Urt. v. 1.8.2013 – 2 U 151/12, BeckRS 2013, 13770 = VergabeR 2014, 85 (90).
[101] Instruktiv dazu: OLG Dresden Urt. v. 22.1.2008 – 20 U 821/07, OLGR 2008, 409 f. = IBRRS 2008, 0696.
[102] Vgl. KG NZBau 2004, 167 (169); OLG Köln VergabeR 2015, 99 (102 f.); vgl. hierzu auch OLG Naumburg BeckRS 2013, 13770 = VergabeR 2014, 85 (90).
[103] BGH NZBau 2021, 219 Rn. 23 – Flüchtlingsunterkunft.
[104] BGHZ 131, 220, 226; die weiteren zitierten Entscheidungen sind lediglich Rückbezüge auf diese Entscheidung.
[105] BGH Beschl. v. 9.7.1986 – GSZ 1/86, BGHZ 98, 212 ff. = NJW 1987, 50 ff.
[106] BGH Beschl. v. 9.7.1986 – GSZ 1/86, BGHZ 98, 212 ff. = NJW 1987, 50 ff. unter III.1.a–b sowie 3. der Gründe.
[107] BGH Beschl. v. 9.7.1986 – GSZ 1/86; BGHZ 98, 212 ff. = NJW 1987, 50 ff. unter III.4. der Gründe.

der innerbetrieblichen Angebotserstellungskosten im Ergebnis beigetreten werden. Bei der gebotenen wertenden Betrachtung[108] ist es gerechtfertigt, diese Schadensposition als Schaden anzuerkennen: Zum einen setzt der Umstand, dass die Kosten für die Angebotserstellung überhaupt zu erstatten sind, eine vergaberechtswidrige Sachbehandlung durch den Auftraggeber voraus, welche die Chance auf Amortisierung dieser Kosten durch Erhalt des Auftrags zunichte gemacht hat. Zum anderen wäre externer – und deshalb mitunter erheblich kostspieligerer – Aufwand ohne Weiteres erstattungsfähig (→ Rn. 71).[109]

75   c) **Sonderfall: Festsetzung einer unangemessenen Entschädigung für die Angebotsbearbeitung.** Eine ganz andere Konstellation liegt vor, wenn der Auftraggeber gegen seine Verpflichtung aus § 8b Abs. 2 Nr. 1 S. 2 VOB/A, § 8b EU Abs. 1 Nr. 1 S. 2, Nr. 2 VOB/A oder § 77 Abs. 2 VgV verstoßen und keine angemessene Entschädigung für die Angebotsbearbeitung festgesetzt hat. Liegen zudem die Voraussetzungen dafür vor, dass das Gericht diese Entschädigung entsprechend § 315 Abs. 3 BGB festsetzt, können in diesem Rahmen die der Angebotsausarbeitung zuordenbaren Kosten des eigenen Personals schon deshalb berücksichtigt werden, weil dies insoweit nicht dem Ausgleich eines erlittenen Vermögensverlustes dient, sondern auf der Billigkeitserwägung beruht, dass der Bieter jenseits eines bestimmten zumutbaren Maßes nicht mit außergewöhnlichen, durch besondere Anforderungen des Auftraggebers ausgelösten Kosten der Angebotserarbeitung belastet werden darf. Dafür ist es von vornherein unerheblich, ob der Aufwand durch Einsatz fremden Personals entstanden ist oder der Bieter seine eigenen Mitarbeiter eingesetzt hat, die er sowieso hätte entlohnen müssen.[110]

76   d) **Entgangener Gewinn aus alternativen Geschäften.** Der Anspruch auf das negative Interesse umfasst überdies grundsätzlich **entgangene Gewinne aus anderen Geschäften,** die der Gläubiger nicht realisiert hat, weil er es vorgezogen hat, sich am Vergabeverfahren zu beteiligen.[111] Hier werden die Hürden für den Gläubiger auf prozessualem Gebiet liegen, nämlich bei der Darlegung und beim Beweis seines Schadens. Allerdings kommt ihm nach § 252 S. 2 BGB prinzipiell zugute, dass derjenige Gewinn als entgangen gilt, welcher nach dem gewöhnlichen Lauf der Dinge oder nach den besonderen Umständen, insbesondere nach den getroffenen Anstalten und Vorkehrungen, mit Wahrscheinlichkeit erwartet werden konnte. Deshalb braucht der Kläger, wenn er sich entscheidet, seinen Schadensersatzanspruch hierauf zu stützen,[112] nur die Umstände darzulegen und zu beweisen, aus denen sich die Wahrscheinlichkeit eines entgangenen Gewinns ergibt, wobei an die Darlegung keine zu strengen Anforderungen gestellt werden dürfen.[113]

77   e) **Rechtsberatungskosten.** Der auf das negative Interesse gerichtete Schadensersatzanspruch **kann Rechtsberatungskosten einschließen.** In der Rechtsprechung des BGH ist anerkannt, dass bei gesetzlichen wie bei vertraglichen Schuldverhältnissen zu den ersatzpflichtigen Aufwendungen eines Geschädigten unter bestimmten Voraussetzungen auch durch das Schadensereignis erforderlich gewordene Rechtsverfolgungskosten gehören können. Das gilt aber nicht vorbehaltlos für alle durch das Schadensereignis adäquat verursachten Kosten, sondern nur für solche, die aus der Sicht des Geschädigten zur Wahrnehmung seiner Rechte erforderlich und zweckmäßig waren.[114] Deswegen wird der Anspruch auf Erstattung der Kosten für die Inanspruchnahme anwaltlichen Rats im Zusammenhang mit einem Vergabeverfahren im Einzelfall davon abhängen, ob der jeweils in Rede stehende Verstoß vertiefte Kenntnisse auf dem Gebiet des Vergaberechts erforderte oder nicht. Zurückhaltung ist insoweit, das hat der BGH angedeutet, insbesondere bei Verstößen angezeigt, die iSv § 160 Abs. 3 Nr. 2 und 3 erkennbar waren.[115] Gerade leistungsbezogene Ungereimtheiten in den Vergabeunterlagen müssten Bieter, die sich um öffentliche Aufträge bemühen, selbst erkennen und rügen können, zumal angesichts einer seit nunmehr rund zwei Jahrzehnten vorangeschrittenen Verrechtlichung der öffentlichen Auftragsvergabe in den Unternehmen das Bewusstsein dafür vorausgesetzt werden kann, dass mutmaßliche Verstöße gegen Vergabebestimmungen gegenüber öffentlichen Auftraggebern beanstandet werden können.

---

[108] BGH Urt. v. 24.11.1995 – VZR 88/95, BGHZ 131, 220 (226).
[109] Eingehend zu der Entscheidung *Gröning* NZBau 2021, 233.
[110] Vgl. BGH Urt. v. 31.1.2017 – X ZR 93/15, ZfBR 2017, 449; zur Bindung an in den Vergabeunterlagen festgesetzte Entschädigungspauschalen vgl. BGH Urt. v. 19.4.2016 – X ZR 77/14, NZBau 2016, 368 – Westtangente Rüsselsheim.
[111] Willenbruch/Wieddekind/*Scharen* Rn. 54; MüKoBGB/*Oetker* BGB § 249 Rn. 129.
[112] Zu den Wahlmöglichkeiten vgl. Willenbruch/Wieddekind/*Scharen* Rn. 66.
[113] BGH Urt. v. 6.2.2007 – X ZR 117/04, NJW 2007, 1806 Rn. 15 – Meistbegünstigungsklausel.
[114] BGH Urt. v. 25.2.2016 – X ZR 35/15, NJW 2016, 2883; BGH Urt. v. 10.1.2006 – VI ZR 43/05, NJW 2006, 1065; BGH Urt. v. 12.7.2011 – VI ZR 214/10, GRUR-RR 2012, 90 Rn. 20.
[115] BGH Urt. v. 9.6.2011 – X ZR 143/10, BGHZ 190, 89 Rn. 18 = NZBau 2011, 498 – Rettungsdienstleistungen II.

VI. Positives Interesse

1. Allgemeine Erstattungsvoraussetzungen. Der auf das Erfüllungsinteresse, also namentlich auf Erstattung des entgangenen Gewinns gerichtete Schadensersatzanspruch setzt in jedem Fall voraus, dass der Zuschlag dem Anspruchsteller bei ordnungsgemäßem Ablauf des Vergabeverfahrens hätte erteilt werden müssen, weil er das wirtschaftlichste Angebot abgegeben hat.[116] Der Anspruch setzt des Weiteren voraus, dass der Auftrag tatsächlich auch erteilt worden ist.[117] Der Grund dafür ist, dass nur wenn der Auftrag vergeben wurde, in tatsächlicher Hinsicht davon ausgegangen werden kann, dass der eigentlich beste Bieter einen Gewinn hätte erzielen können und ihm ein solcher entgangen sein kann. Der Grundsatz gilt in angepasster Form auch bei Aufhebung eines Vergabeverfahrens und Auftragsvergabe in einem anderen Vergabeverfahren (→ Rn. 79 ff.).

2. Bei Aufhebung des Vergabeverfahrens: Hinreichende Übereinstimmung mit dem später erteilten Auftrag. Wird der Anspruch auf Erstattung des positiven Interesses auf eine nicht durch § 63 VgV, § 17 VOB/A gedeckte und somit rechtswidrige Aufhebung eines Vergabeverfahrens gestützt, bleibt die Anforderung, dass der Auftrag tatsächlich erteilt worden sein muss (→ vorige Rn.), im Grundsatz unberührt. Der **Gegenstand des später erteilten Auftrags** muss dem ursprünglichen gleichzusetzen sein. Dafür muss ein von wirtschaftlicher Betrachtung geprägter Vergleich[118] der ursprünglich ausgeschriebenen mit den tatsächlich vergebenen Leistungen angestellt werden und die Übereinstimmung muss sich daraus ergeben.

Bei Prüfung der Übereinstimmung der Gegenstände wäre aber eine allzu formale Sicht in jedem Fall unangebracht. Wird der ursprüngliche Auftragsgegenstand sachlich erweitert oder werden Teile davon herausgelöst, fehlt es zwar äußerlich-formal an der Kongruenz, aber das kann nicht maßgeblich sein. Vielmehr ist darauf abzustellen, ob der Auftrag ein gänzlich anderes Gepräge erhalten hat oder ob es sich nur um zweckmäßige aber unwesentliche Modifikationen oder bloße Erweiterungen handelt, die bei wertender Betrachtung nicht vordergründig den Ausschlag dafür geben dürfen, dass einem Schadensersatzbegehren die Grundlage entzogen wird.

Die erforderliche Übereinstimmung ist auch dann gegeben, wenn ursprünglich **Nebenangebote zugelassen waren** und der Gegenstand der späteren Ausschreibung einer Ausgestaltung entspricht, die nach den Vergabeunterlagen des ersten Verfahrens als Nebenangebot zulässig gewesen wäre.[119] Dass diese Voraussetzung erfüllt ist, muss im Schadensersatzprozess festgestellt werden. Der Kläger wird sich insoweit möglicherweise im Einzelfall schwertun, entsprechenden Vortrag zu halten. Betrifft der Schadensersatzprozess ein Teil 4 des GWB unterliegendes Vergabeverfahren, könnten insoweit die Mindestanforderungen (§ 8 EU Abs. 2 Nr. 3 lit. b VOB/A) Anhaltspunkte für wertungsfähige Ausgestaltungen der Nebenangebote geben.[120] Fehlen in einem Vergabeverfahren unterhalb der Schwellenwerte entsprechende Angaben, wovon regelmäßig auszugehen sein dürfte, darf diese Ungenauigkeit sich nicht zulasten des geschädigten Bieters auswirken und es ist von einer größeren Bandbreite alternativer Ausführungsmöglichkeiten auszugehen.

Für die Prüfung, ob ein hinreichender Grad an Übereinstimmung zwischen ursprünglich ausgeschriebenem und später erteiltem Auftrag besteht, können die Voraussetzungen eine Orientierungshilfe geben, unter denen nach **§ 132 Auftragsänderungen während der Vertragslaufzeit** ohne neues Vergabeverfahren zulässig sind. Das gilt namentlich für § 132 Abs. 3. Danach ist eine Änderung des öffentlichen Auftrags ohne neues Vergabeverfahren zulässig, wenn sich der **Gesamtcharakter** des Auftrags nicht ändert und der Wert der Änderung bestimmte Eckwerte nicht übersteigt. Bewegt sich der neu ausgeschriebene Auftrag im Vergleich zum ursprünglichen Gegenstand in diesem Rahmen, kann hinreichende wirtschaftliche Identität im hier interessierenden Sinne angenommen werden. Aber selbst wenn der Umfang des ursprünglichen Auftrags iSv § 132 Abs. 1 S. 3 Nr. 3 erheblich ausgeweitet wurde, wäre zusätzlich zu prüfen, ob die neu hinzu gekommenen Gegenstände anderen rechtlichen Regelungen unterliegen und **objektiv trennbar** sind. Ist beides zu bejahen, könnten die neu hinzugekommenen Auftragsteile nach § 111 Abs. 1 getrennt vergeben werden. Dann kann

---

[116] BGH Urt. v. 20.11.2012 – X ZR 108/10, NZBau 2013, 180 Rn. 16 – Friedhofserweiterung; BGH Urt. v. 15.1.2013 – X ZR 155/10, NZBau 2014, 319 Rn. 12 – Parkhaussanierung; BGH Urt. v. 6.10.2020 – XIII ZR 21/19, NZBau 2021, 57 Rn. 13 – Ortenau-Klinikum.

[117] BGH Urt. v. 18.9.2007 – X ZR 89/04, NZBau 2008, 137 Rn. 8; BGH Urt. v. 26.1.2010 – X ZR 86/08, NZBau 2010, 387 Rn. 16 mwN – Abfallentsorgung; BGH Urt. v. 6.10.2020 – XIII ZR 21/19, NZBau 2021, 57 Rn. 23 ff. – Ortenau-Klinikum.

[118] BGH Urt. v. 5.11.2002 – X ZR 232/00, NZBau 2003, 168; BGH Urt. v. 16.12.2003 – X ZR 282/02, NZBau 2004, 283 f.

[119] So Willenbruch/Wieddekind/*Scharen* Rn. 58 unter Hinweis auf BGH Urt. v. 16.12.2003 – X ZR 282/02, NZBau 2004, 283 f.

[120] Vgl. dazu auch BGH Beschl. v. 7.1.2014 – X ZB 15/13, BGHZ 199, 327 Rn. 17 ff. = NZBau 2014, 185 – Stadtbahnprogramm Gera.

83 dem entgangenen Gewinn einklagenden Bieter bei der gebotenen wertenden Betrachtung möglicherweise aber auch nicht entgegengehalten werden, der ursprüngliche und der erteilte Auftrag seien nicht identisch.

83 Die erforderliche Identität oder wirtschaftliche Gleichartigkeit fehlt demgegenüber generell, wenn der vergebene Auftrag im Vergleich zu dem zunächst ausgeschriebenen Vorhaben wesentlich abgeändert worden ist. Unberücksichtigt müssen wiederum solche Unterschiede bleiben, die allein durch die spätere Ausführung der Arbeiten veranlasst sind, wie beispielsweise eine in der späteren Ausschreibung enthaltene Wintersicherung.[121] Die erforderliche Identität hat der BGH konkret in einem Fall verneint, in dem die ursprünglich ausgeschriebenen Arbeiten die Herstellung eines Gebäudes in Verblendmauerwerk vorsahen, während der später erteilte Auftrag die Erd-, Maurer- und Betonarbeiten für ein mit einem Wärmedämmputz versehenes Gebäude betraf und damit eine wesentliche technische Beschaffenheit des Gebäudes ebenso wie sein äußeres Erscheinungsbild unterschiedlich definiert waren. Hinzu kamen erzielte Kosteneinsparungen, was die wirtschaftliche Unterschiedlichkeit der beiden Vergabeverfahren unterstrich.[122]

84 **3. Mögliche Ausnahmen von der Schadensersatzpflicht.** Auch wenn ein (erstes) Vergabeverfahren rechtswidrig aufgehoben und der wirtschaftlich identische Auftrag anschließend tatsächlich vergeben wurde, folgt daraus nicht mit ausnahmslosem Automatismus, dass der Auftraggeber demjenigen auf das positive Interesse haftet, der den Zuschlag im ersten Verfahren bei ordnungsgemäßer Weiterführung hätte erhalten müssen. Für den auf entgangenen Gewinn gerichteten Schadensersatzanspruch ist die Erteilung des Auftrags nach Aufhebung des Vergabeverfahrens nach rechtswidriger Aufhebung eines (ersten) Vergabeverfahrens zwar **notwendige, nicht aber ausnahmslos hinreichende Voraussetzung.**

85 **a) Ältere BGH-Rechtsprechung: Keine Ersatzpflicht bei Aufhebung aus sachlichen und willkürfreien Gründen.** Der BGH hat in einer älteren Entscheidung ausgesprochen, eine den entgangenen Gewinn einschließende Ersatzpflicht könne sich ergeben, wenn der Auftrag nach Aufhebung des ersten Vergabeverfahrens in einem neuen Ausschreibungsverfahren erteilt wird, ohne dass sich für die vorausgegangene – nicht von § 63 Abs. 1 S. 1 VgV oder § 17 VOB/A gedeckte – Aufhebung des ersten Verfahrens sachliche und willkürfreie Gründe feststellen lassen.[123] Das besagt im Gegenschluss, dass ein Anspruch auf das positive Interesse bestehen kann, wenn der Auftraggeber das erste Vergabeverfahren aus unsachlichen und willkürlichen Gründen aufgehoben hat. Von einem sachlichen und willkürfreien Grund zur Aufhebung wird beispielsweise ausgegangen werden können, wenn der öffentliche Auftraggeber von der Ausführung deshalb Abstand nimmt, weil er im Nachhinein erkennt, dass die Mittel für die Beschaffung besser anderweitig einzusetzen sind bzw. besser ganz eingespart werden sollten, oder er weil er zu dem Ergebnis kommt, dass der Ausschreibungsgegenstand seinen Bedarf nicht optimal abdeckt oÄ. Dann war das Vorhaben nicht konsequent genug durchkonzipiert, aber darin liegt keine Willkür zum Nachteil bestimmter Bieter. Deren Interessen ist in solchen Fällen hinreichend Genüge getan, wenn ihnen der Aufwand für die Angebotserstellung erstattet wird. Begründet der Auftraggeber die Aufhebung so, ist gleichwohl eine **kritische Bewertung geboten,** wenn der Auftrag dann doch vergeben wird. Von solchen Fallgestaltungen nochmals zu unterscheiden sind solche Fälle, in denen der Beschaffungsbedarf nachträglich ganz entfallen ist. In solchen Fällen kommt der Aufhebungsgrund des § 63 Abs. 1 S. 1 Nr. 4 VgV, § 17 Abs. 1 Nr. 3 VOB/A nach der Rechtsprechung des BGH in Betracht.[124]

86 **b) Ersatzpflicht bei Aufhebung zum Zwecke anderweitiger Vergabe oder vergleichbarem spezifischem Unrechtsmoment.** Ob die Voraussetzungen für die Zuerkennung des positiven Interesses vorliegen oder umgekehrt Umstände, die der Haftung des öffentlichen Auftraggebers entgegenstehen, ist in jedem Einzelfall eine Frage der gesamten Umstände, unter denen es zur Aufhebung des Vergabeverfahrens und anschließender Neuvergabe gekommen ist. Es geht generell um Fallgestaltungen, in denen der Auftraggeber ein Vergabeverfahren ohne einen in § 63 Abs. 1 S. 1 VgV oder § 17 VOB/A anerkannten Grund aufhebt, den Auftrag danach aber doch vergibt. Entscheidend für den Haftungsumfang ist, ob seine Entschließungen von Gründen getragen sind, **die eine Haftung auf das positive Interesse als unbillig erscheinen lassen,** oder ob umgekehrt **spezifische Unrechtsmomente** vorliegen, die die Zuerkennung **des positiven Interesses** rechtfertigen.

---

[121] BGH Urt. v. 5.11.2002 – X ZR 232/00, NZBau 2003, 168 (169); BGH Urt. v. 16.12.2003 – X ZR 282/02, NJW 2004, 2165; BGH Urt. v. 21.2.2006 – X ZR 39/03, NZBau 2004, 456 f.; vgl. auch Willenbruch/Wieddekind/*Scharen* Rn. 58.
[122] BGH Urt. v. 5.11.2002 – X ZR 232/00, NZBau 2003, 168 f.
[123] BGH Urt. v. 8.9.1998 – X ZR 99/96, NJW 1998, 3640 ff., insoweit in BGHZ 139, 280 ff. nicht abgedruckt.
[124] BGH NZBau 2021, 279 Rn. 17 – Flüchtlingsunterkunft.

VI. Positives Interesse

In der Entscheidung „Fahrbahnerneuerung I" hat der BGH die Voraussetzungen für einen Anspruch auf Erstattung des positiven Interesses konkretisiert. Der Anspruch auf das positive Interesse kann gegeben sein, wenn der öffentliche Auftraggeber die Aufhebung des Vergabeverfahrens in **rechtlich zu missbilligender Weise** dazu einsetzt, die formalen Voraussetzungen dafür zu schaffen, den Auftrag außerhalb des eingeleiteten Vergabeverfahrens an einen bestimmten Bieter oder unter anderen Voraussetzungen bzw. in einem anderen Bieterkreis vergeben zu können,[125] also dolos und anstößig handelt.

An diese Entscheidung knüpft der BGH in der Entscheidung „Flüchtlingsunterkunft" an. Ein Anspruch auf das positive Interesse kommt namentlich dann in Betracht, wenn der öffentliche Auftraggeber das Vergabeverfahren aufhebt, um den Auftrag außerhalb des eingeleiteten Vergabeverfahrens an einen anderen Bieter vergeben zu können.[126] Das Adverb „namentlich" indiziert, dass auch andere Hintergründe die Haftung des Auftraggebers auf das positive Interesse nach sich ziehen können. Vorauszusetzen ist, dass sie einen vergleichbaren Unrechtsgehalt in sich tragen. Typischerweise wird der in beiden Entscheidungen exemplarisch genannte Grund zum Tragen kommen. Die Vergabe an einen Bieter, dessen Angebot zwar nicht nach den im Vergabeverfahren zugrunde gelegten Wirtschaftlichkeitskriterien das günstigste ist, das aber aus was für Gründen auch immer den Auftrag erhalten soll, wird als **typischer Fall vergaberechtswidriger Motivation** für die Auftragsvergabe angesehen werden können. Auf derartige und vergleichbare Zusammenhänge ist die Formel des BGH gemünzt. Die Sanktionierung mit dem das positive Interesse einschließenden Schadensersatzanspruch kommt (nur) in Betracht, wenn für die Aufhebung und anschließend doch erfolgte Vergabe des Auftrags keine sachlichen und willkürfreien Motive festgestellt werden können. Unsachlich und willkürlich wäre es gleichermaßen, das Vergabeverfahren aufzuheben, nur um einem bestimmten Bieter **den Zuschlag vorzuenthalten,** obwohl er ihn eigentlich erhalten müsste.

c) Keine Voraussetzungen für positives Interesse in den Fällen „Fahrbahnerneuerung I" und „Flüchtlingsunterkunft". In „Fahrbahnerneuerung I" war die Leistungsbeschreibung so formuliert gewesen, dass sie eine unerwünschte Ausführung der Fahrbahndecke in zwei Streifen einschloss. Diese Variante lag indes dem gemäß den Wertungskriterien „günstigsten" Angebot zugrunde. Um nicht dieses tatsächlich unwirtschaftliche Angebot annehmen zu müssen, entschloss sich die Vergabestelle zur Aufhebung des Vergabeverfahrens. Diese war nicht von § 17 EU Abs. 1 VOB/A gedeckt und somit vergaberechtswidrig. Der Auftraggeber konnte sich, da er die Vergabeunterlagen so mehrdeutig verfasst hatte, dass darunter auch diese unwirtschaftliche Ausführungsvariante fiel, nicht auf den Rechtssatz berufen, dass der auf Ersatz des Erfüllungsinteresses gerichtete Schadensersatzanspruch jedenfalls aus Kausalitätsgründen nur gerechtfertigt sein kann, wenn der Kläger bei in jeder Hinsicht ordnungsgemäßem Vergabeverfahren den Auftrag hätte erhalten müssen.[127] Denn dass der Auftraggeber seinen Bedarf so mehrdeutig definiert, dass eine unwirtschaftliche Ausführung darunter fällt, ist kein Umstand, der die Ordnungsgemäßheit des Vergabeverfahrens betraf. Damit ist vielmehr gemeint, dass der Bieter bei rechtmäßiger Anwendung der Vergabebestimmungen, namentlich der Bestimmungen über die Eignung und den Ausschluss und die Wertung der Angebote den Zuschlag hätte erhalten müssen. Aber ebenso wenig lag eine dolose und anstößige Motivation für die Aufhebung und anschließende Neuvergabe vor, sodass die Zuerkennung des positiven Interesses ausschied.

In „Flüchtlingsunterkunft" ging es um die Ausschreibung für die schlüsselfertige Errichtung eines Mehrfamilienhauses zur Unterbringung von Flüchtlingen. Nachdem die Klägerin, die das günstigste Angebot abgegeben hatte, in eine zweite Bindefristverlängerung nicht mehr eingewilligt hatte, hob die Beklagte die Ausschreibung auf und berief sich auf Wegfall des Beschaffungsbedarfs durch Rückgang der Zahl der unterzubringenden Flüchtlinge. Sie schrieb aber ein Bauprojekt in der gleichen Lage und mit demselben Leistungsverzeichnis in engem zeitlichem Zusammenhang mit dem ersten Verfahren erneut aus. Die Klägerin wurde zur Abgabe eines Angebots aufgefordert, erhielt dort den Zuschlag nicht und verlangte entgangenen Gewinn sowie die Erstattung ihrer Kosten für die Erstellung des Angebots im ersten Vergabeverfahren. Der Ablauf der Ereignisse wurde dahin bewertet, dass die Beklagte sich zunächst nicht entschließen können, wie ursprünglich vorgesehen mit dem Bau des Gebäudes zu beginnen und Zeit gewinnen wollen. Nachdem dies durch eine weitere Verlängerung der Bindefrist nicht mehr möglich war, sei sie in die Aufhebung der Ausschreibung ausgewichen. Damit war einerseits kein nachträglicher Wegfall des Beschaffungsbedarfs gegeben; das Verhalten der Beklagten zielte andererseits aber auch nicht auf die Vergabe an einen in

---

[125] BGH Beschl. v. 20.3.2014 – X ZB 18/13, NZBau 2014, 310 – Fahrbahnerneuerung I.
[126] BGH Urt. v. 8.12.2020 – XIII ZR 19/19, NZBau 2021, 279 Rn. 29 – Flüchtlingsunterkunft.
[127] BGH Urt. v. 18.9.2007 – X ZR 89/04, NZBau 2008, 137 Rn. 8; BGH Urt. v. 26.1.2010 – X ZR 86/08, NZBau 2010, 387 Rn. 16 mwN – Abfallentsorgung.

dem aufgehobenen Verfahren nicht zuschlagsberechtigten Auftragnehmer, sondern auf Zeitgewinn. Damit war keine zur Erstattung des positiven Interesses verpflichtende Motivation der Beklagten feststellbar. In der anschaulichen Diktion des BGH lagen keine Anhaltspunkte dafür vor, dass die Auftragsvergabe in dem zweiten Vergabeverfahren wertungsmäßig einem rechtswidrigen Zuschlag an einen anderen Bieter als die Klägerin im ersten, aufgehobenen Vergabeverfahren gleichzusetzen wäre.[128]

91 Welche Fallgestaltungen auch immer als solche Ausnahmen anzuerkennen sind, es handelt sich typischerweise um Überlegungen, Gründe und Abläufe, die sich in der Sphäre des Auftraggebers vollziehen und den Einblicken und der Beurteilung durch die Bieter entzogen sind. Steht ein an sich darlegungspflichtiger Kläger außerhalb des für seinen Anspruch erheblichen Geschehensablaufs und kennt der Beklagte alle wesentlichen Tatsachen, so kann von ihm nach stRspr im Rahmen des Zumutbaren das substantiierte Bestreiten der behaupteten Tatsache unter Darlegung der für das Gegenteil sprechenden Tatsachen und Umstände verlangt werden.[129] **Prozessual** greifen hier also **die Grundsätze der sekundären Darlegungslast ein** (→ Rn. 99). Dementsprechend muss der Auftraggeber, wenn er den Auftrag nach der Aufhebung des ersten Vergabeverfahrens vergeben hat und die Haftung auf das positive Interesse abwenden will, darlegen, aufgrund welcher Umstände die Haftung auf das positive Interesse trotz Vergaberechtswidrigkeit der Aufhebung zu verneinen sein soll.

92 **4. Inhalt des Anspruchs.** Der geschädigte Bieter kann als Schaden den Gewinn geltend machen, den er erzielt hätte, wenn er den anderweitig vergebenen Auftrag ausgeführt hätte. Ihm steht nach § 252 BGB aber auch die abstrakte Schadensberechnung offen. Nach der Beweisregel des § 252 S. 2 BGB[130] gilt als entgangen der Gewinn, welcher nach dem gewöhnlichen Lauf der Dinge oder nach den besonderen Umständen, insbesondere nach den getroffenen Anstalten und Vorkehrungen, mit Wahrscheinlichkeit erwartet werden konnte.[131] Entgangenem Gewinn steht im Rahmen der § 252 BGB, § 287 ZPO eine entgangene Verlustminderung durch fehlende Deckungsbeiträge gleich.[132]

93 Der entgangene Gewinn ergibt sich gleichsam **als Saldo** aus den Einnahmen, die erzielt worden wären und dem ersparten Aufwand, soweit er konkret der Auftragsausführung zugeordnet werden kann. Abzuziehen sind nach der Rechtsprechung des BGH ersparte Kosten für etwa zur Auftragsausführung benötigte Materialien und der gerade der Auftragsausführung zuzuordnende betriebliche Aufwand, die sog. Spezialunkosten, nicht aber die sog. Generalunkosten.[133] Dies begründet der BGH im Anschluss an die Rechtsprechung schon des RG[134] mit der betriebswirtschaftlichen Erwägung, dass der sich aus der Differenz zwischen den entgehenden Erlösen und den einzusparenden variablen Kosten (Spezialunkosten) ergebende Deckungsbeitrag (auch) zur Deckung der fixen Kosten dient.[135]

94 Der vom Auftragnehmer im Rahmen eines Einheitspreisvertrags auf der Grundlage des Formblatts 221 (VHB 2008) kalkulierte **Zuschlag für Wagnis** ist nicht als ersparte Aufwendung von der Vergütung nach § 649 S. 2 BGB, § 8 Nr. 1 Abs. 2 VOB/B (2006) abzuziehen, da hiermit das allgemeine unternehmerische Risiko abgesichert werden soll.[136] Nach den Grundsätzen der BGH-Rechtsprechung darf er dann auch nicht beim entgangenen Gewinn als ersparte Aufwendung abgezogen werden.

95 Im Zusammenhang mit Ansprüchen des Werkunternehmers aus § 649 BGB nach Kündigung durch den Werkbesteller hat der BGH als ersparte und somit abzugsfähige Positionen anerkannt: Ersparte Produktionskosten, Finanzierungskosten in Gestalt der kalkulatorischen Berücksichtigung der Vorleistung des Werkunternehmers, Kosten für Verpackung und Transport.[137] Solche Positionen sind auch im Rahmen des Anspruchs auf entgangenen Gewinn als erspart anzurechnen. Dagegen hat der BGH in derselben Entscheidung als nicht abzugsfähige Gemeinkosten eingeordnet: Kosten für Außendienst, Vertrieb, Werbung usw, Anteil Entwicklungskosten, Prüfung beim Materialprüfungsamt sowie ständige Überwachung und Ergänzung der Produkte, Kosten für Prüfungsergebnisse und technische Unterlagen; allgemeine Verwaltungskosten.[138]

---

[128] BGH Urt. v. 8.12.2020 – XIII ZR 19/19, NZBau 2021, 279 Rn. 36 ff. (40 f.) – Flüchtlingsunterkunft.
[129] StRspr, vgl etwa BGH Urt. v. 17.1.2008 – III ZR 239/06, NJW 2008, 982, 984 mwN.
[130] Zur Rechtsnatur vgl. MüKoBGB/*Oetker* BGB § 252 Rn. 31 mwN.
[131] Vgl. zur Schadensberechnung auch Willenbruch/Wieddekind/*Scharen* Rn. 66.
[132] BGH Urt. v. 6.2.2007 – X ZR 117/04, NJW 2007, 1806 Rn. 15 – Meistbegünstigungsklausel.
[133] Begriffe nach BGH Urt. v. 22.2.1989 – VIII ZR 45/88, BGHZ 107, 67 = NJW 1989, 1669.
[134] RG JW 1936, 797.
[135] BGH Urt. v. 22.2.1989 – VIII ZR 45/88, BGHZ 107, 67 = NJW 1989, 1669.
[136] BGH Urt. v. 24.3.2016 – VII ZR 201/15, BGHZ 209, 278 = NZBau 2016, 548.
[137] Vgl. BGH Urt. v. 14.1.1999 – VII ZR 277/97, BGHZ 140, 263 = NJW 1999, 1253.
[138] BGH Urt. v. 14.1.1999 – VII ZR 277/97, BGHZ 140, 263 (264, 269) = NJW 1999, 1253.

VII. Darlegungs- und Beweislast

Der Bieter, der im Zusammenhang mit einem Vergaberechtsverstoß das positive oder negative 96
Interesse ersetzt bekommen möchte, muss im Schadensersatzprozess die Tatsachen darlegen und ggf. beweisen, die die Schlussfolgerung tragen, dass im Rahmen des Vergabeverfahrens, auf das sich der geltend gemachte Anspruch bezieht, zwischen dem beklagten Auftraggeber und ihm selbst ein Schuldverhältnis iSv § 241 Abs. 2 BGB bestand, in welchem der Auftraggeber infolge eines Vergaberechtsverstoßes eine Rücksichtnahmepflicht aus § 241 Abs. 2 BGB verletzt hat. Der Notwendigkeit, den Vergabeverstoß darlegen und beweisen zu müssen, ist der Kläger enthoben, wenn insoweit in einem Nachprüfungsverfahren eine bestandskräftige Entscheidung der Vergabekammer bzw. die Entscheidung eines Vergabesenats oder ggf. des BGH ergangen ist, an die das ordentliche Gericht nach § 179 Abs. 1 gebunden ist.

Der Kläger muss des Weiteren zur Begründung seines Schadens grundsätzlich darlegen und 97
beweisen, dass ihm ohne den Vergaberechtsverstoß der Zuschlag hätte erteilt werden müssen.[139] Von dieser zuletzt genannten Verpflichtung ist er dann entbunden, wenn er Erstattung des negativen Interesses im Zusammenhang mit einer vergaberechtswidrigen Aufhebung des Vergabeverfahrens oder eines sonst mit der Einleitung des Vergabeverfahrens zusammenhängenden Verstoßes (→ Rn. 60 ff.) geltend macht.

Wenn der Schadensersatzanspruch nach der Rechtsprechung des BGH nur dem zusteht, der 98
bei gedachtem rechtmäßigem Verlauf des Vergabeverfahrens den Zuschlag hätte erhalten müssen (→ Rn. 54, 80), trifft den Anspruchsteller die Darlegungs- und Beweislast **auch für seine Eignung, das Fehlen von Ausschlussgründen und dafür, dass sein Preis nicht unangemessen hoch oder niedrig ist.** Diese Umstände müssen bei wertender Betrachtung ebenso als anspruchsbegründend eingeordnet werden, wie der Umstand, dass das Angebot des Klägers gemessen an den vorgegebenen Wertungskriterien das wirtschaftlichste Angebot war, was es rechtfertigt, die Beweislast dafür beim Kläger zu sehen. Allerdings werden hier regelmäßig weniger die Tatsachenfeststellungen problematisch sein, als vielmehr die rechtliche Bewertung meist unstreitiger Umstände.

Dennoch sind hier Besonderheiten zu beachten. Fehlende Eignung, das Bestehen von Ausschlussgründen oder eine unangemessene Preisbildung sind Schlussfolgerungen, die der Auftraggeber aus Fakten, Umständen oder Erkenntnissen zieht, die im Wesentlichen nur er überblickt, während sie den Einblicken des betroffenen Bieters entzogen sind. Deshalb greifen hier **die Grundsätze der sekundären Darlegungslast ein** (→ Rn. 91). Steht ein darlegungspflichtiger Kläger außerhalb des für seinen Anspruch erheblichen Geschehensablaufs und kennt der Beklagte alle wesentlichen Tatsachen, so kann von ihm nach stRspr im Rahmen des Zumutbaren das substantiierte Bestreiten der behaupteten Tatsache unter Darlegung der für das Gegenteil sprechenden Tatsachen und Umstände verlangt werden.[140] Nach stRspr trifft den Prozessgegner der beweisbelasteten Partei insoweit eine **sekundäre Darlegungslast,** deren Umfang sich nach den Umständen des Einzelfalls richtet, der der Gegner aber jedenfalls so konkret nachkommen muss, dass der beweisbelasteten Partei eine Widerlegung möglich ist.[141] 99

Soll im Schadensersatzprozess die Eignung eines Bieters verneint, oder soll angenommen werden, sein Angebot hätte aus sonstigen Gründen nicht gewertet werden dürfen, erfordert dies wertende Überlegungen, die der Auftraggeber vollziehen muss. Sind solche Umstände im Vergabeverfahren gar nicht zum Tragen gekommen, ist der Kläger dort also gar nicht für ungeeignet befunden oder ist sein Angebot gar nicht ausgeschlossen worden, kann und braucht er zu seiner Eignung und dem Fehlen etwaiger Ausschlussgründe eingehender erst dann vorzutragen, wenn der Auftraggeber entsprechenden Vortrag zur Verteidigung gehalten hat. Die dem Kläger obliegende Beweisführung hat dann zum Ziel, die vom Auftraggeber substanziiert vorgetragenen Zweifel an seiner Eignung oder an der Wertungsfähigkeit seines Angebots auszuräumen. 100

Ist das Vergabeverfahren aufgehoben worden und hängt die Beurteilung, ob ein rechtfertigender 101
Grund dafür vorlag, nicht von der rechtlichen Bewertung eines äußerlich feststehenden Sachverhalts ab, sondern von den tatsächlichen Voraussetzungen dafür, muss der klagende Bieter beweisen, dass der Auftraggeber zur Aufhebung berechtigt war. Hier trifft den Auftraggeber auch insoweit eine **sekundäre Darlegungslast** (→ Rn. 91, 99). Entsprechendes gilt für den Anspruch auf das positive Interesse. Einem Kläger wird es im Allgemeinen allenfalls unter großen Schwierigkeiten möglich sein darzulegen, dass die für die Vergabeentscheidung Verantwortlichen den Auftrag einem bestimmten Bieter zukommen lassen wollten oder umgekehrt, gerade nicht dem Bieter mit dem

---

[139] Zur Darlegungs- und Beweislast eingehend Willenbruch/Wieddekind/*Scharen* Rn. 64 ff.
[140] StRspr, vgl etwa BGH Urt. v. 17.1.2008 – III ZR 239/06, NJW 2008, 982, 984 mwN.
[141] Vgl. BGH Urt. v. 24.3.2010 – XII ZR 175/08, BGHZ 185, 1 Rn. 20 mwN = NJW 2010, 1813; Zöller/ *Greger* ZPO Vor § 284 Rn. 24 mwN.

günstigsten Angebot. Dagegen kann der öffentliche Auftraggeber seine Gründe für die Aufhebung und die anschließend doch erfolgte Auftragserteilung ohne Weiteres darlegen. Insoweit trifft ihn ebenfalls eine sekundäre Darlegungslast. Er hat darzutun, was ihm Veranlassung gegeben hat, den Auftrag trotz der vorangegangenen Aufhebung doch zu vergeben.

102 Anders liegt es, wenn der Auftraggeber in Bezug auf ein anderweitig vermeintlich vergaberechtswidrig verlaufenes Vergabeverfahren geltend macht, es hätte an sich ein anderer schwerwiegender und deshalb zur Aufhebung berechtigender Grund vorgelegen. Dann trifft den Auftraggeber selbst die **Darlegungs- und Beweislast für diesen Einwand** rechtmäßigen Alternativverhaltens. Nach allgemeinen Grundsätzen muss regelmäßig der Schädiger beweisen, dass der Schaden auch bei rechtmäßigem Alternativverhalten eingetreten wäre.[142]

VIII. Verjährung

103 Für die Verjährung des Schadensersatzanspruchs aus § 241 Abs. 2 BGB, § 280 Abs. 1 BGB gelten die allgemeinen Grundsätze. Insoweit wird auf die Ausführungen → § 180 Rn. 26 Bezug genommen.

IX. Konkurrierende Anspruchsgrundlagen

104 **1. Prinzipiell erfasste Verstöße.** Die Frage der Anwendbarkeit konkurrierender Anspruchsgrundlagen ist nicht zu trennen von der Frage, welchen Anwendungsbereich § 181 S. 2 selbst hat. Es geht um weiter reichende Ansprüche auf Schadensersatz als Sanktion für Verstöße gegen den Schutz von Unternehmen bezweckende vergaberechtliche Vorschriften in einem Teil 4 des GWB unterfallenden Vergabeverfahren (→ Rn. 19), ggf. um Ansprüche von Unternehmen gegen Unternehmen im Zusammenhang mit der Durchführung eines solchen Vergabeverfahrens. Für die Praxis bedeutet dies, dass andere Anspruchsgrundlagen nur von Interesse sind, soweit sie entweder tatbestandlich oder auf der Rechtsfolgenseite andere, vor allem günstigere Voraussetzungen für die Durchsetzung von Schadensersatzforderungen haben, als der auf eine Verletzung von Rücksichtnahmepflichten (§ 241 Abs. 2 BGB) gestützte Schadensersatzanspruch aus § 280 Abs. 1 BGB. Dafür wird selten Raum sein und Bedarf bestehen.

105 **2. Einzelheiten.** Eine verfahrensübergreifende Sperre für die Beteiligung an Vergabeverfahren[143] ist dem einzelnen Vergabeverfahren vorgelagert. Deshalb fallen aus diesem Sachverhalt hergeleitete Schadensersatzansprüche – etwa aus § 823 Abs. 1 BGB unter dem Gesichtspunkt des eingerichteten und ausgeübten Gewerbebetriebs[144] – nicht unter § 181 S. 2.

106 Wird Schadensersatz etwa mit der Begründung verlangt, der Auftraggeber habe ein Unternehmen in einem konkreten Vergabeverfahren ausgeschlossen, weil er die Voraussetzungen der Selbstreinigung (§ 125) zu Unrecht verneint habe, ist demgegenüber der Anwendungsbereich von § 181 S. 2 berührt, weil der Lebenssachverhalt, aus dem der Schadensersatzanspruch hergeleitet wird, sich auf einen behaupteten Verstoß gegen eine bieterschützende Bestimmung in einem konkreten Vergabeverfahren bezieht. Ein Eingriff in einen eingerichteten und ausgeübten Gewerbebetrieb liegt in einem solchen Fall regelmäßig aber nicht vor, weil es an der Betriebsbezogenheit fehlt.[145]

107 Verstöße gegen das grundgesetzliche Gleichbehandlungsgebot (Art. 3 GG) können über § 823 Abs. 2 BGB Schadensersatzansprüche auslösen.[146] Das Gleiche hat grundsätzlich auch für die Verletzung unionsrechtlicher Grundfreiheiten (Art. 18 Abs. 1 AEUV, Art. 34, 49, 56 AEUV) iVm § 823 Abs. 2 BGB zu gelten.

108 Soweit es die Anwendung von § 823 Abs. 2 BGB im Zusammenhang mit Vergaberechtsverstößen anbelangt, ist Bedarf dafür zwar grundsätzlich für Konstellationen anzuerkennen, in denen (noch) kein Schuldverhältnis iSv § 241 Abs. 2 BGB begründet worden ist. Ein mögliches Beispiel ist die Verletzung von Publizitätsvorschriften im Zusammenhang mit einem grenzüberschreitenden Interesse.[147] Die Schwierigkeiten bei der Durchsetzung entsprechender Schadensersatzansprüche in solchen Fällen liegen indes bei der schlüssigen Darlegung eines Schadens.[148]

---

[142] BGH Urt. v. 25.1.1992 – VIII ZR 170/91, BGHZ 120, 281 (287) = NJW 1993, 520.
[143] Vgl. dazu KG Urt. v. 8.12.2012 – 2 U 11/11, VergabeR 2012, 209.
[144] Vgl. etwa Willenbruch/Wieddekind/*Scharen* Rn. 69.
[145] Vgl. Willenbruch/Wieddekind/*Scharen* Rn. 69.
[146] Willenbruch/Wieddekind/*Scharen* Rn. 71.
[147] Vgl. dazu BGH Urt. v. 30.8.2011 – X ZR 55/10, NZBau 2012, 46 – Regenentlastung.
[148] Vgl. *Verfürth* in RKPP GWB Rn. 94.

Die Anwendung von § 826 BGB kann in extremen vorstellbaren Fallgestaltungen in Betracht 109
kommen, etwa bei kollusivem Zusammenwirken des Auftraggebers mit einem bestimmten Bieter
oder bei Bestechungsvorgängen.[149]

Als Anspruchsgrundlage für Schadensersatzansprüche **kommt grundsätzlich auch § 33a iVm** 110
§§ 33, 19, 20 in Betracht. Es ist jedoch zu bedenken, dass der Kläger dann die Markmacht des
Auftraggebers darzulegen hat. Das wird im Zusammenhang mit einem Schadensersatzanspruch kaum
je einen Vorteil bringen; der Schwerpunkt der Rechtsfolgen von verbotenem Verhalten marktbeherrschender oder marktmächtiger Auftraggeber wird deshalb bei den Unterlassungsansprüchen liegen.

§ 182 Kosten des Verfahrens vor der Vergabekammer

(1) ¹Für Amtshandlungen der Vergabekammern werden Kosten (Gebühren und Auslagen) zur Deckung des Verwaltungsaufwandes erhoben. ²Das Verwaltungskostengesetz vom 23. Juni 1970 (BGBl. I S. 821) in der am 14. August 2013 geltenden Fassung ist anzuwenden.

(2) ¹Die Gebühr beträgt mindestens 2 500 Euro; dieser Betrag kann aus Gründen der Billigkeit bis auf ein Zehntel ermäßigt werden. ²Die Gebühr soll den Betrag von 50 000 Euro nicht überschreiten; sie kann im Einzelfall, wenn der Aufwand oder die wirtschaftliche Bedeutung außergewöhnlich hoch ist, bis zu einem Betrag von 100 000 Euro erhöht werden.

(3) ¹Soweit ein Beteiligter im Verfahren unterliegt, hat er die Kosten zu tragen. ²Mehrere Kostenschuldner haften als Gesamtschuldner. ³Kosten, die durch Verschulden eines Beteiligten entstanden sind, können diesem auferlegt werden. ⁴Hat sich der Antrag vor Entscheidung der Vergabekammer durch Rücknahme oder anderweitig erledigt, ist die Hälfte der Gebühr zu entrichten. ⁵Die Entscheidung, wer die Kosten zu tragen hat, erfolgt nach billigem Ermessen. ⁶Aus Gründen der Billigkeit kann von der Erhebung von Gebühren ganz oder teilweise abgesehen werden.

(4) ¹Soweit ein Beteiligter im Nachprüfungsverfahren unterliegt, hat er die zur zweckentsprechenden Rechtsverfolgung oder Rechtsverteidigung notwendigen Aufwendungen des Antragsgegners zu tragen. ²Die Aufwendungen der Beigeladenen sind nur erstattungsfähig, wenn sie die Vergabekammer aus Billigkeit der unterlegenen Partei auferlegt. ³Hat sich der Antrag durch Rücknahme oder anderweitig erledigt, erfolgt die Entscheidung, wer die zur zweckentsprechenden Rechtsverfolgung oder Rechtsverteidigung notwendigen Aufwendungen anderer Beteiligter zu tragen hat, nach billigem Ermessen; in Bezug auf die Erstattung der Aufwendungen der Beigeladenen gilt im Übrigen Satz 2 entsprechend. ⁴§ 80 Absatz 1, 2 und 3 Satz 2 des Verwaltungsverfahrensgesetzes und die entsprechenden Vorschriften der Verwaltungsverfahrensgesetze der Länder gelten entsprechend. ⁵Ein gesondertes Kostenfestsetzungsverfahren findet nicht statt.

Schrifttum: *Czauderna*, Erledigung des Nachprüfungsantrags im Verfahren vor der Vergabekammer und Kostenentscheidung, VergabeR 2011, 421; *Gerold/Schmidt*, Rechtsanwaltsvergütungsgesetz, Kommentar, 25. Aufl. 2021; *Hoffmann-Klein*, Zur Berechnung des Streitwerts für das Nachprüfungsverfahren bei einseitiger vertraglicher Verlängerungsoption, Kurzbeitrag in Vergabe spezial 2014, 50; *Kins/Zimmermann*, Die Kosten der Rüge – Zum Ersatz der im Vergabeverfahren entstandenen Anwaltskosten vor der Anrufung der Vergabekammer, VergabeR 2014, 641.

Übersicht

		Rn.			Rn.
I.	Entstehungsgeschichte und Normzweck	1	2.	Kostenlast bei Verschulden (Abs. 3 S. 3)	9
II.	Kostenpflichtigkeit des Nachprüfungsverfahrens (Abs. 1 und 2)	2	3.	Antragsrücknahme oder anderweitige Erledigung (Abs. 3 S. 4)	10
1.	Grundsatz (Abs. 1)	2	4.	Kostenentscheidung nach Billigkeitsgesichtspunkten (Abs. 3 S. 5)	11
2.	Die Gebührenregelung in Abs. 2	3	5.	Gebührenermäßigung oder Gebührenbefreiung (Abs. 3 S. 6)	12
III.	**Kostengrundentscheidung (Abs. 3)**	6			
1.	Kostenlast (Abs. 3 S. 1 und 2)	6	IV.	**Aufwendungsersatz (Abs. 4)**	14

---
[149] Willenbruch/Wieddekind/*Scharen* Rn. 77.

		Rn.			Rn.
1.	Kostenerstattung an Antragsgegner und Beigeladene (Abs. 4 S. 1 und 2)	14	**VII.**	**Einzelfälle**	25
2.	Begriff der Aufwendungen	15	1.	Beigeladene	25
3.	Notwendigkeit der Hinzuziehung von anwaltlichem Rat	16	2.	Billigkeit, Erlass, Kostenquotelung	28
			3.	Privilegierung durch gesetzliche Gebührenbefreiung	33
4.	Kostenerstattung bei Antragsrücknahme (Abs. 4 S. 3)	17	4.	Rechtsanwälte, Notwendigkeit der Hinzuziehung	35
5.	Kostenfestsetzungsverfahren (Abs. 4 S. 5)	19	5.	Rechtsanwaltsgebühren	40
V.	**Kosten im Beschwerdeverfahren**	20	6.	Streitwert	47
VI.	**Rechtsanwaltskosten**	22	7.	Zuschlagsgestattungsverfahren	48

I. Entstehungsgeschichte und Normzweck

1 § 182 beinhaltet eine eigene Kostenregelung für das Nachprüfungsverfahren. § 182 übernimmt weitgehend wortgleich den bisherigen § 128, enthält jedoch **in Abs. 3 und 4 einige Änderungen**, die die bisher bestehenden sprachlichen Unklarheiten zum Umfang der Ermessensentscheidung über die Verteilung der Kostenlast nach Billigkeitsgesichtspunkten beseitigen und eine gleiche Behandlung von Verfahrenskosten und Aufwendungen zur Rechtsverteidigung herstellen. § 182 betrifft **nur das Verfahren vor der Vergabekammer,** nicht das Beschwerdeverfahren (→ Rn. 19). In der Gesetzesbegründung zur Reform 2009 wurde ausgeführt, dass die Regelung sich am verwaltungsrechtlichen Kostendeckungsprinzip orientiere und jeden potenziellen Bieter zur Abwägung des Risikos zwinge, ohne von der Inanspruchnahme des Rechtsschutzes abzuschrecken. Daran hat sich im Prinzip nichts geändert. Die neue Fassung der **Abs. 3 und 4** folgt der zwischenzeitlich zu der bisherigen redaktionell unklaren Fassung ergangenen Rechtsprechung und ermöglicht bei der Verteilung der Kostenlast insbesondere in Fällen der Erledigung oder Antragsrücknahme größere Einzelfallgerechtigkeit. Die Regelungen über die Gebührenhöhe und -tatbestände wurden § 80 Abs. 3 nachgebildet.[1] Die mit der **Reform 2009** eingeführte Erhöhung der Gebührenobergrenze blieb bestehen. Nach der damaligen Gesetzesbegründung sei dies nötig gewesen, da mit den bisherigen Gebühren die Kosten des Nachprüfungsverfahrens nicht gedeckt werden könnten.[2] Zu den Änderungen der Abs. 3 und 4 im Einzelnen s. dort. § 182 **bestimmt abschließend,** wie die Kostengrundentscheidung zu treffen ist. Die entsprechende Anwendung von Kostennormen aus anderen Verfahrensordnungen, die eine abweichende Kostenverteilung zuließen, kommt mangels einer planwidrigen Regelungslücke nicht in Betracht. Eine von den gesetzlichen Vorgaben abweichende **Kostenentscheidung aus Gründen der Einzelfallgerechtigkeit** scheint nach den erfolgten Änderungen, die einen erweiterten Entscheidungsrahmen einräumen, nicht mehr erforderlich, war aber auch nach der bisherigen Regelung nicht vorgesehen.[3]

II. Kostenpflichtigkeit des Nachprüfungsverfahrens (Abs. 1 und 2)

2   **1. Grundsatz (Abs. 1).** Der Grundsatz in **Abs. 1** bestimmt, dass die Kosten des Nachprüfungsverfahrens über die Erhebung von **Gebühren** und **Auslagen** gedeckt werden sollen. Das Verwaltungskostengesetz (VwKostG) wird für anwendbar erklärt. Zwar ist das Verwaltungskostengesetz idF v. 14.8.2013 mittlerweile außer Kraft getreten und wurde durch das Gesetz zur Strukturreform des Gebührenrechts des Bundes vom 7.8.2013 (BGBl. 2013 I 3154) ersetzt. Da es sich hier jedoch um eine statische Verweisung handelt, ist das Verwaltungskostengesetz bei § 182 weiter anzuwenden. Die Regelung des Abs. 1 hat zur Folge, dass die Beschlüsse im Nachprüfungsverfahren ebenso wie die Beschlüsse der zweiten Instanz eine Kostenentscheidung enthalten müssen, die sowohl die Kostenlast als auch die Höhe der Kosten bestimmen. Beschlüsse über Anträge nach **§ 169 Abs. 2** können die Kostenentscheidung der Hauptsacheentscheidung vorbehalten. Die Kostenentscheidung ist **isoliert mit der sofortigen Beschwerde anfechtbar.**[4] Was als **Auslagen** in Betracht kommen kann, ergibt sich aus **§ 10 VwKostG.** Da der allgemeine sachliche und personelle Aufwand der Vergabe-

---

[1] BT-Drs. 13/9340, 23.
[2] Gesetzesbegründung, Teil B, Nr. 23 (§ 128).
[3] OLG Koblenz Urt. v. 28.1.2009 – 1 Verg 5/08, IBRRS 2009, 0279.
[4] HM, BGH Urt. v. 23.11.2008 – X ZB 19/07, und zB OLG München Urt. v. 1.4.2008 – Verg 17/07, IBRRS 2008, 1081 = VergabeR 2008, 716 unter Hinweis auf BGH Urt. v. 25.10.2005 – X ZB 26/05, ZfBR 2006, 187; vgl. auch *Dreher/Stockmann* Rn. 13 m. umf. wN.

kammer bereits gem. **Abs. 2** in der Gebühr berücksichtigt wird, kommen nur die weiteren Auslagen in Betracht. Dies kann zB ein auf Grund des Umfanges der Vergabeakten außergewöhnlicher Aufwand für die Vorbereitung der Akteneinsicht sein oder ungewöhnlich hohe Kopierkosten, ggf. Kosten für Gutachter oder Zeugen, grundsätzlich auch Kosten für Dienstreisen, die in Nachprüfungsverfahren üblicherweise nicht notwendig sind. Für Auslagen gilt ein **strenges Kostendeckungsprinzip**, dh dem Kostenschuldner darf nur der Betrag in Rechnung gestellt werden, der tatsächlich verauslagt wurde.[5]

2. Die Gebührenregelung in Abs. 2. Abs. 2 regelt die Höhe der Gebühren, deren Basiswerte 3 zuletzt mit der Reform 2009 erhöht wurden. Die Regelhöchstgebühr betrug bis dahin 25.000 EUR und wurde auf **50.000 EUR** verdoppelt, der Rahmen für die Erhöhung im Einzelfall wurde ebenfalls verdoppelt von zuvor 50.000 EUR auf **100.000 EUR**. Als Begründung wurde angegeben, dass gerade in Fällen von besonderer wirtschaftlicher Bedeutung mit der bisherigen Regelhöchstgebühr häufig keine Kostendeckung erzielt worden sei.[6] Die Mindestgebühr von **2.500 EUR** blieb unverändert erhalten und kann auch weiterhin aus Billigkeitsgründen bis **auf 250 EUR ermäßigt** werden. Damit wird dem Umstand Rechnung getragen, dass die Effektivität des Rechtsschutzes nicht über die Kostenseite untergraben werden darf, zumal zu den Kosten der Vergabekammer ggf. die Kostenerstattung für die anderen Beteiligten hinzutreten kann. Wird der Rechtsschutz für die Unternehmen, insbesondere für kleine oder mittelständische Unternehmen, zum existenziellen Risikofaktor, wäre der europäischen Richtlinien nicht Genüge getan.

Wie die Bandbreite von 250 EUR bis zu 100.000 EUR genutzt und welche Gebühr im 4 Einzelfall festgesetzt werden soll, gibt das Gesetz nicht vor. Dies steht im **pflichtgemäßen Ermessen** der Vergabekammern[7] und ist im Beschwerdeverfahren nur daraufhin überprüfbar, ob Ermessensfehler gemacht wurden.[8] Die Ermessenserwägungen sind aus Gründen der Transparenz in der Entscheidung zumindest im Kern darzustellen. Bei der Festsetzung ist vom Wert des Verfahrensgegenstandes auszugehen.[9] Auch die **Gebühren** sind entsprechend dem **Kostendeckungsprinzip** zu bestimmen. Bei Gebühren lässt sich das Kostendeckungsprinzip jedoch nicht so streng wie bei Auslagen verfolgen, da sich nicht exakt berechnen lässt, wie viel ein bestimmtes Verfahren den Staat gekostet hat. Deshalb tritt zu dem Kostendeckungsprinzip das **Äquivalenzprinzip** hinzu.[10] Das bedeutet, dass zwischen der Gebühr für die Tätigkeit der Vergabekammer und dem Wert dieser Tätigkeit für die Beteiligten ein angemessenes Verhältnis bestehen muss. Damit ist die **wirtschaftliche Bedeutung des Gegenstandes** der gebührenpflichtigen Handlung für den Kostenschuldner **Ausgangspunkt** für die Gebührenbemessung.[11] Dies entspricht der Systematik des **§ 80**, dem **§ 182** nachgebildet wurde. Auf der Basis des Äquivalenzprinzips wurde von den Vergabekammern beim Bundeskartellamt eine gestaffelte **Gebührentabelle** entwickelt, die den geschätzten Auftragswerten bestimmte Gebührenbeträge zuordnet, damit die Kostenentscheidungen transparent bleiben und Gleichbehandlung gewahrt werden kann. Die meisten Vergabekammern der Länder haben diese Tabelle – vereinzelt mit geringfügigen Modifizierungen – übernommen. Sachsen-Anhalt hingegen gibt Richtwerte für die zu erhebenden Gebühren vor.[12] Thüringen hat eine eigene Gebührentabelle erlassen.[13] Die Festsetzung der Gebühren nach einer Staffeltabelle ist in der Rechtsprechung als zulässig akzeptiert worden.[14] Die Tabelle der Vergabekammern

---

[5] OLG Brandenburg Urt. v. 7.5.2008 – Verg W 2/08, IBRRS 2008, 2298.
[6] Gesetzesbegründung, Teil B zu Nr. 23 (§ 128).
[7] OLG Brandenburg Urt. v. 7.5.2008 – Verg W 2/08, IBRRS 2008, 2298; OLG Hamburg Beschl. v. 3.11.2008 – 1 Verg 3/08, IBR 2009, 51 (Kurzdarstellung) unter Hinweis auf OLG Koblenz Beschl. v. 16.2.2006 – 1 Verg 2/06, NZBau 2006, 740; OLG Naumburg Beschl. v. 9.4.2009 – 1 Verg 1/09, BeckRS 2009, 18432.
[8] OLG Koblenz Beschl. v. 16.2.2006 – 1 Verg 2/06, NZBau 2006, 740.
[9] BGH Beschl. v. 25.10.2011 – X ZB 5/10, BeckRS 2012, 2820; OLG Hamburg Beschl. v. 3.11.2008 – 1 Verg 3/08, IBR 2009, 51 (Kurzdarstellung).
[10] OLG Hamburg Beschl. v. 3.11.2008 – 1 Verg 3/08, IBR 2009, 51 (Kurzdarstellung); OLG Brandenburg Urt. v. 7.5.2008 – Verg W 2/08, IBRRS 2008, 2298 jeweils mwN; zur eigenständigen kostenrechtlichen Berücksichtigung des Eilverfahrens OLG Naumburg Beschl. v. 25.2.2015 – 2 Verg 2/14, BeckRS 2015, 10374.
[11] OLG Hamburg Beschl. v. 3.11.2008 – 1 Verg 3/08, IBR 2009, 51 (Kurzdarstellung); OLG Brandenburg Urt. v. 7.5.2008 – Verg W 2/08, IBRRS 2008, 2298.
[12] Gebilligt mit der Maßgabe der Eigenschaft der Tabelle als Richtwert durch OLG Naumburg Beschl. v. 3.9.2001 – 1 Verg 6/00VK, BeckRS 2001, 31356950.
[13] VK Thüringen Beschl. v. 20.5.2008 – 250-4003.20-1121/2008-011-EF, IBRRS 2008, 4230; VK Thüringen Beschl. v. 4.1.2019 – 250-4002-8706/2018-E-027-EF, VPRRS 2019, 0184 (aktueller Stand der Gebührentabelle: 1.1.2010).
[14] HM, OLG Hamburg Beschl. v. 3.11.2008 – 1 Verg 3/08, IBR 2009, 51 (Kurzdarstellung); OLG Brandenburg Urt. v. 7.5.2008 – Verg W 2/08, IBRRS 2008, 2298; OLG Düsseldorf Beschl. v. 6.7.2016 – Verg 44/13, IBRRS 2017, 0711 = VergabeR 2017, 415.

beim Bundeskartellamt ist nicht offiziell bekannt gemacht worden, wurde aber verschiedentlich veröffentlicht.[15] Anknüpfungspunkt für die Gebührenhöhe ist danach die **Bruttoauftragssumme,** die sich danach bestimmt, von welchem objektiven Wert der zu vergebenden Leistungen zum Zeitpunkt der Stellung des Nachprüfungsantrages ausgegangen werden durfte.[16] Für die Bemessung des Bruttoauftragswerts ist von § 3 VgV zur Schätzung des Auftragswerts auszugehen. Sind danach **Optionsrechte** oder **Vertragsverlängerungen** vorgesehen, sind diese bei der Berechnung des Bruttoauftragswertes zu berücksichtigen.[17]

5   **Die Möglichkeit, Gebühren aus Gründen der Billigkeit zu senken,** besteht sowohl nach **Abs. 2 als auch nach Abs. 3,** wobei sie unter den Voraussetzungen des Abs. 3 ganz entfallen können. In der Praxis werden die Sachverhalte häufig nah beieinander liegen, sodass hier keine praktischen Probleme auftreten. **Basis für die Absenkung der Gebühr können Überlegungen sein,** inwieweit der Vergabekammer durch eine frühzeitige Antragsrücknahme nur geringer Aufwand entstanden ist oder die volle Gebühr angesichts des geschätzten Auftragswerts nicht adäquat erscheint und uU den Antragsteller wirtschaftlich in Schwierigkeiten bringen würde. Berücksichtigt werden kann auch, welche Informationen der öffentliche Auftraggeber dem Antragsteller gegeben hat, um ihm eine sachgerechte Prüfung der Erfolgsaussichten eines Nachprüfungsantrages zu ermöglichen (liegt der Bieter mit dem Preis auf einem der hinteren Ränge, sodass ihm eine Korrektur eines ggf. vorhandenen Fehlers nicht weiterhelfen würde, enthält ihm der Auftraggeber aber diese Information vor, kann die Auferlegung einer nicht abgesenkten Gebühr ungerecht erscheinen). Praktisch kommt die Möglichkeit überwiegend in den Fallgestaltungen des Abs. 3 zur Anwendung (→ Rn. 11 ff.). Zu entscheiden ist nach pflichtgemäßem Ermessen, wobei bei sich nicht aufdrängenden Sachverhalten die Erwägungen hierzu darzulegen sind. Im Falle eines Nachprüfungsverfahrens, in dem die Vergabeakten nicht beigezogen werden mussten und keine mündliche Verhandlung durchzuführen war, wurde es als Ermessensfehler angesehen, **ohne jede Begründung** nicht die Mindestgebühr, sondern die Basisgebühr festzusetzen.[18] **Die Möglichkeit, die Regelhöchstgebühr bis zu ihrem doppelten Wert zu erhöhen,** ist ausdrücklich auf **Einzelfälle mit bestimmten Voraussetzungen** begrenzt. Nur wenn die Voraussetzungen des **außergewöhnlich hohen Aufwandes** oder der **außergewöhnlich hohen wirtschaftlichen Bedeutung** vorliegen, kann von dieser Möglichkeit Gebrauch gemacht werden. Als erhöhter Aufwand können besonders umfangreiche und komplexe Verfahren oder auch ein während des Nachprüfungsverfahrens gestellter **Antrag auf Zuschlagsgestattung nach § 169 Abs. 2** in Betracht kommen. Da die Regelhöchstgebühr schon einen sehr hohen Auftragswert voraussetzt, muss der wirtschaftliche Wert für eine Erhöhung der Gebühr deutlich über den Bruttoauftragswerten liegen, die ansonsten hier zugeordnet werden. Die Gebühr ist **nicht automatisch zu verdoppeln,** sondern auch die Erhöhung muss nach pflichtgemäßem Ermessen an dem Maß des Mehraufwandes oder dem Mehr an wirtschaftlicher Bedeutung orientiert werden. In der Praxis wird dieser Fall zu Recht selten bleiben, da über die Kosten der Weg in den Rechtsschutz blockiert werden darf.

III. Kostengrundentscheidung (Abs. 3)

6   **1. Kostenlast (Abs. 3 S. 1 und 2).** Die Kosten trägt, wer im Nachprüfungsverfahren unterliegt. Abs. 3 erfasst trotz der zwischen den Begriffen „Gebühren" und „Kosten" wechselnden Terminologie die Gebühren (und Kosten) der Vergabekammer. Für die **Beurteilung des Unterliegens** eines Beteiligten im Nachprüfungsverfahren ist der Ausgang des Verfahrens im Verhältnis zu den gestellten Anträgen maßgeblich. Dies erfordert eine wertende Betrachtung, da die Vergabekammer gem. **§ 168 Abs. 1 S. 2** an die gestellten Anträge nicht gebunden ist.[19] Da es üblicherweise **Ziel des Auftraggebers** ist, sein Vergabeverfahren im begonnenen Sinne fortzuführen, kommt es unabhängig vom konkret formulierten Nachprüfungsziel deshalb darauf an, ob die Vergabekammer eine Verletzung der subjektiven Rechte des antragstellenden Unternehmens feststellt, in das Vergabeverfahren eingreift und Maßnahmen ausspricht, um die Rechtmäßigkeit des Verfahrens wieder herzustellen. Bei den **Zielen des antragstellenden Unternehmens** ist wertend die Zielrichtung des konkreten Antrags zu betrachten: **entspricht die Entscheidung der Vergabekammer der Zielrichtung des Antrags,** wenn auch aus anderem Grund, ist vom Unterliegen des öffentlichen Auftraggebers auszugehen. Wurden mehrere Anträge gestellt (Haupt- und Hilfsanträge), mit denen

---

[15] ZB *Dreher/Stockmann* Rn. 5.
[16] OLG Naumburg Beschl. v. 9.4.2009 – 1 Verg 1/09, BeckRS 2009, 18432; OLG Düsseldorf Beschl. v. 10.11.2008 – VII-Verg 45/08, BeckRS 2009, 05993.
[17] OLG Düsseldorf Beschl. v. 10.11.2008 – VII-Verg 45/08, BeckRS 2009, 05993.
[18] OLG Hamburg Beschl. v. 3.11.2008 – 1 Verg 3/08, IBR 2009, 51 (Kurzdarstellung).
[19] OLG Frankfurt a. M. Beschl. v. 16.5.2000 – 11 Verg 1/99, NZBau 2001, 101 f.; OLG Naumburg Beschl. v. 9.10.2008 – 1 Verg 8/08, BeckRS 2008, 22390.

verschiedene Ziele verfolgt werden (zB Neubewertung, hilfsweise Aufhebung), kann daher ein anteiliges Unterliegen in Betracht kommen. Da die Regelung die Kostenlast den unterliegenden Beteiligten zuordnet, **soweit** sie unterliegen, hat ein **teilweises Obsiegen oder Unterliegen** eine entsprechende **Kostenteilung** zur Folge.

Beigeladene können ebenfalls obsiegen oder unterliegen, wenn sie **durch eigene Anträge,** 7 Schriftsätze oder die Abgabe von Erklärungen in der mündlichen Verhandlung ein **Rechtsschutzziel erkennen lassen.** Beteiligt sich das beigeladene Unternehmen hingegen nicht am Verfahren und zeigt auch keine – einem Beitritt als Streithelfer vergleichbare – Unterstützungshandlung, kommt auch eine kostenrechtliche Beteiligung nicht in Betracht. Allein auf Information gerichtete Handlungen wie Akteneinsichtnahme oder Teilnahme an der mündlichen Verhandlung sowie die Beantwortung von Fragen oder allgemeine Hinweise zum Sachverhalt in der mündlichen Verhandlung lassen kein Rechtsschutzziel erkennen.[20] Wenn keine Anträge gestellt werden, muss die Unterstützungshandlung vergleichbar eindeutig ein Rechtsschutzziel erkennen lassen, das über das selbstverständliche Interesse des zum Zuschlag vorgesehenen Unternehmens hinausgeht. Die rein informelle Teilnahme am Nachprüfungsverfahren führt grundsätzlich weder zur Kostenbeteiligung noch zur Kostenerstattung.[21]

Die Haftung mehrerer Kostenschuldner als **Gesamtschuldner** richtet sich nach den zivilrechtli- 8 chen Bestimmungen der **§§ 421 ff. BGB,** insbesondere gilt auch **§ 426 BGB** für den Ausgleich im Innenverhältnis.

2. Kostenlast bei Verschulden (Abs. 3 S. 3). Die Regelung zur Kostenlast bei Verschulden 9 (Abs. 3 S. 3) wurde mit der Reform 2009 eingeführt. Die Gesetzesbegründung 2009 führte dazu aus, dass mit dieser Änderung „zB das „Verschulden" einer Antragstellung bei der Kostenfestsetzung zu berücksichtigen und die Kosten aufzuteilen" ermöglicht werde.[22] Denkbar sind hier Fälle, in denen ein Unternehmen zur **Antragstellung veranlasst wurde durch vorenthaltene oder fehlerhafte Informationen** des öffentlichen Auftraggebers,[23] zB durch eine falsche Begründung in der Information über den Ausgang des Vergabeverfahrens oder die Verweigerung der Auskunft darüber, auf welchem Rangplatz das eigene Angebot in der Wertung gelangt ist. Wird nicht der zutreffende Grund für den Misserfolg des eigenen oder den Erfolg des ausgewählten Angebots mitgeteilt und dadurch der Nachprüfungsantrag provoziert, dieser aber nach Kenntnis der tatsächlichen Lage zurückgenommen, kann anders als bisher bei der Kostenentscheidung berücksichtigt werden, dass der Antrag bei zutreffender Information des Unternehmens nicht gestellt worden wäre. Verschulden kann auch in einer Verzögerung eines sich aufdrängenden Verhaltens liegen. Erkennt der Auftraggeber, dass die Rüge berechtigt ist, wartet aber ab, ob und bis tatsächlich ein Nachprüfungsantrag gestellt wird, ehe er dem Begehren des Antragstellers entspricht, hat er damit den Nachprüfungsantrag „verschuldet". Es wäre nicht sachgerecht, dem Antragsteller die Kosten aufzuerlegen. Für die Frage des Verschuldens ist zu berücksichtigen, dass Vergabeverfahren als Geheimwettbewerbe durchgeführt werden und dem antragstellenden Unternehmen regulär nur die Bekanntmachung, die Verdingungsunterlagen und ggf. die Information über die beabsichtigte Zuschlagserteilung als Grundlage für die Abwägung, ob ein Nachprüfungsantrag sinnvoll sein kann, zur Verfügung steht. **Der sachgerechten und umfassenden Information durch den Auftraggeber im Rahmen der Mitteilung über den beabsichtigten Zuschlag oder im anschließenden Rügeverfahren kommt daher für die Frage des Verschuldens hohe Bedeutung zu;** dies umso mehr, als nach **§ 160 Abs. 3 Nr. 4** dem nicht erfolgreichen Unternehmen nach Zurückweisung der Rüge nur 15 Kalendertage bleiben, um den Nachprüfungsantrag zu stellen, da nach Ablauf dieser Frist der Antrag unzulässig wäre. Diese Frist wird in der Regel nicht für umfangreiche oder tiefgründige eigene Ermittlungen eines Unternehmens reichen, das Rechtsschutz in Anspruch nehmen will. Umgekehrt kann hier, unabhängig von ggf. möglichen Schadensersatzansprüchen aus **§ 180,** auch eine **besonders leichtfertige oder missbräuchliche Antragstellung** berücksichtigt werden, wenn der Antragsteller den Sachverhalt auch im Rahmen der gegebenen Möglichkeiten gar nicht erst geprüft hat oder sich nicht wirklich Erfolgsaussichten

---

[20] HM, BGHZ 169, 131 (152 f.) = NVwZ 2007, 240; OLG München Urt. v. 1.4.2008 – Verg 17/07, VergabeR 2008, 716 f. = IBRRS 2008, 1081; OLG Celle Beschl. v. 27.8.2008 – 13 Verg 2/08, VergabeR 2009, 105.

[21] HM, zB Zur Erstattung an Beigeladene: OLG Düsseldorf Beschl. v. 19.2.2002 – Verg 33/01, VergabeR 2003, 111 f.; zur Erstattungspflicht von Beigeladenen: OLG Düsseldorf Beschl. v. 15.6.2000 – Verg 6/00, NZBau 2000, 440 f.; zur Kostenerstattung an die Beigeladene: OLG Naumburg Beschl. v. 23.12.2014 – 2 Verg 14/11, BeckRS 2015, 00927; zur Kostenpflicht der Beigeladenen: OLG Celle Beschl. v. 24.9.2014 – 13 Verg 9/14, BeckRS 2014, 18493.

[22] Gesetzesbegründung, BT-Drs. 16/10117, Teil B Nr. 23 (§ 128) zu lit. c.

[23] OLG Karlsruhe Beschl. v. 29.5.2020 – 15 Verg 2/20, ZfBR 2020, 806.

verspricht, sondern andere Motive, zB die Störung des weiteren Verfahrens, für die Antragstellung ausschlaggebend waren.

10 **3. Antragsrücknahme oder anderweitige Erledigung (Abs. 3 S. 4). Abs. 3 S. 4 hat mit der Reform 2016 einige wesentliche Änderungen erfahren.** Während bisher im Falle einer **Antragsrücknahme oder anderweitiger Erledigung (Abs. 3 S. 4)** vor einer bestandskräftigen Entscheidung der Vergabekammer der Antragsteller die Hälfte der Gebühr zu entrichten hatte, ist nunmehr zunächst nur gesagt, dass die Hälfte der Gebühr zu entrichten ist, ohne den Kostenträger zu bestimmen. Durch den Verzicht auf die bisherige Festlegung, dass der Antragsteller die Hälfte der Kosten zu tragen habe, wird die frühere Widersprüchlichkeit[24] zu **Abs. 3 S. 5** beseitigt, wonach über die Kostenlast nach Billigkeit zu entscheiden ist. Der Gesetzgeber hatte dabei Konstellationen im Blick, in denen ein Antragsteller trotz Antragsrücknahme oder Erledigungserklärung bei materieller Betrachtung obsiegt hat (zB weil seiner Rüge erst nach der Erhebung eines Nachprüfungsantrags abgeholfen wurde) und es unbillig wäre, ihm die Kosten aufzuerlegen. Erfolgt die Antragsrücknahme, weil der **Auftraggeber dem Begehren des Antragstellers entsprochen** hat, ist von einem **Unterliegen des Auftraggebers** auszugehen.[25] **Erledigung** kann jedes das Vergabeverfahren oder das Nachprüfungsverfahren beendende Ereignis sein, zB die Herstellung des rechtmäßigen Zustandes des Vergabeverfahrens durch den Auftraggeber, dem auch während des Nachprüfungsverfahrens eigene Korrekturen an seinem Verfahren nicht verwehrt sind oder eine Einigung der Beteiligten außerhalb des Nachprüfungsverfahrens. Eine **Antragsrücknahme nach abweisender Entscheidung durch die Vergabekammer,** aber vor Bestandskraft des Beschlusses, ist zulässig[26] und führt trotz des bei der Vergabekammer entstandenen Aufwandes eines vollständig durchgeführten Nachprüfungsverfahrens zur Halbierung der Gebühren. Für den Fall der Erledigung war nach der bisherigen Rechtslage streitig, ob die Gebühren und Auslagen der Vergabekammer auch einem anderen Beteiligten als dem Antragsteller auferlegt werden durften. Diese Frage war Gegenstand verschiedener Divergenzvorlagen beim BGH[27] und wurde von diesem dahingehend entschieden, dass die Gebühren und Auslagen auch anderen Beteiligten auferlegt werden dürften, wenn das der Billigkeit entspreche. Die neue Fassung von Abs. 3 normiert daher den Stand der Rechtsprechung.

11 **4. Kostenentscheidung nach Billigkeitsgesichtspunkten (Abs. 3 S. 5).** Abs. 3 eröffnet in S. 5 den Weg zu einer Verteilung der Kostenlast nach Billigkeitsgesichtspunkten. **Abs. 3 S. 5** ist mit der Reform 2009 **neu aufgenommen** worden und ermöglicht, **in Ausnahmefällen** zu einer vom Grundsatz des Satz 1 abweichenden Entscheidung über die Kostenlast zu kommen. Die Regelung trägt dem Umstand Rechnung, dass die Antragsrücknahme oder die Erledigung häufig auf Umständen außerhalb des Nachprüfungsverfahrens beruhen, die sowohl von Auftraggeberseite als auch von Seiten des antragstellenden Unternehmens verursacht worden sein können. **Für die Frage der Billigkeit** kann daher **entscheidend sein, ob der Auftraggeber einlenkt und dem Begehren des Antragstellers nachkommt** oder ob der Antragsteller nach Akteneinsicht wegen erkannter Aussichtslosigkeit seinen Antrag zurücknimmt. Grundsätzlich sind die für das Verschulden (→ Rn. 9) maßgeblichen Gesichtspunkte auch hier zu berücksichtigen. Ins Gewicht fallen kann daher auch hier, inwieweit das Informationsschreiben des Auftraggebers zum Ausgang des Wettbewerbs durch Mangel- oder Fehlerhaftigkeit zur Antragstellung beigetragen hat, die Art des gegenseitigen Entgegenkommens bei einer Einigung außerhalb des Nachprüfungsverfahrens sowie **der Sach- und Streitstand** und die **Erfolgsaussichten des Antrages** im Zeitpunkt der Erledigung. Es genügt dabei eine summarische Prüfung der Erfolgsaussichten in tatsächlicher und rechtlicher Hinsicht.[28] Bei offenem Verfahrensausgang sind die Kosten gegeneinander aufzuheben.[29]

---

[24] BT-Drs. 18/6281 mit Hinweis auf BGH Beschl. v. 25.1.2012 – X ZB 3/11, NZBau 2012, 380.

[25] VK Bund Beschl. v. 16.2.2004 – VK 2–24/04, zum Anerkenntnis: OLG Frankfurt a. M. Beschl. v. 4.8.2015 – 11 Verg 4/15, BeckRS 2015, 14804; zur Erledigung: OLG Frankfurt a. M. Beschl. v. 4.3.2015 – 11 Verg 10/2014, BeckRS 2015, 11019; OLG München Beschl. v. 8.7.2015 – Verg 4/2015, BeckRS 2015, 12983; zur Antragsrücknahme: OLG München Beschl. v. 2.9.2015 – Verg 6/2015, BeckRS 2015, 15362. AA OLG Koblenz Beschl. v. 26.8.2020 – Verg 5/20, BeckRS 2020, 33937, das ein etwaiges Verschulden eines Beteiligten bei der Entscheidung über die Kostenerstattung nicht berücksichtigen will.

[26] BGH Beschl. v. 24.3.2009 – X ZB 29/08, VergabeR 2009, 607 = NZBau 2009, 466; abw. mit beachtlichen Gründen, aber zeitlich vor der BGH-Entscheidung: OLG Karlsruhe Beschl. v. 11.7.2008 – 15 Verg 5/08, VergabeR 2009, 100.

[27] BGH Beschl. v. 25.1.2012 – X ZB 3/11, NZBau 2012, 380 = VergabeR 2012, 617 ff.

[28] OLG Düsseldorf Beschl. v. 13.9.2018 – Verg 35/17, ZfBR 2019, 402 unter Bezug auf BGH Beschl. v. 24.1.2017 – KVR 10/16, NZKart 2017, 204; OLG Düsseldorf Beschl. v. 23.1.2013 – X ZB 8/11, NZBau 2013, 389.

[29] OLG Düsseldorf Beschl. v. 13.9.2018 – Verg 35/17, ZfBR 2019, 402.

5. Gebührenermäßigung oder Gebührenbefreiung (Abs. 3 S. 6). Gebührenermäßigung 12 oder Gebührenbefreiung aus Billigkeitsgründen sieht **Abs. 3 S. 6** vor. Es liegt im Ermessen der Nachprüfungsinstanzen, hierüber zu befinden und die **Ermessenserwägungen in der Entscheidung** transparent zu machen. Hinweise zu möglichen Kriterien lassen sich aus Abs. 2 ziehen, in dem für die Erhöhung der Regelhöchstgebühr **beispielhaft der Aufwand der Vergabekammer** oder die **wirtschaftliche Bedeutung für die Beteiligten** genannt sind. Diese Kriterien können ebenso umgekehrt gelten, um eine Minderung der Gebühr zu begründen. **Kriterien** für die Ermäßigung oder die völlige Gebührenbefreiung können daher der bei der Vergabekammer entstandene Aufwand, der Stand des Verfahrens zum Zeitpunkt der Antragsrücknahme oder der Erledigung, der wirtschaftliche Wert des Nachprüfungsverfahrens für den Antragsteller oder den Antragsgegner und, soweit sie an den Kosten zu beteiligen sind, für die Beigeladenen, sein. Ein unterdurchschnittlicher Verwaltungsaufwand der Vergabekammer liegt zum Beispiel bei Verwerfung des Antrags mangels Antragsbefugnis vor.[30] Die Regelung besteht neben den schon definierten Fällen der Antragsrücknahme und der Erledigung, für die die Reduzierung der Gebühr auf die Hälfte bestimmt ist, und kann zu einer über die Hälfte der Gebühr hinaus gehenden Reduzierung führen. Die Entscheidung kann für **jeden Beteiligten unterschiedlich** ausfallen. Hier wird zu berücksichtigen sein, in welchem Maß welche Beteiligten zu einer zügigen Aufklärung des Sachverhaltes und zur Erledigung beigetragen oder durch zurückhaltende oder irreführende Information zur Antragstellung, zur Dauer des Verfahrens oder zum Aufwand der Vergabekammer beigetragen haben. Setzt die Vergabekammer die Kosten des Verfahrens **auf die sofortige Beschwerde der Kostenschuldnerin herab**, liegt darin keine Beschwer der obsiegenden Partei, sodass keine sofortige Beschwerde der obsiegenden Partei gegen die Gebührenabsenkung möglich ist.[31]

Hinsichtlich der **Höhe** ist zunächst immer von der vollen Gebühr auszugehen. Im Falle der 13 Antragsrücknahme oder anderweitigen Erledigung ist diese Gebühr zu halbieren. Je nach Sachverhalt ausgehend von der vollen oder halbierten Gebühr sind die Überlegungen zur weiteren Reduzierung vorzunehmen. Die Reduzierungsmöglichkeiten erfassen nur die Gebühren der Vergabekammer, nicht die Kosten der Beteiligten.

IV. Aufwendungsersatz (Abs. 4)

1. Kostenerstattung an Antragsgegner und Beigeladene (Abs. 4 S. 1 und 2). Die Kosten 14 der notwendigen Aufwendungen der zweckentsprechenden Rechtsverfolgung **(Abs. 4)** trägt der unterliegende Beteiligte, soweit er unterliegt. Nach Abs. 4 S. 1 hat der unterlegene Antragsteller die **zweckentsprechenden Aufwendungen des Antragsgegners** zu tragen. Für die Berücksichtigung von Verschuldensaspekten entsprechend der Regelung des Abs. 3 S. 3 ist dabei, anders als im Fall der Antragsrücknahme oder sonstigen Erledigungen gem. Abs. 4 S. 3, angesichts des klaren Wortlauts kein Raum.[32] Hinsichtlich der **zweckentsprechenden Aufwendungen der Beigeladenen** besteht nach Abs. 4 S. 2 eine Erstattungspflicht nur, wenn die Vergabekammer sie **aus Billigkeitsgründen** dem Antragsteller auferlegt hat. Grundsätzlich gelten für die Übertragung der Kosten der Beigeladenen aus Billigkeitsgründen die Ausführungen zu → Rn. 7 auch hier. Wenn sich das beigeladene Unternehmen **mit eigenen Anträgen** oder in eindeutiger anderer Form zu einem bestimmten Rechtsschutzziel bekennt und aktiv auf den Ausgang des Nachprüfungsverfahrens einwirkt,[33] findet eine Kostenbeteiligung oder Kostenerstattung statt. War ein Unternehmen verfahrensrechtlich zwangsläufig beizuladen, beteiligt sich jedoch nur informell, wäre es unbillig, dem Antragsteller die Kosten aufzuerlegen.[34] Wird ein **Antrag auf Gestattung des Zuschlages** zurückgenommen oder abgewiesen, ist dies in der Kostenentscheidung durch entsprechende Teilung der Kosten zu berücksichtigen. Hat ein Beigeladener den Eilantrag gestellt, der aus Gründen erfolglos geblieben ist, die allein bei ihm liegen (im konkreten Fall war der Antrag unzulässig), sind ihm auch die Kosten aufzuerlegen.[35]

2. Begriff der Aufwendungen. Der Begriff der Aufwendungen entspricht dem Begriff in 15 **§ 162 Abs. 1 VwGO** und umfasst die Auslagen der Beteiligten sowie ggf. ihrer Bevollmächtigten.

---

[30] VK Rheinland Beschl. v. 21.1.2020 – VK 2/20, BeckRS 2020, 23466.
[31] OLG Frankfurt a. M. Urt. v. 16.2.2009 – 11 Verg 17/08, IBRRS 2009, 2782.
[32] OLG Frankfurt a. M. Beschl. v. 16.4.2018 – 11 Verg 1/18, NJOZ 2019, 131.
[33] Beispiel für Förderung des Verfahrens ohne eigenen Antrag: OLG Brandenburg Beschl. v. 9.10.2010 – Verg W 10/09, IBRRS 2010, 0575 = VergabeR 2010, 516 ff.
[34] HM, BGHZ 169, 131 (152 f.) = NVwZ 2007, 240; OLG München Urt. v. 1.4.2008 – Verg 17/07, IBRRS 2008, 1081 = VergabeR 2008, 716 f.; OLG Düsseldorf Beschl. v. 19.2.2002 – Verg 33/01, VergabeR 2003, 111 f.; OLG Düsseldorf Beschl. v. 15.6.2000 – Verg 6/00, NZBau 2000, 440 f.
[35] OLG Celle Beschl. v. 7.6.2007 – 13 Verg 5/07, NZBau 2008, 79 = VergabeR 2007, 650.

Zu den Auslagen können Kosten für Fotokopien, Reisekosten zur Akteneinsicht oder zur mündlichen Verhandlung, ggf. Übersetzungs- oder Versandkosten gehören. Die Aufwendungen müssen der zweckentsprechenden Rechtsverfolgung dienen. Daraus ergibt sich, dass ein öffentlicher Auftraggeber keine Aufwendungen geltend machen kann, die ihm im Rahmen seiner üblichen Pflichten, zB der Pflicht zur Durchführung rechtmäßiger Vergabeverfahren, entstanden sind. Nicht erstattungsfähig sind daher zB die Honorare für technische oder rechtliche Beratung in der Vorbereitung und Durchführung des Vergabeverfahrens, die der öffentliche Auftraggeber ohne das Nachprüfungsverfahren ohnehin selbst tragen müsste. Ob die Aufwendungen der zweckentsprechenden Rechtsverfolgung dienen, ist nach den Gegebenheiten des Einzelfalles zu entscheiden und kann daher zu gleichen Kostenfaktoren durchaus unterschiedlich ausfallen, zB kann die Notwendigkeit der Hinzuziehung von Rechtsbeistand bei den verschiedenen Beteiligten unterschiedlich zu beurteilen sein. Nach § 80 VwVfG und den entsprechenden Regelungen der Länder sind die Aufwendungen für die Hinzuziehung von Rechtsbeistand erstattungsfähig, wenn die Hinzuziehung notwendig war.

16 **3. Notwendigkeit der Hinzuziehung von anwaltlichem Rat.** Ob die Hinzuziehung eines Rechtsbeistandes durch einen öffentlichen Auftraggeber notwendig war, richtet sich nach den Umständen des Einzelfalles. Bei der Abwägung der Einzelfallumstände ist zu berücksichtigen, ob die Problematik des Nachprüfungsverfahrens mehr auf auftragsbezogenen Sach- oder auf Rechtsfragen beruht und der öffentliche Auftraggeber über hinreichend juristisch geschultes Personal verfügt, welches zur Bearbeitung der im jeweiligen Nachprüfungsverfahren relevanten Sach- und Rechtsfragen in der Lage ist, aber auch, dass das Nachprüfungsverfahren unter einem enormen Beschleunigungs- und Zeitdruck steht und das Vergaberecht eine komplexe Rechtsmaterie mit Vorschriften aus dem nationalen und dem europäischen Recht darstellt, die nicht immer im Gleichklang stehen. Bei der Beurteilung können auch die Komplexität des Sachverhalts sowie die Bedeutung und das Gewicht des Auftrags für den Auftraggeber berücksichtigt werden.[36] Ebenso kann auch der Gesichtspunkt der Waffengleichheit hinzukommen.[37] Die Rechtsprechung der Oberlandesgerichte ist in der Bewertung der Notwendigkeit der Hinzuziehung von Rechtsbeistand für den öffentlichen Auftraggeber im Maßstab etwas unterschiedlich. Während das OLG Düsseldorf weitgehend generell von der Notwendigkeit der Hinzuziehung von Rechtsbeistand auch für den Auftraggeber ausgeht, differenzieren OLG München und OLG Koblenz etwas strenger. Grundsätzlich sind die Kriterien aus der Entscheidung des OLG München sachgerecht. Weder eine zu strenge noch eine gleichförmig zu sprechende Praxis werden der Regelung gerecht. Gerade wenn zentrale Beschaffungsbehörden oder eigene Beschaffungsdezernate geschaffen wurden, deren alleinige oder Kernaufgabe in der Vorbereitung und Durchführung von Vergabeverfahren besteht, ist grundsätzlich davon auszugehen, dass damit das notwendige Expertenwissen dort gebündelt wurde. Zwar ist die Vorbereitung und Durchführung eines Vergabeverfahrens nicht gleichzusetzen mit einem Nachprüfungsverfahren, jedoch muss eine Fachbehörde oder ein Fachdezernat sowohl in tatsächlicher als auch in rechtlicher Hinsicht ihr Handeln darstellen und erläutern können. Nichts anderes wird im Nachprüfungsverfahren verlangt. Die Anerkennung der Notwendigkeit von zusätzlichem externem Rechtsbeistand müsste in diesem Fall gesondert begründet werden, wobei der Hinweis auf die Besonderheiten des Nachprüfungsverfahrens nicht reichen sollte. **Immerhin besteht auch eine selbstverständliche Pflicht aller Beteiligten, die Kosten nicht unnötig in die Höhe zu treiben.** Für die **Hinzuziehung eines Rechtsbeistandes für das antragstellende Unternehmen** können ähnliche Kriterien berücksichtigt werden. Handelt es sich um ein großes Unternehmen mit eigener Rechtsabteilung, ggf. mit eigenem Dezernat zur Vorbereitung von Angeboten, das sich häufig an europaweiten Ausschreibungen beteiligt und damit über eigenes Expertenwissen verfügt oder handelt es sich um ein Unternehmen, das sich generell bei Bedarf externen Rechtsbeistandes bedient, handelt es sich um reine Sachfragen (zB ob ein technisches Element richtig und produktneutral beschrieben wurde) oder liegt die Kernfrage im rechtlichen Bereich. Auch für das antragstellende Unternehmen ist ein großzügiger Maßstab anzulegen. Die Rechtsprechung erkennt in der Regel die Notwendigkeit der Hinzuziehung von externem Rechtsbeistand bei antragstellenden Unternehmen an. Für die **Notwendigkeit der Hinzuziehung von Rechtsbeistand für die Beigeladenen** ist neben der Frage des vorhandenen eigenen Sachverstandes die Frage von Bedeutung, ob sich der Nachprüfungsantrag gegen die Eignung oder das Angebot der Beigeladenen richtet, sodass ein Verteidigungsnotstand[38] eintritt. Hier wird die Notwendigkeit einer qualifizierten Verteidigung in der Regel von

---

[36] OLG Düsseldorf Beschl. v. 16.11.2018 – Verg 60/17, BeckRS 2018, 46318.
[37] OLG Frankfurt a. M. Beschl. v. 2.11.2017 – 11 Verg 8/17, BeckRS 2017, 140932; OLG München Beschl. v. 11.6.2008 – Verg 6/08, ZfBR 2008, 724 mit Hinweis auf OLG Koblenz Beschl. v. 8.6.2006 – 1 Verg 4 und 5/06, BeckRS 2010, 10957, und bei eigenem Sachverstand OLG Koblenz Beschl. v. 7.7.2004 – 1 Verg 1 und 2/04, BeckRS 2004, 18616.
[38] OLG Saarbrücken Urt. v. 9.1.2009 – 1 Verg 1/08, IBRRS 2009, 0181.

IV. Aufwendungsersatz (Abs. 4)

den Vergabekammern und den Oberlandesgerichten anerkannt. Liegt jedoch die bloße verfahrensrechtlich unumgängliche Beteiligung als ausgewähltes Unternehmen vor, das nicht angegriffen wird, weil sich die Kritikpunkte des Antragstellers auf Sachverhalte aus der Sphäre des Auftraggebers, zB die Art der Leistungsbeschreibung oder die Eignungskriterien, beziehen, kann die Hinzuziehung eines Rechtsbeistandes unnötig sein. Zu beurteilen ist auch hier die Situation im Einzelfall nach einem großzügigen Maßstab.

4. Kostenerstattung bei Antragsrücknahme (Abs. 4 S. 3). Abs. 4 S. 3 wurde neu gefasst 17
und entspricht nun der im Fall der Antragsrücknahme oder sonstigen Erledigung geltenden Regelung in Abs. 3 S. 5 für die Kosten des Verfahrens vor der Vergabekammer. **Dadurch wird der Gleichlauf der Regelungen für die Gebühren und Auslagen einerseits und die notwendigen Aufwendungen andererseits hergestellt.**[39] Zudem wird eine **Regelungslücke für den Aufwendungsersatz im Falle der sonstigen Erledigung,** insbesondere der Erledigung durch Abhilfe seitens des öffentlichen Auftraggebers, geschlossen. Abs. 4 S. 3 kann als Grundlage dafür herangezogen werden, die notwendigen Aufwendungen eines Beteiligten einem anderen aufzuerlegen. Die Vorschrift erlaubt es, materielles Unterliegen unter dem Gesichtspunkt der Billigkeit auch für den Aufwendungsersatz zu berücksichtigen. Der Umfang der zu tragenden Aufwendungen wird durch das Kriterium „zweckentsprechend" begrenzt. **Eine Ermäßigungsmöglichkeit wie in Abs. 3 S. 6 enthält Abs. 4 nicht.** Das entspricht dem Umstand, dass die Kammer zwar zu ihren eigenen Kosten Verzicht ausüben kann, aber keine Berechtigung hätte, die Erstattungsansprüche der Beteiligten zu beschränken. Nach der Gesetzesbegründung[40] zur Reform 2009 entsprach die damalige Aufwendungsregelung dem verwaltungsrechtlichen Kostengrundsatz nach **§ 155 Abs. 2 VwGO, § 12 Abs. 1 VwGO.** Dem lag der Gedanke zugrunde, dass die Antragsrücknahme regelmäßig nur in den Fällen erfolge, in denen die Abweisung des Nachprüfungsantrages vermieden werden solle. Dieser Gedanke war, wie die Praxis gezeigt hat, falsch. Antragsrücknahmen erfolgen häufig nach vorherigem Einlenken des Auftraggebers oder vergleichsweisen Einigungen. In diesen Fällen ist sich oft der Auftraggeber seiner Erfolgsaussichten im Nachprüfungsverfahren nicht sicher. Die damalige Einschätzung, dass die Einführung einer Billigkeitserwägung entsprechend **§ 269 Abs. 3 ZPO** nicht geboten sei, wurde mit der vorliegenden Fassung aufgegeben.

Die Notwendigkeit der Aufwendungen wird an dem Kriterium „zweckentsprechend" gemes- 18
sen. Die Ausführungen zu → Rn. 16 gelten daher auch für die Beurteilung der zweckentsprechenden Rechtsverfolgung im Falle der Antragsrücknahme. Zu berücksichtigen ist hier **zusätzlich der Verfahrensstand.** Wird der Antrag sehr früh, zB sofort nach erhaltener Akteneinsicht oder auf einen rechtlichen Hinweis der Vergabekammer, den diese nach Sichtung der Akten erteilt hat, zurückgenommen, kann die Hinzuziehung von Rechtsbeistand für den öffentlichen Auftraggeber und, soweit schon Beiladungen erfolgt sind, für die Beigeladenen nicht erforderlich sein. Eine **Antragsrücknahme nach abweisender Entscheidung durch die Vergabekammer,** aber vor Bestandskraft des Beschlusses, ist zulässig.[41] Die Regelung stellt aber sicher, dass die Kostenlast gegenüber den anderen Beteiligten erhalten bleibt, da ansonsten jeder unterlegene Antragsteller die ihn treffende Kostenlast durch die zeitlich zurückwirkende Antragsrücknahme zu Lasten der anderen Beteiligten beseitigen könnte. (Einen entsprechenden Fall hatte das OLG Dresden noch nach der alten Fassung zu entscheiden. Die Entscheidung stellte schon klar, dass eine zeitlich zurückwirkende Antragsrücknahme auf die Pflicht zum Aufwendungsersatz keinen Einfluss hat.[42])

5. Kostenfestsetzungsverfahren (Abs. 4 S. 5). Ein gesondertes Kostenfestsetzungsverfah- 19
ren vor der Vergabekammer findet nach **Abs. 4 S. 5** nicht statt. Damit ist eine in der Vergangenheit häufig auftretende Frage beantwortet, die sich aus dem Bedürfnis nach einem vollstreckbaren Titel ergab. Da die Vergabekammern der Verwaltung angehören, können sie die auf Antrag erteilten Kostenfestsetzungen nicht für vollstreckbar erklären. Bisher mussten daher Antragsteller und Beigeladene den mit der Kostenfestsetzung bestätigten Betrag einklagen, während der öffentliche Auftraggeber, jedenfalls soweit es sich um eine Behörde handelt, eine vollstreckbare Ausfertigungen für seine eigene Forderungen erlassen konnte. Die Regelung schließt ein gesondertes Kostenfestsetzungsver-

---

[39] BT-Drs. 18/6281.
[40] Gesetzesbegründung, BT-Drs. 16/10117 Teil B Nr. 23 (§ 128) zu lit. c.
[41] BGH Beschl. v. 24.3.2009 – X ZB 29/08, VergabeR 2009, 607 = NZBau 2009, 466.
[42] OLG Dresden Beschl. v. 16.11.2006 – WVerg 15/06, NJOZ 2007, 247, unter Bezug auf BGH Beschl. v. 25.10.2005 – X ZB 22/05, VergabeR 2006, 73; so auch OLG Karlsruhe Beschl. v. 11.7.2008 – 15 Verg 5/08, VergabeR 2009, 100; zur Antragsrücknahme im Beschwerdeverfahren: OLG Frankfurt a. M. Beschl. v. 10.4.2008 – 11 Verg 10/07, 11 Verg 13/07, VergabeR 2009, 104 (keine Erstattung der außergerichtlichen Kosten des Auftraggebers vor der VK); ebenso BGH zu Auslagen, BGH Beschl. v. 24.3.2009 – X ZB 29/08, VergabeR 2009, 607.

fahren bei der Vergabekammer aus, was sachgerecht ist, da § 157 für die Besetzung der Vergabekammern eine Ausstattung mit Rechtspflegern nicht vorsieht. Daher ist das Beschwerdegericht zur Festsetzung der im Vergabekammerverfahren angefallenen Kosten zuständig.[43]

V. Kosten im Beschwerdeverfahren

20 Das Beschwerdeverfahren ist ein zivilprozessrechtliches Verfahren, das in seiner Funktion und Stellung im Rechtsweg einem **Berufungsverfahren** gleichkommt. Die Kosten richten sich deshalb nach den für den Zivilprozess geltenden Regeln. Die Gerichtskosten sind nach dem Gerichtskostengesetz zu bemessen. Die Frage der Kostentragung richtet sich seit der Vergaberechtsreform 2009 aufgrund der Verweisung in § 175 Abs. 2 (§ 120 Abs. 2 aF) nach § 71 (§ 78 aF) (→ § 178 Rn. 53).[44] Danach hat auch weiterhin im Beschwerdeverfahren grundsätzlich die Kosten zu tragen, wer unterliegt; es sei denn, eine abweichende Entscheidung ist aus Billigkeitsgründen gerechtfertigt (zu den strengen Voraussetzungen → § 178 Rn. 54 f.). Dies ist zB der Fall, wenn der Antragsteller nur aus Gründen unterliegt, die der Auftraggeber erst im Beschwerdeverfahren vorgebracht hat.[45]

21 Auch im Beschwerdeverfahren sind die Kosten der Beigeladenen regelmäßig nur zu tragen, wenn sie sich mit eigenen Anträgen oder aktivem Vorbingen am Verfahren beteiligt haben. Nimmt ein beigeladenes Unternehmen seinen Antrag zurück oder wird der Antrag abgewiesen aus Gründen, die in der Sphäre des Unternehmens liegen, zB bei Unzulässigkeit des Antrages, ist das bei der Kostenentscheidung zu berücksichtigen. Im konkreten Fall hatte der Senat dem beigeladenen Unternehmen die Kosten für einen unzulässigen Eilantrag nach **§ 173 Abs. 1 S. 3** gem. § 96 ZPO analog auferlegt (zu den Kosten der Eilverfahren → § 178 Rn. 56 ff.).[46]

VI. Rechtsanwaltskosten

22 Die Höhe der Rechtsanwaltsgebühren richtet sich nach dem RVG. Für seine Tätigkeit im Nachprüfungsverfahren vor der Vergabekammer verdient der Rechtsanwalt in Ermangelung eines konkreten Gebührentatbestandes eine **Geschäftsgebühr nach Teil 2 Abschnitt 3 des Vergütungsverzeichnisses** zum Rechtsanwaltsvergütungsgesetz (RVG).[47] Diese Gebühr bemisst sich nach **§ 2 Abs. 2 RVG** iVm dem Gebührentatbestand **VV 2300 RVG**. Das Nachprüfungsverfahren ist gem. **§ 182 Abs. 4 GWB iVm § 80 VwVfG** einem Widerspruchsverfahren gleichgestellt.[48] Die Gebührentatbestände sind daher **analog** genauso anzuwenden wie im verwaltungsrechtlichen Vorverfahren.[49] Das bedeutet, dass ein Rechtsanwalt, der **erstmalig im Nachprüfungsverfahren** hinzugezogen wird, die Gebühr nach **VV 2300 RVG** erhält.[50] Seit Inkrafttreten des 2. KostRModG[51] zum 1.8.2013 bemisst sich die Gebühr auch dann nach **VV 2300 RVG**, wenn der Rechtsanwalt **bereits im Vergabeverfahren** beratend tätig war. Nach **Vorbemerkung 2.3. Abs. 4 S. 1 VV RVG** ist die im Vergabeverfahren entstandene Geschäftsgebühr zur Hälfte, bei Wertgebühren jedoch höchstens mit einem Gebührensatz von 0,75, auf die im Nachprüfungsverfahren entstehende Geschäftsgebühr anzurechnen. Dabei ist die Gebühr, auf die angerechnet wird, nach **§ 14 Abs. 2 RVG** so zu bestimmen, als sei der Rechtsanwalt zuvor nicht tätig gewesen. Ein Dritter kann sich auf die Anrechnung nur berufen, soweit er den Anspruch auf eine der beiden Gebühren erfüllt hat, wegen eines dieser Ansprüche gegen ihn ein Vollstreckungstitel besteht oder beide Gebühren in demselben Verfahren gegen ihn geltend gemacht werden **(§ 15a Abs. 3 RVG)**.[52]

23 Ein Nachprüfungsverfahren rechtfertigt **nicht automatisch den höchsten Satz der Gebühr.**[53] Zwar liegen den europaweit auszuschreibenden Aufträgen aufgrund der hohen Schwellenwerte regelmäßig Aufträge von großer wirtschaftlicher Bedeutung zugrunde, allerdings gibt es auch hier sich wiederholende Fragestellungen, die im Rahmen der Routine liegen können. Ohne

---

[43] OLG Düsseldorf Beschl. v. 22.11.2010 – VII-Verg 55/09, NZBau 2011, 125 = VergabeR 2011, 649 ff.
[44] Zur alten Rechtsprechung des BGH, nach der die §§ 91 ff. ZPO analog anzuwenden waren, vgl. BGHZ 146, 202 = NJW 2001, 1492.
[45] OLG Celle Beschl. v. 3.7.2018 – 13 Verg 8/17, BeckRS 2018, 18361; Beck VergabeR/*Krohn* Rn. 87.
[46] OLG Celle Beschl. v. 7.6.2007 – 13 Verg 5/07, NZBau 2008, 79 = VergabeR 2007, 650.
[47] BayObLG Beschl. v. 16.2.2005 – Verg 28/04, NZBau 2005, 415 = VergabeR 2005, 406.
[48] BGH Beschl. v. 9.12.2003 – X ZB 14/03, NZBau 2004, 285 (Erledigung); BGH Beschl. v. 25.10.2005 – X ZB 22/05, VergabeR 2006, 73 (Antragsrücknahme); aA mit beachtlichen Argumenten: OLG München Beschl. v. 12.6.2008 – Verg 13/07, VergabeR 2009, 106.
[49] BT-Drs. 13/9340, 23.
[50] *Mayer* in Gerold/Schmidt, Rechtsanwaltsvergütungsgesetz, Kommentar, 25. Aufl. 2021, RVG VV 2300 Rn. 41.
[51] Zweites Gesetz zur Modernisierung des Kostenrechts – 2. KostRMoG, BGBl. 2013 I 2586.
[52] *Conrad* ZfBR 2014, 228 (229).
[53] BGH Beschl. v. 23.9.2008 – X ZB 19/07, NZBau 2008, 782 = VergabeR 2009, 39 Rn. 15 ff.

Hinzutreten weiterer Gesichtspunkte ist daher zunächst nur eine mittlere bis leicht erhöhte Gebühr gerechtfertigt. Weitere Gesichtspunkte können nach § 14 Abs. 1 RVG zB der Umfang und die Schwierigkeit der anwaltlichen Tätigkeit, die Bedeutung der Angelegenheit sowie die Einkommensverhältnisse des Auftraggebers sein.

Die Erhöhungsgebühr nach VV 1008 RVG tritt ein, wenn in derselben Sache mehrere 24 juristische oder natürliche Personen Auftraggeber des Rechtsanwalts sind. Mit der Erhöhung soll dem Mehr an Informations- und Unterrichtungsaufwand Rechnung getragen werden, der aus der größeren Zahl der zu betreuenden Mandanten entsteht.[54] Für die denkbaren Gemeinschaften im Vergabewesen (Einkaufsgemeinschaft auf Auftraggeberseite, Bietergemeinschaft)[55] kommt eine Erhöhung nach VV 1008 RVG jedoch nicht in Betracht, da sie regelmäßig einer BGB-Gesellschaft soweit angenähert sind, dass eine Gleichbehandlung gerechtfertigt ist.[56] Als Einkaufsgemeinschaft haben sie jeweils ein nach außen geschäftsführendes Mitglied, als Bietergemeinschaften müssen sie ein vertretungsberechtigtes Mitglied benennen, sodass der Mehraufwand entfällt, der der VV 1008 zugrunde liegt.

VII. Einzelfälle

1. Beigeladene. Hat die Beigeladene in der mündlichen Verhandlung vor dem Beschwerdegericht auf Nachfrage ausdrücklich erklärt, **selbst keinen Sachantrag** stellen zu wollen, so sind ihre Aufwendungen im Beschwerdeverfahren nach Rücknahme des Rechtsmittels nicht erstattungsfähig.[57]

Ein beigeladener Bieter ist an den Kosten des Verfahrens vor der Vergabekammer nur dann zu 26 beteiligen, wenn er **in der Hauptsache einen Antrag gestellt** und die Vergabekammer gegen seinen Antrag entschieden hat.[58]

Im **Beschwerdeverfahren** sind Beigeladene **kostenrechtlich wie Antragsteller** oder 27 Antragsgegner zu behandeln, wenn sie sich am Verfahren beteiligen.[59]

2. Billigkeit, Erlass, Kostenquotelung. Hat der **Auftraggeber** den ausdrücklichen **Hinweis** 28 **auf die Möglichkeit der Nachprüfung durch die Vergabekammer** gegeben, obwohl **dieser Rechtsweg gar nicht eröffnet** ist, gebietet es die Billigkeit, ihm einen Teil der Kosten des darauf eingestellten Nachprüfungsverfahrens aufzuerlegen.[60]

Im Verfahren vor der Vergabekammer **orientiert sich die Kostenverteilung danach,** welche 29 Rügen die Antragstellerin vorgebracht hat und inwieweit diese unzulässig oder unbegründet waren. Die **Aufhebung des angegriffenen Verfahrens kann ein Teilerfolg** der Antragstellerin sein.[61]

Bei der **Kostenquotelung** hat sich das Gericht leiten lassen von der Überlegung, dass die 30 Aufhebung des Vergabeverfahrens der Antragstellerin höhere Zuschlagschancen eröffnen könnte als die Wiederholung einer Probe-Stellung zu den bisherigen Wettbewerbsbedingungen.[62]

Die von der Vergabekammer den Verfahrensbeteiligten auferlegten **Kosten für das Verfahren** 31 **vor der Vergabekammer sind jedenfalls dann zu erlassen**, wenn die Vergabekammer die Aufnahme ihrer Amtstätigkeit mangels Besetzung verweigert hat und das Verfahren vor der Vergabekammer lediglich auf Grund gesetzlicher Fiktion abgeschlossen wird.[63]

Bedeutet die **teilweise Zurückweisung eines Nachprüfungsantrages** keine nennenswerten 32 wirtschaftlichen Abstriche von dem von der Antragstellerin verfolgten Rechtsschutzziel, so sieht die Nachprüfungsinstanz davon ab, der Antragstellerin teilweise Kosten aufzuerlegen.[64]

---

[54] *Müller-Rabe* in Gerold/Schmidt, Rechtsanwaltsvergütungsgesetz, Kommentar, 25. Aufl. 2021, RVG VV 1008 Rn. 37.
[55] OLG Düsseldorf Beschl. v. 29.5.2006 – Verg 79/04, NZBau 2007, 199; OLG Karlsruhe Beschl. v. 25.7.2007 – 17 Verg 2/06, NZBau 2008, 78.
[56] *Müller-Rabe* in Gerold/Schmidt, Rechtsanwaltsvergütungsgesetz, Kommentar, 25. Aufl. 2021, RVG VV 1008 Rn. 71.
[57] OLG Naumburg Beschl. v. 23.12.2014 – 2 Verg 14/11, NZBau 2015, 518 = VergabeR 2015, 486 (487 f.).
[58] OLG Naumburg Beschl. v. 18.8.2011 – 2 Verg 3/11, ZfBR 2012, 85 = VergabeR 2012, 93 ff. (106) m. ausf. Auseinandersetzung mit der Frage, ob auch die Förderung des Nachprüfungsverfahrens ohne konkreten Antrag ausreicht, und mwN; ebenso KG Beschl. v. 18.3.2010 – 2 Verg 12/09, IBRRS 2010, 2867 = VergabeR 2011, 138 ff. (143).
[59] OLG Dresden Beschl. v. 23.4.2009 – WVerg 11/08 (VK Sachsen), ZfBR 2009, 610 = VergabeR 2010, 106 ff. (110); OLG München Beschl. v. 13.3.2017 – Verg 16/16, VergabeR 2017, 414.
[60] OLG München Beschl. v. 2.9.2015 – Verg 6/15, IBRRS 2015, 2508 = Vergabe spezial 2015, 79.
[61] OLG Brandenburg Beschl. v. 7.8.2012 – Verg W 5/12, IBRRS 2012, 4057 = VergabeR 2013, 819 ff. (830).
[62] KG Beschl. v. 18.3.2010 – 2 Verg 12/09, IBRRS 2010, 2867 = VergabeR 2011, 138 (143).
[63] KG Beschl. v. 20.2.2014 – Verg 10/13, BeckRS 2014, 05408 = VergabeR 2014, 566 ff.
[64] KG Beschl. v. 20.2.2014 – Verg 10/13, BeckRS 2014, 05408 = VergabeR 2014, 566 ff.

33 **3. Privilegierung durch gesetzliche Gebührenbefreiung.** Über die Frage des **Eingreifens einer Gebührenbefreiung** ist **im Rahmen der Kostenentscheidung nach § 128 (jetzt § 182)** zu befinden. Einer etwaigen gebührenrechtlichen Privilegierung ist nicht erst bei der Kosteneinziehung Rechnung zu tragen.[65]

34 Die Gebührenbefreiung **greift nicht in jedem Fall zugunsten** einer am Vergabenachprüfungsverfahren als Auftraggeberin beteiligten **Gemeinde** ein, sondern nur dann, wenn die **Amtshandlungen der Vergabekammer nicht ein wirtschaftliches Unternehmen der Gemeinde betreffen.** Ein vom Auftrag betroffener kommunaler Eigenbetrieb, der nach seiner Betriebssatzung neben angemessenen Rücklagen mindestens eine marktübliche Verzinsung des Eigenkapitals erwirtschaften soll, ist wirtschaftlich tätig.[66]

35 **4. Rechtsanwälte, Notwendigkeit der Hinzuziehung.** Die Notwendigkeit der Hinzuziehung von Verfahrensbevollmächtigten im Verfahren vor der Vergabekammer ist **nicht allein deshalb zu verneinen, weil vor der Vergabekammer keine Sachbearbeitung stattfindet** und weil die Verfahrensbeteiligten dies bei der Beauftragung der Verfahrensbevollmächtigten nicht wissen mussten.[67]

36 Ob die Hinzuziehung eines anwaltlichen Vertreters im Verfahren vor der Vergabekammer durch den öffentlichen Auftraggeber notwendig ist, **kann stets nur auf der Grundlage einer differenzierten Betrachtung des Einzelfalles entschieden werden.** Konzentriert sich das Nachprüfungsverfahren hauptsächlich auf **auftragsbezogene Sach- und Rechtsfragen,** besteht im Allgemeinen für den öffentlichen Auftraggeber **keine Notwendigkeit,** einen Rechtsanwalt einzuschalten. In seinem originären Aufgabenkreis muss er sich selbst die notwendigen Sach- und Rechtskenntnisse verschaffen und bedarf daher auch im Nachprüfungsverfahren nicht notwendig eines anwaltlichen Bevollmächtigten.[68] Anders kann es jedoch liegen, wenn die betroffene Behörde nur selten als öffentlicher Auftraggeber tätig wird und ihr daher die Routine in Vergabeverfahren fehlt[69] oder aber **spezielle Rechtskenntnisse** erforderlich sind, die über die auftragsbezogenen Sach- und Rechtsfragen hinausgehen.[70] Dies gilt insbesondere, wenn Bezüge zu höherrangigem Recht oder Europarecht bestehen.[71]

37 Dem Umstand, dass sich **der Antragsteller anwaltlicher Hilfe bedient, kann indizielle Bedeutung für die Notwendigkeit einer Hinzuziehung eines Anwalts durch den Antragsgegner** beigemessen werden.[72]

38 In einem vergaberechtlichen Nachprüfungsverfahren ist es aus kostenrechtlicher Sicht zur zweckentsprechenden Rechtsverfolgung durch eine **Bietergemeinschaft** regelmäßig **ausreichend** und den verschiedenen Mitgliedern der Bietergemeinschaft zumutbar, dass die Bietergemeinschaft **von einem Rechtsanwalt als Hauptbevollmächtigten** vertreten wird. Lässt sich eine Bietergemeinschaft von mehreren Rechtsanwälten getrennt vertreten, so sind deren außergerichtliche Aufwendungen nur bis zur Höhe der fiktiven Kosten eines einheitlichen Verfahrensbevollmächtigten erstattungsfähig.[73]

39 Das **Verfahren auf Gestattung des Zuschlags nach § 169 Abs. 2 S. 1** rechtfertigt in der Regel die Hinzuziehung eines Rechtsanwalts.[74]

---

[65] OLG Brandenburg Beschl. v. 12.7.2012 – Verg W 6/12, IBRRS 2013, 0250 = VergabeR 2013, 518 ff.
[66] OLG Brandenburg Beschl. v. 12.7.2012 – Verg W 6/12, IBRRS 2013, 0250 = VergabeR 2013, 518 ff.
[67] KG Beschl. v. 20.2.2014 – Verg 10/13, BeckRS 2014, 05408 = VergabeR 2014, 566 ff.
[68] HM, vgl. OLG Düsseldorf Beschl. v. 3.1.2011 – VII Verg 42/10, BeckRS 2011, 01838 = VergabeR 2011, 648 ff. und OLG Düsseldorf Beschl. v. 23.12.2014 – VII-Verg 37/13, NZBau 2015, 392 = VergabeR 2015, 484 f., mwN; OLG Frankfurt a. M. Beschl. v. 2.11.2017 – 11 Verg 8/17, ZfBR 2018, 198; OLG Celle Beschl. v. 9.3.2011 – 13 Verg 17/10, BeckRS 2011, 03333 = VergabeR 2011, 646 m. ausf. Erwägungen zu möglichen Aspekten der Einzelfallbetrachtung; OLG München Beschl. v. 24.1.2012 – Verg 16/11, BeckRS 2012, 03288 = VergabeR 2012, 525 ff.; Erforderlichkeit juristischen Beistands für ein Bundesland, das über mehrere zentrale Vergabestellen mit juristischer Sachkunde verfügt: OLG Koblenz Beschl. v. 16.1.2017 – Verg 5/16, NZBau 2017, 247 f.; bei Nichtübermittlung wegen offensichtlicher Unzulässigkeit oder Unbegründetheit: OLG Frankfurt a. M. Beschl. v. 4.3.2015 – 11 Verg 2/14, BeckRS 2015, 11020.
[69] Bejaht für eine oberste Landesbehörde in VK Lüneburg Beschl. v. 20.6.2016 – VgK-17/16, IBRRS 2016, 1785.
[70] OLG Düsseldorf Beschl. v. 17.7.2018 – Verg 61/17, ZfBR 2019, 515; VK Lüneburg Beschl. v. 28.1.2016 – VgK-50/2015, BeckRS 2016, 5584; VK Schleswig-Holstein Beschl. v. 1.9.2015 – VK-SH 9/15, IBRRS 2016, 0129.
[71] VK Bund Beschl. v. 22.12.2017 – VK 1-135/17, ZfBR 2018, 518.
[72] OLG Naumburg Beschl. v. 21.3.2013 – 2 Verg 1/13, BeckRS 2013, 05974 = VergabeR 2013, 816 ff. unter Hinweis auf BGH Beschl. v. 26.9.2006 – X ZB 14/06, NVwZ 2007, 240 = VergabeR 2010, 185 (816 f., 818).
[73] OLG Naumburg Beschl. v. 29.7.2011 – 2 Verg 9/11, BeckRS 2011, 21712 = VergabeR 2012, 258 ff.
[74] OLG München Beschl. v. 24.1.2012 – Verg 16/11, BeckRS 2012, 03288 = VergabeR 2012, 525 (529).

5. Rechtsanwaltsgebühren. Jedenfalls dann, wenn **mehrere öffentliche Auftraggeber** aus- 40 drücklich vertraglich vereinbaren, zum Zwecke der **Durchführung eines gemeinsamen Beschaffungsvorgangs** zu kooperieren und hierzu **einem Auftraggeber die ausschließliche Vertretung** der Auftraggebergemeinschaft im Vergabe- und Nachprüfungsverfahren unter Auferlegung der alleinigen Haftung für etwaige Verfahrensfehler übertragen, kommt eine Erhöhung der gesetzlichen Gebühr um eine Mehrvertretungsgebühr im Sinne von VV 1008 RVG nicht in Betracht.[75]

Grundlage für die Beurteilung der angemessenen Gebühr ist ein objektiver Maßstab, 41, 42 anhand dessen zu bestimmen ist, ob sich die anwaltliche Tätigkeit als schwierig und umfangreich im Sinne der VV 2300 RVG darstellt. **Auf die konkreten individuellen Fähigkeiten und Kompetenzen des einzelnen Anwalts kommt es insoweit nicht an.**[76]

Die für die Vertretung im vergaberechtlichen Nachprüfungsverfahren vor der Vergabekammer 43 zur Festsetzung begehrte Geschäftsgebühr ist auf die Verfahrensgebühr des Beschwerdeverfahrens auch dann anzurechnen, wenn der anwaltliche Vertreter des Erstattungsberechtigten für diesen auf der Grundlage einer **Stundenhonorarvereinbarung** tätig geworden ist.[77]

Der Geschäftswert eines Nachprüfungsverfahrens kann **nicht deshalb herabgesetzt** wer- 44 den, weil im Verlauf des Nachprüfungsverfahrens **nicht mehr ein auf Primärrechtsschutz gerichteter Sachantrag, sondern nur noch ein Fortsetzungsfeststellungsantrag** verfolgt wird.[78]

Überschreitet der vom Verfahrensbevollmächtigten der obsiegenden Verfahrensbeteiligten vor- 45 genommene Gebührenansatz einer Rahmengebühr die einem Rechtsanwalt im Rahmen der **Billigkeitskontrolle nach § 14 RVG** eingeräumte **Toleranzgrenze von 20%** nicht, so kommt ihr kraft Gesetzes Verbindlichkeit zu und hindert das Beschwerdegericht daran, eigene Vorstellungen über einen angemessenen Gebührensatz an die Stelle der Festlegungen des Verfahrensbevollmächtigten zu setzen.[79]

Das **Gestattungsverfahren nach § 169 Abs. 2 S. 1** ist kostenrechtlich als eine vom Hauptsa- 46 cheverfahren verschiedene Angelegenheit iSv § 17 RVG anzusehen, in dem weitere erstattungsfähige Gebührenansprüche entstehen.[80]

6. Streitwert. Soll eine **Dienstleistung** nach den Vergabeunterlagen **über einen festgelegten** 47 **Zeitraum** hinweg erbracht und der Vergabestelle darüber hinaus ein **einseitiges Optionsrecht zur Verlängerung des Vertrages** eingeräumt werden, beträgt der Streitwert für das Nachprüfungsbeschwerdeverfahren 5% der auf die fest vorgesehene Laufzeit entfallenden, ggf. zu schätzenden Bruttoauftragssumme und 5% der im optional möglichen Zeitraum anfallenden Vergütung abzüglich eines der Ungewissheit der Verlängerung Rechnung tragenden Abschlags von regelmäßig 50%.[81]

7. Zuschlagsgestattungsverfahren. Ist ein **Antrag nach § 115 Abs. 2 (jetzt § 169 Abs. 2)** 48 letztlich **erfolglos geblieben,** hat der Auftraggeber **auch bei einer Rücknahme des Nachprüfungsantrages** die im Gestattungsverfahren vor der Vergabekammer entstandenen Kosten und notwendigen Aufwendungen des antragstellenden Bieters zu tragen.[82]

§ 183 Korrekturmechanismus der Kommission

(1) Erhält die Bundesregierung im Laufe eines Vergabeverfahrens vor Abschluss des Vertrags eine Mitteilung der Europäischen Kommission, dass diese der Auffassung ist, es liege ein schwerer Verstoß gegen das Recht der Europäischen Union zur Vergabe öffentlicher Aufträge oder zur Vergabe von Konzessionen vor, der zu beseitigen sei, teilt das Bundesministerium für Wirtschaft und Energie dies dem Auftraggeber mit.

(2) Der Auftraggeber ist verpflichtet, innerhalb von 14 Kalendertagen nach Eingang dieser Mitteilung dem Bundesministerium für Wirtschaft und Energie eine umfassende Darstel-

---

[75] OLG Naumburg Beschl. v. 22.4.2014 – 2 Verg 5/12, BeckRS 2014, 14970 = VergabeR 2014, 831 ff.; zur Höhe der Rechtsanwaltsgebühren: OLG Frankfurt a. M. Beschl. v. 27.7.2015 – 11 Verg 1/14, BeckRS 2015, 14989; OLG Naumburg Beschl. v. 25.2.2015 – 2 Verg 2/14, BeckRS 2015, 10374; zu Reisekosten: OLG Frankfurt a. M. Beschl. v. 27.7.2015 – 11 Verg 1/14, BeckRS 2015, 14989; OLG Düsseldorf Beschl. v. 10.4.2014 – VII – Verg 4/13, BeckRS 2014, 19274.
[76] OLG München Beschl. v. 27.8.2009 – Verg 4/09, IBRRS 2009, 3361 = VergabeR 2010, 294 f.
[77] BGH Beschl. v. 17.6.2014 – X ZB 8/13, NZBau 2014, 652 = VergabeR 2014, 663 ff.
[78] OLG Naumburg Beschl. v. 25.8.2011 – 2 Verg 4/11, VergabeR 2012, 261 ff.
[79] OLG Naumburg Beschl. v. 25.2.2015 – 2 Verg 2/14, BeckRS 2015, 10374 = VergabeR 2015, 718 ff.
[80] OLG Naumburg Beschl. v. 25.2.2015 – 2 Verg 2/14, BeckRS 2015, 10374 = VergabeR 2015, 718 ff.
[81] BGH Beschl. v. 18.3.2014 – X ZB 12/13, NZBau 2014, 452 = VergabeR 2014, 545 f.
[82] OLG München Beschl. v. 28.2.2011 – Verg 23/10, BeckRS 2011, 04664 = VergabeR 2011, 642 ff.

lung des Sachverhalts zu geben und darzulegen, ob der behauptete Verstoß beseitigt wurde, oder zu begründen, warum er nicht beseitigt wurde, ob das Vergabeverfahren Gegenstand eines Nachprüfungsverfahrens ist oder aus sonstigen Gründen ausgesetzt wurde.

(3) Ist das Vergabeverfahren Gegenstand eines Nachprüfungsverfahrens oder wurde es ausgesetzt, so ist der Auftraggeber verpflichtet, das Bundesministerium für Wirtschaft und Energie unverzüglich über den Ausgang des Verfahrens zu informieren.

I. Entstehungsgeschichte und Normzweck

1 § 183 entspricht weitestgehend dem bisherigen § 129. Im Hinblick auf **Art. 3 Abs. 5 RL 89/665/EWG und Art. 8 Abs. 5 RL 92/13/EWG, jeweils in der Fassung der RL 2007/66/EG (Rechtsmittelrichtlinien)**[1] erfolgte eine Anpassung in Abs. 3 mit der Maßgabe, dass die Informationspflicht des Auftraggebers sich auf den Ausgang des Verfahrens insgesamt bezieht, dh den Ausgang des Nachprüfungsverfahrens oder den Ausgang des Vergabeverfahrens nach Aussetzung aus sonstigen Gründen. Darüber hinaus sind die Veränderungen redaktioneller Natur. Durch die Aufnahme der Konzessionsvergaben wird der neuen Rechtslage Rechnung getragen, durch die veränderte Bezeichnung des Ministeriums wird die geänderte Ordnung der Ressorts berücksichtigt. Die Regelung über den Korrekturmechanismus der europäischen Kommission befand sich vor der Reform 2009 in § 21 VgV. Die Aufnahme in das GWB diente der weiteren Ordnung der Vorschriften. Im 4. Teil des GWB sollen alle Regelungen über die Nachprüfungsverfahren und die Nachprüfungsmöglichkeiten enthalten sein.[2]

II. Die Regelung

2 Die **RL 89/66** zur Koordinierung der Rechts- und Verwaltungsvorschriften für die Anwendung der Nachprüfungsverfahren im Rahmen der **Vergabe öffentlicher Liefer- und Bauaufträge** sowie die Richtlinie **92/13** zur Koordinierung der Rechts- und Verwaltungsvorschriften für die Anwendung der Gemeinschaftsvorschriften über die **Auftragsvergabe im Bereich der Wasser-, Energie- und Verkehrsversorgung sowie im Telekommunikationssektor** führen übereinstimmend in den jeweiligen Erwägungsgründen aus, dass es erforderlich sei, eine Stärkung der Garantien für einen diskriminierungsfreien und transparenten Wettbewerb vorzunehmen. Der Umstand, dass in einigen Ländern keine wirksamen oder nur unzulängliche Nachprüfungsverfahren vorhanden seien, mache es erforderlich, dass die Kommission auch außerhalb eines Nachprüfungsverfahrens bei der zuständigen Stelle des Mitgliedsstaates und der Vergabebehörde mit dem Ziel tätig werden könne, den Verstoß zu beheben. Hierfür sei ein eigenes System notwendig. Dieses System wurde in den Regelungen des **Art. 3 RL 89/665** sowie des **Art. 8 RL 92/13** geschaffen und sieht übereinstimmend vor, dass die Kommission dem Mitgliedstaat und der Vergabebehörde mitteilt, dass sie einen klaren und eindeutigen Verstoß als gegeben ansieht und innerhalb einer definierten Frist (RL 92/13: 30 Tage, RL 89/665: 21 Tage) der Kommission eine Rückmeldung zu erteilen ist. Diese Rückmeldung kann bestehen in der Meldung, dass der Verstoß beseitigt wurde, einer Begründung, warum der Verstoß nicht beseitigt wurde oder einer Mitteilung, dass das Vergabeverfahren entweder auf Betreiben des öffentlichen Auftraggebers oder aber auf Grund eines Nachprüfungsverfahrens ausgesetzt wurde. Maßgeblich ist, dass die Kommission auch eingreifen kann, wenn im Rahmen des Vergabeverfahrens kein Nachprüfungsantrag gestellt wurde. Der Korrekturmechanismus ist nicht identisch mit einem Vertragsverletzungsverfahren, kann aber, je nach Reaktion auf die Mitteilung der Kommission, zu einem solchen führen.

3 **Im nationalen Recht** ist dies umgesetzt worden in einen Ablauf, in dem die Bundesregierung als Empfängerin einer entsprechenden Mitteilung der Kommission diese über das Bundesministerium für Wirtschaft und Energie (je nach Legislaturperiode kann es unterschiedliche Ressortbildungen geben, führend für die vorliegende Regelung dürfte das jeweilige Wirtschaftsressort sein) an den zuständigen öffentlichen Auftraggeber weiterleitet. § 183 ist die **Rechtsgrundlage für das Auskunftsverlangen der Bundesregierung**[3] **gegenüber den öffentlichen Auftraggebern**. Diesen steht angesichts der Fristen in den europäischen Richtlinien nur die kurze Äußerungsfrist des Abs. 2 von 14 Tagen zur Verfügung. Hinsichtlich der rechtlich möglichen Äußerungen entspricht die Regelung den europäischen Richtlinien. Hinzu kommt, dass die öffentlichen Auftraggeber nach Abs. 3 im Falle einer Nachfrage der Kommission das Bundesministerium für Wirtschaft und Energie über

---
[1] ABl. 2007 L 335, 31.
[2] Gesetzesbegründung 2009, BT-Drs. 16/10117 Teil B zu Nr. 24 (§ 129).
[3] BerlKommEnR/*Lutz* VgV § 21 Rn. 1.

den Ausgang des Nachprüfungsverfahrens zu unterrichten haben, auf Grund dessen das Vergabeverfahren ausgesetzt wurde.

Ein Anspruch einzelner Unternehmen auf Einleitung des Korrekturmechanismus 4
nach Art. 3 RL 89/665/EWG durch die Kommission besteht nicht. Das Verfahren nach Art. 3 der Richtlinie betrifft nur die Kommission und den Mitgliedstaat.[4]

§ 184 Unterrichtungspflichten der Nachprüfungsinstanzen

Die Vergabekammern und die Oberlandesgerichte unterrichten das Bundesministerium für Wirtschaft und Energie bis zum 31. Januar eines jeden Jahres über die Anzahl der Nachprüfungsverfahren des Vorjahres und deren Ergebnisse.

§ 184 entspricht dem bisherigen § 129a. Geändert wurde nur die Ressortbezeichnung, 1
wobei die Verantwortung im Ressortbereich Wirtschaft weiterhin besteht. Der alte § 129a hatte mit der Reform 2009 die Regelung der Statistikpflichten der Vergabekammern und der Oberlandesgerichte aus **§ 22 VgV** in das GWB übernommen, um das Ziel, alle Verfahrens- und Ordnungsvorschriften über das Nachprüfungsverfahren im 4. Teil des GWB zu konzentrieren, voranzubringen. Die Pflicht zur Meldung der Daten begann am 31.1.2001. Sie dient der Erstellung einer bundesweiten Statistik. Die seit 2001 gesammelten Daten werden bei den jeweiligen Evaluierungen des Gesetzes neben anderen Aspekten berücksichtigt.

---

[4] EuGH ECLI:EU:C:2009:235 = VergabeR 2009, 773.

Teil 5. Anwendungsbereich der Teile 1 bis 3

§ 185 Unternehmen der öffentlichen Hand, Geltungsbereich

(1) ¹Die Vorschriften des Ersten bis Dritten Teils dieses Gesetzes sind auch auf Unternehmen anzuwenden, die ganz oder teilweise im Eigentum der öffentlichen Hand stehen oder die von ihr verwaltet oder betrieben werden. ²Die §§ 19, 20 und 31b Absatz 5 sind nicht anzuwenden auf öffentlich-rechtliche Gebühren oder Beiträge. ³Die Vorschriften des Ersten bis Dritten Teils dieses Gesetzes sind nicht auf die Deutsche Bundesbank und die Kreditanstalt für Wiederaufbau anzuwenden.

(2) Die Vorschriften des Ersten bis Dritten Teils dieses Gesetzes sind auf alle Wettbewerbsbeschränkungen anzuwenden, die sich im Geltungsbereich dieses Gesetzes auswirken, auch wenn sie außerhalb des Geltungsbereichs dieses Gesetzes veranlasst werden.

(3) Die Vorschriften des Energiewirtschaftsgesetzes stehen der Anwendung der §§ 19, 20 und 29 nicht entgegen, soweit in § 111 des Energiewirtschaftsgesetzes keine andere Regelung getroffen ist.

Die Vorschrift gilt nicht für das im 4. Teil des GWB geregelte Vergaberecht. Auftragsvergaben **1** der Deutschen Bundesbank und der Kreditanstalt für Wiederaufbau sind daher den Vorschriften des Vergaberechts unterworfen. Die auf die Teile 1–3 bezogenen Absätze sind deshalb in Band 2 dieses Kommentars erläutert.

Teil 6. Übergangs- und Schlussbestimmungen

§ 186 Übergangsbestimmungen

(1) § 29 ist nach dem 31. Dezember 2022 nicht mehr anzuwenden.

(2) Vergabeverfahren, die vor dem 18. April 2016 begonnen haben, einschließlich der sich an diese anschließenden Nachprüfungsverfahren sowie am 18. April 2016 anhängige Nachprüfungsverfahren werden nach dem Recht zu Ende geführt, das zum Zeitpunkt der Einleitung des Verfahrens galt.

(3) ¹Mit Ausnahme von § 33c Absatz 5 sind die §§ 33a bis 33f nur auf Schadensersatzansprüche anwendbar, die nach dem 26. Dezember 2016 entstanden sind. ²§ 33h ist auf nach dem 26. Dezember 2016 entstandene Ansprüche nach § 33 Absatz 1 oder § 33a Absatz 1 sowie auf vor dem 27. Dezember 2016 entstandene Unterlassungs-, Beseitigungs- und Schadensersatzansprüche wegen eines Verstoßes gegen eine Vorschrift im Sinne des § 33 Absatz 1 oder gegen eine Verfügung der Kartellbehörde anzuwenden, die am 9. Juni 2017 noch nicht verjährt waren. ³Der Beginn, die Hemmung, die Ablaufhemmung und der Neubeginn der Verjährung der Ansprüche, die vor dem 27. Dezember 2016 entstanden sind, bestimmen sich jedoch für die Zeit bis zum 8. Juni 2017 nach den bisher für diese Ansprüche jeweils geltenden Verjährungsvorschriften.

(4) § 33c Absatz 5 und die §§ 33g sowie 89b bis 89e sind unabhängig vom Zeitpunkt der Entstehung der Schadensersatzansprüche nur in Rechtsstreiten anzuwenden, in denen nach dem 26. Dezember 2016 Klage erhoben worden ist.

(5) ¹§ 81a findet Anwendung, wenn das Erlöschen der nach § 30 des Gesetzes über Ordnungswidrigkeiten verantwortlichen juristischen Person oder Personenvereinigung oder die Verschiebung von Vermögen nach dem 9. Juni 2017 erfolgt. ²War die Tat zu diesem Zeitpunkt noch nicht beendet, gehen die Regelungen des § 81 Absatz 3a bis 3e vor.

(6) § 30 Absatz 2b findet nur Anwendung auf Vereinbarungen, die nach dem 9. Juni 2017 und vor dem 31. Dezember 2027 wirksam geworden sind.

(7) ¹Für einen Zusammenschluss, für den die Anmeldung nach § 39 zwischen dem 1. März 2020 und dem Ablauf des 31. Mai 2020 beim Bundeskartellamt eingegangen ist, beträgt die Frist nach § 40 Absatz 1 Satz 1 zwei Monate und die Frist nach § 40 Absatz 2 Satz 2 sechs Monate. ²Satz 1 gilt auch im Fall des § 40 Absatz 5. ³Die Sätze 1 und 2 gelten nicht, wenn am 29. Mai 2020
1. die Frist nach § 40 Absatz 1 Satz 1 abgelaufen war, ohne dass das Bundeskartellamt den anmeldenden Unternehmen mitgeteilt hat, dass es in die Prüfung des Zusammenschlusses (Hauptprüfverfahren) eingetreten ist,
2. die Frist nach § 40 Absatz 2 Satz 2 abgelaufen war oder
3. der Zusammenschluss vom Bundeskartellamt freigegeben worden war.

(8) § 81f Satz 1 ist in der Zeit bis zum Ablauf des 30. Juni 2021 nicht anzuwenden, soweit für die Zahlung einer Geldbuße Zahlungserleichterungen nach § 18 oder § 93 des Gesetzes über Ordnungswidrigkeiten gewährt sind.

(9) ¹Die §§ 35 bis 41 sind nicht anzuwenden auf einen Zusammenschluss im Krankenhausbereich, soweit
1. der Zusammenschluss eine standortübergreifende Konzentration von mehreren Krankenhäusern oder einzelnen Fachrichtungen mehrerer Krankenhäuser zum Gegenstand hat,
2. dem Zusammenschluss keine anderen wettbewerbsrechtlichen Vorschriften entgegenstehen und dies das Land bei Antragstellung nach § 14 Absatz 2 Nummer 3 Buchstabe a der Krankenhausstrukturfonds-Verordnung bestätigt hat,
3. das Vorliegen der weiteren Voraussetzungen für eine Förderung nach § 12a Absatz 1 Satz 4 des Krankenhausfinanzierungsgesetzes in Verbindung mit § 11 Absatz 1 Nummer 2 der Krankenhausstrukturfonds-Verordnung in einem Auszahlungsbescheid nach § 15 der Krankenhausstrukturfonds-Verordnung festgestellt wurde und
4. der Zusammenschluss bis zum 31. Dezember 2027 vollzogen wird.

²Ein Zusammenschluss im Sinne des Satzes 1 ist dem Bundeskartellamt nach Vollzug anzuzeigen. ³Für die Evaluierung dieser Regelung sind die §§ 32e und 21 Absatz 3 Satz 8

des Krankenhausentgeltgesetzes entsprechend anzuwenden. ⁴Für die Zwecke der Evaluierung und zur Untersuchung der Auswirkungen dieser Regelung auf die Wettbewerbsverhältnisse und die Versorgungsqualität können Daten aus der amtlichen Krankenhausstatistik zusammengeführt werden.

1   Die in Abs. 1 und in Abs. 3–9 getroffenen Übergangsbestimmungen beziehen sich inhaltlich nur auf die Teile 1–3 des GWB und nicht auf das Vergaberecht. Diese Absätze sind daher in Band 2 dieses Kommentars eingehend erläutert.

2   Für Vergabeverfahren, die vor dem Inkrafttreten der Vergaberechtsreform am 18.4.2016 begonnen haben, gelten einschließlich der sich anschließenden Nachprüfungsverfahren gem. Abs. 2 ausschließlich die Vergabebestimmungen, die zum Zeitpunkt der Einleitung des Verfahrens (→ Einl. VergabeR Rn. 243 f.) gegolten haben.

3. Teil Verordnungen zum GWB

I. VgV – Vergabeverordnung

Verordnung über die Vergabe öffentlicher Aufträge

Vom 12. April 2016 (BGBl. 2016 I 624),
Zuletzt geändert durch Art. 2 G zur Umsetzung der RL (EU) 2019/1161 vom 20. Juni 2019 zur Änd. der RL 2009/33/EG über die Förderung sauberer und energieeffizienter Straßenfahrzeuge sowie zur Änd. vergaberechtlicher Vorschriften vom 9.6.2021 (BGBl. 2021 I 1691)

Abschnitt 1. Allgemeine Bestimmungen und Kommunikation

Unterabschnitt 1. Allgemeine Bestimmungen

§ 1 Gegenstand und Anwendungsbereich

(1) Diese Verordnung trifft nähere Bestimmungen über das einzuhaltende Verfahren bei der dem Teil 4 des Gesetzes gegen Wettbewerbsbeschränkungen unterliegenden Vergabe von öffentlichen Aufträgen und bei der Ausrichtung von Wettbewerben durch den öffentlichen Auftraggeber.

(2) Diese Verordnung ist nicht anzuwenden auf
1. die Vergabe von öffentlichen Aufträgen und die Ausrichtung von Wettbewerben durch Sektorenauftraggeber zum Zweck der Ausübung einer Sektorentätigkeit,
2. die Vergabe von verteidigungs- oder sicherheitsspezifischen öffentlichen Aufträgen und
3. die Vergabe von Konzessionen durch Konzessionsgeber.

Übersicht

		Rn.			Rn.
I.	Normzweck	1	1.	Abs. 1	8
II.	Entstehungsgeschichte	2	2.	Abs. 2	14
III.	Einzelerläuterung	8	3.	Abgrenzung bei mehreren Tätigkeiten	18

I. Normzweck

§ 1 **Vergabeverordnung (VgV)** legt den Gegenstand und Anwendungsbereich der VgV fest. Dies **1** erfolgt unter Rückgriff auf die Legaldefinitionen des GWB zu „öffentlichen Aufträgen", „Wettbewerben" und „öffentlichen Auftraggebern".[1] Durch die VgV wird das Verfahren für die Vergabe von öffentlichen Aufträgen durch öffentliche Auftraggeber geregelt, soweit diese dem Teil 4 des Gesetzes gegen Wettbewerbsbeschränkungen (GWB) unterliegen. Die VgV erfasst damit alle Leistungsbereiche, verweist jedoch für die Vergabe von Bauleistungen zu einem Teil auf die Anwendung der VOB/A-EU.[2] Die VgV dient der Umsetzung der RL 2014/24/EU des Europäischen Parlaments und des Rates vom 26.2.2016 über die öffentliche Auftragsvergabe und zur Aufhebung der RL 2004/18/EG. Die Ermächtigung der Bundesregierung zum Erlass der VgV findet sich in § 113 GWB.

II. Entstehungsgeschichte

Die erste Vergabeverordnung wurde am 22.2.1994 auf Grundlage von § 57a **Haushaltsgrund- 2 sätzegesetz** (HGrG) verabschiedet.[3] Diese Vergabeverordnung enthielt keine materiellen Regelun-

---
[1] BeckOK VergabeR/*von Wietersheim* Rn. 2.
[2] BeckOK VergabeR/*von Wietersheim* Rn. 1.
[3] BGBl. 1994 I 321.

Fülling

gen, sondern verpflichtete die öffentlichen Auftraggeber lediglich zur Anwendung der „**Verdingungsordnungen**", dh der heute als Vergabeordnung für Leistungen (VOL/A) und Vergabeordnung für Bauleistungen (VOB/A) bezeichneten Regelungswerke. Diese Vergabeordnungen wurden nicht durch den Gesetz- oder Verordnungsgeber, sondern durch private Vereine (Deutschen Verdingungsausschuss für Leistungen (DVAL) und Vergabe- und Vertragsausschuss für Bauleistungen (DVA) erarbeitet. Damit war der Grundstein für ein aus Gesetz, Rechtsverordnung und Vergabeordnungen bestehendes dreistufiges Regelungssystem (das sog. **Kaskadensprinzip**) geschaffen, welches das deutsche Vergaberecht lange Zeit prägte. Für die Kontrolle von Vergabeverfahren sah §§ 57b und 57c HGrG **Vergabeprüfstellen** vor, die sowohl von Amts wegen als auch auf Antrag tätig werden konnten.[4] Da die öffentliche Auftragsvergabe als rein fiskalisches Handeln ohne Außenwirkung und damit als nicht justiziabel angesehen wurde, diente die Überprüfung vorrangig der Klärung, ob die konkrete Beschaffung dem Gebot der sparsamen Haushaltsführung genügt hatte (**haushaltsrechtliche Lösung**). Dabei spielte die Einhaltung der Verdingungsregeln zwar eine wichtige Rolle, ein Verstoß gab aber den am Wettbewerb beteiligten Unternehmen keinerlei subjektive Rechte. Die Vergabeprüfstellen waren nicht verpflichtet, auf Antrag tätig zu werden. Damit schloss die haushaltsrechtliche Lösung effektiven Rechtsschutz für die Bieter aus. Mit dem Vergaberechtsänderungsgesetz aus dem Jahr 1998[5] wurde die VgV auf eine neue Rechtsgrundlage gestellt, allerdings nach wie vor ohne effektiven Rechtsschutz zu gewähren. Die **Vergabeverordnung** wurde wiederholt an die Entwicklung des EU-Rechts angepasst sowie aufgrund der Rechtsprechung des Europäischen Gerichtshofs zum deutschen Vergaberecht geändert. Die Möglichkeit eines effektiven Rechtsschutzes wurde erst im Jahr 2001 mit der Einführung von § 13 VgV aF geschaffen.

3   Mit der **Vergaberechtsreform 2009** wurde zwar noch nicht die erstrebte und von den zur Anwendung verpflichteten Stellen erhoffte **Vereinfachung des Kaskadenprinzips** erreicht. Allerdings wurde für den Sektorenbereich die sich aus dem sog. **Schubladensystem** ergebende **Redundanz** vieler Regelungen durch den Erlass der **Sektorenverordnung**[6] vereinfacht. Die Vergabeverordnung selbst wurde in der Folgezeit mehrfach geändert.[7]

4   Die **Vergaberechtsreform 2016** vereinfachte die Struktur des deutschen Vergaberechts und stellte dem Rechtsanwender ein übersichtliches und leichter handhabbares Regelwerk zur Vergabe von öffentlichen Aufträgen zur Verfügung. Zu diesem Zweck wurde auch die Vergabeverordnung **vollständig überarbeitet, neu gefasst und veröffentlicht.** Das bisher bestehende dreistufige „Kaskadenprinzip" wurde weitgehend durch ein zweistufiges Gesetz- und Verordnungsrecht ersetzt. Die wesentlichen Regelungen des Vergaberechts finden sich nun auf gesetzlicher Ebene im Teil 4 des GWB. Diese betreffen insbesondere den Anwendungsbereich des Vergaberechts sowie die Grundsätze der Vergabe. Auch der Verfahrensablauf wird im Gesetz vorgezeichnet. Die Detail- und Verfahrensregelungen erfolgen auf Verordnungsebene. Die **Vergabeverordnung** (VgV), **Sektorenverordnung** (SektVO) und die **Konzessionsvergabeverordnung** (KonzVgV) sowie die – weitgehend unveränderte – **Vergabeverordnung für die Bereiche Verteidigung und Sicherheit** (VSVgV) legen die jeweiligen bereichsspezifischen Verfahrensregelungen fest. Die jeweiligen Verordnungen konkretisieren damit die im GWB angelegten Verfahrensschritte und präzisieren insbesondere die Möglichkeiten, die öffentliche Auftragsvergabe stärker zur Unterstützung strategischer Ziele zu nutzen.[8] Die Vergabeverordnung 2016 folgt mit ihrer Struktur dem Ablauf des Vergabeverfahrens und orientiert sich – im Vergleich zu den bis zum 18.4.2016 bestehenden Regelungen – stärker an den Vorgaben der EU-Richtlinien.[9] Der Abschnitt 2 der **Vergabe- und Vertragsordnung für Leistungen** (VOL/A)[10] sowie die **Vergabeordnung für freiberufliche Leistungen** (VOF) sind damit entfallen und ihr Regelungsgehalt in die Vergabeverordnung integriert. Damit beschränkt sich die Vergabeverordnung nicht mehr auf eine „Scharnierfunktion", sondern bildet ein vollständiges

---

[4] *Hertwig* Öffentl. Auftragsvergabe, 5. Aufl. 2014, Rn. 28.
[5] BGBl. 1998 I 2512.
[6] BGBl. 2009 I 3110; *Opitz* VergabeR 2009, 689.
[7] Siebte Verordnung zur Änderung der Verordnung über die Vergabe öffentlicher Aufträge v. 15.10.2013, BGBl. 2013 I 3854; Sechste Verordnung zur Änderung der Verordnung über die Vergabe öffentlicher Aufträge v. 12.7.2012, BGBl. 2012 I 1508; Fünfte Verordnung zur Änderung der Verordnung über die Vergabe öffentlicher Aufträge v. 14.3.2012, BGBl. 2012 I 488; Vierte Verordnung zur Änderung der Verordnung über die Vergabe öffentlicher Aufträge v. 16.8.2011, BGBl. 2011 I 1724; Verordnung zur Änderung der Vergabeverordnung sowie der Sektorenverordnung v. 11.5.2011, BGBl. 2011 I 800; Verordnung zur Anpassung der Verordnung über die Vergabe öffentlicher Aufträge (VgV) sowie der Sektorenverordnung v. 7.6.2010, BGBl. 2010 I 724.
[8] BT-Drs. 18/7318, 2.
[9] BT-Drs. 18/7318, 140.
[10] Der für den Bereich unterhalb der Schwellenwerte relevante 1. Abschnitt der VOL/A galt bis zum Inkrafttreten der Unterschwellenvergabeordnung zunächst fort.

II. Entstehungsgeschichte

und einheitliches Regelungswerk für die Vergabe öffentlicher Aufträge. Der Zugang zum Vergaberecht wird durch die Vereinfachung der Regelungsstruktur deutlich erleichtert.[11] Lediglich für den Bereich der öffentlichen Bauaufträge bestehen mit der VOB/A, Abschnitt 2 Sonderregelungen fort. Mit der neuen **Vergabestatistikverordnung** (VergStatVO) wurde zudem erstmals eine einheitliche Basis für die Sammlung von Daten über vergebene öffentliche Aufträge und Konzessionen geschaffen.

Die Bundesregierung hat in der 19. Legislaturperiode auf der Grundlage eines Auftrags im Koalitionsvertrag der Regierungsparteien eine weitere Vereinheitlichung des Vergaberechts und die **Zusammenführung von Verfahrensregeln** für die Vergabe von Liefer- und Dienstleistungen einerseits und von Bauleistungen andererseits in einer einheitlichen Vergabeverordnung geprüft. Hierzu wurde unter dem gemeinsamen Vorsitz des Bundesministeriums für Wirtschaft und Energie sowie des Bundesministeriums des Innern, für Bau und Heimat eine **Arbeitsgruppe** mit Mitgliedern des Deutschen Bundestages, Vertreterinnen und Vertretern der Länder, der kommunalen Spitzenverbände, von Verbänden insbesondere der Bauwirtschaft, der Anwaltschaft und der Rechtsprechung eingerichtet. Die Diskussion in der Arbeitsgruppe ergab kein einheitliches Meinungsbild. Die Vertreter der Bauwirtschaft befürworteten den Fortbestand der VOB/A und deren Erarbeitung durch den den Deutsche Vergabe- und Vertragsausschuss für Bauleistungen (DVA). Als Argumente wurden Besonderheiten bei der Vergabe von Bauleistungen und die Einheitlichkeit der VOB angeführt. Insbesondere die kommunalen Spitzenverbände sprachen sich dagegen für eine Vereinheitlichung im Sinne einer vollständigen Integration in die VgV aus. Die Befürworter der Vereinheitlichung machten ua geltend, dass die VOB/A in einem separaten (als privater Verein organisierten) Ausschuss (DVA) verabschiedet werde. Die darin vertretenen Verbände der Bauwirtschaft hätten de facto die Möglichkeit, von einer Mehrheit im Ausschuss gewünschte Modernisierungen der VOB zu verhindern. Die Befürworter machten auch geltend, dass die Festlegung der Regeln im DVA es der Bundesregierung im Rahmen der Verordnungsgebung und mittelbar dem Bundestag (Parlamentsvorbehalt) erschwere, Einfluss auf die inhaltliche Ausgestaltung der Regelungen zu nehmen. Zudem wurde bemängelt, dass die VOB/A inhaltlich und vor allem strukturell in ihrer gesamten Gliederung und Reihenfolge der Verfahrensschritte erheblich vom Vergaberecht für Lieferungen und Dienstleistungen abweiche, was die Lesbarkeit und Verständlichkeit für die Anwender erschwere. Die Argumente der Befürworter der Vereinheitlichung überzeugen. Im Ergebnis fehlte aber aufgrund des Widerstands der Bauverbände der politische Wille, die Vereinfachung des Vergaberechts umzusetzen. Das ist um so bedauerlicherlicher als die unterschiedlichen untergesetzlichen Regelungswerke zu Effizienzverlusten und komplizierten Vergabeverfahren führen. Zudem wäre eine Zusammenführung der Regelwerke für Bauvergaben und für die Vergabe von Liefer- oder Dienstleistungen ein Beitrag zum **Bürokratieabbau** und zu einer erleichterten Anwendung der Vergaberegeln gewesen.[12] Etwaige Besonderheiten des Baubereichs hätten soweit erforderlich innerhalb der VgV berücksichtigt werden können.[13] Die Arbeitsgemeinschaft hat im **Abschlussbericht** dagegen lediglich vorgeschlagen, die bestehenden Regelungswerke inhaltlich anzunähern und die Änderung von Verfahrensregelungen des DVA zu erwägen.

Die VgV wurde auch in den letzten Jahren **mehrfach geändert.** Mit dem eIDAS-Durchführungsgesetz (eIDASDG)[14] vom 18.7.2017 wurden geringfügige Anpassungen im Hinblick auf die Nutzung elektronischer Vertrauensdienst vorgenommen. Mit der Verordnung zur Änderung der Vergabeverordnung und der Vergabeverordnung Verteidigung und Sicherheit (VgV2016uVSVgVÄndV)[15] vom 12.7.2019 wurde eine geänderte Fassung der Vergabe- und Vertragsordnung für Bauleistungen (VOB/A) in Kraft gesetzt. Durch das Gesetz zur beschleunigten Beschaffung im Bereich der Verteidigung und Sicherheit und zur Optimierung der Vergabestatistik (BeschBeschl/VergStatOptG)[16] vom 25.3.2020 wurden die Vorgaben des Gesetzes gegen Wettbewerbsbeschränkungen (GWB) und der VgV für die Bereiche Verteidigung und Sicherheit (VSVgV) angepasst, um eine beschleunigte Beschaffung für die militärischen und zivilen Sicherheitsbehörden zu ermöglichen. Im Hinblick auf die VgV wurde durch dieses Gesetz in § 14 Abs. 4 Nr. 2 klargestellt, dass der ausschlaggebende Zeitpunkt für die Beurteilung, ob nur ein Unternehmen den Auftrag durchführen kann, der Zeitpunkt der Aufforderung zur Abgabe von Angeboten durch den Auftraggeber, mithin der Beginn des Vergabeverfahrens, ist. Mit dem Gesetz zur Änderung des Gesetzes zur Regelung von Ingenieur- und Architektenleistungen und anderer Gesetze (ArchLGuaÄndG)[17] vom 12.11.2020

---

[11] *Knauff* NZBau 2016, 195.
[12] Wie hier kritisch: HK-VergabeR/*Pünder* GWB § 119 Rn. 9; offener: BeckOK VergabeR/*von Wietersheim* VgV § 2 Rn. 1–5a.
[13] HK-VergabeR/*Pünder* GWB § 119 Rn. 9.
[14] BGBl. 2017 I 2745.
[15] BGBl. 2019 I 1081.
[16] BGBl. 2020 I 674.
[17] BGBl. 2020 I 2392.

wurden Klarstellungen zu dem in § 17 geregelten Verhandlungsverfahren vorgenommen und in den §§ 73 und 76 Verweise auf die Honorarordnung für Architekten und Ingenieure (HOAI) geändert. Im Juni 2021 wurde die Beschaffung von Straßenfahrzeugen gesetzlich geregelt.[18] Die diesbezüglich in der VgV enthaltene Regelung des § 68 wurde in diesem Zusammenhang gestrichen.

7 Zur Beschleunigung öffentlicher Investitionen hat die Bundesregierung am 8.7.2020 Handlungsleitlinien für die Bundesverwaltung für die Vergabe öffentlicher Aufträge zur Beschleunigung investiver Maßnahmen zur Bewältigung der wirtschaftlichen Folgen der **COVID-19-Pandemie** beschlossen.[19] Diese Handlungsleitlinien, die bis Ende 2021 befristet sind, betreffen weit überwiegend den Unterschwellenbereich (insbesondere Anhebung von Wertgrenzen für die Verhandlungsvergabe), enthalten hingegen keine Änderungen des materiellen Rechts für die oberschwellige Auftragsvergabe im Anwendungsbereich der VgV. Sie weisen aber im Hinblick auf dringliche Investitionsmaßnahmen explizit auf die bestehenden Verkürzungsmöglichen für Teilnahme- und Angebotsfristen hin.

III. Einzelerläuterung

8 **1. Abs. 1.** Mit § 1 Abs. 1 wird der **persönliche und sachliche Anwendungsbereich** der VgV unter Rückgriff auf Legaldefinitionen des GWB zunächst **positiv festgelegt.** Danach trifft die Verordnung nähere Bestimmungen über das bei der Vergabe öffentlicher Aufträge und Wettbewerbe durch öffentliche Auftraggeber einzuhaltende Verfahren.

9 Der **persönliche Anwendungsbereich** der VgV erfasst alle „öffentlichen Auftraggeber". Die Definitionen des öffentlichen Auftrags sowie des Wettbewerbs finden sich in § 103 GWB. Der Begriff des „öffentlichen Auftraggebers" und der Begriff des „Wettbewerbs" sind in § 99 GWB legaldefiniert. Das GWB enthält mit den §§ 100 und 101 GWB eine gesonderte Defintion des Sektorenauftraggebers und des Konzessionsgebers. Daher dient die Bezugnahme des § 1 Abs. 1 auf den Begriff des öffentlichen Auftraggebers zugleich auch der Abgrenzung der Anwendungsbereiche von VgV, SektVO, und KonzVgV.[20] Übt beispielsweise ein öffentlicher Auftraggeber eine Sektorentätigkeit gem. § 102 GWB aus, ist er – soweit ein Auftrag zum Zweck der Ausübung einer Sektorentätigkeit vergeben wird – Sektorenauftraggeber gem. § 100 GWB.

10 § 1 Abs. 1 legt den **sachlichen Anwendungsbereich** der VgV auf öffentliche Aufträge fest, die dem Anwendungsbereich des 4. Teils des GWB unterliegen. Sofern keine gesondert geregelten Ausnahmen vom Anwendungsbereich des GWB (zB §§ 107, 108 GWB) vorliegen, kommt es dafür insbesondere auf die in § 106 GWB geregelten Schwellenwerte an. Nach dem klaren Wortlaut des § 106 Abs. 1 GWB ist für die Anwendbarkeit des GWB der geschätzte Auftragswert entscheidend. Dieser muss die in § 106 Abs. 2 GWB vorgesehenen Schwellenwerte erreichen oder überschreiten. Die Vorgaben zur Schätzung des Auftragswertes finden sich in § 3. Schreibt ein öffentlicher Auftraggeber Leistungen europaweit aus, obwohl der zutreffend geschätzte Auftragswert den Schwellenwert unterschreitet, eröffnet er damit nicht den Anwendungsbereich des GWB. Insbesondere greift in diesem Fall nicht der vergaberechtliche Rechtsschutz nach den §§ 155 ff. GWB.

11 Auf **Rahmenvereinbarungen** finden gem. § 103 Abs. 5 GWB die für die Vergabe öffentlicher Aufträge geltenden Vorschriften und damit auch die Regelungen der VgV entsprechende Anwendung.

12 Die Differenzierung des anwendbaren Vergaberechts nach der Höhe des Auftragswertes liegt der Gedanke zugrunde, dass bei geringen Auftragswerten in der Regel kein grenzüberschreitendes Interesse an der Auftragsvergabe besteht. Allerdings muss der öffentliche Auftraggeber prüfen, ob im Einzelfall trotz Unterschreiten der Schwellenwerte ein grenzüberschreitendes Interesse an dem Auftrag besteht.[21] Dabei können Größe und Struktur des Marktes, wirtschaftliche Gepflogenheiten sowie die geographische Lage des Orts der Leistungserbringung berücksichtigt werden.[22] Ist danach ein grenzüberschreitendes Interesse zu bejahen, unterliegen die Aufträge dem Anwen-

---

[18] BGBl. 2021 I 1691.
[19] https://www.bmwi.de/Redaktion/DE/Downloads/H/handlungsleitlinien-vergr-corona.pdf?__blob=publicationFile (zuletzt abgerufen am 7.8.2021).
[20] BeckOK VergabeR/*von Wietersheim* Rn. 3.
[21] Mitteilung der Kommission zu Auslegungsfragen in Bezug auf das Gemeinschaftsrecht, das für die Vergabe öffentlicher Aufträge gilt, die nicht oder nur teilweise unter die Vergaberichtlinien fallen v. 1.8.2006 (ABl. 2006 C 179, 2).
[22] Mitteilung der Kommission zu Auslegungsfragen in Bezug auf das Gemeinschaftsrecht, das für die Vergabe öffentlicher Aufträge gilt, die nicht oder nur teilweise unter die Vergaberichtlinien fallen v. 1.8.2006 (ABl. 2006 C 179, 2).

dungsbereich des **Unionsprimärrechts**.[23] In diesem Fall liegt für den öffentlichen Auftraggeber eine entsprechende Anwendung der Vorgaben der VgV zur Wahrung der Rechtssicherheit nahe.

Unterhalb der Schwellenwerte richten sich die anwendbaren Bestimmungen für die Auftragsvergabe nach dem **Haushaltsrecht** des Bundes und der Länder. Viele Länder haben zudem **Vergabegesetze** erlassen, welche weitere Vorgaben für die öffentliche Auftragsvergabe vorsehen. Unterhalb der Schwellenwerte besteht kein vergaberechtlicher Primärrechtsschutz. Das BVerfG hat darin keinen Verstoß gegen Verfassungsrecht gesehen.[24] Der Differenzierung liege ein sachlicher Unterschied zugrunde, der die unterschiedliche Handhabung rechtfertige. Der Gesetzgeber dürfe davon ausgehen, dass bei höheren Auftragswerten die Existenz des Nachprüfungsverfahrens zu wirtschaftlicheren Ergebnissen führe. Die Grenzziehung nach den europäischen Schwellenwerten sei zulässig. Unterhalb der Schwellenwerte steht den Bewerbern oder Bietern gegen Maßnahmen des öffentlichen Auftraggebers oder zur Geltendmachung von Schadensersatzansprüchen nach der Rechtsprechung des BVerwG der Zivilrechtsweg offen.[25]

2. Abs. 2. Mit § 1 Abs. 2 wird der Anwendungsbereich der Verordnung zudem negativ abgegrenzt. Die zusätzliche negative Abgrenzung ist im Hinblick auf **verteidigungs- und sicherheitsspezifischen öffentlichen Aufträge** nach § 104 GWB erforderlich, da diese ein Unterfall der öffentlichen Aufträge sind.[26] Für die Vergabe verteidigungs- und sicherheitsspezifischer öffentlicher Aufträge gilt die Vergabeverordnung Verteidigung und Sicherheit (VSVgV).

Für die Vergabe öffentlicher Aufträge durch **Sektorenauftraggeber** zum Zwecke der Sektorentätigkeit ist demnach die Sektorenverordnung (SektVO) anzuwenden. Vergeben Sektorenauftraggeber, die zugleich öffentliche Auftraggeber sind, öffentliche Aufträge nicht zum Zwecke einer Sektorentätigkeit iSv § 102 GWB, gelten die Regelungen der VgV. Liegt dagegen eine Sektorentätigkeit vor und es wird lediglich nicht der Schwellenwerte der SektVO erreicht, führt dies nicht zu einer Anwendbarkeit der VgV. Die Regelungen der VgV sind insoweit kein Auffangtatbestand.[27]

Bei der **Vergabe von Konzessionen** ist nach der Konzessionsvergabeverordnung (KonzVgV) zu verfahren. Liegt eine Konzession vor, die nicht die einschlägigen Schwellenwerte erreicht, muss nicht auf die Regelungen der VgV zurückgegriffen werden.[28]

Auch **Öffentliche Bauaufträge** fallen in den Anwendungsbereich der VgV. Insoweit besteht mit der durch § 2 in Bezug genommen VOB/A, Abschnitt 2[29] jedoch weiterhin ein kompliziertes dreistufiges Regelungssystem.

3. Abgrenzung bei mehreren Tätigkeiten. Umfasst ein öffentlicher Auftrag **mehrere Tätigkeiten,** von denen eine Tätigkeit eine Sektorentätigkeit oder eine Konzession darstellt, dürfen gem. § 112 Abs. 1 GWB bzw. § 112 Abs. 6 GWB sowohl getrennte Aufträge als auch ein Gesamtauftrag vergeben werden. Im letzten Fall richtet sich das anwendbare Recht nach § 112 Abs. 3–4 GWB. Erfasst der Auftrag mehrere Tätigkeiten, die nur zum Teil verteidigungs- und sicherheitsspezifische Leistungen oder Konzessionen umfassen, sind die Regeln über gemischte Aufträge nach den §§ 111 und 112 GWB anzuwenden.

§ 2 Vergabe von Bauaufträgen

¹Für die Vergabe von Bauaufträgen sind Abschnitt 1 und Abschnitt 2, Unterabschnitt 2 anzuwenden. ²Im Übrigen ist Teil A Abschnitt 2 der Vergabe- und Vertragsordnung für Bauleistungen in der Fassung der Bekanntmachung vom 31. Januar 2019 (BAnz AT 19.2.2019 B2) anzuwenden.

Übersicht

	Rn.		Rn.
I. Normzweck	1	III. Einzelerläuterung	7
II. Entstehungsgeschichte	5		

---

[23] EuG NZBau 2010, 510.
[24] BVerfG NJW 2006, 3701.
[25] BVerwG NZBau 2007, 389.
[26] BeckOK VergabeR/*von Wietersheim* Rn. 9 f.
[27] Ziekow/Völlink/*Greb* Rn. 5.
[28] Ziekow/Völlink/*Greb* Rn. 9.
[29] Vergabe- und Vertragsordnung für Bauleistungen in der Fassung der Bekanntmachung v. 31.1.2019 (BAnz AT 19.2.2019 B2).

I. Normzweck

1 § 2 ergänzt die Vorschrift des § 1 und legt das anzuwendende Verfahren bei der Vergabe von öffentlichen Bauaufträgen fest. Es werden teilweise die Regelungen der VgV sowie im Übrigen Teil A Abschnitt 2 der Vergabe- und Vertragsordnung für Bauleistungen (VOB/A) für anwendbar erklärt. Damit besteht im Bereich der Bauaufträge das sog. „Kaskadenprinzip", also der komplexe dreistufige Aufbau des früheren deutschen Vergaberechts fort. Auf der ersten Stufe werden die wesentlichen Vorgaben des nationalen Vergaberechts oberhalb der EU-Schwellenwerte gesetzlich in Teil 4 des GWB geregelt. Diese Regelungen gelten vollumfänglich auch für Bauaufträge. Die zweite Stufe bildet die VgV. Dabei finden die in § 2 genannten Regelungen der VgV auch auf Bauaufträge Anwendung. Nur für die Vergabe von Bauaufträgen schließt sich mit der VOB/A noch eine weitere, dritte Stufe an.

2 Die Regelungen der VOB/A werden im Deutschen **Vergabe- und Vertragsausschuss für Bauleistungen (DVA)** entworfen bzw. geändert. Der DVA ist ein nicht rechtsfähiger Verein. Er hat die satzungsmäßige Aufgabe, Grundsätze für die sachgerechte Vergabe und Abwicklung von Bauaufträgen zu erarbeiten und weiterzuentwickeln. Mitglieder im DVA können sowohl Institutionen der Auftraggeber- als auch der Auftragnehmerseite werden. Der DVA hat als privatrechtlicher Verein **keine demokratische Legitimation**.

3 Die Verpflichtung zur Anwendung der VOB/A bedarf aufgrund der fehlenden demokratischen Legitimation des DVA einer entsprechenden **Entscheidung durch den Gesetz- bzw. Verordnungsgeber**. Jedoch kann der Gesetz- bzw. Verordnungsgeber nur die Vergabe- und Vertragsordnung legitimieren, die ihm zum Zeitpunkt des Erlasses der VgV bekannt ist. § 2 ist daher konstitutiv für die Geltung der VOB/A in ihrer jeweiligen Fassung, es handelt sich um eine **„statische Verweisung"**. Jedwede Änderungen der Vergabe- und Vertragsordnung erfordern eine Anpassung der Vergabeverordnung, um Geltung zu erlangen.

4 Es ist zweifelhaft, ob die teilweise Umsetzung der Vergaberichtlinien durch die **VOB/A europarechtskonform** ist. Die Umsetzung des Unionsrechts bedarf aus rechtsstaatlichen Gründen eines Akts mit Rechtsnormqualität.[1] Untergesetzliche Regeln wie Verwaltungsvorschriften oder Vereinbarungen zwischen staatlichen Stellen und Privatpersonen genügen diesen Anforderungen nicht.[2] Dasselbe dürfte für die VOB/A gelten, soweit sie die europäischen Vergaberichtlinien umsetzt. Der Verstoß gegen Art. 288 Abs. 3 AEUV ergibt sich im Hinblick auf die VOB/A aus der fehlenden Transparenz bei der Erarbeitung von Regeln, der infolge der VOB/A bestehenden Unübersichtlichkeit des anzuwendenden Rechts und den ungenügenden Einflussmöglichkeit des Mitgliedstaats.[3] Dies behindert die effektive Durchsetzung des Unionsrechts.

II. Entstehungsgeschichte

5 Mit der Vergaberechtsreform 2016 wurde die Struktur des Vergaberechts weitgehend vereinfacht und mit dem Teil 4 des GWB und bereichsspezifischen Rechtsverordnungen überwiegend zweistufig aufgebaut. Nur im Bereich der Bauaufträge wurde der traditionelle dreistufige Aufbau beibehalten. Diese Lösung ist Ausdruck eines politischen Kompromisses, der Grundlage für die am 7.1.2015 vom Bundeskabinett beschlossenen **Eckpunkte zur Reform des Vergaberechts** war. Mit der Beibehaltung der bauspezifischen Vergabeverfahren soll den Besonderheiten der Bauleistungen bei öffentlichen Aufträgen Rechnung getragen werden.[4] Die Beibehaltung der VOB/A für die Vergabe von Bauaufträgen war im Rahmen des Verordnungsgebungsverfahrens nicht unumstritten. So hat der Bundesrat zwar der Vergaberechtsmodernisierungsverordnung zugestimmt,[5] zugleich jedoch einen Entschließungsantrag[6] gefasst. In dem Entschließungsantrag fordert der Bundesrat die Bundesregierung auf, eine weitere Vereinheitlichung und Vereinfachung der komplexen Regelwerke zum Vergaberecht anzustreben. Insbesondere die Aufrechterhaltung eines eigenen Regelwerkes für bauspezifischen Vergabeverfahren in Gestalt der VOB/A müsse vor diesem Hintergrund kritisch geprüft werden. Die im Jahr 2019 eingesetzte Arbeitsgruppe zur Prüfung der Vereinheitlichung des Vergaberechts hat in ihrem Anfang 2020 vorgelegten Abschlussbericht jedoch lediglich eine inhaltliche

---

[1] EuGH Urt. v. 30.5.1991 – C-361/88, Slg. 1991, I-2567 Rn. 15 ff. – TA-Luft; *Vedder* in Vedder//Heintschel von Heinegg, Europäisches Unionsrecht, Kommentar, AEUV Art. 288 Rn. 31.
[2] Streinz/*W. Schroeder* AEUV Art. 288 Rn. 77 ff. mwN.
[3] AA *Knauff* NZBau 2010, 657 (660).
[4] BT-Drs. 18/7318, 161.
[5] BR-Drs. 87/16, 1.
[6] BR-Drs. 87/16 (Beschluss), 1 f.

Angleichung der bestehenden Regelwerke und die Prüfung von Verfahrensvorschriften im DVA empfohlen.[7]

Inhaltlich führt § 2 den früheren Regelungsgehalt des § 6 Abs. 1 aF fort. Die Regelungen des § 6 Abs. 2 aF über die Lieferung von **energieverbrauchsrelevanten Waren** sowie die Vorgaben des § 6 Abs. 3–5 aF über die Berücksichtigung der Energieeffizienz im Rahmen der Leistungsbeschreibung und des Zuschlags wurden in § 8c EU VOB/A übernommen.

III. Einzelerläuterung

Auf Bauaufträge sind nach § 2 neben den Bestimmungen des GWB die Regelungen des 1. Abschnitts der VgV **uneingeschränkt und vorrangig** anzuwenden.[8] Dies betrifft insbesondere die Vorschriften
– zur Schätzung des Auftragswerts (§ 3),
– zur gelegentlichen gemeinsamen Auftragsvergabe und zentralen Beschaffung (§ 4)
– zur Wahrung der Vertraulichkeit (§ 5),
– zur Vermeidung von Interessenkonflikten (§ 6),
– zur Mitwirkung an der Vorbereitung des Vergabeverfahrens (§ 7),
– zur Dokumentation bzw. zur Erstellung des Vergabevermerks (§ 8) sowie
– zur elektronischen Kommunikation (§§ 9–13).

Ferner ist auch Abschnitt 2, Unterabschnitt 2 der VgV auf Bauaufträge anzuwenden. Dieser Unterabschnitt betrifft die besonderen Methoden und Instrumente im Vergabeverfahren, also Rahmenvereinbarungen, dynamische Beschaffungssysteme, elektronische Auktionen und elektronische Kataloge. Im Übrigen enthält § 2 den **Rechtsanwendungsbefehl** für den 2. Abschnitt der VOB/A 2019 in der im Bundesanzeiger veröffentlichten Fassung. Der Verweis auf die VOB/A ist statisch, bezieht sich also auf die konkrete Fassung der Bekanntmachung.[9] Soweit im zweiten Abschnitt der VOB/A Regelungen des GWB wiederholt werden (zB in § 6e EU VOB/A und § 6f EU VOB/A) entfalten diese Wiederholungen keinerlei Rechtswirkung. Maßgeblich sind allein die Bestimmungen und der Wortlaut des GWB.[10]

§ 2 gilt für alle Bauaufträge von öffentlichen Auftraggebern oberhalb der durch § 106 GWB festgelegten Schwellenwerte. Die Definition des Begriffs „öffentlicher Auftraggeber" findet sich in § 99 GWB. Bei der Vergabe von Bauaufträgen durch Sektorenauftraggeber iSd § 100 GWB zum Zwecke der Ausübung einer Sektorentätigkeit gilt die SektVO. Der Begriff **Bauaufträge** ist in § 103 Abs. 3 GWB legaldefiniert.[11] Bauaufträge sind danach Verträge über die Ausführung oder die gleichzeitige Planung und Ausführung
– von Bauleistungen im Zusammenhang mit einer der Tätigkeiten, die in **Anhang II der RL 2014/24/EU** genannt sind oder
– eines Bauwerkes für den öffentlichen Auftraggeber, das Ergebnis von Tief- oder Hochbauarbeiten ist und eine wirtschaftliche oder technische Funktion erfüllen soll.

Ein Bauauftrag liegt nach § 103 Abs. 3 S. 2 GWB auch dann vor, wenn ein Dritter eine Bauleistung gemäß den vom öffentlichen Auftraggeber genannten Anforderungen erbringt, die Bauleistungen dem Auftraggeber unmittelbar wirtschaftlich zu Gute kommt und dieser einen entscheidenden Einfluss auf Art und Planung der Bauleistung hat.

Ausgangspunkt für die **Abgrenzung des Bauauftrags zum Liefer- oder Dienstleistungsauftrag** ist daher zunächst der Anhangs II der RL 2014/24/EU. Der Begriff der Bauleistung ist grundsätzlich weit zu verstehen und umfasst alle Arbeiten an einem Bauwerk, die im Zusammenhang mit einer der in Anhang II der RL 2014/24/EU genannten Tätigkeiten stehen.[12] Kein Bauauftrag ist allerdings die bloße Beschaffung von Baumaterialien ohne Montage- oder Einbauarbeiten.[13] Das inhaltliche Abgrenzungskriterium ist, ob das auf die Baustelle gelieferte Bauteil für die Funktion des Gebäudes nach der Verkehrsanschauung oder nach dem Verständnis der Baubeteiligten erforderlich ist.[14] Dies ist dann der Fall, wenn etwa die Lieferung und Montage

---

[7] → § 1 Rn. 5, zum Diskussionsstand bezüglich der Vereinheitlichung: BeckOK VergabeR/*von Wietersheim* Rn. 1 ff.
[8] BT-Drs. 18/7318, 161.
[9] HK-VergabeR/*Alexander* Rn. 6.
[10] BeckOK VergabeR/*von Wietersheim* Rn. 15.
[11] Ausf. zum Begriff des Bauauftrags: Beck VergabeR/*Hüttinger* GWB § 103 Rn. 174 ff.
[12] OLG Düsseldorf NZBau 2020, 184.
[13] OLG München Beschl. v. 28.9.2005 – Verg 19/05 – Beleuchtungskörper); VK Ansbach Beschl. v. 19.8.2019 – RMF-SG21-3194-4-40.
[14] Kapellmann/Messerschmidt/*Schneider* Rn. 32.

von Maschinen oder sonstiger Anlagen für ein funktionsfähiges Bauwerk erforderlich sind.[15] Für die Abgrenzung sind die konkreten Umstände des Einzelfalls maßgeblich. So ist etwa die Lieferung und Montage eines Alarmierungssystems kein Bauauftrag, wenn sie weder anlässlich der Errichtung eines Gebäudes erfolgt, noch die Montage der Komponenten eine Anpassung an die Gebäude verlangt.[16] Der notwendige Funktionszusammenhang mit dem zu errichtenden Gebäude ist dagegen zu bejahen, wenn dieses Gebäude seinen spezifischen Nutzungszweck nur erfüllen kann, wenn es mit dem fest in die Baulichkeit integrierten Liefergegenstand ausgestattet.[17] Enthält der ausgeschriebene Auftrag sowohl Elemente eines Dienstleistungsauftrags als auch eines Lieferauftrags und eines Bauauftrags, so richtet sich die maßgebliche Auftragsart gem. § 110 Abs. 1 und 2 GWB nach dem Hauptgegenstand des Vertrags.

12 Die **Definition des Bauauftrags** nach § 103 Abs. 3 S. 2 GWB geht der nicht vollständig europarechtskonformen[18] Definition des Bauauftrags in § 1 EU VOB/A vor. So ist beispielsweise trotz des fehlenden Verweises auf den Anhang II der RL 2014/24/EU die Vermietung von Baumaschinen und -geräten mit Bedienpersonal ein öffentlicher Bauauftrag[19] und damit nach den Regelungen der VOB/A zu vergeben. Die Vermietung von Baumaschinen und -geräten ohne Bedienpersonal erfolgt dagegen nach den Vorgaben der VgV.

13 Das anzuwendende Verfahren bei der Vergabe von **Baukonzessionen** richtet sich nach der Konzessionsvergabeverordnung (KonzVgV).[20]

§ 3 Schätzung des Auftragswerts

(1) ¹Bei der Schätzung des Auftragswerts ist vom voraussichtlichen Gesamtwert der vorgesehenen Leistung ohne Umsatzsteuer auszugehen. ²Zudem sind etwaige Optionen oder Vertragsverlängerungen zu berücksichtigen. ³Sieht der öffentliche Auftraggeber Prämien oder Zahlungen an den Bewerber oder Bieter vor, sind auch diese zu berücksichtigen.

(2) ¹Die Wahl der Methode zur Berechnung des geschätzten Auftragswerts darf nicht in der Absicht erfolgen, die Anwendung der Bestimmungen des Teils 4 des Gesetzes gegen Wettbewerbsbeschränkungen oder dieser Verordnung zu umgehen. ²Eine Auftragsvergabe darf nicht so unterteilt werden, dass sie nicht in den Anwendungsbereich der Bestimmungen des Gesetzes gegen Wettbewerbsbeschränkungen oder dieser Verordnung fällt, es sei denn, es liegen objektive Gründe dafür vor, etwa wenn eine eigenständige Organisationseinheit selbstständig für ihre Auftragsvergabe oder bestimmte Kategorien der Auftragsvergabe zuständig ist.

(3) Maßgeblicher Zeitpunkt für die Schätzung des Auftragswerts ist der Tag, an dem die Auftragsbekanntmachung abgesendet wird oder das Vergabeverfahren auf sonstige Weise eingeleitet wird.

(4) Der Wert einer Rahmenvereinbarung oder eines dynamischen Beschaffungssystems wird auf der Grundlage des geschätzten Gesamtwertes aller Einzelaufträge berechnet, die während der gesamten Laufzeit einer Rahmenvereinbarung oder eines dynamischen Beschaffungssystems geplant sind.

(5) Der zu berücksichtigende Wert im Falle einer Innovationspartnerschaft entspricht dem geschätzten Gesamtwert der Forschungs- und Entwicklungstätigkeiten, die während sämtlicher Phasen der geplanten Partnerschaft stattfinden sollen, sowie der Bau-, Liefer- oder Dienstleistungen, die zu entwickeln und am Ende der geplanten Partnerschaft zu beschaffen sind.

(6) ¹Bei der Schätzung des Auftragswerts von Bauleistungen ist neben dem Auftragswert der Bauaufträge der geschätzte Gesamtwert aller Liefer- und Dienstleistungen zu berücksichtigen, die für die Ausführung der Bauleistungen erforderlich sind und vom öffentlichen Auftraggeber zur Verfügung gestellt werden. ²Die Möglichkeit des öffentlichen Auftragge-

---

[15] Kapellmann/Messerschmidt/*Schneider* Rn. 19.
[16] OLG Düsseldorf NZBau 2020, 184 – Swissphone.
[17] OLG Düsseldorf NZBau 2020, 406 – Laborsterilisator.
[18] Es fehlt der Verweis auf Anhang II der RL 2014/24/EU. Aufgrund des fehlenden Verweises auf den Anhang werden bestimmte Bauaufträge, wie etwa die Vermietung von Baumaschinen nach dem Wortlaut nicht von Abschnitt 2 § 1 VOB/A erfasst.
[19] S. Anhang II RL 2014/24/EU am Ende.
[20] Kapellmann/Messerschmidt/*Schneider* Rn. 29 f.

bers, Aufträge für die Planung und die Ausführung von Bauleistungen entweder getrennt oder gemeinsam zu vergeben, bleibt unberührt.

(7) ¹Kann das beabsichtigte Bauvorhaben oder die vorgesehene Erbringung einer Dienstleistung zu einem Auftrag führen, der in mehreren Losen vergeben wird, ist der geschätzte Gesamtwert aller Lose zugrunde zu legen. ²Bei Planungsleistungen gilt dies nur für Lose über gleichartige Leistungen. ³Erreicht oder überschreitet der geschätzte Gesamtwert den maßgeblichen Schwellenwert, gilt diese Verordnung für die Vergabe jedes Loses.

(8) Kann ein Vorhaben zum Zweck des Erwerbs gleichartiger Lieferungen zu einem Auftrag führen, der in mehreren Losen vergeben wird, ist der geschätzte Gesamtwert aller Lose zugrunde zu legen.

(9) Der öffentliche Auftraggeber kann bei der Vergabe einzelner Lose von Absatz 7 Satz 3 sowie Absatz 8 abweichen, wenn der geschätzte Nettowert des betreffenden Loses bei Liefer- und Dienstleistungen unter 80 000 Euro und bei Bauleistungen unter 1 Million Euro liegt und die Summe der Nettowerte dieser Lose 20 Prozent des Gesamtwertes aller Lose nicht übersteigt.

(10) Bei regelmäßig wiederkehrenden Aufträgen oder Daueraufträgen über Liefer- oder Dienstleistungen sowie bei Liefer- oder Dienstleistungsaufträgen, die innerhalb eines bestimmten Zeitraums verlängert werden sollen, ist der Auftragswert zu schätzen
1. auf der Grundlage des tatsächlichen Gesamtwerts entsprechender aufeinanderfolgender Aufträge aus dem vorangegangenen Haushaltsjahr oder Geschäftsjahr; dabei sind voraussichtliche Änderungen bei Mengen oder Kosten möglichst zu berücksichtigen, die während der zwölf Monate zu erwarten sind, die auf den ursprünglichen Auftrag folgen, oder
2. auf der Grundlage des geschätzten Gesamtwerts aufeinanderfolgender Aufträge, die während der auf die erste Lieferung folgenden zwölf Monate oder während des auf die erste Lieferung folgenden Haushaltsjahres oder Geschäftsjahres, wenn dieses länger als zwölf Monate ist, vergeben werden.

(11) Bei Aufträgen über Liefer- oder Dienstleistungen, für die kein Gesamtpreis angegeben wird, ist Berechnungsgrundlage für den geschätzten Auftragswert
1. bei zeitlich begrenzten Aufträgen mit einer Laufzeit von bis zu 48 Monaten der Gesamtwert für die Laufzeit dieser Aufträge, und
2. bei Aufträgen mit unbestimmter Laufzeit oder mit einer Laufzeit von mehr als 48 Monaten der 48-fache Monatswert.

(12) ¹Bei einem Planungswettbewerb nach § 69, der zu einem Dienstleistungsauftrag führen soll, ist der Wert des Dienstleistungsauftrags zu schätzen zuzüglich etwaiger Preisgelder und Zahlungen an die Teilnehmer. ²Bei allen übrigen Planungswettbewerben entspricht der Auftragswert der Summe der Preisgelder und Zahlungen an die Teilnehmer einschließlich des Werts des Dienstleistungsauftrags, der vergeben werden könnte, soweit der öffentliche Auftraggeber diese Vergabe in der Wettbewerbsbekanntmachung des Planungswettbewerbs nicht ausschließt.

Übersicht

		Rn.			Rn.
I.	Normzweck	1	1.	Rahmenvereinbarungen und dynamische elektronische Beschaffungssysteme (Abs. 4)	22
II.	Entstehungsgeschichte	3			
III.	Wesentliche Grundsätze (Abs. 1–3)	4	2.	Innovationspartnerschaft (Abs. 5)	24
1.	Gesamtvergütung (Abs. 1)	4	3.	Leistungen des öffentlichen Auftraggebers (Abs. 6)	25
2.	Umgehungsverbot (Abs. 2)	13	4.	Losvergabe (Abs. 7 und Abs. 8)	27
			5.	80/20-Regel (Abs. 9)	31
3.	Zeitpunkt der Schätzung (Abs. 3) und Dokumentation	18	6.	Wiederkehrende Aufträge (Abs. 10)	34
			7.	Aufträge ohne Gesamtpreis (Abs. 11)	35
IV.	Einzelregelungen	22	8.	Auslobungsverfahren (Abs. 12)	36

I. Normzweck

1 Welche vergaberechtlichen Vorschriften anzuwenden sind, ist gem. § 106 GWB davon abhängig, ob der geschätzte Wert des Auftrags unter- oder oberhalb der EU-Schwellenwerte liegt. Da die Schätzung des Auftragswertes somit über die **Anwendbarkeit des Teils 4 des GWB** und damit auch über die Möglichkeit des **vergaberechtlichen Rechtsschutzes** entscheidet, bedarf es rechtlicher Vorgaben, die Orientierung und Rechtssicherheit sowohl für die Auftraggeberseite als auch für die Marktteilnehmer schaffen. § 3 enthält entsprechende Regelungen für die Schätzung des Auftragswerts und legt die zu beachtenden materiellen und verfahrensmäßigen Vorgaben fest. Die Vorschrift gilt sowohl für Aufträge über Liefer- und Dienstleistungen als auch für Bauaufträge. Vergleichbare Regelungen finden sich in § 2 SektVO, § 2 KonzVgV und § 3 VsVgV. Ziel der Norm ist die **einheitliche Handhabung** bei der Schätzung des Auftragswerts trotz der vielfältigen praktischen Unterschiede, die die öffentliche Auftragsvergabe mit sich bringt. Die Regelungen des § 3 legen daher fest, in welcher Weise bestimmte vertragliche Umstände bei der Schätzung des Werts einer in einem zukünftigen Vergabeverfahren auszuschreibenden Bau-, Liefer- oder Dienstleistung zu berücksichtigen sind. Damit sollen möglichst einheitliche Bemessungsgrundlagen für die Ermittlung der Auftragswerte geschaffen werden, bei deren Erreichen der Wettbewerb um den Auftrag unionsweit zu eröffnen ist.[1] Die Vorgaben zur Schätzung des Auftragswertes gehören zu den Bestimmungen über das Vergabeverfahren nach **§ 97 Abs. 6 GWB,** deren Einhaltung im Nachprüfungsverfahren überprüft werden kann. Liegt keine ordnungsgemäße Schätzung des Auftragswertes durch den öffentlichen Auftraggeber vor, kann diese durch die Vergabekammer oder den Vergabesenat erfolgen.[2]

2 Die Regelung dient grundsätzlich nicht zur Berechnung des **Streitwerts** in Nachprüfungsverfahren. Nach der Rechtsprechung des Bundesgerichtshofs kann es aber sachgerecht sein, die in § 3 genannten Parameter heranzuziehen, soweit sie nach den Umständen für eine entsprechende Anwendung geeignet erscheinen.[3] So wird unter anderem bei der Festsetzung des Werts für das Beschwerdeverfahren die Kappungsvorschrift des § 3 Abs. 11 berücksichtigt.[4]

II. Entstehungsgeschichte

3 Die Vorschrift setzt **Art. 5 RL 2014/24/EU** um und ist dieser Vorgabe der Richtlinie systematisch nachgebildet. Nach der bis zum 18.4.2016 geltenden Rechtslage waren die Vorgaben zur Schätzung des Auftragswertes in § 3 aF enthalten. Die Regelungen wurden im Rahmen der Vergaberechtsreform 2016 grundlegend überarbeitet und umstrukturiert. Eingefügt wurde die bisher in § 2 aF enthaltene Vorgabe, dass bei der Schätzung der Wert der Leistung ohne Umsatzsteuer zugrunde zu legen ist. Das in Abs. 2 geregelte Umgehungsverbot wurde präzisiert. Neu eingefügt wurde eine Regelung für Schätzung des Auftragswerts im Falle einer Innovationspartnerschaft.

III. Wesentliche Grundsätze (Abs. 1–3)

4 **1. Gesamtvergütung (Abs. 1).** Abs. 1 enthält den Grundsatz, dass bei der Schätzung des Auftragswertes die **gesamte geldwerte Gegenleistung** für die beabsichtigte Beschaffung zu berücksichtigen ist. Bei der Schätzung des Werts eines Auftrags sind daher sämtliche Einnahmen zu berücksichtigen. Dies gilt unabhängig davon, ob sie vom öffentlichen Auftraggeber oder von Dritten stammen.[5] Hierzu bezieht Abs. 1 den Wert von Optionsvereinbarungen und Verlängerungsmöglichkeiten sowie Prämien und Zahlungen an Bewerber oder Bieter mit in die Schätzung ein. Erforderlich ist eine ernsthafte Prognose über den voraussichtlichen Auftragswert. Der pflichtgemäß geschätzte Auftragswert ist jener Wert, den ein umsichtiger und sachkundiger öffentlicher Auftraggeber nach sorgfältiger Prüfung des relevanten Marktsegments und im Einklang mit den Erfordernissen betriebswirtschaftlicher Finanzplanung bei der Anschaffung der vergabegegenständlichen Sachen veranschlagen würde.[6]

5 Der **Gesamtvergütungsgrundsatz** wird durch die Abs. 4–12 weiter konkretisiert. So enthält Abs. 4 eine Regelung für Rahmenvereinbarungen und dynamische Beschaffungssysteme, nach der der Gesamtwert aller geplanten Einzelaufträge zu berücksichtigen ist. Abs. 6 verlangt die Berücksich-

---

[1] BGH NZBau 2014, 452.
[2] HK-VergabeR/*Alexander* Rn. 7 mwN.
[3] BGH Beschl. v. 18.3.2014 – X ZB 12/13, BeckRS 2014, 8155; BGH NZBau 2012, 186 (187); BGH NZBau 2011, 629 (630); OLG Jena Beschl. v. 9.4.2021 – Verg 2/20 BeckRS 2021, 17182; OLG Frankfurt a. M. Beschl. v. 29.8.2014 – 11 Verg 3/14, BeckRS 2015, 8028.
[4] OLG Düsseldorf BeckRS 2020, 1950.
[5] Erwägungsgrund 19 RL 2014/24/EU; Ziekow/Völlink/*Greb* Rn. 5.
[6] OLG Düsseldorf Beschl. v. 15.7.2020 – VII-Verg 40/19 Rn. 33 mwN.

III. Wesentliche Grundsätze (Abs. 1–3)

tigung der Liefer- und Dienstleistungen, die durch den Auftraggeber zur Verfügung gestellt werden. Der Schätzung des Auftragswertes ist daher grundsätzlich immer der zu erwartende vollständige oder höchste Auftragswert zugrunde zu legen.

Wie auch vor der Vergaberechtsreform 2016 ist bei der Schätzung der Gesamtwert des Auftrags **ohne Umsatzsteuer** zugrunde zu legen. Die Anbindung der Schwellenwerte an die Netto-Auftragswerte trägt dem Umstand Rechnung, dass es in den Mitgliedstaaten der EU unterschiedliche Mehrwertsteuersätze gibt. Eine vergleichbare Größenordnung hinsichtlich der Pflicht zur europaweiten Ausschreibung ergibt sich für die öffentliche Auftragsvergabe in den Mitgliedstaaten daher nur aus der Netto-Betrachtung. Andere Steuern als die Umsatzsteuer sind aber zu berücksichtigen.[7]

In der Praxis stellt sich häufig die Frage, welche der für ein bestimmtes Vorhaben notwendigen Leistungen konkret in die Schätzung einbezogen werden müssen. Die entscheidende Frage ist dabei, ob ein einheitlicher Auftrag oder mehrere selbstständige öffentliche Aufträge vorliegen. Bei der Schätzung des Auftragswertes ist eine **funktionale Betrachtungsweise** des Auftrags zugrunde zu legen. Dies bedeutet, dass der Schätzung alle Leistungen zugrunde zu legen sind, die im Hinblick auf ihre wirtschaftliche und technische Funktion einen einheitlichen Charakter aufweisen.[8] Das Kriterium des „einheitlichen Charakters" gilt sowohl bei Bau- als auch bei Liefer- und Dienstleistungsaufträgen.[9] Zwar ist die funktionale Betrachtungsweise nicht ausdrücklich in § 3 verankert, jedoch legt der EuGH bei der Beurteilung des Auftragsbegriffs in ständiger Rechtsprechung eine funktionale Betrachtungsweise zugrunde.[10] Danach sind bei der Frage, ob ein einheitlicher oder mehrere selbstständige öffentliche Aufträge vorliegen, **organisatorische, inhaltliche, wirtschaftliche sowie technische Zusammenhänge** zu berücksichtigen.[11] Anhand dieser Kriterien ist im Einzelfall zu bestimmen, ob Teilaufträge untereinander so verbunden sind, dass sie als ein einheitlicher Auftrag anzusehen sind.[12] Die Frage nach dem „Wie" der Auftragswertschätzung ist dabei ausschließlich vergaberechtlich unter Berücksichtigung der europarechtlichen Anforderungen zu beantworten.[13] Ein **einheitlicher Auftrag** ist immer dann anzunehmen, wenn eine Teilleistung ohne die anderen Leistungen keine sinnvolle Funktion erfüllen kann,[14] der öffentliche Auftraggeber also das mit der Beschaffung wirtschaftlich und technisch verfolgte Ziel mit einem Teilauftrag nicht erreichen kann. Sind Leistungen in einer einzigen Bekanntmachung gemeinsam ausgeschrieben, ist regelmäßig von einem einheitlichen Beschaffungsvorhaben auszugehen.[15] Als ein einheitlicher Auftrag wurden beispielsweise angesehen: die Anschaffung von Altpapiertonnen und deren Verteilung an die Haushalte im Stadtgebiet;[16] Architektendienstleistungen, die von einem einzigen Auftraggeber vergeben wurden und ein Gesamtsanierungsprojekt für ein und dasselbe öffentliche Gebäude betreffen;[17] Bauabschnitte einer Ortsumgehung.[18] Dagegen wurden **selbstständige Einzelaufträge** für den Fall angenommen, dass einzelne Bauabschnitte einer Entlastungsstraße in verkehrstechnischer Hinsicht eine sachgerechte Nutzung durch die Verkehrsteilnehmer ermöglichen.[19] Die im Straßen- und Verkehrswegebau übliche Untergliederung in Teilstücke führt daher zu selbstständigen öffentlichen Aufträgen, wenn die Teilstücke einen sinnvollen funktionalen Abschnitt bilden. Das kann zB bei der Verbreiterung einer Autobahn zwischen zwei Auf- bzw. Abfahrten oder der Verbindung zweier Bahnhöfe mit einer neuen Gleisanlage der Fall sein. Steht aber von vornherein fest, dass die Baumaßnahme mehrere zusammenhängende Streckenabschnitte umfassen soll, ist im Zweifelsfall das Gesamtvolumen zu schätzen. Die Erweiterung eines Kongresszentrums und die Erweiterung des umliegenden Messegeländes können verschiedene Aufträge sein.[20]

---

[7] *Schaller* NZBau 2018, 342 (343); Beck VergabeR/*Kau* GWB § 106 Rn. 19 sieht auch umsatzsteueräquivalente Abgaben als nicht berücksichtigungspflichtig an.
[8] EuGH NZBau 2012, 311 – Autalhalle Niedernhausen; EuGH NZBau 2007, 185 – Stadt Roanne; EuGH NZBau 2001, 275 – Kommission/Frankreich; OLG Düsseldorf Beschl. v. 15.7.2020 – VII-Verg 40/19 Rn. 36 mwN; OLG Karlsruhe NZBau 2009, 403; *Byok/Bormann* NVwZ 2010, 1262 (1265).
[9] EuGH NZBau 2012, 311 – Autalhalle Niedernhausen.
[10] EuGH NZBau 2012, 311 – Autalhalle Niedernhausen; EuGH NZBau 2007, 185 – Stadt Roanne; EuGH NZBau 2001, 275 – Kommission/Frankreich.
[11] BT-Drs. 18/7318, 147; OLG Köln Beschl. v. 24.10.2016 – 11 W 54/16, BeckRS 2016, 20263 = NZBau 2017, 181.
[12] BT-Drs. 18/7318, 147.
[13] BT-Drs. 18/7318, 147.
[14] KG ZfBR 2013, 83; VK Schleswig-Holstein Beschl. v. 30.8.2006 – VK-SH 20/06, IBRRS 2006, 3580; jurisPK-VergabeR/*Lausen* Rn. 58.
[15] OLG Düsseldorf Beschl. v. 15.7.2020 – VII-Verg 40/19 Rn. 36 mwN.
[16] OLG Karlsruhe NZBau 2009, 403.
[17] EuGH NZBau 2012, 311 – Autalhalle Niedernhausen.
[18] OLG München ZfBR 2013, 296.
[19] OLG Brandenburg Beschl. v. 20.8.2002 – Verg W 4/02, BeckRS 2002, 30469653.
[20] OLG Schleswig Beschl. v. 28.1.2021 – 54 Verg 6/20.

8 Eine teilweise **Aufhebung** der Ausschreibung, durch die der Gesamtauftragswert unter den maßgeblichen Schwellenwert fällt, hat keine Auswirkung auf die Anwendbarkeit der VgV, da der Zeitpunkt der Absendung der (ersten) Auftragsbekanntmachung maßgeblich ist.[21] Nach Auffassung des OLG Naumburg soll bei einer erneuten Ausschreibung aber der Wert derjenigen Leistungen, welche nach einer Aufhebung auf der Grundlage des ursprünglichen Vertrags bereits erbracht wurden, nicht zu berücksichtigen sein.[22]

9 Die Schätzung setzt eine eigenverantwortliche **Prognose** des Auftraggebers voraus.[23] Sie muss realistisch, vollständig und objektiv sein und das wirtschaftliche Interesse des Marktes am Auftrag berücksichtigen.[24] Maßgebend ist der Verkehrs- oder Marktwert, zu dem eine bestimmte Leistung zum maßgebenden Zeitpunkt zu erwerben ist.[25] Zu berücksichtigen sind die tatsächlich benötigte Menge, die tatsächlich beabsichtigte Laufzeit oder das tatsächlich beabsichtigte Volumen einer Leistung. Bei zeitlich gestreckten Beschaffungen wie etwa bei großen Bauvorhaben, deren einzelne Gewerke nach einem Bauzeitenplan ausgeschrieben werden, ist die Bausumme des Gesamtvorhabens zu schätzen. Dem öffentlichen Auftraggeber kommt bei der Schätzung ein **Beurteilungsspielraum** zu, der im Nachprüfungsverfahren nur eingeschränkt überprüfbar ist.[26] Ein pflichtgemäß geschätzter Auftragswert ist der Wert, den ein umsichtiger und sachkundiger öffentlicher Auftraggeber nach sorgfältiger Prüfung des relevanten Marktsegmentes und im Einklang mit den Erfordernissen betriebswirtschaftlicher Finanzplanung bei der geplanten Beschaffung der Leistungen veranschlagen würde.

10 Zur Schätzung gehört auch die **ordnungsgemäße Ermittlung der Schätzgrundlage**. Der zu beschaffende Umfang der Leistung sowie die qualitativen Anforderungen[27] müssen mit derselben Sorgfalt ermittelt werden wie der voraussichtliche Marktpreis.[28] Eine realistische Schätzung erfordert, dass die Leistung in den wesentlichen Punkten vorher festgelegt und von marktgängigen Preisen für Material, Personal und Leistung ausgegangen wird. Bekannte und vorhersehbare Umstände sind zu berücksichtigen.[29] Bei der Preisermittlung kann auf aktuelle eigene Kenntnisse aus anderen Vertragsverhältnissen zurückgegriffen oder eine **Preisabfrage** oder **Markterkundung** vorgenommen werden. Soweit es **Honorarordnungen** oder **Preisspiegel** gibt, können diese ebenfalls herangezogen werden. Soweit es bei **Baumaßnahmen** schon eine **Baukostenberechnung nach DIN 276** gibt, kann diese bei der Schätzung berücksichtigt werden. Unzulässig ist eine Schätzung auf der Basis einmaliger Sonderangebote, einer geringeren Qualität oder Quantität. Bei **Versicherungsleistungen** wird der geschätzte Auftragswert auf der Basis der zu zahlenden Versicherungsprämie und sonstiger Entgelte ermittelt; bei **Bank-** und anderen **Finanzdienstleistungen** auf der Basis der zu zahlenden Gebühren, Provisionen und Zinsen sowie sonstiger Entgelte; bei Aufträgen für **Planungsleistungen** auf der Basis der zu zahlenden Gebühren und Provisionen sowie sonstiger Entgelte.[30] Beim Betrieb eines kommunalen Kindergartens sind die Gesamtbetriebskosten maßgeblich.[31]

11 Die Schätzung muss **alle geldwerten Vorteile** einbeziehen, die ein zukünftiger Vertragspartner aus dem Auftrag ziehen kann. Abs. 1 erwähnt ausdrücklich Prämien oder Zahlungen an Bewerber und Bieter sowie Optionsrechte und Vertragsverlängerungen. Sind die Anforderungen an eine Vertragsverlängerung als niedrig zu qualifizieren, ist von einen Vertrag mit unbestimmter Laufzeit auszugehen.[32] Die in die Schätzung einzubeziehenden Leistungen müssen nicht unmittelbar vom Auftraggeber kommen. Auch **Leistungen Dritter** sowie **Rechte**, beispielsweise zum Einzug von **Gebühren** oder zur Verwertung von Gegenständen (Abfallentsorgung, Altpapiersammlung, Fahrgelderhebung oder Erhebung von Teilnehmergebühren für Fortbildungsmaßnahmen usw), sind in die Schätzung einzubeziehen. Unzulässig ist es, bei der Schätzung bestimmte Kosten, die der Auftragnehmer weitergeben muss (sog. Durchlaufposten, zum Beispiel Trassenentgelte im Schienenverkehr),

---

[21] Kapellmann/Messerschmidt/*Schneider* Rn. 80.
[22] OLG Naumburg BeckRS 2014, 14968.
[23] BGH NZBau 2013, 180.
[24] OLG Schleswig Beschl. v. 28.1.2021 – 54 Verg 6/20, OLG Düsseldorf Beschl. v. 8.5.2002 – Verg 5/02, VII-Verg 5/02.
[25] *Schaller* NZBau 2018, 342 (343).
[26] OLG Schleswig Beschl. v. 28.1.2021 – 54 Verg 6/20; OLG München ZfBR 2013, 296; OLG Dresden NZBau 2012, 794.
[27] OLG Naumburg ZfBR 2008, 86.
[28] OLG Karlsruhe NZBau 2009, 403 mwN.
[29] OLG Karlsruhe NZBau 2009, 403 unter Hinweis auf OLG Celle ZfBR 2007, 704 und BGH NJW 1998, 3640 (3642).
[30] Art. 5 Abs. 13 RL 2014/24/EU.
[31] OLG Jena Beschl. v. 9.4.2021 – Verg 2/20.
[32] OLG Jena Beschl. v. 9.4.2021 – Verg 2/20.

herauszurechnen. Vielmehr ist auch bei Durchlaufposten vom Gesamtbetrag auszugehen.[33] Beispielsweise sind bei **Veranstaltungsdienstleistungen** auch Catering, Raummiete, Technik, Dolmetscher etc zu berücksichtigen, wenn diese über den Auftragnehmer dem Auftraggeber in Rechnung gestellt werden.[34] Zum Auftragswert von Bauaufträgen gehören jedoch nicht der **Grundstückswert** und die Kosten der öffentlichen Erschließung.[35]

Stellt sich nach Eingang der Angebote heraus, dass die Schätzung trotz realistischer Parameter zu einem unzutreffenden Ergebnis gelangt ist, sind zwei Fälle zu unterscheiden. War die Beschaffung europaweit ausgeschrieben, erbringt aber auch Angebotspreise unterhalb des Schwellenwertes, sind dennoch Teil 4 des GWB und die VgV anzuwenden.[36] Liegen die Angebotspreise trotz realistischer und sorgfältiger Schätzung eines niedrigeren Auftragswertes über den Schwellenwerten, verbleibt es bei den Regelungen über die Vergabe unterhalb der Schwellenwerte. Die ordnungsgemäße Schätzung des Auftragswertes unterliegt der Nachprüfung. Bestehen Zweifel an der ordnungsgemäßen Schätzung des Auftragswertes – etwa, weil die Mehrheit der Angebotspreise über dem Schwellenwert liegen – kann die **Vergabekammer** angerufen werden. Der Antrag ist zulässig, wenn die Schätzung des Auftragswertes unter Berücksichtigung des Beurteilungsspielraums des Auftraggebers nicht sorgfältig und realistisch war. Die Schätzung sollte daher nicht zu optimistisch sein und dadurch Aufträge dem europäischen Wettbewerb und dem Rechtsschutz entziehen. Unterlässt der öffentliche Auftraggeber eine Schätzung des Auftragswertes oder ermittelt die Grundlage der Schätzung unzureichend, kann die Vergabekammer eine eigene Schätzung des Auftragswerts zur Klärung ihrer Zuständigkeit vornehmen.[37] Ein Eingriff in die Beschaffungsfreiheit liegt darin nicht, da die Freiheit des öffentlichen Auftraggebers, den Beschaffungsgegenstand und die Beschaffungsmenge zu bestimmen, davon nicht berührt wird.[38] 12

2. Umgehungsverbot (Abs. 2). Die Vorgaben zur Schätzung des Gesamtwertes gem. Abs. 1 werden in Abs. 2 durch ein Umgehungsverbot ergänzt. Die Vorschrift dient der Umsetzung von Art. 5 Abs. 3 RL 2014/24/EU. Abs. 2 enthält **zwei Verbote**. Zum einen darf die Wahl der **Methode zur Schätzung des Auftragswertes** nicht in der Absicht erfolgen, die Anwendung des Vergaberechts oberhalb der Schwellenwerte zu umgehen. Dies betrifft insbesondere die Wahl der Schätzungsgrundlage und der Berechnungsmethode. Zum anderen darf der Auftrag **ohne objektiven Grund nicht so unterteilt** werden, dass er nicht in den Anwendungsbereich des GWB und der VgV fällt. Hierbei handelt es sich um die der eigentlichen Schätzung vorgelagerte Frage, welche Leistungen nach der gebotenen funktionalen Betrachtungsweise Teil des Auftrags ist. 13

Für eine Aufteilung in mehrere Aufträge müssen **objektiv nachvollziehbare Gründe** vorliegen. Die in Abs. 2 S. 2 Hs. 2 neu eingefügte Präzisierung ist unter Rückgriff auf die Entscheidung „Autalhalle Niedernhausen" des Europäischen Gerichtshofs[39] auszulegen.[40] Eine Aufteilung des Auftrags ist grundsätzlich unzulässig, wenn die Leistung unter funktionalen Gesichtspunkten einen einheitlichen Charakter (zur funktionalen Betrachtungsweise → Rn. 5) aufweist.[41] Nicht zulässig ist beispielsweise, ein einheitliches Bauvorhaben in Aufträge für unterschiedliche Gewerke zu unterteilen. Weder eine zeitliche Untergliederung des Bauverlaufs noch eine objektive Vielfalt von Leistungen rechtfertigen eine wertmäßige Aufteilung einer einheitlichen Baumaßnahme in verschiedene einzelne Aufträge.[42] Bei Dienst- und Lieferleistungen können sich aus der Dauer des Vertragslaufzeit wie aus dem Umfang der zu liefernden Gegenstände Losbildungen ergeben, bei denen es für die Schätzung ebenfalls auf den wirtschaftlichen und funktionalen Zusammenhang ankommt. Wird eine Dienstleistung, für die nach der ursprünglichen Planung zunächst längere Laufzeiten vorgesehen waren und die üblicherweise für längere Zeiträume vergeben wird, ohne nachvollziehbare objektive Gründe für einen deutlich kürzeren Zeitraum vergeben, stellt dies eine Umgehung dar.[43] Die Verkürzung der Laufzeiten ist unzulässig, wenn diese mit dem Ziel erfolgt, unterhalb der Schwellenwerte wiederholt neue Verträge ohne regelrechtes Ausschreibungsverfahren an ein frei gewähltes Unternehmen zu vergeben, obwohl die Leistung länger benötigt wird. Bei Lieferaufträgen liegen nach der klaren Regelung des Abs. 7 S. 2 objektive Gründe für getrennte Aufträge vor, wenn es nicht 14

---

[33] OLG Naumburg Beschl. v. 30.12.2002 – 1 Verg 11/02, IBRRS 2003, 0963 (zu Trassenentgelten).
[34] Ziekow/Völlink/*Greb* Rn. 5.
[35] VK Südbayern Beschl. v. 3.8.2004 – 43-06/04, IBRRS 2004, 3408; Ziekow/Völlink/*Grob* Rn. 5.
[36] Beck VergabeR/*Kau* GWB § 106 Rn. 17.
[37] OLG Schleswig Beschl. v. 28.1.2021 – 54 Verg 6/20 mwN.
[38] OLG Karlsruhe NZBau 2009, 403 mwN.
[39] EuGH NZBau 2012, 311.
[40] BT-Drs. 18/7318, 148.
[41] BT-Drs. 18/7318, 148.
[42] VK Düsseldorf Beschl. v. 14.8.2006 – VK-32/2006-B S. 16.
[43] OLG Düsseldorf VergabeR 2002, 657.

um gleichartige Lieferungen handelt. Beschafft zB eine Gemeinde als Schulträger neues Mobiliar für Schulen und gleichzeitig Fahrzeuge für das Schulamt, so sind dies keine gleichartigen Lieferleistungen. Die Aufträge sind getrennt zu schätzen. Bei **Planungsleistungen** verstößt es gegen das Umgehungsverbot, einzelne Leistungsphasen nicht schon bei der ursprünglichen Ausschreibung zu berücksichtigen, sondern bewusst als Nachbeauftragung in das Stadium nach Vertragsschluss zu verlegen.[44]

15 Für eine Aufteilung eines Auftrags sind subjektiven Überlegungen und Vorstellungen eines Auftraggebers – auch wenn sie durchaus objektiv nachvollziehbar sind – nicht ausreichend. Dies gilt insbesondere für eine Aufteilung eines einheitlichen Beschaffungsvorhabens aus **haushaltärischen Gründen**.[45] Plant ein Auftraggeber fest die Errichtung eines Gebäudes, kann er nicht nur einen Teil der Planungsleistungen ausschreiben und sich Beauftragung weiterer Leistungsphasen vorbehalten.[46] Etwas anderes gilt gilt aber dann, wenn der Auftraggeber auf der Grundlage sachlicher Gründe entschieden hat, erst nach Abschluss der zu beauftragenden Leistungen bzw. Leistungsphasen zu entscheiden, ob und wie das Projekt weitergeführt wird.[47]

16 Objektive Gründe für eine Aufteilung von Aufträgen können aus internen **Organisationsentscheidungen** des Auftraggebers resultieren.[48] Besteht ein öffentlicher Auftraggeber aus mehreren eigenständigen Organisationseinheiten, so ist grundsätzlich der geschätzte Gesamtwert für alle einzelnen Organisationseinheiten zu berücksichtigen.[49] Der öffentliche Auftraggeber kann jedoch selbstständige Organisationseinheiten mit einem eigenen Budget zur Mittelbewirtschaftung ausstatten und ihnen damit auch das Recht zur Beschaffung von Leistungen einräumen.[50] Konkret bedeutet dies, dass zum Beispiel die Auftragswerte von Schulen oder Kindergärten einer Kommune nicht zu addieren sind, wenn selbige für ihre Beschaffungsmaßnahmen eigenverantwortlich zuständig sind.[51] Dagegen ist die zentrale Beschaffung von Mobiliar oder Schulbüchern durch den Schulträger für mehrere Schulen als einheitlicher Auftrag zu werten.

17 Abs. 2 S. 1 knüpft an die Absicht des öffentlichen Auftraggebers an. Die Wahl der Berechnungsmethode muss demnach **wissentlich und willentlich** mit dem Ziel erfolgt sein, ein Ergebnis unterhalb der Schwellenwerte zu erzielen. Da Absicht als innere Haltung schwer nachzuweisen ist, muss auf objektive Anhaltspunkte abgestellt werden. Der öffentliche Auftraggeber ist zu einer sorgfältigen und umsichtigen Schätzung verpflichtet. Hat er wesentliche Teile der zu beschaffenden Leistung außer Betracht gelassen, seiner Schätzung die Preise für eine Ware minderer Qualität zugrunde gelegt oder etwa bei Bauaufträgen normale Bauzeiten kalkuliert, obwohl enge Termine vorgegeben werden sollen, spricht dies für eine absichtliche Umgehung. Wurden die geplante Vertragslaufzeit plötzlich gekürzt oder naheliegende wertrelevante Gesichtspunkte außer Acht gelassen, kann dies ebenfalls auf eine Umgehungsabsicht hindeuten. Insbesondere bei nur knapper Unterschreitung der Schwellenwerte kommt es dann maßgeblich auf die objektiven Gründe an, bestimmte Aspekte in der Schätzung außer Acht zu lassen. Wenngleich an die Schätzung keine übermäßigen Anforderungen gestellt werden dürfen, kann nicht erst dann von Absicht ausgegangen werden, wenn der öffentliche Auftraggeber sie im Nachprüfungsverfahren einräumt. Nach dem Wortlaut von Abs. 2 S. 2 kommt es im Hinblick auf die unzulässige Aufteilung des Auftrages nicht auf die Absicht des öffentlichen Auftraggebers an. Insoweit reicht daher ein objektiv vorliegender Verstoß aus.

18 **3. Zeitpunkt der Schätzung (Abs. 3) und Dokumentation.** Die Schätzung ist für die grundlegende Entscheidung notwendig, ob der Auftrag europaweit ausgeschrieben werden muss. Maßgeblicher Zeitpunkt für die Schätzung ist daher der Beginn des Vergabeverfahrens. Dies ist grundsätzlich der Tag der **Absendung der Auftragsbekanntmachung** an das Amt für Veröffentlichungen der Europäischen Union. Bei Vergabeverfahren ohne Auftragsbekanntmachung ist eine materielle Betrachtung zugrunde zu legen. Danach ist auf diejenige Maßnahme der Vergabestelle abzustellen, mit der ein erster Schritt zur Herbeiführung eines konkreten Vertragsabschlusses unternommen wird und die deshalb einer förmlichen Einleitung eines Vergabeverfahrens funktional gleich steht.[52] Bei Verhandlungsverfahren ohne Teilnahmewettbewerb ist daher auf die Kontaktaufnahme mit den Unternehmen, insbesondere auf die Aufforderung zur Abgabe von Angeboten bzw. auf sonstige Maßnahmen mit Außenwirkung abzustellen. Beabsichtigt der öffentliche Auftraggeber, von

---

[44] VK Ansbach Beschl. v. 10.10.2019 – RMF-SG 21-3194-4-43.
[45] *Schaller* NZBau 2018, 242 (343).
[46] VK Münster Beschl. v. 18.12.2019 – VK 1-34/19.
[47] *Müller* jurisPR-VergR 4/2020 Anm. 6.
[48] BT-Drs. 18/7318, 148.
[49] Art. 5 Abs. 2 RL 2014/24/EU.
[50] BT-Drs. 18/7318, 148.
[51] Erwägungsgrund 20 RL 2014/24/EU; BT-Drs. 18/7318, 148.
[52] OLG Naumburg Beschl. v. 8.10.2009 – 1 Verg 9/09, BeckRS 2009, 28647.

der Möglichkeit des § 38 Abs. 4 Gebrauch zu machen und einen Auftrag ohne weitere Auftragsbekanntmachung zu vergeben, ist auf den Zeitpunkt der Absendung der Vorinformation abzustellen.

Die Schätzung zu Beginn des Vergabeverfahrens stellt sicher, dass die Schätzung auf der Basis **aktueller Preise und Kosten** sowie auf der Basis aktueller Marktangebote vorgenommen wird. Zudem soll die Schätzung von wettbewerbswidrigen Überlegungen frei bleiben, die aber auftreten könnten, wenn schon konkrete Angebotspreise vorliegen.[53]

Der unmittelbar vor der Absendung der Auftragsbekanntmachung **zutreffend geschätzte Auftragswert** ist auch dann zugrunde zu legen, wenn sich im weiteren Verlauf des Vergabeverfahrens zeigen sollte, dass der Wert der benötigten Leistung oberhalb oder unterhalb des maßgebenden Schwellenwertes liegt.[54]

Der öffentliche Auftraggeber ist für die ordnungsgemäße Durchführung des Vergabeverfahrens darlegungs- und beweispflichtig. Er hat daher auch zu belegen, dass die Schätzung des Auftragswertes sorgfältig vorgenommen wurde. Der in § 97 Abs. 1 S. 1 GWB verankerte **Transparenzgrundsatz** umfasst – wegen der unmittelbaren Auswirkungen auf den Zugang zum Rechtsschutz im Nachprüfungsverfahren (§§ 155 ff. GWB) – auch die Schätzung des Auftragswertes. Sie gehört daher zu den Schritten eines Vergabeverfahrens, die gem. § 8 zwingend zu dokumentieren sind.[55] Die Anforderungen an die Genauigkeit der Wertermittlung und der Dokumentation steigen, je mehr sich der Auftragswert dem Schwellenwert annähert.[56] Die Grundlagen der Schätzung müssen daher in den Vergabevermerk aufgenommen werden. Soweit von einer bisherigen Praxis (zB Reinigungs- oder Abschleppverträge immer für drei Jahre abzuschließen) plötzlich abgewichen und die Laufzeit bis zu einem Schätzwert unterhalb der Schwelle verkürzt wird, sind auch die zu dieser Entscheidung führenden Überlegungen nachvollziehbar darzustellen.[57]

IV. Einzelregelungen

1. Rahmenvereinbarungen und dynamische elektronische Beschaffungssysteme (Abs. 4). Auch beim Abschluss von **Rahmenvereinbarungen** gem. § 21 und dynamischen **elektronischen Beschaffungssystemen** gem. §§ 22 ff. ist das Gesamtvergütungsprinzip des § 3 Abs. 1 S. 1. anzuwenden. Auch insoweit kann nicht isoliert die konkret ausgeschriebene singuläre Rahmenvereinbarung in den Blick genommen werden, sondern ist auf den Gesamtwert der Leistung abzustellen.[58]

Bei der Schätzung ist der Wert aller für die Vertragslaufzeit geplanten Einzelaufträge zugrunde zu legen. Dies gilt unabhängig davon, mit wie vielen Unternehmen der Vertrag geschlossen werden soll oder wie viele Einzelaufträge während der Laufzeit des Vertrags oder der Verträge vorgesehen sind. Der Wert ist nicht durch die Anzahl der am Rahmenvertrag Beteiligten oder der im Rahmen der dynamischen elektronischen Beschaffungssysteme zugelassenen Unternehmen zu dividieren, sondern als **Gesamtbetrag** zugrunde zu legen. Dabei ist zu berücksichtigen, dass der öffentliche Auftraggeber den genauen Umfang oder die Anzahl der Aufträge zum Zeitpunkt der Einleitung des Vergabeverfahrens nicht kennt. Das in Aussicht genommene Auftragsvolumen ist daher zwar so genau wie möglich zu ermitteln, braucht aber nicht abschließend festgelegt zu werden. Insofern bedarf es einer besonders sorgfältigen Prognose, bei der bisherige Erfahrungen und konkrete Planungen zu berücksichtigen sind.

2. Innovationspartnerschaft (Abs. 5). Mit der Vergaberechtsreform 2016 wurde die in § 19 geregelte „Innovationspartnerschaft" als neue Verfahrensart eingeführt. Die Vorschrift des Abs. 5 regelt die verfahrenstechnische Grundlage für die Schätzung des Auftragswerts einer **Innovationspartnerschaft**. Wesentlicher Inhalt der Innovationspartnerschaft ist, dass ein innovatives Produkt entwickelt und anschließend vom öffentlichen Auftraggeber beschafft wird. Nach Abs. 5 ist bei der Schätzung des Auftragswerts der Innovationspartnerschaft sowohl der Wert der Forschungs- und Entwicklungsleistung als auch der voraussichtliche Wert der am Ende der Partnerschaft zu beschaffenden Leistungen zugrunde zu legen.

3. Leistungen des öffentlichen Auftraggebers (Abs. 6). Abs. 6 ergänzt die allgemeine Vorschrift des Abs. 1 für den Bereich der Bauleistungen. Der Begriff „Bauauftrag" ist in § 103 Abs. 3 GWB definiert. Soll der geplante Auftrag sowohl Bau- als auch Dienstleistungen beinhalten, ist

---

[53] OLG Düsseldorf NZBau 2002, 697.
[54] OLG München Beschl. v. 31.10.2012 – Verg 19/12, BeckRS 2012, 22638; OLG Düsseldorf Beschl. v. 22.7.2010 – Verg 34/10, BeckRS 2010, 27679.
[55] OLG Bremen ZfBR 2009, 696.
[56] OLG Celle ZfBR 2007, 704.
[57] OLG Düsseldorf NZBau 2002, 697.
[58] OLG Düsseldorf Beschl. v. 15.7.2020 – VII-Verg 40/19 Rn. 36 zur Aufteilung in Gebietslose.

zunächst nach § 110 GWB zu prüfen, was **Hauptgegenstand** des Auftrages ist. So können beispielsweise Dienstleistungsaufträge, etwa im Bereich der Grundstücksverwaltung, Bauleistungen umfassen. Sofern diese Bauleistungen nur Nebenarbeiten im Verhältnis zum Hauptgegenstand des Vertrags sind, ist der Vertrag weiter als Dienstleistungsauftrag einzustufen.[59] Besteht der Hauptgegenstand des Auftrags in einer Bauleistung, sind bei der Auftragswertschätzung auch die Liefer- und Dienstleistungen zu berücksichtigen, die der öffentliche Auftraggeber zur Verfügung stellt und die für die Ausführung der Bauleistung erforderlich sind. So sind zB die Kosten für Baustrom und Wasser zu berücksichtigen.[60] Da Leistungen des öffentlichen Auftraggebers im Rahmen von Bauaufträgen zu entsprechenden Einsparungen oder Aufwandsminderungen beim Auftragnehmer führen, sind sie ein geldwerter Vorteil, der bei der Kostenschätzung zu berücksichtigen ist. Damit soll verhindert werden, dass über die Herausrechnung von Liefer- oder Dienstleistungen des Auftraggebers Bauaufträge dem europäischen Wettbewerb entzogen werden.

26 Nach der bis zum 18.4.2016 geltenden Rechtslage waren von der Regelung nur Lieferleistungen erfasst. In Umsetzung der Richtlinienregelung sind jetzt auch Dienstleistungen bei der Berechnung einzubeziehen. Dabei geht es um solche Dienstleistungen, die unmittelbar für die **Errichtung des Bauwerkes** erforderlich sind.[61] Die Vorschrift bezweckt nach dem Wortlaut von S. 2 nicht, eine gemeinsame Vergabe von Bau- und Planungsleistungen vorzuschreiben.[62] Bei der Schätzung des Auftragswertes der Bauleistung sind daher unter Beachtung des funktionalen Auftragsbegriffs **Planungsleistungen** nicht einzubeziehen, die unter Beachtung des funktionalen Auftragsbegriffs getrennt vergeben werden durften.[63] Erwägungsgrund 8 RL 2014/24/EU führt in diesem Zusammenhang aus, dass angesichts der für die öffentlichen Bauaufträge kennzeichnenden Vielfalt der Aufgaben öffentlichen Auftraggeber sowohl die getrennte als auch die gemeinsame Vergabe von Aufträgen für die Planung und die Ausführung von Bauleistungen vorsehen können.

27 **4. Losvergabe (Abs. 7 und Abs. 8).** Das in Abs. 1 verankerte Prinzip der Gesamtvergütung wird durch die Abs. 7–9 in Bezug auf die Vergabe eines Auftrags in mehreren Losen konkretisiert. Aus Abs. 7 S. 1 folgt die Grundregel, dass bei der Schätzung des Auftragswertes der **Wert aller Lose** zugrunde zu legen ist. Dies gilt auch dann, wenn für die einzelnen Lose gesonderte Aufträge vergeben und eigene zivilrechtliche Verträge geschlossen werden sollen. Erreicht oder überschreitet der Gesamtwert aller Lose den Schwellenwert, ist die VgV grundsätzlich auf die Vergabe jedes Loses anzuwenden. Der Regelung liegt der Gedanke zugrunde, dass die Aufteilung gerade großer Aufträge in Lose wirtschaftlich sinnvoll sein kann und kleineren und mittleren Unternehmen die Teilnahme am Wettbewerb um öffentliche Aufträge ermöglicht. Der geschätzte Auftragswert einzelner Lose wird dann jedoch häufig unterhalb der Schwellenwerte liegen, wobei das grenzüberschreitende Interesse an dem Auftrag bestehen bleibt. Um den europäischen Wettbewerb zu erhalten, sind auch einzelne Lose eines oberhalb der Schwellenwerte liegenden Gesamtauftrags grundsätzlich europaweit auszuschreiben. Um die Flexibilität der öffentlichen Auftraggeber zur Vergabe von Kleinlosen mit geringer Binnenmarktrelevanz zu erhalten, sieht Abs. 9 eine Ausnahme vor.

28 Für Lieferleistungen (Abs. 8) und Planungsleistungen (Abs. 7 S. 2) wird geregelt, dass nur Lose über **gleichartige Leistungen** zusammenzurechnen sind. Hier findet die funktionale Betrachtungsweise in den Normtext Eingang.[64] Bei der Bewertung, ob Leistungen gleichartig sind, ist die wirtschaftliche oder technische Funktion der konkreten Leistung zu berücksichtigen.[65] Unter „gleichartigen Lieferungen" sind Waren für gleiche oder gleichartige Verwendungszwecke zu verstehen, zB Lieferungen einer Reihe von Nahrungsmitteln oder von verschiedenen Büromöbeln.[66] Bei **Planungsleistungen** sind die verschiedenen **Leistungsphasen** innerhalb eines Leistungsbildes der HOAI gleichartig und wertmäßig zu addieren.[67] Plant der Auftraggeber von Anfang an die Errichtung eines Gebäudes, ist der Wert sämtlicher Leistungsphasen zu addieren, auch wenn zunächst nur die Leistungsphasen 1 bis 4 beauftragt werden sollen.[68]

29 Noch nicht abschließend entschieden ist, ob **Planungsleistungen verschiedener Leistungsbilder der HOAI** (zB Tragwerksplanung und Technische Ausrüstung) „gleichartig" sind, wenn sie

---

[59] Erwägungsgrund 8 RL 2014/24/EU.
[60] OLG Schleswig Beschl. v. 28.1.2021 – 54 Verg 6/20.
[61] BT-Drs. 18/7318, 148.
[62] Vgl. auch Erwägungsgrund 8 RL 2014/24/EU.
[63] Beck VergabeR/*Kau* Rn. 53 mwN; zur Auftragswertberechnung bei gemeinsamer Vergabe von Planungs- und Bauleistungen OLG München BauR 2013, 1010; VK Münster Beschl. v. 17.6.2016 – VK 1-21/16.
[64] Nach der Verordnungsbegründung in BT-Drs. 18/7318, 148 ist die Regelung daher „deklaratorisch".
[65] BT-Drs. 18/7318, 148.
[66] Erwägungsgrund 19 RL 2014/24/EU.
[67] EuGH NZBau 2012, 311 – Autalhalle Niedernhausen; VK Münster Beschl. v. 18.12.2019, VK 1-34/19.
[68] VK Münster Beschl. v. 18.12.2019 – VK 1-34/19.

IV. Einzelregelungen

einen einheitlichen Zweck – etwa die Planung eines Gebäudes – verfolgen.[69] Die bislang wohl hM sieht in den unterschiedlichen Leistungsbildern der HOAI ein Indiz dafür, dass es sich um verschiedenartige und damit nicht zu addierende Planungsleistungen handelt.[70] Die Europäische Kommission vertritt dagegen unter Hinweis auf die Entscheidung des EuGH in der Rechtssache „Autalhalle Niedernhausen"[71] die Auffassung, dass sich die Schätzung des Auftragswertes von Planungsleistungen an der Gesamtplanung eines auszuführenden Bauvorhabens zu orientieren hat, wenn das Vorhaben eine einzige wirtschaftliche und technische Funktion erfüllt. Dass die Dienstleistungen nach den Leistungsbildern der HOAI unterschiedliche Spezialisierungen erfordern und Gegenstand unterschiedlicher Preisregelungen sind, ändere an diesem Grundsatz nichts. Die Europäische Kommission hatte im Dezember 2015 gegen die Bundesrepublik Deutschland ein Vertragsverletzungsverfahren eingeleitet, welches jedoch Ende 2016 aus verfahrensrechtlichen Gründen[72] eingestellt wurde. Mittlerweile hat die Europäische Kommission am 24.1.2019 ein weiteres **Vertragsverletzungsverfahren** gegen Deutschland eingeleitet. Die Kommission ist nach wie vor der Auffassung, dass die die Formulierung in § 3 Abs. 7 S. 2 nicht mit europäischem Recht vereinbar ist.[73]

Richtig dürfte sein, § 3 Abs. 7 S. 2 europarechtskonform dahingehend auszulegen, dass es auf die wirtschaftliche und technische Funktion der Planungsleistungen im Einzelfall ankommt.[74] Grundsätzlich dürften aufgrund der sowohl im Wortlaut als auch in der Begründung der Norm klar verankerter funktionalen Betrachtungsweise **Architektenleistungen (wie auch Ingenieurleistungen) grundsätzlich zuzusammenzurechnen** sein, wenn sie einem einheitlichen Zweck, wie etwa der Errichtung eines Gebäudes, dienen.[75] Die pauschale Vergabe getrennt nach den Leistungsbildern der HOAI ohne Berücksichtigung der wirtschaftlichen und technischen Funktion der Leistungen im Einzelfall steht nicht mit den europarechtlichen Anforderungen im Einklang. Ergibt sich das Erfordernis einer lückenlos aufeinander abgestimmten Planung aus der Leistungsbeschreibung selbst, ist von einer funktionalen, wirtschaftlichen und technischen Einheit und damit gleichartigen Leistungen auszugehen.[76] Insbesondere bei Projekten, die durch EU-Fördermitteln (zB EFRE-Mittel) gefördert werden, empfiehlt sich im Zweifel eine Addition des Wertes aller Planungsleistungen, um rechtliche Risiken zu minimieren.

5. 80/20-Regel (Abs. 9). Erreicht oder überschreitet der geschätzte Gesamtwert aller für den Auftrag geplanten Lose den maßgeblichen Schwellenwert, gilt die Vergabeverordnung gem. Abs. 7 S. 3 für die Vergabe jedes Loses. Mit der in Abs. 9 verankerten **80/20-Regel** besteht jedoch eine Ausnahme. Die sog. Bagatellklausel erlaubt, kleinere Lose bis zu einem Anteil von 20% des gesamten Auftragswerts national auszuschreiben. Die Grenze gilt nicht für jedes Los separat. Maßgeblich ist vielmehr die Summe der unter der Bagatellklausel vergebenen Lose, die die 20%-Grenze nicht überschreiten darf. Ist die 20%-Grenze überschritten, sind auch Lose mit einem Auftragswert von weniger als **1.000.000 EUR (Bauleistungen)** sowie Lose mit einem Auftragswert von weniger als **80.000 EUR (Liefer- und Dienstleistungen)** europaweit auszuschreiben. Die Höchstgrenze von 20% soll verhindern, dass durch die Stückelung eines großen Auftrags in zu viele kleine Lose dieser dem europäischen Wettbewerb entzogen wird.

Im Vergabeverfahren ist spätestens bei Einleitung des Vergabeverfahrens festzulegen, welche Lose unter der Bagatellklausel vergeben werden, da hiervon auch die Möglichkeit des vergaberechtlichen Rechtsschutzes abhängt. Zur Vermeidung von Manipulationen und zur Sicherstellung des Transpa-

---

[69] Zu dieser Problematik: *Matuschak* NZBau 2016, 613.
[70] OLG München Beschl. v. 13.3.2017 – Verg 15/16, BeckRS 2017, 105111.
[71] EuGH NZBau 2012, 311 Rn. 44 – Autalhalle Niedernhausen: „Dass der Gegenstand der Arbeiten in den verschiedenen Abschnitten des Bauvorhabens wechselte und z. B. das Tragwerk des Gebäudes, das Dach oder die Beleuchtung betraf, bedeutet nicht, dass sich dadurch der Inhalt und die Natur der Architektenleistungen, die in diesen Abschnitten erbracht wurden, änderten. Es handelte sich immer um typische Architektenleistungen, die denselben Inhalt hatten, nämlich im Wesentlichen die Konzeption und die Planung der vorzunehmenden Arbeiten sowie die Aufsicht über ihre Ausführung, und die Durchführung eines einheitlichen Bauvorhabens betrafen.".
[72] Grund der Verfahrenseinstellung war, dass nach Abschluss der Arbeiten die entsprechenden öffentlichen Aufträge vollständig abgewickelt waren und keine Rechtswirkungen mehr entfalteten. Damit wäre eine Klage vor dem EuGH nicht mehr zulässig gewesen.
[73] Hierzu: *Portz* KommJur 2020, 45 (47).
[74] BT-Drs. 18/7318, in dieser Richtung auch OLG München Beschl. v. 13.3.2017 – Verg 15/16, BeckRS 2017, 105111.
[75] *Ziekow/Völlink/Greb* Rn. 27 mwN; *Beck VergabeR/Kau* Rn. 55–58; *Kafedžić* IBR 2020, 148; *Mösinger* IBR 2019, 1211; *Schaller* NZBau 2018, 342 (345); *Portz* NZBau 2017, 408 mit kritischen rechtspolitischen Anmerkungen; aA *Müller* jurisPR-VergR 4/2020 Anm. 6; *Stolz* VergabeR 2016, 351 (352 f.); *Matuschak* NZBau 2016, 613; zum aktuellen Diskussionsstand: *Köster* AnwZert BauR 9/2020 Anm. 2.
[76] OLG München Beschl. v. 13.3.2017 – Verg 15/16, BeckRS 2017, 105111.

renzgrundsatzes ist die Zuordnung von Losen zum 20%-Kontingent frühzeitig zu dokumentieren.[77] Die einmal erfolgte Festlegung ist bindend, eine nachträgliche Zuordnung von Losen zu dem Kontingent ist unzulässig.[78] Wurde ein Los europaweit ausgeschrieben und die Vergabekammer als Nachprüfungsinstanz angegeben, bindet dies den öffentlichen Auftraggeber. Im Falle eines **Nachprüfungsverfahrens** kann nicht damit argumentiert werden, das Los hätte auch im Rahmen der Bagatellklausel vergeben werden können. Dies gilt auch für die sukzessive und zeitlich versetzte Ausschreibung der Lose.[79] Andernfalls könnten alle Lose, die unterhalb des Gesamtschwellenwertes liegen, nachträglich noch dem Rechtsschutz entzogen werden. Ist ein Los hingegen rechtskräftig national ausgeschrieben worden, führt die versehentliche Angabe der Vergabekammer als Rechtsschutzinstanz nicht zur Eröffnung des Rechtsweges.

33   Da sich die Antwort auf die rein praktische Frage, ob alle Lose zur gleichen Zeit oder zeitlich versetzt und in welcher Reihenfolge ausgeschrieben werden, nach der Art und der Abwicklung des zu vergebenden Auftrages richtet, besteht keine Verpflichtung, zuerst alle Lose oberhalb der Bagatellgrenze auszuschreiben. Vielmehr können einzelne Lose auch zu Beginn des Vergabeverfahrens national ausgeschrieben werden. Voraussetzung ist aber die nachvollziehbare **Dokumentation** der Aufteilung und Zuordnung der Lose,[80] damit die gewählte Aufteilung im Nachprüfungsverfahren Bestand hat.

34   **6. Wiederkehrende Aufträge (Abs. 10).** Abs. 10 legt für regelmäßige Aufträge oder Daueraufträge über Lieferungen oder Dienstleistungen als **Berechnungszeitraum** die letzten 12 Monate oder das vorangegangene Haushaltsjahr zugrunde, wobei voraussichtliche Änderungen bei Mengen und Kosten zu berücksichtigen sind. Die Regelung übernimmt die Berechnungsmethoden aus Art. 5 Abs. 11 lit. a und Abs. 11 lit. b RL 2014/24/EU weitgehend wörtlich. Nr. 1 erlaubt den retrospektiven Blick auf die Erfahrungen aus dem vergangenen Haushaltsjahr, Nr. 2 erlaubt den prospektiven Blick auf die 12 Monate oder das Haushaltsjahr, die auf die erste Lieferung folgen. Dem Haushaltsjahr steht das Geschäftsjahr gleich.

35   **7. Aufträge ohne Gesamtpreis (Abs. 11).** Abs. 11 Nr. 1 regelt für auf bis zu 48 Monate befristete Liefer- oder Dienstleistungsverträge, dass bei der Schätzung der Gesamtwert für die **konkrete Laufzeit des Vertrages** zugrunde zu legen ist. Abs. 11 Nr. 2 trifft für **Verträge mit unbestimmter Laufzeit**[81] und für Verträge mit einer Laufzeit von **mehr als 48 Monaten** die Regelung, dass bei der Schätzung vom 48-fachen Monatswert auszugehen ist. Sind die Anforderungen an eine Vertragsverlängerung als niedrig zu qualifizieren, ist von einer unbestimmten Laufzeit des Auftrags auszugehen.[82] Bei der Festsetzung des Streitwertes im Nachprüfungsverfahren kann Abs. 11 Nr. 2 nicht entsprechend angewendet werden.[83] Sind bei der Streitwertfestsetzung Verlängerungsoptionen zu berücksichtigen kann gleichfalls nicht auf Abs. 11 Nr. 2 zurückgegriffen werden.[84]

36   **8. Auslobungsverfahren (Abs. 12).** Abs. 12 wiederholt die schon in Abs. 1 angelegte Regel, dass **Preisgelder und Zahlungen** an Teilnehmer in die Schätzung einzubeziehen sind. Die Vorschrift entspricht, bis auf redaktionelle Anpassungen, der bis zum 18.4.2016 geltenden Fassung des Abs. 8[85] und setzt Art. 78 UAbs. 2 und 3 RL 2014/24/EU um. Nach dem Wortlaut der Vorschrift, sind zwei Fälle zu unterscheiden. Soll der Planungswettbewerb (§§ 69 ff.) zu einem Dienstleistungsauftrag führen, ist dessen Auftragswert zu schätzen und die Zahlungen und Preisgeldern hinzu zu addieren. Bei allen übrigen Planungswettbewerben ist der Auftragswert eines Dienstleistungsauftrages, der später vergeben werden könnte, hinzuzurechnen. Der Auftraggeber kann jedoch die Erteilung eines Folgeauftrages an den oder die Gewinner des Wettbewerbs in der **Wettbewerbsbekanntmachung**[86] (§ 70) ausschließen.

37   Die Unterscheidung der beiden in Abs. 12 geregelten Fälle ist nur vor dem Hintergrund der zugrunde liegenden Richtlinienregelung verständlich. Danach betrifft Abs. 12 S. 1 den Fall, dass ein

---

77 HK-VergabeR/*Alexander* Rn. 83; *Schaller* NZBau 2018, 342 (345).
78 OLG Düsseldorf BeckRS 2019, 38775; OLG Düsseldorf NZBau 2020, 406.
79 BayObLG Beschl. v. 23.5.2002 – Verg 7/02, BeckRS 2002, 04949; BayObLG NZBau 2001, 643.
80 jurisPK-VergabeR/*Lausen* Rn. 108.
81 Zur Frage der Zulässigkeit unbefristeter Aufträge: VK Bund ZfBR 2015, 600; offengelassen von OLG Düsseldorf NZBau 2016, 232.
82 OLG Jena Beschl. v. 9.4.2021 – Verg 2/20, BeckRS 2021, 17182.
83 OLG Celle ZfBR 2014, 820.
84 BGH NZBau 2014, 452 – Die Ungewissheit darüber, ob der Auftraggeber ein Optionsrecht ausüben wird, ist bei der Streitwertfestsetzung mit einem angemessenen Abschlag vom vollen Auftragswert zu berücksichtigen.
85 BT-Drs. 18/7318, 149.
86 Vgl. Anhang IX der Durchführungsverordnung (EU) 2015/1986.

I. Normzweck 1, 2 § 4 VgV

Planungswettbewerb während eines Vergabeverfahrens durchgeführt wird.[87] Mit Abs. 12 S. 2 wird der Fall geregelt, dass ein Planungswettbewerb außerhalb eines Vergabeverfahrens durchgeführt wird und der Auftrag anschließend im Verhandlungsverfahren ohne Teilnahmewettbewerb (vgl. § 14 Abs. 4 Nr. 8) vergeben werden soll.[88] Bei Planungswettbewerben für Architekten- und Ingenieurleistungen[89] hat der Verordnungsgeber in § 78 Abs. 2 S. 2 festgelegt, dass diese nur vor oder ohne Vergabeverfahren zulässig sind. In dieser Konstellation ist bei der Schätzung des Auftragswertes von Planungswettbewerben für Architekten- und Ingenieurleistungen stets nach Abs. 12 S. 2 vorzugehen.

§ 4 Gelegentliche gemeinsame Auftragsvergabe; zentrale Beschaffung

(1) ¹Mehrere öffentliche Auftraggeber können vereinbaren, bestimmte öffentliche Aufträge gemeinsam zu vergeben. ²Dies gilt auch für die Auftragsvergabe gemeinsam mit öffentlichen Auftraggebern aus anderen Mitgliedstaaten der Europäischen Union. ³Die Möglichkeiten zur Nutzung von zentralen Beschaffungsstellen bleiben unberührt.

(2) ¹Soweit das Vergabeverfahren im Namen und im Auftrag aller öffentlichen Auftraggeber insgesamt gemeinsam durchgeführt wird, sind diese für die Einhaltung der Bestimmungen über das Vergabeverfahren gemeinsam verantwortlich. ²Das gilt auch, wenn ein öffentlicher Auftraggeber das Verfahren in seinem Namen und im Auftrag der anderen öffentlichen Auftraggeber allein ausführt. ³Bei nur teilweise gemeinsamer Durchführung sind die öffentlichen Auftraggeber nur für jene Teile gemeinsam verantwortlich, die gemeinsam durchgeführt wurden. ⁴Wird ein Auftrag durch öffentliche Auftraggeber aus verschiedenen Mitgliedstaaten der Europäischen Union gemeinsam vergeben, legen diese die Zuständigkeiten und die anwendbaren Bestimmungen des nationalen Rechts durch Vereinbarung fest und geben das in den Vergabeunterlagen an.

(3) Die Bundesregierung kann für Dienststellen des Bundes in geeigneten Bereichen allgemeine Verwaltungsvorschriften über die Einrichtung und die Nutzung zentraler Beschaffungsstellen sowie die durch die zentralen Beschaffungsstellen bereitzustellenden Beschaffungsdienstleistungen erlassen.

Übersicht

	Rn.		Rn.
I. Normzweck	1	III. Ort der Regelung	11
II. Europarechtlicher Hintergrund	4	IV. Inhalt der Regelung	12
1. Entstehung	4	1. Gemeinsame Auftragsvergabe	12
2. Gelegentliche gemeinsame Auftragsvergabe	6	2. Zuordnung der Verantwortlichkeiten	18
		V. Allgemeine Verwaltungsvorschrift	25
3. Auftragsvergabe durch öffentliche Auftraggeber aus verschiedenen Mitgliedstaaten	7	VI. Rechtsschutz	31

I. Normzweck

Neben den zentralen Beschaffungsstellen wollen die neuen europäischen Vergaberichtlinien 1 auch die gelegentliche gemeinsame Auftragsvergabe von nationalen öffentlichen Auftraggebern sowie die gemeinsame Auftragsvergabe von öffentlichen Auftraggebern aus unterschiedlichen Mitgliedstaaten stärken. Allerdings sehen sich die betroffenen öffentlichen Auftraggeber bei der gemeinsamen sowie der gemeinsamen grenzüberschreitenden Beschaffung oft rechtlichen Hürden gegenüber, die es zu überwinden gilt. Zu klären sind unter anderem die Verantwortlichkeiten aber auch die Frage, welches nationale Recht im Falle grenzüberschreitender Zusammenarbeit Anwendung finden soll.

Zu diesem Zweck wurden in den neuen Richtlinien Vorschriften zur gelegentlichen gemeinsa- 2 men Auftragsvergabe von nationalen öffentlichen Auftraggebern sowie mit öffentlichen Auftraggebern anderer Mitgliedstaaten eingeführt.[1] Es soll durch Kooperationen die öffentliche Beschaffung effizienter gestaltet werden können und mehr grenzüberschreitender Spielraum geschaffen werden.

---

[87] Vgl. Art. 78 UAbs. 2 RL 2014/24/EU iVm Art. 78 UAbs. 1 lit. a RL 2014/24/EU „Wettbewerbe, die im Rahmen eines öffentlichen Dienstleistungsauftrages durchgeführt werden".
[88] Vgl. Art. 78 UAbs. 3 RL 2014/24/EU iVm Art. 78 UAbs. 2 lit. b RL/24/EU.
[89] Zur Vergabe von Architekten- und Ingenieurleistungen: *Stolz* VergabeR 2016, 351.
[1] S. Art. 38 und 39 RL 2014/24/EU sowie Art. 56 und 57 RL 2014/25/EU.

3   Die Stärkung der zentralen Beschaffungsstellen durch die neuen europäischen Vergaberichtlinien soll jedoch keinesfalls dazu führen, dass die bereits geübte Praxis der gelegentlichen gemeinsamen Auftragsvergabe öffentlicher Auftraggeber eingeschränkt oder gar verhindert wird. Weniger institutionalisierte gemeinsame Beschaffungen sollen gleichsam ihrer Bedeutung auch weiterhin gleichberechtigt neben den zentralen Beschaffungen bestehen. Durch die neuen Richtlinienregelungen sollen vielmehr bestimmte Merkmale gemeinsamer Beschaffungen eindeutiger gefasst werden.[2]

II. Europarechtlicher Hintergrund

4   **1. Entstehung.** Die Vorschriften zur gelegentlichen auch grenzüberschreitenden Zusammenarbeit bei der öffentlichen Auftragsvergabe wurden in der RL 2014/24/EU neu eingeführt. Sie finden in der Vorgängerrichtlinie 2004/18/EG[3] kein Gegenüber.

5   Zwar gilt schon bisher, dass eine gelegentliche auch grenzüberschreitende Zusammenarbeit zwischen öffentlichen Auftraggebern vergaberechtlich zulässig ist, um aber mehr Rechtssicherheit auf diesem Gebiet zu schaffen und dadurch die gelegentliche Zusammenarbeit zwischen Auftraggebern zu verbessern, hat der Richtliniengeber hierzu Vorgaben geschaffen.[4]

6   **2. Gelegentliche gemeinsame Auftragsvergabe.** Zunächst regelt Art. 38 RL 2014/24/EU die gelegentliche gemeinsame Auftragsvergabe verschiedener nationaler öffentlicher Auftraggeber als zulässige Form der Auftragsvergabe. Die Vorschrift bestimmt, dass im Falle einer gemeinsamen Auftragsvergabe in Gänze alle beteiligten öffentlichen Auftraggeber gemeinsam für die Auftragsvergabe verantwortlich sind. Wird die Auftragsvergabe nicht in Gänze gemeinsam durchgeführt, so ist jeder öffentliche Auftraggeber für den Teil verantwortlich, den er durchführt.

7   **3. Auftragsvergabe durch öffentliche Auftraggeber aus verschiedenen Mitgliedstaaten.** Art. 39 RL 2014/24/EU regelt die Auftragsvergabe durch öffentliche Auftraggeber aus verschiedenen Mitgliedstaaten. Auch hier wird zunächst die Zulässigkeit einer gemeinsamen grenzüberschreitenden Zusammenarbeit öffentlicher Auftraggeber geregelt, die auf drei Arten erfolgen kann:
– Inanspruchnahme einer zentralen Beschaffungsstelle mit Sitz in einem anderen Mitgliedstaat;[5]
– gemeinsame grenzüberschreitende Auftragsvergabe mit mehreren öffentlichen Auftraggebern anderer Mitgliedstaaten;[6]
– Gründung einer gemeinsamen Einrichtung zur öffentlichen Auftragsvergabe durch mehrere öffentliche Auftraggeber verschiedener Mitgliedstaaten.[7]

8   Zu den genannten Möglichkeiten legt die Vorschrift jeweils bestimmte rechtliche Verhaltensweisen, die die öffentlichen Auftraggeber zu beachten haben, fest. Es sind beispielsweise die einzuhaltenden Vergaberegeln zu vereinbaren und es ist festzulegen, welche nationalen Rechtsvorschriften gelten sollen. Es besteht ein Umgehungsverbot dergestalt, dass diese Instrumente nicht angewendet werden dürfen, um verbindliche nationale öffentlich rechtliche Regelungen, wie etwa Bestimmungen über die Transparenz und den Zugang zu Dokumenten, zu umgehen.[8]

9   Unzulässig wäre demnach die gemeinsame Auftragsvergabe eines deutschen öffentlichen Auftraggebers mit einem öffentlichen Auftraggeber eines anderen Mitgliedstaates zu dem Zweck, Regelungen des Informationsfreiheitsgesetzes (IFG) zu umgehen.[9]

10   Die Richtlinie verbietet es grundsätzlich den Mitgliedstaaten, die Inanspruchnahme zentraler Beschaffungstätigkeiten durch eine zentrale Beschaffungsstelle mit Sitz in einem anderen Mitgliedstaat zu untersagen.[10]

III. Ort der Regelung

11   Der Verordnungsgeber hat die unterschiedlichen Richtlinienvorgaben zur gelegentlichen gemeinsamen Auftragsvergabe sowie der Auftragsvergabe durch öffentliche Auftraggeber aus verschiedenen Mitgliedstaaten in § 4 umgesetzt. Daneben wurde für die Bundesregierung die Möglichkeit geschaffen, im Hinblick auf Bundesbehörden in geeigneten Bereichen allgemeine Verwaltungsvorschriften zur Einrichtung und Nutzung zentraler Beschaffungsstellen sowie der Bereitstellung

---

[2] S. Erwägungsgrund 71 RL 2014/24/EU.
[3] ABl. 2004 L 134, 114.
[4] S. Erwägungsgrund 73 RL 2014/24/EU.
[5] Art. 39 Abs. 3 RL 2014/24/EU.
[6] Art. 39 Abs. 4 RL 2014/24/EU.
[7] Art. 39 Abs. 5 RL 2014/24/EU.
[8] Art. 39 Abs. 1 UAbs. 2 RL 2014/24/EU.
[9] S. Erwägungsgrund 73 UAbs. 2 RL 2014/24/EU.
[10] S. Art. 39 Abs. 2 RL 2014/24/EU.

zentraler Beschaffungstätigkeiten zu erlassen. Die Regelungen zu zentralen Beschaffungsstellen[11] selbst hat der Gesetzgeber in § 120 Abs. 4 GWB umgesetzt.

IV. Inhalt der Regelung

1. Gemeinsame Auftragsvergabe. Abs. 1 der Vorschrift regelt die Zulässigkeit gemeinsamer 12 Auftragsvergabe sowohl nationaler öffentlicher Auftraggeber als auch mit öffentlichen Auftraggebern anderer Mitgliedstaaten der EU. Unter dem Begriff der gelegentlichen gemeinsamen Auftragsvergabe ist die gemeinsame Durchführung eines Vergabeverfahrens zur Beschaffung einer Bau-, Liefer- oder Dienstleistung zu verstehen. Hierunter fällt auch der Abschluss von Rahmenvereinbarungen.[12]

Aus dem Begriff „gelegentlich" ergibt sich die vorübergehende Natur der Kooperation zwi- 13 schen den verschiedenen öffentlichen Auftraggebern. Es handelt sich um eine punktuelle Zusammenarbeit bei der Vergabe einzelner öffentlicher Aufträge, die insoweit eine Vereinbarung der öffentlichen Auftraggeber erfordert.[13] Eine auf Dauer angelegte Kooperation ist nicht von der Regelung erfasst. Eine solche könnte je nach Gestaltung unter die Bestimmung zu zentralen Beschaffungsstellen (§ 120 Abs. 4 GWB) fallen, deren Nutzung nach Abs. 1 S. 3 ohnehin unberührt bleibt.

Inhaltlich erfasst Abs. 1 S. 3 auch das Verbot der Mitgliedstaaten, öffentlichen Auftraggebern 14 die Inanspruchnahme zentraler Beschaffungsstellen anderer Mitgliedstaaten zu untersagen.[14] Die Richtlinie gibt den Mitgliedstaaten das Recht festzulegen, dass nationale öffentliche Auftraggeber von zentralen Beschaffungsstellen anderer Mitgliedstaaten ausschließlich zum Erwerb von Lieferungen und/oder Dienstleistungen oder zur Vergabe öffentlicher Aufträge über Bauleistungen, Lieferungen oder Dienstleistungen oder den Abschluss von Rahmenvereinbarungen (zentrale Beschaffungstätigkeiten) in Anspruch nehmen dürfen.[15] Die Inanspruchnahme so genannter Nebenbeschaffungstätigkeiten (Bereitstellung technischer Infrastruktur, Beratung zur Ausführung und Planung öffentlicher Vergabeverfahren, Vorbereitung und Verwaltung von Vergabeverfahren zur Vergabe öffentlicher Aufträge im Namen und für Rechnung des betreffenden öffentlichen Auftraggebers)[16] wäre dann nicht gestattet. Hiervon hat der deutsche Verordnungsgeber jedoch keinen Gebrauch gemacht.

Die Vorschrift erlaubt den Auftraggebern, eine gelegentliche gemeinsame Auftragsvergabe zu 15 vereinbaren. Dies umfasst alle Konstellationen von Vereinbarungen zwischen Auftraggebern auf Bundesebene, Auftraggebern auf Landesebene sowie auf kommunaler Ebene.

Denkbar sind Konstellationen, in denen sich zwei Auftraggeber zusammentun, einen öffentli- 16 chen Auftrag gemeinsam zu vergeben, wobei einer der beiden Auftraggeber die Kontrolle über ein Inhouse-Unternehmen ausübt. Fraglich könnte hier sein, ob der gemeinsame Auftrag an das Inhouse-Unternehmen des einen Auftraggebers als Inhouse-Geschäft vergaberechtlich frei vergeben werden kann.

Diese Frage ist zu verneinen. Denn der kooperierende zweite Auftraggeber übt weder mit dem 17 ersteren eine gemeinsame Kontrolle (s. § 108 Abs. 4 Nr. 1 GWB) über das Inhouse-Unternehmen aus noch ist das Inhouse-Unternehmen im Wesentlichen auch für ersten Auftraggeber tätig bzw. würde von beiden mit der relevanten Tätigkeit betraut (s. § 108 Abs. 4 Nr. 2 GWB).[17]

2. Zuordnung der Verantwortlichkeiten. Abs. 2 regelt die jeweiligen Verantwortlichkeiten 18 der beteiligten nationalen sowie EU-mitgliedstaatlichen öffentlichen Auftraggeber. Grundsätzlich gilt, dass bei einer gelegentlichen gemeinsamen Auftragsvergabe die beteiligten öffentlichen Auftraggeber gemeinsam für die Einhaltung der Bestimmungen über das Vergabeverfahren verantwortlich sind.

Die gemeinsame Verantwortlichkeit gilt auch für den Fall, dass ein öffentlicher Auftraggeber 19 den Auftrag zwar in seinem Namen aber im Auftrag der übrigen beteiligten öffentlichen Auftraggeber ausführt.

Bei einer nur teilweisen gelegentlichen gemeinsamen Auftragsvergabe gilt die gemeinsame 20 Verantwortlichkeit nur für die Teile der Auftragsvergabe, die gemeinsam ausgeführt werden. Im Übrigen ist jeder öffentliche Auftraggeber für den von ihm durchgeführten Teil verantwortlich. Führen mehrere öffentliche Auftraggeber aus verschiedenen Mitgliedstaaten eine gelegentliche gemeinsame Auftragsvergabe durch gilt, dass ein teilnehmender öffentlicher Auftraggeber seine

---

[11] S. Art. 37 RL 2014/24/EU.
[12] Vgl. Erwägungsgrund 71 UAbs. 3 RL 2014/24/EU.
[13] VergRModVO, BT-Drs. 18/7318, 163, Begründung zu § 4.
[14] Art. 39 Abs. 2 UAbs. 1 RL 2014/24/EU.
[15] S. Art. 39 Abs. 2 UAbs. 2 RL 2014/24/EU iVm Art. 2 Abs. 1 Nr. 14 lit. a und b RL 2014/24/EU.
[16] S. Art. 2 Abs. 1 Nr. 15 RL 2014/24/EU.
[17] VK Thüringen Beschl. v. 28.9.2016 – 250-4003-5915/2016-E-007-J.

Pflichten zur Einhaltung der einschlägigen Vergaberegeln erfüllt, wenn er Bau-, Liefer- oder Dienstleistungen von einem öffentlichen Auftraggeber erwirbt, der für das Vergabeverfahren zuständig ist.[18]

21 Abs. 2 S. 4 legt fest, dass die Zuständigkeiten und Verantwortlichkeiten bei einer Auftragsvergabe durch öffentliche Auftraggeber aus verschiedenen Mitgliedstaaten in einer Vereinbarung festgelegt werden. Hierzu gehört zB die interne Organisation und Abwicklung des Vergabeverfahrens in allen seinen Phasen von der Bekanntmachung über die Durchführung der Auswahl der Bewerber, Aufforderung zur Angebotsabgabe, Prüfung und Wertung der Angebote etc. Gleichsam aber auch, wer welche Phasen des Vergabeverfahrens verantwortet, wer Ansprechpartner für Bewerber und Bieter sein soll und wer die Verträge schließt.

22 Die Festlegungen der Vereinbarung sind in den Vergabeunterlagen anzugeben und bekannt zu machen.

23 Durch die Vorschrift wird ergänzend zu den Kollisionsnormen der VO (EG) Nr. 593/2008 des Europäischen Parlaments und des Rates vom 17.6.2008 über das auf vertragliche Schuldverhältnisse anzuwendende Recht (Rom I-VO)[19] bei grenzüberschreitenden gemeinsamen Beschaffungsverfahren bestimmt, dass das jeweils anzuwendende nationale Recht für die öffentliche Auftragsvergabe, einschließlich der anwendbaren Rechtsvorschriften für Rechtsmittel festgelegt wird.[20] Sind Einzelheiten der grenzüberschreitenden Zusammenarbeit in einem internationalen Übereinkommen geregelt, geht dieses vor.

24 Die Festlegung unterschiedlicher Verantwortlichkeiten des Vergabeverfahrens kann sich zB an den unterschiedlichen Abschnitten des Vergabeverfahrens orientieren. Denkbar ist, dass ein öffentlicher Auftraggeber die Teile Erarbeitung der Leistungsbeschreibung sowie Festlegung der Eignungs- und Zuschlagskriterien übernimmt. Ein weiterer könnte die mit der Veröffentlichung und der organisatorischen Abwicklung über eine Vergabeplattform zusammenhängenden Aktivitäten übernehmen. Schließlich bieten sich auch die mit der Auswertung der Teilnahmeanträge und der Angebote zusammenhängenden Aktivitäten als eigenständiger Verantwortungsbereich an.

V. Allgemeine Verwaltungsvorschrift

25 Die Bundesregierung wird dazu ermächtigt, für Dienststellen des Bundes allgemeine Verwaltungsvorschriften erlassen zu dürfen. Die Verwaltungsvorschriften sollen in geeigneten Bereichen Regelungen zur Errichtung und Nutzung zentraler Beschaffungsstellen sowie die durch diese bereitzustellenden Beschaffungsdienstleistungen treffen.

26 Eine zentrale Beschaffungsstelle ist ein öffentlicher Auftraggeber, der für andere öffentliche Auftraggeber dauerhaft Liefer- und Dienstleistungen beschafft, öffentliche Aufträge vergibt oder Rahmenvereinbarungen abschließt, also Beschaffungstätigkeiten ausübt.[21]

27 Öffentlicher Auftraggeber sind der Staat, die Gebietskörperschaften, die Einrichtungen des öffentlichen Rechts oder die Verbände, die aus einer oder mehreren dieser Körperschaften oder Einrichtungen des öffentlichen Rechts bestehen.[22] Hierunter fallen nach deutschem Recht ua Gebietskörperschaften und andere juristische Personen des öffentlichen und privaten Rechts iSd § 99 GWB.

28 Es muss sich folglich bei einer zentralen Beschaffungsstelle um eine juristische Person handeln, die für eine andere juristische Person Beschaffungstätigkeiten ausübt. Bei Personenidentität liegt keine zentrale Beschaffungsstelle iSv § 120 Abs. 4 GWB vor.

29 Vor diesem Hintergrund stellt sich die Frage nach dem Nutzen der Ermächtigung. Die Bundesrepublik Deutschland ist eine ungeteilte juristische Person. Die ihr zugehörigen unmittelbaren Bundesbehörden sind nicht mit einer eigenen Rechtspersönlichkeit ausgestattet, sondern teilen die Rechtspersönlichkeit der Bundesrepublik Deutschland. Sie ist soweit „ein" öffentlicher Auftraggeber.

30 Unterschiedliche unmittelbare Bundesbehörden können zwar „zentralisierte" Beschaffungsstellen darstellen, aber keine zentralen Beschaffungsstellen im Sinne der Definition der Richtlinie bzw. des GWB. Ob die Bundesregierung überhaupt eine solche Ermächtigung in der VgV verankern muss, erscheint zweifelhaft.

VI. Rechtsschutz

31 Die gelegentliche gemeinsame Auftragsvergabe und die damit verbundene Verantwortlichkeit der beteiligten Auftraggeber haben Auswirkungen auf den Rechtsschutz des Bieters, insbesondere

---

[18] S. Art. 39 Abs. 4 UAbs. 2 RL 2014/24/EU.
[19] ABl. 2008 L 177, 6.
[20] S. Erwägungsgrund 73 RL 2014/24/EU.
[21] Vgl. Art. 2 Abs. 1 Nr. 16 RL 2014/24/EU; § 120 Abs. 4 S. 1 GWB.
[22] Art. 2 Abs. 1 Nr. 1 RL 2014/24/EU.

auf dessen Erfordernis der genauen Bezeichnung des Antragsgegners.[23] Bezeichnet der Antragsteller nämlich den falschen Antragsgegner, ist sein Antrag als unzulässig zurückzuweisen.

Antragsgegner kann nur der Auftraggeber sein. Die Entscheidung der Vergabekammer ist nur **32** für und gegen denjenigen wirksam, der im Rubrum (der Vertragsurkunde) aufgeführt ist.[24] Antragsgegner ist der öffentliche Auftraggeber, in dessen Namen der Auftrag erteilt werden soll.[25]

Folglich ist nach den jeweils vertragschließenden und jeweils im Rubrum aufgeführten öffentlichen Auftraggebern zu differenzieren: **33**

Sind bei einer gemeinsamen Auftragsvergabe die beteiligten öffentlichen Auftraggeber gemein- **34** sam vertragschließende Partei und sind sie alle im Rubrum des Vertrages aufgeführt, so muss der Antragsteller auch alle beteiligten öffentlichen Auftraggeber als Antragsgegner bezeichnen.

Wird die Auftragsvergabe zwar gemeinsam, aber im Namen eines öffentlichen Auftraggebers, der für die anderen beteiligten öffentlichen Auftraggeber handelt, so ist dieser als Antragsgegner zu bezeichnen, da dieser regelmäßig die vertragsschließende Partei ist.

Dies muss auch gelten, wenn die Auftragsvergabe nur teilweise gemeinsam durchgeführt wird. **35** Antragsgegner ist stets der im Rubrum des Vertrages genannte öffentliche Auftraggeber.

Bei einer Auftragsvergabe durch öffentliche Auftraggeber aus verschiedenen Mitgliedstaaten **36** kommt es bezüglich der jeweiligen Verantwortlichkeiten zwar auf die konkreten Festlegungen einschließlich des geltenden nationalen Rechts sowie der Rechtsschutzbestimmungen in der Vereinbarung an. Auch hier gilt jedoch: Der oder die im Rubrum des Vertrages genannten öffentlichen Auftraggeber sind – jedenfalls wenn deutsches Recht in der Vereinbarung festgelegt wurde – als Antragsgegner zu bezeichnen. Andernfalls sind die Vorschriften des jeweils vereinbarten sonstigen nationalen Rechts maßgeblich.

Bei der gemeinsamen Bedarfsdeckung entstehende kartellrechtliche Fragen bleiben unbe- **37** rührt.[26] Nach deutschem Verständnis begründet auch eine reine Nachfragetätigkeit die Unternehmenseigenschaft.[27] **Im Einzelnen → GWB § 130 Rn. 26.** Deren Verletzung kann nach Auffassung der Vergabekammer des Bundes allerdings nicht im Nachprüfungsverfahren geltend gemacht werden.[28]

§ 5 Wahrung der Vertraulichkeit

(1) ¹Sofern in dieser Verordnung oder anderen Rechtsvorschriften nichts anderes bestimmt ist, darf der öffentliche Auftraggeber keine von den Unternehmen übermittelten und von diesen als vertraulich gekennzeichneten Informationen weitergeben. ²Dazu gehören insbesondere Betriebs- und Geschäftsgeheimnisse und die vertraulichen Aspekte der Angebote einschließlich ihrer Anlagen.

(2) ¹Bei der gesamten Kommunikation sowie beim Austausch und der Speicherung von Informationen muss der öffentliche Auftraggeber die Integrität der Daten und die Vertraulichkeit der Interessensbekundungen, Interessensbestätigungen, Teilnahmeanträge und Angebote einschließlich ihrer Anlagen gewährleisten. ²Die Interessensbekundungen, Interessensbestätigungen, Teilnahmeanträge und Angebote einschließlich ihrer Anlagen sowie die Dokumentation über Öffnung und Wertung der Teilnahmeanträge und Angebote sind auch nach Abschluss des Vergabeverfahrens vertraulich zu behandeln.

(3) ¹Der öffentliche Auftraggeber kann Unternehmen Anforderungen vorschreiben, die auf den Schutz der Vertraulichkeit der Informationen im Rahmen des Vergabeverfahrens abzielen. ²Hierzu gehört insbesondere die Abgabe einer Verschwiegenheitserklärung.

Schrifttum: *Glahs*, Akteneinsichts- und Informationsfreiheitsansprüche im Vergabe- und Nachprüfungsverfahren NZBau 2014, 75; *Krohn*, Informationssicherheit, in: Gabriel/Krohn/Neun, Handbuch Vergaberecht, 2. Aufl. 2017, § 59; *Krohn*, Informationssicherheit bei Verteidigungs- und Sicherheitsvergaben, in von Wietersheim, Vergaben im Bereich Verteidigung und Sicherheit, 2013, 137 ff.; *Schäfer*, Perspektiven der eVergabe, NZBau 2015, 132.

---

[23] Die Bezeichnung des Antragsgegners ist nach § 161 Abs. 2 GWB eine der Zulässigkeitsvoraussetzungen des Nachprüfungsverfahrens.
[24] jurisPK-VergabeR/*Summa* GWB § 161 Rn. 29 mwN.
[25] Ziekow/Völlink/*Dicks* GWB § 161 Rn. 5.
[26] VergRModVO, BT-Drs. 18/7318, 163, Begründung zu § 4.
[27] *Kling*/*Thomas* KartellR § 16 Rn. 21 mwN.
[28] VK Bund Beschl. v. 27.7.2016 – VK 2-63/16; Greb/Müller/*Fülling* SektVO § 5 Rn. 8.

Übersicht

	Rn.		Rn.
I. Normzweck	1	1. Kommunikation	24
II. Schutz von als vertraulich gekennzeichneten Informationen (Abs. 1)	6	2. Integrität	25
		3. Vertraulichkeit	28
1. Positive Tatbestandsvoraussetzungen	8	4. Vertrauliche Behandlung auch nach Abschluss des Vergabeverfahrens	32
a) Vertrauliche Informationen	8		
b) Kennzeichnung	9		
c) Geheimhaltungsbedürftige Informationen	11	IV. Anforderungen für den Schutz der Vertraulichkeit (Abs. 3)	36
2. Negative Tatbestandsvoraussetzungen	15	V. Rechtsschutz	40
III. Gewährleistung von Datenintegrität und Vertraulichkeit (Abs. 2)	22	1. Primärrechtsschutz	40
		2. Sekundärrechtsschutz	42

I. Normzweck

1 Die Vertraulichkeit ist ein wesentlicher Grundsatz des Vergaberechts und eine zentrale Voraussetzung für die Durchführung ordnungsgemäßer und effektiver Vergabeverfahren.[1] Verletzungen des Vertraulichkeitsgrundsatzes gefährden den geheimen Wettbewerb,[2] verstoßen gegen den Gleichbehandlungsgrundsatz und reduzieren dadurch erheblich die Attraktivität und Funktionsfähigkeit von Vergabeverfahren.[3] Vor diesem Hintergrund stellt § 5 eine Schutzvorschrift dar, deren Ziel es – im Interesse der Vermeidung von Manipulationen sowie der Gewährleistung der Chancengleichheit und eines unverfälschten Wettbewerbs – ist, die unbefugte Weitergabe vertraulicher Daten und Informationen, betreffend die an einem Vergabeverfahren Beteiligten, zu verhindern.[4] Zugleich wird hierdurch sichergestellt, dass eine wirtschaftliche Beschaffung durch den öffentlichen Auftraggeber erfolgt.[5] Denn wegen der durch die Norm bewirkten Geheimhaltung werden die konkurrierenden Bieter angehalten, ihre Rentabilitätsgrenzen auszuschöpfen.[6]

2 § 5 setzt Art. 21 und 22 Abs. 3 RL 2014/24/EU[7] um.[8] Konkret dienen dabei § 5 Abs. 1 der Umsetzung von Art. 21 Abs. 1 RL 2014/24/EU, § 5 Abs. 2 S. 1 der Umsetzung von Art. 22 Abs. 3 RL 2014/24/EU und § 5 Abs. 3 der Umsetzung von Art. 21 Abs. 2 RL 2014/24/EU.[9]

3 Insgesamt werden damit unterschiedliche Aspekte des Vertraulichkeitsschutzes geregelt.[10] § 5 Abs. 1 schützt Betriebs- und Geschäftsgeheimnisse der am Verfahren beteiligten Unternehmen vor der unbefugten Weitergabe durch den öffentlichen Auftraggeber an Dritte. § 5 Abs. 2 konkretisiert diese allgemeine Pflicht zur vertraulichen Behandlung hinsichtlich jeglicher[11] Interessensbekundungen, Interessensbestätigungen, Teilnahmeanträge und Angebote einschließlich ihrer Anlagen. In § 5 Abs. 3 wird für die in Abs. 2 begründete Verpflichtung des öffentlichen Auftraggebers insbesondere das Instrument der Vertraulichkeitserklärung vorgesehen.[12]

4 Über den Verweis in § 2 gilt § 5 auch für die Vergabe von Bauaufträgen oberhalb der Schwellenwerte. Ähnliche Regelungen finden sich für die Vergaben im Sektorenbereich in § 5 SektVO und für die Vergaben im Bereich „Verteidigung und Sicherheit" in § 6 VSVgV.

5 § 5 korrespondiert in gewisser Weise mit § 165 Abs. 2 GWB. Während § 165 Abs. 2 GWB indes die Vergabekammer ermächtigt, die Akteneinsicht im Nachprüfungsverfahren zum Schutz von Betriebs- und Geschäftsgeheimnissen zu beschränken, verpflichtet § 5 den öffentlichen Auftraggeber zur Wahrung der Vertraulichkeit während des gesamten laufenden Vergabeverfahrens und zum Teil auch darüber hinaus (vgl. § 5 Abs. 2 S. 2 letzter Hs.).

---

[1] Kapellmann/Messerschmidt/*Schneider* Rn. 1; s. auch HK-VergabeR/*Schellenberg* Rn. 3.
[2] jurisPK-VergabeR/*König* Rn. 1; Ziekow/Völlink/*Greb* Rn. 1.
[3] Kapellmann/Messerschmidt/*Schneider* Rn. 1; s. auch HK-VergabeR/*Schellenberg* Rn. 3.
[4] Ziekow/Völlink/*Greb* Rn. 1.
[5] jurisPK-VergabeR/*König* Rn. 3.
[6] jurisPK-VergabeR/*König* Rn. 3.
[7] Richtlinie 2014/24/EU des Europäischen Parlaments und des Rates v. 26.2.2014 über die Vergabe öffentlicher Aufträge und zur Aufhebung der Richtlinie 2004/18/EG, ABl. 2014 L 94, 65.
[8] BT-Drs. 18/7318, 150.
[9] So auch die BT-Drs. 18/7318, 150.
[10] *Müller-Wrede* in Müller-Wrede VgV Rn. 9.
[11] Vgl. insoweit insbes. auch Ziekow/Völlink/*Greb* Rn. 3.
[12] *Müller-Wrede* in Müller-Wrede VgV Rn. 9.

II. Schutz von als vertraulich gekennzeichneten Informationen (Abs. 1)

Die Art. 21 Abs. 1 RL 2014/24/EU umsetzende Vorschrift des § 5 Abs. 1 (→ Rn. 2) verpflichtet öffentliche Auftraggeber grundsätzlich zur Geheimhaltung von seitens der Unternehmen als vertraulich gekennzeichneten Informationen. Bei der Auslegung der Norm, d. h. insbesondere der Bestimmung des genauen Umfangs des Vertraulichkeitsgrundsatzes, empfiehlt sich zunächst eine Heranziehung von Art. 21 Abs. 1 RL 2014/24/EU, welcher bestimmt: 6

„*Sofern in dieser Richtlinie oder im nationalen Recht, dem der öffentliche Auftraggeber unterliegt, insbesondere in den Rechtsvorschriften betreffend den Zugang zu Informationen, nichts anderes vorgesehen ist, und unbeschadet der Verpflichtungen zur Bekanntmachung vergebener Aufträge und der Unterrichtung der Bewerber und Bieter gemäß den Artikeln 50 und 55 gibt ein öffentlicher Auftraggeber keine ihm von den Wirtschaftsteilnehmern übermittelten und von diesen als vertraulich eingestuften Informationen weiter, wozu insbesondere technische und handelsbezogene Geschäftsgeheimnisse sowie die vertraulichen Aspekte der Angebote selbst gehören.*"

Die grundsätzliche Geheimhaltungspflicht gilt ausweislich des Wortlauts der Norm jedoch dann nicht, wenn die VgV oder andere Rechtsvorschriften etwas anderes bestimmen. Angesichts dessen lässt sich § 5 Abs. 1 in positive und negative Tatbestandsvoraussetzungen unterteilen. 7

1. Positive Tatbestandsvoraussetzungen. a) Vertrauliche Informationen. Vertraulich sind Informationen, die nach der Verkehrsanschauung nicht nach außen dringen dürfen und deren Offenlegung zu benennende, nachteilige Auswirkungen hätten.[13] Die Geheimhaltung solcher Informationen dient dem Schutz des Geheimwettbewerbs (→ Rn. 1) und schafft so eine wesentliche Grundlage für echten Wettbewerb im Vergabeverfahren.[14] **Geheimhaltung** bedeutet, dass die Informationen vor einer Kenntniserlangung durch hierzu nicht Befugte, insbesondere durch Wettbewerber, mit Hilfe besonderer Sicherheitsmaßnahmen zu schützen sind.[15] 8

b) Kennzeichnung. Informationen sind dann als vertraulich gekennzeichnet, wenn sie von einem am Vergabeverfahren Beteiligten als solche **benannt** oder **markiert** wurden.[16] Das Tatbestandsmerkmal der Kennzeichnung schützt damit die informationelle Selbstbestimmung.[17] In der Praxis setzen die öffentlichen Auftraggeber den Schutz der Vertraulichkeit von Informationen unter anderem dadurch um, dass sie die Bieter im Angebotsaufforderungsschreiben oder in den Vergabeunterlagen dazu auffordern, ihre schützenswerten Angaben im Angebot entsprechend zu kennzeichnen. 9

Mit Blick auf den Sinn und Zweck des § 5 (→ Rn. 1) ist bei einer teleologischen Auslegung über den Wortlaut hinaus allerdings davon auszugehen, dass auch **nicht ausdrücklich als vertraulich** gekennzeichnete Informationen dem Schutz der Norm unterfallen, wenn der öffentliche Auftraggeber von einem **berechtigten Interesse** des Unternehmens an der Geheimhaltung ausgehen muss (→ Rn. 11).[18] 10

c) Geheimhaltungsbedürftige Informationen. Gemäß § 5 Abs. 1 S. 2 zählen zu den geheimhaltungsbedürftigen Informationen insbesondere **Betriebs- und Geschäftsgeheimnisse und die vertraulichen Aspekte der Angebote einschließlich ihrer Anlagen.** Diese werden insoweit als **nicht abschließende Beispiele**[19] für vertraulich eingestufte Informationen aufgeführt, die in den weit gefassten Schutzbereich des § 5 fallen.[20] Sie sind – über den Wortlaut der Regelung hinaus – grundsätzlich **auch ohne entsprechende Kennzeichnung geheim zu halten.**[21] Denn die Vertraulichkeit erstreckt sich anerkanntermaßen nicht nur auf ausdrücklich als vertraulich gekennzeichnete Informationen, sondern grundsätzlich auf alle Unterlagen, von denen der Auftraggeber davon ausgehen muss, dass ein berechtigtes Interesse an deren Geheimhaltung besteht.[22] Dies wird auch den bundesverfassungsgerichtlichen Definition von Betriebs- und Geschäftsgeheimnissen (→ Rn. 12 f.) gerecht. Der Auftraggeber ist daher prinzipiell nicht berechtigt, solche geheimhal- 11

---

[13] OVG Münster Beschl. v. 5.6.2012 – 13a F 17/11, BeckRS 2012, 52232; ebenso jurisPK-VergabeR/*König* Rn. 16.
[14] Eschenbruch/Opitz/*Stalmann*, 2. Aufl. 2019, SektVO § 5 aF Rn. 7.
[15] Eschenbruch/Opitz/*Stalmann* 2. Aufl. 2019, SektVO § 5 aF Rn. 7.
[16] jurisPK-VergabeR/*König* Rn. 18.
[17] *Müller-Wrede* in Müller-Wrede VgV Rn. 15.
[18] *Röwekamp* in KKMPP Rn. 2; Beck VergabeR/*Krohn* Rn. 16; Kapellmann/Messerschmidt/*Schneider* Rn. 5; anders hingegen *Müller-Wrede* in Müller-Wrede VgV Rn. 14 und 17 f.
[19] Vgl. Beck VergabeR/*Krohn* Rn. 12.
[20] Ziekow/Völlink/*Greb* Rn. 4; *Müller-Wrede* in Müller-Wrede VgV Rn. 11.
[21] Vgl. Kapellmann/Messerschmidt/*Schneider* Rn. 6; *Röwekamp* in KKMPP Rn. 2; HK-VergabeR/*Schellenberg* Rn. 10.
[22] Vgl. Kapellmann/Messerschmidt/*Schneider* Rn. 6; *Röwekamp* in KKMPP Rn. 2; HK-VergabeR/*Schellenberg* Rn. 10.

tungsbedürftigen Informationen im Vergabeverfahren zu offenbaren, wenn und soweit der betroffene Bieter hierfür nicht ausnahmsweise sein Einverständnis erklärt hat.[23]

12 Da die in § 5 verwendeten Begriffe der Betriebs- und Geschäftsgeheimnisse dieselbe Bedeutung haben wie in § 165 Abs. 2 GWB, wird insoweit auf die dortige Kommentierung verwiesen (→ GWB § 165 Rn. 24 ff.). In Ergänzung dazu sei hier auf die verbreitete[24] Definition der Betriebs- und Geschäftsgeheimnisse durch das Bundesverfassungsgericht hingewiesen:

„*Als Betriebs- und Geschäftsgeheimnisse werden alle auf ein Unternehmen bezogene Tatsachen, Umstände und Vorgänge verstanden, die nicht offenkundig, sondern nur einem begrenzten Personenkreis zugänglich sind und an deren Nichtverbreitung der Rechtsträger ein berechtigtes Interesse hat. Betriebsgeheimnisse umfassen im Wesentlichen technisches Wissen im weitesten Sinne; Geschäftsgeheimnisse betreffen vornehmlich kaufmännisches Wissen. Zu derartigen Geheimnissen werden etwa Umsätze, Ertragslagen, Geschäftsbücher, Kundenlisten, Bezugsquellen, Konditionen, Marktstrategien, Unterlagen zur Kreditwürdigkeit, Kalkulationsunterlagen, Patentanmeldungen und sonstige Entwicklungs- und Forschungsprojekte gezählt, durch welche die wirtschaftlichen Verhältnisse eines Betriebs maßgeblich bestimmt werden können [...].*"[25]

13 Wenn und soweit in Literatur[26] und Rechtsprechung[27] teilweise mit Bezug auf den Bundesgerichtshof eine ähnliche Definition verwendet wird, wonach unter Betriebs- und Geschäftsgeheimnisse solche Tatsachen fallen, die – zusätzlich zu den anderen Merkmalen der obigen Definition – nach dem erkennbaren Willen des Betriebsinhabers geheim gehalten werden sollen,[28] so ergibt sich hieraus keine relevante Abweichung. Denn an die Manifestation des Geheimhaltungswillens sind keine allzu hohen Anforderungen zu stellen. Vielmehr genügt es, wenn sich dieser Wille im Einzelfall aus der Natur der geheim zu haltenden Tatsache ergibt.[29]

14 Soweit im letzten Halbsatz von § 5 Abs. 1 die **vertraulichen Aspekte** der Angebote einschließlich ihrer **Anlagen** als ebenfalls schützenswert angeführt werden, handelt es sich nicht um eine neue Kategorie vertraulicher Informationen, sondern der Sache nach um **Geschäfts- oder Betriebsgeheimnisse**.[30] Dem Schutz derartiger Geschäfts- und Betriebsgeheimnisse unterfallen auch die auf einer geistigen Leistung beruhenden Konzeptionen, die im Angebot eines Bieters dargeboten werden.[31]

15 **2. Negative Tatbestandsvoraussetzungen. Ausnahmen** vom Grundsatz der Wahrung der Vertraulichkeit können sich aus der VgV oder anderen Rechtsvorschriften ergeben. In diesem Fall liegt eine **befugte Weitergabe** vor.[32] Hierbei kann zuweilen auch eine Abwägung der gegensätzlichen Interessen von Bedeutung sein.[33]

16 Die VgV enthält Ausnahmen insbesondere in § 39 und in § 62.

17 § 39 verpflichtet den öffentlichen Auftraggeber in § 39 Abs. 1, spätestens 30 Tage nach der Vergabe eines öffentlichen Auftrags oder nach dem Abschluss einer Rahmenvereinbarung eine Vergabebekanntmachung mit den Ergebnissen des Vergabeverfahrens an das Amt für Veröffentlichungen der Europäischen Union zu übermitteln. Gemäß § 39 Abs. 2 ist die Vergabebekanntmachung nach dem Muster gemäß Anhang III der Durchführungsverordnung (EU) 2015/1986 zu erstellen. Im Standardformular 3 – Bekanntmachung vergebener Aufträge –, sind zB Angaben zu machen zum niedrigsten oder höchsten Angebot, das berücksichtigt worden ist (Ziffer II.1.7). Jedenfalls bei wiederkehrenden Aufträgen haben die beauftragten Bieter aber regelmäßig ein schutzwürdiges Interesse an einer Geheimhaltung ihres Angebotspreises. Diesem kann gem. **§ 39 Abs. 6 Nr. 3** Rechnung getragen werden. Danach ist der öffentliche Auftraggeber (entsprechend Art. 50 Abs. 4 RL 2014/24/EU) nicht verpflichtet, einzelne Angaben zu veröffentlichen, wenn deren Veröffentlichung den berechtigten geschäftlichen Interessen eines Unternehmens schaden würde.[34]

18 § 62 verpflichtet den öffentlichen Auftraggeber, einen Bewerber oder Bieter auf dessen Verlangen hin über den Abschluss einer Rahmenvereinbarung, die Zuschlagserteilung oder die Zulassung zur Teilnahme an einem dynamischen Beschaffungssystem zu unterrichten. Durch diese Information

---

[23] Vgl. HK-VergabeR/*Schellenberg* Rn. 10.
[24] S. etwa OLG Hamm Urt. v. 16.12.2015 – 11 U 5/14, NVwZ 2016, 551 Rn. 30; *Müller-Wrede* in Müller-Wrede VgV Rn. 12; Beck VergabeR/*Krohn* Rn. 13.
[25] BVerfG Beschl. v. 14.3.2006 – 1 BvR 2087/03, BVerfGE 115, 205 (230 f.).
[26] S. etwa *Röwekamp* in KKMPP Rn. 3 mit Fn. 2; Kapellmann/Messerschmidt/*Schneider* Rn. 6.
[27] S. etwa OLG Düsseldorf Beschl. v. 28.12.2007 – Verg 40/07, BeckRS 2008, 742 Rn. 31.
[28] BGH Urt. v. 10.5.1995 – 1 StR 764/94, NJW 1995, 2301; BGH Urt. v. 26.2.2009 – I ZR 28/06, NJW 2009, 1420.
[29] BGH Urt. v. 10.5.1995 – 1 StR 764/94, NJW 1995, 2301; *Röwekamp* in KKMPP Rn. 3.
[30] Vgl. Beck VergabeR/*Krohn* Rn. 15.
[31] *Müller-Wrede* in Müller-Wrede VgV Rn. 13.
[32] Vgl. Ziekow/Völlink/*Greb* Rn. 4.
[33] *Röwekamp* in KKMPP Rn. 6.
[34] *Röwekamp* in KKMPP Rn. 7.

erlangt der Bewerber oder Bieter Kenntnis des Namens des erfolgreichen Wettbewerbers und der Merkmale und Vorteile desjenigen Angebots, dem der Zuschlag erteilt wurde. Über den **Verweis in § 62 Abs. 3 auf § 39 Abs. 6** kann bzw. muss indes auch insoweit im Einzelfall auf die Veröffentlichung einzelner Angaben verzichtet werden, wenn und soweit diese den berechtigten geschäftlichen Interessen eines Unternehmens schaden würde.

Keine Ausnahme beinhaltet dagegen § 8 (Dokumentation und Vergabevermerk). Nach § 8 Abs. 6 bleibt § 5 vielmehr unberührt. Ebenso wird § 5 auch nicht durch die Pflicht zur Unterrichtung der unterlegenen Bewerber bzw. Bieter über die Zuschlagsentscheidung gem. **§ 134 Abs. 1 GWB** tangiert, weil die Informationsschreiben iSd § 134 Abs. 1 GWB nur unter Beachtung der Vertraulichkeit abgefasst werden dürfen und demzufolge gerade nicht zur Weitergabe von geschützten Informationen ermächtigen.[35] 19

Eine weitere **Ausnahme** findet sich zudem in **§ 163 Abs. 2 GWB**,[36] wonach der Auftraggeber im Verfahren vor der Vergabekammer die Akten an die Vergabekammer zu überstellen und damit auch als vertraulich markierte Angaben von beteiligten Unternehmen weiterzugeben hat. Insoweit stellt jedoch zum einen **§ 164 GWB** wiederum sicher, dass diese Unterlagen auch bei der Vergabekammer vor dem Zugriff Dritter geschützt sind.[37] Zum anderen beschränkt **§ 165 Abs. 1 GWB** das Akteneinsichtsrecht iSd § 165 Abs. 1 GWB, soweit dies aus wichtigen Gründen, insbesondere Gründen des Geheimschutzes oder zur Wahrung von Betriebs- oder Geschäftsgeheimnissen, geboten ist. 20

Darüber hinaus können sich Ausnahmen vor allem auch aus den **Regelungen des Presserechts**[38] **und** − wie auch Art. 21 Abs. 1 RL 2014/24/EU deutlich macht − **des Informationsfreiheitsrechts**[39] ergeben. Diese Regelungen enthalten ihrerseits regelmäßig Bestimmungen zur Auskunftsverweigerung aus Gründen des Geheimschutzes, die im Einzelfall insbesondere auch eine Abwägung der widerstreitenden Interessen erfordern können.[40] 21

III. Gewährleistung von Datenintegrität und Vertraulichkeit (Abs. 2)

§ 5 Abs. 2 S. 1 übernimmt teilweise Art. 22 Abs. 3 RL 2024/14/EU (→ Rn. 2). Danach muss der öffentliche Auftraggeber bei der gesamten Kommunikation sowie beim Austausch und der Speicherung von Informationen die Integrität der Daten und die Vertraulichkeit der Interessensbekundungen, Interessensbestätigungen, Teilnahmeanträge und Angebote einschließlich der Anlagen hierzu gewährleisten. Primärer Sinn und Zweck der Regelung ist es, Datenverluste und unbefugte Datenveränderungen zu verhindern. Insoweit besteht ein enger Zusammenhang mit den im zweiten Unterabschnitt der VgV enthaltenen Vorschriften zu den Grundsätzen der Kommunikation und den Anforderungen an die verwendeten elektronischen Mittel (§§ 9 ff.) sowie zu § 53. Nach Letzterem haben die Unternehmen ihre Interessensbekundungen, Interessensbestätigungen, Teilnahmeanträge und Angebote in Textform nach § 126b BGB mithilfe elektronischer Mittel gem. § 10 zu übermitteln.[41] Weitergehende datenschutzrechtliche Verpflichtungen bleiben unberührt.[42] 22

§ 5 Abs. 2 S. 2 dient der Vertraulichkeit der Angebote, Teilnahmeanträge, Interessensbekundungen und Interessensbestätigungen auch nach Ende des Vergabeverfahrens. Die Pflicht, die genannten Unterlagen eines Vergabeverfahrens auch nach seinem Abschluss vertraulich zu behandeln, trägt dem Schutz eines ungestörten Wettbewerbs Rechnung. Die Bestimmungen zum Schutz vertraulicher Informationen stehen der Offenlegung der nicht vertraulichen Teile von abgeschlossenen Verträgen, einschließlich späterer Änderungen, nicht entgegen.[43] 23

1. Kommunikation. „**Kommunikation**" im Sinne der Norm ist nicht lediglich der elektronische, sondern auch der analoge Datenaustausch, etwa per Briefpost. Gleichwohl dürfte die praktische Bedeutung der Norm vor allem im Bereich der elektronischen Kommunikation liegen.[44] Sie umfasst – neben den besonderen förmlichen Kommunikationsvorgängen wie insbesondere den Bekanntmachungen, der Bereitstellung von Vergabeunterlagen und der Übermittlung von Interessensbekundungen, Teilnahmeanträgen und Angeboten – insbesondere die in § 9 Abs. 2 24

---

[35] *Müller-Wrede* in Müller-Wrede VgV Rn. 21.
[36] S. hierzu auch Beck VergabeR/*Krohn* Rn. 27.
[37] S. hierzu auch *Müller-Wrede* in Müller-Wrede VgV Rn. 21.
[38] S. hierzu bspw. OLG Hamm Urt. v. 16.12.2015 – I-11 U 5, NVwZ 2016, 551; VG Köln Beschl. v. 25.2.2016 – 6 L 2029/15.
[39] S. hierzu bspw. VG Berlin Urt. v. 16.2.2016 – 2 K 246.13; VG Magdeburg Urt. v. 1.9.2015 – 6 A 7/15.
[40] Vgl. *Röwekamp* in KKMPP Rn. 6.
[41] Vgl. *Ziekow/Völlink/Greb* Rn. 5.
[42] Vgl. BT-Drs. 18/7318, 150.
[43] Vgl. BT-Drs. 18/7318, 150.
[44] Vgl. hierzu auch Beck VergabeR/*Krohn* Rn. 7; sowie *Röwekamp* in KKMPP Rn. 8, nach denen aus diesem Grund auch eine Regelung im Rahmen der §§ 9 ff. nahegelegen hätte.

beschriebenen Vorgänge. Zudem umfasst sie die zwischen diesen Schritten anfallenden Kommunikationen, wie beispielsweise Anfragen und Erklärungen zur Aufklärung von Unklarheiten in Unterlagen etc.[45] Daneben betrifft der Bereich des Datenaustauschs und des Speicherns Schnittstellen bei der elektronischen Datenverarbeitung, bei denen die Sicherheit der überlassenen Daten gefährdet sein kann.[46]

25   **2. Integrität.** Eine gesetzliche Definition des Begriffs „**Datenintegrität**" gibt es nicht. Das Bundesamt für Sicherheit in der Informationstechnik (BSI) legt in seinem **online abrufbaren Glossar** den – weitgehend (mit unterschiedlicher Vollständigkeit und Akzentuierung) in der Literatur aufgegriffen[47] – Begriff der **Datenintegrität** wie folgt fest:
Integrität bezeichnet die Sicherstellung der Korrektheit (Unversehrtheit) von Daten und der korrekten Funktionsweise von Systemen. Wenn der Begriff Integrität auf „Daten" angewendet wird, drückt er aus, dass die Daten vollständig und unverändert sind. In der Informationstechnik wird er in der Regel aber weiter gefasst und auf „Informationen" angewendet. Der Begriff „Information" wird dabei für „Daten" verwendet, denen je nach Zusammenhang bestimmte Attribute wie z. B. Autor oder Zeitpunkt der Erstellung zugeordnet werden können. Der Verlust der Integrität von Informationen kann daher bedeuten, dass diese unerlaubt verändert, Angaben zum Autor verfälscht oder Zeitangaben zur Erstellung manipuliert wurden.".[48]

26   Danach bezeichnet der Begriff der Datenintegrität also vor allem die Korrektheit bzw. Unversehrtheit und Vollständigkeit von Daten.

27   Von einem ähnlichen Begriffsverständnis geht auch die Rechtsprechung aus, nach der die *Gewährleistung der Integrität bedeutet,* dass der Schutz der Daten vor unbemerkter und unbefugter nachträglicher Veränderung durch Dritte sichergestellt ist.[49] Denn nur ein unveränderter Zustand der eingereichten Unterlagen gewährleistet einen ungestörten, fairen und chancengleichen Wettbewerb. Dementsprechend dürfen Daten auf ihrem – insbesondere elektronischen – Weg vom Absender zum Empfänger nicht zwecks Manipulation des Vergabeverfahrens verändert werden können.[50]

28   **3. Vertraulichkeit.** Mit „**Vertraulichkeit**" ist allgemein der Schutz vor unbefugter Preisgabe von Informationen gemeint.[51] Das **Vertraulichkeitsgebot des § 5 Abs. 2** stellt eine **Konkretisierung des § 5 Abs. 1** dar und geht über dessen auferlegtes Unterlassen der Weitergabe hinaus, indem dem öffentlichen Auftraggeber ein **aktives Tun** dahingehend auferlegt wird, durch die Vornahme notwendiger Schutzmaßnahmen die Vertraulichkeit zu sichern.[52] Die in § 5 Abs. 2 S. 1 aufgeführten **Gegenstände der Vertraulichkeit** (Interessenbekundung, Interessenbestätigung, Teilnahmeanträge und Angebote) sind dabei jedoch – anders als die Informationen iSd § 5 Abs. 1 S. 2 – nicht beispielhaft, sondern **abschließend** zu verstehen.[53] Gleiches gilt für § 5 Abs. 2 S. 2, der nicht nur die Interessensbekundungen, Interessensbestätigungen, Teilnahmeanträge und Angebote einschließlich der Anlagen, sondern zusätzlich auch die Dokumentation über Öffnung und Wertung der Teilnahmeanträge und Angebote dem Vertraulichkeitsgebot unterstellt.

29   In der Literatur wird zutreffend darauf hingewiesen, dass das **Gebot der vertraulichen Behandlung** iSd § 5 Abs. 2 S. 1 **zwei wesentliche Ausprägungen** bzw. Facetten hat.[54]

30   Zum einen verlangt es vom öffentlichen Auftraggeber, den **Inhalt der Interessensbekundungen, Interessensbestätigungen, Teilnahmeanträge und Angebote vor der Einsichtnahme durch Unbefugte oder vor deren unzulässigem Zugriff zu schützen.** Die Schutzverpflichtung gilt dabei vor allem **gegenüber Externen,** darüber hinaus aber auch **verwaltungsintern.** So muss der öffentliche Auftraggeber insbesondere klären, wer im Rahmen der Verfahrensdurchführung zu welchem Zeitpunkt Zugriff auf die Akten bekommen und wie weit dieser Zugriff gehen darf.[55] Dabei ist zu beachten, dass – wie auch Art. 22 Abs. 3 S. 2 RL 2014/24/EU deutlich macht – der Auftraggeber als solcher nicht vor Ablauf der Frist für ihre Einreichung Kenntnis vom Inhalt der (Interessensbe-

---

45   So *Müller-Wrede* in Müller-Wrede VgV Rn. 32.
46   So *Müller-Wrede* in Müller-Wrede VgV Rn. 32.
47   S. *Röwekamp* in KKMPP Rn. 8; *Müller-Wrede* in Müller-Wrede VgV Rn. 29; Beck VergabeR/*Krohn* Rn. 36; HK-VergabeR/*Schellenberg* Rn. 15; Kapellmann/Messerschmidt/*Schneider* Rn. 13.
48   BSI, Schlagwort „Integrität", https://www.bsi.bund.de/DE/Themen/ITGrundschutz/ITGrundschutz-Kompendium/vorkapitel/Glossar.html (zuletzt abgerufen am 30.7.2021).
49   OVG Rheinlad-Pfalz Beschl. v. 21.4.2006 – 10 A 11741/05, BeckRS 2006, 23152; VG Neustadt a.d.W. Beschl. v. 7.3.2006 – 4 L 989/06, NJW 2007, 619.
50   Vgl. Ziekow/Völlink/*Greb* Rn. 6.
51   Vgl. *Müller-Wrede* in Müller-Wrede VgV Rn. 30.
52   Beck VergabeR/*Krohn* Rn. 31.
53   *Müller-Wrede* in Müller-Wrede VgV Rn. 25; anders hingegen Beck VergabeR/*Krohn* Rn. 5.
54   So insbes. *Müller-Wrede* in Müller-Wrede VgV Rn. 40.
55   Vgl. *Müller-Wrede* in Müller-Wrede VgV Rn. 40.

kundungen, Interessensbestätigungen, Teilnahmeanträge und) Angebote einschließlich ihrer Anlagen erhalten darf. Demzufolge darf in zeitlicher Hinsicht kein früherer Zugang möglich sein und dürfen auch nur mit der Prüfung und der Wertung der Angebote befasste Personen Kenntnis von den entsprechenden Unterlagen erlangen. Gleichzeitig müssen diese dazu verpflichtet werden, die erlangte Kenntnis geheim zu halten; die Pflicht erstreckt sich auch auf die Angebotsöffnung.[56] Darüber hinaus ist (unter anderem) zu prüfen, ob die unter Umständen notwendige Einbeziehung fachkundiger Dritter – nicht zuletzt auch im Interesse der Datensparsamkeit – ggf. bereits durch eine bloße Leseberechtigung bewerkstelligt werden kann, ohne dass es einer Vervielfältigung und damit Weitergabe von geschützten Daten bedarf, die dann ihrerseits wieder in unbefugte Hände geraten könnten.[57]

Zum anderen betrifft das Vertraulichkeitsgebot auch die **Nutzung** der überlassenen Angaben, 31 Anlagen sowie ggf. auch wissenschaftlichen Forschungsergebnisse, die in ein Angebot einfließen, durch den öffentlichen Auftraggeber. Diese Informationen unterliegen einer **Zweckbindung** und dienen zur **Ermittlung des wirtschaftlichsten Angebots**. Entsprechend darf der öffentliche Auftraggeber sie grundsätzlich auch nur im Zusammenhang mit der Angebotsprüfung und -wertung, bei der Beschaffung des ausgeschriebenen Gegenstandes und im Rahmen der Vertragsabwicklung nutzen, nicht aber als Grundlage für weitere Ausschreibungen oder für sonstige Zwecke. Etwaiges wäre lediglich auf Basis einer gesonderten Vereinbarung (und im Regelfall damit einhergehender angemessener Vergütung) zulässig.[58]

4. Vertrauliche Behandlung auch nach Abschluss des Vergabeverfahrens. Der Vertrau- 32 lichkeitsgrundsatz gilt während des gesamten Vergabeverfahrens und – gem. **§ 5 Abs. 2 S. 2** – auch über dessen Abschluss hinaus. Zu beachten ist dabei, dass § 5 Abs. 2 S. 2 den Schutz der Vertraulichkeit dabei nicht nur **in zeitlicher Hinsicht** über das eigentliche Vergabeverfahren hinaus ausdehnt, sondern in diese Verpflichtung – **in sachlicher Hinsicht** – zugleich auch die **Dokumentation über Öffnung und Wertung von Teilnahmeanträgen und Angeboten** mit einbezieht. Beide Ausdehnungen sind sachgerecht. Denn zum einen lässt die Dokumentation regelmäßig (jedenfalls) **Rückschlüsse auf vertrauliche Informationen** zu.[59] Zum anderen ist die Verlängerung des Schutzes sensibler Informationen über den Abschluss des Vergabeverfahrens hinaus ebenfalls sinnvoll, da die Unternehmen dadurch davor geschützt werden, dass ihre sensiblen Informationen unmittelbar im Anschluss an das Vergabeverfahren offenbart werden.

Fraglich und umstritten ist jedoch, wie lange der Schutz der Informationen gem. 33 **§ 5 Abs. 2 S. 2 fortbesteht.** Nach dem Wortlaut der Norm ist die Vertraulichkeitsverpflichtung nicht begrenzt, was zunächst für einen unbefristeten Schutz spricht.[60] Teilweise wird jedoch vertreten, der Schutz ende jedenfalls mit der Vernichtung der Informationen, was gem. § 8 Abs. 4 frühestens nach drei Jahren ab Zuschlagserteilung der Fall sein kann.[61] Dem wird – mit guten Argumenten – entgegen gehalten, dass nach Ablauf dieser Aufbewahrungspflicht die Daten zwar vernichtet werden dürfen, damit jedoch nicht zwingend auch die Vertraulichkeitspflicht ende. Denn Vertraulichkeit bedeute nicht nur, dass bestimmte Unterlagen nicht weitergegeben werden (das ist nach deren Vernichtung nicht mehr möglich), sondern dass die entsprechenden Inhalte auch insgesamt und unabhängig davon geheim bleiben. Auch nach Ablauf der Aufbewahrungsfrist und Vernichtung der ihm im Vergabeverfahren übermittelten Unterlagen dürfe der öffentliche Auftraggeber deren Inhalte also nicht preisgeben. Überdies müsse die Vernichtung selbst entsprechend dem Vertraulichkeitsgebot so erfolgen, dass Unbefugte von deren Inhalt keine Kenntnis (mehr) nehmen können.[62]

Trotz der im Grundsatz wohl unbefristeten Vertraulichkeitspflicht ist in diesem Zusammenhang 34 jedoch zu beachten, dass die Kenntnis über die Angebotsinhalte der Wettbewerber mit zunehmendem Zeitablauf seit Zuschlagserteilung regelmäßig auch an Bedeutung verlieren dürfte. Mit anderen Worten: Informationen, die ursprünglich einmal schutzwürdige Betriebs- und Geschäftsgeheimnisse waren, diesen Status aufgrund Zeitablaufs auch verlieren können.[63]

---

[56] Vgl. Ziekow/Völlink/*Greb* Rn. 7.
[57] So *Müller-Wrede* in Müller-Wrede VgV Rn. 40.
[58] So ausf. und mwN *Müller-Wrede* in Müller-Wrede VgV Rn. 40.
[59] Beck VergabeR/*Krohn* Rn. 39.
[60] Beck VergabeR/*Krohn* Rn. 41; Kapellmann/Messerschmidt/*Schneider* Rn. 16.
[61] Beck VergabeR/*Krohn* Rn. 41.
[62] So Kapellmann/Messerschmidt/*Schneider* Rn. 16.
[63] So ist es insbes. auch in der Rechtsprechung des EuGH anerkannt, dass Informationen, die zu einem bestimmten Zeitpunkt möglicherweise Geschäftsgeheimnisse waren, wenn sie mindestens fünf Jahre alt sind, aufgrund des Zeitablaufs grundsätzlich als nicht mehr aktuell und deshalb als nicht mehr vertraulich anzusehen sind, es sei denn, die Partei, die sich auf die Vertraulichkeit beruft, weist ausnahmsweise nach, dass die Informationen trotz ihres Alters immer noch wesentliche Bestandteile ihrer eigenen wirtschaftlichen Stellung

35 Darüber hinaus ist zu berücksichtigen, dass die Regelung des § 5 **nicht exklusiv** ist,[64] sodass sie – und zwar insbesondere nach Abschluss des Vergabeverfahrens – von anderen Regelungen, wie zB Presse- oder Informationsfreiheitsgesetzen, verdrängt werden kann.[65]

IV. Anforderungen für den Schutz der Vertraulichkeit (Abs. 3)

36 § 5 Abs. 3, der Art. 21 Abs. 2 RL 2024/14/EU umsetzt (→ Rn. 2), lässt es zu, dass der öffentliche Auftraggeber den Unternehmen die Anforderungen vorgibt, die darauf abzielen, den Schutz der Vertraulichkeit der Informationen im Rahmen des Vergabeverfahrens sicherzustellen. In Betracht kommt insbesondere die Forderung nach Vorlage einer **Verschwiegenheitserklärung**. Durch eine solche Erklärung soll verhindert werden, dass am Vergabeverfahren nicht beteiligte Dritte Kenntnis etwa über den Inhalt der Vergabeunterlagen oder die Kommunikation zwischen den Unternehmen und dem Auftraggeber erlangen. Darüber hinaus können gem. **§ 128 Abs. 2 S. 3 GWB** auch die **Ausführungsbedingungen** des öffentlichen Auftraggebers Maßnahmen zum Schutz der Vertraulichkeit umfassen.[66]

37 § 5 Abs. 3 verdeutlicht, dass auch Auftraggeber einen Anspruch auf Wahrung der Vertraulichkeit der im Rahmen des Vergabeverfahrens erlangten oder von ihnen zur Verfügung gestellten (eigenen) Informationen haben und ihrerseits Anforderungen an Unternehmen hinsichtlich deren Vertraulichkeit vorschreiben dürfen. Hierbei kann es sich beispielsweise um Informationen handeln, die erst die Teilnahme an dem Vergabeverfahren ermöglichen, oder solche, die für die Gestaltung des Angebots notwendig sind.[67]

38 Die Anforderungen, die der öffentliche Auftraggeber gem. § 5 Abs. 3 vorschreiben darf, können nach umstrittener, aber zutreffender Ansicht sowohl dem **Schutz der Vertraulichkeit von Informationen des Auftraggebers** selbst, als auch dem **Schutz von Informationen Dritter** dienen.[68] Dies folgt daraus, dass der deutsche Verordnungsgeber in europarechtlich unbedenklicher Weise über Art. 21 Abs. 2 RL 2014/24/EU, der sich lediglich auf die vom Auftraggeber zur Verfügung gestellten Informationen bezieht, hinausgeht und diesen mit sog. überschießender Tendenz umgesetzt hat.[69] Von Bedeutung kann dies beispielsweise in einem wettbewerblichen Dialog sein, wenn mit Zustimmung der Dialogteilnehmer Informationen an Dritte weitergegeben werden.[70]

39 In verfahrenstechnischer Hinsicht ist in diesem Zusammenhang auf **§ 41 Abs. 3** hinzuweisen.[71] Gemäß § 41 Abs. 3 S. 1 hat der öffentliche Auftraggeber in der Auftragsbekanntmachung oder in der Aufforderung zur Interessensbestätigung anzugeben, welche Maßnahmen er zum Schutz der Vertraulichkeit von Informationen anwendet und wie auf die Vergabeunterlagen zugegriffen werden kann. Sofern die Maßnahme zum Schutz der Vertraulichkeit nicht ausschließlich in der Abgabe einer Verschwiegenheitserklärung besteht, ist die Angebotsfrist regelmäßig um fünf Tage zu verlängern, es sei denn, es liegt ein Fall hinreichend begründeter Dringlichkeit gem. § 15 Abs. 3, § 16 Abs. 7 oder § 17 Abs. 8[72] vor.

V. Rechtsschutz

40 **1. Primärrechtsschutz.** Die Bestimmungen des § 5 schützen interessierte Wirtschaftsteilnehmer, Bewerber und Bieter ebenso wie öffentliche Auftragnehmer und die von diesen mitgeteilten Informationen.[73] Darüber hinaus schützt die über den Abschluss des Vergabeverfahrens hinauswirkende Verpflichtung zur vertraulichen Behandlung der eingereichten Erklärungen iSd § 5 Abs. 2

---

oder der von betroffenen Dritten sind. Vgl. EuGH Urt. v. 14.3.2017 – C-162/15 P, EU:C:2017:205 Rn. 64 = ZD 2017, 470 (472) – Evonik Degussa GmbH; EuGH Urt. v. 19.6.2018 – C-15/16, ECLI:EU:C: 2018:464 Rn. 54 = NJW 2018, 2615 (2618) – Bundesanstalt für Finanzdienstleistungsaufsicht/Baumeister.

[64] Vgl. Ziekow/Völlink/*Greb* Rn. 1.
[65] Vgl. OVG Berlin-Brandenburg Urt. v. 12.7.2018 – OVG 12 B 8/17, NVwZ 2018, 1886.
[66] Vgl. BT-Drs. 18/7318, 150.
[67] Vgl. Ziekow/Völlink/*Greb* Rn. 9.
[68] So auch Kapellmann/Messerschmidt/*Schneider* Rn. 18; aA wohl *Röwekamp* in KKMPP Rn. 11; Beck VergabeR/*Krohn* Rn. 42.
[69] Vgl. Kapellmann/Messerschmidt/*Schneider* Rn. 18.
[70] So Kapellmann/Messerschmidt/*Schneider* Rn. 18.
[71] S. insoweit auch *Röwekamp* in KKMPP Rn. 12; Kapellmann/Messerschmidt/*Schneider* Rn. 21.
[72] Bzw. § 10a EU Abs. 3 VOB/A oder § 10b EU Abs. 5 VOB/A; vgl. Kapellmann/Messerschmidt/*Schneider* Rn. 21.
[73] Vgl. *Müller-Wrede* in Müller-Wrede VgV Rn. 45.

S. 2 auch den Wettbewerb.[74] Unternehmen haben daher gem. § 97 Abs. 6 GWB einen subjektiven Anspruch auf die Einhaltung des § 5.[75]

Verstößt der öffentliche Auftraggeber gegen die nach § 5 obliegenden Vertraulichkeitspflichten 41 und kann ein Unternehmen darlegen, dass ihm dadurch entweder ein Schaden entstanden ist oder zu entstehen droht, ist es gem. § 160 Abs. 2 GWB antragsbefugt und kann es nach erfolgloser Rüge gegenüber dem öffentlichen Auftraggeber Primärrechtsschutz vor der Vergabekammer im Wege eines vergaberechtlichen Nachprüfungsverfahrens iSd §§ 160 ff. GWB geltend machen.[76] Ob im Rahmen eines solchen Nachprüfungsverfahrens indes schlüssig dargelegt werden kann, dass der Verstoß des öffentlichen Auftraggebers gegen die Vertraulichkeitsverpflichtungen auch die Aussicht auf die Erteilung des Zuschlags gefährdet hat, ist letztlich eine Frage des Einzelfalls und hängt maßgeblich von den jeweiligen Einzelfallumständen ab.[77]

2. Sekundärrechtsschutz. Bei schuldhafter Verletzung des Vertraulichkeitsgrundsatzes haftet 42 der öffentliche Auftraggeber dem Unternehmen auf Ersatz des ihm hieraus entstandenen Schadens.[78] Die **Geltendmachung von Schadenersatzansprüchen** kommt dabei insbesondere wegen der Verletzung vorvertraglicher Sorgfaltspflichten gem. **§ 311 Abs. 2 BGB**, wegen unerlaubter Handlungen gem. **§ 823 Abs. 1 BGB** sowie ggf. auch nach **spezialrechtlichen Regelungen zum Schutz des geistigen Eigentums** in Betracht.[79]

Insoweit muss der Schaden nicht unmittelbar im Vergabeverfahren eingetreten sein und die 43 Aussicht auf den konkreten Zuschlag beeinträchtig haben. Vielmehr können die Geschädigten insbesondere auch solche Schäden geltend machen, die ihnen durch die unzulässige Weiterverwendung von Informationen durch den öffentlichen Auftraggeber für spätere Beschaffungsvorgänge oder durch Konkurrenten bei deren Unternehmungen entstehen.[80] Die Schwierigkeiten dürften in der Praxis dabei vor allem in der Substantiierung der konkret begehrten Schadenshöhe liegen.

§ 6 Vermeidung von Interessenkonflikten

(1) Organmitglieder oder Mitarbeiter des öffentlichen Auftraggebers oder eines im Namen des öffentlichen Auftraggebers handelnden Beschaffungsdienstleisters, bei denen ein Interessenkonflikt besteht, dürfen in einem Vergabeverfahren nicht mitwirken.

(2) Ein Interessenkonflikt besteht für Personen, die an der Durchführung des Vergabeverfahrens beteiligt sind oder Einfluss auf den Ausgang eines Vergabeverfahrens nehmen können und die ein direktes oder indirektes finanzielles, wirtschaftliches oder persönliches Interesse haben, das ihre Unparteilichkeit und Unabhängigkeit im Rahmen des Vergabeverfahrens beeinträchtigen könnte.

(3) Es wird vermutet, dass ein Interessenkonflikt besteht, wenn die in Absatz 1 genannten Personen
1. Bewerber oder Bieter sind,
2. einen Bewerber oder Bieter beraten oder sonst unterstützen oder als gesetzliche Vertreter oder nur in dem Vergabeverfahren vertreten,
3. beschäftigt oder tätig sind
   a) bei einem Bewerber oder Bieter gegen Entgelt oder bei ihm als Mitglied des Vorstandes, Aufsichtsrates oder gleichartigen Organs oder
   b) für ein in das Vergabeverfahren eingeschaltetes Unternehmen, wenn dieses Unternehmen zugleich geschäftliche Beziehungen zum öffentlichen Auftraggeber und zum Bewerber oder Bieter hat.

(4) ¹Die Vermutung des Absatzes 3 gilt auch für Personen, deren Angehörige die Voraussetzungen nach Absatz 3 Nummer 1 bis 3 erfüllen. ²Angehörige sind der Verlobte, der Ehegatte, Lebenspartner, Verwandte und Verschwägerte gerader Linie, Geschwister, Kinder der Geschwister, Ehegatten und Lebenspartner der Geschwister und Geschwister der Ehegatten und Lebenspartner, Geschwister der Eltern sowie Pflegeeltern und Pflegekinder.

---

[74] Vgl. BR-Drs. 87/16, 161; sowie *Müller-Wrede* in Müller-Wrede VgV Rn. 45.
[75] Vgl. *Müller-Wrede* in Müller-Wrede VgV Rn. 45; HK-VergabeR/*Schellenberg* Rn. 4; Ziekow/Völlink/*Greb* Rn. 1.
[76] So auch *Müller-Wrede* in Müller-Wrede VgV Rn. 46.
[77] Ausf. dazu *Müller-Wrede* in Müller-Wrede VgV Rn. 46 f.
[78] So auch Kapellmann/Messerschmidt/*Schneider* Rn. 17.
[79] Ausf. dazu *Müller-Wrede* in Müller-Wrede VgV Rn. 48.
[80] Ausf. dazu *Müller-Wrede* in Müller-Wrede VgV Rn. 49.

Übersicht

	Rn.		Rn.
I. Normzweck	1	V. Mitwirkungsverbot	12
II. Europarechtlicher Hintergrund	4	VI. Interessenkonflikt	21
III. Abgrenzung zur Projektantenproblematik	7	VII. Vermutung eines Interessenkonflikts	28
IV. Von dem Interessenkonflikt betroffene Personen	8	VIII. Vermeidung von Interessenkonflikten	29
		IX. Rechtsfolgen bei Verstößen	32

I. Normzweck

1 Der öffentliche Auftraggeber muss im Vergabeverfahren alle interessierten und teilnehmenden Unternehmen unterschiedslos gleichbehandeln. Hieraus erwächst eine Neutralitätspflicht des öffentlichen Auftraggebers als besondere Ausprägung des Gleichbehandlungsgebots.[1] Er darf im Vergabeverfahren nicht für das eine oder andere Unternehmen Partei ergreifen.

2 Die Vorschrift des § 6 regelt Fälle, in denen für den öffentlichen Auftraggeber handelnde Personen, die aufgrund bestimmter Umstände befangen oder voreingenommen, also nicht neutral sind, nicht in einem Vergabeverfahren mitwirken dürfen.

3 Aufgegriffen werden die Vorgaben der RL 2014/24/EU[2] sowie die bis zum 17.4.2016 geltende Vorschrift des § 16 aF.[3]

II. Europarechtlicher Hintergrund

4 Bis zur EU-Vergaberechtsreform 2014 fand sich in den europäischen Vergaberichtlinien keine Norm zu Regelungen bezüglich Interessenkonflikten. Dies ist nun anders. Nach den neuen Richtlinien müssen Mitgliedstaaten nun sicherstellen, dass die öffentlichen Auftraggeber geeignete Maßnahmen zur wirksamen Verhinderung, Aufdeckung und Behebung von Interessenkonflikten treffen, die sich bei der Durchführung von Vergabeverfahren ergeben, um Wettbewerbsverzerrungen zu vermeiden und um eine Gleichbehandlung aller Unternehmen zu gewährleisten.

5 Dabei wird unter „Interessenkonflikt" zumindest eine Situation verstanden, in denen Mitarbeiter des öffentlichen Auftraggebers oder eines in dessen Namen handelnden Beschaffungsdienstleisters, die an der Durchführung des Vergabeverfahrens beteiligt sind oder Einfluss auf dessen Ausgang nehmen können, direkt oder indirekt ein finanzielles, wirtschaftliches oder sonstiges persönliches Interesse haben, von dem man annehmen könnte, dass es ihre Unparteilichkeit und Unabhängigkeit im Vergabeverfahren beeinträchtigt.[4]

6 Dass dieses Interesse aus einer Doppelstellung einer natürlichen Person auf Seiten des Auftraggebers und eines Bieters oder Bewerbers resultiert, ist nicht zwingend. Art. 24 RL 2014/24/EU ist bemüht, sämtliche Konstellationen zu erfassen, die zu einem Interessenkonflikt führen können.[5]

III. Abgrenzung zur Projektantenproblematik

7 Die Frage des Interessenkonflikts ist gegenüber der Projektantenproblematik des § 7 abzugrenzen. Während es bei der Projektantenproblematik um eine abgeschlossene Tätigkeit einer Person für den öffentlichen Auftraggeber vor Durchführung eines Vergabeverfahrens (Vorbefasstheit) und anschließende Teilnahme am Vergabeverfahren geht, betrifft die Interessenkollision die zeitgleiche Tätigkeit einer natürlichen Person beim öffentlichen Auftraggeber und im Falle einer Doppelstellung der betreffenden Person beim Bewerber oder Bieter (Befasstheit).[6]

IV. Von dem Interessenkonflikt betroffene Personen

8 Die Vorschrift legt fest, dass bestimmte Personen bei Vorliegen eines Interessenkonfliktes nicht am Vergabeverfahren mitwirken dürfen. Dazu bestimmt sie den betroffen Personenkreis und grenzt die Voraussetzungen ab, die bei diesen Personen vorliegen müssen, damit ein Mitwirkungsverbot zulässigerweise ausgesprochen werden kann.

---

[1] Vgl. Ziekow/Völlink/*Greb* Rn. 1; *König* in Gabriel/Krohn/Neun VergabeR-HdB § 14 Rn. 43.
[2] S. ua Art. 24 RL 2014/24/EU (ABl. 2014 L 94, 65).
[3] VgV-Begründung BR-Drs. 87/16, B. Besonderer Teil zu § 6.
[4] Art. 24 UAbs. 2 RL 2014/24/EU.
[5] HK-VergabeR/*Sturhahn* Rn. 3.
[6] Vgl. Ziekow/Völlink/*Greb* Rn. 8.

Die Vorschrift knüpft grundsätzlich an einen Interessenkonflikt an und nicht mehr an das 9
Vorliegen eines Verwandtschaftsverhältnisses.[7] Ein Interessenkonflikt entsteht entweder aufgrund
eines persönlichen direkten oder eines indirekten Interesses.

Für eine definierte Gruppe von Personen wird schließlich widerlegbar vermutet, dass ein Interes- 10
senkonflikt besteht. Die nicht widerlegbare Vermutung einer Interessenkollision bei betroffenen Personen die gleichzeitig Bieter/Bewerber oder Berater oder gesetzliche Vertreter des öffentlichen Auftraggebers sind (s. § 16 Abs. 1 Nr. 1 und 2 aF), ist zugunsten einer widerlegbaren Vermutung entfallen.

Neu ist die mit der Vergaberechtsreform 2016 in § 124 Abs. 1 Nr. 5 GWB aufgenommene 11
Ausschlussmöglichkeit vom Vergabeverfahren des Unternehmens, wenn im Vergabeverfahren eine
Person mit einem Interessenkonflikt involviert ist und dieser Konflikt nicht durch andere Maßnahmen (zB durch ein Mitwirkungsverbot) beseitigt werden kann.

V. Mitwirkungsverbot

Persönlich vom Mitwirkungsverbot betroffen sind Organmitglieder und Mitarbeiter des öffentli- 12
chen Auftraggebers sowie im Namen des öffentlichen Auftraggebers handelnde Beschaffungsdienstleister (persönlicher Anwendungsbereich).

Liegt sachlich ein Interessenkonflikt dieser Personen vor und sind sie am Vergabeverfahren 13
beteiligt oder können sie Einfluss auf den Ausgang des Verfahrens nehmen, führt dies zu deren
Mitwirkungsverbot. Dazu müssen alle sachlichen Voraussetzungen des § 6 erfüllt sein. Ein „böser
Schein" ist nicht ausreichend.[8]

Wer Organmitglied eines öffentlichen Auftraggebers ist, hängt von der Rechtsform des öffentli- 14
chen Auftraggebers ab. Erfasst ist jedenfalls die Mitgliedschaft in sämtlichen gesetzlichen und satzungsmäßigen Organen einer juristischen Person, ohne dass es auf eine bestimmte Funktion im
Rahmen der Mitgliedschaft ankommt.[9] Zu den Organen können insbesondere Vertretungsorgane
des öffentlichen Auftraggebers gehören, wie etwa Kommunalparlamente und deren Ausschüsse,
Landräte und Bürgermeister. Bei privatrechtlich organisierten öffentlichen Auftraggebern (§ 99 Nr. 2
GWB) kommen beispielsweise die Geschäftsführung, der Vorstand oder der Aufsichtsrat in Frage.

Mitarbeiter des öffentlichen Auftraggebers sind diejenigen Personen, die zu ihm in einem 15
Beschäftigungsverhältnis stehen. Dazu gehören neben den Tarifbeschäftigten auch die Beamten, die
bekanntermaßen in einem öffentlich rechtlichen Dienst- und Treueverhältnis stehen. Wie bei den
Organmitgliedern kommt es auch hier nicht auf eine bestimmte Funktion oder verantwortlichen
Tätigkeit an.

Ebenso besteht ein Mitwirkungsverbot, wenn ein Interessenkonflikt als Mitarbeiter eines im 16
Namen des öffentlichen Auftraggebers handelnden Beschaffungsdienstleisters besteht. § 16 aF sprach
von Beauftragten und Mitarbeitern eines Beauftragten des öffentlichen Auftraggebers.

Mit der neuen Formulierung ist offensichtlich keine Änderung oder gar Einschränkung des 17
bisherigen Anwendungsbereiches bezweckt. Voraussetzung eines Handelns im Namen eines öffentlichen Auftraggebers ist nämlich die Beauftragung durch diesen. Dies spricht für die unveränderte
Beibehaltung des Anwendungsbereiches. Grundlage ist demnach ein Auftragsverhältnis zwischen
dem öffentlichen Auftraggeber und dem in seinem Namen handelnden Beschaffungsdienstleister.

Der Begriff „Beschaffungsdienstleister" entstammt wörtlich der neuen Vergaberichtlinie.[10] 18
Hierbei handelt es sich um eine öffentlich rechtliche oder privatrechtliche Person, die auf dem
Markt Nebenbeschaffungstätigkeiten anbietet.[11] Nebenbeschaffungstätigkeiten sind Tätigkeiten zur
Unterstützung von Beschaffungstätigkeiten, zB Bereitstellung technischer Infrastruktur, die dem
öffentlichen Auftraggeber die Durchführung des Vergabeverfahrens ermöglicht (etwa das Zurverfügungstellen einer elektronischen Vergabeplattform), Beratung zur Planung von Vergabeverfahren
oder die Vorbereitung und Verwaltung von Vergabeverfahren.[12]

Per definitionem bietet der Beschaffungsdienstleister seine Leistung auf dem Markt, also auch 19
Dritten, nicht zwingend öffentlichen Auftraggebern, gegenüber gewerbsmäßig an. Hiervon abzugrenzen sind die Dienstleistungen der zentralen Beschaffungsstellen, die als öffentliche Auftraggeber
für andere öffentliche Auftraggeber zentrale Beschaffungstätigkeiten und ggf. Nebenbeschaffungstätigkeiten ausüben.[13]

Dem Wortlaut nach nicht erfasst sind mitarbeitende Personen zentraler Beschaffungsstellen. 20

---

[7] VgV-Begründung BR-Drs. 87/16, B. Besonderer Teil zu § 6.
[8] S. OLG Brandenburg Beschl. v. 22.5.2007 – Verg W 13/06, BeckRS 2008, 01089.
[9] HK-VergabeR/*Sturhahn* Rn. 9.
[10] S. Art. 24 UAbs. 2 RL 2014/24/EU.
[11] S. Art. 2 Abs. 1 Nr. 17 RL 2014/24/EU.
[12] Art. 2 Abs. 1 Nr. 15 RL 2014/24/EU.
[13] Art. 2 Abs. 1 Nr. 16 RL 2014/24/EU.

VI. Interessenkonflikt

21 Sachliche Voraussetzung eines Interessenkonflikts ist zunächst, dass eine Person an der Durchführung des Vergabeverfahrens beteiligt ist oder auf dessen Ausgang Einfluss nehmen kann. Infrage kommen diejenigen in Abs. 1 genannten Personen. Bei diesen führt der Interessenkonflikt letztlich zu einem Mitwirkungsverbot am Vergabeverfahren.[14]

22 Der Begriff des Vergabeverfahrens ist weit auszulegen. Danach ist als Beginn des Vergabeverfahrens bereits der Zeitpunkt anzusehen, in dem der öffentliche Auftraggeber nach außen hin wahrnehmbare Entscheidungen getroffen und Maßnahmen ergriffen hat, den Auftrag an den wirtschaftlichsten Bieter zu vergeben.[15] In Betracht kommt demnach nicht erst der Verfahrensprozess ab der Veröffentlichung der Bekanntmachung, sondern die Phase ab der Entscheidung, die Leistung auch tatsächlich vergeben zu wollen. Dieser Phase vorgelagerte Planungsaktivitäten des öffentlichen Auftraggebers, wie beispielsweise Wirtschaftlichkeitsbetrachtungen, sind allerdings nicht erfasst.

23 Die Frage bezüglich des Beginns des Vergabeverfahrens ist deshalb relevant, weil natürlich die Interessenkollision, also das Doppelinteresse der betroffenen Person, in dieser Phase schon bestehen mag und sie bereits hier Einfluss sowohl auf Entscheidungen des öffentlichen Auftraggebers als auch auf den potenziellen Bewerber oder Bieter nehmen kann, überhaupt am Vergabeverfahren teilzunehmen.

24 Die Mitwirkung im Vergabeverfahren betrifft alle schriftlichen oder mündlichen Äußerungen und sonstigen aktiven Handlungen, die zur Meinungsbildung der Vergabestelle über das Vergabeverfahren oder die Sachentscheidung beitragen sollen.[16]

25 Selbst ohne am Vergabeverfahren beteiligt zu sein reicht es aus, wenn diese Person Einfluss auf den Ausgang des Vergabeverfahrens nehmen kann. Solche Konstellationen sind bei bestimmten hierarchischen Stellungen dieser Personen beim öffentlichen Auftraggeber ebenso denkbar wie beispielsweise in Kommunalparlamenten, die regelmäßig zu Projekten bestimmter Größenordnungen ihre Zustimmung geben müssen und deren Einflussmöglichkeiten über die (Mehrheits-)Fraktionen zum Teil erheblich sind.

26 Schlussendlich liegt ein Interessenkonflikt vor, wenn die am Vergabeverfahren beteiligte Person ein direktes oder indirektes finanzielles, wirtschaftliches oder persönliches Interesse hat, welches schließlich ihre Unparteilichkeit und Unabhängigkeit im Rahmen des Vergabeverfahrens beeinträchtigen könnte.

27 Jedwedes Interesse der beteiligten Person, von dem diese sich einen individuellen Vorteil erhoffen könnte, kommt in Frage. Daher ist der Begriff des Interesses weit auszulegen. Ebenso wie die Frage nach dem weiteren Merkmal, ob durch dieses Interesse die Unparteilichkeit oder Unabhängigkeit der Person beeinträchtigt sein könnte. Aus der Formulierung „beinträchtigen könnte" (§ 6 Abs. 2) ergibt sich, dass die abstrakte Möglichkeit einer Beeinträchtigung der Unparteilichkeit oder Unabhängigkeit genügen soll.

VII. Vermutung eines Interessenkonflikts

28 Widerlegbar vermutet wird ein Interessenkonflikt bei folgenden – Doppelstellungen beschreibende – Konstellationen:
- Ein Organmitglied oder Mitarbeiter des öffentlichen Auftraggebers oder ein im Namen des öffentlichen Auftraggebers handelnder Beschaffungsdienstleister ist zugleich Bewerber oder Bieter. Dieser Konstellation steht der Interessenkonflikt förmlich auf der Stirn geschrieben. Hier erscheint eine Widerlegbarkeit nahezu ausgeschlossen mit der Folge, dass ein Mitwirkungsverbot für diese Personen besteht.
- Berater und Unterstützer eines Bewerbers oder Bieters sind der Bestimmung nach Personen, die unabhängig von ihrer Einbindung in die Strukturen des Auftraggebers beratend oder unterstützend für einen Bieter oder Bewerber tätig werden.[17] Es wird eine unmittelbar fördernde Tätigkeit verlangt.[18] Beispielhaft seien Tätigkeiten freier Berufe genannt. Es reicht für einen Interessenkonflikt aus, wenn eine enge und dauerhafte Bindung an den Bewerber oder Bieter existiert, so dass diese Personen in Bezug ein gleichzeitiges Tätigwerden auch beim öffentlichen Auftraggeber nicht mehr als neutral gelten können.[19]

---

[14] VgV-Begründung BR-Drs. 87/16, B. Besonderer Teil zu § 6 Abs. 2.
[15] Vgl. OLG Düsseldorf Beschl. v. 29.10.2008 – Verg 35/08, BeckRS 2009, 12538.
[16] BayObLG Beschl v. 20.12.1999 – Verg 8/99, NZBau 2000, 259.
[17] OLG Celle Beschl. v. 9.4.2009 – 13 Verg 7/08, NZBau 2009, 394.
[18] OLG Celle Beschl. v. 26.8.2011 – 13 Verg 4/11, BeckRS 2011, 22904.
[19] Vgl. jurisPK-VergabeR/*Dippel* Rn. 22 mwN.

- Gesetzliche Vertreter eines Bewerbers oder Bieters können beispielsweise der Vorstand einer AG oder der Geschäftsführer einer GmbH sein. Sind sie gleichzeitig eine in Abs. 1 genannte Person, liegt eine widerlegbare Vermutung eines Interessenkonflikts vor. Auch hier wird man einen ein Mitwirkungsverbot auslösenden Interessenkonflikt nur schwerlich ausräumen können.
- Ist eine in Abs. 1 genannte Person gegen Entgelt bei einem Bewerber oder Bieter beschäftigt oder tätig oder Mitglied des Vorstandes, Aufsichtsrats oder gleichartigen Organs, wird ein widerlegbarer Interessenkonflikt vermutet. Die zuerst genannte Variante schildert ein Beschäftigungsverhältnis gegen Entgelt. Die zweite Variante geht von einer Funktion der Person in einem Organ bei dem Bewerber oder Bieter aus. Genannt sind der Aufsichtsrat und der Vorstand. In Frage kommen können auch andere Organe, zB ein Geschäftsführer einer GmbH, wenn diese mit gleichartigen Kompetenzen wie ein Vorstand oder Aufsichtsrat (ua Kontroll- und Entscheidungsbefugnis) ausgestattet sind. Organe mit lediglich beratender Funktion sind nicht gleichartig.
- Ein widerlegbarer Interessenkonflikt wird auch vermutet, wenn ein in das Vergabeverfahren eingeschaltetes Unternehmen zeitgleich Geschäftsbeziehungen zum Bewerber oder Bieter und zum öffentlichen Auftraggeber unterhält. Die Vermutung der Parteilichkeit ist nicht personen- sondern unternehmensbezogen.[20] Die Geschäftsbeziehungen müssen zeitgleich vorliegen.
- Bei Angehörigen von Personen, bei denen ein Interessenkonflikt besteht, gilt die widerlegbare Vermutung ebenfalls, wenn sie die Voraussetzung des Abs. 3 Nr. 1–3 erfüllen. Als Angehörige sind abschließend aufgeführt Verlobte, Ehegatte, Lebenspartner, Verwandte und Verschwägerte gerader Linie, Geschwister, Kinder der Geschwister, Ehegatten und Lebenspartner der Geschwister und Geschwister der Ehegatten und Lebenspartner, Geschwister der Eltern sowie Pflegeeltern und Pflegekinder. Bei juristischen Personen ist auf die Verwandtschaft zum Vertreter der juristischen Person (zB Geschäftsführer) abzustellen.[21]

VIII. Vermeidung von Interessenkonflikten

Die Vermutung nach Abs. 3 und 4 eines Interessenkonflikts ist widerlegbar. Der öffentliche 29 Auftraggeber ist für das Vergabeverfahren verantwortlich und daher in der Pflicht, einen vermuteten Interessenkonflikt ggf. zu widerlegen. Zweifel an der Richtlinienkonformität der Abs. 3 und 4 dürften durch die Widerlegbarkeit der Vermutung eines Interessenkonfliktes ausgeräumt sein.[22]

Um einen Interessenkonflikt gar nicht erst entstehen zu lassen und sich später ggf. entlasten zu 30 können, sollten zweckmäßigerweise organisatorische Maßnahmen getroffen werden. Abfrage des Personals, entsprechende Zuständigkeits-/Vertretungsregelungen aber auch klare, Vertraulichkeit sichernde räumliche Abgrenzungen sind denkbar.

Alle getroffenen Maßnahmen sind beweissichernd zu dokumentieren. 31

IX. Rechtsfolgen bei Verstößen

Das Vorliegen der Voraussetzungen des § 6 führt zu einem Mitwirkungsverbot im Vergabeverfahren der betroffenen Personen. Der öffentliche Auftraggeber als Verantwortlicher und „Herr des Vergabeverfahrens" hat dieses auszusprechen. 32

Der Ausschluss eines Unternehmens kann als ultima ratio in Betracht kommen, wenn ein Interessenkonflikt bei der Durchführung des Vergabeverfahrens besteht, der die Unparteilichkeit und Unabhängigkeit einer für den öffentlichen Auftraggeber tätigen Person bei der Durchführung des Vergabeverfahrens beeinträchtigen könnte und der auch durch andere, weniger einschneidende Maßnahmen nicht wirksam beseitigt werden kann (§ 124 Abs. 1 Nr. 5 GWB). 33

Hat eine Person, die nicht hätte mitwirken dürfen, dennoch an einem Vergabeverfahren mitgewirkt, so ist das Verfahren ab dem Zeitpunkt zu wiederholen, an dem die betroffene Person erstmalig mitgewirkt hat.[23] 34

Ob eine Aufhebung des Vergabeverfahrens als solches in Frage kommt, ist streitig.[24] Die Vergabeverordnung selbst sieht sie jedenfalls nicht vor, sondern regelt lediglich ein Mitwirkungsverbot der betroffenen Person. Eine Aufhebung des Vergabeverfahrens als Ganzes erscheint daher unverhält- 35

---

[20] jurisPK-VergabeR/*Dippel* Rn. 28 mwN.
[21] OLG München Beschl. v. 11.4.2013 – Verg 02/13, IBRRS 2013, 1671.
[22] So auch: HK-VergabeR/*Sturhahn* Rn. 7; aA zumindest in Bezug auf die Angehörigenklausel: Ziekow/Völlink/*Greb* Rn. 33.
[23] Vgl. OLG Koblenz Beschl. v. 5.9.2002 – 1 Verg 2/02, NZBau 2002, 699.
[24] Pro: OLG Hamburg Beschl. v. 4.11.2002 – 1 Verg 3/02, ZfBR 2003, 186; Contra: OLG Jena Vorlagebeschl. v. 20.6.2005 – 9 Verg 3/05, NZBau 2005, 476.

nismäßig, sodass eine Wiederholung ab dem Zeitpunkt der Mitwirkung der betroffenen Person die richtige Maßnahme sein dürfte.[25]

§ 7 Mitwirkung an der Vorbereitung des Vergabeverfahrens

(1) Hat ein Unternehmen oder ein mit ihm in Verbindung stehendes Unternehmen den öffentlichen Auftraggeber beraten oder war auf andere Art und Weise an der Vorbereitung des Vergabeverfahrens beteiligt (vorbefasstes Unternehmen), so ergreift der öffentliche Auftraggeber angemessene Maßnahmen, um sicherzustellen, dass der Wettbewerb durch die Teilnahme dieses Unternehmens nicht verzerrt wird.

(2) Die Maßnahmen nach Absatz 1 umfassen insbesondere die Unterrichtung der anderen am Vergabeverfahren teilnehmenden Unternehmen in Bezug auf die einschlägigen Informationen, die im Zusammenhang mit der Einbeziehung des vorbefassten Unternehmens in der Vorbereitung des Vergabeverfahrens ausgetauscht wurden oder daraus resultieren, und die Festlegung angemessener Fristen für den Eingang der Angebote und Teilnahmeanträge.

(3) Vor einem Ausschluss nach § 124 Absatz 1 Nummer 6 des Gesetzes gegen Wettbewerbsbeschränkungen ist dem vorbefassten Unternehmen die Möglichkeit zu geben nachzuweisen, dass seine Beteiligung an der Vorbereitung des Vergabeverfahrens den Wettbewerb nicht verzerren kann.

Übersicht

	Rn.		Rn.
I. Normzweck	1	2. Begriff der Projektantenproblematik	8
II. Europarechtlicher Hintergrund	4	3. Maßnahmen des öffentlichen Auftraggebers	10
III. Kommentierung	6	4. Anspruch des Projektanten auf Nachweis des Nichtvorliegens einer Wettbewerbsverzerrung	14
1. Pflicht des öffentlichen Auftraggebers zur Gewährleistung von gleichen Wettbewerbsbedingungen	6	5. Rechtsschutz	16

I. Normzweck

1 Hat ein Bewerber oder Bieter im Vorfeld des Vergabeverfahrens den öffentlichen Auftraggeber beraten oder in sonstiger Weise unterstützt, war also als „Projektant" mit dem Verfahren vorbefasst, so muss der öffentliche Auftraggeber sicherstellen, dass dadurch der Wettbewerb nicht verzerrt wird und alle Teilnehmer am Vergabeverfahren chancengleich behandelt werden.

2 Durch die Vorbefasstheit besteht grundsätzlich die Gefahr einer Wettbewerbsverzerrung. Der Projektant wird sich besser in die Problematik der Leistungserbringung hineindenken können als andere Bewerber oder Bieter, weil er sie in der Regel schon kennt, da er in der Vorbereitung eingebunden war. Eine Wettbewerbsbeeinträchtigung kann auch bei Unternehmen vorliegen, die mit dem vorbefassten Unternehmen zB personell oder gesellschaftsrechtlich in Verbindung stehen (mittelbare Vorbefasstheit).[1]

3 Die Vorschrift sorgt daher für einen wettbewerbskonformen Ausgleich. Ein pauschaler Ausschluss vorbefasster Unternehmen entspricht dabei nicht dem Wettbewerbsgrundsatz sowie dem Grundsatz der Verhältnismäßigkeit und scheidet aus.[2]

II. Europarechtlicher Hintergrund

4 Die so genannte Projektantenproblematik fand in der Vorgängerrichtlinie 2004/18/EG keine Entsprechung. Aufgrund zwischenzeitlich ergangener Rechtsprechung des EuGH,[3] die besagt, dass ein pauschaler Ausschluss über das erforderliche Maß hinausgeht, welches zur Gleichbehandlung aller Bieter erforderlich sei, wurde sie mit der Reform 2014 erstmalig in das europäische Vergaberecht

---

[25] Näheres zur Frage der Aufhebung Ziekow/Völlink/*Greb*, Rn. 39.
[1] Ziekow/Völlink/*Völlink* Rn. 4.
[2] Vgl. HK-VergabeR/*Tomerius* Rn. 6.
[3] EuGH Urt. v. 3.3.2005 – Rs. C – 21/03, ZfBR 2005, 393 – Fabricom.

eingeführt. Die Vorschrift soll im Falle von vorbefassten Teilnehmern klarstellend aber vor allem wettbewerbssichernd wirken.

Art. 41 RL 2014/24/EU enthält dazu drei Vorgaben an den öffentlichen Auftraggeber: 5
- Der öffentliche Auftraggeber ergreift Maßnahmen zur Gewährleistung eines ordnungsgemäßen Wettbewerbs für den Fall, dass ihn ein am Vergabeverfahren teilnehmendes Unternehmen im Vorfeld des Verfahrens beraten hat;
- die Maßnahmen betreffen insbesondere den Ausgleich von Informationsvorteilen des vorbefassten Unternehmens;
- vor einem geplanten Ausschluss muss das Unternehmen Gelegenheit haben darzulegen, dass seine Teilnahme den Wettbewerb nicht verzerren kann.

III. Kommentierung

1. Pflicht des öffentlichen Auftraggebers zur Gewährleistung von gleichen Wettbe- 6 werbsbedingungen. Die Vorschrift stellt klar, dass es einem vorbefassten Unternehmen grundsätzlich erlaubt ist, an einem Vergabeverfahren teilzunehmen, in dem Vorfeld es den öffentlichen Auftraggeber beraten oder in sonstiger Weise unterstützt hat. Nicht dem vorbefassten Unternehmen wird untersagt, am nachfolgenden Vergabeverfahren teilzunehmen, sondern der öffentliche Auftraggeber wird in die Pflicht genommen aktiv für einen ordnungsgemäßen Wettbewerb und ein nichtdiskriminierendes Vergabeverfahren zu sorgen.

Der öffentliche Auftraggeber hat im Falle der Unterstützung durch ein Unternehmen im Vorfeld 7 der Vergabe angemessene Maßnahmen zu ergreifen, um sicherzustellen, dass der Wettbewerb durch die Teilnahme dieses Unternehmens nicht verzerrt wird. Ein Ausschluss des Projektanten muss die Ausnahme sein und stellt die ultima ratio dar.[4]

2. Begriff der Projektantenproblematik. Die Unterstützung durch den Projektanten kann 8 auf vielfältige Weise erfolgt sein. Erfasst wird jede Tätigkeit im Vorfeld eines Vergabeverfahrens, die einen konkreten Bezug zu diesem Verfahren aufweist.[5] Es ist nicht erforderlich, dass der Projektant in diesem Verfahren für den öffentlichen Auftraggeber beratend oder unterstützend tätig war, sondern es reicht aus, dass die Wettbewerbsverzerrung aufgrund einer beliebigen Beratungstätigkeit im Vorfeld entstehen kann, weil diese einen Bezug zum jetzigen Verfahren aufweist.[6] Die Tatsache, dass ein Unternehmen im Rahmen einer Zweitbeauftragung bereits den ersten Auftrag erhalten hatte (Vorbeauftragung), begründet keinen Projektantenstatus.[7]

Zu bejahen sein dürfte eine Projektantenproblematik auch dann, wenn zwar nicht das Unter- 9 nehmen selbst die Beratung oder Unterstützungsleistung erbracht hat, sondern eine Einzelperson, die später bei dem Unternehmen beschäftigt wird.[8]

3. Maßnahmen des öffentlichen Auftraggebers. Es ist zunächst zu prüfen, ob durch die 10 Beratung im Vorfeld eine Wettbewerbsverzerrung überhaupt zu befürchten ist.[9] Zwar wird dies in den meisten Fällen nur schwer zu verneinen sein, doch sollte in einem Ausnahmefall tatsächlich einmal keinerlei Bezug zu dem Vergabeverfahren bestehen, ist der öffentliche Auftraggeber natürlich nicht verpflichtet, bestimmte Maßnahmen zu ergreifen. Dies wäre dann sogar unzulässig, weil dadurch möglicherweise der Projektant in eine nachteilige Situation gedrängt wird.

Nicht immer ist die Gefahr einer Wettbewerbsverzerrung auszuschließen. Daher ist der öffentli- 11 che Auftraggeber in der Pflicht, für ein wettbewerbskonformes chancengleiches Vergabeverfahren zu sorgen. Zunächst wird er prüfen müssen, welcher Art und wie groß der mögliche Wettbewerbsvorteil des Projektanten ist. Entsprechend hat er aufgrund der vorliegenden Tatsachen sorgfältig abzuwägen, welche Maßnahmen er ergreift. Je größer der Wettbewerbsvorteil ist, umso höher sind die Anforderungen an die Ausgleichsmaßnahmen.

In jedem Fall muss der öffentliche Auftraggeber den übrigen Teilnehmern am Vergabeverfahren 12 alle Informationen, die im Rahmen der Vorbefasstheit zwischen ihm und dem Projektanten ausgetauscht wurden, zur Verfügung stellen. So auch erbrachte Arbeitsergebnisse. Allerdings ergibt sich keine allgemeine Kompensations- und Egalisierungspflicht des öffentlichen Auftraggebers im Hinblick auf alle tatsächlich vorhandenen und potenziell den Wettbewerb beeinträchtigenden unter den

---

[4] OLG Koblenz Beschl. v. 6.11.2008 – 1 Verg 3/08, ZfBR 2009, 93; OLG Düsseldorf Beschl. v. 13.8.2008 – Verg 23/08.
[5] OLG München Beschl. v. 25.7.2013 – Verg 7/13; *Röwekamp* in KKMPP Rn. 5.
[6] Vgl. OLG Brandenburg Beschl. v. 22.5.2007 – Verg W 13/06, BeckRS 2008, 01089.
[7] Vgl. OLG Düsseldorf Beschl. v. 5.12.2012 – VII Verg 29/12, BeckRS 2013, 02606.
[8] *König* in Gabriel/Krohn/Neun VergabeR-HdB § 12 Rn. 19 ff. mwN.
[9] OLG Düsseldorf Beschl. v. 25.10.2005 – Verg 67/05, ZfBR 2006, 377.

Bewerbern und Bietern.[10] Dies gilt gleichermaßen für individuelle Wissens- und Erkenntnisvorsprünge, die der Projektant sich aufgrund seiner allgemeinen Tätigkeiten erworben hat, sind solche doch geradezu Ausdruck des Wettbewerbs.

13 Für die Wettbewerbsverzerrung aufgrund des Projektantenstatus müssen konkrete Anhaltspunkte vorliegen.[11] Liegen solche vor, so hat der öffentliche Auftraggeber entsprechende Maßnahmen zur Herstellung der Wettbewerbsgleichheit zu ergreifen. Solche Maßnahmen können in der Unterrichtung aller am Verfahren beteiligten Bewerber/Bieter über alle Informationen sein, die anlässlich der Vorbefasstheit zwischen dem öffentlichen Auftraggeber und dem Projektanten ausgetauscht wurden oder daraus resultieren. Ziel muss es sein, das erworbene Wissensplus des Projektanten auszugleichen. Hierzu kann auch eine angemessene Fristverlängerung bezüglich der Teilnahmeanträge und Angebote erforderlich sein. Auch eine allgemeine Informationsveranstaltung des öffentlichen Auftraggebers im Vorfeld der Ausschreibung zur Erläuterung des Projekts in seinen Einzelheiten kann eine Maßnahme sein. Ebenso sind die Eignungs- und Zuschlagskriterien objektiv und neutral zu gestalten.[12]

14 **4. Anspruch des Projektanten auf Nachweis des Nichtvorliegens einer Wettbewerbsverzerrung.** Gelingt es dem öffentlichen Auftraggeber nicht, geeignete Maßnahmen zur Herstellung einer Wettbewerbsgleichheit unter den Bewerbern/Bietern herzustellen und beabsichtigt er deren Ausschluss, muss er einem vorbefassten Unternehmen die Möglichkeit geben nachzuweisen, dass durch seine Vorbefasstheit der Wettbewerb nicht verzerrt werden kann. Hierauf hat das betroffene Unternehmen einen Anspruch.

15 Unterlässt es der öffentliche Auftraggeber, vor einem Ausschluss vom Vergabeverfahren dem Unternehmen diese Möglichkeit zu gewähren, kann das Unternehmen gegen den Ausschluss im Rahmen eines Nachprüfungsverfahrens vorgehen, denn die Vorschrift ist bieterschützend. War der Ausschluss unberechtigt, wird regelmäßig den Beteiligten unter Einbeziehung des Projektanten eine erneute Angebotsfrist zur Verfügung zu stellen sein.

16 **5. Rechtsschutz.** Die Vorschrift ist eine des Vergabeverfahrens, auf dessen vergaberechtskonforme Einhaltung die Verfahrensteilnehmer einen Anspruch haben. Die Gewährleistung eines chancengleichen Wettbewerbs kann daher im Nachprüfungsverfahren überprüft werden. Der öffentliche Auftraggeber ist darlegungspflichtig, ob er notwendige Ausgleichsmaßnahmen ergriffen hat.[13]

§ 8 Dokumentation und Vergabevermerk

(1) ¹Der öffentliche Auftraggeber dokumentiert das Vergabeverfahren von Beginn an fortlaufend in Textform nach § 126b des Bürgerlichen Gesetzbuchs, soweit dies für die Begründung von Entscheidungen auf jeder Stufe des Vergabeverfahrens erforderlich ist. ²Dazu gehört zum Beispiel die Dokumentation der Kommunikation mit Unternehmen und interner Beratungen, der Vorbereitung der Auftragsbekanntmachung und der Vergabeunterlagen, der Öffnung der Angebote, Teilnahmeanträge und Interessensbestätigungen, der Verhandlungen und der Dialoge mit den teilnehmenden Unternehmen sowie der Gründe für Auswahlentscheidungen und den Zuschlag.

(2) ¹Der öffentliche Auftraggeber fertigt über jedes Vergabeverfahren einen Vermerk in Textform nach § 126b des Bürgerlichen Gesetzbuchs an. ²Dieser Vergabevermerk umfasst mindestens Folgendes:
1. den Namen und die Anschrift des öffentlichen Auftraggebers sowie Gegenstand und Wert des Auftrags, der Rahmenvereinbarung oder des dynamischen Beschaffungssystems,
2. die Namen der berücksichtigten Bewerber oder Bieter und die Gründe für ihre Auswahl,
3. die nicht berücksichtigten Angebote und Teilnahmeanträge sowie die Namen der nicht berücksichtigten Bewerber oder Bieter und die Gründe für ihre Nichtberücksichtigung,
4. die Gründe für die Ablehnung von Angeboten, die für ungewöhnlich niedrig befunden wurden,
5. den Namen des erfolgreichen Bieters und die Gründe für die Auswahl seines Angebots sowie, falls bekannt, den Anteil am Auftrag oder an der Rahmenvereinbarung, den

---

[10] König in Gabriel/Krohn/Neun VergabeR-HdB § 12 Rn. 16.
[11] OLG Brandenburg Beschl. v. 19.12.2011 – Verg W 17/11, ZfBR 2012, 182.
[12] Ziekow/Völlink/*Völlink* Rn. 10.
[13] OLG Celle Beschl. v. 14.4.2016 – 13 Verg 11/15.

der Zuschlagsempfänger an Dritte weiterzugeben beabsichtigt, und gegebenenfalls, soweit zu jenem Zeitpunkt bekannt, die Namen der Unterauftragnehmer des Hauptauftragnehmers,
6. bei Verhandlungsverfahren und wettbewerblichen Dialogen die in § 14 Absatz 3 genannten Umstände, die die Anwendung dieser Verfahren rechtfertigen,
7. bei Verhandlungsverfahren ohne vorherigen Teilnahmewettbewerb die in § 14 Absatz 4 genannten Umstände, die die Anwendung dieses Verfahrens rechtfertigen,
8. gegebenenfalls die Gründe, aus denen der öffentliche Auftraggeber auf die Vergabe eines Auftrags, den Abschluss einer Rahmenvereinbarung oder die Einrichtung eines dynamischen Beschaffungssystems verzichtet hat,
9. gegebenenfalls die Gründe, aus denen andere als elektronische Mittel für die Einreichung der Angebote verwendet wurden,
10. gegebenenfalls Angaben zu aufgedeckten Interessenkonflikten und getroffenen Abhilfemaßnahmen,
11. gegebenenfalls die Gründe, aufgrund derer mehrere Teil- oder Fachlose zusammen vergeben wurden, und
12. gegebenenfalls die Gründe für die Nichtangabe der Gewichtung von Zuschlagskriterien.

(3) ¹Der Vergabevermerk ist nicht erforderlich für Aufträge auf der Grundlage von Rahmenvereinbarungen, sofern diese gemäß § 21 Absatz 3 oder gemäß § 21 Absatz 4 Nummer 1 geschlossen wurden. ²Soweit die Vergabebekanntmachung die geforderten Informationen enthält, kann sich der öffentliche Auftraggeber auf diese beziehen.

(4) ¹Die Dokumentation, der Vergabevermerk sowie die Angebote, die Teilnahmeanträge, die Interessensbekundungen, die Interessensbestätigungen und ihre Anlagen sind bis zum Ende der Laufzeit des Vertrags oder der Rahmenvereinbarung aufzubewahren, mindestens jedoch für drei Jahre ab dem Tag des Zuschlags. ²Gleiches gilt für Kopien aller abgeschlossenen Verträge, die mindestens den folgenden Auftragswert haben:
1. 1 Million Euro im Falle von Liefer- oder Dienstleistungsaufträgen,
2. 10 Millionen Euro im Falle von Bauaufträgen.

(5) Der Vergabevermerk oder dessen Hauptelemente sowie die abgeschlossenen Verträge sind der Europäischen Kommission sowie den zuständigen Aufsichts- oder Prüfbehörden auf deren Anforderung hin zu übermitteln.

(6) § 5 bleibt unberührt.

Übersicht

	Rn.		Rn.
I. Normzweck	1	VI. Inhalt	22
II. Europarechtlicher Hintergrund	3	VII. Ausnahme	37
III. Anwendungsbereich	5	VIII. Aufbewahrungspflicht	41
IV. Dokumentation	9	IX. Berichtspflicht	46
V. Der Vergabevermerk	19	X. Folgen von Rechtsverstößen	48

I. Normzweck

Die Dokumentation des Vergabeverfahrens gehört zu den Kernelementen des Vergabeverfahrens. Hier verwirklicht sich vor allem der Transparenzgrundsatz. Während die RL 2014/24/EU die Dokumentationspflicht erst an ihrem Ende regelt,[1] hat der deutsche Verordnungsgeber die Vorschriften zur Dokumentation und zum Vergabevermerk ganz an den Anfang der VgV gestellt. Dies spiegelt die herausragende Bedeutung wider, die der Verordnungsgeber ihr beimisst. Die Einordnung an den Beginn der VgV ist konsequent, weil das Vergabeverfahren in allen seinen Stufen von Beginn an chronologisch und nachvollziehbar zu dokumentieren ist.

Die Dokumentation gewährleistet neben der Transparenz des Vergabeverfahrens auch den effektiven Rechtsschutz des Bewerbers bzw. Bieters im Vergabeverfahren. Auf die Einhaltung der Verfah-

---
[1] Auch die bis zum Jahr 2017 gültige Vergabe- und Vertragsordnung für Leistungen (VOL) regelte die Dokumentation erst in ihrem letzten Paragrafen (§ 24 EG VOL/A).

rensregeln haben die beteiligten Bewerber/Bieter einen subjektiven Anspruch nach § 97 Abs. 6 GWB. Die Verletzung der Dokumentationspflicht kann im Ergebnis dazu führen, dass das Vergabeverfahren ab dem Zeitpunkt, in dem die Dokumentation unzureichend ist, fehlerbehaftet und zu wiederholen ist.[2]

II. Europarechtlicher Hintergrund

3   Transparenz erfordert Dokumentation. Auch Korruption und Betrug lässt sich am ehesten durch Transparenz und Rückverfolgbarkeit der Entscheidungen im Vergabeverfahren entgegenwirken.[3] Daher enthält die Richtlinienvorschrift über Vergabevermerke[4] vier verpflichtende Elemente:
 – Anfertigung eines Vergabevermerkes mit zwingend zu berücksichtigenden Mindestangaben,
 – fortlaufende und ausreichende Dokumentation des gesamten Vergabeverfahrens zur Nachvollziehbarkeit sämtlicher Entscheidungen in allen Stufen des Vergabeverfahrens,
 – Aufbewahrung der Dokumentation für mindestens drei Jahre ab dem Tag der Auftragsvergabe,
 – Berichtspflicht gegenüber der Kommission auf deren Anforderung hin.
4   Gegenüber der Vorgängerrichtlinie 2004/18/EG wurde die Verpflichtung des öffentlichen Auftraggebers zur Erstellung eines Vergabevermerks[5] mit bestimmten Mindestangaben um die fortlaufende Dokumentation und deren Aufbewahrungspflicht ergänzt.

III. Anwendungsbereich

5   Der deutsche Verordnungsgeber hat sich im Rahmen der Umsetzung der RL 2014/24/EU eng an deren Systematik gehalten und die vier wesentlichen Elemente der Dokumentation aus der RL 2014/24/EU in die VgV übernommen.
6   Persönlicher Adressat der Vorschrift ist der öffentliche Auftraggeber. Er ist verantwortlich für die Ordnungsgemäßheit der Dokumentation und hat dafür geradezustehen. Auch wenn ein Dritter zur Durchführung des Vergabeverfahrens herangezogen wird, bleibt es bei der Verantwortung des öffentlichen Auftraggebers. Er muss die Dokumentation führen[6] und hat seine Entscheidungen selbst zu treffen und zu begründen.[7] Eine fehlerhafte Dokumentation geht grundsätzlich zu seinen Lasten.
7   Der sachliche Anwendungsbereich der Vorschrift ergibt sich aus Art. 84 Abs. 1 RL 2014/24/EU sowie aus dem Rückschluss aus § 8 Abs. 2 Nr. 1. Betroffen von der Pflicht zur Dokumentation des Vergabeverfahrens sowie zur Erstellung des entsprechenden Vergabevermerks sind die Vergaben öffentlicher Aufträge, die Verfahren zum Abschluss von Rahmenvereinbarungen sowie die Durchführung von dynamischen Beschaffungssystemen.[8]
8   Nach § 2 ist der Abschnitt 1 der VgV auch auf die VOB/A[9] Abschnitt 2 anzuwenden. Damit ist die Dokumentationspflicht der Verfahren zur Vergabe von öffentlichen Bauaufträgen mit umfasst. Dementsprechend enthält § 20 EU VOB/A lediglich einen Hinweis auf die Dokumentationspflicht gem. § 8.

IV. Dokumentation

9   Das Vergabeverfahren ist von Beginn an fortlaufend chronologisch zu dokumentieren.[10] Abzustellen ist dabei nicht auf den formellen Beginn des Vergabeverfahrens, der in der Regel dem Zeitpunkt der Auftragsbekanntmachung entspricht. Denn zu diesem Zeitpunkt sind bereits die meisten wesentlichen Entscheidungen in Bezug auf das Vergabeverfahren gefallen. So ist etwa der Auftragswert geschätzt, die Losaufteilung ist erfolgt, die Anforderungen an die Leistung sind beschrieben, die Verfahrensart ist gewählt, Fristen sind bemessen und Eignungs- und Zuschlagskriterien sind festgelegt. Gerade auf diese Entscheidungen kommt es aber im Wesentlichen an. Daher ist beim Beginn des Vergabeverfahrens auf den Zeitpunkt dessen materiellen Beginns abzustellen.[11]

---

[2] Zeise in KKMPP Rn. 4 mwN.
[3] Vgl. Erwägungsgrund 126 RL 2014/24/EU.
[4] Art. 84 RL 2014/24/EU.
[5] S. Art. 43 RL 2004/18/EG (ABl. 2004 L 134, 114).
[6] Vgl. VK Mecklenburg-Vorpommern Beschl. v. 30.5.2007 – 1 VK 3/07.
[7] VK Lüneburg Beschl. v. 26.1.2005, 203-VgK-56/2004; Zeise in KKMPP Rn. 13.
[8] S. zum öffentlichen Auftrag: § 103 Abs. 1 GWB; zur Rahmenvereinbarung: § 103 Abs. 5 GWB sowie § 21, zum dynamischen Beschaffungssystem: § 120 Abs. 1 GWB sowie §§ 22 ff.
[9] Vergabe- und Vertragsordnung für Bauleistungen idF der Bek. v. 19.1.2016 (BAnz. AT 2016, B3).
[10] OLG Naumbaurg Beschl. v. 20.9.2012 – 2-Verg /4/12.
[11] Zum materiellen Beginn des Vergabeverfahrens: OLG Celle Beschl. v. 12.7.2007 – 13 Verg 6/07, ZfBR 2007, 704.

Materieller Beginn des Vergabeverfahrens ist derjenige Zeitpunkt, an dem der öffentliche Auftraggeber mit Maßnahmen zur Bedarfsdeckung begonnen hat und der durch eine Auftragsvergabe zu deckende Bedarf konkretisiert und individualisiert ist.[12]

Von Beginn an und fortlaufend bedeutet, dass das Verfahren dokumentarisch stets auf aktuellem Stand ist und in der Vergabeakte nachvollzogen werden kann. Kleinere zeitliche Verzögerungen der Dokumentation sind hinnehmbar, solange die Entscheidungen nachvollziehbar bleiben. Unzulässig wäre es jedenfalls, eine Dokumentation erst nach Abschluss des Vergabeverfahrens zu erstellen. Dies eröffnet manipulative Spielräume.[13] Deshalb sind die Entscheidungen nicht erst nach Abschluss des Verfahrens zu dokumentieren.[14]

Die Dokumentation muss es ermöglichen, die Begründungen von Entscheidungen auf jeder Verfahrensstufe nachvollziehen zu können. Die einzelnen Stufen des Vergabeverfahrens ergeben sich aus dem chronologischen Ablauf des Vergabeverfahrens.[15] Abs. 2 gibt Mindestanforderungen der zu dokumentierenden Stufen – allerdings nicht in chronologischer Reihenfolge – vor:

Vorbereitung der Vergabeunterlagen und der Auftragsbekanntmachung, Dokumentation der Kommunikation mit Unternehmen (die wegen der verpflichtenden grundsätzlichen elektronischen Kommunikation ohnehin regelmäßig elektronisch festgehalten wird), interne Beratungen, Verhandlungen (im Verhandlungsverfahren) und Dialoge (im wettbewerblichen Dialog), Öffnung der Interessensbestätigungen, Teilnahmeanträge und (finalen) Angebote, Gründe für die Auswahlentscheidung und den Zuschlag.

Hieraus folgt, dass die Dokumentation nicht die vollständige Aktenführung erfassen muss, sondern diejenigen wesentlichen Bestandteile, die ein lückenloses Nachvollziehen des Vergabeverfahrens mit seinen Entscheidungen ermöglichen.

Abs. 1 S. 1 formuliert, dass das Vergabeverfahren zu dokumentieren ist, „soweit dies für die Begründung von Entscheidungen ... erforderlich ist". Dort, wo sich eine Entscheidung aus sich selbst heraus ergibt, weil beispielsweise kein Beurteilungs- und Ermessensspielraum gegeben ist, kann eine Dokumentation entbehrlich sein, zumindest aber darf sie sich mit einer bloßen Tatsachenfeststellung begnügen.

Entscheidungen im Vergabeverfahren sind ua solche, bei denen mehrere Gesichtspunkte gegeneinander abzuwägen sind und der öffentliche Auftraggeber somit einen Beurteilungsspielraum oder ein Ermessen hat.[16] Sie sind ausführlich und nachvollziehbar darzustellen.

Von besonderer Bedeutung und daher mit angemessener Sorgfalt zu dokumentieren sind wegen ihrer Auswirkungen auf das Transparenz- und Gleichbehandlungsgebot Entscheidungen bezüglich ihrer Auswirkungen auf die Teilnehmer und den Wettbewerb. Hier kommen vor allem in Betracht die Auswahl der Unternehmen und deren zugrundegelegten Eignungskriterien, eine mögliche Reduzierung des Bewerberkreises, das Nachfordern von Unterlagen sowie alle Entscheidungen im Zusammenhang mit der Vorgabe der Zuschlagskriterien sowie der Angebotswertung.

Die Dokumentation erfolgt in Textform nach § 126b BGB. Textform bedeutet, dass eine lesbare Erklärung, unter Nennung des Erklärenden, auf einem dauerhaften Datenträger abgegeben wird. Übersetzt ist die Textform also die Erstellung eines schriftlichen Textes mit Nennung des Urhebers. Die Textform dient der Beweissicherung.[17] Wird die Akte elektronisch geführt, und in der Weise fortgeschrieben, dass einzelne Bestandteile überschrieben oder gelöscht werden, widerspricht dies dem Transparenzgebot.[18]

V. Der Vergabevermerk

Neben der fortlaufenden Dokumentation ist der öffentliche Auftraggeber verpflichtet, nach Abschluss des Vergabeverfahrens einen Vergabevermerk in Textform mit bestimmten Mindestangaben zu erstellen. Die Textform soll – wie bei der Dokumentation – die erforderliche Beweisfunktion des erstellten Dokuments sicherstellen.

Um Verwaltungsaufwand zu vermeiden, darf der öffentliche Auftraggeber im Vergabevermerk auf Informationen verweisen, die bereits in der Vergabebekanntmachung oder ggf. den bekannt gemachten Vergabeunterlagen enthalten sind.[19]

Der Vergabevermerk ist Teil der Dokumentation insgesamt.[20]

---

[12] HK-VergabeR/*Alexander* § 3 Rn. 45.
[13] Vgl. OLG Naumburg Beschl. v. 20.9.2012 – 2 Verg 4/12, BeckRS 2012, 21448.
[14] vgl. VK Lüneburg Beschl. v. 2.7.2004 – 203-VgK-21/2004.
[15] S. VgV-Begründung BR Drs. 87/16, A. Allgemeiner Teil, Art. 1 (Verordnung über die Vergabe öffentlicher Aufträge).
[16] *Zeise* in KKMPP Rn. 10.
[17] Das OLG München verlangt Datum und Unterschrift (OLG München Beschl. v. 15.7.2005 – Verg 14/05, BeckRS 2005, 08298); vgl. auch OLG Bremen Beschl. v. 14.4.2005 – Verg 1/2005, IBRRS 2014, 0714.
[18] OLG Düsseldorf Beschl. v. 10.8.2011 – VII-Verg 36/11; *Zeise* in KKMPP Rn. 5.
[19] S. Erwägungsgrund 126 RL 2014/24/EU.
[20] S. VgV-Begründung BR Drs. 87/16, B. Besonderer Teil zu § 8 Abs. 1.

VI. Inhalt

22 Die in Abs. 2 Nr. 1–12 vorgesehenen Angaben stellen den Mindestinhalt eines Vergabevermerks dar, der nicht unterschritten werden darf. Es sei denn, ein aufgeführter Inhalt liegt nicht vor.

23 Zunächst sind Name und Anschrift des öffentlichen Auftraggebers anzugeben sowie der Gegenstand und der Wert der beschafften Bau-, Liefer- oder Dienstleistung zu beschreiben.

24 Anzugeben sind ferner die Namen der berücksichtigten Bewerber oder Bieter und die Gründe für ihre Auswahl. Wurde ein Teilnahmewettbewerb durchgeführt, so ist darzulegen, dass die berücksichtigten Bewerber die Anforderungen an die Eignung erfüllt haben. Wurde die Teilnehmerzahl derer, die zur Angebotsabgabe aufgefordert wurden, reduziert, so ist die hierzu durchgeführte Reihung anhand der bekannt gemachten Auswahlkriterien zu erläutern. Entsprechend ist nach Angebotsabgabe bis zur Zuschlagsentscheidung zu verfahren.

25 Spiegelbildlich sind dieselben Erläuterungen und Angaben für die nichtberücksichtigten Angebote und Teilnahmeanträge zu machen.

26 Wurden im Rahmen der Prüfung ungewöhnlich niedriger Angebote solche abgelehnt, sind die Gründe hierfür darzulegen. Hintergrund ist, dass ein öffentlicher Auftraggeber ein als ungewöhnlich niedrig erscheinendes Angebot erst ablehnen darf, wenn er eine ordnungsgemäße Prüfung des Angebotes (§ 60 Abs. 2) auf seine Auskömmlichkeit hin unternommen hat und eine ungerechtfertigte Ablehnung eine erneute Prüfungspflicht auslöst.[21]

27 Zu nennen ist der Name des erfolgreichen Bieters sowie die Gründe für die Auswahl seines Angebotes. Zusätzlich soll angegeben werden, welchen Anteil der erfolgreiche Bieter ggf. an Dritte weiter zu vergeben gedenkt und, soweit bekannt, den/die Namen des oder der Unterauftragnehmer.

28 Das Verhandlungsverfahren und der wettbewerbliche Dialog sind nur bei Vorliegen bestimmter Voraussetzungen anwendbar (§ 14 Abs. 3). Daher hat der öffentliche Auftraggeber deren Wahl zu begründen. Dasselbe gilt für die Anwendung des Verhandlungsverfahrens ohne Teilnahmewettbewerb. Hier muss der öffentliche Auftraggeber darlegen, dass einer der in § 14 Abs. 4 vorgegebenen Gründe zur zulässigen Wahl des Verfahrens gegeben war.

29 Hat der öffentliche Auftraggeber auf die beabsichtigte Beschaffung der Leistung verzichtet, also das Verfahren aufgehoben, so muss er dies nachvollziehbar begründen. Zwar besteht im deutschen Recht kein Kontrahierungszwang, eine Aufhebung eines Vergabeverfahrens bleibt für den öffentlichen Auftraggeber jedoch nur dann ohne Folgen (zB Schadensersatz), wenn ein Aufhebungsgrund nach § 63 Abs. 1 vorlag und er gem. § 63 Abs. 2 den Teilnehmern unverzüglich die Gründe für die Aufhebung mitgeteilt hat.

30 Nach § 9 sind für die Kommunikation im Vergabeverfahren einschließlich der Angebotsabgabe, grundsätzlich elektronische Mittel zu verwenden, die der öffentliche Auftraggeber vorzugeben hat. Falls er andere als elektronische Mittel zur Angebotseinreichung vorgibt, hat er dies zu begründen. Die Gründe hierfür müssen sich aus § 53 Abs. 2, beispielsweise die notwendige Einreichung physischer Modelle, ergeben.

31 Bestimmte Personen, bei denen ein Interessenkonflikt besteht, dürfen an einem Vergabeverfahren nicht mitwirken (§ 6). Gegebenenfalls können gem. § 124 Abs. 1 Nr. 5 GWB Unternehmen vom Vergabeverfahren ausgeschlossen werden. Dies jedoch nur dann, wenn weniger einschneidende Maßnahmen als der Ausschluss nicht zu einer Beseitigung des Interessenkonfliktes führen. Der öffentliche Auftraggeber hat die von ihm in einem solchen Fall geprüften Maßnahmen zu dokumentieren und seine getroffenen Abhilfemaßnahmen darzulegen.

32 Werden mehrere Teil- oder Fachlose zusammen vergeben, ist dies zu erläutern. Da § 30 von vorneherein die zulässige Möglichkeit eröffnet, mehrere Lose auch an einen einzigen Bieter zu vergeben, dürfte ein Hinweis auf die entsprechende Vergabebekanntmachung und die Dokumentation in der Vergabeakte zur Losaufteilung genügen. Dies setzt voraus, dass der öffentliche Auftraggeber eine solche Entscheidung im Vorfeld des Vergabeverfahrens auch getroffen und bekannt gemacht hat.[22]

33 Aus dem Wortlaut des Abs. 2 Nr. 11 wird man nicht schließen können, dass eine Entscheidung, mehrere Teil- oder Fachlose zusammen zu vergeben, auch noch während des Vergabeverfahrens getroffen werden darf.

34 Die Regelung des Abs. 2 Nr. 11 fand sich schon in der bisherigen Vorschrift des § 24 EG Abs. 2 lit. h VOL/A. Es ist anzunehmen, dass sie deshalb in § 30 übernommen wurde. In Art. 84 RL 2014/24/EU ist sie nicht zu finden.

---

[21] VK Bund Beschl. v. 25.2.2005 – VK 1–8/05, BeckRS 2005, 151288.
[22] Das OLG Düsseldorf hat das Versäumnis eines öffentlichen Auftraggebers, seine Erwägungen zur Losaufteilung zu dokumentieren, mit der Aufhebung des Verfahrens sanktioniert (OLG Düsseldorf Beschl. v. 17.3.2004 – Verg 1/04, BeckRS 2004, 03905).

Da der Verzicht auf eine Losaufteilung die Ausnahme darstellt, sollte der öffentliche Auftraggeber 35
gleichwohl an dieser Stelle des Vergabevermerks bei Verzicht auf die Losvergabe nach § 97 Abs. 4
GWB stets eine Aussage treffen. Im Übrigen wird sich der Verzicht auf eine Losaufteilung auch aus
der fortlaufenden Dokumentation ergeben müssen.

Grundsätzlich muss der öffentliche Auftraggeber die Zuschlagskriterien gewichten. Die 36
Zuschlagskriterien und deren Gewichtung gibt er dann in der Auftragsbekanntmachung oder den
Vergabeunterlagen an (§ 58 Abs. 3 S. 1). Gibt er die Gewichtung nicht an, muss er begründen
warum nicht. Zwar findet sich auch diese Vorgabe nicht in der RL 2014/24/EU, doch macht sie
Sinn. Die Angabe der Gewichtung der Zuschlagskriterien hat einen maßgeblichen Einfluss auf die
Angebotskalkulation und ist daher von großer Bedeutung für die Bieter. Daher lässt § 58 Abs. 3 S. 2
die Nichtgewichtung der Zuschlagskriterien nur bei Vorliegen objektiver Gründe zu, die entsprechend darzulegen sind. In jedem Fall sind die Zuschlagskriterien in der absteigenden Reihenfolge
anzugeben (§ 58 Abs. 3 S. 3).

VII. Ausnahme

Hat der öffentliche Auftraggeber eine Rahmenvereinbarung geschlossen, so kann er beim Einzel- 37
abruf auf den Vergabevermerk verzichten. Voraussetzung hierzu ist, dass die Einzelauftragsvergabe nach
den in der Rahmenvereinbarung bereits festgelegten Bedingungen für die Vergabe der Einzelaufträge
erfolgt und die Rahmenvereinbarung mit nur einem Unternehmen geschlossen wurde (§ 21 Abs. 3).

Wurde die Rahmenvereinbarung mit mehreren Unternehmen geschlossen, so kann auf den 38
Vergabevermerk verzichtet werden, wenn die Rahmenvereinbarung bereits alle Bedingungen für die
Erbringung der Leistung sowie die objektiven Bedingungen für die Auswahl der Unternehmen
enthält. Diese Bedingungen sind in der Veröffentlichung der Bekanntmachung der Rahmenvereinbarung oder den Vergabeunterlagen der Rahmenvereinbarung aufzuführen (s. § 21 Abs. 4 Nr. 1).

Da der Vergabevermerk bereits für die im Wettbewerb zustande gekommene Rahmenvereinba- 39
rung selbst zu fertigen ist, ist für die Einzelabrufe aus der Rahmenvereinbarung die Erstellung eines
Vergabevermerks nicht mehr erforderlich. Sie würde eine Dopplung darstellen.

Die Ausnahmeregel zum Abschluss von Rahmenvereinbarungen gilt ausschließlich für die 40
Erstellung des Vergabevermerks. Der Wortlaut der Ausnahmeregelung lässt einen Verzicht weder
auf die fortlaufende Dokumentation, noch auf die vorgesehenen Aufbewahrungs- und Informationspflichten zu.

VIII. Aufbewahrungspflicht

Die in Art. 84 Abs. 2 RL 2014/24/EU vorgeschriebene Aufbewahrungspflicht für die Doku- 41
mentation beträgt drei Jahre ab dem Tag der Auftragsvergabe. Der deutsche Verordnungsgeber hat
bei der Umsetzung diese Vorgabe mit der Aufbewahrungspflicht des Art. 83 Abs. 6 RL 2014/24/
EU kombiniert und den Gegenstand der aufzubewahrenden Unterlagen erweitert.

Abs. 4 schreibt eine Aufbewahrungspflicht der öffentlichen Auftraggeber für die Dokumenta- 42
tion, den Vergabevermerk, die Angebote, die Teilnahmeanträge, die Interessensbekundungen, die
Interessensbestätigungen und ihrer Anlagen für mindestens drei Jahre ab dem Tag des Zuschlags vor.
Damit gilt die Aufbewahrungspflicht mindestens für alle bereits in Abs. 1 als begründungsrelevant
eingestuften Unterlagen.

Ebenso sind Kopien aller abgeschlossenen Verträge mit einem Mindestauftragswert,[23] der aus 43
Bürokratiegründen erheblich über den jeweils maßgeblichen relevanten EU-Schwellenwerten liegt,
für mindestens drei Jahre ab Zuschlagserteilung von den öffentlichen Auftraggebern aufzubewahren.

Mit dieser Vorgabe soll manipulativen Bestrebungen sowie Korruptions- und Betrugsabsichten 44
entgegengewirkt werden. Es soll allen interessierten Parteien Zugang zu diesen Dokumenten im
Rahmen der jeweils geltenden Bestimmungen ermöglicht werden.[24]

Die Vorschrift zur Vertraulichkeit (§ 5) bleibt unberührt. 45

IX. Berichtspflicht

Auf Anforderung der Kommission sind ihr der Vergabevermerk oder dessen Hauptelemente zu 46
übermitteln. Gleiches gilt, wenn eine für den öffentlichen Auftraggeber zuständige Aufsichts- oder
Prüfbehörde den Vergabevermerk oder dessen Hauptelemente anfordert.

---

[23] Für Liefer- und Dienstleistungsaufträge gilt ein Mindestauftragswert von 1 Mio. EUR, für Bauaufträge gilt ein Mindestauftragswert von 10 Mio. EUR (§ 8 Abs. 4 S. 2).
[24] Vgl. Erwägungsgrund 126 RL 2014/24/EU.

47 Im Rahmen von Pilot- und Vertragsverletzungsverfahren nach Art. 258 AEUV ist das Bundesministerium für Wirtschaft und Energie Aufsichtsbehörde im Sinne dieser Vorschrift und darf entsprechende Unterlagen anfordern.[25]

X. Folgen von Rechtsverstößen

48 Die Vorschrift gehört zu den Regeln des Vergabeverfahrens. Bewerber und Bieter haben einen Anspruch darauf, dass der öffentliche Auftraggeber die Vorschriften des Vergabeverfahrens korrekt anwendet (s. § 97 Abs. 6 GWB). Dies schließt ein transparentes und nichtdiskriminierendes Verfahren ein (s. § 97 Abs. 1 GWB). Die Überprüfung dessen Einhaltung kann durch den Bieter im Nachprüfungsverfahren verlangt werden.

49 Der öffentliche Auftraggeber muss sich an seinen dokumentierten Entscheidungen im Vergabeverfahren messen lassen. Eine mangelhafte oder fehlende Dokumentation stellt eine Nichtbeachtung von Verfahrensvorschriften dar. Allerdings kann sich ein Bieter nur dann darauf berufen, wenn sich der Dokumentationsmangel konkret auf seine Rechtsstellung im Vergabeverfahren negativ ausgewirkt hat.[26]

50 Ob in diesem Zusammenhang eine fehlende Dokumentation nachholbar ist, hängt vom Einzelfall ab. Zum Teil wurde in der Vergangenheit entschieden, dass ein Nachholen einer fehlenden Dokumentation nicht möglich ist.[27] Hierzu hat der BGH jedoch eine nicht ganz so strikte Auffassung vertreten und entschieden, dass der Auftraggeber nicht generell und unabhängig vom Gewicht des Dokumentationsmangels im Nachprüfungsverfahren gehindert ist, ergänzend vorzutragen.[28] Bereits früher hatte die Vergabekammer des Bundes in einem Fall entschieden, dass es bloße Förmelei sei, das Verfahren in seinen früheren Stand zurückzuversetzen, wenn sich der Sachverhalt durch den nachgeschobenen Vortrag des Auftraggebers einwandfrei aufklären lasse.[29]

51 Kann eine Vergabeentscheidung auch im Nachhinein nicht mehr aufgeklärt werden und ist insbesondere die Begründung nicht nachvollziehbar, führt der Dokumentationsmangel dazu, dass das Vergabeverfahren ab dem Zeitpunkt, in dem die Dokumentation unzureichend ist, zu wiederholen oder bei schweren Mängeln ggf. aufzuheben ist.[30]

Unterabschnitt 2. Kommunikation

§ 9 Grundsätze der Kommunikation

(1) Für das Senden, Empfangen, Weiterleiten und Speichern von Daten in einem Vergabeverfahren verwenden der öffentliche Auftraggeber und die Unternehmen grundsätzlich Geräte und Programme für die elektronische Datenübermittlung (elektronische Mittel).

(2) Die Kommunikation in einem Vergabeverfahren kann mündlich erfolgen, wenn sie nicht die Vergabeunterlagen, die Teilnahmeanträge, die Interessensbestätigungen oder die Angebote betrifft und wenn sie ausreichend und in geeigneter Weise dokumentiert wird.

(3) ¹Der öffentliche Auftraggeber kann von jedem Unternehmen die Angabe einer eindeutigen Unternehmensbezeichnung sowie einer elektronischen Adresse verlangen (Registrierung). ²Für den Zugang zur Auftragsbekanntmachung und zu den Vergabeunterlagen darf der öffentliche Auftraggeber keine Registrierung verlangen; eine freiwillige Registrierung ist zulässig.

Übersicht

		Rn.			Rn.
I.	Normzweck	1	1.	Grundsätzlich zwingende Verwendung elektronischer Mittel im Vergabeverfahren	4
II.	Europarechtlicher Hintergrund	3			
			2.	Ausnahmen	5
III.	Einzelerläuterungen	4	a)	Überblick	5

---

[25] S. VgV-Begründung BR Drs. 87/16, B. Besonderer Teil zu § 8 Abs. 5.
[26] *Zeise* in KKMPP Rn. 42 mwN.
[27] OLG Düsseldorf Beschl. v. 17.3.2004 – Verg 1/04, BeckRS 2004, 03905; OLG Celle Beschl. v. 11.2.2010 – 13-Verg 16/09, BeckRS 2010, 04938.
[28] BGH Beschl. v. 8.2.2011 – X ZB 4/10, NZBau 2011, 175.
[29] VK Bund Beschl. v. 10.12.2003 – VK 2-116/03, IBRRS 2005, 00795.
[30] HK-VergabeR/*Mentzinis* Rn. 3 mwN.

	Rn.		Rn.
b) Zeitlich unbefristete Ausnahmen	6	4. Grundsätzlicher Zwang zur Verwendung elektronischer Mittel nur innerhalb des Vergabeverfahrens	14
c) Zeitlich befristete Ausnahmen (Übergangsvorschriften)	9		
3. Begriff der elektronischen Kommunikation und der elektronischen Mittel	12	5. Angabe einer eindeutigen Unternehmensbezeichnung und Registrierung	16

I. Normzweck

Entsprechend § 97 Abs. 5 GWB soll durch § 9 Abs. 1 klargestellt werden, dass öffentliche Auftraggeber und Unternehmen für die Kommunikation im Vergabeverfahren **grundsätzlich, dh im Regelfall** *zwingend* **elektronische Mittel** zu verwenden haben, es sei denn, dass die Voraussetzungen bestimmter Ausnahmetatbestände erfüllt sind. Politisch soll mit der prinzipiell zwingenden Anwendung erreicht werden, dass die bislang oft noch unzureichende Verbreitung der e-Vergabe flächendeckend erreicht wird, wovon sich der EU-Gesetzgeber Einsparungen und Rationalisierungseffekte erhofft (→ GWB § 97 Rn. 321). Bestimmte **eng begrenzte Ausnahmen** gelten nach § 9 Abs. 2 im Hinblick auf mündliche Kommunikation. Diese ist zulässig, soweit keine Vergabeunterlagen, Teilnahmeanträge, Interessensbestätigungen oder Angebote, dh keine zentralen Elemente des Vergabeverfahrens betroffen sind und die Kommunikation hinreichend dokumentiert wird. Weitere Ausnahmen vom Grundsatz des § 9 Abs. 1 finden sich in anderen Vorschriften der VgV (→ Rn. 5 ff.).

1

Abs. 3 stellt klar, dass der öffentliche Auftraggeber von jedem Unternehmen eine **eindeutige Unternehmensbezeichnung** verlangen kann. Das ist wichtig, um eine eindeutige Identifizierung des jeweiligen Bewerbers bzw. Bieters bei der elektronischen Kommunikation mit dem öffentlichen Auftraggeber zu gewährleisten. Ferner kann der Auftraggeber eine **Registrierung** des Unternehmens im Sinne der Benennung einer elektronischen Adresse verlangen. Letzteres gilt allerdings nicht für den bloßen Zugang zu Auftragsbekanntmachungen und Vergabeunterlagen.

2

II. Europarechtlicher Hintergrund

Abs. 1 dient der Umsetzung des Art. 22 Abs. 1 S. 1 RL 2014/24/EU, mit dem die im Regelfall *zwingende* elektronische Vergabe erstmals im EU-Recht eingeführt wurde. Die Ausnahme des Abs. 2 bezüglich mündlicher Kommunikation für Fälle, in denen keine zentralen Elemente des Vergabeverfahrens betroffen sind, beruht auf Art. 22 Abs. 2 RL 2014/24/EU. Die weiteren, in Art. 22 RL 2014/24/EU aufgeführten Ausnahmen von der Pflicht zur elektronischen Bewirkung des Vergabeverfahrens finden sich nicht in § 9. Abweichend von der Systematik der EU-Richtlinien hat sich der deutsche Gesetzgeber dafür entschieden, die in Art. 22 RL 2014/24/EU zusammengefassten Ausnahmen nicht in einer zusammenhängenden Ausnahmevorschrift, sondern im Sachkontext des jeweiligen Teils des Vergabeverfahrens anzuordnen (→ Rn. 8).

3

III. Einzelerläuterungen

1. Grundsätzlich zwingende Verwendung elektronischer Mittel im Vergabeverfahren.

Abs. 1 ordnet – entsprechend § 97 Abs. 5 GWB – an, dass öffentliche Auftraggeber und Unternehmen für das Senden, Empfangen, Weiterleiten und Speichern von Daten in einem Vergabeverfahren grundsätzlich Geräte und Programme für die elektronische Datenübermittlung (elektronische Mittel) verwenden. Mit dieser Formulierung soll klargestellt werden, dass die gesamte Kommunikation im Vergabeverfahren **grundsätzlich elektronisch** bewirkt werden muss. Das Wort „grundsätzlich" begründet dabei keine eigenständige, etwa im Ermessen der Anwender stehende Einschränkung der Pflicht zur elektronischen Vergabe. Es bedeutet vielmehr, dass das Vergabeverfahren nach Maßgabe der Bestimmungen der VgV **im Regelfall zwingend** elektronisch durchzuführen ist, es sei denn, dass bestimmte, in der VgV genannte Ausnahmetatbestände erfüllt sind (→ GWB § 97 Rn. 376). Durch die Regelung des Abs. 1 wird der bislang geltende Grundsatz, dass die anzuwendenden Kommunikationsmittel nach Wahl des Auftraggebers[1] festgelegt werden, außer Kraft gesetzt. Die Kommunikation, die nunmehr im Regelfall elektronisch zu erfolgen hat, wird dabei – ebenso wie in § 97 Abs. 5 GWB – in einem weiten Sinne verstanden. Sie umfasst danach – über den Wortlaut des zugrunde liegenden Art. 22 Abs. 1 S. 1 RL 2014/24/EU hinaus – nicht nur die Kommunikation, dh das Senden, Empfangen und Weiterleiten, sondern auch das Speichern von Daten in einem Vergabeverfahren (→ GWB § 97 Rn. 375 ff.).

4

---

[1] Vgl. Art. 42 Abs. 1 Vergabe-RL 2004 (RL 2004/18/EU) sowie seine nationalen Umsetzungen.

5 **2. Ausnahmen. a) Überblick.** Ausnahmen von dem vorgenannten Grundsatz sind **nur zulässig, soweit sie ausdrücklich vorgesehen sind.** Insofern **zu unterscheiden** sind **allgemeine, zeitlich unbefristet geltende Ausnahmen** (→ Rn. 6 ff.) und **zeitlich befristete Ausnahmen**, die der Schaffung von Übergangsfristen für die Einführung der grundsätzlich zwingenden Verwendung elektronischer Mittel dienen (→ Rn. 9 ff.). Die allgemeinen, unbefristet geltenden Ausnahmetatbestände sind teils in § 9 und teils in anderen Vorschriften der VgV im Kontext des jeweiligen Teils des Vergabeverfahrens angesiedelt.

6 **b) Zeitlich unbefristete Ausnahmen. aa) Zulässigkeit mündlicher Kommunikation außerhalb zentraler Elemente des Vergabeverfahrens.** Mündliche Kommunikation ist gem. Abs. 2 zulässig, **wenn keine zentralen Elemente** des Vergabeverfahrens betroffen sind, dh die betreffende Kommunikation nicht die Vergabeunterlagen, Teilnahmeanträge, Interessensbestätigungen oder Angebote betrifft und wenn diese Kommunikation ausreichend und in geeigneter Weise dokumentiert wird. Diese Ausnahme beruht auf Art. 22 Abs. 2 RL 2014/24/EU. Die Wertung lediglich mündlich vorgetragener Angebotsbestandteile ohne eine Grundlage in Textform ist nicht zulässig.[2] Die mündliche Kommunikation ist darüber hinaus nach übereinstimmender Ansicht in der Literatur bei überdies zulässigen Verhandlungen, wie dem Verhandlungsverfahren, der Innovationspartnerschaft sowie dem wettbewerblichen Dialog zulässig.[3]

7 Hinsichtlich der Reichweite der Dokumentationspflicht ist insbesondere zu beachten, dass die mündliche Kommunikation mit Bietern, die einen wesentlichen Einfluss auf den Inhalt und die Bewertung des Angebots haben könnte, in hinreichendem Umfang und in geeigneter Weise dokumentiert werden muss. Das kann beispielsweise durch Niederschrift, Tonaufzeichnungen oder Zusammenfassungen der wichtigsten Elemente der Kommunikation erfolgen. Diese Beispiele zur Konkretisierung der Dokumentationspflicht werden zwar in Abs. 2 nicht ausdrücklich angeführt, folgen jedoch aus dem maßgeblichen Wortlaut des zugrunde liegenden Art. 22 Abs. 2 S. 3 RL 2014/24/EU.[4]

8 **bb) Weitere unbefristete Ausnahmen.** Etliche weitere Ausnahmetatbestände, die in **Art. 22 RL 2014/24/EU** vorgesehen sind und nach denen die Pflicht zur Nutzung der elektronischen Handlungsform ausnahmsweise nicht gilt (→ GWB § 97 Rn. 323 f.), sind – abweichend von der Systematik in den EU-Richtlinien – in der deutschen Umsetzung nicht zusammenhängend aufgeführt. In der VgV sind sie vielmehr **im Sachkontext des jeweiligen einzelnen Vorgangs des Vergabeverfahrens** angeordnet, so im Rahmen der Vorschriften zur Bereitstellung der Vergabeunterlagen (§ 41 Abs. 2) sowie zur Übermittlung von Angeboten und Teilnahmeanträgen (§ 53 Abs. 2 und Abs. 4).

9 **c) Zeitlich befristete Ausnahmen (Übergangsvorschriften).** Zeitlich befristete Ausnahmen bilden die **Übergangsvorschriften des § 81** zum befristeten **Aufschub der zwingenden Einführung der elektronischen Handlungsform.** Dieser befristete Aufschub gilt für die Einreichung von Angeboten, Teilnahmeanträgen sowie Interessensbekundungen und -bestätigungen sowie die sonstige Kommunikation gem. Abs. 1, **jedoch** *nicht* **für die Bekanntmachung und die Bereitstellung der Vergabeunterlagen.** Letztere sind bereits ab Inkrafttreten der VgV zwingend elektronisch zu bewirken. Der eingeräumte Aufschub gilt für zentrale Beschaffungsstellen bis zum 18.4.2017 und für andere öffentliche Auftraggeber bis zum 18.10.2018.

10 Der Aufschub bedeutet, dass der öffentliche Auftraggeber binnen der genannten Übergangsfristen noch *nicht verpflichtet* ist, die elektronische Handlungsform vorzuschreiben. Allerdings *kann* er auch schon vor Ablauf der genannten Übergangsfristen vorschreiben, dass die Einreichung von Angeboten und Teilnahmeanträgen ausschließlich mit elektronischen Mitteln zu erfolgen hat; in diesen Fällen sind die Bewerber bzw. Bieter verpflichtet, ihre Angebote bzw. Teilnahmeanträge elektronisch einzureichen.[5]

11 § 81 fußt auf **Art. 90 Abs. 2 RL 2014/24/EU,** der den Mitgliedstaaten eine **gestaffelte Option zur Aufschiebung** der grundsätzlich zwingenden Einführung der elektronischen Handlungsform einräumt. Diese Option wird **in Deutschland voll ausgeschöpft.** Die Aufschub-Option soll öffentlichen Auftraggebern eine Übergangsfrist für die Einführung zuverlässiger e-Vergabesysteme gewähren. Wichtig ist dies insbesondere für diejenigen Auftraggeber, die noch nicht über voll einsatzfähige e-Vergabe-Systeme verfügen. Ihnen wird mit der Option ein letzter Aufschub für die ggf. zeitaufwändige Beschaffung, Erprobung und praxissichere Einführung eines e-Vergabe-Systems eingeräumt.

---

[2] VK Südbayern Beschl. v. 2.4.2019 – Z3-3-3194-1-43-11/18, BeckRS 2018, 4960.
[3] *Knauff* NZBau 2020, 421 (423); *Vogt*, E-Vergabe, 2019, 286 ff.
[4] Die Konkretisierung wird in der VgV-Begründung, zu § 9 Abs. 2, BR-Drs. 87/16, 163, erwähnt.
[5] Vgl. VgV-Begründung zu § 81, BR-Drs. 87/16, 227.

III. Einzelerläuterungen

3. Begriff der elektronischen Kommunikation und der elektronischen Mittel.
Abs. 1 beruht auf Art. 22 Abs. 1 RL 2014/24/EU. Während diese EU-Bestimmung hinsichtlich der elektronischen Handlungsform nach ihrem bloßen Wortlaut nur für die *Kommunikation* und den *Informationsaustausch* gilt, sieht Abs. 1 ausdrücklich vor, dass auch die *Speicherung* von Daten grundsätzlich elektronisch zu bewirken ist. Das erscheint sinnvoll im Sinne einer auch durch die EU-Richtlinien angestrebten umfassenden elektronischen Kommunikation, die ohne eine elektronische Speicherung wegen der damit einhergehenden Medienbrüche im Regelfall keinen Sinn machen würde. Streng genommen ist die Formulierung des § 9 Abs. 1 sprachlich allerdings insoweit unpräzise, als sie für die Daten*speicherung* Geräte und Programme für die elektronische Datenüber*mittlung* vorschreibt. Ungeachtet dieser Formulierungsschwäche ist die Regelung nach ihrer ratio jedenfalls so zu verstehen, dass sämtliche Vorgänge des Sendens, Empfangens, des Weiterleitens und Speicherns von Daten grundsätzlich zwingend durch *elektronische Mittel* zu erfolgen haben, es sei denn, dass einer der vorstehend genannten Ausnahmetatbestände erfüllt ist.

In Abs. 1 wird der Begriff „**elektronische Mittel**" definiert als „**Geräte und Programme für die elektronische Datenübermittlung**". Vergleicht man diese Definition der elektronischen Mittel mit der zugrunde liegenden Begriffsbestimmung in Art. 2 Abs. 1 Nr. 19 RL 2014/24/EU, scheint die Formulierung des § 9 Abs. 1 vordergründig davon abzuweichen, denn nach der deutschen Sprachfassung des Art. 2 Abs. 1 Nr. 19 RL 2014/24/EU werden unter „elektronischen Mitteln" nur „elektronische *Geräte*" verstanden. Indessen bezeichnet die englische Sprachfassung der genannten EU-Vorschrift „electronic means" umfassender und zutreffender als „**electronic equipment**" dh „elektronische Ausrüstung". Diese **umfasst nicht nur elektronische *Geräte*, sondern auch elektronische *Programme*.** Somit steht die Legaldefinition der elektronischen Mittel in Abs. 1 der Sache nach im Einklang mit der Legaldefinition des Art. 2 Abs. 1 Nr. 19 RL 2014/24/EU.

4. Grundsätzlicher Zwang zur Verwendung elektronischer Mittel nur innerhalb des Vergabeverfahrens.
Die vergaberechtliche Verpflichtung zur grundsätzlich zwingenden Nutzung elektronischer Mittel iSd § 9 Abs. 1 bezieht sich auf die Kommunikation bzw. Datenspeicherung **nur im Rahmen des Vergabeverfahrens** im Verhältnis zwischen dem öffentlichen Auftraggeber und Unternehmen. Die diesen Geschäftsprozessen vorausgehenden oder nachfolgenden Prozesse innerhalb der Organisation des Auftraggebers sowie des Unternehmens unterliegen unter vergaberechtlichen Gesichtspunkten *nicht* dem Zwang zur Bewirkung in elektronischer Form.[6]

Soweit sorgfältig konzipiert, dürfte allerdings auch eine durchgängige und medienbruchfreie elektronische Integration der weiteren innerhalb der jeweiligen Organisation entstehenden Geschäftsprozesse sinnvoll sein, auch wenn sie *vergaberechtlich* nicht zwingend geboten ist. Auch für dem Vergabeverfahren vor- oder nachgelagerte Abläufe können sich **uU Pflichten zur elektronischen Kommunikation oder Datenspeicherung** *aus anderen Vorschriften* bzw. aus behörden- oder unternehmensinternen Vorgaben ergeben. So müssen öffentliche Stellen des Bundes insbesondere die Bestimmungen des deutschen E-Government-Gesetzes (EGovG) beachten. Dieses umfasst ua eine Verpflichtung zur Schaffung eines Zugangs elektronischer Dokumente und eine ab 2020 geltende Sollvorschrift zur elektronischen Aktenführung gem. §§ 2 und 6 EGovG.

5. Angabe einer eindeutigen Unternehmensbezeichnung und Registrierung.
Abs. 3 stellt klar, dass der öffentliche Auftraggeber von jedem Unternehmen die **Angabe einer eindeutigen Unternehmensbezeichnung** verlangen kann. Dies ist wichtig im Interesse der genauen Identifizierung und Adressierung eines Unternehmens im Vergabeverfahren.

Der Auftraggeber kann von jedem Unternehmen eine **Registrierung**, dh zusätzlich zur Angabe der Unternehmensbezeichnung die Benennung einer aktiven elektronischen **Adresse (E-Mail-Adresse),** verlangen. Eine derartige elektronische Adresse ermöglicht dem Auftraggeber, Unternehmen leichter über etwaige Änderungen des Vergabeverfahrens in Kenntnis zu setzen oder sie darüber zu informieren, dass Fragen von anderen Unternehmen zum Vergabeverfahren beantwortet wurden.[7] Eine Registrierung darf **allerdings nicht zwingend für den bloßen Zugang** zu Auftragsbekanntmachungen und Vergabeunterlagen gefordert werden. Insoweit ist nur eine freiwillige Registrierung zulässig. Hintergrund dafür ist, dass vom öffentlichen Auftraggeber nach Art. 53 Abs. 1 UAbs. 1 S. 1 RL 2014/24/EU ein **unentgeltlicher, uneingeschränkter und vollständiger direkter Zugang zu Auftragsunterlagen** im Rahmen der Bekanntmachung öffentlicher Aufträge zu schaffen ist.

Der **Vorteil einer freiwilligen Registrierung** liegt darin, dass ein Unternehmen damit **automatisch weitere Angaben bzw. Folgeinformationen über das Vergabeverfahren** erhalten kann. So kann das registrierte Unternehmen zB vom Auftraggeber leichter über Änderungen des

---
[6] Vgl. VgV-Begründung zu § 9 Abs. 1, BR-Drs. 87/16, 163.
[7] S. VgV-Begründung zu § 9 Abs. 3, BR-Drs. 87/16, 164.

Vergabeverfahrens oder Antworten auf Fragen von anderen Unternehmen in Kenntnis gesetzt werden.[8] Wenn die konkrete Gefahr besteht, dass auf der Plattform eingestellte Änderungen von registrierten Bietern nicht mehr zur Kenntnis genommen werden, etwa weil sie bereits ihren Teilnahmeantrag oder ihr Angebot hochgeladen haben oder aber die Änderungsmitteilung irreführend ist, müssen die registrierten Bieter über diese Änderungen gesondert informiert werden; es besteht insoweit keine Holschuld des Bieters.[9] Hat ein Unternehmen von der freiwilligen Registrierung keinen Gebrauch gemacht, muss es sich hingegen selbständig über Änderungen oder Antworten auf Fragen informieren.[10]

§ 10 Anforderungen an die verwendeten elektronischen Mittel

(1) ¹Der öffentliche Auftraggeber legt das erforderliche Sicherheitsniveau für die elektronischen Mittel fest. ²Elektronische Mittel, die von dem öffentlichen Auftraggeber für den Empfang von Angeboten, Teilnahmeanträgen und Interessensbestätigungen sowie von Plänen und Entwürfen für Planungswettbewerbe verwendet werden, müssen gewährleisten, dass
1. die Uhrzeit und der Tag des Datenempfangs genau zu bestimmen sind,
2. kein vorfristiger Zugriff auf die empfangenen Daten möglich ist,
3. der Termin für den erstmaligen Zugriff auf die empfangenen Daten nur von den Berechtigten festgelegt oder geändert werden kann,
4. nur die Berechtigten Zugriff auf die empfangenen Daten oder auf einen Teil derselben haben,
5. nur die Berechtigten nach dem festgesetzten Zeitpunkt Dritten Zugriff auf die empfangenen Daten oder auf einen Teil derselben einräumen dürfen,
6. empfangene Daten nicht an Unberechtigte übermittelt werden und
7. Verstöße oder versuchte Verstöße gegen die Anforderungen gemäß den **Nummern 1 bis 6** eindeutig festgestellt werden können.

(2) ¹Die elektronischen Mittel, die von dem öffentlichen Auftraggeber für den Empfang von Angeboten, Teilnahmeanträgen und Interessensbestätigungen sowie von Plänen und Entwürfen für Planungswettbewerbe genutzt werden, müssen über eine einheitliche Datenaustauschschnittstelle verfügen. ²Es sind die jeweils geltenden Interoperabilitäts- und Sicherheitsstandards der Informationstechnik gemäß § 3 Absatz 1 des Vertrags über die Errichtung des IT-Planungsrats und über die Grundlagen der Zusammenarbeit beim Einsatz der Informationstechnologie in den Verwaltungen von Bund und Ländern vom 1. April 2010 zu verwenden.

Übersicht

	Rn.		Rn.
I. Normzweck	1	2. Vorgabe der Textform nach § 126b BGB bei Angeboten und Teilnahmeanträgen	11
II. Europarechtlicher Hintergrund	3		
1. Zur Festlegung des Sicherheitsniveaus durch den Auftraggeber	3	3. Verhältnismäßigkeitsgebot bezüglich Datensicherheit bei Angeboten und Teilnahmeanträgen	13
2. Besondere Anforderungen an die Mittel zum Empfang elektronischer Angebote	9	4. Besondere Anforderungen an die Mittel zum Empfang elektronischer Angebote	18
III. Einzelerläuterungen	10		
1. Festlegung des Sicherheitsniveaus durch den öffentlichen Auftraggeber	10	5. Vorgaben für eine einheitliche Datenaustauschschnittstelle und IT-Standards	21

I. Normzweck

1 § 10 legt die **Anforderungen an elektronischen Mittel,** die im Vergabeverfahren zu verwenden sind, fest. Insbesondere enthält er Regelungen zum Sicherheitsniveau der elektronischen Mittel. Die Vorschrift umfasst nach der vom deutschen Verordnungsgeber gewählten Systematik der Umsetzung gem. Abs. 1 S. 1 zunächst die Klarstellung, dass das erforderliche **Sicherheitsniveau vom**

---

[8] S. VgV-Begründung zu § 9 Abs. 3, BR-Drs. 87/16, 164.
[9] VK München Beschl. v. 17.10.2016 – Z3-3/3194/1/36/09/16.
[10] VK München Beschl. v. 17.10.2016 – Z3-3/3194/1/36/09/16.

öffentlichen Auftraggeber festzulegen ist (→ Rn. 10 ff.). Ferner nennt die Vorschrift in Abs. 1 S. 2 und Abs. 2 wichtige **besondere Vorgaben** für elektronische Mittel, die vom öffentlichen Auftraggeber **für den Empfang von Angeboten und ähnlichen wichtigen Kommunikationen** des Bieters an den Auftraggeber (→ Rn. 18 ff.) beachtet werden müssen. Weiterhin enthält § 10 nähere Anforderungen an die elektronischen Mittel im Hinblick auf eine **einheitliche Datenaustauschschnittstelle** und IT-Standards (→ Rn. 21 f.). Den Regelungen des § 10 liegen einerseits Vorschriften des EU-Rechts (→ Rn. 3 ff.) und andererseits – hinsichtlich der zu beachtenden einheitlichen Datenaustauschschnittstelle – Vorschriften des deutschen E-Government- bzw. IT-Rechts zugrunde, die der Standardisierung bzw. Interoperabilität der verschiedenen e-Vergabe-Anwendungen dienen sollen.

Entgegen der Titulierung der §§ 10 und 11 sind **Anforderungen an die elektronischen** 2 **Mittel,** die im Vergabeverfahren zu verwenden sind, nicht nur in § 10, sondern **teilweise auch in § 11** enthalten. So sind in § 11 Abs. 1 S. 1 – abweichend von der allgemein üblichen Gesetzessystematik und der Reihenfolge in der RL 2014/24/EU – die *allgemeinen, für alle* elektronische Mittel im Vergabeverfahren zu beachtenden Anforderungen erst an zweiter Stelle, *nach* den Vorschriften für die in § 10 Abs. 1 regulierten *speziellen* elektronischen Mittel für die elektronische Angebotsabgabe und verwandte Vorgänge aufgeführt.[1] Auch die Vorgaben des § 11 Abs. 1 S. 1 betreffen streng genommen *Anforderungen an die elektronischen Mittel selbst* und nicht nur Anforderungen an deren Einsatz. Dies gilt zB für die Eigenschaften „allgemein verfügbar" oder „mit allgemein verbreiteten Geräten und Programmen der Informationstechnologie kompatibel".

II. Europarechtlicher Hintergrund

1. Zur Festlegung des Sicherheitsniveaus durch den Auftraggeber. Abs. 1 S. 1 betrifft 3 die **Festlegung des Sicherheitsniveaus für die elektronischen Mittel** im Vergabeverfahren. Insoweit berührt die Regelung teilweise auch den Geltungsbereich der *speziellen* EU-Vorgaben zur Festlegung des Sicherheitsniveaus betreffend die besonders wichtigen Vorgänge der elektronischen Übermittlung und des elektronischen Eingangs von Angeboten und Teilnahmeanträgen gem. **Art. 22 Abs. 6 UAbs. 1 lit. b RL 2014/24/EU.** Nach dieser *zwingend zu beachtenden* EU-Vorschrift sind hinsichtlich der Festlegung des Sicherheitsniveaus für elektronische Kommunikationsmittel bei elektronischen Angeboten und Teilnahmeanträgen **europarechtlich zwei Umsetzungsalternativen** vorgesehen: Danach muss die **Festlegung des Sicherheitsniveaus** für die Angebotsabgabe und Teilnahmeanträge **entweder durch den jeweiligen Mitgliedstaat oder durch die öffentlichen Auftraggeber, die „innerhalb eines von dem jeweiligen Mitgliedstaat festgelegten „Rahmenkonzepts" handeln",** erfolgen.

Für die **deutsche Umsetzung** hat sich der Gesetz- und Verordnungsgeber generell dafür 4 entschieden, dass die **Festlegung des Sicherheitsniveaus durch den öffentlichen Auftraggeber** erfolgt. Dabei findet sich **allerdings kein Hinweis auf ein „nationales Rahmenkonzept".** In Deutschland existiert diesbezüglich bislang auch kein ausdrücklich so bezeichnetes, etwa über die Vorschriften von GWB und VgV hinausgehendes nationales Rahmenkonzept. Die Schaffung eines expliziten Rahmenkonzepts, das zB genauere Anhaltspunkte für die Festlegung des Sicherheitsniveaus regeln könnte, wäre in Deutschland beispielsweise im Rahmen der allgemeinen Verwaltungsvorschriften möglich, zu deren Erlass die Bundesregierung durch § 13 ermächtigt wird. Bislang ist dies allerdings nicht erfolgt. Insofern stellt sich die Frage, ob die Richtlinienumsetzung zur Bestimmung des Sicherheitsniveaus der elektronischen Mittel in der allgemeinen Vorschrift des Abs. 1 S. 1 mangels expliziter Bezugnahme auf ein nationales Rahmenkonzept EU-konform erfolgt ist.

Folgt man dem reinen Wortlaut des Abs. 1 S. 1, so entspricht die deutsche Umsetzung streng 5 genommen keiner der beiden zwingend zu beachtenden europarechtlichen Alternativen des Art. 22 Abs. 6 UAbs. 1 lit. b RL 2014/24/EU; denn nach dem Text der deutschen Umsetzung erfolgt die Festlegung des Sicherheitsniveaus weder „durch den Mitgliedstaat" noch „durch die öffentlichen Auftraggeber, die innerhalb eines von dem betreffenden Mitgliedstaat festgelegten Rahmenkonzepts" handeln.

Der Wortlaut des Art. 22 Abs. 6 UAbs. 1 lit. b RL 2014/24/EU legt zunächst nahe, dass die 6 Voraussetzungen für eine Umsetzung im Sinne der zweiten EU-rechtlichen Alternative, dh der Entscheidung durch den Auftraggeber, nur erfüllt sind, wenn dessen Entscheidung über das Sicherheitsni-

---

[1] Anders bzw. der üblichen Gesetzessystematik folgend die RL 2014/24/EU: Darin sind die allg. Anforderungen an *alle* in Vergabeverfahren zu verwendenden elektronischen Mittel richtiger Weise direkt nach der einführenden Vorschrift zur verpflichtenden e-Vergabe als erste grundlegende Vorschrift in Art. 22 Abs. 1 S. 2 RL 2014/24/EU angeordnet. Die besonderen Regelungen für spezielle Kommunikationsvorgänge wie die elektronische Angebotsabgabe folgen erst in der nachfolgenden Bestimmung des Art. 22 Abs. 6 RL 2014/24/EU.

veau im Rahmen eines expliziten, näher ausgearbeiteten „nationalen Rahmenkonzepts" erfolgt. Andererseits wird durch den Richtlinienwortlaut aber nicht ausgeschlossen, dass ein „nationales Rahmenkonzept", auch ohne ausdrücklich so bezeichnet zu sein, *inzident* in der nationalen Vergaberechtsregulierung verwirklicht sein kann. Für die Annahme eines solchen inzidenten Rahmenkonzepts ist allerdings erforderlich, dass die nationalen Vorgaben bezüglich des Sicherheitsniveaus zumindest etwas mehr Detailtiefe als die ohnehin geltenden Mindestvorgaben der EU-Richtlinie besitzen.

7 Eine Gesamtbetrachtung der deutschen e-Vergabe-Vorschriften ergibt, dass der deutsche Verordnungsgeber innerhalb der VgV zumindest einen groben nationalen Rahmen bezüglich des Sicherheitsniveaus vorgegeben hat, der etwas weiter reicht als die Vorgaben der RL 2014/24/EU. So hat er in § 53 Abs. 1 und Abs. 3 zumindest rudimentäre, nationale Regelungen für das Sicherheitsniveau hinsichtlich der Übermittlung elektronischer Angebote uÄ aufgestellt. Diesbezüglich hat er in § 53 Abs. 1 für den Regelfall Textform gem. § 126b BGB vorgeschrieben (→ Rn. 11). In § 53 Abs. 3 hat er ferner festgelegt, dass der Auftraggeber, wenn er erhöhte Anforderungen an die Datensicherheit für erforderlich hält, fortgeschrittene oder qualifizierte elektronischer Signaturen oder bestimmte Siegel verlangen kann (→ Rn. 12). Zudem wird nach Abs. 2 S. 2 ua vorgeschrieben, dass die jeweils geltenden Sicherheitsstandards der Informationstechnik gem. § 3 Abs. 1 des Vertrags über die Errichtung des IT-Planungsrats und über die Grundlagen der Zusammenarbeit beim Einsatz der Informationstechnologie in den Verwaltungen von Bund und Ländern vom 1.4.2010 bei der e-Vergabe zu verwenden sind (→ Rn. 21).

8 Die vorgenannten Vorgaben des § 53 und des § 10 Abs. 2 gehen jedenfalls in einzelnen Punkten über die Mindestvorgaben der RL 2014/24/EU hinaus. Trotz Bedenken hinsichtlich der Rechtsklarheit der Umsetzung ist **bei vertretbarer weiter Auslegung** des Begriffs des „nationalen Rahmenkonzepts" eine **richtlinienkonforme Umsetzung im Sinne der zweiten EU-Alternative** des Art. 22 Abs. 6 UAbs. 1 lit. b RL 2014/24/EU zu bejahen.

9 **2. Besondere Anforderungen an die Mittel zum Empfang elektronischer Angebote. Abs. 1 S. 2** gilt der **Umsetzung des Art. 22 Abs. 6 UAbs. 1 RL 2014/24/EU** iVm dem inhaltlich sehr wichtigen **Anhang IV RL 2014/24/EU**. Eine europarechtliche Regelung dieser Art war bereits 2004 in Anhang X Vergabe-RL 2004 (Vorgängerrichtlinie 2004/18/EU) geschaffen worden. Anhang IV RL 2014/24/EU formuliert **detaillierte Anforderungen** an die technischen Mittel zur Entgegennahme elektronischer Angebote und weiterer in Anhang IV genannter wichtiger elektronischer Übermittlungen vom Bieter bzw. Bewerber an den öffentlichen Auftraggeber (→ Rn. 18ff.).

III. Einzelerläuterungen

10 **1. Festlegung des Sicherheitsniveaus durch den öffentlichen Auftraggeber.** Das für die Kommunikation erforderliche **Sicherheitsniveau für die elektronischen Mittel** ist nach der deutschen Umsetzung der EU-Vorgaben in Abs. 1 S. 1 **vom öffentlichen Auftraggeber festzulegen**. Trotz Bedenken hinsichtlich einer nach dem Wortlaut nicht gänzlich eindeutigen Umsetzung der EU-Vorgaben kann diese Regelung bei vertretbarer weiter Auslegung als vereinbar mit der zugrunde liegenden EU-Vorschrift des Art. 22 Abs. 6 UAbs. 1 lit. b RL 2014/24/EU eingestuft werden (→ Rn. 3ff.). Danach ist es Sache des öffentlichen Auftraggebers, das Sicherheitsniveau für die in dem jeweiligen Vergabeverfahren zur Anwendung kommenden elektronischen Mittel festzulegen. Im Einzelnen hat er dabei einige spezielle Vorgaben zu beachten (→ Rn. 11 ff.).

11 **2. Vorgabe der Textform nach § 126b BGB bei Angeboten und Teilnahmeanträgen.** Bezüglich der Festlegung des Sicherheitsniveaus für Angebote, Teilnahmeanträge, Interessensbekundungen und -bestätigungen schreibt der deutsche Verordnungsgeber in **§ 53 Abs. 1** für den **Regelfall** nunmehr **Textform nach § 126b BGB** vor. Dazu reicht eine lesbare Erklärung, in der die Person des Erklärenden genannt ist und die auf einem dauerhaften Datenträger abgegeben wird. Unter einem dauerhaften Datenträger ist dabei jedes Medium zu verstehen, das es dem Empfänger ermöglicht, eine an ihn persönlich gerichtete Erklärung so aufzubewahren oder zu speichern, dass sie ihm während eines für ihren Zweck angemessenen Zeitraums zugänglich ist; ferner muss das Medium geeignet sein, die Erklärung unverändert wiederzugeben. Einer eigenhändigen Unterschrift bedarf es dabei nicht.[2] Eine **E-Mail genügt** den Voraussetzungen der Textform. Gleiches gilt für **Telefaxe und Telegramme**. Nach § 53 Abs. 1 wird folglich weder die gesetzliche Schriftform nach § 126 BGB noch die elektronische Form iSd § 126a BGB, der die Nutzung einer qualifizierten elektronischen Signatur erfordert, verlangt. Mit der Neufassung der VgV im Jahre 2016 ist damit für die Angebotsabgabe uÄ die **Verwendung elektronischer Signaturen für den Regelfall nicht mehr vorgesehen**.

---

[2] Vgl. dazu auch OLG Naumburg Beschl. v. 4.10.2019 – 7 Verg 3/19.

III. Einzelerläuterungen   12–17 § 10 VgV

Durch die vorerwähnten Regelungen und ein neues Verhältnismäßigkeitsgebot (→ Rn. 13 ff.) **12**
wird die **Verwendung elektronischer Signaturen allerdings nicht völlig ausgeschlossen.** Das
folgt aus § 53 Abs. 3 und den zugrunde liegenden EU-Vorschriften des Art. 22 Abs. 6 UAbs. 1 lit. b
und c RL 2014/24/EU. Danach kann der Auftraggeber nach Prüfung im Einzelfall zu dem Schluss
gelangen, dass das Risikoniveau so einzuschätzen ist, dass die Verwendung einer elektronischen
Signatur erforderlich ist. § 53 Abs. 3 erlaubt, soweit die Verhältnismäßigkeit (→ Rn. 13 ff.) zu bejahen ist, die Nutzung fortgeschrittener oder qualifizierter elektronischer Signaturen. Diese sind nach
der Reform des EU-Signaturrechts im Juli 2016 nunmehr in Art. 25 und 26 eIDAS-VO (VO
(EU) Nr. 910/2014 vom 23.7.2016) geregelt.[3] Diese gilt in der EU unmittelbar, dh ohne nationale
Umsetzungsvorschriften wie das 2017 außer Kraft getretene deutsche SigG von 2001. Seit der ersten
Änderung der VgV aufgrund Art. 8 Abs. 3 des 2017 in Kraft getretenen ergänzenden Durchführungsgesetzes zur EU-eIDAS-Verordnung (eIDAS-Durchführungsgesetz) kann der Auftraggeber in
den letztgenannten Fällen nach § 53 Abs. 3 ferner die Nutzung fortgeschrittener oder qualifizierter
elektronischer Siegel iSd Art. 35 ff. eIDAS-VO verlangen. Elektronische Siegel sind nach ihrer Legaldefinition in Art. 3 Nr. 25 eIDAS-VO Daten in elektronischer Form, die anderen Daten in elektronischer Form beigefügt oder logisch mit ihnen verbunden werden, um deren Ursprung und Unversehrtheit sicherzustellen. Darauf fußend finden sich Legaldefinitionen des fortgeschrittenen und des
qualifizierten elektronischen Siegels in Art. 3 Nr. 26 eIDAS-VO und Art. 27 eIDAS-VO.

**3. Verhältnismäßigkeitsgebot bezüglich Datensicherheit bei Angeboten und Teilnahm- 13
meanträgen.** Betreffend **elektronische Angebote und Teilnahmeanträge** ist seit 2014 europarechtlich erstmals ein **besonderes Verhältnismäßigkeitsgebot** für die Festlegung des Sicherheitsniveaus vorgegeben. Danach muss das festzulegende Niveau der Datensicherheit **im Verhältnis zu
den bestehenden Risiken** stehen. Das folgt aus dem praktisch wichtigen Gebot des Art. 22 Abs. 6
UAbs. 1 lit. b Hs. 2 RL 2014/24/EU.

In der deutschen Umsetzung ist dieses besondere Verhältnismäßigkeitsgebot nicht ausdrücklich **14**
in § 10 normiert, gleichwohl aber hinsichtlich der Festlegung des Sicherheitsniveaus betreffend die
Übermittlung von Angeboten und Teilnahmeanträgen als verpflichtendes europarechtliches Gebot
maßgeblich. Insoweit ist es im Sachzusammenhang der Vorschriften zu ggf. erhöhten Sicherheitsanforderungen **im Kontext des § 53 Abs. 3** zu beachten. Auch in § 53 ist das Gebot der Verhältnismäßigkeit zwar nicht ausdrücklich aufgeführt, aber **im Rahmen der Prüfung der Erforderlichkeit**
eines Verlangens nach Nutzung einer elektronischen Signatur gem. § 53 Abs. 3 S. 2 stets zu beachten,
was sich auch aus der amtl. Begr. zu § 53 ergibt.[4]

Mit diesem speziellen Verhältnismäßigkeitsgebot soll erreicht werden, dass das **Sicherheitsni- 15
veau** für die elektronischen Mittel bei den wichtigen Vorgängen der Übermittlung der Angebotsabgabe und Teilnahmeanträge **angemessen** festgelegt wird. Insoweit dürften die Sicherheitsanforderungen an eine Angebotsabgabe angesichts darin häufig enthaltener „sensibler" Angaben in der
Regel deutlich höher einzuschätzen sein als zB diejenigen einer einfachen Nachfrage eines Bieters
hinsichtlich des Verfahrensverlaufs oder der Übermittlung einer punktuellen, nicht sensiblen Information. Allerdings darf das Sicherheitsniveau nicht generell ohne hinreichenden Grund übermäßig
hoch festgelegt werden, damit die Kommunikation nicht grundlos durch zu hohe Sicherungsvorkeh-
rungen erschwert wird. Hintergrund für die Einführung dieses speziellen Verhältnismäßigkeitsgebots
dürfte ua sein, dass die bislang teils *generell* erfolgte Vorgabe der qualifizierten elektronischen Signatur,
die bisher nicht die erhoffte Verbreitung in der Praxis gefunden hat, als eine der Ursachen für die
bisher oft noch eher geringe Nutzung der e-Vergabe betrachtet wird.

Für den Fall, dass der öffentliche Auftraggeber zu dem Schluss gelangt, dass die Verwendung **16**
fortgeschrittener elektronischer Signaturen im Sinne der ehemaligen RL 1999/93/EG (dh fortgeschrittener oder qualifizierter elektronischer Signaturen neuen Rechts) erforderlich ist, sind in RL
2014/24/EU einige spezielle Vorschriften vorgesehen.[5] In der RL 2014/24/EU dabei noch enthaltene **Bezugnahmen auf die am 1.7.2016 aufgehobene EG-Elektronische-SignaturenRL (RL
1999/93/EG) gelten als Bezugnahmen auf die geltende eIDAS-VO.**[6]

Das bisherige deutsche SigG von 2001, das die nationalen Umsetzungsvorschriften zu der 2016 **17**
außer Kraft getretenen EU-Signaturrichtlinie enthielt, ist mit Inkrafttreten des deutschen eIDAS-
Durchführungsgesetzes am 29.7.2017 außer Kraft getreten. Da die eIDAS-VO (VO (EU) Nr. 910/
2014) unmittelbar gilt, ist das Durchführungsgesetz kein Umsetzungsgesetz, sondern ein Gesetz mit
ergänzenden Regelungen zur Durchführung der genannten EU-Verordnung in Deutschland. Das

---

[3] Vgl. dazu explizit VgV-Begründung, zu § 53 Abs. 3 (s. dort Abs. 4), BR-Drs. 87/16, 207.
[4] Vgl. VgV-Begründung, zu § 53 Abs. 3 (s. dort Abs. 2 ff.), BR-Drs. 87/16, 207.
[5] Vgl. Art. 22 Abs. 6 UAbs. 1 lit. c und Abs. 6 UAbs. 2 RL 2014/24/EU.
[6] S. Art. 50 Abs. 2 eIDAS-VO.

Durchführungsgesetz enthält (ua in seinem Art. 8) einige am 29.8.2017 in Kraft getretene Detailänderungen und Korrekturen von Textfehlern der ersten Fassung der VgV vom 12.4.2016. Dazu zählt vor allem die Ergänzung des Katalogs besonderer Vorkehrungen zu einer erhöhten Datensicherheit bei Angeboten, Teilnahmeanträgen uÄ; insoweit darf der Auftraggeber nunmehr außer der Nutzung bestimmter elektronischer Signaturen auch die Nutzung bestimmter elektronischer Siegel vom Auftraggeber vorschreiben (→ Rn. 12).

18 **4. Besondere Anforderungen an die Mittel zum Empfang elektronischer Angebote.** Abs. 1 S. 2 benennt auf der Grundlage des Anhang IV RL 2014/24/EU **zwingend zu berücksichtigende Anforderungen** an die elektronischen Mittel, die vom öffentlichen Auftraggeber für den **Empfang von Angeboten, Teilnahmeanträgen und Interessensbestätigungen sowie von Plänen und Entwürfen für Planungswettbewerbe** verwendet werden. Insoweit werden – anders als für die sonstigen Kommunikationsvorgänge im Vergabeverfahren – sehr **detaillierte und hohe, jedoch technikneutrale Anforderungen** im Hinblick auf die Sicherheit und Nachprüfbarkeit der elektronischen Kommunikation aufgestellt. Hintergrund ist, dass die Übermittlung von Angeboten und Teilnahmeanträgen sowie den weiteren dort genannten Kommunikationsinhalten angesichts ihres **in der Regel „sensiblen" Dateninhalts** als besonders schutz- und damit regelungsbedürftig eingeschätzt wird. Dies gilt vor allem mit Blick auf häufig in diesen Kommunikationen enthaltenes Know-how bzw. schutzbedürftige Angaben der Bieter-Unternehmen. Ferner gilt es auch im Hinblick auf die besondere Relevanz von Angebotsinhalten wie dem Preis und weiteren Kriterien für die im Wettbewerb zu treffende Vergabeentscheidung.

19 Im Einzelnen müssen die Mittel zum Empfang des Angebots und der weiteren vorgenannten Kommunikationen gewährleisten, dass die **Uhrzeit und der Tag des Datenempfangs** genau zu bestimmen sind (Abs. 1 S. 2 Nr. 1). Ferner müssen sie sicherstellen, dass **kein vorfristiger Zugriff auf die empfangenen Daten möglich** ist (Abs. 1 S. 2 Nr. 2). Damit ist nicht die Pflicht des Bieters zur Verschlüsselung bei der Angebotseinreichung gemeint, vielmehr soll der öffentliche Auftraggeber die Mittel zum Empfang des Angebots so ausgestalten, dass kein vorfristiger Zugriff auf die empfangenen Daten möglich ist.[7] Zudem müssen die Mittel so beschaffen sein, dass der **Termin für den erstmaligen Zugriff** auf die empfangenen Daten nur von den Berechtigten festgelegt oder geändert werden kann (Abs. 1 S. 2 Nr. 3).

20 Weiterhin müssen die eingesetzten Mittel gewährleisten, dass **nur die Berechtigten Zugriff** auf die empfangenen Daten oder auf einen Teil derselben haben (Abs. 1 S. 2 Nr. 4). Sichergestellt sein muss ferner, dass nach dem festgesetzten Zeitpunkt **nur die Berechtigten Dritten Zugriff auf die empfangenen Daten oder einen Teil derselben einräumen dürfen** (Abs. 1 S. 2 Nr. 5). Darüber hinaus müssen die Mittel gewährleisten, dass **empfangene Daten nicht an Unberechtigte übermittelt werden** (Abs. 1 S. 2 Nr. 6). Letztere Bestimmung folgt dem Wortlaut der zugrunde liegenden EU-Regelung in Anhang IV lit. f RL 2014/24/EU nicht exakt und ist sprachlich unklar. Im Lichte der genannten EU-Vorschrift ist sie so interpretieren, dass nicht allein sichergestellt sein muss, dass empfangene Daten nicht an Unberechtigte *übermittelt* werden, sondern **ferner**, dass **eingegangene und geöffnete Daten nur den zur Kenntnisnahme ermächtigten Personen zugänglich bleiben** und Unberechtigte *keinen Einblick* **in die geöffneten Daten erhalten**.[8] Schließlich müssen die Mittel auch ermöglichen, dass **Verstöße oder versuchte Verstöße** gegen die Anforderungen gemäß den vorgenannten Nr. 1–6 eindeutig festgestellt werden können (Abs. 1 S. 2 Nr. 7).

21 **5. Vorgaben für eine einheitliche Datenaustauschschnittstelle und IT-Standards.** Abs. 2 bestimmt ergänzend zu den vorgenannten, auf Europarecht beruhenden Vorgaben, dass die elektronischen Mittel, die vom öffentlichen Auftraggeber für den Empfang von Angeboten und den weiteren in Abs. 2 genannten Kommunikationen genutzt werden, über eine **einheitliche Datenaustauschschnittstelle** verfügen müssen. Zu verwenden sind insoweit die jeweils geltenden **Interoperabilitäts- und Sicherheitsstandards** der Informationstechnik gem. § 3 Abs. 1 des Vertrags über die Errichtung des deutschen IT-Planungsrats und über die Grundlagen der Zusammenarbeit beim Einsatz der Informationstechnologie in den Verwaltungen von Bund und Ländern vom 1.4.2010. Bei diesem Vertrag handelt es sich um einen **Vertrag zur Ausführung von Art. 91c GG**, der auf eine **verstärkte Zusammenarbeit von Bund und Ländern** im Bereich ihrer informationstechnischen Systeme abzielt.

22 Mit Abs. 2 wird vor allem der seit 2007 im Aufbau befindliche deutsche **Interoperabilitätsstandard „XVergabe"**[9] (dazu und zum Folgenden → GWB § 97 Rn. 316 f.) in Bezug genommen.

---

[7] OLG Frankfurt a. M. Beschl. v. 18.2.2020 – 11 Verg 7/19.
[8] Vgl. Anh. IV lit. f RL 2014/24/EU.
[9] S. https://www.xvergabe.org/confluence/display/xv/Home (zitiert nach dem Stand v. 3.10.2020).

Die Projektverantwortung für diesen Standard liegt beim Beschaffungsamt des Bundesministeriums des Innern in Verbindung mit dem Land NRW. Inzwischen sind an der XVergabe-Standardisierung prinzipiell Vertreter aller Bundesländer sowie auch der Kommunen und der Wirtschaft beteiligt, um eine Standardisierung unter Einbeziehung aller beteiligten Kreise zu erreichen. Eine **verbindliche Anwendung des Standards** gilt aufgrund eines Beschlusses des IT-Planungsrats **seit dem 17.6.2015**.[10]

Der Standard dient der Schaffung von Interoperabilitätslösungen für die bisher vielfach divergierenden Komponenten von e-Vergabe-Systemen bzw. -Lösungen. Er betrifft **zunächst vor allem die Erreichung von Interoperabilität bei der elektronischen Angebotsabgabe.** Insoweit soll Interoperabilität bezüglich der konkurrierenden, technisch unterschiedlichen Bieter-Tools zur Bewirkung der Angebotsabgabe erreicht werden. Ziel ist die Überwindung des sog. „Flickenteppichs e-Vergabe", der bislang durch viele verschiedene, nicht miteinander kompatible Lösungen der e-Vergabe gekennzeichnet war, was der Akzeptanz der e-Vergabe insgesamt sehr geschadet hat. 23

Durch Abs. 2 wird die Beachtung des XVergabe-Standards auch **vergaberechtlich zwingend vorgeschrieben.** Danach müssen die öffentlichen Auftraggeber sicherstellen, dass die bei ihren Vergaben eingesetzten elektronischen Systeme bzw. Lösungen den Vorgaben des XVergabe-Standards entsprechen. Dazu müssen sie bei der Beschaffung und Unterhaltung ihrer e-Vergabe-Systeme bzw. -Lösungen dem XVergabe-Standard entsprechende Anforderungen stellen. 24

§ 11 Anforderungen an den Einsatz elektronischer Mittel im Vergabeverfahren

(1) ¹**Elektronische Mittel und deren technische Merkmale müssen allgemein verfügbar, nichtdiskriminierend und mit allgemein verbreiteten Geräten und Programmen der Informations- und Kommunikationstechnologie kompatibel sein.** ²**Sie dürfen den Zugang von Unternehmen zum Vergabeverfahren nicht einschränken.** ³Der öffentliche Auftraggeber gewährleistet die barrierefreie Ausgestaltung der elektronischen Mittel nach den §§ 4, 12a und 12b[1] des Behindertengleichstellungsgesetzes vom 27. April 2002 (BGBl. I S. 1467, 1468) in der jeweils geltenden Fassung.

(2) Der öffentliche Auftraggeber verwendet für das Senden, Empfangen, Weiterleiten und Speichern von Daten in einem Vergabeverfahren ausschließlich solche elektronischen Mittel, die die Unversehrtheit, die Vertraulichkeit und die Echtheit der Daten gewährleisten.

(3) Der öffentliche Auftraggeber muss den Unternehmen alle notwendigen Informationen zur Verfügung stellen über
1. die in einem Vergabeverfahren verwendeten elektronischen Mittel,
2. die technischen Parameter zur Einreichung von Teilnahmeanträgen, Angeboten und Interessensbestätigungen mithilfe elektronischer Mittel und
3. verwendete Verschlüsselungs- und Zeitfassungsverfahren.

Übersicht

	Rn.		Rn.
I. Normzweck	1	c) Barrierefreie Ausgestaltung der elektronischen Mittel	14
II. Europarechtlicher Hintergrund	6		
III. Einzelerläuterungen	8	2. Gewährleistung der Unversehrtheit, Vertraulichkeit und „Echtheit" der Daten	18
1. Allgemeine Anforderungen an elektronische Mittel und deren technische Merkmale	8	3. Zurverfügungstellung aller notwendigen Informationen	22
a) Allgemeine Verfügbarkeit, nichtdiskriminierende Beschaffenheit und Kompatibilität	8	4. Ergänzend geltende allgemeine Gebote bezüglich der Vertraulichkeit, der Integrität und der Dokumentierbarkeit der Daten	24
b) Verbot der Einschränkung des Zugangs von Unternehmen zum Vergabeverfahren	13		

---

[10] S. Pressemitteilung des IT-Planungsrates v. 17.6.2015.
[1] **Anmerkung:** Die Verweisung auf §§ 4 und 12 des Behindertengleichstellungsgesetzes in § 11 Abs. 1 S. 3 entspricht der Korrektur einer in der ersten Fassung der VgV v. 12.4.2016 enthaltenen fehlerhaften Verweisung auf §§ 4 und 11 des Behindertengleichstellungsgesetzes. Die Korrektur wurde durch Art. 8 Nr. 1 des eIDAS-Durchführungsgesetzes v. 18.7.2017 bewirkt, das seit 29.7.2017 in Kraft ist (→ GWB § 97 Rn. 370; → Rn. 14).

I. Normzweck

1 § 11 soll laut seines Titels **Anforderungen an den Einsatz elektronischer Mittel** im Vergabeverfahren festlegen. Tatsächlich handelt es sich dabei teilweise allerdings nicht um Anforderungen an den *Einsatz* der elektronischen Mittel, sondern ebenso wie in § 10 **teils auch um Anforderungen an die elektronischen Mittel selbst,** so vor allem in Abs. 1 S. 1 und 2 (→ § 10 Rn. 2).

2 Abs. 1 S. 1 und 2 benennen europarechtlich gebotene, **grundlegende, allgemeine Anforderungen an alle elektronischen Mittel im Vergabeverfahren.** Danach müssen die elektronischen Mittel und ihre technischen Merkmale **allgemein verfügbar, nichtdiskriminierend** und mit allgemein verbreiteten Geräten und Programmen der Informations- und Kommunikationstechnologie **kompatibel** sein. Ferner dürfen sie den **Zugang von Unternehmen zum Vergabeverfahren** nicht einschränken. Diese grundlegenden Anforderungen stellen eine für den Bereich des elektronischen Vergabewesens konkretisierte, **spezifische Ausprägung der allgemeinen vergaberechtlichen Transparenz- und Nichtdiskriminierungsgebote** iSd EU-Vergaberechts und des § 97 Abs. 1 und 2 GWB dar.[2] Damit soll klargestellt werden, dass für das Vergabeverfahren vorgegebene elektronische Mittel nicht – gewollt oder ungewollt – zu Zugangshemmnissen oder Bevorzugungen bzw. Benachteiligungen einzelner Bieter führen dürfen.

3 **Zusätzlich** zu diesen auf Art. 22 Abs. 1 UAbs. 1 S. 2 RL 2014/24/EU gründenden Anforderungen schreibt § 11 Abs. 1 S. 3 vor, dass der öffentliche Auftraggeber die **barrierefreie Ausgestaltung** der verwendeten elektronischen Mittel nach bestimmten Vorschriften des deutschen Behindertengleichstellungsgesetzes (BGG) vom 27.4.2002 in der jeweils geltenden Fassung zu gewährleisten hat (→ Rn. 14).

4 Nach Abs. 2 darf der öffentliche Auftraggeber für das Senden, Empfangen, Weiterleiten und Speichern von Daten im Vergabeverfahren ausschließlich solche elektronischen Mittel verwenden, die die **Unversehrtheit,** dh Integrität, die **Vertraulichkeit und** die **„Echtheit"** der Daten gewährleisten. Damit soll sichergestellt werden, dass die Beachtung des bislang für die Durchführung eines Vergabeverfahrens in Papierform geltenden Grundsatzes der Vertraulichkeit und des Verbots unzulässiger Abänderungen bzw. Einsichtnahmen in Angebote und sonstige Dokumente entsprechend auch im elektronischen Vergabeverfahren gewährleistet ist. Mit diesen Bestimmungen soll unzureichenden Vorkehrungen zur IT-Sicherheit bei der e-Vergabe ebenso wie gezielten Manipulationen und Auspähungen von Daten entgegengewirkt werden.

5 Schließlich hat der öffentliche Auftraggeber nach Abs. 3 den Unternehmen **alle notwendigen Informationen zur Verfügung zu stellen,** die sich auf die in einem Vergabeverfahren verwendeten elektronischen Mittel, die technischen Parameter zur elektronischen Einreichung von Teilnahmeanträgen, Angeboten und Interessensbestätigungen sowie eingesetzte Verschlüsselungs- und Zeiterfassungsverfahren beziehen. Auch diese Bestimmung dient der Transparenz sowie der Gleichbehandlung aller Bieter bei der e-Vergabe.

II. Europarechtlicher Hintergrund

6 Die allgemeinen Anforderungen an die im Vergabeverfahren zu verwendenden elektronischen Mittel nach Abs. 1 S. 1 und 2 fußen auf den Vorgaben in **Art. 22 Abs. 1 UAbs. 1 S. 2 RL 2014/24/EU. Als grundlegende europarechtliche Anforderungen an elektronische Mittel bei der e-Vergabe** galten derartige Vorgaben bereits nach Art. 42 Abs. 2 und Abs. 4 Vergabe-RL 2004 (RL 2004/18/EG).

7 Das Gebot der Gewährleistung der Unversehrtheit, Vertraulichkeit und „Echtheit" der Daten nach Abs. 2 beruht auf **Art. 22 Abs. 3 S. 1 RL 2014/24/EU.** Das weitere Gebot, dass der Auftraggeber den Unternehmen nach Abs. 3 alle notwendigen Informationen bezüglich der elektronischen Mittel und weiterer Spezifika der e-Vergabe zur Verfügung zu stellen hat, beruht auf **Art. 22 Abs. 6 UAbs. 1 lit. a RL 2014/24/EU,** geht allerdings weiter als diese EU-Vorschrift (→ Rn. 23).

III. Einzelerläuterungen

8 **1. Allgemeine Anforderungen an elektronische Mittel und deren technische Merkmale. a) Allgemeine Verfügbarkeit, nichtdiskriminierende Beschaffenheit und Kompatibilität.** Abs. 1 benennt **allgemeine Anforderungen an elektronische Mittel,** die zur Durchführung eines öffentlichen Vergabeverfahrens eingesetzt werden. Danach müssen elektronische Mittel und deren technische Merkmale **allgemein verfügbar, nichtdiskriminierend** und **mit allgemein verbreiteten Geräten und Programmen der Informations- und Kommunikationstechnologie kompatibel** sein.

---

[2] Vgl. auch bereits *P. Schäfer* NZBau 2015, 131 ff. (132 und 135).

III. Einzelerläuterungen 9–14 § 11 VgV

Allgemein verfügbar sind elektronische Mittel, wenn sie für alle ohne Einschränkung verfügbar sind. Das bedeutet, dass es sich nicht etwa um eine sog. „proprietäre Lösung" handelt, die nur singulär für die betreffende Anwendung zur Nutzung vorgeschrieben wird, dagegen am Markt bzw. bei vergleichbaren Anwendungen sonst kaum üblich ist und für Interessierte, die selbst nicht über diese Lösung verfügen, nicht ohne Weiteres bzw. nur mit erheblichem Aufwand zu erlangen ist.[3] Laut der amtl. Begr. zu § 11 Abs. 1 steht der allgemeinen Verfügbarkeit allerdings nicht entgegen, dass das geforderte Mittel gegen ein marktübliches Entgelt erworben werden kann.[4] Letzteres dürfte allerdings nur gelten, wenn das Entgelt zum Erwerb des konkret geforderten elektronischen Mittels nicht außer Verhältnis zum marktüblichen Entgelt für vergleichbare andere elektronische Mittel steht, die in ähnlichen Anwendungen gefordert werden und über eine entsprechende Funktionalität und Leistungsfähigkeit wie das konkret geforderte elektronische Mittel verfügen. 9

Nichtdiskriminierend sind elektronische Mittel, wenn sie grundsätzlich **für alle gleichermaßen** zugänglich sind. Mit dem Erfordernis der nicht diskriminierenden Beschaffenheit der elektronischen Mittel soll – wie bereits nach den entsprechenden Vorschriften des Art. 42 Abs. 2 und Abs. 4 Vergabe-RL 2004 – erreicht werden, dass Vorgaben zur Verwendung eines elektronischen Mittels nicht zu einer Diskriminierung von Bewerbern oder Bietern durch die Auswahl des technischen Mittels führen.[5] 10

Der deutsche Verordnungsgeber verweist in der amtl. Begr. zu Abs. 1 besonders darauf, dass das Erfordernis der Nichtdiskriminierung bedeutet, dass die elektronischen Mittel **auch für Menschen mit Behinderungen** ohne besondere Erschwernis und grundsätzlich ohne fremde Hilfe zugänglich und nutzbar sind.[6] Damit wird die Bedeutung des Ziels der Teilhabe aller Menschen einschließlich Behinderter (Inklusion) konkret auch für den Kontext der Durchführung des Vergabeverfahrens betont. Das bedeutet, dass der Grundsatz der behindertengerechten Ausgestaltung der infrage kommenden elektronischen Mittel zwingend zu berücksichtigen ist (ferner → Rn. 14 ff.). Jedoch dürfen die Anforderungen an die Zugänglichkeit und Nutzbarkeit der elektronischen Mittel sinnvollerweise nicht dahin überdehnt werden, dass diese an jeglichem denkbaren individuellen Fall mit besonders extremer individueller Behinderung gemessen werden müssten. In diesem Sinne wird in der amtl. Begr. zum parallel ausgestalteten § 9 Abs. 1 KonzVgV zur Barrierefreiheit nach § 4 BGG formuliert, dass dieser *in angemessener Form* Rechnung zu tragen sei. Auch dort wird allerdings ausgeführt, dass die elektronischen Umgebungen so zu gestalten seien, dass niemand von der Nutzung ausgeschlossen sei und sie von allen gleichermaßen genutzt werden könnten. Die verwendeten barrierefreien Lösungen sollten auf eine möglichst allgemeine, breite Nutzbarkeit abgestimmt werden.[7] 11

Mit allgemein verbreiteten Geräten und Programmen der Informations- und Kommunikationstechnologie kompatibel sind elektronische Mittel, wenn sie so beschaffen sind, dass jeder Bürger und jedes Unternehmen die in Privathaushalten und Unternehmen üblicherweise vorhandenen Geräte und Programme nutzen kann, um sich über öffentliche Vergabeverfahren zu informieren oder daran teilzunehmen.[8] 12

b) Verbot der Einschränkung des Zugangs von Unternehmen zum Vergabeverfahren. Abs. 1 S. 2 schreibt vor, dass die eingesetzten elektronischen Mittel den **Zugang von Unternehmen zum Vergabeverfahren nicht einschränken** dürfen. Diese Vorgabe ergänzt die Gebote des Abs. 1 S. 1. In der amtl. Begr. wird allerdings klargestellt, dass Unternehmen nicht schon deshalb hinsichtlich ihrer Teilnahme eingeschränkt seien, weil ein öffentlicher Auftraggeber die maximale Größe von Dateien festlege, die im Rahmen eines Vergabeverfahrens an ihn gesendet werden könnten.[9] Im Lichte der Gebote der Nichtdiskriminierung und der Verhältnismäßigkeit dürfte letztere Aussage der amtl. Begr. jedoch nur gelten, wenn die vom öffentlichen Auftraggeber vorgegebene maximale Dateigröße im Vergleich zu üblichen Größenbeschränkungen nicht übermäßig klein ist und den betroffenen Unternehmen dadurch kein erheblicher, unüblicher Mehraufwand entsteht. 13

c) Barrierefreie Ausgestaltung der elektronischen Mittel. Nach Abs. 1 S. 3 hat der öffentliche Auftraggeber die barrierefreie Ausgestaltung der elektronischen Mittel nach bestimmten, genau bezeichneten Regelungen gem. §§ 4 und 12 **BGG (Behindertengleichstellungsgesetzes)** vom 27.4.2002 in der jeweils geltenden Fassung zu gewährleisten. Diese Verweisung auf §§ 4 und 12 14

---

[3] Vgl. auch bereits *P. Schäfer* FS Kilian, 2004, 761 (772).
[4] Vgl. VgV-Begründung zu § 11 Abs. 1, BR-Drs. 87/16, 165.
[5] Vgl. zur Vorgängervorschrift des Art. 42 RL Vergabe-RL 2004 *P. Schäfer* FS Kilian, 2004, 761 (772).
[6] Vgl. VgV-Begründung zu § 11 Abs. 1, BR-Drs. 87/16, 165.
[7] Vgl. KonzVgV-Begründung zu § 9 Abs. 1 Konz BR-Drs. 87/16, 284.
[8] Vgl. VgV-Begründung zu § 11 Abs. 1 BR-Drs. 87/16, 165.
[9] Vgl. VgV-Begründung zu § 11 Abs. 1, BR-Drs. 87/16, 165.

BGG entspricht einer Textkorrektur des fehlerhaften Textes der ersten Fassung der VgV vom 12.4.2016, der irrtümlich auf §§ 4 und 11 BGG verwiesen hatte und 2017 im Rahmen einer ersten Änderung der VgV[10] berichtigt wurde.[11]

15 Ziel des Abs. 1 S. 3 ist, dass der öffentliche Auftraggeber elektronische Umgebungen im Bereich der e-Vergabe so einzurichten hat, dass **niemand von der Nutzung ausgeschlossen** ist und diese von allen gleichermaßen genutzt werden können. Die barrierefreien Lösungen sollen auf eine **möglichst allgemeine, breite Nutzbarkeit** abgestimmt werden. So sind **beispielsweise** die besonderen **Belange Gehörloser oder Blinder** bei der Gestaltung elektronischer Vergabeplattformen zu berücksichtigen.[12] Allerding dürfen die Anforderungen im Sinne einer sachorientierten und praktikablen Anwendung nicht übermäßig überdehnt werden (→ Rn. 11).

16 Die in Bezug genommene Regelung des **§ 4 BGG** enthält eine **allgemeine Definition der Barrierefreiheit**, die auf unterschiedliche Gegenstände (bzw. Anlagen und Einrichtungen) bezogen ist, darunter auch Systeme der Informationsverarbeitung und Kommunikationseinrichtungen. **Barrierefreiheit** ist danach gegeben, **wenn die in § 4 BGG genannten Gegenstände für Menschen mit Behinderungen in der allgemein üblichen Weise, ohne besondere Erschwernis und grundsätzlich ohne fremde Hilfe auffindbar, zugänglich und nutzbar sind;** dabei ist die Nutzung behinderungsbedingt notwendiger Hilfsmittel zulässig.

17 Wesentlich für die **Ausgestaltung der elektronischen Mittel bei Behörden** ist **§ 12 BGG**. Diese Vorschrift betrifft die Anforderungen an die Barrierefreiheit **speziell betreffend Informationstechnik**. Nach § 12 Abs. 1 BGG sind **Internetauftritte und -angebote** einschließlich ihrer grafischen **Programmoberflächen** von Behörden schrittweise technisch so zu gestalten, dass sie von behinderten Menschen grundsätzlich uneingeschränkt genutzt werden können. **Einzelheiten** der barrierefreien Ausgestaltung ergeben sich aus der auf § 12 Abs. 1 S. 2 BGG beruhenden **Verordnung** zur Schaffung barrierefreier Informationstechnik nach dem BGG vom 12.9.2011 **(BITV 2.0)**, BGBl. 2011 I 1843 (1859). Bedeutsam ist dabei insbesondere § 3 BITV 2.0 iVm der darauf bezogenen **Anlage 1 zur BITV 2.0**. Durch diese Vorschriften werden Standards für die Barrierefreiheit von IT-Anwendungen unter Bezugnahme auf einen ausführlichen Prioritäten-Katalog gesetzt.

18 **2. Gewährleistung der Unversehrtheit, Vertraulichkeit und „Echtheit" der Daten.** Nach Abs. 2 hat der öffentliche Auftraggeber **für das Senden, Empfangen, Weiterleiten und Speichern von Daten** in einem Vergabeverfahren ausschließlich solche elektronischen Mittel zu verwenden, die die Unversehrtheit, die Vertraulichkeit und die „Echtheit" der Daten gewährleisten. Der Begriff der **Unversehrtheit** der Daten nach Abs. 2 entspricht dem in Art. 22 Abs. 3 S. 1 RL 2014/24 EU verwendeten Begriff der **Integrität** der Daten. Unter **„Echtheit"** der Daten versteht der deutsche Verordnungsgeber die **Authentizität** der Daten.[13] Letztere bedeutet vereinfacht gesagt, dass die Daten tatsächlich demjenigen zugeordnet werden können, der als Sender dieser Daten erscheint. Die Datenquelle beziehungsweise der Sender muss dabei zweifelsfrei nachgewiesen werden können. Die in Abs. 2 normierten Gebote der Gewährleistung der Unversehrtheit und der Vertraulichkeit der Daten können als **spezielle Ausprägungen der allgemeinen Gebote der Gewährleistung der Integrität der Daten und Vertraulichkeit der Angebote, Teilnahmeanträge** uÄ gem. § 5 Abs. 2 S. 1 eingestuft werden.

19 Die vorgenannten Gebote des § 11 Abs. 2 fußen im Wesentlichen auf **Art. 22 Abs. 3 S. 1 RL 2014/24/EU,** der wiederum auf die Vorgänger-Regelung in Art. 42 Abs. 3 Vergabe-RL 2004 zurückgeht. In diesen europarechtlichen Vorgaben werden explizit allerdings nur die *Integrität,* dh die Unversehrtheit, und die *Vertraulichkeit* der Daten als *generell* schutzbedürftig angeführt, nicht aber die „Echtheit" bzw. Authentizität der Daten.

20 Vorkehrungen zum Schutz der *„Echtheit" bzw. Authentizität* der Daten finden sich in den EU-Richtlinien allerdings *partiell* in Anhang IV RL 2014/24/EU. Dieser stellt hohe Anforderungen an die technischen Vorkehrungen für die Entgegennahme von Angeboten und ähnlichen dort genannten „sensiblen" Vorgängen. Danach müssen die diesbezüglichen „Instrumente und Vorrichtungen", dh die dafür zum Einsatz kommenden elektronischen Mittel, etliche Anforderungen erfüllen, mit denen sichergestellt wird, dass *Unbefugte keinen Zugang* zu den Daten erhalten; ferner muss danach gewährleistet sein, dass es als sicher gelten kann, dass Verstöße oder versuchte *Verstöße gegen diese Zugangsverbote sich eindeutig aufdecken lassen.*[14] Diese Vorschriften nennen die „Echtheit" bzw. Authen-

---

10 Änderung aufgrund Art. 8 Nr. 1 eIDAS-Durchführungsgesetz v. 18.7.2017, in Kraft getreten am 29.7.2017.
11 Ein entsprechender Verweisungsfehler bezüglich des BGG befand sich auch in parallelen Bestimmungen zur e-Vergabe wie zB § 9 Abs. 1 S. 3 KonzVgV; letztere Vorschrift wurde ebenfalls 2017 durch das eIDAS-Durchführungsgesetz (Art. 10 Nr. 1) berichtigt.
12 Vgl. amtl. Begr. zur VergRModVO, zu § 11 Abs. 1, BR-Drs. 87/16, 165.
13 Vgl. VgV-Begründung zu § 11 Abs. 2, BR-Drs. 87/16, 166.
14 S. Anhang 4 lit. g. RL 2014/24/EU.

III. Einzelerläuterungen

tizität der Daten zwar nicht ausdrücklich, verlangen aber Vorkehrungen, die unbefugten Zugriff verhindern, was letztlich auch dem *Schutz der Echtheit bzw. Authentizität* sowie der Integrität der Daten bei den genannten Kommunikationsvorgängen dient. Das *allgemeine* Gebot des Abs. 2 bezüglich der Gewährleistung der Echtheit bzw. Authentizität der Daten geht über den besonderen Schutzbereich des Anhangs IV RL 2014/24/EU hinaus. Nach Abs. 2 hat der öffentliche Auftraggeber hinsichtlich der elektronischen Mittel das Gebot der Gewährleistung der Echtheit der Daten – ebenso wie die Integrität und der Vertraulichkeit – für das Senden, Empfangen, Weiterleiten und Speichern von Daten im Vergabeverfahren *generell* zu beachten.

Entsprechend dem ausdrücklichen Hinweis des deutschen Verordnungsgebers in der amtl. Begr. zu Abs. 2 muss der öffentliche Auftraggeber die Unversehrtheit, Vertraulichkeit und Echtheit aller verfahrensbezogenen Daten **während des gesamten Vergabeverfahrens** sicherstellen; der öffentliche Auftraggeber muss **geeignete organisatorische und technische Maßnahmen** ergreifen, um die verwendete Informations- und Kommunikationstechnologie vor (unberechtigten) fremden Zugriffen zu schützen; schließlich wird in der amtl. Begr. angeführt, dass dabei nur solche technischen Systeme und Bestandteile eingesetzt werden sollen, die dem aktuellen **Stand der Technik** entsprechen.[15]

3. Zurverfügungstellung aller notwendigen Informationen. Abs. 3 schreibt vor, dass der öffentliche Auftraggeber den Unternehmen **alle notwendigen Informationen** über die in einem Vergabeverfahren verwendeten **elektronischen Mittel** zur Verfügung stellen muss (Abs. 3 Nr. 1). Ferner muss er ihnen alle notwendigen Informationen über die **technischen Parameter zur Einreichung von Teilnahmeanträgen, Angeboten und Interessensbestätigungen,** die mit Hilfe elektronischer Mittel erfolgt, zur Verfügung stellen (Abs. 3 Nr. 2). Gleiches gilt auch für **verwendete Verschlüsselungs- und Zeiterfassungsverfahren** (Abs. 3 Nr. 3).

Abs. 3 dient der Umsetzung des Art. 22 Abs. 6 UAbs. 1 lit. a RL 2014/24/EU.[16] Die Informationspflichten gem. Abs. 3 Nr. 1 reichen allerdings weiter als die Verpflichtungen nach der vorgenannten EU-Vorschrift. Während letztere nur für die elektronische Übermittlung bzw. den Eingang von Angeboten und Teilnahmeanträgen gelten, sieht Abs. 3 Nr. 1 eine *generelle* **Verpflichtung des öffentlichen Auftraggebers** vor, den Unternehmen *alle* **notwendigen Informationen** über die in einem Vergabeverfahren verwendeten elektronischen Mittel zur Verfügung zu stellen. Diese in der deutschen Umsetzung weit gefasste Informationspflicht **dient der Transparenz und der Nichtdiskriminierung** aller Bewerber und Bieter im gesamten Vergabeverfahren hinsichtlich der elektronischen Mittel. Zu den notwendigen Informationen gehören dabei auch Anleitungen zur Verwendung der Vergabeplattform sowie zur Installation, Bedienung und Aktualisierung einer gegebenenfalls erforderlichen Software, nicht jedoch der Hinweis, dass eine vom Bieter verwendete Programmversion veraltet ist.[17]

4. Ergänzend geltende allgemeine Gebote bezüglich der Vertraulichkeit, der Integrität und der Dokumentierbarkeit der Daten. Ergänzend zu den vorgenannten Regelungen gelten die **allgemeinen Gebote** bezüglich der **Integrität der Daten und der Vertraulichkeit** nach § 5 Abs. 1 und 2, die durch die Vorschriften über die elektronischen Mittel in §§ 10 ff. teils näher konkretisiert werden.

Nach **§ 5 Abs. 1** muss der öffentliche Auftraggeber beachten, dass ihm von den Unternehmen übermittelte und von diesen **als vertraulich gekennzeichnete Informationen nicht weitergegeben werden dürfen,** sofern in der VgV oder anderen Rechtsvorschriften nichts anderes bestimmt ist. Das bedeutet beispielsweise, dass der Auftraggeber dafür Sorge tragen muss, dass von den Unternehmen ausdrücklich als vertraulich gekennzeichnete Informationen von Personen, die in die Abwicklung des Vergabeverfahrens eingeschaltet sind, nicht an Dritte weitergegeben werden dürfen. Dies gilt sowohl für den Fall, dass diese Personen als **Mitarbeiter des Auftraggebers** tätig werden, als auch für den Fall, dass sie vom Auftraggeber als **externe Dienstleister** in die Abwicklung des Verfahrens bzw. zur Erbringung diesbezüglicher elektronischer Unterstützungsdienste eingeschaltet sind (zB Online-Diensteanbieter bzw. sog. „Mehrwertdienste" oÄ).[18]

---

[15] Vgl. VgV-Begründung zu § 11 Abs. 2, BR-Drs. 87/16, 166.
[16] Vgl. VgV-Begründung zu § 11 Abs. 3, BR-Drs. 87/16, 166.
[17] VK München Beschl. v. 19.3.2018 – Z3-3-3194-1-54-11/17.
[18] Ein allg. klassisches Beispiel bezüglich der Verpflichtung eingeschalteter *externer* IT-Dienstleister zur Einhaltung der Vertraulichkeit im vertraglichen Sektor bildet § 15 des Deutschen EDI-Rahmenvertrags (Muster für einen Rahmenvertrag zu Electronic Data Interchange) betr. eingeschaltete elektronische „Mehrwertdienste" – s. Arbeitsgemeinschaft Wirtschaftliche Verwaltung – AWV (Hrsg.), Deutscher EDI-Rahmenvertrag, 1994; vgl. ferner zahlreiche nachfolgende jüngere, bereichsspezifische EDI-Vertragsmuster sowie Verpflichtungserklärungen.

26 Nach **§ 5 Abs. 2 S. 1** hat der öffentliche Auftraggeber ferner bei der gesamten Kommunikation sowie beim Austausch und bei der der Speicherung von Informationen die **Integrität der Daten**, dh deren Unversehrtheit, zu gewährleisten. Überdies muss der Auftraggeber bei der gesamten Kommunikation sowie beim Austausch und der Speicherung von Informationen die **Vertraulichkeit der Interessensbekundungen, Interessensbestätigungen, Teilnahmeanträge und Angebote** einschließlich ihrer Anlagen gewährleisten. Diese für alle Arten der Kommunikation geltenden *allgemeinen* Gebote der Gewährleistung der Datenintegrität und der Vertraulichkeit werden hinsichtlich der elektronischen Mittel **durch § 11 Abs. 2 näher konkretisiert** (→ Rn. 18 ff.).

27 Gemäß **§ 5 Abs. 2 S. 2** gilt vorgenanntes **Vertraulichkeitsgebot auch fortwährend.** Danach sind die Interessensbekundungen, Interessensbestätigungen, Teilnahmeanträge und Angebote einschließlich ihrer Anlagen sowie die Dokumentation über Öffnung und Wertung der Teilnahmeanträge und Angebote **auch nach Abschluss des Vergabeverfahrens** vertraulich zu behandeln. Eine solche fortwirkende Vertraulichkeitspflicht ist notwendig, weil das Erfordernis des Schutzes von Betriebs- und Geschäftsgeheimnissen von Unternehmen nicht mit dem Ende eines Vergabeverfahrens erlischt. Dementsprechend wird in der amtl. Begr. zur VgV darauf verwiesen, dass das fortwährende Vertraulichkeitsgebot dem Schutz eines ungestörten Wettbewerbs dient.[19] Wie sich aus dem Wortlaut des § 5 Abs. 1 S. 2 ergibt, ist das fortgeltende Vertraulichkeitsgebot zeitlich nicht befristet. So ist es zB auch zu beachten, wenn Akten bzw. elektronische Datenbestände nach Ablauf von Aufbewahrungsfristen wie § 8 Abs. 4 vernichtet werden,[20] Ämter umstrukturiert oder Akten bzw. Datenbestände verlagert werden. Der Auftraggeber muss insoweit sicherstellen, dass die eingesetzte Hard- und Software auch die Einhaltung einer fortwährenden Vertraulichkeitspflicht ermöglichen.

28 Ergänzend zu den speziellen Vorschriften der §§ 9 ff. ist zu berücksichtigen, dass der öffentliche Auftraggeber den Unternehmen nach § 5 Abs. 3 ggf. **Anforderungen in Bezug auf den Schutz der Vertraulichkeit** der Informationen im Rahmen des Vergabeverfahrens vorschreiben kann. Auch wenn der Wortlaut des § 5 Abs. 3 recht allgemein gehalten ist, ist diese Vorschrift wohl insbesondere auf den **Schutz von Informationen *des Auftraggebers*** im Vergabeverfahren bezogen. Dies ergibt die Auslegung im Lichte der zugrunde liegenden EU-Vorschrift des Art. 21 Abs. 2 RL 2014/24/EU. Danach können öffentliche Auftraggeber den Wirtschaftsteilnehmern Anforderungen vorschreiben, die den Schutz der Vertraulichkeit von Informationen bezwecken, die *der Auftraggeber* im Rahmen des Vergabeverfahrens zur Verfügung stellt.[21]

29 Neben der traditionellen Maßnahme des Verlangens nach **Abgabe einer Verschwiegenheitserklärung** gem. § 5 Abs. 3 S. 2 dürften insoweit uU wohl auch Vorgaben des Auftraggebers zur **Nutzung elektronischer Signaturen oder ähnlicher Sicherheitsmaßnahmen** mit Blick auf den **Schutz der Integrität und Authentizität** der Daten in Betracht kommen. Gleiches dürfte für etwaige Forderungen des Auftraggebers nach **Nutzung elektronischer Verschlüsselung (Kryptierung)** zum **Schutz gegen unberechtigten Einblick** in die Daten gelten. Will der Auftraggeber vorschreiben, dass der Bieter derartige Instrumente wegen erhöhter Sicherheitserfordernisse bei Interessensbekundungen, Interessensbestätigungen, Teilnahmeanträgen oder Angeboten nutzt, so hat er die Vorschriften bezüglich der Erforderlichkeit bzw. Verhältnismäßigkeit elektronischer Signaturen gem. § 53 Abs. 3, die allgemeine Bestimmungen zur elektronischen Kommunikation gem. §§ 9 ff. sowie das zugrunde liegende allgemeine europarechtliche Gebot der Verhältnismäßigkeit zu beachten. Erwägt der Auftraggeber Vorgaben zur Nutzung von Kryptierung, muss er auch insoweit sicherstellen, dass diese Vorgaben weder gegen die Vorschriften der §§ 9 ff. noch gegen das allgemeine europarechtliche Verhältnismäßigkeitsgebot verstoßen.

30 Stellt der Auftraggeber Anforderungen in Bezug auf den Schutz der Vertraulichkeit der Informationen, trifft ihn eine entsprechende **Informationspflicht gegenüber den Bietern.** Nach § 41 Abs. 3 S. 1 muss er in der Auftragsbekanntmachung oder der Aufforderung zur Interessensbestätigung angeben, welche Maßnahmen er zum Schutz der Vertraulichkeit von Informationen anwendet bzw. fordert und wie auf die Vergabeunterlagen zugegriffen werden kann. Besteht die geforderte Maßnahme zum Schutz der Vertraulichkeit nicht allein in der Abgabe einer Verschwiegenheitserklärung und liegt kein Fall hinreichend begründeter Dringlichkeit vor, verlängert sich die Angebotsfrist nach § 41 Abs. 3 S. 2 um fünf Tage.

31 Schließlich sollte der öffentliche Auftraggeber mit Blick auf mögliche Vergaberechtsschutzverfahren im eigenen Interesse beachten, dass die eingesetzten elektronischen Mittel eine **zuverlässige Aufzeichnung bzw. Dokumentation der wesentlichen Schritte des Verfahrens** gewährleisten. Die Dokumentation muss **auch für einen angemessenen Zeitraum nach Beendigung des Verfahrens** noch zuverlässig verfügbar sein. Als Anhaltspunkt für diesen Zeitraum kommt § 8 Abs. 4

---

[19] S. VgV-Begründung zu § 5 Abs. 2, BR-Drs. 87/16, 161.
[20] Vgl. *Röwekamp* in KKMPP VgV § 5 Rn. 11.
[21] So auch *Röwekamp* in KKMPP VgV § 5 Rn. 11.

in Betracht. Danach sind die Dokumentation sowie der Vergabevermerk, die Angebote und weitere in dieser Vorschrift genannten Dokumente bis zum Ende der Laufzeit des jeweiligen Vertrags oder der Rahmenvereinbarung aufzubewahren, mindestens jedoch für drei Jahre ab dem Tag des Zuschlags.

§ 12 Einsatz alternativer elektronischer Mittel bei der Kommunikation

(1) Der öffentliche Auftraggeber kann im Vergabeverfahren die Verwendung elektronischer Mittel, die nicht allgemein verfügbar sind (alternative elektronische Mittel), verlangen, wenn er
1. Unternehmen während des gesamten Vergabeverfahrens unter einer Internetadresse einen unentgeltlichen, uneingeschränkten, vollständigen und direkten Zugang zu diesen alternativen elektronischen Mitteln gewährt und
2. diese alternativen elektronischen Mittel selbst verwendet.

(2) ¹Der öffentliche Auftraggeber kann im Rahmen der Vergabe von Bauleistungen und für Wettbewerbe die Nutzung elektronischer Mittel für die Bauwerksdatenmodellierung verlangen. ²Sofern die verlangten elektronischen Mittel für die Bauwerksdatenmodellierung nicht allgemein verfügbar sind, bietet der öffentliche Auftraggeber einen alternativen Zugang zu ihnen gemäß Absatz 1 an.

Übersicht

	Rn.			Rn.
I. Normzweck	1	1.	Ausnahmsweise Verwendung nicht allgemein verfügbarer elektronischer Mittel	6
II. Nutzung elektronischer Mittel für die Bauwerksdatenmodellierung	3	2.	Option der Nutzung elektronischer Mittel für die Bauwerksdatenmodellierung	9
III. Einzelerläuterungen	6			

I. Normzweck

Abs. 1 gilt der Umsetzung des Art. 22 Abs. 5 RL 2014/24/EU. Die Vorschrift erlaubt dem öffentlichen Auftraggeber, abweichend von den allgemeinen Prinzipien des e-Vergaberechts **ausnahmsweise nicht allgemein verfügbare, sog. „alternative" elektronische Mittel** zu verwenden bzw. zur Nutzung vorzuschreiben. Zugleich werden in § 12 die **Bedingungen** benannt, die der öffentliche Auftraggeber erfüllen muss, damit diese Vorgehensweise zulässig ist. Insbesondere muss der öffentliche Auftraggeber in diesen Fällen einen uneingeschränkten, vollständigen und direkten Zugang zu den verwendeten alternativen elektronischen Mitteln gewähren; kann er das nicht, muss er anderweitig Zugang dazu gewähren (→ Rn. 6 ff.). 1

Abs. 2 erlaubt, dass der öffentliche Auftraggeber im Rahmen der Vergabe eines Bauauftrages oder bei der Ausrichtung eines Wettbewerbs die **Nutzung elektronischer Mittel für die „Bauwerksdatenmodellierung"** („Building Information Modeling" **(„BIM")**) verlangen kann. Sofern die verlangten elektronischen Mittel für die Bauwerksdatenmodellierung nicht allgemein verfügbar sind, muss der öffentliche Auftraggeber einen alternativen Zugang zu ihnen gem. Abs. 1 anbieten. Während BIM im Kern vor allem die Bauplanung, -ausführung und Gebäudewirtschaft und eher nur am Rande das elektronische Vergabeverfahren betrifft (→ Rn. 10), soll mit der Aufnahme der Regelung in die EU-Richtlinien zum öffentlichen Auftragswesen und deren nationale Umsetzung offenbar auf eine verstärkte Nutzung des Verfahrens hingewirkt werden. Ferner soll damit klargestellt werden, dass der Auftraggeber in einem Bauvergabeverfahren und bei Wettbewerben die Nutzung von BIM verlangen kann (→ Rn. 9 ff.). 2

II. Nutzung elektronischer Mittel für die Bauwerksdatenmodellierung

Die Bezeichnung „Bauwerksdatenmodellierung" in Abs. 2 entspricht im Wesentlichen dem in RL 2014/24/EU verwendeten Begriff der „Gebäudedatenmodellierung", ist allerdings eher weiter gefasst, da sie nicht nur Gebäude, sondern jegliche Bauwerke erfasst. Abs. 2 dient der **Umsetzung des Art. 22 Abs. 4 RL 2014/24/EU.** In Details weicht § 12 Abs. 2 allerdings vom Wortlaut des Art. 22 Abs. 4 RL 2014/24/EU ab. So ist in der genannten EU-Vorschrift nur vorgesehen, dass *die Mitgliedstaaten* die Nutzung spezifischer elektronischer Instrumente wie derjenigen für die Gebäudedatenmodellierung verlangen können. Nach dem Wortlaut der Richtlinie wird die Option der Forderung nach Nutzung der Gebäudedatenmodellierung damit nur den Mitgliedstaaten und *nicht den öffentlichen Auftraggebern* eingeräumt. In der deutschen Umsetzung in § 12 Abs. 2 ist dagegen 3 normiert, dass *der öffentliche Auftraggeber* die Nutzung elektronischer Mittel für die Bauwerksdatenmodellierung verlangen kann. Zu dieser Abweichung der Umsetzung vom Wortlaut der EU-Vorschrift findet sich in der amtl. Begr. zur VgV kein erläuternder Hinweis.

4   Der Wortlaut des Art. 22 Abs. 4 RL 2014/24/EU spricht zunächst eher gegen die Zulässigkeit der Einräumung einer Option an den einzelnen öffentlichen Auftraggeber. Allerdings erscheint bei weiter Auslegung der EU-Vorschrift unter dem Gesichtspunkt der Praktikabilität der Regelung die Auffassung vertretbar, dass die *den Mitgliedstaaten* insoweit eingeräumte Option in einem weiten Sinne so interpretiert werden kann, dass die Mitgliedstaaten die Entscheidung, ob die Nutzung spezifischer elektronischer Instrumente wie der Gebäudedatenmodellierung gefordert wird, *nicht nur selbst* treffen bzw. *allgemein* vorschreiben können, sondern sie innerhalb ihres Hoheitsgebiets auch dem einzelnen öffentlichen Auftraggeber überlassen können. Für diese – weite – Auslegung der Option des Art. 22 Abs. 4 RL 2014/24/EU spricht vor allem, dass es unter praktischen Gesichtspunkten sinnvoll sein kann, die Entscheidung über die Vorgabe von BIM *dem einzelnen Auftraggeber* zu überlassen. Dies gilt insbesondere auch deshalb, weil es für viele Mitgliedstaaten wenig Sinn machen würde, die Nutzung von BIM *generell* vorzuschreiben, da dieses spezielle elektronische Instrument wohl noch nicht bei allen Auftraggebern verbreitet ist. Letztere Erwägung vermag durchaus die Einschätzung zu begründen, dass insoweit einerseits bereits eine Schwäche in der Gestaltung der EU-Regelung besteht und andererseits die nationale Umsetzung vom Wortlaut der EU-Regelung entfernt ist. Unabhängig davon lässt sich mit der vertretbaren weiten Auslegung der Option des Art. 22 Abs. 4 RL 2014/24/EU jedenfalls eine allzu enge, praktisch nachteilige Interpretation dieser Option vermeiden. Auch andere EU- bzw. EWR-Mitgliedstaaten haben die Option des Art. 22 Abs. 4 RL 2014/24/EU in einem weiten Sinne interpretiert und bei der Umsetzung so gestaltet, dass der einzelne Auftraggeber entscheiden kann, ob er die Nutzung vom BIM fordert oder nicht.[1]

5   Art. 22 Abs. 4 RL 2014/24/EU und § 12 Abs. 2 unterscheiden sich auch in anderer Hinsicht. So erlaubt die EU-Vorschrift über die in § 12 allein zugelassene Forderung der Nutzung von BIM (→ Rn. 9 ff.) hinaus nicht nur die Nutzung spezifischer elektronischer Instrumente für die Gebäudedatenmodellierung, sondern auch „dergleichen". Europarechtlich wird damit betont, dass im Rahmen der Option *auch andere, vergleichbare* spezifische elektronische Instrumente verlangt werden können. Da es sich allerdings nur um eine Option handelt, die genutzt werden kann, aber nicht muss, erscheint es zulässig, dass der nationale Gesetzgeber die Option in seinem Hoheitsbereich auf die Forderung nach Nutzung elektronischer Mittel für die *Bauwerksdatenmodellierung* begrenzt.

III. Einzelerläuterungen

6   **1. Ausnahmsweise Verwendung nicht allgemein verfügbarer elektronischer Mittel. Abs. 1** erlaubt es dem öffentlichen Auftraggeber, abweichend von den allgemeinen Prinzipien des e-Vergaberechts ausnahmsweise nicht allgemein verfügbare, **sog. „alternative" elektronische Mittel** zu verwenden bzw. zur Nutzung vorzuschreiben. Diese Vorgehensweise ist an **zwei Voraussetzungen** geknüpft: *Erstens* muss der öffentliche Auftraggeber in diesem Fall nach Abs. 1 Nr. 1 den Unternehmen während des gesamten Vergabeverfahrens unter einer Internetadresse einen **unentgeltlichen, uneingeschränkten, vollständigen und direkten Zugang zu den alternativen elektronischen Mitteln** gewähren. Die betreffende Internetadresse muss in der Auftragsbekanntmachung oder in der Aufforderung zur Interessensbestätigung angegeben werden. Dieses Erfordernis wird im Text des Abs. 1 nicht genannt, sondern nur in der amtl. Begr. dazu.[2] Es gilt zwingend aufgrund des ausdrücklichen Wortlauts des zugrunde liegenden Art. 22 Abs. 5 UAbs. 2 lit. a S. 2 RL 2014/24/EU. *Zweitens* ist nach Abs. 1 Nr. 2 zusätzlich erforderlich, dass die geforderten alternativen elektronischen **Mittel vom Auftraggeber** *selbst* **verwendet** werden.

7   **Alternative elektronische Mittel** sind solche, die *nicht* für alle ohne Einschränkung verfügbar sind und die *nicht* bei Bedarf – ggf. gegen marktübliches Entgelt – von allen erworben werden können. Die Nutzung alternativer elektronischer Mittel kommt **zB** bei Vergabeverfahren in Betracht, bei denen es **zum Schutz besonders sensibler Daten** erforderlich ist, elektronische Mittel zu verwenden, die nicht allgemein verfügbar sind; ferner geht es auch um Vergabeverfahren, in denen Daten übermittelt werden müssen, deren Übermittlung **aus anderen Gründen** nicht mit allgemein verfügbaren elektronischen Mitteln möglich ist.[3] Die zuletzt genannten Fälle sollten angesichts der Entscheidung des EU-Gesetzgebers und des deutschen Gesetz- und Verordnungsgebers zur grundsätzlichen Nutzung der elektronischen Kommunikation unter Verwendung allgemein zugänglicher

---

[1] So zB Norwegen als Mitglied des EWR.
[2] Vgl. VgV-Begründung zu § 12 Abs. 1, BR-Drs. 87/16, 166.
[3] Vgl. VgV-Begründung zu § 12 Abs. 1, BR-Drs. 87/16, 166.

elektronischer Mittel allerdings eher begrenzt bleiben; denn die Verwendung nicht allgemein verfügbarer elektronischer Mittel dürfte in der Regel nicht der angestrebten Vereinfachung und Durchgängigkeit der elektronischen Kommunikation dienen und somit nicht mit den zentralen Zielen der e-Vergabe in Einklang stehen.

Kann der öffentliche Auftraggeber keinen uneingeschränkten, vollständigen und direkten Zugang zu den verwendeten alternativen elektronischen Mitteln einräumen (und beruht das Fehlen eines solchen Zuganges nicht auf dem Verschulden des betreffenden Unternehmens), so muss der öffentliche Auftraggeber anderweitig **Zugang zu den verwendeten alternativen elektronischen Mitteln** gewähren. Er kann zB Zugang zu den verwendeten alternativen elektronischen Mitteln gewähren, indem er einen speziellen sicheren Kanal zur Nutzung vorschreibt, zu dem er individuellen Zugang gewährt.[4]

2. Option der Nutzung elektronischer Mittel für die Bauwerksdatenmodellierung.

Abs. 2 S. 1 enthält eine Klarstellung, dass der öffentliche Auftraggeber im Rahmen der Vergabe eines Bauauftrages oder bei der Ausrichtung eines Wettbewerbs die Nutzung elektronischer Mittel für die sog. **„Bauwerksdatenmodellierung"** (**„Building Information Modeling – BIM"**) verlangen kann (zur Vereinbarkeit mit zugrunde liegendem EU-Recht → Rn. 4 ff.). Der öffentliche Auftraggeber kann danach verlangen, dass ein **BIM-System** genutzt wird, soweit auch die ggf. zu beachtenden weiteren Vorgaben des Abs. 2 beachtet werden.

BIM ist eine moderne, **computergestützte Methode zur Planung, Ausführung, Nutzung und Bewirtschaftung von Gebäuden,** bei der eine **digitale Modellierung von Gebäudedaten erfolgt.** Dabei wird es prinzipiell allen Projektbeteiligten – wie zB Architekten, Ingenieuren, Bauherren und Bauausführenden – ermöglicht, bei Planung und Realisierung ua auf eine **gemeinsame Datenbasis** zurückzugreifen. Abs. 2 betrifft damit – ebenso wie §§ 10, 11 und 12 Abs. 1 – **auch elektronische Mittel.** Jedenfalls soweit bislang ersichtlich, liegt die Bedeutung der in Abs. 2 genannten elektronischen Mittel für die Bauwerksdatenmodellierung aber **im Kern nicht im Bereich des e-Vergabe-Verfahrens;** vielmehr betreffen sie vorwiegend die bauliche Planung, **Auftragsausführung** und die nachfolgende Gebäudenutzung.[5] Dies kann allerdings auch Konsequenzen bereits für die Art und Weise der Gestaltung des Angebots haben, wobei die übrigen Bestimmungen der VgV stets zu beachten sind. Abs. 2 enthält lediglich eine **Option** zur Forderung der Nutzung eines BIM-Systems, die der einzelne öffentliche Auftraggeber in Deutschland nutzen kann, aber nicht muss. Dementsprechend besteht in Deutschland **keine Verpflichtung des öffentlichen Auftraggebers,** die Nutzung von BIM vorzuschreiben.[6]

Abs. 2 S. 2 betrifft den **Ausnahmefall,** dass die verlangten elektronischen Mittel für BIM nicht allgemein verfügbar sind. In diesem Fall muss vom öffentlichen Auftraggeber ein **alternativer Zugang** zu diesen elektronischen Mitteln iSd Abs. 1 angeboten werden. Danach muss der Auftraggeber in entsprechender Anwendung des Abs. 1 Nr. 1 den Unternehmen unter einer Internetadresse einen **unentgeltlichen, uneingeschränkten, vollständigen und direkten Zugang** zu dem vorgegebenen alternativen BIM-System gewähren (→ Rn. 6 ff.). So soll sichergestellt werden, dass auch in diesem Fall kein Unternehmen durch die Vorgabe eines nicht allgemein zugänglichen elektronischen Mittels benachteiligt wird.

§ 13 Allgemeine Verwaltungsvorschriften

Die Bundesregierung kann mit Zustimmung des Bundesrates allgemeine Verwaltungsvorschriften über die zu verwendenden elektronischen Mittel (Basisdienste für die elektronische Auftragsvergabe) sowie über die einzuhaltenden technischen Standards erlassen.

I. Normzweck

§ 13 ermächtigt die Bundesregierung, mit Zustimmung des Bundesrates **allgemeine Verwaltungsvorschriften** für die bei der e-Vergabe zu verwendenden elektronischen Mittel (sog. **„Basisdienste für die elektronische Auftragsvergabe"**) sowie für dabei **einzuhaltende technische Standards** zu erlassen.

Motiv für die Vorschrift ist die Absicht der Schaffung einer rechtlichen Grundlage für die von der Bundesregierung bzw. insbesondere vom Bundesministerium des Innern **angestrebte stärkere Standardisierung der e-Vergabe.** Die Bundesregierung hatte bereits mit einem Kabinettsbeschluss

---

[4] Vgl. VgV-Begründung zu § 12 Abs. 1, BR-Drs. 87/16, 166 (zu Abs. 1 aE), die sich an Art. 22 Abs. 5 UAbs. 2 RL 2014/24/EU orientiert.
[5] Vgl. auch die VgV-Begründung zu § 12 Abs. 2, BR-Drs. 87/16, 167.
[6] S. VgV-Begründung zu § 12 Abs. 2, BR-Drs. 87/16, 167.

zur Optimierung der öffentlichen Beschaffung vom 10.12.2003 (sog. „7-Punkte-Programm")[1] Voraussetzungen für eine die gesamte *Bundes*verwaltung umfassende Einführung der elektronischen Auftragsvergabe geschaffen. Sie hält es nunmehr für dringend erforderlich, gerade auch mit Blick auf die in Bund, Ländern und Kommunen zunehmende Zentralisierung der Auftragsvergabe bzw. zunehmende Einrichtung entsprechender Dienstleistungszentren Standards verbindlich vorzugeben.[2]

3   Die avisierte stärkere Standardisierung betrifft zB Schnittstellenstandards wie den Interoperabilitätsstandard **„XVergabe"** (→ § 10 Rn. 22 f.). Interoperabilitäts- und Sicherheitsstandards der Informationstechnik gem. § 3 Abs. 1 des Vertrags über die Errichtung des IT-Planungsrats und über die Grundlagen der Zusammenarbeit beim Einsatz der Informationstechnologie in den Verwaltungen von Bund und Ländern vom 1.4.2010 haben Vorrang vor konkurrierenden Standards in gem. § 13 erlassenen allgemeinen Verwaltungsvorschriften.[3]

4   Einen wesentlichen **Hintergrund** für die Absicht einer verstärkten Standardisierung dürfte die starke Zersplitterung der e-Vergabe in Deutschland angesichts der insoweit vielfach divergierenden Anforderungen in Bund, Ländern und Kommunen in Details bilden, die in Deutschland zur Entstehung des Schlagworts **„Flickenteppich e-Vergabe"** geführt hat.[4] Den negativen Folgen dieses „Flickenteppichs" soll mit einer Standardisierung insbesondere zwecks stärkerer Interoperabilität zwischen verschiedenen Systemen entgegengewirkt werden. Entsprechendes gilt im Hinblick auf etwaige weitere allgemeine IT-Standards für die e-Vergabe, auch mit Blick auf eine künftig ggf. stärker zentralisierte Beschaffung.

II. Europarechtlicher Hintergrund

5   Die Regelung des § 13 hat **keinen speziellen europarechtlichen Hintergrund,** ist als ergänzende Vorschrift gleichwohl europarechtlich zulässig. Sie geht auf die **Initiative des deutschen Verordnungsgesetzgebers** zurück, eine rechtliche Grundlage für eine stärkere Standardisierung im Bereich der e-Vergabe zu schaffen (→ Rn. 2 ff.).

III. Einzelerläuterungen

6   § 13 schafft eine **Ermächtigung für die Bundesregierung,** aufgrund deren diese **allgemeine Verwaltungsvorschriften** für „Basisdienste für die elektronische Auftragsvergabe" und dabei einzuhaltende technische Standards erlassen kann. Der Erlass dieser Vorschriften bedarf der **Zustimmung des Bundesrates. Grundlage** für die Ermächtigungsvorschrift des § 13 ist im Verhältnis zur **Bundesverwaltung Art. 86 GG** und im Verhältnis zur **Landesverwaltung Art. 84 Abs. 2 GG**.[5]

7   **„Basisdienste für die elektronische Auftragsvergabe"** sind laut der amtl. Begr. zu § 13 **elektronische Systeme und Komponenten,** die für die Durchführung von Vergabeverfahren genutzt werden, zB elektronische **Ausschreibungsplattformen oder Server,** die im Zusammenhang mit der Durchführung von Vergabeverfahren zentral zur Verfügung gestellt werden.[6] Die angestrebte stärkere Standardisierung betrifft zB Schnittstellenstandards wie den Interoperabilitätsstandard „XVergabe" (→ Rn. 3, → § 10 Rn. 22).

8   **In der Praxis** ist zu beachten, dass der im Aufbau befindliche **Standard XVergabe** bereits seit dem 17.6.2015 verbindlich gilt.[7] Aus § 10 Abs. 2 folgt inzwischen auch vergaberechtlich, dass die elektronischen Mittel, die für den Empfang von Angeboten und den weiteren dort genannten Vorgängen genutzt werden, über eine einheitliche Datenaustauschschnittstelle verfügen müssen (→ § 10 Rn. 21 ff.). Ferner gilt nach § 10 Abs. 2 S. 2 allgemein, dass die jeweils geltenden Interoperabilitäts- und Sicherheitsstandards der Informationstechnik gem. § 3 Abs. 1 des Vertrags über die Errichtung des IT-Planungsrats und über die Grundlagen der Zusammenarbeit beim Einsatz der Informationstechnologie in den Verwaltungen von Bund und Ländern vom 1.4.2010 zu verwenden sind (→ § 10 Rn. 21 ff.).

9   Bislang sind noch keine allgemeinen Verwaltungsvorschriften iSd § 13 geschaffen worden.

---

[1]   S. http://www.bescha.bund.de/SharedDocs/Downloads/kabinettsbeschl_Optimierung%20Besch.pdf?__blob=publicationFile&v=1 (Internetveröffentlichung, zuletzt abgerufen am 28.7.2021).
[2]   Vgl. VgV-Begründung zu § 13, s. dort Abs. 3, BR-Drs. 87/16, 167.
[3]   Vgl. VgV-Begründung zu § 13, s. dort Abs. 4, BR-Drs. 87/16, 167.
[4]   Zur Zersplitterung der e-Vergabe bereits *P. Schäfer* NZBau 2015, 131 ff. (133).
[5]   Vgl. VgV-Begründung zu § 13, s. dort Abs. 1, BR-Drs. 87/16, 167.
[6]   Vgl. VgV-Begründung zu § 13, s. dort Abs. 2, BR-Drs. 87/16, 167.
[7]   S. die diesbezügliche Pressemitteilung des IT-Planungsrates v. 17.6.2015.

Abschnitt 2. Vergabeverfahren

Unterabschnitt 1. Verfahrensarten

§ 14 Wahl der Verfahrensart

(1) Die Vergabe von öffentlichen Aufträgen erfolgt nach § 119 des Gesetzes gegen Wettbewerbsbeschränkungen im offenen Verfahren, im nicht offenen Verfahren, im Verhandlungsverfahren, im wettbewerblichen Dialog oder in der Innovationspartnerschaft.

(2) ¹Dem öffentlichen Auftraggeber stehen das offene Verfahren und das nicht offene Verfahren, das stets einen Teilnahmewettbewerb erfordert, nach seiner Wahl zur Verfügung. ²Die anderen Verfahrensarten stehen nur zur Verfügung, soweit dies durch gesetzliche Bestimmungen oder nach den Absätzen 3 und 4 gestattet ist.

(3) Der öffentliche Auftraggeber kann Aufträge im Verhandlungsverfahren mit Teilnahmewettbewerb oder im wettbewerblichen Dialog vergeben, wenn
1. die Bedürfnisse des öffentlichen Auftraggebers nicht ohne die Anpassung bereits verfügbarer Lösungen erfüllt werden können,
2. der Auftrag konzeptionelle oder innovative Lösungen umfasst,
3. der Auftrag aufgrund konkreter Umstände, die mit der Art, der Komplexität oder dem rechtlichen oder finanziellen Rahmen oder den damit einhergehenden Risiken zusammenhängen, nicht ohne vorherige Verhandlungen vergeben werden kann,
4. die Leistung, insbesondere ihre technischen Anforderungen, vom öffentlichen Auftraggeber nicht mit ausreichender Genauigkeit unter Verweis auf eine Norm, eine Europäische Technische Bewertung (ETA), eine gemeinsame technische Spezifikation oder technische Referenzen im Sinne der Anlage 1 Nummer 2 bis 5 beschrieben werden kann oder
5. im Rahmen eines offenen oder nicht offenen Verfahrens keine ordnungsgemäßen oder nur unannehmbare Angebote eingereicht wurden; nicht ordnungsgemäß sind insbesondere Angebote, die nicht den Vergabeunterlagen entsprechen, nicht fristgerecht eingereicht wurden, nachweislich auf kollusiven Absprachen oder Korruption beruhen oder nach Einschätzung des öffentlichen Auftraggebers ungewöhnlich niedrig sind; unannehmbar sind insbesondere Angebote von Bietern, die nicht über die erforderlichen Qualifikationen verfügen, und Angebote, deren Preis die vor Einleitung des Vergabeverfahrens festgelegten und dokumentierten eingeplanten Haushaltsmittel des öffentlichen Auftraggebers übersteigt; der öffentliche Auftraggeber kann in diesen Fällen von einem Teilnahmewettbewerb absehen, wenn er in das Verhandlungsverfahren alle geeigneten Unternehmen einbezieht, die form- und fristgerechte Angebote abgegeben haben.

(4) Der öffentliche Auftraggeber kann Aufträge im Verhandlungsverfahren ohne Teilnahmewettbewerb vergeben,
1. wenn in einem offenen oder einem nicht offenen Verfahren keine oder keine geeigneten Angebote oder keine geeigneten Teilnahmeanträge abgegeben worden sind, sofern die ursprünglichen Bedingungen des Auftrags nicht grundlegend geändert werden; ein Angebot gilt als ungeeignet, wenn es ohne Abänderung den in den Vergabeunterlagen genannten Bedürfnissen und Anforderungen des öffentlichen Auftraggebers offensichtlich nicht entsprechen kann; ein Teilnahmeantrag gilt als ungeeignet, wenn das Unternehmen aufgrund eines zwingenden oder fakultativen Ausschlussgrunds nach den §§ 123 und 124 des Gesetzes gegen Wettbewerbsbeschränkungen auszuschließen ist oder ausgeschlossen werden kann oder wenn es die Eignungskriterien nicht erfüllt,
2. wenn zum Zeitpunkt der Aufforderung zur Abgabe von Angeboten der Auftrag nur von einem bestimmten Unternehmen erbracht oder bereitgestellt werden kann,
   a) weil ein einzigartiges Kunstwerk oder eine einzigartige künstlerische Leistung erschaffen oder erworben werden soll,
   b) weil aus technischen Gründen kein Wettbewerb vorhanden ist oder
   c) wegen des Schutzes von ausschließlichen Rechten, insbesondere von gewerblichen Schutzrechten,
3. wenn äußerst dringliche, zwingende Gründe im Zusammenhang mit Ereignissen, die der betreffende öffentliche Auftraggeber nicht voraussehen konnte, es nicht zulassen,

die Mindestfristen einzuhalten, die für das offene und das nicht offene Verfahren sowie für das Verhandlungsverfahren mit Teilnahmewettbewerb vorgeschrieben sind; die Umstände zur Begründung der äußersten Dringlichkeit dürfen dem öffentlichen Auftraggeber nicht zuzurechnen sein,

4. wenn eine Lieferleistung beschafft werden soll, die ausschließlich zu Forschungs-, Versuchs-, Untersuchungs- oder Entwicklungszwecken hergestellt wurde; hiervon nicht umfasst ist die Serienfertigung zum Nachweis der Marktfähigkeit des Produkts oder zur Deckung der Forschungs- und Entwicklungskosten,

5. wenn zusätzliche Lieferleistungen des ursprünglichen Auftragnehmers beschafft werden sollen, die entweder zur teilweisen Erneuerung oder Erweiterung bereits erbrachter Leistungen bestimmt sind, und ein Wechsel des Unternehmens dazu führen würde, dass der öffentliche Auftraggeber eine Leistung mit unterschiedlichen technischen Merkmalen kaufen müsste und dies eine technische Unvereinbarkeit oder unverhältnismäßige technische Schwierigkeiten bei Gebrauch und Wartung mit sich bringen würde; die Laufzeit dieser öffentlichen Aufträge darf in der Regel drei Jahre nicht überschreiten,

6. wenn es sich um eine auf einer Warenbörse notierte und gekaufte Lieferleistung handelt,

7. wenn Liefer- oder Dienstleistungen zu besonders günstigen Bedingungen bei Lieferanten, die ihre Geschäftstätigkeit endgültig einstellen, oder bei Insolvenzverwaltern oder Liquidatoren im Rahmen eines Insolvenz-, Vergleichs- oder Ausgleichsverfahrens oder eines in den Vorschriften eines anderen Mitgliedstaats der Europäischen Union vorgesehenen gleichartigen Verfahrens erworben werden,

8. wenn im Anschluss an einen Planungswettbewerb im Sinne des § 69 ein Dienstleistungsauftrag nach den Bedingungen dieses Wettbewerbs an den Gewinner oder an einen der Preisträger vergeben werden muss; im letzteren Fall müssen alle Preisträger des Wettbewerbs zur Teilnahme an den Verhandlungen aufgefordert werden, oder

9. wenn eine Dienstleistung beschafft werden soll, die in der Wiederholung gleichartiger Leistungen besteht, die durch denselben öffentlichen Auftraggeber an das Unternehmen vergeben werden, das den ersten Auftrag erhalten hat, sofern sie einem Grundprojekt entsprechen und dieses Projekt Gegenstand des ersten Auftrags war, das im Rahmen eines Vergabeverfahrens mit Ausnahme eines Verhandlungsverfahrens ohne Teilnahmewettbewerb vergeben wurde; die Möglichkeit der Anwendung des Verhandlungsverfahrens muss bereits in der Auftragsbekanntmachung des ersten Vorhabens angegeben werden; darüber hinaus sind im Grundprojekt bereits der Umfang möglicher Dienstleistungen sowie die Bedingungen, unter denen sie vergeben werden, anzugeben; der für die nachfolgenden Dienstleistungen in Aussicht genommene Gesamtauftragswert wird vom öffentlichen Auftraggeber bei der Berechnung des Auftragswerts berücksichtigt; das Verhandlungsverfahren ohne Teilnahmewettbewerb darf nur innerhalb von drei Jahren nach Abschluss des ersten Auftrags angewandt werden.

(5) Im Falle des Absatzes 4 Nummer 1 ist der Europäischen Kommission auf Anforderung ein Bericht vorzulegen.

(6) Die in Absatz 4 Nummer 2 Buchstabe b und c genannten Voraussetzungen für die Anwendung des Verhandlungsverfahrens ohne Teilnahmewettbewerb gelten nur dann, wenn es keine vernünftige Alternative oder Ersatzlösung gibt und der mangelnde Wettbewerb nicht das Ergebnis einer künstlichen Einschränkung der Auftragsvergabeparameter ist.

Schrifttum: *Ebert,* Möglichkeiten und Grenzen im Verhandlungsverfahren, 2005; *Favier/Schüler,* Etablierte Regeln für das Verhandlungsverfahren mit Teilnahmewettbewerb auf dem Prüfstand des neuen Rechts, ZfBR 2016, 761; *Knauff,* Das Verhältnis der nachrangigen Vergabeverfahrensarten, NZBau 2018, 134; *Stumpf/Götz,* Voraussetzungen und Rahmenbedingungen der Dringlichkeitsvergabe, VergabeR 2016, 561.

Übersicht

	Rn.		Rn.
I. Normzweck	1	IV. Die zulässigen Vergabeverfahrensarten (Abs. 2)	9
II. Europarechtlicher Hintergrund	6		
III. Die Aufzählung (Abs. 1)	7	1. Wahlfreiheit zwischen offenem und nicht offenem Verfahren (Abs. 2 S. 1)	20

I. Normzweck

Rn.		Rn.
2. Zulässigkeit der anderen Vergabeverfahrensarten aufgrund Gesetzes (Abs. 2 S. 2) ... 21		vorherigen nicht offenen oder offenen Verfahren (Abs. 4 Nr. 1) ... 55
V. Zulässigkeit des Verhandlungsverfahrens mit Teilnahmewettbewerb und des wettbewerblichen Dialogs (Abs. 3) ... 23	2.	Alleinstellungsmerkmal eines bestimmten Unternehmens (Abs. 4 Nr. 2 lit. a, b und c iVm Abs. 6) ... 73
1. Notwendigkeit der Anpassung bereits verfügbarer Lösungen zur Bedürfniserfüllung (Abs. 3 Nr. 1) ... 28	3.	Äußerste Dringlichkeit (Abs. 4 Nr. 3) ... 97
	4.	Beschaffung einer Lieferleistung ausschließlich zu Forschungs-, Versuchs-, Untersuchungs- oder Entwicklungszwecken (Abs. 4 Nr. 4) ... 110
2. Konzeptionelle oder innovative Lösungen (Abs. 3 Nr. 2) ... 30		
3. Notwendigkeit vorheriger Verhandlungen vor Auftragsvergabe (Abs. 3 Nr. 3) ... 35a	5.	Zusätzliche Lieferleistungen, mit in der Regel dreijähriger Laufzeitbegrenzung (Abs. 4 Nr. 5) ... 115
4. Leistung kann nicht mit ausreichender Genauigkeit beschrieben werden (Abs. 3 Nr. 4) ... 38	6.	Börsenwaren (Abs. 4 Nr. 6) ... 127
	7.	Erwerb zu besonders günstigen Bedingungen (Abs. 4 Nr. 7) ... 130
5. Keine ordnungsgemäßen oder nur nicht annehmbare Angebote im vorherigen offenen oder nicht offenen Verfahren (Abs. 3 Nr. 5) ... 40	8.	Dienstleistungsauftrag im Anschluss an einen Planungswettbewerb (Abs. 4 Nr. 8) ... 133
	9.	Wiederholung gleichartiger Dienstleistungen innerhalb von drei Jahren nach erstmaliger Auftragserteilung (Abs. 4 Nr. 9) ... 140
VI. Zulässigkeit des Verhandlungsverfahrens ohne Teilnahmewettbewerb (Abs. 4) ... 46		
	VII.	Berichtspflicht gegenüber der Europäischen Kommission (Abs. 5) ... 144
1. Keine geeigneten Teilnahmeanträge oder keine oder keine geeigneten Angebote im	VIII.	Rechtsschutz ... 150

I. Normzweck

§ 14 Abs. 1 und 2 geben in Verbindung mit dem wortgleichen § 119 GWB **abschließend** die Verfahrensarten zur Vergabe öffentlicher Aufträge wieder und regeln deren Rangverhältnis untereinander.[1] Die schon bisher etablierten Arten des offenen und des nicht offenen Verfahrens, des Verhandlungsverfahrens und des wettbewerblichen Dialogs wurden mit der Novelle 2016 um die **vollkommen neue Innovationspartnerschaft** erweitert. **1**

Mit der ausführenden VgV (§§ 15 ff.) hat der Gesetzgeber nunmehr über die Generalnorm des § 14 hinaus erstmals **jedem** dieser **Verfahren** einen **eigenständigen Paragrafen** in der VgV zugewiesen. Die verfahrensspezifischen Spezialnormen regeln dabei insbesondere den **Ablauf** und erstmals kombiniert die jeweils zu beachtenden **Fristen**, während der zulässige **Anwendungsbereich** für alle Verfahrensarten in § 14 **vor die Klammer** gezogen wurde. Die Verfahrensarten werden in ihrem Ablauf erstmals detailliert beschrieben. Dabei werden **Elemente**, die in mehreren Verfahrensarten **gleich geregelt** sind (zB Teilnahmewettbewerb, Fristverkürzungsmöglichkeiten), **auch jeweils analog beschrieben,** um die Wiedererkennung für den Rechtsanwender zu erleichtern. Eine detaillierte Beschreibung aller Vergabearten war weder in der Vergabekoordinierungsrichtlinie Vergabe-RL 2004 noch in der bisherigen EG VOL/A enthalten.[2] **2**

§ 119 GWB iVm § 14 grenzen im Umkehrschluss **anderes Marktverhalten** der Auftraggeber von Vergabeverfahren ab. Klar wird damit, dass zB das Einholen von Produktinformationen oder eine **Markterkundung gem. § 28** zur Klärung der zu erwartenden Kosten oder technischen Möglichkeiten für eine Ausschreibung **keine Vergabeverfahren** sind. Die Terminologie folgt den europäischen Richtlinien. Dem **offen** Verfahren entspricht unterhalb der EU-Schwellenwerte des § 106 GWB die **öffentliche Ausschreibung**, dem **nicht offen** Verfahren entspricht **die beschränkte Ausschreibung mit Teilnahmewettbewerb** und dem **Verhandlungsverfahren** mit und ohne Teilnahmewettbewerb entspricht die bisherige **freihändige Vergabe** mit und ohne Teilnahmewettbewerb, die in der neuen Unterschwellenvergabeordnung ab dem 2.9.2017 im Bundesbereich **Verhandlungsvergabe** heißt. **3**

In den Abs. 3 und 4 regelt § 14 richtlinienkonform,[3] ebenfalls aus der Vergabe- und Vertragsordnung für Leistungen **hochgezont, die Voraussetzungen für** das **Verhandlungsverfahren** mit[4] **4**

---

[1] Nur für Bauvergabeverfahren sind die Bestimmungen in § 3a EU VOB/A gesondert zu beachten.
[2] So Einführung in den Unterabschnitt 1 des Abschnittes 2 der VgV.
[3] Art. 26 Abs. 4 lit. a und b RL 2014/24/EU einerseits und Art. 32 Abs. 2–5 RL 2014/24/EU andererseits.
[4] Beachte für Bauvergaben die gesonderten Spezialregelungen in § 3a EU Abs. 2 VOB/A.

und ohne[5] Teilnahmewettbewerb **abschließend** und ausführlich. Der Anwendungsbereich des Verhandlungsverfahrens **mit Teilnahmewettbewerb** wurde dabei von ehedem drei Varianten in den Unternummern 1–5 auf **nunmehr fünf Varianten** erweitert. In **Abs. 5** wird für die Fallkonstellation des Abs. 4 Nr. 1 eine **gesonderte Berichtspflicht** gegenüber der Europäischen Union verankert, wenn diese einen Bericht über ein Verhandlungsverfahren ohne Teilnahmewettbewerb – nach dem Scheitern eines offenen oder nicht offenen Verfahrens aus den in Abs. 4 Nr. 1 genannten Gründen[6] – anfordern sollte. **Abs. 6** nimmt eine massive **Verschärfung**/zusätzliche Voraussetzungen für die Anwendung der in **Abs. 4 Nr. 2 lit. b und c** aufgeführten Verhandlungsverfahren ohne Teilnahmewettbewerb vor. Die Abs. 5 und 6 wären besser in die Nr. 1 und 2 des Abs. 4 integriert worden, da sie so am Ende des Paragrafen ggf. übersehen werden können.

5   Mit **der Innovationspartnerschaft** nach § 119 Abs. 7 GWB, **§ 19**, wird auf europarechtlicher Grundlage (Art. 31 RL 2014/24/EU) ein **völlig neues innovatives Verfahren** eingefügt, das sich noch weiter von den klassischen Altverfahren entfernt als auch schon der **wettbewerbliche Dialog**, der ebenfalls neu **mit** dem **Verhandlungsverfahren von den Voraussetzungen** her **gleichgestellt** wurde.

II. Europarechtlicher Hintergrund

6   Mit § 14 werden ebenso wie mit § 119 GWB **Art. 26 und 32** der neuen EU-Vergaberichtlinie 2014/24/EU (RL 2014/24/EU) in deutsches Recht umgesetzt.

III. Die Aufzählung (Abs. 1)[7]

7   § 14[8] verweist mit der Aufzählung der für die Vergaben von öffentlichen Aufträgen einzig zulässigen Verfahrensarten (offenes Verfahren, nicht offenes Verfahren, Verhandlungsverfahren, wettbewerblicher Dialog, Innovationspartnerschaft) auf den ebenfalls ausdrücklich erwähnten **§ 119 GWB zurück,** der absatzweise in den dortigen Abs. 3–7 eine Kurzdefinition dieser fünf Verfahrensarten vorgibt. Die **§§ 15–19** wiederum **differenzieren** diese fünf einzig zulässigen Verfahrensarten **inhaltlich weiter aus,** in dem sie ua die jeweils zu beachtenden **Fristen** vorgeben.

8   Die aufgezählten Verfahrensarten geben die in der RL 2014/24/EU enthaltenen Vergabearten wieder. Der **wettbewerbliche Dialog kam schon 2005 durch das ÖPP-Gesetz** (Gesetz zur Beschleunigung der Umsetzung von öffentlich privaten Partnerschaften und zur Verbesserung gesetzlicher Rahmenbedingungen für öffentlich private Partnerschaften) **hinzu.** Dieser kann gem. **§ 14 Abs. 3 grundsätzlich gleichberechtigt** unter den **gleichen Voraussetzungen wie das Verhandlungsverfahren mit Teilnahmewettbewerb gewählt** werden. Hinzugekommen ist mit der Vergaberechtsnovelle 2016 die Innovationspartnerschaft in Umsetzung von Art. 31 RL 2014/24/EU.

IV. Die zulässigen Vergabeverfahrensarten (Abs. 2)

9   **Abs. 2** bestimmt wörtlich (nur) für klassische öffentliche Auftraggeber nach § 99 GWB, welche Verfahren im Liefer- und Dienstleistungsbereich[9] vorrangig anzuwenden sind und unterscheidet deshalb im Gegensatz zur Vorgängerregelung in § 101 Abs. 1–7 S. 1 GWB aF einerseits und **§ 101 Abs. 7 S. 2 GWB aF für Sektorenauftraggeber** andererseits **nicht mehr nach der Art der Auftraggeber.**

10   **Öffentliche Auftraggeber** hatten nach den vormaligen Regelungen – seit 1999 durchgängig – **vorrangig das offene Verfahren** anzuwenden. Dieser damaligen Priorität lag der nicht im EU-Recht verankerte Gedanke zugrunde, dass das **offene Verfahren die weiteste Wettbewerbsöffnung und Transparenz bewirkt und dem Gebot der Wirtschaftlichkeit am besten** entspricht.[10] In **Art. 28 Vergabe-RL** standen aber das offene und das nicht offene Verfahren schon

---

[5]   Beachte für Bauvergaben die gesonderte Spezialregelung in § 3a EU Abs. 3 VOB/A.
[6]   Keine oder keine geeigneten Angebote oder keine geeigneten Teilnahmeanträge.
[7]   Zum Ablauf der Vergabeverfahren vgl. ua § 15 Abs. 1 (offenes Verfahren); § 16 Abs. 1 und 4 (nicht offenes Verfahren), § 17 Abs. 1, 4, 5, 9, 10–15 (Verhandlungsverfahren); § 18 (wettbewerblicher Dialog) und § 19 (Innovationspartnerschaft) und die dortigen Kommentierungen (→ § 15 Rn. 3; → § 16 Rn. 5 ff. und 21 ff.; → § 17 Rn. 29 ff.; → § 18 Rn. 8 ff.; → § 19 Rn. 5 ff.).
[8]   § 14 Abs. 1 ist dabei sowohl wortgleich mit § 119 Abs. 1 GWB als auch mit § 3 EU S. 1 VOB/A.
[9]   Für den klassischen Baubereich regelt § 2, dass für diesen die §§ 14–20 (= Unterabschnitt 1 des Abschnitts 2) gerade nicht gelten, sondern insoweit neben den §§ 1–13 und §§ 21–27 ausschließlich der 2. Abschnitt der VOB/A. Die zulässigen Verfahrensarten samt Verfahrensablauf im klassischen Baubereich ergeben sich somit aus den §§ 3 EU, 3a EU und 3b EU VOB/A, wobei § 3a EU VOB/A § 14 sehr weit ähnelt.
[10]   BT-Drs. 13/9340, 15.

IV. Die zulässigen Vergabeverfahrensarten (Abs. 2)

gleichwertig nebeneinander wahlweise zur Verfügung. Die bis 2016 gültigen nationalen Regelungen für klassische Auftraggeber gingen daher mit ihren Restriktionen bezüglich des nicht offenen Verfahrens über die alte EU-Richtlinie hinaus.

Nunmehr ist **in Umsetzung der Art. 26 Abs. 2 RL 2014/24/EU die Wahlfreiheit zwischen offenem und nicht offenem Verfahren in das deutsche Vergaberecht** eingezogen.[11] 11

Schon die Bestimmungen zur Wahl der richtigen Verfahrensart gehören zu den **Bestimmungen, auf deren Einhaltung die Unternehmen gem. § 97 Abs. 6 GWB ein Recht** haben.[12] 12

Die **anderen** typisierten **Vergabeverfahren** (Verhandlungsverfahren mit und ohne Teilnahmewettbewerb, wettbewerblicher Dialog oder Innovationspartnerschaft) stehen dem öffentlichen Auftraggeber nach Abs. 2 **nur dann zur Verfügung, wenn dies „aufgrund dieses Gesetzes" gestattet** ist. 13

Im GWB selbst regelt zB auch § 131 GWB, dass bei der Vergabe von öffentlichen Aufträgen über Personenverkehrsleistungen im Eisenbahnverkehr öffentlichen Auftraggebern sämtliche Verfahrensarten **mit Ausnahme des Verhandlungsverfahrens ohne Teilnahmewettbewerb**[13] nach ihrer Wahl zur – freien – Verfügung stehen. 14

Damit ist aber nicht nur das GWB als Vergabegesetz selbst gemeint. **Erfasst werden** auch die einschlägigen Regelungen, die **im Rahmen der Ermächtigung nach § 113 GWB auf untergesetzlicher Ebene,** zB der **VgV,** zur Konkretisierung der eher allgemein gehaltenen Vorgaben im GWB verabschiedet wurden. Nähere Inhalte dieser Regelungskompetenz enthält § 113 S. 2 Nr. 1–8 GWB, zB zu den Verfahrensarten und den Ablauf des Vergabeverfahrens in Nr. 2. 15

Zwischen den nachrangigen Verfahrensarten iSd Abs. 2 S. 2 **untereinander besteht grundsätzliche Gleichrangigkeit.**[14] Der öffentliche Auftragsgeber hat somit zwischen ihnen Wahlfreiheit, sofern die spezifischen Voraussetzungen, etwa **der § 14 Abs. 3**[15] **oder Abs. 4, § 17 oder § 19,** zur objektiven Nutzung dieser an sich nachrangiger Verfahren, einschlägig sind. 16

Die **Beweislast** für die rechtmäßige Durchführung des Vergabeverfahrens liegt immer beim öffentlichen **Auftraggeber,**[16] da er das Verfahren führt und gestaltet. Dieser kann im Rahmen des § 14 aber durchaus **auch ein wettbewerbsintensiveres Verfahren** wie das offene oder das nicht offene Verfahren **wählen,** auch wenn die Voraussetzungen für ein weniger wettbewerbsintensives Verfahren vorliegen würden.[17] 17

Hat ein öffentlicher Auftraggeber für eine Beschaffung **eine Vergabeart gewählt,** kann er während der laufenden Vergabe das **Verfahren ohne Aufhebung nach § 63** und vollkommen 18

---

[11] Schon 2009 hatte der Bundesrat dies gefordert, war aber damals mit seinem Anliegen gescheitert. Seinen Sinneswandel trotz unveränderter europäischer Rechtslage hat der Gesetzgeber im Gesetzgebungsprozess (BT-Drs. 18/6281, 97 zu § 119 Abs. 2 GWB-E) damit begründet, dass das nunmehr gleichrangige nicht offene Verfahren beiderseitige Vorteile für Auftraggeber und Bieter mit sich brächte. Auftraggeber hätten mehr Flexibilität und weniger Prüfaufwände, da nur (idR max. fünf) geeignete Bewerber zur Angebotsabgabe aufgefordert werden. Auch Bieter hätten weniger Aufwand, da ebenfalls nur geeignete Bieter, nicht aber alle Interessierten, ein Angebot erstellen müssten, was wiederum die Bereitschaft zur Teilnahme und auch den Wettbewerb fördere. Diese Argumentation überzeugt nicht wirklich, da ehedem für das bundesdeutsche Abweichen von der EU-rechtlich schon sehr viel früher verankerten Gleichrangigkeit von offenem und nicht offenem Verfahren ins Feld geführt wurde, der Vorrang des offenen Verfahrens fördere die Verwirklichung der Grundsätze des Wettbewerbs und der Transparenz in besonderer Weise und sei im Interesse größtmöglicher Wirtschaftlichkeit der Beschaffung (Gesetzesbegründung zum Vergaberechtsänderungsgesetz, BT-Drs. 13/9340, 15) vorrangig zu wählen. Erhebliche Zweifel an den nunmehr ins Feld geführten Argumenten Effizienzgewinne und erhöhte Flexibilität auch bei *Knauff* in Müller-Wrede GWB § 119 Rn. 15, der aber zu Recht einwendet, diese neuerliche Entscheidung des demokratisch legitimierten Gesetzgebers sei hinzunehmen und zweifelsfrei europarechtskonform. Ein Unternehmen, dass nunmehr mehr schrankenlos ein wettbewerbsfähiges Angebot in einem offenen Verfahren abgeben kann, sondern sich in einem Teilnahmewettbewerb mit vom Auftraggeber vorbestimmten Auswahlkriterien für die besten fünf Bewerber erst einmal vor einer Angebotsabgabe qualifizieren muss, dürfte dies subjektiv auch eher kritisch sehen. Auch aus haushälterischer Sicht mit der Pflicht zur sparsamen und wirtschaftlichen Haushaltsführung sowie aus kartellrechtlicher Sicht zwecks Vermeidung von Bieterabsprachen und Korruption ergibt sich gegebenenfalls eine durchaus widerstreitende Argumentationslinie.

[12] So auch *Knauff* in Müller-Wrede GWB § 119 Rn. 6.

[13] Ein Verhandlungsverfahren ohne Teilnahmewettbewerb steht gem. § 131 Abs. 1 S. 2 GWB in diesen Fällen nur zu Verfügung, soweit dies „aufgrund dieses Gesetzes gestattet" ist.

[14] So auch von *Hoff/Queisner* in RKPP GWB § 119 Rn. 9.

[15] § 14 Abs. 3 Nr. 1–5 regeln unterschiedslos die Voraussetzungen für das Verhandlungsverfahren mit Teilnahmewettbewerb und den wettbewerblichen Dialog.

[16] So auch *Knauff* in Müller-Wrede GWB § 119 Rn. 16 ua unter Hinweis auf EuGH Urt. v. 2.6.2005 – C-394/02, VergabeR 2005, 467.

[17] Vgl. VK Rheinland Beschl. v. 26.3.2019 – VK 5/19, VPR 2020, 17, bezogen auf ein ebenfalls zulässiges Verhandlungsverfahren mit Teilnahmewettbewerb statt des gewählten offenen Verfahrens.

neuem Aufruf zum Wettbewerb[18] **nicht mehr wechseln.** In Verfahren ohne vorherige Bekanntmachung endet die Wahlfreiheit mit der ersten „Veröffentlichung" der Vergabeart gegenüber den am Wettbewerb zu beteiligenden Unternehmen. Ab diesem Zeitpunkt würde eine nachträgliche, möglicherweise mehrfache Änderung der Vergabeart die Transparenz des Verfahrens aufheben.

19 Die in den §§ 21 ff. genannten „**Besonderen Methoden und Instrumente** in Vergabeverfahren" stellen **keine eigenständigen** oder alternativ zulässigen **Vergabeverfahren** dar, sondern sind **immer nur innerhalb der in § 14 Abs. 1 und 2 genannten Vergabeverfahren zulässig,** mit jeweils individuellen Vorgaben und Einschränkungen.

20 **1. Wahlfreiheit zwischen offenem und nicht offenem Verfahren (Abs. 2 S. 1).** Im Gegensatz zu einem jahrelang – entgegen geltendem EU-Vergaberecht (Art. 28 Vergabe-RL 2004) – tradiertem Vorrang des offenen Verfahrens gegenüber dem nicht offenen Verfahren hat der Normgeber seit 2016 erstmalig EU-rechtskonform sowohl in § 119 Abs. 2 S. 1 GWB auf Gesetzesebene als auch gedoppelt in Abs. 2 S. 1 des § 14 die Wahlfreiheit des Auftraggebers zwischen diesen beiden Vergabeverfahren postuliert.

21 **2. Zulässigkeit der anderen Vergabeverfahrensarten aufgrund Gesetzes (Abs. 2 S. 2).** Einschränkend und ergänzend zur gleichberechtigten Bereitstellung des offenen und nicht offenen Verfahrens sieht § 14 Abs. 2 S. 2 vor, dass die anderen in § 14 Abs. 1 genannten, einzig zulässigen, Verfahrensarten Auftraggebern nur zur Verfügung stehen, wenn dies durch gesetzliche Bestimmungen oder nach den § 14 Abs. 3 und 4 gestattet ist.

22 Die **Gründe für die Wahl** eines nur unter besonderen Voraussetzungen zulässigen Verhandlungsverfahrens sind in der Vergabeakte zu **dokumentieren, § 8 Abs. 2 Nr. 6** (mit Teilnahmewettbewerb) **und Nr. 7** (ohne Teilnahmewettbewerb).

V. Zulässigkeit des Verhandlungsverfahrens mit Teilnahmewettbewerb und des wettbewerblichen Dialogs (Abs. 3)

23 In § 14 Abs. 3 hat der Normgeber 2016 die Voraussetzungen für ein Verhandlungsverfahren mit Teilnahmewettbewerb nach § 119 Abs. 5 Alt. 1 GWB, § 17, erstmalig mit denjenigen für einen wettbewerblichen Dialog[19] nach § 119 Abs. 6 GWB, § 18, in identischer Weise in den Nr. 1–5 zusammengefasst. Damit hatten sich alte Streitpunkte zum Verhältnis dieser beiden Vergabearten weitestgehend erledigt.

24 Nichtsdestotrotz unterscheiden sind beide Verfahrensarten, auch wenn ihre Zulässigkeitsvoraussetzungen nunmehr identisch sind, doch erheblich im Verfahrensablauf, was insbesondere die Regelungen in § 18 Abs. 5, 8, 9 und 10 verdeutlichen.

25 Zudem ist ersichtlich, dass der Normgeber **Verfahren mit Verhandlungsmöglichkeiten einen breiteren Raum** gegenüber dem offenen und nicht offenen Verfahren **einräumen** wollte[20] als dies vorher der Fall war. Dies manifestierte sich insbesondere in einer Ausweitung der Anwendungsfälle des § 14 Abs. 3 gegenüber der vormaligen Rechtslage, zB im ehemaligen § 3 EG Abs. 3 VOL/A[21] und § 3 EG Abs. 7 VOL/A.

26 Einschränkend ist aber auch Erwägungsrund 43 S. 5 RL 2014/24/EU zu beachten. Danach sollte das **Verhandlungsverfahren und** der **wettbewerbliche Dialog nicht genutzt** werden in Bezug auf **Standardleistungen oder Standardlieferungen,** die von vielen Marktteilnehmern erbracht werden können.[22]

27 Auch Verhandlungsverfahren mit Teilnahmewettbewerb dürfen dennoch einzig und allein in den nach § 14 Abs. 3 abschließend genannten Fällen angewendet werden.[23] Die Ausnahmetatbestände nach § 14 Abs. 3 Nr. 1–3 sind zudem **eng auszulegen.**[24] Sie betreffen **nur besonders**

---

[18] Dazu reicht neuerdings aber erstmals auch nur eine EU-Vorinformation nach § 38 aus, der keine zweite, eigentliche EU-Bekanntmachung – wie früher – nachfolgt, sondern lediglich noch eine Interessensbekundung und -bestätigung der interessierten Unternehmen, letztere nur noch – ohne jede Publizität – nach direkter Aufforderung durch den Auftraggeber.

[19] Vgl. dazu und zur Ausnahme der Konstellation des § 14 Abs. 3 Nr. 5 *Knauff* NZBau 2018, 134 ff.

[20] Vgl. dazu Erwägungsgrund 42 S. 1 und 2 RL 2014/24/EU: Für die öffentlichen Auftraggeber ist es äußerst wichtig, über zusätzliche Flexibilität zu verfügen, um ein Vergabeverfahren auszuwählen, das Verhandlungen vorsieht. Eine stärkere Anwendung dieser Verfahren wird wahrscheinlich dazu beitragen, den grenzüberschreitenden Handel zu fördern, da die Bewertung gezeigt hat, dass bei Aufträgen, die im Wege des Verhandlungsverfahrens mit vorheriger Veröffentlichung einer Bekanntmachung vergeben werden, die Erfolgsquote von grenzüberschreitenden Angeboten besonders hoch ist.

[21] Früher drei Anwendungsfälle, nunmehr fünf.

[22] So auch VK Rheinland-Pfalz Beschl. v. 27.8.2019 – VK 1-13/19, VPRRS 2019, 0371.

[23] Vgl. BT-Drs. 18/7318, 168 zum abschließenden Charakter des § 14 Abs. 3.

[24] VK Rheinland-Pfalz Beschl. v. 27.8.2019 – VK 1-13/19, VPRRS 2019, 0371.

komplexe oder **konzeptionelle/innovative** Beschaffungen, wobei sich die **Tatbestände** der **Nr. 1–3** des § 14 Abs. 3 regelmäßig **nicht klar voneinander abgrenzen** lassen.[25]

1. Notwendigkeit der Anpassung bereits verfügbarer Lösungen zur Bedürfniserfüllung (Abs. 3 Nr. 1). Der öffentliche Auftraggeber kann Aufträge im Verhandlungsverfahren ohne Teilnahmewettbewerb oder im wettbewerblichen Dialog vergeben, wenn seine **Bedürfnisse nicht ohne die Anpassung bereits verfügbarer Lösungen** erfüllt werden können. Diese Ausnahmebestimmung beruht auf **Art. 26 Abs. 4 lit. a i RL 2014/24/EU.** Dies setzt voraus, dass die **am Markt verfügbaren Lösungen** für die Zwecke des Auftraggebers **nicht tauglich** sind und **individuelle Anpassungen erforderlich** sind. Die Ausnahmeregelung des § 14 Abs. 3 Nr. 1 zielt dabei **vor allem** auf Fälle, in denen **geistig-schöpferische Entwicklungsleistungen** erforderlich sind.[26] In Betracht kommt dies etwa bei einer **Individualsoftware** im Gegensatz zu einer am Markt verfügbaren Standardsoftware. In diesem Sinne konkretisiert auch der **Erwägungsgrund 43 RL 2014/24/EU,** dass Anpassungen oder konzeptionelle Arbeiten insbesondere „bei komplexen Anschaffungen, beispielsweise für besonders **hoch entwickelte Waren, geistige Dienstleistungen wie etwa Beratungs- und Kommunikationstechnologie**" notwendig sein können.[27] 28

Entsprechend der Intention des Normgebers darf es sich dabei also gerade **nicht um am Markt schon verfügbare Standarddienstleistungen oder Standardlieferungen** handeln. Vielmehr müssen diese noch nach den individuellen Bedürfnissen des Auftraggebers angepasst bzw. konzeptioniert werden. Damit der Auftraggeber aber überhaupt die Gewissheit haben kann, dass am Markt schon verfügbare, fertige Lösungen für seine Individualbedürfnisse nicht tauglich sind, muss er **zwingend eine diesbezügliche Markterkundung vornehmen** bzw. vor seiner finalen Einschätzung vorgenommen haben. Gemäß § 28 darf ein öffentlicher Auftraggeber derartige Markterkundungen zur Vorbereitung der Auftragsvergabe und zur Unterrichtung der Unternehmen über seine Auftragsvergabepläne und -anforderungen durchführen. Im Falle des § 14 Abs. 3 Nr. 1 muss er dies zwingend vorher realisieren, da er ansonsten neue am Markt gerade erst etablierte Produkte, die seinen Bedürfnissen schon voll und ganz entsprechen, gar nicht in die Betrachtung einstellen kann. 29

2. Konzeptionelle oder innovative Lösungen (Abs. 3 Nr. 2). Mit § 14 Abs. 3 Nr. 2 wird **Art. 26 Abs. 4 lit. a ii RL 2014/24/EU** umgesetzt. 30

Zum einen kann das Verhandlungsverfahren mit Teilnahmewettbewerb angewandt werden, wenn die **Aufträge innovative**[28] **Lösungen** umfassen. Art. 2 Abs. 1 Nr. 22 RL 2014/24/EU definiert **Innovation** als die Realisierung von **neuen oder deutlich verbesserten Waren,** Dienstleistungen oder Verfahren, einschließlich – aber nicht beschränkt auf – Produktions-, Bauoder Konstruktionsverfahren, eine **neue Vermarktungsmethode** oder ein **neues Organisationsverfahren** in Bezug auf Geschäftspraxis, Abläufe am Arbeitsplatz oder externe Beziehungen, ua mit dem Ziel, zur Bewältigung gesellschaftlicher Herausforderungen beizutragen oder die Strategie Europa 2000 für intelligentes, **nachhaltiges und integratives Wachstum** zu unterstützen. Dabei muss aber die **Innovation** in jedem Fall dem **Leistungsbereich des Auftraggebers zuzuordnen** sein.[29] 31

Wenn somit derartige in die Zukunft weisende neue oder verbesserte Waren, Dienstleistungen oder Verfahren vom Auftraggeber nachgefragt und vom Bieter angeboten werden sollen, und dessen **innovatives Lösungspotenzial gefordert** ist, kommt ein Verhandlungsverfahren mit Teilnahmewettbewerb, in gleicher Weise aber **auch der Wettbewerbliche Dialog** nach § 18 in Betracht. 32

Ebenfalls ausreichend für deren Anwendbarkeit ist auch das **Umfassen konzeptioneller Lösungen,** was der Konnektor **„oder"** verdeutlicht. Soll ein Unternehmen aber auch konzeptionelle Lösungen anbieten, bedarf es auf der anderen Seite auch **vom Auftraggeber einer (nur) funktionalen oder teilfunktionalen Leistungsbeschreibung** gem. § 121 Abs. 1 S. 2 GWB, in der zumindest die zu lösende Aufgabe (**Funktion** bzw. **Zweck** der nachgefragten Leistung) beschrieben sein muss.[30] Damit sollen gerade das „Know how" und die **planerische Kreativität** der Bieter abgefragt 33

---

[25] VK Rheinland-Pfalz Beschl. v. 27.8.2019 – VK 1-13/19, VPRRS 2019, 0371.
[26] VK Rheinland-Pfalz Beschl. v. 27.8.2019 – VK 1-13/19, VPRRS 2019, 0371 unter Hinweis auf *Butler* in Gabriel/Krohn/Neun VergabeR-HdB § 10 Rn. 37.
[27] So auch VK Rheinland-Pfalz Beschl. v. 27.8.2019 – VK 1-13/19, VPRRS 2019, 0371.
[28] Beachte dazu auch das 2016 neu etablierte Verfahren der Innovationspartnerschaft nach § 19, dessen Anwendung aber weitergehend das Ziel der Entwicklung einer innovativen Liefer- oder Dienstleistung und dann erst deren anschließenden Erwerb voraussetzt.
[29] VK Rheinland-Pfalz Beschl. v. 27.8.2019 – VK 1-13/19, VPRRS 2019, 0371.
[30] VK Sachsen Beschl. v. 29.8.2018 – 1/SVK/027-18, VPR 2019, 21, für die Konzeption (Veranstaltungskonzept), Organisation, Durchführung und Nachbereitung eines Medienkongresses.

werden.[31] Derartige funktionale Ausschreibungen sind gerade dadurch gekennzeichnet, dass den **Bietern** ermöglicht wird, den **Weg** zu den beschriebenen Zwecken und Zielen **eigenständig** zu beschreiten. Sie haben gerade bei konzeptionellen Leistungen wegen der Offenheit Vorteile gegenüber konventionellen deskriptiven Ausschreibungen, da bei Vertragsgegenständen mit einem hohen geistig-schöpferischen Anteil eine **vorherige Leistungsbeschreibung** durch den Auftraggeber **oftmals nicht hinreichend genau möglich** ist. Deshalb gilt bei **funktionalen Ausschreibungen** im Rahmen des § 14 Abs. 3 der **Bestimmtheitsgrundsatz nur eingeschränkt**, da eine funktionale Leistungsbeschreibung den Auftragsgegenstand per se nicht so detailliert festlegen kann wie eine konventionelle Leistungsbeschreibung.[32] Dazu muss der Auftraggeber nach § 31 Abs. 2 S. 1 Nr. 1 Alt. 2 die **Merkmale des konkreten Auftragsgegenstands** in der Leistungsbeschreibung trotz des (nur) lösungsbasierten Ansatzes dennoch **so genau wie möglich fassen**, dass sie ein klares Bild vom Auftragsgegenstand vermitteln und **hinreichend vergleichbare Angebote** für die Zuschlagserteilung erwarten lassen. Wie auch der **Vergleich** mit der **ergänzenden Sonderregelung**[33] für die Vergabe von Architekten- und Ingenieurleistungen in § 74 zeigt, sind die dort als Regelverfahren aufgeführten Verhandlungsverfahren mit Teilnahmewettbewerb und der Wettbewerbliche Dialog die prädestinierten Vergabeverfahren, um **Leistungen mit geistig-schöpferischen, konzeptionellen Aspekten** zu beschaffen. Aus einem **Umkehrschluss aus § 73 Abs. 1** und in Abgrenzung zu den dortigen Leistungen ergibt sich aber, dass **Leistungen** deren **Lösung vorab eindeutig und erschöpfend beschrieben** werden kann, von den **dortigen ergänzenden Regelungen nicht zusätzlich erfasst** sind, somit und **einzig und allein** unter § 14 fallen.

34   Auch § 5 aF enthielt für freiberufliche Leistungen eine vergleichbare Gabelung. Für nicht eindeutig und erschöpfend beschreibbare Leistungen galt die zwischenzeitlich aufgehobene VOF als Sonderrecht mit weiteren Spezialregelungen ab § 18 VOF für Architekten- und Ingenieurleistungen, für eindeutig und erschöpfend beschreibbare Leistungen nach den §§ 4, 5 Abs. 3 die ebenfalls aufgehobene EG VOL/A, die insoweit durch die neugestaltete VgV ersetzt wurde.

35   Nach Erwägungsgrund 42 RL 2014/24/EU kann insbesondere bei der Realisierung großer, integrierter Verkehrsinfrastrukturprojekte oder großer Computer-Netzwerke oder bei Projekten mit einer komplexen, strukturierten Finanzierung die typische Situation eintreten, dass der Auftraggeber nicht beurteilen kann, was der Markt an technischen, finanziellen oder rechtlichen Lösungen zu bieten hat, sodass insbesondere alternativ gerade auch der wettbewerbliche Dialog das geeignete Verfahren ist, um innovative Projekte zu realisieren.

35a **3. Notwendigkeit vorheriger Verhandlungen vor Auftragsvergabe (Abs. 3 Nr. 3).** Ein Auftraggeber kann das **Verhandlungsverfahren mit Teilnahmewettbewerb** nach § 14 Abs. 3 Nr. 3 auch dann nutzen, wenn der Auftrag aufgrund konkreter Umstände im Zusammenhang mit der Art, der Komplexität, dem rechtlichen oder finanziellen Rahmen oder damit verbundener Risiken **nicht ohne vorherige Verhandlungen** vergeben werden kann. Wesentlich ist dabei aber, dass die Besonderheiten der Auftragsausführung die Durchführung von **Verhandlungen zwingend erforderlich** machen. Als Maßstab kann der **Umkehrschlussgedanke** dienlich sein, das heißt, falls die Leistung im offenen oder nicht offenen Verfahren vergeben werden kann, sie also eindeutig und erschöpfend beschreibbar iSv § 121 Abs. 1 S. 1 GWB ist, verbleibt kein Raum mehr für eine Verhandlungsnotwendigkeit. Der Auftraggeber hat deshalb den Nachweis zu erbringen, dass die prognostizierten Schwierigkeiten nicht durch die Gestaltung der Ausschreibungsbedingungen in einem offenen oder nicht offenen Verfahren beherrschbar sind.[34] Die Befürchtung des Auftraggebers ggf. eine Ausschreibung „am Markt vorbei" zu riskieren, trägt insoweit nicht, da die **Ungewissheit über die potenziellen Bieter jeder Ausschreibung immanent** ist und von der jeweiligen Branche, den verfügbaren Auftragskapazitäten der Unternehmen und den individuellen Beschaffungswünschen des Auftraggebers abhängen. Das Risiko bei vollen Auftragsbüchern nur **wenige Angebote** zu erhalten, ist ebenfalls charakteristisch für jede Ausschreibung. Auch bei **Mengenunsicherheiten** wie typischerweise im Abfallbereich (zB unklares künftiges Wegwerfverhalten der Bürger, Unsicherheiten etwa bei der Umstellung auf ein Ident-System) ist es für einen Auftraggeber zunächst zumutbar und auch machbar, eine Prognose über das künftige Auftragsvolumen anzustellen. Auch in diesen Fällen ist die **Abfrage von Einzelpreisen** ohne Weiteres **möglich** und können aus diesen Mengenunsicherheiten bei den Unternehmen resultierende **Kalkulationsrisiken durch Preisanpassungsmechanismen** (Preisgleitklausel nach dem

---

[31] OLG Düsseldorf Beschl. v. 11.12.2013 – Verg 22/13, NZBau 2014, 374 und VK Sachsen Beschl. v. 29.8.2019 – 1/SVK/027-18, VPR 2019, 21.
[32] VK Sachsen Beschl. v. 29.8.2018 – 1/SVK/027-18, VPR 2019, 21.
[33] „Die Bestimmungen dieses Abschnitts gelten zusätzlich ...," § 73 Abs. 1.
[34] VK Rheinland-Pfalz Beschl. v. 27.8.2019 – VK 1-13/19, VPRRS 2019, 0371 unter Hinweis auf Dieckmann/Scharf/Wagner-Cardenal/*Dieckmann* Rn. 39.

Preisklauselgesetz) oder praxiserprobte Instrumente der Preisabfrage, etwa nach Tonnagespannen oder mengenmäßige Ranges nach oben und unten, **hinreichend eingegrenzt** werden. Bieter können verbleibende Restrisiken durch zumutbare **Risikozuschläge auf die Preise** adaptieren und abmildern.[35]

Die Frage einer **unbedingt notwendigen Verhandlungsphase** vor einer endgültigen Auf- 36 tragsvergabe nach § 14 Abs. 3 Nr. 3, die somit offene oder nicht offene Verfahren mit Verhandlungsverboten in § 15 Abs. 5 S. 2 und § 16 Abs. 9 iVm § 15 Abs. 5 S. 2 ausschließt, beruht auf **Art. 26 Abs. 4 lit. a iii RL 2014/24/EU** und entspricht im Wesentlichen schon Fallkonstellationen der Vorgängerregelungen in § 3 EG Abs. 3 lit. b und c VOL/A aF, bezogen auf die Unterpunkte Gesamtpreis und technische Spezifikationen. Ob die Voraussetzungen des § 14 Abs. 3 Nr. 3 gegeben sind, bedarf stets einer **Einzelfallbetrachtung**,[36] auch anhand der schon aufgezeigten Prognoseerwägungen. Zur Eingrenzung des unbestimmten Rechtsbegriffs „nicht ohne vorherige Verhandlungen vergeben werden kann" hat der Normgeber ergänzend die **Erfordernisse** aufgestellt, dass die Auftragsvergabe aufgrund konkreter Umstände, die mit der **Art, der Komplexität** oder dem rechtlichen oder finanziellen Rahmen oder den damit einhergehenden **Risiken zusammenhängen,** vorheriger Verhandlungen bedürfen muss. Ausweislich des **Erwägungsgrundes 43 S. 3 RL 2014/24/EU** kommen solche notwendigen Verhandlungen insbesondere auch wieder bei besonders **hoch entwickelten Waren, geistigen Dienstleistungen wie etwa Beratungs-, Architekten oder Ingenieurleistungen** oder **Großprojekten der Informations- und Kommunikationstechnologie** in Betracht. Nur dann, wenn der **Leistungsinhalt in erheblichem Umfang ungewiss** ist, ist somit der Anwendungsbereich des § 14 Abs. 3 Nr. 3 eröffnet.[37] Das Instrument der **Rahmenvereinbarung** nach § 21 (ohne verbindliche Gesamtmenge oder Auftragsbedingungen für die Einzelverträge) und die ausnahmsweise Möglichkeit, in sachlich gerechtfertigten Fällen auch Wahl- oder Alternativpositionen zum Zuge kommen zu lassen, können diese **Ungewissheit** und die damit iSv § 14 Abs. 3 Nr. 3 angesprochenen Risiken auch rechtlich und finanziell zumindest **abmildern** und gegen eine erhebliche Ungewissheit des Leistungsinhalts iSv § 14 Abs. 3 Nr. 3 sprechen.[38]

Erwähnt sind dort aber auch generaliter **konzeptionelle Arbeiten.** Dies unterstreicht noch- 37 mals, dass die **vier Fallkonstellationen der Nr. 1–4 des Abs. 3** sich auch vielfach nicht abgrenzbar[39] **überlappen.** Art. 26 Abs. 4 lit. a RL 2014/24/EU spricht deshalb auch davon, „bei denen **eines oder mehrere der folgenden – vier – Kriterien erfüllt** ist".

4. Leistung kann nicht mit ausreichender Genauigkeit beschrieben werden (Abs. 3 38 **Nr. 4).** Art. 26 Abs. 4 lit. a iv RL 2014/24/EU nennt als letzten der vier miteinander verwobenen Ausnahmetatbestände des Abs. 4, dass die technische **Spezifikationen vom Auftraggeber nicht mit ausreichender Genauigkeit**[40] erstellt werden können. In der deutschen Umsetzungsnorm des Abs. 3 Nr. 4 verwendet der Normgeber den Begriff **Leistung,** insbesondere deren technischen Anforderungen, und verweist auf die denkbaren **Bezugssysteme,**[41] die aber gerade keine ausreichende Genauigkeit hinsichtlich der konkreten technischen Anforderungen vermitteln dürfen bzw. können.

Die Ausnahmevorschrift setzt also voraus, dass das normale Vorgehen mit einer **Leistungsbe-** 39 **schreibung** nach § 121 Abs. 1 GWB[42] iVm § 31 Abs. 2 Nr. 2 vorliegend gerade **nicht möglich** ist bzw. nicht mit der erforderlichen Genauigkeit funktionieren würde, insbesondere um vergleichbare Angebote zu erlangen. Damit erinnert diese Fallkonstellation an den vormaligen § 3 EG Abs. 3 lit. c VOL/A, der auf Dienstleistungen, insbesondere geistig-schöpferische Dienstleistungen, gemünzt

---

[35] Vgl. OLG Düsseldorf Beschl. v. 10.4.2013 – VII-Verg 50/12, NZBau 2013, 597.
[36] VK Rheinland-Pfalz Beschl. v. 27.8.2019 – VK 1-13/19, VPRRS 2019, 0371.
[37] So zu Recht VK Rheinland-Pfalz Beschl. v. 27.8.2019 – VK 1-13/19, VPRRS 2019, 0371 unter Hinweis auf Dieckmann/Scharf/Wagner-Cardenal/*Dieckmann* Rn. 39.
[38] So in der Tendenz zu Recht VK Rheinland-Pfalz Beschl. v. 27.8.2019 – VK 1-13/19, VPRRS 2019, 0371 für die ausgeschriebene Entsorgung anfallender Ersatzbrennstoffe zur thermischen Verwertung aus einer mechanisch-biologischen Trocknungsanlage, die lehrbuchartig alle drei Varianten nach § 14 Abs. 3 Nr. 1, 2 und 3 für ein Verhandlungsverfahren mit Teilnahmewettbewerb in diesem Fall abgelehnt hat.
[39] VK Rheinland-Pfalz Beschl. v. 27.8.2019 – VK 1-13/19, VPRRS 2019, 0371.
[40] Unter Verweis auf eine Norm, eine europäische technische Bewertung (ETA), eine gemeinsame technische Spezifikation oder technische Referenzen im Sinne des Anhangs VII Nr. 2–5.
[41] Die sich indirekt auch in § 32 Abs. 2 unter dem Oberbegriff „Technische Anforderungen" als Ergänzungsstück zur Leistungsbeschreibung in § 31 wiederfinden.
[42] So eindeutige und erschöpfende Beschreibung des Auftragsgegenstands wie möglich in der Leistungsbeschreibung, sodass die Beschreibung für alle Unternehmen im gleichen Sinne verständlich ist und die Angebote miteinander verglichen werden können.

und beschränkt war. Diese Beschränkung enthält Abs. 3 Nr. 4 mit dem Begriff Leistung (= Bau-, Liefer- oder Dienstleistung) richtlinienkonform so nicht mehr.[43]

40   **5. Keine ordnungsgemäßen oder nur nicht annehmbare Angebote im vorherigen offenen oder nicht offenen Verfahren (Abs. 3 Nr. 5).** Die nach § 119 Abs. 2 S. 2 GWB eigentlich nachrangigen Verhandlungsverfahren mit Teilnahmewettbewerb oder wettbewerblicher Dialog können vom Auftraggeber nach § 14 **Abs. 3 Nr. 5** auch dann angewandt werden, wenn in diesen beiden **vorrangigen Verfahren keine ordnungsgemäßen oder nur unannehmbare Angebote abgegeben** worden sein sollten,[44] diese also aus wettbewerblicher Sicht gescheitert sind.

41   Damit setzt der Normgeber **Art. 26 Abs. 4 lit. b RL 2014/24/EU** um, der die vier Varianten des dortigen lit. a ebenso ergänzt wie die hiesige Nr. 5 die vorstehenden § 14 Abs. 3 Nr. 1–4. Der Grund ist aber ein gänzlich anderer. Wenn in den Konstellationen der § 14 Abs. 3 Nr. 1–4 die Eigenart der Leistung offene und nicht offene Verfahren ohne Verhandlungsmöglichkeit praktisch unmöglich macht, sind bei § 14 Abs. 3 Nr. 5 derart mögliche Verfahren im Konkreten aus **Gründen, die nicht in der Sphäre des Auftraggebers,** sondern in derjenigen der Bieter und ihrer Angebote lagen, schon vormals gescheitert. Der Normgeber **entbindet** unter weiteren Voraussetzungen den Auftraggeber, **ein gleichartiges Vergabeverfahren** noch ein zweites Mal **in selbiger Weise** durchführen zu müssen. Voraussetzung ist aber selbstverständlich, dass jene gescheiterten **Erstverfahren formal nach § 63 vom Auftraggeber aufgehoben** wurden.

42   Erstmalig **definiert** der **Normgeber** in Umsetzung von Art. 26 Abs. 4 lit. b UAbs. 2 RL 2014/24/EU die **Begriffe nicht ordnungsgemäße und unannehmbare Angebote** ausführlich in § 14 Abs. 3 Nr. 5 S. 1 Hs. 2 und 3.

43   **Nicht ordnungsgemäß** sind Angebote, die **nicht den Vergabeunterlagen entsprechen,**[45] **nicht fristgerecht** eingereicht wurden,[46] nachweislich auf kollusiven Absprachen[47] oder Korruption beruhen oder nach Einschätzung des Auftraggebers **ungewöhnlich niedrig** nach **§ 60** sind.

44   **Unannehmbar** sind Angebote von Bietern, die **nicht über die erforderlichen Qualifikationen** verfügen und Angebote, deren **Preis** die vorher – festgelegten und dokumentierten – eingeplanten **Haushaltsmittel** übersteigt.

45   § 14 Abs. 3 Nr. 5 weist Übereinstimmungen zum nachfolgenden § 14 Abs. 4 Nr. 1, da es auch dort um vorher gescheiterte offene oder nicht offene Vergabeverfahren geht, die aufgehoben werden müssen. Im Unterschied zu § 14 Abs. 3 Nr. 5 fordert § 14 Abs. 4 Nr. 1 für ein Verhandlungsverfahren ohne Teilnahmewettbewerb, das hier **systemwidrig** nicht ebenfalls in § 14 Abs. 4, sondern im § 14 Abs. 3 mitgeregelt wird, zusätzlich dort, dass die ursprünglichen Bedingungen des Auftrags nicht grundlegend geändert werden dürfen. Diese Einschränkung weist § 14 Abs. 3 Nr. 5 aE nicht auf. Dieser fordert demgegenüber aber zwingend, dass ein zusätzliches Absehen von einem Teilnahmewettbewerb (=Verhandlungsverfahren ohne Teilnahmewettbewerb in Ergänzung der eigentlichen Konstellationen in § 14 Abs. 4 Nr. 1–9) nur dann erlaubt ist, wenn in das nachfolgende Verhandlungsverfahren alle geeigneten Unternehmen vom Auftraggeber einbezogen werden müssen, die im Erstverfahren form- und fristgerechte Angebote abgegeben haben,[48] während im Rahmen des § 14 Abs. 4 Nr. 1 bisher auch völlig unbeteiligte Unternehmen angesprochen werden können.

VI. Zulässigkeit des Verhandlungsverfahrens ohne Teilnahmewettbewerb (Abs. 4)

46   Eine gesetzliche Gestattung iSv § 135 Abs. 1 S. 2 GWB, einen Auftrag ohne vorherige EU-Bekanntmachung im Sinne eines Aufrufs zum Wettbewerb zu vergeben, besteht allein vermittels eines **Verhandlungsverfahrens ohne Teilnahmewettbewerb.** Dessen Voraussetzungen sind für Liefer- und Dienstleistungsaufträge im klassischen Vergabebereich in **§ 119 Abs. 2 S. 2, Abs. 5 Alt. 2 GWB** iVm **§ 14 Abs. 4** geregelt. Die jetzigen Ausnahmebestimmungen für die Anwendbarkeit des Verhandlungsverfahren ohne Teilnahmewettbewerb in § 14 Abs. 4 Nr. 1–9 entsprechen weitgehend den vor 2016 geltenden Regelungen in § 3 EG Abs. 4 lit. a–j VOL/A. Auf den ersten Blick entfallen erscheint der **vormalige § 3 EG Abs. 4 lit. f VOL/A,** der sich aber **leicht modifi-**

---

[43]   Vgl. auch den wortgleichen § 3a EU Abs. 2 Nr. 1 lit. d VOB/A für Bauleistungen.
[44]   Ähnlich § 3 EG Abs. 3 lit. a VOL/A, bezogen aber auf „ausgeschlossene" Angebote.
[45]   Zwingender Ausschlussgrund nach § 57 Abs. 1 Nr. 4.
[46]   Zwingender Ausschlussgrund nach § 57 Abs. 1 Nr. 1.
[47]   Lediglich fakultativer Ausschlussgrund nach § 124 Abs. 1 Nr. 4 GWB.
[48]   Das OLG Dresden Beschl. v. 28.12.2018 – Verg 4/18, VPR 2019, 56, zählt dazu aber, wenn auch obiter dictum, nicht die Bieter, die im selben Vergabeverfahren, aber für ein anderes als das aufgehobene Los ehedem Angebote abgegeben hatten. Diese können sich allenfalls nach der Grundvariante des § 14 Abs. 3 Nr. 5 (Verhandlungsverfahren mit Teilnahmewettbewerb nach gescheiterter erster Vergabe im offenen oder nicht offenen Verfahren) im nochmaligen Teilnahmewettbewerb autonom beteiligen.

VI. Zulässigkeit des Verhandlungsverfahrens ohne Teilnahmewettbewerb (Abs. 4)   47–53   § 14 VgV

ziert nunmehr als sogar **vergaberechtsfreie** Varianten in **§ 132 Abs. 2 S. 1 Nr. 2 und 3 GWB** wiederfindet.

In Nr. 1, der dem vormaligen § 3 EG Abs. 4 lit. a **VOL/A** entspricht, wurde der Fall, dass **keine oder keine geeigneten Teilnahmeanträge** im vorherigen Ausschreibungsverfahren eingegangen sind, **ergänzend hinzugefügt** und mit einer entsprechenden Legaldefinition ungeeigneter Teilnahmeanträge versehen. Zudem **enthält Abs. 5 dazu eine Berichtspflicht** gegenüber der EU-Kommission. Der ehemalige lit. c des § 3 EG Abs. 4 VOL/A wurde in Nr. 2 lit. a, b und c in drei Fallgruppen aufgefächert und hinsichtlich der beiden letzten Buchstaben im ergänzenden Abs. 6 massiv eingeschränkt. Nr. 3 wurde gegenüber der Vorgängerregelung in § 3 EG Abs. 4 lit. d VOL/A durch das Wort „**äußerste**" **Dringlichkeit ebenfalls verschärft**. 47

Nachfolgende **Tabelle** zeigt die **Gegenüberstellung der Fallvarianten** der Nr. 1–9 aus § 14 Abs. 4 zu den Vorgängerversionen aus § 3 EG Abs. 4 VOL/A 2009 sowie des in § 132 Abs. 2 GWB ausgelagerten, jetzt sogar vergaberechtsfreien, Fall des ehemaligen lit. f, auch wenn **formal einzustellen** ist, dass es sich mit **§ 14 Abs. 4** um neue, auf der Grundlage einer ebenfalls **völlig neuen Richtlinie** abgeleitete, Verfahrensvarianten handelt. 48

§ 14 Abs. 4 VgV 2016	§ 3 EG VOL/A 2009	49
Nr. 1 iVm Abs. 5	lit. a	
Nr. 2 lit. a; Nr. 2 lit. b oder c iVm Abs. 6	lit. c	
Nr. 3	lit. d	
Nr. 4	lit. b	
Nr. 5	lit. e	
Nr. 6	lit. i	
Nr. 7	lit. j	
Nr. 8	lit. h	
Nr. 9	lit. g	
§ 132 Abs. 2 S. 1 Nr. 3 GWB	lit. f	

Nichtsdestotrotz kann **mit** den eben genannten **Einschränkungen** zumindest **teilweise** auch auf **die bisherige Rechtsprechung zu § 101 GWB aF** und insbesondere **§ 3 EG Abs. 4 VOL/A** zurückgegriffen werden, wenn auch immer im Lichte der umgesetzten Art. 26 und 32 RL 2014/24/EU und **unter Beachtung der 2020 erfolgten sprachlichen Ergänzung** in § 14 Abs. 4 Nr. 2. 50

Danach hat das Verhandlungsverfahren ohne Teilnahmewettbewerb Ausnahmecharakter und ist nur in den enumerativ und abschließend[49] aufgeführten Fallkonstellationen der Nr. 1–9 zulässig.[50] Deshalb trägt der Auftraggeber auch die Darlegungs- und Beweislast für das tatsächliche Vorliegen[51] der außergewöhnlichen Umstände, die die Ausschreibungspflicht entfallen lässt und das Verhandlungsverfahren ohne EU-Bekanntmachung rechtfertigt.[52] 51

Weder die EU-Mitgliedsstaaten, erst recht nicht der Auftraggeber, können daher gesonderte Tatbestände **schaffen, konstruieren**[53] **oder ergänzen**, die die Anwendung des Verhandlungsverfahren erleichtern würden, da sie sonst die praktische **Wirksamkeit ("effet utile") der Richtlinie beseitigen** würden. 52

Dies spiegelt auch die amtliche **Begründung zu § 14 Abs. 4**[54] wider, wonach Verhandlungsverfahren ohne Teilnahmewettbewerb **grundsätzlich nur unter außergewöhnlichen Umständen zur Anwendung** kommen sollen. Diese Ausnahme sei auf Fälle beschränkt, in denen ein Teilnahmewettbewerb **entweder aus Gründen äußerster Dringlichkeit** wegen unvorhersehbarer und vom öffentlichen **Auftraggeber nicht zu verantwortender Ereignisse nicht möglich** ist oder in denen von Anfang an klar ist, dass ein Teilnahmewettbewerb nicht zu mehr Wettbewerb 53

---

[49] EuG Urt. v. 15.1.2013 – T-54/11, BeckRS 2013, 80072.
[50] So für die Vorgängerregelung der Richtlinie EuG Urt. v. 15.1.2013 – T-54/11, BeckRS 2013, 80072.
[51] Dies unterscheidet § 14 Abs. 4 von der vergaberechtsfreien Ex-ante-Variante in § 135 Abs. 3 GWB, wonach der Auftraggeber nur der Ansicht sein muss, dass die Auftragsvergabe ohne vorherige Veröffentlichung einer Bekanntmachung im Amtsblatt der Europäischen Union zulässig ist; vgl. insoweit die Kommentierung zu § 135 Abs. 3 GWB (→ GWB § 135 Rn. 93 ff.).
[52] EuGH Urt. v. 15.10.2009 – C-275/08, NZBau 2010, 63 = VergabeR 2010, 57.
[53] ZB durch analoge Anwendung im Unterschwellenwertbereich etablierter Fälle der dort zulässigen Freihändigen Vergabe, zB der 20%-Klausel des § 3 Abs. 5 lit. d VOL/A; vgl. zum insoweit unzulässigen Rückgriff in § 135 Abs. 3 GWB (→ GWB § 135 Rn. 93 ff.), VK Bund Beschl. v. 20.5.2003 – VK 1-35/03, IBR 2003, 491.
[54] BT-Drs. 18/7318, 157.

oder besseren Beschaffungsergebnissen führen würde. Dies gilt insbesondere dann, wenn objektiv nur ein einziger Wirtschaftsteilnehmer in der Lage ist, den Auftrag auszuführen.[55] Deshalb muss der **Auftraggeber** insoweit für die letztgenannte Konstellation **nachweisen, dass tatsächlich nur ein Unternehmen in der EU in der Lage** ist, den **Auftrag zu erfüllen** bzw. dass einer oder mehrere der unter § 14 Abs. 4 Nr. 2 lit. a–c genannten Gründe zwingend die Vergabe an ein spezifisches Unternehmen erfordern.[56]

54 So ist zB auch ein **Rückgriff** auf weitergehende, **unterschwellige Parallelbestimmungen** für dortige freihändige Vergabeverfahren[57] **nicht möglich.**[58]

55 **1. Keine geeigneten Teilnahmeanträge oder keine oder keine geeigneten Angebote im vorherigen nicht offenen oder offenen Verfahren (Abs. 4 Nr. 1).** § 14 Abs. 4 Nr. 1 setzt Art. 32 **Abs. 2 lit. a UAbs. 1 und 2 RL 2014/24/EU** in deutsches Recht um. Gegenüber der Vorgängerregelung in § 3 EG Abs. 4 lit. a VOL/A ist nunmehr zumindest teilweise Richtlinien konform die Fallkonstellation der **nicht geeigneten Teilnahmeanträge zusätzlich** aufgenommen worden.

56 Bei § 14 Abs. 4 Nr. 1 handelt es sich um die für den Auftraggeber missliche Ausgangssituation, dass eine vorhergehende Ausschreibung in einem offenen oder nicht offenen Verfahren **mangels geeigneter Teilnahmeanträge** (nur nicht offenes Verfahren) oder **fehlender oder ungeeigneter Angebote** (beide Verfahren) gescheitert ist und sich nunmehr die Frage der Fortführung stellt.

57 In diesem Fall billigt der Normgeber dem Auftraggeber zu, **im aktuellen zweiten Anlauf** das **Verhandlungsverfahren ohne Teilnahmewettbewerb** wählen zu dürfen, vorausgesetzt die **bisherigen Bedingungen des Auftrags werden nicht grundlegend** geändert.

58 Gedanklicher **Hintergrund** dieser **Regelung** ist, dass der öffentliche Auftraggeber **ursprünglich** ein Verfahren gewählt hat, durch das ein **transparenter und nicht diskriminierender Wettbewerb** sichergestellt war, und jenes **Verfahren aufgrund** dem **Auftraggeber nicht zurechenbaren Gründen erfolglos geblieben** ist.[59] Sinn dieser Regelung ist es deshalb und war es auch schon in vergleichbaren Vorgängerregelungen, dass an ein gescheitertes offenes oder nicht offenes Verfahren ein Verhandlungsverfahren angeschlossen werden kann und darf, um so die Auftragsvergabe ohne grundlegende Änderungen des Auftragsinhalts besser zu ermöglichen und **dabei die Prüfungsergebnisse,** die das gescheiterte Verfahren gezeigt hat, **für** das nachfolgende **Verhandlungsverfahren nutzbar** zu machen.[60]

59 Sollte es eine solche grundlegende Änderung, etwa aus technischen oder rechtlichen Bindungen heraus, nunmehr geben müssen, bleibt dem Auftraggeber nur die Wiederholung des zunächst gescheiterten Verfahrens oder **der Rückgriff auf ein Verhandlungsverfahren nach § 14 Abs. 3 Nr. 5,** sofern er in das neue Verhandlungsverfahren alle geeigneten Unternehmen aus dem vorherigen offenen oder nicht offenen Verfahren einbezieht, die form- und fristgerechte, wenn auch unannehmbare, Angebote abgegeben haben.

60 Ausdrücklich schon vom Wortlaut des § 14 Abs. 4 Nr. 1 **nicht erfasst** wird aber der Fall, das in einem **vorausgegangenen Verhandlungsverfahren mit EU-Teilnahmewettbewerb** keine geeigneten Teilnahmeanträge oder Angebote vorlagen.

61 Keine geeigneten Teilnahmeanträge in einem somit einzig denkbaren nicht offenen Altverfahren liegen nach der **Legaldefinition** in § 14 Abs. 4 Nr. 1 Hs. 3 vor, wenn das oder die Unternehmen aufgrund eines **zwingenden oder fakultativen Ausschlussgrundes nach den §§ 123 und 124 GWB auszuschließen ist bzw. sind oder ausgeschlossen werden können** oder wenn sie allesamt die **Eignungskriterien nicht erfüllen.**

62 Fraglich ist, ob auch die ausdrücklich nicht erwähnte Situation, dass **überhaupt keine Teilnahmeanträge** im nicht offenen Verfahren eingegangen sind, zur selbigen Rechtsfolge ermächtigt. Dafür spricht die **vergleichbare Situation** zu den erfassten Fällen fehlender Angebote und ungeeigneter Teilnahmeanträge, dagegen, dass die Norm diesen Fall ausdrücklich unerwähnt lässt. Man wird

---

[55] VK Sachsen Beschl. v. 4.12.2018 – 1/SVK/023-18, VPR 2019, 73 unter Hinweis auf OLG Düsseldorf Beschl. v. 12.7.2017 – Verg 13/17, NZBau 2017, 679.
[56] VK Sachsen Beschl. v. 4.12.2018 – 1/SVK/023-18, VPR 2019, 73.
[57] Oder nach der neuen Definition der UVgO der „Verhandlungsvergabe" als Nachfolgerin der freihändigen Vergabe, die es so nur noch altbacken in der VOB/A gibt.
[58] VK Bund Beschl. v. 20.5.2003 – VK 1-35/03, IBR 2003, 491, für den unzulässigen Rückgriff auf § 3 Abs. 5 VOL/A.
[59] VK Nordbayern Beschl. v. 14.9.2020 – RMF-SG21.3194-5-25, VPRRS 2021, 0021.
[60] KG Beschl. v. 20.4.2011 – Verg 2/11, BeckRS 2011, 22535, für die damalige Bestimmung in § 3 EG Abs. 3 lit. a VOL/A, die aber ehedem, anders als der heutige § 14 Abs. 3 Nr. 5, auch noch das Verbot grundlegender Änderungen enthielt wie § 14 Abs. 4 Nr. 1 heute.

VI. Zulässigkeit des Verhandlungsverfahrens ohne Teilnahmewettbewerb (Abs. 4)

den Fall der gänzlich fehlenden Teilnahmeanträge aber zwanglos unter den Begriff der nicht geeigneten Teilnahmeanträge fassen können, sodass Abs. 4 Nr. 1 auch diesen Fall mit umfasst. Hilfsweise kann auch argumentiert werden, dass ja ohne jedwede Teilnahmeanträge **auch keine nachfolgenden Angebote** eingehen können[61] und dieser spätere Fall ja ausdrücklich erfasst ist. Als zusätzliches Hilfsargument ist **Art. 32 Abs. 2 lit. a UAbs. 1 RL 2014/24/EU** zu nennen, der dort **ausdrücklich** auch den Fall, dass **keine Teilnahmeanträge abgegeben** worden sind neben der Fallgruppe „keine geeigneten Teilnahmeanträge" aufführt.

In gleicher Weise ist auch schon vom Wortlaut der innerstaatlichen Norm der Fall umfasst, dass 63 entweder nach einem Teilnahmewettbewerb im nicht offenen Verfahren keine Angebote eingehen oder in einem offenen Verfahren Selbiges passiert. Dem gleichgestellt ist der Fall, dass in diesen beiden Verfahren zwar jeweils Angebote vorliegen, diese sich aber nach Prüfung durch den Auftraggeber sämtlichst als ungeeignet herausstellen.

Ungeeignete Angebote sind dabei solche, die **ohne Abänderung**[62] den in den Vergabeunter- 64 lagen genannten **Bedürfnissen und Anforderungen** des Auftraggebers offensichtlich **nicht entsprechen** können (§ 14 Abs. 4 Nr. 1 Hs. 2).

Von § 14 Abs. 3 Nr. 5 unterscheidet sich die vergleichbare Fallkonstellation in § 14 Abs. 4 Nr. 1 65 entscheidend dadurch, dass im letzteren Fall nicht alle für geeignet befundenen Unternehmen, die ehedem form- und fristgerechte Angebote abgegeben haben, in das nachfolgende Verhandlungsverfahren einbezogen werden müssen. Im Rahmen des § 14 **Abs. 4 Nr. 1 kann** der **Auftraggeber** vielmehr **auf eine Beteiligung der im vorhergehenden Verfahren beteiligten Unternehmen auch gänzlich verzichten**, sofern nur die ursprünglichen Bedingungen des Auftrags nicht grundlegend geändert werden.

Zu den insoweit **unantastbaren grundlegenden Bedingungen** des Auftrags gehören diejeni- 66 gen der **Vergabeunterlagen** nach § 29 Abs. 1, insbesondere die bisherigen **Vertragsunterlagen**, wobei sich letztere ihrerseits **aufspalten in** die **Leistungsbeschreibung** (§ 121 GWB, §§ 31, 32) und die **Vertragsbedingungen**.

Grundlegend sind **Änderungen** in Anlehnung an die Rechtsprechung des EuGH[63] und 67 analog der neuen Sonderregelung zu zulässigen und unzulässigen Vertragsänderungen in § 132 Abs. 1 S. 3 Nr. 1 lit. a–c GWB dann, wenn mit der Änderung **Bedingungen eingeführt** würden, die wenn sie für das ursprüngliche Vergabeverfahren schon gegolten hätten, jeweils die **Zulassung anderer Bewerber oder Bieter oder die Annahme eines anderen Angebots ermöglicht** oder das Interesse weiterer Teilnehmer am Vergabeverfahren geweckt hätten.

Entscheidend muss daher auch im Rahmen des § 14 Abs. 4 Nr. 1 sein, ob sich mit der Änderung 68 der Vertragsunterlagen **voraussichtlich auch der Kreis der Wettbewerber um den Auftrag ändert oder perspektivisch hypothetisch ändern** würde.[64]

Eine derartige, für den Wettbewerb wesentliche, Änderung wird man auch darin sehen können, 69 dass sich der betroffene **Leistungsumfang wesentlich/erheblich erweitert**[65] hat oder sogar die Identität der beiden alten und neuen Beschaffungsgegenstände insgesamt in Rede steht.

Anknüpfend an § 132 Abs. 1 S. 3 Nr. 2 GWB dürfte eine grundlegende Änderung der Auftrags- 70 bedingungen auch dann vorliegen, wenn mit der Änderung das **wirtschaftliche Gleichgewicht des Auftraggebers zugunsten des Auftragnehmers in einer Weise verschoben** wird, die im ehedem ausgeschriebenen Auftrag nicht vorgesehen war. Dies betrifft zB **völlig andere Finanzierungsmodelle**[66] oder die Übernahme größerer Beistellungsleistungen durch den Auftraggeber, die bisher vom Bieter kostenfrei selbst zu erbringen gewesen wären.

Auch die **Aufgabe** der bisherigen **losweisen Vergabe** und das Überwechseln zu einer reinen 71 Generalunternehmervergabe oder die umgekehrte Vorgehensweise kann zu einem völlig unterschiedlich angesprochenen Bieterkreis bis hin zu bisher uninteressierten KMU führen, sodass dies auch im Licht des § 63 Abs. 1 Nr. 2 oder des § 132 Abs. 1 S. 3 Nr. 1 lit. a–c GWB als grundlegende Änderung der bisherigen Auftragsbedingungen anzusehen ist. Dasselbe dürfte für die **erstmalige Zulassung oder das erstmalige Verbot von Nebenangeboten** gelten.

---

[61] So *Kaelble/Müller-Wrede* in Müller-Wrede VOL/A EG § 3 Rn. 119.
[62] Was in diesen beiden Verfahren aufgrund des dort jeweils geltenden Verhandlungsverbotes nach § 15 Abs. 5 und § 16 Abs. 9 im laufenden Verfahren grundsätzlich untersagt ist.
[63] ZB Urt. v. 4.6.2009 – C-250/07, NZBau 2009, 602.
[64] In dieser Diktion auch *Kulartz* in KKMPP VgV Rn. 41.
[65] EuGH Urt. v. 19.6.2008 – C-454/06, VergabeR 2008, 758 sowie analoge Wertung aus § 132 Abs. 1 Nr. 3 GWB: „erhebliche Ausweitung des Auftragsumfangs".
[66] *Kulartz* in KKMPP VgV Rn. 41 unter Hinweis auf VK Berlin Beschl. v. 31.5.2000 – VK-B 2-15/00, IBR 2000, 401. So jüngst auch VK Nordbayern Beschl. v. 14.9.2020 – RMF-SG21-3194-5-25, VPRRS 2021, 0021, für den Fall, dass der Auftraggeber für die vorherige Aufhebung verantwortlich war, da er den Nachtzuschlag auf den Tarif-/Fertiglohn für Reinigungsdienstleistungen ehedem falsch vorgegeben hatte.

72 Zudem ist eine weitere Einschränkung zulasten des Auftraggebers einzufordern. Ist das **Scheitern der vorherigen Ausschreibung** oder das angebliche Marktversagen der Bieterschaft **tatsächlich dem Auftraggeber zuzurechnen,** ist ihm der Übergang in das Verhandlungsverfahren[67] ohne Teilnahmewettbewerb nach § 14 Abs. 4 Nr. 1 **verwehrt.**

73 **2. Alleinstellungsmerkmal eines bestimmten Unternehmens (Abs. 4 Nr. 2 lit. a, b und c iVm Abs. 6).** Ein Verhandlungsverfahren ohne Teilnahmewettbewerb ist auch gerechtfertigt, wenn *zum Zeitpunkt der Aufforderung zur Abgabe von Angeboten*[68] der Auftrag bzw. die entsprechenden Leistungen **nur von einem bestimmten Unternehmen erbracht oder bereit gestellt** werden können, zB:
   a) weil ein **einzigartiges Kunstwerk** oder eine einzigartige künstlerische Leistung erschaffen oder erworben werden soll (§ 14 Abs. 4 Nr. 2 lit. a),
   b) weil **aus technischen Gründen kein Wettbewerb** vorhanden ist[69] (§ 14 Abs. 4 Nr. 2 lit. b) oder
   c) wegen des **Schutzes von ausschließlichen Rechten,** insbesondere von gewerblichen Schutzrechten (§ 14 Abs. 4 Nr. 2 lit. c).

74 Dabei ist es nicht entscheidend, ob der öffentliche Auftraggeber nur subjektiv der Auffassung ist, dass es nur einem bestimmten Unternehmen möglich ist, den Beschaffungsbedarf zu decken, sondern auf die objektive Unmöglichkeit der Deckung des Beschaffungsbedarfs durch andere Unternehmen.[70] Durch den mit Wirkung zum **2.4.2020 eingefügten Zusatz „zum Zeitpunkt der Aufforderung zur Abgabe von Angeboten"** verlagert sich nunmehr das **Risiko** eines zweiten **zwischenzeitlich** (künstlerisch, technisch oder rechtlich)[71] **leistungsfähigen Alternativanbieters** zeitlich **nach vorne** auf den Zeitpunkt der erstmaligen **Angebotsaufforderung** des vermeintlichen Monopolbieters. **Demgemäß** ist es zumindest in der jetzigen Fassung der Verordnung **unerheblich,** ob sich etwa in dem Zeitpunkt der **Zuschlagserteilung** auch ein **weiteres leistungsbereites Unternehmen am Markt bisher unerkannter Weise wiederfindet,** sofern nur die **länger zurückliegende Prognose** des Auftraggebers, im Zeitpunkt der Angebotsaufforderung bestünden die in § 14 Abs. 4 Nr. 2 a–c verankerten künstlerischen, technischen oder rechtlichen **Alleinstellungsmerkmale rückblickend auch objektiv vertretbar** erscheint. Die Neuregelung muss durchaus **kritisch betrachtet** werden, da sie keinen wörtlichen Rückhalt in den Bestimmungen des Art. 32 RL 2014/24/EU hat.

75 Die Regelungen des § 14 Abs. 4, die auf **Art. 32 Abs. 3–5 RL 2014/24/EU** zurückgehen, sind als **Ausnahmeregelungen** zum grundsätzlichen Vorrang des offenen und neuerdings auch des nicht offenen Verfahrens gegenüber den anderen Verfahrensarten aus § 119 Abs. 2 GWB und wiederholend § 14 Abs. 2 und dem damit verbundenen grundsätzlichen Regel-Ausnahmeverhältnis

---

[67] So auch schon OLG Dresden Beschl. v. 16.10.2001 – WVerg 0007/01, VergabeR 2002, 142 und VK Sachsen Beschl. v. 7.1.2008 – 1/SVK/077-07, ZfBR 2008, 422 (Ls.).

[68] Der kursive Passus „zum Zeitpunkt der Aufforderung zur Abgabe von Angeboten" wurde mit dem Gesetz zur beschleunigten Beschaffung im Bereich der Verteidigung und Sicherheit und zur Optimierung der Vergabestatistik v. 25.3.2020 (BGBl. 2020 I 674) mit Wirkung zum 2.4.2020, nicht nur im verteidigungsrelevanten § 12 Abs. 1 Nr. 1 lit. c VSVgV eingefügt, sondern ua auch im § 14 Abs. 4 Nr. 2. Durch diese Ergänzung sollte klargestellt werden, dass der entscheidende Zeitpunkt für diese Beurteilung der Beginn des Vergabeverfahrens in Gestalt der Angebotsaufforderung ist. Zweck der Regelung sei es, sicherzustellen, dass nicht andere Unternehmen einen Nachprüfungsantrag allein mit dem Ziel stellten, durch die Verzögerung über das Nachprüfungsverfahren Zeit zu gewinnen und gegebenenfalls einen Entwicklungsrückstand aufzuholen. Der Auftraggeber müsse die Sachlage zum Zeitpunkt seiner abschließenden Entscheidung über die Vergabeart zugrunde legen können, ohne dass die Gefahr bestehe, dass diese durch später – im Laufe des Vergabeverfahrens – eintretende, vorher nicht absehbare Entwicklungen nachträglich vergaberechtswidrig werde, vgl. BR-Drs. 583/19, 59 f. iVm 58 zur gleichlautenden Bestimmung in § 12 VSVgV.

[69] Vgl. VK Bund Beschl. v. 28.11.2016 – VK 1-104/16, IBRRS 2017, 0801; dort aber abgelehnt bei der Beschaffung von zwei PET Magnetresonanztomographen, weil kein derartiges ausschließliches Alleinstellungsmerkmal vorlag. So auch das zweitinstanzliche OLG Düsseldorf Beschl. v. 7.6.2017 – Verg 53/16, IBRRS 2017, 3816.

[70] OLG Rostock Beschl. v. 25.11.2020 – 17 Verg 1/20, VPR 2021, 69.

[71] Nicht bieterschützend ist § 14 Abs. 4 Nr. 2 lit. c in der Weise, dass eine ggf. rechtlich gegen den Auftraggeber durchsetzbare Pflicht bestünde, auf einen Teilnahmewettbewerb zugunsten eines Wettbewerbers mit urheberrechtlichen und unwiderruflichen Nutzungsrechten bei Objektplanungsleistungen bei einem Ersatzneubau zu verzichten. § 14 Abs. 4 Nr. 2 lit. c dient insoweit allein dem Schutz der Vergabestelle. Die Norm bezweckt nicht den Schutz von Bietern, die bei einem Verzicht auf eine öffentliche Bekanntmachung leichter und ohne konkurrierende Mitbieter zum Vertragsschluss gelangen können. Ein Anspruch der Bieter auf Fehlen von Konkurrenz ist dem Vergaberecht fremd, OLG München Beschl. v. 28.9.2020 – Verg 3/20, VPRRS 2021, 0069.

VI. Zulässigkeit des Verhandlungsverfahrens ohne Teilnahmewettbewerb (Abs. 4)

auch nach der Neufassung 2020 immer noch **eng auszulegen**.[72] Dies folgt auch auf gesetzlicher Ebene aus dem Wortlaut von § 119 Abs. 2 S. 2 GWB: **„nur zur Verfügung, soweit …"**.[73]

Darüber hinaus sind jedoch solche Regelungen, wie insbesondere § 14 Abs. 4 Nr. 2 lit. b / Art. 32 Abs. 2 lit. b ii RL 2014/24/EU, die ein Verhandlungsverfahren ohne Teilnahmewettbewerb und damit auch eine „Direktvergabe" an ein bestimmtes Unternehmen zulassen, ohne dass überhaupt irgendein wettbewerbliches Verfahren stattgefunden hat, **erst recht eng auszulegen**.[74]

Diese besonders enge Auslegung bei Verhandlungsverfahren im engeren Sinne ohne wettbewerbliches Verfahren ist insbesondere mit Blick auf den **Wettbewerbsgrundsatz des § 97 Abs. 1 S. 1 GWB geboten** und ergibt sich auch aus Art. 26 Abs. 2 S. 1 RL 2014/24/EU und dem Erwägungsgrund 50 RL 2014/24/EU. Nach **Art. 26 Abs. 2 S. 1 RL 2014/24/EU** darf ein Verhandlungsverfahren ohne vorherigen Aufruf zum Wettbewerb **nur in den ausdrücklich in Art. 32 RL 2014/24/EU genannten** und dort konkret beschriebenen Fällen zugelassen werden. Der **Erwägungsgrund 50 RL 2014/24/EU** verweist ausdrücklich auf die **negativen Auswirkungen auf den Wettbewerb** hin, die Verhandlungsverfahren ohne Bekanntmachung nach sich ziehen und dass solche Verfahren **„nur unter sehr ungewöhnlichen Umständen"** zur Anwendung kommen sollen. Die Ausnahmeregelung soll demgemäß **auf Fälle beschränkt** bleiben, in denen – abgesehen von Fällen **extremer, unverschuldeter Dringlichkeit** – „von Anfang an klar ist, dass eine **Veröffentlichung nicht zu mehr Wettbewerb** oder besseren Beschaffungsergebnissen führen würde, nicht zuletzt, weil **objektiv nur ein einziger Wirtschaftsteilnehmer** in der Lage ist, den Auftrag auszuführen".[75]

Zu dieser objektiven Unmöglichkeit führt der Erwägungsgrund 50 RL 2014/24/EU aus, dass es „für einen anderen Wirtschaftsteilnehmer **technisch nahezu unmöglich** ist, die geforderte Leistung zu erbringen oder dass es nötig ist, spezielles Wissen, spezielle Werkzeuge oder Hilfsmittel zu verwenden, die nur einem einzigen Wirtschaftsteilnehmer zur Verfügung stehen; erwähnt werden des Weiteren **Interoperabilitätsgründe bei proprietären Systemen.**

Ein Auftrag kann iSv § 14 Abs. 2 somit nur von einem bestimmten Unternehmen erbracht oder bereitgestellt werden, wenn es generell keine anderen Unternehmen gibt, die die Leistung auch grundsätzlich anbieten. Es **kommt hingegen nicht darauf** an, ob diese anderen **Unternehmen gerade auch tatsächlich lieferfähig sind** oder wären. Diese Frage bleibt der **Eignungsprüfung** im Rahmen eines wettbewerblichen Verfahrens vorbehalten.[76] Wollte man die Lieferfähigkeit als Gradmesser zulassen, wäre Manipulationen Tür und Tor geöffnet, da der Auftraggeber die Vergabe zeitlich so legen könnte, dass ein geeignetes Unternehmen in vorhersehbare Lieferengpässe geraten könnte, die der Auftraggeber noch durch eine unangemessene Angebotsfrist künstlich verschärfen könnte.

Dabei zeigen auch die übrigen parallelen Ausnahmetatbestände der lit. a und c des § 14 Abs. 4 Nr. 2, dass auf vergleichbare einzigartige Fähigkeiten (eines Künstlers) oder Rechtspositionen (Ausschließlichkeitsrechte) abgestellt wird, die in der „Person" des Unternehmens liegen und nicht etwa auf einer momentan beobachteten Marktlage beruhen.

Deshalb stellt zB allein der Wunsch eines Leihgebers, einen ganz bestimmten Spediteur zu beauftragen und anderenfalls die Überlassung der Leihgaben zu verweigern, keine künstlerische oder technische Besonderheit dar, die ein Verhandlungsverfahren ohne EU-Teilnahmewettbewerb rechtfertigt.[77]

Auch das Eigentum eines Unternehmens an blauen Papierabfalltonnen stellt **keine technische Besonderheit** dar, denn diese hätten auch von anderen Unternehmen beschafft werden können.[78] Gleiches gilt für das Argument, bei einem **Wechsel des bisherigen Lieferanten** entstehe ein **unverhältnismäßiger,** insbesondere **zeitlicher**[79] oder **wirtschaftlicher Aufwand**

---

[72] VK Bund Beschl. v. 23.10.2019 – VK 1-75/19, VPR 2020, 68; und zur Rechtslage vor der Novelle 2020 VK Bund Beschl. v. 28.11.2016 – VK 1-104/16, IBRRS 2017, 0801 unter Hinweis auf OLG Düsseldorf Beschl. v. 18.12.2013 – VII-Verg 24/13, BeckRS 2014, 02421.
[73] So VK Bund Beschl. v. 23.10.2019 – VK 1-75/19, VPR 2020, 68, mit zusätzlichem Verweis auf EuGH Urt. v. 15.10.2009 – C-275/08, NZBau 2010, 63 = VergabeR 2010, 57 mwN.
[74] VK Bund Beschl. v. 28.11.2016 – VK 1-104/16, IBRRS 2017, 0801 unter Hinweis auf EuGH Urt. v. 15.10.2009 – C-275/08, NZBau 2010, 63 = VergabeR 2010, 57, wegen des besonderen Ausnahmecharakters der damaligen Vorgängerregelung in Art. 6 Abs. 3 lit. c RL 93/36; *Ebert,* Möglichkeiten und Grenzen im Verhandlungsverfahren, 2005, 113.
[75] VK Bund Beschl. v. 28.11.2016 – VK 1-104/16, IBRRS 2017, 0801.
[76] OLG Düsseldorf Beschl. v. 18.12.2013 – VII-Verg 24/13, BeckRS 2014, 02421; VK Bund Beschl. v. 24.7.2013 – VK 3-62/13, BeckRS 2013, 197819.
[77] VK Bund Beschl. v. 3.9.2009 – VK 1-155/09.
[78] VK Arnsberg Beschl. v. 16.12.2009 – VK 36/09, IBRRS 2010, 0384.
[79] So im Fall der VK Sachsen Beschl. v. 4.12.2018 – 1/SVK/023-18, ZfBR 2019, 412, bei dem der Auftraggeber zu Unrecht vorgetragen hatte, dass beim Wechsel der Laborverbrauchsmittel entstehende Aufwand verhindere eine schnelle, unkomplizierte Einführung neuer Testkits.

oder die bisherigen validierten Prüfverfahren seien bei Laborverbrauchsmitteln auf bisherige Produkte abgestimmt, sodass nur das Bestandsunternehmen in Betracht komme. Diese Argumente können den **Verzicht auf jedweden Wettbewerb** aus **angeblich technischen Gründen nicht begründen**,[80] denn den bisherige Verfahrensablauf und bisherige Prüfverfahren sind auf jedes aktuell verwendete Produkt abgestimmt. **Diese Begründung** würde dann **auf alle derzeit verwendeten Produkte zutreffen**. Wenn dies als Rechtfertigung für eine Direktvergabe genügen sollte, **könnten sich Auftraggeber die Voraussetzungen für eine Direktvergabe immer selbst schaffen** und ein Wettbewerb würde niemals entstehen. Derartige **Migrationsaufwände** wirtschaftlicher wie zeitlicher Art sind im Prinzip **jeder erforderlichen Neuausschreibung immanent**. Das **Vergaberecht berücksichtigt** derartige **wirtschaftliche Überlegungen durchaus**, wenn auch an anderer Stelle und unter anderen Voraussetzungen. So bestimmt **§ 14 Abs. 3 Nr. 5 aE**, dass der Auftraggeber ein **Verhandlungsverfahren** – mit und auch – ohne Teilnahmewettbewerb[81] durchführen darf, wenn **in einem vorherigen offenen oder nicht offenen Verfahren** lediglich **unannehmbare Angebote** eingereicht wurden. Unannehmbar sind ua Angebote, deren **Preis** die **vor Einleitung** des **Vergabeverfahrens festgelegten** und **dokumentierten eingeplanten Haushaltsmittel** des öffentlichen Auftraggebers **übersteigen**. **§ 14 Abs. 4 Nr. 7** erlaubt ein Verhandlungsverfahren ohne Teilnahmewettbewerb, wenn Liefer- oder Dienstleistungen **zu besonders günstigen Bedingungen** bei Lieferanten, etwa im Rahmen eines **Insolvenzverfahrens** erworben werden. In den beiden benannten Fällen geht es aber **nicht** mehr um ein **Zukunft orientiertes** „quod erat demonstrandum/was zu beweisen wäre", sondern dort hat zum einen das aufgehobene erste Vergabeverfahren **unannehmbare Angebote des Marktes** objektiv fassbar ergeben oder zum zweiten geriert sich die Situation **Insolvenzverfahren prima facie günstigere Beschaffungsbedingungen** mit wirtschaftlichen Vorteilen auf der Auftraggeberseite. Wenn aber ein Auftraggeber den **Grundsatz der Wirtschaftlichkeit** heranzieht, **um einen möglichen Wettbewerb zu verhindern**, ist dies ein **rein hypothetischer Wechsel auf die Zukunft**, bei dem der so **begünstigte Bieter** alle Trümpfe in der Hand hat, auch **weniger marktgerechte und somit überhöhte Angebotspreise zu realisieren**, da er unter **keinem oder keinem großen preislichen Druck** in einem wettbewerblichen Vergabeverfahren steht und dies in den Grenzen des § 124 Abs. 1 Nr. 9 GWB auch **ausnutzen darf** und als vermeintlicher Monopolist ggf. auch wird. Durch die Ermöglichung eines breiten Wettbewerbs sind hingegen mit hoher Wahrscheinlichkeit günstigere Einkaufspreise erzielbar, als wenn man sich jahrelang ausschließlich an einen Bestandsbieter wendet und diesen bindet.[82]

83   Gibt eine Herstellerfirma ein Softwareprodukt, das zwingender Ausschreibungsgegenstand ist, an eine Vielzahl von Händlern, Mitbewerbern und Generalunternehmern ab und nicht etwa nur an Endkunden, dann ist eine Beschaffung der gewünschten Software zumindest im Rahmen eines **Händlerwettbewerbs** ohne Weiteres möglich.

84   Die Beschaffung im Rahmen eines Händlerwettbewerbs ist insbesondere in der IT-Branche üblich. Zudem bleibt dann auch der Wettbewerb in Bezug auf andere Hersteller offen, die dem Auftraggeber noch nicht bekannt sind. Ein **Verhandlungsverfahren ohne Teilnahmewettbewerb** ist in einer solchen Konstellation **nicht zulässig**.[83]

85   Um dies bei dem in Betracht zu ziehenden europäischen Binnenmarkt auch nur halbwegs seriös beurteilen zu können, bedarf es einer **vorherigen Markterkundung**,[84] die § 28 Abs. 1 zur Vorbereitung der Auftragsvergabe ausdrücklich zulässt.

86   Die Rechtsprechung hatte das Erfordernis einer **vorherigen europaweiten Markterkundung** auch unter Hinweis auf den rein national geprägten Begriff der **Beschaffungsautono-**

---

[80] Vgl. zur Nichtanerkennung derartiger rein wirtschaftlicher Überlegungen im Rahmen eines angeblich technischen Alleinstellungsmerkmals bei italienischen Hubschraubern der Firma Agusta Bell, EuGH Urt. v. 8.4.2008 – C-337/05, NZBau 2008, 401.

[81] Nur für den Fall, dass alle geeigneten Unternehmen einbezogen werden, die form- und fristgerechte Angebote abgegeben haben.

[82] In dieser Diktion zu Recht VK Sachsen Beschl. v. 4.1.2018 – 1/SVK/023-18, VPR 2019, 73. Sicherlich spart ein Auftraggeber damit Zeit und Aufwand für die dann unterbliebene Ausschreibung. Diese Umstände sind insoweit aber irrelevant. Gerade beim Ablauf der maximal vierjährigen Vertragsdauer eines Rahmenvertrages nach § 21 Abs. 6. Bei jedem zeitlichen Ablauf eines befristeten Vertrages muss der Auftraggeber – abgesehen von den seit 2016 bestehenden Möglichkeiten des § 132 GWB – immer die Zeit und den Aufwand für die dann grundsätzlich zwingend notwendige Folgeausschreibung einkalkulieren und mit seinen internen oder gebundenen externen Ressourcen auch gewährleisten.

[83] VK Münster Beschl. v. 18.2.2010 – VK 28/09, IBRRS 2010, 1152.

[84] Vgl. EuGH Urt. v. 15.10.2009 – C-275/08, NZBau 2010, 63 = VergabeR 2010, 57; so auch noch OLG Celle Beschl. v. 22.5.2008 – 13 Verg 1/08, OLGR 2008, 663 und OLG Jena Beschl. v. 26.6.2006 – 9 Verg 2/06, VergabeR 2007, 220.

mie des **Auftraggebers** seit 2009 ff. zunehmend für **nicht mehr zwingend notwendig** gehalten.[85]

Diese Rechtsprechung erschien auch schon vor 2016 zumindest im Hinblick auf notwendige Nachweispflichten im Rahmen des § 14 Abs. 4 Nr. 2 **aus europarechtlicher Sicht sehr zweifelhaft**.[86] 87

Seit 2016 dürfte diese **Sichtweise** der Rechtsprechung durch den zumindest zu § 14 Abs. 4 Nr. 2 lit. b und c **ergänzend in die Betrachtung einzustellenden § 14 Abs. 6 obsolet** geworden sein. Denn § 14 Abs. 6 fordert nunmehr erstmalig, dass die in § 14 Abs. 4 Nr. 2 lit. b und c genannten Voraussetzungen nur dann gelten, wenn **es keine vernünftige Alternative oder Ersatzlösung gibt und der mangelnde Wettbewerb nicht das Ergebnis einer künstlichen Einschränkung** der Auftragsvergabeparameter ist. 88

Seit April 2016 bezog sich § 14 Abs. 6[87] in der veröffentlichten Fassung nicht – wie jetzt – auf § 14 Abs. 4 Nr. 2 lit. b und c, sondern auf § 14 Abs. 4 Nr. 2 lit. a und b. Dies wurde aber im Rahmen des eIDAS-Durchführungsgesetzes[88] 2017 korrigiert, da die deutsche Sprachfassung des Art. 32 RL 2014/24/EU dabei den Übersetzungsfehler enthält, dass in UAbs. 2 auf die in den Ziff. i und ii festgelegten Ausnahmetatbestände für die Anwendung des Verhandlungsverfahrens ohne Teilnahmewettbewerb verwiesen wird. Alle anderen Sprachfassungen der RL 2014/24/EU enthalten dagegen den inhaltlich richtigen Verweis auf die Ziff. ii und iii. Diesen Fehler galt es im Rahmen der deutschen Umsetzung der Vorschrift in § 14 Abs. 6 zu korrigieren, in dem statt auf § 14 Abs. 4 Nr. 2 lit. a und b zu verweisen jetzt korrekter Weise auf § 14 Abs. 4 Nr. 2 lit. b und c Bezug genommen werden muss. 89

Wie der Auftraggeber das Nichtvorhandensein vernünftiger Alternativen oder Ersatzlösungen ohne eine Erforschung des dazu relevanten Marktes zuverlässig einschätzen,[89] darlegen und notfalls beweisen will, ist nicht ersichtlich. 90

Dabei ist von der in § 14 Abs. 4 Nr. 2 lit. b relevanten Frage, ob aus technischen Gründen **kein Wettbewerb vorhanden** ist, die Frage vollständig **zu trennen**, ob der Beschaffungsbedarf, wenn er denn Eingang in eine Leistungsbeschreibung findet, den Anforderungen des **§ 31 Abs. 6 zum grundsätzlichen Verbot der produktspezifischen Leistungsbeschreibung gerecht** wird.[90] Grundsätzlich steht dem Auftraggeber das **Bestimmungsrecht** zu, **ob und welche Leistung er beschaffen** will.[91] Solange er dabei die Grenzen beachtet und nicht – offen oder versteckt – ein bestimmtes Produkt oder Unternehmen **begünstigt oder ausschließt** (§ 31 Abs. 6), ist er bei dieser 91

---

[85] OLG Jena (unter Aufgabe der vormaligen Rechtsprechung) Beschl. v. 14.3.2014 – 2 Verg 1/14, ZfBR 2014, 619 (Ls.); OLG Karlsruhe Beschl. v. 15.11.2013 – 15 Verg 5/13, NZBau 2014, 378; OLG Düsseldorf Beschl. v. 1.8.2012 – VII-Verg 10/12, NZBau 2012, 785.

[86] So auch zu Recht *Kulartz* in KKMPP VgV Rn. 47 unter Hinweis auf EuGH Beschl. v. 15.10.2009 – C-275/08, NZBau 2010, 63 = VergabeR 2010, 57, der bei der Beschaffung einer Software für die Verwaltung des Kraftfahrzeugzulassungswesens eingewandt hatte, es sei nicht auszuschließen, dass Unternehmen, die zur Lieferung einer geeigneten Software in der Lage gewesen wären, hätten ermittelt werden können, wenn ernsthafte Nachforschungen auf europäischer Ebene angestellt worden wären. In dieser Diktion auch ehedem OLG Karlsruhe Beschl. v. 21.7.2010 – 15 Verg 6/10, VergabeR 2011, 87: Ein technisch monopolartiges Alleinstellungsmerkmal liege nicht vor, wenn ein Lieferant sich die erforderlichen besonderen Fähigkeiten oder Ausstattungen bis zum Zuschlagstermin aneignen bzw. erwerben könne.

[87] BGBl. 2016 I 624.

[88] BGBl. 2017 I 2745 ff. (Art. 8 Nr. 2: Änderung der Vergabeverordnung).

[89] VK Berlin Beschl. v. 30.7.2013 – VK-B1-13/13, VPR 2014, 89: Dort war dem Auftraggeber die grundsätzliche Lieferfähigkeit und Einhaltung technischer Parameter durch ein englisches Lieferunternehmen bei Polizeischutzwesten mit Traumaschutz und Stichfestigkeit mangels Markterkundung verborgen geblieben. Der aufgrund eines nur vermeintlichen Ausschließlichkeitsrechtes nach § 3 EG Abs. 4 lit. c VOL/A mit einem anderen Unternehmen geschlossene Vertrag wurde daher nach § 101b GWB aF für unwirksam erklärt. Auch das OLG Dresden Beschl. v. 21.9.2016 – Verg 5/16, BeckRS 2016, 118858, hat derartige technische Alleinstellungsmerkmale bei ballistischen Polizeihelmen entgegen der Vorinstanz abgelehnt, die Direktvergabe aber aus Dringlichkeitsgründen im Umfeld der Pariser Terroranschläge im Herbst 2015 gebilligt.

[90] VK Bund Beschl. v. 28.11.2016 – VK 1-104/16, IBRRS 2017, 0801.

[91] Das Vergaberecht kümmert sich in erster Linie um das „Wie" der Beschaffung, auch wenn die Bestimmungsfreiheit des Auftraggebers etwa auch durch § 67, hinsichtlich der Energieeffizienz, ohnehin eingeschränkt ist und es auch die Pflicht nach § 31 Abs. 1 und § 31 Abs. 2 S. 2 gibt, die Leistungsbeschreibung in einer Weise zu fassen, dass sie allen Unternehmen den gleichen Zugang zum Vergabeverfahren gewährt und die Öffnung des nationalen Beschaffungsmarkts für den Wettbewerb nicht in ungerechtfertigter Weise behindert. Jede Bezugnahme auf eine technische Anforderung ist danach mit dem Zusatz „oder gleichwertig" zu versehen. Vgl. dazu EuGH Urt. v. 8.6.2017 – C-296/15, NZBau 2017, 486 = VPR 2017, 149, zur unrechtmäßigen Vorgabe, dass Humanarzneimittel nur aus slowenischem Blutplasma hergestellt werden dürften und der Zusatz „oder gleichwertig" nahezu unverzichtbar sei.

Bestimmung **im Grundsatz weitgehend** frei. Die gewählten **Anforderungen** müssen dabei aber **objektiv auftrags- und sachbezogen** und die **Begründung nachvollziehbar** sein. Führt die **Bestimmung** des **Auftragsgegenstands** allerdings dazu, dass iSd § 14 Abs. 4 Nr. 2 lit. b und c die **Leistung nur von einem Unternehmen** erbracht werden kann, **greift das Korrektiv des § 14 Abs. 6,** wonach die Voraussetzungen für die Anwendung des Verhandlungsverfahrens ohne Teilnahmewettbewerb nur dann gelten, wenn es **keine vernünftige Alternative oder Ersatzlösung** gibt und der **mangelnde Wettbewerb nicht das Ergebnis einer künstlichen Einschränkung der Auftragsvergabeparameter** ist. Eine Leistungsbestimmung, die im Falle des § 14 Abs. 4 Nr. 2 zu einem **völligen Wettbewerbsverzicht** führt, **bedarf größerer Rechtfertigungstiefe** als eine solche, die unter **Aufrechterhaltung des Vergabewettbewerbs** im Ergebnis **nur** zu einer **hersteller- oder produktbezogenen Leistungsspezifikation** gem. § 31 Abs. 6 führt.[92] Bevorteilt eine bestimmte produktspezifische Leistungsbeschreibung in unzulässiger Weise ein bestimmtes Unternehmen, werden deshalb häufig auch die angeblichen Alleinstellungsmerkmale für ein Verhandlungsverfahren ohne Teilnahmewettbewerb nach § 14 Abs. 4 Nr. 2 lit. b oder auch c einer vergaberechtlichen Prüfung nicht mehr standhalten.[93] Die **technischen Besonderheiten,** auf die der Auftraggeber das Fehlen von technischem Wettbewerb stützt, **müssen von herausragender Bedeutung** sein und das Fehlen einer vernünftigen Ersatzlösung oder Alternative iSv § 14 Abs. 6 ist **nicht schon dann** anzunehmen, wenn das vom öffentlichen Auftraggeber **favorisierte Produkt** in einzelnen Merkmalen anderen am Markt erhältlichen Produkten **überlegen** ist.[94] Werden zB technische Komponenten eines neu zu errichtenden Digitalen Alarmierungssystems mit einer Herstellervorgabe verbunden, kann sich der Auftraggeber nicht mit Erfolg auf eine angestrebte Kompatibilität mit digitalisierten Alarmierungssystemen benachbarter Landkreise berufen, wenn grundsätzlich auch eine Verbindung von zwei unterschiedlichen Funksystemen umsetzbar ist und nicht auszuschließen ist, dass eine Lizenz für eine Nutzung von entsprechenden Schnittstellen (im Wettbewerb) zu erlangen ist.[95] Auch bei der Beschaffung von Digitalen Meldeempfängern für freiwillige Feuerwehren ist die **Festlegung** auf ein **konkretes Verschlüsselungssystem, das nur ein Hersteller anbietet, vergaberechtlich nicht gerechtfertigt,** wenn der Auftraggeber keine nachvollziehbaren objektiven und auftragsbezogenen Gründe angibt, die tatsächlich vorhanden und notfalls erwiesen sind.[96] Anderseits ist durchaus auf das durch § 31 Abs. 6[97] oder auch **fachgesetzliche Vorgaben**[98] zwar durchaus **eingeschränkte Leistungsbestimmungsrecht** des Auftraggebers **abstellbar,** wenn die technischen Anforderungen durch den Auftragsgegenstand **sachlich und objektiv gerechtfertigt** sind.[99]

92 Für die Ausnahmegründe des **§ 14 Abs. 4 Nr. 2** trifft den öffentlichen **Auftraggeber** die dahingehende **Darlegungs- und Beweislast**[100] und das Vorliegen der Ausnahmevoraussetzungen unterliegt der **vollumfänglichen Kontrolle der Nachprüfungsinstanzen.**[101] Demgemäß sind auch die

---

[92] OLG Rostock Beschl. v. 25.11.2020 – 17 Verg 1/20, VPRRS 2020, 0365; OLG Düsseldorf Beschl. v. 12.7.2017 – Verg 13/17, NZBau 2017, 679 und OLG Düsseldorf Beschl. v. 7.6.2017 – Verg 53/16, NZBau 2018, 118; VK Bund Beschl. v. 29.9.2020 – VK 2-73/20, VPR 2021, 25.

[93] Das Leistungsbestimmungsrecht nach § 121 GWB befasst sich nicht damit, ob ein Beschaffungsvorgang vorliegt und nach welchen Regelungen dieser auszuschreiben ist. Verfahrenstechnisch gilt hingegen § 1 Abs. 1 iVm § 14 und § 119 GWB; so zu Recht VK Westfalen Beschl. v. 12.3.2020 – VK 1-1/20, VPRRS 2021, 0035.

[94] So VK Bund Beschl. v. 29.9.2020 – VK 2-73/10, VPR 2021, 25.

[95] OLG Düsseldorf Beschl. v. 16.10.2019 – Verg 66/18, NZBau 2020, 184.

[96] OLG Celle Beschl. v. 31.3.2020 – 13 Verg 13/19, NZBau 2021, 136: Hier ließ das OLG im Lichte einer neueren Rechtsprechungstendenz auch keine Heilung bestehender Dokumentationsmängel im Nachprüfungsverfahren zu, die sich darin manifestierten, dass konkrete Angaben zum bestehenden Funknetz fehlten, Bedenken gegen eine Implementierung anderer Verschlüsselungssysteme nur schlagwortartig dokumentiert waren und deren Ausschluss vor allem auf den erforderlichen gesonderten Prüfaufwand im Vergabeverfahren gestützt wurde.

[97] OLG München Beschl. v. 26.3.2020 – Verg 22/19, VPR 2020, 122.

[98] Wie Vorgaben (§§ 6–8) des Kreislaufwirtschaftsgesetzes zur 80%igen thermischen Verwertung und 20%igen Deponiebau, vgl. OLG Frankfurt a. M. Beschl. v. 21.7.2020 – 11 Verg 9/19, VPR 2020, 221.

[99] OLG Frankfurt a. M. Beschl. v. 16.4.2019 – 11 Verg 2/19, VPRRS 2020, 0271, wenn auch in einem wettbewerblichen Vergabeverfahren, bei dem zB die Anforderung „mittige Fahrerkabine" bei Flugzeugschleppern zur Bewerkstelligung von Push-Back-Vorgängen in beide Fahrtrichtungen oder die „Höhe der Fahrerkabine" zur besseren Übersicht bei speziellen Fahrmanövern nachvollziehbar waren.

[100] VK Bund Beschl. v. 23.10.2019 – VK 1-75/19, VPR 2020, 68 unter Hinweis auf Erwägungsgrund 50 RL 2014/24/EU und EuGH Urt. v. 15.10.2009 – C-275/08, NZBau 2010, 63.

[101] VK Bund Beschl. v. 28.11.2016 – VK 1-104/16, IBRRS 2017, 0801 unter Hinweis ua auf EuGH Urt. v. 15.10.2009 – C-275/08, NZBau 2010, 63. So auch schon EuGH Urt. v. 2.6.2005 – C-394/02, VergabeR 2005, 467, der auch darauf hingewiesen hat, dass weder die besonderen Eigenschaften des zu befördernden

Anforderungen an den **Umfang** der von einem öffentlichen Auftraggeber in diesem Zusammenhang anzustellenden **Ermittlungen**, bevor er ausnahmsweise auf ein wettbewerbliches Verfahren verzichten darf, konsequenterweise **ebenfalls hoch**.[102] **Gefordert** werden deshalb zu Recht „**ernsthafte Nachforschungen auf europäischer Ebene**"[103] bzw. die Beibringung „**stichhaltiger Beweise**".[104] **Erwägungsgrund** 50 RL 2014/24/EU nennt als ein Beispiel dafür, was vom Auftraggeber darzulegen und zu beweisen ist, dass es **für andere „Wirtschaftsteilnehmer technisch nahezu unmöglich ist, die geforderte Leistung zu erbringen".**[105] Die in wettbewerblichen Vergabeverfahren weitgehend nicht nachprüfbare **Freiheit** eines öffentlichen Auftraggebers, seinen **Beschaffungsbedarf** zu **bestimmen**, gilt demnach **im Falle des § 14 Abs. 4 Nr. 2 nicht, sondern unterliegt erheblich engeren Grenzen.**[106] Dasselbe gilt für den Umfang der vor der Beschaffung durchzuführenden **Markterforschungen**.[107] Im Lichte des § 14 Abs. 6 kann rein praktisch schon die Frage, ob es zu einem Leistungsgegenstand **eine „vernünftige Alternative oder Ersatzlösung"** gibt, nur dann vollständig beurteilt werden, wenn man **weiß, was der betreffende Markt**, also auch andere Hersteller, sonst noch **anbietet**.[108] Möglicherweise eröffnet das Produktportfolio weiterer Hersteller erst das erforderliche Wissen, um über alternative Beschaffungsgegenstände überhaupt erst nachdenken zu können, selbst wenn man eine bestimmte Lösung bisher für alternativlos gehalten hat.[109] Zudem engt nicht nur die Festlegung eines konkreten Beschaffungsgegenstandes, sondern auch die Feststellung, dass diesen nur ein bestimmtes Unternehmen liefern kann, den Wettbewerb ein und unterliegt wegen des Grundsatzes der Wettbewerbsoffenheit von Beschaffungen den genannten engen Grenzen.[110] Selbst wenn also nicht schon § 14 Abs. 6 Auftraggeber zu einer **umfassenden Marktschau** unter Einbeziehung mehrerer Hersteller verpflichten sollte, dann **jedenfalls § 14 Abs. 4 Nr. 2 lit. b.**[111] **Internetrecherchen** und Entscheidungen nach „Hörensagen" sind insoweit **nicht ausreichend**.[112] Für die Ausnahmeregelung des § 14 Abs. 4 Nr. 2 lit. b bedeutet dies, dass ein Wettbewerb aus technischen Gründen dann nicht möglich ist, wenn ein Unternehmen über technische Besonderheiten verfügt, die ihm sozusagen eine Monopolstellung verschaffen. **Nur ein einziges Unternehmen darf objektiv in der Lage** sein, den Auftrag durchzuführen; das Unternehmen muss **gleichsam Monopolist** für die Erbringung der nachgefragten Leistung sein. Nur ein bestimmter Lieferant darf also in technischer Hinsicht die zur Auftragsausführung **erforderliche besondere Befähigung oder die geeignete Ausstattung** besitzen.[113] Für den Fall, dass es generell noch andere Unternehmen gibt, die die Leistung grundsätzlich anbieten, fehlt es an dieser Voraussetzung, wobei es **auch nicht darauf ankommt, dass diese anderen Unternehmen zum gegenwärtigen Zeitpunkt tatsächlich lieferfähig sind**.[114] Selbst ohne die ergänzenden Beschränkungen aus § 14 Abs. 6, hat der Auftraggeber diese

---

Materials noch die Instabilität des Untergrunds, noch die Notwendigkeit, ein Transportbandsystem an das vorhandene System anzuschließen, für sich allein bewiesen, dass eine bestimmte Unternehmensgruppe der einzige Unternehmer in der Gemeinschaft war, der über das notwendige Know-how zur Ausführung der fraglichen Arbeiten verfügte. Im Übrigen habe sich der Auftraggeber im Vorfeld auch an einen Konkurrenten gewandt und sei somit selbst davon ausgegangen, dass diese Arbeiten grundsätzlich auch von einem anderen Unternehmen ausgeführt werden könnten.

[102] VK Bund Beschl. v. 23.10.2019 – VK 1-75/19, VPR 2020, 68.
[103] Vgl. EuGH Urt. v. 15.10.2009 – C-275/08, NZBau 2010, 63. Die VK Sachsen Beschl. v. 4.12.2018 – 1/SVK/023-18, VPR 2019, 73 formuliert sogar noch schärfer: „Nur falls der Auftraggeber nachweist, dass tatsächlich nur ein Unternehmen in der EU in der Lage ist, den Auftrag (Rahmenvertrag für Lieferung von Laborverbrauchsmitteln) zu erfüllen, ist ein Wettbewerb um den öffentlichen Auftrag tatsächlich unmöglich und die Durchführung eines wettbewerblichen Verfahrens obsolet". Zudem ist nach der VK Sachsen auch der bei einem Produktwechsel entstehende Mehraufwand allein nicht geeignet, um eine Direktvergabe nach § 14 Abs. 4 Nr. 2 lit. b zu rechtfertigen, Beschl. v. 4.12.2008 – 1/SVK/023-18, VPR 2019, 73.
[104] OLG Düsseldorf Beschl. v. 7.6.2017 – Verg 53/16, NZBau 2018, 118 und OLG Düsseldorf Beschl. v. 12.7.2017 – Verg 13/17, NZBau 2017, 679.
[105] So zu Recht VK Bund Beschl. v. 23.10.2019 – VK 1-75/19, VPR 2020, 68.
[106] VK Bund Beschl. v. 23.10.2019 – VK 1-75/19, VPR 2020, 68.
[107] VK Bund Beschl. v. 23.10.2019 – VK 1-75/19, VPR 2020, 68 unter Hinweis auf OLG Düsseldorf Beschl. v. 7.6.2017 – Verg 53/16, NZBau 2018, 118 und OLG Düsseldorf Beschl. v. 12.7.2017 – Verg 13/17, NZBau 2017, 679.
[108] VK Bund Beschl. v. 23.10.2019 – VK 1-75/19, VPR 2020, 68.
[109] So die VK Bund Beschl. v. 23.10.2019 – VK 1-75/19, VPR 2020, 68.
[110] VK Bund Beschl. v. 23.10.2019 – VK 1-75/19, VPR 2020, 68.
[111] VK Bund Beschl. v. 23.10.2019 – VK 1-75/19, VPR 2020, 68.
[112] VK Bund Beschl. v. 23.10.2019 – VK 1-75/19, VPR 2020, 68.
[113] VK Sachsen Beschl. v. 4.12.2018 – 1/SVK/023-18, VPR 2019, 73 unter Hinweis auf OLG Karlsruhe Beschl. v. 21.7.2010 – 15 Verg 6/10, VergabeR 2011, 87 und VK Südbayern Beschl. v. 24.7.2014 – Z3-3-3194-1-22-05/14, VPR 2014, 261.
[114] VK Sachsen Beschl. v. 4.12.2018 – 1/SVK/023-18, VPR 2019, 73 unter Hinweis auf VK Bund Beschl. v. 24.7.2013 – VK 3-62/13, VPR 2014, 1016 und OLG Düsseldorf Beschl. v. 18.12.2013 – Verg 24/13.

Voraussetzungen eingangs mittels einer sorgfältigen Markterforschung festzustellen. Gegenstand der Markterforschung muss der relevante Angebotsmarkt für die nachgefragte Leistung sein. Der Auftraggeber muss deshalb ungeachtet nationaler oder regionaler Grenzen prüfen, welche Unternehmen zur Leistungserbringung in Betracht kommen. Insbesondere muss er sich eine **europaweite Marktübersicht verschaffen.**[115]

93 Ein Verhandlungsverfahren ohne Teilnahmewettbewerb ist deshalb zB unzulässig, wenn die Wettbewerbsbeschränkung auf einem nicht hinreichend ermittelten Sachverhalt zur Lieferfähigkeit von Neugeräten und zur Durchführung eines Konformitätsbewertungsverfahrens beruht.[116]

94 Eine derartige Direktvergabe ist auch dann vergaberechtswidrig, wenn der Auftraggeber nur eine Taktlücke bei der Erbringung von Schienenpersonenverkehrsleistungen ausschreibt, ohne zu überprüfen, ob auch Alternativlösungen, wie andere Taktlagen, in Betracht kommen.[117] Der Auftraggeber darf deshalb durch die Vorgabe seiner Rahmenbedingungen und Auftragsvergabeparameter nicht ein bestimmtes Unternehmen erst zum Monopolisten machen und damit einen Wettbewerb verhindern. Vielmehr liegt es in seinem Verantwortungsbereich zu überprüfen, ob die Möglichkeit besteht, verkehrlich abweichende Lösungen zu entwickeln, andere Verbindungen fahrplantechnisch zu erarbeiten oder vorhandene organisatorische Vereinbarungen abzuändern.[118] Er ist verpflichtet, Fahrplan und Nutzung der Trassen aufeinander abzustimmen und den interessierten Bietern dies im Rahmen einer Ausschreibung vorzugeben.[119]

95 Auftraggeber können ein **Verhandlungsverfahren ohne Teilnahmewettbewerb** aber auch unter den **Voraussetzungen** des **§ 14 Abs. 4 Nr. 2 lit. c** iVm § 14 Abs. 6 nutzen, wenn der Auftrag wegen des **Schutzes von ausschließlichen Rechten,** insbesondere von gewerblichen Schutzrechten, nur von einem bestimmten Unternehmen erbracht werden kann, zB weil ein Unternehmen **rechtlich verbriefte Alleinstellungsmerkmale** auf sich vereinigt. Ausschließliche Rechte iSd § 14 Abs. 4 Nr. 2 lit. c sind Rechte, die anderen als dem Inhaber des Rechts den Zugriff auf ein für die Leistungserbringung benötigtes Hilfsmittel untersagen.[120] Dazu gehören Eigentumsrechte,[121] Warenzeichen, Gebrauchsmuster, Geschmacksmuster oder aktuell noch gültige Patente.[122] Richtet sich somit der Beschaffungsbedarf auf ein **Produkt,** bezüglich dessen zB ein **Patentrecht** besteht und könnte ein **Dritter nur unter Verstoß gegen dieses Ausschließlichkeitsrecht liefern,** dann ist es gerechtfertigt, dass der **Auftraggeber nur mit diesem innerhalb eines Verhandlungsverfahrens verhandelt.** Ein derartiges **Ausschließlichkeitsrecht scheidet** aber dann **aus,** wenn bei einem Zuschnitt auf einzelne, **patentgeschützte Wirkstoffe zumindest noch die Re- und Parallelimporteure als Wettbewerber der Patentrechtsinhaber** um einen der zu vergebenden **Rabattverträge** zu **berücksichtigen** wären.[123] Infolge des **Erschöpfungsgrundsatzes** kann die Einfuhr von Medikamenten durch Dritte aus dem EU-Bereich nicht untersagt werden. **Computerprogramme** können ob ihrer individuellen **Quellcodebefugnisse**[124] dem **Urheberrechtsschutz** unterliegen, wenn sie individuelle Werke im Sinne einer eigenen Schöpfungshöhe des Urhebers sind **(§ 69 a UrhG).** Sollte es aber zu **Lizensierungen** des Softwareherstellers kommen bzw. gekommen sein, **mangelt** es an der ebenfalls notwendigen **Voraussetzung,** dass die Leistung aufgrund des Ausschließlichkeitsrechtes **nur von einem Unternehmen** erbracht werden kann. Die **Beweislast** für das Vorliegen dieser Ausnahmetatbestände trägt – wie auch bei den Parallelregelungen des § 14 Abs. 4 Nr. 2 lit. a und b – der **Auftraggeber.**[125]

Daran dürfte auch der 2020 eingefügte Zusatz „im Zeitpunkt der Aufforderung zur Angebotsabgabe" Nichts ändern, da dort von Auftrag „erbracht oder bereitgestellt werden kann" die Rede ist.

[115] VK Sachsen Beschl. v. 4.12.2018 – 1/SVK/023-18, VPR 2019, 73 unter Hinweis auf *Hirsch/Kaelble* in Müller-Wrede VgV Rn. 169 f. mwN.
[116] OLG Düsseldorf Beschl. v. 12.7.2017 – VII-Verg 13/17, NZBau 2017, 679, dort für die Vergabe von Systemen zur Leberunterstützungstherapie samt Monitoren.
[117] VK Westfalen Beschl. v. 25.1.2017 – VK 1-47/16, VPRRS 2017, 0072.
[118] VK Westfalen Beschl. v. 25.1.2017 – VK 1-47/16, VPRRS 2017, 0072.
[119] VK Westfalen Beschl. v. 25.1.2017 – VK 1-47/16, VPRRS 2017, 0072.
[120] Vgl. *Hirsch/Kaelble* in Müller-Wrede VgV Rn. 186.
[121] VK Bund Beschl. v. 18.2.2016 – VK 137/15, NZBau 2016, 514.
[122] Zudem muss sich der Beschaffungsbedarf des Auftraggebers mit dem Patent decken bzw. von diesem erfasst sein oder nur unter Zuhilfenahme des Patents gedeckt werden können, OLG Düsseldorf Beschl. v. 28.5.2003 – Verg 10/03, NZBau 2004, 175. Abgelaufene Patente sind ebenfalls für § 14 Abs. 4 Nr. 2 lit. c irrelevant, vgl. OLG Düsseldorf Beschl. v. 22.10.2008 – 27 U 2/08, VergabeR 2009, 706.
[123] OLG Düsseldorf Beschl. v. 18.12.2013 – VII-Verg 24/13, BeckRS 2014, 02421 und OLG Karlsruhe Beschl. v. 20.12.2013 – 15 Verg 6/13, VPRRS 2015, 0009 zu § 3 EG Abs. 4 lit. c VOL/A.
[124] OLG Karlsruhe Beschl. v. 15.11.2013 – 15 Verg 5/13, NZBau 2014, 378.
[125] VK Bund Beschl. v. 18.10.2017 – VK 2-197/17, VPR 2018, 76, wegen nur angeblich patentgeschützter Versuchssysteme zur Bestimmung der Leitfähigkeit von Nanomaterialien. Auf die durchgeführte Markter-

VI. Zulässigkeit des Verhandlungsverfahrens ohne Teilnahmewettbewerb (Abs. 4) 96–101 § 14 VgV

Selbst wenn aber die Voraussetzungen für die Zulässigkeit eines Verhandlungsverfahrens ohne 96
Teilnahmewettbewerb nach § 14 Abs. 4 vorliegen, besteht **keine Verpflichtung zur Wahl dieser Vergabeart, da dies lediglich eine Kann-Regelung** ist. Auch die Durchführung eines **offenen Verfahrens ist dann ebenfalls zulässig.**[126]

3. Äußerste Dringlichkeit (Abs. 4 Nr. 3). Um ein Verhandlungsverfahren ohne Teilnahme- 97
wettbewerb wegen **äußerster Dringlichkeit** nach § 14 Abs. 4 Nr. 3[127] durchführen zu dürfen, müssen **drei Voraussetzungen kumulativ** vorliegen, für deren Vorliegen der **Auftraggeber** die materielle **Beweislast** trägt[128] und deren Voraussetzungen in einem Vergabenachprüfungsverfahren **selbst bei sog. Interimsvergaben überprüfbar** sind.[129] Dabei ist bei letzteren die **Laufzeit** der in Rede stehenden Dauerschuldverhältnisse, die wegen Dringlichkeit[130] aufgrund eines Verhandlungsverfahrens ohne Teilnahmewettbewerb eingegangen werden, **auf den Zeitraum zu beschränken,** der **für die Erhaltung der Kontinuität** der Leistungserbringung, etwa für Busverkehrsleistungen, während der Vorbereitung und Durchführung eines sich anschließenden ordnungsgemäßen Vergabeverfahrens **erforderlich** ist.[131]

Zum einen müssen **äußerst dringliche Gründe** im Zusammenhang mit Ereignissen, die der 98
betreffende öffentliche **Auftraggeber nicht voraussehen** konnte, es **nicht zulassen,** die **Mindestfristen einzuhalten,** die für das offene[132] oder das nicht offene Verfahren[133] sowie für das Verhandlungsverfahren mit Teilnahmewettbewerb vorgeschrieben sind (§ 14 Abs. 4 Nr. 3 Hs. 1).

Zudem dürfen die **Umstände** zur Begründung der äußersten Dringlichkeit dem öffentlichen 99
Auftraggeber nicht zuzurechnen sein (§ 14 Abs. 4 Nr. 3 Hs. 2).

Schlussendlich muss nach einschlägiger **Rechtsprechung** ein **kausaler Zusammenhang** 100
bestehen zwischen dem unvorhergesehenen **Ereignis und** den sich daraus ergebenen **zwingenden, dringlichen Gründen.**[134]

An das Vorliegen dieses Ausnahmetatbestandes sind **hohe Anforderungen** zu stellen und die 101
Ausnahme ist eng auszulegen.[135] Das **Bundesministerium für Wirtschaft und Energie** hat diese Voraussetzungen nach **Konsultationen mit der EU-Kommission** in einem Rundschreiben vom 9.1.2015 (Az. I B 6 – 270/100/15) noch auf Basis des damaligen **§ 3 EG Abs. 4 lit. d VOL/A** auf der Grundlage der gefestigten **Rechtsprechung des EuGH konkretisiert** und erläutert und ausdrücklich auf den **engen Anwendungsbereich der Ausnahmevorschriften** hingewiesen. Daran hat sich vom Grundsatz her **auch unter den Pandemiebedingungen der Jahre 2020/ 21,** zumindest im hier relevanten Bereich der **Oberschwellenwertvergaben,** grundlegend **nichts geändert.**[136] So hat die **EU-Kommission** in ihren **Leitlinien** zur Nutzung des Rahmens für die

---

kundung konnte sich der Auftraggeber nicht berufen, da er dabei die Leistungsabforderungen nicht vollständig kommuniziert hatte.

[126] OLG Karlsruhe Beschl. v. 14.9.2016 – 15 Verg 7/16, VPR 2017, 28, zur zulässigen produktspezifischen Ausschreibung von drei Steinway-Konzertflügeln.
[127] Beachte dazu die im November 2020 eingeführte Ergänzungsbestimmung für ein Verhandlungsverfahren ohne Teilnahmewettbewerb in besonders dringlichen Beschaffungsfällen nach § 14 Abs. 4 Nr. 3, wie zB in der Corona-Pandemie, im neu angefügten § 17 Abs. 15 mit weitgehenden Befreiungen von Formvorschriften, wie §§ 9–13 und § 53 Abs. 1, §§ 54 und 55.
[128] OLG Düsseldorf Beschl. v. 13.4.2016 – Verg 46/15, VPR 2016, 223. Kann der Auftraggeber etwa nicht darlegen, dass die Beschaffung so rasch erfolgen musste, dass auch die verkürzten Fristen nicht eingehalten werden konnten, geht dies zu seinen Lasten. Dabei ist auch die Neuregelung in § 17 Abs. 15 zur Verfahrensbeschleunigung in besonders dringlichen Fällen zu beachten.
[129] Vgl. VK Westfalen Beschl. v. 21.12.2017 – VK 1-40/17, VPR 2018, 1011.
[130] ZB die drohende Einstellung des bisherigen Busverkehrs wegen drohender Insolvenz des Bestandsbieters wie im Fall des OLG Karlsruhe.
[131] OLG Karlsruhe Beschl. v. 4.12.2020 – 15 Verg 8/20, VPRRS 2021, 0022; OLG Frankfurt a. M. Beschl. v. 30.1.2014 – 11 Verg 15/13, NZBau 2014, 386.
[132] § 15 Abs. 2 oder 3.
[133] § 16 Abs. 2, 3, 5 und 8.
[134] EuGH Urt. v. 15.10.2009 – C-275/08, NZBau 2010, 63 = VergabeR 2010, 57, zur vormaligen Richtlinienlage der Vergabe-RL 2004; so auch OLG Düsseldorf Beschl. v. 10.6.2015 – VII-Verg 39/14, BeckRS 2015, 10629.
[135] VK Südbayern Beschl. v. 21-10-2020 – 3194-Z3-3-01-20-31, VPRRS 2020, 0366 zur Corona-bedingten Bereitstellung eines cloudbasierten Kommunikationswerkzeugs für bayerische Schulen im zeitlichen Umfeld des Osterfestes 2020, bei der die Vergabekammer diese Voraussetzungen aufgrund der drohenden flächendeckenden Home-Schoolings aufgrund Schulschließungen über Ostern hinaus bejaht hat. Für hohe Hürden und enge Auslegung auch die EU-Kommission in ihren Leitlinien zur Coronakrise v. 1.4.2020 (2020/C 108 I/01, Ziff. 2.3).
[136] Vgl. dazu auch die eher zurückhaltende Mitteilung der EU-Kommission – „Leitlinien der Europäischen Kommission zur Nutzung des Rahmens für die Vergabe öffentlicher Aufträge in der durch die COVID-19-Krise verursachten Notsituation" v. 1.4.2020, 2020/C 108 I/01. Durchaus weitergehender, noch unter

Vergabe öffentlicher Aufträge durch die **COVID-19-Krise** verursachten Notsituation[137] durchaus auch **alternative Instrumente aufgezeigt.** Öffentliche Auftraggeber sollten in Erwägung ziehen, alternative Lösungen zu prüfen und sich am Markt zu beteiligen. Der europäische Rahmen für das öffentliche Auftragswesen biete die **nötige Flexibilität,** um Waren und Dienstleistungen, die **unmittelbar mit der COVID-19-Krise zusammenhängen, so schnell wie möglich zu beschaffen.** Um die Auftragsvergabe zu beschleunigen, könnten Auftraggeber ua auch in Erwägung ziehen, **Agenten zu beauftragen,** die bessere Kontakte zu den Märkten haben, **Vertreter direkt in die Länder zu entsenden,** die über die erforderlichen Lagerbestände verfügen und deren unverzügliche Lieferung gewährleisten können sowie **mit potenziellen Lieferanten Kontakte aufnehmen,** um eine **Produktionssteigerung** oder die Aufnahme oder Wiederaufnahme der Produktion zu vereinbaren. Auftraggeber könnten zudem sog. **Hackathons für neue Konzepte durchführen,** die die **Wiederverwendung von Schutzmasken nach deren Reinigung** ermöglichen. Zudem seien die Fristverkürzungsmöglichkeiten nutzbar wie auch durchaus eine **Direktvergabe denkbar, aber nur, wenn der ausgewählte Wirtschaftsteilnehmer als einziger in der Lage sei, die erforderlichen Lieferungen innerhalb der durch die äußerste Dringlichkeit bedingten technischen und zeitlichen Zwänge durchzuführen.** Die steigende Anzahl von medizinisch zu behandelnden COVID-19-Patienten seien für jeden Auftraggeber als **unvorhersehbar** anzusehen. Der **Bedarf an** persönlichen **Schutzausrüstungen, Beatmungsgeräten, zusätzlichen Betten und ferner an zusätzlicher Intensivpflege- und Krankenhausinfrastruktur,** einschließlich der gesamten technischen Ausstattung, könne **nicht vorhergesehen und geplant** werden. Wie der **Europäische Gerichtshof** aber in seiner Rechtsprechung klargestellt habe, sei der **Beschaffungsbedarf** bei der **Berufung** auf eine zwingende Dringlichkeit **unverzüglich zu decken.** Der **Ausnahmefall** könne **nicht geltend** gemacht werden, wenn die **Auftragsvergabe mehr Zeit** in **Anspruch nimmt** als ein **transparentes (offenes oder nichtoffenes) Verfahren,** einschließlich beschleunigter (offener oder nichtoffener) Verfahren. Vor diesem Hintergrund dürfte ein dauerhaftes Nutzen des Ausnahmetatbestands aus § 14 Abs. 4 Nr. 3 unter jeweiliger Berufung auf die COVID-19-Pandemie nicht möglich sein, zumal sich mit fortschreitendem Zeitablauf trotz zuzubilligender Unterbrechungen der Lieferketten und eines teilweisen Marktversagens auch die Frage der planerischen Vorhersehbarkeit und des Verschuldens im Hinblick auf vorherige oder aktuelle Pandemiekonzepte oder einer vorausschauenden Lagerhaltung stellen dürfte.

102 **Bloße finanzielle Gründe**[138] – wie zB der **zeitnahe Abfluss von Haushaltsmitteln** oder der befürchtete **Wegfall von Fördermitteln** – bzw. bloße wirtschaftliche Erwägungen[139] werden diesen Anforderungen deshalb **regelmäßig nicht gerecht.**[140]

103 Zudem entbindet selbst eine objektiv vorliegende Dringlichkeit den Auftraggeber regelmäßig nicht von der Durchführung von Wettbewerb.[141] So unterliegt es **in Corona-Pandemiezeiten**

Bezug auf die vormalige Mitteilung der EU-Kommission zur Flüchtlingskrise v. 9.9.2015, das Rundschreiben des Bundesministeriums für Wirtschaft und Energie, Az. 20601/000#003, zur Anwendung des Vergaberechts im Zusammenhang mit der Beschaffung von Leistungen zur Eindämmung der Ausbreitung des neuartigen Coronavirus SARS-CoV-2 v. 19.3.2020.
[137] V. 1.4.2020 (2020/C 108 I/01).
[138] So auch *Favier/Schüler* ZfBR 2016, 761.
[139] Vgl. OLG Düsseldorf Beschl. v. 20.12.2019 – Verg 18/19, VPR 2020, 134, noch zu einer interimischen Trockenbauvergabe nach § 3a EU Abs. 3 Nr. 4 VOB/A 2016.
[140] OLG Celle Beschl. v. 29.10.2009 – 13 Verg 8/09, NZBau 2010, 194; VK Bund Beschl. v. 7.7.2014 – VK 2-47/14, ZfBR 2014, 715.
[141] OLG Karlsruhe Beschl. v. 4.12.2020 – 15 Verg 8/20, VPRRS 2020, 0366 zur Corona-bedingten Bereitstellung eines cloudbasierten Kommunikationswerkzeugs für bayerische Schulen. Zu beteiligen sind aber nur Unternehmen, die den Beschaffungsbedarf des Auftraggebers unter Berücksichtigung der äußersten Dringlichkeit erfüllen können; OLG Dresden Beschl. v. 21.9.2016 – Verg 5/16, BeckRS 2016, 118858; so auch schon VK Bund Beschl. v. 12.11.2012 – VK 1-109/12, IBR 2013, 172, bei der Beschaffung von Impfspritzen samt Impfstoff selbst im Vorfeld einer prognostizierten Pandemie, sofern dies sinnvoll ist und zu keiner Verzögerung führt; so auch VK Südbayern Beschl. v. 12.8.2016 – Z3-3-3194-1-27-07-16, VPR 2016, 213, für eine Vergabe eines, auf den absolut notwendigen Zeitraum beschränkten, Interimsauftrages der Daseinsvorsorge bei einer vom Auftraggeber selbst verschuldeten besonderen Dringlichkeit mit Unwirksamkeitsfeststellung nach § 135 GWB; *Stumpf/Götz* VergabeR 2016, 561, fordern auch in diesen Fällen die Einholung von drei Vergleichsangeboten, wofür der Wortlaut von § 51 Abs. 2 S. 1 spricht; so auch OLG Karlsruhe Beschl. v. 4.12.2020 – 15 Verg 8/20, VPR 2021, 58 und VK Südbayern Beschl. v. 21.10.2020 – 3194-Z3-3-01-20-31, VPRRS 2020, 0366. Dafür spricht auch, dass § 17 Abs. 5 von der Aufforderung zur Abgabe von Erstangeboten im Plural spricht. Bei Softwarelösungen ist aber anerkannt, dass sich der Auftraggeber nicht auf die Risiken der Verzögerung und der anfänglichen Fehleranfälligkeit einer Software erst in der Beta-Phase einlassen muss, die typischerweise mit der Entwicklung neuer Software oder neuer Softwarefunktionen einhergehen; VK Südbayern Beschl. v. 21.10.2020, NZBau 2021, 484.

VI. Zulässigkeit des Verhandlungsverfahrens ohne Teilnahmewettbewerb (Abs. 4)

keinem Zweifel, dass es im Hinblick auf die **massive psychische Belastung** der in der Phase des **ersten Lockdowns 2020** über Wochen nahezu vollständig **isolierten Menschen in Alters- und Pflegeheimen äußerst dringlich** war, durch anlasslose **Routine-Testungen** die **Voraussetzungen** für eine **gesundheitspolitische Vertretbarkeit von Lockerungen** zu schaffen.[142] Deshalb ist die **Wahl eines Verhandlungsverfahrens ohne Teilnahmewettbewerb** nach § 14 Abs. 4 Nr. 3 das dafür **zulässige Vergabeverfahren**.[143] Dieses **gebietet es aber regelmäßig mehrere Angebote einzuholen** und die **Direktansprache nicht auf einen Bieter zu beschränken**.[144] Ein völliger Verzicht auf jedweden Wettbewerb kommt nur als **ultima ratio** in Betracht.

Selbst latente oder durch regelmäßige Wiederkehr, wie periodische Frühlingshochwässer, **vorhersehbare Gefahren** sind daher **in der Regel keine zwingenden Gründe**. Sie können aber situativ durch das **Hinzutreten unvorhersehbarer Ereignisse** zu **akuten Gefahren** werden, die **dann** wiederum einen **dringlichen Handlungsbedarf** begründen können. Dem Auftraggeber steht bei der Einschätzung der individuellen Gefahrenlage ein **Beurteilungsspielraum** zu, der sich aber an den Wertsetzungen des Vergaberechts orientieren und dem Ausnahmecharakter einer letztlich formlosen Vergabe Rechnung tragen muss. Somit kann das Verhandlungsverfahren ohne Teilnahmewettbewerb gerechtfertigt sein, wenn **bedeutende Rechtsgüter unmittelbar gefährdet** werden.[145] Zudem gilt die Ausnahmevorschrift **nur für den Zeitraum der akuten Katastrophe** und deren unmittelbare Bekämpfung und akute Folgenbeseitigung. Somit würde ein **langfristiger Vertrag** aus einer punktuellen Engpasslage ohne vorherige Bekanntmachung an zumeist lokale Anbieter den Ausnahmetatbestand der Vorschrift sprengen.[146]

Auf die **besondere Dringlichkeit** kann sich ein Auftraggeber auch im Rahmen des § 14 Abs. 4 Nr. 3 **nicht berufen**, wenn **ein beschleunigtes offenes oder nicht offenes Verfahren** mit einer Verkürzung der **Mindestfristen möglich** gewesen wäre.[147]

Insoweit bietet sich die **Anerkennung eines Stufenverhältnisses** aus dem Gedanken der **Verhältnismäßigkeit aus § 97 Abs. 1 S. 2 GWB** an. Danach können die Anforderungen an die Dringlichkeit dann geringer sein, mithin auch andere Fälle neben den Katastrophenszenarien erfassen, wenn ein Auftraggeber die **Fristen der § 15 Abs. 3 (15 Tage), § 16 Abs. 7 (zehn Tage) oder § 17 Abs. 8 (zehn Tage) einhält,** somit nicht gänzlich von einer europaweiten Bekanntmachung absieht.[148] Erst wenn **auch diese Stufe zeitlich nicht** mehr **einhaltbar** ist, kann **§ 14 Abs. 4 Nr. 3** eingreifen, zumal nur dann auch noch die **Vorinformation unterlegener Bieter** nach § 134 Abs. 3 S. 1 GWB **mit minimaler Zehn-Tages-Frist entfällt.**[149]

Aber als Gründe, die in einem solchen Fall ganz ausnahmsweise eine Direktvergabe ohne Beteiligung anderer Marktteilnehmer erlauben, kommen – nur – **akute Gefahrensituationen**[150] und höhere Gewalt, zB durch **Katastrophenfälle**, in Betracht, die zum Schutz von Leib und Leben ein sofortiges, die Einhaltung von Fristen ausschließendes Handeln erfordern.[151]

---

[142] OLG Rostock Beschl. v. 9.12.2020 – 17 Verg 4/20, VPR 2021, 66: Hier deshalb unverhältnismäßige Beschränkung auf eine Direktabfrage bei nur einem Bieter, obwohl der Vergabestelle ein tauglicher und erkennbar interessierter zweier Anbieter bekannt war mit Feststellung der rückwirkenden Unwirksamkeit des aber schon vollkommen erfüllten Vertrages zu anlasslosen Corona-Tests in Alten- und Pflegeheimen nach § 135 GWB.

[143] So auch VK Bund Beschl. v. 28.8.2020 – VK 2-57/20, VPR 2020, 230: Die Coronakrise ist ein unvorhersehbares Ereignis gewesen. Die durch das SARS-CoV-2-Virus ausgelöste Dringlichkeit der Schutzmaskenbeschaffung beschränkte sich dabei nicht nur auf den Abschluss der 700 Openhouse-Kaufverträge, sondern umfasste auch auf die Aufgabe der konkreten Abwicklung dieser Verträge (technische Vertragsprüfung, Qualitätssicherung, Vertragsmanagement, Steuerung der gesamten Lieferkette und der Logistikdienstleister, Überprüfung der Eingangsrechnungen und Bearbeitung der Leistungsstörungen) im Gesamtwert von 9,5 Mio. EUR.

[144] OLG Rostock Beschl. v. 9.12.2020 – 17 Verg 4/20, VPR 2021, 66.

[145] Bejaht von der VK Rheinland-Pfalz Beschl. v. 22.10.2010 – VK 2-34/10, für die Absicherung von flutwasserunterspülten Fundamenten zur weiteren Schadensverhinderung und die Wiederherstellung von zwingend notwendigen Infrastruktureinrichtungen.

[146] VK Rheinland-Pfalz Beschl. v. 22.10.2010 – VK 2-34/10.

[147] OLG Karlsruhe Beschl. v. 4.12.2020 – 15 Verg 8/20, VPRRS 2021, 0022; OLG Düsseldorf Beschl. v. 20.12.2019 – Verg 18/19, VPR 2020, 134; VK Südbayern Beschl. v. 12.8.2016 – Z3-3-3194-1-27-07-16, VPR 2016, 213, zur Unterbringung und Betreuung von Asylbewerbern.

[148] VK Bund Beschl. v. 25.11.2014 – VK 2-93/14, IBRRS 2015, 0023; VK Baden-Württemberg Beschl. v. 17.7.2014 – 1 VK 30/14, VPR 2015, 1088.

[149] Stumpf/Götz VergabeR 2016, 561.

[150] OLG Frankfurt a. M. Beschl. v. 30.1.2014 – 11 Verg 15/13, NZBau 2014, 386; Favier/Schüler ZfBR 2016, 761.

[151] OLG Dresden Beschl. v. 21.9.2016 – Verg 5/16, BeckRS 2016, 118858, für die Beschaffung von ballistischen Polizeihelmen im direkten zeitlichen Umfeld der terroristischen Angriffe im Herbst 2015 in Paris; OLG Celle Beschl. v. 24.9.2014 – 13 Verg 9/14, NZBau 2014, 784.

108 In einem solchen Ausnahmefall ist es einem Auftraggeber auch nicht verwehrt, sich im Nachprüfungsverfahren auf derartige Gründe einer Direktvergabe zu berufen, **auch wenn die Erwägungen für eine Direktvergabe weder Einzug in die Vergabeakte gefunden** noch in der **Bekanntmachung im Amtsblatt der Europäischen Union** angesprochen worden sind.[152]

109 Bei Leistungen der **Daseinsvorsorge**, die keinesfalls unterbrochen werden dürfen, kann nach Feststellung der Unwirksamkeit des geschlossenen Vertrages nach § 135 GWB eine besondere Dringlichkeit für eine **auf den absolut notwendigen Zeitraum beschränkte Interimsvergabe selbst dann gegeben** sein, wenn die **Gründe** für die **Dringlichkeit** im **Fehlverhalten des Auftraggebers** liegen. Der Auftraggeber ist auch bei der Vergabe eines Interimsauftrags verpflichtet, **so viel Wettbewerb wie möglich** zu gewährleisten.[153]

110 **4. Beschaffung einer Lieferleistung ausschließlich zu Forschungs-, Versuchs-, Untersuchungs- oder Entwicklungszwecken (Abs. 4 Nr. 4).** Diese Privilegierung zur Durchführung eines **Verhandlungsverfahrens ohne Teilnahmewettbewerb** in § 14 Abs. 4 Nr. 4 bei der Beschaffung von Lieferleistungen, die **ausschließlich zu Forschungs- und Entwicklungszwecken** hergestellt werden, fußt letztlich sogar auf den Art. 179 ff. AEUV, auch wenn dort eine Definition von Forschungen, Versuchen, Untersuchungen oder Entwicklungen ebenso fehlt wie im GWB oder der VgV. In der RL 2014/24/EU findet sich die Zulässigkeit eines Verhandlungsverfahren ohne Teilnahmewettbewerb in diesen Fällen in Art. 32 Abs. 3 lit. a RL 2014/24/EU.

111 Beihilferechtlich versteht die EU-Kommission die **Forschung** als zielgerichtete und planmäßige Suche nach neuen wissenschaftlichen und technischen Erkenntnissen.[154]

112 Privilegiert sind aber **nur Lieferleistungen** im Zusammenhang mit der Grundlagenforschung oder die angewandte oder industrielle **Forschung,**[155] nach § 14 Abs. 4 Nr. 4 Hs. 2 **nicht aber Serienfertigungen zum Nachweis der Marktfähigkeit eines Produkts oder** zur **Deckung der Forschungs- und Entwicklungskosten.**

113 Werden zB **alle Einzelheiten** hinsichtlich des **Materials,** der **Qualität** des Dienstes, der Überwachung, der Sicherheit und der Dienstleistungen in den **Vergabeunterlagen präzise beschrieben,** ist daraus zu schließen, dass der Vertrag **kein Vertrag** über die Lieferung von Erzeugnissen ist, die **nur zum Zweck von Forschungen, Versuchen, Untersuchungen oder Entwicklungen hergestellt** werden.[156]

114 Die zu liefernde Ware muss selbst Gegenstand der beabsichtigten Forschung sein. Somit kann die Beschaffung von Produkten, die (nur) benötigt werden, um Forschungen und Versuche durchzuführen, nicht im Verhandlungsverfahren ohne EU-Teilnahmewettbewerb durchgeführt werden.[157]

115 **5. Zusätzliche Lieferleistungen, mit in der Regel dreijähriger Laufzeitbegrenzung (Abs. 4 Nr. 5).** Bei der Wahl des Verhandlungsverfahrens ohne Teilnahmewettbewerb nach § 14 Abs. 4 Nr. 5 müssen wiederum **mehrere Voraussetzungen kumulativ** vorliegen.[158]

116 Die **zusätzlichen Lieferleistungen**[159] beim **bisherigen Auftragnehmer** müssen zum einen entweder zur **teilweisen Erneuerung** von gelieferten Waren oder Einrichtungen zur laufenden Benutzung **oder zur Erweiterung** von Lieferungen oder bestehenden Einrichtungen **bestimmt** sein. Zum Zweiten müsste ein **– hypothetischer – Wechsel** des bisherigen Zuschlagsunternehmens

---

[152] OLG Dresden Beschl. v. 21.9.2016 – Verg 5/16, BeckRS 2016, 118858.
[153] VK Südbayern Beschl. v. 12.8.2016 – Z3-3-3194-1-27-07-16, VPR 2016, 213, zur Unterbringung und Betreuung von Asylbewerbern.
[154] Vgl. EU-Kommission, Gemeinschaftsrahmen für staatliche Beihilfen für Forschung, Entwicklung und Innovation, ABl. 2006 C 323, 1 (9).
[155] Vgl. die beihilferechtliche Einordnung der EU-Kommission, ABl. 2006 C 323, 1 (9).
[156] EuG Urt. v. 15.1.2013 – T-54/11, ZfBR 2013, 389, zur vergleichbaren Bestimmung in Art. 6 Abs. 3 lit. b RL 93/36.
[157] OLG Düsseldorf Beschl. v. 3.3.2010 – VII-Verg 46/09, IBRRS 2010, 2989 und VK Bund Beschl. v. 23.10.2019 – VK 1-75/19, VPR 2020, 68, für die Beschaffung einer Röntgenkleinkreutreuanlage, die dem Auftraggeber nur als Hilfsmittel zur Forschung an und Untersuchung von Proben dienen soll, die nicht selbst Gegenstand der Forschungen ist.
[158] VK Hessen Beschl. v. 27.4.2007 – 69d VK-11/2007, IBRRS 2007, 4570; s. auch die zweitinstanzliche Ablehnung der Zuschlagsgestattung durch OLG Frankfurt a. M. Beschl. v. 10.7.2007 – 11 Verg 5/07, VergabeR 2008, 275.
[159] Für Dienstleistungen gilt die Regelung ausdrücklich nicht. Die bisherige Parallelregelung zu Dienstleistungen aus § 3 EG Abs. 4 lit. f VOL/A gibt es in dieser Form für Verhandlungsverfahren seit 2016 nicht mehr, sondern ist eine Form der vergaberechtsfreien Beauftragung nach § 132 GWB geworden. Beachte aber wie bisher die Regelung zu Dienstleistungen in § 14 Abs. 4 Nr. 9; vgl. zur Abgrenzung von Liefer- und Dienstleistungsaufträgen die Definitionen und Kommentierungen bezüglich § 103 Abs. 2 und 4 GWB (→ GWB § 103 Rn. 169).

dazu führen, dass der Auftraggeber **Waren mit unterschiedlichen technischen Merkmalen kaufen** müsste **und** dies eine **technische Unvereinbarkeit oder unverhältnismäßige technische Schwierigkeiten** bei Gebrauch, Betrieb oder Wartung mit sich bringen würde.[160]

Somit knüpft § 14 Abs. 4 Nr. 5 an einen **ursprünglichen Auftrag** an ein Unternehmen an, das gleicher Maßen nunmehr auch der neue Vertragspartner der zusätzlichen Lieferleistung werden soll. 117

Dies setzt **Identität des ursprünglichen und des künftigen Lieferunternehmens** voraus. Davon **ausgenommen** sind lediglich die auch in § 132 Abs. 2 Nr. 4 lit. b GWB akzeptierten **Unternehmensumstrukturierungen,** wie zB durch Übernahme, **Zusammenschluss,** Erwerb oder Insolvenz. 118

Eine Erneuerung kann jedoch **nicht eine reine Zusatzbeschaffung** rechtfertigen, die das ursprüngliche Produkt in wesentlichen Bereichen oder auch dem Umfang nach **abändert.** 119

Diese restriktive Sichtweise von § 14 Abs. 4 Nr. 5 ist auch im Lichte der Rechtsprechung des Europäischen Gerichtshofes zu **Vertragsänderungen** angezeigt,[161] die nunmehr ua auch im neuen § 132 Abs. 2 S. 1 Nr. 2 und 3 GWB umgesetzt ist, wobei einzustellen bleibt, dass die dortigen schärferen Bestimmungen die völlige Nichtanwendung des Vergaberechts im Anschluss an einen bestehenden Vertrag erlauben, während § 14 Abs. 4 Nr. 5 immer noch ein ordnungsgemäßes, auch den **Regeln des § 17 Abs. 5, 10, 11 und 14 folgendes, Verhandlungsverfahren** vor einem Zusatzauftrag erzwingt. 120

§ 14 Abs. 4 Nr. 5 lässt ausdrücklich **nur technische Schwierigkeiten** als relevante Umstände zu. **Rechtliche Schwierigkeiten,** die aus möglichen vertraglichen Bindungen erwachsen, rechtfertigen deshalb **nicht dessen Anwendbarkeit.**[162] 121

Die Voraussetzungen des § 14 Abs. 4 Nr. 5 sind **demnach nicht erfüllt,** wenn auch ein drittes Unternehmen faktisch oder auch rechtlich in der Lage wäre, den **Ergänzungs- oder Ersatzbedarf zu decken und Waren zu liefern,** die mit denjenigen der ursprünglichen **Beschaffung identisch** sind.[163] 122

Eine **Erneuerung** liegt nur bei der Anpassung der ursprünglichen Lieferung oder Einrichtung auf den neuesten Stand vor. Eine Erneuerung setzt somit voraus, dass das **ursprüngliche Produkt als Ganzes grundlegend vorhanden bleibt** und nur aus bestimmten, notwendigen Gründen verändert wird. Dies trifft zB bei der **Verdoppelung von Lizenzen** im Softwarebereich **nicht zu.**[164] 123

Eine Erweiterung ist die Ausdehnung des Umfangs oder der Stückzahl. **Erhöht** sich aber die **Stückzahl um mehr als das Doppelte,** handelt es sich nicht um eine zulässige Erweiterung im Rahmen des Abs. 4 Nr. 5,[165] da es sich dann um eine komplette Neubeschaffung handelt. 124

Zudem ist der Anwendung von § 14 Abs. 4 Nr. 5 eine **zeitliche Grenze gesetzt.** Die Laufzeit des Vertrages über die zusätzlichen Leistungen darf in der Regel **drei Jahre nicht überschreiten.** Die in § 3 EG Abs. 4 lit. e VOL/A noch enthaltene Aufspaltung in Aufträge und Daueraufträge ist mit dem nunmehrigen Begriff „öffentliche Aufträge" entfallen, ohne dass darin eine inhaltliche Änderung zu erblicken wäre, zumal die RL 2014/24/EU in Art. 32 Abs. 3 lit. b nach wie vor von Aufträgen sowie Daueraufträgen[166] spricht wie auch die Vorgängerregelung in Art. 31 Nr. 2 lit. b Vergabe-RL 2004. 125

Durch den Zusatz „in der Regel" wird zudem deutlich, dass sich die Flexibilität dieser Bestimmung gegenüber der Vorgängerregelung § 3 EG Abs. 4 lit. e VOL/A verfestigt hat. Denn mit diesem Zusatz sind ausnahmsweise auch längere als dreijährige Bindungen über Zusatzlieferleistungen denkbar und aus sachlichen Gründen dann auch zulässig. Andererseits sind die tatsächlichen Umstände, die die Anwendung des Verhandlungsverfahrens über **zusätzliche Lieferleistungen** nur mit einem Bestandsbieter nach **§ 14 Abs. 4 Nr. 5** rechtfertigen, genauestens zu **dokumentieren.**[167] Eine Rechtsverletzung eines potenziellen Mitbewerbers um die Zusatzlieferung mit der Folge der 126

---

[160] Eine derartige Unverhältnismäßigkeit liegt aber bereits dann nicht vor, wenn eine gewisse Einbuße an Nutzungskomfort durch ein hohes Kosteneinsparungspotenzial kompensiert wird, vgl. KG Beschl. v. 19.4.2000 – KartVerg 6/00, NZBau 2001, 161.
[161] VK Bund Beschl. v. 28.3.2012 – VK 2-14/12, IBR 2013, 172 zur Vorgängerregelung in § 3 EG Abs. 4 lit. e VOL/A; bestätigt durch OLG Düsseldorf Beschl. v. 1.8.2012 – Verg 10/12, NZBau 2012, 785.
[162] VK Bund Beschl. v. 12.11.2012 – VK 1-109/12, BeckRS 2016, 17213, zur Vorgängerregelung in § 3 EG Abs. 4 lit. e VOL/A.
[163] So OLG Düsseldorf Beschl. v. 28.5.2003 – Verg 10/03, NZBau 2004, 175, zur vergleichbaren Altregelung.
[164] VK Hessen Beschl. v. 27.4.2007 – 69d VK-11/2007, IBRRS 2007, 4570.
[165] So für die Vorgängerregelung in § 3 EG Abs. 4 lit. e VOL/A die VK Hessen Beschl. v. 27.4.2007 – 69d VK-11/2007, IBRRS 2007, 4570.
[166] Die VgV erwähnt Daueraufträge in der Auftragswertbestimmung in § 3 Abs. 10.
[167] Vgl. § 8 Abs. 2 Nr. 7.

Feststellung der Unwirksamkeit des mit dem Bestandsbieter **geschlossenen Ergänzungsvertrages nach § 135 GWB** kann sich auch **aus der unzureichenden Dokumentation** durch den Auftraggeber zur Zulässigkeit des Verhandlungsverfahrens nach § 14 Abs. 4 Nr. 5 ergeben. Dies ist der Fall, wenn die überprüfende **Vergabekammer wegen unzureichender Dokumentation** die **Voraussetzungen der Wahl der Verfahrensart in concreto nicht positiv überprüfen und feststellen kann.**[168]

127 **6. Börsenwaren (Abs. 4 Nr. 6).** Börsenwaren sind Waren, die **an einer Warenbörse**[169] notiert und erworben werden können. Derartige auf einer Warenbörse notierte und dort gekaufte Lieferleistungen können nach Abs. 4 Nr. 6 ebenfalls in einem Verhandlungsverfahren ohne Teilnahmewettbewerb beschafft werden.[170]

128 **Waren** sind nach Art. 28 AEUV alle **beweglichen Sachen, die Gegenstand von Handelsgeschäften** sein können. Aufgrund dieser sehr weiten, europarechtlichen Begriffs von Waren fallen auch **Güter wie elektrischer Strom oder Gas** unter diesen Begriff. Typisches Beispiel für eine Warenbörse ist deshalb die **Leipziger Strombörse EEX.**[171] **Börsengeschäfte** an den Teilmärkten der EEX dürfen aber nur **durch einen zugelassenen Börsenteilnehmer** gem. § 14 der Börsenordnung der EEX abgeschlossen oder vermittelt werden. **Öffentliche Auftraggeber sind dies regelmäßig nicht.** Denkbar erscheint aber eine Konstruktion, bei der der **zugelassene Börsenteilnehmer als Dienstleister** des öffentlichen Auftraggebers die börsliche Energiebeschaffung **auf dessen Veranlassung und Rechnung** gelegentlich oder sogar dauerhaft abwickelt.[172]

129 Diese Möglichkeit einer Vergabe beim Kauf von Börsenwaren spielt deshalb von dieser Sonderkonstellation abgesehen in der Praxis kaum eine Rolle, weil öffentliche Auftraggeber grundsätzlich nicht selbst als Käufer an einer Warenbörse auftreten dürfen.[173]

130 **7. Erwerb zu besonders günstigen Bedingungen (Abs. 4 Nr. 7).** Die unter der Geltung der Altregelungen zum Verhandlungsverfahren in § 3 EG Abs. 4 lit. j VOL/A verortete „**vorteilhafte Gelegenheit**" findet sich nunmehr – **sprachlich** anhand Art. 32 Abs. 3 lit. d RL 2014/24/EU gewendet – als **Erwerb zu besonders günstigen Bedingungen** in § 14 Abs. 4 Nr. 7 wieder.

131 Abs. 4 **Nr. 7** nennt dazu auf der Grundlage von **Art. 32 Abs. 3 lit. d RL 2014/24/EU** als typische Beispiele den Erwerb von Lieferungen oder Dienstleistungen bei Lieferanten, die ihre **Geschäftstätigkeit endgültig einstellen** oder bei **Insolvenzverwaltern oder Liquidatoren** im Rahmen eines Insolvenz-, Vergleichs- oder Ausgleichsverfahrens[174] oder eines gleichartigen Verfahrens in einem anderen EU-Mitgliedstaat.

132 Kennzeichnend ist zum einen eine **temporäre Komponente**, die diese Sonderkonditionen **nur situativ** zur Verfügung stellt. Weiterhin prägend ist **der Erwerb zu günstigen Bedingungen.** Eine derartige vorteilhafte Gelegenheit liegt somit nur dann vor, wenn es sich um eine **einmalige oder nur sehr kurzfristig** sich bietende **Beschaffungsmöglichkeit** handelt, die zudem noch **Verkaufspreise unterhalb der üblichen Einkaufspreise** verspricht.[175] Auch die **amtliche Begründung** zur unterschwelligen Bestimmung in § 3 Abs. 5 lit. l VOL/A, die diese Komponente trotz formaler Streichung nach Ansicht des DVAL mit umfassen soll, betont, dass der überkommene Parallelbegriff der „vorteilhaften Gelegenheit" **eng auszulegen** ist. Die Wahrnehmung einer vorteilhaften Gelegenheit muss danach **zu einer wirtschaftlicheren Beschaffung führen** als diese bei Anwendung der **öffentlichen oder beschränkten Ausschreibung der Fall** wäre.[176] Diese Erwä-

---

[168] So VK Baden-Württemberg Beschl. v. 31.1.2020 – 1 VK 74/19, VPR 2020, 151: Direktvergabe an den bisherigen Auftragnehmer für zwei Kliniken über Endoskopietechnik für insgesamt mehr als 2 Mio. EUR ohne fortlaufenden Vergabevermerk, Unterlagen zur vollständigen Kommunikation mit dem bisherigen Auftragnehmer, zum Angebotseingang und dem Inhalt der Verhandlungen. Auch ein Nachschieben von Gründen durch den Auftraggeber hielt die Vergabekammer für unzulässig, weil Pflichtinhalte der Dokumentation betroffen waren.

[169] Unter eine Warenbörse fallen regelmäßig zu einer bestimmten Zeit an einen bestimmten Ort stattfindende Märkte für Produkte, *Müller-Wrede-Kaelble* in Müller-Wrede VOL/A § 3 EG Rn. 199.

[170] Entsprechend Erwägungsgrund 50 UAbs. 4 RL 2014/24/EU ist ein Vergabeverfahren hier nicht sinnvoll, weil Waren direkt an einer Warenbörse gekauft werden, einschließlich Handelsplattformen für Bedarfsgüter wie landwirtschaftliche Erzeugnisse und Rohstoffe und Energiebörsen, wo naturgemäß aufgrund der regulierten und überwachten multilateralen Handelsstruktur Marktpreise garantiert sind.

[171] HK-VergabeR VOL/A § 3 EG Rn. 26.

[172] *Kulartz* in KKMPP VgV Rn. 74 mwN.

[173] So zu Recht einschränkend *Kulartz* in KKMPP VgV Rn. 73 und *Kulartz* in KKMPP VOL/A § 3 EG Rn. 94.

[174] Art. 32 Abs. 3 lit. d RL 2014/24/EU spricht insoweit von einer „Vereinbarung mit Gläubigern".

[175] So OLG Düsseldorf Beschl. v. 8.5.2002 – Verg 5/02, NZBau 2002, 697 zur vormaligen Parallelbestimmung.

[176] Anmerkung des Deutschen Vergabe- und Vertragsausschusses für Leistungen zu § 3 Abs. 5 lit. l VOL/A, Anhang IV (Erläuterungen zur VOL/A).

gungen sind **parallel** auf die EU-Vergabeverfahren offenes und nicht offenes Verfahren übertragbar, sodass der Rückgriff auf das Verhandlungsverfahren ohne Teilnahmewettbewerb ausscheidet, wenn eine derartige Prognose negativ ausfallen würde.

8. Dienstleistungsauftrag im Anschluss an einen Planungswettbewerb (Abs. 4 Nr. 8). 133

Ein Verhandlungsverfahren ohne Teilnahmewettbewerb ist zudem auch möglich, wenn es im **Anschluss an einem Planungswettbewerb nach §§ 69 ff.** durchgeführt wird. Diese schon aus dem vormaligen **§ 3 EG Abs. 4 lit. h VOL/A aF** bekannte Ausnahmeregelung für ein zulässiges Verhandlungsverfahren ohne EU-Teilnahmewettbewerb rechtfertigt sich auf der Grundlage von **Art. 32 Abs. 4 RL 2014/24/EU** aus dem Umstand, dass schon im Planungswettbewerb die **Parameter für das nachfolgende Verhandlungsverfahren** mit dem Gewinner (~1. Preisträger) oder einen der Preisträger des Planungswettbewerbs **festgelegt** werden.

Planungswettbewerbe sind nach der Legaldefinition in § 69 **Wettbewerbe nach § 103 Abs. 6** 134 GWB, insbesondere auf den Gebieten der Raumplanung, des Städtebaus und des Bauwesens oder der **Datenverarbeitung**.

Für Planungswettbewerbe wendet der Auftraggeber nach § 69 Abs. 2 § 5 (Wahrung der Vertrau- 135 lichkeit), § 6 (Vermeidung von Interessenkonflikten) und § 43 (Rechtsform von Unternehmen und Bietergemeinschaften) sowie die **Paragrafen des Abschnitts 5** (§§ 69–72) an.

Bei Planungswettbewerben gewährleisten somit zum einen die **Bekanntmachung des Pla-** 136 **nungswettbewerbs nach § 70 iVm § 40** entsprechend dem Muster nach Anhang IX der VO 2015/1986 und die einzuhaltenden **Regelungen der §§ 71, 72** die **Transparenz** des Verfahrens, die **Gleichbehandlung** der Wettbewerbsteilnehmer und die **Objektivität des Preisgerichts**.

Gemäß § 14 Abs. 4 Nr. 8 Hs. 1 darf der spätere Dienstleistungsauftrag aus dem Verhandlungsver- 137 fahren heraus **nur an den Gewinner des Planungswettbewerbs oder** an **einen der Preisträger** vergeben werden, was **vorher** etwa auf der Grundlage der **Bedingungen des Wettbewerbs**[177] mit Bindungswirkung für den Auftraggeber verlautbart werden muss. Aufgrund von **§ 17 Abs. 12 S. 2**[178] ist ein Verhandlungsverfahren gem. **§ 14 Abs. 4 Nr. 8** allein mit dem – vorherigen – Wettbewerbssieger deshalb allenfalls dann noch zulässig, wenn der Auftrag nach den Bedingungen des Wettbewerbs zwingend an den Wettbewerbssieger – und nicht an einen der Preisträger – vergeben werden muss.[179] Ist **dies nicht der Fall,** ist das **Verhandlungsverfahren mit allen Preisträgern** zu führen.[180]

Soweit das **OLG Frankfurt a. M.**[181] der Meinung ist, in einem **Planungswettbewerb** nach 138 der mittlerweile außer Kraft getretenen VOF und der RPW 2013 sei **der erste Preisträger regelmäßig,** aber nicht zwangsläufig mit den weiteren Planungsleistungen zu beauftragen und es sei **dem Auftraggeber überlassen,** ob er nach Anschluss des Planungswettbewerbs sogleich ein Verhandlungsverfahren mit allen Preisträgern durchführt und für den Fall, dass eine Beauftragung des ersten Preisträgers scheitert, eine zeitnahe Beauftragung eines anderen Preisträgers ermöglicht oder **ob er zunächst lediglich ein Verhandlungsverfahren mit dem ersten Preisträger** durchführt und erst **bei dessen Scheitern das Verhandlungsverfahren mit den weiteren Preisträgern** führt, so ginge diese Sichtweise **in Ansehung des § 17 Abs. 10 und Abs. 13 zumindest nach neuem Vergaberecht** fehl, da dieses einen **preferred bidder** unter ansonsten gleichen Preisträgern **nicht mehr zulässt.** Will der Auftraggeber den ersten Preisträger beauftragen, so muss er dies unmissverständlich als eine denkbare Variante vorher, etwa unter Nr. 23 der Anlage I RPW 2013 sowie im Muster IV VO (EU) 2015/1986 der Wettbewerbsbekanntmachung gem. § 70 Abs. 1 S. 2, 3 iVm § 40, verlautbaren. Wählt er die **zweite in § 14 Abs. 4 Nr. 8** angesprochene Variante mit **mehreren Preisträgern**, ist er an die **Regularien des Verhandlungsverfahrens nach § 17** gebunden, was auch § 73 Abs. 1 für die Vergabe von Architekten- und Ingenieurleistungen verdeutlicht, wonach „die Bestimmungen dieses Abschnitts **zusätzlich** gelten". Auch die dortige Sichtweise des OLG Frankfurt a. M., der Umstand, dass der Auftraggeber regelmäßig den ersten Preisträger zu beauftragen habe, sei bei der **Gewichtung der Auswahlkriterien** in geeigneter Weise zu berücksichtigen, erscheint **zweifelhaft,** da der Auftraggeber in der **Auswahl der Auswahlkriterien vom Grunde her frei** ist, zumal wenn es ihm entscheidend darauf ankommt, die in den Verhandlungen erzielten Fortschritte, etwa auch zur Einhaltung der Kosten, **über die Bewertung des Preisgerichts hinaus angemessen zu berücksichtigen.**[182]

---

[177] Vielfach nach den Richtlinien für Planungswettbewerbe 2013 (RPW).
[178] In der Schlussphase des Verfahrens müssen noch so viele Angebote vorliegen, dass der Wettbewerb gewährleistet ist, sofern ursprünglich eine ausreichende Anzahl von Angeboten von geeigneten Bietern vorhanden war.
[179] VK Südbayern Beschl. v. 3.7.2019 – Z3-3-3194-1-09-03/19, VPR 2019, 227.
[180] VK Südbayern Beschl. v. 3.7.2019 – Z3-3-3194-1-09-03/19, VPR 2019, 227.
[181] OLG Frankfurt a. M. Beschl. v. 11.4.2017 – 11 Verg 4/17, NZBau 2017, 569.
[182] Das OLG Frankfurt a. M. hat seine Sichtweise durch Beschl. v. 23.6.2020 – 11 Verg 2/20, VPR 2021, 11, nochmals bestätigt und ergänzend ausgeführt, dass das Ergebnis des Architektenwettbewerbs gem. § 8 Abs. 2

139 Zumindest kann eine Erweiterung des Teilnehmerfeldes durch eine nochmalige EU-weite Bekanntmachung des nachfolgenden Verhandlungsverfahrens nicht erfolgen, sodass diese **entfallen** kann.

140 **9. Wiederholung gleichartiger Dienstleistungen innerhalb von drei Jahren nach erstmaliger Auftragserteilung (Abs. 4 Nr. 9).** Ein Verhandlungsverfahren ohne EU-Teilnahmewettbewerb mit dem Zuschlagsbieter eines vorherigen Auftrags ist auch zulässig, wenn eine **Dienstleistung beschafft** werden soll, die in der **Wiederholung gleichartiger Leistungen** besteht, sofern sie einem **Grundprojekt**[183] **entsprechen** und dieses **Projekt schon Gegenstand des vorherigen Auftrags** war. **Einschränkend** darf es sich bei dem vorherigen Vergabeverfahren seinerseits **nicht um ein Verhandlungsverfahren ohne Teilnahmewettbewerb gehandelt** haben. Und schlussendlich musste bereits **im ursprünglichen Verfahren** die **spätere Möglichkeit der Vergabe wiederholender Leistungen** angegeben sind, was **ehedem den geschätzten Auftragswert nach § 3 Abs. 1 S. 2 als Option erhöht** hatte, worauf § 14 Abs. 4 Nr. 9 Hs. 4 nochmals hinweist. § 3 EG Abs. 4 lit. g VOL/A enthielt ehedem eine vergleichbare Bestimmung für Dienstleistungen.

141 Nach § 14 Abs. 4 Nr. 9 Hs. 3 sind im Grundprojekt des ersten Vergabeverfahrens zudem der Umfang möglicher weiterer Dienstleistungen und die Bedingungen, unter denen sie vergeben werden, anzugeben.

142 Die Nutzbarkeit dieser Ausnahmebestimmung setzt daher ein **hohes Maß an Vorplanung** und Voraussicht beim öffentlichen Auftraggeber voraus, der fast schon hellseherisch die zu wiederholenden, gleichartigen Dienstleistungen voradaptieren muss. Durch die noch weitergehende Neuregelung in § 132 Abs. 2 S. 1 Nr. 2 GWB ist aber ohnehin ein weiterer Anreiz des Normgebers gesetzt worden, sich schon bei einer (Alt-)Ausschreibung **vertiefte Gedanken für künftige Optionen** und diese sichernde Überprüfungsklauseln, wie Innovationsklauseln, zu machen und diese auch voranzukündigen, um diese späterhin ohne Beachtung des Vergaberechts (§ 132 GWB) oder zumindest mit dem Privileg eines Verhandlungsverfahrens nur mit dem bisherigen Zuschlagsbieter (§ 14 Abs. 4 Nr. 9) vertraglich binden zu können.

143 Ein derartiges Verhandlungsverfahren darf nach Abs. 4 Nr. 9 Hs. 5 darf nur innerhalb von drei Jahren nach Abschluss des ersten Auftrags angewandt werden.[184]

VII. Berichtspflicht gegenüber der Europäischen Kommission (Abs. 5)

144 Auf Anforderung ist der Europäischen Kommission im Falle des Abs. 4 Nr. 1 ein Bericht vorzulegen. Im Gegensatz zur Richtlinienbestimmung in Art. 32 Abs. 2 lit. a UAbs. 1 RL 2014/24/EU[185] hat der deutsche Gesetzgeber diese Berichtspflicht von den materiellen Voraussetzungen des Abs. 4 Nr. 1 abgespalten und als Ex-post-Verpflichtung ausgestaltet, sofern eine entsprechende Anforderung der EU-Kommission erfolgt.

145 Dies erscheint auch **sachgerecht** und kein Fall einer nicht EU-konformen Umsetzung der RL 2014/24/EU.[186] Denn ansonsten wäre die Durchführung eines Verhandlungsverfahrens ohne EU-Bekanntmachung nach einem gescheiterten ersten offenen oder nicht offenen Verfahren davon abhängig, ob die EU-Kommission einen derartigen Bericht abfordert, was sie jederzeit tun könnte oder auch nicht tun könnte und damit **unvorhersehbar** ist.

RPW 2013 bei der Gewichtung und Binnengewichtung der Auswahl- bzw. Zuschlagskriterien zu berücksichtigen ist. Dies sei aber hinreichend bei einer Gewichtung des vorherigen Wettbewerbsergebnisses mit 60% (von 500 Gesamtpunkten erhielt der erste Preisträger alleine schon 300 Punkte) und einer Differenzierung zwischen dem ersten und dem zweiten Preisträger mit 12% (der zweite Preisträger erhielt lediglich 240 Punkte aus dem vorherigen Realisierungswettbewerb) der Gesamtpunktzahl erfüllt. Angesichts der Freiheiten des Auftraggebers, die Zuschlagskriterien im nachfolgenden Verhandlungsverfahren gem. § 127 Abs. 4 S. 1 GWB, § 58 Abs. 2 festlegen zu dürfen, erscheint diese massive Einschränkung über § 8 Abs. 2 RPW 2013 wenig plausibel, insbesondere in der Fallkonstellation, dass gerade nicht der Gewinner des Wettbewerbs den nachfolgenden Auftrag erhalten soll.

[183] Mit Grundprojekt dürfte die damalige Leistungsbeschreibung gemeint sein.
[184] Anders und zeitlich sehr viel enger ist die Parallelregelung für Bauaufträge in § 3a EU Abs. 3 Nr. 5 VOB/A. So hatte der EuGH Urt. v. 14.9.2004 – C-385/02, BeckRS 2004, 76430, schon die Anwendung einer Vorgängerbestimmung dahingehend beschränkt, dass von ihr nur innerhalb der ersten drei Jahren nach Vertragsschluss des ersten Auftrags Gebrauch gemacht werden durfte. In diesem Sinne ist auch jetzt noch im Baubereich der auslegungsfähige Begriff nur innerhalb von drei Jahren „nach Abschluss des ersten Auftrags" zu lesen und nicht etwa als Auftragsende des ersten Auftrags.
[185] ... sofern die ursprünglichen Auftragsbedingungen nicht grundlegend geändert werden und sofern der Kommission auf Anforderung ein Bericht vorgelegt wird.".
[186] Auch in der englischen Fassung des Art. 32 RL 2014/24/EU heißt es: „... and that report is sent to the commission, where it so requests.".

Dies würde im Umkehrschluss eine vorherige Vorinformation eines Auftraggebers an die EU-Kommission voraussetzen, die an keiner Stelle der RL 2014/24/EU vorgesehen ist. Somit erscheint die deutsche Ausgestaltung als reine Ex-post-Transparenzregelung nachvollziehbar und Praxis gerecht. 146

Dafür streitet auch der **Wortlaut**, der von „**ein Bericht vorgelegt wird**" spricht und **nicht** vergangenheitsbezogen als vorherige Voraussetzung von „ein Bericht vorgelegt wurde". 147

Unklar ist im Übrigen auch, welche Form, Inhalt und Umfang ein solcher Bericht zu haben hat und welche Fristen für seine Vorlage gelten. 148

Vergangenheitsbezogen erinnert die Regelung in § 14 Abs. 5 an die ehemalige Bestimmung in § 30 EG Nr. 1 lit. g VOL/A 2000, wonach auf Verlangen der Kommission aus dem Vergabevermerk Angaben über die Gründe für die Wahl des Verhandlungsverfahrens zu übermitteln sind, wobei die damalige Regelung aber alle Fallkonstellationen eines Verhandlungsverfahren mit und ohne EU-Vergabebekanntmachung betraf und somit eher an den heutigen § 8 Abs. 2 Nr. 6 und 7 iVm Abs. 5 erinnert. 149

VIII. Rechtsschutz

Einem Bieter droht grundsätzlich aufgrund der **fehlerhaften Wahl des Verhandlungsverfahrens** durch den Auftraggeber ein **Schaden**,[187] unabhängig davon, ob das bisher abgegebene Angebot zuschlagsfähig war und ob der Auftraggeber tatsächlich Verhandlungen mit anderen Bietern geführt hat.[188] 150

§ 15 Offenes Verfahren

(1) ¹Bei einem offenen Verfahren fordert der öffentliche Auftraggeber eine unbeschränkte Anzahl von Unternehmen öffentlich zur Abgabe von Angeboten auf. ²Jedes interessierte Unternehmen kann ein Angebot abgeben.

(2) Die Frist für den Eingang der Angebote (Angebotsfrist) beträgt mindestens 35 Tage, gerechnet ab dem Tag nach der Absendung der Auftragsbekanntmachung.

(3) Für den Fall, dass eine hinreichend begründete Dringlichkeit die Einhaltung der Frist gemäß Absatz 2 unmöglich macht, kann der öffentliche Auftraggeber eine Frist festlegen, die 15 Tage, gerechnet ab dem Tag nach der Absendung der Auftragsbekanntmachung, nicht unterschreiten darf.

(4) Der öffentliche Auftraggeber kann die Frist gemäß Absatz 2 um fünf Tage verkürzen, wenn er die elektronische Übermittlung der Angebote akzeptiert.

(5) ¹Der öffentliche Auftraggeber darf von den Bietern nur Aufklärung über das Angebot oder deren Eignung verlangen. ²Verhandlungen, insbesondere über Änderungen der Angebote oder Preise, sind unzulässig.

Schrifttum: *Krämer,* Aufklärung versus Nachverhandlung, Vergabe Navigator 2016, 11.

Übersicht

		Rn.			Rn.
I.	Normzweck	1	2.	Unbeschränktheit der Angebote (Abs. 1 S. 2)	11
II.	Europarechtlicher Rahmen	2			
III.	Wesen und Ablauf des offenen Verfahrens (Abs. 1)	3	IV.	Normale Mindestangebotsfrist (Abs. 2)	12
1.	Öffentliche Aufforderung einer unbeschränkten Anzahl von Unternehmen zur Angebotsabgabe (Abs. 1 S. 1)	7	V.	Verkürzungsmöglichkeit der normalen Mindestangebotsfrist (Abs. 4)	16

---

[187] BGH Beschl. v. 10.11.2009 – X ZB 8/09, NZBau 2010, 124, da im fehlerhaft gewählten Verhandlungsverfahren die Gefahr besteht, bei ansonsten untersagten Nachverhandlungen von einem Mitbieter unterboten zu werden, was bereits die Zuschlagschancen beeinträchtige und BGH Beschl. v. 26.9.2006 – X ZB 14/06, NZBau 2006, 800; so auch OLG Celle Beschl. v. 24.9.2014 – 13 Verg 9/14, NZBau 2014, 784 und VK Rheinland-Pfalz Beschl. v. 27.8.2019 – VK 1-13/19, VPRRS 2019, 0371, bezogen auf ein unzulässiges Verhandlungsverfahren mit Teilnahmewettbewerb nach § 14 Abs. 3 Nr. 1–3.
[188] OLG Celle Beschl. v. 24.9.2014 – 13 Verg 9/14, NZBau 2014, 784.

	Rn.		Rn.
VI. Verkürzung der Angebotsfrist bei hinreichend begründeter Dringlichkeit (Abs. 3)	18	1. Aufklärungsrechte (Abs. 5 S. 1)	29
VII. Aufklärungsrechte und Verhandlungsverbote des Auftraggebers (Abs. 5) ..	28	2. Verhandlungsverbote (Abs. 5 S. 2)	55

I. Normzweck

1   Die jetzige Definition und Charakterisierung des offenen Verfahrens entspricht bis auf ein paar rein sprachliche Anpassungen fast wörtlich der Vorgängerregelung in § 101 Abs. 2 GWB aF. Während § 119 Abs. 3 GWB auf gesetzlicher Grundlage seit 2016 lediglich noch die grundlegende Definition des offenen Verfahrens als öffentliche Angebotsaufforderung einer unbeschränkten Unternehmensanzahl liefert,[1] sind die Regularien zum Verfahrensablauf sowie nunmehr auch zu den zu beachtenden Fristen und zu Aufklärungsmöglichkeiten/Verhandlungsverboten in einem untergesetzlichen Paragrafen der VgV konzentriert worden. Damit umfasst § 15 nunmehr Bestimmungen, die vor 2016 verstreut, insbesondere in der entfallenen Vergabe- und Vertragsordnung EG VOL/A, enthalten waren, zB § 3 EG Abs. 1 VOL/A, § 12 EG VOL/A und § 18 EG VOL/A. Aufgrund der Sonderzuweisung in § 2 gelten für Bauaufträge nur Abschnitt 1 und Abschnitt 2, Unterabschnitt 2 der VgV (§§ 1–13 und §§ 21–27), ansonsten die VOB/A. Damit werden in § 15 gebündelte Regelungen im Baubereich ua durch die §§ 3 EU, 3b EU, 10a EU und 15 EU VOB/A ersetzt und gelten dort nicht.

II. Europarechtlicher Rahmen

2   Mit § 15 setzt der Normgeber **Art. 27 RL 2014/24/EU** sowie Erwägungen des zugehörigen **Erwägungsgrundes 46** in nationales Recht um. Dabei ist 2016 **erstmalig auch eine Fristverkürzungsmöglichkeit bei der Angebotsfrist** bei einer hinreichend begründeten **Dringlichkeit** der Vergabemaßnahme auf Grundlage von **Art. 27 Abs. 3 RL 2014/24/EU eingeführt** worden. Diese Verkürzung auf **nur 15 Tage** Mindestfrist gab es bisher bei einer etwas schärferen „besonderen Dringlichkeit" **nur im nicht offenen Verfahren** (§ 12 EG Abs. 5 S. 2 VOL/A aF). Mit **Abs. 5** hat der Normgeber zudem die **Aufklärungsrechte und das grundsätzliche Verhandlungsverbot** im offenen Verfahren, **ehedem § 18 EG VOL/A, in** die **Vergabeverordnung** transferiert.

III. Wesen und Ablauf des offenen Verfahrens (Abs. 1)

3   Aufgrund des vollkommen offenen Wettbewerbs ohne Beschränkungsmöglichkeiten seitens des Auftraggebers ist das offene Verfahren das wettbewerbsintensivste Vergabeverfahren mit dem größtmöglichen Bieterkreis. Es entspricht somit am meisten den Grundsatzvorgaben in § 97 Abs. 1 und 2 GWB nach Transparenz, Gleichbehandlung Wettbewerb und Wirtschaftlichkeit. Das offene Verfahren kann entsprechend § 119 Abs. 2 GWB voraussetzungslos im Gleichklang mit dem nicht offenen Verfahren bei jeder Auftragsvergabe innerhalb der VgV angewendet werden. Dies gilt **selbst dann, wenn eigentlich sogar die Voraussetzungen für die Nutzbarkeit eines Verhandlungsverfahrens** nach § 17 **vorlägen.**[2]

4   Kennzeichnend für das offene Verfahren sind zudem neben der **europaweiten Auftragsbekanntmachung (§ 37)** samt Bereitstellung und Abforderung der Vergabeunterlagen durch interessierte Unternehmen (§ 41), die sich daran anschließende Erarbeitung eines Angebots auf der Grundlage dieser Vergabeunterlagen (Vertragsentwürfe, eindeutige und erschöpfende Leistungsbeschreibung, § 121 GWB iVm § 31) nach § 29, die zwingend geforderte **Abgabe eines Angebots zu einem festen Angebotstermin** (§ 15 iVm § 57 Abs. 1 Nr. 1) und die **Geheimhaltungspflicht der Angebote (§ 54)** einschließlich eines **strikten Nachverhandlungsverbotes (§ 15 Abs. 5).** Die davon unabhängige grundsätzliche Aufklärungsbefugnis rechtfertigt sich aus der Tatsache, dass Angebote, selbst nach ermessensgebundenen Nachforderungen und Erläuterungen, **Unklarheiten** enthalten können, die eine **Vergleichbarkeit der Angebote** untereinander erschwert. Alleinstellungsmerkmal des offenen Verfahrens ist, dass keine vorgezogene

---

[1] Es entspricht somit unterschwellig der öffentlichen Ausschreibung, die bis 2016 nach § 55 BHO abweichend eine absolute Vorrangstellung beanspruchte. Mit der zwischenzeitlichen Einführung der Unterschwellenvergabeordnung und der VOB/A im Bund und in nahezu allen Bundesländern sind die jeweiligen § 55 der jeweiligen Haushaltsordnungen entsprechend § 8 Abs. 2 S. 1 UVgO und § 3a Abs. 1 S. 1 VOB/A angepasst worden.

[2] VK Rheinland Beschl. v. 26.3.2019 – VK 5/19-L, VPR 2020, 17.

Eignungsprüfung stattfindet, sondern diese erst nach der Angebotsabgabe durch den Auftraggeber erfolgt. Dabei bleibt zu beachten, dass § 42 Abs. 3 es nunmehr ausdrücklich zulässt, dass der Auftraggeber bei offenen Verfahren entscheiden kann, ob er die Angebotsprüfung vor der Eignungsprüfung durchführt. Zudem ist ebenfalls **anerkannt,** dass auch das **offene Verfahren mehrstufig**[3] aufgebaut werden kann, auch wenn dies eigentlich seinem Wesen als einstufiges Verfangen widerspricht. **Voraussetzung** hierfür ist jedoch, dass die zur Teilnahme an der zweiten selbst konstruierten „Wertungsstufe" **zugelassenen Bieter kein zweites Angebot abgeben dürfen.**[4] Der BGH[5] hatte 2008 noch verlangt, dass die Eignungsprüfung des Bieters und die Wirtschaftlichkeitsbewertung des Bieterangebotes in unterschiedlichen Stufen nacheinander zu erfolgen hätten.

Der Zuschlag wird auch im offenen Verfahren nach § 127 GWB iVm § 58 auf das tatsächlich **wirtschaftlichste Angebot** anhand der vorher verlautbarten, in der Regel **gewichteten, Zuschlagskriterien** erteilt. Dabei sind **nicht berücksichtigte Bieter** gem. **§ 134 GWB** je nach Informationsmedium 10 bis 15 Tage **vor diesem Zuschlag** über die Gründe der Nichtberücksichtigung, den Namen des vorgesehenen Zuschlagsbieters und den frühestmöglichen Termin des Vertragsschlusses **zu informieren.**

Schlussendlich muss der öffentliche Auftraggeber auch im offenen Verfahren grundsätzlich dem Amt für amtliche Veröffentlichungen der Europäischen **Union innerhalb von 30 Tagen nach Auftragsvergabe die Ergebnisse** des Vergabeverfahrens nach § 39 Abs. 1 wiederum mittels **vorgegebenem Muster** nach § 39 Abs. 2 (Anhang III der Durchführungsverordnung (EU) 2015/1986) **mitteilen.** § 39 Abs. 6 sieht **vier Fallgruppen** vor, in denen (nur) **einzelne** der geforderten **Angaben nicht veröffentlicht** zu werden brauchen.

1. Öffentliche Aufforderung einer unbeschränkten Anzahl von Unternehmen zur Angebotsabgabe (Abs. 1 S. 1). Abs. 1 S. 1 **wiederholt** den Inhalt von **§ 119 Abs. 3 GWB,** wonach der öffentliche Auftraggeber bei einem offenen Verfahren eine **unbeschränkte Anzahl von Unternehmen** öffentlich **zur Abgabe von Angeboten aufzufordern** hat.

Das offene Verfahren wird jedoch zulässigerweise nur durch die Entäußerung des Beschaffungswillens nach außen eingeleitet, der nach § 37 Abs. 1 S. 1 grundsätzlich durch einen nunmehr Auftragsbekanntmachung genannten Publikationsakt **im Amtsblatt der Europäischen Union nach einem gem. § 37 Abs. 2 vorgegebenen Muster** (Anhang II der Durchführungsverordnung (EU) 2015/1986, ABl. 1986 L 296, 1) erfolgt bzw. erfolgen muss.

Nach § 38 Abs. 3 kann der Auftraggeber **alternativ auch eine EU-Vorinformation mindestens 35 Tage vor der eigentlichen EU-Auftragsbekanntmachung nach § 37** mit dem Mindestinhalt des § 38 Abs. 3 Nr. 1 (= alle in Anhang I der Durchführungsverordnung 2015/1986 geforderten und schon vorliegenden Informationen) veröffentlichen **und dadurch die Mindestangebotsfrist auf nur noch 15 Tage verkürzen.**

Der Wortlaut von § 15 Abs. 1 S. 1, der nur von einer öffentlichen Angebotsaufforderung spricht, wird somit durch die §§ 37, 38 entscheidend modifiziert und geschärft.

2. Unbeschränktheit der Angebote (Abs. 1 S. 2). Art. 27 Abs. 1 RL 2014/24/EU definiert offene Verfahren als Verfahren, bei denen alle interessierten Wirtschaftsteilnehmer ein Angebot abgeben können. § 15 Abs. 1 S. 2 übernimmt diese Vorgabe und ergänzt damit § 119 Abs. 3 GWB, in dem lediglich die Aufforderung einer unbeschränkten Anzahl von Unternehmen (= Ausschreibung) geregelt wurde. Damit sind beide Elemente des offenen Verfahrens, die unbeschränkte Aufforderung zur Angebotsabgabe an jedwedes Unternehmen als auch vice versa die unbeschränkte Abgabemöglichkeit eines Angebots für Unternehmen manifestiert. Selbst ungeeignete Unternehmen oder solche mit zwingenden oder fakultativen Ausschlussgründen dürfen unbeschränkt ein Angebot abgeben. Derartige Restriktionen darf der öffentliche Auftraggeber dann erst im Rahmen der Angebotswertung zulasten eines Unternehmens berücksichtigen.[6] Deshalb gewährleistet § 41 auch den uneinge-

---

[3] VK Bund Beschl. v. 7.5.2019 – VK 1-17/19, VPR 2019, 190: Hier hatte der Auftraggeber bei der rahmenvertraglichen Beschaffung von Schuhen vorgesehen, dass sämtliche bemusterten Produkte im Rahmen einer Kurzerprobung beurteilt werden und bei einer Bewertung von einem Drittel der Probanden mit Null Punkten ein Ausschluss von weiteren Procedere erfolgt. Die anderen drei wirtschaftlichsten Produkte sollten dann in einem mehrwöchigen Trageversuch nochmals beprobt und bewertet werden.
[4] VK Bund Beschl. v. 7.5.2019 – VK 1-17/19, VPR 2019, 190.
[5] Urt. v. 15.4.2008 – X ZR 129/06, VergabeR 2008, 641.
[6] Vgl. VK Sachsen Beschl. v. 25.6.2003 – 1/SVK/051-03, die in einem Fall, bei dem einem Unternehmen vergaberechtswidrig schon die Zusendung angeforderter Vergabeunterlagen verweigert worden war, weil es angeblich eine schwere Verfehlung im vorgelagerten Vertragsverhältnis zu Postbeförderungsleistungen begangen haben sollte, den Auftraggeber zur Aufhebung des Offenen Verfahrens verpflichtet hat.

schränkten, unentgeltlichen vollständigen und direkten Abruf der Vergabeunterlagen durch Angabe einer elektronischen Adresse, unter der jedes interessierte Unternehmen diese zeitgleich mit der Auftragsbekanntmachung ohne Einschränkung abrufen kann.

IV. Normale Mindestangebotsfrist (Abs. 2)

12 Mit der Vergaberechtsmodernisierung **2016 sind die Regelfristen** im offenen Verfahren **verkürzt** worden, die zueinander darüber hinaus in einem Regel-Ausnahmeverhältnis stehen. Die normale **Angebotsfrist** beträgt nach **Abs. 2** jetzt **nur noch 35 Tage**.[7]

13 Dadurch soll insbesondere ein **beschleunigtes und effizienteres** Vergabeverfahren gefördert werden. Dies rechtfertigt sich nach dem **Erwägungsgrund 80** RL 2014/24/EU aus Folgendem. Die Nutzung elektronischer Informations- und Kommunikationsmittel, insbesondere die vollständige elektronische Bereitstellung von Auftragsunterlagen und die elektronische Übermittlung von Bekanntmachungen, führen **zu mehr Transparenz** und insbesondere einer insoweit besonders relevanten **Zeitersparnis**.

14 Die Frist berechnet sich entsprechend der nach **§ 82 anzuwendenden Verordnung (EWG, Euratom) Nr. 1182/71** des Rates vom 3.6.1971 zur Festlegung der Regeln für die Fristen, Daten und Termine.[8] Danach **beginnt** diese **Frist erst am Tag nach der Absendung** der **Auftragsbekanntmachung**. Demgemäß ist die Frist nicht gewahrt, wenn die Absendung der Veröffentlichung am 1. März, 10.59 Uhr, erfolgt und als Angebotsfrist der 5. April, 11.00 Uhr, vorgeschrieben ist, da sowohl der 1. März als auch der 5. April nicht bzw. nicht voll mitzählen. Die Frist läuft somit am 2. März an und endet nach 35 Tagen um Mitternacht des 5. April.

15 Zu beachten bleibt bei allen **Fristen** des § 15 die leider nunmehr in **§ 20**[9] **ausgelagerte und überwölbende Vorgabe** des Normgebers, dass bei der Festlegung der Fristen in den §§ 15–19 stets ergänzend im Sinne einer **erforderlichen angemessenen Länge auch die Komplexität der Leistung und die Zeit für die Ausarbeitung der Angebote angemessen zu berücksichtigen** sind **sowie enumerativ** benannte **Fallkonstellationen,** in denen diese Fristen, vorbehaltlich § 41 Abs. 2 und 3,[10] **zu verlängern sind** (§ 20 Abs. 1 S. 1 und Abs. 3 S. 1 Nr. 1 und 2).

V. Verkürzungsmöglichkeit der normalen Mindestangebotsfrist (Abs. 4)

16 § 15 Abs. 4 gewährt eine normale[11] und generelle **Verkürzungsmöglichkeit** der Angebotsfrist **um fünf Tage** (= 30 Tage), die von Dringlichkeitsaspekten – wie in Abs. 3 – abgekoppelt ist. Die in § 15 Abs. 4 erstmalig vorgesehene Verkürzungsmöglichkeit setzt nur voraus, dass der **Auftraggeber die elektronische Übermittlung von Angeboten akzeptiert**. Die Fristverkürzung rechtfertigt sich aus dem **Entfall** der ansonsten notwendigen **Postlaufzeit,** die ein Angebot vom Bieter zum öffentlichen Auftraggeber zusätzlich benötigen würde. Da **§ 81 seit** dem **19.10.2018** grundsätzlich eine derartige ausschließlich elektronische Angebotseinreichung durch Bieter einfordert, ist dies nunmehr in EU-weiten Ausschreibungsverfahren **die Regel mit der vorbenannten – insoweit verkürzten – Regelfrist**.

17 **Nur zentrale Beschaffungsstellen** iSv § 120 Abs. 4 GWB,[12] die dauerhaft und nicht nur nach § 4 gelegentlich, für andere öffentliche Auftraggeber tätig werden, **mussten die vollständige und alleinige elektronische Angebotsabgabe** nach § 53 Abs. 1 iVm § 10 **schon ab dem 19.4.2017** gewährleisten.

---

[7] Gem. § 12 EG Abs. 2 VOL/A betrug sie bis 2016 52 Tage, war aber bei elektronischen Bekanntmachungen um 7 Tage verkürzbar, § 12 EG Abs. 6 VOL/A.

[8] ABl. 1971 L 124, 1, bisher auch abgedruckt als Anhang III zur unterschwelligen VOL/A, Abschnitt 1. Gem. Art. 3 Abs. 3 der VO 1182/71 sind mit Tagen Kalendertage gemeint, sodass Samstage, Sonntage und Feiertage voll mitzählen; so ausdrücklich nunmehr auch § 10a EU VOB/A.

[9] Vgl. hierzu auch die dortige Kommentierung (→ § 20 Rn. 7 ff.) sowie diejenige zu den von § 20 seinerseits in Bezug genommenen §§ 38 und 41. Eine ähnliche Bestimmung befand sich vor 2016 in § 12 EG Abs. 1 und 9 VOL/A.

[10] Stellt der Auftraggeber die Vergabeunterlagen im offenen Verfahren nicht nach § 41 Abs. 1 zeitgleich mit der Auftragsbekanntmachung elektronisch direkt zur Verfügung, sondern auf einem anderen, idR zeitraubenderen, Weg, muss die Angebotsfrist gem. § 41 Abs. 2 S. 2 zwingend um fünf Kalendertage verlängert werden. Um den gleichen Zeitraum ist die Angebotsfrist auch nach § 41 Abs. 3 zu verlängern, wenn – besondere – Maßnahmen zum Schutz der Vertraulichkeit von Informationen vom Auftraggeber vorgegeben werden.

[11] Spätestens seit dem 19.10.2018 ist diese verkürzte Angebotsfrist zur Regelfrist geworden und an die Stelle der Regelung in Abs. 2 getreten, weil mit diesem Datum Auftraggeber nicht nur (auch) elektronische neben nicht elektronischen Angebote akzeptieren müssen, sondern idR nur noch elektronische Angebote einfordern müssen.

[12] Wie die Dataport AöR, vgl. OLG Schleswig Beschl. v. 28.6.2016 – 54 Verg 2/16, NZBau 2016, 593.

VI. Verkürzung der Angebotsfrist bei hinreichend begründeter Dringlichkeit (Abs. 3)

Abs. 3 sieht auf der Grundlage von Art. 27 Abs. 3 RL 2014/24/EU erstmalig auch im offenen Verfahren die Möglichkeit vor, die Angebotsfrist **bis auf nur noch 15 Tage** festzulegen und somit zu verkürzen, wenn eine **hinreichend begründete Dringlichkeit** der Beschaffung die **Einhaltung der Regelfrist des Abs. 2 von 35 Kalendertagen unmöglich** macht bzw. machen würde. 18

Der Begriff der **hinreichend begründeten Dringlichkeit** ist in § 15 selbst aber **nicht** näher **definiert**. In einem Vergleich mit der „äußersten Dringlichkeit" in § 14 Abs. 4 Nr. 3, die dort sogar ein Verhandlungsverfahren ohne EU-Teilnahmewettbewerb rechtfertigt, wird deutlich, dass das in § 15 Abs. 3 angesprochene sog. beschleunigte Verfahren **entsprechend Erwägungsgrund 46 RL 2014/24/EU und ausweislich der Verordnungsbegründung**[13] nicht notwendigerweise eine **extreme Dringlichkeit wegen unvorhersehbarer und vom öffentlichen Auftraggeber nicht zu verantwortender Ereignisse erfordert**. 19

Die hinreichend begründete Dringlichkeit nach § 15 Abs. 3 **unterscheidet sich** damit **materiell vollständig von der Dringlichkeit nach § 14 Abs. 4 Nr. 3**.[14] Unter Hinzunahme der Regelung in Art. 27 Abs. 3 RL 2014/24/EU wird deutlich, dass hier einzig und allein die **Unmöglichkeit der Einhaltung der Angebotsfrist** von 35 Tagen aufgrund einer vom Auftraggeber hinreichend begründeten Dringlichkeit maßgeblich ist. Somit sind hier nur zwei Aspekte relevant. Zum einen eine **ausreichende Dokumentation und Begründung einer Dringlichkeitssituation**. Zweitens, dass die **Einhaltung der Regelangebotsfrist** aufgrund dieser wohl begründeten und dokumentierten Dringlichkeit – **objektiv** – **unmöglich** ist. Als erläuternde **Beispiele** können dazu die **Mitteilungen der EU-Kommission** vom 9.9.2015[15] zur damaligen Flüchtlingsproblematik und vom **1.4.2020**[16] zur durch die **COVID-19-Krise** verursachten **Notsituation** herangezogen werden, in der diese zum einen schon 2015 darauf hingewiesen hatte, dass das **beschleunigte offene Verfahren regelmäßig** angewandt werden könne, wenn es um die **Beschaffung von Waren und Dienstleistungen zur Deckung der unmittelbaren Bedürfnisse von Asylsuchenden** gehe. 20

Soweit *Rechten*[17] auch insoweit als zusätzliches Erfordernis „entsprechend § 14 Abs. 3 Nr. 3 VgV" fordert, dass die Gründe nicht vom Auftraggeber selbst verursacht worden sein dürfen, ist dem in dieser Rigidität nun nicht mehr zu folgen, da damit die Anforderungen des § 15 Abs. 3 für eine reine Fristverkürzung im offenen Verfahren erkennbar mit denjenigen für die Anwendbarkeit des nur ausnahmsweise überhaupt zulässigen Verhandlungsverfahrens ohne EU-Teilnahmewettbewerb in § 14 unzulässig vermischt und contra legem somit verschärft werden. Auch zum früher auch schon etablierten beschleunigten nicht offenen Verfahren mit Fristverkürzungen im Teilnahmewettbewerb auf lediglich 15 oder sogar nur zehn Tage statt üblichen 37 Tagen in § 12 EG Abs. 4 VOL/A und parallel im nachfolgenden Angebotsverfahren von 40 auf nur noch zehn Tage in § 12 EG Abs. 5 VOL/A bei jeweils besonderer Dringlichkeit war anerkannt, dass es sich dabei gerade nicht um dringliche zwingende Gründe iSd damaligen § 3 EG Abs. 4 lit. d VOL/A aF handeln musste. Vielmehr setzt die **Dringlichkeit** die nach **objektiven Gesichtspunkten zu beurteilende Eilbedürftigkeit** der beabsichtigten Beschaffung voraus, wobei sich die vergaberechtlichen Fristen nicht etwa einem innerhalb der Bundesregierung selbstgesetzten Terminplan unterzuordnen hat, sondern sich umgekehrt die Planung der Bundesregierung an den vergaberechtlichen Fristen zu orientieren hat.[18] Das Verhältnis von § 14 Abs. 4 Nr. 3 und § 15 Abs. 3 ist demnach im umgekehrten Verhältnis zu sehen. Wenn ein beschleunigtes offenes Verfahren nach § 15 Abs. 3 mit verkürzten Fristen noch möglich ist, darf ein **Rückgriff auf ein Verhandlungsverfahren ohne EU-Teilnahmewettbewerb nicht** erfolgen.[19] Wenn darüber hinaus sogar die realistische Möglichkeit besteht, anstelle 21

---

[13] BT-Drs. 18/7318, 174.
[14] Verordnungsbegründung BT-Drs. 18/7318, 174. Vgl. auch den Unterschied im Wortlaut, etwa in § 12 EG Abs. 5 VOL/A, der für das nicht offene Verfahren bis 2016 noch von besonderer Dringlichkeit sprach und nicht nur von hinreichend begründeter Dringlichkeit wie jetzt auch im parallelen § 16 Abs. 7.
[15] Mitteilung der Kommission an das Europäische Parlament und den Rat zu den Vorschriften für die öffentliche Auftragsvergabe im Zusammenhang mit der aktuellen Flüchtlingsproblematik, COM(2015) 454 final.
[16] Mitteilung der Kommission – Leitlinien der Europäischen Kommission zur Nutzung des Rahmens für die Vergabe öffentlicher Aufträge in der durch die COVID-19-Krise verursachten Notsituation, 2020/C 108 I/01. Die EU-Kommission weist in der zugehörigen Fn. 1 darauf hin, dass diese neuerlichen Leitlinien sich auf die Mitteilung der Kommission aus dem Jahr 2015 zur Flüchtlingsproblematik stützen und keine Änderung des Rechtsrahmens zur Folge haben. Die bindende Auslegung des EU-Rechts bleibe letztlich in jedem Fall dem Gerichtshof der Europäischen Union vorbehalten.
[17] Vgl. *Rechten* in KKMPP VgV Rn. 20.
[18] OLG Düsseldorf Beschl. v. 1.8.2005 – Verg 41/05, IBR 2005, 706.
[19] So zu Recht VK Südbayern Beschl. v. 12.8.2016 – Z3-3-3194-1-27-07-16, BeckRS 2016, 15052 = IBRRS 2016, 2124.

eines mit besonderer Dringlichkeit begründeten Verhandlungsverfahrens auch in einem offenen Verfahren mit **normalen Regelfristen** zu einem zeitgerechten Vertragsschluss zu kommen, sind sowohl das Verhandlungsverfahren als auch das **Abkürzen der Angebotsfrist unstatthaft.**[20]

22 Richtig ist darüber hinaus auch, dass der Auftraggeber auch das Seinige tun muss, um Dringlichkeitssituationen nicht künstlich zu provozieren. So ist ein **Auftraggeber gehalten,** zur Vermeidung von Fristverkürzungen zuerst die ihm zur Verfügung stehenden beträchtlichen **Möglichkeiten der Verfahrensreduzierung und -straffung auszuschöpfen.**[21]

23 Aber auch in diesen Eilbeschaffungsfällen **bleibt die übergeordnete Festlegung in § 20 beachtlich,** dass immer einzelfallbezogen abzuwägen ist, ob die gewählte Frist angesichts der individuellen Komplexität der Leistung und der benötigten Zeit für die Ausarbeitung der konkreten Angebote vor dem Hintergrund der Anforderungen des Auftraggebers **angemessen lang genug** ist.

24 Die in Abs. 3 benannte Frist von **15 Tagen** ist somit nur **die absolute Mindestfrist,** die selbst bei einer hinreichend dringlichen Beschaffung in offenen Verfahren **nicht unterschritten** werden darf, sodass auch eine Kombination mit der weiteren Verkürzungsmöglichkeit nach § 15 Abs. 4 bei Zulassung elektronischer Angebote ausscheidet.

25 Ist die konkrete Beschaffung im absoluten Ausnahmefall noch dringlicher, also äußerst dringlich, und kann selbst die Mindestfrist des § 15 Abs. 3 nicht eingehalten werden, muss der Auftraggeber erwägen und prüfen, ob nicht die **Voraussetzungen für ein Verhandlungsverfahren** ohne Teilnahmewettbewerb nach § 14 Abs. 4 S. 1 Nr. 3 vorliegen. Ausweislich des Erwägungsgrundes 80 RL 2014/24/EU betrifft dies aber lediglich Ausnahmefälle, wenn aufgrund von Umständen, die für den Auftraggeber nicht vorhersehbar waren und die er nicht zu vertreten hat, eine besondere Dringlichkeit eingetreten ist, die ein reguläres Verfahren selbst mit verkürzten Fristen nicht zulässt. Für diesen Fall sollten Auftraggeber, soweit unbedingt erforderlich, die Möglichkeit haben, Aufträge im Wege des Verhandlungsverfahrens ohne vorherige Bekanntmachung zu vergeben. Dies kann – laut dem Erwägungsgrund – der Fall sein, wenn bei Naturkatastrophen sofortiges Handeln geboten ist.

26 In einem Verhandlungsverfahren ohne EU-Teilnahmewettbewerb ist seit November 2020 die nach § 17 Abs. 6 festgelegte Regelangebotsfrist von 30 Tagen für den Eingang der Erstangebote nicht zu beachten,[22] da der Gesetzgeber[23] auch unter dem Eindruck der Corona-Pandemie[24] eine klarstellende Ergänzung in § 17 Abs. 6 aufgenommen hat, wonach sich diese 30-tägige Angebotsfrist nur auf das Verhandlungsverfahren mit Teilnahmewettbewerb bezieht, was im Umkehrschluss bedeutet, dass für Erstangebote im Verhandlungsverfahren ohne Teilnahmewettbewerb nach § 14 Abs. 4 keinerlei feste, erst recht keine 30-tägige, Angebotsfrist gilt, auch wenn grundsätzlich die Vorgaben aus § 20 zu beachten sind.

27 Nicht ganz so weitgehende **Verkürzungsmöglichkeiten außerhalb von § 15** enthält auch für das offene Verfahren die **Sonderregelung** für eine vorherige **EU-Vorinformation in § 38 Abs. 3.** Veröffentlicht ein Auftraggeber die Absicht einer geplanten Auftragsvergabe mittels veröffentlichter

---

[20] OLG Düsseldorf Beschl. v. 10.6.2015 – Verg 39/14, VPR 2015, 191, für die Betriebsführung von technischen Anlagen der Bundeswehr in Afghanistan mit einem zu langen Abstand zwischen Vertragsschluss und Ausführungsbeginn zur damaligen Verkürzungsfrist im Verhandlungsverfahren nach § 12 EG Abs. 3 lit. b VOL/A aF.

[21] VK Lüneburg Beschl. v. 13.8.2014 – VgK-29/2014, ZfBR 2015, 311, mit der Monierung einer vierzehntägigen Angebotsfrist samt viertägiger Wertung im Verhältnis zu einem internen Abstimmungsprozess innerhalb der Auftraggebergremien von 34 Tagen.

[22] So auch schon vor der Gesetzesnovelle *Rechten* in KKMPP VgV Rn. 18, der schon vorher keinerlei Mindestfristen im Verhandlungsverfahren ohne Teilnahmewettbewerb verankert sah. aA die Vorauflage sowie *Kulartz* in KKMPP VgV § 17 Rn. 15, da unter Hinweis Art. 32 RL 2014/24/EU Art. 29 RL 2014/24/EU lediglich hinsichtlich der vorherigen Veröffentlichungspflicht in einem Verhandlungsverfahren modifiziere und ergänze, seien nur die Bestimmungen des Art. 29 RL 2014/24/EU zum öffentlichen Teilnahmewettbewerb obsolet, nicht aber Bestimmungen zum Angebots- und Verhandlungsverfahren im Übrigen, wie zB einzuhaltende Mindestfristen für Erstangebote.

[23] Fassung aufgrund Art. 4 des Gesetzes zur Regelung von Ingenieur- und Architektenleistungen und anderer Gesetze v. 12.11.2020 (BGBl. 2020 I 2392), in Kraft getreten am 19.11.2020.

[24] So heißt es in der Regierungsbegründung: „Daneben besteht weiterer Änderungs- und Klarstellungsbedarf im Vergaberecht. Vor dem Hintergrund der aktuellen COVID-19-Pandemie hat sich in der Vergabepraxis gezeigt, dass Unsicherheit bei den Verfahrensregeln für die Durchführung eines Verhandlungsverfahrens ohne Teilnahmewettbewerb in Fällen eines äußerst dringlichen Beschaffungsbedarfs besteht" und „Zusätzlich enthält das Gesetz … Klarstellungen in den vergaberechtlichen Verordnungen zu Verhandlungsverfahren ohne Teilnahmewettbewerb bei äußerster, zwingender Dringlichkeit. Zwar hatte das Bundesministerium für Wirtschaft und Energie bereits in einem Rundschreiben vom 19.3.2020 vor dem Hintergrund der COVID-19-Pandemie die Verfahrensregeln bei diesem Vergabeverfahren erläutert, jedoch erscheint vor dem Hintergrund der Diskussion zum Ablauf der Vergabeverfahren während der Pandemie eine Klarstellung unmittelbar in den vergaberechtlichen Rechtsverordnungen notwendig."

Vorinformation gem. § 38 Abs. 1 und 2, kann die **Mindestfrist** für den Eingang von Angeboten im offenen Verfahren auf **15 Tage verkürzt** werden, sofern die Vorinformation **wenigstens 35 Tage**[25] und **nicht mehr als zwölf Monate** vor dem Tag der Absendung der späteren Auftragsbekanntmachung übermittelt wurde und die Vorinformation alle vorliegenden Informationen entsprechend Anhang I der Durchführungsverordnung (EU) 2015/1986 enthielt (§ 38 Abs. 3 Nr. 2 und 1).

VII. Aufklärungsrechte und Verhandlungsverbote des Auftraggebers (Abs. 5)

Die **bisherige Regelung** des **§ 18 EG VOL/A aF** für offene und nicht offene Verfahren wurde mit der Vergaberechtsnovelle 2016 ua **für** das **offene Verfahren in § 15 Abs. 5**[26] überführt, unter Hinzusetzung des **Einschubs „insbesondere über Änderungen der Angebote oder Preise"** beim Verhandlungsverbot in S. 2. 28

1. Aufklärungsrechte (Abs. 5 S. 1). § 15 Abs. 5 S. 1 regelt, positiv gewendet, die allgemeinen **Aufklärungsbefugnisse**, die ergänzt um spezialrechtliche Aufklärungsberechtigungen[27] einem Auftraggeber in einem offenen Verfahren mit grundsätzlich nur einem Angebot pro Bieter im Verfahren zustehen. 29

In einer Kette von fünf denkbaren Handlungsalternativen (Auslegung nach BGB, Erläuterung gem. § 48 Abs. 7, Aufklärung, zulässige bzw. unzulässige Nachforderung gem. § 56 und unzulässige Nachverhandlung) deckt § 15 positiv wie negativ nur die Varianten drei und vier ab, wobei zu Variante drei auch noch die ergänzende Spezialregelung in § 60 zu aufklärungsbedürftigen Dumpingangeboten zu beachten ist. 30

Für den **Baubereich** enthält **§ 15 EU VOB/A eine Parallelregelung**, die detaillierter ausgebildet und auch **weitergehender** ist als § 15. 31

§ 15 Abs. 5 erlaubt **nur Aufklärungen** über den **Inhalt der Angebote und die Eignung** des Bieters. Damit sind grundsätzlich **reine Informationszugewinne** angesprochen, die nicht in ein echtes Verhandeln von Angebotsinhalten, insbesondere zur Preisgestaltung, übergehen dürfen, was der jetzige Zusatz in § 15 **Abs. 5 S. 2** zur **Unzulässigkeit der Änderung der Angebote oder der Preise** nochmals unterstreicht. 32

Zulässig sind Aufklärungen über den Inhalt eines Angebotes, aber auch nur dann, wenn tatsächlich noch aufklärungsbedürftige Restzweifel bestehen und auszuräumen sind. Dies betrifft etwa verwandte fachtechnische Begriffe oder die Eigenschaft bestimmter Fabrikate oder missverständliche Äußerungen des Bieters. 33

Deshalb muss ein Auftraggeber in einer **der Aufklärung sogar noch vorgelagerten Stufe versuchen, Unklarheiten** in einem Angebot **zunächst durch** eine klassische **Auslegung** nach den §§ 157, 242 BGB in einem rein internen Prozess selbst zu beheben. Erst wenn dies zu **keinem eineindeutigen Ergebnis** führt, kann an eine **ermessensgebundene Aufklärung** des Angebotes gedacht werden.[28] 34

So ist auch in der Rechtsprechung des Europäischen Gerichtshofes[29] anerkannt, dass Angebote ausnahmsweise in einzelnen Punkten berichtigt oder ergänzt werden dürfen, insbesondere wegen einer offensichtlich gebotenen Klarstellung oder zur **Behebung offensichtlicher sachlicher Fehler.** Dies setzt aber voraus, dass eine solche Aufforderung an alle Bieter gerichtet wird, die sich in derselben Situation befinden, dass alle **Bieter gleich und fair behandelt** werden und dass diese Erläuterung oder diese Berichtigung **nicht der Einreichung eines neuen Angebots gleichgestellt** werden kann. Deshalb ist auch nach dieser Rechtsprechung die Grenze derartiger Klarstellungen oder Berichtigungen auf der Grundlage der vormaligen Richtlinienbestimmungen überschritten, wenn in Wahrheit Mängel des bisherigen Angebotes durch Austausch etwa einer bisher mangelhaften Mikrofilmprobe, wie im Fall der Entscheidung aus dem Jahre 2017, behoben werden sollen. Wenn 35

---

[25] Die Vorgängerregelung in § 12 EG Abs. 3 lit. a VOL/A forderte bis 2016 noch eine Sperrfrist von 52 Tagen.
[26] Auf den § 16 Abs. 9 für das nicht offene Verfahren nunmehr nur noch verweist.
[27] ZB nach § 60 bei ungewöhnlich niedrigen Angeboten; vgl. dazu die Grundsatzentscheidung des BGH Beschl. v. 31.1.2017 – X ZB 10/16, VergabeR 2017, 364, in der der BGH nunmehr auch einen Drittschutz von Mitbewerbern hinsichtlich des Eintritts in die vorgesehene Prüfung der Preisbildung ohne einschränkende Voraussetzungen, wie zB die von der Rechtsprechung jahrelang propagierte Marktverdrängungsabsicht für einen Angebotsausschluss, anerkannt hat, vgl. dazu beispielhaft die auch vom BGH zitierte Entscheidung des OLG Düsseldorf v. 31.10.2012 – Verg 17/12, VergabeR 2013, 243.
[28] OLG Hamburg Beschl. v. 29.4.2014 – 1 Verg 4/13, VPR 2014, 226 (zu einer Anhörungsrüge) sowie OLG München Beschl. v. 17.12.2013 – Verg 15/13, ZfBR 2014, 824, auch jeweils zur Identität und Eindeutigkeit des Bieterunternehmens.
[29] EuGH Urt. v. 29.3.2012 – C-599/10, VergabeR 2012, 584; EuGH Urt. v. 10.10.2013 – C-336/12, NZBau 2013, 783 und EuGH Urt. v. 11.5.2017 – C-131/16, ZfBR 2017, 601 unter besonderer Betonung des Gleichbehandlungsgrundsatzes.

es sich aber nur um eine offensichtlich gebotene Klarstellung oder um die Behebung offensichtlicher sachlicher Fehler handelt, dürfen Angebote ausnahmsweise in einzelnen Punkten berichtigt oder ergänzt werden.[30]

36 Auch Zweifel an der Identität eines Bieters sind aufklärungsrelevant.[31]

37 Aufklärungsrelevante Zweifel **an der Eignung des Bieters** können sich insbesondere im Rahmen der §§ 44 ff. ergeben. Dies kann die **Leistungsfähigkeit** eines Bieters in **technischer** oder beruflicher Hinsicht (§ 46) oder in **wirtschaftlicher** oder **finanzieller** Hinsicht (§ 45) oder auch notwendige **Berufsausübungserlaubnisse** (§ 44) betreffen.

38 Im offenen Verfahren sind diese Eignungsgesichtspunkte grundsätzlich schon mit der Angebotsabgabe von den Bietern nachzuweisen.

39 Der Auftraggeber ist weiterhin berechtigt, uU sogar verpflichtet, sich über die **Angemessenheit des Preises eines Angebotes** zu informieren. Dies betrifft nach der ergänzenden Spezialregelung in **§ 60 Abs. 1**[32] insbesondere die Fallkonstellation, dass der Preis und die Kosten eines Angebotes im Verhältnis zu der zu erbringenden Leistung **ungewöhnlich niedrig** erscheinen. Insoweit ist dem Auftraggeber ein weiter Entscheidungsspielraum zur Einleitung dieses Prüfverfahrens zuzubilligen.[33] Die Einleitung eines solchen aufklärenden Prüfverfahrens ist insbesondere nicht willkürlich, wenn zwischen dem Gesamtpreis des Angebots des Bestbieters und demjenigen des zweitplatzierten Bieters ein Abstand von mehr als 10% liegt.[34] Denn ein Aufklärungsverlangen zu den Grundlagen der Preisermittlung eines Bieters ist zulässig, wenn das Angebot inhaltlich bewertet wird, der Auftraggeber einem für die Vergabeentscheidung erheblichen Informationsbedürfnis folgt, wenn die geforderten Angaben geeignet sind, dieses Informationsbedürfnis zu befriedigen, und wenn dem Auftraggeber die Erlangung dieser Information nicht auf einfachere Weise möglich ist.[35] Dabei hat der Auftraggeber zwingend **vor** einer finalen **Ablehnung eines solchen Dumpingangebotes** eine solche **Aufklärung** über die Zusammensetzung des Angebotes zu verlangen und zu bewerten. Soweit *Zeise*[36] meint, im Rahmen des § 60 Abs. 1 und 2 habe diese Aufklärung schriftlich zu erfolgen, kann dem nicht gefolgt werden, da ein solches **Schriftformerfordernis weder in § 15 Abs. 5 S. 1 noch in dem in Bezug genommenen § 60 oder Art. 69 Abs. 1–3 RL 2014/24/EU verankert** ist. Selbst in der **Parallelvorschrift** für den separaten Bauebreich in § 16d EU Abs. 1 Nr. 2 VOB/A ist **lediglich die Textform** nach § 126b BGB vorgeschrieben.

40 **§ 60 Abs. 2 S. 2** benennt dazu als **prüfungsfähige Parameter** zum einen die **Wirtschaftlichkeit des Fertigungsverfahrens** einer Lieferleistung oder der Erbringung der Dienstleistung, die gewählten technischen Lösungen oder **außergewöhnlich günstigen Bedingungen,** über die das individuelle Unternehmen bei der Lieferung der Waren oder bei der Erbringung der Dienstleistung verfügt. Des Weiteren sind die **Besonderheiten** der angebotenen Liefer- oder Dienstleistung und die **Einhaltung der Verpflichtungen nach § 128 Abs. 1 GWB,** insbesondere die für das **Unternehmen geltenden umwelt-, sozial- und arbeitsrechtlichen Vorschriften** prüffähig, während die ebenfalls denkbare Gewährung einer **staatlichen Beihilfe** an das Unternehmen nach § 60 Abs. 2 Nr. 5 iVm Abs. 4 eine **gesonderte Nachweispflicht** des Unternehmens mit einem gesondert ausgestaltetem **zwingenden Ausschlusstatbestand**[37] im Prüfzyklus nach sich zieht bzw. ziehen kann.

41 Praktisch kann das Unternehmen den Nachweis der Angemessenheit des Preises durch **Offenlegung der konkreten Kalkulation** und/oder der **Erläuterung** des zugrunde liegenden **Mengengerüstes** führen oder insoweit darlegungs- und beweispflichtig bleiben. Letzteres zieht nach § 60 Abs. 3 einen nur fakultativen oder aber auch zwingenden Ablehnungsgrund nach sich, je nachdem,

---

[30] VK Brandenburg Beschl. v. 17.7.2019 – VK 7/19, VPR 2019, 238; dort konnte der wegen eines Übertragungsfehler falsch eingetragene Stundensatz bei der Ausschreibung einer Unterhalts-, Grund- und Glasreinigung zweifelsfrei und ohne Manipulationsgefahr mit dem an anderer Stelle des Angebots richtig errechenbaren korrigiert werden.

[31] VK Sachsen Beschl. v.18.9.2015 – 1/SVK/030-15, VPR 2016, 15, für den Fall, dass ein Bieter zwei unterschiedliche Firmen unterhält. Zwischen dem Bieter, der das Angebot abgegeben hat und demjenigen, der den Zuschlag erhalten soll, muss eine unzweideutige Identität vorliegen, insbesondere, wenn zwei Firmen mit ähnlichen Namen auf dem Markt agieren. Auch durch Aufklärung nicht ausräumbare Zweifel darüber, wer das Angebot unterbreitet hat und wer Vertragspartner werden soll, stellen einen Ausschlussgrund gem. §§ 13, 16 EG VOB/A aF dar.

[32] → § 60 Rn. 5 ff.

[33] OLG Naumburg Beschl. v. 30.3.2020 – 7 Verg 1/20, VPR 2021, 62.

[34] So OLG Naumburg Beschl. v. 30.3.2020 – 7 Verg 1/20, VPR 2021, 62, wobei der Preisabstand von 10% auf nur einen Preisbestandteil der streitigen Erdgasbeschaffung zurückging, bei dem der relative Preisabstand gesondert sogar bei 80% lag.

[35] OLG Naumburg Beschl. v. 30.3.2020 – 7 Verg 1/20, VPR 2021, 62.

[36] *Zeise* in KKMPP VgV Rn. 34.

[37] Vor 2016 noch mit den anderen zwingenden Ausschlusstatbeständen in § 19 EG Abs. 7 VOL/A verankert.

VII. Aufklärungsrechte und Verhandlungsverbote des Auftraggebers (Abs. 5)   42–46   § 15 VgV

ob die geringe **Höhe des Preises und der Kosten** lediglich **nicht zufriedenstellend aufgeklärt** wurde **oder** aber **Verpflichtungen nach § 128 Abs. 1 nicht eingehalten** wurden.

Eine gewisse Ähnlichkeit mit der Angemessenheitsprüfung und entsprechender Aufklärungspflicht hat die von BGH[38] schon vor über 15 Jahren initiierte Prüfverpflichtung, ob ein **Bieter ggf. eine sog Mischkalkulation** in seinem Angebot durchgeführt hat. Nach dieser Rechtsprechung müssen Angebote, die eine Kostenverlagerung in Form **einerseits aufgepreister Einheitspreise und entsprechend abgepreister Einheitspreise anderseits** enthalten, zwingend ausgeschlossen werden. Wenn dies aber nicht definitiv feststeht oder vom Bieter nicht sogar bereitwillig im Angebot schon zugestanden wurde und nur aufgrund aus dem Rahmen fallender Einheitspreise, zB 0,01 EUR, eine entsprechende **Vermutung** besteht, muss **zunächst eine Aufklärung** erfolgen. Erst nach und nur dann, wenn sich hierbei eine **korrespondierende Kostenverlagerung nachweislich** bestätigt, darf ein Angebotsausschluss erfolgen,[39] der dogmatisch damit begründet wird, dass der **Bieter nicht die** jeweils **geforderten Preisangaben** in Form der dort jeweils tatsächlich kalkulierten Preise, sondern jeweils ein ab- und aufgepreistes aliud angegeben hat und das Angebot somit nach dem **heutigen § 57 Abs. 1 Nr. 5 auszuschließen** ist. 42

Zu beachten bleiben aber ergänzend auch die **spezialgesetzlichen Möglichkeiten der Nachforderung** fehlender, unvollständiger oder fehlerhafter Unterlagen in § 56. 43

Die ermessensgebundene Aufklärungsberechtigung („darf Aufklärung verlangen") sowie auch das Verhandlungsverbot in § 15 Abs. 5 S. 2 stehen in einem Spannungsverhältnis zu den zulässigen Nachforderungsmöglichkeiten des § 56, die im Rahmen der Novelle 2016 nochmals entgegen vormals zT restriktiverer Rechtsprechung auf der **Grundlage** des neuen **Art. 56 Abs. 3 RL 2014/24/EU** ausgeweitet wurden. So sieht § 56 Abs. 2 S. 1 aE nunmehr erstmalig auch vor, dass der Auftraggeber Unternehmen auffordern kann, neben unternehmensbezogenen Unterlagen auch **fehlende oder unvollständige leistungsbezogene Unterlagen nachzureichen oder zu vervollständigen.**[40] **Einschränkend** bestimmt zwar **§ 56 Abs. 3 S. 1,** dass die Nachforderung von leistungsbezogenen Unterlagen **ausgeschlossen** ist, sofern diese die **Wirtschaftlichkeitsbewertung anhand der Zuschlagskriterien** betreffen. Dieses gilt wiederum dann doch nicht, wenn es sich um unwesentliche Preisangaben (Einzelpositionen) handelt, deren Einzelpreise den Gesamtpreis nicht verändern oder die Wertungsreihenfolge und den Wettbewerb nicht beeinträchtigen. 44

Dies bedeutet, dass derartige nachträgliche Korrekturen des Angebotes und der Preise nicht unter das grundsätzliche Nachverhandlungsverbot des § 15 Abs. 5 S. 2, bezogen auf Leistungsinhalte der Angebote und deren Preise fallen und derartige Änderungen nicht als unzulässige Änderung des Angebotes oder des Preises angesehen werden. 45

Diese ausgeweiteten Nachforderungsmöglichkeiten nach § 56 stehen somit zu einer Aufklärung nach § 15 Abs. 5 in einem **aliud-Verhältnis** und gehen dieser wegen ihrer strengeren Voraussetzungen als **lex specialis** vor. Anders gewendet besteht zwischen diesen Normen eine **Wechselwirkung**[41] im Sinne einer **Wenn-Dann-Beziehung**. Wenn Angebote nach erfolgter Nachforderung von Unterlagen und Nachweisen nach § 56 weiterhin zwingend nach § 57 Abs. 1 Nr. 2 auszuschließen sind oder eben auch nicht, dann sind sie einer Aufklärung nach § 15 Abs. 5 S. 1 nicht zugänglich. Letzteres hat seinen Grund darin, dass ansonsten vergaberechtswidrig in die schon bestehende Wettbewerbsstellung des objektiv auszuschließenden oder im Wettbewerb verbleibenden Bieters eingegriffen würde. Wenn der Auftraggeber mit einem Bieter andererseits zulässigerweise den Angebotsinhalt iSd Abs. 5 S. 1 aufklären kann, dann fehlt regelmäßig schon ein Anlass zur Nachforderung von Unterlagen, Nachweisen oder Preisangaben.[42] Nichtsdestotrotz ist der Auftraggeber stets befugt, **Angebote aufzuklären,** und sogar **verpflichtet, offensichtliche Unrichtigkeiten in einem Angebot nach Aufklärung zu berichten.** Die **Abgrenzung** zwischen Aufklärung iSv § 15 Abs. 5 S. 1 und zulässiger Nachforderung nach § 56 Abs. 2 S. 1 einerseits und unzulässiger Nachver- 46

---

[38] BGH Beschl. v. 18.5.2004 – X ZB 7/04, VergabeR 2004, 473.
[39] OLG Karlsruhe Beschl. v. 11.11.2011 – 15 Verg 11/11, IBR 2012, 97.
[40] Ein wesentlicher Unterschied innerhalb des § 56 Abs. 2 S. 1 besteht aber darin, dass eine Korrektur nach bundesdeutscher Regelung nur bei unternehmensbezogenen Unterlagen, nicht aber bei leistungsbezogenen Unterlagen erlaubt ist. Eine derartige Korrektur selbst bei unternehmensbezogenen Unterlagen sieht aber die zugrunde liegende Richtlinienbestimmung in Art. 56 Abs. 3 RL 2014/24/EU gar nicht vor, sodass die Nachforderungsmöglichkeit in § 56 Abs. 2 S. 1 richtlinienkonform dahingehend auszulegen ist, dass einem Bieter keine Gelegenheit gegeben werden darf, inhaltlich nachgebesserte Unterlagen einzureichen; so zu Recht OLG Karlsruhe Beschl. v. 14.8.2019 – 15 Verg 10/19, VPR 2019, 217, mwN auch zur englischen und französischen Fassung der Richtlinie.
[41] *Zeise* in KKMPP VgV Rn. 30.
[42] OLG München Beschl. v. 25.11.2013 – Verg 13/13, VergabeR 2014, 430, für die eindeutige Festlegung auf ein falsches Produkt im Aufklärungsgespräch und v. 29.10.2013 – Verg 11/13, VergabeR 2014, 436, für zwei nur preislich sich unterscheidende Hauptangebote; jeweils noch zur Rechtslage nach altem Recht.

handlung iSv § 15 Abs. 5 S. 2 andererseits, ist vom Auftraggeber danach vorzunehmen, **ob** sie auf eine **Änderung** des **Angebots hinauslaufen würde.**[43]

47 Ein **Auftraggeber** muss aber auch wegen der erforderlichen Transparenz gegenüber Unternehmen **deutlich zwischen aufklärenden Erklärungsanfragen und Nachforderungen unterscheiden,** da auch die zu beachtenden Fristen und jeweiligen Rechtsfolgen bei Missachtungen der Mitwirkung unterschiedlich ausgestaltet sind.[44] So bestimmt § 57 Abs. 1 Nr. 2, dass Angebote, die die nachgeforderten Unterlagen nicht enthalten, (zwingend) von der Wertung ausgeschlossen werden.

48 Die grundsätzliche Aufklärungsbefugnis rechtfertigt sich jedoch auch immer aus der Tatsache, dass Angebote, selbst nach ermessensgebundenen Nachforderungen und Erläuterungen **Unklarheiten** enthalten können, die eine **Vergleichbarkeit der Angebote** untereinander **erschwert.**

49 **Zudem** ermöglicht **§ 48 Abs. 7**[45] dem Auftraggeber, **Unternehmen aufzufordern, vorgelegte Nachweise zu erläutern.** Die Vorschrift bezieht sich auf alle Belege der Eignung und des Nichtvorliegens von Ausschlussgründen, was auch durch die systematische Stellung in § 48 (nach den Abs. 1, 4 und 5), die Überschrift des § 48 und den Wortlaut von Art. 59 Abs. 4 UAbs. 2 S. 2 RL 2014/24/EU, mit Bezug auf Art. 60 und 62 RL 2014/24/EU, unterstrichen wird.

50 **Reicht** eine derart eingeholte **Erläuterung** zur Zweifelsbehebung[46] aus, bedarf es aber weder einer vertieften Aufklärung noch einer parallel denkbaren Nachforderung, auch wenn einschränkend einzustellen ist, dass § 48 Abs. 7 wie § 56 nur eine ermessensgebundene Kannbestimmung darstellt, auf deren Realisierung ein Bieter keinen Rechtsanspruch hat.

51 Andererseits dürfen aber Verfahrenshandlungen mit endgültig negativer Konsequenz, wie etwa eine misslungene Teststellung, nicht durch eine in das Gewand einer reinen Aufklärung gekleidete Wiederholung der Teststellung korrigiert werden.[47] Es besteht auch **keine weitere Aufklärungsnotwendigkeit** nach § 15 Abs. 5 S. 1 hinsichtlich der Ursachen für einen missglückten Upload von Angebotsanlagen (fehlendes Preisblatt), **wenn** das **Angebot unstreitig unvollständig abgegeben** wurde, da das vorliegende **Angebot insoweit weder widersprüchlich noch in übriger Weise aufklärungsbedürftig** ist.[48]

52 Zu beachten ist nunmehr auch die verschärfende Sonderregelung für Verhandlungsverfahren in § 17 Abs. 10 S. 2 und Abs. 14 S. 2, wonach selbst in einem Verhandlungsverfahren die Mindestanforderungen des Auftraggebers nicht verhandelbar sind. Dies muss in einem Erst-Recht-Schluss auch und gerade für das offene Verfahren mit einem ausdrücklichen Verhandlungsverbot – kombiniert mit einer reinen Aufklärungsberechtigung – gelten.

53 Diese unklare Situation darf allerdings von beiden Seiten, Auftraggebern wie Bietern, **nicht dazu missbraucht** werden, ein ursprünglich **nicht ausreichendes Angebot doch noch annahmefähig** zu machen. Insbesondere ist es dem Auftraggeber **untersagt,** im Wege von Verhandlungen mit dem Bieter **irrtümliche Angaben oder sonstige Fehler zu beseitigen.**[49] Dies verdeutlicht insbesondere der im Kontext zu § 15 Abs. 5 S. 1 stehende S. 2.

---

[43] KG Beschl. v. 20.3.2020 – Verg 7/19.
[44] VK Bund Beschl. v. 6.12.2016 – VK 2-119/16, VPRRS 2017, 0016, die einen Angebotsausschluss für unzulässig hält, wenn in einem derart aufklärungs- und nachforderungsvermengenden Bieteranschreiben nicht hinreichend transparent ist, dass auch ein ausschlussrelevanter Nachforderungstatbestand enthalten und zu beachten ist.
[45] Entsprechend dem vormaligen § 7 EG Abs. 13 VOL/A 2009, der ehedem aber neben der Erläuterung auch noch die Vervollständigung von Nachweisen enthielt, die nunmehr demgegenüber einzig noch in § 56 Abs. 2 und 3 verortet ist.
[46] Etwa, weil die von Mitbewerbern für unmöglich angesehene Migration von Assemblerprogrammen auf Cobolprogramme technisch näher und somit nachvollziehbar erläutert werden hätte können, vgl. VK Bund Beschl. v. 26.1.2005 – VK 1-219/04, IBRRS 2005, 1413; dort aber zulasten des Unternehmens mangels ordnungsgemäßer Dokumentation nicht abschließend problematisiert.
[47] VK Sachsen Beschl. v. 7.1.2008 – 1/SVK/077-07, ZfBR 2008, 422 (Ls.).
[48] So iErg OLG Düsseldorf Beschl. v. 12.6.2019 – Verg 8/19, VPR 2020, 129.
[49] VK Westfalen Beschl. v. 7.4.2017 – VK 1-07/17, ZfBR 2017, 624 (Ls.) zu § 15 Abs. 5. Dort hatte ein Bieter versehentlich einen ungekürzten Textbaustein aus einem eigenen Angebot für eine andere Ausschreibung in das aktuelle Angebot hinein kopiert, damit aber die geforderte Abfuhrorganisation eines Abfuhrbetriebes nicht erfüllt. Das spätere Herausstreichen des überflüssigen Textbausteins nach schriftlicher Erläuterung des Versehens überschritt deshalb nach Ansicht der Vergabekammer die Grenzen der zulässigen Aufklärung. AA das zweitinstanzliche OLG Düsseldorf Beschl. v. 2.8.2017 – Verg 17/17, NZBau 2018, 169, „Lässt sich die Bedeutung einer wahrscheinlich auf einen Eintragungsfehler zurückzuführenden widersprüchlichen Erklärung nicht im Wege der Auslegung zweifelsfrei ermitteln, ist der öffentliche Auftraggeber nicht nur berechtigt, sondern sogar verpflichtet, von dem betreffenden Bieter Aufklärung über das Angebot zu verlangen". Diese Sichtweise überzeugt selbst in Ansehung von Art. 56 Abs. 3 RL 2014/24/EU nicht, da dieser Korrekturen unter Einhaltung der Grundsätze der Transparenz und Gleichbehandlung im Wege von Aufklärungen nicht vorsieht.

VII. Aufklärungsrechte und Verhandlungsverbote des Auftraggebers (Abs. 5) 54–59 § 15 VgV

§ 15 Abs. 5 S. 1 enthält darüber hinaus **keine Regelung** für den Fall, dass ein Bieter die 54 geforderte **Aufklärung verweigert oder** eine dafür vom Auftraggeber **gesetzte Frist missachtet bzw. versäumt**. Insoweit bleibt der Regelungsgehalt des § 15 Abs. 5 S. 1 hinter demjenigen der Parallelnorm für den Baubereich in **§ 15 EU Abs. 2 VOB/A** zurück. Diese bestimmt eindeutig, dass ein **Angebot im Baubereich auszuschließen** ist, wenn ein Bieter die geforderten Aufklärungen und Angaben verweigert oder die ihm gesetzte angemessene Frist unbeantwortet verstreichen lässt. Man könnte insbesondere, weil auch § 57 Abs. 1 im Gegensatz zum Fehlen nachgeforderter Unterlagen in der dortigen Nr. 2 keine entsprechende Ausschlussbestimmung für eine fehlende oder verspätete Aufklärung enthält, argumentieren, das Angebot sei dann so zu werten, wie es ehedem abgegeben worden sei, nicht aber schon per se zwingend auszuschließen. **Demgegenüber** ist einzustellen, dass das Angebot ja nach wie vor zweifelbehaftet ist und somit aus Sicht des Auftraggebers **nicht eindeutig und auch nicht per Zuschlag annahmefähig iSd § 145 BGB**.[50] Deshalb muss der Auftraggeber die Entscheidung über den **Ausschluss** eines Angebotes wegen **verweigerter oder nicht fristgerechter Aufklärung** im Wege einer pflichtgemäßen **Ermessensentscheidung unter Beachtung des Grundsatzes der Verhältnismäßigkeit** treffen.[51] Voraussetzungen für einen rechtmäßigen Ausschluss sind jedenfalls ein Aufklärungsbedarf, so zB die Eignung der geforderten Informationen zur Befriedigung des Informationsinteresses, die **Unmöglichkeit der Erlangung dieser Information auf einfachere Weise** und die Verweigerung der Aufklärung durch den Bieter bzw. das fruchtlose Verstreichen der ihm dafür gesetzten Frist.[52] Deshalb muss der Auftraggeber prüfen, ob er ausnahmsweise Lücken anderweitig,[53] etwa durch Heranziehung sonstiger ihm zur Verfügung stehender Informationen, schließen kann,[54] bevor er die Verweigerung einer Auskunft zum Anlass für einen Angebotsausschluss nimmt.[55]

2. Verhandlungsverbote (Abs. 5 S. 2). § 15 Abs. 5 S. 2 verbietet über auf Grundlage des 55 § 15 Abs. 5 S. 1 zulässige Aufklärungen weitergehende Verhandlungen, insbesondere über Änderungen der Angebote oder Preise.

Grundsätzlich soll ein **Angebot** im **offenen Verfahren so bewertet** werden, **wie** es im 56 Zeitpunkt der Angebotsabgabe[56] bzw. des **Ablaufs der Angebotsfrist**[57] vorlag. Dem dient auch die Pflicht des Auftraggebers nach § 55, eingegangene **Angebote zunächst ungeöffnet** zu lassen und **unter Verschluss** zu halten und diese **erst unverzüglich nach Ablauf der Angebotsfrist durch zwei Vertreter des Auftraggebers unter vier Augen zu öffnen**.

Zwar **fehlt** im neuen Vergaberecht, außer im Baubereich (§ 10a EU Abs. 7 VOB/A), eine 57 dem ehemaligen § 12 EG Abs. 10 VOL/A vergleichbare **Bestimmung zum Zurückziehen von Angeboten** bis zur Angebotsfrist. Grundsätzlich ist jedoch davon auszugehen, dass ein **zeitlich späteres Angebot ein früheres ersetzt**[58] und Angebote bis zum Ablauf der Angebotsfrist auch ersatzlos zurückgezogen werden können.

Ein Angebot ist nach **§ 57 zwingend auszuschließen**, wenn auch nach erfolgter Aufklärung 58 die die Aufklärung auslösenden **Umstände und Zweifel nicht beseitigt** werden konnten. Denn für eine Zuschlagsfähigkeit muss ein Angebot letztlich eindeutig und frei von Zweifeln sein.

Das Verhandlungsverbot gilt dabei absolut, unabhängig davon, in welchem Umfang verhandelt 59 wird und ob der Verhandlungsinhalt überhaupt eine Änderung in der Bewertung nach sich zieht und/oder die Wettbewerbsstellung des Bieters überhaupt verändert hat.[59]

---

[50] So zu Recht OLG Frankfurt a. M. Beschl. v. 12.11.2013 – 11 Verg 14/13, VPR 2014, 86, noch zum vormaligen Recht.
[51] KG Beschl. v. 20.3.2020 – Verg 7/19.
[52] KG Beschl. v. 20.3.2020 – Verg 7/19.
[53] Wie etwa neuerdings aus einer aus einem anderen Vergabeverfahren schon vorliegenden Einheitlichen Europäischen Eigenerklärung nach § 50.
[54] Wie im Fall des Kammergerichts hinsichtlich der schon aus ehedem vorgelegten Unterlagen erkennbaren Massekalkulation bei U-Bahn-Fahrzeugen.
[55] So generaliter schon OLG München Beschl. v. 21.8.2008 – Verg 13/08, VergabeR 2009, 65 zum alten Vergaberecht. Diese Sichtweise scheint auch im Geltungsbereich der VgV ohne klaren Ausschlusstatbestand zielführend, da § 50 Abs. 3 Nr. 2 bestimmt, dass Bieter keine Unterlagen beizubringen haben, sofern und soweit die zuschlagerteilende Stelle bereits im Besitz der Unterlagen ist.
[56] OLG Koblenz Beschl. v. 15.7.2008 – 1 Verg 2/08, ZfBR 2008, 735.
[57] ZB nach Auswechslung oder Korrektur eines Angebotes vor Ablauf der Angebotsfrist. Zwar fehlt im neuen Vergaberecht, außer im Baubereich (§ 10a EU Abs. 7 VOB/A), eine dem ehemaligen § 12 EG Abs. 10 VOL/A vergleichbare Bestimmung zum Zurückziehen von Angeboten bis zur Angebotsfrist. Grundsätzlich ist jedoch davon auszugehen, dass ein zeitlich späteres Angebot ein früheres ersetzt, vgl. BGH Urt. v. 29.11.2016 – X ZR 122/14, NZBau 2017, 326.
[58] Vgl. BGH Urt. v. 29.11.2016 – X ZR 122/14, NZBau 2017, 326.
[59] So die Grundsatzentscheidung des BGH Urt. v. 18.2.2003 – X ZB 43/02, VergabeR 2003, 313.

Fett

60 Es gilt **auch unabhängig davon, wer die unzulässige Verhandlung initiiert** hat,[60] auch wenn es sich primär an den Auftraggeber wendet, da eine Verletzung des Nachverhandlungsverbots auch immer eine Rechtsverletzung der Vergabestelle gegenüber anderen Bietern darstellt, wenn diese sich darauf einlässt.[61]

61 Unzulässige Nachverhandlungen liegen deshalb vor, wenn
– Vertragstermine geändert werden,[62]
– der Nachweis eines städtischen Stellplatzes als Verwahrungsgelände nachträglich zugelassen werden soll,[63]
– ein Unternehmen nachträglich bisher außerhalb des maximalen Umkreises von 100 km liegende Werkstätten zum Standort der gelieferten Nutzfahrzeuge wertungsrelevant durch andere näher liegende Werkstätten ersetzt,[64]
– eine nachträgliche Klarstellung des Abgeltungsbetrages und des Leistungsinhalts bei einem Pauschalfestpreisangebot in einem Nebenangebot erfolgt,[65]
– ein Einzelpreis in einem Leistungsverzeichnis nachträglich reduziert wird und der betroffene Bieter mit seinem Angebot dadurch eine bessere Platzierung erhält.[66]

62 Zu beachten bleibt aber, dass nur das insoweit unzulässig nachverhandelte Angebot zwingend auszuschließen ist, weil es in dieser nachverhandelten Form fristgerecht dem Auftraggeber so nicht vorgelegen hat. Gegen eine neutrale Bewertung des fristgerecht eingegangenen Ursprungsangebotes in der nicht verhandelten Form ist grundsätzlich Nichts einzuwenden.[67]

63 Zu beachten bleibt ferner auch der völlig **neue § 124 Abs. 9 GWB**, wonach ein Unternehmen fakultativ ausgeschlossen werden kann, wenn es versucht hat, **die Entscheidungsfindung des öffentlichen Auftraggebers in unzulässiger Weise zu beeinflussen**. Dazu könnten auch unzulässige Nachverhandlungen als nach § 124 Abs. 9 lit. a GWB anzusehende Beeinflussungsversuche der Entscheidungsfindung des Auftraggebers zählen.

64 Die **zeitliche Grenze für Aufklärungen** und Nachverhandlungsmöglichkeiten bildet aber der **Zuschlag**, da mit diesem regelmäßig ein Vertrag zustande kommt. Denkbare **Vertragsanpassungen oder -änderungen nach dieser Zäsur** sind deshalb grundsätzlich an **§ 132 GWB** und der **VOL, Teil B**, zu messen, sofern diese gem. § 29 Abs. 2 S. 1 in der Regel in den Vertrag einbezogen wurde. Nach **§ 2 Nr. 1 VOL/B** kann der Auftraggeber nachträglich Änderungen in der Beschaffenheit der Leistung im Rahmen der Leistungsfähigkeit des Auftragnehmers verlangen, es sei denn, dies ist für den Auftragnehmer unzumutbar. Mit der Betonung und Beschränkung auf Änderungen nur in der Beschaffenheit der Leistung ist klargestellt, dass **mengenmäßige Änderungen davon nicht erfasst** werden und allenfalls von § 132 GWB erfasst werden können.[68]

65 § 15 ist **insgesamt drittschützend** iSd § 97 Abs. 6 GWB,[69] da Unternehmen sowohl einen Anspruch darauf haben, dass das offene Verfahren wie vom Gesetzgeber konzipiert durchgeführt wird, ausreichende Fristen zur Verfügung stehen[70] und Aufklärungen nicht zu unzulässigen Nachverhandlungen missbraucht werden. Einen **Anspruch auf eine Aufklärung** oder einen entsprechenden Aufklärungstermin hingegen gibt es **grundsätzlich nicht**.[71] Eine Ausnahme wird man im

---

[60] VK Sachsen Beschl. v. 16.12.2003 – 1/SVK/146-03, VPRRS 2004, 0061, in einem Fall, in dem nicht klar war, wer handschriftliche Ergänzungen per Bleistift infolge eines Telefonats zwischen Vergabestelle und Bieter letztlich angebracht hatte.
[61] Diese Diktion zu Recht bestätigend *Zeise* in KKMPP VgV Rn. 53.
[62] VK Hessen Beschl. v. 23.5.2013 – 69d-VK-05/2013, VPR 2014, 25.
[63] OLG Frankfurt a. M. Beschl. v. 16.6.2015 – 11 Verg 3/15, ZfBR 2016, 79.
[64] OLG München Beschl. v. 8.3.2019 – Verg 4/19, ZfBR 2019, 832.
[65] OLG Brandenburg Beschl. v. 12.11.2002 – Verg W 16/02, VergabeR 2003, 70.
[66] BGH Urt. v. 6.2.2002 – X ZR 185/99, VergabeR 2002, 369.
[67] OLG München Beschl. v. 15.11.2007 – Verg 10/07, VergabeR 2008, 114.
[68] So zu Recht VK Nordbayern Beschl. v. 20.6.2012 – 21.VK-3194-08/12, VPRRS 2012, 0312, insoweit bestätigt im Beschluss des OLG München v. 6.8.2012 – Verg 14/12 (§ 118 GWB aF), VergabeR 2013, 78.
[69] OLG Düsseldorf Beschl. v. 16.3.2016 – Verg 48/15, VPR 2016, 154; OLG Frankfurt a. M. Beschl. v. 16.6.2015 – 11 Verg 3/15, ZfBR 2016, 79.
[70] OLG Düsseldorf Beschl. v. 1.8.2005 – VII-Verg 41/05, IBR 2005, 706; VK Lüneburg Beschl. v. 13.8.2014 – VgK-29/2014, ZfBR 2015, 311.
[71] EuGH Urt. v. 29.3.2012 – C-599/10, VergabeR 2012, 584; OLG Brandenburg Urt. v. 6.9.2011 – 6 U 2/11, IBR 2012, 160; aA zwischenzeitlich OLG Düsseldorf Beschl. v. 21.10.2015 – VII-Verg 35/15, NZBau 2016, 61, zumindest vor einem zwingenden Ausschluss wegen Widersprüchlichkeit des Angebotes. Führt aber die Auslegung widersprüchlicher Angaben zu keinem Ergebnis und verbleiben Zweifel, ist das Angebot nach richtiger Ansicht auch ohne weitere Aufklärung nach § 15 Abs. 5 auszuschließen, so zu Recht VK Westfalen Beschl. v. 7.4.2017 – VK 1-07/17, VPR 2017, 129, denn Angebote, die objektiv widersprüchlich sind, werden auch in einer Aufklärungsverhandlung nicht objektiv eindeutig; aA OLG Düsseldorf Beschl. v. 2.8.2017 – Verg 17/17, IBRRS 2017, 3774 in zweiter Instanz; vgl. dazu Rn. 53.

Lichte der vorbenannten EuGH-Rechtsprechung aber zu machen haben, wenn offensichtliche Eintragungsfehler relativ problemlos aufgeklärt werden können.[72]

§ 16 Nicht offenes Verfahren

(1) [1]Bei einem nicht offenen Verfahren fordert der öffentliche Auftraggeber eine unbeschränkte Anzahl von Unternehmen im Rahmen eines Teilnahmewettbewerbs öffentlich zur Abgabe von Teilnahmeanträgen auf. [2]Jedes interessierte Unternehmen kann einen Teilnahmeantrag abgeben. [3]Mit dem Teilnahmeantrag übermitteln die Unternehmen die vom öffentlichen Auftraggeber geforderten Informationen für die Prüfung ihrer Eignung.

(2) Die Frist für den Eingang der Teilnahmeanträge (Teilnahmefrist) beträgt mindestens 30 Tage, gerechnet ab dem Tag nach der Absendung der Auftragsbekanntmachung.

(3) Für den Fall, dass eine hinreichend begründete Dringlichkeit die Einhaltung der Teilnahmefrist unmöglich macht, kann der öffentliche Auftraggeber eine Frist festlegen, die 15 Tage, gerechnet ab dem Tag nach der Absendung der Auftragsbekanntmachung, nicht unterschreiten darf.

(4) [1]Nur diejenigen Unternehmen, die vom öffentlichen Auftraggeber nach Prüfung der übermittelten Informationen dazu aufgefordert werden, können ein Angebot einreichen. [2]Der öffentliche Auftraggeber kann die Zahl geeigneter Bewerber, die zur Angebotsabgabe aufgefordert werden, gemäß § 51 begrenzen.

(5) Die Angebotsfrist beträgt mindestens 30 Tage, gerechnet ab dem Tag nach der Absendung der Aufforderung zur Angebotsabgabe.

(6) [1]Mit Ausnahme oberster Bundesbehörden kann der öffentliche Auftraggeber die Angebotsfrist mit den Bewerbern, die zur Angebotsabgabe aufgefordert werden, im gegenseitigen Einvernehmen festlegen, sofern allen Bewerbern dieselbe Frist für die Einreichung der Angebote gewährt wird. [2]Erfolgt keine einvernehmliche Festlegung der Angebotsfrist, beträgt diese mindestens zehn Tage, gerechnet ab dem Tag nach der Absendung der Aufforderung zur Angebotsabgabe.

(7) Für den Fall, dass eine hinreichend begründete Dringlichkeit die Einhaltung der Angebotsfrist gemäß Absatz 5 unmöglich macht, kann der öffentliche Auftraggeber eine Frist festlegen, die zehn Tage, gerechnet ab dem Tag nach der Absendung der Aufforderung zur Angebotsabgabe, nicht unterschreiten darf.

(8) Der öffentliche Auftraggeber kann die Angebotsfrist gemäß Absatz 5 um fünf Tage verkürzen, wenn er die elektronische Übermittlung der Angebote akzeptiert.

(9) § 15 Absatz 5 gilt entsprechend.

Schrifttum: *Krämer*, Aufklärung versus Nachverhandlung, Vergabe Navigator 2016, 11.

Übersicht

	Rn.			Rn.
I. Normzweck	1	V.	Verkürzung der Teilnahmefrist bei hinreichend begründeter Dringlichkeit (Abs. 3)	13
II. Europarechtlicher Rahmen	4	VI.	Angebotsabgaberecht und Begrenzungsmöglichkeit hinsichtlich geeigneter Bewerber vor der Aufforderung zur Angebotsabgabe (Abs. 4 S. 1 und 2)	21
III. Wesen und Ablauf des nicht offenen Verfahrens (Abs. 1)	5			
1. Wesen des nicht offenen Verfahrens (Abs. 1 S. 1)	6			
2. Unbeschränktheit der Teilnahmeanträge (Abs. 1 S. 2)	9	1. Angebotsabgaberecht (Abs. 4 S. 1)	21
		2. Begrenzungsmöglichkeit (Abs. 4 S. 2)	24
IV. Normale Mindestteilnahmefrist (Abs. 2)	10	VII. Normale Mindestangebotsfrist (Abs. 5)	30

---

[72] KG Beschl. v. 7.8.2015 – Verg 1/15, VPR 2015, 244; vgl. dazu auch vertiefend bzgl. weiterer Fallkonstellationen, in denen ausnahmsweise die ermessensgebundene Aufklärungsberechtigung zu einer Aufklärungspflicht werden kann *Krämer* Vergabe Navigator 2016, 11.

	Rn.		Rn.
VIII. Verkürzungsmöglichkeit der normalen Mindestangebotsfrist (Abs. 8) ...	33	XI. Aufklärungsrechte und Verhandlungsverbote des Auftraggebers (Abs. 9) ...	47
IX. Festlegung der Angebotsfrist im gegenseitigen Einvernehmen mit den Bewerbern und Mindestfrist beim Scheitern (Abs. 6) ...	36	1. Aufklärungsrechte (Abs. 9 iVm § 15 Abs. 5 S. 1) ...	48
X. Verkürzung der Angebotsfrist bei hinreichend begründeter Dringlichkeit (Abs. 7) ...	43	2. Verhandlungsverbote (Abs. 9 iVm § 15 Abs. 5 S. 2) ...	72

I. Normzweck

1 § 16 ergänzt § 119 GWB, insbesondere § 119 Abs. 4 BGB,[1] im Hinblick auf das nicht offene Verfahren, das seit 2016 erstmalig dem Auftraggeber neben dem offenen Verfahren nach § 15 wahlweise zur freien Verfügung steht (§ 119 Abs. 2 GWB, § 14 Abs. 2, § 3a EU Abs. 1 VOB/A). Die insgesamt **neun Absätze** regeln dabei insbesondere auch die speziell einzuhaltenden **Fristen**, die vor der GWB-Novelle 2016 in gesonderten Fristenparagrafen außerhalb und sogar unterhalb des § 101 GWB aF beinhaltet waren.[2] Lediglich in den **Abs. 1 und 4** finden sich **Regelungen zum Procedere**, insbesondere zu **Teilnahmeanträgen** des **zweistufigen nicht offenen Verfahrens**, und iVm **§ 51 Begrenzungsmöglichkeiten bei der Angebotsaufforderung** nach Abschluss des erststufigen Teilnahmewettbewerbs.

2 Das **nicht offene Verfahren entspricht** prinzipiell der **beschränkten Ausschreibung mit öffentlichem Teilnahmewettbewerb** aus dem Unterschwellenwertbereich. Der große **Unterschied** zum Unterschwellenwertbereich besteht aber darin, dass der sogar EU-weit durchzuführende **Teilnahmewettbewerb unter keinen Umständen entfallen** kann, es somit eine Parallele zur reinen Beschränkten Ausschreibung (ohne Teilnahmewettbewerb) nicht gibt.

3 Die jetzige Definition und Charakterisierung des nicht offenen Verfahrens orientiert sich zum einen an der noch viel kürzeren Regelung im vormaligen § 101 Abs. 3 GWB aF und **wiederholt und ergänzt** seit 2016 zudem dessen gesetzliche **Nachfolgebestimmung in § 119 Abs. 4 GWB**,[3] der auf **Art. 28 RL 2014/24/EU** beruht. Während der um die Definition des Teilnahmewettbewerbs ergänzte, neu gefasste § 119 Abs. 4 GWB die **grundlegende Definition** liefert,[4] sind die Regularien zum **Verfahrensablauf** sowie auch die zu beachtenden **Fristen** und die **Aufklärungsmöglichkeiten/Verhandlungsverbote** in einem untergesetzlichen Verordnungsparagrafen, dem jetzigen **§ 16**,[5] konzentriert worden. Damit umfasst § 16 nunmehr Bestimmungen, die vor 2016 **verstreut** – insbesondere in der entfallenen Vergabe- und Vertragsordnung EG VOL/A – enthalten waren (zB § 3 EG Abs. 2 VOL/A, § 12 EG Abs. 4 und 5 VOL/A sowie § 18 EG VOL/A).

II. Europarechtlicher Rahmen

4 Mit § 16 hat der Normgeber **Art. 28 RL 2014/24/EU** in nationales Recht umgesetzt. Dabei wurden zum einen auch die gegenüber der Vorgängerregelung in § 12 EG VOL/A verkürzten **Teilnahme- und Angebotsfristen weitestgehend**[6] gebündelt und integriert. Zudem enthält

---

[1] Vgl. die Kommentierung zu § 119 Abs. 4 GWB (→ GWB § 119 Rn. 23 ff.), insbesondere zur Zweistufigkeit des nicht offenen Verfahrens, zum Teilnahmewettbewerb mit dortiger Legaldefinition einerseits und nachfolgendem Angebotsverfahren andererseits.

[2] Vgl. zB § 12 EG VOL/A, § 10 EG VOB/A, § 7 VOF.

[3] Wie auch § 16 selbst.

[4] Wonach das nicht offene Verfahren ein Verfahren ist, bei dem der öffentliche Auftraggeber nach vorheriger öffentlicher Aufforderung zur Teilnahme eine beschränkte Anzahl von Unternehmen nach objektiven, transparenten und nichtdiskriminierenden Kriterien auswählt (= Legaldefinition des Teilnahmewettbewerbs), die er zur Abgabe von Angeboten auffordert. Dies entspricht unterschwellig, der Beschränkten Ausschreibung mit öffentlichem Teilnahmewettbewerb. Demgegenüber kennt das EU-Vergaberecht keine Entsprechung für die unterschwellige Beschränkte Ausschreibung ohne vorherigen Teilnahmewettbewerb. Das nicht offene Verfahren setzt, abgesehen vom Fall einer Vorinformation nach § 38 Abs. 4, ausnahmslos einen öffentlichen, sprich sogar EU-weiten, Teilnahmewettbewerb voraus, § 16 Abs. 1 S. 1 iVm § 37 Abs. 1 und 2.

[5] Wobei Abs. 9 zu Aufklärungsrechten und Verhandlungsverboten lediglich auf die Parallelregelung in § 15 Abs. 5 für offene Verfahren verweist.

[6] Leider enthalten die etwas ferneren § 38 Abs. 3, § 41 Abs. 2 und die wichtige Zentralnorm in § 20 ebenfalls noch relevante Bestimmungen zu „angemessenen" Fristen, Fristverlängerungen und Fristverkürzungen, die besser in den §§ 15 ff. integriert worden wären.

§ 16 Abs. 4 S. 2 mit dem **Verweis auf § 51** eine detaillierte Regelung zur **Begrenzung** und **Abschichtung** grundsätzlich **geeigneter Bewerber** im Teilnahmewettbewerb. **Völlig neu** ist richtlinienkonform seit 2016 die Möglichkeit des Auftraggebers, im **gegenseitigen Einvernehmen mit den Bewerbern die Angebotsfrist festzulegen,** was das **offene Verfahren nicht kennt.** Mit § 16 **Abs. 9 iVm § 15 Abs. 5** transferiert der Normgeber zudem die **Aufklärungsrechte** und das grundsätzliche **Verhandlungsverbot** im nicht offenen Verfahren, vor 2016 **§ 18 EG VOL/A,** in die Vergabeverordnung.

III. Wesen und Ablauf des nicht offenen Verfahrens (Abs. 1)

Beim **zweistufig** strukturierten nicht offenen Verfahren[7] fordert der öffentliche Auftraggeber 5
in der **ersten Stufe** Unternehmen öffentlich zur Abgabe eines **Teilnahmeantrags** auf, der die Funktion einer Bewerbungsmappe hat. Anders als im offenen Verfahren können **nur die Unternehmen ein Angebot in der zweiten Stufe** abgeben, die nach Prüfung dieser Teilnahmeanträge **vom Auftraggeber aufgefordert** werden, ein Angebot abzugeben. Über den in § 16 Abs. 4 S. 2 erfolgten Verweis auf § 51 kann der Auftraggeber die **Zahl** eigentlich nach der Vorprüfung geeigneter Bewerber dennoch nach Maßgabe des **§ 51 reduzieren.**

1. Wesen des nicht offenen Verfahrens (Abs. 1 S. 1). Seit der Vergaberechtsnovelle **2016** 6
kann das nicht offene Verfahren **erstmalig im Gleichklang mit dem offenen Verfahren nach § 15** bei jeder Auftragsvergabe angewendet werden. Soweit noch im Kabinettsbeschluss der Bundesregierung zur Vergaberechtsmodernisierung vom 7.1.2015 der Auftraggeber nur „vorbehaltlich des Grundsatzes der Wirtschaftlichkeit und des Wettbewerbs" zwischen beiden Verfahren frei wählen können sollte, sind diese **einschränkenden Überlegungen jedenfalls letztlich nicht Gesetz** geworden.[8] Es ist somit im Einklang mit dem **Wortlaut des § 119 Abs. 2 S. 1 GWB**[9] von einer **einschränkungslosen Wahlmöglichkeit** auch zugunsten des nicht offenen Verfahrens auszugehen. Dafür spricht auch ergänzend, dass der Gesetzgeber in seiner **Gesetzesbegründung zu § 119 Abs. 2 GWB**[10] auf die Grundsätze der **Transparenz** und des **Wettbewerbs** hingewiesen hat, denen gleichzeitig durch die vorgesehene Wahlfreiheit hinreichend Rechnung getragen werde. Dabei hat er insbesondere den zwingenden **öffentlichen Teilnahmewettbewerb** und die Bieterauswahl nach **objektiven und diskriminierungsfreien** Gesichtspunkten hervorgehoben, die im Vergabevermerk zu dokumentieren seien.[11] Zudem müsse der Auftraggeber in jedem Fall eine pflichtgemäße Ermessensentscheidung treffen, die insbesondere das Wettbewerbs-, Gleichbehandlungs- und Transparenzgebot als Ausprägungen des generellen Willkürverbotes beachten müsse und die **Zahl der zugelassenen Bewerber** müsse ebenfalls einen **echten Wettbewerb** sicherstellen.[12]

Kennzeichnend für das nicht offene Verfahren sind zudem die grundsätzlich **europaweite** 7
Auftragsbekanntmachung (§ 37)[13] des Teilnahmewettbewerbs samt gleichzeitiger Bereitstellung der Vergabeunterlagen für interessierte Unternehmen (§ 41), die sich daran anschließende Erarbeitung eines Teilnahmeantrags auf der Grundlage der § 16 Abs. 1 S. 3, § 29, die zwingend geforderte elektronische **Abgabe eines Teilnahmeantrags** und des ggf. nachfolgenden **Angebotes zu einem festen Termin** und die **Geheimhaltungspflicht** der Angebote (§ 54) einschließlich eines **strikten Nachverhandlungsverbotes** (§ 16 Abs. 9 iVm § 15 Abs. 5 S. 2). Wie im offenen Verfahren sind auch im nicht offenen Verfahren die nicht berücksichtigten Bieter zehn Tage (elektronisch/Fax) bzw. 15 Tage vor der Zuschlagserteilung nach § 134 GWB[14] zu informieren.

Informationspflichtig sind aber grundsätzlich **nur noch die in der zweiten Phase** des nicht 8
offenen Verfahrens vom Auftraggeber zur Angebotsabgabe aufgeforderten **Bieter,** die auch ein Angebot abgegeben haben.[15] Nur wenn es der Auftraggeber bisher verabsäumt hatte, einen gescheiterten Bewerber über die Ablehnung seiner Bewerbung vorab zu unterrichten, rücken diese nach

---

[7] Das nicht offene Verfahren mischt einen allgemein zugänglichen und vorher öffentlich zu machenden Teil, den Teilnahmewettbewerb, mit einem zweiten Verfahrensteil, der nur noch einen eingeschränkten Wettbewerb zulässt und in dem die für den Zuschlag relevanten Angebote nur von vorausgewählten Bewerbern in camera abgegeben werden können.
[8] Vgl. auch Gesetzesbegründung zu § 119 Abs. 2 GWB, BT-Drs. 18/6281, 97 f.
[9] „Öffentlichen Auftraggebern ... nach ihrer Wahl zur Verfügung".
[10] BT-Drs. 18/6281, 97 f.
[11] BT-Drs. 18/6281, 97.
[12] BT-Drs. 18/6281, 98.
[13] Beachte die nunmehrige Möglichkeit der EU-Vorinformation nach § 38, der – nicht wie früher – eine zweite EU-Bekanntmachung mehr nachfolgt bzw. binnen Sperrfristen nachfolgen musste, sondern nur noch Interessensbekundungen und -bestätigungen von Unternehmen ohne Publikationsakt und Publizität.
[14] Vgl. dazu die Kommentierung zu § 134 GWB (→ GWB § 134 Rn. 58 ff.).
[15] *Hölzl* NZBau 2013, 558 (559).

§ 134 Abs. 1 S. 2 GWB in die Informationsrechte von Bietern ein. Sollte ein Auftraggeber kurz vor dem eigentlichen Absageschreiben nach § 134 Abs. 1 S. 1 GWB an die Bieter diesen Lapsus bemerken, ist er nicht gehindert, die vergessene Information an den gescheiterten Bewerber noch eiligst nachzuholen und erst dann die schlussendlichen Vorabinformationen an die nicht berücksichtigten Bieter zu versenden. Dies hat für den Auftraggeber den Vorteil, dass er dem vergessenen Bewerber nicht den Namen des vorgesehenen Zuschlagbieters und den frühesten Zeitpunkt des Vertragsschlusses anzugeben hat, sondern nur die Gründe für die Ablehnung seines Teilnahmeantrags entsprechend § 62 Abs. 2 Nr. 1.

9 **2. Unbeschränktheit der Teilnahmeanträge (Abs. 1 S. 2).** Ausweislich **Art. 28 Abs. 1 RL 2014/24/EU** kann jeder Wirtschaftsteilnehmer auf einen Aufruf zum Wettbewerb hin einen Teilnahmeantrag mit vorher vom Auftraggeber festgelegten und verlangten Informationen einreichen. **§ 16 Abs. 1 S. 2** übernimmt diese Vorgabe und ergänzt damit **§ 119 Abs. 4 GWB,** in dem lediglich die vorherige öffentliche Aufforderung zur Teilnahme und die Beschränkung nach objektiven, transparenten und nichtdiskriminierenden Kriterien im Teilnahmewettbewerb vor Angebotsabgabe geregelt wurde. Damit sind **beide Elemente des nicht offenen Verfahrens,** die unbeschränkte Aufforderung zur Teilnahme und vice versa die **unbeschränkte Abgabe eines Teilnahmeantrages,** andererseits aber auch die nur **beschränkte Angebotsaufforderungs- und Abgabemöglichkeit** von Angeboten manifestiert.

IV. Normale Mindestteilnahmefrist (Abs. 2)

10 Als **Mindestfrist** für den Eingang der Teilnahmeanträge sieht § 16 Abs. 2 in der Regel einen Zeitraum von **30 Tagen** (= Kalendertage)[16] **ab dem Tag nach der Absendung** der Auftragsbekanntmachung vor. Gegenüber den Vorgängerregelungen, ua in § 12 EG Abs. 4 VOL/A 2009, ist die alte Frist von 37 Tagen somit nunmehr **um sieben Tage verkürzt** worden. Dies beruht – wie auch im offenen Verfahren – aus der stärkeren Verpflichtung zur Nutzung elektronischer Kommunikationswege (vgl. § 53 Abs. 1 iVm § 10), sodass ua die Zeiten für Postläufe entfallen.

11 Erfolgt somit am 1. März die Absendung der Auftragsbekanntmachung an das **Amt für Veröffentlichungen der Europäischen Union** (§ 37 iVm **§ 40 Abs. 1 S. 1**) beginnt die Frist erst am 2. März und endet um Mitternacht des 31. März.

12 Erfolgt sie am 2. Dezember, beginnt die Frist am 3. Dezember und endet um Mitternacht des 1. Januar des Folgejahres. Auch, wenn das Fristende auf einem gesetzlichen Feiertag, wie den 1. Januar fällt, wird die Frist nicht etwa nach dem bundesdeutschen § 193 BGB verlängert. Gemäß § 82 gilt vielmehr die Verordnung (EWG, Euratom) Nr. 1182/71 des Rates vom 3.6.1971 zur Festlegung der Regeln für die Fristen, Daten und Termine (ABl. 1971 L 124, 1), dessen Art. 3 Abs. 4 aber letztlich zum identischen Ergebnis wie bei § 193 BGB führt, da bei einer nicht nach Stunden bemessenen Frist grundsätzlich die Frist erst mit Ablauf der letzten Stunde des Folgetages nach einem Feiertag, Sonntag oder einem Sonnabend endet,[17] im Beispielsfall somit erst um 24.00 Uhr des 2. Januar. Ausweislich der Verordnungsbegründung[18] ist auch für die Teilnahmefrist § 20[19] zur Angemessenheit der Fristsetzung zu beachten.

V. Verkürzung der Teilnahmefrist bei hinreichend begründeter Dringlichkeit (Abs. 3)

13 Sofern ein Fall **hinreichend begründeter Dringlichkeit** die Einhaltung der grundsätzlich 30-tägigen Teilnahmefrist unmöglich macht, kann der öffentliche Auftraggeber eine – **kürzere – Teilnahmefrist** festlegen, die aber **15 Tage** (= Kalendertage) **nicht unterschreiten** darf. Auch diese absolute Superkurzfrist in einem nicht offenen Verfahren berechnet sich erst **ab dem Tag nach** der Auftragsbekanntmachung nach § 37. § 16 Abs. 3 regelt in Umsetzung des Art. 28 Abs. 6 lit. a RL 2014/24/EU die Fristverkürzungsmöglichkeit bei der Teilnahmefrist wegen einer hinreichend begründeten Dringlichkeit. Nach der Verordnungsbegründung[20] muss es sich dabei unter Hinweis auf Erwägungsgrund 46 RL 2014/24/EU – wie auch bei der Angebotsfrist im offenen

---

[16] ABl. 1971 L 124, 1, vormals auch abgedruckt als Anhang III zur VOL/A und nunmehr gem. § 82 für alle VgV-Fristen relevant. Gem. Art. 3 Abs. 3 der VO 1182/71 sind mit Tagen Kalendertage gemeint, sodass Samstage, Sonntage und Feiertage voll mitzählen; so ausdrücklich nunmehr auch § 10b EU Abs. 1 VOB/A. Beachte aber Art. 3 Abs. 4 VO für das Fristende, wonach die Frist erst mit Ablauf der letzten Stunde des folgenden Arbeitstages endet, wenn der letzte Tag einer nicht nach Stunden bemessenen Frist auf einen Feiertag, einen Sonntag oder einen Sonnabend fällt.
[17] So auch schon OLG Jena Beschl. v. 14.11.2001 – 6 Verg 6/01, VergabeR 2002, 165.
[18] BT-Drs. 18/7318, 159.
[19] → § 20 Rn. 7 ff.
[20] BT-Drs. 18/7318. 159.

VI. Angebotsabgaberecht und Begrenzungsmöglichkeit

Verfahren nach § 15 Abs. 3 – nicht notwendigerweise um eine äußerste Dringlichkeit wegen unvorhersehbarer und vom öffentlichen Auftraggeber nicht zu verantwortender Ereignisse handeln.

Für die Fristberechnung ist auch hier nach dem Verweis in § 82 wiederum die EU-VO **14** Nr. 1182/71 entscheidend.

Wurde die Auftragsbekanntmachung von Auftraggeber somit am 1. März an das Amt für Veröf- **15** fentlichungen der Europäischen Union gesandt, beginnt diese absolute Mindestfrist am 2. März zu laufen und endet nach Ablauf voller 15 Tage um Mitternacht des 16. März.

Endet diese verkürzte Frist an einem Feiertag, Sonntag oder Sonnabend, endet diese nicht nach **16** Stunden bemessene Frist nach Art. 3 Abs. 4 der VO mit Ablauf der letzten Stunde des folgenden Arbeitstages, also um 24.00 Uhr des 17. März.

Vor Geltung des § 53 Abs. 1 war man als Auftraggeber gut beraten, einen gewissen zeitlichen **17** Zusatzpuffer für den Eingang der postalischen Teilnahmeanträge zur eigentlichen Teilnahmefrist hinzuzugeben, damit einerseits auch eine persönliche Abgabe durch den Bewerber direkt vor Ort nicht kurz vor Mitternacht notwendig war und auch eine Entgegennahme zu üblichen Behördenzeiten durch den Auftraggeber sicherstellt war, der auch ungern kurz vor Mitternacht seinen Briefkasten leeren wollte, um fristgerechte von späteren, verfristeten Teilnahmeanträgen zu unterscheiden. Da § 53 Abs. 1 nunmehr vorsieht, dass **Teilnahmeanträge** in **Textform** nach § 126b BGB **mithilfe elektronischer Mittel** nach § 10 zu **übermitteln** sind, bedarf es **keiner Zeitpuffer** für postalische oder direkte Übersendungen mehr.

Auch in Eilbeschaffungsfällen bleibt im Übrigen die übergeordnete Festlegung in § 20 Abs. 1[21] **18** **beachtlich**, dass immer **einzelfallbezogen** abzuwägen ist, ob die gewählte Teilnahmefrist angesichts der individuellen **Komplexität der Leistung** und der benötigten Zeit für die Ausarbeitung der konkreten Teilnahmeanträge vor dem Hintergrund der Anforderungen des Auftraggebers **angemessen lang** genug ist.

Die in § 16 Abs. 3 benannte Frist von 15 Tagen ist somit **nur** die **absolute Mindestfrist**, die **19** selbst bei einer hinreichend dringlichen Beschaffung in nicht offenen Verfahren nicht unterschritten werden darf.

Ist die konkrete Beschaffung im absoluten Ausnahmefall noch dringlicher, also äußerst dringlich, **20** und kann selbst die Mindestfrist des § 16 Abs. 3 nicht eingehalten werden, muss der Auftraggeber erwägen und prüfen, ob nicht die Voraussetzungen für ein **Verhandlungsverfahren ohne Teilnahmewettbewerb** nach § 14 Abs. 4 S. 1 Nr. 3 vorliegen. Ausweislich des Erwägungsgrundes 80 RL 2014/24/EU betrifft dies aber lediglich **Ausnahmefälle**, wenn aufgrund von Umständen, die für den **Auftraggeber nicht vorhersehbar** waren und die er **nicht zu vertreten** hat, eine **besondere Dringlichkeit** eingetreten ist, die ein reguläres Verfahren selbst mit verkürzten Fristen nicht zulässt. Für diesen Fall sollten Auftraggeber, soweit unbedingt erforderlich, die Möglichkeit haben, Aufträge im Wege des Verhandlungsverfahrens ohne vorherige Bekanntmachung zu vergeben. Dies kann – laut dem Erwägungsgrund – der Fall sein, wenn **bei Naturkatastrophen sofortiges Handeln** geboten ist. Gleiches gilt zB auch in akuten Pandemiezeiten, bezogen auf zwingend notwendige Schutzkleidung, Impfstoffe oder Coronatests.[22]

VI. Angebotsabgaberecht und Begrenzungsmöglichkeit hinsichtlich geeigneter Bewerber vor der Aufforderung zur Angebotsabgabe (Abs. 4 S. 1 und 2)

1. Angebotsabgaberecht (Abs. 4 S. 1). Im nicht offenen Verfahren können sich **alle** Wirt- **21** schaftsteilnehmer **um die Teilnahme bewerben**, aber **nur die vom Auftraggeber aufgeforderten Bewerber ein Angebot** abgeben. Dieses Verfahren schränkt den Zugang zum Wettbewerb insoweit ein, als ein Angebot nur noch der Bewerber abgeben können, die zuvor im Teilnahmewettbewerb, wenn auch nach objektiven Kriterien, ausgewählt wurden. **Unaufgefordert darf kein Angebot in zulässiger Weise eingereicht werden. Dies stellt § 16 Abs. 4 S. 1 jetzt auch erstmals in kodifizierter Form klar.**

Der **Wechsel** von einem ausgewählten **Einzelbieter** zu einer späterhin anbietenden Bietergemeinschaft **zwischen dem Teilnahmewettbewerb und der Angebotseinreichung** ist deshalb **22** grundsätzlich **unzulässig** und führt zum **Ausschluss** des Angebots der neugebildeten Bietergemeinschaft.[23]

---

[21] Vgl. dazu einerseits die Kommentierung zu § 20 (→ § 20 Rn. 7 ff.), anderseits auch die Fälle des § 41 Abs. 2 und 3.
[22] Beachte insoweit die 2020 eingeführten Änderungen zur Angebotsfrist in § 17 Abs. 6 sowie den völlig neu geschaffenen § 17 Abs. 15 mit erheblichen Befreiungen bei Angebotsabgabe-, entgegennahme und bei der eigentlich notwendigen elektronischen Kommunikation.
[23] VK Thüringen Beschl. v. 14.1.2015 – 250-4003-7807/2014-E-01-G, VPRRS 2016, 0194.

23 Ausnahmsweise verstößt es aber nicht gegen den Grundsatz der Gleichbehandlung der Unternehmen, wenn ein Auftraggeber einem der beiden Partner einer Bietergemeinschaft gestattet, nach Auflösung der Bietergemeinschaft infolge Insolvenz eines Mitglieds, an dessen Stelle zu treten und im eigenen Namen an dem weiteren Vergabeverfahren teilzunehmen. Dies setzt aber und lediglich voraus, dass dieses verbleibende Unternehmen die vom Auftraggeber festgelegten Eignungsanforderungen allein auch erfüllt und seine Teilnahme am Verfahren nicht zu einer Beeinträchtigung der Wettbewerbssituation der übrigen Bieter führt.[24] Letzteres ist etwa der Fall, wenn es eine Unterschreitung der von Auftraggeber festgelegten Mindestzahl an Teilnehmern gab. Ansonsten ist vom Grundsatz der Identität zwischen aufgefordertem und anbietendem Unternehmen auszugehen.

24 **2. Begrenzungsmöglichkeit (Abs. 4 S. 2).** Ausweislich der Verordnungsbegründung[25] stellt § 16 Abs. 4 in **Umsetzung des Art. 28 Abs. 2 UAbs. 1 RL 2014/24/EU** klar, dass nicht alle geeigneten Unternehmen, die einen Teilnahmeantrag eingereicht haben, zur Abgabe eines Angebots aufgefordert werden müssen. Die **Anzahl** der geeigneten Unternehmen kann **vielmehr nach § 51 begrenzt** werden.

25 Dazu kann der Auftraggeber in der Auftragsbekanntmachung gem. § 51 Abs. 1 S. 2[26] eine **Höchstzahl von Unternehmen** bestimmen, die ein Angebot abgeben sollen dürfen.

26 Unter dem Stichwort „**Mehr an Eignung**" besteht deshalb die Möglichkeit, aus dem Kreis der eigentlich geeigneten Bewerber nur diejenigen auszuwählen und zur Angebotsabgabe aufzufordern, die die vorgegebenen **Eignungsanforderungen am besten** erfüllen. Deren Anzahl darf aber nach § 51 Abs. 2 nicht niedriger als fünf Unternehmen sein, wenn sich eine ausreichende Anzahl geeigneter Unternehmen beworben haben.

27 Wegen der dennoch vorliegenden Wettbewerbseinschränkung durch die Auswahlmöglichkeit des Auftraggebers und der damit verbundenen Manipulationsmöglichkeit unterliegt das **Auswahlverfahren im Teilnahmewettbewerb in vollem Umfang den Geboten der Transparenz, Chancengleichheit und des diskriminierungsfreien Zugangs zum Wettbewerb.** Dies hat der Normgeber im Jahr 2016 erstmalig flächendeckend in § 51 für den Auswahlprozess unter grundsätzlich Geeigneten im Vergaberecht kodifiziert. Das bedeutet nach § 51 Abs. 1 S. 2 auch, dass die Bekanntmachung des Teilnahmewettbewerbs oder alternativ die Aufforderung zur Interessensbestätigung[27] auch schon die **vorgesehenen objektiven und nichtdiskriminierenden Eignungskriterien für die Begrenzung der Zahl** und zumindest die vorgesehene Mindestzahl[28] **aufführen muss.**

28 Das dem Auftraggeber bei seiner Auswahl zukommende **Auswahlermessen,** welche Bewerber er **innerhalb der vorgegebenen Mindest- oder Höchstzahl** schlussendlich zur Angebotsabgabe auffordert, ist somit **nicht schrankenlos,** was die jetzigen[29] dezidierten Vorgaben in **§ 51** verdeutlichen.

29 Eine willkürliche Zulassung oder Nichtzulassung zum späteren Angebotsverfahren oder auch nur eine solche unter Missachtung der eigenen Bindungen aus den vorher verlautbarten objektiven, nicht-diskriminierenden Kriterien, stellt ein rechtswidriges Handeln des Auftraggebers dar, das grundsätzlich wegen **§ 97 Abs. 6 GWB** in einem Vergabenachprüfungsverfahren kontrollierbar und ggf. **korrigierbar** wäre.

VII. Normale Mindestangebotsfrist (Abs. 5)

30 Mit der Vergaberechtsmodernisierung 2016 sind die **Regelfristen** im nicht offenen Verfahren **verkürzt** worden. Die normale **Angebotsfrist** beträgt nach § 16 **Abs. 5** nur noch **30 Tage**.[30]

---

[24] EuGH Urt. v. 24.5.2016 – C-396/14, NZBau 2016, 506, für ein vergleichbares Verhandlungsverfahren mit vorherigem Teilnahmewettbewerb und der zwischenzeitlichen Insolvenz eines der beiden Bietergemeinschaftsmitglieder.
[25] BT-Drs. 18/7318, 160.
[26] Vgl. insoweit auch die Kommentierung zu § 51 (→ § 51 Rn. 14) und die fast wortgleiche baurechtliche Sonderbestimmung in § 3b EU Abs. 2 Nr. 3 VOB/A.
[27] In den Fällen der EU-Vorinformation nach § 38 als einziger Aufruf zum Wettbewerb.
[28] IdR nicht niedriger als fünf (vgl. § 51 Abs. 2 S. 2); liegt die Anzahl geeigneter Bewerber jedoch unter dieser Mindestzahl, ist es nach § 51 Abs. 3 zulässig, eine geringere Anzahl an Bewerbern zur Abgabe eines Angebotes aufzufordern. Hat es der Auftraggeber demgegenüber versäumt, einen Hinweis auf die Begrenzung der Bieterzahl in der Bekanntmachung gem. § 51 Abs. 2 vorzunehmen, sind alle geeigneten Unternehmen zur Angebotsabgabe zuzulassen.
[29] In § 3 EG Abs. 5 VOL/A aF und § 10 Abs. 4 der ebenfalls 2016 aufgehobenen VOF für freiberufliche Leistungen fand sich bis 2016 lediglich ein Passus zur Mindestzahl und zur Höchstzahl aufzufordernder Bewerber. § 10 Abs. 3 VOF aF sah zudem die Auswahl durch Los vor, wie jetzt noch § 76 Abs. 6 für die Vergabe von Architekten- und Ingenieurleistungen, sofern selbst die objektive Auswahl entsprechend der zugrunde gelegten Eignungskriterien gem. § 51 eine immer noch zu hohe Bewerberrestanzahl ergab.
[30] Gem. § 12 EG Abs. 5 S. 1 VOL/A aF betrug sie bis 2016 40 Tage.

Hintergrund war die Intention des Richtliniengebers, die Vergabeverfahren zu beschleunigen und effizienter zu machen.[31] Dazu sollen die Fristen so kurz wie möglich gehalten werden, ohne unzulässige Hürden für den Zugang von Unternehmen, insbesondere KMU, zu schaffen.[32] Die Nutzung elektronischer Informations- und Kommunikationsmittel, insbesondere die vollständige elektronische Bereitstellung von Auftragsunterlagen und die elektronische Übermittlung von Bekanntmachungen führen zu mehr Transparenz und Zeitersparnis,[33] was die jetzige Verkürzung der Fristen rechtfertigt. Auch die **Frist in § 16 Abs. 5 berechnet** sind entsprechend der nach § 82 anzuwendenden **Verordnung** (EWG, Euratom) Nr. **1182/71** des Rates vom 3.6.1971 zur Festlegung der Regeln für die Fristen, Daten und Termine.[34] Danach beginnt diese Frist erst am Tag nach der Absendung der Auftragsbekanntmachung. Demgemäß ist die Frist nicht gewahrt, wenn die Absendung der Veröffentlichung am 1. März, 10.59 Uhr, erfolgt und als Angebotsfrist der 5. April, 11.00 Uhr, vorgeschrieben ist, da sowohl der 1. März als auch der 5. April nicht bzw. nicht voll mitzählen.

Zu beachten bleibt bei allen Fristen des § 16 wiederum die leider in § 20[35] ausgelagerte und **überwölbende Vorgabe** des Normgebers, dass bei der Festlegung der Fristen in den §§ 15–19 stets ergänzend im Sinne einer erforderlichen **angemessenen Länge auch die Komplexität** der Leistung und die Zeit für die Ausarbeitung der Angebote angemessen zu berücksichtigen sind. Zudem bleibt insbesondere die Bestimmung des **§ 20 Abs. 3**, zu beachten. Danach sind die **Angebotsfristen** sogar zu **verlängern**, wenn **zusätzliche Informationen** trotz rechtzeitiger Anforderung durch ein Unternehmen **nicht binnen vorgegebener Fristen zur Verfügung gestellt** werden **(Nr. 1)** oder der Auftraggeber **wesentliche Änderungen an den Vergabeunterlagen** vornimmt **(Nr. 2)**. Im erstgenannten Fall der Nr. 1 beträgt die dazu relevante **Sperrfrist in Fällen hinreichend begründeter Dringlichkeit nicht** wie normal **sechs Tage**, sondern **nur vier Tage vor Ablauf** der Angebotsfrist (§ 20 Abs. 3 Nr. 1 Hs. 2). 31

Gibt der Auftraggeber im nicht offenen Verfahren in der Auftragsbekanntmachung oder der Aufforderung zur Interessensbestätigung (in den Fällen des § 38 Abs. 3[36]) **keine elektronische Adresse** zwecks unentgeltlichen, uneingeschränkten, vollständigen und direkten Abrufs der Vergabeunterlagen an, **sondern** übermittelt er die Vergabeunterlagen **auf einem anderen Weg**, **muss die Angebotsfrist** gem. § 41 Abs. 2 S. 2 **zwingend um fünf Kalendertage verlängert** werden. Um den gleichen Zeitraum ist die Angebotsfrist auch nach § 41 Abs. 3 zu verlängern, wenn **– besondere – Maßnahmen zum Schutz der Vertraulichkeit** von Informationen vom Auftraggeber vorgegeben werden. 32

VIII. Verkürzungsmöglichkeit der normalen Mindestangebotsfrist (Abs. 8)

§ 16 Abs. 8 gewährt eine normale[37] und **generelle Verkürzungsmöglichkeit** der **Angebotsfrist** um **fünf Tage** (= Kalendertage), die von Dringlichkeitsaspekten – wie in Abs. 4 – abgekoppelt ist. Die in Abs. 8 erstmalig vorgesehene Verkürzungsmöglichkeit setzt voraus, dass der **Auftraggeber wie seit dem 19.10.2018 üblich die elektronische Übermittlung von Angeboten akzeptiert**. 33

Die Fristverkürzung rechtfertigt sich aus dem **Entfall** der ansonsten notwendigen **Postlaufzeit**, die ein Angebot vom Bieter zum öffentlichen Auftraggeber zusätzlich benötigen würde. § 81 fordert seit dem 19.10.2018 eine ausschließlich **elektronische Angebotseinreichung**[38] durch Bieter. 34

Nur zentrale Beschaffungsstellen iSv § 120 Abs. 4 GWB, die dauerhaft und nicht nur nach § 4 gelegentlich, für andere öffentliche Auftraggeber tätig werden, **mussten die vollständige und alleinige elektronische Angebotsabgabe** nach § 53 Abs. 1 iVm § 10 **schon ab dem 19.4.2017** gewährleisten. 35

---

[31] Erwägungsgrund 80 S. 1 RL 2014/24/EU.
[32] Erwägungsgrund 80 S. 1 RL 2014/24/EU.
[33] Erwägungsgrund 80 S. 3 und 4 RL 2014/24/EU.
[34] ABl. 1971 L 124, 1, auch abgedruckt als Anhang III zur unterschwelligen VOL/A, Abschnitt 1. Gem. Art. 3 Abs. 3 der VO 1182/71 sind mit Tagen Kalendertage gemeint, sodass Samstage, Sonntage und Feiertage voll mitzählen; so ausdrücklich nunmehr auch § 10a EU VOB/A.
[35] Vgl. hierzu auch die dortige Kommentierung (→ § 20 Rn. 7 ff.) sowie diejenige zu den von § 20 seinerseits in Bezug genommenen §§ 38 und 41.
[36] Vgl. dazu die Kommentierung zu § 38 Abs. 3 (→ § 38 Rn. 9 ff.), der die Verkürzung der Angebotsfrist bis auf zehn Tage ermöglicht, wenn mindestens 35 Tage vor dem Tag der Absendung der Auftragsbekanntmachung eine EU-Vorinformation übermittelt wurde.
[37] Spätestens mit dem 19.10.2018 ist diese verkürzte Angebotsfrist die Regelfrist.
[38] An die der Auftraggeber nach § 53 Abs. 3 S. 2 unter erweiterten Voraussetzungen auch die Übermittlung per fortgeschrittener oder qualifizierter Signatur oder elektronischer Siegel knüpfen könnte.

IX. Festlegung der Angebotsfrist im gegenseitigen Einvernehmen mit den Bewerbern und Mindestfrist beim Scheitern (Abs. 6)

36 Mit **Ausnahme oberster**[39] **Bundesbehörden** kann der öffentliche Auftraggeber nach **Abs. 6** die Angebotsfrist für den Eingang von verbindlichen Angeboten mit den privilegierten Bewerbern, die nach dem durchgeführten Teilnahmewettbewerb nach § 16 Abs. 4 zur Angebotsabgabe aufgefordert werden, **im gegenseitigen Einvernehmen** festlegen. Dies gilt aber nur dann, wenn allen Bewerbern dieselbe Frist für die nachfolgende Angebotseinreichung gewährt wird. Diese lediglich begrenzte Ermächtigung beruht auf **Art. 28 Abs. 4 S. 1 RL 2014/24/EU**, wonach die Mitgliedstaaten vorsehen können, dass alle oder bestimmte Kategorien von subzentralen öffentlichen Auftraggebern die Frist im gegenseitigen Einvernehmen festlegen können. Somit hat der Verordnungsgeber diese nach der RL 2014/24/EU **nur optionale Möglichkeit**[40] genutzt und im deutschen Vergaberecht sogar **für alle subzentralen Auftraggeber ohne Limitierung** implementiert. Andererseits ist und war sie **Bundesbehörden von vornherein EU-rechtlich verschlossen**.

37 **Einigt sich der Auftraggeber mit allen** zur Angebotsabgabe aufgeforderten **Bewerbern** auf eine einheitliche Angebotsfrist, so gilt **diese als verbindlich**. Für diesen Fall dürften alle anderen Fristregelungen, insbesondere auch **§ 20, ihre Bedeutung und Wirkung verlieren**. Betroffene Bewerber können dann auch nicht mehr einwenden, der Auftraggeber hätte Bestimmungen über das Vergabeverfahren nach § 97 Abs. 6 GWB, wie normale Mindestfristen, nicht eingehalten, da die **einvernehmliche Festlegung gleichzeitig einen entsprechenden Rechteverzicht** beinhaltet. Etwas anderes könnte nur gelten, wenn der Auftraggeber jeden Bewerber unter der falschen Behauptung, alle anderen Bewerber hätte einer bestimmten Frist schon zugestimmt, zu einem ansonsten nicht gegebenen Einvernehmen verleitet hätte.

38 Erfolgt **keine einvernehmliche Festlegung** der Angebotsfrist, kann der **Auftraggeber** sie aber ohnehin **autonom festlegen**. Diese beträgt nach Abs. 6 S. 2 **mindestens zehn Tage, ab dem Tag nach** der Absendung der Aufforderung zur Angebotsabgabe. Auch und gerade für diese sehr kurze Frist sind aber die **Anforderungen des § 20** an eine dann immer **angemessene** Fristsetzung zu wahren.[41] Für die Angebotsfrist im Rahmen des § 16 Abs. 7 sind somit die **Komplexität der Leistung** und die benötigte **Zeit für die Ausarbeitung** der Angebote nach § 20 Abs. 1 ebenso zu berücksichtigen wie eventuelle Zeiträume für eine ausnahmsweise notwendige **Besichtigung am Ort der Leistungserbringung**, wie etwa bei Reinigungsleistungen, oder ausnahmsweise notwendigen **Einsichtnahmen in die Anlagen** zu den Vergabeunterlagen vor Ort gem. § 20 Abs. 2.

39 Fordert der Auftraggeber in diesem Fall am 1. März zur Angebotsabgabe auf, beginnt die Frist erst am 2. März zu laufen und endet nach Ablauf voller zehn Kalendertage um Mitternacht am 11. März.

40 Diese indirekte, sehr starke Fristverkürzungsmöglichkeit für den Auftraggeber überrascht beim ersten Lesen, da diese Mindestfrist der absoluten Mindestfrist bei hinreichend dringlicher Beschaffung im Mindestmaß gleicht. Zudem hätte man ausgewogener Weise aus Sicht und unter Beachtung der Belange der Bewerber erwarten können, dass bei einer Weigerung von allen, mehreren oder auch nur eines einzelnen Teilnehmers für eine einvernehmliche Verkürzung der Regelfristen zumindest die normalen Regelfristen gelten müssen, da ja noch nicht einmal der Ausnahmegrund einer dringlichen Beschaffung in Rede steht.

41 § 16 Abs. 6 beruht aber auch in dieser Form – wie schon dargelegt – auf **Art. 28 Abs. 4 RL 2014/24/EU, hier S. 2**,[42] mit der überraschend kurzen Zehntagesfrist, unterliegt aber dem Korrektiv des § 20.

42 Sollte der Auftraggeber sogar innerhalb dieser sehr kurzen Zeit noch **wesentliche Änderungen** an den Vergabeunterlagen vornehmen oder die **Viertagesfrist** des § 20 Abs. 3 Nr. 1 trotz rechtzeitiger Anforderung **zusätzlicher Informationen nicht einhalten**, muss diese **Angebotsfrist** nach § 20 Abs. 3 S. 1 und 2 sogar **angemessen verlängert** werden.

---

[39] Oberste Bundesbehörden sind die 14 Bundesministerien, das Bundespräsidialamt, das Bundeskanzleramt, der Präsident des Deutschen Bundestages, die Bundestagsverwaltung, das Bundesratssekretariat, der Präsident des Bundesverfassungsgerichts, der Bundesrechnungshof, das Presse- und Informationsamt der Bundesregierung sowie der Beauftragte für den Datenschutz und die Informationssicherheit und derjenige für Kultur und Medien sowie die Zentrale der Deutschen Bundesbank, vgl. auch den insoweit nicht konstitutiven Anhang I zur RL 2014/24/EU (Zentrale Regierungsbehörden), der lediglich auf den S. 149 und 150 das Auswärtige Amt, das Bundeskanzleramt und 13 Bundesministerien erwähnt.

[40] BT-Drs. 18/7318, 160.

[41] Verordnungsbegründung BT-Drs. 18/7318, 160.

[42] S. auch die Parallelregelung in § 15 Abs. 3 S. 1–3 SektVO sowie auch schon § 17 Abs. 3 Nr. 2 SektVO 2009, der auch schon eine einvernehmliche Festlegung der Angebotsfrist und eine zehntägige Alternativfrist (statt normal 24 Kalendertage) vorsah.

X. Verkürzung der Angebotsfrist bei hinreichend begründeter Dringlichkeit (Abs. 7)

§ 16 Abs. 7 sieht in Umsetzung von Art. 28 Abs. 8 lit. b RL 2014/24/EU die Möglichkeit für alle Auftraggeber[43] vor, die **Angebotsfrist bis auf nur noch zehn Tage** festzulegen, wenn eine **hinreichend begründete Dringlichkeit** der Beschaffung die **Einhaltung der Regelfrist** des § 16 Abs. 5 von 30 Kalendertagen **unmöglich** macht bzw. machen würde. Es gelten insoweit die gleichen Maßstäbe wie bei § 16 Abs. 3 zur Teilnahmefrist, die dort aber im Mindestmaß 15 Tage beträgt.[44] 43

Aber auch in diesen Eilbeschaffungsfällen bleibt die übergeordnete Festlegung in § 20 beachtlich, dass immer einzelfallbezogen abzuwägen ist, ob die gewählte Frist angesichts der **individuellen Komplexität** der Leistung und der benötigten Zeit für die Ausarbeitung der konkreten Angebote vor dem Hintergrund der Anforderungen des Auftraggebers **angemessen lang** genug ist. 44

Die in § 16 Abs. 7 benannte Frist von zehn Tagen ist somit nur die absolute Mindestfrist, die selbst bei einer hinreichend dringlichen Beschaffung im nicht offenen Verfahren nicht unterschritten werden darf. Ist die konkrete Beschaffung im absoluten Ausnahmefall **noch dringlicher**, also äußerst dringlich, und kann selbst die Mindestfrist des § 16 Abs. 7 nicht eingehalten werden, muss der Auftraggeber erwägen und prüfen, ob nicht die Voraussetzungen für ein Verhandlungsverfahren ohne Teilnahmewettbewerb nach § 14 Abs. 4 S. 1 Nr. 3 vorliegen.[45] Bei frühzeitigem Erkennen kann dann der vorgezogene Teilnahmewettbewerb vollständig entfallen. 45

In einem Verhandlungsverfahren ohne Teilnahmewettbewerb regelt § 17 Abs. 6 S. 1 mittelbar seit 2020, dass es dort keine feste Angebotsfrist für Erstangebote gibt, da die 30-tägige Angebotsfrist nur expressis verbis für das Verhandlungsverfahren mit Teilnahmewettbewerb gilt. 46

XI. Aufklärungsrechte und Verhandlungsverbote des Auftraggebers (Abs. 9)

Die bisherige Regelung des § 18 EG VOL/A für offene und **nicht offene Verfahren** wurde mit der Vergaberechtsnovelle 2016 auch für das nicht offene Verfahren in § 16 Abs. 9 überführt, indem dieser auf die **Parallelbestimmung** für das offene Verfahren in **§ 15 Abs. 5**[46] verweist. Gegenüber Vorgängerregelungen weist § 15 Abs. 5 und damit auch § 16 Abs. 9 den **Einschub „insbesondere über Änderungen der Angebote oder Preise"** beim Verhandlungsverbot in § 15 Abs. 5 S. 2 auf. 47

1. Aufklärungsrechte (Abs. 9 iVm § 15 Abs. 5 S. 1). Der auch **in Bezug genommene S. 1** des § 15 Abs. 5 regelt, positiv gewendet, die allgemeinen **Aufklärungsbefugnisse**, die ergänzt um spezialrechtliche Aufklärungsberechtigungen[47] einem Auftraggeber in einem nicht offenen Verfahren mit grundsätzlich nur einem Angebot pro Bieter im Verfahren zustehen. 48

In einer **Kette von fünf denkbaren Handlungsalternativen** (**Auslegung** des Angebots nach BGB, **Erläuterung** gem. § 48 Abs. 7, **Aufklärung**, zulässige bzw. unzulässige **Nachforderung** gem. § 56 und unzulässige **Nachverhandlung**) deckt der in Bezug genommene § 15 positiv wie negativ **nur die Varianten drei und fünf** ab, wobei zu Variante drei auch noch die ergänzende **Spezialregelung in § 60** zu aufklärungsbedürftigen Dumpingangeboten zu beachten ist. 49

Für den **Baubereich** enthält **§ 15 EU VOB/A eine Parallelregelung**, die detaillierter ausgebildet und auch **weitergehender** ist als § 16 Abs. 9 iVm § 15 Abs. 5. 50

§ 15 Abs. 5 erlaubt **nur Aufklärungen** über den **Inhalt der Angebote und die Eignung** des Bieters. Damit sind grundsätzlich **reine Informationszugewinne** angesprochen, die nicht in ein echtes Verhandeln von Angebotsinhalten, insbesondere zur Preisgestaltung, übergehen dürfen, was der nunmehrige **Zusatz** in **§ 15 Abs. 5 S. 2 zur Unzulässigkeit** der **Änderung** der **Angebote oder** der **Preise** nochmals unterstreicht. 51

---

[43] Also auch für oberste Bundesbehörden.
[44] Verordnungsbegründung, BR-Drs. 18/7318, 160.
[45] Ausweislich des Erwägungsgrundes 80 RL 2014/24/EU betrifft dies aber lediglich Ausnahmefälle, wenn aufgrund von Umständen, die für den Auftraggeber nicht vorhersehbar waren und die er nicht zu vertreten hat, eine besondere Dringlichkeit eingetreten ist, die ein reguläres Verfahren selbst mit verkürzten Fristen nicht zulässt. Für diesen Fall sollten Auftraggeber, soweit unbedingt erforderlich, die Möglichkeit haben, Aufträge im Wege des Verhandlungsverfahrens ohne vorherige Bekanntmachung zu vergeben. Dies kann – laut dem Erwägungsgrund – der Fall sein, wenn bei Naturkatastrophen sofortiges Handeln geboten ist.
[46] Auf den § 16 Abs. 9 für das nicht offene Verfahren nunmehr nur noch verweist.
[47] ZB nach § 60 bei ungewöhnlich niedrigen Angeboten; vgl. dazu die Grundsatzentscheidung des BGH Beschl. v. 31.1.2017 – X ZB 10/16, VergabeR 2017, 364, in der der BGH nunmehr auch einen Drittschutz von Mitbewerbern hinsichtlich des Eintritts in die vorgesehene Prüfung der Preisbildung ohne einschränkende Voraussetzungen, wie zB die von der Rechtsprechung jahrelang propagierte Marktverdrängungsabsicht für einen Angebotsausschluss, anerkannt hat, vgl. dazu beispielhaft die auch vom BGH zitierte Entscheidung des OLG Düsseldorf Urt. v. 31.10.2012 – Verg 17/12, VergabeR 2013, 243.

52 Zulässig sind Aufklärungen über den Inhalt eines Angebotes, aber auch nur dann, wenn tatsächlich noch aufklärungsbedürftige Restzweifel bestehen und auszuräumen sind. Dies betrifft etwa verwandte fachtechnische Begriffe oder die Eigenschaft bestimmter Fabrikate oder missverständliche Äußerungen des Bieters.

53 Deshalb muss ein Auftraggeber in einer **der Aufklärung sogar noch vorgelagerten Stufe versuchen, Unklarheiten** in einem Angebot **zunächst durch** eine klassische **Auslegung** nach den §§ 157, 242 BGB in einem rein internen Prozess selbst zu beheben. Erst, wenn dies zu **keinem eineindeutigen Ergebnis** führt, kann an eine **ermessensgebundene Aufklärung** des Angebotes gedacht werden.[48]

54 So ist auch in der Rechtsprechung des Europäischen Gerichtshofes[49] anerkannt, dass Angebote ausnahmsweise in einzelnen Punkten berichtigt oder ergänzt werden dürfen, insbesondere wegen einer offensichtlich gebotenen Klarstellung oder zur **Behebung offensichtlicher sachlicher Fehler**. Dies setzt aber voraus, dass eine solche Aufforderung an alle Bieter gerichtet wird, die sich in derselben Situation befinden, dass alle **Bieter gleich und fair behandelt** werden und dass diese Erläuterung oder diese Berichtigung **nicht der Einreichung eines neuen Angebots gleichgestellt** werden kann. Deshalb ist auch nach dieser Rechtsprechung die Grenze derartiger Klarstellungen oder Berichtigungen auf der Grundlage der vormaligen Richtlinienbestimmungen überschritten, wenn in Wahrheit Mängel des bisherigen Angebotes durch Austausch etwa einer bisher mangelhaften Mikrofilmprobe wie im Fall der Entscheidung aus dem Jahre 2017 behoben werden sollen. Zum Zweiten bleibt zu beachten, dass diese teilweise auch im Sektorenbereich spielenden Fallkonstellationen die nunmehr auch im neuen Richtlinienrecht verankerten **Nachforderungsmöglichkeiten unternehmensbezogener als auch leistungsbezogener Unterlagen noch nicht berücksichtigen konnten und mussten.** Insoweit müssen lediglich die jetzigen **Grenzen** in § 56 Abs. 3 S. 1 und 2 bei leistungsbezogenen Unterlagen, die die Wirtschaftlichkeitsbewertung der Angebote anhand der Zuschlagskriterien betreffen, beachtet werden sowie die **immer erforderliche Ermessensausübung,** da die Nachforderung in der VgV wie neuerdings auch im Baubereich in § 16a EU S. 1 VOB/A im **Ermessen des Auftraggebers** liegt.

55 Auch Zweifel an der Identität eines Bieters sind aufklärungsrelevant.[50]

56 Da die Eignungsprüfung in nicht offenen Verfahren im vorgezogenen Teilnahmewettbewerb grundsätzlich abschließend erfolgt, kann eine eignungsrelevante **Aufklärung im späteren Angebotsverfahren nur notwendig** werden, wenn **nachträgliche Zweifel** an der eigentlich schon festgestellten **Eignung** auftauchen. Dies kann die nachträglich erfolgte Einleitung eines **Insolvenzverfahrens** gegen ein Bieterunternehmen ebenso betreffen wie der zu Tage tretende oder von dritter Seite zugetragene Verdacht einer **wettbewerbswidrigen Absprache** im betroffenen Verfahren.

57 Der Auftraggeber ist weiterhin berechtigt, uU sogar verpflichtet, sich über die **Angemessenheit des Preises eines Angebotes** zu informieren. Dies betrifft nach der ergänzenden **Spezialregelung in § 60 Abs. 1**[51] insbesondere die Fallkonstellation, dass der Preis und die Kosten eines Angebotes im Verhältnis zu der zu erbringenden Leistung **ungewöhnlich niedrig** erscheinen. Dabei hat der Auftraggeber zwingend **vor** einer finalen **Ablehnung eines solchen Dumpingangebotes Aufklärung** über die Zusammensetzung des Angebotes zu verlangen. Soweit *Zeise*[52] meint, im Rahmen des § 60 Abs. 1 und 2 habe diese Aufklärung schriftlich zu erfolgen, kann dem nicht gefolgt werden, da ein solches **Schriftformerfordernis weder in § 15 Abs. 5 S. 1 noch in dem in Bezug genommenen § 60 oder Art. 69 Abs. 1–3 RL 2014/24/EU** verankert ist. Selbst in der **Parallelvorschrift** für den separaten Baubereich in § 16d EU Abs. 1 Nr. 2 VOB/A ist **lediglich die Textform** nach § 126b BGB vorgeschrieben.

---

[48] OLG Hamburg Beschl. v. 29.4.2014 – 1 Verg 4/13, VPR 2014, 226 (zu einer Anhörungsrüge) sowie OLG München Beschl. v. 17.12.2013 – Verg 15/13, ZfBR 2014, 824, auch jeweils zur Identität und Eindeutigkeit des Bieterunternehmens.

[49] EuGH Urt. v. 29.3.2012 – C-599/10, VergabeR 2012, 584; EuGH Urt. v. 10.10.2013 – C-336/12, BeckRS 2013, 81942 und EuGH Urt. v. 11.5.2017 – C-131/16, ZfBR 2017, 601, unter besonderer Betonung des Gleichbehandlungsgrundsatzes.

[50] VK Sachsen Beschl. v. 18.9.2015 – 1/SVK/030-15, VPR 2016, 15, für den Fall, dass ein Bieter zwei unterschiedliche Firmen unterhält. Zwischen dem Bieter, der das Angebot abgegeben hat und demjenigen, der den Zuschlag erhalten soll, muss eine unzweideutige Identität vorliegen, insbesondere, wenn zwei Firmen mit ähnlichen Namen auf dem Markt agieren. Auch durch Aufklärung nicht ausräumbare Zweifel darüber, wer das Angebot unterbreitet hat und wer Vertragspartner werden soll, stellen einen Ausschlussgrund gem. §§ 13, 16 EG VOB/A aF dar.

[51] Vgl. insoweit weitergehend auch die Kommentierung zu § 60 (→ § 60 Rn. 2 ff.).

[52] *Zeise* in KKMPP VgV Rn. 34 für die insoweit vollständig vergleichbare Situation im Angebotsverfahren des offenen Verfahrens.

§ 60 Abs. 2 S. 2 benennt dazu als **prüfungsfähige Parameter** zum einen die **Wirtschaftlichkeit** 58
des Fertigungsverfahrens einer Lieferleistung oder der Erbringung der Dienstleistung, die gewählten technischen Lösungen oder die **außergewöhnlich günstigen Bedingungen**, über die das individuelle Unternehmen bei der Lieferung der Waren oder bei der Erbringung der Dienstleistung verfügt. Des Weiteren sind die **Besonderheiten** der angebotenen Liefer- oder Dienstleistung und die **Einhaltung der Verpflichtungen nach § 128 Abs. 1 GWB**, insbesondere die für das **Unternehmen geltenden umwelt-, sozial- und arbeitsrechtlichen Vorschriften** prüffähig, während die ebenfalls denkbare Gewährung einer **staatlichen Beihilfe** an das Unternehmen nach § 60 Abs. 2 Nr. 5 iVm Abs. 4 eine **gesonderte Nachweispflicht** des Unternehmens mit einem gesondert ausgestaltetem **zwingenden Ausschlusstatbestand**[53] im Prüfzyklus nach sich zieht bzw. ziehen kann.

Praktisch kann das Unternehmen den Nachweis der Angemessenheit des Preises durch **Offenlegung der konkreten Kalkulation** und/oder der **Erläuterung** des zugrunde liegenden **Mengengerüstes** führen oder insoweit darlegungs- und beweispflichtig bleiben. Letzteres zieht nach § 60 Abs. 3 einen nur fakultativem oder aber auch zwingenden Ablehnungsgrund nach sich, je nachdem, ob die geringe **Höhe des Preises und der Kosten** lediglich **nicht zufriedenstellend aufgeklärt** wurde **oder** aber **Verpflichtungen nach § 128 Abs. 1 GWB nicht eingehalten** werden. 59

Eine gewisse Ähnlichkeit mit der Angemessenheitsprüfung und entsprechender Aufklärungspflicht hat die von BGH[54] schon vor über 15 Jahren initiierte Prüfverpflichtung, ob ein **Bieter ggf. eine sog Mischkalkulation** in seinem Angebot durchgeführt hat. Nach dieser Rechtsprechung müssen Angebote, die eine Kostenverlagerung in Form **einerseits aufgepreister Einheitspreise und entsprechend abgepreister Einheitspreise andererseits** enthalten, **zwingend ausgeschlossen** werden. Wenn dies aber nicht definitiv feststeht oder vom Bieter nicht sogar bereitwillig im Angebot schon zugestanden wurde und nur aufgrund aus dem Rahmen fallender Einheitspreise, zB 0,01 EUR, eine entsprechende **Vermutung** besteht, muss **zunächst eine Aufklärung** erfolgen. Erst und nur dann, wenn sich hierbei eine **korrespondierende Kostenverlagerung nachweislich** bestätigt, darf ein Angebotsausschluss erfolgen,[55] der dogmatisch damit begründet wird, dass der **Bieter nicht die** jeweils **geforderten Preisangaben** in Form der dort jeweils tatsächlich kalkulierten Preise, sondern jeweils ein ab- und aufgepreistes Aliud angegeben hat und das Angebot somit nach dem **heutigen § 57 Abs. 1 Nr. 5 auszuschließen** ist. 60

Zu beachten bleiben aber ergänzend auch die **spezialgesetzlichen Möglichkeiten der Nachforderung** fehlender, unvollständiger oder fehlerhafter Unterlagen in **§ 56**. 61

Die ermessensgebundene Aufklärungsberechtigung („darf Aufklärung verlangen") sowie auch das Verhandlungsverbot in § 16 Abs. 9 stehen in einem Spannungsverhältnis zu den zulässigen Nachforderungsmöglichkeiten des § 56, die im Rahmen der Novelle 2016 nochmals entgegen vormals zT restriktiverer Rechtsprechung auf der **Grundlage** des neuen **Art. 56 Abs. 3 RL 2014/24/EU** ausgeweitet wurden. So sieht § 56 Abs. 2 S. 1 aE nunmehr erstmalig vor, dass der Auftraggeber Unternehmen auffordern kann, neben unternehmensbezogenen Unterlagen auch **fehlende oder unvollständige leistungsbezogene Unterlagen nachzureichen oder zu vervollständigen**.[56] **Einschränkend** bestimmt zwar **§ 56 Abs. 3 S. 1,** dass die Nachforderung von leistungsbezogenen Unterlagen **ausgeschlossen** ist, sofern diese die **Wirtschaftlichkeitsbewertung anhand der Zuschlagskriterien betreffen**. Dieses gilt wiederum dann doch nicht, wenn es sich um unwesentliche Preisangaben (Einzelpositionen) handelt, deren Einzelpreise den Gesamtpreis nicht verändern oder die Wertungsreihenfolge und den Wettbewerb nicht beeinträchtigen. 62

Dies bedeutet, dass derartige nachträgliche Korrekturen des Angebotes und der Preise nicht unter das grundsätzliche Nachverhandlungsverbot des § 16 Abs. 9, bezogen auf Leistungsinhalte der Angebote und deren Preise fallen und derartige Änderungen nicht als unzulässige Änderung des Angebotes oder des Preises angesehen werden. 63

Diese ausgeweiteten Nachforderungsmöglichkeiten nach § 56 stehen somit zu einer Aufklärung nach § 16 Abs. 9 in einem **Aliud-Verhältnis** und gehen dieser wegen ihrer strengeren Voraussetzun- 64

---

[53] Vor 2016 noch mit den anderen zwingenden Ausschlusstatbeständen in § 19 EG Abs. 7 VOL/A aF verankert.
[54] BGH Beschl. v. 18.5.2004 – X ZB 7/04, VergabeR 2004, 473.
[55] OLG Karlsruhe Beschl. v. 11.11.2011 – 15 Verg 11/11, IBR 2012, 97.
[56] Ein wesentlicher Unterschied innerhalb des § 56 Abs. 2 S. 1 besteht aber darin, dass eine Korrektur nach bundesdeutscher Regelung nur bei unternehmensbezogenen Unterlagen, nicht aber bei leistungsbezogenen Unterlagen erlaubt ist. Eine derartige Korrektur selbst bei unternehmensbezogenen Unterlagen sieht aber die zugrunde liegende Richtlinienbestimmung in Art. 56 Abs. 3 RL 2014/24/EU gar nicht vor, sodass die Nachforderungsmöglichkeit in § 56 Abs. 2 S. 1 richtlinienkonform dahingehend auszulegen ist, dass einem Bieter keine Gelegenheit gegeben werden darf, inhaltlich nachgebesserte Unterlagen einzureichen; so zu Recht OLG Karlsruhe Beschl. v. 14.8.2019 – 15 Verg 10/19, VPR 2019, 217, mwN auch zur englischen und französischen Fassung der Richtlinie. Durchaus fragwürdig deshalb BGH Urt. v. 18.6.2019 – X ZR 86/17, NZBau 2019, 661; vgl. dazu Fn. 81.

gen als **lex specialis** vor. Anders gewendet besteht zwischen diesen Normen eine **Wechselwirkung**[57] im Sinne einer **Wenn-Dann-Beziehung**. Wenn Angebote nach erfolgter Nachforderung von Unterlagen und Nachweisen nach § 56 weiterhin zwingend nach § 57 Abs. 1 Nr. 2 im nicht offenen Verfahren auszuschließen sind oder eben auch nicht, dann sind sie einer Aufklärung nach § 16 Abs. 9 nicht zugänglich. Letzteres hat seinen Grund darin, dass ansonsten vergaberechtswidrig in die schon bestehende Wettbewerbsstellung des objektiv auszuschließenden oder im Wettbewerb verbleibenden Bieters eingegriffen würde. Wenn der Auftraggeber mit einem Bieter andererseits zulässigerweise den Angebotsinhalt iSd § 16 Abs. 9 aufklären kann, dann fehlt regelmäßig schon ein Anlass zur Nachforderung von Unterlagen, Nachweisen oder Preisangaben.[58]

65 Ein **Auftraggeber** muss aber auch wegen der erforderlichen Transparenz gegenüber Unternehmen **deutlich zwischen aufklärenden Erklärungsanfragen und Nachforderungen unterscheiden**, da auch die zu beachtenden Fristen und jeweiligen Rechtsfolgen bei Missachtung der Mitwirkung unterschiedlich ausgestaltet sind.[59] So bestimmt § 57 Abs. 1 Nr. 2, dass Angebote, die die nachgeforderten Unterlagen nicht enthalten, (zwingend) von der Wertung ausgeschlossen werden.

66 Die grundsätzliche Aufklärungsbefugnis rechtfertigt sich jedoch auch immer aus der Tatsache, dass Angebote, selbst nach ermessensgebundenen Nachforderungen und Erläuterungen, **Unklarheiten** enthalten können, die eine **Vergleichbarkeit der Angebote** untereinander **erschwert**.

67 **Zudem** ermöglicht § 48 Abs. 7[60] dem Auftraggeber, **Unternehmen aufzufordern, vorgelegte Nachweise zu erläutern. Reicht** eine derart eingeholte **Erläuterung** zur Zweifelsbehebung[61] aus, bedarf es aber weder einer vertieften Aufklärung noch einer parallel denkbaren Nachforderung, auch wenn einschränkend einzustellen ist, dass § 48 Abs. 7 wie § 56 nur eine ermessensgebundene Kannbestimmung darstellt, auf deren Realisierung ein Bieter keinen Rechtsanspruch hat.

68 Andererseits dürfen aber Verfahrenshandlungen mit endgültig negativer Konsequenz, wie etwa eine misslungene Teststellung, nicht durch eine in das Gewand einer reinen Aufklärung gekleidete Wiederholung der Teststellung korrigiert werden.[62]

69 **Zu beachten** ist als Auslegungshilfe nunmehr auch die verschärfende **Sonderregelung für Verhandlungsverfahren in § 17 Abs. 10 S. 2 und Abs. 14 S. 2**, wonach selbst in einem Verhandlungsverfahren die **Mindestanforderungen des Auftraggebers nicht verhandelbar** sind. Dies muss in einem **Erst-Recht-Schluss** auch und gerade für das nicht offene Verfahren mit einem ausdrücklichen Verhandlungsverbot – kombiniert mit einer reinen Aufklärungsberechtigung – gelten.

70 Diese unklare Situation darf allerdings von beiden Seiten, Auftraggebern wie Bietern, **nicht dazu missbraucht** werden, ein ursprünglich **nicht ausreichendes Angebot doch noch annahmefähig** zu machen. Insbesondere ist es dem Auftraggeber **untersagt**, im Wege von Verhandlungen mit dem Bieter **irrtümliche Angaben oder sonstige Fehler zu beseitigen**.[63] Dies verdeutlicht insbesondere der im Kontext zu § 16 Abs. 9 auch in Bezug genommene S. 2 von § 15 Abs. 5.

71 **§ 16 Abs. 9** enthält darüber hinaus **keine Regelung** für den Fall, dass ein Bieter die geforderte **Aufklärung verweigert oder** eine dafür vom Auftraggeber **gesetzte Frist missachtet bzw. versäumt**. Insoweit bleibt der Regelungsgehalt des § 16 Abs. 9 iVm § 15 Abs. 5 hinter demjenigen der

---

[57] *Zeise* in KKMPP VgV § 15 Rn. 30 für die vergleichbare Situation im offenen Verfahren.
[58] OLG München Beschl. v. 25.11.2013 – Verg 13/13, VergabeR 2014, 430, für die eindeutige Festlegung auf ein falsches Produkt im Aufklärungsgespräch und OLG München Beschl. v. 29.10.2013 – Verg 11/13, VergabeR 2014, 436, für zwei nur preislich sich unterscheidende Hauptangebote; jeweils noch zur Rechtslage nach altem Recht.
[59] VK Bund Beschl. v. 6.12.2016 – VK 2-119/16, ZfBR 2017, 401, den Angebotsausschluss für unzulässig hält, wenn in einem derart Aufklärungen und Nachforderungen vermengenden Bieteranschreiben nicht hinreichend transparent ist, dass auch ein ausschlussrelevanter Nachforderungstatbestand enthalten und zu beachten ist.
[60] Entsprechend dem vormaligen § 7 EG Abs. 13 VOL/A 2009, der ehedem aber neben der Erläuterung auch noch die Vervollständigung von Nachweisen enthielt, die nunmehr demgegenüber einzig noch in § 56 Abs. 2 und 3 verortet ist.
[61] Etwa, weil den von Mitbewerbern für unmöglich angesehene Migration von Assemblerprogrammen auf Cobolprogramme technisch näher und somit nachvollziehbar erläutert werden hätte können, vgl. VK Bund Beschl. v. 26.1.2005 – VK 1-219/04, IBRRS 2005, 1413; dort aber zulasten des Unternehmens mangels ordnungsgemäßer Dokumentation nicht abschließend problematisiert.
[62] VK Sachsen Beschl. v. 7.1.2008 – 1/SVK/077-07, ZfBR 2008, 422 (Ls.).
[63] VK Westfalen Beschl. v. 7.4.2017 – VK 1-07/17, ZfBR 2017, 624, zu § 15 Abs. 5. Dort hatte ein Bieter versehentlich einen ungekürzten Textbaustein aus einem eigenen Angebot für eine andere Ausschreibung in das aktuelle Angebot hinein kopiert, damit aber die geforderte Abfuhrorganisation eines Abfuhrbetriebes nicht erfüllt. Das spätere Herausstreichen des überflüssigen Textbausteins nach schriftlicher Erläuterung des Versehens überschritt deshalb die Grenzen der zulässigen Aufklärung; aA das zweitinstanzliche OLG Düsseldorf Beschl. v. 2.8.2017 – Verg 7/17, IBRRS 2017, 3774. Diese „Aufklärungspflicht" überzeugt in Ansehung von Art. 56 Abs. 3 RL 2014/24/EU und § 56 Abs. 2 nicht.

Parallelnorm für den Baubereich in **§ 15 EU Abs. 2 VOB/A** zurück. Diese bestimmt eindeutig, dass ein **Angebot im Baubereich auszuschließen** ist, wenn ein Bieter die geforderten Aufklärungen und Angaben verweigert oder die ihm gesetzte angemessene Frist unbeantwortet verstreichen lässt. Man könnte insbesondere, weil auch § 57 Abs. 1 im Gegensatz zum Fehlen nachgeforderter Unterlagen in der dortigen Nr. 2 keine entsprechende Ausschlussbestimmung für eine fehlende oder verspätete Aufklärung enthält, argumentieren, das Angebot sei dann so zu werten, wie es ehedem abgegeben worden sei, nicht aber schon per se zwingend auszuschließen. **Demgegenüber** ist einzustellen, dass das Angebot ja nach wie vor zweifelbehaftet ist und somit aus Sicht des Auftraggebers **nicht eindeutig und auch nicht per Zuschlag annahmefähig iSd § 145 BGB.**[64] Der Auftraggeber muss aber prüfen, ob er ausnahmsweise Lücken anderweitig,[65] etwa durch Heranziehung sonstiger ihm zur Verfügung stehender Informationen, schließen kann, bevor er die Verweigerung einer Auskunft zum Anlass für einen Angebotsausschluss nimmt.[66]

2. Verhandlungsverbote (Abs. 9 iVm § 15 Abs. 5 S. 2).

§ 16 Abs. 9 iVm § 15 Abs. 5 S. 2 **72** verbietet über auf Grundlage des S. 1 von § 15 Abs. 5 zulässige Aufklärungen hinaus weitergehende Verhandlungen, insbesondere über Änderungen der Angebote oder Preise.

Für EU-Bauverfahren ergibt sich das grundsätzliche Verhandlungsverbot ua auch im nicht **73** offenen Verfahren nunmehr aus **§ 15 EU Abs. 3 VOB/A**, ist dort aber insoweit eingeschränkt, als dass Verhandlungen bei Nebenangeboten oder Angeboten aufgrund eines Leistungsprogramms gem. § 7c EU VOB/A zulässig sind, wenn sie nötig sind, um unumgängliche technische Änderungen geringen Umfangs und daraus sich ergebende Änderungen der Preise zu vereinbaren. Eine derartige Ausnahme, zB bei Nebenangeboten nach § 35, enthält § 16 Abs. 9 nicht.

Grundsätzlich soll ein **Angebot** im **nicht offenen Verfahren so bewertet** werden, **wie** es **74** im Zeitpunkt der Angebotsabgabe[67] bzw. des **Ablaufs der Angebotsfrist**[68] vorlag. Dem dient auch die Pflicht des Auftraggebers nach § 55, eingegangene **Angebote zunächst ungeöffnet** zu lassen und **unter Verschluss** zu halten und diese **erst unverzüglich nach Ablauf der Angebotsfrist durch zwei Vertreter des Auftraggebers unter vier Augen zu öffnen.**

Zwar **fehlt** im neuen Vergaberecht, außer im Baubereich (§ 10a EU Abs. 7 VOB/A), eine **75** dem ehemaligen § 12 EG Abs. 10 VOL/A vergleichbare **Bestimmung zum Zurückziehen von Angeboten** bis zur Angebotsfrist. Grundsätzlich ist jedoch davon auszugehen, dass ein **zeitlich späteres Angebot ein früheres ersetzt**,[69] und Angebote bis zum Ablauf der Angebotsfrist auch ersatzlos zurückgezogen werden können.

Ein Angebot ist nach **§ 57 zwingend auszuschließen,** wenn auch nach erfolgter Aufklärung **76** die die Aufklärung auslösenden **Umstände und Zweifel nicht beseitigt** werden konnten. Denn für eine Zuschlagsfähigkeit muss ein Angebot letztlich eindeutig und frei von Zweifeln sein.

Das Verhandlungsverbot gilt dabei absolut, unabhängig davon, in welchem Umfang verhandelt **77** wird und ob der Verhandlungsinhalt überhaupt eine Änderung in der Bewertung nach sich zieht und/oder die Wettbewerbsstellung des Bieters überhaupt verändert hat.[70]

Es gilt **auch unabhängig davon, wer die unzulässige Verhandlung initiiert** hat,[71] auch **78** wenn es sich primär an den Auftraggeber wendet, da eine Verletzung des Nachverhandlungsverbots auch immer eine Rechtsverletzung der Vergabestelle gegenüber anderen Bietern darstellt, wenn diese sich darauf einlässt.[72]

---

[64] So zu Recht OLG Frankfurt a. M. Beschl. v. 12.11.2013 – 11 Verg 14/13, VPR 2014, 86, noch zum vormaligen Recht.

[65] Wie etwa seit 2016 aus einer aus einem anderen Vergabeverfahren schon vorliegenden Einheitlichen Europäischen Eigenerklärung nach § 50.

[66] So generaliter schon OLG München Beschl. v. 21.8.2008 – Verg 13/08, VergabeR 2009, 65, zum alten Vergaberecht. Diese Sichtweise scheint auch im Geltungsbereich der VgV ohne klaren Ausschlusstatbestand zielführend, da § 50 Abs. 3 Nr. 2 bestimmt, dass Bieter keine Unterlagen beizubringen haben, sofern und soweit die zuschlagerteilende Stelle bereits im Besitz der Unterlagen ist.

[67] OLG Koblenz Beschl. v. 15.7.2008 – 1 Verg 2/08, ZfBR 2008, 735.

[68] ZB nach Auswechslung oder Korrektur eines Angebotes vor Ablauf der Angebotsfrist. Zwar fehlt im neuen Vergaberecht, außer im Baubereich (§ 10a EU Abs. 7 VOB/A), eine dem ehemaligen § 12 EG Abs. 10 VOL/A vergleichbare Bestimmung zum Zurückziehen von Angeboten bis zur Angebotsfrist. Grundsätzlich ist jedoch davon auszugehen, dass ein zeitlich späteres Angebot ein früheres ersetzt, vgl. BGH Urt. v. 29.11.2016 – X ZR 122/14, NZBau 2017, 326.

[69] Vgl. BGH Urt. v. 29.11.2016 – X ZR 122/14, NZBau 2017, 326.

[70] So die Grundsatzentscheidung des BGH Beschl. v. 18.2.2003 – X ZB 43/02, VergabeR 2003, 313.

[71] VK Sachsen Beschl. v. 16.12.2003 – 1/SVK/146-03, BeckRS 2004, 039973, in einem Fall, in dem nicht klar war, wer handschriftliche Ergänzungen per Bleistift infolge eines Telefonats zwischen Vergabestelle und Bieter letztlich angebracht hatte.

[72] Diese Diktion zu Recht bestätigend Zeise in KKMPP VgV Rn. 53 zur vergleichbaren Situation in einem offenen Verfahren.

79 Unzulässige Nachverhandlungen liegen deshalb vor, wenn
– Vertragstermine geändert werden,[73]
– der Nachweis eines städtischen Stellplatzes als Verwahrungsgelände nachträglich zugelassen werden soll,[74]
– eine nachträgliche Klarstellung des Abgeltungsbetrages und des Leistungsinhalts bei einem Pauschalfestpreisangebot in einem Nebenangebot erfolgt,[75]
– ein Einzelpreis in einem Leistungsverzeichnis nachträglich reduziert wird und der betroffene Bieter mit seinem Angebot dadurch eine bessere Platzierung erhält.[76]

80 Zu beachten bleibt aber, dass nur **das insoweit unzulässig nachverhandelte Angebot zwingend auszuschließen** ist, weil es in **dieser nachverhandelten Form fristgerecht** dem Auftraggeber im nicht offenen Verfahren **so nicht vorgelegen** hat. Gegen eine neutrale **Bewertung des fristgerecht eingegangenen Ursprungsangebotes in der nicht verhandelten Form** ist grundsätzlich **Nichts einzuwenden**.[77]

81 Zu beachten bleibt ferner auch der völlig **neue § 124 Abs. 9 GWB**, wonach ein Unternehmen fakultativ ausgeschlossen werden kann, wenn es versucht hat, die **Entscheidungsfindung des öffentlichen Auftraggebers in unzulässiger Weise zu beeinflussen.** Dazu könnten auch unzulässige Nachverhandlungen als nach § 124 Abs. 9 lit. a GWB anzusehende Beeinflussungsversuche der Entscheidungsfindung des Auftraggebers zählen.

82 Die **zeitliche Grenze für Aufklärungen** und Nachverhandlungsmöglichkeiten bildet aber der **Zuschlag**, da mit diesem regelmäßig ein Vertrag zustande kommt. Denkbare **Vertragsanpassungen oder -änderungen nach dieser Zäsur** sind deshalb grundsätzlich an **§ 132 GWB** und der **VOL, Teil B**, zu messen, sofern diese gem. § 29 Abs. 2 S. 1 in der Regel in den Vertrag einbezogen wurde. Nach **§ 2 Nr. 1 VOL/B** kann der Auftraggeber nachträglich Änderungen in der Beschaffenheit der Leistung im Rahmen der Leistungsfähigkeit des Auftragnehmers verlangen, es sei denn, dies ist für den Auftragnehmer unzumutbar. Mit der Betonung und Beschränkung auf Änderungen nur in der Beschaffenheit der Leistung ist klargestellt, dass **mengenmäßige Änderungen davon nicht erfasst** werden und allenfalls § 132 GWB erfasst werden können.[78]

83 § 16 ist **insgesamt drittschützend** iSd § 97 Abs. 6 GWB,[79] da Unternehmen sowohl einen Anspruch darauf haben, dass das nicht offene Verfahren, wie vom Gesetzgeber konzipiert, durchgeführt wird, ausreichende Fristen zur Verfügung stehen[80] und Aufklärungen nicht zu unzulässigen Nachverhandlungen missbraucht werden. Einen **Anspruch auf eine Aufklärung** oder einen entsprechenden Aufklärungstermin hingegen gibt es **grundsätzlich nicht**.[81] Eine Ausnahme wird man

---

[73] VK Hessen Beschl. v. 23.5.2013 – 69d-VK-05/2013, VPR 2014, 25.
[74] OLG Frankfurt a. M. Beschl. v. 16.6.2015 – 11 Verg 3/15, ZfBR 2016, 79.
[75] OLG Brandenburg Beschl. v. 12.11.2002 – Verg W 16/02, VergabeR 2003, 70.
[76] BGH Urt. v. 6.2.2002 – X ZR 185/99, VergabeR 2002, 369.
[77] OLG München Beschl. v. 15.11.2007 – Verg 10/07, VergabeR 2008, 114.
[78] So zu Recht VK Nordbayern Beschl. v. 20.6.2012 – 21.VK-3194-08/12, IBRRS 2012, 3612, insoweit bestätigt im Beschluss des OLG München v. 6.8.2012 – Verg 14/72 (§ 118 GWB aF), VergabeR 2013, 78.
[79] OLG Düsseldorf Beschl. v. 16.3.2016 – Verg 48/15, VPR 2016, 154; OLG Frankfurt a. M. Beschl. v. 16.6.2015 – 11 Verg 3/15, ZfBR 2016, 79.
[80] OLG Düsseldorf Beschl. v. 1.8.2005 – VII-Verg 41/05, IBR 2005, 706; VK Lüneburg Beschl. v. 13.8.2014 – VgK-29/2014, ZfBR 2015, 311.
[81] EuGH Urt. v. 29.3.2012 – C-599/10, VergabeR 2012, 584; OLG Brandenburg Urt. v. 6.9.2011 – 6 U 2/11, IBR 2012, 160; aA grundlegend OLG Düsseldorf Beschl. v. 21.10.2015 – VII-Verg 35/15, NZBau 2016, 61, zumindest vor einem zwingenden Ausschluss wegen Widersprüchlichkeit des Angebotes. Führt aber die Auslegung widersprüchlicher Angaben zu keinem Ergebnis und verbleiben Zweifel, ist das Angebot nach richtiger Ansicht auch ohne weitere Aufklärung nach § 15 Abs. 5 auszuschließen, so zu Recht VK Westfalen Beschl. v. 7.4.2017 – VK 1-07/17, VPR 2017, 129, denn Angebote, die objektiv widersprüchlich sind, werden auch in einer Aufklärungsverhandlung nicht objektiv eindeutig. Dies dürfte ab § 16 Abs. 9 auch für das nicht offene Verfahren gelten; so auch VK Sachsen-Anhalt Beschl. v. 30.9.2020 – 2 VK LSA 42/20, VPRRS 2021, 0087, zur VOB/A. Soweit der BGH in seiner Grundsatzentscheidung vom 18.6.2019 – X ZR 86/17, NZBau 2019, 661, formale Ausschlussgründe wegen der seit 2009 initiierten Liberalisierung des Vergaberechts in Zweifel zieht und selbst bei objektiv eindeutigen Abweichungen von den Vergabeunterlagen Aufklärungen vor Ausschlüssen befürwortet, ist zu entgegnen, dass der Gesetz- und Verordnungsgeber die entsprechenden zwingenden Ausschlusstatbestände, wie zB § 57 und insbesondere auch § 16 EU VOB/2019, vom Wortlaut her unverändert gelassen hat, was selbst der BGH einräumen muss und seine Argumentationsweise massiv in Frage stellt; diese Rechtsprechung des BGH ebenfalls relativierend OLG Karlsruhe Beschl. v. 19.2.2020 – 15 Verg 1/20, VPR 2020, 86. Vgl. auch § 123 Abs. 5 GWB mit einem gesetzlich verankerten Abweichen von einem eigentlich zwingenden Ausschlussgrund, das die gesamte VOB/A trotz dreimaliger Novellen in den Jahren 2016 und 2019 entgegen der Liberalisierungsbehauptungen des BGH in seiner Grundsatzentscheidung bei den zwingenden Ausschlusstatbeständen tatsächlich nicht aufweist.

im Lichte der vorbenannten EuGH-Rechtsprechung aber zu machen haben, wenn offensichtliche Eintragungsfehler relativ problemlos aufgeklärt werden können.

§ 17 Verhandlungsverfahren

(1) ¹Bei einem Verhandlungsverfahren mit Teilnahmewettbewerb fordert der öffentliche Auftraggeber eine unbeschränkte Anzahl von Unternehmen im Rahmen eines Teilnahmewettbewerbs öffentlich zur Abgabe von Teilnahmeanträgen auf. ²Jedes interessierte Unternehmen kann einen Teilnahmeantrag abgeben. ³Mit dem Teilnahmeantrag übermitteln die Unternehmen die vom öffentlichen Auftraggeber geforderten Informationen für die Prüfung ihrer Eignung.

(2) Die Frist für den Eingang der Teilnahmeanträge (Teilnahmefrist) beträgt mindestens 30 Tage, gerechnet ab dem Tag nach der Absendung der Auftragsbekanntmachung.

(3) Für den Fall, dass eine hinreichend begründete Dringlichkeit die Einhaltung der Teilnahmefrist unmöglich macht, kann der öffentliche Auftraggeber eine Frist festlegen, die 15 Tage, gerechnet ab dem Tag nach der Absendung der Auftragsbekanntmachung, nicht unterschreiten darf.

(4) ¹Nur diejenigen Unternehmen, die vom öffentlichen Auftraggeber nach Prüfung der übermittelten Informationen dazu aufgefordert werden, können ein Erstangebot einreichen. ²Der öffentliche Auftraggeber kann die Zahl geeigneter Bewerber, die zur Angebotsabgabe aufgefordert werden, gemäß § 51 begrenzen.

(5) Bei einem Verhandlungsverfahren ohne Teilnahmewettbewerb erfolgt keine öffentliche Aufforderung zur Abgabe von Teilnahmeanträgen, sondern unmittelbar eine Aufforderung zur Abgabe von Erstangeboten an die vom öffentlichen Auftraggeber ausgewählten Unternehmen.

(6) Die Frist für den Eingang der Erstangebote beträgt beim Verhandlungsverfahren mit Teilnahmewettbewerb mindestens 30 Tage, gerechnet ab dem Tag nach der Absendung der Aufforderung zur Angebotsabgabe.

(7) ¹Mit Ausnahme oberster Bundesbehörden kann der öffentliche Auftraggeber die Angebotsfrist mit den Bewerbern, die zur Angebotsabgabe aufgefordert werden, im gegenseitigen Einvernehmen festlegen, sofern allen Bewerbern dieselbe Frist für die Einreichung der Angebote gewährt wird. ²Erfolgt keine einvernehmliche Festlegung der Angebotsfrist, beträgt diese mindestens zehn Tage, gerechnet ab dem Tag nach der Absendung der Aufforderung zur Angebotsabgabe.

(8) Für den Fall, dass eine hinreichend begründete Dringlichkeit die Einhaltung der Angebotsfrist gemäß Absatz 6 unmöglich macht, kann der öffentliche Auftraggeber eine Frist festlegen, die zehn Tage, gerechnet ab dem Tag nach der Absendung der Aufforderung zur Angebotsabgabe, nicht unterschreiten darf.

(9) Der öffentliche Auftraggeber kann die Angebotsfrist gemäß Absatz 6 um fünf Tage verkürzen, wenn er die elektronische Übermittlung der Angebote akzeptiert.

(10) ¹Der öffentliche Auftraggeber verhandelt mit den Bietern über die von ihnen eingereichten Erstangebote und alle Folgeangebote, mit Ausnahme der endgültigen Angebote, mit dem Ziel, die Angebote inhaltlich zu verbessern. ²Dabei darf über den gesamten Angebotsinhalt verhandelt werden mit Ausnahme der vom öffentlichen Auftraggeber in den Vergabeunterlagen festgelegten Mindestanforderungen und Zuschlagskriterien.

(11) Der öffentliche Auftraggeber kann den Auftrag auf der Grundlage der Erstangebote vergeben, ohne in Verhandlungen einzutreten, wenn er sich in der Auftragsbekanntmachung oder in der Aufforderung zur Interessensbestätigung diese Möglichkeit vorbehalten hat.

(12) ¹Sofern der öffentliche Auftraggeber in der Auftragsbekanntmachung oder in den Vergabeunterlagen darauf hingewiesen hat, kann er die Verhandlungen in verschiedenen aufeinanderfolgenden Phasen abwickeln, um so die Zahl der Angebote, über die verhandelt wird, anhand der vorgegebenen Zuschlagskriterien zu verringern. ²In der Schlussphase des Verfahrens müssen noch so viele Angebote vorliegen, dass der Wettbewerb

gewährleistet ist, sofern ursprünglich eine ausreichende Anzahl von Angeboten oder geeigneten Bietern vorhanden war.

(13) ¹Der öffentliche Auftraggeber stellt sicher, dass alle Bieter bei den Verhandlungen gleichbehandelt werden. ²Insbesondere enthält er sich jeder diskriminierenden Weitergabe von Informationen, durch die bestimmte Bieter gegenüber anderen begünstigt werden könnten. ³Er unterrichtet alle Bieter, deren Angebote nicht gemäß Absatz 12 ausgeschieden wurden, in Textform nach § 126b des Bürgerlichen Gesetzbuchs über etwaige Änderungen der Leistungsbeschreibung, insbesondere der technischen Anforderungen oder anderer Bestandteile der Vergabeunterlagen, die nicht die Festlegung der Mindestanforderungen und Zuschlagskriterien betreffen. ⁴Im Anschluss an solche Änderungen gewährt der öffentliche Auftraggeber den Bietern ausreichend Zeit, um ihre Angebote zu ändern und gegebenenfalls überarbeitete Angebote einzureichen. ⁵Der öffentliche Auftraggeber darf vertrauliche Informationen eines an den Verhandlungen teilnehmenden Bieters nicht ohne dessen Zustimmung an die anderen Teilnehmer weitergeben. ⁶Eine solche Zustimmung darf nicht allgemein, sondern nur in Bezug auf die beabsichtigte Mitteilung bestimmter Informationen erteilt werden.

(14) ¹Beabsichtigt der öffentliche Auftraggeber, die Verhandlungen abzuschließen, so unterrichtet er die verbleibenden Bieter und legt eine einheitliche Frist für die Einreichung neuer oder überarbeiteter Angebote fest. ²Er vergewissert sich, dass die endgültigen Angebote die Mindestanforderungen erfüllen, und entscheidet über den Zuschlag auf der Grundlage der Zuschlagskriterien.

(15) In einem Verhandlungsverfahren ohne Teilnahmewettbewerb nach § 14 Absatz 4 Nummer 3 ist der öffentliche Auftraggeber von den Verpflichtungen der §§ 9 bis 13, des § 53 Absatz 1 sowie der §§ 54 und 55 befreit.

Schrifttum: *Dobmann,* Das Verhandlungsverfahren. Eine Bestandsaufnahme, VergabeR 2013, 175; *Ebert,* Möglichkeiten und Grenzen im Verhandlungsverfahren, 2005; *Favier,* Etablierte Regeln für das Verhandlungsverfahren mit Teilnahmewettbewerb auf dem Prüfstand des neuen Rechts, ZfBR 2016, 761; *Hölzl,* Verhandlungsverfahren: Was geht? Zu den Möglichkeiten und Grenzen der Flexibilität in einem Verhandlungsverfahren, NZBau 2013, 558; *Ollmann,* Das Aus für das (bisherige) Verhandlungsverfahren, VergabeR 2016, 413.

Übersicht

	Rn.		Rn.
I. Normzweck	1	VII. Aufforderung zur Abgabe von Angeboten im Verhandlungsverfahren ohne Teilnahmewettbewerb (Abs. 5)	56
II. Europarechtlicher Hintergrund	28		
III. Definition und Modalitäten des Teilnahmewettbewerbs (Abs. 1)	29	VIII. Mindestangebotsfrist für Erstangebote (Abs. 6)	57
1. Unbeschränkter Adressatenkreis eines – öffentlichen – Teilnahmewettbewerbs und unbeschränkte Möglichkeit der Abgabe von Teilnahmeanträgen (Abs. 1 S. 1 und 2)	29	IX. Festlegung der Angebotsfrist im gegenseitigen Einvernehmen mit den Bewerbern und Mindestfrist beim Scheitern (Abs. 7)	60
		X. Verkürzung der Angebotsfrist bei hinreichend begründeter Dringlichkeit (Abs. 8)	69
2. Vorgaben des Auftraggebers für die mit dem Teilnahmeantrag beizubringenden Eignungsinformationen (Abs. 1 S. 3)	34		
IV. Mindestteilnahmefrist (Abs. 2)	35	XI. Verkürzung der Angebotsfrist bei Zulassung von Angeboten in elektronischer Form (Abs. 9)	77
V. Verkürzung der Teilnahmefrist bei hinreichend begründeter Dringlichkeit (Abs. 3)	36	XII. Durchführung von Verhandlungen und Verhandlungsinhalte (Abs. 10)	80
VI. Angebotsabgaberecht und Begrenzungsmöglichkeit hinsichtlich geeigneter Bewerber vor der Aufforderung zur Angebotsabgabe (Abs. 4 S. 1 und 2)	45	1. Durchführung von Verhandlungen (Abs. 10 S. 1)	81
		2. Verhandlungsinhalte mit Ausnahmen (Abs. 10 S. 2)	84
1. Angebotsabgaberecht (Abs. 4 S. 1)	46	XIII. Beauftragung von Erstangeboten ohne Verhandlungen nur bei entsprechendem Vorbehalt (Abs. 11)	85
2. Begrenzungsmöglichkeit (Abs. 4 S. 2)	48		

	Rn.		Rn.
XIV. Abschichtungen im Verhandlungsverfahren und Gewährleistung von Wettbewerb in der Schlussphase der Verhandlungen (Abs. 12)	90	XVI. Unterrichtungspflicht bei beabsichtigtem Abschluss der Verhandlungen, einheitliche letzte Angebotsfrist, Prüfung der Mindestanforderungen und Entscheidung über den Zuschlag auf Grundlage der Zuschlagskriterien (Abs. 14)	97
XV. Gleichbehandlung der Bieter bei Verhandlungen und Unterrichtungspflichten bei Änderungen der Leistungsbeschreibung samt ausreichender Frist zur Änderung und Überarbeitung der Angebote (Abs. 13)	92	XVII. Suspendierung von den Verpflichtungen der §§ 9–13, des § 53 Abs. 1 sowie der §§ 54 und 55 in einem Verhandlungsverfahren nach § 14 Abs. 4 Nr. 3 (Abs. 15)	101

I. Normzweck

Während § 14 bestimmt, unter welchen **Voraussetzungen** ein **Verhandlungsverfahren** mit 1 oder auch ohne Teilnahmewettbewerb überhaupt vom Auftraggeber gewählt werden kann,[1] regelt § 17 erstmals die konkreten **Parameter,** die der Auftraggeber in den einzelnen **Verfahrensstufen** **beachten** muss.

Danach gliedert sich das **Verhandlungsverfahren mit EU-Teilnahmewettbewerb** entspre- 2 chend den neuen EU-Vorgaben strukturell grundsätzlich in **vier Phasen:** 1. Präqualifikationsphase im **Teilnahmewettbewerb** (§ 17 Abs. 1–4), 2. **erste Angebotsphase** (§ 17 Abs. 4, 6–9 und 11), 3. **Verhandlungsphase** (§ 17 Abs. 10, 12, 13 und 14), 4. **zweite Angebotsphase** (§ 17 Abs. 12, 13 S. 5 und 14). Nutzt der öffentliche Auftraggeber den nach § 17 Abs. 11 möglichen **Vorbehalt der Bezuschlagung** schon des oder der Erstangebote, **entfallen automatisch** die **letzten beiden Phasen.**

Im strukturell generell schon **verkürzten Verhandlungsverfahren ohne EU-Teilnahme-** 3 **wettbewerb,** das aber nur unter **abschließenden**[2] und sehr **engen Voraussetzungen** zulässig[3] ist, verbleiben grundsätzlich die **drei letzten Phasen,** da der **Teilnahmewettbewerb** und damit auch die Geltung von § 17 **Abs. 1–4 entfällt.** Dort ist aber **ersatzweise** die Sonderbestimmung in § 17 **Abs. 5** zu beachten, wonach eine öffentliche Aufforderung zur Abgabe von Teilnahmeanträgen naturgemäß entfällt und **anstelle dessen unmittelbar eine Aufforderung** zur Abgabe von Erstangeboten **an** die vom Auftraggeber **ausgewählten Unternehmen** erfolgt.

Behält sich auch dort der Auftraggeber die **Bezuschlagung der Erstangebote vor,** entfallen 4 wiederum automatisch die letzten beiden Phasen. Für den Fall der Bezuschlagung der Erstangebote unterscheidet sich dieses **kupierte Verhandlungsverfahren** bis auf den Zeitpunkt der Eignungsprüfung in nichts mehr von einem offenen Verfahren (ohne Teilnahmewettbewerb) bzw. einem nicht offenen Verfahren (mit Teilnahmewettbewerb).

Das **Verhandlungsverfahren** ist – wie der Name schon sagt – durch die **Möglichkeit gekenn-** 5 **zeichnet, über** die **Angebote** zu **verhandeln,**[4] und zwar entweder nach einem vorherigen – öffentlichem – Teilnahmewettbewerb oder auch ohne diesen durch direkte Auswahl der Unternehmen,[5] mit denen diese Verhandlungen geführt werden sollen.

Art. 30 und 32 RL 2014/24/EU definieren auf EU-Ebene die Voraussetzungen, unter denen 6 ein Verhandlungsverfahren mit oder ohne Teilnahmewettbewerb zulässig ist. Diese Voraussetzungen haben ihren Niederschlag auch in **§ 14 Abs. 3 und 4 sowie § 3a EU Abs. 2 und 3 VOB/A** gefunden. Das Verhandlungsverfahren kann von öffentlichen Auftraggebern nach § 99 daher nicht beliebig, sondern nur bei Vorliegen der geregelten Voraussetzungen gewählt werden.

---

[1] Die beiden Varianten zulässiger Verhandlungsverfahren, mit oder ohne Bekanntmachung/Teilnahmewettbewerb, dürfen nur in den in § 14 Abs. 3 einerseits und § 14 Abs. 4 andererseits jeweils abschließend aufgeführten Fallkonstellationen angewandt werden, vgl. die Verordnungsbegründung zu § 14 Abs. 3, BT-Drs. 18/7317, 168.
[2] Vgl. Verordnungsbegründung, BR-Drs. 87/16, 168.
[3] Vgl. die Kommentierung zu § 14 (→ § 14 Rn. 45 ff.), insbesondere zu § 14 Abs. 4 (→ § 14 Rn. 46) sowie EuGH Urt. v. 14.9.2004 – C-385/02, VergabeR 2004, 710.
[4] Diese Möglichkeit weisen sowohl das offene als auch das nicht offene Verfahren gerade nicht auf, vgl. § 15 Abs. 5 und § 16 Abs. 9.
[5] Sofern die strengen Voraussetzungen des § 14 Abs. 4 Nr. 1–9, fußend auf Art. 32 RL 2014/24/EU, dies ausnahmsweise zulassen.

Fett

7 Wer das **Verhandlungsverfahren** anwenden will, trägt die **Beweislast** für das Vorliegen der Voraussetzungen.[6] Die EU-Kommission kann sogar **in bestimmten Einzelfällen** verlangen, dass ihr ein **Bericht über die Wahl des Verhandlungsverfahrens vorzulegen** ist (vgl. § 14 Abs. 5). Zudem hat sie die neu gestalteten Rechte aus § 8 Abs. 5,[7] die es ihr ermöglichen, jederzeit die Dokumentation oder dessen Hauptelemente sowie wertabhängig die abgeschlossenen Verträge zwecks Übermittlung anzufordern. Zumindest aus der **von Anbeginn fortlaufend zu fertigenden Dokumentation nach § 8 Abs. 1 S. 1** müssen sich dann die **Ausnahmegründe** ergeben, die ein **Verhandlungsverfahren rechtfertigen.**[8]

8 Den **Kern des Verhandlungsverfahrens** stellt die Verhandlung mit den Bietern dar. Da die **Gestaltung der Verhandlungen in den Händen des Auftraggebers** liegt, ist der Ablauf des Verhandlungsverfahrens grundsätzlich weniger streng vorgegeben als der Ablauf des offenen und des nicht offenen Verfahrens. Mit der **ausführlichen Neuregelung in § 17** hat es sich jedoch den Normierungen der beiden nunmehr gleichberechtigt vorrangigen anderen Vergabearten **angenähert**. Zudem unterliegt es auch uneingeschränkt den **Grundsätzen des § 97,** also denjenigen von Transparenz, Wettbewerb und Nichtdiskriminierung. Auch im Verhandlungsverfahren darf der **Auftrag nur an geeignete Unternehmen nach Durchführung eines diskriminierungsfreien fairen und transparenten Wettbewerbs und auf das wirtschaftlichste Angebot** erteilt werden. Da andererseits das **Verhandlungsverfahren mit vorheriger Bekanntmachung die gleiche Verengung des Wettbewerbszugangs wie das nicht offene Verfahren** nach sich zieht und das Verhandlungsverfahren ohne Bekanntmachung sogar darüber hinaus die weitestgehende Verengung des Wettbewerbszugangs überhaupt zulässt[9] und diese Verfahren deshalb **besonders manipulationsanfällig** sind,[10] sind an die **Transparenz des Verfahrens,** wie der maßgeblichen Entscheidungen, die gleichen, wenn nicht sogar noch höhere Anforderungen zu stellen wie in einem offenen Verfahren.

9 In der Praxis bestehen bei diesem Verfahren daher eine hohe Angreifbarkeit und Fehleranfälligkeit. Es empfiehlt sich daher, auch die **Verhandlungsgespräche** streng zu **strukturieren**[11] und nach dieser Struktur durchzuführen sowie diesen **Vorgang eingehend** zu **dokumentieren.** Die **Dokumentation** muss so umfassend sein, dass die **Gleichbehandlung der Bieter** nachvollziehbar belegt ist. Dies gilt sowohl für die den einzelnen Bietern **im Rahmen der Gespräche erteilten Informationen**[12] wie auch für die eingeräumten Darstellungsmöglichkeiten für das Angebot oder die zugestandenen Abweichungen von den bisherigen Bedingungen der Ausschreibung, die aber nicht so weit gehen dürfen, dass damit die ehedem verlautbarten Zuschlagskriterien oder **die nicht verhandelbaren Mindestbedingungen des Auftraggebers** abgeändert oder unbeachtet bleiben könnten, was § 17 **Abs. 10 S. 2** und § 17 **Abs. 14 S. 2** verdeutlichen und verbieten. Die Dokumentation ist daher in Verhandlungsverfahren üblicherweise sehr aufwändig.

10 In § 17 **Abs. 12** ist wie beim wettbewerblichen Dialog vorgesehen, dass die **Zahl der Angebote** in mehreren aufeinander folgenden **Phasen verringert** werden darf, über die verhandelt wird. Ausschlaggebend ist auch hier, dass die Verringerung der Zahl der Angebote und damit der Zahl der Bieter **diskriminierungsfrei** erfolgt. Deshalb muss der Auftraggeber in diesem Fall schon in der Veröffentlichung der Auftragsbekanntmachung nach **§ 37,** spätestens jedoch mit der Versendung

---

[6] EuGH Urt. v. 15.10.2009 – C-275/08, NZBau 2010, 63 Rn. 54–56 = VergabeR 2009, 57 f.; zur Zulässigkeit des Verhandlungsverfahrens: BGH Beschl. v. 10.11.2009 – X ZB 8/09, NZBau 2010, 124 f. – Endoskopie-System; Verhandlungsverfahren nach erfolglosem offenen Verfahren (Bauauftrag) EuGH Urt. v. 15.10.2009 – C-138/08, NZBau 2010, 59 f. – Hochtief.

[7] Nach § 8 Abs. 4 sind die Dokumentation, der davon nunmehr zu unterscheidende Vergabevermerk sowie die Angebote, Teilnahmeanträge, Interessensbekundungen, Interessensbestätigungen und ihre Anlagen bis zum Ende der Laufzeit des Vertrages oder der Rahmenvereinbarung aufzubewahren, mindestens jedoch für drei Jahre ab dem Tag des Zuschlags. Gleiches gilt nach § 8 Abs. 4 S. 2 nunmehr auch für die Kopien aller Verträge mit einem Mindestauftragswert von 1 Mio. EUR (Liefer- und Dienstleistungsaufträge) bzw. von 10 Mio. EUR bei Bauaufträgen.

[8] Vgl. dazu auch das Rundschreiben des Bundesministeriums für Wirtschaft und Energie v. 9.1.2015, zur besonders dringlichen Beschaffung sowie Leitlinien der Europäischen Kommission zur Nutzung des Rahmens für die Vergabe öffentlicher Aufträge in der durch die COVID-19-Krise verursachten Notsituation (2020/C 108 I/01).

[9] *Ebert*, Möglichkeiten und Grenzen im Verhandlungsverfahren, 2005, 113.

[10] Vgl. zur besonderen Anfälligkeit des Verhandlungsverfahrens für außervergaberechtliche Einflussnahmen wegen seiner fehlenden Formalisierung *Dobmann* VergabeR 2013, 175 (178) und die Neuregelung in § 124 Abs. 1 Nr. 9 GWB, die derartige Beeinflussungsversuche von Unternehmen mit einem zumindest fakultativen Ausschlussgrund sanktioniert.

[11] So auch *Dobmann* VergabeR 2013, 175 (183).

[12] Vgl. dazu die jetzigen Restriktionen in § 17 Abs. 13.

I. Normzweck

der **Vergabeunterlagen, transparent anzugeben, ob das Verfahren in verschiedenen aufeinander folgenden Phasen abgewickelt** werden soll, um so zu einer Verringerung/Abschichtung der Wettbewerber zu kommen.

In diesem Fall hat der **Auftraggeber sicherzustellen,** dass auch noch in **der Schlussphase der Verhandlungen ein echter Wettbewerb gewährleistet** ist. Dies gilt selbstverständlich nur, wenn dann noch eine ausreichende Anzahl geeigneter Bewerber vorhanden ist, was der Auftraggeber aber nicht in der eigenen Hand hat, sondern eben auch entscheidend von den teilnehmenden Unternehmen abhängt.

Keineswegs ist es ihm erlaubt, etwa bei der Einhaltung der vorgegebenen Mindestanforderungen eine falsch verstandene Nachsicht zu hegen, um möglichst viele wertbare Angebote zu erhalten. Dies stellt § 17 **Abs. 14 S. 2 mit einer erstmals implementierten Vergewisserungspflicht, dass die Endangebote diese erfüllen, nunmehr sicher.**

Im Übrigen ergibt sich nunmehr der **Ablauf eines Verhandlungsverfahrens aus § 17 Abs. 10–14,** auch wenn der Auftraggeber innerhalb dieses gesetzten Rahmens die konkrete Gestaltung seines Verhandlungsverfahrens unter **Beachtung der Grundsätze der Gleichbehandlung und Transparenz selbstständig vornehmen** kann.

Grundsätzlich verläuft ein **Verhandlungsverfahren in der Angebotsphase** dabei wie folgt: Nach Eingang und **formaler Prüfung der sog Erstangebote**[13] verhandelt der Auftraggeber gem. § 17 Abs. 10 S. 1 mit den Bietern **über ihre Erstangebote – und alle Folgeangebote**[14] –, um diese **inhaltlich zu verbessern** und eine optimale Beschaffung zu gewährleisten. Dabei darf **über den gesamten Angebotsinhalt verhandelt** werden, mit **Ausnahme** der vom Auftraggeber **festgelegten Mindestanforderungen und Zuschlagskriterien** (§ 17 Abs. 10 S. 2).

Verhandlungen können sich dabei auf **alle Merkmale** der ausgeschriebenen **Leistung** beziehen wie **Liefermenge, Qualitätsmerkmale** der Leistung, vertragliche Klauseln wie Sicherheitsleistungen, **Haftungsgrundsätze, Vertragsstrafen, Preisanpassungsklauseln** oder soziale oder umweltrelevante Eigenschaften, sofern diese nicht durch vorab mitgeteilte Mindestanforderungen unverhandelbar determiniert waren.

Zu beachten bleibt aber, dass der **Erwägungsgrund 45 RL 2014/24/EU** fordert, dass klargestellt werden sollte, dass es sich bei den **Mindestanforderungen,** die vom öffentlichen Auftraggeber festzulegen sind, um jene (insbesondere **physischen, funktionellen und rechtlichen) Bedingungen und wesentlichen Merkmale** handelt, die jedes Angebot erfüllen beziehungsweise aufweisen sollte, damit der öffentliche Auftraggeber den Auftrag im Einklang mit dem gewählten Zuschlagskriterium vergeben kann.

Auftraggeber und Bieter können in diesem Verhandlungsprozess **unter Beachtung** der vorgegebenen **Mindestbedingungen**[15] den Auftragsinhalt, die Auftragsbedingungen und die zugehörigen Preise **so lange miteinander besprechen,** bis geklärt ist, was der Auftraggeber zum einen konkret beschaffen will, zu welchen auch technischen Parametern der Bieter dies ermöglichen kann und insbesondere, **zu welchen Kosten und Preisen** dies umsetzbar erscheint.[16]

Aber auch in einem Verhandlungsverfahren muss ein Auftraggeber die wesentlichen Prinzipien des Vergaberechts, den **Wettbewerbsgrundsatz, das Transparenzgebot und das Verbot der Diskriminierung** beachten.[17]

---

[13] Da der Gesetzgeber diesen ersten Angeboten in einem Verhandlungsverfahren nunmehr einen terminus technicus zugeordnet hat, verbieten sich früher übliche Bezugnahmen wie etwa „indikative Angebote". Dies gilt erst recht, wenn sich der Auftraggeber eine Bezuschlagung jener Erstangebote ohne Verhandlungen nach § 17 Abs. 11 vorbehalten hatte, da diese dann per se nicht mehr unverbindlich indikativ, sondern vollständig verbindlich und bezuschlagsfähig ausgestaltet sein müssen.

[14] Bis auf die endgültigen Schlussangebote, vgl. § 17 Abs. 10 S. 1. Letztere sind demnach nur noch aufklärungsfähig analog § 15 Abs. 5, nicht aber verhandlungsfähig. Damit dürfte auch die Rechtsprechung des KG Beschl. v. 17.5.2013 – Verg 2/13, VergabeR 2013, 813, wonach auch eine ehedem nicht vorgesehene Extraverhandlungsrunde nach dem eigentlich geplanten Abschluss der Verhandlungen möglich ist, obsolet geworden sein.

[15] Auch vor Kodifizierung in § 17 Abs. 14 S. 2 VgV 2016 hatte die Rechtsprechung schon gefordert, dass Angebote, die die Mindestbedingungen nicht erfüllen, auszuschließen waren, da auch das Verhandlungsverfahren mit seinen ehedem etwas geringeren Formalanforderungen insoweit keine Ausnahmen zuließ, OLG München Beschl. v. 21.5.2010 – Verg 02/10, VergabeR 2010, 992. Einzig die vollständige Übertragung derartiger Ausschlussformalien auch schon auf die ehedem gerade vom Auftraggeber als unverbindlich gekennzeichneten, sog indikativen Angebote sah die Rechtsprechung als nicht gerechtfertigt an, vgl. OLG Schleswig Beschl. v. 19.8.2016 – 54 Verg 7/16 und 8/16, BeckRS 2016, 19260.

[16] Vgl. dazu BGH Urt. v. 10.9.2009 – VII ZR 255/08, NJW 2010, 527; OLG Naumburg Beschl. v. 12.4.2012 – 2 Verg 1/12, VergabeR 2012, 749.

[17] BGH Urt. v. 10.9.2009 – VII ZR 255/08, NJW 2010, 527; OLG Brandenburg Beschl. v. 20.9.2011 – Verg W 11/11, VergabeR 2012, 110.

19 Grenzlinie dieser **Verhandlungen** ist somit die **Identität des Beschaffungsvorhabens,** das der Auftraggeber in dieser Form zum Ausschreibungsgegenstand gemacht hat. Diese Identität des Beschaffungsobjekts muss **auch in einem Verhandlungsverfahren unter besonderer Beachtung der vorgegebenen Mindestbedingungen bewahrt** bleiben. Ansonsten liefe die Ausschreibungsverpflichtung als Ausgangspunkt der Rechte und Pflichten der Vergabebeteiligten (§ 97 Abs. 6) ins Leere.[18]

20 Erkennt der Auftraggeber aufgrund der eingegangenen Erstangebote oder anhand der Verhandlungsinhalte, dass seine **Mindestanforderungen völlig überzogen** waren oder am **Markt von keinem Unternehmen erfüllt** werden können,[19] so muss er **nicht sofort** zum letzten Mittel der Aufhebung greifen. Vielmehr ist er unter Beachtung von Transparenz und Gleichbehandlung auch innerhalb eines Verhandlungsverfahrens befugt, die **bisherigen Vergabeunterlagen zu ändern**[20] oder sogar erkannte **Vergaberechtsverstöße,** etwa eine nicht produktneutrale Ausschreibung, **zu korrigieren.**

21 In einem solchen Fall kann der Auftraggeber insbesondere in einem Verhandlungsverfahren, das ohnehin vertragliche Anpassungen in mehreren Phasen kennt, die notwendigen Änderungen in den Vergabeunterlagen zB im Änderungsmodus inhaltlich herausstreichen, allen Bietern zur Verfügung stellen und auf dieser geänderten Grundlage zur erneuten Abgabe eines Folgeangebots auffordern.

22 Dabei bleibt zu beachten, dass bei **grundlegenden Änderungen aus Transparenzgründen** die **Korrekturen** von Fehlern auch **an der Fehlerquelle, also der EU-Bekanntmachung,** erfolgen müssen.[21]

23 Schon allein aus dem Gebot, dem wirtschaftlichsten Angebot den Zuschlag zu erteilen, sind auch im neuen Vergaberecht **Preis und Kosten** der geforderten Leistungen in einem Bieterangebot, insbesondere aus Sicht des Auftraggebers, **bevorzugte Verhandlungsinhalte.**

24 Die Verhandlung kann dabei **auch in verschiedenen aufeinanderfolgenden Phasen** abgewickelt werden, **um** die **Anzahl** der weiter zu verhandelnden **Angebote anhand der vorgegebenen Zuschlagskriterien zu verringern** (§ 17 Abs. 12 S. 1). Allerdings müssen auch in diesem Fall gem. § 17 Abs. 12 S. 2 **in der Schlussphase** des Verfahrens **noch so viele Angebote** vorliegen, dass **Wettbewerb gewährleistet** ist, sofern ursprünglich eine ausreichende Anzahl von Angeboten oder geeigneten Bietern vorhanden war. Eine **Separatverhandlung einzig und allein** mit einem „**preferred bidder"** ist somit **nicht mehr möglich.**[22] Dagegen spricht auch nicht der Wortlaut des § 119 Abs. 5 GWB, der den Passus enthält, „um mit einem oder mehreren dieser Unternehmen über die Angebote zu verhandeln". Denn in **§ 119 Abs. 5 GWB sind beide Varianten des Verhandlungsverfahrens angesprochen,** also auch dasjenige ohne EU-Bekanntmachung, bei dem etwa nach **§ 14 Abs. 4 Nr. 2, 4, 5, 7, 8 Var. 1 und 9 in den beschriebenen Ausnahmesituationen ohnehin nur ein Unternehmen als Verhandlungspartner** in Betracht kommt.

25 Denn der Auftraggeber hat nach § 17 Abs. 13 S. 1 auch im Übrigen sicherzustellen, dass **alle Bieter bei den Verhandlungen gleichbehandelt** werden und muss nunmehr nach § 17 Abs. 14 S. 1 die **verbleibenden Bieter vom geplanten Abschluss der Verhandlungen unterrichten**

---

[18] In dieser die Identität verneinenden Diktion – noch ohne die heutige Vorgabe verhandlungsfeindlicher Mindestbedingungen – OLG Dresden Beschl. v. 3.12.2003 – WVerg 15/03, VergabeR 2004, 225, zu einem europaweit bekannt gemachten Verhandlungsverfahren zur Errichtung einer nichtthermischen Restabfallentsorgungsanlage und zur Erbringung von Entsorgungsleistungen, in dem die vorgesehene Zuschlagsbieterin in einem Bauabschnitt I nur die Errichtung einer mechanischen Restabfallbehandlungsanlage angeboten hatte und deren Vervollständigung zu einer vollständigen mechanisch-biologischen oder mechanisch-thermischen Anlage in einem späteren Bauabschnitt II einer reinen Option des Auftraggebers vorbehalten hatte.
[19] BGH Beschl. v. 26.9.2006 – X ZB 14/06, VergabeR 2007, 59; dort für die Forderung nach einer Zertifizierung der Flammhemmung blauer Polizeiuniformen, obwohl die Polizeien damals nur solche für grüne Uniformen überhaupt vorlegen konnten.
[20] OLG Düsseldorf Beschl. v. 21.10.2015 – VII-Verg 28/14, VergabeR 2016, 74.
[21] OLG Naumburg Beschl. v. 30.4.2014 – 2 Verg 2/14, ZfBR 2014, 823 (Ls.).
[22] So jetzt auch entgegen der dortigen Vorauflage von Hoff/Queisner in RKPP GWB § 119 Rn. 37 sowie Ziekow/Völlink/*Völlink* Rn. 12; HK-VergabeR/*Pünder/Klafki* Rn. 31; *Knauff* in Müller-Wrede GWB § 119 Rn. 57, hält dies vor dem Hintergrund des Gleichheits- und Wettbewerbsgrundsatzes ebenfalls zumindest für problematisch. Angesichts der nunmehrigen Vorgaben in § 17 Abs. 12 S. 2/3b EU Abs. 3 Nr. 8 S. 3 VOB/A, dass in der Schlussphase des Verfahrens noch so viele Angebote (= Plural) vorliegen müssen, dass ein echter Wettbewerb gewährleistet ist und den Informations- und Fristenregelungen in § 17 Abs. 13 (zB ausreichende Zeit, um Angebote zu ändern und überarbeitete Angebote einzureichen) sowie der Pflicht bei Abschluss der „Verhandlungen" (= Plural) „die verbleibenden Bieter" (= Plural) über den Abschluss der Verhandlungen (= Plural) zu unterrichten und eine einheitliche Frist für die Einreichung neuer oder überarbeiteter Angebote (= Plural) festzulegen und sich zu vergewissern, dass die endgültigen Angebote (= Plural) die Mindestbedingungen erfüllen, kommt eine „preferred-bidder"-Strategie nicht in Betracht, da diese konsequenterweise zur Missachtung dieser Gleichbehandlungsgrundsätze führen müsste.

und eine einheitliche Frist für die Einreichung neuer oder überarbeiteter Angebote festlegen. Nach § 17 Abs. 14 S. 2 hat er sich zu **vergewissern**, dass die **endgültigen Angebote die Mindestanforderungen erfüllen**. Die VgV spricht in diesem Zusammenhang immer im **Plural von Angeboten und Bietern,** sodass eine Verhandlung mit nur einem Bieter nur in dem Fall denkbar ist, in dem nur ein Bewerber zur Angebotsabgabe aufgefordert wurde oder nur einer von mehreren aufgeforderten Bewerbern ein Erstangebot abgegeben hat.

Diese **Pflicht zu grundsätzlich parallelen Verhandlungen** mit mehreren Bietern verdeutlicht auch § 17 Abs. 13 S. 3. Danach muss der Auftraggeber alle Bieter, deren Angebote nicht gem. § 17 Abs. 12 ausgeschieden wurden, **in Textform** nach § 126b BGB **über etwaige Änderungen der Leistungsbeschreibung unterrichten,** insbesondere der technischen Anforderungen oder anderer Bestandteile der Vergabeunterlagen, die nicht die Festlegung der Mindestanforderungen und Zuschlagskriterien betreffen.   26

Zudem muss er **im Anschluss an solche Änderungen den Bietern ausreichend Zeit gewähren**, um ihre **Angebote zu ändern und gegebenenfalls überarbeitete Angebote einzureichen** (§ 17 Abs. 13 S. 4).[23]   27

II. Europarechtlicher Hintergrund

Mit § 17 setzt der Normgeber die **Art. 29 und Art. 32**[24] **RL 2014/24/EU** in deutsches Recht um und regelt erstmalig im Detail[25] den **Ablauf des in § 119 Abs. 5 GWB nur vordefinierten Verhandlungsverfahrens** mit und ohne Teilnahmewettbewerb.   28

III. Definition und Modalitäten des Teilnahmewettbewerbs (Abs. 1)

1. Unbeschränkter Adressatenkreis eines – öffentlichen – Teilnahmewettbewerbs und unbeschränkte Möglichkeit der Abgabe von Teilnahmeanträgen (Abs. 1 S. 1 und 2). Ausweislich **Art. 29 Abs. 1 RL 2014/24/EU** kann jeder Wirtschaftsteilnehmer auf einen Aufruf zum Wettbewerb hin einen Teilnahmeantrag einreichen, indem er die vom öffentlichen Auftraggeber geforderten Informationen für die qualitative Auswahl vorlegt. **Abs. 1 S. 2** (und S. 3) übernehmen diese Vorgaben und **ergänzen** damit **§ 119 Abs. 5 GWB,** in dem lediglich das Wenden an ausgewählte Unternehmen geregelt ist, um mit einem oder mehreren dieser Unternehmen in späteren Phasen des Verhandlungsverfahrens über die Angebote zu verhandeln. Mit dem ergänzenden Abs. 1 S. 1 sind damit **beide Elemente** des Verhandlungsverfahrens mit Teilnahmewettbewerb, die **öffentliche und unbeschränkte Aufforderung zur Teilnahme** und vice versa die **unbeschränkte Abgabe eines Teilnahmeantrages,** andererseits aber auch die **nur beschränkte Angebotsaufforderungs- und Abgabemöglichkeit** manifestiert.   29

Bei der **Marktöffnung** und der **Auswahl** derjenigen **Unternehmen,** die späterhin ein Erstangebot abgeben dürfen, **unterscheiden** sich das Verhandlungsverfahren **mit und ohne** EU-Teilnahmewettbewerb grundlegend. Das Verhandlungsverfahren mit EU-Teilnahmewettbewerb ist davon geprägt, dass **aufgrund der EU-weiten Publikation** (§ 17 Abs. 1 S. 1 (dort wie gesehen nur „öffentlich") iVm § 37 Abs. 1, § 40 Abs. 1 (,,dem Amt für Veröffentlichungen der Europäischen Union") **jedes Unternehmen befugt** ist, ähnlich wie im nicht offenen Verfahren im wettbewerblichen Dialog, einen **Teilnahmeantrag abgeben** zu dürfen, was § 17 **Abs. 1 S. 2** fokussiert auf „interessierte" Unternehmen nochmals verdeutlicht und absichert. Demgegenüber findet im Verhandlungsverfahren **ohne Teilnahmewettbewerb** eine vorherige Beschränkung und massive **Verengung des Wettbewerbs** statt, da der Auftraggeber dort **ohne generellen Publikationsakt** (§ 37 Abs. 1 S. 2 iVm § 17 Abs. 5) eine **Vorauswahl potenzieller Bieter vornimmt** und vornehmen darf und **(nur) von diesen** aus eigener Initiative **Erstangebote anfordert** und grundsätzlich in nachfolgende Verhandlungen tritt.   30

Ergänzend ist dazu aber **§ 51** zu beachten. **§ 51 Abs. 2 S. 1** bestimmt für die vom öffentlichen Auftraggeber vorgesehene **Mindestanzahl der einzuladenden Bewerber, dass diese** nicht niedri-   31

---

[23] Dies entspricht der bisherigen Rechtsprechung, wonach die Änderung einer für die Kalkulation relevanten Auftragsbedingung, zB zum geforderten Umfang der Versicherungspflicht, die Pflicht des Auftraggebers auslöst, allen Bietern die gleiche Gelegenheit zur Preisanpassung zu geben und eine Ausschlussfrist mit einheitlichem Ende der Preisanpassung zu gewähren, sofern dies möglich und zumutbar ist, OLG Naumburg Beschl. v. 12.4.2012 – 2 Verg 1/12, VergabeR 2012, 749.

[24] Soweit noch nicht in § 14 umgesetzt.

[25] Bisher hatte die Rechtsprechung einerseits Bestimmungen der alten Richtlinien der EU, insbesondere aber auch die Grundprinzipen des § 97 GWB, also Wettbewerb, Transparenz und Gleichbehandlung/Nichtdiskriminierung, zur Messlatte für die Durchführung vergaberechtskonformer Verhandlungsverfahren herangezogen.

ger als drei sein darf. Lediglich für das **nicht offene Verfahren** ist sie dort mit **mindestens fünf sogar noch höher** vorgeschrieben. Zudem muss die vorgegebene Mindestzahl nach § 51 Abs. 2 S. 2 in jedem Fall **ausreichend hoch** sein, sodass der **Wettbewerb gewährleistet** ist. Diese ergänzenden Vorgaben sollen zusätzlich **sicherstellen**, dass der Auftraggeber bei seiner individuellen Auswahl **nicht nur** einen ihm genehmen **Haus- und Hoflieferanten** zur Angebotsabgabe **auffordert**.

32 Aufgrund der Vorgabe in **§ 122 Abs. 1 GWB**,[26] dass öffentliche Aufträge (nur) an fachkundige und leistungsfähige, also **geeignete, Unternehmen**, vergeben werden (müssen), die nicht nach den §§ 123 oder 124 GWB ausgeschlossen[27] worden sind, bedarf es **vorab immer einer groben Einschätzung der Eignung** der künftig zu beteiligenden Unternehmen **und** der **Dokumentation** der dafür relevanten Auswahlkriterien.

33 Diese Prüfung wird im **Verhandlungsverfahren mit** EU-Teilnahmewettbewerb demgegenüber in einem **standardisierten und formalisierten Eignungsprüfverfahren, dem Teilnahmewettbewerb**, ebenfalls **vor die Klammer** gezogen, ist aber schon integraler Bestandteil des Vergabeverfahrens.[28] Die **Formalisierung** erfolgt dabei durch **vorzugebende Eignungsanforderungen und -nachweise** und von den Bewerbern einzuhaltende **Vorlagefristen**. Der für alle Bewerber offene, EU-weite Teilnahmewettbewerb mit objektiven und transparenten Auswahlkriterien bildet dabei einen noch besseren Schutz gegen eine unzulässige Bevorzugung von Haus- und Hoflieferanten.

34 **2. Vorgaben des Auftraggebers für die mit dem Teilnahmeantrag beizubringenden Eignungsinformationen (Abs. 1 S. 3).** § 17 Abs. 1 S. 3 bestimmt, dass die – interessierten – Unternehmen mit dem Teilnahmeantrag die vom Auftraggeber vorher geforderten Informationen für die Prüfung ihrer Eignung zu übermitteln haben. Hintergrund dieser Regelung ist aus Auftraggeber Sicht § 122 Abs. 1 GWB. Gemäß § 122 Abs. 1 GWB dürfen Aufträge nur an geeignete, also fachkundige und leistungsfähige, Unternehmen vergeben werden. Um diese notwendige Einungsprüfung im veröffentlichten Teilnahmewettbewerb durchführen zu können, benötigt der Auftraggeber entsprechende Informationen der interessierten Unternehmen. Das dazu Erforderliche ist in den **§§ 42 ff.** bzw. für den separaten Baubereich gesondert in **§ 6a EU VOB/A** geregelt. **Einschränkend** ist aber **§ 122 Abs. 4 GWB** zu beachten, der einerseits einschränkend festlegt, dass die – hier vom Auftraggeber entsprechend § 122 Abs. 4 S. 2 in der Auftragsbekanntmachung zwingend vorzugebenden – **Eignungskriterien mit dem Auftragsgegenstand in Verbindung** und zu diesem in einem **angemessenen Verhältnis** stehen müssen. Zudem dürfen nach § 52 iVm § 42 Abs. 2 S. 1 im Verhandlungsverfahren mit Teilnahmewettbewerb nur solche Bewerber zur Abgabe von Angeboten aufgefordert werden, die ihre Eignung nachgewiesen und nicht ausgeschlossen worden sind. Gemäß des völlig **neuen § 50**[29] iVm **§ 48 Abs. 3** hat der öffentliche **Auftraggeber** aber immer die **Vorlage einer Einheitlichen Europäischen Eigenerklärung zumindest als vorläufigen Beleg der Eignung zu akzeptieren. Zudem** hat ein interessiertes Unternehmen als Bewerber nach § 122 **Abs. 3 GWB** auch immer die **Möglichkeit**, den **Nachweis seiner Eignung** über die **Teilnahme an Präqualifizierungssystemen** zu führen.

IV. Mindestteilnahmefrist (Abs. 2)

35 Die vom Auftraggeber regelmäßig zu gewährende **Mindestteilnahmefrist** im vorgezogenen **Teilnahmewettbewerb** beträgt nach Abs. 2 **30 Tage** (= Kalendertage), **gerechnet** ab dem **Tag nach der Absendung** der Auftragsbekanntmachung gem. § 37. Somit **zählt der Tag der Absendung** selbst **nicht mit** in die Frist.[30] Sendet der Auftraggeber somit am 1. März die Auftragsbekanntmachung an die EU ab, beginnt die 30-Tagesfrist mit dem 2. März und endet nach vollen 30 Tagen um Mitternacht des 31. März. Gemäß **§ 82** bestimmt sich die Berechnung der in der VgV geregelten Fristen nach der **EU-Verordnung** (EWG, Euratom) **Nr. 1182/71** des Rates vom 3.6.1971, zur Festlegung der Regeln für die Fristen, Daten und Termine (ABl. 1971 L 124, 1). Danach zählen nach **Art. 3 Abs. 4 Feiertage, Sonntage und Sonnabende/Samstage** ausnahms-

---

[26] OLG Jena Beschl. v. 21.1.2015 – 2 Verg 4/14, VergabeR 2015, 599.
[27] Beachte dazu auch das am 29.7.2017 schon in Teilen in Kraft getretene Gesetz zur Einführung eines Wettbewerbsregistergesetz v. 18.7.2017, BGBl. 2017 I 2739, insbesondere dessen § 1 Abs. 2 und § 6.
[28] OLG Düsseldorf Beschl. v. 24.9.2002 – Verg 48/02, NZBau 2003, 349; *Noch* VergabeR-HdB Kap. B Rn. 609. Dies unterscheidet den Teilnahmewettbewerb von der EU-Vorinformation nach § 38 Abs. 1–3, die lediglich eine Fristverkürzung bewirkt, aber noch nicht den Beginn des Verhandlungsverfahren skizziert, es sei denn diese würde sogar nach § 38 Abs. 4–6 als Aufruf zum Wettbewerb ohne nachfolgende EU-Auftragsbekanntmachung benutzt.
[29] Für den separaten Baubereich enthält § 6b EU VOB/A eine Parallelregelung.
[30] So auch Art. 3 Abs. 2 lit. b VO (EWG) Nr. 1182/71 für eine nach Tagen bemessene Frist.

weise **als Fristende nicht mit,** sondern die Frist endet erst mit Ablauf der letzten Stunde des folgenden Arbeitstages, sofern die **Frist wie** im Falle des **Abs. 2** nicht nach Stunden bemessen ist. Im Ergebnis gilt somit **dasselbe** wie bei der Anwendung des **§ 193 BGB** (= Verlängerung bis zum Ablauf des nächsten Arbeitstages), der aber **von der EU-Verordnung verdrängt** wird.

V. Verkürzung der Teilnahmefrist bei hinreichend begründeter Dringlichkeit (Abs. 3)

Abs. 3 sieht die Möglichkeit für alle Auftraggeber vor, die **Teilnahmefrist** im Teilnahmewettbewerb **bis auf nur noch 15 Tage** festzulegen, wenn eine **hinreichend begründete Dringlichkeit** der Beschaffung die **Einhaltung der Regelfrist** des Abs. 2 von 30 Kalendertagen **unmöglich** macht bzw. machen würde. 36

Sofern ein Fall hinreichend begründeter Dringlichkeit die Einhaltung der grundsätzlich 30-tägigen Teilnahmefrist unmöglich macht, kann der öffentliche Auftraggeber somit eine – **kürzere** – **Teilnahmefrist festlegen, die aber 15 Tage (= Kalendertage) nicht unterschreiten** darf. Auch diese absolute Superkurzfrist in einem Teilnahmewettbewerb eines Verhandlungsverfahrens **berechnet** sich **erst ab dem Tag nach** der Auftragsbekanntmachung nach § 37. Wurde die Auftragsbekanntmachung vom Auftraggeber somit am 1. März an das Amt für Veröffentlichungen der Europäischen Union gesandt, beginnt diese absolute Mindestfrist am 2. März zu laufen und endet nach Ablauf voller 15 Tage um Mitternacht des 16. März. 37, 38

Zur **Berechnung der Frist** und der Nichtberücksichtigung von Feiertagen, Sonntagen und Samstagen gilt aufgrund der Geltung der VO (EWG) Nr. 1182/71 nach **§ 82 dasselbe** wie bei der **Regelfrist nach § 17 Abs. 2** schon Dargelegte. 39

Endet diese verkürzte Frist an einem Feiertag, Sonntag oder Sonnabend, endet diese nicht nach Stunden bemessene Frist nach **Art. 3 Abs. 4 VO (EWG) Nr. 1182/71** mit Ablauf der letzten Stunde des folgenden Arbeitstages. 40

Aber auch in diesen Eilbeschaffungsfällen bleibt die übergeordnete Festlegung in **§ 20 Abs. 1**[31] beachtlich, sodass immer **einzelfallbezogen** abzuwägen ist, ob die gewählte Teilnahmefrist angesichts der individuellen **Komplexität der Leistung** und der benötigten Zeit für die Ausarbeitung der konkreten Teilnahmeanträge vor dem Hintergrund der Anforderungen des Auftraggebers **angemessen lang** genug ist. 41

Ist die konkrete **Beschaffung** im absoluten Ausnahmefall **noch dringlicher**, also **äußerst dringlich,** und kann selbst die Mindestfrist des Abs. 3 nicht eingehalten werden, muss der Auftraggeber erwägen und prüfen, ob nicht die **Voraussetzungen für ein Verhandlungsverfahren ohne Teilnahmewettbewerb** nach **§ 14 Abs. 4 S. 1 Nr. 3** vorliegen.[32] Dann entfallen einzuhaltende Fristen für einen vorgezogenen – öffentlichen – Teilnahmewettbewerb vollständig, da dieser dann selbst komplett entfällt. 42

Ausweislich des Erwägungsgrundes 80 RL 2014/24/EU betrifft dies aber lediglich **Ausnahmefälle,** wenn aufgrund von Umständen, die für den **Auftraggeber nicht vorhersehbar** waren und die er **nicht zu vertreten** hat, eine **besondere Dringlichkeit** eingetreten ist, die ein reguläres Verfahren selbst mit verkürzten Fristen nicht zulässt. Für diesen Fall sollten Auftraggeber, soweit unbedingt erforderlich, die Möglichkeit haben, Aufträge im Wege des Verhandlungsverfahrens ohne vorherige Bekanntmachung zu vergeben. Dies kann – laut dem Erwägungsgrund – der Fall sein, wenn **bei Naturkatastrophen sofortiges Handeln** geboten ist. 43

Zusätzlich hat ein Auftraggeber auch im Verhandlungsverfahren mit EU-Teilnahmewettbewerb die **Möglichkeit der zusätzlichen Fristverkürzung im Falle des § 38 Abs. 3** mittels einer **EU-Vorinformation,** die dann eine Mindestangebotsfrist von lediglich **zehn Tagen** kennt, die aber eine **vorherige Sperrfrist von 35 Tagen** zwischen EU-Vorinformation und dem Tag der Absendung der eigentlichen Auftragsbekanntmachung kennt. Dieses außerhalb des § 17 angesiedelte Verkürzungsinstrument kommt somit nur wirksam zur Geltung, wenn der Auftraggeber etwa zu Beginn eines Jahres derartige EU-Vorinformationen turnusmäßig veröffentlicht und dann binnen 35 Tagen und maximal zwölf Monaten (§ 38 Abs. 5) die Angebotsfrist nach Auftragsbekanntmachung massiv von 30 auf zehn Tage absenken kann, **ohne zudem § 20 beachten** zu müssen (§ 20 Abs. 1 S. 2). 44

---

[31] Vgl. dazu die Kommentierung zu § 20 (→ § 20 Rn. 7 ff.), insbesondere auch zu den Fällen des § 41 Abs. 2 und 3.

[32] Ausweislich des Erwägungsgrundes 80 RL 2014/24/EU betrifft dies aber lediglich Ausnahmefälle, wenn aufgrund von Umständen, die für den Auftraggeber nicht vorhersehbar waren und die er nicht zu vertreten hat, eine besondere Dringlichkeit eingetreten ist, die ein reguläres Verfahren selbst mit verkürzten Fristen nicht zulässt. Für diesen Fall sollten Auftraggeber, soweit unbedingt erforderlich, die Möglichkeit haben, Aufträge im Wege des Verhandlungsverfahrens ohne vorherige Bekanntmachung zu vergeben. Dies kann – laut dem Erwägungsgrund – der Fall sein, wenn bei Naturkatastrophen sofortiges Handeln geboten ist.

VI. Angebotsabgaberecht und Begrenzungsmöglichkeit hinsichtlich geeigneter Bewerber vor der Aufforderung zur Angebotsabgabe (Abs. 4 S. 1 und 2)

45 Mit **Abs. 4** wird **parallel zu § 16 Abs. 4**[33] einerseits eine Schutzvorschrift ua gegen sog „aufgedrängte" Angebote verankert, andererseits die **Brücke zum wichtigen § 51** geschlagen, der dem Auftraggeber die Möglichkeit einräumt, eine objektive Abschichtung im Teilnahmewettbewerb unter zu vielen geeigneten Unternehmen vorzunehmen, zudem aber auch eine Mindestanzahl aufzufordernder Unternehmen festschreibt.

46 **1. Angebotsabgaberecht (Abs. 4 S. 1).** Gemäß Abs. 4 S. 1 können **nur diejenigen Unternehmen,** die **vom Auftraggeber** nach Prüfung der übermittelten Informationen dazu **aufgefordert** werden, ein **sog Erstangebot** einreichen, das dann Grundlage des weiteren Verhandlungsverfahrens nach den Abs. 10–14 ist, sofern es zukünftig nach dieser Forderung vom ausgewählten Bewerber auch fristgerecht abgegeben werden sollte, sodass der Bewerber dann zum Bieter wird. Dadurch macht der Normgeber zum einen klar, dass **aufgedrängte Angebote** eines Unternehmens, das von der Ausschreibung vom Hörensagen gehört hat oder die Frist für den Teilnahmeantrag verpasst hatte oder dessen übermittelte Unterlagen ungeeignet waren oder das nach § 51 gegen noch geeignetere Bewerber unterlegen war, **kein Anrecht auf eine Angebotsabgabe** haben. Dies bedeutet vice versa auch eine **Selbstbindung des Auftraggebers,** solche Angebote nicht **zuzulassen oder zu werten,** selbst wenn sie ggf. dann die Aufhebung des Verhandlungsverfahrens nach § 63 vermeiden könnten, weil ansonsten nur nicht wertbare Angebote eingegangen waren.[34] **Ergänzt** wird diese Beschränkungsbestimmung durch **§ 51 Abs. 3 S. 3, auf den S. 2 gesondert verweist.** Nach § 51 Abs. 3 S. 3 dürfen in Ergänzung zu § 42 Abs. 2 andere Unternehmen, die sich nicht um die Teilnahme beworben haben, oder Bewerber, die nicht über die geforderte Eignung verfügen, **nicht** zu demselben Verfahren **zugelassen** werden.

47 Zu beachten bleibt auch, dass im Hinblick auf die spätere Befugnis zur Abgabe eines Erstangebotes eine **Bewerber-/Bieteridentität geboten** ist. Nur der Bewerber in der Form, in der er sich in seinem **Teilnahmeantrag** beworben hat, darf grundsätzlich auch nur **in dieser Form ein Angebot** abgeben. Der Bieterkreis ist somit auf die **zur Angebotsabgabe aufgeforderten Teilnehmer begrenzt.**[35] Eine nachträgliche Abänderung der Bieterperson, zB durch **Änderung der Zusammensetzung** einer Bietergemeinschaft, ist nach bundesdeutschem Rechtsverständnis ebenso **ausgeschlossen**[36] wie die Angebotsabgabe durch eine **vollständig andere Unternehmensperson,** wie etwa einen Einzelbieter,[37] dem der ehemalige Bietergemeinschaftspartner infolge Insolvenz abhandengekommen ist oder eine sich **erst nach Angebotsaufforderung** an ein Einzelunternehmen A zwecks Angebotsabgabe **bildende Bietergemeinschaft,** bestehend aus A und B.[38]

48 **2. Begrenzungsmöglichkeit (Abs. 4 S. 2).** Gemäß Abs. 4 S. 2 kann der Auftraggeber die **Zahl geeigneter Bewerber,** die zur Angebotsabgabe aufgefordert werden, gem. § 51 (vgl. dazu die Kommentierung zu § 51, → § 51 Rn. 1 ff.) **begrenzen.** Man hätte sich aus Transparenz- und Bündelungsgesichtspunkten gewünscht, wenn das dazu erforderliche Prozedere samt Voraussetzungen in den § 17 integriert worden wäre, zumal dieser ohnehin schon 14 Absätze aufweist und darüber hinaus durch § 14 ergänzt wird.

49 Im Rahmen einer **Negativabgrenzung** stellt § 51 Abs. 3 S. 3 klar, dass eine Zulassung von Bewerbern, die **nicht** über die **geforderte Eignung** verfügen **oder** gar von Unternehmen, die sich **formal gar nicht** um eine Teilnahme **beworben** haben bzw. hatten, **unter keinen Umständen** in Betracht kommt. Soweit damit auch bisherige **Nichtteilnehmer** erfasst werden, **ergänzt § 51 Abs. 3 S. 3** den **§ 42 Abs. 2 S. 1,** was der Verweis in § 42 Abs. 2 S. 2 auf den unberührt bleibenden § 51 verdeutlicht.

50 Insbesondere ist es dem Auftraggeber somit **untersagt,** in der für ihn aus Wettbewerbs- und Wirtschaftlichkeitsgründen unbefriedigenden Situation des § 51 Abs. 3 S. 2 **(Unterschreitung der**

---

[33] Dort für das insoweit analoge nicht offene Verfahren.
[34] Lediglich § 12 Abs. 1 Nr. 1 lit. a VSVgV sieht für diesen Fall den problemlosen Übergang in ein Verhandlungsverfahren ohne Teilnahmewettbewerb vor, während § 14 dies in Abs. 4 Nr. 1 und Abs. 3 Nr. 5 nur für gescheiterte offene oder nicht offene Verfahren ermöglicht. In all diesen Fällen ist aber eine vorherige Aufhebung des alten Verhandlungsverfahrens mit EU-Teilnahmewettbewerb notwendig.
[35] Noch VergabeR-HdB Kap. B Rn. 571.
[36] OLG Hamburg Beschl. v. 2.10.2002 – 1 Verg 1/00, NZBau 2003, 223.
[37] OLG Karlsruhe Beschl. v. 15.10.2008 – 15 Verg 9/08, VergabeR 2009, 164; weniger restriktiv EuGH Urt. v. 24.5.2016 – C-396/14, NZBau 2016, 506, sofern der verbleibende Unternehmer einer zwischenzeitlich aufgelösten Bietergemeinschaft alleine die Eignungsanforderungen erfüllt und die Mindestanzahl aufzufordernder Unternehmen ansonsten unterschritten würde.
[38] In dieser Diktion OLG Dresden Beschl. v. 10.8.2011 – Verg 06/11, VPRRS 2011, 0448.

Mindestzahl) ungeeignete oder sogar bisher nicht beteiligte Unternehmen zwecks Auffüllung des Wettbewerberfeldes hinzuzunehmen, um zu mehr Angeboten zu kommen.

Für den **umgekehrten Fall**, dass formal **mehr geeignete Bewerber** zur Verfügung stehen als vorab als Höchstanzahl verlautbart wurde, kommt es nach § 51 Abs. 1 S. 2 entscheidend darauf an, dass der Auftraggeber in der EU-Auftragsbekanntmachung nach § 37 oder der Aufforderung nach § 38 Abs. 5[39] die von ihm vorgesehenen **objektiven und nichtdiskriminierenden Eignungskriterien für die Begrenzung der Zahl**, die vorgesehene Mindestanzahl und ggf. auch die Höchstzahl der einzuladenden Bewerber **angegeben** hat.

Da zudem gem. § 122 Abs. 4 S. 1 GWB Eignungskriterien im Übrigen immer mit dem konkreten **Auftragsgegenstand in Verbindung** stehen müssen, scheiden **subjektiv eingefärbte Auswahlkriterien**[40] **ohne Auftragsbezug**, zumal wenn sie überdies **diskriminierend** wirken (zB bekannt und bewährt oder ortsansässig), von **vornherein aus**.

Erfüllen demnach mehr Bewerber die vorher verlautbarten Eignungsanforderungen als im weiteren Verfahrensfortgang beteiligt werden sollen, muss der Auftraggeber **unter grundsätzlich geeigneten Bewerbern eine abschichtende Auswahl** treffen, bei der ihm wieder nur die vorher verlautbarten Eignungskriterien zur Verfügung stehen. Es geht damit **im Kern gerade** um das im Rahmen der Zuschlagskriterien und der Wirtschaftlichkeitsprüfung **verbotene „Mehr an Eignung"**. Damit sind gerade diejenigen Bewerber positiv auszufiltern, die im Verhältnis zu anderen Mitbewerbern als **besonders geeignet** erscheinen, insbesondere die geschuldeten Leistungen vertragskonform zu realisieren. Dazu kann sich der Auftraggeber **einer Bewertungsmatrix bedienen** und die **Eignung mathematisch quantifizieren**, so wie dies seit Jahren die in IT-Verfahren bewährte **UfAB 2018** praktiziert.

Beachte aber **Erwägungsgrund 83** RL 2014/24/EU, wonach übermäßig strenge Anforderungen an die wirtschaftliche und finanzielle Leistungsfähigkeit ein ungerechtfertigtes Hindernis für die **Teilnahme von KMU** darstellen. Insbesondere soll es Auftraggebern grundsätzlich nicht gestattet sein, einen Mindestumsatz zu verlangen, der mehr als das Zweifache des geschätzten Auftragswertes beträgt. Den Mindestumsatz als am Ende entscheidendes Kriterium für die Eignungsabschichtung im Rahmen des § 51 Abs. 1 vorzusehen, dürfte demnach im Sinne einer KMU-feindlichen Bevorzugung umsatzstarker Unternehmen auch wegen des nunmehr dies stark begrenzenden § 45 Abs. 2 ausscheiden müssen.

Der Auftraggeber kann aber zB problemlos für die generelle Eignung vorgeben, dass **mindestens 60% der maximal zu erreichenden Eignungspunkte** erreicht werden müssen, man ansonsten schon als ungeeignet auszusondern ist. **Oberhalb dieser 60%-Linie** geeigneter Bewerber kann dann eine **Rangfolge absteigend vom höchsten Prozentwert** gebildet werden und so viele Bewerber aufgefordert werden, wie es der vorgegebenen Mindestanzahl entspricht.[41]

VII. Aufforderung zur Abgabe von Angeboten im Verhandlungsverfahren ohne Teilnahmewettbewerb (Abs. 5)

§ 17 Abs. 5 stellt die **Ersatzregelung für den entfallenden Teilnahmewettbewerb** der Abs. 1–4 dar, wenn der Auftraggeber nach § 14 Abs. 3 Nr. 5 oder § 14 Abs. 4 Nr. 1–9 unter den dortigen Voraussetzungen ausnahmsweise ein Verhandlungsverfahren ohne Teilnahmewettbewerb durchführen darf. In diesem Fall ohne öffentliche Aufforderung zur Abgabe von Teilnahmeanträgen muss **ersatzweise eine unmittelbare Aufforderung zur Abgabe von Erstangeboten** an die vom Auftraggeber **ausgewählten Unternehmen** erfolgen. Diese Vorgabe des Procederes für ein Verhandlungsverfahren ohne Teilnahmewettbewerb soll insbesondere den **Auftraggeber**

---

[39] Dies betrifft die völlig neue Situation nach Veröffentlichung einer EU-Vorinformation iSv § 38 Abs. 1 oder 2 nach Muster I oder Muster VIII der VO (EU) 2015/1986. In diesen Fällen erfüllt die Vorinformation nach § 38 schon die Funktion der eigentlichen EU-Auftragsbekanntmachung nach § 37, zu der es dann im Gegensatz zur früheren Rechtslage mit reiner Fristverkürzung (vgl. § 15 EG Abs. 6 ff. VOL/A) nicht mehr kommen wird, da nur noch die Unternehmen, die ihr Interesse an der Teilnahme bekundet haben, am weiteren internen Vergabeverfahren teilnehmen können. Mit der nachfolgenden in § 51 angesprochenen Bestätigung ihrer vormaligen Interessensbekundung wird der Teilnahmewettbewerb nach § 16 Abs. 1 und § 17 Abs. 1 eingeleitet, § 38 Abs. 4 S. 2. Dieser Verzicht auf eine Auftragsbekanntmachung nach § 37 steht allen öffentlichen Auftraggebern im nicht offenen und Verhandlungsverfahren (mit Teilnahmewettbewerb) zur Verfügung, mit Ausnahme oberster Bundesbehörden, § 38 Abs. 4.

[40] Wie zB die Auswahl als „junges" oder „sächsisches" Büro, obwohl die Punktzahlbewertung eine Auswahl nummerisch nicht rechtfertigte, vgl. VK Sachsen Beschl. v. 3.12.2004 – 1/SVK/104-04, BeckRS 2006, 09224.

[41] Vgl. zur Unterschreitung der Mindestanzahl, etwa weil zu wenige Bewerber die 60%-Grenze erreichen, Abs. 3 S. 2.

binden. Somit ist es **nicht zulässig,** dass ein **Unternehmen von sich aus, ohne formelle Angebotsaufforderung ein Angebot,** ggf. **unter Fristsetzung mittels eigener Bindefrist, abgibt** und damit das Heft des Handels in die eigenen Hände nimmt. Ebenso wenig ist es möglich, dass Verhandlungen begonnen werden, ohne dass **vorher ein angefordertes Erstangebot** vorgelegt wurde, was sich aus **Abs. 10 S. 1** ergibt. Im Übrigen haben potenzielle Bewerber oder Interessenten – wie auch im Verhandlungsverfahren mit EU-Teilnahmewettbewerb – keinen Anspruch auf Teilnahme.

VIII. Mindestangebotsfrist für Erstangebote (Abs. 6)

57 **§ 17 Abs. 6** regelt seit 2016 erstmalig eine **feste, 30 Tage** umfassende, **Mindestangebotsfrist in einem Verhandlungsverfahren, wiederum beginnend ab dem Tag nach** der Absendung der Aufforderung zur Angebotsabgabe. Der **Gesetzgeber**[42] hat auch unter dem Eindruck der **Corona-Pandemie**[43] im **November 2020** eine **klarstellende Ergänzung** in § 17 Abs. 6 aufgenommen, wonach sich diese **30-tägige Angebotsfrist nur auf das Verhandlungsverfahren mit Teilnahmewettbewerb bezieht,** was im **Umkehrschluss** bedeutet, dass für **Erstangebote im Verhandlungsverfahren ohne Teilnahmewettbewerb nach § 14 Abs. 4 keinerlei feste, erst recht keine 30-tägige, Angebotsfrist gilt.** Auch dort ist aber die **Grundregel des § 20 Abs. 1** zu beachten, wonach bei der Festlegung der Fristen für den Eingang der Angebote nach den §§ 15–19 die **Komplexität der Leistung und die Zeit der Ausarbeitung der Angebote angemessen zu berücksichtigen** sind. Der Verordnungsgeber hat dazu ausgeführt,[44] dass mit der Einfügung im Einklang mit Art. 32 RL 2014/24/EU klargestellt werde, dass die hier geregelte Mindestfrist für die Einreichung von Angeboten für das Verhandlungsverfahren mit Teilnahmewettbewerb gelte. Nur bei diesem Verfahren würden in Rahmen des Teilnahmewettbewerbs die eingereichten Teilnaheanträge geprüft und aus dem Kreis der Bewerber nach § 52 diejenigen Unternehmen ausgewählt, die zur Abgabe von Angeboten ausgefordert werden. Beim Verhandlungsverfahren ohne Teilnahmewettbewerb fehle dieser erste Schritt; das Verfahren beginne vielmehr unmittelbar mit der gezielten Aufforderung einzelner Unternehmen, die nach Einschätzung des öffentlichen Auftraggebers die Leistung erbringen können. In diesem Fall sei der öffentliche **Auftraggeber nicht verpflichtet, eine bestimmte Mindestfrist für die Übermittlung der Angebote** zu setzen. Die Fristsetzung sei lediglich am Maßstab des § 20 Abs. 1 zu messen; allerdings werde der öffentliche Auftraggeber die Fristsetzung bereits aus Eigeninteresse angemessen ansetzen, um ein valides Angebot zu erhalten. Aufgrund seines besonderen Ausnahmecharakters seien damit beim Verhandlungsverfahren ohne Teilnahmewettbewerb nach **Würdigung der Gesamtumstände grundsätzlich auch sehr kurze Fristen denkbar,** die insbesondere beim Vorliegen **äußerst dringlicher, zwingender Gründe nach § 14 Abs. 4 Nr. 3 auch bis zu 0 Tage betragen können.** Auch die Europäische Kommission bestätige in ihrer Mitteilung vom 1.4.2020 (2020/C 108 I/01), dass bei einem Verhandlungsverfahren ohne Teilnahmewettbewerb „keine Anforderungen hinsichtlich der Veröffentlichung, der Fristen oder der Mindestanzahl der zu konsultierenden Bewerber oder sonstige verfahrenstechnische Anforderungen" bestünden.

58 Vor 2016 war **lediglich die Teilnahmefrist** im vorgezogenen Teilnahmewettbewerb mit in der Regel 37 Tagen geregelt, **während die Angebotsfrist vom Auftraggeber** im Wesentlichen **selbst bestimmt** werden konnte **und die 40-tägige Angebotsfrist** nach einem vollkommen gleichartigen Teilnahmewettbewerb **in einem nicht offenen Verfahren lediglich als grober Anhaltspunkt dienen** konnte, wobei einzustellen war, dass man ja noch weitere Verhandlungs- oder Angebotsrunden in die Betrachtung einzustellen hatte, sodass eine 40-tägige Angebotsfrist in einem Verhandlungsverfahren regelmäßig zu lang gewesen sein dürfte.

---

[42] Fassung aufgrund Art. 4 des Gesetzes zur Regelung von Ingenieur- und Architektenleistungen und anderer Gesetze vom 12.11.2020 (BGBl. 2020 I 2392), in Kraft getreten am 19.11.2020.

[43] So heißt es in der Regierungsbegründung: „Daneben besteht weiterer Änderungs- und Klarstellungsbedarf im Vergaberecht. Vor dem Hintergrund der aktuellen COVID-19-Pandemie hat sich in der Vergabepraxis gezeigt, dass Unsicherheit bei den Verfahrensregeln für die Durchführung eines Verhandlungsverfahrens ohne Teilnahmewettbewerb in Fällen eines äußerst dringlichen Beschaffungsbedarfs besteht" und „Zusätzlich enthält das Gesetz ... Klarstellungen in den vergaberechtlichen Verordnungen zu Verhandlungsverfahren ohne Teilnahmewettbewerb bei äußerster, zwingender Dringlichkeit. Zwar hatte das Bundesministerium für Wirtschaft und Energie bereits in einem Rundschreiben vom 19.3.2020 vor dem Hintergrund der COVID-19-Pandemie die Verfahrensregeln bei diesem Vergabeverfahren erläutert, jedoch erscheint vor dem Hintergrund der Diskussion zum Ablauf der Vergabeverfahren während der Pandemie eine Klarstellung unmittelbar in den vergaberechtlichen Rechtsverordnungen notwendig.".

[44] BR-Drs. 445/20, 12 zu Art. 4 Nr. 1 lit. a.

Nunmehr verwendet § 17 **Abs. 6** im Einklang mit § 17 Abs. 4 erstmalig den **Begriff des** 59 **„Erstangebots"**, dass diese **Angebotsfrist einzuhalten** hat.[45] Dieser neue Begriff[46] ist auch im **Zusammenhang** mit der Neuregelung **in § 17 Abs. 11** zu sehen. Danach kann der Auftraggeber erstmalig den **Auftrag auch schon auf der Grundlage der Erstangebote** vergeben, ohne in einem Verhandlungsverfahren in Verhandlungen einzutreten, wenn er sich diese **Möglichkeit** in der Auftragsbekanntmachung nach § 37 oder der Aufforderung zur Interessensbestätigung nach § 38 Abs. 5 (im Falle einer EU-Vorinformation nach § 38) **vorbehalten** hatte. Rückwärts betrachtet unterscheidet sich ein derart modifiziertes Verhandlungsverfahren nahezu in nichts von einem nach § 119 Abs. 2 S. 2 GWB vorrangigen, nicht offenen Verfahren nach § 16 mit einem Verhandlungsverbot nach § 16 Abs. 9. Deshalb erscheint es insbesondere aus Sicht der Bieter mehr als sinnvoll, auch im Verhandlungsverfahren die gleiche, regelmäßige Mindestfrist von 30 Kalendertagen zur Verfügung zu haben wie in einem nicht offenen Verfahren.

IX. Festlegung der Angebotsfrist im gegenseitigen Einvernehmen mit den Bewerbern und Mindestfrist beim Scheitern (Abs. 7)

Mit **Ausnahme oberster Bundesbehörden**[47] kann der öffentliche Auftraggeber nach **Abs. 7** 60 die **Angebotsfrist** für den Eingang von verbindlichen Angeboten mit den privilegierten Bewerbern, die nach dem durchgeführten Teilnahmewettbewerb nach § 17 Abs. 4, § 42 Abs. 2 zur Angebotsabgabe aufgefordert werden, **im gegenseitigen Einvernehmen festlegen**.

Oberste **Bundesbehörden** sind die 14 **Bundesministerien**, das Bundespräsidialamt, das Bundeskanzleramt, der Präsident des Deutschen Bundestages, die Bundestagsverwaltung, das Bundesratssekretariat, der Präsident des Bundesverfassungsgerichts, der Bundesrechnungshof, das Presse- und Informationsamt der Bundesregierung sowie der Beauftragte für den Datenschutz und die Informationssicherheit und derjenige für Kultur und Medien sowie die Zentrale der Deutschen Bundesbank. Vergleiche dazu auch den insoweit nicht konstitutiven Anhang I zur RL 2014/24/EU (Zentrale Regierungsbehörden), der lediglich auf den Seiten 149 und 150 das Auswärtige Amt, das Bundeskanzleramt und 13 Bundesministerien erwähnt.

Eine **vergleichbare selbstgestaltende Fristbestimmungsbefugnis** mit gleicher Mindestfrist 62 von lediglich zehn Tagen war **bis dato nur aus dem Sektorenbereich** in § 17 Abs. 2 Nr. 2 S. 1 und 2 SektVO bekannt. Dort war anerkannt, dass selbst bei einer einvernehmlichen Festlegung die Mindestfrist von zehn Tagen nicht unterschritten werden darf.[48]

Dies gilt **aber nur dann, wenn allen Bewerbern dieselbe Frist** für die nachfolgende Ange- 63 botseinreichung **gewährt** wird. Die setzt idealtypischerweise voraus, dass die Angebotsaufforderungen an alle Bewerber zum selben Zeitpunkt mit demselben Abgabetermin versandt werden. Da aber die **Angebotsfrist formal ohnehin erst am Tag nach der Absendung der Aufforderung zu laufen** beginnt, sind minimale Zeitdifferenzen am Vortag dieses Fristbeginns unproblematisch, auch wenn einzustellen ist, dass bei der ggf. vereinbarten Mindestfrist von nur zehn Tagen jede Stunde oder sogar Minute zählen kann.

Einigt sich der **Auftraggeber mit allen** zur Angebotsabgabe aufgeforderten Bewerbern auf 64 eine **einheitliche Angebotsfrist**, so gilt **diese** als **verbindlich**. Für diesen Fall dürften alle anderen **Fristregelungen, insbesondere auch § 20,** ihre Bedeutung und Wirkung verlieren. Betroffene Bewerber können dann nicht mehr einwenden, der Auftraggeber hätte Bestimmungen über das Vergabeverfahren nach § 97 Abs. 6 GWB, wie normale Mindestfristen im Verhandlungsverfahren, nicht eingehalten, da die **einvernehmliche Festlegung gleichzeitig einen entsprechenden Rechteverzicht beinhaltet**. Etwas **anderes** könnte nur gelten, wenn der Auftraggeber jeden Bewerber unter der **falschen Behauptung**, alle anderen Bewerber hätten einer bestimmten Frist schon zugestimmt, zu einem ansonsten nicht gegebenen Einvernehmen verleitet hätte.

---

[45] VK Thüringen Beschl. v. 29.3.2019 – 250-4003-10402/2019-E-002-SHL, ZfBR 2020, 207: Der Ausschlusstatbestand des § 57 Abs. 1 Nr. 2 gilt auch in einem Verhandlungsverfahren mit Teilnahmewettbewerb, wenn der Auftraggeber für die Erstangebote eine mit dem Angebotsabgabeschluss gleichwertige Ausschlussfrist festgesetzt hat.
[46] Bisher hatten sich eher Begriffe wie indikatives Angebot oder unverbindliches Angebot eingebürgert.
[47] Diese lediglich begrenzte Ermächtigung beruht auf Art. 28 Abs. 4 S. 1 RL 2014/24/EU, wonach die Mitgliedstaaten vorsehen können, dass alle oder bestimmte Kategorien von subzentralen öffentlichen Auftraggebern die Frist im gegenseitigen Einvernehmen festlegen können. Somit hat der Normgeber diese nach der RL 2014/24/EU nur optionale Möglichkeit genutzt und im deutschen Vergaberecht sogar für alle subzentralen Auftraggeber ohne Limitierung implementiert. Andererseits ist und war sie Bundesbehörden von vornherein EU-rechtlich verschlossen.
[48] Greb/Müller/*Greb* SektVO § 17 Rn. 17.

65　　Erfolgt **keine einvernehmliche Festlegung** der Angebotsfrist, kann der **Auftraggeber sie aber ohnehin autonom festlegen.** Diese beträgt nach **Abs. 7 S. 2 mindestens zehn Tage,** ab dem **Tag nach** der Absendung der Aufforderung zur Angebotsabgabe.

66　　Fordert der Auftraggeber in diesem Fall am 1. März zur Angebotsabgabe auf, beginnt die Frist erst am 2. März zu laufen und endet nach Ablauf voller zehn Kalendertage um Mitternacht am 11. März (vgl. § 82 iVm Art. 3 Abs. 1 S. 2 und Abs. 2 lit. b VO (EWG) Nr. 1182/71).

67　　Diese indirekte, sehr starke **Fristverkürzungsmöglichkeit** für den Auftraggeber **überrascht** beim ersten Lesen, da **diese Mindestfrist mit der absoluten Mindestfrist** bei **hinreichend dringlicher Beschaffung** im Abs. 8 übereinstimmt. Zudem hätte man ausgewogener Weise aus Sicht und unter Beachtung der Belange der Bewerber **erwarten können,** dass bei einer Weigerung von allen, mehreren oder auch nur eines einzelnen Teilnehmers für eine einvernehmliche Verkürzung der Regelfristen zumindest die **normalen Regelfristen gelten müssen,** da ja noch nicht einmal der Ausnahmegrund einer dringlichen Beschaffung in Rede steht.

68　　**Abs. 7** beruht aber auch in dieser Form auf **Art. 29 Abs. 1 UAbs. 4 S. 2 RL 2014/24/EU,** der auf Art. 28 Abs. 3–6 RL 2014/24/EU für das nicht offene Verfahren verweist. In **Art. 28 Abs. 4 S. 2 RL 2014/24/EU** ist aber die **einvernehmliche Festlegung** samt alternativer, **zehntägiger Mindestfrist** für das in Bezug genommene nicht offene Verfahren ausdrücklich vorgesehen (dazu die Kommentierung zum wortgleichen § 16 Abs. 6, → § 16 Rn. 36 ff.).

X. Verkürzung der Angebotsfrist bei hinreichend begründeter Dringlichkeit (Abs. 8)

69　　Abs. 8 sieht auf der Grundlage von **Art. 29 Abs. 1 UAbs. 4 S. 3 RL 2014/24/EU,** der auch auf **Art. 28 Abs. 6 lit. b RL 2014/24/EU** für das nicht offene Verfahren **verweist,** auch im Verhandlungsverfahren für alle Auftraggeber[49] die Möglichkeit vor, die Angebotsfrist **bis auf nur noch 10 Tage** festzulegen und somit zu verkürzen, wenn eine **hinreichend begründete Dringlichkeit** der Beschaffung die **Einhaltung der Regelfrist des Abs. 6 von 30 (Kalender-)Tagen unmöglich** macht bzw. machen würde.

70　　Der Begriff der **hinreichend begründeten Dringlichkeit** ist in § 17, aber auch den wortgleichen Parallelparagrafen 15 und 16, selbst **nicht** näher **definiert.** In einem Vergleich mit der „**äußersten Dringlichkeit**" in **§ 14 Abs. 4 Nr. 3,** die dort sogar ein Verhandlungsverfahren ohne EU-Teilnahmewettbewerb rechtfertigt, wird deutlich, dass das in § 17 Abs. 8 angesprochene sog beschleunigte Verfahren **entsprechend Erwägungsgrund 46 RL 2014/24/EU und ausweislich der Verordnungsbegründung**[50] **zur Parallelregelung in § 15 Abs. 3 für das offene Verfahren nicht** notwendigerweise eine **extreme Dringlichkeit wegen unvorhersehbarer und vom öffentlichen Auftraggeber nicht zu verantwortender Ereignisse erfordert.**

71　　Die hinreichend begründete Dringlichkeit nach Abs. 8 **unterscheidet sich** damit **materiell vollständig von der äußeren Dringlichkeit nach § 14 Abs. 4 Nr. 3.**[51] Unter Hinzunahme der Regelung in Art. 29 Abs. 1 UAbs. 4 S. 3 iVm Art. 28 Abs. 6 lit. b RL 2014/24/EU wird deutlich, dass hier einzig und allein die **Unmöglichkeit der Einhaltung der Angebotsfrist** von 30 Tagen aufgrund einer vom Auftraggeber hinreichend begründeten Dringlichkeit maßgeblich ist. Somit sind hier nur zwei Aspekte relevant. Zum einen eine **ausreichende Dokumentation und Begründung einer Dringlichkeitssituation.** Zweitens, dass die **Einhaltung der Regelangebotsfrist** aufgrund dieser wohl begründeten und dokumentierten Dringlichkeit – **objektiv – unmöglich** ist. Als erläuterndes **Beispiel für die hinreichende Dringlichkeit in toto** kann dazu die **Mitteilung der EU-Kommission** vom 9.9.2015[52] zur damaligen Flüchtlingsproblematik herangezogen werden, in der diese darauf hingewiesen hatte, dass das parallele, **beschleunigte offene Verfahren regelmäßig** angewandt werden könne, wenn es um die **Beschaffung von Waren und Dienstleistungen zur Deckung der unmittelbaren Bedürfnisse von Asylsuchenden** gehe.

---

[49] Also auch für oberste Bundesbehörden, anders als in Abs. 7 hinsichtlich der einvernehmlichen Festlegungsmöglichkeit.
[50] BT-Drs. 18/7318, 174.
[51] Verordnungsbegründung BT-Drs. 18/7318, 174. Vgl. auch den Unterschied im Wortlaut, etwa in § 12 EG Abs. 5 VOL/A aF, der für das nicht offene Verfahren noch von „besonderer Dringlichkeit" sprach und nicht nur von hinreichend begründeter Dringlichkeit wie jetzt auch im parallelen § 16 Abs. 7.
[52] Mitteilung der Kommission an das Europäische Parlament und den Rat zu den Vorschriften für die öffentliche Auftragsvergabe im Zusammenhang mit der aktuellen Flüchtlingsproblematik, COM(2015) 454 final sowie Leitlinien der Europäischen Kommission zur Nutzung des Rahmens für die Vergabe öffentlicher Aufträge in der durch die COVID-10-Krise verursachten Notsituation (2020/C 108 I/01).

X. Verkürzung der Angebotsfrist bei hinreichend begründeter Dringlichkeit (Abs. 8) 72–76 § 17 VgV

Soweit *Rechten*[53] auch insoweit als zusätzliches Erfordernis „entsprechend § 14 Abs. 3 Nr. 3 **72** VgV" fordert, dass die Gründe nicht vom Auftraggeber selbst verursacht worden sein dürfen, ist dem auch für den analogen Fall innerhalb des Verhandlungsverfahrens in dieser Rigidität nun nicht mehr zu folgen, da damit die Anforderungen auch des § 17 Abs. 8 für eine reine Fristverkürzung im Verhandlungsverfahren mit EU-Teilnahmewettbewerb erkennbar mit denjenigen für die Anwendbarkeit des nur ausnahmsweise überhaupt zulässigen Verhandlungsverfahrens ohne EU-Teilnahmewettbewerb in § 14 unzulässig vermischt und contra legem somit verschärft werden. Auch zum früher schon etablierten beschleunigten nicht offenen Verfahren mit Fristverkürzungen im Teilnahmewettbewerb auf lediglich 15 oder sogar nur zehn Tage statt üblichen 37 Tagen in § 12 EG Abs. 4 VOL/A und parallel im nachfolgenden Angebotsverfahren von 40 auf nur noch zehn Tage in § 12 EG Abs. 5 VOL/A bei jeweils besonderer Dringlichkeit war anerkannt, dass es sich dabei gerade nicht um dringliche zwingende Gründe iSd damaligen § 3 EG Abs. 4 lit. d VOL/A handeln musste. Vielmehr setzt die **Dringlichkeit** die nach **objektiven Gesichtspunkten zu beurteilende Eilbedürftigkeit** der beabsichtigten Beschaffung voraus, wobei sich die vergaberechtlichen Fristen nicht etwa einem innerhalb der Bundesregierung selbstgesetzten Terminplan unterzuordnen hat, sondern sich umgekehrt die Planung der Bundesregierung an den vergaberechtlichen Fristen zu orientieren hat.[54] Das Verhältnis von § 14 Abs. 4 Nr. 3 und § 17 Abs. 8 ist demnach im umgekehrten Verhältnis zu sehen. Wenn ein beschleunigtes Verhandlungsverfahren mit EU-Teilnahmewettbewerb nach § 14 Abs. 3 mit ggf. zweimal verkürzten Fristen im Teilnahmewettbewerb und im Angebotsverfahren (15 + 10 Tage) noch möglich ist, darf ein **Rückgriff auf ein Verhandlungsverfahren ohne EU-Teilnahmewettbewerb nicht** erfolgen.[55] Wenn darüber hinaus sogar die realistische Möglichkeit besteht, anstelle eines mit besonderer Dringlichkeit begründeten Verhandlungsverfahrens auch in einem Verhandlungsverfahren mit EU-Bekanntmachung mit **normalen Regelfristen** zu einem zeitgerechten Vertragsschluss zu kommen, ist sogar das **Abkürzen der Angebotsfrist unstatthaft.**[56]

Richtig ist darüber hinaus auch, dass der Auftraggeber auch das Seinige tun muss, um Dringlich- **73** keitssituationen nicht künstlich zu provozieren. So ist ein **Auftraggeber gehalten,** zur Vermeidung von Fristverkürzungen zuerst die ihm zur Verfügung stehenden beträchtlichen **Möglichkeiten der Verfahrensreduzierung und -straffung auszuschöpfen.**[57]

Die in Abs. 8 benannte Frist von zehn **Tagen** ist somit nur **die absolute Mindestfrist,** die **74** selbst bei einer hinreichend dringlichen Beschaffung im Verhandlungsverfahren **nicht unterschritten** werden darf, sodass auch eine Kombination mit der weiteren Verkürzungsmöglichkeit nach § 17 Abs. 9 bei Zulassung elektronischer Angebote ausscheidet.

Nicht ganz so weitgehende **Verkürzungsmöglichkeiten außerhalb von** § 17 enthält auch **75** für das Verhandlungsverfahren die **Sonderregelung** für eine vorherige **EU-Vorinformation in § 38 Abs. 3.** Veröffentlicht ein Auftraggeber die Absicht einer geplanten Auftragsvergabe mittels veröffentlichter Vorinformation gem. § 38 Abs. 1 und 2, kann die **Mindestfrist** für den Eingang von Angeboten im Verhandlungsverfahren auf zehn Tage **verkürzt** werden, sofern die Vorinformation entsprechend § 38 Abs. 5 **wenigstens 35 Tage**[58] und **nicht mehr als zwölf Monate** vor dem Tag der Absendung der späteren Auftragsbekanntmachung übermittelt wurde und die Vorinformation alle vorliegenden Informationen entsprechend Anhang I der Durchführungsverordnung (EU) 2015/1986 enthielt (§ 38 Abs. 3 Nr. 2 und 1).

Aber auch in den Eilbeschaffungsfällen des Abs. 8 bleibt die **übergeordnete Festlegung in 76 § 20** beachtlich, dass immer einzelfallbezogen abzuwägen ist, ob die gewählte Frist angesichts der individuellen Komplexität der Leistung und der benötigten Zeit für die Ausarbeitung der konkreten Angebote vor dem Hintergrund der Anforderungen des Auftraggebers angemessen lang genug ist. Dasselbe gilt nach § 20 Abs. 3 insbesondere, wenn der Auftraggeber wesentliche Änderungen an den Vergabeunterlagen vornimmt oder rechtzeitige Bieterfragen nicht fristgerecht beantwortet. Im

---

[53] Vgl. *Rechten* in KKMPP VgV § 15 Rn. 20, für die vergleichbare Situation im offenen Verfahren, das erstmalig auch eine Verkürzungsmöglichkeit bei hinreichend begründeter Dringlichkeit in § 15 Abs. 3 kennt, wenn auch mit einer Mindestangebotsfrist von 15 und nicht nur zehn Tagen.
[54] OLG Düsseldorf Beschl. v. 1.8.2005 – Verg 41/05, IBR 2005, 706.
[55] So zu Recht VK Südbayern Beschl. v. 12.8.2016 – Z3-3-3194-1-27-07-16, BeckRS 2016, 15052.
[56] OLG Düsseldorf Beschl. v. 10.6.2015 – Verg 39/14, VPR 2015, 191, für die Betriebsführung von technischen Anlagen der Bundeswehr in Afghanistan mit einem zu langen Abstand zwischen Vertragsschluss und Ausführungsbeginn zur damaligen Verkürzungsfrist im Verhandlungsverfahren nach § 12 EG Abs. 3b VOL/A.
[57] VK Lüneburg Beschl. v. 13.8.2014 – VgK-29/2014, ZfBR 2015, 311, mit der Monierung einer vierzehntägigen Angebotsfrist samt viertägiger Wertung im Verhältnis zu einem internen Abstimmungsprozess innerhalb der Auftraggebergremien von 34 Tagen.
[58] Die Vorgängerregelung in § 12 EG Abs. 3 lit. a VOL/A forderte noch eine Sperrfrist von 52 Tagen.

Falle von § 17 Abs. 8 muss die Beantwortung von Bieterfragen spätestens vier Tage und nicht schon sechs Tage vor Ablauf der Angebotsfrist erfolgen (§ 20 Abs. 3 Nr. 1).

XI. Verkürzung der Angebotsfrist bei Zulassung von Angeboten in elektronischer Form (Abs. 9)

77 Abs. 9 gewährt – wie § 16 Abs. 8 im nicht offenen Verfahren – eine normale[59] und generelle **Verkürzungsmöglichkeit der Angebotsfrist um fünf Tage** (= Kalendertage), die von Dringlichkeitsaspekten – wie in Abs. 8 – abgekoppelt ist. Die in Abs. 9 erstmalig vorgesehene Verkürzungsmöglichkeit setzt voraus, dass der **Auftraggeber die elektronische Übermittlung von Angeboten akzeptiert.**

78 Die Fristverkürzung rechtfertigt sich aus dem **Entfall der ansonsten notwendigen Postlaufzeit,** die ein Angebot vom Bieter zum öffentlichen Auftraggeber zusätzlich benötigen würde.

79 **Nur zentrale Beschaffungsstellen** iSv § 120 Abs. 4 GWB,[60] die dauerhaft und nicht nur nach § 4 gelegentlich, für andere öffentliche Auftraggeber tätig werden, **mussten die vollständige und alleinige elektronische Angebotsabgabe** nach § 53 Abs. 1 iVm § 10 **schon ab dem 19.4.2017** und nicht erst nach dem 18.10.2018 (§ 81) gewährleisten.

XII. Durchführung von Verhandlungen und Verhandlungsinhalte (Abs. 10)

80 Abs. 10 setzt Art. 29 Abs. 3 UAbs. 1 und 2 RL 2014/24/EU in deutsches Recht um. Im Gegensatz zum offenen und nicht offenen Verfahren sind die dort gerade unzulässigen **Änderungen der Leistungsangebote**[61] **oder Preise durch Verhandlungen** gerade das **prägende Wesensmerkmal eines Verhandlungsverfahrens.**[62] Abgesehen von der sofortigen Beauftragung eines Erstangebots nach § 17 Abs. 11 beginnt in einem Verhandlungsverfahren nach Eingang der Erstangebote gerade ein **dynamischer Prozess,** in dem sich durch Verhandlungen sowohl auf der **Nachfrageseite** des Auftraggebers als auch auf der **Angebotsseite** des oder der Bieter **Veränderungen** ergeben können.[63] Die **Grenze** derartiger Verhandlungen über Auftragsinhalt, Auftragsbedingungen und Angebotspreise war zum einen die **Identität des Beschaffungsgegenstandes,** insbesondere, wenn gerade keine alternativen Nebenangebote nach § 35 Abs. 1 zugelassen waren. Zum Zweiten sollte aus den Grundsätzen des Wettbewerbs, der **Gleichbehandlung, der Transparenz** und insbesondere wegen des generellen Grundsatzes eines **fairen Verfahrens**[64] eine **bieterschützende Selbstbindung des Auftraggebers** folgen, verbindliche Anforderungen im Verhandlungswege dann nicht aufgeben zu dürfen, wenn zumindest einer der Verhandlungspartner sie erfüllte. Diese allgemeinen Grundsätze der Rechtsprechung hat Abs. 10 auf der Grundlage von **Festlegungen in Art. 29 Abs. 3 RL 2014/24/EU** nunmehr kodifiziert.

81 **1. Durchführung von Verhandlungen (Abs. 10 S. 1).** § 17 Abs. 10 S. 1 gibt einen **generellen Fahrplan für Verhandlungen** vor, in dem er festlegt, dass der Auftraggeber mit den Bietern **über die von ihnen eingereichten Erstangebote und alle Folgeangebote verhandelt,** mit dem **Ziel, die Angebote inhaltlich zu verbessern.** Nach § 17 Abs. 10 S. 1 ist ein Auftraggeber somit gehalten, die **Verhandlungen mit dem Ziel zu führen, diese inhaltlich zu verbessern.** Demgemäß ist es einem Auftraggeber unter Beachtung des Transparenz- und Gleichbehandlungsgrundsatzes im Rahmen derartiger Verhandlungen **nicht verwehrt bzw. sogar geboten,** zB seine **Beschreibung** der zu **vergebenden Leistung** (Ingenieurleistungen für die Tragwerksplanung) im **Hinblick** auf die **Einstufung** der **Honorarzone entsprechend** zu **präzisieren.**[65] Mit diesen Vorgaben in § 17 Abs. 10 S. 1 sind aber Konstruktionen mit einem **preferred bidder** zunächst bis zum ggf. erfolgreichen Ende durch zu verhandeln, mit den anderen Anbietern von Erstangeboten aber nur im Falle des Scheiterns dieser privilegierten Verhandlungen eigene Verhandlungen aufzunehmen, eine **deutliche Absage** erteilt worden.[66] Gleichzeitig wird diese Verhandlungspflicht aber

---

[59] Spätestens mit dem 19.10.2018 ist diese verkürzte Angebotsfrist zur Regelfrist geworden und an die Stelle der Regelung in Abs. 2 getreten, weil mit diesem Datum Auftraggeber nicht nur (auch) elektronische neben nicht elektronischen Angeboten akzeptieren müssen, sondern idR nur noch elektronische Angebote einfordern müssen.
[60] Wie die Dataport AöR, vgl. OLG Schleswig Beschl. v. 28.6.2016 – 54 Verg 2/16, NZBau 2016, 593.
[61] § 15 Abs. 5 S. 2 und § 16 Abs. 9, der auf § 15 Abs. 5 verweist.
[62] OLG Schleswig Beschl. v. 19.8.2016 – 54 Verg 7/16, VPR 2016, 259.
[63] In dieser Diktion BGH Urt. v. 10.9.2009 – VII ZR 255/08, ZfBR 2010, 94.
[64] EuGH Urt. v. 14.2.2008 – C-450/06, VergabeR 2008, 487.
[65] Vgl. VK Sachsen-Anhalt Beschl. v. 20.12.2019 – 2 VK LSA 28/18, VPRRS 2021, 0030.
[66] Für die Zulässigkeit einer solchen preffered-bidder-Strategie noch OLG Frankfurt a. M. Beschl. v. 10.4.2001 – 11 Verg 1/01, NZBau 2002, 161. Schon Art. 44 Abs. 4 S. 2 der vormaligen Vergabe-RL 2004 aus dem Jahr 2004 bestimmte jedoch ohne bundesdeutsche Umsetzung fast wortgleich zum jetzigen § 17

XII. Durchführung von Verhandlungen und Verhandlungsinhalte (Abs. 10)

an den eigenen Vorgaben des Auftraggebers für strukturierte Verhandlungen und den Erwartungen der Bieter an einem vorgegebenen Verhandlungsschluss gespiegelt.

Denn über **die endgültigen Angebote darf nach § 17 Abs. 10 S. 1 nicht mehr verhandelt** 82 werden. Hat der Auftraggeber somit bindend vorgegeben, dass es nur zwei Verhandlungsrunden geben soll, kann er über die in der zweiten – finalen – Verhandlungsrunde abgegebenen Angebote nicht mehr (nach-)verhandeln. In gleicher Weise ist es ihm verwehrt, überraschenderweise eine völlig unvorhergesehene dritte Verhandlungsrunde zu eröffnen.[67]

Derartige, endgültige Angebote werden deshalb zu Recht auch als **last and final offer** (LAFO) 83 oder **binding and final offer** (BAFO) bezeichnet.

2. Verhandlungsinhalte mit Ausnahmen (Abs. 10 S. 2). Soweit § 17 Abs. 10 S. 1 Begren- 84 zungen der Verhandlungen in zeitlicher und struktureller Hinsicht enthält, sieht § 17 Abs. 10 S. 2 zunächst einmal generaliter vor, dass **über den gesamten Angebotsinhalt – also insbesondere auch über den Angebotspreis**[68] **– verhandelt werden darf,** macht davon aber **zwei zwingende Ausnahmen.** Die **Mindestanforderungen und** die **Zuschlagskriterien** sind nicht Gegenstand von Verhandlungen und dürfen es deshalb auch nicht sein (so wörtlich Art. 29 Abs. 3 UAbs. 2 RL 2014/24/EU). § 17 Abs. 10 S. 2 präzisiert diese Ausnahmen noch etwas, in dem von den vom öffentlichen Auftraggeber in den Vergabeunterlagen festgelegten Mindestanforderungen – und Zuschlagskriterien[69] – gesprochen wird. Soweit das **OLG Düsseldorf**[70] in diesem Zusammenhang unter Verweis auf den **Erwägungsgrund 45** RL 2014/24/EU davon ausgeht, dass ein Auftraggeber derartige **Mindestbedingungen auch erst nach der ersten Verhandlungsrunde festlegen** darf, wenn hierdurch nur nicht die Grundsätze des Wettbewerbs, der Gleichbehandlung und der Transparenz beeinträchtigt werden, so **überzeugt diese Sichtweise nicht.** Eine derartige **Relativierung der zwingenden Vorgaben aus Art. 29 Abs. 1 UAbs. 2 S. 2 RL 2014/24/EU**[71] im Sinne einer **reinen Empfehlung und keiner Verpflichtung,** Mindestanforderungen bereits im Voraus vor der ersten Verhandlungsrunde festzulegen, **lässt sich mit dem Erwägungsgrund 45 RL 2014/24/EU nicht belastbar begründen.** Im Übrigen lautet auch der Erwägungsgrund 45 RL 2014/24/EU wie folgt: „Es sollte klargestellt werden, dass es sich bei den Mindestanforderungen, **die vom öffentlichen Auftraggeber festzulegen sind,** um jene (insbesondere physischen, funktionellen und rechtlichen) Bedingungen und wesentlichen Merkmale handelt, die jedes Angebot erfüllen beziehungsweise aufweisen sollte, damit der öffentliche Auftraggeber den Auftrag im Einklang mit dem gewählten Zuschlagskriterium vergeben kann". Durch diese **in Kongruenz zu Art. 29 Abs. 1 UAbs. 2 S. 2 RL 2014/24/EU stehende Ergänzung** wird die einleitende **Formulierung** „Die öffentlichen Auftraggeber **sollten** insbesondere im Voraus die **Mindestanforderungen** angeben, die das Wesen der Beschaffung charakterisieren und im Verlauf der Verhandlungen nicht geändert werden sollten." **entscheidend iSd Art. 29 Abs. 1 UAbs 2 S. 2 RL 2014/24/EU relativiert.**[72] Selbiges gilt **auch** in Bezug auf **verlautbarte Zuschlagskriterien** und deren Gewichtung. Hat der Auftraggeber in einem Verhandlungsverfahren bereits gem. § 52 Abs. 2 Nr. 5 die Gewichtung der Zuschlagskriterien bekanntgegeben, darf hierüber gem. § 17 Abs. 10 S. 2 nicht mehr verhandelt werden.[73] Gleiches gilt auch für von vorne herein richtlinienkonform aufgestellte Mindestanforderungen.[74] Ist somit

---

[67] Abs. 12 S. 2, dass in der Schlussphase noch so viele Angebote vorliegen müssen, dass ein echter Wettbewerb gewährleistet ist, sofern eine ausreichende Anzahl von Lösungen oder geeigneten Bewerbern vorliegt. AA noch KG Beschl. v. 17.5.2013 – Verg 2/13, VergabeR 2013, 813, zum vormaligen, noch nicht derart reglementierten Rechtszustand.

[68] VK Thüringen Beschl. v. 29.3.2019 – 250-4003-10402/2019-E-002-SHL, ZfBR 2020, 207.

[69] Diese könnten in einem Verhandlungsverfahren mit Teilnahmewettbewerb auch nur in der Vergabebekanntmachung angegeben werden, § 37 Abs. 2 iVm Ziff. II.2.5 des Bekanntmachungsmusters gemäß Anhang II der Durchführungsverordnung (EU) 2015/1986 sowie § 52 Abs. 2 Nr. 5.

[70] OLG Düsseldorf Beschl. v. 28.3.2018 – Verg 54/17, NZBau 2018, 548.

[71] „Ferner geben sie an, welche Elemente der Beschreibung die von allen Angeboten einzuhaltenden Mindestanforderungen darstellen.".

[72] So iErg auch VK Südbayern Beschl. v. 3.1.2018 – Z3-3-3194-1-46-08/17, VPR 2018, 96, auch unter Hinweis auf Erwägungsgrund 45 RL 2014/24/EU, wonach die öffentlichen Austraggeber insbesondere im Voraus die Mindestanforderungen angeben sollten, die das Wesen der Beschaffung charakterisieren. Der Auftraggeber müsse zumindest über eine grundlegende Vorstellung über die Auftragskonzeption verfügen, deren Identität im Laufe der Verhandlungen zu bewahren sei. Demnach müssten bereits in der Bekanntmachung und damit erst recht in der Verhandlungsphase das Grundgerüst des zu vergebenden Auftrags stehen und entsprechende Mindestanforderungen aufgestellt sein. Denn ansonsten wären solche Unternehmen benachteiligt, die aufgrund der Beschreibung der ausgeschriebenen Leistung von einer eigenen Bewerbung abgesehen haben.

[73] VK Südbayern Beschl. v. 3.1.2018 – Z3-3-3194-1-46-08/17, VPR 2018, 96.

[74] OLG München Beschl. v. 21.4.2017 – Verg 1/17, VPRRS 2017, 0162.

den Vergabeunterlagen eindeutig zu entnehmen, dass im Rahmen einer Teststellung ein zweikanaliges Gerät präsentiert werden soll, stellt dies eine Mindestbedingung im Vergabeverfahren dar.[75] In einem solchen Fall kann der **Auftraggeber nicht zugunsten eines Bieters auf die Erfüllung dieser Mindestbedingung verzichten,** da dies eine **Ungleichbehandlung gegenüber den anderen Bietern** darstellen würde. Der Auftraggeber muss somit, auch wenn er im Rahmen des Verhandlungsverfahrens über einen **Verhandlungsspielraum** verfügt, gleichwohl dafür sorgen, dass die **Anforderungen des Auftrags,** die er **als verbindlich** eingestuft hat,[76] erfüllt werden und **abweichende Angebote** mit einem zu testenden nur einkanaligen Gerät **ausschließen.**

XIII. Beauftragung von Erstangeboten ohne Verhandlungen nur bei entsprechendem Vorbehalt (Abs. 11)

85   Mit **Abs. 11** setzt der Normgeber eine auf den ersten Blick systemwidrige Ermächtigung aus **Art. 29 Abs. 4 RL 2014/24/EU** in deutsches Recht um. Abs. 11 ermächtigt den Auftraggeber erstmalig, den **Auftrag** (= Zuschlag nach § 127 GWB) schon **auf der Grundlage der Erstangebote zu vergeben, ohne überhaupt in irgendwelche Verhandlungen einzutreten.** Einzige Voraussetzung ist lediglich im Sinne einer **Transparenzanforderung,** insbesondere für die konkrete Ausgestaltung der Erstangebote, dass sich der Auftraggeber diese Möglichkeit **in der Auftragsbekanntmachung (§ 37)** oder in der **Aufforderung zur Interessensbestätigung (§ 38 Abs. 5) vorbehalten** hat. Im Umkehrschluss bedeutet dies aber ebenso eindeutig, dass ihm **eine Beauftragung von sog Erstangeboten ohne entsprechenden Vorbehalt untersagt** ist, was Abs. 10 mit seiner Verhandlungspflicht bei Erstangeboten verdeutlicht.

86   Damit sind teilweise vertretene Tendenzen in der bisherigen Rechtsprechung zum Verhandlungsverfahren, die eine **Beauftragung ohne Verhandlungen** auch nur nach einem transparent gemachten Sinneswandel des Auftraggebers für zulässig hielten,[77] obsolet geworden.

87   Diese Regelung des Abs. 11 erscheint dabei in doppelter Hinsicht, insbesondere in ihren praktischen Auswirkungen, problematisch. Zum einen werden damit die **Grenzen zwischen den verschiedenen Vergabearten verwischt.** Rückblickend betrachtet unterscheidet sich ein derartiges Verhandlungsverfahren ohne tatsächliche Verhandlungen in nahezu nichts mehr von einem nicht offenen Verfahren,[78] das aber einem Auftraggeber nach § 119 Abs. 2 S. 1 GWB erstmalig zur freien Wahl neben dem offenen Verfahren zur Verfügung steht, während ein Verhandlungsverfahren immer einen gesetzlich determinierten Ausnahmetatbestand erfordert (§ 119 Abs. 2 S. 2 GWB). Zum Zweiten sind sowohl Auftraggeber als auch Erstangebotsbieter faktisch gezwungen, **die Vergabeunterlagen und die Erstangebote ähnlich final zu gestalten wie in einem offenen oder nicht offenen Verfahren,** in dem die ersten Angebote auch die identischen letzten Angebote bilden, da dort ein **striktes Nachverhandlungsverbot** gilt. Auch **kalkulatorisch** dürfte diese Spezialvariante eines Verhandlungsverfahrens für die aufgeforderten Bieter **kaum sachgerecht bewältigbar** sein. Denn wenn sie sich noch Luft für denkbare, aber ungewisse Verhandlungen im Erstangebot lassen, ist ihre Angebote ggf. nicht wettbewerbsfähig, da andere aufgrund zeitlicher Restriktionen darauf vertraut haben könnten, dass es zu keinen Verhandlungen mehr kommt. Werden derartige Verhandlungspuffer im Erstangebot herausgenommen und verhandelt der Auftraggeber dann doch weiter, gibt es keinerlei preisliche oder inhaltliche Verhandlungsmasse mehr, während andere dann die besseren Zuschlagschancen haben. Dies gleicht mehr einem **Pokerspiel** als einem vergaberechtskonformen Vergabeverfahren und eröffnet manipulativen Abstimmungen im Hinblick auf die tatsächliche Beauftragung schon der Erstangebote Tür und Tor. So waren und sind insbesondere in den Fällen des Abs. 12 Abwicklungen in aufeinanderfolgenden Phasen vorhersehbar und auch kalkulierbar, während im Rahmen des Abs. 11 aus Bietersicht unklar ist, ob nur eine Erstangebotsphase oder ggf. auch zwei oder mehr „Phasen" auf ihn zukommen werden. Denn Erstangebote in diesem Sinne sind und bleiben innerhalb der vom Auftraggeber gesetzten Zuschlags- und Bindefrist verbindlich und müssen es auch sein, da ansonsten der Zuschlag des Auftraggebers keinen verbindlichen Vertragsschluss gem. §§ 145 ff. BGB nach sich zieht. Nur in dieser Fallkonstellation ist also auch schon ein Erstangebot ein binding and final offer.

---

[75]   VK Sachsen Beschl. v. 13.2.2017 – 1/SVK/032-16, VPR 2017, 242.

[76]   Etwa sog. A-Kriterien, die unbedingt erfüllt sein müssen und anders als B-Kriterien nicht punktemäßig gewertet werden.

[77]   OLG Düsseldorf Beschl. v. 21.10.2015 – VII-Verg 28/14, VergabeR 2016, 74, das in einem Verfahren nach der VSVgV lediglich eine schriftliche Information aller Bieter eingefordert hatte.

[78]   Der einzige Unterschied liegt darin, dass bei einem nicht offenen Verfahren grundsätzlich fünf – geeignete – Bewerber zur Abgabe von Angeboten aufgefordert werden müssen, während dies in einem Verhandlungsverfahren nur drei sein müssen, vgl. § 51 Abs. 2.

Im Regelfall wird der Auftraggeber dem Wesen des Verhandlungsverfahrens folgend **Ver-** 88 **handlungen mit den Bietern über ihre Erstangebote** aufnehmen[79] und diese oftmals einer ausnahmsweise vorbehaltenen Bezuschlagung der Erstangebote vorziehen, sofern er dafür noch ausreichend Zeit zur Verfügung hat. Insoweit empfiehlt es sich aber schon in den Vergabeunterlagen die dafür voraussichtlich vorgesehenem Kalenderwochen samt Ersatzterminen bei Verzögerungen anzugeben, damit die Unternehmen sich ihre Ressourcen und Verfügbarkeiten für diese denkbaren Verhandlungsrunden vorblocken, sofern die Erstangebote späterhin doch nicht sofort bezuschlagt werden.

Fraglich ist zudem, ob der **Vorbehalt der Bezuschlagung** schon der **Erstangebote** auch 89 im **Verhandlungsverfahren ohne Teilnahmewettbewerb nach § 14 Abs. 4** möglich ist, weil dort die beiden **dafür in Abs. 11 vorgesehenen Publikationsorte Auftragsbekanntmachung und Aufforderung zur Interessensbestätigung durch die direkte Angebotsaufforderung nach Abs. 5 ausfallen.** Strukturell als auch in Umsetzung der zugrunde liegenden Art. 29 und 32 RL 2014/24/EU spricht vieles dafür, diesen Vorbehalt auch im Verhandlungsverfahren ohne EU-Bekanntmachung zuzulassen, da Art. 32 lediglich ergänzend die Voraussetzungen benennt, unter denen auf eine EU-Bekanntmachung vor dem Verhandlungsverfahren verzichtet werden kann, ohne weitere diesbezügliche Festlegungen zu treffen. Somit sind **alle Bestimmungen des Art. 29 RL 2014/24/EU** prinzipiell auch auf das Verhandlungsverfahren ohne Teilnahmewettbewerb **übertragbar,** soweit sie sich nicht auf den hier entfallenden Teilnahmewettbewerb selbst beziehen. Demgemäß ist **Art. 29 Abs. 4 RL 2014/24/EU analog** auch für Verhandlungsverfahren ohne Teilnahmewettbewerb anwendbar, wobei der Vorbehalt der Erstangebotsbezuschlagung dann **analog § 17 Abs. 4** in der **Aufforderung zur Angebotsabgabe an die vom Auftraggeber autonom ausgewählten Unternehmen nach § 17 Abs. 5** erfolgen muss. Für diese Möglichkeit spricht auch die dadurch erzielbare **Zeitersparnis,** die ggf. schon zusätzlich eine taugliche Begründung für die Anwendung des Verhandlungsverfahrens ohne Teilnahmewettbewerb gewesen war. Würde man im Verhandlungsverfahren ohne EU-Teilnahmewettbewerb generell den Vorbehalt einer Sofortbezuschlagung der Erstangebote samt Vollzug grundsätzlich verweigern, wären sehr dringliche Beschaffungen wegen der dann immer erforderlichen Zwangsverhandlung nicht mehr zeitnah abschließbar. Dabei bleibt ergänzend zu betrachten, dass zumindest in Fällen besonderer Dringlichkeit sogar die ansonsten notwendige Vorinformation unterlegener Bieter nach § 134 GWB im Verhandlungsverfahren zusätzlich entfällt (§ 134 Abs. 3 S. 1 GWB).

XIV. Abschichtungen im Verhandlungsverfahren und Gewährleistung von Wettbewerb in der Schlussphase der Verhandlungen (Abs. 12)

Auch wenn ein Verhandlungsverfahren, vorbehaltlich der neuen Absicherungen in Abs. 10, 90 weitgehend unförmlich ausgestaltet werden kann und dies auch der ihm innewohnenden Dynamik am ehesten entspricht, stellt sich insbesondere ein lineares und paralleles Verhandeln mit verschiedenen Bietern über en Detail auch differierende Angebote als komplex und kompliziert dar. **Abs. 12** sieht deshalb die schon etablierte Möglichkeit einer **gezielten Verringerung der Verhandlungspartner in verschiedenen aufeinanderfolgenden Phasen** vor.[80] Diese Verringerung ist **nach S. 1 im Übrigen immer anhand der Zuschlagskriterien** vorzunehmen, um rein willkürliche Abschichtungen zu vermeiden. Voraussetzung für ein solches Aussieben der Verhandlungspartner ist zudem, dass der öffentliche Auftraggeber in der Auftragsbekanntmachung nach § 37 oder in den Vergabeunterlagen nach § 29 auf diese phasenweise Verringerungsmöglichkeit **hingewiesen hat,**[81] **um dem Transparenzgebot des § 97 Abs. 1 S. 1 GWB zu entsprechen.**

Mit **S. 2** des Abs. 12 wird dem ehedem etablierten **Modell des „preferred bidder"** nunmehr 91 in Umsetzung von Art. 66 S. 2 iVm Art. 29 Abs. 6 RL 2014/24/EU[82] eine **endgültige Absage** erteilt. Denn nunmehr ist **festgeschrieben,** dass **in der Schlussphase** des Verhandlungsverfahrens noch **so viele Angebote vorliegen müssen, dass der Wettbewerb gewährleistet** ist. Ein von vorneherein alleiniges Verhandeln mit nur einem auf Grundlage des Erstangebots präferierten und bevorzugten Bieter bis zum Vertragsschluss ist somit grundsätzlich nicht mehr zulässig. Einzige

---
[79] So auch *Hölzl* NZBau 2013, 558 (559).
[80] Dieser Prozess erinnert an die nunmehr in § 51 etablierte Verringerung geeigneter Bewerber in einem Teilnahmewettbewerb.
[81] Die in Art. 29 Abs. 6 S. 1 und 2 RL 2014/24/EU ebenfalls erwähnte Aufforderung zur Interessensbestätigung (§ 38 Abs. 5) als Publikationsort der phasenweisen Verringerung auch bei einer EU-Vorinformation als Aufruf zum Wettbewerb lässt der Verordnungsgeber unerwähnt.
[82] Verordnungsbegründung zu § 17 Abs. 12 S. 2, BT-Drs. 18/7318, 161, mit dem Zusatz: „Absatz 12 Satz 2 stellt sicher, dass auch nach Verringerung der Zahl der Angebote im Verhandlungsverfahren in der Schlussphase noch Wettbewerb gewährleistet ist.".

Voraussetzung für dieses Einfordern ist aber natürlich, dass im konkreten Verhandlungsverfahren ursprünglich eine ausreichende Anzahl von Angeboten oder geeigneten Bietern vorhanden war und sich nicht nur atypisch nur ein Angebot oder ein geeigneter Bieter von vorneherein etabliert hatte.[83] Mit dem Begriff „ursprünglich" dürfte zum einen die Angebotsabgabe der Erstangebote gemeint sein. Mit dem Begriff „geeignete Bieter" wird zudem der Fall erfasst, dass mehrere Bieter Angebote abgegeben hatten, aber im Teilnahmewettbewerb als ehedem geeignet geprüfte Bewerber im Verhandlungsprozess ihre Eignung nachträglich verloren haben, zB durch nachträglich eingetretene zwingende Ausschlussgründe nach § 123 Abs. 1 bis Abs. 4 S. 1 GWB. § 123 GWB bestimmt ausdrücklich, dass öffentliche Auftraggeber Unternehmen zu jedem Zeitpunkt des Vergabeverfahrens unter den dortigen Voraussetzungen – vorbehaltlich der dortigen Abs. 4 S. 2 und Abs. 5 und § 125 GWB – von der Teilnahme ausschließen.

XV. Gleichbehandlung der Bieter bei Verhandlungen und Unterrichtungspflichten bei Änderungen der Leistungsbeschreibung samt ausreichender Frist zur Änderung und Überarbeitung der Angebote (Abs. 13)

92   Abs. 13 soll ua die **Gleichbehandlung der Bieter** im Rahmen des Verhandlungsverfahrens, nach wie vor für die Schlussangebote **ausreichende Angebotsfristen** und den **Schutz dabei preisgegebener Bieterinformationen** sicherstellen. S. 1 konkretisiert dabei den allgemeinen Gleichbehandlungsgrundsatz aus § 97 Abs. 2 GWB[84] und verpflichtet den Auftraggeber auch zu dessen Sicherstellung im Rahmen von Bieterverhandlungen. Der Normgeber setzt damit Vorgaben aus **Art. 29 Abs. 5 UAbs. 1 und 2 RL 2014/24/EU** um.

93   Insbesondere die **Vertraulichkeit von Informationen** der an den Verhandlungen beteiligten Bieter wird durch mehrfache Bestimmungen **geschützt**. So regelt § 17 **Abs. 13 S. 5 und 6** insoweit, dass keine vertraulichen Informationen eines an den Verhandlungen teilnehmenden Unternehmens ohne dessen Zustimmung an die anderen Teilnehmer weitergegeben werden dürfen und eine solche Zustimmung nicht allgemein, sondern nur hinsichtlich konkreter Informationen erteilt werden darf. § 17 **Abs. 13 S. 2** ergänzt dies um die Verpflichtung des Auftraggebers, sich jedweder diskriminierenden Weitergabe von Informationen zu enthalten, durch die bestimmte Bieter gegenüber anderen begünstigt werden könnten. Dabei bleibt weiterhin zu berücksichtigen, dass eine solche Weitergabe von Informationen, soweit sie Betriebs- und Geschäftsgeheimnisse, wie etwa die Inhalte von Nebenangeboten, betreffen, auch noch den Straftatbestand der unbefugten Weitergabe von Betriebs- und Geschäftsgeheimnissen nach § 23 Geschäftsgeheimnisgesetz verwirklichen könnten.

94   S. 3 des Abs. 13 enthält eine gesonderte Informationsverpflichtung zulasten des öffentlichen Auftraggebers, alle Bieter, deren Angebote nicht schon nach Abs. 12 in vorherigen Phasen ausgeschieden wurden, über etwaige Änderungen der Leistungsbeschreibung (insbesondere der technischen Anforderungen) oder anderer Teile der Vergabeunterlagen, die nicht die Festlegung der Mindestanforderungen und Zuschlagskriterien betreffen, zu informieren. Der letztgenannte Vorbehalt erklärt sich aus dem grundsätzlichen Verbot nach § 17 Abs. 10 S. 2, über diese beiden Punkte überhaupt verhandeln zu dürfen. Als dazu zu verwendende Form ist die Textform nach § 126b BGB genannt, wie sie auch schon aus dem Vorinformationsschreiben nach § 134 GWB oder der antragsgebundenen Mitteilung von Aufhebungsgründen nach § 63 Abs. 2 S. 2 geläufig ist. Gleiches gilt aus Bewerber- und Bietersicht zB auch für die Übermittlung von Angeboten und Teilnahmeanträgen nach § 53 Abs. 1.

95   Textform bedeutet insoweit, dass eine lesbare Erklärung, in der die Person des Erklärenden genannt ist, auf einem dauerhaften Datenträger abgegeben werden muss. Dauerhaft ist ein Datenträger nach § 126b BGB als Medium, das es dem Empfänger ermöglicht, eine auf dem Datenträger befindliche, an ihn persönlich gerichtete Erklärung so aufzubewahren oder zu speichern, dass die ihm während eines für ihren Zweck angemessenen Zeitraum zugänglich und geeignet ist, die Erklärung unverändert wiederzugeben. Dazu gehören CD-Roms, Disketten, DVD's und die Festplatte, auf der die elektronische Post gespeichert wird.[85] Aber auch sonstige Speichermedien, wie USB-Sticks genügen dem Textformerfordernis, das sich von der in Art. 29 Abs. 5 S. 3 RL 2014/24/EU noch aufgeführten Schriftform (vgl. § 126 BGB) dadurch unterscheidet, dass die Textform unterschriftslos ist.

---

[83] Für diese Fallkonstellation hatte auch schon der EuGH Urt. v. 15.10.2009 – C-138/08, NZBau 2010, 59, zugestanden, die Verhandlungen dann nur mit einem oder weniger als den eigentlich zu beteiligenden drei geeigneten Unternehmen aufzunehmen.

[84] Der noch die Ausnahme enthält, es sei denn eine Ungleichbehandlung ist aufgrund dieses Gesetzes ausdrücklich geboten oder gestattet.

[85] Erwägungsgrund 20 RL 2002/65/EG.

Schlussendlich sichert Abs. 13 S. 4 den anbietenden Verhandlungspartnern eine ausreichende 96
Zeitspanne, um nach solchen Veränderungen durch den öffentlichen Auftraggeber bisherige Angebote zu ändern und gegebenenfalls überarbeitete Angebote abzugeben bzw. seriös kalkuliert abgeben zu können.

XVI. Unterrichtungspflicht bei beabsichtigtem Abschluss der Verhandlungen, einheitliche letzte Angebotsfrist, Prüfung der Mindestanforderungen und Entscheidung über den Zuschlag auf Grundlage der Zuschlagskriterien (Abs. 14)

Mit der Neuregelung in § 17 Abs. 14 wird **Art. 29 Abs. 7 S. 1 und 2 RL 2014/24/EU** 97
umgesetzt. S. 1 bestimmt zur Sicherstellung eines ordnungsgemäßen **Wettbewerbs** und der **Gleichbehandlung** aller Verhandlungsbieter, dass der Auftraggeber die verbleibenden Bieter über den beabsichtigten **Abschluss der Verhandlungen zu informieren und eine einheitliche Frist für die Einreichung neuer oder überarbeiteter Angebote festzulegen** hat. Die letztgenannte Frist muss dann aber nicht wiederum mindestens 30 Tage betragen, da Abs. 6 diese Mindestfrist nur für Erstangebote bindend festlegt, nicht aber für endgültige Angebote.

Mit § 17 **Abs. 14 S. 2** soll wiederum der **diskriminierungsfreie Wettbewerb** sichergestellt 98
werden, indem sich der **Auftraggeber zwingend zu vergewissern** hat, dass die nach § 17 Abs. 10 S. 1 nicht mehr weiter verhandelbaren, **endgültigen Angebote den gestellten Mindestanforderungen auch wirklich entsprechen.** Mit den Mindestanforderungen sind dabei die vom Auftraggeber zuvor festgelegten Bedingungen gemeint, die jedes Angebot zwingend erfüllen muss. In der Terminologie der UfAB[86] 2018 im IT-Bereich sind damit insbesondere **sog A-Kriterien mit Ausschlusscharakter** gemeint. Analoges lässt sich auch für die in § 57 Abs. 1 genannten zwingenden Ausschlussstatbestände sagen.

Die schlussendlich vom öffentlichen Auftraggeber zu treffende **Zuschlagsentscheidung** ist 99
dabei wiederum **zwingend und bindend (nur)** auf der Grundlage der – verlautbarten und grundsätzlich gewichteten – **Zuschlagskriterien** nach § 127 GWB, § 58 zu treffen, was § 17 **Abs. 14 S. 2** nochmals verdeutlicht.

Mit der doppelten **Einschränkung** 1. Zwingende Beachtung der eigenen Mindestanforde- 100
rungen, ohne Ansehung des Bieters und 2. Strikte Anwendung der selbst für relevant erklärten und unverrückbaren Zuschlagskriterien für die Wirtschaftlichkeitsbetrachtung soll **Willkürentscheidungen** am Ende eines langen Verhandlungsverfahrens ein **starker Riegel vorgeschoben** werden. Ein Vergleich mit § 127 Abs. 1 GWB verdeutlicht, dass im Rahmen von § 17 Abs. 14 S. 2 **vollständig und ausschließlich** nur diejenigen Zuschlagskriterien, die in der Auftragsbekanntmachung oder den Vergabeunterlagen entsprechend § 127 Abs. 5 GWB aufgeführt und **nach § 58 Abs. 3 auch gewichtet worden** waren, herangezogen werden dürfen, aber auch müssen.

XVII. Suspendierung von den Verpflichtungen der §§ 9–13, des § 53 Abs. 1 sowie der §§ 54 und 55 in einem Verhandlungsverfahren nach § 14 Abs. 4 Nr. 3 (Abs. 15)

Der im Jahr **2020 neu angefügte Abs. 15 des § 17**[87] stellt laut der amtlichen Regierungsbe- 101
gründung[88] klar, dass der öffentliche Auftraggeber[89] bei der **Durchführung eines Verhandlungsverfahrens ohne Teilnahmewettbewerb wegen besonderer Dringlichkeit nach § 14 Abs. 4 Nr. 3** von bestimmten Verpflichtungen der VgV befreit ist. Dies gilt **namentlich für die Formvorschriften** zur eigentlich ansonsten rein **elektronischen Vergabe**, insbesondere der **Übermittlung und Entgegennahme von Angeboten (§ 53 Abs. 1, §§ 54 und 55)** und der **Bieterkommunikation (§§ 9–13)**. Eine Entbindung von diesen Verpflichtungen ergibt sich danach aus der Besonderheit des Vergabeverfahrens und der Zuschlagserteilung. Das Verfahren dürfe nur gewählt werden, wenn ein **unvorhergesehenes Ereignis** vorliegt, **äußerst dringliche und zwingende Gründe** bestehen, die die **Einhaltung** der in anderen Vergabeverfahren vorgeschriebenen **Fristen nicht zulassen** und ein kausaler Zusammenhang zwischen dem unvorhergesehenen Ereignis und der Unmöglichkeit besteht, die Fristen anderer Verfahren einzuhalten. Damit sei ein **solches Verfahren unter größtem zeitlichen Druck durchzuführen,** bei dem **Verzögerungen** durch die **Anwendung bestimmter Formvorschriften** wie etwa **ein Zeitverlust durch die vorherige Registrierung der lieferbereiten Unternehmen auf der Ver-

---

[86] Unterlage für Ausschreibung und Bewertung von IT-Leistungen.
[87] Fassung aufgrund Art. 4 des Gesetzes zur Regelung von Ingenieur- und Architektenleistungen und anderer Gesetze vom 12.11.2020 (BGBl. 2020 I 2392), in Kraft getreten am 19.11.2020.
[88] BR-Drs. 445/20, 12 zu Art. 4 lit. b.
[89] Aber vice versa auch die Bieter bei der Übermittlung ihrer Angebote nach § 53 Abs. 1.

gabeplattform des Auftraggebers, nicht in Kauf genommen** werden müssen. Darüber hinaus würden es die besonderen Umstände der Durchführung eines solchen Verfahrens in der Regel auch **nicht gestatten, dass bestimmte Formvorschriften zum Umgang mit den Angeboten** beachtet werden können. Dies gelte namentlich im Hinblick auf den **Empfang sowie die Aufbewahrung, Speicherung, Kenntnisnahme und Öffnung der Angebote (§§ 53–55)**. Auch die **Europäische Kommission** habe in ihrer **Mitteilung** vom 1.4.2020 (2020/C 108 I/01) bestätigt, dass bei einem Verhandlungsverfahren ohne Teilnahmewettbewerb „keine Anforderungen hinsichtlich der Veröffentlichung, der Fristen oder der Mindestanzahl der zu konsultierenden Bewerber oder sonstige verfahrenstechnische Anforderungen" bestehen. Die in Abs. 15 aufgeführten Vorschriften blieben dennoch auch im Verhandlungsverfahren ohne Teilnahmewettbewerb auf der Grundlage von § 14 Abs. 4 Nr. 3 anwendbar. Der Auftraggeber sei lediglich von den durch die Vorschriften normierten Verpflichtungen befreit. Er könne sie aber – sofern er dies möchte – weiterhin anwenden und beispielsweise trotz Vorliegens der besonders dringlichen, zwingenden Umstände die Abgabe von elektronischen Angeboten verlangen.[90]

102 § 17 ist **insgesamt drittschützend** iSd § 97 Abs. 6 GWB,[91] da Unternehmen sowohl einen Anspruch darauf haben, dass das Verhandlungsverfahren wie vom Gesetzgeber konzipiert durchgeführt wird und ausreichende Fristen im Teilnahmewettbewerb als auch in den Angebots- und Verhandlungsphasen zur Verfügung stehen.

§ 18 Wettbewerblicher Dialog

(1) ¹In der Auftragsbekanntmachung oder den Vergabeunterlagen zur Durchführung eines wettbewerblichen Dialogs beschreibt der öffentliche Auftraggeber seine Bedürfnisse und Anforderungen an die zu beschaffende Leistung. ²Gleichzeitig nennt und erläutert er die hierbei zugrunde gelegten Zuschlagskriterien und legt einen vorläufigen Zeitrahmen für den Dialog fest.

(2) ¹Der öffentliche Auftraggeber fordert eine unbeschränkte Anzahl von Unternehmen im Rahmen eines Teilnahmewettbewerbs öffentlich zur Abgabe von Teilnahmeanträgen auf. ²Jedes interessierte Unternehmen kann einen Teilnahmeantrag abgeben. ³Mit dem Teilnahmeantrag übermitteln die Unternehmen die vom öffentlichen Auftraggeber geforderten Informationen für die Prüfung ihrer Eignung.

(3) Die Frist für den Eingang der Teilnahmeanträge beträgt mindestens 30 Tage, gerechnet ab dem Tag nach der Absendung der Auftragsbekanntmachung.

(4) ¹Nur diejenigen Unternehmen, die vom öffentlichen Auftraggeber nach Prüfung der übermittelten Informationen dazu aufgefordert werden, können am Dialog teilnehmen. ²Der öffentliche Auftraggeber kann die Zahl geeigneter Bewerber, die zur Teilnahme am Dialog aufgefordert werden, gemäß § 51 begrenzen.

(5) ¹Der öffentliche Auftraggeber eröffnet mit den ausgewählten Unternehmen einen Dialog, in dem er ermittelt und festlegt, wie seine Bedürfnisse und Anforderungen am besten erfüllt werden können. ²Dabei kann er mit den ausgewählten Unternehmen alle Aspekte des Auftrags erörtern. ³Er sorgt dafür, dass alle Unternehmen bei dem Dialog gleichbehandelt werden, gibt Lösungsvorschläge oder vertrauliche Informationen eines Unternehmens nicht ohne dessen Zustimmung an die anderen Unternehmen weiter und verwendet diese nur im Rahmen des jeweiligen Vergabeverfahrens. ⁴Eine solche Zustimmung darf nicht allgemein, sondern nur in Bezug auf die beabsichtigte Mitteilung bestimmter Informationen erteilt werden.

(6) ¹Der öffentliche Auftraggeber kann vorsehen, dass der Dialog in verschiedenen aufeinanderfolgenden Phasen geführt wird, sofern der öffentliche Auftraggeber darauf in der Auftragsbekanntmachung oder in den Vergabeunterlagen hingewiesen hat. ²In jeder Dialogphase kann die Zahl der zu erörternden Lösungen anhand der vorgegebenen Zuschlagskriterien verringert werden. ³Der öffentliche Auftraggeber hat die Unternehmen zu informieren, wenn deren Lösungen nicht für die folgende Dialogphase vorgesehen sind. ⁴In

---

[90] BR-Drs. 445/20, 13 zu Art. 4 lit. b.
[91] BGH Urt. v. 10.9.2009 – VII ZR 255/08, NZBau 2009, 781; OLG Naumburg Beschl. v. 12.4.2012 – 2 Verg 1/12, VergabeR 2012, 749; VK Nordbayern Beschl. v. 14.9.2020 – RMF-SG21-3194-5-25, VPRRS 2021, 0021.

der Schlussphase müssen noch so viele Lösungen vorliegen, dass der Wettbewerb gewährleistet ist, sofern ursprünglich eine ausreichende Anzahl von Lösungen oder geeigneten Bietern vorhanden war.

(7) ¹Der öffentliche Auftraggeber schließt den Dialog ab, wenn er die Lösungen ermittelt hat, mit denen die Bedürfnisse und Anforderungen an die zu beschaffende Leistung befriedigt werden können. ²Die im Verfahren verbliebenen Teilnehmer sind hierüber zu informieren.

(8) ¹Nach Abschluss des Dialogs fordert der öffentliche Auftraggeber die Unternehmen auf, auf der Grundlage der eingereichten und in der Dialogphase näher ausgeführten Lösungen ihr endgültiges Angebot vorzulegen. ²Die Angebote müssen alle Einzelheiten enthalten, die zur Ausführung des Projekts erforderlich sind. ³Der öffentliche Auftraggeber kann Klarstellungen und Ergänzungen zu diesen Angeboten verlangen. ⁴Diese Klarstellungen oder Ergänzungen dürfen nicht dazu führen, dass wesentliche Bestandteile des Angebots oder des öffentlichen Auftrags einschließlich der in der Auftragsbekanntmachung oder in den Vergabeunterlagen festgelegten Bedürfnisse und Anforderungen grundlegend geändert werden, wenn dadurch der Wettbewerb verzerrt wird oder andere am Verfahren beteiligte Unternehmen diskriminiert werden.

(9) ¹Der öffentliche Auftraggeber hat die Angebote anhand der in der Auftragsbekanntmachung oder den Vergabeunterlagen festgelegten Zuschlagskriterien zu bewerten. ²Der öffentliche Auftraggeber kann mit dem Unternehmen, dessen Angebot als das wirtschaftlichste ermittelt wurde, mit dem Ziel Verhandlungen führen, im Angebot enthaltene finanzielle Zusagen oder andere Bedingungen zu bestätigen, die in den Auftragsbedingungen abschließend festgelegt werden. ³Dies darf nicht dazu führen, dass wesentliche Bestandteile des Angebots oder des öffentlichen Auftrags einschließlich der in der Auftragsbekanntmachung oder den Vergabeunterlagen festgelegten Bedürfnisse und Anforderungen grundlegend geändert werden, der Wettbewerb verzerrt wird oder andere am Verfahren beteiligte Unternehmen diskriminiert werden.

(10) Der öffentliche Auftraggeber kann Prämien oder Zahlungen an die Teilnehmer am Dialog vorsehen.

Schrifttum: *Bovis,* The Competitive Dialogue as a Procurement Process of Public Private Partnerships, Public Procurement Law Review (PPLR) 2006, 14; *Ebrecht/Klimisch,* Stellung und Rechte der Dialogteilnehmer im wettbewerblichen Dialog, NZBau 2011, 203; *Fehling,* Forschungs- und Innovationsförderung durch wettbewerbliche Verfahren, NZBau 2012, 673; *Fritz,* Erfahrungen mit dem Wettbewerblichen Dialog in Deutschland, VergabeR 2008, 379; *Heiermann,* Der wettbewerbliche Dialog, ZfBR 2005, 766; *Knauff,* Neues europäisches Vergabeverfahrensrecht: Der wettbewerbliche Dialog, VergabeR 2004, 287; *Knauff,* Im wettbewerblichen Dialog zur Public Private Partnership?, NZBau 2005, 249; *Mösinger,* Gleichbehandlung der Teilnehmer im wettbewerblichen Dialog, NZBau 2009, 695; *Motzke,* Die Vergütung von im Verhandlungsverfahren und im wettbewerblichen Dialog erbrachten Architekten- und Ingenieurleistungen, NZBau 2016, 603; *Müller/Veil,* Wettbewerblicher Dialog und Verhandlungsverfahren im Vergleich, VergabeR 2007, 298; *Neun/Otting,* Die EU-Vergaberechtsreform 2014, EuZW 2014, 446; *Ollmann,* Wettbewerblicher Dialog eingeführt, Änderungen des Vergaberechts durch das ÖPP-Beschleunigungsgesetz, VergabeR 2005, 685; *Opitz,* Wie funktioniert der wettbewerbliche Dialog? – Rechtliche und praktische Probleme, VergabeR 2006, 451; *Otting/Olgemöller,* Innovation und Bürgerbeteiligung im Wettbewerblichen Dialog, NVwZ 2011, 1225; *Pünder/Franzius,* Auftragsvergabe im wettbewerblichen Dialog, ZfBR 2006, 20; *Reimnitz,* Der neue Wettbewerbliche Dialog: Eine Alternative zum Verhandlungsverfahren unter Berücksichtigung von Public Private Partnership-Modellen, 2009; *Schröder,* Voraussetzungen, Strukturen und Verfahrensabläufe des Wettbewerblichen Dialogs in der Vergabepraxis, NZBau 2007, 216; *Trieb,* Wettbewerblicher Dialog und Verhandlungsverfahren, 2009; *Treumer,* Competitive Dialogue, Public Procurement Law Review (PPLR) 2004, 178.

Übersicht

	Rn.			Rn.
I. Überblick und Entstehungsgeschichte	1	1.	Teilnahmewettbewerb (Abs. 2–4)	9
II. Vorbereitung und Einleitung des wettbewerblichen Dialogs (Abs. 1)	5	2.	Dialogphase (Abs. 5–7)	13
		3.	Angebotsphase (Abs. 8, 9)	21
III. Durchführung des wettbewerblichen Dialogs	8	4.	Prämien und Zahlungen an die Dialogteilnehmer (Abs. 10)	26

I. Überblick und Entstehungsgeschichte

1 § 18 regelt den Ablauf des wettbewerblichen Dialogs für öffentliche Auftraggeber iSv § 99 GWB außerhalb des Bau-, Sektoren- und Konzessionsbereichs.[1] Beim wettbewerblichen Dialog handelt es sich nach **§ 119 Abs. 6 S. 1 GWB** um ein Verfahren zur Vergabe öffentlicher Aufträge mit dem Ziel der Ermittlung und Festlegung der Mittel, mit denen die Bedürfnisse des öffentlichen Auftraggebers am besten erfüllt werden können.[2]

2 Der wettbewerbliche Dialog wurde im Rahmen der Umsetzung der RL 2004/18/EG (Vergabe-RL 2004)[3] durch das ÖPP-Beschleunigungsgesetz[4] im Jahr 2005 in das GWB-Vergaberecht als weitere Verfahrensart eingeführt (§ 101 Abs. 5 GWB aF, § 6a aF). Seine gegenwärtige Fassung hat § 18 im Rahmen der Vergaberechtsreform 2016 erhalten, mit der ua die RL 2014/24/EU umgesetzt wurde. Diese enthält in Art. 30 RL 2014/24/EU ebenfalls eine ausführliche Regelung des wettbewerblichen Dialogs. Der Verfahrensablauf wurde durch die Neufassung nicht wesentlich geändert.

3 Die **Anwendungsvoraussetzungen** des wettbewerblichen Dialogs sind in **§ 14 Abs. 3** geregelt (zu den Einzelheiten vgl. die Kommentierung zu § 14 Abs. 3, → § 14 Rn. 23 ff.). Sofern gem. § 14 Abs. 3 ein wettbewerblicher Dialog durchgeführt werden darf und sich der öffentliche Auftraggeber für diese Verfahrensart entscheidet, muss er bei der Durchführung des Vergabeverfahrens die Anforderungen des § 18 beachten. Danach beginnt der wettbewerbliche Dialog – wie grundsätzlich jedes Verfahren im Anwendungsbereich des GWB-Vergaberechts – mit einer europaweiten **Bekanntmachung** (§ 18 Abs. 1, § 37). Anschließend findet ein **Teilnahmewettbewerb** statt, in dem die Eignung der Bewerber geprüft und die zur Abgabe von Lösungsvorschlägen aufzufordernden Unternehmen ausgewählt werden (§ 18 Abs. 2–4, §§ 52 ff.). Mit den ausgewählten Unternehmen eröffnet der Auftraggeber anschließend den eigentlichen **Dialog**, in dem alle Aspekte des zu vergebenden Auftrags erörtert und verhandelt werden dürfen (§ 18 Abs. 5). Der Dialog kann in mehreren Phasen durchgeführt werden, wobei die Zahl der beteiligten Unternehmen auf der Grundlage einer Wertung der eingereichten **Lösungsvorschläge** kontinuierlich verringert werden darf (Abs. 6). Es müssen allerdings auch in der Schlussphase des Dialogs noch so viele Unternehmen beteiligt sein, dass der Wettbewerb gewährleistet ist. Der Dialog wird **beendet**, wenn der Auftraggeber die Lösung(en) ermittelt hat, mit der bzw. denen seine Bedürfnisse und die Anforderungen an die zu beschaffende Leistung befriedigt werden kann bzw. können (Abs. 7). Anschließend werden die verbleibenden Unternehmen zur Einreichung endgültiger **Angebote** aufgefordert (Abs. 8). Die Angebote werden geprüft (§§ 56, 57) und anhand der vorab bekannt gemachten Zuschlagskriterien bewertet (Abs. 9). Auf das danach wirtschaftlichste Angebot wird der **Zuschlag** erteilt (§ 58). Vor der Zuschlagserteilung müssen die nicht berücksichtigten Bieter gem. § 134 GWB über den Namen des erfolgreichen Bieters, den frühesten Zeitpunkt des Vertragsschlusses und die Gründe für die Nichtberücksichtigung ihrer Angebote bzw. Lösungsvorschläge informiert werden. Der Auftraggeber kann den Teilnehmern des Dialogs zudem Prämien oder Zahlungen gewähren (Abs. 10), mit denen die Bereitschaft zur Teilnahme am Dialog und der Erarbeitung (zeit- und kostenintensiver) Lösungsvorschläge und Angebote erhöht werden kann.

4 Der auf diese Weise in seinen Grundzügen beschriebene Ablauf des wettbewerblichen Dialogs könnte prinzipiell auch im Rahmen eines **strukturierten Verhandlungsverfahrens** nach § 17 durchgeführt werden, zumal für beide Verfahrensarten nach § 14 Abs. 3 die gleichen Anwendungsvoraussetzungen gelten und insoweit kein Vorrang des wettbewerblichen Dialogs besteht (→ GWB § 119 Rn. 96). Zwischen beiden Verfahrensarten bestehen allerdings auch Unterschiede. So ist der wettbewerbliche Dialog stärker darauf ausgerichtet, dass der Auftragsgegenstand erst im Laufe des Vergabeverfahrens konkretisiert wird. Im Rahmen des wettbewerblichen Dialogs besteht zudem nicht die Möglichkeit von Fristverkürzungen, wie sie für das Verhandlungsverfahren zu unterschiedlichen Zeitpunkten vorgesehen sind (§ 17 Abs. 3 und Abs. 7–9). Für die Teilnehmer eines Verhandlungsverfahrens ist darüber hinaus keine Aufwandsentschädigung iSv Abs. 10 vorgesehen.[5]

II. Vorbereitung und Einleitung des wettbewerblichen Dialogs (Abs. 1)

5 Vor der Durchführung des wettbewerblichen Dialogs muss der Auftraggeber (wie auch bei den anderen Verfahrensarten) zunächst seinen Beschaffungsbedarf festlegen und entscheiden, wie dieser

---

[1] Für den Sektorenbereich ist der Ablauf des wettbewerblichen Dialogs in § 17 SektVO nahezu identisch geregelt. Für den Baubereich findet sich in § 3b EU Abs. 4 VOB/A eine entsprechende Vorschrift. Konzessionsgeber iSv § 101 GWB können den Vergabeverfahren gem. § 12 KonzVgV entsprechend gestalten.
[2] Allgemein zum wettbewerblichen Dialog → GWB § 119 Rn. 78 ff.
[3] Vgl. Art. 1 Abs. 11 lit. c Vergabe-RL 2004 und Art. 29 Vergabe-RL 2004.
[4] Gesetz zur Beschleunigung der Umsetzung von öffentlich-privaten Partnerschaften und zur Verbesserung gesetzlicher Rahmenbedingungen für öffentlich private Partnerschaften v. 1.9.2005, BGBl. 2005 I 2676.
[5] Es steht den Auftraggebern allerdings auch bei einem Verhandlungsverfahren frei, den Bietern eine Aufwandsentschädigung zu gewähren.

II. Vorbereitung und Einleitung des wettbewerblichen Dialogs (Abs. 1) 6, 7 § 18 VgV

realisiert werden soll. Die **Vorbereitungsphase** ist bei einem wettbewerblichen Dialog in der Regel aufwendiger als die Vorbereitung eines offenen oder nicht offenen Verfahrens. Das liegt allerdings weniger an der Verfahrensart des wettbewerblichen Dialogs, sondern an der regelmäßig größeren Komplexität der zu vergebenden Aufträge. Da die Durchführung eines wettbewerblichen Dialogs gem. § 14 Abs. 3 insbesondere dann in Betracht kommt, wenn der Beschaffungsbedarf mit den am Markt verfügbaren Lösungen nicht realisiert werden kann, der Auftrag konzeptionelle oder innovative Lösungen umfasst oder aus anderen Gründen nicht ohne vorherige Verhandlungen vergeben werden kann, muss der Auftraggeber diese, die Zulässigkeit des wettbewerblichen Dialogs begründenden Umstände zunächst sorgfältig prüfen. Zu diesem Zweck sind ggf. auch Machbarkeitsstudien und Wirtschaftlichkeitsuntersuchungen erforderlich, insbesondere wenn der Auftrag im Rahmen eines ÖPP- bzw. PPP-Vorhabens realisiert werden soll. Diese Untersuchungen und Festlegungen sind erforderlich, um die sog. **Vergabereife**[6] herzustellen. Mit der Ausschreibung darf grundsätzlich erst dann begonnen werden, wenn der Gegenstand des Vergabeverfahrens festgelegt wurde, die Wirtschaftlichkeit des Vorhabens und seine Rahmenbedingungen geklärt sind und die Finanzierung gesichert ist. Das Ergebnis dieser Prüfung und die Gründe, die die Durchführung eines wettbewerblichen Dialogs rechtfertigen, sind im **Vergabevermerk** festzuhalten (vgl. § 8 Abs. 2 Nr. 6).

Neben dem Vergabevermerk müssen in der Vorbereitungsphase zudem weitere **wesentliche** 6 **Verfahrensunterlagen** erstellt werden. Dazu gehören insbesondere die Auftragsbekanntmachung, die Vergabeunterlagen einschließlich Leistungsbeschreibung und Vertragsentwürfen sowie ggf. zusätzliche Unterlagen zum Teilnahmewettbewerb und weitere ergänzende Unterlagen, in denen die technischen, rechtlichen und sonstigen Rahmenbedingungen des Vorhabens näher beschrieben werden. Die **Auftragsbekanntmachung** ist nach § 37 Abs. 2 nach dem Muster des Anhangs II der Durchführungsverordnung (EU) 2015/1986 zu erstellen. In der Bekanntmachung sollen die Bedürfnisse und Anforderungen des Auftraggebers an die zu beschaffende Leistung dargestellt werden, wobei eine ausführliche Darstellung den Vergabeunterlagen vorbehalten bleiben darf (vgl. Abs. 1). Die Bekanntmachung muss zudem konkrete Angaben zu den einzureichenden **Eignungsnachweisen** und zum vorgesehenen **Verfahrensablauf** einschließlich eines **vorläufigen Zeitplans für den Dialog** enthalten. Dazu gehört insbesondere die Festlegung der zum Nachweis der Eignung einzureichenden Nachweise, Angaben und Erklärungen, der Fristen für die Einreichung der Teilnahmeanträge (gem. Abs. 3 mindestens 30 Tage), ggf. eine Begrenzung der zum Dialog zugelassenen Unternehmen und die Kriterien für die Auswahl der Bewerber im Rahmen des Teilnahmewettbewerbs.[7] Bei einer Begrenzung der Zahl der am Dialog teilnehmenden Unternehmen ist die Mindestzahl und ggf. die Höchstzahl der Dialogteilnehmer anzugeben, wobei die Mindestzahl nicht unter drei liegen darf und im Übrigen ausreichen muss, um effektiven Wettbewerb zu gewährleisten (§ 51). Sofern mehrere Dialogphasen stattfinden sollen, in deren Verlauf der Kreis der am Verfahren beteiligten Unternehmen schrittweise reduziert wird, ist auch das bereits in der Auftragsbekanntmachung oder den Vergabeunterlagen klarzustellen (Abs. 6). Die **Wertungs- und Zuschlagskriterien** sind ebenfalls vorab festzulegen (§ 127 Abs. 5 GWB) und zu erläutern (Abs. 1 S. 2). Die **Vergabeunterlagen**[8] müssen gem. § 29 Abs. 1 zudem alle Angaben enthalten, die erforderlich sind, damit interessierte Unternehmen entscheiden können, ob sie am Verfahren teilnehmen oder nicht. Im Rahmen des wettbewerblichen Dialogs gehört dazu neben den in § 29 Abs. 1 genannten Unterlagen (dh Aufforderung zur Einreichung von Lösungsvorschlägen, Beschreibung des Verfahrens und des Vorhabens, Vertragsunterlagen und Leistungsbeschreibung) insbesondere eine Klarstellung, welche Anforderungen zwingend zu beachten sind und in Bezug auf welche Anforderungen eigene Lösungsvorschläge eingereicht werden sollen und welche Punkte verhandelbar sind.[9] Dabei sind wie bei einer funktionalen Leistungsbeschreibung die Ziele des Auftraggebers und die dafür zu beachtenden (Mindest-)Anforderungen darzustellen.

Die in der Bekanntmachung und den Vergabeunterlagen getroffenen Entscheidungen und Fest- 7 legungen sind für die Durchführung des wettbewerblichen Dialoges von weitreichender Bedeutung.

---

[6] Vgl. zum Grundsatz der Vergabereife OLG Düsseldorf Beschl. v. 27.11.2013 – VII-Verg 20/13, NZBau 2014, 121; VK Bund Beschl. v. 11.3.2019 – VK 1-5/19, BeckRS 2019, 5492; *Mutschler-Siebert/Queisner* NZBau 2014, 535.

[7] Europäische Kommission, Erläuterungen – Wettbewerblicher Dialog – Klassische Richtlinie, CC/2005/04_rev1, 5.

[8] Bis zur Vergaberechtsnovelle 2016 wurde für den wettbewerblichen Dialog statt des Begriffs der Vergabeunterlagen zumeist der Begriff „Beschreibung" verwendet. Art. 30 Abs. 2 RL 2014/24/EU nimmt ebenfalls auf die Beschreibung Bezug. Die unterschiedliche Terminologie hat keine inhaltlichen Auswirkungen. Mit dem Begriff „Beschreibung" soll lediglich deutlich gemacht werden, dass ein geringerer Detaillierungsgrad erforderlich ist als im Rahmen eines offenen oder nicht offenen Verfahrens, vgl. Europäische Kommission, Erläuterungen – Wettbewerblicher Dialog – Klassische Richtlinie, CC/2005/04_rev1, 4, Fn. 9.

[9] Ähnlich *Kaelble* in Müller-Wrede, ÖPP-Beschleunigungsgesetz, 2006, 53.

Der Auftraggeber darf im Rahmen der Dialogphase mit den Bietern zwar grundsätzlich über sämtliche Aspekte des Auftrags verhandeln. Von den einmal festgelegten **Mindestanforderungen** und **Zuschlagskriterien** darf er im Laufe des Verfahrens jedoch grundsätzlich **nicht mehr abweichen**.[10] Durch die Bekanntmachung und die Vergabeunterlagen wird zudem der Gegenstand des wettbewerblichen Dialoges für das weitere Verfahren bindend festgelegt.[11] In der Dialogphase darf der **Beschaffungsgegenstand** (lediglich) konkretisiert und entsprechend den von den Bietern vorgeschlagenen Lösungen inhaltlich angepasst werden. Die ursprünglich festgelegten grundlegenden Anforderungen bilden dabei aber eine Grenze, die nicht überschritten werden darf.[12] Das ergibt sich aus den Grundsätzen der Transparenz, der Gleichbehandlung und des Wettbewerbs, die zu einer Bindung des Auftraggebers an den ausgeschriebenen Beschaffungsgegenstand führen. Um dem Bedürfnis nach einer flexiblen Verfahrensgestaltung gerecht zu werden und die Umsetzung der im Verlauf des Dialogs gewonnenen Erkenntnisse zu ermöglichen, muss bei der Gestaltung der Bekanntmachung und der Vergabeunterlagen darauf geachtet werden, dass die nicht verbindlich vorgegebenen bzw. verhandelbaren Kriterien als solche gekennzeichnet werden. Die bestehenden Anpassungsmöglichkeiten sollten möglichst klar benannt werden und dem jeweiligen Bedürfnis entsprechen.[13] Eine nachträgliche Festlegung der Bewertungsmethode[14] und der Gewichtung der Zuschlagskriterien kann zulässig sein, wenn der Auftraggeber diese wegen der Komplexität des Auftrags nicht im Vorhinein abschließend festlegen konnte und die spätere Festlegung in der Bekanntmachung angekündigt hat.[15] In diesem Fall sind die Zuschlagskriterien in der Auftragsbekanntmachung bzw. den Vergabeunterlagen grundsätzlich in absteigender Reihenfolge ihrer Bedeutung anzugeben (§ 52 Abs. 2 Nr. 5).

III. Durchführung des wettbewerblichen Dialogs

8   Das Vergabeverfahren des wettbewerblichen Dialogs beginnt mit der **Auftragsbekanntmachung** im Amtsblatt der Europäischen Union gem. § 37. Anschließend findet ein **Teilnahmewettbewerb** statt, in dem die Teilnehmer des wettbewerblichen Dialogs ausgewählt werden. An den Teilnahmewettbewerb schließen sich die sog. **Dialogphase,** in deren Verlauf die ausgewählten Unternehmen Lösungsvorschläge einreichen und die Anforderungen an den Beschaffungsgegenstand konkretisiert werden, und die **Angebotsphase** mit den endgültigen Angeboten der verbleibenden Unternehmen an. Mit dem **Zuschlag** auf das wirtschaftlichste Angebot ist der wettbewerbliche Dialog beendet.

9   **1. Teilnahmewettbewerb (Abs. 2–4).** Im Rahmen des Teilnahmewettbewerbs wird anhand der in der Bekanntmachung und den ggf. zusätzlich zur Verfügung gestellten ergänzenden Unterlagen festgelegten Kriterien die **Eignung** der Bewerber geprüft und festgestellt, welche Bewerber als geeignet anzusehen sind und zur Teilnahme am wettbewerblichen Dialog aufgefordert werden sollen. Zwischen den geeigneten Unternehmen darf eine **Auswahl** getroffen werden, wenn die Zahl der zum Dialog zugelassenen Unternehmen gem. § 51 begrenzt wurde (Abs. 4 S. 2) und die Zahl der geeigneten Bewerber die festgelegte Höchstgrenze übersteigt.

10   Gegenstand der Eignungsprüfung sind die von den interessierten Unternehmen eingereichten **Teilnahmeanträge,** welche die für die Eignungsprüfung geforderten Informationen enthalten müssen (Abs. 2 S. 3). Jedes interessierte Unternehmen kann einen Teilnahmeantrag einreichen; eine Begrenzung ist insoweit nicht zulässig. Die Frist für die Einreichung der Teilnahmeanträge muss gem. Abs. 3 mindestens 30 (Kalender-)Tage seit der Absendung der Bekanntmachung betragen (auf das Datum der Veröffentlichung im Amtsblatt der Europäischen Union kommt es insoweit nicht an). In der Regel dürften allerdings längere Fristen sachgerecht sein. Das gilt insbesondere dann, wenn der Auftrag besonders komplex ist und umfangreiche Eignungsnachweise gefordert werden (vgl. § 20 Abs. 1). Nicht fristgerecht eingegangene und unvollständige Teilnahmeanträge dürfen grundsätzlich nicht berücksichtigt werden.

11   Die **Eignungsprüfung** dient der Feststellung der für das Vorhaben erforderlichen Fachkunde, Leistungsfähigkeit und Zuverlässigkeit der interessierten Unternehmen. Am wettbewerblichen Dialog dürfen nur solche Unternehmen teilnehmen, die ihre Eignung nachgewiesen haben und nicht

---

[10] VK Düsseldorf Beschl. v. 11.8.2006 – VK-30/2006-L, IBRRS 2006, 4506.
[11] AA VK Brandenburg Beschl. v. 22.8.2008 – VK 19/08, IBRRS 2010, 0442.
[12] Vgl. *Kaelble* in Müller-Wrede, ÖPP-Beschleunigungsgesetz, 2006, 55; Immenga/Mestmäcker/*Dreher* GWB § 101 Rn. 36; Kapellmann/Messerschmidt/*Schneider,* 2. Aufl. 2007, VOB/A § 3 EG Rn. 36; *Fritz* VergabeR 2008, 379 (384).
[13] Ähnlich *Kaelble* in Müller-Wrede, ÖPP-Beschleunigungsgesetz, 2006, 53.
[14] Vgl. EuGH Urt. v. 14.7.2016 – C-6/15, EuZW 2016, 751.
[15] Vgl. Erwägungsgrund 90 RL 2014/24/EU.

III. Durchführung des wettbewerblichen Dialogs   12–16   § 18 VgV

auszuschließen sind (§ 42 Abs. 2). Grundsätzlich dürfen nur die in § 122 GWB genannten Eignungskriterien und die Ausschlussgründe der §§ 123, 124 GWB einschließlich eventueller Selbstreinigungsmaßnahmen nach § 125 GWB berücksichtigt werden (§ 42 Abs. 1). Im Rahmen des wettbewerblichen Dialogs bestehen insoweit keine Besonderheiten.

Sofern in der Bekanntmachung gem. § 18 Abs. 4 S. 2, § 51 eine bestimmte **Höchstzahl** der an dem Dialog beteiligten Unternehmen festgelegt wurde, werden anschließend aus dem Kreis der als geeignet anzusehenden Bewerber nach Maßgabe der vorab festgelegten Auswahlkriterien diejenigen Bewerber ausgewählt, die an der Dialogphase teilnehmen und zur Einreichung von Lösungsvorschlägen aufgefordert werden sollen. Dabei dürfen nur diejenigen Bewerber berücksichtigt werden, die formal und inhaltlich ordnungsgemäße Teilnahmeanträge eingereicht haben.[16] Das gilt auch dann, wenn dadurch die vorab festgelegte Anzahl von Dialogteilnehmern nicht erreicht werden kann. In diesem Fall findet keine Auswahl statt und es werden alle geeigneten Bewerber am Dialog beteiligt.[17]   12

2. Dialogphase (Abs. 5–7). Im Anschluss an den Teilnahmewettbewerb findet die sog. Dialogphase statt. Der Auftraggeber eröffnet nach Abs. 5 S. 1 mit den ausgewählten Unternehmen den Dialog, um zu ermitteln und festzulegen, wie seine Bedürfnisse am besten erfüllt werden können. Nach § 18 Abs. 5 S. 2 und § 119 Abs. 6 S. 2 GWB dürfen dabei **alle Aspekte** der Auftragsvergabe erörtert werden. Der Auftraggeber muss jedoch gewährleisten, dass die beteiligten Unternehmen gleichbehandelt werden (Abs. 5 S. 3). Die Dialogphase kann im Übrigen sehr **flexibel gestaltet** werden, wobei der Auftraggeber allerdings die sich aus Abs. 5 und 6 ergebenden Anforderungen beachten muss. Nach Abs. 6 kann der Dialog insbesondere in mehreren aufeinanderfolgenden Phasen durchgeführt werden, in deren Verlauf die Zahl der teilnehmenden Unternehmen schrittweise verringert wird. Das gilt allerdings nur dann, wenn diese Verfahrensgestaltung in der Auftragsbekanntmachung oder den Vergabeunterlagen festgelegt wurde. Von dem einmal **festgelegten Verfahrensablauf** darf der Auftraggeber grundsätzlich nur aus sachlich gerechtfertigten und die Gleichbehandlung der Bieter nicht beeinträchtigenden Gründen abweichen.   13

Mit der **Aufforderung zur Teilnahme am Dialog** müssen den ausgewählten Unternehmen (spätestens) die ausführlichen **Vergabeunterlagen** (§ 29) einschließlich aller für die Einreichung von Lösungsvorschlägen zu berücksichtigenden zusätzlichen Unterlagen vollständig zur Verfügung stehen. Darüber hinaus sind sämtliche Informationen bekannt zu geben, die für die Teilnahme am Dialog relevant sind. Dazu gehören der Termin und der Ort der ersten Erörterung bzw. Verhandlungen, die zugelassenen Sprachen, die mit den Lösungsvorschlägen einzureichenden Unterlagen und – sofern noch nicht (abschließend) geschehen – die Gewichtung der Zuschlagskriterien (vgl. § 52 Abs. 2).   14

In der Regel erhalten die ausgewählten Unternehmen zunächst Gelegenheit, auf der Grundlage der Vergabeunterlagen (erste) **Lösungsvorschläge** (bzw. indikative oder erste Angebote) zu entwickeln und einzureichen. Die Lösungsvorschläge müssen den in den Vergabeunterlagen aufgestellten (Mindest-)Anforderungen genügen und bilden die Grundlage für die anschließend durchgeführten Erörterungen und Verhandlungen. Zu diesem Zweck ist es in der Regel angezeigt, dass in den Lösungsvorschlägen bereits der Erörterungs- bzw. Verhandlungsbedarf der Unternehmen und die insoweit vorgeschlagenen Anpassungen dargestellt und begründet werden. Sofern eine Reduzierung der am Verfahren beteiligten Unternehmen vorgesehen ist, werden die Lösungsvorschläge anschließend anhand der vorab festgelegten Zuschlagskriterien gewertet. Von den Bietern vorgeschlagene Anpassungen der Leistungsbeschreibung oder der Vertragsunterlagen dürfen im Rahmen der Wertung allerdings nicht berücksichtigt werden, denn anderenfalls fehlt es an der erforderlichen Vergleichbarkeit der Lösungsvorschläge. In qualitativer Hinsicht kann im Rahmen der Wertung dagegen insbesondere die Umsetzung der funktionalen Anforderungen der Vergabeunterlagen berücksichtigt werden.   15

Im Rahmen des eigentlichen **Dialogs** können **sämtliche Aspekte des Auftrags** erörtert werden (§ 18 Abs. 5 S. 2, § 119 Abs. 6 S. 2 GWB). Die Erörterungen und Verhandlungen dürfen sich neben technischen, wirtschaftlichen und finanziellen Gesichtspunkten insbesondere auch auf den Preis erstrecken.[18] Über die in der Bekanntmachung und/oder den Vergabeunterlagen als **nicht verhandelbar** gekennzeichneten Vertrags- bzw. Auftragsbestandteile darf jedoch grundsätzlich nicht verhandelt werden. Nicht verhandelbar sind insbesondere die bekannt gemachten **Mindestanforderungen** und die **Zuschlagskriterien.** Diese dürfen während des gesamten Verfahrens nicht geändert werden.[19] Das gilt auch für die zur Wertung herangezogenen Unterkriterien und deren Gewichtung bzw. die Reihen-   16

---

[16] Vgl. § 51 Abs. 3 S. 3.
[17] Vgl. § 51 Abs. 3 S. 2.
[18] Vgl. auch Europäische Kommission, Erläuterungen – Wettbewerblicher Dialog – Klassische Richtlinie, CC/2005/04_rev1, 7.
[19] Europäische Kommission, Erläuterungen – Wettbewerblicher Dialog – Klassische Richtlinie, CC/2005/04_rev1, 6 f.; VK Düsseldorf Beschl. v. 11.8.2006, VK-30/2006-L, IBRRS 2006, 4506.

folge ihrer Bedeutung. Darüber hinaus ist im Rahmen der Verhandlungen auf eine strikte Beachtung des **Gleichbehandlungsgrundsatzes** zu achten. Nach Abs. 5 S. 3 (Art. 30 Abs. 3 RL 2014/24/EU) muss der öffentliche Auftraggeber gewährleisten, dass alle beteiligten Unternehmen gleichbehandelt werden. Er muss zudem dafür sorgen, dass Lösungsvorschläge und vertrauliche Informationen eines Unternehmens nicht ohne dessen Zustimmung an andere Unternehmen weitergegeben und nur im Rahmen des jeweiligen Vergabeverfahrens verwendet werden. Aus diesem Grund müssen die Erörterungs- bzw. Verhandlungstermine mit den beteiligten Unternehmen separat geführt werden. Dabei muss sichergestellt sein, dass für alle Unternehmen die gleichen Bedingungen gelten und allen Unternehmen die gleichen Informationen zur Verfügung gestellt werden. Ausgenommen hiervon sind die Lösungsvorschläge und vertraulichen Informationen der jeweiligen Bewerber. Insoweit ist der Auftraggeber zum **Geheimnisschutz** verpflichtet und darf die Lösungsvorschläge und sonstigen vertraulichen Informationen den anderen Verhandlungsteilnehmern nur mit **Zustimmung** des betroffenen Unternehmens mitteilen (Abs. 5 S. 3).[20] Nach Auffassung der Kommission durfte der Auftraggeber vor der Vergaberechtsreform 2016 die Zustimmung im Voraus verlangen und in der Bekanntmachung oder den Vergabeunterlagen verbindlich festlegen, dass die Einreichung eines Teilnahmeantrags als Zustimmung zu einem gemeinsamen Dialog angesehen wird.[21] Eine solche allgemeine Zustimmung zur Weitergabe vertraulicher Informationen ist jedoch nicht mehr zulässig. Die Zustimmung darf nach Abs. 5 S. 4 (und Art. 30 Abs. 3 RL 2014/24/EU) nur in Bezug auf bestimmte Informationen erteilt werden. Sofern das betroffene Unternehmen die Zustimmung nicht erteilt, dürfen diese Informationen nicht an die anderen Unternehmen weitergegeben werden. Der Auftraggeber kann diese im Rahmen der Überarbeitung der Vergabeunterlagen allerdings („abstrakt") berücksichtigen, sofern der Geheimnisschutz dadurch nicht verletzt wird.

17 Nach Durchführung der (ersten) Erörterungs- bzw. Verhandlungsrunde mit allen Dialogteilnehmern hat der Auftraggeber mehrere Möglichkeiten: Er kann den Dialog für beendet erklären, die Vergabeunterlagen anpassen und die beteiligten Unternehmen auf dieser Grundlage zur Abgabe endgültiger Angebote auffordern (Abs. 7 und Abs. 8). Er kann die Unternehmen stattdessen auch auf der Grundlage der angepassten Vergabeunterlagen zunächst zur Einreichung überabeiteter Lösungsvorschläge (bzw. erster Angebote) auffordern und/oder weitere Dialogrunden durchführen, sofern er sich diese Möglichkeit in der Bekanntmachung oder den Vergabeunterlagen offengehalten hat (Abs. 6 S. 1).

18 Die in der Dialogphase möglichen **Anpassungen der Vergabeunterlagen** (für die Abgabe endgültiger Angebote oder weiterer Lösungsvorschläge) beziehen sich in erster Linie auf die komplexen Bestandteile des Vorhabens, für welche zuvor nur funktionale Zielvorstellungen festgelegt wurden. Von den **grundlegenden Elementen** der Bekanntmachung und der Vergabeunterlagen darf während des gesamten Verfahrens und damit auch bei der Anpassung der Vergabeunterlagen nicht abgewichen werden.[22] Als grundlegend sind insbesondere solche Änderungen anzusehen, die die **Identität des Beschaffungsgegenstandes** betreffen.[23] Der Ausschreibungsgegenstand wird durch die Bekanntmachung bzw. Beschreibung für das gesamte Verfahren bindend festgelegt und darf nur in dem vorgesehenen Rahmen angepasst werden. Darüber hinausgehende Änderungen sind nicht zulässig. Im Ergebnis dürfen keine anderen Leistungen beschafft werden als diejenigen, die mit der Bekanntmachung und der Beschreibung zum Gegenstand der Ausschreibung gemacht wurden. Aus diesen Gründen ist bei der Anpassung der Leistungsbeschreibung und der Aufnahme neuer wesentlicher Leistungsanforderungen Vorsicht geboten.[24] Zulässig sind nur solche inhaltlichen Anpassungen und Präzisierungen, die das ursprünglich zum Gegenstand der Ausschreibung gemachte Beschaffungsvorhaben nicht wesentlich ändern und sich innerhalb der zuvor festgelegten Rahmenbedingungen bewegen.[25] Es gelten insoweit grundsätzlich die gleichen Maßstäbe wie im Rahmen eines Verhandlungsverfahrens.[26]

19 Der wettbewerbliche Dialog kann nach Abs. 6 (Art. 30 Abs. 4 RL 2014/24/EU) in **mehreren Phasen** durchgeführt werden, in denen die Anzahl der am Verfahren beteiligten Unternehmen auf

---

[20] Krit. *Pünder/Franzius* ZfBR 2006, 20 (25).
[21] Europäische Kommission, Erläuterungen – Wettbewerblicher Dialog – Klassische Richtlinie, CC/2005/04_rev1, 7, Fn. 22.
[22] Europäische Kommission, Erläuterungen – Wettbewerblicher Dialog – Klassische Richtlinie, CC/2005/04_rev1, 5.
[23] AA VK Brandenburg Beschl. v. 22.8.2008 – VK 19/08, IBRRS 2010, 0442.
[24] Kapellmann/Messerschmidt/*Schneider*, 2. Aufl. 2007, VOB/A § 3 EG Rn. 42.
[25] Immenga/Mestmäcker/*Dreher* GWB § 101 Rn. 36; Kapellmann/Messerschmidt/*Schneider*, 2. Aufl. 2007, VOB/A § 3 EG Rn. 42.
[26] Vgl. dazu zB OLG München Beschl. v. 28.4.2006 – Verg 6/06, NZBau 2007, 59; OLG Dresden Beschl. v. 3.12.2003 – WVerg 15/03, NZBau 2005, 118 (119); OLG Celle Beschl. v. 16.1.2002 – 13 Verg 1/02, IBRRS 2002, 0549.

der Grundlage der bekannt gemachten Zuschlagskriterien schrittweise verringert wird. Das setzt jedoch voraus, dass in der Bekanntmachung oder den Vergabeunterlagen auf einen derartigen Verfahrensablauf hingewiesen wurde, wobei auch die für die Auswahl der verbleibenden Unternehmen maßgeblichen Kriterien vorab festgelegt werden müssen. Für den wettbewerblichen Dialog gelten auch insoweit keine geringeren Anforderungen als für das Verhandlungsverfahren.[27] Darüber hinaus ist zu beachten, dass in der **Schlussphase** des Verfahrens noch so viele Lösungsvorschläge (bzw. Angebote) vorliegen müssen, dass der Wettbewerb gewährleistet ist (Abs. 6 S. 4). Sofern eine ausreichende Anzahl von geeigneten Unternehmen bzw. Lösungsvorschlägen vorliegt, müssen daher zumindest zwei Unternehmen zur Abgabe endgültiger Angebote aufgefordert werden. Es ist grundsätzlich auch ausreichend, wenn die abschließenden Verhandlungen mit zwei Unternehmen (sog. preferred bidder) geführt werden, die anschließend zur Abgabe endgültiger Angebote aufgefordert werden.[28] Das gilt jedenfalls dann, wenn für den Fall des Ausscheidens eines oder beider Bieter auf die nächstplatzierten Bieter zurückgegriffen werden kann. Ein effektiver Wettbewerb liegt dagegen nicht vor, wenn in der Schlussphase des Verfahrens nur noch mit einem Unternehmen verhandelt und allein dieses zur Angebotsabgabe aufgefordert wird.[29] Es ist dennoch nicht ausgeschlossen, den wettbewerblichen Dialog auch mit nur einem Unternehmen zu Ende zu führen. Das gilt aber nur dann, wenn die Reduzierung auf einen Bieter nicht auf einer Entscheidung des Auftraggebers beruht, sondern sich im Verfahren aufgrund des Ausscheidens aller anderen Unternehmen ergeben hat.[30] Die ausscheidenden Unternehmen sind gem. Abs. 6 S. 3 über ihr Ausscheiden zu informieren.

Der **Dialog ist abgeschlossen,** wenn der Auftraggeber die Lösungen ermittelt hat, mit denen 20 die Bedürfnisse und Anforderungen an die zu beschaffende Leistung erfüllt werden können (Abs. 7 S. 1). Das ist der Fall, wenn der Auftraggeber auf der Grundlage der eingereichten Lösungsvorschläge und der mit den Unternehmen geführten Erörterungen davon ausgehen kann, dass von den (noch) am Verfahren beteiligten Unternehmen endgültige Angebote eingereicht werden, mit denen sein Beschaffungsbedarf angemessen befriedigt wird. Sofern das der Fall ist, sind die im Verfahren verbliebenen Bieter über den Abschluss des Dialogs zu informieren (Abs. 7 S. 2). Anschließend beginnt die Angebotsphase. Sofern dagegen noch keine Lösung gefunden wurde, mit der der Beschaffungsbedarf des Auftraggebers befriedigt werden kann, ist der Dialog grundsätzlich solange **fortzusetzen,** bis eine solche Lösung gefunden wird. Das gilt auch dann, wenn eine weitere Dialogphase nicht vorgesehen war. Denn anderenfalls käme nur eine Aufhebung des Verfahrens in Betracht, für welche regelmäßig kein Aufhebungsgrund iSv § 63 vorliegen dürfte. Die (noch) nicht ermittelte Lösung im Rahmen eines wettbewerblichen Dialogs berechtigt jedenfalls nicht zur Aufhebung des Verfahrens und ist als solche insbesondere kein „anderer schwerwiegender Grund" iSv § 63 Abs. 1 Nr. 4.[31] Für dieses Verständnis spricht auch die richtlinienkonforme Auslegung von Abs. 7. Denn in Art. 30 Abs. 5 RL 2014/24/EU ist ausdrücklich vorgesehen, dass der wettbewerbliche Dialog solange fortzusetzen ist, bis eine den Bedürfnissen des Auftraggebers entsprechende Lösung gefunden wurde. Der bis zur Umsetzung der RL 2014/24/EU bestehenden Rechtslage, wonach der Dialog auch dann für abgeschlossen erklärt werden durfte, wenn erkennbar war, dass eine den Bedürfnissen des Auftraggebers entsprechende Lösung nicht gefunden wird,[32] ist damit die Grundlage entzogen.[33]

3. Angebotsphase (Abs. 8, 9). Die Angebotsphase beginnt mit der **Aufforderung zur Ein-** 21 **reichung endgültiger Angebote.** Der Auftraggeber fordert die nach Abschluss des Dialogs im Verfahren verbliebenen Unternehmen gem. Abs. 8 S. 1 auf, auf der Grundlage der eingereichten und in der Dialogphase näher ausgeführten Lösungen ihre endgültigen Angebote vorzulegen. Den Unternehmen sind zu diesem Zweck die für die Abgabe der endgültigen Angebote maßgeblichen **Vergabeunterlagen** zu übersenden bzw. zugänglich zu machen. Bei diesen handelt es sich in der Regel um eine im Rahmen der Dialogphase überarbeitete und angepasste Fassung der ursprünglichen

---

[27] Vgl. zum Verhandlungsverfahren OLG Düsseldorf Beschl. v. 18.6.2003 – Verg 15/03, IBRRS 2013, 1341; VK Düsseldorf Beschl. v. 11.8.2006 – VK-30/2006-L, IBRRS 2006, 4506; Immenga/Mestmäcker/*Dreher* GWB § 101 Rn. 30.
[28] Vgl. Europäische Kommission, Erläuterungen – Wettbewerblicher Dialog – Klassische Richtlinie, CC/2005/04_rev1, 9 Fn. 31.
[29] Vgl. *Pünder/Franzius* ZfBR 2006, 20 (23).
[30] Vgl. Europäische Kommission, Erläuterungen – Wettbewerblicher Dialog – Klassische Richtlinie, CC/2005/04_rev1, 9; krit. hierzu *Opitz* VergabeR 2006, 459.
[31] Es ist allerdings nicht ausgeschlossen, dass im Einzelfall ein Aufhebungsgrund iSv § 63 VgV greift. Dafür kommt es jedoch auf die (weiteren) Umstände des Einzelfalls an.
[32] Vgl. § 3 EG Abs. 7 Nr. 6 VOB/A aF, § 3 EG Abs. 7 lit. d VOL/A aF.
[33] Das dürfte auch für den Anwendungsbereich der VOB/A gelten, für den in § 3b EU Abs. 4 Nr. 6 VOB/A noch immer vorgesehen ist, dass der wettbewerbliche Dialog abgeschlossen werden darf, wenn erkennbar ist, dass keine Lösung gefunden wird.

Vergabeunterlagen (→ Rn. 18). In Bezug auf die zu erbringenden Leistungen ist keine abschließende (Leistungs-)Beschreibung erforderlich. Es ist ausreichend, wenn in Bezug auf die gefundene Lösung entsprechende **Funktionsanforderungen** aufgestellt werden (vgl. § 31 Abs. 2 Nr. 1). Damit kann in der Regel auch dem Geheimnisschutz (→ Rn. 16) in Bezug auf die Lösungsvorschläge der Unternehmen ausreichend Rechnung getragen und der Wettbewerb zwischen unterschiedlichen Lösungsmöglichkeiten in der Angebotsphase aufrechterhalten werden. Es ist den Auftraggebern grundsätzlich auch verwehrt, aus den eingereichten Lösungsvorschlägen die am besten erscheinenden Bestandteile herauszulösen und zur Grundlage der Anforderungen an die endgültigen Angebote zu machen (Verbot des sog. **cherry picking**).[34] Ein derartiges Vorgehen ist nur mit Zustimmung der betroffenen Unternehmen zulässig. Die Auftraggeber sind jedoch nicht daran gehindert, die Anforderungen an die endgültigen Angebote (teilweise) funktional zu fassen und in Bezug auf die von den beteiligten Unternehmen entwickelten Lösungen lediglich Zielvorgaben aufzunehmen. Die Anforderungen an die Angebote müssen im Übrigen so konkret sein, dass die Angebote vergleichbar sind und dem Auftraggeber die Ermittlung des wirtschaftlichsten Angebots ermöglichen, auf das der Zuschlag zu erteilen ist (vgl. § 31 Abs. 2, § 58, § 127 GWB). Darüber hinaus ist eine angemessene Frist für die Einreichung der endgültigen Angebote festzulegen, die den Bietern ausreichend Zeit für die Erarbeitung bzw. Überarbeitung ihrer Angebote gewährt.[35]

22 Die **endgültigen Angebote** müssen alle zur Ausführung des Auftrags erforderlichen Bestandteile und Einzelheiten enthalten (Abs. 8 S. 2) und den durch den Auftraggeber aufgestellten Anforderungen in formaler und inhaltlicher Hinsicht entsprechen. Verhandlungen sind in der Angebotsphase grundsätzlich nicht mehr zulässig. Das sog. Nachverhandlungsverbot gilt nach Abgabe der endgültigen Angebote uneingeschränkt. Der Auftraggeber darf gem. Abs. 8 S. 3 lediglich **Klarstellungen und Ergänzungen** zu den Angeboten verlangen, die gem. Abs. 8 S. 4 keine Änderung der grundlegenden Elemente des Angebots oder der Ausschreibung zur Folge haben und nicht wettbewerbsverfälschend oder diskriminierend wirken dürfen. Insoweit steht dem Auftraggeber kein größerer Spielraum zur Verfügung als im Rahmen eines offenen Verfahrens, nicht offenen Verfahrens oder Verhandlungsverfahrens nach Abgabe der endgültigen Angebote (Verbot unzulässiger Nachverhandlungen). Eine (unzulässige) Wettbewerbsverfälschung oder Diskriminierung anderer Bieter liegt grundsätzlich bereits dann vor, wenn nachträglich preis- bzw. wertungsrelevante Angebotsbestandteile angepasst werden. Sofern eine Zuschlagserteilung ohne eine derartige (unzulässige) Anpassung nicht möglich sein sollte, können die Bieter grundsätzlich zur Überarbeitung und erneuten Einreichung ihrer Angebote aufgefordert werden. Das gilt jedenfalls dann, wenn dadurch der Gleichbehandlungsgrundsatz nicht beeinträchtigt wird und als Alternative nur die Aufhebung des Verfahrens in Betracht kommt (vgl. § 63 Abs. 1 Nr. 1).

23 Die (fristgerecht) eingereichten Angebote müssen zunächst geprüft und anschließend gewertet werden. Im Rahmen der **Angebotsprüfung** sind die Angebote auf Vollständigkeit, fachliche und rechnerische Richtigkeit (§ 56) sowie auf das Nichtvorliegen von **Ausschlussgründen** (§ 57) hin zu überprüfen. Nicht berücksichtigt werden dürfen insbesondere solche Angebote, die nicht form- und fristgerecht eingegangen sind (§ 57 Abs. 1 Nr. 1), nicht vollständig sind (§ 57 Abs. 1 Nr. 2), in denen Änderungen des Bieters an seinen Eintragungen nicht zweifelsfrei sind (§ 57 Abs. 1 Nr. 3), in denen Änderungen an den Vergabeunterlagen vorgenommen wurden (§ 57 Abs. 1 Nr. 4) oder die nicht alle geforderten Preisangaben enthalten (§ 57 Abs. 1 Nr. 5). Insoweit gelten im Rahmen des wettbewerblichen Dialogs keine Besonderheiten. Bei komplexen Auftragsgegenständen ist jedoch in besonderem Maße darauf zu achten, dass die Bieter keine Änderungen an den Verdingungsunterlagen vorgenommen haben und die Angebote keine (unzulässigen) Vorbehalte enthalten. Die inhaltlichen Mindestanforderungen müssen in jedem Fall eingehalten werden.

24 Auch für die **Angebotswertung** bestehen beim wettbewerblichen Dialog keine prinzipiellen Besonderheiten. Alle Angebote, die die formalen und inhaltlichen Anforderungen erfüllen und nicht auszuschließen sind, werden gem. Abs. 9 S. 1 anhand der in der Bekanntmachung oder den Vergabeunterlagen festgelegten Zuschlagskriterien gewertet. Anhand dieser Kriterien ist das **wirtschaftlichste Angebot** zu ermitteln. Dabei sind die sich aus § 58 und § 127 GWB ergebenden Anforderungen zu beachten. Die in den S. 2 und 3 des Abs. 9 vorgesehene Möglichkeit, mit dem Bieter, der das wirtschaftlichste Angebot abgegeben hat, nachträgliche „Verhandlungen" zu führen, bedeutet keine Aufweichung des Nachverhandlungsverbots (→ Rn. 20). Denn auch insoweit sind nur Klarstellungen oder Ergänzungen zulässig, die nicht wettbewerbsverzerrend oder diskriminierend

---

[34] Vgl. *Heiermann* ZfBR 2005, 766 (774); *Treumer* PPLR 2004, 178 (181); *Opitz* VergabeR 2006, 451 (457 f.); *Heiermann* ZfBR 2005, 766 (774); *Kaelble* in Müller-Wrede, ÖPP-Beschleunigungsgesetz, 2006, 63 Rn. 90 ff.

[35] OLG Brandenburg Beschl. v. 7.5.2009 – Verg W 6/09, NZBau 2009, 734 (735 f.); zu Recht krit. *Mösinger* NZBau 2009, 695.

wirken (Abs. 9 S. 3). Bei den in Abs. 9 S. 2 vorgesehenen „Verhandlungen" handelt es sich auch nicht um Anpassungen des Angebots, weil der Bieter insoweit nur die in seinem Angebot enthaltenen finanziellen Zusagen oder andere Bedingungen bestätigen darf, die in den Auftragsbedingungen abschließend festgelegt werden (sollen). Sofern der Bieter das nicht bestätigt, ist sein Angebot gem. § 57 auszuschließen.

Auf das im Rahmen der Wertung ermittelte wirtschaftlichste Angebot wird der **Zuschlag** 25 erteilt (§ 58 Abs. 1). Damit ist der wettbewerbliche Dialog beendet. Der Zuschlag darf gem. § 134 Abs. 2 GWB allerdings erst nach Ablauf der Wartefrist von 15 bzw. zehn Kalendertagen erteilt werden. Die Frist beginnt mit der Information der unterlegenen Bieter über den Namen des erfolgreichen Bieters, die für ihre Nichtberücksichtigung maßgeblichen Gründe und den frühesten Zeitpunkt des Vertragsschlusses. Nach der Zuschlagserteilung muss der Auftraggeber gem. § 39 Abs. 1 innerhalb von 30 Tagen grundsätzlich eine Vergabebekanntmachung mit den Ergebnissen des Vergabeverfahrens an das Amt für Veröffentlichungen der Europäischen Union übermitteln. Auch insoweit gelten für den wettbewerblichen Dialog keine Besonderheiten.

4. Prämien und Zahlungen an die Dialogteilnehmer (Abs. 10). Der Auftraggeber kann 26 gem. Abs. 10 **Prämien oder Zahlungen** an die Teilnehmer des Dialogs vorsehen. Diese Regelung wurde mit der Vergaberechtsreform 2016 eingeführt und setzt Art. 30 Abs. 8 RL 2014/24/EU um. Zuvor musste der Auftraggeber den am wettbewerblichen Dialog teilnehmenden Unternehmen zwingend eine **angemessene Kostenerstattung** gewähren, wenn er von diesen die Ausarbeitung von Entwürfen, Plänen, Zeichnungen, Berechnungen oder anderen Unterlagen verlangt hat.[36] Diese Pflicht besteht im Anwendungsbereich des 2. Abschnitts der VOB/A gem. § 3b EU Abs. 4 Nr. 9 VOB/A unverändert fort. Für die Vergabe von Liefer- und Dienstleistungsaufträgen besteht gem. Abs. 10 dagegen keine zwingende Verpflichtung zur Kostenerstattung mehr. Nach dieser Regelung steht die Zahlung von Prämien oder sonstigen Aufwandsentschädigungen vielmehr im **Ermessen** des Auftraggebers. Das gilt sowohl für das „Ob" der Zahlung als auch für deren Höhe.[37] Eine derartige (freiwillige) Zahlung kommt insbesondere dann in Betracht, wenn für die Erarbeitung der Lösungsvorschläge und Angebote umfangreiche Arbeiten erforderlich sind und die Bereitschaft der Unternehmen zur Teilnahme am wettbewerblichen Dialog durch eine (teilweise) Aufwandsentschädigung gefördert wird.

Die Kostenerstattung muss aus Gründen der Gleichbehandlung und Transparenz vorab in der 27 Bekanntmachung oder den Vergabeunterlagen angekündigt und den Bietern **einheitlich** gewährt werden. Sofern der Dialog in mehreren Phasen durchgeführt wurde, sollten grundsätzlich für jede Phase gesonderte Zahlungen bzw. Prämien in Betracht gezogen werden, wobei der jeweils entstandene Planungs- und Bearbeitungsaufwand berücksichtigt werden kann. Die tatsächlich entstandenen Kosten müssen nicht (vollständig) abgedeckt werden.[38] Denn bei den Zahlungen und Prämien iSv Abs. 10 handelt es sich nicht um eine Vergütung für erbrachte Leistungen, sondern lediglich um einen Anreiz zur Erstellung (aufwendiger) Lösungsvorschläge und Angebote.

§ 19 Innovationspartnerschaft

(1) ¹Der öffentliche Auftraggeber kann für die Vergabe eines öffentlichen Auftrags eine Innovationspartnerschaft mit dem Ziel der Entwicklung einer innovativen Liefer- oder Dienstleistung und deren anschließenden Erwerb eingehen. ²Der Beschaffungsbedarf, der der Innovationspartnerschaft zugrunde liegt, darf nicht durch auf dem Markt bereits verfügbare Liefer- oder Dienstleistungen befriedigt werden können. ³Der öffentliche Auftraggeber beschreibt in der Auftragsbekanntmachung oder den Vergabeunterlagen die Nachfrage nach der innovativen Liefer- oder Dienstleistung. ⁴Dabei ist anzugeben, welche Elemente dieser Beschreibung Mindestanforderungen darstellen. ⁵Es sind Eignungskriterien vorzugeben, die die Fähigkeiten der Unternehmen auf dem Gebiet der Forschung und Entwicklung sowie die Ausarbeitung und Umsetzung innovativer Lösungen betreffen. ⁶Die bereitgestellten Informationen müssen so genau sein, dass die Unternehmen Art und Umfang der geforderten Lösung erkennen und entscheiden können, ob sie eine Teilnahme an dem Verfahren beantragen.

---

[36] Vgl. § 3 EG Abs. 7 Nr. 9 VOB/A aF, § 3 EG Abs. 7 lit. f VOL/A aF.
[37] Es besteht auch keine Pflicht zur Berücksichtigung ggf. einschlägiger Honorarordnungen, → GWB § 119 Rn. 100.
[38] Vgl. zur „alten" Rechtslage Kapellmann/Messerschmidt/*Schneider*, 2. Aufl. 2007, VOB/A § 3 EG Rn. 66–68.

(2) ¹Der öffentliche Auftraggeber fordert eine unbeschränkte Anzahl von Unternehmen im Rahmen eines Teilnahmewettbewerbs öffentlich zur Abgabe von Teilnahmeanträgen auf. ²Jedes interessierte Unternehmen kann einen Teilnahmeantrag abgeben. ³Mit dem Teilnahmeantrag übermitteln die Unternehmen die vom öffentlichen Auftraggeber geforderten Informationen für die Prüfung ihrer Eignung.

(3) Die Frist für den Eingang der Teilnahmeanträge beträgt mindestens 30 Tage, gerechnet ab dem Tag nach der Absendung der Auftragsbekanntmachung.

(4) ¹Nur diejenigen Unternehmen, die vom öffentlichen Auftraggeber infolge einer Bewertung der übermittelten Informationen dazu aufgefordert werden, können ein Angebot in Form von Forschungs- und Innovationsprojekten einreichen. ²Der öffentliche Auftraggeber kann die Zahl geeigneter Bewerber, die zur Angebotsabgabe aufgefordert werden, gemäß § 51 begrenzen.

(5) ¹Der öffentliche Auftraggeber verhandelt mit den Bietern über die von ihnen eingereichten Erstangebote und alle Folgeangebote, mit Ausnahme der endgültigen Angebote, mit dem Ziel, die Angebote inhaltlich zu verbessern. ²Dabei darf über den gesamten Auftragsinhalt verhandelt werden mit Ausnahme der vom öffentlichen Auftraggeber in den Vergabeunterlagen festgelegten Mindestanforderungen und Zuschlagskriterien. ³Sofern der öffentliche Auftraggeber in der Auftragsbekanntmachung oder in den Vergabeunterlagen darauf hingewiesen hat, kann er die Verhandlungen in verschiedenen aufeinanderfolgenden Phasen abwickeln, um so die Zahl der Angebote, über die verhandelt wird, anhand der vorgegebenen Zuschlagskriterien zu verringern.

(6) ¹Der öffentliche Auftraggeber trägt dafür Sorge, dass alle Bieter bei den Verhandlungen gleichbehandelt werden. ²Insbesondere enthält er sich jeder diskriminierenden Weitergabe von Informationen, durch die bestimmte Bieter gegenüber anderen begünstigt werden könnten. ³Er unterrichtet alle Bieter, deren Angebote gemäß Absatz 5 nicht ausgeschieden wurden, in Textform nach § 126b des Bürgerlichen Gesetzbuchs über etwaige Änderungen der Anforderungen und sonstigen Informationen in den Vergabeunterlagen, die nicht die Festlegung der Mindestanforderungen betreffen. ⁴Im Anschluss an solche Änderungen gewährt der öffentliche Auftraggeber den Bietern ausreichend Zeit, um ihre Angebote zu ändern und gegebenenfalls überarbeitete Angebote einzureichen. ⁵Der öffentliche Auftraggeber darf vertrauliche Informationen eines an den Verhandlungen teilnehmenden Bieters nicht ohne dessen Zustimmung an die anderen Teilnehmer weitergeben. ⁶Eine solche Zustimmung darf nicht allgemein, sondern nur in Bezug auf die beabsichtigte Mitteilung bestimmter Informationen erteilt werden. ⁷Der öffentliche Auftraggeber muss in den Vergabeunterlagen die zum Schutz des geistigen Eigentums geltenden Vorkehrungen festlegen.

(7) ¹Die Innovationspartnerschaft wird durch Zuschlag auf Angebote eines oder mehrerer Bieter eingegangen. ²Eine Erteilung des Zuschlags allein auf der Grundlage des niedrigsten Preises oder der niedrigsten Kosten ist ausgeschlossen. ³Der öffentliche Auftraggeber kann eine Innovationspartnerschaft mit einem Partner oder mit mehreren Partnern, die getrennte Forschungs- und Entwicklungstätigkeiten durchführen, eingehen.

(8) ¹Die Innovationspartnerschaft wird entsprechend dem Forschungs- und Innovationsprozess in zwei aufeinanderfolgenden Phasen strukturiert:
1. einer Forschungs- und Entwicklungsphase, die die Herstellung von Prototypen oder die Entwicklung der Dienstleistung umfasst, und
2. einer Leistungsphase, in der die aus der Partnerschaft hervorgegangene Leistung erbracht wird.

²Die Phasen sind durch die Festlegung von Zwischenzielen zu untergliedern, bei deren Erreichen die Zahlung der Vergütung in angemessenen Teilbeträgen vereinbart wird. ³Der öffentliche Auftraggeber stellt sicher, dass die Struktur der Partnerschaft und insbesondere die Dauer und der Wert der einzelnen Phasen den Innovationsgrad der vorgeschlagenen Lösung und der Abfolge der Forschungs- und Innovationstätigkeiten widerspiegeln. ⁴Der geschätzte Wert der Liefer- oder Dienstleistung darf in Bezug auf die für ihre Entwicklung erforderlichen Investitionen nicht unverhältnismäßig sein.

(9) Auf der Grundlage der Zwischenziele kann der öffentliche Auftraggeber am Ende jedes Entwicklungsabschnitts entscheiden, ob er die Innovationspartnerschaft beendet oder, im Fall einer Innovationspartnerschaft mit mehreren Partnern, die Zahl der Partner durch

die Kündigung einzelner Verträge reduziert, sofern der öffentliche Auftraggeber in der Auftragsbekanntmachung oder in den Vergabeunterlagen darauf hingewiesen hat, dass diese Möglichkeiten bestehen und unter welchen Umständen davon Gebrauch gemacht werden kann.

(10) Nach Abschluss der Forschungs- und Entwicklungsphase ist der öffentliche Auftraggeber zum anschließenden Erwerb der innovativen Liefer- oder Dienstleistung nur dann verpflichtet, wenn das bei Eingehung der Innovationspartnerschaft festgelegte Leistungsniveau und die Kostenobergrenze eingehalten werden.

Schrifttum: *Arrowsmith,* The innovation partnership procedure, The Law of Public and Utilities Procurement, Third Ed. 2014, Volume 1, 1046; *Badenhausen-Fähnle,* Die neue Vergabeart der Innovationspartnerschaft – Fünftes Rad am Wagen?, VergabeR 2015, 743; *Fehling,* Forschungs- und Innovationsförderung durch wettbewerbliche Verfahren, NZBau 2012, 673; *Gomes,* The innovative innovation partnerships under the 2014 Public Procurement Directive, Public Procurement Law Review 2014, 211; *Püstow/Meiners,* Die Innovationspartnerschaft – Mehr Rechtssicherheit für ein innovatives Vertragsmodell, NZBau 2016, 406; *Püstow/Meiners,* Partnerschaftliche Bauprojekte – vergaberechtliche Wege, VergabeR 2020, 281; *Rosenkötter,* Die Innovationspartnerschaft, VergabeR 2016, 196; *Telles/Butler,* Public Procurement Award Procedures in Directive 2014/24/EU, Novelties in the 2014 Directive on Public Procurement, vol. 6 European Procurement Law Series, abrufbar unter http://ssrn.com/abstract=2443438.

Übersicht

	Rn.		Rn.
I. Entstehungsgeschichte und Normzweck	1	1. Teilnahmewettbewerb (Abs. 1–4)	5
		2. Verhandlungsphase (Abs. 5–6)	13
II. Anwendungsbereich (Abs. 1)	2	3. Zuschlag (Abs. 7)	19
III. Phasen des Vergabeverfahrens	4	IV. Vertragsdurchführung (Abs. 8–10)	22

I. Entstehungsgeschichte und Normzweck

Die mit der RL 2014/24/EU neu geschaffene Verfahrensart der Innovationspartnerschaft stärkt 1 die Möglichkeiten der öffentlichen Hand, neuartige Waren, Dienstleistungen oder Bauleistungen zu beschaffen. Dies soll es dem Staat erleichtern, in Umsetzung der Strategie Europa 2020, als Innovationstreiber zu fungieren (→ GWB § 119 Rn. 3).

II. Anwendungsbereich (Abs. 1)

Die Innovationspartnerschaft ist nach Abs. 1 S. 2 zulässig für einen Beschaffungsbedarf, der 2 **nicht durch auf dem Markt bereits verfügbare Liefer- oder Dienstleistungen** befriedigt werden kann. Der Anwendungsbereich ist weit auszulegen und erfasst nicht nur reine Forschungs- und Entwicklungsleistungen (→ GWB § 119 Rn. 109).

Merkmal der Innovationspartnerschaft ist der Abschluss eines zweistufigen Vertrages, der nach 3 Abs. 1 S. 1 sowohl die Entwicklung einer innovativen Liefer- oder Dienstleistung als auch das Recht zum anschließenden Erwerb der noch zu entwickelnden Leistung erfasst. Der Auftrag umfasst damit in jedem Fall verschiedene Fachlose. Nach dem **Gebot der Losaufteilung** des § 97 Abs. 4 GWB ist diese Bündelung nur statthaft, der Anwendungsbereich der Innovationspartnerschaft mithin nur eröffnet, wenn der Beschaffungsbedarf nur durch eine Bündelung erreichbar ist oder wirtschaftliche oder technische Gründe die Bündelung erfordern (→ GWB § 119 Rn. 111).

III. Phasen des Vergabeverfahrens

Das Vergabeverfahren der Innovationspartnerschaft stützt sich nach Erwägungsgrund 49 RL 4 2014/24/EU und der Begründung zu § 119 Abs. 7 GWB auf die Verfahrensregeln des Verhandlungsverfahrens, „da dies für den Vergleich von Angeboten für innovative Lösungen am besten geeignet ist".[1] Demzufolge entsprechen die rudimentären Verfahrensregeln des § 19 weitgehend den Regeln des Verhandlungsverfahrens mit Teilnahmewettbewerb[2] ohne auf diese zu verweisen – anders etwa als Art. 70-3 des französischen code des marchés publics. Dieser verweist für die Verfahrensregeln konsequent auf die Verfahrensregeln für das Verhandlungsverfahren (Art. 65, 66) und führt lediglich

---

[1] Begr. RegE, BT-Drs. 18/6281, 55 (98).
[2] *Rosenkötter* VergabeR 2015, 196 (198).

die Abweichungen auf. Die Verfahrensregeln des § 17 können jedoch für die Ausgestaltung des Vergabeverfahrens der Innovationspartnerschaft ergänzend herangezogen werden, soweit hierfür nicht ausdrücklich Sonderregelungen gelten.[3]

5   **1. Teilnahmewettbewerb (Abs. 1–4).** Das Vergabeverfahren der Innovationspartnerschaft wird immer mit einer Auftragsbekanntmachung eingeleitet. Eine **Vorinformation** nach § 38 Abs. 1 bleibt zur Sensibilisierung des Marktes möglich. Durch Veröffentlichung einer Vorinformation kann für die Innovationspartnerschaft jedoch anders als für offene, nicht offene und Verhandlungsverfahren nach § 38 Abs. 3 keine Verkürzung der Angebotsfrist und anders als für nicht offene und Verhandlungsverfahren nach § 38 Abs. 4 auch kein Verzicht auf die Auftragsbekanntmachung erreicht werden.

6   Mit der Auftragsbekanntmachung leitet der öffentliche Auftraggeber nach Abs. 2 einen **Teilnahmewettbewerb** ein, lädt also grundsätzlich alle interessierten Unternehmen zur Abgabe eines Teilnahmeantrags ein. Die **Frist für den Eingang der Teilnahmeanträge** beträgt mindestens 30 Tage. Eine Verkürzung der Frist bei Dringlichkeit ist anders als im nicht offenen Verfahren (§ 16 Abs. 3) und im Verhandlungsverfahren (§ 17 Abs. 3) nicht möglich.

7   Nach Abs. 1 S. 3 beschreibt der öffentliche Auftraggeber die Nachfrage nach der innovativen Liefer- oder Dienstleistung in der **Auftragsbekanntmachung oder den Vergabeunterlagen**. Diese Beschreibung muss nach Abs. 1 S. 6 so genaue Informationen zu Art und Umfang der Leistung enthalten, dass es den Unternehmen möglich ist, über die Teilnahme an dem Verfahren zu entscheiden. Trotz des offenen Wortlauts von Abs. 1 S. 3 und Art. 31 Abs. 1 RL 2014/24/EU müssen die wesentlichen Informationen bereits zwingend in der Auftragsbekanntmachung enthalten sein. Nach Art. 49 iVm Anhang V Teil C RL 2014/24/EU sind in der Bekanntmachung Art und Umfang der zu beschaffenden Leistung zu benennen. Nach der Rechtsprechung des EuGH muss die Auftragsbekanntmachung so transparent gestaltet sein, dass die Unternehmen daraus eine konkrete Vorstellung von den geforderten Leistungen erlangen können.[4] Eine Konkretisierung in ergänzenden Vergabeunterlagen bleibt unbenommen.

8   Die konkreten Anforderungen an die **Genauigkeit** der Informationen nach Abs. 1 S. 6 für den Teilnahmewettbewerb sind im Hinblick auf den Verfahrenscharakter auszulegen. Grundsätzlich leitet der EuGH aus dem Gleichheits- und Transparenzgrundsatz hohe Anforderungen an eine präzise Bestimmung des Auftragsgegenstandes ab.[5] Die Genauigkeit ist auch erforderlich, damit der öffentliche Auftraggeber überhaupt in der Lage ist, Eignungs- und Zuschlagskriterien zu entwickeln. Da es aber um die Beschaffung einer innovativen und damit neuartigen Leistung geht, die in einem ersten Schritt überhaupt erst zu entwickeln ist, wird es regelmäßig ausreichend sein, wenn der öffentliche Auftraggeber konkrete Beschaffungsziele benennt.

9   Nach Abs. 1 S. 4 sind in der Auftragsbekanntmachung etwaige **Mindestanforderungen** für die Angebote darzustellen, insbesondere physische, funktionelle und rechtliche Bedingungen.[6] Die Mindestanforderungen dürfen nach Abs. 5 S. 2 nicht Verhandlungsgegenstand sein. Die Aufgabe von Mindestanforderungen im Laufe des Vergabeverfahrens oder auch während der Entwicklungs- oder Leistungsphase kann schnell zu einer wesentlichen Änderung führen, die eine Neuausschreibungspflicht begründet. Die Festlegung von Mindestanforderungen muss daher sorgfältig abgewogen werden. Eine Pflicht zur Aufstellung von Mindestanforderungen ergibt sich aus Abs. 1 S. 4 nicht.

10   In der Auftragsbekanntmachung sind nach Abs. 1 S. 5 **Eignungskriterien** vorzugeben und Eignungsnachweise zu benennen, die die Bewerber mit ihren Teilnahmeanträgen nach Abs. 2 S. 3 einreichen müssen. Grundsätzlich sind öffentliche Auftraggeber in den Grenzen der §§ 42 ff. frei, die nach ihrer Einschätzung sachgerechten Eignungskriterien zur Befähigung zur Berufsausübung, zur wirtschaftlichen und finanziellen Leistungsfähigkeit sowie zur technischen und beruflichen Leistungsfähigkeit zu bestimmen.[7] Nach Abs. 1 S. 5, Art. 31 Abs. 6 RL 2014/24/EU wenden die öffentlichen Auftraggeber jedoch insbesondere Eignungskriterien an, die die *Fähigkeit* der Unternehmen auf dem Gebiet der Forschung und Entwicklung sowie die Ausarbeitung und Umsetzung innovativer Lösungen betreffen. Die ursprünglich vorgesehene Vorgabe zur Berücksichtigung der F&E *Erfahrung* der Bewerber wurde aufgegeben, damit öffentliche Auftraggeber Innovationspartnerschaften auch

---

[3] Dieckmann/Scharf/Wagner-Cardenal/*Wagner-Cardenal* Rn. 13.
[4] EuGH Urt. v. 22.4.2010 – C-423/07, Slg. 2010, I-3429 Rn. 58 = NZBau 2010, 643 – Kommission/Spanien.
[5] EuGH Urt. v. 14.10.2004 – C-340/02, Slg. 2004, I-9845 Rn. 34 = ECLI:EU:C:2004:623 – Kommission/Frankreich; EuGH Urt. v. 10.12.2009 – C-299/08, Slg. 2009, I-11587 Rn. 41 = ECLI:EU:C:2009:769 – Kommission/Frankreich.
[6] Dieckmann/Scharf/Wagner-Cardenal/*Wagner-Cardenal* Rn. 17.
[7] *Telles/Butler*, Novelties in the 2014 Directive on Public Procurement, vol. 6 European Procurement Law Series, 1 (27), abrufbar unter http://ssrn.com/abstract=2443438 (zuletzt abgerufen am 6.8.2021).

für Start-up-Unternehmen öffnen können.[8] Gleichwohl ist dem öffentlichen Auftraggeber nicht verwehrt, Nachweise sowohl über die F&E Fähigkeit als auch über die F&E Erfahrung einzufordern.[9] Die Besonderheit der Innovationspartnerschaft erfordert regelmäßig im Interesse des öffentlichen Auftraggebers ergänzend auch die Fähigkeit zur und die Erfahrung mit der eigentlichen Leistungserbringung zu prüfen.

Nach Abs. 4 S. 2 kann der öffentliche Auftraggeber den **Bieterkreis beschränken,** also nach 11 dem Teilnahmewettbewerb nur die am besten geeigneten Bewerber auswählen. Über die Mindestanforderungen an die Eignung hinaus muss der öffentliche Auftraggeber dafür objektive und nicht diskriminierende Kriterien für die vergleichende Eignungswertung aufstellen und diese ebenso wie die Mindestzahl der einzuladenden Bewerber nach § 51 Abs. 1 mit der Bekanntmachung veröffentlichen. Sofern genügend geeignete Bewerber zur Verfügung stehen, muss der öffentliche Auftraggeber nach § 51 Abs. 2 mindestens drei Bewerber zur Angebotsabgabe auffordern. Bei der Eignungswertung steht dem öffentlichen Auftraggeber ein Entscheidungsspielraum zu, der durch die Grundsätze von Wettbewerb, Transparenz und Gleichbehandlung begrenzt ist.[10]

Weitere Hinweise zum Ablauf des Vergabeverfahrens oder zur Ausgestaltung der Innovationspartnerschaft muss die Auftragsbekanntmachung nicht enthalten. Insbesondere ist es ausreichend, wenn der öffentliche Auftraggeber erst in den Vergabeunterlagen die Zuschlagskriterien benennt und Hinweise zur weiteren Beschränkung des Bieterkreises nach Abschluss der Verhandlungsrunden oder zum Abschluss von Verträgen mit verschiedenen Bietern aufnimmt. Diese Angaben müssen nach § 41 Abs. 1 nicht bereits mit der Auftragsbekanntmachung elektronisch abrufbar gehalten werden. Denn nach der Begründung zu § 41 Abs. 1 sind nur die für die Teilnahme am Vergabeverfahren erforderlichen Informationen bereits ab Bekanntmachung elektronisch abrufbar zu halten.[11] Ungeachtet dessen sind entsprechende Hinweise in der Bekanntmachung aber zulässig. Sie beschränken die Flexibilität bei der weiteren Verfahrensgestaltung, können jedoch geboten sein, um dem Bewerbermarkt eine bessere Einschätzung von den Potentialen einer Teilnahme am Wettbewerb zu ermöglichen.[12] Die Zulassung von Nebenangebote muss bereits in der Bekanntmachung benannt werden (§ 35 Abs. 1).

2. Verhandlungsphase (Abs. 5–6). Die Verhandlungsphase beginnt mit der Aufforderung der 13 ausgewählten Bieter zur Angebotsabgabe. Grundlage dieser Angebotsaufforderung muss nach § 121 GWB, § 31 eine **Leistungsbeschreibung** sein, die vergleichbare Angebote erlaubt. Eine konstruktive Leistungsbeschreibung nach Maßstab von § 31 Abs. 2 Nr. 2 ist dabei wegen des innovativen Charakters der zu beschaffenden Leistung nicht möglich; vielmehr sind die Ziele zu beschreiben.[13] Ähnlich wie im wettbewerblichen Dialog wird die Leistungsbeschreibung sich auf die Beschreibung der Bedürfnisse und Anforderungen im Sinne von Leistungs- oder Funktionsanforderungen oder einer Beschreibung der zu lösenden Aufgabe nach § 31 Abs. 2 Nr. 1 konzentrieren.[14]

Anders als im wettbewerblichen Dialog sind bei der Innovationspartnerschaft auf Grundlage 14 der (funktionalen) Leistungsbeschreibung in der Verhandlungsphase bereits Angebote zu entwerfen, statt Lösungen zu entwickeln.[15] **Inhalt der Verhandlungen** kann nach Abs. 5 der gesamte Angebotsinhalt sein mit dem Ziel, die Angebote inhaltlich zu verbessern. Die Verhandlungen können sich auch auf den Inhalt der Leistungsbeschreibung erstrecken, wie sich im Umkehrschluss daraus ergibt, dass nach Abs. 5 S. 2 (nur) Mindestanforderungen und Zuschlagskriterien nicht verhandelbar sind. Alle Bieter sind aus Gründen der Gleichbehandlung nach Abs. 6 S. 3 in Textform über **Änderungen** der Leistungsbeschreibung zu informieren, im Interesse der Transparenz in der Regel durch Übersendung einer überarbeiteten Leistungsbeschreibung. Die Übermittlung weitergehender Informationen an die Bieter über die ausgeschriebene Leistung unterliegt den engen Grenzen der Nichtdiskriminierung. Nach Abs. 6 S. 2 darf kein Bieter Informationen erhalten, die ihn gegenüber den anderen Bietern begünstigen könnten. Aus diesem Grund sind alle Antworten auf Bieterfragen und Hinweise im Rahmen der Verhandlungsrunden allen Bietern diskriminierungsfrei und aus Gründen der Transparenz vornehmlich in Textform zu übermitteln. Soweit Konkretisierungsbedarf für die

---

[8] *Telles/Butler,* Novelties in the 2014 Directive on Public Procurement, vol. 6 European Procurement Law Series, 1 (28), abrufbar unter http://ssrn.com/abstract=2443438 (zuletzt abgerufen am 6.8.2021); Beck VergabeR/*Krönke* Rn. 6.
[9] AA Ziekow/Völlink/*Huber* Rn. 8.
[10] *Badenhausen-Fähnle* VergabeR 2015, 743 (751).
[11] Begr. RegE, BT-Drs. 18/7318, 139 (180); anders: OLG München Beschl. v. 13.3.2017 – Verg 15/16, BeckRS 2017, 105111.
[12] *Rosenkötter* VergabeR 2015, 196 (199); *Schneider* in Gabriel/Krohn/Neun VergabeR-HdB § 12 Rn. 117.
[13] *Badenhausen-Fähnle* VergabeR 2015, 743 (753).
[14] *Badenhausen-Fähnle* VergabeR 2015, 743 (749).
[15] *Badenhausen-Fähnle* VergabeR 2015, 743 (751 f.).

Leistungsbeschreibung absehbar ist, erscheint es regelmäßig sachgerecht, zunächst nur indikative, unverbindliche Angebote abzufordern. Die Grenze für Änderungen der Leistungsbeschreibung ergibt sich aus der Auftragsbeschreibung in der Vergabebekanntmachung. Wesentliche Änderungen, bei deren Vorliegen die Zulassung anderer Bewerber möglich gewesen wäre, sind unzulässig.[16] Endgültige Angebote sind nach Abs. 5 S. 1 nicht mehr verhandelbar.

15 Zur **Verfahrensgestaltung** enthält § 19 nur grobe Vorgaben. Der konkrete Ablauf kann vom öffentlichen Auftraggeber daher flexibel gestaltet werden.[17] Grundsätzlich sind die Verfahrensabläufe nach Abs. 6 S. 4, § 20 Abs. 1 mit angemessenen Fristen zu versehen. Nach Abs. 5 S. 3 kann der öffentliche Auftraggeber nach vorheriger Ankündigung in der Bekanntmachung oder den Vergabeunterlagen die Verhandlungen in **verschiedenen Phasen** abwickeln und die Anzahl der Bieter im Interesse einer effizienten Verfahrensführung anhand der Zuschlagskriterien abschichten. Anders als § 17 Abs. 12 für Verhandlungsverfahren sieht § 19 Abs. 5 jedoch nicht vor, dass in der Schlussphase noch so viele Angebote vorliegen müssen, dass der Wettbewerb gewährleistet ist, sofern ursprünglich eine ausreichende Anzahl von Angeboten oder geeigneten Bietern vorhanden war. Es ist daher nicht ausgeschlossen, dass der öffentliche Auftraggeber mit einem preferred-bidder Endverhandlungen führt.[18] Nach dem Transparenz-, Wettbewerbs- und Gleichbehandlungsgrundsatz wird dies aber nur ausnahmsweise zulässig sein, wenn der preferred-bidder vor dieser Endverhandlung einen deutlichen Wertungsvorsprung vor den nachfolgenden Bietern aufweist und nach dem Ergebnis der Endverhandlungen nicht zu erwarten ist, dass dieser Vorsprung von den anderen Bietern hätte kompensiert werden können.

16 Nach Abs. 5 S. 1 darf über endgültige Angebote nicht verhandelt werden. Eine Pflicht des öffentlichen Auftraggebers das Ende der Verhandlungen festzulegen und die Bieter zur **Abgabe endgültiger Angebote** aufzufordern besteht nicht. Mit einer solch formellen Erklärung würde sich der öffentliche Auftraggeber das Recht auf weitere Verhandlungen abschneiden und der Flexibilität des Verfahrens berauben. Eine Pflicht zu einer solchen Erklärung ist auch § 17 Abs. 14 nur für den Fall zu entnehmen, dass der öffentliche Auftraggeber fest entschieden ist, das Verhandlungsverfahren zu beenden. Aus Gründen der Gleichbehandlung und Transparenz sind die Bieter jedoch zu informieren, wenn der öffentliche Auftraggeber sich nach der Angebotsaufforderung das Recht zum Zuschlag vorbehalten will.[19] Faktisch besteht diese Möglichkeit für den öffentlichen Auftraggeber immer dann, wenn er verbindliche Angebote einfordert und sich die Möglichkeit zum Verzicht auf (weitere) Verhandlungen vorbehält (vgl. § 17 Abs. 11).

17 Der öffentliche Auftraggeber darf nach Abs. 6 S. 5 **vertrauliche Informationen** eines Bieters nicht ohne dessen konkrete Zustimmung an andere Bieter weitergeben. Die Regelung entspricht den Vorgaben des Verhandlungsverfahrens (§ 17 Abs. 13). Sie ist bei der Innovationspartnerschaft von besonderer Bedeutung, weil hier damit zu rechnen ist, dass in der Verhandlungsphase über Ansätze für die Entwicklungsphase gesprochen wird, die typischerweise schützenswerte Betriebs- oder Geschäftsgeheimnisse beinhalten.[20]

18 Der öffentliche Auftraggeber muss nach Abs. 6 S. 7 schon in den Auftragsunterlagen die **Rechte des geistigen Eigentums** festlegen. Dabei ist zwischen der Vergabephase und der Vertragsdurchführung zu unterscheiden. In der **Vergabe** sind die Bieter durch das Verbot der Weitergabe vertraulicher Informationen zu schützen. Um Anreize für das Einbringen innovativer Ideen zu schaffen, sollte der öffentliche Auftraggeber klarstellen, dass er an den im Vergabeverfahren vorgestellten Ideen keine Nutzungsrechte erwirbt, wenn der Zuschlag nicht erteilt wird.[21] Für die nach Zuschlagserteilung in der **Vertragsdurchführung** entwickelten Lösungen wird der öffentliche Auftraggeber regelmäßig ein hohes Interesse am Erwerb (nicht exklusiver) Nutzungsrechte haben, um eine Abhängigkeit vom Auftragnehmer zu vermeiden. Die Ausgestaltung der Rechte am geistigen Eigentum ist in hohem Maße relevant für die Vergütung des Auftragnehmers und seine Wettbewerbsposition nach Abschluss der Entwicklungsphase und damit klar vertraglich zu regeln. In der Vergabephase sind diese Aspekte nicht den Verhandlungen entzogen, sofern sie nicht ausnahmsweise zur Mindestanforderung gemacht wurden.[22] Ausdrücklich geregelt werden sollte dabei auch, dass der öffentliche Auftraggeber im Falle

---

[16] *Badenhausen-Fähnle* VergabeR 2015, 743 (753).
[17] *Telles/Butler*, Novelties in the 2014 Directive on Public Procurement, vol. 6 European Procurement Law Series, 1 (29), abrufbar unter http://ssrn.com/abstract=2443438 (zuletzt abgerufen am 6.8.2021).
[18] Eschenbruch/Opitz/Röwekamp/*Wichmann* SektVO § 18 Rn. 24; Dieckmann/Scharf/Wagner-Cardenal/*Wagner-Cardenal* Rn. 29; HK-VergabeR/*Pünder/Klafki* Rn. 13; einschränkend: *Schneider* in Gabriel/Krohn/Neun VergabeR-HdB § 12 Rn. 123, aA *Rosenkötter* VergabeR 2016, 196 (200).
[19] *Arrowsmith*, The innovation partnership procedure, The Law of Public and Utilities Procurement, Third Ed. 2014, Volume 1, Rn. 9–137.
[20] *Fehling* NZBau 2012, 673 (678).
[21] *Fehling* NZBau 2012, 673 (678).
[22] *Rosenkötter* VergabeR 2015, 196 (200); *Arrowsmith*, The innovation partnership procedure, The Law of Public and Utilities Procurement, Third Ed. 2014, Volume 1, Rn. 9–143.

einer Innovationspartnerschaft mit mehreren Partnern die Lösungen des einen Partners nicht ohne dessen Zustimmung den anderen Partnern mitteilen darf.[23]

3. Zuschlag (Abs. 7). Der Zuschlag darf erst nach Verhandlung über die Angebotsinhalte 19
erfolgen.[24] Denn für die Innovationspartnerschaft fehlt eine § 17 Abs. 11 entsprechende Regelung, wonach der Auftrag im Verhandlungsverfahren ohne Verhandlungen auf Grundlage der Erstangebote vergeben werden darf. Im österreichischen Gesetzestext ist für die Innovationspartnerschaft eine Auftragsvergabe auf Grundlage der Erstangebote sogar explizit ausgeschlossen (vgl. § 120 Abs. 2 Nr. 1 BVerG). Der Zuschlag ist nach § 127 Abs. 1 GWB auf das wirtschaftlichste Angebot zu erteilen, also das Angebot mit dem besten Preis-Leistungs-Verhältnis. Zu dessen Ermittlung darf abweichend von § 127 Abs. 1 S. 3 GWB gem. Abs. 7 S. 2 nicht allein der Preis oder die Kosten berücksichtigt werden. Die Innovationspartnerschaft ist damit das einzige Vergabeverfahren, bei dem öffentlichen Auftraggeber gesetzlich verpflichtet sind, die Wirtschaftlichkeit auch nach qualitativen, umweltbezogenen oder sozialen **Zuschlagskriterien** zu bemessen. Letztlich ist der öffentliche Auftraggeber bei der Auswahl der Zuschlagskriterien weitestgehend frei. Nach der Rechtsprechung des OLG Düsseldorf genügt es, wenn (qualitative, umweltbezogene oder soziale) Zuschlagskriterien mit dem Auftragsgegenstand in Verbindung stehen.[25] Bei der Bewertung der Leistungen in der Innovationspartnerschaft müssen sie der Zweiteilung des Auftrags in Entwicklungs- und Leistungsphase gerecht werden. Hierzu ist neben den Kosten daher nicht nur die Qualität bei der Entwicklung der Leistung, sondern auch die Qualität bei der Erbringung der zu entwickelnden Leistung zu berücksichtigen. Der EuGH hat Verfahrensgestaltungen, bei denen nicht gesichert war, dass die Zuschlagserteilung sowohl die Entwicklungsleistungen als auch die Ausführungsleistungen erfasst, als vergaberechtlich unzulässig angesehen.[26]

Des Weiteren müssen die Zuschlagskriterien dem Umstand gerecht werden, dass im Moment 20
der Zuschlagserteilung der genaue Inhalt der zu erbringenden Leistung und die konkreten Konditionen noch unbestimmt sind. Denn bei Erreichung der in der Leistungsbeschreibung vorgegebenen Ziele können sich aus der Entwicklungsphase Veränderungen bei der Ausgestaltung der Leistung, bei den Terminen und auch bei den Kosten ergeben. Einem vergaberechtskonformen Zuschlag steht diese Unsicherheit nicht per se entgegen. Denn Angebotswertungen basieren grundsätzlich auf einer Prognoseentscheidung.[27] Zuschlagskriterien und Angebotsinhalte müssen diesem Prognosecharakter jedoch gerecht werden, um sicherzustellen, dass der öffentliche Auftraggeber seine Angebotswertung auf berechtigte Erwartungen stützen kann. Grundsätzlich können öffentliche Auftraggeber sowohl die vom Bieter bei der Leistungserbringung vorgesehenen Prozesse als auch die eigentliche Ausführungsqualität in die Wertung einbeziehen.[28] Als Qualitätskriterien kommen insbesondere in Betracht der technische Wert, die Betriebs- und Folgekosten, aber auch Qualitätsmanagementprozesse, Evaluierungs- und Berichtsstandards oder das Risikomanagement.[29] Bei einer Innovationspartnerschaft werden von besonderer Bedeutung für die Qualität der Leistungserbringung vielfach auch Organisation, Qualifikation und Erfahrung des Leitungspersonals sein. Diese können nach § 58 Abs. 1 Nr. 2 daher für die Zuschlagsentscheidung gewertet werden. Bei der Angebotswertung haben die öffentlichen Auftraggeber Beurteilungsspielräume, die durch die Vergabenachprüfungsinstanzen nur eingeschränkt überprüfbar sind.[30] Die Anforderungen an die Transparenz sind gleichwohl streng.[31]

Möglich ist nach Abs. 7 auch der Zuschlag auf mehrere Angebote. In diesem Fall arbeiten die 21
Auftragnehmer in der Entwicklungsphase nicht in einer Kooperation zusammen, sondern erbringen getrennte Forschungs- und Entwicklungstätigkeiten. Der Regelfall ist, dass die Auftragnehmer im

---

[23] *Rosenkötter* VergabeR 2016, 196 (200) sieht dieses Verbot von Abs. 6 S. 6 erfasst.
[24] *Schneider* in Gabriel/Krohn/Neun VergabeR-HdB § 12 Rn. 122.
[25] OLG Düsseldorf Beschl. v. 19.11.2014 – Verg 30/14, ZfBR 2015, 287.
[26] EuGH Urt. v. 14.10.2004 – C-340/02, Slg. 2004, I-9845 Rn. 34 ff. = BeckEuRS 2004, 390082 – Kommission/Frankreich; EuGH Urt. v. 10.12.2009 – C-299/08, Slg. 2009, I-11587 Rn. 43 = IBRRS 2009, 4029 – Kommission/Frankreich.
[27] Vgl. zu Prognoseentscheidungen im Rahmen der Angebotswertung VK Bund Beschl. v. 9.3.2012 – VK 2-175/11, BeckRS 2013, 02664; OLG Düsseldorf Beschl. v. 19.1.2005 – VII Verg 58/04, NZBau 2005, 597.
[28] Zur Auswahl möglicher Zuschlagskriterien vgl. *Ferber,* Bewertungskriterien und -matrizen im Vergabeverfahren, 2015, 32 ff.; zu deren Gewichtung vgl. *Ferber,* Bewertungskriterien und -matrizen im Vergabeverfahren, 2015, 55 ff.
[29] Vgl. Begr. VergRModVO zu § 58 Abs. 2 Nr. 1, BT-Drs. 18/7318, 215.
[30] OLG Celle Beschl. v. 12.1.2012 – 13 Verg 8/11, IBRRS 2012, 0750; OLG Düsseldorf Beschl. v. 21.10.2015 – Verg 28/14, ZfBR 2016, 83.
[31] Zur Transparenz von Leistungsbeschreibung, Zuschlagskriterien und Gewichtung: OLG Düsseldorf Beschl. v. 8.3.2017 – Verg 39/16, BeckRS 2017, 106852; aufgegeben zur Transparenz der Bewertungsmethode: OLG Düsseldorf Beschl. v. 16.12.2015 – Verg 25/15, ZfBR 2016, 411.

Wettbewerb gleichzeitig an der Lösung ein und desselben Problems arbeiten.[32] Möglich erscheint jedoch auch ein „Puzzle"-Modell, bei dem verschiedene Auftragnehmer unterschiedliche Probleme oder Stadien desselben Projekts bearbeiten.[33] Für diese Lösung dürfte regelmäßig erforderlich sein, dass die Leistungen in Teil- oder Fachlosen ausgeschrieben und angeboten werden. Der Wettbewerbs- und Transparenzgrundsatz erfordert in diesen Fällen, dass der öffentliche Auftraggeber die Bieter vor Angebotsabgabe darüber informiert, dass er die Innovationspartnerschaft mit mehreren Partnern eingehen will. Festzulegen ist, wie viele Partner maximal zugelassen werden und nach welchen Kriterien über die Zulassung mehrerer Partner entschieden wird. Ein positiver Effekt des Abschlusses der Innovationspartnerschaft mit mehreren Partnern ist die Sicherstellung des Wettbewerbs im weiteren Verlauf der Vertragsdurchführung.[34] Bei einem hohen Risiko in der Entwicklungsphase kann der öffentliche Auftraggeber zudem durch die Suche nach alternativen Lösungswegen mit mehreren Partnern die Gefahr eines Scheiterns seines Beschaffungsprojekts reduzieren.[35] Es ist jedoch zweifelhaft, ob die Beauftragung mehrerer Partner wettbewerbsfördernd ist. Denn in vielen Märkten wird sich das ökonomische Interesse der Unternehmen auf die Leistungsphase fokussieren. Wettbewerb in der Entwicklungsphase kann die Sorge vor Verlust des Know-hows begründen und damit das Interesse des Marktes reduzieren. Die Zuschlagserteilung auf nur ein Angebot ist daher auch bei der Innovationspartnerschaft keine Ausnahme, die der besonderen Rechtfertigung bedarf.[36] Wie für jede Ausübung eines Entscheidungsspielraums empfiehlt sich gleichwohl eine Dokumentation im Vergabevermerk, wie der öffentliche Auftraggeber die Entscheidung für eine Innovationspartnerschaft mit mehreren oder auch nur mit einem Partner begründet.

IV. Vertragsdurchführung (Abs. 8–10)

22 Die in Abs. 8 vorgenommene **Differenzierung der Vertragsgestaltung zwischen Entwicklungsphase und Leistungsphase** ist das Kernelement der Innovationspartnerschaft. Damit der Auftrag von der Auswahlentscheidung im Vergabeverfahren gedeckt bleibt, sind die zu erreichenden **Zwischenziele** vorab zu definieren. Die Zwischenziele untergliedern die Leistungsphasen. Sie sind so objektiv und verhältnismäßig wie möglich zu halten, um im Hinblick auf die Beschränkung des Kreises der Partner und die Entscheidung über den Eintritt in die Leistungsphase den vergaberechtlichen Grundsätzen zu entsprechen.[37] Dauer und Wert der einzelnen Phasen müssen nach Abs. 8 S. 3 den Innovationsgrad der Lösung widerspiegeln und die hierfür notwendige Flexibilität aufweisen. Typischerweise ist der Ablauf der Phasen ein zentraler Gegenstand der Verhandlungen und kann in den Grenzen der Vergleichbarkeit auch zum Gegenstand der Angebote gemacht werden, um das Know-how der Bieter zu nutzen.[38] Der Ablauf der Entwicklungsphase und die Erreichung der Ziele ist nach dem Transparenzgebot des § 97 Abs. 1 GWB vergaberechtlich zu dokumentieren, um sicherzustellen, dass die Beauftragung mit der Leistungsphase noch von der Auswahlentscheidung im Vergabeverfahren gedeckt ist.

23 Um die erbrachten Innovationsleistungen auch bei einer frühzeitigen Beendigung zu honorieren und damit die Risiken für die Unternehmen zu reduzieren, wird nach Abs. 8 S. 2 bei Erreichen der festgelegten Zwischenziele die **Zahlung der Vergütung in angemessenen Teilbeträgen** vereinbart. Eine knapp bemessene Aufwandsentschädigung ohne Gewinnanteil wäre nicht angemessen.[39] Die gesamten Entwicklungskosten sind gleichwohl nicht zwingend abzudecken, wenn diese durch spätere Einkäufe des öffentlichen Auftraggebers kompensiert werden.[40] Letztlich kann die Vergütung für die Entwicklungsphase aber auch zum Gegenstand des Wettbewerbs im Vergabeverfahren gemacht werden. Hierdurch kann der öffentliche Auftraggeber auch der Vorgabe des Abs. 8 S. 4 gerecht werden, dass der Wert der Liefer- oder Dienstleistung in Bezug auf die für ihre Entwicklung erforderlichen Investitionen nicht unverhältnismäßig ist. Zur Vermeidung strategischer Angebote kann im Vergabeverfahren eine Obergrenze für die angebotene Vergütung der Entwicklungsphase vorgegeben werden.

---

[32] Eschenbruch/Opitz/Röwekamp/*Wichmann* SektVO § 18 Rn. 30; Dieckmann/Scharf/Wagner-Cardenal/*Wagner-Cardenal* Rn. 37; Ziekow/Völlink/*Huber* Rn. 16.
[33] Erläuterungen zum österreichischen Bundesvergabegesetz von 2018 (§ 121), 147 (https://www.parlament.gv.at/PAKT/VHG/XXVI/I/I_00069/fname_686570.pdf; zuletzt abgerufen am 6.8.2021).
[34] HK-VergabeR/*Pünder* GWB § 119 Rn. 53; HK-VergabeR/*Pünder/Klafki* Rn. 3.
[35] Dieckmann/Scharf/Wagner-Cardenal/*Wagner-Cardenal* Rn. 37.
[36] Anders: *Ortner* NZBau 2020 565 (568).
[37] *Gomes* Public Procurement Law Review 2014, 211 (215).
[38] *Fehling* NZBau 2012, 673 (677).
[39] *Fehling* NZBau 2012, 673 (677).
[40] *Arrowsmith,* The innovation partnership procedure, The Law of Public and Utilities Procurement, Third Ed. 2014, Volume 1, Rn. 9–140.

IV. Vertragsdurchführung (Abs. 8–10)   24–27   § 19 VgV

Die Vergütungsregelung muss die Gewährung einer nach Art. 107 Abs. 1 AEUV **beihilfen- 24 rechtlich verbotenen Begünstigung** ausschließen. Eine solche Begünstigung ist zu besorgen, wenn die Vergütung die vollständigen Entwicklungskosten des Auftragnehmers deckt, obwohl der Auftragnehmer die entwickelte Leistung anschließend im Wettbewerb nutzen kann.[41] Die Kommission hat im Unionsrahmen für staatliche Beihilfen zur Förderung von Forschung, Entwicklung und Innovation definiert, dass die Vergabe von Dienstleistungen im Bereich Forschung und Entwicklung in der Regel keine staatliche Beihilfe ist, wenn die Vergabe im Wege eines offenen Ausschreibungsverfahrens nach Art. 27 RL 2014/24/EU durchgeführt wird.[42] In allen anderen Fällen, also auch im Falle der Innovationspartnerschaft, geht die Kommission davon aus, dass keine staatlichen Beihilfen für die betreffenden Unternehmen vorliegen, wenn der für die einschlägigen Dienstleistungen gezahlte Preis vollständig dem Marktwert des von dem öffentlichen Auftraggeber erzielten Nutzens und den Risiken der beteiligten Anbieter entspricht. Hierfür ist von besonderer Bedeutung, dass das Wettbewerbsverfahren der Innovationspartnerschaft so gestaltet wird, dass es allen potenziellen Unternehmern offensteht. Die Kommission empfiehlt hierzu die vorherige Durchführung von Markterkundungen.[43]

Der öffentliche Auftraggeber kann nach Abs. 9 Alt. 1 auf Grundlage der Zwischenziele die 25 **Innovationspartnerschaft beenden,** wenn er sich diese Möglichkeit in den Vergabeunterlagen vorbehalten und konkretisiert hat, unter welchen Umständen er hiervon Gebrauch machen kann. Ob ein Recht zur Beendigung besteht, ist letztlich eine zivilrechtliche Frage der Vertragsgestaltung und unterliegt keinen vergaberechtlichen Schranken. Das Beendigungsrecht kann mithin auch ins Ermessen des öffentlichen Auftraggebers gestellt werden.[44] Dies wird jedoch starke Auswirkungen auf die Vergütung und die Bereitschaft der Unternehmen zur Mitwirkung an der Innovationspartnerschaft haben. Darüber hinaus besteht das Risiko von Streitigkeiten über das Bestehen des Beendigungsrechts und die Vergütung (des entgangenen Gewinns). Für einen interessengerechten Ausgleich sind die Beendigungsrechte typischerweise restriktiv zu fassen und an objektiv nachvollziehbare und überprüfbare Details zu Terminen, Kosten und Entwicklungsstand zu knüpfen. Als Instrument der Beendigung spricht Abs. 9 das Recht zur Kündigung der Verträge aus. Vergaberechtlich ist zur Vermeidung der Rechtsfolgen des § 649 BGB stattdessen auch das Recht zur stufenweisen Beauftragung möglich, sofern der Inhalt der einzelnen Leistungsstufen nach Umfang und Voraussetzung hinreichend klar, genau und eindeutig iSv § 132 Abs. 2 Nr. 1 GWB definiert ist.[45]

Im Falle einer Innovationspartnerschaft mit mehreren Partnern kann der öffentliche Auftragge- 26 ber auf Grundlage der Zwischenziele nach Abs. 9 Alt. 2 die **Zahl der Partner reduzieren.** Auch dieses Recht ist daran geknüpft, dass der öffentliche Auftraggeber ein entsprechendes Recht in den Vergabeunterlagen ausgestaltet hat. Die Entscheidung zur Beendigung der Innovationspartnerschaft nur mit einzelnen Partnern ist jedoch vertragsrechtlich nur belastbar, wenn der öffentliche Auftraggeber sich in den Grenzen der vorab definierten Beendigungsgründe bewegt und diese transparent und diskriminierungsfrei anwendet.[46] Faktisch wirkt die Beschränkung der Zahl der Partner wie eine vergaberechtliche Auswahlentscheidung und unterliegt strengen Anforderungen. Der EuGH hat freihändige Auswahlentscheidungen mehrstufiger Verträge für vergaberechtlich unzulässig erachtet, wenn die Auswahlkriterien nicht klar bestimmt waren.[47] Die Reduktion der Partner ist aber nicht zwingend erforderlich. Denkbar ist auch, dass der öffentliche Auftraggeber am Ende der Entwicklungsphase mit mehreren Partnern in die Leistungsphase eintritt, etwa weil mehrere Lösungskonzepte für ihn von Interesse sind („multiple sourcing").[48]

Eine **Pflicht zum Übergang in die Leistungsphase** trifft den öffentlichen Auftraggeber nach 27 dem Wortlaut des Abs. 10 nach Abschluss der Entwicklungsphase (nur), wenn das bei Eingehung der

---

[41] Gomes Public Procurement Law Review 2014, 211 (217).
[42] Mitt. Kommission, ABl. 2014 C 198, 01 Rn. 32.
[43] Kom., Mitteilung: Leitfaden für eine innovationsfördernde öffentliche Auftragsvergabe (C(2018) 3051 final), 54 f.
[44] Rosenkötter VergabeR 2015, 196 (200).
[45] Vgl. Püstow/Göhlert/Meiners, Einbindung des Baus in die Planung, 2018, 38; Breyer/Boldt/Haghsheno, Alternative Vertragsmodelle zum Einheitspreisvertrag für die Vergabe von Bauleistungen durch die öffentliche Hand, 2020, 201.
[46] Rosenkötter VergabeR 2015, 196 (201 f.); Arrowsmith, The innovation partnership procedure, The Law of Public and Utilities Procurement, Third Ed. 2014, Volume 1, Rn. 9–141.
[47] EuGH Urt. v. 14.10.2004 – C-340/02, Slg. 2004, I-9845 Rn. 34 = BeckEuRS 2004, 390082 – Kommission/Frankreich; EuGH Urt. v. 10.12.2009 – C-299/08, Slg. 2009, I-11587 Rn. 41 = IBRRS 2009, 4029 – Kommission/Frankreich.
[48] Erläuterungen zum österreichischen Bundesvergabegesetz von 2018 (§ 121), 147 (https://www.parlament.gv.at/PAKT/VHG/XXVI/I/I_00069/fname_686570.pdf, zuletzt abgerufen am 6.8.2021).

Innovationspartnerschaft festgelegte Leistungsniveau und die Kostenobergrenze eingehalten werden. Durch diesen unter Vorbehalt stehenden Erwerb trägt der Bieter das Risiko der Entwicklung einer zwar innovativen, aber unwirtschaftlichen Leistung. So entsteht ein wirksamer Anreiz die vereinbarten Kosten einzuhalten.[49] Da durch das Vergaberecht kein Kontrahierungszwang begründet wird,[50] kann dem öffentlichen Auftraggeber trotzdem nicht verwehrt sein, den Übergang in die Leistungsphase bei Erreichung der Ziele abweichend optional auszugestalten. Um die Marktfähigkeit seiner Ausschreibung zu fördern, kann er für den Fall des Verzichts des Übergangs in die Leistungsphase eine angemessene Entschädigung für die erbrachten Entwicklungsleistungen vereinbaren. Wie für das Beendigungsrecht auf Grundlage der Zwischenziele (→ Rn. 24) gilt jedoch, dass die Marktfähigkeit durch eine Entschädigung für die erbrachten Entwicklungsleistungen allein nicht gesichert werden kann. Die Erfahrungen mit der vorkommerziellen Auftragsvergabe[51] lassen erwarten, dass Unternehmen in der Regel kein Interesse an der Beteiligung an einer Innovationspartnerschaft haben dürften, wenn sie nicht eine verlässliche Aussicht auf den Übergang in die Leistungsphase bei Erreichung der für die Entwicklungsphase vereinbarten Ziele haben.[52]

28   Ein **Recht zum Übergang in die Leistungsphase** kann der öffentliche Auftraggeber im Ausnahmefall auch haben, wenn das Leistungsniveau und die Kostenobergrenze nicht eingehalten werden. Nach Erwägungsgrund 49 RL 2014/24/EU und Art. 31 Abs. 2 UAbs. 1 RL 2014/24/EU sowie der Gesetzesbegründung zu § 119 Abs. 7 GWB[53] hat der öffentliche Auftraggeber das Recht zum Kauf der in Phase 1 entwickelten Waren, Dienstleistungen oder Bauleistungen unter der Voraussetzung, dass für solche innovativen Leistungen „die vereinbarten Leistungs- und Kostenniveaus eingehalten werden können." Der innovative Charakter der zu entwickelnden Leistungen bringt jedoch mit sich, dass die Ziele regelmäßig nur mit Änderungen im Zeitplan, bei den Ausführungsmodalitäten und möglicherweise auch bei den Kosten erreichbar sein werden. Im Einzelfall kann es auch vorkommen, dass nicht alle Ziele gleichermaßen realisierbar sind. Insofern kann sich im Rahmen der Entwicklungsphase Anpassungsbedarf für die Leistungspflichten ergeben. Diesem Anpassungsbedarf kann der öffentliche Auftraggeber entweder durch Vereinbarung flexibler Leistungsziele oder kostenorientierter Vergütungssysteme (zB Zielpreis) gerecht werden. Alternativ können Anpassungen in den Grenzen der wesentlichen Vertragsänderung nach § 132 GWB zugelassen werden.[54] In Art. 70-2 des französischen Code des marchés publics findet sich der ausdrückliche Hinweis, dass am Ende der Entwicklungsphase unwesentliche Anpassungen der Konditionen der Innovationspartnerschaft möglich sind.[55]

29   Der **Schutz vertraulicher Informationen** gilt nach dem Wortlaut des Abs. 6 S. 5 nur für vertrauliche Informationen, die im Vergabeverfahren übermittelt wurden. Nach dem Wortlaut von Art. 31 Abs. 6 UAbs. 3 RL 2014/24/EU hingegen gilt der Vertrauensschutz auch für im Falle einer Innovationspartnerschaft mit mehreren Partnern nach Zuschlagserteilung entstandene Informationen und Lösungen. Auch dann dürfen Informationen und Lösungen des einen Partners nicht ohne dessen Zustimmung den anderen Partnern mitgeteilt werden. Der unbedingte Schutz vertraulicher Informationen ist gleichwohl nicht mit dem Erwerb des alleinigen Nutzungsrechts an der Innovationsleistung zu verwechseln. Dies würde zudem den Anreiz der Bieter senken, die dann keine Möglichkeit mehr hätten, die Innovationen selbst wirtschaftlich zu nutzen.[56] Keine Regelung enthält die RL 2014/24/EU für den Umgang mit vertraulichen Informationen des ausscheidenden Partners im Falle der Kündigung.[57]

30   Der Ablauf der Entwicklungsphase und die Erreichung der Ziele ist nach dem Transparenzgebot des § 97 Abs. 1 GWB vergaberechtlich zu **dokumentieren,** um sicherzustellen, dass die Beauftragung mit der Leistungsphase noch von der Auswahlentscheidung im Vergabeverfahren gedeckt ist.[58]

---

[49] Kapellmann/Messerschmidt/*Mädler* VOB/A § 3b EU Rn. 134.
[50] BGH Urt. v. 5.11.2002 – X ZR 232/00, NZBau 2003, 168; BGH Urt. v. 16.12.2003 – X ZR 282/02, ZfBR 2004, 404.
[51] Compilation of results of the EC survey on the status of implementation of pre-commercial procurement across Europe, April 2011.
[52] Beck VergabeR/*Krönke* GWB § 119 Rn. 15.
[53] Begr. RegE, BT-Drs. 18/6281, 55 (98).
[54] *Gomes* Public Procurement Law Review 2014, 211 (216).
[55] „Les conditions initiales du partenariat d'innovation ne peuvent être substantiellement modifiées à cette occasion", Art. 70-2 para 1 code des marchés publics.
[56] Beck VergabeR/*Krönke* GWB § 119 Rn. 16.
[57] *Telles/Butler,* Novelties in the 2014 Directive on Public Procurement, vol. 6 European Procurement Law Series, 1 (33), abrufbar unter http://ssrn.com/abstract=2443438 (zuletzt abgerufen am 29.7.2021).
[58] *Gomes* Public Procurement Law Review 2014, 211 (215).

I. Normzweck

Rechtsschutz gegen die Wahl der Innovationspartnerschaft erfordert gem. § 160 Abs. 3 Nr. 2 GWB regelmäßig eine Rüge bis spätestens zum Ablauf der Bewerbungsfrist. Soweit die Wahl der falschen Verfahrensart ausnahmsweise erst aus den Vergabeunterlagen erkennbar ist, muss die Rüge spätestens bis zum Ablauf der Angebotsfrist erfolgen.[59] 31

Vergaberechtlicher Rechtsschutz gegen den Übergang von der Entwicklungs- in die Leistungsphase kann nur begehrt werden, wenn die Abweichung in der Entwicklungsphase nach den Maßstäben von § 132 GWB so maßgeblich ist, dass der Übergang einer De-facto-Vergabe entspricht und gegen eine (Neu-)Ausschreibungspflicht verstößt. Im Übrigen besteht, auch bei der Innovationspartnerschaft mit mehreren Partnern, kein vergabespezifischer Rechtsschutz für die Auswahl des Partners der Erwerbsphase und es greift daher der allgemeine Zivilrechtsschutz vor den ordentlichen Gerichten. 32

§ 20 Angemessene Fristsetzung; Pflicht zur Fristverlängerung

(1) [1]Bei der Festlegung der Fristen für den Eingang der Angebote und der Teilnahmeanträge nach den §§ 15 bis 19 sind die Komplexität der Leistung und die Zeit für die Ausarbeitung der Angebote angemessen zu berücksichtigen. [2]§ 38 Absatz 3 bleibt unberührt.

(2) Können Angebote nur nach einer Besichtigung am Ort der Leistungserbringung oder nach Einsichtnahme in die Anlagen zu den Vergabeunterlagen vor Ort beim öffentlichen Auftraggeber erstellt werden, so sind die Angebotsfristen so festzulegen, dass alle Unternehmen von allen Informationen, die für die Erstellung des Angebots erforderlich sind, unter gewöhnlichen Umständen Kenntnis nehmen können.

(3) [1]Die Angebotsfristen sind, abgesehen von den in § 41 Absatz 2 und 3 geregelten Fällen, zu verlängern,
1. wenn zusätzliche Informationen trotz rechtzeitiger Anforderung durch ein Unternehmen nicht spätestens sechs Tage vor Ablauf der Angebotsfrist zur Verfügung gestellt werden; in den Fällen des § 15 Absatz 3, § 16 Absatz 7 oder § 17 Absatz 8 beträgt dieser Zeitraum vier Tage, oder
2. wenn der öffentliche Auftraggeber wesentliche Änderungen an den Vergabeunterlagen vornimmt.

[2]Die Fristverlängerung muss in einem angemessenen Verhältnis zur Bedeutung der Information oder Änderung stehen und gewährleisten, dass alle Unternehmen Kenntnis von den Informationen oder Änderungen nehmen können. [3]Dies gilt nicht, wenn die Information oder Änderung für die Erstellung des Angebots unerheblich ist oder die Information nicht rechtzeitig angefordert wurde.

Übersicht

	Rn.		Rn.
I. Normzweck	1	in Anlagen zu den Vergabeunterlagen beim öffentlichen Auftraggeber	14
II. Europarechtlicher Hintergrund	4	V. Pflicht zur Fristverlängerung	19
III. Grundsatz der Bemessung angemessener Fristen	7	VI. Angemessenes Verhältnis zur Bedeutung der Änderung	23
IV. Fristbemessung bei erforderlicher Ortsbesichtigung oder Einsichtnahme		VII. Bindefrist	24

I. Normzweck

Fristen sind ein wesentliches Steuerungsinstrument im Vergabeverfahren. Ihre Bedeutung für öffentliche Auftraggeber ist erheblich. Durch ihre Festlegung beeinflusst er, wie zügig und effizient ein Vergabeverfahren durchgeführt werden kann. 1

Aus dem Gleichbehandlungsgrundsatz ergibt sich, dass Fristen für alle teilnehmenden Unternehmen dieselben sein müssen. Fristversäumnisse gehen grundsätzlich zulasten des Bewerbers oder Bieters,[1] es sei denn, er hat dies nicht zu vertreten (§ 57 Abs. 1 Nr. 1). Dies nachzuweisen, trägt der Bewerber oder Bieter die Beweislast. 2

---

[59] OLG Schleswig Beschl. v. 13.6.2019 – 54 Verg 2/19, NZBau 2019, 806 (811). Das OLG hat für die Rüge der Verfahrensart offengelassen, ob diese Rüge nur bis zur Frist für die Erstangebote zulässig ist.
[1] VK Sachsen Beschl. v. 29.12.2004 – 1/SVK/123-04, BeckRS 2005, 07781.

3   Die Fristsetzung durch den öffentlichen Auftraggeber muss angemessen sein. Ist sie dies nicht oder lässt der öffentliche Auftraggeber nach Fristablauf eingegangene Teilnahmeanträge und Angebot noch zu, führt dies zwingend zur Rechtswidrigkeit des Vergabeverfahrens mit der möglichen Folge dessen Aufhebung.[2]

II. Europarechtlicher Hintergrund

4   Die neue klassische europäische Vergaberichtlinie 2014/24/EU[3] regelt in der Fristenvorschrift des Art. 47 RL 2014/24/EU im Gegensatz zur Vorgängerrichtlinie 2004/18/EG[4] nur noch den Grundsatz und bestimmte Fristverlängerungspflichten. Die konkreten Mindestfristen selbst sind bei den Vorschriften zu den jeweiligen Verfahrensarten geregelt.

5   Öffentliche Auftraggeber haben nach diesem Grundsatz bei der Fristsetzung stets die Komplexität des Auftrags sowie die Zeit, die für die Angebotserstellung erforderlich ist, zu berücksichtigen. Bei der Fristberechnung findet die „Verordnung (EWG, Euratom) Nr. 1182/71 des Rates v. 3. Juni 1971 zur Festlegung der Regeln für die Fristen, Daten und Termine" Anwendung.[5]

6   Können Angebote nicht ohne Ortsbesichtigungen oder erforderliche Einsichtnahme in Anlagen zu den Vergabeunterlagen vor Ort erstellt werden, sind die Fristen so zu bemessen, dass alle betroffenen Unternehmen von allen erforderlichen Informationen Kenntnis nehmen können. In bestimmten Fällen, etwa bei wesentlichen Änderungen an den Vergabeunterlagen sind die Fristen zu verlängern. Der Umfang der Fristverlängerung muss im angemessenen Verhältnis zur Bedeutung der relevanten Änderung oder Information stehen.[6]

III. Grundsatz der Bemessung angemessener Fristen

7   Unbeschadet der für die jeweilige Verfahrensart festgelegten Mindestfrist verpflichtet die Vorschrift den öffentlichen Auftraggeber generalklauselartig, bei der Fristbemessung für die Angebote und Teilnahmeanträge die Komplexität des Auftrags sowie die für das Unternehmen erforderliche Zeit zur Angebotserstellung angemessen zu berücksichtigen. Daraus folgt, dass auch bereits die Mindestfristen auf ihre Angemessenheit hin zu hinterfragen sind.[7] So wird sichergestellt, dass genügend Zeit für die Angebotserstellung zur Verfügung steht, um Nachteile aufgrund nicht ordnungsgemäßer Kalkulation zu vermeiden[8] Und eine unnötige Beschränkung eines unionsweiten Wettbewerbs zu verhindern.[9]

8   Die Frage, wie komplex der Auftrag ist, beantwortet sich nach der Leistung selbst. Die Beschaffung handelsüblicher Leistungen wird anders zu beurteilen sein als eine individuell auf den öffentlichen Auftraggeber zugeschnittene Leistung die möglicherweise auch Planungselemente beinhaltet, wie dies bei umfangreichen IT-Maßnahmen vorkommt. Während handelsübliche Leistungen regelmäßig im Wege einer konventionellen Leistungsbeschreibung eindeutig und erschöpfend darstellbar sind, dürften individuelle und ggf. mit Planungselementen versehene Leistungen häufig nur funktional beschreibbar sein und einen höheren Angebotserstellungsaufwand für den Bieter verursachen.

9   Zu berücksichtigen ist neben der Komplexität des Auftrags die Zeit, die ein Unternehmen braucht, um sich einen vollständigen Überblick über die Vergabeunterlagen zu erhalten. Dies wird nicht nur von Art und Umfang der Leistung bestimmt, sondern auch vom Umfang der Vergabeunterlagen insgesamt.

10 Ein weiteres Kriterium stellen die Eignungsanforderungen bzw. die Art der Nachweisforderung durch den öffentlichen Auftraggeber dar. Hier gilt, je mehr er fordert, umso höher der Aufwand beim Unternehmen. Es empfiehlt sich für den öffentlichen Auftraggeber, Eignungsnachweise über Präqualifizierungssysteme oder über ein amtliches Verzeichnis zuzulassen.[10]

11 Je umfangreicher und komplexer sich die Leistung selbst sowie die Vergabeunterlagen insgesamt sich darstellen, umso kritischer sind die Mindestfristen auf ihre Angemessenheit zu hinterfragen. Der öffentliche Auftraggeber profitiert letztlich von angemessenen Fristen dadurch, dass er mit ordnungsgemäß und sorgfältig kalkulierten Angeboten rechnen darf.

---

[2] OLG Dresden, Beschl. v. 14.4.2000 – WVerg 1/100.
[3] ABl. 2014 L 94, 65.
[4] ABl. 2004 L 134, 114.
[5] ABl. 1971 L 124, 1.
[6] Art. 47 Abs. 3 UAbs. 2 RL 2014/24/EU.
[7] Vgl. OLG Naumburg Beschl. v. 20.9.2012 – 2 Verg 4/12, IBRRS 2012, 3797.
[8] VK Bund Beschl. v. 28.9.2005 – VK 2-120/5.
[9] OLG Naumburg Beschl. v. 20.9.2012 – 2 Verg 4/12, IBRRS 2012, 3797.
[10] Nach § 48 Abs. 8 sind sog. amtliche Verzeichnisse zulässig, die die Anforderungen des Art. 64 RL 2014/24/EU erfüllen. Diese können von den Industrie- und Handelskammern eingerichtet werden.

Die Zulässigkeit von Fristverkürzungen im Falle von Dringlichkeit (s. § 15 Abs. 3, § 16 Abs. 7, 12
§ 17 Abs. 8) zeigen, dass es dem öffentlichen Auftraggeber erlaubt ist, spiegelbildlich zur Berücksichtigung von Unternehmensinteressen bei der Fristbemessung auch seine eigenen zeitlichen Bedürfnisse bei der Fristsetzung zu berücksichtigen.

Die Verkürzungsmöglichkeit der Mindestfrist auf 15 Tage im offenen Verfahren und auf zehn 13
Tage im nicht offenen Verfahren sowie im Verhandlungsverfahren bei Vorliegen bestimmter Voraussetzungen im Rahmen der Veröffentlichung einer Vorinformation (§ 38 Abs. 3) bleibt unberührt. Gleichwohl muss auch diese Frist dem Grundsatz der Angemessenheit entsprechen.

IV. Fristbemessung bei erforderlicher Ortsbesichtigung oder Einsichtnahme in Anlagen zu den Vergabeunterlagen beim öffentlichen Auftraggeber

Die Verpflichtung des öffentlichen Auftraggebers, Fristen so festzulegen, dass Bewerber alle für 14
eine Teilnahme am Vergabeverfahren erforderlichen Informationen erhalten können, spiegelt die Bedeutung des Gleichbehandlungs- und Wettbewerbsgrundsatzes wider.

So regelt die Vorschrift, dass bei notwendigen Ortsbesichtigungen oder Einsichtnahme in Unter- 15
lagen vor Ort beim öffentlichen Auftraggeber die Fristen so zu legen sind, dass alle Interessenten unter gewöhnlichen Umständen von allen Informationen Kenntnis nehmen können. Zu berücksichtigen sind einerseits die Belange der Interessenten, etwa welchen Anfahrtsweg sie haben oder welchen Umfang und Detaillierungsgrad die einzusehenden Unterlagen haben. Andererseits kann vom öffentlichen Auftraggeber nicht verlangt werden, jedem Interessenten zwingend eine Ortsbesichtigung oder Einsichtnahme vor Ort möglich zu machen. Dem Interesse der Interessenten steht hier ein berechtigtes Interesse des öffentlichen Auftraggebers an einem zügigen Ablauf des Vergabeverfahrens gegenüber.

Im Hinblick auf die einzuräumenden Zeiten bei einer Ortsbesichtigung ist der Gleichbehand- 16
lungsgrundsatz zu wahren. Wegen des Geheimwettbewerbs dürfen nicht mehrere Bewerber/Bietergruppen an einem Termin zur Ortsbesichtigung gleichzeitig teilnehmen.[11]

Der öffentliche Auftraggeber hat bei der Terminfindung die Interessen der Beteiligten abzuwä- 17
gen und den geeignetsten Termin festzulegen. Dabei kommen die Einrichtung eines ausreichenden Zeitfensters für Ortsbesichtigungen oder Einsichtnahmen in Unterlagen oder die Zurverfügungstellung von Alternativterminen in Betracht.

Die Vorschrift schreibt keine zwingende Fristverlängerung vor. Sind die Mindestfristen bei 18
objektiver Betrachtung ausreichend, dass alle Unternehmen alle Informationen erlangen können, darf es bei den Mindestfristen bleiben. Dies hat der öffentliche Auftraggeber jedoch in der Dokumentation darzulegen und nachvollziehbar zu begründen. Empfehlenswert ist es für die Praxis, in Zweifelsfällen gleichwohl längere als die Mindestfristen festzulegen.

V. Pflicht zur Fristverlängerung

Sind zusätzliche Informationen erforderlich, die trotz rechtzeitiger Anforderung durch den 19
Bewerber nicht spätestens sechs Tage vor Ablauf der Angebotsfrist durch den öffentlichen Auftraggeber zur Verfügung gestellt wurden, muss die Angebotsfrist verlängert werden. In welchem Umfang dies zu geschehen hat, muss im Einzelfall entschieden werden. Je erheblicher die zusätzlichen Informationen sind, umso länger wird die Fristverlängerung auszufallen haben.[12] Liegt ein Fall von hinreichend begründeter Dringlichkeit vor (s. § 15 Abs. 3, § 16 Abs. 7, § 17 Abs. 8), beträgt die Verlängerung der Angebotsfrist vier Tage.

Ebenfalls zu verlängern sind die Angebotsfristen, wenn der öffentliche Auftraggeber die Verga- 20
beunterlagen wesentlich ändert. Wesentliche Änderungen sind vor allem solche an der Leistungsbeschreibung bzw. den technischen Spezifikationen wodurch der Bewerber entsprechend zusätzliche Zeit benötigt, diese im ausreichenden Umfang zu erfassen und darauf reagieren zu können.

Zwingend um fünf Tage sind die Mindestfristen zu verlängern, wenn der öffentliche Auftragge- 21
ber in bestimmten Fällen der Vergabeunterlagen auf anderem als elektronischen Weg bereitstellt (s. § 41 Abs. 2). Die gleiche Verlängerung ist vorzunehmen, wenn der öffentliche Auftraggeber Maßnahmen zum Schutz der Vertraulichkeit der Informationen anwendet, die über eine reine Verschwiegenheitserklärung hinausgehen (s. § 41 Abs. 3 S. 1). Diese Pflicht zur Fristverlängerung gilt nicht, wenn ein Fall von hinreichend begründeter Dringlichkeit vorliegt (§ 41 Abs. 3 S. 2).

Unzulässig sind allerdings Änderungen, die wesentlich sind und dadurch andere als die ursprüng- 22
lich ausgewählten Bewerber zugelassen worden wären oder dass das Interesse zusätzlicher Teilnehmer

---

[11] BVerwG Urt. v. 30.1.20214 – 8 B 26.13; *Horn* in Müller-Wrede VgV Rn. 37.
[12] Ziekow/Völlink/*Völlink* Rn. 22.

am Vergabeverfahren geweckt worden wäre. Eine solche wesentliche Änderung kann vorliegen, wenn sich der geänderte Auftrag substanziell von dem ursprünglichen Auftrag unterscheidet.[13]

VI. Angemessenes Verhältnis zur Bedeutung der Änderung

23 Maßstab für den Umfang der Fristverlängerung ist die Bedeutung der Änderung. Der öffentliche Auftraggeber hat im Einzelfall zu entscheiden, welchen zusätzlichen Zeitbedarf er den Bewerbern einräumen muss. Es kommt letztlich darauf an, was die Bewerber bei objektiver Betrachtung an zusätzlicher Zeit benötigen, um ein ordnungsgemäßes Angebot erstellen zu können.

VII. Bindefrist

24 Nachdem bereits mit der VOL/A 2009[14] die sog. Zuschlagsfrist weggefallen war, ist in der die VOL/A ablösenden VgV auch die Bindefrist nicht mehr enthalten. Der Wegfall beruht auf dem Umstand, dass die europäische Vergaberichtlinie 2014/24/EU eine (zivilrechtliche) Bindefrist nicht vorsieht und der Verordnungsgeber sich bei der Umsetzung sehr eng an die Richtlinienvorgaben gehalten hat.

25 Da ein öffentlicher Auftrag jedoch stets einen zivilrechtlichen Vertrag (s. § 103 Abs. 1 GWB) darstellt, gelten selbstverständlich auch die zivilrechtlichen Vertragsregelungen neben den Regelungen des Vergaberechts, welches lediglich die Art und Weise des Zustandekommens des Vertrages regelt. Insoweit behält die Bindefrist ihre Bedeutung. Da ein Angebot nach §§ 146, 147 BGB erlischt, wenn es nicht rechtzeitig angenommen wird, ist sie vom öffentlichen Auftraggeber auch weiterhin in den Vergabeunterlagen festzulegen. Nur dann wird sie über die Vergabeunterlagen zum Gegenstand des Angebotes und damit verbindlich für den Bieter.

26 Nach § 145 BGB ist der Bieter somit an sein Angebot gebunden. Danach kann er seinen Antrag nicht wirksam widerrufen, solange die Bindungswirkung reicht.[15]

27 Ist nach den Vergabeunterlagen eine Bindefrist nicht zu beachten, darf ein innerhalb der Angebotsfrist abgegebenes Angebot regelmäßig nicht deshalb unberücksichtigt bleiben, weil der Bieter von sich aus eine Annahmefrist bestimmt hat.[16]

28 Wird ein Zuschlag nach Ablauf der Bindefrist erteilt, ohne dass diese wirksam verlängert würde, handelt es sich dann bei der „Auftragserteilung" um ein neues Angebot seitens des Auftraggebers (s. § 150 Abs. 1 BGB).

Unterabschnitt 2. Besondere Methoden und Instrumente in Vergabeverfahren

§ 21 Rahmenvereinbarungen

(1) ¹Der Abschluss einer Rahmenvereinbarung erfolgt im Wege einer nach dieser Verordnung anwendbaren Verfahrensart. ²Das in Aussicht genommene Auftragsvolumen ist so genau wie möglich zu ermitteln und bekannt zu geben, braucht aber nicht abschließend festgelegt zu werden. ³Eine Rahmenvereinbarung darf nicht missbräuchlich oder in einer Art angewendet werden, die den Wettbewerb behindert, einschränkt oder verfälscht.

(2) ¹Auf einer Rahmenvereinbarung beruhende Einzelaufträge werden auf den Kriterien dieses Absatzes und der Absätze 3 bis 5 vergeben. ²Die Einzelauftragsvergabe erfolgt ausschließlich zwischen den in der Auftragsbekanntmachung oder der Aufforderung zur Interessensbestätigung genannten öffentlichen Auftraggebern und denjenigen Unternehmen, die zum Zeitpunkt des Abschlusses des Einzelauftrags Vertragspartei der Rahmenvereinbarung sind. ³Dabei dürfen keine wesentlichen Änderungen an den Bedingungen der Rahmenvereinbarung vorgenommen werden.

(3) ¹Wird eine Rahmenvereinbarung mit nur einem Unternehmen geschlossen, so werden die auf dieser Rahmenvereinbarung beruhenden Einzelaufträge entsprechend den Bedingungen der Rahmenvereinbarung vergeben. ²Für die Vergabe der Einzelaufträge kann der öffentliche Auftraggeber das an der Rahmenvereinbarung beteiligte Unternehmen in Textform nach § 126b des Bürgerlichen Gesetzbuchs auffordern, sein Angebot erforderlichenfalls zu vervollständigen.

---

[13] S. Erwägungsgrund 81 RL 2014/24/EU; vgl. § 132 Abs. 1 lit. a und c GWB.
[14] Vergabe- und Vertragsordnung für Leistungen (VOL) Teil A und B v. 20.11.2009 (BAnz. 2009 Nr. 196a, ber. 2010, 755).
[15] MüKoBGB/*Busche* BGB § 145 Rn. 1.
[16] *Rechten* in KKMPP Rn. 54.

(4) Wird eine Rahmenvereinbarung mit mehr als einem Unternehmen geschlossen, werden die Einzelaufträge wie folgt vergeben:
1. gemäß den Bedingungen der Rahmenvereinbarung ohne erneutes Vergabeverfahren, wenn in der Rahmenvereinbarung alle Bedingungen für die Erbringung der Leistung sowie die objektiven Bedingungen für die Auswahl der Unternehmen festgelegt sind, die sie als Partei der Rahmenvereinbarung ausführen werden; die letztgenannten Bedingungen sind in der Auftragsbekanntmachung oder den Vergabeunterlagen für die Rahmenvereinbarung zu nennen;
2. wenn in der Rahmenvereinbarung alle Bedingungen für die Erbringung der Leistung festgelegt sind, teilweise ohne erneutes Vergabeverfahren gemäß Nummer 1 und teilweise mit erneutem Vergabeverfahren zwischen den Unternehmen, die Partei der Rahmenvereinbarung sind, gemäß Nummer 3, wenn diese Möglichkeit in der Auftragsbekanntmachung oder den Vergabeunterlagen für die Rahmenvereinbarung durch die öffentlichen Auftraggeber festgelegt ist; die Entscheidung, ob bestimmte Liefer- oder Dienstleistungen nach erneutem Vergabeverfahren oder direkt entsprechend den Bedingungen der Rahmenvereinbarung beschafft werden sollen, wird nach objektiven Kriterien getroffen, die in der Auftragsbekanntmachung oder den Vergabeunterlagen für die Rahmenvereinbarung festgelegt sind; in der Auftragsbekanntmachung oder den Vergabeunterlagen ist außerdem festzulegen, welche Bedingungen einem erneuten Vergabeverfahren unterliegen können; diese Möglichkeiten gelten auch für jedes Los einer Rahmenvereinbarung, für das alle Bedingungen für die Erbringung der Leistung in der Rahmenvereinbarung festgelegt sind, ungeachtet dessen, ob alle Bedingungen für die Erbringung einer Leistung für andere Lose festgelegt wurden; oder
3. sofern nicht alle Bedingungen zur Erbringung der Leistung in der Rahmenvereinbarung festgelegt sind, mittels eines erneuten Vergabeverfahrens zwischen den Unternehmen, die Parteien der Rahmenvereinbarung sind.

(5) Die in Absatz 4 Nummer 2 und 3 genannten Vergabeverfahren beruhen auf denselben Bedingungen wie der Abschluss der Rahmenvereinbarung und erforderlichenfalls auf genauer formulierten Bedingungen sowie gegebenenfalls auf weiteren Bedingungen, die in der Auftragsbekanntmachung oder den Vergabeunterlagen für die Rahmenvereinbarung in Übereinstimmung mit dem folgenden Verfahren genannt werden:
1. vor Vergabe jedes Einzelauftrags konsultiert der öffentliche Auftraggeber in Textform nach § 126b des Bürgerlichen Gesetzbuchs die Unternehmen, die in der Lage sind, den Auftrag auszuführen,
2. der öffentliche Auftraggeber setzt eine ausreichende Frist für die Abgabe der Angebote für jeden Einzelauftrag fest; dabei berücksichtigt er unter anderem die Komplexität des Auftragsgegenstands und die für die Übermittlung der Angebote erforderliche Zeit,
3. die Angebote sind in Textform nach § 126b des Bürgerlichen Gesetzbuchs einzureichen und dürfen bis zum Ablauf der Einreichungsfrist nicht geöffnet werden,
4. der öffentliche Auftraggeber vergibt die Einzelaufträge an den Bieter, der auf der Grundlage der in der Auftragsbekanntmachung oder den Vergabeunterlagen für die Rahmenvereinbarung genannten Zuschlagskriterien das jeweils wirtschaftlichste Angebot vorgelegt hat.

(6) Die Laufzeit einer Rahmenvereinbarung darf höchstens vier Jahre betragen, es sei denn, es liegt ein im Gegenstand der Rahmenvereinbarung begründeter Sonderfall vor.

Schrifttum: S. Schrifttum zu § 103 Abs. 5 GWB.

Übersicht

		Rn.			Rn.
I.	Normzweck und Überblick	1	5.	Abnahmepflicht des Auftraggebers	16
II.	Rahmenvereinbarungen iwS (Abs. 1)	4	6.	Missbrauchsverbot	19
1.	Verfahren	4	7.	Vertragsschluss außerhalb der Rahmenvereinbarung	21
2.	Auftragsvolumen, insbesondere Höchstabnahmemenge	7	III.	Nur zwischen Vertragsparteien der Rahmenvereinbarung (Abs. 2)	24
3.	Preis	10	IV.	Rahmenvereinbarung mit einem Unternehmen (Abs. 3)	27
4.	Leistungsgegenstand	14			

	Rn.		Rn.
V. Rahmenvereinbarung mit mehreren Unternehmen (Abs. 4)	29	VI. Zuschlagskriterien	37
1. Anzahl Vertragspartner	29	1. Transparenzgebot: Nennung der Kriterien und deren Gewichtung für beide Stufen	37
2. Rahmenvertrag ieS (Abs. 4 Nr. 1)	30	2. Auswahlkriterien	38
3. Rahmenvereinbarung ieS (Abs. 4 Nr. 2 u. Nr. 3 und Abs. 5)	32	VII. Laufzeit (Abs. 6)	42
		VIII. Rechtsschutzfragen	47

I. Normzweck und Überblick

1 § 21 setzt Art. 33 RL 2014/24/EU um und konkretisiert § 103 Abs. 5 GWB für die in den Anwendungsbereich der VgV fallenden Aufträge. § 21 Abs. 1 und 6 enthalten Vorgaben zum Abschluss von Rahmenvereinbarungen, die Abs. 2–5 regeln Einzelheiten im Hinblick auf die Vergabe der auf einer Rahmenvereinbarung beruhenden Einzelverträge. Rahmenvereinbarungen haben nach Erhebungen der Kommission in der Praxis eine erhebliche **Bedeutung erlangt**. Zwischen 2006 und 2010 hat sich der Abschluss von Rahmenvereinbarungen in der EU fast vervierfacht.[1] Das Instrument der Rahmenvereinbarung hat für Unternehmen, vor allem aber für öffentliche Auftraggeber diverse Vorteile. Insbesondere sollen Rahmenvereinbarungen eine flexiblere und effizientere Beschaffung mit einheitlichen Bedingungen ermöglichen.

2 Mit § 21 werden Rahmenvereinbarungen erstmals auf der **Ebene der VgV** und damit auch für solche Aufträge, für die früher die VOF galt, eigenständig geregelt. Für Liefer- und Dienstleistungsaufträge oberhalb der Schwellenwerte im Sinne der VOL/A fanden sich die Regelungen zuvor in § 4 EG VOL/A. Nun findet § 21 Anwendung auf Liefer- und Dienstleistungsverträge oberhalb der Schwellenwerte. Für Bauaufträge gilt § 4a EU VOB/A, für Verträge im Sektorenbereich § 19 SektVO, im Bereich der Sicherheit und Verteidigung findet § 14 VSVgV Anwendung. Als **Wert** der Rahmenvereinbarung legt § 3 Abs. 4 den geschätzten Gesamtwert aller während der Laufzeit der Rahmenvereinbarung voraussichtlich anfallenden Einzelaufträge zugrunde (ohne Umsatzsteuer, vgl. § 3 Abs. 1 S. 1). Maßgeblich ist hierbei die ordnungsgemäße Schätzung im Zeitpunkt der Einleitung des Vergabeverfahrens betreffend die Rahmenvereinbarung (§ 3 Abs. 3) fest.

3 Bei Rahmenvereinbarungen sind **zwei Stufen** zu unterscheiden.[2] In einem ersten Schritt (1. Stufe) wendet sich der Auftraggeber an den Markt, um den- oder diejenigen Unternehmen auszuwählen, mit denen er eine Rahmenvereinbarung betreffend zukünftige, noch nicht bis ins Detail feststehende, dh noch zu konkretisierende, Beschaffungsvorgänge abschließen möchte. Es handelt sich bei der Rahmenvereinbarung insoweit um eine Vorstufe zu den späteren Einzelbeauftragungen.[3] In einem zweiten Schritt (2. Stufe) ist der Auftraggeber dann befugt, Einzelleistungen in Form von Einzelaufträgen an seine/n Vertragspartner zu vergeben, ohne noch einmal eine europaweite Ausschreibung nach den §§ 97 ff. GWB durchführen zu müssen. Die Vergabe der Einzelaufträge (welche ihrerseits die Merkmale eines öffentlichen Auftrags erfüllen, insbesondere eine konkrete Gegenleistung des öffentlichen Auftraggebers vorsehen) erfolgt damit dahingehend privilegiert, dass nur zwischen den beteiligten Rahmenvereinbarungspartnern ein Wettbewerb herzustellen ist. In der Sache hat die Rahmenvereinbarung damit funktional eine „Klammerwirkung", da sie ein Instrument zur Zusammenfassung wiederkehrender (auf gleichartige Leistungen gerichteter) Beschaffungsvorgänge ist. Die Regelung des § 21 enthält für beide Stufen Bestimmungen. Im Hinblick auf die Rahmenvereinbarung werden Vorgaben für die Vertragsdauer (vgl. Abs. 6); in Bezug auf die Stufe der Einzelauftragsvergabe beispielsweise Anforderungen an den durchzuführenden Mini-Wettbewerb gemacht (Abs. 5).

II. Rahmenvereinbarungen iwS (Abs. 1)

4 **1. Verfahren.** Abs. 1 S. 1 legt fest, dass Rahmenvereinbarungen im Wege eines Verfahrens iSd VgV, also im Wege eines Verfahrens nach § 14 Abs. 1 vergeben werden. Damit ist zunächst klargestellt, dass Rahmenvereinbarungen nicht außerhalb eines der nach VgV vorgesehenen Verfahren vergeben werden dürfen. Mangels anderweitiger spezieller Regelungen gelten für Rahmenvereinbarungen die **allgemeinen Verfahrensvorschriften**.[4] Im Grundsatz stehen damit das offene sowie das nichtoffene Verfahren zur Verfügung; auf die sonstigen Verfahrensarten kann nur zurückgegriffen

---

[1] European Commission, Commission Staff Working Document, Annual Public Procurement Implementation Review, SWD(2012) 342 final, 26.
[2] Dazu auch Immenga/Mestmäcker/*Dreher* GWB § 103 Rn. 146 f.
[3] HK-VergabeR/*Wegener/Pünder* GWB § 103 Rn. 75.
[4] VK Bund Beschl. v. 19.11.2008 – VK 1–135/08, BeckRS 2008, 140799.

werden, wenn die besonderen Voraussetzungen (beispielsweise § 14 Abs. 3–6) erfüllt sind. Insofern gibt es insbesondere auch keinen pauschalen Vorrang des Verhandlungsverfahrens.[5]

Nach der Begründung des Regierungsentwurfes müssen Rahmenvereinbarungen als wesentliche Vertragsbestandteile den in Aussicht genommenen Preis, das Vertragsvolumen („die in Aussicht genommene Menge") sowie die Laufzeit enthalten.[6] Zu den wesentlichen Bestandteilen einer Rahmenvereinbarung zählt auch die Angabe des Leistungsgegenstandes. Bereits mit der Einleitung des Vergabeverfahrens betreffend den Abschluss der Rahmenvereinbarung muss daher eine ausreichende Bestimmtheit des Beschaffungsziels, also der zukünftigen Beschaffungsgegenstände, vorliegen.[7] Unzulässig wäre die Ausschreibung einer Rahmenvereinbarung, wenn **kein konkreter Liefer-/Dienstleistungsbedarf** besteht.[8] Dem Auftraggeber ist es damit untersagt, *„auf Vorrat"* Rahmenvereinbarungen für sämtliche denkbare Beschaffungsbedarfe abzuschließen.[9]

Die **Festlegung einzelner Vertragselemente,** insbesondere im Hinblick auf den Umfang der zu beschaffenden Leistung, muss in der Regel nicht so konkret erfolgen wie bei Einzelverträgen. Es ist für Rahmenvereinbarungen gerade typisch, dass bestimmte, beim späteren Einzelabruf regelungsbedürftige Punkte (beispielsweise konkrete Liefertermine) offen bleiben. Es gilt daher ein weniger strenger Maßstab als in Fällen, in denen keine Rahmenvereinbarung, sondern ein konkreter öffentlicher Auftrag, geschlossen werden soll.[10] Es müssen nicht alle, sondern nur bestimmte wesentliche Bedingungen für die späteren Einzelaufträge in der Rahmenvereinbarung ieS festgelegt werden.[11]

2. Auftragsvolumen, insbesondere Höchstabnahmemenge. Nach Abs. 1 S. 2 ist die in Aussicht genommene Menge so genau wie möglich zu ermitteln und zu beschreiben, das Auftragsvolumen braucht allerdings **nach dem Normwortlaut nicht abschließend festgelegt** werden. Nicht jeder Umstand, der möglicherweise Einfluss auf den Inhalt einer Rahmenvereinbarung hat und somit nicht jede potenzielle Veränderung des Auftragsvolumens kann antizipiert und geregelt werden.[12] Da der öffentliche Auftraggeber das Auftragsvolumen nicht abschließend festlegen muss, kann er seinen Bedarf grundsätzlich schätzen und die Schätzung angeben („Circa-Angabe"). Entscheidend ist, dass der Wert objektiv (insbesondere nachvollziehbar) ermittelt wurde, nicht völlig unplausibel erscheint und den Bietern die Kalkulation bzw. Erstellung ihres Angebotes ermöglicht. Der öffentliche Auftraggeber muss seine Auftragsvergabe insoweit mit Sorgfalt planen. Mit den erhöhten Kalkulationsrisiken bei Rahmenvereinbarungen korrespondiert die Verpflichtung des öffentlichen Auftraggebers, den Bietern zur Angebotserstellung alle verfügbaren Informationen hinsichtlich des Auftragsvolumens zur Verfügung zu stellen, soweit sie für die Kalkulation bedeutsam sind oder bedeutsam sein können.[13] Hinsichtlich des der Ausschreibung zugrunde gelegten Volumens einer Rahmenvereinbarung ieS müssen zumindest die durchschnittlich zu erwartende Leistung oder entsprechende Vergleichswerte aus der Vergangenheit benannt werden (Referenzmengen).[14] Wenn der Auftraggeber die maximal pro Jahr abzurufende Liefermenge angibt, genügt er dem Transparenzgrundsatz, ohne darüber hinaus konkrete Liefertermine nennen zu müssen.[15] Unzulässig ist der Abschluss einer Rahmenvereinbarung über nicht näher bestimmte Sachgesamtheiten („künftige Beschaffungen im Bereich …").[16] Die konkrete Ausgestaltung der Beschreibung des Auftragsvolumens wirkt sich beim Rahmenvertrag und bei der Rahmenvereinbarung ieS jeweils unterschiedlich auf das später bei der konkreten Einzelvergabe durchzuführende Verfahren aus und ist daher bereits bei der Planung zu berücksichtigen. Insgesamt ist der Auftraggeber jedenfalls gehalten, den Bietern **sämtliche ihm vorliegende Informationen zur Verfügung zu stellen; insoweit gilt alles *„Mögliche und Zumutbare"* als geschuldet.**[17] Der Auftraggeber muss sich bemühen, eine möglichst

---

[5] VK Bund Beschl. v. 19.11.2008 – VK 1–135/08, BeckRS 2008, 140799; *Poschmann* in Müller-Wrede VgV Rn. 19.
[6] Begr. RegE zu § 21, BT-Drs. 18/7318, 165.
[7] Immenga/Mestmäcker/*Dreher* GWB § 103 Rn. 142.
[8] VK Rheinland Beschl. v. 23.6.2020 – VK 15/20 – K, BeckRS 2020, 47141 Rn. 29 mwN.
[9] Vgl. dazu VK Berlin Beschl. v. 13.9.2019 – VK – B 1 – 13/19, VPR 2020, 61, wo im Hinblick auf sog. „Backup"-Lose" der konkrete Beschaffungsbedarf verneint wird, da es sich um ein bloßes „Inaussichtstellen eines Vertrags" handele.
[10] S. dazu *Poschmann* in Müller-Wrede VgV Rn. 25.
[11] Ausf. dazu *Poschmann* in Müller-Wrede VgV Rn. 25 ff.
[12] S. OLG Celle Beschl. v. 12.5.2005 – 13 Verg 6/05, ZfBR 2005, 611; *Prieß* NZBau 2004, 87 (91).
[13] OLG Düsseldorf Beschl. v. 21.10.2019 – VII Verg 28/14, NZBau 2016, 235 (242); VK Bund Beschl. v. 20.2.2015 – VK 2-3/15, VPRRS 2015, 0110.
[14] OLG Düsseldorf Beschl. v. 8.3.2005 – VII-Verg 40/04, IBRRS 2005, 1142; *Graef* NZBau 2005, 561 (569).
[15] VK Bund Beschl. v. 17.3.2014 – VK 2-13/14, BeckRS 2015, 44899.
[16] *Knauff* VergabeR 2006, 24 (29).
[17] *Poschmann* in Müller-Wrede VgV Rn. 35: Angabe des Auftragsvolumens, soweit möglich und zumutbar; s. auch OLG Celle Beschl. v. 19.3.2019 – 13 Verg 7/18, NZBau 2019, 462 (465 f.): Informationen sind zur Verfügung zu stellen, soweit möglich und zumutbar.

genaue Angabe zu den auf Grundlage der Rahmenvereinbarung zu erbringenden Mengen (Abnahmevolumen) zu machen, insbesondere, wenn es sich – wie regelmäßig – um eine Rahmenvereinbarung mit echter Leistungspflicht des Auftragnehmers handelt.[18]

8 Bislang nicht einheitlich beurteilt wird, ob der Auftraggeber stets darüber hinaus eine **Höchstabnahmemenge** angeben muss, dies mithin eine zwingende Voraussetzung für die Rechtmäßigkeit ist. Der EuGH hat dies erst kürzlich bejaht.[19] Bislang wurde in der Diskussion zum nationalen Recht einerseits vertreten, dass unter dem aktuellen Regelungsregime des § 29 eine Verpflichtung zur Angabe einer Höchstgrenze gilt.[20] Demgegenüber haben das KG Berlin sowie die VK Bund eine solche Verpflichtung abgelehnt.[21] Es ist zu erwarten, dass die Rechtsprechung zukünftig der Auslegung des EuGH folgen wird. Jedenfalls aus Sicht des notwendigen Ausgleichs etwaiger Informationsvorsprünge des bisherigen Anbieters wäre die Festlegung einer verbindlichen Höchstabnahmemenge zu begrüßen. Die Bezugnahme auf den Wortlaut des § 21 Abs. 1 S. 2, wonach das in Aussicht genommene Auftragsvolumen lediglich so genau wie möglich zu ermitteln und bekannt zu geben ist, geht fehl. Denn wenn es eine aus den Grundsätzen der Gleichbehandlung, Nichtdiskriminierung und Transparenz ableitbare europarechtliche Vorgabe hinsichtlich der verpflichtenden Festlegung von Höchstabnahmemengen gibt, so sind die Regelung der VgV selbstverständlich europarechtskonform auszulegen.[22] In der Sache dürfte die Grenze jedenfalls dann überschritten sein, wenn der Auftraggeber den Verzicht auf die Angabe einer verbindlichen Höchstabnahmemenge mit einer Laufzeit kombiniert, die nur ausnahmsweise zulässig ist, nämlich mehr als vier Jahre (vgl. Abs. 6). Denn auch wenn man zugrunde legt, dass der Auftraggeber zur Bekanntgabe des Auftragsvolumens lediglich verpflichtet ist, soweit es ihm möglich und zumutbar ist,[23] dann darf er die sonstigen Rahmenbedingungen nicht so setzen, dass damit automatisch oder naheliegenderweise eine Unmöglichkeit und/oder Unzumutbarkeit eintritt bzw. die ohnehin bestehenden Kalkulationsrisiken der Bieter weiter als unbedingt notwendig ausgedehnt werden. Kann der Auftraggeber eine verbindliche Höchstabnahmemenge nicht angeben, so ist er verpflichtet, eine möglichst kurze, jedenfalls eine die vergaberechtlich festgelegten Regelhöchstlaufzeit von vier Jahren nicht überschreitende, Vertragslaufzeit festzulegen, um nach Vertragsende auf Grundlage der dann vorliegenden Informationen eine verbindliche Höchstabnahmemenge für die anschließende Neuvergabe angeben zu können. Insofern gilt, dass der Auftraggeber verpflichtet ist, die Kalkulationsrisiken der Bieter zu minimieren.[24]

9 Angaben zu Schätz- bzw. Höchstabnahmemengen sind nicht nur für das Vergabeverfahren, sondern auch für die Vertragsdurchführung von Relevanz. Die vom Auftraggeber angegebene **Schätzmenge,** und Erst-Recht die **Höchstabnahmemenge,** darf im Rahmen des Leistungsabrufs nicht wesentlich **überschritten** werden. Eine (substantielle) **Überschreitung** des in der Auftragsbekanntmachung angegebenen voraussichtlichen Auftragswerts wäre nicht mehr von der Rahmenvereinbarung gedeckt und würde grundsätzlich eine erneute Ausschreibung für die nicht vom ursprünglichen Auftragsvolumen umfasste Menge erforderlich machen.[25] Insoweit ist mit Erreichen der Höchstmenge der Beschaffungszweck der Rahmenvereinbarung vollständig erfüllt.[26] Grundsätzlich gilt insoweit, dass eine wesentliche Änderung der essentialia negotii, also auch die wesentliche Ausdehnung des Leistungsumfangs, regelmäßig als Neuvergabe anzusehen und ausgeschrieben werden muss.[27] Geringfügige Überschreitungen können hingegen zulässig sein, insbesondere unter die

---

[18] S. dazu jurisPK-VergabeR/*Hillmann* Rn. 16.
[19] S. EuGH Urt. v. 17.6.2021 – C-23/20, BeckRS 2021, 14512; zur Vorgänger-Richtlinie EuGH Urt. v. 19.12.2018 – C-216/17, NZBau 2019, 116 (119 ff.) – Autorità Garante della Concorrenza e del Mercato; s. zur Auswertung dieser Entscheidung und den nachfolgenden Beschlüssen der VK Bund sowie des OLG Celle *Orf/Gesing* VergabeNews 2020, 18 (19 ff.).
[20] S. *Csaki/Winkelmann* NZBau 2019, 758 (762); *Fischer/Schleper* NZBau 2019, 762 (766); *Pfannkuch* KommJur 2019, 241 (243 f.); tendenziell auch VK Rheinland-Pfalz Beschl. v. 27.8.2019 – VK 1 – 13/19, BeckRS 2019, 28920 Rn. 64: „dürfte angeraten sein".
[21] S. KG Berlin Beschl. v. 20.3.2020 – Verg 7/19 Rn. 53 f. (juris), (für die SektVO); VK Bund Beschl. v. 19.7.2019 – VK 1-39/19, VergabeR 2020, 71 (78 f.); zustimmend *Probst/Dornhauser* VergabeR 2020, 80 ff.; *Orf/Gesing* VergabeNews 2020, 18 (20) halten die Übertragbarkeit der Vorgaben auf das aktuelle Recht für fraglich. Gegen die Übertragbarkeit wohl auch OLG Celle Beschl. v. 19.3.2019 – 13 Verg 7/18, NZBau 2019, 462 (465 f.).
[22] Zutreffend *Fischer/Schleper* NZBau 2019, 762 (765 f.).
[23] *Poschmann* in Müller-Wrede VgV Rn. 35 mwN; VK Berlin Beschl. v. 13.9.2019 – VK – B 1 – 13/19 BeckRS 2019, 25971, Rn. 87 f.: Pflicht zur Minimierung der Kalkulationsrisiken der Bieter; s. auch OLG Celle Beschl. v. 19.3.2019 – 13 Verg 7/18, NZBau 2019, 462 (465 f.).
[24] Dazu VK Berlin Beschl. v. 13.9.2019 – VK – B 1 – 13/19 BeckRS 2019, 25971 Rn. 87 f.; s. auch *Zeise* in KKMPP Rn. 16: Der Auftraggeber darf keine unzumutbaren Risiken abwälzen.
[25] S. VK Bund Beschl. v. 29.7.2019 – VK 2 – 48/19, IBR 2020, 85.
[26] S. VK Bund Beschl. v. 29.7.2019 – VK 2 – 48/19, IBR 2020, 85.
[27] Vgl. *Frenz* EuropaR-HdB III Rn. 2056.

De-Minimis-Grenze des § 132 Abs. 3 GWB fallen.[28] Für die entscheidende Frage, ob ein Vertrag wesentlich geändert wird, kommt es aber auch bei Rückgriff auf diese Norm auf die Beurteilung im Einzelfall an.[29] Denn Voraussetzung für die vergabefreie Ausdehnung des Leistungsabrufs auf Basis des § 132 Abs. 3 GWB ist, dass der Gesamtcharakter des Auftrags nicht geändert wird. Maßgeblich dafür ist eine Würdigung von Inhalt und Zweck der ursprünglichen Vereinbarung.[30] Insoweit muss neben dem Umfang des Mehr-Abrufs auch eine Abwägung sämtlicher weiterer Umstände wie zB der Art des Beschaffungsgegenstandes, der Zielrichtung des ursprünglichen Vertrags und der Dauer der Vertragslaufzeit vorgenommen werden. Hierbei spricht gegen die Zulässigkeit einer Überschreitung der im Vergabeverfahren angegebenen Höchstabnahmemenge, wenn die überschießend abgerufenen Leistungen zu einem Zeitpunkt erbracht werden sollen, zu welchem die befristet abgeschlossene Rahmenvereinbarung bereits abgelaufen ist und mit dem Leistungsabruf zugleich der Zeitraum der Leistungserbringung ausgedehnt wird. In Anbetracht der Grundsätze des Vergaberechts, die auch auf Rahmenvereinbarungen Anwendung finden, ist im Zweifel eine eher restriktive Auslegung angezeigt. Dies gilt insbesondere auch vor dem Hintergrund der in → Rn. 8 erwähnten neuen Entscheidung des EuGH: Darin hat das Gericht festgestellt, dass eine Rahmenvereinbarung „ihre Wirkung verliert", wenn die angegebene Menge erreicht ist.

3. Preis. Abs. 1 verhält sich nicht dazu, inwieweit die Preisbedingungen in der Rahmenvereinbarung festzulegen sind. Hier ist Abs. 1 richtlinienkonform dahingehend auszulegen, dass die (Rahmen-)**Bedingungen** in Bezug auf den Preis bereits in der Rahmenvereinbarung festzulegen sind. Während nach dem Richtlinientext die in Aussicht genommene Menge nur „ggf." festzulegen ist, enthält Art. 33 Abs. 1 UAbs. 2 RL 2014/24/EU hinsichtlich des Preises keine derartige Einschränkung. Das bedeutet, dass zumindest die „Rahmen-Bedingungen" in Bezug auf den Preis festzulegen sind. Die Einzelheiten können auch in den Verfahren zum Abschluss der Einzelaufträge festgelegt werden.[31]

Der Preis selbst muss in der Rahmenvereinbarung mithin noch nicht abschließend festgelegt werden, sondern es genügt, dass der Preis beim Abschluss des Einzelauftrags final festgelegt wird.[32] Es ist mithin zulässig, wenn sich der Auftraggeber den Preis bei einem Rahmenvertrag ieS mit einem Rahmenvertragspartner beim Einzelabruf nachreichen lässt.[33] Wenn die Rahmenvereinbarung mit mehreren Vertragspartnern abgeschlossen worden ist, müssen diese Vertragspartner beim Abruf aufgefordert werden, aktuelle Preisangebote in einem Kleinstwettbewerb (= Mini-Wettbewerb) abzugeben.[34] Ist der Preis ein Zuschlagskriterium für die spätere Einzelvertragsvergabe, so muss dieser Umstand bereits in den ursprünglichen Ausschreibungsunterlagen (dh den Unterlagen für das Vergabeverfahren betreffend den Abschluss der Rahmenvereinbarung) offengelegt werden; es muss mithin von Anfang an transparent gemacht werden, dass der Preis bei der Einzelauftragsvergabe ein Zuschlagskriterium sein soll.[35]

Allerdings kann der öffentliche Auftraggeber die Frage der Vergütung auf der Ebene der Rahmenvereinbarung nicht völlig offenhalten; wie erwähnt, müssen die Rahmenbedingungen festgelegt werden. Es müssen auf der Ebene der Rahmenvereinbarung daher zumindest die preisbildenden Kriterien bzw. die **Berechnungsmethode** (zB Abrechnung nach Stunden, Abrechnung nach Stück) bestimmt werden.[36] Andernfalls wären die von den Bietern auf der 1. Stufe abgegebenen Angebote nicht vergleichbar.

Zulässig ist es andererseits aber auch, in der Rahmenvereinbarung einen **Festpreis** festzulegen und die Einzelaufträge dann aufgrund anderer, von vornherein festzulegender Kriterien (zB Qualität,

---

[28] Vgl. VK Bund Beschl. v. 29.7.2019 – VK 2 – 48/19, IBR 2020, 85. Möglich ist eine Überschreitung auch, wenn sie zuvor klar und eindeutig als Option festgelegt war, mithin den Vorgaben des § 132 Abs. 2 S. 1 Nr. 1 GWB entspricht; vgl. zu den Anforderungen VK Berlin Beschl. v. 13.9.2019 – VK – B 1 – 13/19, VPR 2020, 61.
[29] So bereits vor Einführung des § 132 GWB EuGH Urt. v. 19.6.2008 – C-454/06, Slg. 2008, I-4401 = NZBau 2008, 518 – Pressetext Nachrichtenagentur mAnm *Niestedt/Hölzl* NJW 2008, 3321.
[30] Vgl. zu diesem Maßstab jurisPK-VergabeR/*Contag* GWB § 132 Rn. 131 iVm jurisPK-VergabeR/*Contag* GWB § 132 Rn. 67.
[31] Insoweit wird mit dem Abschluss der Rahmenvereinbarung ein Vergütungsanspruch des Rahmenvereinbarungspartners noch nicht begründen, sondern erst mit Abruf der Leistung; vgl. *Poschmann* in Müller-Wrede VgV Rn. 29.
[32] S. *Zeise* in KKMPP Rn. 13.
[33] S. *Poschmann* in Müller-Wrede VgV Rn. 25, die zutreffend ua auch auf den Wortlaut von § 21 Abs. 3 S. 2 hinweist, wonach der Rahmenvertragspartner zur Vervollständigung seines Angebots aufgefordert werden kann.
[34] *Zeise* in KKMPP Rn. 13.
[35] S. *Zeise* in KKMPP Rn. 13.
[36] *Poschmann* in Müller-Wrede VgV Rn. 28.

Sicherheitsniveau) im Kleinstwettbewerb (= Mini-Wettbewerb) zu vergeben. Dies hat für den Auftraggeber den Vorteil der Planbarkeit der anfallenden Kosten.

14   **4. Leistungsgegenstand.** Der Leistungsgegenstand muss so eindeutig und erschöpfend beschrieben werden, dass dem Bieter eine einwandfreie Kalkulation möglich ist. Der Grundsatz der eindeutigen und erschöpfenden Leistungsbeschreibung findet grundsätzlich auch auf Rahmenvereinbarungen Anwendung.[37] Das ergibt sich daraus, dass nach § 103 Abs. 5 S. 2 GWB die für die Vergabe öffentlicher Aufträge geltenden Vorschriften und damit auch § 121 Abs. 1 S. 1 GWB zu beachten sind. Auch für Rahmenvereinbarungen gelten damit grundsätzlich die allgemeinen vergaberechtlichen Regeln, nach denen die Leistung so eindeutig und erschöpfend zu beschreiben ist, dass alle Bewerber die Beschreibung im gleichen Sinne verstehen und die Angebote miteinander verglichen werden können.[38] Allerdings sind die Anforderung abgeschwächt, sodass – je nach Einzelfall – eigentlich vertragswesentliche Aspekte, wie beispielsweise die Festlegung von Leistungsort und Terminen, offenbleiben können.[39] Wichtig und entscheidend ist, dass den Bietern so viele Informationen hinsichtlich der zu erbringenden Leistungen zur Verfügung gestellt werden, dass diese eine ordnungsgemäße Preiskalkulation durchführen können.[40] Auch vor dem Hintergrund des Missbrauchsverbots verbietet es sich, den Leistungsinhalt so vage zu fassen, dass letztlich unklar bleibt, welche Leistungen abgerufen werden dürfen (beispielsweise „sämtliche Dienstleistungen im Bereich IT").[41] Es muss insoweit mindestens eine ausreichende Bestimmtheit des Beschaffungsziels, also der zukünftigen Beschaffungsgegenstände, vorliegen.[42]

15   Grundsätzlich ist auch eine **funktionale Leistungsbeschreibung** zulässig.[43] Dh, es ist gerade bei der Rahmenvereinbarung zulässig, dass die Vergabestelle nur – allerdings möglichst konkret – die gewünschte Funktionalität bzw. die zu verwendenden Materialien beschreibt. Auch dann wäre den Bietern die Erstellung eines Angebotes auf der ersten Stufe möglich, erst recht, wenn auf dieser Stufe – wie von der Kommission offenbar als zulässig erachtet – nur qualitative Kriterien abgefragt werden. Die Bedingung in der Rahmenvereinbarung kann daher durchaus weit formuliert sein, um hinsichtlich der Vergabe von Einzelaufträgen ausreichende Flexibilität zu erreichen. Gleichwohl muss auch in diesem Fall eine Vergleichbarkeit der Angebote auf der ersten Stufe gewährleistet sein.

16   **5. Abnahmepflicht des Auftraggebers.** Die Rahmenvereinbarung selbst ist ein zivilrechtlicher Vertrag, der durch Erteilung des Zuschlags auf das Angebot eines Bieters zustande kommt. Sie ist aber noch kein Vertrag über die Erbringung der konkreten Einzelleistung.[44] Erst der Leistungsabruf im Einzelfall, mithin die Einzelbeauftragung löst konkrete Leistungs- und Zahlungspflichten aus.[45] Grundsätzlich **kann der Auftraggeber** frei vorgeben, welche Bindungswirkung die Rahmenvereinbarung haben soll: Sie kann entweder das Unternehmen einseitig oder Auftraggeber und Unternehmen beidseitig verpflichten oder auch beidseitig unverbindlich sein.[46] Bei der einseitig verbindlichen Rahmenvereinbarung verpflichtet sich nur das Unternehmen, die Leistung auf Abruf zu erbringen; der Auftraggeber ist jedoch nicht zum Abruf verpflichtet. Der Abschluss einer solchen lediglich einseitig verpflichtenden Rahmenvereinbarung ist vor dem Hintergrund der Vertragsfreiheit nicht grundsätzlich unzulässig,[47] er darf aber nicht zu einem unzumutbaren Risiko für den Bieter führen.[48] Auch die Europäische Kommission geht in ihren Erläuterungen zu Rahmenvereinbarungen davon aus, dass es denkbar sei, dass der Auftraggeber nicht verpflichtet ist, die Rahmenvereinbarung in Anspruch zu nehmen. Die Vereinbarung bleibe eine Rahmenvereinbarung, wenn, nachdem sich der Auftraggeber für ihre Verwendung entschieden habe, die notwendigen Bedingungen darin verbindlich fixiert sind.[49] Die maßgebliche Grenze stellt, wie erwähnt, die **Zumutbarkeit** für den

---

[37] VK Bund Beschl. v. 21.8.2013 – VK 1-67/13, IBRRS 2013, 4490.
[38] OLG Düsseldorf Beschl. v. 8.3.2005 – VII-Verg 40/04, IBRRS 2005, 1142; *Graef* NZBau 2005, 561 (564); *Haak/Degen* VergabeR 2005, 164 (166).
[39] S. OLG Celle Beschl. v. 19.3.2019 – 13 Verg 7/18, NZBau 2019, 462 (465 f.); ebenso *Poschmann* in Müller-Wrede VgV Rn. 45 mwN.
[40] Vgl. *Poschmann* in Müller-Wrede VgV Rn. 47; s. auch OLG Celle Beschl. v. 19.3.2019 – 13 Verg 7/18, NZBau 2019, 462 (465 f.): Informationen sind zur Verfügung zu stellen, soweit möglich und zumutbar.
[41] Vgl. *Poschmann* in Müller-Wrede VgV Rn. 47.
[42] Immenga/Mestmäcker/*Dreher* GWB § 103 Rn. 142; s. auch jurisPK-VergabeR/*Hillmann* Rn. 16.
[43] Kom. Dok. CC/2005/03_rev1, 7 Fn. 19.
[44] *Graef* NZBau 2005, 561 (563).
[45] Vgl. dazu auch *Poschmann* in Müller-Wrede VgV Rn. 16.
[46] S. dazu VK Rheinland Beschl. v. 23.6.2020 – VK 15/20 – K, BeckRS 2020, 47141, Rn. 24; *Poschmann* in Müller-Wrede VgV Rn. 55 ff.
[47] S. VK Rheinland Beschl. v. 23.6.2020 – VK 15/20 – K, BeckRS 2020, 47141, Rn. 25.
[48] Zur Thematik der Beschaffung von Streusalz *Zeise* in KKMPP Rn. 18 ff.
[49] Kom. Dok. CC/2005/03_rev1, 3 Fn. 7.

Auftragnehmer dar; diese Frage beurteilt sich nach den Umständen des Einzelfalls.[50] Nachdem der Begriff des „ungewöhnlichen Wagnisses" kein gesetzliches Kriterium mehr darstellt, kommt es nicht (mehr) darauf an, ob der öffentliche Auftraggeber seinem Vertragspartner ein ungewöhnliches Wagnis aufbürdet. Es liegt vielmehr in der Natur der Rahmenvereinbarung, dass der Auftragnehmer gewisse Preis- und Kalkulationsrisiken eingeht, die von den Bietern daher hinzunehmen sind. Die Nichtabnahme ist gerade ein der Rahmenvereinbarung immanentes Risiko.[51] Das Instrument der Rahmenvereinbarung erlaubt es insoweit, dem Auftragnehmer ein größeres Risiko aufzubürden, als dies bei sonstigen Aufträgen der Fall wäre.[52] Wenn möglich, hat der Auftraggeber das Risiko für den Auftragnehmer aber dadurch zu begrenzen, dass er den Auftrag, soweit wie es möglich ist, konkretisiert.[53] Der öffentliche Auftraggeber hat den Bedarf damit grundsätzlich vollständig zu ermitteln. Ist ihm dies nicht möglich, so hat er den Bedarf in nachvollziehbarer Weise zu schätzen. Zusätzlich gelten bei bloß einseitig verpflichtenden Rahmenvereinbarungen (dh im Falle des Verzichts auf eine Abnahmeverpflichtung) strenge Vorgaben an die Leistungsbeschreibung.[54] Insgesamt gilt damit: die einseitig verpflichtende Rahmenvereinbarung ist vergaberechtlich zulässig, wenn die sonstigen Rahmenbedingungen eingehalten werden, insbesondere ordnungsgemäße Angaben zur Abrufmenge gemacht werden und eine hinreichend konkrete Leistungsbeschreibung zur Verfügung gestellt wird.

Die einseitige Verpflichtung des Auftragnehmers muss zudem ausdrücklich in der Rahmenvereinbarung geregelt sein. Dies dient nicht nur der Schaffung größtmöglicher Transparenz, sondern beugt insoweit auch Streitigkeiten während der Phase der Vertragsdurchführung vor. 17

Im Ergebnis ist damit festzuhalten: Auch wenn der Auftraggeber nach der konkreten Gestaltung der Rahmenvereinbarung keiner Abnahmepflicht unterliegt, befreit ihn dies nicht von einer sorgfältigen Bedarfsermittlung. Fehler führen hier zum Vergaberechtsverstoß wegen Unzumutbarkeit. Ist in der Rahmenvereinbarung eine Mindestabnahmemenge vorgesehen, muss der Auftraggeber diese abnehmen, ebenso muss er sich andererseits an eine von ihm angegebene Höchstmenge halten.[55] Eine Nichtabnahme kann zu Schadensersatzansprüchen führen.[56] Eine festgelegte Mindestabnahmepflicht führt jedoch nicht dazu, dass das gesamte in den Ausschreibungsunterlagen genannte Auftragsvolumen vollständig bestellt werden muss, sondern ist auf die definierte Mindestabnahmemenge beschränkt. 18

6. Missbrauchsverbot. Das Missbrauchsverbot[57] wurde im Zuge der Vergaberechtsmodernisierung im Jahre 2016 wieder ausdrücklich in das Gesetz aufgenommen (vgl. Abs. 1 S. 3). Vorher war es im Gesetzestext nicht mehr ausdrücklich genannt worden (vgl. § 4 EG VOL/A 2009), obwohl es seinerzeit in Art. 32 Abs. 2 UAbs. 5 Vergabe-RL 2004 und zuvor in § 3a Nr. 4 Abs. 2 VOL/A 2006 enthalten war. Auch wenn das Missbrauchsverbot in Art. 33 RL 2014/24/EU nicht mehr explizit genannt wird, ist es auch in dieser Richtlinie enthalten und liegt dieser zugrunde. Das Missbrauchsverbot lässt sich insoweit dem Erwägungsgrund 61 RL 2014/24/EU entnehmen.[58] Eine Rahmenvereinbarung darf danach nicht missbräuchlich angewendet werden oder den Wettbewerb behindern, einschränken oder verfälschen. Dies ergibt sich zudem mittelbar aus den vergaberechtlichen Grundsätzen. 19

Der ausdrücklichen Aufführung des Missbrauchsverbots in § 21 Abs. 1 S. 3 kommt daher primär eine deklaratorische bzw. Warnfunktion zu. Ein Missbrauch kann beispielsweise vorliegen, wenn der Auftraggeber das Instrument der Rahmenvereinbarung gar nicht benötigt, weil er in der Lage ist, alle Bedingungen – insbesondere die konkreten Umstände der Leistungserbringung (Leistungszeit, -ort und Menge etc) festzulegen.[59] Ebenso ist der Abschluss einer Rahmenvereinbarung und bereits die Einleitung eines darauf bezogenen Vergabeverfahrens missbräuchlich, wenn es nicht um 20

---

[50] S. dazu *Dicks* NZBau 2014, 731 ff. mwN; *Friton/Meister* FS Marx, 2013, 129 (144); s. auch OLG Jena Beschl. v. 22.8.2011 – 9 Verg 2/11, NZBau 2011, 771; VK Bund Beschl. v. 20.4.2006 – VK 1–19/06, IBRRS 2013, 4592; VK Bund Beschl. v. 28.1.2005 – VK 3–221/04, IBRRS 2005, 1381; *Jacoby* VergabeR 2004, 768 (771); *Graef* NZBau 2005, 561 (565); *v. Gehlen/Hirsch* NZBau 2011, 736 (740). Für eine Abnahmepflicht des Auftraggebers: OLG Dresden Beschl. v. 2.9.2011 – Verg 4/11, NZBau 2011, 775; VK Schleswig-Holstein Beschl. v. 5.10.2005 – VK-SH 23/05, BeckRS 2005, 12178 unter Hinweis auf OLG Schleswig Beschl. v. 13.11.2002 – 6 Verg 5/2002, BeckRS 2005, 12178; *Vogel* VergabeR 2003, 90.
[51] OLG Düsseldorf Beschl. v. 24.11.2011 – Verg 62/11, ZfBR 2012, 187; *Friton/Meister* FS Marx, 2013, 129 (143).
[52] *Friton/Meister* FS Marx, 2013, 129 (144).
[53] So auch *Poschmann* in Müller-Wrede VgV Rn. 57.
[54] *Poschmann* in Müller-Wrede VgV Rn. 57.
[55] *Richter/Mairgünther*, In, an oder über den Grenzen einer Rahmenvereinbarung nach der VOL/A?, Vergabeblog.de v. 31.7.2013, Nr. 16593. Eingehend → Rn. 8 f.
[56] *Zeise* in KKMPP Rn. 18.
[57] Ausf. dazu HK-VergabeR/*Schrotz* Rn. 86 ff.
[58] Dazu *Arrowsmith*, The Law of Public and Utilities Procurement, Rn. 11–103.
[59] *Poschmann* in Müller-Wrede VgV Rn. 69.

die Bedarfsdeckung, sondern lediglich um eine Markterkundung bzw. eine sonstige – vergabefremde – Zwecksetzung geht.[60] Die Ausschreibung zu einem solchen vergabefremden Zweck liegt vor, wenn mit der Ausschreibung nicht die Vergabe von Aufträgen, sondern lediglich ihr Inaussichtstellen bezweckt wird.[61] Hier ergibt sich die Unzulässigkeit bereits aus § 28 Abs. 2, der als allgemeine Norm auch für Vergabeverfahren betreffend Rahmenvereinbarungen gilt. Eine weitere Fallgruppe, die unter dem Stichwort Missbrauch diskutiert wird, ist der Abschluss paralleler Rahmenvereinbarungen[62] (→ Rn. 22).

21 7. Vertragsschluss außerhalb der Rahmenvereinbarung. Nicht ausdrücklich geregelt ist die Frage, ob ein **Nebeneinander von Rahmenvereinbarung und Einzelvergabe** möglich ist, dh, ob während der Laufzeit der Rahmenvereinbarung der Bedarf bzw. ein Teil desselben über eine Neuvergabe außerhalb der Rahmenvereinbarung gedeckt werden darf. Eine diese Möglichkeit verneinende Literaturmeinung stellt auf die durch die Rahmenvereinbarung vorgenommene Selbstbindung der Verwaltung und auf den insofern bestehenden Vertrauensschutz der Vertragspartner der Rahmenvereinbarung ab.[63] Der Vertragspartner binde sich mit der Rahmenvereinbarung fest an den öffentlichen Auftraggeber und habe für die Laufzeit der Rahmenvereinbarung in ständiger Leistungsbereitschaft zu sein. Als Ausgleich wäre es daher grundsätzlich sachgerecht, den Auftraggeber an die von ihm unter der Rahmenvereinbarung ausgewählten Unternehmen zu binden. Nachträglich dürften bestimmte Arten von Aufträgen oder Teilbereiche nicht aus der Rahmenvereinbarung herausgenommen werden.[64] Allerdings sprechen gewichtige und im Ergebnis überwiegende Argumente gegen das pauschale Verbot der Einzelauftragsvergabe außerhalb der Rahmenvereinbarung.[65] Der Wortlaut des Abs. 2 S. 2 schließt die Möglichkeit einer Auftragsvergabe gemäß den allgemeinen Verfahrensregelungen unabhängig von der Rahmenvereinbarung zumindest nicht aus. Auch der Entstehungsgeschichte der Norm auf europäischer Ebene lassen sich Argumente für die Zulässigkeit eines Nebeneinanders von Rahmenvereinbarung und Einzelvergabe entnehmen: Ziel der Schaffung des Instruments der Rahmenvereinbarung war es, die Vergabestellen insbesondere bei wiederkehrenden Beschaffungen im Hinblick auf die vergaberechtlichen Anforderungen zu entlasten.[66] Ihnen sollte die Möglichkeit einer verfahrensrechtlichen Vereinfachung gegeben werden. Dieser Wirkungsweise des zugunsten der Auftraggeber geschaffenen Instruments der Rahmenvereinbarung widerspräche die Annahme einer Sperrwirkung im Hinblick auf Auftragsvergaben außerhalb der geschlossenen Rahmenvereinbarung.[67] Auch der Zweck der Flexibilität spricht dafür, die Einzelvergabe außerhalb der Rahmenvereinbarung nicht auszuschließen. Schließlich würde eine solche Sperrwirkung auch das vergaberechtliche Grundprinzip des Wettbewerbs beschränken. Ohne die Annahme einer Sperrwirkung gelangt der Wettbewerb in größerem Umfang zur Geltung.[68] Eine Vergabe außerhalb der Rahmenvereinbarung ist danach nicht per se unzulässig,[69] beschränkt sich aber auf **Ausnahmefälle**,[70] beispielsweise wenn die zu beschaffende Leistungen von der Rahmenvereinbarung nicht erfasst werden oder die Vertragspartner der Rahmenvereinbarung nicht leistungsfähig bzw. leistungsbereit sind. Sollte es beispielsweise neue technische Entwicklungen geben, die sich durch die Rahmenvereinbarung nicht erfassen lassen, bzw. sollte es für die anderweitige Beschaffung gewichtige objektive Gründe geben (beispielsweise ein völlig unwirtschaftliches Angebot des Rahmenvereinbarungspartners),[71] ist eine Vergabe außerhalb der Rahmenvereinbarung zulässig. In letzterer Konstellation sprechen insbesondere die Haushaltsgrundsätze (Wirtschaftlichkeit und Sparsamkeit der Verwaltung) gegen

---

[60] *Poschmann* in Müller-Wrede VgV Rn. 71; s. auch VK Rheinland Beschl. v. 23.6.2020 – VK 15/20 – K BeckRS 2020, 47141 Rn. 29 mwN.
[61] KG Urt. v. 15.4.2004 – 2 Verg 22/03, IBRRS 2004, 3531 = VergabeR 2004, 762 (765 f.).
[62] Dazu bspw. VK Rheinland Beschl. v. 23.6.2020 – VK 15/20 – K BeckRS 2020, 47141 Rn. 31 ff. mwN.
[63] So bspw. *Zeise* in KKMPP Rn. 24.
[64] *Zeise* in KKMPP Rn. 23; *Graef* NZBau 2005, 561 (568); *Gröning* VergabeR 2005, 156 (158); *Jakoby* VergabeR 2004, 768 (771).
[65] IErg wie hier *Poschmann* in Müller-Wrede VgV Rn. 73. Großzügig VK Rheinland Beschl. v. 23.6.2020 – VK 15/20 – K BeckRS 2020, 47141 Rn. 32 mwN.
[66] Vgl. KOM(2000) 275, 9.
[67] *Knauff* VergabeR 2006, 24 (32).
[68] Vgl. KOM(2000) 275, 9; *Knauff* VergabeR 2006, 24 (32).
[69] Ebenso jurisPK-VergabeR/*Hillmann* Rn. 22; *Poschmann* in Müller-Wrede VgV Rn. 73; HK-VergabeR/*Schrotz* Rn. 95.
[70] In der Gewichtung umgekehrt HK-VergabeR/*Schrotz* Rn. 95: grds. zulässig, aber dann unzulässig, wenn die von der Rahmenvereinbarung erfassten Leistungen weit überwiegend anderweitig beschafft werden und diese (scil. die Rahmenvereinbarung) daher leerläuft. Großzügig VK Rheinland Beschl. v. 23.6.2020 VK 15/20 – K BeckRS 2020, 47141 Rn. 32.
[71] *Poschmann* in Müller-Wrede VgV Rn. 73.

die Beschaffung auf Grundlage der Rahmenvereinbarung. Unabhängig davon muss der öffentliche Auftraggeber aber prüfen, ob er auch zivilrechtlich befugt ist, außerhalb der Rahmenvereinbarung die Leistungen zu beziehen.[72] Andernfalls drohen Schadensersatzansprüche.

§ 21 verbietet – anders als zuvor § 4 EG Abs. 1 S. 3 VOL/A 2009 – **das Nebeneinander** **mehrerer Rahmenvereinbarungen** über denselben Vertragsgegenstand nicht mehr ausdrücklich. Auch die RL 2014/24/EU enthält dazu keine Vorgabe. Sinn und Zweck des früheren Verbots, mehrere Rahmenvereinbarungen für dieselbe Leistung abzuschließen, war die Sicherstellung von einheitlichen Bedingungen für die Einzelaufträge für alle Unternehmen.[73] Dass für dieselbe Leistung durch die öffentlichen Auftraggeber nicht mehrere Rahmenvereinbarungen abgeschlossen werden dürfen, ergibt sich weiterhin aus den dahinterstehenden Grundsätzen des Wettbewerbs und des Verbots von Diskriminierungen.[74] Dass das Verbot des Nebeneinanders mehrerer Rahmenvereinbarungen nicht mehr ausdrücklich statuiert ist, bedeutet damit keinesfalls, dass Auftraggeber darin frei sind, mehrere Rahmenvereinbarungen über denselben Vertragsgegenstand abzuschließen.[75] Ein solches Nebeneinander wird nur ausnahmsweise in Betracht kommen, etwa wenn während der Laufzeit der zeitlich ersten Rahmenvereinbarung die maximale Abrufmenge erreicht ist oder konkret erreicht zu werden droht, wobei hieran strenge Anforderungen zu stellen sind.[76] Grundsätzlich darf die Vergabestelle während der Laufzeit der abgeschlossenen Rahmenvereinbarung also weiterhin keine parallele Rahmenvereinbarung mit einem oder mehreren neuen Bietern abschließen.[77] Dies gilt auch, wenn die zweite Rahmenvereinbarung als „Backup"-Los benannt ist und (lediglich) dem Auffangen von Leistungsspitzen dient.[78]

Kein Vertrag über dieselbe Leistung und damit kein Nebeneinander mehrerer Rahmenvereinbarungen liegt aber vor, wenn eine Leistung in der zeitlich früheren Rahmenvereinbarung nur als Option vorgesehen ist, von der kein Gebrauch gemacht wurde.[79] Voraussetzung für das Eingreifen des Verbots ist, dass es sich um ein und dieselbe Leistung handelt und insoweit eine personelle,[80] inhaltliche sowie zeitliche Deckungsgleichheit besteht, mithin die als zusätzlich zu beauftragende Leistung aus rechtlicher Sicht über die erste Rahmenvereinbarung beschafft werden könnte.[81] Daran fehlt es bei Grippeimpfstoffen für verschiedene „Grippeimpf"-Saisonen.[82] Ebenfalls stellt es keinen Verstoß gegen das Verbot der Doppelvergabe von Rahmenvereinbarungen dar, wenn der Auftraggeber nach Ausschöpfung der Höchstmenge einer bestehenden Rahmenvereinbarung eine neue Rahmenvereinbarung abschließt, um seinen weitergehenden Bedarf zu decken.[83] Denn in diesem Fall sollen die Rahmenvereinbarungen gerade nicht parallel laufen; vielmehr soll die „ausgeschöpfte" Rahmenvereinbarung abgelöst werden.[84]

III. Nur zwischen Vertragsparteien der Rahmenvereinbarung (Abs. 2)

Bezüglich der Bedingungen für die Vergabe der auf der Rahmenvereinbarung beruhenden Einzelaufträge verweist Abs. 2 auf die Abs. 3–5 (→ Rn. 27 ff.). Die Aufnahme neuer Anbieter in die Rahmenvereinbarung während ihrer Laufzeit ist **unzulässig**. Das gilt auch für den Beitritt eines

---

[72] *Poschmann* in Müller-Wrede VgV Rn. 73.
[73] Dazu *Poschmann* in Müller-Wrede VOL/A § 4 EG Rn. 47 mwN.
[74] S. auch *Poschmann* in Müller-Wrede VgV Rn. 72: Fallgruppe des Missbrauchsverbots; s. dazu auch VK Berlin Beschl. v. 13.9.2019 – VK - B 1 - 13/19, VPR 2020, 61, wo im Hinblick auf sog. „Backup"-Lose ein Verstoß gegen die Grundsätze der Diskriminierungsfreiheit, der Transparenz, des fairen Wettbewerbs sowie des Missbrauchsverbots festgestellt wird.
[75] Ebenso *Poschmann* in Müller-Wrede VgV Rn. 72; jurisPK-VergabeR/*Hillmann* Rn. 21; HK-VergabeR/*Schrotz* Rn. 92. Differenzierend *Zeise* in KKMPP Rn. 23 f.: Verbot der doppelten Rahmenvereinbarung, aber Zulässigkeit der separaten Einzelvergabe abseits der bestehenden Rahmenvereinbarung; ebenso VK Rheinland Beschl. v. 23.6.2020 – VK 15/20 – K BeckRS 2020, 47141 Rn. 31 ff.
[76] *Richter/Mairgünther*, In, an oder über den Grenzen einer Rahmenvereinbarung nach der VOL/A?, Vergabeblog.de v. 31.7.2013, Nr. 16593; zur Konstellation des nachträglich entstehenden zusätzlichen Bedarfs, der zur Überschreitung der Höchstabstmenge führt, HK-VergabeR/*Schrotz* Rn. 102.
[77] Vgl. *Graef* NZBau 2005, 561 (568); s. auch VK Bund Beschl. v. 8.12.2016 – VK 1-108/16, BeckRS 2016, 122039.
[78] VK Berlin Beschl. v. 13.9.2019 – VK - B 1 - 13/19, VPR 2020, 61.
[79] VK Bund Beschl. v. 28.5.2014 – VK 2-35/14, ZfBR 2014, 614.
[80] Eine Aufteilung nach verschiedenen Bedarfsträgern dürfte daher möglich sein; s. HK-VergabeR/*Schrotz* Rn. 101.
[81] Vgl. *Poschmann* in Müller-Wrede VgV Rn. 72; s. auch HK-VergabeR/*Schrotz* Rn. 99, der einen wertenden Vergleich vornehmen möchte.
[82] Dazu VK Bund Beschl. v. 8.12.2016 – VK 1-108/16, BeckRS 2016, 122039.
[83] S. VK Bund Beschl. v. 29.7.2019 – VK 2 – 48/19, IBR 2020, 85.
[84] VK Bund Beschl. v. 29.7.2019, VK 2 – 48/19, IBR 2020, 85.

Auftraggebers zu der Rahmenvereinbarung. Der Wortlaut des Abs. 2 S. 2 – *„ausschließlich"* – ist insoweit eindeutig. Erwägungsgrund 60 RL 2014/24/EU stellt zudem klar, dass Rahmenvereinbarungen nicht durch öffentliche Auftraggeber in Anspruch genommen werden sollen, die in der Rahmenvereinbarung nicht genannt sind. Ebenso wird in Erwägungsgrund 60 RL 2014/24/EU klargestellt, dass nach Abschluss der Rahmenvereinbarung keine neuen Wirtschaftsteilnehmer aufgenommen werden sollen.[85] Da die Vertragspartner zu den **essentialia negotii** eines Vertrages gehören, stellt der Beitritt eines weiteren Auftraggebers eine wesentliche Vertragsänderung dar, die für sich genommen ausschreibungspflichtig ist.[86] Einzelaufträge sind daher nur zwischen den von Anbeginn an der Rahmenvereinbarung beteiligten und in der Bekanntmachung genannten Auftraggebern und Unternehmen zulässig. Die Rahmenvereinbarung stellt insoweit ein geschlossenes System dar und verbietet ausdrücklich den „Quereinstieg" von Bietern.[87]

25   Diese Schranken wirken sich bereits auf das Vergabeverfahren betreffend den Abschluss einer Rahmenvereinbarung aus. In den Ausschreibungsunterlagen sind die öffentlichen Auftraggeber, die Partei einer Rahmenvereinbarung werden sollen, entweder namentlich anzugeben oder sie müssen eindeutig identifizierbar sein, etwa durch eine Bezugnahme auf eine bestimmte Kategorie von öffentlichen Auftraggebern innerhalb eines klar definierten geografischen Gebiets (beispielsweise „alle Gesundheitseinrichtungen in einem bestimmen Gebiet"[88]).[89] Soweit auf der Auftraggeberseite eine zentrale Beschaffungsstelle für mehrere öffentliche Auftraggeber handelt, hilft nur ein Gesamtverzeichnis der Vertragsteilnehmer auf Seiten der öffentlichen Hand (Auftraggeberseite), durch das diese (dh die öffentlichen Auftraggeber) eindeutig identifizierbar sind. Die Einhaltung dieser Vorgaben stellt sicher, dass im Nachhinein – dh während der Vertragslaufzeit – nachvollzogen werden kann, welche Institutionen abrufberechtigt sind. Insoweit hat die Regelung des § 21 Abs. 2 S. 2 eine gewisse „Vorwirkung" auf das Vergabeverfahren und die dort sicherzustellende Transparenz. Abstrakte Öffnungsklauseln genügen den Anforderungen nicht.[90]

26   Nach Abs. 2 S. 3 dürfen die Kriterien der Einzelauftragsvergabe nicht zu **wesentlichen Änderungen** an den Bedingungen der Rahmenvereinbarung führen. Die Änderung ist dann als wesentlich anzusehen, wenn sie Bedingungen einführt, die die Zulassung anderer als der ursprünglich zugelassenen Bieter oder die Annahme eines anderen als des ursprünglich angenommenen Angebots erlaubt hätte, wenn sie Gegenstand des ursprünglichen Vergabeverfahrens gewesen wäre.[91] Von einer wesentlichen Änderung ist insbesondere dann auszugehen, wenn die Änderung zu einer erheblich anderen Kalkulation führt. Insgesamt bietet es sich an, dass man sich bei der vorzunehmenden Einzelfallbetrachtung an den in § 132 GWB enthaltenen Fallgruppen der wesentlichen bzw. als unwesentlich deklarierten Änderungen orientiert.[92] Nicht wesentlich sind solche Konkretisierungen, die in der Regelung des § 21 angelegt sind, beispielsweise die Konkretisierung des Liefertermins oder die Anwendung der in der Rahmenvereinbarung festgelegten preislichen Grundsätze auf den Einzelabruf.[93]

IV. Rahmenvereinbarung mit einem Unternehmen (Abs. 3)

27   Abs. 3 betrifft die Einzelauftragsvergabe bei Rahmenvereinbarungen mit nur einem Unternehmen. Ob der Auftraggeber eine Rahmenvereinbarung mit einem oder mit mehreren Unternehmen abschließt, liegt in seinem Ermessen.[94] Der Auftraggeber muss aber sicherstellen, dass der Auftragnehmer während der Laufzeit der Vereinbarung zur Leistungsabfertigung in der Lage ist.[95] Will der Auftraggeber die Rahmenvereinbarung mit einem Vertragspartner abschließen, muss dies bereits so in der Auftragsbekanntmachung vorgesehen sein. **S. 1** regelt das Verfahren für den Fall, dass die Rahmenvereinbarung **abschließend** sämtliche Bedingungen für die Vergabe und Durchführung der Einzelaufträge enthält. Der Abruf der Einzelaufträge erfolgt mangels Konkurrenzsituation ohne Durchführung eines erneuten Wettbewerbs. In diesem Fall gibt es keine weite-

---

[85] S. auch *Portz* VergabeR 2014, 523 (531).
[86] *Rosenkötter/Seidler* NZBau 2007, 684 (686).
[87] S. Kom. Dok. CC/2005/03_rev1, 5; *Portz* VergabeR 2014, 523 (531); *Gröning* VergabeR 2005, 156 (158).
[88] *Friton/von Rummel* juris PR-Vergaberecht 3/2019 Anm. 1 unter C.I.; scheinbar strenger HK-VergabeR/ *Schrotz* Rn. 83.
[89] Dazu auch EuGH Urt. v. 19.12.2018 – C-216/17, NZBau 2019, 116 (119 f.) – Autorità Garante della Concorrenza e del Mercato.
[90] HK-VergabeR/*Schrotz* Rn. 83.
[91] Vgl. EuGH Urt. v. 13.4.2010 – C-91/08, NZBau 2010, 382 (385) = BeckEuRS 2010, 511192 – Wall AG.
[92] So HK-VergabeR/*Schrotz* Rn. 109 f.
[93] Dazu *Poschmann* in Müller-Wrede VgV Rn. 90.
[94] *Portz* VergabeR 2014, 523 (529).
[95] BeckOK VergabeR/*Stein* GWB § 103 Rn. 133.

ren Verfahrensregeln; vorausgesetzt wird aber, dass der Einzelauftrag auch tatsächlich in den Anwendungsbereich der Rahmenvereinbarung fällt.[96]

S. 2 regelt diejenigen Fälle, in denen die Rahmenvereinbarung nicht abschließend **sämtliche** **28 Bedingungen** für die Vergabe der Einzelaufträge enthält. Der öffentliche Auftraggeber konsultiert hier das Unternehmen in Textform nach § 126b BGB (dh Schriftform ist nicht erforderlich, zulässig ist etwa auch eine E-Mail) und fordert es zur Vervollständigung seines Angebotes auf.[97] Dabei darf von den Bedingungen der Rahmenvereinbarung nicht wesentlich abgewichen werden, wie sich aus Art. 33 Abs. 2 UAbs. 3 RL 2014/24/EU ergibt. Dies betrifft insbesondere die Korrektur bzw. Aktualisierung von Bedingungen, die abschließend in der Rahmenvereinbarung geregelt sind.[98] Im Regelfall, dh vorbehaltlich einer Sonderregelung (beispielsweise einer Abnahmepflicht), kann der Auftraggeber frei über die Annahme des Angebots entscheiden, kann dieses mithin auch zurückweisen.[99]

V. Rahmenvereinbarung mit mehreren Unternehmen (Abs. 4)

1. Anzahl Vertragspartner. Wenn eine Rahmenvereinbarung mit mehreren Unternehmen **29** geschlossen wird, müssen hinsichtlich der Vergabe der Einzelaufträge grundsätzlich nicht mehr wie bislang (vgl. § 4 EG Abs. 4 VOL/A) mindestens drei Rahmenvertragsparteien beteiligt sein, sondern es genügen **zwei Unternehmen,** wie sich aus dem eindeutigen Wortlaut ergibt („mit mehr als einem Unternehmen").[100] Es war auch zuvor bereits nicht einzusehen, dass Vereinbarungen mit einem oder mit drei, aber nicht mit zwei Unternehmen geschlossen werden konnten. Nach oben hin ist die Zahl der zu beteiligenden Unternehmen offen.

2. Rahmenvertrag ieS (Abs. 4 Nr. 1).[101] Abs. 4 regelt die Einzelauftragsvergabe bei Rah- **30** menvereinbarungen mit mehreren Unternehmen. Legt der Auftraggeber bereits die gesamten objektiven **Bedingungen für die Vergabe der Einzelaufträge** (dh sowohl die Bedingungen für die Erbringung der Leistung als auch die Bedingungen für die Auswahl des Unternehmens) fest, erfolgt nach Abs. 4 Nr. 1 kein erneutes wettbewerbliches Verfahren zur Vergabe der Einzelaufträge. Die Bedingungen für die Auswahl des Unternehmens sind in diesem Fall bereits in der Auftragsbekanntmachung oder den Vergabeunterlagen, mithin auf der 1. Stufe – der auf den Abschluss der Rahmenvereinbarung bezogene Vergabe – mitzuteilen.[102] Hinsichtlich des Preises genügt die Angabe von Richtpreisen.[103] Aus Transparenzgründen müssen bei solchen Rahmenverträgen mit mehreren Bietern auch aus inhaltlicher Sicht nachvollziehbare Regelungen vorgesehen werden, wie die Einzelaufträge unter den Partnern der Rahmenvereinbarung verteilt werden sollen.[104] Es muss ein überprüfbarer Verteilungsmodus festgelegt werden, nach dem sich Art, Umfang und Reihenfolge der Einzelaufträge bestimmen lassen. Die Verteilung der Einzelaufträge ist nicht in das freie Ermessen der Vergabestelle gestellt.[105] Vielmehr sind die allgemeinen vergaberechtlichen Grundsätze zu beachten, beispielsweise neben der Transparenz auch die Nichtdiskriminierung und der Wettbewerb.[106] Der Auftraggeber muss insoweit objektive Kriterien festlegen, welche diesen Grundsätzen standhalten.[107] Zulässig ist hierbei die Anknüpfung an die Platzierung im vorausgegangenen Vergabeverfahren. Beim sog. Kaskadenprinzip wird bei jedem anstehenden Einzelauftrag zunächst der erstplatzierte Anbieter kontaktiert und um Einreichung eines aktualisierten (dh auf den jeweils konkreten Einzelauftrag bezogenen) Angebots gebeten.[108] Kann oder

---

[96] *Poschmann* in Müller-Wrede VgV Rn. 95.
[97] S. dazu auch *Schmidt/Kirch* VergabeNews 2020, 98 (99), die zutreffend eine solche Vervollständigung insbesondere bei Entwicklungsleistungen für notwendig halten, da dort das für den Einzelauftrag maßgebliche Leistungsprogramm aus dem jeweils aktuellen Stand der Entwicklung, mithin dem konkreten (erst nach Abschluss der Rahmenvereinbarung bekannt gewordenen) Projektverlauf, folgt.
[98] HK-VergabeR/*Schrotz* Rn. 124.
[99] *Poschmann* in Müller-Wrede VgV Rn. 102.
[100] Ebenso HK-VergabeR/*Schrotz* Rn. 117.
[101] Zur terminologischen Unterscheidung zwischen Rahmenvertrag und Rahmenvereinbarung ieS s. *Zeise* in KKMPP Rn. 11.
[102] So bereits VK Berlin Beschl. v. 10.2.2005 – VK-B2-74/04, BeckRS 2013, 57396 unter Hinweis auf BGH Urt. v. 17.2.1999 – X ZR 101/97, NJW 2000, 137 (139).
[103] VK Bund Beschl. v. 20.5.2003 – VK 1–35/03, IBRRS 2003, 1542.
[104] S. dazu VK Berlin Beschl. v. 10.2.2005 – VK-B-2-74/04, BeckRS 2013, 57396, wonach ein erst nachträglich, mithin nach Abschluss der Rahmenvereinbarung, entwickeltes Verteilungssystem nicht genügt.
[105] KG Beschl. v. 13.1.2005 – 2 Verg 26/04, BeckRS 2005, 01041; VK Berlin Beschl. v. 10.2.2005 – VK-B 2-74/04, BeckRS 2013, 57396.
[106] *Poschmann* in Müller-Wrede VgV Rn. 111; HK-VergabeR/*Schrotz* Rn. 103, 132.
[107] *Poschmann* in Müller-Wrede VgV Rn. 112.
[108] S. *Poschmann* in Müller-Wrede VgV Rn. 113 HK-VergabeR/*Schrotz* Rn. 135.

will der Erstplatzierte den Einzelauftrag nicht übernehmen, so kann sich der Auftraggeber an den Nächstplatzierten richten.[109] Dem Wettbewerbsgrundsatz wird bei einem solchen Auswahlmodus im besonderen Maße Rechnung getragen.[110]

31 Unzulässig wäre es hingegen, die Verteilung der Einzelaufträge in dem Sinne gleichmäßig vorzunehmen, dass jeder Rahmenvertragspartner dasselbe Auftragsvolumen erhält.[111] Denn dies führt dazu, dass die Unterschiede zwischen den Vertragspartnern in der Sache egalisiert werden.[112] Es ist insbesondere vor dem Hintergrund des Wettbewerbsgrundsatzes notwendig, dass sich die Rangfolge, welche die Vertragspartner im Rahmen des Vergabeverfahrens betreffend den Abschluss der Rahmenvereinbarung eingenommen haben, im Auswahlmechanismus widerspiegelt oder zumindest sonstige inhaltlich gerechtfertigte, mithin leistungsbezogene, Bedingungen festgelegt werden. Letzteres kann beispielsweise vorliegen, wenn es für einzelne von der Rahmenvereinbarung erfasste Leistungen Spezialisten gibt; die EU-Kommission hat hier das Beispiel der Wartung von Kopiergeräten durch den jeweiligen herstellerbezogenen Spezialisten genannt.[113]

32 **3. Rahmenvereinbarung ieS (Abs. 4 Nr. 2 u. Nr. 3 und Abs. 5).** Mehr Flexibilität bietet die Rahmenvereinbarung ieS, bei der die Leistungsbedingungen **noch nicht vollkommen konkretisiert** sind. Abs. 4 Nr. 2 und Abs. 4 Nr. 3 unterscheiden sich dadurch, dass bei der Nr. 2 die Bedingungen für die Leistungserbringung festgelegt sind, während die Bedingungen für die Auswahl der Unternehmen noch konkretisiert werden müssen. Bei einer Rahmenvereinbarung nach Abs. 4 Nr. 3 sind hingegen auch die Bedingungen zur Erbringung der Leistung in der Rahmenvereinbarung nicht festgelegt, sodass es neben der Auswahlentscheidung der Vervollständigung bzw. Konkretisierung des Leistungsprogramms im Rahmen der Einzelbeauftragung bedarf.

33 **Abs. 4 Nr. 2** regelt diejenigen Fälle, in denen der öffentliche Auftraggeber in der Rahmenvereinbarung sämtliche Bedingungen für die Erbringung der Leistung festgelegt hat, er sich in der Auftragsbekanntmachung oder den Vergabeunterlagen jedoch die Möglichkeit offen gehalten hat, die Einzelleistung nach Abs. 4 Nr. 1 entsprechend den Bedingungen der Rahmenvereinbarung oder nach Abs. 4 Nr. 3 mittels erneutem Vergabeverfahren zu beschaffen. Es handelt sich in der Sache um eine Mischform zwischen Nr. 1 und Nr. 3.[114] In der Auftragsbekanntmachung oder den Vergabeunterlagen zur Rahmenvereinbarung sind die objektiven Kriterien zu nennen, nach denen der öffentliche Auftraggeber seine Entscheidung (direkte Beauftragung oder Durchführung eines Mini-Wettbewerbs) ausrichtet. Erwägungsgrund 61 RL 2014/24/EU nennt hierbei zum einen die Möglichkeit, quantitative Schwellen festzulegen (direkte Einzelbeauftragung bis zu einem bestimmten Wert bzw. Volumen des Einzelauftrags) und zum anderen auch leistungsbezogene Faktoren, wie beispielsweise die Notwendigkeit der Erzielung eines höheren Leistungs- oder Sicherheitsniveaus. Zudem ist in der Auftragsbekanntmachung festzulegen, welche Bedingungen der Rahmenvereinbarungen einem erneuten Vergabeverfahren unterliegen können. Diese Möglichkeit gilt auch für jedes Los einer Rahmenvereinbarung, sofern für das Los alle Bedingungen für die Erbringung der Leistung in der Rahmenvereinbarung festgelegt sind.

34 Nach **Abs. 4 Nr. 3** ist ein erneutes Vergabeverfahren unter den Unternehmen, die Vertragspartner der Rahmenvereinbarung sind, durchzuführen, wenn die Bedingungen für die Vergabe der Einzelaufträge nicht abschließend in der Rahmenvereinbarung geregelt worden sind. Entscheidet sich der Auftraggeber dafür, die Bedingungen noch nicht abschließend zu konkretisieren und die Vergabe der einzelnen Aufträge nach erneuter Durchführung eines Vergabeverfahrens vorzunehmen, muss er im Hinblick auf dieses erneute Vergabeverfahren (**Mini-Wettbewerb bzw. „Kleinstwettbewerb"**, Erwägungsgrund 61 RL 2014/24/EU) das in § 21 Abs. 5 geregelte Verfahren durchführen.

35 Gemäß **Abs. 5** erfolgt die Vergabe von Einzelaufträgen in Fällen des Abs. 4 Nr. 2 und 3 zu denselben Bedingungen wie der Abschluss der Rahmenvereinbarung. Die Bedingungen sind erfor-

---

[109] S. *Poschmann* in Müller-Wrede VgV Rn. 113; Ziekow/Völlink/*Völlink/Kraus* Rn. 19.
[110] S. bereits Europäische Kommission, Erläuterungen – Rahmenvereinbarung – klassische Richtlinie, CC/2005/03_rev1 v. 14.7.2005, Ziff. 3.2.
[111] Ebenso *Poschmann* in Müller-Wrede VgV Rn. 114; HK-VergabeR/*Schrotz* Rn. 135; Ziekow/Völlink/*Völlink/Kraus* Rn. 19; *Zeise* in KKMPP Rn. 53.
[112] Strittig ist die Bewertung von Rotationsverfahren; ablehnend HK-VergabeR/*Schrotz* Rn. 137; aA *Poschmann* in Müller-Wrede VgV Rn. 115. Das Rotationsverfahren verstößt jedenfalls dann gegen den Wettbewerbsgrundsatz, wenn nicht ausgeschlossen werden kann, dass der Erstplatzierte aufgrund der unterschiedlichen Größe der Einzelaufträge trotz Vorteils in der Rotationsrangfolge ein geringeres Auftragsvolumen erhält. Denn dann ist im System die potenzielle Schlechterstellung des Anbieters mit dem wirtschaftlichsten Angebot angelegt.
[113] S. Europäische Kommission, Erläuterungen – Rahmenvereinbarung – klassische Richtlinie, CC/2005/03_rev1 v. 14.7.2005, Ziff. 3.2 Fn. 24; folgend HK-VergabeR/*Schrotz* Rn. 134.
[114] S. *Pfannkuch* KommJur 2019, 241 (243).

derlichenfalls zu konkretisieren; ggf. können auch andere, in der Auftragsbekanntmachung bzw. den Vergabeunterlagen für die Rahmenvereinbarung genannte Bedingungen zur Anwendung kommen. Vorgaben für das Verfahren finden sich in Abs. 5 Nr. 1–4. Danach ist festgelegt: Vor der Vergabe jedes Einzelauftrags konsultiert die Vergabestelle die Vertragspartner der Rahmenvereinbarung in Textform gem. § 126b BGB (ohne erneute förmliche Ausschreibung).[115] Nach Abs. 5 Nr. 1 sind die Unternehmen, die Vertragspartner der Rahmenvereinbarung sind, in Textform zu befragen, ob sie in der Lage sind, den Einzelauftrag auszuführen. Abs. 5 Nr. 2 regelt, dass der öffentliche Auftraggeber eine angemessene Frist zur Angebotsabgabe festlegen muss, die ua die Komplexität des Auftragsgegenstandes sowie die Dauer der Angebotserstellung berücksichtigt. Gemäß Abs. 5 Nr. 3 sind auch die Angebote unter der vom Auftraggeber gesetzten, ausreichenden Frist in Textform nach § 126b BGB einzureichen. Ihr Inhalt ist bis zur Angebotsöffnung geheim zu halten.

Auf die Dauer des Verfahrens betreffend die Einzelbeauftragung kann der Auftraggeber durch die Bestimmung der Frist für die Angebotsabgabe Einfluss nehmen. Angesichts der Zielsetzung von Rahmenvereinbarungen, Leistungen je nach Bedarf kurzfristig abrufen zu können, werden die einzuhaltenden **Fristen** deutlich unter denjenigen liegen können, welche üblicherweise bei der Durchführung eines Vergabeverfahrens zu beachten sind. Überlegenswert erscheint grundsätzlich eine erste Orientierung und Heranziehung der im Dringlichkeitsfall für die Abgabe der Angebote im nicht offenen Verfahren vorgesehenen Mindestfrist von 10 Tagen (vgl. § 16 Abs. 7).[116] Im Einzelfall, dh bei akutem, nicht vorhersehbarem und unaufschiebbarem Beschaffungsbedarf, kann auch die Festlegung einer Frist von deutlich unter einer Woche (dh ein oder zwei Tage) gerechtfertigt sein.[117] Regelmäßig wird die Frist, um einen fairen Wettbewerb zu gewährleisten und den Unternehmen die reale Möglichkeit zur Angebotsabgabe während ihres normalen Geschäftsgangs zu ermöglichen, aber mindestens mehrere Tage umfassen müssen.[118] Maßstab ist stets die Angemessenheit der Frist im Einzelfall; dies dient nicht nur dem Wettbewerb, sondern auch der Gewährleistung von Chancengleichheit.[119] Je kürzer die Frist bemessen wird, desto höher ist der Begründungs- und Dokumentationsbedarf.

VI. Zuschlagskriterien

1. Transparenzgebot: Nennung der Kriterien und deren Gewichtung für beide Stufen. Die Zuschlagskriterien müssen **von vornherein**, dh in den Vergabeunterlagen, festgelegt sein. Nach § 127 Abs. 5 GWB sind in den Vergabeunterlagen die Zuschlagskriterien einschließlich der Gewichtung zu nennen. Das gilt nicht nur für den Abschluss der Rahmenvereinbarung selbst, sondern auch die Zuschlagskriterien – und deren Gewichtung – für die Vergabe der einzelnen auf der Rahmenvereinbarung beruhenden Aufträge (Einzelaufträge).[120] An die jeweils benannten Zuschlagskriterien ist der Auftraggeber auf der 1. und auf der 2. Stufe gebunden.[121] Der Auftraggeber hat daher die Einzelaufträge an den Bieter zu vergeben, der auf der Grundlage der in der Auftragsbekanntmachung oder in den Vergabeunterlagen zur Rahmenvereinbarung festgelegten Zuschlagskriterien[122] das wirtschaftlichste Angebot vorgelegt hat.

2. Auswahlkriterien. Hinsichtlich der Rahmenvereinbarung ieS ergibt sich die Besonderheit, dass **zu zwei Zeitpunkten** eine Auswahlentscheidung getroffen werden muss, dh zunächst bei der Auswahl der Vertragspartner der Rahmenvereinbarung (Stufe 1) sowie anschließend bei der Auswahl des jeweiligen Vertragspartners hinsichtlich der einzelnen Einzelaufträge (Stufe 2). Anders als bei den Rahmenverträgen ieS (§ 21 Abs. 4 Nr. 1) sind bei den Rahmenvereinbarungen ieS (§ 21 Abs. 4 Nrn. 2 und 3) die Bedingungen für die Einzelbeauftragung lediglich durch die abstrakt formulierten Zuschlagskriterien festgelegt. Hier bedarf es also einer (weiteren) Entscheidung durch den Auftraggeber auf Grundlage der vorab benannten Zuschlagskriterien. Die Zuschlagskriterien sind mithin im konkreten Mini-Wettbewerb anzuwenden, wobei es einer

---

[115] Ausf. dazu *Poschmann* in Müller-Wrede VgV Rn. 140 ff.
[116] S. auch jurisPK-VergabeR/*Hillmann* Rn. 51, nach dem die Frist von 5 bis 10 Kalendertagen in der Regel angemessen ist. Für eine Orientierung an den allgemeinen Fristen der §§ 15 ff. VgV *Poschmann* in Müller-Wrede VgV Rn. 149.
[117] S. jurisPK-VergabeR/*Hillmann* Rn. 52 mit dem Hinweis, dass bei dringenden Medikamenten auch eine Angebotsfrist von wenigen Stunden genügen kann.
[118] S. *Knauff* VergabeR 2006, 24 (36); *Franke* ZfBR 2006, 546 (550 f.). Zu den Fristen auch *Schmidt/Kirch* VergabeNews 2020, 98 (100).
[119] *Poschmann* in Müller-Wrede VgV Rn. 150.
[120] S. bereits Europäische Kommission, Erläuterungen – Rahmenvereinbarung – klassische Richtlinie, CC/2005/03_rev1 v. 14.7.2005, Ziff. 2.2 a.E.
[121] jurisPK-VergabeR/*Hillmann* Rn. 57.
[122] S. *Poschmann* in Müller-Wrede VgV Rn. 160; *Kullack/Terner* ZfBR 2004, 244.

Bewertung der auf den jeweiligen Einzelauftrag bezogenen Angebote bedarf. Bei den Rahmenverträgen ieS ist dies anders: diese sind in der Sache „self executing" im Sinne des Fehlens einer weiteren zu treffenden Bewertungs-/Auswahlentscheidung; es kann bei diesen ohne eine weitere Wertung bzw. Auswahlentscheidung bestimmt werden, welcher der Rahmenvereinbarungspartner zum Zuge kommt, mithin den jeweiligen Einzelauftrag erhalten soll (beispielsweise beim sog. „Kaskadenprinzip" der erstplatzierte Anbieter, wenn dieser leistungsfähig und -willig ist sowie ein aktualisiertes (dh auf den jeweils konkreten Einzelauftrag bezogenes) Angebot abgibt).[123] Der Festlegung von Zuschlagskriterien für die 2. Stufe (Ebene der Einzelbeauftragung) bedarf es daher nur bei den Rahmenvereinbarungen ieS (§ 21 Abs. 4 Nrn. 2 und 3), nicht jedoch bei Rahmenverträgen ieS.

39 Für die Frage der Ausgestaltung der Zuschlagskriterien auf beiden Stufen lassen sich aus § 21 verschiedenen Rahmenbedingungen ableiten. Aus dem Wortlaut geht zunächst hervor, dass die Vergabebedingungen der ersten und zweiten Stufe nicht notwendigerweise identisch sein müssen, dass jedoch auch die Auswahlbedingungen für die zweite Stufe einer Rahmenvereinbarung ieS, wie in → Rn. 37 aufgeführt, bereits in den ursprünglichen (dh die Vergabe der Rahmenvereinbarung betreffenden) Vergabeunterlagen genannt werden müssen.[124] Der **Preis** muss, jedenfalls aus Sicht des Kartellvergaberechts, bei der Auswahl der Vertragspartner der Rahmenvereinbarung (Stufe 1) nicht stets zwingend eine Rolle als Zuschlagskriterium spielen.[125] Es ist daher vergaberechtlich grundsätzlich möglich, für den Abschluss der Rahmenvereinbarung ausschließlich qualitative Kriterien zwecks Ermittlung des wirtschaftlichsten Angebotes zugrunde zu legen und der Vergabe der einzelnen Aufträge anschließend nur das Kriterium des niedrigsten Preises anzuwenden.[126] Voraussetzung ist, dass dies den Bietern gegenüber in den Vergabeunterlagen der Rahmenvereinbarung transparent deutlich gemacht wird. Etwas anderes kann sich allerdings unter Berücksichtigung der haushaltsrechtlichen Grundsätze der Wirtschaftlichkeit und Sparsamkeit ergeben, wenn das vorgenannte Vorgehen befürchten lässt, dass nur Anbieter mit überhöhten Preisen Rahmenvereinbarungspartner werden. Maßgeblich dürfte daher sein, ob es sich um Leistungen handelt, die starken Schwankungen und Bandbreiten im Hinblick auf die Preise unterliegen. In diesem Fall ist es anzuraten, bereits auf der 1. Stufe (der Auswahl der Rahmenvereinbarungspartner) dem Gesichtspunkt des Preises zumindest dahingehend Rechnung zu tragen, dass ein **verbindlicher Höchstpreis** vorgegeben wird, der bei den Einzelangeboten und Einzelbeauftragungen zwingend einzuhalten ist. Möglich wäre es dann, im Mini-Wettbewerb das Maß der Unterschreitung des in der Rahmenvereinbarung festgesetzten Höchstpreises zu bewerten.[127] Maßgeblich ist jeweils der Einzelfall, wobei – wie erwähnt – die Preisgestaltung der Marktanbieter, die Art der Leistung und das Zusammenspiel zwischen den Zuschlagskriterien der beiden Ebenen bei der Festlegung eine Rolle spielen. Entscheidend ist, wie auch allgemein bei den „normalen" öffentlichen Aufträgen,[128] dass der Auftraggeber den ihm bei der Festlegung der Zuschlagskriterien zustehenden Beurteilungsspielraum nicht überschreitet.

40 Insbesondere für den Fall, dass der **Preis als Zuschlagskriterium** auf der ersten Stufe Berücksichtigung findet, wurde in der Literatur das Problem diskutiert, dass ein Unternehmen, welches bei der Vergabe der Rahmenvereinbarung das preislich wirtschaftlichste Angebot abgegeben hat, bei der Einzelauftragsvergabe sich erneut dem Wettbewerb mit Unternehmen stellen muss, die ursprünglich (preislich) schlechtere Angebote abgegeben haben. Teile der Literatur haben zur Auflösung des (scheinbaren) Widerspruchs vorgeschlagen, dass bei der Einzelauftragsvergabe zunächst der ursprünglich wirtschaftlichste Bieter zur Leistung aufzufordern sei und die nachrangigen Bieter erst dann konsultiert werden, wenn der erstplatzierte Bieter nicht leistungswillig oder -fähig ist.[129] Dieser Ansatz widerspricht jedoch dem nach dem Gesetz zwingend

---

[123] Zum sog. „Kaskadenprinzip" *Poschmann* in Müller-Wrede VgV Rn. 113; HK-VergabeR/*Schrotz* Rn. 135.
[124] *Poschmann* in Müller-Wrede VgV Rn. 161.
[125] So Europäische Kommission, Erläuterungen – Rahmenvereinbarung – klassische Richtlinie, CC/2005/03_rev1 v. 14.7.2005, Ziff. 3.4.
[126] Europäische Kommission, Erläuterungen – Rahmenvereinbarung – klassische Richtlinie, CC/2005/03_rev1 v. 14.7.2005, Ziff. 3.4.; s. im Hinblick auf die allgemeine Fragestellung, ob der Preis zwingend ein Zuschlagskriterium (mit einem gewissen, nicht völlig untergeordnetem, Gewicht) sein muss: *Wiedemann* in RKPP GWB § 127 Rn. 26 mwN (Preis bzw. die Kosten müssen bei der Auswahlentscheidung Niederschlag finden); anders jedoch Beck VergabeR/*Opitz* GWB § 127 Rn. 41.
[127] Vgl. *Poschmann* in Müller-Wrede VgV Rn. 161.
[128] Dazu OLG Düsseldorf Beschl. v. 27.6.2018 – VII-Verg 59/17, NZBau 2018, 696 (701); s. auch Beck VergabeR/*Opitz* GWB § 127 Rn. 33 mwN.
[129] Vgl. zur alten Rechtslage *Graef* NZBau 2005, 561 (569). *Gröning* VergabeR 2005, 156 (163), hat demgegenüber vorgeschlagen, auf der Ebene der Rahmenvereinbarung ausschließlich nach den Eignungskriterien auszuwählen und erst beim Einzelauftrag die Zuschlagskriterien anzuwenden. Dies dürfte unter Zugrundelegung der aktuellen Rechtslage nicht mehr möglich sein.

erforderlichen Verfahrensablauf für die Einzelauftragsvergabe. Danach nimmt der Auftraggeber mit allen leistungsfähigen Rahmenvereinbarungspartnern Kontakt auf und fordert diese zur Angebotsabgabe betreffend den Einzelauftrag auf (siehe § 21 Abs. 5 Nr. 1). Auch die allgemeine gesetzliche Ausgestaltung steht einem solchen Vorgehen entgegen. Entscheidet der Auftraggeber sich, eine Rahmenvereinbarung ieS (§ 21 Abs. 4 Nrn. 2 bzw. 3) mit mehreren Unternehmen abzuschließen, so folgt daraus die prinzipielle Notwendigkeit eines anschließenden Mini-Wettbewerbs unter den Vertragspartnern, wenn es um die Vergabe konkreter Einzelaufträge geht (ausgenommen davon ist bei der Konstellation des § 21 Abs. 4 Nr. 2 das Kontingent an Einzelaufträgen, welches ohne erneuten Wettbewerb vergeben wird). Der Rahmenvereinbarung mit mehreren Unternehmen ist es insoweit immanent, dass auf der ersten Stufe Unternehmen ausgewählt werden, deren Angebote in wirtschaftlicher Hinsicht unterschiedlich sind. Maßgeblich ist in diesem Zeitpunkt lediglich die Abgrenzung zu den Bietern, die nicht Rahmenvereinbarungspartner werden. Welches von den ausgewählten Unternehmen (= Rahmenvereinbarungspartner) das wirtschaftlich günstigste Angebot auf dieser Stufe abgegeben hat, ist grundsätzlich irrelevant für den anschließenden Mini-Wettbewerb auf der 2. Stufe. Um dem Wettbewerbsgrundsatz und dem Diskriminierungsverbot (§ 97 Abs. 1 und 2 GWB) Rechnung zu tragen, kann es allein darauf ankommen, dass die ausgewählten Partner (= Rahmenvereinbarungspartner) gegenüber den nicht ausgewählten Unternehmen wirtschaftlichere Angebote abgegeben haben.

Die in der Literatur diskutierte Problematik kann zum einen vermieden werden, wenn, 41 soweit zulässig (→ Rn. 38 f.), der Vergabeentscheidung auf der ersten Stufe andere Zuschlagskriterien als auf der zweiten Stufe (beispielsweise nicht der Preis, sondern qualitative Kriterien), zugrunde gelegt werden. Zum anderen kommt die **hybride Ausgestaltung** unter Zugrundelegung des § 21 Abs. 4 Nr. 2 in Betracht. Danach kann der Reihenfolge der Rahmenvereinbarungspartner bei dem Wettbewerb der 1. Stufe durch Zuordnung entsprechend unterschiedlich großer Kontingente (direkt) beauftragter Einzelaufträge Rechnung getragen werden. Die übrigen Aufträge könnten sodann durch einen unabhängigen Mini-Wettbewerb, dh im erneuten Wettbewerb zwischen den Rahmenvereinbarungspartnern vergeben werden.

VII. Laufzeit (Abs. 6)

Gemäß Abs. 6 beträgt die **maximale Laufzeit** einer Rahmenvereinbarung oberhalb der 42 Schwellenwerte grundsätzlich **vier Jahre (Regelhöchstlaufzeit).** Unterhalb der Schwellenwerte kann die Höchstlaufzeit nach § 15 Abs. 4 UVgO grundsätzlich sechs Jahre betragen. Laufzeit ist dabei der Zeitraum, innerhalb dessen der Abschluss von Einzelverträgen möglich ist. Dabei kommt es lediglich darauf an, dass der Abschluss des Einzelvertrages innerhalb der Laufzeit erfolgt. Da die Laufzeit kalkulationserheblich ist, muss sie in der Rahmenvereinbarung angegeben, dh bereits zu Beginn des Vergabeverfahrens der 1. Stufe offengelegt werden. Der Zeitpunkt der abzurufenden Einzelleistungen (Liefertermine etc) braucht hingegen nicht genannt zu werden.

Die Vertragsausführung (dh die Leistungserbringung) kann auch noch nach dem Auslaufen 43 der Rahmenvereinbarung erfolgen.[130] Die auf der Rahmenvereinbarung basierenden Einzelaufträge müssen mithin nicht der gleichen Laufzeit unterliegen wie die Rahmenvereinbarung selbst.[131] Wenn ein Einzelauftrag auf Grundlage einer alsbald auslaufenden Rahmenvereinbarung erteilt wird, bleibt er (scil. der Einzelauftrag) auch über den Zeitpunkt der Beendigung der Rahmenvereinbarung hinaus wirksam und die Leistung ist entsprechend zu erbringen. Gleichwohl ist die Laufzeit der Einzelverträge nicht unbegrenzt. Das ergibt sich bereits aus dem Wettbewerbsgrundsatz. Die Laufzeit des Einzelvertrages muss zumindest im Zusammenhang mit dem in der Rahmenvereinbarung abgebildeten Beschaffungsbedarf stehen. Andernfalls kommt das Eingreifen des Missbrauchseinwands in Betracht.

Die vierjährige Regelhöchstgrenze für die Rahmenvereinbarung darf nur **in begründeten** 44 **Sonderfällen** aus sachlichen Gründen überschritten werden, wenn dies aufgrund des Auftragsgegenstands oder anderer besonderer Umstände gerechtfertigt ist. Ein zulässiges Ausnahmekriterium kann etwa ein besonders hohes Investitionsvolumen sein, mit dem der Bieter in Vorleistung geht, und das für ihn ein nennenswertes Risiko darstellt sowie sich nur langfristig amortisiert.[132] Reine Wirtschaftlichkeitsvorteile (beispielsweise das Sinken der monatlichen Fixkosten bei längerer Ver-

---

[130] S. Willenbruch/Wieddekind/*Haak*/*Koch* Rn. 21; *Poschmann* in Müller-Wrede VgV Rn. 170; Ziekow/Völlink/*Völlink*/*Kraus* Rn. 26.
[131] So auch *Poschmann* in Müller-Wrede VgV Rn. 170; Ziekow/Völlink/*Völlink*/*Kraus* Rn. 26; vgl. auch Erwägungsgrund 62 Abs. 1 RL 2014/24/EU.
[132] Vgl. Erwägungsgrund 62 Abs. 2 RL 2014/24/EU; *Poschmann* in Müller-Wrede VgV Rn. 168; Ziekow/Völlink/*Völlink*/*Kraus* Rn. 25. Zur Vorgängerregelung s. *Graef* NZBau 2005, 561 (567); *Knauff* VergabeR 2006, 24 (29 f.).

tragsdauer) oder auch eine allgemeine Branchenüblichkeit genügen hingegen nicht.[133] Letztlich muss die lange Vertragslaufzeit notwendig sein, um eine Wirtschaftlichkeit aus Sicht des/der Auftragnehmer erst zu ermöglichen.[134] Auch im Falle eines solchen Grundes darf jedoch die Vertragsdauer nicht nach freiem Belieben festgelegt werden, sondern muss als solche, insbesondere mit Blick auf den Beschaffungsgegenstand angemessen sein. Aus der Laufzeit darf jedenfalls keine dauerhafte Marktabschottung resultieren.[135] Eine die Regellaufzeit überschreitenden Vertragsdauer kommt beispielsweise im Bereich ÖPNV/SPNV in Betracht.[136] Ebenso liegt es bei umfangreichen Entwicklungsleistungen, die nicht vergütet werden. Ist der Auftragsgegenstand ein Standardgerät (beispielsweise Drucker bzw. Druckerzubehör[137]) spricht dies wiederum gegen die Zulässigkeit einer Laufzeit von mehr als vier Jahren.[138]

45 Eine längere Laufzeit als vier Jahre kann auch vorliegen, wenn zwar die Grundlaufzeit diese Grenze nicht erreicht, der Auftraggeber aber einseitige Verlängerungsoptionen festgelegt hat. Nach Sinn und Zweck des § 21 Abs. 6 (Verhinderung einer unangemessen langen Marktabschottung) muss auch in dieser Konstellation eine besondere Begründung für die potenzielle Gesamtvertragslaufzeit (Grundlaufzeit und Verlängerungszeitraum) vorliegen. Für die Berücksichtigung des Verlängerungszeitraums spricht zudem der in § 3 Abs. 1 S. 2 enthaltene Rechtsgedanke, nach welchem Optionen bei der vergaberechtlichen Bewertung (bei § 3 Abs. 1 S. 2 der Ermittlung des Auftragswertes) einzubeziehen sind. Ebenso wie das in § 21 Abs. 1 S. 3 ausdrücklich normierte Missbrauchsverbot soll insoweit eine Aushebelung der vergaberechtlichen Vorgaben durch Vertragskonstruktionen, vorliegend die Aufspaltung der Gesamtlaufzeit in Grund- und Verlängerungszeitraum, verhindert werden. Für die Frage der Einhaltung der Vorgaben an die Vertragslaufzeit ist daher die gesamte potenziell mögliche Vertragsdauer (dh inkl. Verlängerungsoptionen) in den Blick zu nehmen. Zudem ist zu beachten, dass eine lange Laufzeit der Option für den Auftragnehmer unzumutbar sein kann.

46 Bei personenbezogenen Dienstleistungen im Bereich der sozialen und anderen besonderen Dienstleistungen ist nach § 65 Abs. 2 eine Laufzeit von bis zu sechs Jahren möglich.

VIII. Rechtsschutzfragen

47 Die Frage des Rechtsschutzes gegen Entscheidungen des Auftraggebers im Zusammenhang mit dem Abschluss von Rahmenvereinbarungen ist gesetzlich nicht ausdrücklich geregelt. Nach § 155 GWB unterliegt die Vergabe öffentlicher Aufträge und von Konzessionen der Nachprüfung. Das ist richtlinienkonform so auszulegen, dass auch die **Vergabe von Rahmenverträgen** dem vergaberechtlichen Primärrechtsschutz unterliegt. Zwar unterscheiden die Vergaberichtlinien zwischen öffentlichen Aufträgen und Rahmenvereinbarungen. Auch haben die Rahmenverträge noch keine konkrete Liefer- oder Dienstleistung zum Gegenstand, da der Abruf der Leistung erst durch die Einzelaufträge erfolgt. Für eine Überprüfbarkeit im Nachprüfungsverfahren und damit effektiven und raschen Rechtsschutz spricht jedoch der gemeinschaftsrechtliche Auslegungsgrundsatz des **effet utile**.[139] Bieter, die nicht für den Abschluss des Rahmenvertrages ausgewählt werden, haben ein schützenswertes Interesse, diese Entscheidung überprüfen zu lassen. Daher ist die Auswahlentscheidung der Vergabestelle, mit welchen Bietern sie eine Rahmenvereinbarung abschließt, durch die Nachprüfungsinstanzen im vergaberechtlichen Primärrechtsschutz überprüfbar.[140] Allerdings ist gem. § 37 Abs. 1 S. 1 nur der (beabsichtigte) Abschluss von Rahmenvereinbarungen bekannt zu machen, nicht hingegen der Abschluss von Einzelaufträgen.

48 Auch für **Einzelaufträge** ist das vergaberechtliche Nachprüfungsverfahren eröffnet, insbesondere sofern der Abruf eines Einzelauftrages mit einem Wettbewerb zwischen den Rahmenvereinbarungspartnern (Mini-Wettbewerb) verbunden ist.[141] Das gilt auch dann, wenn der Wert des Einzelauftrages nicht den maßgeblichen EU-Schwellenwert erreicht.[142] Gegen eine Überprüfbarkeit würde

---

[133] OLG Düsseldorf Beschl. v. 11.4.2012 – VII-Verg 95/11, BeckRS 2012, 10051; *Poschmann* in Müller-Wrede VgV Rn. 168 mwN; Ziekow/Völlink/*Völlink/Kraus* Rn. 25.
[134] *Poschmann* in Müller-Wrede VgV Rn. 168 mwN.
[135] S. *Franke* ZfBR 2006, 546 (547); s. im Hinblick auf die Einzelaufträge Ziekow/Völlink/*Völlink/Kraus* Rn. 26.
[136] jurisPK-VergabeR/*Hillmann* Rn. 62.
[137] S. VK Bund Beschl. v. 9.5.2014 – VK 2-33/14, BeckRS 2014, 16039.
[138] HK-VergabeR/*Schrotz* Rn. 163.
[139] So bereits *Franke* ZfBR 2006, 546 (548); *Machwirth* VergabeR Sonderheft 2a/2007, 385 (392).
[140] Allgemeine Meinung; s. nur Ziekow/Völlink/*Völlink/Kraus* Rn. 27 mwN; *Poschmann* in Müller-Wrede VgV Rn. 175 mwN; aus der Rspr.: OLG Düsseldorf Beschl. v. 8.3.2005 – Verg. 40/04, IBRRS 2005, 1142.
[141] Vgl. *Friton/Meister* FS Marx, 2013, 129 (139); *Portz* VergabeR 2014, 523 (523 f.).
[142] Ziekow/Völlink/*Völlink/Kraus* Rn. 27. Anders aber, wenn ein Auftrag lediglich „unter dem Deckmantel" einer Rahmenvereinbarung – mithin völlig außerhalb des bestehenden Rahmenvereinbarungssystems und dem damit gezogenen Anwendungsbereich – (direkt) erteilt werden soll; in diesem Fall muss der Einzelauftrag den maßgeblichen Schwellenwert erreichen (s. HK-VergabeR/*Schrotz* Rn. 169).

zwar sprechen, dass es für die Vergabe der Einzelaufträge nach Art. 33 Abs. 5 RL 2014/24/EU keiner Durchführung eines förmlichen Vergabeverfahrens mit Bekanntmachung im Amtsblatt der EU bedarf. Wenn entsprechende Bedingungen im Rahmenvertrag festgelegt sind, kann der Einzelauftrag insoweit sogar direkt vergeben werden. Der mit der möglichen Einzelbeauftragung bezweckte Effizienzgewinn[143] würde zudem geringer ausfallen. Für eine Überprüfbarkeit spricht aber auch hier das Gebot effektiven Rechtsschutzes im Vergaberecht. Die anwendbaren vergaberechtlichen Bestimmungen, die im gesamten Verfahren zu beachten sind, können auch auf der Ebene der Einzelbeauftragung verletzt werden. Vergaberechtliche Fehler bei der Einzelauftragsvergabe können daher von den Vergabenachprüfungsinstanzen überprüft werden.[144] Soweit darauf verwiesen wird, dass die Mitgliedstaaten nach der RL 2007/66 keine obligatorische Stillhaltefrist bei der Einzelbeauftragung vorsehen müssen,[145] ist darauf hinzuweisen, dass es sich lediglich um eine den Mitgliedstaaten eingeräumte Option handelt, von der die Bundesrepublik Deutschland jedoch keinen Gebrauch gemacht hat.[146] Dieses Argument verfängt daher zum einen nicht, weil die in § 134 GWB enthaltene Informations- und Wartepflicht auch auf die Einzelauftragsvergabe Anwendung findet.[147] Zum anderen wäre auch nicht nachvollziehbar, weshalb der Rechtsweg nur deswegen versagt werden sollte, weil es an einer anderen bieterschützenden Norm fehlt; insoweit wäre es nicht einsichtig, warum die Stellung des benachteiligten Bieters weiter als eigentlich vorgesehen beschnitten werden sollte.

Hinzuweisen ist allerdings darauf, dass die Verletzung des Verfahrens zur Vergabe der auf der Rahmenvereinbarung beruhenden Einzelaufträge nur durch die an der Rahmenvereinbarung beteiligten Unternehmen geltend gemacht werden kann, da unbeteiligte Dritte (dh Unternehmen, die nicht Rahmenvertragspartner sind) keine Chance auf Erteilung des Zuschlags für den Einzelauftrag haben.[148] Einen Anspruch auf Einhaltung des in § 21 Abs. 4 und 5 vorgegebenen Verfahrens, insbesondere der Regelungen zum Mini-Wettbewerb, haben insoweit nur die Rahmenvereinbarungspartner.[149] 49

Ein weiterer Kreis potenzieller Antragsteller, mithin antragsbefugter Unternehmen, ergibt sich jedoch, wenn die Einzelbeauftragung überhaupt nicht von der Rahmenvereinbarung gedeckt ist. In diesem Fall handelt es sich um eine **de-facto Vergabe,** gegen die nach Maßgabe und innerhalb der Fristen des § 135 GWB ebenfalls im Wege eines Nachprüfungsverfahrens vorgegangen werden kann[150] und zwar auch durch Unternehmen, die nicht an der Rahmenvereinbarung beteiligt sind.[151] Eine solche de-facto Vergabe liegt ua vor, wenn der Einzelauftrag in wesentlichen Aspekten von den Festlegungen der Rahmenvereinbarung abweicht oder von der zuvor angegebenen Höchstmenge nicht mehr gedeckt ist (und auch kein Fall des § 132 GWB vorliegt).[152] 50

§ 22 Grundsätze für den Betrieb dynamischer Beschaffungssysteme

(1) Der öffentliche Auftraggeber kann für die Beschaffung marktüblicher Leistungen ein dynamisches Beschaffungssystem nutzen.

(2) Bei der Auftragsvergabe über ein dynamisches Beschaffungssystem befolgt der öffentliche Auftraggeber die Vorschriften für das nicht offene Verfahren.

(3) ¹Ein dynamisches Beschaffungssystem wird ausschließlich mithilfe elektronischer Mittel eingerichtet und betrieben. ²Die §§ 11 und 12 finden Anwendung.

(4) ¹Ein dynamisches Beschaffungssystem steht im gesamten Zeitraum seiner Einrichtung allen Bietern offen, die die im jeweiligen Vergabeverfahren festgelegten Eignungskriterien erfüllen. ²Die Zahl der zum dynamischen Beschaffungssystem zugelassenen Bewerber darf nicht begrenzt werden.

(5) Der Zugang zu einem dynamischen Beschaffungssystem ist für alle Unternehmen kostenlos.

---

[143] Vgl. RL 2007/66, ABl. 2007 L 335, 31 Rn. 9.
[144] HM; s. VK Rheinland Beschl. v. 23.6.2020 – VK 15/20 – K, BeckRS 2020, 47141 Rn. 13 mwN; Ziekow/Völlink/*Völlink/Kraus* Rn. 27; *Poschmann* in Müller-Wrede VgV Rn. 176 mwN; ebenso bereits *Machwirth* VergabeR Sonderheft 2a/2007, 385 (393).
[145] So *Rosenkötter/Seidler* NZBau 2007, 684 (690).
[146] Vgl. Ziekow/Völlink/*Völlink/Kraus* Rn. 27.
[147] S. Ziekow/Völlink/*Völlink/Kraus* Rn. 27.
[148] *Poschmann* in Müller-Wrede VgV Rn. 178.
[149] *Poschmann* in Müller-Wrede VgV Rn. 178; aA Beck VergabeR/*Biemann* Rn. 42.
[150] Vgl. KG Beschl. v. 13.9.2012 – Verg 4/12, BeckRS 2012, 21956.
[151] Ziekow/Völlink/*Völlink/Kraus* Rn. 28; *Poschmann* in Müller-Wrede VgV Rn. 178.
[152] S. Ziekow/Völlink/*Völlink/Kraus* Rn. 28.

Übersicht

	Rn.		Rn.
I. Regelungsgehalt und Überblick	1	IV. Anwendung der Vorschriften für das nicht offene Verfahren (Abs. 2)	21
II. Systematische Stellung und Zweck der Norm	2	V. Verwendung elektronischer Mittel (Abs. 3)	24
III. Begriff des dynamischen Beschaffungssystems (Abs. 1)	4	VI. Offenheit des Systems für alle geeigneten Bieter (Abs. 4)	28
1. Definition und Ablauf	4	1. Offenheit auf Bieterseite	28
2. Zeitliche Befristung	5	2. Offenheit auf Auftraggeberseite	31
3. Elektronisches Verfahren	7	VII. Kostenloser Zugang (Abs. 5)	36
4. Marktüblichkeit der Leistungen	8	VIII. Bieterschutz	37
5. Vergleich mit Einzelbeschaffungen im nicht offenen Verfahren und Rahmenverträgen	16		

I. Regelungsgehalt und Überblick

1 § 22 konkretisiert die Regelung in § 120 Abs. 1 GWB, mit der die Zulässigkeit der Verwendung eines „**dynamischen Beschaffungssystems**" zur Bedarfsdeckung geregelt ist. Die Regelung des § 22 führt die Grundsätze aus, die bei der Einrichtung und beim Betrieb eines solchen Beschaffungssystems zu beachten sind. Abs. 1 wiederholt die Zulässigkeit des Systems aus der **Regelung nach § 120 GWB**. Nach Abs. 2 gelten für die Auftragsvergabe über ein dynamisches Beschaffungssystem die **Vorschriften des nicht offenen Verfahrens**. Abs. 3 konstituiert die **ausschließliche Verwendung elektronischer Mittel** für Einrichtung und Betrieb eines solchen Systems. Die **Offenheit des Systems** für alle geeigneten Bieter ist in Abs. 3, der **Grundsatz des kostenlosen Zugangs** in Abs. 4 geregelt.

II. Systematische Stellung und Zweck der Norm

2 Die Norm konkretisiert, wie bereits erwähnt, die Regelung in § 120 Abs. 1 GWB, die ihrerseits Art. 34 RL 2014/24/EU umsetzt. Ergänzt wird die Regelung durch die §§ 23 und 24, die weitere Bestimmungen zum dynamischen Beschaffungssystem enthalten. Gemeinsam mit den Bestimmungen zu Rahmenvereinbarungen (§ 21), zu elektronischen Auktionen (§§ 26 ff.) und zu elektronischen Katalogen (§ 27) bilden die Normen den 2. Unterabschnitt, der die Regelungen zu „**besonderen Methoden und Instrumenten**" in Vergabeverfahren beinhaltet. Bei diesen besonderen Methoden handelt es sich um Abwandlungen der üblichen Vergabeverfahren, die sich gezielt die Möglichkeiten der elektronischen Kommunikation zunutze machen, um Verfahrensabläufe zu gestalten, die mit herkömmlichen Kommunikationsmitteln nicht oder nur mit unverhältnismäßigem Aufwand darstellbar wären.[1] Vergleichbare Regelungen finden sich in §§ 20 ff. SektVO. In der VOB/A enthält § 4b EU Abs. 1 VOB/A den Hinweis, dass ein öffentlicher Auftraggeber unter den Voraussetzungen der §§ 22–24 für die Beschaffung marktüblicher Leistungen ein dynamisches Beschaffungssystem nutzen kann. Die KonzVgV enthält keinen Hinweis auf ein dynamisches Beschaffungssystem. Für den Unterschwellenbereich enthält § 17 UVgO eine entsprechende Regelung.[2]

3 Zweck der Norm ist die Regelung von **Grundsätzen für den Betrieb dynamischer Beschaffungssysteme**. Sie wird ergänzt durch besondere Bestimmungen zum Betrieb (§ 23) und zu Fristen in dynamischen Beschaffungssystemen (§ 24). Die Regelungen der VgV setzen die Vorgaben der RL 2014/24/EU um. In dieser wurde das dynamische Beschaffungsverfahren im Vergleich zur Vergabe-RL 2004 deutlich vereinfacht, in dem es als eine modifizierte Version des nicht offenen Verfahrens ausgestaltet wurde.[3] Hintergrund ist, dass das dynamische Beschaffungssystem in seiner Ausgestaltung als offenes Verfahren in der Vergabe-RL 2004 und deren Umsetzung in § 5 EG VOL/A (aF) in der Praxis fast überhaupt nicht angewendet wurde.[4] Der Richtliniengeber hielt bei der Neufassung der Richtlinien aber an dem dynamischen Beschaffungssystem fest. Er sieht darin eine Chance, dem öffentlichen Auftraggeber eine besonders breite Palette von Angeboten zu ermöglichen

---

[1] Dieckmann/Scharf/Wagner-Cardenal/*Wendt* Rn. 3.
[2] Zum Überblick auch Beck VergabeR/*Seidel* GWB § 120 Rn. 11 ff.; HK-VergabeR/*Berger* GWB § 120 Rn. 2.
[3] Erwägungsgrund 63 RL 2014/24/EU; zur Entstehungsgeschichte s. vertiefend auch: Dieckmann/Scharf/Wagner-Cardenal/*Wendt* Rn. 7 ff.
[4] Dieckmann/Scharf/Wagner-Cardenal/*Wendt* Rn. 1; *Schäfer* NZBau 2015, 131 (136).

und damit sicherzustellen, dass die öffentlichen Gelder im Rahmen eines breiten Wettbewerbs optimal eingesetzt werden.[5] Einen besonderen praktischen Anwendungsfall sieht der Richtliniengeber im Betrieb eines dynamischen Beschaffungssystems durch zentrale Beschaffungsstellen (→ Rn. 21).[6] In der Praxis besteht aber immer noch große Zurückhaltung mit der Einrichtung dynamischer Beschaffungssysteme. Ein Grund dafür mag darin bestehen, dass es – soweit ersichtlich – bislang keine Rechtsprechung zu den §§ 22 ff. gibt, sodass viele Rechtsfragen noch nicht abschließend geklärt sind.[7] Ferner standen der praktischen Akzeptanz bislang die erhebliche Komplexität entgegen und die Tatsache, dass eine elektronische Abwicklung der Vergabeverfahren erfordert wird, auf die die Vergabestellen in der Vergangenheit vor der Verpflichtung zur Einrichtung der e-Vergabe im Jahre 2018 überwiegend nicht eingerichtet waren.[8]

III. Begriff des dynamischen Beschaffungssystems (Abs. 1)

1. Definition und Ablauf. Nach Abs. 1 kann der öffentliche Auftraggeber für die Beschaffung marktüblicher Leistungen ein „**dynamisches Beschaffungssystem**" nutzen. Ein dynamisches Beschaffungssystem ist nach der **Definition** des § 120 Abs. 1 GWB ein zeitlich befristetes, ausschließlich elektronisches Verfahren zur Beschaffung marktüblicher Leistungen, bei denen die allgemein auf dem Markt verfügbaren Merkmale den Anforderungen des öffentlichen Auftraggebers genügen. Maßgeblich für die Definition sind also die zeitliche Befristung, die Vorgabe des elektronischen Verfahrens sowie die Marktüblichkeit der Leistungen.

2. Zeitliche Befristung. Die **zeitliche Befristung** ist Teil der Definition des dynamischen Beschaffungssystems. Die Dynamik des Verfahrens wird gerade dadurch begründet, dass der Bedarf nicht mit einem einmaligen Beschaffungsgegenstand befriedigt wird, sondern sich über einen bestimmten Zeitraum stets erneuert. Gleichzeitig besteht für alle geeigneten Bewerber grundsätzlich die Möglichkeit der Teilnahme, dh es können im Laufe des Bestehens des dynamischen Beschaffungssystems stets neue Bewerber hinzutreten.

Die **Länge der zeitlichen Befristung** ist nach § 23 Abs. 1 bereits in der Auftragsbekanntmachung anzugeben. Im Gegensatz zu der Regelung in der Vergabe-RL 2004 und ihrer Umsetzung in § 5 EG VOL/A (aF) ist die Laufzeit weder in den Bestimmungen der RL 2014/24/EU noch in deren Umsetzung in §§ 22 ff. auf vier Jahre begrenzt (Art. 24 Abs. 1 RL 2014/24/EU).[9] In der Literatur wird daher nunmehr zT angenommen, der Auftraggeber habe die „freie Wahl", wie lang er die zeitliche Befristung wählt.[10] Richtig ist, dass die Bestimmungen des GWB und der VgV keine ausdrückliche Begrenzung vorsehen. Faktisch ist das Wahlrecht des Auftraggebers aber dadurch begrenzt, dass neben der Zeitbegrenzung in der Auftragsbekanntmachung nach § 23 Abs. 1 in der Vergabeunterlagen nach § 23 Abs. 3 die Art und die geschätzte Menge der zu beschaffenden Leistungen anzugeben sind. Diese Vorschriften dienen der Transparenz.[11] Eine zeitliche Begrenzung kann daher nur in dem Rahmen erfolgen, in dem Art und Menge der angestrebten Beschaffung noch realistisch zu schätzen sind. Keinesfalls darf die Länge der Laufzeit so ausufernd lang gewählt werden, dass die gesetzliche Vorgabe der Begrenzung unterlaufen und damit Umgehungen geschaffen werden. Anderenfalls würden die Angaben den Anforderungen an die Transparenz nicht genügen. Sofern also das dynamische Beschaffungssystem länger als vier Jahre dauert (vgl. § 21 Abs. 6 zur Begrenzung der Laufzeit von Rahmenvereinbarungen), bestehen hohe Anforderungen an die Darlegung der Art und Menge der angestrebten Beschaffung iSd § 23 Abs. 3. Die Begründungspflicht geht aber mangels ausdrücklicher Regelung nicht so weit wie bei den Rahmenvereinbarungen, bei denen nach § 21 Abs. 6 Überschreitung der 4-Jahres-Grenze ein im Gegenstand der Rahmenvereinbarung begründeter Sonderfall nachgewiesen werden muss.

3. Elektronisches Verfahren. Nach der Definition des § 120 GWB ist das dynamische Beschaffungsverfahren ferner ein „**ausschließlich elektronisches Verfahren**". Das entspricht dem neuen Grundsatz der elektronischen Kommunikation in § 97 Abs. 5 GWB. Eine nähere Ausgestaltung ist hierzu in Abs. 3 zu finden.

4. Marktüblichkeit der Leistungen. Ein dynamisches Beschaffungssystem ist nach der Legaldefinition des § 120 GWB nur auf die **Beschaffung marktüblicher Leistungen** anwendbar. Für

---
[5] Erwägungsgrund 63 RL 2014/24/EU.
[6] Vgl. Erwägungsgrund 63 RL 2014/24/EU, Art. 37 RL 2014/24/EU.
[7] Vgl. BeckOK VergabeR/*Zimmermann*, 18. Ed. 30.4.2020, Rn. 5; Dieckmann/Scharf/Wagner-Cardenal/*Wendt* Rn. 5.
[8] Dieckmann/Scharf/Wagner-Cardenal/*Wendt* Rn. 6.
[9] Dazu *Amelung* in Müller-Wrede GWB § 120 Rn. 14.
[10] *Amelung* in Müller-Wrede GWB § 120 Rn. 14.
[11] *Hölzl* in KKMPP § 23 Rn. 21.

die Zulässigkeit eines dynamischen Beschaffungssystems ist der Begriff der „marktüblichen Leistung" daher zentral. Eine konkrete gesetzliche Definition, welche Leistungen darunterfallen, gibt es jedoch nicht. Das führt in der Praxis zu Unsicherheiten.

9 Der Begriff der Marktüblichkeit iSd § 22 ist enger als der Begriff der Marktgängigkeit, wie er zum Beispiel in § 4 VO PR Nr. 30/53 verwendet wird. Der Begriff der Marktgängigkeit setzt lediglich das Vorhandensein eines (allgemeinen oder besonderen) Marktes voraus, auf dem eine wettbewerbliche Preisbildung besteht.[12] Marktübliche Leistungen sind demnach stets auch marktgängig. „Marktüblich" ist aber schon sprachlich nicht jede Leistung, für die ein Markt besteht, die also marktgängig ist. § 120 GWB versteht deshalb unter marktüblichen Leistungen solche, bei denen die allgemein auf dem Markt verfügbaren Merkmale den Anforderungen des öffentlichen Auftraggebers genügen. Das ist nach allgemeiner Ansicht der Fall, wenn die angeforderten Leistungen durch verkehrsübliche Bezeichnungen nach Art, Beschaffenheit und Umfang hinreichend beschreibbar sind, dh eine Standardisierung der Leistung erfolgen kann.[13] Dem entspricht, dass im dynamischen Beschaffungssystem nach § 22 Abs. 2 iVm § 16 Abs. 9, § 15 Abs. 5 ein Verhandlungsverbot besteht, sodass die Leistung während des Verfahrens nicht auf die individuellen Bedürfnisse des Auftraggebers angepasst werden darf. Voraussetzung ist damit, dass die Beschaffung solcher Waren oder Leistungen beabsichtigt wird, die unmittelbar und gebrauchsfertig am Markt erhältlich sind.[14]

10 Ein dynamisches Beschaffungssystem ist damit besonders geeignet für die Vergabe von Lieferaufträgen über Massenverbrauchsgüter, vor allem zur wiederholten Deckung eines wiederkehrenden Bedarfs. **Beispiele** für derartige Leistungen sind die Lieferung von Reinigungsmitteln, Hygieneprodukten, Verbrauchsmaterial, Büromaterial, standardisierte PC-Hardware und Software, mobile Endgeräte, Büromöbel, Kraftfahrzeuge, Streusalz und Dienstleistungen wie einfache Reparatur- und Ausbesserungsarbeiten, Personaldienstleistungen, Reinigungsdienste, Winterdienste, Transportaufträge und Weiterbildungsmaßnahmen für Berufstätige.[15]

11 Nicht zwingend erforderlich ist aber, dass die Leistungen zu einem hohen Grad austauschbar sein müssen. Insbesondere fordert § 22 Abs. 1 nicht, dass es sich um reine Massengüter handeln muss. Es muss lediglich ein Mindestmaß an standardisierter Beschreibbarkeit der erforderlichen Leistung möglich sein.[16] Deswegen werden auch IT-Dienstleistungen oder Weiterbildungsmaßnahmen für Berufstätige als geeignet für ein dynamisches Beschaffungssystem angesehen,[17] obwohl diese stets geistig-schöpferische Elemente enthalten und zumindest einen Anteil an Individualisierung voraussetzen. Die Abgrenzung, ob eine Leistung mit individuellen oder geistig-schöpferischen Elementen noch hinreichend standardisiert sein kann für ein dynamisches Beschaffungssystem, ist im Einzelfall schwierig.

12 Fest steht aber, dass auch **individuelle Leistungen** wie **Bauleistungen** oder geistig-schöpferische Leistungen nicht von Vornherein einem dynamischen Beschaffungssystem entzogen sind. Das dynamische Beschaffungssystem ist nämlich nach § 22 iVm § 4b EU VOB/A auch für die Vergabe von Bauleistungen grundsätzlich anwendbar. Bauleistungen haben stets einen individuellen Anteil. Bei der Vergabe von Bauaufträgen nach § 22 kann es sich aber wegen der geforderten Standardisierbarkeit nur um einfache Bauleistungen handeln, die nicht erfordern, dass sie überwiegend individuell auf die Anforderungen des Auftraggebers eingegangen wird.[18]

13 Gleiches muss für **geistig-schöpferische Leistungen** gelten. In aller Regel werden geistig-schöpferische Leistungen ein erhebliches Maß an konzeptioneller oder planerischer Vorarbeit erfordern, sodass sie stark individualisiert sind und regelmäßig nicht dem Anwendungsbereich dynamischer Beschaffungssysteme unterfallen werden.[19] Allerdings können auch ganz einfache geistig-schöpferische Leistungen den allgemeinen Anforderungen des öffentlichen Auftraggebers genügen und damit marktüblich iSv § 120 GWB und § 22 sein.

14 Hier kann die alte Abgrenzung der Anwendbarkeit der VOF zur Anwendung der VOL/A hilfsweise herangezogen werden. Danach waren freiberufliche Leistungen, die sich durch eine geistig-schöpferische Tätigkeit auszeichneten, nicht nach der VOF, sondern nach der VOL/A auszuschreiben, wenn sie abschließend beschreibbar waren. So war beispielsweise für die Vergabe von Architekten- und Ingenieurleistungen anerkannt, dass die Leistungen vorab nicht eindeutig und erschöpfend

---

[12] Brüning → VO PR Nr. 30/53 § 4 Rn. 6; Michaelis/Rhösa/*Pauka* VO PR Nr. 30/53 § 4 Ziff. B.I.
[13] Dieckmann/Scharf/Wagner-Cardenal/*Wendt* Rn. 15.
[14] Erwägungsgrund 64 RL 2014/24/EU; Dieckmann/Scharf/Wagner-Cardenal/*Wendt* Rn. 15.
[15] Ziekow/Völlink/*Bernhardt* Rn. 7.
[16] BeckOK VergabeR/*Zimmermann*, 18. Ed. 30.4.2020, Rn. 12.
[17] Ziekow/Völlink/*Bernhardt* Rn. 7.
[18] Vgl. auch Dieckmann/Scharf/Wagner-Cardenal/*Wendt* Rn. 16.
[19] Beck VergabeR/*Wanderwitz* Rn. 10; *Müller* NZBau 2011, 72 (73).

beschreibbar sind, wenn ein Vollauftrag (Leistungsphasen 1/2–8/9 HOAI) erteilt werden sollte. Dies ergab sich daraus, dass hierbei der Planungsanteil, der den überwiegenden Anteil des Vollauftrags ausmachte, von einer geistig-schöpferischen Tätigkeit geprägt war und sich somit einer Beschreibbarkeit entzog.[20] Entsprechend ist ein dynamisches Beschaffungssystem für Aufträge, die nicht abschließend beschreibbar sind, wie Vollaufträge an Architekten oder Ingenieure, mangels Marktüblichkeit unzulässig.

Dagegen galt zB für die isolierte Vergabe der Objektüberwachung (entsprechend Leistungs- 15 phase 8 HOAI) grundsätzlich, dass die VOL/A anzuwenden war, da die Leistung regelmäßig eindeutig beschreibbar sei. Lediglich wenn ganz besondere Anforderungen an den Objektüberwacher gestellt wurden, die eine Beschreibbarkeit der Leistung nicht ermöglichen, konnte die VOF Anwendung finden.[21] Daraus folgt, dass dynamisches Beschaffungssystem für solche geistig-schöpferischen Leistungen zulässig sein muss, die **abschließend beschreibbar** sind und **keine besonderen individuellen Anforderungen** an die Leistung stellen. Das kann zB für einfache IT-Dienstleistungen wie „Floor Walker" zur Unterstützung beim Rollout einer neuen Software oder einfachen Programmieraufträgen der Fall sein. Ebenso können wenig individuelle Schulungsleistungen oder Weiterbildungsmaßnahmen für Berufstätige im dynamischen Beschaffungssystem beschafft werden.[22]

5. Vergleich mit Einzelbeschaffungen im nicht offenen Verfahren und Rahmenverträ- 16 **gen.** Das dynamische Beschaffungssystem ähnelt einerseits der Einzelbeschaffungen in nicht offenen Verfahren, andererseits der Rahmenvereinbarung mit mehreren Unternehmen: Im **Vergleich mit der Einzelbeschaffung im nicht offenen Verfahren** nach § 16 ähnelt das dynamische Beschaffungssystem diesem darin, dass es ein zweistufiges Verfahren ohne Verhandlungsmöglichkeit darstellt: In einer **ersten Stufe** veröffentlicht der öffentliche Auftraggeber seine Absicht, ein dynamisches 17 Beschaffungssystem einzurichten und gibt dabei auch die Kriterien zur Eignung an, die ein Unternehmen erfüllen muss, um aufgenommen zu werden. Darauf stellen die Unternehmen einen Antrag auf Prüfung ihrer Eignung anhand der vorher vom öffentlichen Auftraggeber festgelegten und bekanntgemachten Kriterien. Erfüllen die Unternehmen diese Kriterien, werden sie zum dynamischen Beschaffungssystem zugelassen. Diese Stufe entspricht dem Teilnahmewettbewerb des nicht offenen Verfahrens.

In **einer zweiten Stufe** werden alle zugelassenen Unternehmen aufgefordert, ein Angebot 18 zum ausgeschriebenen Bedarf abzugeben. Diese Wettbewerbe unter den dynamischen Beschaffungssystem zugelassenen Unternehmen wiederholt sich dann während der gesamten Laufzeit des Beschaffungssystems immer wieder.

Wesentliche **Unterschiede zur Einzelbeschaffung in nicht offenen Verfahren** liegen darin, 19 dass mit dem dynamischen Beschaffungssystem der Bedarf nicht mit einem einmaligen Beschaffungsgegenstand befriedigt wird, sondern das System auf die Dauer eines bestimmten Zeitraums angelegt ist, in dem sich der Bedarf stets erneuert. Ferner darf die Anzahl der Bieter, die am Verfahren teilnehmen, im nicht offenen Verfahren durch einen Teilnahmewettbewerb unter den Bewerbern begrenzt werden (§ 16 Abs. 4, § 51). Die Zahl der zum dynamischen Beschaffungssystem zugelassenen Bewerber darf dagegen nach Abs. 4 S. 2 nicht begrenzt werden.

Ein **Vergleich mit der Rahmenvereinbarung** mit mehreren Unternehmen nach § 21 20 ergibt, dass sowohl die Rahmenvereinbarung als auch das dynamische Beschaffungssystem auf Dauer angelegt sind. Die wiederkehrenden Einzelauftragsvergaben aufgrund einer Rahmenvereinbarung erfolgen nach Abs. 2 S. 2 ausschließlich zwischen den in der Auftragsbekanntmachung oder der Aufforderung zur Interessensbestätigung genannten öffentlichen Auftraggebern und denjenigen Unternehmen, die zum Zeitpunkt des Abschlusses des Einzelauftrags Vertragspartei der Rahmenvereinbarung sind. Dagegen steht das dynamische Beschaffungssystem nach Abs. 4 für den gesamten Zeitraum seiner Einrichtung allen Bietern offen, die die im jeweiligen Vergabeverfahren festgelegten Eignungskriterien erfüllen.

IV. Anwendung der Vorschriften für das nicht offene Verfahren (Abs. 2)

Bei der Auftragsvergabe über ein dynamisches Beschaffungssystem befolgt der öffentliche Auf- 21 traggeber nach Abs. 2 die Vorschriften für das nicht offene Verfahren. Nach alter Auffassung zum dynamischen elektronischen Verfahren nach § 5 EG VOL/A sollte es sich bei dem Verfahren um

---

[20] VK Südbayern Beschl. v. 31.10.2002 – 42-10/02, IBRRS 2003, 0543.
[21] VK Sachsen Beschl. v. 29.6.2001 – 1/SVK/31-01, LSK 2002, 20678; iErg ebenso VK Arnsberg Beschl. v. 9.4.2002 – VK 3-03/02, IBRRS 2003, 0559; vgl. auch: VK Schleswig-Holstein Beschl. v. 12.11.2004 – VK-SH 30/04, BeckRS 2004, 10831.
[22] Vgl. iErg auch Ziekow/Völlink/*Bernhardt* Rn. 7.

eine Verfahrensart *sui generis* handeln. Maßgeblich war dafür ua die Regelung in § 101 GWB aF, in dem neben dem dynamischen elektronischen Verfahren auch die Verfahrensarten definiert waren.[23] Der Gesetzgeber hat das dynamische Beschaffungssystem nunmehr aber nicht in § 119 GWB nF bei den Verfahrensarten geregelt, sondern in § 120 Abs. 1 GWB bei den besonderen Methoden und Instrumenten in Vergabeverfahren. Daraus und aus der Bestimmung des Abs. 2 folgt, dass es sich beim dynamischen Beschaffungssystem um **keine Verfahrensart *sui generis*,** sondern um eine besondere Ausprägung bei der Durchführung eines nicht offenen Verfahrens handelt.[24]

22 Aufgrund der Vorgabe, für das dynamische Beschaffungssystem die Vorschriften über das nicht offene Verfahren zu berücksichtigen, folgt die Zweistufigkeit des Verfahrens (→ Rn. 9). Ferner folgt aus § 22 Abs. 2 iVm § 16 Abs. 9, § 15 Abs. 5, dass der öffentliche Auftraggeber von den Bietern nach der Angebotsabgabe im Rahmen des dynamischen Beschaffungssystems nur Aufklärung über das Angebot oder deren Eignung verlangen darf. **Verhandlungen**, insbesondere über Änderungen der Angebote oder Preise, **sind unzulässig.** Auch die übrigen Vorschriften des nicht offenen Verfahrens wie insbesondere die **gesetzlichen Mindestfristen** nach § 16 Abs. 2 f. oder die **Informations- und Wartefrist** nach § 134 GWB gelten uneingeschränkt.

23 Wegen der **Wahlfreiheit** des offenen und des nicht offenen Verfahrens nach § 14 Abs. 2 S. 1 kommt es für die Einrichtung des dynamischen Beschaffungssystems nicht darauf an, ob besondere Ausnahmetatbestände die Einrichtung rechtfertigen.[25]

V. Verwendung elektronischer Mittel (Abs. 3)

24 Ein dynamisches Beschaffungssystem wird nach Abs. 3 ausschließlich mithilfe **elektronischer Mittel** eingerichtet und betrieben. Der Begriff der elektronischen Mittel ist in § 9 Abs. 1 legal definiert. Er bezeichnet Geräte und Programme für die elektronische Datenübermittlung. Näheres in der Kommentierung zu § 9 (→ § 9 Rn. 1).

25 Nach der Bestimmung des Abs. 3 S. 2 finden die §§ 11 und 12 auch auf dynamische Beschaffungssysteme Anwendung. § 11 regelt die allgemeinen Anforderungen an den Einsatz elektronischer Mittel im Vergabeverfahren. § 12 bestimmt, unter welchen Umständen ausnahmsweise **alternative elektronische Mittel bei der Kommunikation** zum Einsatz kommen dürfen. Auch hier sei auf die entsprechende Kommentierung verweisen (→ § 12 Rn. 1 ff.).

26 Nach einer Ansicht in der Literatur sollen durch § 22 Abs. 3 allerdings die Ausnahmen von der elektronischen Kommunikation ausgeschlossen werden. Die Übergangsregelungen für die Einführung der e-Vergabe (§ 81) fänden daher keine Anwendung. Auch die in § 53 Abs. 2 und 4 vorgesehenen Ausnahmen von der elektronischen Angebotsabgabe könnten keine Anwendung finden, da sie mit dem Konzept des dynamischen Beschaffungssystems nicht vereinbar seien. Nicht gänzlich ausgeschlossen sein dürfte allerdings die gem. § 9 Abs. 2 in gewissen Grenzen zulässige mündliche Kommunikation.[26]

27 Dem ist nicht zu folgen. Die Frage, inwieweit § 81 Anwendung fand, hat sich durch Zeitablauf erledigt. Diese Norm sah vor, dass zentrale Beschaffungsstellen bis zum 18.4.2017, andere öffentliche Auftraggeber bis zum 18.10.2018 vom Grundsatz der e-Vergabe befreit waren. Nicht nachvollziehbar ist dagegen, warum die anderen Ausnahmen nach § 53 Abs. 2 und 4 gar nicht oder § 9 Abs. 2 nur „in gewissen Grenzen" anwendbar sein sollten. Diese Regelungen sehen vor, dass bei Vorliegen bestimmter Umstände auf eine rein elektronische Kommunikation verzichtet werden darf. Das kann zum Beispiel der Fall sein, wenn Auftraggeber kraft Natur des Faktischen nicht verpflichtet sein können, die Angebotseinreichung mithilfe elektronischer Mittel zu verlangen, weil etwa mit dem Angebot physische oder maßstabsgetreue Modelle gefordert sind, die die Bieter schlichtweg nicht elektronisch übermitteln können.[27] Eine derartige Ausnahme wird im dynamischen Beschaffungssystem zwar selten sein. Nichtsdestotrotz ist nicht ersichtlich, wieso der öffentliche Auftraggeber sich bei dem dynamischen Beschaffungssystem nicht zur Überprüfung von technischen Anforderungen an das Standardprodukt ein Muster übersenden lassen sollte. Mit dem rechtlichen Konzept des dynamischen Beschaffungssystems ist dies nicht völlig unvereinbar und auch mit der Systematik der Regelungen in der RL 2014/24/EU zum dynamischen Beschaffungssystem in Einklang zu bringen.[28] Der öffentliche Auftraggeber wird nur in der Regel bei einer Vielzahl von Teilnehmern am dynamischen Beschaffungssystem aus rein praktischen Gründen davon absehen müssen.

---

[23] *Müller* NZBau 2011, 72 (73 f.).
[24] So auch Dieckmann/Scharf/Wagner-Cardenal/*Wendt* Rn. 21; *Hölzl* in KKMPP Rn. 26.
[25] *Hölzl* in KKMPP Rn. 27.
[26] Dieckmann/Scharf/Wagner-Cardenal/*Wendt* Rn. 24.
[27] Beck VergabeR/*Koch* § 53 Rn. 15.
[28] So auch Beck VergabeR/*Wanderwitz* Rn. 19.

VI. Offenheit des Systems für alle geeigneten Bieter (Abs. 4)

1. Offenheit auf Bieterseite. Ein wesentlicher Unterschied des dynamischen Beschaffungssystems zum nicht offenen Verfahren und zur Rahmenvereinbarung (→ Rn. 16) ist die **Offenheit des Systems:** Nach Abs. 4 steht ein dynamisches Beschaffungssystem den gesamten Zeitraum seiner Einrichtung allen Bietern offen, welche die festgelegten Eignungskriterien erfüllen. Damit wird für das dynamische Beschaffungssystem aber auch der Grundsatz aus § 122 Abs. 1 GWB konkretisiert, nach dem öffentliche Aufträge nur an fachkundige und leistungsfähige (geeignete) Unternehmen vergeben werden, die nicht nach den §§ 123 oder 124 GWB ausgeschlossen worden sind.

Die Zahl der zum dynamischen Beschaffungssystem zugelassenen Bewerber darf nach Abs. 4 ausdrücklich **nicht begrenzt** werden. In dieser Regelung ist die Absicht des Richtliniengebers erkennbar, mit der Beschaffungsmethode eine besonders breite Palette von Angeboten einzuholen und damit sicherzustellen, dass die öffentlichen Gelder im Rahmen eines breiten Wettbewerbs optimal eingesetzt werden.[29]

Aus der Offenheit des dynamischen Beschaffungssystems für Bieter folgt jedoch nicht, dass öffentliche Auftraggeber bis zum Ende der Laufzeit eines dynamischen Beschaffungssystems an die einmal zum System zugelassenen Bieter gebunden sind. Sofern neue Hinweise vorliegen, die Zweifel an der Eignung eines Bieters aufkommen lassen, ist auch nach Zulassung der Bieter zum System eine erneute Eignungsprüfung durch die öffentlichen Auftraggeber zulässig. Dies ist auch bei nicht offenen Verfahren, bei denen die Eignungsprüfung im Rahmen des vorgeschalteten Teilnahmewettbewerbs erfolgt, allgemein anerkannt.[30] Dies kann insbesondere der Fall sein, wenn ein Unternehmen während der Laufzeit des dynamischen Beschaffungssystems durch Verschmelzung, Spaltung oder durch Vermögensübergang umgewandelt wird (vgl. § 1 UmwG).

2. Offenheit auf Auftraggeberseite. Die Offenheit des dynamischen Beschaffungssystems auf Bieterseite ist in Abs. 4 ausdrücklich vorgeschrieben. Nicht ausdrücklich geregelt ist dagegen in der VgV, ob das dynamische Beschaffungssystem auch **für andere Auftraggeber offen** ist, ob also Auftraggeber während der in der Auftragsbekanntmachung angegebenen Laufzeit dem dynamischen Beschaffungssystem beitreten und über das dynamische Beschaffungssystem beschaffen dürfen.

Einerseits könnte **gegen** die Offenheit des dynamischen Beschaffungssystems für weitere Auftraggeber sprechen, dass die Zulässigkeit von Änderungen auf Auftraggeberseite im Gegensatz zu Änderungen auf Bieterseite nicht ausdrücklich in der VgV geregelt ist. Andererseits besteht mangels ausdrücklicher Regelung auch kein ausdrückliches Verbot für eine derartige Dynamik. Das Schweigen der Verordnung könnte daher auch gerade **für** die Offenheit des Systems auf Auftraggeberseite sprechen. Anders als bei den Regelungen des dynamischen Beschaffungssystems in § 22 sehen nämlich die Vorschriften für die Rahmenvereinbarung in § 21 Abs. 2 ein ausdrückliches Verbot der Änderung der Vertragsparteien auch auf Auftraggeberseite vor. Danach erfolgt eine Einzelauftragsvergabe aufgrund einer Rahmenvereinbarung ausschließlich zwischen den in der Auftragsbekanntmachung oder der Aufforderung zur Interessensbestätigung genannten öffentlichen Auftraggebern und denjenigen Unternehmen, die zum Zeitpunkt des Abschlusses des Einzelauftrags Vertragspartei der Rahmenvereinbarung sind.

Entscheidend für die **Zulässigkeit der Offenheit auf Auftraggeberseite** ist, dass durch die besondere Beschaffungsmethode des dynamischen Beschaffungssystems die Flexibilität der Beschaffung gerade gegenüber dem nicht offenen Verfahren oder der Rahmenvereinbarung erhöht werden soll. Außerdem steht die Offenheit im dynamischen Beschaffungssystem nicht im Konflikt mit den Grundsätzen des Wettbewerbs und der Gleichbehandlung. Im Gegensatz zu den „geschlossenen Systemen" des offenen Verfahrens oder der Rahmenvereinbarung steht das dynamische Beschaffungssystem allen Unternehmen offen, welche die Eignungskriterien erfüllen. Auf Änderungen auf Auftraggeberseite können Unternehmen dadurch reagieren, dass sie entweder dem dynamischen Beschaffungssystem noch beitreten, selbst wenn es bereits errichtet ist, oder – sofern sie bereits Teilnehmer des dynamischen Beschaffungssystems sind – kein Angebot abgeben.[31]

Dies muss **zumindest** gelten, soweit das **dynamische Beschaffungssystem durch eine zentrale Beschaffungsstelle** betrieben wird. Art. 37 Abs. 1 UAbs. 2 Alt. 2 RL 2014/24/EU sieht vor, dass die Mitgliedstaaten festlegen können, dass die öffentlichen Auftraggeber Bauleistungen, Lieferungen und/oder Dienstleistungen anhand von dynamischen Beschaffungssystemen, die durch eine zentrale Beschaffungsstelle betrieben werden, erwerben dürfen. Ferner regelt die Norm, dass im Aufruf zum Wettbewerb, mit dem das dynamische Beschaffungssystem eingerichtet wird, anzuge-

---

[29] Vgl. Erwägungsgrund 63 RL 2014/24/EU; BeckOK VergabeR/*Zimmermann*, 18. Ed. 30.4.2020, Rn. 13.
[30] Beck VergabeR/*Wanderwitz* Rn. 22.
[31] Vgl. *Einmahl*, Praktische Anwendungsmöglichkeiten für das dynamische Beschaffungssystem, 28.3.2017; abrufbar unter: https://www.vergabeblog.de (zuletzt aufgerufen am: 10.8.2021).

ben ist, wenn ein von einer zentralen Beschaffungsstelle betriebenes dynamisches Beschaffungssystem *durch andere öffentliche Auftraggeber* genutzt werden kann. Damit ist auf Ebene der europäischen Richtlinien der Weg für die Offenheit auch auf Auftraggeber geöffnet. Der nationale Gesetzgeber hat Art. 37 RL 2014/24/EU mit § 120 GWB vollumfänglich umgesetzt, um die Möglichkeiten zu verbessern, den Beschaffungsbedarf öffentlicher Auftraggeber zusammenzuführen, Größenvorteile zu erzielen und Transaktionskosten zu verringern.[32] Vor diesem Hintergrund sieht das Standardformular für die Auftragsbekanntmachung des Anhangs II der Durchführungsverordnung (EU) 2015/1986[33] im Übrigen unter Ziffer IV.1.3) bei den Angaben zum dynamischen Beschaffungssystem die Möglichkeit vor anzukreuzen, dass zusätzliche Auftraggeber das dynamische Beschaffungsverfahren nutzen können. In der elektronischen Fassung beim Informationssystem über das öffentliche Auftragswesen der EU-Kommission im Internet (SIMAP)[34] ist das Feld jedoch nur auswählbar, sofern zuvor unter Ziffer I.2) des Standardformulars angegeben wurde, dass der Auftrag von einer zentralen Beschaffungsstelle vergeben wird.

35 **Eingeschränkt** wird diese Dynamik auf Auftraggeberseite allerdings faktisch durch den **Grundsatz der Transparenz,** da bereits in den Vergabeunterlagen, die nach § 41 Abs. 1 zum Zeitpunkt der Auftragsbekanntmachung im Internet bereitzustellen sind, die Art und die geschätzte Menge der zu beschaffenden Leistungen anzugeben sind. Ein Beitritt zum dynamischen Beschaffungssystem auf Auftraggeberseite darf an diesen Rahmenbedingungen nichts ändern. Wegen der Ähnlichkeit des dynamischen Beschaffungssystems zu Rahmenvereinbarungen (→ Rn. 16) spricht nämlich viel dafür, dass die Art und die geschätzte Menge der zu beschaffenden Leistungen als Transparenzgründen verbindlich sind. Hier wird entsprechend die Rechtsprechung des EuGH zur Obergrenze von Rahmenvereinbarungen zu beachten sein, nach der die bekanntgegeben Obergrenze verbindlich ist.[35] Allerdings ist hierzu noch keine höchstrichterliche Rechtsprechung ergangen. Derzeit ist bei dem EuGH die Vorlagefrage eines dänischen Gerichts anhängig, ob die Rechtsprechung des EuGH zu Obergrenzen bei Rahmenvereinbarungen, die noch zur RL 2004/18/EG (Vergabe-RL 2004) ergangen ist, auf die RL 2014/24/EU überhaupt Anwendung findet.[36] Diese Entscheidung wird auch für die Frage der Verbindlichkeit der Auftragswerte des dynamischen Beschaffungssystems nach § 23 Bedeutung haben.

VII. Kostenloser Zugang (Abs. 5)

36 Der Zugang zu einem dynamischen Beschaffungssystem ist nach Abs. 5 für alle Unternehmen **kostenlos.** Wie ein Vergleich mit Art. 34 Abs. 9 RL 2014/24/EU ergibt, ist damit vor allem gemeint, dass den am dynamischen Beschaffungssystem interessierten oder teilnehmenden Wirtschaftsteilnehmern vor oder während der Gültigkeitsdauer des dynamischen Beschaffungssystems **keine Bearbeitungsgebühren** in Rechnung gestellt werden dürfen.[37]

VIII. Bieterschutz

37 Die Anwendungsvoraussetzungen – wie insbesondere die Frage der Marktüblichkeit der Leistungen –, die Verfahrensregelungen und die Durchführung eines dynamischen Beschaffungssystems sind bieterschützend und stehen auch unter dem Vorbehalt der Grundsätze von Transparenz, Gleichbehandlung und Verhältnismäßigkeit. Sie unterliegen damit der Nachprüfung durch die Nachprüfungsinstanzen.[38]

38 Das gilt jedoch nicht für die Einrichtung eines dynamischen Beschaffungssystems. Der öffentliche Auftraggeber hat die freie Wahl, ob er ein dynamisches Beschaffungssystem einrichtet. Mangels subjektiven Rechts kann die Einrichtung von den Unternehmen daher auch nicht vor den Nachprüfungsinstanzen erzwungen werden.[39]

---

[32] Gesetzesbegründung BT-Drs. 18/6281.
[33] Durchführungsverordnung (EU) 2015/1986 der Kommission v. 11.11.2015 zur Einführung von Standardformularen für die Veröffentlichung von Vergabebekanntmachungen für öffentliche Aufträge und zur Aufhebung der Durchführungsverordnung (EU) Nr. 842/2011 (ABl. 2011 L 296, 1) in der jeweils geltenden Fassung.
[34] http://simap.ted.europa.eu/ (zuletzt aufgerufen am: 10.8.2021).
[35] EuGH Urt. v. 17.6.2021 – C 23/20, NZBau 2021, 541 – Simonsen & Weel; EuGH Urt. v. 19.12.2018 – C-216/17 Rn. 61, IBRRS 2018, 4074 – Antitrust und Coopservice.
[36] EuGH Urt. v. 17.6.2021 – C-23/20, NZBau 2021, 541.
[37] Dieckmann/Scharf/Wagner-Cardenal/*Wendt* Rn. 32.
[38] Ziekow/Völlink/*Bernhardt* Rn. 17.
[39] BeckOK VergabeR/*Zimmermann*, 18. Ed. 30.4.2020, Rn. 14; Dieckmann/Scharf/Wagner-Cardenal/*Wendt* Rn. 12; Ziekow/Völlink/*Bernhardt* Rn. 17.

§ 23 Betrieb eines dynamischen Beschaffungssystems

(1) Der öffentliche Auftraggeber gibt in der Auftragsbekanntmachung an, dass er ein dynamisches Beschaffungssystem nutzt und für welchen Zeitraum es betrieben wird.

(2) Der öffentliche Auftraggeber informiert die Europäische Kommission wie folgt über eine Änderung der Gültigkeitsdauer:
1. Wird die Gültigkeitsdauer ohne Einstellung des dynamischen Beschaffungssystems geändert, ist das Muster gemäß Anhang II der Durchführungsverordnung (EU) 2015/1986 der Kommission vom 11. November 2015 zur Einführung von Standardformularen für die Veröffentlichung von Vergabebekanntmachungen für öffentliche Aufträge und zur Aufhebung der Durchführungsverordnung (EU) Nr. 842/2011 (ABl. L 296 vom 12.11.2015, S. 1) in der jeweils geltenden Fassung zu verwenden.
2. Wird das dynamische Beschaffungssystem eingestellt, ist das Muster gemäß Anhang III der Durchführungsverordnung (EU) 2015/1986 zu verwenden.

(3) In den Vergabeunterlagen sind mindestens die Art und die geschätzte Menge der zu beschaffenden Leistung sowie alle erforderlichen Daten des dynamischen Beschaffungssystems anzugeben.

(4) ¹In den Vergabeunterlagen ist anzugeben, ob ein dynamisches Beschaffungssystem in Kategorien von Leistungen untergliedert wurde. ²Gegebenenfalls sind die objektiven Merkmale jeder Kategorie anzugeben.

(5) Hat ein öffentlicher Auftraggeber ein dynamisches Beschaffungssystem in Kategorien von Leistungen untergliedert, legt er für jede Kategorie die Eignungskriterien gesondert fest.

(6) ¹§ 16 Absatz 4 und § 51 Absatz 1 finden mit der Maßgabe Anwendung, dass die zugelassenen Bewerber für jede einzelne, über ein dynamisches Beschaffungssystem stattfindende Auftragsvergabe gesondert zur Angebotsabgabe aufzufordern sind. ²Wurde ein dynamisches Beschaffungssystem in Kategorien von Leistungen untergliedert, werden jeweils alle für die einem konkreten Auftrag entsprechende Kategorie zugelassenen Bewerber aufgefordert, ein Angebot zu unterbreiten.

Übersicht

	Rn.			Rn.
I. **Allgemeines**	1	2.	Bekanntmachungspflichten gegenüber der Europäischen Kommission	7
1. Die Regelung im Überblick	1	3.	Mindestangaben in den Vergabeunterlagen	8
2. Betrieb bzw. Ablauf des dynamischen Beschaffungssystems	2	4.	Untergliederung von Leistungen	9
II. **Die Regelungen im Einzelnen**	4	5.	Anforderungen an die Eignungskriterien	12
1. Öffentliche Bekanntmachungspflichten	4	6.	Aufforderung zur Abgabe von Angeboten	13

I. Allgemeines

1. Die Regelung im Überblick. § 23 fasst verschiedene Verfahrensvorgaben für die Durchführung eines dynamischen Beschaffungssystems zusammen. Die Regelung umfasst besondere Bekanntmachungspflichten (Abs. 1–3), Vorgaben für die Untergliederung von Leistungen, die in einem dynamischen Beschaffungssystem abgerufen werden sollen (Abs. 4 und 5), sowie Vorgaben für den Ablauf des Verfahrens, insbesondere die Aufforderung zur Abgabe von Angeboten für Einzelaufträge (Abs. 6). Die einzelnen Vorgaben gehen jeweils auf die Europäischen Richtlinien zurück, die im Wesentlichen eins-zu-eins in die VgV übertragen wurden. 1

2. Betrieb bzw. Ablauf des dynamischen Beschaffungssystems. Der Betrieb bzw. Ablauf 2 eines dynamischen Beschaffungssystem folgen mit der Neuregelung des § 22 Abs. 2 dem eines nicht offenen Verfahrens. Der Ablauf erfolgt also zweistufig:

(1) Einrichtung des Beschaffungssystems

Der erste Schritt besteht in der Einrichtung des dynamischen Beschaffungssystems:
a) Dazu richten öffentliche Auftraggeber das System in technischer Hinsicht ein und schaffen die Voraussetzungen für die Nutzung elektronischer Mittel. Des Weiteren bereiten sie die Bekanntmachung und die Vergabeunterlagen vor. Bei der Berechnung des Auftragswerts des Beschaffungs-

systems ist gem. § 3 Abs. 4 der geschätzte Gesamtwert aller Einzelaufträge heranzuziehen, die während der gesamten Laufzeit des Systems geplant sind.
b) Der Auftraggeber macht das dynamische Beschaffungssystem im Europäischen Amtsblatt gem. § 37 Abs. 1 bekannt. Er macht in der Bekanntmachung insbesondere gem. § 23 Abs. 1 deutlich, dass er ein dynamisches Beschaffungssystem nutzt und für welchen Zeitraum es betrieben wird. Die Vergabeunterlagen müssen über die üblichen Inhalte hinaus, Angaben zu Art und der geschätzte Menge der zu beschaffenden Leistung sowie alle erforderlichen Daten des dynamischen Beschaffungssystems enthalten (vgl. § 23 Abs. 3).
c) Auf der Grundlage der in den Vergabeunterlagen enthaltenen Angaben und den Anforderungen an die Eignung können alle interessierten Unternehmen einen Teilnahmeantrag einreichen, mit dem sie sich um die Zulassung für das System bewerben. Die Frist zwischen Aufforderung zur Einreichung von Teilnahmeanträgen bis zur Aufforderung zur Abgabe von Angeboten für den ersten Einzelauftrag muss mindestens 30 Tage betragen (§ 24 Abs. 2). Der öffentliche Auftraggeber bewertet den Antrag eines Unternehmens auf Teilnahme an einem dynamischen Beschaffungssystem unter Zugrundelegung der Eignungskriterien in der Regel innerhalb von zehn Arbeitstagen nach dessen Eingang (§ 24 Abs. 3). Je nach dem Ausgang der Prüfung lässt er das Unternehmen für das dynamische Beschaffungssystem zu. Eine Begrenzung der Anzahl der Unternehmen erfolgt nicht und ist ausdrücklich unzulässig (§ 23 Abs. 4 S. 2). Nach Abschluss der Prüfung wird jedes Unternehmen unverzüglich darüber informiert, ob es zur Teilnahme an einem dynamischen Beschaffungssystem zugelassen wurde oder nicht (§ 24 Abs. 3 S. 5).

3 **(2) Vergabe von Einzelaufträgen**
Der zweite Schritt des Verfahrens besteht in der Vergabe von Einzelaufträgen an eines für das dynamische Beschaffungssystem zugelassenes Unternehmen:
a) Der öffentliche Auftraggeber fordert zu diesem Zweck für jeden zu vergebenen Einzelauftrag die für das Beschaffungssystem zugelassenen Bewerber zur Abgabe eines Angebots auf (§ 23 Abs. 6). Die Frist für den Eingang der Angebote beträgt mindestens zehn Tage, gerechnet ab dem Tag nach der Absendung der Aufforderung zur Angebotsabgabe (§ 24 Abs. 4 S. 1). Abweichend hiervon können sich Bieter und Auftraggeber auch auf eine kürzere Angebotsfrist verständigen.
b) Die Bieter können bis zum Ablauf der Angebotsfrist ein Angebot einreichen. Nach Ablauf der Angebotsfrist erfolgt die Prüfung der Angebote nach den vergaberechtlichen Vorschriften, insbesondere der §§ 56 ff. Eine Wiederholung der Eignungsprüfung bei der Abgabe der Angebote erfolgt grundsätzlich nicht mehr.[1] Allerdings kann der öffentliche Auftraggeber von den zu einem dynamischen Beschaffungssystem zugelassenen Bewerbern jederzeit verlangen, innerhalb von fünf Arbeitstagen nach Übermittlung der Aufforderung zur Angebotsabgabe eine erneute und aktualisierte Einheitliche Europäische Eigenerklärung nach § 48 Abs. 3, § 50 einzureichen (§ 24 Abs. 4).
c) Nach Prüfung und Wertung der Angebote nach den bekannt gemachten Zuschlagskriterien wird der Zuschlag für einen Einzelauftrag auf das wirtschaftlichste Angebot erteilt. Eine Vergabebekanntmachung über die vergebenen Einzelaufträge ist nicht erforderlich. Allerdings muss der Auftraggeber gem. § 39 Abs. 4 S. 2 vierteljährlich in einer Vergabebekanntmachung eine Zusammenstellung der Einzelaufträge europaweit bekannt machen. Die Zusammenstellung muss spätestens 30 Tage nach Quartalsende versendet werden (§ 39 Abs. 4 S. 2).

II. Die Regelungen im Einzelnen

4 **1. Öffentliche Bekanntmachungspflichten.** Gemäß Abs. 1 gibt der öffentliche Auftraggeber in der Auftragsbekanntmachung an, dass er ein dynamisches Beschaffungssystem nutzt und für welchen Zeitraum es betrieben wird. Die Vorschrift setzt Art. 34 Abs. 4 lit. a und Abs. 8 S. 1 RL 2014/24/EU um. Die Vorschrift erweitert die üblichen Bekanntmachungspflichten, die in § 37 Abs. 1 ff. niedergelegt sind.

5 Hervorzuheben ist, dass Abs. 1 lediglich vorgibt, den Zeitraum des Betriebs des Beschaffungssystems anzugeben. Die Regelung ist Ausfluss des in § 120 Abs. 1 GWB geregelten Grundsatzes, dass ein dynamisches Beschaffungssystem zeitlich befristet ist. § 23 enthält allerdings keine Regelung, wie lange der Zeitraum des Betriebs sein darf. Hierin liegt ein gewichtiger Unterschied zu der Vorgängerregelung. § 23 Abs. 2 lit. g aF hatte noch eine Höchstlaufzeit von vier Jahren vorgesehen. Diese Frist entfällt nun und ist aus wettbewerblichen Gründen auch nicht erforderlich. Denn anders als bei Rahmenvereinbarungen, für die die Laufzeit von vier Jahren weiterhin gem. § 21 Abs. 6 gilt, ist der Pool an Unternehmen, die zur Abgabe eines Angebots aufgefordert werden, bei einem

---
[1] Vgl. für die alte Rechtslage Ziekow/Völlink/*Völlink* VOL/A § 5 Rn. 10.

dynamischen Beschaffungssystem nicht endgültig festgelegt. Die Dynamik des Verfahrens liegt vielmehr darin, dass sich jederzeit Unternehmen gem. § 22 Abs. 4 für die Zulassung zu dem System bewerben können.[2]

Unklar ist vor diesem Hintergrund, ob bei dynamischen Beschaffungssystemen trotzdem eine Maximallaufzeit gilt. Dabei ist zu konstatieren, dass eine solche maximale Laufzeit nicht starr sein kann, sondern von den Besonderheiten des Markts abhängig sein muss. Für dieses Verständnis spricht der Wegfall der Regelung über den bisher ausdrücklich geregelten Maximalzeitraum. Dementsprechend sollten öffentliche Auftraggeber die Laufzeit des Systems unter Berücksichtigung der spezifischen Marktgegebenheiten festlegen. Die Einrichtung eines neuen Beschaffungssystems nach einem gewissen Zeitraum hat gleichwohl Vorteil, dass dieses wieder europaweit bekanntgemacht wird und dadurch ggf. neue Bewerber auf das System aufmerksam werden. Für die Laufzeit begrenzend wirkt zusätzlich die Vorgabe gem. Abs. 3, nach der die geschätzte Menge der zu beschaffenden Leistung in der Bekanntmachung anzugeben ist. Übersteigt der Zeitraum des Betriebs den Zeitraum, in dem der Auftraggeber seinen Bedarf abschätzen kann, dürfte dies unzulässig sein. Eine Grenze ist also dann überschritten, wenn ein langjähriger Betriebszeitraum rechtsmissbräuchlich ist.[3]

2. Bekanntmachungspflichten gegenüber der Europäischen Kommission. Abs. 2 setzt Art. 34 Abs. 8 S. 2 lit. a und lit. b RL 2014/24/EU um. Die Vorschrift legt Bekanntmachungspflichten für öffentliche Auftraggeber fest, die ein dynamisches Beschaffungssystem bereits eingerichtet und bekannt gemacht haben, und die beabsichtigen, entweder die Laufzeit des Systems zu verändern (das System aber weiter betreiben möchten) oder aber das System endgültig einzustellen. Die Bekanntmachung ist jeweils an die Europäische Kommission zu richten. Hierzu müssen öffentliche Auftraggeber die von der Europäischen Kommission erstellten Bekanntmachungsformulare nutzen, auf die in Abs. 2 Nr. 2 und Nr. 3 jeweils verwiesen wird. Die Regelungen dienen offensichtlich dazu, dass die Europäische Kommission die Laufzeit von dynamischen Beschaffungssystemen beobachten kann (Monitoring). Dieses Monitoring dürfte im Zusammenhang damit stehen, dass mit der RL 2014/24/EU die Laufzeitbegrenzungen für dynamische Beschaffungssysteme aufgehoben wurde und die Kommission die Auswirkungen dieser Streichung im Auge behalten möchte (→ Rn. 3).

3. Mindestangaben in den Vergabeunterlagen. Gemäß Abs. 3 sind in den Vergabeunterlagen (zur Definition des Begriffs s. § 29 Abs. 1) mindestens die Art und die geschätzte Menge der zu beschaffenden Leistung sowie alle erforderlichen Daten des dynamischen Beschaffungssystems anzugeben. Die Vorschrift setzt Art. 34 Abs. 4 lit. c RL 2014/24/EU um. Die Formulierung „mindestens" macht deutlich, dass die Vorschrift nicht abschließend ist. Anzugeben sind darüber hinaus sämtliche anderen Informationen, die Unternehmen benötigen, damit sie entscheiden können, ob sie sich um die Zulassung für das System bewerben (vgl. idS § 29 Abs. 1). Dazu gehören wegen der vollelektronischen Abwicklung des Verfahrens insbesondere auch Angaben zur Funktionsweise des dynamischen Beschaffungssystems, zu den verwendeten elektronischen Mitteln und zu den technischen Merkmalen der verwendeten Internetverbindung.[4]

4. Untergliederung von Leistungen. Gemäß Abs. 4 ist in den Vergabeunterlagen anzugeben, ob ein dynamisches Beschaffungssystem in Kategorien von Leistungen untergliedert wurde. Abs. 4 setzt Art. 34 Abs. 1 S. 3 RL 2014/24/EU um. Die Regelung zielt darauf ab, KMUs für insbesondere große dynamische Beschaffungssysteme zu gewinnen, die von zentralen Beschaffungsstellen betrieben werden.[5] Eine zwingende Vorgabe, eine solche Untergliederung vorzunehmen, ergibt sich nicht aus der Vorschrift. Von der Vorschrift unberührt dürfte aber das Gebot der losweisen Vergabe gem. § 97 Abs. 4 S. 1 GWB sein. Danach sind öffentliche Aufträge in mehrere Teil- oder Gebietslose zu unterteilen. Die Untergliederung nach Abs. 4 ist deshalb nach hier vertretener Auffassung im Lichte des Gebots der losweisen Vergabe auszulegen. Eine Untergliederung muss danach erfolgen, wenn nicht entsprechend § 97 Abs. 4 S. 2 GWB wirtschaftliche oder technische Gründe eine Gesamtvergabe erfordern.[6]

Entscheidet sich der Auftraggeber dafür, die Leistungen zu untergliedern, ist diese Untergliederung entsprechend des Wettbewerbs- und Transparenzgrundsatzes nach objektiven Faktoren festzulegen.[7] Die oberste Gliederungsebene liegt darin, nach Bau-, Waren- oder Lieferleistungen zu unter-

---

[2] Hölzl in KKMPP VgV § 22 Rn. 18; BeckOK VergabeR/*Bickel*, 18. Ed. 31.1.2020, Rn. 7.
[3] BeckOK VergabeR/*Bickel*, 18. Ed. 31.1.2020, Rn. 8.
[4] Vgl. Art. 34 Abs. 4 lit. b RL 2014/24/EU; BT-Drs. 18/7318, 166.
[5] Erwägungsgrund 66 RL 2014/24/EU.
[6] Zurückhaltender wohl BeckOK VergabeR/*Bickel*, 18. Ed. 31.1.2020, Rn. 24.
[7] Erwägungsgrund 66 RL 2014/24/EU.

scheiden. Auf einer Unterebene kann nach den Erwägungsgründen der RL 2014/24/EU zum Beispiel untergliedert werden nach dem höchstens zulässigen Umfang konkreter Aufträge, die innerhalb der betreffenden Kategorie vergeben werden sollen, oder aber nach den geografischen Gebieten, in denen konkrete Aufträge auszuführen sind.[8] Die Nennung von Mengen oder geografischen Gebieten in den Erwägungsgründen RL 2014/24/EU entspricht der Systematik der Teil- oder Gebietslose. Das spricht ergänzend für das Verständnis, die Untergliederung im Lichte des Gebots der losweisen Vergabe auszulegen.

11   Wird ein dynamisches Beschaffungssystem in Kategorien unterteilt, sind die objektiven Merkmale jeder Kategorie ggf. anzugeben. Wie der Begriff „ggf." zu verstehen ist, ergibt sich allerdings weder aus der Verordnung noch ihrer Begründung oder aus den Erwägungsgründen der RL 2014/24/EU. Die Vorschrift ist unter Berücksichtigung des Transparenz- und Wettbewerbsgrundsatzes gem. § 97 Abs. 1 GWB dahingehend auszulegen, dass die objektiven Merkmale jeder Kategorie zwingend anzugeben sind, wenn sie für das Verständnis des Beschaffungssystems und für die Entscheidung eines Unternehmens, sich daran zu beteiligen, notwendig sind.

12   **5. Anforderungen an die Eignungskriterien.** Abs. 5 schreibt für den Fall vor, dass ein öffentlicher Auftraggeber ein dynamisches Beschaffungssystem in Kategorien von Leistungen untergliedert (vgl. Abs. 4), er für jede Kategorie die Eignungskriterien gesondert festlegen muss. Die Vorschrift setzt Art. 34 Abs. 2 S. 3 RL 2014/24/EU um. Ebenso wie § 23 Abs. 4 VgV steht diese Vorschrift im Zusammenhang mit der Stärkung von KMUs. Sie zielt darauf ab, Eignungsanforderungen auszuschließen, die nicht mit dem spezifischen Einzelauftrag im Zusammenhang stehen. Denn würde ein öffentlicher Auftraggeber die Eignung für sämtliche Leistungsbestandteile ohne Berücksichtigung der Untergliederung festlegen, würden dadurch KMUs, die ggf. über ein geringeres Produktportfolio verfügen und nicht sämtliche Leistungen des dynamischen Beschaffungssystems anbieten können, auf Umwegen ausgeschlossen werden. Diese Konsequenz soll durch die Vorschrift vermieden werden.

13   **6. Aufforderung zur Abgabe von Angeboten.** Abs. 6 setzt Art. 34 Abs. 6 UAbs. 1 RL 2014/24/EU um. Die Vorschrift regelt in seinem S. 1 den Grundsatz, dass der Auftraggeber im Rahmen des dynamischen Beschaffungssystems für jede einzelne Auftragsvergabe gesondert zur Angebotsabgabe auffordern muss (zum Ablauf des Verfahrens → Rn. 2 f.). Die Regelung ist notwendig, da ein dynamisches Beschaffungssystem zwar gem. § 22 Abs. 2 als nicht offenes Verfahren durchzuführen ist, sich aber nicht alle Regelungen des nicht offenen Verfahrens beim dynamischen Beschaffungssystem eins-zu-eins anwenden lassen. Denn im Rahmen des nicht offenen Verfahrens werden lediglich die zugelassenen Unternehmen zur Abgabe eines einzigen Angebots gem. § 16 Abs. 4 aufgefordert. Der Pflicht des öffentlichen Auftraggebers, alle zugelassenen Bewerber zur Abgabe eines Angebots aufzufordern, steht keine Pflicht der Bewerber gegenüber, ein Angebot abzugeben.[9] Ihnen steht es vielmehr frei, ein Angebot abzugeben.

14   Zudem gibt Abs. 6 S. 2 für den Fall, dass ein dynamisches Beschaffungssystem in Kategorien von Leistungen untergliedert ist vor, alle für eine Kategorie zugelassenen Bewerber aufzufordern, ein Angebot zu unterbreiten. Auch diese Regelung ist erforderlich, weil diese Verfahrensgestaltung von dem Ablauf des nicht offenen Verfahrens abweichen kann.

§ 24 Fristen beim Betrieb dynamischer Beschaffungssysteme

(1) Abweichend von § 16 gelten bei der Nutzung eines dynamischen Beschaffungssystems die Bestimmungen der Absätze 2 bis 5.

(2) ¹**Die Mindestfrist für den Eingang der Teilnahmeanträge beträgt 30 Tage, gerechnet ab dem Tag nach der Absendung der Auftragsbekanntmachung, oder im Falle einer Vorinformation nach § 38 Absatz 4 nach der Absendung der Aufforderung zur Interessensbestätigung.** ²**Sobald die Aufforderung zur Angebotsabgabe für die erste einzelne Auftragsvergabe im Rahmen eines dynamischen Beschaffungssystems abgesandt worden ist, gelten keine weiteren Fristen für den Eingang der Teilnahmeanträge.**

(3) ¹**Der öffentliche Auftraggeber bewertet den Antrag eines Unternehmens auf Teilnahme an einem dynamischen Beschaffungssystem unter Zugrundelegung der Eignungskriterien innerhalb von zehn Arbeitstagen nach dessen Eingang.** ²**In begründeten Einzelfällen, insbesondere wenn Unterlagen geprüft werden müssen oder um auf sonstige Art und Weise zu überprüfen, ob die Eignungskriterien erfüllt sind, kann die Frist auf 15 Arbeitstage**

---

[8]   Erwägungsgrund 66 RL 2014/24/EU.
[9]   HK-VergabeR/*Pünder* VOL/A § 5 Rn. 109.

verlängert werden. ³Wurde die Aufforderung zur Angebotsabgabe für die erste einzelne Auftragsvergabe im Rahmen eines dynamischen Beschaffungssystems noch nicht versandt, kann der öffentliche Auftraggeber die Frist verlängern, sofern während der verlängerten Frist keine Aufforderung zur Angebotsabgabe versandt wird. ⁴Die Fristverlängerung ist in den Vergabeunterlagen anzugeben. ⁵Jedes Unternehmen wird unverzüglich darüber informiert, ob es zur Teilnahme an einem dynamischen Beschaffungssystem zugelassen wurde oder nicht.

(4) ¹Die Frist für den Eingang der Angebote beträgt mindestens zehn Tage, gerechnet ab dem Tag nach der Absendung der Aufforderung zur Angebotsabgabe. ²§ 16 Absatz 6 findet Anwendung.

(5) ¹Der öffentliche Auftraggeber kann von den zu einem dynamischen Beschaffungssystem zugelassenen Bewerbern jederzeit verlangen, innerhalb von fünf Arbeitstagen nach Übermittlung der Aufforderung zur Angebotsabgabe eine erneute und aktualisierte Einheitliche Europäische Eigenerklärung nach § 48 Absatz 3 einzureichen. ²§ 48 Absatz 3 bis 6 findet Anwendung.

Übersicht

		Rn.			Rn.
I.	Normzweck	1	3.	Frist für die Prüfung von Teilnahmeanträgen	5
II.	Die Vorschriften des § 24 im Einzelnen	2	4.	Angebotsfrist	10
1.	Vorrang der Regelungen Abs. 2–5	2	5.	Erneute Eignungsprüfung	11
2.	Teilnahmefrist im dynamischen Beschaffungssystem	3			

I. Normzweck

§ 24 rundet die Vorschriften zum dynamischen Beschaffungssystem ab. Die Vorschrift regelt 1 in ihrem Abs. 1 den Vorrang der nachfolgenden Absätze vor den Regelungen des § 16 zum nicht offenen Verfahren. Im Übrigen legt sie insbesondere Fristen für den Teilnahmewettbewerb (Abs. 2), für die Prüfung der Teilnahmeanträge durch die öffentlichen Auftraggeber (Abs. 3), für die Angebotsfrist (Abs. 4) und schließlich für die nachträgliche Einreichung einer Einheitlichen Europäischen Eigenerklärung durch die für das dynamische Beschaffungssystem zugelassen Bewerber (Abs. 5) fest.

II. Die Vorschriften des § 24 im Einzelnen

1. Vorrang der Regelungen Abs. 2–5. Abs. 1 regelt, dass abweichend von § 16 bei der 2 Durchführung eines dynamischen Beschaffungssystems die Bestimmungen des § 24 Abs. 2–5 vorrangig gelten (*lex specialis*). Die Regelung ist notwendig, da ein dynamisches Beschaffungssystem zwar gem. § 22 Abs. 2 als nicht offenes Verfahren gem. § 16 durchzuführen ist, sich aber nicht alle Regelungen des nicht offenen Verfahrens eins-zu-eins anwenden lassen.

2. Teilnahmefrist im dynamischen Beschaffungssystem. Abs. 2 bestimmt eigene Fristen, 3 die bei dem Betrieb eines dynamischen Beschaffungssystems eingehalten werden müssen. Die Vorschrift setzt Art. 34 Abs. 2 UAbs. 2 lit. a RL 2014/24/EU um.

Abs. 2 S. 1 legt eine Mindestfrist für den Eingang der Teilnahmeanträge fest. Diese Frist beträgt 4 30 Tage, gerechnet entweder ab dem Tag nach der Absendung der Auftragsbekanntmachung oder im Falle einer Vorinformation nach § 38 Abs. 4 nach der Absendung der Aufforderung zur Interessensbestätigung. Die Mindestfrist gilt lediglich für den Zeitraum, in dem der Auftraggeber noch nicht zur Aufforderung eines Angebots für eine erste (einzelne) Auftragsvergabe aufgefordert hat. Das folgt aus Abs. 2 S. 2. Diese Regelung trägt den Besonderheiten des dynamischen Beschaffungssystems Rechnung. Danach sollen zu Beginn des Betriebs des Systems alle Unternehmen eine angemessene Frist erhalten, um ihre Teilnahmeanträge vorzubereiten und einzureichen, bevor der Auftraggeber zur Einreichung von Angeboten auffordert. Entschließt sich ein Unternehmen erst zu einem späteren Zeitpunkt, sich um die Zulassung zum Beschaffungssystem zu bewerben, kann es keine Mindestfrist für den Zeitraum bis zur Aufforderung zur Abgabe von Angeboten beanspruchen. Der Wegfall einer Teilnahmefrist nach Aufforderung zur Abgabe erster Angebote ist wichtig und sinnvoll. Denn andernfalls bestände die Gefahr, dass der Auftraggeber das geplante Datum für die Aufforderung zur

Abgabe von Angeboten für weitere Einzelaufträge verschieben müsste, weil sich ein neues Unternehmen um die Zulassung beworben hat.

5   **3. Frist für die Prüfung von Teilnahmeanträgen.** Abs. 3 legt Fristen für den Auftraggeber für die Prüfung von Teilnahmeanträgen fest. Die Vorschrift setzt Art. 34 Abs. 5 UAbs. 1 S. 2 und 3, UAbs. 2 und 3 RL 2014/24/EU um.

6   Bei der Fristenregelung ist gedanklich zu unterscheiden, ob das Unternehmen seinen Teilnahmeantrag, mit dem es sich um die Zulassung zum dynamischen Beschaffungssystem bewirbt, vor der Aufforderung zur Abgabe von Angeboten für den ersten einzelnen Auftrag oder danach einreicht. Grundsätzlich beträgt die Frist in beiden Fällen zehn Arbeitstage nach dem Eingang des Teilnahmeantrags. Lediglich in begründeten Einzelfällen darf die Frist auf 15 Arbeitstage verlängert werden. Ein solcher begründeter Fall liegt gem. Abs. 3 S. 2 vor, wenn Unterlagen geprüft werden müssen oder um auf sonstige Art und Weise zu überprüfen, ob die Eignungskriterien erfüllt sind. Die Entscheidung für die Fristverlängerung muss also auf sachlichen Gründen beruhen und ist gem. § 8 Abs. 1 S. 1 im Vergabevermerk zu dokumentieren.[1]

7   Abseits dieser grundsätzlichen Regelung ermöglicht es Abs. 3 S. 3 Auftraggebern, die Frist für die Prüfung der Teilnahmeanträge noch großzügiger zu bemessen, wenn sie noch nicht zur Aufforderung von Angeboten für erste einzelne Aufträge aufgefordert haben. Denn in dieser Konstellation besteht für kein Unternehmen das Risiko, wegen einer andauernden (ggf. durch den Auftraggeber verschleppten) Eignungsprüfung, nicht zur Abgabe eines Angebots für einen Einzelauftrag aufgefordert zu werden. Es empfiehlt sich für den Auftraggeber die Frist insbesondere dann zu verlängern, wenn er eine große Anzahl von Teilnahmeanträgen erwartet.[2] Voraussetzung für die Verlängerung der Frist ist gem. Abs. 3 S. 4, dass sie in den Vergabeunterlagen bekannt gemacht wird.

8   Nach der Aufforderung zur Abgabe von ersten einzelnen Aufträgen besteht dieser Freiraum bei der Fristfestlegung nicht mehr. Hier bleibt es bei den grundsätzlichen Regelungen des § 23 Abs. 3 S. 1 und 2. Sollte der Auftraggeber ausnahmsweise sogar mehr als 15 Arbeitstage für die Prüfung benötigen, so dürfte das dann aber zulässig sein, wenn jedenfalls im Zeitraum dieser Prüfung nicht zur Abgabe von Angeboten aufgefordert wird. Im Übrigen ist es den öffentlichen Auftraggebern freigestellt, wie sie die Teilnahmeanträge prüfen.[3] Sie können sich zB entscheiden, Teilnahmeanträge lediglich einmal in der Woche zu prüfen, sofern die Fristen für die Prüfung der einzelnen Anträge auf Zulassung eingehalten werden.[4]

9   Schließlich regelt Abs. 3 S. 5, dass jedes Unternehmen unverzüglich darüber informiert wird, ob es zur Teilnahme an einem dynamischen Beschaffungssystem zugelassen wurde oder nicht. Unverzüglich meint iSv § 121 BGB ohne schuldhaftes Verzögern.[5] Die Regelung korrespondiert mit § 62 Abs. 1, nach dem der öffentliche Auftraggeber jedem Bewerber und jedem Bieter unverzüglich seine Entscheidungen über die Zuschlagserteilung sowie die Zulassung zur Teilnahme an einem dynamischen Beschaffungssystem mitteilt. Die berechtigte Ablehnung eines Teilnahmeantrags durch den Auftraggeber hindert den Bieter grundsätzlich nicht daran, sich zu einem späteren Zeitpunkt, erneut um die Zulassung zum Beschaffungssystem zu bewerben. Das ergibt sich aus der Grundstruktur des Beschaffungssystems und dem Umstand, dass es für einen längeren Zeitraum betrieben wird.[6]

10   **4. Angebotsfrist.** Abs. 4 regelt Fristen für die Angebotsabgabe. Die Vorschrift setzt Art. 34 Abs. 2 UAbs. 2 lit. b S. 1 und 2 RL 2014/24/EU um. Gemäß Abs. 4 S. 1 beträgt die Angebotsfrist mindestens zehn Tage, gerechnet ab dem Tag nach der Absendung der Aufforderung zur Angebotsabgabe. Die Mindestfrist ist allerdings angemessen zu verlängern, wenn dies aus wettbewerblichen Gründen erforderlich ist.[7] Bei der Festlegung der Frist sind gem. § 20 Abs. 1 die Komplexität der Leistung und die Zeit für die Ausarbeitung der Angebote angemessen zu berücksichtigen. Gemäß Abs. 4 S. 2, den § 16 Abs. 6 für anwendbar erklärt, kann die Mindestfrist ausnahmsweise verkürzt werden, wenn sich Bieter und Auftraggeber hierauf verständigen. Diese Möglichkeit steht allerdings gem. § 16 Abs. 6 S. 1 obersten Bundesbehörden nicht zur Verfügung.

11   **5. Erneute Eignungsprüfung.** Abs. 5 enthält Regelungen zur Eignungsprüfung während des Betriebs des dynamischen Beschaffungssystems. Die Vorschrift setzt Art. 34 Abs. 7 RL 2014/24/EU um.

---

[1] *Hölzl* in KKMPP VgV Rn. 13.
[2] Erwägungsgrund 64 RL 2014/24/EU.
[3] Erwägungsgrund 64 RL 2014/24/EU.
[4] Erwägungsgrund 64 RL 2014/24/EU.
[5] Ebenso *Hölzl* in KKMPP VgV Rn. 13.
[6] *Müller* NZBau 2011, 72 (75).
[7] *Hölzl* in KKMPP VgV Rn. 14; *Müller* NZBau 2011, 72 (74).

Grundsätzlich ist bei dynamischen Beschaffungssystemen vorgesehen, dass die Unternehmen 12
ihre Eignung mit der Einreichung ihres Teilnahmeantrags auf Zulassung für das System nachweisen.
Werden die Unternehmen für das System zugelassen, so sind sie für eine etwaige Auftragsdurchführung geeignet. Eine erneute Eignungsprüfung bei der Aufforderung zur Abgabe von Angeboten erfolgt nicht mehr.[8] Dynamische Beschaffungssysteme werden allerdings über einen längeren Zeitraum betrieben. Öffentliche Aufträge dürfen gem. § 122 Abs. 1 GWB lediglich an fachkundige und leistungsfähige (geeignete) Unternehmen vergeben werden. Daraus folgt, dass die Auftraggeber verpflichtet sind, die Eignung der Teilnehmer während der Dauer des Verfahrens „zu beobachten" und einen Bieter dann aus dem Beschaffungssystem auszuschließen, wenn sich nachträglich zeigt, dass der Bieter ungeeignet ist.[9] Diesem Zusammenhang trägt Abs. 5 Rechnung. Danach kann der öffentliche Auftraggeber von den zu einem dynamischen Beschaffungssystem zugelassenen Bewerbern jederzeit verlangen, innerhalb von fünf Arbeitstagen nach Übermittlung der Aufforderung zur Angebotsabgabe eine erneute und aktualisierte Einheitliche Europäische Eigenerklärung nach § 48 Abs. 3 einzureichen. Abs. 5 erinnert also daran, dass öffentliche Auftraggeber jederzeit die Eignungsprüfung wiederholen können und legt darüber hinaus eine Mindestfrist für die Einreichung der EEE fest.[10] Abs. 5 eröffnet als „Kann-Vorschrift" dem Auftraggeber ein Ermessen. Das Ermessen ist dann auf Null reduziert, wenn der öffentliche Auftraggeber ernsthafte Anhaltspunkte dafür hat, dass das Unternehmen seine Eignung verloren hat. In diesem Fall ist der Auftraggeber verpflichtet, die Eignungsprüfung nachzuholen und, je nach dem Ergebnis der Prüfung, das Unternehmen auszuschließen.[11]

§ 25 Grundsätze für die Durchführung elektronischer Auktionen

(1) ¹Der öffentliche Auftraggeber kann im Rahmen eines offenen, eines nicht offenen oder eines Verhandlungsverfahrens vor der Zuschlagserteilung eine elektronische Auktion durchführen, sofern der Inhalt der Vergabeunterlagen hinreichend präzise beschrieben und die Leistung mithilfe automatischer Bewertungsmethoden eingestuft werden kann. ²Geistig-schöpferische Leistungen können nicht Gegenstand elektronischer Auktionen sein. ³Der elektronischen Auktion hat eine vollständige erste Bewertung aller Angebote anhand der Zuschlagskriterien und der jeweils dafür festgelegten Gewichtung vorauszugehen. ⁴Die Sätze 1 und 2 gelten entsprechend bei einem erneuten Vergabeverfahren zwischen den Parteien einer Rahmenvereinbarung nach § 21 und bei einem erneuten Vergabeverfahren während der Laufzeit eines dynamischen Beschaffungssystems nach § 22. ⁵Eine elektronische Auktion kann mehrere, aufeinanderfolgende Phasen umfassen.

(2) ¹Im Rahmen der elektronischen Auktion werden die Angebote mittels festgelegter Methoden elektronisch bewertet und automatisch in eine Rangfolge gebracht. ²Die sich schrittweise wiederholende, elektronische Bewertung der Angebote beruht auf
1. neuen, nach unten korrigierten Preisen, wenn der Zuschlag allein aufgrund des Preises erfolgt, oder
2. neuen, nach unten korrigierten Preisen oder neuen, auf bestimmte Angebotskomponenten abstellenden Werten, wenn das Angebot mit dem besten Preis-Leistungs-Verhältnis oder, bei Verwendung eines Kosten-Wirksamkeits-Ansatzes, mit den niedrigsten Kosten den Zuschlag erhält.

(3) ¹Die Bewertungsmethoden werden mittels einer mathematischen Formel definiert und in der Aufforderung zur Teilnahme an der elektronischen Auktion bekanntgemacht. ²Wird der Zuschlag nicht allein aufgrund des Preises erteilt, muss aus der mathematischen Formel auch die Gewichtung aller Angebotskomponenten nach Absatz 2 Nummer 2 hervorgehen. ³Sind Nebenangebote zugelassen, ist für diese ebenfalls eine mathematische Formel bekanntzumachen.

(4) Angebotskomponenten nach Absatz 2 Nummer 2 müssen numerisch oder prozentual beschrieben werden.

---
[8] Vgl. für die alte Rechtslage Ziekow/Völlink/*Völlink* VOL/A § 5 Rn. 10.
[9] HK-VergabeR/*Pünder* VOL/A § 5 Rn. 110.
[10] Erwägungsgrund 65 RL 2014/24/EU.
[11] So auch BeckOK VergabeR/*Bickel*, 18. Ed. 31.1.2020, Rn. 22.

Übersicht

	Rn.		Rn.
I. Gemeinsamer Normzweck der §§ 25 und 26	1	2. Zwingende Zulässigkeitsvoraussetzungen .... a) Hinreichend präzise Beschreibbarkeit	18
1. Klarstellung der Zulässigkeit elektronischer Auktionen unter bestimmten Voraussetzungen	1	der Spezifikationen .... b) Einstufbarkeit der Leistung mithilfe automatischer Bewertungsmethoden ...	18 19
a) Überblick über die Vorschriften	1	c) Nichtanwendbarkeit bei geistig-schöpferischen Dienstleistungs- und Bauaufträgen	20
b) Entwicklung der Zulässigkeit elektronischer Auktionen in der EU und in Deutschland	7	3. Bewertung der Angebote	21
2. Ergänzung des § 120 Abs. 2 GWB	13	4. Zulässigkeit der Kombination mit einer Rahmenvereinbarung oder einem dynamischen Beschaffungssystem	22
3. Verfahrensgrundsätze und -details als Konkretisierung der Gebote der Transparenz und Nichtdiskriminierung	14	5. Zu den Phasen und zur Bewertungsmethode in der Auktion	24
II. Einzelerläuterungen	16		
1. Elektronische Auktion als „besondere Methode und Instrument"	16	6. Anforderungen an die elektronische Auktion bezüglich der Integrität der Daten und der Vertraulichkeit der Informationen	29

I. Gemeinsamer Normzweck der §§ 25 und 26

1 **1. Klarstellung der Zulässigkeit elektronischer Auktionen unter bestimmten Voraussetzungen. a) Überblick über die Vorschriften.** §§ 25 und 26 beruhen auf Art. 35 RL 2014/24/EU. Art. 35 RL 2014/24/EU geht auf die allerdings nur optional den Mitgliedsstaaten eingeräumte frühere Regelung des Art. 54 Vergabe-RL 2004 (RL 2004/18/EG) zurück. Die beiden Vorschriften dienen der **Klarstellung der Zulässigkeit (umgekehrter) elektronischer Auktionen** bei der Vergabe öffentlicher Aufträge und nennen dafür erforderliche **Zulässigkeitsvoraussetzungen und Verfahrensdetails**, die für vergaberechtskonforme Auktionen zwingend zu beachten sind. Umgekehrte Auktionen werden in der Praxis oft auch kurz als „reverse auctions" oder „e-auctions" bezeichnet. Voraussetzung für die Zulässigkeit dieser besonderen, voll-elektronischen Vorgehensweisen ist, dass der **Inhalt der Vergabeunterlagen bzw. insbesondere die technischen Spezifikationen hinreichend präzise beschrieben** sein müssen und eine Einstufung der betreffenden Leistungen **mithilfe automatischer Bewertungsmethoden** möglich ist (→ Rn. 18, 19 ff.).

2 Während in § 25 die **Grundsätze** für die Durchführung elektronischer Auktionen dargelegt werden, enthält § 26 die Regeln für die eigentliche **Durchführung des Verfahrens**. Allerdings lassen sich die Regelungsinhalte beider Vorschriften nicht eindeutig voneinander trennen. So betreffen zB einige Details des § 25 nicht nur die Grundsätze, sondern auch die Durchführung der elektronischen Auktion.

3 Abs. 1 dient zunächst der Klarstellung, dass der öffentliche Auftraggeber **im Rahmen eines offenen oder nicht offenen Verfahrens oder eines Verhandlungsverfahrens** vor der Zuschlagserteilung eine elektronische Auktion durchführen kann, wenn der **Inhalt der Vergabeunterlagen hinreichend präzise beschrieben** und eine Einstufung der **Leistung mithilfe automatischer Bewertungsmethoden möglich** ist. Nach dieser Konzeption ist die elektronische Auktion ein Verfahren zur Ermittlung des wirtschaftlichsten Angebots (→ Rn. 12), aber keine eigene Verfahrensart wie das offene, nicht offene Verfahren oder das Verhandlungsverfahren (→ Rn. 15). Das war vor Verabschiedung der RL 2014/24/EU nicht allgemein klar; zuvor war die elektronische Auktion teilweise auch als eigenständiges Verfahren eingestuft worden. Abs. 1 bestimmt weiterhin, dass **geistig-schöpferische Leistungen nicht Gegenstand elektronischer Auktionen** sein können. Ausdrücklich klargestellt wird ferner, dass elektronische Auktionen **auch im Rahmen einer Rahmenvereinbarung** nach § 21 **oder eines dynamischen Beschaffungssystems** nach § 22 zur Anwendung kommen können (→ Rn. 22 ff.).

4 Abs. 2 betrifft **nähere Einzelheiten zur Vorgehensweise** bei der elektronischen Auktion. Dazu zählen insbesondere Vorschriften zur elektronischen Bewertung und Reihung der Angebote sowie zur wiederholenden Bewertung aufgrund von im Verlauf der Auktion nach unten korrigierten Preisen (→ Rn. 25 ff.). Abs. 3 und 4 legen Einzelheiten bezüglich Bewertungsmethoden, diesbezüglicher mathematischer Formeln und der Beschreibung der Angebotskomponenten fest (→ Rn. 25 ff. und 27 f.).

5 Elektronische Auktionen sind in der Vergabepraxis **nicht unumstritten**. *Befürworter* versprechen sich davon vor allem *Einsparpotenziale* durch einen intensivierten, internetweiten Bieterwettbe-

werb. Bei der Ermittlung tatsächlicher Einsparpotenziale darf allerdings nicht übersehen werden, dass neben einer etwaigen Reduzierung von Einkaufspreisen auch der uU nicht unbeachtliche Aufwand für die vergaberechtskonforme Durchführung elektronischer Auktionen berücksichtigt werden muss. Dabei sind neben den speziellen Vorgaben der §§ 25 f. auch die Gebote der Gewährleistung der Vertraulichkeit, Datenintegrität und einer zuverlässigen Dokumentation zu beachten (→ Rn. 29 ff.). *Kritiker* elektronischer Auktionen warnen vor der *Gefahr ruinöser Preiskämpfe* und damit ggf. verbundener *negativer struktureller Veränderungen und uU auch Verkleinerungen des Bieterkreises*, die vor allem zulasten mittelständischer und qualitätsorientierter Anbieter und damit letztlich auch zum Nachteil des Auftraggebers gehen könnten.[1]

Bedenken gegen elektronische Auktionen im Vergabewesen werden **partiell berücksichtigt** 6 durch eine **Ausnahmeregelung** in Abs. 1 S. 2, der der Umsetzung des Art. 35 Abs. 1 UAbs. 3 RL 2014/24/EU dient. Nach Abs. 1 S. 2 können bestimmte öffentliche Dienstleistungsaufträge und öffentliche Bauaufträge, die **geistig-schöpferische Leistungen** wie zB die Gestaltung von Bauwerken zum Inhalt haben, nicht Gegenstand einer elektronischen Auktion sein[2] (→ Rn. 20).

b) Entwicklung der Zulässigkeit elektronischer Auktionen in der EU und in Deutsch- 7 **land. Bis 2004** waren elektronische Auktionen im öffentlichen Auftragswesen in der EU **nach ganz hM nicht zulässig.** Hintergrund dafür war vor allem die Erfahrung, dass umgekehrte Auktionen (Verfahren der „Lizitation") im historischen Vergabewesen oft zu schlechter Angebotsqualität bzw. unbefriedigender Auftragsausführung als Konsequenz des starken Preisdrucks bei diesen Auktionen geführt hatten. Daher war die Lizitation durch das Submissionsverfahren ersetzt worden.[3] In der Folge war die Auktion im modernen Vergaberecht lange Zeit nicht zulässig.

Erst mit dem **Aufkommen neuartiger elektronischer Geschäftsprozessmodelle** infolge der 8 praktischen Ausbreitung des Internet **ab Mitte der 1990er Jahre** wurde die **Idee der umgekehrten Auktion wieder aufgegriffen,** dabei aber auch kontrovers diskutiert (→ Rn. 5).[4] Eine **erste gesetzgeberische Entscheidung** zur Zulassung elektronischer Auktionen erfolgte 2004 durch Art. 54 Vergabe-RL 2004. Diese gründete auf der bereits damals manifestierten Überzeugung des EU-Gesetzgebers, dass elektronische Auktionen eine Technik darstellten, die sich noch stärker verbreiten werde. Deshalb sollten sie nach Auffassung des europäischen Gesetzgebers im EU-Vergaberecht definiert und speziellen Vorschriften unterworfen werden, um sicherzustellen, dass sie unter Wahrung der Grundsätze der Gleichbehandlung bzw. der Nichtdiskriminierung und der Transparenz ablaufen.[5]

EU-rechtlich wurden elektronische Auktionen bei öffentlichen Aufträgen durch Art. 54 Ver- 9 gabe-RL 2004 (RL 2004/18/EG) im Jahre **2004 zunächst nur optional** zugelassen. Danach oblag es der Entscheidung des *nationalen* Gesetzgebers, ob er dem Auftraggeber die Möglichkeit der Durchführung elektronischer Auktionen einräumte. Wenngleich die elektronische Auktion im Vergabewesen in der Praxis teilweise nach wie vor kritisch beurteilt wird, hat der EU-Gesetzgeber in der 2014 in Kraft getretenen RL 2014/24/EU darauf verzichtet, die Zulassung der elektronischen Auktionen nur als Option für die Mitgliedstaaten vorzusehen. Somit ist öffentlichen Auftraggebern europarechtlich **seit 2014 ohne Einschränkung durch eine nationale Option** nunmehr EU-weit erlaubt, elektronische Auktionen bei der Vergabe zu nutzen, soweit dabei die Voraussetzungen der §§ 25 f. eingehalten werden (→ Rn. 16 ff. und → § 26 Rn. 1 ff.).

In Deutschland ist eine gesetzliche Bestimmung zur elektronischen Auktion im Vergabewesen 10 **erst in der Fassung des GWB von 2009**[6] geschaffen worden. Diese Regelung war allerdings nur sehr rudimentär. So wurde in § 101 Abs. 6 S. 1 GWB (2009) lediglich sehr allgemein formuliert, dass eine elektronische Auktion der Ermittlung des wirtschaftlichsten Angebots dient. Die nachgeordneten Regelungen in der **VgV aF sowie die Vergabeordnungen VOL/A, VOB/A und VOF** enthielten **keine Regelungen** zur elektronischen Auktion.

Bis zum Inkrafttreten des GWB idF von 2009 galten elektronische Auktionen bei öffentli- 11 chen Vergaben in Deutschland – jedenfalls bei Vergaben ab den EU-Schwellenwerten – mangels entsprechender Rechtsgrundlage nach ganz hM in Rechtsprechung,[7] Literatur[8] und Praxis als **unzulässig.** Gleichwohl sind in der Praxis **seit etwa 2004** vereinzelt elektronische Auktionen zur Vergabe

---

[1] Vgl. dazu zB *Schröder* NZBau 2010, 411 (413) und *P. Schäfer* NZBau 2015, 131 (136).
[2] Vgl. auch Erwägungsgrund 67 Abs. 1 RL 2014/24/EU.
[3] Vgl. *P. Schäfer* BB-Beil. 12/1996, 3.
[4] Vgl. bereits *P. Schäfer* in Gehrmann/Schinzer/Tacke, Public E-Procurement. Netzbasierte Beschaffung für öffentliche Auftraggeber und Versorgungsunternehmen, 2002, 49 (68 f.).
[5] Vgl. bereits Erwägungsgrund 14 Vergabe-RL 2004 aus dem Jahre 2004.
[6] GWB (Fassung 2009), in Kraft getreten am 24.4.2009.
[7] Vgl. insbes. VK Nordbayern Beschl. v. 9.9.2008 – 21 VgK-3194-42/08, BeckRS 2010, 26815 – Altpapierentsorgung.
[8] jurisPK-VergabeR/*Blaufuß/Zeiss*, 2. Aufl. 2008, GWB § 101 aF Rn. 112 ff.

öffentlicher Aufträge **in Testprojekten** und **selten auch im „Echtbetrieb"** durchgeführt worden. In einer der bisher vergleichsweise sehr wenigen Entscheidungen zur elektronischen Vergabe verneinte die VK Nordbayern[9] 2008 die Zulässigkeit einer elektronischen Auktion betreffend Altpapierentsorgungsleistungen entsprechend der damals hM. Dabei verwarf sie das zugunsten der Auktion vorgetragene Argument, die Zulässigkeit der Auktion könne allein auf den diesbezüglichen Art. 54 Vergabe-RL 2004 gestützt werden. Art. 54 Vergabe-RL 2004 könne weder unmittelbar noch entsprechend angewendet werden; er enthalte lediglich eine *Ermächtigung* für die Mitgliedstaaten, elektronische Auktionen zuzulassen, von der Deutschland zum Zeitpunkt des zu beurteilenden Falles im Jahre 2008 jedoch keinen Gebrauch gemacht habe.

12   **Nach Schaffung des § 101 Abs. 6 S. 1 GWB idF von 2009** mit der vorerwähnten Bestimmung zur elektronischen Auktion hat die VK Lüneburg[10] 2011 die **Zulässigkeit** einer der Durchführung einer elektronischen Auktion auf der Grundlage des § 101 Abs. 6 S. 1 GWB **bejaht.** Ungeachtet der nur rudimentären Regelung war § 101 Abs. 6 S. 1 GWB idF von 2009 nach Auffassung der VK Lüneburg bei europarechtskonformer Auslegung so zu verstehen, dass der deutsche Gesetzgeber den öffentlichen Auftraggebern damit die Möglichkeit eröffnen wollte, elektronische Auktionen durchzuführen, soweit diese sich im Rahmen der Bestimmungen des Art. 54 Vergabe-RL 2004 hielten. Durch letztere Regelung werde auch die – damals noch geltende – VOL/A idF von 2009 modifiziert: Weder der deutsche Verordnungsgeber noch die Gremien zur Fortentwicklung der VOL/A könnten diese Umsetzung dadurch außer Kraft setzen, dass sie in der VOL/A keine Regelungen zur elektronischen Auktion aufgenommen hätten.[11]

13   **2. Ergänzung des § 120 Abs. 2 GWB.** Die Regelungen der §§ 25 und 26 dienen der **Ergänzung des § 120 Abs. 2 GWB,** der eine kurz gefasste **Legaldefinition** der elektronischen Auktion für den Bereich der öffentlichen Auftragsvergabe enthält. Danach ist unter einer elektronischen Auktion **ein sich schrittweise wiederholendes elektronisches Verfahren zur Ermittlung des wirtschaftlichsten Angebots;** § 120 Abs. 2 GWB bestimmt dazu ferner, dass jeder elektronischen Auktion eine vollständige erste Bewertung aller Angebote vorauszugehen hat.[12]

14   **3. Verfahrensgrundsätze und -details als Konkretisierung der Gebote der Transparenz und Nichtdiskriminierung.** Die Regelungen der § 25 und § 26 fungieren als spezielle **Konkretisierungen der Grundsätze der Transparenz und Nichtdiskriminierung** im Hinblick auf elektronischen Auktionen bei der Vergabe öffentlicher Aufträge. Sie dienen der **Berechenbarkeit des Prozedere** der je nach Ausgestaltung ggf. recht komplizierten Verfahren. Sie bezwecken die Schaffung für alle gleicher Bedingungen bezüglich der Durchführung derartiger Auktionen. Damit tragen sie zur Vermeidung von Bevorzugungen oder Benachteiligungen einzelner Bieter bzw. zur Verhinderung überraschender Vorgehensweisen in der Auktion bei.

15   Ergänzend zu § 120 Abs. 2 GWB benennen §§ 25 und 26 die **Voraussetzungen und Verfahrensbestimmungen,** unter deren Beachtung elektronische Auktionen im Vergabeverfahren rechtskonform eingesetzt werden können (zur (umgekehrten) elektronischen Auktion bei öffentlichen Aufträgen allgemein sowie zur Entwicklung der diesbezüglichen Vorschriften → Rn. 7 ff.). Elektronische Auktionen sind **zulässig** sowohl für Vergabeverfahren, bei denen der **Zuschlag allein nach dem Preis** erfolgt, als auch für Verfahren, bei denen der **Zuschlag auf das Angebot mit dem besten Preis-Leistungs-Verhältnis oder** – im Falle der Verwendung eines Kosten-Wirksamkeits-Ansatzes – der **Zuschlag auf das Angebot mit den niedrigsten Kosten** erfolgt.[13] In allen Fällen ist zur Zulässigkeit einer elektronischen Auktion im Sinne der VgV die Beachtung der Bestimmungen der §§ 25 und 26 zwingend erforderlich.

II. Einzelerläuterungen

16   **1. Elektronische Auktion als „besondere Methode und Instrument".** Nach der Konzeption und Terminologie des geltenden Vergaberechts auf der Basis der EU-Richtlinien von 2014 ist die elektronische Auktion **keine eigenständige Verfahrensart** wie etwa das offene bzw. nicht offene Verfahren oder das Verhandlungsverfahren, die in Abschnitt 2, Unterabschnitt 1 der VgV (§§ 14–20) als „Verfahrensarten" aufgeführt werden. Dagegen zählt sie – ebenso wie das „dynamische Beschaffungssystem" und der elektronische Katalog – zu den sog. **„besonderen Methoden und Instrumenten"** im Vergabeverfahren. Diese sind unter dieser Bezeichnung in Abschnitt 2, Unterab-

---

[9]   VK Nordbayern Beschl. v. 9.9.2008 – 21 VgK-3194-42/08, BeckRS 2010, 26815 – Altpapierentsorgung.
[10] VK Lüneburg Beschl. v. 10.5.2011 – VgK-11/2011, ZfBR 2011, 813 = IBR 2011, 1169 – Strombeschaffung.
[11] VK Lüneburg Beschl. v. 10.5.2011 – VgK-11/2011, ZfBR 2011, 813 = IBR 2011, 1169 – Strombeschaffung; vgl. ferner: *Kulartz* in KKP GWB § 101 Rn. 61.
[12] § 120 Abs. 2 GWB fußt auf Art. 35 Abs. 1 UAbs. 1 und 2 RL 2014/24/EU.
[13] Das ergibt sich aus § 25 Abs. 2 S. 2 Nr. 1 und 2 sowie Art. 35 Abs. 3 lit. a und b RL 2014/24/EU.

schnitt 2 der VgV (§§ 21–27) aufgeführt. Diese Einstufung entspricht der Konzeption bzw. den Begrifflichkeiten der zugrunde liegenden RL 2014/24/EU.[14]

Abs. 1 S. 1 sieht vor, dass der öffentliche Auftraggeber **im Rahmen eines offenen Verfahrens,** 17 **eines nicht offenen Verfahrens oder Verhandlungsverfahrens** vor der Zuschlagserteilung eine elektronische Auktion durchführen kann. Dieser Katalog der Verfahren, in dessen Rahmen eine elektronische Auktion durchgeführt werden kann, ist nach seinem eindeutigen Wortlaut abschließend. Nach Abs. 1 S. 4 können elektronische Auktionen **auch** in einem erneuten Vergabeverfahren **im Rahmen einer Rahmenvereinbarung oder** in einem erneuten Vergabeverfahren während der Laufzeit eines **dynamischen Beschaffungssystems** durchgeführt werden (→ Rn. 22 ff.). Dabei sind die Rahmenvereinbarung und das dynamische Beschaffungssystem ebenfalls nicht als eigene Verfahrensarten, sondern ebenso wie die elektronische Auktion als Fälle der „besonderen Methoden und Instrumente" einzustufen.[15] Zulässig ist die elektronische Auktion in allen Fällen stets nur dann, wenn die im Folgenden genannten Zulässigkeitsvoraussetzungen erfüllt sind.

2. Zwingende Zulässigkeitsvoraussetzungen. a) Hinreichend präzise Beschreibbarkeit 18 **der Spezifikationen.** Nach **Abs. 1 S. 1** ist für die Vergaberechtskonformität zwingend erforderlich, dass der **Inhalt der Vergabeunterlagen hinreichend präzise beschrieben** werden kann. Diese in ihrer Kürze sprachlich nicht ganz eindeutige Formulierung bedeutet, dass insbesondere die **technischen Spezifikationen** des Auftragsgegenstands bzw. der Leistung, die beschafft werden soll, hinreichend präzise beschrieben werden können.[16] Diese essenzielle Zulässigkeitsvoraussetzung für eine elektronische Auktion ergibt sich daraus, dass bei voll-elektronischen Prozedere eine exakte Beschreibung der technischen Spezifikationen möglich sein muss, damit eine voll automatisierte Bearbeitung im Verlauf der Auktion möglich ist.

b) Einstufbarkeit der Leistung mithilfe automatischer Bewertungsmethoden. Abs. 1 19 **S. 1 Hs. 2** setzt für die vergaberechtliche Zulässigkeit einer elektronischen Auktion zusätzlich zwingend voraus, dass die betreffende Leistung **mithilfe automatischer Bewertungsmethoden eingestuft** werden kann. Das heißt, dass die Leistung eindeutig einer Erfassung durch automatische Bewertungsmethoden zugänglich sein muss. Dies ist bei Leistungen, die nicht allein mit objektiv ermittelbaren, mathematisch exakten Bewertungsmethoden erfassbar sind, nicht der Fall.

c) Nichtanwendbarkeit bei geistig-schöpferischen Dienstleistungs- und Bauaufträ- 20 **gen. Abs. 1 S. 2** stellt ausdrücklich klar, dass sog. **„geistig-schöpferische Leistungen"** nicht Gegenstand elektronischer Auktionen sein können. Diese Ausnahmevorschrift fußt auf Art. 35 Abs. 1 UAbs. 3 RL 2014/24/EU. Danach können **bestimmte öffentliche Dienstleistungsaufträge und öffentliche Bauaufträge**, die intellektuelle Leistungen wie zB die Gestaltung von Bauwerken zum Inhalt haben, die nicht mithilfe automatischer Bewertungsmethoden eingestuft werden können, nicht Gegenstand elektronischer Auktionen sein.

3. Bewertung der Angebote. Nach Abs. 1 S. 3 hat der elektronischen Auktion eine **vollstän-** 21 **dige erste Bewertung aller Angebote** anhand der Zuschlagskriterien und der jeweils dafür festgelegten Gewichtung vorauszugehen (→ Rn. 13).

4. Zulässigkeit der Kombination mit einer Rahmenvereinbarung oder einem dyna- 22 **mischen Beschaffungssystem. Abs. 1 S. 4** sieht vor, dass eine elektronische Auktion – entsprechend den Regelungen des § 25 Abs. 1 und 2 – **auch bei einem erneuten Vergabeverfahren im Rahmen einer Rahmenvereinbarung** nach § 21 **und** bei einem erneuten Vergabeverfahren **während der Laufzeit eines dynamischen Beschaffungssystems** nach § 22 durchgeführt werden kann. Damit will der Gesetzgeber offenbar eine weitreichende Anwendung elektronischer Auktionen auch in Kombination mit den anderen genannten voll-elektronischen Instrumenten ermöglichen. Nach Wortlaut und Sinn des Abs. 1 S. 4 findet die **elektronische Auktion** in beiden Alternativen der genannten Kombinationslösungen **im Rahmen eines erneuten Vergabeverfahrens** statt. Dabei müssen alle Zulässigkeitsvoraussetzungen einer elektronischen Auktion erfüllt sein.

Die Möglichkeit der Kombination einer elektronischen Auktion mit einer vorangegangenen 23 Rahmenvereinbarung oder einem dynamischen Beschaffungssystem war im EU-Vergaberecht **prinzipiell bereits seit 2004** durch Vergabe-RL 2004 – wenngleich mit etwas anderer Formulierung der Voraussetzungen im Detail – zugelassen.[17] Vor allem angesichts der bislang kaum erfolgten Nutzung dynamischer Beschaffungssysteme sind derartige Kombinationslösungen **in der Praxis bisher wohl**

---

[14] S. die entsprechende Bezeichnung des Titels II, Kapitel I und II RL 2014/24/EU.
[15] S. die Titulierung in Abschnitt 2, Unterabschnitt 2 der VgV (§§ 21–27).
[16] Vgl. die wichtige Konkretisierung im zugrunde liegenden Art. 35 Abs. 2 S. 1 RL 2014/24/EU.
[17] S. Art. 54 Abs. 2 UAbs. 2 Vergabe-RL 2004.

nur sehr selten genutzt worden. Im Zuge einer künftig möglicherweise stärkeren praktischen Verbreitung der vorgenannten Instrumente könnten die in RL 2014/24/EU vorgesehenen Kombinationslösungen **zukünftig möglicherweise mehr Bedeutung** erlangen. Allerdings darf nicht übersehen werden, dass solche Lösungen je nach Ausgestaltung, die stets insgesamt rechtskonform sein muss, uU recht kompliziert und aufwändig sein können. Insofern empfiehlt es sich, bei der Entscheidung über den Einsatz solcher Lösungen nicht nur geschätzte Einsparpotenziale hinsichtlich der Beschaffungspreise, sondern alle Aspekte durch eine **sorgfältige Kosten-/Nutzen-Analyse** zu ermitteln. Ob und inwieweit die genannten Kombinationslösungen künftig stärker genutzt werden, dürfte auch davon abhängen, ob es gelingt, gleichermaßen normkonforme, sichere, anwendungsfreundliche und bezahlbare Lösungen für solche Anwendungen zu entwickeln. Auch bei Kombinationslösungen ist stets zu beachten, dass sie nur zulässig sind, wenn die Anforderungen der §§ 25 f. und die Vorschriften der VgV bezüglich der anderen genannten Instrumente vollständig erfüllt sind.

24 **5. Zu den Phasen und zur Bewertungsmethode in der Auktion.** Nach **Abs. 1 S. 5** kann eine elektronische Auktion **ggf. mehrere, aufeinanderfolgende Phasen** umfassen. Falls eine elektronische Auktion mehrere Phasen umfasst, müssen diese unmittelbar aufeinander folgen.[18] Was unter „unmittelbar" zu verstehen ist, wird in der amtl. Begr. nicht näher ausgeführt. Nach der zugrunde liegenden Bestimmung des Art. 35 Abs. 5 UAbs. 5 S. 2 RL 2014/24/EU heißt es nur „aufeinander folgende" Phasen. Danach ist jedenfalls erforderlich, dass die Phasen eindeutig Teil einer einzigen elektronischen Auktion sein müssen und aufeinander folgen, dh nicht durch ein anderes Vorgehen bzw. einen Eingriff in das laufende Prozedere unterbrochen werden dürfen.

25 **Abs. 2** regelt nähere Einzelheiten der Vorgehensweise bei der elektronischen Auktion. Abs. 2 S. 1 bestimmt, dass die **Angebote** im Rahmen der elektronischen Auktion zunächst mittels festgelegter Methoden **elektronisch bewertet** und **automatisch in eine Rangfolge gebracht** werden müssen.[19] Die sich sodann **schrittweise wiederholende, elektronische Bewertung der Angebote** erfolgt gem. Abs. 2 S. 2 unterschiedlich je nachdem, ob in dem jeweiligen Vergabeverfahren der Zuschlag entweder (1) allein nach dem Preis oder (2) auf das Angebot mit dem besten Preis-Leistungs-Verhältnis oder – im Falle der Verwendung eines „Kostenwirksamkeitsansatzes" – auf das Angebot mit den niedrigsten Kosten erfolgt.

26 Erfolgt der **Zuschlag allein nach dem Preis,** so beruht die sich bei der elektronischen Auktion schrittweise wiederholende, elektronische **Angebotsbewertung allein auf neuen, nach unten korrigierten Preisen.** Ist dagegen vorgesehen, dass der Zuschlag auf das **Angebot mit dem besten Preis-Leistungs-Verhältnis** oder – bei Verwendung eines Kosten-Wirksamkeits-Ansatzes – auf das **Angebot mit den niedrigsten Kosten** erfolgt, so beruht die sich schrittweise wiederholende, elektronische Bewertung der Angebote auf **neuen, nach unten korrigierten Preisen oder neuen, auf bestimmte Angebotskomponenten abstellenden Werten.** Diese zweite Auktionsvariante mit mehreren Variablen ist rechtlich und technisch machbar, doch für Auftraggeber wie Bieter deutlich komplizierter als die erste und vom klassischen Bild der Auktion recht weit entfernt. Dennoch hat der EU-Gesetzgeber sich im Interesse einer möglichst weiten Zulassung neuer elektronischer Geschäftsprozessmodelle für die Zulassung auch der zweiten Variante (in zwei verschiedenen Ausprägungen) entschieden. Welche tatsächliche Verbreitung sie erfahren wird, bleibt abzuwarten. Auch insoweit wird ua wesentlich sein, ob dazu gleichermaßen normkonforme, sichere, anwendungsfreundliche und bezahlbare Praxis-Lösungen entwickelt werden.

27 Nach **Abs. 3** sind die **Bewertungsmethoden** mittels einer **mathematischen Formel** zu definieren. Ferner sind sie in der Aufforderung zur Teilnahme an der elektronischen Auktion **bekanntzumachen.** Wird der Zuschlag nicht allein aufgrund des Preises erteilt, muss aus der mathematischen Formel auch die Gewichtung aller Angebotskomponenten nach Abs. 2 Nr. 2 hervorgehen. Sind Nebenangebote zugelassen, ist für diese ebenfalls eine mathematische Formel bekanntzumachen.

28 Gemäß **Abs. 4** sind **Angebotskomponenten** iSd Abs. 2 **numerisch oder prozentual zu beschreiben.** Diese Vorschrift setzt Anhang VI lit. a RL 2014/24/EU um. Sie stellt klar, dass bei Ermittlung des besten Preis-Leistungs-Verhältnisses oder bei Anwendung eines Kosten-Wirksamkeits-Ansatzes nur solche Angebotskomponenten, deren Inhalt sinnvoll *in Zahlen* abgebildet werden kann, zur Ermittlung einer Neureihung von Angeboten, die an einer elektronischen Auktion teilnehmen, genutzt werden können.[20]

---

[18] Vgl. VgV-Begründung zu § 25 Abs. 1 aE, BR-Drs. 87/16, 180.
[19] Diese Regelung ergänzt § 120 Abs. 2 S. 2 GWB und stellt klar, dass die eingegangenen Angebote nach der vollständigen ersten Bewertung aller Angebote automatisch in eine neue Rangfolge gebracht werden können, sofern dazu zuvor festgelegte Methoden genutzt werden und die fortlaufende Neubewertung mithilfe elektronischer Mittel vorgenommen wird – vgl. VgV-Begründung zu § 25 Abs. 2, BR-Drs. 87/16, 181.
[20] Vgl. VgV-Begründung zu § 25 Abs. 4, BT-Drs. BR-Drs. 87/16, 181.

6. Anforderungen an die elektronische Auktion bezüglich der Integrität der Daten 29
und der Vertraulichkeit der Informationen. Mit Ausnahme des § 26 Abs. 5 S. 3, nach der die
Identität des Bieters in der elektronischen Auktion nicht offengelegt werden darf (→ § 26 Rn. 12),
sehen die §§ 25 und 26 keine ausdrücklichen Vorschriften zur Bewahrung der Vertraulichkeit bzw.
Integrität der Daten vor. Auch wenn nicht explizit in §§ 25 und 26 normiert, gelten auch für die
Durchführung elektronischer Auktionen allerdings – mit bestimmten Ausnahmen (→ Rn. 32) –
ergänzend die allgemeinen Gebote der **Wahrung Integrität der Daten und der Vertraulichkeit
bestimmter Vorgänge des Vergabeverfahrens** nach § 5. Diese werden für die elektronische
Kommunikation durch §§ 10 ff. näher konkretisiert.

Auch bei elektronischen Auktionen muss der öffentliche Auftraggeber nach **§ 5 Abs. 1** beach- 30
ten, dass von den Unternehmen an ihn übermittelte und von diesen **als vertraulich gekennzeichnete Informationen nicht weitergegeben werden dürfen**, sofern in der VgV oder anderen
Rechtsvorschriften nichts anderes bestimmt ist. Das bedeutet beispielsweise, dass der Auftraggeber
dafür Sorge tragen muss, dass von den Unternehmen ausdrücklich als vertraulich gekennzeichnete
Informationen weder von internen noch von externen Personen, die in die Abwicklung des Vergabeverfahrens eingeschaltet sind, an Dritte weitergegeben werden dürfen (→ § 11 Rn. 25).

Auch für elektronische Auktionen gelten grundsätzlich die Vorschriften des **§ 5 Abs. 2 S. 1,** 31
nach dem der öffentliche Auftraggeber die **Integrität Daten sowie die Vertraulichkeit der
Angebote** und weiterer dort aufgeführter wichtiger Vorgänge des Vergabeverfahrens gewährleisten
muss. Diese Bestimmungen werden hinsichtlich der elektronischen Mittel durch § 11 Abs. 2 näher
konkretisiert (→ § 11 Rn. 18 und 24). Gemäß **§ 5 Abs. 2 S. 2** gilt das vorgenannte **Vertraulichkeitsgebot auch nach Abschluss des Vergabeverfahrens** (→ § 11 Rn. 27).

Entsprechend dem Vorstehenden muss der öffentliche Auftraggeber sicherstellen, dass die bei 32
der elektronischen Auktion eingesetzte Hard- und Software so beschaffen ist, dass die **Integrität,**
dh die Unversehrtheit der Daten nicht gefährdet ist. Ebenso muss die **Vertraulichkeit** gewahrt
werden. Allerdings ist die **Reichweite des Gebots der Vertraulichkeit bei der elektronischen
Auktion** im Detail von derjenigen bei der Angebotsabgabe in klassischen Verfahrensarten wie dem
offenen und dem nicht offenen Verfahren **abweichend.** So sind bei den genannten klassischen
Verfahrensarten mit dem dabei bewusst vorgesehenen „Geheimwettbewerb" der Preis und weitere
Inhalte des Angebots sowie der Rang des Bieters strikt vertraulich zu behandeln, damit der erstrebte
unverfälschte Wettbewerb gewährleistet wird. Dagegen ist es bei einer elektronischen Auktion entsprechend der Wesensart von Auktionen erforderlich, dass der öffentliche Auftraggeber den Bietern
im Laufe einer jeden Phase der elektronischen Auktion jeweils zumindest den **Rang des Angebotes**
innerhalb der Reihenfolge aller Angebote mitteilt (→ § 26 Abs. 5 S. 1). Einer solchen Mitteilung
steht das Vertraulichkeitsgebot des § 5 Abs. 2 daher im Falle der elektronischen Auktion nicht
entgegen. Allerdings darf die **Identität der Bieter** gem. § 26 Abs. 5 S. 3 in keiner Phase einer
elektronischen Auktion offengelegt werden.

Über die *allgemeinen* Gebote des Art. 5 hinaus gelten für die elektronische Auktion ferner die 33
Anforderungen an elektronische Mittel bzw. deren Einsatz insbesondere gem. § 11. Dazu
zählen vor allem die Gebote der **allgemeinen Verfügbarkeit** der eingesetzten elektronischen Mittel
und ihrer technischen Merkmale sowie der **Kompatibilität mit den allgemein verbreiteten
Geräten und Programmen** der Informations- und Kommunikationstechnologie (→ § 11
Rn. 8 ff.). Ebenfalls ist zu beachten, dass der öffentliche Auftraggeber nur solche elektronischen
Mittel verwenden darf, die die **Unversehrtheit,** dh die **Integrität,** die **Vertraulichkeit** und die
Echtheit der Daten gewährleisten (→ § 11 Rn. 18 ff.), wobei das Gebot der Vertraulichkeit bei der
elektronischen Auktion partiell begrenzt ist (→ Rn. 32). Schließlich gelten auch für elektronische
Auktionen die Informationspflichten des öffentlichen Auftraggebers gegenüber den Bewerbern bzw.
Bietern im Hinblick auf alle notwendigen Angaben bezüglich der technischen Mittel ua gem. § 11
Abs. 3 (→ § 11 Rn. 22 f.). Eine spezielle Ausprägung bzw. Ergänzung dieser Informationspflichten
bei elektronischen Auktionen findet sich in § 26 Abs. 2 Nr. 5 hinsichtlich der erforderlichen Informationen zu einer beabsichtigten elektronischen Auktion in den Vergabeunterlagen, der auf
Anhang VI lit. f RL 2014/24/EU beruht (→ § 26 Rn. 2 ff., 7).

Auch für elektronische Auktionen gilt grundsätzlich die für alle Vergaben nach der VgV geltende 34
Regelung, dass der öffentliche Auftraggeber nach § 5 Abs. 3 den Unternehmen Anforderungen vorschreiben kann, die auf den Schutz der Vertraulichkeit der Informationen im Rahmen des Vergabeverfahrens abzielen (→ § 11 Rn. 28 ff.) Der öffentliche Auftraggeber sollte insbesondere mit Blick auf
mögliche Vergaberechtsschutzverfahren im eigenen Interesse beachten, dass die zur Durchführung der
elektronischen Auktion eingesetzten Mittel eine **zuverlässige Aufzeichnung bzw. Dokumentation
der wesentlichen Schritte der Auktion** gewährleisten. Die Dokumentation muss auch **für einen
angemessenen Zeitraum** nach Beendigung der Auktion noch **zuverlässig verfügbar** sein. Als

Anhaltspunkt für diesen Zeitraum kommt § 8 Abs. 4 in Betracht. Danach müssen die Dokumentation, der Vergabevermerk, die Angebote und weitere in dieser Vorschrift genannte Dokumente bis zum Ende der Laufzeit des jeweiligen Vertrags, mindestens jedoch für drei Jahre ab dem Tag des Zuschlags aufbewahrt werden.

§ 26 Durchführung elektronischer Auktionen

(1) Der öffentliche Auftraggeber kündigt in der Auftragsbekanntmachung oder in der Aufforderung zur Interessensbestätigung an, dass er eine elektronische Auktion durchführt.

(2) Die Vergabeunterlagen müssen mindestens folgende Angaben enthalten:
1. alle Angebotskomponenten, deren Werte Grundlage der automatischen Neureihung der Angebote sein werden,
2. gegebenenfalls die Obergrenzen der Werte nach Nummer 1, wie sie sich aus den technischen Spezifikationen ergeben,
3. eine Auflistung aller Daten, die den Bietern während der elektronischen Auktion zur Verfügung gestellt werden,
4. den Termin, an dem die Daten nach Nummer 3 den Bietern zur Verfügung gestellt werden,
5. alle für den Ablauf der elektronischen Auktion relevanten Daten und
6. die Bedingungen, unter denen die Bieter während der elektronischen Auktion Gebote abgeben können, insbesondere die Mindestabstände zwischen den der automatischen Neureihung der Angebote zugrunde liegenden Preisen oder Werten.

(3) ¹Der öffentliche Auftraggeber fordert alle Bieter, die zulässige Angebote unterbreitet haben, gleichzeitig zur Teilnahme an der elektronischen Auktion auf. ²Ab dem genannten Zeitpunkt ist die Internetverbindung gemäß den in der Aufforderung zur Teilnahme an der elektronischen Auktion genannten Anweisungen zu nutzen. ³Der Aufforderung zur Teilnahme an der elektronischen Auktion ist jeweils das Ergebnis der vollständigen Bewertung des betreffenden Angebots nach § 25 Absatz 1 Satz 3 beizufügen.

(4) Eine elektronische Auktion darf frühestens zwei Arbeitstage nach der Versendung der Aufforderung zur Teilnahme gemäß Absatz 3 beginnen.

(5) ¹Der öffentliche Auftraggeber teilt allen Bietern im Laufe einer jeden Phase der elektronischen Auktion unverzüglich zumindest den jeweiligen Rang ihres Angebots innerhalb der Reihenfolge aller Angebote mit. ²Er kann den Bietern weitere Daten nach Absatz 2 Nummer 3 zur Verfügung stellen. ³Die Identität der Bieter darf in keiner Phase einer elektronischen Auktion offengelegt werden.

(6) Der Zeitpunkt des Beginns und des Abschlusses einer jeden Phase ist in der Aufforderung zur Teilnahme an einer elektronischen Auktion ebenso anzugeben wie gegebenenfalls die Zeit, die jeweils nach Eingang der letzten neuen Preise oder Werte nach § 25 Absatz 2 Satz 2 Nummer 1 und 2 vergangen sein muss, bevor eine Phase einer elektronischen Auktion abgeschlossen wird.

(7) Eine elektronische Auktion wird abgeschlossen, wenn
1. der vorher festgelegte und in der Aufforderung zur Teilnahme an einer elektronischen Auktion bekanntgemachte Zeitpunkt erreicht ist,
2. von den Bietern keine neuen Preise oder Werte nach § 25 Absatz 2 Satz 2 Nummer 1 und 2 mitgeteilt werden, die die Anforderungen an Mindestabstände nach Absatz 2 Nummer 6 erfüllen, und die vor Beginn einer elektronischen Auktion bekanntgemachte Zeit, die zwischen dem Eingang der letzten neuen Preise oder Werte und dem Abschluss der elektronischen Auktion vergangen sein muss, abgelaufen ist oder
3. die letzte Phase einer elektronischen Auktion abgeschlossen ist.

(8) Der Zuschlag wird nach Abschluss einer elektronischen Auktion entsprechend ihrem Ergebnis mitgeteilt.

Übersicht

	Rn.			Rn.
I. Normzweck	1		1. Ankündigung der Auktion	3
II. Einzelerläuterungen	2			

	Rn.		Rn.
2. Angaben zur Auktion in den Vergabeunterlagen	4	b) Frühester Zeitpunkt des Beginns der Auktion	10
a) Katalog des Abs. 2 als Mindestregelung	4	c) Mitteilung zumindest des Rangs eines Gebots in jeder Auktionsphase	11
b) Die Mindestanforderungen im Einzelnen	6	d) Verbot der Benennung der Identität des Bieters	12
3. Ablauf der elektronischen Auktion	8	e) Zeitangaben zu den Phasen der Auktion in der Aufforderung zur Teilnahme an der Auktion	13
a) Gleichzeitige Aufforderung zur Auktion an die Bieter mit zulässigen Angeboten	9	f) Abschluss der Auktion	14
		g) Mitteilung des Zuschlags entsprechend dem Auktionsergebnis	15

I. Normzweck

§ 26 dient der Umsetzung der Regelungen des Art. 35 RL 2014/24/EU sowie des Anhang VI RL 2014/24/EU (→ § 25 Rn. 1, 7 ff.). Die Regelungen des § 26 enthalten zwingend zu beachtende, präzise **Vorgaben für die Durchführung elektronischer Auktionen** innerhalb des Geltungsbereichs der VgV (→ § 25 Rn. 1 ff.). Ebenso wie § 25 dienen sie der **Konkretisierung der Grundsätze der Transparenz, Berechenbarkeit und Nichtdiskriminierung** im Hinblick auf elektronische Auktionen bei der Vergabe öffentlicher Aufträge (→ § 25 Rn. 14). In diesem Sinne enthält § 26 Vorgaben zur Ankündigung der Auktion (Abs. 1) und zu detaillierten Informationen zur Auktion in den Vergabeunterlagen (Abs. 2). Ferner umfasst er Regelungen zum Ablauf der Auktion einschließlich bestimmter zeitlicher Vorgaben für den Beginn, einzelne Schritte und den Abschluss der elektronischen Auktion (Abs. 3–8; → Rn. 2 ff.).

II. Einzelerläuterungen

§ 26 enthält **umfangreiche Vorgaben** zur Ankündigung und Durchführung der elektronischen Auktion. Sie umfassen präzise Regelungen zur **Ankündigung** der Auktion, zu erforderlichen **Mindestangaben in den Vergabeunterlagen** sowie zum **Ablauf der Auktion.** Soweit sich die Pflichten gem. § 26 Abs. 2 Nr. 5 auf die elektronischen Mittel für die elektronische Auktion beziehen, sind sie als spezielle Ausprägung des mitgeltenden allgemeinen Gebots zur Verfügungstellung aller notwendigen Informationen über die in einem Vergabeverfahren verwendeten elektronischen Mittel iSd § 11 Abs. 3 zu verstehen (→ § 25 Rn. 33).

1. Ankündigung der Auktion. Die Durchführung einer elektronischen Auktion erfordert nach **Abs. 1** zunächst eine rechtzeitige **Ankündigung der elektronischen Auktion.** Danach muss der öffentliche Auftraggeber, wenn er eine elektronische Auktion durchführen will, bereits entweder in der Auftragsbekanntmachung oder in der Aufforderung zur Interessensbestätigung ankündigen, dass er eine elektronische Auktion durchführt.

2. Angaben zur Auktion in den Vergabeunterlagen. a) Katalog des Abs. 2 als Mindestregelung. Gemäß Abs. 2 sind für die Rechtswirksamkeit der elektronischen Auktion bestimmte nähere Angaben zur Auktion in den Vergabeunterlagen erforderlich. Die insoweit nötigen Angaben sind in einem ausführlichen **Katalog erforderlicher Informationen** über die beabsichtigte elektronische Auktion in Abs. 2 Nr. 1–6 enthalten. Dabei handelt um **Mindestangaben,** die der öffentliche Auftraggeber auf jeden Fall in den Vergabeunterlagen bezüglich der Auktion aufzuführen hat.

Aus der Formulierung des Abs. 2, nach der die Vergabeunterlagen mindestens die dort aufgeführten Angaben enthalten müssen, geht hervor, dass der Auftraggeber in den Vergabeunterlagen auch weitere, über die dort genannten Angaben hinaus gehende Angaben zu der von ihm beabsichtigten elektronischen Auktion aufführen kann. Dabei ist allerdings zu beachten, dass diese Angaben mit den allgemeinen Vorschriften – und insbesondere mit dem allgemeinen Gebot der Nichtdiskriminierung – wie auch den speziellen Vorschriften zur elektronischen Auktion gem. §§ 25 und 26 vereinbar sein müssen.

b) Die Mindestanforderungen im Einzelnen. Erforderlich ist zunächst, dass in den Vergabeunterlagen die **Nennung aller Angebotskomponenten,** deren Werte bei der Auktion Grundlage einer automatischen Neureihung der Angebote sein werden, erfolgt (Abs. 2 Nr. 1). Ferner müssen **ggf. Obergrenzen der jeweiligen Werte** nach Nr. 1, wie sie sich aus den technischen Spezifikationen ergeben, angegeben werden (Abs. 2 Nr. 2). Erforderlich ist weiterhin eine **Auflistung aller Daten,** die den Bietern während der elektronischen Auktion zur Verfügung gestellt werden (Abs. 2 Nr. 3).

7 Nach dem Katalog des Abs. 2 ist in den Vergabeunterlagen ferner der **Termin, an dem die Daten nach Nr. 3 den Bietern zur Verfügung gestellt werden,** zu benennen (Abs. 2 Nr. 4). Weiterhin müssen in den Vergabeunterlagen **alle für den Ablauf der elektronischen Auktion relevanten Daten** (Abs. 2 Nr. 5) angegeben werden. Die relevanten Angaben nach Nr. 5 beziehen sich insbesondere auf die für die Durchführung der elektronischen Auktion verwendeten elektronischen Mittel einschließlich der technischen Eigenschaften der verwendeten Internetverbindung.[1] Schließlich müssen in den Vergabeunterlagen die **Bedingungen, unter denen die Bieter während der elektronischen Auktion Gebote abgeben können,** angegeben werden (Abs. 2 Nr. 6); dabei müssen insbesondere die Mindestabstände zwischen den Preisen oder Werten, die der automatischen Neureihung der Angebote zugrunde liegen, in den Vergabeunterlagen genannt werden. Alle vorgenannten Informationen dienen der Information und der Vorbereitung der Bieter auf die Auktion.

8 **3. Ablauf der elektronischen Auktion. Abs. 3–8** enthalten **Vorschriften zum Ablauf der elektronischen Auktion.** Diese umfassen zwingend zu beachtende Regelungen zum Beginn, zu den einzelnen Verfahrensschritten und zum Ende der Auktion.

9 **a) Gleichzeitige Aufforderung zur Auktion an die Bieter mit zulässigen Angeboten.** Nach **Abs. 3** hat der öffentliche Auftraggeber alle Bieter, die zulässige Angebote unterbreitet haben, **gleichzeitig** zur Teilnahme an der elektronischen Auktion aufzufordern. Hintergrund dieser Regelung ist zunächst, dass entsprechend der vorangegangenen Prüfung der Angebote nur Bieter mit zulässigen Angeboten zur Teilnahme an der Auktion aufgefordert bzw. zugelassen werden. Die Gleichzeitigkeit der Aufforderung der Bieter dient der Schaffung gleicher Ausgangsbedingungen für alle Bieter. Die **Aufforderung** zur Teilnahme an der elektronischen Auktion erfolgt **unter Nutzung elektronischer Mittel.**[2] Ab dem genannten Zeitpunkt ist die **Internetverbindung gemäß den in der Aufforderung zur Teilnahme an der elektronischen Auktion genannten Anweisungen zu nutzen.** Der Aufforderung zur Teilnahme an der elektronischen Auktion ist jeweils das **Ergebnis der vorangegangenen vollständigen Bewertung des betreffenden Angebots nach § 25 Abs. 1 S. 3 beizufügen.**

10 **b) Frühester Zeitpunkt des Beginns der Auktion. Abs. 4** schreibt vor, dass eine elektronische Auktion **frühestens zwei Arbeitstage nach der Versendung der Aufforderung zur Teilnahme** gem. Abs. 3 beginnen darf. Damit wird für alle zur Auktion zugelassenen Bieter ein zeitlicher Mindestvorlauf erreicht, der ihnen eine wenigstens geringe Zeitspanne zur Vorbereitung auf die Auktion einräumt.

11 **c) Mitteilung zumindest des Rangs eines Gebots in jeder Auktionsphase.** Nach **Abs. 5 S. 1** hat der öffentliche Auftraggeber allen Bietern im Laufe einer jeden Phase der elektronischen Auktion unverzüglich zumindest den jeweiligen Rang ihres Angebots innerhalb der Reihenfolge aller Angebote mitzuteilen. Diese Regelung begrenzt angesichts der Wesensart einer Auktion die Reichweite des vergaberechtlichen Vertraulichkeitsgebots (→ § 25 Rn. 32). Nach **Abs. 5 S. 2** darf der öffentliche Auftraggeber den Bietern auch weitere Daten nach Abs. 2 Nr. 3 zur Verfügung stellen, nicht jedoch die Identität der Bieter offenlegen (→ Rn. 12).

12 **d) Verbot der Benennung der Identität des Bieters. Abs. 5 S. 3** stellt klar, dass die **Identität der Bieter in keiner Phase der Auktion offengelegt werden darf.** Diese Regelung ist eine spezielle Ausprägung des allgemeinen Gebots der Wahrung der Vertraulichkeit von Angeboten iSd § 5 Abs. 2 bzw. § 11 Abs. 2. Damit soll erreicht werden, dass der Rang oder sonstige Daten eines Angebots von den übrigen Bietern nicht mit der Identität des betreffenden Bieters in Verbindung gebracht werden können.

13 **e) Zeitangaben zu den Phasen der Auktion in der Aufforderung zur Teilnahme an der Auktion.** Gemäß **Abs. 6** ist der **Zeitpunkt des Beginns und des Abschlusses einer jeden Phase in der Aufforderung zur Teilnahme an einer elektronischen Auktion** anzugeben. Gleiches gilt ggf. für die Zeit, die jeweils nach Eingang der letzten neuen Preise oder Werte nach § 25 Abs. 2 S. 2 Nr. 1 und 2 vergangen sein muss, bevor eine Phase einer elektronischen Auktion abgeschlossen wird.

14 **f) Abschluss der Auktion. Abs. 7** regelt Näheres zum **Abschluss der elektronischen Auktion** und nennt dazu **drei mögliche Varianten.** Nach der ersten Variante wird eine Auktion abgeschlossen, wenn der vorher festgelegte und in der Aufforderung zur Teilnahme an einer elektro-

---

[1] Vgl. VgV-Begründung zu § 26 Abs. 2, BR-Drs. 87/16, 181.
[2] So ausdrücklich die VgV-Begründung zu § 26 Abs. 3, BT-Drs. BR-Drs. 87/16, 181.

nischen Auktion bekannt gemachte Zeitpunkt erreicht ist (**Abs. 7 Nr. 1**). Nach der zweiten Variante endet die Auktion, wenn von den Bietern keine neuen Preise oder Werte nach § 25 Abs. 2 S. 2 Nr. 1 und 2 mitgeteilt werden, die die Anforderungen an Mindestabstände nach Abs. 2 Nr. 6 erfüllen, und die vor Beginn einer elektronischen Auktion bekanntgemachte Zeit, die zwischen dem Eingang der letzten neuen Preise oder Werte und dem Abschluss der elektronischen Auktion vergangen sein muss, abgelaufen ist (**Abs. 7 Nr. 2**). Nach der dritten Variante endet die Auktion, wenn die letzte Phase der elektronischen Auktion abgeschlossen ist (**Abs. 7 Nr. 3**).

g) **Mitteilung des Zuschlags entsprechend dem Auktionsergebnis.** Nach **Abs. 8** ist der **Zuschlag** nach Abschluss der elektronischen Auktion entsprechend ihrem Ergebnis **mitzuteilen**.

§ 27 Elektronische Kataloge

(1) ¹Der öffentliche Auftraggeber kann festlegen, dass Angebote in Form eines elektronischen Katalogs einzureichen sind oder einen elektronischen Katalog beinhalten müssen. ²Angeboten, die in Form eines elektronischen Katalogs eingereicht werden, können weitere Unterlagen beigefügt werden.

(2) Akzeptiert der öffentliche Auftraggeber Angebote in Form eines elektronischen Katalogs oder schreibt der öffentliche Auftraggeber vor, dass Angebote in Form eines elektronischen Katalogs einzureichen sind, so weist er in der Auftragsbekanntmachung oder in der Aufforderung zur Interessensbestätigung darauf hin.

(3) Schließt der öffentliche Auftraggeber mit einem oder mehreren Unternehmen eine Rahmenvereinbarung im Anschluss an die Einreichung der Angebote in Form eines elektronischen Katalogs, kann er vorschreiben, dass ein erneutes Vergabeverfahren für Einzelaufträge auf der Grundlage aktualisierter elektronischer Kataloge erfolgt, indem er
1. die Bieter auffordert, ihre elektronischen Kataloge an die Anforderungen des zu vergebenden Einzelauftrages anzupassen und erneut einzureichen, oder
2. die Bieter informiert, dass er den bereits eingereichten elektronischen Katalogen zu einem bestimmten Zeitpunkt die Daten entnimmt, die erforderlich sind, um Angebote zu erstellen, die den Anforderungen des zu vergebenden Einzelauftrages entsprechen; dieses Verfahren ist in der Auftragsbekanntmachung oder den Vergabeunterlagen für den Abschluss einer Rahmenvereinbarung anzukündigen; der Bieter kann diese Methode der Datenerhebung ablehnen.

(4) Hat der öffentliche Auftraggeber gemäß Absatz 3 Nummer 2 bereits eingereichten elektronischen Katalogen selbstständig Daten zur Angebotserstellung entnommen, legt er jedem Bieter die gesammelten Daten vor der Erteilung des Zuschlags vor, sodass dieser die Möglichkeit zum Einspruch oder zur Bestätigung hat, dass das Angebot keine materiellen Fehler enthält.

Übersicht

	Rn.		Rn.
I. Normzweck	1	a) Zwei verschiedene Grundformen	11
1. Zulassung weiter elektronischer Kataloge	1	b) Notwendigkeit einer Ankündigung	12
2. Ergänzung der Legaldefinition des § 120 Abs. 3 GWB	2	c) Informationspflichten betreffend technische Einzelheiten des elektronischen Katalogs	13
3. Konkretisierung der Gebote der Transparenz und Nichtdiskriminierung	3	3. Kombination eines elektronischen Katalogs mit nachfolgender Rahmenvereinbarung	14
4. Wesensmerkmale elektronischer Kataloge bei öffentlichen Vergaben	5	a) Allgemeines	14
II. Europarechtlicher Hintergrund	7	b) Alternativen bei Angeboten in Form eines elektronischen Katalogs und nachfolgendem erneuten Vergabeverfahren	15
III. Einzelerläuterungen	9		
1. Elektronische Kataloge als „besondere Methode und Instrument"	9	4. Elektronische Kataloge in Kombination mit dynamischen Beschaffungssystemen	23
2. Zulässigkeit von Angeboten unter Nutzung elektronischer Kataloge	11	5. Geltung der allgemeinen Gebote bezüglich der Integrität der Daten und Vertraulichkeit der Angebote	25

I. Normzweck

1 **1. Zulassung weiter elektronischer Kataloge.** § 27 dient der Klarstellung einer nunmehr weitreichenden, doch nicht schrankenlosen Zulässigkeit elektronischer Kataloge bei öffentlichen Aufträgen im Geltungsbereich der VgV und normiert wesentliche Zulässigkeitsvoraussetzungen und Ausgestaltungen. Das Verständnis des elektronischen Katalogs im Sinne der VgV folgt der diesbezüglichen **Leitvorstellung des EU-Gesetzgebers**, die in den Erwägungsgründen zu RL 2014/24/EU ausführlich dargelegt wird. Danach wird unter Hinweis auf die Nützlichkeit elektronischer Kataloge **einerseits** eine **recht weite Zulassung befürwortet**,[1] **andererseits** insoweit aber auch die **Notwendigkeit bestimmter Regeln** zwecks Wahrung der Grundsätze der Gleichbehandlung, Nichtdiskriminierung und Transparenz betont.[2]

2 **2. Ergänzung der Legaldefinition des § 120 Abs. 3 GWB.** Im Sinne des vorgenannten grundsätzlichen Normzwecks erfolgt durch § 27 eine Festlegung näherer Einzelheiten in **Ergänzung zur Legaldefinition des elektronischen Katalogs in § 120 Abs. 3 GWB**. Danach ist unter einem elektronischen Katalog im Sinne des Vergaberechts **ein auf der Grundlage der Leistungsbeschreibung erstelltes Verzeichnis der zu beschaffenden Liefer-, Bau- und Dienstleistungen in einem elektronischen Format** zu verstehen. In § 120 Abs. 3 GWB wird zudem besonders hervorgehoben, dass der elektronische Katalog insbesondere beim Abschluss von Rahmenvereinbarungen eingesetzt werden kann und sowohl Abbildungen als auch Preisinformationen und Produktbeschreibungen umfassen kann.

3 **3. Konkretisierung der Gebote der Transparenz und Nichtdiskriminierung.** Die Regelungen des § 27 fungieren als spezielle **Konkretisierungen der Grundsätze der Transparenz und Nichtdiskriminierung** im Hinblick auf die Verwendung elektronischer Kataloge bei der Vergabe öffentlicher Aufträge im Geltungsbereich der VgV. Die Vorschriften dienen der **Berechenbarkeit des Prozedere** in den im Einzelnen näher dargelegten Ausgestaltungen. Sie schaffen für alle Bewerber bzw. Bieter gleiche Bedingungen hinsichtlich der Nutzung elektronischer Kataloge.

4 Nach § 27 kann der öffentliche Auftraggeber festlegen, dass Angebote in Form eines elektronischen Katalogs einzureichen sind oder einen elektronischen Katalog beinhalten müssen (§ 27 Abs. 1). Darüber hinaus bestimmt die Vorschrift ausdrücklich, dass auch der Abschluss einer **Rahmenvereinbarung im Anschluss an die Einreichung der Angebote in Form eines elektronischen Katalogs zulässig** ist; dabei ist ein **erneutes Vergabeverfahren für Einzelaufträge auf der Grundlage aktualisierter elektronischer Kataloge** zulässig (§ 27 Abs. 3). Zu den genannten Inhalten regelt § 27 nähere Modalitäten (→ Rn. 9ff.). Schließlich können **elektronische Kataloge auch im Zusammenhang mit dynamischen Beschaffungssystemen** zum Einsatz kommen (→ Rn. 23ff.).

5 **4. Wesensmerkmale elektronischer Kataloge bei öffentlichen Vergaben.** Entsprechend der Konzeption des EU-Gesetzgebers ist wesentlich, dass die Verwendung elektronischer Kataloge im öffentlichen Auftragswesen **keine beliebige Übermittlung allgemeiner Kataloge** eines Unternehmens oder sonstigen Wirtschaftsteilnehmers an den Auftraggeber bedeutet. Für eine Nutzung von elektronischen Katalogen bei öffentlichen Beschaffungen im Geltungsbereich der RL 2014/24/EU bzw. der VgV ist vielmehr erforderlich, dass die Wirtschaftsteilnehmer ihre allgemeinen Kataloge jeweils vor dem Hintergrund eines *konkreten* Vergabeverfahrens an dessen Vorgaben anpassen.[3] Damit soll sichergestellt werden, dass ein im Rahmen eines Vergabeverfahrens übermittelter elektronischer Katalog nur Angebote enthält, die nach dem Ergebnis einer aktiven Prüfung des jeweiligen Anbieters den Anforderungen des öffentlichen Auftraggebers entsprechen. So sollen Wirtschaftsteilnehmer die in ihrem allgemeinen Katalog enthaltenen Informationen zwar kopieren dürfen, aber nicht den allgemeinen Katalog *als solchen* einreichen dürfen.[4]

6 Entsprechend dem Verständnis des EU-Gesetzgebers bieten elektronische Kataloge ein **Format zur Darstellung und Gestaltung von Informationen** in einer Weise, die allen teilnehmenden Bietern gemeinsam ist und die sich für eine elektronische Bearbeitung anbietet. Ein **Beispiel** dafür seien **Angebote in Form einer Kalkulationstabelle**. Die öffentlichen Auftraggeber sollten elektronische Kataloge in allen verfügbaren Verfahren verlangen können, in denen die Nutzung elektronischer Kommunikationsmittel vorgeschrieben ist.[5]

---

[1] Vgl. Erwägungsgrund 68 Abs. 1 S. 3 und 4 RL 2014/24/EU.
[2] Vgl. Erwägungsgrund 68 Abs. 1 S. 5 RL 2014/24/EU.
[3] Vgl. Erwägungsgrund 68 Abs. 1 S. 6 ff. RL 2014/24/EU.
[4] Vgl. Erwägungsgrund 68 Abs. 1 S. 9 RL 2014/24/EU.
[5] S. Erwägungsgrund 68 Abs. 1 S. 2–4 RL 2014/24/EU.

II. Europarechtlicher Hintergrund

§ 27 basiert auf **Art. 36 RL 2014/24/EU**. Ähnlich wie die genannte EU-Vorschrift stellt § 27   7
die Zulässigkeit elektronischer Kataloge bei öffentlichen Aufträgen **ausdrücklicher und detaillierter als bisher** klar und regelt nähere Einzelheiten. Allerdings waren elektronische Kataloge im Vergabewesen bereits nach der vorangegangenen **Vergabe-RL 2004** zumindest rudimentär als zulässig eingestuft worden, soweit die Vorschriften des Vergaberechts eingehalten wurden.[6]

Die nun explizitere Zulassung in § 27 folgt dem **Willen des EU-Gesetzgebers zur prinzipiell**   8
weitreichenden Zulassung elektronischer Kommunikationsmittel. Dies entspricht seiner in den Erwägungsgründen zum Ausdruck gebrachten Überzeugung, dass elektronische Kataloge durch **Zeit- und Geldersparnis** zur Stärkung des Wettbewerbs und zur **Rationalisierung** der öffentlichen Beschaffung beitragen könnten; daher sollten öffentliche Auftraggeber **elektronische Kataloge in allen verfügbaren Verfahren** verlangen können, in denen die Nutzung elektronischer Kommunikationsmittel vorgeschrieben ist; dabei seien **allerdings auch bestimmte Regeln festzulegen,** um sicherzustellen, dass bei der Verwendung dieser neuen Methoden die Grundsätze der Gleichbehandlung, Nichtdiskriminierung und der Transparenz eingehalten werden.[7] Der Berücksichtigung dieser Erwägungen gelten die Regelungen des § 27.

III. Einzelerläuterungen

1. Elektronische Kataloge als „besondere Methode und Instrument". Nach der Konzeption und Terminologie der RL 2014/24/EU stellt die Nutzung elektronischer Kataloge **keine eigenständige Verfahrensart** wie etwa das offene bzw. nicht offene Verfahren oder das Verhandlungsverfahren dar, die in Abschnitt 2, Unterabschnitt 1 der VgV (§§ 14–20) als „Verfahrensarten" aufgeführt werden. Dagegen zählt sie – ebenso wie die elektronische Auktion und das „dynamische Beschaffungssystem" – zu den sog. **„besonderen Methoden und Instrumenten"** im Vergabeverfahren, die in Abschnitt 2, Unterabschnitt 2 der VgV (§§ 21–27) aufgeführt sind.   9

Entsprechend der Intention des EU-Gesetzgebers soll der öffentliche Auftraggeber die Nutzung   10
elektronischer Kataloge grundsätzlich in allen verfügbaren Verfahren verlangen können, in denen die Nutzung elektronischer Kommunikationsmittel vorgeschrieben ist.[8] Einschränkend bemerkt der EU-Gesetzgeber allerdings, dass bestimmte Regeln erforderlich sind, um sicherzustellen, dass bei der Verwendung dieser neuen Methoden die Bestimmungen der RL 2014/24/EU und die Grundsätze der Gleichbehandlung, Nichtdiskriminierung und Transparenz eingehalten werden.[9] In diesem Sinne ist die Nutzung elektronischer Kataloge im Bereich der VgV nur zulässig, soweit die im Folgenden näher genannten Voraussetzungen erfüllt sind.

2. Zulässigkeit von Angeboten unter Nutzung elektronischer Kataloge. a) Zwei verschiedene Grundformen. Nach **Abs. 1 S. 1** kann der öffentliche Auftraggeber festlegen, dass **Angebote in Form eines elektronischen Katalogs** einzureichen sind **oder** einen **elektronischen Katalog beinhalten** müssen. Diese hinsichtlich ihrer Unterscheidung auf Anhieb nicht sehr eindeutigen Alternativen des Abs. 1 S. 1 entsprechen im Wesentlichen dem ebenfalls wenig anschaulichen Wortlaut des Art. 36 Abs. 1 UAbs. 1 RL 2014/24/EU. In ersten Diskussionen über die Vorschrift in der Praxis ist teilweise als unklar eingeschätzt worden, ob die beiden Varianten überhaupt eindeutig voneinander unterschieden werden können. Während die zweite der genannten Alternativen eher verständlich ist, wird teils als nicht völlig klar eingeschätzt, was genau unter der ersten Alternativen zu verstehen ist. Die Formulierung des Abs. 1 S. 1 sowie die zugrunde liegenden EU-Vorschrift legen allerdings nahe, dass der EU-Gesetzgeber tatsächlich von zwei verschiedenen Grundformen ausgeht. Als Modell für die erste Alternative könnte das vom EU-Gesetzgeber in Erwägungsgrund 68 Abs. 1 S. 2 RL 2014/24/EU erwähnte „Angebot in Form einer Kalkulationstabelle" zu verstehen sein. Derartige Angebote, die *„als Katalog"* eingereicht werden, dh bei denen der *Katalog selbst das Angebot* ist, erscheinen nach traditionellem Verständnis noch eher ungewöhnlich. Im Rahmen künftig möglicherweise häufigerer voll-elektronischer Verfahren könnten sie allerdings mehr Bedeutung erlangen. Das könnte zB gelten, wenn nach einer Aufforderung des Auftraggebers ein vom Bieter entsprechend erstellter elektronischer Katalog „auf Knopfdruck" an den Auftraggeber übersandt wird und aus dem Katalog klar hervorgeht, dass er selbst als Angebot zu verstehen ist. **Abs. 1 S. 2** lässt zu, dass Angeboten, die in Form eines elektronischen Katalogs eingereicht werden, weitere Unterlagen beigefügt werden können.   11

---

[6] S. Erwägungsgrund 12 Vergabe-RL 2004.
[7] S. Erwägungsgrund 68 Abs. 1 RL 2014/24/EU.
[8] So ausdrücklich Erwägungsgrund 68 Abs. 1 UAbs. 1 S. 3 RL 2014/24/EU.
[9] Vgl. Erwägungsgrund 68 Abs. 1 S. 5 RL 2014/24/EU.

12 **b) Notwendigkeit einer Ankündigung. Abs. 2** betrifft die erforderliche **Ankündigung der Aufforderung zur Einreichung elektronischer Kataloge.** Danach muss der öffentliche Auftraggeber in Fällen, in denen er Angebote in Form eines elektronischen Katalogs akzeptiert oder in denen er vorschreibt, dass Angebote in Form eines elektronischen Kataloges einzureichen sind, in der Auftragsbekanntmachung oder in der Aufforderung zur Interessensbestätigung darauf hinweisen. Mit Abs. 2 wird Art. 36 Abs. 3 lit. a RL 2014/24/EU umgesetzt.

13 **c) Informationspflichten betreffend technische Einzelheiten des elektronischen Katalogs.** Auch wenn nicht in § 27 geregelt, gilt ferner, dass der öffentliche Auftraggeber, wenn er die Vorlage von Angeboten in Form elektronischer Kataloge akzeptiert oder vorschreibt, in den Auftragsunterlagen insoweit erforderliche technische Informationen benennen muss. In diesem Falle muss er in den Auftragsunterlagen alle erforderlichen **Informationen** iSd Art. 22 Abs. 6 RL 2014/24/EU **betreffend das Format, die verwendete elektronische Ausrüstung und die technischen Vorkehrungen der Verbindung und die Spezifikationen für den Katalog** benennen. Das folgt aus der gebotenen europarechtskonformen Auslegung des Abs. 2 im Lichte des zugrunde liegenden Art. 36 Abs. 3 lit. b RL 2014/24/EU.

14 **3. Kombination eines elektronischen Katalogs mit nachfolgender Rahmenvereinbarung. a) Allgemeines.** Aus Abs. 3 ergibt sich, dass der öffentliche Auftraggeber mit einem oder mehreren Unternehmen eine **Rahmenvereinbarung im Anschluss an die Einreichung eines elektronischen Katalogs** abschließen kann. Schließt der öffentliche Auftraggeber insoweit eine Rahmenvereinbarung im Anschluss an die Einreichung der **Angebote in Form eines elektronischen Katalogs,** kann er gem. Abs. 3 vorschreiben, dass ein **erneutes Vergabeverfahren für Einzelaufträge** auf der Grundlage aktualisierter elektronischer Kataloge erfolgt.

15 **b) Alternativen bei Angeboten in Form eines elektronischen Katalogs und nachfolgendem erneuten Vergabeverfahren. aa) Bieter passen Angebote an und reichen erneut ein.** Für den Fall von Angeboten in Form eines elektronischen Katalogs sieht Abs. 3 für die Durchführung des erneuten Vergabeverfahrens **zwei Alternativen** vor, die auf Art. 36 Abs. 4 sowie Abs. 5 UAbs. 1 RL 2014/24/EU beruhen. Die **erste Alternative (Abs. 3 Nr. 1)** besteht darin, dass der öffentliche Auftraggeber die **Bieter** auffordert, ihre **elektronischen Kataloge** an die Anforderungen des zu vergebenden Einzelauftrages **anzupassen und erneut einzureichen.**

16 **bb) Auftraggeber generiert neues Angebot aus eingereichten Daten.** Die **zweite Alternative (Abs. 3 Nr. 2)** ist so ausgestaltet, dass der **öffentliche Auftraggeber** die die Bieter informiert, dass er **den bereits eingereichten elektronischen Katalogen zu einem bestimmten Zeitpunkt Daten entnimmt,** die erforderlich sind, um Angebote im Hinblick auf den nachfolgenden Einzelauftrag zu erstellen. Insoweit weist die amtliche Textfassung der zweiten Alternative in Abs. 3 Nr. 2 wohl **zwei sinnentstellende Textfehler** auf: So lautet der Text des Abs. 3 Nr. 2, dass der öffentliche Auftraggeber die Bieter informiert, dass „*sie*" den bereits eingereichten elektronischen Katalogen zu einem bestimmten Zeitpunkt die Daten „*entnehmen*". Insoweit müsste es **dagegen richtigerweise** heißen, dass „*er*" (dh der öffentliche Auftraggeber) den bereits eingereichten elektronischen Katalogen zu einem bestimmten Zeitpunkt die Daten „*entnimmt*". Letzteres ergibt sich aus dem Sinnzusammenhang mit Abs. 4 sowie der zugrunde liegenden europarechtlichen Konzeption gem. Art. 36 Abs. 4 RL 2014/24/EU (s. insbesondere Art. 36 Abs. 4 lit. b RL 2014/24/EU). Möglicherweise ist der Fehler dadurch entstanden, dass das Wort „Auftraggeber" in Art. 36 Abs. 4 RL 2014/24/EU im *Plural* verwendet wird und daran dort – zutreffend – die Worte „sie" (im Sinne von „*die Auftraggeber*") und „entnehmen" anknüpfen, wogegen „Auftraggeber" in § 27 im Singular verwendet wird, die daran anknüpfenden Worte jedoch nicht entsprechend angepasst wurden. Im Ergebnis könnte dadurch der *irrige Eindruck* entstehen, dass nach der zweiten Alternative *die Bieter* den Katalogen Daten entnehmen müssten, was jedoch nicht mit der Konzeption des Art. 36 Abs. 4 RL 2014/24/EU vereinbar ist. Insofern wäre eine baldmögliche Klarstellung wünschenswert.

17 Abs. 4 dient der **Umsetzung des Art. 36 Abs. 5 UAbs. 3 RL 2014/24/EU.** Die vorgenannte Möglichkeit, dass der *öffentliche Auftraggeber* Angebote für bestimmte Beschaffungen anhand vom Bieter bereits übermittelter elektronischer Kataloge generieren kann, wird auch in den Erwägungsgründen ausdrücklich unterstrichen. Danach soll der Auftraggeber eine solche Befugnis haben, wenn ausreichende Garantien hinsichtlich der Rückverfolgbarkeit, Gleichbehandlung und Vorhersehbarkeit geboten werden und der Bieter prüfen kann, ob der öffentliche Auftraggeber das neue Angebot richtig generiert hat.[10]

18 Will der öffentliche Auftraggeber das **Verfahren nach der zweiten Alternative** nutzen, so erfordert dies gem. Abs. 3 Nr. 2 Hs. 2 eine entsprechende **Ankündigung** des Auftraggebers. Danach

---
[10] S. Erwägungsgrund 68 Abs. 2 und 3 RL 2014/24/EU.

muss der Auftraggeber dieses Verfahren in der **Auftragsbekanntmachung** oder in den **Vergabeunterlagen** für den Abschluss einer Rahmenvereinbarung ankündigen.

Gegenüber den Bietern ist in diesen Fällen nicht nur allgemein anzukündigen, *dass* der öffentliche Auftraggeber den eingereichten Katalogen zu einem bestimmten Zeitpunkt Daten entnehmen wird. Der Auftraggeber hat vielmehr, wenn er nach Abs. 3 Nr. 2 einen erneuten Aufruf zum Wettbewerb für bestimmte Aufträge vornehmen will, **den Bietern Tag und Zeitpunkt genau mitzuteilen,** zu dem er die Informationen erheben wird.[11] Damit soll der Bieter über den maßgeblichen Zeitpunkt des erneuten Wettbewerbs informiert werden, damit er sich hinreichend vorbereiten und sein Angebot bzw. den Katalog auf den konkreten Zeitpunkt zuschneiden kann. Dies dient zugleich der Schaffung für alle Bieter gleicher Informationen und einer bestmöglichen Vergleichbarkeit der Preise bzw. sonstiger Komponenten des Angebots für den Auftraggeber. Auch wenn nicht in § 27 normiert, muss der öffentliche Auftraggeber ferner beachten, dass ein **angemessener Zeitraum zwischen der Mitteilung an die Bieter und der tatsächlichen Erhebung der Informationen** vorgesehen ist. Dies folgt nach erforderlicher europarechtskonformer Auslegung aus dem expliziten Gebot des Art. 36 Abs. 5 UAbs. 2 RL 2014/24/EU. Im Sinne einer vollständigen, auch ohne Kommentierungen aus sich selbst heraus verständlichen Umsetzung der diesbezüglichen EU-Vorgaben erschiene es vorzugswürdig, wenn diese zusätzlichen, zwingenden Erfordernisse aus Art. 36 Abs. 5 RL 2014/24/EU im Rahmen einer kommenden Überarbeitung der VgV *ausdrücklich* in § 27 Abs. 3 aufgenommen würden.

cc) Ablehnungsrecht des Bieters. Bezüglich der Alternative mit erneutem Wettbewerb und avisierter Datenerhebung durch den Auftraggeber ist vorgesehen, dass diese **Methode der Datenerhebung durch den Auftraggeber** nach Abs. 3 Nr. 2 letzter Hs. **vom Bieter abgelehnt werden kann.** Diese Regelung beruht auf Art. 36 Abs. 5 UAbs. 1 letzter Hs. RL 2014/24/EU. Darin wird vorgegeben, dass die Auftraggeber den Bietern „die Möglichkeit geben, eine derartige Informationserhebung abzulehnen". Die Formulierung „*die Möglichkeit geben* ..." ist im Sinne eines aktiven Tuns ausgestaltet und beschränkt sich nicht lediglich auf die Bestätigung der Existenz eines Ablehnungsrechts des Bieters. Das spricht dafür, Abs. 3 Nr. 2 so zu interpretieren, dass der Auftraggeber den Bieter aktiv über dessen Recht auf Ablehnung dieses Verfahrens in Kenntnis zu setzen hat.

Hat der öffentliche Auftraggeber den gem. Abs. 3 Nr. 2 bereits eingereichten elektronischen Katalogen selbstständig Daten zur Angebotserstellung entnommen, hat der Auftraggeber gem. **Abs. 4 dem jeweiligen Bieter die gesammelten Daten vor der Erteilung des Zuschlags vorzulegen,** sodass der Bieter die Möglichkeit zum Einspruch oder zur Bestätigung hat, dass das Angebot keine materiellen Fehler enthält. Die etwas mehrdeutige Formulierung in Abs. 4, dass der Auftraggeber „jedem Bieter" die gesammelten Daten vorzulegen hat, ist im Lichte des zugrunde liegenden Art. 36 Abs. 5 UAbs. 3 RL 2014/24/EU so zu verstehen, dass der Auftraggeber die gesammelten Daten *dem jeweiligen Bieter,* von dem die Daten stammen, vorlegen muss.[12]

Auch die Erwägungsgründe der RL 2014/24/EU unterstreichen, dass der betreffende Wirtschaftsteilnehmer die Möglichkeit haben muss, sich davon zu überzeugen, dass ein derart vom öffentlichen Auftraggeber selbst generiertes Angebot keine sachlichen Fehler enthält; liegen sachliche Fehler vor, so soll der Wirtschaftsteilnehmer nach dem Willen des EU-Gesetzgebers nicht an das Angebot gebunden sein, das durch den öffentlichen Auftraggeber generiert wurde, es sei denn, dass der Fehler korrigiert wird.[13]

4. Elektronische Kataloge in Kombination mit dynamischen Beschaffungssystemen. Wenngleich erstaunlicherweise nicht in § 27 erwähnt, können **elektronische Kataloge** bei öffentlichen Aufträgen **auch in Zusammenhang mit dynamischen Beschaffungssystemen** zum Einsatz kommen. Das ergibt sich aus den ausdrücklichen Bestimmungen des Art. 36 Abs. 6 RL 2014/24/EU. Art. 36 Abs. 6 UAbs. 1 RL 2014/24/EU sieht zunächst vor, dass öffentliche Auftraggeber Aufträge auf Basis eines dynamischen Beschaffungssystems vergeben können, indem sie vorschreiben, dass die **Angebote** zu einem bestimmten Auftrag **in Form eines elektronischen Katalogs übermittelt werden.**

Art. 36 Abs. 6 UAbs. 2 RL 2014/24/EU erlaubt ferner, dass öffentliche Auftraggeber Aufträge auf der Grundlage des dynamischen Beschaffungssystems auch gem. Art. 36 Abs. 4 lit. b und Abs. 5 RL 2014/24/EU, dh **bei erneutem Wettbewerb und folgender Generierung der Angebote durch den Auftraggeber** „erstellen" können. Gemeint ist damit, dass der öffentliche Auftraggeber

---

[11] Vgl. den zugrunde liegenden Art. 36 Abs. 5 UAbs. 1 RL 2014/24/EU, der insoweit konkreter als die Umsetzungsvorschrift des § 27 Abs. 3 Nr. 2 formuliert ist.
[12] Vgl. den Wortlaut des Art. 36 Abs. 5 UAbs. 3 RL 2014/24/EU.
[13] S. Erwägungsgrund 68 Abs. 3 RL 2014/24/EU.

in diesem Fall die Daten selbst aufgrund der Angaben des Bieters generieren kann. Dies gilt nach Art. 36 Abs. 6 UAbs. 2 S. 1 unter der Voraussetzung, dass dem Antrag auf Teilnahme an diesem System ein elektronischer Katalog beigefügt ist, der den vom Auftraggeber festgelegten Vorgaben entspricht. Letztere Möglichkeit wird auch in den Erwägungsgründen zu RL 2014/24/EU bekräftigt.[14]

25   **5. Geltung der allgemeinen Gebote bezüglich der Integrität der Daten und Vertraulichkeit der Angebote.** Auch hinsichtlich der Nutzung elektronischer Kataloge gelten ergänzend die allgemeinen Gebote der **Wahrung der Integrität der Daten und der Vertraulichkeit** nach Maßgabe des § 5. Diese Bestimmungen werden hinsichtlich der elektronischen Mittel durch §§ 10 ff. näher konkretisiert. Auch bei der Nutzung elektronischer Kataloge muss der öffentliche Auftraggeber nach § 5 Abs. 1 beachten, dass von den Unternehmen an ihn übermittelte und von diesen **als vertraulich gekennzeichnete Informationen nicht weitergegeben werden dürfen,** sofern in der VgV oder anderen Rechtsvorschriften nichts anderes bestimmt ist. Der Auftraggeber muss dafür Sorge tragen, dass von den Unternehmen ausdrücklich als vertraulich gekennzeichnete Informationen weder von internen noch von externen Personen, die in die Abwicklung des Verfahrens eingeschaltet sind, an Dritte weitergegeben werden dürfen (→ § 11 Rn. 25).

26   Auch bezüglich elektronischer Kataloge gelten grundsätzlich die Vorschriften des **§ 5 Abs. 2 S. 1,** nach dem der öffentliche Auftraggeber die **Integrität der Daten sowie die Vertraulichkeit der Angebote** und weiterer dort aufgeführter wichtiger Vorgänge des Vergabeverfahrens gewährleisten muss. Diese Bestimmungen werden hinsichtlich der elektronischen Mittel durch § 11 Abs. 2 näher konkretisiert (→ § 11 Rn. 26). Das **Vertraulichkeitsgebot** gem. § 5 Abs. 2 S. 2 gilt **auch nach Abschluss des Vergabeverfahrens** (→ § 11 Rn. 27). Dementsprechend muss der öffentliche Auftraggeber sicherstellen, dass die bei der Nutzung elektronischer Kataloge eingesetzte Hard- und Software so beschaffen ist, dass die **Integrität,** dh die Unversehrtheit der Daten, nicht gefährdet ist.

27   Über die *allgemein geltenden* Gebote des Art. 5 hinaus gelten ferner die *besonderen* **Anforderungen an elektronische Mittel bzw. deren Einsatz** insbesondere gem. § 11. Dazu zählen vor allem die Gebote der **allgemeinen Verfügbarkeit** der eingesetzten elektronischen Mittel und ihrer technischen Merkmale sowie der **Kompatibilität mit den allgemein verbreiteten Geräten und Programmen** der Informations- und Kommunikationstechnologie (§ 11 Abs. 1 S. 1). Speziell mit Blick auf elektronische Kataloge hebt der EU-Gesetzgeber in den Erwägungsgründen zur RL 2014/24/EU besonders hervor, dass öffentliche Auftraggeber im Einklang mit den Anforderungen der Vorschriften für elektronische Kommunikationsmittel **ungerechtfertigte Hindernisse** für den Zugang von Wirtschaftsteilnehmern **zu Vergabeverfahren vermeiden** sollten, bei denen die Angebote in Form elektronischer Kataloge einzureichen sind; ferner sollten die Auftraggeber die Einhaltung der allgemeinen Grundsätze der Nichtdiskriminierung und Gleichbehandlung garantieren.[15] Auch in Verfahren unter Nutzung elektronischer Kataloge darf der öffentliche Auftraggeber nur solche elektronischen Mittel verwenden, die die **Unversehrtheit,** dh die **Integrität,** die **Vertraulichkeit** und die **Echtheit der Daten** gewährleisten (→ § 11 Rn. 18 ff.).

28   Auch bei der Verwendung elektronischer Kataloge gilt die für alle Vergaben nach der VgV geltende Regelung, dass der öffentliche Auftraggeber nach § 5 Abs. 3 den Unternehmen uU Anforderungen vorschreiben kann, die auf einen besonderen Schutz der Vertraulichkeit der Informationen im Rahmen des Vergabeverfahrens abzielen; insoweit geht es insbesondere um den Schutz von Informationen des Auftraggebers (→ § 11 Rn. 28 ff.).

29   Insbesondere mit Blick auf mögliche Vergaberechtsschutzverfahren sollte der öffentliche Auftraggeber im eigenen Interesse beachten, dass die bei der Nutzung von elektronischen Katalogen eingesetzten Mittel eine **zuverlässige Aufzeichnung bzw. Dokumentation** gewährleisten. Die Dokumentation muss **für einen angemessenen Zeitraum** nach Beendigung des Verfahrens **zuverlässig verfügbar** sein. Als Anhaltspunkt für diesen Zeitraum kommt § 8 Abs. 4 in Betracht. Danach müssen die Dokumentation, der Vergabevermerk, die Angebote und weitere in dieser Vorschrift genannte Dokumente bis zum Ende der Laufzeit des jeweiligen Vertrags, mindestens jedoch für drei Jahre ab dem Tag des Zuschlags aufbewahrt werden.

Unterabschnitt 3. Vorbereitung des Vergabeverfahrens

§ 28 Markterkundung

(1) Vor der Einleitung eines Vergabeverfahrens darf der öffentliche Auftraggeber Markterkundungen zur Vorbereitung der Auftragsvergabe und zur Unterrichtung der Unternehmen über seine Auftragsvergabepläne und -anforderungen durchführen.

---

[14] S. Erwägungsgrund 68 Abs. 2 RL 2014/24/EU.
[15] S. Erwägungsgrund 68 Abs. 4 RL 2014/24/EU.

(2) Die Durchführung von Vergabeverfahren lediglich zur Markterkundung und zum Zwecke der Kosten- oder Preisermittlung ist unzulässig.

Übersicht

	Rn.		Rn.
I. Normzweck	1	VI. Verbot von Vergabeverfahren zur Durchführung einer Markterkundung	14
II. Europarechtlicher Hintergrund	3		
III. Zweck der Markterkundung	5	VII. Verpflichtung zu einer Markterkundung	16
IV. Zeitpunkt der Markterkundung	8		
V. Zulässiger Inhalt der Markterkundung	10	VIII. Rechtsschutz	19

I. Normzweck

Nicht immer kann der öffentliche Auftraggeber bei der Deckung seines Bedarfs auf Erfahrungswerte zurückgreifen. Vergabeverfahren können zudem sehr komplex sein. In solchen Fällen ist es zur Vorbereitung einer konkreten Ausschreibung hilfreich, sich einen Marktüberblick zu verschaffen. Hierbei wendet sich der Auftraggeber in der Regel im Wege einer Informationsabfrage an Marktteilnehmer, um zu erfahren, welche Leistungen zu welchen Konditionen der Markt bereit hält. 1

Die so verschafften Informationen über das Marktangebot und -niveau dienen einerseits dazu festzustellen, welche finanziellen Auswirkungen eine Beschaffung hat, sodass er in der Lage ist eine solide Auftragswertschätzung vorzunehmen. Andererseits kann der öffentliche Auftraggeber auf der Basis der abgefragten Informationen den Bedarf bzw. die zu beschaffende Leistung angemessen beschreiben. 2

II. Europarechtlicher Hintergrund

Erstmals regeln die europäischen Vergaberichtlinien für den öffentlichen Auftraggeber die Möglichkeit einer Markterkundung vor Einleitung eines Vergabeverfahrens.[1] Danach können öffentliche Auftraggeber zur Vorbereitung einer Vergabe oder zur Unterrichtung der Unternehmen vor Einleitung eines Vergabeverfahrens eine Markterkundung durchführen. 3

Die Regelung erlaubt in diesem Zusammenhang das Einholen von Rat von unabhängigen Sachverständigen, Behörden oder Marktteilnehmern. Dies darf sich jedoch weder wettbewerbsverzerrend auswirken noch zu einem Verstoß gegen die Grundsätze der Nichtdiskriminierung und Transparenz führen. 4

III. Zweck der Markterkundung

Markterkundungen bezwecken zweierlei: 5

Zunächst dienen sie der Vorbereitung des Vergabeverfahrens, wozu vor allem eine vollständige und erschöpfende Beschreibung des Beschaffungsgegenstandes sowie eine belastbare Schätzung des Auftragswerts gehören. Durch eine Markterkundung wird es dem öffentlichen Auftraggeber erleichtert, eine fundierte Leistungsbeschreibung, die als realistische Kalkulationsgrundlage potenziellen Bieter dient, zu erstellen.[2] 6

Desweiteren darf der öffentliche Auftraggeber die Marktteilnehmer über seine beabsichtigte Auftragsvergabe unterrichten. Es ist ihm dazu gestattet, Marktteilnehmer unmittelbar anzusprechen und über beabsichtigte Ausschreibungen und deren Anforderungen zu informieren.[3] 7

IV. Zeitpunkt der Markterkundung

Eine Markterkundung ist ausschließlich vor der Einleitung eines Vergabeverfahrens zulässig. Hat der öffentliche Auftraggeber das Vergabeverfahren bereits eingeleitet, indem er eine entsprechende Bekanntmachung veröffentlicht hat, so muss alleiniges Ziel des Verfahrens der Einkauf einer Leistung (Bau-, Liefer- oder Dienstleistung) sein. Mit der Bekanntmachung schafft der öffentliche Auftraggeber einen Vertrauenstatbestand, aufgrund dessen sich die Marktteilnehmer auf einen zielgerichteten Vertragsschluss verlassen dürfen.[4] 8

---

[1] S. Art. 40 RL 2014/24/EU.
[2] Vgl. VgV-Begründung BR-Drs. 87/16 zu § 28 Abs. 1.
[3] S. Art. 40 UAbs. 1 RL 2014/24/EU.
[4] Vgl. HK-VergabeR/*Franzius* Rn. 2.

9 Beim Vergabeverfahren müssen eine konkrete Vergabeabsicht und auch die tatsächliche Möglichkeit der Zuschlagserteilung bestehen, ansonsten handelt es sich um eine sog. „Scheinausschreibung".[5]

V. Zulässiger Inhalt der Markterkundung

10 Im Rahmen einer zulässigen Markterkundung darf sich der öffentliche Auftraggeber über die Beschaffenheit von Leistungen informieren und sich einen preislichen Überblick verschaffen. Insoweit zulässig ist das Einholen von Informationen, die ihm zur Definition und Beschreibung seines Bedarfs sowie schließlich zu einer ordnungsgemäßen Auftragswertschätzung verhelfen.

11 Die Vorschrift lässt die Einholung fachmännischen Rates von Experten, Behörden oder von unabhängigen Sachverständigengutachten zu. Auch die direkte Ansprache von Marktteilnehmern ist grundsätzlich erlaubt.[6]

12 Nicht erlaubt ist eine Markterkundung, wenn hierdurch der Wettbewerb verzerrt wird. Dies kann dadurch geschehen, dass durch die Einholung von Rat oder Gutachten oder gar durch die direkte Ansprache von Marktteilnehmern eine bestimmte Gruppe von Marktteilnehmern einen nicht hinnehmbaren Informationsvorteil im Rahmen der beabsichtigten Auftragsvergabe erlangt. Anders als im Rahmen der Mitwirkung an der Vorbereitung des Vergabeverfahrens wird es dem öffentlichen Auftraggeber schwerfallen, geeignete Ausgleichsmaßnahmen im Falle eines Wettbewerbsvorteils bestimmter Marktteilnehmer zu treffen. Der öffentliche Auftraggeber darf durch die Markterkundung keine Situation schaffen, die einer „Vorbefassung" entspricht.[7]

13 Dies gilt in gleicher Weise für die Einhaltung der Grundsätze der Nichtdiskriminierung und der Transparenz.[8] Die Marktteilnehmer dürfen nicht darüber im Unklaren gelassen werden, dass es sich um eine dem Vergabeverfahren vorgelagerte Markterkundung handelt. Liegt eine sog. Scheinausschreibung vor und können die Marktteilnehmer nicht darauf vertrauen, dass der Auftraggeber eine tatsächliche Beschaffungsabsicht hat, sind die Grundsätze der Nichtdiskriminierung und der Transparenz verletzt.

VI. Verbot von Vergabeverfahren zur Durchführung einer Markterkundung

14 Die Vorschrift untersagt Markterkundungen zur Preis- oder Kostenermittlung. Geht es dem öffentlichen Auftraggeber im Rahmen eines Vergabeverfahrens lediglich darum, sich einen Überblick über Preise und Kosten bestimmter Leistungen zu verschaffen, handelt es sich um eine unzulässige vergabefremde Zwecke.[9]

15 Liegt im Ergebnis keine Beschaffungsabsicht vor,[10] darf der öffentliche Auftraggeber kein Vergabeverfahren einleiten. Steht von Beginn an fest, dass das Vergabeverfahren ausschließlich einer Markterkundung dient, verletzt der öffentliche Auftraggeber das Vertrauen der Marktteilnehmer und macht sich ggf. schadensersatzpflichtig.

VII. Verpflichtung zu einer Markterkundung

16 Aus dem Wortlaut der Vorschrift („... darf der öffentliche Auftraggeber ...") lässt sich zunächst keine Verpflichtung des öffentlichen Auftraggebers herleiten, eine Markterkundung auch durchführen zu müssen. Allerdings können Konstellationen entstehen, die eine Markterkundung im Vorfeld eines Vergabeverfahrens notwendig machen können.

17 Der öffentliche Auftraggeber ist grundsätzlich zur wirtschaftlichen und sparsamen Mittelverwendung verpflichtet. Daraus kann sich im Einzelfall das Erfordernis ergeben, zur angedachten Beschaffungsvariante fachliche oder technische Alternativen zu erkunden. Das OLG Jena[11] etwa sprach sich in einer Entscheidung dafür aus. Eine Verpflichtung hierzu dürfte nach mittlerweile herrschender Meinung[12] jedoch nicht gegeben sein.

18 Geht es um die Wahl des Verhandlungsverfahrens ohne Teilnahmewttbewerb nach § 14 Abs. 4 Nr. 2, mag dies wiederum anders zu bewerten sein. Die tatbestandliche Voraussetzung, dass nur ein

---

[5] Vgl. Ziekow/Völlink/*Trütze*l Rn. 10 mwN.
[6] S. Art. 40 UAbs. 2 S. 1 RL 2014/24/EU.
[7] Zur Frage der zulässigen Mitwirkung an der Vorbereitung des Vergabeverfahrens (Projektantenproblematik) → § 7 Rn. 6 ff.
[8] S. Art. 40 UAbs. 2 S. 2 RL 2014/24/EU.
[9] S. VgV-Begründung BR-Drs. 87/16 zu § 28 Abs. 2.
[10] Vgl. OLG Dresden Beschl. v. 23.4.2009 – WVerg 11/08, ZfBR 2009, 610.
[11] OLG Jena Beschl. v. 26.6.2006 – 9 Verg 2/06, NZBau 2006, 735.
[12] *Kulartz* in KKMPP Rn. 3 mwN.

I. Normzweck

Unternehmen für die Leistungserbringung in Betracht kommt, weil aus technischen Gründen kein Wettbewerb vorhanden ist, muss auf Binnenmarktebene feststellbar sein.[13]

VIII. Rechtsschutz

Die Vorschrift selbst dient allein dem Auftraggeber. Potenzielle Anbieter einer Leistung haben grundsätzlich keinen Anspruch darauf, dass der öffentliche Auftraggeber eine Markterkundung durchführt. Insoweit entfaltet die Norm keine bieterschützende Wirkung. Führt der öffentliche Auftraggeber jedoch eine Markterkundung durch, so ist er an die vorgegebenen Regelungen hierzu gebunden. Die Überprüfung der Einhaltung bei der zuständigen Nachprüfungsbehörde zu beantragen, steht dem potenziellen Bewerber oder Bieter offen. Selbiges gilt für den Fall des fälschlichen Rückgriffs auf das Verhandlungsverfahren ohne Teilnahmewettbewerb nach § 14 Abs. 4 Nr. 2. Auch hier steht der Weg zur Nachprüfung offen. 19

§ 29 Vergabeunterlagen

(1) ¹Die Vergabeunterlagen umfassen alle Angaben, die erforderlich sind, um dem Bewerber oder Bieter eine Entscheidung zur Teilnahme am Vergabeverfahren zu ermöglichen. ²Sie bestehen in der Regel aus
1. dem Anschreiben, insbesondere der Aufforderung zur Abgabe von Teilnahmeanträgen oder Angeboten oder Begleitschreiben für die Abgabe der angeforderten Unterlagen,
2. der Beschreibung der Einzelheiten der Durchführung des Verfahrens (Bewerbungsbedingungen), einschließlich der Angabe der Eignungs- und Zuschlagskriterien, sofern nicht bereits in der Auftragsbekanntmachung genannt, und
3. den Vertragsunterlagen, die aus der Leistungsbeschreibung und den Vertragsbedingungen bestehen.

(2) ¹Der Teil B der Vergabe- und Vertragsordnung für Leistungen in der Fassung der Bekanntmachung vom 5. August 2003 (BAnz. Nr. 178a) ist in der Regel in den Vertrag einzubeziehen. ²Dies gilt nicht für die Vergabe von Aufträgen, die im Rahmen einer freiberuflichen Tätigkeit erbracht oder im Wettbewerb mit freiberuflichen Tätigen angeboten werden und deren Gegenstand eine Aufgabe ist, deren Lösung nicht vorab eindeutig und erschöpfend beschrieben werden kann.

Übersicht

	Rn.		Rn.
I. Normzweck	1	V. Erforderliche Angaben – Umfang der Vergabeunterlagen	25
II. Europarechtlicher Hintergrund	3	1. Vergabereife	29
III. Bedeutung der Vergabeunterlagen	5	2. Vollständige Abrufbarkeit der Vergabeunterlagen	30
IV. Inhalt der Vergabeunterlagen	8	3. Offenes Verfahren	34
1. Keine abschließende Nachweisliste mehr	8	4. Nicht offenes Verfahren	35
2. Anschreiben	9	5. Verhandlungsverfahren, Wettbewerblicher Dialog und Innovationspartnerschaft	38
3. Bewerbungsbedingungen	12	VI. Vergabe- und Vertragsordnung Teil B (VOL/B)	42
4. Vertragsunterlagen	16	1. Grundsätzliche Vereinbarung der VOL/B	42
a) Besondere Vertragsbedingungen	20	2. Keine Einbeziehung der VOL/B bei der Vergabe freiberuflicher, vorab nicht beschreibbarer Leistungen	45
b) Etwaige ergänzende Vertragsbedingungen	21		
c) Zusätzliche Vertragsbedingungen	23		
d) Allgemeine technische Vertragsbedingungen	24		

I. Normzweck

Öffentliche Auftraggeber müssen im Falle eines Beschaffungsbedarfs ihre Vertragspartner, mit denen sie Verträge zur Deckung ihres Bedarfs schließen, im Wege von Auftragsvergabeverfahren auswählen. Hierzu veröffentlichen sie im Falle einer beabsichtigten Auftragsvergabe alle notwendigen 1

---

[13] EuGH Urt. v. 15.10.2009 – Rs. C-275/08, IBRRS 2009, 3308 – Datenzentrale Baden-Württemberg.

Informationen und Unterlagen. Diese sollen es potenziellen Vertragspartnern ermöglichen, eine Entscheidung für oder gegen eine Beteiligung am Vergabeverfahren zu treffen.

2   Die hierzu erforderlichen Informationen und Unterlagen sind in den Vergabeunterlagen erfasst und bekanntzumachen.[1] Sie enthalten somit alle Angaben und Einzelheiten des Verfahrens, die für eine Teilnahmeentscheidung benötigt werden.

II. Europarechtlicher Hintergrund

3   Die europäische Vergaberichtlinie spricht von Auftragsunterlagen. Ihr definierter Inhalt weicht geringfügig von der nationalen Regelung in der VgV ab.[2] Mit „Auftragsunterlagen" werden sämtliche Unterlagen bezeichnet, die vom öffentlichen Auftraggeber erstellt werden oder auf die er sich bezieht, um Bestandteile der Auftragsvergabe oder des Verfahrens zu beschreiben oder festzulegen; dazu zählen die Bekanntmachung, die Vorinformationen, sofern sie als Bekanntmachung einer Auftragsvergabe („Aufruf zum Wettbewerb") dienen, die technischen Spezifikationen, die Beschreibung, die vorgeschlagenen Auftragsbedingungen, Formate für die Einreichung von Unterlagen seitens der Bewerber und Bieter, Informationen über allgemeingültige Verpflichtungen sowie sonstige zusätzliche Unterlagen.

4   Ab dem Tag der Bekanntmachung muss der öffentliche Auftraggeber einen elektronischen Zugang zu den Auftragsunterlagen anhand elektronischer Mittel anbieten. Der Text der Bekanntmachung muss die Internetadresse enthalten, unter der die Auftragsunterlagen elektronisch abgerufen werden können.[3]

III. Bedeutung der Vergabeunterlagen

5   Die Vergabeunterlagen sind die wesentliche Informationsquelle für den Bieter im Vergabeverfahren und damit ein bedeutendes Instrument zur Gewährleistung der notwendigen Transparenz.[4] Sie stellen die Aufforderung des öffentlichen Auftraggebers gegenüber den potenziellen Bietern dar, ein Angebot abzugeben.

6   Die Vergabeunterlagen dienen allen Bewerbern/Bietern in gleicher Weise als unveränderliche Angebotsgrundlage und gewährleisten dadurch deren Gleichbehandlung. Die Angebotsinhalte müssen mit den Vorgaben der Vergabeunterlagen deckungsgleich sein. Nur so kann der Auftraggeber durch ein „einfaches ja" den zivilrechtlichen Vertrag über die Leistungserbringung durch den Zuschlag zustandekommen lassen. Daher sind Änderungen an den Vergabeunterlagen durch den Bewerber/Bieter unzulässig und führen grundsätzlich zu dessen Ausschluss vom Vergabeverfahren (s. § 57 Abs. 1 Nr. 4).

7   Die Vergabeunterlagen beinhalten die leistungsgegenständlichen, fachlichen, rechtlichen und organisatorischen Angaben zum Vergabeverfahren sowie zum angestrebten Vertragsschluss.

IV. Inhalt der Vergabeunterlagen

8   **1. Keine abschließende Nachweisliste mehr.** Der Verordnungsgeber hat mit der Vergaberechtsreform 2016 die Regelung aus § 9 EG Abs. 4 VOL/A, wonach der öffentliche Auftraggeber geforderte Nachweise in einer abschließenden Liste zusammenzustellen hatte, nicht übernommen. Diese Liste hatte den Zweck, für Bewerber/Bieter auf einen Blick unmissverständlich klarzustellen, welche Nachweise vorzulegen waren. Sie war den Vergabeunterlagen als zusammengefasste Checkliste beizufügen.[5]

8a Diese Verpflichtung besteht für den öffentlichen Auftraggeber nicht mehr. Bieterrechte lassen sich folglich aus dem Fehlen einer solchen Liste nicht mehr herleiten. Gleichwohl sollte der öffentliche Auftraggeber diese Liste auch künftig als freiwillige „Serviceleistung" den Vergabeunterlagen beifügen. Dies vereinfacht die Angebotslegung und führt in der Folge zu mehr Verfahrenssicherheit. Da die Aufzählung der einzelnen Bestandteile der Vergabeunterlagen dem Wortlaut der Vorschrift nach nicht abschließend ist, besteht an der Zulässigkeit hieran kein Zweifel.

9   **2. Anschreiben.** Das in der Vorschrift genannte Anschreiben kann unterschiedliche Funktionen erfüllen. Daraus folgt, dass es nicht immer einheitlich formuliert und aufgebaut sein muss. Der

---

[1]   In dem früheren Regelwerk der VOL/A (zunächst: Verdingungsordnung für Leistungen, später: Vergabe- und Vertragsordnung für Leistungen) war bis zum Jahr 2006 die Rede von „Verdingungsunterlagen". Dieser Begriff wurde später durch „Vergabeunterlagen" ersetzt.
[2]   S. Art. 2 Abs. 1 Nr. 13 RL 2014/24/EU.
[3]   S. Art. 53 Abs. 1 UAbs. 1 RL 2014/24/EU.
[4]   *Ohlerich* in Gabriel/Krohn/Neun VergabeR-HdB § 18 Rn. 2.
[5]   Vgl. OLG Düsseldorf Beschl. v. 3.8.2011 – VII-Verg 30/11, BeckRS 2011, 21699.

konkrete Inhalt ist davon abhängig, was mit dem Anschreiben vom Bewerber/Bieter verlangt wird.[6] Zunächst einmal kann das Anschreiben der Aufforderung des öffentlichen Auftraggebers zur Abgabe von Teilnahmeanträgen oder Angeboten dienen. An dessen Inhalt sind keine besonderen Voraussetzungen geknüpft.

Daneben kann das Anschreiben dem öffentlichen Auftraggeber als Begleitschreiben dienen, um an den Interessenten oder Bewerber zusätzlich von diesem abgeforderte Unterlagen zu übermitteln. Auch hier ist kein bestimmter Inhalt vorgesehen. Wie bei dem oa Aufforderungsschreiben sollte aus dem Anschreiben hervorgehen, wie mit den abgeforderten Unterlagen umzugehen ist. Insbesondere gehören hier durch den Interessenten/Bewerber zu beachtende Fristen erwähnt. 10

Die praktische Relevanz des Anschreibens dürfte allerdings durch die mittlerweile verpflichtende vollständige elektronische Bereitstellung der Vergabeunterlagen stark abnehmen. Nur in den Fällen, in denen gem. § 41 Abs. 2 eine andere als elektronische Zurverfügungstellung der Vergabeunterlagen zulässig ist, wird das Anschreiben – in dem dann insbesondere auch die Fristverlängerung nach § 41 Abs. 2 S. 2 anzugeben ist – noch praktische Verwendung finden. 11

3. Bewerbungsbedingungen. Als weiterer Bestandteil der Vergabeunterlagen sind die Einzelheiten der Durchführung des Vergabeverfahrens (Bewerbungsbedingungen) einschließlich der Eignungs- und Zuschlagskriterien, soweit diese nicht schon in der Bekanntmachung genannt wurden, aufgeführt. 12

Die Bewerbungsbedingungen sind als Durchführungsbestimmungen, quasi als standardisierte, formularmäßige Zusammenfassung der Verfahrensbestimmungen zu verstehen.[7] In den Bewerbungsbedingungen sind üblicherweise Angaben zum Vorgehen bei Unklarheiten enthalten oder unter welchen Voraussetzungen Angebote ausgeschlossen werden.[8] 13

Weder die Beschreibung der Einzelheiten des Verfahrens noch die Angabe der Eignungs- und Zuschlagskriterien begründen Rechte und Pflichten der zukünftigen Vertragsparteien. Sie beschreiben lediglich die Bedingungen des Vergabeverfahrens. Sie haben keinerlei Auswirkungen auf den späteren Vertrag und werden mit der Zuschlagserteilung nicht zu dessen Bestandteil. Die Bewerbungsbedingungen stellen deshalb grundsätzlich keine Allgemeinen Geschäftsbedingungen (AGBs) iSd § 305 BGB dar.[9] Sollten sie im Einzelfall vertragliche Regelungen enthalten, können sie allerdings auch AGBs darstellen.[10] 14

Aus dem Wortlaut der Norm ergibt sich, dass die Eignungs-[11] und Zuschlagskriterien[12] nicht zwingend Bestandteil der Vergabeunterlagen sein müssen. Werden sie bereits in der Auftragsbekanntmachung (s. § 37 Abs. 2) genannt, so sind sie in den Vergabeunterlagen verzichtbar *soweit* sie in der Bekanntmachung benannt wurden. Sind sie in der Vergabebekanntmachung jedoch nicht oder unvollständig genannt, so hat deren vollständige Aufführung spätestens in den Vergabeunterlagen mit deren Bereitstellung zu erfolgen.[13] 15

4. Vertragsunterlagen. Ebenfalls zu den Vergabeunterlagen zählen die Leistungsbeschreibung (s. § 31) sowie die Vertragsbedingungen. Beide Bestandteile werden mit Zuschlagserteilung zum Gegenstand des Vertrages. 16

Will der öffentliche Auftraggeber neben der Vergabe- und Vertragsordnung Teil B-VOL/B[14] (s. u.) weitere Vertragsbedingungen vereinbaren, so muss er diese in den Vergabeunterlagen benennen. Hierzu können je nach Gegenstand der Leistung, bzw. Branche, unterschiedliche Typen in Betracht kommen. 17

Der Wortlaut „in der Regel" in § 29 Abs. 1 Nr. 3 lässt es zu, neben der VOL/B weitere Vertragsbedingungen in einem öffentlichen Auftrag zu vereinbaren. So geht etwa aus der Begründung[15] nicht her- 18

---

[6] *Verfürth* in KKMPP Rn. 12.
[7] *Ohlerich* in Gabriel/Krohn/Neun VergabeR-HdB § 18 Rn. 5 mwN.
[8] Vgl. OLG Celle Beschl. v. 4.3.2010 – 13 Verg 1/10, NZBau 2010, 333; zu weiteren Inhalten der Bewerbungsbedingungen s. iE *Düsterdiek/Röwekamp*, VOL/A und VOL/B, 6. Aufl. 2010, 108 f.
[9] So auch *Verfürth* in KKMPP Rn. 18; *Gnittke/Hattich* in Müller-Wrede VgV § 29 n. 23.
[10] S. *Ohlerich* in Gabriel/Krohn/Neun VergabeR-HdB § 18 Rn. 5.
[11] Die Merkmale der Eignung definiert § 122 Abs. 2 GWB. Die Anforderungen an die Unternehmen sowie die Art der zu fordernden Nachweise regeln die §§ 42 ff.
[12] Die Anforderungen an die Zuschlagskriterien sowie die Verpflichtung zu deren Veröffentlichung entweder in der Bekanntmachung oder den Vergabeunterlagen ergibt sich aus § 127 Abs. 3–5 GWB. Welche Kriterien infrage kommen sowie die Verpflichtung, auch die Gewichtung der Zuschlagskriterien zu veröffentlichen, ergibt sich aus § 58 Abs. 2 u. 3.
[13] Die Bereitstellung der Vergabeunterlagen regelt § 41.
[14] Allgemeine Vertragsbedingungen für die Ausführung von Leistungen (VOL/B) idF v. 5.8.2003 (BAnz. 2003 Nr. 178a).
[15] S. VgV-Begründung BR-Drs. 87/16 zu § 29 Abs. 1.

vor, dass keine anderen Vertragsbedingungen vereinbart werden dürfen. Für eine Zulässigkeit spricht auch die Formulierung „Vertragsbedingungen" im Plural.

19 Allerdings dürfen weitere Vertragsbedingungen den Vorgaben der VOL/B nicht widersprechen.[16] Nach § 1 VOL/B werden Art und Umfang der beiderseitigen Leistungen durch den Vertrag bestimmt. Bei Widersprüchen gelten nacheinander zunächst die Leistungsbeschreibung, sodann Besondere Vertragsbedingungen, etwaige Ergänzende und Zusätzliche Vertragsbedingungen, etwaige Allgemeine Technische Vertragsbedingungen und schließlich die VOL/B.

20 **a) Besondere Vertragsbedingungen.** Besondere Vertragsbedingungen sind auf den Einzelfall abgestellt. Sie haben keine Gültigkeit über den individuellen öffentlichen Auftrag hinaus. Sie unterliegen als Individualvereinbarung nicht der AGB-Kontrolle;

21 **b) Etwaige ergänzende Vertragsbedingungen.** Für eine Gruppe gleich gelagerter Einzelfälle können die allgemeinen Vertragsbedingungen und etwaige zusätzliche Vertragsbedingungen durch ergänzende Vertragsbedingungen ergänzt werden. Es handelt sich um AGB für einen speziellen Bereich.[17]

22 Ein prominenter Anwendungsbereich sind die ergänzenden Vertragsbedingungen für die Beschaffung von IT-Leistungen (EVB-IT). Die Verwaltungsvorschrift zu § 55 BHO schreibt deren Anwendung sowie die besonderen Vertragsbedingungen für die Beschaffung und den Betrieb von DV-Anlagen und -Geräten sowie von DV-Programmen (BVB) vor.[18] Als AGB unterliegen sie der Inhaltskontrolle nach §§ 307 ff. BGB.[19]

23 **c) Zusätzliche Vertragsbedingungen.** Hierbei handelt es sich in der Regel um für eine größere Anzahl von Verträgen vorformulierte Bedingungen ohne technischen Bezug. Sie werden von öffentlichen Auftraggebern für typischerweise auftretende Besonderheiten bei der Auftragsabwicklung, die für eine Gruppe gleichgelagerter Einzelfälle bestehen können, aufgegriffen und einer standardisierten Regelung zugeführt.[20]

24 **d) Allgemeine technische Vertragsbedingungen.** Allgemeine technische Vertragsbedingungen sind für eine Vielzahl von Anwendungsfällen vorformulierte technische Anforderungen an die Leistungen (s. § 1 Nr. 2 lit. e VOL/B). In diesem Fall stellen sie AGBs dar. Sind sie als Individualvereinbarung ausgestaltet, fallen sie unter die nicht der allgemeinen AGB-Kontrolle unterliegenden Besonderen Vertragsbedingungen (→ Rn. 21).

V. Erforderliche Angaben – Umfang der Vergabeunterlagen

25 Das Vergaberecht stellt unterschiedliche Verfahrensarten für die Beschaffung von Leistungen zur Verfügung. In der Praxis kann es je nach Verfahrensart Schwierigkeiten bereiten festzulegen, welchen inhaltlichen Umfang Vergabeunterlagen haben müssen. Hierzu findet sich im Wortlaut der Vorschrift ein entscheidender Hinweis: Die Vergabeunterlagen müssen alle die Angaben enthalten, die „erforderlich" sind, um dem Bewerber/Bieter seine Teilnahmeentscheidung zu ermöglichen. Der öffentliche Auftraggeber muss also aus der Sicht des Bewerbers/Bieters entscheiden, welche Informationen entscheidungsrelevant und damit erforderlich sind. Dies gilt für jeden Bestandteil der Vergabeunterlagen und ist letztlich Maßstab für die Beurteilung der Vollständigkeit der Vergabeunterlagen.

26 Grundsätzlich sind bereits mit der Auftragsbekanntmachung die Vergabeunterlagen allen interessierten Unternehmen zur Verfügung zu stellen, jedenfalls soweit diese Unterlagen bei Auftragsbekanntmachung in einer finalisierten Form vorliegen können.[21] Es ist vergaberechtlich nicht zu beanstanden, wenn die mit der Bekanntmachung veröffentlichten Vergabeunterlagen nicht alle die in § 29 Abs. 1 S. 2 aufgeführten Bestandteile enthalten. Dies ergibt sich schon daraus, dass die Vergabeunterlagen „in der Regel" aus den unter Nr. 1–3 genannten Unterlagen bestehen. Die Formulierung „in der Regel" bedeutet, es können mehr, aber auch weniger Unterlagen sein. Hierbei handelt es sich um eine Entscheidung im Einzelfall, die unter anderem davon abhängt, welche Verfahrensart der öffentliche Auftraggeber gewählt hat.[22]

---

[16] S. hierzu das Verbot im ehemaligen § 11 EG Abs. 1 S. 2 VOL/A.
[17] *Harbauer* in Goede/Herrmann, VOL/B, Kommentar, 6. Aufl. 2012, VOL/B § 1 Rn. 45.
[18] S. § 55 VV-BHO, Ziffer 4.3; Rundschreiben BMF v. 25.4.2018 – II A 3-H 1012-6/17/10001 (Gemeinsames Ministerialblatt Nr. 29/2018, 568).
[19] *Düsterdiek/Röwekamp*, VOL/A und VOL/B, 6. Aufl. 2010, 13.
[20] *Verfürth* in KKMPP Rn. 27.
[21] OLG München Beschl. v. 13.3.2017 – Verg 15/16, NZBau 2017, 371; Greb/Müller/*Honekamp* SektVO § 41 Rn. 27 f.
[22] OLG Düsseldorf Beschl. v. 17.10.2018 – VII-Verg 26/18.

Enthalten die Vergabeunterlagen alle „erforderlichen" Angaben, sind sie letztendlich auch vollständig. Zur Beurteilung dessen sind die Verfahrensarten unter Berücksichtigung der Grundsätze der Transparenz und Nichtdiskriminierung differenziert zu betrachten. 27

Der öffentliche Auftraggeber muss bekannt machen, welche Leistung er wie, in welchem Umfang und in welcher Beschaffenheit haben will. In diesem Zusammenhang ist zunächst die Frage der Vergabereife zu klären. Nur wenn diese gegeben ist, darf er sein Vorhaben überhaupt veröffentlichen. 28

1. Vergabereife. Vergabereife ist vom Auftraggeber bereits vor der Ausschreibung herzustellen. Zweck des Ganzen ist der Schutz des Bieters, der nicht Kosten und Mühen auf sich nehmen soll, ohne eine Chance auf den Zuschlag zu haben.[23] Von Vergabereife kann ausgegangen werden, wenn abgeschlossene Vergabeunterlagen vorliegen. Hinzu kommen eine gesicherte Finanzierung und dass keine Genehmigungen oder Zustimmungen ausstehen. Die entscheidende Frage ist jedoch darüber hinaus, welche Voraussetzungen in Bezug auf die jeweiligen Bestandteile der Vergabeunterlagen vor Ausschreibung vorliegen müssen, um von Vergabereife sprechen zu können.[24] 29

2. Vollständige Abrufbarkeit der Vergabeunterlagen. Zum Zeitpunkt der Bekanntmachung müssen die Vergabeunterlagen unter einer elektronischen Adresse vollständig abgerufen werden können (s. § 41 Abs. 1). Vollständig (elektronisch) abrufbar sind die Vergabeunterlagen dann, wenn über die Internetadresse in der Bekanntmachung sämtliche Vergabeunterlagen und nicht nur Teile derselben abgerufen werden können.[25] Es wird klargestellt, dass die Auftraggeber ab dem Tag der Veröffentlichung einen ua vollständigen direkten Zugang zu den Vergabeunterlagen anbieten müssen.[26] Folglich ist eine nur teilweise elektronische Verfügbarkeit unzureichend. 30

Die Vorschrift des § 41 regelt demnach lediglich Vorgaben für die Art und Weise der Bereitstellung und der elektronischen Verfügbarkeit von Vergabeunterlagen und nicht, welche Vergabeunterlagen bereits von Anfang an zum Download bereit gestellt sein müssen.[27] 31

Es bleibt demnach die Frage, welcher inhaltliche Umfang der einzelnen Teile der Vergabeunterlagen erforderlich ist, um den Anspruch der Interessenten auf eine ausreichende Information zu erfüllen, offen. 32

Die Frage lässt sich nur klären, wenn man die unterschiedlichen Verfahrensarten differenziert betrachtet. Da die Verfahrensarten in Anforderungen und Ablauf individuell ausgestaltet sind, macht es bei der Beantwortung der Frage einen Unterschied, durch welche konkrete Verfahrensart das Vergabeverfahren bestimmt wird. 33

3. Offenes Verfahren. Im offenen Verfahren geben die Bieter allein auf der Grundlage der Leistungsbeschreibung sowie der übrigen Vergabeunterlagen ein Angebot ab. Verhandlungen sind untersagt (s. § 15 Abs. 5). Folglich müssen die Vergabeunterlagen und insbesondere die Leistungsbeschreibung von Beginn an so eindeutig und erschöpfend sein, dass alle Bieter sie im gleichen Sinne verstehen können und vergleichbare Angebote zu erwarten sind (§ 121 Abs. 1 GWB). An diesem Maßstab muss sich die Erforderlichkeit der Informationen und damit der inhaltliche Umfang der Vergabeunterlagen im offenen Verfahren messen lassen. Lassen die Vergabeunterlagen, vor allem die Leistungsbeschreibung vergleichbare Angebote nicht erwarten, so ist dies vergabefehlerhaft. Deshalb sind die Vergabeunterlagen einschließlich der Leistungsbeschreibung sowie ggf. der Zuschlagskriterien in jeder Hinsicht inhaltlich vollständig, also eindeutig und erschöpfend zu erstellen und in dieser Vollständigkeit elektronisch verfügbar zu machen. 34

4. Nicht offenes Verfahren. Das nicht offene Verfahren entspricht dem offenen Verfahren in Bezug auf das Verhandlungsverbot (s. § 16 Abs. 9) und damit auch in Bezug auf die Anforderungen an die Vollständigkeit der Vergabeunterlagen. Lediglich die Eignungsprüfung findet auf der vorgeschalteten Stufe des Teilnahmewettbewerbs statt. Zwar werden nicht immer alle als geeignet ermittelten Bewerber zur Angebotsabgabe aufgefordert (vgl. § 51), dennoch muss der öffentliche Auftraggeber bei Beginn der Eignungsprüfung davon ausgehen, dass alle Bewerber auch in der Folge ein Angebot abgeben wollen. 35

Entsprechend müssen die Interessenten bereits mit Veröffentlichung des Teilnahmewettbewerbs alle Informationen inhaltlich vollständig – ggf. einschließlich der gewichteten Zuschlagskriterien – erhalten die erforderlich sind, um einen erfolgreichen Teilnahmeantrag zu stellen. Zu diesen erforderlichen Informationen gehört auch eine erschöpfende Leistungsbeschreibung. Nur mit Kenntnis einer 36

---

[23] OLG Düsseldorf Beschl. v. 27.11.2013 – VII-Verg 20/13, NZBau 2014, 121.
[24] Vgl. *Mutschler-Siebert/Queisner* NZBau 2014, 538.
[25] S. VgV-Begründung BR-Drs. 87/16 zu § 41 Abs. 1.
[26] S. Art. 53 Abs. 1 UAbs. 1 RL 2014/24/EU.
[27] OLG Düsseldorf Beschl. v. 17.10.2018 – VII-Verg 26/18.

solchen kann der Interessent seinen Teilnahmeantrag optimal gestalten. Es muss dem Bewerber möglich sein, seine individuelle Geeignetheit zur Erbringung der konkreten Leistung optimal darstellen zu können.

37 Auch muss dem Bewerber bereits aus den Teilnahmeunterlagen, zB anhand der Angabe von sog. strategischen Aspekten innerhalb der Wertungskriterien ersichtlich sein, ob eine spätere Angebotsabgabe für ihn wirtschaftlich und unternehmerisch Sinn macht. Erforderlich aber auch ausreichend sind daher sämtliche Angaben, die dem Unternehmen eine belastbare Entdscheidung ermöglichen, ob die ausgeschriebenen Leistungen nach Art und Umfang in sein Produktportfolio fallen.[28]

38 **5. Verhandlungsverfahren, Wettbewerblicher Dialog und Innovationspartnerschaft.** Allen drei Verfahrensarten ist gemein, dass ihnen zunächst ein Teilnahmewettbewerb (s. § 14 Abs. 3, § 18 Abs. 2, § 19 Abs. 2) zur Feststellung der Eignung vorgeschaltet ist und dass der Gegenstand der Leistung grundsätzlich vorab nicht so eindeutig und erschöpfend beschrieben werden kann, sodass vergleichbare Angebote erwartet werden können. Deshalb verhandelt der öffentliche Auftraggeber auf der Grundlage von Erstangeboten und ggf. überarbeiteten Folgeangeboten mit den Bietern mit dem Ziel, die Auftragsbedingungen einschließlich der Leistungsbeschreibung zu konkretisieren, sodass von den beteiligten Bietern vergleichbare finale Angebote eingereicht werden können. Im wettbewerblichen Dialog kann der öffentliche Auftraggeber zur Lösungsfindung auch ohne ein Erstangebot einen Dialog mit den Eingeladenen – jedoch ebenfalls mit dem Ziel der Konkretisierung seiner Bedürfnisse und der Anforderungen an die Leistung – führen.

39 Diese „kommunikativen" Verfahrensarten stellen an die Erforderlichkeit der notwendigen Informationen und damit dereninhaltliche Vollständigkeit in den Vergabeunterlagen andere, zT geringere Anforderungen als das offene und nicht offene Verfahren.

40 Stets erforderlich sind alle diejenigen Informationen, die der Interessent benötigt, um zunächst seine Teilnahmeentscheidung zu treffen und seinen Teilnahmeantrag so gestalten zu können, dass er diesen erfolgreich – auch im Hinblick auf eine evtl. Begrenzung der Bewerberzahl – absolvieren kann. Der öffentliche Auftraggeber muss daher alle Eignungsanforderungen klar und eindeutig benennen einschließlich der Kriterien, anhand derer er ggf. die Bewerberzahl reduzieren will (s. § 51 Abs. 1 S. 2).

41 Für eine Teilnahmeentscheidung nicht erforderlich sind diejenigen Elemente und Informationen der Vergabeunterlagen, die erst im Laufe der Verhandlungen oder des Dialoges zwischen öffentlichem Auftraggeber und Bewerber/Bieter vervollständigt, finalisiert werden. Denn die kommunikativen Vergabeverfahren dienen ja gerade der Vervollständigung, ua der Auftragsbedingungen oder bestimmter Anforderungen an die Leistung selbst.[29] Dies bedeutet in Bezug auf die Leistungsbeschreibung, dass diejenigen Elemente, die erst im Wege von Verhandlungen/eines Dialoges ergänzt und vervollständigt werden, mangels Vorhandensein gar nicht Bestandteil deren Beschreibung und damit letztlich der Vergabeunterlagen sein können. Allerdings müssen diese „offenen" Elemente aus der Beschreibung bzw. Bekanntmachung hervorgehen, sodass die Bewerber erkennen können, dass zu diesen Punkten Verhandlungen entstehen können.

VI. Vergabe- und Vertragsordnung Teil B (VOL/B)

42 **1. Grundsätzliche Vereinbarung der VOL/B.** Die Allgemeinen Vertragsbedingungen für die Ausführung von Leistungen (VOL/B) sind in der Regel in den Vertrag einzubeziehen. Diese Vorgabe entspricht inhaltlich der früheren Regelung in § 11 EG Abs. 1 S. 1 VOL/A. Allerdings hat der Verordnungsgeber einen statischen Verweis auf die Fassung der VOL/B vom 5.8.2003 (BAnz. 2003 Nr. 178a) ergänzt und sich damit ein mittelbares Zustimmungsrecht geschaffen. Um also künftige, ggf. veränderte Fassungen der VOL/B in öffentliche Aufträge einzubeziehen, bedarf es stets einer Änderung des § 29 Abs. 2 durch den Verordnungsgeber.

43 Es besteht nach dem Wortlaut keine zwingende Verpflichtung des öffentlichen Auftraggebers, die VOL/B zum Vertragsgegenstand machen zu müssen. Dennoch sollten nachvollziehbare Gründe vorliegen, will der öffentliche Auftraggeber andere Vertragsbedingungen als die VOL/B vereinbaren. Hierbei ist zu berücksichtigen, dass durch die Einbeziehung dem Transparenzgebot und der Gleichbehandlung Rechnung getragen werden.[30] Bei komplexen Projekten, zB bei öffentlich-öffentlichen

---

[28] OLG Düsseldorf Beschl. v. 17.10.2018 – VII-Verg 26/18.
[29] Der öffentliche Auftraggeber darf über den gesamten Auftragsinhalt verhandeln, mit Ausnahme der in den Vergabeunterlagen festgelegten Mindestanforderungen und der Zuschlagskriterien (s. § 17 Abs. 10); er kann im Dialog alle Aspekte des Auftrags erörtern um zu ermitteln, wie sein Bedürfnisse am besten erfüllt werden können (s. § 18 Abs. 5); er verhandelt mit dem Ziel, die Angebote inhaltlich zu verbessern (s. § 19 Abs. 5).
[30] *Goede* in Goede/Herrmann, VOL/B, Kommentar, 6. Aufl. 2012, VOL/B Einleitung Rn. 49.

Partnerschaften, kann die Vereinbarung anderer allgemeiner Vertragsbedingungen als der VOL/B durchaus zweckmäßig sein.

Die VOL/B gilt als ausgewogenes Regelwerk, welches die Interessen der Vertragsparteien gleichermaßen berücksichtigt. Sie unterliegt jedoch einer allgemeinen Billigkeitskontrolle gem. § 310 Abs. 1 S. 2 BGB. Ein reiner Ausschluss der VOL/B bedingt noch keine Bieterbenachteiligung. Erst wenn damit eine nicht mehr ausgewogene Risikoverteilung einhergeht, können Bieterrechte beeinträchtigt werden.[31]

2. Keine Einbeziehung der VOL/B bei der Vergabe freiberuflicher, vorab nicht beschreibbarer Leistungen. Eine Einbeziehung der VOL/B ist für die Vergabe von Aufträgen, die im Rahmen einer freiberuflichen Tätigkeit erbracht oder im Wettbewerb mit freiberuflich Tätigen angeboten werden und deren Gegenstand eine Aufgabe ist, deren Lösung nicht vorab eindeutig und erschöpfend beschrieben werden kann, nicht vorgesehen (Abs. 2 S. 2).

Diese Ausnahmeregelung ist im Zusammenhang mit dem Wegfall und der Integration der bisherigen Vergabeordnung für freiberufliche Dienstleistungen (VOF)[32] in die VgV zu sehen. Es gab im Bereich der Vergabe sog. „VOF-Leistungen" weder eigene Allgemeine Geschäftsbedingungen, noch bestand eine Vorgabe zur Vereinbarung bestimmter Allgemeiner Geschäftsbedingungen, etwa der VOL/B.

Die VgV definiert weder den Begriff der „freiberuflichen Tätigkeit" noch der Nicht-Beschreibbarkeit. Auch wird kein unmittelbarer Bezug zu Abschnitt 6 VgV (Besondere Vorschriften für die Vergabe von Architekten- und Ingenieurleistungen) hergestellt. Deshalb scheint der Anwendungsbereich der Vorschrift zunächst unklar.

Da die Vorschrift, wie erwähnt, im Zusammenhang mit der früheren VOF steht, ist wohl deren früherer Anwendungsbereich gemeint (s. § 1 Abs. 1 VOF). Verträge, für die eine Vereinbarung der VOL/B nicht grundsätzlich vorgeschrieben ist, sind demnach dadurch gekennzeichnet, dass sie eine freiberufliche Tätigkeit zum Leistungsinhalt haben oder im Wettbewerb mit freiberuflich Tätigen angeboten werden und deren Gegenstand eine Aufgabe ist, deren Lösung vorab nicht eindeutig und erschöpfend beschreibbar ist.

Auch die frühere VOF definierte den Begriff der freiberuflichen Tätigkeit nicht. Sie setzte ihn voraus. Zurückgreifen kann man zunächst auf den Katalog der freien Berufe des § 18 Abs. 1 Nr. 1 EStG. Neben den unmittelbaren Katalogberufen sind freiberufliche Tätigkeiten selbstständig ausgeübte wissenschaftliche, künstlerische, schriftstellerische sowie unterrichtende oder erzieherische Tätigkeiten. Der Katalog ist nicht abschließend, sondern lässt durch die Formulierung „ähnliche Berufe" Raum für individuelle Ergänzungen.

Das BVerwG verlangt, dass es sich um eine wissenschaftliche, künstlerische oder schriftstellerische Tätigkeit höherer Art oder eine Dienstleistung höherer Art handelt, die eine höhere Bildung (grundsätzlich ein abgeschlossenes Hochschul- oder Fachhochschulstudium) voraussetzt.[33] Der EuGH begreift freiberufliche Leistungen als Leistungen, die einen ausgesprochenen intellektuellen Charakter haben, eine hohe Qualifikation verlangen und gewöhnlich einer genauen und strengen berufsständischen Regelung unterliegen sowie das persönliche Element eine besondere Bedeutung hat. Die Ausübung setze eine große Selbstständigkeit voraus.[34]

Infrage kommen auch Verträge über Leistungen, die gleichzeitig im Wettbewerb mit freiberuflich Tätigen angeboten werden. Liegt zwischen freiberuflich Tätigen und Gewerbetreibenden eine Wettbewerbsverhältnis nicht vor, dh wird eine der Natur nach freiberufliche Leistung ausschließlich durch Gewerbetreibende erbracht, wird hingegen eine grundsätzliche Einbeziehung der VOL/B zu erfolgen haben.[35]

Schließlich darf die Lösung der Aufgabe vorab nicht eindeutig und erschöpfend beschreibbar sein.

Der Wortlaut „vorab" besagt, dass bei der Beurteilung der Beschreibbarkeit eine Ex-ante-Betrachtung anzustellen ist. Betrachtet werden muss die eindeutige und erschöpfende Beschreibbarkeit der Lösung. Ein möglicher Anhaltspunkt bei der Beurteilung ist die Frage, ob für die Vergabe der Leistung ein Verhandlungsverfahren oder ein Wettbewerblicher Dialog in Frage kommen. Ist eine erschöpfende Beschreibung bzw. eine Konkretisierung und Festlegung der Lösung der Aufgabe nicht möglich, dürfte eine Nichtbeschreibbarkeit der Lösung im geforderten Sinne vorliegen.[36]

---

[31] Vgl. VK Sachsen Beschl. v. 5.12.2011 – SVK/043-11, BeckRS 2011, 28361.
[32] VOF v. 18.11.2009, BAnz. 2009 Nr. 185a.
[33] BVerwG Beschl. v. 11.3.2008 – 6 B 2/08, NJW 2008, 1974.
[34] EuGH Urt. V. 11.10.2001 – Rs. C-267/99, IStR 2001, 718 – Adam.
[35] S. iE hierzu VOL/A-Anhang IV, Erl. zu § 1, zweiter Spiegelstrich.
[36] Vgl. hierzu auch *Müller-Wrede* in Müller-Wrede VOF § 1 Rn. 101 ff.

§ 30 Aufteilung nach Losen

(1) ¹Unbeschadet des § 97 Absatz 4 des Gesetzes gegen Wettbewerbsbeschränkungen kann der öffentliche Auftraggeber festlegen, ob die Angebote nur für ein Los, für mehrere oder für alle Lose eingereicht werden dürfen. ²Er kann, auch wenn Angebote für mehrere oder alle Lose eingereicht werden dürfen, die Zahl der Lose auf eine Höchstzahl beschränken, für die ein einzelner Bieter den Zuschlag erhalten kann.

(2) ¹Der öffentliche Auftraggeber gibt die Vorgaben nach Absatz 1 in der Auftragsbekanntmachung oder der Aufforderung zur Interessensbestätigung bekannt. ²Er gibt die objektiven und nichtdiskriminierenden Kriterien in den Vergabeunterlagen an, die er bei der Vergabe von Losen anzuwenden beabsichtigt, wenn die Anwendung der Zuschlagskriterien dazu führen würde, dass ein einzelner Bieter den Zuschlag für eine größere Zahl von Losen als die Höchstzahl erhält.

(3) In Fällen, in denen ein einziger Bieter den Zuschlag für mehr als ein Los erhalten kann, kann der öffentliche Auftraggeber Aufträge über mehrere oder alle Lose vergeben, wenn er in der Auftragsbekanntmachung oder in der Aufforderung zur Interessensbestätigung angegeben hat, dass er sich diese Möglichkeit vorbehält und die Lose oder Losgruppen angibt, die kombiniert werden können.

Übersicht

	Rn.		Rn.
I. Normzweck	1	2. Zuschlagslimitierung	12
II. Europarechtlicher Hintergrund	3	3. Freie Wahl	14
III. Geltung der Regelung	7	V. Kombination	15
IV. Inhalt der Regelung	10	VI. Rechtsschutz	21
1. Angebotslimitierung	10		

I. Normzweck

1 Im Zusammenhang mit der mittelstandsfördernden Vorschrift des § 97 Abs. 4 GWB regelt § 30 die konkrete Ausgestaltung der Aufteilung von zu vergebenden Leistungen in Losen. Dem öffentlichen Auftraggeber werden verschiedene Alternativen an die Hand gegeben, die Losvergabe zu steuern und die Mittelstandsförderung auftragsindividuell zu gestalten.

2 Damit wird eine stärkere Anpassung der öffentlichen Auftragsvergabe an die Bedürfnisse kleiner und mittlerer Unternehmen erreicht. Aus Wettbewerbsgründen und aus Gründen der Versorgungssicherheit darf der öffentliche Auftraggeber die Zahl der Lose, für die ein Bewerber ein Angebot abgeben darf, begrenzen (Angebotslimitierung). Ebenso darf er die Anzahl der Lose, für die ein Bieter den Zuschlag erhalten kann, begrenzen (Zuschlagslimitierung).[1]

II. Europarechtlicher Hintergrund

3 Die europäischen Vergaberichtlinien regeln erstmals die Losvergabe als Möglichkeit einer Mittelstandsförderung.[2] Bislang fand die Mittelstandsförderung in den Richtlinien ausschließlich Erwähnung in den Erwägungsgründen und das nur im Zusammenhang mit der Unterauftragsvergabe.[3] Außerhalb der Richtlinien hatte die Europäische Kommission allerdings bereits im Jahr 2008 einen Leitfaden zum besseren Zugang kleiner und mittlerer Unternehmen zu öffentlichen Aufträgen herausgegeben.[4] Die Entscheidung über das „Ob" und das „Wie" einer Aufteilung öffentlicher Aufträge in Lose sollte ausdrücklich den Mitgliedstaaten überlassen bleiben.[5] Nunmehr regeln die europäischen Vergaberichtlinien zur Berücksichtigung kleiner und mittlerer Unternehmen bestimmte Varianten der Unterteilung von Aufträgen in Lose.

---

[1] Vgl. Erwägungsgrund 79 UAbs. 1 RL 2014/24/EU.
[2] S. Art. 46 RL 2014/24/EU.
[3] S. Erwägungsgrund 32 RL 2004/18/EG.
[4] Europäischer Leitfaden für bewährte Verfahren (Code of Best Practice) zur Erleichterung des Zugangs kleiner und mittlerer Unternehmen (KMU) zu öffentlichen Aufträgen der EU-Kommission v. 25.6.2008, SEC (2008) 2193.
[5] *Soudry* in Hettich/Soudry VergabeR 41.

Die Bestimmung von Umfang und Gegenstand der einzelnen Lose obliegt dem öffentlichen 4
Auftraggeber. Verzichtet er auf eine Aufteilung in Lose, hat er dies in den Auftragsunterlagen oder
dem Vergabevermerk darzulegen.[6]

Die Mitgliedstaaten dürfen festlegen, ob in den Fällen, in denen ein Bieter den Zuschlag für 5
mehr als ein Los erhalten kann, die öffentlichen Auftraggeber Aufträge über mehrere oder alle Lose
vergeben können. Für diesen Fall ist in den nationalen Vorschriften eine entsprechende Bekanntmachungspflicht zu regeln, dass sich die öffentlichen Auftraggeber diese Möglichkeit vorbehalten. Auch
müssen die öffentlichen Auftraggeber angeben, welche Lose oder Losgruppen zusammen vergeben
werden können.[7]

Die Mitgliedstaaten können die Vergabe öffentlicher Aufträge in getrennten Losen vorschreiben. 6
Die Bedingungen hierzu legen sie in ihren nationalen Rechtsvorschriften unter Beachtung des
Unionsrechts fest.[8]

III. Geltung der Regelung

Die Regelungen der VgV zur Losvergabe gelten unabhängig von § 97 Abs. 4 GWB. Während 7
die dort normierte grundsätzliche Pflicht zur Aufteilung der Aufträge in Lose vom öffentlichen
Auftraggeber stets zu beachten ist und dem Bewerber/Bieter ein subjektives Recht auf Einhaltung
gewährt,[9] steht die Anwendung der Möglichkeiten des § 30 in seiner freien Entscheidung.

Bislang war umstritten ob eine Begrenzung der Angebote auf eine bestimmte Losanzahl und 8
eine Begrenzung der Zahl der Lose, auf die ein Bieter den Zuschlag erhalten kann (Loslimitierung),
überhaupt zulässig ist. Erschien im Hinblick auf den Wettbewerb eine Begrenzung auf eine bestimmte
Anzahl von Angeboten nicht zulässig, wurde im Hinblick auf eine zuschlagsbezogene Begrenzung
eine Zulässigkeit angenommen, wenn die Gründe hierfür sachlicher Natur waren, wie etwa der
Schutz vor der Abhängigkeit von nur einem großen Unternehmen.[10]

Nachdem die europäischen Richtlinien die Möglichkeiten der Loslimitierung speziell im Rah- 9
men der Mittelstandsförderung regeln, ist die grundsätzliche Zulässigkeit der Loslimitierung unstreitig. Hinzu kommt die Dokumentationspflicht nach § 8 Abs. 2 Nr. 11, die den Grundsatz der Transparenz gewährleistet.

IV. Inhalt der Regelung

1. Angebotslimitierung. Der öffentliche Auftraggeber darf festlegen, dass ein Bieter Angebote 10
nur für ein Los, für eine begrenzte Anzahl von Losen oder für alle Lose einreichen darf. Dies muss
der öffentliche Auftraggeber entweder in der Auftragsbekanntmachung (s. § 37 Abs. 1 u. 2) oder in
der Aufforderung zur Interessensbestätigung (s. § 38 Abs. 5) angeben (§ 30 Abs. 2 S. 1).

Der Ort der erforderlichen Bekanntmachung der Anwendung der Loslimitierung (Angebots- 11
und Zuschlagslimitierung) ist eindeutig geregelt, nämlich entweder die Auftragsbekanntmachung
oder die Aufforderung zur Interessensbestätigung.[11] Unterlässt der öffentliche Auftraggeber hier die
Angaben, ist ihm die Anwendung der Vorschrift untersagt. Eine Aufnahme der Angaben ausschließlich in den Vergabeunterlagen[12] genügt der Bekanntmachungspflicht nicht.

2. Zuschlagslimitierung. Sieht der öffentliche Auftraggeber eine Zuschlagslimitierung vor, 12
so legt er fest, dass ein Bieter nur für eine bestimmte Höchstzahl von Losen den Zuschlag erhalten
kann. Da es vorkommen kann, dass ein Bieter für eine größere Zahl von Angeboten als die zulässige
Höchstzahl den Zuschlag erhalten könnte, muss der öffentliche Auftraggeber für diesen Fall objektive
und nichtdiskriminierende Zuschlagskriterien für die Vergabe dieser die Höchstzahl übersteigender
Lose angeben, die er anzuwenden gedenkt.

Die Angabe dieser Zuschlagskriterien erfolgt in den Vergabeunterlagen. Deren Angabe in der 13
Auftragsbekanntmachung oder der Aufforderung zur Interessensbestätigung ist – im Gegensatz zur
Angabe über die Limitierung selbst – ebenfalls möglich und ausreichend. Dies ergibt sich aus richtli-

---

[6] S. Art. 46 Abs. 1 UAbs. 2 RL 2014/24/EU; s. § 9 Abs. 2 Nr. 11.
[7] S. Art. 46 Abs. 3 RL 2014/24/EU.
[8] S. Art. 46 Abs. 4 RL 2014/24/EU.
[9] Vgl. OLG Karlsruhe Beschl. v. 6.4.2011 – 15 Verg 3/11, NZBau 2011, 567.
[10] *Weiner* in Gabriel/Krohn/Neun VergabeR-HdB § 1 Rn. 76 mwN.
[11] Dies entspricht einer 1:1-Umsetzung des Art. 46 Abs. 2 UAbs. 1 RL 2014/24/EU.
[12] Der Inhalt der Vergabeunterlagen umfasst nach § 29 weder die Auftragsbekanntmachung noch die Aufforderung zur Interessensbestätigung.

nienkonformer Auslegung des Begriffs der Auftragsunterlagen,[13] die auch die Bekanntmachungen sowie die Vorinformationen umfassen.[14]

14   **3. Freie Wahl.** Die Möglichkeiten der Angebots- oder Zuschlagslimitierung stehen gleichberechtigt nebeneinander.[15] Zulässig ist es daher auch, beide Möglichkeiten miteinander zu verbinden. Ob und wie der öffentliche Auftraggeber hiervon Gebrauch macht, wird vom zu beschaffenden Leistungsgegenstand abhängen sowie der Gestaltung des Zuschnitts der einzelnen Lose. Hier haben die öffentlichen Auftraggeber einen Spielraum.[16]

V. Kombination

15   Eine Vergabe Los für Los kann zu wesentlich ungünstigeren Lösungen führen als im Fall einer gemeinsamen Vergabe aller oder einer Kombination mehrerer Lose.[17] Da ein solches Ergebnis für die bezweckte Mittelstandsförderung kontraproduktiv sein kann, lässt die Vorschrift eine Gesamtbetrachtung zu.

16   Öffentliche Auftraggeber dürfen eine vergleichende Bewertung durchführen, um festzustellen, ob die Angebote eines bestimmten Bieters für eine bestimmte Kombination von Losen die Zuschlagskriterien in Bezug auf diese Lose als Ganzes besser erfüllen als die Angebote für die betreffenden einzelnen Lose für sich genommen.[18]

17   Die Bezugnahme auf die Zuschlagskriterien macht deutlich, dass eine solche Gesamtbetrachtung auf der Grundlage der ursprünglich festgelegten Zuschlagskriterien erfolgen muss. Nur wenn sich eine kombinierte oder Gesamtvergabe als die günstigere Variante herausstellt, darf der öffentliche Auftraggeber hiervon Gebrauch machen.

18   Dabei muss der öffentliche Auftraggeber gestuft vorgehen. Er muss bei der vergleichenden Bewertung zunächst ermitteln, welche Bieter die festgelegten Zuschlagskriterien für jedes einzelne Los am besten erfüllen, um dann einen Vergleich mit den Angeboten für die einzelnen Bieter für eine bestimmte Kombination von Losen zusammengenommen anzustellen.[19] Mit dieser stufenweisen Wertung der Angebote soll die Transparenz der Wertungsentscheidung erhöht und die Nachprüfbarkeit ermöglicht werden.[20]

19   Der öffentliche Auftraggeber muss sich die Möglichkeit, so er davon Gebrauch machen will, Lose insgesamt oder in Kombination vergeben zu wollen, in der Auftragsbekanntmachung oder in der Aufforderung zur Interessensbestätigung vorbehalten. Zudem muss er die entsprechenden Lose oder Losgruppen, die kombiniert werden können, konkret benennen.

20   Auch hier gilt – wie oben (→ Rn. 11) – die Angabe ausschließlich erst in den Vergabeunterlagen ist nicht ausreichend und führt dazu, dass der öffentliche Auftraggeber von der Vorschrift keinen Gebrauch machen darf. Eine Nennung in den Vergabeunterlagen ist nicht schädlich, doch sie ersetzt nicht die zwingende Angabe in der Auftragsbekanntmachung oder der Aufforderung zur Interessensbestätigung.

VI. Rechtsschutz

21   Nach dem Wortlaut der Vorschrift ist dem öffentlichen Auftraggeber überlassen, ob er von der Möglichkeit der Angebotslimitierung, der Zuschlagslimitierung oder der Kombination von Losen Gebrauch macht. Entsprechend leitet sich hieraus kein Bieteranspruch auf Anwendung der Norm durch den öffentlichen Auftraggeber ab.

22   Auch die Festlegung der Quoten und welche Lose der öffentliche Auftraggeber ggf. kombinieren möchte, steht in dessen Ermessen. Insoweit wird die Vergabe nach Losen durch die Beschaffungsautonomie des öffentlichen Auftraggebers und das Wirtschaftlichkeitsgebot, das eine unwirtschaftliche Zersplitterung des Auftrages verhindert, begrenzt

23   Macht der öffentliche Auftraggeber von den Möglichkeiten der Vorschriften Gebrauch, ist er an die materiellen Inhalte, die Verfahrensregeln iSd § 97 Abs. 6 GWB darstellen, gebunden. Ob er diese eingehalten hat oder nicht, ist durch die Nachprüfungsinstanzen überprüfbar.

---

[13] Art. 46 Abs. 2 UAbs. 2 S. 2 RL 2014/24/EU verlangt die Angaben in den Auftragsunterlagen.
[14] S. Art. 2 Abs. 1 Nr. 13 RL 2014/24/EU.
[15] *Soudry* in Hettich/Soudry VergabeR 43 f.
[16] S. Erwägungsgrund 78 UAbs. 2 RL 2014/24/EU.
[17] S. Erwägungsgrund 79 UAbs. 2 S. 1 RL 2014/24/EU.
[18] S. Erwägungsgrund 79 UAbs. 2 S. 2 RL 2014/24/EU.
[19] S. Erwägungsgrund 79 UAbs. 2 S. 3 RL 2014/24/EU.
[20] *Soudry* in Hettich/Soudry VergabeR 45.

§ 31 Leistungsbeschreibung

(1) Der öffentliche Auftraggeber fasst die Leistungsbeschreibung (§ 121 des Gesetzes gegen Wettbewerbsbeschränkungen) in einer Weise, dass sie allen Unternehmen den gleichen Zugang zum Vergabeverfahren gewährt und die Öffnung des nationalen Beschaffungsmarkts für den Wettbewerb nicht in ungerechtfertigter Weise behindert.

(2) ¹In der Leistungsbeschreibung sind die Merkmale des Auftragsgegenstands zu beschreiben:
1. in Form von Leistungs- oder Funktionsanforderungen oder einer Beschreibung der zu lösenden Aufgabe, die so genau wie möglich zu fassen sind, dass sie ein klares Bild vom Auftragsgegenstand vermitteln und hinreichend vergleichbare Angebote erwarten lassen, die den öffentlichen Auftraggeber die Erteilung des Zuschlags ermöglichen,
2. unter Bezugnahme auf die in Anlage 1 definierten technischen Anforderungen in der Rangfolge:
   a) nationale Normen, mit denen europäische Normen umgesetzt werden,
   b) Europäische Technische Bewertungen,
   c) gemeinsame technische Spezifikationen,
   d) internationale Normen und andere technische Bezugssysteme, die von den europäischen Normungsgremien erarbeitet wurden oder,
   e) falls solche Normen und Spezifikationen fehlen, nationale Normen, nationale technische Zulassungen oder nationale technische Spezifikationen für die Planung, Berechnung und Ausführung von Bauwerken und den Einsatz von Produkten oder
3. als Kombination von den Nummern 1 und 2
   a) in Form von Leistungs- oder Funktionsanforderungen unter Bezugnahme auf die technischen Anforderungen gemäß Nummer 2 als Mittel zur Vermutung der Konformität mit diesen Leistungs- und Funktionsanforderungen oder
   b) mit Bezugnahme auf die technischen Anforderungen gemäß Nummer 2 hinsichtlich bestimmter Merkmale und mit Bezugnahme auf die Leistungs- und Funktionsanforderungen gemäß Nummer 1 hinsichtlich anderer Merkmale.

²Jede Bezugnahme auf eine Anforderung nach Nummer 2 Buchstabe a bis e ist mit dem Zusatz „oder gleichwertig" zu versehen.

(3) ¹Die Merkmale können auch Aspekte der Qualität und der Innovation sowie soziale und umweltbezogene Aspekte betreffen. ²Sie können sich auch auf den Prozess oder die Methode zur Herstellung oder Erbringung der Leistung oder auf ein anderes Stadium im Lebenszyklus des Auftragsgegenstands einschließlich der Produktions- und Lieferkette beziehen, auch wenn derartige Faktoren keine materiellen Bestandteile der Leistung sind, sofern diese Merkmale in Verbindung mit dem Auftragsgegenstand stehen und zu dessen Wert und Beschaffungszielen verhältnismäßig sind.

(4) In der Leistungsbeschreibung kann ferner festgelegt werden, ob Rechte des geistigen Eigentums übertragen oder dem öffentlichen Auftraggeber daran Nutzungsrechte eingeräumt werden müssen.

(5) Werden verpflichtende Zugänglichkeitserfordernisse im Sinne des § 121 Absatz 2 des Gesetzes gegen Wettbewerbsbeschränkungen mit einem Rechtsakt der Europäischen Union erlassen, so muss die Leistungsbeschreibung, soweit die Kriterien der Zugänglichkeit für Menschen mit Behinderungen oder der Konzeption für alle Nutzer betroffen sind, darauf Bezug nehmen.

(6) ¹In der Leistungsbeschreibung darf nicht auf eine bestimmte Produktion oder Herkunft oder ein besonderes Verfahren, das die Erzeugnisse oder Dienstleistungen eines bestimmten Unternehmens kennzeichnet, oder auf gewerbliche Schutzrechte, Typen oder einen bestimmten Ursprung verwiesen werden, wenn dadurch bestimmte Unternehmen oder bestimmte Produkte begünstigt oder ausgeschlossen werden, es sei denn, dieser Verweis ist durch den Auftragsgegenstand gerechtfertigt. ²Solche Verweise sind ausnahmsweise zulässig, wenn der Auftragsgegenstand anderenfalls nicht hinreichend genau und allgemein verständlich beschrieben werden kann; diese Verweise sind mit dem Zusatz „oder gleichwertig" zu versehen.

Schrifttum: *Burgi*, Ökologische und soziale Beschaffung im künftigen Vergaberecht: Kompetenzen, Inhalte, Verhältnismäßigkeit, NZBau 2015, 597; *Burgi*, Entwicklungstendenzen und Handlungsnotwendigkeiten im Vergaberecht, NZBau 2018, 579; *Dicks,* Die mangelhafte, insbesondere unvollständige Leistungsbeschreibung und die Rechtsfolgen im Vergaberecht, IBR 2008, 1360 (nur online); *Gabriel/Voll,* Markterkundungen öffentlicher Auftraggeber im Grenzbereich zwischen Leistungsbestimmungsrecht und Ausschreibungspflicht, NZBau 2019, 83; *Gerlach/Manzke,* Das Gebot der eindeutigen Leistungsbeschreibung zwischen Vergaberecht und Allgemeiner Rechtsgeschäftslehre, VergabeR 2016, 443; *Halstenberg/Klein,* Neues zu den Anforderungen bei der Verwendung von Normen, Zertifikaten und Gütezeichen in Vergabeverfahren, NZBau 2017, 469; *Ohrtmann,* Der Grundsatz produktneutraler Ausschreibung im Wandel?, VergabeR 2012, 376; *Ortner,* Vergaberechtliche Anforderungen und Grenzen lösungsoffener Ausschreibungen, NZBau 2020, 565; *Pinkenburg,* Feuerwehr-Fahrzeugbeschaffung: Leistungsbestimmungsrecht gestärkt, Gesamtlosvergabe infrage gestellt, VergabeR 2018, 637; *Prieß,* Die Leistungsbeschreibung – Kernstück des Vergabeverfahrens, NZBau 2004, 20, 87; *Rechten/Portner,* Wie viel Wettbewerb muss sein? – Das Spannungsverhältnis zwischen Beschaffungsautonomie und Wettbewerbsprinzip, NZBau 2014, 276; *Roth,* Markterkundung, Vergabeverfahren ohne Bieter und die Bestimmungsfreiheit öffentlicher Auftraggeber, NZBau 2018, 77.

Übersicht

	Rn.		Rn.
I. Bedeutung der Norm	1	c) Kombination aus funktionaler Leistungsbeschreibung und Bezugnahme auf technische Anforderungen	29
II. Entstehungsgeschichte	5	3. Berücksichtigung sozialer und umweltbezogener Aspekte	34
III. Einzelerläuterung	8	4. Übertragung von bzw. Nutzungsrechte an geistigem Eigentum	41
1. Grundlagen der Erstellung der Leistungsbeschreibung (Abs. 1)	8	5. Barrierefreiheit und „Design für alle"	45
2. Beschreibung der Merkmale des Auftragsgegenstands	12	6. Gebot der Produktneutralität	48
a) Beschreibung anhand von Leistungs- und Funktionsanforderungen	14	a) Leistungsbestimmungsrecht des öffentlichen Auftraggebers	49
b) Beschreibung anhand technischer Anforderungen	19	b) Ausprägungen des Gebots der Produktneutralität	58
		c) Nach Abs. 6 erlaubte Ausnahmen	62

I. Bedeutung der Norm

1 § 31 trifft, in Ergänzung und Präzisierung zu § 121 GWB, Vorgaben an den öffentlichen Auftraggeber zur **Leistungsbeschreibung**. Die Leistungsbeschreibung ist als **Kernstück** der Vergabeunterlagen für das Vergabeverfahren von fundamentaler Bedeutung.[1] Sie ist Ausdruck dessen, was der öffentliche Auftraggeber als Beschaffungsbedarf festgelegt hat. Auf ihrer Grundlage müssen den Bietern eine sichere Kalkulation und die Erstellung hinreichend vergleichbarer Angebote möglich sein.[2] Da der Auftraggeber hier den Gegenstand der Beschaffung nach seinem Bedarf festlegt, führt eine Abweichung von den Vorgaben der Leistungsbeschreibung zwingend zum Ausschluss des betreffenden Angebots, ohne dass dem Auftraggeber hier ein Ermessen zustünde.[3] Die Leistungsbeschreibung wirkt nicht nur in das Vergabeverfahren und seine Ausgestaltung hinein, sondern weit darüber hinaus. So legt sie die nach § 241 BGB einklagbaren Leistungspflichten des Auftragnehmers fest. Die Schlechterfüllung ihrer Festlegungen führt zu **Mängelansprüchen** des Auftraggebers. Auf der anderen Seite sind Mängel in der Leistungsbeschreibung eine Quelle für **Nachtragsforderungen** des Auftragnehmers.[4] Daher gefährdet eine unsorgfältig erstellte Leistungsbeschreibung sowohl die Zuschlagserteilung als auch die sich anschließende Vertragsdurchführung. Gleichwohl erschöpft sich die unmittelbare rechtliche Wirkung von § 31 im Vergaberecht. Die Vorschrift ist weder zwingendes Vertragsrecht noch ein Verbotsgesetz iSd § 134 BGB.[5]

2 Auch wenn die **Beschaffungshoheit** beim Auftraggeber liegt, darf die Leistungsbeschreibung die Marktteilnehmer nicht diskriminieren. Das gilt insbesondere, wenn sie nicht nur das „Was",

---

[1] *Prieß* NZBau 2004, 20 ff.; Ziekow/Völlink/*Trutzel* Rn. 31; zur „vergaberechtlichen Dimension" der Leistungsbeschreibung ferner *Gerlach/Manzke* VergabeR 2016, 443 (444); vgl. ferner VK Südbayern Beschl. v. 28.1.2019 – Z3-3-3194-1-35-10/18, VPR 2019, 138; VK Sachsen Beschl. v. 1.6.2011 – 1/SVK/016/11, BeckRS 2011, 23888; VK Südbayern Beschl. v. 26.6.2008 – Z3-3-3194-1-16-04/08, BeckRS 2008, 46603; VK Lüneburg Beschl. v. 12.1.2007 – VgK-33/2006, BeckRS 2007, 10110.
[2] BT-Drs. 18/6281, 100.
[3] Ganz hM; vgl. nur Beck VergabeR/*Lampert* GWB § 121 Rn. 9 mwN.
[4] Beck VergabeR/*Lampert* GWB § 121 Rn. 15.
[5] OLG Schleswig Beschl. v. 31.10.2006 – 3 U 28/05, BeckRS 2007, 18550; Beck VergabeR/*Lampert* GWB § 121 Rn. 15. Zur Frage der Auslegung einer entgegen § 31 bzw. § 121 GWB undeutlichen Leistungsbeschreibung ausf. *Gerlach/Manzke* VergabeR 2016, 443 ff.

sondern auch das „Wie" der Leistungserbringung vorgibt.[6] § 31 verlangt daher vom öffentlichen Auftraggeber, die von ihm gestellten Anforderungen so darzulegen, dass sie allen Unternehmen gleiche Zugangschancen zum Vergabeverfahren gewährt. Darüber hinaus darf die **Öffnung** des jeweiligen **nationalen Beschaffungsmarkts** für den Wettbewerb nicht in ungerechtfertigter Weise behindert werden.

Die mit dem VergRModG realisierte Verankerung der Leistungsbeschreibung im GWB bedeutet eine Aufwertung gegenüber der früheren Regelung, welche die Leistungsbeschreibung auf untergesetzlicher Ebene abhandelte.[7] Die Leistungsbeschreibung war allerdings immer schon Ausdruck der in § 97 GWB niedergelegten Kardinalprinzipien des Vergaberechts – Transparenz, Wettbewerb, Gleichbehandlung, Nichtdiskriminierung.[8] 3

Die eigenständige Bedeutung von § 31 und der nachfolgenden §§ 32–34 gegenüber § 121 GWB liegt in der Umsetzung der „weiteren Anforderungen" der RL 2014/24/EU über dasjenige hinaus, was der Gesetzgeber auf gesetzlicher Ebene in § 121 GWB geregelt hat.[9] Der Akzent liegt, wie schon bei § 8 EG VOL/A, weniger auf der dem öffentlichen Auftraggeber in Abs. 2 an die Hand gegebenen methodischen Anleitung zur Erstellung der Leistungsbeschreibung als auf der angestrebten **Harmonisierung** von Leistungsanforderungen durch die Bezugnahme auf standardisierte Normensysteme (Abs. 2 Nr. 2) sowie dem Gebot der **produktneutralen Ausschreibung** (Abs. 6). Ein gegenüber der Vorgängernorm (§ 8 EG VOL/A) größeres Gewicht wird der sog. **„strategischen Beschaffung"** eingeräumt (Abs. 3).[10] Weiterhin neu gegenüber § 8 EG VOL/A ist der in Abs. 4 enthaltene Hinweis auf die – grundsätzlich immer schon bestehende – Möglichkeit des Auftraggebers, bereits in der Leistungsbeschreibung festzulegen, ob Rechte des **geistigen Eigentums** übertragen oder Nutzungsrechte daran eingeräumt werden müssen. Erstmalig explizit erwähnt ist schließlich die Verpflichtung des öffentlichen Auftraggebers, auf Vorgaben zur **Barrierefreiheit** bzw. des „Designs für alle" Bezug zu nehmen (Abs. 5). 4

II. Entstehungsgeschichte

§ 31 beruht auf Art. 42 RL 2014/24/EU und setzt diesen in wesentlichen Teilen um. Die Struktur des § 31 unterscheidet sich insoweit von der des Art. 42 Abs. 1 RL 2014/24/EU, als dessen zahlreiche Unterabsätze eigene Absätze bilden. Darüber hinaus wurde Art. 42 Abs. 5 und 6 RL 2014/24/EU in § 32 gesondert umgesetzt. 5

Die Vorschrift entspricht zum Teil dem obsoleten § 8 EG VOL/A. Dies gilt insbesondere für das Gebot der produktneutralen Ausschreibung gem. Abs. 6; die zu § 8 EG Abs. 7 VOL/A ergangene Rechtsprechung lässt sich übertragen. Ebenso ist Abs. 2 im Wesentlichen deckungsgleich mit § 8 EG Abs. 2 VOL/A. Keine Entsprechung in der VOL/AEG haben die Abs. 3–5. § 8 EG Abs. 3–6 VOL/A wurden der Sache nach nicht in § 31, sondern in den §§ 32–34 fortgeführt. Dies wurde offenbar notwendig, da bereits § 31 für sich beinahe so umfangreich ist wie der überlange § 8 EG VOL/A. Das Verbot, dem Auftragnehmer ein ungewöhnliches Wagnis zu überbürden, wurde nicht in § 31 aufgenommen und kann daher auch nicht länger als „ungeschriebener Grundsatz" des Vergaberechts angesehen werden.[11] 6

Anders als die Richtlinie verwendet der Verordnungsgeber den im deutschen Vergaberecht seit langem etablierten Begriff „Leistungsbeschreibung". Art. 42 RL 2014/24/EU spricht stattdessen – wie schon die Vergabe-RL 2004 – von **„technischen Spezifikationen"**. Dieser Begriff ist indes **doppeldeutig.** Er bezeichnet in Art. 42 Abs. 1 UAbs. 1 S. 2 RL 2014/24/EU einerseits die Leistungsbeschreibung im umfassenden Sinne.[12] Andererseits sind die „technischen Spezifikationen" gem. Art. 42 RL 2014/24/EU im engeren Sinne das Synonym zu den „technischen Anforderungen" gem. Abs. 2 Nr. 2, dh international, europäische oder nationale Normen, anderweitige technische Bewertungen oder Bezugssysteme (→ Rn. 17–26).[13] 7

III. Einzelerläuterung

1. Grundlagen der Erstellung der Leistungsbeschreibung (Abs. 1). Abs. 1 verweist auf § 121 GWB, der die grundlegenden Anforderungen an die Leistungsbeschreibung festlegt, und 8

---

[6] VK Südbayern Beschl. v. 28.1.2019 – Z3-3-3194-1-35-10/18, VPR 2019, 138.
[7] Beck VergabeR/*Lampert* GWB § 121 Rn. 2 und 8; vgl. ferner BT-Drs. 18/6281, 100.
[8] *Prieß/Simonis* in KKPP GWB § 121 Rn. 5.
[9] BT-Drs. 18/6281, 100.
[10] Vgl. dazu auch Beck VergabeR/*Lampert* GWB § 121 Rn. 6ff.
[11] Beck VergabeR/*Lampert* Rn. 2a.
[12] „In den technischen Spezifikationen werden die für die Bauleistungen, Dienstleistungen oder Lieferungen geforderten Merkmale beschrieben.".
[13] Vgl. Art. 42 Abs. 3 lit. b und Abs. 5 RL 2014/24/EU.

ergänzt die gesetzliche Vorschrift um einen weiteren **Programmsatz** (zu den Grundsätzen der Leistungsbeschreibung → GWB § 121 Rn. 2). Die Vorschrift setzt, unter weitgehend wörtlicher Wiedergabe von Art. 42 Abs. 2 RL 2014/24/EU, den Akzent auf dem **ungehinderten Zugang** und der **Öffnung** des nationalen Beschaffungsmarkts für den (internationalen) Wettbewerb.[14] Damit stellt § 31 den Wettbewerbsgrundsatz, das Diskriminierungsverbot und den Gleichbehandlungsgrundsatz als „weitere Anforderungen" zu den Vorgaben gem. § 121 GWB in den Vordergrund. Wie der ungehinderte Zugang und die Öffnung des nationalen Beschaffungsmarkts im Rahmen der Leistungsbeschreibung gewährleistet sein sollen, regeln dann die Abs. 2–6. Abs. 1 ist daher in erster Linie eine Bekräftigung des gesetzlichen Leitbilds im Sinne einer einleitenden Vorbemerkung.[15]

9   Abs. 1 verlangt vom Auftraggeber die Gewährleistung des **gleichen Zugangs zum Vergabeverfahren** für alle Unternehmen. Das bedeutet, dass die Leistungsbeschreibung nicht nur von vornherein von bestimmten Unternehmen erhalten, verstanden und in ein aussichtsreiches Angebot umgesetzt werden kann.[16] In Bezug auf das Vergabeverfahren folgt daraus, dass die Leistungsbeschreibung inkl. späterer Änderungen sämtlichen Interessenten in der gleichen Fassung und zu identischen Bedingungen zur Verfügung gestellt werden muss.[17] Eine Bezugnahme auf Dokumente, die entweder nur intern beim Auftraggeber oder gar bei Dritten vorliegen, ist unzulässig.[18] Hinsichtlich des Inhalts der Leistungsbeschreibung muss der öffentliche Auftraggeber sicherstellen, dass dieser von allen Interessenten in gleicher Weise verstanden wird. Dies bedingt eine **allgemeinverständliche** Beschreibung anhand **verkehrsüblicher** Bezeichnungen und die Darstellung sämtlicher **kalkulationserheblicher** Umstände.[19] Maßgeblich ist der Verständnishorizont eines fachkundigen potenziellen Bieters.[20] Der gleiche Zugang zum Vergabeverfahren ist auch dann nicht gewährleistet, wenn die Verwendung bestimmter Materialien oder der Einsatz von Arbeitskräften aus dem Land der ausschreibenden Stelle vorgegeben wird.[21]

10   Die zweite Vorgabe des Abs. 1 besteht darin, dass der Auftraggeber durch die Gestaltung der Leistungsbeschreibung die Öffnung des nationalen Beschaffungsmarkts für den Wettbewerb nicht in ungerechtfertigter Weise behindern darf. Darin liegt zum Teil eine Überschneidung zum allgemeinen Diskriminierungsverbot mit einem besonderen Akzent auf der Unzulässigkeit jedweder protektionistischer oder auf die nationale Herkunft von einzusetzenden Waren oder Dienstleistungen zielender Vergaben. Eine spezielle Ausformung findet dies in Abs. 2 Nr. 2, der die Beschreibung der Leistung primär anhand von internationalen Normen bzw. Regelwerken vorsieht (→ Rn. 17 ff.). Abs. 1 verlangt allerdings nur eine **wettbewerbsoffene, nicht** hingegen eine **wettbewerbsöffnende** Ausschreibung.[22] Können als Folge spezifischer Leistungsvorgaben nur wenige Unternehmen ein Angebot einreichen, so ist dies grundsätzlich hinzunehmen (→ Rn. 49 ff.).[23] Auch ist der Auftraggeber nach Abs. 1 nicht gehalten, etwaige Wettbewerbsvorteile einzelner Bieter „künstlich" auszugleichen, solange dies nicht durch die Absicht der Bevorzugung eines bestimmten Unternehmens motiviert bzw. Ergebnis einer Vorbefassung iSd § 7 ist.[24]

---

[14] Vgl. Beck VergabeR/*Lampert* Rn. 16 ff. Dass die Öffnung für den Wettbewerb aus anderen Mitgliedstaaten der Europäischen Union oder aus anderen Staaten gemeint ist, versteht sich, wird aber vom Verordnungsgeber in der Begründung eigens betont, VgV-Begründung BR-Drs. 87/16, 184.

[15] Beck VergabeR/*Lampert* Rn. 16; *Prieß/Simonis* in KKMPP VgV Rn. 1.

[16] Beck VergabeR/*Lampert* Rn. 20.

[17] Vgl. zum zulässigen Umfang von Änderungen der Leistungsbeschreibung EuGH Urt. v. 5.4.2017 – C–298/15, BeckRS 2017, 105869 Rn. 70 f. – Borta; ferner EuGH Urt. v. 16.4.2015 – C–278/14, NZBau 2015, 383 – Enterprise Focused Solutions. Änderungen sind nur in transparenter Weise zulässig, und auch nur dann, wenn die Änderungen nicht so wesentlich sind, dass ein anderer Bieterkreis angesprochen wird.

[18] Beck VergabeR/*Lampert* Rn. 20.

[19] So ausdrücklich, aber inhaltlich zutreffend auch für Beschaffungen nach der VgV, § 7 EU Abs. 3 VOB/A.

[20] Gem. der Rechtsprechung des EuGH verstößt eine Leistungsbeschreibung gegen das Diskriminierungsverbot, die „so eigentümlich und abstrakt" formuliert ist, dass sie nur für einen bestimmten Bieterkreis ohne Weiteres verständlich war, EuGH Urt. v. 26.9.2000 – C–225/98, BeckEuRS 2000, 242231 – Calais; vgl. ferner Beck VergabeR/*Lampert* Rn. 20.

[21] EuGH Urt. v. 22.6.1993 – Rs. C–243/89, EuZW 1993, 607 – Storebaelt; EuGH Urt. v. 8 6.2017 – C–296/15, ECLI:EU:C:2017:431 – Medisanus.

[22] Beck VergabeR/*Lampert* Rn. 28.

[23] Wenn dies allerdings dazu führt, dass der Auftraggeber von vornherein auf ein Vergabeverfahren verzichtet, weil im Ergebnis der Vorgaben überhaupt kein Wettbewerb mehr besteht, ist § 14 Abs. 6 zu beachten. Demnach darf der fehlende Wettbewerb nicht das Ergebnis einer „künstlichen Einschränkung der Auftragsvergabeparameter" sein; zudem ist zu prüfen, ob es eine vernünftige Alternative oder Ersatzlösung gibt.

[24] OLG Schleswig, Beschl. v. 13.6.2019 – 54 Verg 2/19, NZBau 2019, 806; VK Bund 10.3.2017 – VK 2–19/17, IBRRS 2017, 1310; zur Problematik der Vorbefassung s. VK Lüneburg Beschl v. 2.3.2016 – VgK–01/2016, VPRRS 2016, 0229.

Abs. 1 ist bieterschützend, wobei den Antragsteller/Bieter die Darlegungs- und Beweislast dafür **11** trifft, dass ein Verstoß vorliegt.[25]

2. Beschreibung der Merkmale des Auftragsgegenstands. Abs. 2 gibt dem Auftraggeber **12** vor, wie die Merkmale des Auftragsgegenstands zu beschreiben sind. Es werden mit den Nr. 1–3 **drei unterschiedliche Varianten** formuliert, deren dritte indes eine Mischform aus „konventioneller" und „funktionaler" Leistungsbeschreibung, also der Varianten 1 und 2 ist.

Ein genereller **Vorrang** unter diesen drei Varianten lässt sich weder Abs. 2 noch der RL 2014/ **13** 24/EU entnehmen.[26] Es steht im **Ermessen** des öffentlichen Auftraggebers, für welche der Varianten er sich entscheidet.[27] Das Ermessen kann im Einzelfall durch Rechts- oder Verwaltungsvorschriften gelenkt sein; es ist im Übrigen ordnungsgemäß auszuüben.[28] Wenn auf Basis der Vergabeunterlagen (und der festgelegten Zuschlagskriterien) keine miteinander vergleichbaren Angebote erwartbar sind und ein Wettbewerb nicht möglich ist, wurde das Ermessen fehlerhaft ausgeübt.[29]

a) Beschreibung anhand von Leistungs- und Funktionsanforderungen. Der öffentliche **14** Auftraggeber kann die Merkmale des Leistungsgegenstands unter Verwendung von Leistungs- und Funktionsanforderungen darstellen oder die zu lösende Aufgabe beschreiben, Abs. 2 Nr. 1. Diese **„funktionale"** Art der Leistungsbeschreibung stellt nicht die Leistung „als solche", sondern den mit ihr verfolgten Zweck bzw. das angestrebte Ergebnis in den Vordergrund.[30] Dem Bieter werden daher gewisse Gestaltungsspielräume zugestanden; „Sachverstand und unternehmerische Kreativität" der Wirtschaftsteilnehmer sollen genutzt werden.[31] Gleichzeitig werden – zulässiger Weise – „bestimmte Planungsaufgaben, aber auch Risiken, auf die Bieter verlagert".[32]

Grundsätzlich muss auch die funktionale Leistungsbeschreibung gem. § 121 Abs. 1 GWB dem **15** Gebot der eindeutigen und erschöpfenden Leistungsbeschreibung entsprechen.[33] Dennoch eignet sie sich in besonderer Weise für die Vergabe von Leistungen, deren Lösung gerade nicht vorab erschöpfend und eindeutig beschrieben werden kann, also etwa im Rahmen der Ausschreibung von Architekten- und Ingenieurleistungen gem. § 73 Abs. 1 (→ § 73 Rn. 11 ff.). Andere Beispiele sind aufwendige IT-Vergaben oder andere ungewöhnlich komplexe Liefer- oder Dienstleistungen, die eine Planung auf Seiten des Auftragnehmers erfordern.

Entsprechend fußen Ausschreibungen in der Vergabeart des Verhandlungsverfahrens oder des **16** wettbewerblichen Dialogs regelmäßig auf funktionalen Leistungsbeschreibungen, dies zum Teil bereits bedingt durch die jeweiligen Zulässigkeitsanforderungen (vgl. insbesondere § 14 Abs. 3 Nr. 2–4).

In jedem Falle muss die Leistung so beschrieben werden, dass vergleichbare Angebote zu **17** erwarten sind. Dies verlangt, neben Abs. 2 Nr. 1 selbst, das vergaberechtliche Transparenzgebot. Bereits im Jahr 2002 stellte das OLG Naumburg zutreffend heraus, dass „der Gewährleistung der Transparenz des Vergabeverfahrens ... bei Verfahren, in denen die Leistungsbeschreibung in Form einer Funktionalausschreibung erfolgt und die insbesondere als Verhandlungsverfahren geführt werden, eine besondere Bedeutung zu[kommt]. Denn in solchen Verfahren ist das gemeinsame Bedürfnis von Bietern und Auftraggeber an der Gewährleistung und Transparenz einer willkürfreien Verfahrensdurchführung durch den Auftraggeber erhöht, weil die Angebote wegen der teilweisen Übertragung der konzeptionellen Arbeit auf die Bieter regelmäßig in geringerem Maße miteinander vergleichbar sind und weil im Verhandlungsverfahren die Handlungsmöglichkeiten des Auftraggebers

---

[25] OLG Düsseldorf Beschl. v. 2.11.2016 – VII-Verg 25/16, BeckRS 2016, 20503; Beck VergabeR/*Lampert* Rn. 18.
[26] Beck VergabeR/*Lampert* Rn. 32; *Prieß/Simonis* in KKMPP VgV Rn. 13.
[27] Beck VergabeR/*Lampert* Rn. 32.
[28] Vgl. etwa UfAB 2018, Ziff. 4.3.1.3: Empfehlung für eine funktionale Leistungsbeschreibung bei nicht standardisierten oder innovativen/neuartigen Auftragsgegenständen, für die der Auftraggeber keine ausreichende IT-Kompetenz zur technischen Beschreibung innehat; demgegenüber wird zu einer konstruktiven Leistungsbeschreibung geraten, wenn das zu erstellende System in eine gegebene Systemlandschaft integriert werden muss und wenn der Auftraggeber selbst entsprechende IT-Kompetenz besitzt.
[29] Beck VergabeR/*Lampert* Rn. 33; OLG Düsseldorf 5.10.2000 – Verg 14/00, IBRRS 2003, 0839.
[30] *Prieß/Simonis* in KKMPP VgV Rn. 14; Ziekow/Völlink/*Trutzel* Rn. 14.
[31] Ziekow/Völlink/*Trutzel* Rn. 14; OLG Düsseldorf Beschl. v. 1.6.2016 – VII Verg 6/16, BeckRS 2016, 13257.
[32] OLG Düsseldorf Beschl. v. 12.6.2013 – VII-Verg 7/13, NZBau 2013, 788. Der Senat hebt die Zulässigkeit der funktionalen Leistungsbeschreibung in besonderer Weise hervor, ua mit dem Satz: „Dass bei funktionaler Ausschreibung ... Risiken auf den Auftragnehmer übertragen werden, ist für diese Art der Ausschreibung ... typisch und für die Bieter auch zu erkennen. Wer das nicht weiß oder solche Risiken nicht akzeptieren will, hält sich am besten von dergleichen Ausschreibungen fern."
[33] Beck VergabeR/*Lampert* Rn. 29; 2. VK Hessen Beschl. v. 26.4.2007 – 69 d VK-08/2007, IBR 2007, 508.

wegen der grundsätzlichen Verhandelbarkeit von Angebotsinhalt und Angebotspreis größer sind".[34] Folglich müssen die für die Ausführung aus Sicht des Auftraggebers maßgeblichen Vorgaben an Art, Güte und Umfang der Leistung auch in der funktionalen Leistungsbeschreibung fixiert sein.[35] Der den Bietern zugestandene Gestaltungsspielraum darf nicht dazu führen, dass der öffentliche Auftraggeber beim sprichwörtlichen Vergleich von Äpfeln und Birnen landet.

18   Die funktionale Leistungsbeschreibung darf darüber hinaus nicht auf einen Totalverzicht des öffentlichen Auftraggebers auf eigene Planungsbemühungen hinauslaufen. Vielmehr muss eine Planung des Auftraggebers vor Beginn der Ausschreibung jedenfalls so weit feststehen, dass „das Leistungsziel, die Rahmenbedingungen sowie die wesentlichen Einzelheiten der Leistung in der Weise bekannt sind, dass mit Veränderungen nicht mehr zu rechnen ist". Anderenfalls fehlt es an der Vergabereife.[36]

19   **b) Beschreibung anhand technischer Anforderungen.** Das Gegenstück zur funktionalen bildet die teils als „konventionell", teils als „konstruktiv" bezeichnete Beschreibung der Leistung unter Bezugnahme auf „technische Anforderungen" gem. Abs. 2 Nr. 2. Diese Art der Beschreibung soll vielfältige technische Lösungen aus dem gesamten Binnenmarkt ermöglichen bzw. erleichtern. Alle in Bezug genommenen technischen Anforderungen sind daher mit dem Zusatz „oder gleichwertig" zu versehen.[37]

20   Dem Begriff der „technischen Anforderungen" gem. Abs. 2 Nr. 2 liegt ein **spezifisches Verständnis** zugrunde. Während er an anderer Stelle – etwa in der Überschrift zu Anlage 1 – im Sinne eines Oberbegriffs verwendet wird, **beschränkt** sich die Bedeutung an dieser Stelle auf **technische Regelwerke** in Form von **Normen** und technischen Zulassungen oder in anerkannten Verfahren von den in den EU-Mitgliedstaaten entwickelten und veröffentlichten Vorgaben.[38] Dies folgt zwingend aus der Bestimmung in **§ 32 Abs. 1**, wonach der öffentliche Auftraggeber ein Angebot nicht mit der Begründung ablehnen darf, dass die angebotene Liefer- und Dienstleistung den von ihm herangezogenen „technischen Anforderungen" iSd § 31 Abs. 2 Nr. 2 nicht entspricht. Anderenfalls müsste der Auftraggeber das Angebot selbst dann akzeptieren, wenn es von konkreten, nicht lediglich auf allgemein gefasste Normen Bezug nehmenden Vorgaben abweicht (→ § 32 Rn. 3). Technische Anforderungen gem. Abs. 2 Nr. 2 sind demnach ausschließlich die mit den Anstrichen eins bis fünf und zudem auch in Anlage 1 VgV aufgeführten Norm- und Regelwerke in der vorgegebenen und einzuhaltenden Rangfolge.[39]

21   An erster Stelle stehen nationale Normen, mit denen europäische Normen umgesetzt werden. Anlage 1 Nr. 2 lit. b und c liefert die zugehörigen Definitionen für „europäische" und „nationale" Normen.

22   An zweiter Stelle genannt werden Europäische Technische Bewertungen, ihrerseits definiert in Anlage 1 Nr. 3.

23   Auf dem dritten Rang stehen gemeinsame technische Spezifikationen, die ihre (umfangreiche) Definition in Anlage 1 Nr. 4 finden. Diese Definition verdient insofern eine besondere Erwähnung, als sie keineswegs selbsterklärend ist. So bezeichnen „gemeinsame technische Spezifikationen" ausschließlich solche technischen Spezifikationen im Bereich der Informations- und Kommunikationstechnologie, die gem. Art. 13 und 14 VO (EU) Nr. 1025/2012 festgelegt wurden. Dies wird in der Praxis den wenigsten öffentlichen Auftraggebern bewusst sein.

24   Rangstelle vier bilden internationale Normen und andere technische Bezugssysteme, die von den europäischen Normungsgremien erarbeitet wurden. Auch hierzu liefert Anlage 1 Nr. 2 lit. a sowie Nr. 5 die Definition.

25   Nur für den Fall, dass Normen und Spezifikationen gem. Abs. 2 Nr. 2 lit. a–d fehlen, dürfen nationale Normen, nationale technische Zulassungen oder nationale technische Spezifikationen für die Planung, Berechnung und Ausführung von Bauwerken und den Einsatz von Produkten herangezogen werden.[40] Für diese enthält Anlage 1 keine näheren Bestimmungen, mit Ausnahme der Definition der „nationalen Norm" in Nr. 2 lit. a.

26   Wird die Leistung über technische Anforderungen gem. Abs. 2 Nr. 2 beschrieben, ist der öffentliche Auftraggeber gem. Abs. 2 S. 2 verpflichtet, jede Bezugnahme mit dem Zusatz „oder gleichwertig" zu versehen. Von Bedeutung ist dies insbesondere dann, wenn – wie in der Praxis

---

[34] OLG Naumburg Beschl. v. 16.9.2002 – 1 Verg 02/02, ZfBR 2003, 182.
[35] Beck VergabeR/*Lampert* Rn. 29.
[36] OLG Düsseldorf Beschl. v. 22.1.2014 – VII-Verg 26/13, NZBau 2014, 371.
[37] Ziekow/Völlink/*Trutzel* Rn. 20.
[38] Ziekow/Völlink/*Trutzel* Rn. 21.
[39] Ziekow/Völlink/*Trutzel* Rn. 21.
[40] OLG Koblenz Beschl. v. 10.6.2010 – 1 Verg 3/10, NZBau 2010, 717; Ziekow/Völlink/*Trutzel* Rn. 28.

häufig – entgegen der Normenhierarchie des Abs. 2 eben doch vornehmlich auf nationale Normen referenziert wird. Dies belegen aktuelle Entscheidungen.⁴¹

Die Leistungsbeschreibung unter Bezugnahme auf technische Anforderungen verlangt vom Auftraggeber nicht, dass er den interessierten Unternehmen diese Normen – anders als die Leistungsbeschreibung als solche – kostenfrei zur Verfügung stellt. Es genügt, dass sie diskriminierungsfrei bezogen werden können, ggf. gegen Entgelt.⁴² 27

Nach verbreiteter Ansicht eignet sich die Leistungsbeschreibung anhand von Normen insbesondere für die Vergabe von standardisierten Liefer- und Dienstleistungen.⁴³ Um den Anforderungen an eine erschöpfende und eindeutige Leistungsbeschreibung gem. § 121 GWB zu genügen, müssen die technischen Anforderungen in der Regel ergänzt werden durch spezifische Angaben zum Leistungsumfang, zu Leistungszeit und -ort etc.⁴⁴ Dies kann in der Praxis auch in standardisierten Vertragsbedingungen erfolgen. 28

c) Kombination aus funktionaler Leistungsbeschreibung und Bezugnahme auf technische Anforderungen. Abs. 2 Nr. 3 eröffnet schließlich dem öffentlichen Auftraggeber die ebenfalls bereits in § 8 EG Abs. 2 VOL/A vorgesehene Möglichkeit, Elemente der funktionalen Leistungsbeschreibung mit Bezugnahmen auf technische Anforderungen zu kombinieren. Es werden mit den lit. a und b grundsätzlich zwei **Kombinationsvarianten** benannt: 29

Gemäß lit. a können Leistungs- und Funktionsanforderungen und technische Anforderungen gem. Nr. 2 dergestalt miteinander **verknüpft** werden, dass letztere – im Wege der **Vermutung** – als Beleg für die Einhaltung der aufgestellten Leistungs- und Funktionsanforderungen dienen. Erfüllt ein Angebot die benannten technischen Anforderungen nicht, darf es nicht allein deswegen ausgeschlossen werden, profitiert aber auch nicht von der Vermutungswirkung. Die Kombination gem. Nr. 3 lit. a bietet **Vorteile** sowohl für den öffentlichen Auftraggeber als auch für den Bieterkreis: Führend und maßgeblich bleibt die „freie" Beschreibung der geforderten Funktion; der Nachweis, dass ein Angebot der Funktion entspricht, wird aber erheblich erleichtert. Gleichzeitig wird die Vergleichbarkeit der Angebote und in diesem Zuge die **Transparenz** des gesamten Verfahrens verbessert, was insgesamt der Rechtssicherheit dient.⁴⁵ Daraus folgt, dass der öffentliche Auftraggeber die Vermutungswirkung der in Bezug genommenen technischen Anforderung (Norm) ausdrücklich in der Leistungsbeschreibung benennen muss. Ferner muss diese Norm Bestimmungen zur Feststellung der Konformität enthalten und es müssen entsprechende technische Überprüfungsmöglichkeiten existieren.⁴⁶ 30

Nr. 3 lit. b stellt demgegenüber die „bloße" Kombination zwischen den beiden gem. Abs. 2 Nr. 1 und 2 möglichen Arten der Leistungsbeschreibung dar. Der öffentliche Auftraggeber kann folglich Teile der Leistung funktional, andere Teile hingegen unter Bezugnahme auf technische Anforderungen beschreiben („teilfunktionale" oder auch „konstruktive" Leistunsgbeschreibung). Damit wird letztlich dem in der Praxis wohl häufigsten Fall der Leistungsbeschreibung Rechnung getragen.⁴⁷ 31

Prieß/Simonis weisen zu Recht darauf hin, dass auch die Kombination zwischen Abs. 2 Nr. 3 lit. a und lit. b möglich ist.⁴⁸ Dasselbe gilt für eine Vielzahl weiterer Mischformen, die sich letztlich nur an den allgemeinen Vorgaben des § 121 GWB und des Abs. 1 messen lassen müssen. 32

Abs. 2 S. 2 stellt schließlich klar, dass auch im Rahmen einer Kombination zwischen funktionaler Beschreibung und Bezugnahme auf technische Anforderungen jeweils der Zusatz „oder gleichwertig" vorzunehmen ist. 33

3. Berücksichtigung sozialer und umweltbezogener Aspekte. Gemäß § 127 Abs. 1 GWB wird der Zuschlag auf das wirtschaftlichste Angebot nach Maßgabe der aufgestellten Zuschlagskriterien erteilt. Zur Ermittlung des besten Preis-Leistungs-Verhältnisses können neben dem Preis oder den Kosten und den „klassischen" Qualitätskriterien auch umweltbezogene oder soziale Aspekte berücksichtigt werden, § 127 Abs. 1 S. 3 GWB (→ GWB § 127 Rn. 34 ff.). Überdies werden gem. 34

---
⁴¹ Vgl. etwa VK Bund Beschl. v. 29.1.2018 – VK 2-160/17, IBRRS 2018, 1047 (Verweis auf RAL-Farbbezeichnungen).
⁴² Beck VergabeR/*Lampert* Rn. 44. Dies folgt ua aus dem Vergleich zu § 30 Abs. 1 SektVO, der dies ausdrücklich verlangt.
⁴³ S. dazu etwa die UfAB 2018, Abschnitt UfAB 2018, Ziff. 4.3.1.2 (→ Fn. 28); Beck VergabeR/*Lampert* Rn. 45; Dieckmann/Scharf/Wagner-Cardenal/*Wagner-Cardenal* Rn. 63; *Prieß/Simonis* in KKMPP VgV Rn. 20.
⁴⁴ Dieckmann/Scharf/Wagner-Cardenal/*Wagner-Cardenal* Rn. 63; *Prieß/Simonis* in KKMPP VgV Rn. 20.
⁴⁵ Beck VergabeR/*Lampert* Rn. 55; *Prieß/Simonis* in KKMPP VgV Rn. 22.
⁴⁶ Beck VergabeR/*Lampert* Rn. 55.
⁴⁷ Beck VergabeR/*Lampert* Rn. 56.
⁴⁸ *Prieß/Simonis* in KKMPP VgV Rn. 24; bestätigend auch Beck VergabeR/*Lampert* Rn. 56.

§ 97 Abs. 3 GWB bei der Vergabe Aspekte der Qualität und der Innovation sowie soziale und umweltbezogene Aspekte „nach Maßgabe dieses Teils", dh des 4. Teils des GWB, berücksichtigt.

35 Abs. 3, der Art. 42 Abs. 1 UAbs. 3 RL 2014/24/EU umsetzt, ergänzt § 97 Abs. 3 GWB und § 127 GWB. In Abs. 3 S. 2 wird klargestellt, dass die Erteilung des Zuschlags unter Berücksichtigung der Qualität, der Innovation bzw. sozialer und umweltbezogener Aspekte selbst dann zulässig ist, wenn derartige Faktoren sich in der Leistung selbst gar nicht niederschlagen, solange diese Merkmale **in Verbindung mit dem Auftragsgegenstand** stehen und zu dessen Wert und Beschaffungszielen **verhältnismäßig** sind. Allerdings ist es selbstverständlich zulässig – und wohl auch die Regel –, dass der Auftraggeber, der zB soziale und umweltbezogene Aspekte berücksichtigen möchte, auch daraus resultierende Leistungs- und Funktionsanforderungen formuliert.[49]

36 Art. 42 Abs. 1 UAbs. 3 RL 2014/24/EU steht, wie aus Erwägungsgrund 2 RL 2014/24/EU hervorgeht, im Zusammenhang mit der Strategie „Europa 2020", die in einer Mitteilung der Kommission mit dem Titel „Europa 2020 – Eine Strategie für intelligentes, nachhaltiges und integratives Wachstum" vom 3.3.2010 enthalten ist. Demnach spielt die Vergabe öffentlicher Aufträge eine Schlüsselrolle „als eines der marktwirtschaftlichen Instrumente, die zur Erzielung eines intelligenten, nachhaltigen und integrativen Wachstums bei gleichzeitiger Gewährleistung eines möglichst effizienten Einsatzes öffentlicher Gelder genutzt werden sollen".

37 Gemäß Erwägungsgrund 37 RL 2014/24/EU wird mit der Richtlinie ua die „angemessene Einbeziehung umweltbezogener, sozialer und arbeitsrechtlicher Erfordernisse in die Verfahren zur Vergabe öffentlicher Aufträge" bezweckt. Erwägungsgrund 99 RL 2014/24/EU formuliert etwas defensiver, dass Maßnahmen zum Schutz der Gesundheit von Arbeitnehmern und zur Förderung der sozialen Integration Bestandteil von Zuschlagskriterien oder von Bedingungen für die Auftragsausführung sein **können**, sofern sie mit den im Rahmen des Auftrags zu erbringenden Bauleistungen, Lieferungen oder Dienstleistungen im Zusammenhang stehen.[50]

38 Aus dem Wortlaut des Abs. 3, betrachtet im Lichte der § 97 Abs. 2 GWB und § 127 Abs. 1 S. 3 GWB und auch in Ansehung von Art. 42 Abs. 1 UAbs. 3 RL 2014/24/EU einschl. der Erwägungsgründe ergibt sich, dass – entgegen mancher Befürchtung – für den öffentlichen Auftraggeber nach wie vor **keine Verpflichtung** besteht, in seine Vergabepraxis solche Aspekte zu integrieren, die noch vor einiger Zeit als „vergabefremd" bezeichnet wurden.[51] Ebenso wenig haben Bieter darauf einen Anspruch.[52] Dem Auftraggeber steht folglich ein Ermessensspielraum zu, sofern er nicht nach Maßgabe der jeweiligen Landesvergabegesetze verpflichtet ist, auch oberhalb der Schwellenwerte bestimmte soziale oder ökologische Standards einzufordern.[53] Derartige Verpflichtungen können zudem aus bundes- oder unionsrechtlichen Vorgaben entstehen, die zum Teil in der VgV selbst enthalten sind – etwa in § 67 Abs. 2 (Anforderungen zur Energieeffizienz bei der Beschaffung energieverbrauchsrelevanter Waren, Geräte, Ausrüstungen oder beim Einkauf von Dienstleistungen) oder in § 68 Abs. 2 (Vorgaben zum Energieverbrauch und Umweltauswirkungen bei der Beschaffung von Straßenfahrzeugen). Ferner zu nennen wären der Gemeinsame Erlass zur Beschaffung von Holzprodukten[54] oder § 45 Abs. 1 KrW-/AbfG.[55]

39 Gemäß Abs. 3 S. 2 kann der Auftraggeber Aspekte der Qualität, der Innovation sowie soziale und umweltbezogene Aspekte auch dann auf die Umstände der Herstellung bzw. Leistungserbringung beziehen, wenn diese Faktoren keine materiellen Bestandteile der Leistung sind, sofern diese Merkmale in Verbindung mit dem Auftragsgegenstand stehen und zu dessen Wert und Beschaffungszielen verhältnismäßig sind. Während die **Verbindung zum Auftragsgegenstand** dann ohne Weiteres gegeben ist, wenn der Auftraggeber konkrete Leistungs- oder Funktionsanforderungen aus sozialen bzw. umweltbezogenen Aspekten ableitet, versteht sich das nicht von selbst, wenn nicht der

---

[49] Beck VergabeR/*Lampert* Rn. 57.
[50] Krit. zum Ganzen *Burgi* NZBau 2015, 597 ff.
[51] Beck VergabeR/*Lampert* Rn. 58; *Burgi* NZBau 2015, 597 (599) weist zu Recht darauf hin, dass spätestens mit der RL 2014/24/EU und ihrer Umsetzung der Gebrauch des Begriffs „vergabefremd" fehlgeht: „jene Zwecke verlieren nun endgültig den ihnen teilweise immer noch zugeschriebenen Charakter als „vergabefremd", jetzt sind sie endgültig gleichsam assimiliert".
[52] Beck VergabeR/*Lampert* Rn. 59.
[53] Überhaupt keine entsprechenden Anforderungen stellt allein das SächsVergabeG und – in Ermangelung eines Landesvergabegesetzes – Bayern.
[54] BMWi, BMEL, BMU, BMVBS, Gemeinsamer Erlass zur Beschaffung von Holzprodukten, v. 22.12.2010 (GMBl. Nr. 86–86 vom 27.12.2010, 1786).
[55] Vgl. zum Ganzen das im Auftrag des Bundesumweltamts erstellte „Rechtsgutachten umweltfreundliche öffentliche Beschaffung", Aktualisierung Februar 2019, abrufbar unter https://www.umweltbundesamt.de/sites/default/files/medien/1410/publikationen/texte_30-2019_rechtsgutachten-umweltfreundliche-beschaffung_bf.pdf, dort Abschnitt 5.3.3 „Verpflichtende Berücksichtigung von Umweltaspekten" (zuletzt abgerufen am 11.8.2021).

Leistungsinhalt als solcher betroffen ist.[56] Anforderungen stehen aber auch dann in Verbindung zum Auftragsgegenstand, wenn sie sich konkret benennen lassen, wie etwa die Forderung nach Beachtung des IAO-Abkommens Nr. 182 zum Verbot der Kinderarbeit.[57]

Die Einzelheiten sind indes streitig. So hat es die VK Bund etwa für zulässig erachtet, die Zahlung von Tariflohn losgelöst vom konkreten Auftragsgegenstand als sozialen Standard in der Leistungsbeschreibung festzuschreiben.[58] Dies wird von Teilen der Literatur ebenso zurückgewiesen wie wohl unstreitig unzulässige, nicht im Zusammenhang mit der Beschaffung stehende Vorgaben zur Unternehmensorganisation.[59] Der Hinweis auf die notwendige **Verhältnismäßigkeit** zwischen Vorgabe und Wert des Beschaffungsgegenstands sowie den „Beschaffungszielen" konkretisiert den allgemeinen Verhältnismäßigkeitsgrundsatz gem. § 97 Abs. 1 S. 2 GWB.[60] Die Konsequenz ist insbesondere, dass der Auftraggeber in jedem Einzelfall eine Zweck-/Mittelabwägung vorzunehmen und seine Erwägungen zu dokumentieren hat. Eine Verschärfung der Anforderungen soll damit nicht verbunden sein.[61] Daher genügt es, wenn die Auftraggebervorgaben nicht völlig ungeeignet sind oder gänzlich außer Verhältnis zu den im günstigsten Fall eintretenden positiven Effekten stehen.[62] 40

4. Übertragung von bzw. Nutzungsrechte an geistigem Eigentum. Abs. 4 dient der Umsetzung von Art. 42 Abs. 1 UAbs. 3 RL 2014/24/EU. Er sieht ausdrücklich vor, dass der öffentliche Auftraggeber in der Leistungsbeschreibung Festlegungen im Zusammenhang mit „Rechten des geistigen Eigentums" trifft. Der Auftraggeber kann bestimmen, dass ihm solche Rechte im Zuge der Auftragsvergabe zu übertragen oder dass ihm, wenn eine Übertragung aus rechtlichen Gründen ausscheidet, Nutzungsrechte im erforderlichen Umfang einzuräumen sind. Im Lichte des § 29 Abs. 1 Nr. 3, der in Bezug auf die Vertragsunterlagen zwischen Leistungsbeschreibung und Vertragsbedingungen unterscheidet, bedingt dies eine die Leistungsbeschreibung ergänzende vertragliche Regelung; die VOL/B reicht hier nicht aus.[63] Fehlt eine solche Festlegung – wie in der Praxis nicht selten der Fall –, so hat der Auftraggeber nach Erteilung des Zuschlags keinen Anspruch auf die Gewährung entsprechender Rechte und Befugnisse durch den Auftragnehmer. 41

Der Begriff „Rechte des geistigen Eigentums" findet sich verschiedentlich in europäischen und auch in nationalen Normen, wie etwa Art. 118 AEUV, Art. 2 Enforcement-RL (RL 2004/48/EG) auf gemeinschaftsrechtlicher und § 5 Abs. 1 Nr. 3 UWG auf nationaler Ebene. Eine umfassende Definition fehlt hier wie dort.[64] Gleichwohl bestehen keine Bedenken, das etablierte Begriffsverständnis aus dem Bereich des Lauterkeitsrechts, das ebenfalls Teil des Wettbewerbsrechts ist, zu übertragen. Erfasst sind demnach Schutzrechte aller Art, wie zB Urheberrechte, verwandte Schutzrechte, Patente, Gebrauchsmuster, Designs (Geschmacksmuster), Marken und Schriftzeichen.[65] 42

Der öffentliche Auftraggeber kann vorgeben, dass ihm diese Rechte im Rahmen der Leistungserbringung zu übertragen sind. Wo eine rechtsgeschäftliche Übertragung nicht möglich ist, kann die Einräumung von Nutzungsrechten verlangt werden. Dies trifft gem. § 29 Abs. 1 UrhG etwa auf das Urheberrecht zu. Bedeutsam ist die Möglichkeit zur Einräumung von Nutzungsrechten daher insbesondere im Zusammenhang mit der Vergabe von Architektenleistungen gemäß Abschnitt 6. 43

Nach dem Wortlaut von Abs. 4 ist die Berechtigung des öffentlichen Auftraggebers, sich die Übertragung oder Nutzung von Rechten des geistigen Eigentums zu sichern, an Voraussetzungen gebunden. Ihm steht daher ein Ermessen zu. Allerdings bildet der Auftragsbezug bzw. die Verhältnismäßigkeit die Grenze der zulässigen Ermessensausübung.[66] In Einzelfällen ist der öffentliche Auftraggeber sogar verpflichtet, Regelungen in Bezug auf das geistige Eigentum vorzusehen. So verlangt etwa § 19 Abs. 6 S. 7 für die Innovationspartnerschaft, dass der öffentliche Auftraggeber in den Vergabeunterlagen die für die den Schutz des geistigen Eigentums geltenden Vorkehrungen festlegt. Im Lichte des mit § 19 Abs. 6 S. 7 umgesetzten Art. 31 Abs. 6 UAbs. 3 RL 2014/24/EU 44

---

[56] Beck VergabeR/*Lampert* Rn. 80.
[57] *Ziekow* KommJur 2007, 281 (285); Beck VergabeR/*Lampert* Rn. 80.
[58] VK Bund Beschl. v. 3.5.2017 – VK 2–38/17, IBRRS 2017, 1928.
[59] Beck VergabeR/*Lampert* Rn. 80 mwN.
[60] Vgl. dazu allgemein *Krönke* VergabeR 2017, 101.
[61] *Burgi* NZBau 2015, 597 (600).
[62] Franke/Kemper/Zanner/Grünhagen/Mertens/*Franke*/*Kaiser* VOB/A § 7 EU Rn. 15; Beck VergabeR/*Lampert* Rn. 82.
[63] Beck VergabeR/*Lampert* Rn. 83.
[64] Vgl. Grabitz/Hilf/Nettesheim/*Stieper*, 59. EL 2016, AEUV Art. 118 Rn. 10, unter Verweis auf *Ohly* JZ 2003, 545.
[65] *Weidert* in Harte-Bavendamm/Henning-Bodewig, UWG, Kommentar. 4. Aufl. 2016, UWG § 5 Rn. 59.
[66] Vgl. VgV-Begründung BR-Drs. 87/16, 185 zu Abs. 4: „wenn dies zur Leistungserbringung erforderlich ist.".

betrifft dies nicht nur den Schutz, sondern die Vorkehrungen zu den Rechten des geistigen Eigentums allgemein.[67] Jedenfalls insoweit muss Abs. 4 als bieterschützend angesehen werden.

45   **5. Barrierefreiheit und „Design für alle".** Abs. 5 setzt Art. 42 Abs. 1 UAbs. 5 RL 2014/24/EU um. Die Vorschrift ergänzt § 121 Abs. 2 GWB, auf den ausdrücklich Bezug genommen wird. § 121 Abs. 2 GWB enthält die Verpflichtung des öffentlichen Auftraggebers, bei der Beschaffung von durch natürliche Personen genutzten Leistungen entweder die Barrierefreiheit zu gewährleisten oder aber das im Recht der Bundesrepublik bislang nicht gesetzlich verankerte „Design für alle" zu verfolgen (→ GWB § 121 Rn. 42–49).

46   Abs. 5 stellt zusätzlich klar, dass der öffentliche Auftraggeber in der Leistungsbeschreibung ausdrücklich auf Vorgaben zum „Design für alle" oder zur Barrierefreiheit Bezug nehmen muss, die in Rechtsakten der Europäischen Union enthalten sind. Ein Gleichwertigkeitsnachweise ist unzulässig.[68] Rechtsakte der Europäischen Union sind gem. Art. 288 AEUV Verordnungen, Richtlinien, Beschlüsse und Stellungnahmen. Rechtsakte, die explizite Vorgaben zum „Design für alle" enthalten, sind allerdings – abgesehen von den Vergaberichtlinien selbst – derzeit (2017) nicht ersichtlich. Maßgebliche Vorgaben zur Barrierefreiheit finden sich etwa in der RL 2000/78/EG. Da diese im Behindertengleichstellungsgesetz (BGG) und den auf seiner Grundlage erlassenen Verordnungen umgesetzt wurde, dürften sich konkrete Bezugnahmen auf die Richtlinie erübrigen.[69] Abs. 5 richtet sich daher wohl in erster Linie an die Zukunft.

47   Abs. 5 bezweckt nicht den Bieterschutz, sondern die Erreichung übergeordneter politischer und sozialer Ziele (Inklusion) sowie, soweit vorhanden, die Einhaltung öffentlich-rechtlicher Vorgaben. Versäumnisse des öffentlichen Auftraggebers bei der Bezugnahme auf einschlägige Rechtsakte der Europäischen Union führen daher nicht zu einer Verletzung von Bieterrechten gem. § 97 Abs. 6 GWB.

48   **6. Gebot der Produktneutralität.** Abs. 6 formuliert eine der zentralen Vorgaben bei der Erstellung der Leistungsbeschreibung: das aus dem **Wettbewerbsgrundsatz** fließende Gebot der herkunfts- und produktneutralen Ausschreibung. Abs. 6 setzt Art. 42 Abs. 4 RL 2014/24/EU um, hat aber ua in § 8 EG Abs. 7 VOL/A zahlreiche Vorläufer, zu denen eine umfangreiche Kasuistik vorliegt. Die Norm bezweckt die Öffnung des Beschaffungswesens für möglichst viele Marktteilnehmer sowie den Schutz und die Stärkung der Warenverkehrsfreiheit.[70]

49   **a) Leistungsbestimmungsrecht des öffentlichen Auftraggebers.** Eine besondere Schwierigkeit besteht im Spannungsverhältnis zwischen **Leistungsbestimmungsrecht** des öffentlichen Auftraggebers und dem Gebot der Produktneutralität: Der öffentliche Auftraggeber, der – direkt oder indirekt – bestimmte Produkte vorgibt, beruft sich häufig auf das ihm zustehende Recht, den Auftragsgegenstand frei zu bestimmen.[71] Das provoziert den Vorwurf, das Verbot der produktspezifischen Ausschreibung umgehen zu wollen.[72]

50   Innerhalb dieses Spannungsverhältnisses können insbesondere auf Basis der Rechtsprechung des OLG Düsseldorf folgende Leitlinien formuliert werden:

51   Ausgangspunkt ist der Grundsatz, dass der öffentliche Auftraggeber bei der Beschaffungsentscheidung für eine bestimmte Leistung frei ist. Die Auswahl des Beschaffungsgegenstands unterliegt

---

[67]   Art. 31 Abs. 6 UAbs. 3 RL 2014/24/EU: „Der öffentliche Auftraggeber muss in den Auftragsunterlagen die für die Rechte des geistigen Eigentums geltenden Vorkehrungen festlegen.".
[68]   Beck VergabeR/*Lampert* Rn. 90.
[69]   Gesetz zur Gleichstellung von Menschen mit Behinderungen (Behindertengleichstellungsgesetz – BGG) v. 27.4.2002 nebst – ua – Barrierefreie-Informationstechnik-VO (BITV 2.0) und BehindertengleichstellungsschlichtungsVO (BGleiSV).
[70]   OLG Düsseldorf Beschl. v. 24.9.2014 – VII-Verg 17/14, ZfBR 2015, 515; EuGH Urt. v. 10.5.2012 – C-368/10, NZBau 2012, 445 – Max Havelaar.
[71]   Grundlegend OLG Düsseldorf Beschl. v. 31.5.2017 – VII-Verg 36/16, NZBau 2017, 623; OLG Düsseldorf Beschl. v. 17.2.2010 – VII Verg 42/09, BeckRS 2010, 06143, weiterhin OLG Düsseldorf Beschl. v. 15.6.2010 – VII-Verg 10/10, BeckRS 2010, 19462; OLG Düsseldorf Beschl. v. 27.6.2012 – VII-Verg 7/12, ZfBR 2012, 723; OLG Düsseldorf Beschl. v. 1.8.2012 – VII-Verg 10/12, ZfBR 2013, 63; OLG Düsseldorf Beschl. v. 22.5.2013 – Verg 16/12, ZfBR 2013, 713; OLG Düsseldorf Beschl. v. 25.6.2014 – VII-Verg 47/13, BeckRS 2015, 06307; OLG Düsseldorf Beschl. v. 24.9.2014 – VII-Verg 17/14, NZBau 2015, 314. Instruktiv zu den Anfängen dieser Rspr. *Ohrtmann* VergabeR 2012, 376. Vgl. ferner *Roth* NZBau 2018, 77; *Burgi* VergabeR § 12 Rn. 4; *Burgi* NZBau 2018, 579.
[72]   Grundlegend zum Spannungsverhältnis zwischen Wettbewerb und Beschaffungsautonomie *Gabriel/Voll* NZBau 2019, 83; vgl. ferner beispielhaft das Vorbringen des Antragstellers gem. VK Bund Beschl. v. 17.4.2009 – VK 1-35/09, IBRRS 2009, 2993: „Die ohne medizinische Grundlage aufgestellte Behauptung der (tödlichen) allergischen Reaktionen solle nur die Umgehung der wettbewerbskonformen Ausschreibungsverpflichtung rechtfertigen.".

seiner **Bestimmungsfreiheit**. Nach einer geläufig gewordenen Formulierung ist sie dem eigentlichen Vergabeverfahren „vorgelagert".[73]

Da das Vergaberecht jedoch den Zweck verfolgt, das öffentliche Beschaffungswesen für den Wettbewerb zu öffnen und die Warenverkehrsfreiheit im europäischen Binnenmarkt zu gewährleisten, sind dem Bestimmungsrecht vergaberechtliche **Grenzen** gesetzt. Insoweit unterliegt die Bestimmung des Beschaffungsgegenstands – ungeachtet ihrer „Vorlagerung" – eben doch der Kontrolle der Nachprüfungsinstanzen, die zu überprüfen haben, ob die vergaberechtlichen Grenzen der Bestimmungsfreiheit eingehalten sind.[74] Eine Produktvorgabe ist demnach nicht zu beanstanden, wenn die Bestimmung durch den Auftragsgegenstand **sachlich gerechtfertigt** ist, der Auftraggeber nachvollziehbare objektive und auftragsbezogene Gründe angibt und die Bestimmung folglich willkürfrei getroffen wurde. Die angegebenen Gründe müssen tatsächlich vorhanden sein, und die Bestimmung des Produktes darf andere Wirtschaftsteilnehmer nicht diskriminieren.[75] 52

Eine Pflicht des Auftraggebers, im Vorfeld oder im Zuge seiner Bedarfsbestimmung eine **Markterkundung** vorzunehmen, um so die Voraussetzungen für eine produktneutrale Ausschreibung herzustellen, ist zu verneinen.[76] Eine solche Pflicht hat nicht nur keine rechtliche Grundlage.[77] Sie würde überdies die freie Bestimmung des Beschaffungsbedarfs unzumutbar belasten, die grundsätzlich gewährleistete Entscheidungsfreiheit des öffentlichen Auftraggebers über den Beschaffungsgegenstand übermäßig einengen und zudem eine unangemessene Verrechtlichung der Beschaffungsentscheidung bewirken.[78] Ebenso wenig muss ein öffentlicher Auftraggeber seine Ausschreibung danach ausrichten, dass jedes in Frage kommende branchenspezifische Unternehmen sich am Vergabeverfahren beteiligen kann.[79] 53

An das Vorliegen des sachlichen Grundes sind keine überhöhten Anforderungen zu stellen.[80] Der Auftragsbezug bzw. die sachliche Rechtfertigung durch den Auftragsgegenstand genügt; darüber hinaus müssen die Überlegungen „**objektiv**", dh durch Dritte nachvollziehbar sein. Keinesfalls dürfen die Nachprüfinstanzen hingegen Überlegungen dahingehend anstellen, ob der Beschaffungsbedarf des öffentlichen Auftraggebers nicht auf andere als die vorgesehene Weise befriedigt werden kann. Anderenfalls würde die Vergaberecht unzulässig auf die Frage erweitert, was der öffentliche Auftraggeber beschafft, anstatt nur die Art und Weise der Beschaffung zu regeln.[81] 54

Die Rechtsprechung hat eine Vielzahl **sachlicher Gründe,** die eine den Wettbewerb einschränkende Bedarfsbestimmung rechtfertigen, anerkannt. Dies kann etwa die Notwendigkeit sein, zur Wahrung der Zuverlässigkeit von Forschungsergebnissen, die der Gewährleistung und Fortführung von jahrelangen Forschungsreihen dienen, auf „Nummer sicher" zu gehen und die Vergabe daher so zu gestalten, dass die mit der Beschaffung verbundenen **Risiken** möglichst **überschaubar** gehalten werden.[82] Weiterhin soll es genügen, wenn die Ersetzung vorhandener durch neue Produkte kostenintensiver wäre; wenn langjähriges Mitarbeiter-Know-How verloren ginge oder ein erhöhter Schulungsaufwand vorhandener Mitarbeiter anstünde; wenn der aufzubringende Zeit- und Kostenauf- 55

---

[73] Vgl. nur OLG Düsseldorf, Beschl. v. 7.6.2017 – VII-Verg 53/16, NZBau 2018, 118, Rz. 28 mit Verweisen auf die vorangegangenen Entscheidungen des Senats; VK Sachsen Beschl. v. 30.8.2016 – 1/SVK/016-16, BeckRS 2016, 19033 mit zahlreichen Nachweisen; VK Bund Beschl. v. 9.2.2016 – VK 1-130/15, ZfBR 2016, 711.

[74] OLG Düsseldorf, Beschl. v. 7.6.2017 – VII-Verg 53/16, NZBau 2018, 118, Rz. 28; VK Sachsen Beschl. v. 30.8.2016 – 1/SVK/016-16, BeckRS 2016, 19033 unter Verweis auf OLG Düsseldorf Beschl. v. 22.5.2013 – VII-Verg 16/12, ZfBR 2013, 713; VK Bund Beschl. v. 9.2.2016 – VK 1-130/15, ZfBR 2016, 711.

[75] OLG Düsseldorf, Beschl. v. 7.6.2017 – VII-Verg 53/16, NZBau 2018, 118, Rz. 28; VK Südbayern Beschl. v. 28.1.2019 – Z3-3-3194-1-35-10/18; VPRRS 2019, 0121; VK Bund Beschl. v. 9.2.2016 – VK 1-130/15, ZfBR 2016, 711; OLG Düsseldorf Beschl. v. 22.5.2013 – VII-Verg 16/12, ZfBR 2013, 713.

[76] OLG Düsseldorf Beschl. v. 27.6.2012 – VII-Verg 7/12, ZfBR 2012, 723; OLG Jena Beschl. v. 25.6.2014 – 2 Verg 1/14, ZfBR 2015, 404 entgegen OLG Jena Beschl. v. 26.6.2006 – Verg 2/06, NZBau 2006, 735; OLG Karlsruhe Beschl. v. 15.11.2013 – 15 Verg 5/13, NZBau 2014, 378; VK Sachsen Beschl. v. 30.8.2016 – 1/SVK/016-16, BeckRS 2016, 19033; OLG Naumburg Beschl. v. 20.9.2012 – 2 Verg 4/12, BeckRS 2012, 21448; aA OLG Celle Beschl. v. 22.5.2008 – 13 Verg 1/08, BeckRS 2008, 10353 oder OLG Jena Beschl. v. 26.6.2006 – Verg 2/06, NZBau 2006, 735; *Rechten/Portner* NZBau 2014, 276; *Roth* NZBau 2018, 77; *Kainer* NZBau 2018, 387 (389). Zusammenfassend *Gabriel/Voll* NZBau 2019, 83 (84 ff.).

[77] *Gabriel/Voll* NZBau 2019, 83 (84). § 28 Abs. 1 stellt die Durchführung einer Markterkundung gerade in das Ermessen des Auftraggebers.

[78] VK Sachsen Beschl. v. 30.8.2016 – 1/SVK/016-16, BeckRS 2016, 19033.

[79] VK Bund Beschl. v. 29.1.2015 – VK 2-117/14, VPRRS 2015, 0141.

[80] *Gabriel/Voll* NZBau 2019, 83 (85).

[81] OLG Düsseldorf Beschl. v. 13.4.2016 – VII-Verg 47/15, BeckRS 2016, 13046; *Gabriel/Voll* NZBau 2019, 83 (85).

[82] OLG Düsseldorf Beschl. v. 12.2.2014 – Verg 29/13, ZfBR 2014, 517; OLG Karlsruhe Beschl. v. 15.11.2013 – 15 Verg 5/13, NZBau 2014, 378; VK Bund Beschl. v. 25.3.2015 – VK 2-15/15, IBRRS 2015, 0900.

wand deutlich größer wäre; ferner wenn Kompatibilitätsprobleme zu befürchten wären oder ein erhebliches Risikopotential für Fehlfunktionen bestünde.[83]

56 Die vom Auftraggeber angeführten sachlichen Gründe müssen **tatsächlich vorliegen,** dürfen also nicht lediglich behauptet werden. Dies bedingt zwingend, dass die zugrunde liegenden Erwägungen gem. § 8 dokumentiert sind.[84] Dabei muss sich der zu betreibende Aufwand innerhalb zumutbarer Grenzen halten. Die Grenzen der Zumutbarkeit werden durch den zur Verfügung stehenden Zeitraum, in dem die Entscheidung über die Auftragsvergabe zu treffen ist, sowie durch die vorhandenen Ressourcen und administrativen Möglichkeiten des öffentlichen Auftraggebers bestimmt.[85]

57 Andere, nämlich höhere Maßstäbe sind allerdings dann anzulegen, wenn die einengende Festlegung des Beschaffungsgegenstands dazu führt, dass die Leistung lediglich von einem **einzigen Unternehmen** am Markt angeboten werden kann und der Auftraggeber deshalb die Leistung in der Folge gem. § 14 Abs. 4 Nr. 2 lit. b oder c im Wege des Verhandlungsverfahrens ohne Teilnahmewettbewerb vergeben will. Dies ist gem. § 14 Abs. 6 nur unter der Voraussetzung zulässig, dass es **keine vernünftige Alternative oder Ersatzlösung** gibt und der mangelnde Wettbewerb nicht das Ergebnis einer **künstlichen Einschränkung** der Auftragsvergabeparameter ist. In diesem Falle unterliegt bereits die Bestimmungsfreiheit des Auftraggebers engeren vergaberechtlichen Grenzen als bei Durchführung eines wettbewerblichen Vergabeverfahrens.[86] Die Frage, ob eine vernünftige Alternative oder Ersatzlösung verfügbar ist, kann der Auftraggeber in aller Regel nicht ohne eine Markterkundung beantworten.[87]

58 **b) Ausprägungen des Gebots der Produktneutralität.** Ein nicht unmittelbar aus der Bestimmung des Beschaffungsbedarfs resultierender Verweis auf eine bestimmte Produktion oder Herkunft oder ein besonderes Verfahren eines spezifischen Anbieters, auf gewerbliche Schutzrechte, Typen oder einen bestimmten Ursprung ist gem. Abs. 6 S. 1 grundsätzlich unzulässig, wenn dadurch bestimmte Unternehmen oder bestimmte Produkte begünstigt oder ausgeschlossen werden. Ausnahmen sind nur unter den in Abs. 6 S. 1 aE oder den in S. 2 genannten Voraussetzungen gerechtfertigt.

59 Auf eine bestimmte Produktion oder Herkunft wird nicht nur verwiesen, wenn der öffentliche Auftraggeber in der Leistungsbeschreibung explizit ein konkretes Produkt oder einen spezifischen Hersteller benennt, sondern auch bei Vorgabe eines Ursprungsorts oder auch nur der Bezugsquelle.[88] In allen Fällen wird unzulässig in die Kalkulationsfreiheit der Bieter und damit in den Wettbewerb

---

[83] OLG Düsseldorf Beschl. v. 13.4.2016 – VII-Verg. 47/15, BeckRS 2016, 13046; VK Sachsen Beschl. v. 30.8.2016 – 1/SVK/016-16, BeckRS 2016, 19033.

[84] VK Sachsen Beschl. v. 30.8.2016 – 1/SVK/016-16, BeckRS 2016, 19033; VK Sachsen-Anhalt Beschl. v. 16.9.2015 – 3 VK LSA 62/15, IBRRS 2015, 3257.

[85] VK Sachsen Beschl. v. 30.8.2016 – 1/SVK/016-16, BeckRS 2016, 19033, in Anlehnung an die Grundsätze der Begrenzung des Prüfaufwands der Vergabestelle im Rahmen der Eignungsprüfung auf ein „zumutbares Maß"; vgl. dazu OLG Düsseldorf Beschl. v. 17.2.2016 – VII-Verg 28/15, BeckRS 2016, 09477.

[86] OLG Düsseldorf, Beschl. v. 7.6.2017 – VII-Verg 53/16, NZBau 2018, 118, Rz. 29: „Führt die Bestimmung des Auftragsgegenstands durch den öffentlichen Auftraggeber dazu, dass iSd § 14 IV Nr. 2 Buchst. a oder b VgV der Auftrag nur von einem bestimmten Unternehmen erbracht oder bereitgestellt werden kann, greift das Korrektiv des § 14 VI VgV ein, wonach die Voraussetzungen für die Anwendung des Verhandlungsverfahrens ohne Teilnahmewettbewerb, mithin eine Vergabe außerhalb des Wettbewerbs, nur dann gelten, wenn es keine vernünftige Alternative oder Ersatzlösung gibt und der mangelnde Wettbewerb nicht das Ergebnis einer künstlichen Einschränkung der Auftragsvergabeparameter ist. Die Bestimmungsfreiheit des Auftraggebers unterliegt damit engeren vergaberechtlichen Grenzen als dies bei Durchführung eines wettbewerblichen Verfahrens der Fall ist. Eine Leistungsbestimmung, die im Falle des § 14 IV Nr. 2 VgV zu einem völligen Wettbewerbsverzicht führt, bedarf einer wesentlich größeren Rechtfertigungstiefe als eine solche, die unter Aufrechterhaltung des Vergabewettbewerbs im Ergebnis (nur) zu einer hersteller- oder produktbezogenen Leistungsspezifikation gem. § 31 VI VgV führt (vgl. Kulartz in Kulartz/Kus/Marx/Portz/Prieß, § 14 Rn. 46 mwN)".

[87] *Kulartz* in KKMPP § 14 Rn. 88; *Hirsch/Kaelble* in Müller-Wrede VgV § 14 Rn. 319; Willenbruch/Wieddekind/*Haak/Koch* § 14 Rn. 34. Einschränkend *Gabriel/Voll* NZBau 2019, 83 (86): Im Bereich der VgV-VS bestehe keine Pflicht zur Markterkundung. Für die Erfüllung der Anforderungen gem. § 14 Abs. 6 sei es einerseits nicht immer ausreichend, eine Markterkundung durchzuführen, und andererseits mache die unterbliebene Markterkundung der Direktvergabe auch nicht in jedem Falle rechtswidrig. Im einem Nachprüfungsverfahren sei sachgemäß und auch auch zumutbar, dem Antragsteller für das Vorliegen von vernünftigen Alternativen oder Ersatzlösungen iSv § 14 Abs. 6 eine (sekundäre) Darlegungslast aufzuerlegen und von dem öffentlichen Auftraggeber korrespondierend zu verlangen, den entsprechenden Vortrag des Antragstellers durch Gegenbeweis zu widerlegen. Allerdings fragt sich hier, wie dies ohne eine Markterkundung möglich sein soll.

[88] Beck VergabeR/*Lampert* Rn. 93 mit zahlreichen Einzelbeispielen; *Prieß/Simonis* in KKMPP VgV Rn. 41.

eingegriffen. Die Vorschrift ist daher grundsätzlich **weit auszulegen,** dh im Zweifel ist von einer unzulässigen Produktvorgabe auszugehen.[89]

Gemäß Abs. 6 ebenfalls unzulässig sind **mittelbare** oder **„verdeckte"** Verweise auf ein 60 bestimmtes Produkt oder einen bestimmten Hersteller. Dabei beschreibt der öffentliche Auftraggeber den Auftragsgegenstand zwar scheinbar neutral, tatsächlich aber so, dass die Anforderungen nur durch ein bestimmtes Produkt oder einen einzigen Hersteller erfüllt werden können.[90] Auf eine Umgehungsabsicht des öffentlichen Auftraggebers kommt es hierbei nicht an.[91] Die Prinzipien des Vergaberechts sind unabhängig von den Motiven des öffentlichen Auftraggebers einzuhalten.

Die produktspezifische Ausschreibung ist nur dann untersagt, wenn dadurch bestimmte Unter- 61 nehmen oder Produkte begünstigt oder – umgekehrt – ausgeschlossen werden. Dieses Tatbestandsmerkmal wird häufig als „indiziert" angesehen, wenn eine Produktvorgabe erfolgt ist. Es muss jedoch, wie jedes andere Tatbestandsmerkmal auch, gesondert geprüft werden.[92] Durch die Rechtsprechung bislang nicht geklärt ist etwa, ob dann kein Verstoß gegen Abs. 6 anzunehmen ist, wenn sich die Ausschreibung – etwa bei der Beschaffung von Massenartikeln in großer Stückzahl – an den Handel, und nicht an den Erzeuger selbst richtet. Jedenfalls bezogen auf die Marktteilnehmer, dh die (potenziellen) Bieter, liegt eine Bevorzugung auch bei Vorgabe bestimmter Produkte nicht zwingend auf der Hand – jedenfalls dann nicht, wenn die jeweiligen Erzeuger dem Handel grundsätzlich die gleichen Einkaufsbedingungen gewähren.

c) Nach Abs. 6 erlaubte Ausnahmen. Unabhängig vom Recht des öffentlichen Auftragge- 62 bers, den Beschaffungsbedarf frei zu bestimmen, lässt Abs. 6 zwei **Ausnahmen** vom Gebot der Produktneutralität zu. Gemäß Abs. 6 S. 1 aE darf der öffentliche Auftraggeber produktspezifisch ausschreiben, wenn dies durch den Auftragsgegenstand gerechtfertigt ist. Abs. 6 S. 2 erlaubt den Verweis auf bestimmte Produkte, Verfahren etc im Weiteren dann, wenn der Auftragsgegenstand anderenfalls nicht hinreichend genau und allgemein verständlich beschrieben werden kann. In diesen Fällen ist die Vorgabe also lediglich ein Mittel der Darstellung, weshalb Verweise gem. Abs. 6 S. 2 mit dem Zusatz „oder gleichwertig" zu versehen sind.

aa) Verweis ist durch den Auftragsgegenstand gerechtfertigt. Wie bereits in → Rn. 49 ff. 63 erläutert, ist es dem öffentlichen Auftraggeber im Bereich der dem Vergaberecht „vorgelagerten" Bedarfsbestimmung gestattet, die zu beschaffende Leistung mit einschränkender Konsequenz für den Wettbewerb festzulegen, wenn die Bestimmung durch den Auftragsgegenstand sachlich gerechtfertigt ist (→ Rn. 49–57). Die zulässige Ausübung dieses Rechts kann zu einer – direkten oder „verdeckten" – Produktvorgabe führen, die der Wettbewerb „hinzunehmen" hat.[93] In diesem Fall ist der Verweis „durch den Auftragsgegenstand" gerechtfertigt. Inhaltlich kann daher auf die Ausführungen unter → Rn. 49 ff. verwiesen werden. Zu ergänzen bleibt, dass der Zusatz „oder gleichwertig" – anders als bei Abs. 6 S. 2 – nicht nur nicht erforderlich, sondern sogar unzulässig ist, weil den Bietern fälschlich ein Spielraum suggeriert wird, der in Wahrheit nicht besteht.[94] Aus demselben Grund ist auch keine Gleichwertigkeitsprüfung durchzuführen.[95]

bb) Auftragsgegenstand nicht hinreichend genau und allgemein verständlich be- 64 **schreibbar.** Abs. 6 S. 2 gestattet den Verweis auf eine bestimmte Produktion oder Herkunft oder ein besonderes Verfahren, oder auf gewerbliche Schutzrechte, Typen oder einen bestimmten Ursprung ausnahmsweise auch dann, wenn der Auftragsgegenstand anderenfalls nicht hinreichend genau und allgemein verständlich beschrieben werden kann. Diese Verweise sind mit dem Zusatz **„oder gleichwertig"** zu versehen.

---

[89] Beck VergabeR/*Lampert* Rn. 93.
[90] VK Sachsen Beschl. v. 23.11.2016 – 1/SVK/025–16, IBRRS 2017, 0180; VK Westfalen Beschl. v. 26.10.2017 – VK 1–21/17, IBRRS 2018, 0136; OLG München Beschl. v. 22.10.2015 – Verg 5/15, NZBau 2016, 63; OLG Frankfurt a. M. Beschl. v. 11.6.2013 – 11 Verg 3/13, ZfBR 2013, 815; VK Südbayern Beschl. v. 23.6.2015 – Z3-3-3194-1-24-06/15, IBRRS 2015, 3176.
[91] Beck VergabeR/*Lampert* Rn. 93.
[92] Die 2. VK Bund Beschl. v. 25.3.2015 – VK 2-15/15, IBRRS 2015, 0900, vermischt das Recht des öffentlichen Auftraggebers, den Bedarf drei zu bestimmen, mit der Frage der Begünstigung. Sie lässt den Antrag auf Vergabenachprüfung – ua – daran scheitern, dass mit der unstreitig erfolgten Vorgabe eines bestimmten technischen Verfahrens keine Bevorzugung eines bestimmten Systems/Unternehmens verbunden sei, da zumindest zwei deutsche und mehrere italienische Hersteller in der Lage seien, so wie ausgeschrieben zu liefern. Maßgebliches Argument bleibt aber die außerhalb von § 31 Abs. 6 zu beurteilende Bestimmungsfreiheit des öffentlichen Auftraggebers.
[93] OLG Düsseldorf Beschl. v. 29.7.2015 – VII-Verg 12/15, BeckRS 2016, 21109.
[94] Ziekow/Völlink/*Trutzel* Rn. 55.
[95] Vgl. OLG Düsseldorf Beschl. v. 9.1.2013 – VII-Verg 33/12, BeckRS 2013, 04078; ferner *Prieß/Simonis* in KKMPP VgV Rn. 47; anders noch VK Arnsberg Beschl. v. 10.8.2009 – VK 17/09, IBRRS 2010, 0412.

65 Auch wenn zweifellos viele öffentliche Auftraggeber Leistungsbeschreibungen unter Vorgabe von „Leitfabrikaten" erstellen, sind die Voraussetzungen des Abs. 6 S. 2 in den seltensten Fällen erfüllt. So erscheint es nahezu ausgeschlossen, dass eine Beschreibung des Leistungsgegenstands tatsächlich nur unter Verweis auf ein konkretes Produkt „möglich" ist.[96] Angenommen wurde dies etwa in Bezug auf den spezifischen „Glimmereffekt" einer Putzoberfläche, der auch unter Rückgriff auf einschlägige DIN-Normen nicht anders als durch die Benennung eines bestimmten Produkts (das zudem auf besondere Weise zu bearbeiten war) beschrieben werden könne.[97] Allerdings fragt sich, wie in einem solchen Fall der Gleichwertigkeitsnachweis gelingen soll.

66 Zum Teil wird vertreten, dass die „Unmöglichkeit" der neutralen Beschreibung lediglich im Sinne einer „Unzumutbarkeit" für den öffentlichen Auftraggeber zu verstehen sei.[98] Der Wortlaut des S. 2 und das allgemeine Gebot der engen Auslegung von Ausnahmevorschriften stehen dem jedoch entgegen.[99]

67 Das OLG Düsseldorf unterscheidet zwischen einer Produktvorgabe iSd Abs. 6 S. 2 und einer von ihm sog. **„unechten Produktorientierung"**. Bei dieser wird das Produkt „als Planungs-, Richt- oder Leitfabrikat, dh nur beispielhaft genannt ..., [sc. während] aus Sicht des Auftraggebers aber gar keine Festlegung auf ein bestimmtes Produkt erfolgen, sondern den Bietern lediglich die Bearbeitung des Angebots erleichtert werden soll".[100] Dass es sich um eine solche „unechte Produktorientierung" handelt, muss sich allerdings hinreichend deutlich aus den Vergabeunterlagen ergeben, etwa durch entsprechende Hinweise in der Leistungsbeschreibung. Auch sind in einem solchen Fall – entgegen dem OLG Düsseldorf – entsprechend geringere Anforderungen an den Gleichwertigkeitsnachweis zu stellen; anderenfalls erlaubt die „unechte Produktorientierung" schlicht Produktvorgaben außerhalb von S. 2.

68 Die Hinzunahme des Zusatzes „oder gleichwertig" ist folglich notwendige, nicht aber hinreichende Bedingung für die nach Abs. 6 S. 2 zulässige Benennung eines vorgegebenen Produkts.[101] Sie soll auch dann nicht entbehrlich sein, wenn der Auftraggeber fälschlich davon ausgeht, dass kein alternatives Produkt existiert.[102] In einer solchen Situation wird der öffentliche Auftraggeber allerdings ohnehin keinen Fall des S. 2, sondern eher denjenigen gem. S. 1 aE annehmen, sodass in der Praxis bereits der (dokumentierte) Beleg für die mangelnde Beschreibbarkeit fehlen wird.

69 Im Übrigen ist es häufig mit dem bloßen Zusatz „oder gleichwertig" nicht getan. Zur Wahrung der Gebote der Transparenz und der Gleichbehandlung aller Bieter wird der öffentliche Auftraggeber vielmehr diejenigen Parameter zu benennen haben, anhand derer die Gleichwertigkeit bemessen wird, es sei denn, diese ergeben sich für einen fachkundigen Bieter hinreichend deutlich und zweifelsfrei aus der Leistungsbeschreibung.[103]

70 Zu beachten ist schließlich, dass die Benennung eines gleichwertigen Alternativprodukts nicht mit der Abgabe eines Nebenangebots gleichzusetzen ist. Vielmehr handelt es sich um ein Hauptangebot, da sämtliche Vorgaben des Auftraggebers eingehalten werden.[104] Hier wie dort ist es jedoch Aufgabe des Bieters, mit Abgabe des Angebots nachzuweisen, dass die an die Leistung gestellten Anforderungen eingehalten werden.[105]

§ 32 Technische Anforderungen

(1) Verweist der öffentliche Auftraggeber in der Leistungsbeschreibung auf technische Anforderungen nach § 31 Absatz 2 Nummer 2, so darf er ein Angebot nicht mit der

---

[96] Ebenso HK-VergabeR/*Schellenberg* Rn. 82: „Bei gehöriger Anstrengung wird eine neutrale Beschreibung immer erstellbar sein."; Ziekow/Völlink/*Trutzel* Rn. 56: „Diese Situation kommt tatsächlich nur selten vor, auch wenn in der Praxis die Angabe eines Leitprodukts eher die Regel ist.".

[97] OLG Düsseldorf Beschl. v. 9.1.2013 – VII-Verg 33/12, BeckRS 2013, 04078. Allerdings hätte in diesem Fall die Berufung auf das freie Leistungsbestimmungsrecht näher gelegen.

[98] So HK-VergabeR/*Schellenberg* Rn. 82; ferner VK Halle Beschl. v. 13.12.1999 – VK 20/99, IBRRS 2004, 3279; VK Südbayern Beschl. v. 15.3.1999 – 120.3-3194.1-02-02/99, BeckRS 1999, 27887.

[99] Ziekow/Völlink/*Trutzel* Rn. 56; Skeptisch auch das von HK-VergabeR/*Schellenberg* Rn. 82 zitierte OLG Düsseldorf Beschl. v. 9.1.2013 – VII-Verg 33/12, BeckRS 2013, 04078.

[100] OLG Düsseldorf Beschl. v. 9.1.2013 – VII-Verg 33/12, BeckRS 2013, 04078.

[101] *Prieß/Simonis* in KKMPP VgV Rn. 59 sprechen daher zutr. von einer „doppelten Einschränkung" für nach S. 2 ausnahmsweise zulässige Verweise.

[102] VK Arnsberg Beschl. v. 10.8.2009 – VK 17/09, IBRRS 2010, 0412.

[103] OLG Düsseldorf Beschl. v. 9.1.2013 – VII-Verg 33/12, BeckRS 2013, 04078; VK Halle Beschl. v. 13.12.1999 – VK 20/99, IBRRS 2004, 3279; VK Südbayern Beschl. v. 15.3.1999 – 120.3-3194.1-02-02/99, BeckRS 1999, 27887.

[104] OLG München Beschl. v. 6.12.2012 – Verg 25/12, BeckRS 2012, 25589.

[105] OLG Düsseldorf Beschl. v. 9.1.2013 – VII-Verg 33/12, BeckRS 2013, 04078; Ziekow/Völlink/*Trutzel* Rn. 57; HK-VergabeR/*Schellenberg* Rn. 82.

Begründung ablehnen, dass die angebotenen Liefer- und Dienstleistungen nicht den von ihm herangezogenen technischen Anforderungen der Leistungsbeschreibung entsprechen, wenn das Unternehmen in seinem Angebot dem öffentlichen Auftraggeber mit geeigneten Mitteln nachweist, dass die vom Unternehmen vorgeschlagenen Lösungen diesen technischen Anforderungen gleichermaßen entsprechen.

(2) [1]Enthält die Leistungsbeschreibung Leistungs- oder Funktionsanforderungen, so darf der öffentliche Auftraggeber ein Angebot nicht ablehnen, wenn diese Anforderungen die von ihm geforderten Leistungs- oder Funktionsanforderungen betreffen und das Angebot Folgendem entspricht:
1. einer nationalen Norm, mit der eine europäische Norm umgesetzt wird,
2. einer Europäischen Technischen Bewertung,
3. einer gemeinsamen technischen Spezifikation,
4. einer internationalen Norm oder
5. einem technischen Bezugssystem, das von den europäischen Normungsgremien erarbeitet wurde.

[2]Das Unternehmen muss in seinem Angebot belegen, dass die jeweilige der Norm entsprechende Liefer- oder Dienstleistung den Leistungs- oder Funktionsanforderungen des öffentlichen Auftraggebers entspricht. [3]Belege können insbesondere eine technische Beschreibung des Herstellers oder ein Prüfbericht einer anerkannten Stelle sein.

Übersicht

	Rn.			Rn.
I. Bedeutung der Norm	1	1.	Zulässige Abweichung von technischen Anforderungen	5
II. Entstehungsgeschichte	4	2.	Zulässige Berufung auf technische Anforderungen	10
III. Einzelerläuterung	5			

I. Bedeutung der Norm

§ 32 steht im unmittelbaren systematischen Zusammenhang mit § 31 Abs. 2. Die Vorschrift **1** bildet ferner die erste von drei Normen (§§ 32–34), die jeweils das Problem der Nachweisführung durch den Bieter für bestimmte **Leistungsanforderungen** des öffentlichen Auftraggebers betreffen und dem Auftraggeber in diesem Zusammenhang **Wertungsvorgaben** an die Hand geben.

Der Nachweis der Übereinstimmung von geforderter und angebotener Leistung obliegt dem **2** Bieter. Er hat die geeigneten Unterlagen und sonstigen Mittel auszuwählen, die dem Auftraggeber eine Beurteilung der **Gleichwertigkeit** gestatten. Stellt der öffentliche Auftraggeber technische Anforderungen iSd § 31 Abs. 2 Nr. 2, hat die Leistung diesen Anforderungen grundsätzlich so wie gefordert zu entsprechen. Abs. 1 stellt indes klar, dass ein **Ausschluss** des Angebots lediglich unter Berufung darauf, dass die vorgegebenen **technischen Anforderungen** nicht eingehalten sind, unzulässig wäre. Vielmehr ist dem Bieter der Nachweis der Gleichwertigkeit gestattet.

Ferner ist der Ausschluss eines Angebots nach Abs. 2 unzulässig, wenn zwar die Leistungsbe- **3** schreibung keine spezifischen technischen Anforderungen iSd § 31 Abs. 2 Nr. 2, sondern lediglich allgemeine Leistungs- oder Funktionsanforderungen gem. § 31 Abs. 2 Nr. 1 enthält, das Angebot jedoch auf bestimmte technische Anforderungen Bezug nimmt und der Bieter die Übereinstimmung nachweist. § 32 ist damit im Kontext von § 57 Abs. 1 Nr. 4 zu betrachten, der den Auftraggeber verpflichtet, Angebote auszuschließen, bei denen Änderungen oder Ergänzungen an den Vergabeunterlagen vorgenommen worden sind.[1]

II. Entstehungsgeschichte

§ 32 setzt Art. 42 Abs. 5 u. 6 RL 2014/24/EU um. Er entspricht darüber hinaus weitgehend **4** der Vorgängernorm des § 8 EG Abs. 3 und 4 VOL/A, der seinerseits Art. 23 Abs. 5 Vergabe-RL 2004 (RL 2004/18/EG) umsetzte.

III. Einzelerläuterung

1. Zulässige Abweichung von technischen Anforderungen. Gemäß § 31 Abs. 2 Nr. 2 **5** kann der öffentliche Auftraggeber in der **Leistungsbeschreibung** auf die in Anlage 1 zu § 31 Abs. 2 definierten technischen Anforderungen verweisen (→ § 31 Rn. 19–28).

---
[1] Beck VergabeR/*Lampert* Rn. 5.

6 Gemäß dem Transparenzgebot und dem Gleichbehandlungsgrundsatz müssen die Angebote den Vorgaben der Leistungsbeschreibung **in jeder Hinsicht entsprechen**.² Anderenfalls sind sie von der Wertung auszuschließen, entweder weil die Angebote Änderungen oder Ergänzungen an den Vergabeunterlagen enthalten (§ 57 Abs. 1 Nr. 4).³ Die Umdeutung in ein (ggf. zugelassenes) Nebenangebot kommt aufgrund der für Nebenangebote geltenden formalen Voraussetzungen nicht in Betracht.⁴ Nach Abs. 1 ist ein Ausschluss hingegen unzulässig, wenn die vom Bieter vorgeschlagenen Lösungen den herangezogenen technischen Anforderungen zwar nicht entsprechen, der Bieter aber nachweisen kann, dass sie ihnen „gleichermaßen entsprechen". In sprachlicher Hinsicht ist die **Formulierung missglückt**, da einerseits von den „technischen Anforderungen nach § 31 Abs. 2 Nr. 2", andererseits aber von den „technischen Anforderungen der Leistungsbeschreibung" die Rede ist. Der Richtlinientext gem. Art. 42 Abs. 5 RL 2014/24/EU drückt das Gemeinte etwas deutlicher aus. Demnach muss dem Bieter der Nachweis gestattet sein, dass die vorgeschlagenen Lösungen „den **Anforderungen der technischen Spezifikationen**", auf die der Auftraggeber Bezug genommen hat, gleichermaßen entsprechen.⁵

7 Der Nachweis ist im Angebot mit „geeigneten Mitteln" zu führen. Abs. 1 schweigt sich hinsichtlich der als geeignet anzusehenden Mittel aus. Art. 42 Abs. 5 RL 2014/24/EU stellt allerdings klar, dass alle **in Art. 44 RL 2014/24/EU genannten Nachweismittel** zulässig sind, dh Testberichte einer Konformitätsbewertungsstelle, eine von dieser ausgegebene Zertifizierung oder ein technisches Dossier des Herstellers.⁶ Bei richtlinienkonformer Auslegung von § 32 werden jedenfalls diese Nachweise als zulässig anzusehen sein; auch Abs. 2 S. 3 legt dies nahe. Aus Art. 42 Abs. 5 RL 2014/24/EU geht im Weiteren der nicht abschließende Charakter der Auflistung gem. Art. 44 RL 2014/24/EU hervor. Die Vorschrift ist weit auszulegen; andere Nachweise sind damit denkbar und müssen geprüft werden. Erschwerungen bei der Nachweisführung sind hingegen unzulässig.⁷

8 Der Nachweis ist bereits mit dem Angebot zu führen. Er ist allerdings als „leistungsbezogene Unterlage" iSd § 56 Abs. 2 anzusehen und kann daher unter den dort genannten Voraussetzungen nachgefordert werden.⁸

9 Der Auftraggeber muss, wenn der Bieter die Gleichwertigkeit seiner Lösung mit dem Angebot behauptet, die Prüfung auch tatsächlich vornehmen. Das Risiko eines für den Auftraggeber nachvollziehbaren Nachweises liegt beim Bieter; der Auftraggeber ist nicht verpflichtet, eigene Ermittlungen anzustellen.⁹ Der Gleichwertigkeitsnachweis ist als erbracht anzusehen, wenn das Angebot das mit der jeweiligen Norm angestrebte Schutzniveau erreicht; es genügt nicht, wenn der Auftraggeber individuell einschätzt, dass den Anforderungen in Hinblick auf das konkrete Vorhaben Genüge getan ist.¹⁰

10 **2. Zulässige Berufung auf technische Anforderungen.** Abs. 2 bildet den gegenüber Abs. 1 umgekehrten Fall ab: Nicht die Leistungsbeschreibung stellt auf technische Anforderungen gem. § 31 Abs. 2 Nr. 2 ab, sondern das Angebot.

11 Abs. 2 S. 1 ist mindestens unglücklich, wenn nicht gar **nahezu unverständlich formuliert**; der Passus „wenn diese Anforderungen die von ihm geforderten Leistungs- oder Funktionsanforderungen betreffen" ergibt aufgrund des fehlenden Rückbezugs von „diese Anforderungen" keinen rechten Sinn.¹¹ Das Verständnis des Abs. 2 erschließt sich erst unter **Hinzuziehung** des umgesetzten **Richtlinientextes** gem. Art. 42 Abs. 6 RL 2014/24/EU.¹² Letztendlich geht es darum, dass dem Bieter dadurch keine Nachteile entstehen dürfen, dass der Auftraggeber die Leistung entgegen § 31 Abs. 2 Nr. 2 nicht anhand von Normen beschrieben hat, obwohl ihm dies möglich gewesen wäre.¹³

---

² HK-VergabeR/*M. Schellenberg* Rn. 4.
³ Beck VergabeR/*Lampert* Rn. 5; HK-VergabeR/*M. Schellenberg* Rn. 5; Ziekow/Völlink/*Trutzel* Rn. 2.
⁴ Beck VergabeR/*Lampert* Rn. 5.
⁵ So auch noch § 8 EG Abs. 3 VOL/A.
⁶ So auch bereits § 8 EG Abs. 3 VOL/A.
⁷ Beck VergabeR/*Lampert* Rn. 14 f.
⁸ *Prieß/Simonis* in KKMPP VgV Rn. 3; Beck VergabeR/*Lampert* Rn. 16.
⁹ Beck VergabeR/*Lampert* Rn. 16; Willenbruch/Wieddekind/*Wirner* Rn. 5.
¹⁰ Str.; so wie hier VergabeR/*Lampert* Rn. 17; aA *Willner* VergabeR 2014, 741 (747 f.).
¹¹ So auch *Prieß/Simonis* in KKMPP VgV Rn. 4.
¹² Wenig hilfreich ist an dieser Stelle auch die Begründung des Verordnungsgebers. Die dortige paraphrasierende Wiedergabe des Normtexts, wonach der öffentliche Auftraggeber ein Angebot nicht mit der Begründung ablehnen darf, dass die angebotene Leistung nicht den in Nr. 1–5 genannten Anforderungen entspreche, dreht das Verständnis des Abs. 2 in sein Gegenteil um bzw. vermischt die Abs. 1 und 2; vgl. VgV-Begründung BR-Drs. 87/16, 186.
¹³ Beck VergabeR/*Lampert* Rn. 19. Entgegen *Lampert* ist allerdings nicht von einem Vorrang dieser Art von Leistungsbeschreibung auszugehen.

Nach § 31 Abs. 2 Nr. 1 bzw. (als Mischform) Nr. 3 kann der Auftraggeber die Leistung **funktio-** 12
nal in Form von Leistungs- oder Funktionsanforderungen oder einer Beschreibung der zu lösenden
Aufgabe beschreiben. Abs. 2 bezweckt eine Vereinfachung bei der Angebotslegung, indem er den
öffentlichen Auftraggeber verpflichtet, solche Angebote zu akzeptieren, die eines der unter den
Nr. 1–5 genannten Kriterien erfüllen.[14]

Weitere Voraussetzung ist, dass die vom Angebot erfüllte technische Anforderung gem. Nr. 1–5 13
(„Spezifikation" gem. der Richtlinie; typischerweise eine Norm) die vom öffentlichen Auftraggeber
geforderten Leistungs- oder Funktionsanforderungen **„betreffen"**. Was gemeint ist, verdeutlicht
Abs. 2 S. 2: Zum einen müssen die konkreten Leistungs- und Funktionsanforderungen des Auftraggebers in einer der in S. 1 lit. a–d genannten Normen **abgebildet** sein.[15] Der Schutz des Bieters
reicht damit auch nur soweit, wie diese Übereinstimmung gegeben ist. Wie auch in Abs. 1 kann
sich der Bieter nicht auf eine Norm berufen, wenn das Angebot von individuellen Vorgaben (Farbe,
Form, spezifisches Material etc) des Auftraggebers abweicht.[16] Der Bieter muss zum anderen mit
seinem Angebot **nachweisen,** dass die angebotene, der Norm entsprechende Leistung den Leis-
tungs- oder Funktionsanforderungen des öffentlichen Auftraggebers entspricht. Auch im Falle des
Abs. 2 ist der Nachweis unaufgefordert mit dem Angebot zu erbringen; auf die Ausführungen
zu Abs. 1 (→ Rn. 6 ff.), auch zur Nachforderungsmöglichkeit (→ Rn. 8) sowie in Bezug auf die
Prüfverpflichtung (→ Rn. 9) und die Beweislast (→ Rn. 9), wird verwiesen.

Anders als Abs. 1 benennt Abs. 2 S. 3 zulässige Arten der Nachweisführung. Die Aufzählung 14
ist aber auch hier („insbesondere") nicht abschließend.[17] Terminologisch inkonsequent erscheint die
Nennung des Prüfberichts einer „anerkannten Stelle", die ansonsten in den §§ 31 ff. begrifflich
durch die in § 33 Abs. 3 legaldefinierte **Konformitätsbewertungsstelle** ersetzt wurde. Inhaltlich
dürfte dasslbe gemeint sein.[18]

Nach Abs. 2 S. 3 stets zulässig ist – anders als in § 33 Abs. 2 – der Nachweis mittels einer 15
technischen Beschreibung des Herstellers.[19] Wird der Nachweis durch die Vorlage eines Hersteller-
zeugnisses oder eines Prüfberichts einer anerkannten bzw. einer Konformitätsbewertungsstelle
erbracht, führt dies gem. § 31 Abs. 2 Nr. 3 lit. a zu der widerleglichen Vermutung, dass der Nachweis
erbracht wurde.[20]

§ 33 Nachweisführung durch Bescheinigungen von Konformitätsbewertungsstellen

(1) ¹**Als Beleg dafür, dass eine Liefer- oder Dienstleistung bestimmten, in der Leistungsbeschreibung geforderten Merkmalen entspricht, kann der öffentliche Auftraggeber die Vorlage von Bescheinigungen, insbesondere Testberichten oder Zertifizierungen, einer Konformitätsbewertungsstelle verlangen.** ²**Wird die Vorlage einer Bescheinigung einer
bestimmten Konformitätsbewertungsstelle verlangt, hat der öffentliche Auftraggeber auch
Bescheinigungen gleichwertiger anderer Konformitätsbewertungsstellen zu akzeptieren.**

(2) ¹**Der öffentliche Auftraggeber akzeptiert auch andere als die in Absatz 1 genannten
geeigneten Unterlagen, insbesondere ein technisches Dossier des Herstellers, wenn das
Unternehmen keinen Zugang zu den in Absatz 1 genannten Bescheinigungen oder keine
Möglichkeit hatte, diese innerhalb der einschlägigen Fristen einzuholen, sofern das Unternehmen den fehlenden Zugang nicht zu vertreten hat.** ²**In den Fällen des Satzes 1 hat das
Unternehmen durch die vorgelegten Unterlagen zu belegen, dass die von ihm zu erbringende Leistung die angegebenen Anforderungen erfüllt.**

(3) **Eine Konformitätsbewertungsstelle ist eine Stelle, die gemäß der Verordnung (EG)
Nr. 765/2008 des Europäischen Parlaments und des Rates vom 9. Juli 2008 über die Vor-
schriften für die Akkreditierung und Marktüberwachung im Zusammenhang mit der
Vermarktung von Produkten und zur Aufhebung der Verordnung (EWG) Nr. 339/93 des**

---

[14] Diese Kriterien sind identisch mit den „technischen Anforderungen" gem. § 31 Abs. 2 lit. a–d; lediglich der Auffangtatbestand gem. lit. e ist – wohl bewusst – nicht genannt.
[15] Beck VergabeR/*Lampert* Rn. 22.
[16] Beck VergabeR/*Lampert* Rn. 22.
[17] Beck VergabeR/*Lampert* Rn. 24.
[18] Beck VergabeR/*Lampert* Rn. 24. In der der RL 2014/24/EU findet sich keine derartige Unterscheidung; die Begründung des Verordnungsgebers scheint hingegen zu differenzieren, vgl. VgV-Begründung BR-Drs. 87/16, 186.
[19] Nach § 33 Abs. 2 ist hierfür Voraussetzung, dass der Bieter unverschuldet keinen Zugang zu den in § 33 Abs. 1 genannten Bescheinigungen oder keine Möglichkeit hatte, diese innerhalb der einschlägigen Fristen einzuholen.
[20] Ziekow/Völlink/*Trutzel* Rn. 4; *Prieß/Simonis* in KKMPP VgV Rn. 6.

Rates (ABl. L 218 vom 13.8.2008, S. 30) akkreditiert ist und Konformitätsbewertungstätigkeiten durchführt.

Schrifttum: *Halstenberg/Klein,* Neues zu den Anforderungen bei der Verwendung von Normen, Zertifikaten und Gütezeichen in Vergabeverfahren, NZBau 2017, 469.

I. Bedeutung der Norm

1 § 33 regelt als Teilaspekt der Erstellung von Leistungsbeschreibungen Gestaltungsmöglichkeiten für den Auftraggeber in Bezug auf die Anforderung von **Konformitätsnachweisen.** Wie bereits § 8 EG Abs. 3 VOL/A billigt die Vorschrift dem öffentlichen Auftraggeber das Recht zu, qualifizierte Bieterangaben zur **Übereinstimmung** einer angebotenen Leistung mit den Vorgaben der Leistungsbeschreibung zu verlangen. So kann er die Vorlage „**externer**", nicht vom Bieter selbst verfasster Unterlagen fordern, namentlich Bescheinigungen (ggf. benannter) **Konformitätsbewertungsstellen.** Mit diesem Recht korrespondiert die Pflicht des öffentlichen Auftraggebers, neben Bescheinigungen der benannten stets auch Bescheinigungen „gleichwertiger anderer" Konformitätsbewertungsstellen (Abs. 1 S. 2) zu akzeptieren. Lediglich unter den in Abs. 2 genannten Voraussetzungen müssen auch andere als die in Abs. 1 genannten Unterlagen akzeptiert werden. Abs. 3 enthält eine **Legaldefinition** des Begriffs „Konformitätsstelle". § 33 lässt das Leistungsbestimmungsrecht des Auftraggebers unberührt, ebenso seine Verpflichtung zur ordnungsgemäßen Beschreibung der Leistung. Daher kann der Auftraggeber die Leistung nicht allein über den bloßen Verweis auf die Bescheinigung einer Konformitätsbewertungsstelle definieren. Allenfalls kann er Leistungsmerkmale aus solchen Bescheinigungen ableiten.[1]

2 Streitig ist die Frage, bis zu welchem **Zeitpunkt** der Auftraggeber von seiner Befugnis Gebrauch machen kann, die Vorlage von Bescheinigungen einer Konformitätsbewertungsstelle zu verlangen. § 33 regelt dies nicht. Zum Teil wird vertreten, der Auftraggeber müsse bereits in der Auftragsbekanntmachung oder in der Vorinformation bekanntgeben, ob er derartige Bescheinigungen verlangt. Nicht ausreichend sei, dies allein in den Vergabeunterlagen zu fordern. Interessierte Unternehmen müssten frühzeitig die Möglichkeit haben, sich über die geforderten formalen Voraussetzungen der Ausschreibung zu informieren.[2] Dem kann nicht gefolgt werden. Aufgrund des systematischen Zusammenhangs wird es in jedem Fall genügen, den Nachweis in der Leistungsbeschreibung selbst zu fordern. Nach zutreffender Ansicht von *Püstow* wäre es sogar zulässig, die Forderung erst nach Vorliegen der Angebote zu erheben, wenn im Zuge der Angebotsprüfung Zweifel hinsichtlich der Übereinstimmung der angebotenen Leistung mit der Leistungsbeschreibung bestehen.[3]

II. Entstehungsgeschichte

3 § 33 setzt Art. 44 RL 2014/24/EU um. Die Abs. 1 und 2 entsprechen den Abs. 1 UAbs. 1 und 2, bzw. Abs. 2, Abs. 3 entspricht inhaltlich Art. 44 Abs. 1 UAbs. 3 RL 2014/24/EU. Konformitätsbewertungsstellen waren noch nicht Gegenstand der Vergabe-RL 2004; sie bilden somit terminologisches Neuland.[4] Akkreditierte Konformitätsbewertungsstellen gehören zu den Kernelementen der „Neuen Konzeption" zur Verwirklichung der Warenverkehrs-, Dienstleistungs- und Kapitalverkehrsfreiheit im EU-Binnenmarkt.[5] Die Begründung des Verordnungsgebers beschränkt sich dennoch beinahe gänzlich auf die Wiedergabe des Verordnungstextes und den Verweis auf Art. 44 RL 2014/24/EU.[6]

III. Einzelerläuterung

4 **1. Bescheinigung von Konformitätsbewertungsstellen.** Es ist im Grundsatz Sache des Bieters, durch von ihm selbst gewählte, geeignete Mittel und Unterlagen den Nachweis zu erbringen, dass sein Angebot den in der Leistungsbeschreibung geforderten Merkmalen entspricht – soweit dies nach Art der Leistungsbeschreibung erforderlich ist. Davon abweichend räumt Abs. 1 dem Auftraggeber die Möglichkeit ein, von den Wirtschaftsteilnehmern die Vorlage einer Bescheinigung einer Konformitätsbewertungsstelle zu verlangen, aus der die Übereinstimmung der angebotenen Liefer- oder Dienstleistung mit den Vorgaben des Auftraggebers hervorgeht. Beispielhaft benennt

---

[1] Ziekow/Völlink/*Püstow* Rn. 2.
[2] Dieckmann/Scharf/Wagner-Cardenal/*Wagner-Cardenal* Rn. 9.
[3] Ziekow/Völlink/*Püstow* Rn. 3a.
[4] § 8 EG Abs. 3 VOL/A sprach insoweit noch von „anerkannten Stellen", verlangte vom Auftraggeber allerdings auch die Anerkennung von in anderen Mitgliedstaaten ansässigen anerkannten Stellen.
[5] Beck VergabeR/*Lampert* Rn. 3 ff.; vgl. dazu Streinz/*M. Schröder* AEUV Art. 26 Rn. 29.
[6] Vgl. VgV-Begründung BR-Drs. 87/16, 186 f.

Abs. 1 S. 1 Testberichte oder Zertifizierungen; die Aufzählung ist **nicht abschließend**.[7] Das Verlangen nach einer von einer Konformitätsbewertungsstelle ausgestellten Bescheinigung ist nicht an einschränkende Voraussetzungen gebunden, dem Auftraggeber steht ein – ordnungsgemäß auszuübendes – Ermessen zu („kann").

Abs. 1 S. 2 lässt es zu, dass der öffentliche Auftraggeber eine bestimmte Konformitätsbewertungsstelle vorgibt (zB TÜV, VDE etc). Er muss jedoch Bescheinigungen **gleichwertiger** anderer Konformitätsbewertungsstellen ebenfalls akzeptieren. Die Frage, welche Konformitätsbewertungsstellen als „gleichwertig" anzusehen sind, ist anhand von Abs. 3 zu beurteilen (→ Rn. 9). Im Grundsatz wird der öffentliche Auftraggeber alle Konformitätsbewertungsstellen als gleichwertig zu akzeptieren haben, die den Voraussetzungen des Abs. 3 entsprechen. Einen Überblick bietet die „Nando"-Datenbank der Europäischen Kommission (→ Rn. 8).[8] Als generell gleichwertig müssen ferner Konformitätsbewertungsstellen solcher nicht der EU angehörigen Staaten betrachtet werden, mit denen sog. „MRA" (Mutual Recognition Agreements) bestehen, auf deren Grundlage die gegenseitige Anerkennung von Konformitätsbewertungsverfahren erfolgt.[9]

2. Nachweisführung durch andere Unterlagen. Verlangt der öffentliche Auftraggeber eine von einer Konformitätsbewertungsstelle ausgestellte Bescheinigung zur Nachweisführung, so ist dies grundsätzlich für die Wirtschaftsteilnehmer bindend. Nur unter den **einschränkenden** Voraussetzungen des Abs. 2 ist der öffentliche Auftraggeber verpflichtet, auch andere Unterlagen zu akzeptieren. Den Beweis dafür, dass die Voraussetzungen des Abs. 2 vorliegen, hat der Bieter zu führen. Er muss vorbringen, dass er keinen Zugang zu den in Abs. 1 genannten Bescheinigungen oder keine Möglichkeit hatte, diese innerhalb der einschlägigen Fristen einzuholen. Die Unmöglichkeit bezieht sich nach Wortlaut und Sinn der Vorschrift sowohl auf die unmittelbar vom öffentlichen Auftraggeber geforderten als auch auf Bescheinigungen anderer, gleichwertiger Konformitätsbewertungsstellen.[10]

Welche Fristen einschlägig sind, richtet sich nach dem internen Regelwerk der jeweiligen Konformitätsbewertungsstelle. Der öffentliche Auftraggeber wird dies bei der Bemessung der Angebotsfrist zu berücksichtigen haben. Der sich auf Abs. 2 berufende Bieter muss zusätzlich belegen, dass er den fehlenden Zugang nicht zu vertreten hat, das heißt dass ihm noch nicht einmal leichte Fahrlässigkeit gem. § 276 BGB zur Last fällt. Auch in Bezug auf das Verschulden trifft die Beweislast den Bieter.

Sofern die Voraussetzungen des Abs. 2 vorliegen, ist der Wirtschaftsteilnehmer nicht zu einer bestimmten Art der Nachweisführung verpflichtet. Abs. 2 benennt zwar ein technisches Dossier des Herstellers als Beispiel. Tatsächlich bewirkt Abs. 2 jedoch nur die Rückführung auf den oben (→ Rn. 4) bereits benannten Grundsatz, wonach es im Normalfall Aufgabe des Bieters ist, den öffentlichen Auftraggeber durch die Wahl geeigneter Mittel und Unterlagen von der Gleichwertigkeit seiner Leistung zu den Vorgaben der Leistungsbeschreibung zu überzeugen. Abs. 2 S. 2 hat daher allenfalls klarstellende Bedeutung.

3. Definition der Konformitätsbewertungsstelle. Abs. 3 ist die Umsetzung von Art. 44 Abs. 1 UAbs. 3 RL 2014/24/EU. Demnach ist eine Konformitätsbewertungsstelle eine Stelle, die gemäß der Verordnung (EG) Nr. 765/2008 **akkreditiert** ist und die Konformitätsbewertungstätigkeiten durchführt. Die Richtlinie selbst benennt beispielhaft Kalibrierung, Versuche, Zertifizierung und Inspektion als Beispiele für Konformitätsbewertungstätigkeiten. Die nationale Akkreditierungsstelle der Bundesrepublik Deutschland ist die **Deutsche Akkreditierungsstelle GmbH (DAkkS)** mit Sitz in Berlin. Der Bund, die Bundesländer und der Deutsche Industrieverband e. V. (BDI) sind zu je einem Drittel an der DAkkS beteiligt. Die gesetzliche Grundlage für die Tätigkeit der DAkkS ist das Akkreditierungsstellengesetz **(AkkStelleG)**. Gemäß § 1 Abs. 2 AkkStelleG bleibt die in anderen Rechtsvorschriften geregelte Zuständigkeit von Behörden unberührt, Stellen die Befugnis zu erteilen, als Konformitätsbewertungsstelle tätig zu werden. Insbesondere gilt dies für die Bereiche Medizinprodukte, Gendiagnostika, Sicherheitstechnik und Sicherheit in der Informationstechnik sowie Ernährung, Landwirtschaft und Verbraucherschutz einschließlich Lebensmittelsicherheit. (etwa bei Medizinprodukten). Für diese Bereiche existieren zum Teil gesonderte untergesetzliche Bestimmungen, so etwa die Verord-

---

[7] Beck VergabeR/*Lampert* Rn. 15; *Prieß/Simonis* in KKMPP VgV Rn. 1; aA Ziekow/Völlink/*Püstow* Rn. 2 unter Berufung auf die Formulierung von Art. 44 Abs. 1 RL 2014/24/EU. Der Wortlaut von § 33 Abs. 1 ist indes eindeutig. Dass die VgV hier mehr zulässt als die Richtlinie, kann mE nicht als fehlerhafte Umsetzung angesehen werden.

[8] „Nando" steht für „New Approach Notified and Designated Organisations".

[9] Dies sind derzeit (Januar 2021) Australien, Israel, Japan, Kanada, Neuseeland, Schweiz und die USA. Die Auflistung der einzelnen Abkommen findet sich unter http://ec.europa.eu/growth/tools-databases/nando/index.cfm?fuseaction=mra.main (zuletzt abgerufen am 11.8.2021).

[10] § 34 Abs. 5 bezieht die „gleichwertigen Gütezeichen" in gleicher Weise mit ein.

nung über die Anforderungen an und das Verfahren für die Anerkennung von Konformitätsbewertungsstellen im Bereich der elektromagnetischen Verträglichkeit von Betriebsmitteln und im Bereich der Bereitstellung von Funkanlagen (Konformitätsbewertungsstellen-Anerkennungs-Verordnung – AnerkV vom 11.1.2016).

10 Konformitätsbewertungsstellen gibt es in staatlicher und in privater Trägerschaft. Eine Liste der in der Bundesrepublik Deutschland anerkannten Konformitätsbewertungsstellen bietet die „Nando"-Datenbank der Europäischen Kommission.[11]

§ 34 Nachweisführung durch Gütezeichen

(1) Als Beleg dafür, dass eine Liefer- oder Dienstleistung bestimmten, in der Leistungsbeschreibung geforderten Merkmalen entspricht, kann der öffentliche Auftraggeber die Vorlage von Gütezeichen nach Maßgabe der Absätze 2 bis 5 verlangen.

(2) Das Gütezeichen muss allen folgenden Bedingungen genügen:
1. Alle Anforderungen des Gütezeichens sind für die Bestimmung der Merkmale der Leistung geeignet und stehen mit dem Auftragsgegenstand nach § 31 Absatz 3 in Verbindung.
2. Die Anforderungen des Gütezeichens beruhen auf objektiv nachprüfbaren und nichtdiskriminierenden Kriterien.
3. Das Gütezeichen wurde im Rahmen eines offenen und transparenten Verfahrens entwickelt, an dem alle interessierten Kreise teilnehmen können.
4. Alle betroffenen Unternehmen haben Zugang zum Gütezeichen.
5. Die Anforderungen wurden von einem Dritten festgelegt, auf den das Unternehmen, das das Gütezeichen erwirbt, keinen maßgeblichen Einfluss ausüben konnte.

(3) Für den Fall, dass die Leistung nicht allen Anforderungen des Gütezeichens entsprechen muss, hat der öffentliche Auftraggeber die betreffenden Anforderungen anzugeben.

(4) Der öffentliche Auftraggeber muss andere Gütezeichen akzeptieren, die gleichwertige Anforderungen an die Leistung stellen.

(5) Hatte ein Unternehmen aus Gründen, die ihm nicht zugerechnet werden können, nachweislich keine Möglichkeit, das vom öffentlichen Auftraggeber angegebene oder ein gleichwertiges Gütezeichen innerhalb einer einschlägigen Frist zu erlangen, so muss der öffentliche Auftraggeber andere geeignete Belege akzeptieren, sofern das Unternehmen nachweist, dass die von ihm zu erbringende Leistung die Anforderungen des geforderten Gütezeichens oder die vom öffentlichen Auftraggeber angegebenen spezifischen Anforderungen erfüllt.

Schrifttum: *Baumann*, Zertifikate und Gütezeichen im Vergabeverfahren, VergabeR 2015, 367; *Burgi*, Ökologische und soziale Beschaffung im künftigen Vergaberecht: Kompetenzen, Inhalte, Verhältnismäßigkeit, NZBau 2015, 597; *Butzert/Hartenhauer*, Die Etablierung ökologischer, sozialer, innovativer und qualitativer Aspekte im Vergabeverfahren, ZfBR 2017, 129. *Knauff*, Die Verwendbarkeit von (Umwelt-)Gütezeichen in Vergabeverfahren, VergabeR 2017, 553.

Übersicht

	Rn.			Rn.
I. Bedeutung der Norm	1	2.	Bedingungen für das Gütezeichen	7
II. Entstehungsgeschichte	2	3.	Angabe der Anforderungen	14
III. Einzelerläuterung	5	4.	Akzeptanz gleichwertiger Gütezeichen	15
1. Verlangen nach der Vorlage von Gütezeichen	5	5.	Nachweisführung durch andere Belege	16

I. Bedeutung der Norm

1 § 34 ergänzt § 33 und die dort vorgesehene Nachweisführung zum Beleg der Gleichwertigkeit von angebotener und nachgefragter Leistung um einen weiteren Aspekt. Während § 33 die von einer Konformitätsbewertungsstelle ausgestellte Bescheinigung zum Gegenstand hat, sieht § 34 die Nachweisführung durch **Gütezeichen** vor. Die Nachweisführung über Gütezeichen wird zu Recht

---

[11] http://ec.europa.eu/growth/tools-databases/nando/index.cfm?fuseaction=country.notifiedbody&cou_id=276 (zuletzt abgerufen am 11.8.2021).

als Ausdruck der gesetzgeberisch befürworteten „strategischen Beschaffung" angesehen.[1] Der in § 34 umgesetzte Richtlinientext stellt explizit auf die Beschaffung von Leistungen mit spezifischen umweltbezogenen, sozialen oder sonstigen „strategischen", dh nicht unmittelbar aus dem Auftragsgegenstand selbst abgeleiteten Merkmalen ab (vgl. Art. 43 Abs. 1 RL 2014/24/EU; → Rn. 2).[2]

II. Entstehungsgeschichte

§ 34 setzt Art. 43 RL 2014/24/EU um, bei dem es sich seinerseits „in Teilen" um die Kodifizierung der sog. **„Max-Havelaar"**-Rechtsprechung des EuGH handelt.[3] Mit der „Max-Havelaar"-Entscheidung hatte der EuGH im Jahre 2012 erstmals Vorgaben zur Verwendung von Gütezeichen gemacht.[4] Demnach darf ein öffentlicher Auftraggeber zwar umweltbezogene Leistungsanforderungen stellen. Aber der EuGH hielt es für unzulässig, wenn Bieter den Nachweis der Erfüllung dieser Anforderungen nur über die Vorlage bestimmter Zertifizierungen führen können. Vielmehr habe der Auftraggeber die in der Zertifizierung festgelegten Kriterien im Einzelnen zu benennen. Dann sei es Sache der Bieter, nachzuweisen, dass ihr Angebot diesen Kriterien entspricht. Als Nachweis könne die Zertifizierung dienen. Alternative Nachweismöglichkeiten müssten aber zugelassen werden.[5]

Gemäß Erwägungsgrund 75 RL 2014/24/EU sollen öffentliche Auftraggeber, die beabsichtigen, Leistungen mit spezifischen umweltbezogenen, sozialen oder sonstigen Merkmalen zu erwerben, auf bestimmte Gütezeichen Bezug nehmen dürfen. Es sei jedoch von entscheidender Bedeutung, dass die in diesem Zusammenhang gestellten Anforderungen auf der Grundlage objektiv überprüfbarer Kriterien und unter Anwendung eines Verfahrens, an dem sich etwa Regierungsstellen, Verbraucher, Hersteller, Vertriebsunternehmen oder Umweltorganisationen beteiligen könnten, definiert werden. Auch heißt es explizit, dass Bezugnahmen auf Gütezeichen nicht innovationshemmend wirken sollten. Aus diesen Vorgaben erklären sich die vergleichsweise strengen Anforderungen, die § 34 an die Forderung einer Nachweisführung durch Gütezeichen stellt.

Ebenso wenig wie das Verlangen nach der Bescheinigung einer Konformitätsbewertungsstelle kann die Bezugnahme auf ein Gütezeichen die „eigentliche" Leistungsbeschreibung ersetzen (→ § 33 Rn. 1).[6] Im Einklang mit der Max-Havelaar-Rechtsprechung zulässig ist es jedoch, zur Konkretisierung der Vorgaben der Leistungsbeschreibung auf das Gütezeichen zu verweisen. Dabei muss der Auftraggeber die Anforderungen des Gütezeichens nicht bis ins letzte Detail ausformulieren.[7]

III. Einzelerläuterung

1. Verlangen nach der Vorlage von Gütezeichen. Wie auch § 33 stellt Abs. 1 die Ausnahme von der Regel dar, wonach jeder Bieter nach eigener Einschätzung geeignete Unterlagen oder Materialien vorzulegen hat, um die Entsprechung der von ihm angebotenen Leistungen zu den Vorgaben der Leistungsbeschreibung zu belegen. Hiervon abweichend kann der öffentliche Auftraggeber als Beleg die Vorlage von Gütezeichen verlangen. Dies sollte nicht gedankenlos geschehen. Da die Vorgabe den Wettbewerb potenziell einschränkt, sollte sich daraus ein „echter Mehrwert" für die sach- und zielgerechte Prüfung der Leistung ergeben; anderenfalls schadet sich der Auftraggeber nur selbst.[8] Überdies kann die Vorgabe des Gütezeichens ein Vehikel sein, die Grenzen des Leistungsbestimmungsrechts des Auftraggebers unzulässig aufzuweiten.[9] Dies stünde nicht im Einklang mit Erwägungsgrund 75 RL 2014/24/EU. Während § 33 Abs. 1 dem öffentlichen Auftraggeber daher ein weitgehend freies Ermessen dahingehend einräumt, die Vorlage einer Bescheinigung von einer Konformitätsbewertungsstelle zu fordern, muss er hier im besonderen Maße den **Wettbewerbsgrundsatz** gem. § 97 Abs. 1 GWB und den **Grundsatz des freien Warenverkehrs** (Art. 34 AEUV) beachten, insbesondere wenn er nicht marktgängige Gütezeichen vorschreibt.[10] Hat sich der Auftraggeber zulässiger Weise für die Vorgabe eines Gütezeichens entschieden, so ist dies gem. Abs. 1 nur unter den einschränkenden Voraussetzungen der Abs. 3–5 zulässig. Zudem muss das

---

[1] Vgl. *Prieß/Simonis* in KKMPP VgV Rn. 1; ferner *Burgi* NZBau 2015, 597 (602).
[2] Vgl. ferner *Burgi* NZBau 2015, 597 (602).
[3] Vgl. VgV-Begründung BR-Drs. 87/16, 187; ferner *Ziekow/Völlink/Püstow* Rn. 1.
[4] EuGH Urt. v. 10.5.2012 – C-368/10, NZBau 2012, 445 – Max Havelaar.
[5] Vgl. im Weiteren zur Max-Havelaar-Entscheidung *Wegener/Hahn* NZBau 2012, 684 ff.
[6] *Ziekow/Völlink/Püstow* Rn. 3; aA *Evermann* in Müller-Wrede VgV § 34 Rn. 19; Umweltbundesamt, Rechtsgutachten 2019, 63; jurisPK-VergabeR/*Zimmermann* Rn. 2.
[7] Beck VergabeR/*Lampert* Rn. 4, 10; *Ziekow/Völlink/Püstow* Rn. 4.
[8] *Halstenberg/Baumann*, Stadt und Gemeinde 2014, 108; Beck VergabeR/*Lampert* Rn. 12.
[9] *Ziekow/Völlink/Püstow* Rn. 5.
[10] Beck VergabeR/*Lampert* Rn. 12.

Gütezeichen selbst den Anforderungen des Abs. 2 genügen. Dass die vorstehend genannten Voraussetzungen erfüllt sind, ist gem. § 8 zu dokumentieren.

6   Grundvoraussetzung ist bei alldem, dass die Forderung des Auftraggebers überhaupt ein Gütezeichen betrifft. Art. 2 Abs. 1 Nr. 23 RL 2014/24/EU definiert Gütezeichen als „Dokument, Zeugnis oder Bescheinigung, mit dem ... bestätigt wird, dass ein bestimmtes Bauwerk, eine bestimmte Ware, eine bestimmte Dienstleistung, ein bestimmter Prozess oder ein bestimmtes Verfahren bestimmte Anforderungen – die Gütezeichen-Anforderungen" erfüllt. Beispiele sind Umweltzeichen („Blauer Engel" oder „EU Ecolabel"), Fair-Trade Gütezeichen („Fairtrade"-Siegel, „GEPA", „El Puente", „dwp") oder auch Kombinationszeichen, die mehreren Zwecke dienen (zB „natureplus" für Baustoffe, ein Zeichen, das nach eigener Angabe auf den Säulen Klimaschutz, Nachhaltigkeit und Wohngesundheit beruht, das „TCO"-Siegel für IT-Hardware, das ergonomische und ökologische Aspekte berücksichtigt, die FSC-Siegel für Produkte aus Holz und Holzfasern oder bei Textilien das „GOTS"-Zeichen).[11] Es erfüllen nur solche Gütezeichen die Definition des Art. 2 Abs. 1 Nr. 23 RL 2014/24/EU und sind damit solche iSd § 34, die **technische Anforderungen** an die zu erbringende **Leistung** stellen. Nicht darunter fällt die Zertifizierung nach der Normreihe DIN EN ISO 9000 ff. (Qualitätsmanagement), bereits in Ermangelung eines spezifischen Signets; außerdem betrifft das Qualitätsmanagement nicht die konkrete Leistung, sondern die Einführung und Aufrechterhaltung von Strukturen und Verfahren zur Sicherstellung qualitativer Standards in einem Unternehmen. QM-Anforderungen gehören daher zu den **Eignungskriterien**.[12] Dasselbe gilt Zertifizierungen zum Umweltmanagement oder zur Betriebsorganisation (wie etwa das EMAS-Gütesiegel).[13]

7   **2. Bedingungen für das Gütezeichen.** Abs. 2 stellt insgesamt fünf Anforderungen auf, die das vom öffentlichen Auftraggeber vorgesehene Gütezeichen kumulativ zu erfüllen hat. Hinzu kommt als sechste Bedingung, die sich mittelbar aus Abs. 1 bzw. aus Art. 43 Abs. 1 S. 1 RL 2014/24/EU ergibt, dass das Gütezeichen technische – und nicht etwa sonstige, also wirtschaftliche oder finanzielle – Aspekte der Leistung betreffen muss (→ Rn. 1).[14]

8   Gemäß Abs. 2 Nr. 1 müssen **alle** Anforderungen des Gütezeichens einerseits für die Bestimmung der Leistungsmerkmale **geeignet** sein und andererseits mit dem Auftragsgegenstand nach § 31 Abs. 3 **in Verbindung stehen.**[15] Mit dieser Festlegung entspricht der Verordnungsgeber den Anforderungen des EuGH aus der „Max-Havelaar"-Entscheidung, die ebenfalls die Forderung aufstellt, dass zwischen Gütezeichen und Auftragsgegenstand ein Zusammenhang bestehen muss. Die über Abs. 2 Nr. 1 hergestellte Einschränkung steht im Übrigen im Einklang mit Erwägungsgrund 97 RL 2014/24/EU. Danach soll der notwendige Bezug zum Auftragsgegenstand **verhindern,** dass der öffentliche Auftraggeber Kriterien und Bedingungen bezüglich der **allgemeinen Unternehmenspolitik** des Bieters aufstellt, da es sich dabei nicht um einen Faktor handelt, der den konkreten Prozess der Herstellung oder Bereitstellung der beauftragten Leistungen charakterisiert. Insbesondere soll es öffentlichen Auftraggebern **nicht gestattet** sein, von Bietern eine **bestimmte Politik der sozialen oder ökologischen Verantwortung** zu verlangen.

9   Weiterhin in Übereinstimmung mit der „Max-Havelaar"-Rechtsprechung legt Abs. 2 Nr. 2 fest, dass die Anforderungen des Gütezeichens auf **objektiv nachprüfbaren und nicht diskriminierenden Kriterien** beruhen müssen. Dies setzt voraus, dass die betroffenen Wirtschaftsteilnehmer überhaupt ermitteln können, anhand welcher Kriterien das Gütezeichen verliehen wird. Abs. 2 Nr. 2 steht daher im unmittelbaren **Zusammenhang mit Nr. 4,** wonach alle betroffenen Unternehmen Zugang zum Gütezeichen haben müssen. Dies wird in der heutigen Zeit regelmäßig dadurch gewährleistet, dass diejenigen Stellen, welche Gütezeichen verleihen, sowohl die Kriterien als auch den Verfahrensweg **transparent im Internet** darstellen.[16]

10   Nach Abs. 2 Nr. 3 muss das Gütezeichen weiterhin im Rahmen eines **offenen und transparenten Verfahrens** entwickelt worden sein, an dem alle **interessierten Kreise** teilnehmen konnten. Eine Auflistung der potenziell interessierten Kreise bietet Art. 43 Abs. 1 lit. c RL 2014/24/EU. Demnach sind die relevanten interessierten Kreise beispielsweise **staatliche Stellen, Verbraucher, Sozialpartner, Hersteller, Händler und Nichtregierungsorganisationen.** Erwägungsgrund 75 RL 2014/24/EU benennt zusätzlich Vertriebsunternehmen als potenziell interessierte Stelle.

---

[11] Weitere Beispiele bei Voppel/Osenbrück/Bubert/*Voppel* Rn. 6.
[12] Voppel/Osenbrück/Bubert/*Voppel* Rn. 7.
[13] Beck VergabeR/*Lampert* Rn. 15.
[14] Beck VergabeR/*Lampert* Rn. 17.
[15] Dies verlangt der im Übrigen parallel gefasste § 24 UVgO gerade nicht. Hier genügt es, dass die Merkmale zur „Bestimmung der Merkmale der Leistung geeignet sind".
[16] Als Beispiel zu nennen seien hier etwa die sog. „Vergabegrundlagen" für die Erteilung des Umweltzeichens „Blauer Engel" auf der Seite www.blauer-engel.de unter dem Menüpunkt „Für Unternehmen".

III. Einzelerläuterung

In den meisten Fällen geben die verleihenden Stellen von sich aus diejenigen Institutionen an, die das Gütezeichen tragen.

Abs. 2 Nr. 5 verlangt schließlich, dass die Anforderungen von einem sog. **„Dritten"** festgelegt wurden, auf den das Unternehmen, welches das Gütezeichen erwirbt, keinen maßgeblichen Einfluss ausüben konnte. Diese Bestimmung bezweckt die Vermeidung von **Interessenkonflikten** und ist damit Ausfluss des Transparenzgebots sowie des Gleichbehandlungsgrundsatzes. Einzelne Bieter sollen nicht dadurch einen Vorteil erlangen, dass sie maßgeblichen Einfluss auf die Entwicklung eines Gütezeichens nehmen konnten, das als Nachweis iSd Abs. 1 verlangt wird. Erwägungsgrund 75 RL 2014/24/EU enthält die Klarstellung, dass lediglich bestimmte nationale oder Regierungsstellen oder -organisationen in die Festlegung der Anforderungen an Gütezeichen einbezogen werden können, ohne ihren Status als „dritte Partei" zu verlieren. Für Private wird dies in Ansehung des angestrebten Zwecks nicht gelten können.

Um sowohl Unternehmen als auch öffentlichen Auftraggebern die Prüfung zu erleichtern, ob ein bestimmtes Siegel den Anforderungen des Abs. 2 entspricht, hat das BMZ im Rahmen des Projekts „Kompass Nachhaltigkeit" eine Liste von Gütezeichen veröffentlicht, die die Bedingungen des § 34 Abs. 2 erfüllen.[17]

3. Angabe der Anforderungen. Als Ausprägung des Transparenzprinzips ermöglicht Abs. 3 es dem öffentlichen Auftraggeber, auf **einzelne Vorgaben** eines Gütezeichens im Zusammenhang mit der konkreten Auftragsvergabe zu **verzichten.** Das ermöglicht es ihm, ein Gütezeichen zu fordern, das nicht vollständig zu der geforderten Leistung passt.[18] Das Transparenzgebot gebietet es, in den Vergabeunterlagen nach Wahl des Auftraggebers entweder die verbleibenden oder die in Wegfall geratenden Anforderungen nach Art und Umfang konkret zu bezeichnen.[19]

4. Akzeptanz gleichwertiger Gütezeichen. In Übereinstimmung mit der Bestimmung in § 33 Abs. 1 S. 2 muss der öffentliche Auftraggeber anstelle des vorgegebenen Gütezeichens auch **andere Gütezeichen** akzeptieren, sofern diese **gleichwertige Anforderung** an die Leistung stellen. Nach der Begründung des Verordnungsgebers soll dies insbesondere für Gütezeichen gelten, die in einem **anderen Mitgliedsstaat** der Europäischen Union ausgestellt wurden.[20] Die Beweislast dafür, dass die „anderen" Gütezeichen gleichwertige Anforderungen an die Leistung stellen, liegt beim Bieter.[21] Die Verpflichtung des Auftraggebers, „andere" Gütezeichen als die benannten zu akzeptieren, kann im Übrigen nicht dazu führen, dass die **Anforderungen gem. Abs. 2** damit hinfällig werden. Diese müssen vielmehr – **zusätzlich** zu den gleichwertigen Anforderungen an die Leistung – erfüllt sein.

5. Nachweisführung durch andere Belege. Ähnlich wie im Fall des § 33 Abs. 2 muss der öffentliche Auftraggeber unter den in Abs. 5 benannten Voraussetzungen **andere Belege** als die zulässigerweise geforderten Gütezeichen akzeptieren. Ebenso wie bei § 33 Abs. 2 ist Bedingung, dass der Wirtschaftsteilnehmer **keine Möglichkeit** hatte, das vom öffentlichen Auftraggeber angegebene oder ein gleichwertiges Gütezeichen innerhalb einer einschlägigen Frist zu erlangen. Die hierfür ursächlichen Gründe dürfen dem Unternehmen **nicht zugerechnet** werden können. Trotz der zu § 33 abweichenden Formulierung ist unter der „Zurechnung" iSd Abs. 5 ebenfalls ein **Vertretenmüssen** iSd § 276 BGB zu verstehen.[22] Abs. 5 stellt im Weiteren klar, dass sich die Unmöglichkeit, ein Gütezeichen vorzulegen, nicht nur auf das eigentlich geforderte, sondern auch auf jedes gleichwertige Gütezeichen bezieht. Hätte letzteres innerhalb der einschlägigen Frist erlangt werden können, darf sich ein Bieter nicht auf Abs. 5 berufen.

Der öffentliche Auftraggeber muss die anstelle des Gütezeichens vorgelegten Belege nur dann akzeptieren, wenn der Bieter **nachweist,** dass die von ihm zu erbringende Leistung die Anforderungen des geforderten Gütezeichens oder die vom öffentlichen Auftraggeber angegebenen spezifischen Anforderungen erfüllt. Anders als § 33 Abs. 2 S. 2 kommt der Forderung nach einem Nachweis in Abs. 5 eine spezifische Funktion zu. Nach der Begründung des Verordnungsgebers muss ein

---

[17] Der Kompass Nachhaltigkeit ist ein Kooperationsprojekt von Engagement Global gGmbH mit ihrer Servicestelle Kommunen in der Einen Welt (SKEW) und der Deutschen Gesellschaft für Internationale Zusammenarbeit (GIZ) GmbH im Auftrag des Bundesministeriums für wirtschaftliche Zusammenarbeit und Entwicklung (BMZ). Die Liste ist abrufbar unter https://www.kompass-nachhaltigkeit.de/fileadmin/user_upload/Doks_fuer_Guetezeichen-Finder/Konformitaetspruefung_Guetezeichen_mit___34_Abs._2_VgV_.pdf (zuletzt abgerufen am 10.1.2021); das Dokument selbst trägt wohl leider kein Datum.
[18] Beck VergabeR/*Lampert* Rn. 31.
[19] Ziekow/Völlink/*Püstow* Rn. 11.
[20] VgV-Begründung BR-Drs. 87/16, 188.
[21] Beck VergabeR/*Lampert* Rn. 33; Ziekow/Völlink/*Püstow* Rn. 12.
[22] So auch VgV-Begründung BR-Drs. 87/16, 188: „aus Gründen, die er nicht zu vertreten hat".

qualifizierter **Nachweis** zumindest insoweit geführt werden, als eine **reine Eigenerklärung** des Bieters, welche die – nicht weiter belegte – Versicherung enthält, die angebotene Leistung entspreche den Kriterien des Gütezeichens, als **nicht ausreichend** anzusehen ist.[23] Dasselbe wird für die bloße Behauptung gelten müssen, die Leistung entspreche den vom öffentlichen Auftraggeber angegebenen spezifischen Anforderungen.

18 Der in Abs. 5 umgesetzte Art. 43 Abs. 1 UAbs. 4 RL 2014/24/EU benennt als Beispiel für einen anderen geeigneten Nachweis ein technisches Dossier des Herstellers. Warum dies in Abs. 5 – anders als in § 33 Abs. 2 – nicht aufgegriffen wurde, erschließt sich aus der Begründung des Verordnungsgebers nicht.

§ 35 Nebenangebote

(1) ¹Der öffentliche Auftraggeber kann Nebenangebote in der Auftragsbekanntmachung oder in der Aufforderung zur Interessensbestätigung zulassen oder vorschreiben. ²Fehlt eine entsprechende Angabe, sind keine Nebenangebote zugelassen. ³Nebenangebote müssen mit dem Auftragsgegenstand in Verbindung stehen.

(2) ¹Lässt der öffentliche Auftraggeber Nebenangebote zu oder schreibt er diese vor, legt er in den Vergabeunterlagen Mindestanforderungen fest und gibt an, in welcher Art und Weise Nebenangebote einzureichen sind. ²Die Zuschlagskriterien sind gemäß § 127 Absatz 4 des Gesetzes gegen Wettbewerbsbeschränkungen so festzulegen, dass sie sowohl auf Hauptangebote als auch auf Nebenangebote anwendbar sind. ³Nebenangebote können auch zugelassen oder vorgeschrieben werden, wenn der Preis oder die Kosten das alleinige Zuschlagskriterium sind.

(3) ¹Der öffentliche Auftraggeber berücksichtigt nur Nebenangebote, die die Mindestanforderungen erfüllen. ²Ein Nebenangebot darf nicht deshalb ausgeschlossen werden, weil es im Falle des Zuschlags zu einem Dienstleistungsauftrag anstelle eines Lieferauftrags oder zu einem Lieferauftrag anstelle eines Dienstleistungsauftrags führen würde.

Übersicht

	Rn.		Rn.
I. Normzweck	1	VI. Festlegung von Zuschlagskriterien	18
II. Europarechtlicher Hintergrund	3	VII. Preis alleiniges Zuschlagskriterium	21
III. Begriff	8	VIII. Art und Weise der Einreichung von Nebenangeboten	26
IV. Zulässigkeit von Nebenangeboten	10	IX. Ausschluss von Nebenangeboten	28
V. Mindestanforderungen	13	X. Rechtsschutz	32

I. Normzweck

1 Durch die Zulassung von Nebenangeboten soll eine Vielzahl von Lösungsmöglichkeiten – die RL 2014/24/EU spricht wie ihre Vorgängerin von „Varianten" – Eingang in das Vergabeverfahren finden können. Zweck des Ganzen ist Förderung innovativer Ideen sowie der Erhalt wirtschaftlich günstiger Alternativen.

2 Kann der öffentliche Auftraggeber davon ausgehen, dass es für seine zu beschaffende Leistung unterschiedliche bzw. alternative Lösungen gibt, tut er gut daran, Nebenangebote zuzulassen. Er erschließt damit unternehmerisches Potenzial für seine Bedarfsdeckung und erhält Lösungen, die er selbst nicht hätte ausarbeiten können.[1]

II. Europarechtlicher Hintergrund

3 Der öffentliche Auftraggeber kann Varianten nicht nur zulassen, sondern auch vorschreiben.[2] Er muss in der Bekanntmachung aktiv darauf hinweisen. Unterlässt er den Hinweis, sind Varianten unzulässig.

4 Der öffentliche Auftraggeber muss für Varianten Mindestanforderungen festlegen und bekannt machen. Die für den Zuschlag festgelegten Kriterien müssen sowohl auf die die Mindestanforderun-

---

[23] VgV-Begründung BR-Drs. 87/16, 188; s. dazu auch Beck VergabeR/*Lampert* Rn. 34.
[1] BGH Beschl. v. 7.1.2014 – X ZB 15/13, NZBau 2014, 185.
[2] Art. 45 Abs. 1 RL 2014/24/EU.

gen erfüllenden Varianten als auch auf die Hauptangebote anwendbar sein. Varianten, die die Mindestanforderungen nicht erfüllen, können nicht berücksichtigt werden.

Will der öffentliche Auftraggeber Varianten ohne die gleichzeitige Abgabe eines Hauptangebotes zulassen, muss er dies ebenfalls bekannt machen.

Die Varianten müssen mit dem Auftragsgegenstand in Verbindung stehen. Eine zugelassene oder vorgeschriebene Variante darf nicht allein deshalb zurückgewiesen werden, weil sie im Falle ihres Zuschlages entweder zu einem Dienstleistungsauftrag anstatt zu einem Lieferauftrag oder umgekehrt werden würde.

Die noch in der RL 2004/18/EG (Vergabe-RL 2004) enthaltene Regelung, dass Nebenangebote nur bei Aufträgen zulässig sind, die nach dem Kriterium des wirtschaftlich günstigsten Angebots vergeben werden,[3] findet sich in der neuen Richtlinie nicht mehr.

III. Begriff

Ein Nebenangebot wird „neben" einem Hauptangebot abgegeben. Während Hauptangebote den Leistungsanforderungen des öffentlichen Auftraggebers genügen müssen, unterscheidet sich das Nebenangebot dadurch, dass es in technischer, wirtschaftlicher und rechtlicher Hinsicht vom Hauptangebot abweicht.[4] Die Abweichung kann qualitativer oder quantitativer Natur sein.[5]

Angebote mit (gleichwertigen) abweichenden technischen Spezifikationen sind der Sache nach Hauptangebote und gerade keine Nebenangebote.[6] Hier macht der Bieter lediglich einen (gleichwertigen) Alternativvorschlag.

IV. Zulässigkeit von Nebenangeboten

Der öffentliche Auftraggeber kann Nebenangebote zulassen oder vorschreiben. Es liegt demnach im Ermessen des öffentlichen Auftraggebers, ob er ein Nebenangebot zulässt oder gar vorschreibt. Nebenangebote sind nur dann zulässig, wenn der öffentliche Auftraggeber entweder in der Auftragsbekanntmachung (s. § 37 Abs. 1) oder der Aufforderung zur Interessensbestätigung (s. § 38 Abs. 5) darauf hingewiesen hat.

Das Vorschreiben von Nebenangeboten kann Sinn machen, wenn der öffentliche Auftraggeber weiß, dass alternative, vom Hauptangebot bspw. technisch abweichende Lösungsmöglichkeiten existieren und er sich in Bezug auf Innovation aber auch Wirtschaftlichkeit alternative technische oder wirtschaftliche Lösungen offen halten will.

Ohne die Abgabe eines Hauptangebotes sind Nebenangebote zulässig, solange der öffentliche Auftraggeber ein alleiniges Nebenangebot in der Bekanntmachung nicht ausgeschlossen hat[7] oder die Abgabe gemeinsam mit einem Hauptangebot nicht ausdrücklich vorgeschrieben hat.

V. Mindestanforderungen

Lässt der öffentliche Auftraggeber Nebenangebote zu oder schreibt sie vor, muss er in den Vergabeunterlagen (s. § 29) Mindestanforderungen festlegen, denen die Nebenangebote entsprechen müssen. Das Gebot, für Nebenangebote Mindestanforderungen festzulegen, dient der Transparenz, die die Beachtung des Grundsatzes der Gleichbehandlung gewährleisten soll.[8] Öffentliche Auftraggeber sollen sich von vorneherein auf bestimmte Vorgaben für Nebenangebote festlegen müssen, damit erschwert ist, Nebenangebote mit der vorgeschobenen Begründung zurückzuweisen, sie seien gegenüber Ausführungen nach dem Amtsvorschlag (Hauptangebot) minderwertig oder wichen davon unannehmbar ab.[9]

Erforderlich, aber im Interesse der Transparenz auch ausreichend ist, dass den Bietern – neben technische Diversität zulassenden technischen Spezifikationen – als Mindestanforderungen in allgemeinerer Form der Standard und die wesentliche Merkmale deutlich gemacht werden, die eine Alternativausführung aus Sicht der Vergabestelle aufweisen muss.[10] Es kann ausreichend sein, zu fordern, dass das Nebenangebot den Konstruktionsprinzipien und den vom öffentlichen Auftraggeber vorgesehenen Planungsvorgaben entspricht.[11]

---

[3] Art. 24 Abs. 1 Vergabe-RL 2004.
[4] Vgl. OLG Düsseldorf Beschl. v. 2.11.2011 – VII-Verg 22/11, NZBau 2012, 194.
[5] Vgl. OLG Düsseldorf Urt. v. 23.12.2009 – VII-Verg 30/09, BeckRS 2010, 4614.
[6] S. BGH Beschl. v. 7.1.2014 – X ZB 15/13, NZBau 2014, 185.
[7] *Dicks* in KKMPP Rn. 8.
[8] Vgl. EuGH Urt. v. 16.10.2003 – C-421/01, NZBau 2004, 279 – Traunfeller.
[9] BGH Beschl. v. 7.1.2014 – X ZB 15/13, NZBau 2014, 185.
[10] BGH Beschl. v. 7.1.2014 – X ZB 15/13, NZBau 2014, 185.
[11] HK-VergabeR/*Schellenberg* Rn. 10 mwN.

15 Ein pauschaler Rückgriff auf die Anforderungen, die das Leistungsverzeichnis bzw. die Leistungsbeschreibung aufstellt, ist nicht geeignet, da es sich hier gerade um die Anforderungen handelt, die das Hauptangebot erfüllen muss und ein Nebenangebot hiervon typischerweise abweicht.[12]

16 Nebenangebote müssen mit dem Auftragsgegenstand in Verbindung stehen. Sie müssen sich auf den Auftrag beziehen. Dies tun sie, wenn sie sich auf die gemäß dem Auftrag zu erbringenden Bauleistungen, Lieferungen oder Dienstleistungen beziehen[13] und eine ordnungsgemäße (alternative) Leistungserbringung erwarten lassen.

17 Ob neben der Erfüllung der Mindestanforderungen eine Gleichwertigkeit des Nebenangebotes mit dem Hauptangebot vorliegen muss, ist umstritten, dürfte im Ergebnis aber zu verneinen sein. Der EuGH hat diesbezüglich klargestellt, dass gerade die Mindestanforderungen dazu dienen, die Anforderungen zu beschreiben, denen ein Nebenangebot genügen muss. Wird eine Gleichwertigkeit darüber hinaus vom öffentlichen Auftraggeber nicht ausdrücklich verlangt, kann sie nicht Gegenstand einer Angebotsprüfung sein.[14]

VI. Festlegung von Zuschlagskriterien

18 Der öffentliche Auftraggeber muss die Zuschlagskriterien in einer Art und Weise festlegen, dass sie sowohl auf die Haupt- als auch auf die Nebenangebote anwendbar sind.[15] Diese Vorgabe soll sicherstellen, dass zwischen Hauptangeboten und die Mindestanforderungen erfüllenden Nebenangeboten eine vergleichende Wertung möglich ist. Die Zuschlagskriterien sind demnach so zu gestalten, dass sie eine bewertende Beurteilung der Abweichung des Nebenangebotes vom Hauptangebot zulassen.

19 Ist es nach der BGH-Rechtsprechung schon ausreichend, dass bei den Mindestanforderungen die Angabe von Standards und wesentlichen Merkmalen in allgemeinerer Form festgelegt werden (→ Rn. 14), so kommt der Festlegung der Zuschlagskriterien – vor allem deren qualitativen Aspekte – eine besondere Bedeutung im Rahmen des Wettbewerbs und der Gleichbehandlung der Bieter zu.

20 Öffentlichen Auftraggebern ist zu raten, Zuschlagskriterien zu wählen, die sich in besonderer Weise und konkret auf die geforderte Leistung beziehen. Allgemeine Kriterien wie „Qualität" oder „Zweckmäßigkeit" der Leistung sind ohnehin kaum aussagekräftig. Die Bieter müssen einheitlich erkennen können, welche Bedeutung der öffentliche Auftraggeber den einzelnen Kriterien beimisst und wo er in der Bewertung Schwerpunkte setzen will.

VII. Preis alleiniges Zuschlagskriterium

21 Der Zuschlag ist auf das wirtschaftlichste Angebot zu erteilen. Dieses bestimmt sich nach dem besten Preis-Leistungs-Verhältnis (s. § 127 Abs. 1 GWB). Der Preis oder die Kosten sind also ins Verhältnis zum Erfüllungsgrad der geforderten Leistungs- bzw. Zuschlagskriterien zu setzen. Preis oder Kosten sind stets zu berücksichtigen. Auch künftig ist es dem öffentlichen Auftraggeber möglich, auf der Grundlage des besten Preis-Leistungs-Verhältnisses den Zuschlag auf das preislich günstigste Angebot zu erteilen.[16] Dies entspricht den Vorgaben der Richtlinie[17] sowie der europäischen Rechtsprechung.[18]

22 Gleiches soll nach dem Willen des Verordnungsgebers bei der Wertung von Nebenangeboten möglich sein. Allerdings hatte der BGH bereits im Jahr 2014 vor Inkrafttreten der Novellierung des Vergaberechts entschieden, dass die vergaberechtskonforme Wertung von Nebenangeboten, die den vorgegebenen Mindestanforderungen genügen, durch die Festlegung aussagekräftiger, auf den jeweiligen Auftragsgegenstand und den mit ihm zu deckenden Bedarf zugeschnittener Zuschlagskriterien zu gewährleisten ist, die es ermöglichen, das Qualitätsniveau von Nebenangeboten und ihren technisch-funktionalen und sonstigen sachlichen Wert über die Mindestanforderungen hinaus nachvollziehbar und überprüfbar mit dem für die Hauptangebote nach dem Amtsvoraschlag vorausgesetzten Standard zu vergleichen.[19]

23 Es stellt sich also die Frage, ob gleichwohl der Preis als alleiniges Zuschlagskriterium im Rahmen der Angebotswertung zulässig ist. Zwar ist festzustellen, dass die Vorgabe der Vorgängerrichtlinie,

---

[12] S. *Ohlerich* in Gabriel/Krohn/Neun VergabeR-HdB § 26 Rn. 23.
[13] Vgl. Art. 67 Abs. 3 RL 2014/24/EU.
[14] Ausf. zur Gleichwertigkeitsprüfung: *Ohlerich* in Gabriel/Krohn/Neun VergabeR-HdB § 26 Rn. 34.
[15] Art. 45 Abs. 2 S. 2 RL 2014/24/EU.
[16] Vgl. Gesetz zur Modernisierung des VergRModG, BR-Drs. 367/15, Begr. B. Besonderer Teil zu § 127 Abs. 1.
[17] Art. 67 Abs. 2 RL 2014/24/EU.
[18] EuGH Urt. v. 7.10.2004 – C-247/02, ZfBR 2005, 203 – Sintesi; *Dicks* in KKMPP Rn. 18 mwN.
[19] BGH Beschl. v. 7.1.2014 – X ZB 15/13, NZBau 2014, 185.

Nebenangebote sind nur bei Aufträgen zulässig, die nach dem Kriterium des wirtschaftlich günstigsten Angebots vergeben werden, entfallen ist (→ Rn. 7), allerdings hat der BGH seine Entscheidung gar nicht erst mit den Vorgaben der Richtlinie begründet, sondern aus dem allgemeinen Wettbewerbsgrundsatz hergeleitet und eine wettbewerbskonforme Wertung der Nebenangebote als nicht gewährleistet angesehen, wenn für den Zuschlag allein der Preis maßgeblich sein soll.

Dem ist der Verordnungsgeber entgegengetreten und hat beschlossen, Nebenangebote auch 24 dann zuzulassen, wenn der Preis das alleinige Zuschlagskriterium sein soll (§ 35 Abs. 2 S. 3). Gleichsam hat er den Preis oder die Kosten richtlinienkonform auch für Hauptangebote als alleiniges Zuschlagskriterium nicht ausgeschlossen (→ Rn. 21; s. § 127 Abs. 1 S. 3). Damit hat der Gesetz- und Verordnungsgeber im Bereich der Nebenangebote eine Wertungsentscheidung zugunsten der Preiswertung getroffen und den allgemeinen Wettbewerbsgrundsatz an dieser Stelle zurückgestellt.

Ein entsprechender Ausgleich muss allerdings dort, wo der Preis als alleiniges Zuschlagskriterium 25 gelten soll, über die Festlegung der Mindestanforderungen erfolgen, will der öffentliche Auftraggeber nicht das Risiko eingehen, zwar einem preislich günstigsten aber qualitativ schlechteren Nebenangebot den Zuschlag zu erteilen. In diesem Fall wird der öffentliche Auftraggeber auf die Erstellung der Mindestanforderung ein besonderes Augenmerk legen müssen, selbst auf die Gefahr, dass aus den „Mindest"bedingungen „Bedingungen" werden.

VIII. Art und Weise der Einreichung von Nebenangeboten

Der öffentliche Auftraggeber ist verpflichtet anzugeben, in welcher Art und Weise Nebenange- 26 bote einzureichen sind. Hierzu gehört, ob Nebenangebote auch allein eingereicht werden dürfen oder nur in Verbindung mit der Einreichung eines Hauptangebots.

Im Übrigen wird sich die Art und Weise der Einreichung von Nebenangeboten an dem konkre- 27 ten Kommunikationsmittel, welches der öffentliche Auftraggeber für das Vergabeverfahren vorzugeben hat, orientieren müssen.

IX. Ausschluss von Nebenangeboten

Nebenangebote, die die an sie gestellten Mindestanforderungen nicht erfüllen, bleiben unbe- 28 rücksichtigt (s. § 35 Abs. 3 S. 1, § 57 Abs. 2).

Der öffentliche Auftraggeber kann verlangen, dass ein Nebenangebot nur in Verbindung mit 29 einem Hauptangebot eingereicht werden kann. Tut er dies, sind Nebenangebote ohne gleichzeitige Einreichung eines Hauptangebotes nicht zu berücksichtigen.

Das Umgekehrte gilt, wenn der öffentliche Auftraggeber Nebenangebote vorschreibt. In diesem 30 Fall ist das Hauptangebot auszuschließen, wenn nicht gleichzeitig ein Nebenangebot eingereicht wird.[20]

Ein Nebenangebot darf nicht allein deshalb ausgeschlossen werden, nur weil es im Falle des 31 Zuschlags von einem Lieferauftrag zu einem Dienstleistungsauftrag – oder umgekehrt – führen würde.

X. Rechtsschutz

Die Vorgaben zu Nebenangeboten gehören zu denen des Vergabeverfahrens. Verstöße hierge- 32 gen, etwa das Fehlen von Mindestanforderungen in den Vergabeunterlagen bei zugelassenen Nebenangeboten, sind durch die Nachprüfinstanzen überprüfbar.

Ein Anspruch auf Zulassung von Nebenangeboten im Rahmen des Vergabeverfahrens besteht 33 nicht. Ob der öffentliche Auftraggeber Nebenangebote zulässt, entscheidet er selbst.

§ 36 Unteraufträge

(1) ¹Der öffentliche Auftraggeber kann Unternehmen in der Auftragsbekanntmachung oder den Vergabeunterlagen auffordern, bei Angebotsabgabe die Teile des Auftrags, die sie im Wege der Unterauftragsvergabe an Dritte zu vergeben beabsichtigen, sowie, falls zumutbar, die vorgesehenen Unterauftragnehmer zu benennen. ²Vor Zuschlagserteilung kann der öffentliche Auftraggeber von den Bietern, deren Angebote in die engere Wahl kommen, verlangen, die Unterauftragnehmer zu benennen und nachzuweisen, dass ihnen die erforderlichen Mittel dieser Unterauftragnehmer zur Verfügung stehen. ³Wenn ein Bewerber oder Bieter die Vergabe eines Teils des Auftrags an einen Dritten im Wege der

---

[20] Ein ohne ein vorgeschriebenes Nebenangebot eingereichtes Hauptangebot erfüllt nach § 57 Abs. 1 Nr. 1 nicht die vom öffentlichen Auftraggeber vorgeschriebene Form.

Unterauftragsvergabe beabsichtigt und sich zugleich im Hinblick auf seine Leistungsfähigkeit gemäß den §§ 45 und 46 auf die Kapazitäten dieses Dritten beruft, ist auch § 47 anzuwenden.

(2) Die Haftung des Hauptauftragnehmers gegenüber dem öffentlichen Auftraggeber bleibt von Absatz 1 unberührt.

(3) ¹Bei der Vergabe von Dienstleistungsaufträgen, die in einer Einrichtung des öffentlichen Auftraggebers unter dessen direkter Aufsicht zu erbringen sind, schreibt der öffentliche Auftraggeber in den Vertragsbedingungen vor, dass der Auftragnehmer spätestens bei Beginn der Auftragsausführung die Namen, die Kontaktdaten und die gesetzlichen Vertreter seiner Unterauftragnehmer mitteilt und dass jede im Rahmen der Auftragsausführung eintretende Änderung auf der Ebene der Unterauftragnehmer mitzuteilen ist. ²Der öffentliche Auftraggeber kann die Mitteilungspflichten nach Satz 1 auch als Vertragsbedingungen bei der Vergabe anderer Dienstleistungsaufträge oder bei der Vergabe von Lieferaufträgen vorsehen. ³Des Weiteren können die Mitteilungspflichten auch auf Lieferanten, die an Dienstleistungsaufträgen beteiligt sind, sowie auf weitere Stufen in der Kette der Unterauftragnehmer ausgeweitet werden.

(4) Für Unterauftragnehmer aller Stufen gilt § 128 Absatz 1 des Gesetzes gegen Wettbewerbsbeschränkungen.

(5) ¹Der öffentliche Auftraggeber überprüft vor der Erteilung des Zuschlags, ob Gründe für den Ausschluss des Unterauftragnehmers vorliegen. ²Bei Vorliegen zwingender Ausschlussgründe verlangt der öffentliche Auftraggeber die Ersetzung des Unterauftragnehmers. ³Bei Vorliegen fakultativer Ausschlussgründe kann der öffentliche Auftraggeber verlangen, dass dieser ersetzt wird. ⁴Der öffentliche Auftraggeber kann dem Bewerber oder Bieter dafür eine Frist setzen.

Übersicht

	Rn.		Rn.
I. Normzweck	1	VI. Austausch von Unterauftragnehmern beim Vorliegen von Ausschlussgründen	22
II. Europarechtlicher Hintergrund	4	VII. Haftungsverpflichtung des Hauptauftragnehmers	25
III. Unteraufträge	11	VIII. Gesetzliche Verpflichtungen der Unterauftragnehmer	26
IV. Informationsverlangen des öffentlichen Auftraggebers	15	IX. Besondere Mitteilungspflichten des Auftragnehmers	27
V. Eignungsnachweise und Eignungsleihe	19		

I. Normzweck

1   Die Vorschrift des § 36 setzt die Möglichkeit der Unterauftragsvergabe als vergaberechtlich zulässig voraus. Gleiches gilt für die europäische Vergaberichtlinie 2014/24/EU.[1]

2   Anbieter sind nicht immer in der Lage, die geforderte Leistung vollständig mit Bordmitteln zu erbringen. Um fehlende Ressourcen auszugleichen, ist die Unterauftragsvergabe sinnvoll und für Unternehmen oft notwendig, um überhaupt ein Angebot abgeben zu können.[2] Aber auch wirtschaftliche Gründe, etwa eigene Kosten im Betrieb zu reduzieren oder die eigenen Kapazitäten für einen lukrativeren Auftrag einzusetzen, können dazu führen, Teile der Leistung von einem Unterauftragnehmer ausführen zu lassen.

3   Der Erwägungsgrund 32 Vergabe-RL 2004[3] hob die mittelstandsfördernde Wirkung der Vergabe von Unteraufträgen hervor. Durch Bestimmungen über die Unterauftragsvergabe soll nämlich der Zugang kleiner und mittlerer Unternehmen zu öffentlichen Aufträgen verbessert werden. Für die Unterauftragnehmerkandidaten bildet die Mitwirkung oft die einzige Chance, an einem öffentlichen Auftrag beteiligt zu werden.[4]

---

[1]   Nähere Erläuterungen zur Statthaftigkeit der Nachunternehmerschaft *Burgi* NZBau 2010, 593 (596).
[2]   Vgl. *Gabriel* in Gabriel/Krohn/Neun VergabeR-HdB § 16 Rn. 1.
[3]   ABl. 2004 L 134, 114.
[4]   Vgl. *Burgi* NZBau 2010, 593.

II. Europarechtlicher Hintergrund

In Bezug auf die Vergabe von Unteraufträgen setzt die RL 2014/24/EU einzuhaltende Standards. Unterauftragnehmer sollen wie Hauptauftragnehmer die Anforderungen europäischer und nationaler rechtlicher Vorgaben einschließlich geltender Tarifverträge auf dem Gebiet des Umwelt-, Sozial- und Arbeitsrechts einhalten müssen.[5] Darüber hinaus sind Transparenzpflichten ua in Bezug auf eingesetztes Personal zu erfüllen, für deren Einhaltung der Hauptauftragnehmer verantwortlich sein soll. 4

Entsprechend wird der öffentliche Auftraggeber teils zu bestimmten Vorgaben gegenüber dem Hauptauftragnehmer verpflichtet und teils mit verschiedenen Möglichkeiten ausgestattet, erforderliche Informationen zur Unterauftragsvergabe vom künftigen Hauptauftragnehmer einzufordern. Die RL 2014/24/EU sieht vor, dass öffentliche Auftraggeber den Bieter auffordern können, den Teil des Auftrages, den er unter zu vergeben gedenkt, sowie ggf. die Unterauftragnehmer, anzugeben. 5

Spätestens zu Beginn der Auftragsausführung sind bei Bauaufträgen sowie in Bezug auf Dienstleistungsaufträge, die in einer Einrichtung des öffentlichen Auftraggebers auszuführen sind, Name und Kontaktdaten von Unterauftragnehmern zu nennen. Änderungen während der Auftragsausführung sind dem öffentlichen Auftraggeber mitzuteilen. Diese Vorgabe kann von den Mitgliedstaaten im Rahmen der Umsetzung auf Lieferaufträge und andere Dienstleistungsaufträge erweitert werden. 6

Die Mitgliedstaaten können die öffentlichen Auftraggeber anweisen, das Vorliegen von Ausschlussgründen beim Unterauftragnehmer zu prüfen. Liegen zwingende Ausschlussgründe vor, so verlangt der öffentliche Auftraggeber Hauptauftragnehmer den Unterauftragnehmer auszutauschen. Liegen fakultative Ausschlussgründe vor, entscheidet der öffentliche Auftraggeber im Rahmen seines Ermessens, ob er vom Hauptauftragnehmer fordert, den Unterauftragnehmer auszutauschen. 7

Die Richtlinie lässt es zu, dass die Mitgliedstaaten Regelungen zu Direktzahlungen des öffentlichen Auftraggebers an den Unterauftragnehmer vorsehen. 8

Die Mitgliedstaaten können vorsehen, dass öffentliche Auftraggeber auf Wunsch oder darüber hinaus auch ohne Verlangen des Unterauftragnehmers[6] fällige Zahlungen im Zusammenhang mit einem für den öffentlichen Auftrag erbrachten Unterauftrag direkt an den Unterauftragnehmer geleistet werden. Von dieser Umsetzungsmöglichkeit hat der deutsche Verordnungsgeber keinen Gebrauch gemacht. 9

Mit der Umsetzung der neuen europäischen Vergaberichtlinie 2014/24/EU hat der Verordnungsgeber nunmehr unmittelbar die dort enthaltenen Regelungen zur Vergabe von Unteraufträgen[7] weitgehend in der VgV umgesetzt und damit den rechtlichen Rahmen zur Unterauftragsvergabe übersichtlicher gestaltet. 10

III. Unteraufträge

Eine Definition des Begriffs „Unterauftrag" findet sich weder im klassischen noch im Sektorenvergaberecht. Allerdings findet sich eine solche in § 4 Abs. 2 VSVgV.[8] Danach ist ein Unterauftrag ein zwischen einem erfolgreichen Bieter und einem oder mehreren Unternehmen geschlossener entgeltlicher Vertrag über die Ausführung des betreffenden Auftrags oder von Teilen des Auftrags. 11

Ein Unterauftragnehmer ist ein Unternehmen, das sich an der Erbringung der vom öffentlichen Auftraggeber geforderten und vom Auftragnehmer originär geschuldeten Leistung beteiligt und dabei in einem Vertragsverhältnis zum Auftragnehmer, nicht aber zum öffentlichen Auftraggeber steht.[9] 12

Der Begriff des Unterauftragnehmers ist vom reinen Zulieferer, der lediglich Hilfsleistungen erbringt, abzugrenzen. Dies ist in der Praxis nicht immer leicht. Ein Abgrenzungskriterium kann die Leistungsbeschreibung sein. Hier ist festgelegt, welche Leistung in ihren Einzelheiten der öffentliche Auftraggeber vom Auftragnehmer verlangt. Der Inhalt der Leistungsbeschreibung wird zum Vertragsgegenstand (s. § 29 Abs. 1 Nr. 3).[10] Wenn ein Dritter eine Leistung, die sich direkt aus der Leistungsbeschreibung ergibt, übernimmt, ist er in der Regel als Nachunternehmer anzusehen.[11] Lieferanten, 13

---

[5] S. Erwägungsgrund 105 UAbs. 1 RL 2014/24/EU.
[6] Art. 71 Abs. 3 u. 7 RL 2014/24/EU.
[7] Art. 71 RL 2014/24/EU.
[8] Vergabeverordnung für die Bereiche Verteidigung und Sicherheit-VSVgV v. 12.7.2012 (BGBl. 2012 I 1509), zuletzt geändert durch Art. 5 des G v. 12.11.2020 (BGBl. 2020 I 1509).
[9] S. OLG Düsseldorf Beschl. v. 27.10.2010 – VII-Verg 47/10, IBRRS 2010, 4429; Gabriel in Gabriel/Krohn/Neun VergabeR-HdB § 16 Rn. 11 mwN.
[10] Gabriel in Gabriel/Krohn/Neun VergabeR-HdB § 16 Rn. 17.
[11] VK Bund Beschl. v. 26.5.2008 – VK 2-49/08, IBRRS 2008, 2500; vgl. OLG Naumburg Beschl. v. 2.7.2009 – Verg 2/09, BeckRS 2009, 25401.

Verleiher von Personal oder Geräten oder Erbringer sonstiger Hilfsleistungen übernehmen keinen selbständigen Teil der Primärleistung und unterscheiden sich so vom Unterauftragnehmer.[12] Erbringt ein konzernverbundenes Unternehmen einen selbständigen Teil der Leistung, ist es als Unterauftragnehmer einzustufen.[13]

14 Ein weiteres Kriterium kann die vereinbarte Vergütung sein. Nach ergangener Rechtsprechung soll ein Unterauftrag vorliegen, wenn dessen Wert etwa 10% des Gesamtpreises übersteigt.[14] Vorzugswürdig zur Abgrenzung erscheint jedoch das Kriterium der Leistungsbeschreibung bzw. der selbständigen Erbringung eines Teils der Primärleistung.

IV. Informationsverlangen des öffentlichen Auftraggebers

15 Im Rahmen seines Leistungsbestimmungsrechts bestimmt der öffentliche Auftraggeber die Art sowie die Anforderungen an die Leistung, die er beschaffen will. Dementsprechend gestaltet sich sein Informationsbedürfnis. Ihm wird daher das Recht eingeräumt, bereits in der Auftragsbekanntmachung oder den Vergabeunterlagen Unternehmen aufzufordern, mit dem Angebot die Teile, die sie an Dritte zu vergeben beabsichtigen, zu benennen.

16 Darüber hinaus darf er verlangen, soweit den Unternehmen zumutbar, auch die vorgesehenen Unterauftragnehmer zu benennen. Das Verlangen ist zumutbar, wenn es für das weitere Verfahren gerade auf die Benennung ankommt, etwa um die Eignungsprüfung durchführen zu können oder die Zuschlagsentscheidung zu fällen.[15] Ein zu frühes Verlangen der Angaben kann den Bieter unter Umständen unverhältnismäßig belasten.[16]

17 Vor Zuschlagserteilung hat der öffentliche Auftraggeber das Recht von den Bietern, die in die engere Wahl kommen, zu verlangen, die Unterauftragnehmer zu benennen und nachzuweisen, dass ihnen die erforderlichen Mittel tatsächlich zur Verfügung stehen. Denn in diesem Stadium des Vergabeverfahrens muss der öffentliche Auftraggeber abschließend prüfen können, ob die benannten Unterauftragnehmer bzw. deren benannte Mittel tatsächlich zur Verfügung stehen.

18 Die entsprechenden Nachweise sind erst von den in der engeren Wahl befindlichen Bietern, also erst zu einem fortgeschrittenen Zeitpunkt und nicht ins Blaue hinein zu fordern. Dies ermöglicht den Bietern ein ernsthaftes und letztlich dem öffentlichen Auftraggeber zugutekommendes Verhandeln mit den potenziellen Unterauftragnehmern.[17]

V. Eignungsnachweise und Eignungsleihe

19 Da der Unterauftragnehmer anstelle des Hauptauftragnehmers selbstständig Teile der Primärleistung erbringt, muss auch er die entsprechenden Eignungsanforderungen[18] erfüllen.[19] Die Eignungsnachweise sind dann vorzulegen, wenn es vom Verlauf des Verfahrens her erforderlich und zumutbar ist.

20 Ein Nachunternehmerverhältnis wird der Hauptauftragnehmer regelmäßig nur dann begründen, wenn der Nachunternehmer auch tatsächlich selbständige Teile der Primärleistung erbringen soll. Will er lediglich seine in Teilen mangelnde Leistungsfähigkeit ausgleichen, kann es ausreichen, dass er sich im Hinblick darauf auf bestimmte Kapazitäten anderer Unternehmen beruft. In diesen Fällen ist nach § 47 (Eignungsleihe) vorzugehen.

21 Während bei einem Nachunternehmerverhältnis der Nachunternehmer einen konkreten Teil der in der Leistungsbeschreibung festgelegten Leistung selbständig im Rahmen eines Vertragsverhältnisses mit dem Hauptauftragnehmer ausführt, stellt bei der Eignungsleihe ein Dritter lediglich bestimmte Kapazitäten zur Verfügung. Auf das Vertragsverhältnis zwischen dem Hauptauftragnehmer und dem Dritten kommt es dabei nicht an.

VI. Austausch von Unterauftragnehmern beim Vorliegen von Ausschlussgründen

22 Besondere Erwähnung findet die Verpflichtung des öffentlichen Auftraggebers zu prüfen, ob beim Unterauftragnehmer Ausschlussgründe vorliegen.

---

[12] Dieckmann/Scharf/Wagner-Cardenal/*Scharf* Rn. 7 mwN.
[13] OLG München Beschl. v. 15.3.2012 – Verg 2/12, NZBau 2012, 460.
[14] S. OLG Naumburg Beschl. v. 26.1.2005 – 1 Verg 21/04, BeckRS 2005, 01683.
[15] S. OLG München Beschl. v. 22.1.2009 – Verg 26/08, VergabeR 2009, 478.
[16] BGH Urt. v. 10.6.2008 – X ZR 78/07, NZBau 2008, 592.
[17] *Burgi* NZBau 2010, 593 (597).
[18] Geeignet ist ein Unternehmen, welches die durch den öffentlichen Auftraggeber festgelegten Kriterien der Fachkunde/Befähigung sowie der Leistungsfähigkeit in wirtschaftlicher/finanzieller und technischen/beruflichen Hinsicht erfüllt (s. § 122 Abs. 2 GWB) und bei dem keine Ausschlussgründe nach §§ 123, 124 GWB vorliegen (s. § 122 Abs. 1 GWB).
[19] OLG Düsseldorf Beschl. v. 16.11.2011 – Verg 60/11, ZfBR 2012, 179.

Liegen zwingende Ausschlussgründe (§ 123 GWB) beim Unterauftragnehmer vor, so hat der 23
öffentliche Auftraggeber beim Hauptauftragnehmer den Austausch des Unterauftragnehmers zu verlangen. Liegen beim Unterauftragnehmer fakultative Ausschlussgründe (§ 124 GWB) vor, steht es im Ermessen des öffentlichen Auftraggebers, ob er beim Hauptauftragnehmer einen Austausch des Unterauftragnehmers verlangt.

Hintergrund der Vorschrift ist, dass auf den Unterauftragnehmer keine Situation zutreffen 24
soll, die beim Hauptauftragnehmer einen Ausschluss vom Vergabeverfahren zur Folge hätte oder rechtfertigen würde. Damit wird die Übereinstimmung mit den für den Hauptauftragnehmer geltenden Bestimmungen gewährleistet.[20] Der öffentliche Auftraggeber hat bei seiner Entscheidung, ob er beim Hauptauftragnehmer den Austausch eines Unterauftragnehmers fordert, die Regelungen zur Selbstreinigung zu beachten (§ 125 GWB). Würde ein Hauptauftragnehmer aufgrund dieser Vorschrift nicht vom Vergabeverfahren ausgeschlossen, so gilt dies auch für Unterauftragnehmer.

VII. Haftungsverpflichtung des Hauptauftragnehmers

Unabhängig von den vertraglichen Gestaltungen zwischen dem Hauptauftragnehmer und dem 25
Unterauftragnehmer bleibt die Haftung des Hauptauftragnehmers gegenüber dem öffentlichen Auftraggeber vollständig unberührt. Nach § 278 BGB hat er ein Verschulden der Personen, derer er sich zur Erfüllung seiner Verbindlichkeiten bedient, in gleichem Umfang zu vertreten wie eigenes Verschulden.

VIII. Gesetzliche Verpflichtungen der Unterauftragnehmer

Ebenfalls unabhängig von der vertraglichen Gestaltung zwischen Hauptauftragnehmer und 26
Unterauftragnehmer gilt für alle Unterauftragnehmer auf allen Stufen, dass diese alle für sie geltenden rechtlichen Verpflichtungen einzuhalten haben. Insbesondere die Verpflichtung zur Entrichtung von Steuern, Abgaben und Beiträgen zur Sozialversicherung, die Einhaltung der geltenden arbeitsschutzrechtlichen Regelungen sowie die Zahlung von Mindestlöhnen (s. § 128 Abs. 1 GWB).

IX. Besondere Mitteilungspflichten des Auftragnehmers

In bestimmten Fällen kann der öffentliche Auftraggeber ein besonderes Informationsbedürfnis 27
haben. Die ist zB der Fall, wenn Dienstleistungsaufträge in seinen Einrichtungen und unter seiner direkten Aufsicht zu erbringen sind. In Frage kommt beispielsweise die Errichtung von Infrastruktur für spezielle IT-Anlagen. In solchen Fällen dürfte stets ein erhöhtes Sicherheitsinteresse des öffentlichen Auftraggebers gegeben sein, welches automatisch zu einem höheren Informationsbedürfnis führt.

Liegt ein solcher Fall vor, so schreibt der öffentliche Auftraggeber in den Vertragsbedingungen 28
vor, dass der Auftragnehmer spätestens bei Beginn der Auftragsausführung die Namen, die Kontaktdaten und die gesetzlichen Vertreter seiner Unterauftragnehmer mitteilt. Ebenso hat der Auftragnehmer jede Änderung auf der Ebene der Unterauftragnehmer mitzuteilen.

In der Regel ist die VOL/B[21] in den Vertrag einzubeziehen (§ 29 Abs. 2). § 4 Nr. 4 VOL/B 29
sieht vor, dass die Ausführung der Leistung oder wesentlicher Teile davon nur mit vorheriger Zustimmung des Auftraggebers durch den Auftragnehmer an andere übertragen werden darf. Dies ist weniger als in Abs. 3 gefordert. Daher sind die Forderungen regelmäßig zusätzlich über die Vergabeunterlagen in den Vertragsbedingungen vorzugeben.

Es liegt im Ermessen des öffentlichen Auftraggebers, diese Mitteilungspflichten auch auf die 30
Vergabe von Dienstleistungsaufträgen ausweiten, die nicht in einer seiner Einrichtungen unter seiner direkten Aufsicht auszuführen sind. Auch die Ausweitung auf Lieferaufträge ist möglich.

Schließlich können die in den Vertragsbedingungen festzulegenden Mitteilungspflichten auch 31
auf Lieferanten zu Dienstleistungen sowie auf weitere Stufen in der Unterauftragnehmerkette ausgeweitet werden.

Es handelt sich in diesen Fällen um eingeräumtes Ermessen des öffentlichen Auftraggebers. 32
Eine rein willkürliche Ausweitung ist ihm daher verwehrt. Der öffentliche Auftraggeber hat im Falle einer Ausweitung dieser besonderen Mitteilungspflichten entsprechend sein Ermessen fehlerfrei auszuüben. Vor allem hat er dabei den Grundsatz der Verhältnismäßigkeit zu beachten.

---

[20] S. Erwägungsgrund 105 UAbs. 3 RL 2014/24/EU.
[21] Allgemeine Vertragsbedingungen für die Ausführung von Leistungen (VOL/B) in der Fassung der Bekanntmachung v. 5.8.2003 (BAnz. 2003 Nr. 178a).

Unterabschnitt 4. Veröffentlichungen, Transparenz

§ 37 Auftragsbekanntmachung; Beschafferprofil

(1) Der öffentliche Auftraggeber teilt seine Absicht, einen öffentlichen Auftrag zu vergeben oder eine Rahmenvereinbarung abzuschließen, in einer Auftragsbekanntmachung mit. § 17 Absatz 5 und § 38 Absatz 4 bleiben unberührt.

(2) Die Auftragsbekanntmachung wird nach dem Muster gemäß Anhang II der Durchführungsverordnung (EU) 2015/1986 erstellt.

(3) Der öffentliche Auftraggeber benennt in der Auftragsbekanntmachung die Vergabekammer, an die sich die Unternehmen zur Nachprüfung geltend gemachter Vergabeverstöße wenden können.

(4) Der öffentliche Auftraggeber kann im Internet zusätzlich ein Beschafferprofil einrichten. Es enthält die Veröffentlichung von Vorinformationen, Angaben über geplante oder laufende Vergabeverfahren, über vergebene Aufträge oder aufgehobene Vergabeverfahren sowie alle sonstigen für die Auftragsvergabe relevanten Informationen wie zum Beispiel Kontaktstelle, Anschrift, E-Mail-Adresse, Telefon- und Telefaxnummer des öffentlichen Auftraggebers.

Übersicht

	Rn.		Rn.
I. Normzweck	1	b) Abschnitt II: Gegenstand	16
II. Europarechtlicher Hintergrund	3	c) Abschnitt III: Rechtliche, wirtschaftliche, finanzielle und technische Anlagen	29
III. Einzelerläuterungen	4	d) Abschnitt IV: Verfahren	34
1. Auftragsbekanntmachung (§ 37 Abs. 1)	4	e) Abschnitt VI: Weitere Angaben	48
2. Muster zur Auftragsbekanntmachung gem. § 37 Abs. 2	8	3. Benennung der Vergabekammer (§ 37 Abs. 3)	54
a) Abschnitt I: Öffentlicher Auftraggeber	10	4. Einrichtung eines Beschafferprofils (§ 37 Abs. 4)	55

I. Normzweck

1 § 37 regelt den Bekanntmachungsprozess, der durch einen öffentlichen Auftraggeber bei Vergaben oberhalb der EU-Schwellenwerte zu beachten ist und soll Transparenz, Gleichbehandlung und Wettbewerb gewährleisten. Der Unterabschnitt 4 des Abschnittes 2 der VgV ist damit ein wesentlicher Ausfluss des in § 97 Abs. 1 GWB verankerten **Transparenzgrundsatzes,** wonach öffentliche Aufträge und Konzessionen im Wettbewerb und im Wege transparenter Verfahren zu vergeben sind.

2 Der Transparenz werden im Wesentlichen drei Funktionen zugeschrieben: Partizipation des Einzelnen am staatlichen Willensbildungsprozess, Ermöglichung gerichtlicher Kontrolle der staatlichen Entscheidungen sowie Herstellung von Parität zwischen ungleichen Vertragsparteien.[1] Die für ein transparentes Verfahren notwendige **Publizität** wird durch die Bekanntmachungsverpflichtung erreicht.

II. Europarechtlicher Hintergrund

3 Die Bekanntmachungsvorschriften entsprechen inhaltlich **Art. 48–52 RL 2014/24/EU.** Art. 49 RL 2014/24/EU regelt den Bereich der Auftragsbekanntmachung; dieser ist in § 37 umgesetzt. Der in der RL 2014/24/EU verwendete Begriff des „Aufrufs zum Wettbewerb" wurde jedoch bei der Umsetzung in das deutsche Recht nicht übernommen, da der Begriff des Wettbewerbs in § 103 Abs. 6 GWB legal definiert ist.[2]

III. Einzelerläuterungen

4 **1. Auftragsbekanntmachung (§ 37 Abs. 1).** Gemäß § 37 Abs. 1 ist der öffentliche Auftraggeber verpflichtet, seine Absicht einen öffentlichen Auftrag zu vergeben oder eine Rahmenvereinba-

---

[1] S. *Roling*, Transparenz bei der Finanzierung und Genehmigung des straßengebundenen ÖPNV, 2008, 356.
[2] Vgl. BT-Drs. 18/7318, 176. § 103 Abs. 6 GWB: „Wettbewerbe sind Auslobungsverfahren, die dem Auftraggeber aufgrund vergleichender Beurteilung durch ein Preisgericht mit oder ohne Verteilung von Preisen zu einem Plan oder einer Planung verhelfen sollen".

III. Einzelerläuterungen   5–9 § 37 VgV

rung abzuschließen, in einer Auftragsbekanntmachung, die durch das Amt für Veröffentlichungen der Europäischen Union veröffentlicht wird, mitzuteilen. § 37 Abs. 1 gilt grundsätzlich für alle Aufträge und Rahmenvereinbarungen, die nach § 1 dem Anwendungsbereich der Verordnung unterliegen. Für die Vergabe von sozialen und anderen besonderen Dienstleistungen ist ergänzend die Veröffentlichungsregelung in § 66 zu beachten; für die Veröffentlichung eines Planungswettbewerbs greifen die ergänzenden Regelungen in § 70.

Die Bekanntmachungsverpflichtung ist **bieterschützend**,[3] da sie dazu dient, ein transparentes und am Wettbewerbsprinzip orientiertes Vergabeverfahren sicherzustellen. Die Vorschrift ist zB verletzt, wenn die Bekanntmachung vollständig unterbleibt, die Bekanntmachung nur national und nicht – obwohl geboten – EU-weit veröffentlicht wurde oder die nationale Veröffentlichung weitergehende Informationen enthält als die im EU-Amtsblatt.[4] Die Auftragsbekanntmachung stellt damit die erste Leitlinie eines Verfahrens dar. Die Bedingungen der Bekanntmachung sind bindend[5] und können im Falle von Fehlern nur dadurch korrigiert werden, dass eine erneute (Korrektur-)Bekanntmachung unter Berichtigung des Fehlers erfolgt. Mit der EU-weiten Bekanntmachung wird der **territorial weitest gehende Verbreitungsgrad** erreicht, so dass eine zusätzliche Bekanntmachung auf nationaler Ebene zwar zulässig und möglich ist (§ 40 Abs. 3); eine rechtliche Verpflichtung einer zusätzlichen nationalen Veröffentlichung besteht jedoch nicht.[6] Umgekehrt sind aber auch Bieter nicht verpflichtet, bei der Suche nach einer ihrem Leistungsprofil entsprechenden europaweiten Ausschreibung andere Publikationsorgane als das EU-Amtsblatt zu prüfen. Veröffentlicht der öffentliche Auftraggeber entgegen seiner rechtlichen Verpflichtung bei einem Auftrag oberhalb der Schwellenwerte lediglich national, wird der Bieter dadurch in seinen Rechten verletzt.[7]

Die Absendung der Auftragsbekanntmachung an des EU-Amtsblatt und nicht erst der Zeitpunkt der Veröffentlichung markiert den **Beginn des förmlichen Vergabeverfahrens,** da der Zeitpunkt der Veröffentlichung nicht im Einflussbereich des öffentlichen Auftraggebers liegt.[8] Das Datum der Absendung sollte daher im Vergabevermerk dokumentiert werden, da der öffentliche Auftraggeber dieses im Streitfall nachweisen können muss.[9]

Unberührt von der Bekanntmachungspflicht bleibt die Regelung in § 17 Abs. 5, wonach in einem Verhandlungsverfahren ohne Teilnahmewettbewerb keine öffentliche Aufforderung zur Abgabe von Teilnahmeanträgen zu erfolgen braucht.[10] Ebenso unberührt bleibt die Möglichkeit auf die Bekanntmachung zu verzichten, sofern die Voraussetzungen des § 38 Abs. 4 vorliegen.

2. Muster zur Auftragsbekanntmachung gem. § 37 Abs. 2. Nach § 37 Abs. 2 ist der öffentliche Auftraggeber verpflichtet, die Auftragsbekanntmachung anhand des **Musters im Anhang II VO (EU) 2015/1986** zu erstellen. Nur diese ist so abgefasst, dass die Übereinstimmung mit den rechtlichen Anforderungen der RL 2014/24/EU gewährleistet ist.[11] Die Verwendung des EU-Bekanntmachungsformulars ist mithin **zwingend.** Die Vergabestelle darf keine eigenen Vordrucke oder Formulare zur Bekanntmachung gegenüber dem Amt für Veröffentlichungen der Europäischen Union einsetzen.[12] Nur einheitliche Formulare ermöglichen eine zügige und vergleichbare Veröffentlichung im Supplement zum Amtsblatt der EU; diese sind ausschließlich zur elektronischen Verwendung über die Anwendungen eNotices oder einen TED-eSender bestimmt. Die Pflicht zur Verwendung dieses Bekanntmachungsformulars **gilt zudem für sämtliche Verfahrensarten,** mithin unabhängig davon, ob der öffentliche Auftraggeber ein offenes, ein nicht offenes oder ein Verhandlungsverfahren, einen wettbewerblichen Dialog oder eine Innovationspartnerschaft als Verfahrensart wählt. Einzige Ausnahme stellt das Verhandlungsverfahren ohne Teilnahmewettbewerb dar, bei dem sich der Auftraggeber unmittelbar mit der Angebotsaufforderung an die von ihm ausgewählten Unternehmen wenden darf (§ 17 Abs. 5).

Das Muster im Anhang II VO (EU) 2015/1986 setzt sich aus fünf Abschnitten zusammen: Abschnitt I (Öffentlicher Auftraggeber), Abschnitt II Gegenstand, Abschnitt III (Rechtliche, wirtschaftliche, finanzielle und technische Angaben), Abschnitt IV (Verfahren), Abschnitt VI (Weitere

---

[3] Beck VergabeR/*Krohn* Rn. 18 mwN.
[4] Ziekow/Völlink/*Völlink* Rn. 41.
[5] OLG Düsseldorf Beschl. v. 12.12.2007 – VII Verg 34/07.
[6] BayObLG Beschl. v. 4.2.2003 – Verg 31/02, BeckRS 2003, 2434.
[7] Vgl. VK Thüringen Beschl. v. 21.5.2015 – 250-4003-2353/2015-E-003-SON.
[8] OLG Naumburg Beschl. v. 27.9.2016 – 2 VK LSA 16/16; OLG München Beschl. v. 19.9.2018 – Verg 6/18.
[9] → § 40 Rn. 13.
[10] Zu den Möglichkeiten einer freiwilligen Bekanntmachung s. die Kommentierung zu § 40 Abs. 4 → § 40 Rn. 1 ff.
[11] VO (EU) 2015/1986 v. 12.11.2015, ABl. L 296/1, Erwägungsgrund 7.
[12] Statt vieler HK-VergabeR/*Franzius* Rn. 13.

Angaben). Das Fehlen des Abschnitts V ist systemimmanent, da dieser Abschnitt ausschließlich Informationen über die erfolgte Auftragsvergabe enthält und in dem Muster für die Vergabebekanntmachung nach § 39 enthalten ist.

10 **a) Abschnitt I: Öffentlicher Auftraggeber.** In Abschnitt I sind zunächst unter I.1) **Namen und Adresse des öffentlichen Auftraggeber** anzugeben. Davon umfasst sind die offizielle Bezeichnung, Postanschrift, Ort, NUTS-Code, Postleitzahl, Land und Kontaktdaten (Telefon, E-Mail, Fax). Da die elektronische Kommunikation nach § 9 grundsätzlich Vorrang hat, müssen die entsprechenden Eintragungsfelder zwingend ausgefüllt werden. Anzugeben ist zudem – falls vorhanden – die nationale Identifikationsnummer des Auftraggebers. Dies kann im Fall eines privaten Auftraggebers, der gem. § 99 Nr. 4 GWB zur Anwendung des Vergaberechts verpflichtet ist, beispielsweise die vom Bundeszentralamt für Steuern (BZSt) auf Grundlage von § 27a UStG vergebene nationale Umsatzsteuer-Identifikationsnummer sein.[13]

11 In I.2) ist vom öffentlichen Auftraggeber kenntlich zu machen, ob die Auftragsvergabe im Rahmen einer gemeinsamen Beschaffung erfolgen soll. Dies ist der Fall, wenn mehrere öffentliche Auftraggeber ihren Beschaffungsbedarf bündeln und gemeinsam ausschreiben. Davon ist insbesondere bei einer **gelegentlichen gemeinsamen Auftragsvergabe** iSv § 4 Abs. 1 auszugehen. Bei einer gelegentlichen gemeinsamen Auftragsvergabe gem. § 4 Abs. 1 bleibt die Verantwortung für die Einhaltung der vergaberechtlichen Vorgaben bei allen öffentlichen Auftraggebern gemeinsam.[14] Bei einer solchen gemeinsamen Beschaffung ist somit darauf zu achten, dass unter I.1) alle für das Verfahren verantwortlichen öffentlichen Auftraggeber angegeben werden. Schließlich ist unter I.2) auch, sofern es sich um eine gemeinsame Beschaffung von öffentlichen Auftraggebern aus mehreren Mitgliedstaaten handelt, entsprechend der Vorgabe des § 4 Abs. 2 S. 4 das zur Anwendung vorgesehene nationale Vergaberecht eines Mitgliedstaates anzugeben.[15]

12 Soweit von der Möglichkeit der Nutzung einer **zentralen Beschaffungsstelle** Gebrauch gemacht wird, ist dies ebenfalls unter I.2) durch Ankreuzen kenntlich zu machen. Mit der Novelle des Vergaberechts hat der Gesetzgeber in § 120 Abs. 4 GWB als Ausformung der europäischen Vorgaben die Möglichkeit der Bildung von zentralen Beschaffungsstellen geschaffen. Die Schaffung der zentralen Beschaffungsstelle in § 120 Abs. 4 GWB dient der Umsetzung der Art. 37 RL 2014/24/EU und Art. 55 Sektoren-RL. Eine zentrale Beschaffungsstelle ist gemäß der Legaldefinition in § 120 Abs. 4 GWB ein öffentlicher Auftraggeber, der **für andere öffentliche Auftraggeber dauerhaft** Liefer- oder Dienstleistungen beschafft, öffentliche Aufträge vergibt oder Rahmenvereinbarungen abschließt (zentrale Beschaffungstätigkeit). Ist die zentrale Beschaffungsstelle allein und selbständig für die ordnungsgemäß Durchführung des Verfahrens zuständig, ist sie allein als öffentlicher Auftraggeber unter I.1) zu benennen; bleiben die anderen öffentlichen Auftraggeber nach der jeweiligen Konzeptionierung der zentralen Beschaffungsstelle mit verantwortlich, sind wiederum alle unter I.1) aufzuführen. Hintergrund dafür ist, dass für den potenziellen Auftragnehmer frühzeitig klargestellt sein muss, wer der/die Vertragspartner ist/sind, und der Bieter im Falle eines Nachprüfungsantrags entsprechend § 161 Abs. 2 GWB in die Lage versetzt werden muss, den richtigen Antragsgegner zu bezeichnen.

13 I.3) fragt Angaben zur **Kommunikation** zwischen dem Auftraggeber und den Verfahrensbeteiligten ab. Die Vorgaben des europäischen Gesetzgebers zur Verwendung elektronischer Informations- und Kommunikationsmittel bei der Bekanntmachung von Aufträgen wurde in § 41 umgesetzt. Nach Erwägungsgrund 52 RL 2014/24/EU soll die elektronische Übermittlung zum Standard für Kommunikation und Informationsaustausch im Rahmen von Vergabeverfahren werden, da sie die Möglichkeit von Wirtschaftsteilnehmern zur Teilnahme an Vergabeverfahren im gesamten Binnenmarkt stark verbessert. Daher ist hier nun anzugeben, unter welcher Internetadresse die Vergabeunterlagen für einen uneingeschränkten und vollständigen direkten Zugang gebührenfrei entsprechend § 41 Abs. 1 zur Verfügung stehen. Stellt der Auftraggeber die Auftragsunterlagen lediglich eingeschränkt zur Verfügung, liegt ein nur unter § 41 Abs. 2 zulässiger Ausnahmefall vor. In diesem Fall hat der Auftraggeber anzugeben, unter welcher Internetadresse weitere Auskünfte erhältlich sind. Sind hierfür andere Stellen als die angegebene Kontaktstelle des Auftraggebers vorgesehen (wie etwa eine Rechtsanwaltskanzlei), sind diese hier sowie im Anh. A I–III des Formulars anzugeben.

14 Unter I.3) hat der Auftraggeber zudem Angaben über die Art der geforderten **Übermittlung der Angebote oder Teilnahmeanträge** der Bewerber zu machen; deren elektronische Übermittlung seit dem 18.10.2018 entsprechend § 81 zwingend ist. Schließlich hat der Auftraggeber für den

---

[13] Vgl. *Rechten* in KKMPP Rn. 19.
[14] *Fandrey* in KKMPP § 4 Rn. 3.
[15] Dieckmann/Scharf/Wagner-Cardenal/*Dieckmann* § 4 Rn. 10.

Fall, dass er im Rahmen der elektronischen Kommunikation gem. § 12 die Verwendung von alternativen elektronischen Mitteln (Hard- und Software) verlangt, die Internetadresse anzugeben, die einen uneingeschränkten und vollständigen Zugang zu diesen Instrumenten gewährt.

Unter I.4) und I.5) sind Angaben zur **Art des öffentlichen Auftraggebers** (Ministerium, Regional- oder Kommunalbehörde etc) sowie seiner **Haupttätigkeiten** (allgemeine öffentliche Verwaltung, Verteidigung etc) zu machen. Diese Angaben dienen vor allem statistischen Zwecken sowie dazu die Suche nach Aufträgen in der Ausschreibungsdatenbank „Tenders Electronic Daily" (TED) zu erleichtern. 15

b) Abschnitt II: Gegenstand. Abschnitt II umfasst **Angaben zum Auftragsgegenstand.** Die Angaben zum Auftragsgegenstand soll interessierte Unternehmen frühzeitig in die Lage versetzen, zu beurteilen, ob der vorgesehene Auftrag für sie von Interesse ist. Unter II.1) soll zunächst eine **schlagwortartige Auftragsbezeichnung** erfolgen; es handelt sich mithin um den „Titel" des Auftrags. Zusätzlich kann der Auftraggeber die Referenznummer der Bekanntmachung, also zB das eigene verwaltungsinterne Aktenzeichen, angeben. 16

Um eine einheitliche Klassifikation des Auftragsgegenstandes zu ermöglichen, ist neben der rein textlichen Auftragsbeschreibung der einschlägige **CPV-Code** (Common Procurement Vocabulary)[16] anzugeben (II.1.2). Diese Angabe ist zwingend, da sie eine noch bessere Publizität als die rein textliche Beschreibung gewährleisten kann. Bei den CPV-Codes handelt es sich um ein gemeinsames Referenzsystem, welches eine einheitliche Beschreibung des betreffenden Leistungsgegenstand in allen Amtssprachen der Gemeinschaft enthält – gemeinsame Nomenklatur für das öffentliche Auftragswesen. Die CPV-Nomenklatur schafft eine einheitliche Klassifikation für öffentliche Aufträge in der EU. Neben dem Hauptteil ist, sofern zutreffend, der Zusatzteil (VOC-Code) anzugeben. Der Hauptteil beschreibt den Auftragsgegenstand. Er besteht aus acht Ziffern sowie einer Prüfziffer. Der Zusatzteil kann ergänzend zu der näheren Beschreibung des Auftragsgegenstandes genutzt werden. Der öffentliche Auftraggeber hat somit die Möglichkeit, den Auftragsgegenstand anhand dieser Nomenklatur so detailliert wie möglich zu beschreiben. Die Nutzung nicht des einschlägigen, sondern des allgemeineren Codes schadet jedoch nicht, wenn die Auftragsbeschreibung sodann textlich hinreichend genau formuliert ist.[17] 17

Unter II.1.3) sind Angaben zur **Art des Auftrags** (Bau-, Liefer- oder Dienstleistungsauftrag) zu machen. II.1.5) sieht die Angabe des **geschätzten Gesamtwerts** vor. In Ziff. 8 des Anhangs V Teil C RL 2014/24/EU heißt es dazu, dass die geschätzte Gesamtgrößenordnung des/der Auftrags/Aufträge anzugeben ist; bei Unterteilung des Auftrags in mehrere Lose sind diese Informationen für jedes Los anzugeben. Demgegenüber wurde bei der Umsetzung der Richtlinie eine Pflicht zur Nennung des Auftragswertes stets verneint. Die Angabe ist daher nur freiwillig und in der Praxis wird – nicht zuletzt aus taktischen Gründen – davon häufig Abstand genommen. Die Angabe im elektronischen Bekanntmachungsportal eNotices ist folglich ebenfalls nicht zwingend für die weitergehende Befüllung. 18

Unter II.1.6) ist anzugeben, ob eine **losweise Vergabe** erfolgen soll. Maßstab für die Entscheidung des Auftraggebers sind § 97 Abs. 4 GWB sowie § 30. Anzugeben ist, ob Angebote für alle Lose oder für eine begrenzte Anzahl von Losen möglich sind (Loslimitierung). Entsprechend der Maßgabe des § 30 Abs. 1 S. 3 kann der Auftraggeber die Zahl der Lose, die an einen einzelne Bieter vergeben werden dürfen, auf eine Höchstzahl begrenzen. Dies ist dann ebenfalls in der Auftragsbekanntmachung zu vermerken. 19

In II.2) erfolgt eine **nähere Beschreibung des Auftrags.** Unter II.2.1) ist die losspezifische Bezeichnung des Auftrags vorzunehmen; mithin als eine Art „Untertitel" je Los. II.2.4) sieht die Möglichkeit einer ausführlicheren Beschreibung des Auftragsgegenstandes vor. Daraus können interessierte Unternehmen erstmals individuelle Details zum Auftragsgegenstand erfahren. Daher sollten unter der Rubrik II.2.4) der Auftragsgegenstand bzw. die Ziele und Rahmenbedingungenbedingungen möglichst klar beschrieben werden. Sofern die Vergabe in Losen erfolgt, ist die Beschreibung losweise vorzunehmen; sie sollte in II.2.4) also detaillierter und spezifischer als unter II.1.4) sein. Zusätzlich zu dem spezifischen weiteren CPV-Code ist unter II.1.3) der Ort der Leistungserbringung durch den sog. **NUTS-Code** kenntlich zu machen. Dieser setzt sich aus der Abkürzung für den Staat und einer Ortskennzahl zusammen und soll insbesondere eine statistische Auswertung ermöglichen.[18] 20

---

[16] Die CPV-Codes sind abrufbar unter www.simap.europa.eu.
[17] VK Bund Beschl. v. 5.3.2014 – VK 1-8/14: „Der öffentliche Auftraggeber ‚muss' nicht den genau zutreffenden CPV-Code verwenden, er sollte lediglich einen ‚möglichst genauen' Code finden. Der öffentliche Auftraggeber muss den betreffenden Auftrag daher durch eine CPV-Nummer und zusätzlich mithilfe einer verbalen Beschreibung kategorisieren".
[18] Der NUTS-Code ist unter www.simap.europa.eu verfügbar.

21 Unter II.2.5) sind **Angaben zu den Zuschlagskriterien** zu machen. Nach Maßgabe des § 127 GWB wird der Zuschlag auf das wirtschaftlichste Angebot erteilt. Zur Ermittlung des wirtschaftlichsten Angebots kommen neben dem besten Preis-Leistungs-Verhältnis noch andere qualitative, umweltbezogene oder soziale Kriterien in Betracht (§ 127 Abs. 1 S. 3 GWB, § 58 Abs. 2). In Einzelfällen kann aber auch allein der Preis auschlaggebend sein.[19] Nach § 58 Abs. 3 hat der Auftraggeber die Zuschlagskriterien und deren Gewichtung entweder in der Auftragsbekanntmachung oder, sofern der Preis nicht das einzige Zuschlagskriterium ist, in den Vergabeunterlagen anzugeben. Macht der Auftraggeber von letzterer Möglichkeit Gebrauch, ist dies in der Bekanntmachung anzugeben.

22 In II.2.6) sind Angaben zum **(losspezifischen) geschätzten Wert** vorzunehmen. Erfolgt satt einer losweisen Vergabe eine Gesamtvergabe, ist an dieser Stelle der Gesamtwert aus II.1.5) anzugeben. Zur Frage, ob die Angabe obligatorisch ist, siehe dort.

23 In II.2.7) ist die voraussichtliche **Vertragslaufzeit** anzugeben. Wichtig vor dem Hintergrund des § 132 GWB (Vertragsänderungen während der Laufzeit) ist, dass der Auftraggeber an dieser Stelle angibt, ob und wenn ja, welche Verlängerungsmöglichkeiten im Vertrag vorgesehen sind.

24 Soweit die Vergabe nicht in einem offenen Verfahren erfolgt, sind unter II.2.9) Angaben zur **Limitierung der Zahl der Bewerber,** die zur Angebotsabgabe bzw. Teilnahme aufgefordert werden, zu machen. Nach Maßgabe des § 119 Abs. 3 GWB sowie des § 51 Abs. 1 S. 1 fordert der öffentliche Auftragnehmer in den übrigen Vergabearten nach Durchführung eines öffentlichen Teilnahmewettbewerbs eine beschränkte Anzahl an Unternehmen zur Angebotsabgabe auf. Die Grenzen dieser Beschränkung legt § 51 Abs. 2 dahingehend fest, dass die Mindestzahl der aufzufordernden Bewerber im nicht offenen Verfahren bei fünf, im Verhandlungsverfahren, im wettbewerblichen Dialog und der Innovationspartnerschaft bei jeweils drei geeigneten Bewerbern liegt. Eine nachträgliche Beschränkung ist nicht möglich, wenn unter II.2.9) der Bekanntmachung dazu keine Angabe gemacht wurde.[20] Liegt die Zahl der geeigneten Bewerber unter der in § 51 Abs. 2 vorgesehenen Mindestzahl, darf der Auftraggeber das Verfahren auch mit einer geringeren Anzahl geeigneter Bewerbern fortführen (§ 51 Abs. 3 S. 2). Die Angabe von objektiven und nichtdiskriminierenden Auswahlkriterien für die Begrenzung der Bewerber hat gem. § 51 Abs. 1 S. 3 in der Auftragsbekanntmachung oder der Aufforderung zur Interessenbestätigung zu erfolgen. Dementsprechend hat der Auftraggeber in allen Verfahren, in denen er die Vorinformation nicht mit einem Aufruf zum Wettbewerb verbunden hat (§ 38 Abs. 5), unter II.2.9), seine Kriterien zur Eignungsprüfung unter III.1) vollständig zu nennen.

25 Unter II.2.10) hat der Auftraggeber festzulegen, ob **Varianten oder Alternativangebote** zulässig sind. Mit Varianten sind Nebenangebote iSd § 35 gemeint. Macht der Auftraggeber unter II.2.10) keine Angaben, so bringt er damit zum Ausdruck, dass Nebenangebote nicht zugelassen sind (§ 35 Abs. 1 S. 2). Lässt der Auftraggeber in der Auftragsbekanntmachung keine Nebenangebote zu, kann er auch in den Vergabeunterlagen keine Nebenangebote mehr zulassen.[21]

26 In II.2.11) sind vom Auftraggeber Angaben zum Vorliegen von **Optionen** zu machen. Eine Option stellt das Recht des Auftraggebers dar, durch einseitige Erklärung den Vertrag ändern zu können. Wichtig ist die Angabe der vorgesehenen Optionen vor dem Hintergrund des § 132 GWB zu Auftragsänderungen während der Vertragslaufzeit. Zwar gibt § 132 Abs. 2 S. 1 Nr. 1 GWB lediglich vor, dass die Option in den Vergabeunterlagen angelegt gewesen sein musste. Somit lässt sich im Rahmen des § 132 Abs. 2 S. 1 Nr. 1 GWB argumentieren, dass die Angabe nicht zwingend bereits in der Bekanntmachung selbst vorzunehmen war, sonders es ausreicht, wenn diese aus anderen Vergabeunterlagen, wie zB dem Vertrag, zu entnehmen war. Um die größtmögliche Rechtssicherheit für die Wirksamkeit einer Optionsklausel zu erzielen, sollte die Benennung jedoch in der Bekanntmachung erfolgen, da die Option eine Information ist, die für die Entscheidung des Bieters, ein Angebot abzugeben, wesentlich sein kann.[22]

27 Sind Angebote in Form von **elektronischen Katalogen** einzureichen oder müssen die Angebote elektronische Kataloge enthalten, kann der Auftraggeber dies unter II.2.12) angeben. Nach § 120 Abs. 3 GWB ist ein elektronsicher Katalog ein auf der Grundlage der Leistungsbeschreibung erstelltes Verzeichnis der zu beschaffenden Liefer-, Bau- und Dienstleistungen in einem elektronischen Format. Die Verwendung eines solchen Formats dient in erster Linie dazu, Informationen in einer Weise zu gestalten und darzustellen, die für alle teilnehmenden Bieter gleich ist und sich für eine elektronische Bearbeitung anbietet.[23] Die Voraussetzungen für den Einsatz und die Anforderungen

---

[19] VK Bund Beschl. v. 29.9.2016 – VK2-93/16.
[20] So auch *Rechten* in KKMPP Rn. 38.
[21] Beck VergabeR/*Krohn* Rn. 48.
[22] Vgl. *Hausmann/Queisner* NZBau 2016, 619 ff.
[23] Vgl. dazu Erwägungsrund 55 RL 2014/24/EU.

an elektronische Kataloge ergeben sich aus § 27; die Hinweispflicht auf den elektronischen Katalog in der Auftragsbekanntmachung selbst oder in der Aufforderung zur Interessenbestätigung ist in § 27 Abs. 2 niedergelegt.

Unter II.2.13) hat der Auftraggeber anzugeben, ob der zu vergebende Auftrag aus Mitteln der EU finanziert wird. Diese Angabe dient statistischen Zwecken. Schließlich können unter II.2.14) zusätzliche Angaben – limitiert auf 400 Zeichen – gemacht werden.

c) Abschnitt III: Rechtliche, wirtschaftliche, finanzielle und technische Anlagen. Unter III.1) sind die für den konkreten Auftrag geforderten **Teilnahmebedingungen** aufzulisten. Es handelt sich hierbei um die Auflistung der konkreten auftragsspezifischen Eignungskriterien. Nach § 122 GWB sind öffentliche Aufträge an fachkundige und leistungsfähige (geeignete) Unternehmen zu vergeben, die nicht nach § 123 GWB oder § 124 GWB ausgeschlossen sind. Entsprechend der abschließenden Aufzählung der Eignungskriterien in § 122 Abs. 2 GWB und §§ 44–46 hat der Auftraggeber in III.1.1) bis III.1.3) eine Auflistung der Anforderungen an die Befähigung zur Berufsausübung, die wirtschaftliche und finanzielle Leistungsfähigkeit und die technische und berufliche Leistungsfähigkeit vorzunehmen. Verlangt der Auftraggeber gewisse Mindeststandards (zB einen gewissen Mindestumsatz), ist dies ebenfalls anzugeben. Bei der Festlegung von Mindeststandards ist jeweils im Einzelfall zu prüfen, ob diese objektiv geeignet sind, über die Leistungsfähigkeit und Fachkunde eines Wirtschaftsteilnehmers Auskunft zu geben, und ob die Standards an die Bedeutung des betreffenden Auftrags angepasst sind, ohne jedoch über ein vernünftiges Maß hinauszugehen.

Unter III.1.2) und III.1.3) hat der Auftraggeber die Möglichkeit, für die Beschreibung der **Eignungskriterien** auf die weiteren Vergabeunterlagen zu verweisen. Dies widerspricht jedoch den zwingenden Vorgaben des § 122 Abs. 4 S. 2 GWB, denen zufolge die Eignungskriterien in der Auftragsbekanntmachung selbst zu veröffentlichen sind. Es fehlt daher an einer wirksamen Bekanntmachung der geforderten Eignungskriterien, wenn in der Auftragsbekanntmachung lediglich pauschal auf die Auftragsunterlagen verwiesen wird.[24] Sinn und Zweck der Veröffentlichung ist, dass potenzielle Bewerber/Bieter bereits aus der Auftragsbekanntmachung die in persönlicher und wirtschaftlicher Hinsicht gestellten Anforderungen ersehen können, um anhand dieser Angaben zu entscheiden, ob sie sich an der Ausschreibung beteiligen können und wollen. Nur wenn diese Angaben frei zugänglich und transparent sind, können sie diesem Zweck der Auftragsbekanntmachung gerecht werden.[25] Auch ein Link in der Bekanntmachung, der nur auf eine Plattform der Vergabestelle mit mehreren laufenden Vergabeverfahren führt, ist nicht ausreichend.[26]

Die unter III.1.5) mögliche Angabe zu **vorbehaltenen Aufträgen** erfolgt unter der Maßgabe des § 118 GWB. Danach können Auftraggeber das Recht zur Teilnahme an Vergabeverfahren Werkstätten für Menschen mit Behinderung und Unternehmen vorbehalten, deren Hauptzweck die soziale und berufliche Integration von Menschen mit Behinderung oder von benachteiligten Personen ist, oder bestimmen, dass öffentliche Aufträge im Rahmen von Programmen mit geschützten Beschäftigungsverhältnissen durchzuführen sind. Voraussetzung ist, dass mindestens 30 Prozent der in diesen Werkstätten oder Unternehmen Beschäftigten Menschen mit Behinderung oder benachteiligte Personen sind.

Unter III.2) können Bedingungen für den Auftrag genannt werden. Der Auftraggeber hat ein weites Auswahlermessen hinsichtlich der Frage, ob er besondere **Ausführungsbedingungen** festlegen möchte, und in Bezug auf die nachgelagerte Frage, wie die Bedingungen ausgestaltet werden sollen. Dabei sind Angaben zu einem besonderen Berufsstand nur für Dienstleistungsverträge möglich (III.2.1). Unter III.2.2) kann der Auftraggeber Bedingungen für die Ausführung des Auftrags festlegen. Werden derartige Bedingungen genannt, müssen diese zwingend in die Auftragsbekanntmachung oder die Vergabeunterlagen aufgenommen werden (§ 128 Abs. 2 S. 2 GWB). Das Unterlassen der Bekanntgabe besonderer Ausführungsbedingungen kann zu einem Verstoß gegen das Transparenzprinzip führen. Beispielhaft und nicht abschließend nennt § 128 Abs. 2 S. 3 GWB Beschaffungskriterien, die insbesondere wirtschaftliche, innovationsbezogene, umweltbezogene, soziale und beschäftigungspolitische Belange oder den Schutz der Vertraulichkeit von Informationen umfassen. Auftragsbedingungen müssen allerdings mit dem Auftragsgegenstand im Zusammenhang stehen. Weitere Bedingungen können vom Auftraggeber geforderte Kautionen oder Sicherheiten für die Auftragsausführung sein.

Schließlich kann der Auftraggeber unter III.2.3) Bedingungen für das zur Ausführung des Auftrags verantwortliche Personal in der Form festlegen, dass Name und berufliche Qualifikation

---

[24] OLG München Beschl. v. 25.2.2019 – Verg 11/18.
[25] OLG Düsseldorf Beschl. v. 11.7.2018 – Verg 24/18.
[26] OLG München Beschl. v. 25.2.2019 – Verg 11/18.

des ausführenden Personals anzugeben sind. Inhaltliche Anforderungen an technische und berufliche Leistungsfähigkeit des Personals können unter III.1.3) festgelegt werden.

34 **d) Abschnitt IV: Verfahren.** Unter Abschnitt IV. sind sämtliche Informationen zur einschlägigen **Verfahrensart** zu machen. Unter IV.1.1) hat der Auftraggeber zunächst anzugeben, welche Verfahrensart er gewählt hat. Die abschließende Auflistung der Verfahrensarten orientiert sich an § 119 GWB (§ 14). Entscheidet sich der Auftraggeber im offenen Verfahren, im nichtoffenen Verfahren oder im Verhandlungsverfahren jeweils für ein beschleunigtes Verfahren, hat er dafür bereits in der Bekanntmachung eine Begründung anzugeben.

35 Unter IV.1.3)[27] gibt der Auftraggeber an, ob die Bekanntmachung den Abschluss einer Rahmenvereinbarung (§ 21) oder die Einrichtung eines dynamischen Beschaffungssystems (§§ 22–24) betrifft.

36 **Rahmenvereinbarungen** sind gem. § 103 Abs. 5 GWB Vereinbarungen zwischen einem oder mehreren öffentlichen Auftraggebern oder Sektorenauftraggebern und einem oder mehreren Unternehmen, die dazu dienen, die Bedingungen – insbesondere in Bezug auf den Preis – für die öffentlichen Aufträge, die während eines bestimmten Zeitraums vergeben werden sollen, festzulegen. Erfolgt der Abschluss einer Rahmenvereinbarung mit nur einem Wirtschaftsteilnehmer, gelten die inhaltlichen Voraussetzungen des § 21 Abs. 3. Bei einem Vertragsschluss mit mehr als einem Unternehmen werden die Einzelaufträge nach Maßgabe des § 21 Abs. 4 vergeben. Soll die Laufzeit der Rahmenvereinbarung vier Jahre übersteigen, sind die Gründe ebenfalls mitzuteilen.

37 Unter einem **dynamischen Beschaffungssystem** ist gem. § 120 Abs. 1 GWB ein zeitlich befristetes, ausschließlich elektronisches Verfahren zur Beschaffung marktüblicher Leistungen, bei denen die allgemein auf dem Markt verfügbaren Merkmale den Anforderungen des öffentlichen Auftraggebers genügen, zu verstehen. Betrifft die Bekanntmachung die Einrichtung eines dynamischen Beschaffungssystems ist dies in der Bekanntmachung anzugeben.

38 Soll ein Verhandlungsverfahren (§ 17 Abs. 11) oder ein wettbewerblicher Dialog (§ 18 Abs. 6) in aufeinanderfolgenden Phasen ablaufen, um die **Zahl** der zu erörternden Lösungen und zu verhandelnden Angebote **schrittweise zu verringern,** ist das unter IV.1.4) anzugeben.

39 Behält der Auftraggeber sich entsprechend § 17 Abs. 12 die Möglichkeit vor, den Auftrag auf der Grundlage des **Erstangebots ohne Verhandlungen** zu vergeben, hat er dies unter IV.1.5) kenntlich zu machen. Macht der Auftraggeber nicht in der Auftragsbekanntmachung oder der Aufforderung zur Interessensbestätigung kenntlich, dass er sich diese Möglichkeit vorbehalten will, kann der Bieter davon ausgehen, dass über sein Angebot verhandelt wird und er im Nachgang der Verhandlungen gegebenenfalls ein überarbeitetes Angebot abgeben kann.[28]

40 Entscheidet sich der Auftraggeber für die Durchführung einer **elektronischen Auktion,** ist dies unter IV.1.6) anzukreuzen und etwaige zusätzliche Angaben zu machen. Eine elektronische Auktion ist gem. § 120 Abs. 2 GWB ein sich schrittweise wiederholendes Verfahren zur Ermittlung des wirtschaftlichsten Angebots. Die inhaltlichen Voraussetzungen zur Durchführung einer elektronischen Auktion ergeben sich aus § 26. Im Bekanntmachungsmuster kann der Auftraggeber weitere Angaben zu der Auktion machen. Die weiteren in § 26 Abs. 2 genannten Angaben sind hingegen erst zwingend in den Vergabeunterlagen anzugeben und nicht bereits in der Bekanntmachung.

41 Unter IV1.8)[29] hat der Auftraggeber – überwiegend aus statistischen Zwecken – anzugeben, ob der Auftrag unter das **Beschaffungsübereinkommen** fällt. Es handelt sich dabei um das Übereinkommen für das öffentliche Beschaffungswesen (Agreement on Government Procurement -GPA), welches Teil des WTO-Vergaberechts ist.[30] Da das Abkommen im Wesentlichen mit dem Anwendungsbereich des EU-Vergaberechts übereinstimmt, fallen darunter alle öffentlichen Auftragsvergaben, nicht jedoch Vergaben von subventionierten privaten Auftraggebern nach § 99 Nr. 4 GWB

42 Sofern eine **frühere Bekanntmachung desselben Auftrags** vorliegt, ist die Bekanntmachungsnummer unter VI.2.1) einzutragen. Dies betrifft zum einen etwa die Vorinformationen nach § 38. Wurde die Vorinformation im Rahmen eines Beschafferprofils veröffentlicht, ist auf die Bekanntmachung dieser Veröffentlichung gem. § 38 Abs. 2 S. 2 hinzuweisen. Ob auch die Bekanntmachungen eines etwaigen vorangegangenen aufgehobenen Verfahrens angegeben werden müssen, ist umstritten.[31]

---

[27] Ziff. IV.1.2 betrifft Angaben zu Wettbewerben und ist Teil des Standardformulars Wettbewerbsbekanntmachungen.
[28] S. auch OLG Brandenburg Beschl. v. 16.2.2012 – Verg W 1/12.
[29] Ziff. IV.1.7 betrifft die Benennung von bereits ausgewählten Teilnehmern an einem nicht offenen Verfahren und ist Teil des Standardformulars Wettbewerbsbekanntmachungen.
[30] Übereinkommen über das öffentliche Beschaffungswesen im Anhang 4 des Übereinkommens zur Errichtung der Welthandelsorganisation.
[31] Vgl. Beck VergabeR/*Krohn* Rn. 71 mwN.

Unter IV.2.2) ist die **Frist zum Eingang der Angebote beziehungsweise Teilnahmean-** 43
träge unter Angabe von Tag und Ortszeit einzutragen. Bei der Festlegung der Fristen sind die verfahrensspezifischen Regelungen zu beachten. Im offenen Verfahren legt § 15 Abs. 2 eine Mindestfrist von 35 Tagen für den Angebotseingang fest. Für das nicht offenen Verfahren gilt eine Frist von mindestens 30 Tagen für den Eingang der Teilnahmeanträge (§ 16 Abs. 2) und eine Angebotsfrist von mindestens 30 Tagen (§ 16 Abs. 5). Nach § 17 Abs. 2 muss die Frist für den Eingang der Teilnahmeanträge im Verhandlungsverfahren mindestens 30 Tage betragen, gerechnet ab dem Tag der Absendung der Auftragsbekanntmachung. Aus Dringlichkeitsgründen, die die Einhaltung der Mindestfristen unmöglich machen, kann der Auftraggeber die Fristen verkürzen. Ebenfalls möglich ist die Fristverkürzung durch eine veröffentliche Vorinformation (§ 38). Entsprechende Fristenregelungen für den Wettbewerblichen Dialog und die Innovationspartnerschaft ergeben sich aus § 18 Abs. 3, 4 sowie § 19 Abs. 3. Bei den genannten Fristen handelt es sich lediglich um Mindestfristen. Grundsätzlich sind bei der Festlegung der Fristen nach § 20 die Komplexität der Leistung und die Zeit für die Ausarbeitung der Angebote angemessen zu berücksichtigen.

Unter IV.2.3) ist der Zeitpunkt anzugeben, zu dem die ausgewählten Bieter **voraussichtlich** 44
zur Angebotsabgabe aufgefordert werden sollen. Da es sich lediglich um einen voraussichtlichen Termin handelt, ist diese Angabe nicht verbindlich. Bieter könne bei Nichteinhaltung des genannten Datums keine Ansprüche herleiten.

Unter IV.2.4) sind die **Sprachen** anzugeben, in denen Angebote oder Teilnahmeanträge eige- 45
reicht werden können. Eine Beschränkung auf die Landessprache stellt in der Regel keine Diskriminierung dar.[32]

Zudem hat der Auftraggeber unter IV.2.6) den Geltungszeitraum für eingehenden Angebote 46
(die sog. **Bindefrist**) festzulegen.[33]

Schließlich sind unter IV.2.7) Tag, Ortszeit und Ort der Angebotsöffnung anzugeben. Diese 47
Angaben werden lediglich dann Auswirkungen auf die Entscheidung der Bieter an einer Verfahrensteilnahme haben, wenn zum Eröffnungstermin Dritte zugelassen werden. Nach § 55 Abs. 2 sind Bieter nicht zuzulassen.

e) Abschnitt VI: Weitere Angaben. Unter VI.1) ist anzugeben, ob es sich um einen **wieder-** 48
kehrenden Auftrag iSd § 3 Abs. 10 handelt. Ein wiederkehrender Auftrag liegt vor, wenn der Auftragsgegenstand im Umfang bzw. seiner Laufzeit limitiert ist, die Leistung jedoch auch nach Beendigung des Auftrags weiter erforderlich ist.

Sofern der Auftraggeber Aufträge elektronisch erteilt, die **elektronische Rechnungsstellung** 49
akzeptiert oder Zahlung auf elektronische Weise durchführt, hat er dies unter VI.2) anzugeben. Entsprechende gesetzliche Pflichten sieht das Vergaberecht nicht vor. § 9 legt lediglich den Grundsatz der elektronischen Kommunikation für das Senden, Empfangen, Weiterleiten oder Speichern von Daten fest.

Optional sind unter VI.3) andere zusätzliche Angaben, wie weiterführende Hinweise im Internet 50
oder auf das Beschafferprofil des Auftraggebers möglich.

Besondere Bedeutung haben die unter VI.4) vorgesehenen Angaben zu Rechtsschutzmöglich- 51
keiten. Hier ist zunächst unter VI.4.1) die zuständige **Nachprüfungsbehörde** mitsamt Kontaktinformationen anzugeben. Diese Pflichtangabe ergibt sich explizit aus § 37 Abs. 3.

Von besonderer Bedeutung sind die unter VI.4.3) anzugebenden **Rechtsbehelfsfristen.** Zu 52
beachten ist, dass die in § 160 Abs. 3 S. 1 Nr. 4 GWB normierte 15-tägige Ausschlussfrist lediglich dann zu laufen beginnt, wenn die Unternehmen in der Bekanntmachung genau darüber informiert worden sind.[34] Aus diesem Grund muss der Auftraggeber bereits in der Bekanntmachung einen Hinweis aufnehmen, aus dem hervorgeht, dass ein Nachprüfungsverfahren nur binnen 15 Kalendertage nach Erhalt einer zurückgewiesenen Rüge eingeleitet werden kann. Fehlt eine präzise Angabe, kann sich der Auftraggeber selbst bei Ablauf der 15-Tages-Frist nicht auf die Präklusionsfrist berufen. Der öffentliche Auftraggeber muss demgegenüber nicht darauf hinweisen, dass ein Nachprüfungsantrag unzulässig ist, wenn der erkannte Vergaberechtsverstoß nicht rechtzeitig gerügt wurde.[35] Es empfiehlt sich dennoch die in § 160 GWB genannten Rügefristen (§ 160 Abs. 3 S. 1 Nr. 1–3 GWB) sowie die Frist des § 135 Abs. 2 GWB zur Beantragung der Feststellung der Unwirksamkeit einer

---

[32] Vgl. dazu *Rechten* in KKMPP Rn. 67.
[33] S. zur Frage einer „angemessenen" Bindefrist zB VK Schleswig-Holstein Beschl. v. 14.3.2012 – VK-SH 3/12.
[34] OLG Düsseldorf Beschl. v. 12.6.2013 – VII-Verg 7/13; OLG München Beschl. v. 12.5.2011 – Verg 26/10; OLG Celle Beschl. v. 4.3.2010 – 13 Verg 1/10, VergabeR 2010, 653 (657). Diese Auffassung wird von den Vergabekammern überwiegend geteilt: VK Brandenburg Beschl. v. 27.5.2011 – VK 13/11; VK Mecklenburg-Vorpommern Beschl. v. 28.2.2012 – 2 VK 08/11; VK Lüneburg Beschl. v. 26.11.2012 – VgK-40/2012; VK Sachsen Beschl. v. 19.4.2012, 1/SVK/009-12; VK Sachsen Beschl. v. 11.12.2009 – 1/SVK/054/09.
[35] OLG München Beschl. v. 19.9.2018 – Verg 6/18.

Zuschlagserteilung sowie die Reaktionsfristen nach § 169 Abs. 4 GWB in die Bekanntmachung aufzunehmen. Schließlich kann unter VI.4.4) die Stelle angegeben werden, die Auskünfte über die Einlegung von Rechtsbehelfen erteilt. Dies können die Vergabekammern der Länder oder die jeweiligen Auftragsberatungsstellen sein.

53 Abschließend ist unter VI.5) der Absendungstag der Bekanntmachung anzugeben. Die Übermittlung der Bekanntmachung erfolgt durch elektronische Übermittlung mittels eNOTICES oder mittels TED-eSender.[36] Der Tag der Absendung der Bekanntmachung ist vergaberechtlich relevant, weil mit diesem Datum das Vergabeverfahren beginnt.[37] Ab dem Tag nach der Absendung der Auftragsbekanntmachung beginnt der Lauf der Teilnahme- und Angebotsfristen (vgl. § 15 Abs. 2, 3, § 16 Abs. 2, 3 und § 17 Abs. 2, 3, § 18 Abs. 3, § 19 Abs. 3). Zudem ist der Zeitpunkt gem. § 3 Abs. 3 maßgeblich für die Bestimmung des Auftragswerts.

54 **3. Benennung der Vergabekammer (§ 37 Abs. 3).** § 37 Abs. 3 verpflichtet den Auftraggeber, in der Auftragsbekanntmachung die Vergabekammer zu benennen, an die sich die Unternehmen zur Nachprüfung geltend gemachter Vergabeverstöße wenden können. Wird die zuständige Vergabekammer nicht oder unzutreffend angegeben, kann ein Bieter hierdurch in seinen Rechten nach § 97 Abs. 6 GWB betroffen sein. Es fehlt allerdings an einem Rechtsschutzinteresse, wenn der Bieter dennoch bei der zuständigen Vergabekammer rechtzeitig, mithin vor wirksamer Erteilung des Zuschlags, ein Nachprüfungsverfahren einleiten konnte. Im Grundsatz gilt: Für dem Bund zuzurechnende Aufträge ist die VK Bund zuständig, für den Ländern zuzurechnende Aufträge die jeweiligen Vergabekammern der Länder (§ 156 Abs. 1 GWB).[38] Eine unzutreffende Angabe kann die Zuständigkeit einer Vergabekammer nicht begründen.

55 **4. Einrichtung eines Beschafferprofils (§ 37 Abs. 4).** Nach § 37 Abs. 4 kann der Auftraggeber im Internet ein sog. Beschafferprofil einrichten. Bei dem Beschafferprofil handelt es sich um einen Internetauftritt, auf dem der Auftraggeber Informationen zu beabsichtigten oder laufenden Auftragsvergaben veröffentlichen kann. Die Nutzung eines Beschafferprofils ist freiwillig. Die Veröffentlichung einer Ausschreibung auf dem Beschafferprofil ersetzt jedoch nicht die reguläre EU-weite Bekanntmachung, wie sich bereits aus der Formulierung „zusätzlich" in § 37 Abs. 4 S. 1 ergibt.

56 Die in § 37 Abs. 4 genannten möglichen Inhalte des Beschafferprofils (Veröffentlichung Vorinformation, Angaben über Verfahren, Kontaktdaten etc) gehen zurück auf den Anhang VIII Nr. 2 lit. b RL 2014/24/EU. Die Aufzählung von möglichen Angaben in § 37 Abs. 4 ist nicht abschließend, so dass der Auftraggeber auch weitere Informationen zu den Aufträgen aufnehmen kann. Verweist das Beschafferprofil auf eine laufende unionsweite Ausschreibung ist jedoch darauf zu achten, dass die Angaben im Beschafferprofil nicht von den Angaben im EU-Amtsblatt abweichen. Zulässig ist es jedoch, wenn der Auftraggeber in der EU-Bekanntmachung auf weiterführende Angaben im Beschafferprofil verweist.[39] Zudem ist § 40 Abs. 3 zu beachten, dh die Veröffentlichung im Beschafferprofil darf erst nach Veröffentlichung der EU-Bekanntmachung oder 48 Stunden nach Bestätigung über den Eingang der Bekanntmachung durch das Amt für Veröffentlichungen der Europäischen Union erfolgen; für verteidigungs- und sicherheitsspezifische öffentliche Aufträge nach § 104 Abs. 1 GWB ist gem. § 18 Abs. 5 S. 1 VSVgV bzw. § 12 VS Abs. 2 Nr. 6 S. 2 VOB/A der Tag der Absendung der Bekanntmachung an das Amt für Veröffentlichungen der Europäischen Union der früheste Zeitpunkt einer parallelen nationalen Bekanntmachung. Hierdurch soll ein zeitlicher Vorsprung inländischer Bieter verhindert bzw. begrenzt werden.[40]

§ 38 Vorinformation

(1) Der öffentliche Auftraggeber kann die Absicht einer geplanten Auftragsvergabe mittels Veröffentlichung einer Vorinformation nach dem Muster gemäß Anhang I der Durchführungsverordnung (EU) 2015/1986 bekanntgeben.

(2) Die Vorinformation kann an das Amt für Veröffentlichungen der Europäischen Union versandt oder im Beschafferprofil veröffentlicht werden. Veröffentlicht der öffentliche Auftraggeber eine Vorinformation im Beschafferprofil, übermittelt er die Mitteilung die-

---

[36] Art. 6 VO (EU) 2015/1986 der Kommission v. 11.11.2015.
[37] VK Südbayern Beschluss v. 26.11.2002 – 46-11/02.
[38] Zur Abgrenzung der Zuständigkeit der Vergabekammern s. Kommentierung zu § 159 GWB → GWB § 159 Rn. 1 ff.
[39] *Rechten* in KKMPP Rn. 121.
[40] *Ohlerich* in Gabriel/Krohn/Neun VergabeR-HdB § 23 Rn. 45.

ser Veröffentlichung dem Amt für Veröffentlichungen der Europäischen Union nach dem Muster gemäß Anhang VIII der Durchführungsverordnung (EU) 2015/1986

(3) Hat der öffentliche Auftraggeber eine Vorinformation gemäß Absatz 1 veröffentlicht, kann die Mindestfrist für den Eingang von Angeboten im offenen Verfahren auf 15 Tage und im nicht offenen Verfahren oder Verhandlungsverfahren auf zehn Tage verkürzt werden, sofern
1. die Vorinformation alle nach Anhang I der Durchführungsverordnung (EU) 2015/1986 geforderten Informationen enthält, soweit diese zum Zeitpunkt der Veröffentlichung der Vorinformation vorlagen, und
2. die Vorinformation wenigstens 35 Tage und nicht mehr als zwölf Monate vor dem Tag der Absendung der Auftragsbekanntmachung zur Veröffentlichung an das Amt für Veröffentlichungen der Europäischen Union übermittelt wurde.

(4) Mit Ausnahme oberster Bundesbehörden kann der öffentliche Auftraggeber im nicht offenen Verfahren oder im Verhandlungsverfahren auf eine Auftragsbekanntmachung nach § 37 Absatz 1 verzichten, sofern die Vorinformation
1. die Liefer- oder Dienstleistungen benennt, die Gegenstand des zu vergebenden Auftrags sein werden,
2. den Hinweis enthält, das dieser Auftrag im nicht offenen Verfahren oder Verhandlungsverfahren ohne gesonderte Auftragsbekanntmachung vergeben wird,
3. die interessierten Unternehmen auffordert, ihr Interesse mitzuteilen (Interessensbekundung),
4. alle nach alle nach Anhang I der Durchführungsverordnung (EU) 2015/1986 geforderten Informationen enthält und
5. wenigstens 35 Tage und nicht mehr als zwölf Monate vor dem Tag der Aufforderung zur Interessenbestätigung veröffentlicht wird.
Ungeachtet der Verpflichtung zur Veröffentlichung der Vorinformation können solche Informationen zusätzlich in einem Beschafferprofil veröffentlicht werden.

(5) Der öffentliche Auftraggeber fordert alle Unternehmen, die auf die Veröffentlichung einer Vorinformation nach Absatz 4 hin eine Interessenbekundung übermittelt haben, zur Bestätigung ihres Interesses an einer weiteren Teilnahme auf (Aufforderung zur Interessenbestätigung). Mit der Aufforderung zur Interessenbestätigung wird der Teilnahmewettbewerb nach § 16 Absatz 1 und § 17 Absatz 1 eingeleitet. Die Frist für den Eingang der Interessenbestätigung beträgt 30 Tage, gerechnet ab dem Tag nach der Absendung der Aufforderung zur Interessenbestätigung.

(6) Der von der Vorinformation abgedeckte Zeitraum beträgt höchstens zwölf Monate ab dem Datum der Übermittlung der Vorinformation an das Amt für Veröffentlichungen der Europäischen Union.

Übersicht

	Rn.		Rn.
I. Normzweck	1	2. Verkürzung der Mindestfristen mittels Veröffentlichung einer Vorinformation nach § 38 Abs. 3	9
II. Europarechtlicher Hintergrund	3		
III. Einzelerläuterungen	4	3. Entbehrlichkeit einer Auftragsbekanntmachung nach § 38 Abs. 4 und 5	13
1. Veröffentlichung der Vorinformation (§ 38 Abs. 1 und 2)	6	4. Wirkungszeitraum der Vorinformation (§ 38 Abs. 6)	24

I. Normzweck

Die Vorinformation ist eine der eigentlichen Auftragsbekanntmachung nach § 37 vorgeschaltete formalisierte Mitteilung des öffentlichen Auftraggebers, mittels derer er über beabsichtigte Auftragsvergaben und deren wesentliche Merkmale informieren kann. Mit ihr soll die Chancengleichheit und das Entstehend eines echten Wettbewerbs im EU-Markt gefördert werden, da die frühzeitige Vorinformation es gerade ausländischen Bietern ermöglicht, sich auf die bevorstehende Ausschreibung einzustellen und Kapazitäten für ihre Teilnahme einplanen.[1] Zudem ermöglicht die Vorinfor-

---

[1] Vgl. EuGH Urt. v. 26.9.2000 – C-225/98, NZBau 2000,584.

mation die Verkürzung der Mindestfristen im offenen, nicht offenen und im Verhandlungsverfahren. Unter bestimmten Umständen kann sie auch eine spätere Auftragsbekanntmachung entfallen lassen. Gemeinsam mit den weiteren Regelungen im Unterabschnitt 4 der VgV sind damit die Vorschriften in § 38 zur Vorinformation ein besonderer **Ausfluss des Transparenzgebotes** in § 97 Abs. 1 GWB, das den Auftraggeber insbesondere dazu verpflichtet, die beabsichtigte Vergabe in geeigneter Weise bekannt zu machen.[2]

2   Vor dem Hintergrund des Tragsparenzgebotes kennen auch die KonzVgV (**§ 23 KonzVgV**) sowie die SektVO vorgeschaltete Informationsmöglichkeiten des Auftraggebers. Anders als die VgV verwendet die SektVO in **§ 36 SektVO** jedoch den Begriff der „regelmäßigen nicht verbindlichen Bekanntmachung"; im Übrigen ist der Regelungsgehalt jedoch vergleichbar. Für den Bereich der Bauvergaben finden sich die Regeln über die Vorinformation in **§ 12 EU VOB/A**. Die Besonderheit im Bereich der Bauvergabe besteht darin, dass die Veröffentlichung der Vorinformation nicht an eine Zeitspanne anknüpft, sondern so bald wie möglich nach der Genehmigung der Planung erfolgen soll (§ 12 EU Abs. 1 Nr. 4 VOB/A), wobei allein die Fertigstellung der Genehmigungsplanung als nicht ausreichend angesehen wird.[3] Im Übrigen ist der Regelungsgehalt jedoch ebenfalls vergleichbar.

II. Europarechtlicher Hintergrund

3   § 38 entspricht – abgesehen von redaktionellen Änderungen – **Art. 48 RL 2014/24/EU**. Die Möglichkeit, die Veröffentlichung der Vorinformation als Mittel zur Verkürzung der Mindestfristen zu nutzen, findet sich in der RL 2014/24/EU dezentral bei den Verfahrensvorschriften in Art. 27 Abs. 2 RL 2014/24/EU, Art 28 Abs. 3 RL 2014/24/EU sowie Art. 29 Abs. 1 RL 2014/24/EU. Bei der Umsetzung in nationales Recht wurden diese in § 38 Abs. 3 zusammengefasst.

III. Einzelerläuterungen

4   Der öffentliche Auftraggeber kann seine Vergabeabsicht mittels Veröffentlichung einer Vorinformation bekanntgeben. Aus dem Wortlaut des neuen § 38 Abs. 1 wird deutlich, dass die Veröffentlichung einer Vorinformation **nicht obligatorisch** ist. Sie ist jedoch dann **verpflichtend** vorzunehmen, wenn der Auftraggeber von der Möglichkeit der Verkürzung der Mindestfristen nach **§ 38 Abs. 3** oder des Verzichts auf eines spätere Auftragsbekanntmachung nach **§ 38 Abs. 4** Gebrauch machen will.

5   Die Vorinformation ist eine der eigentlichen Auftragsbekanntmachung vorgelagerte Vorabinformation des Marktes. Sie verpflichtet den Auftraggeber nicht, die in der Vorinformation genannten Leistungen später auch tatsächlich auszuschreiben; insoweit kommt ihr auch **kein verbindlicher Charakter** zu. Fehler im Rahmen der freiwilligen Vorinformation können nicht zum Gegenstand eines Nachprüfungsverfahrens gemacht werden. Etwas anderes gilt jedoch bei einer obligatorischen Vorinformation, mithin dann, wenn die Mindestfrist verkürzt werden soll, ohne dass die Voraussetzungen des § 38 Abs. 3 vorliegen oder der Auftraggeber nach § 38 Abs. 4 auf eine spätere Auftragsbekanntmachung verzichten will. In diesen Fällen kann das Vorliegen der Voraussetzungen im Rahmen eines Nachprüfungsverfahrens überprüft werden; insoweit wirkt die Vorinformation dann **drittschützend**.[4]

6   **1. Veröffentlichung der Vorinformation (§ 38 Abs. 1 und 2).** Die Vorinformation kann entweder an das Amt für Veröffentlichungen der Europäischen Union versandt werden oder der öffentliche Auftraggeber kann diese in seinem Beschafferprofil nach § 37 Abs. 4 veröffentlichen. Das **Wahlrecht**, das Beschafferprofil als maßgebliches Veröffentlichungsorgan zu nutzen, besteht jedoch nicht, wenn der Auftraggeber die der Privilegierungen nach § 38 Abs. 3–5 nutzen möchte. In diesen Fällen ist eine Veröffentlichung über das Amt für Veröffentlichungen der Europäischen Union mittels des im Anhang I Durchführungsverordnung (EU) 2015/1986 enthaltenen Musters zwingend. Eine zusätzliche Veröffentlichung im eigenen Beschaffungsprofil ist selbstverständlich möglich. Zudem steht es dem Auftraggeber frei, die Vorinformation zusätzlich in Tageszeitungen oder vergleichbaren Medien zu veröffentlichen. Macht er von dieser Möglichkeit Gebrauch, muss er zur Gewährleistung der Chancengleichheit aller Unternehmen darauf achten, dass die Inhalte der nationalen Veröffentlichungen nicht weiter gehen als die im EU-Amtsblatt veröffentlichten Inhalte und zudem sollte die zeitliche Abfolge – Versendung an das Amt für Veröffentlichungen der Europäischen Union vor nationaler Veröffentlichung – beachtet werden, auch wenn § 38 hierzu keine explizite Regelung enthält.

---

[2] S. BeckOK VergabeR/*Marx* GWB § 97 Abs. 1 Rn. 55.
[3] Vgl. Ziekow/Völlink/*Völlink* VOB/A § 12 EU Rn. 5.
[4] Ebenso Ziekow/Völlink/*Völlink* Rn. 24 f.

III. Einzelerläuterungen   7–13   § 38 VgV

Wählt der Auftraggeber den Weg einer **Veröffentlichung über das Amt für Veröffentli-** 7
chungen der Europäischen Union, so hat er das im Anhang I Durchführungsverordnung (EU)
2015/1986 enthaltene Muster zu verwenden. Das Formular kann über die Internetseite der SIMAP[5]
abgerufen werden. Das Muster im Anhang I Durchführungsverordnung (EU) 2015/1986 setzt sich
aus fünf Abschnitten zusammen: Abschnitt I (Öffentlicher Auftraggeber), Abschnitt II Gegenstand,
Abschnitt III (Rechtliche, wirtschaftliche, finanzielle und technische Angaben), Abschnitt IV (Verfahren), Abschnitt VI (Weitere Angaben). Aufbau und abgefragte Informationen decken sich damit
weitgehend mit dem Formular der Auftragsbekanntmachung nach Anhang II Durchführungsverordnung (EU) 2015/1986; zu den Einzelheiten → § 37 Rn. 1 ff.

Veröffentlicht der Auftraggeber hingegen die Vorinformation in seinem **Beschafferprofil,** hat 8
er nach § 38 Abs. 2 S. 2 dies dem Amt für Veröffentlichungen der Europäischen Union mittels des
Formulars im Anhang VIII Durchführungsverordnung (EU) 2015/1986 anzuzeigen; auch dieses
Formular steht zum Download auf der Internetseite der SIMAP bereit. Aus dem Wortlaut des
§ 38 Abs. 2 S. 2 geht allerdings nicht hervor, ob der Auftraggeber die Vorinformation auf seinem
Beschafferprofil einstellen darf, bevor er die Mitteilung an das Amt für Veröffentlichungen der
Europäischen Union versendet hat. Für Bauvergaben stellt § 12 EU Abs. 1 Nr. 4 VOB/A ausdrücklich klar, dass die Mitteilung an das Amt für Veröffentlichungen der Europäischen Union *zuvor* zu
erfolgen hat und der Tag der Übermittlung im Beschafferprofil anzugeben ist. Aus Wettbewerbs-
und Transparenzgesichtspunkten sollte diese Reihenfolge auch bei Vorinformationen nach der VgV
eingehalten werden.

2. Verkürzung der Mindestfristen mittels Veröffentlichung einer Vorinformation 9
nach § 38 Abs. 3. Will der Auftraggeber die **Mindestfristen** im offenen Verfahren nach § 15
Abs. 2 auf 15 Tage oder im nicht offenen Verfahren nach § 16 Abs. 5 oder im Verhandlungsverfahren
nach § 17 Abs. 6 auf zehn Tage **verkürzen,** ist die Veröffentlichung über das Amt für Veröffentlichungen der Europäischen Union mittels des im Anhang I Durchführungsverordnung (EU) 2015/
1986 enthaltenen Musters zwingend. Zudem müssen die **Tatbestandsvoraussetzungen des § 38**
Abs. 3 Nr. 1 und Nr. 2 kumulativ erfüllt sein.

Die im Formular im Anhang I Durchführungsverordnung (EU) 2015/1986 geforderten Infor- 10
mationen über die beabsichtigte Vergabe müssen soweit vollständig sein, wie es zum Zeitpunkt der
Veröffentlichung der Vorinformation möglich ist (§ 38 Abs. 3 Nr. 1). Zu diesem inhaltlichen
Moment kommt kumulativ in § 38 Abs. 3 Nr. 2 ein zeitliches Moment: Die Vorinformation muss
wenigstens 35 (Kalender-)Tage und nicht mehr als zwölf Monate vor dem Tag der Absendung der
Auftragsbekanntmachung zur Veröffentlichung an das Amt für Veröffentlichungen der Europäischen
Union übermittelt worden sein. Maßgeblicher Zeitpunkt für die Fristberechnung ist der Tag der
Übermittlung der Vorinformation an das Amt für Veröffentlichungen der Europäischen Union.
Nur wenn beide Tatbestandsvoraussetzungen erfüllt sind, ist grundsätzlich eine Verkürzung der
Mindestfristen möglich. Allerdings gilt für den Auftraggeber bei der Berechnung der Fristen stets
zu beachten, dass diese nach § 20 **angemessen** an die Komplexität der Leistung angemessen berechnet sein müssen (§ 20).

Eine Verkürzung der grundsätzlich in §§ 15–17 vorgesehenen Mindestfristen setzt voraus, dass 11
der durch die Vorinformation informierte Markt ein berechtigtes Vertrauen in die Vollständigkeit und
Richtigkeit der Beschreibung des Auftrags in der Vorinformation setzen durfte. Eine **wesentliche**
inhaltliche Veränderungen des beschriebenen Auftrags in der Auftragsbekanntmachung gegenüber
der Vorinformation erfordert bei den Bietern neue Kalkulationen, neue personelle Dispositionen
uÄ. Der öffentliche Auftraggeber ist daher gehalten zu prüfen, dass zwischen dem in der Vorinformation und dem in der späterer Auftragsbekanntmachung veröffentlichten Beschaffungsbedarf keine
wesentlichen inhaltlichen Veränderungen liegen. Wird diese Selbstbindung missachtet, ist eine Überprüfung im Rahmen eines Nachprüfungsverfahren – nach erfolgloser Rüge – möglich, ob die
Verkürzung der Mindestfristen gerechtfertigt ist.[6]

Die zur Verkürzung der Fristen veröffentlichte Vorinformation darf nicht zugleich eine Vorin- 12
formation als Ersatz für eine Auftragsbekanntmachung iSv § 38 Abs. 4, 5 sein. Die Privilegierungen
sind nicht kombinierbar.[7]

3. Entbehrlichkeit einer Auftragsbekanntmachung nach § 38 Abs. 4 und 5. Nach § 38 13
Abs. 4 S. 1 kann eine Auftragsbekanntmachung – abweichend von § 37 – entfallen, wenn es sich
um ein nicht offenes Verfahren oder Verhandlungsverfahren handelt und der öffentliche Auftraggeber
eine Vorinformation nach Maßgabe der Tatbestandsvoraussetzungen in § 38 Abs. 4 Nr. 1–4 veröf-

---
[5] http://simap.ted.europa.eu.
[6] S. auch HK-VergabeR/*Franzius* Rn. 3.
[7] Vgl. BT-Drs 18/7318, 177.

fentlicht hat. § 38 Abs. 4 setzt Art. 48 Abs. 2 UAbs. 1 und 2 RL 2014/24/EU erstmals in nationales Recht um. Vergleichbare Regelungen sind durch das Vergaberechtsmodernisierungsgesetz 2016 auch in § 36 Abs. 4 SektVO – auf Grundlage der RL 2014/25/EU – sowie in § 12 EU Abs. 2 VOB/A eingeführt worden.

14 Die Privilegierung aus Art. 48 Abs. 2 RL 2014/24/EU gilt nicht für „subzentrale öffentliche Auftraggeber". § 38 Abs. 4 S. 1 definiert den „subzentralen öffentlichen Auftraggeber" als oberste Bundesbehörden. **Oberste Bundesbehörden** sind das Bundespräsidialamt, der Präsident des Deutschen Bundestages (soweit er als Behörde tätig wird), die Bundestagsverwaltung, das Sekretariat des Bundesrates, das Bundeskanzleramt, die 14 Bundesministerien, der Bundesrechnungshof, der Präsident des Bundesverfassungsgerichts (soweit er als Behörde tätig wird), der Beauftragte der Bundesregierung für Kultur und Medien, das Presse- und Informationsamt der Bundesregierung, die Deutsche Bundesbank sowie seit dem 1.1.2016 der Bundesbeauftragte für Datenschutz und Informationsfreiheit. Ist die Vergabe von sozialen oder anderen besonderen Dienstleistungen Beschaffungsgegenstand, gilt die vorgenannte Einschränkung nicht; nach § 66 Abs. 2 (→ § 66 Rn. 1 ff.) besteht die Möglichkeit einer Vorinformation als Ersatz für die Auftragsbekanntmachung zugunsten aller öffentlichen Auftraggeber, sofern die weiteren unter § 66 Abs. 2 genannten Voraussetzungen erfüllt sind.

15 Die Vorinformation muss gem. § 38 Abs. 4 Nr. 1 die zu vergebene **Liefer- oder Dienstleistung** benennen. Diese an sich selbstverständlich klingende Voraussetzung zeigt, dass der durch die Vorinformation informierte Mark ein berechtigtes Vertrauen in die Vollständigkeit und Richtigkeit der Beschreibung des Auftrags in der Vorinformation setzen darf. Wesentliche inhaltliche Veränderungen in den späteren Vergabeunterlagen sind also zu vermeiden, will sich der Auftraggeber nicht einer Gefahr einer Überprüfung im Nachprüfungsverfahren aussetzen.

16 Gemäß § 38 Abs. 4 Nr. 2 muss die Vorinformation den ausdrücklichen **Hinweis** enthalten, dass der Auftrag in einem nicht offenen oder in einem Verhandlungsverfahren vergeben werden wird und dass **keine Auftragsbekanntmachung** mehr erfolgen wird. Die entsprechende Angabe im Bekanntmachungsformular, zu welchem Zweck – hier: Entbehrlichkeit einer späteren Auftragsbekanntmachung – die Vorinformation dienen soll, wird gleich zu Beginn der elektronischen Befüllung abgefragt.

17 Die Vorinformation muss entsprechend § 38 Abs. 4 Nr. 3 eine Aufforderung an die interessierten Unternehmen enthalten, ihr Interesse gegenüber dem öffentlichen Auftraggeber zu bekunden. § 38 Abs. 4 Nr. 3 enthält damit nicht nur eine reine Vorinformation, sondern auch einen Aufruf zum Wettbewerb sowie die Legaldefinition für die eine **Interessenbekundung**. Sind Unternehmen an dem Auftrag interessiert, müssen sie auf diesen Aufruf hin tätig werden und mitteilen, dass sie an der Teilnahme an einem späteren Vergabeverfahren interessiert sind. Diese Mitteilung ist für den Unternehmer wichtig, da der Auftraggeber, sobald et tatsächlich ein Vergabeverfahren einleitet, gem. § 38 Abs. 5 S. 1 nur die Unternehmen anschreibt, die eine Interessenbekundung abgegeben haben und nur diese Unternehmen um Bestätigung ihres Interesses bittet. Für die Unternehmen begründet die Interessenbekundung demgegenüber keine Verpflichtung, an einem späteren Vergabeverfahren teilzunehmen.

18 § 38 Abs. 4 Nr. 3 trifft keine Aussage darüber, innerhalb welcher Frist, in welcher Form und mit welchem Inhalt die Interessenbekundung durch interessierte Unternehmen abzugeben ist. Der öffentliche Auftraggeber kann den Abschnitt VI (Weitere Angaben) des Musters im Anhang I Durchführungsverordnung (EU) 2015/1986 dazu nutzen, den von ihm beabsichtigten weiten Ablauf zu konkretisieren.

19 Die im Formular im Anhang I Durchführungsverordnung (EU) 2015/1986 geforderten Informationen über die beabsichtigte Vergabe sind zudem vollständig anzugeben (§ 38 Abs. 4 Nr. 4). Diese Angaben können aber auch hier nur in dem Umfang gemacht werden, wie sie zum Zeitpunkt der Vorinformation auch tatsächlich vorliegen. Daher ist es in einem gewissen Rahmen zulässig, weitere Informationen auch erst mit der Aufforderung zur Interessenbestätigung nach § 38 Abs. 5 mitzuteilen. Dies soll insbesondere für die Benennung von Eignungskriterien gelten, da es sich um einen Umsetzungsfehler in der VgV handele, dass in § 38 die Benennung von Eignungskriterien anders als in § 122 GWB nicht auch noch in der Aufforderung zur Interessenbestätigung erlaubt wird.[8] Mit Blick auf das Transparenzgebot und den Wettbewerbsgedanken sollte der Auftraggeber darauf achten, dass die Aufforderung zur Interessenbestätigung keine wesentlichen inhaltlichen Änderungen gegenüber der Vorinformation enthält. Schließlich muss die Vorinformation wenigstens 35 (Kalender-)Tage und nicht mehr als zwölf Monate vor der Absendung der Aufforderung zur Interessenbestätigung veröffentlicht sein.

---

[8] Vgl. hierzu VK Niedersachsen Beschl. v. 14.7.2020 – VgK-13/2020 mwN; aA Beck VergabeR/*Krohn* Rn. 51.

Beabsichtigt der öffentliche Auftraggeber auf eine Auftragsbekanntmachung nach § 37 Abs. 1 zu verzichten und liegt eine der Voraussetzungen des § 38 Abs. 4 nicht vor, kann dieser Verstoß – wenn von dem Bieter gerügt – Gegenstand eines Nachprüfungsverfahrens sein.[9] Die obligatorische Vorinformation nach § 38 Abs. 4 ist insoweit drittschützend. 20

§ 38 Abs. 4 S. 2 stellt ausdrücklich klar, dass zusätzlich zu der Veröffentlichung über das Amt für Veröffentlichungen der Europäischen Union mittels des im Anhang I Durchführungsverordnung (EU) 2015/1986 enthaltenen Musters eine Veröffentlichung im eigenen Beschaffungsprofil des öffentlichen Auftraggebers selbstverständlich zulässig ist. § 38 Abs. 4 S. 2 enthält keine Aussage über die zeitliche Abfolge. Daher sollte der Auftraggeber unter Transparenzgesichtspunkten die zeitlichen Vorgaben des § 40 Abs. 3 (§ 40) beachten. 21

§ 38 Abs. 5 legt den weiteren Ablauf fest, wie der Auftraggeber zu verfahren hat, wenn er nach Veröffentlichung einer Vorinformation, die den Anforderungen des § 38 Abs. 4 entspricht, auf eine zusätzliche Auftragsbekanntmachung verzichten will: Der öffentliche Auftraggeber fordert alle Unternehmen, die aufgrund der Vorinformation eine Interessenbekundung abgegeben haben, auf, ihr Interesse an einer Teilnahme am Vergabeverfahren zu bestätigen (**Aufforderung zur Interessenbestätigung**). Die Aufforderung zur Interessenbestätigung durch den Auftraggeber muss den in § 52 Abs. 3 (→ § 52 Rn. 1 ff.) festgelegten Mindestinhalt enthalten; mit ihr beginnt beim nicht offenen sowie beim Verhandlungsverfahren der Teilnahmewettbewerb. Der Auftraggeber hat zudem spätestens in seiner Aufforderung zur Interessenbestätigung auch die Anforderungen an die Eignungsprüfung darzulegen, sofern er sie nicht bereits in der Vorinformation veröffentlicht hat. Die Regelung stellt zudem eine immer praxisrelevantere Alternative dar zu der Verpflichtung, vollständige Vergabeunterlagen einschließlich der Benennung der Zuschlagskriterien auch im zweistufigen Verfahren bereits im Zeitpunkt der Auftragsbekanntmachung bereitzustellen. Wird die Auftragsbekanntmachung durch die Vorinformation mit Aufruf zum Wettbewerb ersetzt, ist es ausreichend, die vollständigen Vergabeunterlagen erst mit der Aufforderung zur Interessensbestätigung und damit ausschließlich an diejenigen Unternehmen zur Verfügung zu stellen, die ihr Interesse bekundet haben.[10] Zur Sicherstellung eines transparenten und fairen Wettbewerbs sollte die Aufforderung zur Interessenbestätigung an alle Unternehmen, die eine Interessenbekundung abgegeben haben, gleichzeitig versendet werden. 22

Reagiert ein Unternehmen auf die Aufforderung zur Interessenbestätigung nicht, nimmt er an dem Verfahren nicht weiter teil.[11] Bestätigt der Unternehmer indes sein Interesse, so hat er mit der Interessenbestätigung alle zur Eignungsprüfung im Rahmen des Teilnahmewettbewerbs geforderten Angaben zu machen.[12] Für die Form der Übermittlung der Interessenbestätigung gilt § 53 (→ § 53 Rn. 1 ff.). Die Frist für den Eingang der Interessenbestätigung beträgt nach § 38 Abs. 5 S. 3 30 (Kalender-)Tage; sie beginnt ab dem Tag nach der Absendung der Aufforderung zur Interessenbestätigung.[13] 23

4. Wirkungszeitraum der Vorinformation (§ 38 Abs. 6). Der von der Vorinformation abgedeckte Zeitraum beträgt zwölf Monate ab dem Datum der Übermittlung der Vorinformation an das Amt für Veröffentlichungen der Europäischen Union. Die Benennung dieses konkreten Zeitraums wurde erforderlich, weil die Veröffentlichung der Vorinformation – anders als in früheren Regelungen – nicht mehr an den Beginn eines Haushaltsjahres geknüpft ist.[14] Beabsichtigt der Auftraggeber mittels der Vorinformation Fristverkürzungen oder den Verzicht auf eine Auftragsbekanntmachung nach § 38 Abs. 4 in Anspruch zu nehmen, ist das Datum der Übermittlung der Vorinformation an das Amt für Veröffentlichungen der Europäischen Union zwingend im Vergabevermerk zu dokumentieren. 24

§ 39 Vergabebekanntmachung; Bekanntmachung über Auftragsänderungen

(1) Der öffentliche Auftraggeber übermittelt spätestens 30 Tage nach der Vergabe eines öffentlichen Auftrags oder nach dem Abschluss einer Rahmenvereinbarung seine Vergabebekanntmachung mit den Ergebnissen des Vergabeverfahrens an das Amt für Veröffentlichungen der Europäischen Union.

---

[9] Vgl. VK Thüringen Beschl. v. 21.5.2015 – 250-4003-2353/2015-E-003-SON, VPRRS 2016, 68.
[10] So auch BeckOK VergabeR/*Schneevogel* Rn. 18.
[11] BeckOK VergabeR/*v. Wietersheim* § 57 Rn. 34.
[12] Vgl. BT-Drs 18/7318, 178.
[13] Nach Art. 28 Abs. 1 RL 2014/24/EU und Art. 29 Abs. 1 RL 2014/24/EU handelt es sich um eine „Mindestfrist". Bei der Fristfestlegung sollte auch in diesem Fall die Angemessenheit beachtet werden (§ 20) und damit zB je nach Anforderung an die Eignungsprüfung ggf. eine längere Frist gewährt werden.
[14] Vgl. BT-Drs 18/7318, 178.

(2) Die Vergabebekanntmachung wird nach dem Muster gemäß Anhang III der Durchführungsverordnung (EU) 2015/1986 erstellt.

(3) Ist das Vergabeverfahren durch eine Vorinformation in Gang gesetzt worden und hat der öffentliche Auftraggeber beschlossen, keine weitere Auftragsvergabe während des Zeitraums vorzunehmen, der von der Vorinformation abgedeckt ist, muss die Vergabebekanntmachung einen entsprechenden Hinweis enthalten.

(4) Die Vergabebekanntmachung umfasst die abgeschlossenen Rahmenvereinbarungen, aber nicht die auf ihrer Grundlage vergebenen Einzelaufträge. Bei Aufträgen, die im Rahmen eines dynamischen Beschaffungssystems vergeben werden, umfass die Vergabebekanntmachung eine vierteljährliche Zusammenstellung der Einzelaufträge; die Zusammenstellung muss spätestens 30 Tage nach Quartalsende versendet werden.

(5) Auftragsänderungen gemäß § 132 Absatz 2 Nummer 2 und 3 des Gesetzes gegen Wettbewerbsbeschränkungen sind gemäß § 132 Absatz 5 des Gesetzes gegen Wettbewerbsbeschränkungen unter Verwendung des Musters gemäß Anhang XVII der Durchführungsverordnung (EU) 2015/1986 bekanntzumachen.

(6) Der öffentliche Auftraggeber ist nicht verpflichtet, einzelne Angaben zu veröffentlichen, wenn deren Veröffentlichung
1. den Gesetzesvollzug behindern,
2. dem öffentlichen Interesse zuwiderlaufen,
3. den berechtigten geschäftlichen Interessen eines Unternehmens schaden oder
4. den lauteren Wettbewerb zwischen Unternehmen beeinträchtigen
würde.

Übersicht

	Rn.		Rn.
I. Normzweck	1	2. Bekanntmachung von Auftragsänderungen (§ 39 Abs. 5)	12
II. Europarechtlicher Hintergrund	2		
III. Einzelerläuterungen	3	3. Berechtigte Geheimhaltungsinteressen (§ 39 Abs. 6)	14
1. Vergabebekanntmachung (§ 39 Abs. 1–4)	5	4. Bieterschützender Charakter	17

I. Normzweck

1 Während die Vorinformation und die Auftragsbekanntmachung der Unterrichtung der an dem Vergabeverfahren interessierten Bewerber und Bieter dienen, bezwecken die vergaberechtlichen Bestimmungen über die ex post Vergabebekanntmachung vor allem die **Information der Allgemeinheit über den Vertragsschluss** und dienen der Ermöglichung statistischer Erhebungen. Die Bekanntmachung über vergebene Aufträge trägt damit nach Abschluss des Vergabeverfahrens nochmals als letzter Schritt zur allgemeinen Transparenz der Vergabe öffentlicher Aufträge bei und dient zugleich auch der Marktbeobachtung.[1]

II. Europarechtlicher Hintergrund

2 § 39 dient der Umsetzung von **Art. 50 RL 2014/24/EU**. Allerdings ist der Gedanke der ex post Bekanntmachung nicht neu. Bereits die Vergabe-RL 2004[2] sah eine entsprechende Bekanntmachungspflicht für vergebene Aufträgen vor, die auch in das deutsche Kartellvergaberecht umgesetzt wurde.[3]

III. Einzelerläuterungen

3 Öffentliche Auftraggeber sind nach § 39 verpflichtet, mittels einer Vergabebekanntmachung über vergebene Aufträge und deren Ergebnisse zu informieren. Auch über Änderungen von öffentlichen Aufträgen muss informiert werden.

4 Für Bauvergaben findet sich die Pflicht zur Veröffentlichung einer Vergabebekanntmachung in § 18 EU Abs. 3, 4 VOB/A. Die Pflicht zur Bekanntmachung bestimmter Auftragsänderungen ergibt

---

[1] BT-Drs. 18/7318, 178.
[2] S. Art. 35 Vergabe-RL 2004 (ABl. 2004 L 134).
[3] Bis zum 18.4.2016 in § 23 EG VOL/A, § 18 EG VOB/A sowie § 14 VOF.

sich aus § 22 EU Abs. 5 VOB/A. Beide Regelungen der VOB/A EU unterscheiden sich von § 39 im Wesentlichen nur in sprachlicher Hinsicht; ein inhaltlicher Unterschied besteht darin, dass § 18 EU Abs. 3 VOB/A keine ex post Veröffentlichung für Beschaffungen im Rahmen von dynamischen Beschaffungssystemen vorsieht.

1. Vergabebekanntmachung (§ 39 Abs. 1–4). Der öffentliche Auftraggeber muss die Vergabebekanntmachung spätestens **30 Tage nach der Vergabe eines öffentlichen Auftrags oder dem Abschluss einer Rahmenvereinbarung** an das Amt für Veröffentlichungen der Europäischen Union übermitteln. Die Frist von 30 Kalendertagen stellt das maximale Zeitfenster dar. Fristbeginn ist der Tag nach der Auftragsvergabe bzw. nach dem Abschluss der Rahmenvereinbarung.[4] Selbstverständlich bleibt es dem Auftraggeber unbenommen, die Vergabebekanntmachung innerhalb einer kürzeren Frist nach Zuschlag zu übermitteln. Ist mit der Vergabebekanntmachung zugleich eine Fristverkürzung nach § 135 Abs. 2 GWB beabsichtigt, bietet es sich an, die Vergabebekanntmachung unmittelbar nach dem Zuschlag zu übermitteln.

Für die Bekanntmachung der Auftragsvergabe ist das **Muster Bekanntmachung vergebener Aufträge gemäß Anhang III der Durchführungsverordnung VO (EU) 2015/1986** zu verwenden. Die Verwendung des Bekanntmachungsformulars ist bindend. Ein Auftraggeber darf keine eigenen Vordrucke oder veränderte Muster benutzen.

Das Standardformular gliedert sich in fünf Abschnitte und einen Anhang: Abschnitt I: Öffentlicher Auftraggeber, Abschnitt II: Auftragsgegenstand, Abschnitt IV: Verfahren, Abschnitt V: Auftragsvergabe, Abschnitt VI: Weitere Angaben sind im Anhang D zu machen, der eine Begründungspflicht für die Auftragsvergabe ohne vorherige Bekanntmachung eines Aufrufs zum Wettbewerb im Amtsblatt der Europäischen Union vorsieht. Wurde der Auftrag mithin in einem Verhandlungsverfahren ohne Teilnahmewettbewerb vergeben, sind die Gründe für diese Verfahrenswahl in der Vergabebekanntmachung ausführlich darzulegen. Eine detaillierte Auflistung der erforderlichen Angaben ergibt sich aus Anhang V Teil D der RL 2014/24/EU.

Die abgefragten Angaben stimmen weitgehend mit denjenigen des Bekanntmachungsmusters Auftragsbekanntmachung überein, sodass auf die entsprechenden Ausführungen in § 37 verwiesen werden kann (→ § 37 Rn. 1 ff.).[5] Zusätzlich sind Angaben zu tätigen, die sich naturgemäß erst aus dem vergebenen Auftrag begründen, so ist zB unter II.1.7) der Gesamtwert der getätigten Beschaffung anzugeben.

§ 39 Abs. 3 schreibt vor, dass die Vergabebekanntmachung in den Fällen, in denen das Verfahren durch eine Vorinformation nach § 38 Abs. 4 in Gang gesetzt und auf eine zusätzliche Auftragsbekanntmachung verzichtet wurde, einen ausdrücklichen Hinweis enthalten muss, wenn der öffentliche Auftraggeber während der zwölfmonatigen Zeitspanne, der von der Vorinformation abgedeckt ist, keine weitere Vergabe vornehmen wird. Die Regelung soll die Planungssicherheit bei den interessierten Unternehmen erhöhen.[6] Auf entsprechenden Hinweis des öffentlichen Auftraggebers kann das Amt für Veröffentlichungen der Europäischen Union die Vorinformation vor Ablauf ihrer regulären Geltungsdauer von zwölf Monaten auch löschen.[7]

Bei dem Abschluss einer **Rahmenvereinbarungen** erstreckt sich die Pflicht zur Veröffentlichung nur auf die Rahmenvereinbarung selbst, nicht aber auf die Einzelabrufe (§ 39 Abs. 4 S. 1) Diese Einschränkung ist sachgerecht, da eine Veröffentlichungspflicht für jeden Einzelabruf einen unverhältnismäßig hohen Aufwand erfordert und im Bereich der Massenbeschaffung praktisch nicht mehr umsetzbar ist.[8]

Eine weitere Erleichterung schafft § 39 Abs. 4 S. 2 für Aufträge, die im Rahmen eines **dynamischen Beschaffungssystems** beschafft werden. In diesen Fällen können die zu veröffentlichen Einzelaufträge in einer quartalsweisen Zusammenstellung gebündelt werden. Die Zusammenstellung ist sodann spätestens 30 (Kalender-)Tage nach Ende des jeweiligen Quartals das Amt für Veröffentlichungen der Europäischen Union zu versenden.

2. Bekanntmachung von Auftragsänderungen (§ 39 Abs. 5). Der allgemeine Grundsatz der ex-post Transparenz gebietet zudem die Bekanntmachung weitreichender zulässiger **Auftragsänderungen** auf Grundlage zusätzlicher Liefer- oder Dienstleistungen (§ 132 Abs. 2 S. 1 Nr. 2 GWB) oder von unvorhersehbaren Änderungen (§ 132 Abs. 2 S. 1 Nr. 3 GWB) im Amtsblatt der Europä-

---

[4] Ziekow/Völlink/*Völlink* Rn. 2.
[5] Naturgemäß nicht mehr erforderlich sind zB Angaben zum *geschätzten* Gesamtwert (II.2.6), zur Vertragslaufzeit (II.2.7), zur Beschränkung der Bewerberzahl (II.2.8) und zu möglichen Varianten/Alternativen (II.2.9) oder Optionen (II.2.11).
[6] BT-Drs. 18/7318, 178.
[7] Vgl. *Rechten* in KKMPP Rn. 20.
[8] So auch *Conrad* in Gabriel/Krohn/Neun VergabeR-HdB § 36 Rn. 100 mwN.

ischen Union. Für die Bekanntmachung von Auftragsänderungen gem. § 132 Abs. 2 S. 1 Nr. 2 und Nr. 3 GWB sieht § 39 Abs. 5 die Verwendung des Musters gemäß Anhang XVII der Durchführungsverordnung VO (EU) 2015/1986 vor.

13 Eine Frist für die Übersendung der Bekanntmachung von Auftragsänderungen ist in § 39 Abs. 5 selbst nicht vorgesehen; gleichwohl sollte auch in diesen Fällen die Veröffentlichung aus Transparenzgründen sowie mit Blick auf § 135 Abs. 2 GWB zeitnah erfolgen.[9] Ein Verstoß gegen die Bekanntmachungspflicht führt indes nicht dazu, dass eine vollzogene, zulässige Auftragsänderung unwirksam wird.[10]

14 **3. Berechtigte Geheimhaltungsinteressen (§ 39 Abs. 6).** Der öffentliche Auftraggeber ist nach § 39 Abs. 6 nicht verpflichtet, einzelne Angaben zu veröffentlichen, wenn deren Veröffentlichung den Gesetzesvollzug behindern, dem öffentlichen Interesse zuwiderlaufen, den berechtigten geschäftlichen Interessen eines Unternehmens schaden oder den lauteren Wettbewerb zwischen Unternehmen beeinträchtigen würde. Hintergrund dieser Ausnahme ist die Überlegung, dass die in den vier aufgeführten Tatbeständen aufgeführten Interessen gegenüber dem gemeinschaftsrechtlichen Transparenzinteresse überwiegen. Als **Ausnahmetatbestände** sind die Fallgruppen in § 39 Abs. 6 Nr. 1–4 abschließend und eng auszulegen.[11]

15 Der Auftraggeber hat jeweils nach pflichtgemäßem Ermessen bezogen auf den Einzelfall zu ermitteln, ob und wenn in welchem Umfang er bestimmte Angaben nicht mitteilt. Der Verzicht auf die Veröffentlichung von Informationen sollte unter Transparenzgesichtspunkten so gering wie möglich ausfallen. Berechtigte Geheimhaltungsinteressen können daher dazu führen, dass die Pflicht zur Bekanntmachung zwar eingeschränkt ist, aber nicht gänzlich entfällt. Die Entscheidung muss mithin in einer Abwägung des Interesses der Allgemeinheit an der Veröffentlichung gegenüber den Interessen der durch die Bekanntgabe der Information Betroffenen fallen.[12] Unterlässt der Auftraggeber die Mitteilung bestimmter Angaben, hat er dies im Vergabevermerk sorgfältig zu dokumentieren und zu begründen, warum er von der Angabe abgesehen hat.

16 Die Fallgestaltung, dass die Weitergabe bestimmter Information den **Gesetzesvollzug behindern** würde, kommt bei zB Verstößen gegen das GWB, das UWG sowie bei Verstößen gegen das Datenschutzgesetz in Betracht. Im **Widerspruch zum öffentlichen Interesse** kann die Mitteilung von Angaben stehen, die den Vollzug von Beschaffungsvorhaben in besonders sensiblen Bereichen gefährden. Nach diesem Tatbestand können Informationen zurückgehalten werden, wenn die Weitergabe zwar nicht die Ausführung von Gesetzen gefährdet, aber dadurch andere öffentliche Interessen ohne Gesetzesrang behindert werden. Eine **Beeinträchtigung von Unternehmensinteressen** kommt insbesondere dann in Betracht, wenn die Integrität von Betriebs- und Geschäftsgeheimnissen des erfolgreichen Bieters gefährdet wird.[13] Sie kann im Einzelfall aber auch schon in der Einzelangabe von Preisen zu sehen sein; allein in der Bekanntmachung des Auftragswertes wird jedoch pauschal keine Beeinträchtigung von Unternehmensinteressen zu sehen sein, da ein Rückschluss auf die Kalkulation des obsiegenden Bieters durch die Veröffentlichung des Gesamtauftragswertes in der Regel nicht möglich ist.[14] Eine **Beeinträchtigung des fairen Wettbewerbs** kann daher nur durch die Veröffentlichung solcher Angaben erfolgen, die geeignet sind in Verbindung mit der Leistungsbeschreibung und dem Preis Folgerungen auf Kalkulation, Bezugsquellen oder Marktstrategien des Bieters zuzulassen, wodurch dieser bei künftigen Ausschreibungen Wettbewerbsnachteile erleiden könnte.[15]

17 **4. Bieterschützender Charakter.** Die Pflicht des Auftraggebers zur Veröffentlichung der Vergabebekanntmachung dient in erster Linie dem öffentlichen Interesse an einer transparenten Vergabe öffentlicher Aufträge; sie hat daher keinen bieterschützenden Charakter. Unterlässt der Auftraggeber eine Veröffentlichung der Vergabebekanntmachung, wird dadurch keine Schadenersatzpflicht ausgelöst.[16]

18 Anders sind die Grenzen der Bekanntmachungspflichten von sensiblen Angaben zu bewerten, soweit diese gerade auf die berechtigten geschäftlichen Interessen eines Unternehmens Rücksicht

---

[9] Nach Dieckmann/Scharf/Wagner-Cardenal/*Petersen* Rn. 18 soll auch für die Bekanntmachungen nach Abs. 5 die in Abs. 1 genannte 30-Tage-Frist gelten.
[10] So *Rechten* in KKMPP Rn. 44.
[11] Ebenso HK-VergabeR/*Franzius* Rn. 25.
[12] BeckOK VergabeR/*Schneevogel* Rn. 20.
[13] Dieckmann/Scharf/Wagner-Cardenal/*Petersen* Rn. 20; *Conrad* in Gabriel/Krohn/Neun VergabeR-HdB § 36 Rn. 66 ff.
[14] HK-VergabeR/*Franzius* Rn. 28.
[15] *Conrad* in Gabriel/Krohn/Neun VergabeR-HdB § 36 Rn. 65.
[16] OLG Jena Beschl. v. 16.1.2002 – 6 Verg 7/01; Dieckmann/Scharf/Wagner-Cardenal/*Petersen* Rn. 26 mwN.

nehmen. Diese Regelungen sind bieterschützend. Denkbar ist hier die Ableitung eines subjektiven Rechts des Unternehmens auf Rücksichtnahme auf berechtigte Geschäftsinteressen und Unterlassung der Veröffentlichung von sensiblen Informationen.[17]

Zu beachten ist zudem die Wechselwirkung der ex post Veröffentlichung mit den Regelungen der §§ 134, 135 GWB: Insbesondere bei Verhandlungsverfahren ohne Teilnahmewettbewerb und Direktvergaben können betroffene Bieter oder Bewerber die Unwirksamkeit über einen Zeitraum von bis zu sechs Monaten nach Vertragsschluss durch Einleitung eines Nachprüfungsverfahrens feststellen lassen. Durch eine entsprechende Vergabebekanntmachung nach § 39 kann diese Frist auf 30 Kalendertage verkürzt werden. 19

§ 40 Veröffentlichung von Bekanntmachungen

(1) ¹Auftragsbekanntmachungen, Vorinformationen, Vergabebekanntmachungen und Bekanntmachungen über Auftragsänderungen (Bekanntmachungen) sind dem Amt für Veröffentlichungen der Europäischen Union mit elektronischen Mitteln zu übermitteln. ²Der öffentliche Auftraggeber muss den Tag der Absendung nachweisen können.

(2) ¹Bekanntmachungen werden durch das Amt für Veröffentlichungen der Europäischen Union veröffentlicht. ²Als Nachweis der Veröffentlichung dient die Bestätigung der Veröffentlichung der übermittelten Informationen, die der öffentliche Auftraggeber vom Amt für Veröffentlichungen der Europäischen Union erhält.

(3) ¹Bekanntmachungen dürfen auf nationaler Ebene erst nach der Veröffentlichung durch das Amt für Veröffentlichungen der Europäischen Union oder 48 Stunden nach der Bestätigung über den Eingang der Bekanntmachung durch das Amt für Veröffentlichungen der Europäischen Union veröffentlicht werden. ²Die Veröffentlichung darf nur Angaben enthalten, die in den an das Amt für Veröffentlichungen der Europäischen Union übermittelten Bekanntmachungen enthalten sind oder in einem Beschafferprofil veröffentlicht wurden. ³In der nationalen Bekanntmachung ist der Tag der Übermittlung an das Amt für Veröffentlichungen der Europäischen Union oder der Tag der Veröffentlichung im Beschafferprofil anzugeben.

(4) Der öffentliche Auftraggeber kann auch Auftragsbekanntmachungen über öffentliche Liefer- oder Dienstleistungsaufträge, die nicht der Bekanntmachungspflicht unterliegen, an das Amt für Veröffentlichungen der Europäischen Union übermitteln.

Übersicht

	Rn.		Rn.
I. Normzweck	1	3. Nachweis der Veröffentlichung	13
II. Entstehungsgeschichte	5	4. Nachgelagerte Veröffentlichungen	14
III. Einzelerläuterung	7	5. Freiwillige Bekanntmachungen nach Abs. 4	18
1. Anwendungsbereich	8		
2. Übermittlung mit elektronischen Mitteln	10	IV. Folgen von Rechtsverstößen	20

I. Normzweck

Die Veröffentlichungen von Bekanntmachung sollen Transparenz, Gleichbehandlung und Wettbewerb im Vergabeverfahren gewährleisten. § 40 regelt hierzu die Art und Weise, in der der **Publizitätspflicht** bei der Veröffentlichung von Bekanntmachungen durch den Auftraggeber zu vollziehen ist. Die Vorschrift dient der Umsetzung der Art. 51 und 52 RL 2014/24/EU. Sie spiegelt auch wider, welche Bedeutung unter anderem die europäische Rechtsprechung der Bekanntmachung beimisst. So unterstrich der EuGH in seinen Entscheidungen schon früh, dass die nationalen Gesetzgeber gemeinschaftsrechtliche Bekanntmachungsvorschriften nicht ignorieren dürfen, sondern sie korrekt umsetzen müssen.[1] Auch erkannte der EuGH stets ein subjektives Recht von Bewerbern und Bietern auf die Einhaltung der Publizitätsvorschriften an.[2] Diesem erkennbaren Streben nach 1

---

[17] So auch Kapellmann/Messerschmidt/*Stickler* VOB/A § 18 EU Rn. 20 f.
[1] EuGH Urt. v. 2.6.2016 – C-410/14, EuZW 2016, 705 – Dr. Falk Pharma/DAK; EuGH Urt. v. 22.9.1976 – C-10/76, Slg. 1976, 1359 = BeckEuRS 1976, 53709 – Kommission/Italien.
[2] EuGH Urt. v. 20.9.1988 – C-31/87, BeckRS 2004, 70722 – Beentjes.

größtmöglicher Publizität ist im praktischen Umgang mit den vergaberechtlichen Vorschriften Rechnung zu tragen. Im Zweifel sind Ausnahmen restriktiv auszulegen.[3]

2 § 40 unterwirft die jeweiligen Bekanntmachungen entsprechend der Abschnitte eines Vergabeverfahrens einem einheitlichen Regelwerk und einem festgelegten Veröffentlichungsmechanismus. Die Norm umfasst die in den §§ 37–39 genannten Auftragsbekanntmachung, Vorinformation, Vergabebekanntmachung sowie die Bekanntmachungen über Auftragsänderungen und ergänzt diese Vorschriften hinsichtlich der Art und Weise der Veröffentlichung. Darüber hinaus werden auch andere Bekanntmachungen vom Regelungsbereich erfasst, etwa die Freiwillige Ex-ante-Transparenzbekanntmachung nach § 135 Abs. 3 GWB und das Bekanntmachungsmuster über Änderungen an den Bekanntmachungen.[4]

3 Für den Oberschwellenbereich enthielt bisher ua die VOL/A EG 2009 Regelungen zu den Modalitäten der Veröffentlichung als ein Bestandteil einer umfassenden zentralen Publizitätsvorschrift (vgl. § 15 EG Abs. 3 ff. VOL/A 2009). Jetzt erfolgte hierzu eine gesonderte Festlegung in einer eigenen Norm. Gleichzeitig lehnten sich die Regelungen in der VOL/A EG 2009 vor dem Aufgehen der Vorschriften in der VgV im Zuge der Vergaberechtsreform 2016 in weiten Teilen an die Vorgaben des § 12 EG Abs. 3 VOB/A 2012 an. Die VOB/A 2016 enthält die Vorschriften über die Art und Weise der Veröffentlichung weiterhin innerhalb der Regeln über die Vorinformation und die Auftragsbekanntmachung. Dabei bestimmt § 12 Abs. 3 VOB/A 2016 ebenso, dass die Bekanntmachung ua mit den von der Europäischen Kommission festgelegten Standardformularen erfolgt und die Informationen entsprechend Anhang V Teil C der RL 2014/24/EU zu enthalten hat. Ferner wird ebenso verlangt, dass die Bekanntmachung dem Amt für Veröffentlichungen der Europäischen Union **elektronisch** zu übermitteln ist.

4 Bekanntmachungen und deren Veröffentlichung waren im Unterschwellenbereich sowohl in der VOB/A, als auch in der VOL/A nur lückenhaft normiert. Dies hat sich im Zuge der Verabschiedung der Verfahrensordnung für die Vergabe öffentlicher Liefer- und Dienstleistungsaufträge (unterhalb der EU-Schwellenwerte: Unterschwellenvergabeordnung – UVgO) geändert (vgl. § 28 UVgO). Demnach ist auch hier die Art und Weise der Veröffentlichung normiert. Dabei ist ua auf Internetseiten des Auftraggebers oder Internetportale für die Veröffentlichung zurückzugreifen.

II. Entstehungsgeschichte

5 § 40 soll die Art. 51 und 52 RL 2014/24/EU umsetzen. Art. 51 RL 2014/24/EU legt sowohl Form als auch Modalitäten der Veröffentlichung fest. Art. 52 RL 2014/24/EU lässt unter bestimmten Vorgaben auch die Veröffentlichung auf nationaler Ebene zu. Bei Betrachtung des Umfangs und der Regelungstiefe wird deutlich, dass § 40 eine verkürzte Darstellung der europarechtlichen Vorgaben darstellt, was durch Verweise auf die Richtlinienvorgaben ermöglicht wurde. So wird für den reinen Veröffentlichungsprozess auf Art. 51 Abs. 2, 3 RL 2014/24/EU verwiesen.

6 Bei einem Vergleich der Vorgaben der Vorgängerrichtlinie 2004/18/EG (Vergabe-RL 2004) zur aktuellen Richtlinie zeigt sich, dass die **Regelungstiefe**, aber auch das Bestreben hin zu einer Vereinheitlichung der Modalitäten der Veröffentlichung in Europa zugenommen haben.[5] Dabei wurden aber gleichzeitig die Verfahrensweisen und Ablaufmodalitäten gestrafft und Varianten gestrichen. So ist nunmehr, entsprechend § 9 Abs. 1 bzw. § 97 Abs. 5 GWB die elektronische Datenübermittlung Mittel der Wahl. Im Rahmen der Veröffentlichung von Bekanntmachungen muss die gesamte Kommunikation grundsätzlich elektronisch bewirkt werden.[6] Diesbezüglich ist das Verfahren zwingend elektronisch. Mit dieser Regelung wird der bislang geltende Grundsatz, dass die anzuwendenden Kommunikationsmittel nach Wahl des Auftraggebers festgelegt werden, außer Kraft gesetzt.

III. Einzelerläuterung

7 Der Verordnungsgeber in Deutschland hat sich im Rahmen der Umsetzung der RL 2014/24/EU eng an die Vorgaben der Richtlinie gehalten und dabei die wesentlichen Aspekte der Veröffentlichung von Bekanntmachungen in die VgV übernommen. Innerhalb der VgV verweisen sowohl § 70 Abs. 1 S. 1 (→ § 70 Rn. 2, 3) für die Wettbewerbsbekanntmachung im Planungswettbewerb, als auch § 66 Abs. 4 bei Bekanntmachungen für Aufträge für die Erbringung sozialer oder anderer besonderer Dienstleistungen nach § 66 (→ § 66 Rn. 3) für die Modalitäten der Veröffentlichung auf § 40.

---

[3] Grabitz/Hilf/Nettesheim/*Hailbronner,* 40. Aufl. 2009, B 10 Rn. 8–15.
[4] *Rechten* in KKMPP VgV Rn. 1, 20.
[5] S. Art. 35 ff. Vergabe-RL 2004 (ABl. 2004 L 134, 114 (114–240)).
[6] *Schaller* LKV 2016, 529 (530).

III. Einzelerläuterung

1. Anwendungsbereich. Persönlicher Adressat der Vorschrift ist der öffentliche Auftraggeber, der für eine Ordnungsgemäßheit der Veröffentlichung von Bekanntmachungen letztlich verantwortlich ist.

Der sachliche Anwendungsbereich der Vorschrift ergibt sich unmittelbar aus Abs. 1 und aus Art. 51, 52 RL 2014/24/EU. Dort wird der Bekanntmachungsbegriff des § 40 seitens des Ordnungsgebers legaldefiniert. Dieser umfasst Auftragsbekanntmachungen, Vorinformationen, Vergabebekanntmachungen und Bekanntmachungen über Auftragsänderungen. Da der Anwendungsbereich vom Wortlaut her nicht explizit beschränkt ist, sind sowohl nach Sinn- und Zweck, aber auch bei systematischer Betrachtung auch die Freiwillige Ex-ante-Transparenzbekanntmachung nach § 135 Abs. 3 GWB (→ GWB § 135 Rn. 83 ff.) und das Bekanntmachungsmuster über Änderungen an den Bekanntmachungen umfasst.

2. Übermittlung mit elektronischen Mitteln. Die Bekanntmachung erfolgt unter Verwendung der **Standardformulare** der EU-Kommission entsprechend der Anhänge der Durchführungsverordnung (EU) 2015/1986. Diese stehen zum Download bereit. Die Bekanntmachungen werden in der Originalsprache veröffentlicht, deren Wortlaut verbindlich ist. Nach Abs. 1 müssen diese Bekanntmachungen ausnahmslos an das Amt für Veröffentlichungen der Europäischen Union (Sitz Luxemburg) übermittelt werden.[7] Die Übermittlung kann ausschließlich auf elektronischem Wege über die Internetseite von SIMAP,[8] des von der EU-Kommission bereitgestellten Informationssystems für die öffentliche Auftragsvergabe, erfolgen.[9] Ein anderer **Übermittlungsweg** ist unzulässig. Nach § 9 Abs. 1 sind daher vom öffentlichen Auftraggeber im Rahmen der Veröffentlichung von Bekanntmachungen für das Senden, Empfangen, Weiterleiten und Speichern von Daten alleinig Geräte und Programme für die elektronische Datenübermittlung (elektronischen Mittel) zu verwenden.[10] Durch die Durchführungsverordnung (EU) 2015/1986, hier Art. 6, wird klargestellt, dass als elektronische Übermittlung die Varianten eNotices und TED-eSender zu verwenden sind.

eNotices ist eine Online-Anwendung, die sich vor allem an Auftraggeber richtet, die eher unregelmäßig Bekanntmachungen veröffentlichen müssen. Die Anwendung unterstützt die Erstellung und Veröffentlichung aller im europäischen Auftragswesen verwendeter Standardformulare. Diese können online bearbeitet werden und anschließend elektronisch übermittelt werden. Ferner unterstützt eNotices bei der Suche nach möglichen Fehlern in Bekanntmachungen und überprüft die Übereinstimmung mit den EU-Richtlinien. Wenn ein neues eNotices-Benutzerkonto erstellen werden soll, ist zunächst eine Registrierung beim Authentifizierungssystem der Europäischen Kommission (ECAS) erforderlich. Die gesamte Nutzung ist aber kostenlos.

TED-eSender richtet sich insbesondere an nationale Amtsblätter und öffentliche Auftraggeber, die eine große Anzahl elektronischer Bekanntmachungen einsenden sowie öffentliche oder private Stellen, die im Namen von „öffentlichen Auftraggebern/Unternehmen" handeln bzw. Entwickler von Software für das elektronische Beschaffungswesen (eProcurement-Software). Bekanntmachungen können dann als XML-Dateien direkt an das Amt für Veröffentlichungen übermittelt werden, was ua die Übertragung großer Datenmengen erleichtert.

3. Nachweis der Veröffentlichung. Öffentliche Auftraggeber müssen den Tag der Veröffentlichung nachweisen können (Abs. 1 S. 2). Der Tag der Absendung der Bekanntmachung sollte nachgewiesen werden, um die Anforderungen nach Abs. 3 einhalten zu können. Demnach dürfen Bekanntmachungen auf nationaler Ebene erst nach der Veröffentlichung durch das Amt für Veröffentlichungen der Europäischen Union oder 48 Stunden nach der Bestätigung über den Eingang der Bekanntmachung durch das Amt für Veröffentlichungen der EU veröffentlicht werden. Durch den Nachweis können sich Auftraggeber gegenüber Dritten entlasten, wenn es bei der Veröffentlichung zu Verzögerungen kommt, die sie nicht zu vertreten haben. Es reicht aus, wenn der Zeitpunkt der Versendung in der Vergabeakte dokumentiert ist, etwa durch den Ausdruck der gesendeten E-Mail.[11] Auch ein Aktenvermerk ist hilfreich, der Bestandteil des **Vergabevermerks** wird. Ferner enthält die über eNotices bzw. TED-eSender erfolgte Bekanntmachung auch eine systemisch generierte Kopie der Bekanntmachung mit Datum des Tages der Absendung der elektronischen Bekanntmachung bzw. dessen Eingang beim Amt für Veröffentlichungen. Auch hiervon sollte ein Ausdruck zum Vergabevermerk hinzugenommen werden.

4. Nachgelagerte Veröffentlichungen. Andere Veröffentlichungen auf nationaler Ebene dürfen grundsätzlich nicht vor der Veröffentlichung durch das Amt für Veröffentlichungen der EU

---

[7] Vgl. www.publications.europa.eu.
[8] Informationssystem für die öffentliche Auftragsvergabe (fr. système d'information pour les marchés publics).
[9] http://simap.ted.europa.eu; vgl. auch § 12 EU Abs. 3 Nr. 2 VOB/A.
[10] Vgl. *Michaels* IR 2016, 100 (105).
[11] Dieckmann/Scharf/Wagner-Cardenal/*Dierkes* Rn. 16.

vollzogen werden, Abs. 3 und erfolgen lediglich auf **freiwilliger Basis**. Dies ist nur dann möglich, wenn zwischen der Bestätigung über den Erhalt der Bekanntmachung und der Bestätigung über die Veröffentlichung durch diese Behörde mehr als 48 Stunden verstrichen sind. Anwendungsfälle hierfür sind etwa technische Störungen auf EU-Ebene, die keine für den öffentlichen Auftraggeber nachteilige Auswirkungen durch Zeitverzögerungen erzeugen sollen. Im Regelfall dürfte die Veröffentlichung im TED aber zumindest gleich schnell erfolgen, sodass die hierfür vorgesehen maximal Frist meist nicht zum Tragen komm. Durch diese Festlegung wird verhindert, dass Inländer neben den sprachlichen Vorteilen noch weitergehende, zeitliche Vorteile und Informationsvorsprünge bekommen.[12]

15 Die Veröffentlichungen auf nationaler Ebene dürfen aus Gründen der Gleichbehandlung ferner nur die Angaben enthalten, die auch vorher in den an die EU übermittelten Bekanntmachungen enthalten waren oder bei einer Vorinformation iSd § 38 Abs. 1 (→ § 38 Rn. 5) in einem Beschafferprofil veröffentlicht wurden. Empfehlenswert ist daher, dass der öffentliche Auftraggeber für die Bekanntmachung in inländischen Veröffentlichungen auf nationaler Ebene das gleiche Standardformular verwendet wie bei den europaweiten Veröffentlichungen. In der Praxis werden viele öffentliche Auftraggeber aber einfach auf die Veröffentlichung im Supplement zum Amtsblatt warten und dann auf nationaler Ebene bei der Veröffentlichung auf die Veröffentlichungsnummer des TED verweisen. Eine entsprechende Verlinkung ist empfehlenswert.[13]

16 Wichtig ist, dass die nationale Bekanntmachung gem. Abs. 3 S. 3 den Tag der Übermittlung an das Amt für Veröffentlichungen oder den Tag der Veröffentlichung im Beschafferprofil benennt.

17 Eine Pflicht, neben der Veröffentlichung auf europäischer Ebene parallel national die Bekanntmachungen zu veröffentlichen, besteht nicht.[14]

18 **5. Freiwillige Bekanntmachungen nach Abs. 4.** Abs. 4 stellt klar, dass eine europaweite Bekanntmachung auch dann durchgeführt werden kann, wenn hierzu keine vergaberechtliche Pflicht besteht und die Auftragsvergabe nicht der RL 2014/24/EU unterfällt. Hierunter können Aufträge im Unterschwellenbereich gehören, aber auch solche, die unter die Inhouse-Ausnahme nach § 108 GWB (→ GWB § 108 Rn. 15 ff.) oder andere Ausnahmetatbestände fallen.[15] Bei Nutzung dieser freiwilligen Möglichkeit müssen aber die EU-Bekanntmachungsmuster verwendet werden. Probleme, die dann etwa im Unterschwellenbereich durch abweichende Bezeichnung entstehen, müssen dann durch eine kreative Verwendung der formal-starren **Mustervorlagen** im Einzelfall gelöst werden. Beispielsweise können Hinweise auf Besonderheiten durch „Sonstige Informationen" kundgetan werden. Aufgrund der Freiwilligkeit finden die Vorschriften zu Nachprüfungsverfahren der EU in diesem Rahmen keine Anwendung.[16]

19 Ebenso als freiwillige Bekanntmachung sind freiwillige Ex-ante-Transparenzbekanntmachungen einzustufen.[17] Für die dabei notwendigen Rechtfertigungsgründe wird auf § 14 Abs. 4 (→ § 14 Rn. 46 ff.) Bezug genommen. Hintergrund hierfür sind die Regelungen des § 135 GWB mit seiner drohenden Unwirksamkeitsfolge nach Abs. 1.

IV. Folgen von Rechtsverstößen

20 Bewerber und Bieter haben stets einen Anspruch darauf, dass der öffentliche Auftraggeber die Vorschriften des Vergabeverfahrens korrekt anwendet (vgl. § 97 Abs. 6 GWB). Diese Pflicht umfasst grundsätzlich auch die Einhaltung der Vorgaben zur Veröffentlichung (s. § 97 Abs. 1 GWB), weshalb eine Überprüfung im Nachprüfungsverfahren verlangt werden kann, sofern ein bieterschützender Charakter der Vorschriften besteht. Ähnlich wie die Regelungen zum Veröffentlichungsprozess nach § 12 EU Abs. 3 Nr. 2–5 VOB/A sind auch die Bestimmungen in § 40 in Teilen **bieterschützend**. Sie dienen dazu, ein transparentes und am Wettbewerbsprinzip orientiertes Vergabeverfahren sicherzustellen und zu fördern.[18] § 40 hat dabei jedoch nur in Teilen bieterschützenden Charakter.[19] Im Nachprüfungsverfahren justitiabel ist insbesondere die Pflicht zur Übermittlung der Bekanntmachung auf elektronischem Wege. Gleiches gilt für Abs. 3, wonach

---

[12] Vgl. Dieckmann/Scharf/Wagner-Cardenal/*Dierkes* Rn. 24.
[13] *Rechten* in KKMPP VgV Rn. 14.
[14] BayObLG Beschl. v. 4.2.2003 – Verg 31/02, BeckRS 2003, 02434.
[15] *Neun/Otting* EuZW 2014, 446 (448).
[16] OLG Frankfurt a. M. Beschl. v. 8.5.2012 – 11 Verg 2/12, BeckRS 2012, 10701; OLG München Beschl. v. 28.9.2005 – Verg 19/05, BeckRS 2005, 11622; Dieckmann/Scharf/Wagner-Cardenal/*Dierkes* Rn. 30; Ziekow/Völlink/*Völlink* Rn. 8.
[17] Vgl. Standardformular Nr. 15 in Anlage IXX der Durchführungsverordnung (EU) 2015/1986.
[18] Ziekow/Völlink/*Völlink* Rn. 1.
[19] Ebenso: Dieckmann/Scharf/Wagner-Cardenal/*Dierkes* Rn. 34; Ziekow/Völlink/*Völlink* Rn. 1.

I. Normzweck

wegen der Gleichbehandlung und der Nichtdiskriminierung keine zusätzlichen Informationen in nationalen Bekanntmachungen enthalten sein dürfen. So ist die Vorschrift etwa verletzt, wenn die Bekanntmachung nur national und nicht – obwohl geboten – EU-weit veröffentlicht wurde oder die inländische Bekanntmachung weitergehende Angaben als diejenige der EU-Veröffentlichung enthält. Den reinen Ordnungsvorgaben der Abs. 2 und 4 der Vorschrift ist keine bieterschützende Wirkung zuzusprechen. Zu beachten ist die Rügeobliegenheit nach § 160 Abs. 3 GWB (→ GWB § 160 Rn. 50).

Eine Haftung aus dem Gesichtspunkt des Verschuldens bei Vertragsschluss (Sekundärrechtsschutz) ist je nach Sachlage denkbar. 21

§ 41 Bereitstellung der Vergabeunterlagen

(1) Der öffentliche Auftraggeber gibt in der Auftragsbekanntmachung oder der Aufforderung zur Interessensbestätigung eine elektronische Adresse an, unter der die Vergabeunterlagen unentgeltlich, uneingeschränkt, vollständig und direkt abgerufen werden können.

(2) ¹Der öffentliche Auftraggeber kann die Vergabeunterlagen auf einem anderen geeigneten Weg übermitteln, wenn die erforderlichen elektronischen Mittel zum Abruf der Vergabeunterlagen
1. aufgrund der besonderen Art der Auftragsvergabe nicht mit allgemein verfügbaren oder verbreiteten Geräten und Programmen der Informations- und Kommunikationstechnologie kompatibel sind,
2. Dateiformate zur Beschreibung der Angebote verwenden, die nicht mit allgemein verfügbaren oder verbreiteten Programmen verarbeitet werden können oder die durch andere als kostenlose und allgemein verfügbare Lizenzen geschützt sind, oder
3. die Verwendung von Bürogeräten voraussetzen, die dem öffentlichen Auftraggeber nicht allgemein zur Verfügung stehen.

²Die Angebotsfrist wird in diesen Fällen um fünf Tage verlängert, sofern nicht ein Fall hinreichend begründeter Dringlichkeit gemäß § 15 Absatz 3, § 16 Absatz 7 oder § 17 Absatz 8 vorliegt.

(3) ¹Der öffentliche Auftraggeber gibt in der Auftragsbekanntmachung oder in der Aufforderung zur Interessensbestätigung an, welche Maßnahmen er zum Schutz der Vertraulichkeit von Informationen anwendet und wie auf die Vergabeunterlagen zugegriffen werden kann. ²Die Angebotsfrist wird in diesen Fällen um fünf Tage verlängert, es sei denn, die Maßnahme zum Schutz der Vertraulichkeit besteht ausschließlich in der Abgabe einer Verschwiegenheitserklärung oder es liegt ein Fall hinreichend begründeter Dringlichkeit gemäß § 15 Absatz 3, § 16 Absatz 7 oder § 17 Absatz 8 vor.

Übersicht

	Rn.		Rn.
I. Normzweck	1	a) Unentgeltlich	13
II. Entstehungsgeschichte	3	b) Uneingeschränkt	14
III. Einzelerläuterung	5	c) Vollständig	15
1. Anwendungsbereich	6	d) Direkt	17
2. Angabe einer elektronischen Adresse	7	5. Bereitstellung auf anderem Wege	19
3. Abrufbare Vergabeunterlagen	10	a) Technische Gründe	21
4. Vorgaben an die Bereitstellung	12	b) Gründe der Vertraulichkeit	25
		IV. Folgen von Rechtsverstößen	26

I. Normzweck

Im Mittelpunkt von § 41 steht die Sicherstellung der schranken- bzw. hürdenlosen Verfügbarkeit der Vergabeunterlagen. Die Norm unterstreicht die Bedeutung der Transparenzpflichten für das heutige Vergaberecht. So müssen die Vergabeunterlagen unentgeltlich, uneingeschränkt, vollständig und direkt vom Tag der Veröffentlichung einer Bekanntmachung an von jedem Interessenten mithilfe elektronischer Mittel unter einer **Internetadresse** abgerufen werden können. Demnach sollen Auftraggeber grundsätzlich schon zum Zeitpunkt der Auftragsbekanntmachung oder der Aufforderung zur Interessensbestätigung die Vergabeunterlagen vollständig elektronisch zum Abruf bereitstellen. Ausnahmeregelungen in den Abs. 2 und 3, die insbesondere technische Hindernisse und die Vertrau- 1 lichkeit betreffen, dürften für viele Vergabeverfahren nicht relevant sein. Ferner ist keine Übergangsfrist (vgl. § 81) vorgesehen.

2   Diese neue Verpflichtung zur Bereitstellung der Vergabeunterlagen war in Grundzügen bereits in den Vorgängerregelungen enthalten. So verlangte § 12 EG Abs. 6 VOL/A 2009 für den Fall, dass eine Verkürzung der Angebotsfrist um fünf Tage erreicht werden sollte, dass die Vergabeunterlagen etc elektronisch frei, direkt und vollständig verfügbar waren. Dies ist jetzt der Regelfall geworden, weshalb die Fristen durchgehend gegenüber der Vergangenheit verkürzt wurden (vgl. § 15 Abs. 2, § 16 Abs. 5, § 17 Abs. 6). Letztlich wurde also das Regel-Ausnahme-Verhältnis auf den Kopf gestellt. Es führt jetzt zu einer Fristverlängerung bei Nichteinhaltung.[1]

II. Entstehungsgeschichte

3   § 41 ist ein Baustein, der im Zuge der Reform des GWB-Vergaberechts im Jahre 2016 als Verpflichtung der für Jedermann normierten sog. elektronischen Beschaffung („eVergabe") hinzukam. Diese ist für den gesamten Beschaffungsprozess als „Leitmotiv" umgesetzt worden. Die VgV, die SektVO, die KonzVO und auch der zweite Abschnitt der VOB/A EU enthalten hierzu weitgehend gleichlautende Bestimmungen. Lediglich für die Entgegennahme der Angebote in elektronischer Form haben die öffentlichen Auftraggeber – mit Ausnahme der zentralen Beschaffungsstellen – aufgrund von Übergangsvorschriften derzeit noch Zeit für die Umsetzung (→ § 81 Rn. 4). Die e-Vergabe basiert auf EU-Plänen weit in der Vergangenheit: Bereits in ihrer Mitteilung zum öffentlichen Auftragswesen in der Europäischen Union vom 11.3.1998 hatte die EU-Kommission[2] die Idee eines „effizienten elektronischen Auftragswesens" vorgestellt. Ziel des elektronischen Auftragswesens war von Anfang an ein „effizienterer Beschaffungsprozess" und die erhöhte Beteiligung der KMU an öffentlichen Aufträgen.[3]

4   § 13 EG VOL/A sah als Vorgängerregelung hier noch eine **Wahlfreiheit** vor. Wichtig war nur die Bekanntgabe in der Bekanntmachung oder den Vergabeunterlagen, wie die Unterlagen übermittelt wurden. Nach Abs. 2 waren die Voraussetzungen für eine elektronische Übermittlung normiert. Gleiches galt für die VOF, hier § 8 VOF. Für die VOB/A EU ist die Bereitstellung der Vergabeunterlagen in § 12a EU VOB/A bzw. § 11a EU VOB/A geregelt. Klargestellt ist hier, dass außer in Sonderfällen der Zugang zu den Vergabeunterlagen stets elektronisch zu erfolgen hat, also durch „elektronische Mittel". Dies gilt auch für das zur Verfügung stellen. Für den Unterschwellenbereich mussten die Unterlagen vor Inkrafttreten der Unterschwellenvergabeordnung (UVgO) allein unverzüglich („ohne schuldhaftes Zögern", § 121 BGB) und in geeigneter Weise übermittelt werden. Im Anwendungsbereich der UVgO müssen die Vergabeunterlagen ebenso über eine elektronische Adresse abrufbar sein (vgl. § 29 UVgO).

III. Einzelerläuterung

5   Dem § 41 liegen die europarechtlichen Vorgaben des Art. 53 RL 2014/24/EU bzw. Art. 21 Abs. 2 RL 2014/24/EU und Art. 22 Abs. 1 RL 2014/24/EU zugrunde. Im Gegensatz zu § 40 sind sprachliche Abweichungen von der Formulierung in der Richtlinie vorhanden, wodurch in Zweifelsfällen bei der Auslegung die Einbettung in diese von der Richtlinie geprägte europäische Rechtsordnung zu berücksichtigen ist. Hier wird deutlich, dass für den deutschen Normgeber die Vorgabe von Art. 53 RL 2014/24/EU, zum Zeitpunkt der Veröffentlichung der Bekanntmachung einen elektronischen Zugang zu den Unterlagen bereitzuhalten, in der Umsetzung bedeutet, dass unbedingt eine **elektronische Adresse** anzugeben ist, unter der die Vergabeunterlagen abgerufen werden können. Dass die Unterlagen vollständig in elektronischer Form erstellt bzw. zur Verfügung gestellt werden müssen, folgt aus § 29 (→ § 29 Rn. 26) bzw. Art. 2 Abs. 1 Nr. 13 RL 2014/24/EU.[4]

6   **1. Anwendungsbereich.** Abs. 1 bestimmt, dass der öffentliche Auftraggeber in seiner Auftragsbekanntmachung oder der Aufforderung zur Interessensbestätigung eine elektronische Adresse anzugeben hat. Unter dieser soll er die Vergabeunterlagen zum direkten Abruf bereithalten. Persönlicher Adressat der Vorschrift ist demnach der öffentliche Auftraggeber, der für eine Ordnungsgemäßheit der Veröffentlichung von Bekanntmachungen letztlich verantwortlich ist.

7   **2. Angabe einer elektronischen Adresse.** Der Wortlaut des Abs. 1 verlangt zunächst die Angabe einer elektronischen Adresse, unter der die Vergabeunterlagen abgerufen werden können.

---

[1] *Rechten* in KKMPP VgV Rn. 1, 2.
[2] Mitteilung KOM(98) 143, Nr. 3.2.1.
[3] *Stoy* NZBau 2016, 457.
[4] *Schaller* LKV 2016, 529 (530).

III. Einzelerläuterung 8–13 § 41 VgV

Diese Angabe soll entweder in der Auftragsbekanntmachung oder in der Aufforderung zur Interessensbestätigung erfolgen. Für die Auftragsbekanntmachung hat das **Bekanntmachungsformular** in Ziffer 1.3[5] eine Eintragungsmöglichkeit vorgesehen, in der eine Internetadresse (URL) eingetragen werden kann. Handelt es sich um ein Verhandlungsverfahren ohne Teilnahmewettbewerb nach § 14 Abs. 4, bei dem keine Bekanntmachung stattfindet, ist die elektronische Adresse den ausgewählten Unternehmen in der Aufforderung zur Angebotsabgabe zu benennen. Alternativ kann man die Vergabeunterlagen auch komplett direkt übermitteln.[6]

Ebenso ist die elektronische Adresse nach Abs. 1 in einer Aufforderung zur Interessensbestätigung anzugeben, wenn der Auftraggeber nach § 38 Abs. 4 (→ § 38 Rn. 13) auf eine Auftragsbekanntmachung verzichtet. Dies verlangt ebenso § 52 Abs. 3 Nr. 4. Aufgrund der klaren Anforderungen sollte die Nennung auch dann in der Aufforderung zur Interessensbestätigung erfolgen, wenn sie zuvor in der Vorinformation bekannt gemacht wurde. 8

Der Ausdruck „elektronische Adresse" wird vom Verordnungsgeber nicht näher erläutert. Dies kann aber nach Sinn und Zweck eine selbst genutzte Homepage, eine zu diesem Zweck eingerichtete Internetseite oder eine eVergabe-Plattform sein. Es genügt nicht, eine elektronische Anforderung und Zusendung der Unterlagen **per E-Mail** vorzuhalten. Dies wird nicht als eine „elektronischen Adresse", unter der die Vergabeunterlagen „abgerufen werden" können (vgl. § 41 Abs. 1, § 11 EU Abs. 3 VOB/A und § 41 Abs. 1 SektVO), gelten. Zwar wäre denkbar, auch in einer Anforderung per E-Mail einen hinreichenden elektronischen Zugang zu den Vergabeunterlagen zu sehen. Doch fordert der § 41 zugrunde liegende Art. 53 Abs. 1 RL 2014/24/EU darüber hinaus einen „direkten Zugang" anhand elektronischer Mittel und Art. 73 Abs. 1 RL 2014/25/EU einen „vollständig elektronischen Zugang". Hinzu kommt die generell von der EU verfolgte Zielrichtung, eine breite, moderne und barrierefreie elektronische Durchführung von Vergabeverfahren zu ermöglichen, wenn die jeweiligen Schwellenwerte erreicht sind. Dies drückt sich insbesondere in der Pflicht zur Verwendung elektronischer Mittel (vgl. § 9 Abs. 1) und der elektronischen Übermittlung nach § 40 aus. Hierfür alleinig die Möglichkeit zu schaffen, die Unterlagen per Mail anfordern zu können, ist nicht ausreichend.[7] 9

3. Abrufbare Vergabeunterlagen. Was alles vom Umfang her unter die Abrufbarkeit fällt, wird in § 41 nicht näher erläutert. § 41 stellt bloß klar, dass die Vergabeunterlagen allgemein abrufbar sein müssen. Für die genauere Festlegung des Umfangs ist auf § 29 zu verweisen (→ § 29 Rn. 26), der den Begriff Vergabeunterlagen legaldefiniert. Demnach umfassen diese Angaben, die erforderlich sind, um dem Bewerber oder Bieter eine Entscheidung zur Teilnahme am Vergabeverfahren zu ermöglichen. Dazu gehören alle Unterlagen, die von öffentlichen Auftraggebern erstellt werden oder auf die sie sich beziehen. Da die Aufzählung nicht abschließend ist und je nach Verfahren unterschiedlich ausfällt, sind davon regelmäßig auch die **Formblätter** umfasst, in denen Bewerber bzw. Bieter Einträge vornehmen müssen oder Nachweise erbringen sollen. 10

Aber auch später geänderte Vergabeunterlagen und Antworten auf Bieterfragen müssen auf der elektronischen Plattform bzw. Internetseite bereitgestellt werden. So besteht gegenüber allen registrierten Bietern/Interessenten eine Bringschuld des Auftraggebers: Es muss elektronisch (zB per E-Mail) über die Änderung der Vergabeunterlagen oder Antworten auf Bieterfragen informiert werden. Haben sich aber Bieter/Interessenten nicht registriert, haben diese eine Holschuld. Sie müssen sich selbst über Änderungen informieren.[8] 11

4. Vorgaben an die Bereitstellung. Nach Abs. 1 müssen die Vergabeunterlagen unter der vom Auftraggeber anzugebenden elektronischen Adresse unentgeltlich, uneingeschränkt, vollständig und direkt abrufbar sein. Dies muss der Auftraggeber sicherstellen. 12

a) Unentgeltlich. Unentgeltlichkeit meint, dass für den Abruf der Vergabeunterlagen für das Auffinden, den Empfang und das Anzeigen kein Entgelt verlangt werden darf. Dabei ist der Geltungsbereich umfassend gemeint, er soll alle Funktionen, auch zukünftige technische Entwicklungen umfassen.[9] Dies betrifft nicht nur den Abruf an sich, sondern auch den Zugang.[10] Deshalb können weder für die Benutzung noch für die einzelnen Unterlagen Kosten in Rechnung gestellt werden. Dies gilt auch für Unterstützungsleistungen wie Suchfunktionen, wenn diese erforderlich sind, um überhaupt auf die Unterlagen zugreifen zu können. Gleiches gilt etwa für Software-Lösungen, die marktunüblich sind und erst erworben werden müssten, um überhaupt das Dokument nutzen zu 13

---

[5] Vgl. Anhang II zur Durchführungsverordnung (EU) 2015/1986.
[6] *Rechten* in KKMPP VgV Rn. 10.
[7] Ziekow/Völlink/*Wichmann* Rn. 4.
[8] VK Südbayern Beschl. v. 17.10.2016 – Z3-3-3194-1-36-09/16, IBR 2017, 151.
[9] BR-Drs. 87/16, 195.
[10] Art. 53 Abs. 1 RL 2014/24/EU.

können (vgl. § 11). Keine Entgeltlichkeit stellen jedoch Kosten dar, die für die **Nutzung des Internets** als solches auftreten, da diese nicht vom Auftraggeber veranlasst sind.[11]

14 **b) Uneingeschränkt.** Uneingeschränkt sind die Vergabeunterlagen verfügbar, wenn die Bekanntmachung und die darin enthaltene Internetadresse einen eindeutigen und vollständig beschriebenen Weg hin zu den Unterlagen ermöglicht. Dabei sollte vermieden werden, dass umfangreiche **Zwischenklicks** für das Auffinden erforderlich sind.[12] Ferner hat der Begriff „uneingeschränkt" auch eine zeitliche Komponente. Demnach müssen die Unterlagen ab dem Zeitpunkt der Veröffentlichung der Auftragsbekanntmachung bzw. ab dem Zeitpunkt des Zugangs der Aufforderung zur Interessensbestätigung für die gesamte Dauer der Angebots- bzw. Teilnahmefrist zur Verfügung stehen. Hierzu sollten längere Wartungsarbeiten in dieser Zeit unbedingt vermieden werden. Andernfalls sollte zumindest über eine längere Frist nachgedacht werden. Nicht uneingeschränkt verfügbar sind die Unterlagen auch dann, wenn sie nicht vollständig sind bzw. die verwendeten Programme selten sind und erst installiert werden müssen, um die Nutzung der Unterlagen zu ermöglichen. Ziel ist eine blockade- und medienbruchfreie öffentliche Auftragsvergabe, bei der keine komplexen technischen Hürden aufgebaut werden dürfen.

15 **c) Vollständig.** Vollständig abrufbar sind die Vergabeunterlagen stets dann, falls über die angegebene Internetadresse der Bekanntmachung alle Vergabeunterlagen und nicht nur Teile davon abgerufen werden können.[13] Gerade bei **zweistufigen Verfahren** (etwa im Verhandlungsverfahren mit Teilnahmewettbewerb) ist umstritten, in welchem Umfang die Vergabeunterlagen zum frühen Zeitpunkt des Vergabeverfahrens bereitzustellen sind.[14] Fraglich ist dabei, ob die vollständige elektronische Verfügbarkeit der Vergabeunterlagen bereits ab dem Tag der Bekanntmachung zu gewährleisten ist.[15] Außerdem ist umstritten, was unter Vollständigkeit zu verstehen ist. Der Wortlaut des § 41 Abs. 1 verlangt insofern lediglich, dass die Unterlagen vollständig abrufbar sein müssen und nennt in den Abs. 2 und 3 klar umrissene Ausnahmen. Teilweise wird jedoch auf § 29 verwiesen, der im Rahmen der Definition der Vergabeunterlagen klarstellt, dass dies alle Unterlagen sind, die für Bewerber oder Bieter zur Entscheidung über die Teilnahme am Vergabeverfahren notwendig sind. Weiter spezifiziert wird dies jedoch nicht. Nach dieser Auffassung bezieht sich der Begriff der Vollständigkeit nicht auf den Umfang der abrufbaren Unterlagen, sondern auf die Abrufbarkeit, die einheitlich gewährleistet sein soll.[16] So könnte es bei einem zweistufigen Verfahren ggf. ausreichen, in der ersten Phase bloß alle Hinweise über den Teilnahmewettbewerb zu erhalten.[17] Nach der hier vertretenen Auffassung ist aufgrund des Wortlauts und der Systematik des § 41 mangels gegenwärtig höchstrichterlicher Rechtsprechung aus Gründen der Rechtssicherheit eine sukzessive Veröffentlichung der Unterlagen zu vermeiden. Dies führt natürlich dazu, dass insbesondere zweistufige Vergabeverfahren gegenwärtig im Vorfeld mehr Vorbereitungszeit beanspruchen, da bis zum Zeitpunkt der Bekanntmachung alle Unterlagen vorhanden sein müssen.[18] Diese sollten also nicht nachgeschoben werden, auch wenn dies in der Vergangenheit vielfach üblich gewesen ist. Doch gab es für diesen pragmatischen Weg bereits vor der Reform keine eindeutige rechtliche Grundlage.

16 Klare Ausnahmen hiervon gelten allein nach Abs. 2, 3. Die Gründe sollten dann auch im Vergabevermerk enthalten sein und ausgeführt werden. Dabei dürfte insbesondere der Aspekt der Vertraulichkeit in manchen Fällen besondere Bedeutung erlangen. So gestattet Abs. 3 für sensible Angebotsunterlagen, diese einem besonderen Vertraulichkeitsschutz zu unterstellen. Dies ermöglicht in diesen Fällen rechtssicher, von einer vollständigen Bereitstellung der Vergabeunterlagen abzusehen. Gegebenenfalls ist dann aber die Verlängerung der Frist (fünf Tage) nach Abs. 3 S. 2 erforderlich.

17 **d) Direkt.** Direkt abrufbar sind die Unterlagen nur dann, wenn keiner sich auf einer elektronischen Vergabeplattform mit seinem Namen, mit einer Benutzerkennung oder mit seiner E-Mail-Adresse registrieren muss. Informationen über bekannt gemachte öffentliche Aufträge oder Vergabeunterlagen müssen interessierten Bürgern und interessierten Unternehmen **ohne Barriere** zur Verfügung stehen. Damit ist die Verknüpfung des Zugangs zu den Unterlagen mittels vorheriger Regist-

---

[11] *Rechten* in KKMPP VgV Rn. 23.
[12] Dieckmann/Scharf/Wagner-Cardenal/*Scharf* Rn. 31.
[13] OLG Düsseldorf Beschl. v. 13.5.2019 – VII-Verg 47/18; BR-Drs. 87/16, 196.
[14] Vgl. *Reuber* VergabeR 2016, 339 (342); *Rechten* in KKMPP VgV Rn. 37 f.; *Wankmüller*, Cosinex-Blog, 29.2.2016, http://blog.cosinex.de/2016/02/29/vergaberechtsreform-die-elektronische-kommunikation-im-vergabeverfahren-teil-3/ (zuletzt abgerufen am 10.8.2021).
[15] OLG München Beschl. v. 13.3.2017 – Verg 15/16, NZBau 2017, 371.
[16] OLG Düsseldorf Beschl. v. 17.10.2018 – VII-Verg 26/18, NZBau 2019, 129.
[17] *Rechten* in KKMPP VgV Rn. 38.
[18] Vgl. Art. 2 Abs. 1 Nr. 13 RL 2014/24/EU.

III. Einzelerläuterung

rierung unzulässig.[19] Indirekt und damit unzulässig ist demnach vom Wortlaut her ferner ein Verlangen des Auftraggebers, sich mit seiner E-Mail-Adresse auf der Internetseite einzuschreiben und dann die Unterlagen vom Auftraggeber übermittelt zu bekommen.

Daraus leitet der Verordnungsgeber aber auch die Pflicht ab, sich als Bieter selbst auf der Seite über Änderungen informieren zu müssen. Dies kann etwa bei Antworten des öffentlichen Auftraggebers auf Bieterfragen der Fall sein. Der Auftraggeber muss diese Informationen bloß allen Interessierten direkt und uneingeschränkt zur Verfügung stellen. Keine Pflicht besteht, dafür Sorge zu tragen, dass diese Informationen auch tatsächlich zur Kenntnis genommen werden. 18

5. Bereitstellung auf anderem Wege. Abs. 2, 3 enthalten Ausnahmen des in Abs. 1 aufgestellten Grundsatzes, wonach die Bereitstellung der Vergabeunterlagen unentgeltlich, uneingeschränkt, vollständig und direkt erfolgen muss. Abs. 2 normiert die Situationen, in denen der Auftraggeber aus technischen Gründen eine andere Bereitstellung anbieten muss. Abs. 3 stellt klar, dass auch aus Gründen der Vertraulichkeit von Informationen das Bedürfnis bestehen kann, von Abs. 1 abzuweichen. Wichtig ist wegen des Ausnahmecharakters, dass diese Fälle stets nur für die Dokumente gelten, bei denen eine Abweichung tatsächlich gegeben ist, etwa bei einem einzelnen Plan, der dann zur Einsichtnahme zur Verfügung gestellt wird. Darüber hinaus soll die Abweichung vom in Abs. 1 normierten Grundsatz nur insoweit erfolgen, wie dies unbedingt erforderlich ist. Versucht werden sollte dabei, die Alternativwege derart zu gestalten, dass sie sich möglichst nah an den Grundsätzen nach Abs. 1 orientieren. Als Abweichung vom Grundsatz bestehen für beide Fallgruppen ein enger Anwendungsbereich und die Notwendigkeit einer vertieften Dokumentation in den Vergabeakten. 19

Dazu besteht ferner die Pflicht zur Verlängerung der **Angebotsfrist**, wobei auch hierfür (Rück-) Ausnahmen gelten. So bestimmen Abs. 2, 3, dass die Angebotsfristen um fünf Kalendertage zu verlängern sind. Diese fünf Tage sind als Mindestfrist zu verstehen, wobei die Angemessenheit der fünf Tage nochmals gesondert zu hinterfragen ist (→ § 20 Rn. 7). Hiervon gilt als Rückausnahme der Fall hinreichend begründeter Dringlichkeit, nach der in den § 15 Abs. 3 (→ § 15 Rn. 18 ff.), § 16 Abs. 7 (→ § 16 Rn. 43 ff.) und § 17 Abs. 8 (→ § 17 Rn. 69 ff.) ansonsten eine Reduzierung der Angebotsfrist erlaubt ist. Für Abweichungen aus Gründen der Vertraulichkeit kann die Fristverlängerung ferner entfallen, wenn sich die Maßnahme zum Schutz der Vertraulichkeit ausschließlich in Form der Abgabe einer Verschwiegenheitserklärung zeigt. 20

a) Technische Gründe. Die Ausnahmen des Abs. 2 sind europarechtlich nicht allein in Art. 53 Abs. 1 RL 2014/24/EU normiert. Vielmehr wird darin auf Art. 22 Abs. 1 RL 2014/24/EU verwiesen, der die Gründe für die abweichende Übermittlung der Vergabeunterlagen aufzählt. Im Fokus stehen dabei aber Gründe im Bereich der Angebotsabgabe, die auch grundsätzlich elektronisch erfolgen muss. Insoweit muss im Rahmen einer Bezugnahme auf das Europarecht stets geprüft werden, ob der Verweis für den Bereich der abweichenden Übermittlung von Vergabeunterlagen überhaupt passt. 21

Abs. 2 Nr. 1 ermöglicht die Übermittlung der Vergabeunterlagen auf anderen Weg, wenn der öffentliche Auftraggeber spezielle elektronische Mittel wie etwa **besondere Dateiformate** verwenden muss, die nicht überall verfügbar sind.[20] Hierzu muss die besondere Art der Auftragsvergabe zur Rechtfertigung dienen können. 22

Abs. 2 Nr. 2 lässt dann besondere Ausnahmen bei der Verwendung von Dateiformaten zur Beschreibung der Angebote zu, die einen direkten Abruf der Vergabeunterlagen verhindern. Möglich ist auch, dass diese Formate wegen der nicht kostenlosen und allgemein verfügbaren Lizenzen einen barrierefreien Zugang verhindern.[21] Dabei dürfte sich der Anwendungsbereich der Nr. 1 und der Nr. 2 im Bereich der Bereitstellung der Vergabeunterlagen in vielen Fällen überschneiden. 23

Abs. 2 Nr. 3 erlaubt eine Abweichung, wenn die erforderlichen elektronischen Mittel zum Abruf der Vergabeunterlagen die Verwendung von **Bürogeräten** verlangen, die dem öffentlichen Auftraggeber nicht allgemein zur Verfügung stehen.[22] Die vom Verordnungsgeber beispielhaft aufgezählten Großformatdrucker oder Plotter dürften bei der Bereitstellung der Vergabeunterlagen jedoch regelmäßig kein Problem darstellen. Anders könnte es etwa sein, wenn ein entsprechend großer Scanner fehlt, um großformatige Dokumente, die für die Vergabeunterlagen von Bedeutung sind, einzuscannen. Dann ist nach Nr. 3 auch möglich, diese Dokumente den Bietern ausgedruckt etc zur Verfügung zu stellen. 24

b) Gründe der Vertraulichkeit. Zum Schutz der Vertraulichkeit von Informationen kann der öffentliche Auftraggeber nach Abs. 3 vom Regelfall der Bereitstellung der elektronischen Verga- 25

---

[19] OLG Düsseldorf Beschl. v. 13.5.2019 – VII-Verg 47/18, NZBau 2019, 665.
[20] BR-Drs. 87/16, 196.
[21] BR-Drs. 87/16, 196.
[22] BR-Drs. 87/16, 196.

beunterlagen absehen. In diesen Fällen müssen die zugrundeliegenden Erwägungen dokumentiert werden.[23] Beispiele hierfür sind sensible Informationen über kritische Infrastrukturen, etwa im Baubereich, ein vertraulicher Auftragsgegenstand oder Dienstleistungen im Sicherheitsbereich, bei denen zB Einsatzpläne Gegenstand der Vergabeunterlagen sein sollen.

IV. Folgen von Rechtsverstößen

26 Bewerber und Bieter haben stets einen Anspruch darauf, dass der öffentliche Auftraggeber die Vorschriften des Vergabeverfahrens iSd § 97 Abs. 6 GWB korrekt anwendet. Auf die Umstände des Verstoßes kommt es dabei nicht an.[24] Dabei kommt § 41 bieterschützender Charakter zu, indem die Verfahrensteilnehmer schon aus Gründen der Transparenz verlangen können, dass die Vergabeunterlagen wie nach Abs. 1 gefordert zur Verfügung stehen und ohne Probleme elektronisch abgerufen werden können. Der Auftraggeber hat dabei das Recht, dem Verstoß durch Nachholung der Bereitstellungspflicht nachzukommen.[25]

Unterabschnitt 5. Anforderungen an Unternehmen; Eignung

§ 42 Auswahl geeigneter Unternehmen; Ausschluss von Bewerbern und Bietern

(1) Der öffentliche Auftraggeber überprüft die Eignung der Bewerber oder Bieter anhand der nach § 122 des Gesetzes gegen Wettbewerbsbeschränkungen festgelegten Eignungskriterien und das Nichtvorliegen von Ausschlussgründen nach den §§ 123 und 124 des Gesetzes gegen Wettbewerbsbeschränkungen sowie gegebenenfalls Maßnahmen des Bewerbers oder Bieters zur Selbstreinigung nach § 125 des Gesetzes gegen Wettbewerbsbeschränkungen und schließt gegebenenfalls Bewerber oder Bieter vom Vergabeverfahren aus.

(2) ¹Im nicht offenen Verfahren, im Verhandlungsverfahren mit Teilnahmewettbewerb, im wettbewerblichen Dialog und in der Innovationspartnerschaft fordert der öffentliche Auftraggeber nur solche Bewerber zur Abgabe eines Angebots auf, die ihre Eignung nachgewiesen haben und nicht ausgeschlossen worden sind. ²§ 51 bleibt unberührt.

(3) Bei offenen Verfahren kann der öffentliche Auftraggeber entscheiden, ob er die Angebotsprüfung vor der Eignungsprüfung durchführt.

Schrifttum: *Otting*, Eignungs- und Zuschlagskriterien im neuen Vergaberecht, VergabeR 2016, 316; *Schaller*, Die Umsetzung der EU-Richtlinien 2014 – Die neue Vergabeverordnung für die Vergabe öffentlicher Aufträge, Teil 2, ZfBR-Beil. 2016, 34.

Übersicht

	Rn.			Rn.
I. Allgemeines	1	1.	Prüfung der Eignung und Ausschlussgründe (Abs. 1)	7
1. Überblick, systematischer Ort und Regelungsgehalt	1	2.	Grundsätzlich einzuhaltende Prüfungsreihenfolge (Abs. 2)	10
2. Zweck und Historie der Vorschrift	3			
II. Die Regelungen des § 42 im Einzelnen	7	3.	Ausnahmen von der geltenden Regelprüfungsreihenfolge (Abs. 3)	15

I. Allgemeines

1 **1. Überblick, systematischer Ort und Regelungsgehalt.** Abs. 1 gibt zusammen mit § 57 Abs. 1 die **Grundlagen und die einzelnen Schritte der Eignungsprüfung** vor.[1] Die Eignungsprüfung ist nach Abs. 1 im Wesentlichen auf zwei Vorschriften aufgegliedert und erfolgt insgesamt in drei Schritten: 1. Einhaltung der durch die Eignungskriterien vorgegebenen Anforderungen an die Eignung nach § 122 Abs. 1 GWB, 2. Prüfung auf Vorliegen der Voraussetzungen von zwingenden und fakultativen Ausschlussgründen nach den §§ 123, 124 GWB und 3. Berücksichtigung von

---

[23] Dieckmann/Scharf/Wagner-Cardenal/*Scharf* Rn. 55 ff.
[24] Dieckmann/Scharf/Wagner-Cardenal/*Scharf* Rn. 64.
[25] Ziekow/Völlink/*Wichmann* Rn. 44.
[1] *Dittmann* in KKMPP VgV Rn. 1 und 4.

Maßnahmen zur Selbstreinigung nach § 125 GWB für den Fall, dass die Voraussetzungen eines Ausschlussgrundes erfüllt sein sollten. § 42 Abs. 1 regelt die **Prüfung der Eignung und das Vorliegen von Ausschlussgründen.** Abs. 2 und Abs. 3 enthalten Vorgaben zum **Ablauf bzw. Reihenfolge der Eignungsprüfung und Angebotswertung.** Die Vorschrift ist in Abschnitt 2 Unterabschnitt 5 Anforderungen an Unternehmen, Eignung eingeordnet. Auch bislang waren die konkreten Vorgaben zu wirtschaftlichen und finanziellen Leistungen in den Vergabe- und Vertragsordnungen geregelt. Entsprechend muss der öffentliche Auftraggeber in Hinblick auf die zulässigen Vorgaben in Bezug auf die Eignung die Vorschriften entsprechend der zu vergebenden Leistungen und seiner Qualifizierung als klassischer öffentlicher Auftraggeber oder Sektorenauftraggeber in der VgV, VOB/A EU, SektVO, VSVgV und KonzVgV beachten.

Die Eignungsprüfung besteht im Regelfall nur aus zwei Schritten, dh aus der Prüfung, ob 2 der Bewerber/Bieter einerseits die Eignungskriterien erfüllt und ob andererseits keine Ausschlussgründe vorliegen.[2] Formal handelt es sich bei § 42 um eine neue Vorschrift. Bislang war die Prüfung der Eignung im Liefer- und Dienstleistungsbereich in § 19 EG Abs. 5 VOL/A geregelt. Inhaltlich knüpft § 42 an § 122 GWB (Eignung), § 123 GWB (Zwingende Ausschlussgründe) und § 124 GWB (Fakultative Ausschlussgründe) sowie an 125 GWB (Selbstreinigung) an. § 42 ist zudem im Zusammenhang mit den §§ 43–51 zu verstehen. § 43 enthält Vorgaben zur Rechtsform von Unternehmen und Bietergemeinschaften. Die §§ 44–46 bestimmen den Rahmen und die Obergrenze der zulässigen Eignungskriterien, jedoch keinen Mindestumfang.[3] Danach ist es dem öffentlichen Auftraggeber hinsichtlich der zulässigen Eignungskategorien freigestellt, ob er überhaupt bestimmte Eignungskriterien festlegt und, wenn ja, welches Anforderungsniveau er dabei für erforderlich hält.[4] Der öffentliche Auftraggeber kann je nach Art und Umfang sowie Art und Anforderungen der zu beschaffenden Leistung die im Einzelfall nach seiner Beurteilung erforderlichen Eignungskriterien festlegen. Dabei muss er jedoch berücksichtigen, dass unnötig bzw. unverhältnismäßig hohe Anforderungen eine Teilnahme potenzieller Bewerber oder Bieter am Vergabeverfahren verhindern können, sodass der Wettbewerb entsprechend eingeschränkt wird.[5] § 47 regelt, unter welchen Voraussetzungen Bewerber/Bieter auf die Kapazitäten zurückgreifen dürfen, um die gestellten Eignungsanforderungen zu erfüllen, dh die Voraussetzungen der Eignungsleihe. § 48 regelt den Beleg der Eignung und des Nichtvorliegens von Ausschlussgründen. § 49 enthält Vorgaben zum Beleg der Einhaltung von Normen der Qualitätssicherung und des Umweltmanagements, § 50 regelt die Einheitliche Europäische Eigenerklärung und § 51 bestimmt, wie die Begrenzung der Anzahl der Bewerber zulässig ist. Um die praktische Anwendung des Gesetzes zu erleichtern, wird der Ablauf des Vergabeverfahrens von der Leistungsbeschreibung über die Prüfung von Ausschlussgründen, die Eignungsprüfung, den Zuschlag bis hin zu den Bedingungen für die Ausführung des Auftrags anhand der Regelung der zentralen Vorschriften jeweils an einem Ort erstmals im Gesetz vorgezeichnet.

2. Zweck und Historie der Vorschrift. § 122 GWB und § 42 Abs. 1 ersetzen § 97 Abs. 4 3 S. 1 GWB aF. Auf der Grundlage des § 97 Abs. 4 S. 1 GWB aF war vorgegeben, dass öffentliche Aufträge nur an solche Unternehmen vergeben werden dürfen, die fachkundig, leistungsfähig, gesetzestreu und zuverlässig sind. Die Anforderung der Gesetzestreue ist als Eignungsvorgabe bei der Vergabe der Aufträge weggefallen; sie findet sich jedoch nunmehr in den neuen § 128 Abs. 1 GWB zur Auftragsausführung. Danach müssen Unternehmen bei der Ausführung des öffentlichen Auftrags alle für sie geltenden rechtlichen Verpflichtungen einhalten. Die Anforderung der Zuverlässigkeit ist auf der Grundlage des § 122 GWB sowie der §§ 123 und 124 GWB und des § 42 Abs. 1 systematisch-dogmatisch damit kein Eignungskriterium mehr, sondern als Ausschlussgrund geregelt. Unternehmen, die nicht gesetzestreu sind, müssen nach der Intention des Gesetzgebers damit nach wie vor ausgeschlossen werden,[6] allerdings nicht mehr mangels Eignung.

Die § 122 Abs. 1 GWB und § 42 Abs. 1 zugrunde liegende neue Systematik überzeugt dahingehend, dass Zuverlässigkeit und Gesetzestreue in der Tat keine eigentlichen Eignungsgesichtspunkte sind. Anzumerken ist jedoch, dass § 122 S. 1 GWB und § 42 Abs. 1, folgt man der neuen systematisch-dogmatischen Ausrichtung konsequent, hinsichtlich der Prüfungsreihenfolge umgekehrt aufgebaut sein müssten. Denn die Prüfung der Ausschlussgründe und insbesondere der Zuverlässigkeit muss von der Wertigkeit der Anforderungen und auch systematisch-dogmatisch als Ausschlussgrund stets als Erstes und damit vor der Prüfung der Eignungskriterien Fachkunde und Leistungsfähigkeit

---

[2] Dittmann in KKMPP VgV Rn. 1.
[3] Gesetzesbegründung zu § 45, BT-Drs. 18/7318, 183.
[4] Gesetzesbegründung zu § 45, BT-Drs. 18/7318, 183.
[5] Gesetzesbegründung zu § 45, BT-Drs. 18/7318, 183.
[6] S. Gesetzesbegründung zu § 122 Abs. 1 GWB, BT-Drs. 18/6281.

erfolgen. Muss ein Unternehmen ausgeschlossen werden, ist die Prüfung der Fachkunde und/oder Leistungsfähigkeit in allen zulässigen Verfahrensarten obsolet. Vor diesem Hintergrund ist auch die systematische Anordnung des § 122 GWB zur Eignung nicht folgerichtig, zumal die in den §§ 123 und 124 GWB geregelten Ausschlussgründe vor den Eignungskriterien zu prüfen sind. Gleiches gilt für die Regelung der Eignung in § 42 Abs. 1 und den Ausschluss nach § 57. Der systematisch richtige Platz für die Vorschrift zur Eignung wäre ein Ort nach § 126 GWB. Es bleibt offen, ob Abs. 1 auch dahingehend zu verstehen ist, dass ausgeschlossene Unternehmen auch dann nicht zur Abgabe eines Angebots aufgefordert werden dürfen, wenn die Ausschreibung mangels wirtschaftlicher Angebote aufgehoben worden ist und anschließend ein Verhandlungsverfahren ohne vorausgehenden Teilnahmewettbewerb durchgeführt wird.

5 § 42 setzt Art. 56 Abs. 1 UAbs. 1 lit. b RL 2014/24/EU um. Danach sind die öffentlichen Auftraggeber verpflichtet, nicht nur zu überprüfen, ob das Angebot die festgelegten Anforderungen und Bedingungen erfüllt (Art. 56 Abs. 1 UAbs. 1 lit. a RL 2014/24/EU), sondern die Bewerber und Bieter auch auf ihre Eignung sowie auf das Nichtvorliegen von Ausschlussgründen zu überprüfen.[7] Parallel zu der in § 57 enthaltenen Regelung des Ausschlusses von Angeboten, wenn Bewerber bzw. Bieter die Eignungskriterien nicht erfüllen oder wenn Angebote die Anforderungen an ihre Form oder Übermittlung nicht erfüllen, wird in § 42 Abs. 1 der Fall des Ausschlusses von Bewerbern oder Bietern nach §§ 123, 124 GWB angeführt.

6 Abs. 1 bestimmt, dass der öffentliche Auftraggeber die Eignung der Bewerber oder Bieter anhand der nach § 122 GWB festgelegten Eignungskriterien und des Nichtvorliegens von Ausschlussgründen nach den §§ 123 und 124 GWB sowie ggf. Maßnahmen des Bewerbers oder Bieters zur Selbstreinigung nach § 125 GWB einbezieht und Bewerber oder Bieter vom Vergabeverfahren ausschließt. Abs. 2 erlaubt dem öffentlichen Auftraggeber, dass er im nicht offenen Verfahren, im Verhandlungsverfahren mit Teilnahmewettbewerb, im wettbewerblichen Dialog und in der Innovationspartnerschaft nur solche Bewerber zur Abgabe eines Angebots auffordert, die ihre Eignung nachgewiesen haben und nicht ausgeschlossen worden sind. § 51, wonach der öffentliche Auftraggeber die Anzahl der Bewerber begrenzen darf, bleibt unberührt. Gemäß Abs. 3 kann der öffentliche Auftraggeber beim offenen Verfahren entscheiden, ob er die Angebotsprüfung vor der Eignungsprüfung durchführt.

II. Die Regelungen des § 42 im Einzelnen

7 **1. Prüfung der Eignung und Ausschlussgründe (Abs. 1).** Abs. 1 bestimmt den Inhalt der Eignungsprüfung und benennt dazu weiterführende Vorschriften, insbesondere § 57. Nach Abs. 1 prüft der öffentliche Auftraggeber die Eignung der Bewerber oder Bieter anhand der nach § 122 GWB festgelegten Eignungskriterien und hinsichtlich des Nichtvorliegens von Ausschlussgründen nach den §§ 123 und 124 GWB. Ferner muss er ggf. Maßnahmen des Bewerbers oder Bieters zur Selbstreinigung nach § 125 GWB berücksichtigen und darauf prüfen, ob diese ausreichen. Erst nach Absolvierung dieses gesamten Prüfungsprogramms darf er den betreffenden Bewerber/Bieter vom Vergabeverfahren ausschließen.

8 Ausgangspunkt für Abs. 1 ist § 122 Abs. 1 GWB. Die Vorschrift benennt für alle Arten von öffentlichen Auftraggebern die **zulässigen Eignungskategorien** und bestimmt, dass ein Unternehmen im Sinne der Vorgaben des § 122 Abs. 1 GWB nur dann geeignet ist, wenn es die durch den öffentlichen Auftraggeber im Einzelnen zur ordnungsgemäßen Ausführung des öffentlichen Auftrags festgelegten Eignungskriterien erfüllt. Als Eignungskriterien kann der öffentliche Auftraggeber gem. § 122 Abs. 1 Nr. 1, 2 und 3 GWB Vorgaben zur **Befähigung und Erlaubnis der Berufsausübung** (Nr. 1), zur **wirtschaftlichen und finanziellen Leistungsfähigkeit** (Nr. 2) und zur **technischen und beruflichen Leistungsfähigkeit** (Nr. 3) machen. Der öffentliche Auftraggeber prüft auf der Grundlage der in § 122 Abs. 1 Nr. 1, 2 und 3 GWB genannten Eignungskriterien die Eignung des Bewerbers/Bieters. Diese können ihre Eignung auf der Grundlage des § 47 Abs. 1 geregelten **Eignungsleihe** durch den Rückgriff auf „Kapazitäten" von Drittunternehmen ergänzen bzw. vervollständigen. Gemäß § 47 Abs. 1 darf sich der Auftragnehmer in Bezug auf die genannten Eignungskriterien zur Erfüllung der Eignungsanforderungen auf andere Unternehmen **(Drittunternehmen)** berufen. Bereits nach § 7 EG Abs. 9 VOL/A konnte sich ein Unternehmen zum Nachweis der Leistungsfähigkeit und Fachkunde der Fähigkeiten Drittunternehmen bedienen, ungeachtet des rechtlichen Charakters der zwischen ihm und dem Unternehmen bestehenden Verbindungen.

9 Die Vorgabe von Eignungskriterien sowie der Ausschlussgründe der §§ 123 und 124 GWB soll sicherstellen, dass die öffentliche Hand Aufträge nur an zuverlässige, fachkundige und leistungsfähige Unternehmen vergibt. Für ungeschriebene Eignungskriterien, deren Verneinung zum Ausschluss

---

[7] BT-Drs. 18/7318, 183.

des Bieters führen könnte, ist neben den normierten Ausschlusstatbeständen der §§ 123, 124 GWB kein Raum.[8] Die Vorgabe von auftragsbezogenen und angemessenen Eignungskriterien soll darüber hinaus gewährleisten, dass die öffentliche Hand auch eine einwandfreie bzw. ordnungsgemäße Leistung erhält. Die Festlegung von hinreichend bestimmten und inhaltlich eingegrenzten Eignungskriterien ist eine der grundlegenden Voraussetzungen für eine einheitliche und diskriminierungsfreie Angebotserstellung und Angebotsprüfung und -wertung. Eignungskriterien sorgen auch dafür, dass nur solche Unternehmen anbieten dürfen, die ein gewisses Fach- und Leistungsniveau haben. Die Vorgabe von konkreten und auftragsbezogenen Eignungskriterien stellt zudem Rechts- und Planungssicherheit für die Unternehmen her. Die Pflicht zur Festlegung einheitlicher Eignungskriterien ist dogmatisch Konsequenz der vergaberechtlichen Grundsätze Transparenz, Gleichbehandlung und Wettbewerb.

2. Grundsätzlich einzuhaltende Prüfungsreihenfolge (Abs. 2). Abs. 2 regelt die vom 10 öffentlichen Auftraggeber für das nicht offene Verfahren, das Verhandlungsverfahren mit Teilnahmewettbewerb, den wettbewerblichen Dialog und die Innovationspartnerschaft grundsätzlich einzuhaltende **zweistufige Regelprüfungsreihenfolge.** Abs. 3 setzt Art. 56 Abs. 2 RL 2014/24/EU um. Das bedeutet, der öffentliche Auftraggeber prüft zunächst die Eignung der Bewerber oder Bieter und sodann die Angebote. Das bedeutet, Abs. 2 und 3 erhalten erstmals eine Prüfungs- und Wertungsreihenfolge für das nicht offene Verfahren, das Verhandlungsverfahren mit Teilnahmewettbewerb, den wettbewerblichen Dialog und die Innovationspartnerschaft. Die zweistufige Regelprüfungsreihenfolge soll ausschließen, dass Unternehmen zur Abgabe von Angeboten aufgefordert werden, die auf der Grundlage der vorgegebenen Eignungsanforderungen nicht geeignet sind. Im Umkehrschluss bedeutet das, dass der öffentliche Auftraggeber nach Abs. 3 weiterhin frei vorgehen darf. Daher sind bei den zweistufigen Verfahrensarten nur solche Bewerber zur Abgabe eines Angebotes aufzufordern, die nicht ausgeschlossen worden sind und die ihre Eignung nachgewiesen haben. Abs. 2 S. 2 verweist auf die Möglichkeit nach § 51 zur Begrenzung der Zahl derjenigen geeigneten Bewerber, die zur Abgabe eines Angebots aufgefordert werden.

Die Prüfung der Eignung ist Teil der grundsätzlich insgesamt **vierstufigen Angebotswertung.** 11 Die Wertung der Angebote dient dazu, einerseits die Unternehmen zu ermitteln, die Grund ihrer Fachkunde und Leistungsfähigkeit zur Erbringung der konkret zu beschaffenden Leistung in Betracht kommen und andererseits die nicht ausreichend qualifizierten Unternehmen aus dem Vergabeverfahren auszusondern.[9] Die Wertung von Angeboten in Vergabeverfahren über Bauaufträge und Baukonzessionen sowie Liefer- und Dienstleistungsaufträge ist gemäß den auf das GWB sowie die VgV, VOB/A EU, SektVO, KonzVgV und VSVgV verteilten Vorschriften zur Angebotswertung – nach wie vor – systematisch in vier voneinander unabhängigen sachlich bedingten Prüfungsstufen vorzunehmen. § 122 GWB selbst enthält keine Regelung zu den Prüfungsstufen der Angebotswertung. Eine konkrete Vorschrift dazu gibt es auch darüber hinaus weiterhin nicht. Vielmehr ergibt sich die einzuhaltende Prüfungssystematik aus einer Zusammenschau der Regelungen des GWB mit dem jeweils für die Auftragsart oder den Auftragsbereich geltenden spezifischen Vergaberegime, also der VgV, VOB/A EU, SektVO, KonzVgV und VSVgV. Die einzelnen Prüfungsschritte sind inhaltlich bestimmt, festgelegt und zwingend einzuhalten.[10] Es geht jedoch nicht darum, dass eine bestimmte Prüfungsreihenfolge im chronologischen Sinn eingehalten wird, sondern lediglich darum, dass die Prüfungsstufen und die auf ihnen maßgeblichen Kriterien nicht vermischt werden.[11] Die Abfolge der einzelnen Prüfungsschritte ist lediglich in den spezifischen Vergaberegimen – VgV, VOB/A, SektVO, KonzVgV und VSVgV – festgelegt.[12]

Auf der **1. Wertungsstufe** werden Angebote aufgrund formaler Mängel und Unvollständig- 12 keit ausgeschlossen, ohne dass zugleich eine inhaltliche Prüfung vorgenommen wird (bislang § 16 EG Abs. 1 VOB/A; § 19 EG Abs. 3 VOL/A).[13] Auf der **2. Wertungsstufe** erfolgt die Prüfung der Eignung der verbliebenen Bieter (§ 122 GWB, §§ 42 ff., §§ 45 ff. SektVO, §§ 25 ff. KonzVgV, §§ 21 ff. VSVgV). Der Auftraggeber prüft auf der 1. Stufe die Angebote zunächst auf zwingende (§ 123 GWB) und sodann auf fakultative Ausschlussgründe (§ 124 GWB).[14] Im Anschluss stellt er fest, ob die Voraussetzungen der vorgegebenen Eignungskriterien erfüllt sind. Auf der **3. Wer-**

---

[8] OLG Düsseldorf Beschl. v. 14.10.2020 – Verg 36/19, IBRRS 2020, 0329.
[9] BGH NZBau 2008, 505 = VergabeR 2008, 641 (642).
[10] BGH NZBau 2008, 505 = VergabeR 2008, 641 (642).
[11] So für Eignungs- und Zuschlagskriterien EuGH Slg. 2008, I-251 Rn. 26 – Lianakis ua.
[12] Vgl. BGHZ 139, 273 (277) = NJW 1998, 3644.
[13] In bestimmten Fällen kann der Auftraggeber fehlende Nachweise nachfordern, vgl. vormals § 16 Abs. 1 Nr. 3 VOB/A, § 19 EG Abs. 2 VOL/A und § 5 Abs. 3 VOF.
[14] OLG Jena Urt. v. 27.2.2002 – 6 U 360/01, BeckRS 2002 30243188; zu den Ausschlussgründen ausf. *Hölzl* NZBau 2009, 751 mit Bezug auf EuGH Slg. 2009, I-4219 = NZBau 2009, 607 – Assitur.

tungsstufe prüft die Vergabestelle für den konkreten Fall die Angemessenheit der Preise und das Preis-Leistungsverhältnis (§ 60). Sie prüft hierbei, ob der angebotene Preis in offenbarem Missverhältnis zu der angebotenen Leistung steht, dh, ob der Preis zu hoch oder zu niedrig ist. Mit dem Preis ist der Gesamtpreis gemeint. Bei Angeboten mit ungewöhnlich niedrig erscheinenden Preisen muss die Vergabestelle, bevor sie eine Entscheidung über die Frage der Auskömmlichkeit des Preises trifft, bei dem betreffenden Bieter nachfragen und ihm Gelegenheit zur Stellungnahme geben.[15] Ein sofortiger Ausschluss ist unverhältnismäßig. Maßgeblich ist grundsätzlich der Gesamtpreis. Das bedeutet, die Vergabestelle muss uU die Einzelposten dieser Angebote prüfen und ggf. vom Bieter die Vorlage der erforderlichen Belege bzw. Erklärungen verlangen. Diese Bestimmungen dienen in erster Linie dem Schutz des Auftraggebers vor der Eingehung eines wirtschaftlichen Risikos und sind deshalb grundsätzlich nicht bieterschützend.[16] Der Auftraggeber läuft im Fall der Zuschlagserteilung auf ein Unterangebot Gefahr, dass der Auftragnehmer in wirtschaftliche Schwierigkeiten gerät und den Auftrag nicht oder nicht ordnungsgemäß, insbesondere nicht mängelfrei, zu Ende führt.[17] Es steht nach der Rechtsprechung grundsätzlich dem einzelnen Bieter frei, den Preis zu bestimmen, den er für einen zu vergebenden Auftrag bzw. für eine bestimmte Leistung anbietet. Unterkostenangebote können vergaberechtskonform bezuschlagt werden.[18] Der Ausschluss eines Angebots aufgrund eines ungewöhnlich niedrigen Preises ist vergaberechtlich nur dann zulässig, wenn dem betreffenden Bieter eine Marktverdrängungsabsicht nachzuweisen ist und der Bieter die Leistungen auf der Grundlage seiner mangelnden finanziellen Leistungsfähigkeit nicht ordnungsgemäß bzw. nicht fachgemäß erbringen kann. Nur die Angebote, die die ersten drei Wertungsphasen erfolgreich bestehen, kommen anschließend in die **4. Wertungsstufe,** in der auf der Grundlage der vorgegebenen Zuschlagskriterien das „wirtschaftlichste Angebot" ermittelt wird (§ 58).[19]

13 Die getrennte und unabhängige Prüfung von Eignung und Wirtschaftlichkeit ergibt sich aus der Natur der Sache.[20] Die **Eignungsprüfung** ist eine **unternehmens- bzw. bieterbezogene Untersuchung,** auf deren Grundlage prognostiziert werden soll, ob ein Unternehmen/Bieter nach seiner personellen, sachlichen und finanziellen Ausstattung zur Ausführung des Auftrags in der Lage sein wird. Die **Wirtschaftlichkeitsprüfung** bezieht sich dagegen nicht auf die konkurrierenden Unternehmen, sondern auf ihre **Angebote** und damit auf die **Leistung.**[21] Durch Kriterien wie dem Preis, der Ausführungsfrist, Betriebs- und Folgekosten, der Gestaltung, Rentabilität oder dem technischem Wert werden die Eigenschaften der angebotenen Leistung bewertet, nicht aber Eigenschaften des Bieters/Unternehmers. Die Einführung der Nachforderungsmöglichkeit (§ 56) bzw. -pflicht (§ 16 EU Abs. 1 Nr. 3 VOB/A), dh die Anordnung einer Nachforderungspflicht des Auftraggebers bei Fehlen von geforderten Erklärungen, weicht die bisherige strenge Reihenfolge des Wertungsprozesses auf, löst die Systematik jedoch nicht auf.[22] Die Stufen der Angebotswertung finden allerdings in der Praxis häufig nicht streng chronologisch bzw. sukzessive statt, sodass die Auswirkungen dieser Änderung eher gering sind.

14 Die Aufteilung der Prüfung bzw. Wertung in einzelne Stufen dient auch dazu, der Vermischung der einzelnen Prüfungsschritte untereinander vorzubeugen und insbesondere die Berücksichtigung eines „Mehr an Eignung" zu vermeiden. Für den Fall, dass der öffentliche Auftraggeber die Eignung auf der Grundlage der ihm vorliegenden Informationen festgestellt hat, ist er grundsätzlich an seine Entscheidung gebunden. Lediglich wenn es neue Anhaltspunkte dafür gibt, dass das betreffende Unternehmen nicht geeignet ist, darf er und muss er sogar erneut in die Prüfung der Eignung eintreten, unabhängig davon, in welchem Stadium sich das Vergabeverfahren befindet. Es besteht insofern keine Selbstbindung und das Vertrauen des Bewerbers/Bieters ist unter diesem Aspekt nicht geschützt. Der öffentliche Auftraggeber muss damit nicht „sehenden Auges" einem bestimmten Unternehmen den Zuschlag erteilen, das nach den von ihm vorgegebenen Eignungsanforderungen nicht geeignet ist.

---

[15] OLG Düsseldorf NZBau 2009, 398 (401); BayObLG NZBau 2003, 105 (106 ff.); vgl. auch OLG Jena Beschl. v. 9.5.2008 – 9 Verg 5/08, IBRRS 2013, 0737.
[16] OLG Frankfurt a. M. Beschl. v. 30.3.2004 – 11 Verg 4/04, IBRRS 2004, 1385 unter Verweis auf BGH NJW 1995, 737; BayObLG ZfBR 2004, 95.
[17] KG VergabeR 2002, 96 (98).
[18] OLG Düsseldorf Beschl. v. 12.10.2005 – VII-Verg 37/05, BeckRS 2006, 00038; OLG Dresden Beschl. v. 7.5.2010 – WVerg 6/10, BeckRS 2010, 12218; VK Bund Beschl. v. 4.1.2013 – VK 1 133/12, IBRRS 2013, 1131.
[19] VK Lüneburg Beschl. v. 23.2.2004 – 203-VgK-01/2004, IBRRS 2004, 0822.
[20] BGH NZBau 2008, 505 = VergabeR 2008, 641 (642).
[21] *Gröning* NZBau 2003, 86 (90).
[22] So Materialsammlung zur Änderung der VOB/A des BMVBS v. 17.9.2008, 34.

3. Ausnahmen von der geltenden Regelprüfungsreihenfolge (Abs. 3). Abs. 3 sieht für das offene Verfahren eine **Ausnahme von der zweistufigen Regelprüfungsreihenfolge** vor. Danach kann der öffentliche Auftraggeber sich bei offenen Verfahren dafür entscheiden, dass er die **Angebotsprüfung vor der Eignungsprüfung** durchführt. Hintergrund ist, dass beim offenen Verfahren die Abgabe der Eignungserklärungen und -nachweise mit der Abgabe des „wirtschaftlichen" Angebots zeitlich zusammenfällt. Abs. 3 erlaubt dem öffentlichen Auftraggeber deshalb, was in der Praxis gang und gäbe ist, zunächst zu prüfen, ob der Bieter wirtschaftlich überhaupt eine Chance auf den Zuschlag hat. Ist das nicht der Fall, erübrigt sich die Prüfung der Eignung. § 6 EG Abs. 3 Nr. 6 S. 1 VOB/A, ergänzt durch § 16 EG Abs. 2 Nr. 2 VOB/A, enthielt eine ähnliche Regelung wie § 42 Abs. 2. So war es nach § 6 EG Abs. 3 Nr. 6 S. 1 VOB/A zulässig, beim nicht offenen Verfahren und Verhandlungsverfahren „… vor der Aufforderung zur Angebotsabgabe die Eignung der Bewerber zu prüfen", bei der späteren Wertung der Angebote durfte der öffentliche Auftraggeber in solchen Verfahren hinsichtlich der Eignung der Bieter dann nur noch solche „Umstände … berücksichtigen, die nach der Aufforderung zur Angebotsabgabe Zweifel an der Eignung des Bieters begründen".

Diese in der Praxis anzutreffende Vorgehensweise, in der vergaberechtlichen Literatur als „vereinfachter Wertungsvorgang" bezeichnet, Angebote vorab auszusondern, die nach den anzuwendenden Wertungskriterien offensichtlich keine Aussicht auf den Zuschlag haben, um den Prüfungsaufwand zu begrenzen, ist von den vorstehend beschriebenen Wertungsstufen zu trennen. Diese zulässige Rationalisierung ändert nach zutreffender Auffassung des BGH jedoch nichts daran, dass für die Wertung der Angebote grundsätzlich die einzelnen Prüfungsstufen zu absolvieren sind.[23] Umgekehrt schließt das bislang von § 16 VOB/A und § 19 EG VOL/A vorgegebene Prüfungsschema, nach Abschluss der einen in die nächstfolgende Wertungsstufe überzugehen, nicht aus, dass übersehene oder erst später bekannt gewordene Mängel nachträglich berücksichtigt werden. Werden einzelne Wertungsschritte aufgeschoben, vermag das nichts daran zu ändern, dass diese voneinander abgesetzt und ohne Vermischung der Prüfungsgegenstände zu vollziehen sind.[24] Das bedeutet, ein Angebot, das in der zweiten Stufe auszuschließen ist, kann nicht in die vierte Wertungsstufe gelangen.

Die Vorschrift setzt Art. 56 Abs. 2 RL 2014/24/EU um. Art. 56 Abs. 2 UAbs. 1 S. 2 RL 2014/24/EU stellt klar, dass öffentliche Auftraggeber, die von dieser Möglichkeit Gebrauch machen, sicherstellen müssen, dass die Prüfung des Nichtvorliegens von Ausschlussgründen und der Einhaltung der Eignungskriterien unparteiisch und transparent erfolgt, damit kein Auftrag an einen Bieter vergeben wird, der nach § 123 GWB hätte ausgeschlossen werden müssen, beziehungsweise der die Eignungskriterien des öffentlichen Auftraggebers nicht erfüllt.[25]

§ 43 Rechtsform von Unternehmen und Bietergemeinschaften

(1) ¹Bewerber oder Bieter, die gemäß den Rechtsvorschriften des Staates, in dem sie niedergelassen sind, zur Erbringung der betreffenden Leistung berechtigt sind, dürfen nicht allein deshalb zurückgewiesen werden, weil sie gemäß den deutschen Rechtsvorschriften eine natürliche oder juristische Person sein müssten. ²Juristische Personen können jedoch bei Dienstleistungsaufträgen sowie bei Lieferaufträgen, die zusätzlich Dienstleistungen umfassen, verpflichtet werden, in ihrem Antrag auf Teilnahme oder in ihrem Angebot die Namen und die berufliche Befähigung der Personen anzugeben, die für die Erbringung der Leistung als verantwortlich vorgesehen sind.

(2) ¹Bewerber- und Bietergemeinschaften sind wie Einzelbewerber und -bieter zu behandeln. ²Der öffentliche Auftraggeber darf nicht verlangen, dass Gruppen von Unternehmen eine bestimmte Rechtsform haben müssen, um einen Antrag auf Teilnahme zu stellen oder ein Angebot abzugeben. ³Sofern erforderlich kann der öffentliche Auftraggeber in den Vergabeunterlagen Bedingungen festlegen, wie Gruppen von Unternehmen die Eignungskriterien zu erfüllen und den Auftrag auszuführen haben; solche Bedingungen müssen durch sachliche Gründe gerechtfertigt und angemessen sein.

(3) Unbeschadet des Absatzes 2 kann der öffentliche Auftraggeber verlangen, dass eine Bietergemeinschaft nach Zuschlagserteilung eine bestimmte Rechtsform annimmt, soweit dies für die ordnungsgemäße Durchführung des Auftrags erforderlich ist.

---

[23] BGH NZBau 2008, 505 = VergabeR 2008, 641 (642).
[24] BGH NZBau 2008, 505 = VergabeR 2008, 641 (642).
[25] BT-Drs. 18/7318, 183.

Schrifttum: *Friedrich/Queisner,* Die Zulässigkeit von Bietergemeinschaften im Vergabeverfahren, NZBau 2015, 402; *Gabriel,* Neues zum Ausschluss von Bietern und Bietergemeinschaften wegen Mehrfachbeteiligungen: Einzelfallprüfung statt Automatismus, NZBau 2010, 225; *Gabriel/Benecke/Geldsetzer,* Die Bietergemeinschaft, 2007; *Hölzl,* „Assitur": Die Wahrheit ist konkret!, NZBau 2009, 751; *Marx,* Vergaberecht für Versorgungsbetriebe, 2010; *Otting,* Eignungs- und Zuschlagskriterien im neuen Vergaberecht, VergabeR 2016, 316; *Prieß/Sachs,* Irrungen, Wirrungen: Der vermeintliche Bieterwechsel – Warum entgegen OLG Düsseldorf (NZBau 2007, 254) im Falle einer Gesamtrechtsnachfolge die Bieteridentität regelmäßig fortbesteht, NZBau 2007, 763; *Schaller,* Die Umsetzung der EU-Richtlinien 2014 – Die neue Vergabeverordnung für die Vergabe öffentlicher Aufträge, Teil 2, ZfBR-Beil. 2016, 34.

Übersicht

	Rn.		Rn.
I. Allgemeines	1	a) Überblick	7
1. Überblick, systematischer Ort und Regelungsgehalt	1	b) Sinn und Zweck von Bietergemeinschaften	8
2. Zweck und Historie der Vorschrift	3	c) Rechtsform von Bewerber-/Bietergemeinschaften	9
II. Die Regelungen des § 43 im Einzelnen	5	d) Zur Frage der Zulässigkeit von Bewerber-/Bietergemeinschaften	10
		e) Änderung der Zusammensetzung einer Bewerber-/Bietergemeinschaft	14
1. Keine Zurückweisung von Bewerbern oder Bietern wegen der Rechtsform (Abs. 1)	5	f) Mehrfachbeteiligung	19
		g) Geheimwettbewerb	22
2. Bewerber- und Bietergemeinschaften: Wie Bewerber und Bieter zu behandeln sind (Abs. 2)	7	3. Vorgabe einer bestimmten Rechtsform zulässig, wenn für Auftrag erforderlich (Abs. 3)	23

I. Allgemeines

1. Überblick, systematischer Ort und Regelungsgehalt. § 43 enthält seitens des öffentlichen Auftraggebers zu beachtende Vorgaben zur Rechtsform von Bewerbern, Bietern sowie Bewerber- und Bietergemeinschaften, zur rechtlichen Behandlung von Bewerber- und Bietergemeinschaften im Vergabeverfahren und zur Möglichkeit, vom Bewerber/Bieter Auskunft zum Namen und zur beruflichen Befähigung von Personen zu verlangen, die für die Durchführung des Auftrags verantwortlich sind. Bei § 43 handelt es sich um eine formal, nicht aber inhaltlich neue Vorschrift. § 43 setzt Art. 19 RL 2014/24/EU um. Wesentliche Vorgaben des § 43 waren bislang durch § 6 Abs. 1 VOL/A und § 6 EG Abs. 1 und 2 VOL/A und § 7 EG Abs. 3 lit. g VOL/A und § 5 VOF geregelt. Ähnliche Vorgaben enthielt auch § 22 SektVO.

Abs. 1 S. 1 bestimmt **im Überblick,** dass Bewerber oder Bieter, die gemäß den Rechtsvorschriften des Staates, in dem sie niedergelassen sind, zur Erbringung der betreffenden Leistung berechtigt sind, nicht allein deshalb zurückgewiesen werden dürfen, weil sie gemäß den deutschen Rechtsvorschriften eine natürliche oder juristische Person sein müssten. Juristische Personen können jedoch nach Abs. 1 S. 1 bei Dienstleistungsaufträgen sowie bei Lieferaufträgen, die zusätzlich Dienstleistungen umfassen, verpflichtet werden, in ihrem Antrag auf Teilnahme oder in ihrem Angebot die Namen und die berufliche Befähigung der Personen anzugeben, die für die Erbringung der Leistung als verantwortlich vorgesehen sind. Abs. 2 S. 1 ordnet an, dass Bewerber- und Bietergemeinschaften wie Einzelbewerber und -bieter zu behandeln sind. Der öffentliche Auftraggeber darf Abs. 2 S. 2 nicht verlangen, dass Gruppen von Unternehmen eine bestimmte Rechtsform haben müssen, um einen Antrag auf Teilnahme zu stellen oder ein Angebot abzugeben. Sofern es erforderlich ist, kann der öffentliche Auftraggeber nach Abs. 1 S. 3 in den Vergabeunterlagen Bedingungen festlegen, wie Gruppen von Unternehmen die Eignungskriterien zu erfüllen und den Auftrag auszuführen haben; solche Bedingungen müssen durch sachliche Gründe gerechtfertigt und angemessen sein. Unbeschadet des Abs. 2 kann der öffentliche Auftraggeber nach § 43 Abs. 3 verlangen, dass eine Bietergemeinschaft nach Zuschlagserteilung eine bestimmte Rechtsform annimmt, soweit dies für die ordnungsgemäße Durchführung des Auftrags erforderlich ist. Die in § 43 enthaltenen Vorgaben waren bislang im Wesentlichen in § 6 Abs. 1 VOL/A und § 6 EG Abs. 1 und 2 VOL/A geregelt.

2. Zweck und Historie der Vorschrift. Die Vorschrift ist in **Abschnitt 2 Unterabschnitt 5 Anforderungen an Unternehmen, Eignung eingeordnet.** Bislang waren die in § 43 enthaltenen Vorgaben in den Vergabe- und Vertragsordnungen geregelt. Entsprechende Vorgaben sind in § 6 EU Abs. 2 Nr. 2 VOB/A, § 50 SektVO, § 21 Abs. 4 und 5 VSVgV und § 24 KonzVgV geregelt. Die Bildung von Bietergemeinschaften und deren Gleichbehandlung mit Einzelbewerbern ist bislang in allen Vergabe- und Vertragsordnungen ausdrücklich vorgesehen gewesen (§ 6 Abs. 1 Nr. 2 VOB/A, § 6 EG Abs. 1 Nr. 2 VOB/A; § 6 Abs. 1 S. 1 VOL/A, § 6 EG Abs. 2 VOL/A; § 4 Abs. 4 VOF; § 22 S. 1 SektVO, § 21 Abs. 5 VSVgV), wobei in den Vergabeordnungen keine weitergehenden Voraussetzungen für die Zulässigkeit von Bietergemeinschaften definiert werden. Bereits Art. 4 Abs. 2 RL 2004/18/EG (Vergabe-RL 2004) bestimmte insoweit, dass „Angebote oder Anträge auf Teilnahme auch von Gruppen von Wirtschaftsteilnehmern eingereicht werden können"[1] und gab damit im Grundsatz eine Gleichbehandlung vor.

Die Vorschrift enthält keinerlei Regelungen für die bei der Beteiligung von Bietergemeinschaf- 4 ten an Vergabeverfahren auftretenden rechtlichen Schwierigkeiten. Das betrifft beispielsweise die Frage der Mehrfachbeteiligung von Unternehmen oder, wie zu verfahren ist, wenn sich die Zusammensetzung der Bietergemeinschaft während des Vergabeverfahrens ändert oder eine solche erstmals gebildet wird. Die Bewerkstelligung dieser Probleme überlässt der Gesetzgeber nach wie vor der Rechtsprechung.

II. Die Regelungen des § 43 im Einzelnen

1. Keine Zurückweisung von Bewerbern oder Bietern wegen der Rechtsform 5
(Abs. 1). Abs. 1 S. 1 bestimmt, dass Bewerber oder Bieter, die gemäß den Rechtsvorschriften des Staates, in dem sie **niedergelassen** sind, zur Erbringung der betreffenden Leistung berechtigt sind, nicht allein deshalb zurückgewiesen werden dürfen, weil sie gemäß den deutschen Rechtsvorschriften eine natürliche oder juristische Person sein müssten. Abs. 1 S. 1 ist Ausdruck des in § 97 Abs. 2 GWB verankerten unionsrechtlichen Diskriminierungsverbots. Auf der Grundlage des Wortlauts von Abs. 1 S. 1 in Form von „**Rechtsvorschriften des Staates**" können sich sowohl Unternehmen aus den **EU-Mitgliedstaaten** als auch aus **Drittstaaten** auf das **Diskriminierungsverbot** hinsichtlich der Vorgabe einer bestimmten Rechtsform berufen. Abs. 1 S. 1 entspricht unter diesem Aspekt dem Wortlaut des Art. 19 Abs. 1 RL 2014/24/EU. Abs. 1 S. 1 knüpft an die Rechtsvorschriften des „Staates" an, in dem der Bewerber oder Bieter „niedergelassen" ist. Eine Abs. 1 entsprechende Regelung enthielten bislang § 6 Abs. 1 VOL/A und § 6 EG Abs. 1 und 2 VOL/A.

Der öffentliche Auftraggeber darf gem. Abs. 1 S. 2 juristische Personen in Hinblick auf die Erbrin- 6 gung von Dienstleistungsaufträgen und bei Lieferaufträgen, die zusätzlich Dienstleistungen umfassen, verpflichten, in ihrem Antrag auf Teilnahme oder in ihrem Angebot die **Namen und die berufliche Befähigung der Personen** anzugeben, die für die Erbringung der Leistung als verantwortlich vorgesehen sind. Eine Abs. 1 entsprechende Regelung enthielten bislang § 7 EG Abs. 3 lit. g VOL/A und § 5 VOF. Die Anforderungen an die Mitteilung der beruflichen Befähigung sind an dem unionsrechtlichen Diskriminierungsverbot und der RL 2013/55/EU zur Anerkennung von beruflichen Qualifikationen zu messen. Daraus folgt, dass entscheidend die Qualifikation und Erfahrung der verantwortlichen Personen ist.[2] Es handelt sich um eine für die Praxis wichtige Vorgabe.

2. Bewerber- und Bietergemeinschaften: Wie Bewerber und Bieter zu behandeln sind 7
(Abs. 2). a) Überblick. Abs. 2 S. 1 ordnet an, dass Bewerber- und Bietergemeinschaften wie Einzelbewerber und -bieter zu behandeln sind. S. 1 setzt Bieter- und Bewerbergemeinschaften den Einzelbewerbern und -bietern gleich. Gleichsetzung bedeutet, dass an Bieter- und Bewerbergemeinschaften grundsätzlich keine anderen Anforderungen als an Einzelbewerber bzw. -bieter gestellt werden dürfen, solange kein **sachlicher Grund** dafür besteht. S. 1 konkretisiert damit das Gleichbehandlungsgebot aus § 97 Abs. 2 GWB für die Teilnahme von Unternehmensgemeinschaften an Vergabeverfahren. Der öffentliche Auftraggeber darf nach Abs. 2 S. 2 nicht verlangen, dass Gruppen von Unternehmen eine bestimmte Rechtsform haben müssen, um einen Antrag auf Teilnahme zu stellen oder ein Angebot abzugeben. Sofern es erforderlich ist, kann der öffentliche Auftraggeber nach Abs. 1 S. 3 in den Vergabeunterlagen Bedingungen festlegen, wie Gruppen von Unternehmen die Eignungskriterien zu erfüllen und den Auftrag auszuführen haben; solche Bedingungen müssen allerdings durch sachliche Gründe gerechtfertigt und sie müssen zudem auf der Grundlage des in § 97 Abs. 1 GWB geregelten Grundsatzes der Verhältnismäßigkeit auch angemessen sein.

b) Sinn und Zweck von Bietergemeinschaften. Der Zusammenschluss mehrerer Unter- 8 nehmen zu einer Bewerber- bzw. Bietergemeinschaft dient dazu, die **Leistungsfähigkeit zu erhöhen,** und auf dieser Grundlage ein gemeinsames Angebot abzugeben sowie im Auftragsfall den Vertrag gemeinsam auszuführen.[3] Die Zulässigkeit der Bildung einer Bietergemeinschaft hängt vor dem Hintergrund der Gewährleistung eines fairen Wettbewerbs von dem konkreten Verfahrenssta-

---
[1] 1. VK Sachsen Beschl. v. 23.5.2014 – 1/SVK/011/-11.
[2] BR-Drs. 522/09, 51.
[3] KG NJOZ 2007, 4073.

dium ab. Die Vorschrift bezieht sich ausweislich ihres Wortlauts auf Bewerber- und Bietergemeinschaften. Die Bezeichnung als „Bewerber" und „Bieter" folgt aus dem **Status einer Gemeinschaft aus mehreren Unternehmen** in den verschiedenen Stadien eines Vergabeverfahrens. Bei einer Bewerbergemeinschaft handelt es sich um einen **Zusammenschluss von mindestens zwei Unternehmen** bis zum Abschluss eines Teilnahmewettbewerbs.[4] Eine Bewerbergemeinschaft wird mit dem erfolgreichen Abschluss des Teilnahmewettbewerbs und dem Beginn der Phase der Angebotsabgabe zu einer Bietergemeinschaft,[5] dh zu einer Gemeinschaft, die für das betreffende Vergabeverfahren *ein* Angebot mit rechtlicher Wirkung für beide Unternehmen abgibt, also bietet. Die Abgrenzung zwischen beiden Gemeinschaften kann im Rahmen eines Verhandlungsverfahrens mitunter schwierig sein, allerdings werden diese ohnehin von der VgV gleich behandelt, sodass eine Differenzierung hier nicht erforderlich ist.

9   **c) Rechtsform von Bewerber-/Bietergemeinschaften.** Bewerber- und Bietergemeinschaften handeln regelmäßig in der Rechtsform einer **Gesellschaft bürgerlichen Rechts** (GbR) gem. §§ 705 ff. BGB.[6] Durch ihre Handlungen gegenüber dem Auftraggeber ist die Bewerber-/Bietergemeinschaft als (Außen-)GbR sowohl rechts-,[7] als auch gem. § 47 Abs. 2 GBO nF, grundbuchfähig. Die Zusammenschlüsse können aber auch andere Rechtsformen haben. Eine Bietergemeinschaft bzw. sonstige gemeinschaftliche Bewerbung liegt nur dann vor, wenn sie nach außen, dh für den Auftraggeber erkennbar ist.[8]

10   **d) Zur Frage der Zulässigkeit von Bewerber-/Bietergemeinschaften.** Eine Vereinbarung über die **Bildung einer Bietergemeinschaft ist nur ausnahmsweise unzulässig,** wenn sie eine **wettbewerbsbeschränkende Abrede iSv § 1 GWB darstellt.** Gemäß § 1 GWB ist eine Vereinbarung zwischen konkurrierenden Unternehmen einer Branche verboten, wenn sie geeignet ist, die Marktverhältnisse durch Beschränkung des Wettbewerbs spürbar einzuschränken.[9] Das **Erfordernis der Spürbarkeit** setzt Außenwirkungen voraus, die in einer fühlbaren, praktisch ins Gewicht fallenden Weise zu einer Veränderung der Marktverhältnisse führen können. Dabei ist für die Beurteilung von Bietergemeinschaften unter dem Gesichtspunkt der Spürbarkeit **wesentlich auch auf die Zahl der insgesamt abgegebenen Angebote abzustellen.**[10] **Die Verabredung einer Bietergemeinschaft in Bezug auf eine Auftragsvergabe** (und die damit in der Regel kombinierte Eingehung einer Arbeitsgemeinschaft für den Fall eines Zuschlags) **schließt im Allgemeinen die gegenseitige Verpflichtung ein, von eigenen Angeboten abzusehen und mit anderen Unternehmen nicht zusammenzuarbeiten, was grundsätzlich den Tatbestand einer Wettbewerbsbeschränkung iSd § 1 GWB** bzw. von Art. 101 Abs. 1 **AEUV erfüllt.**[11]

11   Die Gründung einer **Bietergemeinschaft von gleichartigen Unternehmen** wird für zulässig gehalten, sofern – **objektiv** – die beteiligten Unternehmen ein jedes für sich zu einer Teilnahme an der Ausschreibung mit einem eigenständigen Angebot aufgrund ihrer betrieblichen oder geschäftlichen Verhältnisse (zB mit Blick auf Kapazitäten, technische Einrichtungen und/oder fachliche Kenntnisse) **nicht leistungsfähig** sind, und erst der Zusammenschluss zu einer Bietergemeinschaft sie in die Lage versetzt, sich daran zu beteiligen.[12] In einem solchen Fall wird durch die Zusammenarbeit der Wettbewerb nicht nur beschränkt, sondern aufgrund des gemeinsamen Angebots gestärkt.[13] **Subjektiv** ist außerdem darauf abzustellen, ob die Zusammenarbeit eine im Rahmen wirtschaftlich zweckmäßigen und kaufmännisch vernünftigen Handelns liegende Unternehmensentscheidung darstellt.[14] Dabei ist den beteiligten Unternehmen eine **Einschätzungsprärogative** zuzuerkennen, deren Ausübung im Prozess nicht uneingeschränkt, sondern – wie im Falle eines **Beurteilungsspiel-**

---

[4] BayObLG Beschl. v. 4.2.2003 – Verg 31/02, BeckRS 2003, 02434; OLG Koblenz NZBau 2002, 699.
[5] OLG Koblenz NZBau 2002, 699.
[6] KG Beschl. v. 7.5.2007 – 23 U 31/06, BeckRS 2003, 02434.
[7] Vgl. BGHZ 146, 341 = NJW 2001, 1056.
[8] *Hausmann/Kern* in KKMPP VgV Rn. 13.
[9] KG NZBau 2013, 792; KG Beschl. v. 21.12.2009 – 2 Verg 11/09, BeckRS 2010, 03552; OLG Brandenburg Beschl. v. 16.2.2012 – Verg W 1/12, BeckRS 2012, 05195; OLG Düsseldorf NZBau 2015, 176.
[10] OLG Brandenburg Beschl. v. 16.2.2012 – Verg W 1/12, BeckRS 2012, 05195; *Weyand* ibrOK VergabeR Ziffer 6.5.5.13 Rn. 111/1 ff.
[11] KG NZBau 2013, 792; OLG Düsseldorf NZBau 2014, 716.
[12] VK Münster Beschl. v. 22.3.2013 – VK 3/13, VPRRS 2013, 0591; VK Baden-Württemberg Beschl. v. 4.6.2014 – 1 VK 15/14, BeckRS 2015, 47530.
[13] VK Münster Beschl. v. 22.3.2013 – VK 3/13, VPRRS 2013, 0591; VK Baden-Württemberg Beschl. v. 4.6.2014 – 1 VK 15/14, BeckRS 2015, 47530.
[14] VK Münster Beschl. v. 22.3.2013 – VK 3/13; VK Baden-Württemberg Beschl. v. 4.6.2014 – 1 VK 15/14, BeckRS 2015, 47530.

raums – lediglich auf die Einhaltung ihrer Grenzen, kurz zusammengefasst: auf Vertretbarkeit, zu kontrollieren ist.[15] Während Bietergemeinschaften zwischen Unternehmen unterschiedlicher Branchen kartellrechtlich eher unbedenklich sind, weil die Unternehmen zueinander regelmäßig in keinem aktuellen oder potenziellen Wettbewerbsverhältnis stehen, ist die Zulassung von **Bietergemeinschaften unter branchenangehörigen Unternehmen problematisch**.[16] Zwischen den Unternehmen besteht oftmals ein aktueller, mindestens aber ein potenzieller Wettbewerb, der durch die Abrede einer Bietergemeinschaft in der Regel eingeschränkt wird. Gleichwohl erachtet die Rechtsprechung Bietergemeinschaften zwischen branchenangehörigen Unternehmen für wettbewerbsunschädlich, sofern die beteiligten Unternehmen ein jedes für sich zu einer Teilnahme an der Ausschreibung mit einem eigenen (und selbstverständlich auch aussichtsreichen) Angebot aufgrund ihrer betrieblichen oder geschäftlichen Verhältnisse (zB mit Blick auf Kapazitäten, technische Einrichtungen und/oder fachliche Kenntnisse) nicht leistungsfähig sind, und erst der Zusammenschluss zu einer Bietergemeinschaft sie in die Lage versetzt, sich daran (mit Erfolgsaussicht) zu beteiligen, wobei die Zusammenarbeit als eine im Rahmen wirtschaftlich zweckmäßigen und kaufmännisch vernünftigen Handelns liegende Unternehmensentscheidung zu erscheinen hat.[17] Wie § 2 GWB und Art. 101 Abs. 3 AEUV zeigen, führt indes allein die Tatsache, dass sich zwei potenzielle Wettbewerber aufgrund ihrer Abrede keine Konkurrenz machen, nicht bereits stets dazu, dass deren entsprechende Abrede wettbewerbswidrig ist.[18] Zu berücksichtigen sind vielmehr ebenfalls die Auswirkungen der Abrede auf den Markt und die dort herrschenden Wettbewerbsverhältnisse im Übrigen sowie auf die Verbraucher. Diese gesetzgeberische Wertung der §§ 1, 2 GWB ist auch bei der Auslegung des Wettbewerbsgedankens iSd § 97 Abs. 1 GWB, also auch in Vergabeverfahren zu beachten. Zu berücksichtigen ist daher ebenfalls, ob die betreffende Abrede im Ergebnis wettbewerbsfördernd ist, wenn nämlich erst der Zusammenschluss zu einer Bietergemeinschaft die beteiligten Unternehmen in die Lage versetzt, sich mit einem erfolgsversprechenden Angebot an der Ausschreibung zu beteiligen, die Zusammenarbeit mithin wirtschaftlich zweckmäßig sowie kaufmännisch vernünftig erscheint.[19]

Die Bildung einer Bietergemeinschaft und die Abgabe eines gemeinsamen Angebots kann gegen § 1 GWB verstoßen, wenn sie eine **Verhinderung, Einschränkung oder Verfälschung des Wettbewerbs** bezweckt oder bewirkt.[20] Die als Bieter auftretende Bietergemeinschaft muss daher darlegen, dass ihre Bildung und Angebotsabgabe nicht gegen § 1 GWB verstößt. Diese Darlegung muss jedoch nicht schon mit der Abgabe des Angebots erfolgen, weil gem. § 1 GWB auch nicht vermutet wird, dass eine Bietergemeinschaft eine Verhinderung, Einschränkung oder Verfälschung des Wettbewerbs bezweckt oder bewirkt, sondern sie muss erst auf eine entsprechende gesonderte Aufforderung des Auftraggebers zur Erläuterung der Gründe für die Bildung der Bietergemeinschaft erfolgen. Eine solche Aufforderung durch den Auftraggeber muss erfolgen, wenn es zureichende Anhaltspunkte dafür gibt, dass es sich bei dem Bieter um eine unzulässige Bietergemeinschaft handelt, beispielsweise wenn die beteiligten Unternehmen gleichartige, in derselben Branche tätige Wettbewerber sind und nichts dafür spricht, dass sie mangels Leistungsfähigkeit objektiv nicht in der Lage gewesen wären, unabhängig voneinander ein Angebot zu machen, sodass die Entscheidung zur Zusammenarbeit auf einer wirtschaftlich zweckmäßig und kaufmännisch vernünftigen Unternehmensentscheidung beruht.[21] Deckt beispielsweise das Portfolio eines Unternehmens mehr als 99% der nachgefragten Sortimentsbreite (Preisvergleichsgruppen) ab, kann sich das Unternehmen bei diesem Befund an Ausschreibungen von bestimmten Arzneimitteln nicht zulässig in der Rechtsform einer Bietergemeinschaft beteiligen. Ihre Beteiligung an einer Bietergemeinschaft dient lediglich dem Zweck, durch Abdecken eines möglichst breiten Arzneimittel-Sortiments die Chancen der Bietergemeinschaft auf einen Zuschlag zu steigern. Darin liegt genauso wenig ein kartellrechtlich anerkennenswerter Grund wie in dem Motiv, mit Hilfe einer Bietergemeinschaft Synergiepotenziale oder -effekte zu realisieren.[22] Der öffentliche Auftraggeber ist bereits im Ansatz nicht dispositionsbefugt, in einem Vergabeverfahren allgemeine Regeln aufzustellen, ob und unter welchen Voraussetzungen Bietergemeinschaften von Bietern verabredet werden dürfen oder nicht. Der öffentliche Auftraggeber ist auch nicht berechtigt, verbindliche Regeln

---

[15] VK Münster Beschl. v. 22.3.2013 – VK 3/13, VPRRS 2013, 0591; VK Baden-Württemberg Beschl. v. 4.6.2014 – 1 VK 15/14, BeckRS 2015, 47530.
[16] OLG Düsseldorf NZBau 2014, 716.
[17] OLG Düsseldorf NZBau 2014, 716.
[18] 1. VK Bund Beschl. v. 16.1.2014 – VK 1-119/13, IBRRS 2014, 1506; 1. VK Bund Beschl. v. 16.1.2014 – VK 1-117/13, ZfBR 2014, 706.
[19] 1. VK Bund Beschl. v. 16.1.2014 – VK 1-119/13, IBRRS 2014, 1506; 1. VK Bund ZfBR 2014, 706.
[20] OLG Düsseldorf ZfBR 2015, 718; OLG Düsseldorf NZBau 2015, 176.
[21] OLG Düsseldorf ZfBR 2015, 718; OLG Düsseldorf NZBau 2015, 176.
[22] OLG Düsseldorf NZBau 2015, 176.

darüber aufzustellen, unter welchen Tatbestandsvoraussetzungen und wann die Eingehung einer Bietergemeinschaft als ein Kartellrechtsverstoß anzusehen ist oder nicht. Über die Zulässigkeit oder Unzulässigkeit von Bietergemeinschaften sowie von Wettbewerbseinschränkungen hat das Gesetz entschieden und haben durch eine Anwendung auf den Einzelfall die Kartellgerichte zu befinden (§§ 87, 91, 94 GWB), unter anderem allerdings auch die Vergabenachprüfungsinstanzen, sofern dies im Rahmen einer vergaberechtlichen Anknüpfungsnorm, beispielsweise § 97 Abs. 1 GWB Wettbewerbsprinzip, inzident entscheidungserheblich ist.[23] Auch ist es weder von den Vergabestellen, noch von den Nachprüfungsinstanzen im Rahmen eines beschleunigten Vergabenachprüfungsverfahrens zu bewerkstelligen, eine fundierte, sich nicht nur auf die „Abarbeitung von Obersätzen" beschränkende kartellrechtliche Prüfung von Bietergemeinschaften vorzunehmen. Dies sollte den eigens hierfür eingerichteten Kartellbehörden überlassen bleiben, jedenfalls so lange die Bieter- bzw. Arbeitsgemeinschaft auf die einzelne streitgegenständliche Ausschreibung beschränkt bleibt und eine längerfristige, projektübergreifende Arbeitsgemeinschaft nicht in Rede steht.[24]

13   Der in öffentlichen Ausschreibungen bestehende **Geheimwettbewerb** trägt dafür Sorge, dass durch den Zusammenschluss von Bietergemeinschaften jedenfalls dann keine durch den Wettbewerb nicht mehr kontrollierbaren Verhaltensspielräume entstehen können, wenn jede Bietergemeinschaft damit rechnen muss, durch andere Einzelbieter oder Bietergemeinschaften „überboten" zu werden, sodass jede Teilnahme an einer öffentlichen Ausschreibung nur dann erfolgreich sein kann, wenn das Angebot im Sinne der Zuschlagskriterien optimiert wurde. Dies wäre zum Beispiel dann nicht der Fall, wenn sich alle oder alle wesentlichen Wettbewerber zu einer Bietergemeinschaft zusammenschließen, sodass faktisch konkurrenzfähige Angebote ausgeschlossen oder zumindest unwahrscheinlich wären.[25] Eine **Konzernzugehörigkeit bzw. gesellschaftsrechtliche Verbundenheit eines Bieters bzw. einer Bietergemeinschaft mit dem Auftraggeber impliziert noch nicht zwangsläufig wettbewerbsbeschränkende Verhaltensweisen;** dies insbesondere dann nicht, wenn nur ein Mitglied der Bietergemeinschaft mit dem Auftraggeber verbunden ist, während das andere Mitglied kein Konzernunternehmen des Auftraggebers ist.[26] Die Beteiligung von mit dem Auftraggeber verbundenen Unternehmen an einem Vergabeverfahren und auch deren Bezuschlagung ist **grundsätzlich zulässig; dies ergibt sich schon aus der Rechtsprechung des EuGH zur Inhouse-Vergabe.** Danach ist ein Auftraggeber nicht berechtigt, ohne Ausschreibung einen öffentlichen Auftrag an ein rechtlich von ihm zu unterscheidendes Unternehmen zu erteilen, an dem er mehrheitlich beteiligt ist. Das Verbot der „internen Vergabe" (ohne Anwendung des Vergaberechts) kann nicht zur Folge haben, dass der Auftraggeber nunmehr gar nicht das verbundene Unternehmen bezuschlagen darf, sondern einem externen Bieter den Auftrag erteilen muss. Folge ist lediglich die Zuschlagserteilung in einem ordnungsgemäßen Vergabeverfahren.[27] Verschleiern Unternehmen, dass sie sich einerseits als Bietergemeinschaft und andererseits auch als Einzelbieter beteiligen, droht der Ausschluss.[28]

14   **e) Änderung der Zusammensetzung einer Bewerber-/Bietergemeinschaft.** Die Teilnahme von **Bewerber- bzw. Bietergemeinschaften** an Vergabeverfahren wirft in der Vergabepraxis nicht selten die Frage auf, ob die **Veränderung der Zusammensetzung einer Bewerber- bzw. Bietergemeinschaft** im Verlauf des Vergabeverfahrens durch Eintritt, Ausscheiden oder Auswechslung eines Mitglieds zulässig ist. Die Frage ist bislang von der Rechtsprechung und Literatur nicht abschließend geklärt. Lediglich für den Fall, dass es nach Erteilung des Zuschlags bzw. des Vertragsschlusses zu Änderungen in Bezug auf den Vertragspartner kommt, enthält § 132 GWB jetzt Regelungen. Diese beruhen weitgehend auf der Rechtsprechung des EuGH in Sachen Pressetext und Wall.[29] Grund dafür ist, dass im Zeitraum zwischen Angebotsabgabe und Zuschlagserteilung Änderungen des Angebots in sachlicher wie auch in personeller Hinsicht grundsätzlich nicht zulässig sind. Das **Verbot einer Änderung des Angebots erstreckt sich auch auf die Zusammensetzung einer Bietergemeinschaft.**[30] Bietergemeinschaften können grundsätzlich nur bis zur Abgabe des (letzten) Angebots gebildet und geändert werden. Die Abgabe des (letzten) Angebots ist dafür die entscheidende Zäsur. In der Zeit zwischen der Abgabe des (letzten) Angebots und der Erteilung des Zuschlags sind Änderungen, dh Auswechslungen, grundsätzlich nicht mehr zugelassen, weil sie als unzulässige Änderung des Angebots zu bewerten sind. Bietergemeinschaften dürfen grundsätzlich nur bis zum Einreichen des Angebots gebildet werden. Gleiches gilt für Veränderungen in der

---

[23] OLG Düsseldorf NZBau 2015, 176.
[24] 1. VK Sachsen Beschl. v. 23.5.2014 – 1/SVK/011/-14.
[25] 1. VK Bund Beschl. v. 16.1.2014 – VK-119/13; *Weyand* ibrOK VergabeR Ziffer 6.5.5.13 Rn. 114/1,1 ff.
[26] 1. VK Bund Beschl. v. 20.8.2008 – VK 1-108/08.
[27] 1. VK Bund Beschl. v. 20.8.2008 – VK 1-108/08.
[28] *Hausmann/Kern* in KKMPP VgV Rn. 13.
[29] EuGH NJW 2008, 3341 – Pressetext.
[30] OLG Düsseldorf NZBau 2005, 710.

Zusammensetzung der Bietergemeinschaft, dh, das Hinzutreten, der Wegfall von Mitgliedern oder die Veräußerung eines Betriebsteils in der Zeit nach Abgabe des Angebots bis zur Zuschlagserteilung.

Grundsätzlich ist davon auszugehen, dass die Gemeinschaft als Gesellschaft bürgerlichen Rechts 15 auch bei einer Veränderung der Zusammensetzung ihrer Mitglieder identitätswahrend weiterbesteht und damit die Veränderung vergaberechtlich unproblematisch ist. Ob das der Fall ist, muss auf der Grundlage der Umstände des Einzelfalls bewertet werden. Kommt es zu einem Wechsel der Zusammensetzung, kann der Auftraggeber jedoch unter Umständen gehalten sein, die Eignung einer Bietergemeinschaft erneut zu überprüfen. Ein Wiedereintritt in die Eignungsprüfung ist jederzeit zulässig und abgesehen davon bei Anhaltspunkten in Hinblick auf eignungsrelevante Änderungen für den Auftraggeber verpflichtend. Das Angebot einer Bietergemeinschaft ist nach der Rechtsprechung jedoch zwingend von der Wertung auszuschließen, wenn es **nach Angebotsabgabe** zu einem **Wechsel der Identität des Bieters** kommt und damit das Angebot nachträglich unzulässig geändert wird.[31] Vergaberechtlich führt die Beendigung der Bietergemeinschaft und die Übernahme des abgegebenen Angebots durch den verbliebenen Teil der Bietergemeinschaft oder einen Dritten zu einem Wechsel der Person und damit der Identität des Bieters, die Bestandteil des Angebots ist.[32] Inhalt des Angebots ist nicht nur die Beschaffenheit der versprochenen Leistungen, sondern auch die Person des Leistenden (oder deren Mehrheit). In dem Zeitraum zwischen Angebotsabgabe und Zuschlagserteilung sind einseitige Angebotsänderungen in sachlicher wie auch in personeller Hinsicht grundsätzlich nicht statthaft. Das Verbot einer (nachträglichen) Änderung des Angebots erstreckt sich auch auf die Zusammensetzung einer Bietergemeinschaft.[33]

Die Zulässigkeit der **Bildung einer nachträglichen Bietergemeinschaft,** dh nach Abgabe 16 des Angebots, ist davon abhängig, ob die Grundsätze eines wettbewerbsmäßigen und nicht diskriminierenden Vergabeverfahrens durch den Zusammenschluss verletzt werden. Die Bildung einer Bietergemeinschaft ist nur dann zulässig, wenn der betreffende Bieter, der sich nachträglich mit einem weiteren Unternehmen zu einer Arbeitsgemeinschaft zusammenschließt, auch ohne den Zusammenschluss den Auftrag erhalten hätte.[34] Das ist aber nur dann möglich, wenn der Zusammenschluss mit einem Unternehmen erfolgt, das am Vergabeverfahren teilgenommen hat. Ein Zusammenschluss mit einem außenstehenden Unternehmen widerspricht den Grundsätzen einer wettbewerbsmäßigen Vergabe. Ein Dritter käme in diesem Fall ohne eine Teilnahme an einem wettbewerblichen Vergabeverfahren an einen öffentlichen Auftrag. Die Zulassung von nachträglichen Bietergemeinschaften ist deshalb **restriktiv zu handhaben,** weil sie den Wettbewerb zwischen den Bietern um einen öffentlichen Auftrag beschränkt. Die Genehmigung einer nachträglichen Bietergemeinschaft sollte jedoch nicht generell unzulässig sein, sondern im Ermessen des Auftraggebers stehen und von dessen Einverständnis abhängig sein.[35] Zudem sollte das betreffende Unternehmen auf der Grundlage der Verdingungsunterlagen einer Eignungsprüfung unterzogen werden.

Der Austausch einer Vertragspartei stellt grundsätzlich eine besonders tief greifende Angebotsänderung 17 dar, weil im Kernelement des anzubahnenden Vertragsverhältnisses – Parteien, Leistung, Gegenleistung – verändert wird.[36] Der Grundsatz der Unveränderlichkeit des Angebots gilt nämlich nicht allein für das Angebot selbst, sondern auch für die Person des Bieters. Auch eine Veränderung in der Person des Bieters nach Eröffnung der Angebote führt grundsätzlich zu einem zwingenden Ausschluss des Angebots.[37] Grund dafür ist das auf dem vergaberechtlichen Transparenzgrundsatz beruhende sog. Nachverhandlungsverbot (bislang § 18 EG Abs. 2 VOL/A). Die Rechtsprechung geht davon aus, dass sich der Inhalt des Angebots nicht von der Person des Bieters trennen lässt und folgert daraus, dass die **Bieteridentität** nach Angebotsabgabe grundsätzlich nicht mehr verändert werden darf. Das gilt auch für den Teilnahmeantrag. Vom Nachverhandlungsverbot sind namentlich die wesentlichen Elemente des Angebots – die künftigen Vertragsparteien, der Vertragsgegenstand und der Preis (bei Dauerschuldverhältnissen in der Regel auch die Vertragsdauer) umfasst.[38] Diese Grundsätze gelten aber unter bestimmten Voraussetzungen nicht für das Verhandlungsverfahren.

---

[31] OLG Düsseldorf NZBau 2005, 710, für den Fall, dass sich durch das Ausscheiden eines von zwei Gesellschaftern einer Bietergemeinschaft die Identität des Bieters ändert, weil dadurch die Gesellschaft endete und aus der Bietergemeinschaft ein Einzelbieter wurde.
[32] OLG Düsseldorf NZBau 2005, 710.
[33] OLG Düsseldorf NZBau 2005, 710.
[34] *Weyand* ibrOK VergabeR VOB/A § 8 Rn. 3837 ff.
[35] VK Südbayern Beschl. v. 17.7.2001 – 23-06/01; aA VK Bund ZfBR 2008, 412.
[36] OLG Düsseldorf ZfBR 2012, 72; OLG Düsseldorf Beschl. v. 6.10.2005 – VII-Verg 56/05, BeckRS 2005, 14415; OLG Düsseldorf Beschl. v. 16.11.2005 – VII-Verg 56/05, BeckRS 2006, 01782; OLG Hamburg NZBau 2014, 659; *Weyand* ibrOK VergabeR VOL/A § 16 Rn. 587.
[37] OLG Hamburg NZBau 2014, 659 in Bezug auf einen identitätsändernden Bieterwechsel innerhalb einer Bietergemeinschaft in Form einer GbR in einem offenen Verfahren; VG Köln ZfBR 2014, 170.
[38] OLG Düsseldorf ZfBR 2012, 72 (76).

Hierzu hat das **OLG Düsseldorf** in seinem Grundsatzbeschluss vom 3.8.2011 festgestellt, dass das Verhandlungsverfahren dadurch charakterisiert ist, dass der Leistungsgegenstand nicht bereits in der Ausschreibung in allen Einzelheiten festgeschrieben ist und deshalb Angebote abgeändert werden dürfen, nachdem sie abgegeben worden sind. Auftraggeber und potenzieller Auftragnehmer können – bei Wahrung der Identität des Beschaffungsvorhabens – über den Auftragsinhalt und die Auftragsbedingungen solange verhandeln, bis klar ist, wie die Leistung konkret beschaffen sein muss und zu welchen Konditionen der Auftragnehmer leistet. Der Vergabesenat schloss auf der Grundlage von Art. 30 Abs. 2 Vergabe-RL 2004 und § 101 Abs. 5 GWB aF, wonach der Auftraggeber mit den Bietern über die von diesen unterbreiteten Angebote verhandelt, dass das Verhandlungsverfahren in der Regel zweistufig angelegt sei und sich nach der Sichtung und Wertung der indikativen Eingangsangebote (erste Stufe) zumindest eine Verhandlungsrunde (zweite Stufe) anschließe, die die Möglichkeit von Verhandlungen über inhaltliche Änderungen des ursprünglichen Angebots eröffnet. Anders als in Vergabeverfahren, in denen mangels zulässiger Verhandlungen über den Angebotsinhalt ein Bieterwechsel nach Angebotsabgabe zu Rechtsunsicherheit und Intransparenz führt, weil Wirksamwerden und Zeitpunkt des Bieterwechsels nicht offenbar werden, besteht mangels Nachverhandlungsverbot im Verhandlungsverfahren grundsätzlich die Gelegenheit, Änderungen in der Person des Bieters, die noch während der Verhandlungsphase eintreten, transparent vorzunehmen.[39]

18 Die Beteiligung von Unternehmen in Form einer Bietergemeinschaft an Vergabeverfahren ist auch dann problematisch, wenn während des Vergabeverfahrens ein Mitglied ausscheidet oder einen Teilbetrieb an einen Dritten veräußert. Bewertungsmaßstab für die Frage, ob bei einer Rechtsnachfolge ein Ausschlussgrund vorliegt, sind allein die allgemeinen vergaberechtlichen Prinzipien des Wettbewerbs, der Gleichbehandlung und der Transparenz.[40] Bleibt das Unternehmen selbst Mitglied der Bietergemeinschaft und tritt der Erwerber des Teilbetriebs nicht in die Bietergemeinschaft ein, bleibt die **rechtliche Identität der Bietergemeinschaft** erhalten, sodass der weiteren Teilnahme an dem Vergabeverfahren nichts entgegensteht.[41] Auch die **Verschmelzung** eines Bieterunternehmens kraft Eintragung dieses Vorgangs in das Handelsregister in der Phase zwischen Ablauf der Angebotsabgabefrist und Zuschlag führt nicht zu einer Auswechslung des Bieterunternehmens.[42] Dieser Vorgang ist mit der Gesamtrechtsnachfolge zu vergleichen, bei der sich die Rechtslage *idealiter* die gesamte Rechts- und Pflichtenstellung des übertragenden Rechtsträgers im übernehmenden Rechtsträger fortsetzt. Bis auf Ausnahmefälle geht grundsätzlich das ganze Vermögen des übertragenden Rechtsträgers einschließlich der Verbindlichkeiten auf den übernehmenden Rechtsträger über. Das bedeutet auch das Unternehmen als solches und auch sein Know-how bleibt bestehen.[43] Das gilt auch für die konzerninterne Verschmelzung oder Anwachsung. Eine solche Unternehmensumstrukturierung bringt keine Veränderung des Unternehmens mit sich. Im Rechtssinn handelt es sich deshalb nicht um eine inhaltliche Änderung des Angebots, die zum Ausschluss von der Wertung führt.[44] Für den **Nachweis der Verfügbarkeit im Rahmen der Eignungsprüfung bei Rechtsnachfolge** zB eines für die Auftragsdurchführung notwendigen Betriebsteils reicht es aus, dass der Rechtsnachfolger erklärt, dem Mitglied der Bietergemeinschaft die von ihm übernommenen sachlichen Gerätschaften und personellen Ressourcen für das konkrete ausgeschriebene Bauvorhaben zur Verfügung zu stellen. In einer solchen Situation darf es einem Bieter ebenso wenig durch erhöhte Anforderungen unangemessen erschwert werden, den Nachweis seiner Leistungsfähigkeit und den Nachweis der (Wieder-)Verfügbarkeit von Mitteln (Gerät und Personal) zu führen, wie es einem Bieter generell untersagt werden kann, das Unternehmen oder Teile davon während eines Vergabeverfahrens zu veräußern.[45] Hat das Bieterunternehmen ein anderes Unternehmen übernommen oder wurde es mit diesem Unternehmen verschmolzen, so können dessen Referenzen als eigene Referenzen jedoch erst dann verwendet werden, wenn die Verschmelzung oder Fusion mit dem Unternehmen abgeschlossen ist und die für die Referenz maßgeblichen Erfahrungen und Ressourcen tatsächlich auf das Bieterunternehmen übergegangen sind.[46] Der EuGH hat in Bezug auf eine **Verschmelzung** in einem nicht offenen Verfahren entschieden, dass auch ein Unternehmen, das **zwischen dem Teilnahmewettbewerb und der Angebotsabgabephase eine Verschmelzungsvereinbarung** abschließt, die nach der Abgabephase umgesetzt wird, vergaberechtskonform ein Angebot abgeben kann.[47] Dem

---

[39] OLG Düsseldorf ZfBR 2012, 72 (76).
[40] *Prieß/Sachs* NZBau 2007, 763 (764) unter Verweis auf OLG Düsseldorf NZBau 2007, 254.
[41] OLG Düsseldorf NZBau 2007, 254 ff.; OLG Düsseldorf NZBau 2005, 354.
[42] Anders OLG Düsseldorf NZBau 2007, 254 ff.
[43] *Prieß/Sachs* NZBau 2007, 763 (765).
[44] OLG Düsseldorf NZBau 2007, 254; OLG Düsseldorf Beschl. v. 25.5.2005 – VII-Verg 8/05, VPRRS 2013, 0291; OLG Düsseldorf Beschl. v. 11.10.2006 – VII-Verg 34/06, BeckRS 2007, 04399.
[45] OLG Düsseldorf NZBau 2005, 354.
[46] OLG Düsseldorf Beschl. v. 17.4.2019 – VII-Verg 36/18, NZBau 2019, 737 ff.
[47] EuGH Urt. v. 11.7.2019 – C-697/17, VergabeR 2020, 35 ff.

Fall lag zugrunde, dass zwei Unternehmen, die sich am Teilnahmewettbewerb erfolgreich beteiligt hatten, zwischen der Bewerbungs- und der Angebotsphase eine bindende Rahmenvereinbarung schlossen, nach der das eine Unternehmen das andere Unternehmen im Wege einer Verschmelzung entsprechend § 54 UmwG vollständig aufnehmen sollte. Die Verschmelzung der beiden Unternehmen war zum Zeitpunkt der Angebotsabgabe bereits eingeleitet worden, die gesellschaftsrechtliche Struktur des für den Zuschlag vorgesehenen Unternehmens war zu diesem Zeitpunkt jedoch noch unverändert. Die Verschmelzung wurde erst kurz vor Abschluss des Vergabeverfahrens vollzogen. Die Entscheidung dürfte auf das Verhandlungsverfahren übertragbar sein.[48]

f) Mehrfachbeteiligung. Unternehmen, die als Mitglied einer Bewerber- bzw. Bietergemeinschaft an Vergabeverfahren teilnehmen, bewerben sich häufig zusätzlich als Einzelunternehmen, um die Chancen auf Erhalt des Auftrags zu erhöhen. Die **Mehrfachbeteiligung** von Unternehmen hat grundsätzlich zur Konsequenz, dass das betreffende Unternehmen nicht nur Kenntnis von dem eigenen Angebot und dessen Inhalt, sondern mehr oder weniger auch von einem weiteren Angebot besitzt. Je vertiefter bzw. umfangreicher diese Kenntnisse sind, desto eher ist die Verletzung des vergaberechtlich zu gewährleistenden geheimen Wettbewerbs zwischen den am Verfahren teilnehmenden Bietern möglich. Das wirft die Frage auf, ob und unter welchen Voraussetzungen eines dieser Unternehmen oder auch beide von dem Vergabeverfahren auszuschließen sind. Die Mehrfachbeteiligung von Unternehmen als Einzelbieter und als Mitglied einer Bietergemeinschaft ist auf der Grundlage des deutschen Vergaberechts bislang als wettbewerbsbeschränkende Verhaltensweise beurteilt worden und hat in den meisten Fällen zum Ausschluss der Angebote aller betroffenen Bieter, dh der Bietergemeinschaft und des Einzelbieters geführt.[49] Der automatische Ausschluss des Angebots ohne vorausgehende Prüfung der Umstände des Einzelfalls ist auf der Grundlage der Rechtsprechung des EuGH als unverhältnismäßig zu bewerten.[50] Die Vergabestelle muss die **tatsächlichen Umstände des Einzelfalls** auf einen konkreten Verstoß gegen den Wettbewerbsgrundsatz prüfen. Ferner muss sie dem betroffenen Bewerber bzw. Bieter die Möglichkeit zur Stellungnahme geben.[51] Der Ausschluss darf auf der Grundlage des Grundsatzes der Verhältnismäßigkeit erst erfolgen, wenn es den betroffenen Bietern nach Einräumung einer Stellungnahmemöglichkeit nicht gelingt, den Anschein einer Verletzung des Geheimwettbewerbs infolge wechselseitiger Angebotskenntnis auszuräumen.[52] Andernfalls käme es zu einer unverhältnismäßigen Verringerung der Zahl der beteiligten Bewerber bzw. Bieter und damit einer Einschränkung des Wettbewerbsgrundsatzes. Bieter sollten auch nach der jüngsten Entscheidung des EuGH – Rechtssache Serratoni – in ihrem Angebot auf den Umstand der Mehrfachbeteiligung und die in dieser Hinsicht zum Ausschluss wettbewerbswidriger Verhaltensweisen getroffenen Vorkehrungen hinweisen.

Die Frage der **Mehrfachbeteiligung** wird in der Vergaberechtspraxis insbesondere auch **im Fall verbundener Unternehmen** aufgeworfen. Die Gefahr der Beeinträchtigung des Wettbewerbs ist in diesem Fall grundsätzlich noch größer als im Fall der gewöhnlichen Mehrfachbeteiligung. Bislang sind Unternehmen auch in diesem Fall regelmäßig automatisch von dem Vergabeverfahren ausgeschlossen worden. Der EuGH hat in der Rechtssache Assitur entschieden, dass der zwingende Ausschluss eines Unternehmens auch in dieser Konstellation allein wegen der potenziellen Gefahr einer Beeinträchtigung des Wettbewerbs nicht unverhältnismäßig ist.[53] Vielmehr muss die Vergabestelle auf Basis der konkreten Umstände des Einzelfalls prüfen, ob die im Rahmen einer Ausschreibung abgegebene Angebote durch die gesellschaftsrechtliche Verbundenheit inhaltlich beeinflusst worden sind bzw. ob belastbare Anhaltspunkte für ein wettbewerbswidriges Verhalten vorliegen. Dieser Ansatz gilt für alle Konstellationen paralleler Beteiligungen von verbundenen Unternehmen.[54] Könnten konzernverbundene Unternehmen nicht an Vergabeverfahren teilnehmen, würde dies außer Acht lassen, dass sich in der Regel auch konzernverbundene Unternehmen wirtschaftlich eigenständig bewegen und sogar in einem gewissen internen Konkurrenzkampf miteinander stehen; ferner käme es indirekt zu einem vom Vergaberecht nicht beabsichtigten pauschalen Schutz anderer Unternehmen vor Konkurrenz.[55]

---

[48] So auch *Schwabe* VergabeR 2020, 35 (35 ff., 42).
[49] OLG Naumburg Beschl. v. 30.7.2004 – 1 Verg 10/04, BeckRS 2004, 11908; OLG Düsseldorf Beschl. v. 16.9.2003 – Verg 52/03, BeckRS 2004, 2041; *Gabriel* NZBau 2010, 225 (226); *Gabriel/Benecke/Geldsetzer*, Die Bietergemeinschaft, 2007, § 27 Rn. 42.
[50] EuGH NZBau 2010, 261 Rn. 37 f. – Serratoni mAnm *Gabriel* NZBau 2010, 225.
[51] EuGH NZBau 2010, 261 – Serratoni mAnm *Gabriel* NZBau 2010, 225.
[52] *Gabriel* NZBau 2010, 225 (226).
[53] EuGH Urt. v. 19.5.2009 – C-538/07, BeckRS 2009, 70535 – Assitur mAnm *Hölzl* NZBau 2009, 751.
[54] Zu den einzelnen Konstellationen *Hölzl* NZBau 2009, 751 ff.
[55] VK Lüneburg Beschl. v. 5.3.2008 – VgK-03/2008, BeckRS 2008, 09129; VK Mecklenburg-Vorpommern Beschl. v. 7.1.2008 – 2 VK 5/07; VK Bund Beschl. v. 4.7.2006 – VK 3–60/06; VK Düsseldorf Beschl. v. 21.11.2003 – VK-33/2003-L.

21 Die **Mehrfachbeteiligung** kann auch dadurch vorliegen, dass ein Unternehmen sich als Bieter bzw. **Mitglied einer Bietergemeinschaft und als Nachunternehmer** beteiligt. Der bloße Umstand, dass ein Bieter ein eigenes Angebot abgibt und daneben von jemand anderem als Nachunternehmer eingesetzt werden soll, genügt nicht, die für einen Angebotsausschluss erforderliche Kenntnis beider Angebote und damit einen Verstoß gegen den Geheimwettbewerb festzustellen. Dazu müssen weitere Tatsachen hinzukommen, die nach Art und Umfang des Nachunternehmereinsatzes sowie mit Rücksicht auf die Begleitumstände eine Kenntnis von dem zu derselben Ausschreibung abgegebenen Konkurrenzangebot annehmen lassen.[56] Bieter und Nachunternehmer, die ihrerseits als Bieter auftreten, können dann nicht ausgeschlossen werden, wenn beiden Bietern – dem jeweils anderen Bieter in ihrer Ausgestaltung unbekannt bleibende – nennenswerte Gestaltungsfreiräume bei der Kalkulation des jeweils eigenen Angebots verbleiben.[57]

22 **g) Geheimwettbewerb.** Die Gewährleistung eines Geheimwettbewerbs zwingt zum Ausschluss von Angeboten von Bietern, die nach den Umständen eine **verdeckte Bietergemeinschaft** eingegangen sind.[58] Grundsätzlich sind alle Entscheidungen während der Angebotsvorbereitung bis zur Abgabe einschließlich der Verhandlung und alle **Entscheidungen** in Bezug auf das Angebot von den Mitgliedern der Bietergemeinschaft **einstimmig zu treffen**.[59] Damit soll sichergestellt werden, dass kein Gesellschafter im Rahmen seiner gesamtschuldnerischen Haftung in eine Angebotsbindung hineingerät, mit der er sich nicht identifizieren kann. Auftraggeber dürfen von Bietergemeinschaften grundsätzlich eine gesamtschuldnerische Haftung verlangen.[60]

23 **3. Vorgabe einer bestimmten Rechtsform zulässig, wenn für Auftrag erforderlich (Abs. 3).** Der öffentliche Auftraggeber kann nach Abs. 3 unbeschadet des Abs. 2 verlangen, dass eine Bietergemeinschaft nach Zuschlagserteilung eine bestimmte Rechtsform annimmt, soweit dies für die ordnungsgemäße Durchführung des Auftrags erforderlich ist. Eine entsprechende Vorgabe enthielten bislang beispielsweise § 6 Abs. 1 VOL/A, § 6 EG Abs. 1 und 2 VOL/A sowie **§ 6 EG Abs. 6 VOB/A.** Auch von Bietergemeinschaften kann nach der Rechtsprechung **nicht verlangt werden, dass sie zwecks Einreichung des Angebots eine bestimmte** Rechtsform **annehmen;** dies kann jedoch verlangt werden, wenn ihnen der Auftrag erteilt worden ist. Diese Regelung ist **Ausdruck eines gerechten Ausgleichs zwischen den Interessen von Bietergemeinschaften und den Belangen der öffentlichen Auftraggeber.** Ersteren würde es die Teilnahme am Wettbewerb über Gebühr erschweren, müssten sie stets schon für die Abgabe von Angeboten eine andere Rechtsform annehmen, als die, in der sie typischerweise auftreten, also als GbR, ggf. OHG. Letzteren kann es nicht verwehrt sein, auf die Annahme einer bestimmten Rechtsform zu bestehen, sofern dies für die ordnungsgemäße Durchführung des Auftrags notwendig ist.[61]

24 Für den Fall, dass der Auftrag an mehrere Unternehmen gemeinsam vergeben werden soll, bestimmt S. 2, dass der Auftraggeber verlangen kann, dass diese Unternehmen eine **bestimmte Rechtsform** annehmen, sofern dies für die ordnungsgemäße Durchführung des Auftrags erforderlich ist. Das gilt jedoch nur für die **Phase der Leistungserbringung** und nicht bereits für die Teilnahme am Vergabeverfahren.[62] Die Regelung des S. 2 ist Ausdruck eines gerechten Ausgleichs zwischen den Interessen von Bietergemeinschaften und den Belangen der öffentlichen Auftraggeber. Zwar erschwert es Bietergemeinschaften die Teilnahme am Wettbewerb erheblich, wenn sie eine andere Rechtsform annehmen müssen, als die, in der sie typischerweise auftreten, also als GbR, ggf. OHG. Auftraggebern ist es jedoch nicht zu verwehren, auf die Annahme einer bestimmten Rechtsform zu bestehen, sofern dies für die ordnungsgemäße Durchführung des Auftrags notwendig ist.[63] Die Zulassung dieser Anforderung bereits für die Teilnahme am Vergabeverfahren, beispielsweise die Teilnahme in Form einer Projektgesellschaft, würde aufgrund der dafür notwendigen Vorarbeiten zu hohe Kosten verursachen.

25 Zudem darf von Bietergemeinschaften verlangt werden, dass sie gesamtschuldnerisch haften. **Zur Zulässigkeit der Forderung nach einer gesamtschuldnerischen Haftung** genügt es darauf hinzuweisen, dass die **geforderte Erklärung die Bieter nicht unzumutbar belastet, dass dem Auftraggeber die Entscheidung darüber obliegt,** ob und ggf. welche Vorgaben er hinsichtlich

---

[56] KG NZBau 2008, 466; OLG Düsseldorf Beschl. v. 9.4.2008 – VII-Verg 2/08, BeckRS 2008, 07456; OLG Jena Beschl. v. 29.8.2008 – 9 Verg 5/08.
[57] OLG Düsseldorf Beschl. v. 9.4.2008 – VII-Verg 2/08, BeckRS 2008, 07456.
[58] VK Schleswig-Holstein Beschl. v. 17.9.2008 – VK-SH 10/08, BeckRS 2008, 21735; VK Rheinland-Pfalz Beschl. v. 14.6.2005 – VK 16/05, IBRRS 2005, 2272.
[59] KG NJOZ 2007, 4073.
[60] OLG Düsseldorf Beschl. v. 29.3.2006 – VII-Verg 77/05, BeckRS 2006, 06017.
[61] EuGH NJW 2008, 633; KG Beschl. v. 13.8.2002 – KartVerg 8/02, BeckRS 2008, 12182.
[62] KG Beschl. v. 4.7.2002 – KartVerg 8/02, IBRRS 2003, 0950 = VergabeR 2003, 84.
[63] KG Beschl. v. 13.8.2002 – KartVerg 8/02, BeckRS 2008, 12182.

einer Haftung des Auftragnehmers machen will, und dass eine **gesamtschuldnerische Haftung zB in Schadensfällen zweckmäßig sein kann.**[64]

Der **Auftraggeber kann** von einer **Bietergemeinschaft verlangen, dass sie auflistet, welcher Leistungsteil von welchem Mitglied der Bietergemeinschaft ausgeführt** wird. Eine Antwort, aus der sich eine entsprechende inhaltliche Aufteilung der Gesamtleistung ergäbe, **kann eine Bietergemeinschaft allerdings nur dann erteilen, wenn bei ihr intern eine solche Aufteilung auch beabsichtigt** ist.[65] Dies mag erfahrungsgemäß der Regelfall sein; ein notwendiges und einer Bietergemeinschaft wesensmäßiges Strukturmerkmal, ohne das eine vergaberechtlich statthafte Bietergemeinschaft nicht gebildet werden könnte, ist darin aber nicht zu sehen. Eine **zulässige Bietergemeinschaft liegt nicht nur dann vor, wenn ihre Mitglieder voneinander abgrenzbare, aber aufeinander bezogene Teilleistungen einer ausgeschriebenen Gesamtleistung erbringen, sondern auch dann, wenn zwei Unternehmen – bei identischem Leistungsspektrum** – nicht jedes für sich, etwa aus Kapazitätsgründen, wohl aber gemeinsam Interesse an dem zu vergebenden Auftrag haben und ungeachtet ihrer unternehmensrechtlichen Trennung **bei der Erfüllung des Vertrags als operative geschäftliche Einheit handeln wollen und können.** 26

§ 44 Befähigung und Erlaubnis zur Berufsausübung

(1) ¹Der öffentliche Auftraggeber kann verlangen, dass Bewerber oder Bieter je nach den Rechtsvorschriften des Staats, in dem sie niedergelassen sind, entweder die Eintragung in einem Berufs- oder Handelsregister dieses Staats nachweisen oder auf andere Weise die erlaubte Berufsausübung nachweisen. ²Für die Mitgliedstaaten der Europäischen Union sind die jeweiligen Berufs- oder Handelsregister und die Bescheinigungen oder Erklärungen über die Berufsausübung in Anhang XI der Richtlinie 2014/24/EU des Europäischen Parlaments und des Rates vom 26. Februar 2014 über die öffentliche Auftragsvergabe und zur Aufhebung der Richtlinie 2004/18/EG (ABl. L 94 vom 28.3.2014, S. 65) aufgeführt.

(2) Bei der Vergabe öffentlicher Dienstleistungsaufträge kann der öffentliche Auftraggeber dann, wenn Bewerber oder Bieter eine bestimmte Berechtigung besitzen oder Mitglied einer bestimmten Organisation sein müssen, um die betreffende Dienstleistung in ihrem Herkunftsstaat erbringen zu können, von den Bewerbern oder Bietern verlangen, ihre Berechtigung oder Mitgliedschaft nachzuweisen.

Schrifttum: *Arrowsmith*, The Law of Public and Utilities Procurement, 2014; *Otting*, Eignungs- und Zuschlagskriterien im neuen Vergaberecht, VergabeR 2016, 316, 326.

Übersicht

	Rn.		Rn.
I. Allgemeines	1	1. Systematische Einordnung des § 44	5
1. Überblick, systematischer Ort und Regelungsgehalt	1	2. Nachweis über die Eintragung im Berufsregister (Abs. 1)	8
2. Zweck und Historie der Vorschrift	3		
II. Die Regelungen des § 44 im Einzelnen	5	3. Nachweis über bestimmte Berechtigung zur Mitgliedschaft (Abs. 2)	13

I. Allgemeines

1. Überblick, systematischer Ort und Regelungsgehalt. § 44 knüpft inhaltlich an § 122 1 GWB an. § 122 Abs. 1 GWB benennt für alle Arten von öffentlichen Auftraggebern die **zulässigen Eignungskategorien** und bestimmt, dass ein Unternehmen im Sinne der Vorgaben des § 122 Abs. 1 GWB nur dann geeignet ist, wenn es die durch den öffentlichen Auftraggeber im Einzelnen zur ordnungsgemäßen Ausführung des öffentlichen Auftrags festgelegten Eignungskriterien erfüllt. Als Eignungskriterien kann der öffentliche Auftraggeber gem. § 122 Abs. 1 Nr. 2 GWB insbesondere Vorgaben zur **Befähigung und Erlaubnis zur Berufsausübung** machen. Der Gesetzgeber greift diese Vorgabe in Abs. 1 und 2 auf. § 44 konkretisiert die Vorgaben des § 122 GWB zur Befähigung und Erlaubnis zur Berufsausübung dahingehend, dass die Vorschrift die im Einzelnen zulässigen

---

[64] OLG Düsseldorf Beschl. v. 29.3.2006 – VII Verg 77/05; VK Niedersachsen Beschl. v. 17.3.2011 – VgK-65/2010, BeckRS 2011, 09165.
[65] OLG Dresden Beschl. v. 16.3.2010 – WVerg 0002/10, BeckRS 2010, 07154.

Anforderungen angibt und zudem die zulässigen Belege zum Nachweis der Erfüllung dieser Anforderungen benennt.

2   § 44 enthält nur eine Festlegung derjenigen Nachweise, deren Beibringung der öffentliche Auftraggeber verlangen kann. Der öffentliche Auftraggeber darf **nicht inhaltlich nachprüfen,** ob der Bewerber oder Bieter die in seinem Niederlassungsstaat geltenden Rechtsvorschriften für die erlaubte Ausübung eines Berufs oder für die Erbringung einer bestimmten Dienstleistung erfüllt.[1] Sofern ein Bewerber oder Bieter die Nachweise beibringt, die der öffentliche Auftraggeber gem. § 44 verlangen darf – insbesondere die Eintragung in ein Handelsregister – gilt seine Befähigung und Erlaubnis zur Berufsausübung als gegeben. Diese Regelung entspricht der Systematik der RL 2014/24/EU. Diese legt in Art. 58 Abs. 2 RL 2014/24/EU die möglichen Nachweise zur Berufsausübung fest; sie enthält in Art. 60 RL 2014/24/EU – anders als zu den anderen beiden Eignungskriterien – keine ergänzende Regelung hierzu. Welche Nachweise der erlaubten Berufsausübung der öffentliche Auftraggeber verlangen darf, hängt von den Rechtsvorschriften desjenigen Staates ab, in dem der Bewerber oder Bieter niedergelassen ist.[2] Für die Mitgliedstaaten der Europäischen Union enthält Anhang XI RL 2014/24/EU eine Auflistung der einschlägigen Berufs- und Handelsregister bzw. von Bescheinigungen oder Erklärungen über die Berufsausübung.[3]

3   **2. Zweck und Historie der Vorschrift.** Die Vorschrift ist in **Abschnitt 2 Unterabschnitt 5 Anforderungen an Unternehmen, Eignung** eingeordnet. Auch bislang waren die konkreten Vorgaben zur Befähigung und Erlaubnis zur Berufsausübung in den Vergabe- und Vertragsordnungen geregelt. Entsprechend muss der öffentliche Auftraggeber in Hinblick auf die zulässigen Vorgaben zur Befähigung und Erlaubnis zur Berufsausübung die Vorschriften in der VgV, § 6a EU Nr. 1 VOB/A, SektVO, § 25 VSVgV und KonzVgV beachten, soweit diese eine entsprechende Regelung enthalten. § 44 ist im Zusammenhang mit den §§ 45 und 46 zu verstehen. Die §§ 45–46 bestimmen den Rahmen und die Obergrenze der zulässigen Eignungskriterien, jedoch keinen Mindestumfang.[4] Der öffentliche Auftraggeber kann je nach Art und Umfang der zu beschaffenden Leistung die im Einzelfall erforderlichen Eignungskriterien festlegen, wobei er gleichzeitig zu berücksichtigen hat, dass unnötig hohe Anforderungen eine Teilnahme potenzieller Bewerber oder Bieter am Vergabeverfahren verhindern könnten.[5] Dem öffentlichen Auftraggeber ist es wie bei den anderen beiden Eignungskategorien auch im Hinblick auf die Befähigung und Erlaubnis zur Berufsausübung freigestellt, ob er überhaupt bestimmte Eignungskriterien festlegt.[6]

4   Der öffentliche Auftraggeber kann gem. Abs. 1 S. 1 verlangen, dass Bewerber oder Bieter je nach den Rechtsvorschriften des Staats, in dem sie niedergelassen sind, entweder die Eintragung in einem Berufs- oder Handelsregister dieses Staats nachweisen oder auf andere Weise die erlaubte Berufsausübung nachweisen. Für die Mitgliedstaaten der Europäischen Union sind nach Abs. 1 S. 2 die jeweiligen Berufs- oder Handelsregister und die Bescheinigungen oder Erklärungen über die Berufsausübung in Anhang XI RL 2014/24/EU des Europäischen Parlaments und des Rates vom 26.2.2014 über die öffentliche Auftragsvergabe und zur Aufhebung der RL 2004/18/EG (ABl. 2014 L 94, 65) aufgeführt. Bei der Vergabe öffentlicher Dienstleistungsaufträge kann der öffentliche Auftraggeber gem. Abs. 2 dann, wenn Bewerber oder Bieter eine bestimmte Berechtigung besitzen oder Mitglied einer bestimmten Organisation sein müssen, um die betreffende Dienstleistung in ihrem Herkunftsstaat erbringen zu können, von den Bewerbern oder Bietern verlangen, ihre Berechtigung oder Mitgliedschaft nachzuweisen.

II. Die Regelungen des § 44 im Einzelnen

5   **1. Systematische Einordnung des § 44.** § 122 Abs. 1 GWB bestimmt, dass öffentliche Aufträge an Unternehmen vergeben werden, die geeignet, das heißt (1) fachkundig und leistungsfähig sowie (2) nicht nach § 123 GWB und/oder § 124 GWB ausgeschlossen worden sind. Abs. 1 benennt damit die **zulässigen Eignungskategorien** und ordnet an, dass ein Unternehmen im Sinne der Vorgaben des Abs. 1 nur dann geeignet ist, wenn es die durch den öffentlichen Auftraggeber im Einzelnen zur ordnungsgemäßen Ausführung des öffentlichen Auftrags festgelegten Kriterien (Eignungskriterien) erfüllt. Er stellt darüber hinaus klar, dass an Unternehmen, die ausgeschlossen worden sind, keine öffentlichen Aufträge vergeben werden dürfen. Die **Eignungskategorien Fachkunde und Leistungsfähigkeit** werden durch § 122 Abs. 2 GWB in **Eignungsunterkategorien** konkre-

---
[1] Gesetzesbegründung zu § 44, BT-Drs. 18/7318, 183.
[2] Gesetzesbegründung zu § 44, BT-Drs. 18/7318, 183.
[3] Gesetzesbegründung zu § 44, BT-Drs. 18/7318, 183.
[4] Gesetzesbegründung zu § 44, BT-Drs. 18/7318, 183.
[5] Gesetzesbegründung zu § 44, BT-Drs. 18/7318, 183.
[6] Gesetzesbegründung zu § 44, BT-Drs. 18/7318, 183.

tisiert. Der Gesetzgeber legt nunmehr konkret und abschließend als Eignungsunterkategorien fest, dass die konkret vorzugebenden Eignungskriterien ausschließlich die **Befähigung und Erlaubnis zur Berufsausübung** (Abs. 1 Nr. 1), die **wirtschaftliche und finanzielle Leistungsfähigkeit** (Abs. 1 Nr. 2), und die **technische und berufliche Leistungsfähigkeit** (Abs. 1 Nr. 3) betreffen dürfen.

§ 122 Abs. 1, 2 und 4 GWB gehen auf Art. 58 RL 2014/24/EU und Abs. 3 auf Art. 63 RL 2014/24/EU zurück. § 122 Abs. 1, 2 und 4 GWB entsprechen im Inhalt, der Systematik und der Terminologie Art. 58 RL 2014/24/EU.[7] Die bisherigen Vorgaben der Fachkunde und Leistungsfähigkeit in § 97 Abs. 4 S. 1 GWB aF ersetzt § 122 Abs. 1 GWB durch (1.) Befähigung und Erlaubnis zur Berufsausübung, (2.) Wirtschaftliche und finanzielle Leistungsfähigkeit und (3.) technische und berufliche Leistungsfähigkeit. Diese Begriffe entsprechen Art. 58 RL 2014/24/EU. Art. 58 RL 2014/24/EU ist bei Widersprüchen und im Zweifel zur Auslegung bzw. dem besseren Verständnis des § 122 GWB heranzuziehen. Auch die RL 2014/24/EU unterscheidet zwischen der Prüfung der Ausschlussgründe und der Eignung. Anders als das GWB sind die Ausschlussgründe in der Richtlinie mit Art. 57 RL 2014/24/EU systematisch zutreffend vor der Eignung in Art. 58 RL 2014/24/EU geregelt.

§ 122 Abs. 2 S. 2 Nr. 1–3 GWB übernimmt damit die Kategorien und Unterkategorien des 7 Art. 58 Abs. 1 RL 2014/24/EU. Die Vorschrift knüpft zwar inhaltlich an die frühere Differenzierung zwischen den Begriffen **Fachkunde und Leistungsfähigkeit an, differenziert diese Kategorien aber wörtlich und inhaltlich neu aus.** Auch die Regelungen in der VgV, VOB/A EU, SektVO, KonzVgV und VSVgV gehen von der neuen Begrifflichkeit und den drei gebildeten Unterkategorien aus. Eignungskriterien, die nicht einer dieser Kategorien bzw. Unterkategorie zugeordnet werden können, sind nicht zulässig.

2. Nachweis über die Eintragung im Berufsregister (Abs. 1). Der öffentliche Auftragge- 8 ber kann gem. Abs. 1 S. 1 verlangen, dass Bewerber oder Bieter je nach den Rechtsvorschriften des Staats, in dem sie niedergelassen sind, entweder die Eintragung in einem Berufs- oder Handelsregister dieses Staats nachweisen oder auf andere Weise die erlaubte Berufsausübung nachweisen. Für die Mitgliedstaaten der Europäischen Union sind nach Abs. 1 S. 2 die jeweiligen Berufs- oder Handelsregister und die Bescheinigungen oder Erklärungen über die Berufsausübung in Anhang XI RL 2014/24/EU des Europäischen Parlaments und des Rates vom 26.2.2014 über die öffentliche Auftragsvergabe und zur Aufhebung der RL 2004/18/EG (ABl. 2014 L 94, 65) aufgeführt. Hier sind für Deutschland das Handelsregister, die Handwerksrolle und das Vereinsregister genannt sowie für Dienstleistungsaufträge das Vereinsregister, das Partnerschaftsregister und die Mitgliederverzeichnisse der Berufskammern der Länder. Der öffentliche Auftraggeber erhält über dieses Register und die Einträge beispielsweise auf der Grundlage von § 11 Abs. 1 GmbHG eine verlässliche Auskunft über die Existenz, die Rechtsform und die Vertretungsverhältnisse des Unternehmens.[8] Das Handelsregister gibt beispielsweise Auskunft darüber, ob hinsichtlich des Unternehmens ein Insolvenzverfahren eröffnet worden ist oder die gewerberechtlichen Voraussetzungen vorliegen.[9] Aus der Handwerksrolle ist zu erkennen, ob die berufsrechtlichen Voraussetzungen erfüllt worden sind. Hingegen enthalten diese Verzeichnisse keinerlei Informationen zur Fachkunde und Leistungsfähigkeit des betreffenden Unternehmens.

§ 122 Abs. 2 Nr. 1 GWB setzt Art. 58 Abs. 1 lit. a RL 2014/24/EU iVm Art. 58 Abs. 3 RL 9 2014/24/EU. § 44 setzt Art. 48 Abs. 2 RL 2014/24/EU um. § 44 Abs. 1 spricht allgemein von „Staat", bei richtlinienkonformer Auslegung ist nach Art. 58 Abs. 2 RL 2014/24/EU ein Mitgliedstaat der EU gemeint.[10] Öffentliche Auftraggeber dürfen danach Bewerbern und Bietern vorschreiben, dass sie in einem in Anhang XI RL 2014/24/EU genannten **Berufs- oder Handelsregister ihres Niederlassungs- bzw. Herkunftsmitgliedstaats** verzeichnet sein müssen, wenn dies im Herkunftsstaat Voraussetzung für die Ausübung der betreffenden Dienstleistungen ist. Das bedeutet, dass der öffentliche Auftraggeber bei der Vergabe öffentlicher Dienstleistungsaufträge von den Bewerbern/Bietern den Nachweis ihrer Berechtigung oder Mitgliedschaft verlangen kann, wenn die betreffenden Wirtschaftsteilnehmer in ihrem Herkunftsmitgliedstaat eine bestimmte Berechtigung besitzen oder Mitglieder einer bestimmten Organisation sein müssen, um die betreffende Dienstleistung in ihrem Herkunftsmitgliedstaat erbringen zu können. Sinn und Zweck dieses Nachweises ist, dass der öffentliche Auftraggeber eine **verlässliche Auskunft über die Existenz** und sonstige wichtige

---

[7] Gesetzesbegründung zu § 122 GWB, BT-Drs. 18/6281.
[8] OLG Düsseldorf Beschl. v. 16.1.2006 – VII-Verg 92/05; VK Sachsen-Anhalt Beschl. v. 4.10.2013 – 3 VK LSA 39/13, IBRRS 2013, 4967; *Hausmann/Kern* in KKMPP VgV Rn. 2.
[9] *Gnittke/Hattig* in Müller-Wrede GWB § 122 Rn. 30.
[10] *Hausmann/Kern* in KKMPP VgV Rn. 2.

Rechts- und Vertretungsverhältnisse des Unternehmens erhält (vgl. § 11 GmbHG, Rechtszustand vor der Eintragung).[11] Die Berufs- oder Handelsregister enthalten jedoch keine Angaben zur Fachkunde und Leistungsfähigkeit des betreffenden Unternehmens. Öffentliche Auftraggeber dürfen damit gerade nicht die Befähigung und Erlaubnis zur Berufsausübung im Mitgliedstaat des Auftraggebers zur Grundlage dieses Eignungskriteriums machen, wenn dies im Herkunftsstaat keine Voraussetzung ist. Das sog. **Herkunftslandprinzip** ist eine der wesentlichen Voraussetzungen für die Unterbindung einer Diskriminierung aufgrund des Sitzes bzw. der Niederlassung des Unternehmens.[11] Die Ausgestaltung dieses Prinzips erfolgt in § 44 (Befähigung und Erlaubnis zur Berufsausübung) und § 6a EU Nr. 1 VOB/A. Ausschließlich die VgV nimmt jedoch Bezug auf das Verzeichnis in Anhang XI RL 2014/24/EU. Die VOB/A EU enthält keinen entsprechenden Verweis und bezieht sich auch selbst nicht auf die die Eintragung in ein Berufs- und Handelsregister oder eine Handwerksrolle des Sitzes oder Wohnsitzes des Unternehmens.

10   Abs. 1 fordert **keine besondere Form** für die vorzulegenden Unterlagen. Es ist deshalb grundsätzlich in das **Ermessen des öffentlichen Auftraggebers** gestellt, in welcher Form er die Nachweise haben möchte bzw. fordert. Grundsätzlich können deshalb auch einfache Kopien bzw. Abschriften ausreichend sein, beispielsweise die Abschrift der Handelsregistereintragung (§ 9 Abs. 2 HGB) oder eine Bestätigung der Eintragung durch das registerführende Amtsgericht (§ 9 Abs. 3 HGB). Gleichfalls kann ein Ausdruck über die „Wiedergabe des aktuellen Registerinhalts" bzw. eine Fotokopie des Ausdrucks als gleichwertiger Nachweis ausreichen. Verfasser eines solchen Ausdrucks ist ebenso wie bei der (beglaubigten) Kopie aus dem Handelsregisterauszug das zuständige Amtsgericht, sodass der Ausdruck in gleichem Maße wie die Kopie als sog. Fremdbeleg die Richtigkeit der darin enthaltenen Angaben belegt. Zwingende Voraussetzung für die Anerkennung als Nachweis iSv Abs. 1 ist, dass sich aus dem Dokument ergibt, dass der Bewerber unter seiner Firma im Handelsregister tatsächlich eingetragen ist.

11   Fordert der öffentliche Auftraggeber keine besondere Form, reicht neben der Vorlage einer Abschrift der Handelsregistereintragung (vgl. § 9 HGB, Einsichtnahme in das Handelsregister und das Unternehmensregister) oder einer Bestätigung der Eintragung durch das registerführende Amtsgericht (vgl. § 9 HGB, Einsichtnahme in das Handelsregister und das Unternehmensregister) auch ein Ausdruck über die „Wiedergabe des aktuellen Registerinhalts" bzw. eine **Fotokopie** des Ausdrucks als gleichwertiger Nachweis. Verfasser eines solchen Ausdrucks ist ebenso wie bei der (beglaubigten) Kopie aus dem Handelsregisterauszug das zuständige Amtsgericht, sodass der Ausdruck in gleichem Maße wie die Kopie als sog. Fremdbeleg die Richtigkeit der darin enthaltenen Angaben belegt. Zwingende Voraussetzung für die Anerkennung als Nachweis ist die Aussage aus dem Dokument, dass der Bewerber unter seiner Firma zB im Handelsregister tatsächlich eingetragen ist. Der Auftraggeber darf zur Erhöhung der Glaubwürdigkeit auch verlangen, dass der Handelsregisterauszug in **beglaubigter Form**[12] bzw. in beglaubigter Übersetzung eingereicht wird. Bei der Einreichung eines Handelsregisterauszuges ist zu beachten, ob der Auftraggeber einen Auszug fordert, der nicht älter als ein **bestimmtes Datum** sein darf oder ob lediglich nach einem **aktuellen** Handelsregisterauszug gefragt ist. Sofern letzteres der Fall ist, reicht es aus, dass der Auszug die aktuellen Gegebenheiten darstellt, unabhängig vom Zeitpunkt seiner Erstellung. § 122 Abs. 2 Nr. 1 GWB ist **abschließend**. Der öffentliche Auftraggeber darf von Bewerbern/Bietern deshalb nicht fordern, in Hinblick auf die Befähigung und Erlaubnis zur Berufsausübung weitere oder andere Nachweise zu erbringen, wie beispielsweise die Mitgliedschaft in einer bestimmte Innung, wenn diese im Herkunftsland keine Voraussetzung für die Berufsausübung ist.

12   Abs. 1 ist abschließend. Auftragnehmer dürfen daher nicht verpflichtet werden, auf diesem Gebiet noch weitere Nachweise zu erbringen, wie beispielsweise die Vorlage des Gesellschaftsvertrages in beglaubigter Übersetzung oder auch die Mitgliedschaft in der Gebäudereinigerinnung.[13]

13   **3. Nachweis über bestimmte Berechtigung zur Mitgliedschaft (Abs. 2).** Abs. 2 bestimmt, dass öffentliche Auftraggeber bei der Vergabe öffentlicher **Dienstleistungsaufträge** dann, wenn Bewerber oder Bieter eine bestimmte Berechtigung besitzen oder Mitglied einer bestimmten Organisation sein müssen, um die betreffende Dienstleistung in ihrem Herkunftsstaat erbringen zu können, von den Bewerbern oder Bietern verlangen können, ihre Berechtigung oder Mitgliedschaft nachzuweisen. § 45 Abs. 2 setzt die Vorgaben des Art. 58 Abs. 2 RL 2014/24/EU um.

14   Auf der Grundlage des deutschen Rechts ist für Leistungen, die dem Rechtsdienstleistungsgesetz unterliegen, die Zulassung als Rechtsanwalt erforderlich. Gleiches gilt für die Eintragung eines

---

[11] *Hausmann/v. Hoff* in KKPP GWB § 122 Rn. 20 ff.
[12] VK Bund Beschl. v. 4.4.2007 – VK 1-23/07; *Hausmann/Kern* in KKMPP VgV Rn. 3.
[13] VK Baden-Württemberg Beschl. v. 31.10.2003 – 1 VK 63/03, IBRRS 2003, 3175; *Hausmann/Kern* in KKMPP VgV Rn. 3.

Architekten in die Architektenrolle. Mitgliedschaften, die ein Bewerber oder Bieter freiwillig erwirbt, sind von Abs. 2 nicht erfasst.[14]

§ 45 Wirtschaftliche und finanzielle Leistungsfähigkeit

(1) [1]Der öffentliche Auftraggeber kann im Hinblick auf die wirtschaftliche und finanzielle Leistungsfähigkeit der Bewerber oder Bieter Anforderungen stellen, die sicherstellen, dass die Bewerber oder Bieter über die erforderlichen wirtschaftlichen und finanziellen Kapazitäten für die Ausführung des Auftrags verfügen. [2]Zu diesem Zweck kann er insbesondere Folgendes verlangen:
1. einen bestimmten Mindestjahresumsatz, einschließlich eines bestimmten Mindestjahresumsatzes in dem Tätigkeitsbereich des Auftrags,
2. Informationen über die Bilanzen der Bewerber oder Bieter; dabei kann das in den Bilanzen angegebene Verhältnis zwischen Vermögen und Verbindlichkeiten dann berücksichtigt werden, wenn der öffentliche Auftraggeber transparente, objektive und nichtdiskriminierende Methoden und Kriterien für die Berücksichtigung anwendet und die Methoden und Kriterien in den Vergabeunterlagen angibt, oder
3. eine Berufs- oder Betriebshaftpflichtversicherung in bestimmter geeigneter Höhe.

(2) [1]Sofern ein Mindestjahresumsatz verlangt wird, darf dieser das Zweifache des geschätzten Auftragswerts nur überschreiten, wenn aufgrund der Art des Auftragsgegenstands spezielle Risiken bestehen. [2]Der öffentliche Auftraggeber hat eine solche Anforderung in den Vergabeunterlagen oder im Vergabevermerk hinreichend zu begründen.

(3) [1]Ist ein öffentlicher Auftrag in Lose unterteilt, finden die Absätze 1 und 2 auf jedes einzelne Los Anwendung. [2]Der öffentliche Auftraggeber kann jedoch für den Fall, dass der erfolgreiche Bieter den Zuschlag für mehrere gleichzeitig auszuführende Lose erhält, einen Mindestjahresumsatz verlangen, der sich auf diese Gruppe von Losen bezieht.

(4) Als Beleg der erforderlichen wirtschaftlichen und finanziellen Leistungsfähigkeit des Bewerbers oder Bieters kann der öffentliche Auftraggeber in der Regel die Vorlage einer oder mehrerer der folgenden Unterlagen verlangen:
1. entsprechende Bankerklärungen,
2. Nachweis einer entsprechenden Berufs- oder Betriebshaftpflichtversicherung,
3. Jahresabschlüsse oder Auszüge von Jahresabschlüssen, falls deren Veröffentlichung in dem Land, in dem der Bewerber oder Bieter niedergelassen ist, gesetzlich vorgeschrieben ist,
4. eine Erklärung über den Gesamtumsatz und gegebenenfalls den Umsatz in dem Tätigkeitsbereich des Auftrags; eine solche Erklärung kann höchstens für die letzten drei Geschäftsjahre verlangt werden und nur, sofern entsprechende Angaben verfügbar sind.

(5) Kann ein Bewerber oder Bieter aus einem berechtigten Grund die geforderten Unterlagen nicht beibringen, so kann er seine wirtschaftliche und finanzielle Leistungsfähigkeit durch Vorlage anderer, vom öffentlichen Auftraggeber als geeignet angesehener Unterlagen belegen.

Schrifttum: *Arrowsmith*, The Law of Public and Utilities Procurement, 2014; *Otting*, Eignungs- und Zuschlagskriterien im neuen Vergaberecht, VergabeR 2016, 316.

Übersicht

	Rn.		Rn.
I. **Allgemeines**	1	wirtschaftliche und finanzielle Leistungsfähigkeit (Abs. 1)	4
1. Überblick, systematischer Ort und Regelungsgehalt	1	2. Regelhöchstumsatz und Voraussetzungen für Ausnahmen davon (Abs. 2)	8
2. Zweck und Historie der Vorschrift	2	3. Zulässige Anforderungen zur wirtschaftlichen und finanziellen Leistungsfähigkeit für Lose (Abs. 3)	10
II. **Die Regelungen des § 45 im Einzelnen**	4		
1. Nicht abschließende Aufzählung der zulässigen Anforderungen in Bezug auf die		4. Zulässige Belege für die wirtschaftliche und finanzielle Leistungsfähigkeit (Abs. 4)	12

---
[14] *Gnittke/Hattig* in Müller-Wrede GWB § 122 Rn. 35.

	Rn.		Rn.
a) Überblick	12	e) Erklärung zu Umsätzen	18
b) Entsprechende Bankerklärungen	13		
c) Entsprechende Berufs- oder Betriebshaftpflichtversicherung	14	5. Zulässige alternative Unterlagen zum Nachweis der wirtschaftlichen und finanziellen Leistungsfähigkeit (Abs. 5)	21
d) Entsprechende Jahresabschlüsse oder Auszüge von Jahresabschlüssen	15		

I. Allgemeines

1 **1. Überblick, systematischer Ort und Regelungsgehalt.** § 45 knüpft inhaltlich an § 122 GWB an. § 122 Abs. 1 GWB benennt für alle Arten von öffentlichen Auftraggebern die **zulässigen Eignungskategorien** und bestimmt, dass ein Unternehmen im Sinne der Vorgaben des § 122 Abs. 1 GWB nur dann geeignet ist, wenn es die durch den öffentlichen Auftraggeber im Einzelnen zur ordnungsgemäßen Ausführung des öffentlichen Auftrags vorgegebenen Eignungskriterien erfüllt. Als Eignungskriterien kann der öffentliche Auftraggeber gem. § 122 Abs. 1 Nr. 2 GWB insbesondere Vorgaben zur **wirtschaftlichen und finanziellen Leistungsfähigkeit** machen. Der Gesetzgeber greift dies in § 45 Abs. 1 S. 1 auf. § 45 konkretisiert die Vorgaben des § 122 GWB zur wirtschaftlichen und finanziellen Leistungsfähigkeit dahingehend, dass die Vorschrift die im Einzelnen zulässigen Anforderungen angibt und zudem die zulässigen Belege zum Nachweis der Erfüllung dieser Anforderungen benennt.

2 **2. Zweck und Historie der Vorschrift.** Die Vorschrift ist in **Abschnitt 2 Unterabschnitt 5 Anforderungen an Unternehmen, Eignung** eingeordnet. Auch bislang waren die konkreten Vorgaben zur wirtschaftlichen und finanziellen Leistungen in den Vergabe- und Vertragsordnungen geregelt. Entsprechend muss der öffentliche Auftraggeber in Hinblick auf die zulässigen Vorgaben zur wirtschaftlichen und finanziellen Leistungsfähigkeit die Vorschriften in der VgV, VOB/A EU, SektVO, VSVgV und KonzVgV beachten. § 45 ist im Zusammenhang mit den §§ 44 und 46 zu verstehen. Die §§ 44–46 bestimmen den Rahmen und die Obergrenze der zulässigen Eignungskriterien, jedoch keinen Mindestumfang.[1] Der öffentliche Auftraggeber kann je nach Art und Umfang der zu beschaffenden Leistung die im Einzelfall erforderlichen Eignungskriterien festlegen, wobei er gleichzeitig zu berücksichtigen hat, dass unnötig hohe Anforderungen eine Teilnahme potenzieller Bewerber oder Bieter am Vergabeverfahren verhindern könnten.[2] Dem öffentlichen Auftraggeber ist es, wie bei den anderen beiden Eignungskategorien auch, in Hinblick auf die wirtschaftliche und finanzielle Leistungsfähigkeit freigestellt, ob er überhaupt bestimmte Eignungskriterien festlegt und, wenn ja, welches Anforderungsniveau er dabei für erforderlich hält.[3]

3 Der öffentliche Auftraggeber kann gem. Abs. 1 in Hinblick auf die wirtschaftliche und finanzielle Leistungsfähigkeit der Bewerber oder Bieter Anforderungen stellen, die sicherstellen, dass die Bewerber oder Bieter über die erforderlichen wirtschaftlichen und finanziellen Kapazitäten für die Ausführung des Auftrags verfügen. Er kann zu diesem insbesondere (1) einen bestimmten Mindestjahresumsatz, einschließlich eines bestimmten Mindestjahresumsatzes in dem Tätigkeitsbereich des Auftrags verlangen, ferner (2) Informationen über die Bilanzen der Bewerber oder Bieter oder (3) eine Berufs- oder Betriebshaftpflichtversicherung in bestimmter geeigneter Höhe verlangen. Verlangt der öffentliche Auftraggeber einen Mindestjahresumsatz, darf dieser gem. Abs. 2 das Zweifache des geschätzten Auftragswerts nur überschreiten, wenn aufgrund der Art des Auftragsgegenstands spezielle Risiken bestehen. Der öffentliche Auftraggeber hat eine solche Anforderung in den Vergabeunterlagen oder im Vergabevermerk hinreichend zu begründen. Für den Fall, dass der öffentliche Auftraggeber einen Auftrag in Lose unterteilt, finden nach Abs. 3 die Abs. 1 und 2 auf jedes einzelne Los Anwendung. Der öffentliche Auftraggeber kann jedoch für den Fall, dass der erfolgreiche Bieter den Zuschlag für mehrere gleichzeitig auszuführende Lose erhält, einen Mindestjahresumsatz verlangen, der sich auf diese Gruppe von Losen bezieht. Abs. 4 benennt die Arten von Belegen, die öffentliche Auftraggeber vom Bewerber/Bieter zum Nachweis der erforderlichen wirtschaftlichen und finanziellen Leistungsfähigkeit verlangen darf. Abs. 5 lässt gegenüber den nach Abs. 4 grundsätzlich zulässigen Belegen alternativ andere Belege zu, wenn der Bewerber/Bieter aus einem berechtigten Grund die geforderten Unterlagen nicht beibringen kann und der öffentliche Auftraggeber auch andere Belege als geeignet ansieht.

---

[1] Gesetzesbegründung zu § 45, BT-Drs. 18/7318, 183.
[2] Gesetzesbegründung zu § 45, BT-Drs. 18/7318, 183.
[3] Gesetzesbegründung zu § 45, BT-Drs. 18/7318, 183.

II. Die Regelungen des § 45 im Einzelnen

1. Nicht abschließende Aufzählung der zulässigen Anforderungen in Bezug auf die wirtschaftliche und finanzielle Leistungsfähigkeit (Abs. 1). Der Gesetzgeber führt in Abs. 1 S. 2 Nr. 1–3 aus, welche Anforderungen der öffentliche Auftraggeber in Hinblick auf die wirtschaftliche und finanzielle Leistungsfähigkeit stellen darf. Die Aufzählung der Anforderungen in Abs. 1 S. 2 Nr. 1–3 ist nicht abschließend („insbesondere"). Der Auftraggeber kann andere oder weitergehende Nachweise verlangen.[4] Die Anforderungen der Nr. 1–3 können alternativ oder kumulativ vorgegeben werden. Abs. 1 setzt die Vorgaben des Art. 58 Abs. 3 RL 2014/24/EU um. Dieser regelt, welche materiellen Anforderungen an die wirtschaftliche und finanzielle Leistungsfähigkeit öffentliche Auftraggeber zulässigerweise als Eignungskriterien festlegen können.[5]

Der öffentliche Auftraggeber kann insbesondere (1) einen bestimmten **Mindestjahresumsatz,** einschließlich eines bestimmten Mindestjahresumsatzes in dem spezifischen Tätigkeitsbereich des Auftrags, verlangen. Wenn der öffentliche Auftraggeber nach Abs. 1 einen Mindestjahresumsatz und/oder eine Berufs- oder Betriebshaftpflichtversicherung verlangt, muss er vorab eine bestimmte Höhe des Mindestjahresumsatzes bzw. der Versicherung festlegen und damit das Eignungskriterium iSv Art. 58 Abs. 5 RL 2014/24/EU in Form von Mindestanforderungen an die Leistungsfähigkeit formulieren.[6]

Der öffentliche Auftraggeber darf ferner gem. Abs. 1 Nr. 2 **Informationen über die Bilanzen** der Bewerber oder Bieter verlangen. Das Verhältnis zwischen dem Vermögen und den Verbindlichkeiten kann dann berücksichtigt werden, wenn der öffentliche Auftraggeber transparente, objektive und nicht diskriminierende Methoden und Kriterien in den Vergabeunterlagen angibt.[7] Das bedeutet, er muss vorgeben, welche Kennzahlen er bewertet und wie er sie bewertet. Es dürfen unter diesem Aspekt keine Bewertungsspielräume verbleiben.

Ferner darf der öffentliche Auftraggeber gem. Abs. 1 Nr. 3 eine **Berufs- oder Betriebshaftpflichtversicherung** in bestimmter geeigneter Höhe verlangen oder vorgeben, eine solche für den Zuschlagsfall abzuschließen.[8] Wenn der öffentliche Auftraggeber nach Abs. 1 eine Berufs- oder Betriebshaftpflichtversicherung verlangt, muss er vorab eine bestimmte Höhe der Versicherung festlegen und damit das Eignungskriterium iSv Art. 58 Abs. 5 RL 2014/24/EU in Form von Mindestanforderungen an die Leistungsfähigkeit formulieren.[9]

2. Regelhöchstumsatz und Voraussetzungen für Ausnahmen davon (Abs. 2). Abs. 2 enthält Vorgaben zur Höhe des **Mindestumsatzes,** den der öffentliche Auftraggeber von Bewerbern/Bietern verlangen kann, die sich um die Vergabe des Auftrags bewerben. Die Vorschrift unterscheidet zwischen einem **Regelhöchstumsatz** und einer im Ausnahmefall zulässigen höheren Vorgabe entsprechend den speziellen Risiken des Einzelfalles, einem sog. **Ausnahmehöchstumsatz.** Abs. 2 setzt die Vorgaben des Art. 58 Abs. 3 RL 2014/24/EU um. Dieser regelt, welche materiellen Anforderungen an die wirtschaftliche und finanzielle Leistungsfähigkeit öffentliche Auftraggeber zulässigerweise als Eignungskriterien festlegen dürfen.[10] Die Begrenzung des Regelhöchstumsatzes soll es insbesondere kleinen und mittelständischen Unternehmen (KMU) ermöglichen, auch an großvolumigen Vergabeverfahren teilzunehmen.[11] Alle derartigen Anforderungen sollten in einem Zusammenhang und in einem angemessenen Verhältnis zu dem Gegenstand des Auftrags stehen. Insbesondere sollte es öffentlichen Auftraggebern nicht gestattet sein, von Wirtschaftsteilnehmern einen Mindestumsatz zu verlangen, der nicht in einem angemessenen Verhältnis zum Gegenstand des Auftrags steht.[12] Der Auftraggeber darf im Rahmen der anzustellenden Prognose diejenigen Eignungsnachweise fordern, die er zur Sicherstellung seines Erfüllungsinteresses für erforderlich hält, die mit den gesetzlichen Bestimmungen im Einklang stehen und die nicht unverhältnismäßig, nicht unangemessen und für Bieter nicht unzumutbar sind.[13]

Verlangt der öffentliche Auftraggeber vom Bewerber/Bieter einen Mindestjahresumsatz, darf dieser gem. Abs. 2 das **Zweifache des geschätzten Auftragswerts** nur überschreiten, wenn aufgrund der Art des Auftragsgegenstands **spezielle Risiken** bestehen. Der deutsche Gesetzgeber

---

[4] Otting VergabeR 2016, 316 (317).
[5] Gesetzesbegründung zu § 45, BT-Drs. 18/7318, 183.
[6] Hausmann/v. Hoff in KKMPP VgV Rn. 18.
[7] Hausmann/v. Hoff in KKMPP VgV Rn. 14.
[8] VK Bund Beschl. v. 13.6.2019 – VK 2-26/19, IBRRS 2019, 2146.
[9] Gesetzesbegründung zu § 45, BT-Drs. 18/7318, 183.
[10] Gesetzesbegründung zu § 45, BT-Drs. 18/7318, 183.
[11] Erwägungsgrund 83 RL 2014/24/EU; Otting VergabeR 2016, 316 (317).
[12] Krit. dazu Arrowsmith, The Law of Public and Utilities Procurement, 2014, Rn. 12 ff.
[13] OLG Düsseldorf ZfBR 2015, 287.

führt nicht weiter aus, welche Risiken hier gemeint sind. Der europäische Gesetzgeber hält höhere Umsatzvorgaben in „hinreichend begründeten Fällen" für zulässig.[14] Das gelte beispielsweise für Situationen, in denen die Ausführung des Auftrags mit hohen Risiken verbunden ist oder in denen eine rechtzeitige und ordnungsgemäße Auftragsausführung von entscheidender Bedeutung ist, weil sie beispielsweise eine notwendige Voraussetzung für die Ausführung anderer Aufträge darstellt.[15] In solchen hinreichend begründeten Fällen sollte es den öffentlichen Auftraggebern freistehen, selbstständig zu entscheiden, ob vorgeschriebene höhere Mindestumsätze angemessen und zweckdienlich wären, ohne dass sie einer administrativen oder gerichtlichen Kontrolle unterstehen. Sollen höhere Mindestumsätze verlangt werden, so sollte es den öffentlichen Auftraggebern freistehen, deren Höhe festzulegen, solange diese mit dem Gegenstand des Auftrags zusammenhängt und in einem angemessenen Verhältnis dazu steht.[16] Der öffentliche Auftraggeber muss ggf. die Vorgabe eines höheren Umsatzes aufgrund spezieller Risiken in den Vergabeunterlagen oder im Vergabevermerk hinreichend begründen bzw. dokumentieren. Wenn der öffentliche Auftraggeber nach Abs. 1 einen Mindestjahresumsatz verlangt, muss er vorab eine bestimmte Höhe des Mindestjahresumsatzes festlegen und damit das Eignungskriterium iSv Art. 58 Abs. 5 RL 2014/24/EU in Form von Mindestanforderungen an die Leistungsfähigkeit formulieren.

10 **3. Zulässige Anforderungen zur wirtschaftlichen und finanziellen Leistungsfähigkeit für Lose (Abs. 3).** Abs. 3 S. 1 bestimmt, dass Abs. 1 und 2 auf jedes einzelne Los Anwendung findet, wenn der zu vergebende öffentliche Auftrag in Lose unterteilt ist. Der öffentliche Auftraggeber kann jedoch nach Abs. 3 S. 2 für den Fall, dass der erfolgreiche Bieter den Zuschlag für mehrere gleichzeitig auszuführende Lose erhält, einen Mindestjahresumsatz verlangen, der sich auf diese Gruppe von Losen bezieht. Abs. 3 setzt die Vorgaben des Art. 58 Abs. 3 RL 2014/24/EU um. Dieser regelt, welche materiellen Anforderungen an die wirtschaftliche und finanzielle Leistungsfähigkeit öffentliche Auftraggeber zulässigerweise als Eignungskriterien festlegen können.[17]

11 Für den Fall, dass der öffentliche Auftraggeber einen Auftrag in Lose unterteilt, finden nach Abs. 3 die Abs. 1 und 2 auf jedes einzelne Los Anwendung. Das bedeutet, dass der öffentliche Auftraggeber vom Bewerber/Bieter für jedes einzelne Los einen bestimmten Mindestjahresumsatz verlangen darf. Das konkrete Los ist damit auch die maßgebliche Bezugsgröße für die Höhe des geforderten Mindestumsatzes bzw. die Höhe der Berufs- oder Betriebshaftpflichtversicherung. Gibt er einen solchen vor, darf dieser wiederum gem. Abs. 2 das Zweifache des geschätzten Auftragswerts nur überschreiten, wenn aufgrund der Art des Auftragsgegenstands **spezielle Risiken** bestehen. Der Gesetzgeber führt nicht weiter aus, welche Risiken hier gemeint sind (→ Rn. 9). Der öffentliche Auftraggeber muss ggf. die Vorgabe eines höheren Umsatzes aufgrund spezieller Risiken in den Vergabeunterlagen oder im Vergabevermerk hinreichend begründen. Der öffentliche Auftraggeber kann zudem für den Fall, dass der erfolgreiche Bieter den Zuschlag für mehrere gleichzeitig auszuführende Lose erhält, einen Mindestjahresumsatz verlangen, der sich auf diese Gruppe von Losen bezieht.

12 **4. Zulässige Belege für die wirtschaftliche und finanzielle Leistungsfähigkeit (Abs. 4). a) Überblick.** Abs. 4 S. 1 benennt die Unterlagen, die der öffentliche Auftraggeber als Beleg für das Bestehen der wirtschaftlichen und finanziellen Leistungsfähigkeit verlangen darf.[18] Abs. 4 setzt die Vorgaben des Art. 60 RL 2014/24/EU iVm Anhang XII RL 2014/24/EU um. Die Vorschrift ist ähnlich aufgebaut wie bislang § 7 EG Abs. 2 VOL/A und § 5 Abs. 4 VOF. Belege können danach sein (1.) entsprechende Bankerklärungen, (2.) der Nachweis einer entsprechenden Berufs- oder Betriebshaftpflichtversicherung, (3.) Jahresabschlüsse oder Auszüge von Jahresabschlüssen, falls deren Veröffentlichung in dem Land, in dem der Bewerber oder Bieter niedergelassen ist, gesetzlich vorgeschrieben ist und (4.) eine Erklärung über den Gesamtumsatz und ggf. den Umsatz in dem Tätigkeitsbereich des Auftrags; eine solche Erklärung kann höchstens für die letzten drei Geschäftsjahre verlangt werden und nur, sofern entsprechende Angaben verfügbar sind. Die in Abs. 4 aufgelisteten Belege, die der öffentliche Auftraggeber verlangen und mit denen der Bewerber oder Bieter seine wirtschaftliche und finanzielle Leistungsfähigkeit belegen kann, nennen lediglich **Beispiele**, es ist **keine abschließende Auflistung** („in der Regel").

13 **b) Entsprechende Bankerklärungen.** Der öffentliche Auftraggeber kann nach Abs. 4 Nr. 1 die Vorlage **entsprechender Bankerklärungen** verlangen. Der Auftraggeber kann die gewünschte Bankerklärung damit im Einzelfall spezifizieren. Macht er das nicht, steht es grundsätzlich im Ermessen des Bewerbers/Bieters, welche konkrete Erklärung er vorlegt. Die Bankerklärung muss allerdings

---
[14] Erwägungsgrund 83 RL 2014/24/EU.
[15] Erwägungsgrund 83 RL 2014/24/EU.
[16] Erwägungsgrund 83 RL 2014/24/EU.
[17] Gesetzesbegründung zu § 45, BT-Drs. 18/7318, 183.
[18] Gesetzesbegründung zu § 45, BT-Drs. 18/7318, 183.

in Hinblick auf die für den konkret zu vergebenden Auftrag inhaltlich aussagekräftig und rechtlich belastbar sein. Die Bankerklärung muss deshalb zumindest aktuell sein und sollte Angaben dazu enthalten, dass der Bewerber/Bieter in Hinblick auf die wirtschaftlichen und finanziellen Anforderungen des Auftrags, des Loses oder der Lose ausreichend leistungsfähig ist.

c) Entsprechende Berufs- oder Betriebshaftpflichtversicherung. Der öffentliche Auftraggeber kann gem. Abs. 4 Nr. 2 zum Nachweis der wirtschaftlichen und finanziellen Leistungsfähigkeit auch den Nachweis einer **entsprechenden Berufs- oder Betriebshaftpflichtversicherungsdeckung** verlangen. Die Berufshaftpflicht, auch Vermögensschadenhaftpflicht genannt, ist eine Haftpflichtversicherung für bestimmter Berufsträger. Der Nachweis einer Berufshaftpflichtversicherung bei Dienstleistungsaufträgen gibt dem Auftraggeber Auskunft über bestehenden Versicherungsschutz, der bei eventuellen Schäden während der Leistungserbringung besteht.[6] Die Betriebshaftpflicht, die auch Gewerbehaftpflicht genannt wird, deckt Haftungsverpflichtungen für Schäden Dritter ab, die durch eine betriebliche Tätigkeit entstehen können. Die Formulierung „entsprechende" Berufs- oder Betriebshaftpflichtversicherung meint, dass sich die Versicherung auf die konkret zu vergebenden Leistungen beziehen bzw. eine diesbezügliche Deckung haben muss. Abs. 1 Nr. 2 enthält keine Vorgaben oder Hinweise zur erforderlichen Höhe der Versicherungsdeckung. Es gilt jedoch den nunmehr in § 97 Abs. 1 GWB vorgegebenen **Grundsatz der Verhältnismäßigkeit** zu beachten. Auf dieser Grundlage müssen die hinsichtlich der Berufs- oder Betriebshaftpflichtversicherung gestellten Vorgaben in Hinblick auf den zu vergebenden Auftrag erforderlich, angemessen und verhältnismäßig sein. Ferner sollte der öffentliche Auftraggeber auch auf die Marktgängigkeit seiner Anforderungen achten, sodass diese nicht zum „deal breaker" werden und deshalb keine oder nur zu teure Angebote eingehen.

d) Entsprechende Jahresabschlüsse oder Auszüge von Jahresabschlüssen. Der öffentliche Auftraggeber kann gem. Abs. 4 Nr. 3 zum Nachweis der wirtschaftlichen und finanziellen Leistungsfähigkeit die Vorlage von **Jahresabschlüssen oder Auszügen von Jahresabschlüssen des Unternehmens** verlangen. Voraussetzung dafür ist, dass das betreffende Unternehmen nach dem Gesellschaftsrecht des EU-Mitgliedstaates, in dem es seinen Sitz hat, überhaupt zur Veröffentlichung von Jahresabschlüssen verpflichtet ist. Bislang durften nach in § 7 EG Abs. 2 lit. c VOL/A und § 5 Abs. 4 lit. b VOF nur Bilanzen und Bilanzauszüge zum Nachweis der wirtschaftlichen und finanziellen Leistungsfähigkeit gefordert werden. Die Bilanz und die Gewinn- und Verlustrechnung zusammen sind nach § 242 Abs. 3 HGB der Jahresabschluss. Die Verpflichtung zur Veröffentlichung eines Jahresabschlusses folgt in Deutschland für Kapitalgesellschaften aus § 325 HGB. § 264a HGB bestimmt, dass auch bestimmte offene Handelsgesellschaften (OHG) und Kommanditgesellschaften (KG) eine Bilanz aufstellen müssen. Für eine OHG und KG ist deshalb stets im Einzelfall zu prüfen und festzustellen, ob sie zur Veröffentlichung eines Jahresabschlusses verpflichtet ist. Bestandteil einer Bilanz sind die Aktiva und Passiva des Bezugsjahres sowie die Daten des vorausgehenden Jahres. Das folgt aus § 265 Abs. 2 S. 1 HGB. Der Auftraggeber sollte stets im Vorfeld ermitteln, welche Unternehmen grundsätzlich für eine Bewerbung um den zu vergebenden Auftrag in Betracht kommen und in welchen Rechtsformen diese organisiert sind. Ggf. sollte der Auftraggeber die geforderten Nachweise so formulieren, dass die Unternehmen möglichst unabhängig von der Rechtsform die geforderten Informationen vorlegen können.

Der EuGH hat festgestellt, dass Mindestanforderungen an die wirtschaftliche und finanzielle Leistungsfähigkeit nicht unter Bezugnahme auf die Bilanz eines Unternehmens im Allgemeinen festgelegt werden dürfen.[19] Vielmehr sind konkrete Bestandteile des Jahresabschlusses bzw. der GuV bzw. der Bilanz in Bezug zu nehmen. Abs. 1 Nr. 2 nimmt diese EuGH-Rechtsprechung auf. Der EuGH hat auf der Grundlage des Art. 47 Abs. 4 Vergabe-RL 2004 entschieden, dass dieser es den öffentlichen Auftraggebern ausdrücklich gestatte, zu bestimmen, welche Nachweise für ihre wirtschaftliche und finanzielle Leistungsfähigkeit die Bewerber/Bieter vorzulegen haben.[20] Da Art. 44 Abs. 2 Vergabe-RL 2004 auf Art. 47 Vergabe-RL 2004 Bezug nehme, bestehe die gleiche Wahlfreiheit auch bei der Bestimmung der Mindestanforderungen an die wirtschaftliche und finanzielle Leistungsfähigkeit. Die Wahlfreiheit ist dem EuGH nach jedoch nicht unbegrenzt. Nach Art. 44 Abs. 2 UAbs. 2 Vergabe-RL 2004 müssen nämlich die Mindestanforderungen an die Leistungsfähigkeit mit dem Auftragsgegenstand zusammenhängen und ihm angemessen sein. Daraus folge, dass die von einem öffentlichen Auftraggeber zur Festlegung von Mindestanforderungen an die wirtschaftliche und finanzielle Leistungsfähigkeit gewählten Elemente der Bilanz objektiv geeignet sein müssen, über diese Leistungsfähigkeit eines Wirtschaftsteilnehmers Auskunft zu geben, und dass die in dieser Weise festgelegte Schwelle der Bedeutung des betreffenden Auftrags in dem Sinne angepasst sein

---

[19] EuGH NZBau 2013, 58 Rn. 26 ff. – Édukövízig.
[20] EuGH NZBau 2013, 58 Rn. 26 ff. – Édukövízig.

muss, dass sie objektiv einen konkreten Hinweis auf das Bestehen einer zur erfolgreichen Ausführung dieses Auftrags ausreichenden wirtschaftlichen und finanziellen Basis ermöglicht, ohne jedoch über das hierzu vernünftigerweise erforderliche Maß hinauszugehen. Im Gegensatz dazu ergebe sich aus Art. 48 Vergabe-RL 2004 in Hinblick auf die technische und berufliche Leistungsfähigkeit ein geschlossenes System, das die Bewertungs- und Prüfungsmethoden, über die diese Auftraggeber verfügen, und damit ihre Möglichkeiten zum Aufstellen von Anforderungen begrenze.[21]

17 Die öffentlichen Auftraggeber sollten zudem weitere Informationen, zB über das Verhältnis zwischen Vermögen und Verbindlichkeiten in den Jahresabschlüssen, verlangen können. Ein positives Verhältnis, bei dem die Höhe des Vermögens die der Verbindlichkeiten übersteigt, könnte einen zusätzlichen Nachweis für eine ausreichende finanzielle Leistungsfähigkeit der Wirtschaftsteilnehmer darstellen.[22]

18 **e) Erklärung zu Umsätzen.** Der öffentliche Auftraggeber darf gem. Abs. 4 Nr. 4 zum Nachweis der wirtschaftlichen und finanziellen Leistungsfähigkeit eines Unternehmens Angaben über den **Gesamtumsatz des Unternehmens** sowie den Umsatz im Tätigkeitsbereich des Auftrags verlangen. Gemeint ist der Bereich des Unternehmens, der die zu vergebenden Leistungen betrifft und erbringt. Zeitlich sind die zulässigen Anforderungen auf die letzten drei Geschäftsjahre beschränkt. Die Abforderung der Angaben zu den Umsätzen dient dazu, zu erfahren, welches wirtschaftliche Volumen an Leistungen das Unternehmen insgesamt jährlich bewältigt bzw. wohl bewältigen kann. Ferner sollen die Umsatzzahlen darüber informieren, wie groß das wirtschaftliche Leistungsvolumen in dem Unternehmensbereich ist, der Leistungen erbringt, wie sie zu vergeben sind, bzw. wie viel Umsatz mit derartigen Leistungen gemacht wird. Der Umsatz lässt indirekt Schlüsse auf das spezifische Know-how und die Erfahrungen des Unternehmens in dem betreffenden Bereich zu. Darüber hinaus dient die Abfrage des Umsatzes dazu, zu erfahren, ob das Volumen des zu vergebenden Auftrags im Falle des Misslingens der Auftragserbringung die Gefahr einer Insolvenz birgt.

19 Die spezifische Abfrage des Jahresumsatzes und ggf. des spezifischen Umsatzes in Bezug auf die zu vergebenden Leistungen betrifft zunächst nur die Umsätze des Unternehmens bzw. des potenziellen Auftragnehmers selbst und nicht etwaige Nachunternehmer oder Lieferanten. Nachunternehmer können ggf. über eine Verpflichtungserklärung zur Sicherstellung der Eignung einbezogen werden, wenn die Umsätze des potenziellen Auftragnehmers selbst nicht ausreichen.

20 Die Erklärungen zu den Umsätzen darf höchstens für die letzten drei Geschäftsjahre verlangt werden und auch nur, sofern entsprechende Angaben verfügbar sind. In diesem Punkt unterscheidet sich die VgV von der VOB/A 2016, nach der Referenzen über die Ausführungen von Leistungen in den letzten bis zu fünf abgeschlossenen Kalenderjahren verlangt werden dürfen. Das bedeutet, dass Unternehmen, die noch nicht volle drei Jahre in dem einschlägigen Bereich tätig sind (Newcomer), die geforderten Angaben zu den Umsätzen nur insoweit machen müssen, als sie verfügbar sind (vgl. Abs. 4 Nr. 4 Hs. 2). Die neue RL 2014/EU/24 enthält zwar keine derartige Regelung, wie sie bislang Art. 47 Abs. 1 lit. c Vergabe-RL 2004 vorgab. Gleichwohl hat der deutsche Gesetzgeber diese Regelung zugunsten von Newcomern in die VgV aufgenommen. Vor diesem Hintergrund und unter Berücksichtigung des in § 97 Abs. 1 GWB verankerten Grundsatzes der Verhältnismäßigkeit muss die Abfrage der Umsätze der letzten drei Geschäftsjahre damit in Hinblick auf die Leistungsfähigkeit des Unternehmens auch erforderlich sein. In der Praxis wird eine solche Vorgabe allerdings selten angegriffen werden, weil es in vielen Bereichen keine Newcomer gibt und die Leistungsfähigkeit ggf. durch die Einbeziehung von Nachunternehmern hergestellt werden kann.

21 **5. Zulässige alternative Unterlagen zum Nachweis der wirtschaftlichen und finanziellen Leistungsfähigkeit (Abs. 5).** Abs. 5 eröffnet Bewerbern und Bietern die Möglichkeit, die wirtschaftliche und finanzielle Leistungsfähigkeit durch Vorlage anderer Unterlagen zu belegen. Diese muss der öffentliche Auftraggeber jedoch prüfen und als geeignet ansehen. Voraussetzung dafür ist, dass der Bewerber/Bieter einen **berechtigten Grund** hat, die vom öffentlichen Auftraggeber eigentlich geforderten Unterlagen nicht beizubringen oder beibringen zu können. Die Vorschrift ist ähnlich aufgebaut wie bislang § 7 EG Abs. 2 VOL/A und § 5 Abs. 4 VOF. § 45 Abs. 4 setzt die Vorgaben des Art. 60 RL 2014/24/EU iVm Anhang XII RL 2014/24/EU um. Bei der Regelung des Abs. 5 handelt es sich um eine eng auszulegende Härtefallregelung, die verhindern soll, dass der Kreis der für die Erbringung der Leistung in Betracht kommenden Unternehmen unverhältnismäßig begrenzt wird.[23] Eines der erklärten Ziele der Vergaberechtsmodernisierung sollte die Erleichterung

---

[21] EuGH unter Verweis auf Urt. v. 10.2.1982 – 76/81, Slg. 1982, 417 Rn. 8–10 und 15 = BeckRS 2004, 73653 – Transporoute et travaux.
[22] Erwägungsgrund 83 RL 2014/24/EU.
[23] *Hausmann/v. Hoff* in KKMPP VgV Rn. 24.

und Entbürokratisierung des Nachweises der Eignung sein.[24] Angesichts des Wortlauts und des Charakters der Regelung als Ausnahmevorschrift, ist eine analoge Anwendung in Bezug auf die Eignungsnachweise zur Befähigung und Erlaubnis zur Berufsausübung (§ 44) sowie zur technischen und beruflichen Leistungsfähigkeit (§ 46) nicht zulässig.[25] § 7 EG Abs. 5 S. 2 VOL/A enthielt eine vergleichbare Regelung. Voraussetzung für die Vorlage alternativer Nachweise war ein „stichhaltiger Grund". Ursache dafür, dass der geforderte Nachweis nicht vorgelegt werden kann, kann zum Beispiel sein, dass es sich bei dem Bewerber/Bieter um ein neu gegründetes Unternehmen handelt.

Nach Abs. 5 reicht jeder andere Beleg aus, wenn der Bewerber/Bieter aus einem berechtigten 22 Grund die geforderten Unterlagen nicht beibringen kann und der öffentliche Auftraggeber ihn für geeignet erachtet.[26] Die Vorgabe „berechtigter Grund" ist begrifflich etwas weiter als die bisherige Vorgabe „stichhaltiger Grund" in § 7 EG Abs. 5 S. 2 VOL/A. Entsprechend sind die Voraussetzungen für das Vorliegen eines berechtigten Grundes jedenfalls dann erfüllt, wenn nach der bisherigen Rechtsprechung ein stichhaltiger gegeben war. Das Vorliegen eines berechtigten Grundes und die Vorlage eines anderen geeigneten Nachweises sind die kumulativen Voraussetzungen dafür, dass die Eignung anders als mit den geforderten Nachweisen belegt werden darf.

Abs. 5 ermöglicht lediglich, ein anderes Mittel für den Nachweis, dagegen nicht, den Nachweis 23 erst zu einem späteren Zeitpunkt zu erbringen.[27] Eine Rechtfertigung zur Vorlage eines anderen Nachweises erwächst dem Bieter nur aus solchen Umständen, die er nicht selbst durch verspätete Antragstellung hinsichtlich eines Gewerbezentralregisterauszugs verursacht hat.[28] Fordert der Auftraggeber beispielsweise Nachweise von Sozialversicherungsträgern über die Beitragszahlungen und sind alle für einen Bieter tätigen Personen einschließlich der Geschäftsführer bei einer ihrer Muttergesellschaften angestellte „Leiharbeitnehmer", war das ein stichhaltiger Grund iSd § 7 Abs. 5 S. 2 VOL/A, weil es niemanden gibt, der dem Bieter die geforderten Unbedenklichkeitsbescheinigungen ausstellen könnte. Die Grundsätze des Vergaberechts, insbesondere das Transparenz- und Gleichbehandlungsgebot, gebieten allerdings, dass ein Bieter die Voraussetzungen der die Notwendigkeit der Vorlage geforderter Nachweise suspendierenden Ausnahmenorm innerhalb der Vorlagefrist darlegt und zugleich geeignete Belege – wie etwa den Gestellungsvertrag – beifügt.[29] Ansonsten ist das Angebot unvollständig und ggf. zwingend auszuschließen. Anzuerkennen sind insgesamt grundsätzlich sämtliche Umstände, die nachvollziehbar dazu geführt haben, dass der geforderte Nachweis nicht erbracht werden kann.[30] Ein berechtigter Grund liegt immer dann vor, wenn herkunftsbezogene Nachweise gefordert sind und die Berücksichtigung alternativer Nachweismöglichkeiten bereits aus dem unionsrechtlichen Diskriminierungsverbot erforderlich ist.[31] Nicht „berechtigt" sind dagegen solche Gründe, die das betroffene Unternehmen selbst vorwerfbar, dh ohne sachliche Rechtfertigung, herbeigeführt hat. Das kann beispielsweise der Fall sein, wenn ein Bieter allein deshalb den geforderten Gewerbezentralregisterauszug nicht einreichen kann, weil er den entsprechenden Antrag zu spät gestellt hat.[32]

§ 46 Technische und berufliche Leistungsfähigkeit

(1) ¹Der öffentliche Auftraggeber kann im Hinblick auf die technische und berufliche Leistungsfähigkeit der Bewerber oder Bieter Anforderungen stellen, die sicherstellen, dass die Bewerber oder Bieter über die erforderlichen personellen und technischen Mittel sowie ausreichende Erfahrungen verfügen, um den Auftrag in angemessener Qualität ausführen zu können. ²Bei Lieferaufträgen, für die Verlege- oder Installationsarbeiten erforderlich sind, sowie bei Dienstleistungsaufträgen darf die berufliche Leistungsfähigkeit der Unternehmen auch anhand ihrer Fachkunde, Effizienz, Erfahrung und Verlässlichkeit beurteilt werden.

(2) Der öffentliche Auftraggeber kann die berufliche Leistungsfähigkeit eines Bewerbers oder Bieters verneinen, wenn er festgestellt hat, dass dieser Interessen hat, die mit der Ausführung des öffentlichen Auftrags im Widerspruch stehen und sie nachteilig beeinflussen könnten.

---

[24] *Otting* VergabeR 2016, 316 (317).
[25] *Hausmann/v. Hoff* in KKMPP VgV Rn. 27.
[26] Gesetzesbegründung zu § 45, BT-Drs. 18/7318, 183.
[27] 2. VK Bund Beschl. v. 13.6.2007 – VK 2-51/07.
[28] 2. VK Bund Beschl. v. 13.6.2007 – VK 2-51/07.
[29] OLG Koblenz ZfBR 2007, 712.
[30] *Hausmann/v. Hoff* in KKMPP Rn. 25.
[31] *Hausmann/v. Hoff* in KKMPP Rn. 25.
[32] 2. VK Bund Beschl. v. 13.6.2007 – VK 2-51/07.

(3) Als Beleg der erforderlichen technischen und beruflichen Leistungsfähigkeit des Bewerbers oder Bieters kann der öffentliche Auftraggeber je nach Art, Verwendungszweck und Menge oder Umfang der zu erbringenden Liefer- oder Dienstleistungen ausschließlich die Vorlage von einer oder mehreren der folgenden Unterlagen verlangen:
1. geeignete Referenzen über früher ausgeführte Liefer- und Dienstleistungsaufträge in Form einer Liste der in den letzten höchstens drei Jahren erbrachten wesentlichen Liefer- oder Dienstleistungen, mit Angabe des Werts, des Liefer- beziehungsweise Erbringungszeitpunkts sowie des öffentlichen oder privaten Empfängers; soweit erforderlich, um einen ausreichenden Wettbewerb sicherzustellen, kann der öffentliche Auftraggeber darauf hinweisen, dass er auch einschlägige Liefer- oder Dienstleistungen berücksichtigen wird, die mehr als drei Jahre zurückliegen,
2. Angabe der technischen Fachkräfte oder der technischen Stellen, die im Zusammenhang mit der Leistungserbringung eingesetzt werden sollen, unabhängig davon, ob diese dem Unternehmen angehören oder nicht, und zwar insbesondere derjenigen, die mit der Qualitätskontrolle beauftragt sind,
3. Beschreibung der technischen Ausrüstung, der Maßnahmen zur Qualitätssicherung und der Untersuchungs- und Forschungsmöglichkeiten des Unternehmens,
4. Angabe des Lieferkettenmanagement- und Lieferkettenüberwachungssystems, das dem Unternehmen zur Vertragserfüllung zur Verfügung steht,
5. bei komplexer Art der zu erbringenden Leistung oder bei solchen Leistungen, die ausnahmsweise einem besonderen Zweck dienen sollen, eine Kontrolle, die vom öffentlichen Auftraggeber oder in dessen Namen von einer zuständigen amtlichen Stelle im Niederlassungsstaat des Unternehmens durchgeführt wird; diese Kontrolle betrifft die Produktionskapazität beziehungsweise die technische Leistungsfähigkeit und erforderlichenfalls die Untersuchungs- und Forschungsmöglichkeiten des Unternehmens sowie die von diesem für die Qualitätskontrolle getroffenen Vorkehrungen,
6. Studien- und Ausbildungsnachweise sowie Bescheinigungen über die Erlaubnis zur Berufsausübung für die Inhaberin, den Inhaber oder die Führungskräfte des Unternehmens, sofern diese Nachweise nicht als Zuschlagskriterium bewertet werden,
7. Angabe der Umweltmanagementmaßnahmen, die das Unternehmen während der Auftragsausführung anwendet,
8. Erklärung, aus der die durchschnittliche jährliche Beschäftigtenzahl des Unternehmens und die Zahl seiner Führungskräfte in den letzten drei Jahren ersichtlich ist,
9. Erklärung, aus der ersichtlich ist, über welche Ausstattung, welche Geräte und welche technische Ausrüstung das Unternehmen für die Ausführung des Auftrags verfügt,
10. Angabe, welche Teile des Auftrags das Unternehmen unter Umständen als Unteraufträge zu vergeben beabsichtigt,
11. bei Lieferleistungen:
    a) Muster, Beschreibungen oder Fotografien der zu liefernden Güter, wobei die Echtheit auf Verlangen des öffentlichen Auftraggebers nachzuweisen ist, oder
    b) Bescheinigungen, die von als zuständig anerkannten Instituten oder amtlichen Stellen für Qualitätskontrolle ausgestellt wurden, mit denen bestätigt wird, dass die durch entsprechende Bezugnahmen genau bezeichneten Güter bestimmten technischen Anforderungen oder Normen entsprechen.

Schrifttum: *Arrowsmith,* The Law of Public and Utilities Procurement, 2014; *Otting,* Eignungs- und Zuschlagskriterien im neuen Vergaberecht, VergabeR 2016, 316; *Pustal,* Die potentielle Interessenkollision bei Auftragsausführung nach § 46 Abs. 2 VgV und andere Interessenkonflikte, VergabeR 2020, 466; *Schaller,* Die Umsetzung der EU-Richtlinien 2014 – Die neue Vergabeverordnung für die Vergabe öffentlicher Aufträge, Teil 2, ZfBR-Beil. 2016, 34; *Ziegler,* Ausschluss wegen Interessenkonflikten nach § 46 II VgV, NZBau 2019, 498.

Übersicht

	Rn.			Rn.
I. Allgemeines	1	1.	Erforderliche personelle und technische Mittel und ausreichende Erfahrungen (Abs. 1)	5
1. Überblick, systematischer Ort und Regelungsgehalt	1			
2. Zweck und Historie der Vorschrift	2	2.	Verneinung der beruflichen Leistungsfähigkeit bei kollidierenden Interessen eines Bieters (Abs. 2)	7
II. Die Regelungen des § 46 im Einzelnen	5			

I. Allgemeines

	Rn.		Rn.
3. Mögliche Belege für den Nachweis der beruflichen und technischen Leistungsfähigkeit (Abs. 3)	10	f) Studiennachweise und Bescheinigungen über die Erlaubnis zur Berufsausübung	24
a) Referenzen (Abs. 3 Nr. 1)	13	g) Maßnahmen Umweltmanagement	25
b) Technische Fachkräfte und Stellen	20	h) Beschäftigtenzahl, Zahl der Führungskräfte	26
c) Technische Ausrüstung, Qualitätssicherung, Untersuchungs- und Forschungsmöglichkeiten	21	i) Verfügbare Ausstattung, Geräte und technische Ausrüstung	27
d) Lieferkettenmanagement- und Überwachungssystem	22	j) Beabsichtigte Unteraufträge	28
e) Kontrolle	23	k) Muster und Bescheinigungen bei Lieferleistungen	29

I. Allgemeines

1. Überblick, systematischer Ort und Regelungsgehalt. § 46 knüpft inhaltlich an § 122 **1** GWB an. § 122 Abs. 1 GWB benennt für alle Arten von öffentlichen Auftraggebern die **zulässigen Eignungskategorien** und bestimmt, dass ein Unternehmen im Sinne der Vorgaben des § 122 Abs. 1 GWB nur dann geeignet ist, wenn es die durch den öffentlichen Auftraggeber im Einzelnen zur ordnungsgemäßen Ausführung des öffentlichen Auftrags festgelegten Eignungskriterien erfüllt. Als Eignungskriterien kann der öffentliche Auftraggeber gem. § 122 Abs. 1 Nr. 2 GWB insbesondere Vorgaben zur **technischen und beruflichen Leistungsfähigkeit** machen. Der Gesetzgeber greift dies in Abs. 1 S. 1 und insbesondere hinsichtlich der zulässigen Nachweise in Abs. 3 auf. § 46 konkretisiert die Vorgaben des § 122 GWB zur technischen und beruflichen Leistungsfähigkeit dahingehend, dass die Vorschrift die im Einzelnen zulässigen Anforderungen angibt und zudem die zulässigen Belege zum Nachweis der Erfüllung dieser Anforderungen benennt.

2. Zweck und Historie der Vorschrift. Die Vorschrift ist in **Abschnitt 2 Unterabschnitt 5** **2** **Anforderungen an Unternehmen, Eignung** eingeordnet. Auch bislang waren die konkreten Vorgaben zur wirtschaftlichen und finanziellen Leistungen in den Vergabe- und Vertragsordnungen geregelt. Entsprechend muss der öffentliche Auftraggeber in Hinblick auf die zulässigen Vorgaben zur wirtschaftlichen und finanziellen Leistungsfähigkeit die Vorschriften in der VgV, VOB/A EU, SektVO, VSVgV und KonzVgV beachten. § 45 ist im Zusammenhang mit den §§ 44 und § 46 zu verstehen. Die §§ 44–46 bestimmen den Rahmen und die Obergrenze der zulässigen Eignungskriterien, jedoch keinen Mindestumfang.[1] Der öffentliche Auftraggeber kann je nach Art und Umfang der zu beschaffenden Leistung die im Einzelfall erforderlichen Eignungskriterien festlegen, wobei er gleichzeitig zu berücksichtigen hat, dass unnötig hohe Anforderungen eine Teilnahme potenzieller Bewerber/Bieter am Vergabeverfahren verhindern könnten.[2] Dem öffentlichen Auftraggeber ist es wie bei den anderen beiden Eignungskategorien auch in Hinblick auf die wirtschaftliche und finanzielle Leistungsfähigkeit freigestellt, ob er überhaupt bestimmte Eignungskriterien festlegt und, wenn ja, welches Anforderungsniveau er dabei für erforderlich hält.[3]

Der öffentliche Auftraggeber kann gem. Abs. 1 in Hinblick auf die technische und berufliche **3** Leistungsfähigkeit der Bewerber/Bieter Anforderungen stellen, die sicherstellen, dass die Bewerber/Bieter über die erforderlichen personellen und technischen Mittel sowie ausreichende Erfahrungen verfügen, um den Auftrag in angemessener Qualität ausführen zu können. Bei Lieferaufträgen, für die Verlege- oder Installationsarbeiten erforderlich sind, sowie bei Dienstleistungsaufträgen darf die berufliche Leistungsfähigkeit der Unternehmen auch anhand ihrer Fachkunde, Effizienz, Erfahrung und Verlässlichkeit beurteilt werden. Abs. 2 bestimmt, dass der öffentliche Auftraggeber die berufliche Leistungsfähigkeit eines Bewerbers/Bieters verneinen kann, wenn er festgestellt hat, dass dieser Interessen hat, die mit der Ausführung des öffentlichen Auftrags im Widerspruch stehen und sie nachteilig beeinflussen könnten. Abs. 3 regelt, dass der öffentliche Auftraggeber als Beleg der erforderlichen technischen und beruflichen Leistungsfähigkeit des Bewerbers/Bieters je nach Art, Verwendungszweck und Menge oder Umfang der zu erbringenden Liefer- oder Dienstleistungen ausschließlich die Vorlage von einer oder mehreren der folgenden Unterlagen verlangen kann. Die Nr. 1–11 zählen die Unterlagen auf, die der öffentliche Auftraggeber verlangen darf.

Die Abs. 1 und 2 dienen der Umsetzung von Art. 58 Abs. 4 RL 2014/24/EU. Abs. 3 setzt die **4** Vorschriften des Art. 60 Abs. 4 RL 2014/24/EU iVm Anhang XII Teil II RL 2014/24/EU um. Bei den materiellen Anforderungen an die technische und berufliche Leistungsfähigkeit nach Abs. 1

---
[1] Gesetzesbegründung zu § 45, BT-Drs. 18/7318, 183.
[2] Gesetzesbegründung zu § 45, BT-Drs. 18/7318, 183.
[3] Gesetzesbegründung zu § 45, BT-Drs. 18/7318, 183.

und den dafür zu erbringenden Nachweisen nach Abs. 3 handelt es sich im Unterschied zur Regelung der wirtschaftlichen und finanziellen Leistungsfähigkeit sowie der dafür zu erbringenden Nachweise in § 45 um **abschließende Vorgaben.** Die öffentlichen Auftraggeber dürfen im Rahmen der Eignungsprüfung keine anderen materiellen Anforderungen an die technische und berufliche Leistungsfähigkeit der Bewerber oder Bieter stellen als Anforderungen an die erforderlichen personellen und technischen Mittel sowie an erforderliche Erfahrungen. Bei der technischen und beruflichen Leistungsfähigkeit handelt es sich nach der Rechtsprechung des EuGH und dem daran anknüpfenden Verständnis des Gesetzgebers um ein **geschlossenes System,** das die Bewertungs- und Prüfungsmethoden, über die diese Auftraggeber verfügen, und damit ihre Möglichkeiten zum Aufstellen von Anforderungen, begrenzt.[4]

II. Die Regelungen des § 46 im Einzelnen

5   **1. Erforderliche personelle und technische Mittel und ausreichende Erfahrungen (Abs. 1).** Der Gesetzgeber führt in Abs. 1 S. 1 aus, welche Anforderungen der öffentliche Auftraggeber in Hinblick auf die technische und berufliche Leistungsfähigkeit stellen darf, um sicherzustellen, dass die Bewerber/Bieter über die erforderlichen personellen und technischen Mittel sowie ausreichende Erfahrungen verfügen, um den Auftrag in angemessener Qualität ausführen zu können. Abs. 1 S. 2 ergänzt S. 1 dahingehend, dass bei Lieferaufträgen, für die Verlege- oder Installationsarbeiten erforderlich sind, sowie bei Dienstleistungsaufträgen die berufliche Leistungsfähigkeit der Unternehmen auch anhand ihrer Fachkunde, Effizienz, Erfahrung und Verlässlichkeit beurteilt werden darf. Die Aufzählung der Anforderungen in Abs. 1 S. 1 ist **abschließend.** Der Auftraggeber darf keine anderen oder weitergehenden Anforderungen stellen.[5] Das bedeutet, dass der öffentliche Auftraggeber im Rahmen der Eignungsprüfung keine anderen materiellen Anforderungen an die technische und berufliche Leistungsfähigkeit der Bewerber/Bieter stellen darf als Anforderungen an die erforderlichen personellen und technischen Mittel sowie an erforderliche Erfahrungen. Abs. 1 setzt die Vorgaben des Art. 58 Abs. 4 RL 2014/24/EU um. Dieser regelt, welche materiellen Anforderungen an die wirtschaftliche und finanzielle Leistungsfähigkeit öffentliche Auftraggeber zulässigerweise als Eignungskriterien festlegen können.[6]

6   Die technische und berufliche Leistungsfähigkeit der Bewerber/Bieter darf gem. Abs. 1 S. 2 bei Lieferaufträgen nur dann (auch) anhand der Fachkunde, Effizienz, Erfahrung und Verlässlichkeit der Bewerber/Bieter beurteilt werden, wenn für die Lieferaufträge Verlege- oder Installationsarbeiten erforderlich sind.[7] Bei Dienstleistungsaufträgen handelt es sich dagegen bei diesen Gesichtspunkten immer um zulässige Anforderungen des öffentlichen Auftraggebers an die Eignung. In jedem Fall kann die Festlegung der geforderten technischen und beruflichen Leistungsfähigkeit auch Sicherheits- und sicherheitstechnische Anforderungen an den Bewerber/Bieter umfassen.[8] Die Verwendung des Begriffs „Effizienz" – und nicht des in der deutschen Fassung der RL 2014/24/EU an dieser Stelle verwendeten Begriffs „Leistungsfähigkeit" – soll die tautologische Aussage vermeiden, dass die berufliche Leistungsfähigkeit anhand der Leistungsfähigkeit der Unternehmen beurteilt werden darf.[9] Der Begriff „Effizienz" entspricht der englischen Fassung von Art. 58 Abs. 4 UAbs. 3 RL 2014/24/EU („...*the professional ability of economic operators to provide the service or to execute the installation or the work may be evaluated with regard to their skills, efficiency, experience and reliability*").[10] Der Begriff der „Zuverlässigkeit" hatte im bisherigen deutschen Vergaberecht insbesondere die Bedeutung des Nichtvorliegens von Ausschlussgründen.[11] Da diese Begriffsbedeutung an dieser Stelle nicht passt, verwendet der Gesetzgeber den Begriff „Verlässlichkeit".

7   **2. Verneinung der beruflichen Leistungsfähigkeit bei kollidierenden Interessen eines Bieters (Abs. 2).** Abs. 2 bestimmt, dass der öffentliche Auftraggeber die berufliche Leistungsfähigkeit eines Bewerbers/Bieters unter bestimmten Voraussetzungen verneinen darf. Voraussetzung dafür ist, dass er festgestellt hat, dass der Bewerber/Bieter (1) Interessen hat, die mit der Ausführung des zu vergebenden öffentlichen Auftrags im Widerspruch stehen und diese Interessen (2) die Leistungsfähigkeit in Bezug auf diesen Auftrag nachteilig beeinflussen könnten. Bei Abs. 2

---

[4] EuGH EuZW 2012, 954 – Éduközvízig unter Verweis auf EuGH Urt. v. 10.2.1982 – 76/81, Slg. 1982, 417 Rn. 8–10 und 15 = BeckRS 2004, 73653 – Transporoute et travaux.
[5] Gesetzesbegründung zu § 46, BT-Drs. 18/7318, 183.
[6] Gesetzesbegründung zu § 45, BT-Drs. 18/7318, 183.
[7] Gesetzesbegründung zu § 46, BT-Drs. 18/7318, 183.
[8] Gesetzesbegründung zu § 46, BT-Drs. 18/7318, 183.
[9] Gesetzesbegründung zu § 46, BT-Drs. 18/7318, 183.
[10] Gesetzesbegründung zu § 46, BT-Drs. 18/7318, 183.
[11] Gesetzesbegründung zu § 46, BT-Drs. 18/7318, 183.

handelt es sich formal und inhaltlich um eine neue Regelung. Dogmatisch ist Abs. 2 wohl ein fakultativer Ausschlussgrund, der in § 124 GWB hätte geregelt werden müssen;[12] in jüngerer Zeit wird die Vorschrift demgegenüber als Eignungsanforderung beurteilt.[13] Die Einstufung der Vorschrift entscheidet darüber, ob eine Bekanntmachung der Vorgabe erforderlich ist. Eignungskriterien sind bekannt zu machen, Ausschlussgründe nicht (§ 122 Abs. 4 GWB).[14] Die Vorschrift ist von ihrem Sinn und Zweck her § 124 Abs. 1 Nr. 7 GWB ähnlich. Danach kann der öffentliche Auftraggeber unter Berücksichtigung des Grundsatzes der Verhältnismäßigkeit ein Unternehmen zu jedem Zeitpunkt des Vergabeverfahrens von der Teilnahme an einem Vergabeverfahren ausschließen, wenn das Unternehmen eine wesentliche Anforderung bei der Ausführung eines früheren öffentlichen Auftrags oder Konzessionsvertrags erheblich oder fortdauernd mangelhaft erfüllt hat und dies zu einer vorzeitigen Beendigung, zu Schadensersatz oder zu einer vergleichbaren Rechtsfolge geführt hat.

Dem öffentlichen Auftraggeber steht hinsichtlich der Feststellung des Vorliegens von mit der Ausführung des öffentlichen Auftrags im Widerspruch stehenden Interessen, die dessen Ausführung nachteilig beeinflussen könnten, nach Abs. 2 Ermessen zu („kann"). Die Nachprüfungsinstanzen dürfen die Ermessensentscheidung des öffentlichen Auftraggebers nur sehr eingeschränkt überprüfen. Die Prüfung beschränkt sich auf die Kontrolle von Ermessensfehlern, wie zB die Zugrundelegung eines unzutreffenden Sachverhaltes, sachfremden Erwägungen oder Willkür. Abs. 2 lässt offen, welche inhaltlichen Interessen in Betracht kommen und wie diese zum Ausdruck gekommen sein müssen. Voraussetzung ist jedenfalls, dass der öffentliche Auftraggeber die widersprüchlichen Interessen ausdrücklich „festgestellt hat". 8

Die Praktikabilität der Vorschrift ist zweifelhaft. Vor dem Hintergrund des mangels Eignung drohenden Ausschlusses wird man verlangen müssen, dass es sich bei den fraglichen Interessen um eklatant den Zielen des Auftraggebers widersprechende Interessen handeln muss und diese darüber hinaus klar und unmissverständlich sowie nachweisbar zum Ausdruck gekommen sein müssen. Der Auftraggeber muss bei seiner Entscheidung den in § 97 Abs. 1 GWB neu eingefügten und auch in § 46 Abs. 2 zum Ausdruck kommenden **Grundsatz der Verhältnismäßigkeit** beachten. Das bedeutet ua, die Verneinung muss erforderlich sein, es darf zur Verneinung der Eignung kein anderes, milderes Mittel geben, und sie muss angemessen sein. Vor einem Ausschluss wird der betreffende Bewerber/Bieter zunächst anzuhören sein, sodass rechtliches Gehör und damit auch unter diesem Aspekt die Verhältnismäßigkeit gewahrt wird. 9

3. Mögliche Belege für den Nachweis der beruflichen und technischen Leistungsfähigkeit (Abs. 3). Abs. 3 S. 1 bestimmt, dass als Beleg der erforderlichen technischen und beruflichen Leistungsfähigkeit des Bewerbers/Bieters der öffentliche Auftraggeber je nach Art, Verwendungszweck und Menge oder Umfang der zu erbringenden Liefer- oder Dienstleistungen ausschließlich die Vorlage von einer oder mehreren der in Nr. 1–11 genannten Unterlagen verlangen kann. In Abs. 3 Nr. 1–10 GWB wird nicht zwischen Liefer- und Dienstleistungen unterschieden, sodass die genannten Nachweise grundsätzlich für beide Auftragsarten in Betracht kommen. Die in Nr. 11 genannten Nachweise sind nur bei Lieferaufträgen zulässig. Die Einschränkung geht auf Anlage XII, Teil II lit. k RL 2014/24/EU zurück. Abs. 3 setzt die Vorgaben Art. 60 Abs. 4 RL 2014/24/EU iVm Anhang XII Teil II RL 2014/24/EU um. Abs. 3 trifft – wie auch das bislang geltende Recht – eine **abschließende Regelung der zulässigen Nachweise.** Der öffentliche Auftraggeber darf weder von einem Bewerber/Bieter als Nachweis für die technische und berufliche Leistungsfähigkeit andere Nachweise als die in Abs. 3 aufgelisteten Nachweise verlangen (beispielsweise eine Arbeitsprobe), noch kann ein Bewerber/Bieter seine technische und berufliche Leistungsfähigkeit durch andere Nachweise belegen.[15] In Hinsicht auf die zulässigen Nachweise der technischen und beruflichen Leistungsfähigkeit handelt es sich um ein abgeschlossenes System.[16] Anders ist es bei den in § 45 genannten Nachweisen der wirtschaftlichen und finanziellen Leistungsfähigkeit („insbesondere"). Hier kann der Auftraggeber andere oder weitergehende Nachweise verlangen.[17] Der öffentliche Auftraggeber darf die in Abs. 3 in Hinblick auf die konkret zu vergebenden Leistungen jedoch, soweit möglich, ausfüllen bzw. konkretisieren, indem er zB gewisse inhaltliche Anforderungen an die Referenzen stellt oder auch konkrete Bescheinigungen über die berufliche Befähigung fordert.[18] Darüber hinaus darf er spezifische Eignungskriterien vorgeben, wenn diese zur sachgerechten Bewer- 10

---

12 VK Bund NZBau 2019, 75; *Hausmann/Kern* in KKMPP VgV Rn. 6.
13 VK Bund NZBau 2019, 72; dazu *Ziegler* NZBau 2019, 498 ff.
14 *Ziegler* NZBau 2019, 498 ff. und *Pustal* VergabeR 2020, 466.
15 Gesetzesbegründung zu § 46, BT-Drs. 18/7318, 183; OLG Düsseldorf ZfBR 2014, 785.
16 EuGH EuZW 2012, 954 Rn. 28 – Edukövizig.
17 *Otting* VergabeR 2016, 316 (317).
18 *Hausmann/Kern* in KKMPP VgV Rn. 10.

tung der technischen Leistungsfähigkeit geeignet sind.[19] Der EuGH hat dies schon vor längerer Zeit für das Kriterium der „für die auszuführenden Arbeiten erforderlichen spezifischen Erfahrung" entschieden.[20]

11 Eine Regelung zur Zulässigkeit von gleichwertigen Nachweisen, wie sie in Art. 60 Abs. 3 UAbs. 2 RL 2014/24/EU für die wirtschaftliche und finanzielle Leistungsfähigkeit enthalten ist, gibt es in der RL 2014/24/EU für die technische und berufliche Leistungsfähigkeit nicht.[21] Der öffentliche Auftraggeber darf grundsätzlich zum Nachweis der erforderlichen Erfahrung des Bewerbers/Bieters geeignete Referenzen höchstens von den letzten drei Jahren fordern; er darf aber ausnahmsweise auch Referenzen berücksichtigen (nicht dagegen sie anfordern), die mehr als drei Jahre zurückliegen, soweit das zur Sicherstellung des Wettbewerbs erforderlich ist und er auf diese Möglichkeit **hingewiesen** hatte.[22] Im Bereich der Planungsleistungen von Architekten und Ingenieuren ist die Retrospektive auf drei Jahre häufig zu kurz für aussagekräftige Referenzen. Bei der Vergabe solcher Leistungen bietet sich die Einräumung eines längeren Zeitraums, aus dem die Referenzprojekte regelmäßig stammen dürfen, an. Bauprojekte und ihre Planung haben eine längere Laufzeit, was dazu führt, dass mögliche Referenzprojekte in den letzten drei Jahren noch nicht abgeschlossen sind. Es kann sowohl für den Auftraggeber als auch für die anbietenden Unternehmen daher von Vorteil sein und der Sicherstellung des Wettbewerbs dienen, wenn die Unternehmen interessante Projekte aus einer längeren Periode in die Wertung geben dürfen (zB gerade dann, wenn es sich um selten beauftragte spezielle Bauwerke handelt).[23]

12 Abs. 3 nennt die möglichen Belege für den Nachweis der beruflichen und technischen Leistungsfähigkeit. Die Aufzählung unter den Nr. 1–10 unterscheidet nicht zwischen Liefer- und Dienstleistungen und ist insoweit auf beide Leistungsarten gleichermaßen anwendbar. Lediglich der Wortlaut der Nr. 11 enthält eine Beschränkung auf Lieferaufträge. Diese Einschränkung ist auf Anlage XII, Teil II lit. k RL 2014/24/EU zurückzuführen, der sich ebenfalls nur auf die „zu liefernden Erzeugnisse" bezieht. Die Aufzählung der Einzelnachweise zur Prüfung der beruflichen und technischen Leistungsfähigkeit darf der Auftraggeber für die berufliche und technische Leistungsfähigkeit grundsätzlich nicht verlangen.[24] Die Abweichung zu § 45 beruht auf der RL 2014/24/EU. Diese zählt in Anhang XII, Teil I ebenfalls Nachweise auf, anhand derer die wirtschaftliche und finanzielle Leistungsfähigkeit „in der Regel" belegt werden kann. Dagegen wird in Anhang XII, Teil II festgelegt, dass der Nachweis der technischen Leistungsfähigkeit „wie folgt" zu erbringen ist. Zudem hat der EuGH bereits mehrfach entschieden, dass der öffentliche Auftraggeber nur Eignungsnachweise zur technischen und beruflichen Leistungsfähigkeit in den europarechtlich festgelegten Grenzen fordern darf. Ausschließlich im Rahmen der Beurteilung der finanziellen und wirtschaftlichen Leistungsfähigkeit ist es gestattet, andere als die in der Richtlinie ausdrücklich genannten Nachweise zu fordern.[25] Abs. 3 ist abschließend *(numerus clausus)*. Es bleibt dem Auftraggeber aber unbenommen, die in Abs. 3 teilweise nur generisch festgelegten Nachweise mit Blick auf den konkreten Auftrag auszufüllen bzw. zu konkretisieren, indem er zB gewisse inhaltliche Anforderungen an die Referenzen stellt oder auch konkrete Bescheinigungen über die berufliche Befähigung fordert. Dem Auftraggeber steht es zudem auch weiterhin frei, spezifische Eignungskriterien festzulegen, sofern sie zur sachgerechten Bewertung der technischen Leistungsfähigkeit geeignet sind.[26] Dies wurde schon früh vom EuGH etwa für das Kriterium der „für die auszuführenden Arbeiten erforderlichen spezifischen Erfahrung" bestätigt.[27] Zulässigerweise angefordert werden können nach Abs. 3 (entspricht Teil II Anhang XII RL 2014/24/EU) die folgenden Eignungsnachweise:

13 **a) Referenzen (Abs. 3 Nr. 1). aa) Referenzen als Nachweis der technischen und beruflichen Leistungsfähigkeit.** Der öffentliche Auftraggeber kann gem. Abs. 2 vom Bewerber/Bieter als Beleg für die geforderte technische und berufliche Leistungsfähigkeit **Referenzen** über die

---

[19] *Hausmann/Kern* in KKMPP VgV Rn. 10.
[20] EuGH Slg. 1988, 4635 (4658, 4661) = NVwZ 1990, 353 – Beentjes.
[21] Gesetzesbegründung zu § 46, BT-Drs. 18/7318, 183.
[22] *Schaller* ZfBR-Beil. 2016, 39.
[23] Gesetzesbegründung zu § 46, BT-Drs. 18/7318, 183.
[24] OLG Koblenz Beschl. v. 4.10.2010 – 1 Verg 9/10, BeckRS 2010, 24261; OLG Saarbrücken Urt. v. 28.1.2015 – 1 U 138/14, BeckRS 2015, 05288.
[25] OLG Koblenz Beschl. v. 4.10.2010 – 1 Verg 9/10, BeckRS 2010, 24261; OLG Saarbrücken Urt. v. 28.1.2015 – 1 U 138/14, BeckRS 2015, 05288.
[26] OLG Koblenz Beschl. v. 4.10.2010 – 1 Verg 9/10, BeckRS 2010, 24261; OLG Saarbrücken Urt. v. 28.1.2015 – 1 U 138/14, BeckRS 2015, 05288.
[27] OLG Koblenz Beschl. v. 4.10.2010 – 1 Verg 9/10, BeckRS 2010, 24261; OLG Saarbrücken Urt. v. 28.1.2015 – 1 U 138/14, BeckRS 2015, 05288.

frühere Erbringung vergleichbarer Leistungen verlangen.[28] Die Einholung von Referenzen stellt eine **geeignete, vergaberechtskonforme Maßnahme** dar, die es dem Auftraggeber erleichtert, die Eignungsprüfung im Rahmen der Angebotswertung durchzuführen.[29] Die **Abforderung von Referenzen ist nur eine von mehreren Möglichkeiten des Auftraggebers,** sich einen Überblick über die fachliche Eignung eines Bieters zu verschaffen. Referenzen haben grundsätzlich bereits für sich genommen eine sehr hohe Aussagekraft über die Leistungsfähigkeit des Unternehmens in der jüngsten Vergangenheit. Die Angabe von Referenzen soll den Auftraggeber ua in die Lage versetzen, die Einschätzungen der in der Referenzliste genannten Auftraggeber in Erfahrung zu bringen.[30] Sie ermöglichen es dem öffentlichen Auftraggeber zudem, bei einem konkreten Ansprechpartner Nachfragen zur „**Performance**" des Bewerbers/Bieters zu stellen und damit Informationen aus „**erster Hand**" zu bekommen.

Abs. 2 räumt dem öffentlichen Auftraggeber die Möglichkeit ein, die technische und berufliche Leistungsfähigkeit lediglich über die Vorlage von Referenzen zu prüfen und deshalb ausschließlich Referenzen verlangen. Es war nach der Rechtsprechung bereits bislang **nicht zu beanstanden,** wenn ein Auftraggeber bei der Eignung und Zuverlässigkeit der Bieter **maßgeblich auf die Einholung und Auswertung von Referenzen abstellt.**[31] Alternativ darf der öffentliche Auftraggeber auf die Vorlage von Referenzen verzichten oder zusätzlich eine oder mehrere der in Abs. 3 Nr. 1–11 aufgezählten Unterlagen verlangen. Die Bestimmung, welche Unterlagen er verlangt, steht im **Ermessen** des öffentlichen Auftraggebers, muss sich jedoch am **Grundsatz der Verhältnismäßigkeit** messen. Der **Auftraggeber darf bei der Eignungsprüfung ergänzend zu Referenzen auch andere Informationen verwerten,** soweit es sich um objektivierbare Fakten handelt, die aus einer verlässlichen Quelle stammen und eine räumliche und zeitliche Nähe zur betroffenen Vergabe aufweisen, so auch eigene Erfahrungen mit dem Bieter aus der Vergangenheit oder Informationen aus der Erkundigung bei anderen Auftraggebern.[32] Bewerbern/Bietern ist es selbstverständlich unbenommen, nur solche Projekte in ihre Referenzliste aufzunehmen, bei denen im Fall von Nachfragen der Vergabestelle mit positiven Auskünften der jeweiligen Auftraggeber zu rechnen ist. Das **hindert den öffentlichen Auftraggeber jedoch nicht, hinsichtlich ihm anderweitig zur Kenntnis gelangter gleichartiger Projekte des Bewerbers, bei denen sich Probleme ergeben haben, die Eignungszweifel auslösen können, von sich aus Nachforschungen anzustellen.**[33] 14

bb) Grundsätzlich nur Referenzen aus den letzten drei Jahren. Die geforderten Referenzen müssen sich auf vom Bewerber oder Bieter früher ausgeführte Liefer- und/oder Dienstleistungen beziehen, die vergleichbar mit den aktuell zu vergebenden Leistungen sind. Grundsätzlich darf der öffentliche Auftraggeber nur Referenzen für wesentliche Liefer- und/oder Dienstleistungen, die in den letzten drei Jahren erbracht worden sind, verlangen. Für diese darf er die Angabe des Werts, des Liefer- bzw. Erbringungszeitpunkts sowie des öffentlichen oder privaten Empfängers verlangen. Zur Gewährleistungen eines breiten und echten Wettbewerbs darf der öffentliche Auftraggeber gem. Abs. 3 darauf hinweisen, dass er auch einschlägige Liefer- oder Dienstleistungen **berücksichtigen** wird, die mehr als drei Jahre zurückliegen; konkret **anfordern** darf er sie nicht. Die Zulassung auch älterer Referenzen schafft insbesondere bei der Vergabe von Planungsleistungen durch Architekten und Ingenieuren den in der Praxis erforderlichen Spielraum. Die Vorgaben der VgV unterscheiden sich in diesem Punkt von denen der VOB/A EU, nach der Referenzen über die Ausführungen von Leistungen in den letzten bis zu fünf abgeschlossenen Kalenderjahren verlangt werden dürfen. 15

cc) Vergleichbare Leistungen. Die Referenzen müssen mit den zu vergebenden Leistungen **vergleichbar** sein. Auch wenn die Aufforderung zu den vorzulegenden Referenzen nicht ausdrücklich davon spricht, dass diese auf vergleichbare Leistungen bezogen sein müssen, ist ein solches Verständnis unabdingbar. Es wohnt der Natur einer Referenz und ihrer Zweckbestimmung inne.[34] Vergleichbar ist eine Referenzleistung mit der ausgeschriebenen Leistung, wenn sie dieser so weit ähnelt, dass sie einen tragfähigen Rückschluss auf die Leistungsfähigkeit des Bieters für die ausgeschriebene Leistung eröffnet, dh die Referenz den hinreichend sicheren Schluss zulässt, dass der Bieter über die für die 16

---

[28] OLG Saarbrücken Urt. v. 28.1.2015 – 1 U 138/14, BeckRS 2015, 05288.
[29] OLG Saarbrücken Urt. v. 28.1.2015 – 1 U 138/14, BeckRS 2015, 05288.
[30] OLG Dresden Beschl. v. 17.1.2014 – Verg 7/13, BeckRS 2014, 18013.
[31] OLG München Beschl. v. 19.12.2013 – Verg 12/13, BeckRS 2014, 00957.
[32] OLG Karlsruhe Beschl. v. 22.7.2011 – 15 Verg 8/11, BeckRS 2015, 12265; VK Arnsberg Beschl. v. 25.11.2013 – VK 16/13, IBRRS 2014, 0726; VK Baden-Württemberg Beschl. v. 10.2.2014 – 1 VK 2/14, BeckRS 2016, 40681; 1. VK Bund Beschl. v. 1.7.2013 – VK 1-45/13, VPRRS 2013, 1278.
[33] OLG München Beschl. v. 19.12.2013 – Verg 12/13, BeckRS 2014, 00957.
[34] OLG München Beschl. v. 19.12.2013 – Verg 12/13, BeckRS 2014, 00957.

Durchführung des Auftrags erforderliche Fachkunde und Leistungsfähigkeit verfügt.[35] Vergleichbar oder gleichartig ist eine Leistung bereits dann, wenn sie der ausgeschriebenen Leistung nahe kommt und entsprechend ähnelt[36] bzw. wenn sie dieser so weit ähnelt, dass sie einen tragfähigen Rückschluss auf die Leistungsfähigkeit des Bieters für die ausgeschriebene Leistung eröffnet.[37] Der Auftraggeber besitzt einen **weiten, nur eingeschränkt überprüfbaren Beurteilungsspielraum** dahingehend, ob die von der Referenz erfassten Leistungen vergleichbar bzw. gleichwertig sind.[38] Grund dafür ist, dass der Auftraggeber regelmäßig über spezifisches Fachwissen und mehr fachliche Erfahrung in Bezug auf die Leistungen verfügt, die Gegenstand der Ausschreibung sind, als die Vergabenachprüfungsinstanzen. Die Formulierung in Ausschreibungsbedingungen „vergleichbar" bedeutet nicht „gleich" oder gar „identisch", sondern dass Leistungen im technischen und organisatorischen Bereich ausgeführt wurden, die einen gleich hohen oder höheren Schwierigkeitsgrad hatten.[39] Der Begriff der vergleichbaren Leistungen ist vor dem Hintergrund auszulegen, dass eine **möglichst hohe Wettbewerbsintensität** erreicht werden soll.[40] Bei einer zu engen Auslegung besteht bei bestimmten Märkten die Gefahr, dass nur sehr wenige Unternehmen als geeignet angesehen werden können und Newcomer praktisch keinen Zutritt zum Markt erhalten können.[41]

17   dd) **Referenz über noch nicht vollständig erbrachte Leistungen.** Auf der Grundlage des Wortlauts des Abs. 3 Nr. 1 ist es nicht zulässig, Referenzen über Leistungen zuzulassen oder zu werten, die noch nicht erbracht wurden. Der Auftraggeber kann jedoch Referenzen zu langfristigen Projekten zulassen, wenn ein Großteil der Leistungen bereits erbracht ist und der Bewerber/Bieter genau angibt, welche Art von Leistungen mit welchem Volumen bereits erbracht worden sind.[42] So ist ein Rahmenvertrag für sich genommen nicht als Referenz ausreichend, wenn nicht zusätzlich angegeben wird, welche Leistungen mit welchem Volumen bereits ausgeführt worden sind.[43]

18   ee) **Keine Beschränkung der Zahl der Referenzen.** Der Umstand, dass der Auftraggeber in einem offenen Verfahren unabhängig von der Anzahl der von einem Bieter vorgelegten Referenzen, die Anzahl der in der Eignungsprüfung zu berücksichtigenden Referenzen auf drei Stück beschränkt und sogar nur die drei Referenzen berücksichtigen will, die vom Bieter mit der Nr. 1, 2 und 3 bezeichnet worden sind, verstößt gegen vergaberechtliche Grundsätze, insbesondere aber gegen den Wettbewerbsgrundsatz aus § 97 Abs. 1 GWB.[44] Diese Regelung hat einen abschreckenden Effekt auf die Bieter. Diese legen dann in der Regel nicht mehr als drei Referenzen vor, um ihre Fachkunde, Leistungsfähigkeit und Zuverlässigkeit nachzuweisen. Daraus resultiert, dass die Eignungsprüfung durch den Auftraggeber auf einer schmalen Tatsachengrundlage erfolgt. Legen Bieter dagegen mehr als drei Referenzen vor und werden nur drei Referenzen bewertet, wird der Eignungsprüfung durch den Auftraggeber nicht der vollständige, mit dem Angebot unterbreitete Sachverhalt zugrunde gelegt. Dieser Wertungsmangel wird dadurch verstärkt, dass nur die Referenzen berücksichtigt werden, die der Bieter mit der Nr. 1, 2 und 3 bezeichnet hat.[45] Der Umstand, dass der Auftraggeber die Anzahl der von einem Bewerber vorgelegten Referenzen und somit die Anzahl der in der Eignungsprüfung bei der Frage des Erreichens des Mindesterfüllungsgrades zu berücksichtigenden Referenzen ausdrücklich auf drei Stück beschränkt hat, verstößt gegen den Wettbewerbsgrundsatz iSd § 97 Abs. 1 GWB. Dies gilt nicht nur in einem offenen Verfahren, sondern auch in einem Verfahren mit vorgeschaltetem Teilnahmewettbewerb. Der Bewerber kann in einem Teilnahmewettbewerb zwar aufgrund der graduellen Bewertung von Eignungsmerkmalen im Gegensatz zum offenen Verfahren ein „Mehr an Eignung" darlegen. Dies bedeutet jedoch nicht, dass der

---

[35] OLG München Beschl. v. 19.12.2013 – Verg 12/13, BeckRS 2014, 00957; OLG Düsseldorf Beschl. v. 26.11.2008 – VII Verg 54/08, BeckRS 2009, 05998; OLG Karlsruhe Beschl. v. 7.5.2014 – 15 Verg 4/13, BeckRS 2015, 08088.
[36] OLG Karlsruhe Beschl. v. 7.5.2014 – 15 Verg 4/13, BeckRS 2015, 08088.
[37] OLG München Beschl. v. 19.12.2013 – Verg 12/13, BeckRS 2014, 00957; 1. VK Bund Beschl. v. 1.7.2013 – VK 1-45/13, VPRRS 2013, 1278.
[38] OLG Celle Beschl. v. 23.5.2019 – 13 U 72/17, IBRRS 2020, 0040; aA VK Sachsen Beschl. v. 17.6.2004 – 1/SVK/038-04, BeckRS 2014, 09560.
[39] OLG Celle Beschl. v. 23.5.2019 – 13 U 72/17, IBRRS 2020, 0040; OLG Düsseldorf Beschl. v. 2.1.2006 – Verg 93/05, BeckRS 2006, 02917.
[40] OLG Düsseldorf NZBau 2013, 61; 1. VK Bund Beschl. v. 18.11.2013 – VK 1-97/13.
[41] OLG Düsseldorf NZBau 2013, 61; 1. VK Bund Beschl. v. 18.11.2013 – VK 1-97/13.
[42] 1. VK Bund Beschl. v. 1.7.2013 – VK 1-45/13, VPRRS 2013, 1278; VK Bund Beschl. v. 18.11.2013 – VK 1-97/13.
[43] OLG Düsseldorf Beschl. v. 4.2.2013 – VII Verg 52/12, BeckRS 2013, 21179.
[44] KG Beschl. v. 27.11.2008 – 2 Verg 4/08, BeckRS 2009, 00113; 3. VK Bund ZfBR 2013, 283.
[45] 3. VK Bund ZfBR 2013, 283; VK Nordbayern Beschl. v. 9.2.2012 – 21.VK-3194-43/11, IBRRS 2012, 0979.

Auftraggeber die Tatsachengrundlage für seine Fachkundeprüfung vergaberechtswidrig reduzieren darf, sei es durch eine von vornherein den Bewerbern auferlegte Referenzanzahlbegrenzung, sei es durch eine Nichtberücksichtigung dennoch vorgelegter Referenzen. Sieht man die unzureichende Tatsachengrundlage als das vergaberechtliche Gravamen, ist es unerheblich, ob anschließend in einem offenen Verfahren eine Prognose der Eignung oder im Teilnahmewettbewerb eine punktemäßige Bewertung dieser Grundlage stattfindet. In jedem Fall stellt sich die Tatsachengrundlage als unzureichend dar.[46] Das Vergabeverfahren bleibt auch dann transparent, und die Bieter werden auch dann gleichbehandelt, wenn die ordnungsgemäß eingebrachten Eignungsnachweise berücksichtigt werden und nur die „fehlerhaften" Nachweise unberücksichtigt bleiben. Eine Nichtberücksichtigung auch der – zwar nicht ausdrücklich geforderten aber eingereichten – ordnungsgemäßen Nachweise wäre unverhältnismäßig und wird durch den Zweck, Bieter auszuschließen, die die notwendigen Unterlagen nicht vorgelegt haben, nicht gefordert.[47] Die Vorgabe der gewünschten Zahl der Referenzen muss deshalb stets so ausgestaltet sein, dass es heißt „mindestens x" Referenzen.

ff) Grundsätzlich keine Pflicht zur Prüfung der Referenzen. Fordert der öffentliche Auftraggeber von den Bietern die Angabe von Referenzen, ist er grundsätzlich nicht verpflichtet, die Referenzen zu überprüfen.[48] Es gibt keine vergaberechtlich zwingende Notwendigkeit, bei den Ansprechpartnern bezüglich der Referenzen **zu ermitteln, wenn die** Referenzen eine Vergleichbarkeit belegen. Würde man am Wahrheitsgehalt zweifeln, so würde man dem Bieter einen Betrugsversuch unterstellen. Ein solches strafrechtlich relevantes Vorgehen ist in der Sache äußerst unwahrscheinlich und muss vom Auftraggeber keinesfalls unterstellt werden, zumal sich jeder Bieter aufgrund der erforderlichen Benennung von Ansprechpartnern bewusst sein muss, dass die Angabe wahrheitswidriger Referenzen jederzeit und mit Leichtigkeit durch einen Anruf beim benannten Ansprechpartner aufgedeckt werden können. Eine vergaberechtliche Verdichtung zu einer Pflicht dahin, die Referenzen durch Rücksprache zu verifizieren, besteht vor diesem Hintergrund nicht.[49] Der Auftraggeber darf davon ausgehen, dass die von einem öffentlichen Auftraggeber ausgestellten Referenzen so auch tatsächlich erbracht worden sind. Es gibt keinen vergaberechtlichen Grundsatz, nachdem der Auftraggeber den Wahrheitsgehalt dahingehender Eigenerklärungen verifizieren müsste, erst recht muss dies gelten, wenn Nachweise der Auftraggeber vorzulegen sind.[50] Erklärt zB der Bewerber, für eine Referenz bestimmte Leistungsphasen erbracht zu haben, so besteht Anlass zur Überprüfung dieser Angaben nicht allein deswegen, weil das Referenzprojekt aus dem Geltungsbereich der HOAI erbracht worden ist.[51] Der **Auftraggeber** ist auch **nicht verpflichtet, durch eigene Ermittlungen die Einschätzungen der anderen Auftraggeber auf ihren objektiven Gehalt hin zu überprüfen** oder vor Verwertung der Informationen sogar zB eine gerichtliche Klärung der Bemängelungen, die ein früherer Auftraggeber erhebt, abzuwarten. Schon der **Umstand, dass ein als Referenz angegebener Auftraggeber aus bestimmten Gründen unzufrieden** ist und dass seine Zusammenarbeit mit dem Unternehmen zu einem Gerichtsverfahren geführt hat, **darf der zu treffenden Prognoseentscheidung zugrunde gelegt** werden.[52] Eine **allgemeine Pflicht zur Aufklärung des sachlichen Gehalts der Einschätzungen als Referenz angegebener Auftraggeber entspricht nicht dem Sinn und Zweck der Angabe** von Referenzen. Vielmehr darf der Antragsgegner den Umstand, dass ein früherer Auftraggeber mit der Termintreue des Antragstellers unzufrieden war, in seine Prognoseentscheidung miteinbeziehen.[53] Der Vergabesenat des OLG Frankfurt a. M. hat auf der Grundlage des § 7 EG Abs. 5 VOL/A festgestellt, dass es über den dem § 7 EG Abs. 5 VOL/A zugrunde liegenden Schutzzweck hinausgehen würde, wenn ein öffentlicher Auftraggeber, der in der Bekanntmachung ankündigt, Referenzgeber über ihre Erfahrungen mit dem betreffenden Bieter zu befragen, in der Bekanntmachung ebenfalls bereits detailliert angeben müsste, welche Erkundigungen er im Einzelnen einzuholen gedenkt. Diesbezüglich ist er vielmehr – im Rahmen des § 7 EG Abs. 1 S. 1 VOL/A (Bezug der Eignungsanforderung

---

[46] 1. VK Sachsen Beschl. v. 5.5.2014 – 1/SVK/010-14, BeckRS 2014, 21204.
[47] 1. VK Sachsen Beschl. v. 5.5.2014 – 1/SVK/010-14, BeckRS 2014, 21204.
[48] OLG Düsseldorf ZfBR 2008, 79; OLG Saarbrücken Urt. v. 28.1.2015 – 1 U 138/14, BeckRS 2015, 05288.
[49] OLG Düsseldorf Beschl. v. 5.7.2007 – VII Verg 12/07, BeckRS 2009, 05364; OLG Saarbrücken Urt. v. 28.1.2015 – 1 U 138/14, BeckRS 2015, 05288; aA VK Lüneburg Beschl. v. 18.5.2020 – VgK-06/2020, IBRRS 2020, 1998, wonach der Auftraggeber gehalten sein soll, den Referenzangaben bei jedem Bieter zumindest teilweise nachzugehen; dies müsse er dann auch jeweils dokumentieren.
[50] OLG Frankfurt a. M. NZBau 2015, 319; 1. VK Bund Beschl. v. 18.1.2013 – VK 1-139/12, IBRRS 2013, 1931.
[51] VK Südbayern Beschl. v. 19.12.2014 – Z3-3-3194-1-45-10/14, VPRRS 2015, 0053.
[52] 1. VK Sachsen Beschl. v. 5.5.2014 – 1/SVK/010-14, BeckRS 2014, 21204.
[53] OLG Frankfurt a. M. NZBau 2015, 319; 1. VK Bund Beschl. v. 18.1.2013 – VK 1-139/12, IBRRS 2013, 1931.

zum ausgeschriebenen Auftrag) – frei.[54] Zieht eine Vergabestelle die Erfahrungen anderer Auftraggeber bei der Beurteilung der zu erwartenden Leistungsqualität der von den Bietern benannten an der Auftragsausführung beteiligten Mitarbeiter in Form von Referenzen heran, kann es nicht zulasten der Bieter gehen, wenn die Vergabestelle erkennen muss, dass sie die angegebenen Referenzen nicht vollständig prüfen kann. Das Risiko der Nichtverifizierbarkeit von ordnungsgemäß angegebenen Referenzen der Bieter trägt die Vergabestelle. Eine Abwertung von Angeboten aufgrund der Nichterreichbarkeit von Referenzgebern ist vergaberechtswidrig.[55] Eine Pflicht zur Prüfung der vorgelegten Referenzen besteht jedoch dann, wenn der Auftraggeber aus den Referenzen oder anders Anhaltspunkte hat, dass die in den Referenzen gemachten Angaben falsch sein könnten. In diesem Fall ist er verpflichtet, die Angaben der Referenzen zu prüfen. Gleichfalls geht die Rechtsprechung von einer Erkundigungspflicht des Auftraggebers aus, wenn er die Eignung des Bieters gerade unter Hinweis auf den vermeintlich nicht vergleichbaren Inhalt der Referenzleistungen ohne weitere Aufklärung verneint.[56] Dem Auftraggeber ist jedoch nicht gestattet, die Vorlage von Referenzbescheinigungen, ausgestellt durch die jeweiligen Auftraggeber, zu verlangen, weil derartige Unterlagen nicht im Katalog des § 46 Abs. 3 genannt sind.[57]

20 **b) Technische Fachkräfte und Stellen.** Abs. 3 Nr. 2 ermöglicht dem öffentlichen Auftraggeber zum Nachweis der technischen und beruflichen Leistungsfähigkeit die Angabe der technischen Fachkräfte oder der technischen Stellen, die im Zusammenhang mit der Leistungserbringung eingesetzt werden sollen, zu verlangen, unabhängig davon, ob diese dem Unternehmen angehören oder nicht, und zwar insbesondere derjenigen, die mit der Qualitätskontrolle beauftragt sind. Durch die Öffnung, dass nicht nur formal unternehmensangehörige Fachkräfte anzugeben sind, sondern alle im Zusammenhang mit der Leistungserbringung einzusetzenden technischen Fachkräfte, sollen das tatsächliche auftragsrelevante *Know-how* und die verfügbaren Kapazitäten abgefragt werden. „Technisch" iSd Nr. 2 ist nicht im Sinne des engen naturwissenschaftlichen Technikbegriffs zu verstehen, wie er unter anderem im Duden definiert ist, sondern meint die praktische Leistungserbringung. „Technisch" meint damit nicht nur „Techniker" im engeren Sinne, sondern bezieht sich auf die Eignung der Personen, welche die Leistung tatsächlich bzw. praktisch erbringen. Nr. 2 ist systematisch als Pendent zu Nr. 6 zu verstehen, wo es um die Eignung von Führungskräften im Unternehmen des Auftragnehmers geht.

21 **c) Technische Ausrüstung, Qualitätssicherung, Untersuchungs- und Forschungsmöglichkeiten.** Abs. 3 Nr. 3 ermöglicht dem Auftraggeber, zum Nachweis der Leistungsfähigkeit eine Beschreibung der technischen Ausrüstung, Maßnahmen zur Qualitätssicherung und der Untersuchungs- und Forschungsmöglichkeiten des Unternehmens zu fordern. Die technische und berufliche Leistungsfähigkeit betrifft damit ua die technische Ausstattung, dh die für die Erbringung der zu vergebenden Leistungen erforderlichen Maschinen, Werkzeuge, Geräte etc. Der Auftraggeber kann von dem Bewerber/Bieter verlangen, dass dieser entsprechend Nachweis dafür vorlegt, dass er über diese Gegenstände verfügt. Ausreichend ist nach hM, dass der Auftragnehmer diese zum Zeitpunkt der Leistungserbringung zur Verfügung hat (→ GWB § 122 Rn. 27). Der Auftraggeber muss zu diesem Zweck eine Prognoseentscheidung treffen, die ermessensfehlerfrei sein muss und auch nur darauf überprüft werden kann.

22 **d) Lieferkettenmanagement- und Überwachungssystem.** Abs. 3 Nr. 4 ermöglicht dem öffentlichen Auftraggeber zum Nachweis der technischen und beruflichen Leistungsfähigkeit die Angabe des Lieferkettenmanagement- und Lieferkettenüberwachungssystems, das dem Unternehmen zur Vertragserfüllung zur Verfügung steht, zu verlangen.

23 **e) Kontrolle.** Abs. 3 Nr. 4 ermöglicht dem öffentlichen Auftraggeber zum Nachweis der technischen und beruflichen Leistungsfähigkeit bei komplexer Art der zu erbringenden Leistung oder bei solchen Leistungen, die ausnahmsweise einem besonderen Zweck dienen sollen, eine Kontrolle, die vom öffentlichen Auftraggeber oder in dessen Namen von einer zuständigen amtlichen Stelle im Niederlassungsstaat des Unternehmens durchgeführt wird; diese Kontrolle betrifft die Produktionskapazität bzw. die technische Leistungsfähigkeit und erforderlichenfalls die Untersuchungs- und Forschungsmöglichkeiten des Unternehmens sowie die von diesem für die Qualitätskontrolle getroffenen Vorkehrungen.

24 **f) Studiennachweise und Bescheinigungen über die Erlaubnis zur Berufsausübung.** Abs. 3 Nr. 6 ermöglicht dem öffentliche Auftraggeber zum Nachweis der technischen und berufli-

---

[54] VK Südbayern Beschl. v. 19.12.2014 – Z3-3-3194-1-45-10/14, VPRRS 2015, 0053.
[55] *Hausmann/Kern* in KKMPP VgV Rn. 18.
[56] OLG Celle Beschl. v. 23.5.2019 – 13 U 72/17, IBRRS 2020, 0040.
[57] VK Nordbayern Beschl. v. 7.11.2019 – RMF-SG21-3194-4-47, IBRRS 2019, 4160.

chen Leistungsfähigkeit eine Erklärung zu Studien- und Ausbildungsnachweisen sowie Bescheinigungen über die Erlaubnis zur Berufsausübung für die Inhaberin, den Inhaber oder die Führungskräfte des Unternehmens verlangen, sofern diese Nachweise nicht als Zuschlagskriterium bewertet werden. Der öffentliche Auftraggeber darf nur solche Nachweise fordern, die diskriminierungsfrei und im Sinne des Grundsatzes der Verhältnismäßigkeit angemessen sind. Führungskräfte iSd Nr. 6 sind Personen, die im Auftragsfall für die Erbringung der Leistung bzw. den Leistungserfolg verantwortlich sind, wie zB Projektleiter und Objektleiter (einer Flüchtlingsunterkunft). Führungskräfte sind Personen/Kräfte, welche die Erbringung der Leistung für das Unternehmen des Auftragnehmers lenken bzw. steuern und verantworten. Führungskräfte wirken damit an der Erbringung der Auftragsleistung insoweit mit, als sie diese steuern, lenken und verantworten. Nr. 6 ist systematisch als Pendent zu Nr. 2 zu verstehen, wo es um die Eignung von Personen geht, welche die Leistung tatsächlich erbringen bzw. die Vorgaben der Leistungsbeschreibung umsetzen. Führungskräfte im Sinne der Vorschrift können auch Personen sein, müssen es aber nicht, welche das Unternehmen des Auftragnehmers betriebswirtschaftlich führen, zB Geschäftsführer, Vorstände oder dergleichen.

g) Maßnahmen Umweltmanagement. Abs. 3 Nr. 7 ermöglicht dem öffentlichen Auftraggeber zum Nachweis der technischen und beruflichen Leistungsfähigkeit eine Angabe der Umweltmanagementmaßnahmen, die das Unternehmen während der Auftragsausführung anwendet, zu verlangen. Öffentliche Auftraggeber können ferner nach § 49 Abs. 2 als Beleg dafür, dass Bewerber oder Bieter bestimmte Systeme oder Normen des Umweltmanagements erfüllen, die Vorlage von Bescheinigungen unabhängiger Stellen verlangen.

h) Beschäftigtenzahl, Zahl der Führungskräfte. Abs. 3 Nr. 8 ermöglicht dem öffentlichen Auftraggeber zum Nachweis der technischen und beruflichen Leistungsfähigkeit eine Erklärung zu verlangen, aus der die durchschnittliche jährliche Beschäftigtenzahl des Unternehmens und die Zahl seiner Führungskräfte in den letzten drei Jahren ersichtlich ist. Die Vorschrift zielt darauf ab, dem Auftraggeber Auskunft darüber zu ermöglichen, ob es große Schwankungen im Unternehmen des potenziellen Auftragnehmers gibt und deshalb auch die Leistungsfähigkeit Schwankungen unterworfen ist. Das gilt insbesondere in Hinsicht auf die Führungskräfte. Die Vorschrift ermöglicht nicht die Abfrage der Fluktuation, die gleichfalls wichtig für die Beurteilung der Leistungsfähigkeit ist. Abs. 3 Nr. 8 zielt auf die Beschäftigtenzahl des konkreten potenziellen Auftragnehmers ab, nicht auf den Konzern.

i) Verfügbare Ausstattung, Geräte und technische Ausrüstung. Abs. 3 Nr. 9 ermöglicht dem öffentliche Auftraggeber zum Nachweis der technischen und beruflichen Leistungsfähigkeit eine Erklärung zu verlangen, aus der ersichtlich ist, über welche Ausstattung, welche Geräte und welche technische Ausrüstung das Unternehmen für die Ausführung des Auftrags verfügt. Die Regelung ist auf der Grundlage von Teil II lit. i Anlage XII RL 2014/24/EU neu eingefügt worden. Die Vorschrift und die Gesetzgebungsmaterialien enthalten keinen Hinweise darauf, wie das Verhältnis zwischen der Vorgaben zur „technischen Ausrüstung" in Abs. 3 Nr. 3 und Nr. 9 ist.

j) Beabsichtigte Unteraufträge. Der öffentliche Auftraggeber darf gem. Abs. 3 Nr. 10 als Beleg der erforderlichen technischen und beruflichen Leistungsfähigkeit des Bewerbers/Bieters verlangen, anzugeben, welche Teile des Auftrags das Unternehmen unter Umständen an Nachunternehmer als Unteraufträge zu vergeben beabsichtigt. Das bedeutet, der Bewerber/Bieter muss zunächst keine definitive Auskunft geben, sondern sich lediglich dazu erklären, welche Teile des Auftrags er **beabsichtigt** („*intends possibly to subcontract*"), durch einen Nachunternehmer erbringen zu lassen. Es handelt sich um eine formal und inhaltlich neue Regelung. Sie geht auf Teil II lit. j Anlage XII RL 2014/24/EU zurück. Bewerber/Bieter werden allerdings beim nicht offenen Verfahren und beim Verhandlungsverfahren für den Fall, dass ein Teilnahmewettbewerb durchgeführt wird, uU zunächst nicht wissen, welche Teile des Auftrags sie durch Nachunternehmer erbringen lassen werden.

k) Muster und Bescheinigungen bei Lieferleistungen. Der öffentliche Auftraggeber darf als Beleg der erforderlichen technischen und beruflichen Leistungsfähigkeit des Bewerbers/Bieters bei Lieferleistungen a) Muster, Beschreibungen oder Fotografien der zu liefernden Güter, wobei die Echtheit auf Verlangen des öffentlichen Auftraggebers nachzuweisen ist, oder b) Bescheinigungen, die von als zuständig anerkannten Instituten oder amtlichen Stellen für Qualitätskontrolle ausgestellt wurden, mit denen bestätigt wird, dass die durch entsprechende Bezugnahmen genau bezeichneten Güter bestimmten technischen Anforderungen oder Normen entsprechen. Der öffentliche Auftraggeber verfügt über einen weiten Beurteilungsspielraum hinsichtlich der Beschaffenheit der Muster und Beschreibungen. Die Grenze des Beurteilungsspielraums bilden das Diskriminierungsverbot und der Grundsatz der Verhältnismäßigkeit.

§ 47 Eignungsleihe

(1) ¹Ein Bewerber oder Bieter kann für einen bestimmten öffentlichen Auftrag im Hinblick auf die erforderliche wirtschaftliche und finanzielle sowie die technische und berufliche Leistungsfähigkeit die Kapazitäten anderer Unternehmen in Anspruch nehmen, wenn er nachweist, dass ihm die für den Auftrag erforderlichen Mittel tatsächlich zur Verfügung stehen werden, indem er beispielsweise eine entsprechende Verpflichtungserklärung dieser Unternehmen vorlegt. ²Diese Möglichkeit besteht unabhängig von der Rechtsnatur der zwischen dem Bewerber oder Bieter und den anderen Unternehmen bestehenden Verbindungen. ³Ein Bewerber oder Bieter kann jedoch im Hinblick auf Nachweise für die erforderliche berufliche Leistungsfähigkeit wie Ausbildungs- und Befähigungsnachweise nach § 46 Absatz 3 Nummer 6 oder die einschlägige berufliche Erfahrung die Kapazitäten anderer Unternehmen nur dann in Anspruch nehmen, wenn diese die Leistung erbringen, für die diese Kapazitäten benötigt werden.

(2) ¹Der öffentliche Auftraggeber überprüft im Rahmen der Eignungsprüfung, ob die Unternehmen, deren Kapazitäten der Bewerber oder Bieter für die Erfüllung bestimmter Eignungskriterien in Anspruch nehmen will, die entsprechenden Eignungskriterien erfüllen und ob Ausschlussgründe vorliegen. ²Legt der Bewerber oder Bieter eine Einheitliche Europäische Eigenerklärung nach § 50 vor, so muss diese auch die Angaben enthalten, die für die Überprüfung nach Satz 1 erforderlich sind. ³Der öffentliche Auftraggeber schreibt vor, dass der Bewerber oder Bieter ein Unternehmen, das das entsprechende Eignungskriterium nicht erfüllt oder bei dem zwingende Ausschlussgründe nach § 123 des Gesetzes gegen Wettbewerbsbeschränkungen vorliegen, ersetzen muss. ⁴Er kann vorschreiben, dass der Bewerber oder Bieter auch ein Unternehmen, bei dem fakultative Ausschlussgründe nach § 124 des Gesetzes gegen Wettbewerbsbeschränkungen vorliegen, ersetzen muss. ⁵Der öffentliche Auftraggeber kann dem Bewerber oder Bieter dafür eine Frist setzen.

(3) Nimmt ein Bewerber oder Bieter die Kapazitäten eines anderen Unternehmens im Hinblick auf die erforderliche wirtschaftliche und finanzielle Leistungsfähigkeit in Anspruch, so kann der öffentliche Auftraggeber eine gemeinsame Haftung des Bewerbers oder Bieters und des anderen Unternehmens für die Auftragsausführung entsprechend dem Umfang der Eignungsleihe verlangen.

(4) Die Absätze 1 bis 3 gelten auch für Bewerber- oder Bietergemeinschaften.

(5) Der öffentliche Auftraggeber kann vorschreiben, dass bestimmte kritische Aufgaben bei Dienstleistungsaufträgen oder kritische Verlege- oder Installationsarbeiten im Zusammenhang mit einem Lieferauftrag direkt vom Bieter selbst oder im Fall einer Bietergemeinschaft von einem Teilnehmer der Bietergemeinschaft ausgeführt werden müssen.

Schrifttum: *Clodius,* Das neue Vergaberecht: Die Regelung zum Selbstausführungsgebot in § 47 Abs. 5 VgV, VergabeR 2019, 348; *Otting,* Eignungs- und Zuschlagskriterien im neuen Vergaberecht, VergabeR 2016, 316, 326; *Schaller,* Die Umsetzung der EU-Richtlinien 2014 – Die neue Vergabeverordnung für die Vergabe öffentlicher Aufträge, Teil 2, ZfBR-Beil. 2016, 34.

Übersicht

	Rn.		Rn.
I. Allgemeines	1	2. Überprüfung der Eignung der in Bezug genommenen Unternehmen (Abs. 2)	12
1. Überblick, systematischer Ort und Regelungsgehalt	1		
2. Zweck und Historie der Vorschrift	7	3. Vorgabe gemeinsamer Haftung (Abs. 3)	15
II. Die Regelungen des § 47 im Einzelnen	9	4. Geltung der Abs. 1–3 auch für Bewerber- und Bietergemeinschaften (Abs. 4)	16
1. Inanspruchnahme der Kapazitäten anderer Unternehmen und Verpflichtungserklärung (Abs. 1)	9	5. Verpflichtung zur Selbsterbringung kritischer Aufgaben (Abs. 5)	17

I. Allgemeines

1. Überblick, systematischer Ort und Regelungsgehalt. Der Gesetzgeber hat in § 47 die 1 sog. **Eignungsleihe** geregelt. § 47 knüpft inhaltlich an § 122 GWB sowie an § 45 (Wirtschaftliche und finanzielle Leistungsfähigkeit) und § 46 (Technische und berufliche Leistungsfähigkeit) an. Öffentliche Aufträge dürfen gem. § 122 Abs. 1 GWB nur an geeignete Unternehmen vergeben werden. Ob Unternehmen geeignet sind, bestimmt sich nach den vom öffentlichen Auftraggeber festgelegten Eignungskriterien, wie sie in der Auftragsbekanntmachung bekannt gegeben worden sind (§ 122 Abs. 2, Abs. 4 S. 2 GWB). Unternehmen, die nach den aufgestellten Eignungskriterien nicht geeignet sind, müssen vom weiteren Vergabeverfahren ausgeschlossen werden bzw. dürfen im Falle eines Verhandlungsverfahrens nicht zur Abgabe eines Angebots aufgefordert werden (§ 42 Abs. 1, 2 S. 1).

§ 122 Abs. 1 GWB benennt für alle Arten von öffentlichen Auftraggebern die **zulässigen** **Eignungskategorien** und bestimmt, dass ein Unternehmen im Sinne der Vorgaben des § 122 Abs. 1 GWB nur dann geeignet ist, wenn es die durch den öffentlichen Auftraggeber im Einzelnen zur ordnungsgemäßen Ausführung des öffentlichen Auftrags festgelegten Eignungskriterien erfüllt. Der öffentliche Auftraggeber kann als Eignungskriterien gem. § 122 Abs. 1 Nr. 2 und 3 GWB insbesondere Vorgaben zur **wirtschaftlichen und finanziellen Leistungsfähigkeit** sowie zur **technischen und beruflichen Leistungsfähigkeit** machen. Der Gesetzgeber greift dies in Abs. 1 auf und erlaubt, dass der Auftragnehmer sich in Bezug auf diese Eignungsanforderungen auch auf andere Unternehmen **(Drittunternehmen)** berufen kann, um die entsprechenden Vorgaben zu erfüllen. Das bedeutet, der Auftragnehmer kann beispielsweise auch für die geforderten Referenzen auf Drittunternehmen zurückgreifen.[1] Formal handelt es sich bei § 47 um eine neue Vorschrift. Die Eignungsleihe war jedoch bereits vor dem 18.4.2016 zulässig, beispielsweise auf der Grundlage von § 7 EG Abs. 9 VOL/A, sodass § 47 in der Sache im Wesentlichen keine neue Regelung ist. Bereits nach § 7 EG Abs. 9 VOL/A konnte sich ein Unternehmen zum Nachweis der Leistungsfähigkeit und Fachkunde der Fähigkeiten Drittunternehmen bedienen, ungeachtet des rechtlichen Charakters der zwischen ihm und dem Unternehmen bestehenden Verbindungen.

§ 47 setzt Art. 63 RL 2014/24/EU um, § 7 EG Abs. 9 VOL/A beruhte auf Art. 48 Abs. 3 Vergabe-RL 2004. Der europäische und der deutsche Gesetzgeber haben wichtige Teile der zur Eignungsleihe bislang ergangenen **Rechtsprechung** aufgenommen und die Eignungsleihe auf dieser Grundlage nunmehr umfassender und auch detaillierter geregelt. Gleichwohl ist für zahlreiche Fragen nach wie vor die Einbeziehung der inzwischen reichhaltig vorliegenden Kasuistik zu berücksichtigen. Das Instrument der Eignungsleihe ist bereits vor längerer Zeit vom EuGH[2] entwickelt und von den deutschen Nachprüfungsinstanzen übernommen worden.[3] Die Eignungsleihe eröffnet Unternehmen die Möglichkeit, sich auf öffentliche Aufträge zu bewerben, für die sie selbst nicht sämtliche erforderlichen Fähigkeiten und Kapazitäten haben. Das gilt jedoch nur für wirtschaftliche und finanzielle sowie die technische und berufliche Leistungsfähigkeit anderer Unternehmen. Hingegen war die Berufung auf die Zuverlässigkeit eines Drittunternehmens nie zulässig. Gleiches gilt jetzt in Bezug auf die in den §§ 123 und 124 GWB geregelten Ausschlussgründe. Jeder Auftragnehmer muss dazu selbst eine Erklärung abgeben und darf nach den Vorgaben der §§ 123 und 124 GWB nicht auszuschließen sein.[4]

Die Eignungsleihe ist von der Beauftragung eines **Nach- bzw. Subunternehmers** iSv § 36 zu unterscheiden.[5] Der enge Zusammenhang zwischen der Eignungsleihe mit den vergaberechtlichen Bestimmungen zum Nachunternehmereinsatz führt dazu, dass die Eignungsleihe oftmals mit dem Einsatz von Nachunternehmern gleichgesetzt wird und die entsprechenden Regelungen zur Eignungsleihe als Nachweiserfordernis für den Einsatz von Nachunternehmern übertragen werden.[6] Bei der Beauftragung eines Nach- bzw. Subunternehmers überträgt der Auftragnehmer einen Teil der zu erbringenden Leistungen auf ein anderes oder mehrere andere Unternehmen. Bei Nach- oder Subunternehmern handelt es sich um rechtlich selbstständige Unternehmen, die der Auftragnehmer zur Erbringung der Leistungen einsetzt. Die Vergabe von Unteraufträgen eröffnet Chancen, wirft aber auch Schwierigkeiten auf. Das gilt beispielsweise in Bezug auf die **Doppelbeteiligung** an Ausschreibungen. Die **parallele Beteiligung als Einzelbieter und Nachunternehmer** ist grundsätzlich zulässig. Eine Vermutung dahingehend, dass in dieser Konstellation *per se* wettbewerbs-

---

[1] VK Bund Beschl. v. 9.1.2017 – VK 1-106/16, IBRRS 2017, 0915.
[2] Grundlegend EuGH Urt. v. 12.1.1999 – C-176/08 – Holst Italia und EuGH NZBau 2004, 340 – Siemens AG.
[3] Bspw. OLG München Beschl. v. 9.8.2012 – Verg 10/12, BeckRS 2012, 20301; VK Bund Beschl. v. 10.9.2014 – VK 1-66/14, BeckRS 2015, 07548.
[4] VK Bund Beschl. v. 9.1.2017 – VK 1-106/16, IBRRS 2017, 0915.
[5] Bspw. OLG Düsseldorf NZBau 2011, 54; VK Sachsen Beschl. v. 7.6.2016 – 1/SVK/010-16, BeckRS 2016, 14106.
[6] OLG München Beschl. v. 22.1.2009 – Verg 26/08, BeckRS 2009, 04246; OLG München NZBau 2012, 460.

widriges Verhalten vorliegt, besteht nicht. Voraussetzung dafür, dass ein Angebot ausgeschlossen werden muss, ist, dass ein Verstoß gegen den Grundsatz des Geheimwettbewerbs durch Kenntnis (von großen Teilen) beider Angebote vorliegt, die maßgebliche Rückschlüsse auf das Gesamtangebot erlauben. Diese Voraussetzungen liegen jedoch nicht schon dann vor, wenn ein Bieter ein eigenes Angebot abgibt und zudem als Nachunternehmer eines anderen Bieters vorgesehen ist.[7] Es müssen vielmehr weitere Tatsachen hinzutreten, die nach Art und Umfang des Nachunternehmereinsatzes sowie mit Rücksicht auf die Begleitumstände eine Kenntnis von dem zu derselben Ausschreibung abgegebenen Konkurrenzangebot annehmen lassen.

5   Zulässig ist es darüber hinaus auch, sich auf die Kapazitäten eines anderen Unternehmens zu berufen und ihm zugleich einen Teil der zu erbringenden Leistungen zu übertragen. Das bedeutet, ein bestimmtes Drittunternehmen kann Nachunternehmer und Eignungsverleiher, dh sog. **eignungsrelevanter Nachunternehmer** sein. Im Gegensatz dazu handelt es sich bei einem Unternehmen, das nur Nachunternehmerleistungen erbringt, um einen sog. **einfachen Nachunternehmer**. Vom einfachen einerseits und eignungsrelevanten Nachunternehmer andererseits ist der bloße **Lieferant** bzw. **Zulieferer** zu unterscheiden. Der Lieferant oder Zulieferer erbringt lediglich einen sehr geringen Teil der Leistungen und/oder ganz untergeordnete Tätigkeiten, Hilfsleistungen. **Teilleistungen und/oder Zuarbeiten,** die sich auf **reine Hilfsfunktionen beschränken,** wie beispielsweise Speditionsleistungen, Gerätemiete, Baustoff- und Bauteillieferanten, sind keine **Nachunternehmerleistungen.**[8] Unterauftragnehmer hingegen ist ein Unternehmen, das allein vom Auftragnehmer beauftragt und in keinem Auftragsverhältnis zum Auftraggeber steht, aber durch Übernahme bestimmter Teile des Auftrags, einen Teil der in der Leistungsbeschreibung oder im Leistungsverzeichnis festgelegten Leistungen selbständig ausführt.[9] Ein Unternehmen, das für einen Bieter komplexe, individuell nach den Vergaben der Leistungsbeschreibung gefertigte Bauteile herstellt, deren Lieferung eine der Hauptleistungspflichten des zu vergebenden Auftrags darstellt, ist kein bloßer Lieferant, sondern Unterauftragnehmer. Zu beachten ist allerdings, dass das **OLG Düsseldorf** in einer jüngeren Entscheidung festgestellt hat, dass Lieferanten des Auftragnehmers zwar keine Nachunternehmer sind, jedoch den Vorschriften über die sog. Eignungsleihe unterfallen können, weil der Begriff der Eignungsleihe weiter ist als jener des Unterauftrags.[10] Vergaberechtlich gibt es damit auch die Kategorie **eignungsrelevanter Lieferant.**

6   Für die Unterscheidung zwischen Nachunternehmer und Lieferant ist im Einzelfall die bislang ergangene **Rechtsprechung** zu berücksichtigen. Danach muss die in den maßgeblichen Vorschriften angesprochene Ausleihe von Fähigkeiten oder Kapazitäten nicht in einer teilweisen Übernahme des Auftrags bestehen. Dritte Unternehmen werden nicht dadurch zu Unterauftragnehmern, dass sie dem Bieter Mittel (Personal- oder Sachmittel) für die Auftragsausführung zur Verfügung stellen.[11] Nach der **2. VK Bund** kann von einer **Nachunternehmerschaft nur dann gesprochen werden, wenn dem betreffenden Unternehmen Teile der Leistung zu selbstständiger Ausführung übertragen werden.**[12] Der Nachunternehmer muss unmittelbar im vertraglichen Pflichtenkreis des Auftragnehmers, in dessen Auftrag und für dessen Rechnung dergestalt tätig werden, dass er an Stelle des Auftragnehmers dessen Leistung oder einen Teil davon erbringt. Diese **Voraussetzungen sind bei den Unternehmen, die den Auftragnehmer zB mit Spezialpapier und sonstigen Materialien beliefern, nicht erfüllt.** Die Lieferung der Vorprodukte ist nicht Gegenstand des ausgeschriebenen Auftrags; sie erfolgt nicht an den Auftraggeber, sondern an den Auftragnehmer. Dessen Verpflichtungen gegenüber dem Auftraggeber werden durch die Lieferung nicht – auch nicht teilweise – erfüllt; die Lieferung der Vorprodukte setzt den Auftragnehmer vielmehr lediglich in den Stand, selbst seinen Verpflichtungen zur Lieferung des Endproduktes zu genügen. Von einem selbstständigen Tätigwerden des Vorlieferanten im Pflichtenkreis des Auftragnehmers kann daher keine Rede sein.[13] Gemeinsam ist allen Arten von Nachunternehmern und einem Lieferanten, dass sie selbst **keine vertragliche Beziehung um öffentlichen Auftraggeber** haben. Das bedeutet,

---

[7] KG NZBau 2008, 466 – Havelunterquerung; OLG Düsseldorf Beschl. v. 9.4.2008 – VII Verg 2/08, BeckRS 2008, 07456 = VergabeR 2008, 865; OLG Düsseldorf Beschl. v. 28.6.2006 – VII Verg 18/06; OLG Jena Beschl. v. 29.8.2008 – 9 Verg 5/08.
[8] OLG Saarbrücken ZfBR 2013, 608; OLG München Beschl. v. 12.10.2012 – Verg 16/12, BeckRS 2012, 21236; OLG München Beschl. v. 10.9.2009 – Verg 10/09, BeckRS 2009, 27004; OLG Dresden Beschl. v. 25.4.2006 – 20 U 467/06, BeckRS 2006, 06732; OLG Naumburg Beschl. v. 4.9.2008 – 1 Verg 4/08, BeckRS 2008, 23015; VK Baden-Württemberg Beschl. v. 23.7.2014 – 1 VK 28/14, BeckRS 2014, 21199.
[9] VK Südbayern Beschl. v. 5.6.2019 – Z3-3-3194-1-06-02/19, IBRRS 2019, 2149.
[10] OLG Düsseldorf Beschl. v. 25.6.2014 – VII-Verg 38/13, BeckRS 2014, 15908.
[11] OLG Düsseldorf Beschl. v. 25.6.2014 – VII-Verg 38/13, BeckRS 2014, 15908.
[12] 1. VK Bund Beschl. v. 30.9.2010 – VK 2-80/10, IBRRS 2014, 1836.
[13] 1. VK Bund Beschl. v. 30.9.2010 – VK 2-80/10, IBRRS 2014, 1836.

eine vertragliche Beziehung zum öffentlichen Auftraggeber hat ausschließlich der Auftragnehmer. Er allein ist deshalb gegenüber dem Auftraggeber rechtlich für die ordnungsgemäße Erbringung der Leistung und Einhaltung aller Nebenleistungspflichten verantwortlich.

2. Zweck und Historie der Vorschrift. Die Vorschrift ist in **Abschnitt 2 Unterabschnitt 5 Anforderungen an Unternehmen, Eignung** eingeordnet. Auch bislang waren die konkreten Vorgaben zur wirtschaftlichen und finanziellen Leistungen sowie zur technischen und beruflichen Leistungsfähigkeit in den Vergabe- und Vertragsordnungen geregelt. Entsprechend muss der öffentliche Auftraggeber in Hinblick auf die zulässigen Vorgaben zur wirtschaftlichen und finanziellen Leistungsfähigkeit sowie zur technischen und beruflichen Leistungsfähigkeit die Vorschriften in der VgV, VOB/A EU, SektVO, VSVgV und KonzVgV beachten. § 47 ist im Zusammenhang mit den §§ 44, 45 und 46 zu verstehen. Die §§ 44–46 bestimmen den Rahmen und die Obergrenze der zulässigen Eignungskriterien, jedoch keinen Mindestumfang.[14] Der öffentliche Auftraggeber kann je nach Art und Umfang der zu beschaffenden Leistung die im Einzelfall erforderlichen Eignungskriterien festlegen, wobei er gleichzeitig zu berücksichtigen hat, dass unnötig hohe Anforderungen eine Teilnahme potenzieller Bewerber/Bieter am Vergabeverfahren verhindern könnten.[15] Dem öffentlichen Auftraggeber ist es wie bei den anderen beiden Eignungskategorien auch in Hinblick auf die wirtschaftliche und finanzielle Leistungsfähigkeit freigestellt, ob er überhaupt bestimmte Eignungskriterien festlegt und, wenn ja, welches Anforderungsniveau er dabei für erforderlich hält.[16]

Abs. 1 S. 1 bestimmt, dass ein Bewerber/Bieter in Hinblick auf die für die Erbringung des Auftrags erforderliche wirtschaftliche und finanzielle sowie die technische und berufliche Leistungsfähigkeit die Kapazitäten anderer Unternehmen in Anspruch nehmen kann. Voraussetzung dafür ist nach Abs. 1 S. 2, dass der betreffende Bewerber/Bieter dem öffentlichen Auftraggeber nachweist, dass ihm **die für den Auftrag erforderlichen Mittel tatsächlich zur Verfügung stehen** werden. Den Nachweis kann er beispielsweise dadurch führen, dass er eine entsprechende **Verpflichtungserklärung** dieser Unternehmen vorlegt. Diese Möglichkeit besteht nach Abs. 1 S. 2 unabhängig von der Rechtsnatur der zwischen dem Bewerber/Bieter und den anderen Unternehmen bestehenden Verbindungen. Ein Bewerber/Bieter kann jedoch gem. Abs. 1 S. 3 in Hinblick auf Nachweise für die erforderliche berufliche Leistungsfähigkeit wie Ausbildungs- und Befähigungsnachweise nach § 46 Abs. 3 Nr. 6 oder die einschlägige berufliche Erfahrung die Kapazitäten anderer Unternehmen nur dann in Anspruch nehmen, wenn diese die Leistung erbringen, für die diese Kapazitäten benötigt werden. (2) Der öffentliche Auftraggeber überprüft im Rahmen der Eignungsprüfung, ob die Unternehmen, deren Kapazitäten der Bewerber/Bieter für die Erfüllung bestimmter Eignungskriterien in Anspruch nehmen will, die entsprechenden Eignungskriterien erfüllen und ob Ausschlussgründe vorliegen. Legt der Bewerber/Bieter eine Einheitliche Europäische Eigenerklärung nach § 50 vor, so muss diese auch die Angaben enthalten, die für die Überprüfung nach S. 1 erforderlich sind. Der öffentliche Auftraggeber schreibt vor, dass der Bewerber/Bieter ein Unternehmen, welches das entsprechende Eignungskriterium nicht erfüllt oder bei dem zwingende Ausschlussgründe nach § 123 GWB vorliegen, ersetzen muss. Er kann vorschreiben, dass der Bewerber/Bieter auch ein Unternehmen, bei dem fakultative Ausschlussgründe nach § 124 GWB vorliegen, ersetzen muss. Der öffentliche Auftraggeber kann dem Bewerber/Bieter dafür eine Frist setzen. (3) Nimmt ein Bewerber/Bieter die Kapazitäten eines anderen Unternehmens im Hinblick auf die erforderliche wirtschaftliche und finanzielle Leistungsfähigkeit in Anspruch, so kann der öffentliche Auftraggeber eine gemeinsame Haftung des Bewerbers/Bieters und des anderen Unternehmens für die Auftragsausführung entsprechend dem Umfang der Eignungsleihe verlangen. (4) Die Abs. 1–3 gelten auch für Bewerber- oder Bietergemeinschaften. (5) Der öffentliche Auftraggeber kann vorschreiben, dass bestimmte kritische Aufgaben bei Dienstleistungsaufträgen oder kritische Verlege- oder Installationsarbeiten im Zusammenhang mit einem Lieferauftrag direkt vom Bieter selbst oder im Fall einer Bietergemeinschaft von einem Teilnehmer der Bietergemeinschaft ausgeführt werden müssen.

II. Die Regelungen des § 47 im Einzelnen

1. Inanspruchnahme der Kapazitäten anderer Unternehmen und Verpflichtungserklärung (Abs. 1). § 47 ermöglicht, dass ein Bewerber/Bieter in Hinblick auf die erforderliche wirtschaftliche und finanzielle sowie die technische und berufliche Leistungsfähigkeit für einen bestimmten öffentlichen Auftrag die Kapazitäten von Drittunternehmen in Anspruch nehmen kann. Voraussetzung dafür ist, dass er dem öffentlichen Auftraggeber nachweist, dass ihm die für den Auftrag erforderlichen Mittel tatsächlich zur Verfügung stehen werden. Den Nachweis kann der

---

[14] Gesetzesbegründung zu § 45, BT-Drs. 18/7318, 183.
[15] Gesetzesbegründung zu § 45, BT-Drs. 18/7318, 183.
[16] Gesetzesbegründung zu § 45, BT-Drs. 18/7318, 183.

Bewerber/Bieter beispielsweise dadurch führen, dass er eine entsprechende **Verpflichtungserklärung** der in Bezug genommenen Unternehmen vorlegt. Diese Möglichkeit besteht unabhängig von der Rechtsnatur der zwischen dem Bewerber/Bieter und den anderen Unternehmen bestehenden Verbindungen. Das bedeutet jedoch, dass der Bewerber/Bieter beispielsweise auch bei der Einbeziehung eines Tochterunternehmens oder eines konzernverbundenen Schwesterunternehmens eine rechtsverbindliche Verpflichtungserklärung vorlegen muss.[17] Die Anforderungen an eine tragfähige Verpflichtungserklärung sind hoch. Insbesondere muss das verpflichtete Unternehmen die Erklärung, die in der Erklärung genannten Kapazitäten zur Verfügung zu stellen, bedingungslos abgeben. Der Bewerber/Bieter muss einen entsprechenden **eigenen und jederzeitigen „Zugriff"** auf die zugesagten Kapazitäten haben.[18] Eine schlichte sog. Verpflichtungserklärung dahingehend, dass ein Nachunternehmer sich zur Durchführung der konkret benannten Nachunternehmerleistungen verpflichtet, reicht insoweit nicht aus, weil diese lediglich Gewähr dafür bietet, dass der Nachunternehmer (gegen Bezahlung durch den Hauptauftragnehmer) die geschuldete Leistung erbringen wird. Für einen Beleg der finanziellen und wirtschaftlichen Leistungsfähigkeit des Hauptauftragnehmers muss hingegen dargelegt sein, dass auf Umsätze anderer Unternehmen in der erforderlichen Größenordnung zurückgegriffen werden kann.[19] Es reicht also für die Eignungsprüfung nicht aus, wenn ein Auftragnehmer sich eines Nachunternehmers bedient und dieser über entsprechende Umsätze verfügt. Würde man dagegen der anderen Auffassung folgen, würde dies bedeuten, dass sich jedes noch so kleine Unternehmen auf einen Großauftrag mit entsprechenden Mindestanforderungen hinsichtlich der erzielten Umsätze bewerben könnte, wenn es einen – auch zu vernachlässigenden – Teil der Leistung durch einen Nachunternehmer mit entsprechend hohen Umsatzzahlen erbringen ließe.[20] Darüber hinaus können die früheren Leistungen eines anderen Unternehmens die eigene Eignung für den konkreten Auftrag abgesehen davon nur dann belegen, wenn der Bieter nachweisen kann, dass der ganz überwiegende Teil der auszuführenden Leistungen durch dasselbe Personal des früheren Unternehmens durchgeführt werden soll.[21]

10 Bereits nach Art. 47 Abs. 2 Vergabe-RL 2004 und Art. 48 Abs. 3 Vergabe-RL 2004 hatte jeder Bieter das Recht, sich auf die Kapazitäten anderer Unternehmen zu stützen, ungeachtet des rechtlichen Charakters der zwischen ihm und diesen Unternehmen bestehenden Verbindungen. Der Bieter muss dafür nachweisen, dass ihm die Mittel zu den betreffenden Zeitpunkten tatsächlich ohne Weiteres zur Verfügung stehen, auf die er sich beruft. Der öffentliche Auftraggeber darf für den Nachweis jedoch bestimmte Beweismittel nicht von vornherein ausschließen. Der Bieter hat vielmehr die freie Wahl sowohl hinsichtlich des rechtlichen Charakters der Verbindung, die er zu dem anderen Unternehmen herzustellen gedenkt, als auch hinsichtlich der Art und Weise des Nachweises des Bestehens dieser Verbindung.[22] Die Zusage des Drittunternehmens im Wege einer Verpflichtungserklärung, dem Bieter ggf. die erforderlichen Mittel zur Verfügung zu stellen, ist nur ein Beispiel für einen zulässigen bzw. brauchbaren Nachweis dafür, dass der Bieter über diese Mittel verfügen können wird. Es ist jedoch nicht ausgeschlossen, dass der Bieter den Nachweis auf andere Weise erbringen kann. Eine Vorgabe, die die zulässigen Möglichkeiten des Nachweises von vornherein einschränkt, verstößt gegen Unionsrecht.[23]

11 Ein Bewerber/Bieter kann jedoch in Hinblick auf Nachweise für die erforderliche berufliche Leistungsfähigkeit wie Ausbildungs- und Befähigungsnachweise nach Abs. 3 Nr. 6 oder die einschlägige berufliche Erfahrung die Kapazitäten anderer Unternehmen nur dann in Anspruch nehmen, wenn diese die Leistung erbringen, für die diese Kapazitäten benötigt werden. Der Gesetzgeber geht damit davon aus, dass dem Auftragnehmer selbst in diesen Fällen das hinreichende Know-how fehlt und die Leistung ordnungsgemäß nur von dem Unternehmen erbracht werden kann, das die Fähigkeiten tatsächlich besitzt.

12 **2. Überprüfung der Eignung der in Bezug genommenen Unternehmen (Abs. 2).**
Abs. 2 bestimmt nun ausdrücklich, dass der öffentliche Auftraggeber im Rahmen der Eignungsprüfung prüfen muss, ob die Unternehmen, deren Kapazitäten der Bewerber oder Bieter für die Erfüllung bestimmter Eignungskriterien in Anspruch nehmen will, die entsprechenden Eignungskriterien erfüllen und ob Ausschlussgründe vorliegen. Die Pflicht zur Überprüfung der Drittunternehmen

---

[17] OLG München Beschl. v. 29.11.2007 – Verg 13/07, BeckRS 2007, 19484; VK Südbayern Beschl. v. 5.12.2013 – Z3-3-3194-1.38-10/13, IBRRS 2014, 0207.
[18] 1. VK Bund Beschl. v. 13.12.2013 – VK 1-109/13, BeckRS 2014, 13619.
[19] 1. VK Bund Beschl. v. 13.12.2013 – VK 1-109/13, BeckRS 2014, 13619.
[20] 1. VK Bund Beschl. v. 13.12.2013 – VK 1-109/13, BeckRS 2014, 13619.
[21] VK Westfalen Beschl. v. 25.6.2020 – VK 1-14/20, IBRRS 2021, 0334.
[22] EuGH NZBau 2016, 227.
[23] EuGH NZBau 2016, 227.

bestand allerdings bereits nach dem bis zum 18.4.2016 geltenden Vergaberecht.[24] So war der öffentliche Auftraggeber nach § 16 Abs. 2 Nr. 1 VOB/A zur Prüfung auch der Eignung von Nachunternehmern verpflichtet. Und unabhängig davon verstand es sich nach der bisherigen Rechtsprechung „von selbst", dass der Nachunternehmer für die von ihm zu übernehmenden Teile der Leistung in fachlicher, persönlicher und wirtschaftlicher Hinsicht denselben Eignungsanforderungen genügen muss wie der Auftragnehmer für seinen Leistungsteil.[25] Entsprechend ist der Auftraggeber nicht auf die Eignungsprüfung der sog. Nachunternehmer der ersten Reihe beschränkt, sondern muss auch die Eignung der Nachunternehmer der zweiten Stufe prüfen.[26] Auf die Zuverlässigkeit und Leistungsfähigkeit der anderen Nachunternehmer (der ersten und zweiten Stufe) kommt es im Rahmen der (materiellen) Eignungsprüfung entscheidend an, denn diese führen die Leistung tatsächlich aus.

Legt der Bewerber/Bieter eine Einheitliche Europäische Eigenerklärung nach § 50 vor, so muss diese auch die Angaben enthalten, die für die Überprüfung nach S. 1 erforderlich sind. Der öffentliche Auftraggeber muss auf der Grundlage der vorlegten EEE im Rahmen der Eignungsprüfung damit auch prüfen können, ob die Unternehmen, deren Kapazitäten der Bewerber/Bieter für die Erfüllung bestimmter Eignungskriterien in Anspruch nehmen will, die entsprechenden Eignungskriterien erfüllen und ob Ausschlussgründe vorliegen. 13

Der öffentliche Auftraggeber schreibt gem. Abs. 2 S. 3 vor, dass der Bewerber/Bieter ein Unternehmen, welches die entsprechende Eignungskriterium nicht erfüllt oder bei dem zwingende Ausschlussgründe nach § 123 GWB vorliegen, **ersetzen** muss. Er kann ferner vorschreiben, dass der Bewerber/Bieter auch ein Unternehmen, bei dem fakultative Ausschlussgründe nach § 124 GWB vorliegen, ersetzen muss. Der öffentliche Auftraggeber kann dem Bewerber/Bieter für die Ersetzung eine Frist setzen. Diese muss angemessen sein und wird sich danach richten müssen, ob es sich um eine einfache oder schwierige Aufgabe handelt, für die nur wenige Unternehmen in Betracht kommen. Wenn der Dritte, dessen Kapazitäten der Bewerber/Bieter zum Nachweis seiner eigenen Eignung in Anspruch nehmen will, das entsprechende Eignungskriterium nicht erfüllt (beispielsweise selbst nicht ausreichend finanziell leistungsfähig ist) oder bei dem Dritten ein zwingender Ausschlussgrund vorliegt, muss der öffentliche Auftraggeber fordern, dass der Bewerber/Bieter den Dritten ersetzt und kann ihm dafür eine Frist setzen. Die Rechtsprechung wird entscheiden müssen, wie dieser Konflikt mit dem Gleichbehandlungsgebot auszugleichen ist. 14

3. Vorgabe gemeinsamer Haftung (Abs. 3). Abs. 3 bestimmt, dass der öffentliche Auftraggeber eine gemeinsame Haftung des Bewerbers/Bieters und des anderen Unternehmens für die Auftragsausführung entsprechend dem Umfang der Eignungsleihe verlangen kann, wenn der Bewerber/Bieter die Kapazitäten eines anderen Unternehmens in Hinblick auf die erforderliche wirtschaftliche und finanzielle Leistungsfähigkeit in Anspruch nimmt. Es handelt sich um eine formal und inhaltlich neue Regelung. Bei Abs. 3 ist unklar, was genau unter einer „*gemeinsamen Haftung*" vergabe- bzw. zivilrechtlich zu verstehen ist bzw. was der öffentliche Auftraggeber von dem Bieter und anderen Unternehmen verlangen darf. Der öffentliche Auftraggeber muss ggf. die Vorgabe in den Vergabeunterlagen konkretisieren. Bewerber/Bieter sollten eine nicht hinreichend genaue Vorgabe stets im Wege des Fragen- und Antwortprozesses klären lassen und andernfalls rügen. 15

4. Geltung der Abs. 1–3 auch für Bewerber- und Bietergemeinschaften (Abs. 4). Abs. 4 stellt klar, dass die Abs. 1–3 auch für Bewerber- oder Bietergemeinschaften gelten. Das bedeutet, dass sich Bewerber- und Bietergemeinschaften unter den Voraussetzungen der Abs. 1–3 auf die Kapazitäten von Drittunternehmen berufen können. Es ist stets auf der Grundlage der Vorgaben der Teilnahmebedingungen bzw. Vergabeunterlagen darauf zu achten, ob alle Unternehmen der Bietergemeinschaft die entsprechenden Erklärungen und Nachweise vorlegen müssen. 16

5. Verpflichtung zur Selbsterbringung kritischer Aufgaben (Abs. 5). Abs. 5 bestimmt, dass der öffentliche Auftraggeber vorschreiben kann, dass **bestimmte kritische Aufgaben** bei Dienstleistungsaufträgen oder kritische Verlege- oder Installationsarbeiten im Zusammenhang mit einem Lieferauftrag direkt vom Bieter selbst oder im Fall einer Bietergemeinschaft von einem Teilnehmer der Bietergemeinschaft ausgeführt werden müssen. Die Vorschrift betrifft damit nicht die Eignungsleihe, sondern die Erbringung von Leistungen durch **Nachunternehmer.** 17

---

[24] OLG Schleswig-Holstein Beschl. v. 30.5.2012 – 1 Verg 2/12, BeckRS 2012, 11885; OLG Düsseldorf ZfBR 2012, 179; VK Arnsberg Beschl. v. 25.11.2013 – VK 16/13, IBRRS 2014, 0726; 1. VK Bund Beschl. v. 13.12.2013 – VK 1 109/13, BeckRS 2014, 13619; VK Schleswig-Holstein Beschl. v. 14.3.2012 – VK-SH-03/12.

[25] OLG Düsseldorf ZfBR 2012, 179; VK Arnsberg Beschl. v. 25.11.2013 – VK 16/13, IBRRS 2014, 0726; 1. VK Bund Beschl. v. 13.12.2013 – VK 1 109/13, BeckRS 2014, 13619; VK Schleswig-Holstein Beschl. v. 14.3.2012 – VK-SH-03/12.

[26] OLG Düsseldorf Beschl. v. 28.4.2008 – VII Verg 1/08, BeckRS 2008, 15517.

18 Nach der Rechtsprechung des EuGH zur Zulässigkeit der **Eignungsleihe** kann es im Einzelfall „besondere Umstände" geben, die dazu führen, dass das Recht sich für einen bestimmten Auftrag auf die Kapazitäten anderer Unternehmen zu stützen eingeschränkt werden kann.[27] Das kann ua der Fall sein, wenn sich die **Kapazitäten,** über die ein Drittunternehm verfügt und die für die Ausführung des Auftrags erforderlich sind, auf den Bewerber/Bieter **nicht übertragen** lassen, sodass dieser sich nur dann auf die genannten Kapazitäten berufen kann, wenn sich das betreffende Drittunternehmen unmittelbar und persönlich an der Ausführung des Auftrags beteiligt.[28] Beispielsweise reicht im Ernstfall die Beratung durch ein 230 km entfernt sitzendes Unternehmen nicht aus, um Erfahrungsdefizite des Auftragnehmers auszugleichen, wenn in einer bestimmten Wetterlage vor Ort entschieden werden muss, ob und ggf. was zu tun ist, um einer Straßenglätte vorzubeugen.[29] Zu beachten ist der Hinweis des EuGH, dass der Auftraggeber die Anforderungen an die Eignungsleihe präzisieren darf.

19 Entsprechend hat der Gesetzgeber nunmehr geregelt, dass nicht nur die Eignungsleihe beschränkt werden darf, sondern auch die **Übertragung von Leistungen auf einen Nachunternehmer.** Allerdings ist weiterhin die Beschränkung der Einbeziehung von Drittunternehmen grundsätzlich nicht zulässig, sodass die Erbringung der Leistungen auch durch einen Generalunternehmer zulässig ist. Der Gesetzgeber hat weder in der Vorschrift selbst noch in den Gesetzgebungsmaterialien bestimmt, was unter einer „kritischen Aufgabe" bei Dienstleistungsaufträgen oder Verlege- oder Installationsarbeiten zu verstehen ist. Der EuGH hat bislang lediglich festgestellt, dass „kritische Aufgaben" denkbar sind, sich aber weiter nicht geäußert.[30] Entsprechend der Rechtsprechung zu Ausnahmetatbeständen wird der Begriff eng auszulegen und an das Vorliegen der Voraussetzungen hohe Anforderungen zu stellen sein. Auch der in § 97 Abs. 1 GWB geregelte Grundsatz der Verhältnismäßigkeit ist zu berücksichtigen. Der öffentliche Auftraggeber muss die Gründe, die nach seiner Beurteilung für das Vorliegen einer kritischen Aufgabe gegeben sind, sorgfältig dokumentieren. „Kritisch" im Sinne der Vorschrift sind Leistungen, die entweder besonders fehleranfällig oder für den Leistungserfolg von besonderer Bedeutung sind.[31] Kritische Aufgaben sind jedenfalls solche, die für den öffentlichen Auftraggeber systemrelevant sind, beispielsweise IT–Dienstleistungen, die sicherstellen sollen, dass die gesetzlichen Vorgaben des Meldewesens gegenüber der BaFin eingehalten werden können. Mit bestimmten kritischen Aufgaben können nur Teilleistungen eines Vertrags gemeint sein, nicht jedoch der gesamte Vertrag.[32]

§ 48 Beleg der Eignung und des Nichtvorliegens von Ausschlussgründen

(1) In der Auftragsbekanntmachung oder der Aufforderung zur Interessensbestätigung ist neben den Eignungskriterien ferner anzugeben, mit welchen Unterlagen (Eigenerklärungen, Angaben, Bescheinigungen und sonstige Nachweise) Bewerber oder Bieter ihre Eignung gemäß den §§ 43 bis 47 und das Nichtvorliegen von Ausschlussgründen zu belegen haben.

(2) ¹Der öffentliche Auftraggeber fordert grundsätzlich die Vorlage von Eigenerklärungen an. ²Wenn der öffentliche Auftraggeber Bescheinigungen und sonstige Nachweise anfordert, verlangt er in der Regel solche, die vom Online-Dokumentenarchiv e-Certis abgedeckt sind.

(3) Als vorläufigen Beleg der Eignung und des Nichtvorliegens von Ausschlussgründen akzeptiert der öffentliche Auftraggeber die Vorlage einer Einheitlichen Europäischen Eigenerklärung nach § 50.

(4) Als ausreichenden Beleg dafür, dass die in § 123 Absatz 1 bis 3 des Gesetzes gegen Wettbewerbsbeschränkungen genannten Ausschlussgründe auf den Bewerber oder Bieter nicht zutreffen, erkennt der öffentliche Auftraggeber einen Auszug aus einem einschlägigen Register, insbesondere ein Führungszeugnis aus dem Bundeszentralregister oder, in Ermangelung eines solchen, eine gleichwertige Bescheinigung einer zuständigen Gerichts- oder Verwaltungsbehörde des Herkunftslands oder des Niederlassungsstaats des Bewerbers oder Bieters an.

---

[27] EuGH Urt. v. 7.4.2016 – C-324/13.
[28] S. dazu auch VK Sachsen Beschl. v. 7.6.2016 – 1/SVK/010-16, BeckRS 2016, 14106.
[29] Beispiel nach *Summa* VPR 2016, 99 Anm. zu EuGH Urt. v. 7.4.2016 – C-324/13.
[30] EuGH NZBau 2016, 373– Partner Apelski Dariusz; dazu *Hattig/Oest* NZBau 2020, 494.
[31] VK Thüringen Beschl. v. 19.12.2019 – 250-4003-15326/2019-E-010-G, IBRRS 2019, 0344; dazu auch *Clodius* VergabeR 2019, 348.
[32] VK Thüringen Beschl. v. 19.12.2019 – 250-4003-15326/2019-E-010-G, IBRRS 2019, 0344.

(5) Als ausreichenden Beleg dafür, dass die in § 123 Absatz 4 und § 124 Absatz 1 Nummer 2 des Gesetzes gegen Wettbewerbsbeschränkungen genannten Ausschlussgründe auf den Bewerber oder Bieter nicht zutreffen, erkennt der öffentliche Auftraggeber eine von der zuständigen Behörde des Herkunftslands oder des Niederlassungsstaats des Bewerbers oder Bieters ausgestellte Bescheinigung an.

(6) ¹Werden Urkunden oder Bescheinigungen nach den Absätzen 4 und 5 von dem Herkunftsland oder dem Niederlassungsstaat des Bewerbers oder Bieters nicht ausgestellt oder werden darin nicht alle Ausschlussgründe nach § 123 Absatz 1 bis 4 sowie § 124 Absatz 1 Nummer 2 des Gesetzes gegen Wettbewerbsbeschränkungen erwähnt, so können sie durch eine Versicherung an Eides statt ersetzt werden. ²In den Staaten, in denen es keine Versicherung an Eides statt gibt, darf die Versicherung an Eides statt durch eine förmliche Erklärung ersetzt werden, die ein Vertreter des betreffenden Unternehmens vor einer zuständigen Gerichts- oder Verwaltungsbehörde, einem Notar oder einer dazu bevollmächtigten Berufs- oder Handelsorganisation des Herkunftslands oder des Niederlassungsstaats des Bewerbers oder Bieters abgibt.

(7) Der öffentliche Auftraggeber kann Bewerber oder Bieter auffordern, die erhaltenen Unterlagen zu erläutern.

(8) ¹Sofern der Bewerber oder Bieter in einem amtlichen Verzeichnis eingetragen ist oder über eine Zertifizierung verfügt, die jeweils den Anforderungen des Artikels 64 der Richtlinie 2014/24/EU entsprechen, werden die im amtlichen Verzeichnis oder dem Zertifizierungssystem niedergelegten Unterlagen und Angaben vom öffentlichen Auftraggeber nur in begründeten Fällen in Zweifel gezogen (Eignungsvermutung). ²Ein den Anforderungen des Artikels 64 der Richtlinie 2014/24/EU entsprechendes amtliches Verzeichnis kann auch durch Industrie- und Handelskammern eingerichtet werden. ³Die Industrie- und Handelskammern bedienen sich bei der Führung des amtlichen Verzeichnisses einer gemeinsamen verzeichnisführenden Stelle. ⁴Der öffentliche Auftraggeber kann mit Blick auf die Entrichtung von Steuern, Abgaben oder Sozialversicherungsbeiträgen die gesonderte Vorlage einer entsprechenden Bescheinigung verlangen.

Übersicht

		Rn.			Rn.
I.	Regelungsgehalt und Überblick	1	3.	Einheitliche Europäische Eigenerklärung	8
II.	Systematische Stellung und Zweck der Norm	2	4.	Beleg für Ausschlussgründe nach §§ 123 und 124 GWB	10
1.	Trennung von Eignungskriterien und Eignungsnachweisen	2	5.	Erläuterung von Unterlagen	13
2.	Vorrang der Eigenerklärungen	5	6.	Präqualifikations-Verfahren	16

I. Regelungsgehalt und Überblick

§ 48 regelt allgemeine Anforderungen an die Nachweise, mit denen ein Unternehmen seine 1 Eignung und das Nichtvorliegen von Ausschlussgründen belegen kann. Regelungen zu den Belegen, mit denen der Bieter regelmäßig seine Eignung nachweist, enthalten die Abs. 1–3. Nachweise für das Nichtvorliegen von Ausschlussgründen finden sich in den Abs. 4–6. Abs. 7 erlaubt dem Auftraggeber, die Erläuterung von Belegen zu verlangen. Abs. 8 regelt die Zulässigkeit von Präqualifikationssystemen.

II. Systematische Stellung und Zweck der Norm

1. Trennung von Eignungskriterien und Eignungsnachweisen. Nach Abs. 1 haben 2 öffentliche Auftraggeber anzugeben, mit welchen Unterlagen Bewerber oder Bieter ihre Eignung und das Nichtvorliegen von Ausschlussgründen zu belegen haben. Die Belege der Eignung als deren formelle Nachweise sind damit von den materiellen Eignungskriterien zu trennen. Regelungen zu den materiellen Eignungskriterien enthalten die §§ 43–47.

Als mögliche Belege für den formellen Nachweis nennt Abs. 1 als Oberbegriff „Unterlagen", 3 der durch die Regelbeispiele „Eigenerklärungen, Angaben, Bescheinigungen und sonstige Nachweise" konkretisiert wird. Die Aufzählung der zulässigen Unterlagen ist nicht abschließend. Es ist aber der Vorrang der Eigenerklärungen nach Abs. 2 zu beachten.

4 Die öffentlichen Auftraggeber haben bei der Festlegung der Eignungsnachweise das Transparenzgebot nach § 97 Abs. 1 GWB zu beachten. Sie haben in der Auftragsbekanntmachung (§ 37) oder der Aufforderung zur Interessensbestätigung (§ 52) rechtzeitig, eindeutig und vollständig anzugeben, welche Belege zum Nachweis gefordert werden. Ein pauschaler Verweis auf die Vergabeunterlagen reicht jedoch nicht aus.[1] Dagegen ist der Verweis in der Auftragsbekanntmachung oder der Aufforderung zur Interessenbestätigung auf einen „Deep-Link", der durch bloßes „Anklicken" unmittelbar zu dem Dokument führt, aus dem die Eignungskriterien, Mindestanforderungen und Nachweise für das betreffende Vergabeverfahren ersichtlich werden, zulässig.[2] Die Eignungskriterien und Nachweise können aber unter bestimmten Umständen in den Vergabeunterlagen näher konkretisiert werden.[3] Werden dort zusätzliche Nachweise gefordert, die in der Auftragsbekanntmachung nicht erwähnt worden sind, geht dies über eine bloße Konkretisierung hinaus.[4] Es widerspricht der Rechtsprechung des EuGH und den vergaberechtlichen Grundsätzen, wenn öffentliche Auftraggeber nach der Bekanntmachung der Vergabeunterlagen Eingungsanforderung abschwächen oder verschärfen.[5] Insofern liegt ein Verstoß gegen die Grundsätze der Gleichbehandlung und dem allgemeinen Transparenzgebot vor, wenn die Anforderungen an die Eignung nachträglich gemildert werden. Dabei besteht die Gefahr, dass sich Bewerber und Bieter aufgrund der strengen Anforderungen nicht am Verfahren beteiligt haben.[6]

5 **2. Vorrang der Eigenerklärungen.** Zur Entlastung der Unternehmen, insbesondere der kleineren und mittleren Unternehmen, sind öffentliche Auftraggeber gehalten, soweit möglich Eigenerklärungen als Beleg für die Eignung und das Nichtvorliegen von Ausschlussgründen zu fordern.[7] Der Grund für diese Regelung ist, eine Beteiligung an Vergabeverfahren für Unternehmen attraktiver zu machen. Den Unternehmen soll damit der Aufwand erspart werden, bei Behörden, anderen Auftraggebern oder sonstigen Dritten Belege einzuholen. Der europäische Richtliniengeber hat erkannt, dass dieser Aufwand für viele Unternehmen eines der Haupthindernisse für eine Beteiligung an öffentlichen Vergabeverfahren darstellt.[8] Eine vergleichbare Regelung hatte bereits § 7 EG Abs. 1 S. 2 VOL/A enthalten.

6 Bei der Festlegung, ob eine Eigenerklärung oder eine Drittbescheinigung gefordert wird, steht dem öffentlichen Auftraggeber ein Ermessen zu. Bei der Ausübung dieses Ermessens hat er jedoch die Wertung der Regelung in Abs. 2 zu beachten, nach der grundsätzlich von Drittbescheinigungen abzusehen ist. Im Rahmen der Verhältnismäßigkeit nach § 97 Abs. 1 GWB kann er jedoch auch Drittbescheinigungen oder andere Belege fordern, soweit die Begründung dokumentiert wird. Eine Ausnahme hierzu ist die Forderung von Drittbescheinigungen für die Eignungsanforderungen aus § 44 Abs. 1, § 45 Abs. 4 Nr. 1 und Nr. 2, § 46 Abs. 3 Nr. 3–7 und Nr. 11 lit. b. Die dort verlangten Belege können ihrer Definition nach grundsätzlich nur durch Dritterklärungen erbracht werden. Weiterhin dürfen auch Verpflichtungserklärungen anderer Unternehmen, dessen Kapazität in Anspruch genommen werden soll, um die wirtschaftliche und finanzielle sowie die technische und berufliche Leistungsfähigkeit nach § 47 Abs. 1 nachzuweisen, nicht durch Eigenerklärungen des Bieters ersetzt werden. Der öffentliche Auftraggeber ist berechtigt gem. § 45 Abs. 4 Nr. 2 VgV „in der Regel" für den Nachweis der wirtschaftlichen und finanziellen Leistungsfähigkeit Haftpflichtversicherungserklärung zu verlangen. Als Minus hierzu kann aber auch eine Dritterklärung der Versicherung verlangt werden, den noch nicht vorhandenen Versicherungsschutz im Fall des Zuschlags bereitzustellen.[9] Das widerspricht auch nicht dem Eigenerklärungsgrundsatz aus Abs. 2, wenn der Auftraggeber einen sachlichen Grund dafür hat, der einen frühzeitigen Nachweis eines Versicherungsschutzes bereits bei Angebotsabgabe rechtfertigt.[10]

7 Nach Abs. 2 S. 2 soll der öffentliche Auftraggeber in begründeten Ausnahmefällen Bescheinigungen und sonstige Nachweise verlangen, die in der Regel vom Online Dokumentenarchiv e-Certis abgedeckt sind. Es handelt sich dabei um ein Informationssystem der Europäischen Kommission für

---

[1] OLG Karlsruhe Beschl. v. 7.5.2014 – 15 Verg 4/13, IBR 2015, 88; OLG Düsseldorf Beschl. v. 28.11.2012 – Verg 8/12, IBR 2013, 103.
[2] OLG Düsseldorf Beschl. v. 11.7.2018 – Verg 24/18, NZBau 2019, 64; OLG Dresden Beschl. v. 15.2.2019 – Verg 5/18, NZBau 2019, 745; OLG München Beschl. v. 25.2.2019 – Verg 11/18, NZBau 2019, 471.
[3] OLG Düsseldorf Beschl. v. 6.2.2013 – VII-Verg 32/12, BeckRS 2013, 3174; OLG Düsseldorf Beschl.v. 27.10.2010 – VII Verg 47/10, BeckRS 2010, 27621.
[4] OLG Düsseldorf Beschl. v. 14.1.2009 – VII Verg 59/08, NZBau 2009, 398.
[5] EuGH Urt. v. 10.5.2012 – C-368/10, NVwZ 2012, 867.
[6] EuGH Urt. v. 10.5.2012 – C-368/10, NVwZ 2012, 867.
[7] Vgl. BT-Drs. 18/7318, 185.
[8] Erwägungsgrund 84 RL 2014/24/EU.
[9] VK Bund Beschl. v. 13.6.2019 – VK 2-26/19, ZfBR 2020, 202.
[10] VK Bund Beschl. v. 13.6.2019 – VK 2-26/19, ZfBR 2020, 202.

Nachweise und Bescheinigungen, die bei Vergabeverfahren der EU-Mitgliedsstaaten typischerweise beizubringen sind.[11] E-Certis stellt Informationen bereit, welche nationalen Dokumente den jeweiligen Dokumenten anderer Mitgliedsstaaten entsprechen. Damit können Bieter und Bewerber prüfen, welche Nachweise sie benötigen, um sich auch an Ausschreibungen anderer EU-Mitgliedsstaaten zu beteiligen. Auftraggebern wird hierdurch die Prüfung der eingereichten Nachweise von Unternehmen aus dem EU-Ausland erleichtert.

3. Einheitliche Europäische Eigenerklärung. Dem Ziel, Unternehmen Aufwand zu ersparen und sie so leichter zu einer Beteiligung an Vergabeverfahren zu motivieren, dient auch die Einheitliche Europäische Eigenerklärung (EEE). Während Abs. 2 S. 1 den endgültigen Beleg der Eignung und des Nichtvorliegens von Ausschlussgründen festlegt, soll Abs. 3 den vorläufigen Nachweis für die Eignung regeln. Nähere Bestimmungen zur EEE enthält § 50, auf deren Kommentierung verwiesen wird.

Nach der Regelung in Abs. 3 sind öffentliche Auftraggeber verpflichtet, die EEE als Nachweis für die Eignung und das Nichtvorliegen von Ausschlussgründen eines Unternehmens zu akzeptieren. Sie sind aber nicht verpflichtet, die EEE auch zu fordern. Näheres hierzu in → § 50 Rn. 3.

4. Beleg für Ausschlussgründe nach §§ 123 und 124 GWB. Der öffentliche Auftraggeber ist nach § 42 Abs. 1 verpflichtet zu prüfen, ob die Bewerber oder Bieter den nach § 122 GWB festgelegten Eignungskriterien entsprechen und keine Ausschlussgründe nach den §§ 123 und 124 GWB vorliegen (Zuverlässigkeit). In Bezug auf die Zuverlässigkeit der Unternehmen muss er die in Abs. 4–6 geregelten Nachweise als ausreichende Belege akzeptieren (Akzeptanzpflicht).[12] Dabei handelt es sich vor allem um behördliche Unterlagen aus Registern wie insbesondere dem Führungszeugnis des Bundeszentralregisters.

Die Akzeptanzpflicht umfasst keine Verpflichtung, die in Abs. 4–6 vorgesehenen Nachweise zwingend zu fordern. Der öffentliche Auftraggeber kann – im Einklang mit dem Grundsatz der Verhältnismäßigkeit nach § 97 Abs. 1 und Abs. 2 GWB Eigenerklärungen als Beleg genügen lassen. Insbesondere die Vorlage von Registerauszügen ist nur dann verpflichtend, wenn diese vom öffentlichen Auftraggeber als Beleg gefordert werden.[13] Der öffentliche Auftraggeber hat in Bezug auf die tauglichen Nachweise pflichtgemäß sein Ermessen auszuüben. Sofern er Anhaltspunkte dafür hat, dass eine Eigenerklärung unzutreffend ist, ist der zur Aufklärung und ggf. zur Anforderung von weiteren Nachweisen verpflichtet.[14]

Für Unternehmen aus anderen Mitgliedsstaaten gilt, dass bei Fehlen vergleichbarer Unterlagen oder bei nur unvollständigen Unterlagen der Behörden des Mitgliedsstaates eine eidesstattliche Versicherung oder vergleichbare förmliche Erklärung nach Maßgabe des Abs. 6 zu akzeptieren ist.

5. Erläuterung von Unterlagen. Abs. 7 enthält die Klarstellung, dass der öffentliche Auftraggeber stets Erläuterungen zu den Belegen verlangen kann. Das gilt in jeder Verfahrensart, auch im offenen Verfahren nach § 15 und im nicht offenen Verfahren nach § 16. In diesen Verfahren hat der Auftraggeber das Verhandlungsverbot (§ 15 Abs. 5 und § 16 Abs. 9) zu beachten: Er darf von den Bietern nur Aufklärung über das Angebot oder deren Eignung verlangen. Verhandlungen, insbesondere über Änderungen der Angebote oder Preise, sind unzulässig. Das Verlangen nach Erläuterungen gem. Abs. 7 stellt eine zulässige Aufklärung nach § 15 Abs. 5 bzw. § 16 Abs. 9 dar. Das Ergebnis der Erläuterungen nach Abs. 7 kann stets nur sein, dass der Auftraggeber ergänzende Informationen vom Bieter erhält. Unzulässig ist dagegen, dass der Auftraggeber nach den Erläuterungen die geforderte Leistung oder Anforderungen an die Unternehmen abändert. Dann würde es sich um Verhandlungen handeln.

Erläuterungen nach Abs. 7 sind ferner abzugrenzen zu Vervollständigungen nach § 56 Abs. 2. Der öffentliche Auftraggeber kann nach dieser Norm den Bewerber oder Bieter unter Einhaltung der Grundsätze der Transparenz und der Gleichbehandlung nach § 97 Abs. 1 GWB auffordern, fehlende, unvollständige oder fehlerhafte unternehmensbezogene Unterlagen, insbesondere Eigenerklärungen, Angaben, Bescheinigungen oder sonstige Nachweise, nachzureichen, zu vervollständigen oder zu korrigieren, oder fehlende oder unvollständige leistungsbezogene Unterlagen nachzureichen oder zu vervollständigen. In Falle der Vervollständigung erhält der Auftraggeber nicht nur ergänzende Informationen zu vorgelegten Belegen, sondern weitere Unterlagen als Belege.

Die Entscheidung zur Aufklärung steht im Ermessen des Auftraggebers. Soweit die Eigenerklärung der Unternehmen nicht richtig, vollständig oder aus sich heraus verständlich und nachvollzieh-

---

[11] https://ec.europa.eu/tools/ecertis/#/homePage (zuletzt aufgerufen am: 15.2.2021).
[12] VgV-Begründung BR-Drs. 87/16, 201 (202).
[13] VgV-Begründung BR-Drs. 87/16, 201 (202).
[14] VgV-Begründung BR-Drs. 87/16, 201 (202).

bar angegeben werden, kann das Ermessen jedoch im Einzelfall auf Null reduziert sein. Hat der öffentlichen Auftraggeber erhebliche Zweifel an der Erklärung, weil sie beispielsweise nicht mit anderen Unterlagen übereinstimmen, ist der öffentliche Auftraggeber insbesondere wegen § 124 Abs. 1 Nr. 9 lit. c GWB zur Aufklärung verpflichtet. Erfolgt die Aufklärung mündlich, sind die Gespräche nach § 9 Abs. 2 ausreichend und in geeigneter Weise zu dokumentieren.

16   **6. Präqualifikations-Verfahren.** Abs. 8 regelt die Zulässigkeit von Präqualifikations-Systemen im Rahmen der Eignungsprüfung und dient der Umsetzung von Art. 64 RL 2014/24/EU. Die Mitgliedstaaten können nach dieser europäischen Bestimmung entweder amtliche Verzeichnisse zugelassener Bauunternehmer, Lieferanten oder Dienstleistungserbringer oder eine Zertifizierung durch Zertifizierungsstellen ein- oder fortführen, die den Europäischen Zertifizierungsstandards im Sinne des Anhangs VII RL 2014/24/EU genügen. Die Regelung des Abs. 7 gilt jedoch nicht für Bauleistungen, auf die die VgV nach § 2 keine Anwendung findet. Eine entsprechende Bestimmung war bereits in § 7 EG Abs. 4 VOL/A enthalten.

17   Unter einer „Präqualifikation" ist die abstrakte Vorprüfung eines Unternehmens ohne konkretes Beschaffungsverfahren in Bezug auf die allgemeine Eignung zur Erbringung öffentlicher Aufträge zu verstehen.[15] Zweck der PQ-Systeme ist eine Erleichterung des Nachweises darüber, dass ein Unternehmen die Eignungskriterien erfüllt: Unternehmen können dem öffentlichen Auftraggeber bei jeder Vergabe als Nachweis ihrer Eignung eine Bescheinigung der zuständigen Stelle über die Eintragung in einem PQ-System oder die von der zuständigen Zertifizierungsstelle ausgestellte Bescheinigung als Eignungsnachweis vorlegen. Insoweit gilt die Eignungsvermutung nach Abs. 8 S. 1: Die im PQ-System niedergelegten Unterlagen und Angaben darf ein öffentlicher Auftraggeber nur in begründeten Fällen in Zweifel ziehen.[16] Etwaige Gründe sind im Vergabevermerk zu dokumentieren.

18   Die Eignungsvermutung ist nach Art. 64 Abs. 4 RL 2014/24/EU begrenzt auf die qualitativen Kriterien, auf die sich das Unternehmen für seine Eintragung beruft. Außerdem gilt eine Einschränkung in Bezug auf die Entrichtung von Steuern, Abgaben oder Sozialversicherungsbeiträgen, für die der Auftraggeber nach Abs. 8 S. 4 auch ohne Angabe besonderer Gründe stets die Vorlage einer gesonderten Bescheinigung verlangen kann.

19   Abs. 8 S. 2 regelt die Zuständigkeit der Industrie- und Handelskammern (IHK) für die Einrichtung von PQ-Systemen. Diese Zuständigkeit ist allerdings nicht abschließend. Neben den Systemen der IHK können weitere Systeme etabliert werden, etwa durch die Länder.[17] Für die Umsetzung in der Praxis ist nach Abs. 7 S. 3 eine zentrale IT-gestützte Datenbank erforderlich, die von einer von den Industrie- und Handelskammern eingerichteten gemeinsamen Stelle zu betreiben ist. Hierbei kann es sich nach dem Verordnungsgeber zB um den Deutschen Industrie- und Handelskammertag handeln.[18]

§ 49 Beleg der Einhaltung von Normen der Qualitätssicherung und des Umweltmanagements

(1) ¹Verlangt der öffentliche Auftraggeber als Beleg dafür, dass Bewerber oder Bieter bestimmte Normen der Qualitätssicherung erfüllen, die Vorlage von Bescheinigungen unabhängiger Stellen, so bezieht sich der öffentliche Auftraggeber auf Qualitätssicherungssysteme, die
1. den einschlägigen europäischen Normen genügen und
2. von akkreditierten Stellen zertifiziert sind.
²Der öffentliche Auftraggeber erkennt auch gleichwertige Bescheinigungen von akkreditierten Stellen aus anderen Staaten an. ³Konnte ein Bewerber oder Bieter aus Gründen, die er nicht zu vertreten hat, die betreffenden Bescheinigungen nicht innerhalb einer angemessenen Frist einholen, so muss der öffentliche Auftraggeber auch andere Unterlagen über gleichwertige Qualitätssicherungssysteme anerkennen, sofern der Bewerber oder Bieter nachweist, dass die vorgeschlagenen Qualitätssicherungsmaßnahmen den geforderten Qualitätssicherungsnormen entsprechen.

(2) ¹Verlangt der öffentliche Auftraggeber als Beleg dafür, dass Bewerber oder Bieter bestimmte Systeme oder Normen des Umweltmanagements erfüllen, die Vorlage von Bescheinigungen unabhängiger Stellen, so bezieht sich der öffentliche Auftraggeber

---

[15] *Müller-Wrede* in Müller-Wrede VOL/A § 7 EG Rn. 81.
[16] VK Sachsen-Anhalt Beschl. v. 26.6.2019 – 1 VK LSA 30/18, IBRRS 2019, 2361.
[17] VgV-Begründung BR-Drs. 87/16, 205.
[18] VgV-Begründung BR-Drs. 87/16, 205.

1. entweder auf das Gemeinschaftssystem für das Umweltmanagement und die Umweltbetriebsprüfung EMAS der Europäischen Union oder
2. auf andere nach Artikel 45 der Verordnung (EG) Nr. 1221/2009 des Europäischen Parlaments und des Rates vom 25. November 2009 über die freiwillige Teilnahme von Organisationen an einem Gemeinschaftssystem für Umweltmanagement und Umweltbetriebsprüfung und zur Aufhebung der Verordnung (EG) Nr. 761/2001, sowie der Beschlüsse der Kommission 2001/681/EG und 2006/193/EG (ABl. L 342 vom 22.12.2009, S. 1) anerkannte Umweltmanagementsysteme oder
3. auf andere Normen für das Umweltmanagement, die auf den einschlägigen europäischen oder internationalen Normen beruhen und von akkreditierten Stellen zertifiziert sind.

²Der öffentliche Auftraggeber erkennt auch gleichwertige Bescheinigungen von Stellen in anderen Staaten an. ³Hatte ein Bewerber oder Bieter aus Gründen, die ihm nicht zugerechnet werden können, nachweislich keinen Zugang zu den betreffenden Bescheinigungen oder aus Gründen, die er nicht zu vertreten hat, keine Möglichkeit, diese innerhalb der einschlägigen Fristen zu erlangen, so muss der öffentliche Auftraggeber auch andere Unterlagen über gleichwertige Umweltmanagementmaßnahmen anerkennen, sofern der Bewerber oder Bieter nachweist, dass diese Maßnahmen mit denen, die nach dem geltenden System oder den geltenden Normen für das Umweltmanagement erforderlich sind, gleichwertig sind.

I. Regelungsgehalt und Überblick

§ 49 setzt die Bestimmungen des Art. 62 RL 2014/24/EU zu Normen für **Qualitätssicherung** 1 und **Umweltmanagement** um. Abs. 1 beinhaltet die Bestimmungen zu Qualitätssicherungsnormen, Abs. 2 die Regelungen zum Umweltmanagement. Die Umsetzung ist nah am Richtlinientext erfolgt. Belege für die Einhaltung von Normen der Qualitätssicherung und des Umweltmanagements können nur verlangt werden, wenn sie durch den Auftragsgegenstand gerechtfertigt sind. Insoweit steht dem öffentlichen Auftraggeber ein Ermessen zu. Dabei ist abzuwägen welches Gewicht der Managementmaßnahme für den konkreten öffentlichen Auftrag beizumessen ist und welche Wettbewerbseinschränkungen für das Vergabeverfahren damit einhergehen.[1] Regelungsziel der Vorschrift ist die Harmonisierung vergleichbarer Qualitäts- und Umweltmanagementstandards und die Förderung der Chancengleichheit der Bieter in EU-weiten Vergabeverfahren.

II. Systematische Stellung und Zweck der Norm

Belege für die Einhaltung von Qualitätssicherungsnormen und Umweltmanagementregelungen 2 dienen dem Nachweis der Eignung, insbesondere der **technischen Leistungsfähigkeit**.

1. Qualitätssicherungssicherung (Abs. 1).
Abs. 1 regelt die Vorlage von Bescheinigungen 3 zur Erfüllung von Normen der **Qualitätssicherung**, insbesondere solcher Normen, die Zugang von Menschen mit Behinderungen zu den zu beschaffenden Leistungen sicherstellen.[2] Voraussetzung ist im Wesentlichen, dass die Qualitätssicherungssysteme den einschlägigen europäischen Normen genügen und von akkreditierten Stellen zertifiziert sind. Der Verweis auf die europäischen Normen dient der Harmonisierung der Qualitätssicherungsstandards bei EU-weiten Vergabeverfahren und der Vergleichbarkeit von Angeboten auch aus dem EU-Ausland. Zweck der Norm ist vor allem die Einhaltung des **Diskriminierungsverbots** und den **Transparenzprinzips**. Der Anwendungsbereich der Vorschrift erschöpft sich nicht auf Zertifikate der Normreihe DIN EN ISO 9000 f., die allgemeine Standards zur Organisation, Betriebsführung, Dienstleistungserbringung, Kommunikation mit dem Kunden und Leistungsbewertung bilden. Dabei handelt es sich zwar um die in der Praxis üblichen Qualitätsmanagementsysteme, die im Rahmen von Vergabeverfahren gefordert werden. Vielmehr umfasst § 49 aber darüberhinaus, alle auf europäischer Ebene allgemein festgelegten, objektiven Standards für Arbeitsabläufe und organisatorische Prozesse bei der Erbringung von Dienstleistungen, deren Einhaltung von unabhängigen Stellen zertifiziert werden und die dazu dienen, die Qualität bestimmter Arbeitsabläufe bei der Ausführung des Auftrages sicherzustellen.[3] Für die Einhaltung von Sicherheitsstandards im Umgang mit der Verarbeitung personenbezogener Daten können auch DIN EN ISO 27001 Zertifizierungen gefordert werden.[4] Dabei handelt es sich um sicherheits-

---

[1] Ziekow/Völlink/*Püstow* Rn. 4.
[2] Art. 62 Abs. 1 RL 2014/24/EU.
[3] VK Bund Beschl. v. 19.7.2019 VK 1 – 39/19, IBRRS 2019, 2813.
[4] VK Bund Beschl. v. 19.7.2019 VK 1 – 39/19, IBRRS 2019, 2813; VK Sachsen Beschl. v. 22.10.2020 – 1/SVK/023-20, IBRRS 2020, 3634.

technische Mindestanforderungen an betriebliche Prozesse und deren Kontrolle bei der Verarbeitung von Daten.[5]

4   Bei Bietergemeinschaften muss das Mitglied den Beleg für die Einhaltung der Normen der Qualitätsicherung vorlegen, das die Leistung erbringt, für die die Qualitätssicherung relevant ist.[6] Kommt es zu einer Unternehmensausgliederung nach § 123 Abs. 3 UmwG, werden die Zertifizierungen des ursprünglichen Unternehmens nicht übertragen, weil es bei einer Unternehmensausgliederung keine Gesamtrechtsnachfolge gibt und das übertragene Unternehmen bestehen bleibt. ISO Zertifizikate betreffen höchstpersönliche Rechte und Pflichten, die dem Übergang der Rechtsnachfolge nicht zugänglich sind. Das betrifft insbesondere unternehmensinterne Strukturen und Abläufe, die nicht ohne Weiteres bei einer Ausgliederung vererbt werden können.[7] Zur Gleichwertigkeit der Bescheinigung wird auf → Rn. 7 verwiesen.

5   **2. Umweltmanagement (Abs. 2).** Die Zulässigkeit der Forderung von Belegen für **Umweltmanagementmaßnahmen** ist in Abs. 2 geregelt. Öffentliche Auftraggeber sollten nach Erwägungsgrund 88 RL 2014/24/EU verlangen können, dass ein Unternehmen während der Ausführung eines öffentlichen Auftrags Umweltmanagementmaßnahmen oder -regelungen anwendet. Dies schließt nach der Vorstellung des Richtliniengebers auch Öko-Gütezeichen mit ein, die Umweltmanagementkriterien beinhalten.[8] Als Gütesiegel kommen hier vor allem das Gemeinschaftssystem für Umweltmanagement und Umweltbetriebsprüfung (EMAS) oder entsprechende Gütesiegel der Mitgliedstaaten, denen nach geeigneten und auf nationaler oder regionaler Ebene anerkannten Zertifizierungsverfahren nach Maßgabe von Art. 45 VO (EG) Nr. 1221/2009 bescheinigt wurde, dass sie die entsprechenden Anforderungen dieser Verordnung erfüllen. Inhaltlich deckt das EMAS Gütesiegel die Anforderungen der DIN EN ISO 14001 ab. Letztlich werden auch andere Normen für das Umweltmanagement akzeptiert, die auf den einschlägigen europäischen oder internationalen Normen beruhen und von akkreditierten Stellen zertifiziert sind. Ein gleichwertiger Beleg für ein EMAS-Zertifikat ist beispielsweise ein seitens eines neutralen Dritten geprüfter Umweltbericht, eine externe Compliance-Bestätigung oder eine Bestätigung der zuständigen Umweltbehörde, wonach dieser keine Kenntnis über einen gegenwärtigen Umweltrechtsverstoß hat.[9]

6   Die Forderung nach einem Beleg eines Umweltmanagementsystems ist nur dann zulässig, wenn es im Einzelfall für den zu vergebenden Auftrag gerechtfertigt und verhältnismäßig ist.[10] Das wird angenommen, wenn bei der Auftragsdurchführung mit erhöhten Umweltgefahren oder -auswirkungen zu rechnen ist.

7   Gleichwertige Bescheinigungen von Stellen in anderen Staaten sind zu akzeptieren. Sofern ein Unternehmen unverschuldet entweder keinen Zugang zu den Bescheinigungen hatte oder diese nicht innerhalb einer angemessen Frist einholen konnte, hat der öffentliche Auftraggeber aus Gründen der **Gleichbehandlung** und zur Verwirklichung des **Wettbewerbs** gleichwertige Belege nach Maßgabe von Abs. 1 S. 2 bzw. Abs. 2 S. 2 zu akzeptieren. Die Darlegungs- und Beweislast für die Gleichwertigkeit der Bescheinigung liegt beim Bewerber oder Bieter. Das liegt daran, dass in den meisten Fällen dem öffentlichen Auftraggeber die Kompetenz fehlt, in angemessener Zeit zu überprüfen, ob der gleichwertige Beleg den einschlägigen europäischen Normen genügt.

§ 50 Einheitliche Europäische Eigenerklärung

(1) [1]**Die Einheitliche Europäische Eigenerklärung ist in der Form des Anhangs 2 der Durchführungsverordnung (EU) 2016/7 der Kommission vom 5. Januar 2016 zur Einführung des Standardformulars für die Einheitliche Europäische Eigenerklärung (ABl. L 3 vom 6.1.2016, S. 16) zu übermitteln.** [2]**Bewerber oder Bieter können eine bereits bei einer früheren Auftragsvergabe verwendete Einheitliche Europäische Eigenerklärung wiederverwenden, sofern sie bestätigen, dass die darin enthaltenen Informationen weiterhin zutreffend sind.**

(2) [1]**Der öffentliche Auftraggeber kann bei Übermittlung einer Einheitlichen Europäischen Eigenerklärung Bewerber oder Bieter jederzeit während des Verfahrens auffordern, sämtli-**

---

[5] BT-Drs. 18/7318, 184.
[6] VK Bund Beschl. v. 19.7.2019 – VK 1 39/19; IBRRS 2019, 2813.
[7] VK Bund Beschl. v. 28.5.2020 – VK 2 29/20, IBRRS 2020, 2558.
[8] Erwägungsgrund 88 RL 2014/24/EU.
[9] Hinweise des Bundesministerium für Umwelt, Naturschutz- und Reaktorsicherheit zu den rechtlichen Möglichkeiten der Berücksichtigung der Teilnahme von Organisationen am EMAS bei der öffentlichen Vergabe v. 17.8.2004, 3 f.
[10] vgl. OLG Schleswig Beschl. v. 29.4.2010 – 1 Verg 2/08, BeckRS 2011, 39.

che oder einen Teil der nach den §§ 44 bis 49 geforderten Unterlagen beizubringen, wenn dies zur angemessenen Durchführung des Verfahrens erforderlich ist. ²Vor der Zuschlagserteilung fordert der öffentliche Auftraggeber den Bieter, an den er den Auftrag vergeben will, auf, die geforderten Unterlagen beizubringen.

(3) Ungeachtet von Absatz 2 müssen Bewerber oder Bieter keine Unterlagen beibringen, sofern und soweit die zuschlagerteilende Stelle
1. die Unterlagen über eine für den öffentlichen Auftraggeber kostenfreie Datenbank innerhalb der Europäischen Union, insbesondere im Rahmen eines Präqualifikationssystems, erhalten kann oder
2. bereits im Besitz der Unterlagen ist.

Übersicht

	Rn.		Rn.
I. Regelungsgehalt und Überblick	1	IV. Zeitpunkt der Vorlage der Drittbescheinigungen	15
II. Entstehungsgeschichte	2	1. Anforderung beim Bestbieter	15
III. Die Einheitliche Europäische Eigenerklärung und das EU-Standardformular	5	2. Vorzeitige Anforderung durch den öffentlichen Auftraggeber	17
1. Die Einheitliche Europäische Eigenerklärung	5	3. Besonderheiten beim dynamischen Beschaffungsverfahren	24
2. Das EU-Standardformular	9	4. Besonderheiten bei sozialen und anderen besonderen Dienstleistungen	25
3. Verwendung des Standardformulars bei Eignungsleihe und Bewerbergemeinschaften	12	V. Einreden der Bieter und Bewerber	26
		VI. Rechtsschutz	30

I. Regelungsgehalt und Überblick

§ 50 regelt im Wesentlichen die Vorgaben zur Einheitlichen Europäischen Eigenerklärung (EEE), die der öffentliche Auftraggeber nach § 48 Abs. 3 als vorläufigen Beleg der Eignung zu akzeptieren hat. Während Abs. 1 die Verwendung des EU-Standardformulars und die Zulässigkeit von dessen Wiederverwendung bei späteren Auftragsvergaben regelt, bestimmt Abs. 2 den Zeitpunkt, in dem Bewerber oder Bieter die EEE regelmäßig vorzulegen haben. Abs. 3 regelt zwei mögliche Einreden der Wirtschaftsteilnehmer gegen das Verlangen des öffentlichen Auftraggebers, eine EEE vorzulegen, deren Zweck eine Verminderung des Aufwands auf Seiten der Bewerber und Bieter ist. 1

II. Entstehungsgeschichte

Die Regelungen in § 50 setzen Art. 59 RL 2014/24/EU um. Die EEE ist eine Neuerung der Vergaberechtsmodernisierung aus dem Jahre 2014. In den bisherigen EU-Vergaberichtlinien oder im GWB-Vergaberecht gab es **keine vergleichbare Regelung**. Der Richtliniengeber führte die EEE ein, um insbesondere Hindernisse der Beteiligung kleinerer und mittlerer Unternehmen (KMU) an Vergabeverfahren zu beseitigen. In den Erwägungsgründen der RL 2014/24/EU ist festgehalten, dass nach Auffassung vieler Wirtschaftsteilnehmer – und nicht zuletzt der KMU – eines der Haupthindernisse für ihre Beteiligung an öffentlichen Vergabeverfahren der Verwaltungsaufwand im Zusammenhang mit der Beibringung einer Vielzahl von Bescheinigungen oder anderen Dokumenten sei, welche die Ausschluss- und Eignungskriterien betreffen. Eine Beschränkung der Anforderungen von zusätzlichen Unterlagen, beispielsweise durch die Verwendung einer Einheitlichen Europäischen Eigenerklärung, könne eine erhebliche Vereinfachung zum Nutzen sowohl der öffentlichen Auftraggeber als auch der Wirtschaftsteilnehmer bedeuten.[1] Insbesondere KMU profitieren nicht davon, für jedes Verfahren individuelle Eignungsnachweise erbringen zu müssen. Aber auch auf Seite der Vergabestelle führt die Regelung zu Zeitersparnissen. Die Phase der Eignungsprüfung kann deutlich abgekürzt werden, weil sich die Prüfung darauf beschränken kann, ob das Standardformular richtig ausgefüllt wurde.[2] 2

Der in der Vergangenheit geführte Streit, ob die EU-Richtlinie eine **Verpflichtung der öffentlichen Auftraggeber** enthält, stets die EEE anzufordern, oder ob es sich um ein Recht der Wirtschafts- 3

---

[1] Erwägungsgrund 84 RL 2014/24/EU.
[2] Birk VerwR 2020, 84 (86).

teilnehmer handele, die EEE anstelle der Drittbescheinigungen vorzulegen, kann inzwischen insofern als beendet angesehen werden, dass eine solche Pflicht nicht besteht.[3] Für eine solche Verwendungspflicht spricht zwar der Sinn und Zweck von Art. 59 RL 2014/24/EU. Danach hat die EEE das Ziel der Bürokratie abzubauen. Dieses Ziel würde stärker gefördert, wenn nicht jede Vergabestelle selbst über die Verwendung der EEE entscheiden könnte. Für eine Verwendungspflicht spricht auch die der Durchführungsverordnung angehängte Anleitung zur EEE. Im Wortlaut heißt es dort „Einem Angebot […] müssen die Wirtschaftsteilnehmer eine ausgefüllte EEE beifügen, […]".

4   Die besseren Argumente sprechen gegen eine Verwendungspflicht. Der Anleitung zur Durchführungsverordnung kommt nach der vorzugswürdigen Ansicht keine Regelungswirkung zu.[4] Selbst wenn man von einer Regelungswirkung ausgehen würde, würde die Durchführungsverordnung gegen den insofern klaren Wortlaut des höherrangigen Art. 59 Abs. 1 RL 2014/24/EU verstoßen. Dieser geht ausdrücklich nur von einer Akzeptanzpflicht aus. Auch in der deutschen Umsetzung findet sich kein Hinweis auf eine Verwendungspflicht.

III. Die Einheitliche Europäische Eigenerklärung und das EU-Standardformular

5   **1. Die Einheitliche Europäische Eigenerklärung.** Die EEE ist ein **vorläufiger Nachweis** für das Nichtbestehen von Ausschlussgründen und für die Eignung des Wirtschaftsteilnehmers gem. §§ 123, 124 GWB. Um den vorläufigen Nachweis der Eignung zu erbringen, muss lediglich das von der Kommission herausgegebene Standardformular korrekt ausgefüllt werden. Erst wenn ein Bewerber bzw. Bieter den Zuschlag erhält, muss er den endgültigen Nachweis der Eignung bzw. des Nichtbestehens von Ausschlussgründen erbringen. Wirtschaftsteilnehmer sollen durch die EEE davon entlastet werden, bereits dann alle Drittbescheinigungen vorzulegen, wenn noch nicht klar ist, ob sie den Zuschlag erhalten. Das ist insbesondere bei kostenpflichtigen Nachweisen wie Bankbürgschaften relevant. Öffentliche Auftraggeber sollen davon befreit werden, die Eignungsnachweise sämtlicher Bieter zu prüfen, auch von denen, deren Angebot keine Aussicht auf den Zuschlag hat.[5] Grundsätzlich haben die Wirtschaftsteilnehmer daher eine ausgefüllte EEE ihrem Angebot in offenen Verfahren oder einem Teilnahmeantrag im nicht offenen Verfahren, Verhandlungsverfahren, wettbewerblichen Dialog oder einer Innovationspartnerschaft beizufügen. Soweit in einem Verhandlungsverfahren ohne Teilnahmewettbewerb nur ein Teilnehmer in Betracht kommt – etwa wegen Dringlichkeit oder einem Ausschließlichkeitsrecht – ist eine EEE nur unnötiger Verwaltungsaufwand und von einer Verwendung abzusehen.[6]

6   Bewerber oder Bieter können zur Vereinfachung des Verfahrens eine bereits **bei einer früheren Auftragsvergabe verwendete EEE** wiederverwenden, sofern sie bestätigen, dass die darin enthaltenen Informationen weiterhin zutreffend sind (Abs. 1 S. 2). Vereinfacht wird das Verfahren weiterhin durch die Möglichkeit der Bewerber und Bieter nach Abs. 3, den öffentlichen Auftraggeber darauf zu verweisen, dass die Nachweise in einer Datenbank öffentlich zugänglich sind oder dem Auftraggeber bereits vorliegen.

7   Die Verwendung der EEE führt nicht, wie in der Vergangenheit teilweise angenommen, zu einer Verdopplung der Eignungsprüfung. Tatsächlich wird die Eignung und das Nichtvorliegen von Ausschlussgründen gem. § 50 Abs. 2 S. 2 nur bei dem Bieter/Bewerber geprüft, der den Zuschlag erhalten soll. In allen anderen Fällen wird nur geprüft, ob das Standardformular richtig ausgefüllt wurde. Da es sich bei den Antworten auf dem Standardformular um einfache Ja-/Nein-Fragen handelt, kann die Vergabestelle auf den ersten Blick erkennen, ob das Formular richtig ausgefüllt wurde. Gleichwohl ist bei der Planung des Vergabeverfahrens zu beachten, dass der Bieter/Bewerber, der den Zuschlag erhalten soll, den endgültigen Nachweis der Eignung unter Umständen nicht erbringen kann. Die Praxis zeigt, dass zum Beispiel die Vorlage einer geeigneten Referenz an deren fehlender Vergleichbarkeit scheitern oder eine Bescheinigung irrtümlich nicht auf den Bieter, sondern ein anderes Konzernunternehmen ausgestellt sein kann. Der Auftraggeber kann dann gezwungen sein, in diesen Fällen den Bestbieter auszuschließen und den Bieter mit dem zweitwirtschaftlichsten Angebot zur Übermittlung der zusätzlichen Unterlagen aufzufordern. Dies kann zu einer Verzögerung im Ablauf des Verfahrens führen.

8   Auch **prozessstrategisch** kann sich die Regelung, dass nur vom Bestbieter alle zusätzlichen Unterlagen anzufordern sind, für den öffentlichen Auftraggeber als nachteilig erweisen: Durch die Anforderung der Drittbescheinigungen erkennt der Bestbieter, dass er für den Zuschlag vorgesehen ist. Gerade bei Wertungsfragen wie der Vergleichbarkeit einer Referenz erhöht sich damit die

---

[3] Ziekow/Völlimk/*Goldbrunner* § 48 Rn. 1; *Braun* in Gabriel/Krohn/Neun VergabeR-HdB § 30 Rn. 117 ff.
[4] Beck VergabeR/*Mager* Rn. 9.
[5] *Birk* VerwR 2020, 84 (86).
[6] Anhang I (Fn. 5) zur Durchführungsverordnung (EU) 2016/7 v. 6.1.2016, ABl. 2016 L 3, 16 (18).

Wahrscheinlichkeit, dass der ausgeschlossene Bestbieter seine Verfahrensposition durch ein Nachprüfungsverfahren zu sichern sucht.

2. Das EU-Standardformular. Die EEE ist in der **Form der Durchführungsverordnung** 9 **(EU) Nr. 7/2016**[7] zu übermitteln. Die Verwendung eines Standardformulars soll nach den Vorstellungen des Richtliniengebers zu einer weiteren Vereinfachung führen. Diese soll sowohl den Wirtschaftsteilnehmern als auch den öffentlichen Auftraggebern zugutekommen. Das erklärte Ziel des Standardformulars ist es, Probleme im Zusammenhang mit der Abfassung von förmlichen Erklärungen und Einverständniserklärungen sowie sprachliche Probleme zu verringern.[8] Dieses Ziel wird erreicht, indem alle relevanten Punkte anhand von Ja-/Nein-Fragen geklärt werden. Die Vergabestelle kann also davon ausgehen, dass das Formular richtig ausgefüllt ist, wenn unabhängig von der Sprache des Bieters alle Kreuze an der „richtigen" Position sind.

Die Durchführungsverordnung (EU) 2016/7 enthält in einem Anhang 1 eine **Anleitung** 10 zum Umgang mit dem Formular und in Anhang 2 das **Formular** selbst. Dieses ist wie folgt gegliedert: Im Teil I werden die Angaben zum Vergabeverfahren und zum öffentlichen Auftraggeber gemacht. Bei Nutzung des elektronischen EEE-Dienstes zum Erstellen und zum Ausfüllen der EEE werden diese Angaben automatisch abgerufen. Angaben zum Wirtschaftsteilnehmer folgen in Teil II. Die Angaben zu Ausschlussgründen (Teil III) und zu den Eignungskriterien (IV) folgen im Anschluss. Sofern in einem Teilnahmewettbewerb die Zahl der Bewerber nach § 51 verringert werden soll, sind die in Teil V geforderten Erklärungen und Angaben zu machen. Das Formular endet mit den Abschlusserklärungen (Teil IV) und – sofern verlangt oder notwendig – der Unterschrift.

Teil IV (Eignungskriterien) ermöglicht dem öffentlichen Auftraggeber, eine **Globalerklärung** 11 zur Erfüllung aller Eignungskriterien zuzulassen. In diesem Fall kann sich der Wirtschaftsteilnehmer darauf beschränken, sich die Globalerklärung durch Ankreuzen eines „Ja" zu eigen zu machen. Die Globalerklärung lautet: „Der Wirtschaftsteilnehmer erfüllt die festgelegten Eignungskriterien". Auf weitere Angaben im Teil IV kann in diesem Falle verzichtet werden.

3. Verwendung des Standardformulars bei Eignungsleihe und Bewerbergemeinschaf- 12 **ten.** Die EEE ist nach § 48 Abs. 3 als vorläufiger Beleg der Eignung und des Nichtvorliegens von Ausschlussgründen durch öffentliche Auftraggeber zu akzeptieren. Ein Wirtschaftsteilnehmer, der in eigenem Namen an einem Vergabeverfahren teilnimmt und nicht die Kapazitäten anderer Unternehmen in Anspruch nimmt, um die Eignungskriterien zu erfüllen, muss eine **Eigenerklärung für sich selbst** ausfüllen.[9]

Bewerber oder Bieter können sich nach Maßgabe des § 47 Abs. 1 zum Nachweis ihrer Eignung 13 auch auf Unternehmen berufen, deren Kapazitäten sie für die Erfüllung bestimmter Eignungskriterien in Anspruch nehmen wollen. In einem solchen Fall der **Eignungsleihe** überprüft der öffentliche Auftraggeber im Rahmen der Eignungsprüfung, ob die Unternehmen, auf deren Kapazitäten der Bewerber oder Bieter sich beruft, die entsprechenden Eignungskriterien erfüllen und ob Ausschlussgründe vorliegen. Will der Bieter im Fall der Eignungsleihe eine EEE nutzen, muss er für jedes in Anspruch genommene Unternehmen eine eigene EEE vorlegen.[10]

Bewerber- und Bietergemeinschaften sind nach § 43 Abs. 2 wie Einzelbewerber und -bieter 14 zu behandeln. Allerdings kann der öffentliche Auftraggeber, sofern dies erforderlich ist, in den Vergabeunterlagen Bedingungen festlegen, wie Gruppen von Unternehmen die Eignungskriterien zu erfüllen und den Auftrag auszuführen haben; solche Bedingungen müssen durch sachliche Gründe gerechtfertigt und angemessen sein. Als Nachweis ist für jeden beteiligten Wirtschaftsteilnehmer eine separate EEE vorzulegen.[11]

IV. Zeitpunkt der Vorlage der Drittbescheinigungen

1. Anforderung beim Bestbieter. Vor der Zuschlagserteilung fordert der öffentliche Auftrag- 15 geber nach Abs. 2 S. 2 den Bieter, an den er den Auftrag vergeben will, auf, die geforderten Unterlagen beizubringen. Es dient dem Grundgedanken der EEE, das Verfahren zu vereinfachen, dass **nur der Bestbieter** verpflichtet werden soll, die Drittbescheinigungen vorzulegen.

Eine **Frist** für die Vorlage der zusätzlichen Unterlagen ist in der VgV nicht ausdrücklich geregelt. 16 Art. 59 Abs. 1 UAbs. 3 RL 2014/24/EU spricht davon, dass sich der Wirtschaftsteilnehmer dazu zu ver-

---

[7] Durchführungsverordnung der Kommission (EU) 2016/7 v. 5.1.2016 zur Einführung des Standardformulars für die Einheitliche Europäische Eigenerklärung (ABl. 2016 L 3, 16 ff.).
[8] Vgl. Erwägungsgrund 86 RL 2014/24/EU.
[9] Anhang I zur Durchführungsverordnung (EU) 2016/7 v. 6.1.2016, ABl. 2016 L 3 (16, 20).
[10] Schaller NZBau 2020, 19 (21).
[11] Anhang I zur Durchführungsverordnung (EU) 2016/7 v. 6.1.2016, ABl. 2016 L 3 (16, 20).

pflichten habe, die zusätzlichen Unterlagen auf Anfrage „unverzüglich" vorzulegen. Das entspricht dem Maßstab des § 121 Abs. 1 S. 1 BGB. Demnach wären die zusätzlichen Unterlagen ohne schuldhaftes Zögern vorzulegen. Dabei ist allerdings zu beachten, dass der Bieter bestimmte Unterlagen wie etwa Bankbürgschaften im Moment der Aufforderung noch nicht vorliegen hat und nach dem Telos der Norm auch nicht vorliegen haben muss. Die Abgabe der Unterlagen ist demnach immer noch fristgemäß, wenn der Bieter nach der Aufforderung zur Abgabe unverzüglich tätig wird, um die Unterlagen schnellstmöglich zu beschaffen und vorzulegen. Eine andere Auslegung des Begriffes würde auch den Anforderungen des Verhältnismäßigkeitsgrundsatzes gem. § 97 Abs. 2 GWB nicht gerecht.

17 **2. Vorzeitige Anforderung durch den öffentlichen Auftraggeber.** Nach Abs. 2 kann der öffentliche Auftraggeber bei Übermittlung einer EEE Bewerber oder Bieter **jederzeit während eines Verfahrens** auffordern, sämtliche oder einen Teil der geforderten Unterlagen zum Nachweis der Eignung beizubringen. Voraussetzung hierfür ist jedoch, dass dies zur angemessenen Durchführung des Verfahrens erforderlich ist. Aus der Einschränkung, dass die Vorlage der zusätzlichen Unterlagen nur dann erfolgen darf, wenn eine „angemessene" Durchführung des Verfahrens dies „erforderlich" macht, kann ein Regel-/Ausnahmeverhältnis abgeleitet werden:

18 Nach dem Zweck der Regelung der EEE soll im Allgemeinen nur der Bestbieter, der den Zuschlag erhalten soll, sämtliche Drittbescheinigungen vorlegen. In der **Regel** wird der öffentliche Auftraggeber daher auf eine vorzeitige Anforderung der Unterlagen zu verzichten haben. Wenn er ausnahmsweise von dieser Regel abweichen möchte, hat er darzulegen und den Nachweis zu erbringen, dass besondere Umstände vorliegen, die diese Abweichung rechtfertigen. Eine routinemäßige Anforderung der Unterlagen ist demnach gänzlich ausgeschlossen.[12]

19 Die „Angemessenheit" der Durchführung des Verfahrens und die „Erforderlichkeit" der Maßnahme betreffen dabei denselben Aspekt der **Verhältnismäßigkeit** der Forderung. Zunächst ist zu prüfen, ob die Vorlage der Drittbescheinigungen auf den Verlauf des Vergabeverfahrens überhaupt Einfluss nehmen kann und dieser Einfluss mehr als nur unerheblich die Interessen des Auftraggebers berührt. Eine „Erforderlichkeit" für die Maßnahme ist gegeben, wenn der Auftraggeber nach einer Abwägung die Interessen der Wirtschaftsteilnehmer an einer Erleichterung des Nachweises der Eignung gegenüber seinen Interessen an einer vorzeitigen Vorlage der Drittbescheinigungen zurücktreten sieht.

20 Der Grundsatz der Verhältnismäßigkeit nach § 97 Abs. 1 S. 2 GWB verlangt demnach eine Darlegung im Vergabevermerk, dass die vorzeitige Anforderung **geeignet und angemessen** ist, etwaige Nachteile im Verlauf des Verfahrens abzuwenden, und – nach einer Abwägung der betroffenen Interessen – aus welchen Gründen die Interessen des Auftraggebers an einer zügigen Durchführung des Verfahrens überwiegen.

21 Eine Fallgruppe, in der diese Voraussetzungen für die vorzeitige Anforderung der Drittbescheinigungen erfüllt sind, könnte nach Ansicht des Richtliniengebers im Fall der **zweistufigen Verfahren** – nicht offenes Verfahren, Verhandlungsverfahren, wettbewerblicher Dialog und Innovationspartnerschaft – gegeben sein. Bei diesen Verfahren kann der öffentliche Auftraggeber von der Möglichkeit Gebrauch machen, die Anzahl der zur Einreichung eines Angebots aufgeforderten Bewerber zu begrenzen (§ 51). Zu verlangen, dass unterstützende Unterlagen zum Zeitpunkt der Auswahl der einzuladenden Bewerber vorgelegt werden, ließe sich nach Ansicht des Richtliniengebers damit begründen, zu vermeiden, dass öffentliche Auftraggeber Bewerber einladen, die sich später als unfähig erweisen, die zusätzlichen Unterlagen einzureichen, und damit geeigneten Bewerbern die Möglichkeit der Teilnahme nehmen.[13]

22 Bei der Anwendung dieser Fallgruppe ist **Augenmaß** geboten. Der Richtliniengeber hat sich bei der Formulierung der Fallgruppe äußerst vorsichtig ausgedrückt („könnte der Fall sein...")[14] Würde allein die Tatsache einer Zweistufigkeit des Verfahrens bereits die jederzeitige Vorlage von Drittbescheinigungen rechtfertigen, droht sich das in § 50 zugrunde gelegte Regel-/Ausnahmeverhältnis umzudrehen: Das nicht offene Verfahren ist nunmehr auch im deutschen Recht als Regelverfahren neben das offene Verfahren getreten (§ 119 Abs. 2 GWB). Dieses erfordert als § 119 Abs. 2 GWB stets einen Teilnahmewettbewerb. Wenn dann aber stets auch die vorzeitige Vorlage von Drittbescheinigung gerechtfertigt wäre, bliebe für die vom Richtliniengeber zur Vereinfachung des Verfahrens für KMU als Regelfall gewollte vorläufige Eignungsprüfung kaum noch ein Raum. An die Darlegung und den Nachweis der Angemessenheit und Erforderlichkeit der vorzeitigen Anforderung von Drittbescheinigungen sind daher höchste Ansprüche zu stellen, auch im zweistufigen Verfahren.

23 Hinweise, wann Unterlagen angefordert werden können, ergeben sich auch aus der Verordnungsbegründung. Hiernach genügt es zur Anforderung von Unterlagen bereits, dass der Auftragge-

---

[12] Otting VergabeR 2016, 316 (319).
[13] Erwägungsgrund 84 RL 2014/24/EU.
[14] Erwägungsgrund 84 RL 2014/24/EU.

ber den Verdacht hat, dass die Angaben in der EEE unrichtig sind.[15] Voraussetzung ist allerdings, dass der entsprechende Bieter mehr als nur eine abstrakte Chance auf den Zuschlag hat. Hat der Bieter schon keine Chance auf den Zuschlag, besteht auch kein Aufklärungsbedarf.[16]

3. Besonderheiten beim dynamischen Beschaffungsverfahren. Der Auftraggeber kann 24 nach § 22 für die Beschaffung marktüblicher Leistungen ein **dynamisches Beschaffungssystem** nutzen, das für den gesamten Zeitraum seiner Einrichtung allen Bietern offensteht, die im jeweiligen Vergabeverfahren festgelegten Eignungskriterien erfüllen. Der öffentliche Auftraggeber kann von den zu einem dynamischen Beschaffungssystem zugelassenen Bewerbern jederzeit verlangen, innerhalb von fünf Arbeitstagen nach Übermittlung der Aufforderung zur Angebotsabgabe eine erneute und aktualisierte EEE einzureichen (§ 24 Abs. 5).

4. Besonderheiten bei sozialen und anderen besonderen Dienstleistungen. Für öffentli- 25 che Aufträge über soziale und andere besondere Dienstleistungen iSv § 130 Abs. 1 GWB gelten unter Berücksichtigung der Besonderheiten der jeweiligen Dienstleistung besondere Regelungen nach §§ 64 ff. Dazu gehört, dass öffentliche Auftraggeber bei der Vergabe von Aufträgen über soziale und andere besondere Dienstleistungen nach § 65 Abs. 4 in diesen Verfahren **ausnahmsweise nicht** nach § 48 Abs. 3 **verpflichtet** sind, die EEE als vorläufigen Eignungsbeleg zu akzeptieren. Grund für die Sonderregelungen ist es, die Vergabeverfahren für diese besonderen Dienstleistungen weiter zu vereinfachen.[17] Bemerkenswert ist insoweit, dass die EEE nach der Vorstellung des Richtliniengebers selbst eine „erhebliche Vereinfachung zum Nutzen sowohl der öffentlichen Auftraggeber als auch der Wirtschaftsteilnehmer" darstellt.[18] Diese Einschätzung scheint der nationale Gesetzgeber nicht zu teilen, wenn er in einem Verzicht auf die Regelungen zur EEE selbst eine Vereinfachung erkennt.

V. Einreden der Bieter und Bewerber

Bewerber oder Bieter müssen nach Abs. 3 Nr. 1 keine Unterlagen beibringen, sofern und soweit 26 die zuschlagerteilende Stelle die Unterlagen über eine für den öffentlichen Auftraggeber **kostenfreie Datenbank** innerhalb der Europäischen Union, insbesondere im Rahmen eines Präqualifikationssystems, erhalten kann. Ferner müssen Bewerber oder Bieter keine Unterlagen beibringen, sofern und soweit die zuschlagserteilende Stelle **bereits im Besitz** der Unterlagen ist.

„**Zuschlagserteilende Stelle**" ist die Einheit, zu der die Vergabestelle zählt, nicht der öffentli- 27 che Auftraggeber als juristische Person. So kann zum Beispiel ein Bundesministerium, dass für den Auftraggeber „Bundesrepublik Deutschland" beschafft, nicht darauf verwiesen werden, ein anderes Bundesministerium oder Bundesamt sei bereits im Besitz der Unterlagen.

Sind die Tatbestandsvoraussetzungen nach Abs. 3 Nr. 1 und 2 erfüllt, müssen Bewerber und 28 Bieter „ungeachtet von Absatz 2" keine Unterlagen beibringen. Dem Wortlaut nach tritt diese Rechtsfolge ein, auch ohne dass der Bieter sich auf die Vorschrift beruft oder darlegt, wie und wo der Auftraggeber die Nachweise auffinden kann. Aus diesem Grunde ist fraglich, ob der öffentliche Auftraggeber im Falle einer Nichtvorlage von geforderten Unterlagen den Bewerber oder Bieter **ohne Weiteres** ausschließen kann. Er könnte dem Wortlaut nach auch verpflichtet sein, von sich aus Nachforschungen anzustellen, ob er vielleicht bereits im Besitz der Unterlagen ist oder sie über eine Datenbank erhalten kann.

Im Ergebnis verlangt der Zweck der Norm jedoch, dass es sich bei den Tatbestandsvarianten 29 um **Einreden** des Bewerbers oder Bieters handelt, auf die dieser sich ausdrücklich berufen muss. Gegen eine Nachforschungspflicht spricht der damit nicht zu bewältigende Aufwand, den ein Auftraggeber hätte, alle erdenklichen Datenbanken zu durchsuchen oder rechtssicher prüfen zu können, dass ihm eine bestimmte Unterlage nicht zu einem unbekannten früheren Zeitpunkt bereits zugegangen ist. Insoweit sieht auch die Gesetzesbegründung lediglich vor, dass die zuschlagserteilende Stelle nach § 48 Abs. 7 beim Bewerber oder Bieter nachfragen kann, falls Nachweise, die der öffentliche Auftraggeber erhalten hat, nicht vollständig oder nicht aus sich heraus eindeutig sind.[19] Eine Nachforschungspflicht ist damit nicht verbunden. Vielmehr hat der Bewerber oder Bieter, der sich auf eine Einrede nach Abs. 3 Nr. 1 und 2 berufen will, substantiiert darzulegen, in welche Datenbank die Dokumente gefunden werden können oder in welchen konkreten Verfahren er die Nachweise bereits bei der zuschlagserteilenden Stelle eingereicht hat.

---

[15] BT-Drs. 87/16, 187.
[16] *Rövekamp* in KKMPP Rn. 23.
[17] VgV-Begründung BR-Drs. 87/16, 221.
[18] Erwägungsgrund 84 RL 2014/24/EU.
[19] Zu § 50 Abs. 3, VgV-Begründung BR-Drs. 87/16, 206.

VI. Rechtsschutz

30 § 50 wirkt in mehrfacher Hinsicht bieterschützend. Zunächst kann ein Unternehmen, das seine Eignung mithilfe der EEE vorläufig nachgewiesen hat, verlangen, dass Unternehmen, denen das nicht gelungen ist, vom Verfahren ausgeschlossen werden.[20] Weiterhin haben Unternehmen ein auf die EEE bezogenes Recht auf Gleichbehandlung, das sich aus dem Diskriminierungsverbot ergibt. Daraus folgt, dass die Anforderungen an den Eignungsnachweis nicht einseitig abbedungen werden können.[21]

§ 51 Begrenzung der Anzahl der Bewerber

(1) ¹Bei allen Verfahrensarten mit Ausnahme des offenen Verfahrens kann der öffentliche Auftraggeber die Zahl der geeigneten Bewerber, die zur Abgabe eines Angebots aufgefordert oder zum Dialog eingeladen werden, begrenzen, sofern genügend geeignete Bewerber zur Verfügung stehen. ²Dazu gibt der öffentliche Auftraggeber in der Auftragsbekanntmachung oder der Aufforderung zur Interessensbestätigung die von ihm vorgesehenen objektiven und nichtdiskriminierenden Eignungskriterien für die Begrenzung der Zahl, die vorgesehene Mindestzahl und gegebenenfalls auch die Höchstzahl der einzuladenden Bewerber an.

(2) ¹Die vom öffentlichen Auftraggeber vorgesehene Mindestzahl der einzuladenden Bewerber darf nicht niedriger als drei sein, beim nicht offenen Verfahren nicht niedriger als fünf. ²In jedem Fall muss die vorgesehene Mindestzahl ausreichend hoch sein, sodass der Wettbewerb gewährleistet ist.

(3) ¹Sofern geeignete Bewerber in ausreichender Zahl zur Verfügung stehen, lädt der öffentliche Auftraggeber eine Anzahl von geeigneten Bewerbern ein, die nicht niedriger als die festgelegte Mindestzahl an Bewerbern ist. ²Sofern die Zahl geeigneter Bewerber unter der Mindestzahl liegt, kann der öffentliche Auftraggeber das Vergabeverfahren fortführen, indem er den oder die Bewerber einlädt, die über die geforderte Eignung verfügen. ³Andere Unternehmen, die sich nicht um die Teilnahme beworben haben, oder Bewerber, die nicht über die geforderte Eignung verfügen, dürfen nicht zu demselben Verfahren zugelassen werden.

Schrifttum: *Tschäpe*, Zur Anzahl der Teilnehmer während des Verhandlungsverfahrens, ZfBR 2014, 538.

Übersicht

	Rn.		Rn.
I. Normzweck	1	VII. Einladung geeigneter Bewerber und Verbot der Beteiligung (Abs. 3)	20
II. Europarechtlicher Hintergrund	7		
III. Begrenzung des Teilnehmerkreises (Abs. 1 S. 1)	9	1. Einladung geeigneter Bewerber grundsätzlich nicht unterhalb der Mindestanzahl (Abs. 3 S. 1)	21
IV. Festlegung und Bekanntgabe der Auswahlkriterien, Mindestzahl und ggf. Höchstzahl (Abs. 1 S. 2)	11	2. Einladung geeigneter Bewerber auch unterhalb der Mindestanzahl (Abs. 3 S. 2)	24
V. Mindestzahl einzuladender Bewerber (Abs. 2 S. 1)	18	3. Keine Zulassung von Nichtbewerbern und ungeeigneten Bewerbern (Abs. 3 S. 3)	26
VI. Gewährleistung von Wettbewerb (Abs. 2 S. 2)	19		

I. Normzweck

1 § 51 ermöglicht öffentlichen Auftraggebern eine **Begrenzung der Anzahl geeigneter Bewerber** in einem **Teilnahmewettbewerb**. **Vergleichbare frühere** Regelungen enthielten lediglich § 10 Abs. 4 VOF für freiberufliche Leistungen sowie § 3 EG Abs. 5 VOL/A für nicht offene und Verhandlungsverfahren mit Teilnahmewettbewerb im klassischen Liefer- und Dienstleistungsbereich. Zudem wies auch § 20 SektVO verwandte Elemente eines solchen Abschichtungsprozesses auf.

---

[20] Dieckmann/Scharf/Wagner-Cardenal/*Jauch* Rn. 43.
[21] HK-VergabeR/*Tomerius* Rn. 5.

III. Begrenzung des Teilnehmerkreises (Abs. 1 S. 1)

§ 51 ergänzt insbesondere die Verfahrensregelungen zu den möglichen Verfahrensarten[1] in den 1a §§ 16–19, die gleichlautend in ihren jeweiligen Abs. 4 darauf verweisen, dass der öffentliche Auftraggeber die Zahl geeigneter Bewerber, die zur Angebotsabgabe aufgefordert oder zum Dialog eingeladen werden, gem. § 51 begrenzen kann. Zudem füllt § 51 auch noch die Definition des nicht offenen Verfahrens in § 119 Abs. 4 GWB aus, in der der Teilnahmewettbewerb definiert wird als Auswahl einer beschränkten Anzahl von Unternehmen, nach objektiven, transparenten und nichtdiskriminierenden Kriterien, indem er die dafür relevanten Parameter näher konkretisiert.

Im Gegensatz zum offenen Verfahren nach § 15, bei der der öffentliche Auftraggeber eine 2 **unbegrenzte Anzahl von Unternehmen** öffentlich zur Angebotsabgabe **auffordert** (S. 1) und jedes interessierte Unternehmen ein Angebot abgeben kann (S. 2), fordert er in den sonstigen Verfahrensarten nach § 42 Abs. 2 S. 1 **nur solche Bewerber auf, die ihre Eignung nachgewiesen haben und nicht ausgeschlossen** worden sind. **§ 51, der nach § 42 Abs. 2 S. 2** insoweit **unberührt** bleibt, **ergänzt und beschränkt** diese Aufforderungsanweisung insoweit, als der Auftraggeber **Begrenzungsfilter setzen** kann, um nicht jedes geeignete Unternehmen auffordern zu müssen und bestimmt **andererseits aber auch Mindestzahlen** aufzufordernder Unternehmen, sofern genügend geeignete Bewerber vorhanden sind. § 51 gewährt im Umkehrschluss aber **keinen Anspruch auf Beteiligung** eines bestimmten Bewerbers am nachfolgenden Angebots- bzw. Verhandlungsverfahren oder der Dialogphase nach Abschluss des Teilnahmewettbewerbs.[2]

Abs. 1 S. 2 lenkt diesen **Abschichtungsprozess** hinsichtlich eigentlich geeigneter Bewerber, 3 indem er dafür **objektive und nichtdiskriminierende Eignungskriterien einfordert,** die **vorab** in der Auftragsbekanntmachung oder der Aufforderung zur Interessensbestätigung[3] **bekannt** zu geben sind. Bei der Auswahl dieser Kriterien verfügt der Auftraggeber über ein **Auswahlermessen.**

Beim **Betrieb eines dynamischen Beschaffungssystems** – innerhalb eines nach § 22 Abs. 2 4 einzig möglichen **nicht offenen Verfahrens** – ist die Sonderregelung in **§ 23 Abs. 6 S. 1** zu beachten. Danach findet Abs. 1 mit der **Maßgabe** Anwendung, dass die **zugelassenen Bewerber für jede einzelne** über ein dynamisches Beschaffungssystem stattfindende **Auftragsvergabe gesondert** zur Angebotsabgabe **aufzufordern sind.**

Parallele Bestimmungen zu § 51 für den **Baubereich** enthalten **§ 3b EU Abs. 2 Nr. 3 VOB/** 5 **A** zur Bewerberauswahl im nicht offenen Verfahren **sowie § 3b EU Abs. 3 Nr. 3, Abs. 4 Nr. 2** und **Abs. 5 Nr. 3 VOB/A** für die anderen Verfahrensarten mit einer Begrenzungsmöglichkeit des Teilnehmerkreises. **Sektorenauftraggeber** nutzen insoweit die **§§ 45, 46 SektVO**, während Auftraggeber im verteidigungs- und sicherheitsrelevanten **Bereich § 21 VSVgV bzw. bauspezifisch § 3b VS VOB/A** beachten müssen. **§ 14 Abs. 4 KonzVgV** enthält für den Konzessionsbereich eine **stark abgespeckte Version** unter dem **Oberbegriff Verfahrensgarantien.**

Nach **§ 69 Abs. 4 SGB V** ist seit dem 6.8.2016 – also zeitlich nach dem Inkrafttreten der 6 Vergaberechtsreform 2016 – **zusätzlich** zu beachten, dass trotz der nach § 69 Abs. 3 SGB V grundsätzlichen Geltung des GWB **für sog besondere Dienstleistungen** im Sinne des Anhangs XIV RL 2014/24/EU, die **im Rahmen einer heilberuflichen Tätigkeit erbracht** werden, ua mit Ausnahmen auch **Abweichungen** von den §§ 42–65, also **auch von dem nicht herausgenommenen § 51, möglich** sind.

II. Europarechtlicher Hintergrund

Mit Abs. 1–3 setzt der Verordnungsgeber **Art. 65 Abs. 1 und Abs. 2 UAbs. 1–3 RL 2014/** 7 **24/EU** zur Begrenzung der Anzahl der Bewerber in deutsches Recht um.

Schon die vormalige Richtlinienbestimmung in Art. 44 Vergabe-RL 2004 enthielt auch das 8 Erfordernis der Angabe von objektiven und nichtdiskriminierenden Auswahlkriterien, ohne dass dieser Passus vormals in deutsches Recht umgesetzt worden wäre.

III. Begrenzung des Teilnehmerkreises (Abs. 1 S. 1)

Abs. 1 S. 1 **ermächtigt ("kann")** den öffentlichen Auftraggeber bei allen Verfahrensarten iSd 9 § 119 GWB und der §§ 14 ff., **mit Ausnahme** des unbeschränkten und unbeschränkbaren **offenen Verfahrens** (§ 119 Abs. 3 GWB iVm § 15), die **Anzahl der Bewerber,** die zur Angebotsabgabe oder zum Dialog eingeladen werden, **zu begrenzen.** Einzige Bedingung ist, dass genügend geeig-

---

[1] Mit Ausnahme des offenen Verfahrens nach § 119 Abs. 3 GWB iVm § 15, da dort gerade keine Beschränkung der Anzahl der Bewerber erfolgt.
[2] OLG Naumburg Beschl. v. 25.9.2008 – 1 Verg 3/08, BeckRS 2008, 23014; OLG Bremen Urt. v. 14.4.2005 – Verg 1/05, VergabeR 2005, 537.
[3] Im Falle einer EU-Vorinformation nach § 38.

nete Bewerber zur Verfügung stehen, was der Auftraggeber prognostisch niemals sicher voraussagen kann und immer auch von den Umständen des konkreten Vergabeverfahrens abhängt.

10 Bei § 51 geht es **somit nicht um die Bewerberauswahl an sich,**[4] sondern um den schlussendlichen Abschichtungsprozess bezüglich im **Grunde allesamt hinreichend geeigneter Bewerber,** damit nicht alle geeigneten Bewerber den Teilnahmewettbewerb filterlos durchlaufen. Bewerben sich somit weniger Unternehmen als die vorgegebene Mindestanzahl oder sind weniger Unternehmen grundsätzlich geeignet, läuft die Abschichtungsbestimmung in § 51 – weil überflüssig – im konkreten Teilnahmewettbewerb leer. Weiter gewährleistet er mit der **Vorgabe von Mindestzahlen** auch einen **effektiven Wettbewerb.** Dies erscheint gerade unter dem neuen Vergaberecht besonders **wichtig, da** nunmehr öffentliche **Auftraggeber nach § 119 Abs. 2 S. 1 GWB** immer auch **das nicht offene Verfahren**[5] neben dem offenen Verfahren **frei wählen** können.

IV. Festlegung und Bekanntgabe der Auswahlkriterien, Mindestzahl und ggf. Höchstzahl (Abs. 1 S. 2)

11 Gemäß Abs. 1 S. 2 muss der öffentliche **Auftraggeber in der Auftragsbekanntmachung nach § 37** oder der Aufforderung zur Interessensbestätigung nach § 38 Abs. 5[6] ua die von ihm **vorgesehenen objektiven und nichtdiskriminierenden Eignungskriterien für** die **Begrenzung** der Bewerberzahl angeben.

12 Da zudem gem. § **122 Abs. 4 S. 1 GWB Eignungskriterien** im Übrigen immer mit dem konkreten **Auftragsgegenstand in Verbindung** stehen müssen, scheiden subjektiv eingefärbte Auswahlkriterien[7] ohne Auftragsbezug, zumal wenn sie überdies **diskriminierend** wirken,[8] von **vornherein aus.**

13 Erfüllen demnach mehr Bewerber die vorher verlautbarten Eignungsanforderungen als im weiteren Verfahrensfortgang beteiligt werden sollen, muss der Auftraggeber **unter grundsätzlich geeigneten Bewerbern eine abschichtende Auswahl** treffen, bei der ihm nur die vorher verlautbarten Eignungskriterien zur Verfügung stehen. Es geht damit **im Kern gerade** um das im Rahmen der Zuschlagskriterien und der Wirtschaftlichkeitsprüfung **verbotene „Mehr an Eignung".** Jedenfalls bei der Beschränkung der Zahl der Bewerber, die zur Angebotsabgabe im Wege einer Auswahl aufgefordert werden, kann zulässigerweise ein **„Mehr an Eignung"** berücksichtigt werden, sodass bestimmten Eignungskriterien eine Doppelfunktion als Ausschluss- und Auswahlkriterium zukommt.[9] Da es in diesem Vorgang somit nicht um die Feststellung der Eignung an sich geht, sondern um eine Begrenzung der Bewerber, muss dem Auftraggeber dafür ein größerer Gestaltungsspielraum zugestanden werden.[10] Es obliegt daher dem Auftraggeber, die konkreten Kriterien für die Begrenzung der Teilnehmer für den zu vergebenden Auftrag festzulegen. Solange die Festlegung der Kriterien nicht willkürlich oder mit dem erklärten Ziel vorgenommen wird, bestimmte Marktteilnehmer vom Vergabeverfahren von vornherein auszuschließen, ist der Auftraggeber bei der

---

[4] Diese findet – § 51 vorgeschaltet – in einem zweistufigen Prozess statt: 1. Stufe: formale Eignungsprüfung, ob alle geforderten oder ggf. nach § 56 nachgeforderten Eignungsnachweise vorgelegt sind; bejahendenfalls 2. Stufe: materielle Eignungsprüfung, ob aufgrund und anhand der vollständig vorgelegten Nachweise und Angaben die Eignung des Bewerbers zu bejahen ist. § 51 bildet in diesem Prozess die ggf. notwendige 3. Phase der Abschichtung und Auswahl derart schon als grds. geeignet festgestellter Bewerber.
[5] Im Gegensatz zur Beschränkten Ausschreibung im Unterschwellenwertbereich oberschwellig zwingend immer mit vorgezogenem und öffentlichem Teilnahmewettbewerb.
[6] Dies betrifft die völlig neue Situation nach Veröffentlichung einer EU-Vorinformation iSv § 38 Abs. 1 oder 2 nach Muster I oder Muster VIII der VO (EU) 2015/1986. In diesen Fällen erfüllt die Vorinformation nach § 38 schon die Funktion der eigentlichen EU-Auftragsbekanntmachung nach § 37, zu der es dann im Gegensatz zur früheren Rechtslage mit reiner Fristverkürzung (vgl. § 15 EG Abs. 6ff. VOL/A) nicht mehr kommen wird, da nur noch die Unternehmen, die ihr Interesse an der Teilnahme bekundet haben, am weiteren internen Vergabeverfahren teilnehmen können. Mit den nachfolgenden in § 51 angesprochenen Bestätigung ihrer vormaligen Interessensbekundung wird der Teilnahmewettbewerb nach § 16 Abs. 1 und § 17 Abs. 1 eingeleitet, § 38 Abs. 4 S. 2. Dieser Verzicht auf eine Auftragsbekanntmachung nach § 37 steht allen öffentlichen Auftraggebern im nicht offenen und Verhandlungsverfahren (mit Teilnahmewettbewerb) zur Verfügung, mit Ausnahme oberster Bundesbehörden § 38 Abs. 4.
[7] Wie zB die Auswahl als „junges" oder „sächsisches" Büro, obwohl die Punktzahlbewertung eine Auswahl nummerisch nicht rechtfertigte, vgl. VK Sachsen Beschl. v. 3.12.2004 – 1/SVK/104-04, BeckRS 2006, 09224.
[8] ZB bekannt und bewährt oder ortsansässig.
[9] OLG München Beschl. v. 13.3.2017 – Verg 15/16, VergabeR 2017, 469 zur Parallelregelung in § 45 Abs. 3 SektVO mit ausdrücklichem Hinweis auf die amtliche Begründung bei § 51, BT-Drs. 87/16, 204, zur dort gleichen Frage.
[10] So VK Nordbayern Beschl. v. 1.10.2020 – RMF-SG-21-3194-5-36, VPR 2021, 12.

Definition der ihm wichtig erscheinenden Kriterien frei und hat hierbei grundsätzlich einen weiten Ermessensspielraum.[11] Damit sind gerade diejenigen Bewerber positiv auszufiltern, die im Verhältnis zu anderen Mitbewerbern als besonders geeignet erscheinen, insbesondere die geschuldeten Leistungen vertragskonform zu realisieren. Dazu kann sich der Auftraggeber **einer Bewertungsmatrix bedienen** und die **Eignung mathematisch quantifizieren**,[12] so wie dies seit Jahren die in IT-Verfahren bewährte **UfAB 2018** praktiziert. Zum Beispiel kann man für die generelle Eignung vorgeben, dass **mindestens 60% der maximal zu erreichenden Eignungspunkte** erreicht werden müssen, man ansonsten schon als ungeeignet auszusondern ist. **Oberhalb dieser 60%-Linie** geeigneter Bewerber kann dann eine **Rangfolge absteigend vom höchsten Prozentwert** gebildet werden und dann aufgefordert werden wie es der vorgegebenen Mindestanzahl entspricht.[13] Steht eine solche Bewertungsmatrix schon im Zeitpunkt der Auftragsbekanntmachung fest, muss diese auch veröffentlicht werden.[14] Macht der Auftraggeber in der Auftragsbekanntmachung derart bindende Vorgaben zur Auswahl der Teilnehmer und insbesondere zur Zuerkennung der Höchstpunktzahl im Auswahlverfahren bekannt, muss er sich auch an diese Kriterien halten.[15]

Zudem **kann** der Auftraggeber auch eine **Höchstzahl der einzuladenden Bewerber** angeben, **muss** aber zumindest die konkrete **Mindestanzahl** im konkreten Vergabeverfahren angeben. Gibt der Auftraggeber eine Höchstzahl einzuladender Bewerber an und vor, ist er im nachfolgenden Vergabeverfahren daran gebunden. Dies kann den Auftraggeber deshalb bei Punktgleichheit auf dem letzten verfügbaren Platz ohne weitere Differenzierungsmöglichkeit zum Losen zwingen, das für diesen Fall ebenfalls dem Grunde nach voranzukündigen ist. Dabei ist das Losverfahren so zu gestalten, dass ein nicht beeinflussbares Zufallsergebnis herbeigeführt wird, für alle Teilnehmer am Losentscheid also die gleichen Chancen bestehen und ein hinreichender und den Umständen nach angemessener Schutz vor Manipulationen besteht.[16]

Anders als bei Zuschlagskriterien[17] iSv § 58 Abs. 3 besteht **keine** rechtliche **Verpflichtung**, die eignungsrelevanten Auswahlkriterien des § 51 auch zu **gewichten**,[18] auch wenn dies sicherlich auf **freiwilliger** Basis vorab[19] möglich ist, da es ja im Rahmen des Teilnahmewettbewerbs ausnahmsweise um ein **„Mehr an Eignung"** geht, sofern mehr geeignete Bewerber vorhanden sind als die vorgegebene Mindestzahl. *Goldbrunner*[20] weist in diesem Zusammenhang zu Recht darauf hin, dass sich eine Gewichtungspflicht für die Auswahlkriterien innerhalb des § 51 weder aus der VgV noch aus Art. 65 RL 2014/24/EU ergebe. Ob sich dies aus dem allgemeinen Transparenzgebot ableiten lasse, sei fraglich, weil lediglich zur Bekanntgabe der Gewichtung von Zuschlagskriterien mit Art. 67 Abs. 5 RL 2014/24/EU eine ausdrückliche europarechtliche Regelung vorhanden sei, derer es nicht bedürfe, wenn sich eine entsprechende Notwendigkeit schon allein aus dem allgemeinen

---

[11] VK Nordbayern Beschl. v. 1.10.2020 – RMF-SG-21-3194-5-36, VPR 2021, 12.
[12] Beachte aber Erwägungsgrund 83 RL 2014/24/EU, wonach übermäßig strenge Anforderungen an die wirtschaftliche und finanzielle Leistungsfähigkeit ein ungerechtfertigtes Hindernis für die Teilnahme von KMU darstellen. Insbes. soll es Auftraggebern grds. nicht gestattet sein, einen Mindestumsatz zu verlangen, der mehr als das Zweifache des geschätzten Auftragswertes beträgt. Den Mindestumsatz als am Ende entscheidendes Kriterium für die Eignungsabschichtung im Rahmen des § 51 Abs. 1 zuzusehen, dürfte demnach im Sinne einer KMU-feindlichen Bevorzugung umsatzstarker Unternehmen ausscheiden müssen.
[13] Vgl. zur Unterschreitung der Mindestanzahl, etwa weil zu wenige Bewerber die 60%-Grenze erreichen, Abs. 3 S. 2.
[14] EuGH Urt. v. 14.7.2016 – C-6/15, NZBau 2016, 772.
[15] OLG München Beschl. v. 21.9.2018 – Verg 4/18, NZBau 2019, 205.
[16] Vgl. OLG Hamburg Beschl. v. 20.3.2019 – 1 Verg 1/19, NZBau 2020, 545.
[17] Im Rahmen des § 51 geht es (noch) nicht um Zuschlagskriterien, da im vorgezogenen Teilnahmewettbewerb – anders als im offenen Verfahren – ja noch keine Angebote vorliegen (können), die nach wirtschaftlichen Gesichtspunkten bewertbar wären.
[18] OLG Saarbrücken Beschl. v. 15.10.2014 – 1 Verg 1/14, NZBau 2015, 45; VK Lüneburg Beschl. v. 6.7.2016 – VgK-18/2016, BeckRS 2016, 17359 zum vormaligen Recht, letztere unter Hinweis auf EuGH Urt. v. 18.11.2010 – C-226/09, ZfBR 2011, 96. Erwägungsgrund 40 Vergabe-RL 2004 (RL 2004/18/EG) formulierte dazu passend: „Diese objektiven Kriterien setzen nicht unbedingt Gewichtungen voraus."; aA OLG München Beschl. v. 13.3.2017 – Verg 15/16, VergabeR 2017, 469.
[19] Nicht zulässig ist es hingegen, die Auswahlkriterien, wie dies auch Ziffer II.2.9 des Standardformulars nur fordert, ohne Gewichtung vorzugeben, um dann erst im Auswahlprozess angesichts der schon vorliegenden Teilnahmeanträge eine differenzierende Gewichtung erstmals zur Grundlage der Auswahlentscheidung zu machen. In gleicher Weise ist die Gewichtung von Auswahlkriterien auch dann anzugeben, wenn sie im Zeitpunkt der Veröffentlichungen intern schon verbindlich vorliegt, da dann nicht auszuschließen ist, dass diese Kenntnis der Gewichtung geeignet ist, den Inhalt von Teilnahmeanträgen zu beeinflussen, so auch VK Sachsen Beschl. v. 24.3.2011 – 1/SVK/005-11, BeckRS 2011, 15186 und VK Münster Beschl. v. 25.1.2011 – VK 10/10, IBRRS 2011, 0672.
[20] In Ziekow/Völlink Rn. 8.

Transparenzgrundsatz ergebe. Ergänzend kann man hinzufügen, dass sich aus einem Umkehrschluss aus § 127 Abs. 5 GWB und § 58 Abs. 3,[21] die Art. 67 Abs. 5 RL 2014/24/EU in deutsches Recht transferiert haben, gerade ergibt, dass auf rechtlich fundierter Grundlage nur Zuschlagskriterien, aber eben nicht auch Auswahlkriterien zur Ermittlung eines „Mehr an Eignung" aus grundsätzlich geeigneten Unternehmen zu gewichten sind.

16 **Nur § 75 Abs. 6**[22] sieht für die Vergabe von **Architekten- und Ingenieurleistungen** eine **Losentscheidung** vor, sofern mehrere Bewerber in einem Teilnahmewettbewerb mit festgelegter Höchstzahl gem. § 51 gleichermaßen die Anforderungen erfüllen und die Bewerberzahl auch nach einer objektiven Auswahl entsprechender Eignungskriterien zu hoch ist. **Fraglich** ist, ob ein solcher Losentscheid **auch** außerhalb der Sonderregelungen für freiberufliche Leistungen **im Abschichtungsprozess nach 51 angewandt** werden kann. **Gegen** ein Losverfahren spricht grundsätzlich, dass es **weder objektiv noch nichtdiskriminierend** ist[23] und **auch keinerlei eignungs- oder leistungsbezogene Komponenten** aufweist, sondern **rein zufallsabhängig**[24] und damit **letztlich willkürlich** ist. Zudem spricht ein **Umkehrschluss aus § 75 Abs. 6** gerade dafür, dass die dortige **Sonderregelung nicht** im Übrigen **analogiefähig** ist,[25] da nicht davon ausgegangen werden kann, der Gesetzgeber habe die unterschiedlichen Festlegungen unbewusst nicht realisiert bzw. übersehen. Auf der anderen Seite ist zuzugeben, dass der öffentliche Auftraggeber ggf. bei punktgleichen Bewerbern bis zum Platz 6 oder **Punktgleichheit zweier Bewerber** auf dem geteilten fünften Platz, keinerlei weitere Differenzierungsmöglichkeit hat, aus sechs geeigneten Bewerbern einen zu eliminieren.[26] Aus der Natur der Sache kann deshalb trotz fehlender gesetzlicher Regelung in § 51 folgen, dass dann, wenn die vollständige Auswertung dazu führt, dass vollkommene Gleichwertigkeit herrscht und die Alternative zum Losentscheid nur die Aufhebung der Ausschreibung und deren Wiederholung wäre, ein Losentscheid auch aus Gründen der Verhältnismäßigkeit (nach § 97 Abs. 1 S. 2 GWB) geboten erscheint.[27] Für die Durchführung eines Losentscheids ist zudem ein Verfahren zu wählen, das die Chancengleichheit wahrt, in seinem Ablauf klar, überschaubar und nicht störanfällig ist und die Gefahr von Manipulationen auf ein Minimum reduziert. Dies ist der Fall, wenn sechs Loszettel – je drei je Kombattant – gefertigt werden, zur Ziehung drei nicht mit der Ausschreibung befasste Mitarbeiter des Auftraggebers je einen Zettel auswählen und dasjenige Angebot (bzw. im Rahmen des § 51 derjenige Teilnahmeantrag) mit der höchsten Stimmenanzahl obsiegt.[28]

17 **Für diesen Fall und nur für diesen Fall kann** ein **Losverfahren** als ultima ratio in Betracht kommen,[29] insbesondere **sofern** der Auftraggeber dies für diesen Fall in der Auftragsbekanntmachung oder die Aufforderung zur Interessensbestätigung **vorher angekündigt** hatte. Eine **Verpflichtung** zur Angabe auch einer **Höchstzahl** aufzufordernder – geeigneter – Bewerber besteht ausdrücklich **nicht,**[30] was auch der **Wortlaut „ggf."** verdeutlicht.[31] Verlautbart der Auftraggeber aber **freiwillig** eine solche **Höchstzahl,** ist er an diese bekannt gegebene Höchstgrenze auch **gebunden.**[32] Ein

---

[21] Darauf ebenfalls abstellend Beck VergabeR/*Mager* Rn. 30, unter Hinweis auf vormalige Rechtsprechung zum mittlerweile aufgehobenen § 10 VOF, wie OLG Saarbrücken Beschl. v. 15.10.2014 – 1 Verg 1/14, VergabeR 2015, 250.
[22] Ähnlich auch schon die mittlerweile aufgehobene Vorgängerregelung in § 10 Abs. 3 VOF.
[23] So auch grds. VK Bund Beschl. v. 25.1.2012 – VK 1-174/11, BeckRS 2012, 20900.
[24] VK Lüneburg Beschl. v. 31.7.2014 – VgK-26/2014, IBRRS 2014, 2884 sowie auch *Kaelble* in Müller-Wrede VOL/A § 3 EG Rn. 208, zum vormaligen § 3 EG Abs. 5 VOL/A, der in § 51 aufgegangen ist.
[25] Gegen eine Ausweitung des Losverfahrens außerhalb der Vergabe von Architekten- und Ingenieurleistungen auch Ziekow/Völlink/*Goldbrunner* Rn. 9.
[26] In dieser Diktion einen Losentscheid ausnahmsweise zulassend auch *Röwekamp* in KMPP Rn. 34, insbes. wenn der Auftraggeber den ihm bei der Bewerberauswahl zustehenden Beurteilungsspielraum durch Aufstellung einer bis ins Detail untergliederten Bewertungsmatrix eingeengt oder den Spielraum der Bewerber bei der Zusammenstellung ihrer Bewerbungen beschränkt hat.
[27] So OLG Hamburg Beschl. v. 20.3.2019 – 1 Verg 1/19, NZBau 2020, 545; wenn auch für das dem Teilnahmewettbewerb nachfolgende Angebotsverfahren mit zwei anhand der bekannt gemachten Zuschlagskriterien vollkommen gleichwertigen Angeboten.
[28] In dieser Konstellation vom OLG Hamburg Beschl. v. 20.3.2019 – 1 Verg 1/19, NZBau 2020, 545 zumindest in einem Angebotsverfahren anerkannt.
[29] So auch schon OLG Rostock Beschl. v. 1.8.2003 – 17 Verg 7/03, ZfBR 2004, 192.
[30] So auch schon OLG München Beschl. v. 28.4.2006 – Verg 6/06, NZBau 2007, 59 = VergabeR 2006, 914, zur vormaligen Rechtslage.
[31] Auch das Standardformular zur Auftragsbekanntmachung sieht unter Ziffer II.2.9 vor, dass eine Höchstzahl nur anzugeben ist, „falls zutr.".
[32] So zu Recht VK Rheinland-Pfalz Beschl. v. 22.6.2012 – VK 1-15/12; aA den Wettbewerbscharakter bei einem dann noch größeren Wettbewerb betonend HK-VergabeR/*Martini* VOF § 10 Rn. 10 als auch *Knauff* in Müller-Wrede GWB § 119 Rn. 39, der die zu vermeidende Einschränkung des Wettbewerbs als Folge einer derartigen – freiwilligen – Selbstbindung der Vergabestelle – in einem nicht offenen Verfahren – betont. Selbstbindung bleibt aber dennoch Selbstbindung. Diese kann richtigerweise nur durch eine Zurück-

Abweichen hiervon durch Einladung einer über der vorgegebenen Höchstzahl liegenden Anzahl geeigneter Bewerber widerspricht den tragenden Grundsätzen der **Transparenz und Gleichbehandlung** nach § 97 Abs. 1 und 2 GWB und führt dazu, dass sich die Wettbewerbschancen derjenigen Bewerber, die sich innerhalb der Höchstgrenze bewegen, objektiv verringern. Zudem ist nicht auszuschließen, dass sich bei einer größeren Höchstzahl auch mehr Teilnehmer beworben hätten.[33]

V. Mindestzahl einzuladender Bewerber (Abs. 2 S. 1)

Mit Abs. 2 (S. 1) gibt der Normgeber in Umsetzung von Art. 65 Abs. 2 UAbs. 2 RL 2014/24/EU und Ergänzung des Abs. 1 einerseits bindende Mindestzahlen aufzufordernder Bewerber vor, **gestaffelt nach nicht offenem** (nicht niedriger als **fünf**) und sonstigen Verfahren (nicht niedriger als **drei**).

VI. Gewährleistung von Wettbewerb (Abs. 2 S. 2)

Zum Zweiten wird in S. 2 verdeutlicht, dass diese **Mindestzahlen nicht fix** sind, sondern ihre ausreichende Höhe auch immer an der **notwendigen Gewährleistung von Wettbewerb** gespiegelt werden muss. Diese Mindestzahlen stellen somit **nur absolute Untergrenzen** dar, die **niemals unterschritten werden dürfen,** beinhalten aber gerade keinen Freibrief für öffentliche Auftraggeber, immer nur die benannten Mindestzahlen (drei oder fünf) festlegen zu dürfen.

VII. Einladung geeigneter Bewerber und Verbot der Beteiligung (Abs. 3)

Sofern – nach § 122 Abs. 2 GWB iVm §§ 42 ff. – geeignete Bewerber in ausreichender Zahl[34] zur Verfügung stehen, lädt der Auftraggeber eine Anzahl von geeigneten Bewerbern zu Verhandlungen oder zur Dialogphase ein.

1. Einladung geeigneter Bewerber grundsätzlich nicht unterhalb der Mindestanzahl (Abs. 3 S. 1). Abs. 3 S. 1 verpflichtet den Auftraggeber bei dieser Einladung, **mindestens eine Anzahl geeigneter Bewerber** für die 2. Stufe des Vergabeverfahrens (Angebots-, Verhandlungs- oder Dialogphase) zu berücksichtigen, **die nicht niedriger** ist **als die – individuell – vorab festgelegte Mindestanzahl** aufzufordernder Bewerber.

Diese Zahl kann und muss sogar im Einzelfall höher sein als die in Abs. 2 S. 1 benannten drei bzw. fünf Bewerber im nicht offenen Verfahren. Mit dieser **Selbstbindung des Auftraggebers** an das einmal Verlautbarte wird insbesondere dem Transparenz- und Gleichbehandlungsgebot des § 97 Abs. 1 und 2 GWB genügt. Damit bindet der Normgeber den öffentlichen Auftraggeber – vorbehaltlich der Sondersituation in Abs. 3 S. 2 – an die vorher selbst individuell festgelegte Mindestanzahl. Denn Unternehmen haben nach § 97 Abs. 6 GWB einen Anspruch darauf, dass der Auftraggeber die Bestimmungen über das Vergabeverfahren einhält.

Hat es der Auftraggeber **verabsäumt,** in der Auftragsbekanntmachung oder insbesondere der Aufforderung zur Interessensbestätigung die **Anzahl** der Bewerber **nummerisch zu beschränken,** ist er **verpflichtet, alle** im Rahmen des § 42 Abs. 2 als **geeignet festgestellten Bewerber ohne Ausschlussrelevanz** nach den §§ 123 und 124 GWB zur Beteiligung am Vergabeverfahren **einzuladen.**[35] **Lediglich** diejenigen Bewerber, deren Teilnahmeanträge schon aus **formellen Gründen** gem. § 57 Abs. 3 iVm Abs. 1 auszuschließen waren **oder** die als **ungeeignet** bewertet wurden, sind selbstverständlich nicht aufzufordern, § 42 Abs. 2 S. 1.

2. Einladung geeigneter Bewerber auch unterhalb der Mindestanzahl (Abs. 3 S. 2). Mitunter kann es in einem konkreten Vergabeverfahren vorkommen, dass die Beteiligungsquote unterdurchschnittlich ist, besonders viele Teilnahmeanträge mängelbelastet sind oder die materielle Eignungsprüfung vielfach negativ ausgeht, sodass **am Ende des Wertungsvorgangs weniger geeignete Bewerber** zur Verfügung stehen **als** es der vorher **verlautbarten Mindestanzahl** ent-

---

versetzung und Korrektur in der Bekanntmachung durch den Auftraggeber beseitigt werden, sofern ihm die ehedem freiwillig verlautbarte Höchstzahl späterhin zu gering erscheint.

[33] So noch zu Recht *Kaelble/Müller-Wrede* in Müller-Wrede VOL/A § 3 EG Rn. 210, die die Bindung des Auftraggebers an die von ihm selbst gewählte Höchstzahl unter Hinweis auf EuGH Urt. v. 26.9.2000 – C-225/98, NZBau 2000, 584, aus dem Gebot des rechtssicheren Verfahrens ableiten.

[34] Nicht niedriger als die vom Auftraggeber auch unter Beachtung von Abs. 2 S. 1 festgelegte Mindestzahl; grds. mindestens fünf (für das nicht offene Verfahren, § 51 Abs. 2 S. 1) bzw. drei (für alle anderen in den §§ 16–19 genannten Verfahren, § 51 Abs. 2 S. 1) geeignete Bewerber; im Einzelfall unter Gewährleistung von Wettbewerb aber auch durchaus höher; nur im Ausnahmefall des Abs. 3 S. 2 ggf. auch einmal geringer.

[35] VK Sachsen-Anhalt Beschl. v. 22.10.2001 – VK Hal 19/01, IBRRS 2004, 3366; Willenbruch/Wieddekind/*Harr* VOF § 10 Rn. 49.

spricht. In diesem Fall kommen theoretisch mehrere Handlungsalternativen in Betracht. Der Auftraggeber setzt das Verfahren unverändert fort, auch wenn die vorgegebene Mindestzahl aufzufordernder Unternehmen dabei unterschritten wird. Alternativ könnte er ungeeigneten Bewerbern nachträglich die Eignung zusprechen und sie in den Kreis der Aufzufordernden hinzufügen, um die verlautbarte Mindestanzahl doch noch zu erreichen. Oder er könnte noch völlig unbeteiligte Unternehmen erstmalig in das Verfahren einbeziehen, die zB in der Vergangenheit schon Aufträge zur Zufriedenheit des Auftraggebers ausgeführt haben. Oder als ultima ratio könnte der Auftraggeber das Verfahren nach § 63 auch komplett aufheben und ein vollkommen neues EU-Verfahren mit ggf. abgemilderten Eignungsanforderungen starten.[36]

25   Deshalb stellt sich am Ende eines solchen Teilnahmewettbewerbs die Frage, welche dieser vorbenannten Alternativen auch in vergaberechtlich zulässiger Weise möglich sind. **Abs. 3 S. 2** bestimmt in dieser Situation, dass der Auftraggeber das begonnene **Vergabeverfahren fortführen kann,** indem er den oder die Bewerber einlädt, die über die geforderte Eignung verfügen, **auch wenn** dabei die **vorgegebene Mindestzahl unterschritten** wird und ggf. eine wenig wettbewerbliche Situation, zB perspektivisch auch nur ein Angebot verbleibt.

26   **3. Keine Zulassung von Nichtbewerbern und ungeeigneten Bewerbern (Abs. 3 S. 3).** Im Rahmen einer **Negativabgrenzung** stellt Abs. 3 S. 3 zudem klar, dass eine Zulassung von Bewerbern, die **nicht** über die **geforderte Eignung** verfügen **oder** gar von Unternehmen, die sich **formal gar nicht** um eine Teilnahme **beworben** haben bzw. hatten, **unter keinen Umständen** in Betracht kommt. Soweit damit auch bisherige **Nichtteilnehmer** erfasst werden, **ergänzt Abs. 3 S. 3 den § 42 Abs. 2 S. 1,** was der Verweis in § 42 Abs. 2 S. 2 auf den unberührt bleibenden § 51 verdeutlicht.

27   Insbesondere ist es dem Auftraggeber somit **untersagt,** in der für ihn aus Wettbewerbs- und Wirtschaftlichkeitsgründen unbefriedigenden Situation des Abs. 3 S. 2 **(Unterschreitung der Mindestzahl)** ungeeignete oder sogar bisher nicht beteiligte Unternehmen zwecks Auffüllung des Wettbewerberfeldes hinzunehmen, um zu mehr Angeboten zu kommen.

28   Fraglich ist aber, ob er das **Verfahren** in dieser Situation nach Abs. 3 S. 2 **nicht nur fortführen kann, sondern sogar muss,** nämlich mit den verbliebenen, geeigneten Wettbewerbern, ggf. auch nur mit einem einzigen. Stellt man insoweit auf den Wortlaut von § 63 Abs. 1 S. 1 Nr. 1 oder Nr. 3 zu möglichen **Aufhebungsgründen** ab, der einerseits die Aufhebung ermöglicht, wenn kein Angebot eingegangen ist, das den Bedingungen entspricht oder wenn kein wirtschaftliches Ergebnis erzielt wurde, so **spricht dies für eine Fortführung** zumindest bis zur Angebotsabgabe, um die Flinte nicht zu früh ins Korn zu werfen. Denn auch aus einem einzigen Teilnahmeantrag nur eines geeigneten Bewerbers kann durchaus ein wirtschaftliches Angebot erwachsen.[37]

29   In einer solchen Situation muss der Auftraggeber aber intern sicherstellen, dass diese Singularität des einzig verbliebenen Unternehmens nicht auch diesem zu Ohren kommt, da dann durchaus mit einer kalkulatorischen Ausnutzung durch einen überhöhten Angebotspreis gerechnet werden müsste.

30   § 51 ist insoweit **bieterschützend** iSd § 97 Abs. 6 GWB, als dass ein in die engere Wahl gelangter Bewerber ein subjektives Recht darauf hat, dass das Auswahlverfahren, das eine Vergabestelle festgelegt hat, auch in Bezug auf seinen Konkurrenten eingehalten wird.[38] Da jedoch dem Auftraggeber bei der vergleichenden Bewertung der Teilnahmeanträge anhand der verlautbarten Auswahlkriterien ein **Beurteilungsspielraum** zusteht, ist letzterer nur überschritten, wenn das vorgesehene Verfahren nicht eingehalten wird, von einem nicht tatsächlich korrekt erfassten und geprüften Sachverhalt ausgegangen wird oder sachwidrige Erwägungen für die Auswahlentscheidung herangezogen wurden oder der Beurteilungsspielraum nicht zutreffend angewandt wurde.[39] Hat der Auftraggeber in einem Teilnahmewettbewerb bei den zunächst in der höchstmöglichen Zahl ausgesuchten Unternehmen zu Unrecht ein tatsächlich ungeeignetes Unternehmen berücksichtigt, kann er im Wege der Abhilfe dasjenige Unternehmen an Verhandlungsverfahren beteiligen, das bei korrekter Auswahl eine Chance zur Beteiligung am Verhandlungsverfahren gehabt hätte. Lehnt dieses Unternehmen jedoch die nachträgliche Beteiligung an dem Verhandlungsverfahren ab, besteht

---

[36] So auch *Tschäpe* ZfBR 2014, 538.
[37] So hat der EuGH Urt. v. 15.10.2009 – C-138/08, NZBau 2010, 59, bekräftigt, dass auch ein Vergabeverfahren mit zwei oder auch nur einem Bewerber ein ordnungsgemäßes Verfahren darstelle. Diese Sichtweise wird noch dadurch verstärkt, dass man ein Unternehmen ohnehin nicht zwingen kann, als ausgewählter Bewerber auch ein Angebot abzugeben, sodass auch eine hinreichende Anzahl geeigneter und aufgeforderter Bewerber, etwa bei Kapazitätsspitzen, nicht garantiert, eine entsprechende Anzahl wirtschaftlicher Angebote zu erhalten.
[38] OLG München Beschl. v. 21.9.2018 – Verg 4/18, NZBau 2019, 205, wenn auch primär auf den Gesichtspunkt der Gleichbehandlung und Transparenz des Verfahrens abstellend.
[39] VK Nordbayern Beschl. v. 24.5.2013 – 21.VK-3194-17/13, VPR 2013, 84 zum vormaligen Recht.

kein Grund für eine weitere Anfrage an ein weiteres Unternehmen oder für ein Wiederholung der Angebotsphase.[40] Zu beachten bleibt auch, dass, wenn aus den Vergabeunterlagen erkennbar ist, dass und unter welchen Voraussetzungen sich eine Vergabestelle eine Auswahl des Zuschlagsangebots per **Losentscheid** vorbehält, von der **Präklusion** nach Ablauf der Angebotsfrist nach § 160 Abs. 3 S. 1 Nr. 3 GWB die Rügen erfasst werden, dass ein Losentscheid generell unzulässig sei, dass die Durchführung eines Losentscheids in den Vergabeunterlagen nicht wirksam vorbehalten war und dass die Zuschlagskriterien nicht so ausgewählt worden seien, dass ein Losentscheid nicht oder nicht als „ultima ratio" nur mit sehr geringer Wahrscheinlichkeit hätte erforderlich werden können.[41]

Unterabschnitt 6. Einreichung, Form und Umgang mit Interessensbekundungen, Interessensbestätigungen, Teilnahmeanträgen und Angeboten

§ 52 Aufforderung zur Interessensbestätigung, zur Angebotsabgabe, zur Verhandlung oder zur Teilnahme am Dialog

(1) Ist ein Teilnahmewettbewerb durchgeführt worden, wählt der öffentliche Auftraggeber gemäß § 51 Bewerber aus, die er auffordert, in einem nicht offenen Verfahren oder einem Verhandlungsverfahren ein Angebot einzureichen, am wettbewerblichen Dialog teilzunehmen oder an Verhandlungen im Rahmen einer Innovationspartnerschaft teilzunehmen.

(2) ¹Die Aufforderung nach Absatz 1 enthält mindestens:
1. einen Hinweis auf die veröffentlichte Auftragsbekanntmachung,
2. den Tag, bis zu dem ein Angebot eingehen muss, die Anschrift der Stelle, bei der es einzureichen ist, die Art der Einreichung sowie die Sprache, in der es abzufassen ist,
3. beim wettbewerblichen Dialog den Termin und den Ort des Beginns der Dialogphase sowie die verwendete Sprache,
4. die Bezeichnung der gegebenenfalls beizufügenden Unterlagen, sofern nicht bereits in der Auftragsbekanntmachung enthalten,
5. die Zuschlagskriterien sowie deren Gewichtung oder gegebenenfalls die Kriterien in der Rangfolge ihrer Bedeutung, wenn diese Angaben nicht bereits in der Auftragsbekanntmachung oder in der Aufforderung zur Interessensbestätigung enthalten sind.

²Bei öffentlichen Aufträgen, die in einem wettbewerblichen Dialog oder im Rahmen einer Innovationspartnerschaft vergeben werden, sind die in Satz 1 Nummer 2 genannten Angaben nicht in der Aufforderung zur Teilnahme am Dialog oder an den Verhandlungen aufzuführen, sondern in der Aufforderung zur Angebotsabgabe.

(3) ¹Im Falle einer Vorinformation nach § 38 Absatz 4 fordert der öffentliche Auftraggeber gleichzeitig alle Unternehmen, die eine Interessensbekundung übermittelt haben, nach § 38 Absatz 5 auf, ihr Interesse zu bestätigen. ²Diese Aufforderung umfasst zumindest folgende Angaben:
1. Umfang des Auftrags, einschließlich aller Optionen auf zusätzliche Aufträge, und, sofern möglich, eine Einschätzung der Frist für die Ausübung dieser Optionen; bei wiederkehrenden Aufträgen Art und Umfang und, sofern möglich, das voraussichtliche Datum der Veröffentlichung zukünftiger Auftragsbekanntmachungen für die Liefer- oder Dienstleistungen, die Gegenstand des Auftrags sein sollen,
2. Art des Verfahrens,
3. gegebenenfalls Zeitpunkt, an dem die Lieferleistung erbracht oder die Dienstleistung beginnen oder abgeschlossen sein soll,
4. Internetadresse, über die die Vergabeunterlagen unentgeltlich, uneingeschränkt und vollständig direkt verfügbar sind,
5. falls kein elektronischer Zugang zu den Vergabeunterlagen bereitgestellt werden kann, Anschrift und Schlusstermin für die Anforderung der Vergabeunterlagen sowie die Sprache, in der die Interessensbekundung abzufassen ist,
6. Anschrift des öffentlichen Auftraggebers, der den Zuschlag erteilt,
7. alle wirtschaftlichen und technischen Anforderungen, finanziellen Sicherheiten und Angaben, die von den Unternehmen verlangt werden,
8. Art des Auftrags, der Gegenstand des Vergabeverfahrens ist, und

---

[40] OLG München Beschl. v. 21.9.2018 – Verg 4/18, NZBau 2019, 205.
[41] So OLG Hamburg Beschl. v. 20.3.2019 – 1 Verg 1/19, NZBau 2020, 545.

9. die **Zuschlagskriterien** sowie deren Gewichtung oder gegebenenfalls die Kriterien in der Rangfolge ihrer Bedeutung, wenn diese Angaben nicht bereits in der Vorinformation oder den Vergabeunterlagen enthalten sind.

Übersicht

	Rn.		Rn.
I. Überblick und Entstehungsgeschichte	1	5. Zuschlagskriterien und deren Gewichtung (Abs. 2 S. 1 Nr. 5)	15
II. Auswahl der Bewerber nach Abschluss des Teilnahmewettbewerbs (Abs. 1)	5	IV. Aufforderung zur Bestätigung der Interessensbekundung (Abs. 3)	18
III. Notwendiger Inhalt der Aufforderung zur Angebotsabgabe, zur Teilnahme am wettbewerblichen Dialog oder zur Teilnahme an einer Innovationspartnerschaft (Abs. 2)	6	1. Umfang des Auftrags (Abs. 3 S. 2 Nr. 1)	22
		2. Verfahrensart (Abs. 3 S. 2 Nr. 2)	24
		3. Leistungszeitraum (Abs. 3 S. 2 Nr. 3)	25
		4. Internetadresse zum Abruf der Vergabeunterlagen (Abs. 3 S. 2 Nr. 4)	27
1. Hinweis auf die veröffentlichte Bekanntmachung (Abs. 2 S. 1 Nr. 1)	8	5. Sonstige Verfügbarkeit der Vergabeunterlagen (Abs. 3 S. 2 Nr. 5)	29
2. Modalitäten der Angebotseinreichung (Abs. 2 S. 1 Nr. 2)	9	6. Anschrift des öffentlichen Auftraggebers (Abs. 3 S. 2 Nr. 6)	30
3. Termin und Ort des Beginns der Dialogphase bei einem wettbewerblichen Dialog (Abs. 2 S. 1 Nr. 3)	12	7. Eignungsnachweise (Abs. 3 S. 2 Nr. 7)	31
		8. Art des Auftrags (Abs. 3 S. 2 Nr. 8)	32
4. Bezeichnung der beizufügenden Unterlagen (Abs. 2 S. 1 Nr. 4)	13	9. Zuschlagskriterien und deren Gewichtung (Abs. 3 S. 2 Nr. 9)	33

I. Überblick und Entstehungsgeschichte

1 Regelungsgegenstand des § 52 sind die **Aufforderung zur Angebotsabgabe** für diejenigen Verfahrensarten, bei denen zunächst ein Teilnahmewettbewerb durchgeführt wird (nicht offenes Verfahren, Verhandlungsverfahren, wettbewerblicher Dialog und Innovationspartnerschaft) und die **Aufforderung zur Interessensbestätigung** (§ 38 Abs. 5) im Falle einer die Auftragsbekanntmachung ersetzenden Vorinformation nach § 38 Abs. 4 (für das nicht offene Verfahren oder Verhandlungsverfahren). In Abs. 2 und Abs. 3 werden die **Angaben und Informationen** aufgelistet, die diese Aufforderungen mindestens enthalten müssen.

2 Nicht anwendbar ist die Regelung in Bezug auf die Aufforderung zur Angebotsabgabe im Rahmen eines offenen Verfahrens. Für das offene Verfahren sind insoweit die Regelungen der § 15 Abs. 1, §§ 29 und 41 zu beachten. Für den Sektorenbereich enthält § 42 SektVO eine § 52 entsprechende Regelung. Für den Anwendungsbereich der VOB/A gilt insoweit die (inhaltlich weniger detaillierte) Regelung des § 12a EU Abs. 1 Nr. 3 VOB/A. Für den Konzessionsbereich existiert gegenwärtig keine entsprechende Regelung.

3 § 52 wurde im Rahmen der Vergaberechtsnovelle 2016 eingeführt und dient der Umsetzung von **Art. 54 RL 2014/24/EU**[1] in Verbindung mit **Anhang IX RL 2014/24/EU**, in dem der notwendige Inhalt der Aufforderungen zur Angebotsabgabe, zum Dialog und zur Interessensbestätigung nach Art. 54 RL 2014/24/EU aufgelistet ist.

4 Die Abs. 1 und 2 (Aufforderung zur Angebotsabgabe) sind an § 10 EG Abs. 1 S. 1 VOL/A aF angelehnt. Abs. 3 (Aufforderung zur Interessensbestätigung) wurde im Rahmen der Vergaberechtsreform 2016 neu eingeführt. Die Vorschrift ist (wie § 10 EG VOL/A aF) **bieterschützend**.[2]

II. Auswahl der Bewerber nach Abschluss des Teilnahmewettbewerbs (Abs. 1)

5 Bei allen Verfahrensarten, bei denen zunächst ein **Teilnahmewettbewerb** durchgeführt wird (nicht offenes Verfahren, Verhandlungsverfahren, wettbewerblicher Dialog und Innovationspartnerschaft) muss der Auftraggeber vorab die Entscheidung treffen, ob die Zahl der Bewerber begrenzt werden soll oder alle geeigneten Bewerber zur Angebotsabgabe bzw. zur Teilnahme am wettbewerblichen Dialog oder an einer Innovationspartnerschaft aufgefordert werden. Entscheidet sich der Auf-

---

[1] Bundesministeriums für Wirtschaft und Energie, RefE der Verordnung zur Modernisierung des Vergaberechts v. 9.11.2015, 183.
[2] HK-VergabeR/*Terbrack* Rn. 2; BeckOK VergabeR/*Schneevogl/Peshteryanu*, 18 Ed. 2020, Rn. 13.

traggeber für eine **Begrenzung,** müssen in der Auftragsbekanntmachung die Eignungskriterien festgelegt werden, anhand derer die Auswahl getroffen werden soll, sowie die vorgesehene Mindestzahl und ggf. Höchstzahl der auszuwählenden Bewerber (§ 51 Abs. 1). Auf der Grundlage dieser Festlegungen erfolgt die Auswahl der Bewerber anhand der eingereichten Teilnahmeanträge. Dabei dürfen keine anderen als die vorab festgelegten Auswahlkriterien herangezogen und nur solche Bewerber berücksichtigt werden, die form- und fristgerechte Teilnahmeanträge eingereicht haben und nicht auszuschließen sind (§§ 42 ff., §§ 122 ff. GWB). In Bezug auf die weiteren Einzelheiten wird auf die Kommentierung zu § 51 verwiesen (→ § 51 Rn. 1 ff.). Sofern keine Begrenzung iSv § 51 festgelegt wurde, sind alle geeigneten Bewerber, die form- und fristgerechte Teilnahmeanträge eingereicht haben und nicht auszuschließen sind (§§ 42 ff., §§ 122 ff. GWB), zur Angebotsabgabe bzw. zur Teilnahme am wettbewerblichen Dialog oder an einer Innovationspartnerschaft aufzufordern. Abs. 1 hat insoweit lediglich klarstellenden Charakter.

III. Notwendiger Inhalt der Aufforderung zur Angebotsabgabe, zur Teilnahme am wettbewerblichen Dialog oder zur Teilnahme an einer Innovationspartnerschaft (Abs. 2)

Die Aufforderung gem. Abs. 1 (dh die Aufforderung zur Angebotsabgabe, zur Teilnahme am wettbewerblichen Dialog oder an den Verhandlungen im Rahmen einer Innovationspartnerschaft) muss zwingend die in Abs. 2 aufgelisteten Informationen enthalten. Die Auflistung ist allerdings **nicht abschließend.** Denn die Aufforderung zur Angebotsabgabe, zur Teilnahme am wettbewerblichen Dialog oder an den Verhandlungen im Rahmen einer Innovationspartnerschaft ist **Bestandteil der Vergabeunterlagen** (§ 29 Abs. 1 Nr. 1; → § 29 Rn. 8 ff.), die alle für den Auftrag und die Angebotserstellung wesentlichen Informationen enthalten müssen. Diese Informationen müssen in den Vergabeunterlagen vollständig enthalten sein, wobei sie entsprechend dem jeweiligen Sachzusammenhang entweder in den Bewerbungsbedingungen, der Leistungsbeschreibung, den Vertragsunterlagen, ggf. sonstigen Unterlagen und/oder der Aufforderung zur Angebotsabgabe bzw. zur Teilnahme am wettbewerblichen Dialog oder an einer Innovationspartnerschaft enthalten sein können.

Weitere Informationen, die ggf. zwingend aufzuführen sind, können sich daher zunächst aus allen Vorschriften ergeben, nach denen bestimmte Angaben entweder in der Auftragsbekanntmachung oder den Vergabeunterlagen enthalten sein müssen. Sofern diese Angaben nicht in der Auftragsbekanntmachung angegeben wurden, müssen sie daher in den Vergabeunterlagen enthalten sein, wobei häufig die Aufforderung gem. Abs. 1 einschlägig sein kann. Das gilt bspw. für die Durchführung eines Verhandlungsverfahrens oder wettbewerblichen Dialogs mit mehreren Verhandlungs- bzw. Dialogphasen und einer schrittweisen Verringerung der teilnehmenden Unternehmen.[3] Für die Aufforderung zur Angebotsabgabe kommen neben den in Abs. 2 S. 1 aufgelisteten Informationen darüber hinaus folgende weitere Informationen in Betracht: Beschreibung des (weiteren) Verfahrensablaufs, des Umgangs mit eventuellen Unklarheiten in den Vergabeunterlagen und entsprechenden Bieterfragen, der Form der Einreichung der Angebote, die Bindefrist sowie ggf. Regelungen zur Vertraulichkeit der erhaltenen Informationen. Im Unterschied zu Art. 54 Abs. 2 RL 2014/24/EU wird die Angabe der **elektronischen Adresse,** unter der die Vergabeunterlagen abgerufen werden können, in Abs. 2 nicht genannt. Die elektronische Adresse ist gem. § 41 Abs. 1 bereits (zwingend) in der Auftragsbekanntmachung anzugeben, sodass (anders als nach Art. 54 Abs. 2 RL 2014/24/EU) kein Wahlrecht in Bezug auf die Nennung in der Bekanntmachung oder der Aufforderung gem. Abs. 1 besteht.

1. Hinweis auf die veröffentlichte Bekanntmachung (Abs. 2 S. 1 Nr. 1). Die Aufforderung nach Abs. 1 muss zunächst einen Hinweis auf die veröffentlichte Auftragsbekanntmachung (§ 37) enthalten.[4] Dafür genügt die Nennung des **Aktenzeichens der europaweiten Bekanntmachung** im Amtsblatt der Europäischen Union bzw. auf dem Online-Dienst TED.[5] Die Vorschrift dient der Sicherstellung der Verfahrensidentität. Die aufgeforderten Unternehmen sollen zudem leicht und schnell überprüfen können, ob die Angaben in den Vergabeunterlagen mit denen der Bekanntmachung übereinstimmen.

2. Modalitäten der Angebotseinreichung (Abs. 2 S. 1 Nr. 2). Nach Abs. 2 S. 1 Nr. 2 sind der Tag, bis zu dem die Angebote einzureichen sind **(Angebotsfrist),** die **Anschrift** der Stelle, bei die Angebote einzureichen sind, die **Art der Einreichung** sowie die Sprache, in der die Angebote

---
[3] § 17 Abs. 12 für das Verhandlungsverfahren, § 18 Abs. 6 für den wettbewerblichen Dialog und § 19 Abs. 5 für die Innovationspartnerschaft.
[4] Vgl. Anhang IX Nr. 1 lit. a RL 2014/24/EU.
[5] TED (Tenders Electronic Daily) ist die Online-Version des Supplements zum Amtsblatt der Europäischen Union für das europäische öffentliche Auftragswesen.

abzufassen sind, anzugeben.⁶ Die **Angebotsfrist** muss angemessen sein (§ 20 Abs. 1) und die für die jeweilige Verfahrensart ggf. geltenden besonderen Regelungen einhalten.⁷ Die **Stelle,** bei der die Angebote einzureichen sind, muss zur Entgegennahme der Angebote berechtigt sein und eine fristgerechte Entgegennahme der Angebote ermöglichen. Die **Einreichungsform** (mit elektronischen Mitteln, Papierform, Ausfertigungen) ist ebenfalls anzugeben und zu beschreiben. In Bezug auf die **Sprache** der Angebote steht es dem Auftraggeber frei, neben der jeweiligen Landessprache (deutsch) weitere Sprachen zuzulassen. Es ist ebenso zulässig, nur in Bezug auf bestimmte Angebotsunterlagen eine Fremdsprache zuzulassen und für fremdsprachige Unterlagen im Übrigen eine Übersetzung in die jeweilige Landessprache zu verlangen.

10 Abs. 2 S. 1 Nr. 2 gilt gem. Abs. 1 S. 2 beim **wettbewerblichen Dialog** und der **Innovationspartnerschaft** nicht für die Aufforderung zur Teilnahme am Dialog bzw. die Aufforderungen zur Teilnahme an den Verhandlungen, sondern erst für die (sich an den Dialog bzw. die Verhandlungen anschließende) **Aufforderung zur Angebotsabgabe.**⁸ Das liegt daran, dass bei diesen Verfahren die (eigentliche) Angebotsphase erst nach Abschluss des Dialogs bzw. der Verhandlungen eröffnet wird, weshalb zum Zeitpunkt der Aufforderung gem. Abs. 1 (in der Regel) noch keine (zuschlagsfähigen) Angebote eingereicht werden sollen. Die nach Abs. 2 S. 1 Nr. 2 geforderten Angaben sind jedoch grundsätzlich (sinngemäß) für die einzureichenden Lösungsvorschläge bzw. ersten Angaben mitzuteilen, weil es sich hierbei um wesentliche Informationen für den Verfahrensablauf und die von den beteiligten Unternehmen zu beachtenden Anforderungen handelt.

11 Die Angaben müssen zudem mit den in der **Auftragsbekanntmachung** enthaltenen Informationen übereinstimmen und sollten jedenfalls nicht allgemeiner als diese sein. Sofern in der Bekanntmachung zB eine Uhrzeit für den Ablauf der Angebotsfrist angegeben wurde, ist diese zur Vermeidung von Unklarheiten und Widersprüchen auch in der Aufforderung nach Abs. 1 anzugeben.

12 **3. Termin und Ort des Beginns der Dialogphase bei einem wettbewerblichen Dialog (Abs. 2 S. 1 Nr. 3).** Abs. 2 S. 1 Nr. 3 betrifft allein den **wettbewerblichen Dialog** und bestimmt, dass den Dialogteilnehmern mit der Aufforderung zur Teilnahme am Dialog der **Termin** und der **Ort** des Beginns der Dialogphase sowie die verwendete Sprache mitgeteilt werden muss.⁹ Diese Angaben können vorläufig sein und im weiteren Verlauf des Verfahrens angepasst werden. Dabei ist darauf zu achten, dass den beteiligten Unternehmen eine angemessene Vorbereitung der Erörterungen und Verhandlungen möglich sein muss. Aus Gründen des Wettbewerbs und Geheimnisschutzes müssen mit den beteiligten Unternehmen zudem grundsätzlich **getrennte Gespräche** geführt werden, in denen die jeweiligen Lösungsvorschläge jeweils separat erörtert werden.

13 **4. Bezeichnung der beizufügenden Unterlagen (Abs. 2 S. 1 Nr. 4).** Gemäß Abs. 2 S. 1 Nr. 4 müssen die den Angeboten bzw. den Lösungsvorschlägen **beizufügenden Unterlagen** bezeichnet werden, sofern das nicht bereits im Rahmen der Auftragsbekanntmachung geschehen ist. Diese Regelung weicht von den Vorgaben der RL 2014/24/EU ab, wonach (nur) die Bezeichnung solcher Unterlagen gefordert wird, die „ggf." zum Beleg oder zur Ergänzung der zum Nachweis der Eignung eingereichten (Eigen-)Erklärungen einzureichen sind.¹⁰ Abs. 2 S. 1 Nr. 4 geht darüber hinaus und bezieht sich allgemein auf die den Angeboten bzw. Lösungsvorschlägen beizufügenden Unterlagen. Das ist sachgerecht, weil für die beteiligten Unternehmen klar sein muss, welche Unterlagen sie einreichen sollen und welche Unterlagen für ein vollständiges Angebot oder einen vollständigen Lösungsvorschlag gefordert werden. Eine ausführliche Beschreibung der einzureichenden Erklärungen, Konzepte, Nachweise und sonstigen Unterlagen ist dagegen typischerweise den Bewerbungsbedingungen (iSv § 29 Abs. 1 S. 2 Nr. 2) vorbehalten.

14 Bei den mit dem Angebot bzw. Lösungsvorschlag einzureichenden Unterlagen handelt es sich (neben den Nachweisen iSd Anhang IX Nr. 1 lit. d RL 2014/24/EU) in erster Linie um **eigene oder bearbeitete Unterlagen** der Bieter bzw. der beteiligten Unternehmen (zB Angebotsschreiben, ausgefüllte Formblätter und Leistungsverzeichnisse, Konzepte) und ggf. **Unterlagen von Dritten** (zB Finanzierungszusagen von Fremdkapitalgebern im Rahmen von ÖPP- bzw. PPP-Projekten), die in das Angebot bzw. den Lösungsvorschlag einbezogen sind. Die Einreichung derjenigen Bestandteile der Vergabeunterlagen, bei denen Eintragungen oder Änderungen nicht vorgesehen und deshalb auch nicht zulässig sind, ist weder erforderlich noch empfehlenswert (zB Leistungsbeschreibung und Vertragsunterlagen).

---

⁶ Vgl. Anhang IX Nr. 1 lit. b RL 2014/24/EU.
⁷ Vgl. § 16 Abs. 5 für das nicht offene Verfahren und § 17 Abs. 6 für das Verhandlungsverfahren.
⁸ Vgl. Anhang IX Nr. 1 aE RL 2014/24/EU.
⁹ Anhang IX Nr. 1 lit. c RL 2014/24/EU.
¹⁰ Anhang IX Nr. 1 lit. d RL 2014/24/EU.

III. Notwendiger Inhalt der Aufforderung zur Angebotsabgabe, zur Teilnahme etc 15–17 § 52 VgV

5. Zuschlagskriterien und deren Gewichtung (Abs. 2 S. 1 Nr. 5). Nach Abs. 2 S. 1 Nr. 5 **15** müssen die Zuschlagskriterien und deren Gewichtung (bzw. Rangfolge ihrer Bedeutung) ebenfalls in der Aufforderung zur Angebotsabgabe, zur Teilnahme am wettbewerblichen Dialog oder an den Verhandlungen im Rahmen einer Innovationspartnerschaft angegeben werden, wenn diese nicht bereits in der **Auftragsbekanntmachung** oder in der Aufforderung zur **Interessensbestätigung** enthalten sind.[11] Diese Regelung korrespondiert mit § 127 Abs. 5 GWB und § 58 Abs. 3, wonach die Zuschlagskriterien und deren Gewichtung in der Auftragsbekanntmachung oder den Vergabeunterlagen anzugeben sind (→ GWB § 127 Rn. 83 ff., → § 58 Rn. 23). Es besteht insoweit ein **Wahlrecht** für die öffentlichen Auftraggeber, ob sie die Zuschlagskriterien und deren Gewichtung in der **Bekanntmachung** bzw. (im Falle einer die Bekanntmachung ersetzenden Vorinformation gem. § 38 Abs. 4) in der Aufforderung zur Interessensbestätigung (→ Rn. 18 ff.) oder in den **Vergabeunterlagen** angeben.[12] An die bekannt gegebenen Zuschlagskriterien und deren Gewichtung und Bedeutung sind die öffentlichen Auftraggeber im weiteren Verlauf des Vergabeverfahrens **gebunden** und müssen diese im Rahmen der Wertung zwingend vollständig anwenden.[13]

Die Anforderungen an die Zuschlagskriterien einschließlich der Unterkriterien und deren **16** Gewichtung ergeben sich aus § 127 GWB und § 58 (→ GWB § 127 Rn. 67 ff., → § 58 Rn. 23 ff.). § 52 betrifft dagegen lediglich die Pflicht zu deren Bekanntgabe. Die **Pflicht zur Bekanntgabe** erstreckt sich auf alle vorgesehenen Zuschlagskriterien, alle ggf. vorgesehenen Unterkriterien,[14] die Gewichtung dieser Kriterien,[15] ggf. erstellte Wertungsmatrizen[16] und Berechnungsformeln.[17]

Die Pflicht zur Bekanntgabe der Zuschlagskriterien besteht auch dann, wenn das Vergabeverfah- **17** ren in verschiedenen **aufeinanderfolgenden Phasen** durchgeführt wird, in denen die Zahl der Angebote bzw. Lösungsvorschläge schrittweise verringert wird. Eine derartige Verfahrensgestaltung ist beim Verhandlungsverfahren (§ 17 Abs. 12), beim wettbewerblichen Dialog (§ 18 Abs. 6) und bei der Innovationspartnerschaft (§ 19 Abs. 5 S. 3) zulässig, wenn der Auftraggeber in der Auftragsbekanntmachung oder in den Vergabeunterlagen darauf hingewiesen hat. Die Auswahlentscheidung hat in jeder Phase des Verfahrens nach den vorab festgelegten Zuschlagskriterien zu erfolgen, die während des gesamten Verfahrens nicht (wesentlich) geändert werden dürfen. Die Zuschlagskriterien und deren Gewichtung sind auch in einem Verhandlungsverfahren **nicht verhandelbar**.[18] Zulässig sind allein **Konkretisierungen** durch den öffentlichen Auftraggeber, sofern sich die Anpassungen im zuvor festgelegten Rahmen bewegen.[19] Nach Ablauf der Angebotsfrist dürfen die Zuschlagskriterien aus Gründen der Transparenz, des Wettbewerbs und der Gleichbehandlung nicht mehr verändert werden.[20] Die Auftraggeber dürfen im Rahmen der Wertung daher nur solche Zuschlagskriterien, Unterkriterien und Gewichtungsregeln anwenden, die zuvor bekannt gegeben wurden.[21]

---

[11] Ähnlich Anhang IX Nr. 1 lit. e RL 2014/24/EU.
[12] OLG Düsseldorf Beschl. v. 21.11.2007 – Verg 32/07, IBRRS 2008, 1155; OLG Karlsruhe Beschl. v. 9.3.2007 – 17 Verg 3/07, IBRRS 2007, 2132.
[13] Vgl. EuGH Urt. v. 18.11.2010 – C-226/09P, NZBau 2018, 229 (232) – EUIPO; OLG Düsseldorf Beschl. v. 29.4.2015 – Verg 35/14, ZfBR 2015, 596; OLG München Beschl. v. 19.3.2009 – Verg 2/09, NZBau 2009, 341; VK Brandenburg Beschl. v. 3.6.2019 – VK 4/19; VK Südbayern Beschl. v. 3.1.2018 – Z3-3-3194-1-46-08/17.
[14] OLG Düsseldorf Beschl. v. 29.4.2015 – Verg 35/14, ZfBR 2015, 596; OLG Düsseldorf Beschl. v. 9.4.2014 – Verg 36/13, ZfBR 2015, 512; OLG Düsseldorf Beschl. v. 19.6.2013 – Verg 8/13, ZfBR 2014, 85; OLG Düsseldorf Beschl. v. 27.3.2013 – Verg 53/12, ZfBR 2015, 408; OLG Frankfurt a. M. Beschl. v. 28.5.2013 – 11 Verg 6/13, BeckRS 2013, 10982; vgl. aber auch OLG München Beschl. v. 9.2.2009 – Verg 27/08, ZfBR 2009, 288, wonach es bei einer Vielzahl von Unterkriterien zulässig sein kann, nicht sämtliche Unterkriterien zu veröffentlichen.
[15] Vgl. (einschränkend) EuGH Urt. v. 14.7.2016 – C-6/15, NZBau 2016, 772 – TNS Dimarso NV/Vlaams Gewest.
[16] Vgl. (einschränkend) EuGH Urt. v. 14.7.2016 – C-6/15, NZBau 2016, 772 – TNS Dimarso NV/Vlaams Gewest.
[17] OLG Brandenburg Beschl. v. 29.1.2013 – Verg W 8/12, BeckRS 2013, 03142.
[18] Vgl. Erwägungsgründe 45 RL 2014/24/EU. Entsprechendes gilt für den wettbewerblichen Dialog und die Innovationspartnerschaft.
[19] Vgl. EuGH, Urt. v. 14.7.2016 – C-6/15, NZBau 2016, 772 Rn. 32 – TNS Dimarso NV/Vlaams Gewest; VK Lüneburg Beschl. v. 28.6.2013 – VgK-18/2013; VK Lüneburg Beschl. v. 26.11.2012 – VgK-40/2012, BeckRS 2013, 01458; 1. VK Sachsen Beschl. v. 22.1.2014 – 1/SVK/044-13, BeckRS 2014, 10425.
[20] Vgl. zur Möglichkeit der nachträglichen Festlegung von Gewichtungskoeffizienten EuGH Urt. v. 18.11.2010 – C-226/09P, NZBau 2018, 229 (232) – EUIPO; OLG Düsseldorf Beschl. v. 19.6.2013 – Verg 8/13ZfBR 2014, 85; OLG Düsseldorf Beschl. vom 27.3.2013 – Verg 53/12, ZfBR 2015, 408; OLG Frankfurt a. M. Beschl. v. 28.5.2013 – 11 Verg 6/13, BeckRS 2013, 10982; aA VK Bremen Beschl. v. 20.6.2012 – VK 1/12, VPRRS 2013, 0044.
[21] Vgl. EuGH Urt. v. 24.1.2008 – C-532/06, ZfBR 2008, 309.

IV. Aufforderung zur Bestätigung der Interessensbekundung (Abs. 3)

18 Abs. 3 betrifft die **Aufforderung zur Interessensbestätigung** iSv § 38 Abs. 5 nach einer die Auftragsbekanntmachung ersetzenden **Vorinformation** iSv § 38 Abs. 4 (→ § 38 Rn. 13 ff.). Der wesentliche Unterschied dieser Aufforderung zu der Aufforderung gem. Abs. 1 und Abs. 2 besteht darin, dass mit der Aufforderung zur Interessensbestätigung gem. Abs. 3 zunächst der **Teilnahmewettbewerb** für ein **offenes Verfahren** (gem. § 16 Abs. 1–4) oder ein **Verhandlungsverfahren** (gem. § 17 Abs. 1–4) eröffnet wird (vgl. § 38 Abs. 5 S. 2 iVm § 38 Abs. 4 S. 1). Dieser Zwischenschritt ist erforderlich, weil es hier an einer den Teilnahmewettbewerb eröffnenden Auftragsbekanntmachung fehlt. Für die **Aufforderung zur Angebotsabgabe** nach Abschluss des Teilnahmewettbewerbs gelten die Abs. 1 und 2. Wegen der Einzelheiten und Anforderungen an die Vorinformation gem. § 38 Abs. 4 und die Aufforderung zur Interessensbestätigung gem. § 38 Abs. 5 wird auf die Kommentierung zu § 38 Abs. 4 und Abs. 5 verwiesen (→ § 38 Rn. 13 ff., 22 f.).

19 Nach **Abs. 3 S. 1** sind **alle Unternehmen,** die eine Interessensbekundung iSv § 38 Abs. 4 S. 1 Nr. 3 (→ § 38 Rn. 17 f.) übermittelt haben, **gleichzeitig aufzufordern,** eine Interessensbestätigung iSv § 38 Abs. 5 abzugeben. Eine Auswahl zwischen den Unternehmen, die (frist- und formgerecht) eine Interessensbekundung abgegeben haben, ist danach ebenso unzulässig wie die Berücksichtigung von Unternehmen, die keine Interessensbekundung abgegeben haben. Das Erfordernis der gleichzeitigen Aufforderung bezieht sich auf das Absenden der Aufforderung. Auf den Zeitpunkt des tatsächlichen Zugangs bzw. der Kenntnisnahme kommt es insoweit nicht an.

20 In **Abs. 3 S. 2** werden die Mindestangaben aufgelistet, die eine Aufforderung zur Interessensbestätigung zwingend enthalten muss. Diese beruhen auf den in **Ziffer 2 des Anhangs IX RL 2014/24/EU** aufgelisteten Angaben.[22] Zusätzlich ist nach Nr. 4 die Internetadresse anzugeben, über die die Vergabeunterlagen abgerufen werden können. Diese Ergänzung war zur Umsetzung von Art. 54 Abs. 2 RL 2014/24/EU erforderlich, weil es im Fall der Aufforderung gem. Abs. 2 keine Auftragsbekanntmachung gibt, in der diese Angabe bereits enthalten ist (§ 41 Abs. 1).

21 Die Auflistung in Abs. 3 ist (wie die Auflistung in Abs. 2; → Rn. 6 f.) **nicht abschließend.** Neben den in Abs. 3 genannten Informationen sind beispielsweise (sofern beabsichtigt) die Möglichkeit der Auftragsvergabe aufgrund von Erstangeboten (§ 17 Abs. 11), die Durchführung einer elektronischen Auktion (§ 26 Abs. 1), die Zulassung von Nebenangeboten (§ 35 Abs. 1), vorgesehene Maßnahmen zum Schutz der Vertraulichkeit (§ 41 Abs. 3), die Reduzierung der zur Angebotsabgabe aufzufordernden Bewerber (§ 51 Abs. 1) sowie alle weiteren für das Verfahren wesentlichen Angaben aufzunehmen.

22 **1. Umfang des Auftrags (Abs. 3 S. 2 Nr. 1).** Gemäß Abs. 3 S. 2 Nr. 1 ist zunächst der zu vergebende Auftrag näher zu beschreiben. Dazu gehören konkrete Angaben zum **Umfang des Auftrags** einschließlich **Optionen auf zusätzliche Aufträge** und bei wiederkehrenden Aufträgen zu Art und Umfang der Aufträge und (sofern möglich) zum voraussichtlichen Datum der Veröffentlichung zukünftiger Auftragsbekanntmachungen. Abs. 3 S. 2 Nr. 1 wird ergänzt durch Abs. 3 S. 2 Nr. 8, wonach die **Art des Auftrags** anzugeben ist (→ Rn. 32).

23 Die nach Abs. 3 S. 2 Nr. 1 geforderten Angaben dienen in erster Linie der **Konkretisierung des Beschaffungsgegenstandes.** Die aufgeforderten Unternehmen müssen in die Lage versetzt werden zu erkennen, welche Leistungen vergeben werden sollen, und zu entscheiden, ob sie diese erbringen können und eine Teilnahme am Vergabeverfahren für sie interessant ist. Für die Aufforderung gem. Abs. 3 ist zwar keine detaillierte Leistungsbeschreibung erforderlich, der Auftragsgegenstand muss jedoch angegeben werden. Dazu gehören insbesondere die **Art und der Umfang der zu erbringenden Leistungen.** Sofern der Auftrag in mehrere **Lose** unterteilt ist, sind diese Informationen für jedes Los gesondert anzugeben. Darüber hinaus ist anzugeben, ob eine Loslimitierung vorgesehen ist oder ein Bieter den Zuschlag auf alle oder mehrere Lose erhalten kann (vgl. § 30). Anzugeben sind darüber hinaus vorgesehene **Optionen** auf zusätzliche Aufträge oder Vertragsverlängerungen. Diese Angaben sind nach Abs. 3 S. 2 Nr. 1 auch dann erforderlich, wenn sie bereits in der Vorinformation gem. § 38 Abs. 4 enthalten sind.

24 **2. Verfahrensart (Abs. 3 S. 2 Nr. 2).** Nach Abs. 3 S. 2 Nr. 2 ist die Art des Vergabeverfahrens anzugeben. In Betracht kommen insoweit nur das **nicht offene Verfahren** und das **Verhandlungsverfahren** (je nach Vorliegen der Zulässigkeitsvoraussetzungen gem. § 14 Abs. 2 und 3),[23] weil für die anderen Verfahrensarten eine Aufforderung zur Interessensbestätigung gem. § 38 Abs. 4, 5 nicht zulässig ist.[24]

---

[22] Bundesministerium für Wirtschaft und Energie, RefE der Verordnung zur Modernisierung des Vergaberechts v. 9.11.2015, 183 f.
[23] So ausdrücklich Ziffer 2 lit. c Anhang IX RL 2014/24/EU.
[24] Bundesministerium für Wirtschaft und Energie, RefE der Verordnung zur Modernisierung des Vergaberechts v. 9.11.2015, 184.

3. Leistungszeitraum (Abs. 3 S. 2 Nr. 3). Nach Abs. 3 S. 2 Nr. 3 ist „gegebenenfalls" der 25 Zeitpunkt anzugeben, an dem die Lieferleistung erbracht oder die Dienstleistung beginnen oder abgeschlossen sein soll. Die Vorschrift entspricht Ziffer 2 lit. c Anhang IX RL 2014/24/EU mit Ausnahme des dort ebenfalls enthaltenen Bezugs auf Bauaufträge.

Der vorgesehene Leistungszeitraum dürfte trotz der Formulierung („gegebenenfalls") stets anzu- 26 geben sein, weil es sich dabei um eine wesentliche Information handelt. Die aufgeforderten Unternehmen benötigen diese für ihre Entscheidung zur Teilnahme am Verfahren, weil sie dafür beurteilen müssen, ob sie über entsprechende Kapazitäten verfügen. Es ist allerdings nicht zwingend erforderlich, dass bereits konkrete Termine festgelegt werden. Ausreichend ist eine ungefähre Angabe des voraussichtlichen Leistungszeitraums (einschließlich eventueller Verlängerungsoptionen, vgl. Abs. 3 S. 2 Nr. 1).

4. Internetadresse zum Abruf der Vergabeunterlagen (Abs. 3 S. 2 Nr. 4). Gemäß Abs. 3 27 S. 2 Nr. 4 ist grundsätzlich die Internetadresse anzugeben, über die die Vergabeunterlagen „**unentgeltlich, uneingeschränkt** und **vollständig direkt verfügbar**" sind". Diese Regelung dient der Umsetzung von Art. 54 Abs. 2 RL 2014/24/EU (→ Rn. 20) und korrespondiert mit § 41 Abs. 1, wonach in (der Auftragsbekanntmachung oder) der Aufforderung zur Interessensbestätigung eine „elektronische Adresse" anzugeben ist, unter der die Vergabeunterlagen „unentgeltlich, uneingeschränkt, vollständig und direkt abgerufen werden können". Aus den unterschiedlichen Formulierungen in Abs. 3 S. 2 Nr. 4 und § 41 Abs. 1 ergeben sich keine inhaltlichen Unterschiede.[25]

Auf die Angabe einer Internetadresse zum Abruf der Vergabeunterlagen darf nur unter den in 28 § 41 Abs. 2 geregelten Voraussetzungen verzichtet werden (→ § 41 Rn. 19 ff.). In diesem Fall ist nach Abs. 3 S. 2 Nr. 5 anzugeben, wo, wann und wie die Vergabeunterlagen stattdessen angefordert werden können.

5. Sonstige Verfügbarkeit der Vergabeunterlagen (Abs. 3 S. 2 Nr. 5). Sofern die Vergabe- 29 unterlagen nicht gem. § 41 Abs. 1 über eine Internetadresse abgerufen werden können, sind nach § 52 Abs. 3 S. 2 Nr. 5 in der Aufforderung zur Interessensbestätigung die **Anschrift** und der **Schlusstermin** für die Anforderung der Vergabeunterlagen sowie die **Sprache**, in der die Interessensbekundung abzufassen ist, anzugeben. Der Verzicht auf die Angabe einer Internetadresse bzw. eines (vollständigen) elektronischen Zugangs zu den Vergabeunterlagen ist nur unter den Voraussetzungen des § 41 Abs. 2 zulässig (→ § 41 Rn. 19 ff.). Sofern diese Voraussetzungen vorliegen, muss die Aufforderung zur Interessensbestätigung zwingend Angaben zur Verfügbarkeit der Vergabeunterlagen enthalten. Es ist anzugeben, wo, wann und wie die Vergabeunterlagen angefordert werden können. In Bezug auf die „**Sprache,** in der die Interessensbekundung abzufassen ist", dürfte Abs. 3 S. 2 Nr. 5 einen redaktionellen Fehler enthalten. Denn die Interessensbekundung (§ 38 Abs. 4 Nr. 3) erfolgt vor der Aufforderung zur Interessensbestätigung, bei der nur diejenigen Unternehmen aufgefordert werden, die zuvor eine Interessensbekundung übermittelt haben (§ 38 Abs. 5 Nr. 1). In der Aufforderung zur Interessensbestätigung ist daher stattdessen die Sprache anzugeben, in der die Vergabeunterlagen angefordert werden können und in der die Interessensbestätigung abzufassen ist.[26] Sofern die Vergabeunterlagen in mehreren Sprachen angefordert werden können, ist das ebenfalls mitzuteilen.[27]

6. Anschrift des öffentlichen Auftraggebers (Abs. 3 S. 2 Nr. 6). Nach Abs. 3 S. 2 Nr. 6 30 ist die **Anschrift** des öffentlichen Auftraggebers, der den Zuschlag erteilt, anzugeben. Sofern eine andere (Kontakt-)Stelle für die Bearbeitung von Bieterfragen und/oder zur Entgegennahme der Interessensbestätigungen zuständig sein soll, ist zusätzlich auch diese anzugeben.

7. Eignungsnachweise (Abs. 3 S. 2 Nr. 7). Nach Abs. 3 S. 2 Nr. 7 sind alle **wirtschaftli-** 31 **chen und technischen Anforderungen, finanziellen Sicherheiten** und **Angaben, die von den Unternehmen verlangt werden,** in der Aufforderung zur Interessensbestätigung anzugeben. Diese Angaben sind erforderlich, weil mit der Aufforderung zur Interessensbestätigung gem. § 38 Abs. 5 S. 2 der Teilnahmewettbewerb (nach § 16 Abs. 1 oder § 17 Abs. 1) eingeleitet wird, in welchem gem. §§ 42 ff. die Eignung der Bewerber anhand der bekannt gemachten Eignungskriterien und das Nichtvorliegen von Ausschlussgründen zu prüfen ist. Die Angaben nach Abs. 3 Nr. 7 beziehen sich daher insbesondere auf die geforderten **Eignungsnachweise** und die insoweit bestehenden Anforderungen. Dazu gehören (wie auch sonst) insbesondere zur Prüfung der Befähigung und Erlaubnis zur Berufsausübung (§ 44), der wirtschaftlichen und finanziellen Leistungsfähigkeit

---

[25] Vgl. zur Bekanntgabe der Internetadresse zum Abruf der Vergabeunterlagen daher → § 41 Rn. 7 ff.
[26] Ziffer 2 lit. d Anhang IX RL 2014/24/EU.
[27] Ziffer 2 lit. d Anhang IX RL 2014/24/EU; Bundesministerium für Wirtschaft und Energie, RefE der Verordnung zur Modernisierung des Vergaberechts v. 9.11.2015, 184.

(§ 45), der technischen und beruflichen Leistungsfähigkeit (§ 46) sowie zum Nichtvorliegen von Ausschlussgründen (§ 48) geforderten Nachweise, Erklärungen und sonstigen Unterlagen. In der Aufforderung zur Interessensbestätigung sind alle geforderten Eignungsnachweise (Eigenerklärungen, Formblätter, Bescheinigungen, sonstige Nachweise) und ggf. bestehende Mindestanforderungen anzugeben. Sofern beabsichtigt ist, die Anzahl geeigneter Bewerber, die zur Angebotsabgabe aufgefordert werden sollen, zu begrenzen, sind darüber hinaus die sich aus § 51 Abs. 1 S. 2 ergebenden Anforderungen zu beachten. In diesem Fall sind in der Aufforderung zur Interessensbestätigung die Eignungskriterien anzugeben, anhand derer die Auswahl erfolgen soll, sowie die vorgesehene Mindestzahl und ggf. Höchstzahl der zur Angebotsabgabe aufzufordernden Unternehmen.

32   **8. Art des Auftrags (Abs. 3 S. 2 Nr. 8).** Nach Abs. 3 S. 2 Nr. 8 ist die **Art des Auftrags** anzugeben, der Gegenstand des Vergabeverfahrens ist. Insoweit ist zunächst klarzustellen, ob es sich um einen Liefer- oder Dienstleistungsauftrag handelt. Nach Anhang IX RL 2014/24/EU ist darüber hinaus der **rechtliche Charakter** der ausgeschriebenen Verträge anzugeben, wobei folgende Möglichkeiten vorgegeben sind: Kauf, Leasing, Miete oder Mietkauf oder eine Kombination dieser Arten.[28]

33   **9. Zuschlagskriterien und deren Gewichtung (Abs. 3 S. 2 Nr. 9).** In Bezug auf die nach Abs. 3 S. 2 Nr. 9 anzugebenden Zuschlagskriterien und deren Gewichtung bzw. Rangfolge gelten grundsätzlich die gleichen Anforderungen wie nach Abs. 2 S. 1 Nr. 5. Der einzige Unterschied besteht darin, dass diese Angaben in der Aufforderung zur Interessensbestätigung auch dann entbehrlich sein können, wenn diese in den Vergabeunterlagen angegeben sind. Diese Möglichkeit besteht nach Abs. 2 S. 1 Nr. 5 nicht, weil die Aufforderung zur Angebotsabgabe bzw. zur Einreichung von Lösungsvorschlägen selbst Bestandteil der Vergabeunterlagen ist. In Bezug auf die weiteren Anforderungen kann jedoch auf die Kommentierung zu Abs. 2 S. 1 Nr. 5 verwiesen werden (→ Rn. 15 ff.).

§ 53 Form und Übermittlung der Interessensbekundungen, Interessensbestätigungen, Teilnahmeanträge und Angebote

(1) Die Unternehmen übermitteln ihre Interessensbekundungen, Interessensbestätigungen, Teilnahmeanträge und Angebote in Textform nach § 126b des Bürgerlichen Gesetzbuchs mithilfe elektronischer Mittel gemäß § 10.

(2) ¹Der öffentliche Auftraggeber ist nicht verpflichtet, die Einreichung von Angeboten mithilfe elektronischer Mittel zu verlangen, wenn auf die zur Einreichung erforderlichen elektronischen Mittel einer der in § 41 Absatz 2 Nummer 1 bis 3 genannten Gründe zutrifft oder wenn zugleich physische oder maßstabsgetreue Modelle einzureichen sind, die nicht elektronisch übermittelt werden können. ²In diesen Fällen erfolgt die Kommunikation auf dem Postweg oder auf einem anderen geeigneten Weg oder in Kombination von postalischem oder einem anderen geeigneten Weg und Verwendung elektronischer Mittel. ³Der öffentliche Auftraggeber gibt im Vergabevermerk die Gründe an, warum die Angebote mithilfe anderer als elektronischer Mittel eingereicht werden können.

(3) ¹Der öffentliche Auftraggeber prüft, ob zu übermittelnde Daten erhöhte Anforderungen an die Sicherheit stellen. ²Soweit es erforderlich ist, kann der öffentliche Auftraggeber verlangen, dass Interessensbekundungen, Interessensbestätigungen, Teilnahmeanträge und Angebote zu versehen sind mit
1. einer fortgeschrittenen elektronischen Signatur,
2. einer qualifizierten elektronischen Signatur,
3. einem fortgeschrittenen elektronischen Siegel oder
4. einem qualifizierten elektronischen Siegel.

(4) ¹Der öffentliche Auftraggeber kann festlegen, dass Angebote mithilfe anderer als elektronischer Mittel einzureichen sind, wenn sie besonders schutzwürdige Daten enthalten, die bei Verwendung allgemein verfügbarer oder alternativer elektronischer Mittel nicht angemessen geschützt werden können, oder wenn die Sicherheit der elektronischen Mittel nicht gewährleistet werden kann. ²Der öffentliche Auftraggeber gibt im Vergabevermerk die Gründe an, warum er die Einreichung der Angebote mithilfe anderer als elektronischer Mittel für erforderlich hält.

---

[28] Ziffer 2 lit. g Anhang IX RL 2014/24/EU.

(5) Auf dem Postweg oder direkt übermittelte Interessensbekundungen, Interessensbestätigungen, Teilnahmeanträge und Angebote sind in einem verschlossenen Umschlag einzureichen und als solche zu kennzeichnen.

(6) [1]Auf dem Postweg oder direkt übermittelte Interessensbekundungen, Interessensbestätigungen, Teilnahmeanträge und Angebote müssen unterschrieben sein. [2]Bei Abgabe mittels Telefax genügt die Unterschrift auf der Telefaxvorlage.

(7) [1]Änderungen an den Vergabeunterlagen sind unzulässig. [2]Die Interessensbestätigungen, Teilnahmeanträge und Angebote müssen vollständig sein und alle geforderten Angaben, Erklärungen und Preise enthalten. [3]Nebenangebote müssen als solche gekennzeichnet sein.

(8) Die Unternehmen haben anzugeben, ob für den Auftragsgegenstand gewerbliche Schutzrechte bestehen, beantragt sind oder erwogen werden.

(9) [1]Bewerber- oder Bietergemeinschaften haben in der Interessensbestätigung, im Teilnahmeantrag oder im Angebot jeweils die Mitglieder sowie eines ihrer Mitglieder als bevollmächtigten Vertreter für den Abschluss und die Durchführung des Vertrags zu benennen. [2]Fehlt eine dieser Angaben, so ist sie vor der Zuschlagserteilung beizubringen.

Schrifttum: *Glaser,* „Doppelt gemoppelt" hält nicht immer besser, IBR 2019, 450; *Graef,* Rechtsfragen zur Kommunikation und Informationsübermittlung im neuen Vergaberecht, NZBau 2008, 34; *Hettich,* Kein Angebotsausschluss trotz Beifügung von Bieter-AGB, NZBau 2020, 80; *Jaeger,* Die neue Basisvergaberichtlinie der EU vom 26.2.2014 – ein Überblick, NZBau 2014, 259; *Roßnagel/Paul,* Die Form des Bieterangebots in der elektronischen Vergabe, NZBau 2007, 74; *Schäfer,* Perspektiven der eVergabe, NZBau 2015, 131.

Übersicht

	Rn.		Rn.
I. Überblick und Entstehungsgeschichte	1	2. Anforderungen bei Übermittlung per Post oder direktem Weg (Abs. 5, 6)	19
II. Wahl der Übermittlungsart und Vorrang der elektronischen Übermittlung (Abs. 1–4)	4	V. Kombinierte Übermittlungsarten (Abs. 2 S. 2)	23
III. Übermittlung in Textform mithilfe elektronischer Mittel (Abs. 1, 3)	6	VI. Allgemeine Anforderungen an die einzureichenden Unterlagen (Abs. 7, 8, 9)	24
1. Einreichung in Textform mithilfe elektronischer Mittel (Abs. 1)	7	1. Vollständigkeit der Unterlagen und Unzulässigkeit von Änderungen an den Vergabeunterlagen (Abs. 7)	25
2. Elektronische Signatur und elektronisches Siegel (Abs. 3)	9	2. Angabe gewerblicher Schutzrechte (Abs. 8)	29
IV. Übermittlung auf dem Postweg oder auf einem anderen geeigneten Weg (Abs. 2–6)	13	3. Benennung der Mitglieder von Bewerber- und Bietergemeinschaften und eines bevollmächtigten Vertreters (Abs. 9)	32
1. Zulässigkeit des Postwegs und anderer geeigneter Wege (Abs. 2, 4)	15		

I. Überblick und Entstehungsgeschichte

§ 53 betrifft die grundlegenden Anforderungen an die **Form** und den **Inhalt der Angebote,** **Teilnahmeanträge, Interessensbestätigungen** (iSv § 38 Abs. 5) und **Interessensbekundungen** (iSv § 38 Abs. 4 Nr. 3). Danach ist die Einreichung mit elektronischen Mitteln zum Regelfall geworden (vgl. Abs. 1 und 3), die gegenüber der Einreichung auf direktem Weg, per Post oder per Telefax (Abs. 2, 5, 6) vorrangig ist (Abs. 2, 4). Möglich ist auch eine Kombination zwischen den verschiedenen Einreichungsformen (Abs. 2). Die Abs. 7–9 enthalten allgemeine Anforderungen, die für alle Einreichungsformen gleichermaßen gelten (Unzulässigkeit von Änderungen an den Vergabeunterlagen, Vollständigkeit der Unterlagen und Kennzeichnung von Nebenangeboten, Angaben zu gewerblichen Schutzrechten sowie zu den Mitgliedern von Bewerber- bzw. Bietergemeinschaften und Benennung eines bevollmächtigten Vertreters).

Die Vorschrift gilt nicht für die sonstige Kommunikation zwischen Auftraggebern bzw. Vergabestellen und den am Verfahren beteiligten Unternehmen. Sie gilt daher insbesondere nicht für die Einreichung nachgeforderter Unterlagen und die Einreichung und Beantwortung von Bieterfragen.

3   § 53 wurde im Rahmen der Vergaberechtsnovelle 2016 eingeführt und dient der Umsetzung von **Art. 22 RL 2014/24/EU**.[1] Inhaltlich entspricht die Regelung teilweise den früheren §§ 13 EG, 14 EG und 17 EG VOL/A aF, wobei die früher gesondert geregelten Anforderungen an Teilnahmeanträge (§ 14 EG VOL/A aF) und Angebote (§ 17 EG VOL/A aF) nunmehr in einer Vorschrift zusammengefasst sind, die sich zudem auf die (2016 neu eingeführten) Interessensbestätigungen und Interessensbekundungen erstreckt. Der Vorrang der elektronischen Übermittlung wurde im Rahmen der Vergaberechtsnovelle 2016 ebenfalls neu eingeführt (vgl. § 13 EG VOL/A aF). Nach den gem. § 81 bestehenden **Übergangsfristen**[2] konnten zentrale Beschaffungsstellen iSv § 120 Abs. 4 S. 1 GWB bis zum 18.4.2017 und andere öffentliche Auftraggeber **bis zum 18.10.2018** abweichend von § 53 die Übermittlungsform (weiterhin) **frei wählen** und die Einreichung von Angeboten, Teilnahmeanträgen und Interessensbestätigungen mit elektronischen Mitteln, auf dem Postweg, auf anderem geeigneten Weg, per Telefax oder durch eine Kombination dieser Mittel verlangen.[3]

II. Wahl der Übermittlungsart und Vorrang der elektronischen Übermittlung (Abs. 1–4)

4   Für die Einreichung von Angeboten, Teilnahmeanträgen, Interessensbestätigungen und Interessensbekundungen besteht seit der Vergaberechtsnovelle 2016 ein **Vorrang** für die Verwendung **elektronischer Mittel**. Eine Einreichung auf anderem Wege (dh per Post, direkt oder per Telefax) ist nur unter den in Abs. 2 und 4 geregelten besonderen Voraussetzungen zulässig. Die bis zur Vergaberechtsnovelle 2016 bestehende (uneingeschränkte) Wahlfreiheit[4] zwischen den verschiedenen Einreichungsformen ist entfallen. Der Vorrang elektronischer Mittel gem. § 53 wird ergänzt durch **§ 9 Abs. 1**, wonach die Auftraggeber die für die elektronische Datenübermittlung erforderlichen Geräte und Programme vorhalten müssen (→ § 9 Rn. 4), und **§§ 10 ff.**, in denen die Anforderungen an die verwendeten elektronischen Mittel und an deren Einsatz geregelt sind.[5] Mit diesen Regelungen werden zudem die entsprechenden Vorgaben der RL 2014/24/EU umgesetzt, mit denen das Ziel eines papierlosen elektronischen Vergabeverfahrens verfolgt wird. Die Kommission verspricht sich durch den verbindlichen Einsatz elektronischer Mittel eine Verbesserung der Möglichkeiten der Unternehmen, sich an Vergabeverfahren im gesamten Binnenmarkt zu beteiligen.[6]

5   Der Vorrang der elektronischen Übermittlung ist bei der **Wahl der Übermittlungsart** zwingend zu berücksichtigen. Die Auftraggeber müssen die einschlägige Übermittlungsart für das jeweilige Vergabeverfahren vorab festlegen, im Vergabevermerk festhalten und den am Auftrag interessierten Unternehmen mit der Auftragsbekanntmachung oder den Vergabeunterlagen bekannt geben. Diese Anforderungen sind in § 53 zwar nicht ausdrücklich genannt, ergeben sich aber aus der Dokumentationspflicht (vgl. § 8) und dem Transparenzgebot (§ 97 Abs. 1 GWB). In Bezug auf die elektronische Übermittlung ist zudem § 11 Abs. 3 zu berücksichtigen, wonach die Auftraggeber den Unternehmen alle notwendigen Informationen über die verwendeten elektronischen Mittel, die technischen Parameter und die verwendeten Verschlüsselungs- und Zeiterfassungsverfahren zur Verfügung stellen müssen (→ § 11 Rn. 22, 23).

III. Übermittlung in Textform mithilfe elektronischer Mittel (Abs. 1, 3)

6   Angebote, Teilnahmeanträge, Interessensbestätigungen und Interessensbekundungen sind nach **Abs. 1** in **Textform** (§ 126b BGB) mithilfe **elektronischer Mittel** gem. § 10 einzureichen. Soweit in Bezug auf die übermittelten Daten erhöhte Sicherheitsanforderungen bestehen, können die Auftraggeber nach **Abs. 3** verlangen, dass die elektronisch übermittelten Unterlagen mit einer fortgeschrittenen oder qualifizierten **elektronischen Signatur** oder einem elektronischen Siegel zu versehen sind.

7   **1. Einreichung in Textform mithilfe elektronischer Mittel (Abs. 1).** Der gesetzliche Regelfall für die Einreichung von Angeboten, Teilnahmeanträgen, Interessensbestätigungen und Interessensbekundungen ist deren elektronische Übermittlung in Textform gem. § 126b BGB. Die **Textform** ist gewahrt, wenn „eine lesbare Erklärung, in der die Person des Erklärenden genannt ist, auf einem dauerhaften Datenträger abgegeben" wird (§ 126b S. 1 BGB). Ein dauerhafter Datenträger ist dabei jedes Medium, das (1.) „es dem Empfänger ermöglicht, eine auf dem Datenträger befindliche, an ihn persönlich gerichtete Erklärung so aufzubewahren oder zu speichern, dass sie

---

[1] Bundesministerium für Wirtschaft und Energie, RefE der Verordnung zur Modernisierung des Vergaberechts v. 9.11.2015, 184.
[2] Vgl. dazu die Kommentierung zu § 81 (→ § 81 Rn. 1 ff.).
[3] Vgl. Art. 90 Abs. 2 UAbs. 3 RL 2014/24/EU.
[4] Vgl. § 13 EG Abs. 1 VOL/A aF, § 16 EG Abs. 1 S. 1 VOL/A aF.
[5] Vgl. zu den insoweit bestehenden Schwierigkeiten *Schäfer* NZBau 2015, 131 (133).
[6] Erwägungsgründe 52, 72 RL 2014/24/EU.

ihm während eines für ihren Zweck angemessenen Zeitraums zugänglich ist", und das (2.) „geeignet ist, die Erklärung unverändert wiederzugeben" (§ 126b S. 2 BGB). Ein derartiger dauerhafter Datenträger liegt vor, wenn die verwendeten elektronischen Mittel die Anforderungen von § 10 erfüllen. Die Person des Erklärenden muss erkenntlich sein (ggf. durch der Nachbildung der Namensunterschrift oder in anderer Form).[7] Für die Unternehmen ergibt sich aus dem Textformgebot grundsätzlich nur die Pflicht, lesbare Erklärungen zu übermitteln, in denen ihr Name und der Name des jeweils unterzeichnenden Vertreters genannt ist.[8] Zusätzliche Anforderungen an die Textform ergeben sich aus Abs. 1 nicht. Der öffentliche Auftraggeber darf allerdings weitergehende, über die Textform des § 126b BGB als Mindestanforderungen hinausgehende formelle Anforderungen für die Abgabe, dh die (elektronische) Übermittlung eines Angebots stellen.[9] Eine Unterschrift bzw. elektronische Signatur ist nicht (mehr)[10] erforderlich (sofern diese nicht nach Abs. 3 verlangt wird).

Sofern für die elektronische Übermittlung der Unterlagen die Verwendung einer Vergabeplattform vorgesehen ist, muss diese auch verwendet werden. Eine (zusätzliche) Übersendung der Unterlagen in anderer Form (zB per E-Mail) ist in diesem Fall grundsätzlich nicht zulässig, führt aber regelmäßig nur zum Ausschluss der formwidrig abgegebenen Unterlagen und „infiziert" die formgerecht eingereichten Unterlagen nicht.[11] In Bezug auf die nach Abs. 1 zu verwendenden **elektronischen Mittel gem. § 10** wird im Übrigen auf die Kommentierung zu § 10 verwiesen (→ § 10 Rn. 1 ff.).

2. Elektronische Signatur und elektronisches Siegel (Abs. 3). Für die elektronische Einreichung von Angeboten, Teilnahmeanträgen, Interessensbestätigungen und Interessensbekundungen kann nach Abs. 3 die Verwendung einer **„fortgeschrittenen elektronischen Signatur"**, einer **„qualifizierten elektronischen Signatur"**, eines **„fortgeschrittenen elektronischen Siegels"** oder eins **„qualifizierten elektronischen Siegels"** verlangt werden, wenn **erhöhte Anforderungen an die Sicherheit** der übermittelten Daten bestehen. Eine elektronische Signatur wird bei der Verwendung elektronischer Mittel damit nicht (mehr) generell gefordert, sondern nur dann, wenn deren Verwendung aufgrund erhöhter Sicherheitsanforderungen vom Auftraggeber (mit der Bekanntmachung oder in den Vergabeunterlagen) verlangt wurde.

Die Anforderungen an elektronische Signaturen und Siegel ergeben sich aus der sog. eIDAS-VO.[12] Danach handelt es sich bei einer **„elektronischen Signatur"** um Daten in elektronischer Form, die anderen elektronischen Daten beigefügt oder logisch mit ihnen verknüpft sind und die der Unterzeichner zum Unterzeichnen verwendet. Bei einem **„elektronischen Siegel"** handelt es sich um entsprechende Daten, die aber nicht zum Unterzeichnen verwendet werden, sondern zur Sicherstellung des Ursprungs und der Unversehrtheit der Daten. Für das Vorliegen einer **„fortgeschriebenen elektronischen Signatur"** bzw. eines **„fortgeschriebenen elektronischen Siegels"** müssen nach Art. 26 eIDAS-VO bzw. Art. 36 eIDAS-VO darüber hinaus folgende Anforderungen erfüllt sein: Die Signatur bzw. das Siegel muss eindeutig dem Unterzeichner bzw. Siegelersteller zugeordnet sein, dessen Identifizierung ermöglichen, unter Verwendung elektronischer Signaturerstellungsdaten bzw. Siegelerstellungsdaten erstellt worden sein, die der Unterzeichner bzw. Siegelersteller mit einem hohen Maß an Vertrauen unter seiner alleinigen Kontrolle verwenden kann, und so mit den Daten, auf die sich die Signatur bzw. das Siegel bezieht, verbunden sein, dass eine nachträgliche Veränderung der Daten erkannt werden kann. Eine **„qualifizierte elektronische Signatur"** liegt dann vor, wenn die Signatur zusätzlich zu den Anforderungen an eine fortgeschrittene elektronische Signatur auf einem zum Zeitpunkt ihrer Erzeugung gültigen qualifizierten Zertifikat[13] beruht und mit einer qualifizierten elektronischen Signaturerstellungseinheit[14] erzeugt wird. Diese Anforderungen gelten für das **„qualifizierte elektronische Siegel"** entsprechend.

---

[7] OLG Karlsruhe Beschl. v. 19.2.2020 – 15 Verg 1/20, IBRRS 2020, 1034.
[8] Nicht überzeugend insoweit VK Bund Beschl v. 31.1.2020 – VK 2-102/19, IBRRS 2020,0530.
[9] VK Bund Beschl.v. 31.1.2020 – VK 2-102/19, IBRRS 2020, 0530.
[10] Nach § 16 EG Abs. 1 S. 2 VOL/A aF mussten elektronisch übermittelte Angebote zwingend entweder mit einer „fortgeschrittenen elektronischen Signatur" oder einer „qualifizierten elektronischen Signatur" nach dem Signaturgesetz versehen werden. Auf diese Anforderung wurde bei der Neufassung von § 53 Abs. 1 verzichtet, vgl. dazu auch *Jaeger* NZBau 2014, 259.
[11] OLG Frankfurt a. M. Beschl. v. 18.2.2020 – 11 Verg 7/19; NZBau 2020, 541.
[12] Verordnung (EU) Nr. 910/2014 des europäischen Parlaments und des Rates v. 23.7.2014 (eIDAS-VO), vgl. auch eIDAS-Durchführungsgesetz v. 18.7.2017 (BGBl. 2017 I 52). Das Signaturgesetz v. 16.5.2001 (BGBl. 2001 I 876) wurde mit Wirkung zum 29.7.2017 aufgehoben.
[13] Als qualifiziertes Zertifikat wird eine elektronische Bescheinigung bezeichnet, die von einem qualifizierten Vertrauensdienstanbieter ausgestellt ist und die Anforderungen des Anhangs I eIDAS-VO bzw. III eIDAS-VO erfüllt.
[14] Als qualifizierte elektronische Signaturerstellungseinheiten werden Software- oder Hardwareeinheiten bezeichnet, die zum Erstellen einer elektronischen Signatur bzw. eines elektronischen Siegels verwendet werden und die Anforderungen des Anhangs II eIDAS-VO erfüllen.

11 Derartige Signaturen dürfen nach Abs. 3 S. 1 nur verlangt werden, wenn **erhöhte Anforderungen an die Sicherheit** der zu übermittelnden Daten bestehen. Auftraggeber, die eine elektronische Signatur verlangen wollen, müssen daher zunächst das Sicherheitsniveau bestimmen, das für die übermittelten Daten erforderlich ist. Bei der Bestimmung und Festlegung des Sicherheitsniveaus sind die sich aus der Art der jeweiligen Daten ergebenden Risiken zu berücksichtigen. Eine pauschale Klassifizierung von Unterlagen als besonders sicherheitsrelevant, weil es sich um Angebote handelt, ist aufgrund des sich aus Abs. 1 und 3 ergebenden Regel-Ausnahmeverhältnisses nicht möglich. Erforderlich ist vielmehr eine Einzelfallprüfung unter Berücksichtigung der tatsächlichen Gefahren, dass die Daten von nicht berechtigten Datenquellen stammen oder fehlerhaft sind.[15] Dabei ist auch die Art der jeweiligen Unterlage zu berücksichtigen. Eine elektronische Signatur kommt bei (endgültigen) Angeboten eher in Betracht als bei Interessensbekundungen, Interessensbestätigungen und Teilnahmeanträgen, bei denen eine elektronische Signatur in der Regel nicht erforderlich ist.[16]

12 Sofern die Auftraggeber die Verwendung elektronischer Signaturen für die Einreichung von Angeboten oder anderen Daten verlangen, müssen sie zudem über die entsprechenden technischen Vorrichtungen verfügen, die die jeweiligen Signaturen akzeptieren. Das gilt auch für fortgeschrittene elektronische Signaturen und qualifizierte elektronische Signaturen und entsprechende elektronische Siegel, die von Unternehmen **aus anderen Mitgliedstaaten** der Europäischen Union ausgestellt wurden.[17] Eine Beschränkung auf in Deutschland ausgestellte Signaturen und Siegel ist nicht zulässig.

IV. Übermittlung auf dem Postweg oder auf einem anderen geeigneten Weg (Abs. 2–6)

13 Für die Angebotseinreichung darf der **Postweg** oder ein **anderer geeigneter Weg** gewählt werden, wenn die Voraussetzungen von Abs. 2 und/oder Abs. 4 vorliegen. Beim Vorliegen dieser Voraussetzungen kann auch für Interessensbekundungen, Interessensbestätigungen und Teilnahmeanträge der Postweg oder ein anderer geeigneter Weg festgelegt werden, obwohl diese in Abs. 2 und in Abs. 4 nicht genannt sind. Denn insoweit gelten jedenfalls keine strengeren Anforderungen an die Einreichungsform als für Angebote. Darüber hinaus ergibt sich aus den Abs. 5 und 6, dass eine Einreichung auf dem Postweg, auf direktem Weg oder per Telefax sowohl für Angebote als auch für Teilnahmeanträge, Interessensbestätigungen und Interessensbekundungen möglich ist. Sofern diese Unterlagen auf dem Postweg oder direkt übermittelt werden, sind sie in einem verschlossenen Umschlag als solche gekennzeichnet und unterschrieben einzureichen (Abs. 5 S. 1 und Abs. 6). Bei per Telefax eingereichten Unterlagen genügt die Unterschrift auf der Telefaxvorlage (Abs. 5 S. 2).

14 Als **anderer geeigneter Weg** kommen nach den Abs. 5 und 6 (nur) die **direkte Einreichung** (durch Boten oder eigene Mitarbeiter) sowie die **Einreichung per Telefax** in Betracht (vgl. auch § 54).

15 **1. Zulässigkeit des Postwegs und anderer geeigneter Wege (Abs. 2, 4).** Der Postweg oder ein anderer geeigneter Weg darf (nach Ablauf der Übergangsfrist gem. § 81; → Rn. 3) dann zugelassen und festgelegt werden, wenn die Voraussetzungen von Abs. 2 und/oder Abs. 4 vorliegen. Diese sind als **abschließend** zu verstehen.[18] In Bezug auf das Vorliegen der tatsächlichen Voraussetzungen der in den Abs. 2 und 4 geregelten Ausnahmetatbestände haben die Auftraggeber zwar einen gewissen Beurteilungsspielraum, der aber der Kontrolle durch die Nachprüfungsinstanzen unterliegt. Das Vorliegen der Voraussetzungen muss zudem im Vergabevermerk dokumentiert werden (Abs. 2 S. 3, Abs. 4 S. 2).

16 Nach **Abs. 2** darf der Postweg oder ein anderer geeigneter Weg dann festgelegt werden, wenn die Voraussetzungen von **§ 41 Abs. 2 Nr. 1–3** vorliegen oder mit den Angeboten physische oder maßstabsgetreue **Modelle** einzureichen sind, die nicht elektronisch übermittelt werden können.[19] Nach § 41 Abs. 2 Nr. 1–3 (iVm § 53 Abs. 2) darf auf eine elektronische Übermittlung verzichtet werden, wenn aufgrund der Art des Auftrages für die Angebotserstellung **besondere elektronischen Mittel** erforderlich sind, die nicht mit allgemein verfügbaren oder verbreiteten Geräten und Programmen kompatibel sind (Nr. 1), **besondere Dateiformate** zu verwenden sind, die nicht mit

---

[15] Vgl. Bundesministerium für Wirtschaft und Energie, RefE der Verordnung zur Modernisierung des Vergaberechts v. 9.11.2015, 185 f.

[16] Vgl. Erwägungsgrund 57 RL 2014/24/EU; Bundesministerium für Wirtschaft und Energie, RefE der Verordnung zur Modernisierung des Vergaberechts v. 9.11.2015, 186.

[17] Das gilt allerdings nur dann, wenn die Signaturen den Anforderungen der Art. 25 und 26 VO (EU) 910/2014 des europäischen Parlamentes und des Rates v. 23.7.2014 (eIDAS-VO) genügen, vgl. Bundesministerium für Wirtschaft und Energie, RefE der Verordnung zur Modernisierung des Vergaberechts v. 9.11.2015, S. 186.

[18] Vgl. Erwägungsgrund 53 RL 2014/24/EU.

[19] Vgl. OLG Dresden Beschl. v. 21.2.2020 – Verg 7/19, VPRRS 2020, 0085.

IV. Übermittlung auf dem Postweg o. auf einem anderen geeigneten Weg (Abs. 2–6) 17–20 § 53 VgV

allgemein verfügbaren oder verbreiteten Programmen verarbeitet werden können oder durch kostenpflichtige Lizenzen geschützt sind (Nr. 2), oder die Verwendung von **speziellen Bürogeräten** (wie zB Großformatdrucker und sog. Plotter)[20] erforderlich ist, die dem öffentlichen Auftraggeber nicht zur Verfügung stehen (Nr. 3). In Bezug auf die Einzelheiten wird auf die Kommentierung zu § 41 Abs. 2 verwiesen (→ § 41 Rn. 21 ff.). In Bezug auf die Einreichung eines **physischen** oder maßstabsgetreuen **Modells** kommt eine elektronische Einreichung und eine Übermittlung per Telefax bereits naturgemäß nicht in Betracht, weil das Modell nur per Post oder auf direktem Wege eingereicht werden kann. Entsprechendes dürfte dann gelten, wenn aufgrund der Besonderheiten des jeweiligen Auftrags physische **Muster oder Stoffproben**[21] einzureichen sind. Dabei muss es sich aber um Ausnahmefälle handeln, durch die der Vorrang der elektronischen Übermittlung nicht umgangen werden darf.

Nach **Abs. 4** können für die Angebotseinreichung zudem dann andere als elektronische Mittel 17 festgelegt werden, wenn die Angebote **besonders schutzwürdige Daten** enthalten, die bei Verwendung allgemein verfügbarer oder alternativer elektronischer Mittel nicht angemessen geschützt wären, oder wenn die **Sicherheit der elektronischen Mittel nicht gewährleistet** werden kann. Insoweit geht es (anders als im Rahmen von Abs. 3) nicht um die Zuordnung der Daten zu einem bestimmten Bieter, sondern um den Inhalt der Daten. Es muss sich um Daten handeln, die besonders vertraulich sind und deshalb ein Schutzniveau erfordern, das im Rahmen der elektronischen Übermittlung nicht gewährleistet werden kann. Das ist insbesondere dann der Fall, wenn im Rahmen der Angebote sensible Geschäftsgeheimnisse offenbart werden, deren Bedeutung über den konkreten Auftrag hinausgeht, und der Einsatz alternativer elektronischer Mittel iSv § 12 ausscheidet.

Sofern die Voraussetzungen für eine Übermittlung per Post oder auf anderem Weg vorliegen, 18 ist die Verwendung anderer als elektronischer Mittel grundsätzlich auf diejenigen **Angebotsbestandteile** beschränkt, die die Voraussetzungen nach Abs. 2 und/oder Abs. 4 erfüllen.[22] Das ist in den Abs. 2 und 4 zwar nicht ausdrücklich geregelt, ergibt sich aber aus dem Vorrang der elektronischen Übermittlung und dem Sinn und Zweck der Ausnahmetatbestände. Es besteht beispielsweise kein Grund dafür, das gesamte Angebot per Post einzureichen, wenn dem Angebot lediglich ein physisches Modell beizufügen ist und im Übrigen kein Ausnahmetatbestand greift. Im Falle des Abs. 4 können die Auftraggeber den Bietern auch freistellen, ob sie besonders vertrauliche Angebotsbestandteile mit elektronischen Mitteln oder auf anderem Wege einreichen, sofern es allein um den Schutz der vertraulichen Daten der Bieter geht.

2. Anforderungen bei Übermittlung per Post oder direktem Weg (Abs. 5, 6). Abs. 5 19 und 6 enthalten die wesentlichen Anforderungen an auf dem Postweg, auf direktem Weg oder per Telefax übermittelte Angebote, Teilnahmeanträge, Interessensbestätigungen und Interessensbekundungen. Diese müssen (im Gegensatz zu elektronisch übermittelten Unterlagen) **unterschrieben** sein (Abs. 6) und als solche **gekennzeichnet** in einem **verschlossenen Umschlag** eingereicht werden, wenn sie per Post oder auf direktem Wege übermittelt werden (Abs. 5). Bei diesen Anforderungen handelt es sich um formale Mindestanforderungen, die in der Regel durch weitere, in der **Auftragsbekanntmachung** oder den **Vergabeunterlagen** enthaltene Anforderungen **ergänzt** werden (zB hinsichtlich der geforderten Anzahl von Ausfertigungen und Art und Umfang der einzureichenden Unterlagen). Die Auftraggeber müssen die formalen Anforderungen vorab festlegen und mit der Auftragsbekanntmachung bzw. der Vorinformation gem. § 38 Abs. 4 oder den Vergabeunterlagen bekannt geben. Die bekannt gemachten Anforderungen sind auch dann maßgeblich, wenn sie von den Anforderungen gem. Abs. 5 und 6 abweichen und nicht beanstandet wurden.

Gemäß **Abs. 5** sind auf dem Postweg oder direkt übermittelte Angebote, Teilnahmeanträge, 20 Interessensbestätigungen und Interessensbekundungen in einem verschlossenen Umschlag einzureichen und als solche zu kennzeichnen.[23] Ein **verschlossener Umschlag** liegt vor, wenn die Angebotsunterlagen in einem zugeklebten Brief oder Karton eingereicht werden. Die Verpackung muss

---

[20] Erwägungsgrund 53 RL 2014/24/EU; Bundesministerium für Wirtschaft und Energie, RefE der Verordnung zur Modernisierung des Vergaberechts v. 9.11.2015, S. 185.
[21] OLG Dresden Beschl. v. 21.2.2020 – Verg 7/19, VPRRS 2020, 0085 (Musterstücke der zu beschaffenden Schutzwesten).
[22] Erwägungsgrund 53 RL 2014/24/EU; Bundesministerium für Wirtschaft und Energie, RefE der Verordnung zur Modernisierung des Vergaberechts v. 9.11.2015, 185; aA OLG Dresden Beschl. v. 21.2.2020 – Verg 7/19, VPRRS 2020, 0085, wonach § 53 Abs. 2 S. 2 mehrere Alternativen vorsehe, wie der öffentliche Auftraggeber die Kommunikation gestalten kann, wenn eine der Ausnahmen aus § 53 Abs. 2 S. 1 gegeben ist; dazu gehöre sowohl die allein postalische Übermittlung der gesamten Unterlagen als auch die Aufteilung in eine elektronische und eine postalische Übermittlung der Unterlagen.
[23] Abs. 5 entspricht im Wesentlichen dem früheren § 16 EG Abs. 2 S. 2 VOL/A aF, der allerdings nur für Angebote galt.

Eichler 1699

grundsätzlich sämtliche Angebotsbestandteile umfassen (zB auch ggf. geforderte Modelle) und derart verschlossen sein, dass eine Kenntnisnahme ohne Beseitigung des Verschlusses nicht möglich ist.[24] In der Regel reicht es insoweit aus, wenn an das Behältnis ein im normalen Geschäftsverkehr üblicher Verschluss angebracht ist. Die nach Abs. 2 geforderte **Kennzeichnung** liegt vor, wenn auf dem Behältnis ein Hinweis auf die Art der Unterlagen und deren vertraulichen Charakter enthalten ist (zB „Angebot für Vergabeverfahren xy – nicht öffnen"). Abs. 5 gilt zwar nicht für per Telefax übermittelte Unterlagen (die naturgemäß nicht in einem verschlossenen Umschlag eingereicht werden können), den Auftraggebern steht es aber frei, auch für diese eine Kennzeichnung durch Verwendung eines entsprechenden Deckblattes zu verlangen. Diese Möglichkeit bietet sich deshalb an, weil auch für per Telefax übermittelte Angebote, Teilnahmeanträge und Interessensbestätigungen das Verbot der vorfristigen Kenntnisnahme besteht (vgl. § 54).

21 Ein Verstoß gegen die Anforderungen nach Abs. 5 führt bei Angeboten, Teilnahmeanträgen und Interessensbestätigungen gem. **§ 57 Abs. 1 Nr. 1** (iVm Abs. 3) grundsätzlich zum Ausschluss, es sei denn, das betroffene Unternehmen hat den Verstoß nicht zu vertreten (→ § 57 Rn. 13 ff.). An einem Vertretenmüssen fehlt es beispielsweise, wenn ein ordnungsgemäßer Verschluss bei der Übermittlung per Post beschädigt oder von einem Mitarbeiter des Auftraggebers versehentlich geöffnet wurde.

22 Gemäß **Abs. 6** müssen Angebote, Teilnahmeanträge, Interessensbekundungen und Interessensbestätigungen zudem **unterschrieben** sein, wenn sie per Post oder auf direktem Weg eingereicht werden (S. 1). Im Falle einer Einreichung per Telefax genügt die Unterschrift auf der Telefaxvorlage (S. 2).[25] Das Unterschriftserfordernis ist grundsätzlich erfüllt, wenn lediglich eine (wirksame) Unterschrift vorhanden ist, die sich auf alle Bestandteile der jeweiligen Unterlage bezieht.[26] Sofern mehrere (Haupt-, Alternativ- oder Neben-)Angebote eingereicht werden, ist grundsätzlich jedes einzelne Angebot zu unterzeichnen. Eine einzige Unterschrift kann aber auch im Falle mehrerer Angebote ausreichen, wenn diese an der vom Auftraggeber festgelegten Stelle erfolgt (zB im Rahmen eines vorgegebenen Anschreibens) und eindeutig erkennbar ist, dass sie für alle eingereichten Unterlagen gelten soll.[27] Ein **Nachweis der Zeichnungsberechtigung** muss nur dann beigefügt werden, wenn ein solcher ausdrücklich verlangt wurde.[28] Bei Zweifeln an der Rechtsverbindlichkeit der Unterschrift steht es dem Auftraggeber aber frei, einen Zeichnungsnachweis nachzufordern. Beim Fehlen einer wirksamen Unterschrift ist das betroffene Angebot (bzw. Teilnahmeantrag, Interessensbekundung oder Interessensbestätigung) gem. § 57 Abs. 1 Nr. 1 dagegen zwingend auszuschließen (→ § 57 Rn. 14). Das Nachfordern einer Unterschrift ist nicht zulässig, weil es sich bei dem Schriftformerfordernis gem. Abs. 6 um ein gesetzliches Formerfordernis handelt, das bei einem Verstoß gem. § 125 BGB die Nichtigkeit der Erklärung zur Folge hat.[29]

V. Kombinierte Übermittlungsarten (Abs. 2 S. 2)

23 Angebote, Teilnahmeanträge, Interessensbekundungen und Interessensbestätigungen müssen nicht zwingend ausschließlich in einer Übermittlungsart eingereicht werden. Die Auftraggeber können auch eine Kombination verschiedener Übermittlungsarten zulassen oder vorgeben. Diese Möglichkeit ist in **Abs. 2 S. 2** für **Angebote** ausdrücklich vorgesehen und kommt für diese insbesondere dann in Betracht, wenn die Zulässigkeit einer Übermittlung per Post oder auf direktem Weg nur für einzelne Angebotsbestandteile besteht (zB physische Modelle, → Rn. 18). In diesem Fall ist für die anderen Angebotsbestandteile grundsätzlich der **Vorrang der elektronischen Übermittlung** zu beachten.[30] Diese Möglichkeit besteht grundsätzlich auch für Teilnahmeanträge, Interessensbekundungen und Interessensbestätigungen, dürfte für diese aber deutlich seltener in Betracht kommen. Es ist darüber hinaus möglich, dass die Auftraggeber **alternative Einreichungsformen** für beson-

---

[24] VK Lüneburg Beschl. v. 23.3.2012 – VgK-06/2012, IBRRS 2012, 2393; VK Rheinland-Pfalz Beschl. v. 18.10.2010 – VK 2-32/10, VPRRS 2015, 0145.
[25] Diese Klarstellung ist erforderlich, weil ein empfangenes Telefax keine (eigenhändige) Unterschrift enthält und das unterschriebene Original beim Absender verbleibt, vgl. BGH Urt. v. 28.1.1993 – IX ZR 259/91, NJW 1993, 1126.
[26] OLG Celle Beschl. v. 19.8.2003 – 13 Verg 20/03, IBRRS 2003, 2306; OLG Düsseldorf Beschl. v. 18.7.2005 – VII-Verg 39/05, IBRRS 2013, 1651; VK Münster Beschl. v. 14.10.2011 – VK 14/11, IBRRS 2011, 4929.
[27] BGH Beschl. v. 23.3.2011 – X ZR 92/09, NZBau 2011, 438.
[28] VK Bund Beschl. v. 3.7.2007 – VK 3-64/07, IBRRS 2013, 2784.
[29] Vgl. VK Südbayern Beschl. v. 21.5.2015 – Z3-3-3194-1-08-02/15, IBRRS 2015, 1928; VK Südbayern Beschl. v. 17.4.2013 – Z3-3-3194-1-07-03/15, IBRRS 2013, 1974; OLG Düsseldorf Beschl. v. 5.9.2018 – VII-Verg 32/18, NZBau 2019, 193; *Graef* NZBau 2008, 34 (38 f.); *Roßnagel/Paul* NZBau 2007, 74 (75).
[30] AA OLG Dresden Beschl. v. 21.2.2020 – Verg 7/19, VPRRS 2020, 0085.

ders sensible Informationen der Unternehmen zulassen und es ihnen insoweit freistellen, diese mit elektronischen Mitteln oder per Post bzw. auf direktem Weg einzureichen (→ Rn. 18) (eine Übermittlung per Telefax dürfte insoweit nicht in Betracht kommen).

VI. Allgemeine Anforderungen an die einzureichenden Unterlagen (Abs. 7, 8, 9)

Abs. 7–9 enthalten allgemeine Anforderungen, die für alle Einreichungsformen gleichermaßen gelten. Danach sind Änderungen an den Vergabeunterlagen unzulässig, die Unterlagen vollständig mit allen geforderten Angaben und Erklärungen einzureichen und Nebenangebote als solche zu kennzeichnen (Abs. 7). Gefordert sind darüber hinaus Angaben zu gewerblichen Schutzrechten (Abs. 8) und im Falle einer Bewerber- bzw. Bietergemeinschaft die Benennung eines bevollmächtigten Vertreters (Abs. 9). Diese Vorschriften werden ergänzt durch die Ausschlussgründe nach § 57, in denen die Rechtsfolgen von Verstößen gegen die Anforderungen der Abs. 7–9 geregelt sind und aus denen sich weitere Anforderungen an die Form und den Inhalt der Angebote, Teilnahmeanträge und Interessensbestätigungen ergeben.

1. Vollständigkeit der Unterlagen und Unzulässigkeit von Änderungen an den Vergabeunterlagen (Abs. 7). In Abs. 7 ist geregelt, dass Änderungen an den Vergabeunterlagen unzulässig sind (S. 1), die eingereichten Unterlagen vollständig sein müssen (S. 2) und Nebenangebote als solche gekennzeichnet sein müssen (S. 3). Diese Anforderungen sind für das Vergabeverfahren von grundlegender Bedeutung, weil durch sie die Vergleichbarkeit der Angebote bzw. sonstigen Unterlagen und die Gleichbehandlung bzw. Chancengleichheit der beteiligten Unternehmen gewährleistet wird. Darüber hinaus soll der Gefahr vorgebeugt werden, dass der Zuschlag auf ein Angebot erteilt wird, das den Anforderungen des Auftraggebers nicht entspricht.[31] Eine Verletzung dieser Anforderungen führt daher regelmäßig zum Ausschluss der betroffenen Unternehmen nach § 57.

In Abs. 7 S. 1 ist das **Verbot von Änderungen an den Vergabeunterlagen** normiert. Die Bedeutung dieses Verbots ist erheblich, weil selbst geringfügige Änderungen an den Vergabeunterlagen gem. **§ 57 Abs. 1 Nr. 4** grundsätzlich zwingend zum **Ausschluss** führen. Das Verbot der Änderungen oder Ergänzung der Vergabeunterlagen gilt in erster Linie für Angebote, ist gem. § 57 Abs. 3 iVm § 57 Abs. 1 Nr. 4 aber sinngemäß auch für Teilnahmeanträge und Interessensbestätigungen anwendbar, obwohl für diese nicht die Vergabeunterlagen, sondern die Auftragsbekanntmachung bzw. die jeweilige Aufforderung zur Einreichung der entsprechenden Unterlagen zu berücksichtigen sind. Die insoweit bestehenden Vorgaben dürfen ebenfalls nicht geändert werden. Wegen der Einzelheiten wird auf die Kommentierung zu § 57 Abs. 1 Nr. 4 verwiesen (→ § 57 Rn. 22 ff.).

Nach Abs. 7 S. 2 müssen die Angebote, Teilnahmeanträge und Interessensbestätigungen zudem **vollständig** sein und **alle geforderten Angaben, Erklärungen und Preise** enthalten. Das Erfordernis der Angabe der Preise bezieht sich allerdings nur auf Angebote, weil die anderen genannten Unterlagen naturgemäß keine Preise enthalten. In Bezug auf die Vollständigkeit sind im Übrigen die jeweiligen Anforderungen der Vergabeunterlagen bzw. Auftragsbekanntmachung oder Aufforderung zur Interessensbestätigung zu beachten. Die Auftraggeber dürfen von den insoweit aufgestellten Anforderungen (nach Ablauf der jeweiligen Einreichungsfrist) nicht mehr abweichen. Das Fehlen geforderter Unterlagen führt allerdings erst dann (zwingend) zum Ausschluss gem. **§ 57 Abs. 1 Nr. 2** (→ § 57 Rn. 18), wenn es sich um leistungsbezogene Unterlagen iSv § 56 Abs. 3 handelt (Nachforderung ausgeschlossen) oder die Unterlagen auf Aufforderung des Auftraggebers nicht nachgereicht wurden (vgl. § 56 Abs. 2 S. 1) oder eine Nachforderung in der Auftragsbekanntmachung oder den Vergabeunterlagen ausgeschlossen wurde (vgl. § 56 Abs. 2 S. 2; → § 56 Rn. 26).

In Abs. 7 S. 3 ist zudem vorgeschrieben, dass **Nebenangebote** als solche **gekennzeichnet** werden müssen. Nebenangebote dürfen allerdings nur dann eingereicht und berücksichtigt werden, wenn sie zugelassen wurden (vgl. § 57 Abs. 2). Nicht zugelassene Nebenangebote sind gem. **§ 57 Abs. 1 Nr. 6** zwingend auszuschließen (→ § 57 Rn. 31). Das gilt auch dann, wenn sie nicht als Nebenangebote gekennzeichnet sind.[32]

2. Angabe gewerblicher Schutzrechte (Abs. 8). Nach Abs. 8 haben die Unternehmen anzugeben, ob für den Auftragsgegenstand **gewerbliche Schutzrechte** bestehen, beantragt sind oder erwogen werden. Der Begriff der gewerblichen Schutzrechte wird in der VgV (und der RL

---

[31] Bundesministerium für Wirtschaft und Energie, RefE der Verordnung zur Modernisierung des Vergaberechts v. 9.11.2015, S. 187.
[32] Vgl. *Haupt* in Gabriel/Krohn/Neun VergabeR-HdB Rn. 53; Voppel/Osenbrück/Bubert/*Voppel* Rn. 36.

2014/24/EU) nicht definiert. Insoweit kann auf die gebräuchliche Begriffsverwendung zurückgegriffen werden. Danach werden unter dem Begriff der gewerblichen Schutzrechte die in zahlreichen Gesetzen und Verordnungen geregelten Rechte zum Schutz des geistigen Eigentums auf gewerblichem Gebiet zusammengefasst.[33] Dazu gehören die technische Schutzrechte (Patent-, Gebrauchsmuster- und Sortenschutzrechte), ästhetische Schutzrechte (für Geschmacksmuster und typographische Schriftzeichen), das Halbleiterschutzrecht und nach dem Markengesetz geschützte Kennzeichenrechte (Marke, geschäftliche Bezeichnungen, geografische Herkunftsangaben). Nicht erfasst ist das Urheberrecht.

30 Abs. 8 lässt offen, für welche Art von Unterlagen die Anforderung zur Angabe der (bestehenden, beantragten oder erwogenen) gewerblichen Schutzrechte besteht. In der Regel dürfte die Angabe derartiger Rechte allerdings nur für **Angebote** (und ggf. Lösungsvorschläge im Rahmen eines wettbewerblichen Dialogs) in Betracht kommen, weil sich (nur) diese auf den konkreten Auftragsgegenstand beziehen. Für Teilnahmeanträge und Interessensbestätigungen ist eine Verpflichtung zur Angabe gewerblicher Schutzrechte dagegen nicht sachgerecht, weil die betroffenen Unternehmen zum Zeitpunkt der Einreichung dieser Unterlage noch nicht vorhersehen können bzw. müssen, mit welchen Mitteln der Auftrag ausgeführt wird.

31 Nicht geregelt sind zudem die **Rechtsfolgen,** die sich aus der Nichtbeachtung der Pflicht zur Angabe gewerblicher Schutzrechte ergeben. § 57 enthält insoweit keinen gesonderten Ausschlusstatbestand. Ein Ausschluss kommt allerdings gem. § 57 Abs. 1 Nr. 2 (ggf. iVm § 57 Abs. 3) dann in Betracht, wenn ein Angebot (bzw. ein Teilnahmeantrag oder eine Interessensbestätigung) aufgrund der unterbliebenen Angaben zu gewerblichen Schutzrechten nicht alle geforderten oder nachgeforderten Unterlagen enthält. Das setzt voraus, dass in der Bekanntmachung oder den Vergabeunterlagen ausdrücklich vorgegeben wurde, dass mit dem Angebot bzw. den sonstigen Unterlagen (zwingend) auch eine Erklärung zu den (bestehenden, beantragten oder erwogenen) gewerblichen Schutzrechten eingereicht werden muss.

32 **3. Benennung der Mitglieder von Bewerber- und Bietergemeinschaften und eines bevollmächtigten Vertreters (Abs. 9).** Nach Abs. 9 müssen **Bewerber- oder Bietergemeinschaften** in der Interessensbestätigung, im Teilnahmeantrag oder im Angebot jeweils ihre **Mitglieder** benennen sowie einen für den Abschluss und die Durchführung des Vertrags bevollmächtigten **Vertreter** angeben (S. 1). Sofern diese Angaben fehlen, sind sie spätestens vor der Zuschlagserteilung beizubringen (S. 2). Nach dieser Regelung führt das Fehlen der Angaben nicht zum Ausschluss der betreffenden Bewerber- bzw. Bietergemeinschaft, sondern nur zu einem Zuschlagsverbot bis die Angaben nachgereicht wurden. Das mag in Bezug auf die fehlende Angabe eines für den Vertragsschluss bevollmächtigten Vertreters sachgerecht sein, nicht aber für die fehlende Angabe der Mitglieder von Bewerber- und Bietergemeinschaften. Diese müssen vielmehr zum Zeitpunkt der Angebotsabgabe bzw. im Rahmen eines vorgeschalteten Teilnahmewettbewerbs feststehen, weil es sich bei der Identität der Bietergemeinschaft um eine für die Angebote, Teilnahmeanträge und Interessensbestätigungen wesentliche Information handelt und anderenfalls in der Regel keine sachgerechte Eignungsprüfung durchgeführt werden kann (vgl. §§ 42 ff.).[34] Bei Angeboten von Bietergemeinschaften muss zudem klargestellt sein, dass diese für sämtliche Mitlieder der Bietergemeinschaft bzw. im Namen der Bietergemeinschaft eingereicht werden. In Bezug auf per Post eingereichte (schriftliche) Angebote von Bietergemeinschaften ist darüber hinaus zu berücksichtigen, dass diese nur dann wirksam sind, wenn sie entweder von sämtlichen Mitgliedern der Bietergemeinschaft oder von einem von allen Mitgliedern der Bietergemeinschaft bevollmächtigten Vertreter unterschrieben sind.[35]

§ 54 Aufbewahrung ungeöffneter Interessensbekundungen, Interessensbestätigungen, Teilnahmeanträge und Angebote

¹Elektronisch übermittelte Interessensbekundungen, Interessensbestätigungen, Teilnahmeanträge und Angebote sind auf geeignete Weise zu kennzeichnen und verschlüsselt zu speichern. ²Auf dem Postweg und direkt übermittelte Interessensbestätigungen, Teilnahmeanträge und Angebote sind ungeöffnet zu lassen, mit Eingangsvermerk zu versehen und bis zum Zeitpunkt der Öffnung unter Verschluss zu halten. ³Mittels Telefax übermittelte

---

[33] Erfasst werden insbes. die sich aus dem Markengesetz (MarkenG), dem Geschmacksmustergesetz (GeschmMG), dem Patentgesetz (PatG), dem Gebrauchsmustergesetz (GebrMG), dem Halbleiterschutzgesetz (HalbLSchG) und dem Sortenschutzgesetz ergebenden Rechte.
[34] Vgl. auch OLG Hamburg Beschl. v. 31.3.2014 – 1 Verg 4/13, NZBau 2014, 659.
[35] Vgl. OLG Frankfurt a. M. Beschl. v. 15.7.2008 – 11 Berg 4/08, ZfBR 2009, 86.

Interessensbestätigungen, Teilnahmeanträge und Angebote sind ebenfalls entsprechend zu kennzeichnen und auf geeignete Weise unter Verschluss zu halten.

Schrifttum: *Graef,* Rechtsfragen zur Kommunikation und Informationsübermittlung im neuen Vergaberecht, NZBau 2008, 34; *Höfler,* Die elektronische Vergabe öffentlicher Aufträge, NZBau 2000, 449.

Übersicht

	Rn.		Rn.
I. Überblick und Entstehungsgeschichte	1	Teilnahmeanträge und Interessensbestätigungen (§ 54 S. 2)	6
II. Aufbewahrung elektronisch übermittelter Angebote, Teilnahmeanträge, Interessensbestätigungen und Interessensbekundungen (§ 54 S. 1)	3	IV. Aufbewahrung per Telefax übermittelter Angebote, Teilnahmeanträge und Interessensbestätigungen (§ 54 S. 3)	10
III. Aufbewahrung auf dem Postweg oder direkt übermittelter Angebote,			

I. Überblick und Entstehungsgeschichte

§ 54 betrifft die Anforderungen an die **Aufbewahrung der eingereichten Angebote, Teil- 1 nahmeanträge, Interessensbestätigungen** (iSv § 38 Abs. 5) **und Interessensbekundungen** (iSv § 38 Abs. 4 Nr. 3) **vor deren Öffnung.**[1] Dabei wird nach den jeweiligen Einreichungsformen differenziert: § 54 S. 1 betrifft **elektronisch** übermittelte Angebote, Teilnahmeanträge, Interessensbestätigungen und Interessensbekundungen, S. 2 auf dem **Postweg und direkt** abgegebene Angebote, Teilnahmeanträge und Interessensbestätigungen und S. 3 per **Telefax** übermittelte Angebote, Teilnahmeanträge und Interessensbestätigungen. Der fehlende Bezug auf **Interessensbekundungen** in den S. 2 und 3 beruht nicht auf einem redaktionellen Versehen, sondern ist beabsichtigt. Der Verordnungsgeber hat das (wenn auch nicht sehr überzeugend) damit begründet, dass die Auftraggeber die Interessensbekundungen kennen müssten, um interessierte Unternehmen zu einer Interessensbestätigung nach § 38 Abs. 5 auffordern zu können, weshalb das Verbot der vorfristigen Kenntnisnahme insoweit nicht gelte (→ § 55 Rn. 5).[2] Das erklärt allerdings nicht, weshalb elektronisch eingereichte Interessensbekundungen nach S. 1 verschlüsselt gespeichert werden müssen. Nicht anwendbar ist § 54 zudem auf nachgeforderte Unterlagen.

§ 54 wurde im Rahmen der Vergaberechtsnovelle 2016 eingeführt und dient der Umsetzung 2 von **Art. 22 Abs. 3 S. 2 RL 2014/24/EU**.[3] § 54 entspricht weitgehend dem früheren § 17 EG Abs. 1 VOL/A aF, wobei die Reihenfolge der S. 1 und 2 zugunsten der elektronisch übermittelten Unterlagen verändert wurde, um den Vorrang der elektronischen Kommunikation zum Ausdruck zu bringen. Die Vorschrift ist (wie § 17 EG Abs. 1 VOL/A aF)[4] **bieterschützend.**

II. Aufbewahrung elektronisch übermittelter Angebote, Teilnahmeanträge, Interessensbestätigungen und Interessensbekundungen (§ 54 S. 1)

§ 54 S. 1 betrifft elektronisch übermittelte Angebote, Teilnahmeanträge, Interessensbestätigun- 3 gen und Interessensbekundungen. Diese sind „auf geeignete Weise zu kennzeichnen und verschlüsselt zu speichern". Als **elektronische Übermittlung** werden solche Übermittlungsformen zusammengefasst, bei denen elektronische Geräte für die Verarbeitung und Speicherung von Daten zum Einsatz kommen und bei denen Informationen über Kabel, über Funk, mit optischen Verfahren oder mit anderen elektromagnetischen Verfahren übertragen, weitergeleitet und empfangen werden (Art. 1 Abs. 13 Vergabe-RL 2004). Nicht erfasst werden damit solche Unterlagen, die lediglich auf einem elektronischen Datenträger per Post oder auf direktem Weg eingereicht werden. Entscheidend ist nicht die Form, in der die jeweilige Unterlage vorliegt, sondern die **Form der Übermittlung.** Das ergibt sich sowohl aus dem Wortlaut von § 54 S. 1 („elektronisch übermittelt") als auch aus § 9 Abs. 1, wonach es in Bezug auf elektronische Mittel auf die **elektronische Datenübermittlung** ankommt.[5] Per Post oder direkt eingereichte Angebote werden daher auch dann nicht von § 54 S. 1

---

[1] Für die weitere Aufbewahrung nach der Öffnung gilt § 8 Abs. 4.
[2] Bundesministerium für Wirtschaft und Energie, RefE der Verordnung zur Modernisierung des Vergaberechts v. 9.11.2015, 187.
[3] Bundesministerium für Wirtschaft und Energie, RefE der Verordnung zur Modernisierung des Vergaberechts v. 9.11.2015, 187.
[4] Vgl. VK Sachsen-Anhalt Beschl. v. 26.1.2012 – 2 VK LSA 33/11, IBRRS 2012, 2290.
[5] Vgl. auch Erwägungsgründe 52 und 72 RL 2014/24/EU.

erfasst (sondern von § 54 S. 2), wenn die Angebote auf einer CD oder CD-ROM in elektronischer Form eingereicht werden.

4 Elektronisch übermittelte Angebote, Teilnahmeanträge, Interessensbestätigungen und Interessensbekundungen müssen nach § 54 S. 1 auf geeignete Weise **gekennzeichnet** und **verschlüsselt gespeichert** werden. Die **Kennzeichnung** erfolgt elektronisch, weil keine physische Unterlagen vorliegen und die Auftraggeber ohnehin über die für die Speicherung der Daten erforderlichen Mittel verfügen müssen (vgl. §§ 10 und 11). Elektronisch übermittelte Angebote, Teilnahmeanträge, Interessensbestätigungen und Interessensbekundungen müssen danach nicht (mehr) ausgedruckt und auf Papier mit einem Eingangsstempel versehen werden. Die stattdessen zu verwendenden elektronischen Mittel müssen den Anforderungen von §§ 10 und 11 genügen und im Übrigen für die Kennzeichnung geeignet sein. In Betracht kommt dafür insbesondere die Verwendung eines sog. elektronischen Eingangsvermerks. Der **elektronische Eingangsvermerk** muss dieselben Angaben enthalten wie ein auf dem schriftlichen Angebot angebrachter Eingangsvermerk (→ Rn. 8). Insoweit gilt der Grundsatz der so genannten funktionellen Äquivalenz, wonach die Nutzung elektronischer Kommunikationsmittel nichts an den Vorgaben und Grundsätzen des Vergaberechts oder dem Ablauf des Verfahrens ändert, es sei denn, spezielle Vorschriften treffen abweichende Regelungen.[6]

5 Die verschlüsselte Speicherung erfolgt in einer für das jeweilige Vergabeverfahren eingerichteten Datei.[7] Diese sollte mit mindestens einem Passwort gegen unbefugten Zugriff geschützt sein.[8] Die verschlüsselte Speicherung entspricht ihrem Wesen dem „Unter-Verschluss-Halten" der schriftlichen Angebote[9] und dient der Wahrung der Vertraulichkeit der Angebote, Teilnahmeanträge, Interessensbestätigungen und Interessensbekundungen bis zu deren Öffnung. Die verschlüsselte Speicherung muss sicherstellen, dass der Auftraggeber bis zum vorgesehenen Öffnungstermin keine Kenntnis vom Inhalt der jeweiligen Unterlagen erlangt und die Unversehrtheit, Vertraulichkeit und Echtheit der Daten gewährleisten sind (§ 11 Abs. 2; → § 11 Rn. 20 f.).

III. Aufbewahrung auf dem Postweg oder direkt übermittelter Angebote, Teilnahmeanträge und Interessensbestätigungen (§ 54 S. 2)

6 § 54 S. 2 betrifft auf dem Postweg oder direkt übermittelte Angebote, Teilnahmeanträge und Interessensbestätigungen. Diese sind ungeöffnet zu lassen, mit einem Eingangsvermerk zu versehen und bis zum Zeitpunkt der Öffnung unter Verschluss zu halten. Nicht anwendbar ist die Vorschrift auf Interessensbekundungen iSv § 38 Abs. 4 Nr. 3 (→ Rn. 1).

7 § 54 S. 2 steht in direktem Zusammenhang mit **§ 53 Abs. 5,** wonach auf dem Postweg oder direkt übermittelte Angebote, Teilnahmeanträge und Interessensbestätigungen (sowie Interessensbekundungen) in einem **verschlossenen Umschlag** und als solche gekennzeichnet einzureichen sind (→ § 53 Rn. 20). Dieser verschlossene Umschlag darf vor Ablauf der jeweiligen Einreichungsfrist nicht geöffnet werden (§ 55 Abs. 1). Wird der Umschlag versehentlich geöffnet, so ist er sofort wieder zu verschließen. Die versehentliche Öffnung ist zudem zu dokumentieren (Datum und Uhrzeit der versehentlichen Öffnung, Datum und Uhrzeit des erneuten Verschließens sowie Namen der Person des Öffnenden und Angabe der erlangten Kenntnis).[10] Entsprechendes gilt für nicht gekennzeichnete Unterlagen, bei denen der Auftraggeber erst nach der Öffnung feststellt, dass es sich um ein Angebot, einen Teilnahmeantrag oder eine Interessensbestätigung handelt.

8 Die eingereichten Unterlagen sind mit einem **Eingangsvermerk** zu versehen. Der Eingangsvermerk dient der Beweissicherung[11] und der Sicherstellung der Identität der Unterlagen.[12] Er ist unmittelbar auf der Verpackung der Unterlagen, dh auf den ungeöffneten Umschlägen bzw. Kartons oder Datenträgern anzubringen.[13] Ein gesondertes Schriftstück, Empfangsbekenntnis[14] oder Eintragungen in einem Posteingangsbuch[15] erfüllen diese Anforderung nicht. Der Vermerk muss zudem

---

[6] *Graef* NZBau 2008, 34 (35).
[7] HK-VergabeR/*Christiani* VOL/A § 17 EG Rn. 5; *Verfürth* in KKMPP VgV Rn. 6.
[8] HK-VergabeR/*Terbrack* Rn. 11.
[9] *Höfler* NZBau 2000, 449 (455).
[10] *Verfürth* in KKMPP VgV Rn. 21; Willenbruch/Wieddekind/*Stolz* VOL/A § 17 EG Rn. 4; Dieckmann/Scharf/Wagner-Cardenal/*Scharf* VOL/A § 17 EG Rn. 15.
[11] VK Sachsen-Anhalt Beschl. v. 26.1.2012 – 2 VK LSA 33/11, IBRRS 2012, 2290.
[12] Vgl. VK Thüringen Beschl. v. 2.11.2010 – 250-4003.20-4299/2010-018-SM; OLG Jena Beschl. v. 21.9.2009 – 9 Verg 7/09, IBRRS 2009, 3418.
[13] OLG Jena Beschl. v. 21.9.2009 – 9 Verg 7/09, IBRRS 2009, 3418; VK Thüringen Beschl. v. 2.11.2010 – 250-4003.20-4299/2010-018-SM; *Verfürth* in KKMPP VgV Rn. 18; Dieckmann/Scharf/Wagner-Cardenal/*Scharf* VOL/A § 17 EG Rn. 12 aF.
[14] Vgl. OLG Naumburg Beschl. v. 31.3.2008 – 1 Verg 1/08, ZfBR 2008, 725.
[15] Vgl. VK Sachsen-Anhalt Beschl. v. 26.1.2012 – 2 VK LSA 33/11, IBRRS 2012, 2290.

seinen Aussteller durch eine Namensunterschrift erkennen lassen.[16] Eine handschriftliche Notiz des Eingangszeitpunkts ohne Namenszeichen bzw. Unterschrift oder einen sonstigen, den verantwortlichen Aussteller identifizierenden Zusatz oder Paraphen reichen nicht aus. Auf dem Eingangsvermerk ist grundsätzlich auch die Uhrzeit des Eingangs anzugeben, zumindest dann, wenn die Unterlagen am letzten Tag der Einreichungsfrist eingereicht werden.[17]

Die anschließende **Aufbewahrung unter Verschluss** dient der Sicherstellung der Vertraulichkeit der Angebote, Teilnahmeanträge und Interessensbestätigungen bis zu deren Öffnung. Die Aufbewahrung muss an einem sicheren Ort erfolgen. Das ist dann der Fall, wenn die Unterlagen in einem abschließbaren Raum aufbewahrt werden, zu dem nur die an der Vergabe mitwirkenden Mitarbeiter der Vergabestelle Zugang haben.[18]   9

IV. Aufbewahrung per Telefax übermittelter Angebote, Teilnahmeanträge und Interessensbestätigungen (§ 54 S. 3)

§ 54 S. 3 betrifft schließlich per Telefax übermittelte Angebote, Teilnahmeanträge und Interessensbestätigungen. Diese sind ebenfalls entsprechend zu kennzeichnen und auf geeignete Weise unter Verschluss zu halten. Nicht anwendbar ist die Vorschrift auf Interessensbekundungen iSv § 38 Abs. 4 Nr. 3 (→ Rn. 1).   10

Ein **Eingangsvermerk** ist in der Regel nicht erforderlich, weil Datum und Uhrzeit des Eingangs der Unterlagen durch das Telefaxgerät des Auftraggebers automatisch festgehalten werden. Sofern diese Kennzeichnung nicht lesbar sein sollte oder es zu Problemen bei der Übermittlung kam, sollte das aber in einem Vermerk festgehalten werden.   11

Die mittels Telefax eingereichten Unterlagen sind zu **kennzeichnen** und auf geeignete Weise unter **Verschluss** zu halten. Insoweit ist zu berücksichtigen, dass ein Telefax naturgemäß nicht verschlossen ist, sodass eine physische Einsichtnahme unschwer möglich wäre. Um das Risiko einer vorfristigen Kenntnisnahme zu reduzieren, sollten die Unterlagen bei ihrer Übersendung mit einem Deckblatt versehen werden, auf dem auf deren vertraulichen Inhalt hingewiesen wird. Der Auftraggeber muss zudem durch geeignete technische oder räumliche Empfangsvorrichtungen dafür Sorge tragen, dass die Telefaxe nicht an unbefugte Personen gelangen, und seine Mitarbeiter bzw. Vertreter über das Verbot der vorfristigen Kenntnisnahme belehren und zur vertraulichen Behandlung der Unterlagen verpflichten. Die empfangenen Unterlagen sind in einem geeigneten Behältnis (zB Briefumschlag oder Paket) zu verschließen. Auf dem Behältnis ist ein Hinweis auf den vertraulichen Charakter und den Zeitpunkt der vorgesehenen Öffnung anzubringen. Für die anschließende Aufbewahrung gelten die gleichen Anforderungen wie für die Aufbewahrung der per Post oder direkt eingereichten Unterlagen (→ Rn. 9).   12

§ 55 Öffnung der Interessensbestätigungen, Teilnahmeanträge und Angebote

(1) Der öffentliche Auftraggeber darf vom Inhalt der Interessensbestätigungen, Teilnahmeanträge und Angebote erst nach Ablauf der entsprechenden Fristen Kenntnis nehmen.

(2) ¹**Die Öffnung der Angebote wird von mindestens zwei Vertretern des öffentlichen Auftraggebers gemeinsam an einem Termin unverzüglich nach Ablauf der Angebotsfrist durchgeführt.** ²**Bieter sind nicht zugelassen.**

Übersicht

	Rn.			Rn.
I. Überblick und Entstehungsgeschichte	1	III.	Öffnung der Angebote (Abs. 2)	9
		1.	Sachlicher Anwendungsbereich	10
		2.	Öffnung der Angebote	11
II. Kenntnisnahme nach Ablauf der Einreichungsfrist (Abs. 1)	4	3.	Durchführung des Eröffnungstermins	13

---

[16] OLG Jena Beschl. v. 21.9.2009 – 9 Verg 7/09, IBRRS 2009, 3418; OLG Naumburg Beschl. v. 31.3.2008 – 1 Verg 1/08, ZfBR 2008, 725; VK Sachsen-Anhalt Beschl. v. 4.9.2014 – 1 VK LSA 12/14, VPRRS 2014, 0590; VK Sachsen-Anhalt Beschl. v. 26.1.2012 – 2 VK LSA 33/11, IBRRS 2012, 2290.

[17] OLG Jena Beschl. v. 21.9.2009 – 9 Verg 7/09, IBRRS 2009, 3418; VK Thüringen Beschl. v. 2.11.2010 – 250-4003.20-4299/2010-018-SM; VK Hessen Beschl. v. 24.3.2004 – 69 d VK 09/2004, IBRRS 2005, 2557; Willenbruch/Wieddekind/*Stolz* VOL/A § 17 EG Rn. 4.

[18] Vgl. OLG Hamburg Beschl. v. 21.1.2004, ZfBR 2004, 502; Willenbruch/Wieddekind/*Stolz* VOL/A § 17 EG Rn. 4.

I. Überblick und Entstehungsgeschichte

1 In § 55 sind die wesentlichen Anforderungen geregelt, die öffentliche Auftraggeber beim **Öffnen der Angebote, Teilnahmeanträge und Interessensbestätigungen** beachten müssen. Dazu gehört die Pflicht, die Angebote, Teilnahmeanträge und Interessensbestätigungen erst nach Ablauf der jeweiligen Einreichungsfristen zu öffnen (Abs. 1), wobei mindestens zwei Vertreter des öffentlichen Auftraggebers anwesend sein müssen und (Bewerber und) Bieter nicht zugelassen sind (Abs. 2). Bis zur Öffnung der Unterlagen sind die Anforderungen an die Aufbewahrung der Angebote, Teilnahmeanträge und Interessensbestätigungen gemäß § 54 zu beachten. Für die spätere Aufbewahrung gilt dagegen § 8 Abs. 4.

2 § 55 wurde im Rahmen der Vergaberechtsnovelle 2016 eingeführt und beruht im Wesentlichen auf dem früheren § 17 EG Abs. 2 VOL/A aF. Abs. 1 dient zudem der Umsetzung von **Art. 22 Abs. 3 S. 2 RL 2014/24/EU**.[1] Im Unterschied zu § 17 EG VOL/A aF ist in § 55 nicht nur die Öffnung der Angebote geregelt, sondern auch die Öffnung von Teilnahmeanträgen und Interessensbestätigungen. Die Vorschrift ist (wie § 17 EG Abs. 2 VOL/A aF) **bieterschützend**.[2]

3 Für den Anwendungsbereich der VOB/A findet sich eine vergleichbare Regelung in § 14 EU VOB/A. In der SektVO und der KonzVgV existieren dagegen keine vergleichbaren Regelungen.

II. Kenntnisnahme nach Ablauf der Einreichungsfrist (Abs. 1)

4 Nach Abs. 1 darf der Auftraggeber erst nach Ablauf der jeweiligen Einreichungsfrist vom Inhalt der eingereichten Angebote, Teilnahmeanträge und Interessensbestätigungen Kenntnis nehmen. Vor diesem Zeitpunkt sind sie gem. § 54 verschlossen bzw. verschlüsselt aufzubewahren. Das **Verbot der Kenntnisnahme vor Fristablauf** beruht auf dem Grundsatz des Geheimwettbewerbs und dem Vertraulichkeitsgebot. Es soll bereits die abstrakte Möglichkeit ausgeschlossen werden, dass vertrauliche Informationen eines an dem Verfahren beteiligten Unternehmens an Wettbewerber gelangen könnten.

5 Abs. 1 gilt für die Öffnung von **Angeboten, Teilnahmeanträgen** und **Interessensbestätigungen** (iSv § 38 Abs. 5) gleichermaßen. Die Vorschrift ist daher sowohl in einem **offenen** als auch in einem **nicht offenen Verfahren**, in einem **Verhandlungsverfahren** (im Rahmen des Teilnahmewettbewerbs und im Rahmen der Angebotsphase), beim **wettbewerblichen Dialog** (im Rahmen des Teilnahmewettbewerbs, der Dialogphase und der Angebotsphase) sowie der **Innovationspartnerschaft** (im Rahmen des Teilnahmewettbewerbs und der Angebotsphase) zu beachten. Für den wettbewerblichen Dialog fehlt in Abs. 1 allerdings die Nennung der in der Dialogphase einzureichenden **Lösungsvorschläge**. Das dürfte daran liegen, dass diese je nach den Anforderungen des konkreten Verfahrens in unterschiedlicher Form einzureichen sein können. Sofern es sich dabei um indikative Angebote handelt und entsprechende Fristen festgelegt wurden, sind die Anforderungen des Abs. 1 zu beachten. Sofern die Lösungsvorschläge in anderer Form einzureichen sind bzw. im Rahmen eines Erörterungstermins vorgestellt werden, gilt Abs. 1 nicht. In diesem Falle sind die Lösungsvorschläge nach § 18 Abs. 5 S. 3 vertraulich zu behandeln. Abs. 1 gilt darüber hinaus nicht für **Interessensbekundungen** iSv § 38 Abs. 4 Nr. 3. Der Verordnungsgeber hat das damit begründet, dass die Auftraggeber die Interessensbekundungen kennen müssten, um die interessierten Unternehmen zu einer Interessensbestätigung nach § 38 Abs. 5 auffordern zu können, weshalb das Verbot der vorfristigen Kenntnisnahme insoweit nicht gelte.[3] Diese Begründung ist allerdings nicht sehr überzeugend, weil die Notwendigkeit der Kenntniserlangung nichts über den Zeitpunkt der Kenntnisnahme aussagt (die Auftraggeber müssen auch Teilnahmeanträge kennen, um geeignete Bewerber auswählen und zur Angebotsabgabe auffordern zu können). Die Nichtgeltung des Verbots der vorzeitigen Kenntniserlangung für Interessensbekundungen ist aber dadurch gerechtfertigt, dass diese in der Regel keinen vertraulichen Inhalt haben und keine besonderen Anforderungen erfüllen müssen, sodass selbst bei Bekanntwerden keine Manipulationen oder Wettbewerbsverzerrungen zu befürchten sind.

6 Eine **unzulässige Kenntnisnahme** liegt nicht nur dann vor, wenn der Auftraggeber bzw. eine ihm zuzurechnende Person vor dem Fristablauf vom gesamten Inhalt des Angebots, Teilnahmeantrags oder Lösungsvorschlags Kenntnis erlangt. Unzulässig ist auch die Kenntnisnahme von einzelnen

---

[1] Bundesministerium für Wirtschaft und Energie, RefE der Verordnung zur Modernisierung des Vergaberechts v. 9.11.2015, S. 187.

[2] Vgl. VK Sachsen-Anhalt Beschl. v. 26.1.2012 – 2 VK LSA 33/11, BeckRS 2012, 20897; VK Niedersachen Beschl. v. 4.10.2011 – VgK-26/2011, BeckRS 2012, 02111; Dieckmann/Scharf/Wagner-Cardenal/*Scharf* Rn. 15.

[3] Bundesministerium für Wirtschaft und Energie, RefE der Verordnung zur Modernisierung des Vergaberechts v. 9.11.2015, 187 (Begründung zu § 54).

III. Öffnung der Angebote (Abs. 2)

Bestandteilen der eingereichten Unterlagen. Auf den Inhalt und Umfang der Kenntnisnahme kommt es dabei grundsätzlich nicht an. Bereits die abstrakte Gefahr einer vorzeitigen Kenntnisnahme soll ausgeschlossen sein.[4] Sofern die Unterlagen verschlüsselt bzw. in einem verschlossenen Umschlag (vgl. § 53 Abs. 5) eingereicht werden, darf die Verschlüsselung bzw. der Verschluss bis zum Öffnungstermin nicht aufgehoben werden. Für unverschlüsselte und unverschlossene Unterlagen gilt, dass der Auftraggeber unverzüglich eine Verschlüsselung vornehmen bzw. einen Verschluss anbringen muss, nachdem er festgestellt hat, dass es sich um ein Angebot, einen Teilnahmeantrag oder eine Interessensbestätigung handelt (→ Rn. 7).

Die Kenntnisnahme vom Inhalt der eingereichten Unterlagen ist gem. Abs. 1 **„nach Ablauf der entsprechenden Frist"** zulässig. Mit den entsprechenden Fristen sind die im Rahmen des jeweiligen Verfahrens festgelegten Fristen für die Einreichung der Angebote, Teilnahmeanträge oder Interessensbestätigungen (iSv § 38 Abs. 5) gemeint. Maßgeblich sind dabei die in der Bekanntmachung bzw. Aufforderung zur Einreichung der jeweiligen Unterlagen festgelegten Fristen. Sofern diese (vor Fristablauf) verlängert wurden, gilt die längere Frist. 7

Der Fristablauf fällt nicht notwendigerweise mit dem **Termin zur Öffnung der Angebote** zusammen.[5] Der Öffnungstermin ist nach Abs. 2 zwar unverzüglich nach Fristablauf durchzuführen, muss sich aber nicht zwingend direkt an den Fristablauf anschließen (→ Rn. 14). Sofern es insoweit zu einer Zeitdifferenz kommen sollte, ist für diese Zwischenphase eine Kenntnisnahme durch den öffentlichen Auftraggeber bzw. ihm zuzurechnender Personen über den Wortlaut von Abs. 1 hinaus ebenfalls unzulässig.[6] Das ergibt sich daraus, dass eine Kenntnisnahme die Öffnung der (verschlüsselten bzw. verschlossenen) Unterlagen voraussetzt, die gem. § 54 S. 2 und 3 bis zur Öffnung unter Verschluss zu halten sind und für die Öffnung (im Falle von Angeboten) die Anforderungen gem. Abs. 2 beachtet werden müssen. Diese sind nur gewahrt, wenn die Angebote bis zur Durchführung des Öffnungstermins verschlossen aufbewahrt werden und der Auftraggeber erst zu diesem Termin Kenntnis von deren Inhalt erhält. Allerdings ergeben sich aus einem derartigen Verfahrensfehler in der Regel keine weiteren Rechtsfolgen, wenn und soweit sich der Fehler nicht zum Nachteil der am Verfahren beteiligten Unternehmen auswirkt. 8

III. Öffnung der Angebote (Abs. 2)

Nach Abs. 2 werden die Angebote in einem unverzüglich nach Ablauf der Angebotsfrist durchgeführten Termin von mindestens zwei Vertretern des Auftraggebers gemeinsam geöffnet (Abs. 2 S. 1). Bieter dürfen bei der Öffnung der Angebote nicht anwesend sein (Abs. 2 S. 2). 9

1. Sachlicher Anwendungsbereich. Abs. 1 gilt nur für die **Öffnung von Angeboten.** Bei mehrstufigen Verfahren mit mehreren Angebotsphasen, gilt die Vorschrift für alle eingereichten Angebote. Für Teilnahmeanträge und Interessensbestätigungen ist die Vorschrift dagegen nicht anwendbar.[7] Deren Öffnung unterliegt keinen besonderen Voraussetzungen, sondern ist nach Ablauf der jeweiligen Einreichungsfrist nach Abs. 1 auch durch nur einen Vertreter des Auftraggebers zulässig. Entsprechendes gilt für die im Rahmen eines wettbewerblichen Dialogs eingereichten Lösungsvorschläge, soweit es sich dabei nicht um (indikative) Angebote handelt. Die Anwesenheit von Bietern ist aufgrund der bei allen Verfahrensstufen zu gewährleistenden Vertraulichkeit und wegen des Grundsatzes des Geheimwettbewerbs ausgeschlossen. 10

2. Öffnung der Angebote. Die Öffnung der Angebote erfolgt bei elektronisch übermittelten Angeboten durch Aufhebung der Verschlüsselung und bei in anderer Form (Papierform oder Telefax) eingereichten Angeboten durch körperliche Öffnung des angebrachten Verschlusses (dh durch Öffnen der Umschläge, Kartons oder der sonstigen Verpackung). Bei kombinierten Einreichungsformen, bei denen einzelne Bestandteile des Angebots in Papierform oder per Telefax und andere mit elektronischen Mitteln eingereicht werden (vgl. § 53 Abs. 2 S. 3), müssen alle Angebotsbestandteile im selben Termin geöffnet bzw. eingesehen und entschlüsselt werden. 11

Geöffnet werden grundsätzlich nur diejenigen Angebote, die fristgerecht und in der geforderten Einreichungsform eingegangen sind. Verspätete Angebote sind verschlossen aufzubewahren, bis geklärt ist, ob sie gem. § 57 Abs. 1 Nr. 1 auszuschließen sind oder (mangels Vertretenmüssens des Bieters) berücksichtigt werden können. Entsprechendes gilt für Angebote, die nicht in der geforderten Einreichungsform eingereicht wurden oder nicht ordnungsgemäß verschlossen bzw. verschlüsselt sind. In Papierform eingereichte Angebote müssen mit Vorkehrungen versehen sein, die einer Kennt- 12

---

[4] VK Lüneburg Beschl. v. 30.11.2018 – VgK-46/2018.
[5] OLG Jena Beschl. v. 22.4.2004 – 6 Verg 2/04, IBRRS 2004, 1060.
[6] AA VK Nordbayern Beschl. v. 9.1.2018 – RMF-SG21-3194-02-17.
[7] Bundesministerium für Wirtschaft und Energie, RefE der Verordnung zur Modernisierung des Vergaberechts v. 9.11.2015, 187.

nisnahme entgegenstehen.[8] Briefumschläge und Kartons müssen zugeklebt sein. Es ist dagegen unschädlich, wenn neben einem verschlossenen Angebot weitere Erklärungen oder Unterlagen unverschlossen eingereicht wurden, solange aus den unverschlossenen Teilen keine Inhalte des Angebotes ersichtlich sind.[9] Das Vorliegen verspäteter oder nicht verschlossener Angebote ist zu dokumentieren.[10]

13 **3. Durchführung des Eröffnungstermins.** In Bezug auf die Durchführung der Angebotsöffnung enthält Abs. 2 (lediglich) folgende Vorgaben: Die Angebotsöffnung muss **unverzüglich** nach Ablauf der Angebotsfrist erfolgen,[11] von **mindestens zwei Vertretern** des Auftraggebers gemeinsam vorgenommen werden und es dürfen **keine Bieter** anwesend sein.

14 Die Angebotsöffnung ist **unverzüglich** iSv Abs. 2, wenn sie entweder im unmittelbaren Anschluss an den Ablauf der Angebotsfrist, am selben Tag oder am Folgetag durchgeführt wird. Auch eine spätere Angebotsöffnung ist nicht ausgeschlossen, sofern dafür ein sachlicher Grund besteht und kein „schuldhaftes Zögern" iSv § 121 Abs. 1 BGB vorliegt. Diese Anforderung hat wenig praktische Bedeutung, weil der Auftraggeber ein starkes eigenes Interesse an der unverzüglichen Angebotsöffnung hat, die in der Regel am gleichen oder am Folgetag des Ablaufs der Angebotsfrist durchgeführt wird.

15 An der Öffnung müssen gem. Abs. 2 S. 1 **mindestens zwei Vertreter des Auftraggebers** beteiligt sein. Durch die gemeinsame Öffnung der Angebote durch mindestens zwei Vertreter des Auftraggebers (sog. Vier-Augen-Prinzip) sollen Fehler und Manipulationsmöglichkeiten ausgeschlossen und ein faires und transparentes Verfahren sichergestellt werden.[12] Der Wortlaut von Abs. 2 S. 1 („mindestens") stellt zudem klar, dass auch mehr als zwei Vertreter des Auftraggebers am Öffnungstermin teilnehmen dürfen. Die nach S. 2 vorgeschriebene **Abwesenheit von Bietern** dient dem Schutz der Vertraulichkeit (gem. Art. 22 Abs. 3 RL 2014/24/EU).[13] Aus diesem Grunde dürfen auch keine Nachunternehmer oder Berater der Bieter oder sonstigen Personen anwesend sein, die den Bietern zuzurechnen sind. Zulässig ist dagegen die Teilnahme von Beratern des Auftraggebers. Eine vollständige Übertragung der Angebotsöffnung auf externe Dienstleister des Auftraggebers ist jedoch unzulässig. Davon abgesehen dürfen auf externe Dienstleister grundsätzlich nur solche Tätigkeiten übertragen werden, bei denen der Auftraggeber das Handeln des beauftragten Dienstleisters nachvollziehen und sich zu Eigen machen kann.[14]

16 Die Öffnung der Angebote muss im Rahmen eines vorab anzusetzenden **Öffnungstermins** durchgeführt, protokolliert und in der Vergabeakte dokumentiert werden. Das ist zwar in Abs. 2 nicht ausdrücklich geregelt, ergibt sich aber aus dem Gebot der transparenten Verfahrensgestaltung. Die Dokumentation der Angebotsöffnung ist zudem nach § 8 Abs. 1 S. 2 ausdrücklich vorgeschrieben. Die **Niederschrift der Angebotsöffnung** muss in Textform gem. § 126b BGB erfolgen (vgl. § 8 Abs. 2), dh als lesbare, die Person des Erklärenden ausweisende Erklärung auf einem dauerhaften Datenträger. Die Niederschrift muss zudem von mindestens zwei an der Angebotsöffnung teilnehmenden Vertretern des öffentlichen Auftraggebers unterschrieben werden. Auf eine zweite Unterschrift darf nicht verzichtet werden, weil nur dadurch die Einhaltung des Vier-Augen-Prinzips überprüfbar bzw. gewährleistet ist. Die Einhaltung des Vier-Augen-Prinzips ist eine zentrale Verpflichtung im Rahmen der Angebotsöffnung, die deshalb auch dokumentiert und nachweisbar erfüllt sein muss.[15] Nicht ausreichend ist, wenn in der Niederschrift festgehalten wird, dass weitere Mitarbeiter des Auftraggebers bei der Öffnung der Angebote anwesend waren. In die Niederschrift sind zudem alle wesentlichen Vorgänge und Sachverhalte des Öffnungstermins aufzunehmen. Dazu gehören insbesondere die Namen der Bieter, deren Angebote geöffnet wurden. Darüber hinaus sollten (wie nach § 17 EG Abs. 2 VOL/A aF) die Endbeträge der Angebote und andere den Preis betreffende Angaben sowie ggf. eingereichte Nebenangebote aufgenommen werden.

17 Eine Pflicht zur **Kennzeichnung** der geöffneten Angebote besteht nach Abs. 2 (im Unterschied zu § 14 EU Abs. 2 Nr. 2 VOB/A) nicht. Eine fehlende Kennzeichnung (zB durch Stanzung) ist

---

[8] VK Lüneburg Beschl. v. 20.8.2002 – 203-VgK-12/2002, IBRRS 2004, 3491.
[9] OLG Celle Beschl. v. 16.12.2018 – 1 U 87/15, ZfBR 2016, 386.
[10] Vgl. VK Sachsen-Anhalt Beschl. v. 22.2.2013 – 1 VK LSA 21/12, IBRRS 2013, 1316.
[11] Die im Zuge der Vergaberechtsreform 2009 entfallene Anforderung der „Unverzüglichkeit der Angebotsöffnung" gem. § 22 Abs. 2 S. 1 VOL/A 2006 wurde mit § 55 Abs. 2 wieder in den Gesetzestext aufgenommen.
[12] Vgl. Bundesministerium für Wirtschaft und Energie, RefE der Verordnung zur Modernisierung des Vergaberechts v. 9.11.2015, S. 187: VK Südbayern Beschl. v. 2.1.2018 – Z3-3-3194-1-47-08/17, BeckRS 2018, 382.
[13] Vgl. Bundesministerium für Wirtschaft und Energie, RefE der Verordnung zur Modernisierung des Vergaberechts v. 9.11.2015, 187.
[14] Vgl. auch VK Südbayern Beschl. v. 2.1.2018 – Z3-3-3194-1-47-08/17, BeckRS 2018, 382.
[15] Vgl. VK Arnsberg Beschl. v. 10.3.2008 – VK 05/08, IBRRS 2008, 1765.

daher vergaberechtlich nicht zu beanstanden, vermindert aber ggf. den Beweiswert der Vergabeakte.[16] Aus diesem Grunde sollten zumindest die wesentlichen Angebotsbestandteile auf eine geeignete Weise gekennzeichnet werden.

Unterabschnitt 7. Prüfung und Wertung der Interessensbestätigungen, Teilnahmeanträge und Angebote; Zuschlag

§ 56 Prüfung der Interessensbestätigungen, Teilnahmeanträge und Angebote; Nachforderung von Unterlagen

(1) Die Interessensbestätigungen, Teilnahmeanträge und Angebote sind auf Vollständigkeit und fachliche Richtigkeit, Angebote zudem auf rechnerische Richtigkeit zu prüfen.

(2) ¹Der öffentliche Auftraggeber kann den Bewerber oder Bieter unter Einhaltung der Grundsätze der Transparenz und der Gleichbehandlung auffordern, fehlende, unvollständige oder fehlerhafte unternehmensbezogene Unterlagen, insbesondere Eigenerklärungen, Angaben, Bescheinigungen oder sonstige Nachweise, nachzureichen, zu vervollständigen oder zu korrigieren, oder fehlende oder unvollständige leistungsbezogene Unterlagen nachzureichen oder zu vervollständigen. ²Der öffentliche Auftraggeber ist berechtigt, in der Auftragsbekanntmachung oder den Vergabeunterlagen festzulegen, dass er keine Unterlagen nachfordern wird.

(3) ¹Die Nachforderung von leistungsbezogenen Unterlagen, die die Wirtschaftlichkeitsbewertung der Angebote anhand der Zuschlagskriterien betreffen, ist ausgeschlossen. ²Dies gilt nicht für Preisangaben, wenn es sich um unwesentliche Einzelpositionen handelt, deren Einzelpreise den Gesamtpreis nicht verändern oder die Wertungsreihenfolge und den Wettbewerb nicht beeinträchtigen.

(4) Die Unterlagen sind vom Bewerber oder Bieter nach Aufforderung durch den öffentlichen Auftraggeber innerhalb einer von diesem festzulegenden angemessenen, nach dem Kalender bestimmten Frist vorzulegen.

(5) Die Entscheidung zur und das Ergebnis der Nachforderung sind zu dokumentieren.

Übersicht

	Rn.		Rn.
I. Regelungsgehalt und Überblick	1	b) Rechtsfolge bei rechnerischer Unrichtigkeit	19
II. Systematische Stellung und Zweck der Norm	2	4. Dokumentation der Prüfung	22
III. Prüfung der Interessensbestätigungen, Teilnahmeanträge und Angebote (Abs. 1)	6	IV. Zulässigkeit der Nachforderung von Unterlagen (Abs. 2)	23
1. Gegenstand der Prüfung	6	1. Überblick über die Zulässigkeit der Nachforderung von Unterlagen	23
2. Prüfung der Vollständigkeit und fachlichen Richtigkeit	8	2. Die Nachforderung unternehmensbezogener Unterlagen (Abs. 2 S. 1)	32
a) Tatbestandsvoraussetzungen der Vollständigkeit und fachlichen Richtigkeit	8	3. Die Nachforderung leistungsbezogener Unterlagen (Abs. 3)	36
b) Rechtsfolge bei Unvollständigkeit oder fachlicher Unrichtigkeit	13	V. Verfahren zur Nachforderung von Unterlagen (Abs. 4)	38
3. Prüfung der rechnerischen Richtigkeit	16	VI. Dokumentation der Nachforderung von Unterlagen (Abs. 5)	39
a) Tatbestandsvoraussetzungen der rechnerischen Richtigkeit	16		

I. Regelungsgehalt und Überblick

Die Bestimmung des § 56 regelt in Abs. 1 die formelle Prüfung der Interessensbestätigungen, Teilnahmeanträge und Angebote. Die Abs. 2–5 regeln die Nachforderung von Unterlagen: Sie enthalten Bestimmungen dazu, unter welchen Umständen Unterlagen nachgefordert werden können

---

[16] Vgl. OLG Celle Beschl. v. 21.1.2016 – 13 Verg 8/15, ZfBR 2016, 386.

VgV § 56 2–7 Prüfung der Interessensbestätigungen, Teilnahmeanträge und Angebote; Nachforderung

(Abs. 2 und 3), welches Verfahren dabei zu beachten ist (Abs. 4) und wie dies zu dokumentieren sind (Abs. 5).

II. Systematische Stellung und Zweck der Norm

2   Die Regelung in § 56 befindet sich im Abschnitt 2 der VgV zu Vergabeverfahren und leitet dort den Unterabschnitt 7 ein, der die Prüfung und Wertung der Interessensbestätigungen, Teilnahmeanträge und Angebote zum Gegenstand hat. In den Vorgängerregelungen der VgV zur Wertung von Angeboten in der VOB/A aF und der VOL/A aF wurden **vier Stufen** unterschieden, die strikt voneinander zu trennen waren:[1] Die formelle und rechnerische Prüfung auf einer ersten Stufe, die Eignungsprüfung auf einer zweiten Stufe, die Prüfung ungewöhnlich niedriger Angebote auf einer dritten Stufe und letztlich auf vierter Stufe die Prüfung der Zuschlagskriterien.

3   Diese Stufenreihenfolge ist so systematisch nicht in die Regelungsreihenfolge der VgV übernommen worden: § 56 regelt die **erste Wertungsstufe** der formellen Prüfung von Interessensbestätigungen, Teilnahmeanträgen und Angeboten sowie die Umstände, unter denen Unterlagen nachzufordern sind. Bereits die Regelung des § 42 regelt mit der Eignungsprüfung die **zweite Wertungsstufe**. § 60 beinhaltet die **dritte Wertungsstufe**, den Umgang mit ungewöhnlich niedrigen Angeboten. Letztlich findet sich die **vierte Wertungsstufe** in § 58, der Zuschlag und Zuschlagskriterien zum Gegenstand hat. Ergänzt werden diese Bestimmungen durch § 57, der regelt, unter welchen Umständen einzelne Angebote von Unternehmen von der Wertung ausgeschlossen werden, sowie von § 63, der die Umstände bestimmt, nach denen das Verfahren ohne Zuschlag aufgehoben werden darf.

4   Inwiefern die Abfolge der einzelnen Prüfungsschritte in den Vorgängerregelungen zwingend festgelegt war, war umstritten: Nach einer, vor allem zu § 16 VOB/A aF ergangenen Ansicht sei die Stufenregelung folgerichtig festgelegt und deshalb zwingend einzuhalten.[2] Nach anderer Ansicht sollte es **hingegen dem Auftraggeber überlassen bleiben, in welcher zeitlichen Reihenfolge er die einzelnen Wertungsstufen prüft. Dabei seien auch verfahrensökonomische Gesichtspunkte zulässig zu berücksichtigen.**[3] Nunmehr hat der Verordnungsgeber für die VgV klargestellt, dass die feste Prüfungsreihenfolge der einzelnen Prüfungsschritte aufgelockert ist: Nach § 42 Abs. 2 kann der öffentliche Auftraggeber bei offenen Verfahren entscheiden, ob er die Angebotsprüfung vor der Eignungsprüfung durchführt. Im Falle einer EEE ist das sogar die Regel, da die eigentliche Eignungsprüfung nur für den Bestbieter durchgeführt wird (→ § 50 Rn. 4).

5   Die formelle Prüfung fand sich bislang in § 19 EG Abs. 1 VOL/A. Die Bestimmungen zur Nachforderung von Unterlagen in Abs. 2 ff. dienen dazu, Art. 56 Abs. 3 RL 2014/24/EU umzusetzen. Vergleichbare Regelungen fanden sich für Angebotsprüfung in § 19 EG Abs. 2 VOL/A und für die Eignungsprüfung in § 7 EG Abs. 13 VOL/A. Für die VOF wurde die Auswahl der Bewerber und die Auftragserteilung ehemals in §§ 10, 11 VOF geregelt.

III. Prüfung der Interessensbestätigungen, Teilnahmeanträge und Angebote (Abs. 1)

6   **1. Gegenstand der Prüfung.** In der ersten Prüfungsstufe ist zunächst die Vollständigkeit der vorgelegten Interessensbestätigungen, Teilnahmeanträge und Angebote zu prüfen. Diese Prüfung dient der Vorbereitung der weiteren Wertung.[4]

7   Gegenstand der ersten Wertungsstufe der formellen Prüfung sind neben Angeboten nunmehr ausdrücklich auch Interessensbestätigungen und Teilnahmeanträge. **Interessensbestätigungen** ergehen nach Aufforderung durch den Auftraggeber an solche Unternehmen, die nach einer Vorinformation des Auftraggebers ihr Interesse am Auftrag bekundet haben. Sie stehen einem Teilnahmeantrag nach § 16 Abs. 1 oder § 17 Abs. 1 gleich, sofern der öffentliche Auftraggeber in einem offenen oder nicht offenen Verfahren aufgrund der Vorinformation auf eine Auftragsbekanntmachung nach § 37 Abs. 1 verzichtet (vgl. § 38 Abs. 5). **Teilnahmeanträge** sind Bewerbungen eines Unternehmens nach der öffentlichen Aufforderung eines Auftraggebers zu einem Teilnahmewettbewerb in einem zweistufigen Verfahren. Mit dem Teilnahmeantrag übermitteln die Unternehmen nach § 16 Abs. 1 und § 17 Abs. 1 die vom öffentlichen Auftraggeber geforderten Informationen, die für die Prüfung ihrer Eignung erforderlich sind. Der Begriff des **Angebots** wird in der VgV nicht näher definiert, sondern vorausgesetzt. Er entspricht dem zivilrechtlichen Begriff des Antrags nach §§ 145 ff. BGB.

---

[1] Vgl. § 16 EG VOB/A aF bzw. § 19 EG VOL/A aF, § 21 EG VOL/A aF.
[2] BGH Urt. v. 15.4.2008 – X ZR 129/06, NZBau 2008, 505; zur VOB/A allgA, vgl. nur Ziekow/Völlink/*Vavra* VOB/A § 16 Rn. 1.
[3] VK Bund Beschl. v. 2.4.2014 – VK 1-14/14, IBRRS 2014, 1854; VK Mecklenburg-Vorpommern Beschl. v. 25.1.2008 – 2 VK 5/07, VPRRS 2008, 0403.
[4] VgV-Begründung BR-Drs. 87/16, 209.

2. Prüfung der Vollständigkeit und fachlichen Richtigkeit. a) Tatbestandsvoraussetzungen der Vollständigkeit und fachlichen Richtigkeit. Die Prüfung der **ersten Wertungsstufe** nach Abs. 1 umfasst zunächst die Vollständigkeit und fachliche Richtigkeit der Interessensbestätigungen, Teilnahmeanträge und Angebote. Die Prüfung bezieht sich auf die Vorgabe nach § 53 Abs. 7 S. 1 und 2. Danach sind Änderungen an den Vergabeunterlagen unzulässig und die Interessensbestätigungen, Teilnahmeanträge sowie Angebote müssen vollständig sein und alle geforderten Angaben, Erklärungen und Preise enthalten.

Vollständig ist eine Interessensbestätigung, ein Teilnahmeantrag oder ein Angebot, wenn es alle geforderten oder nachgeforderten Unterlagen und Preisangaben enthält. Der Begriff der **Unterlagen** ersetzt die Begriffe „Erklärungen" und „Nachweise", die in der Vorgängerregelung des § 19 EG VOL/A enthalten waren. Die **Legaldefinition** in § 48 stellt klar, dass mit dem Begriff „Unterlagen" Eigenerklärungen, Angaben, Bescheinigungen und sonstige Nachweise umfasst sind. Dem entspricht, dass bereits nach älterer Rechtsprechung zur Vollständigkeit auch die Vorlage von geforderten Erklärungen Dritter oder von verlangten Mustern gehörte.[5] Dies ist nun durch die Neufassung der VgV klargestellt.

Die Einführung des Begriffs der Unterlage als Oberbegriff für die Begriffe „Erklärungen" und „Nachweise" ist **sprachlich problematisch**. „Nachweise" lassen sich – ebenso wie „Bescheinigungen" – noch problemlos unter den Begriff der „Unterlage" subsumieren. Die Ersetzung des Begriffs „Erklärung" durch den Begriff der „Unterlage" schafft dagegen - ebenso wie die Einbeziehung von „Angaben" – mehr Unklarheit als Nutzen. Eine Erklärung oder Angabe kann – ohne selbst eine verkörperte Unterlage zu sein – lediglich in einer Eintragung des Bieters in einer Angebotsunterlage des Auftraggebers bestehen. Dass der Verordnungsgeber Erklärungen und Angaben dennoch als „Unterlage" begreift, wird nur dadurch erklärlich, dass nach Maßgabe des Abs. 2 nicht nur die Nachreichung fehlender Unterlagen, sondern auch die Vervollständigung unvollständiger Unterlagen nachzufordern sind.

Fachlich richtig ist eine Interessensbestätigung, ein Teilnahmeantrag oder ein Angebot, wenn der fachlich technische Inhalt der Interessensbestätigung, des Teilnahmeantrags oder des Angebots den inhaltlichen Vorgaben der Vergabeunterlagen entspricht. Die Interessensbekundung muss daher den fachlichen Anforderungen der Aufforderung des Auftraggebers in Bezug auf die wirtschaftlichen und technischen Anforderungen, die finanziellen Sicherheiten und die weiteren Angaben nach § 52 Abs. 3 Nr. 7 enthalten. Der Teilnahmeantrag muss für seine fachliche Richtigkeit den Anforderungen der Unterlagen nach § 42 Abs. 1 entsprechen, die der Auftraggeber für die Prüfung der Eignung gefordert hat, oder den Anforderungen des Auftraggebers an Bescheinigungen unabhängiger Stellen iSd § 49 entsprechen.

An die Prüfung auf dieser ersten Ebene der Vollständigkeit und fachlichen Richtigkeit sind keine tiefgehenden Anforderungen zu stellen.[6] **Prüfungsmaßstab** ist hier lediglich die Frage, ob Interessensbestätigung, Teilnahmeantrag oder Angebot Abweichungen von den durch den Auftraggeber vorgegebenen Anforderungen enthält. Die darüber hinausgehende Prüfung, ob auch der Stand der Technik eingehalten ist, wird auf dieser Prüfungsstufe zu Recht abgelehnt.[7]

b) Rechtsfolge bei Unvollständigkeit oder fachlicher Unrichtigkeit. Die Rechtsfolge der Unvollständigkeit eines Angebots ist in § 57 Abs. 1 Nr. 2 und Nr. 5 geregelt. Danach sind – vorbehaltlich der Nachforderung nach Abs. 2 – Angebote **von der Wertung auszuschließen,** die nicht die geforderten oder nachgeforderten Unterlagen enthalten. Ebenso gelangen Angebote nicht in die Wertung, die nicht die erforderlichen Preisangaben enthalten, es sei denn, es handelt sich um unwesentliche Einzelpositionen, deren Einzelpreise den Gesamtpreis nicht verändern oder die Wertungsreihenfolge und den Wettbewerb nicht beeinträchtigen.

Ein Angebot, das fachlich unrichtig ist, weil es den inhaltlichen Vorgaben der Vergabeunterlagen nicht entspricht, verstößt gegen § 53 Abs. 7 S. 2 und ist deshalb nach § 57 Abs. 1 auszuschließen.

Die Ausschlussregelungen des § 57 Abs. 1 gelten für Interessensbekundungen, Interessensbestätigungen und Teilnahmeanträge entsprechend (§ 57 Abs. 3). Auf die weitere Kommentierung zu § 57 Abs. 1 wird verwiesen.

3. Prüfung der rechnerischen Richtigkeit. a) Tatbestandsvoraussetzungen der rechnerischen Richtigkeit. Die rechnerische Prüfung hat besondere Bedeutung für die Wirtschaftlichkeitsprüfung, denn nur mit einem korrekten Angebotspreis kann das **wirtschaftlichste Angebot** überhaupt ermittelt werden.[8]

---

[5] BGH Beschl. v. 26.9.2006 – X ZB 14/06, NZBau 2006, 800.
[6] OLG Düsseldorf Beschl. v. 15.1.2020 – Verg 20/19, IBRRS 2020, 0628.
[7] So zu Recht *Verfürth/Dittmann* in KMPP VOL/A § 16 Rn. 16 ff.
[8] *Verfürth/Dittmann* in KMPP VOL/A § 16 Rn. 16.

17 **Rechnerisch richtig** ist eine Interessensbestätigung, ein Teilnahmeantrag oder ein Angebot, wenn es keine mathematischen Fehler enthält.[9] Die mathematischen Anforderungen an die Prüfung der rechnerischen Richtigkeit sind nicht allzu hoch. In der Regel wird es sich um eine Multiplikation des Mengenansatzes mit den Einheitspreisen und eine Addition der Einheitspreise zu einem Angebotspreis handeln. Typische Fehlerquellen in Bezug auf die rechnerische Richtigkeit sind daher Multiplikationsfehler und Additionsfehler. Der Begriff der rechnerischen Richtigkeit ist weiter zu fassen als der Begriff der mathematischen Richtigkeit. Deshalb sind auch Übertragungsfehler von Beträgen in Angeboten bzw. im Preisblatt unter „rechnerisch unrichtig" zu fassen, selbst wenn die einzelnen Rechenschritte nicht gegen mathematische Gesetze verstoßen.

18 **Kein rechnerischer Fehler** liegt vor, wenn der Bieter in seinem Angebot von den vorgegebenen Mengenansätzen des Auftraggebers abweicht, die geänderten Mengenansätze mit den Einheitspreisen aber mathematisch zutreffend multipliziert werden.[10]

19 **b) Rechtsfolge bei rechnerischer Unrichtigkeit.** Die Rechtsfolge der rechnerischen Unrichtigkeit ist – im Gegensatz zur fachlichen Unrichtigkeit oder zur Unvollständigkeit trotz ggf. erfolgter Nachforderung – **nicht der Ausschluss.** Das folgt im Umkehrschluss aus § 57, der die Gründe eines zulässigen Ausschlusses von Angeboten regelt, zu denen aber nicht die rechnerische Unrichtigkeit gehört.[11] Rechnerisch unrichtige Angebote sind deshalb **nach den allgemeinen Regeln** des Zivilrechts über Willenserklärungen **auszulegen.**[12] Das alleinige Risiko richtiger Kalkulation sowie das Risiko einer Fehlkalkulation trifft allerdings grundsätzlich den Anbieter, denn jeder Bieter muss sich daran festhalten lassen, dass er für die von ihm gemachten Preisangaben selbst verantwortlich ist.[13]

20 Nach diesen Grundsätzen bestehen keine Bedenken, wenn der öffentliche Auftraggeber **offensichtliche** Übertragungsfehler korrigiert und die so ermittelte Angebotsendsumme in die Wertung einstellt.[14]

21 Entspricht der Gesamtbetrag einer Position nicht dem Ergebnis der Multiplikation von Mengenansatz und Einheitspreis, liegt kein offensichtlicher Fehler vor. Die VgV kennt für diese Fälle im Gegensatz zu § 16c EU Abs. 2 VOB/A **keine allgemeine Auslegungsregel,** nach der der Einheitspreis maßgebend ist. Dennoch wird man auch im Anwendungsbereich der VgV in der Regel darauf abstellen können, dass der Einheitspreis maßgeblich sein soll, soweit nicht andere Umstände hinzutreten.[15]

22 **4. Dokumentation der Prüfung.** Das Ergebnis der Prüfung ist zu dokumentieren. Das folgt zwar nicht aus Abs. 5, der nur eine Regelung zur Dokumentation über die Entscheidung zur und das Ergebnis der Nachforderung enthält. Die Pflicht zur Dokumentation der Prüfung der Interessensbestätigungen, Teilnahmeanträge und Angebote folgt jedoch aus der allgemeinen Dokumentationspflicht nach § 8. Nach dieser Bestimmung hat der öffentliche Auftraggeber das Vergabeverfahren von Beginn an fortlaufend in Textform nach § 126b BGB zu dokumentieren, soweit dies für die Begründung von Entscheidungen auf jeder Stufe des Vergabeverfahrens erforderlich ist. Das Ergebnis der Prüfung nach Abs. 1 dient der Begründung einer Entscheidung, nämlich darüber, ob die jeweilige Interessensbestätigung, der Teilnahmeantrag oder das Angebot nach § 57 Abs. 1 Nr. 1, 2 oder 5 auszuschließen ist. Zu den weiteren Erfordernissen der Dokumentation vgl. § 8.

IV. Zulässigkeit der Nachforderung von Unterlagen (Abs. 2)

23 **1. Überblick über die Zulässigkeit der Nachforderung von Unterlagen.** Für die Beantwortung der Frage, ob Unterlagen nach der VgV nachgefordert werden dürfen, ist zunächst zu prüfen, ob das Angebot nicht nach § 57 zwingend auszuschließen ist und ob die Unterlagen wirksam gefordert werden durften.[16]

24 Ferner ist **zwischen unternehmensbezogenen und leistungsbezogenen Unterlagen zu differenzieren:** Für leistungsbezogene Unterlagen, die die Wirtschaftlichkeitsbewertung der Angebote anhand der Zuschlagskriterien betreffen, ist eine Nachforderung grundsätzlich nicht zulässig (Abs. 3 S. 1), es sei denn, es handelt sich um Preisangaben zu unwesentlichen Einzelpositionen iSd Abs. 3

---

[9] VK Sachsen-Anhalt Beschl. v. 17.10.2014 – 3 VK LSA 82/14, IBRRS 2015, 780.
[10] VK Bund Beschl. v. 28.7.2006 – VK 2–50/06, BeckRS 2006, 136093.
[11] So für die VOB/A auch OLG Saarbrücken Beschl. v. 27.5.2009 – 1 Verg 2/09, BeckRS 2009, 15182.
[12] Vgl. OLG München Beschl. v. 29.7.2010 – Verg 09/10, IBRRS 2010, 3756; OLG Saarbrücken Beschl. v. 27.5.2009 – 1 Verg 2/09, BeckRS 2009, 15182.
[13] VK Baden-Württemberg Beschl. v. 27.12.2004 – 1 VK 79/04, NZBau 2005, 176.
[14] OLG Jena Beschl. v. 16.7.2003 – 6 Verg 3/03, IBRRS 2004, 0792.
[15] *Verfürth/Dittmann* in KMPP VOL/A § 16 Rn. 11; vgl. auch VK Bund Beschl. 4.6.2007 – VK 1-47/07, BeckRS 2007, 14857; VK Bund Beschl. v. 1.6.2007 – VK 1-41/07, BeckRS 2007, 142847.
[16] VgV-Begründung BR-Drs. 87/16, 209.

IV. Zulässigkeit der Nachforderung von Unterlagen (Abs. 2)   25–31   § 56 VgV

S. 2. Leistungsbezogene Unterlagen, die die Wirtschaftlichkeitsbewertung der Angebote anhand der Zuschlagskriterien nicht betreffen, können dagegen nach Abs. 2 nachgereicht oder vervollständigt werden, wenn sie fehlen oder unvollständig sind. Am weitesten gefasst sind die Nachforderungsmöglichkeiten bei unternehmensbezogenen Unterlagen. Diese können nach Abs. 2 nachgereicht, vervollständigt oder korrigiert werden, wenn sie fehlen, unvollständig oder fehlerhaft sind.

Die Differenzierung der Systematik des § 56 unterscheidet zwischen „unternehmensbezogenen" Unterlagen, welche die Eignungsprüfung betreffen, und „leistungsbezogenen" Unterlagen, welche die Angebotsbewertung betreffen. Sie geht auf die Vorstellung zurück, dass zwischen der unternehmensbezogenen Eignungsprüfung und der leistungsbezogenen Angebotsprüfung strikt zu trennen sei. Mit der Einführung personenbezogener Zuschlagskriterien in § 58 Abs. 2 Nr. 2 ist **diese strikte Trennung jedoch in der bisherigen Stringenz entfallen.** Nach dieser Regelung dürfen auch im Rahmen der Wirtschaftlichkeitsbewertung die Organisation, Qualifikation und Erfahrung des mit der Ausführung des Auftrags betrauten Personals, wenn die Qualität des eingesetzten Personals erheblichen Einfluss auf das Niveau der Auftragsausführung haben kann. Dennoch ist aus dem Regelungszweck des § 56 ersichtlich, dass auch solche Unterlagen unter den Begriff der „leistungsbezogenen" Unterlagen zu subsumieren sind, die für die Wertung personenbezogener Zuschlagskriterien relevant sind. 25

Die Bestimmung des § 56 stellt es grundsätzlich ins **Ermessen** des Auftraggebers, ob er Unterlagen nachfordern möchte.[17] Nach dem Wortlaut der Bestimmung „kann" er einerseits Unterlagen nachfordern, andererseits ist er „berechtigt", in der Auftragsbekanntmachung oder den Vergabeunterlagen festzulegen, dass er keine Unterlagen nachfordern wird. Lediglich die Nachforderung von leistungsbezogenen Unterlagen, die die Wirtschaftlichkeitsbewertung der Angebote anhand der Zuschlagskriterien betreffen, ist ausgeschlossen. Dem Auftraggeber wird insoweit Handlungsspielraum eingeräumt, wie er mit fehlerhaften Interessensbestätigungen, Teilnahmeanträgen und Angeboten umgehen möchte. Die Ausübung dieses Handlungsspielraumes setzt eine ermessensfehlerfreie Entscheidung des Auftraggebers voraus. Im Gegensatz dazu bestimmt § 16a EU S. 1 VOB/A kategorisch, dass der öffentliche Auftraggeber der fehlenden Erklärungen oder Nachweise nachverlangt. Mangels Ermessen kommt dem Auftraggeber in Bausachen daher kein Handlungsspielraum zu. Daraus folgt aber auch, dass **Bieter keinen Anspruch darauf haben, dass der Auftraggeber ihnen die Möglichkeit einräumt, fehlende Unterlagen nachzureichen.**[18] 26

Eine **Grenze** findet die Nachforderungsmöglichkeit nach dem Wortlaut des Abs. 2 erst in den **allgemeinen Grundsätzen der Transparenz und der Gleichbehandlung:** 27

Nach dem **Transparenzgrundsatz** ist der öffentliche Auftraggeber daran gebunden, wenn er von der Möglichkeit nach Abs. 2 S. 2 Gebrauch macht, in der Auftragsbekanntmachung oder den Vergabeunterlagen festzulegen, dass er keine Unterlagen nachfordern wird.[19] 28

Der **Gleichbehandlungsgrundsatz** verlangt, dass der Auftraggeber grundsätzlich allen Unternehmen gleichermaßen die Möglichkeit zur Nachreichung von Unterlagen gewähren muss, wenn er dies einem Unternehmen gewährt.[20] Allerdings kann der Auftraggeber nach dem Willen des Verordnungsgebers ohne Verstoß gegen den Gleichbehandlungsgrundsatz die Nachforderung auf diejenigen Bieter oder Bewerber beschränken, deren Teilnahmeanträge oder Angebote in die engere Wahl kommen. Er ist nicht verpflichtet, von allen Bietern oder Bewerbern gleichermaßen Unterlagen nachzufordern.[21] 29

Kein „Nachfordern" im Sinne der Norm ist das **erstmalige Anfordern von Unterlagen,** deren spätere Anforderung sich der öffentliche Auftraggeber in der Auftragsbekanntmachung oder den Vergabeunterlagen zunächst vorbehalten hat.[22] 30

Der öffentliche Auftraggeber ist nach Abs. 2 S. 2 berechtigt, jedwede Nachforderung von unternehms- oder leistungsbezogenen Unterlagen auszuschließen. In diesen Fällen werden die vorgelegten Nachweise und Erklärungen so ausgelegt wie sie eingereicht worden sind. Nachträgliche Ergänzungen sind unbeachtlich, während nachträgliche Erläuterungen allenfalls als Auslegungshilfe Berücksichtigung finden.[23] 31

---

[17] Zur Vorgängerregelung des § 16 VOL/A VK Bund Beschl. v. 21.1.2011 – VK 2-146/10, IBRRS 2013, 3894; VK Nordbayern Beschl. v. 7.3.2012 – 21. VK-3194-03/12, IBRRS 2012, 2088.
[18] OLG Naumburg Beschl. v. 18.8.2011 – 2 Verg 3/11, ZfBR 2012, 85; VK Bund Beschl. v. 2.2.2011 – VK 3-168/10, VPRRS 2011, 0432.
[19] VK Bund Beschl. v. 15.3.2012 – VK 1-10/12, IBRRS 2012, 2947.
[20] Vgl. EuGH Urt. v. 6.11.2014 – C-42/13, NZBau 2015, 38; OLG Celle Beschl. v. 14.1.2014 – 13 Verg 11/13, BeckRS 2014, 06766; OLG Celle Beschl. v. 4.3.2010 – 13 Verg 1/10, NZBau 2010, 333; OLG Düsseldorf Beschl. v. 19.3.2009 – VII-Verg 8/09, BeckRS 2009, 29069.
[21] VgV-Begründung BR-Drs. 87/16, 209.
[22] VgV-Begründung BR-Drs. 87/16, 209.
[23] OLG Koblenz Beschl. v. 4.1.2017 – Verg 7/16, ZfBR 2017, 393.

32 **2. Die Nachforderung unternehmensbezogener Unterlagen (Abs. 2 S. 1).** Der Auftraggeber kann nach Abs. 2 S. 1 Bewerber oder Bieter auffordern, fehlende, unvollständige oder fehlerhafte unternehmensbezogene Unterlagen nachzureichen, zu vervollständigen oder zu korrigieren.

33 Unterlagen **fehlen,** wenn sie der Interessensbestätigung, dem Teilnahmeantrag oder dem Angebot in Gänze nicht beigefügt sind.[24] Der Mangel wird geheilt, wenn der Bewerber oder Bieter die fehlende Unterlage vollständig und inhaltlich zutreffend innerhalb der vom Auftraggeber vorgegebenen Frist nachreicht.

34 **Unvollständig** sind sie, wenn sie zwar beigefügt sind, aber Teile fehlen. Die Unvollständigkeit kann einerseits den Umfang der Unterlage, etwa die Anzahl der Seiten eines Dokuments, betreffen und andererseits seinen Inhalt, etwa wenn nicht alle geforderten Angaben enthalten sind. Sofern der Bewerber oder Bieter die fehlenden Teile innerhalb der vom Auftraggeber gesetzten Frist nachreicht und die Unterlage damit vervollständigt, wird der Mangel der Unvollständigkeit geheilt.

35 **Fehlerhaft** sind Unterlagen, wenn sie zwar formgerecht, vollständig und lesbar vorliegen, aber inhaltlich unzutreffend sind, etwa wenn anstelle einer personenbezogenen Referenz nur eine unternehmensbezogene Referenz beigefügt wird. Nach Abs. 2 S. 2 Alt. 1 dürfen nur offensichtliche Unrichtigkeiten oder widersprüchliche Angaben durch Nachforderungen der richtigen Information korrigiert werden, beispielsweise wenn ein offensichtlicher Schreibfehler vorliegt. Ein darüberhinausgehendes Verständnis einer inhaltlichen Änderung von Unterlagen widerspricht der richtlinienkonformen Auslegung der Vorschrift. Die Korrektur materiell unzureichender Unterlagen sieht Art. 56 Abs. 3 RL 2014/24/EU nicht vor. Insofern würde es den geltenden Grundsätzen der Gleichbehandlung und Transparenz widersprechen, wenn die Bewerber oder Bieter die Möglichkeit erhalten würden, ihre Teilnahmeanträge oder Angebote nach der Abgabefrist zu ändern.[25] Eine derartige Einschränkung der Vergaberechtsgrundsätze bedürfte daher einer eindeutigen Rechtsgrundlage. Deshalb darf der Bewerber inhaltlich nicht den Anforderungen genügenden Referenzen durch ausreichende Referenzen ersetzen.[26] Weisen geforderte Versicherungsnachweise unzureichende Deckungssummen auf, dürfen diese nicht durch ausreichende Bescheinigungen ersetzt werden.[27]

36 **3. Die Nachforderung leistungsbezogener Unterlagen (Abs. 3).** Fehlende oder unvollständige **leistungsbezogene Unterlagen** können auf Aufforderung des Auftraggebers **nachgereicht oder vervollständigt** werden, sofern sie nicht die Wirtschaftlichkeitsbewertung der Angebote anhand der Zuschlagskriterien betreffen. Die Korrektur leistungsbezogener fehlerhafter Unterlagen ist dagegen nicht zulässig. Insbesondere dürfen Hersteller- oder Fabrikatsangaben nicht nachgefordert werden.[28]

37 Die Nachforderung von **leistungsbezogenen Unterlagen,** die die Wirtschaftlichkeitsbewertung der Angebote anhand der **Zuschlagskriterien** betreffen, ist **ausgeschlossen.** Durch diese Regelung sollen Manipulationsmöglichkeiten des öffentlichen Auftraggebers im Hinblick auf die Wertungsreihenfolge ausgeschlossen werden.[29] Diese Unterlagen dürfen daher weder nachgereicht noch vervollständigt oder korrigiert werden. Dies gilt allerdings nicht für Preisangaben, wenn es sich um unwesentliche Einzelpositionen handelt, deren Einzelpreise den Gesamtpreis nicht verändern oder die Wertungsreihenfolge und den Wettbewerb nicht beeinträchtigen. In diesem Fall ist die Befürchtung einer Manipulation der Wertungsreihenfolge ausgeschlossen.

V. Verfahren zur Nachforderung von Unterlagen (Abs. 4)

38 Die Unterlagen sind nach Abs. 4 vom Bewerber oder Bieter nach Aufforderung durch den öffentlichen Auftraggeber innerhalb einer von diesem festzulegenden angemessenen, nach dem Kalender bestimmten Frist vorzulegen. Eine **konkrete (Höchst-)Frist bestimmt die VgV nicht.** Im Gegensatz dazu regelt § 16a EU S. 2 VOB/A, dass nachgeforderte Unterlagen spätestens innerhalb von sechs Kalendertagen nach Aufforderung durch den öffentlichen Auftraggeber vorzulegen sind. Sind die Interessensbestätigungen, Teilnahmeanträge oder Angebote nach Ablauf der gesetzten Frist noch unvollständig, sind sie nach § 57 Abs. 1 Nr. 1 auszuschließen.

---

[24] OLG Schleswig-Holstein Beschl. v. 12.11.2020 – 54 Verg 2/20, ZfBR 2001, 194.
[25] EuGH Urt. v. 29.3.2012 – C-599/10, IBRRS 2012, 1222; EuGH Urt. v. 10.10.2013 – C 336/12, NZBau 2013, 783; EuGH Urt. vom 7.4.2016 – C 324/14, NZBau 2016, 373.
[26] OLG Düsseldorf Beschl. v. 7.11.2018 – Verg 39/18, BeckRS 2018, 42458.
[27] OLG Karlsruhe Beschl. v. 14.8.2019 – 15 Verg 10/19, BeckRS 2019, 21317.
[28] VK Westfalen Beschl. v. 9.6.2017 – VK 1–12/17, BeckRS 2017, 151645.
[29] Vgl. VgV-Begründung BR-Drs. 87/16, 209.

VI. Dokumentation der Nachforderung von Unterlagen (Abs. 5)

Die Entscheidung zur und das Ergebnis der Nachforderung sind nach Abs. 5 zu dokumentieren. Grundsätzlich sind für die Dokumentation die allgemeinen Vorgaben nach § 8 zu beachten. Ergänzend ist Folgendes anzumerken: 39

Die Entscheidung zur Nachforderung steht im Ermessen des öffentlichen Auftraggebers (→ Rn. 26). Dem Vergabevermerk nach § 8 muss daher zu entnehmen sein, dass sich der Auftraggeber mit der Frage auseinandergesetzt hat, ob er nachfordert und in welchem Umfang. **Ist dies nicht der Fall, hat der Auftraggeber willkürlich gehandelt** und es ist nicht auszuschließen, dass ein Ermessensnichtgebrauch oder zumindest ein Ermessensfehlgebrauch vorliegt.[30] 40

§ 57 Ausschluss von Interessensbekundungen, Interessensbestätigungen, Teilnahmeanträgen und Angeboten

(1) Von der Wertung ausgeschlossen werden Angebote von Unternehmen, die die Eignungskriterien nicht erfüllen, und Angebote, die nicht den Erfordernissen des § 53 genügen, insbesondere:
1. Angebote, die nicht form- oder fristgerecht eingegangen sind, es sei denn, der Bieter hat dies nicht zu vertreten,
2. Angebote, die nicht die geforderten oder nachgeforderten Unterlagen enthalten,
3. Angebote, in denen Änderungen des Bieters an seinen Eintragungen nicht zweifelsfrei sind,
4. Angebote, bei denen Änderungen oder Ergänzungen an den Vergabeunterlagen vorgenommen worden sind,
5. Angebote, die nicht die erforderlichen Preisangaben enthalten, es sei denn, es handelt sich um unwesentliche Einzelpositionen, deren Einzelpreise den Gesamtpreis nicht verändern oder die Wertungsreihenfolge und den Wettbewerb nicht beeinträchtigen, oder
6. nicht zugelassene Nebenangebote.

(2) Hat der öffentliche Auftraggeber Nebenangebote zugelassen, so berücksichtigt er nur die Nebenangebote, die die von ihm verlangten Mindestanforderungen erfüllen.

(3) Absatz 1 findet auf die Prüfung von Interessensbekundungen, Interessensbestätigungen und Teilnahmeanträgen entsprechende Anwendung.

Übersicht

	Rn.
I. Regelungsgehalt und Überblick	1
II. Systematische Stellung und Zweck der Norm	3
III. Ausschluss von der Wertung (Abs. 1)	5
1. Abschließende Regelung der Ausschlussgründe	5
2. Ausschluss wegen Nichterfüllung der Eignungskriterien (Abs. 1 Alt. 1)	6
3. Ausschluss wegen Nichterfüllung der Erfordernisse nach § 53 (Abs. 1 Alt. 2)	8
a) Erfordernisse nach § 53	8
b) Angebote, die nicht form- oder fristgerecht eingegangen sind (Abs. 1 Nr. 1)	13
c) Angebote, die nicht die geforderten oder nachgeforderten Unterlagen enthalten (Abs. 1 Nr. 2)	18
d) Angebote, in denen Änderungen des Bieters an seinen Eintragungen nicht zweifelsfrei sind (Abs. 1 Nr. 3)	19
e) Angebote, bei denen Änderungen oder Ergänzungen an den Vergabeunterlagen vorgenommen worden sind (Abs. 1 Nr. 4)	22
f) Angebote, die nicht die erforderlichen Preisangaben enthalten (Abs. 1 Nr. 5)	28
g) Nicht zugelassene Nebenangebote (Abs. 1 Nr. 6)	31
4. Rechtsfolge: Ausschluss	33
IV. Berücksichtigung von Nebenangeboten (Abs. 2)	34
V. Analoge Anwendung auf Interessensbekundigungen, Interessensbestätigungen und Teilnahmeanträge (Abs. 3)	35

---

[30] OLG Düsseldorf Beschl. v. 28.11.2012 – VII-Verg 8/12, NZBau 2013, 258; OLG Karlsruhe Beschl. v. 23.3.2011 – 15 Verg 2/11, ZfBR 2012, 301; OLG Naumburg Beschl. v. 26.2.2004 – 1 Verg 17/03, ZfBR 2004, 509.

I. Regelungsgehalt und Überblick

1   Nach Maßgabe des § 57 prüfen öffentliche Auftraggeber, ob Angebote vom Vergabeverfahren **auszuschließen** sind. Eine entsprechende Regelung war in § 19 EG Abs. 3 VOL/A enthalten.

2   Abs. 1 regelt die **Ausschlussgründe**. Abs. 2 gibt vor, dass öffentliche Auftraggeber nur solche **Nebenangebote** berücksichtigen dürfen, die den von ihnen festgelegten Mindestanforderungen entsprechen. Nach Abs. 3 sind die Bestimmungen auf **Interessensbekundungen, Interessensbestätigungen und Teilnahmeanträge** entsprechend anzuwenden.

II. Systematische Stellung und Zweck der Norm

3   § 57 regelt ebenso wie die §§ 123, 124 GWB oder § 60 Abs. 3 VgV den Ausschluss vom Vergabeverfahren. Im Gegensatz zu den vorgenannten Normen des GWB, die den Ausschluss von *Bietern und Bewerbern* regeln, regeln die Vorschriften der §§ 57 und 60 den **Ausschluss von *Angeboten***.[1] Darüber hinaus regelt § 60 den weiteren Ausschlussgrund des unauskömmlichen Angebots. Im Gegensatz zu § 57 sanktioniert § 60 nicht die Abweichung von den Vorgaben des § 53, sondern setzt eine Wirtschaftlichkeitsbetrachtung des Verhältnisses von Preis oder Kosten auf der einen und der zu erbringenden Leistung auf der anderen Seite voraus.

4   Auszuschließen sind nach § 57 Angebote von Unternehmen, welche die vorgegebenen **Eignungskriterien nicht erfüllen**, und **unzulässige Angebote**. Als „unzulässig" bezeichnet der Verordnungsgeber Angebote, die gegen § 53 verstoßen.[2] Zweck der Regelung ist es sicherzustellen, dass bei der Zuschlagsentscheidung nur Angebote berücksichtigt werden, die von geeigneten Unternehmen stammen und untereinander vergleichbar sind.

III. Ausschluss von der Wertung (Abs. 1)

5   **1. Abschließende Regelung der Ausschlussgründe.** Die Gründe, nach denen ein Angebot gem. § 57 von der Berücksichtigung bei der Zuschlagsentscheidung ausgeschlossen wird, sind **abschließend** geregelt. In der Verordnungsbegründung zu Abs. 1 heißt es, die Norm liste beispielhaft Gründe auf, welche zur Unzulässigkeit eines Angebots und damit zu dessen zwingendem Ausschluss führten.[3] Das ist so nicht zutreffend. Es gibt zwei Gründe für einen Ausschluss des Angebots im Rahmen der Prüfung der Angebote und diese sind in Abs. 1 abschließend definiert: Entweder erfüllt das Unternehmen, welches das Angebot abgegeben hat, die vorgegebenen Eignungskriterien nicht (Abs. 1 Alt. 1) oder das Angebot des Unternehmens genügt nicht den Anforderungen des § 53 (Abs. 1 Alt. 2). Die Regelung enthält im Weiteren aber Regelbeispiele, unter welchen Umständen das Angebot des Unternehmens nicht den Anforderungen des § 53 genügt. Diese sind nicht abschließend geregelt, sondern heben nur die besonders praxisrelevanten Ausschlussgründe der Angebotswertung hervor.

6   **2. Ausschluss wegen Nichterfüllung der Eignungskriterien (Abs. 1 Alt. 1).** Angebote von Unternehmen, die die Eignungskriterien nicht erfüllen, sind nach Abs. 1 Alt. 1 auszuschließen. Der Grund hierfür ist, dass öffentliche Aufträge nach § 122 GWB nur zu vergeben sind an geeignete, dh fachkundige und leistungsfähige Unternehmen, die nicht nach den §§ 123 oder 124 GWB ausgeschlossen worden sind. Auf diese Art soll sichergestellt werden, dass nur Angebote solcher Unternehmen in die Auswahl einbezogen werden, die eine ordnungsgemäße Ausführung des konkreten Auftrags gewährleisten können.[4]

7   Die (materiellen) Eignungskriterien nach den §§ 45 ff. und die (formellen) Eignungsnachweise nach den §§ 48 ff., die insoweit Maßstab der Prüfung nach § 57 sind, legt der öffentliche Auftraggeber fest und gibt sie in der Bekanntmachung an. Die Darlegungs- und Beweislast für die Erfüllung der Eignungskriterien trägt der Bewerber oder Bieter.[5]

8   **3. Ausschluss wegen Nichterfüllung der Erfordernisse nach § 53 (Abs. 1 Alt. 2). a) Erfordernisse nach § 53.** Nach Abs. 1 Alt. 2 sind ferner Angebote auszuschließen, die den Erfordernissen des § 53 nicht genügen. Diese Norm regelt die **Form und Übermittlung der Interessensbekundungen, Interessensbestätigungen, Teilnahmeanträge und Angebote.** Grundsätzlich haben Bewerber und Bieter dabei ihre Interessensbekundungen, Interessensbestätigungen, Teilnahmeanträge und Angebote **in Textform** nach § 126b BGB mithilfe elektronischer Mittel

---

[1] VgV-Begründung BR-Drs. 87/16, 210.
[2] VgV-Begründung BR-Drs. 87/16, 210.
[3] VgV-Begründung BR-Drs. 87/16, 210.
[4] Gesetzesbegründung BT-Drs. 18/6281, 101.
[5] OLG Düsseldorf Beschl. v. 28.3.2018 – VII Verg 42/17, BeckRS 2018, 9332 = NZBau 2018, 491.

III. Ausschluss von der Wertung (Abs. 1) 9–16 § 57 VgV

gem. § 10 zu übermitteln (§ 53 Abs. 1 ff.), sofern nicht ein Ausnahmetatbestand nach § 53 Abs. 2 ff. gegeben ist.

Änderungen an den Vergabeunterlagen sind nach § 53 Abs. 7 unzulässig. Die Interessensbe- 9 stätigungen, Teilnahmeanträge und Angebote müssen **vollständig** sein und alle geforderten Angaben, Erklärungen und Preise enthalten. **Nebenangebote** müssen als solche gekennzeichnet sein. Auf die weiteren Ausführungen zu § 53 wird verwiesen.

Die Unternehmen haben nach § 53 Abs. 8 ferner anzugeben, ob für den Auftragsgegenstand 10 **gewerbliche Schutzrechte** bestehen, beantragt sind oder erwogen werden. Ein Fehlen dieser Angabe wird in der Praxis kaum zu einem Ausschluss nach Abs. 1 Nr. 2 wegen Fehlens von Unterlagen führen, da der Auftraggeber selbst nicht prüft, ob entgegen der unterlassenen Mitteilung durch den Bewerber oder Bieter gewerbliche Schutzrechte bestehen oder beantragt sind. Eine derartige „Erwägung" entzieht sich ohnehin der Überprüfbarkeit.

Nach § 53 Abs. 9 haben **Bewerber- oder Bietergemeinschaften** in der Interessensbestä- 11 tigung, im Teilnahmeantrag oder im Angebot jeweils die Mitglieder sowie eines ihrer Mitglieder als bevollmächtigten Vertreter für den Abschluss und die Durchführung des Vertrags zu benennen. Fehlt eine dieser Angaben, so ist sie vor der Zuschlagserteilung beizubringen.

Ein Angebot, dass die vorgenannten Anforderungen nicht erfüllt, ist auszuschließen. Die Rege- 12 lung enthält weitere **Regelbeispiele**, unter welchen Umständen das Angebot des Unternehmens nicht den Anforderungen des § 53 genügt.

b) Angebote, die nicht form- oder fristgerecht eingegangen sind (Abs. 1 Nr. 1). 13 **aa) Verstoß gegen Form- und Fristvorgaben.** Das erste Regelbeispiel hebt noch einmal die Formerfordernisse nach § 53 Abs. 1 ff. hervor. Angebote, die dem öffentlichen Auftraggeber nicht fristgerecht zugehen oder die den jeweiligen Formerfordernissen aus § 53 nicht genügen, sind demnach aus Gründen der Gleichbehandlung sowie der Transparenz vom Vergabeverfahren auszuschließen.[6]

Ein Angebot verstößt zB gegen die Formvorschriften des § 53, wenn es entgegen § 53 Abs. 1 14 **nicht in Textform**[7] abgegeben wird, gegen die Vorgaben der elektronischen Übermittlung nach § 10 verstoßen wird[8] oder entgegen § 53 Abs. 6 **nicht unterschrieben** ist.[9] Nicht formgerechte Angebote begründen Zweifel an der Verbindlichkeit und Legitimation des Angebots. Befindet sich die Signatur an der falschen Stelle, bleibt unklar, ob die Unterzeichnung den gesamten Angebotsinhalt umfasst und rechtsverbindlich gegenüber dem Auftraggeber erklärt werden möchte. Deshalb ist die Erklärung des Bieter nach dem verobjektivierten Empfängerhorizont nach §§ 133, 157 BGB auszulegen. Bei Zweifeln ist von einem wertbaren Angebot auszugehen.[10] Unterzeichnet der Bieter das Hauptangebot ordnungsgemäß, ist davon auch das Nebenangebot umfasst, wenn es die vom Auftraggeber festgelegten Mindestanforderungen nach § 35 Abs 2 erfüllt.[11] Die Verbindung des Signaturprotokolls mit der Angebotsdatei ordnet im Zweifel den gesamten Angebotsinhalt der Signatur zu.[12]

Ein Verstoß gegen die Fristvorgabe liegt vor, wenn das Angebot nicht innerhalb der vom 15 Auftraggeber in der Bekanntmachung oder den Vergabeunterlagen eingegangenen Frist dem öffentlichen Auftraggeber zugeht.[13] Die Regelung zum Ausschluss eines Angebots wegen Fristversäumung ist **streng anzuwenden**. Selbst geringfügige Überschreitungen der Frist führen zwingend zum Ausschluss.[14] Nur auf diese Weise können die Grundsätze der Transparenz und der Gleichbehandlung nach § 97 Abs. 1 und 2 GWB eingehalten werden. Außerdem hat die Regelung den **Zweck, Manipulationsmöglichkeiten einzuschränken.**[15] Maßgeblich ist der rechtzeitige Zugang beim öffentlichen Auftraggeber, also **gem. § 130 BGB der Übergang in seinen Machtbereich und seine Möglichkeit, unter normalen Umständen Kenntnis erlangen zu können.**[16]

Das **Übermittlungsrisiko** für den rechtzeitigen Zugang trägt grundsätzlich der Bieter. Ein 16 verspätet zugegangenes Angebot kann nicht damit entschuldigt werden, **dass das Angebot so frühzeitig zur Post gegeben worden sei, dass mit einem rechtzeitigen Eingang zu rechnen**

---

[6] VgV-Begründung BR-Drs. 87/16, 210.
[7] OLG Düsseldorf Beschl. v. 5.9.2018 – Verg 32/18, NZBau 2019, 193 = BeckRS 2018, 31128.
[8] Soweit der öffentliche Auftraggeber keine andere Übermittlungsart nach § 53 Abs. 4 vorgeschrieben hat.
[9] VK Südbayern Beschl. v. 2.4.2019 – Z3-3-3194-1-43-11/18, BeckRS 2019, 7485.
[10] OLG Frankfurt a. M. Beschl. v. 26.6.2012 – 11 Verg 12/11, ZfBR 2012, 706.
[11] BGH Urt. v. 23.3.2011 – X ZR 92/09, NZBau 2011, 438.
[12] Ziekow/Völlink/*Herrmann* Rn. 15.
[13] VK Bund Beschl. v. 29.5.2020 – VK 2-19/20, VPRRS 2020, 0229.
[14] VK Bund Beschl. v. 29.5.2020 – VK 2-19/20, VPRRS 2020, 0229.
[15] VK Sachsen-Anhalt Beschl. v. 2.8.2013 – 3 VK LSA 33/13, IBRRS 2014, 0316.
[16] OLG Celle Beschl. v. 7.6.2007 – 13 Verg 5/07, ZfBR 2007, 611.

gewesen sei.[17] **Die Beweislast für den verspäteten Zugang im Falle des Ausschlusses trägt dagegen der öffentliche Auftraggeber.**[18]

17   **bb) Ausnahmeregelung.** Ein Ausschluss wegen Verstoßes gegen die Vorgaben zu Form und Frist kommt nach § 53 Abs. 1 Nr. 1 Hs. 2 ausnahmsweise dann nicht in Betracht, wenn der Bieter diesen Verstoß nicht zu vertreten hat. Maßstab für das Vertretenmüssen ist § 276 BGB. Die dazu ausreichende einfache Fahrlässigkeit bestimmt sich nach dem am allgemeinen Verkehrsbedürfnis ausgerichteten objektiven Sorgfaltsmaßstab.[19] Dies ist dann der Fall, wenn dem Bieter der Fehler, der zum Verstoß geführt hat, **nicht zuzurechnen** ist. Beispiele hierfür sind **höhere Gewalt** oder ein **Verschulden des Auftraggebers**.[20] Der Bewerber oder Bieter hat dafür Sorge zu tragen, dass er beispielsweise für die Absendung des Angebots genügend Zeit berücksichtigt. Es steht dem Bieter zwar frei, die Angebotsfrist bis zuletzt auszuschöpfen. Er kann sich jedoch in diesen Fällen nicht exkulpieren, wenn sich bei der Angebotsübersendung typische Risiken der gewählten Übermittlungsform realisieren.[21]

18   **c) Angebote, die nicht die geforderten oder nachgeforderten Unterlagen enthalten (Abs. 1 Nr. 2).** Der **Begriff der Unterlagen** in Abs. 1 Nr. 2 entspricht dem Begriff in § 48 Abs. 1 und umfasst Eigenerklärungen, Angaben, Bescheinigungen und sonstige Nachweise. Die Unterlagen müssen zulässig **gefordert oder nachgefordert** sein. Der Auftraggeber darf nur Unterlagen fordern, die Auftragsbezug haben, transparent nach § 48 in der Auftragsbekanntmachung oder Aufforderung zur Interessenbestätigung verlangt wurden und deren Vorlage für den Bewerber oder Bieter zumutbar ist.[22] Unklarheiten bei den Anforderungen an die Nachweise in den Vergabeunterlagen gehen zulasten des Auftraggebers, weshalb das Angebot nicht ausgeschlossen werden kann, wenn es aufgrund dessen unvollständig abgegeben wird.[23] Vom Ausschlussgrund erfasst ist damit sowohl der Fall, dass Erklärungen und Nachweise in den Vergabeunterlagen gefordert und vom Bieter nicht beigefügt wurden, als auch der Fall, dass der Auftraggeber Erklärungen und Nachweise zulässigerweise nach Maßgabe des § 56 nachgefordert hat und diese den Auftraggeber nicht form- und fristgerecht erreichen.[24]

19   **d) Angebote, in denen Änderungen des Bieters an seinen Eintragungen nicht zweifelsfrei sind (Abs. 1 Nr. 3).** Nimmt ein Bieter an seinem Angebot Änderungen vor und entstehen dadurch Zweifel am Inhalt seiner Erklärung, so ist dieses Angebot nach Nr. 3 auszuschließen.[25] Dem Begriff der Änderung liegt ein **weites Begriffsverständnis** zugrunde, nach dem jegliche Korrekturen und/oder Ergänzungen am Angebotsinhalt als Änderung anzusehen ist.

20   **Zweck der Regelung ist es, zu verhindern,** dass sich ein Bieter nach Erhalt des Zuschlags darauf berufen kann, er habe etwas ganz anderes an Leistung oder Preis angeboten.[26] Aus Gründen der Transparenz und Gleichbehandlung nach § 97 Abs. 1 und 2 GWB dürfen öffentliche Auftraggeber nur zweifelsfreie und eindeutige Angebote annehmen, die miteinander vergleichbar sind. Unklare und widersprüchliche Angebote müssen daher ausgeschlossen werden. Dies setzt aber voraus, dass das Angebot des Bieters vom **objektiven Empfängerhorizont** aus betrachtet tatsächlich unklar und/oder widersprüchlich ist. Liegen offensichtliche Widersprüche oder unvollständige Erklärungen vor, ist der Auftraggeber verpflichtet, vor einem endgültigen Ausschluss dem Unternehmen die Gelegenheit zur Aufklärung zu geben.[27] Eine Änderung an den Eintragungen, welche ihrem Sinngehalt nach eindeutig sind, führt nicht zum Ausschluss.[28]

---

[17] VK Nordbayern Beschl. v. 1.4.2008 – 21.VK-194-09/08, IBRRS 2008, 1286.
[18] OLG Celle Beschl. v. 7.6.2007 – 13 Verg 5/07, ZfBR 2007, 611; VK Bund Beschl. v. 12.1.2012 – VK 1-165/11, VPRRS 2012, 0445.
[19] VK Sachsen Beschl. v. 27.2.2020 – 1/SVK/041-19, BeckRS 2020, 3679.
[20] VgV-Begründung BR-Drs. 87/16, 210, OLG München Beschl. v. 2.5.2019 – Verg 5/19, NZBau 2020, 126.
[21] VK Bund Beschl. v. 15.8.2017 – VK 84/17, BeckRS 2017, 143569; VK Sachsen Beschl. v. 27.2.2020 – 1/SVK/041-19, BeckRS 2020, 3679 – Funktionierende IT ist Bietersache.
[22] BGH Urt. v. 10.6.2008 – X ZR 79/07, IBR 2008,588; OLG Düsseldorf Beschl. v. 4.5.2009 – Verg 68/08, IBR 2010, 42.
[23] BGH Urt. v. 3.4.2012 – X ZR 130/10, NZBau 2012, 513; OLG Dresden Beschl. v. 21.2.2020 – Verg 7/18, IBRRS 2020, 0651.
[24] VgV-Begründung BR-Drs. 87/16, 210; OLG Celle Beschl. v. 30.1.2020 – 13 Verg 14/19, BeckRS 2020, 966; OLG Düsseldorf Beschl. v. 17.2.106 – VII Verg 37/14, BeckRS 2016, 13665.
[25] VgV-Begründung BR-Drs. 87/16, 211.
[26] OLG München Beschl. v. 23.6.2009 – Verg 8/09, BeckRS 2009, 17241.
[27] OLG Düsseldorf Beschl. v. 11.5.2016 – VII-Verg 50/15, BeckRS 2016, 13072.
[28] VgV-Begründung BR-Drs. 87/16, 211.

III. Ausschluss von der Wertung (Abs. 1)   21–25 § 57 VgV

Eine Änderung ist nur dann **zweifelfrei**, wenn sie nach Inhalt und Umfang eindeutig ist. Die **21**
Eindeutigkeit einer Abänderung setzt voraus, dass sie den Abändernden unzweifelhaft
erkennen lässt sowie den Zeitpunkt der Abänderung deutlich macht.[29] Nachträgliche Angebotsänderungen nach Ablauf der Angebotsfrist sind unzulässig. Sowohl im offenen als auch im nicht offenen Verfahren würde es sich dabei um eine versuchte unzulässige Nachverhandlung nach § 15 Abs. 5 und § 16 Abs. 9 handeln. Gleiches gilt gem. § 17 Abs. 10 S. 1 im Verhandlungsverfahren in Bezug auf das Best-and-final-Offer (BAFO).[30]

e) Angebote, bei denen Änderungen oder Ergänzungen an den Vergabeunterlagen **22**
vorgenommen worden sind (Abs. 1 Nr. 4). Änderungen oder Ergänzungen an den Vergabeunterlagen durch einen Bieter führen zum Ausschluss des Angebots. **Ziel der Regelung** ist es sicherzustellen, dass die Angebote aller Bieter im Verfahren den Vergabeunterlagen vollständig entsprechen. Die Regelung gewährleistet damit die Vergleichbarkeit der Angebote untereinander und dient damit dem Grundsatz der Transparenz und der Gleichbehandlung (§ 97 Abs. 1 und 2 GWB).[31]

Eine **Änderung** der Vergabeunterlagen liegt vor, wenn das Unternehmen von den Vorgaben **23** der Vergabeunterlagen inhaltlich abweicht, im Ergebnis also ein **Aliud,** also eine andere als die ausgeschriebene Leistung anbietet.[32] Der Begriff der Änderung setzt dagegen nicht voraus, dass das Unternehmen formell den Wortlaut der Vergabeunterlagen abändert, etwa durch Ergänzungen oder Streichungen.[33] Der Begriff der **„Ergänzung"** ist daher ein Unterfall des Begriffs der „Änderung" der Vergabeunterlagen, da der Bieter auch durch die (materielle) Ergänzung von den Vorgaben der Vergabeunterlagen inhaltlich abweicht und im Ergebnis eine andere als die ausgeschriebene Leistung anbietet. Ob eine Änderung oder Ergänzung vorliegt, ist anhand des veröbjektivierten Empfängerhorizontes nach §§ 133, 157 BGB durch Auslegung zu ermitteln. Insbesondere muss eindeutig eine Abweichung von den Vorgaben aus den Vergabunterlagen vorliegen, um einen Ausschluss zu rechtfertigen.[34] Bestehen Zweifel an der Abweichung, ist der Auftraggeber angehalten, den Widerspruch aufzuklären. Insbesondere bei einfachen Eintragungsfehlern reduziert sich das Aufklärungsermessen auf eine Aufklärungspflicht, um dem Bieter die Gelegenheit zu geben, die Unstimmigkeiten nachvollziehbar auszuräumen.[35]

Während früher noch eine Änderung im vorgenannten Sinne angenommen worden ist, wenn **24** der Bieter die Vertragsunterlagen durch **Einbeziehung seiner AGB** im Rahmen eines Begleitschreibens ergänzt,[36] hält der BGH nach der neuen Rechtsprechung nicht mehr daran fest.[37] Er führt hierzu ausdrücklich aus, dass der Bieter von seinen hinzugefügten abweichenden Zahlungsbedingungen in den Vergabeunterlagen im Wege der Aufklärung Abstand nehmen kann, wenn danach ein dem maßgeblichen Inhalt der Vergabeunterlagen vollständig entsprechendes Angebot vorliegt.[38] Daher ist also vor einem Ausschluss eines Angebots nach Abs. 1 Alt. 2 Nr. 4 zunächst erstmal zu identifizieren, ob eine Abweichung in dem Angebot des Bieters vorliegt und ob es sich nach der Streichung dieser Divergenz immer noch um ein Angebot handeln würde, das den Vorgaben der Vergabeunterlagen entspricht. In diesem Fall ist aufzuklären, ob der Bieter an seinem abweichenden Angebot festhalten oder diese Unstimmigkeit wieder „zurücknehmen" will.[39] Diese Grundsätze sollen nicht nur bei AGB, sondern auch für alle anderen Arten von Erklärungen gelten.[40]

Eine Ausnahme vom Ausschluss nach Abs. 1 Alt. 2 Nr. 4 gilt für Änderungen und Ergänzungen **25** bei indikativen Angeboten in Verhandlungsverfahren, bei denen der Inhalt des Angebotes noch im Rahmen der Verhandlungen fortentwickelt, konkretisiert und verbessert werden kann. Diese indikativen Angebote müssen aber die vom Auftraggeber eindeutig und unmissverständlich aufgestellten Mindestanforderungen nach § 17 Abs. 10 S. 2 zwingend beachten.[41]

---

[29] VK Schleswig-Holstein Beschl. v. 5.1.2006 – VK-SH 31/05, BeckRS 2006, 02641.
[30] vgl. Ziekow/Völlink/*Herrmann* Rn. 34.
[31] VgV-Begründung BR-Drs. 87/16, 211.
[32] VgV-Begründung BR-Drs. 87/16, 211.
[33] VgV-Begründung BR-Drs. 87/16, 211.
[34] VK Bund Beschl. v. 5.12.2016 – VK 2 – 107/16, BeckRS 2016, 121965.
[35] OLG Düsseldorf Beschl. v. 2.8.2017 – VII Verg 17/17, BeckRS 2017, 135706.
[36] VK Bund Beschl. v. 29.3.2006 – VK 2-11/06, IBRRS 2013, 2924; VK Sachsen-Anhalt Beschl. v. 14.1.2015 – 3 VK LSA 103/14, IBRRS 2015, 0655.
[37] BGH Urt. v. 18.6.2019 – X ZR 86/17, NzBau 2019, 661.
[38] BGH Urt. v. 18.6.2019 – X ZR 86/17, NzBau 2019, 661; aA bei individuellen Formulierungen OLG Düsseldorf Beschl. v. 12.2.2020 – Verg 24/19, BeckRS 2020, 2509.
[39] BGH Urt. v. 18.6.2019 – X ZR 86/17, NVwZ 2019, 1539.
[40] BGH Urt. v. 18.6.2019 – X ZR 86/17, NzBau 2019, 661.
[41] OLG Düsseldorf Beschl. v. 29.6.2017 – Verg 7/17, ZfBR 2018, 89.

26 Eine unzulässige Änderung an den Vergabeunterlagen liegt zB auch bei einer **Abweichung der Vorgaben für die Auftragsausführung nach § 128 GWB** vor. Wird die Abweichung bereits vor Zuschlagserteilung im Angebot ersichtlich, liegt kein zuschlagsfähiges Angebot vor.[42] Das Angebot ist dann nach Nr. 4 auszuschließen. Verwendet der Bieter bei der Angebotsabgabe ein veraltetes Leistungsverzeichnis, obwohl der Auftraggeber ausdrücklich auf die wesentlichen Änderungen darin hingewiesen und ein neues Dokument bereitgestellt hat, ist das Angebot ebenfalls auszuschließen.[43] Wohingegen Änderungen und Ergänzungen an den Vergabeunterlagen, die nur klarstellende, dem besseren Verständnis dienende Zusätze oder offensichtlich irrtümliche Eintragungen wie Schreibfehler beinhalten, den sofortigen Ausschluss nicht rechtfertigen.[44]

27 Die Verordnungsbegründung stellt ergänzend klar, dass die Abgabe eines zugelassenen **Nebenangebots keine Änderung** der Vergabeunterlagen darstellt.[45] Der Umgang mit einem nicht zugelassenen Nebenangebot ist in Nr. 6 geregelt (→ Rn. 28). Weitere Vorgaben zur Wertung der Nebenangebote finden sich in Abs. 2.

28 **f) Angebote, die nicht die erforderlichen Preisangaben enthalten (Abs. 1 Nr. 5).** Angebote, die nicht die **erforderlichen Preisangaben** enthalten, sind nach Nr. 5 grundsätzlich zwingend auszuschließen. Der Preis ist das wichtigste Kriterium im Rahmen der Wirtschaftlichkeitsbetrachtung (→ § 58 Rn. 14). Fehlt die Angabe, ist das Angebot mit den anderen Angeboten nicht vergleichbar. Ob ein Preis fehlt, richtet sich nach § 53 Abs. 7. Eine Preisangabe fehlt nicht zwingend, wenn der angebotene Preis des Bieters 0,00 Euro beträgt.[46] Vielmehr ist Aufklärung geboten, um zu prüfen, ob der Bieter sich hierdurch einen anderen geldwerten Vorteil verschaffen möchte.[47]

29 Einem Angebot fehlen die geforderten Preise und es ist nach Abs. 1 Alt. 2 Nr. 5 auszuschließen, wenn der Bieter die einzelnen Preispositionen durch Auf- und Abpreisen festlegt, indem er für einzelne Leistungspositionen bewusst niedrige Preise einsetzt, die durch überhöhte Preise für andere Leistungen ausgeglichen werden. Der BGH hat entschieden, dass solche Angebote auszuschließen sind, weil es der Vergabestelle bei Angeboten, denen auf- und abpreisenden **Mischkalkulationen** zugrunde liegen, unmöglich ist, die Wirtschaftlichkeit des Angebots im Vergleich zu anderen Angeboten zu bewerten.[48]

30 **Ausnahmsweise** gilt der Ausschlussgrund nicht, wenn sich bei den fehlenden Preisangaben um **unwesentliche Einzelpositionen** handelt. Unwesentlich ist eine Einzelposition, wenn deren Einzelpreise den Gesamtpreis nicht verändern oder die Wertungsreihenfolge und den Wettbewerb nicht beeinträchtigen. Diese Ausnahmeregelung dient dem Grundsatz der Verhältnismäßigkeit nach § 97 Abs. 1 GWB und soll unverhältnismäßige Ausschlüsse verhindern. Nach der Begründung des Verordnungsgebers ist ein Ausschluss im Einzelfall unverhältnismäßig, wenn eine Beeinträchtigung des Wettbewerbs wegen des Fehlens der Preisangabe nicht zu besorgen ist.[49] Der Beurteilung der Wesentlichkeit der Preisposition ist eine Gesamtbetrachtung aller wesentlichen Umstände unter Berücksichtigung des Einzelfalles zugrunde zu legen. Dabei kann die Bedeutung der Preisposition für den Auftragsgegenstand oder dessen wertmäßiger Anteil für die Gesamtleistung maßgebend sein. Die **Beweislast** für das Eingreifen des Ausnahmetatbestandes nach § 57 Abs. 1 Nr. 5 Hs. 2 trägt der Bieter („es sei denn...").

31 **g) Nicht zugelassene Nebenangebote (Abs. 1 Nr. 6).** Der öffentliche Auftraggeber kann nach § 35 Abs. 1 S. 1 Nebenangebote in der Auftragsbekanntmachung oder in der Aufforderung zur Interessensbestätigung zulassen oder vorschreiben. Fehlt eine entsprechende Angabe oder bestimmt der öffentliche Auftraggeber ausdrücklich, dass keine Nebenangebote zugelassen sind, dürfen die Bieter keine Nebenangebote abgeben. **Nicht zugelassene Nebenangebote** sind auszuschließen.

32 Der Ausschlussgrund betrifft **nur das Nebenangebot,** das Hauptangebot des Bieters ist vom Ausschlussgrund nicht erfasst.

33 **4. Rechtsfolge: Ausschluss.** Stellt ein öffentlicher Auftraggeber fest, dass ein Angebot unvollständig ist, kann er den Bieter gem. § 56 auffordern, ggf. noch fehlende Angaben zu ergänzen, um

---

[42] Gesetzesbegründung BT-Drs. 18/6281, 114.
[43] VK Bund Beschl. v. 18.1.2019 – VK 1 113/18, BeckRS 2019, 4595.
[44] KG Beschl. v. 4.5.2020 – Verg 2/20, IBRRS 2020, 3055.
[45] VgV-Begründung BR-Drs. 87/16, 211.
[46] EuGH Urt. v. 10.9.2020 – C 367/19, BeckRS 2020, 2256; OLG Düsseldorf Beschl. v. 7.11.2012 – Verg 127/12, IBR 2013,48; OLG München Beschl. v. 23.12.2010 – Verg 21/10, BeckRS 2011, 890.
[47] Bspw. marktstrategische Überlegungen, wie den Zugang zu neuen Märkten oder der Erlangung einschlägiger Referenzen im öffentlichen Sektor.
[48] BGH Urt. v. 18.5.2004 – X ZB 7/04, NZBau 2004, 457 = ZfBR 2004, 710; OLG München Beschl. v. 10.11.2010 – Verg 19/10, ZfBR 2011, 200.
[49] VgV-Begründung BR-Drs. 87/16, 211.

so den möglichen Ausschlussgrund zu beseitigen.[50] Im Übrigen ist aber strikte Rechtsfolge eines Ausschlussgrundes, dass das Angebot dem Ausschluss unterliegt, also **nicht zur Wertung zugelassen werden darf.** Angebote dürfen nur gewertet werden, wenn sie in jeder sich aus den Vertragsunterlagen ergebenden Hinsicht vergleichbar sind. Dazu **gehören aus Gleichbehandlungsgründen sowohl die inhaltlichen wie die formalen Anforderungen an die Angebote.**[51] Dem öffentlichen Auftraggeber kommt insoweit kein Ermessen zu.

IV. Berücksichtigung von Nebenangeboten (Abs. 2)

Lässt der öffentliche Auftraggeber Nebenangebote zu oder schreibt er diese vor, legt er nach § 35 Abs. 2 S. 1 in den Vergabeunterlagen Mindestanforderungen fest und gibt an, in welcher Art und Weise Nebenangebote einzureichen sind. Der Auftraggeber darf nach § 35 Abs. 3 **nur solche Nebenangebote berücksichtigen,** die den festgelegten Mindestanforderungen entsprechen. Nebenangebote, die diesen Anforderungen nicht gerecht werden, müssen ausgeschlossen werden. Anderenfalls wäre das Gleichbehandlungsgebot nach § 97 Abs. 2 GWB verletzt.[52] 34

V. Analoge Anwendung auf Interessensbekundigungen, Interessensbestätigungen und Teilnahmeanträge (Abs. 3)

Die Ausschlussgründe für die Prüfung von Angeboten nach Abs. 1 finden auf die Prüfung von Interessensbekundungen, Interessensbestätigungen und Teilnahmeanträgen **entsprechende Anwendung.** Der bisherige Wortlaut der Vorgängerregelung des § 19 EG Abs. 3 VOL/A sprach nur von Angeboten, es lag damit eine Regelungslücke in Bezug auf die Interessensbekundungen, Interessensbestätigungen und Teilnahmeanträgen vor, die der Verordnungsgeber mit Abs. 3 geschlossen hat. 35

Allerdings ist mangels vergleichbarer Interessenlage **nicht jeder Ausschlussgrund,** der nach Abs. 1 für Angebote gilt, auf Interessensbekundungen, Interessensbestätigungen oder Teilnahmeanträge anzuwenden. So findet insbesondere der Ausschlussgrund des Fehlens von Preisangaben, die sich zwingend nur in Angeboten finden, keine Entsprechung bei Interessensbekundungen, Interessensbestätigungen und Teilnahmeanträgen. Zweck der Regelung ist es nach Auffassung des Verordnungsgebers vor allem zu regeln, wie der öffentliche Auftraggeber zu verfahren hat, wenn zB ein Teilnahmeantrag im Rahmen eines zweistufigen Verfahrens nicht fristgerecht eingegangen ist oder entgegen der Vorgaben des öffentliche Auftraggebers nicht elektronisch, sondern auf dem Postweg übermittelt wurde.[53] 36

§ 58 Zuschlag und Zuschlagskriterien

(1) Der Zuschlag wird nach Maßgabe des § 127 des Gesetzes gegen Wettbewerbsbeschränkungen auf das wirtschaftlichste Angebot erteilt.

(2) ¹Die Ermittlung des wirtschaftlichsten Angebots erfolgt auf der Grundlage des besten Preis-Leistungs-Verhältnisses. ²Neben dem Preis oder den Kosten können auch qualitative, umweltbezogene oder soziale Zuschlagskriterien berücksichtigt werden, insbesondere:
1. die Qualität, einschließlich der technischen Werts, Ästhetik, Zweckmäßigkeit, Zugänglichkeit der Leistung insbesondere für Menschen mit Behinderungen, ihrer Übereinstimmung mit Anforderungen des „Designs für Alle", soziale, umweltbezogene und innovative Eigenschaften sowie Vertriebs- und Handelsbedingungen,
2. die Organisation, Qualifikation und Erfahrung des mit der Ausführung des Auftrags betrauten Personals, wenn die Qualität des eingesetzten Personals erheblichen Einfluss auf das Niveau der Auftragsausführung haben kann, oder
3. die Verfügbarkeit von Kundendienst und technischer Hilfe sowie Lieferbedingungen wie Liefertermin, Lieferverfahren sowie Liefer- oder Ausführungsfristen.
³Der öffentliche Auftraggeber kann auch Festpreise oder Festkosten vorgeben, sodass das wirtschaftlichste Angebot ausschließlich nach qualitativen, umweltbezogenen oder sozialen Zuschlagskriterien nach Satz 1 bestimmt wird.

(3) ¹Der öffentliche Auftraggeber gibt in der Auftragsbekanntmachung oder den Vergabeunterlagen an, wie er die einzelnen Zuschlagskriterien gewichtet, um das wirtschaftlichste Angebot zu ermitteln. ²Diese Gewichtung kann auch mittels einer Spanne angegeben

---

[50] VgV-Begründung BR-Drs. 87/16, 211.
[51] VK Bund Beschl. v. 21.4.2011 – VK 3-41/11, IBRRS 2011, 4325.
[52] VgV-Begründung BR-Drs. 87/16, 211.
[53] VgV-Begründung BR-Drs. 87/16, 211.

werden, deren Bandbreite angemessen sein muss. ³Ist die Gewichtung aus objektiven Gründen nicht möglich, so gibt der öffentliche Auftraggeber die Zuschlagskriterien in absteigender Rangfolge an.

(4) Für den Beleg, ob und inwieweit die angebotene Leistung den geforderten Zuschlagskriterien entspricht, gelten die §§ 33 und 34 entsprechend.

(5) An der Entscheidung über den Zuschlag sollen in der Regel mindestens zwei Vertreter des öffentlichen Auftraggebers mitwirken.

Schrifttum: *Bartsch/v. Gehlen/Hirsch*, Mit Preisgewichtung vorbei am wirtschaftlichsten Angebot?, NZBau 2012, 393; *Beneke*, Nachhaltige Beschaffung als ganzheitlicher Ansatz, VergabeR 2018, 227; *Boesen*, Zuschlagskriterien – Möglichkeiten und Grenzen bei den Entscheidungen im Vergabeverfahren, FS Marx, 2013, 15; *Burgi*, Entwicklungstendenzen und Handlungsnotwendigkeiten im Vergaberecht, NZBau 2018, 579; *Fuchs/van der Hout/Opitz*, HOAI-Urteil des EuGH: Vertrags- und vergaberechtliche Konsequenzen, NZBau 2019, 483; *Gaus*, Abschaffung der Schulnoten in der Angebotswertung?, NZBau 2017, 134; *Gaus*, Vertretung des Auftraggebers in Submission und Wertung, NZBau 2019, 358; *Gerlach*, Entscheidungsspielräume öffentlicher Auftraggeber im GWB-Vergaberecht, VergabeR 2020, 451; *Greb*, Der Ermessens- und Beurteilungsspielraum öffentlicher Auftraggeber unter Druck, NZBau 2020, 147; *Gyulai-Schmidt*, Strategische Nutzung des Vergaberechts für mehr Qualität am Beispiel von deutschen, österreichischen und ungarischen Umsetzungsmaßnahmen, ZfBR 2019, 762; *Kirch*, Für alle gemacht – eine verpflichtende Koordinate öffentlicher Beschaffung, VergabeR 2017, 234; *Knauff*, Energieeffiziente Beschaffung, VergabeR 2019, 274; *Könsgen/Czeszak*, Die Bewertung mündlicher Bieteraussagen im Vergabeverfahren, VergabeR 2020, 568; *Krönke*, Sozial verantwortliche Beschaffung nach dem neuen Vergaberecht, VergabeR 2017, 101; *Otting*, Eignungs- und Zuschlagskriterien im neuen Vergaberecht, VergabeR 2016, 316; *Pauka*, Ein bisschen „Mehr an Eignung" – Personenbezogene Zuschlagskriterien nach der 7. ÄVoVgV, NZBau 2015, 8.; *Sulk*, Der Preis im Vergaberecht – aktuelle Rechtsprechung, VergabeR 2019, 284; *Petschulat*, Die Vergabe von Planungsleistungen unter dem Einfluss der Entscheidung des EuGH zu der Verbindlichkeit von Mindest- und Höchstsätzen nach der HOAI, ZfBR 2020, 534.

Übersicht

		Rn.			Rn.
I.	Normzweck und Entstehungsgeschichte	1	c)	Soziales	16
			d)	Innovationen	17
II.	Erteilung des Zuschlags nach Maßgabe des § 127 GWB	2	IV.	auf Grundlage von Festpreisen und Leistungswettbewerb	19
III.	auf Grundlage des besten Preis-Leistungs-Verhältnisses	3	V.	Bekanntgabe der Ermittlungsmethode	21
1.	Preis oder Kosten	5	VI.	Entscheidung über den Zuschlag	25
2.	Leistung	6	1.	durch mindestens zwei Vertreter des öffentlichen Auftraggebers	26
	a) Qualität	11			
	b) Umweltaspekte	15	2.	Zurechnung Dritter	27

I. Normzweck und Entstehungsgeschichte

1 § 58 dient der näheren Ausgestaltung des § 127 GWB. Während dieser lediglich die grundlegenderen Fragen zur Ausgestaltung des Zuschlags beinhaltet,[1] enthält § 58 Abs. 2 eine detaillierte, nicht abschließende Aufzählung etwaiger Kriterien, welche im Rahmen einer Ermittlung des wirtschaftlichsten Angebotes herangezogen werden können. Die Regelung stellt demnach nicht nur eine Kernnorm des Unterabschnitts 7 der VgV dar, welcher die Prüfung und Wertung der Interessensbestätigungen, Teilnahmeanträge und Angebote regelt, sondern des gesamten Vergaberechts. § 58 hat die Zuschlagsentscheidung zu Gegenstand, durch die der Auftraggeber bestimmt, welches Unternehmen den Auftrag erhält und die Zuschlagsentscheidung stellt eines der zentralen Elemente des Vergabeverfahrens dar.[2]

II. Erteilung des Zuschlags nach Maßgabe des § 127 GWB

2 Gemäß Abs. 1 wird der Zuschlag nach Maßgabe des § 127 GWB auf das wirtschaftlichste Angebot erteilt. Die Norm verweist auf die grundsätzliche Regelung zum Zuschlag in § 127 GWB

---

[1] jurisPK-VergabeR/*Summa* GWB § 127 Rn. 5.
[2] VgV-Begründung BR-Drs. 87/16, 211.

und stellt insoweit klar, dass nicht allein der günstigste Preis, sondern das wirtschaftlichste Angebot entscheidend ist.[3] Grundlage für die Zuschlagsentscheidung ist somit nach § 127 Abs. 1 S. 2 GWB eine Bewertung des öffentlichen Auftraggebers, ob und inwieweit das Angebot die vorgegebenen Zuschlagskriterien erfüllt. Eine exemplarische Aufzählung möglicher Zuschlagskriterien findet sich in Abs. 2 wieder. Bereits die Einleitung der Aufzählung mit dem Wort **insbesondere** zeigt auf, dass der Auftraggeber über den hiesigen Katalog hinausgehen kann. Nichts anderes ergibt sich auch im Hinblick auf dessen Beschaffungsautonomie,[4] welche bedingt, dass neben der Festlegung des Beschaffungsgegenstandes ebenso die hierfür erforderlichen Kriterien zur Ermittlung des wirtschaftlichsten Angebotes grundsätzlich frei festzulegen sind.[5]

III. auf Grundlage des besten Preis-Leistungs-Verhältnisses

Das wirtschaftlichste Angebot bestimmt sich gem. § 127 Abs. 1 S. 2 GWB nach dem besten **Preis-Leistungs-Verhältnis.** Abs. 2 S. 1 wiederholt diese Bestimmung lediglich. Die Formulierung stellt darauf ab, dass stets eine Preis- oder Kostenkomponente bei der Auswahl des besten Angebots zu berücksichtigen ist. Wie auch die Wahl des Auftragsgegenstands unter die Beschaffungsautonomie fällt und daher im Ermessen des öffentlichen Auftraggebers liegt, kann dieser die Zuschlagskriterien und die Gewichtung grundsätzlich frei festlegen. Derselbe Freiraum wird dem öffentlichen Auftraggeber bei der Wahl der Preisumrechnungsmethode gewährt.[6] Anhand der Zuschlagskriterien wird im Wettbewerb der Angebote derjenige Bieter bestimmt, der als zukünftiger Auftragnehmer die Leistung erbringen soll. Die Zuschlagskriterien müssen daher nach § 127 Abs. 3 GWB **mit dem Auftragsgegenstand in Verbindung** stehen. Der Auftragsgegenstand – das Leistungs-Soll – ergibt sich aus der Leistungsbeschreibung im materiellen Sinne. Zuschlagskriterien stehen mit dem Auftragsgegenstand in Verbindung, wenn sie sich in irgendeiner Hinsicht und in irgendeinem Lebenszyklus-Stadium auf die gemäß dem Auftrag zu erbringenden Lieferungen oder Dienstleistungen beziehen. Dazu kann auch auf Faktoren abgestellt werden, die mit der Herstellung, der Bereitstellung oder des Handels mit den auftragsgegenständlichen Lieferungen oder Dienstleistungen zusammenhängen oder einem spezifischen Prozess in Bezug auf ein anderes Lebenszyklus-Stadium, auch wenn derartige Faktoren sich nicht auf die materiellen Eigenschaften des Auftragsgegenstandes auswirken.[7] Die Zuschlagskriterien müssen nach § 127 Abs. 4 GWB ferner so festgelegt und bestimmt sein, dass die **Möglichkeit eines wirksamen Wettbewerbs** gewährleistet wird, der Zuschlag nicht willkürlich erteilt werden kann und eine wirksame Überprüfung möglich ist, ob und inwieweit die Angebote die Zuschlagskriterien erfüllen. Ferner müssen die Kriterien nach § 127 Abs. 5 GWB **ordnungsgemäß festgelegt und bekanntgemacht** worden sein. Die Grenze der Beschaffungsautonomie ist dann überschritten, wenn der öffentliche Auftraggeber einzelnen Zuschlagskriterien ein derart hohes Gewicht beimisst, dass der Grundsatz der Gleichberechtigung und des Wettbewerbs verletzt wird. Diese Annahme wird regelmäßig dann getroffen werden müssen, wenn die Kriterien so ausgestaltet sind, dass nur ein oder einzelne Unternehmen realistische Aussichten auf den Zuschlag haben, während andere Anbieter trotz Vergabe im offenen Verfahren und objektiv gegebener Eignung von vornherein chancenlos sind.[8]

Gemäß § 58 ergeben sich mithin zwei Möglichkeiten ein wirtschaftliches Angebot zu erhalten. Nach dem **ökonomischen Prinzip** kann die Ermittlung des besten Preis-Leistungs-Verhältnisses anhand des Minimalprinzips oder des Maximalprinzips erfolgen. Nach dem **Minimalprinzip** wird eine konkret bestimmte Leistung zu dem günstigen (minimalen) Preis beschafft.[9] Der Zuschlag kann daher ohne Verstoß gegen § 127 GWB oder § 58 allein auf das preislich günstigste Angebot erteilt werden, wenn dies vorab so bekannt gemacht wurde.[10] Das war auch schon vor der Vergaberechtsreform 2016 der Fall.[11] Nach dem **Maximalprinzip** soll innerhalb eines vorab festgelegten Budgets die maximale Leistung beschafft werden.[12] Neben dem Preis sind dann die Kriterien zu bestimmen, anhand derer das Maximum der Wirtschaftlichkeit festgelegt wird. Nach Abs. 2 S. 3 kann der Preis auch als Festpreis oder Festkosten vorgegeben werden, und allein die Wirtschaftlichkeit der Leistungen gewertet werden.

---

[3] VgV-Begründung BR-Drs. 87/16, 212.
[4] *Willenbruch* FS Marx, 2013, 841 (854).
[5] IErg *Gerlach* VergabeR 2020, 451 (463).
[6] OLG Düsseldorf Beschl. v. 2.5.2018 – VII-Verg 3/18 – Hyperbolische Bewertungsformel.
[7] Art. 67 Abs. 3 RL 2014/24/EU; § 127 Abs. 3 GWB.
[8] OLG Düsseldorf Beschl. v. 28.6.2017 – VII-Verg 24/17 – Kontrastmittel; *Greb* NZBau 2020, 147.
[9] *Otting* VergabeR 2016, 316 (325).
[10] VgV-Begründung BR-Drs. 87/16, 212.
[11] BGH NZBau 2008, 505; OLG Düsseldorf ZfBR 2015, 725; 2015, 718; NZBau 2014, 374; BeckRS 2010, 05178.
[12] *Wiedemann* in KMPP Rn. 10.

5   **1. Preis oder Kosten.** Dass die Ermittlung des wirtschaftlichsten Angebots auf Grundlage des besten Preis-Leistungsverhältnisses zu treffen ist, steht der Festlegung des Preises als alleiniges Zuschlagskriterium nicht entgegen.[13] Dies gilt insbesondere für standardisierte Leistungen sowie der Berücksichtigung von Leistungsmerkmalen im Rahmen der Leistungsbeschreibung.[14] Gleiches gilt für die Festlegung von Ausschlusskriterien, welche keiner Wertung und Gewichtung unterzogen werden, sondern lediglich einen Mindeststandard sicherstellen. Obgleich noch in der Praxis verbreitet, bietet sich der Preis als alleiniges Zuschlagskriterium für die immer komplexer werdenden Ausschreibungen, insbesondere bei funktionaler Leistungsbeschreibung oder Nebenangeboten, kaum noch an.[15]

6   **2. Leistung.** Gemäß Abs. 2 S. 2 können neben Preis und Kosten auch qualitative, umweltbezogene oder soziale Zuschlagskriterien berücksichtigt werden. Wie an der Einleitung der Aufzählung der Nr. 1–3 ersichtlich ist, handelt es sich bei den nachfolgenden Kriterien um einen nicht abschließenden Beispielkatalog. So ist beispielsweise die Durchführung einer mündlichen Präsentation als Zuschlagskriterium zulässig, auch ohne vorherige Bekanntgabe eines Fragekatalogs, wenn die Durchführung die fachliche Qualifikation des einzusetzenden Personals abfragt.[16] Im Gegensatz zu linear mathematischen Bewertungen wie das Preiskriterium unterliegen nicht konkret messbare Leistungskriterien einer höheren Willkürgefährdung, welcher der öffentliche Auftraggeber nur durch eine noch ausführlichere Vergabedokumentation entgegenwirken kann.[17]

7   Als unbestimmte Rechtsbegriffe skizzieren sie den Inhalt der Zuschlagskriterien, ohne ihn abschließend festzulegen.[18] Für die konkrete Verwendung im Einzelfall genügt dies jedoch nicht. Im Vergabeverfahren sind die Kriterien nach dem Grundsatz der Transparenz so konkret zu fassen, dass die Bieter in der Lage sind zu erkennen, auf welche leistungsbezogenen Aspekte der öffentliche Auftraggeber besonderen Wert legt, und ihre Angebote danach auszurichten.[19] Dazu müssen die Kriterien ggf. durch weitere Unter- oder Unter-Unterkriterien konkretisiert und diese bei Bedarf weiter erläutert werden. Es genügt aber, wenn der Auftraggeber die Zuschlagskriterien so formuliert, dass die fachkundigen Bieter keine Verständnisschwierigkeiten haben. Dies bedeutet konkret, dass die Zuschlagskriterien in den Vergabeunterlagen oder in der Bekanntmachung so gefasst werden müssen, dass alle durchschnittlich fachkundigen Bieter sie bei Anwendung der üblichen Sorgfalt in der gleichen Weise auslegen können.[20] Bei der Festlegung der Zuschlagskriterien ist der Auftraggeber an die allgemeinen Grundsätze nach § 97 GWB, insbesondere an die Transparenz und das Gleichbehandlungsgebot, sowie an die allgemeinen Vorgaben des § 127 GWB gebunden. Im Übrigen kommt dem öffentlichen Auftraggeber aber bei der Auswahl der Kriterien ein weiter Ermessensspielraum zu.[21] Ferner hat er bei deren Anwendung einen Beurteilungsspielraum.[22]

8   Auch insoweit gelten die allgemeinen Grenzen der Ermessensausübung.[23] Insbesondere sachwidrige Erwägungen sind daher weder bei der Auswahl der Kriterien noch bei deren Anwendung zulässig.[24] Die Zuschlagskriterien müssen jedoch so festgelegt sein, dass der auf dem Markt üblicherweise vorhandene Wettbewerb gewährleistet wird und der Zuschlag nicht willkürlich erteilt wird. Ebenso ist es erforderlich, dass die Zuschlagskriterien sowie die Angebote einer wirksamen Überprüfung unterzogen werden können. Nachträgliche Änderungen oder Einschränkungen im Rahmen der Wertung sind unzulässig.[25]

9   Die Trennung zwischen Eignungs- und Zuschlagskriterien kann gerade bei persönlich zu erbringenden Dienstleistungen, wie soziale Dienstleistungen oder Beratungsleistungen, schwierig sein. Gleichwohl galt bis zur Vergaberechtsreform 2016 das Dogma der strikten Trennung von Eignungs- und Zuschlagskriterien. Dieses Dogma ist durch eine Einführung personenbezogener

---

[13] VK Lüneburg Beschl. v. 27.4.2020 – VgK-04/2020; VK Thüringen Beschl. v. 31.1.2020 – 250-4003-15476/2019-E-010-EA.
[14] VK Thüringen Beschl. v. 31.1.2020 – 250-4003-15476/2019-E-010-EA.
[15] VK Lüneburg Beschl. v. 27.4.2020 – VgK-04/2020.
[16] VK Bund Beschl. v. 22.11.2019 – VK 1-83/19 – Stabsfunktion.
[17] Vgl. *Gaus* NZBau 2017, 134 (139).
[18] VgV-Begründung BR-Drs. 87/16, 212.
[19] Vgl. OLG Frankfurt a. M. NZBau 2003, 161; VK Bund Beschl. v. 2.7.2002 – VK 1-31/02.
[20] EuGH NZBau 2015, 306; ZfBR 2012, 489; OLG Bremen ZfBR 2012, 621; OLG Frankfurt a. M. NZBau 2012, 726.
[21] EuGH BeckEuRS 1985, 119198 – Kommission/Italien; OLG Schleswig BeckRS 2011, 00040.
[22] VK Bund BeckRS 2015, 09201; 2014, 06820.
[23] Vgl. BeckOK VwVfG/*Aschke*, 33. Ed. 1.1.2016, VwVfG § 40 Rn. 78 ff.
[24] *Wiedemann* in KMPP Rn. 83.
[25] VK Bund Beschl. vom 14.4.2020 – VK 2-15/20.

Zuschlagskriterien zumindest aufgeweicht worden. Die **Eignungskriterien** sind im Gegensatz zu den Zuschlagskriterien die Anforderungen an die Unternehmen, anhand derer der Auftraggeber prüft, ob das sich um den Auftrag bewerbende Unternehmen fachkundig und leistungsfähig ist. Während sich Zuschlagskriterien somit auf die angebotene Leistung richten, beziehen sich Eignungskriterien vornehmlich auf das sich bewerbende Unternehmen. Als Zuschlagskriterium kommen nicht solche Kriterien und Bedingungen in Betracht, welche die allgemeine Unternehmenspolitik betreffen, da es sich dabei nicht um einen Faktor handelt, der den konkreten Prozess der Herstellung oder Bereitstellung der beauftragten Bauleistungen, Lieferungen oder Dienstleistungen charakterisiert. Losgelöst vom Beschaffungsgegenstand eine bestimmte Politik der sozialen oder ökologischen Verantwortung zu verlangen, ist nicht durch § 58 gerechtfertigt.[26] Die Abgrenzung von Eignungs- und Zuschlagskriterien erfolgt danach, ob sie im Schwerpunkt einerseits die Leistungsfähigkeit und fachliche Eignung des Bieters oder andererseits die Wirtschaftlichkeit des Angebots betreffen.[27]

10 Die **Ausführungsbedingungen** sind nach der Legaldefinition des § 128 Abs. 2 S. 1 GWB besondere Bedingungen für die Ausführung eines Auftrags. Ihre Zulässigkeit ist in den §§ 128 und 129 GWB geregelt. Sie betreffen insbesondere wirtschaftliche, innovationsbezogene, umweltbezogene, soziale oder beschäftigungspolitische Belange (§ 128 Abs. 2 S. 3 GWB). Eine inhaltliche Überschneidung zu Zuschlagskriterien kann sich insoweit ergeben, als diese nach § 127 Abs. 1 S. 3 GWB ebenfalls umweltbezogene oder soziale Aspekte beinhalten können. Im Gegensatz zu den Zuschlagskriterien sind Ausführungsbedingungen jedoch Anforderungen an die Leistung, die nicht zur Wertung der Angebote herangezogen werden.[28]

11 **a) Qualität.** Qualität stellt einen unbestimmten Rechtsbegriff dar und umfasst zunächst die Leistungsbestimmung im Sinne einer Festlegung des Auftragsgegenstandes als das, was beschafft werden soll und mit welcher Qualität.[29] Vom Wortlaut her umfasst das Kriterium **„Qualität"** den objektiv technischen Wert des konkret vom Bieter angebotenen Produkts sowie auch subjektive Komponenten wie Ästhetik.[30] Die allgemeine Angabe „Qualität" ist als Wertungskriterium im Hinblick auf das Transparenzgebot allerdings zu ungenau, sodass das Kriterium durch weitere Unterkriterien zu **spezifizieren** ist.[31] Als taugliche Unterkriterien kommen vor allem die in Abs. 2 genannten Kriterien des technischen Wertes, aber auch die der Verfügbarkeit von Kundendienst und technischer Hilfe sowie Lieferbedingungen wie Liefertermin, Lieferverfahren sowie Liefer- oder Ausführungsfristen in Betracht. Diese sind ggf. nach den oben genannten Grundsätzen durch weitere Unter-Unterkriterien zu konkretisieren. Als Unter-Unterkriterien des Unterkriteriums „technischer Wert" kommen etwa bei IT-Ausschreibungen in Betracht: Akkutausch ohne Datenverlust, erweiterbarer Speicher, Einschätzung Außendienst, Einschätzung, Arbeitssicherheit etc.[32] Die Begründung zur VgV zählt ferner als Beispiele für zulässige Unterkriterien auch die Prozessqualität auf. So soll etwa bei Großprojekten als qualitatives Kriterium neben dem planerischen und technischen Wert einer Leistung oder den Betriebs- und Folgekosten auch die Qualität der Auftragsdurchführung, zB des Risikomanagements im Rahmen des Zuschlags zu berücksichtigen sein. Qualitative Aspekte sollen ferner auch Sicherheits- und sicherheitstechnische Anforderungen unter Berücksichtigung der Maßgaben des § 127 Abs. 3–5 GWB umfassen können.[33]

12 Zurückgehend auf die Rechtsprechung des EuGHs in der Sache „Gebr. Beentjes BV" aus dem Jahre 1988[34] wurde im europäischen Vergaberecht bis zur Reform im Jahre 2016 ein striktes Dogma der **„Trennung von Eignungs- und Zuschlagskriterien"** gelehrt und in der Rechtsprechung vertreten. Dieses Dogma wurde vom BGH im Jahre 1998 ins nationale Vergaberecht übernommen.[35] Seitdem war das strikte Verbot des „Mehr an Eignung" bei der Zuschlagsentscheidung ständige Rechtsprechung dieser Gerichte.[36] Gerade im Bereich der sozialen oder der geistig-schöpferischen

---

[26] VgV-Begründung BR-Drs. 87/16, 213.
[27] *Otting* VergabeR 2016, 316 (325); OLG Rostock Beschl. v. 12.8.2020 – 17 Verg 2/20 – Intensivtransporthubschrauber I.
[28] Dazu auch *Boesen* FS Marx, 2013, 15 (22 ff.).
[29] Burgi NZBau 2018, 579 (581).
[30] *Könsgen/Czeszak* VergabeR 2020, 568 (575); aA VK Rheinland Köln Beschl. v. 19.11.2019 – VK 40/19 Rn. 94.
[31] OLG Düsseldorf ZfBR 2015, 408; VK Baden-Württemberg Beschl. v. 21.11.2001 – 1 VK 37/01; VK Düsseldorf BeckRS 2011, 22563.
[32] OLG Naumburg BeckRS 2008, 23014.
[33] VgV-Begründung BR-Drs. 87/16, 212.
[34] EuGH Slg. 1988, 4635 = NVwZ 1990, 353 = NJW 1990, 1414 (Ls.) – Beentjes.
[35] BGHZ 139, 273 = NJW 1998, 3644 = NJW-RR 1999, 526 (Ls.).
[36] EuGH Slg. 2003, I-6351 = NZBau 2003, 511 – GAT; EuGH Slg. 2008, I-251 = NZBau 2008, 262 – Lianakis; BGH NZBau 2002, 107; NZBau 2008, 505 = ZfBR 2008, 614.

Dienstleistungen, deren Qualität maßgeblich von der leistenden Person beeinflusst wird, wurde die Trennung aber stets als künstlich und schwierig umsetzbar empfunden.[37] Für den Bereich der nichtprioritären Dienstleistungen wurde dieses Verbot daher bereits im Jahre 2013 mit der 7. ÄVOVgV aufgelockert, mit der bestimmte personenbezogene Zuschlagskriterien nach §§ 4 und 5 aF. für diese Dienstleistungen für zulässig erklärt wurden. Allerdings war die maximale Gewichtung dieser Kriterien auf 25% beschränkt.[38] Mit Art. 67 RL 2014/24/EU fanden die personenbezogenen Kriterien auch Einzug ins europäische Vergaberecht, jedoch ohne die Vorgabe einer Gewichtung. Diese Bestimmung wird durch § 58 Abs. 2 nunmehr auch im nationalen Recht umgesetzt.

13 Nach dieser Bestimmung kann zur Ermittlung des wirtschaftlichsten Angebots demnach auch die **Organisation, Qualifikation und Erfahrung des mit der Ausführung des Auftrags betrauten Personals** herangezogen werden, wenn die Qualität des eingesetzten Personals erheblichen Einfluss auf das Niveau der Auftragsausführung haben kann. Das Kriterium „**Organisation**" betrifft den betrieblichen Aufbau hinsichtlich des eingesetzten Personals. Es kann zum Beispiel als Forderung nach der Darstellung einer Personaleinsatzplanung zum Zuschlagskriterium werden.[39] Mit der „**Qualifikation**" ist die berufliche Befähigung des Personals gemeint, die geforderte Leistung auszuführen. Die Qualifikation kann vor allem die absolvierte Berufsausbildung sowie durchgeführte Fort- und Weiterbildungsmaßnahmen des eingesetzten Personals umfassen. Als Nachweise kommen grundsätzlich Fortbildungskonzepte, Studiennachweise, Bescheinigungen, Eigenerklärungen und Lebensläufe der Mitarbeiter in Betracht.[40]

14 Anhand des Kriteriums der „**Erfahrung**" des eingesetzten Personals wird beurteilt, ob die Personen, welche die Leistungen erbringen werden, bereits in der Vergangenheit vergleichbare Leistungen erbracht haben. Die §§ 4 und 5 aF in der Fassung der 7. ÄVOVgV hatten dieses Merkmal weitergehend dahingehend konkretisiert, dass insbesondere der Erfolg und die Qualität bereits erbrachter Leistungen berücksichtigt werden können. Als Nachweise kommen hier vor allem Referenzen, Eigenerklärungen oder Lebensläufe in Betracht.[41] Alle die genannten personenbezogenen Kriterien, die nicht abschließend sind,[42] dürfen nicht abstrakt das Personal des Unternehmens betreffen – dann wären sie Eignungskriterien –, sondern nur das **Personal, das für die Auftragsausführung vorgesehen ist.** Nur auf diese Weise wird der von § 127 Abs. 3 S. 1 GWB geforderte Auftragsbezug sichergestellt. Ferner muss die Qualität des eingesetzten Personals erheblichen Einfluss auf das Niveau der Auftragsausführung haben können. Ein **erheblicher Einfluss** liegt vor, wenn Tatsachen gegeben sind, die den Schluss zulassen, dass die bessere Leistungsfähigkeit des Bieters die Wirtschaftlichkeit der Leistungserbringung nicht nur unmerklich beeinflussen wird.[43] Dabei genügt es, wenn dieser Einfluss naheliegt („haben **kann**"). Ein Nachweis im Sinne einer Kausalität ist nicht erforderlich. Bei den in der Begründung zur Verordnung genannten geistig-schöpferischen Leistungen[44] und bei den sozialen Dienstleistungen, die Anlass für die Änderung der 7. ÄVOVgV waren,[45] wird man dies in der Regel annehmen dürfen.

15 **b) Umweltaspekte.** Gemäß § 58 Abs. 2 S. 2 können umweltbezogene Aspekte berücksichtigt werden. Diese Anforderungen finden sich an unterschiedlichen Stellen wieder. So dienen die Vorgaben zur Berechnung von Lebenszykluskosten nach § 59 und die besonderen Vorschriften für die Beschaffung energieverbrauchsrelevanter Leistungen und von Straßenfahrzeugen (§§ 67 f.) zur Konkretisierung der umweltbezogenen Zuschlagskriterien. Umweltbezogene Kriterien umfassen zunächst ökologische als auch nachhaltige Aspekte der Auftragsvergabe. Nachhaltige Beschaffung bedeutet in diesem Zusammenhang, die Bedürfnisse der Gegenwart zu befriedigen, ohne zu riskieren, dass künftige Generationen ihre eigenen Bedürfnisse nicht befriedigen können.[46] Nachhaltigkeit geht demnach bereits begrifflich weiter als der rein ökologische Ansatz und umfasst ebenso Ressourcenschonung.[47] Umweltbezogene Kriterien können nach der Vorstellung des Verordnungsgebers insbesondere Prozesse der Herstellung, Bereitstellung oder Entsorgung der Leistung betreffen. Die Kriterien müssen sich nicht zwingend auf die materiellen Eigenschaften des Auftragsgegenstandes auswirken, können dies aber. Diese Kongruenz ist vor allem im Rahmen einer nachhaltigen Beschaffung zu beobachten beispielsweise bei der Beschaf-

---

[37] *Pauka* NZBau 2015, 18 (19 ff.).
[38] Zum Hintergrund der Regelungen s. *Pauka* NZBau 2015, 18 ff.
[39] *Pauka* NZBau 2015, 18 (21).
[40] *Pauka* NZBau 2015, 18 (21).
[41] *Pauka* NZBau 2015, 18 (21).
[42] VgV-Begründung BR-Drs. 87/16, 213.
[43] *Pauka* NZBau 2015, 18 (21).
[44] VgV-Begründung BR-Drs. 87/16, 213.
[45] *Pauka* NZBau 2015, 18 (20).
[46] *Beneke* VergabeR 2018, 227 (231).
[47] *Beneke* VergabeR 2018, 227 (231).

fung von Recyclingpapier, dem Einsatz geothermischer Energie oder auch der Etablierung von autarkem Landanbau.[48] Durch die Neuregelung soll die Möglichkeit verbessert werden, einem Produkt, das aus fairem Handel stammt und deshalb teurer ist als vergleichbare andere Produkte, im Rahmen der Zuschlagswertung aufgrund einer höheren Punktezahl den Zuschlag erteilen zu können. Gleiches gilt nach dem Erwägungsgrund 97 RL 2014/24/EU zB für Kriterien, wonach zur Herstellung der zu beschaffenden Waren keine giftigen Chemikalien verwendet werden dürfen.[49] Insoweit kann ein öffentlicher Auftraggeber ua auch ökologische und soziale Aspekte bei den Zuschlagskriterien berücksichtigen. Ein Zuschlagskriterium muss einen diskriminierungsfreien Vergleich der Angebote auf einer objektiven Grundlage ermöglichen[50] Die Frage, inwieweit bei der konkreten Leistungsausführung in den jeweiligen Prozessschritten Umweltaspekte berücksichtigt werden, ist jedoch nicht wertungsfähig.[51] Vielmehr bieten sich transparente und vergleichbare Aspekte wie zB Energieverbrauch, Energieeffizienz, CO_2-Abdruck oÄ an.[52]

c) Soziales. Mit der Einführung sozialer Leistungskriterien wird das Ziel verfolgt, eine sozial verantwortliche Beschaffung zu etablieren.[53] Hierunter sind verschiedene soziale Belange gefasst, welche teilweise separat einer gesetzlichen Regelung unterliegen oder lediglich als Zuschlagskriterium Berücksichtigung finden. In Anbetracht der Überlagerung von Zuschlagskriterien und bereits verbindlicher Regelung wie etwa Tarifbindungen[54] und Mindestlohnvorgaben sowie der Anforderungen gem. der ILO Kernarbeitsnormen ist der Anwendungsbereich gering. Besonders hervorgehoben werden in Abs. 2 Nr. 1 die Zugänglichkeit der Leistung insbesondere für Menschen mit Behinderungen und ihre Übereinstimmung mit Anforderungen des „Designs für Alle".[55] Dies entspricht der Regelung in § 121 Abs. 2 GWB, nach der bei der Beschaffung von Leistungen, die zur Nutzung durch natürliche Personen vorgesehen sind, bei der Erstellung der Leistungsbeschreibung außer in ordnungsgemäß begründeten Fällen die Zugänglichkeitskriterien für Menschen mit Behinderungen oder die Konzeption für alle Nutzer zu berücksichtigen sind. Bereits diese Parallele zwischen den Regelungen des § 121 GWB und dem § 58 zeigt, dass die Spielräume des öffentlichen Auftraggebers bei der Festlegung von sozialen Kriterien immer kleiner werden und durch insbesondere auch landesvergabegesetzliche Regelungen, flickenteppichartig überlagert werden.[56]

d) Innovationen. Innovative Zuschlagskriterien sind eine Möglichkeit, die sich abseits des neuen Verfahrens der Innovationspartnerschaft ergibt, der Innovation auch auf Zuschlagsebene eine wichtige Rolle einzuräumen und das Vergaberecht damit zum „Motor der Innovation" zu wandeln.[57] Gleiches lässt sich bereits der politischen Zielsetzungen der EU im Rahmen der Mitteilung der Kommission „Europa 2020 – Eine Strategie für intelligentes, nachhaltiges und integratives Wachstum" vom 3.3.2010 entnehmen. Diese Strategie umfasst fünf Kernziele: Beschäftigung, Forschung und Entwicklung, Klima/Energie, Bildung, soziale Eingliederung sowie Armutsbekämpfung. Zur Verwirklichung dieser Zielsetzung wurden sieben Leitlinien entwickelt. Eine hiervon stellt die Innovation dar. Aus RL 2014/24/EU geht hervor, dass die Auftragsvergabe hierbei eine wichtige Rolle spielen soll. Die Unterstützung gemeinsamer gesellschaftlicher Ziele ist in den Fokus der Auftragsvergabe zu rücken[58] und die Beschaffung der öffentlichen Hand hat eine Vorbildfunktion zu erhalten, insbesondere wird auch eine vermehrte Förderung von Innovationen anvisiert.[59] Dass Innovationen in den politischen Fokus zur Ausgestaltung des zukünftigen Vergaberechts rückten, ließ sich auch bereits vor Erlass der RL 2014/24/EU abschätzen. Die Kommission erließ bereits am 14.12.2007 die Mitteilung „Vorkommerzielle Auftragsvergabe: Innovationsförderung zur Sicherung tragfähiger und hochwertiger öffentlicher Dienste in Europa", welche Möglichkeiten der Auftragsvergabe im Bereich Forschung und Entwicklung außerhalb des Geltungsbereiches der RL 2014/24/EU vorsieht und beschreibt. Ebenfalls befanden sich Innovationsmechanismen auch innerhalb des Geltungsbereichs der RL 2004/18/EG.[60]

---

[48] *Gyulai-Schmidt* ZfBR 2019, 762 (764).
[49] VgV-Begründung BR-Drs. 87/16, 212.
[50] VK Bund Beschl. v. 1.12.2020 – VK 1-90/20.
[51] VK Niedersachsen Beschl. v. 15.10.2020 – VgK-37/2020.
[52] Vgl. *Knauff* VergabeR 2019, 274.
[53] *Krönke* VergabeR 2017, 101 (102).
[54] EuGH Urt. v. 3.4.2008 – C-346/06 – Rüffert.
[55] Näher hierzu *Kirch* VergabeR 2017, 234 (235).
[56] *Kirch* VergabeR 2017, 234 (236).
[57] VgV-Begründung BR-Drs. 87/16, 212.
[58] Erwägungsgrund 2 RL 2014/24/EU.
[59] Öffentliche Aufträge als Motor für Innovation: Erwägungsgrund 95 RL 2014/24/EU; *Rosenkötter* VergabeR 2016, 196.
[60] Bsp. Innerhalb der Verfahrenswahl, Wahl der Eignungs- und Zuschlagskriterien sowie der Auftragsausführung; hierzu als Überblick: *Burgi* VergabeR § 7 Rn. 28.

18 Innovation umfasst sowohl Neuschöpfung als auch Veränderung. Sie ist das Ergebnis eines innovativen – neuartigen und/oder kreativen – Prozesses. Somit erhält der öffentliche Auftraggeber die Möglichkeit, einerseits auf dem Markt bereits vorhandene Innovationen durch die Festlegung eines entsprechenden innovativen Leistungskriteriums im Rahmen eines Verhandlungsverfahrens oder wettbewerblichen Dialogs nachzufragen oder mittels der Innovationspartnerschaft selbst Impulsgeber für Innovationen zu sein. In diesem Fall wird sich die Festlegung der Leistungskriterien auf kreative Prozesse beschränken, da die etwaige Lösung eben noch nicht auf dem Markt verfügbar ist.

IV. auf Grundlage von Festpreisen und Leistungswettbewerb

19 Bereits aus der Formulierung in Abs. 2 wird ersichtlich, dass neben dem Preis-Leistungswettbewerb auch ein reiner Leistungswettbewerb möglich ist. Dieses Ergebnis findet in Abs. 2 S. 3 sowohl Stütze als auch Konkretisierung. Zur Bewertung des besten Preis-Leistungs-Verhältnisses kann der öffentliche Auftraggeber auch Festpreise oder Festkosten vorgeben, sodass das wirtschaftlichste Angebot ausschließlich nach qualitativen, umweltbezogenen oder sozialen Zuschlagskriterien nach S. 1 bestimmt wird. Der reine Leistungswettbewerb ist eine spezielle Ausprägung des **Maximalprinzips,** nach dem innerhalb eines vorab festgelegten Budgets die maximale Leistung beschafft werden soll.[61]

20 Ein Leistungswettbewerb mit Festpreisen oder Festkosten kommt nach der Verordnungsbegründung dann in Betracht, wenn die Vergütung für bestimmte Dienstleistungen oder die Festpreise für bestimmte Lieferungen durch nationale Vorschriften festgelegt sind. Dies ist zum Beispiel bei der Buchpreisbindung[62] oder der Vergütung von Rechtsanwaltsdienstleistungen nach dem RVG der Fall. Gleiches gilt für die HOAI, welche als Berechnungsmethode auch weiterhin im Falle eines Preiswettbewerbs bei der Vergabe zugrunde gelegt werden kann.[63] Sachliche Gründe für eine unionsrechtliche Verpflichtung, welche gegen die Durchführung eines Preiswettbewerbs sprechen, sind nicht ersichtlich. Im Gegensatz zu den Mindestsätzen der HOAI entfalten die Festpreisvorgaben ihre Geltung gegenüber Bewerbern und Bietern aller Mitgliedstaaten. Andernfalls wären Mindest- und Höchsthonorarregeln der HOAI von der Anwendung des § 58 Abs. 2 S. 3 gänzlich ausgeschlossen.[64] Ebenso kann ein reiner Preiswettbewerb aufgrund einer haushalterischen Deckelung erforderlich sein, da der Auftraggeber andernfalls gezwungen ist, dass Angebot Mangels Wirtschaftlichkeit zurückzuweisen und erneut auszuschreiben. Der Wettbewerb richtet sich dann beispielsweise nach den Liefer- und Zahlungsbedingungen, Kundendienstaspekten (wie dem Umfang von Beratungs- und Ersatzteilleistungen) oder ökologischen sowie sozialen Aspekten.[65]

V. Bekanntgabe der Ermittlungsmethode

21 Gemäß Abs. 3 gibt der Auftraggeber in der Auftragsbekanntmachung oder den Vergabeunterlagen an, wie die einzelnen Zuschlagskriterien gewichtet wurden. Gewichtung umfasst hierbei die Offenlegung der Gewichtungsregeln,[66] nicht jedoch der Bewertungsmatrizen.[67] Der Bieter ist zwar in die Lage zu versetzen, seine Chancen, den Zuschlag zu erhalten, bereits aufgrund der gewählten Kriterien realistisch einschätzen zu können. Dies beinhaltet hingegen nicht, dass die Bewertungsmethode, die zur konkreten Bewertung und Einstufung der Angebote angewendet wird, vorab offenzulegen ist. Die Grenze wird dann überschritten, wenn sich durch die Methode eine Veränderung der Zuschlagskriterien oder deren Gewichtung ergibt.[68] Bei der Wahl der Gewichtungsregel selbst ist der öffentliche Auftraggeber hingegen frei.[69] So ist es möglich verschiedene Gewichtungsregeln nebeneinander auszuwerten, sofern dies vorab bekanntgemacht wurde.[70] Die Veröffentlichung trägt zur Wahrung der Grundsätze der Transparenz und Nichtdiskriminierung im Vergabeverfahren bei.[71] Sofern dies nicht möglich ist, kommt die Bildung einer Rangfolge in Betracht. Die Bekanntgabe der Gewichtung ist für die Bieterseite insofern essenziell, als dass sich aus dieser ableiten lässt, welche

---

[61] Otting VergabeR 2016, 316 (326).
[62] Sulk VergabeR 2019, 284 (285).
[63] Petschulat ZfBR 2020, 534 (537).
[64] Fuchs/van der Hout/Opitz NZBau 2019, 483 (491).
[65] VgV-Begründung BR-Drs. 87/16, 213.
[66] Vgl. VK Brandenburg Beschl. v. 1.3.2017 – VK 2/17.
[67] OLG Düsseldorf Beschl. v. 17.1.2018 – VII-Verg 39/17 – Wasserinjektionsleistungen; zur Zulässigkeit nachträglicher Änderungen: OLG Düsseldorf Beschl. v. 2.5.2018 – VII-Verg 3/18 – Hyperbolische Bewertungsformel.
[68] EuGH Celex-Nr. 62015CJ0006.
[69] VK Bund Beschl. v. 11.11.2020 – VK 1-84/20 1.
[70] KG Berlin Beschl. v. 20.3.2020 – Verg 7/19 – U-Bahn-Fahrzeuge.
[71] VgV-Begründung BR-Drs. 87/16, 214.

Kriterien bei der Beschaffung für den öffentlichen Auftraggeber eine besonders hohe Bedeutung aufweisen.[72] Gleiches gilt für die Bekanntgabe und Gewichtung von Unterkriterien.[73] Eine Wertung der Angebote aufgrund anderweitiger Zuschlagskriterien ist unzulässig und verstößt gegen den Grundsatz der Transparenz.[74] Die Angabe der Gewichtung erfolgt durch Gewichtungspunkte oder Prozentzahlen.[75] Die Festlegung der Kriterien und ihrer Gewichtung allein ermöglicht noch nicht die konkrete Entscheidung über die Wirtschaftlichkeit der Angebote. Vielmehr muss der Auftraggeber noch festlegen, wie er die Kriterien unter Berücksichtigung der Gewichtung im Einzelnen bewerten will. Dazu sind in einem Bewertungssystem neben den Zuschlagskriterien und ihrer Gewichtung auch nach Wertebereichen gestaffelte konkrete Zielerfüllungsgrade (Erwartungshaltungen) sowie ggf. Mindestpunktzahlen anzugeben.[76]

Weder die RL 2014/24/EU noch das GWB und VgV enthalten eine Bestimmung dazu, dass das Bewertungssystem bekannt zu machen wäre. Nach der Rechtsprechung des EuGHs sind öffentliche Auftraggeber nicht verpflichtet, den potenziellen Bietern in der Auftragsbekanntmachung oder in den Vergabeunterlagen die Bewertungsmethode zur Kenntnis zu bringen. Allerdings darf diese Methode keine Veränderung der Zuschlagskriterien oder ihrer Gewichtung bewirken.[77] Wegen der Präklusion nach § 160 Abs. 3 Nr. 3 GWB ist es öffentlichen Auftraggebern jedoch zu empfehlen, die Bewertungsmethode in den Vergabeunterlagen offenzulegen. Der öffentliche Auftraggeber ist grundsätzlich frei darin, festzulegen, welches Bewertungssystem er verwenden will. Allerdings hat er dabei die allgemeinen vergaberechtlichen Grundsätze, vor allem den Transparenzgrundsatz und das Gebot der Nichtdiskriminierung nach § 97 Abs. 1 und 2 GWB zu beachten.[78] Das Bewertungssystem darf grundsätzlich nicht nach der Öffnung der Angebote festgelegt werden. Eine nachträgliche Festlegung ist nur ausnahmsweise zulässig, wenn dem öffentlichen Auftraggeber die Festlegung vor der Angebotsöffnung aus nachweislichen Gründen nicht möglich war.[79]

Die Unterlage des Beschaffungsamtes des Bundes für Ausschreibung und Bewertung von IT-Leistungen (UfAB VI) führt unter Ziffer 4.21 beispielhaft verschiedene Methoden der Bewertung auf: Nach der **vereinfachten Leistungs-/Preismethode** werden lediglich Mindestanforderungen an die Leistung beschrieben und auf eine darüberhinausgehende Bewertung verzichtet.[80] Diese Methode bietet sich für Standardprodukte wie zB Personalcomputer an. Bei komplexeren Leistungen empfiehlt die UfAB die **Richtwertmethode,** nach der das „Leistungs-Preis-Verhältnis" jedes Angebots durch einen Quotienten aus Leistung (Leistungspunkte) im Verhältnis zum Preis (Euro) errechnet wird. Je nach Komplexität des Beschaffungsvorhabens kommen dazu die **einfache Richtwertmethode** oder die **erweiterte Richtwertmethode** empfohlen, bei der Preis und Leistung gleich gewichtet werden, oder die **gewichteten Richtwertmethoden,** in denen Preis und Leistung unterschiedliche Gewichtungen haben.[81] Die Bewertungsmethoden der UfAB sind von der Rechtsprechung grundsätzlich als vergaberechtskonform anerkannt worden.[82] Sie sind aber in der Literatur in Kritik geraten, da es unter Umständen zu einem sog. **„flipping effect"** kommen kann. Dabei handelt es sich um ein Phänomen, in dem die Zuschlagszahl des zu wertenden Angebots vom Inhalt des Angebots eines dritten Bieters beeinflusst wird. Wenn in solchen Fällen die Bieterreihenfolge von dem dritten Angebot abhängt, kann es in Einzelfällen zu einer Umkehrung der Bieterreihenfolge kommen.[83] Ob hierin ein Verstoß gegen das Transparenzgebot und das Gebot der Nichtdiskriminierung zu sehen ist, ist bislang noch nicht abschließend entschieden worden.[84] Solange der flipping effect dem Auftraggeber keine Möglichkeit zur Manipulation bietet, wird man dies allerdings verneinen müssen.

---

[72] Beschaffungsamt des Bundes, Unterlage für Ausschreibung und Bewertung von IT-Leistungen (UfAB VI), 140.
[73] OLG Frankfurt a. M. Beschl. v. 22.9.2020 – 11 Verg 7/20 – Coachingprogramme.
[74] VK Bund Beschl. v. 16.6.2020 – VK 2-37/20 1.
[75] Beschaffungsamt des Bundes, Unterlage für Ausschreibung und Bewertung von IT-Leistungen (UfAB VI), 140.
[76] Beschaffungsamt des Bundes, Unterlage für Ausschreibung und Bewertung von IT-Leistungen (UfAB VI), 152.
[77] EuGH NZBau 2016, 772 – Dimarso.
[78] Vgl. BGH Beschl. v. 4.4.2017 – X ZB 3/17 Rn. 32 – Postdienstleistungen.
[79] EuGH NZBau 2016, 772 – Dimarso.
[80] Beschaffungsamt des Bundes, Unterlage für Ausschreibung und Bewertung von IT-Leistungen (UfAB VI), 156.
[81] Beschaffungsamt des Bundes, Unterlage für Ausschreibung und Bewertung von IT-Leistungen (UfAB VI), 157 ff.
[82] OLG Düsseldorf NZBau 2002, 578; VK Bund Beschl. v. 4.7.2006 – VK 3-60/06; VK Brandenburg IBRRS 2007, 3683.
[83] Bartsch/v. Gehlen/Hirsch NZBau 2012, 393 ff.
[84] Vgl. OLG Celle IBRRS 2015, 0744; VK Bund VPRRS 2014, 0561.

24   Abs. 4 bestimmt, dass ein Auftraggeber von den Unternehmen für den Nachweis, dass eine angebotene Leistung den geforderten Zuschlagskriterien entspricht, Bescheinigungen von Konformitätsbewertungsstellen (nach Maßgabe des § 33) oder die Vorlage von Gütezeichen (gem. § 34) verlangen kann.

VI. Entscheidung über den Zuschlag

25   In der Regel sollen nach Abs. 5 mindestens zwei Vertreter des öffentlichen Auftraggebers an der Zuschlagsentscheidung mitwirken. Durch diese Regelung wird ein **„Vier-Augen-Prinzip"** vorgegeben. Damit soll dem Transparenz- und dem Gleichbehandlungsgebot entsprochen und verhindert werden, dass unsachgemäße Erwägungen oder Eigeninteressen der Entscheidungsperson die Vergabeentscheidung beeinflussen.[85] Das „Vier-Augen-Prinzip" ist dem Wortlaut nach **auf die Zuschlagsentscheidung begrenzt.** Die VgV gibt daher nicht vor, dass auch die Erstellung der Leistungsbeschreibung oder die Festlegung der Zuschlagskriterien diesem Prinzip unterliegen. Lediglich die Anwendung der Kriterien auf die Angebote ist nach der VgV durch mindestens zwei Vertreter durchzuführen. Die Einhaltung der Vorgaben des Vergaberechts im Übrigen, insbesondere die Erstellung der Leistungsbeschreibung oder die Festlegung der Zuschlagskriterien, ist durch interne Regelungen des Auftraggebers oder durch die Wahrnehmung von Bieterrechten nach § 97 Abs. 6 GWB, ggf. in Verbindung mit einem Nachprüfungsverfahren, sicherzustellen. Die Einhaltung von Abs. 5 ist nach Maßgabe des § 8 zu **dokumentieren.** Dazu muss erkennbar sein, welche konkreten Personen an der Zuschlagsentscheidung mitgewirkt haben. Diese sind mit Namen und Funktionsbezeichnung, wenigstens durch ein Namenskürzel zu bezeichnen, das eine Identifizierung ermöglicht. Wegen der nach § 8 gebotenen Textform nach § 126b BGB ist eine Unterschrift nicht erforderlich.[86]

26   **1. durch mindestens zwei Vertreter des öffentlichen Auftraggebers.** Die Vertreter werden in der Regel Mitarbeiter des öffentlichen Auftraggebers sein, müssen es jedoch nicht. Es ist nicht Zweck des Vergaberechts, interne Organisationsmaßnahmen für den öffentlichen Auftraggeber vorzugeben. „Vertreter" in diesem Sinne können daher zB auch externe Vertreter wie Sachverständige, Berater oder Anwälte sein, die an dem konkreten Verfahren mitwirken.

27   **2. Zurechnung Dritter.** „In der Regel" bedeutet, dass Ausnahmen vom „Vier-Augen-Prinzip" nach der Vergabeverordnung zulässig sind. Auch der Begriff des **Vertreters** stellt keinen Bezug zu einem Dienstverhältnis her, sodass anderweitige rechtsgeschäftliche Vertretung nicht ausgeschlossen ist.[87] Interne Anforderungen des öffentlichen Auftraggebers können allerdings darüber hinaus stets eine Mitwirkung von zwei Personen vorsehen.

28   Interne Vorschriften werden in der Regel aber keine subjektiven Bieterrechte nach § 97 Abs. 6 GWB begründen. Sofern sich der Auftraggeber auf eine **Ausnahme vom „Vier-Augen-Prinzip"** berufen möchte, ist zu beachten, dass diese Ausnahmen restriktiv zu handhaben sind. Die Entscheidung über den Zuschlag entfaltet nach der Begründung der VgV weitreichende tatsächliche und rechtliche Folgen und kann einen erheblichen Eingriff in die Rechte eines nicht zum Zuge gekommenen Unternehmens darstellen.[88]

§ 59 Berechnung von Lebenszykluskosten

(1) Der öffentliche Auftraggeber kann vorgeben, dass das Zuschlagskriterium „Kosten" auf der Grundlage der Lebenszykluskosten der Leistung berechnet wird.

(2) ¹Der öffentliche Auftraggeber gibt die Methode zur Berechnung der Lebenszykluskosten und die zur Berechnung vom Unternehmen zu übermittelnden Informationen in der Auftragsbekanntmachung oder den Vergabeunterlagen an. ²Die Berechnungsmethode kann umfassen
1. die Anschaffungskosten,
2. die Nutzungskosten, insbesondere den Verbrauch von Energie und anderen Ressourcen,
3. die Wartungskosten,
4. Kosten am Ende der Nutzungsdauer, insbesondere die Abholungs-, Entsorgungs- oder Recyclingkosten, oder

---

[85]   VgV-Begründung BR-Drs. 87/16, 214.
[86]   Vgl. zur älteren Rechtslage auch VK Sachsen-Anhalt Beschl. v. 19.10.2012 – 2 VK LSA 17/12.
[87]   *Gaus* NZBau 2019, 358.
[88]   VgV-Begründung BR-Drs. 87/16, 214.

5. Kosten, die durch die externen Effekte der Umweltbelastung entstehen, die mit der Leistung während ihres Lebenszyklus in Verbindung stehen, sofern ihr Geldwert nach Absatz 3 bestimmt und geprüft werden kann; solche Kosten können Kosten der Emission von Treibhausgasen und anderen Schadstoffen sowie sonstige Kosten für die Eindämmung des Klimawandels umfassen.

(3) Die Methode zur Berechnung der Kosten, die durch die externen Effekte der Umweltbelastung entstehen, muss folgende Bedingungen erfüllen:
1. sie beruht auf objektiv nachprüfbaren und nichtdiskriminierenden Kriterien; ist die Methode nicht für die wiederholte oder dauerhafte Anwendung entwickelt worden, darf sie bestimmte Unternehmen weder bevorzugen noch benachteiligen,
2. sie ist für alle interessierten Beteiligten zugänglich und
3. die zur Berechnung erforderlichen Informationen lassen sich von Unternehmen, die ihrer Sorgfaltspflicht im üblichen Maße nachkommen, einschließlich Unternehmen aus Drittstaaten, die dem Übereinkommen über das öffentliche Beschaffungswesen von 1994 (ABl. C 256 vom 3.9.1996, S. 1), geändert durch das Protokoll zur Änderung des Übereinkommens über das öffentliche Beschaffungswesen (ABl. L 68 vom 7.3.2014, S. 2) oder anderen, für die Europäische Union bindenden internationalen Übereinkommen beigetreten sind, mit angemessenem Aufwand bereitstellen.

(4) Sofern eine Methode zur Berechnung der Lebenszykluskosten durch einen Rechtsakt der Europäischen Union verbindlich vorgeschrieben worden ist, hat der öffentliche Auftraggeber diese Methode vorzugeben.

Schrifttum: *Beneke*, Nachhaltige Beschaffung als ganzheitlicher Ansatz, VergabeR 2018, 227; *Eßig/v. Deimling/ Schaupp*, Lebenszykluskosten und Wirtschaftlichkeit: Erste empirische Befunde aus betriebswirtschaftlicher Perspektive, VergabeR 2018, 237; *Gaus*, Ökologische Kriterien in der Vergabeentscheidung, NZBau 2013, 401; *Gyulai-Schmidt*, Strategische Nutzung des Vergaberechts für mehr Qualität am Beispiel von deutschen, österreichischen und ungarischen Umsetzungsmaßnahmen, ZfBR 2019, 762; *Otting*, Eignungs- und Zuschlagskriterien im neuen Vergaberecht, VergabeR 2016, 316; *Sulk*, Der Preis im Vergaberecht – aktuelle Rechtsprechung, VergabeR 2019, 284.

Übersicht

	Rn.		Rn.
I. Normzweck und Entstehungsgeschichte	1	2. Inhalt und Umfang der Ermessensentscheidung des öffentlichen Auftraggebers	6
II. Berechnung der Kosten auf der Grundlage von Lebenszykluskosten gem. Abs. 1	4	a) interne Kosten nach Abs. 2 S. 2 Nr. 1– 4	7
		b) externe Effekte nach Abs. 2 S. 2 Nr. 5, Abs. 3	8
1. Begriff der Lebenszykluskosten	5	c) Vorgabe durch einen Rechtsakt der Europäischen Union	11

I. Normzweck und Entstehungsgeschichte

§ 59 gibt konkrete Anforderungen vor, die zu beachten sind, falls öffentliche Auftraggeber im Rahmen der Zuschlagsentscheidung Lebenszykluskosten berücksichtigen wollen. Während Preis oder Kosten sich auf die Anschaffungskosten konzentrieren, bilden Kosten auf Grundlage von Lebenszykluskosten eben jenen gleichermaßen ab. Dies umfasst neben der originären Anschaffung zunächst Folgekosten für Nutzung, Wartung, Verwertung und daher die Höhe der Belastung zukünftiger Haushaltsjahre.[1] Es handelt sich demnach nicht allein um einen Aspekt der Nachhaltigkeit, sondern ebenso um einen der Wirtschaftlichkeit. Unbenommen stellen Lebenszykluskosten auch einen **umweltbezogenen Aspekt** dar, der vor allem in den technischen Spezifikationen in die Leistungsbeschreibung[2] nach § 31 Abs. 3 oder eben als leistungsbezogenes Kriterium bei der Zuschlagsentscheidung berücksichtigt werden kann. Der Nachhaltigkeitsaspekt tritt vor allem im Bereich der externen Effekte in den Vordergrund, welche die Umweltbelastungen der konkreten Beschaffung in den Mittelpunkt der Betrachtung rücken.[3] In der Praxis findet diese Methode trotz

---
[1] *Eßig/v. Deimling/Schaupp* VergabeR 2018, 237.
[2] Vgl. dazu *Gaus* NZBau 2013, 401 (405).
[3] *Eßig/v. Deimling/Schaupp* VergabeR 2018, 237.

der Möglichkeit eine nachhaltige Beschaffung abzubilden noch keine übergeordnete Rolle.[4] Abs. 1 erklärt im Einklang mit § 127 Abs. 3 GWB ausdrücklich Lebenszykluskosten zu einem zulässigen Zuschlagskriterium und ergänzt insoweit die allgemeine Regelung der Zuschlagskriterien in § 127 Abs. 1 GWB bzw. § 58 Abs. 2 Nr. 1. Abs. 2 gibt allgemeine Anforderungen für die Berechnungsmethode vor. Spezielle Anforderungen zur Berechnungsmethode im Hinblick auf Kosten externer Effekte der Umweltbelastungen finden sich in Abs. 3. Der Vorrang von verbindlichen Rechtsakten der EU ist in Abs. 4 referenziert.

2   Die Regelung zu Lebenszykluskosten ergänzt die allgemeinen Vorgaben zu Zuschlag und Zuschlagskriterien in § 127 Abs. 1 GWB und § 58. Während erstere lediglich auf den Preis oder die Kosten abstellen und die Kalkulationsfreiheit der Bieter nicht einschränken, wird im Rahmen des § 59 den Bietern die Kalkulationsgrundlage anhand vorab bestimmter und bekanntgegebener Kriterien vorgegeben.[5] Die Regelung stellt eine **Ausprägung des allgemeinen Grundsatzes** in § 97 Abs. 3 GWB dar, nach dem bei der Vergabe öffentlicher Aufträge Aspekte der Qualität und der Innovation sowie soziale und umweltbezogene Aspekte berücksichtigt werden. Als solche können Lebenszykluskosten als Ausprägung von Nachhaltigkeit und Qualität im Vergabeverfahren jederzeit berücksichtigt werden; um eine Pflichtvorgabe handelt es sich jedoch nicht.[6]

3   § 59 setzt die Regelung des Art. 68 RL 2014/24/EU um. Mit der Einbeziehung umweltbezogener Kostenfaktoren wird das **Ziel eines intelligenten, nachhaltigen und integrativen Wachstums bei der öffentlichen Auftragsvergabe** gefördert.[7] Dazu soll es möglich sein, solche Produkte besser zu bewerten, die mit Rücksicht auf die Umwelt schonend hergestellt oder gehandelt werden und deshalb teurer sind als konventionelle Produkte.[8]

II. Berechnung der Kosten auf der Grundlage von Lebenszykluskosten gem. Abs. 1

4   Der Auftraggeber kann nach Abs. 1 vorgeben, dass das Zuschlagskriterium **Kosten auf der Grundlage der Lebenszykluskosten** der Leistung berechnet wird. Bei den Lebenszykluskosten werden sämtliche über den gesamten Lebenszyklus von Lieferungen oder Dienstleistungen anfallenden Kosten berücksichtigt.[9] Die Norm konkretisiert die Regelung zu den Zuschlagskriterien des besten Preis-Leistungs-Verhältnisses nach § 58 Abs. 2. Nach dieser Bestimmung können bei der Wertung der Angebote neben dem Preis oder den Kosten für die Leistung auch qualitative, umweltbezogene oder soziale Zuschlagskriterien berücksichtigt werden.

5   **1. Begriff der Lebenszykluskosten.** Der **Begriff „Lebenszyklus"** ist in Art. 2 Abs. 1 Nr. 20 RL 2014/24/EU definiert als „alle aufeinander folgenden und/oder miteinander verbundenen Stadien (...) während der Lebensdauer einer Ware oder eines Bauwerks oder während der Erbringung einer Dienstleistung, angefangen von der Beschaffung der Rohstoffe oder Erzeugung von Ressourcen bis hin zur Entsorgung, Aufräumarbeiten und Beendigung der Dienstleistung oder Nutzung". Diese Stadien umfassen nach der Bestimmung der RL 2014/24/EU die durchzuführende Forschung und Entwicklung, die Produktion, den Handel und die damit verbundenen Bedingungen, den Transport als auch die Nutzung und Wartung.

6   **2. Inhalt und Umfang der Ermessensentscheidung des öffentlichen Auftraggebers.** Bei der Berücksichtigung der Kostenpositionen handelt es sich um eine Prognose hinsichtlich der internen Kosten sowie externen Effekte.[10] Diese ermöglicht eine Gesamtschau, welche sowohl reguläre Folgekosten als auch Kosten für die Eindämmung des Klimawandels, Emissionen, Treibhausgasen und anderer Schadstoffe berücksichtig.[11] Die **besonderen Anforderungen** an die Berechnungsmethoden der Lebenszykluskosten werden in Abs. 2 benannt. Der öffentliche Auftraggeber hat zunächst zur Wahrung der Transparenz des Vergabeverfahrens nach § 97 Abs. 1 GWB **in der Auftragsbekanntmachung oder in den Vergabeunterlagen anzugeben**, dass er die Lebenszykluskosten bei seiner Vergabeentscheidung berücksichtigen will. Dies entspricht der Vorgabe in § 127 Abs. 5 GWB. Ferner hat der Auftraggeber nach Abs. 2 die **gewählte Berechnungsmethode** anzugeben sowie darzulegen, welche **Informationen die Unternehmen ihm zur Berechnung zu übermitteln** haben. Zur Angabe der Berechnungsmethode zählt § 58 Abs. 2 S. 2 exemplarisch auf, welche Kostenelemente ganz oder teilweise berücksichtigungsfähig sein können.

---

[4] *Eßig/v. Deimling/Schaupp* VergabeR 2018, 237.
[5] Vgl. *Sulk* VergabeR 2019, 284.
[6] *Gyulai-Schmidt* ZfBR 2019, 762 (764).
[7] VgV-Begründung BR-Drs. 87/16, 214.
[8] VgV-Begründung BR-Drs. 87/16, 213.
[9] Erwägungsgrund 96 RL 2014/24/EU.
[10] *Otting* VergabeR 2016, 316 (326).
[11] *Beneke* VergabeR 2018, 227 (234).

II. Berechnung der Kosten auf der Grundlage von Lebenszykluskosten gem. Abs. 1   7–14   § 59 VgV

a) interne Kosten nach Abs. 2 S. 2 Nr. 1–4. In den Nr. 1–4 werden **interne Kostenpositionen,** die auf die Leistung bezogen sind, wie Anschaffungskosten (einschließlich der Kosten für durchzuführende Forschung, Entwicklung, Produktion und Transport), Nutzung (einschließlich des Energie- und Ressourcenverbrauchs) sowie Wartung und Entsorgung aufgeführt.[12] Gemeinsamkeit dieser Positionen ist, dass sie von öffentlichen Auftraggebern oder anderen Nutzern zu tragen sind (Art. 68 Abs. 1 lit. a RL 2014/24/EU). 7

b) externe Effekte nach Abs. 2 S. 2 Nr. 5, Abs. 3. Zusätzlich stellt § 58 Abs. 2 S. 2 Nr. 5 klar, dass bei den Lebenszykluskosten auch umweltbezogene Effekte berücksichtigt werden können, sofern ihr Geldwert bestimmbar ist.[13] Hierbei handelt es sich um **externe Kosten,** die durch die externen Effekte der Umweltbelastung entstehen; solche Kosten können Kosten der Emission von Treibhausgasen und anderen Schadstoffen sowie sonstige Kosten für die Eindämmung des Klimawandels umfassen (Art. 68 Abs. 1 lit. b RL 2014/24/EU). Die Berechnungsmethode der externen Kosten muss ferner den Anforderungen des Abs. 3 genügen. 8

Abs. 3 legt fest, welche Voraussetzungen an eine Berechnungsmethode der Kosten zu stellen sind. Diese muss sich allgemein den Anforderungen der Transparenz, Gleichbehandlung, Nichtdiskriminierung und Nachprüfbarkeit stellen. Darüber hinaus hat die Berechnungsmethode im Wesentlichen nach Abs. 3 auf objektiv nachprüfbaren und nichtdiskriminierenden Kriterien zu beruhen sowie für alle interessierten Beteiligten zugänglich zu sein. Darüber hinaus müssen sich die zur Berechnung erforderlichen Informationen von Unternehmen, die ihrer Sorgfaltspflicht im üblichen Maße nachkommen, mit angemessenem Aufwand bereitstellen lassen. Dabei dürfen insbesondere Unternehmen aus anderen Mitgliedstaaten oder aus Drittstaaten, die Partei des GPA oder der Freihandelsabkommen der EU sind, nicht diskriminiert werden.[14] 9

Die Grundsätze der Transparenz, Gleichbehandlung, Nichtdiskriminierung und Nachprüfbarkeit fordern von den Methoden zur externen Kostenberechnung ferner, dass sie **im Voraus festgelegt** werden. Solche Methoden können nach Auffassung des Richtliniengebers auf nationaler, regionaler oder lokaler Ebene festgelegt werden. Sie sollten jedoch allgemein gehalten werden, dass sie nicht speziell für ein bestimmtes öffentliches Vergabeverfahren festgelegt werden, um Wettbewerbsverzerrungen durch speziell zugeschnittene Methoden zu vermeiden.[15] 10

c) Vorgabe durch einen Rechtsakt der Europäischen Union. Nach Abs. 5 hat der öffentliche Auftraggeber eine Methode zur Berechnung von Lebenszykluskosten zwingend vorzugeben, sofern diese durch einen **Rechtsakt der Europäischen Union** verbindlich vorgeschrieben ist. Als derartige Rechtsakte kommen aufgrund der geforderten Verbindlichkeit Verordnungen Richtlinien und Beschlüsse iSd Art. 288 AEUV in Betracht. 11

Auf Unionsebene sollen nach den Erwägungsgründen der RL 2014/24/EU **gemeinsame Methoden** für die Berechnung der Lebenszykluskosten für bestimmte Kategorien von Lieferungen oder Dienstleistungen entwickelt und ihre Anwendung verbindlich vorgeschrieben werden. Des Weiteren soll geprüft werden, ob eine gemeinsame Methode zur Ermittlung der Sozialkosten entlang des Lebenszyklus festgelegt werden kann, bei der bereits bestehende Methoden wie etwa die im Rahmen des Umweltprogramms der Vereinten Nationen festgelegten Leitlinien für die soziale Produktbewertung entlang des Lebenszyklus (Guidelines for Social Life Cycle Assessment of Products) berücksichtigt werden.[16] 12

Art. 68 Abs. 3 UAbs. 2 RL 2014/24/EU sieht vor, dass derartige Rechtsakte – und erforderlichenfalls die sie ergänzenden delegierenden Rechtsakte – in **Anhang XIII RL 2014/24/EU** aufzuführen sind. Derzeit ist nur ein Rechtsakt in diesem Anhang enthalten: Die Richtlinie 2009/33/EG des Europäischen Parlaments und Rates über die Förderung sauberer und energieeffizienter Straßenfahrzeuge.[17] Art. 6 RL 2009/33/EG enthält eine Methode, nach der die über die gesamte Lebensdauer eines Straßenfahrzeugs anfallenden Betriebskosten des Energieverbrauchs sowie der CO_2-Emissionen und Schadstoffemissionen, die mit dem Betrieb der angekauften Fahrzeuge zusammenhängen, finanziell bewertet und berechnet werden können. 13

Der Kommission wird in Art. 68 Abs. 3 UAbs. 2 RL 2014/24/EU zur **Ergänzung der Liste** in Anhang XIII RL 2014/24/EU die Befugnis übertragen, gem. Art. 87 RL 2014/24/EU delegierte Rechtsakte zur Aktualisierung des Anhang XIII RL 2014/24/EU zu erlassen. Dies soll geschehen, 14

---
[12] VgV-Begründung BR-Drs. 87/16, 214.
[13] VgV-Begründung BR-Drs. 87/16, 214 f.
[14] Vgl. auch Erwägungsgrund 98 RL 2014/24/EU.
[15] Erwägungsgrund 96 RL 2014/24/EU.
[16] Erwägungsgrund 96 RL 2014/24/EU.
[17] RL 2009/33/EG des Europäischen Parlaments und Rates v. 23.4.2009 über die Förderung sauberer und energieeffizienter Straßenfahrzeuge, ABl. 2009 L 120.

wenn aufgrund der Annahme neuer Rechtsvorschriften, die eine gemeinsame Methode verbindlich vorschreiben, oder der Aufhebung oder Änderung bestehender Rechtsakte eine Aktualisierung erforderlich ist.

§ 60 Ungewöhnlich niedrige Angebote

(1) Erscheinen der Preis oder die Kosten eines Angebots im Verhältnis zu der zu erbringenden Leistung ungewöhnlich niedrig, verlangt der öffentliche Auftraggeber vom Bieter Aufklärung.

(2) ¹Der öffentliche Auftraggeber prüft die Zusammensetzung des Angebots und berücksichtigt die übermittelten Unterlagen. ²Die Prüfung kann insbesondere betreffen:
1. die Wirtschaftlichkeit des Fertigungsverfahrens einer Lieferleistung oder der Erbringung der Dienstleistung,
2. die gewählten technischen Lösungen oder die außergewöhnlich günstigen Bedingungen, über die das Unternehmen bei der Lieferung der Waren oder bei der Erbringung der Dienstleistung verfügt,
3. die Besonderheiten der angebotenen Liefer- oder Dienstleistung,
4. die Einhaltung der Verpflichtungen nach § 128 Absatz 1 des Gesetzes gegen Wettbewerbsbeschränkungen, insbesondere der für das Unternehmen geltenden umwelt-, sozial- und arbeitsrechtlichen Vorschriften, oder
5. die etwaige Gewährung einer staatlichen Beihilfe an das Unternehmen.

(3) ¹Kann der öffentliche Auftraggeber nach der Prüfung gemäß den Absätzen 1 und 2 die geringe Höhe des angebotenen Preises oder der angebotenen Kosten nicht zufriedenstellend aufklären, darf er den Zuschlag auf dieses Angebot ablehnen. ²Der öffentliche Auftraggeber lehnt das Angebot ab, wenn er festgestellt hat, dass der Preis oder die Kosten des Angebots ungewöhnlich niedrig sind, weil Verpflichtungen nach Absatz 2 Satz 2 Nummer 4 nicht eingehalten werden.

(4) ¹Stellt der öffentliche Auftraggeber fest, dass ein Angebot ungewöhnlich niedrig ist, weil der Bieter eine staatliche Beihilfe erhalten hat, so lehnt der öffentliche Auftraggeber das Angebot ab, wenn der Bieter nicht fristgemäß nachweisen kann, dass die staatliche Beihilfe rechtmäßig gewährt wurde. ²Der öffentliche Auftraggeber teilt die Ablehnung der Europäischen Kommission mit.

Schrifttum: *Conrad,* Der Anspruch des Bieters auf den Ausschluss ungewöhnlich niedriger Konkurrenzangebote nach neuem Vergaberecht, ZfBR 2017, 40; *Dittmann,* Nachfordern, nachfragen, nachbessern: Was geht/was geht nicht?, VergabeR 2019, 307; *Feldmann,* Praktische Fragen der Durchführung von Preisangemessenheitsprüfungen aus der Sicht von Bietern, Vergabestellen und Nachprüfungsinstanzen, VergabeR 2019, 730; *Fuchs/van der Hout/Opitz,* HOAI-Urteil des EuGH: Vertrags- und vergaberechtliche Konsequenzen, NZBau 2019, 483; *Gerlach,* Entscheidungsspielräume öffentlicher Auftraggeber im GWB-Vergaberecht, VergabeR 2020, 451; *Hildebrandt,* Der schmale Grad zwischen wirtschaftlichem und unauskömmlichem Angebot, ZfBR 2019, 550; *Lausen,* Angebote mit unangemessen niedrigen Preisen, NZBau 2018, 585; *Petschulat,* Die Vergabe von Planungsleistungen unter dem Einfluss der Entscheidung des EuGH zu der Verbindlichkeit von Mindest- und Höchstsätzen nach der HOAI, ZfBR 2020, 534; *Stoye/Schrammel,* Die HOAI 2021 als flexibler Rechtsrahmen im Preis- und Leistungswettbewerb um öffentliche Planungsaufträge, NJW 2021, 197; *Sulk,* Der Preis im Vergaberecht – aktuelle Rechtsprechung, VergabeR 2019, 284; *Tiede,* Bedarfsoptimierte Vergütung nach HOAI mit Preiswettbewerb, NZBau 2020, 231.

Übersicht

	Rn.		Rn.
I. Normzweck und Entstehungsgeschichte	1	1. absolute Aufgreifschwelle	5
		2. relative Aufgreifschwelle	6
II. ungewöhnlich niedrige Preise oder Kosten im Verhältnis zum Angebot	2	III. Aufklärungspflicht und -umfang (Abs. 2)	7

I. Normzweck und Entstehungsgeschichte

1 § 60 behandelt den Fall eines Missverhältnisses zwischen Leistung und Kosten bzw. Preis. Die dem Bieter als Gegenstück zur Beschaffungsautonomie des öffentlichen Auftraggebers im Rahmen

der Beschaffung gewährte Kalkulationsfreiheit wirkt für als auch gegen ihn.[1] Die Frage, ob ein Angebot für den Bieter nur unauskömmlich ist oder die Auftragsdurchführung gefährdet, ist eine Prognoseentscheidung des Auftraggebers.[2] Dieser ist zwar gehalten, wirtschaftlich zu beschaffen, jedoch ebenso verpflichtet, sicherzustellen, dass die Auftragsdurchführung **vertragsgerecht und rechtskonform** gewährleistet wird.[3] Dieser Zweck gilt auch für die Regelung zu Angeboten, deren ungewöhnlich niedriger Preis auf einer staatlichen Beihilfe beruht. Im Falle der Unzulässigkeit der Beihilfe droht stets deren Rückforderung, sodass die Leistungserbringung in Gefahr ist. § 60 regelt, wie mit ungewöhnlich niedrigen Angeboten umzugehen ist. **Ungewöhnlich hohe Angebote** sind nicht Gegenstand der Norm. Sind alle Angebote im Vergleich zur Schätzung des öffentlichen Auftraggebers zu hoch, kommt lediglich eine Aufhebung nach Maßgabe des § 63 Abs. 1 Nr. 3 in Betracht.

II. ungewöhnlich niedrige Preise oder Kosten im Verhältnis zum Angebot

Grundsätzlich ist der Zuschlag auf das wirtschaftlichste Angebot gem. § 127 GWB zu erteilen. Weder die RL 2014/24/EU noch GWB oder VgV definieren den Begriff des „ungewöhnlich niedrigen Angebots". Die Gesetzesbegründung verwendet **synonym** den Begriff „**unauskömmliches Angebot**". Auch dieser Begriff wird jedoch nicht näher definiert. Gleiches gilt für die Ermittlung eines solchen. Es ist Sache des öffentlichen Auftraggebers dieses zu identifizieren.[4] Dem Bieter bleibt es unbenommen Unterkostenangebote abzugeben, in seiner Preisgestaltung ist er frei.[5] Insbesondere für Newcomer oder Start-ups wird der Marktzutritt lediglich Mittels Unterangeboten realisierbar sein.[6] Die Grenze an dem aus einem Unterkostenangebot ein ungewöhnlich niedriges iSd § 60 wird, ist bei spekulativen[7] oder unvollständigen Angebotspreisen überschritten.[8] Ebenso indiziert eine Angebotsstruktur, bei der deutlich unter den zu erwartenden Kosten liegenden Ansätzen bei bestimmten Positionen auffällig hohe Ansätze bei anderen Positionen des Leistungsverzeichnisses entsprechen, eine unzulässige Verlagerung von Preisangaben auf hierfür nicht vorgesehene Positionen.[9]

Erscheinen Preis oder Kosten eines Angebots im Verhältnis zu der zu erbringenden Leistung ungewöhnlich niedrig, verlangt der öffentliche Auftraggeber nach Abs. 1 vom Bieter Aufklärung. Das Aufklärungsverfahren trägt dem Anspruch des betroffenen Bieters **auf rechtliches Gehör bzw. Anhörung** Rechnung. Der Bieter ist daher vor einem Ausschluss seines Angebotes zu dessen Einzelpositionen zu hören. Nur wenn der Bieter die Bedenken nicht zur Zufriedenheit des öffentlichen Auftraggebers ausräumen kann, besteht nach Maßgabe des Abs. 3 die Erforderlichkeit, sein Angebot auszuschließen.[10] **Ziel der Aufklärung** ist es herauszufinden, ob das Angebot auf technisch, wirtschaftlich oder rechtlich fragwürdigen Annahmen basiert.[11] Dabei ist zu berücksichtigen, dass der **Bieter mangels verbindlicher Kalkulationsregeln in seiner Preisgestaltung frei** bleibt.[12] Es ist nicht Aufgabe des § 60 oder der Vergabestelle, den Bieter vor Kalkulationsrisiken oder Irrtümern zu bewahren und ihm das Risiko seiner Preisgestaltung abzunehmen.[13] Maßstab ist dabei das **Äquivalenzverhältnis** des Angebots, also die geforderte Gegenleistung (Preis oder Kosten) im Verhältnis zu der zu erbringenden Leistung. Der öffentliche Auftraggeber hat hierzu Leistung und Gegenleistung im Hinblick auf die Prognose zu bewerten, ob der Bieter mit diesem Äquivalenzverhältnis in der Lage sein wird, die Leistung vertragsgerecht und rechtskonform auszuführen. Bestehen Zweifel, hat der öffentliche Auftraggeber ein Aufklärungsverfahren nach Maßgabe der Norm durchzuführen.

Der Begriff des ungewöhnlich niedrigen Angebots ist durch die Rechtsprechung zur Vorgängerregelung des § 19 EG Abs. 6 VOL/A konkretisiert worden. Erforderlich zur Beurteilung ist eine wertende Einzelfallbetrachtung. Es gibt insbesondere keinen festen Prozentsatz der Abweichung des Angebots von einem Markt- oder Durchschnittspreis oder zum nachfolgenden Angebot.[14] Von

---

[1] Sulk VergabeR 2019, 284.
[2] Gerlach VergabeR 2020, 451 (463).
[3] VgV-Begründung BR-Drs. 87/16, 215.
[4] EuGH Celex-Nr. 62016CJ0198.
[5] Sulk VergabeR 2019, 284 (285).
[6] So auch Lausen NZBau 2018, 585 (587).
[7] Hierzu BGHZ 219, 108–120 Rn. 19 – Uferstützmauer.
[8] So auch Hildebrandt ZfBR 2019, 550.
[9] BGH BGHZ 219, 108–120 Rn. 16 – Uferstützmauer.
[10] VgV-Begründung BR-Drs. 87/16, 215.
[11] VgV-Begründung BR-Drs. 87/16, 215.
[12] BGH NZBau 2004, 457.
[13] Vgl. hierzu VK Sachsen BeckRS 2014, 02655.
[14] VK Südbayern IBRRS 2014, 0990.

einem ungewöhnlich niedrigen Preis ist jedenfalls dann auszugehen, wenn der angebotene (Gesamt-) Preis eklatant von dem an sich angemessenen Preis abweicht, sodass eine genauere Überprüfung nicht im Einzelnen erforderlich ist und die Ungewöhnlichkeit des Angebotspreises sofort ins Auge fällt.[15] Allein ein beträchtlicher Preisabstand zwischen dem zu prüfenden und den nachfolgenden Angeboten ist allerdings kein hinreichendes Merkmal, vielmehr bedarf es weiterer Anhaltspunkte dafür, dass der Niedrigpreis wettbewerblich nicht begründet ist.[16] Der Maßstab für die Ermittlung eines angemessenen Preises und damit für die Beurteilung, ob ein Preis unangemessen niedrig ist, können Angebote anderer Bieter, Daten aus anderen Ausschreibungen, für vergleichbare Leistungen vom Auftraggeber gezahlte oder ihm angebotene Preise, eigene Kostenschätzungen und Kalkulationen beratender Ingenieurbüros sein. Für einen zulässigen Vergleich zwischen der Kostenschätzung des Auftraggebers und dem gebotenen Preis müssen das der Kostenschätzung zugrunde liegende Leistungsverzeichnis sowie das Leistungsverzeichnis der Ausschreibung übereinstimmen.[17]

5   **1. absolute Aufgreifschwelle.** Bei einer Abweichung von 20% ist zwingend eine Angemessenheitsprüfung durchzuführen. Es handelt sich mithin um eine absolute Aufgreifschwelle, bei der der öffentliche Auftraggeber Aufklärung leisten muss.[18] Dies ist insbesondere vor dem Hintergrund, dass es sich vorliegend um eine bieterschützende Norm handelt, wichtig, da eine Nichtaufklärung rügefähig ist und tauglicher Antragsgegenstand im Nachprüfungsverfahren werden kann.[19] Für die Feststellung, ob diese Aufgreifschwelle erreicht wurde, bietet sich bei Hinterlegung der Auftragswertschätzung die Nutzung von Algorithmen und KI an, wobei die qualitative Prüfung der Wertung einer Einzelfallbetrachtung bedarf und daher nicht gänzlich der KI überlassen werden darf.[20]

6   **2. relative Aufgreifschwelle.** Bei der Aufgreifschwelle handelt es sich nicht um eine starre Grenze, sondern um eine Einzelfallprüfung, welche auch unterhalb der absoluten Aufgreifschwelle von 20% zur Prüfung verpflichten kann.[21] So wurde bereits eine Abweichung von 10% als aufklärungsbedürftig eingestuft.[22] Die Beurteilung, ob ein Angebot unterhalb der absoluten Aufgreifschwelle aufklärungsbedürftig ist, ist mithin schwieriger. Eine Aufklärungspflicht wird den Auftraggeber im Falle von auffallend niedrigen Einheitspreisen treffen, welche nahelegen, dass Lohnkosten und Tarifbindung unzureichend Berücksichtigung gefunden haben.[23] Ebenso ungewöhnlich niedrig können Preise sein, die Basishonorarsätze bei wesentlich niedrigeren Abständen als 10% unterbieten.[24] Demnach erscheinen auch Preise oder Kosten eines Angebots im Verhältnis zu der zu erbringenden Leistung dann ungewöhnlich niedrig, wenn sie erheblich unterhalb der eingegangenen Konkurrenzangebote, einer qualifizierten Kostenschätzung oder Erfahrungswerten des Auftraggebers mit wettbewerblicher Preisbildung aus anderen Vergabeverfahren liegen.[25]

III. Aufklärungspflicht und -umfang (Abs. 2)

7   Angebote sind grundsätzlich auszulegen und im zweiten Schritt aufzuklären.[26] Der Erklärungswert der Angebotsunterlagen ist dabei spiegelbildlich anhand der sich aus den Vergabeunterlagen ergebenden Inhalts zu ermitteln.[27] Handelt es sich nicht um einen der Auslegung zugänglichen Fehler und bleiben Zweifel an der Seriosität des Angebots, ist ein Aufklärungsverfahren einzuleiten. Ein solcher Fehler kann in einer Preisangabe mit Null begründet sein, da aus Auftraggebersicht nicht ersichtlich ist, ob überhaupt ein verbindliches Angebot vorliegt und dieses ggf. vergaberechtlich zulässig und nicht wegen Mischkalkulation bzw. Abänderung der Vergabeunterlagen unzulässig ist.[28] Dies betrifft insbesondere die Fälle, in denen der öffentliche Auftraggeber davon ausgehen muss, dass es sich um ein wettbewerbs-

---

[15] BGH BeckRS 2017, 102839; OLG Bremen Beschl. v. 9.10.2012 – Verg 1/12; OLG Düsseldorf BeckRS 2009, 11172; OLG Koblenz BeckRS 2009, 28773; OLG München ZfBR 2010, 606.
[16] OLG Karlsruhe BeckRS 2015, 12265; LG Leipzig Urt. v. 24.1.2007 – 06HK O 1866/062.
[17] VK Thüringen Beschl. v. 28.2.2020 – 250-4002-21/2020-E-002-IK.
[18] OLG Düsseldorf Beschl. v. 2.8.2017 – VII-Verg 17/17 – Umschlagstellen.
[19] So auch *Sulk* VergabeR 2019, 284 (291).
[20] Vgl. hierzu *Wanderwitz* VergabeR 2019, 26 (32 f.).
[21] *Feldmann* VergabeR 2019, 730 (733).
[22] BGH BeckRS 2017, 102839 – Notärztliche Dienstleistungen.
[23] VK Bund Beschl. v. 25.5.2020 – VK 1-24/20.
[24] *Fuchs/van der Hout/Opitz* NZBau 2019, 483 (490); *Petschulat* ZfBR 2020, 534 (539); *Stoye/Schrammel* NJW 2021, 197 (200); *Tiede* NZBau 2020, 231 (232).
[25] OLG Düsseldorf Beschl. v. 11.7.2018 – VII-Verg 19/18 – Schlaftherapiegeräte; OLG Rostock Beschl. v. 7.11.2018 – 17 Verg 2/18 – Tausalz.
[26] OLG Düsseldorf Beschl. v. 2.8.2017 – VII-Verg 17/17 – Umschlagstellen; *Dittmann* VergabeR 2019, 307 (308).
[27] OLG Rostock Beschl. v. 7.11.2018 – 17 Verg 2/18 – Tausalz.
[28] OLG Rostock Beschl. v. 7.11.2018 – 17 Verg 2/18 – Tausalz.

verdrängendes Angebot handelt. Hierunter fallen gleichermaßen negative Vertragserfüllungsprognosen sowie eine Marktverdrängungsabsicht.[29]

Das Aufklärungsverfahren beginnt mit dem **Aufklärungsverlangen** des öffentlichen Auftragge- 8 bers, denn „….der Umstand, dass das Angebot des Bieters bei einzelnen Positionen des Leistungsverzeichnisses Preise enthält, die deutlich unter den Kosten des Bieters liegen, rechtfertigt für sich genommen nicht die Annahme, der Bieter habe die geforderten Preise nicht angegeben".[30] Sobald dieser über objektive Hinweise verfügt, dass das Angebot eines Bieters ungewöhnlich niedrig ist, muss er dieses Verlangen stellen und das Aufklärungsverfahren einleiten.[31] Die Formulierung nach Abs. 1 („verlangt") räumt dem Auftraggeber insoweit **kein Ermessen** ein. Das entspricht auch der Rechtsprechung zur Vorgängerregelung des § 19 EG Abs. 6 VOL/A.[32] Andere Bieter haben einen Anspruch auf die Einhaltung des Verfahrens.[33] Das Aufklärungsverlangen muss dem Bieter die Möglichkeit einräumen, die **Zweifel des Auftraggebers zu widerlegen** und darzulegen, dass er in der Lage ist, seine Leistungen auftragsgerecht zu erbringen.[34] Der Bieter wird im Rahmen der Aufklärung darlegen, dass sich das in Rede stehende Angebot nicht auf die ordnungsgemäße Ausführung des Auftrags auswirken wird.[35] Hierfür ist etwa die Vorlage eines Testats des Wirtschaftsprüfers des Bieters möglich.[36] Der öffentliche Auftraggeber ist verpflichtet, die beigebrachten Informationen mittels einer Rücksprache mit dem Bieter zu bewerten. Er kann ein solches Angebot nur ablehnen, wenn die beigebrachten Nachweise das niedrige Niveau des vorgeschlagenen Preises bzw. der vorgeschlagenen Kosten nicht zufriedenstellend erklären.[37] Dazu ist dem Bieter nicht nur mitzuteilen, dass das Angebot nach Ansicht des öffentlichen Auftraggebers ungewöhnlich niedrig ist, sondern es sind auch die wesentlichen Gründe hierfür mitzuteilen. Dem Bieter ist dann eine angemessene Frist zur Stellungnahme einzuräumen.[38]

Im Rahmen der Prüfung des Angebots ist auf Grundlage der Stellungnahme des Bieters zu 9 dem Aufklärungsverlangen erneut das **Äquivalenzverhältnis** von Leistung und Gegenleistung auf technisch, wirtschaftlich oder rechtlich fragwürdige Annahmen und Praktiken zu überprüfen, da § 60 in erster Linie dem Schutz des öffentlichen Auftraggebers vor der Eingehung wirtschaftlicher Risiken dient.[39] Dabei sind die nach Abs. 1 übersandten Unterlagen des Bieters vollumfänglich zu berücksichtigen.[40] „Kann der Bieter keine hinreichende Begründung für sein ungewöhnlich niedriges Angebot geben, so darf der öffentliche Auftraggeber nach § 60 das Angebot ablehnen. Bei diesem Tatbestand handelt es sich um einen **Ermessenstatbestand**. Der Bieter hat daher einen Anspruch auf ordnungsgemäße Ermessensausübung".[41]

Angebote, bei welchen, ein Rechtsbruch zu erwarten ist, sind zwingend auszuschließen.[42] 10 Angebote, welche die Verpflichtungen nach Abs. 2 Nr. 5 nicht einhalten, sind gem. Abs. 3 S. 2 zwingend auszuschließen. Gleiches gilt für den Fall einer nicht rechtmäßig gewährten Beihilfe.

Die Regelung bezüglich § 128 GWB wurde mit der letzten Reform neu eingefügt und verdeut- 11, 12 licht erneut die Zielrichtung des Richtliniengebers mit der letzten Vergaberechtsreform Umwelt-, Sozial und Arbeitsrecht zu stärken.[43] Daher stellt die Einhaltung der Verpflichtungen nach § 128 Abs. 1 GWB einen besonderen Prüfungsaspekt dar. Danach sind bei der Prüfung der Auskömmlichkeit insbesondere die für das Unternehmen geltenden **umwelt-, sozial- und arbeitsrechtlichen Vorschriften** zu berücksichtigen. Damit wird der Erwägungsgrund 103 RL 2014/24/EU genüge getan, nach dem ein Ausschluss des Angebots obligatorisch sein soll, in Fällen, in denen der öffentliche Auftraggeber festgestellt hat, dass die vorgeschlagenen ungewöhnlich niedrigen Preise oder Kosten daraus resultieren, dass verbindliche sozial-, arbeits- oder umweltrechtliche Unionsvorschriften oder mit dem Unionsrecht in Einklang stehende nationale Rechtsvorschriften oder internationale arbeitsrechtliche Vorschriften nicht eingehalten werden.[44] Diese Vorgaben hat der nationale Gesetzgeber in § 128 Abs. 1 GWB umgesetzt.

---

29 EuGH Urt. v. 29.3.2012 – C-599/10 Rn. 28 – SAG ELV Slovensko a. s.; *Conrad* ZfBR 2017, 40 (43).
30 BGHZ 219, 108–120 Rn. 9 – Uferstützmauer.
31 BGH BeckRS 2017, 102839.
32 OLG Karlsruhe ZfBR 2014, 809; OLG Frankfurt a. M. BeckRS 2013, 06833.
33 BGH BeckRS 2017, 102839.
34 OLG Karlsruhe ZfBR 2014, 809.
35 EuGH Celex-Nr. 62019CJ0367.
36 OLG Rostock Beschl. v. 7.11.2018 – 17 Verg 2/18 – Tausalz.
37 EuGH Celex-Nr. 62019CJ0367.
38 OLG Celle NZBau 2011, 189.
39 BGH BeckRS 2017, 102839 – Notärztliche Dienstleistungen.
40 Vgl. Erwägungsgrund 103 RL 2014/24/EU; VgV-Begründung BR-Drs. 87/16, 215.
41 BGH BeckRS 2017, 102839 – Notärztliche Dienstleistungen.
42 *Conrad* ZfBR 2017, 40 (43).
43 *Conrad* ZfBR 2017, 40 (43).
44 Erwägungsgrund 103 RL 2014/24/EU.

13 Ein Verstoß gegen die Vorgaben des § 128 Abs. 1 GWB kann aber **nicht nur bei der Prüfung der Auskömmlichkeit des Angebots** problematisch sein. Nach einer Entscheidung der VK Niedersachsen, die noch zur Vorgängerregelung des § 19 EG Abs. 6 VOL/A ergangen ist, sollen sowohl die Feststellung eines entsprechenden Verstoßes als auch dessen Prognose für die zukünftige Leistungserbringung Zweifel an der Eignung des jeweiligen Bieters begründen, die es erforderlich machen, erneut in die Prüfung der Eignung einzutreten.[45] Insoweit ist jedoch seit 2016 wie folgt zwischen begangenen und zu erwartenden Verstößen zu differenzieren:

14 Nach § 124 Abs. 1 Nr. 1 GWB kann ein Unternehmen vom Verfahren ausgeschlossen werden, wenn es nachweislich bei der Ausführung öffentlicher Aufträge gegen geltende umwelt-, sozial- oder arbeitsrechtliche Verpflichtungen verstoßen hat. Ein in der Vergangenheit liegender, nachweislich begangener Verstoß ist daher – **auch zum Zeitpunkt der Prüfung der Auskömmlichkeit** des Angebots – durch eine erneute Prüfung der Ausschlussgründe nach § 124 GWB zu berücksichtigen. Die Prognose eines zukünftigen Verstoßes gegen § 128 Abs. 1 GWB betrifft aber nicht das Unternehmen und damit nicht Eignung oder Ausschlussgründe nach §§ 123 ff. GWB, sondern die angebotene Leistung. Der nationale Gesetzgeber hat die Vorgaben des § 128 Abs. 1 GWB verbindlich vorgeschrieben. Eine Abweichung des Angebots von verbindlichen Vorgaben nach § 128 GWB stellt damit einen **zwingenden Ausschlussgrund nach § 57 Abs. 1 Nr. 1 und Nr. 4** dar (→ § 57 Rn. 22). Darüber hinaus kann **hilfsweise** ein Ausschluss auf Abs. 2 Nr. 4 gestützt werden.

15 Die Prüfung nach Abs. 2 kann auch den Aspekt betreffen, ob das Angebot aufgrund der Gewährung einer staatlichen Beihilfe an den Bieter ungewöhnlich niedrig erscheint. Der **Begriff der staatlichen Beihilfe** entspricht dem europarechtlichen Beihilfebegriff nach Art. 107 AEUV.[46] Nach dieser Regelung sind, soweit in den Verträgen nicht etwas anderes bestimmt ist, staatliche oder aus staatlichen Mitteln gewährte Beihilfen gleich welcher Art, die durch die Begünstigung bestimmter Unternehmen oder Produktionszweige den Wettbewerb verfälschen oder zu verfälschen drohen, mit dem Binnenmarkt unvereinbar, soweit sie den Handel zwischen Mitgliedstaaten beeinträchtigen. Derartige Begünstigungen liegen **in jedem wirtschaftlichen Vorteil** gegenüber den „normalen Marktbedingungen" und können sowohl durch eine Entlastung von üblicherweise zu tragenden finanziellen Belastungen (zB in der Form aktiver staatlicher Zuwendungen) als auch über Steuer- und Abgabenerleichterungen erfolgen.[47]

16 Die Problematik der staatlichen Beihilfe liegt nicht nur darin, dass eine rechtswidrig gewährte Beihilfe eine Wettbewerbsverzerrung darstellt. Erfüllt eine bestimmte Maßnahme den Tatbestand der Beihilfe, so ist sie grundsätzlich gem. Art. 108 Abs. 3 AEUV vor ihrer Durchführung bei der EU-Kommission zur Prüfung und Genehmigung anzumelden (zu **„notifizieren"**). Solange die Kommission keine abschließende Entscheidung erlassen hat, darf die Maßnahme nicht durchgeführt werden. Dieses **Durchführungsverbot** besitzt nach § 134 BGB unmittelbare Wirkung und kann im Wege der Konkurrentenklage vor einem deutschen Gericht geltend gemacht werden.[48] Im Falle einer rechtswidrig gewährten Beihilfe droht also stets deren Rückforderung, sodass die Leistungserbringung in Gefahr ist. Das weitere Vorgehen bei Feststellung einer Beihilfe iSd Art. 107 AEUV ist für das Aufklärungsverfahren in Abs. 4 geregelt.

17 Stellt der öffentliche Auftraggeber nach Abs. 2 Nr. 5 fest, dass das Angebot aufgrund einer staatlichen Beihilfe iSd Art. 107 AEUV ungewöhnlich niedrig ist, ist das weitere Vorgehen **abhängig vom Nachweis der Rechtmäßigkeit** der Beihilfe:

18 Ein Angebot, dem eine **rechtmäßige staatliche Beihilfe** zugrunde liegt, darf nicht ausgeschlossen werden. Das entspricht der Rechtsprechung des EuGH, nach der ein Bieter nicht von vornherein und ohne weitere Prüfung von der Teilnahme an einem Verfahren zur Vergabe eines öffentlichen Auftrags allein deshalb ausgeschlossen werden darf, weil er wegen öffentlicher Zuwendungen in der Lage ist, zu Preisen anzubieten, die erheblich unter denen der nicht subventionierten Bieter liegen.[49] Allerdings hat der öffentliche Auftraggeber unter bestimmten Umständen nach der Rechtsprechung des EuGH die Verpflichtung, zumindest aber die Möglichkeit, Zuwendungen – insbesondere nicht vertragskonforme Beihilfen – zu berücksichtigen, um ggf. die Bieter auszuschließen, denen sie zugutekommen.[50] Kann der Bieter nicht fristgemäß nachweisen, dass die staatliche Beihilfe im Einklang mit den Vorschriften des Art. 107 ff. AEUV erfolgt ist, muss der öffentliche Auftraggeber nach Abs. 3 von der **Rechtswidrigkeit der Beihilfe** ausgehen und das Angebot ausschließen.

---

[45] VK Lüneburg Beschl. v. 14.12.2012 – VgK-48/2012.
[46] Zum Beihilfebegriff auch *Jennert/Pauka* KommJur 2009, 321 ff.
[47] OLG München BeckRS 2007, 05633; Immenga/Mestmäcker/*Mestmäcker/Schweitzer* AEUV Art. 107 Abs. 1 Rn. 39 ff.
[48] *Jennert/Pauka* KommJur 2009, 321 (323 ff.).
[49] EuGH NVwZ 2015, 280 Rn. 43.
[50] EuGH NVwZ 2015, 280 Rn. 44.

Dem öffentlichen Auftraggeber kommt **keine eigenständige Prüfungskompetenz** zu. Er 19
kann daher nicht selbst in die materielle beihilferechtliche Prüfung nach Art. 107 AEUV eintreten.
Zuständig als Aufsichtsorgan über die Binnenmarktkonformität staatlicher Beihilfen ist die EU-
Kommission, die über den Ausschluss zu informieren ist.[51] Die **Beweislast für die Rechtmäßigkeit**
trägt das Unternehmen. Der Nachweis der Rechtmäßigkeit einer Beihilfe kann insbesondere dadurch
erbracht werden, dass die Genehmigung der Beihilfe durch die EU-Kommission vorgelegt wird
oder die Beihilfe auf einer von der EU-Kommission genehmigten Förderrichtlinie beruht. Die
Genehmigung kann sich auch aus einer Gruppenfreistellungsverordnung ergeben.[52]

§ 61 Ausführungsbedingungen

Für den Beleg, dass die angebotene Leistung den geforderten Ausführungsbedingungen
gemäß § 128 Absatz 2 des Gesetzes gegen Wettbewerbsbeschränkungen entspricht, gelten
die §§ 33 und 34 entsprechend.

I. Regelungsgehalt und Überblick

§ 61 regelt, nach welchen Vorgaben öffentliche Auftraggeber **Bescheinigungen von Konfor-** 1
mitätsbewertungsstellen oder die **Vorlage von Gütezeichen** als Beleg dafür fordern dürfen, dass
die angebotene Leistung den geforderten **zusätzlichen Ausführungsbedingungen** entspricht. Die
Norm dient der Umsetzung von Art. 43 Abs. 1 RL 2014/24/EU.

II. Systematische Stellung und Zweck der Norm

Die Regelung betrifft nur **zusätzliche Ausführungsbedingungen** nach § 128 Abs. 2 GWB. 2
Nach dieser Norm können Auftraggeber über die allgemeinen rechtlichen Verpflichtungen nach
§ 128 Abs. 1 GWB hinaus zusätzliche Bedingungen für die Ausführung eines Auftrags festlegen, die
insbesondere wirtschaftliche, innovationsbezogene, umweltbezogene, soziale oder beschäftigungspolitische Belange oder den Schutz der Vertraulichkeit von Informationen betreffen können. Diese
zusätzlichen Ausführungsbedingungen sind von den zwingenden Ausführungsbedingungen nach
§ 129 GWB zu unterscheiden, für die § 61 keine Anwendung findet.

§ 61 erweitert die Möglichkeit des öffentlichen Auftraggebers, Bescheinigungen von Konformi- 3
tätsbewertungsstellen (§ 33) oder die Vorlage von Gütezeichen (§ 34) zu fordern, über den Anwen-
dungsbereich der Normen hinaus. Nachweise nach §§ 33, 34 können gem. § 61 auch als Beleg der
Erfüllung von zusätzlichen Ausführungsbedingungen gefordert werden. Voraussetzung ist, dass diese
Forderung nach Maßgabe der §§ 33 und 34 erfolgt, deren Zweck letztlich die Einhaltung der
Gebote der **Transparenz** und der **Nichtdiskriminierung** ist. Zu diesen Maßgaben ist Näheres
der Kommentierung der §§ 33 und 34 zu entnehmen (→ § 33 Rn. 1 ff. und → § 34 Rn. 1 ff.). Die
Bestimmung dient lediglich der Klarstellung.[1]

Die Abgrenzung zwischen Gütezeichen und Konformitätsbewertungen und Gütezeichen zum 4
Nachweis von Leistungsanforderungen und zum Nachweis der Erfüllung besonderer Ausführungsbedingungen erfolgt nach richtiger Ansicht anhand der Frage, ob das Merkmal zum Nutzen des
Auftraggebers oder zum Nutzen der Allgemeinheit erfolgt.[2] Mithin dienen Ausführungsbedingungen
regelmäßig gerade nicht der Befriedigung des Beschaffungsbedarfes des Auftraggebers, sondern vielmehr der Durchsetzung übergeordneter Ziele aufgrund politischer Erwägungen. Es kann nicht
darauf abgestellt werden, ob der Nachweis im Rahmen der Leistungsanforderungen oder an anderer
Stelle in den Vergabeunterlagen gefordert wird. Anderenfalls würde die Anwendbarkeit des § 128
Abs. 2 GWB und auch des § 61 der Beliebigkeit der Vergabestelle anheimgestellt.

Fraglich ist, ob ein Auftraggeber auch **verpflichtet** ist zu prüfen, ob das Angebot eines Bieters 5
einer zusätzlichen Ausführungsbedingung entspricht. Das OLG Düsseldorf hat diese Frage in einer
Entscheidung ausdrücklich offengelassen.[3] Nach der Rechtsprechung des EuGH zu Zuschlagskriterien, auf die das OLG Düsseldorf verweist, fordert das Gleichbehandlungsgebot eine objektive und
transparente Bewertung der eingereichten Angebote. Öffentliche Auftraggeber müssen grundsätzlich
in der Lage und gewillt sein, von Bietern gemachte Angaben auf deren Richtigkeit und daraufhin
zu prüfen, ob sie die festgelegten Zuschlagskriterien erfüllen.[4] Es ist kein Grund ersichtlich, aus

---

[51] VgV-Begründung BR-Drs. 87/16, 216.
[52] VgV-Begründung BR-Drs. 87/16, 216.
[1] VgV-Begründung BR-Drs. 87/16, 219.
[2] Beck VergabeR/*Opitz* Rn. 5.
[3] OLG Düsseldorf NZBau 2014, 314.
[4] EuGH Urt. v. 4.12.2003 – C-448/01, BeckRS 2004, 77308 Rn. 50, 51 – Wienstrom.

dem das Gleichbehandlungsgebot nicht auch auf zusätzliche Ausführungsbedingungen Anwendung finden sollte. Daher müssen öffentliche Auftraggeber grundsätzlich wenigstens fähig und gewillt sein, von Bietern gemachte Angaben zu zusätzlichen Ausführungsbedingungen auf deren Richtigkeit und Kongruenz zu den Vergabeunterlagen zu prüfen.

§ 62 Unterrichtung der Bewerber und Bieter

(1) ¹Unbeschadet des § 134 des Gesetzes gegen Wettbewerbsbeschränkungen teilt der öffentliche Auftraggeber jedem Bewerber und jedem Bieter unverzüglich seine Entscheidungen über den Abschluss einer Rahmenvereinbarung, die Zuschlagserteilung oder die Zulassung zur Teilnahme an einem dynamischen Beschaffungssystem mit. ²Gleiches gilt für die Entscheidung, ein Vergabeverfahren aufzuheben oder erneut einzuleiten einschließlich der Gründe dafür, sofern eine Auftragsbekanntmachung oder Vorinformation veröffentlicht wurde.

(2) Der öffentliche Auftraggeber unterrichtet auf Verlangen des Bewerbers oder Bieters unverzüglich, spätestens innerhalb von 15 Tagen nach Eingang des Antrags in Textform nach § 126b des Bürgerlichen Gesetzbuchs,
1. jeden nicht erfolgreichen Bewerber über die Gründe für die Ablehnung seines Teilnahmeantrags,
2. jeden nicht erfolgreichen Bieter über die Gründe für die Ablehnung seines Angebots,
3. jeden Bieter über die Merkmale und Vorteile des erfolgreichen Angebots sowie den Namen des erfolgreichen Bieters und
4. jeden Bieter über den Verlauf und die Fortschritte der Verhandlungen und des wettbewerblichen Dialogs mit den Bietern.

(3) § 39 Absatz 6 ist auf die in den Absätzen 1 und 2 genannten Angaben über die Zuschlagserteilung, den Abschluss von Rahmenvereinbarungen oder die Zulassung zu einem dynamischen Beschaffungssystem entsprechend anzuwenden.

Schrifttum: *Macht/Städler*, Die Informationspflichten des öffentlichen Auftraggebers für ausgeschiedene Bewerber – Sinn oder Unsinn?, NZBau 2012, 143; *Schippel*, eVergabe, VergabeR 2016, 434.

Übersicht

	Rn.		Rn.
I. Normzweck und Entstehungsgeschichte	1	1. des nicht erfolgreichen Bewerbers nach Nr. 1	12
II. Anwendung unbeschadet des § 134 GWB	3	2. des Bieters a) im laufenden Vergabeverfahren b) bei Ausschluss aus dem Vergabeverfahren	13 13 14
III. Unverzügliche Mitteilung der Entscheidung gem. Abs. 1	6	V. Restriktion der Mitteilungspflicht nach Abs. 3	15
IV. Unverzügliche Unterrichtung auf Verlangen gem. Abs. 2	10	VI. Die Unterrichtung im Kontext der Nachprüfung	16

I. Normzweck und Entstehungsgeschichte

1 § 62 normiert ex-Post-Informationspflichten des öffentlichen Auftraggebers gegenüber Bewerbern und Bietern im Anwendungsbereich der VgV. In der Regelung des Abs. 1 wird der öffentliche Auftraggeber zur **Unterrichtung der Bewerber und Bieter** verpflichtet. Nach dieser Maßgabe ist ein öffentlicher Auftraggeber – unbeschadet der Regelung der allgemeinen Informationspflicht nach § 134 GWB – verpflichtet, seine Entscheidung über die Beendigung oder Neueinleitung eines Vergabeverfahrens samt Gründen Bietern und Bewerbern mitzuteilen. Verlangt ein Bieter und Bewerber nähere Auskunft, besteht nach Abs. 2 eine weitergehende Mitteilungspflicht unter bestimmten Voraussetzungen. Abs. 3 regelt Ausnahmen von dieser Mitteilungspflicht für einzelne Angaben.

2 § 62 dient der Umsetzung der Bestimmung zur Unterrichtung der Bieter und Bewerber in **Art. 55 RL 2014/24/EU**.[1] Die Bestimmung ist in ihrer Regelungsstruktur parallel zur Vorschrift der RL 2014/24/EU aufgebaut, enthält im Wortlaut aber Abweichungen. Die Regelungen in Abs. 1

---

[1] VgV-Begründung BR-Drs. 87/16, 216.

sind neu in die VgV aufgenommen worden; die Bestimmungen in Abs. 2 und 3 entsprechen der Vorgängerregelung in § 22 EG Abs. 1 und 2 VOL/A.

II. Anwendung unbeschadet des § 134 GWB

Die Informationspflicht besteht im Einklang mit § 134 GWB. Hiernach hat der öffentliche 3 Auftraggeber die Bieter, deren Angebote nicht berücksichtigt werden sollen, zu informieren. Beiden Normen gleich ist, dass dem öffentlichen Auftraggeber kein Ermessen eingeräumt wird, bei der Frage, ob die Bieter zu informieren sind und dass diese Information unverzüglich zu erfolgen hat. § 134 GWB und § 62 enthalten beide Informationspflichten und sind bieterschützend. Bedeutung erlangt die Abgrenzung aufgrund des divergierenden Inhalts im Hinblick auf eine etwaige Rüge. Zu Abgrenzungsschwierigkeiten führt insbesondere der Fall, in dem das übersandte Schreiben des öffentlichen Auftraggebers sowohl eine fehlerhafte oder unzureichende Information nach § 134 Abs. 1 GWB darstellen könnte als auch eine Information nach § 62, da mit Kenntnis die Frist nach § 160 Abs. 3 S. 1 Nr. 1 GWB in Gang gesetzt wird.[2]

Aus dem Wortlaut des § 134 GWB geht hervor, dass diese Information vor Zuschlagserteilung 4 mitzuteilen ist. Zielsetzung des § 134 GWB ist demnach, den nicht berücksichtigten Wirtschaftsteilnehmern die Möglichkeit zu eröffnen, etwaige Fehler zu rügen, um dann Vergaberechtsschutz in Anspruch nehmen zu können.[3] Die Informationspflicht nach § 134 GWB dient dem Primärrechtsschutz der Bieter und soll sie in die Lage versetzen, die Einhaltung der Vorschriften im Vergabeverfahren ggf. überprüfen zu lassen.[4] Sinn und Zweck der Vorabinformation ist es, dem jeweiligen Bieter, dessen Angebot nicht zum Zuge kommt, eine realistische Einschätzung über möglichen Rechtsschutz zu geben. Die Begründung muss den unterlegenen Bieter in die Lage versetzen, seine Position im Vergabeverfahren zu erkennen und die Sinnhaftigkeit eines Nachprüfungsverfahrens zu prüfen. Eine pauschale Information, dass der Bieter nicht das wirtschaftlichste Angebot abgegeben hat, genügt der Erfüllung der Informationspflicht in der Regel nicht. Sie kann allenfalls dann als ausreichend angesehen werden, wenn der niedrigste Preis das alleinige Zuschlagskriterium ist.[5]

Der Informationsgehalt, welchen der Bieter oder Bewerber im Rahmen des § 62 erhält, geht 5 über den Anwendungsbereich des § 134 GWB hinaus. Während im Rahmen des § 134 GWB lediglich Namen des Unternehmens, Gründe über die Nichtberücksichtigung des eigenen Angebotes und frühester Zeitpunkt des Vertragsschlusses mitgeteilt werden, umfasst § 62 ebenso nach Abs. 2 Vorteile und Merkmale des bezuschlagten Angebotes.[6] Unter Wahrung der Betriebs- und Geschäftsgeheimnisse lässt sich aus Abs. 2 mithin ein Anspruch auf Information über die Bewertung des vergleichenden Angebotes ableiten.[7]

III. Unverzügliche Mitteilung der Entscheidung gem. Abs. 1

Gemäß Abs. 1 unterrichtet der öffentliche Auftraggeber unverzüglich jeden Bieter oder Bewer- 6 ber über seine Entscheidung. Im Gegensatz zur Vorgängerregelung des § 22 EG Abs. 1 VOL/A, die von „nicht berücksichtigten" Bietern und Bewerbern sprach, hat der öffentliche Auftraggeber nach § 62 „jedem Bewerber und jedem Bieter" seine Entscheidung über die Beendigung oder Neueinleitung des Verfahrens mitzuteilen. Zu informieren sind daher dem Wortlaut nach auch solche Bewerber oder Bieter, die bereits auf früheren Stufen der Prüfung ausgeschieden und nicht in den engeren Wettbewerb gelangt sind. Bereits anhand des Wortlauts ist ersichtlich, dass der Tatbestand des Abs. 1 unabhängig von jeglichem Zutun der Bewerber oder Bieter durch den öffentlichen Auftraggeber zu erfüllen ist. Die Regelung entspricht weitgehend Art. 55 RL 2014/24/EU. Wesentlicher Unterschied ist, dass die Unterrichtung nach der RL 2014/24/EU „schnellstmöglich", nach der VgV „unverzüglich" zu erfolgen hat. Unverzüglich bedeutet „ohne schuldhaftes Zögern" im Sinne des § 121 Abs. 1 BGB. Konkrete Maßstäbe, welche an den Zeitraum für unverzügliches Handeln zu stellen sind, lassen sich Abs. 1 nicht entnehmen. Im Hinblick auf die Limitierung der Zeitspanne auf maximal 15 Tage innerhalb des Abs. 2 und aufgrund des hohen Gewichts, welchem die Beschleunigung des Verfahrens in Gänze zukommt, ist anzunehmen, dass unverzügliches Handeln lediglich wenige Tage umfasst. Auch handelt es sich bei dem Mitteilungsgegenstand des Abs. 1 um keinen

---

[2] VK Südbayern Beschl. v. 4.7.2017 – Z3-3-3194-1-17-04/17 Rn. 132, BeckRS 2017, 121872.
[3] Schippel VergabeR 2016 434 (442).
[4] Vgl. VK Thüringen Beschl. v. 5.9.2011 – 250-4003.20-3317/2011-E-005-HBN, IBRRS 2011, 3774; vgl. VK Thüringen Beschl. v. 9.4.2002 – 216-4002.20-009/02-EF-S, IBRRS 2013, 5171.
[5] VK Rheinland Köln Beschl. v. 7.5.2019 – VK 12/19 – B, BeckRS 2019, 32403 Rn. 28.
[6] jurisPK-VergabeR/Summa Rn. 20.
[7] KG Beschl. v. 19.12.2019 – Verg 9/19, IBRRS 2020, 1177.

komplexen Sachverhalt – im Gegensatz zu Abs. 2, welcher eine etwaige Abstrahierung erforderlich machen kann. Insgesamt scheint somit eine Reaktionszeit von drei bis fünf Tagen angemessen.[8] Unterlässt der Auftraggeber die Information und lässt die Bewerber oder Bieter in dem Glauben, weiterhin aussichtsreich am Vergabeverfahren beteiligt zu sein, kann er sich nach den Grundsätzen des Verhandlungsverschuldens schadensersatzpflichtig machen.[9]

7 Die Mitteilungspflicht des öffentlichen Auftraggebers umfasst fünf Varianten: die Entscheidung über den Abschluss von Rahmenvereinbarungen, Zuschlagserteilung, Zulassung zur Teilnahme an dynamischen Beschaffungssystemen sowie Entscheidung Vergabeverfahren aufzuheben oder erneut einzuleiten. Die Gründe für die Entscheidungen sind gem. Abs. 1 S. 2 lediglich in Bezug auf die Aufhebung oder erneute Einleitung von Vergabeverfahren mitzuteilen. Ziel dieser Mitteilungspflicht ist es, ein möglichst transparentes Vergabeverfahren zu gestalten, in dem Bieter und Bewerber von wichtigen Entscheidungen unterrichtet werden. Dies wiederum ermöglicht es, das Verfahren beschleunigt zu betreiben, da Bieter oder Bewerber, welche in einem frühen Stadium des Verfahrens nicht berücksichtigt werden und davon Kenntnis erlangen, die Dispositionsfreiheit haben entweder nach einer Rüge eines Verstoßes ein Rechtsschutzverfahren einzuleiten oder ihre Ressourcen dem Markt anderweitig zur Verfügung zu stellen.[10] Eine nähere Begründung der Entscheidung nach Abs. 1 S. 1 bedarf es zum einen nicht. Dies ergibt sich aus Abs. 1 S. 2, welcher die Mitteilung der Gründe lediglich im Zusammenhang mit einer Aufhebung oder erneuten Einleitung eines Vergabeverfahrens nennt. Zum anderen ergibt sich aufgrund der Nennung der Gründe für die Entscheidung in Abs. 2 e contrario, dass der Umfang der Informationspflicht gem. Abs. 1 eine explizite Begründung der Mitteilung nicht umfasst.

8 In Umsetzung des Erwägungsgrunds 82 der RL 2014/24/EU, dass Informationen hinsichtlich bestimmter Entscheidungen, die während eines Vergabeverfahrens getroffen werden, darunter auch Entscheidungen, einen Auftrag nicht zu vergeben, gegeben werden müssen, ohne dass die Bewerber oder Bieter derartige Informationen anfordern müssen, normiert Abs. 1 S. 2 die Mitteilung der Gründe dafür.[11] Offen lassen sowohl Richtlinie als auch § 62, was das Tatbestandsmerkmal umfasst. Ein Grund stellt zunächst einen Sachverhalt dar, welcher sich unter eine Norm entsprechend subsumieren lässt. Ein Verweis, auf welches Tatbestandsmerkmal des § 63 Abs. 1 der öffentliche Auftraggeber seine Entscheidung stützt, wird entsprechend nicht ausreichen. Der Bieter oder Bewerber ist in die Lage zu versetzen, die Entscheidung nachzuvollziehen und überprüfen zu können. Das gebiete bereits der Grundsatz der Transparenz. Die Bezeichnung als „Gründe dafür" legt hingegen nahe, dass nicht jede Erwägung des öffentlichen Auftraggebers mitzuteilen ist, sondern lediglich die tragenden Gründe für die getroffene Entscheidung.[12]

9 Die Informationspflicht nach Abs. 1 S. 2 deckt sich in weiten Teilen mit § 63 Abs. 2 S. 1.[13] Hiernach teilt der öffentliche Auftraggeber ebenfalls unverzüglich die Gründe für die Aufhebung oder erneute Einleitung des Verfahrens den Bewerbern oder Bietern mit. Der Anwendungsbereich des § 63 ist jedoch umfangreicher zu verstehen, da die Informationspflicht auch Vergabeverfahren ohne Teilnahmewettbewerb erfasst.[14] Für einen eigenen Anwendungsbereich im Rahmen des § 62 Abs. 1 S. 2 bleibt indessen kein Raum.

IV. Unverzügliche Unterrichtung auf Verlangen gem. Abs. 2

10 Abs. 2 eröffnet Bietern und Bewerbern einen Anspruch auf Information auf Verlangen. Unter Verlangen ist ein formloser Antrag zu verstehen, welcher auch elektronisch gestellt werden kann und in Anbetracht des Grundsatzes der elektronischen Kommunikation nach § 9 auch in dieser Form gestellt werden sollte.[15] Während dem öffentlichen Auftraggeber eine Frist zur Reaktion auf dieses Verlangen gestellt ist, scheint der Bieter oder Bewerber sein Verlangen ohne zeitliche Restriktion geltend machen zu können. Eine zeitliche Begrenzung lässt sich – wenn nicht aus dem Wortlaut – jedoch aus der Zwecksetzung der Norm ableiten. Hiernach wird Bietern und Bewerbern ein auf dieses Vergabeverfahren bezogener konkreter Informationsanspruch gewährt, welcher die Gründe für die Ablehnung und gegebenenfalls Gründe für eine Zuschlagserteilung umfasst und eine Über-

---

[8] So auch Voppel/Osenbrück/Bubert/*Voppel* VgV Rn. 8.
[9] Vgl. OLG Düsseldorf Beschl. v. 19.7.2000 – Verg 10/00, IBRRS 36467.
[10] jurisPK-VergabeR/*Summa* Rn. 5; Voppel/Osenbrück/Bubert/*Voppel* VgV Rn. 19; Ziekow/Völlink/*Völlink* Rn. 15.
[11] Ziekow/Völlink/*Völlink* Rn. 3.
[12] jurisPK-VergabeR/*Summa* Rn. 18.
[13] So auch *Conrad* in Gabriel/Krohn/Neun VergabeR-HdB § 36 Rn. 57.
[14] Voppel/Osenbrück/Bubert/*Voppel* VgV Rn. 12.
[15] jurisPK-VergabeR/*Summa* Rn. 14 f; Voppel/Osenbrück/Bubert/*Voppel* Rn. 21; Ziekow/Völlink/*Völlink* Rn. 6.

IV. Unverzügliche Unterrichtung auf Verlangen gem. Abs. 2   11–13   § 62 VgV

prüfung der getroffenen Entscheidung ermöglicht. Dieser Zweck kann spätestens nach Ablauf der sechs Monate nach § 135 Abs. 2 GWB nicht mehr erreicht werden, sodass dieser zur Ermittlung der Ausschlussfrist heranzuziehen ist. Nach Ablauf der Frist fehlt dem Bieter oder Bewerber das rechtlich schutzwürdige Interesse an einer solchen Information.[16] Die näheren Angaben auf Verlangen sind unverzüglich, spätestens innerhalb von 15 Tagen nach Eingang des Antrags mitzuteilen. Für die Mitteilung ist im Gegensatz zu der Mitteilung nach Abs. 1 die Textform nach § 126b BGB vorgegeben.

Der Informationsgehalt, welcher über Abs. 2 generiert werden kann, divergiert je nach Adressatenkreis zwischen nicht erfolgreichem Bieter oder Bewerber und Bieter im Vergabeverfahren. Daher ist es erforderlich, diesen Adressatenkreis voneinander abzugrenzen. Grundsätzlich ist klar ersichtlich, welcher Bieter oder Bewerber im Rahmen eines Vergabeverfahrens Berücksichtigung gefunden hat. Schwierig wird die Beurteilung jedoch in dem Fall, in dem ein Bieter oder Bewerber einen Zuschlag im Sinne des § 127 GWB erhalten hat, jedoch aufgrund der Platzierung innerhalb der Rangfolge faktisch keinen Auftrag ausführen wird. Der erfolgreiche Bieter oder Bewerber wird von § 62 nicht umfasst. Die Beurteilung, welcher Bieter oder Bewerber erfolgreich war, obliegt jedoch nicht der Beurteilung der an dem Vergabeverfahren Beteiligten, sondern ist anhand objektiver Kriterien zu ermitteln. Für eine solche eignet sich lediglich die Bemessung des Erfolgs an einer etwaigen Zuschlagserteilung, sodass es auf eine Platzierung oder Rangfolge an dieser Stelle nicht ankommt und sich bezuschlagte Bieter oder Bewerber nicht auf einen Anspruch nach § 62 Abs. 2 stützen können. 11

1. des nicht erfolgreichen Bewerbers nach Nr. 1. Der Informationsanspruch eines nicht erfolgreichen Bewerbers nach Abs. 2 Nr. 1 erstreckt sich lediglich auf die Gründe für die Ablehnung des Teilnahmeantrages. Dieser ist entweder aufgrund formeller Mängel, wegen Vorliegen eines Ausschlussgrundes oder fehlender Eignung abzulehnen. Mit dem Anspruch wird dem Bewerber die Überprüfung der Entscheidung in einem frühestmöglichen Stadium eines mehrstufigen Verfahrens eröffnet.[17] Der Anspruch ist demnach restriktiver als der Informationsanspruch für Bieter.[18] Der Katalog an formellen Gründen ergibt sich aus § 53. Um dem Bewerber eine Überprüfung zu ermöglichen, ist auch hier erforderlich, nicht lediglich das Tatbestandsmerkmal zu nennen, sondern den konkreten Grund anzugeben.[19] Im Rahmen der Ablehnung aufgrund des Vorliegens eines Ausschlussgrundes oder Mangels Eignung ist eine ausführlichere Begründung erforderlich, sodass hier auf den zeitlichen Höchstrahmen von 15 Tagen abzustellen sein wird. Der Informationsanspruch nach Abs. 2 Nr. 1 liefe ins Leere, wenn ein Verweis auf die Norm, welche der öffentliche Auftraggeber zur Anwendung gebracht hat, ausreichend sei. Der Sinn und Zweck der Vorschrift erfordert eine detaillierte Auseinandersetzung mit den Tatbestandsmerkmalen der einzelnen Vorschriften nach §§ 123 f. GWB, sodass dem Bewerber eine Begründung, welche sowohl Tatsachen als auch Rechtsansichten umfasst, mitzuteilen sind. Gleiches gilt für die Feststellung der Eignung nach §§ 42 ff. sowie eine Reduzierung des Bewerberkreises nach § 51.[20] In Abgrenzung zu den Ausschlusskriterien erstreckt sich der Informationsanspruch bei Reduzierung des Bewerberkreises auch auf die bekanntgegebenen Kriterien sowie die Platzierung.[21] 12

2. des Bieters. a) im laufenden Vergabeverfahren. Gemäß Abs. 2 Nr. 3 und 4 ist jeder Bieter über die Merkmale und Vorteile des erfolgreichen Angebotes zu informieren. Dies erfordert eine weitere Abgrenzung zwischen nicht erfolgreichem Bieter, Bieter und Bieter im laufenden Vergabeverfahren. Im laufenden Verfahren sind Bieter zusätzlich über den Verlauf und die Fortschritte der Verhandlungen zu informieren. Nr. 4 bezieht sich demnach auf Verhandlungsverfahren, wettbewerblichen Dialog und Innovationspartnerschaft.[22] Da diese Verfahren bereits eigene Integritätspflichten normieren, tritt Nr. 4 an dieser Stelle lediglich ergänzend hinzu.[23] Den Bietern wird der gegenwärtige Stand innerhalb des Verfahrens bekannt sein. Die Norm bezieht sich demnach auf einen Ablaufplan, welcher den Bietern aufgrund der Kenntnis des Zeitplans gerade bei langfristigen Vergabeverfahren eine eigene Disposition der erforderlichen Ressourcen ermöglicht.[24] 13

---

16 Ziekow/Völlink/*Völlink* Rn. 6.
17 jurisPK-VergabeR/*Summa* Rn. 26 f.
18 jurisPK-VergabeR/*Summa* Rn. 24.
19 Voppel/Osenbrück/Bubert/*Voppel* Rn. 25; Ziekow/Völlink/*Völlink* Rn. 8.
20 So auch Voppel/Osenbrück/Bubert/*Voppel* Rn. 25; Ziekow/Völlink/*Völlink* Rn. 8.
21 Voppel/Osenbrück/Bubert/*Voppel* Rn. 27.
22 Ziekow/Völlink/*Völlink* Rn. 13.
23 Ziekow/Völlink/*Völlink* Rn. 13.
24 Voppel/Osenbrück/Bubert/*Voppel* Rn. 31.

14 **b) bei Ausschluss aus dem Vergabeverfahren.** Wie auch der nicht erfolgreiche Bewerber sind ebenso dem nicht erfolgreichen Bieter die Gründe für die Ablehnung seines Angebotes mitzuteilen. Bereits die Wortwahl legt nahe, dass, sofern es mehrere Gründe gab, welche zur Ablehnung des Angebots führten, diese mitzuteilen sind. Jedoch behält der Auftraggeber den Spielraum nur die tragenden Gründe oder alle etwaigen Gründe mitzuteilen.[25] Ziel ist es abermals, dass der Bieter aufgrund der Mitteilung erkennen kann, worauf die Entscheidung über die Auftragserteilung beruht, und über die Frage einer Rüge bzw. eines Nachprüfungsantrags entscheiden bzw. für spätere Vergabefälle Fehler vermeiden kann.[26] Demnach sind konkrete Angaben erforderlich. Möglich erscheint eine Nennung der Zuschlagskriterien, welche nicht hinreichend erfüllt wurden, unter Angabe der entsprechenden Gewichtung.[27]

V. Restriktion der Mitteilungspflicht nach Abs. 3

15 Der Auftraggeber ist ausnahmsweise berechtigt, bestimmte Informationen nicht herauszugeben. Abs. 3 verweist im Hinblick auf die in den Abs. 1 und 2 genannten Angaben auf die **Ausnahmevorschrift des § 39 Abs. 6.** Die Verweisung bezweckt, die gebotene Transparenz ausnahmsweise zurücktreten zu lassen, wenn ihnen überwiegende rechtliche oder wirtschaftliche Belange entgegenstehen. Dabei muss der Auftraggeber zwischen den Informationsrechten nicht berücksichtigter Bewerber und Bieter und den schutzwürdigen Geheimhaltungsinteressen abwägen und seine Entscheidung, bestimmte Informationen nicht bekanntzugeben, dokumentieren und begründen.[28] Die Ausnahmevorschrift in Abs. 3 entspricht damit weitgehend der **entsprechenden Regelung in Art. 55 Abs. 3 RL 2014/24/EU.** Der nationale Gesetzgeber hat die Formulierung, „die öffentlichen Auftraggeber können beschließen" in § 39 Abs. 6 klarer gefasst als: „Der öffentliche Auftraggeber ist nicht verpflichtet (...)". Aus den „öffentlichen und privaten Wirtschaftsteilnehmern" der RL 2014/24/EU wurde in der VgV „Unternehmen". Nach dieser Bestimmung ist der öffentliche Auftraggeber nicht verpflichtet, einzelne Angaben zu veröffentlichen, wenn deren Veröffentlichung den Gesetzesvollzug behindert, dem öffentlichen Interesse zuwiderläuft, den berechtigten geschäftlichen Interessen eines Unternehmens schadet oder den lauteren Wettbewerb zwischen Unternehmen beeinträchtigt. Praktisch hat die Ausnahmeregelung des Abs. 3 keine Bedeutung, da die in Abs. 1 und 2 vorgesehenen Informationen den unterlegenen Bewerbern/Bietern im Falle des Zuschlags oder des Abschlusses einer Rahmenvereinbarung nach § 134 GWB ohnehin und dort einschränkungslos übermittelt werden müssen.[29] Konkrete Angaben zum Preis und zu den technischen Einzelheiten des erfolgreichen Angebots sind daher regelmäßig von der Informationspflicht ausgenommen.[30] Unbenommen von dieser Restriktion bleibt eine Abstrahierung der Gründe, sofern dies dem öffentlichen Auftraggeber möglich ist.[31]

VI. Die Unterrichtung im Kontext der Nachprüfung

16 § 62 weist einen bieterschützenden Charakter auf, sodass eine Nichtbeachtung der Informationspflicht als Verletzung des Rechts auf Information im Nachprüfungsverfahren geltend gemacht werden kann.[32] Eine vergaberechtliche Sanktion für den Fall, dass die Mitteilung hingegen entgegen dem Wortlaut nicht unverzüglich erfolgt, ist nicht vorgesehen; da das vergaberechtliche Nachprüfungsverfahren nur dazu dient, Fehler zu korrigieren, die die Chancen des Bewerbers oder Bieters mindern.[33]

17 Da Abs. 2 Ansprüche auf Informationen statuiert, eröffnet sich hier aus Bietersicht auch eine Möglichkeit eine Rüge zu substantiieren und ggf. ein Nachprüfungsverfahren einzuleiten.[34] Damit erlangt § 62 eigenständige prozessuale Bedeutung neben § 134 GWB, dies gilt allen voran für den Fall einer Aufhebung oder Neuausschreibung. Aufgrund der Normierung frühzeitiger Informations-

---

[25] jurisPK-VergabeR/*Summa* Rn. 18.
[26] Voppel/Osenbrück/Bubert/*Voppel* Rn. 28.
[27] *Conrad* in Gabriel/Krohn/Neun VergabeR-HdB § 36 Rn. 61; vgl. Voppel/Osenbrück/Bubert/*Voppel* Rn. 30.
[28] Ziekow/Völlink/*Völlink* Rn. 14.
[29] Voppel/Osenbrück/Bubert/*Voppel* Rn. 36.
[30] *Conrad* in Gabriel/Krohn/Neun VergabeR-HdB § 36 Rn. 63.
[31] jurisPK-VergabeR/*Summa* Rn. 21.
[32] jurisPK-VergabeR/*Summa* Rn. 30; Ziekow/Völlink/*Völlink* Rn. 15.
[33] Voppel/Osenbrück/Bubert/*Voppel* Rn. 8.
[34] jurisPK-VergabeR/*Summa* Rn. 4; vgl. *Kafedžić* Anm. zu VK Hamburg Beschl. v. 12.9.2019 – VgK FB 6/19, VPR 2020 (4), 159; Voppel/Osenbrück/Bubert/*Voppel* Rn. 19.

ansprüche wird den Bietern ebenso so früh wie möglich gewährt, Verletzungen in die Bieterrechte überprüfen zu lassen, was letztlich zu einer Stärkung des effektiven Rechtsschutzes führt.[35]

§ 63 Aufhebung von Vergabeverfahren

(1) ¹Der öffentliche Auftraggeber ist berechtigt, ein Vergabeverfahren ganz oder teilweise aufzuheben, wenn
1. kein Angebot eingegangen ist, das den Bedingungen entspricht,
2. sich die Grundlage des Vergabeverfahrens wesentlich geändert hat,
3. kein wirtschaftliches Ergebnis erzielt wurde oder
4. andere schwerwiegende Gründe bestehen.

²Im Übrigen ist der öffentliche Auftraggeber grundsätzlich nicht verpflichtet, den Zuschlag zu erteilen.

(2) ¹Der öffentliche Auftraggeber teilt den Bewerbern oder Bietern nach Aufhebung des Vergabeverfahrens unverzüglich die Gründe für seine Entscheidung mit, auf die Vergabe eines Auftrages zu verzichten oder das Verfahren erneut einzuleiten. ²Auf Antrag teilt er ihnen dies in Textform nach § 126b des Bürgerlichen Gesetzbuchs mit.

Übersicht

	Rn.		Rn.
I. Regelungsgehalt und Überblick	1	2. Wesentliche Änderung der Grundlage des Verfahrens (Abs. 1 Nr. 2)	15
II. Systematische Stellung und Zweck der Norm	2	3. Kein wirtschaftliches Ergebnis (Abs. 1 Nr. 3)	20
III. Keine Verpflichtung zur Erteilung eines Zuschlags (Abs. 1 S. 2)	7	4. Andere schwerwiegende Gründe (Abs. 1 Nr. 4)	22
IV. Vorliegen von Aufhebungsgründen (Abs. 1 S. 1)	10	V. Ermessen; vollständige oder teilweise Aufhebung (Abs. 1 S. 1)	25
1. Kein Angebot, dass den Bedingungen entspricht (Abs. 1 Nr. 1)	10	VI. Mitteilungspflicht (Abs. 2) und Dokumentation	29

I. Regelungsgehalt und Überblick

Abs. 1 bestimmt, unter welchen Umständen ein Vergabeverfahren nach den §§ 97 ff. GWB ohne Erteilung eines Zuschlags aufgehoben werden darf. Nach Maßgabe des Abs. 2 ist der öffentliche Auftraggeber zur Mitteilung der Aufhebung und näheren Umstände an die Bieter oder Bewerber verpflichtet. 1

II. Systematische Stellung und Zweck der Norm

§ 63 beendet als letzte Regelung den siebten Unterabschnitt („Prüfung und Wertung der Interessensbestätigungen, Teilnahmeanträge und Angebote; Zuschlag") des zweiten Abschnitts der VgV, der das Vergabeverfahren regelt. Die Norm bestimmt, unter welchen Umständen ein Vergabeverfahren nach §§ 97 ff. GWB **zulässigerweise ohne Zuschlagserteilung durch den öffentlichen Auftraggeber beendet** werden kann. 2

Diese Regelung ist eine von drei Regelungen, welche die Beendigung des Vergabeverfahrens zum Gegenstand haben: Ein Verfahren endet demnach durch **Zuschlag** nach § 127 GWB, durch **Aufhebung** nach § 63 oder durch die **Beendigungsfiktion** nach § 177 GWB. 3

In der Regel endet ein Vergabeverfahren ordnungsgemäß durch die Erteilung des **Zuschlags** nach § 127 GWB. In diesem Fall endet das Verfahren dadurch, dass durch Annahme des Angebots des Bestbietenden ein Vertrag zustande kommt. Erklärt der öffentliche Auftraggeber das Vergabeverfahren ohne Zuschlagserteilung für beendet, stellt dies den Fall der **Aufhebung** dar. Diese kann zulässig oder unzulässig sein, ist aber in beiden Fällen wirksam. Zulässig kann eine Aufhebung nur erfolgen, wenn ein Aufhebungsgrund nach § 63 gegeben ist. Zu den Gründen für die Wirksamkeit der unzulässigen Aufhebung und ihren Rechtsfolgen → Rn. 7 ff. 4

Sowohl Zuschlag als auch Aufhebung sind Willenserklärungen des öffentlichen Auftraggebers.[1] Ein Verfahren kann darüber hinaus auch ohne eine Willenserklärung des Auftraggebers durch die 5

---

35 Vgl. HK-VergabeR/*Mentzinis* Rn. 1.
1 Für die Aufhebung VK Brandenburg Beschl. v. 21.5.2008 – VK 9/08, IBRRS 2008, 1917.

Beendigungsfiktion nach § 177 GWB beendet werden. Diese Norm regelt, dass, sofern der Auftraggeber mit einem Antrag auf Vorabentscheidung über den Zuschlag nach § 176 GWB vor dem Beschwerdegericht unterlegen ist, das Vergabeverfahren nach Ablauf von zehn Tagen nach Zustellung der Entscheidung als beendet gilt, wenn der Auftraggeber nicht die Maßnahmen zur Herstellung der Rechtmäßigkeit des Verfahrens ergreift, die sich aus der Entscheidung ergeben. Das Verfahren darf in diesem Fall nicht fortgeführt werden.

6   Die RL 2014/24/EU enthält keine ausdrückliche Regelung von Aufhebungsgründen; die Aufhebung eines Vergabeverfahrens ist in Art. 55 Abs. 1 RL 2014/24/EU lediglich erwähnt. Der Verordnungsgeber hat sich deshalb an den aus dem **Primärrecht** und den **Richtlinien** folgenden allgemeinen Grundsätzen und der **Vorgängerregelung** des § 20 EG VOL/A orientiert.[2]

III. Keine Verpflichtung zur Erteilung eines Zuschlags (Abs. 1 S. 2)

7   Eine Aufhebung ist nach § 48 Abs. 1 S. 2 **unabhängig davon wirksam, ob ein Aufhebungsgrund** vorliegt. Diese Norm stellt klar, dass der Auftraggeber grundsätzlich nicht verpflichtet ist, das Vergabeverfahren mit einem formellen Zuschlag zu beenden. Es handelt sich hierbei um eine Klarstellung, welche die bisherige Rechtslage nicht abändert, sondern lediglich aufgreift.[3] Nach allgemeiner Ansicht kann ein öffentlicher Auftraggeber nicht zum Abschluss eines Vertrages gezwungen werden, wenn er dessen Durchführung nicht mehr beabsichtigt.[4] Eine Pflicht zur Zuschlagserteilung kann auch nicht aus dem Gemeinschaftsrecht oder aus dem nationalen Vergaberecht hergeleitet werden.[5]

8   Bieter, die sich bei einer formellen Ausschreibung beteiligen, dürfen aber darauf vertrauen, dass ein öffentlicher Auftraggeber sich an die Vorgaben des GWB und der VgV hält und das Verfahren entweder durch Zuschlagserteilung oder bei Vorliegen der vergaberechtlich zugelassenen Möglichkeiten durch Aufhebung der Ausschreibung beendet.[6] Die unzulässige Aufhebung der Ausschreibung ohne Aufhebungsgrund nach § 63 ist daher zwar wirksam, kann jedoch **Schadensersatzansprüche der Bieter oder Bewerber** auf Ersatz des Vertrauensschadens, unter Umständen auch auf entgangenen Gewinn auslösen.[7] Diese Ansprüche richten sich nach den allgemeinen Vorschriften des § 181 GWB und des BGB. Vor diesem Hintergrund ist die Zulässigkeit einer Aufhebung der Ausschreibung im Nachprüfungsverfahren überprüfbar.[8] Schadensersatzansprüche im Zusammenhang mit einem aufgehobenen Vergabeverfahrens können von den Bietern unabhängig von einer vorherigen Rüge oder eines eingeleiteten Nachprüfungsverfahrens geltend gemacht werden.[9]

9   Darüber hinaus ist anerkannt, dass der Auftraggeber die Gründe für eine Aufhebung **nicht selbst verschuldet** haben darf.[10] Bei dem „Nichtverschulden" handelt es sich um ein ungeschriebenes Tatbestandsmerkmal, also dogmatisch um eine teleologische Reduktion des Tatbestands des § 63. Rechtsfolge ist deshalb in diesem Fall keine Ermessenseinschränkung mit der Folge, dass das Verfahren fortgeführt werden müsste. Vielmehr ist die Aufhebung wirksam, trotz Vorliegen des Aufhebungsgrundes seinem Wortlaut nach aber unzulässig. Auch in diesem Fall können die Bieter daher ggf. Schadensersatzansprüche geltend machen.

IV. Vorliegen von Aufhebungsgründen (Abs. 1 S. 1)

10 **1. Kein Angebot, dass den Bedingungen entspricht (Abs. 1 Nr. 1).** Der erste Aufhebungsgrund ist gegeben, wenn kein Angebot eingegangen ist, dass den Bedingungen entspricht. „Die **Bedingungen**" sind sämtliche vom öffentlichen Auftraggeber in den Vergabeunterlagen (§ 20) vorge-

---

[2] VgV-Begründung BR-Drs. 87/16, 217.
[3] VgV-Begründung BR-Drs. 87/16, 217.
[4] OLG Düsseldorf Beschl. v. 17.4.2019 – VII-Verg 36/18, NZBau 2019, 737; OLG Düsseldorf Beschl. v. 17.4.2019 – Verg 36/18, ZfBR 2020, 405; vorhergehend VK Bund Beschl. v. 30.4.2018 – VK 2-18/18, IBRRS 2018, 1686.
[5] EuGH Urt. v. 18.6.2002 – C-92/00ZfBR 2002, 604; BGH Beschl. v. 20.3.2014 – X ZB 18/13, NZBau 2014, 310; BGH Beschl. v. 18.2.2003 – X ZB 43/02NZBau 2003, 293; BGH Beschl. v. 18.2.2003 – X ZB 43/02, BeckRS 2003, 02527.
[6] BGH Urt. v. 5.11.2002 – X ZR 232/00, NZBau 2003, 168; BGH Urt. v. 12.6.2001 – X ZR 150/99, NZBau 2001, 637.
[7] OLG Frankfurt a. M. Beschl. v. 16.5.2005 – 11 Verg 7/05, NZBau 2006, 259; OLG Naumburg Beschl. v.26.10.2005 – 1 Verg 12/05, ZfBR 2006, 92; OLG Frankfurt a. M. Beschl. v. 16.8.2005 – 11 Verg 7/05, BeckRS 2014, 00432.
[8] BGH Beschl. v. 18.2.2003 – X ZB 43/01, NZBau 2003, 293; VK Berlin Beschl. v. 14.10.2011 – VK-B 2-24/11, BeckRS 2012, 11412.
[9] BGH Urt. v. 17.9.2019 – X ZR 124/18, BeckRS 2019, 26913.
[10] VK Schleswig-Holstein Beschl. v. 24.10.2003 – VK-SH 24/03, IBRRS 2003, 2853; VK Brandenburg Beschl. v. 17.9.2002 – VK 50/02, IBRRS 39797 = NZBau 2003, 173 (Ls.).

gebenen Anforderungen. Das können formale Anforderungen wie die Einhaltung von Form und Fristen oder materielle Anforderungen an das Unternehmen sowie die anzubietende Leistung sein.

Entspricht kein Angebot den **formalen Anforderungen,** etwa weil sie die Vorgaben an Form und Frist nicht eingehalten haben oder unvollständig sind, sind alle Angebote nach § 57 Abs. 1 Nr. 1 und 2 auszuschließen, sodass eine Aufhebung geboten sein kann.[11] 11

Bei den **materiellen Anforderungen** handelt es sich um Anforderungen an das Unternehmen und Anforderungen an die anzubietende Leistung. Bei den **Anforderungen an das Unternehmen** handelt es sich zunächst um die Anforderung nach § 122 Abs. 1 GWB, dass **Ausschlussgründe nach §§ 123 ff. GWB** nicht vorliegen. Anderenfalls sind die Unternehmen nach Maßgabe des § 123 Abs. 1 GWB, § 124 Abs. 1 ff. GWB auszuschließen. Ferner kommen als unternehmensbezogene Anforderungen die **Eignungskriterien** nach §§ 42 ff. in Betracht. Erfüllt ein Angebot diese nicht vollumfänglich, ist es nach § 57 Abs. 1 S. 1 Alt. 1 auszuschließen. 12

Bei den **Anforderungen an die anzubietende Leistung** handelt es sich einerseits um die **Vorgaben an die Wirtschaftlichkeit,** wie sie in den Vergabeunterlagen, insbesondere in der Leistungsbeschreibung und den Zuschlagskriterien vorgegeben sind. Weichen die Angebote zB von den vorgegebenen Mindestkriterien an die Leistung ab oder nehmen sie unzulässige Änderungen oder Ergänzungen an den Vergabeunterlagen vor, sind sie ebenfalls auszuschließen (§ 57 Abs. 1 Nr. 4), sodass eine Aufhebung geboten sein kann. Ferner kommen als Bedingungen die **Ausführungsbedingungen nach § 128 GWB** oder die **zwingend zu berücksichtigenden Ausführungsbedingungen nach § 129 GWB** in Betracht. 13

Der Aufhebungsgrund ist **nicht nur dann gegeben, wenn alle Angebote gegen dieselben Bedingungen** verstoßen. Vielmehr liegt der Tatbestand des § 63 Abs. 1 Nr. 1 vor, wenn alle Angebote kumulativ aufgrund irgendeiner Abweichung von Bedingungen auszuschließen sind. Dass kann zB der Fall sein, wenn einige Angebote verfristet eingegangen sind, einige Angebote mangels Nachweis der Eignung und andere wegen unzulässiger Änderung der Vergabeunterlagen auszuschließen sind.[12] 14

2. Wesentliche Änderung der Grundlage des Verfahrens (Abs. 1 Nr. 2). Ein weiterer Aufhebungsgrund ist gegeben, wenn sich „die Grundlage des Vergabeverfahrens wesentlich geändert hat". Die Vorgängerregelung sprach von „den Grundlagen". Es ist nicht ersichtlich, dass mit der **Änderung des Plurals in einen Singular** eine Änderung der Rechtslage herbeigeführt werden sollte. 15

Der Aufhebungsgrund setzt zusammenfassend voraus, dass eine **Änderung** von Umständen eingetreten ist, die eine **Wesentlichkeit** besitzen und dass diese Änderung **nachträglich** eingetreten und dem Auftraggeber **nicht zuzurechnen** ist. 16

Die **Wesentlichkeit der Änderung** im Sinne dieser Norm liegt vor, wenn aufgrund geänderter Umstände des Vergabeverfahrens eine **Auftragsvergabe** auf der Grundlage der bisherigen Vergabeunterlagen **für den Auftraggeber oder die Bieter unzumutbar** geworden ist.[13] Das kann zum Beispiel der Fall sein, wenn der Auftraggeber feststellte, versehentlich einen falschen Auftragsgegenstand ausgeschrieben zu haben.[14] Weiterhin können auch unvorhersehbare Ereignisse wie die Corona-Pandemie und der damit verbundene Lockdown unvorhersehbare wesentliche Änderung der Rahmenbedingungen eines Vergabeverfahrens sein, wenn sie für den Auftraggeber zum Zeitpunkt der Einleitung des Vergabeverfahrens nicht vorhersehbar gewesen sind.[15] 17

Die Änderung muss **nachträglich** eingetreten sein. Sofern die Änderung bereits vor Bekanntmachung eingetreten ist oder zumindest vorhersehbar war, **kann sich der öffentliche Auftraggeber nicht zulässig auf den Aufhebungsgrund berufen.**[16] Ein öffentlicher Auftraggeber muss daher seine Ausschreibungsunterlagen vor Einleitung des Vergabeverfahrens umfassend erstellen und überprüfen.[17] 18

Die Änderung darf dem öffentlichen Auftraggeber ferner **nicht zurechenbar** sein.[18] Insbesondere stellt es keinen zulässigen Aufhebungsgrund dar, wenn der Auftraggeber lediglich seine Meinung 19

---

[11] Vgl. BGH Beschl. v. 26.9.2006 – X ZB 14/06, NZBau 2006, 800.
[12] Vgl. VK Arnsberg Beschl. v. 2.10.2005 – VK 18/2005, IBRRS 2006, 0117.
[13] OLG München Beschl. v. 4.4.2013 – Verg 4/13, NZBau 2013, 524; OLG Köln Urt. v. 18.6.2010 – 19 U 98/09, BeckRS 2011, 04163; OLG Düsseldorf Beschl. v. 3.1.2005 – Verg 72/04, NZBau 2005, 415; VK Bund Beschl. v. 11.6.2013 – VK 1-33/13, ZfBR 2014, 83.
[14] OLG Koblenz Urt. v. 13.6.1997 – 2 U 227–96, NJW-RR 1998, 20.
[15] VK Bund Beschl. v. 7.5.2020 – VK 2 31/20, IBRRS 2020, 2071.
[16] OLG Düsseldorf Beschl. v. 26.6.2013 – Verg 2/13, ZfBR 2014, 88; OLG Celle Beschl. v. 13.1.2011 – 13 Verg 15/10, BeckRS 2011, 02421.
[17] OLG Düsseldorf Beschl. v. 8.3.2005 – Verg 40/04, IBRRS 2005, 1142; OLG München Beschl. v. 27.1.2006 – Verg 1/06, BeckRS 2006, 02401.
[18] LG Düsseldorf Beschl. v. 16.11.2010 – VII-Verg 50/10, BeckRS 2011, 01602; OLG München Beschl. v. 4.4.2013 – Verg 4/13, BeckRS 2013, 06636.

ändert und den Auftragsgenstand nunmehr anders oder überhaupt nicht mehr ausschreiben möchte. Reine Motivationsänderungen hat der Auftraggeber zu vertreten, es ist seine Aufgabe, den Beschaffungsbedarf eines Vergabeverfahrens vor Verfahrensbeginn sorgfältig zu bestimmen.[19]

20 **3. Kein wirtschaftliches Ergebnis (Abs. 1 Nr. 3).** Der dritte Aufhebungsgrund ist gegeben, wenn mit der Ausschreibung **kein wirtschaftliches Ergebnis** erzielt wurde. Ein unwirtschaftliches Ergebnis liegt vor, wenn das wirtschaftlichste Angebot deutlich über der ordnungsgemäß prognostizierten Auftragswertschätzung nach § 3 des Auftraggebers liegt.[20] Bei der Ermittlung des Kostenbedarfs hat der Auftragger sich an wirklichsnahen Referenzwerten und vorhersehbaren Kostenentwicklungen zu orientieren sowie einzelfallbezogene Sicherheitszuschläge zu berücksichtigen.[21] Bei der Aufhebung eines von mehreren Losen, kommt es bei der Beurteilung der Unwirtschaftlichkeit nur auf die losbezogene differenzierende Kostenschätzung des aufgehobenen Loses an.[22] Ein Ergebnis in diesem Sinne liegt vor, wenn dem öffentlichen Auftraggeber vor dem Hintergrund des Gebots **zur sparsamen Mittelverwendung ein Zuschlag unzumutbar** ist. Nach der Rechtsprechung würde dieses Gebot unterlaufen, wenn der Auftraggeber trotz sorgfältig ermittelter Kostenschätzung verpflichtet wäre, den Zuschlag auf ein Angebot zu erteilen, das kostenmäßig erheblich über dem von ihm veranschlagten Kostenansatz liegt. Dies habe zur Konsequenz, dass der Bieter nicht schon von vornherein eine Zuschlagserteilung erwarten kann, auch wenn er das annehmbarste Angebot abgegeben hat.[23]

21 Die Frage, ab wann ein Zuschlag unzumutbar ist, kann **nicht mittels eines festen Prozentsatzes der Abweichung** des Angebotes vom Marktpreis bestimmt werden. Entscheidend ist nach der Rechtsprechung vielmehr stets eine **Abwägung aller Umstände des Einzelfalls.**[24]

22 **4. Andere schwerwiegende Gründe (Abs. 1 Nr. 4).** Die Gründe der Aufhebung sind nicht abschließend geregelt. Nr. 4 enthält daher einen Auffangtatbestand der „schwerwiegenden Gründe", die es rechtfertigen, ein Vergabeverfahren aufzuheben.

23 Der **Begriff** des schwerwiegenden Grundes ist nicht gesetzlich definiert. Nach der Rechtsprechung des Bundesgerichtshofs sind bei der Prüfung eines zur Aufhebung berechtigenden schwerwiegenden Grundes strenge Maßstäbe anzulegen.[25] Nach der Rechtsprechung des OLG Düsseldorf besteht ein schwerwiegender Grund nur dann, wenn der Grund **die bisherige Vergabeabsicht des Auftraggebers entscheidend beeinflusst.** Berücksichtigungsfähig sollen demnach grundsätzlich nur solche Mängel sein, welche die Durchführung des Verfahrens und die Vergabe des Auftrages selbst ausschließen. Die Feststellung eines schwerwiegenden Grundes erfordert eine **Interessenabwägung,** für die die jeweiligen Verhältnisse des Einzelfalls maßgeblich sind.[26]

24 Beispiele für schwerwiegende Gründe sind die **Änderung der politischen, militärischen und wirtschaftlichen Verhältnisse**[27] oder dass **keines der Angebote einen angemessenen Preis aufweist,** solange der öffentliche Auftraggeber seiner Bewertung einen vollständig ermittelten Sachverhalt zugrunde legt.[28] Fehlende Haushaltmittel oder die mangelnde Finanzierbarkeit eines Auftrages kann einen schwerwiegender Aufhebungsgrund darstellen, wenn die Finanzierunglücke nicht auf Fehler bei der Ermittlung des Finanzierungsbedarfs des Auftraggebers zurückzuführen sind.[29] Ein schwerwiegender Grund ist ferner dann anzunehmen, wenn im wettbewerblichen Dialog erkennbar ist, dass **keine Lösung gefunden werden** kann.[30]

---

[19] VK Südbayern Beschl. v. 20.7.2015 – Z3-3-3194-1-17-03/15, IBRRS 2015, 2360.
[20] OLG Düsseldorf Beschl. v. 13.3.2019 – Verg 42/18, ZfBR 2020, 188; OLG Celle Beschl. v. 10.3.2016 – 13 Verg 5/15, NZBau 2016, 385.
[21] OLG Düsseldorf Beschl. v. 29.8.2018 – VII Verg 14/17, NZBau 2019, 195; OLG Celle Beschl. v. 10.3.2016 – 13 Verg 5/15, NZBau 2016, 385.
[22] OLG Dresden Beschl. v. 28.12.2018 – Verg 4/18, BeckRS 2018, 42387; aA OLG Koblenz Beschl. v. 28.6.2017 – Verg 1/17, NZBau 2017, 575 – Das Gericht nimmt eine Unwirtschaftlichkeit bei einer Teilosvergabe an, wenn das Gesamtergebnis unwirtschaftlich ist.
[23] VK Bund Beschl. v. 11.6.2008 – VK 1-63/08, IBRRS 2008, 5085.
[24] OLG Frankfurt a. M. Beschl. v. 14.5.2013 – 11 Verg 4/13, IBRRS 2013, 2677.
[25] BGH Beschl. v. 20.3.2014 – X ZB 18/13, NZBau 2014, 310.
[26] OLG Düsseldorf Beschl. v. 3.1.2005 – Verg 72/04, NZBau 2005, 415.
[27] OLG Zweibrücken Urt. v. 1.2.1994 – 8 U 96/93, BeckRS 1994, 30897482; VK Lüneburg Beschl. v. 27.1.2005 – 203-VgK-57/2004, BeckRS 2005, 01687; VK Bremen Beschl. v. 25.7.2002 – VgK FB 1/02, IBR 2002, 501.
[28] OLG München Beschl. v. 31.10.2012 – Verg 19/12, BeckRS 2012, 22638.
[29] OLG Düsseldorf Beschl. v. 29.8.2018 – Verg 14/17, ZfBR 2019, 91; OLG Celle Beschl. v. 10.3.2016 – 13 Verg 5/15, NZBau 2016, 385.
[30] VgV-Begründung BR-Drs. 87/16, 217.

V. Ermessen; vollständige oder teilweise Aufhebung (Abs. 1 S. 1)

Nach Abs. 1 S. 1 ist der öffentliche Auftraggeber **berechtigt**, bei Vorliegen eines Aufhebungs- 25 grundes das Vergabeverfahren aufzuheben. Dem Auftraggeber steht daher ein **Ermessen** zu.[31] Der Auftraggeber kann das Vergabeverfahren auch fortführen, wenn dem Gründe entgegenstehen.[32] Der Bieter hat insoweit keinen Anspruch auf Aufhebung, sondern nur auf eine ermessensfehlerfreie Entscheidung des Auftraggebers.[33]

Bei der Ermessensausübung ist der Grundsatz der Verhältnismäßigkeit nach § 97 Abs. 1 S. 2 26 GWB zu berücksichtigen. Eine Aufhebung kommt daher als „**ultima ratio**" nur dann in Betracht, wenn eine Korrektur im laufenden Verfahren nicht mehr möglich ist.[34] Daher ist eine umfassende Interessenabwägung erforderlich, die alle für die Aufhebungsentscheidung maßgeblichen Umstände des Einzelfalls berücksichtigt.[35] Für einen Ausschluss muss die Abwägung zu dem Ergebnis gelangen, dass wegen eines schwerwiegenden Aufhebungsgrundes der Auftraggebers an das Vergabeverfahren, trotz des schutzwürdigen Vertrauens der Bieter an einer planmäßigen Beendigung des Verfahren, nicht gebunden werden kann.[36] Der Auftraggeber muss im Einzelfall prüfen, ob vor dem Ausschluss ein milderes Mittel in Betracht kommt.[37]

Ausnahmsweise kann eine **Ermessensreduzierung auf Null** in Betracht kommen und eine 27 Aufhebung insoweit zwingend geboten sein. Das kann zB dann der Fall sein, wenn eine **wettbewerblich und wirtschaftlich fundierte Vergabe nicht mehr möglich** ist, etwa weil das Leistungsverzeichnis mangels konkreter, eindeutiger und erschöpfender Beschreibung der nachgefragten Leistung nicht den Vorgaben des § 121 GWB entspricht und damit eine Vergleichbarkeit der Angebote nicht gewährleistet werden kann.[38] Andere Fallgruppen aus der Rechtsprechung sind etwa die Wahl der falschen Verfahrensart[39] oder **ein wettbewerbsverzerrender Informationsvorsprungs zugunsten eines einzelnen Bieters**.[40]

In der Regel bezieht sich die Aufhebung auf das gesamte Vergabeverfahren (vollständige Aufhe- 28 bung). Eine **teilweise Aufhebung** kommt in Betracht, wenn ganze Lose aufgehoben werden und die Gründe für die Teilaufhebung nur die aufgehobenen Lose betreffen.[41] Eine **Leistung, die nicht in Lose aufgeteilt wurde, kann dagegen durch eine Teilaufhebung nicht nachträglich weiter unterteilt werden.** In diesen Fällen könnte aber im Einzelfall eine Zurückversetzung in einen früheren Stand in Betracht kommen. Die Zurückversetzung ist sinnvoll, wenn während des Vergabeverfahrens Rechtsverstöße noch geheilt werden können, bspw. wenn die Bieter durch Veröffentlichung eines neuen und korrigierten Leistungsverzeichnis die Gelegenheit erhalten, ein wertbares Angebot abzugeben.[42] Sowohl bei der Teilaufhebung als auch bei der Zurückversetzung ist notwendige Voraussetzung, dass der öffentliche Aufftraggeber einen sachlichen Grund hat, sodass die Entscheidung weder diskriminierende Wirkung noch willkürlich oder zum Schein erfolgt.[43]

VI. Mitteilungspflicht (Abs. 2) und Dokumentation

Der öffentliche Auftraggeber teilt den Bewerbern oder Bietern nach Aufhebung des Vergabever- 29 fahrens **unverzüglich** die Gründe für seine Entscheidung mit, auf die Vergabe eines Auftrages zu verzichten oder das Verfahren erneut einzuleiten. Maßstab für die Unverzüglichkeit ist die Legaldefinition aus § 121 Abs. 1 S. 1 BGB, wonach die Unterrichtung ohne schuldhaftes zögern zu erfolgen hat. Diese Regelung in Abs. 2 dient der Umsetzung von Art. 55 Abs. 1 RL 2014/24/EU. Die

---

[31] OLG Celle Beschl. v. 10.6.2010 – 13 Verg 18/09, BeckRS 2010, 14373; KG Beschl. v. 21.12.2009 – 2 Verg 11/09, BeckRS 2010, 03552.
[32] OLG Dresden Beschl. v. 28.3.2006 – WVerg 4/06, BeckRS 2006, 06134; OLG Düsseldorf Beschl. v. 23.4.2006 – Verg 8/04, ZfBR 2004, 725.
[33] VK Bund Beschl. v. 7.12.2005 – VK 1–146/05, IBRRS 2006, 0252; OLG Naumburg Beschl. v. 26.10.2005 – 1 Verg 12/05, ZfBR 2006, 92.
[34] OLG Frankfurt a. M. Beschl. v. 16.6.2015 – 11 Verg 3/15, BeckRS 2015, 14694; OLG München Beschl. v. 22.1.2016 – Verg 13/15, IBRRS 2016, 1678; VK Nordbayern Beschl. v. 13.12.2016 – 21.VK 3194 36/16, IBRRS 2017, 1029.
[35] BGH Beschl. v. 20.3.2014 – X ZB 18/13, NZBau 2014, 310.
[36] BeckOK VergabeR/ *Queisner*, 18. Ed. 31.1.2019, Rn. 8.
[37] OLG Karlsruhe Beschl. v. 4.12.2013 – 15 Verg 9/13, IBRRS 2014, 1341.
[38] OLG Karlsruhe Urt. v. 4.12.2013 – 15 Verg 9/13, BeckRS 2014, 07327.
[39] VK Schleswig-Holstein Beschl. v. 26.11.2009 – VK-SH 22/09, BeckRS 2010, 03829.
[40] OLG Jena Beschl. v. 20.6.2005 – 9 Verg 3/05, NZBau 2005, 476.
[41] VK Lüneburg Beschl. v. 27.8.2010 – VgK-38/2010, BeckRS 2011, 05282.
[42] OLG Düsseldorf Beschl. v. 12.1.2015 – Verg 29/14, ZfBR 2015, 502.
[43] OLG Düsseldorf Beschl. v. 12.1.2015 – Verg 29/14, ZfBR 2015, 502; OLG Düsseldorf Beschl. v. 27.11.2013 – Verg 20/13, IBRRS 2013, 4933.

Regelung geht über die Vorgaben aus der Richtlinie hinaus, da die Regelung der RL 2014/24/EU nur Vergabeverfahren mit Teilnahmewettbewerb betrifft. Nach Ansicht des Verordnungsgebers ist ein Bieter in einem Verhandlungsverfahren ohne Teilnahmewettbewerb jedoch gleichermaßen schutzbedürftig und soll daher das Recht erhalten, die Gründe für die Aufhebung des Verfahrens zu erfahren.[44]

30   Weiterhin hat der Auftraggeber die Aufhebung im Vergabevermerk umfassend und nachvollziehbar nach § 8 Abs. 2 Nr. 8 zu dokumentieren. Dabei sind die tragenden Gründe für die Aufhebung oder die Neueinleistung des Vergabeverfahrens niederzuschreiben. Die Ermessensausübung sollte ebenfalls im Vermerk dokumentiert werden.[45] Eine fehlende umfassende Dokumentation kann jedoch in Einzelfällen im Rahmen eines Nachprüfungsverfahrens geheilt werden, wenn zumindest die wesentlichen verfahrensleitenden Entscheidungen dokumentiert worden sind.[46]

---

[44] VgV-Begründung BR-Drs. 87/16, 217.
[45] OLG Celle Beschl. v. 13.1.2011 – 13 Verg 15/10, ZfBR 2011, 514 (Ls.).
[46] BGH Beschl. v. 8.2.2011 – X ZB 4/10, NZBau 2011, 175; VK Bund Beschl. v. 13.2.2020 – VK 1-02/20, BeckRS 2020, 7161.

Abschnitt 3. Besondere Vorschriften für die Vergabe von sozialen und anderen besonderen Dienstleistungen

§ 64 Vergabe von Aufträgen für soziale und andere besondere Dienstleistungen

Öffentliche Aufträge über soziale und andere besondere Dienstleistungen im Sinne von § 130 Absatz 1 des Gesetzes gegen Wettbewerbsbeschränkungen werden nach den Bestimmungen dieser Verordnung und unter Berücksichtigung der Besonderheiten der jeweiligen Dienstleistung nach Maßgabe dieses Abschnitts vergeben.

Schrifttum: *Gerner,* Die neue EU-Richtlinie über die öffentliche Auftragsvergabe im Bereich sozialer Dienstleistungen und deren Umsetzung in nationales Recht, NZS 2016, 492.

I. Bedeutung der Norm

§ 64 ist die erste Vorschrift des dritten Abschnitts der VgV. Sie legt fest, nach Maßgabe welcher Bestimmungen soziale und andere besondere Dienstleistungen iSv § 130 Abs. 1 GWB vergeben werden, und setzt Art. 74 RL 2014/24/EU um.[1] Nach § 64 gelten für die Vergabe von sozialen und anderen besonderen Dienstleistungen grundsätzlich die Vorschriften der VgV für „normale" Dienstleistungen, die jedoch zusätzlich von den Regelungen in den §§ 65 und 66 überlagert werden. In Summe gilt damit ein **besonderes Vergaberegime für soziale und andere besondere Dienstleistungen** mit weniger strengen Vorgaben und einem höheren Schwellenwert im Vergleich zu „normalen" Dienstleistungen.[2]

II. Entstehungsgeschichte

Im Vergaberegime der Vergabe-RL 2004 und ebenso im alten GWB-Vergaberecht gab es die Unterscheidung zwischen sog. *„prioritären"* und *„nichtprioritären"* Dienstleistungen („A"- und „B"-Dienstleistungen), für die stark unterschiedliche vergaberechtliche Anforderungen galten (vgl. Art. 20 und 21 Vergabe-RL 2004). Der europäische Gesetzgeber sah es im Rahmen des Gesetzgebungsverfahrens zur RL 2014/24/EU aber nicht mehr als gerechtfertigt an, die volle Anwendung der Vergabevorschriften auf die *„prioritären"* Dienstleistungen zu beschränken.[3] Allerdings passten nach seiner Auffassung die üblichen Verfahren für die Vergabe öffentlicher Dienstleistungsaufträge etwa nicht für Dienstleistungen im Sozial-, Gesundheits- und Bildungswesen, da diese **spezifische Merkmale** aufweisen und ihre **grenzüberschreitende Dimension** begrenzt sei. Grund dafür ist der besondere Kontext, in dem sie erbracht werden. Dieser hebt sich auf Grund unterschiedlicher kultureller Traditionen in den Mitgliedstaaten stark voneinander ab.[4]

Um diesen Besonderheiten Rechnung zu tragen, führte der **EU-Gesetzgeber** mit Art. 74–77 RL 2014/24/EU für die in Anhang XIV RL 2014/24/EU aufgeführten sozialen und anderen besonderen Dienstleistungen ein **spezielles (gering reguliertes) Vergaberegime** ein. Neben einem höheren Schwellenwert wird für die Vergabe dieser Leistungen lediglich die Einhaltung der Grundprinzipien der Transparenz und Gleichbehandlung verlangt.[5] Der deutsche Gesetzgeber hat die Regelung des Art. 74 RL 2014/24/EU in § 130 Abs. 1 GWB iVm § 64 umgesetzt.[6]

III. Für die Vergabe von sozialen und anderen besonderen Dienstleistungen geltende Bestimmungen

Nach § 64 werden öffentliche Aufträge über soziale und andere besondere Dienstleistungen iSv § 130 Abs. 1 GWB nach den **Bestimmungen der VgV** und unter Berücksichtigung der Besonderheiten der jeweiligen Dienstleistung nach Maßgabe dieses (des dritten) Abschnitts, dh den **§§ 65 und 66**, vergeben. Einzige Tatbestandsvoraussetzung ist demnach das Vorliegen eines öffentlichen Auftrags über soziale oder andere besondere Dienstleistungen iSv § 130 Abs. 1 GWB (zu den Voraussetzungen → GWB § 130 Rn. 3). Liegt ein solcher Auftrag vor, gilt als Rechtsfolge,

---

[1] VgV-Begründung BT-Drs. 18/7318, 199.
[2] Die Überschrift zu Titel III der RL 2014/24/EU in der englischen Version spricht passend von „particular procurement regimes"; zu den Besonderheiten des Regimes vgl. Erwägungsgrund 114 RL 2014/24/EU.
[3] KOM(2011) 896 endgültig, 9.
[4] Erwägungsgrund 114 RL 2014/24/EU.
[5] S. KOM(2011) 896 endgültig, 11 f., sowie Erwägungsgrund 114 RL 2014/24/EU.
[6] VgV-Begründung BT-Drs. 18/7318, 200.

dass er nach den Bestimmungen der VgV, dh vor allem nach den §§ 1–63, unter Maßgabe der (privilegierenden) Vorgaben in den §§ 65 und 66 vergeben wird.

5 Da die §§ 65 und 66 die Vorschriften enthalten, die das besondere Vergaberegime für Aufträge über soziale und andere besondere Dienstleistungen ausmachen, sollten diese in der Praxis **zuerst geprüft** und angewendet werden und dann in einem zweiten Schritt – soweit anwendbar – **ergänzend** die Bestimmungen insbesondere in den §§ 1–63.

6 Der Ausdruck **„unter Berücksichtigung der Besonderheiten der jeweiligen Dienstleistung"** ist als gesetzlicher Auslegungshinweis für die §§ 65 und 66 zu verstehen. Deren Vorgaben sind so auszulegen, dass öffentliche Auftraggeber den Besonderheiten der jeweiligen Dienstleistungen Rechnung tragen können. So wird die Vorgabe in Art. 76 Abs. 1 S. 2 RL 2014/24/EU ins deutsche Recht überführt. Danach ist es den Mitgliedstaaten überlassen, die anwendbaren Verfahrensregeln für Aufträge über soziale und andere besondere Dienstleistungen festzulegen, sofern derartige Regeln es den öffentlichen Auftraggebern ermöglichen, den Besonderheiten der jeweiligen Dienstleistungen Rechnung zu tragen.

7 Der Verordnungsgeber versteht „unter Berücksichtigung der Besonderheiten der jeweiligen Dienstleistung" in Anlehnung an Art. 76 Abs. 2 RL 2014/24/EU derart, dass der öffentliche Auftraggeber im Vergabeverfahren die Notwendigkeit, Qualität, Kontinuität, Zugänglichkeit, Bezahlbarkeit, Verfügbarkeit und Vollständigkeit der Dienstleistungen berücksichtigen kann sowie den spezifischen Bedürfnissen verschiedener Nutzerkategorien, einschließlich benachteiligter und schutzbedürftiger Gruppen sowie der Einbeziehung der Nutzer und dem Aspekt der Innovation Rechnung tragen kann.[7] Ob sich aus diesen generalklauselartigen Vorgaben Handlungsspielräume für den Auftraggeber ergeben, die über das hinausgehen, was in §§ 65 und 66 geregelt ist, ist – jedenfalls mangels Bestimmtheit – zweifelhaft.[8]

IV. Soziale und andere besondere Dienstleistungen im Unterschwellenbereich

8 Erreicht der Wert zu vergebender sozialer und anderer besonderer Dienstleistungen nicht den für sie nach § 106 GWB geltenden Schwellenwert, so unterliegen sie zwar nicht dem EU- bzw. GWB-Vergaberecht. Für ihre Vergabe können dennoch Regelungen des **EU-Primärrechts** zur **Anwendung** gelangen, sofern im konkreten Fall ein **grenzüberschreitender Bezug** besteht.[9] Dann sind die vergaberechtlichen Grundsätze der Transparenz, Gleichbehandlung und der Wettbewerbsgrundsatz zu beachten.[10]

9 Im Übrigen sind bei Vergaben unterhalb der Schwellenwerte die Vorgaben des jeweiligen Landeshaushaltsrechts zu beachten. Ist danach beispielsweise die UVgO anzuwenden, so ergeben sich die für die Vergabe von sozialen und anderen besonderen Dienstleistungen iSv § 130 GWB relevanten Vorgaben aus § 49 UVgO („Vergabe von öffentlichen Aufträgen über soziale und andere besondere Dienstleistungen") oder ggf. aus § 50 UVgO („Sonderregelung zur Vergabe von freiberuflichen Leistungen").

§ 65 Ergänzende Verfahrensregeln

(1) ¹Neben dem offenen und dem nicht offenen Verfahren stehen dem öffentlichen Auftraggeber abweichend von § 14 Absatz 3 auch das Verhandlungsverfahren mit Teilnahmewettbewerb, der wettbewerbliche Dialog und die Innovationspartnerschaft nach seiner Wahl zur Verfügung. ²Ein Verhandlungsverfahren ohne Teilnahmewettbewerb steht nur zur Verfügung, soweit dies nach § 14 Absatz 4 gestattet ist.

(2) Die Laufzeit einer Rahmenvereinbarung darf abweichend von § 21 Absatz 6 höchstens sechs Jahre betragen, es sei denn, es liegt ein im Gegenstand der Rahmenvereinbarung begründeter Sonderfall vor.

(3) ¹Der öffentliche Auftraggeber kann für den Eingang der Angebote und der Teilnahmeanträge unter Berücksichtigung der Besonderheiten der jeweiligen Dienstleistung von den §§ 15 bis 19 abweichende Fristen bestimmen. ²§ 20 bleibt unberührt.

(4) § 48 Absatz 3 ist nicht anzuwenden.

---

[7] VgV-Begründung BT-Drs. 18/7318, 200.
[8] Ähnlich *Gerner* NZS 2016, 492 (495).
[9] Vgl. Erwägungsgründe 114 ff. RL 2014/24/EU.
[10] S. EuGH Urt. v. 2.6.2016 – C-410/14, zu einem Fall, in dem zwar (wegen des angewendeten sog. „Openhouse-Modells") kein öffentlicher Auftrag gegeben war, aber das Gericht bei Vorliegen eines eindeutigen grenzüberschreitenden Interesses dennoch die Grundregeln des AEU-Vertrages für anwendbar erklärte.

(5) ¹Bei der Bewertung der in § 58 Absatz 2 Satz 2 Nummer 2 genannten Kriterien können insbesondere der Erfolg und die Qualität bereits erbrachter Leistungen des Bieters oder des vom Bieter eingesetzten Personals berücksichtigt werden. ²Bei Dienstleistungen nach dem Zweiten und Dritten Buch Sozialgesetzbuch können für die Bewertung des Erfolgs und der Qualität bereits erbrachter Leistungen des Bieters insbesondere berücksichtigt werden:
1. Eingliederungsquoten,
2. Abbruchquoten,
3. erreichte Bildungsabschlüsse und
4. Beurteilungen der Vertragsausführung durch den öffentlichen Auftraggeber anhand transparenter und nichtdiskriminierender Methoden.

Schrifttum: *Gerner*, Die neue EU-Richtlinie über die öffentliche Auftragsvergabe im Bereich sozialer Dienstleistungen und deren Umsetzung in nationales Recht, NZS 2016, 492; *Weßler*, Punkten ohne Erfahrung – Wertungspunkte für Marktneulinge trotz fehlender Erfahrung, NZBau 2019, 766.

Übersicht

	Rn.			Rn.
I. Bedeutung der Norm	1	3.	Angebots- und Teilnahmefristen (Abs. 3)	13
II. Entstehungsgeschichte	3	4.	Europäische Eigenerklärung (Abs. 4)	15
III. Vereinfachtes Vergaberegime für soziale und andere besondere Dienstleistungen	7	5.	Erfolg und Qualität erbrachter Leistungen bei der Ermittlung des wirtschaftlichsten Angebots (Abs. 5 S. 1)	16
1. Regelverfahrensarten (Abs. 1)	7	6.	Beispiele für Erfolg und Qualität erbrachter Leistungen nach dem SGB II und III (Abs. 5 S. 2)	20
2. Zulässige Laufzeit von Rahmenvereinbarungen (Abs. 2)	8			

I. Bedeutung der Norm

§ 65 flexibilisiert wesentliche Verfahrensbestimmungen des zweiten Abschnitts der VgV und erhöht dadurch die Handlungsfreiheiten bei der Vergabe von sozialen und anderen besonderen Dienstleistungen. Der deutsche Gesetzgeber hat mit diesen **Verfahrenserleichterungen** von dem ihm nach Art. 76 RL 2014/24/EU eingeräumten Spielraum bei der Ausgestaltung des Vergabeverfahrens für soziale und andere besondere Dienstleistungen Gebrauch gemacht.[1] **1**

Abs. 1 legt in Übereinstimmung mit § 130 Abs. 1 S. 1 GWB fest, dass Auftraggebern für die Vergabe von Aufträgen über soziale und andere besondere Dienstleistungen neben dem offenen und dem nicht offenen Verfahren auch das Verhandlungsverfahren mit Teilnahmewettbewerb, der wettbewerbliche Dialog und die Innovationspartnerschaft nach ihrer Wahl zur Verfügung stehen. Das Verhandlungsverfahren ohne Teilnahmewettbewerb darf hingegen nur bei Vorliegen der Voraussetzungen in § 14 Abs. 4 gewählt werden. Nach dem Wortlaut von Abs. 2 wird die zulässige Laufzeit einer Rahmenvereinbarung gegenüber § 21 Abs. 6 um zwei Jahre auf sechs Jahre erhöht. Nach Abs. 3 dürfen die Teilnahme- und Angebotsfristen unter Berücksichtigung der Besonderheiten der jeweiligen Dienstleistungen bestimmt werden, müssen jedoch ua angemessen sein. Abs. 4 regelt, dass bei Aufträgen über soziale und andere besondere Dienstleistungen die Einheitliche Europäische Eigenerklärung nicht als Eignungsnachweis akzeptiert werden muss. Abs. 5 legt fest, dass bei der Wertung der Organisation, Qualifikation und Erfahrung des mit der Ausführung des Auftrags betrauten Personals der Erfolg und die Qualität bereits erbrachter Leistungen des Bieters oder seines Personals berücksichtigt werden dürfen; zudem enthält die Vorschrift Beispiele für die Bewertung des Erfolgs und der Qualität von erbrachten Dienstleistungen nach dem SGB II und III. **2**

II. Entstehungsgeschichte

Mit § 65 setzt der deutsche Gesetzgeber **Art. 76 RL 2014/24/EU** um. Nach Art. 76 Abs. 1 S. 1 RL 2014/24/EU obliegt es den Mitgliedstaaten, die Verfahrensvorschriften für soziale und andere besondere Dienstleistungen festzulegen. Das Verfahren muss jedoch nach Art. 76 Abs. 1 S. 2 RL 2014/24/EU im Einklang stehen mit dem Gleichheits- und Transparenzgebot und dem Auftraggeber ermöglichen, den Besonderheiten der jeweiligen Dienstleistungen Rechnung zu tra- **3**

---

[1] VgV-Begründung BT-Drs. 18/7318, 200.

gen. Des Weiteren haben die Mitgliedstaaten nach Art. 76 Abs. 2 S. 1 RL 2014/24/EU zu gewährleisten, dass die öffentlichen Auftraggeber der Notwendigkeit Rechnung tragen können zur Sicherstellung der Qualität, Kontinuität, Zugänglichkeit, Bezahlbarkeit, Verfügbarkeit und Vollständigkeit der Dienstleistungen, der spezifischen Bedürfnisse verschiedener Nutzerkategorien, einschließlich benachteiligter und schutzbedürftiger Gruppen, der Einbeziehung und Ermächtigung der Nutzer und des Aspekts der Innovation.[2] Die Mitgliedstaaten können gem. Art. 76 Abs. 2 S. 2 RL 2014/24/EU auch vorsehen, dass die Auswahl der Dienstleister auf der Grundlage des Angebots mit dem besten Preis-Leistungs-Verhältnis unter Berücksichtigung von Qualitäts- und Nachhaltigkeitskriterien für soziale Dienstleistungen getroffen wird.

4   Im Zuge des deutschen Gesetzgebungsverfahrens wurde der **Wortlaut des ursprünglichen Entwurfs**[3] des **§ 65 erheblich verändert**. Zunächst ist der Inhalt des Abs. 1, der ursprünglich die Innovationspartnerschaft nicht als zulässige Verfahrensart nannte, vollständig an den Inhalt des § 130 Abs. 1 GWB angepasst worden. Des Weiteren ist in Abs. 3 die Vorgabe gelöscht worden, dass die Fristen 15 Tage, gerechnet ab dem Tag nach der Absendung der Aufforderung zur Einreichung von Teilnahmeanträgen oder zur Angebotsabgabe, nicht unterschreiten sollen. Ferner hat der Gesetzgeber den Abs. 4 aufgenommen, den es im ersten Entwurf noch nicht gab. Schließlich wurde der Teilsatz „soweit dies nicht bereits im Rahmen der Eignung berücksichtigt worden ist", der ursprünglich im ersten Satz von Abs. 5 S. 1 enthalten war, gelöscht und der zweite Satz des Abs. 5 ergänzt.

5   Zur Entstehungsgeschichte des Abs. 2 ist hervorzuheben, dass der deutsche Gesetzgeber soziale und andere besondere Dienstleistungen „bei typisierter Betrachtung" als Sonderfall iSv Art. 33 Abs. 1 UAbs. 3 RL 2014/24/EU ansieht,[4] weswegen er eine Erhöhung der maximalen Laufzeit von Rahmenvereinbarungen auf sechs Jahre als zulässig ansieht. Nach Art. 33 Abs. 1 UAbs. 3 RL 2014/24/EU beträgt die Laufzeit einer Rahmenvereinbarung maximal vier Jahre mit Ausnahme angemessen begründeter Sonderfälle, in denen dies insbesondere aufgrund des Gegenstands der Rahmenvereinbarung gerechtfertigt werden kann.

6   Abs. 5 S. 1 geht auf die Regelungen in § 4 Abs. 3 S. 3 aF und § 5 Abs. 1 S. 3 aF zurück, die für die nach altem EU-Vergaberecht kaum reglementierten nicht-prioritären Dienstleistungen galten. Nach dem Willen des deutschen Gesetzgebers soll Abs. 5 dem öffentlichen Auftraggeber ermöglichen, den Erfolg und die Qualität bereits erbrachter Leistungen des Bieters oder des vom Bieter eingesetzten Personals bei der Zuschlagsentscheidung zu berücksichtigen.[5]

III. Vereinfachtes Vergaberegime für soziale und andere besondere Dienstleistungen

7   **1. Regelverfahrensarten (Abs. 1).** Abs. 1 erweitert die **Regelverfahrensarten** bei der Vergabe von Aufträgen über soziale und andere besondere Dienstleistungen gegenüber „normalen" Dienstleistungen in Übereinstimmung mit § 130 Abs. 1 GWB und ohne einen darüberhinausgehenden eigenen Regelungsgehalt.[6] Es wird daher insoweit auf die Kommentierung von § 130 Abs. 1 GWB (→ GWB § 130 Rn. 8 f.) verwiesen.

8   **2. Zulässige Laufzeit von Rahmenvereinbarungen (Abs. 2).** Der Wortlaut von Abs. 2 erhöht die **zulässige Laufzeit einer Rahmenvereinbarung** über soziale und andere besondere Dienstleistungen gegenüber der allgemeinen Regelung in § 21 Abs. 6 um zwei auf höchstens sechs Jahre. Liegt ein im Gegenstand der Rahmenvereinbarung begründeter Sonderfall vor, darf die Höchstlaufzeit sechs Jahre übersteigen.

9   Nach der Gesetzesbegründung kann ein **Sonderfall** beispielsweise dann vorliegen, wenn ein Modellvorhaben nach § 63 Abs. 2 S. 2 SGB V über Leistungen zur Verhütung und Früherkennung von Krankheiten, zur Krankenbehandlung sowie bei Schwangerschaft und Mutterschaft vergeben werden soll.[7] Solche Modellvorhaben sind nach § 63 Abs. 5 S. 1 SGB V im Regelfall auf längstens acht Jahre zu befristen.

10 Ob **Abs. 2 im Einklang mit** der nach **Art. 33 Abs. 1 UAbs. 3 RL 2014/24/EU** vorgegebenen regelmäßigen Höchstlaufzeit von Rahmenvereinbarungen in Höhe von vier Jahren steht, erscheint trotz der Gesetzesbegründung des deutschen Gesetzgebers (→ Rn. 5) **fraglich**. Denn nach Art. 33 Abs. 1 UAbs. 3 RL 2014/24/EU iVm Erwägungsgrund 62 RL 2014/24/EU dürfen Rahmenvereinbarungen nur in Ausnahmefällen eine Laufzeit von mehr als vier Jahren aufweisen.

---

[2] Der wiedergegebene Wortlaut weicht von der deutschen Fassung des Art. 76 Abs. 2 S. 1 RL 2014/24/EU ab. Er orientiert sich an der englischen Fassung dieser Vorschrift.
[3] RefE des Bundesministeriums für Wirtschaft und Energie v. 9.11.2015.
[4] VgV-Begründung BT-Drs. 18/7318, 200.
[5] VgV-Begründung BT-Drs. 18/7318, 201.
[6] Ebenso *Gerner* NZS 2016, 492 (496).
[7] VgV-Begründung BT-Drs. 18/7318, 200.

Zwar können derartige Ausnahmen insbesondere aufgrund des konkreten Gegenstands der Rahmenvereinbarung begründbar sein.[8] Da soziale und andere besondere Dienstleistungen gegenüber „normalen" Dienstleistungen per se besonders sind und dementsprechend auch einem besonderen Vergaberegime unterliegen, geht der deutsche Gesetzgeber offenkundig davon aus,[9] dass allein deshalb eine sachliche Rechtfertigung für längere Laufzeiten gegeben ist. Allerdings spricht das in Erwägungsgrund 62 RL 2014/24/EU genannte Beispiel eines Ausnahmefalls gegen diese typisierende Sicht. Die dort aufgeführte Ausnahme betrifft eine Rahmenvereinbarung, nach der der Auftragnehmer für die Auftragsausführung Ausrüstung benötigt, deren Amortisierungszeitraum mehr als vier Jahre beträgt und die während der gesamten Laufzeit der Rahmenvereinbarung jederzeit verfügbar sein muss. Ob ähnliche, eine längere Laufzeit als vier Jahre erfordernde wirtschaftliche oder zB soziale Umstände generell bei sozialen und anderen besonderen Dienstleistungen gegeben sind, erscheint zweifelhaft. Dies gilt umso mehr, als der europäische Gesetzgeber in Bezug auf soziale und andere besondere Dienstleistungen die generellen Vorgaben für Rahmenvereinbarungen nicht ausdrücklich modifiziert und insbesondere keine längeren Laufzeiten vorgesehen hat. Auch anhand des offenen, wenig konkreten Wortlauts von Art. 76 Abs. 1 RL 2014/24/EU, wonach die Mitgliedstaaten unter Einhaltung der vergaberechtlichen Grundsätze die anwendbaren „Verfahrens"-Regeln für soziale und andere besondere Dienstleistungen festlegen, ist nicht ersichtlich, dass die Länge von Rahmenvereinbarungen abweichend von Art. 33 RL 2014/24/EU geregelt werden darf. Denn zumindest dürfte dieser Aspekt keine Vorgabe an das „Verfahren" der Vergabe sein. Es spricht daher einiges dafür, dass Abs. 2 den Art. 33 Abs. 1 UAbs. 3 RL 2014/24/EU nicht zutreffend umsetzt und angesichts der Richtlinienvorschrift eine Laufzeit von über vier Jahren aufgrund sachlicher Einzelfallumstände zu rechtfertigen ist.[10]

Dementsprechend empfiehlt sich, bei einer Laufzeit der Rahmenvereinbarung von über vier **11** Jahren die diese Laufzeit rechtfertigenden **sachlichen Gründe** zu **dokumentieren**. Um Konflikten mit Art. 33 Abs. 1 UAbs. 3 RL 2014/24/EU von vornherein zu umgehen, sollte die Dokumentation umso ausführlicher sein, je mehr die Laufzeit der Rahmenvereinbarung über vier Jahren liegt. Jedenfalls bei Laufzeiten über sechs Jahren bedarf es einer vergaberechtlich ordnungsgemäßen und nachvollziehbaren Begründung in der Dokumentation. Ein alleiniger Hinweis auf andere, nicht vergaberechtliche gesetzliche Bestimmungen zur Laufzeit, wie zB § 63 Abs. 5 S. 1 SGB V, reicht dafür nicht aus.

Auch für Rahmenvereinbarungen, die Aufträge über soziale und andere besondere Dienstleis- **12** tungen betreffen, gilt, dass die auf ihr basierenden Aufträge vor Ablauf der Laufzeit der Rahmenvereinbarung zu vergeben sind. Die Laufzeit der vergebenen Aufträge muss nicht der Laufzeit der Rahmenvereinbarung entsprechen; sondern kann kürzer oder länger sein.[11]

3. Angebots- und Teilnahmefristen (Abs. 3). Nach Abs. 3 S. 1 kann der öffentliche Auf- **13** traggeber für den Eingang der Angebote und der Teilnahmeanträge unter Berücksichtigung der Besonderheiten der jeweiligen Dienstleistung von den §§ 15–19 abweichende Fristen bestimmen. Die Vorschrift erlaubt damit insbesondere kürzere als die in den §§ 15–19 für die jeweilige Verfahrensart vorgesehenen Angebots- und Teilnahmefristen.[12] Nach dem Willen des Gesetzgebers soll Abs. 3 im Interesse beschleunigter und effizienter Verfahren die Fristen flexibilisieren.[13]

Bei der Festlegung von Fristen sind bereits nach dem Wortlaut von Abs. 3 S. 1 die Besonderhei- **14** ten der jeweiligen sozialen oder anderen besonderen Dienstleistung zu berücksichtigen. Diese Vorgabe wird durch Abs. 3 S. 2 ergänzt, wonach § 20 unberührt bleibt. Dadurch gilt auch bei der Vergabe von sozialen und anderen besonderen Dienstleistungen der Grundsatz, dass **Fristen angemessen** sein müssen. Bei der Beurteilung der Angemessenheit von Fristen spielt der **Gegenstand der zu vergebenden Leistungen** und insbesondere seine **Komplexität** eine maßgebliche Rolle. Denn davon hängt entscheidend ab, wie viel Zeit erforderlich ist, um ein ordnungsgemäßes Angebot zu erstellen und einzureichen. Ergänzend wird auf die Kommentierung zu § 20 verwiesen (→ § 20 Rn. 7 ff.). Für den Fall, dass eine in den §§ 15–17 geregelte Frist unterschritten werden soll, ist auch die Verweiskette über § 20 Abs. 1 S. 1 auf § 38 Abs. 3 zu beachten. § 38 Abs. 3 gibt vor, unter welchen Anforderungen die Angebotsfrist im offenen Verfahren auf 15 Tage und im nicht offenen und Verhandlungsverfahren auf zehn Tage verkürzt werden darf.

4. Europäische Eigenerklärung (Abs. 4). Nach Abs. 4 ist § 48 Abs. 3 nicht anzuwenden. **15** Somit muss ein öffentlicher Auftraggeber bei der Vergabe von sozialen und anderen besonderen

---

[8] Erwägungsgrund 62 RL 2014/24/EU.
[9] S. die VgV-Begründung BT-Drs. 18/7318, 200.
[10] Ebenso *Kulartz* in KKMPP Rn. 5 f.
[11] S. Erwägungsgrund 62 RL 2014/24/EU.
[12] S. hierzu VK Rheinland Beschl. v. 26.3.2019 – VK 5/19 – L.
[13] VgV-Begründung BT-Drs. 18/7318, 200.

Dienstleistungen eine vorgelegte Einheitliche Europäische Eigenerklärung iSv § 50 nicht als vorläufigen Beleg der Eignung und des Nichtvorliegens von Ausschlussgründen akzeptieren. Ob diese Vorgabe gegen die Regelungen des Art. 59 Abs. 1 RL 2014/24/EU zur Akzeptanz der Einheitlichen Europäischen Eigenerklärung verstößt,[14] hängt von der Reichweite des Art. 76 Abs. 1 S. 2 RL 2014/24/EU ab. Danach ist es den Mitgliedstaaten überlassen, die anwendbaren Verfahrensregeln festzulegen, sofern derartige Regeln es den öffentlichen Auftraggebern ermöglichen, den Besonderheiten der jeweiligen Dienstleistungen Rechnung zu tragen. Gegen die Zulässigkeit, bei Aufträgen über soziale und andere besondere Dienstleistungen von Art. 59 Abs. 1 RL 2014/24/EU abzuweichen, könnte Erwägungsgrund 114 RL 2014/24/EU sprechen, wonach sich die Mitgliedstaaten bei der Festlegung der Verfahrensregeln auch die Vereinfachung und die Reduzierung des Verwaltungsaufwands für die öffentlichen Auftraggeber und die Wirtschaftsteilnehmer zum Ziel setzen sollten.

16 **5. Erfolg und Qualität erbrachter Leistungen bei der Ermittlung des wirtschaftlichsten Angebots (Abs. 5 S. 1).** Nach Abs. 5 S. 1 können bei der Bewertung der in § 58 Abs. 2 S. 2 Nr. 2 genannten Kriterien insbesondere der **Erfolg und die Qualität bereits erbrachter Leistungen des Bieters oder des** vom Bieter **eingesetzten Personals** berücksichtigt werden. Gemäß § 58 Abs. 2 S. 2 Nr. 2 können zur Ermittlung des wirtschaftlichsten Angebots neben dem Preis oder den Kosten insbesondere auch die Organisation, Qualifikation und Erfahrung des mit der Ausführung des Auftrags betrauten Personals berücksichtigt werden, wenn die Qualität des eingesetzten Personals erheblichen Einfluss auf das Niveau der Auftragsausführung haben kann. Es ist nach dem Wortlaut von Abs. 5 S. 1 also nicht nur zulässig, personenbezogene Aspekte mit erheblicher Relevanz für die Auftragsausführung bei der Ermittlung des wirtschaftlichsten Angebots zu berücksichtigen, sondern ebenso unternehmensbezogene Aspekte. Dies stellt eine erhebliche Abweichung zu § 58 Abs. 2 S. 2 Nr. 2 und dem diesen zugrunde liegenden Art. 67 Abs. 2 S. 2 lit. b RL 2014/24/EU dar.[15] Ebenso liegt darin – anders als der Verordnungsgeber in seiner Verordnungsbegründung[16] zu Abs. 5 S. 1 ausführt – eine Abweichung vom Urteil des EuGH[17] im (sog.) Fall „Ambisig".[18] Denn der EuGH hat in diesem Fall nur entschieden, dass es zulässig ist, die Qualität der von den Bietern für die Ausführung des Auftrags konkret vorgeschlagenen Teams unter Berücksichtigung der Zusammensetzung des jeweiligen Teams sowie der Erfahrung und des beruflichen Werdegangs der betroffenen Personen zu bewerten. Demgegenüber hat sich der EuGH gerade nicht zur Berücksichtigung von bieter- bzw. unternehmensbezogenen Aspekten in der Wertung geäußert. Ob der deutsche Gesetzgeber angesichts des den Mitgliedstaaten nach Art. 76 RL 2014/24/EU zustehenden Regelungsspielraums dennoch von Art. 67 Abs. 2 S. 2 lit. b RL 2014/24/EU abweichen durfte und damit § 65 Abs. 5 europarechtskonform ist oder nicht, ist fraglich. Nach einer Entscheidung des OLG Rostock[19] bzw. der dieser vorausgehenden Entscheidung der VK Mecklenburg-Vorpommern[20] verstößt § 65 insoweit gegen die RL 2014/24/EU, wie die Vorschrift über den Regelungsgehalt von Art. 67 Abs. 2 S. 2 lit. b RL 2014/24/EU bzw. § 58 Abs. 2 S. 2 Nr. 2 hinaus geht.[21] Demgegenüber ging das OLG Düsseldorf in einem Fall, in dem soziale und andere besondere Dienstleistungen zu vergeben waren und die Wertung ua auf Basis bisheriger Erfolge und der Qualität bisherigen Leistungen des Bieters erfolgen sollte, nicht auf eine etwaige Unvereinbarkeit von § 65 Abs. 5 mit Art. 67 Abs. 2 S. 2 lit. b RL 2014/24/EU (bzw. § 58 Abs. 2 S. 2 Nr. 2) ein.[22] Es bleibt daher insbesondere abzuwarten, wie sich die deutschen Nachprüfungsinstanzen in Zukunft hierzu verhalten werden und wie sich – sofern es dazu kommt – der EuGH zu dieser Rechtsfrage positioniert.[23] Bis die Rechtslage insofern geklärt ist, ist es jedenfalls rechtssicherer davon auszugehen, dass eine Wertung von Erfolg und Qualität iSv § 65 Abs. 5 nur zulässig ist, wenn sie in Bezug auf das mit der Ausführung des Auftrags betraute Personal erfolgt.[24]

---

[14] Ebenfalls krit. zur Richtlinienkonformität: *Kulartz* in KKMPP Rn. 15.
[15] Ähnlich *Kulartz* in KKMPP Rn. 20 f.
[16] In der Verordnungsbegründung zu § 65 Abs. 5 heißt es ua: „Absatz 5 Satz 1 sieht im Einklang mit der Rechtsprechung des EuGH (EuGH Urt v. 26.3.2015 – C-601/13 – „Ambisig") die Möglichkeit vor, bestimmte, personen- oder bieterbezogene Kriterien mit Bezug zum Auftragsgegenstand bei der Vergabe von sozialen und anderen besonderen Dienstleistungen zu berücksichtigen.".
[17] EuGH Urt. v. 26.3.2015 – C-601/13.
[18] Ebenso VK Mecklenburg-Vorpommern Beschl. v. 20.12.2017 – 1 VK 5/17 Rn. 66.
[19] OLG Rostock Beschl. v. 23.4.2018 – 17 Verg 1/18.
[20] VK Mecklenburg-Vorpommern Beschl. v. 20.12.2017 – 1 VK 5/17.
[21] Die genannten Entscheidungen gehen jedoch nicht näher auf Art. 76 RL 2014/24/EU und damit auch nicht darauf ein, inwieweit die Mitgliedstaaten auf dieser Basis Abweichungen von zB Art. 67 RL 2014/24/EU vornehmen dürfen.
[22] OLG Düsseldorf Beschl. v. 19.9.2018 – VII-Verg 37/17.
[23] Ebenso *Weßler* NZBAu 2019, 766 (768).
[24] IErg ähnlich *Kulartz* in KKMPP Rn. 22.

Abs. 5 S. 1 konkretisiert, wie die Zuschlagskriterien Organisation, Qualifikation und Erfahrung 17 von Personal bei Aufträgen über soziale und andere besondere Dienstleistungen gewertet werden können, nämlich unter Berücksichtigung von dem Erfolg und der Qualität bereits erbrachter Leistungen des Personals des Bieters, das für die Leistungserbrinung vorgesehen ist.[25] Diese Vorgabe beschränkt nicht die Rechte des Auftraggebers in Bezug auf mögliche Zuschlagskriterien. Es handelt sich vielmehr um ein „Anwendungsbeispiel", das verdeutlicht, worauf es dem Auftraggeber bei der Wertung von Angeboten für die Vergabe von sozialen und anderen besonderen Dienstleistungen typischweise ankommen kann. Das „Anwendungsbespiel" ist inhaltlich nachvollziehbar, denn die Qualifikation und Erfahrung von Personal spiegelt sich in den vom betroffenen Personal erzielten Erfolgen bzw. in der Qualität vergangener Leistungen dieses Personals wider.

Vor dem Hintergrund der genannten EuGH-Rechtsprechung im Fall „Ambisig" und aufgrund 18 des Hinweises in der Gesetzesbegründung, Abs. 5 S. 1 stehe im Einklang mit dieser Rechtsprechung, ist die **systematische Stellung der Vorschrift nicht vollends überzeugend.** Denn beides spricht dafür, dass es sich bei Abs. 5 S. 1 nicht um eine spezielle Regelung für Aufträge über besondere oder andere soziale Dienstleistungen handelt, sondern um eine generelle Regelung, die zu § 58 Abs. 2 S. 2 Nr. 2 gehört. Jedenfalls dürfte die Konkretisierung in Abs. 5 S. 1 auch für andere Leistungen gelten.

Abs. 5 S. 1 räumt dem Auftraggeber einen **Ermessens- und Beurteilungsspielraum** ein, ob 19 und inwieweit er Erfolg und Qualität erbrachter Leistungen im Rahmen eines der in § 58 Abs. 2 S. 2 Nr. 2 genannten Zuschlagskriterien berücksichtigen will. Dieser Spielraum ist fehlerfrei auszuüben. Soll der Erfolg und die Qualität erbrachter Leistungen des vom Bieter eingesetzten Personals bei der Ermittlung des wirtschaftlichsten Angebots herangezogen werden, kommt es insofern auf die verbindlich angebotene Qualifizierung des künftig tätigen Personals an.[26] Die generelle Eignung des Unternehmens ist hingegen bei der Ermittlung des wirtschaftlichsten Angebots irrelevant. Eine andere Herangehensweise würde Eignungs- und Zuschlagskriterien unsachgemäß miteinander vermengen. Dementsprechend sieht Erwägungsgrund 94 RL 2014/24/EU vor, dass öffentliche Auftraggeber, die die Qualität des eingesetzten Personals als Zuschlagskriterium vorsehen, mit Hilfe geeigneter vertraglicher Mittel sicherstellen, dass die zur Auftragsausführung eingesetzten Mitarbeiter die angegebenen Qualitätsnormen effektiv erfüllen und diese nur mit Zustimmung des Auftraggebers ersetzt werden können, wenn dieser sich davon überzeugt hat, dass das Ersatzpersonal ein gleichwertiges Qualitätsniveau hat. Der Auftraggeber überschreitet seinen Beurteilungsspielraum, wenn er den für die Bemessung des Erfolgs erbrachter Leistungen relevanten Betrachtungszeitraum so festlegt, dass dieser die Regelförderdauer der betrachteten Leistungen unterschreitet und etwaige typische Zyklen nicht beachtet. Denn dann sind keine verlässlichen Aussagen über Erfolg oder Misserfolg einer konkreten Maßnahme möglich.[27]

6. Beispiele für Erfolg und Qualität erbrachter Leistungen nach dem SGB II und III 20 **(Abs. 5 S. 2).** Nach Abs. 5 S. 2 können bei Dienstleistungen nach SGB II und III für die Bewertung des Erfolgs und der Qualität bereits erbrachter Leistungen des Bieters (dh des vom Bieter für die Ausführung vorgesehenen Personals, → Rn. 16 ff.) insbesondere Eingliederungsquoten, Abbruchquoten, erreichte Bildungsabschlüsse und Beurteilungen der Vertragsausführung durch den öffentlichen Auftraggeber anhand transparenter und nichtdiskriminierender Methoden berücksichtigt werden. Die Vorschrift hebt im Hinblick auf Leistungen nach dem SGB II und III **beispielhaft** hervor, welche **Kriterien für die Bewertung des Erfolgs und der Qualität** in Betracht kommen.[28]

Mit **Dienstleistungen nach dem SGB II** (Titel: Grundsicherung für Arbeitsuchende) **und** 21 **III** (Titel: Arbeitsförderung) sind Dienstleistungen gemeint, deren Erbringung nach SGB II und III Aufgabe von staatlichen Stellen ist, mit deren Durchführung jedoch Dritte beauftragt werden dürfen, vgl. § 4 Abs. 1 Nr. 1 SGB II iVm § 6 Abs. 1 letzter Satz SGB II. Auch § 45 Abs. 3 SGB III sieht ausdrücklich vor, dass die Agentur für Arbeit unter Anwendung des Vergaberechts Träger mit der Durchführung von Maßnahmen nach Abs. 1 – dh ua Heranführung an den Ausbildungs- und Arbeitsmarkt oder Vermittlung in eine versicherungspflichtige Beschäftigung – beauftragen kann. Dienstleistungen nach dem SGB II und III sind also typischerweise Arbeitsmarktdienstleistungen sowie Schulungs- und Weiterbildungsdienstleistungen.[29]

Die in Abs. 5 S. 2 **aufgezählten Aspekte** können vom Auftraggeber zur Beurteilung des 22 Erfolgs und der Qualität von erbrachten Leistungen der Bieter unter Beachtung der Grundsätze der

---

[25] S. Begründung zu den Vorgängervorschriften § 4 Abs. 3 S. 3, § 4 Abs. 1 S. 3 aF in BR-Drs. 610/13, 12.
[26] Vgl. OLG Düsseldorf Beschl. v. 17.12.2014 – VII-Verg 22/14, BeckRS 2015, 00626.
[27] VK Bund Beschl. v. 20.9.2017 – VK 1-89/17, IBRRS 2017, 3849.
[28] VgV-Begründung BT-Drs. 18/7318, 201.
[29] VgV-Begründung BT-Drs. 18/7318, 201.

Transparenz und Gleichbehandlung herangezogen werden. Die Aufzählung ist **nicht abschließend,** sondern nur beispielhaft.[30] Es können also auch andere geeignete Aspekte verwendet werden. Hinsichtlich der ersten drei genannten Aspekte (Eingliederungsquoten, Abbruchquoten und erreichte Bildungsabschlüsse) liegt auf der Hand, dass diese relevant sind für den Erfolg und die Qualität erbrachter Arbeitsmarkt-, Schulungs- und Weiterbildungsdienstleistungen der Mitarbeiter eines Bieters. Denn je mehr Menschen durch einen Bieter in den Arbeitsmarkt (wieder-)eingegliedert werden, je seltener von zB Arbeitsuchenden begonnene Fort- und Weiterbildungen abgebrochen und je mehr und höherwertige Bildungsabschlüsse erreicht werden, desto erfolgreicher hat der betroffene Bieter seine Arbeitsmarkt-, Schulungs- oder Weiterbildungsdienstleistungen erbracht und desto qualitativ hochwertiger war die Arbeit seiner tätigen Mitarbeiter.

23   Allerdings kann es auch sein, dass Bieter qualitativ hochwertige Arbeit leisten, die sich weniger in vorzeigbaren Erfolgen widerspiegelt. Wohl für diesen Fall hat der Gesetzgeber vorgesehen, dass insbesondere die Qualität erbrachter Leistungen auch mittels einer Beurteilung der Vertragsausführung durch den öffentlichen Auftraggeber erfolgen kann. Eine solche Beurteilung muss jedoch anhand transparenter und nichtdiskriminierender Methoden erstellt worden sein, damit sie im Rahmen der Wertung verwendet werden kann. Denn ansonsten könnte ihre Verwendung gegen den Gleichbehandlungsgrundsatz verstoßen.

§ 66 Veröffentlichungen, Transparenz

(1) ¹Der öffentliche Auftraggeber teilt seine Absicht, einen öffentlichen Auftrag zur Erbringung sozialer oder anderer besonderer Dienstleistungen zu vergeben, in einer Auftragsbekanntmachung mit. ²§ 17 Absatz 5 bleibt unberührt.

(2) Eine Auftragsbekanntmachung ist nicht erforderlich, wenn der öffentliche Auftraggeber auf kontinuierlicher Basis eine Vorinformation veröffentlicht, sofern die Vorinformation
1. sich speziell auf die Arten von Dienstleistungen bezieht, die Gegenstand der zu vergebenen Aufträge sind,
2. den Hinweis enthält, dass dieser Auftrag ohne gesonderte Auftragsbekanntmachung vergeben wird,
3. die interessierten Unternehmen auffordert, ihr Interesse mitzuteilen (Interessensbekundung).

(3) ¹Der öffentliche Auftraggeber, der einen Auftrag zur Erbringung von sozialen und anderen besonderen Dienstleistungen vergeben hat, teilt die Ergebnisse des Vergabeverfahrens mit. ²Er kann die Vergabebekanntmachungen quartalsweise bündeln. ³In diesem Fall versendet er die Zusammenstellung spätestens 30 Tage nach Quartalsende.

(4) ¹Für die Bekanntmachungen nach den Absätzen 1 bis 3 ist das Muster gemäß Anhang XVIII der Durchführungsverordnung (EU) 2015/1986 zu verwenden. ²Die Veröffentlichung der Bekanntmachungen erfolgt gemäß § 40.

Übersicht

	Rn.			Rn.
I. Bedeutung der Norm	1	2.	Dauerhafte Vorinformation (Abs. 2)	6
II. Entstehungsgeschichte	3	3.	Bekanntmachung über vergebene Aufträge (Abs. 3)	10
III. Transparenzvorschriften für die Vergabe von Aufträgen über soziale und andere besondere Dienstleistungen	4	4.	Bekanntmachungsmuster und -veröffentlichung (Abs. 4)	12
1. Auftragsbekanntmachung (Abs. 1)	4			

I. Bedeutung der Norm

1   § 66 legt die Anforderungen an die Ex-ante- und Ex-post-Transparenz von Verfahren zur Vergabe von Aufträgen über soziale und andere besondere Dienstleistungen fest. Mit § 66 setzt der deutsche Gesetzgeber die Vorgaben des Art. 75 RL 2014/24/EU um,[1] die gegenüber den Transparenzbedingungen bei „normalen" Dienstleistungen Vereinfachungen beinhalten.

---

[30] Ebenso *Ruff* in Müller-Wrede VgV Rn. 47.
[1] VgV-Begründung BT-Drs. 18/7318, 201.

III. Transparenzvorschriften für die Vergabe von Aufträgen über soziale Dienstleistungen 2–7 § 66 VgV

Abs. 1 schreibt vor, dass auch im Bereich der sozialen und anderen besonderen Dienstleistungen 2
die Absicht zur Auftragsvergabe grundsätzlich europaweit bekannt zu geben ist, außer ein Verhandlungsverfahren ohne Teilnahmewettbewerb ist zulässig. Nach Abs. 2 ist eine Auftragsbekanntmachung entbehrlich, sofern Unternehmen ihr Interesse am Auftrag aufgrund einer vom Auftraggeber dauerhaft veröffentlichten Vorinformation bekunden können. Über vergebene Aufträge hat der Auftraggeber nach Abs. 3 eine Bekanntmachung zu veröffentlichen, was auch quartalsweise gebündelt erfolgen darf. Abs. 4 gibt das für Bekanntmachungen zu verwendende Formular vor und wie Bekanntmachungen zu veröffentlichen sind.

II. Entstehungsgeschichte

§ 66 setzt Art. 75 RL 2014/24/EU um, der zwingende Vorgaben an die Transparenz enthält, 3
die öffentliche Auftraggeber bei der Vergabe von Aufträgen über soziale und andere besondere Dienstleistungen zu beachten haben. Trotz dieses Umstandes hat es während des deutschen Gesetzgebungsprozesses Veränderungen am Wortlaut des § 66 gegeben. So hieß es noch im ersten Entwurf zum heutigen Abs. 2 Nr. 2[2] „[…] *sofern die Vorinformation […] den Hinweis enthält, dass dieser Auftrag im nicht offenen Verfahren oder Verhandlungsverfahren ohne gesonderte Auftragsbekanntmachung vergeben wird*". Mit dem Kabinettsentwurf vom 20.1.2016[3] hat der deutsche Gesetzgeber die Wörter „*im nicht offenen Verfahren oder Verhandlungsverfahren*" gestrichen und somit den Wortlaut der Vorschrift wieder stärker an den des Art. 75 Abs. 1 lit. b S. 3 RL 2014/24/EU angepasst. Im Übrigen sind mit dem Kabinettsentwurf die zuvor vorgesehenen Einzelverweise auf die zu verwendenden Muster für Bekanntmachung gestrichen und in Abs. 4 zusammengeführt worden.

III. Transparenzvorschriften für die Vergabe von Aufträgen über soziale und andere besondere Dienstleistungen

1. Auftragsbekanntmachung (Abs. 1). Nach Abs. 1 S. 1 teilt der öffentliche Auftraggeber 4
seine Absicht, einen öffentlichen Auftrag zur Erbringung sozialer oder anderer besonderer Dienstleistungen zu vergeben, in einer Auftragsbekanntmachung mit. Es gilt damit auch für Auftragsvergaben über soziale und andere besondere Dienstleistungen der **Grundsatz, das Verfahren transparent zu gestalten,** sodass sich interessierte Unternehmen daran beteiligen können. Allerdings darf die Transparenz für diese Dienstleistungen anders als für „normale" Dienstleistungen auch durch die in Abs. 2 geregelte Vorinformation erfolgen. Beide Veröffentlichungsvarianten stehen gleichberechtigt nebeneinander. Dies geht besonders deutlich aus dem Wortlaut von dem § 66 zugrunde liegenden Art. 75 Abs. 1 S. 1 RL 2014/24/EU hervor. Danach teilt der öffentliche Auftraggeber seine Absicht zur Auftragsvergabe „auf eine der im Folgenden genannten Arten" mit.

Nach Abs. 1 S. 2 bleibt § 17 Abs. 5 unberührt. Gemäß § 17 Abs. 5 erfolgt bei einem Verhand- 5
lungsverfahren ohne Teilnahmewettbewerb keine öffentliche Aufforderung zur Abgabe von Teilnahmeanträgen, sondern unmittelbar eine Aufforderung zur Abgabe von Erstangeboten an die vom öffentlichen Auftraggeber ausgewählten Unternehmen. Die Vorgabe in Abs. 1 S. 2 wird unter Berücksichtigung von Art. 75 Abs. 1 UAbs. 2 RL 2014/24/EU wohl so zu verstehen sein, dass dann, wenn ein Verhandlungsverfahren ohne Bekanntmachung für die betroffene Vergabe hätte verwendet werden können, eine Auftragsbekanntmachung nicht erfolgen muss. Aufgrund der Formulierung „hätte verwendet werden können" entfällt die Pflicht zur Auftragsbekanntmachung nicht nur dann, wenn sich der Auftraggeber für ein Verhandlungsverfahren ohne Teilnahmewettbewerb entscheiden darf und er sich auch dafür entscheidet. Sie entfällt im genannten Fall auch, wenn er sich – sofern im Einzelfall überhaupt sinnvoll – für ein Verhandlungsverfahren mit Teilnahmewettbewerb entscheidet, bei dem er jedoch ohne Auftragsbekanntmachung iSv Abs. 4 bestimmte Unternehmen zum Einreichen von Teilnahmeaufträgen auffordert.

2. Dauerhafte Vorinformation (Abs. 2). Neben der Veröffentlichung einer Auftragsbe- 6
kanntmachung darf ein öffentlicher Auftraggeber die Ex-ante-Transparenz einer Auftragsvergabe über soziale oder andere besondere Dienstleistungen auch durch eine kontinuierlich veröffentlichte Vorinformation herstellen. Um zu gewährleisten, dass sich interessierte Unternehmen in diesem Fall um einen konkret zu vergebenden Auftrag bewerben können, muss die kontinuierlich veröffentlichte Vorinformation die in Abs. 2 Nr. 1–3 genannten Bedingungen (kumulativ) erfüllen.

Die Vorinformation muss zunächst eine Angabe über die konkret zu vergebenen Arten von 7
Dienstleistungen enthalten (Nr. 1). Das zwingt zwar nicht dazu, die konkret zu vergebenen (Einzel-)Dienstleistungen mitzuteilen. Vielmehr genügt die Angabe eines Ober- bzw. Sammelbegriffs.

---

[2] RefE des Bundesministeriums für Wirtschaft und Energie v. 9.11.2015.
[3] VgV-Begründung BT-Drs. 18/7318, 201.

Allerdings müssen die angegebenen „Arten von Dienstleistungen" so aussagekräftig sein, dass Unternehmen daraus erkennen können, ob sie Interesse an den zu vergebenen Dienstleistungen haben oder nicht. Im Zweifel sollte daher die Angabe zu den „Arten von Dienstleistungen" möglichst konkret und nicht zu allgemein erfolgen.

8 Die Vorinformation muss ferner den Hinweis enthalten, dass die Auftragsvergabe ohne Veröffentlichung einer gesonderten Auftragsbekanntmachung erfolgt (Nr. 2). Sinn und Zweck dessen ist eine Warnung: Interessierten Unternehmen wird dadurch deutlich gemacht, dass sie ohne eigenes Handeln nicht mit weiteren Informationen über ein künftig durchgeführtes Vergabeverfahren rechnen können. Vielmehr müssen sie dafür selbst aktiv werden und ihr Interesse am Auftrag gegenüber dem öffentlichen Auftraggeber bekunden.

9 Insofern ist es folgerichtig, dass der öffentliche Auftraggeber nach Abs. 2 Nr. 3 verpflichtet ist, in der Vorinformation Unternehmen dazu aufzufordern, ihr Interesse an Aufträgen zu einer der zu vergebenden „Arten von Dienstleistungen" zu bekunden. Für die Interessensbekundung ist nach Abs. 2 Nr. 3 zwar keine besondere Form vorgesehen. Allerdings spricht Art. 75 Abs. 1 lit. b RL 2014/24/EU davon, dass interessierte Unternehmen aufzufordern sind, ihr Interesse schriftlich mitzuteilen. Schon aus Gründen europarechtskonformen Handelns sollte diese Formvorgabe auch von öffentlichen Auftraggebern in der Vorinformation verlangt werden.

10 **3. Bekanntmachung über vergebene Aufträge (Abs. 3).** Abs. 3 verpflichtet öffentliche Auftraggeber zur Herstellung von Ex-post-Transparenz. Der öffentliche Auftraggeber hat nach dem ersten Satz der Vorschrift die Ergebnisse jeder Auftragsvergabe ex post zu veröffentlichen. Dies gilt also auch für Verhandlungsverfahren ohne Bekanntmachung. Allerdings muss nicht zu jedem vergebenen Auftrag eine einzelne Ex-post-Bekanntmachung veröffentlicht werden. Vielmehr ist nach S. 2 alternativ zulässig, „die" Vergabebekanntmachungen quartalsweise, dh also alle Auftragsvergaben in dem jeweiligen Drei-Monats-Zeitraum in einer Vergabebekanntmachung, zu bündeln. Sinn und Zweck dessen ist wohl in erster Linie, Auftraggebern die Möglichkeit zu geben, den Aufwand für die Maßnahmen zur Einhaltung der Ex-post-Transparenz zu senken. Die Bündelung der Vergabebekanntmachungen erfolgt, indem zu Beginn des Ausfüllens des Bekanntmachungs-Formulars gem. Abs. 4 (→ Rn. 12) bei den „Fragen im Vorfeld" im Feld mit der Bezeichnung „Anzahl der Aufträge in Abschnitt V: Auftragsvergabe:" die relevante Anzahl an im Quartal vergebenen Aufträgen angegeben wird. Im Abschnitt V des Formulars stehen dann entsprechend viele Blätter mit „Auftragsvergaben" zum Ausfüllen bereit.

11 Macht der Auftraggeber von der Möglichkeit zur Bündelung Gebrauch, muss die Zusammenstellung der im betroffenen Quartal vergebenen Aufträge nach dem dritten Satz spätestens 30 Tage nach Quartalsende zur Veröffentlichung versendet werden. Ob auch für (einzelne) Vergabebekanntmachungen nach Abs. 3 S. 1 eine 30-Tage-Frist gilt, dh eine Pflicht zur Veröffentlichung der Vergabebekanntmachung innerhalb von 30 Tagen nach Zuschlag, geht aus dem dritten Satz zwar nicht deutlich hervor. Allerdings gilt für „normale" Dienstleistungen und Rahmenvereinbarungen nach Art. 50 Abs. 1 RL 2014/24/EU eine Frist zur Veröffentlichung einer Ex-post-Bekanntmachung von 30 Tagen nach Auftragsvergabe und ist in Art. 50 Abs. 2 RL 2014/24/EU eine zu § 66 Abs. 3 S. 3 kongruente Regelung für Rahmenvereinbarungen vorgesehen. Das spricht klar dafür, dass auch für Bekanntmachungen nach Abs. 3 S. 1 eine 30 Tage-Frist nach Auftragsvergabe einzuhalten ist.[4] Hierfür spricht auch Abs. 3 S. 3, der so gelesen werden kann, dass die übliche für eine einzelne Vergabebekanntmachung geltende 30-Tage-Frist „in diesem Fall" (der Bündelung) „nach Quartalsende" beginnt und nicht wie sonst „nach Auftragsvergabe".

12 **4. Bekanntmachungsmuster und -veröffentlichung (Abs. 4).** Nach Abs. 4 S. 1 ist für die Bekanntmachungen nach Abs. 1–3 das Muster gemäß Anhang XVIII der Durchführungsverordnung (EU) 2015/1986 zu verwenden, das die Bezeichnung „Soziale und andere besondere Dienstleistungen – öffentliche Aufträge" trägt. Dieses Muster gilt also sowohl für die Auftragsbekanntmachung nach Abs. 1 als auch für die Vorinformation nach Abs. 2 als auch für die Vergabebekanntmachung nach Abs. 3. Wird das Muster bzw. EU-Formular über eNotices[5] ausgefüllt, so ist bei den „Fragen im Vorfeld" ua anzugeben, welche „Art der Bekanntmachung" vorliegt, also „Vorinformation", „Auftragsbekanntmachung" oder „Bekanntmachung vergebener Aufträge".

13 Nach Abs. 4 S. 2 erfolgt die Veröffentlichung der Bekanntmachungen (bzw. in Bezug auf Abs. 2: der Vorinformation) gem. § 40. Dadurch gilt insbesondere, dass die Bekanntmachung bzw. Vorinformation dem Amt für Veröffentlichungen der Union elektronisch zu übermitteln ist und von ihm veröffentlicht wird, § 40 Abs. 1 S. 1 und Abs. 2 S. 1. Es wird auf die Kommentierung zu § 40 verwiesen (→ § 40 Rn. 7 ff.).

---

[4] Ebenso HK-VergabeR/*Mußgnug* Rn. 10.
[5] S. https://enotices.ted.europa.eu.

Abschnitt 4. Besondere Vorschriften für die Beschaffung energieverbrauchsrelevanter Leistungen

§ 67 Beschaffung energieverbrauchsrelevanter Liefer- oder Dienstleistungen

(1) Wenn energieverbrauchsrelevante Waren, technische Geräte oder Ausrüstungen Gegenstand einer Lieferleistung oder wesentliche Voraussetzung zur Ausführung einer Dienstleistung sind (energieverbrauchsrelevante Liefer- oder Dienstleistungen), sind die Anforderungen der Absätze 2 bis 5 zu beachten.[1]

(2) In der Leistungsbeschreibung sollen im Hinblick auf die Energieeffizienz insbesondere folgende Anforderungen gestellt werden:
1. das höchste Leistungsniveau an Energieeffizienz und
2. soweit vorhanden, die höchste Energieeffizienzklasse im Sinne der Energieverbrauchskennzeichnungsverordnung.

(3) In der Leistungsbeschreibung oder an anderer geeigneter Stelle in den Vergabeunterlagen sind von den Bietern folgende Informationen zu fordern:
1. konkrete Angaben zum Energieverbrauch, es sei denn, die auf dem Markt angebotenen Waren, technischen Geräte oder Ausrüstungen unterscheiden sich im zulässigen Energieverbrauch nur geringfügig, und
2. in geeigneten Fällen
    a) eine Analyse minimierter Lebenszykluskosten oder
    b) die Ergebnisse einer Buchstabe a vergleichbaren Methode zur Überprüfung der Wirtschaftlichkeit.

(4) Der öffentliche Auftraggeber darf nach Absatz 3 übermittelte Informationen überprüfen und hierzu ergänzende Erläuterungen von den Bietern fordern.

(5) Im Rahmen der Ermittlung des wirtschaftlichsten Angebotes ist die anhand der Informationen nach Absatz 3 oder der Ergebnisse einer Überprüfung nach Absatz 4 zu ermittelnde Energieeffizienz als Zuschlagskriterium angemessen zu berücksichtigen.

Schrifttum: *Bundesregierung,* Allgemeine Verwaltungsvorschrift zur Beschaffung energieeffizienter Produkte und Dienstleistungen (AVV-EnEff) vom 18. Mai 2020 (BAnz. AT 26.5.2020, B1); *Dittmar,* Die Verankerung des Kriteriums der Energieeffizienz in der Vergabeverordnung, BHKS-Almanach 2012, 88; *EU-Kommission,* Handbuch „Umweltorientierte Beschaffung", Zweite Ausgabe, Sachstand Juni 2011; *Gaus,* Ökologische Kriterien in der Vergabeentscheidung – Eine Hilfe zur vergaberechtskonformen nachhaltigen Beschaffung, NZBau 2013, 401; *Haak,* Vergaberecht in der Energiewende – Teil I – Energieeffiziente Beschaffung und Ausschreibungsmodelle nach dem EEG 2014, NZBau 2015, 11; *Hattenhauer/Butzert,* Die Etablierung ökologischer, sozialer, innovativer und qualitativer Aspekte im Vergabeverfahren, ZfBR 2017, 129; *Pielow,* Effektives Recht der Energieeffizienz? – Herausforderungen an Rechtsetzung und Anwendung, ZUR 2010, 115; *Scheel,* Energieeffiziente Vergabeverordnung: Probleme in Schlaglichtern, IBR 2011, 1265; *Schröder,* „Grüne" Zuschlagskriterien – die Lebenszykluskostenberechnung anhand von Energieeffizienz- und Schadstoffkriterien am Beispiel der Beschaffung von Straßenfahrzeugen, NZBau 2014, 467; *Schröder,* Formblatt 227.H birgt vergaberechtliche Tücken, Bayerische Staatszeitung Nr. 41 vom 9.10.2020, 21; *Stockmann/Rusch,* Wie viel Energieeffizienz muss es sein? – Anforderungen an die Leistungsbeschreibung und Wertung nach § 4 IV bis VI b VgV, NZBau 2012, 71; *Umweltbundesamt,* Energieeffiziente öffentliche Beschaffung, Stand Januar 2014; *Zeiss,* Energieeffizienz in der Beschaffungspraxis, NZBau 2012, 201; *Zeiss,* Weniger Energieverbrauch! – Beschaffung energieeffizienter Geräte und Ausrüstung, NZBau 2011, 658; *Zenvell,* Sind die Vorgaben zur Energieeffizienz bieterschützend?, VPR 2017, 27.

---

[1] **[Amtl. Anm.:]** § 67 der Vergabeverordnung dient der Umsetzung folgender Richtlinien:
- Richtlinie 2010/30/EU des Europäischen Parlaments und des Rates vom 19. Mai 2010 über die Angabe des Verbrauchs an Energie und anderen Ressourcen durch energieverbrauchsrelevante Produkte mittels einheitlicher Etiketten und Produktinformationen (ABl. L 153 vom 18.6.2010, S. 1);
- Richtlinie 2012/27/EU des Europäischen Parlaments und des Rates vom 25. Oktober 2012 zur Energieeffizienz, zur Änderung der Richtlinien 2009/125/EG und 2010/30/EU und zur Aufhebung der Richtlinien 2004/8/EG und 2006/32/EG (ABl. L 315 vom 14.11.2012, S. 1).

Übersicht

	Rn.
I. Bedeutung der Norm	1
II. Entstehungsgeschichte	3
III. Berücksichtigung der Energieeffizienz bei der Vergabe energieverbrauchsrelevanter Leistungen	6
1. Geltungsbereich der Energieeffizienzregeln (Abs. 1)	6
a) Energieverbrauchsrelevanter Gegenstand	7
b) Lieferleistungen	12
c) Dienstleistungen	13
2. Mindestanforderungen an die Energieeffizienz in der Leistungsbeschreibung (Abs. 2)	18
a) „Das höchste Leistungsniveau" an Energieeffizienz (Nr. 1)	20
b) Bestimmung des höchsten Leistungsniveaus an Energieeffizienz	24

	Rn.
c) Die höchste Energieeffizienzklasse (Nr. 2)	28
d) „Soll"-Vorschrift	30
e) Dokumentation	37
f) Zwingend zu fordernde Effizienzvorgaben sind abschließend	39
3. Informationsabfrage in den Vergabeunterlagen (Abs. 3)	41
a) Angaben zum Energieverbrauch (Abs. 3 Nr. 1)	42
b) Angaben zu Lebenszykluskosten (Abs. 3 Nr. 2)	46
4. Recht zur Prüfung und auf Erläuterung der Bieterangaben (Abs. 4)	51
5. Berücksichtigung der Energieeffizienz in der Wertung (Abs. 5)	52
6. Bieterschützender Charakter	61

I. Bedeutung der Norm

1 § 67 ist die erste und infolge der **Gesetzesänderungen durch Art. 2 des Gesetzes zur Umsetzung der Richtlinie (EU) 2019/1161 vom 20.6.2019 zur Änderung der Richtlinie 2009/33/EG über die Förderung sauberer und energieeffizienter Straßenfahrzeuge sowie zur Änderung vergaberechtlicher Vorschriften**[2] einzige Vorschrift des 4. Abschnitts der VgV, der den Titel „Besondere Vorschriften für die Beschaffung energieverbrauchsrelevanter Leistungen" trägt; die vorgenannte Gesetzesänderung ist gem. Art. 4 des vorgenannten Gesetzes am **2.8.2021 in Kraft** getreten. § 67 enthält Regelungen zur Berücksichtigung der Energieeffizienz bei der Vergabe von energieverbrauchsrelevanten Leistungen, die öffentliche Auftraggeber zur **Beschaffung energieeffizienter Leistungen** anhalten. § 67 schränkt das Leistungsbestimmungsrecht des öffentlichen Auftraggebers ein (→ Rn. 18). Die Vorschrift entspricht § 4 Abs. 4–6b aF und dient gemäß ihrer Fußnote der Umsetzung der Richtlinie (EU) 2019/1161.[3] Im Zusammenhang mit § 68 ist darauf hinzuweisen, dass für bestimmte Beschaffungsgegenständen das **Gesetz über die Beschaffung sauberer Straßenfahrzeuge (Saubere-Fahrzeuge-Beschaffungs-Gesetz – SaubFahrzeugBeschG;** abgedruckter Volltext in Anhang § 68), das durch Art. 1 des Gesetzes zur Umsetzung der Richtlinie (EU) 2019/1161 vom 20.6.2019 zur Änderung der Richtlinie 2009/33/EG über die Förderung sauberer und energieeffizienter Straßenfahrzeuge sowie zur Änderung vergaberechtlicher Vorschriften eingeführt worden ist, relevante Vorgaben enthält). Nach § 1 SaubFahrzeugBeschG regelt das Gesetz Mindestziele und deren Sicherstellung bei der Beschaffung bestimmter Straßenfahrzeuge und Dienstleistungen, für die diese Straßenfahrzeuge eingesetzt werden, durch öffentliche Auftraggeber und Sektorenauftraggeber (§ 1 Abs. 1 SaubFahrzeugBeschG) und sind, soweit in diesem Gesetz oder aufgrund dieses Gesetzes nichts anderes geregelt ist, die allgemeinen vergaberechtlichen Vorschriften anzuwenden (§ 1 Abs. 2 SaubFahrzeugBeschG). Der sachliche Anwendungsbereich des Gesetzes ist in § 3 SaubFahrzeugBeschG geregelt. Nach § 10 SaubFahrzeugBeschG gilt dieses Gesetz für Beschaffungen iSd § 3 SaubFahrzeugBeschG, deren Auftragsbekanntmachung nach dem 2.8.2021 veröffentlicht wird oder bei denen nach dem 2.8.2021 zur Abgabe eines Angebotes aufgefordert wird. Zur Rechtslage von Vergabeverfahren, für die das SaubFahrzeugBeschG gem. § 10 SaubFahrzeugBeschG nicht gilt → 2. Aufl 2018, Rn. 1. Für Vergaben unterhalb des einschlägigen Schwellenwerts gilt § 67 nicht, jedoch kann das Landesrecht Vorgaben zur Berücksichtigung von Energieeffizienz oder Energieverbrauch bei der Beschaffung enthalten.[4]

2 Abs. 1 von § 67 legt fest, dass die in den folgenden Absätzen enthaltenen Bestimmungen nur für energieverbrauchsrelevante Leistungen gelten. Abs. 2 verlangt vom öffentlichen Auftraggeber, dass er im Regelfall in der Leistungsbeschreibung hohe Mindestanforderungen an die Energieeffizi-

---
[2] Gesetz v. 9.6.2021, BGBl. 2021 I 1691.
[3] ABl. 2019 L 188, 116.
[4] S. zB § 4 Abs. 1 Thüringer Vergabegesetz idF der Bekanntmachung v. 23.1.2020, wonach staatliche Auftraggeber bei der Beschaffung eines Investitionsguts über 1000 EUR die Kosten für den Energieverbrauch berücksichtigen sollen.

enz stellt. Abs. 3 verpflichtet den Auftraggeber, sich vom Bieter für die Wertung bedeutsame Informationen vorlegen zu lassen. Die vom Bieter vorgelegten Angaben darf der Auftraggeber gem. Abs. 4 prüfen und Nachforderungen stellen. Abs. 5 verlangt die angemessene Berücksichtigung der Energieeffizienz als Zuschlagskriterium.

II. Entstehungsgeschichte

Die Anforderungen in § 67 sind Ausfluss der **europäischen**[5] und **deutschen Klimapolitik**,[6] deren Ziel die Verringerung des CO_2-Ausstoßes ist. Dementsprechend liegen vielen der Einzelregelungen in § 67 Vorgaben des europäischen Sekundärrechts[7] zugrunde. So wird in der Fußnote zu Abs. 1 auch explizit die Umsetzung der RL 2010/30/EU und der Energieeffizienz-RL angesprochen.

Die ersten relevanten, an öffentliche Auftraggeber gerichteten Energieeffizienzregelungen sind in die VgV durch die **Anpassungsverordnung zur VgV und SektVO** vom 7.6.2010[8] in Gestalt des damaligen § 4 Abs. 6 eingefügt worden. Dabei handelte es sich um Vorgängerregelungen zu den Abs. 3 und 5 des jetzigen § 67, die für die Beschaffung technischer Geräte und Ausrüstungen galten.[9] Umgesetzt wurden damals Art. 5 **RL 2006/32/EG** (Endenergieeffizienz und EnergiedienstleistungsRL) und der Anhang VI lit. b und c RL 2006/32/EG.[10] In den genannten Buchstaben der RL 2006/32/EG sind jeweils vom öffentlichen Sektor anzuwendende Anforderungen an die Energieeffizienz zu beschaffender Leistungen enthalten „wobei ggf. eine Analyse minimierter Lebenszykluskosten oder vergleichbare Methoden zur Gewährleistung der Kostenwirksamkeit zugrunde zu legen sind".

Die nächste relevante VgV-Änderung erfolgte mit der **vierten Änderungsverordnung zur VgV**[11] vom 16.8.2011, die die damaligen § 4 Abs. 4–6 neu fasste und § 4 Abs. 6a und Abs. 6b aF einführte. Damit sollte unter anderem das Energiekonzept der Bundesregierung umgesetzt werden,[12] das darauf gerichtet ist, Deutschland zu einer der energieeffizientesten und umweltschonensten Volkswirtschaften der Welt zu machen.[13] Zudem sollte nach der offiziellen Fußnote zu § 4 Abs. 4 der damaligen Fassung die RL 2006/32/EG sowie die RL 2010/30/EU umgesetzt werden, wobei in der zugehörigen Verordnungsbegründung[14] im Hinblick auf die RL 2010/30/EU „nur noch" von der Umsetzung des Art. 9 Abs. 1 S. 1 RL 2010/30/EU gesprochen wird. Nach Art. 9 Abs. 1 S. 1 RL 2010/30/EU sind Vergabebehörden bestrebt, nur Produkte zu beschaffen, die folgende Kriterien erfüllen: Sie haben die höchsten Leistungsniveaus und gehören zur höchsten Energieeffizienzklasse. Im Zuge des **Verordnungsgebungsverfahrens** zur vierten Änderungsverordnung zur VgV wurde auch vorgeschlagen, die Verpflichtung des Auftraggebers zur Aufnahme von Energieeffizienzvorgaben entsprechend Art. 9 Abs. 1 S. 3 RL 2010/30/EU einzuschränken.[15] Nach dieser Richtlinienvorschrift kann die Anwendung der Effizienz-Kriterien von den Aspekten Kostenwirksamkeit, wirtschaftliche Durchführbarkeit und technische Eignung sowie ausreichender Wettbewerb abhängig gemacht werden. Zur Begründung des Vorschlags wurde angeführt, dass diese Ausnahmetatbestände auch in Deutschland für Aufgabenträger gelten sollten und die Ausgestaltung des § 4 Abs. 5 (aF; jetzt: § 67 Abs. 2) als „Soll"-Vorschrift insoweit nicht genüge.[16] Allerdings hat der Verordnungsgeber diesen Vorschlag nicht umgesetzt. Im Übrigen sah der ursprüngliche Verordnungsentwurf zur vierten Änderungsverordnung zur VgV vor, die **Energieeffizienz in der Wertung** als „hoch gewichtetes" Zuschlagskriterium zu berücksichtigen.[17] Weder dieser Vorschlag noch der Vorschlag, statt einer hohen Gewichtung die Energieeffizienz „besonders zu gewichten",[18] haben sich durchgesetzt.[19]

---

[5] Allg. hierzu s. Handbuch der EU-Kommission „Umweltorientierte Beschaffung", Zweite Ausgabe, Sachstand: Juni 2011.
[6] Übersichtlich dargestellt von *Haak* NZBau 2015, 11 (12).
[7] Übersichtlich dargestellt in der Publikation „Energieeffiziente öffentliche Beschaffung" des Umweltbundesamtes, Stand: Januar 2014.
[8] BGBl. 2010 I 724.
[9] Vgl. hierzu *Zeiss* NZBau 2011, 658 (659).
[10] Vgl. Begründung zur Anpassungsverordnung zur VgV, BR-Drs. 40/10, 17, die jedoch fälschlich von lit. c und d spricht.
[11] BGBl. 2011 I 1724.
[12] Begründung zur vierten Änderungsverordnung zur VgV, BR-Drs. 345/11, 5.
[13] BMWi, Energiekonzept für eine umweltschonende, zuverlässige und bezahlbare Energieversorgung, 28.9.2010, 3.
[14] Begründung zur vierten Änderungsverordnung zur VgV, BR-Drs. 345/11, 5.
[15] S. Empfehlung in BR-Drs. 345/1/11, 1.
[16] Begründung zur Empfehlung in BR-Drs. 345/1/11, 2.
[17] S. den ursprünglichen Entwurf in BR-Drs. 345/11, 1.
[18] S. Änderungsantrag in BR-Drs. 345/2/11, 1.
[19] S. Beschlussfassung in BR-Drs. 345/11 (Beschluss); vgl. auch *Stockmann/Rusch* NZBau 2013, 71 (76).

III. Berücksichtigung der Energieeffizienz bei der Vergabe energieverbrauchsrelevanter Leistungen

6 **1. Geltungsbereich der Energieeffizienzregeln (Abs. 1).** Nach Abs. 1 sind die Anforderungen an die Berücksichtigung von Energieeffizienz im Vergabeverfahren in Abs. 2–5 zu beachten, wenn energieverbrauchsrelevante Waren, technische Geräte oder Ausrüstungen Gegenstand einer Lieferleistung oder wesentliche Voraussetzung zur Ausführung einer Dienstleistung **(energieverbrauchsrelevante Liefer- oder Dienstleistungen)** sind. Entscheidend für die Eröffnung des Geltungsbereichs der Abs. 2–5 ist also, ob die zu vergebende Leistung einen energieverbrauchsrelevanten Gegenstand betrifft. Während die diesbezügliche Prüfung bei Lieferleistungen unmittelbar hinsichtlich der zu liefernden Gegenstände erfolgen kann, ist bei der Vergabe von Dienstleistungen zuvor zu untersuchen, welche Gegenstände wesentliche Voraussetzung zur Ausführung der Dienstleistung sind. Nur diese sind dann auf ihre Energieverbrauchsrelevanz zu prüfen. Allerdings führt die Beschaffung eines energieverbrauchsrelevanten Gegenstandes nicht immer zur Eröffnung der Abs. 2–5. Diese kommen dann nicht zur Anwendung, wenn davon auszugehen ist, dass der betroffene Gegenstand im Kontext der Beschaffung keinen Einfluss auf den Energieverbrauch haben wird (zB beim Kauf von Fenstern für ein unbeheiztes Lagergebäude).[20]

7 **a) Energieverbrauchsrelevanter Gegenstand.** Eine Definition des **Begriffs „energieverbrauchsrelevant"** bzw. „Energieverbrauchsrelevanz" enthält weder § 67 noch die Verordnungsbegründung.[21] Allerdings soll nach der Begründung zur vierten Änderungsverordnung zur VgV,[22] die die Vorgängervorschrift zu § 67 einführte, der Begriff „Ware" „auch" Produkte gemäß der Definition der RL 2010/30/EU umfassen. Nach Art. 2 lit. a RL 2010/30/EU bezeichnet der Ausdruck „energieverbrauchsrelevantes Produkt" einen Gegenstand, „dessen Nutzung den Verbrauch an Energie beeinflusst und der in der Union in Verkehr gebracht und/oder in Betrieb genommen wird, einschließlich Teilen, die zum Einbau in ein unter diese Richtlinie fallendes energieverbrauchsrelevantes Produkt bestimmt sind, als Einzelteil für Endverbraucher in Verkehr gebracht und/oder in Betrieb genommen werden und getrennt auf ihre Umweltverträglichkeit geprüft werden können." Mit „Verbrauch von Energie" ist nach Erwägungsgrundes 13 S. 1 RL 2010/30/EU der Verbrauch einer Vielzahl von Energieträgern vor allem aber von Elektrizität und Gas gemeint.[23]

8 Die dargestellte Definition ist sehr weit. Sie **erfasst** nicht nur **Gegenstände,** die bei ihrer Nutzung selbst Energie verbrauchen, sondern auch Gegenstände, die Einfluss auf den Energieverbrauch anderer Gegenstände haben. Das kann dahingehend verallgemeinert werden, dass alle Gegenstände energieverbrauchsrelevant sind, die bei ihrer bestimmungsgemäßen Verwendung den Verbrauch von Energie beeinflussen. Irrelevant ist demgegenüber der Energieverbrauch beim Herstellungsprozess des Gegenstandes selbst.[24]

9 Da der Begriff „Ware" nach der Verordnungsbegründung zu § 4 Abs. 4 aF „auch" Produkte erfasst, ist er allenfalls noch weiter als die – wie bereits festgestellt – sehr weite Definition in Art. 2 lit. a RL 2010/30/EU. Ob und ggf. welche zusätzlichen Gegenstände der Verordnungsgeber mit dem Begriff „energieverbrauchsrelevante Waren" erfassen wollte, ist daher nicht eindeutig. Möglicherweise wollte er bezwecken, dass im deutschen Recht die in Art. 1 Abs. 2 RL 2010/30/EU enthaltene Einschränkung, dass es **wesentliche Auswirkungen auf** den **Energieverbrauch** geben müsse, nicht gilt. Dafür spricht, dass Abs. 1 im Gegensatz zu § 1 Abs. 1 EnVKV in der Fassung von 2014 die genannte Einschränkung nicht enthält und auf sie auch nicht in der Verordnungsbegründung hingewiesen wird. Ebenso dafür sprechen die hohen klimapolitischen Ziele Deutschlands, deren Umsetzung § 67 dient (→ Rn. 5). Infolgedessen muss davon ausgegangen werden, dass jeder Gegenstand, der bei seiner Verwendung den Verbrauch von Energie beeinflusst, energieverbrauchsrelevant iSv Abs. 1 ist und zwar unabhängig vom Umfang des Einflusses auf den Energieverbrauch. Damit geht der **Begriff** „energieverbrauchsrelevante Ware" **sehr weit.**[25]

10 Infolgedessen kommt den neben „Ware" genannten Begriffen „technisches Gerät" und „Ausrüstung" keine Bedeutung mehr zu. Sie sind vielmehr überflüssig und ein Überbleibsel der Verordnungshistorie: In einer früheren Version der Regelung und vor Einführung des Begriffs „energieverbrauchsrelevante Ware" galten die Vorgaben zur Energieeffizienz nur für „technische Geräte oder Ausrüstungen".[26]

---

[20] *Zeiss* NZBau 2012, 201 (202).
[21] BT-Drs. 18/7315, 201, 202.
[22] Begründung zur vierten Änderungsverordnung zur VgV, BR-Drs. 345/11, 9.
[23] Vgl. auch die Definition von Energie in Art. 2 Nr. 1 Energieeffizienz-RL.
[24] Begründung zur vierten Änderungsverordnung zur VgV, BR-Drs. 345/11, 8.
[25] Ähnlich HK-VergabeR/*Winnes* Rn. 3; *Scheel* IBR 2011, 1265 Rn. 10.
[26] Zur früheren Version der Regelung s. *Zeiss* NZBau 2012, 201.

III. Berücksichtigung der Energieeffizienz bei der Vergabe 11–16 § 67 VgV

Angesichts der vorstehenden Ausführungen fällt die **Einordnung eines Gegenstandes als** 11 **energieverbrauchsrelevant** leicht, wenn er bei seiner Verwendung Energie verbraucht oder er einer Energieeffizienzklasse angehört, wie zB elektronische Haushaltsgeräte. Etwas schwieriger ist es schon bei Gegenständen, die wegen ihres Einflusses auf den Energieverbrauch anderer Gegenstände energieverbrauchsrelevant sind, aber selbst keine Energie verbrauchen, wie zB Fenster, Dämmstoffe oder besonders widerstandsarme Reifen.[27] In Einzelfällen kann die Einschätzung aber deutlich schwieriger sein (zB bei Software und deren Einfluss auf den Energieverbrauch/die Energieeffizienz[28]). Insofern wäre eine Energieverbrauchs-Bagatellgrenze sicherlich hilfreich, bei deren Unterschreitung nicht von einem energieverbrauchsrelevanten Gegenstand auszugehen ist. Jedoch kann eine solche Bagatellgrenze – wie anhand der vorstehenden Ausführungen ersichtlich – weder aus dem Wortlaut der Regelung in Abs. 1 noch aus der zugehörigen Begründung des Verordnungsgebers hergeleitet werden, selbst wenn im Einzelfall die Praktikabilität dafür spräche. Daher ist davon auszugehen, dass es nach geltendem Recht **keine Bagatellgrenze** gibt.[29]

b) **Lieferleistungen.** Sind Lieferleistungen zu vergeben und bestehen diese zumindest auch 12 aus energieverbrauchsrelevanten Gegenständen, so sind die Abs. 2–5 in Bezug auf die energieverbrauchsrelevanten Gegenstände anwendbar und nur bezogen auf diese. Es ist also nicht so, dass einige wenige energieverbrauchsrelevante Gegenstände die übrigen ebenfalls in den Lieferleistungen enthaltenen nicht energieverbrauchsrelevanten Gegenstände „infizieren".

c) **Dienstleistungen.** Bei einer zu vergebenden Dienstleistung finden nach Abs. 1 die Abs. 2– 13 5 nur dann Anwendung, wenn ein energieverbrauchsrelevanter Gegenstand **wesentliche Voraussetzung** zur Ausführung der Dienstleistung ist. Unter welchen Anforderungen ein Gegenstand „wesentliche Voraussetzung" zur Ausführung einer Dienstleistung ist, geht weder aus der aktuellen Verordnungsbegründung noch aus der Begründung zur vierten Änderungsverordnung zur VgV hervor.

Aus dem Begriff selbst folgt, dass der betrachtete **Gegenstand** zunächst **Voraussetzung zur** 14 **Ausführung** der Dienstleistung sein muss. Er muss also zwingend vom späteren Dienstleistungserbringer einzusetzen sein. Der Einsatz eines Gegenstandes kann unter zwei Gesichtspunkten zwingend in diesem Sinne sein: Entweder „objektiv", weil die Dienstleistung ohne ihn aus technischen oder sonstigen tatsächlichen Gründen nicht durchgeführt werden kann. Oder aber „subjektiv", weil der Auftragnehmer aus rechtlichen Gründen oder wegen der Vorgaben in den Vergabeunterlagen zum Einsatz des Gegenstandes verpflichtet ist.[30]

Der Gegenstand muss jedoch nicht nur Voraussetzung, sondern eine **„wesentliche" Voraus-** 15 **setzung** zur Ausführung der Dienstleistung sein. Mit dem „Wesentlichkeitskriterium" soll offenkundig der Anwendungsbereich der Abs. 2–5 auf diejenigen Gegenstände eingegrenzt werden, die speziell für die in Frage stehende Dienstleistung erforderlich sind und insofern gegenüber anderen, auch erforderlichen Gegenständen „herausstechen".[31] Das wird in der Regel für diejenigen Gegenstände gelten, die nach den Vergabeunterlagen zwingend bei der Ausführung der Dienstleistung einzusetzen sind und erst recht für solche Gegenstände, für die der Auftraggeber Mindestanforderungen vorgibt.[32] Dafür spricht schon, dass in diesem Fall der Dienstleistungsauftrag einen „quasi-Lieferanteil" enthält und für diesen „Lieferanteil" nichts anderes gelten kann als für Lieferleistungen.[33]

Ein weiteres starkes Indiz für die Wesentlichkeit eines Gegenstandes iSv Abs. 1 liegt vor, wenn 16 der Auftraggeber ihn in seiner ordnungsgemäßen **Erwartungswertberechnung** als Kostenposition einstellt und der Anteil gemessen am Gesamtwert des Dienstleistungsauftrags 15% oder mehr ausmacht. Allerdings ist nicht ausgeschlossen, dass auch bei einem geringeren Wertanteil die Wesentlichkeit zu bejahen ist.[34] Es sind letztlich alle relevanten Umstände des Einzelfalls zur Beurteilung heranzuziehen.

---

[27] Vgl. mit weiteren Beispielen *Zeiss* NZBau 2012, 201 (202), sowie *Haak* NZBau 2015, 11 (15).
[28] Vgl. hierzu VK Bund Beschl. v. 10.11.2014 – VK 2-89/14, VPRRS 2014, 0678.
[29] So wohl auch *Schneider* in Lampe-Helbig/Jagenburg/Baldringer Bauvergabe-HdB EV Rn. 67, der auf den enormen Aufwand für Auftraggeber und Bieter hinweist; ebenso Beck VergabeR/*Knauff* Rn. 9.
[30] Ähnlich, aber ohne Abgrenzung in objektive/subjektive Aspekte *Stockmann/Rusch* NZBau 2013, 71 (72).
[31] Vgl. etwa Erwägungsgrund 12 RL (EU) 2019/1161, wonach die neu gefasste RL 2009/33/EG auch für Fahrzeuge gelten soll, die bei Dienstleistungen in den Bereichen Verkehr, Paketdienste und Abholung von Siedlungsabfällen eingesetzt werden und wesentliches Element des Dienstleistungsauftrags sind.
[32] Tendenziell aA Beck VergabeR/*Knauff* Rn. 10, wonach der Wert des Energieverbrauchs des betrachteten Gegenstands wenigstens 15% des Werts des Dienstleistungsauftrags ausmachen müsse.
[33] Ähnlich *Stockmann/Rusch* NZBau 2013, 71 (72).
[34] AA Beck VergabeR/*Knauff* Rn. 10, wonach der Wert des Energieverbrauchs des betrachteten Gegenstands wenigstens 15% des Werts des Dienstleistungsauftrags ausmachen müsse.

17 Wie sich aus den vorstehenden Ausführungen ergibt, sind die **Vorgaben der Vergabeunterlagen** von **maßgeblich**er Bedeutung für die Frage, ob ein Gegenstand eine wesentliche Voraussetzung für die Ausführung einer Dienstleistung ist oder nicht. Ist in den Vergabeunterlagen die Verwendung eines energieverbrauchsrelevanten Gegenstandes vorgeschrieben, werden die Abs. 2–5 regelmäßig anwendbar sein. Ist es in einem Einzelfall aus Sicht des Auftraggebers hingegen möglich, die zu vergebende Dienstleistung ohne energieverbrauchsrelevante Gegenstände zu erbringen, und gibt er die Verwendung solcher Gegenstände auch nicht vor, ist nicht von Wesentlichkeit iSv Abs. 1 auszugehen. In diesem Fall dürfte die Nicht-Anwendung zB des Abs. 5 (Energieeffizienz als Zuschlagskriterium) auch aus folgender Überlegung heraus folgerichtig sein: Kann die Dienstleistung mit oder ohne energieverbrauchsrelevanten Gegenstand erbracht werden, würde das Zuschlagskriterium Energieeffizienz teilweise leer laufen, was die Vergleichbarkeit der Angebote gefährden könnte. Beispiele für energieverbrauchsrelevante Gegenstände, die wesentliche Voraussetzung zur Ausführung einer Dienstleistung sind, sind zB Abfallfahrzeuge für die Erbringung bestimmter Abfalldienstleistungen.[35] Weitere Anwendungsbeispiele sind unter Berücksichtigung der Regelungen der RL (EU) 2019/1161,[36] die die RL 2009/33/EG über die Förderung sauberer und energieeffizienter Straßenfahrzeuge neu fasst und deren Anwendungsbereich ausweitet, und insbesondere des Erwägungsgrund 12 RL (EU) 2019/1161, Fahrzeuge, die bei Dienstleistungen in den Bereichen Verkehr, Paketdienste und Abholung von Siedlungsabfällen eingesetzt werden.[37] Jedenfalls aufgrund dieser Neuregelung dürfte die Rechtsprechung des OLG Celle überholt sein, die unter anderen auf Basis der ursprünglichen Fassung der RL 2009/33/EG davon ausging, dass Vorgaben an die Energieeffizienz von Fahrzeugen nur im Falle von Lieferleistungen nicht jedoch von Dienstleistungen zu beachten seien.[38]

18 **2. Mindestanforderungen an die Energieeffizienz in der Leistungsbeschreibung (Abs. 2).** Nach Abs. 2 sollen in der Leistungsbeschreibung insbesondere das höchste Leistungsniveau an Energieeffizienz und, soweit vorhanden, die höchste Energieeffizienzklasse im Sinne der Energieverbrauchskennzeichnungsverordnung gefordert werden. Der **Sinn und Zweck** der Vorschrift ist, den Auftraggeber dazu zu bewegen, **Leistungen mit hoher Energieeffizienz** zu beschaffen.[39] Umgesetzt hat der Gesetzgeber dieses Ziel, in dem er den Auftraggeber regelmäßig verpflichtet, an die Energieeffizienz der betroffenen energieverbrauchsrelevanten Gegenstände hohe Mindestanforderungen zu stellen. Es handelt sich damit um eine als vergaberechtsfremde" Regelung. Denn grundsätzlich regelt das Vergaberecht nicht, „was" beschafft werden soll, sondern „wie" es beschafft werden soll.[40] Der vergaberechtliche **Grundsatz der Beschaffungsautonomie** bzw. das Leistungsbestimmungsrecht[41] des öffentlichen Auftraggebers wird folglich durch Abs. 2 **durchbrochen**.

19 Anders als die **Reihenfolge** der einzelnen Nummern des Abs. 2 vermuten lässt, soll der Auftraggeber nach der Verordnungsbegründung zur Vorgängervorschrift[42] bei der **Anwendung der Vorschrift in der Praxis** wie folgt vorgehen: Er legt in der Leistungsbeschreibung fest, dass die anzubietenden Produkte – soweit vorhanden – zur höchsten Energieeffizienzklasse gehören, womit die Nr. 2 zuerst geprüft und ggf. angewendet werden soll. Gibt es für die betroffene Produktgruppe keine Energieeffizienzklasse, sollen öffentliche Auftraggeber Produkte mit den höchsten Leistungsniveaus an Energieeffizienz fordern. Unabhängig von diesem sich für die Praxis anbietenden Vorgehen ist die nachfolgende Kommentierung anhand der gesetzlichen Reihenfolge strukturiert.

20 **a) „Das höchste Leistungsniveau" an Energieeffizienz (Nr. 1).** Nach Abs. 2 Nr. 1 soll der Auftraggeber, in der Leistungsbeschreibung „das höchste Leistungsniveau an Energieeffizienz" als Anforderung stellen. Diese (Regel-)Verpflichtung des Auftraggebers ist insbesondere dann **relevant, wenn** die zu vergebende Leistung energieverbrauchsrelevante Gegenstände betrifft, für die es **keine Energieeffizienzklassen** gibt (→ Rn. 19 und 24).

21 Der Ausdruck „das **höchste Leistungsniveau** an Energieeffizienz" ist **unglücklich formuliert**. Die Vorschrift verpflichtet Auftraggeber nämlich nicht, in der Leistungsbeschreibung energie-

---

[35] VK Baden-Württemberg Beschl. v. 13.3.2017 – 1 VK 6/17.
[36] S. ABl. L 188, 116 v. 12.7.2019.
[37] Zur Umsetzung der Vorgaben der RL 2019/1161/EU in deutsches Recht → Rn. 1.
[38] OLG Celle Beschl. v. 19.3.2015 – 13 Verg 1/15; hierzu und zum Streitgegenstand s. HK-VergabeR/*Winnes* Rn. 4 sowie Ziekow/Völlink/*Greb* Rn. 6.
[39] Vgl. Begründung zur vierten Änderungsverordnung zur VgV, BR-Drs. 345/11, 5; vgl. auch Art. 6 Abs. 1 Energieeffizienz-RL, der auch durch § 67 Abs. 2 umgesetzt wird.
[40] OLG Karlsruhe Beschl. v. 15.11.2013 – 15 Verg 5/13, NZBau 2014, 378; OLG Düsseldorf Beschl. v. 22.5.2013 – Verg 16/12, NZBau 2013, 650.
[41] OLG Düsseldorf Beschl. v. 17.2.2010 – Verg 42/09, IBRRS 2010, 0975; OLG Karlsruhe Beschl. v. 15.11.2013 – 15 Verg 5/13, NZBau 2014, 378.
[42] Begründung zur vierten Änderungsverordnung zur VgV, BR-Drs. 345/11, 8.

verbrauchsrelevante Gegenstände mit dem „einen höchsten" Leistungsniveau im Sinne eines Maximums an Energieeffizienz zu fordern. Vielmehr haben Auftraggeber die Mindestanforderungen so zu bestimmen, dass sie Produkte angeboten bekommen, die „die höchsten Leistungsniveaus" an Energieeffizienz haben.[43] Es müssen also **Gegenstände** mit **unterschiedlichen Energieeffizienzwerten** angeboten werden dürfen. Alles andere würde zu einer Einengung auf ein oder wenige Produkte führen und damit den Wettbewerb beschränken, was angesichts des Gebots der produktneutralen Ausschreibung problematisch wäre.[44]

Im Übrigen sprechen auch **systematische Gründe** dafür, dass die benötigten energieverbrauchsrelevanten Gegenstände ein Energieeffizienzniveau haben sollen, das „nur" zu den höchsten Leistungsniveaus zählt. Denn die Vorgabe in **Abs. 5**, die Energieeffizienz als Zuschlagskriterium angemessen zu berücksichtigen, ist nur sinnvoll, wenn sich die Angebote in der Wertung im Hinblick auf die Energieeffizienz unterscheiden können. Dafür jedoch muss die Mindestanforderung an das Leistungsniveau an Energieeffizienz so gewählt sein, dass mehrere Gegenstände am Markt sie erfüllen und es damit eine zulässige Bandbreite an Leistungsniveaus gibt. 22

Schließlich geht sowohl aus der Begründung zur vierten Änderungsverordnung der VgV als auch aus dem **europäischen Richtlinienrecht** hervor, dass als Anforderung „**die höchsten Leistungsniveaus**" an Energieeffizienz" gemeint sind. So ist in der Verordnungsbegründung ganz überwiegend von einer Leistungsbeschaffung mit den „höchsten Leistungsniveaus" an Energieeffizienz die Rede.[45] Die gleiche Formulierung findet sich in Art. 9 Abs. 1 S. 1 RL 2010/30/EU,[46] der durch § 4 Abs. 5 aF umgesetzt wurde und wortgleich zu Abs. 2 ist. Danach sind Vergabebehörden bestrebt, Produkte zu beschaffen, die die höchsten Leistungsniveaus haben und zur höchsten Energieeffizienzklasse zählen. 23

b) Bestimmung des höchsten Leistungsniveaus an Energieeffizienz. Gibt es für einen betroffenen energieverbrauchsrelevanten Gegenstand keine Energieeffizienzklasse (zur Erleichterung der Anwendung von Abs. 2 bei am Markt verfügbaren Gegenständen mit der höchsten Energieeffizienzklasse → Rn. 19 und 29), soll der Auftraggeber einen Mindeststandard an Energieeffizienz für ihn festzulegen, der zu den höchsten Leistungsniveaus an Energieeffizienz zählt. Um dies zu tun, muss der Auftraggeber im Vorfeld des Vergabeverfahrens recherchieren, welche Leistungsniveaus an Energieeffizienz die auf dem Markt verfügbaren Gegenstände haben, die die vom Auftraggeber in den Vergabeunterlagen gestellten Mindestanforderungen erfüllen und als Angebotsinhalt in Frage kommen. Dafür benötigt er nicht nur die **Energieverbrauchswerte** dieser Gegenstände und/oder der Gegenstände, deren Energieverbrauch durch den energieverbrauchsrelevanten Gegenstand beeinflusst wird (→ Rn. 7 ff.). Vielmehr muss er zusätzlich die relevante Leistungs-**Bezugsgröße** bestimmen. Denn die Energieeffizienz eines Gegenstandes ist das Verhältnis von Energieverbrauch zu einer bestimmten Leistungsgröße (zB in Form eines Outputs).[47] So definiert Art. 2 Nr. 4 Energieeffizienz-RL die „Energieeffizienz" als das Verhältnis von Ertrag an Leistung, Dienstleistungen, Waren oder Energie zu Energieeinsatz. 24

Die Bestimmung der am Markt verfügbaren Leistungsniveaus an Energieeffizienz kann erhebliche Schwierigkeiten mit sich bringen.[48] Das gilt insbesondere, wenn es sich beim betroffenen energieverbrauchsrelevanten Gegenstand nicht um Massenware, sondern eine Spezialanfertigung handelt, für die entweder gar keine oder wenig belastbare Energieverbrauchswerte existieren.[49] Ohnehin kann von einem öffentlichen Auftraggeber nicht verlangt werden, besondere Kenntnisse zur Bestimmung der Energieeffizienz von Gegenständen zu haben. Deshalb ist auch schwer vorstellbar, dass der Verordnungsgeber öffentliche Auftraggeber zur Erreichung des Ziels energieeffizienter Beschaffungen verpflichten wollte, bei **Problem**en mit der **Bestimmung der Energieeffizienz** auf finanziell kostenintensives Spezialwissen Dritter zurück zu greifen. Jedenfalls sollten Auftraggeber 25

---

[43] *Stockmann/Rusch* NZBau 2013, 71 (73); iErg ebenso *Scheel* IBR 2011, 1265 Rn. 33 ff. sowie HHKW/ *Koenigsmann-Hölken* § 6 Rn. 16; iErg wohl auch *Gaus* NZBau 2013, 401 (403); aA *Zeiss* NZBau 2012, 201 (203), der als Korrektiv viele Ausnahmen zur „Soll"-Vorschrift zulässt; ebenfalls aA *Fandrey* in KKMPP VgV Rn. 9.

[44] Ähnlich *Zeiss* NZBau 201 (203), der auf drohende Widersprüche zum Wettbewerbsprinzip hinweist.

[45] Begründung zur vierten Änderungsverordnung zur VgV, BR-Drs. 345/11, 5 und 8 ff.

[46] Die RL 2010/30/EU ist durch Art. 20 VO (EU) 2017/1369 aufgehoben worden. Art. 7 Abs. 2 VO (EU) 2017/1369 spricht von „höchsten Energieeffizientklassen" und einer „wesentlichen Anzahl" verfügbarer Produkte.

[47] Ausf. zum Begriff und den damit verbundenen Problemen *Pielow* ZUR 2010, 115 (118); vgl. auch *Stockmann/Rusch* NZBau 2013, 71 (74).

[48] S. etwa die Entscheidung der VK Baden-Württemberg Beschl. v. 13.3.2017 – 1 VK 6/17, VPR 2017, 147, in der die Vergabekammer ausdrücklich feststellt, dass selbst die Bieter keine genauen und richtigen Angaben zum Verbrauch je Fahrzeugeinsatzstunde machen konnten.

[49] Vgl. hierzu *Stockmann/Rusch* NZBau 2013, 71 (75).

hierfür keine Kosten tragen müssen, die unter Berücksichtigung des Werts der zu vergebenden Leistungen unangemessen hoch sind.[50]

26 Vor diesem Hintergrund ist in der Literatur zu Recht kritisiert worden, dass sich der Verordnungsgeber mit der **praktischen Umsetzbarkeit** seiner Vorgaben in Abs. 2 Nr. 1 offensichtlich kaum beschäftigt hat.[51] Allerdings ist auch zu berücksichtigen, dass es sich bei Abs. 2 nicht um eine „Muss", sondern um ein „Soll"-Vorschrift handelt. Deshalb darf in Ausnahmefällen von den „Soll"-Vorgaben abgewichen werden (→ Rn. 30 ff.), sodass der Auftraggeber je nach den Umständen des Einzelfalls **ggf. keine Energieeffizienzanforderungen** stellen muss.[52] Das gilt insbesondere, wenn ansonsten wegen unzutreffender oder ungenauer Ausgangswerte die Gleichbehandlung der Bieter gefährdet wird. Dafür, dass die Verwirklichung besonders energieeffizienter Beschaffungen nicht zu viel vom Auftraggeber bei der Bestimmung der Energieeffizienz von Gegenständen abverlangt, spricht auch die Parallelwertung beim Verbot produktbezogener Vergaben. Dort gilt nach zumindest einer Auffassung in der Rechtsprechung, dass der Auftraggeber beim Vorliegen sach- und auftragsbezogener Gründe für die Festlegung des Beschaffungsgegenstandes keine zusätzlichen Untersuchungen in Form von Marktforschungen oder Marktanalysen durchführen muss.[53] Gegen die vorstehende Auffassung sprechen auch keine europarechtlichen Vorgaben. Vielmehr geht insbesondere aus Art. 6 Abs. 1 UAbs. 1 Energieeffizienz-RL iVm Anhang III lit. b Energieeffizienz-RL hervor, dass die Energieeffizienzvorgaben nur für Leistungen gelten, für die Referenzwerte oder Ähnliches existieren, also Angaben über die Energieeffizienz einfach zugänglich bzw. verfügbar sind.

27 Hat die Recherche des Auftraggebers ergeben, dass es auf dem Markt leistungsgeeignete Gegenstände mit unterschiedlichen Energieeffizienzwerten gibt, so darf der von ihm bestimmte Mindestwert nur Gegenstände als Angebotsinhalt zulassen, deren Energieeffizienz zu den „höchsten Leistungsniveaus" zählt. Nach hier vertretener Auffassung muss damit die geforderte **Energieeffizienz** regelmäßig[54] wenigstens im **oberen Drittel des Gesamtspektrums** liegen[55] und nicht „nur" oberhalb des Durchschnittswerts. Dafür spricht einerseits das Ziel Deutschlands, beim sparsamen Verbrauch von Energie eine Vorreiterrolle zu spielen (→ Rn. 5) und andererseits der Vergleich mit Abs. 2 Nr. 2, der nur „die höchste" Energieeffizienzklasse zulässt.

28 **c) Die höchste Energieeffizienzklasse (Nr. 2).** In der Leistungsbeschreibung soll der Auftraggeber neben den höchsten Leistungsniveaus an Energieeffizienz, soweit vorhanden, die höchste Energieeffizienzklasse im Sinne der **Energieverbrauchskennzeichnungsverordnung** (EnVKV)[56] fordern. Ob ein Gegenstand nach der EnVKV kennzeichnungspflichtig ist und er damit einer Energieeffizienzklasse zugehört, ergibt sich aus § 3 Abs. 1 EnVKV iVm den Anlagen 1 und 2 EnVKV. Ist dies der Fall (so zB bei Haushaltsgeräten wie Geschirrspülern, Waschmaschinen, Fernsehgeräten oder Lampen) verpflichtet Abs. 2 Nr. 2 Auftraggeber dazu, Gegenstände mit der höchsten am Markt verfügbaren Energieeffizienzklasse zu fordern.

29 Da Abs. 2 Nr. 1 und Nr. 2 mit einem „und" verbunden sind, gelten die jeweiligen Vorgaben nach dem Wortlaut zwar grundsätzlich kumulativ nebeneinander. Für den Fall, dass es mehrere Gegenstände mit der höchsten (am Markt verfügbaren) Energieeffizienzklasse gibt und damit **Nr. 2 einschlägig** ist, kommt es jedoch auf die Pflicht aus **Nr. 1 nicht maßgeblich** an (so auch die Intention des Verordnungsgebers → Rn. 19). Denn Gegenstände mit der höchsten Energieeffizienzklasse sind im Regelfall auch immer solche, deren Energieeffizienz zu den höchsten Leistungsniveaus zählt. Es würde daher genügen, in der Leistungsbeschreibung die höchste Energieeffizienzklasse als Mindestanforderung an die Energieeffizienz festzulegen.[57] Unabhängig davon dürfte ein Auftraggeber ein höheres Mindestniveau an Energieeffizienz verlangen, als durch die höchste Energieeffizienzklasse vorgegeben wird. Das gilt insbesondere dann, wenn es eine große Anzahl von Produkten der höchsten Energieeffizienzklasse mit unterschiedlicher Energieeffizienz gibt und damit ein höheres Mindestniveau an Energieeffizienz nicht zum Ausschluss bzw. einer starken Einschränkung von Wettbewerb führt.

---

[50] Ähnlich *Haak* NZBau 2015, 11 (16); insofern gilt auch zu berücksichtigen, dass im Zuge der Einführung ökologischer Aspekte in das Vergaberecht darauf hingewiesen wurde, diese sollten zur Schonung kommunaler Haushalte unter Berücksichtigung der jeweiligen finanziellen Situation angewendet werden – s. *Hattenhauer/Butzert* ZfBR 2017, 129 (133).
[51] HK-VergabeR/*Winnes*, 2. Aufl. 2015, § 4 Rn. 26.
[52] Ähnlich *Stockmann/Rusch* NZBau 2013, 71 (75); aA *Gaus* NZBau 2013, 401 (404).
[53] OLG Düsseldorf Beschl. v. 17.2.2010 – Verg 42/09, IBRRS 2010, 0975 und OLG Düsseldorf Beschl. v. 1.8.2012 – VII-Verg 10/12, ZfBR 2013, 63.
[54] Zu den Ausnahmen vom „Soll"-Charakter der Vorschrift → Rn. 30 ff.
[55] Ebenso *Stockmann/Rusch* NZBau 2013, 71 (74).
[56] BGBl. 1997 I 2616, zuletzt geändert durch Verordnung v. 8.7.2016, BGBl. 2016 I 1622.
[57] Ebenso HK-VergabeR/*Winnes*, 2. Aufl. 2015, § 4 Rn. 26; *Schröder* in Müller-Wrede VgV Rn. 24; so auch Begründung zur vierten Änderungsverordnung zur VgV, BR-Drs. 345/11, 8.

III. Berücksichtigung der Energieeffizienz bei der Vergabe	30–34 § 67 VgV

d) „Soll"-Vorschrift. Nach Abs. 2 „soll" ein öffentlicher Auftraggeber die in den Nr. 1 und 30
2 niedergelegten Anforderungen in der Leistungsbeschreibung fordern. Nach verwaltungsrechtlicher
Regelungstechnik räumt die Vorschrift damit ein intendiertes Ermessen ein. Das bedeutet, dass der
Auftraggeber sein Ermessen im Regelfall in dem näher bestimmten Sinne auszuüben hat[58] und **nur
in Ausnahmefällen** davon **abweichen** darf. Dies wird durch die Verordnungsbegründung zur
wortgleichen Vorgängervorschrift bestätigt, wonach der Begriff „sollen" dem Auftraggeber einen
Handlungsspielraum für Ausnahmefälle einräumt, jedoch auch im Ausnahmefall höchstmögliche
Anforderungen zu stellen sind. Entsprechend dem Regel-Ausnahme-Verhältnis der Vorschrift sind
an das Vorliegen eines Ausnahmefalles **strenge Anforderungen** zu stellen.[59]

Fraglich ist damit insbesondere, welche **Ausnahmefälle** ein Abweichen von der „Soll"-Vor- 31
schrift rechtfertigen. Hierzu lässt sich aus der **Verordnungsbegründung** zur Vorgängervorschrift
nichts Greifbares entnehmen. Denn daraus ergibt sich lediglich, dass ein Ausnahmefall vorliegt, wenn
die Forderung der höchsten Leistungsniveaus und Effizienzklassen „ausnahmsweise nicht möglich"
ist und in diesem Fall die höchst möglichen Anforderungen zu stellen sind.[60] Geht man davon aus,
dass der Begriff „nicht möglich" ähnlich zu verstehen ist, wie der zivilrechtliche Rechtsbegriff der
„Unmöglichkeit", so kommen grundsätzlich Ausnahmefälle aufgrund objektiver und subjektiver
Unmöglichkeit in Betracht.

Objektiv unmöglich ist die Einhaltung der Nr. 1 und Nr. 2 nur, wenn keine Energieeffizienz- 32
klassen existieren und die Energieeffizienz der am Markt verfügbaren betroffenen energieverbrauchsrelevanten Gegenstände nicht bestimmt werden kann. Denn nur dann könnte niemand die Anforderungen in Nr. 1 und Nr. 2 erfüllen. Das wird jedoch so gut wie nie vorkommen, weil mit großer
zeitlicher und finanzieller Anstrengung die Energieeffizienz eines Gegenstandes wohl hinreichend
bestimmt werden kann.

Als Fälle **subjektiver Unmöglichkeit** kommen grundsätzlich Situationen in Betracht, in denen 33
der Auftraggeber aus rechtlichen, finanziellen oder aus Gründen der Zumutbarkeit nicht in der Lage
ist, die Energieeffizienzanforderungen der Nr. 1 und Nr. 2 einzuhalten. Diese Gründe können im
Zusammenhang mit der im Vorfeld des Vergabeverfahrens vom Auftraggeber durchzuführenden
Bestimmung der Energieeffizienz oder mit den absehbaren Folgen einer bestimmten Festlegung von
Energieeffizienzanforderungen stehen. Ein Grund im erstgenannten Sinne liegt etwa vor, wenn die
Bestimmung der Energieeffizienz von Gegenständen vom Auftraggeber unter Berücksichtigung
aller relevanten Umstände des Einzelfalls nicht mit zumutbarem Aufwand möglich ist (→ Rn. 25 f.).
Bei dieser Abwägung ist stets auch die Intention des Verordnungsgebers zu berücksichtigen, Beschaffungsvorgänge energieeffizient zu gestalten. Liegt **Unzumutbarkeit** vor, muss der Auftraggeber
von der Verpflichtung aus Abs. 2 frei werden, dh er braucht keine Mindestanforderungen an die
Energieeffizienz zu stellen.[61] Denn ohne eine Ausgangsbasis im Sinne von Energieeffizienzwerten
der am Markt verfügbaren Gegenstände ist die Festlegung eines Mindestniveaus an Energieeffizienz
sinnlos und kann ungewollt zur Einschränkung des Wettbewerbs führen.

Ein zur subjektiven Unmöglichkeit führender finanzieller Grund mit Blick auf die Folgen einer 34
bestimmten Energieeffizienzanforderung könnte darin gesehen werden, dass die Festlegung auf eine
hohe Energieeffizienz die Vergabe absehbar verteuert und damit das für die Beschaffung zur Verfügung stehende Budget nicht ausreichen würde. Insofern sah bereits Art. 9 Abs. 1 S. 3 RL 2010/30/
EU und sieht dessen Nachfolgeregelung in Art. 6 Abs. 1 Energieeffizienz-RL vor, dass Gegenstände
mit hoher Energieeffizienz nur zu beschaffen sind, soweit dies ua mit den Aspekten der **Kostenwirksamkeit** und **wirtschaftlichen Tragfähigkeit** vereinbar ist. Der Umstand, dass Abs. 2 die Energieeffizienz-RL umsetzt, spricht zusätzlich dafür, dass diese Aspekte Ausnahmefälle begründen können.
Wohl vor diesem Hintergrund gibt es in der Literatur ganz verbreitet die Auffassung, wonach die
genannten Aspekte eine Ausnahme von der Soll-Vorschrift begründen können.[62] Teilweise wird
dies auch unter Hinweis auf eine Entscheidung des OLG Celle (Beschl. v. 19.3.2015 – 13-Verg 1/

---

[58] S. BVerwG Urt. v. 16.6.1997 – 3 C 22/96, NJW 1998, 2233.
[59] Zur engen Auslegung von vergaberechtlichen Ausnahmebestimmungen s. OLG Düsseldorf Beschl. v. 21.10.2015 – Verg 28/14, NZBau 2016, 235; es ist auch davon auszugehen, dass dem Gesetzgeber die Wirkweise von „Soll"-Vorschriften im Gegensatz zu Ermessens-Vorschriften bewusst war – s. hierzu etwa die Äußerung von *Uwe Beckmeyer* zum Entwurf eines Vergaberechtsmodernisierungsgesetzes, BR-Plenarprotokoll 936 v. 25.9.2015, 332.
[60] Begründung zur vierten Änderungsverordnung zur VgV, BR-Drs. 345/11, 8.
[61] Ähnlich in Bezug auf die Berücksichtigung der Energieeffizienz in der Wertung: VK Bund Beschl. v. 10.11.2014 – VK 2-89/14, VPRRS 2014, 0678.
[62] So etwa bei *Haak* NZBau 2015, 11 (16); vgl. auch *Dittmar* BHKS-Almanach 2012, 88 (89), der sich auf den Erlass des BMVBS v. 13.12.2011 (B15 – 8162.2/0) bezieht; s. auch Ziekow/*Völlink/Greb* Rn. 14; Kapellmann/Messerschmidt/*Schneider*, 5. Aufl. 2015, § 4 Rn. 19; jurisPK-VergabeR/*Zeiss* Rn. 44 ff.

15) begründet.[63] Darin hatte das Gericht in Bezug auf die Geltungsbereichsausnahmen in Art. 1 Abs. 3 RL 2010/30/EU die Ansicht vertreten, es sei insofern nicht zu erkennen, dass der deutsche Gesetzgeber strengere Anforderungen als die RL 2010/30/EU im GWB-Vergaberecht verankern wollte.

35 Gegen diese Auffassung spricht jedoch maßgeblich, dass der Verordnungsgeber den Vorschlag zur Aufnahme der in Art. 9 Abs. 1 S. 3 RL 2010/30/EU genannten Aspekte in § 4 Abs. 5 aF, dem Vorgänger von § 67 Abs. 2, nicht umgesetzt hat (→ Rn. 5), was die Anhänger dieser Auffassung jedoch nicht näher betrachten. Genauso wenig hat der Verordnungsgeber diese Aspekte in der Verordnungsbegründung als mögliche Ausnahmen zur „Soll"-Vorschrift angeführt, obwohl davon auszugehen ist, dass ihm die Bedeutung von „Soll"-Vorschriften bekannt ist.[64] Hinzu kommt, dass der Verordnungsgeber in den relevanten Ausführungen der Verordnungsbegründung – im Gegensatz zur Fußnote zu § 4 Abs. 4 aF – explizit nur von der Umsetzung des Art. 9 Abs. 1 S. 1 RL 2010/30/EU spricht, also die Ausnahmebestimmung in Art. 9 Abs. 1 S. 3 RL 2010/30/EU unerwähnt lässt.[65] Da das Ziel energieeffizienter Beschaffungen in der Begründung zur vierten Änderungsverordnung zur VgV ausdrücklich verankert ist, ist auch nicht ersichtlich, dass die Aufnahme der erwähnten Ausnahmeaspekte in den Verordnungstext oder in die Verordnungsbegründung entbehrlich war. Im Übrigen geht auf Basis der hier vertretenen Auffassung die Vorgabe in der Verordnungsbegründung zu § 4 Abs. 5 aF, die höchstmöglichen Anforderungen zu stellen, wenn ein Ausnahmefall zur Soll-Vorschrift vorliegt, auch nicht ins Leere. Sie ist für den Fall einer zu starken Einengung des Wettbewerbs bedeutsam (→ Rn. 36). Zusammen genommen spricht daher viel dafür, dass nach dem **Willen des Verordnungsgebers** aus Gründen der Kostenwirksamkeit oder wirtschaftlichen Tragfähigkeit grundsätzlich nicht von der Pflicht zur energieeffizienten Beschaffung abgewichen werden darf.[66] Anders mag das allenfalls zu sehen sein, wenn dadurch Leistungen der Daseinsvorsorge überhaupt nicht mehr erbracht werden können und/oder besonders wichtige Rechtsgüter wie Leib und Leben gefährdet werden würden.

36 Ein weiterer **Ausnahmefall** zur „Soll"-Vorgabe der energieeffizienten Beschaffung kann vorliegen, wenn das Festhalten daran die **vergaberechtlichen Grundsätze** verletzt. Sie sind stets zu beachten und bedurften daher keiner expliziten Nennung im Verordnungstext oder der Begründung hierzu. Denn die vergaberechtlichen Grundsätze gelten im gesamten Vergaberecht und sind als Grundprinzipien im GWB verankert, das ganz oben in der Normenhierarchie steht. Relevant sind die Grundprinzipien insbesondere für den Fall, dass die Vorgabe eines bestimmten Mindestniveaus an Energieeffizienz den Wettbewerb ganz erheblich einschränken würde. In diesem Fall kann von den „Soll"-Vorgaben in Nr. 1 und Nr. 2 „nach unten" abgewichen werden, wobei entsprechend der Verordnungsbegründung zu § 4 Abs. 5 aF (→ Rn. 31) die höchst möglichen Anforderungen zu stellen sind. Das Ziel einer möglichst energieeffizienten Beschaffung kann dann über eine entsprechend höhere „angemessene" Berücksichtigung der Energieeffizienz in der Wertung verwirklicht werden.[67]

37 **e) Dokumentation.** Der **Umfang** der vom Auftraggeber bezüglich Abs. 2 **vorzunehmenden Dokumentation** kann je nach Einzelfall erheblich variieren. Betrifft die Beschaffung einen energieverbrauchsrelevanten Gegenstand, für den Energieeffizienzklassen existieren, reicht es regelmäßig zu dokumentieren, dass – soweit zutreffend – die höchste Energieeffizienzklasse gefordert wird und weitergehende Anforderungen iSv Abs. 2 Nr. 1 nicht gestellt werden. Ein mehr an Dokumentation kann in der genannten Konstellation allenfalls dann geboten sein, wenn innerhalb der höchsten Energieeffizienzklasse erhebliche Energieeffizienzunterschiede bestehen. Gibt es hingegen keine Energieeffizienzklassen für den energieverbrauchsrelevanten Gegenstand, muss der Auftraggeber dokumentieren, warum – soweit zutreffend – das von ihm festgelegte Mindestniveau an Energieeffizienz zu den höchsten Niveaus iSv Abs. 2 Nr. 1 zählt.

38 Weicht der Auftraggeber von der „Soll"-Vorschrift ab, weil er Anforderungen stellt, die das von Abs. 2 vorgegebene Niveau nicht erreichen, hat er diese Entscheidung ausführlich und nachvollziehbar in der Vergabeakte zu begründen. Dies gilt umso mehr, wenn sich der Auftraggeber ausnahmsweise außer Stande sieht, die Energieeffizienz der energieverbrauchsrelevanten Gegenstände zu bestimmen, und daher keine Mindestvorgaben an die Energieeffizienz in der Leistungsbeschreibung stellt.

---

[63] So *Fandrey* in KKMPP VgV Rn. 7; ähnlich auch § 5 Abs. 3 RVO TVgG NRW 2017.
[64] Zur Problematik von „Soll"-Vorschriften im Vergleich zu „Ermessens"-Vorschriften s. die Äußerung von *Uwe Beckmeyer* zum Entwurf eines Vergaberechtsmodernisierungsgesetze, BR-Plenarprotokoll 936 v. 25.9.2015, 332.
[65] Begründung zur vierten Änderungsverordnung zur VgV, BR-Drs. 345/11, 5 und 9.
[66] Ebenso *Stockmann/Rusch* NZBau 2012, 71 (74).
[67] Vgl. *Zeiss* NZBau 2012, 201 (204).

f) Zwingend zu fordernde Effizienzvorgaben sind abschließend. Nach dem Wortlaut 39 des Abs. 2 sind in der Leistungsbeschreibung „insbesondere" die in Nr. 1 und Nr. 2 genannten Energieeffizienzanforderungen zu stellen. Das deutet darauf hin, dass es neben den genannten **noch weitere die Energieeffizienz betreffende Anforderungen** gibt, deren Einhaltung der öffentliche Auftraggeber **zwingend** fordern muss. Gleiches könnte aus der Verordnungsbegründung geschlussfolgert werden, wonach die genannten Anforderungen an die Leistungsbeschreibung „nicht abschließend" sind.[68] Diese **Sicht** ist aber **abzulehnen**. Denn sie widerspricht der Systematik des § 67 und wäre im Übrigen zu unbestimmt. Betrachtet man die Normhistorie, drängt sich die Vermutung auf, dass es sich bei **„insbesondere"** um ein **überflüssiges „Füllwort"** handelt.

Zunächst würde „insbesondere" nur dann in die Systematik des § 67 passen, wenn Abs. 2 einen 40 zuvor aufgestellten Grundsatz lediglich näher, jedoch nicht abschließend konkretisiert. Ein solcher Grundsatz mit generellen Anforderungen ist jedoch nicht ersichtlich. Vielmehr ist dem Abs. 1 lediglich zu entnehmen, dass Abs. 2 Anwendung findet, wenn ein energieverbrauchsrelevanter Gegenstand betroffen ist. Sollten öffentlich Auftraggeber trotzdem nach Abs. 2 gezwungen sein, mehr als die in Nr. 1 und Nr. 2 aufgeführten Anforderungen in die Leistungsbeschreibung aufzunehmen, ist die Art und der Umfang der zusätzlichen Verpflichtung unklar und damit unbestimmt. Im Übrigen war das Wort „insbesondere" bereits in der Vorgängervorschrift enthalten, in deren Begründung nicht darauf hingewiesen wurde, dass die Vorschrift nicht abschließend ist. Auch der Abs. 2 zugrunde liegende Art. 9 Abs. 1 RL 2010/30/EU enthält das Wort „insbesondere" nicht. Mit „insbesondere" sollte ggf. nur verdeutlicht werden, dass der Auftraggeber neben den „Soll"-Anforderungen – freiwillig – auch noch weitere Anforderungen stellen darf – so etwa zusätzliche Vorgaben an den Energieverbrauch eines Gegenstandes während seiner Herstellung.

3. Informationsabfrage in den Vergabeunterlagen (Abs. 3). In der Leistungsbeschreibung 41 oder an anderer geeigneter Stelle in den Vergabeunterlagen sind gem. Abs. 3 Hs. 1 von den Bietern die in Abs. 3 Hs. 2 Nr. 1 und 2 aufgeführten **Informationen** zu den energieverbrauchsrelevanten Gegenständen **zu fordern**. Die Vorschrift verpflichtet nur den Auftraggeber, nicht jedoch die Bieter. Der Auftraggeber hat durch entsprechende Vorgaben in den Vergabeunterlagen sicherzustellen, dass er die genannten Informationen erhält. Die nach Nr. 1 einzufordernden Informationen benötigt er zur Erfüllung seiner Pflicht aus Abs. 5, die Energieeffizienz der energieverbrauchsrelevanten Gegenstände in der Wertung angemessen zu berücksichtigen. Der Sinn und Zweck der Informationsabfrage nach Nr. 2 ist unklar. Die Vorschrift ist angesichts der Regelungen zu Lebenszykluskosten in § 59 und der Pflicht zur Abfrage von Energieverbrauchsinformationen bereits nach Nr. 1 praktisch nicht relevant.

a) Angaben zum Energieverbrauch (Abs. 3 Nr. 1). Nach Abs. 3 Nr. 1 hat sich der Auftrag- 42 geber konkrete Angaben zum Energieverbrauch vorlegen zu lassen, es sei denn, die auf dem Markt angebotenen Waren, technischen Geräte oder Ausrüstungen unterscheiden sich im zulässigen Energieverbrauch nur geringfügig. Die nach dieser Vorschrift bestehende **Verpflichtung** des Auftraggebers zur Abforderung von Bieterangaben ist **abhängig von** der **Beschaffenheit des energieverbrauchsrelevanten Gegenstandes.** Verbraucht der energieverbrauchsrelevante Gegenstand selbst Energie, so hat sich der Auftraggeber vom Bieter – wortlautgemäß – Angaben zum Energieverbrauch des Gegenstandes vorlegen zu lassen. Hat der betroffene Gegenstand Einfluss auf den Energieverbrauch anderer Gegenstände bzw. Gebäude (Beispiele → Rn. 11), so hat der Auftraggeber den Bieter zur Vorlage diesbezüglich relevanter Informationen zu verpflichten, die der Wertung zugrunde gelegt werden (zB Dämmstoffklassen bei Dämmstoffen);[69] der Begriff „Angaben zum Energieverbrauch" ist insofern nicht ganz zutreffend gewählt. Je nach betroffenem Gegenstand können auch beide vorgenannten Fälle in Kombination auftreten.

Der **Sinn und Zweck** der Pflicht zur Informationsabforderung ergibt sich im Zusammenhang 43 mit Abs. 5, wonach die Energieeffizienz als Zuschlagskriterium angemessen zu berücksichtigen ist. Diese Vorgabe kann der Auftraggeber nur erfüllen, wenn er den konkreten Energieverbrauch des angebotenen energieverbrauchsrelevanten Gegenstands kennt und damit dessen **Energieeffizienz** (zum Unterschied von Energieverbrauch und Energieeffizienz → Rn. 24) **ermitteln** kann. Entsprechendes gilt, falls der betroffene Gegenstand Einfluss auf den Energieverbrauch anderer Gegenstände und damit auf deren Energieeffizienz hat. Aus Vorstehendem folgt im Übrigen, dass die vom Bieter beizubringenden Angaben belastbar sein müssen,[70] was zum Beispiel über die zusätzliche Vorlage entsprechender Belege gewährleistet werden kann. Denn nur hinreichend zutreffende Energieverbrauchsangaben können gewährleisten, dass bei der Wertung der Energieeffizienz die Gleichbehand-

---

68 VgV-Begründung BT-Drs. 18/7318, 202.
69 Wohl aA *Fandrey* in KKMPP VgV Rn. 15.
70 Vgl. hierzu EuGH Urt. v. 4.12.2003 – C-448/01, NZBau 2004, 105 Rn. 50.

44 Informationen zum Energieverbrauch muss der Auftraggeber nach Abs. 3 Nr. 1 nicht fordern, wenn die am Markt angebotenen energieverbrauchsrelevanten Gegenstände sich im zulässigen Energieverbrauch nur geringfügig unterscheiden. Der Sinn und Zweck dieser **Ausnahme** ist, überflüssigen Bürokratieaufwand in Fällen zu vermeiden, in denen Energieverbrauchsangaben keine Bedeutung haben, weil die Unterschiede aufgrund gesetzlicher Vorgaben (hierauf weist „zulässig" hin) gering sind.[71] Inwieweit beispielsweise EU-Durchführungsverordnungen zur (EU-Ökodesign-)RL 2009/125/EG einen solchen Effekt haben, ist jeweils im Einzelfall zu prüfen.[72] In diesem Zusammenhang ist darauf hinzuweisen, dass die Bezugsgröße zulässiger „Energieverbrauch" in Abs. 3 nicht ganz passend gewählt ist. Denn zutreffend ist die Norm so zu verstehen, dass ausnahmsweise keine Verbrauchsangaben gefordert werden müssen, wenn sich die zulässige „Energieeffizienz" der am Markt verfügbaren Gegenstände und/oder ihr Einfluss auf die Energieeffizienz anderer Gegenstände nur geringfügig unterscheidet. Welche Unterschiede in der Energieeffizienz als geringfügig iSv Abs. 3 Nr. 1 anzusehen sind, geht aus der Verordnungsbegründung nicht hervor. Angesichts der mit den Energieeffizienzvorgaben verfolgten Zwecke und unter entsprechender Berücksichtigung der Ausführungen unter → Rn. 57 dürfte im Regelfall ein Unterschied von maximal 10% als geringfügig gelten.[73] Haben die Energiekosten des zu beschaffenden Gegenstandes über dessen Lebenszyklus betrachtet einen hohen Anteil an den gesamten Lebenszykluskosten, wird der Unterschied eher noch weniger betragen dürfen.

45 Neben der geschriebenen gibt es eine **ungeschriebene Ausnahme zur Regel des Abs. 3 Nr. 1:** Der Auftraggeber muss bzw. darf Angaben zum Energieverbrauch nämlich auch dann nicht fordern, **wenn** die **Mitteilungsverpflichtung** für die Bieter **unzumutbar** ist.[74] Dies ergibt sich zwar weder aus dem Sinn und Zweck des Abs. 3 noch aus der Begründung des Verordnungsgebers. Es folgt aber aus der Rechtsprechung des BGH zur Zumutbarkeit von Nachunternehmererklärungen,[75] die auf die Forderung von Angaben zum Energieverbrauch übertragbar ist. Nach der Rechtsprechung des BGH kann die vom Bieter geforderte verbindliche Mitteilung im Angebot zu den bei der Leistungserbringung eingesetzten Subunternehmern eine unzumutbare Belastung sein.[76] Und zwar deshalb, weil der Zuschlag naturgemäß nur auf ein Angebot ergeht, und die durch die verbindliche Mitteilung dem Bieter aufgebürdete Belastung in einem nicht angemessenen Verhältnis zu den Vorteilen dieser Vorgehensweise für die Vergabestellen stehen kann.[77] Liegt eine solche unzumutbare Belastung nach den klar formulierten Vergabeunterlagen vor, ist der öffentliche Auftraggeber nicht berechtigt, ein Angebot aus der Wertung zu nehmen, wenn der Bieter die zugrunde liegende Anforderung nicht erfüllt.[78] Die Zumutbarkeit oder Unzumutbarkeit von Anforderungen in den Vergabeunterlagen ist unter Berücksichtigung der beteiligten Interessen zu beurteilen,[79] wobei der Umfang des Projekts und der mit der Anforderung verbundene Aufwand zu berücksichtigen sind.[80] Zusätzlich für die vorstehend genannte ungeschriebene Ausnahme spricht auch der (neu) in § 97 Abs. 1 S. 2 Var. 2 GWB verankerte Grundsatz der Verhältnismäßigkeit. Denn unzumutbare Mitteilungsverpflichtungen werden typischerweise auch unverhältnismäßig sein.

46 **b) Angaben zu Lebenszykluskosten (Abs. 3 Nr. 2).** Gemäß. Abs. 3 Nr. 2 haben Auftraggeber in den Vergabeunterlagen von den Bietern in geeigneten Fällen eine Analyse minimierter Lebenszykluskosten oder die Ergebnisse einer vergleichbaren Methode zur Überprüfung der Wirtschaftlichkeit zu fordern. Der Wortlaut dieser Vorschrift ist insbesondere wegen des Begriffs „Analyse der Lebenszykluskosten" als misslungen zu bezeichnen.[81] Aber auch ihr Sinn und Zweck ist angesichts

---

[71] S. Begründung in BR-Drs. 345/1/11, 3.
[72] S. hierzu § 4 Abs. 1 EVPG iVm § 2 Abs. 3 EVPG; eine Übersicht zu Durchführungsmaßnahmen der RL 2009/125/EG ist auf folgender Internetseite der Bundesanstalt für Materialforschung (BAM) abrufbar: https://netzwerke.bam.de/Netzwerke/Navigation/DE/Evpg/evpg_uebersicht.html (zuletzt abgerufen am 10.8.2021).
[73] AA *Fandrey* in KKMPP VgV Rn. 15: 10–20%.
[74] AA Beck VergabeR/*Knauff* Rn. 18.
[75] BGH Urt. v. 10.6.2008 – X ZR 78/07, NZBau 2008, 592; BGH Urt. v. 3.4.2012 – X ZR 130/10, NZBau 2012, 513.
[76] BGH Urt. v. 10.6.2008 – X ZR 78/07, NZBau 2008, 592.
[77] BGH Urt. v. 10.6.2008 – X ZR 78/07, NZBau 2008, 592.
[78] BGH Urt. v. 3.4.2012 – X ZR 130/10, NZBau 2012, 513.
[79] BGH Urt. v. 3.4.2012 – X ZR 130/10, NZBau 2012, 513.
[80] So iErg BGH Urt. v. 3.4.2012 – X ZR 130/10, NZBau 2012, 513.
[81] Ebenfalls krit. *Zeiss* NZBau 2012, 201 (202).

III. Berücksichtigung der Energieeffizienz bei der Vergabe   47–50   § 67 VgV

der ausführlichen Vorgaben zur Berücksichtigung und Berechnung von Lebenszykluskosten in § 59 unklar. In der Praxis dürfte **Abs. 3 Nr. 2** unbedeutsam, weil **überflüssig** sein.[82]

Den **Begriff „Lebenszykluskosten"** hat der Verordnungsgeber erstmals bei der Umsetzung 47 von Art. 5 RL 2006/32/EG in die VgV eingeführt (→ Rn. 4). Der Begriff umfasst **nach allgemeinem Verständnis** alle Kosten, die während des Lebenszyklus eines Gegenstandes anfallen, also alle Kosten die beim Einkauf, dem Verbrauch bzw. der Nutzung und der Entsorgung des Gegenstandes anfallen.[83] Danach stellen die Energieverbrauchskosten lediglich einen Teil der Lebenszykluskosten dar. Durch eine Lebenszykluskostenbetrachtung wird aufgrund der Berücksichtigung nicht nur der Einkaufskosten eines Gegenstandes, sondern zusätzlich aller nach dem Kauf anfallenden und vom Auftraggeber zu tragenden Kosten, die Wirtschaftlichkeit eines Gegenstands (bzw. einer Leistung) umfassend abgebildet.[84]

Wann ein **„geeigneter Fall"** iSd Nr. 2 vorliegt und der Auftraggeber von den Bietern die 48 Vorlage einer Analyse der Lebenszykluskosten damit „zwingend" zu fordern hat und warum er dies nach Abs. 3 S. 2 tun soll, ist unklar. Der Auftraggeber benötigt Informationen über die Lebenszykluskosten eines Gegenstandes nur, wenn er sie bzw. Teile davon trägt[85] und in der Wertung die Kosten einer Leistung auf Grundlage der Lebenszykluskosten berechnet (vgl. § 59 Abs. 1). In einem solchen Fall hat der Auftraggeber die **Anforderungen in § 59 Abs. 2** einzuhalten. Dh er muss sowohl die Methode zur Berechnung der Lebenszykluskosten als auch die hierfür von den Unternehmen beizubringenden Informationen transparent in der Auftragsbekanntmachung oder den Vergabeunterlagen angeben, was auch aus dem Gleichbehandlungs- und Transparenzgrundsatz folgt.[86] Eine zusätzliche Verpflichtung zur Abforderung der Lebenszykluskosten durch **Abs. 3 Nr. 2** ist daher **redundant** und somit überflüssig. Geht man davon aus, dass unter „Analyse" der Lebenszykluskosten nicht deren Mitteilung, sondern eine wie auch immer geartete Untersuchung gemeint ist, ist der Sinn dieser Vorgabe unklar und sie ebenso überflüssig. Das gilt umso mehr, da die nach Abs. 3 mitzuteilenden Daten nach Abs. 5 zur Ermittlung der Energieeffizienz dienen sollen. Dafür sind Kostenangaben aber unerheblich und deren Forderung deshalb nicht gerechtfertigt.[87]

Zu einer anderen als der vorstehenden Sichtweise kommt eine Auffassung in der Literatur, die 49 in Anlehnung an Anhang VI lit. c RL 2006/32/EG unter dem Begriff **„Analyse minimierter Lebenszykluskosten"** entgegen seines Wortlauts nur Angaben über den **Energieverbrauch** des energieverbrauchsrelevanten Gegenstandes **im Nutzungsmix** über verschiedene Betriebszustände hinweg versteht.[88] Danach muss der Auftraggeber von den Bietern nach Abs. 3 Nr. 2 also keine Angaben zu „Kosten", sondern zum Energieverbrauch des relevanten Gegenstandes in einzelnen Betriebs- bzw. Verwendungszuständen verlangen. Ein solches Verständnis des Begriffs „Analyse minimierter Lebenszykluskosten" würde die systematische Stellung der Nr. 2 in § 67 und insbesondere neben Abs. 3 Nr. 1 erklären. Zudem wird dadurch auch die Inbezugnahme von Abs. 3 Nr. 2 in Abs. 5 („[…]die anhand der Informationen nach Abs. 3 […] zu ermittelnde Energieeffizienz") sinnvoll. Denn in einem Fall, in dem der zu beschaffende Gegenstand in verschiedenen Betriebszuständen genutzt werden soll (zB bei voller Leistung, halber Leistung oder in Stand-by) und dabei jeweils einen anderen Energieverbrauch hat bzw. eine andere Energieeffizienz aufweist, hängt die in der Wertung zu berücksichtigende Energieeffizienz des Gegenstandes von der voraussichtlichen Verwendungsdauer des Gegenstands in den einzelnen Betriebsstufen ab.

Selbst wenn man den Begriff „Analyse minimierter Lebenszykluskosten" im vorgenannten 50 Sinne und entgegen seines Wortlauts versteht, erscheint **Abs. 3 Nr. 2** im Ergebnis dennoch überflüssig. Denn Angaben zum (relevantem) Energieverbrauch hat der Auftraggeber schon nach Abs. 3 Nr. 1 zu verlangen, egal ob der Energieverbrauch in einem oder unterschiedlichen Betriebszuständen auftritt. Vor diesem Hintergrund dürfte dem Abs. 3 Nr. 2 **allenfalls** eine **Hinweisfunktion** zukommen: Auftraggeber sollten vor der Ausarbeitung der Vergabeunterlagen und insbesondere der Wertungsvorgaben prüfen, ob der betrachtete Gegenstand bei der vorgesehenen Nutzung verschiedene

---

[82] Ähnlich HK-VergabeR/*Schellenberg*, 2. Aufl. 2015, SektVO § 7 Rn. 7 f.; krit. zur Abfrage einer „Analyse minimierter Lebenszykluskosten" Eschenbruch/Opitz/*Wolters*, 1. Aufl. 2012, SektVO § 7 Rn. 65.

[83] So bereits KOM(2001) 274 endgültig, 20; vgl. auch Umweltbundesamt, „Energieeffiziente öffentliche Beschaffung", Stand: Januar 2014, 17.

[84] KOM(2001) 274 endgültig, 20.

[85] So ausdrücklich KOM(2001) 274 endgültig, 21; ebenso *Stockmann/Rusch* NZBau 2013, 71 (76).

[86] Zur Bekanntgabe der Zuschlagskriterien und der Einhaltung von Transparenz insofern → GWB § 97 Rn. 24 f.

[87] Auch nach Ziekow/Völlink/*Bernhardt*, 2. Aufl. 2013, SektVO § 7 Rn. 5, ist die Forderung nur gerechtfertigt, wenn dies für die Angebotswertung erheblich ist.

[88] *Zeiss* NZBau 2011, 458 (460 f.); *Zeiss* NZBau 2012, 201 (202); Beck VergabeR/*Hertwig/Slawinski*, 2. Aufl. 2013, SektVO § 7 Rn. 26.

Betriebszustände mit unterschiedlich hohem Energieverbrauch bzw. Energieverbrauchseinfluss hat. Dann ist dies bei der Abfrage des Energieverbrauchs bzw. des Energieverbrauchseinflusses und in der Wertung entsprechend zu berücksichtigen. Dafür, dass der Auftraggeber **im Vorfeld der Vergabe** eine **Analyse der genutzten Betriebszustände** vornehmen muss und nicht die Bieter bei Erstellung der Angebote, spricht im Übrigen wohl auch Anhang VI lit. c RL 2006/32/EG, der der ursprünglichen Regelung in § 4 Abs. 6 in der Fassung der Anpassungsverordnung zur VgV und SektVO zugrunde lag (→ Rn. 4). Denn danach sollen den vom Auftraggeber zu stellenden Anforderungen an die Energieeffizienz ggf. eine Analyse der Lebenszykluskosten zugrunde gelegt werden. Ähnliches ergibt sich wohl auch aus der Verordnungsbegründung[89] zu der – zu Abs. 3 Nr. 2 inhaltsgleichen – Vorgängervorschrift des § 58 Abs. 1 S. 3 SektVO. Danach können „geeignete Fälle" die Beschaffung langlebiger Produkte mit zunächst höheren Anschaffungskosten sein, deren Erwerb sich jedoch anhand einer solchen Analyse im Hinblick auf geringere Lebenszeit-Energiekosten als wirtschaftlich sinnvoll erweisen kann. Die Feststellung, ob ein „geeigneter Fall" vorliegt, ist also vom Auftraggeber nach entsprechender Prüfung vorzunehmen. Gleiches ergibt sich aus folgender Überlegung: Da die Berücksichtigung von Kosten über die Lebenszeit der Leistung im Rahmen der Wertung von den Wertungsvorgaben abhängt, muss eine diesbezügliche Analyse vor Festlegung der Wertungsvorgaben vorgenommen werden, also vom Auftraggeber.[90] Folgt aus der Analyse des Auftraggebers zu den genutzten Betriebszuständen und den sonstigen relevanten Umständen, dass ein geeigneter Fall zur Abfrage der Energieverbräuche in einzelnen Betriebszuständen vorliegt, fragt der Auftraggeber diese bei den Bietern (nach Absatz 3 Nr. 1) – ggf. in einer auszufüllenden Matrix zur automatischen Berechnung des Energieverbrauchs und ggf. auch der Energiekosten über einen bestimmten Nutzungszyklus – ab.

51 **4. Recht zur Prüfung und auf Erläuterung der Bieterangaben (Abs. 4).** Gemäß Abs. 4 darf der öffentliche Auftraggeber nach Abs. 3 übermittelte Informationen überprüfen und hierzu ergänzende Erläuterungen von den Bietern fordern. Der Sinn und Zweck des in der Vorschrift niedergelegten **Prüfungs- und Erläuterungsrechts des Auftraggebers** ist angesichts seines Rechts zur Aufklärung, vgl. § 15 Abs. 5 und § 16 Abs. 9, unklar. Auch aus der Verordnungsbegründung bzw. der Begründung zur vierten Änderungsverordnung zur VgV ist nicht ersichtlich, dass Abs. 4 dem Auftraggeber über das Recht zur Aufklärung hinausgehende Befugnisse einräumen soll. Daher dürfte Abs. 4 lediglich eine **Appell-Funktion** zukommen: Der Auftraggeber soll die Energieverbrauchsangaben wegen ihrer Bedeutung für die Wertung der Angebote (→ Rn. 43) ordnungsgemäß prüfen und sich diese bei Unklarheiten oder Ähnlichem erläutern lassen. Hat der Auftraggeber die Informationen des Bieters überprüft und ergänzende Erläuterungen hierzu gefordert, ist die Energieeffizienz des energieverbrauchsrelevanten Gegenstandes gem. Abs. 5 anhand der Ergebnisse der Überprüfung nach Abs. 4 zu ermitteln. Für diesen Fall sind dennoch die **Grenzen des Aufklärungsrechts** zu beachten. Im Übrigen ist nicht ersichtlich, dass die Vorschrift die Möglichkeit des Auftraggebers zu Nachforderungen iSv § 56 Abs. 2 und 3 erweitert. Denn dies geht weder aus dem Wortlaut des § 67 noch aus der Verordnungsbegründung hervor. Schließlich kann der Sinn und Zweck von Abs. 4 auch nicht darin liegen zu verdeutlichen, dass Auftraggeber in Bezug auf Energieverbrauchsangaben mehr fordern dürfen als Eigenerklärungen (vgl. Grundsatz gem. § 48 Abs. 2). Denn eine solche Regelung gehört zur Informationsabfrage nach Abs. 3.

52 **5. Berücksichtigung der Energieeffizienz in der Wertung (Abs. 5).** Gemäß Abs. 5 ist im Rahmen der Ermittlung des wirtschaftlichsten Angebotes die anhand der Informationen nach Abs. 3 oder der Ergebnisse einer Überprüfung nach Abs. 4 zu ermittelnde Energieeffizienz als Zuschlagskriterium angemessen zu berücksichtigen. Der Auftraggeber hat also **zwingend** die **Energieeffizienz** eines energieverbrauchsrelevanten Gegenstandes zu **werten**.[91] Dies gilt ausnahmsweise dann nicht, wenn er von den Bietern nach Abs. 3 Nr. 1 keine Angaben zum Energieverbrauch abzufordern hat (→ Rn. 44 f.).[92]

---

[89] Entwurf einer Begründung zur SektVO, BMWi IB3–26.5.14, Stand: 6.4.2009, 11.
[90] Gleiches ergibt sich aus Art. 2 Abs. 1 S. 3 und Abs. 4 S. 1 Allgemeine Verwaltungsvorschrift zur Beschaffung energieeffizienter Produkte und Dienstleistungen (AVV-EnEff) v. 18.5.2020, wonach im Rahmen der Bedarfsanalyse der Energieverbrauch während des gesamten Lebenszyklus der Leistung zu prüfen ist bzw. für die Ermittlung des wirtschaftlichsten Angebots ua die voraussichtlichen Nutzungskosten, insbesondere die Kosten für den Energieverbrauch der zu beschaffenden Leistung zu berücksichtigen sind; vgl. auch *Zeiss* NZBau 2011, 458 (461), wonach die Definition des Nutzungsmixes Aufgabe des Auftraggebers und die Mitteilung der jeweiligen Energieverbräuche Aufgabe der Bieter ist.
[91] Vgl. VgV-Begründung BT-Drs. 18/7318, 202; aA ohne nähere Begründung *Fandrey* in KKMPP VgV Rn. 19.
[92] Ebenso hinsichtlich der geschriebenen Ausnahme in § 67 Abs. 3 Nr. 1 *Scheel* IBR 2011, 1265 Rn. 42.

III. Berücksichtigung der Energieeffizienz bei der Vergabe   53–56 § 67 VgV

Die **Vorgaben zur Wertung der Energieeffizienz** müssen konkrete Angaben enthalten, 53 nach denen der Auftraggeber das Leistungsniveau an Energieeffizienz jedes einzelnen Angebots im Verhältnis zu dem in den technischen Spezifikationen beschriebenen Auftragsgegenstand bewertet.[93] Die vom Auftraggeber insofern konkret zu bezeichnenden Aspekte hat dieser objektiv zu bestimmen, um eine **objektive Bewertung der Angebote** und damit deren Vergleichbarkeit zu ermöglichen. Sie sind so zu formulieren, dass der Bieter in transparenter Form über ihre Bedeutung informiert wird.[94] Vor diesem Hintergrund wäre beispielsweise die Angabe des Zuschlagskriteriums „Energieeffizienz" nebst Gewichtung jedoch ohne weitere konkretisierende Vorgaben zu unbestimmt.[95] Im Übrigen müssen die Vorgaben zur Wertung der Energieeffizienz auch den allgemeinen Anforderungen an Zuschlagskriterien genügen, dürfen also auch nicht gegen das Gleichbehandlungsverbot verstoßen. Kritisch kann daher ein Wertungssystem (Gewichtung: 70% Preis und 30% Energieeeffizienz) sein, bei dem das Angebot mit dem höchsten Energieeffizienzniveau zehn Wertungspunkte erhält, während das mit dem niedrigsten Energieeffizienzniveau keine Wertungspunkte erhält, und alle dazwischen liegenden Angebote linear interpoliert werden. Gehen bei einem solchen Wertungssystem nur zwei Angebote ein, erhält das Angebot mit dem niedrigerem Energieeffizienzniveau – unabhängig vom Abstand zum energieeffizienteren Angebot – null Punkte, was die Gewichtung negiert und vergaberechtswidrig ist.[96]

Die Energieeffizienz energieverbrauchsrelevanter Gegenstände ist nach Abs. 5 „angemessen" zu 54 berücksichtigen. Dadurch dem öffentlichen Auftraggeber nach der Verordnungsbegründung zur vierten Änderungs-VO zur VgV ein (Beurteilungs-)Spielraum eingeräumt, innerhalb dessen er die konkrete Gewichtung der Energieeffizienz unter Berücksichtigung weiterer für ihn wichtiger qualitativer Zuschlagskriterien bestimmen darf.[97] Diese Begründung bezog sich allerdings auf eine nicht verabschiedete Wortlautvariante für § 4 Abs. 6b aF, wonach die Energieeffizienz als „hoch gewichtetes Zuschlagskriterium" zu berücksichtigen war. Da nach Abs. 5 die Energieeffizienz nicht „hoch zu gewichten", sondern nur „angemessenen zu berücksichtigen" ist, spricht dies dafür, dass dem Auftraggeber ein **weiter Spielraum** zusteht.

Für das Verständnis des Begriffs **„angemessen"** folgt aus der Historie der Verordnungsgebung 55 zur vierten Änderungsverordnung zur VgV im Übrigen, dass eine „angemessene" Berücksichtigung weniger ist als eine „hohe" oder „besondere" Gewichtung. Denn keiner dieser Formulierungsvorschläge hat sich im Prozess der Verordnungsgebung durchgesetzt.[98] Daraus kann verallgemeinernd geschlussfolgert werden, dass die Energieeffizienz im Vergleich zu den anderen Zuschlagskriterien in der Wertung jedenfalls nicht erheblich über die für den Auftraggeber bestehende Relevanz hinaus zu berücksichtigen ist. Vor diesem Hintergrund und unter Berücksichtigung des Wirtschaftlichkeitsprinzips iSv § 97 Abs. 1 S. 2 Var. 1 GWB wird der Auftraggeber bei der Festlegung der Wertungsvorgaben – soweit relevant – insbesondere die durch die Energieeffizienz bei ihm erreichbaren Kosteneinsparungen an Energie zu berücksichtigen haben.[99] Über diesen kostenwirksamen Aspekt hinaus müssen zur Verwirklichung des Ziels energieeffizienter Beschaffungen die Wertungsvorgaben so gestaltet sein, dass im Ergebnis der Wertung energieeffiziente Gegenstände gegenüber im Übrigen (nahezu) wertungsgleichen jedoch weniger energieeffizienten Gegenständen begünstigt werden.

Der nordrhein-westfälische Landesgesetzgeber hatte durch § 17 TVgG NRW 2012 iVm § 9 56 Abs. 2 RVO TVgG NRW 2013 vorgegeben, dass die „Angemessenheit" der Berücksichtigung der Energieeffizienz auch entscheidend von der Bedeutung des Energieverbrauchs im Vergleich zu anderen Betriebskosten abhängt.[100] Dahinter stand offenkundig der Gedanke, die Wertungsvorgaben zu Energieeffizienz auch danach festzulegen, wie hoch die **Bedeutung des Energieverbrauchs** bzw. der -kosten **in der Gesamtschau** ist. Dieser Gedanke könnte auch im Rahmen des Abs. 5 Bedeutung haben. Da eine „angemessene" Berücksichtigung der Energieeffizienz in der Wertung die Beachtung aller relevanten Umstände des Einzelfalls erfordert, spricht der Wortlaut des Abs. 5 nicht gegen vom Auftragsgegenstand abhängenden Mindestgrenzen für die „angemessene" Berücksichtigung der Energieeffizienz. Entscheidend dafür spricht, dass das mit den Vorgaben zur Energieeffizienz verfolgte Ziel, Deutschland zu einer der energieeffizientesten Volkswirtschaften zu machen (→ Rn. 5). Dieses Ziel

---

[93] OLG Düsseldorf Beschl. v. 19.6.2013 – VII-Verg 4/13, ZfBR 2013, 720.
[94] OLG Düsseldorf Beschl. v. 19.6.2013 – VII-Verg 4/13, ZfBR 2013, 720.
[95] OLG Düsseldorf Beschl. v. 19.6.2013 – VII-Verg 4/13, ZfBR 2013, 720.
[96] VK Südbayern Beschl. v. 18.2.2020 – Z3-3-3194-1-42-10/19; zum vorstehenden Beschluss s. auch die Anmerkungen von *Schröder* Bayerische Staatszeitung Nr. 41 v. 9.10.2020, 21.
[97] Begründung zur vierten Änderungsverordnung zur VgV, BR-Drs. 345/11, 9.
[98] *Stockmann/Rusch* NZBau 2013, 71 (76).
[99] IErg ähnlich: § 17 Abs. 2 TVgG NRW aF iVm § 7 Abs. 1 RVO TVgG NRW aF.
[100] In dem neugefassten und stark verschlankten TVgG NRW v. 22.3.2018 sind solche Vorgaben nicht mehr enthalten.

kann besonders effektiv bei der Vergabe von Leistungen umgesetzt werden, bei denen der Energieverbrauch in der Gesamtschau eine erhebliche Bedeutung einnimmt. Vor diesem Hintergrund erscheint es – jedenfalls vor Ausbildung einer anders gerichteten Kasuistik der Nachprüfungsinstanzen hierzu – ratsam, die Energieeffizienz in der Wertung umso mehr zu berücksichtigen, je höher die Bedeutung des Energieverbrauchs in der Gesamtschau der zu vergebenden Leistungen ist.[101]

57 Obwohl vor diesem Hintergrund einiges gegen eine allgemein gültige **Mindestgewichtung** spricht, ab der die Energieeffizienz in der Wertung als angemessen berücksichtigt gelten kann, wird man als „**Faustregel**" davon ausgehen dürfen, dass eine Gewichtung von 10% – gemessen am Wert der energieverbrauchsrelevanten Gegenstände (→ Rn. 59) – regelmäßig angemessen ist.[102] Dafür spricht eine Parallelwertung zur Rechtsprechung zum maximal zulässigen Umfang von Bedarfspositionen als Teil des Vergabegegenstandes.[103] Der Anteil der Bedarfspositionen an der Gesamtleistung darf danach nicht erheblich sein, was in der Mehrzahl der Fälle nur bei einem Anteil unter 10% und nur in Ausnahmefällen bei einem Anteil unter 15% zutrifft.[104] Wenn ein Anteil von 10% der Gesamtleistung regelmäßig als vergaberechtlich erheblich angesehen wird, sollte eine Einbeziehung der Energieeffizienz in der Wertung von 10% regelmäßig auch „angemessen" sein. In **Fällen,** in denen der Auftragsgegenstand eine **besonders niedrige oder besonders hohe Energieverbrauchsrelevanz** aufweist, wird entsprechend der Ausführungen unter → Rn. 56 die erforderliche Mindestgewichtung jedoch niedriger oder höher liegen: So zB wie nach einer Auffassung in der Literatur bei 5% bzw. 20%.[105] Demgegenüber wäre nach dieser Auffassung eine „Mindestgewichtung des Energieverbrauchs" „von nur 2 bis 3%" sicher zu wenig, weil die Berücksichtigung des Energieverbrauchs in der Wertung dadurch zu einer reinen „pro forma"-Aktion werden würde.[106] Eine Abweichung von der vorstehenden Faustregel kann auch dann geboten sein, wenn der Auftraggeber in der Leistungsbeschreibung nicht die höchsten Leistungsniveaus bzw. die höchste Energieeffizienzklasse gefordert hat, weil ansonsten der Wettbewerb zu stark eingeengt werden würde. Dann spricht viel dafür, dass die Energieeffizienz höher zu gewichten ist, wobei alle Umstände des Einzelfalls zu berücksichtigen sind.

58 Soweit ersichtlich ergeben sich aus der **spärlichen vergaberechtlichen Spruchpraxis** zur Frage der erforderlichen Mindestgewichtung der Energieeffizienz in der Wertung keine relevanten anderslautenden Auffassungen. In einem Beschluss des OLG Düsseldorf erschien dem Gericht ein Wertungsanteil der Energieeffizienz von 6% als angemessen.[107] Allerdings kam es auf diesen Aspekt bei der Entscheidung des Falles nicht maßgeblich an. Hinzu kommt, dass sich aus der Entscheidung nicht ergibt, wie hoch der Anteil der energieverbrauchsrelevanten Gegenstände am Wert des Dienstleistungsauftrags war, der die Durchführung von Rettungsdienstleistungen betraf. Unter der Annahme, dass dieser Anteil 50% oder weniger ausmachte, entsprach die 6%-ige Gewichtung gemessen am energieverbrauchsrelevanten Gegenstand allein also 12% und wäre auch nach der vorstehenden „Faustregel" angemessen.

59 Die oben erwähnte, vom Auftraggeber festzulegende **Mindestgewichtung** der Energieeffizienz in Prozent **bezieht sich allein auf die energieverbrauchsrelevanten Gegenstände** der zu vergebenden Leistungen, denn nur für sie gilt § 67. Dies ist insbesondere bei Vergaben zu beachten, die zumindest zum Teil keine energieverbrauchsrelevanten Gegenstände betreffen, was typischerweise bei Dienstleistungsaufträgen der Fall sein wird. Besteht eine Dienstleistung beispielsweise zu 50% aus energieverbrauchsrelevanten Gegenständen, die wesentlich zu deren Ausführung sind, und soll deren Energieeffizienz mit 10% gewertet werden, so beträgt die Gewichtung der Energieeffizienz in der Wertung der Gesamtleistung 10% von 50% und damit 5%.

60 Anhand der vorstehenden Betrachtungen ist ersichtlich, dass es im Einzelfall nicht immer einfach sein wird, zu überprüfen, ob die **Energieeffizienz** nach den Wertungsvorgaben **angemessen berücksichtigt** ist. Für die Frage, ob der Auftraggeber den ihm insofern zustehenden Beurteilungsspielraum eingehalten hat, werden die vergaberechtlichen Spruchkörper maßgeblich auch die **Dokumentation des Auftraggebers** hierzu heranziehen. Diese sollte nachvollziehbar formuliert sein und alle relevanten Umstände des Einzelfalls einbeziehen.

61 **6. Bieterschützender Charakter.** Es bestand bereits zur Vorgängerregelung zu § 67 **Streit** darüber, ob deren Vorgaben **bieterschützenden Charakter** hatten und Bieter damit deren Verletzung durch ein Nachprüfungsverfahren verhindern konnten. Als bieterschützend werden nach der

---

[101] Ähnlich *Zeiss* NZBau 2012, 201 (204).
[102] Davon ausgehend *Stockmann/Rusch* NZBau 2013, 71 (77); differenzierend nach dem Umfang der Energieverbrauchsrelevanz *Zeiss* NZBau 2012, 201 (204).
[103] *Stockmann/Rusch* NZBau 2013, 71 (77).
[104] MwN *Prieß* in KMPP VOL/A § 7 Rn. 73.
[105] So *Zeiss* NZBau 2012, 201 (204).
[106] So *Zeiss* NZBau 2011, 658 (662).
[107] OLG Düsseldorf Beschl. v. 19.6.2013 – VII-Verg 4/13, ZfBR 2013, 720.

III. Berücksichtigung der Energieeffizienz bei der Vergabe

Spruchpraxis der Nachprüfungsinstanzen solche Regelungen angesehen, die zumindest auch darauf abzielen, Bieter bzw. bestimmte Personen zu begünstigen und ihnen die Berufung auf die Begünstigung zu ermöglichen.[108] Während einige Auffassungen in der Literatur – teilweise mit, teilweise ohne nähere Begründung – davon ausgingen, dass § 4 Abs. 4–6b aF und die damit umgesetzten Regelungen der RL 2010/30/EU Anbieter von energieeffizienten Produkten bevorzugen bzw. fördern sollten,[109] lehnten andere Auffassungen und teilweise auch die vergaberechtliche Spruchpraxis dies mangels hinreichend aussagekräftiger Hinweise dafür in der Verordnungsbegründung bzw. dem Richtlinientext und teilweise auch mit anderer Begründung ab.[110] Da der durch § 67 nunmehr auch umgesetzten[111] **Energieeffizienz-RL** der **Förderaspekt** zugunsten von Unternehmen mit energieeffizienten Produkten deutlich zu entnehmen ist,[112] spricht nach hier vertretener Auffassung (zumindest jetzt) mehr für einen bieterschützenden Charakter der Vorschrift.[113] Die beabsichtigte Begünstigung von Anbietern energieeffizienter Leistungen ergibt sich etwa aus folgenden Erwägungsgründen der Energieeffizienz-RL: Erwägungsgrund 1 Energieeffizienz-RL, wonach der Umstieg auf eine energieeffizientere Wirtschaft auch die Verbreitung innovativer technologischer Lösungen beschleunigen soll, Erwägungsgrund 15 Energieeffizienz-RL, wonach der öffentliche Sektor eine treibende Kraft darstellt, wenn es darum geht, die Marktveränderung hin zu effizienteren Produkten, Gebäuden und Dienstleistungen zu fördern, oder Erwägungsgrund 47 Energieeffizienz-RL, wonach der Markt für Energiedienstleistungen weiter ausgebaut werden muss, um sicherzustellen, dass das Angebot an Energiedienstleistungen vorhanden ist.

Da die Vorgaben in § 67 also auch darauf abzielen, Unternehmen, die energieeffiziente Leistungen anbieten, zu fördern, sind diese als bieterschützend anzusehen. Das gegen den Bieterschutz von § 67 Abs. 2 vorgebrachte Argument, es handele sich dabei um Anforderungen an den Auftragsgegenstand iSv § 113 S. 2 GWB und damit nicht um Bestimmungen über das Vergabeverfahren,[114] überzeugt nicht. Denn dann wären auch die aus dem Gebot der Produktneutralität folgenden Vorgaben Anforderungen an den Auftragsgegenstand und würden kein subjektives Recht vermitteln, was jedoch unzutreffend ist.[115] Im Übrigen hat das **OLG Düsseldorf** bereits zur alten Rechtslage nach § 4 Abs. 4–6b aF offenkundig die Auffassung vertreten, es handele sich dabei um eine bieterschützende Vorschrift.[116] So wies das Gericht in einer Entscheidung darauf hin, dass der europäische Gesetzgeber und die Mitgliedstaaten berechtigt sind, die Bestimmungsfreiheit des Auftraggebers einzuschränken und ihr in diesem Zusammenhang verbindliche rechtliche Vorgaben und Grenzen zu setzen. Dies sei so zB geschehen im Hinblick auf die Energieeffizienz durch § 4 Abs. 5 (aF) iVm Vorschriften der RL 2006/32/EG (Endenergieeffizienz und EnergiedienstleistungsRL) und für die Energieeffizienz als Zuschlagskriterium in § 4 Abs. 6b (aF). In aller Regel sei solchen (materiell) gesetzlichen Vorschriften ein bieterschützender Charakter nicht abzusprechen. Ausdrücklich hielt das OLG Düsseldorf die Ansicht von Zeiss[117] nicht für angemessen, hinsichtlich des bieterschützenden Charakters einer Norm zwischen Vorgaben bei der Bestimmung des Beschaffungsgegenstands und solchen bei der Wertung zu differenzieren.

---

[108] Vgl. VK Baden-Württemberg Beschl. v. 11.9.2003 – 1 VK 52/03, IBRRS 2003, 3153.
[109] *Krohn* in Gabriel/Krohn/Neun VergabeR-HdB § 19 Rn. 112; Dieckmann/Scharf/Wagner-Cardenal/*Wagner-Cardenal*, 1. Aufl. 2013, VOL/A § 8 EG Rn. 105.
[110] So *Stockmann/Rusch* NZBau 2013, 71 (77 ff.); ebenso VK Rheinland-Pfalz Beschl. v. 13.11.2015 – VK 1-16/15, BeckRS 2016, 43569; teilweise gegen bieterschützenden Charakter mit anderer Begründung: *Zeiss* NZBau 2012, 201 (204).
[111] VgV-Begründung zum Kabinettsentwurf v. 20.1.2016, 223; den Förderaspekt zugunsten energieeffizienter Produkte ebenfalls bejahend jurisPK-VergabeR/*Zeiss* Rn. 1.
[112] Ebenso *Fandrey* in KKMPP VgV Rn. 1.
[113] Ebenso für bieterschützenden Charakter: OLG Düsseldorf Beschl. v. 1.8.2012 – VII-Verg 105/11; VK Bund Beschl. v. 3.2.2017 – VK 2-139/16, für die SektVO; *Krohn* in Gabriel/Krohn/Neun VergabeR-HdB § 19 Rn. 110 ff.; Dieckmann/Scharf/Wagner-Cardenal/*Wagner-Cardenal* § 31 Rn. 109; *Schröder* in Müller-Wrede VgV Rn. 54 f.; *Schwabe* Vergabeblog.de vom 19/12/2011, Nr. 11551; dagegen: VK Rheinland-Pfalz Beschl. v. 13.11.2015 – VK 1 – 16/15; Ziekow/Völlink/*Greb* Rn. 2; *Fandrey* in KKMPP VgV Rn. 2; gegen bieterschützenden Charakter jedenfalls von § 67 Abs. 2: jurisPK-VergabeR/*Zeiss* Rn. 97 f., unter Hinweis darauf, dass es sich um eine Anforderung an den Auftragsgegenstand iSv § 113 S. 2 GWB handele und damit keine Bestimmung über das Vergabeverfahren iSv § 97 Abs. 6 GWB; für bieterschützende Wirkung nur im Hinblick auf die Umsetzung festgelegter Zuschlagskriterien *Zerwell* VPR 2017 27.
[114] jurisPK-VergabeR/*Zeiss* Rn. 92 ff.
[115] Der bieterschützende Charakter der aus dem Gebot der Produktneutralität folgenden Anforderungen ist anerkannt: s. Ziekow/Völlink/*Trutzel* § 31 Rn. 61; HK-VergabeR/*Schellenberg* § 31 Rn. 3.
[116] OLG Düsseldorf Beschl. v. 1.8.2012 – VII-Verg 105/11, ZfBR 2012, 826; ähnlich im Rahmen der SektVO VK Bund Beschl. v. 3.2.2017 – VK 2-139/16, wonach die Beanstandung, die Energieeffizienz sei zu Unrecht nicht berücksichtigt worden, die Geltendmachung der Verletzung bietereigener Rechte darstellt.
[117] *Zeiss* NZBau 2012, 201 (204).

VgV § 68 [aufgehoben; bis 1.8.2021: Beschaffung von Straßenfahrzeugen]

§ 68[1] *[aufgehoben]*

Anlage 2[2]
[aufgehoben]

Anlage 3[3]
[aufgehoben]

Fassung bis 1.8.2021:

§ 68 Beschaffung von Straßenfahrzeugen

(1) ¹Die öffentliche Auftraggeber muss bei der Beschaffung von Straßenfahrzeugen Energieverbrauch und Umweltauswirkungen berücksichtigen. ²Zumindest müssen hierbei folgende Faktoren, jeweils bezogen auf die Gesamtkilometerleistung des Straßenfahrzeugs im Sinne der Tabelle 3 der Anlage 2, berücksichtigt werden:[4]
1. *Energieverbrauch,*
2. *Kohlendioxid-Emissionen,*
3. *Emissionen von Stickoxiden,*
4. *Emissionen von Nichtmethan-Kohlenwasserstoffen und*
5. *partikelförmige Abgasbestandteile.*

(2) Der öffentliche Auftraggeber erfüllt die Verpflichtung nach Absatz 1 zur Berücksichtigung des Energieverbrauchs und der Umweltauswirkungen, indem er
1. *Vorgaben zu Energieverbrauch und Umweltauswirkungen in der Leistungsbeschreibung macht oder*
2. *den Energieverbrauch und die Umweltauswirkungen von Straßenfahrzeugen als Zuschlagskriterien berücksichtigt.*

(3) ¹Sollen der Energieverbrauch und die Umweltauswirkungen von Straßenfahrzeugen finanziell bewertet werden, ist die in Anlage 3 definierte Methode anzuwenden. ²Soweit die Angaben in Anlage 2 dem öffentlichen Auftraggeber einen Spielraum bei der Beurteilung des Energiegehaltes oder der Emissionskosten einräumen, nutzt der öffentliche Auftraggeber diesen Spielraum entsprechend den lokalen Bedingungen am Einsatzort des Fahrzeugs.

(4) ¹Von der Anwendung der Absätze 1 bis 3 sind Straßenfahrzeuge ausgenommen, die für den Einsatz im Rahmen des hoheitlichen Auftrags der Streitkräfte, des Katastrophenschutzes, der Feuerwehren und der Polizeien des Bundes und der Länder konstruiert und gebaut sind (Einsatzfahrzeuge). ²Bei der Beschaffung von Einsatzfahrzeugen werden die Anforderungen nach den Absätzen 1 bis 3 berücksichtigt, soweit es der Stand der Technik zulässt und hierdurch die Einsatzfähigkeit der Einsatzfahrzeuge zur Erfüllung des in Satz 1 genannten hoheitlichen Auftrags nicht beeinträchtigt wird.

Anlage 2 (zu § 68 Absatz 1 und 3)

Daten zur Berechnung der über die Lebensdauer von Straßenfahrzeugen anfallenden externen Kosten

Tabelle 1 – Energiegehalt von Kraftstoffen

Kraftstoff	Energiegehalt in Megajoule (MJ)/Liter bzw. Megajoule (MJ)/Normkubikmeter (Nm3)
Dieselkraftstoff	36 MJ/Liter
Ottokraftstoff	32 MJ/Liter
Erdgas	33–38 MJ/Nm3
Flüssiggas (LPG)	24 MJ/Liter

---

[1] § 68 aufgeh. mWv 2.8.2021 durch G v. 9.6.2021 (BGBl. I S. 1691).
[2] Anl. 2 aufgeh. mWv 2.8.2021 durch G v. 9.6.2021 (BGBl. I S. 1691).
[3] Anl. 3 aufgeh. mWv 2.8.2021 durch G v. 9.6.2021 (BGBl. I S. 1691).
[4] [Amtl. Anm.:] § 68 der Vergabeverordnung dient der Umsetzung der Richtlinie 2009/33/EG des Europäischen Parlaments und des Rates vom 23. April 2009 über die Förderung sauberer und energieeffizienter Straßenfahrzeuge (ABl. 2009 L 120, 5).

[aufgehoben; bis 1.8.2021: Beschaffung von Straßenfahrzeugen] **§ 68 VgV**

Kraftstoff	Energiegehalt in Megajoule (MJ)/Liter bzw. Megajoule (MJ)/Normkubikmeter (Nm3)
Ethanol	21 MJ/Liter
Biodiesel	33 MJ/Liter
Emulsionskraftstoff	32 MJ/Liter
Wasserstoff	11 MJ/Nm3

Tabelle 2 – Emissionskosten im Straßenverkehr (Preise von 2007)

Kohlendioxid (CO2)	Stickoxide (NOx)	Nichtmethan-Kohlenwasserstoffe	Partikelförmige Abgasbestandteile
0,03–0,04 EUR/kg	0,0044 EUR/g	0,001 EUR/g	0,087 EUR/g

Tabelle 3 – Gesamtkilometerleistung von Straßenfahrzeugen

Fahrzeugklasse (Kategorien M und N gemäß der Richtlinie 2007/46/EG)	Gesamtkilometerleistung
Personenkraftwagen (M1)	200.000 km
Leichte Nutzfahrzeuge (N1)	250.000 km
Schwere Nutzfahrzeuge (N2, N3)	1.000.000 km
Busse (M2, M3)	800.000 km

Anlage 3 (zu § 68 Absatz 3)

Methode zur Berechnung der über die Lebensdauer von Straßenfahrzeugen anfallenden Betriebskosten

1. Für die Zwecke von § 68 werden die über die Lebensdauer eines Straßenfahrzeugs durch dessen Betrieb verursachten Energieverbrauchs- und Emissionskosten (Betriebskosten) nach der im Folgenden beschriebenen Methode finanziell bewertet und berechnet:
    a) Die Energieverbrauchskosten, die für den Betrieb eines Straßenfahrzeugs über dessen Lebensdauer anfallen, werden wie folgt berechnet:
        aa) Der Kraftstoffverbrauch je Kilometer eines Straßenfahrzeugs gemäß Nummer 2 wird in Energieverbrauch je Kilometer (Megajoule/Kilometer, MJ/km) gerechnet. Soweit der Kraftstoffverbrauch in anderen Einheiten angegeben ist, wird er nach den Umrechnungsfaktoren in Tabelle 1 der Anlage 2 in MJ/km umgerechnet.
        bb) Je Energieeinheit muss im Rahmen der Angebotswertung ein finanzieller Wert festgesetzt werden (€/MJ). Dieser finanzielle Wert wird nach einem Vergleich der Kosten je Energieeinheit von Ottokraftstoff oder Dieselkraftstoff vor Steuern bestimmt. Der jeweils günstigere Kraftstoff bestimmt den in der Angebotswertung zu berücksichtigenden finanziellen Wert je Energieeinheit (€/MJ).
        cc) Zur Berechnung der Energieverbrauchskosten, die für den Betrieb eines Straßenfahrzeugs über dessen Lebensdauer anfallen, werden die Gesamtkilometerleistung gemäß Nummer 3 (gegebenenfalls unter Berücksichtigung der bereits erbrachten Kilometerleistung), der Energieverbrauch je Kilometer (MJ/km) gemäß Doppelbuchstabe aa und die Kosten in Euro je Energieeinheit (€/MJ) gemäß Doppelbuchstabe bb miteinander multipliziert.
    b) Zur Berechnung der Kohlendioxid-Emissionen, die für den Betrieb eines Straßenfahrzeugs über dessen Lebensdauer anfallen, werden die Gesamtkilometerleistung gemäß Nummer 3 (gegebenenfalls unter Berücksichtigung der bereits erbrachten Kilometerleistung), die Kohlendioxid-Emissionen in Kilogramm je Kilometer (kg/km) gemäß Nummer 2 und die Emissionskosten je Kilogramm (€/kg) gemäß Tabelle 2 der Anlage 2 miteinander multipliziert.
    c) Zur Berechnung der in Tabelle 2 der Anlage 2 aufgeführten Kosten für Schadstoffemissionen, die für den Betrieb eines Straßenfahrzeugs über dessen Lebensdauer anfallen, werden die Kosten für Emissionen von Stickoxiden, Nichtmethan-Kohlenwasserstoffen und partikelförmigen Abgasbestandteilen addiert. Zur Berechnung der über die Lebensdauer anfallenden Kosten für jeden einzelnen Schadstoff werden die Gesamtkilometerleistung gemäß Nummer 3 (gegebenenfalls unter Berücksichtigung der bereits erbrachten Kilometerleistung), die Emissionen in Gramm je Kilometer (g/km) gemäß Nummer 2 und die jeweiligen Kosten je Gramm (€/g) miteinander multipliziert.

VgV § 68 1, 1a [aufgehoben; bis 1.8.2021: Beschaffung von Straßenfahrzeugen]

d) Auftraggeber dürfen bei der Berechnung der Emissionskosten nach den Buchstaben b und c höhere Werte zugrunde legen als diejenigen, die in Tabelle 2 der Anlage 2 angegeben sind, sofern die Werte in Tabelle 2 der Anlage 2 um nicht mehr als das Doppelte überschritten werden.

2. Die Werte für den Kraftstoffverbrauch je Kilometer sowie für Kohlendioxid-Emissionen und Schadstoffemissionen je Kilometer basieren auf den genormten gemeinschaftlichen Testverfahren der Gemeinschaftsvorschriften über die Typengehmigung. Für Straßenfahrzeuge, für die keine genormten gemeinschaftlichen Testverfahren bestehen, werden zur Gewährleistung der Vergleichbarkeit verschiedener Angebote allgemein anerkannte Testverfahren, die Ergebnisse von Prüfungen, die für den Auftraggeber durchgeführt wurden, oder die Angaben des Herstellers herangezogen.

3. Die Gesamtkilometerleistung eines Fahrzeugs ist der Tabelle 3 der Anlage 2 zu entnehmen.

Schrifttum: *Funk/Tomerius*, Aktuelle Ansatzpunkte umwelt- und klimaschützender Beschaffung in Kommunen – Überblick und Wege im Dschungel des Vergaberechts (Teil 2), KommJur 2016, 47; *Haak*, Vergaberecht in der Energiewende – Teil 1 – Energieeffiziente Beschaffung und Ausschreibungsmodell nach dem EEG 2014, NZBau 2015, 11; *Homann/Bündenbender*, Die Beschaffung von Straßenfahrzeugen nach neuem Vergaberecht, VergabeR 2012, 1; *Scherer-Leydecker*, Verteidigungs- und sicherheitsrelevante Aufträge – Eine neue Auftragskategorie im Vergaberecht, NZBau 2012, 533; *Schröder*, Die Lebenszykluskostenberechnung anhand von Energieeffizienz- und Schadstoffkriterien am Beispiel der Beschaffung von Straßenfahrzeugen, NZBau 2014, 467; *Schrotz/Mayer*, Verordnete Innovationsförderung – Neue Vorgaben für die öffentliche Kfz-Beschaffung, KommJur 2011, 81.

Übersicht

	Rn.		Rn.
I. Bedeutung der Norm	1	3. Zwingende Einbeziehung von Umweltfaktoren in der Leistungsbeschreibung oder in der Wertung (Abs. 2)	12
II. Entstehungsgeschichte	3	4. Finanzielle Bewertung von Energieverbrauch und Umweltauswirkungen (Abs. 3)	15
III. Berücksichtigung des Energieverbrauchs und von Umweltauswirkungen bei Straßenfahrzeugbeschaffungen	5	a) Methode der finanziellen Bewertung (Abs. 3 S. 1)	16
1. Grundsatz und Anwendungsbereich (Abs. 1 S. 1)	5	b) Spielräume des Auftraggebers bei finanzieller Bewertung	25
2. Zu berücksichtigende umweltrelevante Faktoren (Abs. 1 S. 2)	10	5. Ausnahmen zur Anwendung der Abs. 1–3 (Abs. 4)	28
		6. Bieterschützende Bestimmungen	35

I. Bedeutung der Norm

1   § 68, der **zum 2.8.2021 aufgehoben** worden ist (→ Rn. 4), kann für Vergabeverfahren bedeutsam sein, die vor dem 2.8.2021 eingeleitet worden sind.[1] Die nachfolgende Kommentierung ist ausschließlich für die vorgenannten Fälle gedacht, wobei § 68 im Rahmen der Kommentierung – trotz der erfolgten Aufhebung – ohne den Zusatz „aF" (für alte Fassung) aufgeführt wird.

1a   § 68, deren Vorgängervorschrift § 4 Abs. 7–10 aF ist, verpflichtet öffentliche Auftraggeber, bei Beschaffungen von Straßenfahrzeugen möglichst **umweltverträgliche Straßenfahrzeuge** zu **beschaffen.** Dazu sind entweder entsprechende Mindestanforderungen an den Energieverbrauch und die Umweltauswirkungen der Fahrzeuge zu stellen oder diese Aspekte als Zuschlagskriterien zu berücksichtigen. Die Vorschrift ist **lex specialis gegenüber § 67**, geht diesem also vor. Das heißt, bei der Beschaffung von Straßenfahrzeugen ist § 68 anzuwenden, während bei der Beschaffung von Dienstleistungen, die unter Nutzung von Straßenfahrzeugen zu erbringen sind, allenfalls § 67 gilt (→ Rn. 9 und § 67 Rn. 17). Für Vergaben unterhalb des einschlägigen Schwellenwerts gilt § 68 nicht, jedoch kann das Landesrecht Vorgaben zur Berücksichtigung von Energieeffizienz oder Energieverbrauch bei der Beschaffung enthalten.[2] § 68 dient der Umsetzung von Vorgaben der RL 2009/33/EG, die durch die RL (EU) 2019/1161[3] erheblich neu gefasst und in ihrem Anwendungs-

---

[1] Beachte aber § 10 SaubFahrzeugBeschG *„Dieses Gesetz gilt für Beschaffungen im Sinne des § 3, deren Auftragsbekanntmachung nach dem 2. August 2021 veröffentlicht wird oder bei denen nach dem 2. August 2021 zur Abgabe eines Angebotes aufgefordert wird"*; abgedruckter Volltext des SaubFahrzeugBeschG im Anhang § 68.

[2] S. zB § 4 Abs. 1 Thüringer Vergabegesetz in der Fassung der Bekanntmachung v. 23.1.2020, wonach staatliche Auftraggeber bei der Beschaffung eines Investitionsguts über 1000 EUR die Kosten für den Energieverbrauch berücksichtigen sollen.

[3] S. ABl. 2019 L 188, 116.

bereich ausgeweitet[4] worden ist. Die Abs. 1–3 sind inhaltsgleich zu § 59 Abs. 1–3 SektVO (bzw. § 7 Abs. 5 und 6 SektVO aF, § 29 Abs. 2 S. 3–5 SektVO aF). Die Verpflichtung zur Beschaffung möglichst umweltfreundlicher Straßenfahrzeuge durchbricht den vergaberechtlichen Grundsatz der Beschaffungsautonomie bzw. das Leistungsbestimmungsrecht[5] des öffentlichen Auftraggebers.

Abs. 1 legt fest, welche umweltrelevanten Aspekte bei der Beschaffung von Straßenfahrzeugen durch öffentliche Auftraggeber zu berücksichtigen sind. Abs. 1 S. 1 setzt Art. 1 RL 2009/33/EG aF um, Abs. 1 S. 2 Art. 5 Abs. 2 RL 2009/33/EG aF. Abs. 2 legt fest, wie die Aspekte des Abs. 1 in das Vergabeverfahren einzubeziehen sind. Abs. 3 legt die Methode fest, die einer etwaigen finanziellen Bewertung des Energieverbrauchs und der Umweltauswirkungen im Rahmen der Wertung zugrunde zu legen ist, und setzt Art. 6 Abs. 1 RL 2009/33/EG aF um. Abs. 4 enthält Ausnahmeregelungen zu den Abs. 1–3 und setzt Art. 2 RL 2009/33/EG aF um.[6]

II. Entstehungsgeschichte

Die umweltbezogenen Anforderungen an Fahrzeugbeschaffungen nach § 68 sind Ausfluss insbesondere der europäischen Klimapolitik (→ § 67 Rn. 3). Ihnen liegen maßgeblich die Regelungen der **RL 2009/33/EG** aF über die Förderung sauberer und energieeffizienter Straßenfahrzeuge[7] zugrunde, auf die in der Fußnote zu Abs. 1 explizit – wenn auch verkürzt (vgl. die in den einzelnen Absätzen jeweils umgesetzten Vorschriften, → Rn. 2) – hingewiesen wird. Nach Art. 5 Abs. 1 RL 2009/33/EG aF iVm Art. 5 Abs. 3 RL 2009/33/EG aF haben bestimmte Auftraggeber beim Kauf von Straßenfahrzeugen die über die gesamte Lebensdauer anfallenden Energie- und Umweltauswirkungen zu berücksichtigen und mindestens eine von zwei dargestellten Optionen anzuwenden, dh die Energie- und Umweltauswirkungen entweder in den technischen Spezifikationen oder im Rahmen der Kaufentscheidung zu berücksichtigen.

Der deutsche Verordnungsgeber hat die RL 2009/33/EG aF im Rahmen der **Änderungsverordnung zur VgV und zur SektVO** vom 9.5.2011[8] ins deutsche Recht umgesetzt und dafür den damaligen § 4 um die Abs. 7–10 erweitert. Die in diesen Absätzen enthaltenen Regelungen sind durch die **vierte Änderungsverordnung zur VgV** vom 16.8.2011[9] verschärft worden: Die Umweltauswirkungen waren danach im Allgemeinen (§ 4 Abs. 7 S. 1 aF) und in der Wertung (§ 4 Abs. 8 Nr. 2 aF) „angemessen" zu berücksichtigen. Zudem wurde die ursprünglich alternative Berücksichtigung („oder") von Umweltauswirkungen in Leistungsbeschreibung oder Wertung in eine kumulative geändert („und" – § 4 Abs. 8 Nr. 1 aE aF). Die genannten Änderungen sind durch die **Vergaberechtsmodernisierungsverordnung**[10] wieder aufgehoben worden, wodurch sich die betroffenen Vorgaben für Straßenfahrzeugbeschaffungen in VgV und SektVO nunmehr wieder entsprechen.[11] Eine Erläuterung zum Grund für diese letzten Änderungen der VgV gibt es in der Verordnungsbegründung nicht.[12]

§ 68 ist durch Art. 2 des Gesetzes zur Umsetzung der Richtlinie (EU) 2019/1161 vom 20.6.2019 zur Änderung der Richtlinie 2009/33/EG über die Förderung sauberer und energieeffizienter Straßenfahrzeuge sowie zur Änderung vergaberechtlicher Vorschriften[13] **aufgehoben worden**. Die **Aufhebung** ist gem. Art. 4 des vorgenannten Gesetzes **am 2.8.2021 in Kraft getreten**.

III. Berücksichtigung des Energieverbrauchs und von Umweltauswirkungen bei Straßenfahrzeugbeschaffungen

1. Grundsatz und Anwendungsbereich (Abs. 1 S. 1). Nach Abs. 1 S. 1 hat der öffentliche Auftraggeber bei der Beschaffung von Straßenfahrzeugen Energieverbrauch und Umweltauswirkun-

---

[4] S. Erwägungsgrund 12 RL (EU) 2019/1161, wonach durch die Ausweitung des Anwendungsbereichs der RL 2009/33/EG auch Leasing, Miete und Ratenkauf von Fahrzeugen sowie Aufträge für bestimmte Arten von Dienstleistungen erfasst werden.

[5] Hierzu s. OLG Düsseldorf Beschl. v. 17.2.2010 – Verg 42/09, IBRRS 2010, 0975; OLG Karlsruhe Beschl. v. 15.11.2013 – 15 Verg 5/13, NZBau 2014, 378.

[6] Zu den umgesetzten Vorschriften der RL 2009/33/EG s. jeweils die VgV-Begründung BT-Drs. 18/7318, 202.

[7] ABl. 2011 L 37.

[8] BGBl. 2011 I 800.

[9] BGBl. 2011 I 1724.

[10] Verordnung zur Modernisierung des Vergaberechts (VergRModVO), BGBl. 2016 I 624.

[11] Vgl. § 59 SektVO und § 68 gegenüber den Vorgängervorschriften in § 4 Abs. 7 und 8 aF und § 7 Abs. 5 und 6 SektVO aF; vgl. auch *Funk/Tomerius* KommJur 2016, 47 (51); vgl. auch *Homann/Bündenbender* VergabeR 2012, 1 (5).

[12] Vgl. aber die Kritik von *Homann/Bündenbender* VergabeR 2012, 1 (3), am vorübergehenden Unterschied zwischen VgV und SektVO.

[13] Gesetz v. 9.6.2021, BGBl. 2021 I 1691.

VgV § 68 6–8 [aufgehoben; bis 1.8.2021: Beschaffung von Straßenfahrzeugen]

gen zu berücksichtigen. Dieser **Grundsatz** darf nur bei Vorliegen einer Ausnahme nach Abs. 4 und unter den dort normierten Voraussetzungen durchbrochen werden (→ Rn. 28 ff.).

6 Der **Anwendungsbereich** des Abs. 1 S. 1 ist nur eröffnet, wenn „Straßenfahrzeuge" beschafft werden sollen. Unter dem Begriff „Straßenfahrzeug" ist im Einklang mit Art. 4 Nr. 3 RL 2009/33/EG aF[14] ein Fahrzeug zu verstehen, dass einer der in Tabelle 2 der Anlage 2 zur VgV genannten Fahrzeugklassen angehört,[15] dh
– Personenkraftwagen (M_1),
– Leichte Nutzfahrzeuge (N_1),
– Schwere Nutzfahrzeuge (N_2, N_3),
– Busse (M_2, M_3),
wobei die Bezeichnungen „M" und „N" nach der genannten Tabelle 2 den Kategorien M und N der RL 2007/46/EG entsprechen.

7 Die RL 2007/46/EG und ihr Anhang IV enthalten detaillierte Vorgaben für die einzelnen **Fahrzeugklassen**; zudem enthält der Anhang IV nach Art. 1 letzter Hs. RL 2007/46/EG eine vollständige Auflistung der in Rechtsakten festgelegten technischen Anforderungen für den Bau und den Betrieb von Fahrzeugen. Art. 3 Nr. 11 RL 2007/46/EG definiert den Begriff **„Kraftfahrzeug"** als ein vollständiges, vervollständigtes oder unvollständiges Fahrzeug mit eigener Antriebsmaschine, mindestens vier Rädern und einer bauartbedingten Höchstgeschwindigkeit von mehr als 25 km/h. Die Tabellen Nr. 1–3 im Anhang II Teil C RL 2007/46/EG geben an, welche Fahrzeuge in die Fahrzeugklassen M_1, M_2, M_3, N_1, N_2 und N_3 gehören. Das Kraftfahrtbundesamt erläutert die einzelnen EU-Fahrzeugklassen[16] wie folgt:[17]

Klasse M1:	für die Personenbeförderung ausgelegte und gebaute Kraftfahrzeuge mit höchstens acht Sitzplätzen außer dem Fahrersitz
Klasse M2:	für die Personenbeförderung ausgelegte und gebaute Kraftfahrzeuge mit mehr als acht Sitzplätzen außer dem Fahrersitz und einer zulässigen Gesamtmasse bis zu 5 Tonnen
Klasse M3:	für die Personenbeförderung ausgelegte und gebaute Kraftfahrzeuge mit mehr als acht Sitzplätzen außer dem Fahrersitz und einer zulässigen Gesamtmasse von mehr als 5 Tonnen
Klasse N1:	für die Güterbeförderung ausgelegte und gebaute Kraftfahrzeuge mit einer zulässigen Gesamtmasse bis zu 3,5 Tonnen
Klasse N2:	für die Güterbeförderung ausgelegte und gebaute Kraftfahrzeuge mit einer zulässigen Gesamtmasse von mehr als 3,5 Tonnen bis zu 12 Tonnen
Klasse N3:	für die Güterbeförderung ausgelegte und gebaute Kraftfahrzeuge mit einer zulässigen Gesamtmasse von mehr als 12 Tonnen

8 Nach Abs. 1 S. 1 gelten die umweltrelevanten Anforderungen für den Fall der **„Beschaffung"** von Straßenfahrzeugen durch öffentliche Auftraggeber. Mit der „Beschaffung" von Straßenfahrzeugen sind neben dem Kauf auch Situationen erfasst, in denen der Auftraggeber Fahrzeuge least oder mietet[18] oder sich deren Gebrauch bzw. Verwendungsmöglichkeit auf andere Weise verschafft.[19] Damit ging Abs. 1 S. 1 über den Wortlaut des ihr zugrunde zu legen liegenden Art. 5 Abs. 1 RL 2009/33/EG aF hinaus, der ausdrücklich nur den „Kauf" von Straßenfahrzeugen regelt.[20] Die neu gefasste RL 2009/33/EG (→ Rn. 1) ist in ihrem Anwendungsbereich erweitert worden und gilt

---

[14] Nach Art. 4 Nr. 3 RL 2009/33/EG nF gilt – soweit ersichtlich ohne iE inhaltliche Änderungen –: „'Straßenfahrzeug' ist ein Fahrzeug der Klasse M oder N gemäß Artikel 4 Absatz 1 Buchstaben a und b der Verordnung (EU) 2018/858".
[15] Vgl. Begründung zur Änderungsverordnung der VgV und SektVO, BR-Drs. 70/11, 22.
[16] Hierzu s. auch Art. 4 Abs. 1 lit. a und b VO (EU) 2018/858.
[17] So etwa im Verzeichnis des Kraftfahrtbundesamtes über Schadstoff-Typprüfwerte von Kraftfahrzeugen zur Personenbeförderung mit höchstens neun Sitzplätzen und Wohnmobilen (Klasse M1: Pkw, Wohnmobile) v. 15.3.2016 unter „Erläuterungen".
[18] Ebenso *Schrotz/Mayer* KommJur 2011, 81 (84); vgl. auch Ziekow/Völlink/*Bernhardt*, 2. Aufl. 2013, SektVO § 7 Rn. 5a.
[19] Ähnlich jurisPK-VergabeR/*Zeiss* Rn. 17; s. auch Erwägungsgrund 12 RL (EU) 2019/1161 und die durch Art. 1 RL (EU) 2019/1161 neu festgelegte Fassung von Art. 3 Abs. 1 lit. a RL 2009/33/EG.
[20] Darauf, ob die RL 2009/33/EG aF nur den Kauf von Fahrzeugen betrifft – so *Schrotz/Mayer* KommJur 2011, 81 (84 f.) – oder die Beschaffung von Fahrzeugen – so *Schröder* NZBau 2014, 467 – kommt es für die Auslegung von § 68 Abs. 1 nicht an, denn der deutsche VO-Geber hat sich auf Letzteres festgelegt, was er darf.

nach ihrem Art. 3 Abs. 1 lit. a RL 2009/33/EG jetzt ausdrücklich für Verträge über den Kauf, das Leasing, die Anmietung oder den Ratenkauf von Straßenfahrzeugen.

Ob ein zu vergebender Vertrag die Beschaffung von Straßenfahrzeugen oder die Beschaffung von Fahrverkehrsleistungen bzw. Dienstleistungen unter Einsatz von Straßenfahrzeugen betrifft, kann im Einzelfall schwierig einzuschätzen sein. Der Auftraggeber muss stets anhand aller relevanten Umstände beurteilen, ob er eine Lieferleistung vergibt und „er" sich damit Fahrzeuge beschafft, sodass § 68 einschlägig ist, oder er demgegenüber Fahrverkehrsleistungen mit bestimmten Fahrzeugen beschafft, also einen Dienstleistungsvertrag vergibt, und daher allenfalls § 67 einschlägig sein kann.[21] Bei einem typengemischten Vertrag mit beiden Beschaffungsinhalten hat der Auftraggeber auf den Teil der Fahrzeugbeschaffung § 68 und auf den Teil der Beschaffung von Fahrverkehrsleistungen – soweit dessen Anwendungsbereich eröffnet ist – § 67 anzuwenden, ohne dass es auf den Schwerpunkt des Vertrags ankommt. Denn eine Kollisionsregel in der Art des § 110 GWB gibt es in der VgV für solche typengemischten Verträge nicht. Zudem können die §§ 67 und 68 parallel auf unterschiedliche Beschaffungsgegenstände eines zu vergebenden Vertrages angewendet werden.

2. Zu berücksichtigende umweltrelevante Faktoren (Abs. 1 S. 2). Abs. 1 S. 2 konkretisiert den in S. 1 aufgestellten Grundsatz und zählt auf, welche **Faktoren** bei der Beschaffung von Straßenfahrzeugen mindestens zu berücksichtigen sind. Dazu zählen der Energieverbrauch (Nr. 1), die Kohlendioxid-Emissionen (Nr. 2), die Emissionen von Stickoxiden (Nr. 3), die Emissionen von Nichtmethan-Kohlenwasserstoffen (Nr. 4) und partikelförmige Abgasbestandteile (Nr. 5). Diese Faktoren sind über die gesamte (verbleibende)[22] Lebenszeit des Fahrzeugs (vgl. Art. 5 Abs. 1 RL 2009/33/EG aF) in Gestalt der **Gesamtkilometerleistung** nach Tabelle 3 der Anlage 2 zu berücksichtigen. Die Gesamtkilometerleistung nach Tabelle 3 spiegelt im Rahmen des § 68 die volle Lebensbzw. Verwendungsdauer des jeweiligen Fahrzeugs wider.[23] Wie genau der öffentliche Auftraggeber die genannten Faktoren im Vergabeverfahren einzubeziehen hat, regeln die Abs. 2 und 3.

Da Abs. 1 S. 2 nicht zwischen vertraglichen Beschaffungsarten wie etwa Kauf, Miete oder Leasing unterscheidet, ist bei jeder Beschaffung die gesamte (verbleibende) Lebenszeit des Fahrzeugs zu berücksichtigen. Das gilt also auch dann, wenn zB der Leasingvertrag nur eine Laufzeit von einem Jahr hat. Dagegen wendet sich allerdings eine Auffassung in der Literatur mit dem Argument, dass diese Sicht dem Einzelfall nicht gerecht werde.[24] Aus einer rein die beim Auftraggeber anfallenden (in- und externen) Kosten berücksichtigenden Sicht erscheint die Kritik nachvollziehbar. Allerdings besteht das vornehmliche Ziel des § 68 darin, die Umweltverträglichkeit bei Beschaffungen zu erhöhen und den Markt für saubere und energieeffiziente Fahrzeuge zu fördern und zu beleben,[25] was maßgeblich für die Auslegung der Vorschrift sein muss. Dieses Ziel wird durch eine vollständige Lebenszyklusbetrachtung der Fahrzeuge effektiver umgesetzt, als würden nur Teilabschnitte des Lebenszyklus betrachtet, sodass die Kritik im Ergebnis nicht gerechtfertigt erscheint.

3. Zwingende Einbeziehung von Umweltfaktoren in der Leistungsbeschreibung oder in der Wertung (Abs. 2). Nach Abs. 2 erfüllt der öffentliche Auftraggeber die Verpflichtung aus Abs. 1 zur Berücksichtigung des Energieverbrauchs und der Umweltauswirkungen, indem er Vorgaben zu Energieverbrauch und Umweltauswirkungen in der Leistungsbeschreibung macht oder den Energieverbrauch und die Umweltauswirkungen von Straßenfahrzeugen als Zuschlagskriterien berücksichtigt. Er ist danach also nur **zur Durchführung einer der beiden Maßnahmen verpflichtet** („oder"), kann aber – so wie in § 67 Abs. 2 und 5 für energieverbrauchsrelevante Gegenstände allgemein vorgesehen – auch beide ergreifen.[26] Als zweckmäßig kann sich das erweisen, wenn die Mindestvorgaben in der Leistungsbeschreibung viel Wettbewerb zulassen und sich die Angebote hinsichtlich der Umweltauswirkungen der Fahrzeuge erheblich unterscheiden können.[27] In einem solchen Fall wird durch die Einbeziehung von Umweltauswirkungen auch in der Wertung ein

---

[21] Ähnlich Haak NZBau 2015, 11 (15); vgl. auch Beck VergabeR/Hertwig/Slawinski, 2. Aufl. 2013, SektVO § 7 Rn. 30; beachte allerdings OLG Celle Beschl. v. 19.3.2015 – 13 Verg 1/15, IBRRS 2015, 0744, worin das Gericht zu § 4 aF (= § 67) die Auffassung vertritt, diese Vorschrift sei nicht auf Verkehrsmittel zur Personen- und Güterbeförderung anwendbar – diese Rechtsprechung dürfte obsolet sein (→ § 67 Rn. 17).

[22] S. Nr. 1 lit. a cc, b und c Anlage 3, wonach ggf. die bereits erbrachte km-Leistung berücksichtigt wird (→ Rn. 17).

[23] Vgl. Homann/Bündenbender VergabeR 2012, 1 (3).

[24] Homann/Bündenbender VergabeR 2012, 1 (7).

[25] S. Art. 1 RL 2009/33/EG.

[26] So zB als Mindestanforderung die Abgasnorm „Euro 6" in der Leistungsbeschreibung vorgeben und die Erfüllung strengerer Werte wie der „Euro 7" bei der Wertung der Angebote berücksichtigen – s. Begründung zur Änderungsverordnung zur VgV und SektVO, BR-Drs. 70/11, 22.

[27] Vgl. Begründung zur Änderungsverordnung der VgV und SektVO, BR-Drs. 70/11, 22; vgl. auch BR-Drs. 345/11, 9.

Anreiz zu innovativen Verbesserungen gesetzt[28] und damit die europäische und deutsche Zielsetzung möglichst umweltfreundlicher Fahrzeugbeschaffungen effektiv umgesetzt.[29]

13 Unabhängig davon, welche der beiden Maßnahmen des Abs. 2 der Auftraggeber durchführt, sind mindestens die in Abs. 1 genannten Faktoren einzubeziehen. Da es sich insofern um eine „Mindestvorgabe" handelt, darf der Auftraggeber darüber hinausgehen, also auch **andere umweltrelevante Faktoren** der Fahrzeuge in das Vergabeverfahren einbeziehen.[30] So zB Geräuschemissionen[31] oder – soweit vorhanden – weitere externe Effekte der Umweltbelastung iSv § 59 Abs. 2 Nr. 5.[32] Sollen andere umweltrelevante Faktoren als Zuschlagskriterien herangezogen werden, müssen diese den allgemeinen Anforderungen an Zuschlagskriterien entsprechen, also ua mit dem Auftragsgegenstand in Zusammenhang stehen.[33]

14 Dazu, in welchem **Umfang** bzw. **Maß** die **Faktoren** des Abs. 1 S. 2 in der Leistungsbeschreibung oder der Wertung zu **berücksichtigen** sind, macht weder Abs. 2 noch die Verordnungsbegründung relevante Vorgaben. Erwähnenswert ist in diesem Zusammenhang, dass die frühere Vorgabe entfallen ist, den Energieverbrauch und die Umweltauswirkungen „angemessen" zu berücksichtigen (→ Rn. 4). Dies könnte darauf hindeuten, dass es nach § 68 nur noch auf die Berücksichtigung dieser Aspekte überhaupt ankommt und der Umfang bzw. das Maß nicht entscheidend ist. Eine solche Sichtweise steht jedoch im Widerspruch zur RL 2009/33/EG aF und deren Sinn und Zweck. Denn danach und entsprechend den Zielen des deutschen Verordnungsgebers sollen Fahrzeugbeschaffungen umweltfreundlich erfolgen und Hersteller umweltfreundlicher Fahrzeuge begünstigt werden.[34] Vor diesem Hintergrund und zum Zwecke europarechtskonformen Handelns müssen Energieverbrauch und Umwelteinwirkungen von Fahrzeugen nach den Vergabeunterlagen so berücksichtigt werden, dass **energieeffiziente und umweltfreundliche Fahrzeuge** einen **spürbaren** und nicht nur symbolischen **Wettbewerbsvorteil** gegenüber weniger energieeffizienten und umweltfreundlichen Fahrzeugen haben (zur höheren Anforderung der „angemessenen" Berücksichtigung → § 67 Rn. 52 ff.).[35] Folglich wäre es unzulässig lediglich in der Leistungsbeschreibung einen Mindeststandard festlegen, den sämtliche am Markt verfügbaren Fahrzeuge der nachgefragten Fahrzeugklasse problemlos erfüllen.[36]

15 **4. Finanzielle Bewertung von Energieverbrauch und Umweltauswirkungen (Abs. 3).** Entscheidet sich der öffentliche Auftraggeber im Einklang mit Abs. 2 Nr. 2 dafür, den Energieverbrauch und die Umweltauswirkungen von Straßenfahrzeugen als Zuschlagskriterien zu berücksichtigen, kann er Wertungsvorgaben festlegen, wonach diese Fahrzeugeigenschaften entweder bepunktet[37] oder finanziell – dh mit einen „Preis" in Form eines Euro-Betrags – bewertet werden.[38] Für den letztgenannten Fall der finanziellen Bewertung hat der öffentliche Auftraggeber die Anforderungen des Abs. 3 einzuhalten.

16 **a) Methode der finanziellen Bewertung (Abs. 3 S. 1).** Nach Abs. 3 S. 1 ist der öffentliche Auftraggeber verpflichtet, die finanzielle Bewertung des Energieverbrauchs und der Umweltauswirkungen nach der in **Anlage 3** zur VgV **definierten Methode** durchzuführen. Zusammengefasst entsprechen nach Nr. 1 Anlage 3 zur VgV die Energieverbrauchs- bzw. Emissionskosten jeweils dem Produkt aus der (verbleibenden) Gesamtkilometerleistung des Fahrzeugs, dem Verbrauch bzw. der Emissionen des Fahrzeugs je Kilometer und den Kosten für Verbrauch bzw. Emissionen (→ Rn. 18 ff.). Da reine Elektro-Straßenfahrzeuge bei Ihrer Nutzung keine Emissionen im Sinne der Anlage 3 verursachen, müssen bei deren Beschaffung lediglich die Energieverbrauchskosten berechnet werden. Die für den Stromenergieverbrauch von Elektrofahrzeugen typischerweise verwendete Einheit „kWh/100 Km" ist hierzu in „MJ/Km" umzurechnen, wofür folgende Relation

---

[28] Vgl. Pünder/Schellenberg/*Winnes*, 2. Aufl. 2015, § 4 Rn. 34.
[29] Eschenbruch/Opitz/*Wolters*, 1. Aufl. 2012, SektVO § 7 Rn. 72.
[30] Art. 5 Abs. 2 letzter Satz RL 2009/33/EG aF.
[31] *Schrotz/Mayer* KommJur 2011, 81 (82).
[32] Vgl. hierzu Erwägungsgrund 25 RL 2009/33/EG aF.
[33] S. § 127 Abs. 3 GWB sowie Erwägungsgrund 24 RL 2009/33/EG aF.
[34] Vgl. Art. 1 RL 2009/33/EG aF.
[35] Ebenso *Schrotz/Mayer* KommJur 2011, 81 (83).
[36] *Homann/Bündenbender* VergabeR 2012, 1 (6); ähnlich *Schröder* in Müller-Wrede VgV Rn. 25, mit der Schlussfolgerung, dass Energieverbrauch und Umweltauswirkungen in der Wertung – sofern einschlägig – mit mindestens 10% zu gewichten sei.
[37] S. etwa VK Baden-Württemberg Beschl. v. 13.3.2017 – 1 VK 6/17, wobei die Wertungsvorgaben zur Bepunktung an sich nicht als rechtlich kritisch erachtet worden sind.
[38] Vgl. *Homann/Bündenbender* VergabeR 2012, 1 (6), die im Übrigen meinen, eine Punktbewertung sei grundsätzlich deutlich vorteilhafter (8).

II. Entstehungsgeschichte

zu beachten ist: 1 kWh = 3,6 MJ. Ein Verbrauch von zB 13 kWh/100 Km entspricht also 46 MJ/ 100 Km bzw. 0,46 MJ/Km.

Bei der Berechnung ist die **Gesamtkilometerleistung** des Fahrzeugs jeweils der Tabelle 3 der Anlage 2 der VgV zu entnehmen – ggf. unter Berücksichtigung der bereits erbrachten Kilometerleistung.[39] Handelt es sich bei dem zu beschaffenden Fahrzeug um ein Gebrauchtfahrzeug, sind also dessen bereits gefahrenen Kilometerleistungen in Abzug zu bringen und nur die somit verbleibenden Gesamtkilometer heranzuziehen.[40]

Die vom Auftraggeber bei der finanziellen Bewertung herangezogenen **Werte für den Kraftstoffverbrauch und die Kohlendioxid- und Schadstoffemissionen** müssen gem. Nr. 2 Anlage 3 zur VgV auf den genormten gemeinschaftlichen Testverfahren der Gemeinschaftsvorschriften über die Typengenehmigung basieren. Diese gibt es – soweit ersichtlich – bisher noch nicht.[41] Einheitliche Vorgaben für die Messung von Verbrauchswerten sind erforderlich, um die Gleichbehandlung der Bieter zu gewährleisten (vgl. Nr. 2 S. 2 Anlage 3). Die für die EG-Typengenehmigung von Fahrzeugen anzuwendenden Vorschriften sind gem. Art. 9 Abs. 1 lit. a RL 2007/46/EG in Anhang IV aufgeführt. In Deutschland erteilt das Kraftfahrtbundesamt (KBA) Typengenehmigungen und die allgemeine (nationale) Betriebserlaubnis für Kraftfahrzeuge und Fahrzeugteile. Im Rahmen des Typgenehmigungsverfahrens misst das KBA unter anderem die Emissionen der Kraftfahrzeuge und veröffentlich vierteljährlich Verzeichnisse der Kraftstoffverbrauchs- und Emissions-Typprüfwerte von Kraftfahrzeugen mit Typgenehmigungen für die jeweilige Fahrzeugklasse.[42]

Für Straßenfahrzeuge, für die keine genormten gemeinschaftlichen Testverfahren bestehen, werden nach Nr. 2 S. 2 Anlage 3 zur VgV allgemein anerkannte Testverfahren, die Ergebnisse von Prüfungen, die für den Auftraggeber durchgeführt wurden, oder die Angaben des Herstellers herangezogen. Unabhängig davon, welche konkreten Vorgaben der Auftraggeber in einem solchen Fall in den Vergabeunterlagen macht, müssen diese Vorgaben die Vergleichbarkeit der Angebote und die Gleichbehandlung der Bieter gewährleisten. Daher dürfte sich aus praktischer Sicht vor allem anbieten, auf die Kraftstoffverbrauchs- und Emissions-Typprüfwerte des KBA zurückzugreifen (→ Rn. 18). Kommt der Auftraggeber aus **nachweislichen Gründen** im Einzelfall zur Auffassung, dass mit zumutbarem Aufwand keine die **Vergleichbarkeit der Angebote** gewährleistenden Verbrauchsangaben zu beschaffen sind, so wird er von der **Verpflichtung aus § 68 VgV frei**.[43] Dies gilt umso mehr, als der Auftraggeber nach § 127 Abs. 4 S. 1 GWB die Zuschlagskriterien so festlegen und bestimmen muss, dass eine wirksame Überprüfung möglich ist, ob und inwieweit die Angebote die Zuschlagskriterien erfüllen.[44] In dem vorstehend angesprochenen Fall ist dem Auftraggeber anzuraten, die nachweislichen Gründe ausführlich zu dokumentieren.

In Nr. 1 lit. a–c Anlage 3 zur VgV sind einzeln die Formeln aufgeführt, um die Energieverbrauchskosten, die Kohlendioxidemissionskosten und die Kosten für Schadstoffemissionen zu berechnen. Die **Energieverbrauchskosten eines Fahrzeugs** sind gem. Nr. 1 lit. a cc Anlage 3 zur VgV nach folgender Formel zu berechnen:[45]

| Verbrauchs-Kosten in EUR | = | Kraftstoffverbrauch in Megajoule/km | * | Energiewert in EUR/Megajoule | * | (verbleibende) Gesamtleistung Fahrzeug in km |

Sind die Ausgangsdaten zum Kraftstoffverbrauch in einer anderen Einheit als Megajoule je Kilometer (zur Umrechnung von kWh in MJ → Rn. 16), so ist die Einheit ggf. unter Zuhilfenahme der Tabelle 1 der Anlage 2 zur VgV umzurechnen. Der in der Formel einzusetzende Energiewert (nach Wortlaut von Anlage 3 Nr. 1 lit. a aa „finanzieller Wert je Energieeinheit") ist anhand des Werts des günstigeren der Kraftstoffe Ottokraftstoff oder Dieselkraftstoff vor Steuern zu bestimmen. Da § 68 keine Vorgaben dazu enthält, welcher Stichtag insofern relevant sein soll, kann der Auftraggeber diesen in den Vergabeunterlagen festlegen, zB den Schlusstag der Angebotsabgabe.[46] Ferner

---

[39] S. jeweils Nr. 1 lit. a cc, b und c Anlage 3 zur VgV.
[40] Zum Aspekt der Betrachtung des Energieverbrauchs und der Umweltwirkungen über die Lebensdauer des Fahrzeugs → Rn. 10, 17.
[41] *Fandrey* in KKMPP VgV Rn. 30.
[42] S. unter: https://www.kba.de/DE/Typgenehmigung/Fahrzeugtypdaten_Auskuenfte_TGV/Veroeffentli chungen/veroeffentlichungen_inhalt_SV2.html?nn-669138 (zuletzt abgerufen am 11.8.2021).
[43] Zur Problematik → § 67 Rn. 26.
[44] Vgl. hierzu auch EuGH Urt. v. 4.12.2003 – C-448/01, NZBau 2004, 105 Rn. 50.
[45] Ein Berechnungsbeispiel zu § 4 Abs. 9 aF enthält BR-Drs. 70/11, 23 f.
[46] Ebenso *Schröder* in Müller-Wrede VgV Rn. 33.

sollte er gleichzeitig festlegen, aus welcher öffentlich anerkannten Quelle der Wert des Kraftstoffs in EUR entnommen wird. Erwirbt man – wie typisch – den relevanten Kraftstoff in EUR/l, so berechnet sich der **Energiewert** in EUR/Megajoule unter Rückgriff auf die Angaben zum Energiegehalt in MJ/l nach Tabelle 1 der Anlage 2 zur VgV wie folgt:

Energiewert in EUR/ Megajoule	=	Kosten des relevanten Kraftstoffs in EUR/l	/	Energiegehalt des relevanten Kraftstoffs nach Tabelle 1 Anlage 2 VgV in Megajoule/l

22   Die **Kosten der Kohlendioxid-Emissionen** eines Fahrzeugs sind gem. Nr. 1 lit. b Anlage 3 zur VgV nach folgender Formel zu berechnen, wobei die Emissionskosten der Tabelle 2 der Anlage 2 der VgV zu entnehmen sind:

Kosten CO_2-Emissionen in EUR	=	(verbleibende) Gesamtleistung Fahrzeug in km	*	CO_2-Emissionen in kg/km	*	Emissionskosten in EUR/kg

23   Die **Kosten** eines Fahrzeugs für die **Emissionen der Schadstoffe** Stickoxid, Nichtmethan-Kohlenwasserstoff und partikelförmige Abgasbestandteile sind jeweils gem. Nr. 1 lit. c Anlage 3 zur VgV nach folgender Formel zu berechnen, wobei die Emissionskosten der Tabelle 2 der Anlage 2 zur VgV zu entnehmen sind:

Kosten für Emission des Schadstoffs in EUR	=	(verbleibende) Gesamtleistung Fahrzeug in km	*	Schadstoff-Emissionen in g/km	*	Emissionskosten in EUR/g

24   Die Summe aus den einzeln ermittelten Kosten stellt die finanzielle Bewertung des Energieverbrauchs und der Umweltauswirkungen für das Fahrzeug dar. Diese finanzielle Bewertung gibt lediglich einen Teil der Kosten des Fahrzeugs über seine Lebensdauer wieder. Zu weiteren Kostenelementen bei einer Lebenszykluskostenbetrachtung → § 67 Rn. 47.

25   **b) Spielräume des Auftraggebers bei finanzieller Bewertung.** Abs. 3 S. 2 bestimmt, dass, soweit die Angaben in Anlage 2 dem öffentlichen Auftraggeber einen **Spielraum** bei der **Beurteilung des Energiegehaltes oder der Emissionskosten** einräumen, der öffentliche Auftraggeber diesen Spielraum entsprechend den lokalen Bedingungen am Einsatzort des Fahrzeugs nutzt. Diese Vorgabe soll die Flexibilität des Auftraggebers erhöhen.[47] Ihr liegt die Vorstellung zugrunde, dass Auftraggeber auf die lokalen Bedingungen und Bedürfnisse abgestimmte Methoden bereits vor Geltung der in Abs. 3 S. 2 enthaltenen Regelung entwickelt hatten, um Energieverbrauch und Umweltauswirkungen zu berücksichtigen. Sie sollen diese innerhalb des vorgegebenen gesetzlichen Rahmens weiter verfolgen dürfen.[48]

26   Anlage 2 eröffnet Auftraggebern einen **Spielraum** in Bezug auf den Energiegehalt von **Erdgas**, der mit 33-38 MJ/Nm^3 angegeben ist, sowie in Bezug auf die Emissionskosten von **Kohlendioxid**, die mit 0,03-0,04 EUR/km angegeben sind. Der Auftraggeber übt den Spielraum durch Festlegung des jeweiligen Werts aus, mit dem die finanzielle Bewertung der Energie- bzw. Kohlendioxid-Emissionskosten vorgenommen wird.

27   Neben Abs. 3 S. 2 wird dem öffentlichen Auftraggeber durch Abs. 3 S. 1 iVm Nr. 1 lit. d Anlage 3 der VgV ein weiterer **Spielraum** bei der finanziellen **Bewertung** (nur) der **Emissionen** eingeräumt. Danach dürfen höhere als die in der Tabelle 2 der Anlage 2 der VgV enthaltenen Emissionskosten bei der finanziellen Bewertung herangezogen werden, sofern die dortigen Werte nicht um das Doppelte überschritten werden. Aus dieser Regelung ergibt sich als Rückschluss, dass Auftraggeber bei der finanziellen Bewertung keine höheren Kosten für den Energieverbrauch heranziehen dürfen, als in Tabelle 1 der Anlage 2 der VgV aufgeführt.

28   **5. Ausnahmen zur Anwendung der Abs. 1–3 (Abs. 4).** Nach Abs. 4 S. 1 müssen so genannte Einsatzfahrzeuge die Anforderungen der Abs. 1–3 nicht erfüllen. Die Bestimmung ist aufgrund ihres **Ausnahme**charakters eng auszulegen. Sie hat ihre **europarechtliche Grundlage** in Art. 2 RL 2009/33/EG aF,[49] wonach die Mitgliedstaaten den Kauf von in Art. 2 Abs. 3 RL 2007/46/EG genannten Fahrzeugen, die nicht der Typengenehmigung oder der Einzelgenehmi-

---

[47] S. Erwägungsgrund 23 RL 2009/33/EG aF.
[48] Vgl. Erwägungsgrund 19 RL 2009/33/EG aF.
[49] Begründung zur Änderungsverordnung der VgV und SektVO, BR-Drs. 70/11, 24.

II. Entstehungsgeschichte

gung in ihrem Hoheitsgebiet unterliegen, von den Anforderungen der RL 2009/33/EG aF befreien können. Nach Art. 2 Abs. 3 lit. b RL 2007/46/EG ist die Typengenehmigung oder Einzelgenehmigung für Fahrzeuge fakultativ möglich, die für den Einsatz durch die Streitkräfte, den Katastrophenschutz, die Feuerwehr und die Ordnungskräfte konstruiert und gebaut sind.

Der **Sinn und Zweck** der vom deutschen Verordnungsgeber eingeführten **Ausnahmeregelung** für Einsatzfahrzeuge besteht darin, dass deren Funktionstüchtigkeit nicht durch die Anforderungen der Abs. 1–3 beeinträchtigt werden soll. Einsatzfahrzeuge sind ausgerichtet an ihrem jeweiligen Zweck, speziell konstruiert und gebaut und müssen unter verschiedenen Umweltbedingungen (Klima, Boden und Luftbeschaffenheit, Gewalteinwirkungen, Kraftstoff, Beladung usw) einsetzbar sein.[50] Sie besitzen technische Spezifikationen, die nicht handelsüblich sind,[51] und zählen damit nicht zu den für den Straßenverkehr standardisierten, marktüblichen Fahrzeugen.[52] Daher steht die auf Einsatzfahrzeuge beschränkte Ausnahmeregelung im Ergebnis auch im Einklang mit dem Ziel der RL 2009/33/EG aF,[53] den Markt für saubere und energieeffiziente und insbesondere standardisierte, in größerer Zahl hergestellte Straßenfahrzeuge zu beleben.[54]

Abs. 4 S. 1 **definiert Einsatzfahrzeuge** als Straßenfahrzeuge, die für den Einsatz im Rahmen des hoheitlichen Auftrags der Streitkräfte, des Katastrophenschutzes, der Feuerwehren und der Polizeien des Bundes und der Länder konstruiert und gebaut sind. Die Auflistung der relevanten Einrichtungen mit hoheitlichem Auftrag ist aufgrund des Ausnahmecharakters der Vorschrift abschließend. Daher sind als relevante Einrichtungen mit hoheitlichem Auftrag etwa nicht alle Ordnungsbehörden erfasst – so wie in Art. 2 Abs. 3 lit. b RL 2007/46/EG –, sondern entsprechend des Wortlauts von S. 1 „nur" die Bundespolizei und die Polizeien der Länder.[55] Der Begriff „Streitkräfte" umfasst neben der Bundeswehr auch Gaststreitkräfte.[56] Zu den Einrichtungen des Katastrophenschutzes zählen viele auf Bundes-, Landes- oder Kommunalebene tätige Organisationen. So zB die Bundesanstalt Technisches Hilfswerk, das Bundesamt für Bevölkerungsschutz und Katastrophenhilfe[57] sowie etwa die nach Landesrecht im Katastrophenschutz mitwirkenden Einheiten und Einrichtungen (vgl. § 11 Abs. 1 Gesetz über den Zivilschutz und die Katastrophenhilfe des jeweiligen Bundeslandes iVm dem jeweiligen Katastrophenschutzgesetz).[58] Zu den Feuerwehren zählen sowohl die Berufsfeuerwehren als auch die freiwilligen Feuerwehren.[59]

Für die Einordnung eines Fahrzeugs als **Einsatzfahrzeug** kommt es darauf an, dass es für einen der in Abs. 4 S. 1 genannten **Einsatzzwecke** konstruiert und gebaut worden ist. Das trifft sowohl auf Fahrzeuge zu, die von Anfang an für einen der Einsatzzwecke konstruiert wurden, aber auch auf Fahrzeuge, die ursprünglich ein handelsübliches Standardmodell waren und anschließend zweckgerichtet umgebaut[60] worden sind, zB die nachträgliche Panzerung von Fahrzeugen.[61] Der nachträgliche Umbau muss allerdings eine gewisse Erheblichkeit aufweisen, wofür eine besondere Lackierung oder die Ausstattung mit Blaulicht oder einer Funkanlage nicht genügt.[62] Liegt keiner der beiden vorgenannten Fälle vor, handelt es sich nicht um ein Einsatzfahrzeug. Das gilt auch, wenn das betrachtete handelsübliche Fahrzeug bei Gelegenheit im Einsatz verwendet wird.[63] Dementsprechend unterscheidet die Verordnungsbegründung zu § 4 Abs. 10 aF zwischen Fahrzeugen für den Grundbetrieb, die nicht einsatzrelevant sind, und einsatzrelevanten Fahrzeugen wie zB Kampffahrzeugen.[64]

Die weit formulierte **Ausnahmeregelung** des Abs. 4 S. 1 wird durch Abs. 4 S. 2 ganz erheblich **eingeschränkt**. Danach berücksichtigt der öffentliche Auftraggeber die Anforderungen nach den Abs. 1–3 bei der Beschaffung von Einsatzfahrzeugen, soweit es der Stand der Technik zulässt

---

[50] Begründung zur Änderungsverordnung der VgV und SektVO, BR-Drs. 70/11, 24.
[51] Ziekow/Völlink/Greb, 2. Aufl. 2013, § 4 Rn. 43.
[52] Ähnlich Schrotz/Mayer KommJur 2011, 81 (84).
[53] S. Erwägungsgrund 11 RL 2009/33/EG aF.
[54] Schrotz/Mayer KommJur 2011, 81 (84).
[55] Nach Fandrey in KKMPP VgV Rn. 10, sei dies umstritten.
[56] Schröder NZBau 2014, 467 (468).
[57] Schröder NZBau 2014, 467 (468).
[58] In Berlin haben sich etwa die Hilfsorganisationen Deutsches Rotes Kreuz, Arbeiter-Samariter-Bund, Malteser Hilfsdienst, Johanniter-Unfall-Hilfe und Deutsche Lebensrettungsgesellschaft nach § 12 Katastrophenschutzgesetz Berlin zur Mitwirkung im Katastrophenfall verpflichtet – s. www.berlin.de/sen/inneres/sicherheit/katastrophenschutz/katastrophenschutz-dienst/allg.-informationen/artikel.39047.php.
[59] Schröder NZBau 2014, 467 (468).
[60] Ebenso Schröder NZBau 2014, 467 (468).
[61] Homann/Bündenbender VergabeR 2012, 1 (4).
[62] So Homann/Bündenbender VergabeR 2012, 1 (4).
[63] So zu § 4 Abs. 10 aF Ziekow/Völlink/Greb, 2. Aufl. 2013, § 4 Rn. 43.
[64] Begründung zur Änderungsverordnung der VgV und SektVO, BR-Drs. 70/11, 25.

und hierdurch die Einsatzfähigkeit der Einsatzfahrzeuge zur Erfüllung des in S. 1 genannten hoheitlichen Auftrags nicht beeinträchtigt wird. Der Verordnungsgeber hat also auch für öffentliche Auftraggeber mit den genannten hoheitlichen Aufträgen eine möglichst **weitgehende Einhaltung der umweltrelevanten Anforderungen** bei der Beschaffung von Einsatzfahrzeugen vorgegeben. In der Gesamtschau des Abs. 4 enthält S. 2 die im Ergebnis relevanten Vorgaben dafür, inwieweit von den umweltrelevanten Anforderungen abgewichen werden darf. Die Bedeutung von S. 1 hingegen besteht vornehmlich darin, den Begriff „Einsatzfahrzeuge" zu definieren.

33 Da es für das ausnahmsweise zulässige Abweichen von den Abs. 1–3 maßgeblich darauf ankommt, ob die **Einsatzfähigkeit der Einsatzfahrzeuge** beeinträchtigt wird durch erhöhte Anforderungen an deren Energieverbrauch und Umweltauswirkungen im Rahmen der Vergabe, werden Beschaffungen von im Inland genutzten Straßenfahrzeuge nach einer Auffassung in der Literatur allenfalls selten diese Voraussetzung erfüllen.[65] Das ist deshalb nachvollziehbar, weil im inländischen Straßenverkehr eingesetzte Einsatzfahrzeuge kaum eine besondere Robustheit aufweisen werden müssen im Gegensatz etwa zu im Ausland oder in der „wilden" Natur eingesetzten Einsatzfahrzeugen.[66] Es ist auch kaum ersichtlich, dass der Stand der Technik eine Berücksichtigung der umweltrelevanten Faktoren für im Inland genutzte Straßenfahrzeuge ausschließt. In Anlehnung an die Definition in § 3 Abs. 6 S. 1 BImSchG wird man unter dem „Stand der Technik" das nach dem vorliegenden Entwicklungsstand technisch-praktisch Realisierbare bzw. die besten verfügbaren Techniken[67] verstehen.[68] Im Ergebnis werden Ausnahmen von den Abs. 1–3 daher wohl vornehmlich in Fällen zulässig sein, in denen der öffentliche Auftraggeber für Militäreinsätze bestimmte Straßenfahrzeuge beschafft, die weltweit einsetzbar sein und auch bei Nutzung qualitativ minderwertiger Kraft- und Schmierstoffe zuverlässig funktionieren müssen.[69] Solche Ausnahmefälle können im Rahmen des § 68 nur auftreten, wenn es sich nicht um einen verteidigungs- oder sicherheitsspezifischen öffentlichen Auftrag handelt, für den die VgV nach § 1 Abs. 2 Nr. 2 nicht gilt.[70] Weitere denkbare Ausnahmefälle betreffen die Beschaffung von Straßenfahrzeugen, die für den Einsatz in der Natur etwa nach Naturkatastrophen gedacht sind und daher besonders robust sein müssen. Ist im Einzelfall die Rückausnahme des Abs. 4 S. 2 einschlägig, kommt es dafür, ob der Auftraggeber die Verpflichtung aus Abs. 2 umsetzen muss, entscheidend darauf an, ob er sich mit zumutbarem Aufwand belastbare Verbrauchswerte beschaffen kann (→ Rn. 19).

34 Abs. 4 gilt nur für **öffentliche Auftraggeber**, die in **hoheitlichem Auftrag** tätig sind. Das ergibt sich neben dem Wortlaut des Abs. 4 letzter Hs. auch als Rückschluss daraus, dass der Verordnungsgeber für Sektorenauftraggeber keine dem Abs. 4 entsprechende Ausnahmebestimmung vorgesehen hat, weil diese nach der Verordnungsbegründung von den besonderen Umständen, die die Ausnahme bedingen, nicht betroffen sind.[71]

35 **6. Bieterschützende Bestimmungen.** Die Bestimmungen in Abs. 1–3 sind bieterschützend,[72] sodass betroffene Unternehmen einen **Anspruch auf** deren **Einhaltung** haben (§ 97 Abs. 6 GWB), den sie vor der Vergabekammer und dem Beschwerdegericht geltend machen können (§ 156 Abs. 2 GWB). Der bieterschützende Charakter der Regelungen (→ § 67 Rn. 61) ergibt sich aus dem ihnen unter anderem zugrunde liegenden Zweck, den Markt für saubere und energieeffiziente Straßenfahrzeuge zu beleben und die Markteinführung solcher Fahrzeuge zu fördern.[73] Daraus geht hervor, dass Hersteller besonders umweltfreundlicher Fahrzeuge begünstigt werden sollen.[74]

---

[65] *Schröder* NZBau 2014, 467 (469).
[66] Zum Aspekt fehlender Einsatzfähigkeit von Straßenfahrzeugen mit EURO 4–6 Motoren mangels ausreichender Robustheit s. Begründung zur Änderungsverordnung der VgV und SektVO, BR-Drs. 70/11, 25, die allerdings auch Einsatzfahrzeuge der Polizei dazu zählt.
[67] BT-Drs. 14/4599, 125 f.
[68] BeckOK UmweltR/*Schulte/Michalk*, 38. Ed. 1.1.2016, BImSchG § 3 Rn. 92 ff.
[69] Vgl. Begründung zur Änderungsverordnung der VgV und SektVO, BR-Drs. 70/11, 25.
[70] Militärfahrzeuge können Militärausrüstung iSd § 104 Abs. 1 Nr. 1 GWB sein – so zu § 99 Abs. 7 GWB aF *Scherer-Leydecker* NZBau 2012, 533 (536).
[71] S. Begründung zur Änderungsverordnung der VgV und SektVO, BR-Drs. 70/11, 25.
[72] Ebenso Beck VergabeR/*Knauff* § 68 Rn. 6; *Krohn* in Gabriel/Krohn/Neun VergabeR-HdB § 19 Rn. 183 und 174; *Schröder* in Müller-Wrede VgV Rn. 54; aA *Fandrey* in KKMPP VgV Rn. 4, jedoch ohne nähere Begründung; aA wohl auch jurisPK-VergabeR/*Zeiss* Rn. 2.
[73] Begründung zur Änderungsverordnung der VgV und SektVO, BR-Drs. 70/11, 17; vgl. auch Art. 1 RL 2009/33/EG.
[74] So auch *Fandrey* in KKMPP VgV Rn. 1.

Anhang zu § 68:
SaubFahrzeugBeschG – Saubere-Fahrzeuge-Beschaffungs-Gesetz
Gesetz über die Beschaffung sauberer Straßenfahrzeuge

Vom 9. Juni 2021
(BGBl. 2021 I S. 1691)

§ 1 Allgemeiner Anwendungsbereich

(1) Dieses Gesetz regelt Mindestziele und deren Sicherstellung bei der Beschaffung bestimmter Straßenfahrzeuge und Dienstleistungen, für die diese Straßenfahrzeuge eingesetzt werden, durch öffentliche Auftraggeber und Sektorenauftraggeber.

(2) Soweit in diesem Gesetz oder aufgrund dieses Gesetzes nichts anderes geregelt ist, sind die allgemeinen vergaberechtlichen Vorschriften anzuwenden.

§ 2 Begriffsbestimmung

Im Sinne dieses Gesetzes ist
1. „öffentlicher Auftraggeber" ein öffentlicher Auftraggeber im Sinne von § 99 Nummer 1 bis 3 des Gesetzes gegen Wettbewerbsbeschränkungen;
2. „Sektorenauftraggeber" ein Auftraggeber im Sinne von § 100 des Gesetzes gegen Wettbewerbsbeschränkungen, mit der Maßgabe, dass für den Linienverkehr gemäß §§ 13 in Verbindung mit 42 Personenbeförderungsgesetz erteilte Genehmigungen keine besonderen oder ausschließlichen Rechte gemäß § 100 Absatz 2 des Gesetzes gegen Wettbewerbsbeschränkungen darstellen;
3. „Straßenfahrzeug" ein Fahrzeug der Klasse M oder N gemäß Artikel 4 Absatz 1 Buchstabe a und b der Verordnung (EU) 2018/858 des Europäischen Parlaments und des Rates vom 30. Mai 2018 über die Genehmigung und die Marktüberwachung von Kraftfahrzeugen und Kraftfahrzeuganhängern sowie von Systemen, Bauteilen und selbstständigen technischen Einheiten für diese Fahrzeuge, zur Änderung der Verordnung (EG) Nr. 715/2007 und (EG) Nr. 595/2009 und zur Aufhebung der Richtlinie 2007/46/EG (ABl. L 151 vom 14.6.2018, S. 1);
4. „sauberes leichtes Nutzfahrzeug" ein Fahrzeug der Klasse M1, M2 oder N1 einschließlich Personenkraftwagen gemäß Artikel 4 Absatz 1 Unterbuchstabe i und ii, Buchstabe b Unterbuchstabe i der Verordnung (EU) 2018/858, dessen Auspuffemissionen den in der Tabelle der Anlage 1 angegebenen Wert in CO_2 g/km nicht übersteigen und dessen Luftschadstoffemissionen im praktischen Fahrbetrieb unterhalb des in der Tabelle der Anlage 1 festgelegten Prozentsatzes der anwendbaren Emissionsgrenzwerte liegen;
5. „sauberes schweres Nutzfahrzeug" ein Fahrzeug der Klasse M3, N2 oder N3 gemäß Artikel 4 Absatz 1 Buchstabe a Unterbuchstabe iii, Buchstabe b Unterbuchstabe ii und iii der Verordnung (EU) 2018/858, das mit alternativen Kraftstoffen im Sinne von Artikel 2 Nummer 1 und 2 der Richtlinie 2014/94/EU des Europäischen Parlaments und des Rates vom 22. Oktober 2014 über den Aufbau der Infrastruktur für alternative Kraftstoffe (ABl. L 307 vom 28.10.2014, S. 1), die durch die Delegierte Verordnung (EU) 2018/674 (ABl. L 114 vom 4.5.2018, S. 1) geändert worden ist, betrieben wird, soweit diese Kraftstoffe die Anforderungen der Verordnung über die Beschaffenheit und die Auszeichnung der Qualitäten von Kraft- und Brennstoffen in der jeweils geltenden Fassung erfüllen oder der DIN EN 15940,[1] Ausgabe Oktober 2019, entsprechen, ausgenommen Kraftstoffe, die aus Rohstoffen mit einem hohen Risiko indirekter Landnutzungsänderungen erzeugt wurden, für die gemäß Artikel 26 der Richtlinie (EU) 2018/2001 des Europäischen Parlaments und des Rates vom 11. Dezember 2018 zur Förderung der Nutzung von Energie aus erneuerbaren Quellen (ABl. L 328 vom 21.12.2018, S. 82, L 311 vom 25.9.2020, S. 11) eine erhebliche Ausweitung des Erzeugungsgebiets auf Flächen mit hohem Kohlenstoffbestand zu verzeichnen ist; bei Fahrzeugen, die mit flüssigen Biobrennstoffen oder synthetischen oder paraffinhaltigen Kraftstoffen betrieben werden, dürfen diese Kraftstoffe nicht mit konventionellen fossilen Brennstoffen vermischt werden;
6. „emissionsfreies schweres Nutzfahrzeug" ein Fahrzeug im Sinne von Nummer 5
   a) ohne Verbrennungsmotor oder
   b) mit einem Verbrennungsmotor,

---

[1] **Amtl. Anm.:** Amtlicher Hinweis: Die DIN EN 15940 ist vom Beuth Verlag GmbH, Berlin, zu beziehen und beim Deutschen Patentamt archivmäßig gesichert niedergelegt.

aa) der weniger als 1g CO_2/kWh, gemessen gemäß der Verordnung (EG) Nr. 595/2009 des Europäischen Parlaments und des Rates vom 18. Juni 2009 über die Typgenehmigung von Kraftfahrzeugen und Motoren hinsichtlich der Emissionen von schweren Nutzfahrzeugen (Euro VI) und über den Zugang zu Fahrzeugreparatur- und -wartungsinformationen, zur Änderung der Verordnung (EG) Nr. 715/2007 und der Richtlinie 2007/46/EG sowie zur Aufhebung der Richtlinien 80/1269/EWG, 2005/55/EG und 2005/78/EG (ABl. L 188 vom 18.7.2009, S. 1, L 200 vom 31.7.2009, S. 52), die zuletzt durch die Verordnung (EU) 2019/1242 (ABl. L 198 vom 25.7.2019, S. 202) geändert worden ist, und der Verordnung (EU) Nr. 582/2011 der Kommission vom 25. Mai 2011 zur Durchführung und Änderung der Verordnung (EG) Nr. 595/2009 des Europäischen Parlaments und des Rates hinsichtlich der Emissionen von schweren Nutzfahrzeugen (Euro VI) und zur Änderung der Anhänge I und III der Richtlinie 2007/46/EG des Europäischen Parlaments und des Rates (ABl. L 167 vom 25.6.2011, S. 1, L 239 vom 15.9.2015, S. 190), die zuletzt durch die Verordnung (EU) 2020/1181 (ABl. L 263 vom 12.8.2020, S. 1) geändert worden ist, in der jeweils gültigen Fassung, ausstößt oder

bb) der weniger als 1g CO_2/km, gemessen gemäß der Verordnung (EG) Nr. 715/2007 des Europäischen Parlaments und des Rates vom 20. Juni 2007 über die Typgenehmigung von Kraftfahrzeugen hinsichtlich der Emissionen von leichten Personenkraftwagen und Nutzfahrzeugen (Euro 5 und Euro 6) und über den Zugang zu Reparatur- und Wartungsinformationen für Fahrzeuge (ABl. L 171 vom 29.6.2007, S. 1), die zuletzt durch die Verordnung (EU) 2018/858 (ABl. L 151 vom 14.6.2018, S. 1) geändert worden ist, und der Verordnung (EU) 2017/1151 der Kommission vom 1. Juni 2017 zur Ergänzung der Verordnung (EG) Nr. 715/2007 des Europäischen Parlaments und des Rates über die Typgenehmigung von Kraftfahrzeugen hinsichtlich der Emissionen von leichten Personenkraftwagen und Nutzfahrzeugen (Euro 5 und Euro 6) und über den Zugang zu Fahrzeugreparatur- und -wartungsinformationen, zur Änderung der Richtlinie 2007/46/EG des Europäischen Parlaments und des Rates, der Verordnung (EG) Nr. 692/2008 der Kommission sowie der Verordnung (EU) Nr. 1230/2012 der Kommission und zur Aufhebung der Verordnung (EG) Nr. 692/2008 der Kommission (ABl. L 175 vom 7.7.2017, S. 1, L 209 vom 12.8.2017, S. 63, L 56 vom 28.2.2018, S. 66, L 2 vom 6.1.2020, S. 113, L 338 vom 15.10.2020, S. 12), die zuletzt durch die Verordnung (EU) 2020/49 (ABl. L 17 vom 22.1.2020, S. 1) geändert worden ist, in der jeweils gültigen Fassung ausstößt;

7. „nachgerüstetes Fahrzeug" ein Fahrzeug, das aufgrund einer Nachrüstung einem Fahrzeug im Sinne von Nummer 4, 5 oder 6 entspricht.

§ 3 Sachlicher Anwendungsbereich

Dieses Gesetz gilt für die Beschaffung bestimmter Straßenfahrzeuge und Dienstleistungen durch öffentliche Auftraggeber und Sektorenauftraggeber durch
1. Verträge über den Kauf, das Leasing oder die Anmietung von Straßenfahrzeugen, sofern die Auftraggeber zur Anwendung eines der folgenden Vergabeverfahren verpflichtet sind:
   a) einem Vergabeverfahren nach der Vergabeverordnung oder
   b) einem Vergabeverfahren nach der Sektorenverordnung.
2. Öffentliche Dienstleistungsaufträge im Sinne von Artikel 2 Buchstabe i der Verordnung (EG) Nr. 1370/2007 des Europäischen Parlaments und des Rates vom 23. Oktober 2007 über öffentliche Personenverkehrsdienste auf Schiene und Straße und zur Aufhebung der Verordnungen (EWG) Nr. 1191/69 und (EWG) Nr. 1107/70 (ABl. L 315 vom 3.12.2007, S. 1), die zuletzt durch die Verordnung (EU) 2016/2338 (ABl. L 354 vom 23.12.2016, S. 22) geändert worden ist, die die Erbringung von Personenverkehrsdienstleistungen mit Straßenfahrzeugen gemäß § 2 Nummer 3 in Verbindung mit § 4 Absatz 1 Nummer 5 in Verbindung mit Absatz 2 zum Gegenstand haben; hiervon ausgenommen sind Aufträge,
   a) deren geschätzter Jahresdurchschnittswert 1 Million Euro oder deren jährliche öffentliche Personenverkehrsleistung 300 000 Kilometer nicht übersteigt oder
   b) deren geschätzter Jahresdurchschnittswert 2 Millionen Euro oder deren jährliche öffentliche Personenverkehrsleistung 600 000 Kilometer nicht übersteigt, sofern die öffentlichen Dienstleistungsaufträge an Auftragnehmer vergeben werden, die nicht mehr als 23 Straßenfahrzeuge betreiben. 3. Dienstleistungsaufträge über Verkehrsdienste gemäß der Tabelle der Anlage 2, sofern die Auftraggeber zur Anwendung eines der folgenden Vergabeverfahren verpflichtet sind:

3. Dienstleistungsaufträge über Verkehrsdienste gemäß der Tabelle der Anlage 2, sofern die Auftraggeber zur Anwendung eines der folgenden Vergabeverfahren verpflichtet sind:
   a) einem Vergabeverfahren nach der Vergabeverordnung oder
   b) einem Vergabeverfahren nach der Sektorenverordnung.

§ 4 Ausnahmen vom Anwendungsbereich

(1) Dieses Gesetz ist nicht anzuwenden auf
1. landwirtschaftliche und forstwirtschaftliche Fahrzeuge im Sinne der Verordnung (EU) Nr. 167/2013 des Europäischen Parlaments und des Rates vom 5. Februar 2013 über die Genehmigung und Marktüberwachung von land- und forstwirtschaftlichen Fahrzeugen (ABl. L 60 vom 2.3.2013, S. 1), die zuletzt durch die Verordnung (EU) 2019/519 (ABl. L 91 vom 29.3.2019, S. 42) geändert worden ist,
2. zweirädrige, dreirädrige und vierrädrige Fahrzeuge im Sinne der Verordnung (EU) Nr. 168/2013 des Europäischen Parlaments und des Rates vom 15. Januar 2013 über die Genehmigung und Marktüberwachung von zwei- oder dreirädrigen und vierrädrigen Fahrzeugen (ABl. L 60 vom 2.3.2013, S. 52, L 77 vom 23.3.2016, S. 65, L 64 vom 10.3.2017, S. 116), die zuletzt durch die Verordnung (EU) 2020/1694 (ABl. L 381 vom 13.11.2020, S. 4) geändert worden ist,
3. Kettenfahrzeuge,
4. Fahrzeuge mit eigenem Antrieb, die
   a) für die Verrichtung von Arbeiten entwickelt und gebaut wurden und die bauartbedingt nicht zur Beförderung von Personen oder Gütern geeignet sind und
   b) keine auf einem Kraftfahrzeugfahrgestell montierte Maschinen sind,
5. für die Personenbeförderung ausgelegte und gebaute Fahrzeuge der Klasse M3 mit mehr als acht Sitzplätzen zusätzlich zum Fahrersitz und mit einer zulässigen Gesamtmasse von mehr als 5 Tonnen,
6. Fahrzeuge, die ausschließlich für den Einsatz durch die Bundeswehr entwickelt und gebaut oder dafür angepasst wurden,
7. Fahrzeuge, die hauptsächlich für den Einsatz auf Baustellen, in Steinbrüchen, in Häfen oder auf Flughäfen entwickelt und gebaut wurden,
8. Fahrzeuge, die für den Einsatz durch den Zivil- und Katastrophenschutz, durch das Rettungswesen, durch die Feuerwehr oder durch die für die Aufrechterhaltung der öffentlichen Sicherheit und Ordnung zuständigen Behörden entwickelt und gebaut oder dafür angepasst wurden,
9. Fahrzeuge mit besonderer Zweckbestimmung, die zum Schutz beförderter Personen oder Güter gegen Beschuss und Ansprengung geschützt sind,
10. Fahrzeuge mit besonderer Zweckbestimmung
    a) der Klasse M, die zur Beförderung Kranker oder Verletzter bestimmt und zu diesem Zweck mit besonderer Ausrüstung ausgestattet sind,
    b) der Klasse M, die zur Beförderung von Leichen bestimmt und zu diesem Zweck mit besonderer Ausrüstung ausgestattet sind,
    c) der Klasse M1, die speziell konstruiert oder umgerüstet wurden, um eine oder mehrere Personen im Rollstuhl sitzend bei Fahrten auf der Straße aufnehmen zu können,
    d) der Klasse N3, die nicht für die Güterbeförderung geeignet sind und die mit einem Kran mit einem zulässigen Lastmoment von mindestens 400 kNm ausgerüstet sind.

(2) Abweichend von Absatz 1 Nummer 5 ist dieses Gesetz anzuwenden auf Fahrzeuge
1. der Klasse M3 mit klassischer Aufbauart der Klasse I mit einer zulässigen Personenzahl von mehr als 22 Personen ohne den Fahrer, die so konstruiert sind, dass Bereiche für Stehplätze vorgesehen werden, um ein häufiges Ein- und Aussteigen der Fahrgäste zu ermöglichen,
2. der Klasse M3 der Klasse A mit einer zulässigen Personenzahl von nicht mehr als 22 Personen ohne den Fahrer, die so konstruiert sind, dass stehende Fahrgäste befördert werden können, und die über Sitz- und Stehplätze verfügen.

§ 5 Einhaltung von Mindestzielen

(1) ¹Öffentliche Auftraggeber und Sektorenauftraggeber haben bei der Beschaffung von Fahrzeugen und Dienstleistungen die für den jeweiligen Referenzzeitraum nach § 6 festgelegten Mindestziele insgesamt einzuhalten. ²Die Mindestziele bestimmen sich als Mindestprozentsatz sauberer leichter Nutzfahrzeuge und sauberer schwerer Nutzfahrzeuge einschließlich emissionsfreier schwerer Nutzfahrzeuge an der Gesamtzahl der gemäß § 3 in dem jeweiligen Referenzzeitraum beschafften sauberen leichten oder sauberen schweren Nutzfahrzeuge.

(2) ¹Die Länder haben die Einhaltung der Mindestziele durch die öffentlichen Auftraggeber und Sektorenauftraggeber zu überwachen. ²Die Länder können für ihren Zuständigkeitsbereich zulassen, dass öffentliche Auftraggeber und Sektorenauftraggeber die für den jeweiligen Referenzzeitraum nach § 6 festgelegten Mindestziele nicht einhalten müssen, soweit die Mindestziele bereits durch andere öffentliche Auftraggeber oder Sektorenauftraggeber innerhalb des Landes übererfüllt werden. ³Die Länder können zur Einhaltung der Mindestziele auch Vereinbarungen mit den jeweiligen Branchenverbänden abschließen. ⁴Dabei müssen die Mindestziele nach § 6 innerhalb des jeweiligen Landes insgesamt eingehalten werden.

(3) ¹Für die Einhaltung der Mindestziele können die Länder für ihren Zuständigkeitsbereich bei einer vorliegenden Untererfüllung oder Übererfüllung der Mindestziele zum Ausgleich ein gemeinsames Mindestziel bilden. ²Dabei können die Länder zur Einhaltung eines gemeinsamen Mindestziels auch Vereinbarungen mit den jeweiligen Branchenverbänden abschließen. ³Ein von den Ländern gemeinsam gebildetes Mindestziel muss das Erreichen der Mindestziele für alle in die Berechnung einbezogenen Länder sicherstellen. ⁴Die nähere Ausgestaltung des Verfahrens zur Bildung eines gemeinsamen Mindestziels kann im Wege einer Verwaltungsvereinbarung zwischen den betroffenen Ländern geregelt werden.

§ 6 Geltung und Berechnung von Mindestzielen

(1) ¹Bei der Beschaffung sauberer leichter Nutzfahrzeuge gelten für den Referenzzeitraum vom 2. August 2021 bis zum 31. Dezember 2025 sowie vom 1. Januar 2026 bis zum 31. Dezember 2030 die in der Anlage 1 jeweils genannten Emissionsgrenzwerte. ²Für den Anteil dieser Fahrzeuge an der Gesamtzahl der beschafften leichten Nutzfahrzeuge gilt in beiden Referenzzeiträumen jeweils ein Mindestziel von 38,5 Prozent. ³Die weitergehenden Verpflichtungen für die Bundesverwaltung bleiben davon unberührt.

(2) Bei der Beschaffung sauberer schwerer Nutzfahrzeuge gelten für ihren Anteil an der Gesamtzahl der beschafften schweren Nutzfahrzeuge folgende Mindestziele:
1. im Zeitraum vom 2. August 2021 bis zum 31. Dezember 2025:
   a) für LKW der Fahrzeugklassen N2 und N3 10 Prozent,
   b) für Busse der Fahrzeugklasse M3 45 Prozent,
2. im Zeitraum vom 1. Januar 2026 bis zum 31. Dezember 2030:
   a) für LKW der Fahrzeugklassen N2 und N3 15 Prozent,
   b) für Busse der Fahrzeugklasse M3 65 Prozent.

(3) Die Hälfte des Mindestziels für den Anteil sauberer Busse nach Absatz 2 Nummer 1 Buchstabe b und Nummer 2 Buchstabe b muss durch die Beschaffung emissionsfreier Busse im Sinne des § 2 Nummer 6 erfüllt werden.

(4) Für die Berechnung der Mindestziele für die Vergabe öffentlicher Aufträge ist das zu berücksichtigende Datum der Vergabe des öffentlichen Auftrags das Datum, an dem der Zuschlag erteilt wird.

(5) Bei Verträgen nach § 3 Nummer 1 wird für die Beurteilung der Einhaltung der Mindestziele für die Vergabe öffentlicher Aufträge die Anzahl der im Rahmen jedes einzelnen Vertrages durch Kauf, Leasing oder Anmietung beschafften Straßenfahrzeuges berücksichtigt.

(6) Bei Aufträgen nach § 3 Nummer 2 und 3 wird für die Beurteilung der Einhaltung der Mindestziele für die Vergabe öffentlicher Aufträge die Anzahl der Straßenfahrzeuge berücksichtigt, die für die Erbringung der Dienstleistung im Rahmen des betreffenden Auftrags eingesetzt werden sollen.

(7) Nachgerüstete Fahrzeuge können bei der Beurteilung der Einhaltung der Mindestziele für den Anteil sauberer leichter Nutzfahrzeuge, sauberer schwerer Nutzfahrzeuge oder emissionsfreier schwerer Nutzfahrzeuge an der Gesamtzahl beschaffter leichter und schwerer Nutzfahrzeuge berücksichtigt werden.

(8) Werden für den Zeitraum ab dem 1. Januar 2031 keine neuen Mindestziele festgelegt, gelten die in den Absätzen 1, 2 und 3 festgelegten Mindestziele fort.

§ 7 Aufgaben des Bundes und der Länder

(1) ¹Der Bund und die Länder stellen in ihrem jeweiligen Zuständigkeitsbereich sicher, dass die öffentlichen Auftraggeber und die Sektorenauftraggeber insgesamt die Mindestziele für die Beschaffung von Fahrzeugen und Dienstleistungen einhalten. ²Die Länder erstellen dabei jährlich einen Bericht an den Bund über die Erfüllung ihrer Aufgaben im Sinne des § 5 Absatz 2 und 3.

(2) ¹Der Bund erlässt Verwaltungsvorschriften, die sicherstellen, dass die in § 5 benannten Mindestziele durch die öffentlichen Auftraggeber und Sektorenauftraggeber des Bundes erreicht werden. ²Dabei werden auch Verpflichtungen für die Bundesverwaltung nach dem Bundesklimaschutzgesetz und dem Klimaschutzprogramm 2030 berücksichtigt.

(3) Weitergehende Verpflichtungen für die Bundesverwaltung führen zu einem Übertreffen der Mindestziele.

§ 8 Dokumentationspflichten

(1) ¹Die öffentlichen Auftraggeber und die Sektorenauftraggeber haben bis zum Ablauf des 24. Oktober 2023 zu den Beschaffungen in denjenigen Vergabebekanntmachungen nach § 39 Absatz 1 der Vergabeverordnung und nach § 38 Absatz 1 der Sektorenverordnung, die ab dem 2. August 2021 dem Amt für Veröffentlichungen der Europäischen Union übermittelt werden, im Freitextfeld VI.3 des jeweiligen Formulars in den Anhängen III und VI der Durchführungsverordnung (EU) 2015/1986 der Kommission vom 11. November 2015 zur Einführung von Standardformularen für die Veröffentlichung von Vergabebekanntmachungen für öffentliche Aufträge und zur Aufhebung der Durchführungsverordnung (EU) Nr. 842/2011 (ABl. L 296 vom 12.11.2015, S. 1, L 172 vom 5.7.2015, S. 36) in der jeweils geltenden Fassung folgende Daten anzugeben:
1. die Anzahl aller Fahrzeuge, die aufgrund der Auftragsvergabe gekauft, geleast oder gemietet wurden oder deren Nutzung vertraglich vereinbart wurde, unterteilt nach Fahrzeugklassen gemäß § 2 Nummer 3,
2. die Anzahl aller sauberen leichten Nutzfahrzeuge und sauberen schweren Nutzfahrzeuge, die aufgrund der Auftragsvergabe gekauft, geleast oder gemietet wurden oder deren Nutzung vertraglich vereinbart wurde, unterteilt nach Fahrzeugklassen gemäß § 2 Nummer 4, und
3. die Anzahl aller emissionsfreien schweren Nutzfahrzeuge, die aufgrund der Auftragsvergabe gekauft, geleast oder gemietet wurden oder deren Nutzung vertraglich vereinbart wurde, unterteilt nach Fahrzeugklassen gemäß § 2 Nummer 5 in Verbindung mit Nummer 6.

²Ferner haben sie zusätzliche Daten anzugeben sowie weitere Einzelheiten bei der Angabe zu beachten, die durch Rechtsverordnung nach § 9 Absatz 3 Nummer 2 bestimmt werden.

(2) ¹Ab dem 25. Oktober 2023 haben die öffentlichen Auftraggeber und die Sektorenauftraggeber zu den Beschaffungen die folgenden Daten in der Tabelle 2 des Anhangs der Durchführungsverordnung (EU) 2019/1780 zur Einführung von Standardformularen für die Veröffentlichung von Bekanntmachungen für öffentliche Aufträge und zur Aufhebung der Durchführungsverordnung (EU) 2015/1986 (ABl. L 272 vom 25.10.2019, S. 7) in der jeweils geltenden Fassung anzugeben:
1. die Anzahl aller Fahrzeuge, die aufgrund der Auftragsvergabe gekauft, geleast oder gemietet wurden oder deren Nutzung vertraglich vereinbart wurde, unterteilt nach Fahrzeugklassen gemäß § 2 Nummer 3,
2. die Anzahl aller sauberen leichten Nutzfahrzeuge und sauberen schweren Nutzfahrzeuge, die aufgrund der Auftragsvergabe gekauft, geleast oder gemietet wurden oder deren Nutzung vertraglich vereinbart wurde, unterteilt nach Fahrzeugklassen gemäß § 2 Nummer 4, und
3. die Anzahl aller emissionsfreien schweren Nutzfahrzeuge, die aufgrund der Auftragsvergabe gekauft, geleast oder gemietet wurden oder deren Nutzung vertraglich vereinbart wurde, unterteilt nach Fahrzeugklassen gemäß § 2 Nummer 5 in Verbindung mit Nummer 6.

²Ferner haben sie zusätzliche Daten anzugeben sowie weitere Einzelheiten bei der Angabe zu beachten, die durch Rechtsverordnung nach § 9 Absatz 3 Nummer 2 bestimmt werden.

(3) ¹Für die öffentlichen Dienstleistungsaufträge im Sinne von § 3 Nummer 2, auf welche § 39 Absatz 1 der Vergabeverordnung und § 38 Absatz 1 der Sektorenverordnung keine Anwendung finden, gelten die Absätze 1 und 2 entsprechend. ²Ferner sind zusätzliche Daten anzugeben sowie weitere Einzelheiten bei der Angabe zu beachten, die durch Rechtsverordnung nach § 9 Absatz 3 Nummer 2 bestimmt werden.

§ 9 Berichterstattung und Datenübermittlung, Verordnungsermächtigung

(1) ¹Das Bundesministerium für Verkehr und digitale Infrastruktur legt im Einvernehmen mit dem Bundesministerium für Wirtschaft und Energie der Europäischen Kommission nach Artikel 10 Absatz 2 der Richtlinie (EU) 2019/1161 des Europäischen Parlaments und des Rates vom 20. Juni 2019 zur Änderung der Richtlinie 2009/33/EG über die Förderung sauberer und energieeffizienter Straßenfahrzeuge (ABl. L 188 vom 12.7.2019 S. 116) Berichte über die Umsetzung der Richtlinie (EU) 2019/1161 vor. ²Die Berichte müssen folgende Angaben enthalten:

1. getroffene Maßnahmen zur Umsetzung der Richtlinie (EU) 2019/1161,
2. zukünftige Maßnahmen zur Umsetzung der Richtlinie (EU) 2019/1161,
3. sonstige relevante Informationen zur Umsetzung der Richtlinie (EU) 2019/1161,
4. die Gesamtanzahl und Klassen der nach §§ 8 und 9 Absatz 3 Nummer 1 und 2 erfassten Fahrzeuge.

(2) Die Berichterstattung nach Absatz 1 erfolgt erstmals bis zu dem nach Artikel 10 Absatz 2 Satz 1 der Richtlinie (EU) 2019/1161 genannten Datum und danach jeweils im Abstand von drei Jahren.

(3) ¹Das Bundesministerium für Verkehr und digitale Infrastruktur wird ermächtigt, zum Zwecke der Berichterstattung nach § 9 Absatz 1 und zur Überprüfung, ob die Mindestziele nach § 5 eingehalten werden, durch Rechtsverordnung, die der Zustimmung des Bundesrates bedarf, Folgendes zu regeln:
1. die Erhebung und Speicherung von Daten über Fahrzeugnachrüstungen nach § 6 Absatz 7,
2. Einzelheiten zur Erhebung und Speicherung von Daten nach § 8 Absatz 1 bis 3 und die Erhebung und Speicherung weiterer erforderlicher Daten,
3. die Übertragung der Berichtspflichten gegenüber der Europäischen Kommission nach Absatz 1 auf eine andere Behörde des Bundes, eine Anstalt des öffentlichen Rechts des Bundes oder ein privatrechtlich organisiertes Unternehmen des Bundes,
4. die Datenverarbeitungsbefugnisse, die zur Erfüllung der Berichtspflicht sowie zur Überprüfung, ob die Mindestziele nach § 5 eingehalten werden, erforderlich sind.
²Soweit bei der Übertragung auf ein Unternehmen des Bundes hoheitliche Aufgaben betroffen sind, ist in der Rechtsverordnung dessen Beleihung auszusprechen.

(4) Die nach Absatz 3 erhobenen und aufbereiteten Daten können zum Zwecke der Überprüfung, ob die Mindestziele nach § 5 eingehalten werden, auf Antrag von der nach Absatz 3 bestimmten Stelle an Bundes-, Landes- oder Kommunalbehörden übermittelt werden.

(5) Bei der Übermittlung der Daten nach dieser Vorschrift ist sicherzustellen, dass
1. die Übermittlung verschlüsselt stattfindet,
2. die dem jeweiligen Stand der Technik entsprechenden Maßnahmen getroffen werden, um den Datenschutz und die Datensicherheit zu gewährleisten und
3. die nach Bundes- oder Landesrecht zuständigen Datenschutzbeauftragten die Möglichkeit zur Einsicht in die Protokolldaten aufgrund der Übermittlung der Daten haben.

§ 10 Anwendungsvorschrift

Dieses Gesetz gilt für Beschaffungen im Sinne des § 3, deren Auftragsbekanntmachung nach dem 2. August 2021 veröffentlicht wird oder bei denen nach dem 2. August 2021 zur Abgabe eines Angebotes aufgefordert wird.

Anlage 1

(zu § 2 Nummer 4, § 6 Absatz 1)

Emissionsgrenzwerte für saubere leichte Nutzfahrzeuge.

Fahrzeug-klassen	2. August 2021 bis 31. Dezember 2025		1. Januar 2026 bis 31. Dezember 2030	
	CO_2 g/km	Luftschadstoffemissionen im praktischen Fahrbetrieb[*1] als Prozentsatz der Emissionsgrenzwerte[*2]	CO_2 g/km	Luftschadstoffemissionen im praktischen Fahrbetrieb[*1] als Prozentsatz der Emissionsgrenzwerte[*2]
M_1	50	80 %	0	k.A.
M_2	50	80 %	0	k.A.

[*1] **Amtl. Anm.:** Angegebene maximale Emissionswerte für die Anzahl ultrafeiner Partikel (PN) in #/km und Stickoxide (NOx) in mg/km im praktischen Fahrbetrieb (RDE), wie in Nummer 48.2. der Übereinstimmungsbescheinigung angegeben, gemäß Anhang VIII der Durchführungsverordnung (EU) 2020/683 der Kommission vom 15. April 2020 zur Durchführung der Verordnung (EU) 2018/858 des Europäischen Parlaments und des Rates hinsichtlich der administrativen Anforderungen für die Genehmigung und Marktüberwachung von Kraftfahrzeugen und Kraftfahrzeuganhängern sowie von Systemen, Bauteilen und selbstständigen technischen Einheiten für diese Fahrzeuge (ABl. L 163 vom 26.5.2020, S. 1) in der jeweils geltenden Fassung sowohl für vollständige als auch für innerstädtische RDE-Fahrten.

[*2] **Amtl. Anm.:** Die geltenden Emissionsgrenzwerte gemäß Anhang I der Verordnung (EG) Nr. 715/2007 in der jeweils geltenden Fassung.

SaubFahrzeugBeschG Anh. § 68 VgV

Fahrzeug-klassen	2. August 2021 bis 31. Dezember 2025		1. Januar 2026 bis 31. Dezember 2030	
	CO_2 g/km	Luftschadstoffemissionen im praktischen Fahrbetrieb[*1] als Prozentsatz der Emissionsgrenzwerte[*2]	CO_2 g/km	Luftschadstoffemissionen im praktischen Fahrbetrieb[*1] als Prozentsatz der Emissionsgrenzwerte[*2]
N_1	50	80 %	0	k.A.

Anlage 2

(zu § 3 Nummer 3)

Codes des gemeinsamen Vokabulars (CPV) für Dienstleistungen.

CPV-Referenznummer	Beschreibung
60112000-6	Öffentlicher Verkehr (Straße)
60130000-8	Personensonderbeförderung (Straße)
60140000-1	Bedarfspersonenbeförderung
90511000-2	Abholung von Siedlungsabfällen
60160000-7	Postbeförderung auf der Straße
60161000-4	Paketbeförderung
64121100-1	Postzustellung
64121200-2	Paketzustellung

Rusch

Abschnitt 5. Planungswettbewerbe

§ 69 Anwendungsbereich

(1) Wettbewerbe nach § 103 Absatz 6 des Gesetzes gegen Wettbewerbsbeschränkungen werden insbesondere auf den Gebieten der Raumplanung, des Städtebaus und des Bauwesens oder der Datenverarbeitung durchgeführt (Planungswettbewerbe).

(2) Bei der Durchführung eines Planungswettbewerbs wendet der öffentliche Auftraggeber die §§ 5, 6 und 43 und die Vorschriften dieses Abschnitts an.

Übersicht

	Rn.		Rn.
I. Entstehungsgeschichte	1	3. Zivilrechte Qualifikation	9
II. Planungswettbewerbe (Abs. 1)	2	4. Vergaberechtliche Bedeutung	12
1. Ideen- und Realisierungswettbewerbe	3	III. Anzuwendende Vorschriften (Abs. 2)	14
2. Offene und nicht offene Wettbewerbe	6	IV. Rechtsschutz	19

I. Entstehungsgeschichte

1   Die **Vorschriften des Abschnitts 5 der VgV** dienen der Umsetzung der unionsrechtlichen Vorgaben an die Ausrichtung von Wettbewerben nach Art. 78–82 RL 2014/24/EU. Diese beschränken sich jedoch nur auf die Grundzüge des Wettbewerbs und statuieren vor allem Transparenz- und Publizitätspflichten. Nach alter Rechtslage war die Ausrichtung von Wettbewerben darüber hinaus durch nationale Bestimmungen reglementiert, deren Wurzeln im traditionellen Wettbewerbswesen im Bereich des Architektur- und Ingenieurwesens lagen. Diese ergänzenden Sondervorschriften sind nunmehr im Abschnitt 6, Unterabschnitt 2, der VgV erfasst und gelten damit ausschließlich für Planungswettbewerbe, die nicht abschließend beschreibbare Architekten- und Ingenieurleistungen betreffen (→ § 78 Rn. 4).

II. Planungswettbewerbe (Abs. 1)

2   Der Terminus „**Planungswettbewerb**" findet in der RL 2014/24/EU keine Entsprechung. In dieser ist lediglich von „Wettbewerben" die Rede. Ein unterschiedliches Begriffsverständnis ist damit jedoch nicht verbunden. Nach Art. 2 Abs. 1 Nr. 21 RL 2014/24/EU sind Wettbewerbe Verfahren, die dazu dienen, dem öffentlichen Auftraggeber insbesondere auf den Gebieten der Raumplanung, der Stadtplanung, der Architektur und des Bauwesens oder der Datenverarbeitung einen Plan oder eine Planung zu verschaffen, dessen/deren Auswahl durch ein Preisgericht aufgrund vergleichender Beurteilung mit oder ohne Vergabe von Preisen erfolgt. Dies entspricht in der Zusammenschau mit dem insofern unvollkommenen § 103 Abs. 6 GWB der Definition eines Planungswettbewerbs nach § 69 Abs. 1. Der Planungswettbewerb ist mithin – im Gegensatz zur alten Rechtslage – keine Sonderform, sondern der Regelfall eines Wettbewerbs (→ § 78 Rn. 3).

3   **1. Ideen- und Realisierungswettbewerbe.** Art. 78 S. 1 RL 2014/24/EU unterscheidet zwischen Wettbewerben, die im Rahmen der Vergabe eines öffentlichen Dienstleistungsauftrags durchgeführt werden und solchen mit Preisgeldern oder Zahlungen an die Teilnehmer. Dies entspricht im Wesentlichen der im Bereich der Architektenwettbewerbe hergebrachten Unterscheidung zwischen Ideen- und Realisierungswettbewerben.

4   **Ideenwettbewerbe** dienen der Findung konzeptioneller Lösungen, zB zur Klärung der Grundlagen einer Planungsaufgabe, ohne dass Auftraggeber bereits die Realisierung eines Lösungsvorschlages beabsichtigen.[1] Ziel ist es lediglich, sich einen Überblick über mögliche Lösungsmöglichkeiten zu einer gestellten Aufgabe zu verschaffen. Dies bietet sich etwa bei der grundsätzlichen Definition und Lösung städtebaulicher Fragestellungen an.[2] Dem Wettbewerb soll sich nicht unmittelbar eine Auftragsvergabe anschließen.[3]

---

[1] Vgl. § 3 Abs. 1 S. 2 RPW 2013.
[2] Vgl. HK-VergabeR/*Martini* Rn. 28.
[3] Vgl. *Müller-Wrede* in Müller-Wrede VOF § 15 Rn. 28.

Bei **Realisierungswettbewerben** (auch: Umsetzungswettbewerb) haben Auftraggeber hingegen von Anfang an die Absicht, einen der eingereichten Lösungsvorschläge zu realisieren.[4] Die Auftraggeber erklären diese Absicht bereits in der Wettbewerbsbekanntmachung und verpflichten sich zugleich, entweder den Gewinner oder einen der Preisträger des Wettbewerbs mit dem anschließenden Planungsauftrag zu betrauen. Bei Realisierungswettbewerben ist das wirtschaftliche Interesse der Teilnehmer daher vor allem auf die Chance der weiteren Beauftragung mit Planungsleistungen und nicht lediglich auf die Erlangung eines Preisgeldes gerichtet. Die Auftraggeber sind an ihre Verpflichtungserklärung gebunden und können sich hiervon nur im Ausnahmefall lösen (→ § 72 Rn. 38). In Konsequenz dessen ist für diese Fälle zur Vergabe des Planungsauftrages unter § 14 Abs. 4 Nr. 8 ein Verhandlungsverfahren ohne Teilnahmewettbewerb unter ausschließlicher Beteiligung des Gewinners oder aller Preisträger vorgesehen.

2. Offene und nicht offene Wettbewerbe. Bei **offenen Wettbewerben** kann sich jeder interessierte Teilnehmer, der die Anforderungen an die Teilnahme erfüllt (→ § 71 Rn. 10), mit seinem Wettbewerbsbeitrag bewerben.

Bei **nicht offenen Wettbewerben** ist dagegen nur eine begrenzte Anzahl von Teilnehmern zugelassen. Der eigentlichen Bewertung der Wettbewerbsbeiträge geht eine Vorauswahl geeigneter Teilnehmer voraus. Es handelt sich mithin um ein zweiphasiges Verfahren. In der ersten Phase erfolgt eine Auswahl der Teilnehmer anhand der vom Auftraggeber festgelegten und bekannt gemachten eindeutigen und nichtdiskriminierenden Auswahlkriterien (→ § 71 Rn. 18). In der zweiten Phase sind die ausgewählten Teilnehmer dazu aufgefordert, dem Preisgericht ihre Wettbewerbsbeiträge zur Bewertung vorzulegen.

Es steht im **Ermessen der Auftraggeber**, ob sie offenen oder nichtoffenen Wettbewerb ausrichten.[5] Gegen einen offenen Wettbewerb wird jedoch regelmäßig sprechen, dass mit der Teilnehmerzahl auch der mit dem Wettbewerb verbundene Verwaltungsaufwand steigt[6] und damit nicht abschätzbar ist. Schließlich bedeutet eine hohe Teilnehmerzahl auch einen Mehraufwand für das Preisgericht, der ab einer gewissen Grenze auch zu einer Überforderung führen kann.[7] Offene Wettbewerbe sind auch für potenzielle Teilnehmer unattraktiv, denn mit steigenden Teilnehmerzahlen sinken zumindest mathematisch die Chancen auf die Zuerkennung eines Preises und eine etwaige anschließende Beauftragung.

3. Zivilrechte Qualifikation. Wettbewerbe sind zivilrechtlich als **Auslobungen** zu qualifizieren. Eine Auslobung ist nach § 657 BGB das öffentliche Versprechen einer Belohnung für die Vornahme einer Handlung, insbesondere für die Herbeiführung eines Erfolges. Bei Planungswettbewerben besteht die Handlung in der Einreichung der Wettbewerbsbeiträge, in der Regel Lösungsvorschläge für eine Planungsaufgabe (→ § 77 Rn. 14). Auslobungen sind einseitige Rechtsgeschäfte. Im Rahmen von Planungswettbewerben werden mithin keine Verträge zwischen dem Auftraggeber und den Teilnehmern begründet. Keine Planungswettbewerbe stellen demnach sog. Gutachterverfahren dar, bei denen eine bestimmte, meist besonders schwierige Planungsaufgabe mehrfach vergeben wird. In diesen Fällen kommt zwischen dem Auftraggeber und jedem Planer ein Planungsvertrag mit beiderseitigen, synallagmatischen Leistungspflichten zustande.[8]

Regelmäßig handelt es sich bei Wettbewerben um **Preisausschreiben** nach § 661 BGB, einer Sonderform der Auslobung. Notwendig ist dies jedoch nicht. Das Preisausschreiben unterscheidet sich von der gewöhnlichen Auslobung im Wesentlichen durch die Preisbewerbung. Die Auslobung von Preisen, die nicht notwendigerweise in Geldbeträgen bestehen müssen, ist jedoch nur bei Planungswettbewerben für Architekten- und Ingenieurleistungen nach § 79 Abs. 1 vorgeschrieben (→ § 79 Rn. 3). Gleichwohl wird auch bei allgemeinen Planungswettbewerben eine Preisbewerbung praktisch unabdingbar sein, da andernfalls mangels Attraktivität kaum Interessenten angesprochen werden dürften.[9] Den Teilnehmern eines Preisausschreibens wird aber lediglich die Aussicht auf den Preis versprochen. Die Teilnahme begründet mithin noch keinen Anspruch auf den Preis, sondern erst dessen Zuerkennung.[10] Der Auslobende rechnet im Falle des Preisausschreibens von vornherein damit, dass die Anzahl der Teilnehmer größer als die der ausgelobten Preise ist. Er schreibt deshalb ein Verfahren vor, das mit einer Auswahlentscheidung unter den

---

[4] Vgl. § 3 Abs. 1 S. 1 RPW 2013: „Der Durchführung eines Planungswettbewerbs liegt in der Regel die Realisierungsabsicht der Wettbewerbsaufgabe zugrunde (Realisierungswettbewerb)".
[5] Vgl. HK-VergabeR/*Martini* Rn. 30.
[6] So zu § 15 VOF: *Müller-Wrede* in Müller-Wrede VOF § 15 Rn. 31.
[7] So zu § 15 VOF: *Müller-Wrede* in Müller-Wrede VOF § 15 Rn. 31.
[8] Vgl. BGH Urt. v. 10.10.1996 – I ZR 129/94, NJW 1997, 2180 (2181).
[9] Vgl. Voppel/Osenbrück/Bubert/*Voppel* VgV Rn. 6.
[10] Vgl. *Müller-Wrede* in Müller-Wrede VOF § 15 Rn. 6 mwN.

konkurrierenden Teilnehmern durch eine von ihm bestimmte Instanz – bei Wettbewerben das Preisgericht – endet.

11 Bei Wettbewerben öffentlicher Auftraggeber kommt den **zivilrechtlichen Regelungen** aufgrund der umfassenden Bestimmungen zur Ausrichtung und Durchführung von Planungswettbewerben in der VgV und bei solchen für Architekten- und Ingenieurleistungen außerdem in den einheitlichen Richtlinien, wie der RPW 2013, nur untergeordnete Bedeutung zu.[11] Es sind gleichwohl keine unionsrechtlichen Gründe ersichtlich, die einer ergänzenden Anwendung der Regelungen des BGB auf Planungswettbewerbe nach § 69 entgegenstehen.[12]

12 **4. Vergaberechtliche Bedeutung.** Vergaberechtlich sind Planungswettbewerbe zunächst eine **spezifische Form der Beschaffung von Lösungsvorschlägen** für eine Wettbewerbsaufgabe in Form eines Plans oder einer Planung.[13] Trotz ihres Beschaffungscharakters handelt es sich dennoch nicht um öffentliche Aufträge iSd § 103 Abs. 1 GWB.[14] Dies deshalb, da sie zivilrechtlich nach § 657 BGB als Auslobungen zu qualifizieren sind und damit keine entgeltlichen Verträge darstellen, sondern einseitige Rechtsgeschäfte.

13 Im Falle von Realisierungswettbewerben (→ Rn. 5) sind die beschafften Lösungsvorschläge zugleich Bestandteil der **Einkaufsvorbereitung** der öffentlichen Auftraggeber,[15] indem sie ihren Beschaffungsbedarf für die anschließende Realisierung der Wettbewerbsaufgabe konkretisieren. Für ein diesbezügliches Verhandlungsverfahren haben Planungswettbewerbe zudem die **Funktion eines vorgeschalteten Teilnahmewettbewerbs**,[16] da der Bieterkreis verbindlich auf den Gewinner oder die Preisträger festgelegt wird (→ § 72 Rn. 32). Realisierungswettbewerbe sind gleichwohl nicht notwendigerweise formaler Bestandteil des Verhandlungsverfahrens. Dieses wird grundsätzlich erst mit der Aufforderung zur Angebotsabgabe eingeleitet.[17] Da das Wettbewerbsergebnis aber Bindungswirkung hinsichtlich des Bieterkreises entfaltet, sind sie zumindest dessen funktionaler Bestandteil und werden insofern somit gem. Art. 78 S. 1 lit. a RL 2014/24/EU „im Rahmen der Vergabe eines öffentlichen Dienstleistungsauftrags" durchgeführt.

III. Anzuwendende Vorschriften (Abs. 2)

14 Nach **Abs. 2** haben Auftraggeber bei der Ausrichtung von Planungswettbewerben neben den Bestimmungen des Abschnitts 5 der VgV auch die Vorschriften zur Wahrung der Vertraulichkeit gem. § 5, zur Vermeidung von Interessenkonflikten gem. § 6 (zum Verhältnis zu § 72 Abs. 1 S. 1 → Rn. 18), sowie über die Rechtsformen von Unternehmen und Bietergemeinschaften gem. § 43 anzuwenden.

15 Die Aufzählung der anzuwendenden Vorschriften unter Abs. 2 ist **nicht abschließend**. Es müssen in jeden Fall die Bestimmungen in den vorangegangenen Abschnitten gelten, die explizit auf Planungswettbewerbe Bezug nehmen. Dies stellt die Verordnungsbegründung auch klar.[18] Als Beispiel ist dort die Bestimmung unter § 3 Abs. 12 über die **Schätzung des Auftragswerts** bei Planungswettbewerben benannt.[19] Des Weiteren nehmen die Bestimmungen unter § 10 Abs. 1 und 2 über die **Anforderungen an die verwendeten elektronischen Mittel** sowie gem. § 12 Abs. 2 über die Nutzung **elektronischer Mittel für die Bauwerksdatenmodellierung**[20] explizit auf Planungswettbewerbe Bezug.

16 Nach vertretener Auffassung sind darüber hinaus weitere Vorschriften über die Kommunikation im Abschnitt 1 Unterabschnitt 2 (§§ 9–13) anzuwenden, namentlich über die **Grundsätze der Kommunikation** gem. § 9 und die **Anforderungen an den Einsatz elektronischer Mittel** gem. § 11.[21] Hergeleitet wird dies im Ergebnis aus einer richtlinienkonformen Auslegung aufgrund der unionsrecht-

---

[11] Vgl. hierzu etwa: BeckOK BGB/*Kotzian-Marggraf* BGB § 661 Rn. 2.
[12] So zu § 15 VOF: *Müller-Wrede* in Müller-Wrede VOF § 15 Rn. 7 mwN.
[13] Vgl. HK-VergabeR/*Martini* Rn. 10.
[14] Vgl. Begr. VergRModG, BT-Drs. 18/6281, 73.
[15] Vgl. OLG Koblenz Urt. v. 6.7.2012 – 8 U 45/11, BeckRS 2012, 19656.
[16] Vgl. OLG Koblenz Beschl. v. 16.2.2011 – 1 Verg 2/10, BeckRS 2011, 03435, wonach es sich bei einem Realisierungswettbewerb um einen Teilnahmewettbewerb eigener Art handle.
[17] Vgl. allg. zum Beginn eines Verhandlungsverfahrens ohne Teilnahmewettbewerb: OLG Naumburg Beschl. v. 18.8.2011 – 2 Verg 3/11, BeckRS 2011, 21711.
[18] Vgl. Begr. VergRModVO, BT-Drs. 18/7318, 203.
[19] Vgl. Begr. VergRModVO, BT-Drs. 18/7318, 203. Dort falscherweise bezeichnet als § 3 Abs. 11.
[20] Vgl. hierzu *Maibaum/Schade* in Müller-Wrede VgV § 71 Rn. 11, wonach die Nutzung der Bauwerksdatenmodellierung nach § 12 Abs. 2 gerade im Zusammenhang mit der Ausrichtung von Planungswettbewerben auch schon bei der Einreichung von Angeboten notwendig werden kann.
[21] Vgl. Ziekow/Völlink/*Stolz* Rn. 3; HK-VergabeR/*Martini* Rn. 32; aA Voppel/Osenbrück/Bubert/*Voppel* VgV Rn. 14.

lichen Vorgaben aus Art. 80 Abs. 1 RL 2014/24/EU, die nach der Verordnungsbegründung durch Abs. 2 umgesetzt werden sollten.[22] Nach Art. 80 Abs. 1 RL 2014/24/EU wenden Auftraggeber bei der Durchführung von Wettbewerben Verfahren an, welche Titel I (Art. 1–24 RL 2014/24/EU) entsprechen. Der hierdurch in Bezug genommene Art. 22 RL 2014/24/EU beinhaltet Vorschriften über die Kommunikation, die durch die §§ 9–12 in deutsches Recht umgesetzt worden sind. Darüber hinaus enthält Art. 22 RL 2014/24/EU aber weitere **Regelungen zur elektronischen Übermittlung**, insbesondere unter Art. 22 Abs. 1 RL 2014/24/EU, wonach die Mitgliedstaaten zu gewährleisten haben, dass die gesamte Kommunikation und der gesamte Informationsaustausch, insbesondere die elektronische Einreichung von Angeboten, unter Anwendung elektronischer Kommunikationsmittel erfolgen. Diese Vorgaben wurden durch § 53 umgesetzt. Um das Delta zwischen dem von der Richtlinie vorgegebenen Zustand und dem nationalen Recht zu schließen, müssten daher auch diese Regelungen auf Planungswettbewerbe anwendbar sein, mit der Folge, dass Wettbewerbsbeiträge und Bewerbungen in nicht offenen Wettbewerben gem. § 53 Abs. 1 grundsätzlich mithilfe elektronischer Mittel einzureichen wären. Es wird allerdings bezweifelt, dass die Zielsetzung der Richtlinie dies gebiete und der undifferenzierte Verweis in Art. 80 Abs. 1 RL 2014/24/EU demnach von einem entsprechenden Regelungswillen des Richtliniengebers getragen ist.[23] Im maßgeblichen Erwägungsgrund 52 RL 2014/24/EU kommt die notwendige Einbeziehung von Wettbewerben zwar nicht deutlich zum Ausdruck. Andererseits sind keine sachlichen Gründe ersichtlich, weshalb Wettbewerbe von der Zielsetzung der Richtlinie, durch die verbindliche Vorgabe der elektronischen Kommunikation die Effizienz und Transparenz zu steigern, ausgenommen sein sollten. Das sich diese Ziele auch bei Wettbewerben entsprechend erreichen ließen, wird nicht ernstlich in Abrede gestellt werden können, zumal der elektronische Empfang von Plänen und Entwürfen in Wettbewerben bereits in der Vergabe-RL 2004 geregelt gewesen ist (vgl. Art. 71 Abs. 3 Vergabe-RL 2004). Letztendlich lässt sich mit vorstehenden Erwägungen nicht rechtssicher ausschließen, dass in richtlinienkonformer Auslegung sämtliche Vorschriften der VgV über die Kommunikation auch auf Wettbewerbe zu erstrecken sind, und damit insbesondere gem. § 53 Abs. 1 grundsätzlich die elektronische Übermittlung von Wettbewerbsbeiträgen und Bewerbungen vorgegeben ist und nur ausnahmeweise unter den Voraussetzungen des § 53 Abs. 2 und 4 eine postalische oder anderweitige Übermittlung in Betracht kommt.[24]

Es wird vertreten, dass außerdem die Vorschriften über die **Dokumentation** gem. § 8 auf Planungswettbewerbe anzuwenden sind.[25] Dem ist nicht zuzustimmen. Anders als bei den Vorschriften über die Kommunikation lässt sich dies nicht aus den unionsrechtlichen Vorgaben ableiten, die durch § 8 in deutsches Recht umgesetzt worden sind. § 8 geht auf Art. 84 Abs. 2 RL 2014/24/EU zurück, dessen Vorgaben zur Dokumentation von Vergabeverfahren nicht durch Art. 80 Abs. 1 RL 2014/24/EU in Bezug genommen werden und damit auch nicht auf Planungswettbewerbe erstreckt werden.[26] Für Planungswettbewerbe gilt allerdings eine **allgemeine Dokumentationspflicht**, die aus den Vergabegrundsätzen der Transparenz und Gleichbehandlung folgt, die auch für die Durchführung von Planungswettbewerben gelten (→ Rn. 18) sowie aus dem für Wettbewerbsteilnehmer, Bewerber oder Interessenten eröffneten Rechtsschutz (→ Rn. 19).[27] Der Gleichbehandlungsgrundsatz schließt eine Verpflichtung zur Transparenz ein, um seine Einhaltung überprüfen zu können.[28] Die Überprüfbarkeit setzt eine nachvollziehbare Dokumentation der Grundlagen und Gründe von Entscheidungen auch in Planungswettbewerben voraus.[29]

Für Planungswettbewerbe gelten ferner die **allgemeinen Vergabegrundsätze** der Gleichbehandlung und Diskriminierungsfreiheit, des Wettbewerbs, der Transparenz sowie der Verhältnismäßigkeit. Diese Grundsätze folgen aus dem Rechtsstaatsgebot nach Art. 20 Abs. 3 GG, an das öffentliche Auftraggeber stets gebunden sind.[30] Die Erstreckung der Vergabegrundsätze auf Wettbewerbe entspricht auch den unionsrechtlichen Vorgaben, da Art. 80 Abs. 1 RL 2014/24/EU ausdrücklich auf Art. 18 RL 2014/24/EU verweist, in dem diese normiert sind. Im Übrigen haben die Grundsätze

---

[22] Vgl. Begr. VergRModVO, BT-Drs. 18/7318, 203.
[23] Vgl. Ziekow/Völlink/*Stolz* Rn. 3, wonach sich aus dem Erwägungsgrund 52 RL 2014/24/EU ergäbe, dass die Mitgliedstaaten verpflichtend nur die „elektronische Übermittlung" von Teilnahmeanträgen und Angeboten vorschreiben müssen.
[24] AA Ziekow/Völlink/*Stolz* Rn. 3 mit Verweis auf den Erwägungsgrund 52 RL 2014/24/EU und dem fehlenden Regelungswillen des deutschen Verordnungsgebers.
[25] Vgl. Ziekow/Völlink/*Stolz* Rn. 4.
[26] Vgl. Voppel/Osenbrück/Bubert/*Voppel* VgV Rn. 16; aA Ziekow/Völlink/*Stolz* Rn. 4, wonach die Regelung auch für Wettbewerbe gelten dürfte.
[27] Vgl. Voppel/Osenbrück/Bubert/*Voppel* VgV Rn. 16.
[28] Vgl. *Lux* in Müller-Wrede GWB § 97 Rn. 22 ff.
[29] Vgl. VK Berlin Beschl. v. 12.11.2019 – VK-B2-29/19, IBRRS 2020, 0333; VK Bund Beschl. v. 26.1.2005 – VK 3 – 224/04, BeckRS 2005, 151329.
[30] Vgl. *Lux* in Müller-Wrede GWB § 97 Rn. 22.

auch Ausdruck in den Bestimmungen für Planungswettbewerbe im Abschnitt 5 und 6 der VgV gefunden.

IV. Rechtsschutz

19 Obschon die Bestimmungen im Abschnitt 5 der VgV sowie die ergänzenden Sondervorschriften im Unterabschnitt 2 des Abschnitts 6 vergaberechtlicher Natur sind, ist fraglich, ob Verstöße hiergegen im Wege eines Nachprüfungsverfahrens auch isoliert und unabhängig von einem sich dem Wettbewerb anschließenden Vergabeverfahren vor den Nachprüfungsinstanzen geltend gemacht werden können. Dies würde einen Bruch im geltenden Vergaberechtsschutzsystem des GWB bedeuten. Denn gem. § 155 GWB unterliegt allein die Vergabe öffentlicher Aufträge und Konzessionen der Nachprüfung durch die Vergabekammern. Planungswettbewerbe sind jedoch keine öffentlichen Aufträge und führen auch nicht unmittelbar zur Vergabe eines solchen (→ § 72 Rn. 33). Gleichwohl wurde bereits nach alter Rechtslage ein **Vergaberechtsschutz in Planungswettbewerben** allgemein angenommen[31] und wird auch nach neuer Rechtslage bejaht.[32] Dies könnte jedenfalls für Realisierungswettbewerbe das Ergebnis einer richtlinienkonformen Auslegung sein.[33] Denn die Verpflichtung der Mitgliedstaaten aus Rechtsmittelrichtlinien, konkret aus Art. 1 Abs. 1 UAbs. 3 RL 2007/66/EG, eine wirksame und rasche Nachprüfung von Entscheidungen der öffentlichen Auftraggeber sicherzustellen, erstreckt sich nach der Rechtsprechung des EuGH auch auf Entscheidungen im Zusammenhang mit einem öffentlichen Dienstleistungsauftrag, die zwar außerhalb eines förmlichen Vergabeverfahrens getroffen werden, aber gleichwohl Rechtswirkungen entfalten können.[34] Dies trifft auf Entscheidungen des Preisgerichts in Realisierungswettbewerben zu, da sie für das spätere Vergabeverfahren Bindungswirkung entfalten, namentlich hinsichtlich des Bieterkreises (→ § 72 Rn. 32). Insofern sind Realisierungswettbewerbe zumindest funktionaler Bestandteil des nachfolgenden Vergabeverfahrens.[35] Dies ließe eine Vorverlagerung des diesbezüglichen Vergaberechtsschutzes gerechtfertigt erscheinen.[36] Gleichwohl sind Zweifel an der Notwendigkeit angebracht. Denn ein effektiver Rechtsschutz ist auch im nachgelagerten Vergabeverfahren noch möglich. Die Entscheidungen des Preisgerichts sind nach zutreffender Ansicht nicht unanfechtbar, da sie keine dem Zuschlag gleichzusetzende, verfahrensbeendigende Wirkung haben (→ § 72 Rn. 31). Die Nachprüfungsinstanzen können mithin auch in dem anschließenden Vergabeverfahren mit der Begründung angerufen werden, dass die Preisgerichtsentscheidungen fehlerhaft sind und insofern keine Bindungswirkung entfalten dürfen. Andererseits soll nach der Rechtsprechung des EuGH die Möglichkeit einer Nachprüfung nicht von einem bestimmten Verfahrensstadium abhängig sein.[37]

20 Wenn aufgrund einer richtlinienkonformen Auslegung des § 155 GWB Nachprüfungsverfahren bereits während der Realisierungswettbewerbe statthaft sind, ist damit noch nicht die Frage beantwortet, ob auch die übrigen Zulässigkeitsvoraussetzungen entsprechend gelten, namentlich die **Antragsbefugnis** (§ 160 Abs. 2 GWB) und die **Rügeobliegenheit** (§ 160 Abs. 3 GWB). Die Rechtsmittelrichtlinie gebietet die Eröffnung eines vergaberechtlichen Rechtsschutzes, nicht aber einschränkende

---

[31] So bereits zur Vorgängerregelung: OLG Koblenz Beschl. v. 16.2.2011 – 1 Verg 2/10, BeckRS 2011, 03435; OLG Brandenburg Beschl. v. 11.5.2000 – Verg 1/00227, NZBau 2001, 226; VK Sachsen Beschl. v. 22.2.2013 – 1/SVK/047-12, BeckRS 2013, 10842; VK Niedersachsen Beschl. v. 18.6.2010 – VgK-22/2010, IBRRS 2010, 3070; *Müller-Wrede* in Müller-Wrede VOF § 16 Rn. 95; *Voppel/Osenbrück/Bubert* VOF § 17 Rn. 30; HK-VergabeR/*Martini*, 2. Aufl. 2015, VOF § 16 Rn. 27.

[32] Vgl. VK Berlin Beschl. v. 12.11.2019 – VK-B2-29/19, IBRRS 2020, 0333; VK Südbayern Beschl. v. 27.1.2017 – Z3-3-3194-1-48-11/16, BeckRS 2017, 121875; *Diemon-Wies* in Müller-Wrede GWB § 155 Rn. 20, wonach Planungswettbewerbe zwar in § 155 GWB nicht ausdrücklich genannt sind, aber über § 103 Abs. 6 GWB „einbezogen" seien. Ähnlich wohl auch Beck VergabeR/*Lausen* GWB § 115 Rn. 15, wonach Wettbewerbe, soweit sie die Voraussetzungen des § 103 Abs. 6 GWB erfüllen, öffentlichen Aufträgen „gleichgestellt" seien.

[33] Ebenso für eine Beschränkung des Rechtsschutzes auf Realisierungswettbewerbe: OLG Koblenz Beschl. v. 16.2.2011 – 1 Verg 2/10, BeckRS 2011, 03435; VK Berlin Beschl. v. 12.11.2019 – VK-B2-29/19, IBRRS 2020, 0333.

[34] Vgl. EuGH Urt. v. 11.1.2005 – C-26/03, ECLI:EU:C:2005:5 Rn. 34 ff. – Stadt Halle; hierauf Bezug nehmend: *Müller-Wrede* in Müller-Wrede VOF § 16 Rn. 58.

[35] Vgl. Erwägungsgrund 2 RL 2007/66/EG: „Die Richtlinien 89/665/EWG und 92/13/EWG gelten daher nur für Aufträge, die in den Anwendungsbereich der Richtlinien 2004/18/EG und 2004/17/EG gemäß der Auslegung des Gerichtshofs der Europäischen Gemeinschaften fallen und zwar unabhängig von dem gewählten Vergabeverfahren oder der jeweiligen Art des Aufrufs zum Wettbewerb, einschließlich der Wettbewerbe".

[36] Vgl. auch *Hartmann* in KKMPP VgV § 80 Rn. 65, wonach Planungswettbewerbe als „faktischer Bestandteil" eines Vergabeverfahrens zugleich den vergaberechtlichen Grundsätzen unterlägen.

[37] Vgl. EuGH Urt. v. 11.1.2005 – C-26/03, ECLI:EU:C:2005:5 Rn. 35 – Stadt Halle.

Zulässigkeitsvoraussetzungen für dessen Inanspruchnahme.[38] Solche können mithin nicht das Ergebnis einer richtlinienkonformen Auslegung sein. Hinsichtlich der Antragsbefugnis nach § 160 Abs. 2 GWB bestehen gegen eine entsprechende Anwendung deshalb keine Bedenken, da insofern lediglich das bei sämtlichen Rechtsschutzverfahren geltende Erfordernis eines Rechtsschutzbedürfnisses normiert ist.[39] Die Rügeobliegenheit nach § 160 Abs. 3 GWB folgt letztlich aus dem allgemeinen Gebot von Treu und Glauben,[40] womit deren entsprechende Anwendung gerechtfertigt erscheint, wenngleich sie in ihrer dezidierten Form ein Unikum darstellt.[41]

Verstöße gegen Planungswettbewerbe betreffende Bestimmungen der VgV können zudem Pflichtverletzungen des Auftraggebers im Rahmen des durch den Planungswettbewerb begründeten Schuldverhältnisses nach §§ 657, 661 BGB[42] darstellen und vor den ordentlichen Gerichten zu verfolgende **Schadensersatzansprüche** der Teilnehmer auslösen.[43] Dies gilt auch für Verstöße gegen die Wettbewerbsbedingungen (→ § 71 Rn. 4) und fehlerhafte Entscheidungen des Preisgerichts, die dem Auftraggeber nach § 278 BGB zuzurechnen sind (→ § 72 Rn. 57). 21

§ 70 Veröffentlichung, Transparenz

(1) ¹Der öffentliche Auftraggeber teilt seine Absicht, einen Planungswettbewerb auszurichten, in einer Wettbewerbsbekanntmachung mit. ²Die Wettbewerbsbekanntmachung wird nach dem Muster gemäß Anhang IX der Durchführungsverordnung (EU) 2015/1986 erstellt. ³§ 40 ist entsprechend anzuwenden.

(2) Beabsichtigt der öffentliche Auftraggeber im Anschluss an einen Planungswettbewerb einen Dienstleistungsauftrag im Verhandlungsverfahren ohne Teilnahmewettbewerb zu vergeben, hat der öffentliche Auftraggeber die Eignungskriterien und die zum Nachweis der Eignung erforderlichen Unterlagen hierfür bereits in der Wettbewerbsbekanntmachung anzugeben.

(3) ¹Die Ergebnisse des Planungswettbewerbs sind bekanntzumachen und innerhalb von 30 Tagen an das Amt für Veröffentlichungen der Europäischen Union zu übermitteln. ²Die Bekanntmachung wird nach dem Muster gemäß Anhang X der Durchführungsverordnung (EU) 2015/1986 erstellt.

(4) § 39 Absatz 6 gilt entsprechend.

Übersicht

	Rn.		Rn.
I. Allgemeines	1	fahren ohne Teilnahmewettbewerb (Abs. 2)	8
II. Wettbewerbsbekanntmachung (Abs. 1)	4	IV. Bekanntmachung des Wettbewerbsergebnisses (Abs. 3)	13
III. Bekanntgabe von Eignungskriterien bei anschließendem Verhandlungsver-		V. Ausnahmen von den Veröffentlichungspflichten (Abs. 4)	16

I. Allgemeines

Abs. 1 und 3 dienen der Umsetzung der Art. 32 Abs. 4 RL 2014/24/EU, Art. 79 RL 2014/24/EU und regeln die Pflichten zur Bekanntmachung von Wettbewerben sowie deren Ergebnissen. 1

Abs. 2 verpflichtet Auftraggeber für den Fall, dass sie beabsichtigen, im Anschluss an einen Planungswettbewerb einen Dienstleistungsauftrag im Verhandlungsverfahren ohne Teilnahmewettbewerb zu vergeben, bereits in der Wettbewerbsbekanntmachung, die im anschließenden Verhand- 2

---

[38] Vgl. zur Zulässigkeit von Präklusionsfristen: EuGH Urt. 28.1.2010 – C-406/08, ECLI:EU:C:2010:45 Rn. 38 – Uniplex.
[39] Vgl. KG Beschl. v. 15.4.2004 – 2 Verg 22/03, IBRRS 2004, 3531.
[40] Vgl. OLG Brandenburg Beschl. v. 15.9.2009 – Verg W 13/08, BeckRS 2010, 03256.
[41] Offen gelassen VK Berlin Beschl. v. 12.11.2019 – VK-B2-29/19, IBRRS 2020, 0333. Geltung der Rügepräklusion nicht in Zweifel gezogen: VK Südbayern Beschl. v. 27.1.2017 – Z3-3-3194-1-48-11/16, BeckRS 2017, 121875; nach alter Rechtslage: OLG Brandenburg Beschl. v. 11.5.2000 – Verg 1/00227, NZBau 2001, 226; VK Berlin Beschl. v. 15.4.2011 – VK-B2-12/11, BeckRS 2012, 57919; VK Sachsen Beschl. v. 22.2.2013 – 1/SVK/047-12, BeckRS 2013, 10842; *Müller-Wrede* in Müller-Wrede VOF § 16 Rn. 95.
[42] Vgl. BGH Urt. v. 9.6.1983 – III ZR 74/82, NJW 1984, 1118.
[43] Vgl. *Müller-Wrede* in Müller-Wrede VOF § 16 Rn. 92.

lungsverfahren von den Teilnehmern zu erfüllenden Eignungskriterien und entsprechenden Eignungsnachweise anzugeben. Die Bestimmung basiert nicht auf Vorgaben aus der RL 2014/24/EU (→ Rn. 9).

3   **Abs. 4** verweist auf die Vorschriften zu Vergabebekanntmachungen unter § 39 Abs. 6, die die Ausnahmen von den Veröffentlichungspflichten aus überwiegenden Interessen regeln und setzt insofern Art. 79 Abs. 2 UAbs. 2 RL 2014/24/EU um.

II. Wettbewerbsbekanntmachung (Abs. 1)

4   **Abs. 1 S. 1** setzt im Wesentlichen wortlautgetreu Art. 79 Abs. 1 UAbs. 1 RL 2014/24/EU um, und verpflichtet dementsprechend öffentliche Auftraggeber, ihre Absicht, einen Planungswettbewerb durchzuführen, unter Verwendung eines einheitlichen Standardformulars im Amtsblatt der Europäischen Union mitzuteilen.

5   Nach **Abs. 1 S. 2** ist die Wettbewerbsbekanntmachung zwingend nach dem **Bekanntmachungsmuster** im Anhang IX der Durchführungsverordnung (EU) 2015/1986 zu erstellen. Hieraus ergeben sich **Mindestinhalte** der Wettbewerbsbekanntmachung. Hierzu zählen insbesondere die Kriterien für die Bewertung der Wettbewerbsbeiträge (→ § 71 Rn. 8), den Schlusstermin für den Eingang der Wettbewerbsbeiträge oder Bewerbungen (→ § 71 Rn. 13), Angaben zur Preisbewerbung (→ § 71 Rn. 11), zu Folgeaufträgen (→ § 71 Rn. 12) und für nicht offene Wettbewerbe die Auswahlkriterien (→ § 71 Rn. 18), die Angaben zur Anzahl auszuwählenden Teilnehmer (→ § 71 Rn. 23) sowie die Namen der bereits ausgewählten Teilnehmer (→ § 71 Rn. 25). In der Bekanntmachung ist außerdem unter Rubrik IV.3.4) „Entscheidungen des Preisgerichts" anzugeben, ob die Preisgerichtsentscheidung für den öffentlichen Auftraggeber verbindlich ist. Dies ist nach deutscher Rechtslage stets der Fall (→ § 72 Rn. 28).

6   Das Bekanntmachungsmuster verwendet zum Teil Formulierungen, die von den gepflogenen Begrifflichkeiten in Planungswettbewerben für Architekten- und Ingenieurleistungen abweichen, aber keine inhaltlich abweichende Bedeutung haben. Sofern im Muster von **„Projekten"** die Rede ist, sind damit die Wettbewerbsbeiträge gemeint (vgl. § 5 Abs. 2 RPW 2013), mit **„Teilnahmeanträgen"** die Bewerbungen in nicht offenen Wettbewerben (vgl. § 3 Abs. 3 UAbs. 1 RPW 2013).

7   Nach **Abs. 1 S. 3** sind die **Vorschriften über die Veröffentlichung von Auftragsbekanntmachungen** gem. § 40 entsprechend anzuwenden. Die Wettbewerbsbekanntmachungen sind demnach mit elektronischen Mitteln an das Amt für Veröffentlichungen der Europäischen Union zu übermitteln (§ 40 Abs. 1 S. 1). Ferner dürfen Wettbewerbsbekanntmachungen auf nationaler Ebene erst nach der Veröffentlichung durch das Amt für Veröffentlichungen der Europäischen Union oder 48 Stunden nach der Bestätigung über den Eingang der Wettbewerbsbekanntmachung durch das Amt für Veröffentlichungen der Europäischen Union veröffentlicht werden (§ 40 Abs. 3 S. 1). Die Veröffentlichung darf nur Angaben enthalten, die in den an das Amt für Veröffentlichungen der Europäischen Union übermittelten Wettbewerbsbekanntmachungen enthalten sind oder in einem Beschafferprofil veröffentlicht wurden (§ 40 Abs. 3 S. 2).

III. Bekanntgabe von Eignungskriterien bei anschließendem Verhandlungsverfahren ohne Teilnahmewettbewerb (Abs. 2)

8   **Abs. 2** betrifft Realisierungswettbewerbe, in denen Auftraggeber beabsichtigen, im Anschluss an den Planungswettbewerb nach § 14 Abs. 3 Nr. 8 ein Verhandlungsverfahren ohne Teilnahmewettbewerb mit dem Gewinner oder den Preisträgern durchzuführen (→ § 69 Rn. 5). Im anschließenden Vergabeverfahren ist die Eignung des Gewinners oder der Preisträger zur ordnungsgemäßen Ausführung des Auftrages zu prüfen,[1] dessen Konditionen vom Auftraggeber festzulegen sind.[2] Dies alles ist nicht Gegenstand des Planungswettbewerbs, denn dieser ist allein darauf ausgerichtet, die besten inhaltlichen Lösungen für die Wettbewerbsaufgabe zu ermitteln. Auftraggeber haben nach Abs. 2 die für das anschließende Verhandlungsverfahren von den Teilnehmern zu erfüllenden **Eignungskriterien** und entsprechenden **Eignungsnachweise** aber bereits in der Wettbewerbsbekanntmachung zu benennen.

9   Die Vorschrift basiert nicht auf der RL 2014/24/EU. Nach Art. 79 Abs. 1 UAbs. 2 RL 2014/24/EU ist in der Wettbewerbsbekanntmachung lediglich die Absicht anzugeben, einen anschließenden Dienstleistungsauftrag zu vergeben. Die Verpflichtung wird in Abs. 2 nicht ausdrücklich normiert, sondern vorausgesetzt. Sie ergibt sich aus Abs. 1 S. 2 und dem danach zwingend zu verwen-

---

[1] Vgl. OLG Frankfurt a. M. Beschl. v. 23.6.2020 – 11 Verg 2/20, VPR 2021, 8; OLG Düsseldorf Beschl. v. 2.12.2009 – VII-Verg 39/09, NZBau 2010, 393 (396).

[2] Vgl. VK Sachsen Beschl. v. 10.9.2015 – 1/SVK/022-15, BeckRS 2015, 17931; *Voppel/Osenbrück/Bubert* VOF § 15 Rn. 25.

denden Bekanntmachungsmuster (→ Rn. 5). Unter der Rubrik IV.3.3) **„Folgeaufträge"** ist anzugeben, ob infolge des Wettbewerbs ein Dienstleistungsauftrag an den/die Gewinner des Wettbewerbs vergeben wird.

Abs. 2 schafft über die Pflichtangaben nach der RL 2014/24/EU hinaus mehr Transparenz. Dies trägt dem Umstand Rechnung, dass der wesentliche Anreiz für die Teilnahme an Realisierungswettbewerben nicht das festgesetzte Preisgeld ist, sondern die Aussicht auf die spätere Beauftragung mit der Realisierung der Planungsaufgabe.[3] Die Wettbewerbsinteressenten sollen bewerten können, ob sie nach den Kriterien des Auftraggebers überhaupt für eine spätere Beauftragung in Betracht kommen.[4] Daneben wird der öffentliche Auftraggeber angehalten, sich schon frühzeitig mit den erforderlichen Eignungskriterien für das spätere Vergabeverfahren auseinanderzusetzen[5] und ist daran gehindert, diese später auf den Gewinner bzw. auf die Preisträger des Wettbewerbs zuzuschneiden. Die Bekanntmachung der Eignungskriterien und diesbezüglichen Nachweise bewirkt eine **Selbstbindung des Auftraggebers** im anschließenden Vergabeverfahren. Er darf die Kriterien und Nachweise nicht ändern oder auf sie verzichten, sondern allenfalls konkretisieren (→ § 80 Rn. 4).

Die Eignungskriterien für das spätere Vergabeverfahren sind von den **Anforderungen an die Teilnahme am Wettbewerb** (→ § 71 Rn. 10) sowie den **Auswahlkriterien bei nicht offenen Wettbewerben** nach Abs. 3 S. 1 abzugrenzen (→ § 71 Rn. 18).[6] Die Anforderungen an die Teilnahme sowie die Auswahlkriterien beziehen sich auf die Eignung zur Einreichung verwertbarer Wettbewerbsbeiträge für die Planungsaufgabe. Die Eignungskriterien betreffen dagegen die Eignung zur ordnungsgemäßen Ausführung eines anschließenden Planungsauftrages.

Da Abs. 2 keine Entsprechung in der RL 2014/24/EU hat, sieht das **Bekanntmachungsmuster** keine ausdrückliche Rubrik für die Angabe der Eignungskriterien und Eignungsnachweise vor. Diese sind unter der Rubrik VI.3 **„Zusätzliche Angaben"** anzugeben.[7]

IV. Bekanntmachung des Wettbewerbsergebnisses (Abs. 3)

Nach **Abs. 3 S. 1** ist das Ergebnis des Planungswettbewerbs bekannt zu machen. Die Bekanntmachung des Wettbewerbsergebnisses dient, wie auch die Wettbewerbsbekanntmachung nach Abs. 1, der **Transparenz** und dokumentiert zugleich den **Abschluss des Verfahrens**.

Die Bekanntmachung ist **innerhalb von 30 Tagen** an das Amt für Veröffentlichungen der Europäischen Union zu übermitteln. Wie bereits die Vorgängervorschrift des § 14 Abs. 2 VOF enthält auch Abs. 3 S. 1 keine Aussage zum Fristbeginn. Maßgeblich ist insofern die Entscheidung des Preisgerichts.[8] Diese stellt zwar nicht den endgültigen Abschluss des Verfahrens dar und ihr kommt auch keine dem Zuschlag vergleichbare rechtliche Wirkung zu,[9] dennoch ist sie eine maßgebliche Zäsur und kennzeichnet den Abschluss der preisrichterlichen Entscheidungsfindung.[10] Dies gilt auch dann, wenn sich gem. § 79 Abs. 5 S. 4 die Rangfolge der Preisträger wegen der Aberkennung von Preisen ändert, da sich die hierfür erforderliche Prüfung des Wettbewerbsergebnisses unmittelbar an dessen Mitteilung anschließt.[11]

Die Bekanntmachung ist nach **Abs. 3 S. 2** zwingend nach dem einheitlichen **Bekanntmachungsmuster** nach Anhang X der Durchführungsverordnung (EU) 2015/1986 zu erstellen. Hieraus ergeben sich **Mindestinhalte** der Bekanntmachung. Hierzu gehören insbesondere die Angaben unter der Rubrik V.3 „Zuschlag und Preise", etwa das Datum der Entscheidung des Preisgerichts (V.3.1) sowie die **Namen und Adressen der Gewinner des Wettbewerbs** (V.3.3). „Gewinner" sind alle Teilnehmer, die durch das Preisgericht ausgezeichnet wurden, bei Architekten- und Ingenieurwettbewerben nach der RPW 2013 durch Zuerkennung von Preisen und Anerkennungen iSd § 7 Abs. 1 RPW 2013.[12] Diese unionsrechtlich vorgegebene Ex-Post-Transparenz hat bei Realisierungswettbewerben zur Folge, dass den Teilnehmern in dem anschließenden Verhandlungsverfahren die Identität ihrer potenziellen Mitbewerber bekannt gemacht wird und somit von vornherein eine

---

[3] Vgl. BGH Urt. v. 3.11.1983 – III ZR 125/82, NJW 1984, 1533 (1536).
[4] Begr. VergRModVO, BT-Drs. 18/7318, 203.
[5] Begr. VergRModVO, BT-Drs. 18/7318, 203.
[6] Vgl. VK Berlin Beschl. v. 12.11.2019 – VK-B2-29/19, IBRRS 2020, 0333.
[7] Vgl. Voppel/Osenbrück/Bubert/*Voppel* VgV Rn. 26.
[8] Vgl. Voppel/Osenbrück/Bubert/*Voppel* VgV Rn. 27: so zu § 14 VOF: *Voppel/Osenbrück/Bubert* VOF § 14 Rn. 33; *Portz* in Müller-Wrede VOF § 14 Rn. 19.
[9] So OLG Koblenz Beschl. v. 26.5.2010 – 1 Verg 2/10, BeckRS 2011, 03435 sowie VK Sachsen Beschl. v. 22.2.2013 – 1/SVK/047-12, BeckRS 2013, 10842; aA OLG Düsseldorf Beschl. v. 31.3.2004 – Verg 4/04, IBRRS 2004, 1488.
[10] So zu § 14 VOF: *Portz* in Müller-Wrede VOF § 14 Rn. 19.
[11] So zu § 14 VOF: *Portz* in Müller-Wrede VOF § 14 Rn. 19; *Voppel/Osenbrück/Bubert* VOF § 14 Rn. 33.
[12] Voppel/Osenbrück/Bubert/*Voppel* VgV Rn. 36.

geringere Intensität des nach § 97 Abs. 1 S. 1 GWB geforderten Geheimwettbewerbs besteht.[13] Dieser Effekt wird bei Planungswettbewerben für Architekten- und Ingenieurleistungen nach RPW 2013 noch dadurch verstärkt, dass die Wettbewerbsarbeiten unter Angabe der Namen der Wettbewerbsteilnehmer öffentlich auszustellen sind (→ § 79 Rn. 26). Für den Fall, dass **keine Preisvergabe** erfolgte, sind die Gründe hierfür unter der Rubrik V.1 „Information über die Nichtvergabe" anzugeben. Dies betrifft nicht die Fälle, in denen zulässigerweise von vornherein keine Preisbewerbung erfolgt ist (→ § 69 Rn. 10). Für solche Wettbewerbe ohne Preisbewerbung sieht das Bekanntmachungsmuster aber keine spezifische Eintragungsmöglichkeit vor, wenn keine Auszeichnung erfolgt ist, etwa weil überhaupt keine Wettbewerbsbeiträge eingegangen sind. Da aber nach Abs. 3 S. 1 zwingend das Ergebnis des Planungswettbewerbs bekannt zu machen ist, werden Auftraggeber in Ermangelung von Möglichkeiten die Angaben unter der vorgenannten Rubrik machen und insofern „Preis" mit „Auszeichnung" gleichsetzen müssen.

V. Ausnahmen von den Veröffentlichungspflichten (Abs. 4)

16   Nach **Abs. 4** ist § 39 Abs. 6 entsprechend anzuwenden, wonach Auftraggeber berechtigt sind, in Vergabebekanntmachungen Angaben nicht zu veröffentlichen, wenn deren Veröffentlichung den Gesetzesvollzug behindert, dem öffentlichen Interesse zuwiderläuft, den berechtigten geschäftlichen Interessen eines Unternehmens schadet oder den lauteren Wettbewerb zwischen Unternehmen beeinträchtigt. Die durch den Verweis getroffene Regelung bezieht sich ausschließlich auf **Bekanntmachungen der Ergebnisse des Planungswettbewerbs** und gilt damit nicht für Wettbewerbsbekanntmachungen. Diese Einschränkung des Anwendungsbereichs wird zwar weder aus dem Wortlaut noch der Stellung des Abs. 4 deutlich, folgt aber aus einer richtlinienkonformen Auslegung. Denn nach Art. 79 Abs. 2 UAbs. 2 RL 2014/24/EU beziehen sich die zugelassenen Ausnahmen von den Veröffentlichungspflichten ausdrücklich und ausschließlich auf die Ergebnisse des Wettbewerbs.

§ 71 Ausrichtung

(1) Die an einem Planungswettbewerb Interessierten sind vor Wettbewerbsbeginn über die geltenden Durchführungsregeln zu informieren.

(2) Die Zulassung von Teilnehmern an einem Planungswettbewerb darf nicht beschränkt werden
1. **unter Bezugnahme auf das Gebiet eines Mitgliedstaats der Europäischen Union oder einen Teil davon oder**
2. **auf nur natürliche oder nur juristische Personen.**

(3) ¹Bei einem Planungswettbewerb mit beschränkter Teilnehmerzahl hat der öffentliche Auftraggeber eindeutige und nichtdiskriminierende Auswahlkriterien festzulegen. ²Die Zahl der Bewerber, die zur Teilnahme aufgefordert werden, muss ausreichen, um den Wettbewerb zu gewährleisten.

Übersicht

	Rn.			Rn.
I. Entstehungsgeschichte	1	1.	Auswahlkriterien (Abs. 3 S. 1)	18
II. Normzweck	2	2.	Mindestanzahl von Teilnehmern (Abs. 3 S. 2)	23
III. Information über Wettbewerbsbedingungen (Abs. 1)	4	3.	Vorausgewählte Teilnehmer	25
IV. Beschränkungsverbote (Abs. 2)	16			
V. Nicht offene Wettbewerbe (Abs. 3)	18	4.	Auswahlentscheidung	27

I. Entstehungsgeschichte

1   Die Vorschrift des § 71 dient der Umsetzung des nahezu wortgleichen Art. 80 RL 2014/24/EU. Sie entspricht außerdem dem vormaligen § 3 EG Abs. 8 VOL/A, dem § 16 Abs. 3 VOF sowie § 15 Abs. 3 und 4 VOF, die ihrerseits die Vorgaben der Vergabe-RL 2004 umsetzten.

---

[13] Vgl. Dieckmann/Scharf/Wagner-Cardenal/*Dieckmann* § 5 Rn. 8, wonach der Grundsatz des Geheimwettbewerbs beeinträchtigt würde, wenn öffentliche Auftraggeber ohne gesetzliche Verpflichtung bzw. Gestattung die Identität der Bewerber bzw. Bieter gegenüber Dritten – insbes. gegenüber Wettbewerbern – offenlegen.

II. Normzweck

Abs. 1 regelt die Information der Wettbewerbsinteressenten über die Bedingungen des Wettbe- 2
werbs durch den Auftraggeber. Diese Information ist in besonderem Maße erforderlich, da die VgV
nur einen groben Rahmen für die Durchführung von Planungswettbewerben vorgibt, der erst durch
die Wettbewerbsbedingungen ausgefüllt wird. **Abs. 2** statuiert Zugangsbeschränkungsverbote, die
aus dem allgemeinen Diskriminierungsverbot folgen. Sie gewährleisten zum einen die unionsweite
Ausrichtung des Wettbewerbs[1] und tragen zum anderen der primärrechtlichen Gleichstellung von
juristischen und natürlichen Personen hinsichtlich der unionsrechtlichen Verbürgung ihrer Niederlassungs- und Dienstleistungsfreiheit Rechnung (Art. 54, 62 AEUV).[2]

Abs. 3 beinhaltet besondere Bestimmungen für nicht offene Wettbewerbe (→ § 69 Rn. 7). Im 3
Gegensatz zu offenen Wettbewerben findet dort eine Vorauswahl der Teilnehmer statt, weshalb
sichergestellt sein muss, dass insofern keine Interessenten oder Bewerber diskriminiert werden.

III. Information über Wettbewerbsbedingungen (Abs. 1)

Nach **Abs. 1** sind die an einem Planungswettbewerb Interessierten vor Wettbewerbsbeginn 4
über die geltenden Durchführungsregeln (Wettbewerbsbedingungen)[3] zu informieren. Die Information über die Wettbewerbsbedingungen dient der Sicherstellung der Chancengleichheit der Teilnehmer und der Transparenz des Wettbewerbs (→ § 69 Rn. 18). Es sind alle am Planungswettbewerb
„Interessierten" zu informieren, also bereits potenzielle Wettbewerbsteilnehmer und nicht erst die
tatsächlichen Teilnehmer am Wettbewerb.[4] Die Interessenten sind **„vor Wettbewerbsbeginn"** zu
informieren, womit die Wettbewerbsbedingungen – soweit sie nicht ohnehin zum Mindestinhalt der
Wettbewerbsbekanntmachung gehören (→ § 70 Rn. 5) – jedenfalls in den Wettbewerbsunterlagen
aufzunehmen sind, die den Interessenten zur Verfügung gestellt werden.[5] Auftraggeber, aber vor
allem auch das Preisgericht, sind an die Wettbewerbsbedingungen gebunden (→ § 72 Rn. 16). Bei
Verstößen ist die Preisgerichtsentscheidung unverbindlich (→ § 72 Rn. 17).

Die **Mindestinhalte** der Wettbewerbsbedingungen ergeben sich aus dem Muster der Wettbe- 5
werbsbekanntmachung, das nach § 70 Abs. 1 zwingend zu verwenden ist (→ § 70 Rn. 5). Im Übrigen kommt Auftraggebern ein weiter Ausgestaltungsspielraum zu, der es ihnen ermöglicht, den
Besonderheiten des Einzelfalls, insbesondere der konkreten Planungsaufgabe, Rechnung zu tragen.[6]
Bei Planungswettbewerben für Architekten- und Ingenieurleistungen ergeben sich dezidierte Wettbewerbsbedingungen aus den einheitlichen Richtlinien, die dem Wettbewerb zugrunde zulegen und
in der Wettbewerbsbekanntmachung mitzuteilen sind (→ § 78 Rn. 22).[7]

Die Wettbewerbsbedingungen werden von den Auftraggebern festgelegt. Sie sind Ausdruck 6
ihrer Beschaffungshoheit, über die sich weder die Teilnehmer noch das Preisgericht hinwegsetzen
können.[8] Sie geben den **verbindlichen Rahmen** vor, innerhalb dessen sich der Wettbewerb und
die Entscheidung des Preisgerichts bewegen müssen und eröffnen Auftraggebern insofern die Möglichkeit, beides in ihrem Interesse zu steuern.[9] Grenzen des Ausgestaltungsspielraumes ergeben sich
aus den allgemeinen Vergabegrundsätzen, die auch bei Planungswettbewerben zu beachten sind
(→ § 69 Rn. 18).

Konstitutiver Bestandteil der Wettbewerbsbedingungen ist die **Beschreibung der Wettbe-** 7
werbsaufgabe. Ihre Funktion und Voraussetzungen entsprechen denen der Leistungsbeschreibung
in Vergabeverfahren, genauer einer Aufgabenbeschreibung gem. § 121 Abs. 1 S. 2 GWB. Sie ist
demnach unmittelbarer Ausdruck des Leistungsbestimmungsrechts des Auftraggebers und bildet das
Kernstück des Wettbewerbs. Sie erschöpft sich aber in der Beschreibung der Aufgabe. Es obliegt
den Wettbewerbsteilnehmern im Rahmen des ihnen durch die sonstigen Wettbewerbsbedingungen
eröffneten Gestaltungsspielraums, geeignete Lösungen für die Wettbewerbsaufgabe zu entwickeln
und in den Wettbewerbsbeiträgen darzustellen. Aus den Grundsätzen des Wettbewerbs, der Gleichbehandlung und der Transparenz folgt, dass die Wettbewerbsaufgabe so zu beschreiben ist, dass sie für

---

[1] So zu § 15 VOF: *Müller-Wrede* in Müller-Wrede VOF § 15 Rn. 40.
[2] Vgl. HK-VergabeR/*Martini* Rn. 12.
[3] Ebenfalls synonym „Wettbewerbsregeln" gem. § 79 Abs. 5 S. 4.
[4] Vgl. *Voppel/Osenbrück/Bubert* VgV Rn. 8.
[5] Vgl. *Maibaum/Schade* in Müller-Wrede VgV Rn. 11.
[6] Vgl. *Voppel/Osenbrück/Bubert* VgV Rn. 3.
[7] Vgl. Anlage I RPW 2013, die eine Liste notwendiger Angaben für die Auslobung von Wettbewerben enthält.
[8] Vgl. OLG Hamm Urt. v. 21.3.2000 – 24 U 64/99, NZBau 2000, 345 (347); VK Sachsen Beschl. v. 23.2.2013 – 1/SVK/047-12, BeckRS 2013, 10842; VK Saarland Beschl. v. 20.2.2008 – 1 VK 07/2007, IBRRS 2008, 0534.
[9] So zu § 16 VOF: HK-VergabeR/*Martini*, 2. Aufl. 2015, VOF § 16 Rn. 21.

alle Unternehmen im gleichen Sinne verständlich ist und die eingereichten Wettbewerbsbeiträge vergleichbar sind.

8 Den maßgeblichen Einfluss auf das Wettbewerbsergebnis üben die Auftraggeber über die Festlegung der **Kriterien für die Bewertung der Wettbewerbsbeiträge** aus, die in der Wettbewerbsbekanntmachung anzugeben sind (→ § 70 Rn. 5). Auftraggeber haben dabei – ebenso wie bei den Zuschlagskriterien in Vergabeverfahren – einen Ermessensspielraum, der durch die allgemeinen Vergabegrundsätze beschränkt ist. Die Bewertungskriterien müssen demnach – ebenso wie Zuschlagskriterien nach § 127 Abs. 4 S. 1 GWB – so festgelegt und bestimmt sein, dass die Möglichkeit eines wirksamen Wettbewerbs gewährleistet wird, die Prämierung der Wettbewerbsarbeiten nicht willkürlich erfolgen kann und eine wirksame Überprüfung möglich ist, ob und inwieweit die Wettbewerbsbeiträge die Bewertungskriterien erfüllen. Hierzu gehört für den Fall, dass mehrere Bewertungskriterien festgelegt sind, auch deren **Gewichtung**. Zu weiteren Bewertungsvorgaben sind Auftraggeber dagegen nicht verpflichtet. Die zu wahrende Chancengleichheit der Wettbewerbsteilnehmer gebietet es insbesondere nicht, dem Preisgericht eine Musterbewertung oder ein bestimmtes **Bewertungsschema** vorzugeben.[10] Eine enge Bindung des Preisgerichts stünde auch in gewissem Widerspruch zu dessen durch § 72 Abs. 2 S. 1 verbürgten Weisungsfreiheit (→ § 72 Rn. 14). Andererseits ist zu beachten, dass je größer die Bewertungsspielräume sind, desto sorgfältiger das Preisgericht seine Bewertungsentscheidungen zu begründen und zu dokumentieren hat, um sie überprüfbar zu machen. Unbeschadet dessen muss aber gewährleistet sein, dass die Preisrichter vom Zeitpunkt der Bewertung von denselben Grundlagen und Voraussetzungen ausgehen. Hierzu gehört die grundlegende **Bewertungsmethodik** und das **Bewertungsverfahren**. Sind diese nicht vom Auftraggeber vorgegeben, muss das Preisgericht vor der Bewertung entsprechende Festlegungen treffen.

9 Neben den Bewertungskriterien können Auftraggeber auch **inhaltliche Vorgaben an die Wettbewerbsbeiträge** festlegen, wie etwa Kostenrahmen[11] und bei Planungswettbewerben für Architekten- und Ingenieurleistungen die räumliche Einordnung der baulichen Anlagen, Abstandsflächen, Kubatur, Nutzung oder Materialwahl.[12] Da Auftraggeber im Planungswettbewerb regelmäßig aber eine Vielzahl verschiedener und kreativer Lösungen erhalten wollen, wird es häufig in ihrem Sinne sein, die Gestaltungsfreiheit der Teilnehmer so wenig wie möglich durch inhaltliche Vorgaben einzuschränken.[13]

10 Auftraggeber können in den Wettbewerbsbedingungen außerdem **Anforderungen an die Teilnahme** am Wettbewerb festlegen, die Interessenten erfüllen müssen, etwa eine bestimmte berufliche Qualifikation und Erfahrung. Der diesbezügliche Ermessensspielraum der Auftraggeber ist insbesondere durch den Wettbewerbsgrundsatz, das Diskriminierungsverbot sowie den Verhältnismäßigkeitsgrundsatz begrenzt. Die Anforderungen haben dieselbe Funktion wie Eignungskriterien in Vergabeverfahren, sind aber von solchen abzugrenzen. Die Anforderungen müssen darauf ausgerichtet sein, verwertbare Wettbewerbsbeiträge zu erhalten und insofern mit der Planungsaufgabe in Verbindung und in einem angemessenen Verhältnis stehen. Bei Planungswettbewerben für Architekten- und Ingenieurleistungen nach der RPW 2013 heißt es dementsprechend unter § 4 Abs. 1 UAbs. 1 RPW 2013, dass sich die Teilnahmebedingungen aus der Aufgabe und der dafür erforderlichen fachlichen Qualifikation ableiten. Dagegen beziehen sich Eignungskriterien auf die ordnungsgemäße Ausführung des späteren Planungsauftrages und müssen demensprechend gem. § 122 Abs. 4 S. 1 GWB mit dem Auftragsgegenstand in Verbindung und in einem angemessenen Verhältnis stehen. Unbeschadet dieser allgemeinen Grenzen werden unter **Abs. 2** Beschränkungsverbote hervorgehoben (→ Rn. 16). Auftraggeber haben die **Nachweise** festzulegen, anhand derer die Erfüllung der Anforderungen geprüft werden. Insofern kommt insbesondere die Berechtigung zur Führung einer bestimmten Berufsbezeichnung oder Referenzen in Betracht. Die **Prüfung**, ob Interessenten die Anforderungen an die Teilnahme erfüllen, erfolgt – ebenso wie die Auswahl der Teilnehmer in nicht offenen Wettbewerben – durch den Auftraggeber und nicht durch das Preisgericht (→ Rn. 27). Wird von den Teilnehmern eine bestimmte berufliche Qualifikation verlangt, muss gem. § 72 Abs. 1 S. 2 mindestens ein Drittel der Preisrichter über dieselbe oder eine gleichwertige Qualifikation verfügen (→ § 72 Rn. 12).

11 Es ist in den Wettbewerbsbedingungen festzulegen, ob eine **Preisbewerbung** erfolgen soll. Gegebenenfalls ist festzulegen wie viele und welche Preise vergeben werden. Diese Angaben sind in der Wettbewerbsbekanntmachung unter der Rubrik IV.3.1 „Angaben zu Preisen" bekanntzuma-

---

[10] Vgl. zu Prüfungsentscheidungen VGH München Urt. v. 11.2.1998 – 7 B 96.2162 mwN, BeckRS 2005, 29217.
[11] Vgl. OLG Hamm Urt. v. 21.3.2000 – 24 U 64/99, NZBau 2000, 345 (347).
[12] So zu § 17 VOF: Ziekow/Völlink/*Schabel*, 2. Aufl. 2013, VOF § 17 Rn. 14.
[13] Vgl. VK Sachsen Beschl. v. 23.2.2013 – 1/SVK/047-12, BeckRS 2013, 10842.

chen. Die Auslobung von Preisen, die nicht notwendigerweise in Geldbeträgen bestehen müssen, ist jedoch nur bei Planungswettbewerben für Architekten- und Ingenieurleistungen nach § 79 Abs. 1 vorgeschrieben (→ § 79 Rn. 3). Gleichwohl wird auch bei allgemeinen Planungswettbewerben eine Preisbewerbung praktisch unabdingbar sein, da andernfalls mangels Attraktivität kaum Interessenten angesprochen werden dürften.

Es ist festzulegen, ob infolge des Wettbewerbs ein Dienstleistungsauftrag an den/die Gewinner 12 vergeben werden soll, also ob ein Realisierungs- oder Ideenwettbewerb durchgeführt wird. In diesem Fall sind außerdem die Eignungskriterien und diesbezüglichen Eignungsnachweise für das anschließende Vergabeverfahren festzulegen. Sowohl die Absicht, **Folgeaufträge** zu vergeben als auch die Eignungskriterien und Eignungsnachweise sind in der Wettbewerbsbekanntmachung anzugeben (→ § 70 Rn. 8).

Es ist der **Schlusstermin für den Eingang der Wettbewerbsbeiträge oder Bewerbungen** 13 festzulegen und in der Wettbewerbsbekanntmachung anzugeben. Die Bestimmung einer Frist für die Einreichung der Wettbewerbsarbeiten ist konstitutiv für ein Preisausschreiben iSd § 661 BGB.[14] Wie lang die Fristen bemessen sein müssen, ist nicht geregelt. Als Orientierung können hier die Vorgaben nach § 20 Abs. 1 S. 1 für die Bestimmung der Fristen für Teilnahmeanträge und Angebote herangezogen werden. Bei der Festlegung der Fristen sind die Komplexität der Planungsaufgabe und die Zeit für die Ausarbeitung der Wettbewerbsbeiträge bzw. der Bewerbungen angemessen zu berücksichtigen. Die Frist sollte allgemein nicht zu kurz, sondern ausreichend bemessen sein, um den Teilnehmern die Ausarbeitung verwertbarer Wettbewerbsbeiträge zu ermöglichen.[15] Verspätete Wettbewerbsbeiträge dürfen unbeschadet ihrer Güte nicht berücksichtigt werden. Zu beachten ist ferner, dass Teilnehmer aus anderen Mitgliedstaaten nicht durch kurze Fristen diskriminiert werden dürfen.

Neben Preisen und Anerkennungen können auch **Aufwandsentschädigungen** für die Erstel- 14 lung der Wettbewerbsbeiträge vorgesehen werden. Eine Pflicht zur Festlegung von Aufwandsentschädigungen besteht jedoch nicht (zu Planungswettbewerben für Architekten- und Ingenieurleistungen → § 78 Rn. 6). Sofern aber außerdem keine Preise oder Anerkennungen ausgelobt werden und damit keine Aussicht darauf besteht, dass der Erstellungsaufwand abgegolten werden kann, dürfte unbeschadet dessen, dass unter solchen Umständen ohnehin mit keinem Interesse am Wettbewerb gerechnet werden kann, die zu wahrende Verhältnismäßigkeit (→ § 69 Rn. 18) überaus fraglich sein. Nach der damaligen Rechtsprechung des BVerfG, die vor der Feststellung der Unionsrechtswidrigkeit des verbindlichen Preisrechts der HOAI durch den EuGH ergangen ist, waren alle eingereichten Arbeiten in Planungswettbewerben für Architekten- und Ingenieurleistungen zumindest nach den damals geltenden Mindestsätzen zu vergüten, sofern nach den Wettbewerbsbedingungen von den Teilnehmern Nutzungs- und Verwertungsrechte einzuräumen sind, die die anschließende Realisierung der Lösungen durch Dritte ermöglichen.[16] Eine solche Vergütungspflicht lässt sich aus der neugeregelten HOAI aufgrund der erfolgten Aufhebung des verbindlichen Preisrechts nicht mehr herleiten (→ § 76 Rn. 24).

Die Wettbewerbsbedingungen sollten auch regeln, ob den Auftraggebern etwaige urheberrecht- 15 liche **Nutzungs- und Verwertungsrechte** an den Wettbewerbsarbeiten einzuräumen sind.[17] Solche formularmäßigen Rechteeinräumungen sind allerdings an § 307 Abs. 2 BGB zu messen und in jedem Fall unwirksam, soweit sie keine angemessene Vergütung vorsehen.[18] Die öffentliche Ausstellung und die damit regelmäßig einhergehende Erstveröffentlichung urheberrechtlich geschützter Entwürfe und Modelle der Wettbewerbsteilnehmer ist nach dem Sinn und Zweck der Teilnahme am Planungswettbewerb von den Teilnehmern bereits stillschweigend gestattet und ist nicht zu vergüten.[19]

IV. Beschränkungsverbote (Abs. 2)

Abs. 2 Nr. 1 untersagt Auftraggebern, den Wettbewerb auf **Dienstleistungserbringer aus** 16 **bestimmten europäischen Mitgliedstaaten** oder Teilen derselben zu begrenzen. Dies dient dem unionsrechtlichen Ziel eines einheitlichen europäischen Binnenmarktes und dem Schutz der Dienstleistungsfreiheit potenzieller Wettbewerbsteilnehmer nach Art. 56 AEUV.[20] Das mit der Beschrän-

---

[14] Vgl. MüKoBGB/*Schäfer* BGB § 661 Rn. 12 ff.
[15] Voppel/Osenbrück/Bubert/*Voppel* VgV Rn. 5.
[16] BVerfG Beschl. v. 26.9.2005 – 1 BvR 82/03, NZBau 2006, 121 (122).
[17] Vgl. *Voppel/Osenbrück/Bubert* VgV Rn. 7.
[18] Vgl. *Schulze* in Dreier/Schulze, Urheberrechtsgesetz: UrhG, 6. Aufl. 2018, UrhG Vor § 31 Rn. 270 mwN.
[19] Vgl. *Schulze* in Dreier/Schulze, Urheberrechtsgesetz: UrhG, 6. Aufl. 2018, UrhG Vor § 31 Rn. 270 mwN.
[20] Vgl. HK-VergabeR/*Martini* Rn. 11.

kung häufig verbundene Interesse des Auftraggebers an einer praktikablen und aufwandfreien Gestaltung des Wettbewerbs hat dahinter zurückzutreten.[21]

17 **Abs. 2 Nr. 2** untersagt an die **Rechtsform der Teilnehmer** anknüpfende Beschränkungen des Wettbewerbs. Die Regelung korrespondiert mit § 43, wonach rechtsformbezogene Beschränkungen für die Teilnahme an Vergabeverfahren ebenfalls unzulässig sind. Nach dem Wortlaut steht die Bestimmung allein der Ausgrenzung natürlicher oder juristischer Personen entgegen, womit der Ausschluss von Personengesellschaften, insbesondere Bewerbergemeinschaften, dagegen nicht erfasst zu sein scheint. Für den Begriff der „juristischen Person" ist allerdings das weite unionsrechtliche Verständnis nach den Artt. 54, 62 AEUV maßgeblich, das insbesondere auch Personengesellschaften ohne eigene Rechtspersönlichkeit erfasst.[22] Damit sind Bewerbergemeinschaften natürlicher und juristischer Personen stets zu Wettbewerben zuzulassen.[23]

V. Nicht offene Wettbewerbe (Abs. 3)

18 **1. Auswahlkriterien (Abs. 3 S. 1). Abs. 3 S. 1** verpflichtet Auftraggeber für den Fall, dass sie nicht offene Wettbewerbe ausloben, eindeutige und nichtdiskriminierende **Auswahlkriterien** für die Auswahl der Teilnehmer festzulegen. Dabei darf es sich nur um personen- bzw. unternehmensbezogene Kriterien handeln, die sich – ebenso wie Anforderungen an die Teilnahme (→ Rn. 10) – auf die Eignung zur Einreichung verwertbarer Wettbewerbsbeiträge für die Planungsaufgabe beziehen, nicht aber zur ordnungsgemäßen Ausführung eines anschließenden Planungsauftrages. Denn die Modalitäten des späteren Auftrages stehen im Rahmen des Wettbewerbs regelmäßig noch nicht fest.[24] Im Übrigen haben Auftraggeber bei der Festlegung der Auswahlkriterien einen Ermessensspielraum, der allerdings durch die allgemeinen Grundsätze des Vergaberechts, insbesondere den Gleichheitsgrundsatz, das Diskriminierungsverbot und den Wettbewerbsgrundsatz, begrenzt ist, die auch für Planungswettbewerbe zu beachten sind (→ § 69 Rn. 18).[25] Sofern durch Referenzen nachgewiesene Erfahrungen als Auswahlkriterium festgelegt sind, sind die Bestimmungen des § 75 Abs. 5 S. 2 und 3 übertragbar (→ § 75 Rn. 38).

19 Die Auswahlkriterien sind **„eindeutig"**, wenn sie so präzise und spezifiziert sind, dass sie eine nachvollziehbare, überprüfbare und damit transparente Auswahlentscheidung ermöglichen[26] und für die Bewerber deutlich wird, auf welche Aspekte der Auftraggeber im Einzelnen besonderen Wert legt.[27] Dies ist bei global formulierten Auswahlkriterien, wie „gestalterische Qualifikation" oder „gestalterisches Können", nicht der Fall.[28]

20 Die Auswahlkriterien müssen **nichtdiskriminierend** sein. Damit sind insbesondere Benachteiligungen potenzieller Teilnehmer aufgrund ihrer Staatsangehörigkeit ausgeschlossen. Erfasst werden sowohl die unmittelbare Diskriminierung, die direkt an die Staatsangehörigkeit anknüpft, als auch die mittelbare Diskriminierung, die an solche Umstände anknüpft, die regelmäßig nur von Teilnehmern aus bestimmten Mitgliedstaaten erfüllt werden (zB ein bestimmter inländischer Qualifikationsnachweis).[29] Die Auswahlkriterien müssen – ebenso wie die Anforderungen an die Teilnahme – in einem angemessenen Verhältnis zur Planungsaufgabe stehen (→ Rn. 10).

21 Bei Planungswettbewerben für Architekten- und Ingenieurleistungen können die einheitlichen Richtlinien nach § 78 Abs. 2 S. 2 regelmäßig nähere Bestimmungen zu den Auswahlkriterien enthalten. Gemäß § 3 Abs. 3 UAbs. 2 S. 2 RPW 2013 sind die Teilnehmer anhand eindeutiger, nichtdiskriminierender, angemessener und qualitativer Kriterien aus dem Kreis der Bewerber auszuwählen. Nach § 1 Abs. 5 RPW 2013 sollen außerdem **kleinere Büroorganisationen und Berufsanfänger** durch geeignete Zulassungsbedingungen angemessen beteiligt werden.[30] Hiermit soll etwaigen Vorbehalten der Auftraggeber gegen kleine Büroorganisationen und Berufsanfänger und der Tendenz, sich auf die Leistung einiger „bekannter und bewährter" Bewerber zu fokussieren, entgegengewirkt werden.[31] Die Auftraggeber müssen demnach bei der Ausgestaltung der Auswahlkriterien die für

---

21 Vgl. HK-VergabeR/*Martini* Rn. 11.
22 Vgl. HK-VergabeR/*Martini* Rn. 12.
23 Vgl. § 4 Abs. 1 UAbs. 2 RPW 2013.
24 Vgl. OLG Düsseldorf Beschl. v. 2.12.2009 – VII-Verg 39/09, NZBau 2010, 393 (397). Zweifelnd *Hartmann* in KKMPP VgV § 78 Rn. 49 ff. mwN zum Diskussionstand im Schrifttum.
25 Vgl. VK Nordbayern Beschl. v. 18.6.2010 – 21.VK-3194-18/10, BeckRS 2010, 37310.
26 Vgl. HK-VergabeR/*Martini* Rn. 14; *Voppel/Osenbrück/Bubert* VgV Rn. 14.
27 Vgl. VK Bund Beschl. v. 26.1.2005 – VK 3-224/04, IBRRS 2005, 1615.
28 So zu § 16 VOF: VK Bund Beschl. v. 26.1.2005 – VK 3-224/04, IBRRS 2005, 1615; vgl. *Voppel/Osenbrück/Bubert* VgV Rn. 14.
29 Vgl. HK-VergabeR/*Martini* Rn. 14.
30 Zur korrespondierenden Verpflichtung für Vergabeverfahren nach § 75 Abs. 4 S. 2 → § 75 Rn. 24.
31 So zu § 2 VOF: *Müller-Wrede* in Müller-Wrede VOF § 2 Rn. 21; HK-VergabeR/*Fehling*, 2. Aufl. 2015, VOF § 2 Rn. 14 f.

V. Nicht offene Wettbewerbe (Abs. 3)

das konkrete Projekt erforderlichen Anforderungen mit dem berechtigten Interesse kleinerer Büroorganisationen und Berufsanfänger in Ausgleich bringen.[32] Sie können sich dem nicht entziehen, indem sie begrenzte Kontingente „junger Büros" durch Losentscheid zum Wettbewerb zulassen.[33]

Eine Auswahl durch **Losentscheid** ist möglich. Zwar ist der Losentscheid anders als für Auswahlentscheidungen nach § 75 Abs. 6 nicht explizit zugelassen (→ 75 Rn. 40). Auftraggeber können aber in den Wettbewerbsbedingungen eine Auswahl durch Losentscheid vorsehen.[34] Da dem Losentscheid aber jeglicher Eignungsbezug fehlt[35] und eine Auswahl nach dem Zufallsprinzip dem – auch in Wettbewerben geltenden Prinzip – der Bestenauslese widerspricht,[36] kommt dieses Auswahlinstrument nur subsidiär in Betracht, wenn nach Anwendung der eindeutigen und nichtdiskriminierenden Auswahlkriterien nach Abs. 3 S. 1 mehr Teilnehmer übrig bleiben, als für den Wettbewerb vorgesehen sind.[37] Bei Planungswettbewerben für Architekten- und Ingenieurleistungen nach der RPW 2013 ist der Losentscheid unter § 3 Abs. 3 UAbs. 3 S. 1 RPW 2013 ausdrücklich vorgesehen. 22

2. Mindestanzahl von Teilnehmern (Abs. 3 S. 2). Ein Wettbewerb setzt notwendigerweise eine gewisse **Mindestanzahl** konkurrierender Bewerber voraus.[38] Daher bestimmt **Abs. 3 S. 2**, dass eine ausreichende Zahl von Bewerbern zur Teilnahme aufgefordert wird, um einen echten Wettbewerb zu gewährleisten. Die vorgesehene Zahl der Teilnehmer ist in der Wettbewerbsbekanntmachung unter der Rubrik IV.1.2 „Art des Wettbewerbs" anzugeben. Dabei kann entweder eine **bestimmte Anzahl** angegeben werden – „Anzahl der in Erwägung gezogenen Teilnehmer" – oder **Mindest-oder Höchstzahlen**, wobei es zulässig ist, sowohl eine Mindest- als auch eine Höchstzahl, also eine **Spanne**, anzugeben.[39] Die Angaben zur Teilnehmerzahl führt zu einer **Selbstbindung der Auftraggeber.** Bei ausreichend geeigneten Bewerbern dürfen Auftraggeber die angegebene Mindestzahl nicht unterschreiten und müssen eine angegebene Höchstzahl von Teilnehmern grundsätzlich ausschöpfen. Sie dürfen allerdings anderseits eine angegebene Höchstzahl auch nicht überschreiten (zur vergleichbaren Konstellation bei Verhandlungsverfahren mit vorgeschaltetem Teilnahmewettbewerb → 75 Rn. 42).[40] Eine vergleichbare Bindungswirkung tritt durch die Angabe der Anzahl der in Erwägung gezogenen Teilnehmer dagegen nicht ein.[41] Nach dem maßgeblichen objektiven Empfängerhorizont[42] wollen sich Auftraggeber hierdurch nicht hinsichtlich einer bestimmten Anzahl binden. Es handelt sich eben nur um die erwogene Anzahl. 23

Wann eine **ausreichende Zahl** von Bewerbern vorliegt, kann nicht pauschal bestimmt werden, sondern hängt vielmehr von den Umständen des Einzelfalls ab. Die Beschränkung des Bewerberkreises darf aber im Allgemeinen nicht über das hinausgehen, was im Interesse einer praktikablen Durchführung des Wettbewerbsverfahrens und einer sachgerechten Verringerung des diesbezüglichen Aufwands für den Auftraggeber unbedingt notwendig ist.[43] Insofern gelten die gleichen Maßstäbe wie bei Teilnahmewettbewerben gem. § 51 Abs. 2. Die absolute Untergrenze ist daher bei drei Bewerbern zu ziehen, ohne dass hieraus aber die stets zulässige Bewerberzahl gefolgert werden kann.[44] Maßgeblich ist die Schwierigkeit der Wettbewerbsaufgabe.[45] Diese wird regelmäßig die Beteiligung von mehr als drei Bewerbern erlauben.[46] Anderseits wird man dem Auftraggeber einen Beurteilungsspielraum hinsichtlich des prognostizierten Aufwandes der Wettbewerbsdurchführung einräumen müssen, sodass sich die Annahme regelmäßiger Untergrenzen, wie etwa von acht bis zehn oder gar 25 Teilnehmern, verbietet.[47] 24

3. Vorausgewählte Teilnehmer. Auftraggeber können bestimmte Teilnehmer vorauswählen und damit für die Einreichung von Wettbewerbsbeiträgen setzen. Die **grundsätzliche Zulässigkeit** 25

---

[32] So zu § 16 VOF: *Müller-Wrede* in Müller-Wrede VOF § 16 Rn. 39.
[33] Einführungserlass RPW 2013, BMVBS B 10 – 8111.7/2, v. 28.2.2013, 5.
[34] Vgl. HK-VergabeR/*Martini* Rn. 18.
[35] Vgl. *Voppel/Osenbrück/Bubert* VgV Rn. 15; HK-VergabeR/*Martini* Rn. 18.
[36] So zu § 16 VOF: HK-VergabeR/*Martini* Rn. 18.
[37] So zu § 16 VOF: *Voppel/Osenbrück/Bubert* VgV Rn. 15.
[38] Vgl. HK-VergabeR/*Martini* Rn. 19.
[39] Vgl. Voppel/Osenbrück/Bubert/*Voppel* VgV § 70 Rn. 12.
[40] Vgl. zur vergleichbaren Konstellation bei Verhandlungsverfahren mit vorgeschaltetem Teilnahmewettbewerb OLG München Beschl. v. 21.11.2013 – Verg 09/13, BeckRS 2013, 22620.
[41] Vgl. *Maibaum/Schade* in Müller-Wrede VgV § 70 Rn. 15.
[42] Vgl. BGH Urt. v. 3.4.2012 – X ZR 130/10, NZBau 2012, 513 (514).
[43] Vgl. HK-VergabeR/*Martini* Rn. 19.
[44] Vgl. HK-VergabeR/*Martini* Rn. 19.
[45] Vgl. auch § 3 Abs. 3 UAbs. 2 RPW 2013. „Die Teilnehmerzahl soll der Größe und Bedeutung der Wettbewerbsaufgabe angemessen sein."
[46] Vgl. HK-VergabR/*Martini* Rn. 19.
[47] Vgl. *Voppel/Osenbrück/Bubert* VgV Rn. 19.

einer solchen Vorauswahl setzt das nach § 70 Abs. 1 zu verwendende Muster der Wettbewerbsbekanntmachung voraus (→ 70 Rn. 5). Dort sind die vorausgewählten Teilnehmer unter der Rubrik IV.1.7 „Namen der bereits ausgewählten Teilnehmer" zu benennen. Auch bei Planungswettbewerben für Architekten- und Ingenieurleistungen nach der RPW 2013 ist die Möglichkeit der Vorauswahl vorausgesetzt. Hier bestimmt § 3 Abs. 3 UAbs. 2 RPW 2013, dass die vorausgewählten Teilnehmer die Anforderungen an die Teilnahme erfüllen müssen.

26 **Grenzen der Vorauswahl** von Teilnehmern sind allerdings durch den Wettbewerbsgrundsatz, das Gleichbehandlungsgebot und das Diskriminierungsverbot gesetzt, die auch bei Planungswettbewerben zu beachten sind (→ § 69 Rn. 18). Aus dem **Diskriminierungsverbot** folgt, dass die Vorauswahl jedes Teilnehmers auf sachlichen Gründen beruht und nicht willkürlich erfolgt. Der **Wettbewerbsgrundsatz** gebietet, dass ausreichend Teilnahmeplätze für „freie" Bewerber vorgehalten werden. Dieses Platzkontingent muss wenigstens die Mindestteilnehmeranzahl nach Abs. 3 S. 2 umfassen.[48] Zur Wahrung des **Gleichbehandlungsgebots** müssen auch vorausgewählte Teilnehmer die Anforderungen an die Teilnahme erfüllen. Da sich das Setzen von Teilnehmern bei gleichzeitiger Beschränkung der Gesamtanzahl der Teilnehmer unmittelbar auf die Wettbewerbsstellung der übrigen „freien" Bewerber auswirkt, müssen Auftraggeber bereits bei der Vorauswahl der gesetzten Teilnehmer und im Vorfeld der Wettbewerbsbekanntmachung eine entsprechende Prüfung vornehmen und das Ergebnis dokumentieren. Eine nachträgliche Prüfung genügt demnach nicht.[49]

27 **4. Auswahlentscheidung.** Die Auswahl der Teilnehmer erfolgt ausschließlich nach den bekanntgemachten **Auswahlkriterien** nach Abs. 3 S. 1 oder ggf. durch Losentscheid (→ Rn. 18).[50] Die Teilnehmer sind dabei aus dem Kreis der Bewerber auszuwählen, die die Anforderungen an die Teilnahme erfüllen. Auftraggebern steht bei der Anwendung der Auswahlkriterien ein **Beurteilungsspielraum** zu.[51] Die Auswahlentscheidung ist demgemäß nur daraufhin überprüfbar, ob das vorgeschriebene Verfahren eingehalten ist, die selbst aufgestellten Bewertungsvorgaben beachtet sind, der zugrunde liegende Sachverhalt vollständig und zutreffend ermittelt ist, keine sachwidrigen Erwägungen angestellt worden sind und nicht gegen allgemeine Bewertungsgrundsätze verstoßen wurde. Sofern durch Referenzen nachgewiesene Erfahrungen als Auswahlkriterium festgelegt sind, sind die Bestimmungen des § 75 Abs. 5 S. 2 und 3 übertragbar (→ § 75 Rn. 38).

28 Die Auftraggeber treffen die **Auswahlentscheidung** selbst. Für Planungswettbewerbe nach der RPW 2013 ist dies unter § 3 Abs. 3 UAbs. 2 S. 1 RPW 2013 klargestellt.[52] Eine **Einbeziehung des Preisgerichts** ist in Anbetracht der nach § 72 Abs. 2 S. 2 und 4 vorgeschriebenen Anonymisierung der späteren Wettbewerbsbeiträge nicht unproblematisch, aber nicht kategorisch unzulässig. Anonym sind die Wettbewerbsarbeiten dann, wenn die Preisrichter nicht auf die Person des Wettbewerbsteilnehmers rückschließen können (→ 72 Rn. 19).[53] Die Kenntnis des Preisgerichts von den ausgewählten Bewerbern macht eine demgemäß spätere Anonymisierung der Wettbewerbsarbeiten nicht per se unmöglich. Sie mag die Gefahr erhöhen, dass die Preisrichter etwa durch die gestalterische Handschrift, die Wettbewerbsbeiträge einzelnen Erstellern zuordnen können. Ein Automatismus ist dies jedoch nicht. Ungeachtet dessen ist die Einbeziehung des Preisgerichts in Anbetracht des Anonymisierungsgebots jedenfalls untunlich. Bei Planungswettbewerben für Architekten- und Ingenieurleistungen nach der RPW 2013 ist die Einbeziehung des Preisgerichts ausdrücklich ausgeschlossen. Nach § 3 Abs. 3 UAbs. 2 S. 2 RPW 2013 dürfen bei der Auswahl vom Auslober unabhängige Fachleute mit der Qualifikation der Teilnehmer beratend einbezogen werden, vorausgesetzt sie gehören nicht dem Preisgericht an.

29 Die Auswahl der Teilnehmer ist zu dokumentieren (zu den Dokumentationspflichten in Planungswettbewerben → § 69 Rn. 17). Die **Dokumentation** muss eine Überprüfung der Auswahlentscheidung dahingehend ermöglichen, ob die bekanntgegebenen Auswahlkriterien diskriminierungsfrei angewandt worden sind.[54] Die Vorauswahl gesetzter Teilnehmer und die Prüfung, ob diese die etwaigen Anforderungen an die Teilnahme erfüllen, ist im Vorfeld der Wettbewerbsbekanntmachung zu dokumentieren.[55]

---

[48] Vgl. Voppel/Osenbrück/Bubert/*Voppel* VgV Rn. 17 mwN, wonach mindestens zusätzliche drei Teilnehmer aus den Unternehmen ausgewählt werden müssen, die sich um Teilnahme am Wettbewerb beworben haben.

[49] Vgl. VK Berlin Beschl. v. 12.11.2019 – VK-B2-29/19, IBRRS 2020, 0333.

[50] Vgl. VK Südbayern Beschl. v. 27.1.2017 – Z3-3-3194-1-48-11/16, BeckRS 2017, 121875.

[51] Vgl. VK Berlin Beschl. v. 15.4.2011 – VK-B2-12/11, BeckRS 2012, 57919; VK Nordbayern Beschl. v. 18.6.2010 – 21.VK-3194-18/10, BeckRS 2010, 37310.

[52] Vgl. zur inhaltsgleichen Bestimmung unter § 3 Abs. 2 S. 4 RPW 2008: VK Berlin Beschl. v. 15.4.2011 – VK-B2-12/11, BeckRS 2012, 57919.

[53] HK-VergabeR/*Martini* § 72 Rn. 13.

[54] Vgl. VK Berlin Beschl. v. 12.11.2019 – VK-B2-29/19, IBRRS 2020, 0333; VK Südbayern Beschl. v. 27.1.2017 – Z3-3-3194-1-48-11/16, BeckRS 2017, 121875.

[55] Vgl. VK Berlin Beschl. v. 12.11.2019 – VK-B2-29/19, IBRRS 2020, 0333.

§ 72 Preisgericht

(1) ¹Das Preisgericht darf nur aus Preisrichtern bestehen, die von den Teilnehmern des Planungswettbewerbs unabhängig sind. ²Wird von den Wettbewerbsteilnehmern eine bestimmte berufliche Qualifikation verlangt, muss mindestens ein Drittel der Preisrichter über dieselbe oder eine gleichwertige Qualifikation verfügen.

(2) ¹Das Preisgericht ist in seinen Entscheidungen und Stellungnahmen unabhängig. ²Es trifft seine Entscheidungen nur aufgrund von Kriterien, die in der Wettbewerbsbekanntmachung genannt sind. ³Die Wettbewerbsarbeiten sind ihm anonym vorzulegen. ⁴Die Anonymität ist bis zu den Stellungnahmen oder Entscheidungen des Preisgerichts zu wahren.

(3) ¹Das Preisgericht erstellt einen Bericht über die Rangfolge der von ihm ausgewählten Wettbewerbsarbeiten, indem es auf die einzelnen Projekte eingeht und seine Bemerkungen sowie noch zu klärende Fragen aufführt. ²Dieser Bericht ist von den Preisrichtern zu unterzeichnen.

(4) ¹Die Teilnehmer können zur Klärung bestimmter Aspekte der Wettbewerbsarbeiten aufgefordert werden, Fragen zu beantworten, die das Preisgericht in seinem Protokoll festzuhalten hat. ²Der Dialog zwischen Preisrichtern und Teilnehmern ist zu dokumentieren.

Übersicht

	Rn.		Rn.
I. Entstehungsgeschichte	1	5. Verfahrensermessen des Preisgerichts	24
II. Normzweck	2	6. Verbindlichkeit der Entscheidung	27
III. Besetzung des Preisgerichts (Abs. 1)	7	7. Rechtswirkungen im Planungswettbewerb	30
1. Unabhängigkeit des Preisgerichts von den Teilnehmern (Abs. 1 S. 1)	11	8. Rechtswirkungen für eine spätere Beauftragung	32
2. Fachliche Qualifikation der Preisrichter (Abs. 1 S. 2)	12	V. Bericht des Preisgerichts (Abs. 3)	39
IV. Entscheidung des Preisgerichts (Abs. 2)	14	VI. Klärung bestimmter Aspekte der Wettbewerbsarbeiten (Abs. 4)	45
1. Weisungsfreiheit (Abs. 2 S. 1)	14	VII. Rechtsschutz	48
2. Bindung an die Wettbewerbsbedingungen (Abs. 2 S. 2)	16	1. Vergaberechtsschutz	48
		a) Preisgerichtsentscheidung	48
		b) Bestimmung des Teilnehmerkreises eines anschließenden Vergabeverfahrens	54
3. Anonymisierung der Wettbewerbsarbeiten (Abs. 2 S. 3 und S. 4)	18	2. Zivilrechtsschutz	56
		a) Preisgerichtsentscheidung	56
4. Bewertung und Prämierung der Wettbewerbsarbeiten	22	b) Bestimmung des Teilnehmerkreises eines anschließenden Vergabeverfahrens	61

I. Entstehungsgeschichte

Die Vorschrift des § 72 dient der Umsetzung von Art. 81 und 82 RL 2014/24/EU und übernimmt diese weitgehend wortlautgetreu. Die Vorschrift entspricht inhaltlich dem vormaligen § 3 EG Abs. 8 lit. c VOL/A und dem § 16 Abs. 4–6 VOF. 1

II. Normzweck

Im Auslobungsverfahren trifft nicht der Auslobende selbst die Entscheidung über den bzw. die Gewinner, sondern ein unabhängiges und fachlich kompetentes Preisgericht. Aufgabe des Preisgerichts ist es, die Wettbewerbsbeiträge inhaltlich zu bewerten, ggf. Fragen zu bestimmten Aspekten der Wettbewerbsbeiträge zu klären und diejenigen Wettbewerbsteilnehmer, welche die gestellte Aufgabe am besten gelöst haben, auszuzeichnen. In der weiteren Bearbeitung stehen die Mitglieder des Preisgerichts dem Auftraggeber ggf. beratend zur Seite und geben Empfehlungen für die Beauftragung und die Realisierung des Vorhabens ab.[1] Die Stellung und Funktion des Preisgerichts bedin- 2

---

[1] Vgl. HK-VergabeR/*Martini* Rn. 3; vgl. auch RPW 2013 Anl. VII.

gen Anforderungen an dessen Besetzung und Entscheidungsfindung sowie an die Dokumentation der getroffenen Entscheidungen, die in § 72 geregelt sind.

3 **Abs. 1** regelt die **Besetzung des Preisgerichts. Abs. 1 S. 1** betrifft dabei die **Unparteilichkeit und Unabhängigkeit** des Preisgerichts im Verhältnis zu den Teilnehmern. Die Bestimmung setzt Art. 81 S. 1 RL 2014/24/EU um. Sie trägt dem Umstand Rechnung, dass das Preisgericht und damit jeder Preisrichter, insbesondere wegen der nach Abs. 2 S. 2 verbürgten Weisungsfreiheit, einen erheblichen Einfluss auf den Ausgang des Planungswettbewerbs nehmen kann. Die Unparteilichkeit und Unabhängigkeit der Preisrichter ist damit essenzielle Voraussetzung für die diskriminierungsfreie Durchführung des Planungswettbewerbs. **Abs. 1 S. 2** betrifft die **Qualifikation** der Preisrichter und setzt Art. 81 S. 1 RL 2014/24/EU um. Dieser Vorschrift liegt die Annahme zugrunde, dass eine sachgerechte Bewertung der eingereichten Wettbewerbsbeiträge ein entsprechendes Maß an fachlicher Qualifikation voraussetzt. Nur ein Preisgericht, welches in hohem Maße über die fachliche Qualifikation verfügt, die auch von den Wettbewerbsteilnehmern gefordert wird, bietet die Gewähr für ein allgemein akzeptiertes und qualifiziertes Urteil.[2]

4 **Abs. 2** enthält Regelungen zur **Entscheidungsfindung des Preisgerichts. Abs. 2 S. 1** betrifft dabei die Unabhängigkeit des Preisgerichts in der Entscheidungsfindung, die vor allem als **Weisungsfreiheit gegenüber dem Auftraggeber** zu verstehen ist. Die Bestimmung setzt Art. 82 Abs. 1 RL 2014/24/EU um. Sie soll eine autonome Entscheidungsfindung des Preisgerichts ohne Einflussnahme außenstehender Dritter, vor allem des Auftraggebers, gewährleisten. Eben dieser Unabhängigkeit des Preisgerichts trägt die Bestimmung unter **Abs. 2 S. 2** Rechnung, die statuiert, dass die Preisgerichtsentscheidungen unter **Beachtung der Wettbewerbsbedingungen** erfolgen und sich in dem durch diese gebildeten Rahmen bewegen müssen. Dies verschafft zum einen der Beschaffungshoheit der Auftraggeber Geltung (→ § 71 Rn. 6) und gewährleistet zudem – ebenso wie die Unparteilichkeit der Preisrichter – eine diskriminierungsfreie Durchführung des Planungswettbewerbs (→ § 69 Rn. 18). **Abs. 2 S. 3 und 4** ordnen die **Anonymisierung der Wettbewerbsbeiträge** an und setzen damit Art. 82 Abs. 2 RL 2014/24/EU um. Die Anonymisierung soll eine unparteiische und allein an fachlichen Kriterien orientierte Bewertung sicherstellen und insbesondere die gezielte Einflussnahme der Wettbewerber auf die Preisrichter verhindern.[3]

5 **Abs. 3 und 4** enthalten neben der allgemeinen Dokumentationspflicht in Planungswettbewerben (→ § 69 Rn. 17) besondere Regelungen zur **Dokumentation** der Tätigkeit des Preisgerichts. **Abs. 3** betrifft die Dokumentation der Preisgerichtsentscheidung. Die Bestimmung setzt Art. 82 Abs. 3 RL 2014/24/EU um. Der demnach vom Preisgericht zu fertigende und zu unterzeichnende Bericht dokumentiert die Preisgerichtsentscheidung und bildet die Grundlage für dessen verfahrensrechtliche Überprüfbarkeit. **Abs. 4** enthält Regelungen zum Dialog zwischen dem Preisgericht und Verfahrensteilnehmern, die Art. 82 Abs. 5 und 6 RL 2014/24/EU umsetzen.

6 Bei Planungswettbewerben für Architekten- und Ingenieurleistungen gelten für die Zusammensetzung und Tätigkeit des Preisgerichts abweichende und darüberhinausgehende Vorschriften im Abschnitt 6 Unterabschnitt 2 (→ § 79 Rn. 17, 19 und 24).

III. Besetzung des Preisgerichts (Abs. 1)

7 Die Mitglieder des Preisgerichts werden durch die Auftraggeber bestimmt.[4] Der Auftraggeber ist dabei im Grundsatz ungebunden. Die Vorschriften unter Abs. 1 sowie § 69 Abs. 2 iVm § 6 schränken diese **Auswahlfreiheit der Auftraggeber** zur Gewährleistung eines diskriminierungsfreien Wettbewerbs und eine allgemein akzeptierte und qualifizierte Preisgerichtsentscheidung ein. Daneben sind Auftraggeber bei der Auswahl der Preisrichter an die allgemeinen Vergabegrundsätze gebunden (→ § 69 Rn. 18), was insbesondere bedeutet, dass die Auswahlentscheidung nicht von sachwidrigen Erwägungen geleitet sein darf und im Übrigen zu dokumentieren ist.

8 Zum **Zeitpunkt der Bestimmung** des Preisgerichts gibt es keine Vorgaben. Die Bestimmung muss damit nicht bereits zum Zeitpunkt der Wettbewerbsbekanntmachung erfolgt sein. Dies lässt sich auch aus dem nach § 70 Abs. 1 zu verwendenden Bekanntmachungsmuster schlussfolgern, in dem die Angabe der Namen der ausgewählten Preisrichter (Rubrik IV.3.5) optional ist. Die Bestimmung des Preisgerichts ist auch nach Eingang der Wettbewerbsbeiträge möglich. Zur Vermeidung des „bösen Scheins" einer gezielten Einflussnahme der Auftraggeber auf die spätere Entscheidung des Preisgerichts sollten die Preisrichter aber grundsätzlich ohne Ansehung der Wettbewerbsbeiträge bestimmt worden sein.

---

[2] Vgl. Südbayern Beschl. v. 21.11.2016 – Z3-3/3194/1/37/09/16, BeckRS 2016, 55879; HK-VergabeR/*Martini* Rn. 7.
[3] Vgl. HK-VergabeR/*Martini* Rn. 13; so zu § 16 VOF: *Müller-Wrede* in Müller-Wrede VOF § 16 Rn. 55.
[4] Vgl. OLG München Beschl. v. 11.4.2013 – Verg 2/13, NZBau 2013, 661 (663), wonach es die „ureigenste Aufgabe des Auftraggebers" sei.

Hinsichtlich der **Anzahl der Preisrichter** enthält § 72 keine direkten Vorgaben. Aus der 9
Funktion und Stellung des Preisgerichts als Entscheidungsgremium und dem in Abs. 1 verwendeten
Plural ist zu folgern, dass mindestens zwei Preisrichter zu bestimmen sind.[5] Zur Förderung der
Akzeptanz der getroffenen Entscheidung sowie zur Gewährleistung der Beschlussfähigkeit und Vermeidung von Pattsituationen empfiehlt sich freilich eine höhere Anzahl von Preisrichtern.[6] Bei
Planungswettbewerben für Architekten- und Ingenieurleistungen nach der RPW 2013 ist eine
ungerade Anzahl der Preisrichter vorgegeben (vgl. § 6 Abs. 1 UAbs. 4 S. 2 RPW 2013). Zur Sicherstellung der Beschlussfähigkeit bietet sich zudem die Berufung einer ausreichenden Anzahl von
Stellvertretern an. Im Falle der Anwendung der RPW 2013 ist dies ausdrücklich vorgeschrieben
(vgl. § 6 Abs. 1 UAbs. 2 RPW 2013).

Die Bestimmung der Mitglieder des Preisgerichts führt zu einer **Selbstbindung der Auftrag-** 10
geber. Sie sind grundsätzlich nicht berechtigt, die Zusammensetzung nachträglich zu verändern,
indem bestehende Mitglieder abberufen und/oder neue Mitglieder bestimmt werden. Dies ist aus
der gem. Abs. 2 S. 1 verbürgten Unabhängigkeit des Preisgerichts zu folgern, die andernfalls von
Auftraggebern umgangen werden könnte. Eine nachträgliche Änderung der Zusammensetzung
kommt demgemäß nur bei wichtigen Gründen in Betracht, etwa wenn Preisrichter ausfallen, insbesondere bei nachträglich festgestellter Befangenheit (→ Rn. 11), und insofern keine Stellvertreter
vorgesehen sind oder zur Verfügung stehen. Die geänderte Zusammensetzung ist den Wettbewerbsteilnehmern bekanntzugeben. Sind die Preisrichter in der Wettbewerbsbekanntmachung namentlich
benannt worden (→ Rn. 8), ist eine Nachbekanntmachung erforderlich, sofern die Frist zum Eingang der Wettbewerbsbeiträge noch nicht abgelaufen ist.

1. Unabhängigkeit des Preisgerichts von den Teilnehmern (Abs. 1 S. 1). Gemäß **Abs. 1** 11
S. 1 müssen die Preisrichter **unabhängig von den Teilnehmern** sein. Damit soll die für die
diskriminierungsfreie Durchführung des Planungswettbewerbs essenzielle Unparteilichkeit und
Unabhängigkeit der Preisrichter im Verhältnis zu den Teilnehmern gewährleistet werden
(→ Rn. 3). Fraglich ist aber, ob die Bestimmung neben den Vorschriften zur Vermeidung von
Interessenkonflikten nach § 6, die nach § 69 Abs. 2 auch bei Planungswettbewerben anzuwenden
sind, eigenständige Bedeutung hat. Dies hängt im Ergebnis davon ab, ob das Mitwirkungsverbot
nach § 6 Abs. 1 – übertragen auf Wettbewerbe – auch Preisrichter erfasst. Das wäre wiederum der
Fall, wenn das Preisgericht als „Beschaffungsdienstleister" iSd § 6 Abs. 1 zu qualifizieren ist. Die
Definition des Beschaffungsdienstleisters in der RL 2014/24/EU legt das nicht unbedingt nahe.
Nach Art. 2 Abs. 1 Nr. 17 RL 2014/24/EU handelt es sich dabei um öffentliche oder privatrechtliche Stellen, die auf dem Markt Nebenbeschaffungstätigkeiten anbieten. Zwar mag die Tätigkeit
des Preisgerichts bei einem weiten Verständnis als „Nebenbeschaffungstätigkeit" iSd Art. 2 Abs. 1
Nr. 15 RL 2014/24/EU qualifiziert werden können. Einen Markt, auf dem diese Leistungen
angeboten werden, wird man dagegen wohl kaum annehmen können. Andererseits darf in Anbetracht der Zielsetzung der Richtlinie, aus Interessenkonflikten resultierende Wettbewerbsverzerrungen zu verhindern (Erwägungsgrund 16 RL 2014/24/EU) bezweifelt werden, dass mit der Definition des Beschaffungsdienstleisters der Kreis der hiervon erfassten Personen eng gefasst werden
sollte. Vielmehr gebietet eben diese Zielsetzung ein weites Verständnis und ein in personeller
Hinsicht möglichst umfassendes Mitwirkungsverbot, dass grundsätzlich sämtliche Personen in
Sphäre des Auftraggebers erfasst, die Einfluss auf den Ausgang des Vergabeverfahrens oder des
Wettbewerbs nehmen könnten. Dies trifft auf Preisrichter ohne Zweifel zu. Der Begriff des Beschaffungsdienstleisters umfasst damit – ebenso wie der Begriff des „Beauftragten" nach alter Rechtslage[7] – das vom Auftraggeber ausgewählte und bestimmte Preisgericht.[8] Schließlich erfasst die Generalklausel unter § 6 Abs. 2 sämtliche erdenklichen Fallkonstellationen, in denen es an der
vorausgesetzten Unabhängigkeit der Preisrichter gegenüber den Teilnehmern fehlt. Die fehlende
Unabhängigkeit der Preisrichter ist in den Fällen des § 6 Abs. 3 und 4 entsprechend zu vermuten.
Dabei ist die Vermutung eines Interessenkonflikts nur bei bestehenden Verbindungen der Preisrichter mit Teilnehmern gerechtfertigt. Dies gilt insbesondere für die Beratungen und Unterstützungen
nach § 6 Abs. 3 Nr. 2. Frühere, zum Zeitpunkt des Beginns des Wettbewerbs abgeschlossene Bera-

---

[5] AA jurisPK-VergabeR/*Schneevogl/Hofmann* Rn. 7, wonach die Besetzung mit einem einzelnen Richter möglich sei.
[6] Vgl. HK-VergabeR/*Martini* Rn. 3, wonach ein sachgerechter Kompromiss zwischen der notwendigen Pluralität der zu berücksichtigenden Aspekte und Interessen auf der einen Seite sowie der Handlungsfähigkeit des Gremiums auf der anderen Seite nach den Erfahrungen der Praxis regelmäßig mit einer Preisrichterzahl zwischen sieben und elf Personen zu erzielen sei.
[7] So zu § 16 Abs. 1 aF: OLG München Beschl. v. 11.4.2013 – Verg 2/13, NZBau 2013, 661 (663); VK Sachsen Beschl. v. 5.5.2014 – 1/SVK/010-14, BeckRS 2014, 21204.
[8] Vgl. HK-VergabeR/*Martini* Rn. 13.

tungen oder Unterstützungen können die Vermutung eines Interessenskonflikts nicht begründen.[9] Damit ist aber nicht ausgeschlossen, dass nach den Umständen des Einzelfalls frühere Verbindungen ggf. in Zusammenschau mit weiteren Umständen die Annahme eines Interessenskonflikts nach der Generalklausel gem. § 6 Abs. 2 rechtfertigen können.

12 **2. Fachliche Qualifikation der Preisrichter (Abs. 1 S. 2).** Nach **Abs. 1 S. 2** muss in den Fällen, in denen von den Wettbewerbsteilnehmern eine bestimmte berufliche Qualifikation verlangt wird, mindestens ein Drittel der Preisrichter über **dieselbe oder eine gleichwertige Qualifikation** verfügen. Dieser Vorschrift liegt die Annahme zugrunde, dass eine sachgerechte Bewertung der eingereichten Wettbewerbsbeiträge und die erforderliche Akzeptanz der Preisgerichtsentscheidung ein entsprechendes Maß an fachlicher Qualifikation voraussetzt (→ Rn. 3).

13 Es wird keine Fachrichtermehrheit, sondern lediglich ein **Fachrichteranteil** von einem Drittel gefordert. Abs. 1 S. 2 entspricht somit der Vorgabe des Art. 81 S. 2 RL 2014/24/EU. Bei Planungswettbewerben für Architekten- und Ingenieurleistungen muss hingegen darüber hinaus gem. § 79 Abs. 3 S. 1 die Mehrheit der Preisrichter über dieselbe oder eine gleichwertige Qualifikation verfügen, wie sie von den Teilnehmern verlangt wird (→ § 79 Rn. 17).

IV. Entscheidung des Preisgerichts (Abs. 2)

14 **1. Weisungsfreiheit (Abs. 2 S. 1).** Nach **Abs. 2 S. 1** ist das Preisgericht in seinen Entscheidungen und Stellungnahmen unabhängig. Damit ist vor allem die Unabhängigkeit im Verhältnis zum Auftraggeber gemeint, die in diesem Sinne als **Weisungsfreiheit der Preisgerichtsmitglieder** zu verstehen ist. Innerhalb der festgelegten und bekannt gemachten Wettbewerbsbedingungen ist das Preisgericht an keine Weisungen des Auftraggebers gebunden.[10] Die Preisrichter haben ihr Amt unabhängig und allein unter fachlichen Gesichtspunkten auszuüben. Die eingereichten Wettbewerbsarbeiten werden allein aufgrund ihrer fachlichen Qualität und anhand der bekanntgemachten Bewertungskriterien bewertet.

15 Eine **rechtliche und wirtschaftliche Unabhängigkeit** vom Auftraggeber wird, anders als im Verhältnis zu den Teilnehmern nach Abs. 1 S. 1, nicht vorausgesetzt. Teilweise wurde darauf verwiesen, dass die Unabhängigkeit vom Auftraggeber sogar schädlich für das mit dem Wettbewerb letztlich verfolgte Beschaffungsvorhaben sein kann.[11] Jedenfalls verlangt Abs. 2 S. 1 keine allumfassende Unabhängigkeit vom Auftraggeber, sondern beschränkt sich auf die Entscheidungsfindung des Preisgerichts, mithin die Prüfung und Bewertung der Wettbewerbsbeiträge sowie die Ausübung der Stimmrechte durch die Mitglieder. Auftraggeber sind daher nicht daran gehindert, eigene Mitarbeiter oder sonstige Personen, die in einem dauerhaften Vertragsverhältnis zu ihm stehen, zu Preisrichtern zu bestellen. Sie dürfen aber im Rahmen ihrer Tätigkeit als Preisrichter keinen Weisungen des Auftraggebers unterworfen sein.[12] Bei Planungsleistungen für Architekten- und Ingenieurleistungen bestimmt § 79 Abs. 3 S. 2 aber über Abs. 1 S. 1 hinaus, dass die Mehrheit der Preisrichter unabhängig vom Ausrichter sein muss. Damit ist rechtliche und wirtschaftliche Unabhängigkeit gemeint. Die Mehrheit der Preisrichter darf daher weder personell noch organisatorisch oder wirtschaftlich mit dem Auftraggeber verknüpft sein (→ § 79 Rn. 18).

16 **2. Bindung an die Wettbewerbsbedingungen (Abs. 2 S. 2).** Nach **Abs. 2 S. 2** hat das Preisgericht seine Wettbewerbsentscheidung allein auf der Grundlage der in der Wettbewerbsbekanntmachung genannten Kriterien zu treffen. Damit sind die **Kriterien für die Bewertung der Wettbewerbsbeiträge** gemeint (→ § 71 Rn. 8). Dies entspricht der unionsrechtlichen Vorgabe aus Art. 82 Abs. 2 Hs. 2 RL 2014/24/EU. Darüber hinaus ist für Planungswettbewerbe für Architekten- und Ingenieurleistungen nach § 79 Abs. 4 S. 1 bestimmt, dass das Preisgericht in seinen Entscheidungen die in der Bekanntmachung des Planungswettbewerbs als bindend bezeichneten Vorgaben des Ausrichters zu beachten hat. Ein weitergehender Regelungsgehalt ist mit dieser Vorgabe jedoch nicht verbunden. Das Preisgericht ist insgesamt an die Wettbewerbsbedingungen gebunden, die der Auftraggeber festgelegt und bekanntgemacht hat.

17 Wettbewerbsbeiträge, die den Wettbewerbsbedingungen – insbesondere den **inhaltlichen Vorgaben** (→ § 71 Rn. 9) – nicht entsprechen, sind zwingend vom Wettbewerb auszuschließen.[13] Andernfalls könnten sich Bewerber, die die gesteckten Grenzen nicht einhalten, gegenüber den

---

[9] Zu § 16 Abs. 1 aF: VK Sachsen Beschl. v. 5.5.2014 – 1/SVK/010-14, BeckRS 2014, 21204.
[10] Vgl. *Voppel/Osenbrück/Bubert* VgV Rn. 4; so zu § 16 VOF: *Müller-Wrede* in Müller-Wrede VOF § 16 Rn. 53.
[11] So zu § 16 VOF: *Müller-Wrede* in Müller-Wrede VOF § 16 Rn. 52.
[12] Vgl. *Voppel/Osenbrück/Bubert* VgV Rn. 4; so zu § 16 VOF: *Müller-Wrede* in Müller-Wrede VOF § 16 Rn. 54.
[13] Vgl. OLG Hamm Urt. v. 21.3.2000 – 24 U 64/99, NZBau 2000, 345 (347); VK Sachsen Beschl. v. 23.2.2013 – 1/SVK/047-12, BeckRS 2013, 10842; VK Saarland Beschl. v. 20.2.2008 – 1 VK 07/2007, IBRRS 2008, 0534.

übrigen Bewerbern einen wettbewerbsverzerrenden Gestaltungsspielraum verschaffen.[14] Auf die Frage, ob der Verstoß gegen die Wettbewerbsbedingungen erheblich ist oder nicht, kommt es dabei nicht an. Auch unwesentliche Abweichungen von bindenden Vorhaben führen zwingend zum Ausschluss.[15] Entgegen dem missverständlichen Wortlaut des § 79 Abs. 4 S. 1 ist es bei Planungswettbewerben über Architekten- und Ingenieurleistungen auch nicht erforderlich, dass die Vorgaben explizit als „verbindlich" bezeichnet werden oder für den Fall von Verstößen der Ausschluss des Wettbewerbsbeitrages angedroht wird.[16] Maßgeblich ist allein, ob nach dem objektiven Empfängerhorizont die Einhaltung dieser Vorgaben durch die Teilnehmer des Wettbewerbs zwingend ist.[17] Setzt sich das Preisgericht über die Wettbewerbsbedingungen hinweg, indem es Wettbewerbsbeiträge zu Unrecht berücksichtigt oder umgekehrt ausschließt, stellt dies einen erheblichen Verfahrensverstoß dar, der die Unverbindlichkeit der Preisgerichtsentscheidung zur Folge hat (→ Rn. 28).

3. Anonymisierung der Wettbewerbsarbeiten (Abs. 2 S. 3 und S. 4). Die Wettbewerbsarbeiten müssen gem. **Abs. 2 S. 3** dem Preisgericht anonym vorgelegt werden. Die **Anonymität** ist nach **Abs. 2 S. 4** bis zur Stellungnahme bzw. bis zur Entscheidung des Preisgerichts zu wahren. Nicht anonymisierte Wettbewerbsbeiträge darf das Preisgericht bei seiner Entscheidung nicht berücksichtigen. Hierdurch soll eine unparteiische und allein an fachlichen Kriterien orientierte Bewertung sichergestellt und gezielte Einflussnahme der Wettbewerber auf die Preisrichter verhindert werden.[18]

Bei der geforderten Anonymisierung der Wettbewerbsarbeiten kann es sich sinnwahrend nur um eine **Pseudonymisierung** handeln.[19] Art. 4 Nr. 5 DS-GVO definiert das Pseudonymisieren als Verarbeitung personenbezogener Daten in einer Weise, dass die personenbezogenen Daten ohne Hinzuziehung zusätzlicher Informationen nicht mehr einer spezifischen betroffenen Person zugeordnet werden können, sofern diese zusätzlichen Informationen gesondert aufbewahrt werden und technischen und organisatorischen Maßnahmen unterliegen, die gewährleisten, dass die personenbezogenen Daten nicht einer identifizierten oder identifizierbaren natürlichen Person zugewiesen werden. Bei einer Pseudonymisierung bleiben die Daten demnach mit einer bestimmten Person über die zusätzlichen Informationen verknüpfbar. Sie stellt damit datenschutzrechtlich keine Anonymisierung dar, bei der diese Verknüpfung ausgeschlossen sein muss.[20] Bei der Durchführung von Planungswettbewerben müssen die Wettbewerbsbeiträge durchgehend den Teilnehmern zuordenbar bleiben. Abs. 2 S. 3 und 4 gebieten, dass diese Zuordnung ausschließlich dem Preisgericht bis zu dessen Entscheidung unmöglich ist. Anonym sind die Wettbewerbsarbeiten im Sinne der Norm demnach dann, wenn die Preisrichter nicht auf die Person des Wettbewerbsteilnehmers rückschließen können.[21]

Auftraggeber haben die gebotene Pseudonymisierung durch **geeignete Maßnahmen** sicherzustellen. Dies geschieht, indem den Wettbewerbsteilnehmern zunächst Pseudonyme (etwa Kennziffern) zugewiesen werden, die deren Wettbewerbsarbeiten zuordenbar sind. Eine demgemäße Pseudonymisierung ist jedoch nur dann ausreichend, wenn die Wettbewerbsarbeiten selbst keine Daten enthalten, anhand derer die Wettbewerbsteilnehmer direkt oder indirekt identifiziert werden können. Solche Daten sind in geeigneter Weise zu eliminieren, etwa durch Schwärzung. Die Identifizierbarkeit muss dabei nach allgemeiner Lebenserfahrung praktisch ausgeschlossen sein. Das kann in Konflikt zur Gestaltungsfreiheit der Wettbewerbsteilnehmer stehen, insbesondere wenn es ihnen damit verwehrt wäre, den Arbeiten ihre am Markt bekannte spezifische Handschrift zu verleihen.[22] Die nach Abs. 2 S. 3 und 4 geforderte Anonymisierung der Wettbewerbsarbeiten muss in den Grenzen der Verhältnismäßigkeit erfolgen (→ § 69 Rn. 18). Diese Grenzen sind jedenfalls dann überschritten, wenn einzelne Wettbewerbsteilnehmer hierdurch Wettbewerbsnachteile erleiden würden.

Zur Erleichterung der Pseudonymisierung sollten Auftraggeber in den Wettbewerbsbedingungen (→ § 71 Rn. 4) die Wettbewerbsteilnehmer anhalten, ihre Arbeiten so auszugestalten, dass ihre direkte und nach Möglichkeit auch indirekte Identifizierung durch das Preisgericht ausgeschlossen ist. Auftraggeber haben die Wettbewerbsarbeiten aber ungeachtet dessen darauf zu prüfen. Sie dürfen diese Prüfung auch nicht dem Preisgericht überlassen, da sie diesem nach Abs. 2 S. 3 ausschließlich anonymisierte Arbeiten vorlegen dürfen.

---

[14] Vgl. VK Sachsen Beschl. v. 23.2.2013 – 1/SVK/047-12, BeckRS 2013, 10842.
[15] Vgl. VK Sachsen Beschl. v. 23.2.2013 – 1/SVK/047-12, BeckRS 2013, 10842.
[16] Vgl. VK Sachsen Beschl. v. 23.2.2013 – 1/SVK/047-12, BeckRS 2013, 10842.
[17] Vgl. VK Sachsen Beschl. v. 23.2.2013 – 1/SVK/047-12, BeckRS 2013, 10842.
[18] Vgl. HK-VergabeR/*Martini* Rn. 13. So für § 16 VOF: *Müller-Wrede* in Müller-Wrede VOF § 16 Rn. 55.
[19] Vgl. HK-VergabeR/*Martini* Rn. 13.
[20] Vgl. *Klar/Kühling* in Kühling/Buchner, Datenschutz-Grundverordnung, Bundesdatenschutzgesetz: DS-GVO/BDSG, 3. Aufl. 2020, DSGVO Art. 4 Abs. 5 Rn. 2.
[21] Vgl. HK-VergabeR/*Martini* Rn. 13.
[22] Vgl. HK-VergabeR/*Martini* Rn. 13.

22 **4. Bewertung und Prämierung der Wettbewerbsarbeiten.** Das Preisgericht hat die Wettbewerbsarbeiten innerhalb der durch die Bewertungskriterien und sonstigen Vorgaben in den Wettbewerbsbedingungen gezogenen Grenzen zu bewerten (→ Rn. 16). Nach Abs. 3 S. 1 hat das Preisgericht im Rahmen der Entscheidungsfindung eine **Rangfolge der ausgewählten Wettbewerbsbeiträge** zu erstellen. Den ersten Rang verdient dabei der Wettbewerbsbeitrag, der – gemessen an den Bewertungskriterien des Auftraggebers – die Planungsaufgabe am besten erfüllt.[23]

23 **Bewertungsgegenstand** sind die Wettbewerbsbeiträge, und zwar grundsätzlich so wie sie eingereicht wurden.[24] Unter den Voraussetzungen des Abs. 4 können unter Einbindung der Teilnehmer bestimmter Aspekte der Wettbewerbsarbeiten geklärt und insofern bei der Wertung berücksichtigt werden (→ Rn. 15). Den Teilnehmern kann auch die Gelegenheit zu einer Weiterentwicklung ihrer Wettbewerbsarbeiten gegeben werden, um sodann eine Preisgerichtsentscheidung über die geänderten Wettbewerbsarbeiten herbeizuführen.[25] Es muss aber allen Teilnehmern die gleiche Chance einräumen.[26]

24 **5. Verfahrensermessen des Preisgerichts.** Hinsichtlich der Entscheidungsfindung innerhalb des Preisgerichts finden sich in Abs. 2 keine Vorgaben. Soweit die Wettbewerbsbedingungen keine Vorgaben machen, obliegt die Ausgestaltung dem **Verfahrensermessen des Preisgerichts.** Bei Planungswettbewerben für Architekten- und Ingenieurleistungen nach der RPW 2013 ist das Entscheidungsfindungsverfahren dezidiert geregelt (→ § 79 Rn. 23).

25 Entscheidungen, die durch Abstimmung erfolgen, werden in entsprechender Anwendung des § 1052 Abs. 1 ZPO mit der **Mehrheit der Stimmen aller Preisrichter** getroffen, sofern keine abweichende Regelung getroffen ist.[27] Die Bewertung der Wettbewerbsarbeiten muss aber nicht notwendiger Weise im Wege einer Abstimmung erfolgen. Möglich ist auch, **Einzelbewertungen durch die Preisrichter** vorzusehen, die rechnerisch zu einem Gesamtwertungsergebnis zusammengefasst werden.

26 Die **Beratung des Preisgerichts** wird regelmäßig mündlich erfolgen. Notwendig ist dies jedoch nicht. Sie kann auch schriftlich oder elektronisch erfolgen. Möglich ist auch eine Entscheidungsfindung im Wege eines Umlaufverfahrens.[28]

27 **6. Verbindlichkeit der Entscheidung.** Bei der Preisgerichtsentscheidung handelt es sich um eine einseitige, **nicht empfangsbedürftige Willenserklärung.** Sie ist damit nicht frei widerruflich, wohl aber unter den Voraussetzungen der §§ 119, 123 BGB anfechtbar.[29] In Fällen arglistiger Täuschungen, etwa wenn als Wettbewerbsarbeiten Plagiate eingereicht wurden, oder rechtswidriger Drohungen, ist die Preisgerichtsentscheidung in Analogie zu § 1059 Abs. 2 Nr. 2 lit. b ZPO ipso iure unwirksam, sodass es keiner Anfechtung bedarf.[30]

28 Die Entscheidung des Preisgerichts ist gem. § 661 Abs. 2 S. 2 BGB für alle Beteiligten verbindlich. Dies bedeutet, dass sie nicht auf sachliche Richtigkeit überprüft werden kann, weder durch den Auftraggeber noch durch Vergabekammern oder Gerichte, selbst dann nicht, wenn eine Partei geltend machen sollte, die Entscheidung sei offenbar unrichtig.[31] Nachprüfbar ist allein das Verfahren des Preisgerichts, und zwar auf **schwerwiegende Mängel,** die offensichtlich auch die getroffene Entscheidung selbst beeinflusst haben.[32] Ein derartiger Verfahrensmangel liegt vor, wenn das Preisgericht nicht mit der erforderlichen Stimmenanzahl entschieden hat (→ Rn. 25) oder bei der Entscheidung nicht gem. Abs. 1 und 2 S. 1 ordnungsgemäß besetzt war, also Preisrichter mitwirkten, die nicht über die erforderliche Qualifikation verfügten (→ Rn. 12) oder nicht unabhängig waren, sei es von den Teilnehmern des Planungswettbewerbs (→ Rn. 11) oder von Weisungen des Auftraggebers (→ Rn. 14). Ferner stellt die Verletzung des Anonymitätsgebotes nach Abs. 2 S. 3 und 4 (→ Rn. 18)

---

[23] Vgl. HK-VergabeR/*Martini* Rn. 18.
[24] Vgl. OLG Koblenz Beschl. v. 26.5.2010 – 1 Verg 2/10, BeckRS 2011, 03435.
[25] Vgl. BGH Urt. v. 9.6.1983 – III ZR 74/82, NJW 1984, 1118 (1119); HK-VergabeR/*Martini* Rn. 17, wonach dies aber nur für Fälle gelten soll, in denen das Preisgericht keine der in die engere Wahl gezogenen Arbeiten ohne eine maßgeblich verändernde Überarbeitung zur Ausführung empfehlen kann.
[26] Vgl. BGH Urt. v. 9.6.1983 – III ZR 74/82, NJW 1984, 1118 (1119).
[27] Vgl. MüKoBGB/*Schäfer* BGB § 661 Rn. 16 mwN. Bei Planungswettbewerben für Architekten- und Ingenieurleistungen können die einheitlichen Richtlinien nach § 78 Abs. 2 S. 1 abweichende Bestimmungen enthalten, so etwa § 6 Abs. 2 UAbs. 2 RPW 2013 (→ § 79 Rn. 22).
[28] Vgl. für Schiedsgerichte MüKoZPO/*Münch* ZPO § 1052 Rn. 2.
[29] Vgl. MüKoBGB/*Schäfer* BGB § 661 Rn. 23 mwN.
[30] Vgl. MüKoBGB/*Schäfer* BGB § 661 Rn. 23 mwN.
[31] Vgl. BGH Urt. v. 23.9.1982 – III ZR 196/80, NJW 1983, 442; BGH Urt. v. 5.4.1967 – VIII ZR 82/64, BeckRS 1967, 31178899.
[32] Vgl. BGH Urt. v. 23.9.1982 – III ZR 196/80, NJW 1983, 442; BGH Urt. v. 5.4.1967 – VIII ZR 82/64, BeckRS 1967, 31178899; BGH Urt. v. 14.6.1955 – V ZR 120/53, NJW 1955, 1473 (1474).

IV. Entscheidung des Preisgerichts (Abs. 2)

einen schwerwiegenden Verfahrensverstoß dar.[33] Auch die Missachtung der Wettbewerbsbedingungen macht die Preisgerichtsentscheidung grob verfahrensfehlerhaft. Dies betrifft die Prämierung von Wettbewerbsarbeiten, die den Wettbewerbsbedingungen nicht entsprachen,[34] aber auch den umgekehrten Fall, dass Wettbewerbsbeiträge zu Unrecht wegen angeblicher Verstöße gegen die Wettbewerbsbedingungen ausgeschlossen wurden, etwa die Bewerbungsfrist[35] oder zwingende inhaltliche Anforderungen. Als Leitlinie für den Umfang der Nachprüfungsbefugnis gilt allgemein die für Schiedssprüche geltende Regelung des § 1059 Abs. 2 ZPO.[36]

Sofern die Preisgerichtsentscheidung auf schwerwiegenden Verfahrensmängeln beruht, ist sie unverbindlich.[37] Eine **Wiederholung der Entscheidung** scheidet aus, wenn infolge der Offenlegung der Entwürfe die nach Abs. 2 S. 3 und 4 unerlässliche Anonymität der Wettbewerbsbeiträge nicht mehr gewährleistet ist.[38] Sofern Wettbewerbsbeiträge prämiert wurden, die auszuschließen gewesen wären, kommt auch ein Nachrücken der übrigen Wettbewerbsteilnehmer nach der Rangliste des Preisgerichts in Betracht. § 79 Abs. 5 S. 4 enthält eine diesbezügliche Vorschrift, deren Anwendungsbereich allerdings auf Planungswettbewerbe für Architekten- und Ingenieurleistungen beschränkt ist (→ § 79 Rn. 27). Auftraggeber sind außerhalb des Anwendungsbereiches jedoch nicht gehindert, eine inhaltsgleiche Bestimmung in den Wettbewerbsbedingungen vorzusehen. Voraussetzung für ein Nachrücken von Teilnehmern ist jedoch, dass das Preisgericht eine Rangfolge gebildet und dabei Ränge nicht mehrfach vergeben hat.[39]

7. Rechtswirkungen im Planungswettbewerb. Die in der Preisgerichtsentscheidung als Gewinner bzw. Preisträger benannten Wettbewerbsteilnehmer haben gegen den Auftraggeber einen (klagbaren) **Anspruch auf Vollzug der Entscheidung,** dh auf Leistung des zuerkannten Preises oder Preisteiles (§§ 661, 657 BGB).

Die Entscheidung des Preisgerichts markiert den **formalen Abschluss des Wettbewerbs.** Gleichwohl haben die Preisgerichtsentscheidungen nach zutreffender Ansicht keine dem Zuschlag gleichzusetzende, verfahrensbeendigende Wirkung.[40] Sie sind nicht entsprechend § 168 Abs. 2 S. 1 GWB unanfechtbar. Zwar ist die Nachprüfung der Entscheidungen auf schwerwiegende Verfahrensmängel beschränkt. Liegen solche aber vor, ist die betreffende Entscheidung des Preisgerichts unverbindlich (→ Rn. 28).

8. Rechtswirkungen für eine spätere Beauftragung. Bei Realisierungswettbewerben, in denen sich der Auftraggeber verpflichtet, den Gewinner oder einen der Preisträger mit der Realisierung der Wettbewerbsaufgabe zu beauftragen (→ § 69 Rn. 5), sind die Rechtswirkungen der Preisgerichtsentscheidungen nicht auf den durchgeführten Planungswettbewerb beschränkt. Durch die Entscheidung des Preisgerichts wird in diesem Fall der Teilnehmerkreis eines anschließenden Vergabeverfahrens zur Vergabe des Planungsauftrages verbindlich bestimmt.[41] Der Auftraggeber kann ein Verhandlungsverfahren ohne Teilnahmewettbewerb gem. § 14 Abs. 3 Nr. 8 unter ausschließlicher Beteiligung des Gewinners bzw. der Preisträger durchführen. Der Auftraggeber darf dabei diesen Teilnehmerkreis weder erweitern[42] noch beschränken. Sofern nach den Wettbewerbsbedingungen

---

[33] HK-VergabeR/*Martini* Rn. 20; so zu § 16 VOF: *Müller-Wrede* in Müller-Wrede VOF § 17 Rn. 88.
[34] Vgl. OLG Hamm Urt. v. 21.3.2000 – 24 U 64/99, NZBau 2000, 345 (347); VK Sachsen Beschl. v. 23.2.2013 – 1/SVK/047-12, BeckRS 2013, 10842; VK Saarland Beschl. v. 20.2.2008 – 1 VK 07/2007, IBRRS 2008, 0534.
[35] Vgl. BGH Urt. v. 23.9.1982 – III ZR 196/80, NJW 1983, 442.
[36] Vgl. OLG Hamm Urt. v. 21.3.2000 – 24 U 64/99, NZBau 2000, 345 (347). Vor dem 1.1.1998: § 1041 ZPO: BGH Urt. v. 23.9.1982 – III ZR 196/80, NJW 1983, 442; BGH Urt. v. 5.4.1967 – VIII ZR 82/64, BeckRS 1967, 31178899.
[37] Vgl. OLG Hamm Urt. v. 21.3.2000 – 24 U 64/99, NZBau 2000, 345 (346); VK Sachsen Beschl. v. 23.2.2013 – 1/SVK/047-12, BeckRS 2013, 10842; VK Saarland Beschl. v. 20.2.2008 – 1 VK 07/2007, IBRRS 2008, 0534.
[38] Vgl. OLG Koblenz Beschl. v. 16.2.2011 – 1 Verg 2/10, BeckRS 2011, 03435; VK Sachsen Beschl. v. 23.2.2013 – 1/SVK/047-12, BeckRS 2013, 10842.
[39] Vgl. VK Sachsen Beschl. v. 23.2.2013 – 1/SVK/047-12, BeckRS 2013, 10842.
[40] Vgl. OLG Koblenz Beschl. v. 26.5.2010 – 1 Verg 2/10, BeckRS 2011, 03435; VK Sachsen Beschl. v. 22.2.2013 – 1/SVK/047-12, BeckRS 2013, 10842; VK Saarland Beschl. v. 20.2.2008 – 1 VK 07/2007, IBRRS 2008, 0534; aA OLG Düsseldorf Beschl. v. 31.3.2004 – Verg 4/04, IBRRS 2004, 1488.
[41] Vgl. OLG Düsseldorf Beschl. v. 2.12.2009 – VII-Verg 39/09, NZBau 2010, 393 (396).
[42] Vgl. BGH Urt. v. 3.11.1983 – III ZR 125/82, NJW 1984, 1533 (1537); VK Niedersachsen Beschl. v. 22.4.2015 – VgK-06/15, BeckRS 2015, 10798; VK Niedersachsen Beschl. v. 10.1.2012 – VgK-57/11, BeckRS 2012, 05610; VK Düsseldorf Beschl. v. 12.11.2009 – VK-21/2009, IBRRS 2013, 2502; VK Nordbayern Beschl. v. 12.8.2004 – 320. VK-3194-29/04, BeckRS 2004, 35207; vgl. auch VK Niedersachsen Beschl. v. 18.6.2010 – VgK-22/2010, IBRRS 2010, 3070, wonach der Auftraggeber ebenso wenig einen erneuten Planungswettbewerb mit der gleichen Wettbewerbsaufgabe ausloben darf.

der Auftrag an einen der Preisträger erteilt wird, sind alle Preisträger in das Verhandlungsverfahren einzubeziehen,[43] und zwar dergestalt, dass sie direkt um den Zuschlag konkurrieren können. Im Ergebnis entfaltet ein Realisierungswettbewerb für die Bieterauswahl die gleiche **Bindungswirkung wie ein dem Verhandlungsverfahren vorgeschalteter Teilnahmewettbewerb.**[44] Voraussetzung dafür ist allerdings, dass der Auftraggeber in den Wettbewerbsbedingungen die weitere Beauftragung des Gewinners oder eines Preisträgers nicht nur unverbindlich in Aussicht stellt, sondern sich hierzu verpflichtet.[45] Bei Planungswettbewerben für Architekten- und Ingenieurleistungen wird sich eine entsprechende Pflicht regelmäßig aus den einheitlichen Richtlinien (→ § 78 Rn. 6) ergeben.

33   Die Preisgerichtsentscheidung gibt lediglich den Bieterkreis in einem anschließenden Vergabeverfahren vor. Sie macht ein solches Vergabeverfahren aber weder entbehrlich[46] noch determiniert sie, welchem Beteiligten der Zuschlag zu erteilen ist.[47] Dies selbst dann nicht, wenn nach den Wettbewerbsbedingungen allein der Gewinner mit den anschließenden Planungsleistungen beauftragt werden soll.[48] Die Entscheidung über die sich an den Planungswettbewerb anschließende Auftragserteilung haben Auftraggeber in eigener Verantwortung und unter Beachtung der vergaberechtlichen Vorgaben, insbesondere des Wirtschaftlichkeitsgebotes aus § 97 Abs. 1 S. 2 GWB zu treffen. Eine davon abweichende Delegation auf Dritte verstößt gegen das grundlegende vergaberechtliche **Eigenentscheidungsgebot.**[49] Bei den Preisgerichten handelt es sich um eben solche Dritte, da sie nach Abs. 2 S. 1 ihre Entscheidungen frei von Weisungen des Auftraggebers treffen (→ Rn. 14).[50]

34   Bei Planungswettbewerben über Architekten- und Ingenieurleistungen, die auf der Grundlage der **RPW 2013** durchgeführt werden, ist die Entscheidung des Preisgerichts von den Auftraggebern jedoch bei ihrer späteren Zuschlagsentscheidung zwingend zu berücksichtigen. Dies folgt aus § 8 Abs. 2 UAbs. 1 S. 1 RPW 2013, wonach bei der Umsetzung des Projekts einer der Preisträger, in der Regel der Gewinner, unter Berücksichtigung der Empfehlung des Preisgerichts mit den weiteren Planungsleistungen zu beauftragen ist, sofern kein wichtiger Grund der Beauftragung entgegensteht. Die hiernach vorgesehene Regelbeauftragung des ersten Preisträgers verpflichtet Auftraggeber zu einer entsprechenden Ausgestaltung der Zuschlagskriterien. Konkret muss das Wettbewerbsergebnis als nicht monetäres Zuschlagskriterium festgelegt und außerdem so gewichtet werden, dass der Gewinner einen nicht nur marginalen Wertungsvorsprung gegenüber den übrigen Preisträgern erfährt.[51] Als unbedenklich eingestuft wurden insofern Gewichtungen ab 30%.[52] Auftraggeber sind aber nicht verpflichtet, das anschließende Verhandlungsverfahren zunächst nur mit dem ersten Preisträger durchzuführen oder die anderen Preisträger nur für den Fall zu beteiligen, dass eine Beauftragung des ersten Preisträgers scheitert.[53] Sie haben einen Wettbewerb unter allen teilnahmeberechtig-

---

[43] Vgl. VK Sachsen Beschl. v. 10.9.2015 – 1/SVK/022-15, BeckRS 2015, 17931.
[44] Vgl. OLG Koblenz Beschl. v. 16.2.2011 – 1 Verg 2/10, BeckRS 2011, 03435, wonach es sich bei einem Realisierungswettbewerb um einen „Teilnahmewettbewerb eigener Art" handelt. Zur Bindungswirkung des Ergebnisses von Teilnahmewettbewerben: VK Südbayern Beschl. v. 8.10.2013 – Z3-3-3194-1-26-08/13, IBRRS 2014, 0318; VK Hessen Beschl. v. 17.10.2007 – 69d-VK-43/2007, IBRRS 2008, 2573. Zur Bindungswirkung der in der Bekanntmachung angegebenen Höchstzahl an Bewerbern, die im Anschluss an den Teilnahmewettbewerb zur Angebotsabgabe aufgefordert werden: vgl. OLG München Beschl. v. 19.12.2013 – Verg 12/13, BeckRS 2014, 00957; OLG München Beschl. v. 21.11.2013 – Verg 9/13, BeckRS 2013, 22620.
[45] BGH Urt. v. 27.5.2004 – III ZR 433/02, NZBau 2004, 450 (451); BGH Urt. v. 3.11.1983 – III ZR 125/82, NJW 1984, 1533 (1536).
[46] So zu § 15 bzw. § 17 VOF: *Voppel/Osenbrück/Bubert* VOF § 15 Rn. 25; *Müller-Wrede* in Müller-Wrede VOF § 17 Rn. 13.
[47] Vgl. VK Sachsen Beschl. v. 10.9.2015 – 1/SVK/022-15, BeckRS 2015, 17931 mwN, wonach der Auftraggeber bei der Zuschlagsentscheidung insbes. nicht an die vom Preisgericht festgelegte Rangfolge gebunden ist.
[48] Vgl. OLG Düsseldorf Urt. v. 19.12.1996 – 12 U 220/95, BauR 1998, 163 (164); VK Niedersachsen Beschl. v. 18.6.2010 – VgK-22/2010, IBRRS 2010, 3070, wonach der Auftraggeber mit der Auslobung des Wettbewerbs kein auf den Abschluss des Anschlussauftrages gerichtetes Angebot abgibt, das unter der Bedingung der Bestimmung eines Preisträgers durch das Preisgericht steht.
[49] Vgl. OLG München Beschl. v. 29.9.2009 – Verg 12/09, BeckRS 2009, 27005; OLG München Beschl. v. 15.7.2005 – Verg 14/05, BeckRS 2005, 08298; OLG Naumburg Beschl. v. 26.2.2004 – 1 Verg 17/03, NJOZ 2004, 1828 (1834).
[50] Vgl. auch § 2 Abs. 3 S. 1 RPW 2013: „Das Preisgericht ist unabhängiger Berater des Auslobers".
[51] Vgl. OLG Frankfurt a. M. Beschl. v. 23.6.2020 – 11 Verg 2/20, VPR 2021, 8; OLG Frankfurt a. M. Beschl. v. 11.4.2017 – 11 Verg 4/17, BeckRS 2017, 111156.
[52] Vgl. VK Südbayern Beschl. v. 13.10.2014 – Z3-3-3194-1-37-08/14, IBRRS 2015, 0301 (35% Gewichtung); VK Niedersachsen Beschl. v. 29.9.2014 – VgK-36/2014, BeckRS 2014, 20964 (30% Gewichtung).
[53] So aber OLG Frankfurt a. M. Beschl. v. 11.4.2017 – 11 Verg 4/17, BeckRS 2017, 111156.

ten Bietern zu eröffnen und den Zuschlag auf das Angebot zu erteilen, das sich nach den Zuschlagskriterien als das wirtschaftlichste erweist. Neben dem Wettbewerbsergebnis muss dabei in Anbetracht des Wirtschaftlichkeitsgebotes aus § 97 Abs. 1 S. 2 GWB, § 127 Abs. 1 S. 1 GWB insbesondere auch der Angebotspreis eine Rolle spielen, wenn nicht der Auftraggeber zulässigerweise Festpreise nach § 58 Abs. 2 S. 3 vorgegeben hat (→ § 76 Rn. 17). Voraussetzung für die Bindung des Auftraggebers an das Wettbewerbsergebnis und insofern auch essenzielle Grundlage des späteren Verhandlungsverfahrens ist, dass die mit den Wettbewerbsbeiträgen vorgeschlagene Lösung der Planungsaufgabe auch jeweils verbindlicher Bestandteil der Angebote der späteren Bieter ist. Die Wettbewerbsteilnehmer müssen mithin ihrerseits in dem anschließenden Vergabeverfahren an ihre Wettbewerbsbeiträge gebunden sein.

Vor der Zuschlagserteilung ist im anschließenden Vergabeverfahren aber zunächst die Eignung des Gewinners oder der Preisträger zur ordnungsgemäßen Ausführung des Auftrages zu prüfen,[54] dessen Konditionen vom Auftraggeber festzulegen sind.[55] Dies alles ist nicht Gegenstand des Planungswettbewerbs, denn dieser ist allein darauf ausgerichtet, die besten inhaltlichen Lösungen für die Wettbewerbsaufgabe zu ermitteln. Die **Eignung zur ordnungsgemäßen Ausführung des Auftrages** ist deshalb auch nicht mit der Eignung zur Teilnahme am Wettbewerb gleichzusetzen (→ § 71 Rn. 10). Dies kann unter Umständen dazu führen, dass auch der Gewinner oder einer der Preisträger als ungeeignet vom weiteren Verfahren auszuschließen ist.[56] Sofern keiner der Teilnehmer geeignet ist oder kein letztverbindliches Angebot abgibt, etwa weil man sich nicht über die Vertragsinhalte verständigen konnte, ist das Verhandlungsverfahren gescheitert und aufzuheben. Damit entfällt auch die Bindungswirkung der Preisgerichtsentscheidung für den Teilnehmerkreis eines sich dem Wettbewerb anschließenden Vergabeverfahrens.

Die Bindungswirkung der Preisgerichtsentscheidung kommt außerdem nur dann zum Tragen, wenn sich der Auftraggeber dazu entschließt, die Wettbewerbsaufgabe zu realisieren und einen diesbezüglichen Auftrag zu vergeben. Ausreichend ist allerdings, dass die ursprüngliche Wettbewerbsaufgabe in ihren wesentlichen Elementen und Grundsätzen verwirklicht werden soll.[57] „Kosmetische Änderungen" schließen die Bindungswirkung nicht aus.[58] Ebenso wenig genügt allein die rechnerische Differenz zwischen der ursprünglichen und der neuen Konzeption.[59]

Die Entscheidung, ob und inwiefern die Wettbewerbsaufgabe realisiert wird, liegt in der ausschließlichen **Beschaffungshoheit des Auftraggebers.** Dieser ist insofern im Ansatz rechtlich ungebunden.[60] Mit der Entscheidung des Preisgerichts werden mithin keine Ansprüche des Gewinners bzw. der Preisträger begründet, dass die Wettbewerbsaufgabe unverändert oder überhaupt realisiert wird,[61] es sei denn, der Auftraggeber hat sich hierzu ohne jegliche Vorbehalte verpflichtet. Auftraggeber verhalten sich unter Umständen pflichtwidrig, wenn sie von der Realisierung Abstand nehmen (→ Rn. 38). Der Gewinner bzw. die Preisträger des Planungswettbewerbs können aber, von dem oben genannten Ausnahmefall abgesehen, die Realisierung nicht gegen dessen Willen erzwingen.

Auftraggeber sind aber an ihre Zusage gebunden, sofern sie sich zur Realisierung der Wettbewerbsaufgabe entschließen, es sei denn, sie haben sich vorbehalten, bei Vorliegen „wichtiger" oder „triftiger" Gründe von der Beauftragung des Gewinners oder eines Preisträgers abzusehen,[62] wie etwa nach § 8 Abs. 2 UAbs. 1 S. 1 RPW 2013.[63] Diese Gründe müssen nach der Rechtsprechung des BGH zwar nicht den Anforderungen genügen, die an einen wichtigen Grund als Voraussetzung für die außerordentliche Kündigung eines Dauerschuldverhältnisses zu stellen sind.[64] Dies allerdings nur, wenn in den Wettbewerbsbedingungen Abschwächungen und Einschränkungen der

---

[54] Vgl. OLG Frankfurt a. M. Beschl. v. 23.6.2020 – 11 Verg 2/20, VPR 2021, 8; OLG Düsseldorf Beschl. v. 2.12.2009 – VII-Verg 39/09, NZBau 2010, 393 (396).
[55] Vgl. VK Sachsen Beschl. v. 10.9.2015 – 1/SVK/022-15, BeckRS 2015, 17931.
[56] Vgl. OLG Düsseldorf Beschl. v. 2.12.2009 – VII-Verg 39/09, NZBau 2010, 393 (396).
[57] Vgl. VK Niedersachsen Beschl. v. 18.6.2010 – VgK-22/2010, IBRRS 2010, 3070.
[58] Vgl. VK Niedersachsen Beschl. v. 18.6.2010 – VgK-22/2010, IBRRS 2010, 3070.
[59] Vgl. BGH Urt. v. 27.5.2004 – III ZR 433/02, NZBau 2004, 450 (451); VK Niedersachsen Beschl. v. 18.6.2010 – VgK-22/2010, IBRRS 2010, 3070.
[60] Zur Beschaffungshoheit allg.: OLG Koblenz Beschl. v. 5.9.2002 – 1 Verg 2/02, NZBau 2002, 699 (703), wonach allein der Auftraggeber entscheidet, was und wie er es haben will.
[61] Vgl. VK Niedersachsen Beschl. v. 18.6.2010 – VgK-22/2010, IBRRS 2010, 3070.
[62] Vgl. BGH Urt. v. 27.5.2004 – III ZR 433/02, NZBau 2004, 450 (451); BGH Urt. v. 3.11.1983 – III ZR 125/82, NJW 1984, 1533 (1536).
[63] „Bei der Umsetzung des Projekts ist einer der Preisträger, in der Regel der Gewinner, unter Berücksichtigung der Empfehlung des Preisgerichts mit den weiteren Planungsleistungen zu beauftragen, sofern kein wichtiger Grund der Beauftragung entgegensteht.".
[64] Vgl. BGH Urt. v. 27.5.2004 – III ZR 433/02, NZBau 2004, 450 (451).

eingegangenen Verpflichtung zur weiteren Beauftragung zum Ausdruck gebracht worden sind.[65] In diesem Fall genügen hinreichende sachliche Gründe, die es unzumutbar erscheinen lassen, den Auftraggeber an seiner Verpflichtungserklärung festzuhalten.[66] In Betracht kommen aber nur solche Umstände, die nach der Auslobung aufgetreten oder bekannt geworden sind.[67] Dies wurde für den Fall angenommen, dass sich die Realisierung der maßgeblichen Wettbewerbsarbeiten als unfinanzierbar erweist.[68] Liegen wichtige Gründe vor, kann der Auftraggeber den Teilnehmerkreis eines anschließenden Vergabeverfahrens öffnen oder anderweitig festlegen,[69] dies allerdings unter Beachtung der Voraussetzungen nach § 14.

V. Bericht des Preisgerichts (Abs. 3)

39 Nach **Abs. 3 S. 1** hat das Preisgericht über die Rangfolge der von ihm ausgewählten Wettbewerbsarbeiten einen Bericht zu erstellen, in welchem es sachlich auf die einzelnen Projekte eingeht sowie seine Bemerkungen und noch zu klärenden Fragen aufführt. Der **Bericht des Preisgerichts** dokumentiert die Preisgerichtsentscheidung und bildet die Grundlage für deren verfahrensrechtliche Überprüfbarkeit. Er ist daher insbesondere für die Geltendmachung etwaiger Ansprüche der Wettbewerbsteilnehmer von Bedeutung.[70] Bei Planungswettbewerben für Architekten- und Ingenieurleistungen ist der Bericht des Preisgerichts außerdem den Verfahrensteilnehmern zu übermitteln (→ § 79 Rn. 25). Dem Preisgericht gibt die Dokumentation die Möglichkeit, Rechenschaft über seine Entscheidung abzulegen und sich dem Vorwurf möglicher sachfremder Motive zu erwehren.[71]

40 Der Bericht muss nach Abs. 3 S. 1 eine Rangfolge nur über die „**ausgewählten Wettbewerbsarbeiten**" enthalten. Welche Auswahl des Preisgerichts in diesem Zusammenhang angesprochen ist, lässt die Norm offen. In Anbetracht der Funktion des Berichts dürften damit alle Wettbewerbsbeiträge gemeint sein, die das Preisgericht zur Wertung zugelassen hat,[72] und nicht nur die ausgezeichneten Wettbewerbsarbeiten. Die **Rangfolge** ist neben der Information für die Teilnehmer auch für den Fall eines möglichen Nachrückens von Teilnehmern nach § 79 Abs. 5 S. 4 bedeutsam (→ § 79 Rn. 27).

41 In dem Bericht ist **auf die einzelnen Projekte einzugehen.** Der Umfang und die Tiefe richtet sich nach den allgemeinen Dokumentationsanforderungen (→ § 69 Rn. 17). Der Bericht des Preisgerichts muss demnach eine Überprüfung dahingehend ermöglichen, dass die Bewertung anhand der Bewertungskriterien und entsprechend der sonstigen Vorgaben aus den Wettbewerbsbedingungen erfolgte. Dabei ist zu beachten, dass je größer die Bewertungsspielräume sind, desto sorgfältiger das Preisgericht seine Bewertungsentscheidungen zu begründen und zu dokumentieren hat, um sie überprüfbar zu machen (→ § 71 Rn. 8). Pauschale Aussagen, die eine individualisierte Bewertung der Wettbewerbsbeiträge anhand der Bewertungskriterien nicht erkennen lassen, sind unzureichend.[73] Hinsichtlich der aus dem Bericht ersichtlichen Bewertung der Wettbewerbsbeiträge ist zu berücksichtigen, dass diese in der Regel aus Rücksichtnahme auf die Wettbewerbsteilnehmer wohlwollend und zurückhaltend abgefasst ist.[74] Harsche Kritik wird auch dann vermieden, wenn sie sachlich gerechtfertigt ist, weil sich dies andernfalls – nach Aufhebung der Anonymität und der Veröffentlichung des Protokolls – geschäftsschädigend auswirken könnte.[75] Hinter Umschreibungen wie „nicht akzeptabel" verbergen sich daher oft vernichtende Urteile.[76]

42 Mit dem nach Abs. 3 S. 1 vorgegebenen **Mindestinhalt** bildet der Bericht für sich genommen nicht sämtliche nach den allgemeinen Grundsätzen dokumentationsbedürftige Sachverhalte ab. Nach der für Planungswettbewerbe geltenden allgemeinen Dokumentationspflicht, sind alle Entscheidun-

---

[65] Vgl. BGH Urt. v. 27.5.2004 – III ZR 433/02, NZBau 2004, 450 (451), wonach die abgeschwächte Bindung dadurch zum Ausdruck komme, dass nach den Wettbewerbsbedingungen eine weitere Beauftragung „beabsichtigt" sei.
[66] Vgl. BGH Urt. v. 27.5.2004 – III ZR 433/02, NZBau 2004, 450 (452).
[67] Vgl. BGH Urt. v. 3.11.1983 – III ZR 125/82, NJW 1984, 1533 (1536).
[68] Vgl. BGH Urt. v. 27.5.2004 – III ZR 433/02, NZBau 2004, 450 (451), aufgrund des „Wegbrechens" von Steuereinnahmen; BGH Urt. v. 3.11.1983 – III ZR 125/82, NJW 1984, 1533 (1536), aufgrund der Streichung von Subventionen; VK Sachsen Beschl. v. 10.9.2015 – 1/SVK/022-15, BeckRS 2015, 17931, Überschreitung des zur Verfügung stehenden Kostenrahmens.
[69] Vgl. BGH Urt. v. 3.11.1983 – III ZR 125/82, NJW 1984, 1533 (1537).
[70] So zu § 16 VOF: *Müller-Wrede* in Müller-Wrede VOF § 16 Rn. 77.
[71] Vgl. HK-VergabeR/*Martini* Rn. 22.
[72] Vgl. *Maibaum/Schade* in Müller-Wrede VgV § 79 Rn. 64; Voppel/Osenbrück/Bubert/*Voppel* VgV § 79 Rn. 36.
[73] Vgl. *Maibaum/Schade* in Müller-Wrede VgV Rn. 44.
[74] OLG Koblenz Beschl. v. 16.2.2011 – 1 Verg 2/10, BeckRS 2011, 03435.
[75] OLG Koblenz Beschl. v. 16.2.2011 – 1 Verg 2/10, BeckRS 2011, 03435.
[76] OLG Koblenz Beschl. v. 16.2.2011 – 1 Verg 2/10, BeckRS 2011, 03435.

gen in Planungswettbewerben so zu dokumentieren, dass sie einer Überprüfung zugänglich sind (→ § 69 Rn. 17). Dies schließt auch die Entscheidungen des Preisgerichts neben der Bewertung der Wettbewerbsarbeiten ein, insbesondere die **Nichtzulassung von Arbeiten,** ausgesprochene **Empfehlungen** sowie die **Zuerkennung von Anerkennungen.**[77] Abhängig davon, wie die Entscheidungsfindung des Preisgerichts organisiert ist, sind außerdem **Abstimmungsergebnisse** oder **Einzelbewertungen der Preisrichter** zu dokumentieren. Erfolgt die Bewertung der Wettbewerbsarbeiten im Wege einer Abstimmung, sind – wenn keine Einstimmungkeit vorausgesetzt ist – die Abstimmungsergebnisse zu dokumentieren, um die Entscheidungsfindung nachvollziehbar zu machen. Anhand der im Bericht anzugebenen maßgeblichen Gesichtspunkte für die Bewertung, muss die Überprüfung möglich sein, ob sich die Kollegialentscheidung in dem von den bekanntgemachten Bewertungskriterien und sonstigen Vorgaben aus den Wettbewerbsbedingungen gezogenen Rahmen hält. Darüber hinaus bedarf es keiner dokumentierten Begründung des Abstimmungsverhaltens der einzelnen Preisrichter, da deren jeweiligen Bewertungen in der Kollegialentscheidung aufgegangen sind.[78] Sind dagegen Einzelbewertungen der Wettbewerbsarbeiten durch jeden Preisrichter vorgesehen, die rechnerisch zu einem Gesamtwertungsergebnis zusammengefasst werden, muss jede Einzelbewertung daraufhin überprüfbar sein, ob sie sich in dem vorgenannten verbindlichen Rahmen bewegt und ob sich das Gesamtwertungsergebnis rechnerisch wie sachlich aus den Einzelbewertungen herleiten lässt.

Enthält der Bericht Unklarheiten oder Lücken, ist insofern grundsätzlich eine **Nachbesserung** 43 möglich. Dies deshalb, da das Preisgericht ein aus mehreren Personen bestehendes unabhängiges Gremium ist, bei dem die Gefahr einer ergebnisorientierten, mit den tatsächlichen Erwägungen und Entscheidungen nicht übereinstimmenden Nachbesserung gering ist und eine Wiederholung einer schlecht dokumentierten Sitzung des Preisgerichts jedenfalls dann ausscheidet, wenn die nach Abs. 2 S. 3 unerlässliche Anonymität nie wieder hergestellt werden kann.[79]

Der Bericht ist von den Preisrichtern nach **Abs. 3 S. 2** zu unterzeichnen. Dies soll die Authentizität der Auswahlentscheidung dokumentieren und den Preisrichtern das Bekenntnis zu den getroffenen Entscheidungen in dokumentierter Form abringen.[80] Eine **Unterzeichnung** verlangt grundsätzlich eine **eigenhändige Unterschrift.** Es kommen aber auch andere Formen des Bekenntnisses der Preisrichter in Betracht, sofern die Formzwecke der eigenhändigen Unterschrift erfüllt sind.[81] Diese Funktionsäquivalenz ist bei der **elektronischen Signatur** gegeben.[82]

VI. Klärung bestimmter Aspekte der Wettbewerbsarbeiten (Abs. 4)

Gemäß **Abs. 4 S. 1** kann das Preisgericht die Teilnehmer zur Klärung bestimmter Aspekte der 45 Wettbewerbsarbeiten auffordern, Fragen zu beantworten. Vorausgesetzt ist damit ein nachvollziehbarer **Klärungsbedarf des Preisgerichts.** Bei den „Aspekten" handelt es sich demnach um solche, die für die Bewertung der Wettbewerbsarbeiten von Belang sind. Sofern den Teilnehmern hierzu vom Preisgericht eine Frist gesetzt wird, muss diese in Anbetracht des Verhältnismäßigkeitsgrundsatzes (→ § 69 Rn. 18) angemessen sein.[83] Die Einbindung der Teilnehmer „zur Klärung bestimmter Fragen der Wettbewerbsarbeiten" steht den Preisrichtern zwar nicht vollständig frei. Der Verordnungsgeber gesteht dem Preisgericht aber ein weites Ermessen darin zu, ob es von der Möglichkeit Gebrauch machen möchte. Voraussetzung ist lediglich ein sachlicher Rechtfertigungsgrund, der Nachfragen (und die damit notwendig verbundene Gefahr, die Teilnehmer zu identifizieren) legitimiert. Findet ein solches Verfahren statt, muss das Preisgericht dies in seinem Protokoll festhalten und den Dialog zwischen den Preisrichtern und Teilnehmern dokumentieren. Dazu gehören die Fragen ebenso wie die Antworten.

Nach **Abs. 4 S. 2** ist zur Dokumentation ein **Protokoll über den Dialog** der Preisrichter mit 46 den Wettbewerbsteilnehmern anzufertigen. Fraglich ist dabei, ob das Protokoll zwingender Bestandteil des Preisgerichtsberichts nach Abs. 3 ist oder neben diesem Bericht geführt wird.[84] Die Frage

---

[77] Vgl. Voppel/Osenbrück/Bubert/ *Voppel* VgV § 79 Rn. 36.
[78] Vgl. Voppel/Osenbrück/Bubert/ *Voppel* VgV § 79 Rn. 36, wonach eine Begründungspflicht bei einem im Wege der Abstimmung gefundenen Ergebnis naturgemäß nicht bestehe.
[79] OLG Koblenz Beschl. v. 16.2.2011 – 1 Verg 2/10, BeckRS 2011, 03435.
[80] Vgl. HK-VergabeR/*Martini* Rn. 26.
[81] Vgl. HK-VergabeR/*Martini* Rn. 26.
[82] Vgl. zur Funktionsäquivalenz *Jandt* in Roßnagel, Beck'scher Kommentar zum Recht der Telemediendienste, 2013, BGB § 126a Rn. 24.
[83] Vgl. Voppel/Osenbrück/Bubert/ *Voppel* VgV Rn. 15, wonach die eine Fristsetzung außerdem zulässig und erforderlich sei.
[84] Für ein einheitliches Dokument Voppel/Osenbrück/Bubert/ *Voppel* VgV Rn. 15 unter Hinweis auf „Formulierungsfehler bei der Umsetzung der Richtlinie in deutsches Recht".

ist deshalb bedeutsam, da nach Abs. 3 S. 2 der Bericht des Preisgerichts von allen Mitgliedern zu unterzeichnen ist und deshalb eine entsprechend hohe Beweiskraft hat. Die Verordnungsbegründung geht davon aus, dass das Protokoll neben dem Bericht geführt wird.[85] Dies begegnet keinen durchgreifenden Bedenken. Unbeschadet der ungleichen Beweiskraft kann darin kein erheblicher Dokumentationsmangel gesehen werden.[86] Auch sind die Vorgaben unter Art. 82 Abs. 2 RL 2014/24/EU zumindest nicht so eindeutig, dass von einer Überschreitung des Regelungsspielraumes durch den deutschen Gesetzgeber ausgegangen werden könnte.[87]

47 Fraglich ist, ob Abs. 4 die **Aufhebung der Anonymität der Wettbewerbsbeiträge** gestattet. Dies ist in Anbetracht der Vorgabe gem. **Abs. 2 S. 4** zu verneinen.[88] Hiernach ist die Anonymität der Wettbewerbsbeiträge bis zur Stellungnahme bzw. bis zur Entscheidung des Preisgerichts zu wahren (→ Rn. 18). Der Dialog mit den Teilnehmern setzt im Übrigen die Aufhebung der Anonymität auch nicht voraus.[89] Dieser kann durch neutrale Dritte[90] oder durch den Auftraggeber unter Wahrung der Anonymität moderiert werden.

VII. Rechtsschutz

48 **1. Vergaberechtsschutz. a) Preisgerichtsentscheidung.** Gegen Entscheidungen der Preisgerichte ist in richtlinienkonformer Auslegung des § 155 GWB ein Nachprüfungsverfahren statthaft. Dies allerdings nur bei **Realisierungswettbewerben** und sofern von den betreffenden Wettbewerbsteilnehmern ein über die Zuteilung der ausgelobten Preise hinausgehendes Interesse am anschließenden Auftrag zur Realisierung der Wettbewerbsaufgabe geltend gemacht wird (→ § 69 Rn. 19). Andernfalls ist allein der Zivilrechtsweg eröffnet.

49 Für die entsprechend § 160 Abs. 2 GWB erforderliche **Antragsbefugnis** ist von den Wettbewerbsteilnehmern darzulegen, dass die Entscheidung des Preisgerichts unter Verletzung bieterschützender Bestimmungen nach §§ 69 ff. zustande gekommen und ihnen dadurch ein Schaden entstanden ist oder zu entstehen droht.

50 Da die Entscheidungen des Preisgerichts nicht auf sachliche Richtigkeit, sondern nur auf **schwerwiegende Verfahrensverstöße** überprüft werden können, setzt die Antragsbefugnis die Darlegung entsprechender Verstöße voraus. Dies betrifft insbesondere das Fehlen der erforderlichen Stimmenanzahl aller Preisgerichtsmitglieder oder die fehlerhafte Besetzung des Preisgerichts (Abs. 1 und 2 S. 1), die Verletzung des Anonymitätsgebots (Abs. 2 S. 3 und 4) sowie die Missachtung der Wettbewerbsbedingungen (Abs. 2 S. 2; → Rn. 10).

51 Hinsichtlich des **drohenden Schadens** genügt die Darlegung, dass aufgrund der Fehler der Preisgerichtsentscheidung die Chancen auf die anschließende Erteilung des Realisierungsauftrages beeinträchtigt werden. Die Antragsbefugnis setzt daher voraus, dass der Auftraggeber seine ursprüngliche Absicht zur Realisierung der Wettbewerbsaufgabe nicht aufgegeben hat. Ist er nach wie vor zur Realisierung der Wettbewerbsaufgabe entschlossen, wird durch die Entscheidung des Preisgerichts der Teilnehmerkreis eines anschließenden Vergabeverfahrens auf den Gewinner oder die Preisträger verbindlich festgelegt (→ Rn. 32). Antragsbefugt ist demnach jeder Wettbewerbsteilnehmer, der entweder darlegt, zu Unrecht von diesem Teilnehmerkreis ausgeschlossen worden zu sein, weil sein Wettbewerbsbeitrag aufgrund von groben Verfahrensverstößen nicht ausgezeichnet worden ist,[91] oder dass der Teilnehmerkreis durch die verfahrensfehlerhafte Auszeichnung der Wettbewerbsbeiträge von Mitbewerbern unzulässig ausgeweitet wird und damit seine Zuschlagschancen zumindest vermindert werden.[92]

52 Die schwerwiegenden, der Preisgerichtsentscheidung zugrunde liegenden Verfahrensverstöße sind **rechtzeitig zu rügen** (→ § 69 Rn. 20). Die Kenntnisnahme von Verstößen wird den betreffenden Wettbewerbsteilnehmern praktisch erst nach Einsichtnahme in den vom Preisgericht gem. Abs. 3 erstellten Bericht über die Rangfolge der von ihm ausgewählten Wettbewerbsarbeiten möglich sein.

---

[85] Begr. VergRModVO, BT-Drs. 18/7318, 203.
[86] Vgl. HK-VergabeR/*Martini* Rn. 29.
[87] Vgl. HK-VergabeR/*Martini* Rn. 29.
[88] Vgl. HK-VergabeR/*Martini* Rn. 29; *Maibaum/Schade* in Müller-Wrede VgV Rn. 52. AA Voppel/Osenbrück/Bubert/*Voppel* VgV Rn. 16.
[89] So aber Voppel/Osenbrück/Bubert/*Voppel* VgV Rn. 16.
[90] Vgl. HK-VergabeR/*Martini* Rn. 29.
[91] Vgl. VK Sachsen Beschl. v. 23.2.2013 – 1/SVK/047-12, BeckRS 2013, 10842, wonach es für die Antragsbefugnis ausreichend sei, dass die Antragstellerin bei Ausscheiden eines oder mehrerer Arbeiten nachrücken würde und damit in eine für eine Preisvergabe aussichtsreichere Position gelangen könnte.
[92] OLG Düsseldorf Beschl. v. 2.12.2009 – VII-Verg 39/09, NZBau 2010, 393 (396); VK Saarland Beschl. v. 20.2.2008 – 1 VK 07/2007, IBRRS 2008, 0534; VK Bund Beschl. v. 1.9.2005 – VK 1-98/05, IBRRS 2013, 4577.

Sofern die Preisgerichtsentscheidung auf einem groben Verfahrensfehler beruht, ist sie von der 53 Vergabekammer für unverbindlich zu erklären.[93] Eine Wiederholung von Preisgerichtsentscheidungen können die Kammern dagegen wegen der nicht mehr gewährleisteten Anonymität der Wettbewerbsbeiträge regelmäßig nicht anordnen (→ Rn. 18).[94] Wettbewerbsteilnehmer können eine nachträgliche Auszeichnung ihrer Wettbewerbsbeiträge und die damit verbundene Aufnahme in den exklusiven Teilnehmerkreis des anschließenden Vergabeverfahrens grundsätzlich nicht erwirken. Sie können daher lediglich geltend machen, dass aufgrund der **Unverbindlichkeit der Preisgerichtsentscheidung** eine Beschränkung der Verfahrensteilnehmer auf den Gewinner oder die Preisträger nach § 14 Abs. 4 Nr. 8 unzulässig ist und ihnen insofern eine Beteiligung an einem bieter- bzw. bewerberoffenen Vergabeverfahren zu ermöglichen ist, etwa einem Verhandlungsverfahren mit vorgeschaltetem Teilnahmewettbewerb. Eine nachträgliche Prämierung von Beiträgen kommt aber ausnahmsweise in Betracht, wenn in der Rangfolge davor liegende Wettbewerbsarbeiten nicht berücksichtigt werden dürfen und nach den Wettbewerbsbedingungen ein Nachrücken der übrigen Teilnehmer bestimmt worden ist (→ Rn. 29).

b) Bestimmung des Teilnehmerkreises eines anschließenden Vergabeverfahrens. 54
Sofern sich der Auftraggeber im Rahmen eines Realisierungswettbewerbs verpflichtet, den Gewinner oder einen der Preisträger im Anschluss mit den fraglichen Planungsleistungen zu beauftragen, ist mit der Preisgerichtsentscheidung der Teilnehmerkreis eines anschließenden Vergabeverfahrens festgelegt (→ Rn. 32). Der Gewinner bzw. die Preisträger haben Anspruch darauf, dass der Auftraggeber hiervon nicht zu ihren Lasten abweicht, indem sie im anschließenden Vergabeverfahren überhaupt nicht beteiligt oder daneben weitere Bewerber einbezogen werden. Sie können diesen Anspruch im Wege eines Nachprüfungsverfahrens geltend machen und insofern ihre Beteiligung am Vergabeverfahren bzw. den Ausschluss anderer Bewerber erzwingen. Sofern nach den Bedingungen des Wettbewerbs der Auftrag an einen der Preisträger erteilt werden muss, ist nach § 14 Abs. 4 Nr. 8 aE für das dafür vorgesehene Verhandlungsverfahren die Beteiligung sämtlicher Preisträger ausdrücklich vorgeschrieben. Angesichts des Regelungsstandortes handelt es sich dabei um eine zwingende Tatbestandsvoraussetzung und nicht nur um eine Durchführungsbestimmung.[95] Im Falle einer unzulässigen Beschränkung des Teilnehmerkreises lägen mithin die Voraussetzungen für Verhandlungsverfahren ohne Teilnahmewettbewerb und damit für einen Verzicht auf eine Auftragsbekanntmachung im Amtsblatt der Europäischen Union insofern nicht vor. Übergangene Preisträger können demnach in einem Nachprüfungsverfahren die Unwirksamkeit eines im anschließenden Vergabeverfahrens geschlossenen Vertrages gem. § 135 Abs. 1 Nr. 2 GWB feststellen lassen, sofern kein anderer Ausnahmetatbestand einschlägig ist. Damit besteht aber auch kein Bedürfnis, diese Preisträger in erweiternder Auslegung des § 134 Abs. 1 GWB in den Kreis der über die beabsichtigte Zuschlagserteilung zu informierenden Verfahrensteilnehmer einzubeziehen.[96]

Voraussetzung des Vergaberechtsschutzes ist allerdings, dass sich der Auftraggeber dazu entschlos- 55
sen hat, die Wettbewerbsaufgabe in ihren wesentlichen Elementen und Grundsätzen zu verwirklichen (→ Rn. 36). Ein Nachprüfungsantrag auf Realisierung der Wettbewerbsaufgabe und Einleitung eines diesbezüglichen Verfahrens ist damit grundsätzlich ausgeschlossen.

2. Zivilrechtsschutz. a) Preisgerichtsentscheidung. Gegen die Entscheidungen des Preis- 56
gerichts ist, sofern sich das geltend gemachte Rechtsschutzinteresse auf die Zuteilung der gegebenenfalls ausgelobten Preise beschränkt, der Rechtsweg zu den Zivilgerichten gegeben. Die betroffenen Wettbewerbsteilnehmer können insofern die **Feststellung der Unwirksamkeit** der Preisgerichtsentscheidung klageweise geltend machen.[97]

Fehlerhafte Entscheidungen des Preisgerichts können außerdem **Schadensersatzansprüche** 57
der Wettbewerbsteilnehmer gegen den Auftraggeber begründen, weil sie diesem nach § 278 BGB zuzurechnen sind.[98] Da Entscheidungen nicht auf deren sachliche Richtigkeit überprüfbar sind, können insofern nur schwerwiegende Verfahrensverstöße geltend gemacht werden (→ Rn. 28).

---

[93] Vgl. VK Sachsen Beschl. v. 23.2.2013 – 1/SVK/047-12, BeckRS 2013, 10842; VK Saarland Beschl. v. 20.2.2008 – 1 VK 07/2007, IBRRS 2008, 0534.
[94] Vgl. OLG Koblenz Beschl. v. 16.2.2011 – 1 Verg 2/10, BeckRS 2011, 03435; VK Sachsen Beschl. v. 23.2.2013 – 1/SVK/047-12, BeckRS 2013, 10842.
[95] AA → GWB § 135 Rn. 33.
[96] So aber zu § 13 aF: OLG Düsseldorf Beschl. v. 2.12.2009 – VII-Verg 39/09, NZBau 2010, 393 (396). Unter Hinweis auf diese Entscheidung ebenfalls für eine Informationspflicht: *Knittke/Hattig* in Müller-Wrede GWB § 134 Rn. 44.
[97] Vgl. BGH Urt. v. 9.6.1983 – III ZR 74/82, NJW 1984, 1118 (1119) für den Fall eines Ideenwettbewerbs.
[98] Vgl. BGH Urt. v. 23.9.1982 – III ZR 196/80, NJW 1983, 442 (443).

Diese stellen schuldhafte Pflichtverletzungen im Rahmen des durch den Planungswettbewerb begründeten Schuldverhältnisses nach §§ 657, 661 BGB dar.

58 Die Schadensersatzansprüche können auf das **positive Interesse** gerichtet sein. Dies betrifft etwa Fälle, in denen Beiträge aufgrund von Verfahrensfehlern überhaupt nicht bewertet wurden. Das positive Interesse kann sich dabei darauf beziehen, so gestellt zu werden, als wären die Wettbewerbsbeiträge mit einem geltend gemachten Rang prämiert worden. Den Wettbewerbsteilnehmern obliegt insofern der Nachweis, dass ihre Arbeiten im Falle einer verfahrensfehlerfreien Entscheidung des Preisgerichts entsprechend prämiert worden wären.[99] Die Frage der Preiswürdigkeit der Wettbewerbsbeiträge ist nach der Rechtsprechung des BGH insofern einem Sachverständigenbeweis zugänglich, es sei denn, bei dem Wettbewerb standen subjektive künstlerische oder ästhetische Beurteilungsmomente derart im Vordergrund, dass die Vergleichbarkeit der Leistungen aller Teilnehmer nicht mehr gewährleistet wäre.[100] Das positive Interesse der Wettbewerbsteilnehmer kann sich wertmäßig auf die ausgelobten Preise beschränken.[101] Voraussetzung ist aber, dass die Preise materiell bewertbar sind (→ § 79 Rn. 7). Bei Realisierungswettbewerben können die Wettbewerbsteilnehmer darüber hinaus geltend machen, wertmäßig so gestellt zu werden, als wären sie mit der Realisierung der Wettbewerbsaufgabe beauftragt worden.[102] Dies setzt zunächst voraus, dass der Auftraggeber einen entsprechenden Auftrag erteilt hat.[103] Daneben obliegt den Wettbewerbsteilnehmern außerdem der Nachweis, dass sie im Falle der Prämierung ihrer Beiträge ein Angebot vorgelegt hätten, auf das bei ordnungsgemäßem Verlauf des Vergabeverfahrens der Zuschlag hätte erteilt werden müssen. Dieser Nachweis kann grundsätzlich auch mit hypothetischen Angeboten geführt werden, die erst im Schadensersatzprozess vorgelegt werden.[104] Voraussetzung ist jedoch, dass der Wettbewerbsteilnehmer bei der Erstellung seines hypothetischen Angebots keinen weitergehenden Informationsstand hatte als der erfolgreiche Bieter bei der Erstellung seines bezuschlagten Angebots. Es muss insbesondere ausgeschlossen sein, dass der Wettbewerbsteilnehmer Kenntnis vom Inhalt des bezuschlagten Angebots hatte und damit sein hypothetisches Angebot daran hätte ausrichten können.[105]

59 Die Schadensersatzansprüche können auch auf **Ersatz nutzloser Aufwendungen** zur Erstellung der Wettbewerbsbeiträge gerichtet sein. Der Ersatzanspruch steht jedoch grundsätzlich nur denjenigen Teilnehmern zu, deren Arbeiten bei ordnungsgemäßem Verlauf des Wettbewerbs prämiert worden wären.[106] Dies deshalb, da die Teilnehmer bei der Erstellung ihrer Wettbewerbsbeiträge nicht darauf vertrauen durften, dass diese auch prämiert werden. Sie haben ihre Aufwendungen nur auf eine diesbezügliche Chance getätigt und mussten zu diesem Zeitpunkt damit rechnen, dass sich die Investitionen als Verlustgeschäft herausstellen.[107] Der Ersatzanspruch ist außerdem auf die Höhe des Preisgeldes begrenzt oder, wenn die Teilnehmer nachweisen können, dass sie im Anschluss an den Wettbewerb mit der Realisierung der Wettbewerbsaufgabe beauftragt worden wären, auf den insofern erzielbaren Gewinn.[108]

60 Ob die Wettbewerbsteilnehmer nach § 254 Abs. 2 BGB zur **Schadensabwendung** angehalten sind, zunächst gegen die Preisgerichtsentscheidung vorzugehen, kann grundsätzlich dahinstehen, da sie hierdurch eine nachträgliche Prämierung ihrer Beiträge regelmäßig nicht erwirken können (→ Rn. 53).

61 **b) Bestimmung des Teilnehmerkreises eines anschließenden Vergabeverfahrens.** Gewinner oder Preisträger, die vom Auftraggeber im Anschluss eines Realisierungswettbewerbs entgegen den Wettbewerbsbedingungen nicht in dem nachfolgenden Vergabeverfahren beteiligt werden, haben Anspruch auf Schadensersatz. Dieser kann auf das **positive Interesse** gerichtet sein. Die Wettbewerbsteilnehmer können damit bei Realisierungswettbewerben auch geltend machen, so gestellt zu werden, als wären sie mit der Realisierung der Wettbewerbsaufgabe beauftragt worden (→ Rn. 58).

---

[99] Vgl. BGH Urt. v. 23.9.1982 – III ZR 196/80, NJW 1983, 442 (444).
[100] Vgl. BGH Urt. v. 23.9.1982 – III ZR 196/80, NJW 1983, 442 (444); krit. *Müller-Wrede* in Müller-Wrede VOF § 16 Rn. 93 mwN.
[101] Vgl. BGH Urt. v. 23.9.1982 – III ZR 196/80, NJW 1983, 442 (443).
[102] Vgl. BGH Urt. v. 23.9.1982 – III ZR 196/80, NJW 1983, 442 (443).
[103] Vgl. BGH Urt. v. 20.11.2012 – X ZR 108/10, NZBau 2013, 180 (181) mwN.
[104] Vgl. OLG Naumburg Urt. v. 23.4.2007 – 1 U 47/06, BeckRS 2007, 11716, zum Nachweis des entgangenen Gewinns aufgrund eines hypothetischen Nebenangebots.
[105] Vgl. OLG Naumburg Urt. v. 23.4.2007 – 1 U 47/06, BeckRS 2007, 11716, zum Nachweis des entgangenen Gewinns aufgrund eines hypothetischen Nebenangebots.
[106] Vgl. BGH Urt. v. 23.9.1982 – III ZR 196/80, NJW 1983, 442 (444).
[107] Vgl. BGH Urt. v. 23.9.1982 – III ZR 196/80, NJW 1983, 442 (444).
[108] Vgl. BGH Urt. v. 23.9.1982 – III ZR 196/80, NJW 1983, 442 (444).

Abschnitt 6. Besondere Vorschriften für die Vergabe von Architekten- und Ingenieurleistungen

Unterabschnitt 1. Allgemeines

§ 73 Anwendungsbereich und Grundsätze

(1) Die Bestimmungen dieses Abschnitts gelten zusätzlich für die Vergabe von Architekten- und Ingenieurleistungen, deren Gegenstand eine Aufgabe ist, deren Lösung vorab nicht eindeutig und erschöpfend beschrieben werden kann.

(2) Architekten- und Ingenieurleistungen sind
1. Leistungen, die von der Honorarordnung für Architekten und Ingenieure erfasst werden und
2. sonstige Leistungen, für die die berufliche Qualifikation des Architekten oder Ingenieurs erforderlich ist oder vom öffentlichen Auftraggeber gefordert wird.

(3) Aufträge über Leistungen nach Absatz 1 sollen unabhängig von Ausführungs- und Lieferinteressen vergeben werden.

Übersicht

	Rn.			Rn.
I. Entstehungsgeschichte	1	1.	Architekten- und Ingenieurleistungen	7
II. Normzweck	3	2.	Nicht beschreibbar	11
III. Anwendungsbereich des Abschnitts 6 der VgV (Abs. 1 und 2)	7	IV.	Unabhängigkeit von Ausführungs- und Lieferinteressen (Abs. 3)	16

I. Entstehungsgeschichte

Obschon die europäischen Richtlinien zur öffentlichen Auftragsvergabe nicht zwischen freiberuflichen und sonstigen Dienstleistungen unterschieden haben, existierte als nationale Besonderheit mit der VOF ein in sich geschlossenes Vergaberechtsregime für freiberufliche, nicht abschließend beschreibbare Leistungen. Die VOF war vor allem dadurch gekennzeichnet, dass das Verhandlungsverfahren mit Teilnahmewettbewerb nicht nur ausnahmsweise zulässig, sondern die Regelvergabeverfahrensart war (vgl. § 3 Abs. 1 VOF). Daneben bestanden gegenüber der VOL/A und VOB/A Besonderheiten, die zum Teil dem abweichenden Wortlaut,[1] als auch Regelungslücken[2] geschuldet waren, wobei stets die Frage aufgeworfen wurde, ob dem insofern bewusste Entscheidungen des Normgebers zugrunde lagen. Im Kapitel 3 der VOF waren darüber hinaus besondere Bestimmungen für die Vergabe von Architekten- und Ingenieurleistungen enthalten, die den Besonderheiten bei der Vergabe derartiger Leistungen Rechnung tragen sollten.[3] Im Kapitel 2 waren die europäischen Richtlinienbestimmungen zur Durchführung von Wettbewerben umgesetzt. 1

Mit der **VergRModVO** sind die bisherigen Vorschriften des 2. Abschnitts der VOL/A sowie der VOF in der VgV aufgegangen. Dabei wurden im Abschnitt 6 der VgV die Bestimmungen der VOF integriert, soweit sie den Besonderheiten bei der Vergabe von nicht abschließend beschreibbaren Architekten- und Ingenieurleistungen oder der Durchführung diesbezüglicher Wettbewerbe Rechnung trugen.[4] **Abs. 1 und 2** übernehmen insofern die bisherigen Regelungen des § 18 VOF.[5] Mit dem Gesetz zur Änderung des Gesetzes zur Regelung von Ingenieur- und Architektenleistungen und anderer Gesetze wurde unter Abs. 2 Nr. 1 der bisherige statische Verweis auf die HOAI in der Fassung vom 10.7.2013 (BGBl. 2013 I 2276) gestrichen. Künftig wird dynamisch auf die jeweils geltende Fassung der HOAI verwiesen.[6] **Abs. 3** entspricht der Regelung des bisherigen § 2 Abs. 3 2

---

[1] So etwa hinsichtlich der Frage, ob nach § 11 Abs. 3 VOF eine Pflicht zur Nachforderung fehlender Erklärungen und Nachweise bestand: vgl. OLG Düsseldorf Beschl. v. 7.11.2012 – Verg 12/12, ZfBR 2013, 192 (194).
[2] So hinsichtlich des Ausschlusses bzw. der Nichtberücksichtigung von Angeboten wegen unangemessen hoher oder niedriger Preise: vgl. OLG München Beschl. v. 9.2.2009 – Verg 27/08, ZfBR 2009, 288 (290).
[3] Zur Entstehungsgeschichte vgl. *Voppel/Osenbrück/Bubert* VOF § 18 Rn. 1 mwN.
[4] Vgl. Begr. VergRModVO, BT-Drs. 18/7318, 204.
[5] Vgl. Begr. VergRModVO, BT-Drs. 18/7318, 204.
[6] Vgl. Begr. Gesetz zur Änderung des Gesetzes zur Regelung von Ingenieur- und Architektenleistungen und anderer Gesetze, BR-Drs. 445/20, 13.

VOF. Die Bestimmungen haben, wie auch die Vorgängerregelungen, keine Entsprechung in den europäischen Vergaberichtlinien.

II. Normzweck

3   **Abs. 1 und 2** regelt den Anwendungsbereich der Verfahrensbestimmungen des Abschnitts 6 der VgV. Durch die Formulierung „**gelten zusätzlich**" soll zum Ausdruck gebracht werden, dass es sich insofern um ergänzende Regelungen handelt, die neben den übrigen Vorschriften der VgV anzuwenden sind.[7] Die Regelungen tragen den Besonderheiten des Berufsstandes der Architekten- und Ingenieure sowie der fehlenden Beschreibbarkeit der vergabegegenständlichen Leistungen Rechnung.

4   Den **Besonderheiten des Berufsstandes der Architekten- und Ingenieure** tragen die Bestimmungen zu geforderten Qualifikationen nach § 75 Abs. 1–3 (→ § 75 Rn. 14) sowie § 76 Abs. 1 S. 2 Rechnung, wonach auf die zu erbringende Leistung anwendbare Gebühren- oder Honorarordnungen unberührt bleiben (→ § 76 Rn. 6).

5   Die **fehlende Beschreibbarkeit der Leistungen** war nach alter Rechtslage die Rechtfertigung dafür, dass im Anwendungsbereich der VOF das Verhandlungsverfahren mit Teilnahmewettbewerb die stets zulässige Regelvergabeverfahrensart war.[8] Einer solchen Rechtfertigung bedarf es für den Anwendungsbereich des Abschnitts 6 der VgV nicht mehr, da sich die Zulässigkeit des Verhandlungsverfahrens nunmehr abschließend aus § 14 ergibt (vgl. insbesondere § 14 Abs. 3 Nr. 2 und 3). Insofern verbleiben als Regelungen, deren Hintergrund die fehlende Beschreibbarkeit der Leistungen ist, die Anordnung des Leistungswettbewerbs nach § 76 Abs. 1 S. 1 sowie die nach § 76 Abs. 2 eröffnete Möglichkeit, von den Bietern Lösungsvorschläge für die gestellte Planungsaufgabe zu fordern.

6   **Abs. 3** stellt einen **Vergabegrundsatz** für die Vergabe von Architekten- und Ingenieurleistungen auf, nach dem Auftraggeber gehalten sind, Architekten und Ingenieure zu beauftragen, die ihre geschuldeten Leistungen unabhängig von Ausführungs- und Lieferinteressen erbringen.[9] Die Bestimmung trägt der besonderen Gefahr von Interessenkonflikten beauftragter Architekten und Ingenieure Rechnung. Der Wortlaut ist insofern aber missverständlich (→ Rn. 16). Aus der Vorschrift können keine konkreten Rechtsfolgen abgeleitet werden. Sie ist weder Rechtsgrundlage für Maßnahmen zur Verhinderung potenzieller Interessenkonflikte noch trifft sie Regelungen zur Feststellung tatsächlich eingetretener Interessenkonflikte und zum Umgang mit solchen. Sie ist im Zusammenhang mit § 6 Abs. 1 (→ Rn. 18) und § 46 Abs. 2 zu sehen (→ Rn. 19).

III. Anwendungsbereich des Abschnitts 6 der VgV (Abs. 1 und 2)

7   **1. Architekten- und Ingenieurleistungen.** Die Bestimmungen des Abschnitts 6 gelten nach § 73 Abs. 1 für die Vergabe von „**Architekten- und Ingenieurleistungen**". Welche Leistungen als Architekten- und Ingenieurleistungen zu qualifizieren sind, ist in Abs. 2 legaldefiniert. In der Gesamtschau der Tatbestände ist der Begriff weit gefasst. Im Ergebnis sind alle Fälle erfasst, in denen mit einer überwiegenden Beteiligung von Angehörigen der Berufsgruppe der Architekten und Ingenieure am Vergabeverfahren zu rechnen ist.

8   Nach Abs. 2 Nr. 1 sind unter Architekten- und Ingenieurleistungen alle Leistungen zu verstehen, die **von der HOAI „erfasst werden"**. Entscheidend ist, dass die Leistungen inhaltlich von der HOAI erfasst sind. Ob die ermittelten anrechenbaren Kosten oder Flächen im Einzelfall innerhalb der Werte in den Honorartafeln liegen, ist unbeachtlich.[10] Die Frage, ob nur diejenigen Leistungen von der HOAI erfasst sind, die nach § 1 HOAI grundsätzlich dem zwingenden Preisrecht unterfielen,[11] ist mit der Neuregelung der HOAI und der in diesem Zuge erfolgten Abschaffung der verbindlichen Preisrechts obsolet. Sie hatte aber bereits davor wohl keine praktische Relevanz, da für die Erbringung aller in der HOAI erwähnten Leistungen grundsätzlich die Berufsqualifikation von Architekten oder Ingenieuren nach Abs. 2 Nr. 2 erforderlich sein dürfte.[12]

---

[7] Vgl. Begr. VergRModVO, BT-Drs. 18/7318, 204.
[8] Vgl. OLG Brandenburg Beschl. v. 27.3.2012 – Verg W 13/11, ZfBR 2012, 513 (516); OLG Saarbrücken Beschl. v. 20.9.2006 – 1 Verg 3/06, BeckRS 2006, 11782; OLG München Beschl. v. 28.4.2006 – Verg 6/06, NZBau 2007, 59 (61).
[9] Vgl. zu § 4 Abs. 4 VOF aF: OLG Stuttgart Beschl. v. 28.11.2002 – 2 Verg 14/02, NZBau 2003, 517 (520); VK Bund Beschl. v. 17.4.2000 – VK 1-5/00, NZBau 2000, 580 (583).
[10] Vgl. *Voppel/Osenbrück/Bubert* VgV Rn. 8; so zu § 18 VOF: *Bluhm* in Müller-Wrede VOF § 18 Rn. 10.
[11] Vgl. hierzu und zu § 18 VOF: *Bluhm* in Müller-Wrede VOF § 18 Rn. 13; *Voppel/Osenbrück/Bubert* VOF § 18 Rn. 5.
[12] Vgl. *Voppel/Osenbrück/Bubert* VgV Rn. 9; so zu § 18 VOF: *Bluhm* in Müller-Wrede VOF § 18 Rn. 22.

III. Anwendungsbereich des Abschnitts 6 der VgV (Abs. 1 und 2) 9–11 § 73 VgV

Der HOAI liegt zudem ein **leistungsbezogenes,** aber kein berufsstands- oder personenbezogenes **Verständnis** zugrunde.[13] Auf die Person des Ausführenden kommt es mithin nicht an. Ob die Leistungen von natürlichen oder juristischen Personen ausgeführt werden, ist ebenso wenig maßgeblich wie die Berechtigung, die **Bezeichnung „Architekt" oder „Ingenieur"** führen zu dürfen.[14] Auf die in diesem Zusammenhang umstrittene Frage, ob von der HOAI gleichwohl solche Anbieter ausgenommen sind, die als sog. Generalübernehmer oder Bauträger neben oder zusammen mit Bauleistungen auch Architekten- oder Ingenieurleistungen zu erbringen haben,[15] kommt es für den Anwendungsbereich des Abschnitts 6 der VgV nicht an. Denn die betreffenden Aufträge sind nach § 103 Abs. 3 S. 1 GWB als Bauaufträge zu qualifizieren,[16] für deren Vergabe nach § 2 lediglich der Abschnitt 1 und der Abschnitt 2, Unterabschnitt 2 der VgV und im Übrigen die VOB/A anzuwenden sind (dort insbesondere § 7c EU VOB/A „Leistungsbeschreibung mit Leistungsprogramm"). 9

Nach Abs. 2 Nr. 2 gelten als Architekten- und Ingenieurleistungen auch sonstige Leistungen, für die die **berufliche Qualifikation des Architekten oder Ingenieurs** erforderlich ist oder vom öffentlichen Auftraggeber gefordert wird. Im Gegensatz zu Abs. 2 Nr. 1 ist insofern eine berufsstandsbezogene Betrachtungsweise maßgeblich. Bei Ingenieurleistungen muss es sich allerdings angesichts dessen, dass die Qualifikation des Ingenieurs gleichrangig neben der des Architekten benannt ist, um solche aus dem „Baubereich" handeln.[17] Ausgenommen sind damit „nichtbautypische Ingenieurdisziplinen", wie Maschinen- und Automobilbau,[18] aber auch Datenverarbeitung.[19] „Erforderlich" ist die berufliche Qualifikation bereits dann, wenn sie für die Ausführung der Leistungen typischerweise benötigt wird.[20] Dies betrifft beispielsweise die Projektentwicklung[21] und/oder Projektsteuerung sowie Leistungen von „Sonderingenieuren", wie die Planung von Leitsystemen und Prozesstechnik in Gebäuden und Ingenieurbauwerken.[22] Dem öffentlichen Auftraggeber kommt hinsichtlich der Erforderlichkeit der Qualifikation ein Beurteilungsspielraum zu.[23] Die zweite Alternative, wonach Architekten- und Ingenieurleistungen unabhängig davon vorliegen, wenn Auftraggeber eine entsprechende Qualifikation zumindest gefordert haben, ist für Zweifelsfälle gedacht und soll Rechtssicherheit hinsichtlich der einschlägigen Vergabebestimmungen schaffen.[24] Sie gilt mithin nicht, wenn die Qualifikation offensichtlich nicht erforderlich ist und eine entsprechende Vorgabe mangels Verbindung zum Auftragsgegenstand nach § 122 Abs. 4 GWB ersichtlich vergaberechtswidrig wäre.[25] 10

2. Nicht beschreibbar. Gegenstand der Architekten- und Ingenieurleistungen muss eine Aufgabe sein, deren Lösung vorab nicht eindeutig und erschöpfend beschrieben werden kann. Dies ist dann der Fall, wenn Auftraggeber eine noch nicht existierende Lösung für die gestellte 11

---

[13] Vgl. BGH Urt. v. 22.5.1997 – VII ZR 290/95, NJW 1997, 2329.
[14] Vgl. BGH Urt. v. 22.5.1997 – VII ZR 290/95, NJW 1997, 2329 (2330).
[15] Dagegen BGH Urt. v. 22.5.1997 – VII ZR 290/95, NJW 1997, 2329 (2330); krit. hierzu *Wirth/Galda* in Korbion/Mantscheff/Vygen, Honorarordnung für Architekten und Ingenieure (HOAI), 9. Aufl. 2016, HOAI § 1 Rn. 53 ff. mwN.
[16] § 103 Abs. 3 S. 1 GWB: „Bauaufträge sind Verträge über die Ausführung oder die gleichzeitige Planung und Ausführung.".
[17] Vgl. *Voppel/Osenbrück/Bubert* VgV Rn. 11; so zu § 18 VOF: *Bluhm* in Müller-Wrede VOF § 18 Rn. 20 mwN; aA *Fahrenbruch* in Müller-Wrede VgV Rn. 63, wonach der Begriff des Ingenieurs nicht verengend auf den Baubereich zu beziehen sei.
[18] So zu § 18 VOF: *Bluhm* in Müller-Wrede VOF § 18 Rn. 20; aA *Fahrenbruch* in Müller-Wrede VgV Rn. 63.
[19] Vgl. insofern auch die unterschiedlichen Anwendungsbereiche von allg. Planungswettbewerben (§ 69 Abs. 2 VgV) und solchen für Architekten- und Ingenieurleistungen (§ 78 Abs. 2 VgV) (→ § 78 Rn. 4).
[20] So zu § 18 VOF: *Bluhm* in Müller-Wrede VOF § 18 Rn. 18; aA *Voppel/Osenbrück/Bubert* Rn. 12, wonach in Abgrenzung zur zweiten Tatbestandsalternative die Qualifikation im konkreten Fall „zwingend erforderlich" sein muss; ähnlich HK-VergabeR/*Martini* Rn. 19, wonach der Berufsqualifikation dann objektiv erforderlich ist, wenn die sachgerechte Erbringung der Leistung nur bei Vorliegen der mit der Qualifikation verbundenen Kenntnisse sichergestellt ist bzw. insoweit an eine besondere, durch das Gesetz vorgegebene Befugnis anknüpft. Im Ergebnis wird die Frage, unabhängig davon, dass eine Abgrenzung danach, ob eine Qualifikation „zwingend" oder nur „typischerweise" erforderlich ist, nur schwer möglich ist, deshalb dahinstehen können, da Auftraggeber die Qualifikationen regelmäßig zumindest fordern werden und insofern die 2. Alt. des § 73 Abs. 2 Nr. 2 VgV erfüllt ist.
[21] Vgl. *Voppel/Osenbrück/Bubert* VgV Rn. 11.
[22] Vgl. *Voppel/Osenbrück/Bubert* VgV Rn. 11.
[23] So zu § 18 VOF: *Bluhm* in Müller-Wrede VOF § 18 Rn. 21.
[24] So zu § 18 VOF: *Bluhm* in Müller-Wrede VOF § 18 Rn. 24.
[25] Ebenfalls krit. zur wortlautidentischen Tatbestandalt. unter § 18 VOF: *Bluhm* in Müller-Wrede VOF § 18 Rn. 24 mwN.

Aufgabe suchen und hierfür das gestalterisch-schöpferische Potenzial des Auftragnehmers benötigen.[26] Zur Abgrenzung beschreibbarer und nicht beschreibbarer Leistungen ist somit im konkreten Einzelfall zu ermitteln, wie groß der schöpferische, gestalterische und konstruktive Freiraum des potenziellen Auftragnehmers zur Ausfüllung der vom Auftraggeber bereits festgelegten Rahmenbedingungen und gesteckten Zielvorgaben ist.[27] Ist ein solcher Freiraum in erkennbarem Maß vorhanden und gewollt, geht es insbesondere darum, dass der Auftragnehmer aufgrund seiner beruflichen Erfahrung und Kompetenz eine eigenständige, kreative Lösung findet, so mag das planerische Ziel des Auftrags beschreibbar sein, nicht jedoch die planerische Umsetzung.[28]

12 Von der **„Beschreibbarkeit"** einer Lösung ist deren **„Bestimmbarkeit"** zu unterscheiden.[29] Eine Leistung ist bestimmbar, wenn sie ihrem Gegenstand und ihrer Art nach wirksam zum Gegenstand eines Vertrages gemacht werden kann. Dies sagt jedoch nichts über den Inhalt der Aufgabenlösung aus. Kann die inhaltliche Lösung der Aufgabe nicht ausreichend konkretisiert werden, ohne dass Auftraggeber einen wesentlichen Teil der Lösung vorwegnehmen, also selbst erbringen würden, ist die bestimmbare Leistung nicht beschreibbar.[30]

13 Bei der Frage, ob eine Aufgabenlösung eindeutig beschreibbar ist, haben Auftraggeber keinen **Beurteilungs- oder Entscheidungsspielraum.** Es handelt sich um einen unbestimmten Rechtsbegriff, der objektiv entweder gegeben ist oder nicht.[31] Liegen nach den obigen Grundsätzen sowohl beschreibbare als auch nicht beschreibbare Leistungsanteile eines einheitlichen Auftrages vor, gelten die Bestimmungen, die für den Leistungsanteil anzuwenden sind, auf dem der Auftragsschwerpunkt liegt.[32]

14 Bei Architekten- und Ingenieurleistungen liegt deren fehlende Beschreibbarkeit wegen ihres geistig-schöpferischen Charakters zwar nahe. Zwingend ist dieser Befund aber nicht.[33] Denn die Tätigkeit von Architekten und Ingenieuren ist nicht durchgängig geistig-schöpferisch geprägt. Insofern wird bei den **Leistungsbildern der HOAI** zwischen einem kreativen Planungs- und einem ausführenden Abschnitt unterschieden, wobei die Grenze in der Regel bei der Leistungsphase 5 gezogen wird.[34] Sofern der **kreative Planungsanteil** überwiegt, wird man von einer fehlenden Beschreibbarkeit der Aufgabe ausgehen können.[35] Dies ist namentlich der Fall, wenn ein „Vollauftrag" (Leistungsphasen 1/2 bis 8/9) erteilt werden soll.[36] Werden dagegen nur Leistungsphasen des ausführenden Abschnitts der HOAI vergeben, liegt es nahe, dass die Leistungen eindeutig und erschöpfend beschrieben werden können.[37] Dies gilt insbesondere bei einer isolierten Übertragung von Leistungen der Leistungsphase 8 (Bauüberwachung).[38] Maßgeblich sind jedoch stets die Umstände des Einzelfalles. So kann eine abweichende Bewertung geboten sein, wenn zu den Grundleistungen weitere Leistungen hinzutreten oder diese ersetzen. Dies ist etwa der Fall, wenn die anschließenden Bauleistungen mit Leistungsprogramm ausgeschrieben werden sollen (§ 7c EU

---

[26] Vgl. OLG Frankfurt a. M. Beschl. v. 8.5.2012 – 11 Verg 2/12, BeckRS 2012, 10701; OLG Düsseldorf Beschl. v. 10.8.2011 – Verg 36/11, BeckRS 2011, 21312; OLG München Beschl. v. 28.4.2006 – Verg 6/06, NZBau 2007, 59 (61).

[27] Vgl. OLG Frankfurt a. M. Beschl. v. 8.5.2012 – 11 Verg 2/12, BeckRS 2012, 10701; OLG Düsseldorf Beschl. v. 21.4.2010 – VII-Verg 55/09, NZBau 2010, 390 (392).

[28] Vgl. OLG Frankfurt a. M. Beschl. v. 8.5.2012 – 11 Verg 2/12, BeckRS 2012, 10701; OLG Düsseldorf Beschl. v. 21.4.2010– VII-Verg 55/09, NZBau 2010, 390 (392); OLG München Beschl. v. 28.4.2006 – Verg 6/06, NZBau 2007, 59 (61).

[29] Vgl. OLG Düsseldorf Beschl. v. 2.1.2012 – 7 Verg 70/11, ZfBR 2012, 285 (286); OLG Düsseldorf Beschl. v. 10.8.2011 – Verg 36/11, BeckRS 2011, 21312.

[30] Vgl. OLG Düsseldorf Beschl. v. 2.1.2012 – 7 Verg 70/11, ZfBR 2012, 285 (286); OLG Düsseldorf Beschl. v. 10.8.2011 – Verg 36/11, BeckRS 2011, 21312.

[31] Vgl. OLG Düsseldorf Beschl. v. 10.8.2011 – Verg 36/11, BeckRS 2011, 21312.

[32] Vgl. OLG München Beschl. v. 28.4.2006 – Verg 6/06, NZBau 2007, 59 (60).

[33] Vgl. zum Ganzen: *Voppel/Osenbrück/Bubert* VgV Rn. 23 mwN.

[34] Vgl. VK Südbayern Beschl. v. 31.10.2002 – 42-10/02, IBRRS 2003, 05432 mwN; VK Arnsberg Beschl. v. 9.4.2002 – VK 3-03/02, IBRRS 2003, 0559.

[35] Vgl. VK Südbayern Beschl. v. 31.10.2002 – 42-10/02, IBRRS 2003, 05432 mwN; VK Arnsberg Beschl. v. 9.4.2002 – VK 3-03/02, IBRRS 2003, 0559; aA VK Südbayern Beschl. v. 7.7.2014 – Z3-3-3194-1-24-05/14, IBRRS 2014, 2140, (ohne nähere Begr.) hinsichtlich der Leistungsphasen 5–9 für den gesamten allgemeinen und gebäudespezifischen technischen Ausbau mit Fernmelde- und Informationstechnik für den Neubau der Verkehrs- und Betriebszentrale.

[36] Vgl. VK Südbayern Beschl. v. 31.10.2002 – 42-10/02, IBRRS 2003, 05432 mwN.

[37] Vgl. VK Arnsberg Beschl. v. 9.4.2002 – VK 3-03/02, IBRRS 2003, 0559; aA VK Südbayern Beschl. v. 7.7.2014 – Z3-3-3194-1-24-05/14, IBRRS 2014, 2140, (ohne nähere Begr.) hinsichtlich der Leistungsphasen 5–9 für den gesamten allgemeinen und gebäudespezifischen technischen Ausbau mit Fernmelde- und Informationstechnik für den Neubau der Verkehrs- und Betriebszentrale.

[38] Vgl. VK Sachsen Beschl. v. 29.6.2001 – 1/SVK/31-01, NZBau 2001, 704.

VOB/A).[39] Auch Besonderheiten des Bauvorhabens sind zu berücksichtigen. So kann bei Umbau- und Sanierungsarbeiten wegen der damit verbundenen Unwägbarkeiten des Bauablaufs auch die Bauüberwachung nicht abschließend beschreibbar sein.[40]

Bei **Projektsteuerungsleistungen** wird allgemein von der fehlenden Beschreibbarkeit ausgegangen bzw. nicht problematisiert.[41] Maßgeblich dürfte aber – wie bei der Bauüberwachung – sein, ob im Einzelfall auf unvorhersehbare Ereignisse im Zuge der Abwicklung einer Maßnahme nur mit dem Einsatz von Architekten- und Ingenieurerfahrung und -kreativität sowie Managementerfahrung reagiert werden kann.[42]

IV. Unabhängigkeit von Ausführungs- und Lieferinteressen (Abs. 3)

Die Bestimmung ist missverständlich formuliert. Es soll nicht die Vergabeentscheidung der Auftraggeber unabhängig von Ausführungs- und Lieferinteressen erfolgen, sondern die spätere **Durchführung der Architekten- und Ingenieurleistungen** durch die beauftragten Architekten und Ingenieure. Auftraggeber sollen die Gefahr von Interessenkonflikten ihrer potentiellen Auftragnehmer aber bereits bei der Vergabe der Architekten- und Ingenieurleistungen in den Blick nehmen und nicht erst im Rahmen der Vertragsdurchführung hierauf reagieren. Es sollen mithin Architekten und Ingenieure beauftragt werden, die ihre geschuldeten Leistungen unabhängig von Ausführungs- und Lieferinteressen erbringen.[43] Mit „Ausführungs- und Lieferinteressen" sind also nicht solche des Auftraggebers gemeint, sondern von Architekten und Ingenieuren als potenzielle Auftragnehmer sowie ausführender Unternehmen und Lieferanten.

Ausführungs- und Lieferinteressen sind im Allgemeinen auf die Akquise von Dienst-/Bau- oder Lieferaufträgen gerichtet. Ihnen kann nicht nur durch eine direkte Beauftragung Geltung verschafft werden, sondern auch in bewerberoffenen Vergabeverfahren durch direkte oder indirekte Einschränkungen des Wettbewerbs, etwa durch produkt- oder verfahrensspezifische Leistungsbeschreibungen[44] oder Begrenzungen des Bieter- bzw. Bewerberkreises. Die Ausführungs- und Lieferinteressen setzten sich im Auftragsfall fort und sind dann im Allgemeinen auf eine beanstandungsfreie Auftragsabwicklung gerichtet, regelmäßig aber auch auf weitere Nachbeauftragungen.

Ausführungs- und Lieferinteressen können zu **Interessenkonflikten beauftragter Architekten und Ingenieure** im Rahmen der Auftragsausführung führen. Dies hängt davon ab, inwiefern sie eigene Ausführungs- und Lieferinteressen haben oder solchen Dritter unterworfen sind und der konkrete Auftrag sie außerdem in die Lage versetzt, diese Interessen zu fördern. Letzteres ist anzunehmen, wenn zu deren Leistungsumfang die Mitwirkung bei Vorbereitung und Durchführung von Vergaben gehört oder die Prüfung der Leistungen ausführender Unternehmen und Lieferanten. Interessenkonflikte stellen die Eignung der beauftragten Architekten und Ingenieure zur ordnungsgemäßen Auftragsausführung infrage (→ Rn. 19). Sie können dazu führen, dass Auftraggeber aus Rechtsgründen gehindert sind, deren Leistungen in Anspruch zu nehmen. Dies betrifft insbesondere die **Mitwirkung bei der Vergabe.** Nach **§ 6 Abs. 1** dürfen im Namen des öffentlichen Auftraggebers handelnde Beschaffungsdienstleister, bei denen ein Interessenkonflikt besteht, nicht in einem Vergabeverfahren mitwirken. Das Mitwirkungsverbot richtet sich an die öffentlichen Auftraggeber. Ein Verstoß hiergegen ist ein **schwerwiegender Vergabefehler,** der grundsätzlich dadurch zu beheben ist, dass das Vergabeverfahren in das Stadium vor der Mitwirkung des betroffenen Architekten oder Ingenieurs zurückversetzt und weiter unter dessen Ausschluss durchgeführt wird.[45] Darüber hinaus kann auch die Aufhebung des Vergabeverfahrens geboten sein, sofern wettbewerbsverfälschende Folgen der Mitwirkung nicht mehr im laufenden Verfahren reversibel sind.[46] Da Auftragge-

---

[39] Besondere Leistungen gem. Anl. 10 zu § 34 Abs. 4 HOAI, § 35 Abs. 7 HOAI, insbes. „Prüfen der vom bauausführenden Unternehmen aufgrund der Leistungsbeschreibung mit Leistungsprogramm ausgearbeiteten Ausführungspläne auf Übereinstimmung mit der Entwurfsplanung" (Leistungsphase 5 [Ausführungsplanung]) sowie „Aufstellen der Leistungsbeschreibungen mit Leistungsprogramm auf der Grundlage der detaillierten Objektbeschreibung" (Leistungsphase 6 [Vorbereitung der Vergabe]).
[40] VK Südbayern Beschl. v. 31.10.2002 – 42-10/02, IBRRS 2003, 05432 mwN.
[41] Vgl. OLG München Beschl. v. 19.12.2013 – Verg 12/13, BeckRS 2014, 00957; OLG Naumburg Beschl. v. 14.3.2014 – 2 Verg 1/14, IBRRS 2014, 1407; VK Südbayern Beschl. v. 9.9.2014 – Z3-3-3194-1-35-08/14, IBRRS 2014, 2635.
[42] Vgl. VK Südbayern Beschl. v. 31.10.2002 – 42-10/02, IBRRS 2003, 05432 mwN.
[43] Vgl. Vorgängerregulierung zu § 2 Abs. 3 VOF unter § 4 Abs. 4 VOF (2006): „Die Durchführung freiberuflicher Leistungen soll unabhängig von Ausführungs- und Lieferinteressen erfolgen.".
[44] Vgl. OLG Stuttgart Beschl. v. 28.11.2002 – 2 Verg 14/02, NZBau 2003, 517 (520).
[45] Vgl. zu § 5 Abs. 1 KonzVgV: OLG Karlsruhe Beschl. v. 30.10.2018 – 15 Verg 6/18, BeckRS 2018, 27498.
[46] Vgl. hierzu Beck VergabeR/*Dreher/Hoffmann* § 6 Rn. 65 f., wonach ein Verstoß gegen das Mitwirkungsverbot grundsätzlich zur Aufhebung des Vergabeverfahrens führen muss.

ber bei der Behebung von Verfahrensfehlern nach § 97 Abs. 1 S. 2 GWB die Verhältnismäßigkeit zu wahren und insofern auch die Interessen der am Vergabeverfahren beteiligten Unternehmen in den Blick zu nehmen haben, kann insbesondere in solchen Fällen stattdessen ein Ausschluss von solchen Bietern oder Bewerbern gem. § 124 Abs. 1 Nr. 5 GWB in Betracht kommen, die potenzielle Nutznießer des Interessenkonflikts wären.[47]

19 Wegen der besonderen Gefahr von Interessenkonflikten und der damit ggf. verbundenen Konsequenzen werden Auftraggeber nach Abs. 3 angehalten, Architekten und Ingenieure zu beauftragen, die ihre geschuldeten Leistungen unabhängig von Ausführungs- und Lieferinteressen erbringen. Die Bestimmung stellt nach ihrem Wortlaut sowie ihrer systematischen Verortung einen Grundsatz für die Vergabe von Architekten- und Ingenieurleistungen auf, aus dem selbst aber keine konkreten Rechtsfolgen abgeleitet werden können, sondern dem im Rahmen der Auslegung und Anwendung der einschlägigen Einzelvorschriften Geltung zu verschaffen ist.[48] Sie stellt insbesondere **kein eigenständiges Eignungskriterium oder eigenständigen Ausschlusstatbestand** dar.[49] Der Ausschluss wegen Interessenkonflikten ist in **§ 46 Abs. 2** geregelt. Hiernach können öffentliche Auftraggeber die berufliche Leistungsfähigkeit eines Bewerbers oder Bieters verneinen, wenn sie festgestellt haben, dass dieser Interessen hat, die mit der Ausführung des öffentlichen Auftrags im Widerspruch stehen und sie nachteilig beeinflussen könnten. Hiervon sind auch Fallkonstellationen erfasst, in denen Architekten und Ingenieure Ausführungs- und Lieferinteressen verfolgen.[50] Voraussetzung ist allerdings, dass die Unabhängigkeit von Ausführungs- und Lieferinteressen als Eignungskriterium gemäß den Anforderungen aus § 122 Abs. 4 GWB festgelegt und bekanntgemacht worden ist.[51] Hiervon entbindet Abs. 3 nicht. Ob ein entsprechendes Eignungskriterium nach § 122 Abs. 4 S. 1 GWB mit dem Auftragsgegenstand in Verbindung und zu diesem auch in einem angemessenen Verhältnis steht, hängt davon ab, ob und ggf. inwiefern Architekten und Ingenieure im Zuschlagsfall aufgrund des konkreten Auftrages in die Lage versetzt sind, etwaige Ausführungs- und Lieferinteressen zu fördern (→ Rn. 18). Nach dem Wortlaut von § 46 Abs. 2 genügt tatbestandlich der Nachweis der abstrakten Gefahr einer nachteiligen Beeinflussung, die aber nicht nur rein theoretischer Natur sein darf.[52] Auftraggeber haben bei der Ausübung des nach § 46 Abs. 2 eröffneten Ermessens den Vergabegrundsatz aus Abs. 3 zu beachten, der regelmäßig den Ausschluss gebietet. Daneben sind Auftraggeber aber auch an den Verhältnismäßigkeitsgrundsatz aus § 97 Abs. 1 S. 2 GWB gebunden. Hiernach werden Auftraggeber in Blick zu nehmen haben, inwiefern sich solche, mit der Ausführung der konkreten Architekten- oder Ingenieurleistungen in Verbindung stehende Ausführungs- und Lieferinteressen abzeichnen und daraus ggf. resultierende Interessenkonflikte mit anderen, milderen Mitteln vermieden werden können. Auf eine gesellschaftsrechtliche oder wirtschaftliche Verflechtung von Architekten und Ingenieuren mit ausführenden Unternehmen oder Lieferanten wird demnach ein Ausschluss für sich genommen nicht gestützt werden können.[53] Interessenskonflikte sind insofern keineswegs vorprogrammiert und unvermeidbar, sondern können ausgeschlossen sein bzw. werden, wenn die mit den Architekten und Ingenieuren verflochtenen ausführenden Unternehmen oder Lieferanten bezogen auf das konkrete, die vergabegegenständlichen Architekten- und Ingenieurleistungen betreffende Bauvorhaben keine Ausführungs- und Lieferinteressen verfolgen, sich also insbesondere nicht um diesbezügliche Bau-, Dienstleistungs- oder Lieferaufträge bewerben werden. Die damit ggf. verbundene Einschränkung des Bewerberfeldes für die nachgelagerten Aufträge ist hinzunehmen. Auftraggeber sind nicht dazu berechtigt, die Vergabe von Architekten- und Ingenieuraufträgen auf „unabhängige" oder „freischaffende" Architekten und Ingenieure zu beschränken, um sich auf diese Weise die Möglichkeit offenzuhalten, bei der späteren Vergabe der Ausführungs- und Lieferleistungen unter einer großen Zahl von Bewerbern wählen zu können. Es ist Sache der Architekten- und Ingenieurbüros und der mit diesen verflochtenen Unternehmen

---

[47] AA Beck VergabeR/*Opitz* GWB § 124 Rn. 82, wonach aufgrund des zwingend und vorbehaltlos angeordneten Mitwirkungsverbot nach § 6 für einen Angebotsausschluss nach § 124 Abs. 1 Nr. 5 GWB de facto kein Raum mehr bleibe.
[48] Vgl. zum Wettbewerbsgrundsatz gem. § 97 Abs. 1 S. 1 GWB: OLG Düsseldorf Beschl. v. 14.10.2020 – VII-Verg 36/19, BeckRS 2020, 26890.
[49] Ebenso *Fahrenbruch* in Müller-Wrede VgV Rn. 89.
[50] Vgl. demgegenüber *Fahrenbruch* in Müller-Wrede VgV Rn. 90, wonach ein Ausschluss gemäß der Ausschlusstatbestände nach § 124 Abs. 1 Nr. 4 oder Nr. 5 GWB in Betracht komme, die unter Beachtung von § 73 Abs. 3 „präventiv" verstanden werden könnten.
[51] So zu § 46 Abs. 2: VK Bund Beschl. v. 30.7.2018 – VK 1-61/18, NZBau 2019, 72 (74).
[52] So zu § 46 Abs. 2: VK Bund Beschl. v. 30.7.2018 – VK 1-61/18, NZBau 2019, 72 (74); VK Bund Beschl. v. 14.5.2018 – VK 1-39/18, NZBau 2019, 75 (78).
[53] So zu § 4 Abs. 4 VOF aF: OLG Stuttgart v. 28.11.2002 – 2 Verg 14/02, NZBau 2003, 517 (520); VK Bund Beschl. v. 17.4.2000 – VK 1-5/00, NZBau 2000, 580 (583).

zu entscheiden, ob sie sich entweder um die Architekten- und Ingenieurleistungen oder um nachgelagerte Aufträge bewerben wollen.[54]

§ 74 Verfahrensart

Architekten- und Ingenieurleistungen werden in der Regel im Verhandlungsverfahren mit Teilnahmewettbewerb nach § 17 oder im wettbewerblichen Dialog nach § 18 vergeben.

I. Entstehungsgeschichte

Für die Vergabe von nicht abschließend beschreibbaren freiberuflichen Leistungen im Anwendungsbereich der VOF war das Verhandlungsverfahren die allein **zulässige Vergabeverfahrensart**. Das offene und nicht offene Verfahren sowie der wettbewerbliche Dialog waren ausgeschlossen.[1] Diese Beschränkung war aufgrund der nach § 1 VOF für die Eröffnung des Anwendungsbereiches zwingend vorausgesetzten Nichtbeschreibbarkeit der Leistungen gerechtfertigt und insofern auch von der Vergabe-RL 2004 gedeckt. Nach Art. 30 Abs. 1 lit. c Vergabe-RL 2004 konnten Auftraggeber geistig-schöpferische Dienstleistungen im Verhandlungsverfahren mit Teilnahmewettbewerb vergeben, sofern die zu erbringende Dienstleistung so beschaffen war, dass vertragliche Spezifikationen nicht so genau festzulegen waren, dass der Auftrag durch die Wahl des besten Angebots in Übereinstimmung mit den Vorschriften über offene und nicht offene Verfahren vergeben werden konnte. Die fehlende Beschreibbarkeit der fraglichen Leistungen setzte demnach definitionsgemäß die Unzugänglichkeit ihrer Vergabe in einem offenen oder nicht offenen Verfahren voraus.[2]

Nach Art. 26 RL 2014/24/EU sollen den Auftraggebern nunmehr aber nach Maßgabe dieser Richtlinie sämtliche Vergabeverfahrensarten zur Verfügung stehen (sog. **Toolbox-Prinzip**[3]). Die Einschränkung in der VOF, wonach nicht abschließend beschreibbare Leistungen ausschließlich im Rahmen von Verhandlungsverfahren vergeben werden dürfen, war damit nach Auffassung des Verordnungsgebers nicht mehr haltbar und wurde deshalb auch nicht in den Abschnitt 6 übernommen.[4] Stattdessen wird nunmehr unter § 74 lediglich unverbindlich darauf hingewiesen, dass Architekten- und Ingenieurleistungen in der Regel im Verhandlungsverfahren mit Teilnahmewettbewerb bzw. im wettbewerblichen Dialog vergeben werden.

II. Normzweck

Da nach Auffassung des Verordnungsgebers nicht abschließend beschreibbare Architekten- und Ingenieurleistungen im Abschnitt 6 der VgV aufgrund unionsrechtlicher Vorgaben auch im Rahmen eines offenen und nicht offenen Verfahrens vergeben werden können, soll § 74 den Hinweis an die Praxis geben, dass in der Regel gleichwohl das Verhandlungsverfahren mit Teilnahmewettbewerb bzw. der wettbewerbliche Dialog als zulässige Vergabeverfahrensarten in Betracht kommen.[5] Dies deshalb, da die Vergabe dieser Leistungen meist die Notwendigkeit von Verhandlungen in sich trage, sodass die anderen Verfahrensarten faktisch kaum infrage kommen dürften.[6]

III. Regelmäßige Vergabe im Verhandlungsverfahren mit Teilnahmewettbewerb und im wettbewerblichen Dialog

§ 74 enthält lediglich den unverbindlichen Praxishinweis, dass nicht abschließend beschreibbare Architekten- und Ingenieurleistungen im Abschnitt 6 der VgV in der Regel im Rahmen eines Verhandlungsverfahrens mit Teilnahmewettbewerb bzw. im wettbewerblichen Dialog erfolgen können. Die Zulässigkeit dieser Verfahrensarten bestimmt sich jedoch allein nach § 14. Als Ausnahmetatbestände kommen dabei vor allem § 14 Abs. 3 Nr. 2 und 3 in Betracht.

---

[54] So zu § 4 Abs. 4 VOF aF: VK Bund Beschl. v. 17.4.2000 – VK 1-5/00, NZBau 2000, 580 (583).
[1] So zu § 3 VOF: *Müller-Wrede* in Müller-Wrede VOF § 3 Rn. 1, 2 und 19 ff. (zur Entstehungsgeschichte mwN).
[2] So OLG Saarbrücken Beschl. v. 20.9.2006 – 1 Verg 3/06, BeckRS 2006, 11782; OLG München Beschl. v. 28.4.2006 Verg 6/06 – Verg 6/06, NZBau 2007, 59 (61).
[3] Vgl. Begr. VergRModVO, BT-Drs. 18/7318, 204.
[4] Vgl. Begr. VergRModVO, BT-Drs. 18/7318, 204.
[5] Vgl. Begr. VergRModVO, BT-Drs. 18/7318, 204.
[6] Vgl. Begr. VergRModVO, BT-Drs. 18/7318, 204.

IV. Vergabe nicht abschließend beschreibbarer Architekten- und Ingenieurleistungen im offenen und nicht offenen Verfahren

5   § 74 steht der Vergabe von nicht abschließend beschreibbaren Architekten- und Ingenieurleistungen im offenen und nicht offenen Verfahren nicht entgegen.[7] Gleichwohl stellt sich die Frage, ob eine solche Vergabe innerhalb der rechtlichen und tatsächlichen Rahmenbedingungen überhaupt realisierbar wäre. Dies ist in der Vergangenheit mehrheitlich mit der Begründung verneint worden, dass aufgrund der fehlenden umfassenden und detaillierten Leistungsbeschreibung vorab von den Bietern keine vergleichbaren Angebote erstellt werden könnten.[8] Vielmehr seien hierzu Verhandlungen zur Präzisierung des Auftragsgegenstandes notwendig, die im Rahmen von offenen und nicht offenen Verfahren ausgeschlossen sind.[9] Die Notwendigkeit von Verhandlungen ist aber zumindest in ihrer Pauschalität infrage zu stellen. Die fehlende Beschreibbarkeit der Leistungen eröffnet den Bietern Gestaltungsspielräume, die wiederum zur Folge haben, dass den Angeboten unterschiedliche Ansätze zur Erfüllung der Planungsaufgabe zugrunde liegen können. Auftraggeber mögen ein nachvollziehbares Interesse haben, diese Ansätze im Rahmen von Verhandlungen mit den Bietern nach seinen Bedürfnissen weiterzuentwickeln und zu optimieren. Sie sind hierzu aber nicht verpflichtet,[10] sondern können die Lösungsansätze hinsichtlich des Grades der Erfüllung ihrer Bedürfnisse auch sofort einer Wertung zuführen.

§ 75 Eignung

(1) Wird als Berufsqualifikation der Beruf des Architekten, Innenarchitekten, Landschaftsarchitekten oder Stadtplaners gefordert, so ist zuzulassen, wer nach dem für die öffentliche Auftragsvergabe geltenden Landesrecht berechtigt ist, die entsprechende Berufsbezeichnung zu tragen oder in der Bundesrepublik Deutschland entsprechend tätig zu werden.

(2) Wird als Berufsqualifikation der Beruf des „Beratenden Ingenieurs" oder „Ingenieurs" gefordert, so ist zuzulassen, wer nach dem für die öffentliche Auftragsvergabe geltenden Landesrecht berechtigt ist, die entsprechende Berufsbezeichnung zu tragen oder in der Bundesrepublik Deutschland entsprechend tätig zu werden.

(3) Juristische Personen sind als Auftragnehmer zuzulassen, wenn sie für die Durchführung der Aufgabe einen verantwortlichen Berufsangehörigen gemäß Absatz 1 oder 2 benennen.

(4) ¹Eignungskriterien müssen gemäß § 122 Absatz 4 des Gesetzes gegen Wettbewerbsbeschränkungen mit dem Auftragsgegenstand in Verbindung und zu diesem in einem angemessenen Verhältnis stehen. ²Sie sind bei geeigneten Aufgabenstellungen so zu wählen, dass kleinere Büroorganisationen und Berufsanfänger sich beteiligen können.

(5) ¹Die Präsentation von Referenzprojekten ist zugelassen. ²Verlangt der öffentliche Auftraggeber geeignete Referenzen im Sinne von § 46 Absatz 3 Nummer 1, so lässt er hierfür Referenzobjekte zu, deren Planungs- oder Beratungsanforderungen mit denen der zu vergebenden Planungs- oder Beratungsleistung vergleichbar sind. ³Für die Vergleichbarkeit der Referenzobjekte ist es in der Regel unerheblich, ob der Bewerber bereits Objekte derselben Nutzungsart geplant oder realisiert hat.

(6) Erfüllen mehrere Bewerber an einem Teilnahmewettbewerb mit festgelegter Höchstzahl gemäß § 51 gleichermaßen die Anforderungen und ist die Bewerberzahl auch nach einer objektiven Auswahl entsprechend der zugrunde gelegten Eignungskriterien zu hoch, kann die Auswahl unter den verbleibenden Bewerbern durch Los getroffen werden.

Übersicht

	Rn.		Rn.
I. Entstehungsgeschichte	1	1. Architektenberufe (Abs. 1)	16
II. Normzweck	5	2. Ingenieurberufe (Abs. 2)	18
III. Berufsqualifikation für Architekten- und Ingenieurberufe (Abs. 1–3)	14	3. Zulassung juristischer Personen (Abs. 3)	21

---

[7] Vgl. VK Westfalen Beschl. v. 23.1.2018 – VK 1-29/17, IBRRS 2018, 0904.
[8] Vgl. OLG München Beschl. v. 28.4.2006 – Verg 6/06, NZBau 2007, 59 (60); *Müller-Wrede* in Müller-Wrede VOF § 3 Rn. 28.
[9] So *Müller-Wrede* in Müller-Wrede VOF § 3 Rn. 17.
[10] So OLG Düsseldorf Beschl. v. 10.8.2011 – Verg 36/11, BeckRS 2011, 21312.

	Rn.		Rn.
IV. Anforderungen an Eignungskriterien (Abs. 4)	23	2. Vergleichbarkeit der Referenzobjekte (Abs. 5 S. 2 und 3)	32
V. Referenzen (Abs. 5)	25	VI. Bewerberauswahl durch Losentscheid	
1. Präsentation von Referenzprojekten (Abs. 5 S. 1)	27	(Abs. 6)	40
		VII. Rechtsschutz	44a

I. Entstehungsgeschichte

Abs. 1–3 entsprechen den Regelungen nach § 19 Abs. 1–3 VOF. 1
Abs. 4 S. 1 stellt eine Neuerung dar, hat aber nur Hinweisfunktion (→ Rn. 8). **Abs. 4 S. 2** 2 orientiert sich an § 2 Abs. 4 VOF.
Abs. 5 S. 1 entspricht im Wesentlichen § 20 Abs. 2 S. 1 VOF. Im Gegensatz zur Vorgängerrege- 3 lung ist allerdings der Zweck offengelassen, dem die **Präsentation von Referenzprojekten** dienen soll. Nach § 20 Abs. 2 S. 1 VOF war die Präsentation von Referenzprojekten zugelassen, „die der Bewerber oder Bieter zum Nachweis seiner Leistungsfähigkeit" vorlegt. Diese Formulierung hatte jedoch für Unsicherheiten hinsichtlich der vergaberechtlichen Bedeutung der Präsentationen gesorgt, die der Verordnungsgeber mit deren Streichung offenbar vermeiden wollte. Der notwendigen Klarstellung steht nunmehr allerdings die systematische Verortung der Regelung in § 75 entgegen (→ Rn. 11). **Abs. 5 S. 2** stellt eine Neuerung dar.
Abs. 6 ist weitgehend dem vormaligen § 10 Abs. 3 VOF nachgebildet und soll diesen lediglich 4 präzisieren.[1]

II. Normzweck

Abs. 1–3 knüpfen an die nach § 122 Abs. 2 S. 1 Nr. 1 GWB vorgesehene Möglichkeit an, als 5 Eignungskriterium die Befähigung und Erlaubnis zur Berufsausübung festzulegen. Hierzu gehören grundsätzlich auch die Berufsqualifikationen für den Beruf des Architekten, Innenarchitekten, Landschaftsarchitekten oder Stadtplaners sowie des „Beratenden Ingenieurs" oder „Ingenieurs". Sie regeln aber nicht, unter welchen Voraussetzungen die **Forderung einer solchen Berufsqualifikation** zulässig ist. Dies richtet sich allein nach § 46 Abs. 3 Nr. 6, wonach Bescheinigungen über die Erlaubnis zur Berufsausübung für die Inhaberin, den Inhaber oder die Führungskräfte des Unternehmens nur gefordert werden dürfen, sofern diese Nachweise nicht als Zuschlagskriterium bewertet werden, und nach § 122 Abs. 4 S. 1 GWB, der allgemein bestimmt, dass Eignungskriterien mit dem Auftragsgegenstand in Verbindung und zu diesem in einem angemessenen Verhältnis stehen müssen. Regelungsgegenstand der Abs. 1–3 ist vielmehr die Frage, unter welchen Voraussetzungen die zulässigerweise geforderte Befähigung und Erlaubnis zur Berufsausübung gegeben ist. Es handelt sich mithin um Sonderbestimmungen zu § 44 Abs. 1, wonach der öffentliche Auftraggeber verlangen kann, dass Bewerber oder Bieter je nach den Rechtsvorschriften des Staates, in dem sie niedergelassen sind, entweder die Eintragung in einem Berufs- oder Handelsregister dieses Staates oder auf andere Weise die erlaubte Berufsausübung nachweisen zu lassen.
In **Abs. 1 und 2** knüpfen das Vorliegen der dort erwähnten Berufsqualifikationen an die Berech- 6 tigung nach den **berufs- und standesrechtlichen Vorschriften** der Länder, eine dementsprechende Berufsbezeichnung führen zu dürfen. Diesen Vorschriften wird dadurch im Vergabeverfahren Geltung verschafft. Die dort geregelten Voraussetzungen zum Führen der Berufsbezeichnung verleihen über Abs. 1 und 2 den Berufsqualifikationsbezeichnungen die für Eignungskriterien erforderliche Substanz. Sie binden insofern auch die öffentlichen Auftraggeber, wenn diese die bestimmte Berufsqualifikation fordern. Da die Vorschriften in Umsetzung der EU-Berufsanerkennungsrichtlinie auch regeln, unter welchen Voraussetzungen im EU-Ausland erworbene Qualifikationen zur Führung einer solchen Berufsbezeichnung berechtigen, ist damit gleichsam ausgeschlossen, dass Bewerber und Bieter insofern unionsrechtswidrig von der Teilnahme am Vergabeverfahren ausgeschlossen werden.
Abs. 3 trägt dem Umstand Rechnung, dass nach den vorgenannten berufs- und standesrechtli- 7 chen Landesvorschriften nur natürliche Personen berechtigt sein können, die unter Abs. 1 oder 2 bestimmten Berufsbezeichnungen zu führen.[2] Um aber **juristische Personen** nicht von der Teilnahme auszuschließen, muss es ausreichen, dass die für die Auftragsdurchführung verantwortlichen Personen entsprechende Berufsangehörige sind. Die Vorschrift korrespondiert insofern auch mit

---
[1] Begr. VergRModVO, BT-Drs. 18/7318, 205.
[2] So zu § 19 VOF: VK Sachsen Beschl. v. 24.1.2013 – 1/SVK/043-12, BeckRS 2013, 10841.

§ 43 Abs. 1, nach dem eine rechtsformbezogene Diskriminierung von Bewerbern oder Bietern mit Sitz im EU-Ausland ausgeschlossen ist.

8   **Abs. 4** betrifft die Eignungsprüfung. **Abs. 1 S. 1** enthält eine redundante Regelung, die wegen der besonderen Bedeutung für die Vergabe von Architekten- und Ingenieurleistungen auf den Grundsatz angemessener und auftragsbezogener Eignungskriterien aus § 122 Abs. 4 GWB hinweisen soll.[3]

9   **Abs. 4 S. 2** ist eine Reaktion des Verordnungsgebers auf das Praxisproblem, dass die Eignungsanforderungen der Auftraggeber häufig überzogen sind und sich damit zu wenig **kleinere Büroorganisationen und Berufsanfänger** an den Vergabeverfahren beteiligen können.[4] Anders als die Vorgängerregelung handelt es sich bei der Vorschrift nicht nur um einen Programmsatz, sondern um eine zwingende, den betreffenden Bewerber- bzw. Bieterkreis schützende Verfahrensregelung.[5] Auftraggeber sind demnach verpflichtet, die Eignungskriterien so auszugestalten, dass eine Beteiligung kleinerer Büroorganisationen und Berufsanfänger möglich ist.

10 **Abs. 5** soll der herausragenden Rolle Rechnung tragen, die **Referenzen** für die Beurteilung der Eignung von Verfahrensteilnehmern bei der Vergabe von Architekten- und Ingenieurleistungen haben.[6] Der Grund hierfür ist der geistig-schöpferische Charakter der Leistungen und die nach § 73 Abs. 1 vorausgesetzte fehlende Beschreibbarkeit derselben (→ § 73 Rn. 11). Referenzen sind insofern wesentlicher Anhaltspunkt für die Prognose, ob der betreffende Verfahrensteilnehmer zur ordnungsgemäßen Ausführung des Planungsauftrages in der Lage ist.

11 Nach **Abs. 5 S. 1** ist die **Präsentation von Referenzprojekten** zugelassen, dies allerdings ohne erkennbaren Zweck. Die hM zur Vorgängerregelung des § 20 Abs. 2 S. 1 VOF ging trotz des insofern missverständlichen Wortlauts zutreffend davon aus, dass die Präsentation nicht Bestandteil der Eignungsprüfung, sondern der Angebotswertung ist. Die Präsentation diente demnach nicht als Beleg für die Leistungsfähigkeit und Erfahrung des Bewerbers, sondern der Darstellung von Lösungsansätzen für die ausgeschriebene Planungsaufgabe, deren Qualität im Rahmen der Angebotswertung bewertet werden.[7] Dieses Verständnis war aufgrund der systematischen Auslegung der Norm zwingend. Denn § 20 VOF regelte unter der amtlichen Überschrift „Auftragsvergabe" Gegenstand und Zweck von Auftragsverhandlungen mit ausgewählten Bietern, deren Eignung damals wie heute (§ 42 Abs. 2) zuvor durch den Auftraggeber positiv festgestellt werden musste.[8] Mit der VergRModVO wurde die Bestimmung allerdings nicht in § 76 als Nachfolgenorm des § 20 VOF übernommen, sondern findet sich nunmehr nahezu wortlautidentisch in § 75 unter der amtlichen Überschrift „Eignung" neben Regelungen wieder, die ausschließlich die Eignungsprüfung betreffen. Eine neue Zweckbestimmung der Präsentation von Referenzprojekten dürfte damit gleichwohl nicht verbunden sein. Jedenfalls hatte der Verordnungsgeber eine solche nicht im Auge. Denn nach der Verordnungsbegründung soll es aufgrund der Bestimmung „in der Verhandlung mit den Bietern weiterhin möglich bleiben, über die Referenzprojekte jenseits der vorher festgestellten Erfüllung der Eignungskriterien zu diskutieren".[9] Der neue systematische Standort der Norm ist nach alledem auf ein Redaktionsversehen zurückzuführen.[10]

12 **Abs. 5 S. 2 und 3** sollen das Praxisproblem aufgreifen, wonach Auftraggeber überzogene Anforderungen an die **Vergleichbarkeit von Referenzprojekten** mit dem vergabegegenständlichen Planungsauftrag stellen und insofern eine „Hilfestellung" geben.[11] Es soll dabei vor allem kleineren Büroorganisationen und Berufsanfängern ermöglicht werden, sich mit Erfolg am Vergabeverfahren zu beteiligen, um sich hierdurch Referenzprojekte zu erarbeiten.[12]

13 **Abs. 6** betrifft den Fall, dass Auftraggeber in einem Verhandlungsverfahren die Anzahl der Bewerber, die zur Angebotsabgabe aufgefordert werden, nach § 51 Abs. 1 begrenzt haben und trotz Auswahl anhand objektiver Kriterien zu viele gleich geeignete Bewerber übrig bleiben.[13] Hier soll es Auftraggebern möglich sein, die Auswahl durch **Losentscheid** zu treffen.[14]

---

[3] Begr. VergRModVO, BT-Drs. 18/7318, 205.
[4] Begr. VergRModVO, BT-Drs. 18/7318, 205.
[5] *Geitel* in KKMPP VgV Rn. 29 mwN.
[6] Begr. VergRModVO, BT-Drs. 18/7318, 205.
[7] Vgl. *Voppel/Osenbrück/Bubert* VgV Rn. 34; so zu § 20 VOF: *Bluhm* in Müller-Wrede VOF § 20 Rn. 14.
[8] Vgl. *Voppel/Osenbrück/Bubert* VgV Rn. 34; so zu § 20 VOF: *Bluhm* in Müller-Wrede VOF § 20 Rn. 14.
[9] Begr. VergRModVO, BT-Drs. 18/7318, 205.
[10] Vgl. auch *Geitel* in KKMPP VgV Rn. 39, wonach die Übernahme der Regelung des § 20 Abs. 2 S. 1 VOF gesetzestechnisch missglückt sei.
[11] Begr. VergRModVO, BT-Drs. 18/7318, 205.
[12] Begr. VergRModVO, BT-Drs. 18/7318, 205.
[13] Begr. VergRModVO, BT-Drs. 18/7318, 205.
[14] Begr. VergRModVO, BT-Drs. 18/7318, 205.

III. Berufsqualifikation für Architekten- und Ingenieurberufe (Abs. 1–3)

Die Bestimmungen des Abs. 1–3 setzen voraus, dass Auftraggeber von den Bewerbern oder Bietern die Berufsqualifikation für die in Abs. 1 und 2 genannten Architekten- und Ingenieurberufe zulässigerweise gefordert haben. Sie regeln aber nicht die Zulässigkeitsvoraussetzungen einer solchen Forderung. Nach § 122 Abs. 2 S. 1 Nr. 1 GWB stellt die Befähigung und Erlaubnis zur Berufsausübung grundsätzlich ein zulässiges Eignungskriterium dar. Es steht im Ermessen der Auftraggeber, demgemäß das besondere Fachwissen und die Qualifikation eines Architekten oder Ingenieurs vorauszusetzen.[15] Dieses Ermessen ist allerdings auf Null reduziert, wenn diese Qualifikation rechtliche Voraussetzung für die Ausführung des konkreten Auftrages ist. Dies kommt etwa in Betracht, wenn Leistungsgegenstand die Einreichung von Bauvorlagen im Rahmen des Baugenehmigungsverfahrens ist, da die hierfür nach den Landesbauordnungen grundsätzlich erforderliche Bauvorlageberechtigung regelmäßig die Berufsqualifikation des Architekten oder Ingenieurs voraussetzt. Das Ermessen des Auftraggebers ist ferner durch den allgemeinen Grundsatz aus § 122 Abs. 4 S. 1 GWB eingeschränkt, wonach Eignungskriterien mit dem Auftragsgegenstand in Verbindung und zu diesem in einem angemessenen Verhältnis stehen müssen. Diese Frage ist im Wesentlichen bereits durch § 73 beantwortet, wonach die Vorschriften des Abschnitts 6 der VgV nur für Architekten- und Ingenieurleistungen gelten, die unter anderem dadurch definiert sind, dass sie die berufliche Qualifikation des Architekten oder Ingenieurs erfordern (→ § 73 Rn. 10). Ob und inwiefern darüber hinaus der Teilnehmerkreis alternativ auf Architekten oder Ingenieure und noch weiter auf diesbezügliche Berufsgruppen beschränkt werden kann, hängt von den Anforderungen des jeweiligen Auftrages ab. Dabei geben die berufs- und standesrechtlichen Landesgesetze Anhaltspunkte, indem sie die jeweiligen Berufsaufgaben definieren. Auftraggeber sind an ihre Forderung bestimmter Berufsqualifikationen gebunden. Sie müssen mithin zwingend Bewerber oder Bieter vom weiteren Verfahren ausschließen, die nicht über eine solche verfügen.[16]

Sofern die Qualifikation für die genannten Architekten- und Ingenieurberufe zulässig vorausgesetzt wird, bestimmen Abs. 1 und 2, dass diese stets dann gegeben ist, wenn die Bewerber oder Bieter nach den berufs- und standesrechtlichen Gesetzen der Länder berechtigt sind, eine entsprechende Berufsbezeichnung zu führen. Auftraggeber sind hieran gebunden. Hiervon abweichende Feststellungen sind mithin ausgeschlossen.

1. Architektenberufe (Abs. 1). Die Berufsqualifikation für die jeweiligen Architektenberufe wird regelmäßig dann zur ordnungsgemäßen Erfüllung des Auftrages erforderlich sein und vom Auftraggeber zulässigerweise von den Bewerbern oder Bietern vorausgesetzt werden dürfen, wenn der Gegenstand der Planungsaufgabe zu den Aufgaben gehört, die in den **Landesarchitektengesetzen** diesen Berufen zugeordnet sind. Die Berufsaufgaben bestehen allgemein in der gestaltenden, technischen, wirtschaftlichen, umweltgerechten und sozialen Planung. Bei „Architekten" bezieht sich diese Planung auf Bauwerke unter Beachtung der die Sicherheit der Nutzer und der Öffentlichkeit betreffenden Gesichtspunkte (vgl. § 3 Abs. 1 BbgArchG), bei „Innenarchitekten" auf Innenräume und damit verbundene Änderungen von baulichen Anlagen (vgl. § 3 Abs. 2 BbgArchG), bei „Landschaftsarchitekten" auf Landschaften, Parks, Freianlagen und Gärten (vgl. § 3 Abs. 3 BbgArchG), bei „Stadtplanern" auf die Stadt- und Raumplanung, die Erstellung von städtebaulichen Gutachten und die Erarbeitung von Entwicklungs- und Regionalplänen (vgl. § 3 Abs. 4 BbgArchG).

Die Berechtigung zur Führung der jeweiligen Berufsbezeichnungen für die vorgenannten Architektenberufe setzt grundsätzlich die Eintragung in eine von der Architektenkammer eines Bundeslandes geführte **Liste der jeweiligen Fachrichtung** voraus.[17] Für auswärtige Dienstleister, die in einem anderen Staat niedergelassen sind oder ihren Beruf dort überwiegend ausüben und sich nur für eine vorübergehende und gelegentliche Erbringung von Dienstleistungen in das Bundesland begeben, gelten besondere Bestimmungen (vgl. etwa § 2 BbgArchG). Fachliche Voraussetzung für die Eintragung in die Listen der Architektenkammern ist der Abschluss eines der jeweiligen Fachrichtung entsprechenden Studiums und die Ausübung einer praktischen Tätigkeit in der jeweiligen Fachrichtung in einem daran anschließenden bestimmten Zeitraum (vgl. etwa § 4 Abs. 1 S. 1 Nr. 2 und 3 BbgArchG). Dabei werden im EU-Ausland erworbene Studienabschlüsse und absolvierte praktische Tätigkeiten nach den Vorschriften der EU-Berufsanerkennungsrichtlinie anerkannt (vgl. etwa § 4 Abs. 2 und 3 BbgArchG). Daneben ist es erforderlich, dass die betreffende Person im jeweiligen Bundesland ihre Hauptwohnung oder Niederlassung der beruflichen Tätigkeit hat oder die überwiegende berufliche Beschäftigung ausübt (vgl. etwa § 4 Abs. 1 S. 1 Nr. 1 BbgArchG). Im Falle einer

---

[15] So für § 19 VOF: *Bluhm* in Müller-Wrede VOF § 19 Rn. 8.
[16] So zu § 19 VOF: VK Sachsen Beschl. v. 24.1.2013 – 1/SVK/043-12, BeckRS 2013, 10841.
[17] Die Entscheidung über die Eintragung obliegt den Eintragungsausschüssen der Architektenkammern.

freischaffenden oder gewerblichen Tätigkeit für Dritte ist außerdem eine Berufshaftpflichtversicherung erforderlich (vgl. etwa § 4 Abs. 1 S. 1 Nr. 4 BbgArchG).

18 **2. Ingenieurberufe (Abs. 2).** Zur Berufsaufgabe der **„Ingenieure"** gehört die Übernahme von technischen und technisch-wissenschaftlichen Aufgaben, die sich auf Beratung, Planung, Berechnung, Konstruktion, Prüfung und Gutachtertätigkeit beziehen (vgl. etwa § 30 Abs. 1 S. 1 ABKG). Zu den Berufsaufgaben gehören auch Lehr-, Forschungs-, und Entwicklungsaufgaben (vgl. etwa § 30 Abs. 1 S. 2 ABKG). Sofern der Schwerpunkt des vergabegegenständlichen Auftrages in diesen Berufsaufgaben liegt, werden Auftraggeber von den Bewerbern und Bietern zulässigerweise die Berufsqualifikation eines Ingenieurs voraussetzen dürfen.

19 Nach den im Wesentlichen deckungsgleichen **Ingenieursgesetzen der einzelnen Bundesländer** dürfen die Bezeichnung „Ingenieur" diejenigen Personen führen, die das Studium einer technischen oder naturwissenschaftlichen Fachrichtung an einer deutschen wissenschaftlichen Hochschule oder Fachhochschule bzw. einer gleichgestellten ausländischen Ingenieurschule mit Erfolg abgeschlossen haben oder denen das Recht verliehen worden ist, die Bezeichnung „Ingenieurin (grad.)" oder „Ingenieur (grad.)" zu führen. Dabei werden im EU-Ausland erworbene Studienabschlüsse nach den Vorschriften der EU-Berufsanerkennungsrichtlinie anerkannt. Die Eintragung in eine Liste der Berufskammer erfolgt nur deklaratorisch. Sie ist mithin keine Voraussetzung für die Berufsbezeichnung.[18] Dagegen setzt die Berechtigung zur Führung der Berufsbezeichnung „beratender Ingenieur", voraus, dass die betreffenden Personen in eine entsprechende von den Ingenieurkammern der jeweiligen Bundesländer geführte Liste eingetragen sind.[19] Fachliche Voraussetzung hierfür ist neben dem oben genannten Studienabschluss eine einschlägige praktische Tätigkeit für einen bestimmten Zeitraum. Daneben ist es erforderlich, dass der Ingenieur seinen Wohnsitz, seine Niederlassung oder seinen Beschäftigungsort überwiegend im jeweiligen Bundesland hat und seinen Beruf freischaffend oder als gesetzliche Vertreterin oder gesetzlicher Vertreter einer Ingenieurgesellschaft ausübt. Für auswärtige Dienstleister gelten besondere Bestimmungen.

20 **„Beratende Ingenieure"** zeichnen sich nach den Bestimmungen der Architekten- und Ingenieurgesetze der Länder gegenüber den Ingenieuren nicht durch eine andere Ausbildung aus, sondern durch eine längere praktische Berufserfahrung sowie eine freischaffende Berufsausübung. Zu ihren Berufsaufgaben gehören die Beratung und Vertretung der Auftraggeber bei der technischen, technisch-wissenschaftlichen und wirtschaftlichen Planung und Durchführung eines Bauvorhabens und bei der Koordinierung von mit der Ausführung des Projekts zusammenhängenden Fragen.[20] Die ausdrückliche Erwähnung in Abs. 2 impliziert, dass die Berufsqualifikation des Beratenden Ingenieurs zulässiges Eignungskriterium sein kann. Hieran sind jedoch Zweifel angebracht. Konkret zweifelhaft ist der nach § 122 Abs. 4 GWB erforderliche Auftragsbezug. Während dies in Bezug auf die für die Qualifikation erforderliche praktische Berufserfahrung durchaus vorstellbar ist,[21] erscheint der Auftragsbezug bei der außerdem erforderlichen freischaffenden Berufsausübung fraglich,[22] dies insbesondere angesichts der hierfür vorausgesetzten Eigenverantwortlichkeit. Hierüber verfügen nach den jeweiligen Landesgesetzen nur solche Ingenieure, die ihren Beruf ausschließlich auf eigene Rechnung und Verantwortung selbständig oder in einer Berufsgesellschaft ausüben. Es ist schwer vorstellbar, dass die Forderung einer Eigenverantwortlichkeit in diesem Sinne durch den Auftragsgegenstand gerechtfertigt sein kann, dies auch nicht mit Verweis auf den Grundsatz aus § 73 Abs. 3, wonach Aufträge über Ingenieurleistungen unabhängig von Ausführungs- und Lieferinteressen vergeben werden sollen (→ § 73 Rn. 19). Ist nach den einschlägigen landesrechtlichen Normen für das Führen der Berufsbezeichnung des Beratenden Ingenieurs die freischaffende Berufsausübung aber konstitutiv, wäre es auch nicht ausreichend, wenn die außerdem vorausgesetzte praktische Berufserfahrung aufgrund des konkreten Auftragsgegenstandes gerechtfertigt ist.[23] Über Abs. 2 werden alle und nicht nur einzelne Voraussetzungen für das Führen dieser Berufsbezeichnung zu Eignungsanforderungen (→ Rn. 6). Die nach den Landesgesetzen vorausgesetzte praktische Berufserfahrung müsste demnach als eigenes Eignungskriterium festgelegt und bekannt gemacht werden, das dann aber neben den beratenden Ingenieuren auch „einfache" Ingenieure mit entsprechender Berufserfahrung erfüllen würden.

21 **3. Zulassung juristischer Personen (Abs. 3).** Abs. 3 soll gewährleisten, dass durch die zulässige Forderung von Berufsqualifikationen nach Abs. 1 oder Abs. 2 keine juristischen Personen von der Vergabe ausgeschlossen werden. Da diese Berufsqualifikationen nur von natürlichen Personen

---

[18] Vgl. HK-VergabeR/*Martini* Rn. 24.
[19] Die Entscheidung über die Eintragung obliegt den Eintragungsausschüssen der Ingenieurkammern.
[20] Vgl. HK-VergabeR/*Martini* Rn. 25.
[21] Vgl. HK-VergabeR/*Martini* Rn. 28.
[22] Ebenso zu § 19 VOF: *Bluhm* in Müller-Wrede VOF § 19 Rn. 27.
[23] So aber wohl Beck VergabeR/*Schneider* Rn. 44.

V. Referenzen (Abs. 5)

erworben werden können, wird bestimmt, dass juristische Personen für die Durchführung der Aufgabe **verantwortliche Berufsangehörige** benennen können. Damit werden die an natürliche Personen gestellten Anforderungen an die berufliche Qualifikation für juristische Personen erfüllbar.[24] Auftraggebern wird es so ermöglicht, neben Freiberuflern auch unterschiedliche Unternehmenseinsatzformen für eine Beauftragung in Betracht zu ziehen und gleichzeitig das geforderte Maß an beruflicher Qualifikation des bearbeitenden Personals sicherzustellen.[25]

Die Regelung ist nicht so zu verstehen, dass es für juristische Personen stets ausreichend wäre, nur einen einzigen verantwortlichen Berufsangehörigen zu benennen, der entweder Architekt oder Ingenieur ist. Sofern Auftraggeber zulässigerweise **weitergehende Vorgaben** hinsichtlich der Anzahl der für den Auftragsfall vorgesehenen Berufsträger und deren berufliche Qualifikation machen, sind diese auch für juristische Personen verbindlich.

IV. Anforderungen an Eignungskriterien (Abs. 4)

Abs. 4 S. 1 ist eine redundante Regelung, die lediglich Hinweisfunktion besitzt (→ Rn. 8). Mit der Bezugnahme auf § 122 Abs. 4 GWB, wonach Eignungskriterien mit dem Auftragsgegenstand in Verbindung und zu diesem in einem angemessenen Verhältnis stehen müssen, hatte der Verordnungsgeber vor allem die **Anforderungen an geforderte Referenzen** im Auge.[26] Diese sind in der Praxis häufig überzogen und damit unzulässig. Dies gilt nicht nur für Anforderungen betreffend die Vergleichbarkeit der Referenzen (→ Rn. 34), sondern auch hinsichtlich deren Anzahl und Aktualität. Letzteres ist vor allem dann relevant, wenn Planungsaufträge über alle Leistungsphasen der HOAI vergeben werden. Derartige Aufträge sind langwierig, weshalb insbesondere kleinere Büros in einem kurzen Zeitraum weniger vergleichbare Referenzen abschließen können. Es wird daher häufig zur Sicherstellung ausreichenden Wettbewerbs erforderlich sein, nach § 46 Abs. 3 Nr. 1 Hs. 2 ausnahmsweise auch Referenzen über solche Aufträge zuzulassen, die mehr als drei Jahre zurückliegen.[27]

Überzogene Eignungsanforderungen verhindern regelmäßig die **Beteiligung von kleineren Büroorganisationen und Berufsanfängern.** Auftraggeber sind deshalb nach **Abs. 4 S. 2** verpflichtet, die Eignungskriterien so zu wählen, dass sich auch solche Marktteilnehmer am Vergabeverfahren beteiligen können. Diese Verpflichtung gilt allerdings nur bei geeigneten Aufgabenstellungen. Den Auftraggebern steht hinsichtlich dessen ein durch die Nachprüfungsinstanzen nur begrenzt überprüfbarer Beurteilungsspielraum zu. Hieraus folgt aber auch, dass Auftraggeber die Gründe, die aus ihrer Sicht gegen eine Auftragsausführung durch kleinere Büros und Berufsanfänger sprechen, nachvollziehbar dokumentieren müssen.[28]

V. Referenzen (Abs. 5)

Referenzen sind, insbesondere bei der Vergabe von Architekten- und Ingenieurleistungen, eine vielfältige und wesentliche Erkenntnisquelle, die öffentliche Auftraggeber sowohl für die Beurteilung der Eignung der Verfahrensteilnehmer als auch für die Bewertung der Qualität der angebotenen Leistungen nutzbar machen können. Sie bescheinigen allgemein den erfolgreichen Abschluss früherer Aufträge, die mehr oder weniger mit dem vergabegegenständlichen Auftrag vergleichbar sind. Dabei können sie sich auf den jeweiligen Auftragnehmer des Referenzauftrages beziehen (sog. Unternehmensreferenzen oder unternehmensbezogene Referenzen), aber auch auf diejenigen Personen, die für die Auftragsdurchführung im Wesentlichen verantwortlich waren (sog. persönliche oder personenbezogene Referenzen). Mit **unternehmensbezogenen Referenzen** wird der erfolgreiche Abschluss der früheren Aufträge nicht für einzelne Mitarbeiter oder die Unternehmensleitung reklamiert, sondern für das Unternehmen als Ganzes. Dies ist regelmäßig nicht nur gerechtfertigt, sondern auch geboten, da die Leistungsfähigkeit eines Unternehmens grundsätzlich durch die Gesamtheit seiner finanziellen, technischen und personellen Ressourcen bestimmt wird sowie durch die Unternehmensorganisation.[29] Letztlich hängt die erfolgreiche Auftragsausführung maßgeblich davon ab, ob Auftragnehmer in der Lage sind, die hierfür erforderlichen Ressourcen aufzubringen und unter den jeweiligen Rahmenbedingungen ergebnisorientiert einzusetzen. Es gibt allerdings auch Aufträge,

---

[24] Vgl. VK Sachsen Beschl. v. 24.1.2013 – 1/SVK/043-12, BeckRS 2013, 10841.
[25] *Bluhm* in Müller-Wrede VOF § 19 Rn. 4.
[26] Begr. VergRModVO, BT-Drs. 18/7318, 205.
[27] Begr. VergRModVO, BT-Drs. 18/7318, 205.
[28] Ebenso *Geitel* in KKMPP VgV Rn. 31.
[29] Vgl. OLG Dresden Beschl. v. 23.7.2002 – WVerg 0007/02, BeckRS 2016, 06030; OLG Düsseldorf Beschl. v. 17.4.2019 – Verg 36/18, NZBau 2019, 737 (739); OLG Düsseldorf Beschl. v. 2.1.2006 – VII-Verg 93/05, BeckRS 2006, 2917; OLG Düsseldorf Beschl. v. 20.11.2001 – Verg 33/01, BeckRS 2013, 12918.

deren sachgerechte Erfüllung ganz erheblich auch von dem individuellen Leistungsvermögen einzelner Personen abhängt.[30] Dies betrifft vor allem Aufträge mit einem geistig-schöpferischen Leistungsschwerpunkt, insbesondere über Architekten- und Ingenieurleistungen. Hier kann der erfolgreiche Abschluss des Auftrages oder Teilen desselben häufig auch den für die Ausführung jeweils verantwortlichen Personen persönlich zugerechnet werden. Insoweit können abgeschlossene Aufträge auch **personenbezogene Referenzen** sein.

26 Gemäß § 46 Abs. 3 Nr. 1 gehören Referenzen zum Numerus clausus der Nachweise für die technische und berufliche Leistungsfähigkeit der Verfahrensteilnehmer. Dazu wird vertreten, dass hiervon ausschließlich unternehmensbezogene Referenzen erfasst sind.[31] Die zulässigen personenbezogenen Nachweise seien abschließend unter § 46 Abs. 3 Nr. 6 geregelt und demnach auf Studien- und Ausbildungsnachweise sowie Bescheinigungen über die Erlaubnis zur Berufsausübung für die Inhaber oder die Führungskräfte des Unternehmens beschränkt. Im Ergebnis dürften damit personenbezogene Referenzen allein gefordert werden, um anhand derer im Rahmen der Angebotswertung unter den Voraussetzungen des § 58 Abs. 2 S. 2 Nr. 2 die **Erfahrung des mit der Ausführung des Auftrags betrauten Personals** zu bewerten. Diese Auslegung mag nachvollziehbar sein, zwingend scheint sie jedoch nicht. Die Erfahrung des Personals kann nach § 46 Abs. 1 ein zulässiges Eignungskriterium sein. Personenbezogene Referenzen des auftragsdurchführenden Personals können insofern unbestreitbar Aufschluss über die berufliche und technische Leistungsfähigkeit des Verfahrensteilnehmers geben. Sie waren deshalb auch nach alter Rechtslage auch anerkannte Eignungsnachweise.[32] Für eine Absicht des Verordnungsgebers, hieran etwas zu ändern, ist nichts ersichtlich. Der Wortlaut des § 46 Abs. 3 Nr. 1 lässt durchaus auch weiterhin die Forderung personenbezogener Referenzen als Eignungsnachweise zu. Anders als etwa bei der technischen Ausrüstung nach § 46 Abs. 3 Nr. 3 wird bei den Referenzen nicht ausdrücklich das „Unternehmen" als subjektiver Bezugspunkt der Eignungsnachweise benannt. Unabhängig davon scheint eine Beschränkung auf Unternehmensreferenzen in Anbetracht des möglichen Ausschlusses von Newcomern, der von Auftraggebern gem. Abs. 4 S. 2 gerade zu verhindern ist, nicht unproblematisch. So werden neu gegründete Büros selten Referenzen über selbst ausgeführte Aufträge vorweisen können. Sie werden allenfalls in der Lage sein, personenbezogene Referenzen der nunmehrigen Büroinhaber oder Mitarbeiter vorzulegen, die diese bei anderen Unternehmen durch ihre exponierte Mitwirkung an der Durchführung der betreffenden Referenzaufträge erworben haben. Es ist allerdings möglich und ggf. auch geboten, diesem Umstand durch eine **Zurechnung bieter- bzw. bewerberfremder Referenzen** Rechnung zu tragen.[33] In der vergaberechtlichen Judikatur ist anerkannt, dass sich Verfahrensteilnehmer auf die Leistungen anderer Unternehmen berufen können, wenn sichergestellt ist, dass sie den vergabegegenständlichen Auftrag vollständig oder zumindest zu einem ganz überwiegenden Teil durch dasselbe Personal eben dieser Unternehmen durchführen.[34] Sofern und soweit der erfolgreiche Abschluss von Referenzaufträgen in besonderem Maße aber auf der Leistung einzelner Personen beruht und die Leistung des Unternehmens als Ganzes dementsprechend in den Hintergrund tritt, muss es für eine Zurechnung der Referenzen auch genügen, wenn eben diese Personen nun zum Personal oder zur Führung des Verfahrensteilnehmers gehören und im Zuschlagsfall für die Auftragsdurchführung in entsprechend verantwortlicher Position vorgesehen sind.[35]

27 **1. Präsentation von Referenzprojekten (Abs. 5 S. 1).** Nach Abs. 5 S. 1 ist die Präsentation von **Referenzprojekten** zugelassen. „Referenzprojekte" ist insbesondere für den Bereich der Architekten- und Ingenieurleistungen eine andere Bezeichnung für Referenzaufträge.

---

[30] Vgl. OLG Dresden Beschl. v. 23.7.2002 – WVerg 0007/02, BeckRS 2016, 06030.
[31] So *Geitel* in KKMPP VgV § 76 Rn. 5 mwN.
[32] OLG Koblenz Beschl. v. 4.10.2010 – 1 Verg 9/10, BeckRS 2010, 24261.
[33] Vgl. VK Rheinland-Pfalz Beschl. 8.12.2016 – VK 1–27/16, BeckRS 2016, 115158, wonach es im grundsätzlichen Ermessen der Vergabestelle stünde, solche Referenzen zu akzeptieren; so auch für § 6a EU VOB/A jurisPK-VergabeR/*Summa* VOB/A § 6a EU Rn. 79.
[34] Vgl. allgemein OLG Frankfurt a. M. Beschl. v. 9.7.2010 – 11 Verg 5/10, BeckRS 2010, 19010. Zurückhaltend VK Rheinland-Pfalz Beschl. v. 8.12.2016 – VK 1–27/16, BeckRS 2016, 115158, wonach es zwar im grundsätzlichen Ermessen der Vergabestelle stünde, solche Referenzen zu akzeptieren, den Referenzen für das neue Unternehmen aber nicht notwendigerweise die identische Aussagekraft beizumessen sei. Zur Zurechnung von Büroreferenzen bei Architektenleistungen: VK Südbayern Bschl. v. 17.3.2015 – Z3-3-3194-1-56-12/14, IBRRS 2015, 0800. Zur Zurechnung von persönlichen Referenzen bei Architekten-Rspr. Projektsteuerungsleistungen: VK Sachsen Beschl. v. 5.5.2014 – 1/SVK/010-14, BeckRS 2014, 21204; VK Sachsen Beschl. v. 14.4.2008 – 1-SVK/13/08, BeckRS 2008, 10788.
[35] Vgl. VK Südbayern Beschl. v. 17.3.2015 – Z3-3-3194-1-56-12/14, IBRRS 2015, 0800, wonach aber über den Projektleiter und stellvertretenden Projektleiter hinaus auch beim sonstigen Projektteam eine weitgehende Identität zwischen den Personen, die für die Referenzaufträge zuständig waren, und den Mitarbeitern in dem neu gegründeten Unternehmen vorliegen muss.

Die Zulassung der Präsentation bezieht sich nach dem eindeutigen Willen des Verordnungsgebers entgegen dem systematischen Standort der Norm nicht auf die Eignungsprüfung.[36] Sie ist mithin nicht zuzulassen, damit Verfahrensteilnehmer ihre zur Auftragsausführung erforderliche Eignung belegen können. Die Präsentation von Referenzprojekten soll vielmehr in der Angebotsphase den geeigneten Bietern die Möglichkeit eröffnen, den Auftraggeber von der Qualität ihrer mit dem Angebot eingereichten **Lösungsansätze für die vergabegegenständliche Planungsaufgabe** oder auch ihrer diesbezüglichen Lösungsvorschläge gem. § 76 Abs. 2 S. 1 zu überzeugen (→ § 76 Rn. 10). Die Bieter sollen deutlich machen können, dass sich ihr vorgestelltes Konzept oder nur Teile davon bereits bei anderen Vorhaben bewährt haben.[37] Die Präsentation ist damit für sich genommen kein zulässiges Zuschlagskriterium, sondern eine Erkenntnisquelle für die Bewertung der Konzepte der Bieter.[38] Ihr kommt insofern nur eine Unterstützungsfunktion zu. Die Qualität der Konzepte kann nicht allein nach der Anzahl und der Vergleichbarkeit der präsentierten Referenzprojekte bewertet werden. Dies würde regelmäßig zu einer unzulässigen Doppelverwertung der Referenzen führen, einmal in der Eignungsprüfung und später in der Angebotswertung (→ § 76 Rn. 12). 28

Abs. 5 S. 1 begründet ein **nicht entziehbares Recht der Bieter.**[39] Sie gibt aber keinen Anlass für die Präsentation von Referenzprojekten, sondern setzt einen solchen voraus. Ein Anlass ist nach dem Normzweck nur dann gegeben, wenn Konzepte für die geplante Auftragsdurchführung gefordert sind, die durch die Präsentation der Referenzprojekte veranschaulicht werden können. Die Präsentation muss in die Darstellung solcher Konzepte eingebettet sein. Die Bieter sind dagegen nicht berechtigt, Referenzprojekte ohne jeglichen Bezug zu der von ihnen angebotenen Leistung zu präsentieren.[40] 29

Auftraggeber können die Anzahl der präsentierbaren Referenzprojekte begrenzen.[41] Eine **Begrenzung auf ein einziges Referenzprojekt** scheint wegen der Formulierung „Referenzprojekte" ausgeschlossen.[42] Zwingend ist diese Auslegung aber nicht. Die Formulierung lässt auch eine offene Deutung zu, wonach sich die Vorschrift einer Mengenvorgabe gänzlich enthält und damit die Bestimmung der konkreten Anzahl dem Auftraggeber im Rahmen seines organisatorischen Gestaltungsspielraums unter Beachtung des Diskriminierungsverbotes und des Wettbewerbsgrundsatzes überlassen ist. Dies erscheint auch sachgerecht. Im Übrigen kann die Begrenzung auf eine Referenz auch zur Vermeidung von Nachteilen von kleineren Büroorganisationen und Berufsanfängern im Einzelfall geboten sein (→ Rn. 24). 30

Abs. 5 S. 1 begründet für die Bieter **keine Pflicht zur Präsentation.**[43] Sofern aber Auftraggeber die Präsentation von Referenzprojekten zur Bewertung von Konzepten vorschreiben, ist im Falle des Unterlassens die Qualität eingereichter Konzepte nur eingeschränkt oder überhaupt nicht bewertbar, womit die betreffenden Angebote insoweit im Rahmen der Angebotswertung abzuwerten sind oder überhaupt keine Wertungspunkte erzielen können. 31

2. Vergleichbarkeit der Referenzobjekte (Abs. 5 S. 2 und 3). Sofern Auftraggeber Erfahrung und Verlässlichkeit der Bieter als Eignungskriterium festlegen und als Nachweis derselben nach § 46 Abs. 3 Nr. 1 geeignete Referenzen verlangen, müssen die erbrachten Referenzaufträge mit dem vergabegegenständlichen Auftrag vergleichbar sein. Dies folgt bereits aus der Natur einer Referenz und ihrer Zweckbestimmung.[44] Fehlt es an der Vergleichbarkeit, sind Referenzen nicht „geeignet" iSd § 46 Abs. 3 Nr. 1.[45] Sofern Auftraggeber keine einengenden Anforderungen an die Vergleichbarkeit festlegen (→ Rn. 24), müssen die Referenzleistungen nicht mit der vergabegegenständlichen Leistung identisch sein, sondern dieser nur so weit ähneln, dass deren beanstandungsfreie Erfüllung einen tragfähigen Rückschluss auf die Leistungsfähigkeit der Verfahrensteilnehmer für die Erfüllung 32

---

[36] AA *Geitel* in KKMPP VgV Rn. 38, der zwar von einem entsprechenden gesetzgeberischen Willen ausgeht, jedoch auf dessen fehlende Manifestation in Wortlaut und Systematik der Norm abstellt, gleichzeitig aber entgegen dem eindeutigen Wortlaut einen Anspruch der Bewerber auf Präsentation von Referenzprojekten im Rahmen der Eignungsprüfung mit Verweis auf den entgegenstehenden Willen des Gesetzgebers ablehnt.
[37] Vgl. *Voppel/Osenbrück/Bubert* VgV Rn. 34.
[38] Vgl. *Voppel/Osenbrück/Bubert* VgV Rn. 34.
[39] Vgl. *Voppel/Osenbrück/Bubert* VgV Rn. 34; so zu § 20 VOF: *Bluhm* in Müller-Wrede VOF § 20 Rn. 14.
[40] Die Verordnungsbegründung ist insofern kryptisch. Hiernach soll es den Bietern möglich sein, über die Referenzprojekte „zu diskutieren", Begr. VergRModVO, BT-Drs. 18/7318, 205.
[41] Vgl. *Voppel/Osenbrück/Bubert* VgV Rn. 36; so zu § 20 VOF: *Bluhm* in Müller-Wrede VOF § 20 Rn. 16.
[42] So zu § 20 VOF: *Bluhm* in Müller-Wrede VOF § 20 Rn. 16.
[43] So zu § 20 VOF: *Bluhm* in Müller-Wrede VOF § 20 Rn. 15.
[44] Vgl. OLG Dresden Beschl. v. 17.1.2014 – Verg 7/13, BeckRS 2014, 18013.
[45] Demgegenüber BeckOK VergabeR/*Friton* Rn. 83, wonach insbes. bei für Newcomer geeigneten Aufträgen geringerer Komplexität ein Verzicht auf das Kriterium der Vergleichbarkeit möglich, wenn nicht sogar geboten sei.

des ausgeschriebenen Auftrages erlaubt.[46] Auftraggeber sind verpflichtet, die Vergleichbarkeit der Referenzen zu prüfen und dies zu dokumentieren (→ Rn. 39). Dabei kommt den Auftraggebern nach der oberlandesgerichtlichen Rechtsprechung ein durch die Nachprüfungsinstanzen nur eingeschränkt überprüfbarer **Beurteilungsspielraum** zu.[47] Die erfolgte Beurteilung der Vergleichbarkeit soll demgemäß von den Nachprüfungsinstanzen nur daraufhin überprüft werden können, ob die Auftraggeber das vorgeschriebene Verfahren eingehalten, die von ihnen selbst aufgestellten Bewertungsvorgaben beachtet, den zugrunde liegende Sachverhalt vollständig und zutreffend ermittelt, keine sachwidrigen Erwägungen angestellt und nicht gegen allgemeine Bewertungsgrundsätze verstoßen haben.[48] Im Allgemeinen sollen Auftraggeber aber bei der Beurteilung, ob Referenzleistungen vergleichbar sind, keinen zu engen Maßstab anlegen dürfen.[49] Dieser den Auftraggebern von der Rechtsprechung zugestandene Beurteilungsspielraum ist ob seiner rechtsstaatlich gebotenen Rechtfertigung[50] kritisch zu hinterfragen, dies nicht zuletzt in Anbetracht der allgemein angebrachten Zurückhaltung bei der Anerkennung von administrativen Letztentscheidungskompetenzen.[51] Sofern das BVerfG Beurteilungsspielräume anerkannt hat, wenn die Konkretisierung von unbestimmten Rechtsbegriffen im Nachvollzug der Verwaltungsentscheidung so schwierig ist, dass die gerichtliche Kontrolle an die Funktionsgrenzen der Rechtsprechung stößt,[52] drängt sich ein dementsprechender Befund für die Beurteilung der Vergleichbarkeit von Referenzaufträgen nicht auf.[53] Letztendlich ist die Frage, ob Referenzaufträge mit dem vergabegegenständlichen Auftrag hinsichtlich des Leistungsinhalts, Leistungsumfangs und des technischen, organisatorischen oder planerischen Schwierigkeitsgrads vergleichbar sind, erforderlichenfalls einem Sachverständigenbeweis zugänglich.[54] Etwas anderes mag für die Schlussfolgerungen gelten, die Auftraggeber aufgrund von Unterschieden der Referenzaufträge für die Eignung der betreffenden Verfahrensteilnehmer zur ordnungsgemäßen Erbringung des vergabegegenständlichen Auftrages zu ziehen haben, jedenfalls soweit hierfür eine fachlichtatsächliche Prognose erforderlich ist.[55] Wenngleich es keinen Grundsatz gibt, demzufolge Verwaltungsprognosen als solche gerichtlich nur begrenzt überprüfbar wären.[56]

33   Die Vergleichbarkeit der Referenzaufträge ist ausschließlich anhand der geforderten **Referenzangaben** der Verfahrensteilnehmer zu beurteilen. Dies gilt auch für Fälle, in denen die Referenzaufträge von den Auftraggebern selbst stammen oder ihnen die jeweiligen Auftragsdetails aus anderen Gründen bekannt sind.[57] Dabei dürfen nur solche Angaben gefordert werden, die Auftraggeber bei der Beurteilung der Vergleichbarkeit der Referenzen tatsächlich zu berücksichtigen gedenken. Im Umkehrschluss dürfen vorliegende geforderte Referenzangaben nicht unberücksichtigt bleiben. Auftraggeber können dabei davon ausgehen, dass die Referenzangaben der Verfahrensteilnehmer zutreffend sind. Korrespondierend dazu können Verfahrensteilnehmer im Falle von unzutreffenden oder irreführenden Angaben nach § 124 Abs. 1 Nr. 8 oder 9 lit. c GWB vom Vergabeverfahren ausgeschlossen werden. Zu einer Überprüfung der Referenzangaben, etwa durch Nachfrage bei den Referenzauftraggebern, sind Auftraggeber nicht zuletzt im Sinne der Verfahrensökonomie grundsätz-

---

[46] Vgl. OLG München Beschl. v. 27.7.2018 – Verg 02/18, BeckRS 2018, 19182; OLG München Beschl. v. 12.11.2012 – Verg 23/12, BeckRS 2012, 23578; OLG Celle Beschl. v. 3.7.2018 – 13 Verg 8/17, NZBau 2019, 213 (216); OLG Schleswig Beschl. v. 28.6.2016 – 54 Verg 2/16, NZBau 2016, 593 (598); OLG Frankfurt a. M. Beschl. v. Beschl. v. 8.4.2014 – 11 Verg 1/14, NZBau 2015, 51 (53); OLG Frankfurt a. M. Beschl. v. 24.10.2006 – 11 Verg 8/06 und 9/06, NZBau 2007, 468 (469).

[47] Vgl. OLG Frankfurt a. M. Beschl. v. 1.10.2020 – 11 Verg 9/20, BeckRS 2020, 29401; OLG Frankfurt a. M. Beschl. v. 8.4.2014 – 11 Verg 1/14, NZBau 2015, 51 (52); OLG München Beschl. v. 27.7.2018 – Verg 02/18, BeckRS 2018, 19182; OLG München Beschl. v. 19.12.2013 – Verg 12/13, BeckRS 2014, 00957; OLG Düsseldorf Beschl. v. 9.6.2010 – VII Verg 14/10, BeckRS 2010, 19463.

[48] OLG Celle Beschl. v. 3.7.2018 – 13 Verg 8/17, NZBau 2019, 213 (215).

[49] OLG Celle Beschl. v. 3.7.2018 – 13 Verg 8/17, NZBau 2019, 213 (215).

[50] Grundlegend BVerfG Beschl. v. 31.5.2011 – 1 BvR 857/07, NVwZ 2011, 1062 (1065) mwN, wonach die Freistellung der Rechtsanwendung von gerichtlicher Kontrolle stets eines hinreichend gewichtigen, am Grundsatz eines wirksamen Rechtsschutzes ausgerichteten Sachgrunds bedarf.

[51] Vgl. hierzu *Schönenbroicher* in Mann/Sennekamp/Uechtritz, Verwaltungsverfahrensgesetz, 2. Aufl. 2019, VwVfG § 40 Rn. 94.

[52] Vgl. BVerfG Beschl. v. 17.4.1991 – 1 BvR 419/81, 1 BvR 213/83, NJW 1991, 2005 (2006).

[53] So aber OLG München Beschl. v. 19.12.2013 – Verg 12/13, BeckRS 2014, 00957, wonach die Vergabestelle regelmäßig über spezifisches Fachwissen und fachliche Erfahrung zum Gegenstand der Ausschreibung verfüge, die den Nachprüfungsinstanzen meist fehle.

[54] Vgl. OLG Celle Urt. v. 23.9.2019 – 13 U 72/17, BeckRS 2019, 43671.

[55] Zum Beurteilungsspielraum öffentlicher Auftraggeber bei der Eignungsprüfung: KG Beschl. v. 27.11.2008 – 2 Verg 4/08, BeckRS 2009, 113; → GWB § 122 Rn. 23.

[56] Vgl. Maunz/Dürig/*Schmidt-Aßmann* GG Art. 19 Abs. 4 Rn. 198 mwN.

[57] Vgl. VK Brandenburg Beschl. v. 12.12.2016 – VK 21/16, BeckRS 2016, 122611.

V. Referenzen (Abs. 5)

lich nicht verpflichtet.[58] Objektiv begründeten Zweifeln, etwaigen Unplausibilitäten oder Unklarheiten ist aber im Wege der Aufklärung bei den Verfahrensteilnehmern oder durch Konsultation der Referenzauftraggeber nachzugehen.[59]

Auftraggeber können **Anforderungen an die Vergleichbarkeit** der Referenzaufträge festlegen und hierdurch einen bestimmten Grad an Übereinstimmung mit dem vergabegegenständlichen Auftrag vorgeben. Ob und ggf. welche Anforderungen festgelegt werden, steht im Ermessen der Auftraggeber. Eine Pflicht zur Festlegung besteht nicht. Solche Anforderungen mögen im Sinne der Transparenz den Verfahrensteilnehmern eine zielgerichtetere Auswahl geeigneter Referenzen ermöglichen.[60] Sie führen aber auch zu einer Selbstbindung der Auftraggeber und damit zu einer Einengung ihres Beurteilungsspielraumes.[61] Die Prüfung der Vergleichbarkeit beschränkt sich demnach auf die Erfüllung der Anforderungen, was einerseits den Prüfungsaufwand erheblich reduzieren kann, andererseits Auftraggeber daran hindert, sämtliche aus den Referenzangaben der Verfahrensteilnehmer ableitbaren Umstände umfassend zu würdigen. Aufgrund dessen und der naturgemäß begrenzten Antizipierbarkeit der unterschiedlichen Lebenssachverhalte bergen Vergleichbarkeitsanforderungen die Gefahr unbeabsichtigter und ggf. ungerechtfertigter Wettbewerbsbeschränkungen.[62] Auftraggeber sollten daher sorgfältig abwägen, ob sie sich ihrer Möglichkeit begeben, die Vergleichbarkeit anhand sämtlicher Umstände des Einzelfalls zu beurteilen.

Der Ermessensspielraum der Auftraggeber zur Festlegung von Anforderungen an die Vergleichbarkeit ist durch den Verhältnismäßigkeitsgrundsatz aus § 97 Abs. 1 S. 2 GWB begrenzt. Die Anforderungen müssen demnach von einem legitimen Nachweisbedürfnis gedeckt sein und nicht dazu führen, dass die Eignungskriterien der Erfahrung und Verlässlichkeit entgegen § 122 Abs. 4 GWB unverhältnismäßig verschärft werden.[63] Dabei ist der zulässigerweise vorausgesetzte Grad an Übereinstimmung mit dem vergabegegenständlichen Auftrag von den Anforderungen an dessen ordnungsgemäße Ausführung abhängig. Je spezieller und anspruchsvoller diese Anforderungen sind, desto höher darf der geforderte Übereinstimmungsgrad sein.[64] Umgekehrt nimmt die erforderliche sachliche Rechtfertigung einengender Vergleichbarkeitsanforderungen ab, desto gewöhnlicher der vergabegegenständliche Auftrag ist. Dies kann so weit gehen, dass vorab keinerlei Anforderungen gestellt werden dürfen. Ein gänzlicher Verzicht auf das Kriterium der Vergleichbarkeit ist dagegen nicht zulässig, da der erfolgreiche Abschluss der Referenzaufträge dann keinen hinreichenden Rückschluss auf die Leistungsfähigkeit der Verfahrensteilnehmer für die Erfüllung des ausgeschriebenen Auftrages erlauben würde.[65] Damit wäre die sachliche Rechtfertigung zur Forderung von Referenzen als Eignungsnachweise nicht mehr gegeben und im Übrigen auch in Zweifel gezogen, dass es für die ordnungsgemäße Ausführung des vergabegegenständlichen Auftrages tatsächlich auf die Erfahrung der potenziellen Auftragnehmer ankommt. Kommt es den Auftraggebern auf die Vergleichbarkeit der Referenzaufträge nicht an, müssen sie demnach gänzlich auf die Forderung von Referenzen verzichten und die Festlegung auf die Erfahrung der Verfahrensteilnehmer bezogener Eignungsanforderungen überdenken.

Anforderungen an die Vergleichbarkeit sind nach § 48 Abs. 1 in der Auftragsbekanntmachung oder der Aufforderung zur Interessensbestätigung anzugeben. Sind keine Anforderungen bekanntgemacht, bleibt es bei dem Grundsatz, wonach die Referenzleistungen nicht mit den vergabegegenständlichen Leistungen identisch sein brauchen, sondern diesen nur hinreichend ähneln müssen (→ Rn. 32).[66] Bei der diesbezüglichen Prüfung sind sämtliche aus den Referenzangaben der Verfah-

---

[58] Grundlegend zur Überprüfungsbedürftigkeit von Eigenerklärungen: OLG Düsseldorf Beschl. v. 2.12.2009 – VII-Verg 39/09, NZBau 2010, 393 (398). Für eine Überprüfungsbedürftigkeit im Fall dessen, dass nur eine einzige einschlägige Referenz gefordert ist und dieser demnach ein besonderes Gewicht bei der Eignungsprüfung zukommt: VK Niedersachsen Beschl. v. 18.5.2020 – VgK-06/20, BeckRS 2020, 14525.
[59] Grundlegend zur Überprüfungsbedürftigkeit von Eigenerklärungen: OLG Düsseldorf Beschl. v. 2.12.2009 – VII-Verg 39/09, NZBau 2010, 393 (398).
[60] Vgl. *Braun* in Gabriel/Krohn/Neun VergabeR-HdB § 30 Rn. 65.
[61] Vgl. OLG Koblenz Beschl. v. 13.6.2012 – 1 Verg 2/12, NZBau 2012, 724 (725).
[62] So zutreffend BeckOK VergabeR/*Friton* Rn. 80.
[63] Vgl. OLG Koblenz Beschl. v. 13.6.2012 – 1 Verg 2/12, NZBau 2012, 724 (725); VK Sachsen Beschl. v. 11.6.2019 – 1/SVK/012-19, BeckRS 2019, 24592.
[64] Vgl. VK Sachsen Beschl. v. 11.6.2019 – 1/SVK/012-19, BeckRS 2019, 24592 Referenzen betreffend die Betreuung eines Hubschrauberlandeplatzes.
[65] Demgegenüber BeckOK VergabeR/*Friton* Rn. 83, wonach insbes. bei für Newcomer geeigneten Aufträgen geringerer Komplexität ein Verzicht auf das Kriterium der Vergleichbarkeit möglich, wenn nicht sogar geboten sei.
[66] Vgl. OLG München Beschl. v. 27.7.2018 – Verg 02/18, BeckRS 2018, 19182; Vgl. OLG Frankfurt a. M. Beschl. v. 8.4.2014 – 11 Verg 1/14, NZBau 2015, 51 (53); VK Sachsen Beschl. v. 11.6.2019 – 1/SVK/012-19, BeckRS 2019, 24592; VK Westfalen Beschl. v. 2.5.2018 – VK 1-6/18, IBRRS 2018, 2748.

35 rensteilnehmer ableitbaren Umstände zu würdigen, wobei einzelnen Aspekten, wie etwa der Höhe des Auftragsvolumens, grundsätzlich kein überproportionales Gewicht beigemessen werden darf.[67]

Abs. 5 S. 2 und 3 enthalten besondere Bestimmungen für die Vergleichbarkeit von Referenzaufträgen bei der Vergabe von Architekten- und Ingenieurleistungen. Sie beschränken sich dabei auf einen Teilaspekt, die Vergleichbarkeit der **Referenzobjekte**. Damit sind die Objekte iSd § 2 Abs. 1 HOAI gemeint, deren Planung und Realisierung Gegenstand des Referenzauftrages bzw. Referenzprojektes ist.[68] Die Referenzobjekte müssen mit dem vergabegegenständlichen Objekt vergleichbar sein. Dies stellt aber nur einen Aspekt für die Vergleichbarkeit des gesamten Referenzauftrages bzw. Referenzprojektes dar. Daneben ist vor allem entscheidend, ob Art und Umfang der Leistungen vergleichbar sind, was sich regelmäßig danach beurteilt, ob die wesentlichen vergabegegenständlichen Leistungsphasen und Leistungsbilder nach der HOAI erbracht wurden.[69]

36 **Abs. 5 S. 2** besagt, dass Referenzobjekte, deren Planungs- oder Beratungsanforderungen mit denen der zu vergebenden Planungs- oder Beratungsleistung vergleichbar sind, zuzulassen sind. Damit wird der von der Rechtsprechung zugestandene Spielraum der Auftraggeber bei der Beurteilung der Vergleichbarkeit von Referenzen (→ Rn. 32) für die Vergabe von Architekten- und Ingenieurleistungen dahingehend eingeschränkt, dass die **Planungs- oder Beratungsanforderungen** der Referenzobjekte vergleichbar sein müssen. Auftraggeber sind demnach zum einen gehindert, Referenzaufträge als vergleichbar anzusehen, die sich nicht auf vergleichbare Referenzobjekte beziehen. Zum anderen werden die Planungs- und oder Beratungsanforderungen als alleiniges Vergleichbarkeitskriterium für die Referenzobjekte vorgegeben. Der Begriff „Planungsanforderungen" soll auf die Honorarzonen nach § 5 HOAI hinweisen.[70] Die Honorarzonen der Referenzobjekte müssen mithin zu den Planungsanforderungen der ausgeschriebenen Planungsleistung in Beziehung gesetzt werden.[71] Auf weitere, die Vergleichbarkeit eingrenzende Regelungen im Sinne von „höchstens eine Stufe darunter", „genau die gleiche Schwierigkeitsstufe" etc, hat der Verordnungsgeber ausdrücklich verzichtet.[72] Den demnach verbleibenden Beurteilungsspielraum können Auftraggeber unter Beachtung der aus dem Rechtsstaatsgebot folgenden Grenzen ausschöpfen und zudem den Verhältnismäßigkeitsgrundsatz wahrende Anforderungen an die Vergleichbarkeit der Referenzobjekte festlegen (→ Rn. 34). Dabei wird allerdings die Vergleichbarkeit von Referenzobjekten, die einer niedrigeren Honorarzone zuzuordnen sind, nicht ohne Weiteres angenommen werden können.[73] Im Übrigen sind Auftraggeber aufgrund von Abs. 5 S. 2 weder verpflichtet noch berechtigt, die Vergleichbarkeit der Referenzaufträge allein anhand der Planungs- oder Beratungsanforderungen der Referenzobjekte zu beurteilen. Daneben sind weitere Aspekte zu berücksichtigen, insbesondere Art und Umfang der erbrachten Referenzleistungen (→ Rn. 35). Eine allein auf die Vergleichbarkeit der Referenzobjekte abstellende Beurteilung wäre sachwidrig und damit nicht vom Beurteilungsspielraum der Auftraggeber gedeckt, die Festlegung dementsprechender Vergleichbarkeitsanforderungen ermessensfehlerhaft.

37 **Abs. 5 S. 3** besagt, dass es bei die Vergleichbarkeit von Referenzobjekten in der Regel unerheblich ist, ob **Objekte derselben Nutzungsart** geplant oder realisiert wurden. Nach der Verordnungsbegründung soll es in den meisten Fällen insbesondere unerheblich sein, ob die zu planende Baumaßnahme für einen öffentlichen Auftraggeber erfolgte oder für einen privaten Bauherrn.[74] Genauso wenig sei es für die Vergabe der Planung eines Kindergartens erforderlich, dass das Referenzobjekt ebenfalls ein Kindergarten war, jedenfalls nicht ohne weitere besonderen Umstände des Einzelfalls.[75] Entsprechendes wurde in der Vergaberechtsprechung bereits vor der Einführung des Abs. 5 S. 3 für Botschaftsgebäude[76] und Feuerwachen[77] entschieden. Mit der Bestimmung soll nach der Intention des Verordnungsgebers ein Signal an die Praxis erfolgen, entsprechende Vorgaben zumindest zu überdenken und hinreichend zu begründen.[78] Der Verordnungsgeber hatte demnach offenbar unverhältnismäßige Vergleichbarkeitsanforderungen im Auge (→ Rn. 34). Die grundlegende Aussage des Abs. 5 S. 3 ist hierauf aber nicht beschränkt, sondern betrifft auch die Fälle, in denen Auftraggeber

---

[67] Vgl. OLG Saarbrücken Beschl. v. 15.10.2014 – 1 Verg 1/14, ZfBR 2015, 398 (402).
[68] Vgl. zur Bestimmung und Begrenzung des Objekts Berger/Seifert in Fuchs/Berger/Seifert, Beck'scher HOAI- und Architektenrechtskommentar, 2. Aufl. 2020, HOAI § 2 Rn. 15.
[69] Vgl. VK Bund Beschl. v. 15.11.2013 – VK 1-97/13, BeckRS 2014, 16038.
[70] Begr. VergRModVO, BT-Drs. 18/7318, 205.
[71] Begr. VergRModVO BT-Drs. 18/7318, 205.
[72] Begr. VergRModVO, BT-Drs. 18/7318, 205.
[73] Vgl. Voppel/Osenbrück/Bubert/Voppel VgV Rn. 38 wonach eine solche Annahme als überdehnende Ausweitung des Begriffs der Vergleichbarkeit erscheine.
[74] Begr. VergRModVO, BT-Drs. 18/7318, 205.
[75] Begr. VergRModVO, BT-Drs. 18/7318, 205.
[76] Vgl. VK Bund Beschl. v. 15.11.2013 – VK 1-97/13, BeckRS 2014, 16038.
[77] Vgl. VK Niedersachsen Beschl. v. 18.11.2011 – VgK-50/2011, BeckRS 2011, 29188.
[78] Begr. VergRModVO BT-Drs. 18/7318, 205.

die Vergleichbarkeit im Einzelfall frei von zuvor festgelegten Anforderungen zu beurteilen haben. Die Bestimmung enthält kein generelles Verbot, die Vergleichbarkeit der Referenzobjekte von der Nutzungsart abhängig zu machen.[79] Hinsichtlich der Festlegung von Vergleichbarkeitsanforderungen konkretisiert sie die aus dem Verhältnismäßigkeitsgebot folgende Begrenzung des insofern bestehenden Ermessensspielraums der Auftraggeber und hinsichtlich der Beurteilung der Vergleichbarkeit im Einzelfall die aus dem Rechtstaatsgebot abzuleitende Einschränkung ihres Beurteilungsspielraumes, wonach Entscheidungen nicht auf sachwidrige Erwägungen gestützt werden dürfen.[80] Dabei wird die Sachwidrigkeit einer auf die Nutzungsart gestützten Beurteilung der Vergleichbarkeit bzw. die Unangemessenheit von entsprechenden Vergleichbarkeitsanforderungen nahegelegt,[81] was einen entsprechend erhöhten Begründungsaufwand der Auftraggeber zur Folge hat, wenn sie gleichwohl Unterschieden der Nutzungsart Bedeutung beimessen wollen.

Der **Anwendungsbereich** des Abs. 5 S. 2 und 3 betrifft die Prüfung der Vergleichbarkeit 38 von Referenzen im Rahmen der Eignungsprüfung. Die Aussagen dieser Bestimmungen sind hierauf jedoch nicht beschränkt. Sie sind auf die Bewertung von Referenzen im Rahmen von Auswahlentscheidungen nach § 51 oder der Angebotswertung übertragbar, sofern der Grad der Vergleichbarkeit der Referenzobjekte ein Bewertungskriterium ist.[82] Vergleichbarkeitsmaßstab für die Referenzobjekte müssen demnach die Planungs- und Beratungsanforderungen sein. Nur soweit die Nutzungsart für die Planungs- und Beratungsanforderungen des vergabegegenständlichen Objekts erheblich ist, kann die Bewertung der Vergleichbarkeit der Referenzobjekte hierauf gestützt und Objekte derselben Nutzungsart höher bewertet werden.[83] Die Relevanz für die Vergleichbarkeit der Referenzobjekte ist im Übrigen auch bei der Gewichtung im Verhältnis zu den übrigen Vergleichbarkeitskriterien zu berücksichtigen. Der Nutzungsart im Besonderen, aber auch der Vergleichbarkeit der Referenzobjekte im Allgemeinen darf kein unverhältnismäßig hohes Gewicht bei der Bewertung beigemessen werden. Die Bestimmungen des Abs. 5 S. 2 und 3 und die vorstehenden Erwägungen sind außerdem auf Planungswettbewerbe für Architekten- und Ingenieurleistungen übertragbar, in denen durch Referenzen nachgewiesene Erfahrungen entweder als Anforderung zur Teilnahme oder als Auswahlkriterium bei nicht offenen Wettbewerben festgelegt sind (→ § 78 Rn. 21).

Auftraggeber haben die Prüfung der Vergleichbarkeit der Referenzaufträge nach § 8 zu doku- 39 mentieren. Dabei muss die **Dokumentation** eine Überprüfung ermöglichen, ob die Prüfungsergebnisse vom Beurteilungsspielraum der Auftraggeber (→ Rn. 32) gedeckt sind. Hierzu ist insbesondere festzuhalten, anhand welcher Angaben und nach welchen Kriterien die Beurteilung der Vergleichbarkeit jeweils erfolgt ist.[84] Die zur Beurteilung herangezogenen Kriterien sind ihrerseits nachvollziehbar herzuleiten. Sofern Auftraggeber abweichend von Abs. 5 S. 2 der Nutzungsart entscheidungserhebliche Bedeutung beimessen wollen, ist die hierfür erforderliche besondere Begründung zu dokumentieren (→ Rn. 37). Gleiches gilt, wenn die Vergleichbarkeit von Referenzobjekten angenommen wird, die niedrigeren Honorarzonen zuzuordnen sind als das vergabegegenständliche Objekt (→ Rn. 36). Die vorgenannten Dokumentationsanforderungen gelten für die Festlegung von Vergleichbarkeitsanforderungen (→ Rn. 34) entsprechend. Hier muss die Dokumentation eine Überprüfung der ordnungsgemäßen Ermessensausübung der Auftraggeber ermöglichen.

VI. Bewerberauswahl durch Losentscheid (Abs. 6)

Abs. 6 bestimmt, dass in einem Teilnahmewettbewerb die Auswahl derjenigen Bewerber, die 40 zur Angebotsabgabe aufgefordert werden, durch Losentscheid getroffen werden kann, dies aller-

---

[79] Vgl. VK Sachsen Beschl. v. 5.2.2019 – 1/SVK/038-18, BeckRS 2019, 2285.
[80] Zu den Grenzen des Beurteilungsspielraums öffentlicher Auftraggeber bei der Eignungsprüfung: KG Beschl. v. 27.11.2008 – 2 Verg 4/08, BeckRS 2009, 113; → GWB § 122 Rn. 23; allgemein zu den Grenzen von Beurteilungsspielräumen: BeckOK VwVfG/*Aschke* VwVfG § 40 Rn. 132 mwN.
[81] Insofern im Recht skeptisch: Voppel/Osenbrück/Bubert/*Voppel* VgV Rn. 39, wonach entgegen der Ansicht des Verordnungsgebers das Erfordernis von Referenzen derselben Nutzungsart viel öfter erforderlich sein dürfte, als es die Regel-Ausnahme-Entscheidung in Abs. 5 S. 3 suggeriert.
[82] Zur Zulässigkeit einer solchen Bewertung im Zuschlagskriterium „Organisation, Qualifikation und Erfahrung des bei der Durchführung des Auftrags eingesetzten Personals" vgl. VK Bund Beschl. v. 11.9.2015 – VK 1 84/15, BeckRS 2015, 120725.
[83] Undifferenziert Voppel/Osenbrück/Bubert/*Voppel* VgV Rn. 41, wonach eine Höherbewertung von Referenzen derselben Nutzungsart zur Vermeidung einer ungerechtfertigten Gleichbehandlung sogar geboten ist.
[84] Vgl. OLG Frankfurt a. M. Beschl. v. 8.4.2014 – 11 Verg 1/14, NZBau 2015, 51 (54); VK Niedersachsen Beschl. v. 18.5.2020 – VgK-06/20, BeckRS 2020, 14525.

dings unter einschränkenden Voraussetzungen. Die generelle Zulassung eines Losverfahrens würde dem Wettbewerbsgrundsatz aus § 97 Abs. 1 GWB widersprechen, da es seiner Natur nach nicht die Auswahl der besten Bewerber zum Ziel hat, sondern zu einer zufälligen Bewerberauswahl führt.[85] Voraussetzung für einen Losentscheid ist daher zunächst, dass der Auftraggeber gem. § 51 Abs. 1 überhaupt die **Anzahl der Bewerber in zulässiger Weise begrenzt** und in der Auftragsbekanntmachung nach § 51 Abs. 1 S. 1 eine entsprechende Höchstzahl sowie objektive und nicht diskriminierende Eignungskriterien für die Auswahl der Bewerber angegeben hat. Des Weiteren ist vorausgesetzt, dass mehrere Bewerber gleichermaßen die Anforderungen erfüllen und die Bewerberzahl auch nach einer objektiven Auswahl entsprechend den zugrunde gelegten Eignungskriterien zu hoch ist. Bei der objektiven Auswahl müssen graduelle Unterschiede unter den Bewerbern in Bezug auf die Erfüllung der Eignungskriterien berücksichtigt und nicht nivelliert worden sein.[86]

41 Die unter den vorgenannten Voraussetzungen zugelassene Losentscheidung ist unter den „**verbleibenden Bewerbern**" zu treffen. Damit sind ausschließlich diejenigen Bewerber gemeint, die gleich bewertet worden sind und um den letzten verfügbaren Platz für die zweite Phase des Verfahrens konkurrieren.[87] Hinsichtlich der davorliegenden Plätze ist eine Auswahlentscheidung aufgrund der objektiven und nicht diskriminierenden Eignungskriterien möglich und damit für einen Losentscheid kein Raum. Sind Bewerber auf den vorderen Plätzen gleich bewertet, sind die nachfolgenden Plätze entsprechend deren Anzahl zu besetzen. Sofern die Anzahl der gleichbewerteten Bewerber höher ist, sind alle nachfolgenden Plätze unter diesen auszulosen.[88]

42 Liegen die Voraussetzungen für einen Losentscheid vor, können Auftraggeber alternativ auch alle gleich bewerteten und um den letzten verfügbaren Platz für die zweite Verfahrensphase konkurrierenden Bewerber zur Angebotsabgabe auffordern. Zwar sind Auftraggeber an die von ihnen **festgelegte Bieterhöchstzahl** und die Auswahlkriterien im Teilnahmewettbewerb grundsätzlich gebunden.[89] Andererseits ist in den seltenen Fallkonstellationen, in denen die Höchstzahl nicht durch eine objektive Bewerberauswahl anhand von Eignungskriterien aufrechterhalten werden kann, insoweit eine Ausnahme von dieser Bindung gerechtfertigt.

43 Der **Anwendungsbereich** von Abs. 6 beschränkt sich auf Auswahlentscheidungen nach § 51 Abs. 1 S. 1. Die Regelung betrifft damit einen Sonderfall, aus dem sich eine allgemeine Analogie oder ein allgemeiner Umkehrschluss nicht herleiten lassen.[90] Sie ist damit insbesondere nicht auf Zuschlagsentscheidungen anwendbar.[91]

44 Abs 6 regelt allein die Zulässigkeit von Losentscheidungen, nicht aber die **Ausgestaltung des Losverfahrens.** Insofern ergeben sich mangels spezieller Regelungen aus dem allgemeinen Vergabegrundsätzen nach § 97 Abs. 1 und 2 GWB, insbesondere dem Gleichbehandlungs- und Transparenzgebot, Gestaltungsgrenzen. Hiernach ist das Losverfahren so zu gestalten, dass ein unbeeinflusstes Zufallsergebnis herbeigeführt wird, für alle Teilnehmer am Losentscheid also die gleichen Chancen bestehen, und ein hinreichender und den Umständen nach angemessener Schutz vor Manipulationen besteht.[92] Letzteres setzt voraus, dass die einzelnen Vorgänge ohne besonderen Aufwand erfassbar und überprüfbar sind.[93]

VII. Rechtsschutz

44a Die Bestimmungen der **Abs. 1–3** über den Nachweis geforderter Berufsqualifikationen sind Ausdruck des allgemeinen Transparenz- und Gleichbehandlungsgebotes und haben insofern bewerber- bzw. bieterschützenden Charakter. Verfahrensteilnehmern, denen entgegen den vorgenannten

---

[85] Vgl. OLG Rostock Beschl. v. 1.8.2003 – 17 Verg 7/03, BeckRS 2010, 27479; VK Niedersachsen Beschl. v. 31.7.2014 – VgK-26/14, BeckRS 2014, 20960; VK Bund Beschl. v. 14.6.2007 – VK 1-50/07, IBRRS 2007, 5031.
[86] Vgl. VK Niedersachsen Beschl. v. 31.7.2014 – VgK-26/14, BeckRS 2014, 20960. In dem konkreten Fall bewertete der Auftraggeber nach einer Bewertungsmatrix die Bewerber mit bis zu 100 Punkten. In den Lostopf sollten alle Bewerber gelangen, die mindestens 50 Punkte erreicht hatten.
[87] Voppel/Osenbrück/Bubert/*Voppel* VgV Rn. 42.
[88] AA wohl Voppel/Osenbrück/Bubert/*Voppel* VgV Rn. 42, wonach die auf den vorderen Plätzen gleich bewerteten Bewerber ohne Losentscheidung und Differenzierung in die engere Auswahl genommen werden müssen.
[89] Vgl. OLG München Beschl. v. 21.11.2013 – Verg 09/13, BeckRS 2013, 22620.
[90] Vgl. OLG Hamburg Beschl. v. 20.3.2019 – 1 Verg 1/19, NZBau 2020, 545 (547).
[91] Zur Zulässigkeit einer Zuschlagsentscheidung per Losentscheid: OLG Hamburg Beschl. v. 20.3.2019 – 1 Verg 1/19, NZBau 2020, 545 (547).
[92] So allgemein zu Losverfahren OLG Hamburg Beschl. v. 20.3.2019 – 1 Verg 1/19, NZBau 2020, 545 (548).
[93] So allgemein zu Losverfahren OLG Hamburg Beschl. v. 20.3.2019 – 1 Verg 1/19, NZBau 2020, 545 (548).

Bestimmungen die vorausgesetzte Berufsqualifikation abgesprochen worden ist und welche deshalb vom weiteren Vergabeverfahren ausgeschlossen wurden, können hiergegen im Wege eines Nachprüfungsverfahrens vorgehen. Vor den Nachprüfungsinstanzen kann aber auch beanstandet werden, dass Mitbewerbern die geforderte Berufsqualifikation zugesprochen wurde, obschon nach den berufs- und standesrechtlichen Vorschriften der Länder die Voraussetzungen zur Führung der entsprechenden Berufsbezeichnung nicht vorlagen.

Die Bestimmung des **Abs. 4 S. 1** ist für sich genommen nicht bewerber- bzw. bieterschützend, **45** da ihr eine reine Hinweisfunktion zukommt. Demgegenüber hat der in Bezug genommene § 122 Abs. 4 GWB bewerber- bzw. bieterschützenden Charakter. **Abs. 4 S. 2** begründet einen subjektiven Anspruch auf eine den Vorgaben entsprechende Ausgestaltung der Eignungskriterien, dies allerdings nur für den betroffenen Bewerber- bzw. Bieterkreis, also kleinere Büroorganisationen und Berufsanfänger.

Abs. 5 S. 1 begründet für Bieter ein Recht auf Präsentation von Referenzprojekten, das sie **46** gegenüber dem Auftraggeber auch vor Nachprüfungsinstanzen durchsetzen können. Die Bestimmungen über die Vergleichbarkeit von Referenzobjekten unter **Abs. 5 S. 2 und 3** sollen verhindern, dass Auftraggeber insofern überzogene Maßstäbe anlegen oder Anforderungen stellen und sind insoweit ebenso bewerber- bzw. bieterschützend.

Sofern **Abs. 6** die Zulässigkeit der Auswahl von Bewerbern an einem Teilnahmewettbewerb **47** durch Losentscheid an einschränkende Voraussetzungen knüpft, geschieht dies zur Wahrung des Wettbewerbsgrundsatzes nach § 97 Abs. 1 GWB und damit auch zum Schutz der Interessen der Bewerber.

§ 76 Zuschlag

(1) [1]**Architekten- und Ingenieurleistungen werden im Leistungswettbewerb vergeben.** [2]**Auf die zu erbringende Leistung anwendbare Gebühren- oder Honorarordnungen bleiben unberührt.**

(2) [1]**Die Ausarbeitung von Lösungsvorschlägen der gestellten Aufgabe kann der öffentliche Auftraggeber nur im Rahmen eines Planungswettbewerbs, eines Verhandlungsverfahrens oder eines wettbewerblichen Dialogs verlangen.** [2]**Die Erstattung der Kosten richtet sich nach § 77.** [3]**Unaufgefordert eingereichte Ausarbeitungen bleiben unberücksichtigt.**

Schrifttum: *Fuchs/van der Hout/Opitz*, HOAI-Urteil des EuGH: Vertrags- und vergaberechtliche Konsequenzen, NZBau 2019, 483; *Stoye/Schrammel*, Die HOAI 2021 als flexibler Rechtsrahmen im Preis- und Leistungswettbewerb um öffentliche Planungsaufträge, NJW 2021, 197; *Tiede*, Bedarfsoptimierte Vergütung nach HOAI mit Preiswettbewerb, NZBau 2020, 231.

Übersicht

	Rn.			Rn.
I. Entstehungsgeschichte	1		a) Neuregelung der HOAI	22
II. Normzweck	4		b) Anwendungsbereich der HOAI	25
III. Vergabe im Leistungswettbewerb (Abs. 1 S. 1)	8		c) Kalkulationsregeln der HOAI	27
			d) Bedeutung des Orientierungswerte der HOAI für Vergabeverfahren	43
1. Festlegung nicht monetärer Zuschlagskriterien	8	**V.**	**Verlangen von Lösungsvorschlägen (Abs. 2)**	46
2. Preiswertung	15	1.	Aufforderung durch den Auftraggeber (Abs. 2 S. 1)	46
IV. Preisermittlung nach Gebühren- oder Honorarordnungen (Abs. 1 S. 2)	18	2.	Nichtberücksichtigung unaufgeforderter Lösungsvorschläge (Abs. 2 S. 3)	49
1. Gebühren- oder Honorarordnungen	18	**VI.**	**Rechtsschutz**	50
2. Ermittlung des Honorars nach der HOAI	19			

I. Entstehungsgeschichte

Abs. 1 S. 1 entspricht in seiner Grundaussage dem bisherigen § 11 Abs. 6 S. 2 VOF, wonach der **1** Auftraggeber den Vertrag mit demjenigen Bieter zu schließen hatte, der aufgrund des ausgehandelten Auftragsinhalts und der ausgehandelten Auftragsbedingungen im Rahmen der bekannt gemachten Zuschlagskriterien und deren Gewichtung die bestmögliche Leistung erwarten lässt.

2   Abs. 1 S. 2 wurde mit dem **Gesetz zur Änderung des Gesetzes zur Regelung von Ingenieur- und Architektenleistungen und anderer Gesetze** vom 12.11.2020 geändert. Zuvor entsprach die Bestimmung nahezu wortlautidentisch dem bisherigen § 11 Abs. 5 S. 3 VOF[1] und besagte, dass – sofern die zu erbringende Leistung nach einer gesetzlichen Gebühren- oder Honorarordnung zu vergüten ist – der Preis im dort vorgeschriebenen Rahmen zu berücksichtigen ist. Mit der gesetzlichen Gebühren- und Honorarordnung wurden primär die damals geltenden verbindlichen Preisrechtsregelungen der HOAI in Bezug genommen.[2] Die Neufassung erfolgte vor dem Hintergrund, dass die Regelungen der HOAI in Reaktion auf das Urteil des EuGH vom 4.7.2019 in der Rs. C-377/17 kein verbindliches Preisrecht mehr enthalten (→ Rn. 24). Mit der Neufassung soll Abs. 1 S. 2 künftig nur noch darauf verweisen, dass Gebühren- und Honorarordnungen auf die zu erbringende Leistung anwendbar sein können.[3]

3   In **Abs. 2** sind die Bestimmungen des bisherigen § 20 Abs. 2 S. 2 und S. 3 VOF zusammengefasst. Es handelt sich dabei, wie bereits bei den Vorgängerregelungen, um eine rein nationale Bestimmung ohne Entsprechung in den EU-Vergaberichtlinien.

II. Normzweck

4   § 76 enthält Bestimmungen, die den Besonderheiten bei der Vergabe von Architekten- und Ingenieurleistungen Rechnung tragen sollen.

5   **Abs. 1 S. 1** betrifft die **Festlegung der Zuschlagskriterien**. Die Feststellung, wonach Architekten- und Ingenieurleistungen im Leistungswettbewerb vergeben werden, soll verdeutlichen, dass bei der Vergabe von Architekten- und Ingenieurleistungen die Qualität dieser Dienstleistungen das wesentliche Zuschlagskriterium sein soll.[4] Die Feststellung ist Ausdruck des übergeordneten Wirtschaftlichkeitsgebots aus § 127 Abs. 1 GWB, wonach der Zuschlag auf das wirtschaftlichste Angebot zu erteilen ist. Maßgeblich ist dabei gem. § 127 Abs. 1 S. 3 GWB das beste Preis-Leistungs-Verhältnis. Bei der Vergabe von Architekten- und Ingenieurleistungen im Anwendungsbereich des Abschnitts 6 der VgV kommt dem Preis in diesem Verhältnis nur eine untergeordnete Bedeutung zu. Hieran hat sich mit der Aufhebung des verbindlichen Preisrechtes der HOAI in Reaktion auf das Urteil des EuGH vom 4.7.2019 in der Rs. C-377/17 (→ Rn. 24) im Grundsatz nichts geändert, weswegen es einer Änderung des Abs. 1 S. 1 nicht bedurfte.[5] Denn maßgeblich für die geringere Bedeutung des Preises ist der dem geistig-schöpferischen Inhalt von Architekten- und Ingenieurleistungen im Allgemeinen[6] die nach § 73 Abs. 1 vorausgesetzte fehlende Beschreibbarkeit der Leistungen.[7] Kehrseite dessen ist, dass die angebotenen Leistungen erheblich differieren können. Bei der Bestimmung des besten Preis-Leistungs-Verhältnisses verliert der Preis aber an Bedeutung, je größer die erwartbaren Unterschiede der angebotenen Leistungen sind.[8] Das Wirtschaftlichkeitsgebot verpflichtet Auftraggeber, diesen Unterschieden bei der Angebotswertung durch Festlegung geeigneter Zuschlagskriterien neben dem Preis Rechnung zu tragen.[9] Hinzu kommt, dass das Postulat des Leistungswettbewerbs auch dem Ziel dient, eine hohe Qualität der Planungsleistungen im Interesse der Bausicherheit, der Erhaltung der Baukultur und des ökologischen Bauens zu gewährleisten. Hiervon die HOAI trotz der Aufhebung des verbindlichen Preisrechts weiterhin getragen.[10] Schließlich ist der EuGH im Vertragsverletzungsverfahren dem Vorbringen der Europäischen Kommission, wonach ein nachweisbarer Zusammenhang zwischen den Preisen für eine Architekten- oder Ingenieurleistung und deren Qualität nicht besteht und deshalb keine Gefahr des Verfalls der Qualität von Planungsleistungen durch übermäßigen Preisdruck bestünde, ausdrücklich nicht

---

[1] Zur Entstehungsgeschichte des § 11 Abs. 5 S. 3 VOF: *Müller-Wrede* in Müller-Wrede VOF § 11 Rn. 97 mwN.
[2] Vgl. Begr. VergRModVO, BT-Drs. 18/7318, 205/206.
[3] Vgl. Begr. Entwurf eines Gesetzes zur Änderung des Gesetzes zur Regelung von Ingenieur- und Architektenleistungen und anderer Gesetze, BR-Drs. 445/20, 13.
[4] Vgl. Begr. VergRModVO, BT-Drs. 18/7318, 205.
[5] Vgl. aber Begr. VergRModVO, BT-Drs. 18/7318, 205/206, wonach dem Preis nur deshalb eine untergeordnete Bedeutung zu komme, da dieser duch die HOAI weitgehend vorgegeben sei.
[6] Vgl. OLG Düsseldorf Beschl. v. 8.10.2003 – VII Verg 48/03, ZfBR 2004, 485.
[7] Vgl. OLG Düsseldorf Beschl. v. 11.12.2013 – VII-Verg 22/13, NZBau 2014, 374 (377) sowie OLG Düsseldorf Beschl. v. 27.11.2002 – Verg 45/02, BeckRS 2005, 05562.
[8] StRspr: vgl. BGH Urt. v. 15.4.2008 – X ZR 129/06, NZBau 2008, 505 (507); OLG Düsseldorf Beschl. v. 11.12.2013 – VII-Verg 22/13, NZBau 2014, 374; OLG Düsseldorf Beschl. v. 9.2.2009 – Verg 66/08, BeckRS 2009, 11172; OLG Naumburg Beschl. v. 5.12.2008 – 1 Verg 9/08, VergabeR 2009, 486.
[9] OLG Düsseldorf Beschl. v. 11.12.2013 – VII-Verg 22/13, NZBau 2014, 374; OLG Düsseldorf Beschl. v. 9.2.2009 – Verg 66/08, BeckRS 2009, 11172; OLG Düsseldorf Beschl. v. 8.10.2003 – VII Verg 48/03, ZfBR 2004, 485.
[10] Vgl. Begr. BR-Drs. 539/20, 17.

gefolgt.¹¹ Die Aufhebung des verbindlichen Preisrechts der HOAI sollte nach alledem Anlass für eine konsequente und ggf. noch stärkere Beachtung des Leistungswettbewerbspostulats sein.

Abs. 1 S. 2 soll in der Neufassung darauf verweisen, dass Gebühren- und Honorarordnungen auf die zu erbringende Leistung anwendbar sein können.¹² Die Bestimmung hat damit rein **deklartorische Bedeutung.** Mit den Gebühren- und Honorarordnungen ist nach wie vor primär die HOAI in Bezug genommen. Da die HOAI aber in Reaktion auf das Urteil des EuGH vom 4.7.2019 in der Rs. C-377/17 kein verbindliches Preisrecht mehr enthält (→ Rn. 24), besteht kein Bedürfnis mehr, den dortigen Preisbestimmungen im Vergabeverfahren Geltung zu verschaffen. Gleichwohl sind die Bestimmungen der HOAI für Vergabeverfahren nicht bedeutungslos. Dies gilt namentlich für die nunmehrigen Honorarorientierungen, die sowohl für die Auftragswertschätzung (→ Rn. 44) als auch für eine ggf. erforderliche Auskömmlichkeitsprüfung von Bedeutung sein können (→ Rn. 45). Sofern öffentliche Auftraggeber die Regelungen der HOAI zum Zwecke der Honorarberechnung zur Grundlage des Vertrages und damit des Vergabeverfahrens machen, sind diese als Kalkulationsregeln maßgeblich für die Honorarberechnung (→ Rn. 20).¹³ 6

Abs. 2 regelt die Voraussetzungen, unter denen Lösungsvorschläge vom Auftraggeber gefordert werden können. **Abs. 2 S. 1** stellt klar, dass Lösungsvorschläge nur im Rahmen eines Planungswettbewerbs, eines Verhandlungsverfahrens oder eines wettbewerblichen Dialogs gefordert werden dürfen.¹⁴ Diese Einschränkung ist angesichts dessen notwendig, dass die Vergabe von nicht abschließend beschreibbaren Architekten- und Ingenieurleistungen im Gegensatz zur alten Rechtslage nunmehr auch im Rahmen von offenen und nicht offenen Verfahren möglich ist (→ § 74 Rn. 3). Es erscheint vor diesem Hintergrund aber auch inkonsequent. Steht die fehlende Beschreibbarkeit der Leistungen der Durchführung eines offenen oder nicht offenen Verfahrens nicht entgegen (→ § 74 Rn. 5), müssten von Auftraggebern in diesen Verfahren auch Lösungsvorschläge gefordert werden können. **Abs. 2 S. 2** verweist hinsichtlich der Vergütung von geforderten Lösungsvorschlägen auf § 77 (→ § 77 Rn. 12). Abs. 2 S. 3 soll die Gleichbehandlung aller Bieter sicherstellen und einen ordnungsgemäßen Wettbewerb gewährleisten. Alle Bieter sollen sich darauf verlassen können, dass die im Zusammenhang mit der Bewerbung einzureichenden Unterlagen in der Bekanntmachung sowie den Vergabeunterlagen abschließend festgelegt sind und Mitbewerber ihre Erfolgsaussichten nicht durch freiwillige Mehrleistungen erhöhen können.¹⁵ 7

III. Vergabe im Leistungswettbewerb (Abs. 1 S. 1)

1. Festlegung nicht monetärer Zuschlagskriterien. Der nach Abs. 1 S. 1 durchzuführende Leistungswettbewerb setzt die Festlegung geeigneter **nicht monetärer Zuschlagskriterien** gem. § 58 Abs. 2 voraus. Dem Auftraggeber kommt dabei ein Beurteilungs- und Ermessensspielraum zu.¹⁶ Nutzen und Vorteile können materieller, aber auch immaterieller Art sein. 8

Zu den bewertbaren Vorteilen gehören insbesondere die **vertraglichen Bedingungen der Auftragsausführung,** sofern diese von den Bietern unterschiedlich angeboten werden können und nicht einseitig durch den Auftraggeber vorgegeben sind. Bei Architekten- und Ingenieurleistungen kommen dabei namentlich Ausführungszeiträume oder -fristen¹⁷ in Betracht. 9

Der eigentliche Nutzen von Planungsleistungen besteht jedoch in der Lösung der Planungsaufgabe. Bewertbar sind demnach die aufgezeigten **Möglichkeiten zur Realisierung des Vorhabens,** insbesondere unter den Aspekten der Zeit- und Kostenersparnis, Innovation und Kreativität oder Ästhetik (vgl. § 58 Abs. 2 S. 1 Nr. 1). Problematisch ist die Grundlage der Bewertung, denn die Lösung der Planungsaufgabe gehört zum Auftragsgegenstand und liegt damit zum Zeitpunkt der Angebotsabgabe und -wertung noch nicht vor.¹⁸ Sie wird erst im Rahmen der Auftragsdurchführung 10

---

11 Vgl. EuGH Urt. v. 4.7.2019 – C-377/17, ECLI:EU:C:2019:562 Rn. 84.
12 Vgl. Begr. Entwurf eines Gesetzes zur Änderung des Gesetzes zur Regelung von Ingenieur- und Architektenleistungen und anderer Gesetze, BR-Drs. 445/20, 13.
13 Vgl. Begr. BR-Drs. 539/20, 14.
14 Vgl. Begr. VergRModVO, BT-Drs. 18/7318, 206.
15 Vgl. HK-VergabeR/*Martini* Rn. 19; *Voppel/Osenbrück/Bubert* VgV Rn. 17.
16 Vgl. EuGH Urt. v. 26.3.2015 – Rs. C-601/13, ECLI:EU:C:2015:204 Rn. 28 – Ambisig; OLG Schleswig Beschl. v. 2.7.2010 – 1 Verg 1/10, BeckRS 2011, 00040; OLG Düsseldorf Beschl. v. 5.5.2008 – VII-Verg 5/08, NZBau 2009, 269 (272); OLG Düsseldorf Beschl. v. 18.10.2006 – VII-Verg 37/06, IBRRS 2007, 0471. Zur Berücksichtigung nicht monetärer Aspekte: Beck VergabeR/*Optiz* GWB § 97 Rn. 13 ff.
17 Vgl. zum Zuschlagskriterium „Terminsicherheit" bzw. Unterschreitung der vorgegebenen Ausführungsfristen: KG Beschl. v. 13.3.2008 – 2 Verg 18/07, NZBau 2008, 466 (471); VK Nordbayern Beschl. v. 11.6.2014 – 21.VK-3194-12/14, IBRRS 2014, 1965. krit. hierzu: Beck VergabeR/*Optiz,* 2. Aufl. 2013, VOB/A § 16 Rn. 290.
18 Insofern fehlt es an einem konkreten Leistungsangebot der Bieter. So bereits OLG Rostock Beschl. v. 9.5.2001 – 17 W 4/01, IBRRS 2002, 0227; BayObLG Beschl. v. 20.8.2001 – Verg 9/01, NZBau 2002, 348 (349).

von dem bezuschlagten Bieter[19] regelmäßig in Abstimmung mit dem Auftraggeber entwickelt. Der Auftraggeber hat daher nur die Möglichkeit, Lösungsansätze der Bieter zu bewerten, die entweder in Form von Lösungsvorschlägen nach Abs. 2 oder sonstigen Konzeptideen[20] vorgestellt werden können. Dabei geben Lösungsvorschläge am ehesten Aufschluss über die Vorstellungen der Bieter von der Lösung der Planungsaufgabe, da sie die zu vergebenden Planungsleistungen partiell vorwegnehmen (zum Begriff → § 77 Rn. 14). Sie ermöglichen daher in der Regel eine hinreichend fundierte und transparente Bewertung der aufgezeigten Realisierungsmöglichkeiten. Der Auftraggeber muss sich diese Bewertungsgrundlage allerdings wegen der nach § 77 Abs. 2 festzusetzenden Vergütung „einkaufen" (→ § 77 Rn. 12).[21] Dagegen besteht bei nicht vergütungspflichtigen konzeptionellen Ausarbeitungen mit einem geringeren Detaillierungsgrad, wie etwa reinen Ideenskizzen oder Gestaltungsvisionen, die Gefahr, dass diese zu vage sind und sich die Wertungsentscheidung damit nicht mehr an der bestmöglichen Leistung orientiert. Um einen genaueren Eindruck zu gewinnen, sollten die konzeptionellen Ausarbeitungen daher zumindest vom vorgesehenen Projektteam im Rahmen einer Präsentation dargestellt werden.[22]

11 Bei Architekten- und Ingenieurleistungen können als leistungsbezogene Zuschlagskriterien gem. § 58 Abs. 2 S. 1 Nr. 2 auch die **Qualifikation und Erfahrung** des mit der Ausführung des Auftrags betrauten Personals bewertet werden, da die Qualität der Leistungen aufgrund ihres geistigschöpferischen Charakters in der Regel maßgeblich hiervon abhängt.[23] Dies gilt allerdings nur für diejenigen Personen, die für die Ausführung wesentlicher (Teil-)Leistungen verantwortlich sind und ggf. deren Stellvertreter.[24] Der Auftraggeber muss daher klare Aufgabenbereiche für diejenigen Personen definieren, deren Erfahrung und Qualifikation er im Rahmen der Angebotswertung bewerten möchte. Die Verfahrensteilnehmer haben ihrerseits eindeutig und nachvollziehbar darzulegen, welche Personen im Auftragsfall für diese Aufgabenbereiche vorgesehen sind. Der Einsatz und Verantwortungsbereich der betreffenden Personen darf ferner nicht lediglich in Aussicht gestellt, sondern muss verbindlicher und anspruchsbegründender Bestandteil des Angebots sein.[25] Besondere Relevanz hat dies bei der Vergabe von Generalplanerleistungen, bei denen die für die Auftragsdurchführung vorgesehenen Fachplaner und Ingenieure häufig durch Nachauftragnehmer gestellt werden.

12 Bei der Bewertung der Qualifikation und Erfahrung des für die Auftragsausführung vorgesehenen Personals ist das sog. **Doppelverwertungsverbot** zu beachten, wonach solche Kriterien, die bereits im Rahmen der Eignungsprüfung berücksichtigt wurden, nicht ein weiteres Mal zur Angebotswertung herangezogen werden dürfen.[26] Ist aus rechtlichen oder tatsächlichen Gründen eine bestimmte Berufsqualifikation zur ordnungsgemäßen Ausführung des Auftrages unabdingbar, so ist diese zwingend im Rahmen der Eignungsprüfung zu berücksichtigen (→ § 75 Rn. 14) und darf im Rahmen der Angebotswertung nicht erneut herangezogen werden.[27]

13 Als Grundlage der Bewertung der „Qualifikation" kommen Studien-, Aus- und Fortbildungsnachweise in Betracht hinsichtlich der „Erfahrung", Lebensläufe sowie **personenbezogene Referenzen** (→ § 75 Rn. 25). Bei Letzteren kann es vorkommen, dass diese denselben Referenzauftrag betreffen wie die unternehmensbezogenen Referenzen, die die Verfahrensteilnehmer auf Anforderung der Auftraggeber gem. § 46 Abs. 3 Nr. 1, § 75 Abs. 5 S. 2 zur Eignungsprüfung vorgelegt

---

[19] Vgl. OLG Düsseldorf Beschl. v. 12.6.2013 – VII-Verg 7/13, NZBau 2013, 788 (789).
[20] Vgl. VK Saarbrücken Beschl. v. 5.10.2007 – 3 VK 9/07, BeckRS 2010, 09646.
[21] So bereits zu § 20 Abs. 3 VOF: *Bluhm* in Müller-Wrede VOF § 20 Rn. 19.
[22] OLG München Beschl. v. 2.11.2012 – Verg 26/12, ZfBR 2013, 73 (74); VK Niedersachsen Beschl. v. 26.3.2014 – VgK-06/2014, IBRRS 2015, 2006.
[23] Vgl. Erwägungsgrund 94 RL 2014/24/EU sowie Begr. VergRModVO, BT-Drs. 18/7318, 214. So bereits nach alter Rechtslage: EuGH Urt. v. 26.3.2015 – Rs. C-601/13, ECLI:EU:C:2015:204 Rn. 31 ff. – Ambisig; VK Bund Beschl. v. 21.11.2013 – VK 2-102/13, ZfBR 2014, 302 (306). Davor bereits OLG Rostock Beschl. v. 9.5.2001 – 17 W 4/01, IBRRS 2002, 0227; BayObLG Beschl. v. 20.8.2001 – Verg 9/01, NZBau 2002, 348 (349).
[24] Vgl. VK Bund Beschl. v. 21.11.2013 – VK 2-102/13, ZfBR 2014, 302 (306), Zuschlagskriterien „Auftreten" und „Kompetenz" des Projektleiters sowie seines Stellvertreters.
[25] Auftraggeber sollten nicht zuletzt wegen der Bedeutung, die sie der Qualifikation und Erfahrung der betreffenden Mitarbeiter bei der Angebotswertung beimessen, bei der Vertragsgestaltung darauf achten, dass diese Mitarbeiter während der Vertragsdurchführung nicht ohne Weiteres durch den künftigen Auftragnehmer ausgetauscht werden können und wenn überhaupt, nur gegen Ersatz durch gleichermaßen qualifizierte und erfahrene Mitarbeiter.
[26] Vgl. BGH Urt. v. 8.9.1998 – X ZR 109-96, NJW 1998, 3644 (3645).
[27] Vgl. auch § 46 Abs. 3 Nr. 6, wonach Studien- und Ausbildungsnachweise sowie Bescheinigungen über die Erlaubnis zur Berufsausübung für die Inhaberin, den Inhaber oder die Führungskräfte des Unternehmens als Beleg der erforderlichen technischen und beruflichen Leistungsfähigkeit verlangt werden können, sofern diese Nachweise nicht als Zuschlagskriterium bewertet werden.

haben. Dies wird regelmäßig der Fall sein, wenn sich natürliche Personen am Verfahren beteiligen.[28] Die Identität der Referenzaufträge steht der Berücksichtigung der betroffenen personenbezogenen Referenzen bei der Angebotswertung jedoch nicht entgegen.[29] Eine unzulässige Doppelverwertung ist darin nicht zu sehen. Der erfolgreiche Abschluss des Referenzauftrages kann sowohl über die technische Leistungsfähigkeit des Unternehmens als Ganzes Aufschluss geben, als auch über die Erfahrung und Qualifikation der verantwortlichen Personen, die exponiert an der Auftragsdurchführung mitgewirkt haben (→ § 75 Rn. 25). Hierbei handelt es sich aber um jeweils unterschiedliche Aspekte, die auf ebenso unterschiedlichen Verfahrensstufen berücksichtigt werden können.

Die leistungsbezogenen Zuschlagskriterien müssen **wesentliche Bedeutung für die Zuschlagserteilung** haben. Dies ist entweder durch die Vorgabe von Festpreisen oder Festkosten nach § 58 Abs. 2 S. 3 (→ Rn. 17) oder durch eine überwiegende Gewichtung der leistungsbezogenen Zuschlagskriterien gegenüber den preislichen Kriterien sicherzustellen. Im letzteren Fall darf der Preis von vornherein nur dann für den Zuschlag ausschlaggebend sein, wenn die Bieter nach den Leistungskriterien im Wesentlichen gleich bewertet worden sind.[30]

2. Preiswertung. Aus der Anordnung des Leistungswettbewerbs ist im Umkehrschluss zu folgern, dass bei Vergaben im Anwendungsbereich des Abschnitts 6 der VgV eine ausschließliche Preiswertung ebenso unzulässig ist wie eine übermäßige Gewichtung des Preises als weiteres Zuschlagskriterium. Hieraus ist indes nicht abzuleiten, dass die Auftragsvergabe ohne jegliche preisliche Erwägung erfolgen könnte.[31] Dies wäre mit dem in § 127 Abs. 1 GWB normierten Wirtschaftlichkeitsgebot nicht in Einklang zu bringen.[32]

Der Auftraggeber kann den Preis bei der Angebotswertung durch **Festlegung preislicher Zuschlagskriterien** berücksichtigen. Diese müssen zwar eine geringere Gewicht für die Zuschlagsentscheidung haben als die leistungsbezogenen Zuschlagskriterien (→ Rn. 5). Andererseits muss aber grundsätzlich gewährleistet sein, dass der Preis Einfluss auf das Wertungsergebnis haben kann. Die hiernach gebotene **Gewichtung** ist anhand der Umstände des Einzelfalles zu bestimmen, wobei dem Auftraggeber insoweit ein weiter Beurteilungsspielraum zukommt.[33] Vor diesem Hintergrund verbietet sich eine Festsetzung von Mindestgewichtungsquoten.[34] Gleichwohl dürfte eine Gesamtgewichtung aller preislichen Kriterien von unter 10% nur schwer mit dem Wirtschaftlichkeitsgebot aus § 127 Abs. 1 GWB in Einklang zu bringen sein.[35] Maßgeblich für die Beurteilung der notwendigen Gewichtung der preislichen Kriterien sind die Spielräume, die den Bietern bei der Gestaltung ihrer Leistungen bzw. Vertragsbedingungen[36] und ihrer Angebotspreise verbleiben. Sind die planerischen Gestaltungsspielräume eingeschränkt, etwa aufgrund von Vorgaben des Auftraggebers oder der Eigenart des Bauvorhabens, ist grundsätzlich eine höhere Gewichtung des Preises gerechtfertigt.[37] Unter Umständen sind dann aber die Leistungen abschließend beschreibbar, womit der Anwendungsbereich des Abschnitts 6 der VgV nicht mehr eröffnet ist (→ § 73 Rn. 11). Aufgrund der

---

[28] Ebenso *Geitel* in KKMPP VgV Rn. 8.
[29] Ebenso *Geitel* in KKMPP VgV Rn. 8.
[30] Vgl. OLG Frankfurt a. M. Beschl. v. 16.10.2012 – 11 Verg 9/11, NZBau 2012, 795 (798); VK Düsseldorf Beschl. v. 30.1.2001 – VK-32/2000-F, IBRRS 2013, 3476. Problematisch insofern VK Niedersachsen Beschl. v. 26.6.2012 – VgK-18/2012, BeckRS 2012, 18885, wonach eine Gewichtung des Preises mit 50% trotz der geringen Bedeutung deshalb zulässig sei, da es im Bereich der HOAI allg. üblich sei, zu den Mindestsätzen anzubieten und demnach ein Preiswettbewerb idR ohnehin nur über die Nebenkosten stattfinde.
[31] Vgl. OLG Düsseldorf Beschl. v. 27.11.2002 – Verg 45/02, BeckRS 2005, 05562; OLG Stuttgart Beschl. v. 28.11.2002 – 2 Verg 14/02, NZBau 2003, 517 (518).
[32] OLG Düsseldorf Beschl. v. 29.12.2001 – Verg 22/01, NZBau 2002, 578 (580); OLG Stuttgart Beschl. v. 28.11.2002 – 2 Verg 14/02, NZBau 2003, 517 (518).
[33] Vgl. OLG München Beschl. v. 25.7.2013 – Verg 7/13, BeckRS 2014, 00490; OLG Düsseldorf Beschl. v. 29.12.2001 – Verg 22/01, NZBau 2002, 578 (580). Zum Spielraum bei der Festlegung der auftragsbezogenen Kriterien für die Bestimmung des wirtschaftlichsten Angebots allg.: vgl. OLG Düsseldorf Beschl. v. 5.5.2008 – VII-Verg 5/08, NZBau 2009, 269 (272).
[34] Vgl. OLG Düsseldorf Beschl. v. 29.12.2001 – Verg 22/01, NZBau 2002, 578 (580).
[35] Eine Gewichtung von unter 10% wurde soweit ersichtlich von der Rspr. bislang nicht gebilligt: OLG München Beschl. v. 25.7.2013 – Verg 7/13, BeckRS 2014, 0049 (Gewichtung 10%); BayObLG Beschl. v. 20.8.2001 – Verg 9/01, NZBau 2002, 348 (350) (Gewichtung 10%); VK Sachsen Beschl. v. 19.11.2001 – 1/SVK/119-01, IBRRS 2002, 0411 (Gewichtung von 4% zu niedrig).
[36] Ebenso zu § 11 VOF: Ziekow/Völlink/*Stolz*, 2. Aufl. 2013, VOF § 11 Rn. 22.
[37] Ähnlich VK Arnsberg Beschl. v. 29.8.2003 – VK 3-21/2003, abrufbar in VERIS (https://www.reguvis.de/xaver/vergabeportal, zuletzt abgerufen am 26.4.2021), wonach dem Preis ein „angemessenes Gewicht" zukommen müsse, wenn die ausgeschriebenen Leistungen weniger planerische Aspekte als durchführungsorientierte Aufgaben enthielten.

Aufhebung des verbindlichen Preisrechts der HOAI ist im Gegensatz zur alten Rechtslage eine große **Schwankungsbreite der angebotenen Honorare** möglich. Dem ist unter Beachtung des nach wie vor gem. Abs. 1 S. 1 postulierten Leistungswettbewerbs (→ Rn. 5) durch eine entsprechende Gewichtung des Preises/Honorars Rechnung zu tragen. Preisvorteile müssen also grundsätzlich die Zuschlagschancen erhöhen, sofern Auftraggeber keine Festpreise nach § 58 Abs. 2 S. 3 (→ Rn. 17) vorschreiben.

17 Auftraggeber können den preislichen Belangen bei der Auftragsvergabe auch dadurch Rechnung tragen, indem sie gem. § 58 Abs. 2 S. 3 **Festpreise** vorgeben. Sofern sämtliche Preis- bzw. Honorarbestandteile vorgegeben werden, kann die Angebotswertung allein anhand leistungsbezogener Zuschlagskriterien erfolgen. Allerdings ist die Vorgabe eines Honorars bei Architekten- und Ingenieurleistungen in Anbetracht der Aufhebung des verbindlichen Preisrechts der HOAI nicht unbedenklich. Denn insofern hat die über den Wettbewerbsgrundsatz nach § 97 Abs. 1 S. 1 GWB zu gewährleistende Kalkulationsfreiheit der Bieter an Bedeutung gewonnen.[38] Andererseits sollten die mit der Neufassung der HOAI geschaffenen Möglichkeiten zur Honorarvereinbarung nicht dazu genutzt werden, einem übermäßigen Preisdruck Vorschub zu leisten. Das mit den Honorarabrechnungsregeln der HOAI nach wie vor verfolgte Ziel, eine qualitätsvolle Planung sicher zu stellen, sollte nicht aus dem Blick gelassen werden. Festpreise können hier ein probates Mittel sein, jedenfalls sofern sie ermessensfehlerfrei und unter Beachtung des Verhältnismäßigkeitsgrundsatzes aus § 97 Abs. 1 S. 2 festgelegt werden. Ein ohne Weiteres angemessener Festpreis kann dabei innerhalb der Spanne der in den Honorartafeln nunmehr gem. § 2a HOAI ausgewiesenen Orientierungswerte (→ Rn. 35) bestimmt werden. Dies entspricht der bisherigen von § 58 Abs. 2 S. 3 gedeckten Praxis, bestimmte Honorarsätze aus den Honorartafeln vorzugeben (→ Rn. 17).[39] Die Vorgabe des Basishonorarsatzes ist dabei nicht davon abhängig, dass es sich um eine verhältnismäßig unkomplizierte Leistung handelt, ebensowenig wie der obere Honorarsatz nur für entsprechend schwierige und umfangreiche Leistungen vereinbart werden kann.[40] Zu bedenken ist jedoch, dass das fixierte Honorar den Bietern noch genügend kalkulatorische Spielräume für kreative und innovative Lösungen belassen sollte, um eine Gleichförmigkeit der angebotenen Lösungen zu vermeiden. Letzteres wäre zwar als Konsequenz der zulässigen Preisfixierung wohl hinzunehmen. Andererseits sollte es regelmäßig Ziel der Vergabe von Architekten- und Ingenieurleistungen und des nach Abs. 1 S. 1 durchzuführenden Leistungswettbewerbs sein, kreative und innovative Potenziale zu erschließen.

IV. Preisermittlung nach Gebühren- oder Honorarordnungen (Abs. 1 S. 2)

18 **1. Gebühren- oder Honorarordnungen.** Abs. 2 S. 2 verweist im Gegensatz zur Vorgängerfassung nicht mehr ausschließlich auf „gesetzliche" **Gebühren- und Honorarordnungen.** Angesprochen sind damit auch Vergütungsbestimmungen, die keinen normativen Charakter haben, so wie die AHO/DVP-Empfehlungen und Regeln zum Projektmanagement in der Bau- und Immobilienwirtschaft[41] und Standesregeln, die keinen Niederschlag in Gesetzen gefunden haben.[42] Diese Frage hat wegen der nur noch deklaratorischen Bedeutung des Abs. 2 S. 2 aber ohnehin keine Bedeutung mehr (→ Rn. 6).

19 **2. Ermittlung des Honorars nach der HOAI.** Die maßgebliche Gebühren- und Honorarordnung bei Vergaben im Anwendungsbereich des Abschnitts 6 der VgV ist und bleibt die HOAI. Sie enthält aber in Reaktion auf das Urteil des EuGH vom 4.7.2019 in der Rs. C-377/17 keine verbindlichen preislichen Vorgaben mehr (→ Rn. 24). Die in den Honorartafeln der HOAI enthaltenen Werte dienen nun der **Honorarorientierung** und sollen damit eine Hilfestellung bei der

---

[38] Vgl. zur Kalkulationsfreiheit allg.: OLG Frankfurt a. M. Beschl. v. 24.7.2012 – 11 Verg 6/12, BeckRS 2012, 17821; OLG Düsseldorf Beschl. v. 22.12.2010 – Verg 33/10, BeckRS 2011, 00779 (Zulässigkeit negativer Preise).

[39] Nach alter Rechtslage demgegenüber krit.: *Glahs* in Messerschmidt/Niemöller/Preussner, HOAI Honorarordnung für Architekten und Ingenieure, 2015, HOAI Einl. Rn. 72, wonach es vergaberechtlich unzulässig sei, als Auftraggeber die Mindestsätze festzulegen, sodass den Bietern nicht die Wahl bleibt, zwischen Höchst- und Mindestsätzen anzubieten, da sich nach § 11 Abs. 5 S. 3 VOF ein Preiswettbewerb insofern gerade eröffnet; aA *Korbion* in Korbion/Mantscheff/Vygen, Honorarordnung für Architekten und Ingenieure (HOAI), 9. Aufl. 2016, HOAI B Rn. 440, wonach verbindliche Einschränkungen der Vergabestelle durch Vorgaben (zB „Mittelsatz") die geeignete Methode der Vergabevoraussetzungen sei.

[40] So für die damaligen verbindlichen Mindest- und Höchstsätze der HOAI: *Wirth/Galda* in Korbion/Mantscheff/Vygen, Honorarordnung für Architekten und Ingenieure (HOAI), 9. Aufl. 2016, HOAI § 7 Rn. 43 mwN.

[41] So zu § 11 Abs. 5 S. 3 VOF: *Müller-Wrede* in Müller-Wrede VOF § 11 Rn. 99.

[42] So zum Anwendungsbereich des § 3a UWG: Köhler/Bornkamm/Feddersen/*Köhler* UWG § 3a Rn. 160 mwN.

Ermittlung des angemessenen Honorars bieten (→ Rn. 35).⁴³ In dieser gewandelten Funktion können die nunmehrigen Basishonorarsätze der HOAI unabhängig davon, ob die Kalkulationsregeln der HOAI vorgegeben werden, in Vergabeverfahren Bedeutung haben, namentlich für die Auftragswertschätzung (→ Rn. 44) und etwaige Auskömmlichkeitsprüfungen (→ Rn. 45).

Auch wenn der verbindliche Preisrahmen entfallen ist, enthält die HOAI doch auch weiterhin 20 Maßstäbe und Grundlagen für die Honorarberechnung. Werden diese im Anwendungsbereich der HOAI (→ Rn. 25) gem. § 1 S. 2 HOAI zum Zwecke der Honorarberechnung zur Grundlage des Vertrages und damit des Vergabeverfahrens gemacht, stellen sie **Kalkulationsregeln** dar, die Bieter bei der Erstellung ihrer Honorarangebote zu berücksichtigen haben (→ Rn. 27).

Die Kalkulationsregeln der HOAI müssen aber nicht vorgegeben werden. Das Honorar für von 21 der HOAI erfasste Leistungen kann auch auf anderem Wege, beispielsweise durch eine **Stundensatzvereinbarung oder über eine Pauschale,** ermittelt werden.⁴⁴ In diesem Fall sind Bieter in der Kalkulation ihrer Honorare frei. Das entbindet Auftraggeber aber nicht, den Bietern die kalkulationserheblichen Tatsachen mitzuteilen. Hierzu zählen neben den vergabegegenständlichen Leistungen insbesondere die Tatsachen, die für die Bestimmung der Planungs- oder Beratungsanforderungen maßgeblich sind.

a) Neuregelung der HOAI. Die HOAI in der Fassung 2002 galt für alle Architekten und 22 Ingenieure ohne Ansehung des Standortes ihres Sitzes. Der mit den Mindest- und Höchstsätzen vorgegebene Honorarrahmen war insofern geeignet, die Dienstleistungsfreiheit (Art. 56 AEUV) einer in einem anderen Mitgliedstaat der Europäischen Union ansässigen Vertragspartei zu behindern.⁴⁵ Damit stellte sich die Frage, ob und inwiefern diese Beschränkung durch schützenswerte Allgemeininteressen gerechtfertigt werden kann.⁴⁶ Der Verordnungsgeber reagierte hierauf mit der Einschränkung des persönlichen Anwendungsbereichs auf Architekten und Ingenieure mit Sitz im Inland nach § 1 HOAI (→ Rn. 25).⁴⁷

Damit wurden die Zweifel an der **Unionsrechtskonformität der HOAI** jedoch nicht beseitigt. 23 Die Europäische Kommission hatte im Juni 2015 gegen die Bundesrepublik Deutschland ein Vertragsverletzungsverfahren mit der Aufforderung eingeleitet, die verbindlichen Mindestpreise der HOAI abzuschaffen⁴⁸ und, da dieser nicht entsprochen worden ist, im Juni 2017 Klage vor dem EuGH auf Feststellung erhoben, dass die Bundesrepublik Deutschland insofern gegen ihre Verpflichtungen aus der Dienstleistungs-RL und aus Art. 49 AEUV (Niederlassungsfreiheit) verstoßen hat.⁴⁹ Neben den Architekten- und Ingenieurkammern⁵⁰ hat sich auch der Deutsche Bundestag⁵¹ für den Erhalt der HOAI ausgesprochen. Der EuGH hat mit dem Urteil vom 4.7.2019 in der Rs. C-377/17 entschieden, dass die Bundesrepublik Deutschland dadurch gegen Art. 15 Abs. 1 Abs. 2 lit. g und Abs. 3 Dienstleistungs-RL verstoßen hat, dass sie verbindliche Honorare für die Planungsleistungen von Architekten und Ingenieuren beibehalten hat. Das Vorbringen der deutschen Regierung, wonach Art. 15 Dienstleistungs-RL auf rein innerstaatliche Sachverhalte, dh auf solche, in denen die tatsächlichen Umstände nicht über einen einzigen Mitgliedstaat der Union hinauswiesen, nicht anwendbar sei, hat der EuGH unter Verweis auf seine bisherige Rechtsprechung verworfen.⁵² Die Anforderungen der HOAI, soweit sie die Mindest- und Höchstsätze für Planungsleistungen von Architekten und Ingenieuren festlegen, fielen unter Art. 15 Abs. 2 lit. g Dienstleistungs-RL. Um mit den Zielen dieser Richtlinie vereinbar zu sein, müssten diese Anforderungen deshalb die drei in Art. 15 Abs. 3 Dienstleistungs-RL genannten Bedingungen erfüllen, dh sie dürfen keine Diskriminierung darstellen und müssen zur Verwirklichung eines zwingenden Grundes des Allgemeininteresses erforderlich und verhältnismäßig sein. Die erste Voraussetzung hat der EuGH als erfüllt angesehen. Die Mindest- und Höchstsätze der HOAI stellten demnach weder eine direkte noch eine indirekte

---

⁴³ Vgl. Begr. BR-Drs. 539/20, 17.
⁴⁴ Vgl. Begr. BR-Drs. 539/20, 17.
⁴⁵ Vgl. BGH Urt. v. 27.2.2003 – VII ZR 169/02 (KG), NJW 2003, 2020 (2022).
⁴⁶ Vgl. BGH Urt. v. 27.2.2003 – VII ZR 169/02 (KG), NJW 2003, 2020 (2022).
⁴⁷ Vgl. BR-Drs. 395/09, 143 ff.
⁴⁸ Vgl. Pressemitteilung der Kom. v. 18.6.2015 (abrufbar unter: http://europa.eu/rapid/press-release_IP-15-5199_de.htm, zuletzt abgerufen am 26.4.2021) und v. 25.2.2016 (abrufbar unter: http://europa.eu/rapid/press-release_IP-16-323_de.htm, zuletzt abgerufen am 26.4.2021).
⁴⁹ EuGH Kl. v. 23.6.2017 – C-377/17, BeckEuRS 2017, 511747.
⁵⁰ Vgl. Stellungnahme der Bundesingenieurkammer gemeinsam mit der Bundesarchitektenkammer und dem AHO v. 31.7.2015 (abrufbar unter: http://bingk.de/wp-content/uploads/2015/08/HOAI-Vertragsverletzungsverfahren_Stellungnahme-AHO-BAK-BINGK-31072015.pdf, zuletzt abgerufen am 26.4.2021).
⁵¹ Vgl. angenommene Beschlussempfehlung und Bericht des Ausschusses für Wirtschaft und Energie (9. Ausschuss) v. 27.1.2016, BT-Drs. 18/7395, 3 und 4.
⁵² EuGH Urt. v. 4.7.2019 – C-377/17, ECLI:EU:C:2019:562 Rn. 57 f.

Diskriminierung aufgrund der Staatsangehörigkeit oder – bei Gesellschaften – aufgrund des Ortes des satzungsmäßigen Sitzes iSv Art. 15 Abs. 3 lit. a Dienstleistungs-RL dar.[53] Hinsichtlich der Mindestsätze ist der EuGH auch dem Vorbringen der Bundesregierung gefolgt, wonach aufgrund der Beschaffenheit des deutschen Marktes die Gefahr bestünde, dass die in diesem Mitgliedstaat tätigen Erbringer von Planungsleistungen im Bauwesen in einem Konkurrenzkampf stehen, der zu Billigangeboten und durch „adverse Selektion" sogar zur Ausschaltung von Qualitätsleistungen anbietenden Wirtschaftsteilnehmern führen könnte.[54] Die Existenz von Mindestsätzen für die Planungsleistungen könne im Hinblick auf die Beschaffenheit des deutschen Marktes grundsätzlich dazu beitragen, eine hohe Qualität der Planungsleistungen zu gewährleisten, und folglich auch dazu, die von der Bundesrepublik Deutschland im Allgemeininteresse angestrebte Ziele der Bausicherheit, der Erhaltung der Baukultur und des ökologischen Bauens zu erreichen.[55] Im Ergebnis hat der EuGH dem aber gleichwohl keine den Eingriff in die Niederlassungsfreiheit rechtfertigende Wirkung beigemessen. Unter Verweis auf seine bisherige Rechtsprechung erinnerte der EuGH daran, dass eine nationale Regelung nur dann geeignet sei, die Erreichung des angestrebten Ziels zu gewährleisten, wenn sie tatsächlich dem Anliegen gerecht wird, es in kohärenter und systematischer Weise zu erreichen.[56] Dieser Nachweis sei der Bundesrepublik Deutschland nach der Feststellung des EuGH nicht gelungen. Der Gerichtshof folgte insofern dem Vorbringen der Kommission, die geltend machte, dass die Mindesthonorarregelung der HOAI das Ziel, eine hohe Qualität der Planungsleistungen zu gewährleisten, deshalb nicht in kohärenter und systematischer Weise verfolge, da – was zutreffend ist – die Erbringung von Planungsleistungen selbst in Deutschland nicht Personen vorbehalten sei, die eine reglementierte Tätigkeit ausübten, sodass es jedenfalls keine Garantie gebe, dass die Planungsleistungen von Dienstleistungserbringern erbracht würden, die ihre entsprechende fachliche Eignung nachgewiesen hätten.[57] Hinsichtlich der Höchstsätze bestätigte der EuGH zwar das Vorbringen der Bundesrepublik Deutschland, wonach diese zum Verbraucherschutz beitragen können, indem die Transparenz der von den Dienstleistungserbringern angebotenen Preise erhöht wird und diese daran gehindert werden, überhöhte Honorare zu fordern.[58] Die Bundesrepublik Deutschland habe nach der Feststellung des EuGH aber nicht begründen können, weshalb die von der Kommission als weniger einschneidend vorgeschlagene Maßnahme, Kunden Preisorientierungen für die verschiedenen von der HOAI genannten Kategorien von Leistungen zur Verfügung zu stellen, nicht ausreichen würde, um dieses Ziel in angemessener Weise zu erreichen. Das Erfordernis, Höchstsätze festzulegen, könne folglich im Hinblick auf dieses Ziel nicht als verhältnismäßig angesehen werden.[59]

24 In Reaktion auf das vorgenannte Urteil des EuGH waren die Regelungen der HOAI in der Weise zu ändern, dass die Honorare für alle von der HOAI erfassten Leistungen künftig frei vereinbart werden können und es **keine verbindlichen Mindest- und Höchsthonorarsätze** mehr gibt. Hierzu war zunächst das Gesetz zur Regelung von Ingenieur- und Architektenleistungen (IngALG) zu ändern, das die Ermächtigungsgrundlage zum Erlass der HOAI durch die Bundesregierung enthält und unter § 1 Abs. 3 Nr. 1 und 2 IngALG aF vorschrieb, dass Mindest- und Höchstsätze für Honorare festzusetzen sind, die für die von der Honorarordnung erfassten Leistungen gelten sollen. Entsprechend der dort formulierten Vorgaben enthielt die HOAI für bestimmte Leistungen, die üblicherweise von Architekten oder Ingenieuren erbracht werden, die verbindliche Mindest- und Höchsthonorarsätze, welche der EuGH in seinem Urteil für unionsrechtswidrig erklärt hat. Das IngALG wurde dementsprechend mit dem am 19.11.2020 in Kraft getretenen Gesetz zur Änderung des Gesetzes zur Regelung von Ingenieur- und Architektenleistungen geändert. § 1 Abs. 1 Nr. 1 IngALG ermächtigt den Verordnungsgeber nunmehr nur noch dazu, **Honorartafeln zur Honorarorientierung** vorzugeben und berechtigt damit nicht zu einer verbindlichen Festlegung der Honorarhöhe.[60] In der Folge wurde mit der am 1.1.2021 in Kraft getretenen ersten Verordnung zur Änderung der Honorarordnung für Architekten und Ingenieure die verbindlichen Preisregelungen der HOAI aufgehoben und durch unverbindliche Honorarempfehlungen ersetzt. Bereits die Formulierung zum Anwendungsbereich unter § 1 Abs. 1 S. 2 HOAI, wonach die Regelungen dieser Verordnung zum Zwecke der Honorarberechnung einer Honorarvereinbarung zugrunde gelegt werden können, soll den neuen Charakter der Verordnung deutlich machen. Der neu eingefügte § 2a HOAI dient der

---

[53] EuGH Urt. v. 4.7.2019 – C-377/17, ECLI:EU:C:2019:562 Rn. 68.
[54] EuGH Urt. v. 4.7.2019 – C-377/17, ECLI:EU:C:2019:562 Rn. 81.
[55] EuGH Urt. v. 4.7.2019 – C-377/17, ECLI:EU:C:2019:562 Rn. 88.
[56] EuGH Urt. v. 4.7.2019 – C-377/17, ECLI:EU:C:2019:562 Rn. 89.
[57] EuGH Urt. v. 4.7.2019 – C-377/17, ECLI:EU:C:2019:562 Rn. 92.
[58] EuGH Urt. v. 4.7.2019 – C-377/17, ECLI:EU:C:2019:562 Rn. 94.
[59] EuGH Urt. v. 4.7.2019 – C-377/17, ECLI:EU:C:2019:562 Rn. 95.
[60] Vgl. Begr. Entwurf eines Gesetzes zur Änderung des Gesetzes zur Regelung von Ingenieur- und Architektenleistungen und anderer Gesetze, BR-Drs. 445/20, 8.

Erläuterung des künftigen Zwecks der Honorartafeln. Bisher war diesen der verbindliche Preisrahmen für die Honorare zu entnehmen. Künftig sollen die in den Honorartafeln enthaltenen Werte der Orientierung der Vertragsparteien dienen und damit eine Hilfestellung bei der Ermittlung des angemessenen Honorars bieten.[61]

b) Anwendungsbereich der HOAI. Der Anwendungsbereich der HOAI ist nach § 1 HOAI 25 nicht mehr auf Architekten und Architektinnen und Ingenieure und Ingenieurinnen – mit Sitz im Inland – beschränkt. Allerdings entsprach der damalige Wortlaut des § 1 HOAI 2013, soweit auf die Berufstände der Architekten und Ingenieure Bezug genommen worden ist, schon bei Inkrafttreten der HOAI 2013 nicht mehr der bisherigen Rechtslage.[62] Denn bereits im Jahre 1997 hatte der BGH[63] klargestellt, dass die HOAI auf alle Personen anzuwenden sei, die Leistungen erbringen, für die die HOAI Regelungen enthielt; unabhängig davon, ob es sich um Leistungen von Personen handelte, die die Berufsbezeichnung Architekt/Architektin oder Ingenieur/Ingenieurin führen durften. Der neu gefasste § 1 Abs. 1 S. 1 HOAI stellt ausdrücklich klar, dass der Anwendungsbereich für alle **Ingenieur- und Architektenleistungen** gilt, die von der Verordnung erfasst sind. Die Beschränkung auf Anwender mit **Sitz im Inland** und die Erbringung der Leistung im Inland ist als Folge der Aufhebung des verbindlichen Preisrechts entfallen.[64] Mit dem Wegfall der räumlichen Beschränkung des Anwendungsbereiches auf Personen mit Sitz im Inland entfallen damit auch die sich daraus ergebenden Schwierigkeiten beim Umgang mit Honorarangeboten von Bietern mit Sitz im EU-Ausland bei einem „gemischten" Bieterfeld.[65]

§ 1 Abs. 1 S. 1 HOAI stellt im Gegensatz zur vorherigen Fassung künftig auf den **Oberbegriff** 26 **der Leistungen** ab. Die Eingrenzung auf die Grundleistungen wird nicht wieder aufgegriffen. Damit soll jedoch nur klargestellt werden, dass die HOAI, wie bisher schon, nicht nur Regelungen zu den sog. **Grundleistungen** enthält, sondern auch zu den sog. **besonderen Leistungen**, die in den Leistungsbildern als beispielhafter, nicht abschließender Leistungskatalog neben den Grundleistungen dargestellt sind.[66] Die Bestimmungen zu den nunmehrigen Honorarorientierungen gelten jedoch entsprechend der Ermächtigung unter § 1 Abs. 1 S. 1 Nr. 2 und 3 IngALG ausschließlich für Grundleistungen und nicht für die sonstigen in den Anlagen der HOAI aufgeführten Beratungsleistungen und besonderen Leistungen, die ebensowenig dem damaligen Preiskontrollrecht der HOAI unterworfen waren.[67] Sofern bei den jeweiligen Leistungsbildern nicht nur Grundleistungen, sondern auch besondere Leistungen erwartet werden, sind diese den Bietern grundsätzlich bereits im Vergabeverfahren zur Wahrung der Vergleichbarkeit der Angebote im Einzelnen bekannt zu geben.[68] Häufig sind besondere Leistungen und Beratungsleistungen neben den Grundleistungen als optionale Leistungen vorgesehen. Sofern es sich dabei um zulässige Bedarfspositionen handelt, sind die diesbezüglichen Honorare zwingend im Rahmen der Preiswertung zu berücksichtigen.

c) Kalkulationsregeln der HOAI. Sofern öffentliche Auftraggeber gem. § 1 S. 2 HOAI die 27 Regelungen der HOAI zum Zwecke der Honorarberechnung zur Grundlage des Vertrages und damit des Vergabeverfahrens machen, sind diese als **Kalkulationsregeln** maßgeblich für die Honorarberechnung (→ Rn. 20).[69]

aa) Grundlagen des Honorars (§ 6 HOAI). Nach dem Vergütungssystem der HOAI ist für 28 die Grundleistungen ein Honorar geschuldet, dessen Berechnung sich nach den **Grundlagen des Honorars** gem. § 6 Abs. 1 HOAI richtet. Hierzu gehören gem. **§ 6 Abs. 1 S. 1 HOAI** das Leistungsbild (Nr. 1), die Honorarzone (Nr. 2) und die dazugehörigen Honorartafeln (Nr. 3). Nach **§ 6 Abs. 1 S. 2 HOAI** ermittelt sich das Honorar außerdem für die Flächenplanung und Umweltverträglichkeitsstudien nach der Größe der Flächen (Nr. 1), für Objekt- und Fachplanungen sowie für die Bauphysik, Geotechnik und Bauvermessung nach den anrechenbaren Kosten des Objekts (Nr. 2) und für planungsbegleitende Vermessungen nach Verrechnungseinheiten (Nr. 3). Nach **§ 6 Abs. 2 S. 1 HOAI** ermitteln sich die Honorare für Grundleistungen bei Umbauten und Modernisierungen nach den anrechenbaren Kosten (Nr. 1), der Honorarzone, welcher der Umbau oder die Modernisie-

---

[61] Vgl. Begr. BR-Drs. 539/20, 17.
[62] Vgl. Begr. Entwurf eines Gesetzes zur Änderung des Gesetzes zur Regelung von Ingenieur- und Architektenleistungen und anderer Gesetze, BR-Drs. 445/20, 7; Begr. BR-Drs. 539/20, 16.
[63] Vgl. BGH Urt. v. 22.5.1997 – VII ZR 290/95, BeckRS 9998, 444.
[64] Vgl. Begr. BR-Drs. 539/20, 17.
[65] → 2. Aufl. 2018, Rn. 27.
[66] Vgl. Begr. BR-Drs. 539/20, 16.
[67] Vgl. zur Ermächtigungsnorm Begr. Entwurf eines Gesetzes zur Änderung des Gesetzes zur Regelung von Ingenieur- und Architektenleistungen und anderer Gesetze, BR-Drs. 445/20, 9.
[68] Vgl. OLG Düsseldorf Beschl. v. 21.5.2008 – Verg 19/08, NZBau 2009, 67 (69).
[69] Vgl. Begr. BR-Drs. 539/20, 14.

rung in sinngemäßer Anwendung der Bewertungsmerkmale zuzuordnen ist (Nr. 2), den Leistungsphasen (Nr. 3), der Honorartafel zur Honorarorientierung (Nr. 4) und dem Umbau- oder Modernisierungszuschlag auf das Honorar (Nr. 5). Nach **§ 12 Abs. 1 HOAI** sind die Honorare für Grundleistungen bei Instandsetzungen und Instandhaltungen ebenfalls nach den anrechenbaren Kosten, der Honorarzone, den Leistungsphasen zu ermitteln sowie der Honorartafel zur Honorarorientierung, der die Instandhaltungs- oder Instandsetzungsmaßnahme zuzuordnen ist. Diese Systematik der Honorarberechnung nach der HOAI dient dem Ziel, das Honorar in ein angemessenes Verhältnis zum Wert der Leistung des Architekten/Ingenieurs zu setzen.[70]

29 **(1) Anrechenbare Kosten.** Die **anrechenbaren Kosten** sind nach den Kalkulationsregeln der HOAI die wesentliche Grundlage für die Ermittlung des Honorars für die Grundleistungen bei Objektplanungen, Umbauten oder Modernisierungen. In ihnen spiegeln sich der Wert und damit die Honorarwürdigkeit der Architektenleistung wider.[71] Sie sind gem. § 4 Abs. 1 S. 1 HOAI Teil der Kosten für die Herstellung, den Umbau, die Modernisierung, die Instandhaltung oder die Instandsetzung von Objekten sowie für die damit zusammenhängenden Aufwendungen. Maßgeblich für die Bemessung des Honorars für die Grundleistungen der Objektplanung sind gem. § 6 Abs. 2 S. 2 Nr. 2 HOAI die Kosten, die auf Grundlage der **Kostenberechnung** oder, sofern keine Kostenberechnung vorliegt, auf der Grundlage der **Kostenschätzung** ermittelt wurden. Die Ermittlung der Kosten erfolgt gem. § 4 Abs. 1 S. 2 HOAI nach den allgemein anerkannten Regeln der Technik[72] oder nach Verwaltungsvorschriften (Kostenvorschriften) auf der Grundlage ortsüblicher Preise. Die Bestimmung der maßgeblichen anrechenbaren Kosten erfolgt demnach anhand objektiver Kriterien.

30 Mit der HOAI 2009 wurde die Möglichkeit geschaffen, für die Honorarberechnung verbindliche Baukosten zu vereinbaren (sog. **Baukostenvereinbarung**). Diese Möglichkeit wurde mit der HOAI 2013 unter § 6 Abs. 3 HOAI aF unverändert übernommen. Der BGH hatte allerdings zur wortlautidentischen Bestimmung in der HOAI 2009 entschieden, dass sie gegen die Ermächtigungsgrundlage der HOAI unter §§ 1, 2 IngALG in der damaligen Fassung verstoße, und deshalb unwirksam sei, weil sie eine Unterschreitung der damals geltenden Mindestsätze ermögliche, ohne dass ein Ausnahmefall vorliege.[73] Es sei dem Verordnungsgeber untersagt, auf der Grundlage der Kostenberechnung zu bestimmende untere Grenze des Honorars durch eine Vereinbarung der Parteien über die anrechenbaren Kosten zur Disposition zu stellen.[74] Mit der Neuregelung der HOAI und der in diesem Zuge erfolgten Aufhebung des Mindestsatzpostulats sind auch die vorgenannten Einwände gegen Baukostenvereinbarungen entfallen. Der Verordnungsgeber hat die Regelung unter § 6 Abs. 3 HOAI aF ersatzlos gestrichen, da diese in Anbetracht dessen, dass die HOAI kein verbindliches Preisrecht mehr enthält, nicht erforderlich sei.[75] Aus der Neuregelung der HOAI folgt für Vergabeverfahren, dass in Bezug auf die anrechenbaren Kosten fortan grundsätzlich Preiswettbewerb möglich ist. Die anrechenbaren Kosten müssen auch nach den Kalkulationsregeln der HOAI nicht mehr als fixe kalkulatorische Größe allen Bietern vorgegeben werden.[76] Andererseits muss den Bietern durch die Leistungsbeschreibung eine realistische Bestimmung der anrechenbaren Kosten ermöglicht werden, da andernfalls keine vergleichbaren Angebote zu erwarten sind.

31 Die durch eine Baukostenvereinbarung festgelegten anrechenbaren Kosten sind von den ggf. als Beschaffenheitsvereinbarung vertraglich festgelegten maximalen Baukosten (sog. **Baukostenobergrenze**) zu unterscheiden. Während sich die Baukostenvereinbarung auf das dem Architekten zu zahlende Honorar bezieht, definiert die Baukostenobergrenze das vom Planer einzuhaltende Kostenbudget.[77] Von einer Baukostenvereinbarung kann daher nicht ohne Weiteres auf die Vereinbarung einer entsprechenden Baukostenobergrenze geschlossen werden.[78] Auftraggeber haben demnach eindeutig festzulegen, ob die vereinbarten Baukosten gleichzeitig als Beschaffenheitsvorgabe für die Planung gelten sollen.

32 **(2) Leistungsbilder.** In den **Leistungsbildern** sind gem. § 3 Abs. 2 HOAI die Grundleistungen erfasst, die zur ordnungsgemäßen Erfüllung eines Auftrags „im Allgemeinen" erforderlich sind. Die Leis-

---

[70] Vgl. BGH Urt. v. 11.12.2008 – VII ZR 235/06 (KG), NZBau 2009, 259 (260) mwN.
[71] BGH Urt. v. 11.12.2008 – VII ZR 235/06 (KG), NZBau 2009, 259 (260) mwN.
[72] Derzeit allein die DIN 276; vgl. *Meurer/Rothermel* in Korbion/Mantscheff/Vygen, Honorarordnung für Architekten und Ingenieure (HOAI), 9. Aufl. 2016, HOAI § 4 Rn. 8.
[73] Vgl. BGH Urt. v. 24.4.2014 – VII ZR 164/13, ZfBR 2014, 474 (475).
[74] Vgl. BGH Urt. v. 24.4.2014 – VII ZR 164/13, ZfBR 2014, 474 (476).
[75] Vgl. Begr. BR-Drs. 539/20, 19.
[76] So aber zur alten Rechtslage: OLG Frankfurt a. M. Beschl. v. 28.11.2006 – 11 Verg 4/06, NZBau 2007, 804 (806, 807). AA OLG Düsseldorf Beschl. v. 12.6.2013 – VII-Verg 7/13, NZBau 2013, 788 (789) für den Fall einer funktionalen Generalplanerbeschreibung mit Baukostenvereinbarung.
[77] Vgl. BeckOK HOAI/*Preussner* HOAI § 6 Rn. 77.
[78] Vgl. BeckOK HOAI/*Preussner* HOAI § 6 Rn. 78.

tungsbilder sind in **Leistungsphasen** untergliedert. Welche Leistungen tatsächlich beauftragt werden, bestimmen die Parteien im Rahmen ihrer Vertragsfreiheit jedoch selbst. Die HOAI ist lediglich Preisrecht, nicht Vertragsrecht.[79] Die Parteien können durch Bezugnahme auf die Leistungsbilder oder Leistungsphasen der HOAI diese aber zum Gegenstand der vertraglichen Leistungspflicht machen. Diese stellen dann eine Auslegungshilfe zur Bestimmung der vertraglich geschuldeten Leistung dar.[80] Der Auftraggeber hat zwar grundsätzlich den Umfang der zu beschaffenden Planungsleistungen den Bietern vorzugeben.[81] Es ist aber auch denkbar, dass der Auftraggeber je nach Ausgestaltung der Planungsaufgabe den Bietern insofern Spielräume hinsichtlich des Umfangs ihrer Leistungen einräumt.[82]

(3) Honorarzonen. Die Einteilung in die jeweilige **Honorarzone** erfolgt objektbezogen nach dem entsprechenden Schwierigkeitsgrad des Objektes.[83] Das Objekt wird zwar durch den Vertragsgegenstand bestimmt.[84] Die maßgebliche Honorarzone ist aber anhand der Bewertungsmerkmale in den Honorarregelungen der jeweiligen Leistungsbilder gem. § 5 Abs. 3 HOAI objektiv zu bestimmen.[85] Den Vertragsparteien wurde bereits nach alter Rechtslage und Geltung des Mindestsatzpostulats ein gewisser Beurteilungsspielraum und damit korrespondierender Vereinbarungsspielraum zugestanden,[86] allerdings nur in engen Grenzen, wie eine Einordnung sowohl in die niedrigere, als auch in die höhere Honorarzone vertretbar erschien.[87] Für das Vergabeverfahren folgte hieraus, dass aus den engen Vereinbarungsspielräumen kein echter Preiswettbewerb abgeleitet werden konnte.[88] Ein Preiswettbewerb durch eine unterschiedliche bieterseitige Einstufung der Auftragsleistung in Honorarzonen war damit grundsätzlich unzulässig.[89] Sofern nunmehr die Kalkulationsregeln der HOAI vorgeben werden, gilt im Grundsatz nichts anderes. Wegen der Aufhebung der Mindest- und Höchstsätze sind Bieter aber frei darin, wie sie die dem Schwierigkeitsgrad des Objekts bei der Kalkulation ihres Honorars Rechnung tragen (→ Rn. 37).

Zur Wahrung des **Transparenzgebotes** und um vergleichbare Angebote zu erhalten, ist es ausreichend, aber auch notwendig, dass die Auftraggeber die Bieter mit den Informationen versorgen, anhand derer die einschlägige Honorarzone objektiv bestimmt werden kann. Sie sind aber nicht darüber hinaus verpflichtet, im Vergabeverfahren eine Honorarzone vorzugeben oder diejenige Honorarzone mitzuteilen, die sie jeweils für anwendbar halten.[90] An den vorstehenden Grundsätzen hat sich mit der Neuregelung der HOAI nichts geändert.

(4) Honorartafeln. Die Honorartafeln bilden nach der Neuregelung der HOAI **keine verbindlichen Mindest- und Höchstsätze** mehr ab, sondern weisen nach § 2a Abs. 1 S. 1 HOAI lediglich **Orientierungswerte** aus, die an der Art und dem Umfang der Aufgabe sowie an der Leistung ausgerichtet sind. Die Honorartafeln enthalten gem. § 2a Abs. 1 S. 2 HOAI für jeden Leistungsbereich Honorarspannen vom Basishonorarsatz bis zum oberen Honorarsatz, gegliedert nach den einzelnen Honorarzonen und den zugrunde liegenden Ansätzen für Flächen, anrechenbare Kosten oder Verrechnungseinheiten.

Ansonsten sind **Aufbau und Inhalt** der Honorartafeln im Wesentlichen gleichgeblieben. Die in den Tafeln enthaltenen Werte sind an Art und Umfang der Planungsaufgabe und der Leistung des Planenden ausgerichtet und erstrecken sich über Honorarspannen.[91] Mit Art und Umfang der Planungsauf-

---

[79] Vgl. BGH Urt. v. 24.10.1996 – VII ZR 283/95, NJW 1997, 586 (587).
[80] Vgl. BGH Urt. v. 26.7.2007 – VII ZR 42/05 (KG), NZBau 2007, 653 (655) mwN.
[81] Vgl. VK Niedersachsen Beschl. v. 22.4.2015 – VgK-06/15, BeckRS 2015, 10798.
[82] Vgl. VK Sachsen Beschl. v. 18.4.2013 – 1/SVK/009-13, IBRRS 2013, 2612 zu den Hinweispflichten des Auftraggebers.
[83] Meurer/Rothermel in Korbion/Mantscheff/Vygen, Honorarordnung für Architekten und Ingenieure (HOAI), 9. Aufl. 2016, HOAI § 5 Rn. 2.
[84] Vgl. BGH Urt. v. 11.12.2008 – VII ZR 235/06 (KG), NZBau 2009, 259 (260) mwN.
[85] Vgl. BGH Urt. v. 13.11.2003 – VII ZR 362/02, NZBau 2004, 159 (160).
[86] Vgl. BGH Urt. v. 13.11.2003 – VII ZR 362/02, NZBau 2004, 159 (160).
[87] Meurer/Rothermel in Korbion/Mantscheff/Vygen, Honorarordnung für Architekten und Ingenieure (HOAI), 9. Aufl. 2016, HOAI § 5 Rn. 3 mwN.
[88] AA OLG Stuttgart Beschl. v. 28.11.2002 – 2 Verg 14/02, NZBau 2003, 517 (519), wonach in Grenzfällen, insbes. wenn das Leistungsbild nach der Vergabeart in Einzelaspekten noch vollkommen offen ist (Unklarheit über Anforderung an spätere Aufzugstechnik), ein abweichender Ansatz in der Bewertung der infrage kommenden Honorarzonen zwischen unterschiedlichen Bietern Platz greifen kann.
[89] Vgl. OLG Frankfurt a. M. Beschl. v. 28.11.2006 – 11 Verg 4/06, NZBau 2007, 804 (807).
[90] So bereits vor der Neuregelung der HOAI 2021: OLG Koblenz Beschl. v. 29.1.2014 – 1 Verg 14/13, NZBau 2014, 244 (246); OLG Düsseldorf Beschl. v. 12.6.2013 – VII-Verg 7/13, NZBau 2013, 788 (791); dagegen für eine Pflicht zur Mitteilung diejenigen Honorarzone, die die Auftraggeber jeweils für anwendbar halten OLG Frankfurt a. M. Beschl. v. 28.11.2006 – 11 Verg 4/06, NZBau 2007, 804 (806 f.).
[91] Vgl. Begr. BR-Drs. 539/20, 17.

gabe wird der Auftragsgegenstand in Bezug genommen, beispielsweise das Gebäude oder Ingenieurbauwerk, auf das sich der Auftrag bezieht.[92] Der Begriff der Leistung erfasst die Arbeitsschritte, die der Planende auszuführen hat, wie zum Beispiel die Vorplanung oder die Ausführungsplanung.[93] Die Gliederung der Honorarspannen richtet sich nach den Honorarzonen und den zugrunde liegenden Berechnungsparametern.[94] Damit würden nach der Verordnungsbegründung bei der Ermittlung der in den Honorartafeln enthaltenen Honorarspannen die **maßgeblichen Parameter** berücksichtigt, die sicherstellen sollen, dass ein Honorar, das auf Grundlage der HOAI-Regelungen und unter Anwendung der Orientierungswerte der jeweiligen Honorartafel ermittelt wurde, angemessen ist.[95]

37 Der **Basishonorarsatz** ist nach § 2a Abs. 2 HOAI der jeweils untere in den Honorartafeln enthaltene Honorarsatz. Die Höhe des Basishonorarsatzes und des **oberen Honorarsatzes**, vormals Höchstsatz, ist – vereinfacht gesagt – vom Umfang und der Komplexität des Vorhabens abhängig. Da die Honorartafeln lediglich Orientierungswerte ausweisen, können auch die Honorare für sämtliche Grundleistungen oberhalb des oberen Honorarsatzes oder unterhalb des Basishonorarsatzes vereinbart werden. Für Vergabeverfahren folgt hieraus, dass die Bieter grundsätzlich auch entsprechende Honorarangebote unterbreiten dürfen. Den Bietern kann hierzu beispielsweise die Möglichkeit eingeräumt werden, Zu- oder Abschläge auf den Basishonorarsatz anzubieten.[96]

38 **(5) Umbau- oder Modernisierungszuschlag, § 6 Abs. 2 HOAI.** Bei Umbau- oder Modernisierungsmaßnahmen[97] ist das Honorar gem. § 6 Abs. 2 S. 1 Nr. 2 HOAI neben den anrechenbaren Kosten, der Honorarzone, den Leistungsphasen und der Honorartafel außerdem nach dem **Umbau- oder Modernisierungszuschlag** auf das Honorar zu ermitteln. Der Zuschlag ist gem. § 6 Abs. 2 S. 2 HOAI unter Berücksichtigung des Schwierigkeitsgrads der Leistungen in Textform zu vereinbaren. Nach alter Rechtslage war umstritten, ob hierdurch den Vertragsparteien ein schrankenloser Vereinbarungsspielraum eröffnet wurde. Anlass für Zweifel gab dabei die unveränderte Bestimmung unter § 6 Abs. 2 S. 4 HOAI, wonach im Falle einer unterbliebenen Vereinbarung unwiderleglich vermutet wird, dass ein Zuschlag von 20% ab einem durchschnittlichen Schwierigkeitsgrad vereinbart ist. Nach zutreffender Auffassung handelte es sich hierbei nicht um einen Mindestzuschlag, der etwa nur ausnahmsweise bei einer unterdurchschnittlichen Schwierigkeit unterschritten werden könnte.[98] Die Parteien waren damit bereits nach alter Rechtslage insbesondere nicht gehindert, einen Umbauzuschlag von 0,0% zu vereinbaren.[99] Im Vergabeverfahren war damit hinsichtlich der Höhe des Umbauzuschlags ein uneingeschränkter Preiswettbewerb möglich.[100] Mit der Neuregelung der HOAI und der damit erfolgten Aufhebung der verbindlichen Mindestsätze hat sich daran nichts geändert. Gleichwohl sollten Auftraggeber nach wie vor angesichts des Sinns und Zwecks des Zuschlags, dem besonderen Schwierigkeitsgrad beim Umbau und der Modernisierung von Bestandsobjekten Rechnung zu tragen,[101] zumindest bei Vorhaben mit vergleichsweise hohen planerischen Anforderungen erwägen, einen Mindestzuschlag vorzugeben, dessen Höhe sich an § 6 Abs. 2 S. 4 HOAI orientiert. Eine solche Vorgabe wäre nach § 58 Abs. 2 S. 3 vergaberechtlich ohne Weiteres zulässig (→ Rn. 17).

39 **bb) Honorarminderungen (§ 11 HOAI).** Umfasst ein Auftrag mehrere Objekte, so sind die Honorare gem. **§ 11 Abs. 1 HOAI** grundsätzlich für jedes Objekt getrennt zu berechnen. Von diesem Grundsatz sind in § 11 Abs. 2–4 HOAI Ausnahmen geregelt, sodass insofern eine Minderung des Honorars erfolgen kann.

40 **§ 11 Abs. 3 HOAI** betrifft den Fall, dass ein Auftrag mehrere, **im Wesentlichen gleiche Gebäude, Ingenieurbauwerke, Verkehrsanlagen oder Tragwerke,** erfasst, die im zeitlichen oder örtlichen Zusammenhang unter gleichen baulichen Verhältnissen geplant und errichtet werden sollen, und sieht für Wiederholungsplanungen eine Minderung des Honorars vor.[102]

41 **§ 11 Abs. 4 HOAI** betrifft den Fall, dass ein Auftrag Grundleistungen umfasst, die **bereits Gegenstand eines anderen Auftrags über ein gleiches Gebäude, Ingenieurbauwerk oder**

---

[92] Vgl. Begr. BR Drs. 539/20, 17.
[93] Vgl. Begr. BR Drs. 539/20, 17.
[94] Vgl. Begr. BR Drs. 539/20, 17.
[95] Vgl. Begr. BR Drs. 539/20, 17.
[96] Vgl. Begr. BR Drs. 539/20, 17.
[97] Zu den Begriffen vgl. *Wirth/Gald* in Korbion/Mantscheff/Vygen, Honorarordnung für Architekten und Ingenieure (HOAI), 9. Aufl. 2016, HOAI § 6 Rn. 26–29.
[98] Vgl. BeckOK HOAI/*Preussner* HOAI § 6 Rn. 65 mwN. AA *Wirth/Galda* in Korbion/Mantscheff/Vygen, Honorarordnung für Architekten und Ingenieure (HOAI), 9. Aufl. 2016, HOAI § 6 Rn. 42.
[99] Vgl. BeckOK HOAI/*Preussner* HOAI § 6 Rn. 68 mwN.
[100] So bereits zur HOAI (2002): VK Bund Beschl. v. 10.11.2005 – VK 2-132/05, IBRRS 2006, 0152.
[101] Vgl. BR-Drs. 334/13, 141.
[102] Vgl. hierzu *Meurer* in Korbion/Mantscheff/Vygen, Honorarordnung für Architekten und Ingenieure (HOAI), 9. Aufl. 2016, HOAI § 11 Rn. 24–45.

Tragwerk zwischen den Vertragsparteien waren. In diesem Fall ist das Honorar für die im Rahmen des Anschlussauftrages erneut beauftragten Grundleistungen entsprechend § 11 Abs. 3 HOAI zu mindern. Nach der bisherigen Rechtslage erwuchs vorbeauftragten Bietern dadurch gegenüber ihren Mitbewerbern ein Wettbewerbsvorteil, da Letztere an die ungeminderten Mindestsätze gebunden waren. Mit der Neuregelung der HOAI und der in diesem Zuge erfolgten Aufhebung der verbindlichen Mindestsätze ist dies nicht mehr gegeben. Damit ist die Frage obsolet, ob und ggf. wie der Wettbewerbsvorteil auszugleichen ist.[103]

cc) Nebenkosten (§ 14 HOAI). Der Auftragnehmer kann gem. § 14 Abs. 1 S. 1 HOAI auch die für die Ausführung des Auftrags erforderlichen Nebenkosten in Rechnung stellen. Die Vertragsparteien können jedoch gem. § 14 Abs. 2 S. 2 HOAI bei Auftragserteilung schriftlich vereinbaren, dass abweichend hiervon eine Erstattung ganz oder teilweise ausgeschlossen ist.[104] Insofern bestanden bereits nach alter Rechtslage hinsichtlich der Höhe der Nebenkosten **keine preisrechtlichen Beschränkungen**.[105] Der Ausschluss oder auch nur eine Beschränkung der Nebenkostenerstattung war insbesondere auch dann zulässig, wenn die Vertragspartner als Honorar nur die Mindestsätze vereinbart haben oder mangels wirksamer Honorarvereinbarung nur die Mindestsätze als vereinbart gelten.[106] Insofern war im Vergabeverfahren ein uneingeschränkter Preiswettbewerb um die Höhe der Nebenkosten zulässig.[107] Hieran hat sich mit der Neuregelung der HOAI und der damit erfolgten Aufhebung der verbindlichen Mindestsätze nichts geändert.

d) Bedeutung des Orientierungswerte der HOAI für Vergabeverfahren. Da die HOAI aufgrund der Neurregelung in Reaktion auf das Urteil des EuGH vom 4.7.2019 in der Rs. C-377/17 kein verbindliches Preisrecht mehr enthält, sind Auftraggeber nicht gehindert, Honorare unter- oder oberhalb der Orientierungswerte der HOAI zu vereinbaren. Die in Vergabeverfahren angebotenen Honorare können damit insbesondere auch den nunmehrigen **Basishonorarsatz** nach § 2a Abs. 2 HOAI unterschreiten (→ Rn. 37). Die nach alter Rechtslage virulente Frage, ob und ggf. unter welchen Voraussetzungen Angebote wegen einer Mindestsatzunterschreitung auszuschließen sind, ist damit obsolet.[108] Gleichwohl ist insbesondere der Basishonorarsatz für Vergabeverfahren nicht bedeutungslos. In seiner Funktion als **Orientierungswert** für ein angemessenes Honorar, kann der Basishonorarsatz eine wichtige Bedeutung für die Auftragswertschätzung sowie die Prüfung der Angmessenheit der angebotenen Honorare nach § 60 haben. Denn der Basishonorarsatz wird ebensowenig wie die vormaligen Mindestsätze, die auf empirischen Studien und Gutachten beruhten,[109] willkürlich festgelegt. Auch bildeten die vormaligen Mindestsätze der HOAI – zwangsläufig – das bisherige Preisniveau für die Erbringung der Grundleistungen in Deutschland ab.[110] Soweit aber das Preisniveau für Architekten- und Ingenieurleistungen infolge der Nichtanwendung der Mindestpreisregelung der HOAI künftig sinkt, ohne dass damit zugleich eine Qualitätseinbuße von entsprechenden Leistungen einhergehen muss, wird auch die Bedeutung des Basishonorarwertes für Vergabeverfahren abnehmen.[111] Da die Orientierungswerte der HOAI nur für die Grundleistungen gelten, hängt die Bedeutung des Basishonorarsatzes von dem Anteil dieser Leistungen am vergabegegenständlichen Auftrag ab.

Auftraggeber genügen vorbehaltlich einer greifbaren abweichenden Entwicklung des Preisniveaus für Architekten- und Ingenieurleistungen ihrer aus § 3 folgenden Pflicht zur ordnungsgemäßen und sorgfältigen **Auftragswertschätzung,** wenn sie bei der Ermittlung des voraussichtlichen Gesamtwerts der Grundleistungen von dem nach Kalkulationsregeln der HOAI ermittelten Basisho-

---

[103] → 2. Aufl. 2018, Rn. 38.
[104] Zu den Möglichkeiten des teilweisen Ausschlusses vgl. *Wirth/Galda* in Korbion/Mantscheff/Vygen, Honorarordnung für Architekten und Ingenieure (HOAI), 9. Aufl. 2016, HOAI § 14 Rn. 9.
[105] Vgl. BGH Urt. v. 25.9.2003 – VII ZR 13/02 (KG), NZBau 2004, 102.
[106] *Wirth/Galda* in Korbion/Mantscheff/Vygen/*Wirth/Galda*, Honorarordnung für Architekten und Ingenieure (HOAI), 9. Aufl. 2016, HOAI § 14 Rn. 8.
[107] Zur Bedeutung der Höhe der Nebenkosten für die Preiswertung: vgl. VK Niedersachsen Beschl. v. 26.6.2012 – VgK-18/2012, BeckRS 2012, 18885, wonach im Bereich der HOAI ein Preiswettbewerb in der Regel ohnehin nur über die Nebenkosten stattfinde, da es allg. üblich sei, zu den Mindestsätzen anzubieten. Demgegenüber VK Düsseldorf Beschl. v. 30.1.2001 – VK-32/2000-F, IBRRS 2013, 3476, wonach eine Beschränkung auf die Differenzierung nach der Höhe der Nebenkosten allein wegen der einheitlichen Kalkulationsbasis der anrechenbaren Baukosten nicht zwingend sei.
[108] → 2. Aufl. 2018, Rn. 45.
[109] So das Vorbringen der Bundesrepublik im Vertragsverletzungsverfahrens vor dem EuGH, vgl. EuGH Urt. v. 4.7.2019 – C-377/17, ECLI:EU:C:2019:562 Rn. 56. Vgl. ferner *Fuchs/van der Hout/Opitz* NZBau 2019, 483 (490) mwN.
[110] Vgl. *Fuchs/van der Hout/Opitz* NZBau 2019, 483 (490).
[111] Vgl. *Fuchs/van der Hout/Opitz* NZBau 2019, 483 (490).

45 Der Basishonorarsatz kann als Orientierungsgröße für ein angemessenes Honorar auch im Rahmen der **Auskömmlichkeitsprüfung** nach § 60 herangezogen werden. Die Honorarorientierung wirkt insofern in zwei Richtungen. Ein Honorar für Grundleistungen, dass das nach den Kalkulationsregeln der HOAI ermittelte Basishonorar nicht unterschreitet, wird nicht unangemessen niedrig sein können. Dies gilt selbst dann, wenn die Bieter die Nebenkosten mit 0,00 EUR verpreisen (→ Rn. 42) und/oder auf einen möglichen Umbauzuschlag gänzlich verzichten sollten (→ Rn. 38). Umgekehrt kann eine Unterschreitung des Basishonorarsatzes Zweifel an der Auskömmlichkeit des angebotenen Honorars begründen. Dabei ist allerdings zu beachten, dass der Basishonorarsatz nicht zwangläufig die unterste Grenze der Angemessenheit eines Honorars abbildet und eine Unterschreitung damit allenfalls indizielle Bedeutung für eine Unauskömmlichkeit des Angebotshonorars haben kann. Da sich die Auskömmlichkeitsprüfung stets auf den Gesamtpreis des Angebots bezieht, nimmt diese indizielle Bedeutung entsprechend ab, wenn neben den Grundleistungen weitere besondere Leistungen oder Beratungsleistungen vergabegegenständlich sind, die vom Basishonorarsatz nicht erfasst sind. Unbeschadet dessen kann auch nicht jede Unterschreitung des Basishonorarsatzes Zweifel an der Auskömmlichkeit des Honorarangebotes begründen und entsprechende Prüfpflichten der Auftraggeber oder Rechtfertigungsobliegenheiten der Bieter auslösen. Sonst würde die Bedeutung des Basishonorarsatzes als beidseitig unverbindlicher Orientierungswert bedenklich überhöht.[112] Insofern gelten die allgemeinen Grundsätze, wonach Anlass für den Eintritt in eine Prüfung ein Preisabstand von mindestens 10–20 % gibt.[113]

V. Verlangen von Lösungsvorschlägen (Abs. 2)

46 **1. Aufforderung durch den Auftraggeber (Abs. 2 S. 1).** Lösungsvorschläge (zum Begriff → § 77 Rn. 14) sind nur nach Aufforderung durch den Auftraggeber durch die Bieter vorzulegen. Gefordert werden können Lösungsvorschläge jedoch nur bei Auftragsvergaben im Anwendungsbereich des Abschnitts 6 der VgV. Gegenstand des Auftrags müssen also Architekten- und Ingenieurleistungen sein, die zudem nicht abschließend beschreibbar sind (→ § 73 Rn. 11). Letzteres ist auch nachvollziehbar, denn erst die fehlende Beschreibbarkeit der Leistungen eröffnet den notwendigen Raum für Lösungsvorschläge der Bieter. Gemäß **Abs. 2 S. 1** können Auftraggeber außerdem **nur im Rahmen von Verhandlungsverfahren oder wettbewerblichen Dialogen** die Vorlage von Lösungsvorschlägen verlangen (→ Rn. 6).

47 Darüber hinaus ist auch der Zweck der Lösungsvorschläge auf die **Ermittlung des wirtschaftlichsten Angebots** im Leistungswettbewerb (→ Rn. 10) beschränkt. Sie dürfen insbesondere nicht zur Eignungsprüfung verlangt werden. Dies deshalb, da Lösungsvorschläge nicht zum Numerus der Belege für die technische und berufliche Leistungsfähigkeit nach § 46 Abs. 3 gehören. Die Vorlage von Lösungsvorschlägen kann demnach nur von den geeigneten Bietern gefordert werden, die zur Abgabe eines Angebots gem. § 17 Abs. 4 bzw. zur Teilnahme am Dialog nach § 18 Abs. 4 aufgefordert werden.

48 In der Aufforderung sind einheitlich für alle Bieter die **Vorlagefrist** und der geforderte **Inhalt** der Lösungsvorschläge anzugeben. Letzteres ist insbesondere wegen Abs. 2 S. 3 unabdingbar. Lösungsvorschläge dürfen hiernach auch insoweit nicht berücksichtigt werden, als sie inhaltlich über die Anforderungen des Auftraggebers hinausgehen (→ Rn. 57). Daneben ist mit der Aufforderung eine angemessene Vergütung für die Erstellung der Lösungsvorschläge nach § 77 Abs. 2 festzusetzen (→ § 77 Rn. 12). Der Auftraggeber ist bei der Bestimmung der Anforderungen an die Lösungsvorschläge im Wesentlichen frei.[114] Die Anforderungen müssen nach § 97 Abs. 2 GWB diskriminierungsfrei sein und für alle Verfahrensteilnehmer einheitlich gelten. Grenzen ergeben sich ferner aus dem Wettbewerbsgrundsatz sowie dem Verhältnismäßigkeitsgrundsatz nach § 97 Abs. 1 GWB und dem Schutz mittelständischer Interessen nach § 97 Abs. 4 GWB. Dies gilt namentlich für die Einreichungsfrist. Diese muss für eine ordnungsgemäße Ausarbeitung der Lösungsvorschläge angemessen sein.

49 **2. Nichtberücksichtigung unaufgeforderter Lösungsvorschläge (Abs. 2 S. 3).** Abs. 2 S. 3 ordnet zur Gleichbehandlung der Bieter und zur Gewährleistung eines ordnungsgemäßen Wettbewerbs an, dass **unaufgeforderte Lösungsvorschläge** unberücksichtigt bleiben (→ Rn. 7). Dies betrifft nicht nur den Fall, dass der Auftraggeber überhaupt keine Lösungsvorschläge verlangt hat.

---

[112] Vgl. Begr. BR-Drs. 539/20; aA Stoye/Schrammel NJW 2021, 201, wonach jede Unterschreitung des Basishonorarsatzes das betreffende Honorarangebot unangemessen niedrig iSv § 60 Abs. 1 erscheinen lasse und daher zu einer substanziellen Preisaufklärung zwinge.

[113] Vgl. → § 60 Rn. 6; krit. Tiede NZBau 2020, 232, wonach ein flexibles Vorgehen, ohne starre Ausrichtung einer Aufgreifschwelle am HOAI-Mindestsatz angeraten sei.

[114] Zur Gestaltungsfreiheit des Auslobenden nach § 657 BGB: MüKoBGB/Schäfer BGB § 657 Rn. 25.

I. Entstehungsgeschichte

Unberücksichtigt müssen Lösungsvorschläge auch insoweit bleiben, als sie über die vom Auftraggeber geforderte Planungstiefe hinausgehen.[115]

VI. Rechtsschutz

Die Bestimmung unter **Abs. 1 S. 1** ist Ausdruck des Wirtschaftlichkeitsgebotes nach § 127 GWB (→ Rn. 5), das als zentrale Vorschrift dem Schutz aller Bieter dient,[116] und ist damit bieterschützend. 50

Abs. 1 S. 2 hat nunmehr reine Hinweisfunktion und damit seinen vormaligen bieterschützenden Charakter verloren (→ Rn. 6). 51

Die Bestimmungen über die Forderung und Berücksichtigung von Lösungsvorschlägen unter **Abs. 2** sind bieterschützend. Verfahrensteilnehmer können vor den Nachprüfungsinstanzen insbesondere geltend machen, dass die Voraussetzung für das Verlangen von Lösungsvorschlägen nicht vorliegen und das Vergabeverfahren ohne entsprechende Anforderungen fortgesetzt wird. Sofern Lösungsvorschläge entgegen Abs. 2 S. 3 bei der Angebotswertung berücksichtigt werden, ist diese unter Außerachtlassung derselben zu wiederholen. 52

§ 77 Kosten und Vergütung

(1) Für die Erstellung der Bewerbungs- und Angebotsunterlagen werden Kosten nicht erstattet.

(2) Verlangt der öffentliche Auftraggeber außerhalb von Planungswettbewerben darüber hinaus die Ausarbeitung von Lösungsvorschlägen für die gestellte Planungsaufgabe in Form von Entwürfen, Plänen, Zeichnungen, Berechnungen oder anderen Unterlagen, so ist einheitlich für alle Bewerber eine angemessene Vergütung festzusetzen.

(3) Gesetzliche Gebühren- oder Honorarordnungen und der Urheberrechtsschutz bleiben unberührt.

Übersicht

	Rn.		Rn.
I. Entstehungsgeschichte	1	4. Festsetzung einer angemessenen Vergütung	24
II. Normzweck	4	a) Begriff „Vergütung"	27
III. Keine Kostenerstattung für Angebots- und Bewerbungsunterlagen (Abs. 1)	8	b) Höhe der Vergütung	28
		c) Anspruch auf Vergütung	32
1. Bewerbungs- und Angebotsunterlagen	9	d) Anrechnung der Vergütung auf Honoraransprüche des bezuschlagten Bieters	40
2. Ausschluss der Kostenerstattung	11	e) Rechtsschutz	41
IV. Entschädigung für die Ausarbeitung von Lösungsvorschlägen (Abs. 2)	12	V. Gesetzliche Gebühren- oder Honorarordnungen und Urheberrechtsschutz (Abs. 3)	47
1. Lösungsvorschläge für die gestellte Planungsaufgabe	14	1. Vergütung der Lösungsvorschläge nach der HOAI	48
2. „Darüber hinaus" auf Verlangen des Auftraggebers	19	2. Urheberrechtsschutz an den Lösungsvorschlägen	50
3. „Außerhalb von Planungswettbewerben"	22		

I. Entstehungsgeschichte

Abs. 1 entspricht dem bisherigen § 13 Abs. 2 VOF. 1
Abs. 2 stellt eine Symbiose aus den bisherigen § 13 Abs. 2 S. 1 VOF[1] und § 20 Abs. 3 VOF[2] dar. Nach § 13 Abs. 2 S. 1 VOF hatten Auftraggeber allgemein für die Ausarbeitung über die 2

---

[115] Vgl. Ziekow/Völlink/*Stolz* Rn. 4.
[116] OLG Frankfurt a. M. Beschl. v. 5.6.2012 – 11 Verg 4/12, NZBau 2012, 719 (720).
[1] § 13 Abs. 2 S. 1 VOF: „Verlangt der Auftraggeber darüber hinaus, dass Bewerber Entwürfe, Pläne, Zeichnungen, Berechnungen oder andere Unterlagen ausarbeiten, so ist einheitlich für alle Bewerber eine angemessene Vergütung festzusetzen."
[2] § 20 Abs. 3 VOF: „Verlangen Auftraggeber außerhalb eines Planungswettbewerbs Lösungsvorschläge für die Planungsaufgabe, so sind die Lösungsvorschläge der Bieter nach den Honorarbestimmungen der HOAI zu vergüten."

Bewerbungs- und Angebotsunterlagen hinausgehender Unterlagen eine angemessene „Vergütung" festzusetzen. Daneben sah § 20 Abs. 3 VOF für den Sonderfall, dass Auftraggeber außerhalb von Planungswettbewerben von den Teilnehmern die Ausarbeitung von Lösungsvorschlägen verlangen, eine Vergütungspflicht nach den Honorarbestimmungen der HOAI vor. In Abs. 2 ist nunmehr allein die Vergütung für Lösungsvorschläge (→ Rn. 12) geregelt, wobei entsprechend § 13 Abs. 2 S. 1 VOF ausdrücklich nur eine Pflicht zur Festsetzung besteht und die Vergütung zudem nicht mehr zwingend nach der HOAI zu bemessen ist, sondern lediglich angemessen sein muss.

3   **Abs. 3** entspricht dem bisherigen § 13 Abs. 3 S. 2 VOF. § 77 und ist, wie bereits die Vorgängerregelungen, eine rein nationale Bestimmung ohne Entsprechung in den EU-Vergaberichtlinien.[3] Der Richtliniengeber erachtet die Frage der Erstattung von Aufwendungen für die Erstellung von im Vergabeverfahren geforderten Unterlagen offensichtlich nicht für regulierungsbedürftig.

II. Normzweck

4   § 77 stellt einen Ausgleich zwischen dem Interesse des Auftraggebers an einem möglichst kostengünstigen Vergabeverfahren und dem Interesse potenzieller Teilnehmer dar, das finanzielle Risiko einer erfolglosen Beteiligung am Verfahren gering zu halten. Damit wird sowohl die Durchführbarkeit von Vergabeverfahren als auch eine möglichst breite Beteiligung gewährleistet. Im Ergebnis dient § 77 damit auch dem Wettbewerbsgrundsatz aus § 97 Abs. 1 GWB sowie dem nach § 97 Abs. 4 GWB gebotenen Schutz mittelständischer Interessen.

5   § 77 ist eine reine **Verfahrensnorm**, die Vergütungsansprüche der Teilnehmer weder ausschließt noch begründet (→ Rn. 32). Die Norm regelt ebenso wenig, unter welchen Umständen zwischen dem Auftraggeber und den Teilnehmern ein gesonderter – von dem ausgeschriebenen Auftrag unabhängiger – Werkvertrag über die Erstellung der geforderten Unterlagen zustande kommt (→ Rn. 34).

6   Die Bestimmungen des § 77 sind aufgrund der Regelung im Abschnitt 6 auf Vergabeverfahren zur Vergabe von **Architekten- und Ingenieurleistungen** beschränkt (→ § 73 Rn. 7).[4] Entsprechende Vorschriften für die Vergabe sonstiger Dienstleistungen existieren – wie bereits nach alter Rechtslage – nicht. Dies mag darauf zurückzuführen sein, dass bei der Vergabe von Architekten- und Ingenieurleistungen die Erstellung der geforderten Bewerbungs- und Angebotsunterlagen regelmäßig aufwändiger als bei anderen Verfahren ist.

7   Das Fehlen vergleichbarer Regelungen erlaubt jedoch keine Umkehrschlüsse für die **Vergabe sonstiger Dienstleistungen.** Denn § 77 liegen grundsätzliche Erwägungen zugrunde, die nicht auf die Vergabe von Architekten- und Ingenieurleistungen beschränkt sind. So können im Einzelfall der Wettbewerbsgrundsatz, der Schutz mittelständischer Interessen und nicht zuletzt der allgemeine Verhältnismäßigkeitsgrundsatz die Festsetzung einer angemessenen Aufwandsentschädigung für die Erstellung geforderter Unterlagen gebieten. Umgekehrt kann aus dem Umstand, dass die Erstattung von Kosten für Bewerbungs- und Angebotsunterlagen nur für die Vergabe von Architekten- und Ingenieurleistungen ausdrücklich ausgeschlossen ist, nicht gefolgert werden, dass diese Kosten sonst stets zu ersetzen wären. Der dem Abs. 1 zugrunde liegende Gedanke, dass Bewerber bzw. Bieter die Kosten ihrer Auftragsakquisition grundsätzlich selbst zu tragen haben, gilt allgemein für alle Auftragsvergaben (→ Rn. 8).

III. Keine Kostenerstattung für Angebots- und Bewerbungsunterlagen (Abs. 1)

8   Abs. 1 enthält die Grundaussage, dass für die Ausarbeitung von Bewerbungs- und Angebotsunterlagen keine Kosten erstattet werden.[5] Dem liegt – wie bereits bei der Vorgängerregelung § 13 Abs. 2 VOF – der Gedanke zugrunde, dass die Erstellung dieser Unterlagen freiwillig und allein mit dem Ziel erfolgt, einen potenziellen Auftraggeber zum Abschluss des Vertrages zu bewegen,[6] mithin Bestandteil der **Auftragsakquisition der Bewerber bzw. Bieter** ist.[7] Die Ausarbeitung der Bewerbungs- und Angebotsunterlagen stellt für sich genommen keine echte Leistung des Bewerbers mit einem rechtlich und tatsächlich bewertbaren Vergütungswert dar.[8] Die stets im Rahmen der Bewer-

---

[3] Zur Entstehungsgeschichte des § 13 Abs. 2 VOF: *Portz* in Müller-Wrede VOF § 13 Rn. 1 und 2 mwN.
[4] Eine entspr. Bestimmung ist unter § 8b EU Abs. 1 Nr. 1 VOB/A – wie bereits nach alter Rechtslage (§ 8 EG Abs. 8 VOB/A) – auch für Bauleistungen vorgesehen.
[5] Begr. VergRModVO, BT-Drs. 18/7318, 206.
[6] OLG München Urt. v. 21.7.2015 – 9 U 1676/13 Bau, IBRRS 2015, 2628 mwN.
[7] OLG München Urt. v. 21.7.2015 – 9 U 1676/13 Bau, IBRRS 2015, 2628; OLG München Beschl. v. 20.3.2013 – Verg 5/13, ZfBR 2013, 408 (409) mwN; OLG Koblenz Urt. v. 20.12.2013 – 8 U 1341/12, BeckRS 2014, 00951; OLG Koblenz Urt. v. 6.7.2012 – 8 U 45/11, BeckRS 2012, 19656.
[8] OLG Koblenz Urt. v. 20.12.2013 – 8 U 1341/12, BeckRS 2014, 00951; *Portz* in Müller-Wrede VOF § 13 Rn. 17.

IV. Entschädigung für die Ausarbeitung von Lösungsvorschlägen (Abs. 2)   9–14   § 77 VgV

bung anfallenden Kosten zählen vielmehr zu den allgemeinen Geschäftskosten der Bewerber bzw. Bieter, für die sie grundsätzlich keine Kostenerstattung beanspruchen können.[9]

1. Bewerbungs- und Angebotsunterlagen. Unter Bewerbungs- und Angebotsunterlagen sind in formaler Hinsicht sämtliche Unterlagen zu verstehen, die nach den Vorgaben des Auftraggebers **Bestandteil der Bewerbung bzw. Angebote** sein sollen. Die Verfahrensteilnehmer sind zwar grundsätzlich nicht daran gehindert, ihren Bewerbungen und Angeboten unaufgefordert weitere Unterlagen beizufügen. Insoweit scheiden mangels Veranlassung durch den Auftraggeber Aufwendungsersatzansprüche derselben jedoch von vornherein aus.[10]   9

Ausgenommen von der Entschädigungsfreiheit sind **Lösungsvorschläge,** für die außerhalb von Planungswettbewerben nach Abs. 2 eine angemessene Vergütung festzusetzen ist (→ Rn. 12).   10

2. Ausschluss der Kostenerstattung. Abs. 1 ordnet an, dass für die Erstellung der Bewerbungs- und Angebotsunterlagen keine Kosten erstattet werden. Diese Anordnung ist jedoch **rein deklaratorisch.** Denn ob und inwiefern die Teilnehmer am Verfahren Kostenerstattungsansprüche haben, folgt ausschließlich aus den Festlegungen des Auftraggebers in der Bekanntmachung und den Vergabeunterlagen. Sofern hierin keine Kostenerstattung vorgesehen ist, sind dahingehende Ansprüche der Verfahrensteilnehmer auch ohne die Anordnung in Abs. 1 mangels Anspruchsgrundlagen ausgeschlossen (→ Rn. 35). Andererseits sind öffentliche Auftraggeber nach dem Normzweck des § 77 (→ Rn. 4) nicht gehindert, dennoch eine Kostenerstattung für die frist- und formgemäße Erstellung der Bewerbungs- und Angebotsunterlagen festzusetzen,[11] etwa um einen möglichst großen Bewerber- bzw. Bieterkreis zur (weiteren) Teilnahme am Vergabeverfahren zu bewegen. Die Festsetzung einer Kostenerstattung ist für den Auftraggeber zivilrechtlich verbindlich (→ Rn. 34). Den Verfahrensteilnehmern stünde damit – unabhängig von der Anordnung in Abs. 1 – der Ersatz in der festgesetzten Höhe zu.   11

IV. Entschädigung für die Ausarbeitung von Lösungsvorschlägen (Abs. 2)

Abs. 2 regelt die Voraussetzungen, unter denen Auftraggeber eine **Aufwandsentschädigung** (zum missverständlichen Begriff „Vergütung" → Rn. 27) für die Erstellung von Unterlagen festzusetzen haben, die über die üblichen Bewerbungs- und Angebotsunterlagen hinausgehen. Die Vorschrift ist, wie beide Vorgängerregelungen § 13 Abs. 2 und § 20 Abs. 3 VOF, **mittelstandsschützend.** Die Aufwandentschädigung soll auch kleineren und mittelgroßen Büros, die sich eine kostenaufwändige Ausarbeitung zusätzlicher Unterlagen nicht leisten können, eine Beteiligung am Vergabeverfahren ermöglichen.[12] Es soll zudem verhindert werden, dass Auftraggeber im Laufe der Verhandlungen von den Bietern Planungsleistungen fordern und diese nicht vergüten.[13]   12

Die Festsetzung ist eine der Zulässigkeitsvoraussetzungen für die Forderung von Lösungsvorschlägen außerhalb von Planungsvorschlägen. Die weiteren Voraussetzungen ergeben sich aus § 76 Abs. 2 S. 1 und den allgemeinen Vergabegrundsätzen nach § 97 GWB (→ § 76 Rn. 46).   13

1. Lösungsvorschläge für die gestellte Planungsaufgabe. Der Begriff der Lösungsvorschläge ist angesichts des Normzwecks (→ Rn. 4) weit zu verstehen und umfasst jegliche Planungsleistungen der Verfahrensteilnehmer, die für das ausgeschriebene Vorhaben **erforderliche Leistungen partiell vorwegnehmen.**[14] Es muss sich mithin um Arbeitsergebnisse handeln, die zum Leistungssoll des bezuschlagten Bieters im Rahmen der Auftragsdurchführung gehören würden.[15] Kursorisch ausgearbeitete Ideen reichen demnach nicht aus,[16] ebenso wenig die projektbezogene   14

---

[9] OLG Koblenz Urt. v. 6.7.2012 – 8 U 45/11, BeckRS 2012, 19656.
[10] So für § 13 Abs. 2 VOF: *Portz* in Müller-Wrede VOF § 13 Rn. 19.
[11] Vgl. *Voppel/Osenbrück/Bubert* VgV Rn. 7; so für § 13 Abs. 2 VOF: *Portz* in Müller-Wrede VOF § 13 Rn. 20.
[12] Für § 20 Abs. 3 VOF bzw. dessen Vorgängerregelung: OLG München Urt. v. 21.7.2015 – 9 U 1676/13 Bau, IBRRS 2015, 2628; OLG Koblenz Urt. v. 20.12.2013 – 8 U 1341/12, BeckRS 2014, 00951. Für § 13 Abs. 2 VOF bzw. dessen Vorgängerregelung: OLG Koblenz Urt. v. 6.7.2012 – 8 U 45/11, BeckRS 2012, 19656.
[13] Begr. VergRModVO, BT-Drs. 18/7318, 206. So bereits der Normzweck von § 20 Abs. 3 VOF bzw. dessen Vorgängerregelung: OLG München Urt. v. 21.7.2015 – 9 U 1676/13 Bau, IBRRS 2015, 2628; OLG Koblenz Urt. v. 20.12.2013 – 8 U 1341/12, BeckRS 2014, 00951; OLG Koblenz Urt. v. 6.7.2012 – 8 U 45/11, BeckRS 2012, 19656 mwN.
[14] So zur Vorgängerregelung zu § 20 Abs. 3 VOF: OLG Koblenz Urt. v. 20.12.2013 – 8 U 1341/12, BeckRS 2014, 00951 mwN.
[15] Vgl. OLG Düsseldorf Beschl. v. 12.6.2013 – VII-Verg 7/13, NZBau 2013, 788 (789).
[16] OLG Koblenz Urt. v. 20.12.2013 – 8 U 1341/12, BeckRS 2014, 00951; OLG Koblenz Urt. v. 6.7.2012 – 8 U 45/11, BeckRS 2012, 19656.

Präsentation des Angebots.[17] Wie die geforderten Unterlagen vom Auftraggeber deklariert sind, ist nicht entscheidend, sondern allein der Inhalt, den diese Unterlagen nach dessen Anforderungen haben sollen.[18]

15 Lösungsvorschläge können in Form von **Entwürfen, Plänen, Zeichnungen, Berechnungen oder anderen Unterlagen** gefordert werden. Diese beispielhafte Aufzählung macht deutlich, dass auch punktuelle Ausarbeitungen als Lösungsvorschläge qualifiziert werden können. Nicht erforderlich ist demnach, dass die Lösungsmöglichkeiten für die gesamte Planungsaufgabe umfassend und systematisch in einem planerischen Gesamtkonzept untersucht, dargestellt, bewertet und erläutert werden. Das zur Vorgängerregelung § 20 Abs. 3 VOF dagegen vertretene enge Begriffsverständnis[19] war der Systematik der VOF geschuldet und ist damit nicht auf Abs. 2 übertragbar. In der VOF waren mit § 13 Abs. 3 VOF und § 20 Abs. 3 VOF zwei Bestimmungen vorgesehen, die die Aufwandsentschädigung für die Erstellung von Unterlagen regelten, die über die branchenüblichen Bewerbungs- und Angebotsunterlagen hinausgehen. Diese Normen waren nicht zuletzt wegen der unterschiedlichen Regelung der Entschädigungshöhe voneinander abzugrenzen. So waren Lösungsvorschläge nach § 20 Abs. 3 VOF zwingend nach den Bestimmungen der HOAI zu vergüten, während für die Erstellung der in § 13 Abs. 3 VOF benannten Entwürfe, Pläne, Zeichnungen, Berechnungen oder anderer Unterlagen lediglich eine angemessene Vergütung festzusetzen war. Vor diesem Hintergrund schien es gerechtfertigt, den Begriff der Lösungsvorschläge eng auszulegen. Der Anwendungsbereich der nach der HOAI zu bemessenden Vergütung wurde im Interesse der Auftraggeber und zur Gewährleistung der Durchführbarkeit der Vergabeverfahren auf das notwendige Maß beschränkt. Gleichzeitig war durch § 13 Abs. 3 VOF gewährleistet, dass die Erstellung der sonstigen, über die Angebots- und Bewerbungsunterlagen hinausgehenden Unterlagen nicht entschädigungsfrei erfolgt. Abs. 2 sieht nunmehr jedoch ausschließlich für Lösungsvorschläge die Festsetzung einer Entschädigung vor. Wäre das zu § 20 Abs. 3 VOF vertretene enge Begriffsverständnis maßgeblich, könnten Auftraggeber von den Teilnehmern am Vergabeverfahren damit erhebliche, den üblichen Akquiseaufwand übersteigende Planungsleistungen entschädigungsfrei verlangen.[20] Es ist jedoch zweifelhaft, dass der Verordnungsgeber gegenüber der alten Rechtslage den Rahmen der entschädigungspflichtigen Planungsleistungen enger fassen wollte.[21] Dies nicht zuletzt auch deshalb, weil dieses Ergebnis mit dem nach § 97 Abs. 4 GWB gebotenen Schutz mittelständischer Interessen kaum zu vereinbaren wäre. Im Übrigen ist ein enges Begriffsverständnis auch nicht zur Vermeidung exorbitanter Vergabeverfahrenskosten geboten. Denn im Gegensatz zu § 20 Abs. 3 VOF ist die Entschädigungshöhe nach Abs. 2 nicht mehr nach den Honorarsätzen der HOAI zu bestimmen, sondern muss lediglich angemessen sein (→ Rn. 48). Sofern die geforderten Unterlagen in Bezug auf erwünschten Umfang und Inhalt hinter einem planerischen Gesamtkonzept zurückbleiben, kann dem folglich bei der Bestimmung der Entschädigungshöhe Rechnung getragen werden. Letztlich kann die Frage aber dahinstehen, da jedenfalls der allgemeine Verhältnismäßigkeitsgrundsatz nach § 97 Abs. 1 GWB die Festsetzung einer angemessenen Vergütung gebietet.

16 Mit den geforderten Planungsleistungen muss **kein grundsätzlich neuer Lösungsansatz** entwickelt werden. Ausreichend ist auch die Fortentwicklung, Modifikation oder Präzisierung eines bereits existierenden Lösungsvorschlages,[22] sofern damit für das konkrete Vorhaben erforderliche Planungsleistungen vorweggenommen werden.

17 Die Lösungsvorschläge müssen sich auf die **„gestellte Planungsaufgabe"** beziehen. Hiermit ist das Vorhaben gemeint, für das die konkreten Architekten- und Ingenieurleistungen ausgeschrieben sind.[23] Nicht erfasst sind demnach Lösungen anderer oder fiktiver Planungsaufgaben, die Auftragge-

---

[17] So zu § 20 Abs. 3 VOF bzw. dessen Vorgängerregelung: OLG München Urt. v. 21.7.2015 – 9 U 1676/13 Bau, IBRRS 2015, 2628; OLG Koblenz Urt. v. 20.12.2013 – 8 U 1341/12, BeckRS 2014, 00951; VK Südbayern Beschl. v. 25.3.2013 – Z3-3-3194-1-06-03/13, IBRRS 2013, 2056.

[18] VK Südbayern Beschl. v. 29.6.2017 – Z3-3-3194-1-13-04/17, BeckRS 2017, 121877.

[19] So OLG München Urt. v. 21.7.2015 – 9 U 1676/13 Bau, IBRRS 2015, 2628; LG München I Urt. v. 21.3.2013 – 11 O 17404/12, BeckRS 2013, 06878; *Portz* in Müller-Wrede VOF § 13 Rn. 27.

[20] Aus diesem Grund ebenfalls kritisch gegenüber einer Übernahme des Begriffsverständnisses: VK Südbayern Beschl. v. 29.6.2017 – Z3-3-3194-1-13-04/17, BeckRS 2017, 121877.

[21] Die Verordnungsbegründung ist hierzu nicht ergiebig (Begr. VergRModVO, BT-Drs. 18/7318, 206). Hiernach solle mit § 77 Abs. 2 verhindert werden, dass Auftraggeber im Laufe der Verhandlungen von den Bietern Planungsleistungen fordern und diese nicht vergüten. Dies entspricht dem Schutzweck des § 20 Abs. 3 VOF. Dieser wird jedoch nicht als Vorgängerregelung erwähnt. § 77 Abs. 2 soll auf § 13 Abs. 3 S. 1 VOF „fußen", der aber generell die Entschädigung von Unterlagen betraf, die über die üblichen Angebots- und Bewerbungsunterlagen hinausgehen.

[22] So zu § 20 Abs. 3 VOF: *Bluhm* in Müller-Wrede VOF § 20 Rn. 25.

[23] So zu § 20 Abs. 3 VOF bzw. dessen Vorgängerregelung: OLG Koblenz Urt. v. 6.7.2012 – 8 U 45/11, BeckRS 2012, 19656, mwN; *Bluhm* in Müller-Wrede VOF § 20 Rn. 26.

ber den Verfahrensteilnehmern insbesondere zur Bewertung der Qualifikation und Erfahrung des für die Auftragsdurchführung vorgesehenen Personals stellen.

Es ist nicht erforderlich, dass für die geforderten Planungsleistungen ein **Honorar nach der HOAI** bestimmt werden kann.[24] Denn im Gegensatz zur Vorgängerregelung, § 20 Abs. 3 VOF, ist die Vergütung für die Ausarbeitung von Lösungsvorschlägen nicht mehr zwingend nach den Bestimmungen der HOAI zu bestimmen (→ Rn. 48). Die Planungsleistungen müssen folglich nicht einmal in der HOAI benannt sein. Ungeachtet dessen werden bei Planungsaufträgen zu Bauvorhaben für die Ausarbeitung von Lösungsvorschlägen regelmäßig Grundleistungen der Objektplanung (HOAI, Teil 3) der ersten Leistungsphasen (Grundlagenermittlung, Vorplanung, Entwurfsplanung) erforderlich sein.

2. „Darüber hinaus" auf Verlangen des Auftraggebers. Der Auftraggeber muss die Erstellung von Lösungsvorschlägen verlangt haben. Nicht erfasst sind damit **eigeninitiativ von den Verfahrensteilnehmern** vorgelegte Lösungsvorschläge. Dies gilt auch dann, wenn der Auftraggeber diese später entgegen § 76 Abs. 2 S. 3 (→ § 76 Rn. 49) im laufenden Vergabeverfahren berücksichtigt oder außerhalb dessen in sonstiger Weise verwendet. Im letzteren Fall kommen allerdings werkvertragliche Vergütungsansprüche in Betracht (→ Rn. 34).

Nicht erforderlich ist, dass der Auftraggeber die Lösungsvorschläge ausdrücklich oder gar unter Bezugnahme auf Abs. 2 verlangt.[25] Ob Lösungsvorschläge gefordert sind, ist gem. §§ 133, 157 BGB nach dem **objektiven Empfängerhorizont** zu bestimmen.[26] Ausreichend ist demnach insbesondere, wenn der Auftraggeber erklärt, die fraglichen Unterlagen bei der Angebotswertung zu berücksichtigen, selbst wenn er die Einreichung der Unterlagen ausdrücklich anheimstellt.[27]

Mit dem Zusatz **„darüber hinaus"** soll klargestellt werden, dass die geforderten Lösungsvorschläge über die Ausarbeitung von Bewerbungs- oder Angebotsunterlagen hinausgehen müssen.[28] Die geforderten Lösungsvorschläge dürfen also nach Art, Umfang und Qualität nicht mehr zu einer branchenüblichen Bewerbungsleistung gehören.[29] Dies dürfte bei dem hier vertretenen Begriffsverständnis (→ Rn. 14) allerdings wohl ausgeschlossen sein, womit die Abgrenzung überflüssig ist.

3. „Außerhalb von Planungswettbewerben". Durch die Ergänzung soll klargestellt werden, dass im Rahmen von Planungswettbewerben die Erstellung geforderter Lösungsvorschläge durch die gem. § 79 Abs. 1 auszulobenden Preise abgegolten ist (→ § 79 Rn. 3).[30]

Außerhalb von Planungswettbewerben können Lösungsvorschläge gem. § 76 Abs. 2 S. 1 nur im Rahmen eines **Verhandlungsverfahrens oder eines wettbewerblichen Dialogs** verlangt werden (→ § 76 Rn. 46).

4. Festsetzung einer angemessenen Vergütung. Sofern öffentliche Auftraggeber außerhalb von Planungswettbewerben von den Verfahrensteilnehmern Lösungsvorschläge für die gestellte Planungsaufgabe verlangen, sind sie nach Abs. 2 zur Festsetzung einer angemessenen Vergütung verpflichtet.

Für die Pflicht zur Festsetzung der Vergütung ist angesichts des Normzwecks ohne Bedeutung, ob die von den Bewerbern verlangte Leistung für die zu treffende Vergabeentscheidung **objektiv notwendig, sinnvoll oder auch nur hilfreich** ist.[31] Der mit der Erstellung von Lösungsvorschlägen verbundene überobligatorische Bearbeitungsaufwand der Verfahrensteilnehmer ist vom öffentlichen Auftraggeber allein deshalb finanziell zu kompensieren, weil er auf dessen Anforderung beruht. Es kommt demnach ebenso wenig darauf an, ob der Auftraggeber zur Anforderung der Lösungsvorschläge berechtigt war (→ § 76 Rn. 46).[32]

---

[24] So zu § 20 Abs. 3 VOF: *Bluhm* in Müller-Wrede VOF § 20 Rn. 26 und 27 mwN.
[25] So zu § 20 Abs. 3 VOF bzw. dessen Vorgängerregelung: LG München I Urt. v. 21.3.2013 – 11 O 17404/12, BeckRS 2013, 06878; dagegen: OLG München Urt. v. 21.7.2015 – 9 U 1676/13 Bau, IBRRS 2015, 2628; OLG Koblenz Urt. v. 20.12.2013 – 8 U 1341/12, BeckRS 2014, 00951; OLG Koblenz Urt. v. 6.7.2012 – V8 U 45/11, BeckRS 2012, 19656 („ausdrücklich und im Wortlaut des § 20 Abs. 3 VOF").
[26] OLG München Urt. v. 21.7.2015 – 9 U 1676/13 Bau, IBRRS 2015, 2628; OLG Koblenz Urt. v. 6.7.2012 – 8 U 45/11, BeckRS 2012, 19656.
[27] Vgl. VK Sachsen Beschl. v. 5.2.2019 – 1/SVK/038-18, BeckRS 2019, 2285; VK Südbayern Beschl. v. 29.6.2017 – Z3-3-3194-1-13-04/17, BeckRS 2017, 121877.
[28] Begr. VergRModVO, BT-Drs. 18/7318, 206.
[29] So OLG Rostock Beschl. v. 3.2.2021 – 17 Verg 6/20, BeckRS 2021, 2267. So zu § 20 Abs. 3 VOF bzw. dessen Vorgängerregelung: OLG München Urt. v. 21.7.2015 – 9 U 1676/13 Bau, IBRRS 2015, 2628; OLG Koblenz Urt. v. 20.12.2013 – 8 U 1341/12, BeckRS 2014, 00951.
[30] Begr. VergRModVO, BT-Drs. 18/7318, 206.
[31] So zu § 20 Abs. 3 VOF: *Bluhm* in Müller-Wrede VOF § 20 Rn. 29.
[32] So zu § 20 Abs. 3 VOF: *Bluhm* in Müller-Wrede VOF § 20 Rn. 29.

26 Die Vergütungshöhe ist grundsätzlich **mit der Anforderung der Lösungsvorschläge** festzusetzen. Sinn und Zweck der Vergütungsfestsetzung (→ Rn. 4) gebieten es, dass die Bieter geforderte Lösungsvorschläge nicht in Unkenntnis darüber erstellen müssen, ob und in welcher Höhe ihr diesbezüglicher Aufwand entschädigt wird.

27 **a) Begriff „Vergütung".** Der Begriff der „Vergütung" ist missverständlich. Denn er impliziert, dass die Erstellung der Lösungsvorschläge auf der Grundlage einer werkvertraglichen Beziehung zwischen dem öffentlichen Auftraggeber und den Verfahrensteilnehmern erfolgt.[33] Eine solche setzt Abs. 2 jedoch gerade nicht voraus (→ Rn. 34). Es geht auch nicht darum, eine Gegenleistung für die erarbeiteten Lösungsvorschläge festzusetzen, sondern im Interesse des Wettbewerbs und zum Schutz mittelständischer Interessen den mit der Ausarbeitung verbundenen Aufwand der Verfahrensteilnehmer finanziell auszugleichen (→ Rn. 4). Unter Berücksichtigung des Normzwecks ist mit Vergütung folglich eine **Aufwendungsentschädigung** gemeint.[34]

28 **b) Höhe der Vergütung.** Die Vergütung ist **„einheitlich"** festzusetzen. Dies ist Ausprägung des Gleichbehandlungsgrundsatzes aus § 97 Abs. 2 GWB und bedeutet, dass die Vergütungsmodalitäten für alle angesprochenen Verfahrensteilnehmer gleich sein müssen.

29 Die Vergütung ist **wertmäßig festzusetzen.** Dies folgt zum einen aus dem Transparenzgebot nach § 97 Abs. 1 S. 1 GWB und gebietet zum anderen auch der Normzweck des Abs. 2. Die Verfahrensteilnehmer dürfen hiernach nicht im Unklaren darüber gelassen werden, in welcher Höhe ihr überobligatorischer Bearbeitungsaufwand entschädigt wird. Nicht ausreichend sind mithin Bestimmungen, wonach die Verfahrensteilnehmer für eingereichte Lösungsvorschläge eine „angemessene" oder die „übliche" Vergütung erhalten.

30 Die Vergütungshöhe ist **im Vorfeld ohne Ansehung des individuellen Ausarbeitungsaufwandes oder der Qualität** der eingereichten Arbeitsergebnisse zu bestimmen.[35] Unterschieden in Qualität und Umfang der Lösungsvorschläge ist allein bei der Angebotswertung Rechnung zu tragen.

31 Die festzusetzende Vergütung muss **„angemessen"** sein. Die Angemessenheit der Vergütung ist anhand des Schutzzwecks des Abs. 2 jeweils in Ansehung der Anforderungen an die Lösungsvorschläge zu bestimmen. Die Vergütung muss hiernach geeignet sein, den über die Erstellung branchenüblicher Bewerbungs- und Angebotsunterlagen hinausgehenden Aufwand der Bieter zu kompensieren, nicht mehr, aber auch nicht weniger.[36] Gewinnanteile für die Bieter müssen mithin nicht berücksichtigt werden.[37] Im Ergebnis sind der voraussichtliche durchschnittliche Zeitaufwand für die Ausarbeitung der Lösungsvorschläge sowie die üblicherweise kalkulierten Kosten unter Berücksichtigung der Anforderungen des Auftraggebers zu schätzen,[38] wobei auch die eigenen Personalkosten des Bieters zu berücksichtigen sind.[39] Dem Auftraggeber kommt dabei ein durch die Nachprüfungsinstanzen nur eingeschränkt überprüfbarer **Beurteilungsspielraum** zu.[40] Nach der Rechtsprechung des BGH hat sich der Betrag aber regelmäßig zwischen einem unteren Wert von einem Drittel und einem oberen Wert von zwei Dritteln der durchschnittlichen Angebotserstellungskosten zu bewegen.[41] Alternativ dürfte es aber auch sachgerecht sein, als Ausgangspunkt die übliche Vergütung zugrunde zu legen. Sofern für die Erstellung der Lösungsvorschläge Planungsleistungen nach § 1 HOAI erforderlich sind, können die **Basissätze der HOAI** herangezogen werden. Die Basissätze sind aber kein verbindlicher Maßstab für die Angemessenheit. Dies bereits deshalb nicht, da die HOAI auf die Vergütung von Lösungsvorschlägen weder unmittelbar noch entsprechend

---

[33] § 631 Abs. 1 BGB: „Durch den Werkvertrag wird der Unternehmer zur Herstellung des versprochenen Werkes, der Besteller zur Entrichtung der vereinbarten Vergütung verpflichtet.".

[34] Ebenso *Portz/Geitel* in KKMPP VgV Rn. 20; *Voppel/Osenbrück/Bubert* VgV Rn. 19. So bereits zu § 13 Abs. 2 VOF: OLG Koblenz Urt. v. 6.7.2012 – 8 U 45/11, BeckRS 2012, 19656, mwN; *Portz* in Müller-Wrede VOF § 13 Rn. 30. Zur Abgrenzung von Vergütung und Entschädigung vgl. VK Südbayern Beschl. v. 21.11.2016 – Z3-3/3194/1/37/09/16, BeckRS 2016, 55879.

[35] So zu § 13 Abs. 2 VOF: *Voppel/Osenbrück/Bubert* VgV Rn. 25, wonach eine einheitliche Pauschalsumme festzusetzen ist; offen dagegen: *Portz* in Müller-Wrede VOF § 13 Rn. 28 (Festsetzung einer Pauschalsumme kann sich empfehlen).

[36] Vgl. VK Sachsen Beschl. v. 5.2.2019 – 1/SVK/038-18, BeckRS 2019, 2285, wonach die Angemessenheit nach Inhalt, Art und Maß der verlangten Lösungsvorschläge jeweils individuell zu bestimmen ist. Vgl. *Voppel/Osenbrück/Bubert* VgV Rn. 19.

[37] Ebenso *Portz/Geitel* in KKMPP VgV Rn. 20. So bereits zu § 13 Abs. 2 VOF bzw. dessen Vorgängerregelung: OLG Koblenz Urt. v. 6.7.2012 – 8 U 45/11, BeckRS 2012, 19656 mwN; *Portz* in Müller-Wrede VOF § 13 Rn. 31.

[38] So zu § 20 Abs. 1 Nr. 2 VOB/A 2006: OLG Hamm Urt. v. 6.8.2015 – 17 U 130/12, BeckRS 2015, 18892.

[39] Vgl. BGH Urt. v. 31.1.2017 – X ZR 93/15, BeckRS 2017, 109747.

[40] Vgl. VK Sachsen Beschl. v. 5.2.2019 – 1/SVK/038-18, BeckRS 2019, 2285.

[41] Vgl. BGH Urt. v. 31.1.2017 – X ZR 93/15, BeckRS 2017, 109747.

anwendbar ist (→ Rn. 48). Im Übrigen wären von den Basissätzen erhebliche Abschläge wegen der darin einkalkulierten Gewinnanteile[42] sowie aufgrund der fehlenden Gewährleistung für die Lösungsvorschläge gerechtfertigt. Unabhängig davon, dass Gewährleistungsansprüche nach § 634 BGB mangels Werkvertrages ausgeschlossen sind (→ Rn. 34), wären Auftraggeber aufgrund der vergaberechtlichen Verfahrensbestimmungen auch gehindert, solche gegenüber den Verfahrensteilnehmern geltend zu machen. Sie sind insbesondere gehindert, die Beseitigung vermeintlicher Mängel der Lösungsvorschläge zu verlangen, sondern darauf beschränkt, mit den Bietern nach § 17 Abs. 10 über den Inhalt der Lösungsvorschläge mit dem Ziel der Optimierung zu verhandeln oder den Unzulänglichkeiten bei der Angebotswertung Rechnung zu tragen. Im Ergebnis dürfte regelmäßig ein Abschlag von mindestens 30% des jeweiligen Basissatzes gerechtfertigt sein.

c) Anspruch auf Vergütung. Abs. 2 verpflichtet den Auftraggeber lediglich zur Festsetzung einer angemessenen Vergütung für die Erstellung geforderter Lösungsvorschläge. Die Norm ist damit **keine Anspruchsgrundlage** für die Vergütung selbst.[43]

Ein Anspruch auf Vergütung kann sich allein aus der Festsetzung ergeben (→ Rn. 34). Dieser Vergütungsanspruch ist **originär zivilrechtlicher Natur** und damit vor den Zivilgerichten geltend zu machen. Der Rechtsweg zu den Vergabenachprüfungsinstanzen ist nach § 156 Abs. 2 GWB dagegen nicht eröffnet. Die durch die Festsetzung im Vergabeverfahren begründeten Vergütungsansprüche sind keine Vergabeverfahrensrechte nach § 97 Abs. 6 GWB, sondern lediglich Folge der Einhaltung der bieterschützenden Vorschrift des Abs. 2.

aa) Festsetzung der Vergütung. Die Festsetzung der Vergütung ist für den Auftraggeber zivilrechtlich verbindlich. Sie und die Aufforderung zur Vorlage der Lösungsvorschläge sind mehr als eine bloße **invitatio ad offerendum,** da der Auftraggeber bereits den Rechtsbindungswillen hat, jedem angesprochenen Verfahrensteilnehmer die festgesetzte Vergütung im Falle der Einreichung der geforderten Lösungsvorschläge zu zahlen.[44] Sie sind andererseits weniger als ein **Angebot auf Abschluss eines Werkvertrages** nach § 631 BGB, da die Teilnehmer grundsätzlich nicht zur Erstellung der Lösungsvorschläge verpflichtet werden sollen.[45] Die fehlende Vorlage führt gem. § 56 Abs. 3 S. 1 – ohne Nachforderung – zum zwingenden Ausschluss vom weiteren Verfahren,[46] soll aber keine zivilrechtlichen Weiterungen zur Folge haben. Dies gilt jedenfalls, sofern die Lösungsvorschläge ihrem eigentlichen Zweck entsprechend allein der Ermittlung des annehmbarsten Angebotes im Vergabeverfahren dienen. Sollen die Lösungsvorschläge darüber hinaus verwendet werden, kommen diesbezüglich vom Hauptauftrag separate Werkverträge zwischen dem Auftraggeber und den Verfahrensteilnehmern in Betracht.[47] Dies ist namentlich der Fall, wenn die Teilnehmer aufgefordert werden, dem öffentlichen Auftraggeber über das Vergabeverfahren hinaus und unabhängig von dessen Ausgang Nutzungsrechte an den eingereichten Lösungsvorschlägen einzuräumen (→ Rn. 50). Im Allgemeinen sollen die Verfahrensteilnehmer durch die Festsetzung der Vergütung aber lediglich zur Einreichung der Lösungsvorschläge animiert werden. Die Aufforderung zur Einreichung der Lösungsvorschläge und die Festsetzung der diesbezüglichen Vergütung entsprechen daher nach Inhalt und beabsichtigter Rechtsfolge einer Auslobung nach § 657 BGB.[48] Da die Aufforderung und

---

[42] IErg ebenso zu § 13 Abs. 2 VOF und zur HOAI 2013: *Portz* in Müller-Wrede VOF § 13 Rn. 31. Zu § 8b EU Abs. 1 Nr. 1 S. 2 VOB/A ebenso: VK Südbayern Beschl. v. 21.11.2016 – Z3-3/3194/1/37/09/16, BeckRS 2016, 55879.

[43] Vgl. Ziekow/Völlink/*Stolz* Rn. 12; so zu § 13 Abs. 2 VOF: OLG Koblenz Urt. v. 20.12.2013 – 8 U 1341/12, BeckRS 2014, 00951; OLG Koblenz Urt. v. 6.7.2012 – 8 U 45/11, BeckRS 2012, 19656. Ebenso zu § 20 Abs. 3 VOF trotz des abweichenden Wortlauts: BGH Urt. v. 19.4.2016 – X ZR 77/14, NZBau 2016, 368 (371) mwN.

[44] Allg. zur Abgrenzung zwischen Angebot und invitatio ad offerendum: vgl. MüKoBGB/*Busche* BGB § 145 Rn. 9 und 10.

[45] OLG Düsseldorf Urt. v. 30.1.2003 – I-5 U 13/02, NZBau 2003, 459 (460) (Herstellung einer Musterfläche im Bauvergabewettbewerb).

[46] Lösungsvorschläge sind leistungsbezogene Unterlagen, die die Wirtschaftlichkeitsbewertung der Angebote anhand der Zuschlagskriterien betreffen (→ § 76 Rn. 55). Damit ist eine Nachforderung gem. § 56 Abs. 3 S. 1 VgV ausgeschlossen.

[47] Demgegenüber zu § 13 Abs. 2 VOF: *Portz* in Müller-Wrede VOF § 13 Rn. 39, wonach im Verlangen des Auftraggebers nach Leistungen, die nach den Geschäftsgewohnheiten über das Normalmaß der Ausarbeitung von Bewerbungs- oder Angebotsunterlagen hinausgehen, ein Angebot auf Abschluss eines Vertrages gegenüber dem Bewerber zu sehen ist, das dieser durch die Erstellung der entsprechenden Unterlagen annimmt.

[48] Die vorgabengemäße Erstellung und Einreichung der Lösungsvorschläge ist dabei die vorzunehmende Handlung bzw. der durch Handlung geschuldete Erfolg und die Vergütung die hierfür ausgesetzte Belohnung. Für die Qualifikation der Entschädigungsfestsetzung nach § 8 Abs. 8 VOB/A 2012 als Auslobung: Kapellmann/Messerschmidt/*v. Rintelen* VOB/A § 8b Rn. 14; Beck VergabeR/*Motzke*, 2. Aufl. 2013, VOB/A § 8 Rn. 209 *(„eine Art Auslobung").*

Festsetzung jedoch ausschließlich gegenüber denjenigen Teilnehmern erfolgen, die zur Angebotsabgabe aufgefordert werden (→ § 76 Rn. 54), begründen sie mangels „öffentlicher Bekanntmachung"[49] keine Auslobung, sondern stellen ein Angebot auf Abschluss einer **Vereinbarung mit auslobungsgleichen Pflichten** für den Auftraggeber dar,[50] das die Teilnehmer mit der fristgemäßen Einreichung der Lösungsvorschläge annehmen.

35 Setzt der Auftraggeber keine angemessene Vergütung fest, begeht er einen vor den Nachprüfungsinstanzen zu verfolgenden Vergabeverfahrensverstoß. Er macht sich darüber hinaus unter Umständen schadensersatzpflichtig (→ Rn. 45). Die betreffenden Verfahrensteilnehmer haben jedoch **keinen Vergütungsanspruch.** Sie sind insofern in negativer Hinsicht an die Verfahrensbedingungen gebunden. Diese Bindung kann nur durch eine Änderung der Vergabeverfahrensbestimmungen beseitigt werden.[51] Die Teilnehmer haben daneben auch keine werkvertraglichen Vergütungsansprüche aus § 631 Abs. 1 BGB. Zwischen den Beteiligten kommt hinsichtlich der Erstellung der Lösungsvorschläge mangels entsprechenden Rechtsbindungswillen grundsätzlich kein vom ausgeschriebenen Auftrag separater Werkvertrag zustande, sofern sich der Zweck der Lösungsvorschläge auf die Wertung der Angebote beschränkt (→ Rn. 34).[52] Dabei ist unerheblich, ob es sich um umfangreiche Planungsleistungen handelt, die üblicherweise nur gegen Vergütung erbracht werden. Dies lässt nach § 632 Abs. 1 BGB lediglich den Schluss auf die Vereinbarung einer Vergütung zu, nicht jedoch darauf, ob die Parteien überhaupt einen Werkvertrag geschlossen haben.[53]

36 **bb) Erfüllung der Anforderungen an die Lösungsvorschläge.** Die Voraussetzungen, unter denen die festgesetzte Vergütung zu gewähren ist, ergeben sich analog § 657 BGB (→ Rn. 34) abschließend aus den Vorgaben des Auftraggebers insbesondere in Bezug auf den Zeitpunkt der Einreichung der Lösungsvorschläge, deren Form und Inhalt.

37 Der Auftraggeber ist an seine Vorgaben gebunden. Dies gilt auch in negativer Hinsicht für das Fehlen von Vorgaben. Sofern der Auftraggeber keine entsprechenden Vorgaben macht, ist für die Vergütung irrelevant, ob die vorgelegten Lösungsvorschläge außerhalb des Vergabeverfahrens für einen objektiven Dritten brauchbar wären oder den anerkannten Regeln der Technik oder Baukunst entsprechen.[54] Notwendig, aber auch ausreichend ist, dass die von den Verfahrensteilnehmern eingereichten Unterlagen überhaupt als Lösungsvorschläge für die gestellte Planungsaufgabe qualifiziert werden können (→ Rn. 14).

38 Sofern die Lösungsvorschläge nach den Vorgaben des Auftraggebers mit dem Angebot einzureichen sind, scheidet die Vergütung bei **isolierter Vorlage** derselben aus. Ohne entsprechende Vorgabe hängt die Vergütungspflicht jedoch nicht davon ab, ob das Angebot selbst wertungsfähig ist.[55]

39 **cc) Anspruchsberechtigte.** Anspruch auf die festgesetzte Vergütung haben diejenigen Bewerber, denen gegenüber die Festsetzung erfolgt ist. Nach Abs. 2 ist die Vergütung gegenüber „**allen Bewerbern**" festzusetzen. Hiermit sind alle Verfahrensteilnehmer gemeint, die zur Einreichung von Lösungsvorschlägen aufgefordert wurden. Dies gilt unabhängig davon, ob der Auftraggeber von diesen Verfahrensteilnehmern überhaupt die Erstellung von Lösungsvorschlägen nach § 76 Abs. 2 S. 1 verlangen durfte (→ § 76 Rn. 46). Unerheblich ist ferner, ob die Teilnehmer nach §§ 42 ff. zur ordnungsgemäßen Ausführung des Auftrages umgeeignet oder sonst zwingend vom Verfahren auszuschließen sind.[56]

---

[49] Eine Auslobung setzt gem. § 657 BGB zwingend eine öffentliche Bekanntmachung des Auslobungsversprechens voraus. Eine solche liegt gerade nur dann vor, wenn der Empfängerkreis unbestimmt ist; vgl. hierzu MükoBGB/*Schäfer* BGB § 657 Rn. 22.
[50] Vgl. BGH Urt. v. 28.5.2009 – Xa ZR 9/08, BeckRS, 2009, 18062 (Prämie für den Gewinn der Meisterschaft); BGH Urt. v. 14.6.1955 – V ZR 120/53, NJW 1955, 1473 (Preisbewerbung zu astronomischen Fragen); OLG Düsseldorf Beschl. v. 14.1.1997 – 22 W 77/96, NJW 1997, 2122 (Gute Fee Gewinnspiel).
[51] Vgl. BGH Urt. v. 19.4.2016 – X ZR 77/14, NZBau 2016, 368 (372).
[52] IErg ebenso zu § 13 Abs. 3 VOF: *Voppel/Osenbrück/Bubert* VOF § 13 Rn. 28.
[53] Grundlegend BGH Urt. v. 12.7.1979 – VII ZR 154/78, NJW 1979, 2202 mwN; OLG Hamm Urt. v. 28.10.1974 – 17 U 169/74, BauR 1975, 418; OLG Düsseldorf Urt. v. 13.3.1991 – 19 U 47/90, BauR 1991, 613; zweifelnd demgegenüber OLG Düsseldorf Urt. v. 30.1.2003 – I-5 U 13/02, NZBau 2003, 459 (460); dagegen OLG Koblenz Urt. v. 31.7.1997 – 5 U 90–97, NJW-RR 1998, 813 (814); OLG Nürnberg Urt. v. 18.2.1993 – 12 U 1663/92, NJW-RR 1993, 760 (761).
[54] IErg ebenso zu § 20 Abs. 3 VOF: *Bluhm* in Müller-Wrede VOF § 20 Rn. 29: weder Ausschluss noch Minderung des Honorars bei aus Sicht des Auftraggebers mangelhaften Leistungen. Dagegen: *Voppel/Osenbrück/Bubert* VgV Rn. 15 und zu § 13 Abs. 2 VOF: *Portz* in Müller-Wrede VOF § 13 Rn. 24: kein Kostenerstattungsanspruch, wenn die Unterlagen „unbrauchbar" sind.
[55] So aber wohl: *Voppel/Osenbrück/Bubert* VgV Rn. 16.
[56] So zu § 13 Abs. 2 VOF: *Portz* in Müller-Wrede VOF § 13 Rn. 25.

IV. Entschädigung für die Ausarbeitung von Lösungsvorschlägen (Abs. 2)   40–45   § 77 VgV

d) Anrechnung der Vergütung auf Honoraransprüche des bezuschlagten Bieters. Die 40
Vergütung für die Ausarbeitung der Lösungsvorschläge ist auf das Honorar des bezuschlagten Bieters anrechenbar, vorausgesetzt, dass dessen eingereichte Planungen fortgeführt und umgesetzt werden. In diesem Fall sind allerdings sämtliche Planungsleistungen des Bieters einschließlich der Lösungsvorschläge, sofern von § 1 HOAI erfasst, nach den Bestimmungen der HOAI zu vergüten.

e) Rechtsschutz. Abs. 2 ist bieterschützend iSd § 97 Abs. 6 GWB.[57] Die Festsetzung einer 41
angemessenen Vergütung für geforderte Lösungsvorschläge reduziert das finanzielle Risiko der Verfahrensteilnehmer einer erfolglosen Beteiligung am Verfahren und ist insofern Ausfluss des Wettbewerbs- und Verhältnismäßigkeitsgrundsatzes aus § 97 Abs. 1 GWB (→ Rn. 4). Der Anspruch auf Festsetzung ist damit gem. § 156 Abs. 2 GWB ausschließlich vor den Vergabenachprüfungsinstanzen geltend zu machen.[58]

Sofern keine angemessene Vergütung festgesetzt ist, haben die Nachprüfungsinstanzen die **Fort-** 42
setzung des Vergabeverfahrens zu den beanstandeten Konditionen zu untersagen.[59] Dem Auftraggeber kommt allerdings hinsichtlich der Angemessenheit der Vergütung ein Beurteilungsspielraum zu.[60] Angreifbar ist die Höhe der Vergütung nur, sofern sie offensichtlich nicht im Verhältnis zum Ausarbeitungsaufwand steht.[61] Die Nachprüfungsinstanzen sind auch nicht befugt, anstelle der Auftraggeber eine als angemessen erachtete Vergütung festzusetzen. Dies deshalb, da den Auftraggebern als alternative Abhilfemöglichkeit die Herabsetzung der Quantität und Qualität der geforderten Lösungsvorschläge offenstehen muss.[62]

Vor Einleitung eines Nachprüfungsverfahrens sind Verstöße gegen Abs. 2 nach § 160 Abs. 3 43
GWB zu rügen. Dabei wird vor allem die **Rügefrist** von 10 Kalendertagen nach § 160 Abs. 3 Nr. 1 GWB von Relevanz sein. Die Frist beginnt bei einer gänzlich unterbliebenen Festsetzung einer Vergütung ab Zugang der Aufforderung zur Vorlage der Lösungsvorschläge. Dies gilt grundsätzlich auch für den Fall, dass die Höhe einer festgesetzten Vergütung unangemessen ist. Letzteres können die Teilnehmer ohne Weiteres selbst beurteilen.

Sofern die Teilnehmer die Verstöße gegen Abs. 2 rechtzeitig gerügt haben, ist es für die Zulässig- 44
keit eines Nachprüfungsantrages unschädlich, wenn sie die geforderten Lösungsvorschläge einreichen, obschon der Auftraggeber der Rüge (noch) nicht abgeholfen hat.[63]

Die unterbliebene Festsetzung einer angemessenen Vergütung für geforderte Lösungsvor- 45
schläge kann auch **Schadensersatzansprüche** der Verfahrensteilnehmer begründen.[64] Das zwischen den Beteiligten durch das Vergabeverfahren begründete vorvertragliche Schuldverhältnis[65] verpflichtet den Auftraggeber zur Einhaltung der Verfahrensbestimmungen der VgV, mithin auch zur Festsetzung einer angemessenen Vergütung nach Abs. 2. Verletzt der Auftraggeber diese Pflicht, hat er den Verfahrensteilnehmern nach § 280 Abs. 1 BGB, § 241 Abs. 2 BGB, § 311 Abs. 2 BGB den hieraus resultierenden Schaden zu ersetzen. Dabei sind die Verfahrensteilnehmer so zu stellen, wie sie stünden, wenn der öffentliche Auftraggeber vergaberechtskonform eine angemessene Vergütung festgesetzt hätte. Der Schaden kann dabei in der entgangenen Vergütung **(positives Interesse)** bestehen. Die fehlende Festsetzung ist hierfür aber nur kausal, wenn die Verfahrensteilnehmer überhaupt Lösungsvorschläge erstellt haben, die im Übrigen den Vorgaben des Auftraggebers entsprochen haben, insbesondere fristgemäß eingereicht worden sind. Bei der Bemessung der Schadensersatzhöhe ist der Beurteilungsspielraum des Auftraggebers hinsichtlich der Höhe der angemessenen Vergütung zu berücksichtigen (→ Rn. 31). Maßgeblich ist demnach nicht die üblicherweise festgesetzte Vergütung, sondern der Betrag, der – ex-ante betrachtet – noch als angemessen anzusehen wäre.[66]

---

[57] So zu § 20 Abs. 3 VOF: OLG München Beschl. v. 20.3.2013 – Verg 5/13, ZfBR 2013, 408; dagegen VK Brandenburg Beschl. v. 15.11.2002 – VK 63/02, IBRRS 2014, 0169, wonach die Zivilgerichte ausschließlich zuständig seien, da es in der Sache um die Geltendmachung eines Vergütungsanspruches gehe. Vgl. *Voppel/Osenbrück/Bubert* VgV Rn. 23. Ebenso zu § 13 Abs. 2 VOF bzw. dessen Vorgängerregelung: OLG Koblenz Urt. v. 20.12.2013 – 8 U 1341/12, IBRRS 2014, 0135; *Portz* in Müller-Wrede VOF § 13 Rn. 49.
[58] BGH Urt. v. 19.4.2016 – X ZR 77/14, NZBau 2016, 368 (371) mwN.
[59] BGH Urt. v. 19.4.2016 – X ZR 77/14, NZBau 2016, 368 (372).
[60] Vgl. VK Sachsen Beschl. v. 5.2.2019 – 1/SVK/038-18, BeckRS 2019, 2285.
[61] Vgl. *Voppel/Osenbrück/Bubert* VgV Rn. 19. So zu § 13 Abs. 2 VOF: *Portz* in Müller-Wrede VOF § 13 Rn. 32. Ähnlich zu § 20 Abs. 1 Nr. 2 VOB/A 2006: OLG Hamm Urt. v. 6.8.2015 – 17 U 130/12, BeckRS 2015, 18892, wonach die Entschädigungshöhe lediglich einer Billigkeitskontrolle unterliegt.
[62] BGH Urt. v. 19.4.2016 – X ZR 77/14, NZBau 2016, 368 (372).
[63] Vgl. *Voppel/Osenbrück/Bubert* VgV Rn. 23.
[64] So zu § 20 Abs. 1 Nr. 2 VOB/A 2006: OLG Hamm Urt. v. 6.8.2015 – 17 U 130/12, BeckRS 2015, 18892; OLG Düsseldorf Urt. v. 30.1.2003 – I-5 U 13/02, NZBau 2003, 459 (461).
[65] StRspr vgl. BGH Urt. v. 27.11.2007 – X ZR 18/07, BeckRS 2008, 01230.
[66] So zu § 20 Abs. 1 Nr. 2 VOB/A 2006: OLG Hamm Urt. v. 6.8.2015 – 17 U 130/12, BeckRS 2015, 18892.

46 Haben die Verfahrensteilnehmer Verstöße gegen Abs. 2 nicht rechtzeitig gerügt, stellt sich die Frage, ob sie damit auch gehindert sind, diesbezüglich Schadensersatzansprüche gegen den Auftraggeber wegen der Verletzung vorvertraglicher Pflichten geltend zu machen. Die Präklusionsvorschriften des GWB gelten ausschließlich für Nachprüfungsverfahren und finden damit auf die Geltendmachung zivilrechtlicher Ansprüche vor den ordentlichen Gerichten keine Anwendung.[67] Die hierzu abweichend vertretenen Auffassungen[68] verkennen nicht nur den Anwendungsbereich, sondern insbesondere den Normzweck der Rügepräklusion.[69] Fraglich ist aber, ob die Verletzung der vergaberechtlichen Rügeobliegenheit ein **Mitverschulden** der vormaligen Verfahrensteilnehmer begründet, das nach § 254 Abs. 1 BGB eine ggf. vollumfängliche Anspruchskürzung zur Folge hat.[70] Dies setzt voraus, dass das Unterlassen einer Rüge adäquat kausal für den Eintritt des Schadens geworden ist, hier der entgangenen Vergütung für die Lösungsvorschläge. Der BGH hat hierzu in jüngeren Entscheidungen wiederholt eine zurückhaltende Position eingenommen.[71] So könne generell nicht ohne Weiteres davon ausgegangen werden, dass sich der Auftraggeber nur aufgrund der Rüge eines Besseren besonnen und der Beanstandung abgeholfen hätte.[72] Ebenso zurückhaltend entschied der BGH zur Frage, ob Verfahrensteilnehmer zur Abwendung des Schadens einen Nachprüfungsantrag stellen müssen,[73] wenngleich er für Schadensersatzansprüche ohne vergaberechtlichen Kontext wiederholt entschieden hatte, dass Betroffene gehalten sind, alle zumutbaren und erfolgversprechenden Rechtsbehelfe gegen schädigende Maßnahmen zu ergreifen.[74] Nach den Maßstäben des BGH wird ein adäquat kausales Mitverschulden von Verfahrensteilnehmern, die die mangelnde oder unzureichende Festsetzung einer Vergütung nach Abs. 2 beanstandungslos hingenommen haben, kaum angenommen werden können.

V. Gesetzliche Gebühren- oder Honorarordnungen und Urheberrechtsschutz (Abs. 3)

47 Abs. 3 stellt klar, dass die gesetzlichen Gebühren- oder Honorarordnungen und der Urheberrechtsschutz durch die vergaberechtlichen Vorschriften über die Kosten und Vergütung von Bewerbungs- und Angebotsunterlagen nicht verdrängt werden, sondern weiterhin Geltung beanspruchen.

48 **1. Vergütung der Lösungsvorschläge nach der HOAI.** Als **einschlägige gesetzliche Honorarordnung** kommt vor allem die HOAI in Betracht. Insbesondere die Erstellung von Lösungsvorschlägen wird regelmäßig Planungsleistungen voraussetzen, die gem. § 1 HOAI prinzipiell nach den Bestimmungen der HOAI zu vergüten wären. Gleichwohl ist der Anwendungsbereich der HOAI insofern nicht eröffnet, und zwar unabhängig davon, ob Auftraggeber die Lösungsvorschläge außerhalb oder innerhalb eines Planungswettbewerbs fordern.[75] Nach der Rechtsprechung des BGH ist die HOAI nur anwendbar, wenn hinsichtlich der dort erfassten Planungsleistungen auch Leistungspflichten

---

[67] Vgl. BGH Urt. v. 17.9.2019 – X ZR 124/18, NZBau 2019, 798 (799); BGH Urt. v. 18.6.2019 – X ZR 86/17, NZBau 2019, 661 (663); davor bereits: BGH Urt. v. 19.4.2016 – X ZR 77/14, NZBau 2016, 368 (372); OLG Naumburg Urt. v. 23.12.2014 – 2 U 74/14, BeckRS 2015, 03601; offengelassen OLG Hamm Urt. v. 6.8.2015 – 17 U 130/12, BeckRS 2015, 18892.

[68] So zu § 13 Abs. 2 VOF bzw. dessen Vorgängerregelung: OLG Koblenz Urt. v. 6.7.2012 – 8 U 45/11, BeckRS 2012, 19656, wonach sich der Bewerber im Falle der verabsäumten rechtzeitigen Rüge mit der fehlenden oder zu niedrigen Vergütung abfinden muss und wegen der „Spezialrechtszuweisung" nach §§ 102 ff. GWB aF auch der Zivilrechtsweg versperrt ist. Ebenso *Portz* in Müller-Wrede VOF § 13 Rn. 51.

[69] Vgl. OLG Hamm Urt. v. 6.8.2015 – 17 U 130/12, BeckRS 2015, 18892, wonach sich der Zweck der Rügeobliegenheit, Verzögerungen des Vergabeverfahrens zu vermeiden, nach dessen bestandskräftigem Abschluss erledigt.

[70] So OLG Naumburg Urt. v. 23.12.2014 – 2 U 74/14, BeckRS 2015, 03601. Dagegen OLG Düsseldorf Beschl. v. 15.12.2008 – I-27 U 1/07, BeckRS 2009, 08102, allerdings unter dem Aspekt ununterbrochener haftungsbegründender Kausalität.

[71] Vgl. BGH Urt. v. 17.9.2019 – X ZR 124/18, NZBau 2019, 798 (800); BGH Urt. v. 18.6.2019 – X ZR 86/17, NZBau 2019, 661 (664).

[72] Vgl. BGH Urt. v. 18.6.2019 – X ZR 86/17, NZBau 2019, 661 (664).

[73] Vgl. BGH Urt. v. 17.9.2019 – X ZR 124/18, NZBau 2019, 798 (800).

[74] Ausschluss von Ansprüchen wegen rechtswidriger entschädigungsgleicher Eingriffe: BGH Urt. v. 26.1.1984 – III ZR 216/82, NJW 1984, 1169 (1172); BGH Urt. v. 21.12.1989 – III ZR 132/88, NJW 1990, 898 (899); wegen rechtswidriger Eingriffe in Vereinsmitgliedschaftsrechte: BGH Urt. v. 12.3.1990 – II ZR 179/89, NJW 1990, 2877 (2878); wegen amtspflichtwidrigen Erlasses eines Bebauungsplans: BGH Beschl. v. 21.12.1990 – III ZR 280/89, BeckRS 1990, 31065321; wegen falscher Prozessführung: BGH Urt. v. 23.5.1991 – III ZR 73/90, NJW-RR 1991, 1458 (1459); BGH Urt. v. 6.10.2005 – IX ZR 111/02, NJW 2006, 288.

[75] Vgl. VK Sachsen Beschl. v. 5.2.2019 – 1/SVK/038-18, BeckRS 2019, 2285. AA VK Westfalen Beschl. v. 7.3.2019 – VK 1-4/19, IBRRS 2019, 1135; VK Südbayern Beschl. v. 29.6.2017 – Z3-3-3194-1-13-04/17, BeckRS 2017, 121877.

für den Architekten begründet werden.[76] Hieran fehlt es sowohl bei Planungswettbewerben[77] als auch bei Vergabeverfahren.[78] Die Wettbewerbsteilnehmer bzw. Bieter erstellen ihre Wettbewerbsbeiträge freiwillig und ohne Rechtspflicht, lediglich in Aussicht auf die ausgelobten Preise bzw. die Erteilung des Zuschlags. Die Frage, ob die HOAI direkt oder entsprechend auf die Vergütung von Lösungsvorschlägen anwendbar ist, hat vor dem Hintergrund, dass die Regelungen der HOAI kein verbindliches Preisrecht mehr enthalten (→ § 76 Rn. 24), an Brisanz verloren.[79] Aus der fehlenden Anwenbarkeit der HOAI bleibt aber nach wie vor zu folgern, dass die dorigen Honorarsätze kein Maßstab für die Angemessenheit einer nach Abs. 2 festzusetzenden Vergütung bilden. Das galt für die damaligen Mindestsätze,[80] so wie es nun für die Basissätze der HOAI gilt (→ § 76 Rn. 37).

Sofern der Bereich des Planungswettbewerbs oder des Vergabeverfahrens verlassen wird, ist die HOAI uneingeschränkt anwendbar. Dies betrifft vor allem die Umsetzung bzw. Weiterführung der Lösungsvorschläge nach Abschluss der Verfahren. Die Lösungsvorschläge werden insofern regelmäßig **nachträglich zum Gegenstand eines Architektenvertrages** gemacht[81] und sind damit vollumfänglich unter Anrechnung etwaiger geleisteter Aufwandsentschädigungen nach den Bestimmungen der HOAI zu vergüten. Eigenständige Verträge kommen schließlich in Betracht, wenn sich Auftraggeber unabhängig vom Ausgang des Vergabeverfahrens von allen Teilnehmern die für die Weiterführung bzw. Umsetzung der Lösungsvorschläge erforderlichen Nutzungsrechte einräumen lassen (→ Rn. 34).

2. Urheberrechtsschutz an den Lösungsvorschlägen. Urheberechtsschutz genießen Lösungsvorschläge nur, sofern es sich um geistig-schöpferische Werke nach § 2 UrhG handelt. Dies ist einzelfallabhängig zu beurteilen. Lösungsvorschläge können demnach als **Entwürfe von Werken der Baukunst** nach § 2 Abs. 1 Nr. 4 UrhG sowie Darstellungen technischer Art gem. § 2 Abs. 1 Nr. 7 UrhG urheberrechtlich geschützt sein. Ersteres setzt voraus, dass die entworfenen Bauwerke eine ausreichende schöpferische Originalität und Individualität aufweisen und diese individuellen Züge bereits im Entwurf ihren Niederschlag gefunden haben.[82] Entscheidend ist also die Besonderheit des dargestellten Gegenstands, nicht hingegen die Darstellungsweise.[83] Weist die Art und Weise der Darstellung des Lösungsvorschlages eine ausreichende Originalität und Individualität auf, kommt ein eigenständiger Urheberrechtsschutz als Darstellung technischer Art in Betracht. Dies kann nach § 2 Abs. 1 Nr. 7 UrhG namentlich Zeichnungen, Pläne, Karten, Skizzen, Tabellen und plastische Darstellungen betreffen.

Der Schutz des Urheberrechts bezieht sich nach § 11 UrhG vor allem auf die urheberrechtliche Nutzung des Werkes. Diese beinhaltet nach § 15 Abs. 1 UrhG das ausschließliche Recht, das Werk in körperlicher Form zu verwerten, insbesondere zu vervielfältigen, zu verbreiten oder auszustellen. Urheberrechtsinhaber können bei unberechtigter Verwertung ihrer Werke durch Dritte gegen diese gem. § 97 Abs. 1 UrhG **Beseitigungs- bzw. Unterlassungsansprüche** geltend machen und im Falle von vorsätzlichen oder fahrlässigen Urheberrechtsverletzungen von diesen außerdem den Ersatz des daraus entstehenden Schadens verlangen.

Sofern öffentliche Auftraggeber urheberechtlich geschützte Lösungsvorschläge lediglich zur Ermittlung des besten Wettbewerbsbeitrages in einem Planungswettbewerb oder des wirtschaftlichsten Angebots in einem Vergabeverfahren verwendet haben, liegt auch regelmäßig keine **urheberechtsrelevante Verwertung** vor. Allenfalls das Veröffentlichungsrecht des Urhebers aus § 12 UrhG kann betroffen sein, wenn die Lösungsvorschläge durch den Auftraggeber öffentlich zur Schau gestellt werden, etwa im öffentlichen Teil einer Gemeinderatssitzung. Hat der Auftraggeber hierauf in der Bekanntmachung oder den Vergabeunterlagen hingewiesen, dürften die hierfür erforderlichen Rechte mit Einreichung der Lösungsvorschläge allerdings stillschweigend von den Teilnehmern eingeräumt worden sein.

---

[76] BGH Urt. v. 10.10.1996 – I ZR 129/94, NJW 1997, 2180 (2181).
[77] BGH Urt. v. 10.10.1996 – I ZR 129/94, NJW 1997, 2180 (2181).
[78] Vgl. VK Sachsen Beschl. v. 5.2.2019 – 1/SVK/038-18, BeckRS 2019, 2285.
[79] Vgl. BVerfG Beschl. v. 26.9.2005 – 1 BvR 82/03, NZBau 2006, 121 (122), zur Frage, ob das Verbot der Unterschreitung der Mindestsätze für die Vergütung von Wettbewerbsbeiträgen gilt; zur Übertragung dieser Rechtsprechung auf die Vergütung von Lösungsvorschlägen in Vergabeverfahren → 2. Aufl. 2018, Rn. 49.
[80] Offen gelassen OLG München Beschl. v. 10.4.2019 – Verg 8/18, BeckRS 2019, 10745; so VK Sachsen Beschl. v. 5.2.2019 – 1/SVK/038-18, BeckRS 2019, 2285; (vertretbar) VK Berlin Beschl. v. 19.3.2018 – VK-B 2-26/17, BeckRS 2018, 15016; aA VK Westfalen Beschl. v. 7.3.2019 – VK 1-4/19, IBRRS 2019, 1135; VK Südbayern Beschl. v. 29.6.2017 – Z3-3-3194-1-13-04/17, BeckRS 2017, 121877, mit Verweis auf einen vermeintlichen gesetzgeberischen Willen, wonach die festgesetzte Vergütung nur dann angemessen sei, wenn sie nach den Regelungen der HOAI ermittelt wurde.
[81] Vgl. OLG Celle Urt. v. 9.11.2000 – 14 U 14/00, BeckRS 2000, 30142277; OLG Schleswig Urt. v. 6.1.2009 – 3 U 29/07, BeckRS 2009, 04221.
[82] OLG Karlsruhe Urt. v. 3.6.2013 – 6 U 72/12, NZBau 2013, 712 (715) mwN.
[83] OLG Karlsruhe Urt. v. 3.6.2013 – 6 U 72/12, NZBau 2013, 712 (715).

53   Sofern die Lösungsvorschläge nach Abschluss **des Planungswettbewerbs oder des Vergabeverfahrens** vom Auftraggeber genutzt werden, kommt eine urheberrechtliche Verwertung dagegen regelmäßig in Betracht. Dies betrifft insbesondere die Realisierung der Lösungsvorschläge. Sind die Lösungsvorschläge als Entwürfe der Baukunst gem. § 2 Abs. 1 Nr. 4 UrhG zu qualifizieren, handelt es sich hierbei um eine Vervielfältigung nach § 16 UrhG und ist damit urheberechtlich nur insofern zulässig, als der Auftraggeber von den Teilnehmern entsprechende Nutzungsrechte eingeräumt bekommen hat.[84] Voraussetzung ist jedoch, dass die tatsächliche Bauausführung mit der Planung soweit übereinstimmt, dass die für den maßgeblichen ästhetischen Gesamteindruck wesentlichen Merkmale in dem erstellten Bauwerk verwirklicht werden.[85]

Unterabschnitt 2. Planungswettbewerbe für Architekten- und Ingenieurleistungen

§ 78 Grundsätze und Anwendungsbereich für Planungswettbewerbe

(1) Planungswettbewerbe gewährleisten die Wahl der besten Lösung der Planungsaufgabe und sind gleichzeitig ein geeignetes Instrument zur Sicherstellung der Planungsqualität und Förderung der Baukultur.

(2) [1]Planungswettbewerbe dienen dem Ziel, alternative Vorschläge für Planungen, insbesondere auf dem Gebiet der Raumplanung, des Städtebaus und des Bauwesens, auf der Grundlage veröffentlichter einheitlicher Richtlinien zu erhalten. [2]Sie können vor oder ohne Vergabeverfahren ausgerichtet werden. [3]In den einheitlichen Richtlinien wird auch die Mitwirkung der Architekten- und Ingenieurkammern an der Vorbereitung und bei der Durchführung von Planungswettbewerben geregelt. [4]Der öffentliche Auftraggeber prüft bei Aufgabenstellungen im Hoch-, Städte- und Brückenbau sowie in der Landschafts- und Freiraumplanung, ob für diese ein Planungswettbewerb durchgeführt werden soll, und dokumentiert seine Entscheidung.

(3) [1]Die Bestimmungen dieses Unterabschnitts sind zusätzlich zu Abschnitt 5 für die Ausrichtung von Planungswettbewerben anzuwenden. [2]Die auf die Durchführung von Planungswettbewerben anwendbaren Regeln nach Absatz 2 sind in der Wettbewerbsbekanntmachung mitzuteilen.

Übersicht

	Rn.		Rn.
I. Entstehungsgeschichte	1	III. Verhältnis zum Vergabeverfahren (Abs. 2 S. 2)	15
II. Planungswettbewerbe für Architekten- und Ingenieurleistungen	4	IV. Prüfung der Durchführung eines Planungswettbewerbs (Abs. 2 S. 4)	18
1. Begriff und Anwendungsbereich	4	V. Anzuwendende Vorschriften (Abs. 3 S. 1)	20
2. Einheitliche und veröffentlichte Richtlinien	6		
a) Funktion und Rechtscharakter	7		
b) „Veröffentlicht" und „einheitlich"	9	VI. Mitteilung der Richtlinien in der Wettbewerbsbekanntmachung (Abs. 3 S. 2)	22
c) Mitwirkung der Architekten- und Ingenieurkammern (Abs. 2 S. 3)	11		
d) Richtlinie für Planungswettbewerbe (RPW)	13	VII. Rechtsschutz	23

I. Entstehungsgeschichte

1   Im deutschen Vergaberecht wird seit jeher der Planungswettbewerb als Sonderform des Wettbewerbs hervorgehoben. Hintergrund ist, dass in Deutschland die Ausrichtung von Wettbewerben im Bereich der Architektur- und Ingenieurleistungen traditionell durch berufsständisch geprägte Wettbewerbsregeln im Detail festgelegt ist.[1] Neben diese Wettbewerbsordnungen sind nachfolgend Bestimmungen der europäischen Vergaberichtlinien getreten, die sich allerdings auf die Statuierung allgemeiner Grundsätze für die Durchführung von Wettbewerben beschränkten (vgl. Art. 13 Dienstleistungs-RL 1992). Um den Bezug zu den **traditionellen Wettbewerbsregeln** zu wahren und

---
[84] OLG Karlsruhe Urt. v. 3.6.2013 – 6 U 72/12, NZBau 2013, 712 (715) mwN.
[85] OLG Frankfurt a. M. Urt. v. 5.12.2006 – 11 U 9/06, GRUR-RR 2007, 307 (308).
[1]   Zur Historie vgl. *Müller-Wrede* in Müller-Wrede VOF § 15 Rn. 18 mwN.

diesen weiterhin Geltung zu verschaffen, wurden Planungswettbewerbe als Wettbewerbe definiert, die dem Ziel dienen, alternative Vorschläge für Planungen, insbesondere auf dem Gebiet der Raumplanung, des Städtebaus und des Bauwesens, auf der Grundlage veröffentlichter einheitlicher Richtlinien zu erhalten (vgl. § 15 Abs. 2 S. 1 VOF).

Neben der begrifflichen Unterscheidung bestanden in der **VOF** separate Regelungen für Planungswettbewerbe und allgemeine Wettbewerbe. Mit Einführung der VOF 2009 wurden diese separaten Regelungen in einheitlichen Vorschriften über die Ausrichtung von Wettbewerben zusammengefasst.[2] Beide Wettbewerbsformen waren gleichrangig. Eigenständigen Regelungen waren Planungswettbewerbe damit nicht mehr unterworfen. Lediglich die Definition in § 15 Abs. 2 VOF und der Verweis auf die veröffentlichten einheitlichen Richtlinien hoben diese gegenüber den allgemeinen Wettbewerben ab.[3]

Mit der **VergModVO** wurde die ursprüngliche, getrennte Regelung der Wettbewerbe wieder eingeführt, wobei nunmehr allerdings zwischen allgemeinen Planungswettbewerben (Abschnitt 5) und solchen für Architekten- und Ingenieurleistungen (Abschnitt 6, Unterabschnitt 2) unterschieden wird. Die Durchführung des Wettbewerbs auf der Grundlage einheitlicher und veröffentlichter Richtlinien wird dabei nach Abs. 1 nur noch für Letztere vorausgesetzt und ist damit kein wesentliches Merkmal eines Planungswettbewerbs.

II. Planungswettbewerbe für Architekten- und Ingenieurleistungen

1. Begriff und Anwendungsbereich. Unterabschnitt 2 des Abschnitts 6 enthält Sonderregelungen für die Ausrichtung von Planungswettbewerben für Architekten- und Ingenieurleistungen. Hierbei handelt es sich um eine Sonderform der allgemeinen Planungswettbewerbe nach § 69 Abs. 1 (→ § 69 Rn. 2). Beiden Wettbewerbsformen ist gemein, dass sie dem Auslobenden zu Planungen verhelfen sollen. Der Anwendungsbereich der Planungswettbewerbe nach § 78 ist allerdings gem. § 73 auf **nicht abschließend beschreibbare Architekten- und Ingenieurleistungen** begrenzt (→ § 73 Rn. 7). Dementsprechend sind gem. Abs. 2 S. 1 als mögliche Planungsgegenstände die Gebiete der Raumplanung, des Städtebaus und des Bauwesens hervorgehoben, während für allgemeine Planungswettbewerbe darüber hinaus in § 69 Abs. 1 die Datenverarbeitung benannt wird. Die wesentliche Besonderheit von Planungswettbewerben für Architekten- und Ingenieurleistungen ist allerdings, dass diese gem. Abs. 2 S. 1 auf der Grundlage einheitlicher und veröffentlichter Richtlinien durchgeführt werden (→ Rn. 6).

In **Abs. 1** sind die **Vorteile von Planungswettbewerben** für Architekten- und Ingenieurleistungen beschrieben. Öffentliche Auftraggeber sollen hiernach animiert werden, verstärkt von diesem „innovativen, qualitätsfördernden und für kleine und junge Büros chancengebenden" Instrument Gebrauch zu machen.[4] Bei Architekten- und Ingenieurleistungen im Anwendungsbereich des Abschnitts 6 der VgV ist ein Planungswettbewerb vorrangig in Betracht zu ziehen, da sich die Planungsaufgabe insofern einer eindeutig und erschöpfend beschreibbaren Lösung entzieht und daher häufig entsprechende Spielräume für innovative und kreative Wettbewerbsbeiträge bestehen (→ § 73 Rn. 11). Ein weiterer Vorteil von Planungswettbewerben ist, dass die häufig anspruchsvolle Bewertung architektonischer oder planerischer Qualitäten von einem speziell legitimierten und kompetenten Expertengremium erfolgt.[5]

2. Einheitliche und veröffentlichte Richtlinien. Planungswettbewerbe für Architekten- und Ingenieurleistungen werden nach **Abs. 2 S. 1** auf der Grundlage **einheitlicher veröffentlichter Richtlinien** durchgeführt. Diese Richtlinien sind Wesensmerkmal dieser Sonderform des Planungswettbewerbs und unverzichtbare Verfahrensvoraussetzung (→ Rn. 20). Die Vorschrift bezieht sich nicht auf bestimmte Richtlinien, wenngleich der Verordnungsgeber wie bei der Vorgängerregelung die **Richtlinie für Planungswettbewerbe (RPW)** im Auge hatte.[6] Diese dürften aber insofern jedenfalls als Vorbild für mögliche andere Richtlinien gelten.

a) Funktion und Rechtscharakter. Die Richtlinien bilden den **Ablauf des Wettbewerbs** im Detail ab. Die Vorschriften über die Durchführung von Planungswettbewerben in Abschnitt 5 sowie Unterabschnitt 2 des Abschnitts 6 gehen insofern dem Regelungsrahmen jedoch als höherrangiges Recht vor.[7] Die Richtlinien dürfen diese Vorschriften lediglich ergänzen.

---

[2] Vgl. Einführungserlass des BMVBS v. 10.7.2010 – B 15-8162.6/2-1 VOF, 5.
[3] So zu § 15 Abs. 2 VOF: *Voppel/Osenbrück/Bubert* VOF § 15 Rn. 6.
[4] Vgl. Begr. VergRModVO, BT-Drs. 18/7318, 206.
[5] VK Südbayern Beschl. v. 21.11.2016 – Z3-3/3194/1/37/09/16, BeckRS 2016, 55879.
[6] Vgl. Begr. VergRModVO, BT-Drs. 18/7318, 206. Zu § 15 Abs. 2 VOF vgl. Einführungserlass des BMVBS v. 10.7.2010, B 15-8162.6/2-1 VOF, 5.
[7] Vgl. *Voppel/Osenbrück/Bubert* VgV Rn. 24; so zu § 15 Abs. 2 VOF: *Müller-Wrede* in Müller-Wrede VOF § 15 Rn. 20.

8 Die Richtlinien müssen **keine Rechtsnormqualität** haben, also allgemeinverbindlich sein.[8] Dies ist zur Erfüllung der ihr zugedachten Funktion nicht notwendig. Gleichwohl ist die Anwendung bestimmter Richtlinien für einige Auftraggeber durch Erlasse vorgeordneter Behörden verbindlich vorgeschrieben.[9] Daneben kann auch ein faktischer Anwendungszwang bestehen, wenn die einschlägigen Berufsordnungen den angesprochenen Architekten und Ingenieuren untersagen, sich an Planungswettbewerben zu beteiligen, die nicht nach bestimmten einheitlichen Richtlinien durchgeführt werden.[10] Sofern die einheitlichen Richtlinien dem Planungswettbewerb zugrunde gelegt werden, ist der Auftraggeber hieran gebunden. Gleiches gilt für die Teilnehmer des Wettbewerbs. In diesem Verhältnis stellen die Richtlinien unmittelbar geltendes Recht dar.[11]

9 b) „Veröffentlicht" und „einheitlich". „Veröffentlicht" sind die Richtlinien, wenn sie der Allgemeinheit zugänglich gemacht werden. Für die außerdem erforderliche Verkehrsgeltung genügt die theoretische Möglichkeit der Kenntnisnahme allerdings nicht. Es muss gewährleistet sein, dass die Richtlinien zumindest von den interessierten Verkehrskreisen tatsächlich zur Kenntnis genommen werden können.

10 Unklar ist, unter welchen Voraussetzungen Richtlinien als **„einheitlich"** gelten. Damit kann jedenfalls nicht gemeint sein, dass die Anwendung der Richtlinien für alle öffentlichen Auftraggeber verbindlich vorgeschrieben ist,[12] denn hierzu wäre eine bundeseinheitliche Regelung erforderlich, an der es fehlt.[13] Fraglich ist, ob es demgegenüber ausreicht, dass die Richtlinien allen Planungswettbewerben im Zuständigkeitsbereich des jeweiligen auslobenden Rechtsträgers zugrunde liegen.[14] Vor dem Hintergrund, dass die Mitwirkung der Architekten- und Ingenieurkammern ausdrücklich unter Abs. 2 S. 3 angesprochen ist und der Verordnungsgeber die RPW 2013 zumindest als Vorbild im Auge hatte, wird dies nicht reichen, sondern man darüber hinaus eine gewisse Verkehrsgeltung der Richtlinien fordern müssen.[15] Neben der Verwendung und Verbreitung der Richtlinien kann sich die Einheitlichkeit nach dem Wortsinn auch auf deren Inhalt beziehen, im Sinne eines eine Einheit bildenden Regelungskomplexes. Dies wäre angesichts der rudimentären Regelung des Wettbewerbsablaufs in der VgV zumindest eine sachgerechte weitere Tatbestandvoraussetzung.

11 c) **Mitwirkung der Architekten- und Ingenieurkammern (Abs. 2 S. 3).** Nach § 73 Abs. 2 S. 3 wird in den einheitlichen Richtlinien auch die Mitwirkung der Architekten- und Ingenieurkammern an der Vorbereitung und bei der Durchführung von Planungswettbewerben geregelt. Die Bestimmung hat insoweit lediglich eine **Hinweis- oder Appellfunktion,**[16] die aber gleichwohl ernst zu nehmen ist. Denn die Einbeziehung der Berufskammern gewährleistet eine nicht unwesentliche Kontrolle der Konformität des Wettbewerbsverfahrens mit den einheitlichen Richtlinien.[17]

12 In der RPW 2013 ist die Mitwirkung der Architekten- und Ingenieurkammern in § 2 Abs. 4 vorgesehen. Hiernach wirken die **Architekten- und Ingenieurkammern** vor, während und nach einem Wettbewerb an den Beratungen mit. Sie registrieren den Wettbewerb und sind entsprechend zu beteiligen. Mit der **Registrierung** wird bestätigt, dass die Teilnahme- und Wettbewerbsbedingungen dieser Richtlinie entsprechen. Der Auslobende kann von den einzelnen Vorschriften der RPW nur im Einvernehmen mit der zuständigen Architekten- oder Ingenieurkammer abweichen.

13 d) **Richtlinie für Planungswettbewerbe (RPW).** Bei den einheitlichen Richtlinien hat der Verordnungsgeber die RPW 2013 vor Augen,[18] die durch das Bundesministerium für Verkehr, Bau und Stadtentwicklung (BMVBS) mit Erlass für den Bundesbau verbindlich eingeführt wurden[19] und

---

[8] Vgl. *Voppel/Osenbrück/Bubert* VgV Rn. 14; so zu § 15 Abs. 2 VOF: *Müller-Wrede* in Müller-Wrede VOF § 15 Rn. 16.
[9] Dies gilt insbes. für die RPW 2013, die für alle Planungswettbewerbe im Bereich des Bundesbaus (Einführungserlass v. 28.2.2013 – BMVBS B 10 – 8111.7/2, 4) und der meisten Bundesländer verbindlich eingeführt worden sind.
[10] Vgl. *Müller-Wrede* in Müller-Wrede VOF § 15 Rn. 17 mwN.
[11] So zu § 15 VOF: *Müller-Wrede* in Müller-Wrede VOF § 15 Rn. 26.
[12] Vgl. *Voppel/Osenbrück/Bubert* VgV Rn. 14.
[13] Vgl. *Voppel/Osenbrück/Bubert* VgV Rn. 14, wonach eine einheitliche Einführung durch Erlass nicht mit dem Föderalismusprinzip u. der kommunalen Selbstverwaltungsgarantie in Einklang zu bringen wäre.
[14] So zu § 15 Abs. 2 VOF: *Müller-Wrede* in Müller-Wrede VOF § 15 Rn. 21.
[15] Vgl. *Voppel/Osenbrück/Bubert* VgV Rn. 14.
[16] Vgl. *Voppel/Osenbrück/Bubert* VgV Rn. 16.
[17] Vgl. HK-VergabeR/*Martini* Rn. 30.
[18] Begr. VergRModVO, BT-Drs. 18/7318, 206.
[19] Einführungserlass v. 28.2.2013 – BMVBS B 10 – 8111.7/2, 4.

deren Anwendung daneben auch in den meisten Bundesländern verbindlich ist oder zumindest empfohlen wird.[20] Die RPW 2013 schreibt die RPW 2008 sowie die Grundsätze und Richtlinien für Wettbewerbe auf den Gebieten der Raumplanung, des Städtebaus und des Bauwesens (GRW 1995) fort.[21]

Die RPW 2013 steht im Wesentlichen im Einklang mit den Vorgaben der §§ 69 ff. sowie den ergänzenden Sonderbestimmungen der §§ 78 ff. Vor diesem Hintergrund wird in der Kommentierung ausschließlich auf diese Bestimmungen Bezug genommen. 14

III. Verhältnis zum Vergabeverfahren (Abs. 2 S. 2)

Planungswettbewerbe können nach § 73 Abs. 2 S. 2 vor oder ohne Vergabeverfahren ausgerichtet werden. Der in der Vorgängerregelung darüber hinaus vorgesehene Fall der Durchführung eines Planungswettbewerbs **während eines Verhandlungsverfahrens** wurde mangels praktischer Relevanz gestrichen.[22] Sofern zur alten Rechtslage vertreten wurde, Planungswettbewerbe könnten auch nach einem Vergabeverfahren ausgerichtet werden,[23] handelt es sich im Ergebnis um dieselbe Fallgruppe. Vergabeverfahren sind auf die Erteilung des Zuschlags gerichtet und enden regelmäßig mit dem Abschluss eines zivilrechtlichen (Werk-)Vertrages. Sie können damit insbesondere nicht dazu dienen, den Teilnehmerkreis für einen nachfolgenden, beschränkten und ggf. vereinfachten Planungswettbewerb festzulegen.[24] Unabhängig davon kann die Entscheidung des Preisgerichts im Planungswettbewerb nicht den Zuschlag des Auftraggebers in einem Vergabeverfahren ersetzen (→ § 72 Rn. 33). Es ist mithin in jedem Fall erforderlich, nach Abschluss des Planungswettbewerbs das Vergabeverfahren mit dem Gewinner bzw. den Preisträgern fortzusetzen. 15

Die Durchführung eines Planungswettbewerbs **vor einem Vergabeverfahren** erfolgt regelmäßig in der Absicht, die Planungsaufgabe mit einem der Preisträger umzusetzen (sog. Realisierungswettbewerb (→ § 69 Rn. 5). Der Wettbewerb ist in diesem Fall einem Verhandlungsverfahren nach § 14 Abs. 4 Nr. 8[25] vorgeschaltet und dient der Auswahl derjenigen Unternehmen, mit denen im Anschluss über die Auftragsvergabe verhandelt werden soll (zur Bindungswirkung der Preisgerichtsentscheidung → § 72 Rn. 20). 16

Wird ein Planungswettbewerb **ohne Vergabeverfahren** durchgeführt, ist eine Realisierung der Planungsaufgabe jedenfalls nicht aktuell vorgesehen (sog. Ideenwettbewerb → § 69 Rn. 4). Entschließt sich der Auftraggeber später zur Realisierung der Planungsaufgabe, ist ihm die Durchführung eines Verhandlungsverfahrens unter ausschließlicher Einbeziehung der Preisträger des vorherigen Ideenwettbewerbs nach § 14 Abs. 4 Nr. 8 versagt. Unter Umständen kommt jedoch ein Verhandlungsverfahren ohne Teilnahmewettbewerb nach § 14 Abs. 4 Nr. 2 lit. c mit einem der Preisträger in Betracht, sofern dessen Lösungsvorschlag realisiert werden soll und dieser wiederum urheberrechtlich geschützt ist (→ § 77 Rn. 50). 17

IV. Prüfung der Durchführung eines Planungswettbewerbs (Abs. 2 S. 4)

Der öffentliche Auftraggeber entscheidet nach seinem pflichtgemäßen Ermessen, ob er vor einem Vergabeverfahren einen Planungswettbewerb durchführt oder nicht.[26] Nach **Abs. 2 S. 4** muss der öffentliche Auftraggeber aber bei Aufgabenstellungen im Hoch-, Städte- und Brückenbau sowie in der Landschafts- und Freiraumplanung zumindest prüfen, ob für diese ein Planungswettbewerb durchgeführt werden soll und seine Entscheidung dokumentieren. Das Ermessen des Auftraggebers ist hierdurch gleichwohl nicht eingeschränkt. 18

Der **Prüf- und Dokumentationspflicht** nach Abs. 2 S. 4 liegt nach der Verordnungsbegründung die Erkenntnis der Vorteilhaftigkeit von Planungswettbewerben zugrunde.[27] Öffentliche Auftraggeber sollen sich grundsätzlich zumindest bei Planungsaufgaben in den genannten Bereichen Gedanken über die Ausrichtung eines Planungswettbewerbs machen,[28] und zwar im wohlverstandenen Eigeninteresse. 19

---

20 Vgl. *Müller-Wrede* in Müller-Wrede VOF § 15 Rn. 19.
21 Vgl. hierzu HK-VergabeR/*Martini* Rn. 11.
22 Vgl. Begr. VergRModVO, BT-Drs. 18/7318, 206.
23 So zu § 15 Abs. 2 VOF: *Müller-Wrede* in Müller-Wrede VOF § 15 Rn. 27; *Voppel/Osenbrück/Bubert* VOF § 15 Rn. 25.
24 So aber *Müller-Wrede* in Müller-Wrede VOF § 15 Rn. 27; *Voppel/Osenbrück/Bubert* VOF § 15 Rn. 25.
25 In § 78 Abs. 2 S. 2 ist zwar verfahrensartsoffen formuliert. Unter § 80 Abs. 1 ist allerdings im Falle der Realisierung der Planungsaufgabe die Aufforderung zu Verhandlungen und damit die anschließende Durchführung eines Verhandlungsverfahrens vorgesehen.
26 Vgl. VK Niedersachsen Beschl. v. 23.1.2012 – VgK 57/2011, IBRRS 2012, 2313.
27 Vgl. Begr. VergRModVO, BT-Drs. 18/7318, 206.
28 Vgl. Begr. VergRModVO, BT-Drs. 18/7318, 206.

V. Anzuwendende Vorschriften (Abs. 3 S. 1)

20 Die Formulierung unter **Abs. 3 S. 1**, wonach die Bestimmungen „zusätzlich" zu **Abschnitt 5** für die Ausrichtung von Planungswettbewerben anzuwenden sind, ist missverständlich. Die §§ 78 ff. gehen den allgemeinen Vorschriften im Abschnitt 5 als leges specialis im Falle von Abweichungen vor.[29] Dies gilt insbesondere für Abs. 2 S. 1, wonach Planungswettbewerbe auf der Grundlage veröffentlichter einheitlicher Richtlinien erfolgen. Da in den §§ 78 ff. insofern keine Alternativen vorgesehen sind, dürfen Planungswettbewerbe für nicht abschließend beschreibbare Architekten- und Ingenieurleistungen nicht ohne Zugrundelegung veröffentlichter und einheitlicher Richtlinien ausgerichtet werden.[30]

21 Sofern Auftraggeber als **Anforderungen an die Teilnahme** am Planungswettbewerb (→ § 71 Rn. 10) oder als Auswahlkriterium bei nicht offenen Wettbewerben (→ § 71 Rn. 17) die Berufsqualifikationen der Architekten- und Ingenieurberufe oder durch Referenzen belegte Erfahrungen verlangen, gelten außerdem **§ 75 Abs. 1–3** (→ § 75 Rn. 14) bzw. **§ 75 Abs. 5 S. 2 und 3** (→ § 75 Rn. 32) entsprechend.

VI. Mitteilung der Richtlinien in der Wettbewerbsbekanntmachung (Abs. 3 S. 2)

22 Die einheitlichen Richtlinien sind gem. **Abs. 3 S. 2** in der **Wettbewerbsbekanntmachung** mitzuteilen. Durch die Mitteilung werden die Richtlinien zur Grundlage des Planungswettbewerbs und sind für die Beteiligten verbindlich. Die Mitteilung muss zwingend in der Wettbewerbsbekanntmachung erfolgen. Da die Richtlinien nach § 73 Abs. 2 S. 1 aber ihrerseits zu veröffentlichen sind (→ Rn. 9), genügt für die Mitteilung die Angabe der entsprechenden Fundstelle.

VII. Rechtsschutz

23 § 78 begründet für Auftraggeber **keine Pflicht zur Durchführung eines Planungswettbewerbs** (→ Rn. 18). An einem Planungswettbewerb interessierte Architektur- und Ingenieurbüros können die Ausrichtung daher nicht erzwingen. Wenn sich der Auftraggeber allerdings dazu entschließt, einen Planungswettbewerb durchzuführen, sind dabei zwingend die Bestimmungen der §§ 69 ff. und die ergänzenden Sonderregelungen der §§ 78 ff. zu beachten.

24 Verstöße gegen die vorgenannten Bestimmungen können in richtlinienkonformer Auslegung des § 155 GWB im Wege eines Nachprüfungsverfahrens auch isoliert und unabhängig von einem sich dem Wettbewerb anschließenden Vergabeverfahren vor den Nachprüfungsinstanzen geltend gemacht werden (→ § 69 Rn. 19). Gleiches gilt für **Verstöße gegen die einheitlichen und veröffentlichten Richtlinien**, sofern diese vom Auftraggeber zur Grundlage des Planungswettbewerbs gemacht wurden und soweit diese mit den §§ 69 ff. und §§ 78 ff. in Einklang stehen.[31] Die Richtlinien erlangen hierdurch keine Rechtsnormqualität. Der Auftraggeber hat sich hinsichtlich der Beachtung derselben allerdings selbst gebunden, sodass jede Missachtung einen Verstoß gegen das **allgemeine Gleichbehandlungs- und Transparenzgebot** darstellt, das Auftraggeber auch in Planungswettbewerben zu berücksichtigen haben (→ § 69 Rn. 18).[32] Die aus Abs. 2 S. 1 folgende Pflicht des Auftraggebers, Planungswettbewerbe für Architekten- und Ingenieurleistungen auf der Grundlage einheitlicher Richtlinien auszurichten (→ Rn. 6), ist ebenfalls bieterschützend. Sie stellt mehr als eine reine Ordnungsvorschrift dar, da die Zugrundelegung einheitlicher Richtlinien zumindest auch im Interesse der Teilnehmer liegt. Unabhängig davon, dass deren Zugrundelegung nach den einschlägigen Berufsordnungen eine Teilnahmevoraussetzung sein kann, bieten einheitliche Richtlinien jedenfalls die Gewähr dafür, dass die Bedingungen des Wettbewerbs das Ergebnis eines angemessenen und von den Fachkreisen akzeptierten Interessensausgleichs sind.

25 Daneben können Verstöße gegen Planungswettbewerbe betreffende Bestimmungen sowie gegen die einheitlichen Richtlinien auch **Schadensersatzansprüche** der Teilnehmer begründen, die vor den ordentlichen Gerichten geltend zu machen sind (→ § 69 Rn. 21).

---

[29] Ebenso *Hartmann* in KKMPP VgV Rn. 87. Dies entspricht auch der bis zur VOF 2009 geltenden Regelungssystematik: vgl. *Voppel/Osenbrück/Bubert*, 1 Aufl. 2001, VOF § 25 Rn. 3.

[30] Ebenso *Hartmann* in KKMPP VgV Rn. 22. Nach alter Rechtslage bestand dagegen wegen der Gleichrangigkeit der Wettbewerbsformen für die Auftraggeber insofern ein Wahlrecht. So zu § 15 Abs. 2 VOF: *Voppel/Osenbrück/Bubert* VOF § 15 Rn. 15; *Müller-Wrede* in Müller-Wrede VOF § 15 Rn. 23.

[31] Vgl. VK Niedersachsen Beschl. v. 18.6.2010 – VgK-22/10, BeckRS 2010, 19850 mwN; aA *Hartmann* in KKMPP VgV § 80 Rn. 67, wonach nur diejenigen Grundsätze der RPW 2013 rügefähig seien, die auch in den Bestimmungen des Vergaberechts niedergelegt sind.

[32] VK Südbayern Beschl. v. 27.1.2017 – Z3-3-3194-1-48-11/16, BeckRS 2017, 121875 mit zutreffendem Verweis auf die Vorgaben der RL 2014/24/EU.

§ 79 Durchführung von Planungswettbewerben

(1) Mit der Ausrichtung eines Planungswettbewerbs sind Preise oder neben Preisen Anerkennungen auszuloben, die der Bedeutung und Schwierigkeit der Bauaufgabe sowie dem Leistungsumfang nach der jeweils geltenden Honorarordnung angemessen sind.

(2) ¹Ausgeschlossen von Planungswettbewerben sind Personen, die infolge ihrer Beteiligung an der Vorbereitung oder Durchführung des Planungswettbewerbs bevorzugt sein oder Einfluss auf die Entscheidung des Preisgerichts nehmen können. ²Das Gleiche gilt für Personen, die sich durch Angehörige oder ihnen wirtschaftlich verbundene Personen einen entsprechenden Vorteil oder Einfluss verschaffen können.

(3) ¹Abweichend von § 72 Absatz 1 Satz 2 muss die Mehrheit der Preisrichter über dieselbe oder eine gleichwertige Qualifikation verfügen, wie sie von den Teilnehmern verlangt wird. ²Auch muss die Mehrheit der Preisrichter unabhängig vom Ausrichter sein.

(4) ¹Das Preisgericht hat in seinen Entscheidungen die in der Wettbewerbsbekanntmachung als bindend bezeichneten Vorgaben des Ausrichters zu beachten. ²Nicht zugelassene oder über das geforderte Maß hinausgehende Teilleistungen sind von der Wertung auszuschließen.

(5) ¹Das Preisgericht hat einen von den Preisrichtern zu unterzeichnenden Bericht über die Rangfolge und hierin eine Beurteilung der von ihm ausgewählten Wettbewerbsarbeiten zu erstellen. ²Der Ausrichter informiert die Teilnehmer unverzüglich über das Ergebnis durch Versendung des Protokolls der Preisgerichtssitzung. ³Der Ausrichter soll spätestens einen Monat nach der Entscheidung des Preisgerichts alle eingereichten Wettbewerbsarbeiten mit Namensangaben der Verfasser unter Auslegung des Protokolls öffentlich ausstellen. ⁴Soweit ein Preisträger wegen mangelnder Teilnahmeberechtigung oder Verstoßes gegen Wettbewerbsregeln nicht berücksichtigt werden kann, rücken die übrigen Preisträger sowie sonstige Teilnehmer in der Rangfolge des Preisgerichts nach, soweit das Preisgericht ausweislich seines Protokolls nichts anderes bestimmt hat.

Übersicht

	Rn.		Rn.
I. Entstehungsgeschichte	1	V. Besetzung des Preisgerichts (Abs. 3)	17
II. Normzweck	2	VI. Entscheidung des Preisgerichts (Abs. 4)	19
III. Auslobung von Preisen oder Anerkennungen (Abs. 1)	3	VII. Pflichten nach Entscheidung des Preisgerichts (Abs. 5)	24
1. Preise und Anerkennungen	4		
2. Wert der Preise und Anerkennungen	7	1. Dokumentation und Veröffentlichung (Abs. 5 S. 1–3)	24
IV. Ausgeschlossene Personen (Abs. 2)	9		
1. Beteiligung an der Vorbereitung oder Durchführung des Wettbewerbs	12	2. Überprüfung und Nachrücken von Teilnehmern (Abs. 5 S. 4)	27
2. Angehörige und wirtschaftlich verbundene Personen (Abs. 2 S. 2)	14	VIII. Rechtsschutz	29

I. Entstehungsgeschichte

Die Vorschrift des § 79 entspricht inhaltlich weitgehend dem vormaligen § 16 VOF. Die Abs. 1 und 5 des § 79 wurden wortgleich aus § 16 VOF übernommen. Die Abs. 2, 3 und 4 entsprechen inhaltlich § 16 Abs. 2, 4 S. 2 und 5 S. 3 und 4 VOF. **1**

II. Normzweck

§ 79 ergänzt die Vorschriften des fünften Abschnitts, insbesondere § 72, um speziell auf Planungswettbewerbe für Architekten- und Ingenieursleistungen zugeschnittene Regelungen. Sowohl die allgemeinen Regelungen des § 72 als auch die spezielleren des § 79 ergänzen die zivilrechtlichen Vorschriften über Auslobungen (§§ 657 ff. BGB) und Preisausschreiben (§ 661 BGB). Diese treten hinter die Regelungen der VgV zurück, finden aber im Übrigen Anwendung.[1] Ziel der Vorschriften **2**

---

[1] Vgl. HK-VergabeR/*Martini* Rn. 1.

ist es, den Rahmen für einen Wettbewerb der schöpferischen Kräfte des freien Marktes zu schaffen, der frei von sachfremder Einflussnahme ist und eine objektive Bestenauslese ermöglicht.[2] Den Wettbewerb beeinflussende Faktoren können insbesondere die auszulobenden Preise und Anerkennungen (Abs. 1), die Einflussnahme bestimmter Personen (Abs. 2), die Qualifikation der Entscheidungsträger (Abs. 3), die bindenden Vorgaben des Auslobenden sowie die Ausgestaltung des preisgerichtlichen Verfahrens (Abs. 4 und 5) sein.

III. Auslobung von Preisen oder Anerkennungen (Abs. 1)

3   Der Inhalt einer Auslobung wird grundsätzlich vom Auslobenden festgelegt. Abs. 1 schränkt diese **Gestaltungsfreiheit** für öffentliche Auftraggeber hinsichtlich der Auslobung von Preisen oder Anerkennungen sowohl dem Grunde als auch der Höhe nach ein. Diese Einschränkung gilt jedoch nur bei Planungswettbewerben für Architekten- und Ingenieurleistungen nach § 78. Gleichwohl empfiehlt es sich, nicht zuletzt im Hinblick auf eine rege Teilnahme, auch bei allgemeinen Planungswettbewerben angemessene Preise auszuloben.

4   **1. Preise und Anerkennungen. Preise** werden vom Preisgericht für die Wettbewerbsbeiträge zuerkannt, die die gestellte Wettbewerbsaufgabe am besten lösen und auf deren Grundlage bei Realisierungswettbewerben die Planungsaufgabe realisiert werden soll (vgl. § 7 Abs. 1 UAbs. 2 S. 1 RPW 2013). Es können ein oder mehrere Preise ausgelobt werden. In der Regel werden Auftraggeber einen ersten Preis für den Beitrag, der die gestellte Wettbewerbsaufgabe nach Entscheidung des Preisgerichts am besten erfüllt vorsehen und daneben noch einen Preis für den zweiten und den dritten Platz. Zwingend ist dies jedoch nicht.[3] Nach § 7 Abs. 1 UAbs. 1 RPW 2013 sind für die besten Arbeiten Preise auszuloben. Aus der Formulierung im Plural dürfte abzuleiten sein, dass mindestens zwei Preise auszuloben sind.[4] Sind mehrere Wettbewerbsbeiträge als gleichwertig anzusehen, können Preisgruppen gebildet werden, nach denen mehreren Teilnehmern gleichstufige Preise zuerkannt werden. Dies gilt auch, wenn der Auftraggeber die RPW 2013 zur Grundlage des Planungswettbewerbs gemacht hat, obgleich dort Preisgruppen nicht ausdrücklich vorgesehen sind.[5]

5   **Anerkennungen** werden für solche Arbeiten ausgesprochen, die zwar nicht zur Realisierung gelangen, jedoch dem Auftraggeber besondere Anregungen für die Realisierung der Wettbewerbsaufgabe liefern oder hervorragende Teilleistungen beinhalten (vgl. § 7 Abs. 1 UAbs. 2 S. 2 RPW 2013 „bemerkenswerte Teilleistungen").[6]

6   Neben Preisen und Anerkennungen können auch **Aufwandsentschädigungen** für die Erstellung der Wettbewerbsbeiträge vorgesehen werden. Die RPW 2013 sieht in § 7 Abs. 2 UAbs. 4 RPW 2013 und Anlage I Nr. 18 RPW 2013 diese Möglichkeit ausdrücklich vor. Eine Pflicht zur Festlegung von Aufwandsentschädigungen besteht im Umkehrschluss aus § 77 Abs. 2 jedoch nicht. Hiernach ist eine angemessene Vergütung für die Erstellung von Lösungsvorschlägen festzusetzen, wenn diese „außerhalb von Planungswettbewerben" gefordert werden. Dem liegt die Vorstellung zugrunde, dass im Rahmen von Planungswettbewerben die Erstellung geforderter Lösungsvorschläge durch die gem. Abs. 1 auszulobenden Preise abgegolten ist.[7]

7   **2. Wert der Preise und Anerkennungen.** Die Preise oder Anerkennungen müssen der Bedeutung und Schwierigkeit der Bauaufgabe sowie dem Leistungsumfang nach jeweils geltenden Honorarordnung angemessen sein. Die Preise bestehen zwar typischerweise in einer **Geldsumme,** brauchen aber ebenso wenig wie nach § 661 Abs. 1 BGB zwingend materieller Natur zu sein; es genügt vielmehr ein **Vorteil immaterieller oder sozialer Art.**[8] Bei Realisierungswettbewerben stellt die Verpflichtung des Auftraggebers zur **Übertragung der Realisierung** an den Gewinner oder einen der Preisträger einen hinreichenden Vorteil dar, der als Preis angesehen werden kann.[9]

8   Legt der Auftraggeber dem Planungswettbewerb die **RPW 2013** zugrunde, ist die Bestimmung angemessener Preise und Anerkennungen dezidiert geregelt. So hat der Auftraggeber gem. § 7 Abs. 2 UAbs. 1 S. 1 als verbindlichen Rahmen einen **Gesamtgeldbetrag (Wettbewerbssumme)** zur

---

[2] So zu § 16 VOF: HK-VergabeR/*Martini*, 2. Aufl. 2015, VOF § 16 Rn. 1.
[3] Vgl. Voppel/Osenbrück/Bubert/*Voppel* VgV Rn. 3.
[4] Vgl. Voppel/Osenbrück/Bubert/*Voppel* VgV Rn. 3.
[5] Vgl. OLG Koblenz Beschl. v. 26.5.2010 – 1 Verg 2/10, BeckRS 2011, 03435 zu RPW 2008. Ebenso zu RPW 2013: Vgl. HK-VergabeR/*Martini* Rn. 6.
[6] Vgl. HK-VergabeR/*Martini* Rn. 7.
[7] Begr. VergRModVO, BT-Drs. 18/7318, 206.
[8] Vgl. BGH Urt. v. 9.6.1983 – III ZR 74/82, NJW 1984, 1118.
[9] So zu § 15 VOF: *Voppel/Osenbrück/Bubert* VOF § 15 Rn. 9; *Müller-Wrede* in Müller-Wrede VOF § 15 Rn. 6, wonach der Preis bereits darin bestehen kann, dass ein Platz in der Rangfolge festgelegt wird.

Verfügung zu stellen, der in der Regel mindestens dem Honorar der Vorplanung – nach der jeweils geltenden Honorarordnung – für alle in den Wettbewerb einbezogenen Fachdisziplinen entspricht.[10] Liegt für die betreffende Leistung keine Honorarordnung mit Definition der Vorplanung vor, so ist die übliche Vergütung für die Leistung zugrunde zu legen.[11] Gehen die Leistungen ausnahmsweise über die regelmäßigen Wettbewerbsleistungen nach Anlage II Nr. 2 RPW 2013 hinaus, so ist die Wettbewerbssumme angemessen zu erhöhen.[12] Die absolute Untergrenze der Wettbewerbssumme beträgt 10.000,00 EUR.[13] Die Verteilung der Wettbewerbssumme richtet sich nach der Anzahl der Preise und danach, ob daneben Anerkennungen ausgelobt sind.[14] Die Wettbewerbssumme ist nach § 7 Abs. 2 UAbs. 2 RPW 2013 voll auszuschöpfen, wobei eine einmal vorgenommene Aufteilung im Nachhinein durch einstimmigen Beschluss des Preisgerichts neu festgelegt werden kann.

IV. Ausgeschlossene Personen (Abs. 2)

Nach **Abs. 2 S. 1** sind von der Teilnahme an Planungswettbewerben solche Personen ausgeschlossen, die infolge ihrer Beteiligung an der Vorbereitung oder Durchführung des Wettbewerbs bevorzugt sein oder Einfluss auf die Entscheidung des Preisgerichts nehmen könnten. **Abs. 2 S. 2** erweitert den Kreis der auszuschließenden Personen auf solche, die sich durch Angehörige oder mit ihnen wirtschaftlich verbundene Personen einen entsprechenden Vorteil oder Einfluss verschaffen können. Sinn und Zweck der Vorschrift ist die Gewährleistung von Gleichbehandlung und unverfälschtem Wettbewerb.

Im Gegensatz zu § 72 Abs. 1 S. 1, der den Ausschluss von Preisrichtern regelt, betrifft Abs. 2 den **Ausschluss auf der Teilnehmerseite**. Jeder potenzielle Wettbewerbsteilnehmer muss eigenverantwortlich prüfen, dass keiner der genannten Ausschlussgründe auf ihn zutrifft und deren Nichtvorliegen regelmäßig mit seiner Bewerbung zu versichern.[15] Infolge der nach § 72 Abs. 2 S. 3 zwingenden Anonymisierung der Wettbewerbsbeiträge wird das Vorliegen eines Ausschlussgrundes in der Regel erst nach Abschluss des Verfahrens bekannt. Bereits zugesprochene Preise sind dann abzuerkennen und die übrigen Teilnehmer rücken gem. Abs. 5 S. 4 in der durch das Preisgericht bestimmten Rangfolge nach (→ Rn. 27).

Nach dem Wortlaut des Abs. 2 sind die erfassten Personen zwingend vom Wettbewerb ausgeschlossen, ohne dass ihnen der **Entlastungsnachweis** offen stünde, dass trotz ihrer Vortätigkeit oder ihrer Verbindungen keine Beeinträchtigung des Wettbewerbs droht. Die Regelung würde insofern jedoch gegen die Vorgaben des EuGH verstoßen, wonach aufgrund des Gleichbehandlungsgrundsatzes solche Entlastungsbeweise nicht ausgeschlossen werden dürfen.[16] Im Ergebnis kommt ein Ausschluss von Teilnehmern nach Abs. 2 nicht in Betracht, wenn den Teilnehmern der Entlastungsnachweis gelingt.[17]

1. Beteiligung an der Vorbereitung oder Durchführung des Wettbewerbs.

Die Vorschrift setzt eine Beteiligung an der **Vorbereitung oder Durchführung des Planungswettbewerbs** voraus. Eine weitere begriffliche Beschränkung möglicher Tätigkeiten enthält die Norm nicht. Erfasst ist demnach jede im Zusammenhang mit dem Planungswettbewerb stehende Tätigkeit für den Auftraggeber.[18] Jedenfalls ausgeschlossen sind die mit dem Verfahren befassten Mitarbeiter des Auftraggebers sowie die Preisrichter.[19]

Vorausgesetzt ist weiterhin, dass die Personen infolge ihrer Beteiligung bevorzugt sein oder Einfluss auf die Entscheidung des Preisgerichts nehmen könnten. Eine Bevorzugung liegt vor, wenn die Teilnehmer ohne sachlichen Grund ungleich behandelt werden und diese Ungleichbehandlung auf die Beteiligung eines Teilnehmers im Vorfeld zurückzuführen ist.[20] Nach dem Wortlaut der Bestimmung reicht bereits die **Möglichkeit der Bevorzugung** eines Teilnehmers. Auf eine tatsächlich festgestellte Besserstellung kommt es gerade nicht an.[21] Andererseits reicht nicht jede entfernte,

---

[10] Vgl. Anlage II Nr. 1 Abs. 1 RPW 2013.
[11] Vgl. Anlage II Nr. 1 Abs. 2 S. 1 RPW 2013.
[12] Vgl. Anlage II Nr. 1 Abs. 2 S. 2 RPW 2013.
[13] Vgl. Anlage II Nr. 1 Abs. 3 RPW 2013.
[14] Vgl. Anlage II Nr. 3 RPW 2013.
[15] Vgl. HK-VergabeR/*Martini* Rn. 15.
[16] Vgl. allgemein zur Teilnahme von Projektanten: EuGH Urt. v. 3.3.2005 – verb. Rs. C-21/03 und C-34/03, ECLI:EU:C:2005:127 – Fabricon; vgl. zu § 16 VOF: OLG München Beschl. v. 11.4.2013 – Verg 2/13, NZBau 2013, 661 (664).
[17] So zu § 16 VOF: OLG München Beschl. v. 11.4.2013 – Verg 2/13, NZBau 2013, 661 (664).
[18] So zu § 16 VOF: *Müller-Wrede* in Müller-Wrede VOF § 16 Rn. 22.
[19] So zu § 16 VOF: *Müller-Wrede* in Müller-Wrede VOF § 16 Rn. 22.
[20] So zu § 16 VOF: *Müller-Wrede* in Müller-Wrede VOF § 16 Rn. 25.
[21] So zu § 16 VOF: *Müller-Wrede* in Müller-Wrede VOF § 16 Rn. 26.

potenzielle Möglichkeit einer Bevorzugung aus. Denn hierzu hätte es heißen müssen „Einfluss nehmen könnten".[22] Es muss daher zumindest die naheliegende tatsächliche Möglichkeit einer Bevorzugung gegeben sein.[23]

14 **2. Angehörige und wirtschaftlich verbundene Personen (Abs. 2 S. 2).** Abs. 2 S. 2 erweitert den Kreis ausgeschlossener Personen auf solche, die sich durch Angehörige oder ihnen wirtschaftlich verbundene Personen eine entsprechende Bevorzugung verschaffen können. Der Norm liegt die Vorstellung zugrunde, dass auch die aufgrund einer persönlichen oder wirtschaftlichen Beziehung über einen Dritten vermittelte Bevorzugung eine vergleichbare Gefahr für den fairen Wettbewerb darstellt.[24]

15 Welche Personen als **Angehörige** iSd Abs. 2 S. 2 anzusehen sind, ist anhand der Definition unter § 6 Abs. 4 zu bestimmen. Angehörige sind hiernach der Verlobte, der Ehegatte, Lebenspartner, Verwandte und Verschwägerte gerader Linie, Geschwister, Kinder der Geschwister, Ehegatten und Lebenspartner der Geschwister und Geschwister der Ehegatten und Lebenspartner, Geschwister der Eltern sowie Pflegeeltern und Pflegekinder. Dem Wortsinn nach erfasst der Begriff der Angehörigen nur natürliche Personen. Ein Angehörigenverhältnis muss aber auch zwischen einem Organ oder Vertreter einer juristischen Person und einer natürlichen Person angenommen werden können, da andernfalls die Ausschlussvorschrift leicht durch die Zwischenschaltung einer juristischen Person umgangen werden könnte.[25]

16 Schließlich kann sich die Möglichkeit einer Bevorzugung auch über die Vermittlung einer **wirtschaftlich verbundenen Person** ergeben. Erfasst werden insbesondere gesellschaftsrechtliche Verbindungen, aber auch die ständige Zusammenarbeit.[26] Ausgeschlossen sind hiernach ständige Geschäfts- und Projektpartner.[27] Während des laufenden Verfahrens genügt die aktuelle Zusammenarbeit, ohne dass diese zuvor bereits über einen längeren Zeitraum bestanden haben muss, da hier die Gefahr einer Interessenkollision konkret gegeben ist.[28]

V. Besetzung des Preisgerichts (Abs. 3)

17 Wird von den Teilnehmern eine bestimmte Qualifikation verlangt, so muss nach **Abs. 3 S. 1** die Mehrheit der Preisrichter über dieselbe oder eine gleichwertige Qualifikation verfügen. Bei Planungswettbewerben für Architekten- und Ingenieurleitungen ist der zwingende **Fachpreisrichteranteil** damit höher als der nach § 72 Abs. 1 S. 2 vorgeschriebene Mindestanteil von einem Drittel (→ § 72 Rn. 12). Die Vorgaben entsprechen § 6 Abs. 1 UAbs. 4 RPW 2013. Allerdings sind in § 6 Abs. 1 UAbs. 3 RPW 2013 die Anforderungen an die erforderliche Qualifikation der Fachrichter in unzulässiger Weise verschärft. Hiernach müssen sie die fachliche Qualifikation der Teilnehmer besitzen, eine **gleichwertige Qualifikation** genügt demnach nicht. Da diese Vorgabe im Widerspruch zu Abs. 3 S. 1 steht, ist sie insofern unbeachtlich.[29]

18 Nach **Abs. 3 S. 2** muss die Mehrheit der Preisrichter außerdem **unabhängig vom Ausrichter** sein. Damit ist nicht die bereits in § 72 Abs. 2 S. 1 vorgeschriebene Weisungsunabhängigkeit des Preisgerichts gemeint (→ § 72 Rn. 14), sondern vielmehr die gleiche Unabhängigkeit, die nach § 72 Abs. 1 S. 1 gegenüber den Teilnehmern vorausgesetzt ist. Die Mehrheit der Preisrichter darf daher weder personell noch organisatorisch oder wirtschaftlich mit dem Auftraggeber verknüpft sein. Hiervon weicht die Bestimmung unter § 6 Abs. 1 UAbs. 4 RPW 2013, wonach sich das Preisgericht in der Mehrzahl aus Fachpreisrichtern zusammensetzt und nur hiervon die Mehrheit unabhängig vom Auslober sein muss, in unzulässiger Weise ab und muss insofern unberücksichtigt bleiben.[30]

VI. Entscheidung des Preisgerichts (Abs. 4)

19 Wie auch § 72 enthält § 79 keine umfassende Regelung, wie das Preisgericht seine Entscheidung über die Wettbewerbsbeiträge zu fällen hat.

20 Nach **Abs. 4 S. 1** hat das Preisgericht in seinen Entscheidungen die in der Bekanntmachung des Planungswettbewerbs als **bindend bezeichneten Vorgaben des Ausrichters** zu beachten. Setzt sich das Preisgericht über diese hinweg, indem es etwa Wettbewerbsbeiträge zu Unrecht

---

[22] So zu § 16 VOF: *Müller-Wrede* in Müller-Wrede VOF § 16 Rn. 27.
[23] So zu § 16 VOF: *Müller-Wrede* in Müller-Wrede VOF § 16 Rn. 27.
[24] So zu § 16 VOF: *Müller-Wrede* in Müller-Wrede VOF § 16 Rn. 28.
[25] Vgl. OLG München Beschl. v. 11.4.2013 – Verg 2/13, NZBau 2013, 661 (663).
[26] So zu § 16 VOF: *Müller-Wrede* in Müller-Wrede VOF § 16 Rn. 33.
[27] Vgl. *Voppel/Osenbrück/Bubert* VgV Rn. 16; so zu § 16 Abs. 2 VOF: *Müller-Wrede* in Müller-Wrede VOF § 16 Rn. 33.
[28] So zu § 16 VOF: *Müller-Wrede* in Müller-Wrede VOF § 16 Rn. 33.
[29] So *Hartmann* in KKMPP VgV Rn. 65.
[30] So *Hartmann* in KKMPP VgV Rn. 69.

berücksichtigt oder umgekehrt ausschließt, stellt dies einen erheblichen Verfahrensverstoß dar, der die Unverbindlichkeit der Preisgerichtsentscheidung zur Folge hat (→ § 72 Rn. 28).

Nach **Abs. 4 S. 2** sind nicht zugelassene oder über das geforderte Maß hinausgehende Teilleistungen von der Wertung auszuschließen. Dies ist Ausdruck der Bindung des Preisgerichts an die Wettbewerbsbedingungen. Der Ausschluss ist deshalb ebenfalls zwingend. Mit dem **Ausschluss „zusätzlicher" Teilleistungen** soll verhindert werden, dass die Entscheidung der Preisrichter dadurch beeinflusst wird, dass Teilnehmer eine größere Bearbeitungstiefe realisieren (etwa neben der geforderten Vor- auch schon eine Entwurfsplanung vorlegen) oder über die gestellte Teilaufgabe hinausgehen; etwa ein nicht gefordertes Modell erstellen.[31] Der Ausschluss ist ausdrücklich auf die überschießenden Teilleistungen beschränkt. Die Preisrichter müssen diese ausgeschlossenen Leistungsteile bei der anschließenden Bewertung der sonst zugelassenen restlichen Leistung außer Betracht lassen.[32] Zieht das Preisgericht eine nicht zugelassene oder über das geforderte Maß hinausgehende Teilleistung gleichwohl in den Entscheidungsfindungsprozess ein, so stellt dies einen schwerwiegenden Verfahrensfehler dar, der zur Unverbindlichkeit der Entscheidung führt (→ § 72 Rn. 28). Dies gilt insbesondere, aber nicht notwendigerweise, wenn eine solche Leistung mit einem Preis versehen wird.[33] 21

Auch der Auftraggeber ist an seine Vorgaben gebunden. Er kann das Preisgericht folglich nicht ermächtigen, im Einzelfall solche Arbeiten zu berücksichtigen, die die Anforderungen nicht erfüllen. Will der Auftraggeber Raum für **unvorhergesehene Lösungen** eröffnen, muss er mithin seine Anforderungen entsprechend offen formulieren.[34] 22

Im Bereich der Planungswettbewerbe für Architekten- und Ingenieurleistungen wird das Entscheidungsfindungsverfahren neben den groben Vorgaben der VgV durch die einheitlichen Richtlinien nach § 78 Abs. 2 S. 1 dezidiert geregelt. Die **RPW 2013** enthält in der Anlage VII einen **Regelablauf der Preisgerichtssitzung.** Hiernach findet zunächst eine Vorprüfung statt, ob die Arbeiten den formalen Bedingungen der Auslobung entsprechen, die als bindend bezeichneten Vorgaben des Auftraggebers erfüllen, in wesentlichen Teilen dem geforderten Leistungsumfang entsprechend, termingemäß eingegangen sind und keinen Verstoß gegen den Grundsatz der Anonymität nach Abs. 2 S. 3 besorgen lassen (→ § 72 Rn. 18).[35] Die Auslese unter den zugelassenen Arbeiten erfolgt grundsätzlich in mehreren wertenden Rundgängen und im Rahmen einer Negativ-Auslese.[36] Das Preisgericht hat demnach eine ausreichende Zahl von Arbeiten mit individueller schriftlicher Begründung auszuwählen, die für die Preisverleihung in Betracht kommen (sog. „engere Auswahl").[37] Das Preisgericht entscheidet nach § 6 Abs. 2 UAbs. 2 S. 1 RPW 2013 grundsätzlich mit einfacher Mehrheit; im ersten Wertungsrundgang ist allerdings Einstimmigkeit erforderlich. Für Preisrichter besteht nach § 6 Abs. 2 UAbs. 2 S. 2 RPW 2013 Abstimmungszwang. Die Arbeiten der engeren Wahl sind anhand der bekannt gemachten Bewertungskriterien zu bewerten. Im Ergebnis dessen erfolgt die Festlegung einer Rangfolge der Arbeiten sowie der Preise und Anerkennungen.[38] Die Rangfolge ist nicht nur auf die Arbeiten zu erstrecken, denen ein Preis zuerkannt werden soll, sondern auf alle Arbeiten, die in die engere Wahl einbezogen wurden.[39] Die Arbeiten sind in der Gestalt zu bewerten, wie sie eingereicht wurden (→ § 72 Rn. 22). Kann das Preisgericht keiner der in die engere Wahl gezogenen Arbeiten ohne eine den Entwurf maßgeblich verändernde Überarbeitung zur Ausführung empfehlen, kann es gem. § 6 Abs. 3 RPW 2013 vor einer Zuerkennung der Preise eine Überarbeitung von den in die engere Wahl gezogenen Arbeiten empfehlen, sofern der Auftraggeber zustimmt und die Finanzierung gesichert ist.[40] Die Anonymität der Verfasser aller Wettbewerbsarbeiten ist bis zur Zuerkennung der Preise aufrechtzuerhalten. Auf der Grundlage der schriftlichen Bewertung der abschließenden Arbeiten ist eine Rangfolge zu bilden. 23

VII. Pflichten nach Entscheidung des Preisgerichts (Abs. 5)

1. Dokumentation und Veröffentlichung (Abs. 5 S. 1–3). Nach **Abs. 5 S. 1** hat das Preisgericht im Anschluss an seine Entscheidung einen **Bericht** über die Rangfolge und eine Beurteilung 24

---

[31] Vgl. *Voppel/Osenbrück/Bubert* VgV Rn. 32.
[32] Vgl. *Voppel/Osenbrück/Bubert* VgV Rn. 32.
[33] Vgl. HK-VergabeR/*Martini* Rn. 35.
[34] Vgl. HK-VergabeR/*Martini* Rn. 35.
[35] Anlage VII Nr. 3 RPW 2013.
[36] Anlage VII Nr. 4 lit. a RPW 2013.
[37] Anlage VII Nr. 4 lit. b RPW 2013.
[38] Anlage VII Nr. 4 lit. c und d RPW 2013.
[39] Vgl. *Voppel/Osenbrück/Bubert* VgV Rn. 29; so zu § 16 VOF auch *Müller-Wrede* in Müller-Wrede VOF § 16 Rn. 74.
[40] Anlage VII Nr. 4 lit. e RPW 2013.

der ausgewählten Wettbewerbsarbeiten zu erstellen und zu unterzeichnen. Dies entspricht im Wesentlichen den Vorgaben nach § 72 Abs. 3 S. 1 und 2 (→ § 72 Rn. 39). Fraglich ist aber, ob Abs. 5 S. 1 dem Preisgericht höhere Begründungsanforderungen an die Rangfolge auferlegt, indem anstatt eines „Eingehens" auf die Projekte eine Beurteilung der Wettbewerbsarbeiten gefordert wird.[41] In Anbetracht dessen, dass nach der allgemeinen Dokumentationspflicht in Planungswettbewerben die Entscheidungen des Preisgerichts in jedem Fall überprüfbar zu dokumentieren sind (→ § 72 Rn. 41), dürfte diese Frage jedoch kaum praktische Relevanz haben.

25   Darüber hinaus bestimmt **Abs. 5 S. 2**, dass die Teilnehmer unverzüglich über das Ergebnis der Preisgerichtsentscheidung durch **Versendung dieses Protokolls** der Sitzung zu informieren sind. Diese Mitteilungspflicht soll es jedem Wettbewerbsteilnehmer ermöglichen, das Ergebnis des Wettbewerbs auf Wahrung seiner Belange hin zu überprüfen.[42] Daneben soll diesen ermöglicht werden, Einblick in das Verfahren und die wesentlichen Entscheidungsgesichtspunkte zu nehmen.[43] § 8 Abs. 1 UAbs. 1 S. 2 RPW 2013 sieht darüber hinaus vor, dass bei mehrphasigen Wettbewerben nach jeder Phase eine entsprechende Mitteilung an die Teilnehmer zu erfolgen hat. „**Unverzüglich**" wird hier im zivilrechlichem Sinne zu verstehen sein, also „ohne schuldhaftes Zögern" (§ 121 Abs. 1 BGB).

26   Zusätzlich sollen Auftraggeber gem. **Abs. 5 S. 3** spätestens einen Monat nach Entscheidung des Preisgerichts alle eingereichten **Wettbewerbsarbeiten öffentlich ausstellen,** mit Namensangaben der Verfasser unter Auslegung des Protokolls. Anders als bei der Vorgängerbestimmung (§ 16 Abs. 6 S. 3 VOF) handelt es sich nicht um eine Soll-Vorschrift, sodass von einem Ermessen der Auftraggeber auszugehen ist. Sofern der Auftraggeber dem Wettbewerb die RPW 2013 zugrunde legt, ist die Veröffentlichung nach § 8 Abs. 1 UAbs. 1 S. 2 RPW 2013 dagegen zwingend und möglichst spätestens einen Monat nach der Entscheidung des Preisgerichts durchzuführen. Dabei bezieht sich das „möglichst" lediglich auf die Frist zur Ausstellung, womit auch eine spätere Ausstellung zulässig ist, nicht dagegen auf das „Ob" der Ausstellung.[44] Die öffentliche Ausstellung hat bei Realisierungswettbewerben zur Folge, dass den Teilnehmern in dem anschließenden Verhandlungsverfahren sowohl die Identität ihrer potenziellen Mitbewerber als auch der Inhalt von deren Wettbewerbersbeiträgen bekannt gemacht wird. Der nach § 97 Abs. 1 S. 1 GWB geforderte Geheimwettbewerb hat damit von vornherein eine geringere Intensität.[45] Anders als bei den Namen der Gewinner des Wettbewerbs, die nach § 70 Abs. 4 ohnehin bekanntzumachen sind (→ § 70 Rn. 15), bedarf die Veröffentlichung der Inhalte der Wettbewerbsbeiträge einer Rechtfertigung. Diese mag darin liegen, dass die Verfahrensteilnehmer im Verhandlungsverfahren an ihre Wettbewerbsbeiträge gebunden sind (→ § 72 Rn. 34) und im Übrigen durch die öffentliche Ausstellung eine allumfassende Transparenz hergestellt wird, insofern also gleiche Voraussetzungen für alle Teilnehmer bestehen.

27   **2. Überprüfung und Nachrücken von Teilnehmern (Abs. 5 S. 4). Abs. 5 S. 4** ordnet für den Fall, dass ein Preisträger wegen mangelnder Teilnahmeberechtigung oder Verstoßes gegen Wettbewerbsregeln (Wettbewerbsbedingungen) nicht berücksichtigt werden kann, das **Nachrücken der übrigen Preisträger** sowie sonstigen Teilnehmer in der Rangfolge des Preisgerichts an. Die damit implizierte nachträgliche Überprüfung der Preisgerichtsentscheidung ist der Tatsache geschuldet, das infolge der zwingenden Anonymität der Wettbewerbsbeiträge das Preisgericht nicht prüfen kann, ob die Teilnehmer überhaupt teilnahmeberechtigt waren und eine eingereichte Wettbewerbsbeiträge zur Beurteilung zugelassen werden durften.[46] Dies gilt namentlich für die Ausschlussgründe nach Abs. 2. Stellt sich bei Überprüfung der Teilnehmer heraus, dass die Arbeit eines Teilnehmers entgegen den Wettbewerbsbedingungen prämiert wurde, insbesondere auszuschließen gewesen wäre, so ist der Preis abzuerkennen. Im Anschluss stellt sich die Frage, ob und ggf. an wen der Preis neu zu vergeben ist. Nach Abs. 5 S. 4 ist zunächst maßgeblich, was das Preisgericht in seinem Protokoll für diesen Fall bestimmt hat. Fehlt eine entsprechende Bestimmung, rücken die Teilnehmer entsprechend der Rangfolge des Preisgerichts nach. Voraussetzung hierfür ist jedoch, dass das Preisgericht tatsächlich eine Rangfolge gebildet und dabei Ränge nicht mehrfach vergeben hat (sog. Preisgruppen).[47] Sind für ein Aufrücken nicht genug Teilnehmer in die engere Wahl gekommen, so wird die

---

[41]   So Beck VergabeR/*Schneider* Rn. 168, wonach der Bericht anders als nach § 72 Abs. 3 S. 1 nicht nur eine Darstellung die maßgeblichen Gesichtspunkte für die Bewertung enthalten muss, sondern eine detaillierte und abschließende Beurteilung der Wettbewerbsarbeiten; aA jurisPK-VergabeR/*Webeler* Rn. 53: Wiederholung ohne eigenen Regelungsgehalt.
[42]   So zu § 16 VOF: *Müller-Wrede* in Müller-Wrede VOF § 16 Rn. 78 mwN.
[43]   Vgl. *Voppel/Osenbrück/Bubert* VgV Rn. 41.
[44]   Vgl. *Voppel/Osenbrück/Bubert* VgV Rn. 42.
[45]   Vgl. zum Geheimwettbewerb Dieckmann/Scharf/Wagner-Cardenal/*Dieckmann* § 5 Rn. 8.
[46]   So zu § 16 VOF: VK Niedersachsen Beschl. v. 23.1.2012 – VgK-57/2011, IBRRS 2012, 2313; vgl. HK-VergabeR/*Martini* Rn. 46.
[47]   Vgl. VK Sachsen Beschl. v. 23.2.2013 – 1/SVK/047-12, BeckRS 2013, 10842.

II. Normzweck

Summe der aberkannten Preise und Anerkennungen den zuerkannten Preisen und Anerkennungen verhältnismäßig zugeschlagen.[48]

Die Nachrückregelung des Abs. 5 S. 4 bezieht sich ausschließlich auf den Wettbewerb und findet auf ein **anschließendes Verhandlungsverfahren** nach § 14 Abs. 4 Nr. 8 keine Anwendung.[49] Sofern also im Verhandlungsverfahren der Gewinner oder Preisträger mangels Eignung zur ordnungsgemäßen Durchführung des Auftrages ausgeschlossen wird, rücken keine Teilnehmer des Wettbewerbs nach. 28

VIII. Rechtsschutz

Die Pflicht nach Abs. 1, mit der Ausrichtung eines Planungswettbewerbs angemessene Preise oder Anerkennungen auszuloben, ist bieterschützend.[50] Interessenten können mithin vor den Nachprüfungsinstanzen die **Auslobung erzwingen.** Da der Wert der Preise oder Anerkennungen von den inhaltlichen Anforderungen der Auftraggeber an die einzureichenden Unterlagen abhängig ist, sind die Nachprüfungsinstanzen aber gehindert, den Auftraggebern einen bestimmten Wert vorzugeben. Denn Letzteren muss die Möglichkeit verbleiben, die Anforderungen auch abzusenken. Insofern wird auf die Kommentierung zu § 77 Abs. 2 verwiesen, der die Festsetzung einer angemessenen Vergütung für außerhalb von Planungswettbewerben geforderte Lösungsvorschläge betrifft (→ § 77 Rn. 42). Im Gegensatz zu Lösungsvorschlägen außerhalb von Planungswettbewerben können Auftraggeber durch Absenkung der inhaltlichen Anforderungen aber den Anspruch auf Auslobung von Preisen oder Anerkennungen nicht gänzlich ausschließen, weshalb Auftraggeber bei fortbestehender Durchführungsabsicht von den Vergabekammern dem Grunde nach zur Auslobung verpflichtet werden können. Der vergaberechtliche Rechtsschutz beschränkt sich aber allein auf die Vornahme der Auslobung durch Abgabe eines bindenden Versprechens nach § 657 BGB. Aus der Auslobung folgende Ansprüche auf Auskehrung von Preisen oder Anerkennungen sind dagegen zivilrechtlicher Art und damit ausschließlich vor den Zivilgerichten geltend zu machen.[51] 29

Gegen Entscheidungen der Preisgerichte, die unter Verstoß gegen die Bestimmungen der Abs. 2–4 zustande gekommen sind, sind in richtlinienkonformer Auslegung des § 155 GWB **Nachprüfungsverfahren** statthaft. Daneben können fehlerhafte Preisgerichtsentscheidungen auch **Schadensersatzansprüche** der Teilnehmer begründen, die vor den ordentlichen Gerichten geltend zu machen sind (→ § 72 Rn. 57). 30

§ 80 Aufforderung zur Verhandlung; Nutzung der Ergebnisse des Planungswettbewerbs

(1) Soweit und sobald das Ergebnis des Planungswettbewerbs realisiert werden soll und beabsichtigt ist, einen oder mehrere der Preisträger mit den zu beschaffenden Planungsleistungen zu beauftragen, hat der öffentliche Auftraggeber in der Aufforderung zur Teilnahme an den Verhandlungen die zum Nachweis der Eignung erforderlichen Unterlagen für die gemäß § 70 Absatz 2 bereits in der Wettbewerbsbekanntmachung genannten Eignungskriterien zu verlangen.

(2) Gesetzliche Vorschriften, nach denen Teillösungen von Teilnehmern des Planungswettbewerbs, die bei der Auftragserteilung nicht berücksichtigt worden sind, nur mit deren Erlaubnis genutzt werden dürfen, bleiben unberührt.

I. Entstehungsgeschichte

Die Vorschrift des § 80 erfasst den Regelungsbereich des vormaligen § 17 VOF und entspricht diesem weitgehend. Ausweislich der Verordnungsbegründung soll Abs. 1 die Formulierung des § 17 Abs. 1 VOF aufgreifen und präzisieren.[1] Unter Abs. 2 S. 1 ist die Formulierung des vormaligen § 17 Abs. 2 VOF übernommen worden.[2] 1

II. Normzweck

Abs. 1 knüpft an die Pflicht des Auftraggebers aus § 70 Abs. 2 an, bereits in der Bekanntmachung des Planungswettbewerbs die in einem anschließenden Verhandlungsverfahren geltenden Eig- 2

---

[48] Vgl. *Voppel/Osenbrück/Bubert* VgV Rn. 45; HK-VergabeR/*Martini* Rn. 46.
[49] Vgl. VK Niedersachsen Beschl. v. 23.1.2012 – VgK-57/2011, IBRRS 2012, 2313.
[50] So zu § 16 VOF: *Müller-Wrede* in Müller-Wrede VOF § 16 Rn. 20.
[51] Vgl. VK Düsseldorf Beschl. v. 12.11.2009 – VK-21/2009-L, IBRRS 2013, 2502.
[1] Vgl. Begr. VergRModVO, BT-Drs. 18/7318, 207.
[2] Vgl. Begr. VergRModVO, BT-Drs. 18/7318, 207.

nungskriterien und die zum Nachweis der Eignung erforderlichen Unterlagen anzugeben. Der Auftraggeber ist an diese Festlegungen aus Gründen der Transparenz und Gleichbehandlung gebunden. Er darf von festgelegten Eignungskriterien sowie den benannten Nachweisen inhaltlich nicht abweichen und diese nicht ändern oder erweitern.[3] Ebenso wenig darf er sich der Bindung dadurch entziehen, dass er im sich später anschließenden Verhandlungsverfahren auf die festgelegten Nachweise verzichtet.[4] Die vorgenannten Pflichten des Auftraggebers folgen bereits unmittelbar aus den allgemeinen Vergabegrundsätzen. Abs. 1 hat insofern **lediglich deklaratorische Bedeutung.** Die Bindung an die in der Wettbewerbsbekanntmachung festgelegten Eignungskriterien und -nachweise gilt mithin nicht nur für Planungswettbewerbe von Architekten- und Ingenieurleistungen, sondern für Planungswettbewerbe allgemein.

3   **Abs. 2** soll klarstellen, dass die weitere Nutzung von Teillösungen, die bei der Auftragsvergabe nicht berücksichtigt wurden, aufgrund gesetzlicher Vorschriften, insbesondere dem UrhG und dem UWG, von der Zustimmung des Verfassers und einer diesbezüglichen angemessenen Vergütung abhängig sein kann.[5]

III. Forderung der im Wettbewerb bekannt gemachten Eignungsnachweise (Abs. 1)

4   Die Bestimmung gilt für den Fall, dass der Auftraggeber im Anschluss eines Realisierungswettbewerbs einen Planungsauftrag zur Realisierung der Wettbewerbsaufgabe an den Gewinner oder einen der Preisträger vergeben möchte und hierzu ein Verhandlungsverfahren ohne Teilnahmewettbewerb nach § 14 Abs. 4 Nr. 8 unter ausschließlicher Beteiligung des Gewinners oder der Preisträger eingeleitet hat. Im Rahmen dieses Verhandlungsverfahrens ist die **Eignung des Gewinners oder der Preisträger** zur ordnungsgemäßen Ausführung der konkret ausgeschriebenen Leistungen zu prüfen[6] (→ § 72 Rn. 35). Diese Eignungsprüfung hat dabei auf der Grundlage der bereits mit der Wettbewerbsbekanntmachung nach § 70 Abs. 2 festgelegten Eignungskriterien und diesbezüglichen Eignungsnachweise zu erfolgen. Der Auftraggeber darf von den festgelegten Nachweisen inhaltlich nicht abweichen und diese nicht ändern oder erweitern[7] oder auf diese verzichten[8] (→ Rn. 2). Zulässig ist jedoch eine Konkretisierung der Festlegungen.[9] Geringfügige Modifikationen dürften ebenfalls zulässig sein, sofern sie gegenüber allen Bietern vorgenommen werden und nicht anzunehmen ist, dass potenzielle Bewerber wegen der ursprünglichen, ggf. strengeren Anforderungen von einer Teilnahme am vorangegangenen Planungswettbewerb abgesehen haben.[10]

IV. Vergütungspflicht für nicht berücksichtigte Teillösungen (Abs. 2)

5   Ein gesetzlicher Schutz von Teilleistungen kann sich insbesondere aus dem UrhG und dem UWG ergeben. Die Wettbewerbsarbeiten sind unter den Voraussetzungen des § 2 UrhG urheberrechtlich geschützt (zum **Urheberrechtsschutz** an Lösungsvorschlägen (→ § 77 Rn. 50). Ein **wettbewerblicher Schutz** kann sich aus den Grundsätzen des sog. ergänzenden wettbewerbsrechtlichen Leistungsschutzes ergeben.[11] Hiernach sind gem. § 4 Nr. 3 UWG die Wettbewerbsteilnehmer vor der Übernahme oder Nachahmung ihrer Wettbewerbsbeiträge durch Mitbewerber geschützt. Voraussetzung ist jedoch, dass die Wettbewerbsbeiträge zum einen wettbewerbliche Eigenart aufweisen und zum anderen besondere Umstände vorliegen, welche die Übernahme oder Nachahmung als unlauter erscheinen lassen.[12] Letzteres ist nach § 4 Nr. 3 lit. c UWG insbesondere gegeben, wenn die Mitbewerber die für die Nachahmung erforderlichen Kenntnisse oder Unterlagen unredlich erlangt haben. Dies ist wiederum der Fall, wenn sie vom Auftraggeber entgegen § 18 Abs. 1 UWG unbefugt weitergegeben wurden.[13]

---

[3] Vgl. für Vergabebekanntmachungen: OLG Celle Beschl. v. 31.7.2008 – 13 Verg 3/08, BeckRS 2008, 16856; OLG Düsseldorf Beschl. v. 12.12.2007 – Verg 34/07, BeckRS 2008, 02955.
[4] Vgl. für Vergabeverfahren: OLG Celle Beschl. v. 16.6.2011 – 13 Verg 3/11, BeckRS 2012, 04599 mwN.
[5] Vgl. Begr. VergRModVO, BT-Drs. 18/7318, 207.
[6] Vgl. OLG Düsseldorf Beschl. v. 2.12.2009 – VII-Verg 39/09, NZBau 2010, 393 (396).
[7] Vgl. für Vergabebekanntmachungen: OLG Celle Beschl. v. 31.7.2008 – 13 Verg 3/08, BeckRS 2008, 16856; OLG Düsseldorf Beschl. v. 12.12.2007 – Verg 34/07, BeckRS 2008, 02955.
[8] Vgl. für Vergabebekanntmachungen: OLG Celle Beschl. v. 16.6.2011 – 13 Verg 3/11, BeckRS 2012, 04599 mwN.
[9] Vgl. für Vergabebekanntmachungen: OLG Celle Beschl. v. 31.7.2008 – 13 Verg 3/08, BeckRS 2008, 16856; OLG Düsseldorf Beschl. v. 12.12.2007 – Verg 34/07, BeckRS 2008, 02955.
[10] Vgl. allg. für Abmilderungen von ursprünglichen Anforderungen in Vergabeverfahren: KG Beschl. v. 31.8.2009 – 2 Verg 6/09, NZBau 2010, 131 (132).
[11] Vgl. Begr. VergRModVO, BT-Drs. 18/7318, 207.
[12] Vgl. *Schulze* in Dreier/Schulze, Urheberrechtsgesetz: UrhG, 6. Aufl. 2018, UrhG Einl. Rn. 37 mwN.
[13] Vgl. *Schulze* in Dreier/Schulze, Urheberrechtsgesetz: UrhG, 6. Aufl. 2018, UrhG Einl. Rn. 37 mwN.

Mit der „**Nutzung**" ist vor allem die Verwertung urheberrechtlich geschützter Lösungen nach 6
den §§ 15 ff. UrhG gemeint. Dies betrifft insbesondere die anschließende Realisierung der Lösungen
(sog. Nachbaurecht).[14] Hinsichtlich wettbewerbsrechtlich geschützter Teillösungen bezieht sich die
Nutzung auf die Weitergabe der Lösungen an Dritte, die mit deren Realisierung betraut werden
sollen.

Die Vorschrift hat aber nur deklaratorische Bedeutung. Sie gewährt dem Auftraggeber **keinen** 7
vergütungsabhängigen Nutzungsanspruch. Denn die Nutzung geschützter Arbeiten setzt stets
entsprechende Nutzungs- und Verwertungsrechte voraus, die nur von den betreffenden Wettbewerbsteilnehmern eingeräumt werden können. Der Auftraggeber erwirbt grundsätzlich auch nicht
bereits mit dem Planungswettbewerb Nutzungs- und Verwertungsrechte an den Wettbewerbsbeiträgen oder Ansprüche auf nachträgliche Einräumung derselben. Eine Ausnahme gilt für die öffentliche
Ausstellung und die damit regelmäßig einhergehende Erstveröffentlichung urheberrechtlich
geschützter Entwürfe und Modelle der Wettbewerbsteilnehmer, die nach dem Sinn und Zweck
der Teilnahme an einem derartigen Wettbewerb stillschweigend gestattet ist.[15] Es ist zwar nicht
ausgeschlossen, dass nach den einheitlichen Richtlinien darüber hinaus weitere urheberrechtliche
Nutzungs- und Verwertungsrechte an den Wettbewerbsbeiträgen einzuräumen sind.[16] Solche formularmäßigen Rechteeinräumungen verstoßen aber gegen § 307 Abs. 2 BGB und sind unwirksam,
jedenfalls soweit sie keine angemessene Vergütung vorsehen.[17] Gleiches muss für die formularmäßige
Gestattung der Weitergabe von wettbewerbsrechtlich geschützter Lösungen an Dritte gelten.

Die **Höhe der angemessenen Vergütung** ist unter Berücksichtigung der Umstände des Einzel- 8
falles zu bestimmen. Bei urheberrechtlich geschützten Architektenwerken war nach alter Rechtslage
anerkannt, sich insofern an den damals geltenden Mindesthonorarsätzen der HOAI zu orientieren.[18]
Aus hiesiger Sicht bieten die nun geltenden Basissätze der HOAI eine entsprechende Orientierung.
Dabei ist jedoch nicht das volle Honorar zu berücksichtigen,[19] sondern nur die Honoraranteile für
diejenigen Leistungsphasen, die mit schöpferischen Leistungen des Architekten in Verbindung stehen.[20]
Sofern bei Werken der Baukunst nur Werkteile schutzfähig sind, etwa die Fassadengestaltung,[21] ist das
Honorar außerdem nicht aus der Nettobausumme zu berechnen, die diesem Werkteil zuzuordnen
ist.[22] Andererseits ist zu beachten, dass mit den Honorarsätzen der HOAI ausschließlich erbrachte
Planungsleistungen abgegolten werden, nicht aber die Einräumung von urheberechtlichen Nutzungsrechten an den Planungsergebnissen.[23] Berücksichtigt werden muss ferner, dass Architekten und Inge-
nieure mit der Realisierung ihrer Planungen in der Regel nur dann einverstanden sind, wenn ihnen
auch die damit verbundenen anschließenden Leistungen übertragen werden.[24] Aus diesem Grund ist
ein Aufschlag auf die oben genannten Honoraranteile zu gewähren.[25] Auf die danach bestimmte
Vergütung sind etwaige zuerkannte Preise, Anerkennungen und Bearbeitungshonorare anzurechnen.[26]
Die oben genannten Maßstäbe gelten für die Bestimmung einer angemessenen Vergütung für die
Nutzung wettbewerblich geschützter Teilleistungen sinngemäß.

V. Rechtsschutz

Abs. 1 ist bieterschützend. Die Teilnehmer des anschließenden Verhandlungsverfahrens kön- 9
nen in einem Nachprüfungsverfahren Abweichungen von den in der Wettbewerbsbekanntmachung

---

[14] Vgl. hierzu *Schulze* in Dreier/Schulze, Urheberrechtsgesetz: UrhG, 6. Aufl. 2018, UrhG § 31 Rn. 137 mwN.
[15] Vgl. *Schulze* in Dreier/Schulze, Urheberrechtsgesetz: UrhG, 6. Aufl. 2018, UrhG Vor § 31 Rn. 270 mwN.
[16] Die RPW 2013 enthält keine solche Bestimmung. § 8 Abs. 3 S. 5 RPW 2013 entspricht wortlautidentisch § 80 Abs. 2 S. 1 VgV.
[17] Vgl. *Schulze* in Dreier/Schulze, Urheberrechtsgesetz: UrhG, 6. Aufl. 2018, UrhG Vor § 31 Rn. 270 mwN.
[18] OLG Celle Urt. v. 2.3.2011 – 14 U 140/10, BeckRS 2011, 05589; OLG Jena Urt. v. 23.12.1998 – 2 U 799/96, BeckRS 1998, 12316 mwN.
[19] Vgl. BGH Urt. v. 10.12.1987 – I ZR 198/85, GRUR 1988, 533 (535), anders noch BGH Urt. v. 18.5.1973 – I ZR 119/71, NJW 1973, 1696, wonach die Nutzungsvergütung nach dem vollen Architektenhonorar abzüglich ersparter Aufwendungen für die nicht erbrachten Leistungen in Höhe von 40% zu berechnen ist.
[20] Vgl. OLG Celle Urt. v. 2.3.2011 – 14 U 140/10, BeckRS 2011, 05589; OLG Jena Urt. v. 23.12.1998 – 2 U 799/96, BeckRS 1998, 12316 mwN.
[21] Vgl. BGH Urt. v. 18.5.1973 – I ZR 119/71, NJW 1973, 1696 (1697).
[22] Vgl. OLG Jena Urt. v. 23.12.1998 – 2 U 799/96, BeckRS 1998, 12316.
[23] Vgl. BGH Urt. v. 18.5.1973 – I ZR 119/71, NJW 1973, 1696 (1697).
[24] Vgl. BGH Urt. v. 18.5.1973 – I ZR 119/71, NJW 1973, 1696 (1697).
[25] Vgl. LG Potsdam Urt. v. 10.12.2009 – 2 O 477/08, BeckRS 2014, 16329, wonach im Rahmen der Lizenzanalogie ein Aufschlag von 1/3 auf das fiktive Honorar für die erbrachten Leistungsphasen 1–3 gewährt wurde.
[26] Vgl. HK-VergabeR/*Martini* Rn. 30.

angegebenen Eignungskriterien und diesbezüglichen Nachweisen beanstanden. Sie können sich insbesondere dagegen wenden, dass der Auftraggeber strengere Eignungskriterien zugrunde legt oder weitergehende diesbezügliche Nachweise fordert, als in der Wettbewerbsbekanntmachung angegeben.

10 Abs. 2 ist dagegen **keine bieterschützende Verfahrensbestimmung,** und zwar weder eines Planungswettbewerbs noch eines Vergabeverfahrens. Sie betrifft den Fall, dass ein Planungswettbewerb bereits abgeschlossen und der betreffende Teilnehmer nicht am anschließenden Vergabeverfahren beteiligt worden ist. Sie gewährt den Teilnehmern auch keine Vergütungsansprüche, sondern setzt solche voraus. Deren Durchsetzung ist vor den ordentlichen Gerichten geltend zu machen.

Abschnitt 7. Übergangs- und Schlussbestimmungen

§ 81 Übergangsbestimmungen

¹Zentrale Beschaffungsstellen im Sinne von § 120 Absatz 4 Satz 1 des Gesetzes gegen Wettbewerbsbeschränkungen können bis zum 18. April 2017, andere öffentliche Auftraggeber bis zum 18. Oktober 2018, abweichend von § 53 Absatz 1 die Übermittlung der Angebote, Teilnahmeanträge und Interessensbestätigungen auch auf dem Postweg, anderem geeigneten Weg, Fax oder durch die Kombination dieser Mittel verlangen. ²Dasselbe gilt für die sonstige Kommunikation im Sinne des § 9 Absatz 1, soweit sie nicht die Übermittlung von Bekanntmachungen und die Bereitstellung der Vergabeunterlagen betrifft.

I. Normzweck

1 Ein wesentliches Ziel der Vergaberechtsreform 2016 war die Digitalisierung des Vergabeverfahrens. Mit § 97 Abs. 5 GWB wurde hierzu der Grundsatz der elektronischen Kommunikation auf gesetzlicher Ebene verankert. In der VgV wird dieser Grundsatz durch die §§ 9 ff., 40, 41 und 53 präzisiert. Danach ist die gesamte Kommunikation im Vergabeverfahren grundsätzlich elektronisch abzuwickeln. Der Verordnungsgeber ging dabei davon aus, dass die Umstellung auf die elektronische Vergabe insbesondere für kommunale Vergabestellen und kleine und mittlere Unternehmen einen erheblichen Aufwand bedeutet. Daher sollte den betroffenen Vergabestellen ausreichend Zeit für technische Anpassungen eingeräumt werden.¹ Die Vorschrift des § 81 VgV greift hierzu die in Art. 90 Abs. 2 RL 2014/24/EU vorgesehene Möglichkeit auf und ermöglicht öffentlichen Auftraggebern, für eine Übergangszeit weiter die papiergestützte Kommunikation zuzulassen. Die Regelung hat infolge des Ablaufs der Übergangsfrist keine praktische Bedeutung mehr.

II. Regelungsgehalt

2 Im Einklang mit der RL 2014/24/EU sind gem. § 41 VgV ab dem 18.4.2016 die Vergabeunterlagen elektronisch zur Verfügung zu stellen. Auch die Bekanntmachungen sind nach § 40 dem Amt für Veröffentlichungen der Europäischen Union stets mit elektronischen Mitteln zu übersenden. Für die übrige Kommunikation, insbesondere die **Übermittlung der Angebote, Teilnahmeanträge und Interessensbestätigungen** nach § 53, können öffentliche Auftraggeber gem. § 81 für eine **Übergangszeit** weiter die Zusendung auf dem **Postweg**, per **Fax** oder einem anderen geeigneten Wege verlangen. Die Formulierung „verlangen" umfasst auch die Möglichkeit, neben der elektronischen Kommunikation andere Mittel **zuzulassen**. Der öffentliche Auftraggeber kann daher für den Informationsaustausch auch eine **Kombination** von elektronischen Mitteln und anderen Kommunikationsmitteln wählen.² Dem öffentlichen Auftraggeber steht es jedoch frei, auch vor Ablauf der Übergangszeit vollständig eine elektronische Kommunikation vorzugeben. § 81 räumt den Bewerbern oder Bietern keinen Anspruch ein, dass der öffentliche Auftraggeber von der Möglichkeit Gebrauch macht, die elektronische Kommunikation erst nach Ablauf der genannten Übergangsfristen vorzugeben.

3 Die Übergangszeit endete für **zentrale Beschaffungsstellen** am 18.4.2017. Die Definition einer zentralen Beschaffungsstelle findet sich in § 120 Abs. 4 GWB. Eine zentrale Beschaffungsstelle ist danach ein öffentlicher Auftraggeber, der für andere öffentliche Auftraggeber dauerhaft Liefer- und Dienstleistungen beschafft, öffentliche Aufträge vergibt oder Rahmenvereinbarungen abschließt **(zentrale Beschaffungstätigkeit)**. Nicht unter den Begriff der zentralen Beschaffungsstelle fallen solche Stellen, die ausschließlich **Nebenbeschaffungstätigkeiten** iSv Art. 2 Abs. 1 Nr. 15 RL 2014/24/EU ausüben; wie etwa die Bereitstellung der technischen Infrastruktur oder die bloße Beratung zur Ausführung Vergabeverfahren. Gleichfalls nicht unter den Begriff der zentralen Beschaffungsstelle fallen solche Stellen, die innerhalb eines öffentlichen Auftraggebers Beschaffungen durchführen.

4 Alle übrigen öffentlichen Auftraggeber konnten bis zum 18.10.2018 andere als elektronische Mittel vorgeben. Spätestens ab dem **18.10.2018** sind für die Vergabe von öffentlichen Aufträgen oberhalb der EU-Schwellenwerte elektronische Mittel von allen Beteiligten des Vergabeverfahrens verbindlich vorzugeben und zu verwenden.³ Soweit Bewerber oder Bieter Teilnahmeanträge oder Angebote trotzdem in Papierform einreichen, sind diese formwidrig und gem. § 57 auszuschließen.

---

1 Vgl. Eckpunkte zur Reform des Vergaberechts v. 7.1.2015.
2 Vgl. auch Art. 90 Abs. 2 UAbs. 3 RL 2014/24/EU.
3 BT-Drs. 18/7318, 208.

5   Der Wortlaut des § 81 S. 1 bezieht sich auf Angebote, Teilnahmeanträge und Interessensbestätigungen. Dagegen werden die nach einer Vorinformation gem. § 38 Abs. 4, § 66 Abs. 2 möglichen **Interessensbekundungen** interessierter Unternehmen nicht genannt. Daraus folgt jedoch nicht, dass Interessensbekundungen stets elektronisch zu übermitteln sind. Vielmehr ergibt sich aus § 81 S. 2, dass auch Interessensbekundungen als Teil der übrigen Kommunikation während des Übergangszeitraums nicht zwingend elektronisch erfolgen müssen. Bei der fehlenden Erwähnung in § 81 S. 1 handelt es sich um ein redaktionelles Versehen des Verordnungsgebers.

6   Die Vorschrift des § 81 enthält über die elektronische Kommunikation hinaus **keine allgemeinen Übergangsbestimmungen** zum Inkrafttreten der Vergaberechtsreform 2016. Diese finden sich in **§ 186 Abs. 2 GWB.** Danach sind Vergabeverfahren, die vor dem 18.4.2016 begonnen wurden, nach dem Recht zu Ende zu führen, das zum Zeitpunkt der Einleitung des Verfahrens galt. Anhängige Nachprüfungsverfahren werden nach dem Recht zu Ende geführt, das zum Zeitpunkt der Einleitung des Verfahrens galt.

§ 82 Fristenberechnung
Die Berechnung der in dieser Verordnung geregelten Fristen bestimmt sich nach der Verordnung (EWG, Euratom) Nr. 1182/71 des Rates vom 3. Juni 1971 zur Festlegung der Regeln für die Fristen, Daten und Termine (ABl. L 124 vom 8.6.1971, S. 1).

Übersicht
	Rn.		Rn.
I. Normzweck	1	II. Regelungsgehalt	4

I. Normzweck

1   Zahlreiche europäische Rechtsakte setzen Fristen, Daten oder Termine fest, enthalten diesbezügliche Regelungen oder verwenden die Begriffe des Arbeitstags oder des Feiertags. Zur Verwirklichung des Binnenmarktes sind für die Berechnung von Fristen allgemeine Regeln erforderlich. Diese ergeben sich aus der Verordnung (EWG, Euratom) Nr. 1182/71 des Rates vom 3.6.1971, die – soweit nichts anderes bestimmt ist – abschließend die Berechnung aller Fristen im Anwendungsbereich des Unionsrechts regelt.

2   Das Vergaberecht oberhalb der Schwellenwerte beruht auf den EU-Vergaberichtlinien. Die EU-Vergaberichtlinien enthalten für die Berechnung von Fristen keine von der VO Nr. 1182/71 abweichenden Regelungen. Daher weisen Erwägungsgrund 106 RL 2014/24/EU sowie der Erwägungsgrund 112 RL 2014/25/EU ausdrücklich darauf hin, dass die VO Nr. 1182/71 für die Berechnung der in den genannten Richtlinien genannten Fristen maßgeblich ist. Auch die RL 2014/23/EU über die Konzessionsvergabe enthält keine eigenen Bestimmungen über die Fristenberechnungen. Obgleich eine entsprechende Erwähnung in den Erwägungsgründen fehlt, gilt die VO 1182/71 daher auch für Konzessionsvergaben.

3   Die VgV setzt die EU-Vergaberichtlinien um. § 82 stellt im Interesse der Rechtssicherheit im nationalen Recht klar, dass die VO Nr. 1182/71 bei der Berechnung der in der VgV genannten Fristen anzuwenden ist. Die Regelung ist – aufgrund der unmittelbaren Anwendbarkeit der VO Nr. 1182/71 – deklaratorisch.

II. Regelungsgehalt

4   Die Vorschrift des § 82 regelt durch eine **Verweisung** auf die VO Nr. 1182/71 die Art und Weise der Fristenberechnung im Anwendungsbereich der VgV. In den Anwendungsbereich fallen somit insbesondere die Teilnahme- und Angebotsfristen, die Fristen zur Übermittlung von Vorinformationen und Vergabebekanntmachungen, Fristen zur Erteilung von zusätzlichen Informationen, zur Nachreichung von Unterlagen sowie Vorabinformations- und Wartefristen.[1] Für die Dauer der festzulegenden Fristen enthält die Vorschrift hingegen keine Vorgaben. Diese ergeben sich aus den einzuhaltenden Mindestfristen in den jeweiligen Verfahren sowie der Regelung des § 20, wonach Fristen stets angemessen sein sollen.[2] Die Regelungen der VO Nr. 1182/71 gehen den Regelungen der §§ 187–193 BGB zur Fristenberechnung vor. Die inhaltlichen Abweichungen sind jedoch gering.

5   Die Regelung des § 82 gilt ausweislich des Wortlauts nur für die Fristenberechnung. Die VO Nr. 1182/71 enthält jedoch auch Regelungen zu **Daten und Terminen.** Aufgrund der unmit-

---
[1] Beck VergabeR/*Schneider* Rn. 7.
[2] BeckOK VergabeR/*von Wietersheim* Rn. 1.

I. Normzweck

telbaren Anwendbarkeit der VO Nr. 1182/71 sind, unabhängig vom Verweis des § 82, auch diese Vorgaben zu beachten.[3] Relevant ist die Regelung, dass Handlungen, für die ein bestimmtes Datum vorgeben ist, zwischen dem Beginn der ersten Stunde und dem Ablauf der letzten Stunde des diesem Datum entsprechenden Tages geschehen müssen.[4] Soweit die VgV Regelungen zu Terminen enthält,[5] können die Handlungen daher grundsätzlich bis 24 Uhr eines vom öffentlichen Auftraggebers vorgegebenen Datums vorgenommen werden.

Vergleichbare Verweisungen auf das europäische Recht finden sich in § 65 SektVO und § 36 KonzVgV. Auch wenn in der VOB/A Abschnitt 2 eine entsprechende Regelung fehlt, ist bei **Bauaufträgen** im Anwendungsbereich der Richtlinie 2014/24/EU die VO Nr. 1182/71 in richtlinienkonformer Auslegung anzuwenden.

Ist für den Anfang einer nach Tagen, Wochen, Monaten oder Jahren bemessenen Frist der Zeitpunkt maßgebend, in welchem ein Ereignis eintritt oder eine Handlung vorgenommen wird, so wird bei der Berechnung des **Fristbeginns** der Tag nicht mitgerechnet, in den das Ereignis oder die Handlung fällt.[6] Die Frist beginnt daher bei allen an eine konkrete Handlung anknüpfenden Fristen – wie etwa die Absendung der Auftragsbekanntmachung – am folgenden Tag.[7] Da der Wortlaut der EU-Vergaberichtlinien 2014/23/EU, 2014/24/EU und 2014/25/EU sprachlich unsauber ist, wird in der VgV auch bei der Regelung der einzelnen Fristen ausdrücklich festgehalten, dass der Fristlauf am Tag nach einem bestimmten Ereignis (zB der Absendung der Auftragsbekanntmachung) beginnt.[8] Alle anderen nach Tagen, Wochen, Monaten oder Jahren bemessenen Fristen beginnen am Anfang der ersten Stunde des ersten Tages der Frist.[9]

Die Fristen umfassen die Feiertage, die Sonnabende und die Sonntage, soweit diese nicht ausdrücklich ausgenommen oder die Fristen nach Arbeitstagen bemessen sind.[10] „**Tage**" sind daher grundsätzlich alle Kalendertage. „**Arbeitstage**" sind alle Tage außer Feiertagen, Sonntagen und Sonnabenden.[11] Anders als beim „**Werktag**",[12] wird der Sonnabend daher nicht mitgerechnet. Der Begriff des Arbeitstags ist in § 24 und § 26 Anknüpfungspunkt für spezielle Fristenregelungen.[13]

Das **Fristende** einer nach Tagen bemessenen Frist endet mit Ablauf der letzten Stunde des letzten Tages der Frist.[14] Eine nach Wochen, Monaten oder Jahren bemessenen Frist endet mit Ablauf der letzten Stunde des Tages der letzten Woche, des letzten Monats oder des letzten Jahres, der dieselbe Bezeichnung oder dieselbe Zahl wie der Tag des Fristbeginns trägt.[15] Fehlt bei einer nach Monaten oder Jahren bemessenen Frist im letzten Monat der für ihren Ablauf maßgebende Tag, so endet die Frist mit Ablauf der letzten Stunde des letzten Tages dieses Monats.[16] In jedem Fall ist zu beachten, dass der letzte Tag mit seiner letzten Stunde endet und voll zur Verfügung stehen muss.[17] Eine bis zu einer bestimmten Uhrzeit gesetzte Frist endet mit Ablauf der Stunde.[18]

Fällt der **letzte Tag** einer nicht nach Stunden bemessenen Frist auf einen Feiertag, einen Sonnabend oder einen Sonntag, so endet die Frist mit Ablauf der letzten Stunde des folgenden Arbeitstags. Bei einer auf einen Sonntag festgesetzten Frist zur Abgabe der Angebote endet die Angebotsfrist daher am Montag um 24.00 Uhr.[19] Dies gilt jedoch nicht für Fristen, die von einem bestimmten Datum oder einem bestimmten Ereignis an rückwirkend berechnet werden.[20] Tritt somit am Ende des letzten Tages der Frist eine bloße Rechtswirkung ein, so verschiebt sich das Fristende nicht (Beispiel: Wartefrist nach § 134 Abs. 2 S. 1 GWB – Fällt der letzte Tag auf einen Sonnabend oder Sonntag, so kann der Zuschlag rechtswirksam an dem Sonnabend oder Sonntag erteilt werden).[21]

---

[3] Für „entsprechende Anwendung": Beck VergabeR/*Schneider* Rn. 9.
[4] Art. 5 Abs. 2 VO (EWG, Euratom) Nr. 1182/71.
[5] § 26 Abs. 2 Nr. 4, § 52 Abs. 2 Nr. 3 und Abs. 3 Nr. 5, § 55 Abs. 2, § 58 Abs. 2 Nr. 3.
[6] Art. 3 Abs. 1 UAbs. 2 VO (EWG, Euratom) Nr. 1182/71.
[7] BT-Drs. 18/7318, 208.
[8] BT-Drs. 18/7318, 208.
[9] Art. 3 Abs. 2 lit. b VO (EWG, Euratom) Nr. 1182/71.
[10] Art. 3 Abs. 3 VO (EWG, Euratom) Nr. 1182/71.
[11] Art. 2 Abs. 2 VO (EWG, Euratom) Nr. 1182/71.
[12] § 3 Abs. 2 Bundesurlaubsgesetz; zur Fristberechnung bei Werktagen: BGH BeckRS 2005, 06438.
[13] *Horn* in Müller-Wrede VgV Rn. 8.
[14] Art. 3 Abs. 2 lit. b VO (EWG, Euratom) Nr. 1182/71.
[15] Art. 3 Abs. 2 litc. c VO (EWG; Euratom) Nr. 1182/71.
[16] Art. 3 Abs. 2 lit. c VO (EWG, Euratom) Nr. 1182/71.
[17] Ziekow/Völlink/*Völlink* Rn. 4.
[18] BeckOK VergabeR/*von Wietersheim* Rn. 15.
[19] OLG Jena BeckRS 2001, 09317 = WuW 2002, 210.
[20] Art. 3 Abs. 4 S. 2 VO (EWG, Euratom) Nr. 1182/71.
[21] Ziekow/Völlink/*Völlink* Rn. 6; BeckOK VergabeR/*von Wietersheim* Rn. 17.

VgV Anlage 1 (zu § 31 Absatz 2) Technische Anforderungen

11 Für die Anwendung der VO Nr. 1182/71 sind die **Feiertage** zu berücksichtigen, die in dem Mitgliedstaat vorgesehen sind, in dem das Vergabeverfahren durchgeführt wird. Jeder Mitgliedstaat ist verpflichtet, der Kommission eine Liste der Tage, die nach seinen Rechtsvorschriften als Feiertage vorgesehen sind, zu übermitteln. Die Kommission veröffentlicht im Amtsblatt der Europäischen Union die von den Mitgliedstaaten übermittelten Feiertage.[22] Nur die mitgeteilten und im Amtsblatt veröffentlichten nationalen Feiertage sind bei der Fristberechnung zu berücksichtigen. Feiertage aufgrund landesrechtlicher oder regionaler Regelungen bzw. Brauchtums sind bei der Fristberechnung nicht zu berücksichtigen.

Anlage 1 (zu § 31 Absatz 2)
Technische Anforderungen, Begriffsbestimmungen

1. „Technische Spezifikation" bei Liefer- oder Dienstleistungen hat eine der folgenden Bedeutungen:
eine Spezifikation, die in einem Schriftstück enthalten ist, das Merkmale für ein Produkt oder eine Dienstleistung vorschreibt, wie Qualitätsstufen, Umwelt- und Klimaleistungsstufen, „Design für Alle" (einschließlich des Zugangs von Menschen mit Behinderungen) und Konformitätsbewertung, Leistung, Vorgaben für Gebrauchstauglichkeit, Sicherheit oder Abmessungen des Produkts, einschließlich der Vorschriften über Verkaufsbezeichnung, Terminologie, Symbole, Prüfungen und Prüfverfahren, Verpackung, Kennzeichnung und Beschriftung, Gebrauchsanleitungen, Produktionsprozesse und -methoden in jeder Phase des Lebenszyklus der Liefer- oder Dienstleistung sowie über Konformitätsbewertungsverfahren;

2. „Norm" bezeichnet eine technische Spezifikation, die von einer anerkannten Normungsorganisation zur wiederholten oder ständigen Anwendung angenommen wurde, deren Einhaltung nicht zwingend ist und die unter eine der nachstehenden Kategorien fällt:
   a) internationale Norm: Norm, die von einer internationalen Normungsorganisation angenommen wurde und der Öffentlichkeit zugänglich ist;
   b) europäische Norm: Norm, die von einer europäischen Normungsorganisation angenommen wurde und der Öffentlichkeit zugänglich ist;
   c) nationale Norm: Norm, die von einer nationalen Normungsorganisation angenommen wurde und der Öffentlichkeit zugänglich ist;

3. „Europäische Technische Bewertung" bezeichnet eine dokumentierte Bewertung der Leistung eines Bauprodukts in Bezug auf seine wesentlichen Merkmale im Einklang mit dem betreffenden Europäischen Bewertungsdokument gemäß der Begriffsbestimmung in Artikel 2 Nummer 12 der Verordnung (EU) Nr. 305/2011 des Europäischen Parlaments und des Rates vom 9. März 2011 zur Festlegung harmonisierter Bedingungen für die Vermarktung von Bauprodukten und zur Aufhebung der Richtlinie 89/106/EWG des Rates (ABl. L 88 vom 4.4.2011, S. 5);

4. „gemeinsame technische Spezifikation" sind technische Spezifikationen im Bereich der Informations- und Kommunikationstechnologie, die gemäß den Artikeln 13 und 14 der Verordnung (EU) Nr. 1025/2012 des Europäischen Parlaments und des Rates vom 25. Oktober 2012 zur europäischen Normung, zur Änderung der Richtlinien 89/686/EWG und 93/15/EWG des Rates sowie der Richtlinien 94/9/EG, 94/25/EG, 95/16/EG, 97/23/EG, 98/34/EG, 2004/22/EG, 2007/23/EG, 2009/23/EG und 2009/105/EG des Europäischen Parlaments und des Rates und zur Aufhebung des Beschlusses 87/95/EWG des Rates und des Beschlusses Nr. 1673/2006/EG des Europäischen Parlaments und des Rates (ABl. L 316 vom 14.11.2012, S. 12) festgelegt wurden;

5. „technische Bezugsgröße" bezeichnet jeden Bezugsrahmen, der keine europäische Norm ist und von den europäischen Normungsorganisationen nach den an die Bedürfnisse des Markts angepassten Verfahren erarbeitet wurde.

---

[22] Für das Jahr 2021 ABl. 2020 C 451, 2.

II. VergStatVO – Vergabestatistikverordnung

Verordnung zur Statistik über die Vergabe öffentlicher Aufträge und Konzessionen

Vom 12. April 2016
(BGBl. I S. 624, 691, geänd. BGBl. I 2020 S. 674)
FNA 703-5-8

Zuletzt geändert durch Art. 5 G zur beschleunigten Beschaffung im Bereich der Verteidigung und Sicherheit und zur Optimierung der Vergabestatistik vom 25.3.2020 (BGBl. I S. 674)

§ 1 Anwendungsbereich und Grundsätze der Datenübermittlung

(1) [1]Diese Verordnung regelt die Pflichten der Auftraggeber im Sinne von § 98 des Gesetzes gegen Wettbewerbsbeschränkungen zur Übermittlung der in § 3 aufgeführten Daten an das vom Bundesministerium für Wirtschaft und Energie zum Empfang und zur Verarbeitung der Daten beauftragte Statistische Bundesamt. [2]Zur Erfüllung ihrer Pflichten nach Satz 1 bedienen sich die Auftraggeber Berichtsstellen. [3]Berichtsstellen sind diejenigen Stellen, die Informationen über vergebene Aufträge und Konzessionen als Auftrag- oder Konzessionsgeber selbst oder für einen anderen Auftrag- oder Konzessionsgeber melden.

(2) Die Daten nach § 3 sind innerhalb von 60 Tagen nach Zuschlagserteilung zu übermitteln.

(3) [1]Die Übermittlung der Daten an das Statistische Bundesamt erfolgt elektronisch. [2]Hierfür sind die vom Statistischen Bundesamt zur Verfügung gestellten sicheren elektronischen Verfahren zu nutzen. [3]Bei der Übermittlung der Daten ist sicherzustellen, dass die nach Bundes- oder Landesrecht zuständigen Datenschutzaufsichtsbehörden die Möglichkeit zur Einsicht in die Protokolldaten betreffend die Übermittlung der Daten haben.

(4) Das Statistische Bundesamt speichert die erhaltenen Daten, bereitet sie statistisch auf und erstellt im Auftrag des Bundesministeriums für Wirtschaft und Energie eine Vergabestatistik.

§ 2 Art und Umfang der Datenübermittlung

(1) Auftraggeber im Sinne von § 98 des Gesetzes gegen Wettbewerbsbeschränkungen übermitteln nach der Vergabe eines öffentlichen Auftrags nach § 103 Absatz 1 des Gesetzes gegen Wettbewerbsbeschränkungen oder einer Konzession nach § 105 des Gesetzes gegen Wettbewerbsbeschränkungen bei Erreichen oder Überschreiten der in § 106 des Gesetzes gegen Wettbewerbsbeschränkungen genannten Schwellenwerte die in § 3 Absatz 1 genannten Daten.

(2) Öffentliche Auftraggeber im Sinne des § 99 des Gesetzes gegen Wettbewerbsbeschränkungen übermitteln nach der Vergabe eines öffentlichen Auftrags die in § 3 Absatz 2 und 3 aufgeführten Daten, wenn
1. der Auftragswert ohne Umsatzsteuer 25 000 Euro überschreitet,
2. der Auftragswert den geltenden Schwellenwert gemäß § 106 des Gesetzes gegen Wettbewerbsbeschränkungen unterschreitet,
3. die Vergabe des öffentlichen Auftrags nach den jeweils maßgeblichen Vorgaben des Bundes oder der Länder vergabe- oder haushaltsrechtlichen Verfahrensregeln unterliegt und
4. der Auftrag im Übrigen unter die Regelungen des Teils 4 des Gesetzes gegen Wettbewerbsbeschränkungen fallen würde.

(3) Die vorstehenden Pflichten gelten nicht bei der Vergabe öffentlicher Aufträge und Konzessionen durch Auslandsdienststellen von Auftraggebern.

§ 3[1] Zu übermittelnde Daten

(1) In den Fällen des § 2 Absatz 1 umfasst die Pflicht zur Übermittlung die folgenden Daten:

---
[1] § 3 neu gef. mWv 2.4.2020 durch G v. 25.3.2020 (BGBl. I S. 674).

1. bei der Vergabe öffentlicher Aufträge durch öffentliche Auftraggeber umfasst die Pflicht zur Übermittlung die Daten gemäß Anlage 1,
2. bei der Vergabe öffentlicher Aufträge über soziale und andere besondere Dienstleistungen nach § 130 des Gesetzes gegen Wettbewerbsbeschränkungen durch öffentliche Auftraggeber umfasst die Pflicht zur Übermittlung die Daten gemäß Anlage 2,
3. bei der Vergabe öffentlicher Aufträge durch Sektorenauftraggeber nach § 100 des Gesetzes gegen Wettbewerbsbeschränkungen zum Zweck der Ausübung einer Sektorentätigkeit nach § 102 des Gesetzes gegen Wettbewerbsbeschränkungen umfasst die Pflicht zur Übermittlung die Daten gemäß Anlage 3,
4. bei der Vergabe öffentlicher Aufträge über soziale und andere besondere Dienstleistungen nach § 142 in Verbindung mit § 130 des Gesetzes gegen Wettbewerbsbeschränkungen durch Sektorenauftraggeber zum Zweck der Ausübung einer Sektorentätigkeit umfasst die Pflicht zur Übermittlung die Daten gemäß Anlage 4,
5. bei der Vergabe von Konzessionen durch Konzessionsgeber nach § 101 des Gesetzes gegen Wettbewerbsbeschränkungen umfasst die Pflicht zur Übermittlung die Daten gemäß Anlage 5,
6. bei der Vergabe von Konzessionen über soziale und andere besondere Dienstleistungen nach § 153 des Gesetzes gegen Wettbewerbsbeschränkungen durch Konzessionsgeber umfasst die Pflicht zur Übermittlung die Daten gemäß Anlage 6 und
7. bei der Vergabe verteidigungs- oder sicherheitsspezifischer öffentlicher Aufträge nach § 104 des Gesetzes gegen Wettbewerbsbeschränkungen durch öffentliche Auftraggeber und Sektorenauftraggeber umfasst die Pflicht zur Übermittlung die Daten gemäß Anlage 7.

(2) In den Fällen des § 2 Absatz 2 umfasst die Pflicht zur Übermittlung die Daten gemäß Anlage 8.

(3) Sofern Auftraggeber freiwillig Daten gemäß den Anlagen 1 bis 8 zu den Absätzen 1 und 2 zur statistischen Auswertung übermitteln, sind § 1 Absatz 2 und 3 und § 4 auch für diese Daten anzuwenden.

§ 4[1] Statistische Aufbereitung und Übermittlung der Daten; Veröffentlichung statistischer Auswertungen; Datenbank

(1) Das Statistische Bundesamt ist mit Einwilligung des Bundesministeriums für Wirtschaft und Energie berechtigt, aus den aufbereiteten Daten statistische Auswertungen zu veröffentlichen.

(2) Das Bundesministerium für Wirtschaft und Energie ist berechtigt, zur Erfüllung der Berichtspflichten der Bundesrepublik Deutschland, die sich aus der Richtlinie 2014/23/EU des Europäischen Parlaments und des Rates vom 26. Februar 2014 über die Konzessionsvergabe (ABl. L 94 vom 28.3.2014, S. 1), der Richtlinie 2014/24/EU des Europäischen Parlaments und des Rates vom 26. Februar 2014 über die öffentliche Auftragsvergabe und zur Aufhebung der Richtlinie 2004/18/EG (ABl. L 94 vom 28.3.2014, S. 65), der Richtlinie 2014/25/EU des Europäischen Parlaments und des Rates vom 26. Februar 2014 über die Vergabe von Aufträgen durch Auftraggeber im Bereich der Wasser-, Energie- und Verkehrsversorgung sowie der Postdienste und zur Aufhebung der Richtlinie 2004/17/EG (ABl. L 94 vom 28.3.2014, S. 243) und der Richtlinie 2009/81/EG des Europäischen Parlaments und des Rates vom 13. Juli 2009 über die Koordinierung der Verfahren zur Vergabe bestimmter Bau-, Liefer- und Dienstleistungsaufträge in den Bereichen Verteidigung und Sicherheit und zur Änderung der Richtlinien 2004/17/EG und 2004/18/EG (ABl. L 216 vom 20.8.2009, S. 76) gegenüber der Europäischen Kommission ergeben, statistische Auswertungen an die Europäische Kommission zu übermitteln.

(3) Das Bundesministerium für Wirtschaft und Energie stellt den Berichtsstellen die für die Analyse und Planung ihres Beschaffungsverhaltens erforderlichen eigenen Daten sowie statistische Auswertungen zur Verfügung.

(4) Bundes-, Landes- oder Kommunalbehörden können auf Antrag beim Bundesministerium für Wirtschaft und Energie statistische Auswertungen erhalten.

---

[1] § 4 neu gef. mWv 2.4.2020 durch G v. 25.3.2020 (BGBl. I S. 674).

(5) Das Bundesministerium für Wirtschaft und Energie stellt den statistischen Landesämtern auf deren Antrag die ihren jeweiligen Erhebungsbereich betreffenden und vorhandenen Daten für die gesonderte Aufbereitung auf regionaler und auf Landesebene zur Verfügung.

(6) Das durch das Bundesministerium für Wirtschaft und Energie beauftragte Statistische Bundesamt ist berechtigt, die statistischen Auswertungen durchzuführen und die statistischen Auswertungen und Daten nach den Absätzen 3 bis 5 zu übermitteln.

(7) [1]Das Statistische Bundesamt ist berechtigt, die Angaben zu den Merkmalen gemäß Abschnitt 2 der Anlagen 1 bis 8, mit Ausnahme der Angaben zu Auftraggebereigenschaft und Korrekturmeldung, in einer Datenbank zu speichern, um die technische Umsetzung der Datenübermittlung zu gewährleisten. [2]Die freiwilligen Angaben zu den für Rückfragen zur Verfügung stehenden Personen sind auf Verlangen unverzüglich zu löschen.

§ 5[1] Datenübermittlung für die wissenschaftliche Forschung

(1) Das Bundesministerium für Wirtschaft und Energie stellt Hochschulen und anderen Einrichtungen, die wissenschaftliche Forschung betreiben, auf Antrag statistische Auswertungen oder Daten in anonymisierter Form zur Verfügung, soweit
1. dies für die Durchführung wissenschaftlicher Forschungsarbeiten erforderlich ist und
2. die Übermittlung der Daten oder die Erstellung der statistischen Auswertungen keinen unverhältnismäßigen Aufwand erfordert.

(2) Das durch das Bundesministerium für Wirtschaft und Energie beauftragte Statistische Bundesamt ist berechtigt, die statistischen Auswertungen durchzuführen und die statistischen Auswertungen und Daten nach Absatz 1 zu übermitteln.

§ 6[1] Anwendungsbestimmung

(1) Das Bundesministerium für Wirtschaft und Energie hat
1. das Vorliegen der Voraussetzungen einer elektronischen Datenübertragung entsprechend den Vorgaben des § 1 Absatz 3 festzustellen und
2. die Feststellung nach Nummer 1 im Bundesanzeiger bekanntzumachen.

(2) Die §§ 1 bis 5 sind ab dem ersten Tag des vierten Monats, der auf den Monat der Bekanntmachung nach Absatz 1 Satz 1 Nummer 2 folgt, anzuwenden;[2] dieser Tag ist vom Bundesministerium für Wirtschaft und Energie unverzüglich im Bundesanzeiger bekanntzumachen.

§ 7[1] Übergangsregelung

(1) [1]Solange die §§ 1 bis 5 nicht nach § 6 anzuwenden sind, übermitteln die Auftraggeber dem Bundesministerium für Wirtschaft und Energie für vergebene Aufträge, die der Vergabeverordnung unterliegen, eine jährliche statistische Aufstellung der jeweils im Vorjahr vergebenen Aufträge, und zwar getrennt nach öffentlichen Liefer-, Dienstleistungs- und Bauaufträgen. [2]Für jeden Auftraggeber enthält die statistische Aufstellung mindestens die Zahl und den Wert der vergebenen Aufträge. [3]Die Daten werden, soweit möglich, wie folgt aufgeschlüsselt:
1. nach den jeweiligen Vergabeverfahren,
2. nach Waren, Dienstleistungen und Bauarbeiten gemäß den Kategorien der Common Procurement Vocabulary-Nomenklatur,
3. nach der Staatszugehörigkeit des Bieters, an den der Auftrag vergeben wurde.

(2) Die statistischen Aufstellungen im Sinne des Absatzes 1 für oberste und obere Bundesbehörden und für vergleichbare Bundeseinrichtungen enthalten auch den geschätzten Gesamtwert der Aufträge unterhalb der Schwellenwerte.

---

[1] § 5 neu gef. mWv 2.4.2020 durch G v. 25.3.2020 (BGBl. I S. 674).
[1] § 6 neu gef. mWv 2.4.2020 durch G v. 25.3.2020 (BGBl. I S. 674).
[2] Anzuwenden ab dem 1.10.2020; siehe hierzu die Bek. v. 3.6.2020 (BAnz AT 25.6.2020 B2).
[1] Bish. § 8 wird § 7 und Abs. 1, 3 und 5 geänd., bish. § 7 weggefallen mWv 2.4.2020 durch G v. 25.3.2020 (BGBl. I S. 674).

VergStatVO   Vergabestatistikverordnung

(3) ¹Solange die §§ 1 bis 5 nicht nach § 6 anzuwenden sind, übermitteln die Sektorenauftraggeber dem Bundesministerium für Wirtschaft und Energie für vergebene Aufträge, die der Sektorenverordnung unterliegen, eine jährliche Aufstellung der jeweils im Vorjahr vergebenen Aufträge, und zwar getrennt nach öffentlichen Liefer-, Dienstleistungs- und Bauaufträgen. ²Für jeden Sektorenauftraggeber enthält die statistische Aufstellung mindestens die Zahl und den Wert der vergebenen Aufträge. ³Die Sätze 1 und 2 gelten nicht für Auftraggeber der Bereiche Gas- und Wärmeversorgung und Eisenbahnverkehr, ausgenommen Schnellbahnen. ⁴In den anderen Sektorenbereichen entfallen Angaben über Dienstleistungsaufträge.

(4) ¹Die Sektorenauftraggeber übermitteln dem Bundesministerium für Wirtschaft und Energie auch den Gesamtwert der vergebenen Aufträge unterhalb der Schwellenwerte, die ohne eine Schwellenwertfestlegung von der Datenübermittlungspflicht erfasst wären. ²Aufträge von geringem Wert können aus Gründen der Vereinfachung unberücksichtigt bleiben.

(5) ¹Solange die §§ 1 bis 5 nicht nach § 6 anzuwenden sind, übermitteln die öffentlichen Auftraggeber und Sektorenauftraggeber dem Bundesministerium für Wirtschaft und Energie für vergebene Aufträge, die der Vergabeverordnung für die Bereiche Verteidigung und Sicherheit unterliegen, eine jährliche Aufstellung der jeweils im Vorjahr vergebenen Aufträge, und zwar getrennt nach öffentlichen Liefer-, Dienstleistungs- und Bauaufträgen. ²Für jeden Auftraggeber enthält die statistische Aufstellung mindestens die Zahl und den Wert der vergebenen Aufträge. ³Die Daten werden, soweit möglich, wie folgt aufgeschlüsselt:

1. nach den jeweiligen Vergabeverfahren,
2. nach Waren, Dienstleistungen und Bauarbeiten gemäß den Kategorien der Common Procurement Vocabulary-Nomenklatur,
3. nach der Staatszugehörigkeit des Bieters, an den der Auftrag vergeben wurde.

(6) ¹Das Bundesministerium für Wirtschaft und Energie setzt jeweils durch Allgemeinverfügung fest, in welcher Form die statistischen Angaben zu übermitteln sind. ²Die Allgemeinverfügung wird im Bundesanzeiger bekannt gemacht.

Anlage 1[1] (zu § 3 Absatz 1 Nummer 1)

Öffentlicher Auftrag durch einen öffentlichen Auftraggeber

Abschnitt 1. Daten, die durch öffentliche Auftraggeber nach Zuschlagserteilung im Rahmen der Vergabe eines öffentlichen Auftrages im Oberschwellenbereich dem Statistischen Bundesamt zugeleitet werden

Merkmalsgruppe	Name des Merkmals	Ausprägungen/Bemerkungen
Angaben zum Auftraggeber	Name des Auftraggebers[1*]	Anzugeben ist hier die Bezeichnung des Auftraggebers und keine einzelnen Organisationseinheiten innerhalb des Auftraggebers.
	Leitweg-ID	Jeder öffentliche Auftraggeber verfügt über eine oder mehrere Leitweg-ID, die zur Übermittlung der elektronischen Rechnung gem. E-Rechnungsverordnung vom 13. Oktober 2017 (BGBl. I S. 3555) (ERechV) (auf Bundesebene) in den Vergabeunterlagen angegeben werden müssen. Die Angabe ist nur für Auftraggeber auf Bundesebene verpflichtend.
	Art des Auftraggebers	Öffentliche Auftraggeber Bund ☐ Oberste Bundesbehörden ☐ Obere, mittlere und untere Bundesbehörden ☐ Körperschaften des öffentlichen Rechts auf Bundesebene ☐ Anstalten des öffentlichen Rechts auf Bundesebene ☐ Stiftungen des öffentlichen Rechts auf Bundesebene ☐ Sonstige Auftraggeber auf Bundesebene Land ☐ Oberste Landesbehörden ☐ Obere, mittlere und untere Landesbehörden ☐ Körperschaften des öffentlichen Rechts auf Landesebene ☐ Anstalten des öffentlichen Rechts auf Landesebene ☐ Stiftungen des öffentlichen Rechts auf Landesebene ☐ Sonstige Auftraggeber auf Landesebene Kommunen ☐ Kommunalbehörden ☐ Körperschaften des öffentlichen Rechts auf Kommunalebene ☐ Anstalten des öffentlichen Rechts auf Kommunalebene ☐ Stiftungen des öffentlichen Rechts auf Kommunalebene ☐ Sonstige Auftraggeber auf Kommunalebene Sonstige ☐ Sonstige Auftraggeber

---

[1] Anl. 1 neu gef. mWv 2.4.2020 durch G v. 25.3.2020 (BGBl. I S. 674).
[1*] **[Amtl. Anm.:]** Anmerkung: „Auftraggeber" bezeichnet im Folgenden die in § 98 des Gesetzes gegen Wettbewerbsbeschränkungen genannten Auftraggeber.

VergStatVO Anlage 1 (zu § 3 Abs. 1 Nr. 1)   Vergabestatistikverordnung

Merkmals-gruppe	Name des Merkmals	Ausprägungen/Bemerkungen
	Postleitzahl des Auftraggebers	Räumliche Zuordnung des Auftraggebers
	Zentrale Beschaffungsstelle	☐ ja ☐ nein
Angaben zum Auftragsgegenstand	Bekanntmachungsnummer im Amtsblatt der EU	Bekanntmachungsnummer im Amtsblatt der EU
	Auftragsnummer	Interne Auftrags-Nr. oder vergebenes Aktenzeichen
	Art des Auftrages	☐ Bauauftrag ☐ Lieferauftrag ☐ Dienstleistungsauftrag
	Common Procurement Vocabulary-Code (CPV-Code)	Die Angabe dient der Ermittlung des Auftragsgegenstandes. Anzugeben ist der Hauptteil des CPV-Codes (ohne Zusatzteil). Mehrfachnennung ist möglich. Es können bis zu drei CPV-Codes angegeben werden.
	Auftragswert	Ermittlung des Netto-Auftragswertes in Euro
	Aufteilung des Auftrags in Lose	☐ ja ☐ nein
	Zuschlagskriterium	Ermittlung der Zuschlagskriterien für die Zuschlagsentscheidung: ☐ nur Preis ☐ nur Kosten ☐ Preis und Qualitätskriterien ☐ Kosten und Qualitätskriterien Wenn Zuschlagskriterium: ☒ Preis und Qualitätskriterien → Gewichtung Preis vs. Qualitätskriterien in % Wenn Zuschlagskriterium: ☒ Kosten und Qualitätskriterien → Gewichtung Kosten vs. Qualitätskriterien in %
Angaben zum Verfahren	Verfahrensart	☐ Offenes Verfahren (§ 15 VgV; § 3 EU Nr. 1 Vergabe- und Vertragsordnung für Bauleistungen, Teil A, in der Fassung der Bekanntmachung vom 31. Januar 2019 (BAnz AT 19.2.2019 B2) (VOB/A) ☐ Nicht offenes Verfahren (§ 16 VgV; § 3 EU Nr. 2 VOB/A) ☐ Verhandlungsverfahren mit Teilnahmewettbewerb (§ 17 Abs. 1 VgV; § 3 EU Nr. 3 VOB/A) ☐ Verhandlungsverfahren ohne Teilnahmewettbewerb (§ 17 Abs. 5 VgV; § 3 EU Nr. 3 VOB/A) ☐ Wettbewerblicher Dialog (§ 18 VgV; § 3 EU Nr. 4 VOB/A) ☐ Innovationspartnerschaft (§ 19 VgV; § 3 EU Nr. 5 VOB/A)
	Rahmenvereinbarung	☐ ja ☐ nein
	Dynamisches Beschaffungssystem	☐ ja ☐ nein
	Elektronische Auktion	☐ ja ☐ nein

Anlage 1 (zu § 3 Abs. 1 Nr. 1) VergStatVO

Merkmals-gruppe	Name des Merkmals	Ausprägungen/Bemerkungen
	Nachhaltigkeitskriterien (siehe Anlage 9)	Berücksichtigung nachhaltiger Kriterien bei der Leistungsbeschreibung, bei der Eignung, bei den Zuschlagskriterien oder bei den Ausführungsbedingungen ☐ ja ☐ nein Wenn Nachhaltigkeitskriterien ☒ ja → Ermittlung, an welcher Stelle des Vergabeverfahrens das/die Nachhaltigkeitskriterium/en vorgegeben wurde/n: ☐ Leistungsbeschreibung ☐ Eignung ☐ Zuschlag ☐ Ausführungsbedingungen (Mehrfachnennung ist möglich.) Wenn Leistungsbeschreibung ☒ → Ermittlung, welche Art von Nachhaltigkeitskriterium: ☐ umweltbezogen ☐ sozial ☐ innovativ (Mehrfachnennung ist möglich.) Wenn Eignung ☒ → Ermittlung, welche Art von Nachhaltigkeitskriterium: ☐ umweltbezogen ☐ sozial ☐ innovativ (Mehrfachnennung ist möglich.) Wenn Zuschlag ☒ → Ermittlung, welche Art von Nachhaltigkeitskriterium: ☐ umweltbezogen ☐ sozial ☐ innovativ (Mehrfachnennung ist möglich.) Wenn Ausführungsbedingung ☒ → Ermittlung, welche Art von Nachhaltigkeitskriterium: ☐ umweltbezogen ☐ sozial ☐ innovativ (Mehrfachnennung ist möglich.)
Angaben zur Auftragsvergabe	Datum des Vertragsabschlusses	Zeitliche Zuordnung der Vergabe
	Gesamtanzahl eingegangener Angebote	Anzahl der Angebote, die insgesamt eingegangen sind
	Anzahl Angebote von KMU	Anzahl der Angebote, die von Kleinstunternehmen und/oder kleinen und/oder mittleren Unternehmen eingegangen sind. Es wird die KMU-Definition in der Empfehlung 2003/361/EG der Kommission vom 6. Mai 2003 betreffend die Definition der Kleinstunternehmen sowie der kleinen und mittleren Unternehmen (ABl. L 124 vom 20.5.2003, S. 36) zugrunde gelegt.

VergStatVO Anlage 1 (zu § 3 Abs. 1 Nr. 1)

Vergabestatistikverordnung

Merkmals-gruppe	Name des Merkmals	Ausprägungen/Bemerkungen
	Anzahl Angebote aus anderen EU-Mitgliedstaaten	Anzahl der Angebote, die aus anderen europäischen Mitgliedstaaten eingegangen sind
	Anzahl elektronisch übermittelter Angebote	Anzahl der auf elektronischem Wege eingegangenen Angebote
	Auftragnehmer ist ein KMU	☐ ja ☐ nein
	Herkunftsland Auftragnehmer	Angabe des Herkunftslandes des Auftragnehmers
Abschlussseite	Bemerkung	Freiwillige Angabe

Abschnitt 2. Merkmale, die ausschließlich der technischen Umsetzung der Datenübermittlung nach § 2 Absatz 1 dienen

Merkmalsgruppe	Name des Merkmals	Ausprägungen/Bemerkungen
Merkmale	Name der Berichtsstelle	Zur Erfüllung ihrer Meldepflichten bedienen sich die Auftraggeber Berichtsstellen. Berichtsstellen sind diejenigen Stellen, die Informationen über vergebene Aufträge als Auftraggeber selbst oder für einen anderen Auftraggeber melden.
	Straße	
	Hausnummer	
	Postleitzahl	
	Ort	
	Postfachnummer	Freiwillige Angaben
	Postleitzahl des Postfaches	
	Ort des Postfaches	
	Nachname Ansprechperson	
	Vorname Ansprechperson	
	E-Mail-Adresse	
	Telefonnummer	
	Auftraggebereigenschaft[1]	☐ Öffentlicher Auftrag durch öffentliche Auftraggeber im Oberschwellenbereich ☐ Öffentlicher Auftrag durch öffentliche Auftraggeber über soziale und andere besondere Dienstleistungen im Oberschwellenbereich ☐ Öffentlicher Auftrag durch Sektorenauftraggeber im Oberschwellenbereich ☐ Öffentlicher Auftrag durch Sektorenauftraggeber über soziale und andere besondere Dienstleistungen im Oberschwellenbereich ☐ Konzession durch Konzessionsgeber im Oberschwellenbereich ☐ Konzession durch Konzessionsgeber über soziale und andere besondere Dienstleistungen im Oberschwellenbereich

---

[1] [Amtl. Anm.:] Anmerkung: „Auftraggeber" bezeichnet in diesem Fall die in § 98 des Gesetzes gegen Wettbewerbsbeschränkungen genannten Auftraggeber.

Anlage 1 (zu § 3 Abs. 1 Nr. 1) **Anlage 1 (zu § 3 Abs. 1 Nr. 1) VergStatVO**

Merkmalsgruppe	Name des Merkmals	Ausprägungen/Bemerkungen
		☐ Verteidigungs- und sicherheitsspezifischer öffentlicher Auftrag durch öffentliche Auftraggeber und Sektorenauftraggeber im Oberschwellenbereich ☐ Öffentliche Aufträge durch öffentliche Auftraggeber im Unterschwellenbereich
Angaben zur Meldung	Korrekturmeldung	☐ ja ☐ nein

Anlage 2[1] (zu § 3 Absatz 1 Nummer 2)

Öffentlicher Auftrag über eine soziale oder andere besondere Dienstleistung durch einen öffentlichen Auftraggeber

Abschnitt 1. Daten, die durch öffentliche Auftraggeber nach Zuschlagserteilung im Rahmen der Vergabe eines öffentlichen Auftrages im Oberschwellenbereich über soziale und andere besondere Dienstleistungen nach Anhang XIV der Richtlinie 2014/24/EU dem Statistischen Bundesamt zugeleitet werden

Merkmalsgruppe	Name des Merkmals	Ausprägungen/Bemerkungen
Angaben zum Auftraggeber	Name des Auftraggebers[1*]	Anzugeben ist hier die Bezeichnung des Auftraggebers und keine einzelnen Organisationseinheiten innerhalb des Auftraggebers.
	Leitweg-ID	Jeder öffentliche Auftraggeber verfügt über eine oder mehrere Leitweg-ID, die zur Übermittlung der elektronischen Rechnung gem. ERechV (auf Bundesebene) in den Vergabeunterlagen angegeben werden müssen. Die Angabe ist nur für Auftraggeber auf Bundesebene verpflichtend.
	Art des Auftraggebers	Öffentliche Auftraggeber Bund ☐ Oberste Bundesbehörden ☐ Obere, mittlere und untere Bundesbehörden ☐ Körperschaften des öffentlichen Rechts auf Bundesebene ☐ Anstalten des öffentlichen Rechts auf Bundesebene ☐ Stiftungen des öffentlichen Rechts auf Bundesebene ☐ Sonstige Auftraggeber auf Bundesebene Land ☐ Oberste Landesbehörden ☐ Obere, mittlere und untere Landesbehörden ☐ Körperschaften des öffentlichen Rechts auf Landesebene ☐ Anstalten des öffentlichen Rechts auf Landesebene ☐ Stiftungen des öffentlichen Rechts auf Landesebene ☐ Sonstige Auftraggeber auf Landesebene Kommunen ☐ Kommunalbehörden ☐ Körperschaften des öffentlichen Rechts auf Kommunalebene ☐ Anstalten des öffentlichen Rechts auf Kommunalebene ☐ Stiftungen des öffentlichen Rechts auf Kommunalebene ☐ Sonstige Auftraggeber auf Kommunalebene Sonstige ☐ Sonstige Auftraggeber

---

[1] Anl. 2 neu gef. mWv 2.4.2020 durch G v. 25.3.2020 (BGBl. I S. 674).
[1*] [Amtl. Anm.:] Anmerkung: „Auftraggeber" bezeichnet in diesem Fall die in § 98 des Gesetzes gegen Wettbewerbsbeschränkungen genannten Auftraggeber.

VergStatVO Anlage 2 (zu § 3 Abs. 1 Nr. 2) Vergabestatistikverordnung

Merkmalsgruppe	Name des Merkmals	Ausprägungen/Bemerkungen
	Postleitzahl des Auftraggebers	Räumliche Zuordnung des Auftraggebers
	Zentrale Beschaffungsstelle	☐ ja ☐ nein
Angaben zum Auftragsgegenstand	Bekanntmachungsnummer im Amtsblatt der EU	Bekanntmachungsnummer im Amtsblatt der EU
	Auftragsnummer	Interne Auftrags-Nr. oder vergebenes Aktenzeichen
	Art des Auftrages	☒ Aufträge über soziale und andere besondere Dienstleistungen
	CPV-Code	Die Angabe dient der Ermittlung des Auftragsgegenstandes. Anzugeben ist der Hauptteil des CPV-Codes (ohne Zusatzteil). Mehrfachnennung ist möglich. Es können bis zu drei CPV-Codes angegeben werden.
	Auftragswert	Ermittlung des Netto-Auftragswertes in Euro
	Aufteilung des Auftrags in Lose	☐ ja ☐ nein
	Zuschlagskriterium	Ermittlung der Zuschlagskriterien für die Zuschlagsentscheidung: ☐ nur Preis ☐ nur Kosten ☐ Preis und Qualitätskriterien ☐ Kosten und Qualitätskriterien Wenn Zuschlagskriterium: ☒ Preis und Qualitätskriterien → Gewichtung Preis vs. Qualitätskriterien in % Wenn Zuschlagskriterium: ☒ Kosten und Qualitätskriterien → Gewichtung Kosten vs. Qualitätskriterien in %
Angaben zum Verfahren	Verfahrensart	☐ Offenes Verfahren (§ 15 VgV) ☐ Nicht offenes Verfahren (§ 16 VgV) ☐ Verhandlungsverfahren mit Teilnahmewettbewerb (§ 17 Abs. 1 VgV) ☐ Verhandlungsverfahren ohne Teilnahmewettbewerb (§ 17 Abs. 5 VgV) ☐ Wettbewerblicher Dialog (§ 18 VgV) ☐ Innovationspartnerschaft (§ 19 VgV)
	Rahmenvereinbarung	☐ ja ☐ nein
	Nachhaltigkeitskriterien (siehe Anlage 9)	Berücksichtigung nachhaltiger Kriterien bei der Leistungsbeschreibung, bei der Eignung, bei den Zuschlagskriterien oder bei den Ausführungsbedingungen ☐ ja ☐ nein Wenn Nachhaltigkeitskriterien ☒ ja → Ermittlung, an welcher Stelle des Vergabeverfahrens das/die Nachhaltigkeitskriterium/en vorgegeben wurde/n: ☐ Leistungsbeschreibung ☐ Eignung ☐ Zuschlag ☐ Ausführungsbedingungen (Mehrfachnennung ist möglich.) Wenn Leistungsbeschreibung ☒

Anlage 2 (zu § 3 Abs. 1 Nr. 2) VergStatVO

Merkmalsgruppe	Name des Merkmals	Ausprägungen/Bemerkungen
		→ Ermittlung, welche Art von Nachhaltigkeitskriterium: ☐ umweltbezogen ☐ sozial ☐ innovativ (Mehrfachnennung ist möglich.) Wenn Eignung ☒ → Ermittlung, welche Art von Nachhaltigkeitskriterium: ☐ umweltbezogen ☐ sozial ☐ innovativ (Mehrfachnennung ist möglich.) Wenn Zuschlag ☒ → Ermittlung, welche Art von Nachhaltigkeitskriterium: ☐ umweltbezogen ☐ sozial ☐ innovativ (Mehrfachnennung ist möglich.) Wenn Ausführungsbedingung ☒ → Ermittlung, welche Art von Nachhaltigkeitskriterium: ☐ umweltbezogen ☐ sozial ☐ innovativ (Mehrfachnennung ist möglich.)
Angaben zur Auftragsvergabe	Datum des Vertragsabschlusses	Zeitliche Zuordnung der Vergabe
	Gesamtanzahl eingegangener Angebote	Anzahl der Angebote, die insgesamt eingegangen sind
	Anzahl Angebote von KMU	Anzahl der Angebote, die von Kleinstunternehmen und/oder kleinen und/oder mittleren Unternehmen eingegangen sind. Es wird die KMU-Definition in der Empfehlung 2003/361/EG der Kommission vom 6. Mai 2003 betreffend die Definition der Kleinstunternehmen sowie der kleinen und mittleren Unternehmen (ABl. L 124 vom 20.5.2003, S. 36) zugrunde gelegt.
	Anzahl Angebote aus anderen EU-Mitgliedstaaten	Anzahl der Angebote, die aus anderen europäischen Mitgliedstaaten eingegangen sind
	Anzahl elektronisch übermittelter Angebote	Anzahl der auf elektronischem Wege eingegangenen Angebote
	Auftragnehmer ist ein KMU	☐ ja ☐ nein
	Herkunftsland Auftragnehmer	Angabe des Herkunftslandes des Auftragnehmers
Abschlussseite	Bemerkung	Freiwillige Angabe

VergStatVO Anlage 2 (zu § 3 Abs. 1 Nr. 2)

Abschnitt 2. Merkmale, die ausschließlich der technischen Umsetzung der Datenübermittlung nach § 2 Absatz 1 dienen

Merkmalsgruppe	Name des Merkmals	Ausprägungen/Bemerkungen
Merkmale	Name der Berichtsstelle	Zur Erfüllung ihrer Meldepflichten bedienen sich die Auftraggeber Berichtsstellen. Berichtsstellen sind diejenigen Stellen, die Informationen über vergebene Aufträge als Auftraggeber selbst oder für einen anderen Auftraggeber melden.
	Straße	
	Hausnummer	
	Postleitzahl	
	Ort	
	Postfachnummer	Freiwillige Angaben
	Postleitzahl des Postfaches	
	Ort des Postfaches	
	Nachname Ansprechperson	
	Vorname Ansprechperson	
	E-Mail-Adresse	
	Telefonnummer	
	Auftraggebereigenschaft[1]	☐ Öffentlicher Auftrag durch öffentliche Auftraggeber im Oberschwellenbereich ☐ Öffentlicher Auftrag durch öffentliche Auftraggeber über soziale und andere Dienstleistungen im Oberschwellenbereich ☐ Öffentlicher Auftrag durch Sektorenauftraggeber im Oberschwellenbereich ☐ Öffentlicher Auftrag durch Sektorenauftraggeber über soziale und andere besondere Dienstleistungen im Oberschwellenbereich ☐ Konzession durch Konzessionsgeber im Oberschwellenbereich ☐ Konzession durch Konzessionsgeber über soziale und andere besondere Dienstleistungen im Oberschwellenbereich ☐ Verteidigungs- und sicherheitsspezifischer öffentlicher Auftrag durch öffentliche Auftraggeber und Sektorenauftraggeber im Oberschwellenbereich ☐ Öffentliche Aufträge durch öffentliche Auftraggeber im Unterschwellenbereich
Angaben zur Meldung	Korrekturmeldung	☐ ja ☐ nein

---

[1] [Amtl. Anm.:] Anmerkung: „Auftraggeber" bezeichnet in diesem Fall die in § 98 des Gesetzes gegen Wettbewerbsbeschränkungen genannten Auftraggeber.

Anlage 3[1] (zu § 3 Absatz 1 Nummer 3)

Öffentlicher Auftrag durch einen Sektorenauftraggeber

Abschnitt 1. Daten, die durch Sektorenauftraggeber nach Zuschlagserteilung im Rahmen der Vergabe eines öffentlichen Auftrages im Oberschwellenbereich dem Statistischen Bundesamt zugeleitet werden

Merkmalsgruppe	Name des Merkmals	Ausprägungen/Bemerkungen
Angaben zum Auftraggeber	Name des Auftraggebers[1*]	Anzugeben ist hier die Bezeichnung des Auftraggebers und keine einzelnen Organisationseinheiten innerhalb des Auftraggebers.
	Leitweg-ID	Jeder öffentliche (Sektoren-)Auftraggeber verfügt über eine oder mehrere Leitweg-ID, die zur Übermittlung der elektronischen Rechnung gem. ERechV (auf Bundesebene) in den Vergabeunterlagen angegeben werden müssen. Die Angabe ist nur für (Sektoren-)Auftraggeber auf Bundesebene verpflichtend.
	Art des Auftraggebers	Öffentliche Auftraggeber Bund ☐ Oberste Bundesbehörden ☐ Obere, mittlere und untere Bundesbehörden ☐ Körperschaften des öffentlichen Rechts auf Bundesebene ☐ Anstalten des öffentlichen Rechts auf Bundesebene ☐ Stiftungen des öffentlichen Rechts auf Bundesebene ☐ Sonstige Auftraggeber auf Bundesebene Land ☐ Oberste Landesbehörden ☐ Obere, mittlere und untere Landesbehörden ☐ Körperschaften des öffentlichen Rechts auf Landesebene ☐ Anstalten des öffentlichen Rechts auf Landesebene ☐ Stiftungen des öffentlichen Rechts auf Landesebene ☐ Sonstige Auftraggeber auf Landesebene Kommunen ☐ Kommunalbehörden ☐ Körperschaften des öffentlichen Rechts auf Kommunalebene ☐ Anstalten des öffentlichen Rechts auf Kommunalebene ☐ Stiftungen des öffentlichen Rechts auf Kommunalebene ☐ Sonstige Auftraggeber auf Kommunalebene Sonstige ☐ Sonstige Auftraggeber
	Postleitzahl des Auftraggebers	Räumliche Zuordnung des Auftraggebers

---

[1] Anl. 3 neu gef. mWv 2.4.2020 durch G v. 25.3.2020 (BGBl. I S. 674).
[1*] [Amtl. Anm.:] Anmerkung: „Auftraggeber" bezeichnet die in § 98 des Gesetzes gegen Wettbewerbsbeschränkungen genannten Auftraggeber.

VergStatVO Anlage 3 (zu § 3 Abs. 1 Nr. 3) Vergabestatistikverordnung

Merkmalsgruppe	Name des Merkmals	Ausprägungen/Bemerkungen
	Zentrale Beschaffungsstelle	☐ ja ☐ nein
Angaben zum Auftragsgegenstand	Bekanntmachungsnummer im Amtsblatt der EU	Bekanntmachungsnummer im Amtsblatt der EU
	Auftragsnummer	Interne Auftrags-Nr. oder vergebenes Aktenzeichen
	Art des Auftrages	☐ Bauauftrag ☐ Lieferauftrag ☐ Dienstleistungsauftrag
	CPV-Code	Die Angabe dient der Ermittlung des Auftragsgegenstandes. Anzugeben ist der Hauptteil des CPV-Codes (ohne Zusatzteil). Mehrfachnennung ist möglich. Es können bis zu drei CPV-Codes angegeben werden.
	Auftragswert	Ermittlung des Netto-Auftragswertes in Euro
	Aufteilung des Auftrags in Lose	☐ ja ☐ nein
	Zuschlagskriterium	Ermittlung der Zuschlagskriterien für die Zuschlagsentscheidung: ☐ nur Preis ☐ nur Kosten ☐ Preis und Qualitätskriterien ☐ Kosten und Qualitätskriterien Wenn Zuschlagskriterium: ☒ Preis und Qualitätskriterien → Gewichtung Preis vs. Qualitätskriterien in % Wenn Zuschlagskriterium: ☒ Kosten und Qualitätskriterien → Gewichtung Kosten vs. Qualitätskriterien in %
Angaben zum Verfahren	Verfahrensart	☐ Offenes Verfahren (§ 14 SektVO) ☐ Nicht offenes Verfahren (§ 15 SektVO) ☐ Verhandlungsverfahren mit Teilnahmewettbewerb (§ 15 SektVO) ☐ Verhandlungsverfahren ohne Teilnahmewettbewerb (§ 13 Abs. 2 SektVO) ☐ Wettbewerblicher Dialog (§ 17 SektVO) ☐ Innovationspartnerschaft (§ 18 SektVO)
	Rahmenvereinbarung	☐ ja ☐ nein
	Dynamisches Beschaffungssystem	☐ ja ☐ nein
	Elektronische Auktion	☐ ja ☐ nein
	Nachhaltigkeitskriterien (siehe Anlage 9)	Berücksichtigung nachhaltiger Kriterien bei der Leistungsbeschreibung, bei der Eignung, bei den Zuschlagskriterien oder bei den Ausführungsbedingungen ☐ ja ☐ nein Wenn Nachhaltigkeitskriterien ☒ ja → Ermittlung, an welcher Stelle des Vergabeverfahrens das/die Nachhaltigkeitskriterium/en vorgegeben wurde/n: ☐ Leistungsbeschreibung ☐ Eignung ☐ Zuschlag ☐ Ausführungsbedingungen

Anlage 3 (zu § 3 Abs. 1 Nr. 3) VergStatVO

Merkmalsgruppe	Name des Merkmals	Ausprägungen/Bemerkungen
		(Mehrfachnennung ist möglich.) Wenn Leistungsbeschreibung ☒ → Ermittlung, welche Art von Nachhaltigkeitskriterium: ☐ umweltbezogen ☐ sozial ☐ innovativ (Mehrfachnennung ist möglich.) Wenn Eignung ☒ → Ermittlung, welche Art von Nachhaltigkeitskriterium: ☐ umweltbezogen ☐ sozial ☐ innovativ (Mehrfachnennung ist möglich.) Wenn Zuschlag ☒ → Ermittlung, welche Art von Nachhaltigkeitskriterium: ☐ umweltbezogen ☐ sozial ☐ innovativ (Mehrfachnennung ist möglich.) Wenn Ausführungsbedingung ☒ → Ermittlung, welche Art von Nachhaltigkeitskriterium: ☐ umweltbezogen ☐ sozial ☐ innovativ (Mehrfachnennung ist möglich.)
Angaben zur Auftragsvergabe	Datum des Vertragsabschlusses	Zeitliche Zuordnung der Vergabe
	Gesamtanzahl eingegangener Angebote	Anzahl der Angebote, die insgesamt eingegangen sind
	Anzahl Angebote von KMU	Anzahl der Angebote, die von Kleinstunternehmen und/oder kleinen und/oder mittleren Unternehmen eingegangen sind. Es wird die KMU-Definition in der Empfehlung 2003/361/EG der Kommission vom 6. Mai 2003 betreffend die Definition der Kleinstunternehmen sowie der kleinen und mittleren Unternehmen (ABl. L 124 vom 20.5.2003, S. 36) zugrunde gelegt.
	Anzahl Angebote aus anderen EU-Mitgliedstaaten	Anzahl der Angebote, die aus anderen europäischen Mitgliedstaaten eingegangen sind
	Anzahl elektronisch übermittelter Angebote	Anzahl der auf elektronischem Wege eingegangenen Angebote
	Auftragnehmer ist ein KMU	☐ ja ☐ nein
	Herkunftsland Auftragnehmer	Angabe des Herkunftslandes des Auftragnehmers
Abschlussseite	Bemerkung	Freiwillige Angabe

VergStatVO Anlage 3 (zu § 3 Abs. 1 Nr. 3)   Vergabestatistikverordnung

Abschnitt 2. Merkmale, die ausschließlich der technischen Umsetzung der Datenübermittlung nach § 2 Absatz 1 dienen

Merkmalsgruppe	Name des Merkmals	Ausprägungen/Bemerkungen
Merkmale	Name der Berichtsstelle	Zur Erfüllung ihrer Meldepflichten bedienen sich die (Sektoren-)Auftraggeber Berichtsstellen. Berichtsstellen sind diejenigen Stellen, die Informationen über vergebene Aufträge als (Sektoren-)Auftraggeber selbst oder für einen anderen (Sektoren-)Auftraggeber melden.
	Straße	
	Hausnummer	
	Postleitzahl	
	Ort	
	Postfachnummer	Freiwillige Angaben
	Postleitzahl des Postfaches	
	Ort des Postfaches	
	Nachname Ansprechperson	
	Vorname Ansprechperson	
	E-Mail-Adresse	
	Telefonnummer	
	Auftraggebereigenschaft[1]	☐ Öffentlicher Auftrag durch öffentliche Auftraggeber im Oberschwellenbereich ☐ Öffentlicher Auftrag durch öffentliche Auftraggeber über soziale und andere besondere Dienstleistungen im Oberschwellenbereich ☐ Öffentlicher Auftrag durch Sektorenauftraggeber im Oberschwellenbereich ☐ Öffentlicher Auftrag durch Sektorenauftraggeber über soziale und andere besondere Dienstleistungen im Oberschwellenbereich ☐ Konzession durch Konzessionsgeber im Oberschwellenbereich ☐ Konzession durch Konzessionsgeber über soziale und andere besondere Dienstleistungen im Oberschwellenbereich ☐ Verteidigungs- und sicherheitsspezifischer öffentlicher Auftrag durch öffentliche Auftraggeber und Sektorenauftraggeber im Oberschwellenbereich ☐ Öffentliche Aufträge durch öffentliche Auftraggeber im Unterschwellenbereich
Angaben zur Meldung	Korrekturmeldung	☐ ja ☐ nein

---

[1] **[Amtl. Anm.:]** Anmerkung: „Auftraggeber" bezeichnet im Folgenden die in § 98 des Gesetzes gegen Wettbewerbsbeschränkungen genannten Auftraggeber.

Anlage 4[1] (zu § 3 Absatz 1 Nummer 4)

Öffentlicher Auftrag über eine soziale oder andere besondere Dienstleistung durch einen Sektorenauftraggeber

Abschnitt 1 Daten, die durch Sektorenauftraggeber nach Zuschlagserteilung im Rahmen der Vergabe eines öffentlichen Auftrages im Oberschwellenbereich über soziale und andere besondere Dienstleistungen nach Anhang XVII der Richtlinie 2014/25/EU dem Statistischen Bundesamt zugeleitet werden

Merkmalsgruppe	Name des Merkmals	Ausprägungen/Bemerkungen
Angaben zum Auftraggeber	Name des Auftraggebers[1*]	Anzugeben ist hier die Bezeichnung des Auftraggebers und keine einzelnen Organisationseinheiten innerhalb des Auftraggebers.
	Leitweg-ID	Jeder öffentliche (Sektoren-)Auftraggeber verfügt über eine oder mehrere Leitweg-ID, die zur Übermittlung der elektronischen Rechnung gem. ERechV (auf Bundesebene) in den Vergabeunterlagen angegeben werden müssen. Die Angabe ist nur für (Sektoren-)Auftraggeber auf Bundesebene verpflichtend.
	Art des Auftraggebers	Öffentliche Auftraggeber Bund ☐ Oberste Bundesbehörden ☐ Obere, mittlere und untere Bundesbehörden ☐ Körperschaften des öffentlichen Rechts auf Bundesebene ☐ Anstalten des öffentlichen Rechts auf Bundesebene ☐ Stiftungen des öffentlichen Rechts auf Bundesebene ☐ Sonstige Auftraggeber auf Bundesebene Land ☐ Oberste Landesbehörden ☐ Obere, mittlere und untere Landesbehörden ☐ Körperschaften des öffentlichen Rechts auf Landesebene ☐ Anstalten des öffentlichen Rechts auf Landesebene ☐ Stiftungen des öffentlichen Rechts auf Landesebene ☐ Sonstige Auftraggeber auf Landesebene Kommunen ☐ Kommunalbehörden ☐ Körperschaften des öffentlichen Rechts auf Kommunalebene ☐ Anstalten des öffentlichen Rechts auf Kommunalebene ☐ Stiftungen des öffentlichen Rechts auf Kommunalebene ☐ Sonstige Auftraggeber auf Kommunalebene Sonstige ☐ Sonstige Auftraggeber

---

[1] Anl. 4 neu gef. mWv 2.4.2020 durch G v. 25.3.2020 (BGBl. I S. 674).
[1*] **[Amtl. Anm.:]** Anmerkung: „Auftraggeber" bezeichnet im Folgenden die in § 98 des Gesetzes gegen Wettbewerbsbeschränkungen genannten Auftraggeber.

VergStatVO Anlage 4 (zu § 3 Abs. 1 Nr. 4) Vergabestatistikverordnung

Merkmalsgruppe	Name des Merkmals	Ausprägungen/Bemerkungen
	Postleitzahl des Auftraggebers	Räumliche Zuordnung des Auftraggebers
	Zentrale Beschaffungsstelle	☐ ja ☐ nein
Angaben zum Auftragsgegenstand	Bekanntmachungsnummer im Amtsblatt der EU	Bekanntmachungsnummer im Amtsblatt der EU
	Auftragsnummer	Interne Auftrags-Nr. oder vergebenes Aktenzeichen
	Art des Auftrages	☒ Aufträge über soziale und andere besondere Dienstleistungen
	CPV-Code	Die Angabe dient der Ermittlung des Auftragsgegenstandes. Anzugeben ist der Hauptteil des CPV-Codes (ohne Zusatzteil). Mehrfachnennung ist möglich. Es können bis zu drei CPV-Codes angegeben werden.
	Auftragswert	Ermittlung des Netto-Auftragswertes in Euro
	Aufteilung des Auftrags in Lose	☐ ja ☐ nein
	Zuschlagskriterium	Ermittlung der Zuschlagskriterien für die Zuschlagsentscheidung: ☐ nur Preis ☐ nur Kosten ☐ Preis und Qualitätskriterien ☐ Kosten und Qualitätskriterien Wenn Zuschlagskriterium: ☒ Preis und Qualitätskriterien → Gewichtung Preis vs. Qualitätskriterien in % Wenn Zuschlagskriterium: ☒ Kosten und Qualitätskriterien → Gewichtung Kosten vs. Qualitätskriterien in %
Angaben zum Verfahren	Verfahrensart	☐ Offenes Verfahren (§ 14 SektVO) ☐ Nicht offenes Verfahren (§ 15 SektVO) ☐ Verhandlungsverfahren mit Teilnahmewettbewerb (§ 15 SektVO) ☐ Verhandlungsverfahren ohne Teilnahmewettbewerb (§ 13 Abs. 2 SektVO) ☐ Wettbewerblicher Dialog (§ 17 SektVO) ☐ Innovationspartnerschaft (§ 18 SektVO)
	Rahmenvereinbarung	☐ ja ☐ nein
	Nachhaltigkeitskriterien (siehe Anlage 9)	Berücksichtigung nachhaltiger Kriterien bei der Leistungsbeschreibung, bei der Eignung, bei den Zuschlagskriterien oder bei den Ausführungsbedingungen ☐ ja ☐ nein Wenn Nachhaltigkeitskriterien ☒ ja → Ermittlung, an welcher Stelle des Vergabeverfahrens das/die Nachhaltigkeitskriterium/en vorgegeben wurde/n: ☐ Leistungsbeschreibung ☐ Eignung ☐ Zuschlag ☐ Ausführungsbedingungen (Mehrfachnennung ist möglich.) Wenn Leistungsbeschreibung ☒

Anlage 4 (zu § 3 Abs. 1 Nr. 4) VergStatVO

Merkmalsgruppe	Name des Merkmals	Ausprägungen/Bemerkungen
		→ Ermittlung, welche Art von Nachhaltigkeitskriterium: ☐ umweltbezogen ☐ sozial ☐ innovativ (Mehrfachnennung ist möglich.) Wenn Eignung ☒ → Ermittlung, welche Art von Nachhaltigkeitskriterium: ☐ umweltbezogen ☐ sozial ☐ innovativ (Mehrfachnennung ist möglich.) Wenn Zuschlag ☒ → Ermittlung, welche Art von Nachhaltigkeitskriterium: ☐ umweltbezogen ☐ sozial ☐ innovativ (Mehrfachnennung ist möglich.) Wenn Ausführungsbedingung ☒ → Ermittlung, welche Art von Nachhaltigkeitskriterium: ☐ umweltbezogen ☐ sozial ☐ innovativ (Mehrfachnennung ist möglich.)
Angaben zur Auftragsvergabe	Datum des Vertragsabschlusses	Zeitliche Zuordnung der Vergabe
	Gesamtanzahl eingegangener Angebote	Anzahl der Angebote, die insgesamt eingegangen sind
	Anzahl Angebote von KMU	Anzahl der Angebote, die von Kleinstunternehmen und/oder kleinen und/oder mittleren Unternehmen eingegangen sind. Es wird die KMU-Definition in der Empfehlung 2003/361/EG der Kommission vom 6. Mai 2003 betreffend die Definition der Kleinstunternehmen sowie der kleinen und mittleren Unternehmen (ABl. L 124 vom 20.5.2003, S. 36) zugrunde gelegt.
	Anzahl Angebote aus anderen EU-Mitgliedstaaten	Anzahl der Angebote, die aus anderen europäischen Mitgliedstaaten eingegangen sind
	Anzahl elektronisch übermittelter Angebote	Anzahl der auf elektronischem Wege eingegangenen Angebote
	Auftragnehmer ist ein KMU	☐ ja ☐ nein
	Herkunftsland Auftragnehmer	Angabe des Herkunftslandes des Auftragnehmers
Abschlussseite	Bemerkung	Freiwillige Angabe

VergStatVO Anlage 4 (zu § 3 Abs. 1 Nr. 4) Vergabestatistikverordnung

Abschnitt 2 Merkmale, die ausschließlich der technischen Umsetzung der Datenübermittlung nach § 2 Absatz 1 dienen

Merkmalsgruppe	Name des Merkmals	Ausprägungen/Bemerkungen
Merkmale	Name der Berichtsstelle	Zur Erfüllung ihrer Meldepflichten bedienen sich die (Sektoren-)Auftraggeber Berichtsstellen. Berichtsstellen sind diejenigen Stellen, die Informationen über vergebene Aufträge als (Sektoren-)Auftraggeber selbst oder für einen anderen (Sektoren-)Auftraggeber melden.
	Straße	
	Hausnummer	
	Postleitzahl	
	Ort	
	Postfachnummer	Freiwillige Angaben
	Postleitzahl des Postfaches	
	Ort des Postfaches	
	Nachname Ansprechperson	
	Vorname Ansprechperson	
	E-Mail-Adresse	
	Telefonnummer	
	Auftraggebereigenschaft[1]	☐ Öffentlicher Auftrag durch öffentliche Auftraggeber im Oberschwellenbereich ☐ Öffentlicher Auftrag durch öffentliche Auftraggeber über soziale und andere besondere Dienstleistungen im Oberschwellenbereich ☐ Öffentlicher Auftrag durch Sektorenauftraggeber im Oberschwellenbereich ☐ Öffentlicher Auftrag durch Sektorenauftraggeber über soziale und andere besondere Dienstleistungen im Oberschwellenbereich ☐ Konzession durch Konzessionsgeber im Oberschwellenbereich ☐ Konzession durch Konzessionsgeber über soziale und andere besondere Dienstleistungen im Oberschwellenbereich ☐ Verteidigungs- und sicherheitsspezifischer öffentlicher Auftrag durch öffentliche Auftraggeber und Sektorenauftraggeber im Oberschwellenbereich ☐ Öffentliche Aufträge durch öffentliche Auftraggeber im Unterschwellenbereich
Angaben zur Meldung	Korrekturmeldung	☐ ja ☐ nein

---

[1] **[Amtl. Anm.:]** Anmerkung: „Auftraggeber" bezeichnet in diesem Fall die in § 98 des Gesetzes gegen Wettbewerbsbeschränkungen genannten Auftraggeber.

Anlage 5[1] (zu § 3 Absatz 1 Nummer 5)

Konzession durch einen Konzessionsgeber

Abschnitt 1. Daten, die durch Konzessionsgeber nach Vergabe einer Konzession im Oberschwellenbereich dem Statistischen Bundesamt zugeleitet werden

Merkmalsgruppe	Name des Merkmals	Ausprägungen/Bemerkungen
Angaben zum Auftraggeber	Name des Auftraggebers[1*]	Anzugeben ist hier die Bezeichnung des Auftraggebers und keine einzelnen Organisationseinheiten innerhalb des Auftraggebers.
	Leitweg-ID	Jeder Konzessionsgeber verfügt über eine oder mehrere Leitweg-ID, die zur Übermittlung der elektronischen Rechnung gem. ERechV (auf Bundesebene) in den Vergabeunterlagen angegeben werden müssen. Die Angabe ist nur für Konzessionsgeber auf Bundesebene verpflichtend.
	Art des Auftraggebers	Öffentliche Auftraggeber Bund ☐ Oberste Bundesbehörden ☐ Obere, mittlere und untere Bundesbehörden ☐ Körperschaften des öffentlichen Rechts auf Bundesebene ☐ Anstalten des öffentlichen Rechts auf Bundesebene ☐ Stiftungen des öffentlichen Rechts auf Bundesebene ☐ Sonstige Auftraggeber auf Bundesebene Land ☐ Oberste Landesbehörden ☐ Obere, mittlere und untere Landesbehörden ☐ Körperschaften des öffentlichen Rechts auf Landesebene ☐ Anstalten des öffentlichen Rechts auf Landesebene ☐ Stiftungen des öffentlichen Rechts auf Landesebene ☐ Sonstige Auftraggeber auf Landesebene Kommunen ☐ Kommunalbehörden ☐ Körperschaften des öffentlichen Rechts auf Kommunalebene ☐ Anstalten des öffentlichen Rechts auf Kommunalebene ☐ Stiftungen des öffentlichen Rechts auf Kommunalebene ☐ Sonstige Auftraggeber auf Kommunalebene Sonstige ☐ Sonstige Auftraggeber
	Postleitzahl des Auftraggebers	Räumliche Zuordnung des Auftraggebers

---

[1] Anl. 5 neu gef. mWv 2.4.2020 durch G v. 25.3.2020 (BGBl. I S. 674).
[1*] **[Amtl. Anm.:]** Anmerkung: „Auftraggeber" bezeichnet im Folgenden die in § 98 des Gesetzes gegen Wettbewerbsbeschränkungen genannten Auftraggeber.

VergStatVO Anlage 5 (zu § 3 Abs. 1 Nr. 5) Vergabestatistikverordnung

Merkmalsgruppe	Name des Merkmals	Ausprägungen/Bemerkungen
	Zentrale Beschaffungsstelle	☐ ja ☐ nein
Angaben zum Auftragsgegenstand	Bekanntmachungsnummer im Amtsblatt der EU	Bekanntmachungsnummer im Amtsblatt der EU
	Auftragsnummer	Interne Auftrags-Nr. oder vergebenes Aktenzeichen
	Art des Auftrages	☐ Baukonzession ☐ Dienstleistungskonzession
	CPV-Code	Die Angabe dient der Ermittlung des Auftragsgegenstandes. Anzugeben ist der Hauptteil des CPV-Codes (ohne Zusatzteil). Mehrfachnennung ist möglich. Es können bis zu drei CPV-Codes angegeben werden.
	Auftragswert	Ermittlung des Netto-Auftragswertes in Euro
	Aufteilung des Auftrags in Lose	☐ ja ☐ nein
Angaben zum Verfahren	Verfahrensart	☐ Vergabeverfahren mit vorheriger Veröffentlichung einer Konzessionsbekanntmachung (§ 19 KonzVgV) ☐ Vergabeverfahren ohne vorherige Veröffentlichung einer Konzessionsbekanntmachung (§ 20 KonzVgV)
	Nachhaltigkeitskriterien (siehe Anlage 9)	Berücksichtigung nachhaltiger Kriterien bei der Leistungsbeschreibung, bei der Eignung, bei den Zuschlagskriterien oder bei den Ausführungsbedingungen ☐ ja ☐ nein Wenn Nachhaltigkeitskriterien ☒ ja → Ermittlung, an welcher Stelle des Vergabeverfahrens das/die Nachhaltigkeitskriterium/en vorgegeben wurde/n: ☐ Leistungsbeschreibung ☐ Eignung ☐ Zuschlag ☐ Ausführungsbedingungen (Mehrfachnennung ist möglich.) Wenn Leistungsbeschreibung ☒ → Ermittlung, welche Art von Nachhaltigkeitskriterium: ☐ umweltbezogen ☐ sozial ☐ innovativ (Mehrfachnennung ist möglich.) Wenn Eignung ☒ → Ermittlung, welche Art von Nachhaltigkeitskriterium: ☐ umweltbezogen ☐ sozial ☐ innovativ (Mehrfachnennung ist möglich.) Wenn Zuschlag ☒ → Ermittlung, welche Art von Nachhaltigkeitskriterium: ☐ umweltbezogen ☐ sozial

Anlage 5 (zu § 3 Abs. 1 Nr. 5) VergStatVO

Merkmalsgruppe	Name des Merkmals	Ausprägungen/Bemerkungen
		☐ innovativ (Mehrfachnennung ist möglich.) Wenn Ausführungsbedingung ☒ → Ermittlung, welche Art von Nachhaltigkeitskriterium: ☐ umweltbezogen ☐ sozial ☐ innovativ (Mehrfachnennung ist möglich.)
Angaben zur Auftragsvergabe	Datum des Vertragsabschlusses	Zeitliche Zuordnung der Vergabe
	Gesamtanzahl eingegangener Angebote	Anzahl der Angebote, die insgesamt eingegangen sind
	Anzahl Angebote von KMU	Anzahl der Angebote, die von Kleinstunternehmen und/oder kleinen und/oder mittleren Unternehmen eingegangen sind. Es wird die KMU-Definition in der Empfehlung 2003/361/EG der Kommission vom 6. Mai 2003 betreffend die Definition der Kleinstunternehmen sowie der kleinen und mittleren Unternehmen (ABl. L 124 vom 20.5.2003, S. 36) zugrunde gelegt.
	Anzahl Angebote aus anderen EU-Mitgliedstaaten	Anzahl der Angebote, die aus anderen europäischen Mitgliedstaaten eingegangen sind
	Anzahl elektronisch übermittelter Angebote	Anzahl der auf elektronischem Wege eingegangenen Angebote
	Auftragnehmer ist ein KMU	☐ ja ☐ nein
	Herkunftsland Auftragnehmer	Angabe des Herkunftslandes des Auftragnehmers
Abschlussseite	Bemerkung	Freiwillige Angabe

VergStatVO Anlage 5 (zu § 3 Abs. 1 Nr. 5) Vergabestatistikverordnung

Abschnitt 2. Merkmale, die ausschließlich der technischen Umsetzung der Datenübermittlung nach § 2 Absatz 1 dienen		
Merkmalsgruppe	Name des Merkmals	Ausprägungen/Bemerkungen
Merkmale	Name der Berichtsstelle	Zur Erfüllung ihrer Meldepflichten bedienen sich die Konzessionsgeber Berichtsstellen. Berichtsstellen sind diejenigen Stellen, die Informationen über vergebene Konzessionen als Konzessionsgeber selbst oder für einen anderen Konzessionsgeber melden.
	Straße	
	Hausnummer	
	Postleitzahl	
	Ort	
	Postfachnummer	Freiwillige Angaben
	Postleitzahl des Postfaches	
	Ort des Postfaches	
	Nachname Ansprechperson	
	Vorname Ansprechperson	
	E-Mail-Adresse	
	Telefonnummer	
	Auftraggebereigenschaft[1]	☐ Öffentlicher Auftrag durch öffentliche Auftraggeber im Oberschwellenbereich ☐ Öffentlicher Auftrag durch öffentliche Auftraggeber über soziale und andere besondere Dienstleistungen im Oberschwellenbereich ☐ Öffentlicher Auftrag durch Sektorenauftraggeber im Oberschwellenbereich ☐ Öffentlicher Auftrag durch Sektorenauftraggeber über soziale und andere besondere Dienstleistungen im Oberschwellenbereich ☐ Konzession durch Konzessionsgeber im Oberschwellenbereich ☐ Konzession durch Konzessionsgeber über soziale und andere besondere Dienstleistungen im Oberschwellenbereich ☐ Verteidigungs- und sicherheitsspezifischer öffentlicher Auftrag durch öffentliche Auftraggeber und Sektorenauftraggeber im Oberschwellenbereich ☐ Öffentliche Aufträge durch öffentliche Auftraggeber im Unterschwellenbereich
Angaben zur Meldung	Korrekturmeldung	☐ ja ☐ nein

---

[1] **[Amtl. Anm.:]** Anmerkung: „Auftraggeber" bezeichnet in diesem Fall die in § 98 des Gesetzes gegen Wettbewerbsbeschränkungen genannten Auftraggeber.

Anlage 6¹ (zu § 3 Absatz 1 Nummer 6)

Konzession über eine soziale oder andere besondere Dienstleistung durch einen Konzessionsgeber

Abschnitt 1. Daten, die durch Konzessionsgeber nach Vergabe einer Konzession im Oberschwellenbereich über soziale und andere besondere Dienstleistungen nach Anhang IV der Richtlinie 2014/23/EU dem Statistischen Bundesamt zugeleitet werden

Merkmalsgruppe	Name des Merkmals	Ausprägungen/Bemerkungen
Angaben zum Auftraggeber	Name des Auftraggebers¹*	Anzugeben ist hier die Bezeichnung des Auftraggebers und keine einzelnen Organisationseinheiten innerhalb des Auftraggebers.
	Leitweg-ID	Jeder Konzessionsgeber verfügt über eine oder mehrere Leitweg-ID, die zur Übermittlung der elektronischen Rechnung gem. ERechV (auf Bundesebene) in den Vergabeunterlagen angegeben werden müssen. Die Angabe ist nur für Konzessionsgeber auf Bundesebene verpflichtend.
	Art des Auftraggebers	Öffentliche Auftraggeber Bund ☐ Oberste Bundesbehörden ☐ Obere, mittlere und untere Bundesbehörden ☐ Körperschaften des öffentlichen Rechts auf Bundesebene ☐ Anstalten des öffentlichen Rechts auf Bundesebene ☐ Stiftungen des öffentlichen Rechts auf Bundesebene ☐ Sonstige Auftraggeber auf Bundesebene Land ☐ Oberste Landesbehörden ☐ Obere, mittlere und untere Landesbehörden ☐ Körperschaften des öffentlichen Rechts auf Landesebene ☐ Anstalten des öffentlichen Rechts auf Landesebene ☐ Stiftungen des öffentlichen Rechts auf Landesebene ☐ Sonstige Auftraggeber auf Landesebene Kommunen ☐ Kommunalbehörden ☐ Körperschaften des öffentlichen Rechts auf Kommunalebene ☐ Anstalten des öffentlichen Rechts auf Kommunalebene ☐ Stiftungen des öffentlichen Rechts auf Kommunalebene ☐ Sonstige Auftraggeber auf Kommunalebene Sonstige ☐ Sonstige Auftraggeber

---

¹ Anl. 6 neu gef. mWv 2.4.2020 durch G v. 25.3.2020 (BGBl. I S. 674).
¹* [Amtl. Anm.:] Anmerkung: „Auftraggeber" bezeichnet im Folgenden die in § 98 des Gesetzes gegen Wettbewerbsbeschränkungen genannten Auftraggeber.

VergStatVO Anlage 6 (zu § 3 Abs. 1 Nr. 6) Vergabestatistikverordnung

Merkmalsgruppe	Name des Merkmals	Ausprägungen/Bemerkungen
	Postleitzahl des Auftraggebers	Räumliche Zuordnung des Auftraggebers
	Zentrale Beschaffungsstelle	☐ ja ☐ nein
Angaben zum Auftragsgegenstand	Bekanntmachungsnummer im Amtsblatt der EU	Bekanntmachungsnummer im Amtsblatt der EU
	Auftragsnummer	Interne Auftrags-Nr. oder vergebenes Aktenzeichen
	Art des Auftrages	☒ Konzessionen über soziale und andere besondere Dienstleistungen
	CPV-Code	Die Angabe dient der Ermittlung des Auftragsgegenstandes. Anzugeben ist der Hauptteil des CPV-Codes (ohne Zusatzteil). Mehrfachnennung ist möglich. Es können bis zu drei CPV-Codes angegeben werden.
	Auftragswert	Ermittlung des Netto-Auftragswertes in Euro
	Aufteilung des Auftrags in Lose	☐ ja ☐ nein
Angaben zum Verfahren	Verfahrensart	☐ Vergabeverfahren mit vorheriger Veröffentlichung einer Konzessionsbekanntmachung (§ 22 KonzVgV) ☐ Vergabeverfahren ohne vorherige Veröffentlichung einer Konzessionsbekanntmachung (§ 22 KonzVgV)
	Nachhaltigkeitskriterien (siehe Anlage 9)	Berücksichtigung nachhaltiger Kriterien bei der Leistungsbeschreibung, bei der Eignung, bei den Zuschlagskriterien oder bei den Ausführungsbedingungen ☐ ja ☐ nein Wenn Nachhaltigkeitskriterien ☒ ja → Ermittlung, an welcher Stelle des Vergabeverfahrens das/die Nachhaltigkeitskriterium/en vorgegeben wurde/n: ☐ Leistungsbeschreibung ☐ Eignung ☐ Zuschlag ☐ Ausführungsbedingungen (Mehrfachnennung ist möglich.) Wenn Leistungsbeschreibung ☒ → Ermittlung, welche Art von Nachhaltigkeitskriterium: ☐ umweltbezogen ☐ sozial ☐ innovativ (Mehrfachnennung ist möglich.) Wenn Eignung ☒ → Ermittlung, welche Art von Nachhaltigkeitskriterium: ☐ umweltbezogen ☐ sozial ☐ innovativ (Mehrfachnennung ist möglich.) Wenn Zuschlag ☒ → Ermittlung, welche Art von Nachhaltigkeitskriterium:

Anlage 6 (zu § 3 Abs. 1 Nr. 6) **Anlage 6 (zu § 3 Abs. 1 Nr. 6) VergStatVO**

Merkmalsgruppe	Name des Merkmals	Ausprägungen/Bemerkungen
		☐ umweltbezogen ☐ sozial ☐ innovativ (Mehrfachnennung ist möglich.) Wenn Ausführungsbedingung ☒ → Ermittlung, welche Art von Nachhaltigkeitskriterium: ☐ umweltbezogen ☐ sozial ☐ innovativ (Mehrfachnennung ist möglich.)
Angaben zur Auftragsvergabe	Datum des Vertragsabschlusses	Zeitliche Zuordnung der Vergabe
	Gesamtanzahl eingegangener Angebote	Anzahl der Angebote, die insgesamt eingegangen sind
	Anzahl Angebote von KMU	Anzahl der Angebote, die von Kleinstunternehmen und/oder kleinen und/oder mittleren Unternehmen eingegangen sind. Es wird die KMU-Definition in der Empfehlung 2003/361/EG der Kommission vom 6. Mai 2003 betreffend die Definition der Kleinstunternehmen sowie der kleinen und mittleren Unternehmen (ABl. L 124 vom 20.5.2003, S. 36) zugrunde gelegt.
	Anzahl Angebote aus anderen EU-Mitgliedstaaten	Anzahl der Angebote, die aus anderen europäischen Mitgliedstaaten eingegangen sind
	Anzahl elektronisch übermittelter Angebote	Anzahl der auf elektronischem Wege eingegangenen Angebote
	Auftragnehmer ist ein KMU	☐ ja ☐ nein
	Herkunftsland Auftragnehmer	Angabe des Herkunftslandes des Auftragnehmers
Abschlussseite	Bemerkung	Freiwillige Angabe

1917

VergStatVO Anlage 6 (zu § 3 Abs. 1 Nr. 6) Vergabestatistikverordnung

Abschnitt 2. Merkmale, die ausschließlich der technischen Umsetzung der Datenübermittlung nach § 2 Absatz 1 dienen

Merkmalsgruppe	Name des Merkmals	Ausprägungen/Bemerkungen
Merkmale	Name der Berichtsstelle	Zur Erfüllung ihrer Meldepflichten bedienen sich die Konzessionsgeber Berichtsstellen. Berichtsstellen sind diejenigen Stellen, die Informationen über vergebene Konzessionen als Konzessionsgeber selbst oder für einen anderen Konzessionsgeber melden.
	Straße	
	Hausnummer	
	Postleitzahl	
	Ort	
	Postfachnummer	Freiwillige Angaben
	Postleitzahl des Postfaches	
	Ort des Postfaches	
	Nachname Ansprechperson	
	Vorname Ansprechperson	
	E-Mail-Adresse	
	Telefonnummer	
	Auftraggebereigenschaft[1]	☐ Öffentlicher Auftrag durch öffentliche Auftraggeber im Oberschwellenbereich ☐ Öffentlicher Auftrag durch öffentliche Auftraggeber über soziale und andere besondere Dienstleistungen im Oberschwellenbereich ☐ Öffentlicher Auftrag durch Sektorenauftraggeber im Oberschwellenbereich ☐ Öffentlicher Auftrag durch Sektorenauftraggeber über soziale und andere besondere Dienstleistungen im Oberschwellenbereich ☐ Konzession durch Konzessionsgeber im Oberschwellenbereich ☐ Konzession durch Konzessionsgeber über soziale und andere besondere Dienstleistungen im Oberschwellenbereich ☐ Verteidigungs- und sicherheitsspezifischer öffentlicher Auftrag durch öffentliche Auftraggeber und Sektorenauftraggeber im Oberschwellenbereich ☐ Öffentliche Aufträge durch öffentliche Auftraggeber im Unterschwellenbereich
Angaben zur Meldung	Korrekturmeldung	☐ ja ☐ nein

---

[1] [Amtl. Anm.:] Anmerkung: „Auftraggeber" bezeichnet in diesem Fall die in § 98 des Gesetzes gegen Wettbewerbsbeschränkungen genannten Auftraggeber.

Anlage 7[1] (zu § 3 Absatz 1 Nummer 7)

Verteidigungs- oder sicherheitsspezifischer öffentlicher Auftrag durch einen öffentlichen Auftraggeber oder einen Sektorenauftraggeber

Abschnitt 1. Daten, die durch öffentliche Auftraggeber und Sektorenauftraggeber nach Zuschlagserteilung im Rahmen der Vergabe eines verteidigungs- oder sicherheitsspezifischen öffentlichen Auftrages im Oberschwellenbereich dem Statistischen Bundesamt zugeleitet werden

Merkmalsgruppe	Name des Merkmals	Ausprägungen/Bemerkungen
Angaben zum Auftraggeber	Name des Auftraggebers[1*]	Anzugeben ist hier die Bezeichnung des Auftraggebers und keine einzelnen Organisationseinheiten innerhalb des Auftraggebers.
	Leitweg-ID	Jeder öffentliche Auftraggeber verfügt über eine oder mehrere Leitweg-ID, die zur Übermittlung der elektronischen Rechnung gem. ERechV (auf Bundesebene) in den Vergabeunterlagen angegeben werden müssen. Die Angabe ist nur für Auftraggeber auf Bundesebene verpflichtend.
	Art des Auftraggebers	Öffentliche Auftraggeber Bund ☐ Oberste Bundesbehörden ☐ Obere, mittlere und untere Bundesbehörden ☐ Körperschaften des öffentlichen Rechts auf Bundesebene ☐ Anstalten des öffentlichen Rechts auf Bundesebene ☐ Stiftungen des öffentlichen Rechts auf Bundesebene ☐ Sonstige Auftraggeber auf Bundesebene Land ☐ Oberste Landesbehörden ☐ Obere, mittlere und untere Landesbehörden ☐ Körperschaften des öffentlichen Rechts auf Landesebene ☐ Anstalten des öffentlichen Rechts auf Landesebene ☐ Stiftungen des öffentlichen Rechts auf Landesebene ☐ Sonstige Auftraggeber auf Landesebene Kommunen ☐ Kommunalbehörden ☐ Körperschaften des öffentlichen Rechts auf Kommunalebene ☐ Anstalten des öffentlichen Rechts auf Kommunalebene ☐ Stiftungen des öffentlichen Rechts auf Kommunalebene ☐ Sonstige Auftraggeber auf Kommunalebene Sonstige ☐ Sonstige Auftraggeber

---

[1] Anl. 7 neu gef. mWv 2.4.2020 durch G v. 25.3.2020 (BGBl. I S. 674).
[1*] **[Amtl. Anm.:]** Anmerkung: „Auftraggeber" bezeichnet im Folgenden die in § 98 des Gesetzes gegen Wettbewerbsbeschränkungen genannten Auftraggeber.

VergStatVO Anlage 7 (zu § 3 Abs. 1 Nr. 7) Vergabestatistikverordnung

Merkmalsgruppe	Name des Merkmals	Ausprägungen/Bemerkungen
	Postleitzahl des Auftraggebers	Räumliche Zuordnung des Auftraggebers
	Zentrale Beschaffungsstelle	☐ ja ☐ nein
Angaben zum Auftragsgegenstand	Bekanntmachungsnummer im Amtsblatt der EU	Bekanntmachungsnummer im Amtsblatt der EU
	Auftragsnummer	Interne Auftrags-Nr. oder vergebenes Aktenzeichen
	Art des Auftrages	☐ Bauauftrag ☐ Lieferauftrag ☐ Dienstleistungsauftrag
	CPV-Code	Die Angabe dient der Ermittlung des Auftragsgegenstandes. Anzugeben ist der Hauptteil des CPV-Codes (ohne Zusatzteil). Mehrfachnennung ist möglich. Es können bis zu drei CPV-Codes angegeben werden.
	Auftragswert	Ermittlung des Netto-Auftragswertes in Euro
	Zuschlagskriterium	Ermittlung der Zuschlagskriterien für die Zuschlagsentscheidung: ☐ nur Preis ☐ nur Kosten ☐ Preis und Qualitätskriterien ☐ Kosten und Qualitätskriterien
Angaben zum Verfahren	Verfahrensart	☐ Nicht offenes Verfahren (§ 11 VSVgV; § 3 VS Nr. 1 VOB/A) [einschließlich des beschleunigten, nicht offenen Verfahrens] ☐ Verhandlungsverfahren mit Teilnahmewettbewerb (§ 11 VSVgV; § 3 VS Nr. 2 VOB/A) [einschließlich des beschleunigten Verhandlungsverfahrens] ☐ Verhandlungsverfahren ohne Teilnahmewettbewerb (§ 12 VSVgV; § 3 VS Nr. 2 VOB/A) ☐ Wettbewerblicher Dialog (§ 13 VSVgV; § 3 VS Nr. 3 VOB/A)
	Rahmenvereinbarung	☐ ja ☐ nein
	Nachhaltigkeitskriterien (siehe Anlage 9)	Berücksichtigung nachhaltiger Kriterien bei der Leistungsbeschreibung, bei der Eignung, bei den Zuschlagskriterien oder bei den Ausführungsbedingungen ☐ ja ☐ nein Wenn Nachhaltigkeitskriterien ☒ ja → Ermittlung, an welcher Stelle des Vergabeverfahrens das/die Nachhaltigkeitskriterium/en vorgegeben wurde/n: ☐ Leistungsbeschreibung ☐ Eignung ☐ Zuschlag ☐ Ausführungsbedingungen (Mehrfachnennung ist möglich.) Wenn Leistungsbeschreibung ☒ → Ermittlung, welche Art von Nachhaltigkeitskriterium: ☐ umweltbezogen ☐ sozial ☐ innovativ

… Anlage 7 (zu § 3 Abs. 1 Nr. 7) VergStatVO

Merkmalsgruppe	Name des Merkmals	Ausprägungen/Bemerkungen
		(Mehrfachnennung ist möglich.) Wenn Eignung ☒ → Ermittlung, welche Art von Nachhaltigkeitskriterium: ☐ umweltbezogen ☐ sozial ☐ innovativ (Mehrfachnennung ist möglich.) Wenn Zuschlag ☒ → Ermittlung, welche Art von Nachhaltigkeitskriterium: ☐ umweltbezogen ☐ sozial ☐ innovativ (Mehrfachnennung ist möglich.) Wenn Ausführungsbedingung ☒ → Ermittlung, welche Art von Nachhaltigkeitskriterium: ☐ umweltbezogen ☐ sozial ☐ innovativ (Mehrfachnennung ist möglich.)
Angaben zur Auftragsvergabe	Datum des Vertragsabschlusses	Zeitliche Zuordnung der Vergabe
	Gesamtanzahl eingegangener Angebote	Anzahl der Angebote, die insgesamt eingegangen sind
	Anzahl elektronisch übermittelter Angebote	Anzahl der auf elektronischem Wege eingegangenen Angebote
	Herkunftsland Auftragnehmer	Angabe des Herkunftslandes des Auftragnehmers
Abschlussseite	Bemerkung	Freiwillige Angabe

1921

VergStatVO Anlage 7 (zu § 3 Abs. 1 Nr. 7)　　Vergabestatistikverordnung

Merkmalsgruppe	Name des Merkmals	Ausprägungen/Bemerkungen
\multicolumn{3}{l}{Abschnitt 2 Merkmale, die ausschließlich der technischen Umsetzung der Datenübermittlung nach § 2 Absatz 1 dienen}		
Merkmale	Name der Berichtsstelle	Zur Erfüllung ihrer Meldepflichten bedienen sich die Auftraggeber Berichtsstellen. Berichtsstellen sind diejenigen Stellen, die Informationen über vergebene Aufträge als Auftraggeber selbst oder für einen anderen Auftraggeber melden.
	Straße	
	Hausnummer	
	Postleitzahl	
	Ort	
	Postfachnummer	Freiwillige Angaben
	Postleitzahl des Postfaches	
	Ort des Postfaches	
	Nachname Ansprechperson	
	Vorname Ansprechperson	
	E-Mail-Adresse	
	Telefonnummer	
	Auftraggebereigenschaft[1]	☐ Öffentlicher Auftrag durch öffentliche Auftraggeber im Oberschwellenbereich ☐ Öffentlicher Auftrag durch öffentliche Auftraggeber über soziale und andere besondere Dienstleistungen im Oberschwellenbereich ☐ Öffentlicher Auftrag durch Sektorenauftraggeber im Oberschwellenbereich ☐ Öffentlicher Auftrag durch Sektorenauftraggeber über soziale und andere besondere Dienstleistungen im Oberschwellenbereich ☐ Konzession durch Konzessionsgeber im Oberschwellenbereich ☐ Konzession durch Konzessionsgeber über soziale und andere besondere Dienstleistungen im Oberschwellenbereich ☐ Verteidigungs- und sicherheitsspezifischer öffentlicher Auftrag durch öffentliche Auftraggeber und Sektorenauftraggeber im Oberschwellenbereich ☐ Öffentliche Aufträge durch öffentliche Auftraggeber im Unterschwellenbereich
Angaben zur Meldung	Korrekturmeldung	☐ ja ☐ nein

---

[1] **[Amtl. Anm.:]** Anmerkung: „Auftraggeber" bezeichnet in diesem Fall die in § 98 des Gesetzes gegen Wettbewerbsbeschränkungen genannten Auftraggeber.

Anlage 8[1] (zu § 3 Absatz 2)

Öffentlicher Auftrag durch einen öffentlichen Auftraggeber unterhalb des EU-Schwellenwertes

Abschnitt 1. Daten, die durch öffentliche Auftraggeber nach Zuschlagserteilung im Rahmen der Vergabe eines öffentlichen Auftrages im Unterschwellenbereich dem Statistischen Bundesamt zugeleitet werden

Merkmalsgruppe	Name des Merkmals	Ausprägungen/Bemerkungen
Angaben zum Auftraggeber	Name des Auftraggebers[1*]	Anzugeben ist hier die Bezeichnung des Auftraggebers und keine einzelnen Organisationseinheiten innerhalb des Auftraggebers.
	Leitweg-ID	Jeder öffentliche Auftraggeber verfügt über eine oder mehrere Leitweg-ID, die zur Übermittlung der elektronischen Rechnung gem. ERechV (auf Bundesebene) in den Vergabeunterlagen angegeben werden müssen. Die Angabe ist nur für Auftraggeber auf Bundesebene verpflichtend.
	Art des Auftraggebers	Öffentliche Auftraggeber Bund ☐ Oberste Bundesbehörden ☐ Obere, mittlere und untere Bundesbehörden ☐ Körperschaften des öffentlichen Rechts auf Bundesebene ☐ Anstalten des öffentlichen Rechts auf Bundesebene ☐ Stiftungen des öffentlichen Rechts auf Bundesebene ☐ Sonstige Auftraggeber auf Bundesebene Land ☐ Oberste Landesbehörden ☐ Obere, mittlere und untere Landesbehörden ☐ Körperschaften des öffentlichen Rechts auf Landesebene ☐ Anstalten des öffentlichen Rechts auf Landesebene ☐ Stiftungen des öffentlichen Rechts auf Landesebene ☐ Sonstige Auftraggeber auf Landesebene Kommunen ☐ Kommunalbehörden ☐ Körperschaften des öffentlichen Rechts auf Kommunalebene ☐ Anstalten des öffentlichen Rechts auf Kommunalebene ☐ Stiftungen des öffentlichen Rechts auf Kommunalebene ☐ Sonstige Auftraggeber auf Kommunalebene Sonstige ☐ Sonstige Auftraggeber

---

[1] Anl. 8 angef. mWv 2.4.2020 durch G v. 25.3.2020 (BGBl. I S. 674).
[1*] **[Amtl. Anm.:]** Anmerkung: „Auftraggeber" bezeichnet im Folgenden die in § 99 des Gesetzes gegen Wettbewerbsbeschränkungen genannten Auftraggeber.

VergStatVO Anlage 8 (zu § 3 Abs. 2) Vergabestatistikverordnung

Merkmalsgruppe	Name des Merkmals	Ausprägungen/Bemerkungen
	Postleitzahl des Auftraggebers	Räumliche Zuordnung des Auftraggebers
	Zentrale Beschaffungsstelle	☐ ja ☐ nein
Angaben zum Auftragsgegenstand	Auftragsnummer	Interne Auftrags-Nr. oder vergebenes Aktenzeichen
	Art des Auftrages	☐ Bauauftrag ☐ Lieferauftrag ☐ Dienstleistungsauftrag
	CPV-Code	Die Angabe dient der Ermittlung des Auftragsgegenstandes. Anzugeben ist der Hauptteil des CPV-Codes (ohne Zusatzteil). Mehrfachnennung ist möglich. Es können bis zu drei CPV-Codes angegeben werden.
	Auftragswert	Ermittlung des Netto-Auftragswertes in Euro
	Aufteilung des Auftrags in Lose	Freiwillige Angabe ☐ ja ☐ nein ｜ ☐ keine Angabe
	Zuschlagskriterium	Freiwillige Angabe Ermittlung der Zuschlagskriterien für die Zuschlagsentscheidung: ☐ nur Preis ☐ nur Kosten ☐ Preis und Qualitätskriterien ☐ Kosten und Qualitätskriterien ☐ keine Angabe Wenn Zuschlagskriterium: ☒ Preis und Qualitätskriterien → Gewichtung Preis vs. Qualitätskriterien in % Wenn Zuschlagskriterium: ☒ Kosten und Qualitätskriterien → Gewichtung Kosten vs. Qualitätskriterien in %
Angaben zum Verfahren	Verfahrensart	☐ Öffentliche Ausschreibung (§ 9 UVgO; § 3 Abs. 1 VOB/A) ☐ Beschränkte Ausschreibung mit Teilnahmewettbewerb (§ 10 UVgO; § 3 Abs. 2 VOB/A) ☐ Beschränkte Ausschreibung ohne Teilnahmewettbewerb (§ 11 UVgO; § 3 Abs. 2 VOB/A) ☐ Verhandlungsvergabe/freihändige Vergabe mit Teilnahmewettbewerb (§ 12 Abs. 1 UVgO; § 3 Abs. 3 VOB/A) ☐ Verhandlungsvergabe/freihändige Vergabe ohne Teilnahmewettbewerb (§ 12 Abs. 2 UVgO; § 3 Abs. 3 VOB/A) ☐ Sonstige Verfahren
	Rahmenvereinbarung	Freiwillige Angabe ☐ ja ☐ nein ｜ ☐ keine Angabe
	Dynamisches Beschaffungssystem	Freiwillige Angabe ☐ ja ☐ nein ｜ ☐ keine Angabe
	Elektronische Auktion	Freiwillige Angabe ☐ ja ☐ nein ｜ ☐ keine Angabe
	Nachhaltigkeitskriterien (siehe Anlage 9)	Berücksichtigung nachhaltiger Kriterien bei der Leistungsbeschreibung, bei der Eignung, bei den Zuschlagskriterien oder bei den Ausführungsbedingungen ☐ ja ☐ nein Wenn Nachhaltigkeitskriterien ☒ ja

Anlage 8 (zu § 3 Abs. 2) **Anlage 8 (zu § 3 Abs. 2) VergStatVO**

Merkmalsgruppe	Name des Merkmals	Ausprägungen/Bemerkungen
		→ Ermittlung, welches Kriterium bei o.g. Merkmalen beachtet wurde: ☐ umweltbezogen ☐ sozial ☐ innovativ (Mehrfachnennung ist möglich.)
Angaben zur Auftragsvergabe	Datum des Vertragsabschlusses	Zeitliche Zuordnung der Vergabe
	Gesamtanzahl eingegangener Angebote	Freiwillige Angabe Anzahl der Angebote, die insgesamt eingegangen sind
	Anzahl Angebote von KMU	Freiwillige Angabe Anzahl der Angebote, die von Kleinstunternehmen und/oder kleinen und/oder mittleren Unternehmen eingegangen sind. Es wird die KMU-Definition in der Empfehlung 2003/361/EG der Kommission vom 6. Mai 2003 betreffend die Definition der Kleinstunternehmen sowie der kleinen und mittleren Unternehmen (ABl. L 124 vom 20.5.2003, S. 36) zugrunde gelegt.
	Anzahl Angebote aus anderen EU-Mitgliedstaaten	Freiwillige Angabe Anzahl der Angebote, die aus anderen europäischen Mitgliedstaaten eingegangen sind
	Anzahl elektronisch übermittelter Angebote	Freiwillige Angabe Anzahl der auf elektronischem Wege eingegangenen Angebote
	Auftragnehmer ist ein KMU	☐ ja ☐ nein
	Herkunftsland Auftragnehmer	Freiwillige Angabe Angabe des Herkunftslandes des Auftragnehmers ☐ keine Angabe
Abschlussseite	Bemerkung	Freiwillige Angabe

VergStatVO Anlage 8 (zu § 3 Abs. 2) Vergabestatistikverordnung

Merkmalsgruppe	Name des Merkmals	Ausprägungen/Bemerkungen
	Abschnitt 2. Merkmale, die ausschließlich der technischen Umsetzung der Datenübermittlung nach § 2 Absatz 2 dienen	
Merkmale	Name der Berichtsstelle	Zur Erfüllung ihrer Meldepflichten bedienen sich die Auftraggeber Berichtsstellen. Berichtsstellen sind diejenigen Stellen, die Informationen über vergebene Aufträge als Auftraggeber selbst oder für einen anderen Auftraggeber melden.
	Straße	
	Hausnummer	
	Postleitzahl	
	Ort	
	Postfachnummer	Freiwillige Angaben
	Postleitzahl des Postfaches	
	Ort des Postfaches	
	Nachname Ansprechperson	
	Vorname Ansprechperson	
	E-Mail-Adresse	
	Telefonnummer	
	Auftraggebereigenschaft[1]	☐ Öffentlicher Auftrag durch öffentliche Auftraggeber im Oberschwellenbereich ☐ Öffentlicher Auftrag durch öffentliche Auftraggeber über soziale und andere besondere Dienstleistungen im Oberschwellenbereich ☐ Öffentlicher Auftrag durch Sektorenauftraggeber im Oberschwellenbereich ☐ Öffentlicher Auftrag durch Sektorenauftraggeber über soziale und andere besondere Dienstleistungen im Oberschwellenbereich ☐ Konzession durch Konzessionsgeber im Oberschwellenbereich ☐ Konzession durch Konzessionsgeber über soziale und andere besondere Dienstleistungen im Oberschwellenbereich ☐ Verteidigungs- und sicherheitsspezifischer öffentlicher Auftrag durch öffentliche Auftraggeber und Sektorenauftraggeber im Oberschwellenbereich ☐ Öffentliche Aufträge durch öffentliche Auftraggeber im Unterschwellenbereich
Angaben zur Meldung	Korrekturmeldung	☐ ja ☐ nein

---

[1] **[Amtl. Anm.:]** Anmerkung: „Auftraggeber" bezeichnet die in § 99 des Gesetzes gegen Wettbewerbsbeschränkungen genannten Auftraggeber.

Anlage 9[1]

Erläuterung zu den Nachhaltigkeitskriterien im Sinne der Anlagen 1 bis 8

In einem Vergabeverfahren können insbesondere folgende Nachhaltigkeitskriterien einbezogen werden. Die nachfolgende Aufzählung ist nicht abschließend.

Umweltbezogene Kriterien
- Anforderung der Erfüllung der Voraussetzungen eines ISO-14024-Typ-I-Umweltzeichens (zum Beispiel Blauer Engel, Nordischer Schwan, Österreichisches Umweltzeichen) oder gleichwertige Kriterien
- Anforderung einer Übereinstimmung mit der durch die Verordnung (EG) Nr. 1221/2009 festgelegten Strategie für Umweltmanagement und -betriebsprüfung (EMAS)
- Anforderung einer Übereinstimmung mit einem Umweltmanagementsystem gemäß der Norm ISO 14001, mit Ausnahme der durch die Verordnung (EG) Nr. 1221/2009 festgelegten Strategie für Umweltmanagement und -betriebsprüfung (EMAS)
- Anforderung einer Übereinstimmung mit der höchsten Energieeffizienzklasse (im Einklang mit der Definition in verschiedenen Rechtsvorschriften, zum Beispiel in der Verordnung (EU) Nr. 626/2011 über Luftkonditionierer)
- Anforderung einer Übereinstimmung, für den größten Teil der betreffenden Beschaffung, mit der Verordnung (EG) Nr. 834/2007 über die ökologische/biologische Produktion und die Kennzeichnung von ökologischen/biologischen Produkten
- Vorgabe einer Kostenberechnung auf der Grundlage von Lebenszykluskosten

Soziale Kriterien
- Beschäftigungsmöglichkeiten für Langzeitarbeitslose, Benachteiligte und/oder für Menschen mit Behinderungen
- Zugänglichkeit der Leistung für Menschen mit Behinderungen
- faire Arbeitsbedingungen
- Schutz der Menschen- und Arbeitnehmerrechte in globalen Wertschöpfungsketten
- Gleichstellung der Geschlechter
- Gleichstellung von ethnischen Gruppen
- Kernarbeitsnormen der Internationalen Arbeitsorganisation (IAO) entlang der globalen Wertschöpfungskette

Innovative Kriterien
- Die in Auftrag gegebenen Bauleistungen, Lieferungen oder Dienstleistungen sind innovativ für die Organisation.
- Die in Auftrag gegebenen Bauleistungen, Lieferungen oder Dienstleistungen sind innovativ für den gesamten Markt.
- Die technischen Spezifikationen beruhen in erster Linie auf den Funktions- und Leistungsanforderungen und nicht auf der Beschreibung der technischen Lösung.
- Die in Auftrag gegebenen Bauleistungen, Lieferungen oder Dienstleistungen umfassen Forschungs- und Entwicklungstätigkeiten.
- Die in Auftrag gegebenen Bauleistungen, Lieferungen oder Dienstleistungen dürften die Wirksamkeit der Arbeit des Beschaffers erhöhen."

---

[1] Anl. 9 angef. mWv 2.4.2020 durch G v. 25.3.2020 (BGBl. I S. 674).

III. KonzVgV – Konzessionsvergabeverordnung

Verordnung über die Vergabe von Konzessionen

Vom 12. April 2016 (BGBl. 2016 I 624, 683),

Zuletzt geändert durch Art. 6 G zur Verlängerung befristeter Regelungen im Arbeitsförderungsrecht und zur Umsetzung der RL (EU) 2016/2102 über den barrierefreien Zugang zu den Websites und mobilen Anwendungen öffentlicher Stellen vom 10.7.2018 (BGBl. 2018 I, 1117)

Abschnitt 1. Allgemeine Bestimmungen und Kommunikation

Unterabschnitt 1. Allgemeine Bestimmungen

Vorbemerkung

Schrifttum: *Burgi*, Die Dienstleistungskonzession ersten Grades – verwaltungs- und kartellrechtliche Fragen eines Privatisierungsmodells am Beispiel der Abwasserbeseitigung, 2004; *Burgi*, Die Vergabe von Dienstleistungskonzessionen: Verfahren, Vergabekriterien, Rechtsschutz, NZBau 2005, 610; *Diemon-Wies*, Die Vergabe von Konzessionen, VergabeR 2016, 162; *Donhauser/Hölzlwimmer*, Die neue Richtlinie über die Konzessionsvergabe und ihre Auswirkungen auf die Vergabe von Wegenutzungskonzessionen nach § 46v EnWG, VergabeR 2015, 509; *Hattig/Ruhland*, Die Rechtsfigur der Dienstleistungskonzession, NZBau 2005, 626; *Jennert*, Der Begriff der Dienstleistungskonzession im Gemeinschaftsrecht – zugleich ein Beitrag zum Entgeltlichkeitsbegriff des Dienstleistungsauftrags, NZBau 2005, 131; *Jennert*, Das Urteil „Parking Brixen" usw., NZBau 2005, 623; *Müller-Wrede/Braun*, Kommentar zur KonzVgV und Sonderregelungen, 2019.

Übersicht

	Rn.		Rn.
I. Bis Anfang 2016 geltendes Recht	1	IV. Vergaberegeln	9
II. Neues Richtlinienrecht der EU	3		
III. Anwendungsfeld	4	V. Umsetzung in deutsches Recht	11

I. Bis Anfang 2016 geltendes Recht

Öffentliche Aufträge sind nur Aufträge, die die Erbringung einer Leistung **gegen Entgelt** 1
vorsehen. Erhält der Auftragnehmer für seine Leistung keine unmittelbare finanzielle Zuwendung durch den Auftraggeber oder auf Veranlassung des Auftraggebers ist die Auftragsbeziehung keine entgeltliche Auftragsbeziehung und unterlag nach dem bis April 2016 nicht dem Recht der öffentlichen Auftragsvergabe. Eine der wichtigsten Vertragskonstellationen, die, ohne entgeltliche Vertragsbeziehung zu sein, gerne als Ersatz für einen öffentlichen Auftrag verwendet wird, ist die **Konzession.**[1] Das sind Rechtsgeschäfte, die sich nach den Richtlinien aus 2004 dem Begriff des öffentlichen Auftrags entzogen und ohne ausdrückliche Zuweisung nicht von den EU-Vergaberichtlinien von 2004[2] erfasst wurden. Die Sektorenrichtlinie von 2004 enthielt gar eine ausdrückliche Regelung, die die Nichtanwendung dieser Richtlinie auf Konzessionen festlegte.[3] Nach der Definition des Art. 1 Abs. 3 Vergabe-RL 2004 von 2004 und des § 99 Abs. 3 und 6 GWB aF sind **Baukonzessionen** „Verträge, die von öffentlichen Bauaufträgen nur insoweit abweichen, als die Gegenleistung ausschließlich aus dem Recht zur Nutzung des Bauwerkes oder in diesem Recht zuzüglich der Zahlung eines Preises besteht". Auch ohne entgeltliche Verträge zu sein, waren Baukonzessionen also bis 2016 ausdrücklich dem Vergaberechtsregime unterstellt. Anders war die Rechtslage bei **Dienstleistungskonzessionen.** Eine Dienstleistungskonzession ist ein Vertrag, der als Gegenleistung für die Erbringung der vereinbarten Leistung kein Entgelt, sondern ein Recht zur Nutzung der durch die Erlaubnis (Konzession) eingeräumten Position vorsieht.[4] Die Verbindung zum Vergaberecht ergibt sich anders als bei der Baukonzession, für die Richtlinie und Gesetz schon seit langer Zeit eine ausdrückliche Zuweisung zum Vergaberecht vorsahen, aus der

---

[1] Dies gilt obwohl die Richtlinie zur Konzessionsvergabe die Konzession als „entgeltlichen" Vertrag definiert.
[2] RL 2004/18/EG (Vergabe-RL 2004) und RL 2004/17/EG (Sektoren-RL 2004).
[3] Art. 18 RL Sektoren-RL 2004.
[4] Definition in Art. 1 Abs. 3 und 4 Vergabe-RL 2004 und in Art. 1 Abs. 3 lit. a und b Sektoren-RL 2004.

vielfachen funktionellen Verbindung der Vertragskonstellation mit einem normalen Auftrag gegen Geld. Musterbeispiele für die Dienstleistungskonzession sind beispielsweise der Betrieb eines Hafens oder eines Flughafens; auch eine Rettungsleitstelle oder die Wasserversorgung einer Gemeinde können mittels Dienstleistungskonzession betrieben werden. Der den EG-Vergaberichtlinien Sektoren-RL 2004 und Vergabe-RL 2004 zugrunde liegende **Begriff der Dienstleistungskonzession** geht auf die Rechtsprechung des EuGH zurück[5] und ist als Rechtsbegriff des Gemeinschaftsrechtes ausschließlich nach gemeinschaftsrechtlichen Kriterien auszulegen.[6] Im deutschen Recht wurde dieser Konzessionsbegriff akzeptiert und übernommen.[7] Bei Dienstleistungskonzessionen handelt es sich um Vereinbarungen, die im Unterschied zum Dienstleistungsauftrag keine Zahlungen als Gegenleistung vorsehen, sondern die durch die Konzession eingeräumte Position unter Übernahme des wirtschaftlichen Risikos zu nutzen. Eine Dienstleistungskonzession scheidet daher aus, wenn der Vertragspartner als Gegenleistung ausschließlich einen vorher festgelegten Preis erhält.[8] Der Konzessionär erhält sein Entgelt für seine Leistungen von den dritten Nutzern der Rechtsposition, die er verwerten darf. Dabei kommt es nicht darauf an, auf welcher rechtlichen Grundlage die Nutzer der Leistung ein Entgelt an den Konzessionär entrichten, ob die Rechtsbasis, auf der die Entgelte erhoben werden, privatrechtlicher Natur ist, die Entgelte also Preise sind, oder ob die Rechtsbasis öffentlich-rechtlicher Natur ist und die Entgelte Gebühren darstellen.[9] Dem mit einer Dienstleistungskonzession zum Konzessionär werdenden Wirtschaftsteilnehmer darf durch die Konzessionsvereinbarung nicht das **wirtschaftliche Risiko** an der Verwertung des Nutzungsrechts abgenommen werden. **Nicht erforderlich ist, dass es sich um das vollständige Betriebsrisiko handelt,** das der Auftraggeber an den Konzessionär überträgt[10] Selbst wenn ein kommunalrechtlicher Anschluss- und Benutzungszwang zugunsten eines Konzessionärs und hinsichtlich des Absatzes der Leistungen des Konzessionärs nur ein geringes Risiko besteht oder Subventionen gezahlt werden, ändert sich der Charakter des Geschäftes erst, wenn der Konzessionär keinerlei unternehmerisches Risiko mehr trägt. Erst dann muss von einem öffentlichen Auftrag ausgegangen werden. Das wirtschaftliche Risiko darf nicht mit unternehmerischer Eigenverantwortung des Konzessionärs verwechselt werden; auch beim Dienstleistungsauftrag kann es so sein, dass der Unternehmer den Auftrag in voller Eigenverantwortung durchführt.

2 **Baukonzessionen** waren bis Anfang 2016 öffentlichen Bauaufträgen zuzuordnen. Die Vergabe von Baukonzessionen war nach der Regelung der Art. 56 ff. Vergabe-RL 2004 sinngemäß wie die Vergabe von Bauaufträgen zu behandeln. **Dienstleistungskonzessionen** fielen gem. Art. 17 Vergabe-RL 2004 und Art. 18 Sektoren-RL 2004, **nicht in den Anwendungsbereich des EG-Vergaberechts.** Für den Abschluss solcher Verträge und die Verleihung entsprechender Rechte an Unternehmen **galten** daher natürlich die **Vergaberegeln nicht.** Das bedeutet jedoch nicht, dass **Dienstleistungskonzessionen,** wenn sie die Auftragsschwellen der EU-Richtlinien überschritten, freihändig vergeben werden konnten. Bei der Vergabe von Dienstleistungskonzessionen **müssen** nach ständiger Rechtsprechung des EuGH Transparenzvorschriften und Gleichheitskriterien beachtet werden, die der **EuGH** direkt dem EU-Primärrecht entnimmt. Er verlangt dabei eine **angemessene Transparenz, und Chancengleichheit** für alle in Frage kommenden Bewerber und eine **Vergabeentscheidung nach objektiven Kriterien.**[11] Alle öffentlichen „Auftraggeber" hatten und haben daher Konzessionen auf der Grundlage der Freiheiten des EU-Primärrechts zu vergeben und das Diskriminierungsverbot zu beachten.[12] **Transparenz** ist erforderlich, um sicherzustellen, dass ein Unternehmen

---

[5] EuGH Urt. v. 10.9.2009 – C-206/08, Slg. 2009, I-0000 Rn. 51, 59, 68 – WAZV Gotha; vorher bereits EuGH Urt. v. 13.11.2008 – C-437/07, BeckEuRS 2008, 482837 – Kommission/Italien; EuGH Urt. v. 13.10.2005 – C-458/03, Slg. 2005, I-8585 Rn. 39 – Parking Brixen; EuGH Urt. v. 10.11.1998 – C-360/96, Slg. 1998, I-6821 – Gemeente Arnhem.

[6] EuGH Urt. v. 15.10.2009 – C-196/08, NZBau 2009, 804 Rn. 38 – Acoset; EuGH Urt. v. 18.7.2007 – C-382/05, Slg. 2007, I-6657 Rn. 31 – Kommission/Italien.

[7] OLG München Beschl. v. 2.7.2009 – Verg 5/09, NZBau 2009, 666 (670); OLG Düsseldorf Beschl. v. 23.5.2007 – VII-Verg 50/06, NZBau 2007, 525 ff.; BayObLG VergabeR 2002, 55; OLG Düsseldorf VergabeR 2002, 607; *Prieß* VergabeR-HdB 145 ff.; RKPP/*Röwekamp* GWB § 99 Rn. 50 ff; Byok/Jaeger/*Hailbronner* GWB § 99 Rn. 484.

[8] EuGH Urt. v. 7.12.2000 – C-324/98, Slg. 2000, I-10745 Rn. 58; EuGH Urt. v. 10.11.1998 – C-360/96, Slg. 1998, I-6821.

[9] OLG Schleswig Urt. v. 6.7.1999 – 6 U Kart 22/99, NZBau 2000, 100 (102).

[10] EuGH Urt. v. 10.9.2009 – C-206/08, Slg. 2009, I-0000 Rn. 68 und Rn. 77 – WAZV Gotha.

[11] EuGH Urt. v. 13.10.2005 – C-458/03, Slg. 2005, I-8585 Rn. 46 ff. – Parking Brixen.

[12] EuGH Urt. v. 7.12.2000 – C-324/98, Slg. 2000, I-10745 Rn. 60–62 – Telaustria; EuGH Urt. v. 3.12.2001 – C-59/00, Slg. 2001, I-9505 Rn. 19–20 – Vestergaard; EuGH Urt. v. 21.7.2005 – C-231/03 Rn. 28 – Coname; EuGH Urt. v. 20.10.2005 – C-264/03 Rn. 33 – Kommission/Frankreich; EuGH Urt. v. 6.4.2006 – C-410/04, NVwZ 2006, 555 Rn. 22 – ANAV.

aus einem anderen Mitgliedstaat sich über den Umstand, dass eine derartige Konzessionsvergabe erfolgen soll sowie die Bedingungen ihrer Vergabe und deren Wert informieren kann.[13] Die Verpflichtung zur Transparenz verlangt vom Auftraggeber zugunsten potentieller Bieter einen „angemessenen Grad von Öffentlichkeit". Das Transparenzerfordernis ist dann erfüllt, wenn die in anderen Mitgliedstaaten niedergelassenen Unternehmen vor der Vergabe Zugang zu angemessenen Informationen über die betreffende Leistung hatten, sodass diese Unternehmen ggf. ihr Interesse am Erhalt des Auftrags bekunden konnten.[14] Eine **europaweite Bekanntmachung** ist nach Primärrecht **nicht** geboten, wenn die betreffende Beschaffung keine Relevanz für den Binnenmarkt besitzt.[15] Auf die Vergabe von Dienstleistungskonzessionen wendet der EuGH auch die **Befreiungstatbestände** an, die er für Aufträge entwickelt hat. So ist die In-House-Vergabe einer Konzession ebenso wenig bestimmten Regeln unterworfen wie ein Kooperationsvertrag mit Konzessionscharakter.[16]

II. Neues Richtlinienrecht der EU

Mit der RL 2014/23/EU des Europäischen Parlamentes und des Rates vom 26.2.2014 über die Konzessionsvergabe[17] änderte sich die europäische Rechtslage inhaltlich nicht wesentlich, aber formal von Grund auf: **Die Richtlinie ersetzt die vom EuGH auf das Primärrecht gestützten Regeln durch Sekundärrecht.**

III. Anwendungsfeld

Das **subjektive Anwendungsfeld der Richtlinie** ist nunmehr identisch mit dem subjektiven Anwendungsfeld des öffentlichen Auftragsrechtes. Es handelt sich um die öffentlichen Auftraggeber der Vergabe-RL 2004[18] und die Sektorenauftraggeber, die in der Richtlinie „Auftraggeber"[19] genannt werden. Sie werden verpflichtet, sich bei der „Beschaffung im Wege von Bau- und Dienstleistungskonzessionen"[20] nach den Regeln der Richtlinie zu verhalten. Auf diesen interessanten ausdrücklichen Bezug zur Beschaffung kommt weder die Richtlinie noch kommen die Beschaffungsrichtlinien je wieder zurück. Die Formulierung steht im Art. 1 Abs. 1 der Konzessionsrichtlinie (RL 2014/23/EU) einsam und alleine und ohne weiteren Bezug so da. Das **objektive Anwendungsfeld der Richtlinie** sind die besonderen Vertragskonstruktionen, die sich als „Konzessionen" in den letzten Jahren herausgebildet haben. Betroffen sind alle Konzessionen – sowohl Bau- als auch Dienstleistungskonzessionen, wobei die Baukonzession sich lediglich dadurch von der Dienstleistungskonzession unterscheidet, dass sie als Leistung des Konzessionsnehmers eine Bauleistung anstatt einer Dienstleistung enthält.

Eine Konzession ist nach der Definition des Art. 5 Nr. 1 lit. a und b RL 2014/23/EU ein **Vertrag**, mit dem öffentliche Auftraggeber oder Sektorenauftraggeber einen oder mehrere Wirtschaftsteilnehmer mit der Erbringung und der Verwaltung einer Leistung betrauen, wobei die Gegenleistung des Wirtschaftsteilnehmers allein in dem Recht auf Verwertung der vertragsgegenständlichen Dienst- oder Bauleistung besteht. Mit der Festlegung auf den Vertrag dürfte sowohl die Übertragung durch Gesetz, Verordnung und Satzung, als auch die Betrauung durch Verwaltungsakt ausscheiden. Insofern gilt der in Art. 2 RL 2014/23/EU noch einmal besonders hervorgehobene Grundsatz der Verwaltungsökonomie der Behörden. Bei den Konzessionsverträgen soll es sich nach der Definition des Art. 5 Nr. 1 lit. a und b RL 2014/23/EU um **„entgeltliche"** Verträge handeln. Dabei stellt sich jedoch die Frage, ob diese „Entgeltlichkeit" eine spezielle Aussagekraft hat. Denn die Definition der Konzession hebt zugleich hervor, dass die Gegenleistung in der Nutzungsmöglichkeit der Leistung bzw. des Bauwerkes bestehen muss und eine Zahlung des Auftraggebers allenfalls als Ergänzung hinzukommen darf, ohne dass damit dem Konzessionsnehmer das Betriebsrisiko für die Nutzung von Leistung oder Bauwerk abgenommen werden darf.[21] Vielleicht hätte es zur Vermeidung von Missverständnissen ausgereicht, in der Richtlinie und im GWB festzustellen, dass es sich um „gegenseitige" Verträge handeln muss.

---

[13] EuGH Urt. v. 21.7.2005 – C-231/03 Rn. 28 – Coname.
[14] EuGH Urt. v. 13.10.2005 – C-458/03 Rn. 49 f. – Parking Brixen; EuGH Urt. v. 7.12.2000 – C-324/98, Slg. 2000, I-10745 Rn. 60–62 – Telaustria.
[15] EuGH Urt. v. 21.7.2005 – C-231/03 Rn. 20 – Coname.
[16] EuGH Urt. v. 10.9.2009 – C-573/07, VergabeR 2009, 882 Rn. 40 mAnm Bultmann/Hölzl VergabeR 2009, 893; EuGH Urt. v. 11.1.2005 – C-26/03, NVwZ 2005, 187 Rn. 48 – Stadt Halle; EuGH Urt. v. 18.11.1999 – 107/98 Rn. 50 – Teckal.
[17] ABl. 2014 L 94, 1 über die Konzessionsvergabe.
[18] Art. 1 Abs. 2 und Art. 6 RL 2014/23/EU über die Konzessionsvergabe.
[19] Art. 1 Abs. 2 und Art. 7 RL 2014/23/EU über die Konzessionsvergabe.
[20] Art. 1 Abs. 1 und 2 RL 2014/23/EU über die Konzessionsvergabe.
[21] Art. 5 Nr. 1 S. 2 RL 2014/23/EU über die Konzessionsvergabe.

6 Konzessionen dürfen **nur eine beschränkte Laufzeit** haben. Die öffentlichen Auftraggeber und die Auftraggeber haben diese Laufzeit im Vorhinein zu schätzen. Bei Konzessionen mit einer Laufzeit von über fünf Jahren darf die Laufzeit nicht länger sein als der Zeitraum, innerhalb dessen der Konzessionsnehmer nach vernünftigem Ermessen die Investitionsaufwendungen für den Betrieb des Bauwerkes oder die Erbringung der Dienstleistung zuzüglich einer Rendite auf das investierte Kapital wieder erwirtschaften kann.[22]

7 Die Richtlinie gilt nur für Konzessionen, deren Vertragswert mindestens **5.350.000 EUR** beträgt. Das stellt Art. 8 RL 2014/23/EU lapidar fest. Es ist der **Schwellenwert,** der für die Vergabe von Bauleistungen besteht. Er wird wie im Vergaberecht regelmäßig von der Kommission überprüft und gemessen am GPA neu festgesetzt.[23] Die Kriterien für die Schätzung des Schwellenwertes müssen von den Auftraggebern in den Konzessionsunterlagen bekannt geben werden. Dabei sollen der Wert aller Optionen und etwaigen Verlängerungsmöglichkeiten der Konzession berücksichtigt werden, die Einkünfte aus der Nutzung des Bauwerkes bzw. der Dienstleistung herangezogen werden, die Zuschüsse oder sonstigen finanziellen Vorteile der Auftraggeber und die Verkäufe von Gegenständen, die Teil der Konzession sind, sowie den Wert aller Lieferungen und Dienstleistungen, die die Auftraggeber für den Konzessionsnehmer bereitstellen.

8 Die Konzessionsrichtlinie gilt ausdrücklich nicht für Dienstleistungskonzessionen in den nunmehr in allen Vergaberichtlinien konsolidierten **Ausnahmebereichen:** Sie gilt nicht für Erwerb und Miete von Grundstücken oder von vorhandenen Gebäuden, nicht für den Erwerb und die Produktion von Sendematerial, nicht für Schiedsgerichts- und Schlichtungsleistungen und nicht für die forensische Tätigkeit von Rechtsvertretern und -beratern, nicht für Notar- und Treuhändertätigkeiten und nicht für Finanzdienstleistungen, nicht für Dienstleistungen des Katastrophenschutzes, des Zivilschutzes und der Gefahrenabwehr, die von gemeinnützigen Organisationen erbracht werden – mit Ausnahme des Einsatzes von Krankenwagen zur Patientenbeförderung – und nicht für Dienstleistungen im Rahmen politischer Kampagnen. Alles dies ist generell[24] aus dem Vergaberecht ebenso ausgeschlossen[25] wie die Vergabe von Konzessionen durch internationale Organisationen.[26] Eine besondere Ausnahme von der Konzessionsrichtlinie findet sich in Art. 12 RL 2014/23/EU. Nach der dort niedergeschriebenen Regel gelten die Vorschriften der Richtlinie nicht für Konzessionen betreffend die Bereitstellung und das Betreiben fester Netze zur Versorgung der Allgemeinheit im Zusammenhang mit der Gewinnung, dem Transport und der Verteilung von **Trinkwasser** sowie die Einspeisung von Trinkwasser in diese Netze.[27] Ebenso wenig sind erfasst Konzessionen, die Wasserbau-, Bewässerungs- und Entwässerungsvorhaben sowie die Abwasserbeseitigung und -behandlung im Zusammenhang mit der Trinkwasserversorgung betreffen.[28] Anders als bei den übrigen Ausnahmen und Ausschlüssen der Anwendung der Konzessionsrichtlinie muss man jedoch in diesem Fall davon ausgehen, dass die mitgliedstaatlichen öffentlichen Auftraggeber und die Sektorenauftraggeber durch diesen besonderen Ausschluss von der Anwendung der Vorschriften der Richtlinie nicht ganz frei von europarechtlichen Vorgaben bei der Vergabe von Konzessionen im Wasserbereich werden. Im Gegenteil, es ist vielmehr davon auszugehen, dass an die Stelle sekundärrechtlicher Regeln wieder das auch heute schon geltende Primärrecht tritt (→ Rn. 2). Die Konzessionsrichtlinie gilt – wie dies auch im bisherigen Recht der Fall war (→ Rn. 2) – nicht für die Vergabe im **In-House-Verhältnis und im Kooperationsverhältnis** unter öffentlichen Auftraggebern und Sektorenauftraggebern[29] und nicht für die Vergabe an ein verbundenes Unternehmen.[30] Die Konzessionsvergabe in diesen Konstellationen unterliegt keinen europarechtlichen Vorgaben und kann frei erfolgen.

IV. Vergaberegeln

9 Die Vergabe von Konzessionen erfolgt abweichend von der Vergabe öffentlicher Aufträge einschließlich von Sektorenaufträgen nicht nach bestimmten vorgegebenen Vergabeverfahren. Öffentliche Auftraggeber und Auftraggeber sind allerdings nicht mehr ganz so frei wie noch im alten Recht. Sie können zwar – wie Art. 30 Abs. 1 RL 2014/23/EU plakativ hervorhebt – das Verfahren zur Wahl des

---

22 Art. 18 RL 2014/23/EU über die Konzessionsvergabe.
23 Art. 9 RL 2014/23/EU über die Konzessionsvergabe; mit der Delegierten Verordnung (EU) 2019/1830 hat die Europäische Kommission am 30.10.2019 die Richtlinie 2014/23/EU des Europäischen Parlaments und des Rates im Hinblick auf die Schwellenwerte für die Vergabe von Konzessionen geändert und den og Betrag festgesetzt.
24 S. die entsprechenden Regelungen zB in Art. 10 Vergabe-RL 2004.
25 Art. 10 Abs. 8 RL 2014/23/EU über die Konzessionsvergabe.
26 Art. 10 Abs. 4 RL 2014/23/EU über die Konzessionsvergabe.
27 Art. 12 Abs. 1 RL 2014/23/EU über die Konzessionsvergabe.
28 Art. 12 Abs. 2 RL 2014/23/EU über die Konzessionsvergabe.
29 Art. 17 RL 2014/23/EU über die Konzessionsvergabe.
30 Art. 13 RL 2014/23/EU über die Konzessionsvergabe.

Konzessionsnehmers „frei" gestalten – allerdings nur unter Einhaltung der Vorschriften der Richtlinie, die doch eine Reihe bürokratischer Belastungen mit sich bringt, die die elektronische Verfügbarkeit der Konzessionsunterlagen ebenso betrifft wie Verfahrensgarantien sowie die Vertragsänderung während der Laufzeit der Konzession und die Kündigung der Konzession. Erstmals wird auch für die Vergabe von Konzessionen eine qualitative Bewertung der Leistungsfähigkeit der Bieter oder Bewerber eingeführt. Und Art. 39 sieht Mindestfristen für den Eingang von Teilnahmeanträgen und Angeboten vor. Wichtigste Aspekte der Vorgabe für das Verfahren sind die europaweite Bekanntmachung nach Standardformular mit den darin vorgesehenen Angaben, die Einhaltung der Transparenz und die Festlegung auf das Prinzip der Nichtdiskriminierung sowie die Bindung an zuvor bekannt gegebene objektive Zuschlagskriterien,[31] die selbstverständlich in „absteigender Reihenfolge ihrer Bedeutung" bekannt zu geben sind.[32] Selbstverständlich müssen die Zuschlagskriterien auch mit dem Konzessionsgegenstand in Verbindung stehen und dürfen den Auftraggebern keine uneingeschränkte Wahlfreiheit einräumen. Die Kriterien müssen mit Anforderungen verbunden sein, die eine wirksame Überprüfung der vom Bieter übermittelten Informationen ermöglichen.[33] Die Vorschriften für die Durchführung von Konzessionen werden von dem Prinzip geleitet, dass die Mitgliedstaaten geeignete Maßnahmen treffen, um sicherzustellen, dass Wirtschaftsteilnehmer die geltenden umwelt-, sozial- und arbeitsrechtlichen Verpflichtungen einhalten, die durch „Rechtsvorschriften der Union, nationale Rechtsvorschriften, Tarifverträge oder internationale Vorschriften festgelegt sind. Von zukünftigen Konzessionären kann daher nicht nur die Selbstverständlichkeit verlangt werden, dass sie sich an das nationale Recht halten, sondern auch verlangt werden, dass sie **Tarifverträge** einhalten.

Für Konzessionen zur Erbringung sozialer und anderer im Anhang IV der Richtlinie zusammengefassten Dienstleistungen gilt gem. Art. 19 RL 2014/23/EU ein leichteres Regime ohne bürokratische Lasten, das im Wesentlichen aus einer Pflicht zur Vorveröffentlichung der Konzessionsvergabeabsicht, der Zuschlagsbekanntmachung nach Art. 32 und der allgemeinen Bindung an die in Art. 3 festgelegten Grundsätze von Gleichbehandlung, Nichtdiskriminierung und Transparenz besteht. Konzessionen dieser Art könnten die Zulassung von Krankenhäusern, Rehabilitationszentren uÄ sein. Die Bundesregierung ist zwar der Überzeugung, dass dieser Art. 19 RL 2014/23/EU im deutschen Sozialrecht keine Rolle spielt, weil das sog. sozialrechtliche Dreiecksverhältnis die Anwendung des Vergaberechtes und des neuen Konzessionsrechtes in jedem Falle verhindert. Ob sich diese Rechtsauffassung indessen auf Dauer wird durchhalten lassen, ist mehr als fraglich. Ein Ausweg aus einer schwierigen Lage wäre dann der Weg über die Vergabe von Konzessionen zur Erbringung sozialer Dienstleistungen. Die anderen besonderen Dienstleistungen des Art. 19 RL 2014/23/EU sind der Kern der früheren „nachrangigen Dienstleistungen", für deren Vergabe ebenfalls nicht das allgemeine Vergaberechtsregime, sondern lediglich eine erleichterte, allgemein an Transparenz und Nichtdiskriminierung ausgerichtete Regulierung galt.

V. Umsetzung in deutsches Recht

Die Umsetzung des neuen Richtlinienrechtes in das deutsche Recht geschieht durch Aufnahme der Regeln in **das GWB-Vergaberecht** (§§ 101 und 105 GWB), das um eine **gesonderte Verordnung über die Vergabe von Konzessionen** ergänzt wird. Konzessionen werden danach praktisch wie eine neue Form eines öffentlichen Auftrags behandelt, die das Schicksal der allgemeinen Regeln für öffentliche Aufträge im Wesentlichen teilen, für die lediglich einige besondere Ausnahmeregeln gelten und ein freieres Vergaberegimes existiert (§§ 148–154 GWB).

Die Regeln der Richtlinie werden dabei cum grano salis 1:1 in das deutsche Recht übernommen, ohne begriffliche Korrekturen oder Interpretationen des europäischen Rechtes vorzunehmen. So wird in der Definition der Konzession auch der Aspekt der „Entgeltlichkeit" mitgeschleppt, obwohl auch hier nicht erkennbar wird, welchen Inhalt er haben soll. Selbstverständlich gibt es **„besondere Ausnahmen"** von den Regeln über die Vergabe von Konzessionen. Sie sind in § 149 GWB zusammengefasst. Die Wichtigsten betreffen die Vergabe von Konzessionen im Bereich Wasser (§ 149 Nr. 9 GWB) und Dienstleistungskonzessionen für Lotteriedienstleistungen (§ 149 Nr. 10 GWB), Konzessionen, die hauptsächlich dazu dienen, dem öffentlichen Konzessionsgeber die Bereitstellung oder den Betrieb öffentlicher Kommunikationsnetze zu ermöglichen (§ 149 Nr. 8 GWB), Konzessionen im Bereich der Luftverkehrsdienste und Konzessionen, die die Beförderung von Personen betreffen (§ 149 Nr. 12 GWB).

Die zentralen **Vergabevorschriften** sind die §§ 151 und 152 GWB, in denen die Bekanntmachungspflicht (§ 151 S. 1 GWB) fixiert ist und in denen die Anforderungen an das Konzessionsverga-

---

[31] Art. 41 RL 2014/23/EU über die Konzessionsvergabe.
[32] Art. 41 Abs. 3 RL 2014/23/EU über die Konzessionsvergabe.
[33] Art. 41 Abs. 2 RL 2014/23/EU über die Konzessionsvergabe.

beverfahren zu finden sind. Letztere lehnen sich an die Leistungsbeschreibung für die Vergabe von öffentlichen Aufträgen an und übernehmen die Verpflichtung der öffentlichen Auftraggeber, Aufträge nur an geeignete Unternehmen zu vergeben auch für Konzessionsgeber (§ 152 Abs. 2 GWB iVm § 122 GWB). In § 152 Abs. 3 GWB ist die Bindung der Konzessionsgeber an die Zuschlagskriterien aufgenommen. Dort ist dann auch festgelegt, dass die Zuschlagskriterien mit dem Konzessionsgegenstand in Verbindung stehen und mit einer Beschreibung einhergehen müssen, die eine wirksame Überprüfung der von den Bietern übermittelten Informationen gestattet. Sie dürfen qualitative, umweltbezogene oder soziale Belange umfassen, wobei – anders als in der Richtlinie – offengelassen ist, ob mit diesen „sozialen Belangen" auch gemeint ist, dass der Konzessionsgeber auch vorschreiben kann, dass der zukünftige Konzessionsnehmer tarifvertragliche Regelungen einhält. Die Vergabe von **Konzessionen über soziale und andere Dienstleistungen,** für die die Richtlinie ein besonders bürokratiefreies und offenes Vergabeverfahren vorgesehen hat, schränkt das bundesdeutsche Gesetz deutlich ein: Es sieht vor, dass auch für sie die Regeln der §§ 151 und 152 GWB zu gelten haben. Konzessionsnehmern wird mit der neuen Konstruktion ein neuer Rechtsschutzweg eröffnet: **Rechtsschutz findet nun im Nachprüfungsverfahren statt.**

14   Gemäß § 113 GWB ist die Bundesregierung ermächtigt, durch Rechtsverordnung mit Zustimmung des Bundesrates die **Einzelheiten** zur Vergabe von öffentlichen Aufträgen und Konzessionen zu regeln. Neben der Vergabeverordnung (VgV), der Vergabeverordnung für die Bereiche Verteidigung und Sicherheit (VSVgV) und der Sektorenverordnung (SektVO) wird dies die Verordnung zur Konzessionsvergabe (KonzVgV)[34] sein. Die Verordnung regelt in einem ersten Abschnitt mit der Festlegung, dass sie **„nähere Bestimmungen" über das bei der Vergabe von Konzessionen einzuhaltende Verfahren** zum Gegenstand hat (§ 1), den Anwendungsbereich der Verordnung, die Berechnung des geschätzten Vertragswertes (§ 2) und die Laufzeit der Konzessionen. Dabei ist von besonderer Bedeutung, dass der Konzessionsgeber den geschätzten Vertragswert nach einer „objektiven Methode" vorzunehmen hat, die in den Vergabeunterlagen zu beschreiben ist. Die Methode berücksichtigt alle die Aspekte, die auch die Richtlinie ausdrücklich hervorhebt (s. § 2). Die Laufzeit jedweder Konzession ist auf den Abschreibungszeitraum für die zu ihrer Erfüllung erforderlichen Investitionen beschränkt – sofern sie nicht ohnehin nur weniger als 5 Jahre laufen soll. Die §§ 4 und 5 der Verordnung regeln eine ausdrückliche Pflicht zur Vertraulichkeit beim Austausch und der Speicherung von Informationen sowie eine strikte Pflicht zur Vermeidung von Interessenkonflikten zwischen Konzessionsgeber und eventuell interessierten Wirtschaftsteilnehmern wie sie bisher im deutschen Vergaberecht noch nicht mit dieser Klarheit vorhanden war. § 6 verpflichtet den Konzessionsgeber das Vergabeverfahren von Beginn an fortlaufend in Textform nach § 126b BGB zu dokumentieren. Zusätzlich wird verlangt, dass der Konzessionsgeber über jedes Vergabeverfahren in Textform einen Vergabevermerk anfertigt. Dokumentation, Vergabevermerk, Teilnahmeanträge und Angebote sind bis zum Ende der Laufzeit vertraulich zu behandeln und aufzubewahren. In den §§ 7–11 beschäftigt sich die Verordnung mit der Kommunikation zwischen Konzessionsgeber und Wirtschaftsteilnehmer und verpflichtet den Konzessionsgeber abweichend von der allgemeinen Regel der Richtlinie 2014/23/EU auf die elektronische Kommunikation. Die Richtlinie sieht die elektronische Kommunikation nur sehr eingeschränkt, und zwar nur für den Fall der Bekanntmachung vor. Die KonzVgV verlangt nun für jedwede Kommunikation die Verwendung elektronischer Kommunikationsmittel.

15   Die zentralen **Regeln zur Konzessionsvergabe** finden sich im Abschnitt 2 der Verordnung über das Vergabeverfahren. Das beginnt mit einer weiteren Regel über die „allgemeinen Grundsätze", in denen wieder einmal festgehalten ist, dass der Konzessionsgeber das Verfahren zur Konzessionen frei gestalten kann, während zugleich Hinweise gegeben werden, was nicht geschehen darf: Verhandlungen über den Konzessionsgegenstand dürfen ebenso wenig stattfinden wie Änderungen an Angebot und Zuschlagskriterien (§ 12 Abs. 2). Dass der Konzessionsgeber Bieter oder Bewerber bei der Weitergabe von Informationen ebenso wenig diskriminieren darf wie bei allen anderen Handlungen, bedürfte eigentlich nicht der Erwähnung, steht aber ausdrücklich noch einmal im Text (§ 12 Abs. 3). Im § 13 heißt es unter „Verfahrensgarantien": Die Konzessionen werden auf der Grundlage der vom Konzessionsgeber festgelegten Zuschlagsgarantien vergeben, wenn der Bieter geeignet ist, die weiteren Teilnahmebedingungen erfüllt sind und er nicht nach den Vorschriften des § 154 GWB auszuschließen ist. Der Konzessionsgeber übermittelt den Teilnehmern in einem Vergabeverfahren einen Organisations- und Zeitplan des Vergabeverfahrens einschließlich eines unverbindlichen Schlusstermins. Sämtliche Änderungen an diesem Zeitplan werden allen Teilnehmern mitgeteilt. Wenn die Änderungen Inhalte der Konzessionsbekanntmachung betreffen, sind sie europaweit bekannt zu machen. Dem Vergabeverfahren muss eine genaue Leistungsbeschreibung der geforderten Bau- oder Dienstleistung voraus gehen (§ 15). Die Leistungsbeschreibung ist Haupt-

---

[34] Vom 12.4.2016 (BGBl. 2016 I 624 ff.).

gegenstand der Vergabeunterlagen. Sie werden den Wirtschaftsteilnehmern unter einer elektronischen Adresse „uneingeschränkt, unentgeltlich, vollständig und direkt" zur Verfügung gestellt. Die entsprechende elektronische Adresse ist in der Konzessionsbekanntmachung oder in der Aufforderung zur Angebotsabgabe anzugeben.

Die Absicht, eine Konzession zu vergeben, ist in einer **Konzessionsbekanntmachung nach Standardformular** mitzuteilen, es sei denn, es liegt einer der in der Verordnung niedergelegten Gründe vor, die ausnahmsweise erlauben, von einer Bekanntmachung abzusehen (§§ 19 und 20). Der Konzessionsgeber legt Eignungskriterien (§ 25) und Zuschlagskriterien (§ 31) fest, um in nichtdiskriminierender Weise ein Angebot eines Wirtschaftsteilnehmers akzeptieren zu können. Die Eignung und das Nichtvorliegen von Ausschlussgründen werden aufgrund der Vorlage von Eigenerklärungen oder von Nachweisen geprüft (§ 26 Abs. 1). Nach dem Ende des Vergabeverfahrens sind unbeschadet der Informations- und Wartpflicht nach § 134 GWB, wonach die Bieter, deren Angebote nicht berücksichtigt werden sollen, über den Namen des Unternehmens, dessen Angebot angenommen werden soll, zu unterrichten sind, alle Bewerber und Bieter unverzüglich über die Entscheidung zu informieren. Dabei sind der Namen des erfolgreichen Bieters, die Gründe für die Ablehnung der Teilnahmeanträge oder Angebote sowie die Gründe für eine Entscheidung, Konzessionen nicht zu vergeben oder das Verfahren neu ein zuleiten (§ 30). Spätestens 48 Tage nach der Vergabe einer Konzession übermittelt der Konzessionsgeber zusätzlich eine Vergabebekanntmachung mit dem Ergebnis des Vergabeverfahrens.

§ 1 Gegenstand und Anwendungsbereich

Diese Verordnung trifft nähere Bestimmungen über das einzuhaltende Verfahren bei der dem Teil 4 des Gesetzes gegen Wettbewerbsbeschränkungen unterliegenden Vergabe von Konzessionen durch einen Konzessionsgeber.

Schrifttum: *Braun* in Müller-Wrede KonzVgV, § 1; *Diemon-Wies*, Vergabe von Konzessionen, VergabeR 2016, 162; *Donhauser/Hölzlwimmer*, Die neue Richtlinie über die Konzessionsvergabe und ihre Auswirkungen auf die Vergabe von Wegenutzungskonzessionen nach § 46v EnWG, VergabeR 2015, 509; *Gesterkamp*, Rechtsfragen zur Vergabe von Wasserkonzessionen, VergabeR 2020, 705; *Siegel* in Ziekow/Völlink, § 1.

I. Regelungsgehalt und Überblick

§ 1 bestimmt den Gegenstand und den **Anwendungsbereich der KonzVgV** mit einem einfachen Verweis auf Teil 4 des Gesetzes gegen Wettbeschränkungen: Die Regelungen der VO enthalten die näheren Bestimmungen über das einzuhaltende Verfahren bei der Vergabe der **Konzessionen, welche dem GWB unterliegen.**

Konzession sind nach § 105 GWB Vertragskonstellationen, durch die ein oder mehrere Konzessionsgeber ein oder mehrere Unternehmen mit einer Bauleistung oder mit der Erbringung einer Dienstleistung betrauen, wobei die Gegenleistung jeweils in der Nutzung des Bauwerkes oder dem Recht zur Verwertung der Dienstleistung besteht. Konzessionsgeber sind nach § 101 GWB entweder öffentliche Auftraggeber oder Sektorenauftraggeber. Der Gegensatz zum öffentlichen Auftrag bestimmt sich dadurch, dass der Konzessionsnehmer anders als der Auftragnehmer das wirtschaftliche Risiko der Konzession zu tragen hat. Dies können Verträge über den Betrieb eines Parkhauses, einer Feuerbestattungsanlage, einer Anlage zur Beseitigung tierischer Nebenprodukte, aber auch einer Kantine sein.[1] Dienstleistungskonzessionen sind idR Konzessionen zur Erbringung von Leistungen der öffentlichen Versorgung. Es kommen aber in der Praxis auch eine Reihe anderer Konzessionsfälle in Betracht: Sportwetten, Glücksspiel, Verkehrsdienstleistungen, Rettungsdienstleistungen, Vermarktung von Werbeflächen im öffentlichen Straßenraum, Betrieb von Spaßbädern und anderen Freizeiteinrichtungen, Weihnachtsmärkte uÄ.[2] Sehr umstritten ist – auch nachdem die entsprechende Regelung ins GWB übernommen wurde – die Einordnung von Wegenutzungsverträgen nach § 46 Abs. 2 EnWG. Nach Auffassung der Bundesregierung ist dies nicht der Fall.[3] Denn die Konzession ist ebenso wie der Auftrag ein Instrument der Beschaffung auf dem Markt, das unmittelbar ein eigenes wirtschaftliches Interesse des Auftraggebers oder Konzessionsgebers befriedigen muss. Bei einem Wegenutzungsvertrag aber liegt kein Beschaffungswille vor.[4] Hinzukommt, dass die Konzession

---

[1] HHWK/*Scherer-Leyendecker* GWB § 99 Rn. 213.
[2] HHWK/*Scherer-Leyendecker* GWB § 99 Rn. 216.
[3] Ebenso Kommission in Erläuterungen zur Richtlinie über die Konzessionsvergabe „Was ist eine Konzession?".
[4] *Diemon-Wies* VergabeR 2016, 162 (163); *Donhauser/Hölzlwimmer* VergabeR 2015, 509.

nicht nur vom Auftrag sauber getrennt werden muss, sondern auch von allen weiteren ähnlichen Verwaltungsaktivitäten wie Genehmigungen und Zulassungen jedweder Art, die keinen Beschaffungsbezug haben, dafür aber zentrale Verwaltungsaktivitäten darstellen, für deren Regulierung der EU jedwede Kompetenz fehlt: Von der Zulassung zum Taxiunternehmen bis zur Baugenehmigung.

3   Mit dem Bezug auf die dem Teil 4 des Gesetzes gegen Wettbewerbsbeschränkungen unterliegenden Vergabe von Konzessionen wird im § 1 zugleich noch einmal festgehalten, dass die unter die allgemeinen **Ausnahmen** (§§ 107, 108 und 109 GWB) fallenden Konzessionen ebenso wenig betroffen sind wie die in den Bereich der besonderen Ausnahmen (§ 149 GWB iVm § 116 GWB und § 150 GWB) fallenden Konzessionen. Letzteres sind insbesondere ein Großteil der Konzessionen in den Bereichen Verteidigung und Sicherheit (§ 150 GWB), Konzessionen zu forensischen Rechtsdienstleistungen, zu öffentlich zugänglichen Forschungs- und Entwicklungsdienstleistungen, finanziellen Dienstleistungen, audiovisuellen Mediendienstleistungen und Dienstleistungskonzessionen, die aufgrund eines auf Gesetz oder Verordnung beruhenden ausschließlichen Rechts vergeben werden. Außerdem sind Konzessionen zum Zwecke der Trinkwasserversorgung, Konzessionen zu Lotteriedienstleistungen sowie Konzessionen nicht betroffen, die Luftverkehrsdienstleistung oder Personenbeförderungsdienstleistungen zum Gegenstand haben (§ 149 GWB). Ob für die ausgenommenen Konzessionen andere europäische Regeln gelten, hängt von der Kategorie der Konzession ab. Für die Luftverkehrsdienste und die Personenverkehrsdienste gelten Sonderregeln.[5] Für die allgemein ausgenommenen Konzessionen nach §§ 107–109 und 149 GWB iVm § 116 GWB dürfte keine europarechtliche Bindung bestehen, weil die Ausnahmen auf mangelnde Binnenmarktrelevanz oder mangelnde Zuständigkeit der EU zurückgehen. Anders dürfte das bei den Bereichsausnahmen für die Wasserversorgung und die Lotteriedienstleistungen sein; hier dürfte weiterhin von der Geltung des Primärrechtes auszugehen sein.[6]

4   Selbstverständlich sind von der KonzVgV auch solche Konzessionen nicht erfasst, die den **Schwellenwert** des Art. 8 Abs. 1 RL 2014/23/EU nicht erreichen. **Ermächtigungsgrundlage für die KonzVgV ist § 113 Nr. 1 und 2 GWB.**

5   Die **Bestimmungen der KonzVgV ergänzen** das im 4. Teil Kapitel 1 Abschnitt 3 Unterabschnitt 3 in den §§ 148–154 GWB geregelte Verfahren um „**nähere Bestimmungen über das einzuhaltende Verfahren**". Die Regeln sind unterteilt in vier Abschnitte, von denen Abschnitt 3 mit der Vergabe von Unteraufträgen und Abschnitt 4 mit den Übergangs- und Schlussbestimmungen eher geringe Bedeutung haben, während der Abschnitt 1 mit den allgemeinen Bestimmungen und den Regeln über die Kommunikation sowie der zentrale Abschnitt 2 mit dem Vergabeverfahren im Vordergrund stehen. Abschnitt 2 teilt sich noch einmal auf in vier Unterabschnitte: Allgemeine Verfahrensvorschriften, Vorbereitung des Vergabeverfahrens, Bekanntmachungen, Auswahlverfahren und Zuschlag.

II. Systematische Stellung und Zweck der Norm

6   **§ 1 steht im Abschnitt 1** an der Spitze der Regelungen der gesamten Verordnung. Sie gibt den Gegenstand und den Anwendungsbereich der Verordnung an. Sein **Zweck** ist es also, auf diese Weise **die gesamten Regelungsgegenstände der KonzVgV zu umreißen**.

§ 2 Berechnung des geschätzten Vertragswerts

(1) Der Konzessionsgeber berechnet den geschätzten Vertragswert nach einer objektiven Methode, die in den Vergabeunterlagen anzugeben ist.

(2) ¹Die Wahl der Methode zur Berechnung des geschätzten Vertragswerts darf nicht in der Absicht erfolgen, die Anwendung der Bestimmungen des Teils 4 des Gesetzes gegen Wettbewerbsbeschränkungen oder dieser Verordnung zu umgehen. ²Eine Konzession darf insbesondere nicht so aufgeteilt werden, dass sie nicht in den Anwendungsbereich des Teils 4 des Gesetzes gegen Wettbewerbsbeschränkungen fällt, es sei denn, es liegen objektive Gründe für eine solche Aufteilung vor.

(3) Bei der Berechnung des geschätzten Vertragswerts geht der Konzessionsgeber von dem voraussichtlichen Gesamtumsatz ohne Umsatzsteuer aus, den der Konzessionsnehmer während der Vertragslaufzeit als Gegenleistung erzielt
1. für die Bau- oder Dienstleistungen, die Gegenstand der Konzession sind, und
2. für Lieferungen, die mit diesen Bau- oder Dienstleistungen verbunden sind.

---

[5]   Für Luftverkehrsdienste gilt die VO (EG) Nr. 1008/2008 des Europäischen Parlamentes und des Rates v. 24.9.2008; für Konzessionen zur Personenbeförderung gilt die VO (EG) 1370/2007 des Europäischen Parlamentes und des Rates v. 23.10.2007.

[6]   S. *Gesterkamp* VergabeR 2020, 705.

(4) Der Konzessionsgeber berücksichtigt dabei nach den Umständen des jeweiligen Einzelfalls insbesondere
1. den Wert aller Arten von Optionen und möglichen Vertragsverlängerungen,
2. die Einkünfte aus Gebühren oder Entgelten sowie Geldbußen oder Vertragsstrafen, die von den Nutzern der Bauwerke oder Dienstleistungen gezahlt werden, soweit diese nicht im Auftrag des Konzessionsgebers erhoben werden,
3. die Zahlungen des Konzessionsgebers oder jeder anderen Behörde an den Konzessionsnehmer oder weitere finanzielle Vorteile jedweder Art, einschließlich Gegenleistungen für die Erfüllung von Gemeinwohlverpflichtungen sowie staatlicher Investitionsbeihilfen,
4. den Wert von Zuschüssen oder sonstigen finanziellen Vorteilen jeglicher Art, die von Dritten für die Durchführung der Konzession gewährt werden,
5. die Einkünfte aus dem Verkauf von Vermögensgegenständen, die Teil der Konzession sind,
6. den Wert aller Lieferungen und Dienstleistungen, die der Konzessionsgeber für den Konzessionsnehmer bereitstellt, sofern sie für die Erbringung der Bau- oder Dienstleistungen erforderlich sind,
7. Prämien oder Zahlungen an Bewerber oder Bieter.

(5) ¹Maßgeblicher Zeitpunkt für die Berechnung des geschätzten Vertragswerts ist der Zeitpunkt, zu dem die Konzessionsbekanntmachung abgesendet oder das Vergabeverfahren auf sonstige Weise eingeleitet wird. ²Abweichend davon ist der Zeitpunkt des Zuschlags maßgeblich, falls der Vertragswert zu diesem Zeitpunkt mehr als 20 Prozent über dem nach Satz 1 geschätzten Wert liegt.

(6) ¹Kann ein Bauvorhaben oder eine geplante Dienstleistung zur Vergabe von Konzessionen in Form mehrerer Lose führen, ist der geschätzte Gesamtwert aller Lose zu berücksichtigen. ²Erreicht oder übersteigt der geschätzte Gesamtwert den maßgeblichen Schwellenwert, ist diese Verordnung für die Vergabe jedes Loses anzuwenden.

Schrifttum: *Höß*, Das 20%-Kontingent des Auftraggebers, VergabeR 2002, 19; *Marx*, Vergaberecht für Versorgungsbetriebe, 2011; *Säcker/Mohr/Wolf*, Konzessionsverträge im System des europäischen und deutschen Wettbewerbsrechtes, 2010; *Siegel*, Der neue Rechtsrahmen für die Vergabe von Dienstleistungskonzessionen, VergabeR 2015, 265; *Siegel*, Das neue Konzwessionsvergaberecht, NVwZ 2016, 1672.

Übersicht

	Rn.		Rn.
I. Regelungsgehalt und Überblick	1	6. Verbot der Umgehung (Abs. 2)	8
1. Grundlagen	1	7. Zeitpunkt für die Schätzung des Auftragswertes	9
2. Regelungsgehalt	3		
3. Überblick	5	8. Losvergabe (Abs. 6)	11
4. Grundsatz	6		
5. Die zu berücksichtigenden Umstände (Abs. 4)	7	II. Systematische Stellung und Zweck der Norm	12

I. Regelungsgehalt und Überblick

1. Grundlagen. Die Vergaberegeln des GWB und der KonzVgV sind nach § 106 GWB nur 1 auf Konzessionen anzuwenden, die einen **Schwellenwert** erreichen oder überschreiten. Dieser Schwellenwert für Konzessionen, die von öffentlichen Konzessionsgebern vergeben werden, ergibt sich gem. § 106 GWB direkt aus Art. 8 Abs. 1 RL 2014/23/EU in der jeweils geltenden Fassung. Mit der Delegierten Verordnung (EU) 2019/1830 hat die Europäische Kommission am 30.10.2019 die RL 2014/23/EU des Europäischen Parlaments und des Rates im Hinblick auf die Schwellenwerte für die Vergabe von Konzessionen geändert. Er beträgt seit Anfang 2019 **5.350.000 EUR**.

Der Schwellenwert ist keine absolute und objektiv messbare Größe, sondern ein **Prognose-** 2 **wert:**[1] Schätzt der Auftraggeber in einer nüchternen und seriösen Prognose[2] mittels einer objektiven Methode und aufgrund objektiver Anhaltspunkte den **Gesamtvertragswert** der von ihm beabsich-

---
[1] Franke/Kemper/Zanner/Grünhagen/Mertens/*Stoye* VOB/A § 23 Rn. 22 ff.
[2] HK-VergabeR/*Alexander* VgV § 3 Rn. 5.

tigten konkreten Konzession **ohne Umsatzsteuer** so ein, dass er den geltenden Schwellenwert erreicht oder übersteigt, zwingt ihn das GWB-Vergaberecht und die KonzVgV zur Anwendung ihrer Vorschriften. Wird der Wert nicht erreicht, gilt nationales Bundes- bzw. Landesrecht.

3   **2. Regelungsgehalt.** Die Vorschrift regelt die Art und Weise der vorzunehmenden Schätzung und die Berechnung des Vertragswertes sowie die dabei zu berücksichtigenden Einzelaspekte. Sie bestimmt die Art und Weise der **Vorname der Prognose.** Sie ist daher insoweit eine zentrale Vorschrift für die Anwendung des GWB-Vergaberechtes als nur dann GWB-Vergaberecht gilt, wenn der Konzessionsgeber in einer nüchternen und objektiven Prognose zu dem Ergebnis kommt, dass der Wert des zu vergebenden Auftrags voraussichtlich den anzulegenden Schwellenwert erreicht oder überschreitet. Allein der vom Auftraggeber fehlerfrei geschätzte Wert ist dabei maßgeblich.[3] Parallelvorschriften gibt es für den Bereich der VgV im § 3 VgV und für den Sicherheits- und Verteidigungsbereich in § 3 VSVgV sowie in § 2 SektVO für die nach der SektVO zu vergebenden Aufträge.

4   In allen hier geregelten Fällen hat die Prognose des Auftraggebers die zentrale Funktion für die Rechtsanwendung. Die **Schätzung** muss erkennen lassen, dass sich der Auftraggeber **mit Sorgfalt ernsthaft** um eine **objektive Prognose** bemüht und alle **wesentlichen Erkenntnisquellen dazu herangezogen** hat.[4] Es bleibt im einen wie im anderen Fall dabei, dass die Regeln angewendet wurden oder dass auf ihre Anwendung verzichtet wurde. **Stellt sich nach Einleitung des Vergabeverfahrens heraus,** dass der Schwellenwert **unterschritten** wird, indem beispielsweise nur Angebote eingehen, die unter dem Schwellenwert liegen, **oder** zeigt sich bei Eingang der Angebote, dass der Wert trotz der Annahme des Auftraggebers, er könne ohne die Anwendung vergaberechtlicher Regeln auskommen, **tatsächlich über dem Schwellenwert liegt,** ändert dies nichts mehr an der zuvor vorgenommenen rechtlichen Einordnung. **Einer Korrektur des einmal eingeleiteten Vergabeverfahrens bedarf es nicht,** sofern nur der Auftragswert nach § 2 VgV fehlerfrei prognostiziert wurde.[5] Realisiert sich im umgekehrten Fall die sorgfältig und ernsthaft nach den Regeln angestellte Prognose nicht und stellt sich heraus, dass der Gesamtauftragswert entgegen der Prognose unter dem Schwellenwert liegt, ist weiter nach GWB-Vergaberecht zu verfahren. **Die Pflicht zur Anwendung** des wettbewerbsrechtlichen Vergaberechtes **entfällt erst, wenn eine Neubewertung vorgenommen** werden darf und das Konzessionsvergabeverfahren aufgehoben wird. Im Nachprüfungsverfahren ist das Erreichen bzw. die Überschreitung des Auftragswertes von Amts wegen zu prüfen.[6]

5   **3. Überblick.** Abs. 1 gibt – abweichend von den Parallelvorschriften in den übrigen VgV vor, dass der Konzessionsgeber den Vertragswert nach einer „objektiven" Methode zu „berechnen" und diese Methode in den Vergabeunterlagen anzugeben habe. Er ist also in der Prognose und bei der Anwendung der Vergaberegeln weniger frei als der öffentliche Auftraggeber, der seine Auftragsschätzung aus sich heraus wirken lassen kann und nicht an eine (teil)veröffentlichte Methode gebunden ist. Ebenso wie VgV, VSVgV und SektVO sieht § 2 vor, dass die Berechnung des Vertrags- bzw. Auftragswertes nicht in der Absicht erfolgen darf, die Bestimmungen des GWB und der KonzVgV zu umgehen (Abs. 2). Grundlage für die Schätzung des Vertragswertes ist der voraussichtliche Gesamtumsatz, den der Konzessionsnehmer während der Vertragslaufzeit erzielt. Dabei sind nach den jeweiligen Umständen des Einzelfalles alle möglichen Aspekte mit heranzuziehen, die den Vertragswert erhöhen können. Maßgeblicher Zeitpunkt für die Schätzung ist der Zeitpunkt, zu dem die Konzessionsbekanntmachung abgesandt oder das Vergabeverfahren auf andere Weise eröffnet wird.

6   **4. Grundsatz.** Bei der Prognose ist nach Abs. 3 der **Gesamtumsatz** zugrunde zu legen, die der Konzessionsnehmer mit der bevorstehenden Konzession **für die gesamten vorgesehenen Leistungen** voraussichtlich erzielen wird. Das ist der **Gesamtwert und die Summe aller anfallenden Kosten** für die vom Konzessionsnehmer zu erbringende Leistung – ohne Steuern.[7] Zum voraussichtlichen Gesamtwert gehören alle potentiellen Zahlungen, die aus der Perspektive des Bieters zu bestimmen ist. Dabei sind nicht nur alle Zahlungen mit einzubeziehen, die der öffentliche Auftraggeber zu zahlen hat, sondern auch Beträge, die Dritte zu leisten haben.[8] Dieser Gesamtver-

---

[3] HK-VergabeR/*Alexander* VgV § 3 Rn. 2 ff.
[4] BGH NJW 1998, 3640 = ZVgR 1998, 565.
[5] OLG Bremen ZfBR 2009, 696 ff.; OLG Düsseldorf BeckRS 2010, 27679; Ziekow/Völlink/*Greb* VgV § 3 Rn. 16 ff.
[6] OLG Rostock VergabeR 2007, 394.
[7] HK-VergabeR/*Alexander* VgV § 3 Rn. 7; Ziekow/Völlink/*Greb* VgV § 3 Rn. 7.
[8] EuGH NZBau 2007, 185 Rn. 57; s. auch VK Sachsen Beschl. v. 26.9.2017 – 1/SVK/016-17; VK Südbayern Beschl. v. 14.2.2017 – Z3-3-3194-1-54-12/16; *Radu* in Müller-Wrede/Braun KonzVgV Rn. 18.

tragswert ist nach einer objektiven Methode zu schätzen. Das soll offenbar bedeuten, dass die Berechnungsmethode nicht auf einen potentiellen Konzessionsnehmer zugeschnitten oder sonst subjektiviert sein darf, aber dann als objektiv anzusehen ist, wenn sie im Übrigen an den Regeln des Abs. 3 und 4 orientiert ist.

5. Die zu berücksichtigenden Umstände (Abs. 4). Der Konzessionsgeber berücksichtigt – soweit der Einzelfall dies erfordert – eine Anzahl weiterer Aspekte, die den Wert der Konzession beeinflussen können: Optionen oder Vertragsverlängerungen, Einkünfte aus Gebühren, Entgelten oder Geldbußen, Zahlungen des Konzessionsgebers und anderer Behörden, Zuschüsse für die Durchführung der Konzession, Einkünfte aus dem Verkauf von Vermögensgegenständen, die Teil der Konzession sind und den Wert aller Lieferungen und Dienstleistungen, die der Konzessionsgeber bereitstellt, um die Bau- oder Dienstleistungen zu erbringen. Die gem. Abs. 4 Nr. 1 ausdrücklich zulässige Option wurde nach bisherigem Recht und nach der hM in Deutschland so verstanden, dass sich um ein im deutschen Rechtsverständnis verankertes Institut handelt.[9] Danach geht es um das – vertraglich zuvor festgelegte – subjektive (Gestaltungs-)Recht einer Partei, durch einseitige Erklärung einen Vertrag zustande zu bringen oder zu verändern. Wenn dies bereits im ausgeschriebenen Vertrag berücksichtigt war, kann das natürlich auch anders herum verstanden werden: Es wird der Gesamtvertrag vereinbart, zunächst nur ein kleinerer Teil als fest erklärt, der Gesamtumfang aber erst in Gang gebracht, wenn die Partei, die das Gestaltungsrecht besitzt, von diesem Gestaltungsrecht Gebrauch macht. Nach heutigem Recht dürfte dies durchaus noch immer richtig sein, weil diese nationalrechtliche Interpretation das trifft, was der Richtliniengeber gemeint hat. Es muss aber auch darauf geachtet werden, dass **auch dieser Rechtsbegriff als** unionsrechtlicher Rechtsbegriff[10] im § 132 Abs. 2 Nr. 1 GWB eine Regulierung erfahren hat. Option ist danach in der Tat das beschriebene Gestaltungsrecht, allerdings mit der Einschränkung, dass es im Auftrag enthalten sein muss und die zuvor festgelegten Angaben zu Art, Umfang und Voraussetzungen möglicher Auftragsänderungen den Gesamtcharakter des Auftrags nicht verändern dürfen. **Auch von vornherein als möglich voraus gesehene Vertragsverlängerungen** sind in den Gesamtwert eines Auftrags einzubeziehen. Dabei handelt es sich offensichtlich um einen Spezialfall der Option.[11] Spezieller Hintergrund dieser Regel ist: Wenn von vornherein allen Bietern und Bewerbern das gesamte Volumen des Vertrages klar war, besteht auch kein Grund anzunehmen, dass ein öffentlicher Auftraggeber irgendeine Form von Diskriminierung vornehmen will oder irgendein Unternehmen zu bevorzugen beabsichtigt. Alle, die sich am Vergabeverfahren beteiligen, können von vornherein wissen, worauf sie sich einlassen.

6. Verbot der Umgehung (Abs. 2). Nach Abs. 2 ist es ausdrücklich untersagt, den Vertragswert gezielt niedrig zu schätzen oder Verträge zu dem Zweck aufzuteilen, sie den Bestimmungen des GWB-Vergaberechtes zu entziehen. Das heißt, dass § 2 Abs. 2 VgV zwei Fälle von verbotenen Manipulationen[12] im Auge hat: die missbräuchliche Aufteilung des Gesamtauftragswertes so, dass die einzelnen Auftragswerte unter die Schwellen fallen und die missbräuchliche Manipulation des Wertes insgesamt. Anders ausgedrückt: Bei seiner Schätzung darf der Konzessionsgeber sich nicht von Wunschdenken leiten lassen und darf erst recht keine künstliche Stückelung von Konzessionen mit dem Ziel vornehmen, die einzelne Konzession unter die Schwelle zu drücken. Das heißt jedoch nicht, dass eine bewusste Aufteilung mit seriöser Begründung unmöglich wäre. Die Freiheit des Auftraggebers bei der Konzessionsvergabe bezieht sich nicht nur auf den Gegenstand der Konzession, sondern auch auf Art und Weise, Form und Zeitpunkt der Konzession. Eine Aufteilung der Vergabeaktivitäten eines Konzessionsgebers in einzelne unabhängige Konzessionen, bei denen es dann zunächst einmal nicht darauf ankommt, ob sie im Oberschwellenbereich liegen oder unter der Schwelle bleiben, ist aus vielfachen Gründen denkbar. Nicht jedes Projekt, das durch verschiedene Aufträge realisiert wird, die inhaltlich oder räumlich oder zeitlich miteinander zusammenhängen, muss auch einheitlich durch eine Konzession vergeben werden. Eine Aufteilung in unterschiedliche Konzessionen wird beispielsweise zum Zwecke der Mittelstandsförderung im § 99 Abs. 3 GWB gerade verlangt oder ist aus haushaltsrechtlichen oder aus technischen Gründen erforderlich. Kann der Konzessionsgeber einen sachlichen Grund dafür vorbringen, dass er nicht nur einen Konzessionsvertrag vergibt, sondern dass es sinnvoll ist, mehrere Konzessionen zu vergeben, fällt er mit seinem Verhalten nicht unter das Umgehungsverbot. Dem Konzessionsgeber steht ein weiter Ermessensspiel-

---

[9] BayObLG VergabeR 2002, 657 f.; Byok/Jaeger/*Kühnen* VgV § 3 Rn. 11; HK-VergabeR/*Alexander* VgV § 3 Rn. 14.
[10] HK-VergabeR/*Alexander* VgV § 3 Rn. 14.
[11] HK-VergabeR/*Alexander* VgV § 3 Rn. 16.
[12] HK-VergabeR/*Alexander* VgV § 3 Rn. 24–26.

raum in der Frage zu wie er seine gesamten Aufgaben umsetzt.[13] Der Auftraggeber handelt allerdings nicht schon dann vergaberechtswidrig und wider das Verbot des Abs. 2, wenn er aus unsachlichen Gründen den Vertragswert der zu vergebenden Konzession objektiv falsch festlegt. Er muss darüber hinaus in Missbrauchsabsicht, also vorsätzlich handeln. Die objektiv falsche Unterbewertung oder unzulässige Aufteilung der beabsichtigten Konzession muss das maßgebliche und leitende Motiv des Auftraggebers sein.[14]

9   **7. Zeitpunkt für die Schätzung des Auftragswertes. Maßgeblicher Zeitpunkt** für die Schätzung des (Gesamt)Auftragswertes ist nach der ausdrücklichen Regel des Abs. 5 der Tag, an dem die Konzessionsbekanntmachung abgesendet wird. Das ist eine so präzise Festlegung, dass es eigentlich kein anderes Datum mehr geben kann, auf das sich die Schätzung beziehen kann. Dadurch wird sichergestellt, dass die Schätzung von wettbewerbswidrigen Einflüssen freigehalten wird und nach objektiven Kriterien erfolgt.[15] Um aber auf jeden Fall alles rund herum abzusichern, bestimmt Abs. 5 zusätzlich, dass der Tag bestimmend sein soll, zu dem das Vergabeverfahren „auf sonstige Weise" eingeleitet wird. Diese Regel erklärt sich nur aus dem penetranten Misstrauen der EU-Behörden den öffentlichen Auftraggebern gegenüber. Denn ein Auftraggeber, der eine Prognose über den Auftragswert zur Bestimmung des Schwellenwertes machen will, wird selbstverständlich das Vergabeverfahren nur so einleiten, wie es im Richtlinienrecht und im GWB vorgesehen ist: durch Bekanntmachung und wird glücklich sein, nicht nach etwas anderem suchen zu müssen, als dem klaren Datum, das sich daraus für die Schwellenwertprognose ergibt. In keinem Fall kann die Schätzung erst erfolgen, wenn bereits Angebote vorliegen.[16]

10 Vielfach wird davon ausgegangen, dass es bei der „Einleitung" des Vergabeverfahrens nach § 3 Abs. 2 VgV – und das würde auch für § 2 Abs. 5 gelten müssen – nicht um den förmlichen Beginn des Vergabeverfahrens, sondern um eine Art „**materiellen Beginn**" handele.[17] Zu einem solchen materiellen Beginn fordert jedoch keine gesetzliche Regel an irgendeiner Stelle auf. Den Beginn des Vergabeverfahrens auf einen bestimmten Tag und einen bestimmten Akt festzulegen, ist eine besondere Förmlichkeit, an die sowohl der Auftraggeber bzw. der Konzessionsgeber als auch jede Kontrollbehörde sich zu halten haben. Wollte man vom Gegenteil ausgehen, würde man den Auftraggebern ihre Aufgaben allzu sehr erschweren, Unsicherheit verbreiten und eine klare Trennung von Vergabeverfahren einerseits und der Beschaffungsvorbereitung und der Information über die Angebote des Marktes andererseits geradezu unmöglich machen.

11 **8. Losvergabe (Abs. 6).** Hat sich der öffentliche Auftraggeber aus sachlichen Gründen für eine bestimmte Form der Beschaffung – in einem Gesamtvertrag oder vielen verschiedenen Verträgen – entschieden, kann er zusätzlich zu der nach § 2 Abs. 2 VgV zulässigen sachlichen Unterteilung des Vertragsbündels für ein Projekt eine weitere Unterteilung vornehmen, wenn die Voraussetzungen des Abs. 6 vorliegen. Konzessionsgeber, die öffentliche Auftraggeber sind, können dies nicht nur, sondern sind gem. § 97 Abs. 3 GWB sogar verpflichtet, bei der Vergabe der Aufträge und Konzessionen mittelständische Interessen zu berücksichtigten und deshalb die Leistungen in der Menge aufgeteilt in **Teillose** und getrennt nach Fachgebiet in **Fachlosen** zu vergeben. Wenn der öffentliche Auftraggeber dies tut, ergeben sich **besondere Aspekte bei der Schwellenwertbestimmung für den einzelnen Auftrag**.[18] Wird eine solche Losaufteilung vorgenommen – sei es in mehrere Baukonzessionen, sei es in mehrere Dienstleistungskonzessionen – gilt nach Abs. 6 S. 2 eine einfache Regel: Es ist der **geschätzte Gesamtwert aller Lose heranzuziehen**.

II. Systematische Stellung und Zweck der Norm

12 § 2 steht im Abschnitt 1 Unterabschnitt 1 über die allgemeinen Bestimmungen an zweiter Stelle direkt nach der Definition des Anwendungsbereiches in § 1. In der Sache gehört die Vorschrift zu den Regeln über den Anwendungsbereich, da sie bestimmt, wie der Vertragswert im Detail zu schätzen ist. Der Berechnung des geschätzten Vertragswertes kommt besondere Bedeutung zu, weil Art. 8 Abs. 1 RL 2014/23/EU für den Anwendungsbereich der Richtlinie ebenso wie § 106 Abs. 2

---

[13] OLG Düsseldorf IBR 2003, 567; OLG Düsseldorf Beschl. v. 30.7.2003 – Verg 5/03.
[14] HK-VergabeR/*Alexander* VgV § 3 Rn. 29, 30.
[15] OLG Düsseldorf VergabeR 2002, 665.
[16] OLG Düsseldorf NZBau 2002, 697 f.; OLG Koblenz WuW/E Verg 470 (472).
[17] HK-VergabeR/*Alexander* VgV § 3 Rn. 20, 21 unter Berufung auf OLG Celle ZfBR 2007, 704 f. und OLG Düsseldorf NZBau 2001, 696 (698 f.) sowie Byok/Jaeger/*Kühnen* VgV Rn. 3 und Beck VergabeR/*Masing*, 2. Aufl. 2013, VgV § 3 Rn. 18.
[18] Beck VergabeR/*Kemper*, 1. Aufl. 2001, VOB/A § 1a Rn. 82 ff.; Ingenstau/Korbion/*Müller-Wrede*, 18. Aufl. 2013, VOB/A § 1 EG Rn. 105 ff.; jurisPK-VergabeR/*Lausen* VgV § 2 Rn. 9 ff.

Nr. 4 GWB voraussetzt, dass der geschätzte Vertragswert den maßgeblichen Schwellenwert erreicht oder überschreitet.

§ 2 dient der Umsetzung von Art. 8 Abs. 2–6 RL 2014/23/EU. 13

§ 3 Laufzeit von Konzessionen

(1) ¹Die Laufzeit von Konzessionen ist beschränkt. ²Der Konzessionsgeber schätzt die Laufzeit je nach den geforderten Bau- oder Dienstleistungen.

(2) ¹Bei Konzessionen mit einer Laufzeit von über fünf Jahren darf die Laufzeit nicht länger sein als der Zeitraum, innerhalb dessen der Konzessionsnehmer nach vernünftigem Ermessen die Investitionsaufwendungen für die Errichtung, die Erhaltung und den Betrieb des Bauwerks oder die Erbringung der Dienstleistungen zuzüglich einer Rendite auf das investierte Kapital unter Berücksichtigung der zur Verwirklichung der spezifischen Vertragsziele notwendigen Investitionen wieder erwirtschaften kann. ²Die dabei zugrunde zu legenden Investitionsaufwendungen umfassen sowohl die zu Anfang als auch die während der Laufzeit der Konzessionen vorzunehmenden Investitionen. ³In diesem Rahmen kann der Konzessionsgeber für bestimmte Konzessionstypen durchschnittliche Investitionsaufwendungen und durchschnittliche Renditen zugrunde legen, soweit es die Besonderheiten des jeweiligen Konzessionstyps rechtfertigen.

Schrifttum: *Burgi*, Dienstleistungskonzessionen, 2004. *Kadenbach* in Müller-Wrede/Braun KonzVgV, § 3.

I. Regelungsgehalt und Überblick

§ 3 legt fest, dass Konzessionen **grundsätzlich nur für eine beschränkte Laufzeit** vergeben 1
werden dürfen.

Eine genaue zeitliche Festlegung für alle Konzessionen enthält die KonzVgV nicht. Sie überlässt 2
es dem Konzessionsgeber, einzuschätzen, für welchen Zeitraum die Konzession vergeben werden soll, wenn Bau- und Dienstleistungen vom Konzessionsnehmer über einen längeren Zeitraum als über fünf Jahre erbracht werden sollen. Bei der Schätzung des längeren Zeitraumes kommt es nach Abs. 1 S. 2 auf die Laufzeit der zu erbringenden Bau- oder Dienstleistungen und nach Abs. 2 auf die **Abschreibungszeiträume der für die Erbringung der Leistungen notwendigen Investitionen** an, wenn die Laufzeit der Konzession länger als fünf Jahre betragen soll. Die zugrunde zu legenden Investitionen sollen sowohl die zu Anfang zu tätigenden Investitionen als auch die während der Laufzeit notwendigen Investitionen umfassen. Dazu können auch Investitionen für Infrastruktur, Urheberrechte; Patente, Ausrüstung, Logistik, Anstellung und Schulung von Personal und Anschubkosten gehören.[1]

Dass der Konzessionsgeber nicht in jedem Fall individuelle Schätzungen vornehmen muss, 3
ergibt sich aus Abs. 2 S. 3. Insbesondere für die während der Laufzeit vorzunehmenden Investitionen können **durchschnittliche Aufwendungen und durchschnittliche Renditen** zugrunde gelegt werden. Dabei können auch Erfahrungswerte herangezogen werden, die in der Vergangenheit mit Konzessionen oder einem bestimmten Konzessionstyp gemacht worden sind.

II. Systematische Stellung und Zweck der Norm

Die Vorschrift ist eine **zentrale Regelung im Unterabschnitt „Allgemeine Bestimmun-** 4
gen". Sie fixiert mit der zeitlichen Begrenzung einen wesentlichen Charakter der Konzession. Abs. 1 **setzt Art. 18 Abs. 1 RL 2014/23/EU**, nach dem die Laufzeit von Konzessionen beschränkt ist, in deutsches Recht **um**.

Nach Ablauf der Laufzeit müssen die Bau- und Dienstleistungen, die mit der Konzession für 5
den öffentlichen Auftraggeber der Öffentlichkeit erbracht werden, entweder wieder an den Markt gebracht und wieder per Konzession „eingekauft" werden oder vom Konzessionsgeber selbst erbracht werden. Die Laufzeitbegrenzung dient also dem Wettbewerb und verhindert Marktabschottung.[2]

§ 4 Wahrung der Vertraulichkeit

(1) ¹Sofern in dieser Verordnung oder anderen Rechtsvorschriften nichts anderes bestimmt ist, darf der Konzessionsgeber keine von den Unternehmen übermittelten und

---

[1] Erwägungsgrund 52 RL 2014/23/EU.
[2] Erwägungsgrund 52 RL 2014/23/EU.

von diesen als vertraulich gekennzeichneten Informationen weitergeben. ²Dazu gehören insbesondere Betriebs- und Geschäftsgeheimnisse und die vertraulichen Aspekte der Angebote einschließlich ihrer Anlagen.

(2) ¹Bei der gesamten Kommunikation sowie beim Austausch und bei der Speicherung von Informationen muss der Konzessionsgeber die Integrität der Daten sowie die Vertraulichkeit der Teilnahmeanträge und Angebote einschließlich ihrer Anlagen gewährleisten. ²Die Teilnahmeanträge und Angebote einschließlich ihrer Anlagen sowie die Dokumentation über die Angebotsöffnung sind auch nach Abschluss des Vergabeverfahrens vertraulich zu behandeln.

(3) ¹Der Konzessionsgeber kann Unternehmen Anforderungen vorschreiben, die auf den Schutz der Vertraulichkeit der Informationen im Rahmen des Vergabeverfahrens abzielen. ²Hierzu gehört insbesondere die Abgabe einer Verschwiegenheitserklärung.

Schrifttum: *Glahs*, Akteneinsichts- und Informationsfreiheitsansprüche im Vergabe- und Nachprüfungsverfahren, NZBau 2014, 75. *Rommelfanger* in Müller-Wrede/Braun KonzVgV, § 4.

I. Regelungsgehalt und Überblick

1   Im Unionsrecht gibt es kein allgemeines Vertraulichkeitsgebot.¹ Es bestehen lediglich einzelne Regelungen, die auf bestimmten Gebieten Vertraulichkeit vorschreiben. § 4 ist eine solche Regelung, die für die Vergabe von Konzessionen **generell die Einhaltung des Grundsatzes der Vertraulichkeit** vorschreibt. Sie nimmt allerdings lediglich den Konzessionsgeber in die Pflicht.

2   Die einzelnen Pflichten sind allerdings nur schwer zu bestimmen und auseinander zu halten: Abs. 1 S. 1 bestimmt zunächst, dass **alle von den Unternehmen übermittelten Informationen** vertraulich zu behandeln sind, wenn sie von den Unternehmen als vertraulich gekennzeichnet sind. Das würde eigentlich bedeuten, dass die nicht als vertraulich gekennzeichneten Informationen weitergegeben werden können. Doch das genau schließt der folgende Abs. 1 S. 2 aus. Dort wird geregelt, dass „insbesondere" Betriebs- und Geschäftsgeheimnisse und die „vertraulichen Aspekte" der Angebote ebenfalls unter das Weitergabeverbot fallen. Nicht vertraulich sind Aspekte von Angeboten ganz sicher dann, wenn sie allgemein zugänglich sind.² Möglicherweise sind auch solche Aspekte nicht vertraulich, deren Weitergabe im Verhandlungsprozess über die Vergabe der Konzession erforderlich ist – insbesondere um Diskriminierungen zu vermeiden. Im Abs. 2 legt der Verordnungsgeber ein weiteres Mal fest, dass die Teilnahmeanträge und Angebote einschließlich ihrer Anlagen sowie die Dokumentation über die Angebotsöffnung – auch nach Abschluss des Vergabeverfahrens – vertraulich zu behandeln sind. Außerdem soll die gesamte Kommunikation des Konzessionsgebers mit den Unternehmen vertraulich gehandhabt werden. Wenn es erforderlich erscheint, dass der Konzessionsgeber trotz grundsätzlichem Weitergabeverbot im Lauf des Vergabeprozesses den Unternehmen vertrauliche Unterlagen zur Verfügung stellt, um Transparenz und Nichtdiskriminierung unter den beteiligten Unternehmen sicher zu stellen, kann er sich auf Abs. 3 berufen. Danach kann der Konzessionsgeber von den Unternehmen Vorkehrungen verlangen, die der Durchsetzung des Vertraulichkeitsgrundsatzes dienen. Das kann insbesondere auch eine Verschwiegenheitserklärung sein.

3   Sieht die KonzVgV oder sehen **Informationsfreiheitsgesetze** des Bundes und der Länder vor, dass bestimmte Informationen nicht vertraulich behandelt werden müssen, **gehen** diese Regeln **vor.** Der Grundsatz des § 4 muss insoweit zurückstehen.

II. Systematische Stellung und Zweck der Norm

4   § 4 steht im Abschnitt 1 Unterabschnitt 1 ganz am Anfang unter den allgemeinen Bestimmungen nach der Definition des Anwendungsbereiches der KonzVgV in §§ 1 und 2 und nach der speziellen Charakterisierung der Konzession als ein in seiner Laufzeit begrenzter Vertrag. Er regelt daher einen **vom Verordnungsgeber** als besonders **wichtig angesehenen Aspekt** der Konzessionsvergabe.

5   Der **Zweck der Norm** besteht in der Umsetzung von Art. 28 und 29 Abs. 2 S. 1 UAbs. 2 RL 2014/23/EU. Unionsrechtliche Sanktionen gibt es bei Verstößen gegen die Regel nicht – es sei denn der Verstoß ist so gravierend, dass das gesamte Vergabeverfahren aufgehoben werden muss. Abs. 3 dient der Umsetzung von Art. 28 Abs. 2 RL 2014/23/EU in deutsches Recht. Vergleichbare Regelungen finden sich in § 5 SektVO und § 5 VgV.

---

1   HK-VergabeR/*Schellenberg* VSVgV § 6 Rn. 1.
2   HK-VergabeR/*Schellenberg* VSVgV § 6 Rn. 5.

§ 5 Vermeidung von Interessenkonflikten

(1) Organmitglieder und Mitarbeiter des Konzessionsgebers oder eines im Namen des Konzessionsgebers handelnden Beschaffungsdienstleisters, bei denen ein Interessenkonflikt besteht, dürfen in einem Vergabeverfahren nicht mitwirken.

(2) Ein Interessenkonflikt besteht für Personen, die an der Durchführung des Vergabeverfahrens beteiligt sind oder Einfluss auf den Ausgang eines Vergabeverfahrens nehmen können und die ein direktes oder indirektes finanzielles, wirtschaftliches oder persönliches Interesse haben, das ihre Unparteilichkeit und Unabhängigkeit im Rahmen des Vergabeverfahrens beeinträchtigen könnte.

(3) Es wird vermutet, dass ein Interessenkonflikt besteht, wenn die in Absatz 1 genannten Personen
1. Bewerber oder Bieter sind,
2. einen Bewerber oder Bieter beraten oder sonst unterstützen oder als gesetzlicher Vertreter oder nur in dem Vergabeverfahren vertreten oder
3. beschäftigt oder tätig sind
   a) bei einem Bewerber oder Bieter gegen Entgelt oder als Organmitglied oder
   b) für ein in das Vergabeverfahren eingeschaltetes Unternehmen, wenn dieses Unternehmen zugleich geschäftliche Beziehungen zum Konzessionsgeber und zum Bewerber oder Bieter hat.

(4) ¹Die Vermutung des Absatzes 3 gilt auch für Personen, deren Angehörige die Voraussetzungen nach Absatz 3 Nummer 1 bis 3 erfüllen. ²Angehörige sind der Verlobte, der Ehegatte, Lebenspartner, Verwandte und Verschwägerte gerader Linie, Geschwister, Kinder der Geschwister, Ehegatten und Lebenspartner der Geschwister und Geschwister der Ehegatten und Lebenspartner, Geschwister der Eltern sowie Pflegeeltern und Pflegekinder.

Schrifttum: *Gaus* in Müller-Wrede/Braun KonzVgV, § 5; *Kirch*, Mitwirkungsverbote bei Vergabeverfahren, 2004; *Maurer*, Das Mitwirkungsverbot gemäß § 16 VgV, 2003; *Quilisch/Fietz*, Die Voreingenommenheit bei der Vergabe öffentlicher Aufträge, NZBau 2001, 540; *Schröder*, Der Ausschluss voreingenommener Personen im Vergabeverfahren nach § 16 VgV, NVwZ 2004, 168; *Sturhahn* in HK-VergabeR (Pünder/Schellenberg), § 6 VgV; *Winnes*, Verbietet § 16 die „umgekehrte Befangenheit"?, NZBau 2004, 423.

I. Regelungsgehalt und Überblick

§ 5 regelt ein **Mitwirkungsverbot für bestimmte Personen** auf der Seite des Konzessionsgebers bei der Vergabe einer Konzession. Personen bei Bewerbern oder Bietern in einem Vergabeverfahren sind nur betroffen, soweit sie selbst in einem Vergabeverfahren mitwirken können.[1] Abs. 1 legt den Grundsatz fest: Personen, die auf der Seite des Konzessionsgebers Einfluss auf die Vergabe einer Konzession haben, dürfen bei der Vergabe dieser Konzession nicht mitwirken. In Abs. 2 werden Hinweise auf sachliche Konstellationen gegeben, in denen von einem Interessenkonflikt auszugehen ist. In Abs. 3 und 4 werden die Personen benannt, für die vermutet wird, dass bei ihnen ein Interessenkonflikt besteht – wenn sie an der Durchführung des Vergabeverfahrens beteiligt sind. Die Vermutung kann selbstverständlich widerlegt werden.[2]

Das Mitwirkungsverbot besteht für **Organmitglieder und Mitarbeiter** des Konzessionsgebers sowie für in seinem Namen handelnde „**Beschaffungsdienstleister**". Organmitglied eines Konzessionsgebers ist ein Mitglied eines jeden Organs einer juristischen Person des öffentlichen oder des privaten Rechtes, sei es eines Willensbildungsorgans, ein Leitungsorgans oder eines Aufsichtsorgans.[3] Betroffen ist daher sowohl der Bürgermeister einer Stadt, der im Aufsichtsrat der sich bewerbenden Stadtwerke sitzt als auch das Ratsmitglied der Kommune, das als Vertreter des Anteilseigners in die Gesellschafterversammlung berufen ist.[4] Mitarbeiter eines Auftraggebers ist jeder, der auf der Basis eines Vertrages oder einer sonstigen Rechtsgrundlage für den Auftraggeber tätig ist.[5] Unerheblich ist dabei Art und Umfang der Tätigkeit oder die Qualifikation als Beamten- oder als Angestelltentätigkeit.[6] Für den Konzessionsgeber handelnde Beschaffungsdienstleister sind Personen, die selbststän-

---
[1] HHKW/*Steinkemper* VgV § 16 Rn. 5, 45.
[2] Byok/Jaeger/*Müller* VgV § 16 Rn. 43 ff.; HHKW/*Steinkemper* VgV § 16 Rn. 37 ff.
[3] Reidt/Stickler/Glahs/*Ganske* VgV § 16 Rn. 16; HHKW/*Steinkemper* VgV § 16 Rn. 9.
[4] HHKW/*Steinkemper* VgV § 16 Rn. 9.
[5] Byok/Jaeger/*Müller* VgV § 16 Rn. 22.
[6] *Quilisch/Fietz* NZBau 2001, 542.

dig für den Konzessionsgeber tätig sind ohne Mitarbeiter des Konzessionsgebers zu sein.[7] Auch diese Personengruppe ist weit auszulegen.[8] Auch die Mitarbeiter eines Beschaffungsdienstleisters dürfen nicht im Vergabeverfahren mitwirken, wenn Interessenkonflikte bestehen. Erfasst sind daher auch Organmitglieder und Mitarbeiter eines solchen Beschaffungsdienstleisters.

3 Ein Mitwirkungsverbot besteht für die beschriebenen Personen, wenn ein **Interessenkonflikt** besteht. Ein Interessenkonflikt besteht, wenn auf der einen Seite eine Beteiligungsmöglichkeit am Konzessionsvergabeverfahren existiert und auf der anderen Seite ein finanzielles, wirtschaftliches oder persönliches Interesse besteht, das die Unparteilichkeit und Unabhängigkeit der handelnden Personen im Rahmen des Vergabeverfahrens beeinträchtigen könnte. **Abs. 2, 3 und 4 benennen den – ziemlich weit gezogenen – Personenkreis,** für den ein solcher Interessenkonflikt nahe liegt. Gesetzestechnisch ist dies so gelöst, dass von einem Interessenkonflikt auszugehen ist, es sei denn der Betroffene weist nach, dass trotz des Vorliegens der Voraussetzungen für die Vermutung kein finanzielles, wirtschaftliches oder persönliches Interesse vorliegt oder die Unabhängigkeit bei der Entscheidung nicht beeinträchtigt war. Abs. 3 und 4 bewirken eine **Beweislastumkehr** für die betroffenen Personen, die auf beiden Seiten in Erscheinung treten.[9] Ist eine Person an der Durchführung einer Konzessionsvergabe beteiligt und liegen die Voraussetzungen des Abs. 3 und 4 bei dieser Person vor, muss sie **darlegen und beweisen, dass dennoch kein Interessenkonflikt besteht.**

4 Anders als im Verwaltungsverfahrensrecht und im Kommunalverfassungsrecht reicht im § 5 der bloße Anschein einer Konfliktsituation nicht aus. **Der Interessenkonflikt muss tatsächlich bestehen.** Das Vorliegen der Voraussetzungen für die in Abs. 3 und 4 genannten Vermutungen für die aufgezählten Personengruppen allein genügt daher nicht. Die betroffene Person kann entweder abstrakt und generell eine Beteiligung am Vergabeverfahren ausschließen, indem sie zB den Vertreter das Vergabeverfahren leiten lässt, oder im Einzelfall bestimmen, dass sie nicht mitwirkt. Der Bürgermeister der Stadt, der im Aufsichtsrat der Stadtwerke sitzt, kann entweder den Raum verlassen, wenn der Aufsichtsrat sich mit der Bewerbung um eine Konzession, die die Stadt zu vergeben hat, befasst oder auf der anderen Seite auf die Mitwirkung in Konzessionsvergabeverfahren verzichten. Die reine Unterrichtung über den Stand des Verfahrens gilt idR nicht als Mitwirkung. Denn das **Mitwirkungsverbot** bedeutet das **Verbot aktiver entscheidungserheblicher Tätigkeit.**[10] Die Vermutung der Unparteilichkeit und der Unabhängigkeit im Konzessionsvergabeverfahren gilt auch dann als widerlegt, wenn die Person, um die es geht, auf das Vergabeverfahren gar keinen Einfluss haben konnte, weil die Entscheidung auch ohne ihre Mitwirkung so ausgefallen wäre, wie sie ausgefallen ist. Das ist beispielsweise dann der Fall, wenn alle anderen Bieter und Bewerber wegen fehlender Eignung keine Chance auf den Zuschlag gehabt hätten.[11]

5 Das Mitwirkungsverbot des § 5 hat nicht nur personelle und sachliche Dimensionen, sondern auch eine **zeitliche Dimension:**[12] Beginn und Ende des jeweiligen Mitwirkungsverbotes für eine bestimmte Person ergeben sich nicht aus der Vorschrift, sind jedoch aus dem Gesamtzusammenhang zu ermitteln. In Rechtsprechung und Literatur zur Parallelvorschrift zur Auftragsvergabe wird dabei zT darauf abgestellt, dass ein Mitwirkungsverbot erst beginnt, wenn der öffentliche Auftraggeber nach der Abgabe der Teilnahmeanträge oder Angebote beurteilen könne, welche Unternehmen sich überhaupt am Vergabeverfahren beteiligen möchten.[13] Die Vorschrift des § 5 mit ihrem weit gezogenen Anwendungsbereich bietet für eine einschränkende Interpretation gerade an dieser Stelle jedoch keinen Anhaltspunkt. Mitwirkung ist auch die Teilnahme an der Erarbeitung der Vorbereitungsmaßnahmen für ein Vergabeverfahren wie zB der Leistungsbeschreibung. Vom Anwendungsbereich können nur die Tätigkeiten ausgeschlossen werden, die noch vor der Manifestation eines Vergabewillens und vor Beginn des Vergabeverfahrens liegen.[14]

II. Systematische Stellung und Zweck der Norm

6 § 5 steht im Abschnitt 1 über die allgemeinen Bestimmungen am Anfang der KonzVgV und muss als **wichtige grundsätzliche Regulierung** in allen Vergabefällen gesehen werden.

---

[7] Byok/Jaeger/*Müller* VgV § 16 Rn. 23.
[8] Reidt/Stickler/Glahs/*Ganske* VgV § 16 Rn. 18; vgl. auch OLG Karlsruhe Beschl. v. 30.10.2018 – 15 Verg 6/18.
[9] Byok/Jaeger/*Müller* VgV § 16 Rn. 43; HHKW/*Steinkemper* VgV § 16 Rn. 39.
[10] HHKW/*Steinkemper* VgV § 16 Rn. 28; Reidt/Stickler/Glahs/*Ganske*, 3. Aufl. 2010, VgV § 16 Rn. 7; *Quilisch*/*Fietz* NZBau 2001, 543.
[11] Byok/Jaeger/*Müller* VgV § 16 Rn. 51; HHKW/*Steinkemper* VgV § 16 Rn. 42.
[12] *Gaus* in Müller-Wrede/Braun KonzVgV Rn. 6.
[13] So zB Byok/Jaeger/*Müller* VgV § 16 Rn. 29 mit Rechtsprechungsnachweisen; aA HHKW/*Steinkemper* VgV § 16 Rn. 33 und 34.
[14] HHKW/*Steinkemper* VgV § 16 Rn. 35.

Zweck der Norm ist es, **Betrug, Selbstbedienung und Vetternwirtschaft** im öffentlichen 7
Bereich **zu bekämpfen.** Hat trotz Verbot dennoch eine voreingenommene Person an einem Vergabeverfahren mitgewirkt, wird der geschlossene Vertrag nicht per se unwirksam. Ist der Vertrag noch nicht abgeschlossen, muss der Konzessionsgeber die unter Mitwirkung der voreingenommenen Person getroffenen Entscheidungen neu und nun ohne die voreingenommene Person treffen.[15] Im Vergabenachprüfungsverfahren kann der Konzessionsgeber zur Neuentscheidung im laufenden Verfahren oder gar zur Aufhebung des noch laufenden Verfahrens verpflichtet werden.

§ 5 **dient der Umsetzung von Art. 35 RL 2014/23/EU und greift dabei** wie § 6 VgV 8
und § 6 SektVO **die bisherige Regelung des § 16 VgV auf.** § 5 Abs. 1 setzt Art. 35 UAbs. 1 RL 2014/23/EU in deutsches Recht um. Dort werden die Mitgliedstaaten verpflichtet zur Vermeidung von Wettbewerbsverzerrungen, zur Gewährleistung der Transparenz der Vergabeverfahren und der Nichtdiskriminierung aller Bewerber, von Konzessionsgebern zu verlangen, geeignete **Maßnahmen zu treffen, um Betrug, Günstlingswirtschaft und Bestechung zu bekämpfen und Interessenkonflikte wirksam zu behindern.**[16] Um diesem Auftrag nachzukommen, bestimmt § 5 Abs. 1 KonVgV nach dem Vorbild des bisherigen § 16 VgV, dass Organmitglieder[17] und Mitarbeiter des Konzessionsgebers oder eines vom Konzessionsgeber beauftragten Dienstleisters, bei denen ein entsprechender Interessenkonflikt besteht, in einem Vergabeverfahren nicht mitwirken dürfen. Allerdings dürfen die Maßnahmen der Konzessionsgeber nicht über das hinausgehen, was zur Verhinderung oder Behebung eines Interessenkonfliktes unbedingt erforderlich ist. Abs. 2 setzt Art. 35 UAbs. 2 RL 2014/23/EU um und stellt in einer nicht abschließenden Beschreibung verschiedene Sachverhaltskonstellationen dar, bei denen nach der RL 2014/23/EU von einem Interessenkonflikt auszugehen ist. Abs. 3 übernimmt den Regelungsinhalt des bisherigen § 16 VgV zu den ausgeschlossenen Personen und bewirkt eine Beweislastumkehr zulasten der jeweils genannten Person. Abs. 4 übernimmt die Regelung des bisherigen § 16 Abs. 2 VgV und weitet den Personenkreis um die Angehörigen der in § 5 Abs. 3[18] genannten Personen aus.

§ 6 Dokumentation und Vergabevermerk

(1) [1]Der Konzessionsgeber dokumentiert das Vergabeverfahren von Beginn an fortlaufend in Textform nach § 126b des Bürgerlichen Gesetzbuchs, soweit dies für die Begründung von Entscheidungen auf jeder Stufe des Vergabeverfahrens erforderlich ist. [2]Dazu gehört zum Beispiel die Dokumentation der Kommunikation mit Unternehmen und internen Beratungen, der Vorbereitung der Konzessionsbekanntmachung und der Vergabeunterlagen, der Öffnung der Teilnahmeanträge und Angebote, der Verhandlungen mit den Bewerbern und Bietern sowie der Gründe für Auswahlentscheidungen und den Zuschlag.

(2) [1]Der Konzessionsgeber fertigt über jedes Vergabeverfahren einen Vermerk in Textform nach § 126b des Bürgerlichen Gesetzbuchs an. [2]Dieser Vergabevermerk umfasst mindestens Folgendes:
1. den Namen und die Anschrift des Konzessionsgebers sowie Gegenstand und Vertragswert der Konzession,
2. die Namen der berücksichtigten Bewerber oder Bieter und die Gründe für ihre Auswahl,
3. die nicht berücksichtigten Teilnahmeanträge und Angebote sowie die Namen der nicht berücksichtigten Bewerber oder Bieter und die Gründe für ihre Nichtberücksichtigung,
4. den Namen des erfolgreichen Bieters und die Gründe für die Auswahl seines Angebots sowie, falls bekannt, den Anteil an der Konzession, den der erfolgreiche Bieter an Dritte weiterzugeben beabsichtigt, und die Namen der Unterauftragnehmer,
5. die Gründe, aus denen der Konzessionsgeber auf die Vergabe einer Konzession verzichtet hat,
6. die Gründe, aus denen andere als elektronische Mittel für die Einreichung der Angebote verwendet wurden, und
7. Angaben zu aufgedeckten Interessenkonflikten und getroffenen Abhilfemaßnahmen.

---

[15] Reidt/Stickler/Glahs/*Ganske*, 3. Aufl. 2010, VgV § 16 Rn. 57; Byok/Jaeger/*Müller* VgV § 16 Rn. 68; HHKW/*Steinkemper* VgV § 16 Rn. 74.
[16] Erwägungsgrund 61 RL 2014/23/EU.
[17] *Gaus* in Müller-Wrede/Braun KonzVgV Rn. 14 ff.
[18] *Gaus* in Müller-Wrede/Braun KonzVgV Rn. 46 ff.

(3) Die Dokumentation, der Vergabevermerk, die Teilnahmeanträge und die Angebote einschließlich ihrer Anlagen sind bis zum Ende der Vertragslaufzeit vertraulich zu behandeln und aufzubewahren, mindestens jedoch für drei Jahre ab dem Tag des Zuschlags.

(4) § 4 bleibt unberührt.

I. Regelungsgehalt und Überblick

1   Die Vorschriften des § 6 regeln die Pflicht des Konzessionsgebers das Vergabeverfahren genau zu **dokumentieren** und zugleich einen **Vergabevermerk** anzulegen. Beide Dokumentationen sind in Textform nach § 126b BGB zu erstellen. Für beide Dokumentationen werden Mindestinhalte vorgegeben. Die Inhalte können und werden sich in den meisten Fällen überlappen. In Abs. 3 und 4 wird in Ergänzung zu § 4 noch einmal **klar gestellt,** dass die Dokumentation, der Vergabevermerk, die Teilnahmeanträge und die Angebote bis zum Ende der Vertragslaufzeit **vertraulich** zu behandeln sind.

2   Die Dokumentation ist von Beginn an fortlaufend zu führen und soll **Auskunft über den Ablauf des gesamten Verfahrens** geben, soweit dies für die **Begründung der Entscheidungen** im Vergabeverfahren erforderlich ist. In Abs. 1 S. 2 werden dann beispielhaft Phasen des Verfahrens genannt, für die eine Dokumentation erforderlich erscheint. Von den internen Beratungen über die Kommunikation mit den Unternehmen bis hin zur Begründung für die Auswahl der Unternehmen und den Zuschlag. Dass die Dokumentation „zeitnah" zu erfolgen habe, ist in § 6 anders als in den Vorgängervorschriften § 24 EG VOL/A und § 20 EG VOB/A und § 32 SektVO nicht mehr vorgesehen. Dennoch ist nach Sinn und Zweck der Dokumentation sowie das Gebot der fortlaufenden Erstellung davon auszugehen, dass die Dokumentation im direkten **zeitlichen Zusammenhang** mit den Aktivitäten und Entscheidungen des Konzessionsgebers erfolgt.[1] Jedenfalls ist es vergaberechtswidrig, die Dokumentation erst in so großem zeitlichen Abstand zu Aktivitäten und Entscheidungen im Vergabeverfahren zu erstellen, dass eine nicht mit den tatsächlichen Abläufen und Gründen übereinstimmende Darstellung entsteht, sondern eine eher ergebnisorientierte Aufzeichnung zustande kommt.[2]

3   Für den **Vergabevermerk** werden detaillierte **Mindestanforderungen vorgegeben,** die eine Art Kurzausgabe der Dokumentation darstellen. Eine Pflicht des Konzessionsgebers, über diese Mindestanforderungen hinauszugehen besteht nicht. Es kann allenfalls umgekehrt die Frage gestellt werden, ob es einer Angabe in dem Vermerk bedarf, wenn die laufende Dokumentation dieselbe Frage bereits mit derselben Klarheit fixiert hat. Angesichts des klaren Textes des § 6 muss aber wohl davon ausgegangen werden, dass der Verordnungsgeber einfach beides wollte und die damit verbundene bürokratische Last für alle Konzessionsgeber in Kauf genommen hat. Bei der Erstellung des Vergabevermerks dürfte der **Konzessionsgeber** allerdings **nicht unter dem gleichen zeitlichen Druck** stehen, wie dies bei der fortlaufenden der Fall Dokumentation ist. Der Vergabevermerk stellt nach Abs. 2 im Unterschied zur Dokumentation im Wesentlichen auf die Darstellung der Ergebnisse des Vergabeverfahrens und die Gründe, die zu diesen Ergebnissen geführt haben, ab.

II. Systematische Stellung und Zweck der Norm

4   **§ 6 ist die letzte Vorschrift der Allgemeinen Bestimmungen** des Unterabschnitts 1 im 1. Abschnitt der KonzVgV über „Allgemeine Bestimmungen und Kommunikation".

5   **Zweck der Norm** ist es, den allgemeinen Prinzipien **Transparenz und Nichtdiskriminierung** Rechnung zu tragen. Sie dient auch einem **effektiven Rechtsschutz**.[3] Bieter und Bewerber sollen spätestens in einem Nachprüfungsverfahren jederzeit die Möglichkeit haben, detailliert nachzuvollziehen, wie das Verfahren abgelaufen ist und welche Schritte aus welchen Gründen wann vollzogen worden sind. Ein Konzessionsvergabeverfahren ohne Dokumentation ist mit einem entscheidenden Mangel behaftet.[4] Es kann im Nachprüfungsverfahren angegriffen werden. Es muss in aller Regel ab dem Zeitpunkt, zu dem die Dokumentation mangelhaft ist und im Extremfall sogar von Anfang an neu aufgerollt werden.[5] Ob Dokumentationsmängel durch nachträgliche Vermerke oder Schriftsätze im Nachprüfungsverfahren oder gar durch mündlichen Sachvortrag behoben wer-

---

[1]   *Rommelfanger* in Müller-Wrede/Braun KonzVgV Rn. 11; s. auch *Knauff* in Müller-Wrede Kompendium VergabeR Kap. 24 Rn. 21 f.
[2]   *Zeise* in KMPP VOL/A § 24 EG Rn. 14.
[3]   HK-VergabeR/*Mentzinis*, 2. Aufl. 2015, VOB/A § 20 Rn. 1.
[4]   Greb/Müller/*Müller* SektVO § 32 Rn. 9, 10.
[5]   HK-VergabeR/*Mentzinis*, 2. Aufl. 2015, VOB/A § 20 Rn. 9.

den können,[6] ist umstritten. Der Text der KonzVgV gibt für die Möglichkeit einer nachträglichen Korrektur keinen Anhaltspunkt, zumal er Dokumentation für das laufende Verfahren und zugleich einen Vergabevermerk fordert, der ja auch nichts anderes darstellen kann. Keinesfalls führt ein schlecht oder nicht dokumentiertes Vergabeverfahren zu einem nichtigen Konzessionsvertrag, wogegen ein gut dokumentiertes Verfahren für den Konzessionsgeber im Nachprüfungsverfahren von erheblichem Vorteil ist, weil er ohne Schwierigkeit und offen darlegen kann, wie das Verfahren abläuft.

Die Vorschrift **dient der Umsetzung von Art. 37 Abs. 5 RL 2014/23/EU.** Abs. 1 setzt Art. 37 Abs. 1 RL 2014/23/EU in deutsches Recht um. In der Richtlinienvorschrift wird der Konzessionsgeber zu einer angemessenen Protokollierung aller Phasen des Vergabeverfahrens verpflichtet. § 6 übernimmt grundlegende Mindestanforderungen an Dokumentation und Vergabevermerk aus dem Bereich der Auftragsvergabe aus den Art. 84 RL 2014/24/EU und Art. 100 RL 2014/25/EU. Der in den RL so genannten Protokollierungspflicht wird durch die Dokumentationspflicht in Textform nach § 126b BGB Rechnung getragen. 6

Abweichend von den RL 2014/24/EU und 2014/25/EU über die Auftragsvergabe enthält die RL 2014/23/EU keine Pflicht zur Erstellung eines Vergabevermerkes, sondern sieht nur vor, dass der Konzessionsgeber die Phasen des Verfahrens angemessen mit den von ihm für angemessen gehaltenen Mitteln dokumentiert. **Die Pflicht zur Erstellung eines Vergabevermerkes fließt daher aus deutschem Recht.** Sie soll der **Vereinheitlichung des Vergaberechtes** dienen und orientiert sich am Vorbild des § 43 VSVgV und den bisherigen Regeln in § 24 EG VOL/A, § 20 EU VOB/A und § 12 VOF. Abs. 3 hebt ein Prinzip aus Art. 37 Abs. 5 RL 2014/23/EU noch einmal klarstellend hervor: die Vertraulichkeit des gesamten Konzessionsvergabeprozesses. Voraussichtlich hätte es dieser Regel in § 6 ebenso wenig bedurft wie der Regel des anschließenden Abs. 4. Die in diesen beiden Absätzen klar gestellten Regeln ergeben sich selbstverständlich aus § 4. 7

Unterabschnitt 2. Kommunikation

§ 7 Grundsätze der Kommunikation

(1) Für das Senden, Empfangen, Weiterleiten und Speichern von Daten in einem Vergabeverfahren verwenden der Konzessionsgeber und die Unternehmen grundsätzlich Geräte und Programme für die elektronische Datenübermittlung (elektronische Mittel).

(2) Die Kommunikation kann mündlich erfolgen, wenn sie nicht die Vergabeunterlagen, die Teilnahmeanträge oder die Angebote betrifft und sie ausreichend und in geeigneter Weise dokumentiert wird.

(3) ¹Der Konzessionsgeber kann von jedem Unternehmen die Angabe einer eindeutigen Unternehmensbezeichnung sowie einer elektronischen Adresse verlangen (Registrierung). ²Für den Zugang zur Konzessionsbekanntmachung und zu den Vergabeunterlagen darf der Konzessionsgeber keine Registrierung verlangen; eine freiwillige Registrierung ist zulässig.

Übersicht

	Rn.		Rn.
I. Überblick über die Regelungen der §§ 7–11 und Normzweck	1	II. Europarechtlicher Hintergrund	7
		III. Einzelerläuterungen	12
1. Allgemeine Regelungen zur elektronischen Kommunikation in Anlehnung an §§ 9–13 VgV	1	1. Grundsätzlich zwingende Nutzung elektronischer Mittel im Vergabeverfahren	12
		2. Ausnahmen	13
2. Grundsätzlich *zwingende* Nutzung elektronischer Mittel	2	a) Zulässigkeit mündlicher Kommunikation außerhalb der zentralen Elemente des Vergabeverfahrens	14
3. Befristete Aufschub-Option der zwingenden Nutzung elektronischer Mittel	3	b) Zeitlich befristete Ausnahmen (Übergangsvorschriften)	17
4. Wesentliche Inhalte der §§ 7–11	4	3. Begriff der elektronischen Kommunikation und der elektronischen Mittel	19
5. Normzweck	5		

---

[6] Nein: OLG Düsseldorf VergabeR 2003, 87; HK-VergabeR/*Mentzinis*, 2. Aufl. 2015, VOB/A § 20 Rn. 9; Ja: BGH NZBau 2011, 175; *Zeise* in KMPP VOL/A § 24 EG Rn. 17, 18 hält die Verweigerung der Nachbesserung für „unnötige Förmelei".

	Rn.		Rn.
4. Zwang zur Verwendung elektronischer Mittel nur innerhalb des Vergabeverfahrens	21	5. Angabe einer eindeutigen Unternehmensbezeichnung und Registrierung	23

I. Überblick über die Regelungen der §§ 7–11 und Normzweck

1. Allgemeine Regelungen zur elektronischen Kommunikation in Anlehnung an §§ 9– 13 VgV. §§ 7–11 enthalten **allgemeine Vorschriften über die Kommunikation** bei der Vergabe von Konzessionen im Geltungsbereich der KonzVgV, dh **für die Vergabe von Konzessionen ab den EU-Schwellenwerten.** Damit schaffen sie einen Rechtsrahmen **insbesondere für die elektronische Kommunikation** einschließlich der elektronischen Datenverarbeitung und -speicherung (allgemeiner Überblick auch über die europarechtlichen Grundlagen → GWB § 97 Rn. 341 ff.). Die Vorschriften dienen der Umsetzung der diesbezüglichen Regelungen der RL 2014/23/EU über die Konzessionsvergabe.[1] §§ 7–11 sind vom deutschen Verordnungsgeber bewusst weitestgehend **nach dem Vorbild der Regelungen zur elektronischen Vergabe öffentlicher Aufträge** iSd §§ 9–13 VgV ausgestaltet worden, um eine möglichst **einheitliche Gestaltung der Vorschriften** zu erreichen.[2]

2. Grundsätzlich *zwingende* **Nutzung elektronischer Mittel.** Durch die KonzVgV wird **für Vergaben von Konzessionen ab den EU-Schwellenwerten die Nutzung elektronischer Mittel im Regelfall generell zwingend** eingeführt – es sei denn, dass die Voraussetzungen eng begrenzter Ausnahmetatbestände erfüllt sind. *Europarechtlich* ist nach den zugrunde liegenden Bestimmungen der RL 2014/23/EU die Nutzung elektronischer Mittel bei der Vergabe von Konzessionen für den Regelfall nur für die Veröffentlichung der Bekanntmachungen und die elektronische Verfügbarkeit der Vergabeunterlagen zwingend vorgeschrieben.[3] Konzessionsvergaben stellen damit die einzige Form der öffentlichen Auftragsvergabe dar, bei der die elektronische Durchführung des Vergabeverfahrens auf europäischer Ebene noch nicht zwingend vorgeschrieben ist.[4] Der *deutsche Gesetz- und Verordnungsgeber* hat demgegenüber eine in der RL 2014/23/EU enthaltene Option genutzt, nach der ein Mitgliedstaat über die für den Regelfall geltenden Vorgaben der RL hinaus die Verwendung elektronischer Kommunikationsmittel auch für die Konzessionsvergabe *generell verbindlich* vorschreiben kann.[5] Als **maßgebliche Gründe** für die Entscheidung zugunsten der *generell* zwingend elektronisch zu bewirkenden Konzessionsvergabe nennt der deutsche Verordnungsgeber eine möglichst **einheitliche Gestaltung der Vorschriften** zu öffentlichen Aufträgen und Konzessionen sowie eine **erwartete Effizienzsteigerung** und **Minderung des personellen und sachlichen Aufwands.**[6]

3. Befristete Aufschub-Option der zwingenden Nutzung elektronischer Mittel. Die national angeordnete, *generell zwingende* Einführung der Nutzung elektronischer Mittel bei der Vergabe von Konzessionen wird durch eine **zeitlich befristete Option zum Aufschub** der generell zwingenden Anwendung flankiert. Diese Option, die in der RL 2014/23/EU nicht vorgesehen ist (→ GWB § 97 Rn. 341 ff., 344), wurde vom deutschen Verordnungsgeber ähnlich der Aufschub-Option für die zwingende Nutzung elektronischer Mittel bei der Vergabe öffentlicher Aufträge ausgestaltet. Demgemäß kann der Konzessionsgeber nach § 34 S. 1 **spätestens bis zum 18.10.2018** hinsichtlich der Übermittlung von Teilnahmeanträgen und Angeboten noch von einem Wahlrecht bezüglich der Bestimmung der Kommunikationsmittel Gebrauch machen. Bis zu diesem Datum kann er die Übermittlung nach seiner Wahl statt auf elektronischem Wege auch auf dem Postweg, einem anderen geeigneten Weg, per Fax oder durch eine Kombination dieser Mittel verlangen.[7] Die Aufschub-Option gilt nicht für die elektronische Veröffentlichung von Bekanntmachungen und die elektronische Bereitstellung der Vergabeunterlagen; diese sind bereits seit dem Inkrafttreten der KonzVgV *zwingend* elektronisch zu bewirken, soweit nicht bestimmte, eng begrenzte Ausnahmetatbestände erfüllt sind.[8]

4. Wesentliche Inhalte der §§ 7–11. Ebenso wie die Regelungen zur Vergabe öffentlicher Aufträge enthalten §§ 7 ff. Bestimmungen über allgemeine **Grundsätze der elektronischen Kommunikation** (§ 7) sowie Anforderungen an **zu verwendende elektronische Mittel und deren Einsatz** (§§ 8 und 9). Diese umfassen **grundlegende Zulässigkeitsvoraussetzungen für elektro-

---

[1] ABl. 2014 L 94, 1; s. dazu P. *Schäfer* NZBau 2015, 131 (136 f.).
[2] S. KonzVgV-Begründung zu § 7, vor Abs. 1 und zu Abs. 1 und 2, BR-Drs. 87/16, 282.
[3] S. Art. 29 Abs. 1 UAbs. 1 RL 2014/23/EU.
[4] *Knauff* NZBau 2020, 421; vgl. auch *Vogt,* E-Vergabe, 2019, 67 ff., 75 f.
[5] S. Art. 29 Abs. 1 UAbs. 2 RL 2014/23/EU.
[6] S. KonzVgV-Begründung zu § 7, vor Abs. 1, BR-Drs. 87/16, 282.
[7] Vgl. § 34.
[8] S. § 34 S. 2, § 23 und § 17.

nische Mittel bei der Konzessionsvergabe und ihre technischen Merkmale. Dazu zählen insbesondere die zentralen Erfordernisse wie **allgemeine Verfügbarkeit, nichtdiskriminierende Beschaffenheit** und **Kompatibilität** mit allgemein verbreiteten Geräten und Programmen der Informations- und Kommunikationstechnologie.[9] Ferner enthält die KonzVgV Regelungen betreffend ausnahmsweise zulässige **alternative elektronische Mittel** (§ 10) und eine **Ermächtigungsnorm zum Erlass allgemeiner Verwaltungsvorschriften** für die e-Vergabe (§ 11).

5. Normzweck. Abs. 1 dient der **Festlegung,** dass öffentliche Auftraggeber und Unternehmen bei der Vergabe von Konzessionen im Geltungsbereich der KonzVgV grundsätzlich, dh **im Regelfall** *zwingend* **elektronische Mittel** zu verwenden haben, es sei denn, dass die Voraussetzungen bestimmter Ausnahmetatbestände erfüllt sind. Bestimmte **eng begrenzte Ausnahmen** gelten nach **Abs. 2** im Hinblick auf mündliche Kommunikation. Diese ist zulässig, soweit keine Vergabeunterlagen, Teilnahmeanträge oder Angebote, dh keine zentralen Elemente des Vergabeverfahrens betroffen sind und die Kommunikation hinreichend dokumentiert wird. Weitere Ausnahmen vom Grundsatz des Abs. 1 finden sich in weiteren Vorschriften der KonzVgV (→ Rn. 16 ff.).

Abs. 3 bezweckt eine Klarstellung, dass der öffentliche Auftraggeber von jedem Unternehmen eine **eindeutige Unternehmensbezeichnung** verlangen kann. Das ist wichtig, um eine eindeutige Identifizierung des jeweiligen Bewerbers bzw. Bieters bei der elektronischen Kommunikation mit dem öffentlichen Auftraggeber zu gewährleisten. Ferner kann der Auftraggeber eine **Registrierung** des Unternehmens im Sinne der Benennung einer elektronischen Adresse verlangen; Letzteres gilt allerdings nicht für den bloßen Zugang zur Konzessionsbekanntmachung und zu den Vergabeunterlagen.

II. Europarechtlicher Hintergrund

§ 7 dient der **Umsetzung des Art. 29 RL 2014/23/EU.** Dieser sieht – abweichend von RL 2014/24/EU und 2014/25/EU – für die Konzessionsvergabe *keine generelle* Verpflichtung zur elektronischen Kommunikation bei der Konzessionsvergabe vor, sondern begrenzt die zwingende Verwendung elektronischer Mittel auf die Veröffentlichung der Bekanntmachungen gem. Art. 33 Abs. 2 RL 2014/23/EU und die elektronische Verfügbarkeit der Konzessionsunterlagen gem. Art. 34 RL 2014/23/EU. Die deutsche Umsetzung macht demgegenüber von der **Option gem. Art. 29 Abs. 1 UAbs. 2 RL 2014/23/EU** Gebrauch. Danach dürfen die Mitgliedstaaten die Verwendung elektronischer Mittel für die Konzessionsvergabe auch *generell* verbindlich vorschreiben.[10]

Hintergrund der Entscheidung des EU-Gesetzgebers für eine – zumindest teilweise – Einführung elektronischer Mittel bei der Konzessionsvorgabe bildet die Überzeugung des Unionsgesetzgebers, dass die Nutzung elektronischer Mittel auch insoweit vorteilhaft erscheint. In Erwägungsgrund 74 RL 2014/23/EU wird dazu ausgeführt, dass elektronische Informations- und Kommunikationsmittel die Bekanntmachung von Konzessionen erheblich vereinfachen und die Effizienz, Schnelligkeit und Transparenz der Vergabeverfahren steigern könnten; elektronische Informations- und Kommunikationsmittel könnten zum Standard für Kommunikation und Informationsaustausch im Rahmen von Vergabeverfahren werden, da sie die Möglichkeiten von Wirtschaftsteilnehmern zur Teilnahme an Vergabeverfahren im gesamten Binnenmarkt stark verbessern würden.

Als **Vorbild für die Regelungen des Abs. 1** im Sinne einer weitestgehend elektronischen Kommunikation dient dem *deutschen* Verordnungsgeber laut der amtl. Begr. zu § 7 die Umsetzung des Art. 22 Abs. 1 UAbs. 1 S. 1 RL 2014/24/EU in § 9 Abs. 1 VgV. Ferner führt er als Vorbild für Abs. 2 bezüglich Ausnahmen bei nicht wesentlichen Teilen des Vergabeverfahrens die Umsetzung des Art. 22 Abs. 2 RL 2014/24/EU in § 9 Abs. 2 VgV an.

Hinsichtlich der vorgenannten Begründungen des deutschen Verordnungsgebers ist die Frage berechtigt, ob es zulässig ist, eine Bestimmung zur *Konzessionsvergabe* auf Vorschriften der *in Details abweichenden* Richtlinie für Vergaben *öffentlicher Aufträge* (RL 2014/24/EU) zu stützen. Diese Frage stellt sich insbesondere, weil in der Option zur generellen Zulassung elektronischer Mittel bei Konzessionsvergaben gem. Art. 29 Abs. 1 UAbs. 2 RL 2014/24/EU – abweichend von Art. 22 RL 2014/24/EU – *keinerlei Ausnahmen* von der generellen Vorgabe der elektronischen Kommunikation erwähnt sind. Zu den Motiven für die insoweit im Detail unterschiedlichen EU-Regeln zur e-Vergabe bei öffentlichen Aufträgen und Konzessionen sagt Erwägungsgrund 74 RL 2014/23/EU nichts. Es finden sich auch keine eindeutigen Hinweise dazu, warum der EU-Gesetzgeber für den Fall der nationalen Vorgabe einer *generellen* Anwendbarkeit der elektronischen Handlungsform bei der Konzessionsvergabe die Möglichkeit der Zulassung von Ausnahmen nicht erwähnt. Möglicherweise ist die Diskrepanz auf die die getrennte Ausarbeitung beider Richtlinien und den erheblichen

---

[9] S. § 9 Abs. 1 S. 1.
[10] Vgl. auch KonzVgV-Begründung zu § 7, Begr. vor Abs. 1, BR-Drs. 87/16, 282.

Zeitdruck bei den Gesetzgebungsverfahren zu den sehr komplexen EU-Richtlinien zurückzuführen (→ GWB § 97 Rn. 346 f.).

11 Ungeachtet dieser Diskrepanz ist die Auslegung überzeugender, die auch ohne ausdrückliche Regelung in Art. 29 Abs. 1 UAbs. 2 RL 2014/24/EU die Statuierung begrenzter Ausnahmen von der zwingenden Nutzung der elektronischen Handlungsform in §§ 7 ff. für zulässig hält. Dies lässt sich bei weiter Auslegung des Art. 29 Abs. 1 UAbs. 2 RL 2014/24/EU jedenfalls auf den Gedanken stützen, dass bei der Konzessionsvergabe nach der Regelvorschrift des Art. 29 Abs. 1 UAbs. 1 RL 2014/24/EU die elektronische Kommunikation ohnehin nicht *generell* zwingend wäre und die benachbarte RL 2014/24/EU trotz ihrer generell verpflichtenden Anwendung der e-Vergabe begrenzte Ausnahmen zulässt. Entsprechendes gilt auch hinsichtlich der in der deutschen Umsetzung vorgesehenen befristeten Ausnahmen von der elektronischen Handlungsform gemäß der Übergangsvorschrift des § 34. Zwar ist in der RL 2014/23/EU keine Aufschub-Option vorgesehen; eine solche befristete Ausnahmeregelung erscheint aber insoweit zulässig, als es nach der Regelvorschrift des Art. 29 Abs. 1 UAbs. 1 RL 2014/24/EU auch zulässig wäre, überhaupt keine generell zwingende Vorgabe zur e-Vergabe einzuführen. Insofern dürfte die im deutschen Recht vorgesehene Einführung der generell zwingenden e-Vergabe mit einer befristeten Aufschub-Option mit der RL 2014/23/EU vereinbar sein.

III. Einzelerläuterungen

1. Grundsätzlich zwingende Nutzung elektronischer Mittel im Vergabeverfahren.

12 Abs. 1 ordnet – entsprechend § 97 Abs. 5 GWB – an, dass Konzessionsgeber und Unternehmen für das Senden, Empfangen, Weiterleiten und Speichern von Daten in einem Vergabeverfahren grundsätzlich Geräte und Programme für die elektronische Datenübermittlung (elektronische Mittel) zu verwenden haben. Mit dieser Formulierung soll klargestellt werden, dass die gesamte Kommunikation im Vergabeverfahren **grundsätzlich elektronisch** bewirkt werden muss. Das Wort „grundsätzlich" begründet dabei keine eigenständige, etwa im Ermessen der Anwender stehende Einschränkung der Pflicht zur elektronischen Konzessionsvergabe. Es bedeutet vielmehr, dass das Vergabeverfahren bei der Konzessionsvergabe nach Maßgabe der Vorschriften der KonzVgV **im Regelfall zwingend** elektronisch durchzuführen ist, es sei denn, dass bestimmte Ausnahmen vorliegen (→ GWB § 97 Rn. 385; zur Vereinbarkeit der Abs. 1 und 2 mit RL 2014/23/EU → Rn. 9 ff.).

13 **2. Ausnahmen.** Ausnahmen von dem vorgenannten Grundsatz sind **nur zulässig, soweit sie ausdrücklich vorgesehen sind.** Insofern **zu unterscheiden** sind **allgemeine, zeitlich unbefristet geltende Ausnahmen** (→ Rn. 14 ff.) und **zeitlich befristete Ausnahmen,** die der Schaffung von Übergangsfristen für die Einführung der grundsätzlich zwingenden Verwendung elektronischer Mittel dienen (→ Rn. 17 ff.). Die allgemeinen, unbefristet geltenden Ausnahmetatbestände sind teils in § 7 und teils in anderen Vorschriften der KonzVgV im Kontext des jeweiligen Teils des Vergabeverfahrens angesiedelt.

14 **a) Zulässigkeit mündlicher Kommunikation außerhalb der zentralen Elemente des Vergabeverfahrens.** Mündliche Kommunikation ist gem. Abs. 2 zulässig, **wenn keine zentralen Elemente des** Vergabeverfahrens betroffen sind, dh die betreffende Kommunikation nicht die Vergabeunterlagen, Teilnahmeanträge oder Angebote betrifft und wenn diese Kommunikation ausreichend und in geeigneter Weise dokumentiert wird. Diese Ausnahme wird vom deutschen Verordnungsgeber auf Art. 22 Abs. 2 RL 2014/24/EU gestützt (zur Zulässigkeit dieser Anknüpfung → Rn. 9 ff.). Als mündlich ist auch die Kommunikation per Telefon einzustufen.[11]

15 Auch **bei mündlicher Kommunikation** ist eine **ausreichende Dokumentation erforderlich,** um dem Gebot der Transparenz angemessen zu entsprechen und um überprüfen zu können, ob der Grundsatz der Gleichbehandlung aller Unternehmen gewahrt wurde.[12] Bei der Dokumentation der mündlichen Kommunikation mit Bietern, die einen Einfluss auf Inhalt und Bewertung von deren Angebot haben könnte, ist in besonderem Maße darauf zu achten, dass in hinreichendem Umfang und in geeigneter Weise dokumentiert wird. Das kann beispielsweise durch Niederschrift bzw. Tonaufzeichnungen der mündlichen Kommunikation oder Zusammenfassungen der wichtigsten Elemente der Kommunikation in Textform gem. § 126b BGB sichergestellt werden.[13]

16 Weitere Ausnahmetatbestände, nach denen die Pflicht zur Vergabe der elektronischen Handlungsform nicht gilt, sind in anderen Vorschriften **im Sachkontext des jeweiligen einzelnen Vorgangs des Vergabeverfahrens** angeordnet, so zB im Falle **außergewöhnlicher Sicherheitsgründe** im Rahmen der Vorschriften zur Bereitstellung der Vergabeunterlagen (§ 17 Abs. 2) sowie zur Übermittlung von Angeboten und Teilnahmeanträgen (§ 28 Abs. 2 und Abs. 4).

---

[11] S. KonzVgV-Begründung zu § 7 Abs. 2, BR-Drs. 87/16, 282.
[12] S. KonzVgV-Begründung zu § 7 Abs. 2, BR-Drs. 87/16, 282.
[13] S. KonzVgV-Begründung zu § 7 Abs. 2, BR-Drs. 87/16, 282.

b) Zeitlich befristete Ausnahmen (Übergangsvorschriften). Zeitlich befristete Ausnahmen bilden die **Übergangsvorschriften des § 34** zum befristeten **Aufschub der zwingenden Einführung der elektronischen Handlungsform** (zur europarechtlichen Zulässigkeit dieser Aufschub-Option → Rn. 9 ff.). Dieser befristete Aufschub gilt für die Einreichung von Angeboten und Teilnahmeanträgen. Er gilt auch für die sonstige Kommunikation iSd Abs. 1, soweit sie nicht die Übermittlung von Bekanntmachungen gem. § 23 und die Bereitstellung der Vergabeunterlagen gem. § 17 betrifft. Letztere sind bereits seit dem Inkrafttreten der KonzVgV zwingend elektronisch zu bewirken. Der eingeräumte Aufschub gilt **bis spätestens 18.10.2018.** Die Aufschub-Option soll Konzessionsgebern – ebenso wie die entsprechende Option für öffentliche Auftraggeber nach § 81 VgV – eine Übergangsfrist für die Einführung zuverlässiger e-Vergabesysteme gewähren. Wichtig ist dies insbesondere für diejenigen Stellen, die noch nicht über voll einsatzfähige e-Vergabe-Systeme verfügen. Ihnen wird mit der Option ein letzter Aufschub für die zeitaufwändige Beschaffung, Erprobung und praxissichere Einführung eines e-Vergabe-Systems eingeräumt. 17

Der Aufschub bedeutet, dass der Konzessionsgeber binnen der genannten Übergangsfrist noch *nicht verpflichtet* ist, die elektronische Handlungsform vorzuschreiben. **Während des Übergangszeitraums** kann der Konzessionsgeber Angebote und Teilnahmeanträge auch auf dem Postweg, einem anderen geeigneten Weg, per Fax oder mittels einer Kombination dieser Mittel verlangen.[14] Auch **schon vor Ablauf der genannten Übergangsfrist** ist eine **vollständige Umstellung** des Konzessionsgebers auf elektronische Mittel **zulässig**.[15] 18

3. Begriff der elektronischen Kommunikation und der elektronischen Mittel. Nach Abs. 1 müssen der Konzessionsgeber und die Unternehmen grundsätzlich – vorbehaltlich der genannten Ausnahmen (→ Rn. 13 ff.) **elektronische Mittel für das Senden, Empfangen, Weiterleiten und Speichern von Daten** im Vergabeverfahren verwenden. Im Detail ist die Formulierung des Abs. 1 sprachlich insoweit etwas unpräzise, als sie für die Daten*speicherung* Geräte und Programme für die elektronische Daten*übermittlung* vorschreibt. Ungeachtet dieser Formulierungsschwäche ist die Regelung nach ihrer ratio jedenfalls so zu verstehen, dass sämtliche Vorgänge des Sendens, Empfangens, des Weiterleitens und Speicherns von Daten grundsätzlich zwingend durch *elektronische Mittel* zu erfolgen haben, es sei denn, dass einer der vorstehend genannten Ausnahmetatbestände erfüllt ist. 19

In Abs. 1 wird der **Begriff „elektronische Mittel"** definiert als **„Geräte und Programme für die elektronische Datenübermittlung".** Vergleicht man diese Definition der elektronischen Mittel mit der **zugrunde liegenden Begriffsbestimmung in Art. 5 Nr. 9 RL 2014/23/EU**, scheint die Formulierung des § 7 Abs. 1 vordergründig davon abzuweichen, denn nach der deutschen Sprachfassung des Art. 5 Nr. 9 RL 2014/23/EU werden unter „elektronischen Mitteln" nur „elektronische *Geräte*" verstanden. Indessen bezeichnet die englische Sprachfassung der genannten EU-Vorschrift „electronic means" umfassender und zutreffender als „electronic equipment" dh **elektronische Ausrüstung".** Diese umfasst nicht nur *Geräte,* sondern auch *Programme.* Somit steht die Legaldefinition der elektronischen Mittel in § 9 Abs. 1 der Sache nach im Einklang mit der Legaldefinition des Art. 5 Nr. 9 RL 2014/23/EU. 20

4. Zwang zur Verwendung elektronischer Mittel nur innerhalb des Vergabeverfahrens. Die vergaberechtliche Verpflichtung zur grundsätzlich zwingenden Nutzung elektronischer Mittel iSd § 7 Abs. 1 bezieht sich auf die Kommunikation bzw. Datenspeicherung **nur im Rahmen des Vergabeverfahrens,** dh des Verfahrens der Konzessionsvergabe im Verhältnis zwischen dem Konzessionsgeber und Unternehmen. Die diesen Geschäftsprozessen vorausgehenden oder nachfolgenden Prozesse innerhalb der Organisation des Konzessionsgebers sowie des Unternehmens unterliegen unter vergaberechtlichen Gesichtspunkten *nicht* dem Zwang zur Bewirkung in elektronischer Form.[16] 21

Soweit sorgfältig konzipiert, dürfte allerdings auch eine weitergehende, durchgängig und medienbruchfreie elektronische Integration der weiteren Geschäftsprozesse innerhalb der jeweiligen Organisation jenseits des Vergabeverfahrens sinnvoll sein, auch wenn dies *vergaberechtlich* nicht zwingend ist. Auch für dem Vergabeverfahren vor- oder nachgelagerte Abläufe können sich **uU Pflichten zur elektronischen Kommunikation oder Datenspeicherung** *aus anderen Vorschriften* bzw. aus behörden- oder unternehmensinternen Vorgaben ergeben. Öffentliche Stellen des Bundes müssen insoweit insbesondere die Bestimmungen des deutschen E-Government-Gesetzes (EGovG) beachten (→ GWB § 97 Rn. 371 ff.). 22

---

[14] S. § 34 S. 1.
[15] S. KonzVgV-Begründung zu § 34 aE, BR-Drs. 87/16, 299.
[16] Vgl. VgV-Begründung zu dem § 7 Abs. 1 weitestgehend entsprechenden § 9 Abs. 1 VgV, BR-Drs. 87/16, 163.

23 **5. Angabe einer eindeutigen Unternehmensbezeichnung und Registrierung. Abs. 3 S. 1,** der eng an die Formulierung des § 9 Abs. 3 S. 1 VgV angelehnt ist, stellt klar, dass der Konzessionsgeber von jedem Unternehmen die **Angabe einer eindeutigen Unternehmensbezeichnung** verlangen kann. Dies ist wichtig im Interesse der genauen Identifizierung und Adressierung des Unternehmens im Vergabeverfahren.

24 Nach **Abs. 3 S. 2** kann der Konzessionsgeber von jedem Unternehmen eine **Registrierung, dh zusätzlich zur Angabe der Unternehmensbezeichnung die Benennung einer elektronischen Adresse** verlangen. Eine Registrierung darf **allerdings nicht für den bloßen Zugang** zu Auftragsbekanntmachungen und Vergabeunterlagen zwingend gefordert werden. Insoweit ist nur eine freiwillige Registrierung zulässig. Hintergrund dafür ist, dass vom öffentlichen Auftraggeber nach Art. 34 Abs. 1 S. 1 RL 2014/23/EU ein **kostenloser, uneingeschränkter und vollständiger Zugang zu den Konzessionsunterlagen** gewährt werden muss. In der amtl. Begr. zu § 7 Abs. 3 wird ferner klargestellt, dass eine Registrierung von Konzessionsgebern ausschließlich dazu verwendet werden darf, Daten mithilfe elektronischer Mittel an die Unternehmen zu übermitteln.[17] Außerdem können Konzessionsgeber diese Angaben nutzen, um Unternehmen – einschließlich derjenigen, die noch keinen Teilnahmeantrag eingereicht oder kein Angebot abgegeben haben – über Änderungen des Vergabeverfahrens zu informieren; auch können Konzessionsgeber Unternehmen auf diesem Wege darauf aufmerksam machen, dass Fragen von Unternehmen zum Vergabeverfahren beantwortet wurden und auf welchem Wege von den Antworten Kenntnis erlangt werden kann.[18]

§ 8 Anforderungen an die verwendeten elektronischen Mittel

(1) ¹Der Konzessionsgeber legt das erforderliche Sicherheitsniveau für die elektronischen Mittel fest. ²Elektronische Mittel, die der Konzessionsgeber für den Empfang von Teilnahmeanträgen und Angeboten verwendet, müssen gewährleisten, dass
1. die Uhrzeit und der Tag des Datenempfangs genau zu bestimmen sind,
2. kein vorfristiger Zugriff auf die empfangenen Daten möglich ist,
3. der Termin für den erstmaligen Zugriff auf die empfangenen Daten nur von dem oder den Berechtigten festgelegt oder geändert werden kann,
4. nur die Berechtigten Zugriff auf die empfangenen Daten oder auf einen Teil derselben haben,
5. nur die berechtigten Dritten Zugriff auf die empfangenen Daten oder auf einen Teil derselben einräumen dürfen,
6. empfangene Daten nicht an Unberechtigte übermittelt werden und
7. Verstöße oder versuchte Verstöße gegen die Anforderungen gemäß den Nummern in 1 bis 6 eindeutig festgestellt werden können.

(2) ¹Die elektronischen Mittel, die der Konzessionsgeber für den Empfang von Teilnahmeanträgen und Angeboten verwendet, müssen über eine einheitliche Datenaustauschschnittstelle verfügen. ²Es sind die jeweils geltenden IT-Interoperabilitäts- und IT-Sicherheitsstandards der Informationstechnik gemäß § 3 Absatz 1 des Vertrags über die Errichtung des IT-Planungsrats und über die Grundlagen der Zusammenarbeit beim Einsatz der Informationstechnologie in den Verwaltungen von Bund und Ländern vom 1. April 2010 zu verwenden.

Übersicht

	Rn.		Rn.
I. Normzweck	1	a) Textform nach § 126b BGB bei Angeboten und Teilnahmeanträgen für den Regelfall	7
II. Europarechtlicher Hintergrund	3		
III. Einzelerläuterungen	6	b) Verhältnismäßigkeitsgebot bezüglich Datensicherheit bei Angeboten und Teilnahmeanträgen	9
1. Festlegung des Sicherheitsniveaus durch den öffentlichen Auftraggeber	6	3. Besondere Anforderungen an die Mittel zum Empfang elektronischer Angebote und ähnlicher Kommunikationen	10
2. Spezielle Vorgaben für Angebote und Teilnahmeanträge	7	4. Vorgaben für eine einheitliche Datenaustauschschnittstelle und IT-Standards	13

---

[17] S. KonzVgV-Begründung zu § 7 Abs. 3, BR-Drs. 87/16, 283.
[18] S. KonzVgV-Begründung zu § 7 Abs. 3, BR-Drs. 87/16, 283.

III. Einzelerläuterungen 1–6 § 8 KonzVgV

I. Normzweck

§ 8 dient der Festlegung von Regelungen bezüglich der **Anforderungen an elektronische** 1
Mittel, die im Verfahren zur Konzessionsvergabe zu verwenden sind. Die Vorschrift ist dem **Vorbild
in § 10 VgV** nachgebildet, der ua Vorgaben des Anhangs IV zu RL 2014/24/EU umsetzt.[1] Insbesondere enthält § 8 Regelungen zum Sicherheitsniveau der elektronischen Mittel. Dies umfasst nach der vom deutschen Verordnungsgeber gewählten Systematik der Umsetzung gem. § 8 Abs. 1 S. 1 zunächst die Klarstellung, dass das erforderliche **Sicherheitsniveau vom öffentlichen Auftraggeber festzulegen** ist (→ Rn. 6 ff.). Ferner nennt die Vorschrift in § 8 Abs. 1 S. 2 und Abs. 2 wichtige **besondere Vorgaben** für elektronische Mittel, die vom öffentlichen Auftraggeber **für den Empfang von Angeboten und ähnlichen wichtigen Kommunikationen** des Bieters an den Auftraggeber (→ Rn. 10 ff.) beachtet werden müssen. Weiterhin enthält § 8 besondere Anforderungen an die elektronischen Mittel im Hinblick auf eine **einheitliche Datenaustauschschnittstelle** (→ Rn. 13 f.). Den Regelungen des § 8 liegen Vorschriften des EU-Rechts (→ Rn. 3 ff.) und – hinsichtlich der zu beachtenden einheitlichen Datenaustauschschnittstelle – Vorschriften des deutschen E-Government- bzw. IT-Rechts zugrunde.

Entgegen der Titulierung der §§ 8 und 9 sind **Anforderungen an die elektronischen Mittel,** 2
die im Vergabeverfahren zu verwenden sind, nicht nur in § 8, sondern **teilweise auch in § 9** enthalten. So sind in § 9 Abs. 1 S. 1 – abweichend von der üblichen Gesetzessystematik – die *allgemeinen,* für *alle* elektronische Mittel im Vergabeverfahren zu beachtenden Anforderungen erst an zweiter Stelle, *nach* den Vorschriften für die in § 8 Abs. 1 regulierten *speziellen* Anforderungen an elektronische Mittel für den Empfang elektronischer Angebote und Teilnahmeanträgen aufgeführt. Auch die Vorgaben des § 9 Abs. 1 S. 1 betreffen streng genommen *Anforderungen an die elektronischen Mittel selbst* und nicht nur Anforderungen an deren Einsatz. Dies gilt zB für die in § 9 Abs. 1 S. 1 genannten Eigenschaften „allgemein verfügbar" oder „mit allgemein verbreiteten Geräten und Programmen der Informationstechnologie kompatibel".

II. Europarechtlicher Hintergrund

Grundlage für die Regelung des § 8 ist die Entscheidung des deutschen Verordnungsgebers 3
zugunsten einer zwingenden Vorgabe elektronischer Kommunikationsmittel im Konzessionsvergabeverfahren gem. § 7.[2] Diese Entscheidung beruht auf der vom EU-Gesetzgeber vorgesehenen Option nach Art. 29 Abs. 1 UAbs. 2 RL 2014/23/EU.

Abs. 1 S. 1 betrifft die **Festlegung des Sicherheitsniveaus für die elektronischen Mittel** 4
im Konzessionsvergabeverfahren. Im Interesse einer einheitlichen Gestaltung folgt die Vorschrift dem Vorbild in § 10 Abs. 1 S. 1 VgV (zur Vereinbarkeit von § 10 Abs. 1 S. 1 VgV mit den europarechtlichen Vorgaben zur Festlegung des Sicherheitsniveaus betreffend die elektronischen Übermittlung bzw. den elektronischen Eingang von Angeboten und Teilnahmeanträgen gem. Art. 22 Abs. 6 UAbs. 1 lit. b RL 2014/24/EU → VgV § 10 Rn. 3 ff.).

Abs. 1 S. 2 folgt dem Vorbild des § 10 Abs. 1 S. 2 VgV, der der Umsetzung des Art. 22 Abs. 6 5
UAbs. 1 RL 2014/24/EU iVm dem inhaltlich wichtigen Anhang IV zu RL 2014/24/EU gilt. Anhang IV zu RL 2014/24/EU formuliert detaillierte Anforderungen an die technischen Mittel zur Entgegennahme elektronischer Angebote und weiterer wichtiger elektronischer Übermittlungen vom Bieter bzw. Bewerber an den öffentlichen Auftraggeber. Die Orientierung dieser Regelung an Anhang IV zu der nicht auf Konzessionen, sondern auf Auftragsvergaben bezogenen RL 2014/24/EU erscheint zulässig, da RL 2014/23/EU keine des Inhalts dieses Anhangs entgegenstehenden Bestimmungen enthält.

III. Einzelerläuterungen

1. Festlegung des Sicherheitsniveaus durch den öffentlichen Auftraggeber. Das für die 6
Kommunikation erforderliche **Sicherheitsniveau für die elektronischen Mittel** ist gem. Abs. 1 **vom Konzessionsgeber festzulegen** (zur Vereinbarkeit der Vorbild-Regelung in § 10 VgV mit der dieser zugrunde liegenden EU-Vorschrift des Art. 22 Abs. 6 UAbs. 1 lit. b RL 2014/24/EU → VgV § 10 Rn. 3 ff.). Danach ist es Sache des Konzessionsgebers, das Sicherheitsniveau für die in dem jeweiligen Vergabeverfahren zur Anwendung kommenden elektronischen Mittel festzulegen. Im Einzelnen hat er **dabei allerdings einige spezielle Vorgaben, ua zur Verhältnismäßigkeit zu beachten** (→ Rn. 7 ff.). In der amtl. Begr. zu § 8 wird insoweit angeführt, dass die Konzessionsgeber vor der Festlegung des Sicherheitsniveaus die Verhältnismäßigkeit zwischen den Anforderun-

---

[1] S. KonzVgV-Begründung zu § 8, vor Abs. 1, BR-Drs. 87/16, 283.
[2] S. KonzVgV-Begründung zu § 8, vor Abs. 1, BR-Drs. 87/16, 283.

gen an die Sicherstellung einer zuverlässigen Identifizierung eines Senders von Daten sowie an die Unversehrtheit der Daten und anderseits den Gefahren abwägen sollen, die zum Beispiel von Daten ausgehen, die aus einer nicht sicher identifizierbaren Quelle stammen oder die während der Übermittlung verändert wurden.[3] Dieser Hinweis verweist auf die Beachtung des Gebots der Verhältnismäßigkeit, das allerdings nicht nur eine Soll-Regelung, sondern ein *zwingend* zu beachtendes Gebot darstellt (→ Rn. 9).

7 **2. Spezielle Vorgaben für Angebote und Teilnahmeanträge. a) Textform nach § 126b BGB bei Angeboten und Teilnahmeanträgen für den Regelfall.** Bezüglich der Festlegung des Sicherheitsniveaus für die **Übermittlung von Angeboten und Teilnahmeanträgen** schreibt der deutsche Verordnungsgeber in **§ 28 Abs. 1 grundsätzlich,** dh für den Regelfall, **Textform nach § 126b BGB** vor. Dazu reicht eine lesbare Erklärung, in der die Person des Erklärenden genannt ist und die auf einem dauerhaften Datenträger abgegeben wird. Unter einem dauerhaften Datenträger ist dabei jedes Medium zu verstehen, das es dem Empfänger ermöglicht, eine an ihn persönlich gerichtete Erklärung so aufzubewahren oder zu speichern, dass sie ihm während eines für ihren Zweck angemessenen Zeitraums zugänglich ist; ferner muss das Medium geeignet sein, die Erklärung unverändert wiederzugeben. Einer eigenhändigen Unterschrift bedarf es dabei nicht. **E-Mails genügen** den Voraussetzungen der Textform. Gleiches gilt **ebenfalls für Telefaxe und Telegramme.** Nach § 28 Abs. 1 wird damit weder die gesetzliche Schriftform nach § 126 BGB noch die elektronische Form iSd § 126a BGB, der die Nutzung einer qualifizierten elektronischen Signatur erfordert, verlangt. Für Vergabeverfahren nach der KonzVgV ist damit – ebenso wie für Verfahren nach der 2016 neugefassten VgV – die **Verwendung elektronischer Signaturen für den Regelfall nicht vorgesehen.**

8 Durch die vorerwähnten Regelungen wird die **Verwendung elektronischer Signaturen allerdings nicht völlig ausgeschlossen.** Das folgt aus § 28 Abs. 3, der sich an den für die Vergabe öffentlicher Aufträge geltenden Regelungen des Art. 22 Abs. 6 UAbs. 1 lit. b und c RL 2014/24/EU bzw. § 53 Abs. 3 VgV orientiert. Danach hat der Auftraggeber zu prüfen, ob zu übermittelnde Daten erhöhte Anforderungen an die Sicherheit der Datenübermittlung stellen. Soweit es erforderlich ist, kann der Konzessionsgeber verlangen, dass Angebote bzw. Teilnahmeanträge mit einer fortgeschrittenen elektronischen Signatur oder einer qualifizierten elektronischen Signatur oder bestimmten elektronischen Siegeln zu versehen sind.[4]

9 **b) Verhältnismäßigkeitsgebot bezüglich Datensicherheit bei Angeboten und Teilnahmeanträgen.** Die Bestimmungen zur Prüfung bzw. Feststellung der Erforderlichkeit eines erhöhten Niveaus der Datensicherheit iSd § 28 Abs. 3 sind denen des § 53 Abs. 3 VgV nachgebildet. Letzterer gründet wiederum auf Art. 22 Abs. 6 UAbs. 1 lit. b und c RL 2014/24/EU.[5] Für **elektronische Angebote und Teilnahmeanträge** bei Vergaben öffentlicher Aufträge schreibt Art. 22 Abs. 6 UAbs. 1 lit. b Hs. 2 RL 2014/24/EU ein **besonderes Verhältnismäßigkeitsgebot** für die Festlegung des Sicherheitsniveaus zwingend vor. Danach muss das festzulegende Niveau der Datensicherheit *im Verhältnis zu den bestehenden Risiken* stehen (→ VgV § 10 Rn. 13 ff.). Dieses besondere Verhältnismäßigkeitsgebot ist in der deutschen Umsetzung in § 28 zwar *nicht ausdrücklich normiert;* als explizites europarechtliches Gebot ist es bei der Festlegung des Sicherheitsniveaus bzw. Prüfung der Erforderlichkeit elektronischer Signaturen bei Angeboten und Teilnahmeanträgen gem. § 53 Abs. 3 S. 2 *aber stets zu beachten.* Dies ergibt sich auch aus der amtl. Begr. zu § 53 VgV.[6] Das Verhältnismäßigkeitsgebot aus Art. 22 Abs. 6 UAbs. 1 lit. b RL 2014/24/EU gilt *unmittelbar* nur für Vergaben öffentlicher *Aufträge.* Da der deutsche Verordnungsgeber die Bestimmungen des § 28 allerdings ausdrücklich nach dem Vorbild des § 53 VgV gestaltet hat, der auf Art. 22 Abs. 6 RL 2014/24/EU gründet, gilt das genannte Verhältnismäßigkeitsgebot auch bezüglich Angeboten und Teilnahmeanträgen bei der Vergabe von Konzessionen.[7]

10 **3. Besondere Anforderungen an die Mittel zum Empfang elektronischer Angebote und ähnlicher Kommunikationen. Abs. 1 S. 2** entspricht weitestgehend dem Vorbild des § 10 Abs. 1 S. 2 VgV, der Anhang IV der RL 2014/24/EU umsetzt. In Anlehnung an diesen Anhang benennt Abs. 1 S. 2 **zwingend zu berücksichtigende Anforderungen** an die elektronischen

---

[3] S. KonzVgV-Begründung zu § 8, vor Abs. 1 und zu Abs. 1, BR-Drs. 87/16, 283.
[4] Vgl. § 28 Abs. 3 und die KonzVgV-Begründung zu § 28 Abs. 3, BR-Drs. 87/16, 296 mit Verweis auf die amtl. Begr. zu § 53 Abs. 3, s. dort Abs. 4, BR-Drs. 87/16, 207.
[5] Vgl. VgV-Begründung zu § 53 Abs. 3 VgV, BR-Drs. 87/16, 206.
[6] Vgl. VgV-Begründung zu § 53 Abs. 3 VgV, BR-Drs. 87/16, 207.
[7] Dafür spricht auch die KonzVgV-Begründung zu § 28 Abs. 3, BR-Drs. 87/16, 296, die ausdrücklich auf die amtl. Begr. zu § 53 Abs. 3 VgV, BR-Drs. 87/16, 207, verweist, in der die Notwendigkeit einer Verhältnismäßigkeitsprüfung explizit angeführt wird.

III. Einzelerläuterungen

Mittel, die vom öffentlichen Konzessionsgeber für den **Empfang von Angeboten und Teilnahmeanträgen** verwendet werden. Insoweit werden – anders als für die sonstigen Kommunikationsvorgänge bei der Konzessionsvergabe – sehr **detaillierte und hohe, jedoch technikneutrale Anforderungen** im Hinblick auf die Sicherheit und Nachprüfbarkeit der elektronischen Kommunikation aufgestellt. Hintergrund ist, dass die Übermittlung von Angeboten und Teilnahmeanträgen angesichts ihres **in der Regel „sensiblen" Dateninhalts** als besonders schutz- und damit regelungsbedürftig eingeschätzt wird. Dies gilt insbesondere mit Blick auf häufig in der Angebotsabgabe enthaltenes Know-how bzw. schutzbedürftige Angaben der Bieter-Unternehmen. Ferner gilt es auch im Hinblick auf die besondere Relevanz von Angebotsinhalten wie dem Preis und weiteren Kriterien für die im Wettbewerb zu treffende Vergabeentscheidung.

Im Einzelnen müssen die Mittel zum Empfang der vorgenannten Kommunikationen gewährleisten, dass die **Uhrzeit und der Tag des Datenempfangs** genau zu bestimmen sind (Abs. 1 S. 2 Nr. 1). Ferner müssen sie gewährleisten, dass **kein vorfristiger Zugriff auf die empfangenen Daten möglich** ist (Abs. 1 S. 2 Nr. 2). Zudem müssen die Mittel so beschaffen sein, dass der **Termin für den erstmaligen Zugriff** auf die empfangenen Daten nur von den Berechtigten festgelegt oder geändert werden kann (Abs. 1 S. 2 Nr. 3).

Weiterhin müssen die eingesetzten Mittel gewährleisten, dass **nur die Berechtigten Zugriff auf die empfangenen Daten oder auf einen Teil derselben haben** (Abs. 1 S. 2 Nr. 4). Sichergestellt sein muss ferner, dass nach dem festgesetzten Zeitpunkt **nur die Berechtigten Dritten Zugriff auf die empfangenen Daten oder einen Teil derselben einräumen dürfen** (Abs. 1 S. 2 Nr. 5). Darüber hinaus müssen die Mittel gewährleisten, dass **empfangene Daten nicht an Unberechtigte übermittelt werden** (Abs. 1 S. 2 Nr. 6). Letztere Bestimmung folgt dem Wortlaut der EU-Regelung in Anhang IV lit. f zu RL 2014/24/EU – ebenso wie ihre Vorbild-Regelung in § 10 Abs. 1 S. 2 Nr. 6 VgV – nicht exakt. Im Lichte des Anhangs IV der genannten EU-Vorschrift ist sie so zu interpretieren, dass nicht allein sichergestellt sein muss, dass empfangene Daten nicht an Unberechtigte *übermittelt* werden, sondern auch, dass **eingegangene und geöffnete Daten nur den zur Kenntnisnahme ermächtigten Personen zugänglich bleiben** und **Unberechtigte keinen Einblick in die geöffneten Daten erhalten**.[8] Schließlich müssen die Mittel ermöglichen, dass **Verstöße oder versuchte Verstöße** gegen genannten Anforderungen der Nr. 1–6 **eindeutig festgestellt werden können** (Abs. 1 S. 2 Nr. 7).

4. Vorgaben für eine einheitliche Datenaustauschschnittstelle und IT-Standards. Abs. 2 folgt dem Vorbild des § 10 Abs. 2 VgV.[9] Die Vorschrift bestimmt, dass die elektronischen Mittel, die vom öffentlichen Auftraggeber für den Empfang von Angeboten und Teilnahmeanträgen genutzt werden, über eine **einheitliche Datenaustauschschnittstelle** verfügen müssen. Einzuhalten sind insoweit die jeweils geltenden **Interoperabilitäts- und Sicherheitsstandards** der Informationstechnik gem. § 3 Abs. 1 des Vertrags über die Errichtung des deutschen IT-Planungsrats und über die Grundlagen der Zusammenarbeit beim Einsatz der Informationstechnologie in den Verwaltungen von Bund und Ländern vom 1.4.2010; bei diesem Vertrag handelt es sich um einen **Vertrag zur Ausführung von Art. 91c GG**, der auf eine **verstärkte Zusammenarbeit von Bund und Ländern** im Bereich ihrer informationstechnischen Systeme abzielt.[10]

Mit Abs. 2 wird vor allem der seit 2007 im Aufbau befindliche deutsche **Interoperabilitätsstandard „XVergabe"**[11] (dazu und zum Folgenden → GWB § 97 Rn. 316 f.) in Bezug genommen. Die Projektverantwortung für diesen Standard liegt beim Beschaffungsamt des Bundesministeriums des Innern in Verbindung mit dem Land NRW. Inzwischen sind an der XVergabe-Standardisierung prinzipiell Vertreter aller Bundesländer sowie auch der Kommunen und der Wirtschaft beteiligt, um eine Standardisierung unter Einbeziehung aller beteiligten Kreise zu erreichen. Eine **verbindliche Anwendung des Standards** gilt aufgrund eines Beschlusses des IT-Planungsrats bereits *seit dem* **17.6.2015**.[12]

Der Standard dient der Schaffung von Interoperabilitätslösungen für die bisher vielfach divergierenden Komponenten in e-Vergabe-Systemen bzw. -Lösungen. Er betrifft **zunächst vor allem die Erreichung von Interoperabilität bei der elektronischen Angebotsabgabe.** Insoweit soll Interoperabilität bezüglich der konkurrierenden, technisch unterschiedlichen „Bieter-Tools" zur Bewirkung der Angebotsabgabe erreicht werden. Ziel ist die Überwindung des sog. „Flickenteppichs

---

[8] Vgl. Anhang IV lit. f zu RL 2014/24 EU.
[9] Vgl. KonzVgV-Begründung zu § 8 Abs. 2, BR-Drs. 87/16, 283.
[10] Vgl. auch VgV-Begründung zum entsprechenden § 10 Abs. 2 VgV, BR-Drs. 87/16, 165.
[11] S. https://www.xvergabe.org/confluence/display/xv/Home (zitiert nach dem Stand v. 3.10.2020).
[12] S. Pressemitteilung des IT-Planungsrates v. 17.6.2016.

e-Vergabe", der bislang durch viele verschiedene, nicht miteinander kompatible Lösungen der e-Vergabe gekennzeichnet war, was der Akzeptanz der e-Vergabe sehr geschadet hat.

16 Durch Abs. 2 wird die Beachtung des XVergabe-Standards auch **vergaberechtlich zwingend vorgeschrieben**. Danach müssen die öffentlichen Auftraggeber sicherstellen, dass die bei ihren Vergaben eingesetzten elektronischen Systeme bzw. Lösungen den Vorgaben des XVergabe-Standards entsprechen. Dazu müssen sie bei der Beschaffung und Unterhaltung ihrer e-Vergabe-Systeme bzw. -Lösungen sicherstellen, dass diese den Anforderungen des genannten Standards entsprechen.

§ 9 Anforderungen an den Einsatz elektronischer Mittel im Vergabeverfahren

(1) ¹Elektronische Mittel und deren technische Merkmale müssen allgemein verfügbar, diskriminierend und mit allgemein verbreiteten Geräten und Programmen der Informations- und Kommunikationstechnologie kompatibel sein. ²Sie dürfen den Zugang von Unternehmen zum Vergabeverfahren nicht unangemessen einschränken. ³Der Konzessionsgeber gewährleistet die barrierefreie Ausgestaltung der elektronischen Mittel nach den §§ 4, 12a und 12b des Behindertengleichstellungsgesetzes vom 27. April 2002 (BGBl. I S. 1467, 1468) in der jeweils geltenden Fassung.

(2) Der Konzessionsgeber verwendet für das Senden, Empfangen, Weiterleiten und Speichern von Daten ausschließlich solche elektronischen Mittel, die die Unversehrtheit, die Vertraulichkeit und die Echtheit der Daten gewährleisten.

(3) Der Konzessionsgeber muss den Unternehmen alle notwendigen Informationen zur Verfügung stellen über
1. die in einem Vergabeverfahren verwendeten elektronischen Mittel,
2. die technischen Parameter zur Einreichung von Teilnahmeanträgen und Angeboten mithilfe elektronischer Mittel und
3. die verwendeten Verschlüsselungs- und Zeiterfassungsverfahren.

Übersicht

	Rn.		Rn.
I. Normzweck	1	b) Verbot der Einschränkung des Zugangs von Unternehmen zum Vergabeverfahren	12
II. Europarechtlicher Hintergrund	6	c) Barrierefreie Ausgestaltung der elektronischen Mittel	13
1. Allgemeine Grundlage der Regelung	6		
2. Zu den Anforderungen an die elektronischen Mittel	7	2. Gewährleistung der Unversehrtheit, Vertraulichkeit und „Echtheit" der Daten	17
III. Einzelerläuterungen	8	3. Zurverfügungstellung aller notwendigen Informationen	21
1. Anforderungen an elektronische Mittel und deren technische Merkmale	8	4. Ergänzend geltende allgemeine Vorschriften bezüglich der Vertraulichkeit, der Integrität und der Dokumentierbarkeit der Daten	23
a) Allgemeine Verfügbarkeit, nichtdiskriminierende Beschaffenheit und Kompatibilität	8		

I. Normzweck

1 § 9 soll laut seines Titels **Anforderungen an den Einsatz elektronischer Mittel** im Vergabeverfahren festlegen. Tatsächlich handelt es sich dabei teilweise allerdings nicht um Anforderungen an den Einsatz der elektronischen Mittel, sondern ebenso wie in § 8 *teils auch um Anforderungen an die elektronischen Mittel selbst*, so vor allem in § 9 Abs. 1 S. 1 (→ § 8 Rn. 2). § 9 ist nach dem Vorbild des § 11 VgV ausgestaltet.[1]

2 **Abs. 1 S. 1 und 2** benennen **grundlegende, allgemeine Anforderungen an alle elektronischen Mittel**, die im Verfahren zur Vergabe von Konzessionen zur Anwendung kommen. Danach müssen die elektronischen Mittel und ihre technischen Merkmale **allgemein verfügbar, nichtdiskriminierend** und mit allgemein verbreiteten Geräten und Programmen der Informations- und Kommunikationstechnologie **kompatibel** sein. Ferner dürfen sie den **Zugang von Unternehmen zum Vergabeverfahren** nicht einschränken. Diese grundlegenden Anforderungen stellen eine für den Bereich der elektronischen Konzessionsvergabe konkretisierte, **spezifische Ausprägung der**

---

[1] S. KonzVgV-Begründung zu § 9, BR-Drs. 87/16, 284.

allgemeinen vergaberechtlichen Transparenz- und Nichtdiskriminierungsgebote iSd EU-Vergaberechts und des § 97 Abs. 1 und 2 GWB dar.[2] Damit soll klargestellt werden, dass für das Vergabeverfahren vorgegebene elektronische Mittel nicht – gewollt oder ungewollt – zu Zugangshemmnissen oder Bevorzugungen bzw. Benachteiligungen einzelner Bieter führen dürfen.

Zusätzlich zu diesen Anforderungen schreibt **Abs. 1 S. 3** vor, dass der öffentliche Auftraggeber 3 die **barrierefreie Ausgestaltung** der elektronischen Mittel nach bestimmten Vorschriften des deutschen Behindertengleichstellungsgesetzes (BGG) vom 27.4.2002 in der jeweils geltenden Fassung zu gewährleisten hat (→ Rn. 14 ff.).

Nach **Abs. 2** darf der öffentliche Auftraggeber für das Senden, Empfangen, Weiterleiten und 4 Speichern von Daten im Verfahren zur Vergabe von Konzessionen ausschließlich solche elektronischen Mittel verwenden, die die **Unversehrtheit,** dh Integrität, die **Vertraulichkeit und** die „**Echtheit" der Daten** gewährleisten.

Schließlich hat der öffentliche Auftraggeber nach **Abs. 3** den Unternehmen **alle notwendigen** 5 **Informationen zur Verfügung zu stellen,** die sich auf die in einem Konzessionsvergabeverfahren verwendeten elektronischen Mittel, die technischen Parameter zur elektronischen Einreichung von Angeboten und Teilnahmeanträgen sowie eingesetzte Verschlüsselungs- und Zeiterfassungsverfahren beziehen. Dies dient der Transparenz und der Gleichbehandlung der Bieter bei der e-Vergabe.

II. Europarechtlicher Hintergrund

1. Allgemeine Grundlage der Regelung. Grundlage für die Regelung des § 9 ist die Ent- 6 scheidung des deutschen Verordnungsgebers zugunsten einer zwingenden Vorgabe elektronischer Kommunikationsmittel im Konzessionsvergabeverfahren gem. § 7.[3] Diese Entscheidung beruht auf der vom EU-Gesetzgeber eingeräumten entsprechenden Option nach Art. 29 Abs. 1 UAbs. 2 RL 2014/24/EU. § 9 VgV übernimmt entsprechend die Vorgaben des für die Vergabe öffentlicher Aufträge geltenden Art. 22 Abs. 1 UAbs. 1 S. 2, Abs. 3 S. 1 und Abs. 6 UAbs. 1 lit. a RL 2014/24/EU.[4]

2. Zu den Anforderungen an die elektronischen Mittel. Die allgemeinen Anforderungen 7 an die im Vergabeverfahren zu verwendenden elektronischen Mittel nach Abs. 1 S. 1 und 2 orientieren sich laut der amtl. Begr. zu § 9 Abs. 1 an den Vorgaben in **Art. 22 Abs. 1 UAbs. 1 S. 2 RL 2014/24/EU.**[5] Entsprechende Gebote finden sich auch in Art. 29 Abs. 2 UAbs. 1 RL 2014/23/EU. Das Gebot der Gewährleistung der Unversehrtheit, Vertraulichkeit und Echtheit der Daten nach Abs. 2 orientiert sich an **Art. 22 Abs. 3 S. 1 RL 2014/24/EU.** Das weitere Gebot, dass den Unternehmen nach Abs. 3 alle notwendigen Informationen bezüglich der elektronischen Mittel und weiterer Spezifika der e-Vergabe zur Verfügung zu stellen sind, folgt aus **Art. 22 Abs. 6 UAbs. 1 lit. a RL 2014/24/EU.**

III. Einzelerläuterungen

1. Anforderungen an elektronische Mittel und deren technische Merkmale. a) Allge- 8 **meine Verfügbarkeit, nichtdiskriminierende Beschaffenheit und Kompatibilität.** Abs. 1 benennt **allgemeine Anforderungen an elektronische Mittel,** die zur Durchführung eines Vergabeverfahrens eingesetzt werden. Abs. 1 S. 1 schreibt vor, dass elektronische Mittel und deren technische Merkmale **allgemein verfügbar, nichtdiskriminierend** und **mit allgemein verbreiteten Geräten und Programmen der Informations- und Kommunikationstechnologie kompatibel** sein müssen.

Allgemein verfügbar sind elektronische Mittel, wenn sie für alle ohne Einschränkung verfüg- 9 bar sind. Das heißt, dass es sich nicht etwa um eine sog. „proprietäre Lösung" handelt, die nur singulär in der betreffenden Anwendung zur Nutzung vorgeschrieben wird, dagegen am Markt bzw. bei vergleichbaren Anwendungen sonst kaum üblich ist und für Interessierte, die selbst nicht über diese Lösung verfügen, nicht ohne Weiteres bzw. nur mit erheblichem Aufwand zu erlangen ist.[6]

Nichtdiskriminierend sind elektronische Mittel, wenn sie grundsätzlich **für alle gleicherma-** 10 **ßen** zugänglich sind. Mit dem Erfordernis der nicht diskriminierenden Beschaffenheit der elektronischen Mittel soll erreicht werden, dass Vorgaben zur Verwendung eines elektronischen Mittels nicht

---

[2] Vgl. auch bereits P. *Schäfer* NZBau 2015, 131 ff. (135).
[3] S. KonzVgV-Begründung zu § 9, vor Abs. 1, BR-Drs. 87/16, 284.
[4] Vgl. KonzVgV-Begründung zu § 9 Abs. 1, vor Abs. 1, BR-Drs. 87/16, 284.
[5] Vgl. KonzVgV-Begründung zu § 9 Abs. 1, BR-Drs. 87/16, 284.
[6] Vgl. zur früheren, ähnlichen EU-Vorschrift des Art. 42 RL 2004/18/EU für Vergaben öffentlicher Aufträge bereits P. *Schäfer* FS Kilian, 2004, 761 (772).

zu einer gewollten oder ungewollten Diskriminierung von Bewerbern oder Bietern durch die Vorgabe eines bestimmten elektronischen Mittels führen.[7]

11 **Mit allgemein verbreiteten Geräten und Programmen der Informations- und Kommunikationstechnologie kompatibel** sind elektronische Mittel, wenn jeder Bürger und jedes Unternehmen die in privaten Haushalten oder in Unternehmen üblicherweise verwendeten Geräte und Programme der Informations- und Kommunikationstechnologie nutzen kann, um sich über Vergabeverfahren zu informieren oder an öffentlichen Vergabeverfahren teilzunehmen.[8]

12 **b) Verbot der Einschränkung des Zugangs von Unternehmen zum Vergabeverfahren.** Abs. 1 S. 2 schreibt vor, dass die eingesetzten elektronischen Mittel den **Zugang von Unternehmen zum Vergabeverfahren nicht unangemessen einschränken** dürfen. Diese Vorgabe ergänzt die Gebote des Abs. 1 S. 1. In der amtl. Begr. wird dazu angeführt, dass Unternehmen nicht schon deshalb hinsichtlich ihrer Teilnahme eingeschränkt werden, weil ein öffentlicher Auftraggeber die maximale Größe von Dateien festlege, die im Rahmen eines Vergabeverfahrens an ihn gesendet werden könnten.[9] Im Lichte der Gebote der Nichtdiskriminierung und der Verhältnismäßigkeit dürfte letztere Aussage der amtl. Begr. allerdings nur gelten, wenn die vom öffentlichen Auftraggeber vorgegebene maximale Dateigröße im Vergleich zu üblichen Größenbeschränkungen nicht übermäßig klein ist und den betroffenen Unternehmen dadurch kein erheblicher, unüblicher Mehraufwand entsteht.

13 **c) Barrierefreie Ausgestaltung der elektronischen Mittel.** Nach Abs. 1 S. 3 hat der Konzessionsgeber die **barrierefreie Ausgestaltung** der elektronischen Mittel nach bestimmten, genau bezeichneten Regelungen gem. §§ 4, 12a und 12b **BGG (Behindertengleichstellungsgesetzes)** vom 27.4.2002 in der jeweils geltenden Fassung zu gewährleisten. Diese Verweisung auf §§ 4 und 12 BBG entspricht einer Textkorrektur des fehlerhaften Textes der ersten Fassung der VgV vom 12.4.2016, der irrtümlich auf §§ 4 und 11 verwiesen hatte und 2017 im Rahmen einer ersten Änderung der VgV durch Art. 10 Nr. 1 eIDAS-Durchführungsgesetzes vom 18.7.2017, das am 29.7.2017 in Kraft getreten ist, berichtigt wurde.

14 Die in Bezug genommene Regelung des § 4 BGG enthält eine **allgemeine Definition der Barrierefreiheit,** die auf unterschiedliche Gegenstände (bzw. Anlagen und Einrichtungen) bezogen ist, darunter auch Systeme der Informationsverarbeitung und Kommunikationseinrichtungen. **Barrierefreiheit** ist danach gegeben, **wenn die in § 4 BGG genannten Gegenstände für Menschen mit Behinderungen in der allgemein üblichen Weise, ohne besondere Erschwernisse und grundsätzlich ohne fremde Hilfe auffindbar, zugänglich und nutzbar sind;** dabei ist die Nutzung behinderungsbedingt notwendiger Hilfsmittel zulässig (→ VgV § 11 Rn. 15).

15 Wesentlich für die **Ausgestaltung der elektronischen Mittel bei Behörden** ist **§ 12 BGG** (→ Rn. 14). Diese Vorschrift betrifft die Anforderungen an die Barrierefreiheit **speziell betreffend Informationstechnik.** Nach § 12 Abs. 1 BGG sind **Internetauftritte und -angebote** einschließlich ihrer grafischen **Programmoberflächen** von Behörden schrittweise technisch so zu gestalten, dass sie von behinderten Menschen grundsätzlich uneingeschränkt genutzt werden können. **Einzelheiten** der barrierefreien Ausgestaltung ergeben sich aus der auf § 12 Abs. 1 S. 2 BGG beruhenden **BITV 2.0.** (→ VgV § 11 Rn. 17). Bedeutsam ist dabei insbesondere § 3 BITV 2.0 iVm der darauf bezogenen **Anlage 1 zur BITV 2.0.** Durch diese Vorschriften werden Standards für die Barrierefreiheit bei IT-Angeboten unter Bezugnahme auf einen ausführlichen Prioritäten-Katalog gesetzt.

16 Nach dem Vorstehenden ist die **barrierefreie Ausgestaltung** der in Frage kommenden elektronischen Mittel **zwingend zu berücksichtigen.** Allerdings dürfen die Anforderungen an die Zugänglichkeit und Nutzbarkeit der elektronischen Mittel sinnvollerweise nicht dahin überdehnt werden, dass diese an jeglichem denkbaren individuellen Fall mit besonders extremer individueller Behinderung gemessen werden müsste. In der amtl. Begr. zu § 9 Abs. 1 wird formuliert, dass der Barrierefreiheit nach § 4 BGG *in angemessener Form* Rechnung zu tragen sei. Danach sind beispielsweise die besonderen Belange Gehörloser oder Blinder bei der Gestaltung elektronischer Vergabeplattformen zu berücksichtigen. Ferner wird dort allerdings auch generell ausgeführt, dass die elektronischen Umgebungen so zu gestalten seien, dass niemand von der Nutzung ausgeschlossen ist und sie von allen gleichermaßen genutzt werden können; die verwendeten barrierefreien Lösungen sollten auf eine möglichst allgemeine, breite Nutzbarkeit abgestimmt werden.[10]

---

[7] Vgl. bereits P. *Schäfer* FS Kilian, 2004, 761 (772); zu näheren Einzelheiten des Gebots der nicht diskriminierenden Natur der elektronischen Mittel s. amtl. Begr. zu § 9 Abs. 1, BR-Drs. 87/16, 284 und → VgV § 11 Rn. 11 f. zum parallelen § 11 Abs. 1 VgV.

[8] S. KonzVgV-Begründung zu § 9 Abs. 1, BR-Drs. 87/16, 284, ähnlich der Beschreibung in der VgV-Begründung zu § 11 Abs. 1 VgV, BR-Drs. 87/16, 165.

[9] Vgl. KonzVgV-Begründung zu § 9 Abs. 1, BR-Drs. 87/16, 284.

[10] Vgl. KonzVgV-Begründung zu § 9 Abs. 1, BR-Drs. 87/16, 284.

2. Gewährleistung der Unversehrtheit, Vertraulichkeit und „Echtheit" der Daten. 17
Nach **Abs. 2,** der sich an § 11 Abs. 2 VgV orientiert, hat der Konzessionsgeber **für das Senden, Empfangen, Weiterleiten und Speichern von Daten** in einem Vergabeverfahren ausschließlich solche elektronischen Mittel zu verwenden, die die Unversehrtheit, die Vertraulichkeit und die „Echtheit" der Daten gewährleisten. Der Begriff der **Unversehrtheit** der Daten nach Abs. 2 entspricht dem in Art. 22 Abs. 3 RL 2014/24 EU verwendeten Begriff der **Integrität** der Daten. Unter **„Echtheit"** der Daten versteht der deutsche Verordnungsgeber die **Authentizität** der Daten.[11] Letzteres bedeutet vereinfacht gesagt, dass die Daten tatsächlich demjenigen zugeordnet werden können, der als Sender dieser Daten erscheint. Die Datenquelle beziehungsweise der Sender muss dabei zweifelsfrei nachgewiesen werden können.[12] Die in Abs. 2 normierten Gebote der Gewährleistung der Unversehrtheit und der Vertraulichkeit der Daten können als **spezielle Ausprägungen der allgemeinen Gebote der Gewährleistung der Integrität der Daten und der Vertraulichkeit der Angebote und Teilnahmeanträge** gem. § 4 Abs. 2 S. 1 charakterisiert werden.

Die vorgenannten Gebote des § 9 Abs. 2 fußen im Wesentlichen auf **Art. 22 Abs. 3 S. 1** 18
RL 2014/24/EU, der wiederum auf die Vorgänger-Regelung in Art. 42 Abs. 3 RL 2004/18/EG zurückgeht. In diesen europarechtlichen Vorgaben werden explizit allerdings nur die *Integrität*, dh die *Unversehrtheit*, und die *Vertraulichkeit* der Daten als *generell* schutzbedürftig angeführt, nicht aber die „Echtheit" bzw. Authentizität der Daten.

Vorkehrungen zum Schutz der *„Echtheit"* bzw. *Authentizität* der Daten finden sich allerdings 19
auch in Anhang IV zu RL 2014/24/EU. Dieser stellt hohe Anforderungen an die technischen Vorkehrungen für die Entgegennahme von Angeboten und ähnlichen besonders „sensiblen" Vorgängen. Danach müssen die diesbezüglichen „Instrumente und Vorrichtungen", dh die insoweit zum Einsatz kommenden elektronischen Mittel, etliche Anforderungen erfüllen, mit denen sichergestellt wird, dass *Unbefugte keinen Zugang* zu den Daten erhalten; ferner müssen sie gewährleisten, dass es als sicher gelten kann, dass Verstöße oder versuchte *Verstöße gegen diese Zugangsverbote sich eindeutig aufdecken lassen*[13] Diese Vorschriften nennen die „Echtheit" bzw. Authentizität der Daten zwar nicht ausdrücklich, verlangen aber Vorkehrungen, die einen unbefugten Zugriff verhindern sollen, was letztlich auch dem *Schutz der Echtheit bzw. Authentizität* sowie der Integrität und der Daten bei den genannten Kommunikationsvorgängen dient. Das *allgemeine* Gebot des Abs. 2 zur Gewährleistung der Echtheit bzw. Authentizität der Daten geht über den besonderen Schutzbereich des Anhangs IV zu RL 2014/24/EU hinaus. Nach Abs. 2 hat der Konzessionsgeber hinsichtlich der elektronischen Mittel das Gebot der Gewährleistung der Echtheit der Daten – ebenso wie die Integrität und der Vertraulichkeit – *generell* für das Senden, Empfangen, Weiterleiten und Speichern von Daten im Vergabeverfahren zu beachten. Einer solchen weiten Vorgabe im Hinblick auf die Gewährleistung der Echtheit der Daten in § 9 Abs. 2 steht RL 2014/23/EU nicht entgegen.

Entsprechend dem ausdrücklichen Hinweis des deutschen Verordnungsgebers in der amtl. Begr. 20
zu § 9 Abs. 2 muss der öffentliche Auftraggeber die Unversehrtheit, Vertraulichkeit und Echtheit aller verfahrensbezogenen Daten **während des gesamten Vergabeverfahrens** sicherstellen.[14] Angesichts der strikten Orientierung des Abs. 2 an § 11 Abs. 2 VgV gilt ebenso wie nach der amtl. Begr. zu § 11 Abs. 2 VgV, dass der öffentliche Auftraggeber **geeignete organisatorische und technische Maßnahmen** ergreifen muss, um die verwendete Informations- und Kommunikationstechnologie vor fremden Zugriffen zu schützen.[15]

3. Zurverfügungstellung aller notwendigen Informationen. Abs. 3 schreibt vor, dass der 21
Konzessionsgeber den Unternehmen **alle notwendigen Informationen** über die in einem Vergabeverfahren verwendeten **elektronischen Mittel** zur Verfügung stellen muss (s. insbesondere Abs. 3 Nr. 1). Ferner muss er ihnen alle notwendigen Informationen über die **technischen Parameter zur Einreichung von Angeboten und Teilnahmeanträgen,** die mit Hilfe elektronischer Mittel erfolgt, zur Verfügung stellen (Abs. 3 Nr. 2). Gleiches gilt für **verwendete Verschlüsselungs- und Zeiterfassungsverfahren** (Abs. 3 Nr. 3).

Abs. 3 orientiert sich an Art. 22 Abs. 6 UAbs. 1 lit. a RL 2014/24/EU.[16] Die Informations- 22
pflichten gem. § 9 Abs. 3 Nr. 1 reichen allerdings weiter als die Verpflichtungen nach der vorgenannten EU-Vorschrift. Während letztere nur für die elektronische Übermittlung bzw. den Eingang von Angeboten und Teilnahmeanträgen gelten, sieht Abs. 3 Nr. 1 eine *generelle* **Verpflichtung des**

---

[11] Vgl. KonzVgV-Begründung zu § 9 Abs. 2, BR-Drs. 87/16, 284.
[12] Vgl. KonzVgV-Begründung zu § 9 Abs. 2, BR-Drs. 87/16, 284.
[13] S. Anhang IV lit. b und g zu RL 2014/24/EU.
[14] Vgl. KonzVgV-Begründung zu § 9 Abs. 2, BR-Drs. 87/16, 284.
[15] Vgl. VgV-Begründung zu § 11 Abs. 2 VgV, BR-Drs. 87/16, 166.
[16] Vgl. KonzVgV-Begründung zu § 9 Abs. 3, BR-Drs. 87/16, 284.

Konzessionsgebers vor, den Unternehmen *alle* **notwendigen Informationen** über die in einem Vergabeverfahren verwendeten elektronischen Mittel zur Verfügung zu stellen. Diese in der deutschen Umsetzung weit gefasste generelle Informationspflicht **dient der Transparenz und der Nichtdiskriminierung** aller Bewerber und Bieter im gesamten Konzessionsvergabeverfahren.

23 **4. Ergänzend geltende allgemeine Vorschriften bezüglich der Vertraulichkeit, der Integrität und der Dokumentierbarkeit der Daten.** Ergänzend zu den vorgenannten Regelungen gelten die **allgemeinen Gebote** bezüglich der **Integrität der Daten** und der **Vertraulichkeit** nach § 4 Abs. 1 und 2, die durch die Vorschriften über elektronische Mittel näher konkretisiert werden.

24 Nach **§ 4 Abs. 1** muss der Konzessionsgeber beachten, dass von den Unternehmen an ihn übermittelte und von diesen **als vertraulich gekennzeichnete Informationen nicht weitergegeben werden dürfen,** sofern in der VgV oder anderen Rechtsvorschriften nichts anderes bestimmt ist. Das bedeutet beispielsweise, dass der Konzessionsgeber dafür Sorge tragen muss, dass von den Unternehmen ausdrücklich als vertraulich gekennzeichnete Informationen von Personen, die in die Abwicklung des Vergabeverfahrens eingeschaltet sind, nicht an Dritte weitergegeben werden dürfen. Dies gilt sowohl für den Fall, dass diese Personen als **Mitarbeiter des Konzessionsgebers** tätig werden als auch für den Fall, dass sie vom Konzessionsgeber als **externe Dienstleister** in die Abwicklung des Verfahrens bzw. zur Erbringung diesbezüglicher elektronischer Unterstützungsdienste eingeschaltet sind (zB Online-Diensteanbieter bzw. sog. „Mehrwertdienste" oÄ). Insofern ist eine ausdrückliche, sicher dokumentierte **Verpflichtung der eingeschalteten Personen** zur Wahrung der Vertraulichkeit – insbesondere auch mit Blick auf externe Dienstleister – ratsam.[17]

25 Nach **§ 4 Abs. 2 S. 1** hat der Konzessionsgeber ferner bei der gesamten Kommunikation sowie beim Austausch und bei der Speicherung von Informationen die **Integrität der Daten,** dh deren Unversehrtheit, zu gewährleisten. Überdies muss er bei der gesamten Kommunikation sowie beim Austausch und der Speicherung von Informationen die **Vertraulichkeit der Teilnahmeanträge und Angebote** einschließlich ihrer Anlagen gewährleisten. Diese für alle Arten der Kommunikation geltenden *allgemeinen* Gebote der Gewährleistung der Datenintegrität und der Vertraulichkeit werden hinsichtlich der eingesetzten elektronischen Mittel **durch § 9 Abs. 2 näher konkretisiert.**

26 Gemäß **§ 4 Abs. 2 S. 2** gilt vorgenanntes **Vertraulichkeitsgebot auch fortwährend.** Danach sind die Teilnahmeanträge und Angebote einschließlich ihrer Anlagen sowie die Dokumentation über Öffnung und Wertung der Teilnahmeanträge und Angebote **auch nach Abschluss des Vergabeverfahrens** vertraulich zu behandeln. Eine solche fortwirkende Vertraulichkeitspflicht ist notwendig, weil das Erfordernis des Schutzes von Betriebs- und Geschäftsgeheimnissen von Unternehmen nicht mit dem Ende eines Vergabeverfahrens erlischt. Das fortgeltende Vertraulichkeitsgebot ist zB auch zu beachten, wenn Akten bzw. elektronische Datenbestände nach Ablauf relevanter Aufbewahrungsfristen vernichtet werden,[18] Ämter umstrukturiert oder Akten bzw. Datenbestände verlagert werden. Der Auftraggeber muss danach sicherstellen, dass die eingesetzte Hard- und Software auch diese Vorgabe erfüllt. Auch bezüglich der Fortgeltung der Vertraulichkeitspflicht ist eine explizite schriftliche Verpflichtung der in das Vergabeverfahren eingeschalteten Personen und dabei vor allem etwaiger externer Dienstleister sehr ratsam (→ Rn. 25).

27 Ergänzend zu den speziellen Vorschriften der §§ 7 ff. ist zu berücksichtigen, dass der Konzessionsgeber den Unternehmen nach § 4 Abs. 3 ggf. **Anforderungen in Bezug auf den Schutz der Vertraulichkeit** der Informationen im Rahmen des Vergabeverfahrens vorschreiben kann. Auch wenn der Wortlaut des § 4 Abs. 3 recht allgemein gehalten ist, ist diese Vorschrift insbesondere auf den **Schutz von Informationen *des Auftraggebers*** im Vergabeverfahren bezogen. Dies ergibt sich aus einem Blick auf die zugrunde liegenden EU-Vorschrift des Art. 28 Abs. 2 RL 2014/23/EU. Danach können öffentliche Auftraggeber den Wirtschaftsteilnehmern Anforderungen vorschreiben, die den Schutz der Vertraulichkeit von Informationen bezwecken, die die *Auftraggeber* im Rahmen des Vergabeverfahrens zur Verfügung stellen.[19]

28 Neben der traditionellen Maßnahme des Verlangens nach **Abgabe einer Verschwiegenheitserklärung** gem. § 4 Abs. 3 S. 2 dürften insoweit uU wohl auch Vorgaben des Auftraggebers zur **Nutzung elektronischer Signaturen** oder ähnlicher Sicherheitsmaßnahmen mit Blick auf den

---

[17] Ein klassisches Beispiel bezüglich der Verpflichtung eingeschalteter externer IT-Dienstleister zur Einhaltung der Vertraulichkeit im vertraglichen Sektor bildet § 15 des Deutschen EDI-Rahmenvertrags (Muster für Rahmenvertrag zu Electronic Data Interchange) betr. eingeschaltete elektronische „Mehrwertdienste" – s. Arbeitsgemeinschaft Wirtschaftliche Verwaltung – AWV (Hrsg.), Deutscher EDI-Rahmenvertrag, Eschborn 1994; vgl. ferner zahlreiche nachfolgende bereichsspezifische EDI-Vertragsmuster sowie Verpflichtungserklärungen.
[18] Vgl. entsprechend aus dem Bereich der VgV *Röwekamp* in KKMPP VgV § 5 Rn. 11.
[19] Vgl. entsprechend zur VgV *Röwekamp* in KKMPP VgV § 5 Rn. 11.

Schutz der Integrität und Authentizität der Daten in Betracht kommen. Gleiches dürfte für etwaige Forderungen des Auftraggebers nach **Nutzung elektronischer Verschlüsselung (Kryptierung)** zum **Schutz gegen unberechtigten Einblick** in die Daten gelten. Will der Auftraggeber vorschreiben, dass der Bieter elektronische Signaturen oder ähnliche Sicherheitsmaßnahmen nutzt, sind allerdings die Vorschriften bezüglich der Erforderlichkeit bzw. Verhältnismäßigkeit elektronischer Signaturen gem. § 28 Abs. 3, die allgemeinen Bestimmungen zur elektronischen Kommunikation gem. §§ 7 ff. sowie das zugrunde liegende allgemeine europarechtliche Gebot der Verhältnismäßigkeit zu beachten. Auch soweit der Auftraggeber Vorgaben zur Nutzung von Kryptierung erwägt, muss er beachten, dass diese weder gegen die Bestimmungen zur elektronischen Kommunikation gem. §§ 7 ff. noch gegen das allgemeine europarechtliche Gebot der Verhältnismäßigkeit verstoßen dürfen.

Stellt der Konzessionsgeber Anforderungen in Bezug auf den Schutz der Vertraulichkeit der Informationen, trifft ihn eine entsprechende **Informationspflicht gegenüber den Bietern.** So muss er angeben, welche Maßnahmen er zum Schutz der Vertraulichkeit von Informationen anwendet und wie auf die Vergabeunterlagen zugegriffen werden kann (→ VgV § 11 Rn. 30).[20]

Schließlich sollte der Konzessionsgeber mit Blick auf mögliche Rechtsschutzverfahren im eigenen Interesse beachten, dass die eingesetzten elektronischen Mittel eine **zuverlässige Aufzeichnung bzw. Dokumentation der wesentlichen Schritte des Verfahrens** gewährleisten. Die Dokumentation muss **auch für einen angemessenen Zeitraum nach Beendigung des Verfahrens** noch **zuverlässig verfügbar** sein. Als Anhaltspunkt für diesen Zeitraum kommt § 6 Abs. 4 in Betracht. Danach sind die Dokumentation sowie der Vergabevermerk, die Angebote und Teilnahmeanträge bis zum Ende der Vertragslaufzeit aufzubewahren, mindestens jedoch für drei Jahre ab dem Tag des Zuschlags.

§ 10 Einsatz alternativer elektronischer Mittel bei der Kommunikation

Der Konzessionsgeber kann im Vergabeverfahren die Verwendung elektronischer Mittel, die nicht allgemein verfügbar sind (alternative elektronische Mittel), verlangen, wenn der Konzessionsgeber
1. Unternehmen während des gesamten Vergabeverfahrens unter einer Internetadresse einen unentgeltlichen, uneingeschränkten, vollständigen und direkten Zugang zu diesen alternativen elektronischen Mitteln gewährt und
2. diese alternativen elektronischen Mittel selbst verwendet.

I. Normzweck

§ 10 erlaubt es dem Konzessionsgeber, abweichend von den allgemeinen Prinzipien des e-Vergaberechts **ausnahmsweise nicht allgemein verfügbare, sog. „alternative" elektronische Mittel** zu verwenden bzw. zur Nutzung vorzuschreiben. Zugleich werden in § 10 die **Bedingungen** benannt, die der Konzessionsgeber erfüllen muss, damit diese Vorgehensweise zulässig ist. Insbesondere muss der öffentliche Auftraggeber in diesen Fällen einen uneingeschränkten, vollständigen und direkten Zugang zu den verwendeten alternativen elektronischen Mitteln gewähren; kann er das nicht, muss er anderweitig Zugang dazu gewähren (→ Rn. 3 ff.).

II. Europarechtlicher Hintergrund

§ 10 folgt dem Vorbild des § 12 Abs. 1 VgV[1] und orientiert sich damit an dem dieser Vorschrift zugrunde liegenden **Art. 22 Abs. 5 RL 2014/24/EU.** Die Grundlage für die Anknüpfung an § 12 VgV bildet die Entscheidung des deutschen Gesetz- und Verordnungsgebers zur zwingenden Vorgabe elektronischer Kommunikationsmittel für die Vergabe von Konzessionen im Vergabeverfahren gem. § 7.[2]

III. Einzelerläuterungen

§ 10 erlaubt es dem Konzessionsgeber, abweichend von den allgemeinen Prinzipien des e-Vergaberechts **ausnahmsweise nicht allgemein verfügbare, sog. „alternative" elektronische Mittel** zu verwenden bzw. zur Nutzung vorzuschreiben. Diese Vorgehensweise ist an zwei **Voraus-**

---

[20] Auch wenn es in der KonzVgV an einer dem § 41 Abs. 3 VgV entsprechenden ausdrücklichen Regelung hinsichtlich der Informationspflicht fehlt, ergibt sich eine derartige Pflicht bereits aus § 4 Abs. 3 S. 1 bzw. dem zugrunde liegenden Art. 28 Abs. 2 RL 2014/23/EU.
[1] Vgl. KonzVgV-Begründung zu § 10, Abs. 1, BR-Drs. 87/16, 285.
[2] Vgl. KonzVgV-Begründung zu § 10, Abs. 1, BR-Drs. 87/16, 285.

setzungen geknüpft: *Erstens* muss der Konzessionsgeber in diesem Fall nach § 10 Nr. 1 den Unternehmen während des gesamten Vergabeverfahrens unter einer Internetadresse einen **unentgeltlichen, uneingeschränkten, vollständigen und direkten Zugang zu den alternativen elektronischen Mitteln** gewähren. *Zweitens* ist nach § 10 Nr. 2 zusätzlich erforderlich, dass der Konzessionsgeber die geforderten alternativen elektronischen Mittel *selbst* verwendet.

4 **Alternative elektronische Mittel** sind solche, die *nicht* für alle ohne Einschränkung verfügbar sind und die *nicht* bei Bedarf, ggf. gegen marktübliches Entgelt, von allen erworben werden können. Die nach § 10 ausnahmsweise zulässige Verwendung alternativer elektronischer Mittel betrifft zum einen Vergabeverfahren, bei denen es zum **Schutz besonders sensibler Daten** erforderlich ist, elektronische Mittel zu verwenden, die *nicht* allgemein verfügbar sind. Zum anderen betrifft sie auch Vergabeverfahren, in denen Daten übermittelt werden müssen, deren Übermittlung **aus anderen Gründen** als aus Sicherheitsgründen nicht mit allgemein verfügbaren elektronischen Mitteln möglich ist.[3] Diese zuletzt genannten Fälle sollten angesichts der Entscheidung des deutschen Gesetz- und Verordnungsgebers zur grundsätzlichen Nutzung der elektronischen Kommunikation im Vergabeverfahren, die im Regelfall unter Verwendung allgemein zugänglicher elektronischer Mittel zu erfolgen hat, allerdings eher eng begrenzt sein.

5 Will der Konzessionsgeber im Verfahren der Konzessionsvergabe alternative elektronische Mittel verwenden, so hat er den Unternehmen ab dem Datum der Veröffentlichung der Bekanntmachung unter einer Internetadresse **unentgeltlich** einen **uneingeschränkten, vollständigen und direkten Zugang zu den alternativen elektronischen Mitteln zu gewähren**. Die Internetadresse muss in der Bekanntmachung angegeben werden.[4] Kann der Konzessionsgeber keinen uneingeschränkten, vollständigen und direkten Zugang zu den verwendeten alternativen elektronischen Mitteln einräumen und beruht das Fehlen eines solchen Zuganges nicht auf dem Verschulden des betreffenden Unternehmens, so muss er anderweitig **Zugang zu den verwendeten alternativen elektronischen Mitteln** gewähren. Zum Beispiel kann der Konzessionsgeber Zugang zu den verwendeten alternativen elektronischen Mitteln einräumen, indem er einen speziellen sicheren Kanal zur Nutzung vorschreibt, zu dem er individuellen Zugang gewährt.[5]

§ 11 Allgemeine Verwaltungsvorschriften

Die Bundesregierung kann mit Zustimmung des Bundesrates allgemeine Verwaltungsvorschriften über die zu verwendenden elektronischen Mittel (Basisdienste für die elektronische Konzessionsvergabe) sowie über die einzuhaltenden technischen Standards erlassen.

I. Normzweck

1 § 11 ermächtigt die Bundesregierung, mit Zustimmung des Bundesrates **allgemeine Verwaltungsvorschriften** bezüglich der zu verwendenden elektronischen Mittel (sog. **„Basisdienste für die elektronische Konzessionsvergabe"**) sowie über dabei **einzuhaltende technische Standards** zu erlassen. Der Wortlaut des § 11 orientiert sich am Vorbild des § 13 VgV.[1]

2 **Motiv für die Vorschrift** ist – ebenso wie bei ihrem Vorbild in § 13 VgV – die Absicht der Schaffung einer rechtlichen Grundlage für die von der Bundesregierung bzw. insbesondere vom Bundesministerium des Innern **angestrebte stärkere Standardisierung der e-Vergabe.** Die Bundesregierung hatte bereits mit einem Kabinettsbeschluss zur Optimierung der öffentlichen Beschaffung vom 10.12.2003 (sog. „7-Punkte-Programm")[2] Voraussetzungen für eine die gesamte *Bundes*verwaltung umfassende Einführung der elektronischen Auftragsvergabe geschaffen. Sie hält es inzwischen für dringend erforderlich, gerade auch mit Blick auf die in *Bund, Ländern und Kommunen* zunehmende Zentralisierung der Vergabe bzw. die zunehmende Einrichtung entsprechender Dienstleistungszentren Standards verbindlich vorzugeben.[3]

3 Die avisierte stärkere Standardisierung betrifft insbesondere Schnittstellenstandards wie den Interoperabilitätsstandard **„XVergabe"** (→ § 8 Rn. 13 ff.).

4 Einen wesentlichen **Hintergrund** für die Absicht einer verstärkten Standardisierung auch im Bereich der Konzessionsvergabe dürfte die bei der e-Vergabe in Deutschland eingetretene starke

---

[3] Vgl. KonzVgV-Begründung zu § 10, Abs. 2, BR-Drs. 87/16, 285.
[4] Vgl. KonzVgV-Begründung zu § 10, Abs. 2, BR-Drs. 87/16, 285.
[5] Vgl. KonzVgV-Begründung zu § 10, Abs. 3, BR-Drs. 87/16, 285; vgl. auch Art. 22 Abs. 5 RL 2014/24/EU.
[1] S. KonzVgV-Begründung zu § 11, s. dort Abs. 1, BR-Drs. 87/16, 285.
[2] S. http://www.bescha.bund.de/SharedDocs/Downloads/kabinettsbeschl_Optimierung%20Besch.pdf?_blob=publicationFile&v=1 (Internetveröffentlichung, zitiert nach dem Stand v. 3.10.2020).
[3] Vgl. KonzVgV-Begründung zu § 11, s. dort Abs. 3, BR-Drs. 87/16, 285.

Schutz der Integrität und Authentizität der Daten in Betracht kommen. Gleiches dürfte für etwaige Forderungen des Auftraggebers nach **Nutzung elektronischer Verschlüsselung (Kryptierung)** zum **Schutz gegen unberechtigten Einblick** in die Daten gelten. Will der Auftraggeber vorschreiben, dass der Bieter elektronische Signaturen oder ähnliche Sicherheitsmaßnahmen nutzt, sind allerdings die Vorschriften bezüglich der Erforderlichkeit bzw. Verhältnismäßigkeit elektronischer Signaturen gem. § 28 Abs. 3, die allgemeinen Bestimmungen zur elektronischen Kommunikation gem. §§ 7 ff. sowie das zugrunde liegende allgemeine europarechtliche Gebot der Verhältnismäßigkeit zu beachten. Auch soweit der Auftraggeber Vorgaben zur Nutzung von Kryptierung erwägt, muss er beachten, dass diese weder gegen die Bestimmungen zur elektronischen Kommunikation gem. §§ 7 ff. noch gegen das allgemeine europarechtliche Gebot der Verhältnismäßigkeit verstoßen dürfen.

Stellt der Konzessionsgeber Anforderungen in Bezug auf den Schutz der Vertraulichkeit der Informationen, trifft ihn eine entsprechende **Informationspflicht gegenüber den Bietern**. So muss er angeben, welche Maßnahmen er zum Schutz der Vertraulichkeit von Informationen anwendet und wie auf die Vergabeunterlagen zugegriffen werden kann (→ VgV § 11 Rn. 30).[20] 29

Schließlich sollte der Konzessionsgeber mit Blick auf mögliche Rechtsschutzverfahren im eigenen Interesse beachten, dass die eingesetzten elektronischen Mittel eine **zuverlässige Aufzeichnung bzw. Dokumentation der wesentlichen Schritte des Verfahrens** gewährleisten. Die Dokumentation muss **auch für einen angemessenen Zeitraum nach Beendigung des Verfahrens** noch **zuverlässig verfügbar** sein. Als Anhaltspunkt für diesen Zeitraum kommt **§ 6 Abs. 4** in Betracht. Danach sind die Dokumentation sowie der Vergabevermerk, die Angebote und Teilnahmeanträge bis zum Ende der Vertragslaufzeit aufzubewahren, mindestens jedoch für drei Jahre ab dem Tag des Zuschlags. 30

§ 10 Einsatz alternativer elektronischer Mittel bei der Kommunikation

Der Konzessionsgeber kann im Vergabeverfahren die Verwendung elektronischer Mittel, die nicht allgemein verfügbar sind (alternative elektronische Mittel), verlangen, wenn der Konzessionsgeber
1. Unternehmen während des gesamten Vergabeverfahrens unter einer Internetadresse einen unentgeltlichen, uneingeschränkten, vollständigen und direkten Zugang zu diesen alternativen elektronischen Mitteln gewährt und
2. diese alternativen elektronischen Mittel selbst verwendet.

I. Normzweck

§ 10 erlaubt es dem Konzessionsgeber, abweichend von den allgemeinen Prinzipien des e-Vergaberechts **ausnahmsweise nicht allgemein verfügbare, sog. „alternative" elektronische Mittel** zu verwenden bzw. zur Nutzung vorzuschreiben. Zugleich werden in § 10 die **Bedingungen** benannt, die der Konzessionsgeber erfüllen muss, damit diese Vorgehensweise zulässig ist. Insbesondere muss der öffentliche Auftraggeber in diesen Fällen einen uneingeschränkten, vollständigen und direkten Zugang zu den verwendeten alternativen elektronischen Mitteln gewähren; kann er das nicht, muss er anderweitig Zugang dazu gewähren (→ Rn. 3 ff.). 1

II. Europarechtlicher Hintergrund

§ 10 folgt dem Vorbild des § 12 Abs. 1 VgV[1] und orientiert sich damit an dem dieser Vorschrift zugrunde liegenden **Art. 22 Abs. 5 RL 2014/24/EU**. Die Grundlage für die Anknüpfung an § 12 VgV bildet die Entscheidung des deutschen Gesetz- und Verordnungsgebers zur zwingenden Vorgabe elektronischer Kommunikationsmittel für die Vergabe von Konzessionen im Vergabeverfahren gem. § 7.[2] 2

III. Einzelerläuterungen

§ 10 erlaubt es dem Konzessionsgeber, abweichend von den allgemeinen Prinzipien des e-Vergaberechts **ausnahmsweise nicht allgemein verfügbare, sog. „alternative" elektronische Mittel** zu verwenden bzw. zur Nutzung vorzuschreiben. Diese Vorgehensweise ist an zwei **Voraus-** 3

---

[20] Auch wenn es in der KonzVgV an einer dem § 41 Abs. 3 VgV entsprechenden ausdrücklichen Regelung hinsichtlich der Informationspflicht fehlt, ergibt sich eine derartige Pflicht bereits aus § 4 Abs. 3 S. 1 bzw. dem zugrunde liegenden Art. 28 Abs. 2 RL 2014/23/EU.
[1] Vgl. KonzVgV-Begründung zu § 10, Abs. 1, BR-Drs. 87/16, 285.
[2] Vgl. KonzVgV-Begründung zu § 10, Abs. 1, BR-Drs. 87/16, 285.

setzungen geknüpft: *Erstens* muss der Konzessionsgeber in diesem Fall nach § 10 Nr. 1 den Unternehmen während des gesamten Vergabeverfahrens unter einer Internetadresse einen **unentgeltlichen, uneingeschränkten, vollständigen und direkten Zugang zu den alternativen elektronischen Mitteln** gewähren. *Zweitens* ist nach § 10 Nr. 2 zusätzlich erforderlich, dass der Konzessionsgeber die geforderten alternativen elektronischen Mittel *selbst* verwendet.

4   **Alternative elektronische Mittel** sind solche, die *nicht* für alle ohne Einschränkung verfügbar sind und die *nicht* bei Bedarf, ggf. gegen marktübliches Entgelt, von allen erworben werden können. Die nach § 10 ausnahmsweise zulässige Verwendung alternativer elektronischer Mittel betrifft zum einen Vergabeverfahren, bei denen es zum **Schutz besonders sensibler Daten** erforderlich ist, elektronische Mittel zu verwenden, die *nicht* allgemein verfügbar sind. Zum anderen betrifft sie auch Vergabeverfahren, in denen Daten übermittelt werden müssen, deren Übermittlung **aus anderen Gründen** als aus Sicherheitsgründen nicht mit allgemein verfügbaren elektronischen Mitteln möglich ist.[3] Diese zuletzt genannten Fälle sollten angesichts der Entscheidung des deutschen Gesetz- und Verordnungsgebers zur grundsätzlichen Nutzung der elektronischen Kommunikation im Vergabeverfahren, die im Regelfall unter Verwendung allgemein zugänglicher elektronischer Mittel zu erfolgen hat, allerdings eher eng begrenzt sein.

5   Will der Konzessionsgeber im Verfahren der Konzessionsvergabe alternative elektronische Mittel verwenden, so hat er den Unternehmen ab dem Datum der Veröffentlichung der Bekanntmachung unter einer Internetadresse **unentgeltlich** einen **uneingeschränkten, vollständigen und direkten Zugang zu den alternativen elektronischen Mitteln zu gewähren**. Die Internetadresse muss in der Bekanntmachung angegeben werden.[4] Kann der Konzessionsgeber keinen uneingeschränkten, vollständigen und direkten Zugang zu den verwendeten alternativen elektronischen Mitteln einräumen und beruht das Fehlen eines solchen Zuganges nicht auf dem Verschulden des betreffenden Unternehmens, so muss er anderweitig **Zugang zu den verwendeten alternativen elektronischen Mitteln** gewähren. Zum Beispiel kann der Konzessionsgeber Zugang zu den verwendeten alternativen elektronischen Mitteln einräumen, indem er einen speziellen sicheren Kanal zur Nutzung vorschreibt, zu dem er individuellen Zugang gewährt.[5]

§ 11 Allgemeine Verwaltungsvorschriften

Die Bundesregierung kann mit Zustimmung des Bundesrates allgemeine Verwaltungsvorschriften über die zu verwendenden elektronischen Mittel (Basisdienste für die elektronische Konzessionsvergabe) sowie über die einzuhaltenden technischen Standards erlassen.

I. Normzweck

1   § 11 ermächtigt die Bundesregierung, mit Zustimmung des Bundesrates **allgemeine Verwaltungsvorschriften** bezüglich der zu verwendenden elektronischen Mittel (sog. **„Basisdienste für die elektronische Konzessionsvergabe"**) sowie über dabei **einzuhaltende technische Standards** zu erlassen. Der Wortlaut des § 11 orientiert sich am Vorbild des § 13 VgV.[1]

2   **Motiv für die Vorschrift** ist – ebenso wie bei ihrem Vorbild in § 13 VgV – die Absicht der Schaffung einer rechtlichen Grundlage für die von der Bundesregierung bzw. insbesondere vom Bundesministerium des Innern **angestrebte stärkere Standardisierung der e-Vergabe**. Die Bundesregierung hatte bereits mit einem Kabinettsbeschluss zur Optimierung der öffentlichen Beschaffung vom 10.12.2003 (sog. „7-Punkte-Programm")[2] Voraussetzungen für eine die gesamte *Bundes*verwaltung umfassende Einführung der elektronischen Auftragsvergabe geschaffen. Sie hält es inzwischen für dringend erforderlich, gerade auch mit Blick auf die in *Bund, Ländern und Kommunen* zunehmende Zentralisierung der Vergabe bzw. die zunehmende Einrichtung entsprechender Dienstleistungszentren Standards verbindlich vorzugeben.[3]

3   Die avisierte stärkere Standardisierung betrifft insbesondere Schnittstellenstandards wie den Interoperabilitätsstandard **„XVergabe"** (→ § 8 Rn. 13 ff.).

4   Einen wesentlichen **Hintergrund** für die Absicht einer verstärkten Standardisierung auch im Bereich der Konzessionsvergabe dürfte die bei der e-Vergabe in Deutschland eingetretene starke

---

[3]   Vgl. KonzVgV-Begründung zu § 10, Abs. 2, BR-Drs. 87/16, 285.
[4]   Vgl. KonzVgV-Begründung zu § 10, Abs. 2, BR-Drs. 87/16, 285.
[5]   Vgl. KonzVgV-Begründung zu § 10, Abs. 3, BR-Drs. 87/16, 285; vgl. auch Art. 22 Abs. 5 RL 2014/24/EU.
[1]   S. KonzVgV-Begründung zu § 11, s. dort Abs. 1, BR-Drs. 87/16, 285.
[2]   S. http://www.bescha.bund.de/SharedDocs/Downloads/kabinettsbeschl_Optimierung%20Besch.pdf?__blob=publicationFile&v=1 (Internetveröffentlichung, zitiert nach dem Stand v. 3.10.2020).
[3]   Vgl. KonzVgV-Begründung zu § 11, s. dort Abs. 3, BR-Drs. 87/16, 285.

III. Einzelerläuterungen

Zersplitterung angesichts der bisher vielfach divergierenden Anforderungen an die e-Vergabe in Bund, Ländern und Kommunen bilden. Diese Zersplitterung hat in Deutschland zur Entstehung des Schlagworts **„Flickenteppich e-Vergabe"** geführt[4] Den negativen Folgen dieses „Flickenteppichs" soll mit einer verstärkten Standardisierung insbesondere zwecks besserer Interoperabilität zwischen den verschiedenen Systemen entgegengewirkt werden. Entsprechendes gilt im Hinblick auf etwaige weitere allgemeinen IT-Standards für die e-Vergabe, auch mit Blick auf eine künftig ggf. stärker zentralisierte Beschaffung.

II. Europarechtlicher Hintergrund

Die Regelung des § 11 hat **keinen europarechtlichen Hintergrund,** ist als ergänzende Vorschrift gleichwohl europarechtlich zulässig. Sie geht auf die **Initiative des deutschen Verordnungsgesetzgebers** zurück, eine rechtliche Grundlage für eine stärkere Standardisierung im Bereich der e-Vergabe zu schaffen. 5

III. Einzelerläuterungen

§ 11 schafft eine **Ermächtigung für die Bundesregierung,** aufgrund deren diese **allgemeine** 6 **Verwaltungsvorschriften** für „Basisdienste für die elektronische Auftragsvergabe" und dabei einzuhaltende technische Standards zu erlassen kann. Der Erlass dieser Vorschriften bedarf der **Zustimmung des Bundesrates.** Grundlage für die Ermächtigungsvorschrift des § 11 ist im Verhältnis zur **Bundesverwaltung Art. 86 GG** und im Verhältnis zur **Landesverwaltung Art. 84 Abs. 2 GG.**[5]

„**Basisdienste für die elektronische Auftragsvergabe**" sind **elektronische Systeme und** 7 **Komponenten,** die für die Durchführung von Vergabeverfahren genutzt werden, zB elektronische **Ausschreibungsplattformen oder Server,** die im Zusammenhang mit der Durchführung von Vergabeverfahren zentral zur Verfügung gestellt werden.[6]

Die angestrebte stärkere Standardisierung betrifft insbesondere zB Schnittstellenstandards wie 8 den Interoperabilitätsstandard „XVergabe" (→ Rn. 3 und → § 8 Rn. 13 ff.).

In der Praxis ist zu beachten, dass der im Aufbau befindliche **Standard XVergabe** bereits 9 seit dem 17.6.2015 verbindlich gilt.[7] Aus § 8 Abs. 2 folgt nun auch vergaberechtlich, dass die elektronischen Mittel, die der Konzessionsgeber für den Empfang von Teilnahmeanträgen und Angeboten verwendet, über eine einheitliche Datenaustauschschnittstelle verfügen müssen. Ferner gilt danach allgemein, dass die jeweils geltenden Interoperabilitäts- und Sicherheitsstandards der Informationstechnik gem. § 3 Abs. 1 des Vertrags über die Errichtung des IT-Planungsrats und über die Grundlagen der Zusammenarbeit beim Einsatz der Informationstechnologie in den Verwaltungen von Bund und Ländern vom 1.4.2010 zu verwenden sind (→ § 8 Rn. 13 ff.).

Bislang sind noch keine allgemeinen Verwaltungsvorschriften iSd § 11 geschaffen worden. 10

---

[4] Vgl. dazu bereits *P. Schäfer* NZBau 2015, 131 ff. (133).
[5] Vgl. KonzVgV-Begründung zu § 11, s. dort Abs. 1, BR-Drs. 87/16, 285.
[6] Vgl. KonzVgV-Begründung zu § 11, s. dort Abs. 2, BR-Drs. 87/16, 285.
[7] S. Pressemitteilung des IT-Planungsrates v. 17.6.2016.

Abschnitt 2. Vergabeverfahren

Unterabschnitt 1. Allgemeine Verfahrensvorschriften

§ 12 Allgemeine Grundsätze

(1) ¹Der Konzessionsgeber darf das Verfahren zur Vergabe von Konzessionen nach Maßgabe dieser Verordnung frei ausgestalten. ²Der Konzessionsgeber kann das Verfahren an den Vorschriften der Vergabeverordnung zum Ablauf des Verhandlungsverfahrens mit Teilnahmewettbewerb ausrichten.

(2) ¹Das Verfahren kann ein- oder mehrstufig durchgeführt werden. ²Der Konzessionsgeber darf mit Bewerbern und Bietern Verhandlungen führen. ³Während der Verhandlungen dürfen der Konzessionsgegenstand, die Mindestanforderungen an das Angebot und die Zuschlagskriterien nicht geändert werden.

(3) Der Konzessionsgeber darf Bewerber oder Bieter bei der Weitergabe von Informationen nicht diskriminieren.

Schrifttum: *Friton/Stein* in HK-VergabeR (Pünder/Schellenberg), § 12; *Rommelfanger* in Müller-Wrede/Braun KonzVgV, § 12; *Siegel* in Ziekow/Völlink, § 12.

I. Regelungsgehalt und Überblick

1   Abs. 1 S. 1 wiederholt die Regel des **§ 152 S. 3 GWB,** wonach der Konzessionsgeber vorbehaltlich der Regeln der KonzVgV die Einzelheiten des **Vergabeverfahrens frei** wählen bzw. **ausgestalten** kann. Einen gegenüber § 152 S. 3 GWB eigenständigen Regelungsinhalt hat § 12 Abs. 1 S. 1 nicht. Es fragt sich lediglich sowohl bei § 12 Abs. 1 S. 1 als auch bei § 152 S. 3 GWB, was dieses „**nach Maßgabe dieser Verordnung**" im Detail bedeutet und **inwiefern letztlich der Konzessionsgeber wirklich noch „frei"** ist.

2   In jedem Fall muss der Konzessionsgeber außer den allgemeinen Prinzipien der Transparenz und der Nichtdiskriminierung, wie sie in § 97 Abs. 1 und 2 GWB festgehalten sind, eine ganze Reihe von speziellen Pflichten beachten: Er muss darauf achten, dass Konzessionen nur eine beschränkte Laufzeit haben dürfen. Er muss die Vertraulichkeit achten und darauf achten, dass keine Interessenkonflikte bestehen. Das gesamte Vergabeverfahren ist zu dokumentieren, und es ist zusätzlich ein Vergabevermerk anzufertigen. Die Kommunikation hat prinzipiell elektronisch zu erfolgen. Eine genaue Leistungsbeschreibung ist zu erstellen, Vergabeunterlagen sind bereitzustellen und die Bekanntmachungsregeln sind zu beachten. Die Zuschlagskriterien müssen am Beginn des Vergabeverfahrens feststehen und müssen – in absteigender Reihenfolge der Bedeutung – bekannt gemacht werden usw. Letztlich ist danach die Freiheit des Konzessionsgebers nicht größer als die Freiheit des öffentlichen Auftraggebers oder des Sektorenauftraggebers, dem es gestattet ist, ein Verhandlungsverfahren mit Teilnahmewettbewerb zu führen. Insofern ist der **S. 2 des Abs. 1, wonach der Konzessionsgeber das Vergabeverfahren an den Vorschriften der VgV über das Verhandlungsverfahren mit Teilnahmewettbewerb ausrichten kann, ebenso konsequent wie überflüssig.**

3   Nach **Abs. 2 S. 1** kann das Vergabeverfahren **ein- oder mehrstufig durchgeführt** werden. Angesichts der Tatsache, dass der Konzessionsgeber einerseits auch das Verhandlungsverfahren mit Teilnahmewettbewerb zum Vorbild für sein Verfahren nehmen kann, andererseits aber auch das Verfahren mit einer Konzessionsbekanntmachung beginnen kann, wenn er Angebote und nicht erst Bewerbungen um Teilnahme an einem Wettbewerb haben will, hat auch dieser Satz **rein beschreibenden Charakter** ohne Regelungsgehalt. Das gleiche gilt erst recht für die folgende Formulierung in **Abs. 2 S. 2,** die feststellt, dass der Konzessionsgeber **mit Bewerbern und Bietern Verhandlungen führen darf.** Angesichts des Abs. 1 S. 2 über das Verhandlungsverfahren ist diese Feststellung schon fast eine Beleidigung der Intelligenz der Leser der KonzVgV.

4   Abs. 3 stellt wieder einmal eine **Selbstverständlichkeit** fest, die auch gälte, wenn sie nicht da stünde. Selbstverständlich darf der Konzessionsgeber bei seinen Verhandlungen mit Bietern und Bewerbern keinen Bieter oder Bewerber dadurch diskriminieren, dass er Informationen an einen Bieter oder Bewerber weitergibt, an den anderen aber nicht.

5   Die einzige Regelung mit Norminhalt findet sich im **Abs. 2 S. 2.** Danach darf der Konzessionsgeber bei seinen Verhandlungen mit Bietern und Bewerbern die von ihm festgelegten **Mindestanforderungen** ebenso wenig verändern wie die **Zuschlagskriterien.** Bei den Mindestanforderungen

ist dies unmittelbar einsehbar.[1] Bei den Zuschlagskriterien ist dies auch verständlich. Es wäre letztlich eine Diskriminierung derjenigen Unternehmen, die sich nicht beworben haben, weil sie glaubten, die Zuschlagskriterien nicht erfüllen zu können. Außerdem gibt es in § 31 Abs. 2 eine umfangreiche Regelung, die darauf eingeht, dass die Zuschlagskriterien während des Verfahrens geändert werden müssen. Verboten ist auch eine Änderung des **Konzessionsgegenstandes**. Auch dies erscheint unmittelbar einsichtig. Wenn eine Konzession für eine Rettungsdienstleistung vergeben werden soll, darf aus den Verhandlungen nicht die Vergabe einer Konzession für einen Krankentransport herauskommen. Wenn ein bestimmtes Bauwerk Gegenstand einer Baukonzession sein soll, muss dieses Bauwerk der Gegenstand sein, den der Konzessionsnehmer am Ende als Gegenleistung für den Bau des Werkes nutzen kann. Allerdings muss in den Verhandlungen gerade auch die Möglichkeit bestehen, mit den Marktteilnehmern gemeinsam herauszufinden, wie im Einzelnen das Bauwerk aussehen und wie im Detail der Rettungsdienst organisiert werden soll. Von keinem Konzessionsgeber kann verlangt werden, dass er alle Vorgaben für den Konzessionsgegenstand im Voraus kennt und festschreibt. Beispielsweise wird ein Sektorenauftraggeber, der als Konzessionsgeber für ein Pumpspeicherkraftwerk auftritt, ganz sicher die Möglichkeit haben müssen, in den Verhandlungen mit Bewerbern und Bietern die Technik des Kraftwerkes zu klären, auszuwählen und festzulegen, ohne dass dem das Verbot des Abs. 2 S. 2 entgegensteht.

II. Systematische Stellung und Zweck der Norm

Der § 12 steht am Anfang des Abschnitts 2 (Vergabeverfahren) und zu Beginn des Unterabschnitts 1 (Allgemeine Grundsätze). Er soll offenbar mit dem Hinweis auf die **Freiheit des Konzessionsgebers** bei der Ausgestaltung des Vergabeverfahrens und mit dem mehrfachen Verweis auf das Verhandlungsverfahren einen **Schwerpunkt** setzen. Der **Zweck der Vorschrift** ist, den allgemeinen Rahmen für die Ausgestaltung eines Konzessionsvergabeverfahrens vorzugeben und dabei im Zweifel der **Freiheit des Konzessionsgebers Vorrang** einzuräumen. 6

§ 12 dient der Umsetzung **von Art. 30 RL 2014/23/EU und von Art. 36 Abs. 7 RL 2014/23/EU in deutsches Recht.** Die wesentlichen Verfahrensvorschriften der Art. 3, 30, 32 und 37 RL 2014/23/EU sind insbesondere durch § 97 Abs. 1 und 2 GWB und § 151 GWB in deutsches Recht übernommen. § 12 Abs. 1 S. 2 stellt klar, dass sich Konzessionsgeber an den Vorschriften der VgV zum Ablauf des Verhandlungsverfahrens mit Teilnahmewettbewerb ausrichten können, weil man offenbar festgestellt hat, dass man sich in der Vergangenheit bei der Vergabe von Dienstleistungskonzessionen zumeist an diesem Verfahren orientiert hat. Abs. 2 und 3 setzen Art. 37 Abs. 6 RL 2014/23/EU um. **Art. 37 Abs. 6 RL 2014/23/EU** lässt anders als bei der Vergabe öffentlicher Aufträge **Verhandlungen auch im Rahmen einer einstufigen Ausgestaltung des Vergabeverfahrens** zu, wenn nicht der Konzessionsgegenstand, die Zuschlagskriterien und die Mindestanforderungen geändert werden. 7

§ 13 Verfahrensgarantien

(1) Konzessionen werden auf der Grundlage der von dem Konzessionsgeber gemäß § 31 festgelegten Zuschlagskriterien vergeben, sofern alle folgenden Bedingungen erfüllt sind:
1. Der Bieter erfüllt die von dem Konzessionsgeber festgelegten Eignungskriterien und weiteren Teilnahmebedingungen sowie die gegebenenfalls festgelegten Mindestanforderungen, die insbesondere technische, physische, funktionelle und rechtliche Bedingungen und Merkmale umfassen, die jedes Angebot erfüllen sollte, und
2. der Bieter ist vorbehaltlich des § 154 Nummer 2 in Verbindung mit § 125 des Gesetzes gegen Wettbewerbsbeschränkungen nicht gemäß § 154 Nummer 2 in Verbindung mit den §§ 123 und 124 des Gesetzes gegen Wettbewerbsbeschränkungen von der Teilnahme am Vergabeverfahren ausgeschlossen.

(2) Der Konzessionsgeber erteilt folgende Angaben:
1. in der Konzessionsbekanntmachung gemäß § 19 eine Beschreibung der Konzession sowie der Teilnahmebedingungen und
2. in der Konzessionsbekanntmachung gemäß § 19, der Aufforderung zur Angebotsabgabe oder in anderen Vergabeunterlagen die Zuschlagskriterien sowie die gegebenenfalls festgelegten Mindestanforderungen.

(3) [1]Der Konzessionsgeber übermittelt den Teilnehmern an einem Vergabeverfahren einen Organisations- und Zeitplan des Vergabeverfahrens einschließlich eines unverbindlichen

---

[1] S. auch zur Unzulässigkeit über Eignungskriterien *Tugendreich/Heller* in: Müller-Wrede GWB § 151 Rn. 7; *Schröder* NZBau 2015, 351 (352); *Goldbrunner* VergabeR 2016, 365 (375).

Schlusstermins. ²Der Konzessionsgeber teilt sämtliche Änderungen allen Teilnehmern mit. ³Sofern diese Änderungen Inhalte der Konzessionsbekanntmachung betreffen, sind sie bekanntzumachen.

(4) ¹Die Zahl der Bewerber oder Angebote kann auf eine angemessene Zahl begrenzt werden, sofern dies anhand objektiver Kriterien und in transparenter Weise geschieht. ²Die Zahl der zur Teilnahme oder Angebotsabgabe aufgeforderten Bewerber oder Bieter muss ausreichend hoch sein, dass der Wettbewerb gewährleistet ist.

Schrifttum: *Friton/Stein* in HK-VergabeR (Pünder/Schellenberg), § 13; *Gaus* in Müller-Wrede/Braun KonzVgV, § 13; *Siegel* in Ziekow/Völlink, § 13.

I. Regelungsgehalt und Überblick

1   Die KonzVgV enthält mit **§ 13 gegenüber den anderen VgV** ein **Unikat**, eine Vorschrift nämlich, die dem Konzessionsgeber unter der Überschrift **„Verfahrensgarantien"** eine Reihe von Pflichten auferlegt, die sich voraussichtlich zum einen Teil ohnehin aus den übrigen Verfahrensregeln ergeben würden, wenn man genau hinschaut, und zum anderen Teil originäre Pflichten sind, die man nur an anderer Stelle in der Verordnung erwarten würde.

2   In Abs. 1 und 2 wird die Pflicht des Konzessionsgebers geregelt, die Konzession nach den gem. § 31 festzulegenden und bekannt zu gebenden Zuschlagskriterien an einen Bieter zu vergeben, der nicht nach § 154 Nr. 2 GWB, §§ 123 und 124 GWB ausgeschlossen wurde und der im Übrigen die Eignungskriterien und die Teilnahmebedingungen erfüllt. Dabei können privatrechtlich organisierte Sektorenauftraggeber, die Konzessionsgeber nach § 101 Abs. 1 Nr. 3 GWB sind, Unternehmen auch dann den Zuschlag erteilen, wenn die im Normalfall zur Ausschlusspflicht führenden Voraussetzungen des § 123 GWB vorliegen (§ 154 Nr. 2 lit. a GWB). Umgekehrt können Konzessionsgeber in den Bereichen Verteidigung und Sicherheit Unternehmen von der Teilnahme am Vergabeverfahren ausschließen, wenn das Unternehmen nicht die erforderliche Vertrauenswürdigkeit aufweist, um vor Risiken für die nationale Sicherheit sicher zu sein (§ 154 Nr. 2 lit. b GWB). Eignungskriterien können vom Konzessionsgeber festgelegte Fachkundeaspekte und wirtschaftliche und technische Gesichtspunkte sein; sie können sowohl personalwirtschaftliche wie soziale und umweltbezogene Aspekte betreffen. Gleiches gilt für besondere Teilnahmebedingungen. Die Vergabe nach dieser Regel ist gem. Abs. 2 jedoch nur möglich, wenn der in § 13 festgelegten Pflicht entsprochen wurde, in der Konzessionsbekanntmachung eine (möglichst genaue) Beschreibung der Konzession vorzunehmen und die Teilnahmebedingungen offen zu legen. Außerdem musste der Pflicht nach Abs. 2 Nr. 2 entsprochen sein, in der Konzessionsbekanntmachung, in der Aufforderung zur Angebotsabgabe oder in anderen Vergabeunterlagen die Zuschlagskriterien sowie die ggf. festgelegten Mindestanforderungen anzugeben. Mindestanforderungen können technische, physische, funktionelle und rechtliche Bedingungen und Merkmale umfassen, die jedes Angebot erfüllen muss.

3   Neben dieser grundlegenden Festlegung der Voraussetzungen für den Zuschlag in einem Konzessionsvergabeverfahren, die man eigentlich erst am Ende der Verfahrensregeln erwarten würde, folgt unter dem Stichwort „Verfahrensgarantien" in **Abs. 3** die Regelung einer Pflicht des Konzessionsgebers, **den Teilnehmern** an einem Vergabeverfahren **einen Organisations- und Zeitplan des Vergabeverfahrens mit einem unverbindlichen Schlusstermin** zur Verfügung zu stellen – eine offenbar ziemlich bürokratische Regel, deren wirklicher Hintergrund sich nicht ohne Weiteres erschließt, zumal auch noch jede Änderung allen Teilnehmern mitzuteilen, möglicherweise sogar bekannt zu machen ist. Die Regel widerspricht ziemlich deutlich der Feststellung in Erwägungsgrund 68 RL 1014/23/EU, dass Konzessionen in der Regel langfristige und komplexe Vereinbarungen sind, die üblicherweise vom öffentlichen Auftraggeber zu verantworten sind und in dessen Zuständigkeitsbereich fallen. Warum vor diesem Hintergrund der Konzessionsgeber anders als der öffentliche Auftraggeber für das Auftragsvergabeverfahren für das Konzessionsvergabeverfahren in ein verfahrensmäßiges und zeitliches Korsett gezwungen wird, wie Abs. 3 das vorsieht, ist nicht einsehbar. Jedenfalls verlangt die Regel dass die zeitliche Abfolge der vorgesehenen Entscheidungen angegeben wird und zB deutlich gemacht wird, wann mit wem worüber verhandelt wird. Wie detailliert dieser Organisations- und Zeitplan zu sein hat, wird von der Rechtsprechung abhängen, die der Verwaltung hoffentlich nicht allzu engmaschige Vorgaben machen wird und die Vorgaben an überzeugend begründete Transparenzgesichtspunkte knüpfen wird.

4   **Abs. 4** wiederum versucht dem Konzessionsgeber verfahrensmäßig entgegenzukommen. Nach dieser Regel **kann** die **Zahl der Bewerber und der Bieter von vorneherein begrenzt sein,** wenn die Begrenzung in objektiver und transparenter Weise geschieht und der Wettbewerb gewahrt bleibt. Nicht objektiv ist selbstverständlich eine Regel, nach der nur regional verankerte Unterneh-

men teilnehmen können. Objektiv wäre die Festlegung einer Zahl mit dem Hinweis, dass über die Teilnahme im sog. „Windhundverfahren" entschieden werden soll, nach dem diejenigen zum Zuge kommen, die sich als erste melden. Objektiv wäre jedoch auch die Festlegung nach einer klar definierten Qualität eines Angebotes mit Umsatzzahlen, Referenzen uÄ. Die Regel über den **Restwettbewerb,** der noch bestehen bleiben muss, ist eine Parallele zu § 51 Abs. 2 VgV.[1] Dort heißt es ein wenig genauer: „Die vom öffentlichen Auftraggeber vorgesehene Mindestzahl der einzuladenden Bewerber darf nicht niedriger als drei sein, beim nicht offenen Verfahren nicht niedriger als fünf. In jedem Fall muss die vorgesehene Mindestzahl ausreichend hoch sein, dass der Wettbewerb gewährleistet ist".

II. Systematische Stellung und Zweck der Norm

Der § 13 steht als zweite Vorschrift am Anfang des Abschnitts 2 (Vergabeverfahren) und am 5 Beginn des Unterabschnitts 1 (Allgemeine Grundsätze). Er folgt gleich dem § 12 über die allgemeinen Grundsätze. Er soll offenbar die **Freiheit des Konzessionsgebers** bei der Ausgestaltung des Vergabeverfahrens austarieren und fixe Regeln vorgeben, deren Notwendigkeit man mit Fug und Recht bezweifeln kann. Der **Zweck der Vorschrift** ist danach, den Konzessionsgeber beim Zuschlag an die von ihm selbst vorgegebenen Zuschlagskriterien zu binden und an die bereits in GWB und KonzVgV an anderer Stelle festgelegten Regeln über Eignung, Mindestanforderungen, weitere Teilnahmebedingungen und Ausschluss von Bietern zu erinnern. Abs. 4 hat offenbar den Zweck, den Teilnehmern am Vergabeverfahren eine Art Transparenz zu verschaffen, die über die Information zum allgemeinen Rahmen für die Ausgestaltung eines Konzessionsvergabeverfahrens hinausgeht, **um die so oft in der KonzVgV betonte Freiheit des Konzessionsgebers bei der Ausgestaltung des Verfahrens einzufangen.** Der Zweck des Abs. 4 ist es, das Verfahren von vorneherein handhabbarer zu gestalten und nicht ausufern zu lassen – wenn Wettbewerb gesichert bleibt.

§ 13 dient der Umsetzung des schon **in der RL 2014/23/EU als Unikat** vorgesehen 6 Art. 37 Abs. 1–4 mit den wesentlichen „Garantien" für das Vergabeverfahren. Die in Art. 37 Abs. 5 und 6 RL 2014/23/EU weiterhin enthaltenen Anforderungen wurden in § 6 und in § 12 Abs. 2 S. 2 und 3 in deutsches Recht umgesetzt. Abs. 1 legt fest, dass der Zuschlag auf das Angebot eines geeigneten und nicht ausgeschlossenen Bieters erteilt wird, das den Zuschlagskriterien und den Teilnahmebedingungen entspricht. Damit wird Art. 37 Abs. 1 RL 2014/23/EU in deutsches Recht umgesetzt. Abs. 2 setzt die Vorgaben des Art. 37 Abs. 2 RL 2014/23/EU um. Mit der Pflicht zur Erstellung eines Organisations- und Zeitplanes dient Abs. 3 der Umsetzung der Regel des Art. 37 Abs. 4 RL 2014/23/EU, während Abs. 4, demzufolge die Konzessionsgeber die Zahl der Bewerber und der Angebote begrenzen dürfen, wenn dennoch der Wettbewerb bestehen bleibt, der Umsetzung des Art. 37 Abs. 3 RL 2014/23/EU dient.

§ 14 Umgehungsverbot

Das Verfahren zur Vergabe einer Konzession darf nicht in einer Weise ausgestaltet werden, dass es vom Anwendungsbereich des Teils 4 des Gesetzes gegen Wettbewerbsbeschränkungen ausgenommen wird oder bestimmte Unternehmen oder bestimmte Bauleistungen, Lieferungen oder Dienstleistungen auf unzulässige Weise bevorzugt oder benachteiligt werden.

Schrifttum: *Friton/Stein* in HK-VergabeR (Pünder/Schellenberg), § 14; *Braun* in Müller-Wrede/Braun KonzVgV, § 14; *Siegel* in Ziekow/Völlink, § 14.

I. Regelungsgehalt und Überblick

§ 14 hat keinen eigenständigen Regelungsgehalt. Es ist eine Selbstverständlichkeit, dass die 1 Verfahrensregeln des konkreten Konzessionsvergabeverfahrens nicht in der Weise ausgestaltet werden dürfen, dass die Vorschriften der §§ 148 ff. GWB und der KonzVgV umgangen werden.[1] Es ist auch eine sich aus dem Primärrecht der EU ergebende Selbstverständlichkeit, dass bestimmte Unternehmen oder bestimmte Bauleistungen, Lieferungen oder Dienstleistungen nicht auf unzulässige Weise bevorzugt oder benachteiligt werden dürfen. Dafür bedarf es keiner eigenen Vorschrift. **Alles das,**

---

[1] Zwei Unternehmen halten *Gaus* in Müller-Wrede/Braun KonzVgV Rn. 50; *Schröder* NZBau 2015, 351 (352) für ausreichend.
[1] Näher *Braun* NZBau 2018, 652 ff.

was in § 14 gesagt wird, gälte auch im deutschen Recht unmittelbar, wenn es § 14 nicht gäbe. Das gilt erst recht, weil es schon mit § 2 Abs. 2 eine Spezialregel für ein Missbrauchsverbot bei der Berechnung des Schwellenwertes gibt, bei dem man sich auch schon überlegen kann, ob es in dieser Form wirklich erforderlich ist. § 14 ist nicht nur nicht erforderlich, sondern erscheint nicht einmal nützlich. Er ist offensichtlich auf den vom Gesetzgeber im Vergaberechtsmodernisierungsgesetz 2016 verfolgten Grundsatz der 1:1-Umsetzung zurückzuführen, nach dem alles, was in einer der RL 2014/23/EU, RL 2014/24/EU und RL 2014/25/EU enthalten ist, an irgendeiner Stelle im deutschen Recht ausdrücklich aufscheinen soll. Der europäische Gesetzgeber neigt ohnehin dazu, sein abgrundtiefes Misstrauen gegenüber den Verwaltungen der Mitgliedstaaten an jeder nur denkbaren Stelle zum Ausdruck zu bringen. SektVO und VSVgV enthalten ebenso wenig wie die VOB/A eine ähnliche Regelung, während das Umgehungsverbot des § 3 Abs. 2 VgV durchaus vergleichbar ist.[2]

2   **Nicht von dem Verdikt des § 14 erfasst** ist die Ausgestaltung einer Konzession und eines Vergabeverfahrens, das von den in der KonzVgV gegebenen **Gestaltungsmöglichkeiten vernünftigen Gebrauch** macht. Der Missbrauch von Gestaltungsmöglichkeiten muss in seiner objektiven und in seiner subjektiven Seite dargetan und bewiesen werden. Insbesondere ist in diesem Zusammenhang hervorzuheben, dass die KonzVgV an jeder nur denkbaren Stelle deutlich macht, dass der **Konzessionsgeber** im Rahmen der Gleichbehandlung, des Diskriminierungsverbotes und der Transparenz in der **Ausgestaltung der Konzession und des Konzessionsvergabeverfahrens frei** ist. Diese Freiheit darf nicht zusätzlich zu sonstigen Grenzen, wie sie sich ohnehin aus den allgemeinen Grundsätzen des § 12 und den Verfahrensgarantien des § 13 VgV ergeben, durch rückwärts eingeführte, überzogene sog. Missbrauchsregeln wieder ausgehebelt werden.

II. Systematische Stellung und Zweck der Norm

3   § 14 hebt die Pflicht des Konzessionsgebers, **sich an GWB und KonzVgV zu halten** sowie das allgemeine europarechtliche Diskriminierungsverbot noch einmal ausdrücklich hervor. Die Vorschrift steht am Ende der „Allgemeinen Verfahrensvorschriften". **Sie soll der ausdrücklichen Umsetzung des Art. 3 Abs. 1 UAbs. 2 RL 2014/23/EU in deutsches Recht dienen.**

Unterabschnitt 2. Vorbereitung des Vergabeverfahrens

§ 15 Leistungsbeschreibung

(1) ¹In der Leistungsbeschreibung werden die für die vertragsgegenständlichen Bau- oder Dienstleistungen geforderten Merkmale durch technische und funktionelle Anforderungen festgelegt. ²Der Konzessionsgeber fasst die Leistungsbeschreibung gemäß § 152 Absatz 1 in Verbindung mit § 121 Absatz 1 und 3 des Gesetzes gegen Wettbewerbsbeschränkungen in einer Weise, dass allen Unternehmen der gleiche Zugang zum Vergabeverfahren gewährt wird und die Öffnung des nationalen Beschaffungsmarkts für den Wettbewerb nicht in ungerechtfertigter Weise behindert wird.

(2) ¹Die Merkmale können Aspekte der Qualität und Innovation sowie soziale und umweltbezogene Aspekte betreffen. ²Sie können sich auch auf den Prozess oder die Methode zur Herstellung oder Erbringung der Bau- oder Dienstleistungen oder auf ein anderes Stadium im Lebenszyklus des Gegenstands der Konzession einschließlich der Produktions- und Lieferkette beziehen, auch wenn derartige Faktoren keine materiellen Bestandteile des Gegenstands der Konzession sind, sofern diese Merkmale in Verbindung mit dem Gegenstand der Konzession stehen und zu dessen Wert und Beschaffungszielen verhältnismäßig sind.

(3) ¹In der Leistungsbeschreibung darf nicht auf eine bestimmte Produktion oder Herkunft oder ein besonderes Verfahren, das die Erzeugnisse oder Dienstleistungen eines bestimmten Unternehmens kennzeichnet, oder auf gewerbliche Schutzrechte, Typen oder eine bestimmte Erzeugung verwiesen werden, wenn dadurch bestimmte Unternehmen oder bestimmte Produkte begünstigt oder ausgeschlossen werden, es sei denn, dieser Verweis ist durch den Konzessionsgegenstand gerechtfertigt. ²Solche Verweise sind ausnahmsweise zulässig, wenn der Konzessionsgegenstand andernfalls nicht hinreichend genau und allgemein verständlich beschrieben werden kann; diese Verweise sind mit dem Zusatz „oder gleichwertig" zu versehen.

---

[2]   *Braun* in Müller-Wrede/Braun KonzVgV § 14 Rn. 9.

(4) Ein Angebot darf nicht mit der Begründung abgelehnt werden, dass die angebotenen Bau- oder Dienstleistungen nicht den in der Leistungsbeschreibung genannten technischen und funktionellen Anforderungen entsprechen, wenn der Bieter in seinem Angebot mit geeigneten Mitteln nachgewiesen hat, dass die von ihm vorgeschlagenen Lösungen diese Anforderungen in gleichwertiger Weise erfüllen.

Schrifttum: *Hausmann,* Beschaffungsautonomie und Produktneutralität, Schriftenreihe des Forum Vergabe e.V., Band 43, 2012, 183; *Quack,* Die Leistungsbeschreibung und VOB, BauR 2001, 713; *Schellenberg* in HK-VergabeR (Pünder/Schellenberg), § 15; *Traupel* in Müller-Wrede/Braun KonzVgV § 15; *Trutzel* in Ziekow/Völlink, § 15; *Weber,* Zulässigkeit und Grenzen von Leistungsbeschreibungen nach europäischem Recht, NZBau 2002, 194.

I. Regelungsgehalt und Überblick

Bei § 15 handelt es sich um eine Kurzversion von § 31 VgV.[1] **Abs. 1** ist eine – nicht besonders gut gelungene – Paraphrase des § 121 Abs. 1 GWB, auf den in § 15 Abs. 1 selbst auch verwiesen wird. § 121 Abs. 1 GWB regelt iVm § 152 Abs. 1 GWB und § 15 Abs. 1 die **Pflicht des Konzessionsgebers die** vom Konzessionsnehmer zu erbringenden **Bau- und Dienstleistungen so eindeutig und erschöpfend wie möglich zu beschreiben.** Das kann entweder durch bestimmte **Leistungsanforderungen** mit genauen Anforderungen an das zu errichtende Bauwerk und die zu erbringende Dienstleistung **oder** aber durch **Funktionsanforderungen** geschehen, die die Aufgabe und das Ziel des Bauwerkes oder der zu erbringenden Dienstleistung fixieren.[2] Wenn die Beschreibung durch Darstellung der Leistungsanforderungen erfolgt, müssen alle Merkmale hinreichend genau festgelegt und erfasst werden, die den Umfang und die Art der Leistung ausmachen.[3] Auch die Funktionsanforderungen müssen so klar und deutlich formuliert sein, dass sie aus dem Empfängerhorizont des interessierten Unternehmens verstanden werden können und beim Unternehmer ein festumrissenes Bild der geforderten Leistung entsteht.[4] Die Leistungsbeschreibung ist dann nicht eindeutig, wenn verschiedene Auslegungsmöglichkeiten bestehen, die die Unternehmen im Unklaren darüber lassen, was denn nun eigentlich vom Konzessionsgeber gewollt ist.[5] Die Leistungsbeschreibung muss Art und Umfang der geforderten Leistung mit allen maßgeblichen Umständen und Bedingungen zweifelsfrei erkennen lassen und darf keine Widersprüche zu anderen Vergabeunterlagen enthalten.[6] Sie muss bei der Baukonzession nicht nur das Bauwerk, sondern auch den Rahmen der zugelassenen oder vom Konzessionsgeber gewollten Nutzung beschreiben. Sie muss bei der Dienstleistungskonzession nicht nur die einzuräumende Rechtsposition, sondern auch und gerade die nach der Vorstellung des Konzessionsgebers zu erbringenden Dienstleistungen festschreiben.[7] Dabei muss die Leistungsbeschreibung nach § 121 Abs. 1 GWB nicht nur eindeutig, sondern auch erschöpfend sein. Das bedeutet, dass kein Restbereich übrig bleiben darf, der nicht eindeutig ist.[8]

Der Konzessionsgeber muss sich bei der Erstellung der Leistungsbeschreibung der verkehrsüblichen, in den angesprochenen Fachkreisen verständlichen Sprache bedienen.[9] Denn die Beschreibung muss gem. § 121 Abs. 1 GWB **für alle Unternehmen im gleichen Sinne verständlich** sein und die Angebote bzw. Teilnahmeanträge müssen miteinander verglichen werden können. Abs. 1 S. 2 drückt denselben Gedanken so aus, dass allen Unternehmen der gleiche Zugang zum Vergabeverfahren gewährt werden muss und die Öffnung des Beschaffungsmarktes für den Wettbewerb nicht in ungerechtfertigter Weise behindert wird. Je komplexer die Beschaffung und die Konzessionsvergabe im Einzelfall ist, umso genauer und detailreicher muss die Leistungsbeschreibung letztlich ausfallen.[10]

Mit der Regel des **Abs. 2,** dass die einzelnen Merkmale der Leistungsbeschreibung Aspekte **der Qualität und der Innovation sowie soziale und umweltbezogene Aspekte** betreffen können, knüpft die KonzVgV an § 97 Abs. 3 GWB an und **eröffnet die in § 97 Abs. 3 GWB gegebene Möglichkeit, die Anforderungen an eine Konzession zu erweitern.** Zugleich wird diese Erweiterung auf qualitative, innovative, soziale und umweltbezogene Aspekte dadurch eingeschränkt, dass die jeweiligen Merkmale in Verbindung mit dem Gegenstand der Konzession stehen müssen und zu Wert und Beschaffungszielen verhältnismäßig sein müssen. Das sind sicher in der Praxis

---

[1] HK-VergabeR/*Schellenberg* Rn. 2.
[2] Näher *Kruse,* Die Vergabe von Konzessionen, 2017, 105 ff.
[3] Ingenstau/Korbion, 18. Aufl. 2013, VOB/A § 7 Rn. 2; *Prieß* in KMPP VOL/A § 8 EG Rn. 15.
[4] Ingenstau/Korbion/*Kratzenberg,* 18. Aufl. 2013, VOB/A § 7 Rn. 18.
[5] *Prieß* in KMPP VOL/A § 8 EG Rn. 18.
[6] *Prieß* in KMPP VOL/A § 8 EG Rn. 18.
[7] *Traupel* in Müller-Wrede VOL/A, 3. Aufl. 2010, VOL/A § 8 EG Rn. 14.
[8] *Prieß* in KMPP VOL/A § 8 EG mit Rechtsprechungsnachweisen.
[9] *Prieß* in KMPP VOL/A § 8 EG Rn. 22.
[10] *Prieß* in KMPP VOL/A § 8 EG Rn. 23.

sehr schwer zu handhabende Einschränkungen, der man sich voraussichtlich am ehesten durch die umgekehrte Frage nähert, was nicht in Verbindung zum Gegenstand der Konzession gehört, wie zB ein Frauenförderungskonzept des Bauunternehmens bei einer Baukonzession, die Forderung nach veganer Kantinenernährung bei einer auf den Betrieb einer Bahnlinie ausgerichteten Dienstleistungskonzession uÄ. Ähnlich dürften Verhältnismäßigkeit im Hinblick auf Wert und Beschaffungsziele zu bestimmen sein. Abs. 2 S. 2 bestimmt in seinen Eingangsworten ausdrücklich, dass die strategischen und eher politischen Aspekte einer Leistungsbeschreibung nicht nur an dem der Konzession zugrunde liegenden Gegenstand festgemacht werden müssen, sondern sich auch auf Prozess und Methode der Herstellung oder Erbringung der Leistung oder auf anderes Lebenszyklusstadium beziehen können. Müssen beispielsweise bei einer Dienstleistungskonzession Kraftfahrzeuge eingesetzt werden, kann der Konzessionsgeber danach verlangen dass Elektrofahrzeuge eingesetzt werden oder dass diese Fahrzeuge nach Ablauf ihrer Gebrauchszeit auf eine bestimmte Art und Weise entsorgt werden. In Art. 36 Abs. 1 RL 22014/23/EU hebt der Unionsgesetzgeber in einer beispielhaften Aufzählung hervor, dass er bestimmte Merkmale der Leistungsbeschreibung als ohne Weiteres zulässig erachtet: Festlegung bestimmter oder Bezugnahme auf bestimmte Qualitäts-, Umwelt- und Klimaleistungsstufen, Fixierung von Konformitätsbewertungsstufen, Anforderungen an Leistung, Sicherheit oder Abmessungen der zu verwendenden Erzeugnisse, Prüfung und Prüfverfahren für Erzeugnisse und Leistungen sowie Kennzeichnung, Beschriftung und Gebrauchsanleitungen.

4   Abs. 3 regelt die **Pflicht des Konzessionsgebers**, bei der Leistungsbeschreibung **auf bestimmte Produktionen, Verfahren, Erzeugnisse oder Dienstleistungen eines Unternehmens zu verzichten.** Auch darf der Konzessionsgeber zur Kennzeichnung bestimmter Gegenstände oder Dienstleistungen nicht auf gewerbliche Schutzrechte, Typen oder ein bestimmtes Erzeugnis eines Unternehmens verweisen, wenn dadurch ein Unternehmen begünstigt, andere ausgeschlossen werden. Das ist sicher dann der Fall, wenn das für eine Baukonzession erforderliche Bauwerk nach einem geschützten Plan erstellt werden soll oder Kraftfahrzeuge eines bestimmten Herstellers bei einer Dienstleistungskonzession eingesetzt werden sollen. Allerdings ist der Verweis auf bestimmte Gegenstände oder Schutzrechte **ausnahmsweise zulässig,**[11] **wenn er durch den Konzessionsgegenstand gerechtfertigt ist,** was zB dann der Fall sein dürfte, wenn die Konzession erneut vergeben werden soll, die erforderliche und weiterhin einzusetzende Ausstattung zumindest zum Teil bereits auf die Lieferungen eines bestimmten Herstellers zurückgeht. Verweise auf bestimmte Erzeugnisse sind außerdem zulässig, wenn der Konzessionsgegenstand anders nicht allgemein verständlich und hinreichend genau beschrieben werden kann. Verweise der letzteren Art sind mit dem Hinweis „oder gleichwertig" zu versehen. Abs. 3 entspricht der Regel, die nach bisherigem Recht in § 7 EG Abs. 8 VOB/A, in § 8 EG Abs. 7 VOL/A, in § 6 Abs. 7 VOF und in § 7 Abs. 11 SektVO enthalten war bzw. ist.

5   Der Inhalt der Vorschrift des **Abs. 4** war im bisherigen Recht nicht ausdrücklich enthalten. Dennoch musste man davon ausgehen, dass die angebotene Bau- oder Dienstleistung nicht mit dem Argument abgelehnt werden durfte, dass sie den technischen oder funktionellen Anforderungen nicht entspreche, wenn der Bieter nachweisen konnte, dass sein Angebot die Anforderungen in gleichwertiger Weise erfüllt. Dieses Verbot ist die zwingende Konsequenz aus Abs. 3 S. 2 Hs. 2: Wenn es ausdrücklich möglich ist, dass der Konzessionsgeber sich in der Leistungsbeschreibung auf ein bestimmtes Produkt oder auf einen Typ eines Produktes bezieht und dies mit dem Zusatz „oder gleichwertig" rechtfertigen muss, ist es nur logisch, dass der Konzessionsgeber ein „gleichwertiges" Produkt zulassen muss.[12] Jetzt steht die Regel – ein wenig üppig ausformuliert – im Text selbst und stellt die Selbstverständlichkeit klar: Ein Bieter muss nachweisen, dass sein von den in der Leistungsbeschreibung dargestellten Anforderungen abweichende Lösung diesen Anforderungen materiell dennoch erfüllt. Selbstverständlich muss dies mit geeigneten Mitteln geschehen; mit ungeeigneten Mitteln wird das nicht möglich sein. Ansatzpunkt für Auslegung und Streit wird wie bisher[13] die Norm sein, die vom Konzessionsgeber die Annahme des Angebotes mit „gleichwertigen" Anforderungen verlangt.

II. Systematische Stellung und Zweck der Norm

6   § 15 steht im Abschnitt 2 nach den allgemeinen Regeln über das Vergabeverfahren **am Beginn** des Unterabschnitts 2, der die **Vorschriften über die Vorbereitung des Vergabeverfahrens** beinhaltet. Das zeigt, dass der Verordnungsgeber der Leistungsbeschreibung eine ganz zentrale Aufgabe bei der Vorbereitung des Vergabeverfahrens beimisst. Ohne eine genaue Leistungsbeschreibung

---

[11] Dazu *Hausmann*, Beschaffungsautonomie und Produktneutralität, 2012, 188 f.
[12] S. auch *Goldbrunner* VergabeR 2016, 365 (381).
[13] Vgl. *Hausmann*, Beschaffungsautonomie und Produktneutralität, 2012, 189 f.

kann es weder einen diskriminierungsfreien Zugang aller interessierten Unternehmen zu einer Konzession noch funktionierende Konzessionstätigkeiten geben. Insofern bildet die Leistungsbeschreibung nicht nur den allgemeinen Rahmen für eine Konzessionsvergabe, sondern ist die absolute Voraussetzung für sie.

Die **Vorschriften über die Leistungsbeschreibung** in § 15, § 152 Abs. 1 GWB und § 121 Abs. 1 GWB haben daher einen **doppelten Normzweck:** Den Bewerbern und Bietern sichern sie eine gleichberechtigte Teilhabe an einem Konzessionsvergabeverfahren und für den Konzessionsgeber schaffen sie die Grundlage, um in einem unverfälschten Wettbewerb[14] das wirtschaftlichste Angebot zu ermitteln.[15]   7

§ 15 dient der Umsetzung des Art. 36 RL 2014/23/EU in deutsches Recht. Vorbild sind dabei jeweils die §§ 31 und 32 VgV.   8

§ 16 Vergabeunterlagen

¹Die Vergabeunterlagen umfassen jede Unterlage, die vom Konzessionsgeber erstellt wird oder auf die er sich bezieht, um Bestandteile der Konzession oder des Verfahrens zu beschreiben oder festzulegen. ²Dazu zählen insbesondere die Leistungsbeschreibung, der Entwurf der Vertragsbedingungen, Vorlagen für die Einreichung von Unterlagen durch Bewerber oder Bieter sowie Informationen über allgemeingültige Verpflichtungen.

§ 17 Bereitstellung der Vergabeunterlagen

(1) Der Konzessionsgeber gibt in der Konzessionsbekanntmachung oder – sofern die Konzessionsbekanntmachung keine Aufforderung zur Angebotsabgabe enthält – in der Aufforderung zur Angebotsabgabe eine elektronische Adresse an, unter der die Vergabeunterlagen unentgeltlich, uneingeschränkt, vollständig und direkt abgerufen werden können.

(2) ¹Der Konzessionsgeber kann die Vergabeunterlagen auf einem anderen geeigneten Weg übermitteln, wenn aufgrund hinreichend begründeter Umstände aus außergewöhnlichen Sicherheitsgründen oder technischen Gründen oder aufgrund der besonderen Sensibilität von Handelsinformationen, die eines sehr hohen Datenschutzniveaus bedürfen, ein unentgeltlicher, uneingeschränkter und vollständiger elektronischer Zugang nicht angeboten werden kann. ²In diesem Fall gibt der Konzessionsgeber in der Konzessionsbekanntmachung oder der Aufforderung zur Angebotsabgabe an, dass die Vergabeunterlagen auf einem anderen geeigneten Weg übermittelt werden können und die Frist für den Eingang der Angebote verlängert wird.

§ 18 Zusätzliche Auskünfte zu den Vergabeunterlagen

Der Konzessionsgeber erteilt allen Unternehmen, die sich an dem Vergabeverfahren beteiligen, spätestens sechs Tage vor dem Schlusstermin für den Eingang der Angebote zusätzliche Auskünfte zu den Vergabeunterlagen, sofern die Unternehmen diese zusätzlichen Auskünfte rechtzeitig angefordert haben.

Schrifttum: *Goede* in Ziekow/Völlink, § 16 KonzVgV; *Horn* in Müller-Wrede/Braun KonzVgV, § 18; *Kins* in Müller-Wrede/Braun, KonzVgV, § 16; *Schellenberg* in HK-VergabeR (Pünder/Schellenberg), §§ 16, 17 und 18; *Völlink* in Ziekow/Völlink, § 18; *Wichmann* in Ziekow/Völlink, § 17; *Wrede* in Müller-Wrede/Braun KonzVgV, § 17.

I. Regelungsgehalt und Überblick

§ 16 definiert die Vergabeunterlagen als jede Unterlage, die der Konzessionsgeber erstellt, um Konzession oder Verfahren zu beschreiben.¹ Das ist ein wenig dunkel und auslegungsbedürftig. Sehr viel schöner und klarer hatte § 8 Abs. 1 S. 1 VOL/A dieselbe Sache beschrieben, indem er feststellte, „Vergabeunterlagen umfassen alle Angaben, die erforderlich sind, um eine Entscheidung   1

---

[14] Erwägungsgrund 67 RL 2014/23/EU hebt hervor, dass die technischen und die funktionellen Anforderungen es erlauben müssen, die Konzession in einem wettbewerblichen Verfahren zu vergeben.
[15] *Prieß* in KMPP VOL/A § 8 EG Rn. 10; *Traupel* in Müller-Wrede VOL/A, 3. Aufl. 2010, VOL/A § 8 EG Rn. 14.
[1] Ingenstau/Korbion/*v. Wietersheim*, 18. Aufl. 2013, VOB/A § 8 Rn. 1; HHKW/*el-Barudi* VOB/A § 8 Rn. 2; *Gnittke/Hattig* in Müller-Wrede VOL/A § 9 EG Rn. 5ff.; *Verfürth* in KMPP VOL/A § 8 Rn. 15.

zur Teilnahme am Vergabeverfahren oder zur Angebotsabgabe zu ermöglichen". In der Sache ist das jeder Text, jeder Plan, jede Zeichnung oder jedes Bild, das zur Beschreibung der zu erbringenden Leistung herangezogen wird; außerdem gehören dazu die Zuschlagskriterien, soweit sie nicht in der Konzessionsbekanntmachung enthalten sind,[2] Bewerbungsbedingungen sowie der Entwurf der Vertragsbedingungen und die Vorlagen für Nachweise und sonstige Unterlagen der Bieter und Bewerber, die der Konzessionsgeber für erforderlich hält. In den Vertragsbedingungen werden die tatsächlichen, technischen, wirtschaftlichen und rechtlichen Bedingungen der Leistungserbringung dargelegt. Texte, Pläne, Zeichnungen und Bilder können in der Regel nur digitalisierte Objekte sein, weil nur so die in § 17 Abs. 1 geforderte elektronische Übermittlung möglich ist. Nur in den in § 17 Abs. 2 ganz ausnahmsweise erlaubten anderen geeigneten Fällen können schriftliche Unterlagen, Bilder, Pläne und Zeichnungen auf Papier eine Rolle spielen. In jedem Falle ist nach § 152 Abs. 1 GWB iVm § 121 Abs. 3 GWB die Leistungsbeschreibung den Vergabeunterlagen beizufügen.

2   Die meisten Bestandteile der Vergabeunterlagen sind **rechtsgeschäftliche Erklärungen des Konzessionsgebers.** Lediglich bei einzelnen Klauseln in den Vergabeunterlagen, aber auch bei bestimmten Bewerbungsbedingungen kann es sich um Allgemeine Geschäftsbedingungen iSd § 305 BGB handeln. Parallele Bestimmungen zu § 16 finden sich in § 41 VgV, § 41 SektVO, § 16 VSVgV, § 8 EG VOB/A.

3   **§ 17 regelt die Pflicht** des Konzessionsgebers die **Vergabeunterlagen** in der Konzessionsbekanntmachung oder in der Aufforderung zur Angebotsabgabe den Unternehmen **zugänglich zu machen,** die an der Konzession interessiert sind, und die Art und Weise der Bereitstellung der Unterlagen. Die Unterlagen müssen über eine **elektronische Adresse** zugänglich sein. Das heißt, grundsätzlich wird wie im Informationsverkehr zwischen Konzessionsgeber und Unternehmen auch hier nicht mehr mündlich und nicht mehr schriftlich miteinander kommuniziert, sondern nur noch elektronisch. Lediglich ganz ausnahmsweise dürfen nach **§ 17 Abs. 2 die Vergabeunterlagen auf anderem geeigneten Weg** übermittelt werden, wenn sie auf dem normalen elektronischen Wege nicht unentgeltlich, uneingeschränkt und vollständig zugänglich gemacht werden können. Das gilt allerdings nur, wenn technische Gründe, außergewöhnliche Sicherheitsgründe oder die besondere Sensibilität von Handelsinformationen dies erfordert. Sicherheitsgründe können militärische oder andere Sicherheitsgründe zB zum Schutz vor Terroranschlägen sein. Technische Gründe können in Inkompatibilitäten bei elektronischen Netzen bestehen, während sensible Handelsinformationen darin bestehen können, dass Embargovorschriften eingehalten werden müssen. In allen Fällen kann es notwendig sein, nicht den Weg über die Internetadresse zu wählen, sondern einen verschlossenen Datenträger zu transportieren oder gar auf das alte Verfahren der Schriftlichkeit zurückzugreifen. In diesen Ausnahmefällen hat der Konzessionsgeber nach § 17 Abs. 2 S. 2 in Vergabebekanntmachung oder Aufforderung zur Angebotsabgabe anzugeben, auf welchem Wege die Unternehmen an die Unterlagen gelangen können. Damit die Unternehmen durch den komplizierteren Weg zu den Vergabeunterlagen keine Zeit verlieren, muss der Konzessionsgeber die Frist für den Eingang der Angebote entsprechend verlängern.

4   Nach **§ 17 Abs. 1** sind die Vergabeunterlagen in aller Regel und im Normalfall unter einer elektronischen Adresse **unentgeltlich, uneingeschränkt, vollständig und direkt** abzurufen. Auf diese Weise kann jedes interessierte Unternehmen rasch und ohne Zeitverlust erkennen, unter welchen Voraussetzungen eine bestimmte Konzession vergeben werden soll und ob es sich lohnt sich an dem Verfahren – sei es als Bewerber, sei es als Bieter – zu beteiligen. **Unentgeltlich** abrufbar sind die Vergabeunterlagen, wenn kein Unternehmen für das Auffinden, den Empfang und das Anzeigen der Vergabeunterlagen zahlen muss.[3] **Uneingeschränkt und direkt** abrufbar sind Vergabeunterlagen, wenn die Bekanntmachung oder die Aufforderung zur Angebotsabgabe mit der Internetadresse einen eindeutigen und vollständigen medienbruchfreien elektronischen Weg zu den Vergabeunterlagen enthält. Einem interessierten Bürger oder Unternehmen muss es möglich sein, ohne wesentliche Zwischenschritte und ohne wesentlichen Zeitverlust, mit elektronischen Mitteln an die Unterlagen zu gelangen.[4] Nicht uneingeschränkt und direkt abrufbar sind die Vergabeunterlagen, wenn Bürger oder Unternehmen sich mit ihrem Namen oder einer Benutzerkennung oder ihrer E-Mail-Adresse auf einer Vergabeplattform registrieren müssen, bevor sie sich über die bekannt gemachten zu vergebenden Konzessionen informieren können und die Vergabeunterlagen abrufen können.[5] **Vollständig** abrufbar sind die Vergabeunterlagen, wenn sämtliche Vergabeunterlagen und nicht nur Teile abgerufen werden können. Unentgeltlicher, vollständiger und uneingeschränkter

---

[2] *Gnittke/Hattig* in Müller-Wrede VOL/A § 9 Rn. 13.
[3] Begr. der BReg. zum Entwurf der ModVgV in der Kabinettfassung v. 20.1.2016 zu § 41 VgV.
[4] Begr. der BReg. zum Entwurf der ModVgV in der Kabinettfassung v. 20.1.2016 zu § 41 Abs. 1 VgV.
[5] Begr. der BReg. zum Entwurf der ModVgV in der Kabinettfassung v. 20.1.2016 zu § 41 Abs. 1 VgV.

Zugang zu den Vergabeunterlagen muss auch gewährleistet sein, wenn im besonderen Ausnahmefall des § 17 Abs. 2 ein anderer geeigneter Weg als der normale Weg über eine Internetadresse gewählt werden muss.

Verlangen die am Vergabeverfahren beteiligten Unternehmen **zusätzliche Auskünfte** zu den 5
Vergabeunterlagen, müssen sie diese nach § 18 rechtzeitig anfordern und spätestens sechs Tage vor dem Schlusstermin für den Eingang der Angebote erhalten. Der Konzessionsgeber hat in diesem Fall darauf zu achten, dass alle Unternehmen die gleichen Auskünfte erhalten, um Diskriminierung und Ungleichbehandlungen zu vermeiden.

II. Systematische Stellung und Zweck der Norm

Die Regelung über die Vergabeunterlagen und die Bereitstellung der Vergabeunterlagen steht 6
zusammen mit der Vorschrift über die Leistungsbeschreibung im Abschnitts 2 („Vergabeverfahren") Unterabschnitt 2, der die Regeln über die **Vorbereitung des Vergabeverfahrens** enthält.

Mit den Vergabeunterlagen setzt der Konzessionsgeber den Rahmen für Konzession und Verga- 7
beverfahren, ohne den weder die Konzession entstehen noch das Vergabeverfahren ablaufen kann. **Zweck** der Vorschriften ist es, vor diesem Hintergrund der Herstellung der **vollen Transparenz der zu vergebenden Konzessionen und des Vergabeverfahrens** zu sichern.

§ 16 setzt Art. 5 Nr. 12 RL 2014/23/EU in die Konzessionsvergabeverordnung um und 8
berücksichtigt dabei, dass nach Art. 36 Abs. 1 S. 2 RL 201423/EU auch die Merkmale der Bau- oder Dienstleistung, welche Gegenstand der Konzession sind, in die Vergabeunterlagen aufzunehmen sind. § 17 Abs. 1 und 2 dienen der Umsetzung von Art. 34 Abs. 1 und 2 RL 2014/23/EU, wobei bewusst an die Umsetzung der entsprechenden Regel der RL 2014/24/EU in § 41 VgV angeknüpft wird. § 18 dient der **Umsetzung des Art. 34 Abs. 3 RL 2014/23/EU** in deutsches Recht.

Unterabschnitt 3. Bekanntmachungen

§ 19 Konzessionsbekanntmachung

(1) Der Konzessionsgeber teilt seine Absicht, eine Konzession zu vergeben, in einer Konzessionsbekanntmachung mit.

(2) Die Konzessionsbekanntmachung wird nach dem Muster gemäß Anhang XXI der Durchführungsverordnung (EU) 2015/1986 der Kommission vom 11. November 2015 zur Einführung von Standardformularen für die Veröffentlichung von Vergabebekanntmachungen für öffentliche Aufträge und zur Aufhebung der Durchführungsverordnung (EU) Nr. 842/2011 in der jeweils geltenden Fassung erstellt (ABl. L 296 vom 12.11.2015, S. 1).

(3) Der Konzessionsgeber benennt in der Konzessionsbekanntmachung die Vergabekammer, an die sich die Unternehmen zur Nachprüfung geltend gemachter Vergabeverstöße wenden können.

§ 20 Ausnahmen von der Konzessionsbekanntmachung

(1) ¹Von einer Konzessionsbekanntmachung kann abgesehen werden, wenn die Bau- oder Dienstleistung nur von einem bestimmten Unternehmen erbracht werden kann, weil
1. das Ziel der Konzession die Erschaffung oder der Erwerb eines einzigartigen Kunstwerks oder einer einzigartigen künstlerischen Leistung ist,
2. Wettbewerb aus technischen Gründen nicht entstehen kann,
3. ein ausschließliches Recht besteht oder
4. Rechte des geistigen Eigentums oder andere als die in § 101 Absatz 2 in Verbindung mit § 100 Absatz 2 Satz 1 des Gesetzes gegen Wettbewerbsbeschränkungen definierten ausschließlichen Rechte zu beachten sind.

²Satz 1 Nummer 2 bis 4 ist nur anzuwenden, wenn es keine sinnvolle Alternative oder Ersatzlösung gibt und die fehlende Wettbewerb nicht das Ergebnis einer künstlichen Einengung der Parameter der Konzessionsvergabe ist.

(2) ¹Von einer neuen Konzessionsbekanntmachung kann abgesehen werden, wenn bei einem vorausgegangenen Vergabeverfahren keine oder keine geeigneten Teilnahmeanträge oder Angebote eingereicht wurden, sofern die ursprünglichen Bedingungen des Konzessi-

onsvertrags nicht grundlegend geändert werden und der Europäischen Kommission auf Anforderung ein Verfahrensbericht vorgelegt wird. ²Ungeeignet sind
1. ein Teilnahmeantrag, wenn
   a) der Bewerber gemäß § 154 Nummer 2 in Verbindung mit den §§ 123 bis 126 des Gesetzes gegen Wettbewerbsbeschränkungen aufgrund eines zwingenden oder fakultativen Ausschlussgrunds auszuschließen ist oder ausgeschlossen werden könnte oder der Bewerber die gemäß § 152 Absatz 2 in Verbindung mit § 122 des Gesetzes gegen Wettbewerbsbeschränkungen festgelegten Eignungskriterien nicht erfüllt oder
   b) der Teilnahmeantrag ein ungeeignetes Angebot enthält, weil dieses ohne wesentliche Abänderung den in den Vergabeunterlagen genannten Bedürfnissen und Anforderungen des Konzessionsgebers offensichtlich nicht entsprechen kann, und
2. ein Angebot, wenn es ohne wesentliche Abänderung den in den Vergabeunterlagen genannten Bedürfnissen und Anforderungen des Konzessionsgebers offensichtlich nicht entsprechen kann.

§ 21 Vergabebekanntmachung, Bekanntmachung über Änderungen einer Konzession

(1) ¹Der Konzessionsgeber übermittelt spätestens 48 Tage nach der Vergabe einer Konzession eine Vergabebekanntmachung mit dem Ergebnis des Vergabeverfahrens an das Amt für Veröffentlichungen der Europäischen Union. ²Die Vergabebekanntmachung wird nach dem Muster gemäß Anhang XXII der Durchführungsverordnung (EU) 2015/1986 erstellt.

(2) Bekanntmachungen über Änderungen einer Konzession gemäß § 154 Nummer 3 in Verbindung mit § 132 Absatz 5 des Gesetzes gegen Wettbewerbsbeschränkungen werden nach dem Muster gemäß Anhang XVII der Durchführungsverordnung (EU) 2015/1986 erstellt.

§ 22 Konzessionen, die soziale und andere besondere Dienstleistungen betreffen

(1) Der Konzessionsgeber teilt seine Absicht, eine Konzession zur Erbringung sozialer Dienstleistungen oder anderer besonderer Dienstleistungen im Sinne des § 153 des Gesetzes gegen Wettbewerbsbeschränkungen zu vergeben, durch eine Vorinformation mit.

(2) ¹Auf Vergabebekanntmachungen ist § 21 Absatz 1 anzuwenden. ²Der Konzessionsgeber kann Vergabebekanntmachungen vierteljährlich zusammenfassen. ³In diesem Fall ist die Veröffentlichung der zusammengefassten Bekanntmachungen innerhalb von 48 Tagen nach dem Ende des Quartals zu veranlassen.

(3) Für Bekanntmachungen nach den Absätzen 1 und 2 ist das Muster gemäß Anhang XX der Durchführungsverordnung (EU) 2015/1986 zu verwenden.

(4) Auf Bekanntmachungen über Änderungen einer Konzession gemäß § 154 Nummer 3 in Verbindung mit § 132 Absatz 5 des Gesetzes gegen Wettbewerbsbeschränkungen ist § 21 Absatz 2 anzuwenden.

§ 23 Form und Modalitäten der Veröffentlichung von Bekanntmachungen

(1) Konzessionsbekanntmachungen, Vorinformationen, Vergabebekanntmachungen und Bekanntmachungen zu Änderungen einer Konzession (Bekanntmachungen) sind dem Amt für Veröffentlichungen der Europäischen Union mit elektronischen Mitteln zu übermitteln.

(2) Als Nachweis der Veröffentlichung dient die Bestätigung des Eingangs der Bekanntmachung und der Veröffentlichung der übermittelten Information, die der Konzessionsgeber vom Amt für Veröffentlichungen der Europäischen Union erhält.

(3) ¹Bekanntmachungen dürfen frühestens 48 Stunden nach der Bestätigung des Amtes für Veröffentlichungen der Europäischen Union über die Veröffentlichung der übermittelten Informationen auf nationaler Ebene veröffentlicht werden. ²Die Veröffentlichung darf nur die Angaben enthalten, die in der an das Amt für Veröffentlichungen der Europäischen Union übermittelten Bekanntmachung enthalten sind. ³In der nationalen Bekanntmachung ist das Datum der Übermittlung an das Amt für Veröffentlichungen der Europäischen Union anzugeben.

I. Regelungsgehalt und Überblick　　　　　　　　　　　1–5　§§ 19–23 KonzVgV

Schrifttum: *Dewald, Hofmann* und *Ruff* in Müller-Wrede/Braun KonzVgV, §§ 20, 23 und 19, 21 sowie 22; *Lindenthal,* Erläuterungen zu den neuen Standardmustern für Veröffentlichungen im EU-Amtsblatt gemäß VO EG/1564/2005, VergabeR 2006, 1; *Franzius* in HK-VergabeR (Pünder/Schellenberg), § 23; *Knaus* in Ziekow/Völlink, § 22; *Mußgnug* in HK-VergabeR (Pünder/Schellenberg), § 22; *Schaller,* Dokumentations-, Informations-, Mitteilungs-, Melde- und Berichtspflichten im öffentlichen Auftragswesen, VergabeR 2007, 394; *Schellenberg* in HK-VergabeR (Pünder/Schellenberg), §§ 19–21; *Völlink* in Ziekow/Völlink, § 19 ff.

I. Regelungsgehalt und Überblick

Die Vorschriften regeln die **Pflicht des Konzessionsgebers zur Veröffentlichung** seiner Absicht, eine Konzession zu vergeben, in verschiedenen zeitlichen Stadien unter verschiedenen sachlichen Konstellationen: § 19 statuiert im Anschluss an § 151 S. 1 GWB die **grundsätzliche Pflicht zur Veröffentlichung der Vergabeabsicht** zu Beginn des Vergabeverfahrens in einer Konzessionsbekanntmachung. **§ 20 regelt Ausnahmen** von dieser Pflicht. § 21 Abs. 1 regelt die **Pflicht zur Abgabe einer Vergabebekanntmachung nach dem Ende** und mit dem Ergebnis des Vergabeverfahrens, während § 21 Abs. 2 im Anschluss an § 132 Abs. 5 GWB vorschreibt, **Bekanntmachungen auch über die Änderung einer Konzession** vorzunehmen, soweit diese nach § 154 Nr. 3 GWB zulässig sind. Die § 19 Abs. 2 und 3, § 21 Abs. 1 S. 2 und Abs. 2 sowie § 23 regeln die **Art und Weise der Bekanntmachungen** und deren Veröffentlichung. 1

Das Konzessionsvergabeverfahren **beginnt formell mit der Bekanntmachung** der Absicht des Konzessionsgebers eine bestimmte Konzession zu vergeben. Die Konzessionsbekanntmachung muss als wichtigsten Inhalt eine so genaue Beschreibung der Konzession enthalten, dass jeder potentielle Verfahrensteilnehmer sie richtig verstehen kann. Außerdem müssen die Bedingungen für die Teilnahme am Konzessionsvergabeverfahren wie zB Erfahrung mit bestimmten Bauleistungen oder Dienstleistungen oder Besitz bestimmter Ausrüstungen oder Mindestumsatz festgelegt werden. Schließlich müssen, sofern nicht auf die für alle potentiellen Verfahrensteilnehmer zugänglichen Konzessionsunterlagen verwiesen wird, Mindestanforderungen und Zuschlagskriterien genannt werden. 2

Auf eine Konzessionsbekanntmachung kann nach § 20 in bestimmten Fällen **von vorneherein verzichtet** werden, wenn ausschließliche Rechte, insbesondere Rechte des geistigen Eigentums bestehen und eine Konzession nur von einer Person erlangt werden kann, die über die ausschließlichen Rechte verfügt. Das gilt hauptsächlich und wesentlich dann, wenn die Konzession die Verwertung eines Kunstwerks voraussetzt, das per se einzigartig und nicht ersetzbar ist (§ 20 Abs. 1 S. 1 Nr. 1 iVm S. 2). Ausschließliches Recht in diesem Sinne kann nicht ein ausschließliches Recht sein, das die Basis für eine Sektorentätigkeit ist. **Verzichtet werden kann** auch **auf eine zweite Bekanntmachung, wenn ein erster Versuch** ein Konzessionsvergabeverfahren in Gang zu setzen **nicht gelungen** ist, weil kein Teilnahmeantrag eingegangen ist, der den Anforderungen entsprochen hätte, oder nur Teilnahmeanträge eingegangen sind, die wegen Terrorfinanzierung, Menschenhandel, Betrug, Geldwäsche, Bestechung und entsprechenden Delikten auszuschließen sind. Verzichtet werden kann schließlich auch, wenn kein Angebot eigegangen ist, das den Anforderungen des Konzessionsgebers nur entsprochen hätte, wenn es wesentlich geändert worden wäre. Die Ausnahmetatbestände in § 20 sind wie alle Ausnahmen eng auszulegen. 3

§ 21 Abs. 1 regelt die Verpflichtung des Konzessionsgebers, **nach Ende des Vergabeverfahrens** das **Ergebnis des Verfahrens** innerhalb von 48 Tagen durch Vergabebekanntmachung **mitzuteilen.** § 21 Abs. 2 wiederholt in einem eigenen Absatz dann die schon in § 154 Nr. 3 GWB iVm § 132 Abs. 5 GWB festgelegte Pflicht des Konzessionsgebers Änderungen einer Konzession per Bekanntmachung zu veröffentlichen – auch wenn sie gem. § 154 Nr. 3 GWB und § 132 Abs. 2 Nr. 2 und 3 GWB nicht zum Gegenstand eines neuen Vergabeverfahrens gemacht werden müssen. Für Änderungsbekanntmachungen sollen in Vergabeverfahren – seien es Auftragsvergaben, seien es Konzessionsvergaben – die gleichen Bedingungen gelten. 4

Bekanntmachungen jeder Art einschließlich der sog. Vorabinformation sind nach § 23 dem **Amt für Veröffentlichungen der Europäischen Union auf elektronischem Wege** zu übermitteln. Sie sind je unterschiedlich nach entsprechenden **Musterformularen** abzugeben. Um sicherzustellen, dass nicht auf Umwegen regionale Einflüsse die europaweite Bekanntmachung aushebeln, dürfen der Inhalt – und nur der Inhalt der Bekanntmachung – 48 Stunden nach der Bestätigung des Amtes für Veröffentlichungen der Europäischen Union über die Veröffentlichung der übermittelten Informationen auch auf nationaler Ebene veröffentlicht werden. Als Nachweis für die Bekanntmachung dient eine vom Amt für Veröffentlichung der EU zu übersendende Bestätigung an den Konzessionsgeber. In der Konzessionsbekanntmachung ist zusätzlich zu den in den Mustern geforderten Angaben die zuständige **Vergabekammer** zu benennen, an die sich die Unternehmen zur Nachprüfung geltend zu machender Vergabeverstöße wenden können. 5

6 Für **soziale und andere besondere Dienstleistungen** gilt zwar ebenfalls die Pflicht zur Veröffentlichung nicht aber die Pflicht zur Abgabe einer Konzessionsbekanntmachung zu Beginn des Vergabeverfahrens. Nach § 151 S. 1 GWB und § 22 Abs. 1 reicht hier eine **Vorabinformation** aus, die nur die Informationen enthält, wie sie aus Anlage VI zur RL 2014/23/EU zu entnehmen sind. Dort wird lediglich der Name, die Anschrift, die Telefon- und Fax-Nummer, die E-Mail- und Internetadresse des Konzessionsgebers verlangt und die E-Mail- oder Internet-Adresse, über die die Spezifikationen und ergänzenden Unterlagen erhältlich sind, gefordert, sowie Art und Haupttätigkeit des Konzessionsgebers, CPV-Nummern, Haupterfüllungsort und die Beschreibung der Dienstleistungen, die Teilnahmebedingungen und Fristen für eine Kontaktaufnahme verlangt. Sicherheitshalber sollte auch eine kurze Beschreibung der wichtigsten Merkmale des vorgesehenen Vergabeverfahrens hinzugefügt werden. Auch im Falle der Vorabinformation dürfte die Pflicht bestehen, die zuständige Vergabekammer anzugeben, obwohl in diesem Fall keine Verweisung auf § 19 Abs. 3 zu finden ist. Für soziale und andere besondere Dienstleistungen gilt ausdrücklich auch die Pflicht zur Abgabe von Vergabebekanntmachungen, die allerdings vom Konzessionsgeber vierteljährlich zusammengefasst werden können; die zusammengefassten Vergabebekanntmachungen sind dann spätestens 48 Tage nach Ablauf des Quartals an das Amt für Veröffentlichungen der EU zu versenden. **Nach Anhang IV sind soziale und andere besondere Dienstleistungen:** Dienstleistungen des Gesundheits- und Sozialwesens, Verwaltungsdienstleistungen im Sozial-, Gesundheits-, Kultur und Bildungsbereich, Dienstleistungen im Bereich der gesetzlichen Sozialversicherung, Beihilfen und Unterstützungsleistungen, sonstige persönliche Dienstleistungen einschließlich Dienstleistungen von Arbeitnehmervereinigungen, politischen Organisationen Jugendverbänden religiöser Vereinigungen, Gaststätten und Beherbergungsgewerbe, Dienstleistungen im juristischen Bereich, soweit sie nicht ausgeschlossen sind, sonstige Dienstleistungen für die öffentliche Verwaltung und das Gemeinwesen, Dienstleistungen für den Strafvollzug, Dienstleistungen im Bereich der öffentlichen Sicherheit und Rettungsdienste, soweit sie nicht ausgeschlossen sind, Ermittlungs- und Sicherheitsdienstleistungen, Postdienste, Reifenrunderneuerungs- und Schmiedearbeiten und Dienstleistungen internationaler Organisationen.

II. Systematische Stellung und Zweck der Normen

7 Die Regeln über die Bekanntmachung **stehen in einem Block als Unterabschnitt 3 im zentralen Abschnitt 2** über das Vergabeverfahren. Die Regelung über die sozialen und anderen besonderen Dienstleistungen erscheint dabei nur als Fremdkörper. In der Sache ist das nicht so, weil die Regulierung dieser sozialen und anderen besonderen Dienstleistungen sich von der üblichen Konzessionsvergabe – jedenfalls nach deutschem Recht – nur in den Bekanntmachungsvorschriften unterscheiden. Im Übrigen sorgt § 153 GWB dafür, dass alle Regeln der Konzessionsvergabe auch auf diese Dienstleistungen anzuwenden sind.

8 Die Regeln über die Bekanntmachung dienen insbesondere der **Transparenz des Vergabeverfahrens**, die in § 97 Abs. 1 S. 1 GWB und § 151 S. 1 GWB dem Konzessionsgeber auferlegt ist. **Zweck der Regeln** ist es sicherzustellen, dass jedes interessierte Unternehmen sich an einem Vergabeverfahren beteiligen kann, **Diskriminierung** von vorneherein **verhindert wird und Wettbewerb im Binnenmarkt** soweit wie möglich entsteht.

9 § 19 Abs. 1 und Abs. 2 **setzen Art. 31 Abs. 1 und 2 RL 2014/23/EU in deutsches Recht um** und gehen dabei wie im Verfahren der Auftragsvergabe davon aus, dass das Vergabeverfahren mit der Konzessionsbekanntmachung in Gang gesetzt wird. § 19 Abs. 3 verpflichtet den Konzessionsgeber nach dem Vorbild des § 37 Abs. 2 VgV zur Angabe der Vergabekammer als der nach Anhang V Nr. 11 RL 2014/23/EU zuständigen Stelle für Rechtsbehelfsverfahren. **§ 20 dient der Umsetzung von Art. 31 Abs. 4 und 5 RL 2014/23/EU,** die die Voraussetzungen umschreiben, unter denen Konzessionsgeber auf eine europaweite Bekanntmachung verzichten können. Die Fallgruppen des § 20 Abs. 1 sind dabei den Sachverhaltskonstellationen, in denen bei der Auftragsvergabe nach § 14 Abs. 4 Nr. 2 VgV ein Verhandlungsverfahren ohne Teilnahmewettbewerb durchgeführt werden darf. Der Sachverhalt des § 20 Abs. 2 entspricht weitgehend dem in § 14 Abs. 4 Nr. 1 VgV geregelten Fall, in dem bei der Auftragsvergabe ein Verhandlungsverfahren ohne Teilnahmewettbewerb durchgeführt werden darf. **§ 21 dient der Umsetzung der Art. 32 und 33 Abs. 1 RL 2014/23/EU** zur Bekanntmachung der Ergebnisse eines Konzessionsvergabeverfahrens und zur Änderung einer Konzession. **§ 23 dient** mit seinen Regeln über Form und Modalitäten von Konzessionsbekanntmachungen, Vorinformationen, Vergabebekanntmachungen und Änderungsbekanntmachungen **der Umsetzung des Art. 33 RL 2014/23/EU.**

10 **§ 22 dient der Umsetzung der Art. 31 Abs. 3 und 32 RL 2014/23/EU.** Gesetz- und Verordnungsgeber regeln damit die einzige Erleichterung für die Vergabe von Konzessionen sozialer und anderer Art gegenüber der allgemeinen Konzessionsvergabe, obwohl Art. 19 RL 2014/23/

EU für die Vergabe von Konzessionen sozialer und anderer besonderer Art ausdrücklich nur die Vorabinformation und die Ex-Post-Transparenz vorgesehen hat. Die Bundesregierung gibt als Grund für diese gegenüber den Vorschriften der Richtlinie strengere Regulierung an, die Rechtsprechung des EuGH verpflichte zu Gleichbehandlung, Nichtdiskriminierung, Transparenz und Verhältnismäßigkeit.[1]

Unterabschnitt 4. Auswahlverfahren und Zuschlag

§ 24 Rechtsform von Unternehmen und Bietergemeinschaften

(1) [1]Bewerber oder Bieter, die gemäß den Rechtsvorschriften des Staats, in dem sie niedergelassen sind, zur Erbringung der betreffenden Leistung berechtigt sind, dürfen nicht allein deshalb zurückgewiesen werden, weil sie gemäß den deutschen Rechtsvorschriften eine natürliche oder juristische Person sein müssten. [2]Juristische Personen können verpflichtet werden, in ihrem Antrag auf Teilnahme oder in ihrem Angebot die Namen und die berufliche Befähigung der Personen anzugeben, die für die Durchführung des Konzessionsvertrags als verantwortlich vorgesehen sind.

(2) [1]Bewerber- und Bietergemeinschaften sind wie Einzelbewerber und -bieter zu behandeln. [2]Der Konzessionsgeber darf nicht verlangen, dass Gruppen von Unternehmen eine bestimmte Rechtsform haben müssen, um einen Antrag auf Teilnahme zu stellen oder ein Angebot abzugeben. [3]Sofern erforderlich kann der Konzessionsgeber in den Vergabeunterlagen Bedingungen festlegen, wie Gruppen von Unternehmen die Eignungskriterien zu erfüllen und die Konzession auszuführen haben; solche Bedingungen müssen durch sachliche Gründe gerechtfertigt und angemessen sein.

(3) Unbeschadet des Absatzes 2 kann der Konzessionsgeber verlangen, dass eine Bietergemeinschaft nach Zuschlagserteilung eine bestimmte Rechtsform annimmt, soweit dies für die ordnungsgemäße Durchführung der Konzession erforderlich ist.

Schrifttum: *Korbion*, Die Bietergemeinschaft im Vergabeverfahren in „Über den Tag hinaus", GS R. Kratzenberg, 2016, 83; *Goede/Hänsel* in Ziekow/Völlink, § 43 VgV; *Raabe* in Müller-Wrede/Braun KonzVgV, § 24; *Tomerius* in HK-VergabeR (Pünder/Schellenberg), § 43 VgV.

I. Regelungsgehalt und Überblick

§ 24, dessen Vorschriften jeweils identisch mit den Vorschriften des § 43 VgV und den Regeln des § 50 SektVO sind, **regelt** unter der Überschrift „Rechtsform von Unternehmen und Bietergemeinschaften" **zwei unterschiedliche Aspekte: In § 24 Abs. 1 wird – erstens – festgelegt, dass ein in einem Staat niedergelassenes Unternehmen, das dort als Bieter und Bewerber zur Erbringung der betreffenden Leistung berechtigt ist, nicht zurückgewiesen werden darf, weil es nicht die Rechtsform einer natürlichen oder juristischen Person nach deutschem Recht hat.** Die Regel erscheint selbstverständlich, wäre doch das Gegenteil eine glatte Diskriminierung eines ausländischen Unternehmens und würde gegen § 97 Abs. 2 GWB verstoßen. Allerdings wird der Auftraggeber schon prüfen dürfen und müssen, ob der Bewerber oder Bieter Verträge abschließen, Rechtsträger sein und Haftung übernehmen kann. In Abs. 2 wird – zweitens – eine Regel für Bietergemeinschaften aufgestellt, die im Abs. 3 um eine Norm ergänzt wird, welche gestattet, dass nach dem Zuschlag eine bestimmte Rechtsform angenommen werden muss. **1**

Abs. 1 regelt indessen nicht nur das spezielle, auf die Rechtsform des Bewerbers oder Bieters bezogene Diskriminierungsverbot. In Abs. 1 S. 2 wird zugleich festgelegt, dass der Auftraggeber juristische Personen verpflichten kann, die Namen und die berufliche Befähigung der Personen anzugeben, die für die Durchführung des Konzessionsvertrages verantwortlich sein werden. **Der Zweck dieser Regel ist es dem Auftraggeber ein Mittel an die Hand zu geben, um die für die Durchführung der Konzession erforderlichen Qualifikationen der Bewerber und Bieter zu überprüfen.** Die Norm gilt nur für juristische Personen, weil bei dem Teilnahmeantrag oder dem Angebot einer natürlichen Person die Verantwortung für die Durchführung selbstverständlich ist. Vergleichbare Regeln gab es bisher in § 7 EG Abs. 3 lit. g VOL/A und § 5 lit. a VOF. **2**

In Abs. 2 und 3 sind **einige wenige Regeln über die Beteiligung von Bewerber- und Bietergemeinschaften** enthalten. Die Bildung von Bewerber- bzw. Bietergemeinschaften ist eine **3**

---
[1] Begr. der BReg. zum Entwurf der ModVgV in der Kabinettfassung v. 20.1.2016 zu § 22.

Kooperationsform von Unternehmen, die zur Erweiterung des Wettbewerbs führt,[1] weil Bewerber hinzutreten, die als Alleinbewerber oder -bieter nicht an der Ausschreibung teilgenommen hätten. Bietergemeinschaften sind Zusammenschlüsse mehrerer Unternehmen zum Zweck der Abgabe eines gemeinsamen Angebotes.[2] Als Bewerbergemeinschaften bezeichnet man die gemeinschaftliche Teilnahme mehrerer Unternehmen an einem Teilnahmewettbewerb, in dem es nur Bewerber aber keine Bieter gibt.

4 **Bietergemeinschaften sind in aller Regel BGB-Gesellschaften.**[3] **Zulässig sind selbstverständlich aber auch andere Gesellschaftsformen.**[4] Durch Absprache (im Gesellschaftsvertrag) verpflichten sich die Mitglieder gegenseitig, die Erreichung eines gemeinsamen Zwecks (die Erlangung des Auftrags) zu fördern, insbesondere die vereinbarten Beiträge zu leisten (an der Vorbereitung des Angebotes mitzuwirken). Bietergemeinschaften sind rechtsfähig.[5] Vor Auftragserteilung wird terminologisch von Bietergemeinschaften, danach von Arbeitsgemeinschaften gesprochen.[6] Bietergemeinschaften geben ein einheitliches Angebot im eigenen Namen ab.[7] Ihre Identität muss feststehen, zumindest aber ermittelbar sein. Zwischen späterem Hauptunternehmer und Nachunternehmer kann im Vergabeverfahren keine Bietergemeinschaft eingegangen werden. Freilich ist nicht ausgeschlossen, dass sich ein Hauptunternehmer mit einem Nachunternehmer oder deren Mehrheit – gewissermaßen auf derselben Augenhöhe – zu einer Bietergemeinschaft zusammenschließt. Mit so genannten Nebenunternehmern, die sich um getrennte Teil- oder Fachlose bewerben wollen, kann eine Bietergemeinschaft eingegangen werden. Erhält eine Bietergemeinschaft den Zuschlag, wird im Rahmen der Auftragsführung aus ihr die Arbeitsgemeinschaft (Arge). Dazu bedarf es einer Fortsetzung des Gesellschaftsvertrages, die im Wege einer aufschiebenden Bedingung (§ 158 Abs. 1 BGB) bereits im Bietergemeinschaftsvertrag angelegt werden kann. Die Eingehung einer Bietergemeinschaft verstößt nicht gegen das Kartellverbot des § 1 GWB, wenn die beteiligten Unternehmen im konkreten Fall nicht im Wettbewerb stehen, dh eine selbstständige Teilnahme am Vergabeverfahren wirtschaftlich nicht zweckmäßig und kaufmännisch nicht vernünftig wäre.[8] Dies ist insbesondere anzunehmen, wenn die beteiligten Unternehmen, ein jedes für sich, nicht leistungsfähig sind, sie aber erst durch Eingehung einer Bietergemeinschaft in den Stand versetzt werden, ein chancenreiches Angebot mit Aussichten auf den Zuschlag abzugeben, sodass durch die Bündelung der Leistungskraft überhaupt erst die Möglichkeit zu einer Marktteilnahme geschaffen wird.[9]

5 Bewerbergemeinschaften und Bietergemeinschaften nach Abs. 2 S. 1 sind **in jeder Hinsicht wie Einzelbewerber und Einzelbieter zu behandeln.** So gilt zB auch, dass nach Ablauf der Angebotsfrist am Angebot keine inhaltlichen Änderungen vorgenommen werden dürfen. Das gilt für die entscheidenden Elemente des Angebotes und selbstverständlich auch für die künftigen Vertragsparteien.[10] Scheidet ein Bieter aus der rechtsfähigen Bietergemeinschaft aus und bleibt die Bietergemeinschaft als solche bestehen, ändern sich weder Angebot noch Vertragspartei. Allerdings könnte die Eignung der Bietergemeinschaft in Frage gestellt sein.[11] Ein Wechsel in der Identität des Bieters findet jedoch statt, wenn nach dem Ausscheiden eines Gesellschafters nur noch ein Gesellschafter übrig bleibt und die Gesellschaft damit beendet ist.[12] Obwohl dies angesichts der allgemeinen Gleichbehandlungspflicht nicht zwingend nötig gewesen wäre, bestimmt Abs. 2 S. 2 ausdrücklich, dass der Konzessionsgeber in den Vergabeunterlagen Bedingungen festlegen darf, wie Gruppen von Unternehmen die Eignungskriterien zu erfüllen und die Konzession auszuführen haben – nicht ohne die ebenfalls eigentlich selbstverständliche Aussage zu treffen, dass solche Bedingungen durch sachliche Gründe gerechtfertigt und angemessen sein müssen. So kann der Konzessionsgeber von einer Bewerbergemeinschaft oder einer Bietergemeinschaft grundsätzlich verlangen, dass sie darstellt, welchen Leistungsteil welches Unternehmen übernimmt. Auch kann verlangt werden, dass die Gesamthaftung übernommen wird.

---

[1] *Hausmann/v. Hoff* in KMPP VgV § 43 Rn. 2, 3.
[2] HK-VergabeR/*Tomerius* VgV § 43 Rn. 2.
[3] Dieckmann/Scharf/Wagner-Cardenal/*Scharf* VOL § 16 Rn. 32 unter Hinweis auf KG Beschl. v. 7.5.2007 – 23 U 31/06.
[4] HHKW/*Koenigsmann-Hölken* Rn. 30.
[5] BGH NJW 2001, 1056 = BauR 2001, 775.
[6] Vgl. *Thierau/Messerschmidt* NZBau 2007, 129 ff.
[7] BayObLG VergabeR 2002, 77.
[8] So BGH GRUR 1984, 379 – Bietergemeinschaft Schramberg; BGH NJW 2002, 2176 = WuW/EDE-R 876 (878) – Jugend- und Frauennachtfahrten.
[9] Vgl. Loewenheim/Meessen/Riesenkampff/*Nordemann*, 2. Aufl. 2009, GWB § 1 Rn. 8, 184.
[10] HHKW/*Koenigsmann-Hölken* Rn. 31, unter Hinweis auf OLG Düsseldorf ZfBR 2007, 400.
[11] HHKW/*Koenigsmann-Hölken* Rn. 31, unter Hinweis auf OLG Celle NZBau 2007, 663.
[12] So richtig OLG Düsseldorf Urt. v. 24.5.2005 – Verg 28/05, IBRRS 2005, 1922; aA OLG Celle Beschl. v. 3.12.2009 – 13 Verg 14/09, BeckRS 2010, 04962.

Prinzipiell ist für die Verbindlichkeit einer Bewerbung und eines Angebotes einer Bewerber- 6
oder Bietergemeinschaft die Unterschrift aller einzelnen Unternehmen erforderlich.[13] **Fehlt eine Unterschrift, ist der Teilnahmeantrag bzw. das Angebot zwingend auszuschließen.** Allerdings können die beteiligten Unternehmen anstatt der Unterschrift aller einzelnen Unternehmen auch festlegen, dass der Teilnahmeantrag oder das Angebot durch einen Bevollmächtigten abgegeben wird. Ist das Angebot nur von einem vollmachtlosen Vertreter unterzeichnet, kann es mit den (Rück-)Wirkungen gem. §§ 177, 184 Abs. 1 BGB genehmigt werden.

Nach Abs. 3 darf der Konzessionsgeber von der Bietergemeinschaft **verlangen, dass sie im** 7
Fall der Auftragserteilung eine bestimmte Rechtsform annimmt. Für den Zeitraum vor der Zuschlagserteilung müssen Bietergemeinschaften lediglich offen legen, wer beteiligt ist und wer ggf. der bevollmächtigte Vertreter ist. Nicht zulässig ist es aber, zu verlangen, dass diese Rechtsform bereits vor der Zuschlagserteilung angenommen wird. Die Forderung, nach Zuschlagserteilung eine bestimmte Rechtsform anzunehmen darf indessen nur erfolgen, wenn dies zur ordnungsgemäßen Durchführung der Konzession erforderlich ist. In der Regel dürfte es insbesondere bei Bau- und Dienstleistungen ausreichen, wenn die Bietergemeinschaft als Arbeitsgemeinschaft (GbR) auftritt und mit ihrem Angebot darlegt, wie die einzelnen Mitglieder die Leistung erbringen werden. Bei Konzessionen und komplexeren Aufträgen mit längerer Laufzeit erscheint es allerdings eher sachgerecht, die Gründung einer juristisch selbstständigen Gesellschaft zu verlangen, deren Gesellschafter die Mitglieder der Bietergemeinschaft sind und die mit ausreichend Kapital ausgestattet wird.

II. Systematische Stellung und Zweck der Norm

§ 24 steht **an der Spitze des Unterabschnitt 4 (Auswahlverfahren und Zuschlag)** und 8
stellt daher eine wesentliche Norm im Verfahren der Konzessionsvergabe dar. Entsprechende Parallelvorschriften finden sich in § 43 VgV und in § 50 SektVO.

§ 24 **bezweckt die Umsetzung des Art. 26 RL 2014/23/EU in deutsches Recht**, wobei 9
sich der Abs. 1 des § 24 auf die Umsetzung des Art. 26 Abs. 1 RL 2014/23/EU bezieht und der Abs. 2 den Art. 26 Abs. 2 RL 2014/23/EU in das deutsche Recht übersetzt. Erwägungsgrund 9 RL 2014/23/EU hebt hervor, dass der Konzessionsgeber weitere, im Text der RL nicht genannte Bedingungen für die Teilnahme von Gruppen von Unternehmen, festlegen darf, wenn dies durch objektive Gründe gerechtfertigt ist. Das kann das Verlangen sein, für die Zwecke des Vergabeverfahrens einen gemeinsamen Vertreter oder einen federführenden Gesellschafter zu ernennen oder bestimmte Informationen über die Zusammensetzung der Gruppe zu erhalten. Dies ist dann kein Verstoß gegen das Prinzip, dass Bewerber- und Bietergemeinschaften zu behandeln sind wie Einzelbewerber oder -bieter. Es wird lediglich ein möglicher Mangel der Gruppenbewerbung behoben. Abs. 3 dient der Umsetzung von Art. 26 Abs. 3 RL 2014/23/EU.

§ 25 Anforderungen an die Auswahl geeigneter Unternehmen; Eignungsleihe

(1) ¹Der Konzessionsgeber legt die Eignungskriterien gemäß § 152 Absatz 2 in Verbindung mit § 122 des Gesetzes gegen Wettbewerbsbeschränkungen fest und gibt die Eignungskriterien in der Konzessionsbekanntmachung an. ²Ist eine Konzessionsbekanntmachung gemäß § 20 nicht erforderlich, sind die Eignungskriterien in die Vergabeunterlagen aufzunehmen.

(2) Die Eignungskriterien müssen nichtdiskriminierend sein und dem Zweck dienen,
1. sicherzustellen, dass der Konzessionsnehmer zur Durchführung der Konzession in Anbetracht des Konzessionsgegenstands fähig ist, sowie
2. den Wettbewerb zu gewährleisten.

(3) ¹Zur Erfüllung der Eignungskriterien darf ein Unternehmen Kapazitäten anderer Unternehmen einbeziehen, unabhängig davon, welche rechtlichen Beziehungen zwischen ihm und diesen Unternehmen bestehen. ²Hinsichtlich der finanziellen Leistungsfähigkeit kann der Konzessionsgeber verlangen, dass die Unternehmen gemeinschaftlich für die Vertragsdurchführung haften.

Schrifttum: *Goldbrunner* in Ziekow/Völlink, § 25; *Stoye/Brugger/Raabe* in Müller-Wrede/Braun KonzVgV, § 25; *Tomerius* in HK-VergabeR (Pünder/Schellenberg), § 25.

---

[13] *Hausmann/Kern* in KMPP VOL/A § 6 EG Rn. 31 unter Berufung auf VK Hessen Beschl. v. 13.3.2012 – 69d VK-06/2012, IBRRS 2012, 1553.

I. Regelungsgehalt und Überblick

1 Nach § 152 Abs. 2 GWB werden Konzessionen an geeignete Unternehmen vergeben. **Geeignet ist ein Unternehmen nach § 122 GWB, wenn es die durch den öffentlichen Auftraggeber (hier: den Konzessionsgeber) im Einzelnen zur ordnungsgemäßen Ausführung des öffentlichen Auftrags (hier: der Konzession) festgelegten Kriterien (Eignungskriterien) erfüllt.** Die Kriterien, die der Konzessionsgeber an die Unternehmen anlegt, um die geeigneten Unternehmen auszuwählen, müssen selbstverständlich in engem gedanklichem Zusammenhang mit dem Gegenstand der Konzession stehen. Der Bau und der Betrieb eines Flughafens erfordern von dem Unternehmen, das als Konzessionär auftritt ganz andere Qualitäten als der Bau und der Betrieb eines Krankenhauses. Ein Unternehmen, das eine Fernstraße baut und betreibt, wird wieder andere Anforderungen erfüllen müssen. Die vom Konzessionär festzulegenden Eignungskriterien werden also auch eng mit der Leistungsbeschreibung für die Konzession zusammenhängen müssen, sodass es eine große Vielzahl unterschiedlicher Kriterien gibt, die im Einzelnen abstrakt zu beschreiben nicht möglich ist.

2 Gemäß Abs. 1 Hs. 2 und Abs. 2 S. 2 gibt der Konzessionsgeber die Konzessionskriterien in der **Konzessionsbekanntmachung** an, es sei denn eine Konzessionsbekanntmachung ist nach § 20 nicht erforderlich. Dann werden die Eignungskriterien in den **Vergabeunterlagen** bekannt gemacht.

3 **Im Prinzip ist der Konzessionsgeber ebenso frei in der Festlegung der Eignungskriterien wie er frei ist in der Festlegung der Leistungsbeschreibung. Allerdings dürfen** – abgesehen vom Nichtvorliegen von Ausschlussgründen – **nach § 122 Abs. 2 GWB die Kriterien nur drei Bereiche umfassen:** Die Befähigung und die Erlaubnis zur Berufsausübung, die wirtschaftliche und die finanzielle Leistungsfähigkeit und die technische und berufliche Leistungsfähigkeit. Die Befähigung und die Erlaubnis zur Berufsausübung ist die nachgewiesene Kompetenz, auf dem erforderlichen Betätigungsfeld fachkundig zu agieren und – soweit dies in den Mitgliedstaaten verlangt wird – diese Fachkunde behördlich bestätigt zu sehen. Wird die Konzession zum Betrieb eines Krankenhauses ausgelobt, kann der Konzessionsgeber selbstverständlich die erforderliche Zahl von Ärzten und Pflegern der verscheidenden Fachrichtungen als Eignungskriterium voraussetzen, wird der Bau und der Betrieb eines Flughafens konzessioniert, kann der Konzessionsgeber die erforderliche Zahl der unterschiedlichsten Spezialisten beim Bewerber oder Bieter verlangen. Im Hinblick auf die wirtschaftliche und finanzielle Leistungsfähigkeit der Bewerber und Bieter kann der Konzessionsgeber Anforderungen stellen, die sicherstellen, die wirtschaftlichen und finanziellen Kapazitäten für die Ausführung der Konzession bei den Bewerbern und Bietern vorliegen. Das können Mindestumsätze eines Unternehmens, auch Mindestjahresumsätze in bestimmten Teilbereichen eines Unternehmens sein. Das können bestimmte Verhältnisse zwischen Vermögen und Verbindlichkeiten in Bilanzen sein. Das können Berufs- und Betriebshaftpflichtversicherungen sein. Der Konzessionsgeber kann im Hinblick auf die technische und berufliche Leistungsfähigkeit Anforderungen stellen, die garantieren, dass die Bewerber oder Bieter über die erforderlichen personellen und technischen Mittel sowie über ausreichende Erfahrungen verfügen, um die Konzession in angemessener Qualität auszuführen: die genannten Ärzte und Pfleger im Krankenhaus, die Architekten, Ingenieure und Handwerker beim Flughafen uÄ.

4 Die Eignungskriterien dürfen allerdings allesamt nach Abs. 2 **keinen diskriminierenden Charakter haben und müssen dem Zweck dienen, dass der Konzessionsnehmer zur Durchführung der Konzession fähig ist.** Dienen sie nicht diesem Zweck, sind sie unzulässig und können das Konzessionsvergabeverfahren rechtsanfällig machen. Das wäre zB der Fall, wenn ein Konzessionsgeber in einem Verfahren, in dem es um die Konzession um den Bau und Betrieb eines Flughafens geht, als Eignungskriterium die Vorhaltung einer Gruppe von Wasserbauspezialisten verlangt.

5 Die Eignungskriterien müssen außerdem nach Abs. 2 lit. b **„dem Zweck dienen, den Wettbewerb zu gewährleisten".** Das ist der Fall, wenn die Kriterien klar formuliert, allen Bewerbern und Bietern zuvor bekannt und zur Durchführung der Konzession erforderlich sowie nicht diskriminierend formuliert sind.

6 Zur Erfüllung der Eignungskriterien kann ein Unternehmen, das am Bewerber- oder Bieterverfahren teilnehmen will, auch auf ein anderes Unternehmen zurückgreifen und nach Abs. 3 dessen Kapazitäten einbeziehen **(Eignungsleihe).** Es muss lediglich sicherstellen, dass die Kapazitäten des anderen Unternehmens bei der Durchführung der Dienstleistungskonzession zur Verfügung stehen, indem es beispielsweise eine entsprechende Verpflichtungserklärung des anderen Unternehmens vorlegt. Auf die Form der Verpflichtung und auf die Art und Weise der rechtlichen Beziehungen des Bewerbers oder Bieters mit dem anderen Unternehmen kommt es nicht an. Bezieht sich ein Unternehmen hinsichtlich seiner finanziellen Leistungsfähigkeit auf ein anderes Unternehmen kann der Konzessionsgeber über die einfache Haftung des anderen Unternehmens hinaus **gemeinsame**

I. Regelungsgehalt und Überblick

Haftung der beiden Unternehmen, des Bewerbers oder Bieters und des Eignungsleihers, für die Vertragsdurchführung verlangen. Dies sehen § 47 Abs. 3 VgV für den Bereich der öffentlichen Liefer- und Dienstleistungsaufträge und § 25 Abs. 3 S. 2 ausdrücklich vor.

II. Systematische Stellung und Zweck der Norm

§ 25 steht **im Unterabschnitt 4 (Auswahlverfahren und Zuschlag)** und regelt die materiellen Anforderungen an die Auswahl geeigneter Unternehmen. 7

Seine Vorschriften dienen der **Umsetzung der Vorgaben des Art. 38 Abs. 1 und 2 RL 2014/23/EU und der Konkretisierung des § 152 Abs. 2 GWB iVm § 122 GWB.** Dabei unterscheidet die KonzVgV zwischen der Festlegung der materiellen Eignungskriterien in § 25 und den Belegen für die Eignung und das Nichtvorliegen von Ausschlussgründen in § 26. Im Erwägungsgrund 63 RL 2014/23/EU wird hervorgehoben, dass die Auswahl angemessener, nicht diskriminierender und gerechter Eignungskriterien entscheidend für den tatsächlichen Zugang zu den mit Konzessionen verbundenen wirtschaftlichen Möglichkeiten ist und daher festgelegt werden muss, dass sich die Eignungskriterien ausschließlich auf die berufliche und die fachliche Befähigung und die finanzielle und die wirtschaftliche Leistungsfähigkeit beziehen sollen und im Bezug zum Konzessionsgegenstand stehen sollten. Der im Art. 38 RL 2014/23/EU verwendete Begriff der „Teilnahmebedingungen" geht weiter und lässt auch zusätzliche Anforderungen zu, die der Konzessionsgeber an Bewerber und Bieter stellen kann. Dazu gehören Anforderungen, die die Erbringung einer Dienstleistung einem bestimmten Berufsstand vorbehalten und Konzessionen, die bestimmten Werkstätten vorbehalten oder nur im Rahmen von Programmen für geschützte Beschäftigungsverhältnisse vorsehen. Der deutsche Gesetzgeber hat diese zusätzlichen „Teilnahmebedingungen" nicht in die Regelung der KonzVgV übernommen; für sie gibt es auch keine Ansatzpunkte im GWB. 8

Abs. 1 setzt mit seinem S. 1 Art. 38 Abs. 1 RL 2014/23/EU in deutsches Recht um. Abs. 1 S. 1 setzt außerdem Art. 37 Abs. 2 lit. a RL 2014/23/EU in deutsches Recht um. Abs. 2 transponiert Art. 38 Abs. 1 S. 2 RL 2014/23/EU in deutsches Recht, während Abs. 3 dem Zweck, dient Art. 38 Abs. 2 S. 1 und 3 RL 2014/23/EU in deutsches Recht umzusetzen. 9

§ 26 Beleg für die Eignung und das Nichtvorliegen von Ausschlussgründen

(1) Der Konzessionsgeber prüft die Eignung und das Nichtvorliegen von Ausschlussgründen aufgrund der Vorlage von Eigenerklärungen oder von Nachweisen.

(2) ¹In der Konzessionsbekanntmachung ist anzugeben, mit welchen Unterlagen Unternehmen die Eignung und das Nichtvorliegen von Ausschlussgründen zu belegen haben. ²Ist eine Konzessionsbekanntmachung gemäß § 20 nicht erforderlich, sind diese Angaben in die Vergabeunterlagen aufzunehmen.

(3) Bei Einbeziehung von Kapazitäten anderer Unternehmen gemäß § 25 Absatz 3 können Konzessionsgeber den Nachweis verlangen, dass die zur Erfüllung der Eignungskriterien erforderlichen Mittel während der gesamten Konzessionslaufzeit zur Verfügung stehen werden.

Schrifttum: *Goldbrunner* in Ziekow/Völlink, § 26; *Raabe* in Müller-Wrede/Braun KonzVgV, § 26; *Tomerius* in HK-VergabeR (Pünder/Schellenberg), § 26.

I. Regelungsgehalt und Überblick

§ 26 regelt neben der Pflicht des Konzessionsgebers, Eignung und Nichtvorliegen von Ausschlussgründen zu prüfen, die Form des Nachweises der Eignung und des Nichtvorliegens von Ausschlussgründen. Grundsätzlich ist nach Abs. 1 vorrangiges Mittel zum Nachweis die Eigenerklärung. Soweit der Konzessionsgeber darüber hinaus Nachweise Dritter und weitere Unterlagen verlangt, aus denen er die Eignung und das Nichtvorliegen von Ausschlussgründen selbst entnehmen kann, muss er diese Unterlagen und Nachweise in der Konzessionsbekanntmachung angeben; ist eine Konzessionsbekanntmachung nach § 20 nicht erforderlich, sind die entsprechenden Angaben in die Vergabeunterlagen aufzunehmen (Abs. 2). Es muss allen potentiellen Bewerbern und Bietern klar sein, unter welchen Bedingungen eine Beteiligung am Vergabeverfahren möglich ist. Nur dann ist den Ansprüchen aus § 97 Abs. 2 und 1 GWB an ein ordnungsgemäßes Vergabeverfahren, an Gleichbehandlung, Nichtdiskriminierung, Transparenz und Wettbewerb Genüge getan. 1

Die Regelungen des § 26 enthalten keine umfangreichen Angaben und geben auch keine genaueren Hinweise, wie die Nachweise über die Eignung und das Nichtvorliegen von Ausschluss- 2 gründen auszusehen haben. Der **Konzessionsgeber** wird jedoch nicht fehlgehen, wenn er **sich an den Katalogen der §§ 44–50 VgV orientiert.**

3   Lediglich Abs. 3 stellt ausdrücklich klar, dass Konzessionsgeber **im Falle einer Eignungsleihe** verlangen können, dass die zur Erfüllung der Eignungskriterien, bei denen sich ein Bewerber oder Bieter auf einen Dritten beruft, während der gesamten Konzessionszeit zur Verfügung stehen.

II. Systematische Stellung und Zweck der Norm

4   § 26 ist im Unterabschnitt 4 zu Auswahlverfahren und Zuschlag nach § 25 der **zweite Teil der Regeln über den Eignungsnachweis:** § 26 regelt die Anforderungen an die Belege für die Eignung und das Nichtvorliegen von Ausschlussgründen, während § 25 die materiellen Regeln über die Eignung und die Eignungsleihe trifft.

5   **§ 26 dient der Umsetzung von Art. 38 Abs. 1 und Abs. 2 RL 2014/23/EU** in deutsches Recht um. Dabei ist zu beachten, dass die RL 2014/23/EU unter dem Begriff Teilnahmebedingungen auch die Eignungskriterien umfasst.

§ 27 Fristen für den Eingang von Teilnahmeanträgen und Angeboten

(1) Der Konzessionsgeber berücksichtigt bei der Festsetzung von Fristen insbesondere die Komplexität der Konzession und die Zeit, die für die Einreichung der Teilnahmeanträge und für die Ausarbeitung der Angebote erforderlich ist.

(2) Auf ausreichend lange Fristen ist insbesondere zu achten, wenn eine Ortsbesichtigung oder eine persönliche Einsichtnahme in nicht übermittelte Anlagen zu den Vergabeunterlagen vor Ort erforderlich ist.

(3) Die Mindestfrist für den Eingang von Teilnahmeanträgen mit oder ohne Angebot beträgt 30 Tage ab dem Tag nach der Übermittlung der Konzessionsbekanntmachung.

(4) ¹Findet das Verfahren in mehreren Stufen statt, beträgt die Mindestfrist für den Eingang von Erstangeboten 22 Tage ab dem Tag nach der Aufforderung zur Angebotsabgabe. ²Der Konzessionsgeber kann die Frist für den Eingang von Angeboten um fünf Tage verkürzen, wenn diese mit elektronischen Mitteln eingereicht werden.

Schrifttum: *Franzius* in HK-VergabeR (Pünder/Schellenberg), § 27; *Micus-Zurheide* in Müller-Wrede/Braun KonzVgV, § 27; *Völlink* in Ziekow/Völlink, § 27.

I. Regelungsgehalt und Überblick

1   Im Vergabeverfahren hat der Auftraggeber zwei verschiedene Arten von Fristen einzuräumen und dann einzuhalten: Die **Angebotsfrist** gibt den Zeitpunkt an, bis zu dem ein Angebot in einem bestimmten Vergabeverfahren vorgelegt werden kann und nach dessen Verstreichen ein Angebot ausgeschlossen werden muss. Angebote, die erst nach Ablauf der Angebotsfrist vorliegen, können grundsätzlich nicht mehr berücksichtigt werden.[1] Umgekehrt kann ein Bieter sein Angebot bis zum Ablauf der Angebotsfrist ändern oder sogar ganz zurücknehmen. Die **Bewerbungsfrist** hat dieselbe Funktion; sie ist nur nicht auf ein Angebot bezogen, sondern auf einen Teilnahmeantrag. Der Auftraggeber ist (in bestimmtem Rahmen) Herr der Fristen. Denn er setzt mit dem Beginn des Vergabeverfahrens und – bei öffentlichen Aufträgen – mit der Wahl der Verfahrensart die Fristen. Beide Fristkategorien werden vom Tag der Absendung einer entsprechenden Vergabebekanntmachung an oder vom Tag nach der Absendung einer entsprechenden Bekanntmachung an in Kalendertagen gerechnet. Für beide gibt es im Recht der öffentlichen Aufträge **Mindestfristen und Regelfristen** – Grenzen, innerhalb derer sich der Auftraggeber zu bewegen hat, wenn er Fristen und Termine bestimmt, und gesetzliche Fristen, die gelten, wenn der Auftraggeber keine Bestimmung trifft. Dies ist in der KonzVgV einfacher gestaltet: Vorgesehen ist lediglich eine Angebotsfrist, für die es jeweils eine allgemein gültige Mindestfrist gibt (Abs. 3) und für die eine spezielle Mindestfrist für den Fall eines mehrstufigen Vergabeverfahrens existiert (Abs. 4). Regelmäßig wird der Konzessi-

---

[1] *Leinemann* Neues VergabeR Rn. 352 f.; ob es umgekehrt erforderlich ist, dass ein Eingangsvermerk mit Namenszeichen den Eingang innerhalb der Frist festhält, um ein Angebot zu werten – so aber unter Beifall von *Leinemann* Neues VergabeR Rn. 352 f. OLG Naumburg ZfBR 2008, 725 –, mag bezweifelt werden. Vermerke dieser Art können Nachweiserleichterungen darstellen, gesetzliche Wirksamkeitsvoraussetzungen sind sie nicht.

onsgeber eine Frist nicht in Monaten oder Tagen angeben, sondern ein konkretes Datum nennen, bis zu dem die Wettbewerbsbeiträge eingegangen sein müssen.[2]

Die weitere Fristform, um die es im vergaberechtlichen Fristenregime geht, sind die **Fristen für Vergabeunterlagen, zusätzliche Unterlagen und Auskünfte.** Diese Fristform geht im Wesentlichen auf die Regeln der Richtlinien zurück, wonach der Auftraggeber möglichst „unverzüglich" Vergabeunterlagen und zusätzliche Auskünfte zu versenden bzw. zu erteilen hat. Macht der Auftraggeber die Vergabeunterlagen nicht auf elektronischem Wege vollständig verfügbar, hat er die Unterlagen „unverzüglich", abzugeben. Gleiches gilt für zusätzliche Auskünfte, wenn diese denn rechtzeitig angefordert worden sind. Nach § 18 sind zusätzliche Auskünfte zu den Vergabeunterlagen sechs Tage vor dem Schlusstermin für den Eingang der Angebote abzugeben. Angesichts der Tatsache, dass der Konzessionsgeber bei der Gestaltung des Vergabeverfahrens frei ist, kann er sicherlich auch von der Möglichkeit Gebrauch machen, **Unterlagen, Erklärungen und Nachweise, die der Auftraggeber von den Bietern oder Bewerbern verlangt hat,** die aber von den Bietern oder Bewerbern bis zum Ablauf der Angebots- oder der Bewerbungsfrist nicht vorgelegt wurden **auch noch nach Ablauf der Angebotsfrist einzufordern.**[3] Diese vom Auftraggeber zu bestimmende Nachfrist muss natürlich für alle Bieter gleich sein und allen bekannt gemacht werden. Damit wird der Tatsache Rechnung getragen, dass in der Praxis vielfach viele Nachweise gefordert werden, die im Eifer der Erstellung eines Angebotes übersehen werden.

Wichtigstes Prinzip des vergaberechtsspezifischen Fristenregimes ist in Abs. 1 niedergelegt: Der Konzessionsgeber hat den Bewerbern und den Bietern für die Ausarbeitung von Teilnahmeanträgen und die Einreichung der Teilnahmeanträge sowie für die Erstellung und den Eingang der Angebote **angemessene Zeiträume** zuzugestehen. Diese Pflicht dient der Einhaltung des vergaberechtlichen Gleichbehandlungsgebotes, des Diskriminierungsverbotes und der Förderung des Wettbewerbes im Vergabeverfahren.[4] Dabei muss der Konzessionsgeber nicht die spezielle individuelle Situation einzelner Bieter oder Bewerber berücksichtigen, sondern lediglich deren generelle Lage bedenken. Mit welcher Organisation, Engagement und Personaleinsatz im Einzelnen die Beteiligung an Ausschreibungen erfolgt, ist Aufgabe jedes einzelnen Unternehmens. **Wichtigster Aspekt** bei der Festlegung der Zeitvorgabe für die Vorlage der Teilnahmeanträge und der Angebote ist nach Abs. 1 die **Komplexität der Konzession.** Je komplexer die Konzession umso länger wird der einzuräumende Zeitraum sein. Der Zeitraum wird auch dann länger zu bemessen sein, wenn der Konzessionsgeber in größerem Umfang Dokumente zum Nachweis der Eignung verlangt anstatt von Eigenerklärungen. Zeit zur Erstellung eines Angebotes wird sicher auch die Absprache mit Unternehmen in Anspruch nehmen, die zur Eignungsleihe oder zur Finanzierung herangezogen werden sollen oder die bei der Durchführung der Konzession eine Rolle spielen müssen. Der Konzessionsgeber ist also nach Abs. 1 verpflichtet, eine nüchterne Prognose über den Gesamtzeitraum zu erstellen, den ein Unternehmen mit hoher Wahrscheinlichkeit braucht, um einen Wettbewerbsbeitrag zu liefern.

Ein Sonderfall einer schwierigen und möglicherweise zeitaufwendigen Erstellung einer Bewerbung oder eines Angebotes wird in Abs. 2 angesprochen und geregelt. **Soll eine Ortsbesichtigung oder eine persönliche Einsichtnahme in nicht übermittelte Anlagen zu den Vergabeunterlagen vor Ort erfolgen,** muss der Konzessionsgeber darauf Rücksicht nehmen und die für diese Aktion erforderliche Zeit von vorneherein zugestehen.

Für die Angemessenheit der Fristen setzen Richtlinien- und Verordnungsgeber **Untergrenzen,** die für die **Angebotsabgabe in Konzessionsvergabeverfahren 30 Tage** ab Übermittlung der Konzessionsbekanntmachung nicht unterschreiten darf (Abs. 3). Selbstverständlich kann der Auftraggeber in der Bekanntmachung längere Fristen gewähren. Er kann von einer einmal gewährten längeren Frist während des Verfahrens indessen nicht mehr ohne Weiteres abweichen. **Findet das Verfahren in mehreren Stufen statt, ist die Mindestfrist für den Eingang von Erstangeboten kürzer und beträgt nur 22 Tage** ab dem Tag nach der Aufforderung zur Angebotsabgabe. Der Konzessionsgeber kann die Frist für den Eingang von Angeboten um weitere fünf Tage verkürzen, wenn diese – wie das ja prinzipiell in der KonzVgV vorgesehen ist – mit elektronischen Mitteln eingereicht werden (Abs. 4).

Fristverlängerungen, insbesondere nachträgliche Fristverlängerungen sind anders als in § 20 Abs. 3 VgV in der KonzVgV nicht geregelt. Das schließt aber nicht aus, dass dies doch möglich ist, wenn die Prinzipien des § 97 GWB eingehalten werden. Nach § 12 Abs. 1 darf der Konzessionsgeber das Verfahren zur Vergabe von Konzessionen frei ausgestalten. Insbesondere kann er das Verfahren an den Vorschriften der Vergabeverordnung zum Ablauf des Verhandlungsverfahrens mit

---

[2] *Rechten* in KKMPP VgV § 20 Rn. 10.
[3] Die vergleichbare Regelung in der VgV findet sich in § 56 Abs. 4 VgV.
[4] *Rechten* in KKMPP VgV § 20 Rn. 8.

Teilnahmewettbewerb ausrichten. Daher liegt es besonders nahe, den § 20 Abs. 3 VgV entsprechend heranzuziehen. Eine Fristverlängerung erscheint sogar geboten, wenn der Konzessionsgeber wesentliche Änderungen an den Vergabeunterlagen vornimmt.

7   **Nichts mit dem speziellen vergaberechtlichen Fristenregime** haben die Fristen der §§ 134 und 135 GWB sowie die Rechtsschutzfristen der §§ 160 ff. GWB **zu tun**. Das sind qualitativ andere Regeln, die auch nicht mit Verfahrensfristen verwechselt werden dürfen. Schon etwas näher verwandt sind die aus der VOB-Diskussion bekannten Bindefristen und Zuschlagsfristen.

II. Systematische Stellung und Zweck der Norm

8   § 27 setzt mit einem **rudimentären vergaberechtlichen Fristenregime** einen allgemeinen Rahmen für Gleichbehandlung, Nichtdiskriminierung und Wettbewerb im Vergabeverfahren für Konzessionen. Obwohl es keine genauen Vorgaben für das Verfahren geben soll und obwohl der Konzessionsgeber in der Gestaltung des Vergabeverfahrens frei sein soll, bedarf es einiger zeitlicher Klammern, ohne die ein Verfahren nicht funktionieren kann. Diese Klammern werden hier im § 27 gesetzt.

9   § 27 dient im Übrigen dazu, den Art. 39 RL 2014/23/EU **in deutsches Recht umzusetzen**. Abs. 4 transponiert speziell Art. 4 und 5 RL 2014/23/EU in deutsches Recht. Der Wortlaut des Abs. 4 berücksichtigt dabei, dass die Einreichung von Angeboten nach § 28 grundsätzlich mit elektronischen Mitteln zu erfolgen hat und Ausnahmen davon gem. § 28 Abs. 2 und 4.

§ 28 Form und Übermittlung der Teilnahmeanträge und Angebote

(1) Bewerber oder Bieter übermitteln ihre Teilnahmeanträge und Angebote grundsätzlich in Textform nach § 126b des Bürgerlichen Gesetzbuchs mithilfe elektronischer Mittel.

(2) ¹Der Konzessionsgeber ist nicht verpflichtet, die Einreichung von Teilnahmeanträgen und Angeboten mithilfe elektronischer Mittel zu verlangen, wenn auf die zur Einreichung erforderlichen elektronischen Mittel einer der in § 17 Absatz 2 genannten Gründe zutrifft oder wenn zugleich physische oder maßstabsgetreue Modelle einzureichen sind, die nicht elektronisch übermittelt werden können. ²In diesen Fällen erfolgt die Kommunikation auf dem Postweg oder auf einem anderen geeigneten Weg oder in Kombination von postalischem oder einem anderen geeigneten Weg und der Verwendung elektronischer Mittel. ³Der Konzessionsgeber gibt im Vergabevermerk die Gründe an, warum die Angebote mithilfe anderer als elektronischer Mittel eingereicht werden können.

(3) ¹Der Konzessionsgeber prüft, ob zu übermittelnde Daten erhöhte Anforderungen an die Sicherheit der Datenübermittlung stellen. ²Soweit es erforderlich ist, kann der Konzessionsgeber verlangen, dass Teilnahmeanträge und Angebote zu versehen sind mit
1. einer fortgeschrittenen elektronischen Signatur,
2. einer qualifizierten elektronischen Signatur,
3. einem fortgeschrittenen elektronischen Siegel oder
4. einem qualifizierten elektronischen Siegel.

(4) ¹Der Konzessionsgeber kann festlegen, dass Angebote mithilfe anderer als elektronischer Mittel einzureichen sind, wenn sie besonders schutzwürdige Daten enthalten, die bei Verwendung allgemein verfügbarer oder alternativer elektronischer Mittel nicht angemessen geschützt werden können. ²Der Konzessionsgeber gibt im Vergabevermerk die Gründe an, warum er die Einreichung der Angebote mithilfe anderer als elektronischer Mittel für erforderlich hält.

Schrifttum: *Herrmann* in Ziekow/Völlink, § 28; *Lausen* in Müller-Wrede/Braun, KonzVgV, § 28; *Terbrack* in HK-VergabeR (Pünder/Schellenberg), § 28.

I. Regelungsgehalt und Überblick

1   Gemäß § 7 verwenden sowohl Konzessionsgeber als auch Unternehmen für das Senden, Empfangen, Weiterleiten oder Speichern von Daten in einem Vergabeverfahren Geräte und Programme für die elektronische Datenübermittlung. **Bewerber oder Bieter übermitteln daher ihre Teilnahmeanträge und Angebote nach § 28 grundsätzlich in Textform nach § 126b des BGB mithilfe elektronischer Mittel.** Die Textform bedeutet, dass eine lesbare Erklärung, in der die Person des Erklärenden genannt ist, auf einem dauerhaften Datenträger abgegeben wird. Als dauerhaft

nennt § 126b BGB jedes Medium, das es dem Empfänger ermöglicht, die auf dem Datenträger befindliche und an ihn gerichtete Erklärung so aufzubewahren, dass sie ihm während eines für ihren Zweck angemessenen Zeitraumes zugänglich und unverändert wiedergebbar ist. Dazu gehören außer Disketten, CDs, DVDs, Festplatten eines Computers sowie Internetseiten.[1] Auch die Übermittlung auf Papier oder auf sonstigen Speichermedien genügt dem Textformerfordernis, das sich von der Schriftform nur durch die Unterschriftlosigkeit unterscheidet.[2] Die Teilnahmeanträge und Angebote müssen **übermittelt** werden. Das heißt, sie müssen dem Konzessionsgeber in einer zur dauerhaften Wiedergabe geeigneten Weise zugehen. Soweit die Erklärung elektronisch übermittelt wird, genügt es, dass der Konzessionsgeber sie speichern und ausdrucken kann. Darauf, dass er das dann tatsächlich auch tut, kommt es nicht an.[3] Jedenfalls muss davon ausgegangen werden können, dass Teilnahmeanträge und Angebote zugegangen sind, wenn sie auf einer elektronischen Plattform eingestellt sind, die vom Konzessionsgeber zu diesem Zweck angegeben worden sind. Letztes Erfordernis der Übermittlung von gültigen Teilnahmeanträgen und akzeptablen Angeboten ist die **Verwendung elektronischer Mittel** wie sie nach §§ 7–11 vorgegeben sind.

Der Konzessionsgeber, der nach § 7 bei der Kommunikation mit Bewerbern und Bietern ebenso wie die Unternehmen grundsätzlich auf elektronische Mittel festgelegt ist, ist **nach § 28 Abs. 2 dennoch nicht verpflichtet, die Einreichung von Teilnahmeanträgen und Angeboten mithilfe elektronischer Mittel zu verlangen, wenn einer der in § 17 Abs. 2 genannten Gründe** zutrifft. Das heißt, wenn aus außergewöhnlichen Sicherheitsgründen oder technischen Gründen oder aufgrund der besonderen Sensibilität von Handelsinformationen, die eines sehr hohen Datenschutzniveaus bedürfen, die Übermittlung von Informationen auf elektronischem Wege nicht möglich ist oder wenn zugleich physische oder maßstabsgetreue Modelle einzureichen sind, die nicht elektronisch übermittelt werden können. In all diesen Fällen ist entweder der Postweg zur Übermittlung der Teilnahmeanträge und Angebote oder eine Kombination von Postweg und sonstigen Übermittlungswegen zu wählen, wobei auch eine Kombination mit elektronischen Wegen in Frage kommt. Nach Abs. 2 S. 3 muss der Konzessionsgeber im Vergabevermerk die Gründe angeben, warum die Angebote mithilfe anderer als elektronischer Mittel eingereicht werden können. Warum hier nur die Angebote angesprochen werden, bleibt schleierhaft. Ein Konzessionsgeber, der ein sicheres Verfahren durchführen und dokumentieren will, sollte hier auch die Teilnahmeanträge einbeziehen.

Der Konzessionsgeber hat, wenn er festlegt, wie Teilnahmeanträge und Angebote einzureichen sind, zunächst zu prüfen, ob **erhöhte Sicherheitsanforderungen** an die Datenübermittlung zu stellen sind oder ob erhöhte Gefahren nicht vorliegen und es bei einfacher Sicherheit bleiben kann. Wie sich aus den Regeln der folgenden Sätze in Abs. 3 und aus Abs. 4 ergibt, geht es bei dieser Prüfung **nur um die konkret auf den Ablauf des Vergabeverfahrens bezogenen Sicherheitsanforderungen:** Erhöhte Sicherheit muss hergestellt werden können durch erhöhte Identifizierungsmöglichkeiten. Anders ausgedrückt: Nur wenn die Zuordnung des Inhalts der Erklärung zu einer bestimmten Person für den weiteren Fortgang des Verfahrens so wichtig ist, dass eine falsche Zuordnung den weiteren Verfahrensfortgang gefährden würde, liegen die erhöhten Sicherheitsanforderungen iSd Abs. 3 vor, die durch elektronische Signaturen behoben werden können.[4] Denn elektronische Signaturen – sowohl die fortgeschrittene als auch die qualifizierte elektronische Signatur – sind wie die eigenhändige Unterschrift auf einem Papierdokument lediglich Identitätsnachweise, keine Verschlüsselungsmethoden, um die Unversehrtheit, Vertraulichkeit und Echtheit der Daten zu sichern.

Nach Abs. 4 kann der Konzessionsgeber **bei der Einreichung von Angeboten** davon absehen, dass **elektronische Mittel** verwendet werden, wenn die zu übermittelnden Daten besonders schutzwürdig sind und bei Verwendung allgemein verfügbarer oder alternativer elektronischer Mittel nicht angemessen geschützt werden können. Gleiches gilt, wenn die Daten, die mit einem Angebot übermittelt werden müssen, besonders empfindlich sind und ein derartig hohes Schutzniveau verlangen, dass sie einem speziellen IT-Netz oder gar einem allgemein zugänglichen Netz auch dann nicht ausgesetzt werden können, wenn sie durch besondere elektronische Schutzmechanismen und Instrumente abgedeckt werden. Der Konzessionsgeber hat, wenn er diesen Weg zum Schutz der Angebotsdaten geht, im Vergabevermerk die Gründe anzugeben, warum er die Einreichung der Angebote mithilfe anderer als elektronischer Mittel für erforderlich hält.

---

[1] Verfürth in KKMPP VgV § 53 Rn. 6.
[2] Palandt/*Ellenberger* BGB § 126b Rn. 1.
[3] Verfürth in KKMPP VgV § 53 Rn. 7; aA allerdings in einem wohl nicht übertragbaren Sonderfall BGH GRUR 2010, 1142 = MDR 2010, 1411 Rn. 19.
[4] Verfürth in KKMPP VgV § 53 Rn. 29.

II. Systematische Stellung und Zweck der Norm

§ 28 ist Teil des Unterabschnitts 4 zu Vergabeverfahren und Zuschlag, ohne dass aus seiner Position und Stellung im System der Verordnung etwas zu seiner Bedeutung entnommen werden könnte. Er erscheint insgesamt eine – durchaus wesentliche – **Ergänzung des Unterabschnitts 2 zur Kommunikation zwischen Konzessionsgeber und Unternehmen** zu sein.

§ 28 setzt keine Regeln der RL 2014/23/EU in deutsches Recht um, sondern orientiert sich an den Regeln des § 54 Abs. 1–4 VgV, mit denen der Art. 22 RL 2014/24/EU in deutsches Recht transponiert wird.

§ 29 Prüfung und Aufbewahrung der ungeöffneten Teilnahmeanträge und Angebote

¹Der Konzessionsgeber prüft den Inhalt der Teilnahmeanträge und Angebote erst nach Ablauf der Frist für ihre Einreichung. ²Bei der Aufbewahrung der ungeöffneten Teilnahmeanträge und Angebote sind die Integrität und die Vertraulichkeit der Daten zu gewährleisten.

Schrifttum: *Christiani* in HK-VergabeR (Pünder/Schellenberg), § 29; *Herrmann* in Zierkow/Völlink, § 29; *Micus-Zurheide* in Müller-Wrede/Braun KonzVgV, § 29.

Übersicht

	Rn.		Rn.
I. Regelungsgehalt und Überblick	1	II. Systematische Stellung und Zweck der Norm	16

I. Regelungsgehalt und Überblick

1   Die Öffnung der Angebote erfolgt an einer Schnittstelle zwischen zwei Fristen: Dem Ende der **Teilnahme-** bzw. der **Angebotsfrist** und dem Beginn **Bearbeitungs-** bzw. der **Zuschlagsfrist**. Während Bewerber und Bieter innerhalb der Angebotsfrist nicht an Bewerbung und Angebot gebunden sind und diese daher ohne Grund zurückziehen können, aber auch noch abändern können, sind sie nach Ablauf dieser Frist und innerhalb der Zuschlagsfrist an Bewerbung und Angebot gebunden. Der Bieter jedenfalls kann sich während der „Bindefrist" nur noch bei Vorliegen eines besonderen Grundes aus seiner Bindung lösen. Nur wenn ein besonderer Anfechtungsgrund vorliegt, kann die einmal abgegebene Willenserklärung mit Erfolg angefochten werden.

2   Die Vorschrift regelt den **Umgang mit den eingegangenen Teilnahmeanträgen und Angeboten** und bestimmt, dass der Auftraggeber bis zum Ablauf der vorgegebenen Frist keinen Einblick in die eingegangenen Teilnahmeanträge und Angebote nehmen darf. Sie ist eine der zentralen Bestimmungen des **förmlichen** Vergabeverfahrens. Förmlichkeit und Formstrenge sind besondere Charakteristika der Ausschreibungsverfahren. Die besondere Bedeutung der Formvorschriften, zu denen der § 29 zu zählen ist und von denen „grundsätzlich nicht abgewichen werden darf", wird stets von der Rechtsprechung hervorgehoben.[1] Dabei ist Formstrenge kein Selbstzweck. Vielmehr soll sie die Einhaltung eines korrekten und den Grundsätzen der **Gleichbehandlung, der Transparenz und des ordnungsgemäßen Wettbewerbs** gem. § 97 Abs. 1 und 2 GWB Rechnung tragenden Vergabeverfahrens[2] beim Einreichung von der Einreichung.

3   Eine dem § 29 **vergleichbare Regelung** findet sich in § 55 VgV. In der **SektVO**,[3] die dem Auftraggeber die freie Wahl des Vergabeverfahrens zugesteht, gibt es sie **nicht**. Die sachlich entsprechenden Regeln der **VOB/A** finden sich in § 14 VOB/A und § 14 EG VOB/A.[4] Die Regeln der **VOB/A** unterscheiden sich von § 55 VgV und § 29 im Wesentlichen dadurch, dass die Öffnung der Angebote bei den Verfahren nach der VgV und der KonzVgV eine behördeninterne Veranstaltung ist, zu der Dritte keinen Zugang haben, während es nach der VOB eine **förmliche bieteröffentliche Veranstaltung** gibt, den **Eröffnungstermin,** bei dem Bieter und ihre Bevollmächtigten ausdrücklich zugelassen sind. Außerdem ist ein Angebot, das nachweislich vor Ablauf der Angebotsfrist dem

---

[1]   VÜA Bund ZVgR 1997, 135 – Staatsbibliothek; HHKW/*Koenigsmann-Hölken* VOL/A § 14 Rn. 2.
[2]   1. VK Sachsen Beschl. v. 24.2.2005 – 1/SVK/004–05, IBRRS 2006, 0031; HHKW/*Koenigsmann-Hölken* VOL/A § 14 Rn. 1.
[3]   Verordnung über die Vergabe von Aufträgen im Bereich des Verkehrs, der Trinkwasserversorgung und der Energieversorgung (Sektorenverordnung – SektVO) v. 23.9.2009 (BGBl. 2009 I 3110).
[4]   *Marx* in KMPP VOB/A § 14; Ingenstau/Korbion/*Kratzenberg,* 18. Aufl. 2013, VOB/A § 14 Rn. 23.

I. Regelungsgehalt und Überblick   4–9   § 29 KonzVgV

Auftraggeber zugegangen war, aber bei Öffnung des ersten Angebots aus vom Bieter nicht zu vertretenden Gründen dem Verhandlungsleiter nicht vorgelegen hat, wie ein rechtzeitig vorliegendes Angebot zu behandeln.

Beim Eingang der eingereichten Teilnahmeanträge und Angebote hat der Auftraggeber erhebli- 4 che **Sorgfaltspflichten** zu beachten. Die drei Kernpunkte dieser Sorgfaltspflichten lassen sich im Zusammenhang mit der Kenntnisnahme vom Inhalt der Teilnahmeanträge und Angebote wie folgt zusammenfassen: Es darf kein vorfristiger Zugriff auf die empfangenen Daten möglich sein und sie müssen bis zum Eröffnungstermin **unter Verschluss** gehalten werden.

Über die Öffnungshandlung ist – ohne dass dies ausdrücklich im Text steht – eine **Dokumenta-** 5 **tion entweder in Schriftform oder in elektronischer Form** zu fertigen und als Teil der Vergabeverfahrensdokumentation und des Gesamtvergabevermerkes aufzubewahren. Die Dokumentation über den Eröffnungstermin dient den **Interessen des Bieters und des Auftraggebers.** Sie gewährleistet die Sicherung bestimmter Angaben und Daten zum Zwecke eines ordentlichen Verfahrens.[5] **Transparenz** kann dagegen im Hinblick darauf, dass die ganze Sache eine behördeninterne Angelegenheit ist und die Angebote auch nach Öffnung vertraulich zu halten sind, **nicht Ziel des Öffnungstermins** sein.[6]

Ob Bieter an der Öffnung der Angebote im Gegensatz zu dem Eröffnungstermin der VOB/ 6 A, der insgesamt eine bieteröffentliche Angelegenheit darstellt, **teilnehmen dürfen, ist in der Verordnung nicht geregelt.** Angesichts der Freiheit des Konzessionsgebers das Vergabeverfahren selbst zu gestalten, dürfte dies durchaus möglich sein, wenn die Abhaltung eines Eröffnungstermins von vorneherein festgelegt wird und die übrigen Prinzipien des § 97 GWB eingehalten werden.

Die Frist für den Eingang der Teilnahmeanträge und der Angebote ist **in der** 7 **Bekanntmachung anzugeben.** Die KonzVgV unterscheidet nicht zwischen dem Zeitpunkt des Ablaufs der Angebotsfrist, der kalendarisch festliegt und in der Bekanntmachung anzugeben ist, auf der einen Seite und dem Zeitpunkt der Öffnung der Angebote, der davon abweichen kann.[7] Wenn alle Bieter den kalendarisch festliegenden letzten Termin für das Einreichen eines Angebotes kennen, können sie alle gleichermaßen feststellen, bis wann die Angebote abzugeben sind und ab wann keine Möglichkeit zur Abgabe oder Änderung eines Angebotes mehr besteht. Die Bieter brauchen daher weder zu wissen, wann der Auftraggeber tatsächlich vom Inhalt der Angebote Kenntnis nimmt. Sollten jedoch Bieter durch höhere Gewalt gehindert sein, ihre Angebote rechtzeitig abzugeben, ist eine zeitliche Verlegung des Fristendes nach hinten möglich, wenn **alle Bieter** entsprechend informiert werden. Ggf. muss eine erneute Ausschreibung mit neuer Fristangabe erfolgen. **Normale, generell absehbare Behinderungen** liegen in der **Risikosphäre des Bieters.** Sie ändern daher nichts an seinem Übermittlungsrisiko und führen bei Nichtrechtzeitigkeit seiner Angebotsabgabe zur Verspätung dieses Angebots und in der Folge zu seinem zwingenden Ausschluss.

Einblick zu nehmen ist in alle Teilnahmeanträge und Angebote, die bis zu Ablauf der 8 jeweiligen Frist bei der für den Eingang als **zuständig bezeichneten Stelle** des Auftraggebers eingegangen sind. Es ist Sache des Konzessionsgebers, die für den Eingang der Angebote zuständige Stelle in der Bekanntmachung und/oder den Verdingungsunterlagen genau vorzugeben. Auf dieser Grundlage ist es Verantwortung des Bieters, das Angebot an die genau vorgegebene Stelle zu adressieren. Zugegangen ist eine Willenserklärung, wenn sie so in den Machtbereich des Empfängers gelangt, dass bei Annahme gewöhnlicher Verhältnisse und der Verkehrssitte damit zu rechnen war, dass er von ihr Kenntnis nehmen konnte.[8] Selbstverständlich muss auch bei jetzt grundsätzlich notwendigen **elektronischen Angeboten** der **rechtzeitige Eingang** an die vom Auftraggeber als zuständig bezeichnete Stelle erfolgen. Insbesondere bei „Online-Angeboten" ist daher seitens des Bieters darauf zu achten, dass er diese an die vom Auftraggeber exakt bezeichnete Eingangsstelle versendet und nicht etwa an die allgemeine E-Mail-Anschrift des Auftraggebers sendet. Grundvoraussetzung für die richtige Angabe der zuständigen Stelle ist daher die genaue Bekanntgabe dieser Stelle durch den Auftraggeber.

Ob eine Interessensbestätigung, ein Teilnahmeantrag oder ein Angebot im Spiel bleibt, **hängt** 9 **von seinem tatsächlichen Eingang ab.** War es ein verspätetes Angebot, fällt es unter den Tisch. Der rechtzeitige Zugang liegt in der Risikosphäre des jeweiligen Bieters und ist von ihm zu vertreten.[9] Selbst bei einem **Mitverschulden** des Bieters an der Verspätung kann dessen Angebot nicht

---

5 VK Thüringen Beschl. v. 26.6.2001 – 216–4003.20–027/01-JS.
6 AA Dieckmann/Scharf/Wagner-Cardenal/*Scharf* VOL/A § 17 Rn. 27.
7 OLG Jena Urt. v. 22.4.2004 – 6 Verg 2/04, IBRRS 2004, 1060.
8 *Marx* in KMPP VOL/A § 17 EG Rn. 20 ff.
9 VK Baden-Württemberg Urt. v. 1.7.2002 – 1 VK 31/02, VPRRS 2014, 0007.

mehr als rechtzeitig angesehen werden.[10] Als verspätetes Angebot gilt auch ein Angebot, wenn ein Bieter zwar fristgerecht ein Angebotsanschreiben eingereicht hat, **wesentliche Bestandteile** wie zB die ausgefüllten Verdingungsunterlagen aber erst verspätet folgen[11] – es sei denn, der Konzessionsgeber macht von seinem Recht auf Nachforderung von Unterlagen Gebrauch. Haben der Bieter oder Bewerber ihrerseits alles Erforderliche getan und sind Teilnahmeantrag oder Angebot innerhalb der Frist bei der vom Auftraggeber als zuständig bezeichneten Stelle abgegeben worden und sind Teilnahmeantrag oder Angebot – aus welchen Gründen auch immer – nicht mit den anderen geöffnet worden, wird er/es nachträglich zu den anderen Teilnahmeanträgen bzw. Angeboten hinzugenommen. Es liegt dann ein reines **internes Organisationsverschulden** des Auftraggebers vor.

10   Zu Beginn der Öffnungsveranstaltung stellen die Vertreter des Auftraggebers fest, ob die ihnen vorliegenden Teilnahmeanträge oder Angebote ordnungsgemäß bei der für den Eingang als zuständig bezeichneten Stelle eingegangen sind. Diese Feststellung treffen die Vertreter des Auftraggebers aus den Datums- und Zeitangaben, die im Eingangsvermerk festgehalten sind. Die Teilnahmeanträge oder Angebote müssen ungeöffnet und vollständig vorliegen; soweit sie **nicht ordnungsgemäß** eingegangen sind, werden sie nicht berücksichtigt. Hierzu gehören Teilnahmeanträge oder Angebote, die nicht verschlüsselt eingereicht wurden. Denn ein Angebot oder ein Teilnahmeantrag, die die abstrakte Gefahr einer unbemerkten Einsichtnahme durch Dritte in sich tragen und von vornherein für Unbefugte zugänglich sind,[12] sind keine ordnungsgemäß abgegebenen Teilnahmeanträge oder Angebote.[13]

11   Sind Angebote von **Bietern ordnungsgemäß verschlüsselt** eingegangen, aber durch Verschulden des Auftraggebers zB versehentlich geöffnet worden, führt dies allein nicht zum Ausschluss dieser Teilnahmeanträge oder Angebote.[14] Vielmehr sind diese weiterhin zuzulassen. Erforderlich ist in diesen Fällen, in der Dokumentation die Tatsache und den Zeitpunkt der Öffnung sowie des wiederum vorgenommenen Verschlusses einschließlich der Personen, die ggf. von den Angeboten Kenntnis erhalten haben, zu vermerken. Sind vernünftige Zweifel ausgeschlossen, dass das nicht verschlossene Angebot, zB aufgrund nachgereichter Informationen, noch nachgebessert wurde, ist dieses – ordnungsgemäße – Angebot im Rahmen der Prüfung und Wertung weiter zu berücksichtigen.[15] Besteht indessen die Möglichkeit, dass das Angebot vorzeitig bekannt oder gar im Machtbereich des Auftraggebers manipuliert wurde, kann der Auftraggeber sich durch eine hiermit begründete **Verletzung seiner Sorgfaltspflicht** gegenüber einem zu Schaden gekommenen Bieter ersatzpflichtig machen.[16]

12   Nach der Feststellung des ordnungsgemäßen Eingangs und der Feststellung des **ordnungsgemäßen Verschlusses** Teilnahmeanträge oder Angebote werden diese geöffnet. Im Gegensatz zum Eröffnungstermin der VOB/A hat die Öffnung des ersten Angebotes keine Rechtsfolgen für die übrigen Angebote oder Anträge. Es kommt daher auch nicht darauf an, wann denn das erste Angebot **geöffnet ist.** Bei VgV, VSVgV, KonzVgV und SektVO kommt es auf den zeitlichen Ablauf der konkret angegebenen kalendarischen Angebotsfrist, nicht aber auf den Zeitpunkt der Öffnung an.

13   Teilnahmeanträge und Angebote samt ihren Anlagen sowie die Dokumentation über die Angebotsöffnung sind nach § 6 Abs. 3 als Teil der in Textform nach § 126b BGB zu erstellenden Gesamtdokumentation[17] und des Vergabevermerkes über das Vergabeverfahren sorgfältig zu verwahren und vertraulich zu behandeln. **Sinn** der **Aufbewahrungspflicht** ist die **Beweissicherung.** Zweck **der Geheimhaltungsvorschrift** ist es, den **Wettbewerb zu sichern.**[18] Aus § 29 S. 2 ergibt sich, dass der Vertraulichkeits- und Geheimhaltungsgrundsatz nicht nur für den Eingang (Verschluss) der Teilnahmeanträge oder Angebote sowie für deren Öffnung und den Umgang mit der Niederschrift gilt; das Prinzip gilt auch nach der Öffnung der Angebote und setzt sich im Gebot zur sorgfältigen Verwahrung und zur vertraulichen Behandlung der Angebote fort. Auch nach der Öffnung der Angebote soll **verhindert werden, dass Außenstehende Einfluss auf die weitere Behandlung der** Teilnahmeanträge oder Angebote, insbesondere auf die Entscheidung über den Zuschlag dadurch nehmen, dass sie sich Kenntnis von dem Inhalt der einzelnen Angebote verschaffen. Dieser Gesichts-

---

[10] VK Köln Urt. v. 18.7.2002 – VK VOB 8/2002, IBRRS 2013, 4691.
[11] VK Lüneburg Beschl. v. 24.11.2003 – 2003-VgK-29/2003.
[12] Heiermann/Riedl/Rusam/*Rusam*, 11. Aufl. 2008, VOB/A § 22 Rn. 10.
[13] VK Bund Beschl. v. 13.5.2003 – VK 1–31/03.
[14] Unklar HHKW/*Koenigsmann-Hölken* VOL/A § 14 Rn. 7.
[15] OLG Naumburg Urt. v. 18.11.1999 – 3 U 169/98, BeckRS 1999, 31024561; VK Bund Urt. v. 20.6.2002 – VK 2–28/02, IBRRS 2013, 3040.
[16] Ingenstau/Korbion/*Kratzenberg*, 18. Aufl. 2013, VOB/A § 14 Rn. 23.
[17] HHKW/*Koenigsmann-Hölken* VOL/A § 14 Rn. 8.
[18] Dieckmann/Scharf/Wagner-Cardenal/*Scharf* VOL/A § 17 Rn. 31.

punkt erlangt gerade im Verhandlungsverfahren besondere Bedeutung. Denn das Verhandlungsverfahren lässt Nachträge und Nachbesserungen zu. Damit besteht die Gefahr, dass den Konkurrenten vor der Zuschlagsentscheidung durch nach außen bekannt gemachte Angebotsinhalte eine zielgerichtete Nachbesserung ihres Angebotes ermöglicht und somit der Wettbewerb gefährdet wird.[19] Dementsprechend verstößt es gegen die **Verschwiegenheitspflicht** im Vergabeverfahren, wenn der Auftraggeber einen Auswertungsvermerk weitergibt, der die Ergebnisse der technischen und finanziellen Auswertung von Angeboten zusammenfasst und die Anbieter erkennen lässt. Dies gilt auch dann, wenn es sich hierbei nicht um die Originalunterlagen, sondern um Unterlagen der Auswertung handelt, jedoch – trotz Schwärzung der Preise – hinreichend genaue Rückschlüsse auf den Angebotsinhalt möglich sind.[20] Die sorgfältige Verwahrung und vertrauliche Behandlung der Teilnahmeanträge oder Angebote sollte daher ähnlich wie beim Eingang der Teilnahmeanträge oder Angebote erfolgen.

Dem Konzessionsgeber ist es – auch wenn dies nicht ausdrücklich in den Regeln festgeschrieben ist – **nicht erlaubt, die Angebotsunterlagen** und die in den Angeboten enthaltenen Vorschläge eines Bieters über die Prüfung und Wertung der Angebote hinaus **für weitere Zwecke,** zB für eine erneute Ausschreibung, **zu nutzen.** Das ist selbstverständlich, wenn mit einer solchen überschießenden Nutzung Urheberrechte, die in das Angebot eingeflossen waren, verletzt würden. Aber auch unterhalb der Schwelle eines Urheberrechts hat der Bieter häufig Know-how in sein Angebot eingebracht, das nicht einseitig und ohne Zustimmung des Bieters vom Auftraggeber weiter genutzt und weiter verwertet werden darf. Eine **Ausnahme** vom Verbot, die Angebotsunterlagen und die in den Angeboten enthaltenen eigenen Vorschläge eines Bieters ohne dessen Zustimmung über die Prüfung und Wertung der Angebote hinaus zu verwenden, gilt für **Angebote, die ihrer Natur nach weitergehenden Verwendungen zugänglich** sind. Dies ist zB bei Angeboten, die für Forschungs- und Entwicklungsaufträge abgegeben werden, der Fall. Hier ist der Vertragszweck ja gerade auf die weitere Verwendung der mit dem Angebot eingereichten Unterlagen und damit auf eine nachfolgende Verwendung dieser Unterlagen für eine noch kommende Fertigung gerichtet. Eine über die Prüfung und Wertung der Angebote hinausgehende Verwendung ist bei diesen Angeboten somit von vornherein angelegt.[21]

14

Allerdings gilt der **Grundsatz der Vertraulichkeit nicht absolut und völlig unbegrenzt.** Wenn der Auftraggeber nach Abschluss des Vergabeverfahrens seiner Informationspflicht gegenüber der Öffentlichkeit genügt und Angaben über das Bestehen eines Vertragsverhältnisses mit einem bestimmten Vertragspartner macht, ist dies kein Verstoß gegen die Vertraulichkeitsregel.[22]

15

II. Systematische Stellung und Zweck der Norm

§ 29 steht **im Unterabschnitt vier über Vergabeverfahren und Zuschlag** am Ende, ohne dass daraus eine Bewertung zu entnehmen wäre. Er dient der Absicherung der Vertraulichkeit und Integrität der Teilnahmeanträge und Angebote. Insofern ist er eine **sehr zentrale Norm** im Vergabeverfahrensablauf.

16

§ 29 dient der **Umsetzung von Art. 29 Abs. 2 UAbs. 2 RL 2014/23/EU.** Er ist vergleichbar mit § 54 VgV, der Art. 22 Abs. 3 RL 2014/24/EU in deutsches Recht transponiert.

17

§ 30 Unterrichtung der Bewerber oder Bieter

(1) Unbeschadet § 134 des Gesetzes gegen Wettbewerbsbeschränkungen unterrichtet der Konzessionsgeber alle Bewerber oder Bieter unverzüglich über die Entscheidungen hinsichtlich des Zuschlags, einschließlich des Namens des erfolgreichen Bieters, der Gründe für die Ablehnung ihrer Teilnahmeanträge oder Angebote sowie der Gründe für eine Entscheidung, Konzessionen, für die eine Konzessionsbekanntmachung veröffentlicht wurde, nicht zu vergeben oder das Verfahren neu einzuleiten.

(2) Auf Anfrage der Betroffenen in Textform gemäß § 126b des Bürgerlichen Gesetzbuchs unterrichtet der Konzessionsgeber unverzüglich, in jedem Fall binnen 15 Tagen, jeden Bieter, der ein ordnungsgemäßes Angebot eingereicht hat, über die Merkmale und relativen Vorteile des ausgewählten Angebots.

---

[19] VK Düsseldorf Beschl. v. 4.8.2000 – VK 4/2000-L.
[20] VK Düsseldorf Beschl. v. 4.8.2000 – VK 4/2000-L.
[21] *Portz* in KMPP VOL/A § 22 Rn. 48.
[22] Dieckmann/Scharf/Wagner-Cardenal/*Scharf* VOL/A § 17 Rn. 31 unter Hinweis auf OLG Karlsruhe Beschl. v. 16.6.2010, 15 – Verg 4/10, BeckRS 2010, 15754.

(3) Der Konzessionsgeber kann beschließen, bestimmte in Absatz 1 genannte Angaben zur Konzession nicht mitzuteilen, soweit die Offenlegung dieser Angaben
1. den Gesetzesvollzug behindern,
2. dem öffentlichen Interesse auf sonstige Weise zuwiderlaufen,
3. die berechtigten geschäftlichen Interessen von Unternehmen schädigen oder den lauteren Wettbewerb zwischen ihnen beeinträchtigen
würde.

Schrifttum: *Völlink* in Ziekow/Völlink, § 30; *Hömke* in Müller-Wrede/Braun KonzVgV, § 30; *Marx* in KKMPP, § 62 VgV; *Mentzinis* in HK-VergabeR (Pünder/Schellenberg), § 30.

Übersicht

	Rn.		Rn.
I. Regelungsgehalt und Überblick	1	II. Systematische Stellung und Zweck der Norm	12

I. Regelungsgehalt und Überblick

1 Der Konzessionsgeber übermittelt – das verlangt § 21 Abs. 1 – spätestens 48 Tage nach der Vergabe einer Konzession eine Vergabebekanntmachung mit den Ergebnissen des Vergabeverfahrens an das Amt für Veröffentlichungen der Europäischen Union. Diese Vergabebekanntmachung nach vorgeschriebenem Muster, die man als **„kollektive Bekanntmachung"** bezeichnen könnte, hat mit der **hier vorgesehenen individuellen Unterrichtung** nichts zu tun – außer vielleicht, dass es um denselben Inhalt geht und man sich fragen könnte, warum das Richtlinienrecht diese Mitteilungen an die Bieter und Bewerber gleich mehrfach verlangt.

2 Die hier zu besprechende Vorschrift des § 30 regelt die Pflicht des öffentlichen Konzessionsgebers mit dem informativen Umgang der Ergebnisse seiner eigenen Entscheidung: Er hat neben der Vergabebekanntmachung des § 21 individuelle Darlegungspflichten gegenüber allen Beteiligten am Vergabeverfahren. Die Darlegungspflichten, ihr Umfang und die Fristen für die Darlegung werden in § 30 geregelt. Die **Regeln dienen generell der Transparenz** der Vergabeverfahren. Sie sind Ordnungsvorschriften, deren Bedeutung nicht gering zu achten ist, die aber keinen konkreten Einfluss mehr auf ein bestimmtes Vergabeverfahren haben. Die Vorschriften sind – cum grano salis – die Nachfolgeregeln der §§ 19 und 22 EG VOL/A.[1]

3 Die Informationsverpflichtungen des § 30 gelten – so heißt es in der Eingangsformulierung des § 30 – „unbeschadet des § 134 GWB", was eine Selbstverständlichkeit ist, die ausdrücklich zu betonen eher zur Verwirrung beiträgt als zur Klarheit: In **§ 134 GWB** geht es gerade nicht um die Bekanntmachung oder die Mitteilung über einen Abschluss eines Vergabeverfahrens. Es geht dort um die **Absicht des öffentlichen Auftraggebers und des Konzessionsgebers,** in einer bestimmten Richtung **zu entscheiden.** Diese Absicht hat der Auftraggeber den Interessenten mitzuteilen, damit sie entscheiden können, ob sie im Nachprüfungsverfahren gegen die Absicht des Auftraggebers vorgehen wollen.

4 Im § 21 und im § 30 geht es um zwei unterschiedliche Dinge. **Hier im § 30 – geht es um die Mitteilung der endgültigen Ergebnisse eines Vergabeverfahrens,** auf die kein Beteiligter mehr Einfluss nehmen kann und die die Beteiligten nur noch zur Kenntnis nehmen können. Vermutlich wird auch kein Bewerber oder Bieter ein Nachprüfungsverfahren anstrengen können, wenn ein öffentlicher Auftraggeber eine Vergabebekanntmachung oder eine Unterrichtung nach Abschluss des Vergabeverfahrens unterlässt. Denn er müsste ja nicht nur darlegen, in seinen Rechten verletzt zu sein, sondern auch einen Schaden davon getragen zu haben. Das erscheint durch eine nachträgliche Nichtinformation kaum denkbar zu sein. Allein an der nachträglichen Information besteht kein ausreichendes Rechtsschutzinteresse nach § 160 GWB.[2]

5 Nach § 21 ist der öffentliche Auftraggeber verpflichtet, spätestens 48 Tage nach der Vergabe einer Konzession dem Amt der Europäischen Union Mitteilung über diesen Abschluss zu machen. Im § 30 wird mehr verlangt. Hier wird verlangt, dass **der öffentliche Auftraggeber jedem Bieter und Bewerber individuell mitteilt, wie er sich** im Verhältnis zu dessen Angebot bzw. dessen Bewerbung **entschieden hat.** Dies gilt für jeden Bieter und Bewerber nach Abschluss eines Konzessionsvergabeverfahrens.

---

[1] Insgesamt dazu *Marx* in KKMPP VgV § 62 Rn. 2.
[2] *Portz* in KMPP VOL/A § 19 Rn. 48; aA *Roth* in Müller-Wrede VOL/A § 27 Rn. 39 ff.

Die Information hat **„unverzüglich"** zu erfolgen. Hat also der Konzessionsgeber einen Vertrag 6
abgeschlossen, muss er ohne schuldhaftes Verzögern aktiv werden und allen Bietern und Bewerbern seine Entscheidung mitteilen. Das heißt, er hat mitzuteilen, mit wem er den Vertrag abgeschlossen hat und wer die Konzession erhalten hat. Mehr braucht er erst einmal von sich aus nicht darzulegen. Es ist ihm auch freigestellt, in welcher Form er die Mitteilung macht – schriftlich oder in Textform nach § 126b BGB.

Nicht aus dem Text ergibt sich die Verpflichtung, jedem Bewerber eines Teilnahmewettbewerbes 7
mitzuteilen, ob seine Bewerbung zur weiteren Teilnahme am Vergabeverfahren führt oder ob er – nach den vorgegebenen Kriterien – auszuscheiden hat. Diese Mitteilungspflicht erscheint aus verschiedenen Gesichtspunkten selbstverständlich zu sein. Deshalb kann man darüber streiten, ob sie auch in den Abs. 1 hätte aufgenommen werden müssen. Jedenfalls scheint festzustehen, dass auch die **Bewerber eines Teilnahmewettbewerbes eine individuelle Mitteilung über die Entscheidung zum weiteren Verbleib im Vergabeverfahren** erhalten müssen und nicht darauf verwiesen werden dürfen, dass sie ja nachfragen können.

Entscheidet sich der öffentliche Auftraggeber aus welchen Gründen auch immer, das Vergabe- 8
verfahren nicht bis zu einem Vertragsabschluss fortzuführen, sondern kommt zu dem Ergebnis, das **Verfahren solle aufgehoben** werden, ist **auch dies jedem Bieter und Bewerber unverzüglich mitzuteilen.** Gleiches gilt erst recht für den Fall, dass aufgehoben und erneut eingeleitet werden soll.

Hat der öffentliche Auftraggeber bereits eine Auftragsbekanntmachung nach § 21 veröffentlicht 9
oder hat er im Zusammenhang mit dem Vergabeverfahren eine Vorinformation veröffentlicht, muss er nicht nur seine Entscheidung zur Aufhebung des Vergabeverfahrens oder zur erneuten Einleitung eines Vergabeverfahrens mitteilen, sondern **auch die Gründe für die Aufhebung und die eventuelle Neueinleitung des Vergabeverfahrens darlegen.** Erforderlich ist dabei sicherlich nicht eine umfangreiche, seitenlange Mitteilung; eine knappe, aber präzise Darlegung so, dass die Bieter und Bewerber sie alle so verstehen können, dass sie Konsequenzen für zukünftige Angebote oder Bewerbungen daraus ziehen können, dürfte ausreichen.

Fühlen sich **Bieter – ausdrücklich nur Bieter –** trotz Bekanntmachung nach § 21 und indivi- 10
dueller Mitteilung nach Abs. 1 nicht ausreichend unterrichtet, können sie vom Konzessionsgeber nach Abs. 2 **weitere Informationen zum Vergabeverfahren verlangen.** Innerhalb von 15 Tagen nach Eingang eines entsprechenden Antrags hat dann der öffentliche Konzessionsgeber in Textform nach § 126b BGB jeden nicht erfolgreichen Bieter über die Gründe für die Ablehnung seines Teilnahmeantrags zu informieren und jeden nicht erfolgreichen Bieter über die Gründe für die Ablehnung seines Angebotes ins Bild zu setzen. Außerdem haben alle Bieter das Recht, auf Antrag innerhalb von 15 Tagen die **Merkmale und Vorteile des erfolgreichen Angebotes sowie den Namen des erfolgreichen Bieters** zu erfahren. Auch in diesem Fall kommt es nicht auf ellenlange Darlegungen an, sondern darauf präzise und knapp festzustellen, sodass sich Bieter und Bewerber in Zukunft für eine erfolgreiche Teilnahme an Vergabeverfahren rüsten können.

Bei allen Angaben, die der öffentliche Auftraggeber nach Abs. 1 und 2 zu machen hat, braucht 11
er gem. Abs. 3 **keine Information zu übermitteln, die den Gesetzesvollzug beeinträchtigt,** den Interessen zuwider läuft, berechtigten geschäftlichen Interessen eines Unternehmens schadet oder den lauteren Wettbewerb beeinträchtigt. Vielfach darf er solche Angaben auch nicht veröffentlichen, wenn er nicht Gefahr laufen will, sich schadensersatzpflichtig zu machen.

II. Systematische Stellung und Zweck der Norm

§ 30 steht am Ende des Unterabschnitts 4 zu Vergabeverfahren und Zuschlag. Die Unterrichtung 12
der Bewerber und Bieter über die Entscheidung hat **lediglich noch Ordnungsfunktion und keinen materiellen Hintergrund** mehr. Die Basis für ein Nachprüfungsverfahren bildet die Unterrichtungsregelung des § 134 GWB.

§ 30 dient der Umsetzung von Art. 40 RL 2014/23/EU in deutsches Recht. 13

§ 31 Zuschlagskriterien

(1) Die Zuschlagskriterien nach § 152 Absatz 3 des Gesetzes gegen Wettbewerbsbeschränkungen sind in absteigender Rangfolge anzugeben.

(2) ¹Enthält ein Angebot eine innovative Lösung mit außergewöhnlich hoher funktioneller Leistungsfähigkeit, die der Konzessionsgeber nicht vorhersehen konnte, kann die Reihenfolge der Zuschlagskriterien entsprechend geändert werden. ²In diesem Fall hat der Konzessionsgeber die Bieter über die geänderte Reihenfolge der Zuschlagskriterien zu unter-

richten und unter Wahrung der Mindestfrist nach § 27 Absatz 4 Satz 1 eine neue Aufforderung zur Angebotsabgabe zu veröffentlichen. ³Wurden die Zuschlagskriterien zu demselben Zeitpunkt wie die Konzessionsbekanntmachung veröffentlicht, ist eine neue Konzessionsbekanntmachung unter Wahrung der Mindestfrist gemäß § 27 Absatz 3 zu veröffentlichen.

(3) Der Konzessionsgeber überprüft nach § 152 Absatz 3 des Gesetzes gegen Wettbewerbsbeschränkungen, ob die Angebote die Zuschlagskriterien tatsächlich erfüllen.

Schrifttum: *Christiani* in HK-VergabeR (Pünder/Schellenberg), § 31; *Müller-Wrede* in Müller-Wrede/Braun KonzVgV, § 31; *Steck* in Ziekow/Völlink, § 31; *Wiedemann* in KKMPP, § 58 VgV.

I. Regelungsgehalt und Überblick

1   **Dass** erst im § 31 – am Ende des Unterabschnitts „Auswahlverfahren und Zuschlag" – etwas zu den Zuschlagskriterien und **gar nichts zum Zuschlag selbst gesagt wird, überrascht.** Angesichts der systematischen Stellung der Norm direkt vor der Regel über die Aufhebung des Vergabeverfahrens hätte man erwartet, dass zu allererst eine den § 152 Abs. 3 GWB ergänzenden Zuschlagsbestimmung erfolgt, wie dies beispielsweise mit § 58 Abs. 1 und 2 in der Vergabeverordnung erfolgt. Stattdessen halten sich § 31 Abs. 1 und § 32 Abs. 2 mit dem eher nebensächlichen Gesichtspunkt auf, in welcher Reihenfolge die Zuschlagskriterien anzugeben sind, und verkündet § 31 Abs. 3 die Selbstverständlichkeit, dass der Konzessionsgeber prüft, ob die Angebote die Zuschlagskriterien erfüllen.

2   Angesichts dieser Lage muss zum **Zuschlag auf § 152 Abs. 3 S. 1 GWB** zurückgegriffen werden. Danach wird der Zuschlag nach einer Bewertung der Angebote unter Wettbewerbsbedingungen und auf der Grundlage **objektiver Kriterien** auf das Angebot erteilt, für das ein wirtschaftlicher Gesamtvorteil für den Konzessionsgeber ermittelt werden kann.[1] Objektiv ist sicher ein Kriterium, das nicht willkürlich ist und das mit dem Konzessionsgegenstand in Zusammenhang steht. Dass die Angebote unter Wettbewerbsbedingungen bewertet werden müssen, muss eigentlich nicht besonders hervorgehoben werden, weil das gesamte Konzessionsvergabeverfahren, außer in seltenen Ausnahmefällen, im Wettbewerb zu erfolgen hat. Ein größeres Problem dürfte darin bestehen, den wirtschaftlichen Gesamtvorteil für den Konzessionsgeber zu ermitteln. Am nächsten wird man den Überlegungen von Richtlinien- und Gesetzgeber kommen, wenn man davon ausgeht, dass auch ein Angebot angenommen werden darf, das zwar bei genauer Berechnung unwirtschaftlicher ist als ein anderes, aber doch noch ein wirtschaftliches Plus gegenüber einer Situation ohne Konzessionsvergabe beinhaltet.

3   Im Übrigen können die Zuschlagskriterien **qualitative, umweltbezogene und soziale Belange** umfassen; sie müssen mit einer Beschreibung einhergehen, die eine wirksame Prüfung der von den Bietern zu den Kriterien übermittelten Informationen gestattet und sie **müssen gem. Abs. 1 in absteigender Reihenfolge** angegeben werden.

4   Abs. 2 regelt einen besonderen Spezialfall: Bei dem Angebot einer für den Konzessionsgeber **überraschend innovativen Lösung** kann die Reihenfolge der Zuschlagskriterien geändert werden, sodass das innovative Angebot bei der Bewertung an die erste Stelle gerät und angenommen werden kann, auch wenn es ansonsten in der Gesamtbewertung nicht die Voraussetzungen für die Annahme erfüllen würde. In einem solchen Fall muss der Konzessionsgeber allerdings alle Bieter über die geänderte Reihenfolge der Zuschlagskriterien unterrichten und unter Wahrung der Mindestfrist des § 27 Abs. 4 S. 1 eine neue Aufforderung zur Angebotsabgabe veröffentlichen oder – wenn die Zuschlagskriterien in der Konzessionsbekanntmachung enthalten waren – eine neue Konzessionsbekanntmachung unter Wahrung der Mindestfrist gem. § 27 Abs. 3 veröffentlichen.[2]

5   Erstaunlich und überraschend ist, dass in der KonzVgV an keiner **Stelle angegeben ist, wo die Zuschlagskriterien** anzugeben sind – außer etwas versteckt in § 31 Abs. 2 S. 3, aus dem hervorgeht, dass man sie in aller Regel in der Bekanntmachung oder den Vergabeunterlagen zu finden haben wird. Die RL 2014/23/EU stellt dagegen in aller Klarheit in Art. 41 Abs. 3 UAbs. 1 RL 2014/23/EU und in Anhang V Nr. 9 RL 2014/23/EU fest, dass die Zuschlagskriterien in die Konzessionsbekanntmachung aufzunehmen sind, soweit sie nicht in anderen Vergabeunterlagen genannt sind.

---

[1]   Zu einzelnen Gestaltungsmöglichkeiten *Kruse*, Die Vergabe von Konzessionen, 2017, 157 ff.
[2]   Unabhängig davon kritisch zur Primärrechtskonformität *Goldbrunner* VergabeR 2016, 365 (383).

II. Systematische Stellung und Zweck der Norm

§ 31 steht als drittletzte Vorschrift am Ende des Unterabschnitts 4 der Verordnung über Auswahlverfahren und Zuschlag **am Ende der Kette der nach dem Ablauf eines Verfahrens aufgebauten Regeln über die Konzessionsvergabe.** 6

Er dient der **Ergänzung der Regeln des § 152 Abs. 3 GWB über Zuschlag und Zuschlagskriterien** und bezweckt die Umsetzung Art. 41 RL 2014/23/EU in deutsches Recht. 7

§ 32 Aufhebung von Vergabeverfahren

(1) ¹Der Konzessionsgeber ist berechtigt, ein Vergabeverfahren ganz oder teilweise aufzuheben, wenn
1. kein Angebot eingegangen ist, das den Bedingungen entspricht,
2. sich die Grundlage des Vergabeverfahrens wesentlich geändert hat,
3. kein wirtschaftliches Ergebnis erzielt wurde oder
4. andere schwerwiegende Gründe bestehen.

²Im Übrigen ist der Konzessionsgeber grundsätzlich nicht verpflichtet, den Zuschlag zu erteilen.

(2) ¹Der Konzessionsgeber teilt den Bewerbern oder Bietern nach Aufhebung des Vergabeverfahrens unverzüglich die Gründe für seine Entscheidung mit, auf die Vergabe einer Konzession zu verzichten oder das Verfahren erneut einzuleiten. ²Auf Antrag teilt er ihnen dies in Textform nach § 126b des Bürgerlichen Gesetzbuchs mit.

Schrifttum: BGH, Urteil v. 5.11.2002 – X ZR 232/00 – „Ziegelverblendung" mit Anm. v. *Marx* VergabeR 2010, 781; *Dieck-Bogatzke*, Probleme der Aufhebung der Ausschreibung – ein Überblick über die aktuelle Rechtsprechung des OLG Düsseldorf, VergabeR 2008, 392; *Lischka* in Müller-Wrede/Braun KonzVgV, § 32; *Jasper/ Pooth*, Rechtsschutz gegen die Aufhebung einer Ausschreibung, NZBau 2003, 261; *Jürschik*, Aufhebung der Aufhebung und Kontrahierungszwang bei der öffentlichen Auftragsvergabe, VergabeR 2013, 663; *Portz*, Die Aufhebung der Ausschreibung, Vergabe Navigator 4/2007, 5; *Portz* in KKMPP, § 63 VgV; *Ruhland* in HK-VergabeR (Pünder/Schellenberg), § 32.

Übersicht

	Rn.		Rn.
I. Regelungsgehalt und Überblick	1	II. Systematische Stellung und Zweck der Norm	9

I. Regelungsgehalt und Überblick

Ein Vergabeverfahren endet gewöhnlich und im Normalfall mit dem Zuschlag. Auf den Zuschlag zielt das gesamte Verfahren. Der Zuschlag genannte Vertragsabschluss beendet das Verfahren nach dem Sinn des Verfahrens. Es gibt jedoch eine ganze Reihe von Situationen, die – nach Beginn des Vergabeverfahrens – einen ordnungsgemäßen Vertragsabschluss nicht mehr gestatten. In einem solchen **Ausnahmefall** kann eine **Aufhebung das Mittel der Wahl zum rechtmäßigen Abschluss** eines laufenden Vergabeverfahrens sein. Neben der Beendigung eines Vergabeverfahrens durch den Zuschlag ist die Aufhebung sogar die einzige Möglichkeit, ein Vergabeverfahren rechtmäßig zu beenden.[1] Abs. 1 regelt die Gründe, in denen die Weiterführung eines Vergabeverfahrens unzumutbar und eine Aufhebung gerechtfertigt ist. Dann müssen die Interessen der Bieter und Bewerber an einer Zuschlagserteilung hinter dem Aufhebungsinteresse des Konzessionsgebers zurücktreten. 1

Nach Abs. 1 ist der Konzessionsgeber berechtigt, nicht verpflichtet ein Vergabeverfahren aufzuheben. Die Aufhebung liegt also prinzipiell im **Ermessen des Konzessionsgebers.** Das ist allerdings dann nicht der Fall, wenn sich das Ermessen so reduziert, dass das Vergabeverfahren auch durch Zurücksetzen in frühere Stadien und eine Fehlervermeidung nicht mehr retten lässt, und bei Fortsetzung des laufenden Verfahrens die tragenden Grundsätze des Vergaberechtes verletzt würden. Selbstverständlich ist das Ermessen nur eingeschränkt überprüfbar, während das Vorliegen der Gründe des Abs. 1 kontrollierbar ist. 2

Der Konzessionsgeber kann von der Möglichkeit, ein Vergabeverfahren aufzuheben, **von der formellen Einleitung an bis kurz vor der Beendigung des Verfahrens durch Zuschlag** Gebrauch machen. 3

---

[1] *Portz* Vergabe Navigator 4/2007, 5 ff.; HK-VergabeR/*Ruhland* Rn. 1 f.

4 Eine Aufhebung ist nach Abs. 1 lit. a gerechtfertigt, wenn **kein Angebot eingegangen ist, das den „Bedingungen"** entspricht. Das sind Angebote, die nicht frist- und formgerecht eingegangen sind, die nicht die geforderten oder nachgeforderten Unterlagen enthalten, die die Eignungskriterien nicht erfüllen oder ausgeschlossen werden müssen. Ist ein einziges Angebot mangelfrei, kommt eine Aufhebung nach dieser Regel nicht in Betracht. Eine Aufhebung ist nach Abs. 1 lit. b berechtigt, wenn sich die **Grundlagen des Vergabeverfahrens wesentlich geändert haben.** Das ist dann der Fall, wenn außergewöhnliche Umstände eintreten, die eine Auftragsvergabe auf der Grundlage der bisherigen Vergabeunterlagen insgesamt sinnlos oder unzumutbar erscheinen lassen. Eine Anpassung der Angebote darf im Hinblick auf die Wesentlichkeit der Änderungen nicht in Betracht kommen. Ein Vergabeverfahren kann nach Abs. 1 auch aufgehoben werden, wenn es **kein wirtschaftliches Ergebnis** gebracht hat. Das ist wiederum der Fall, wenn das Verfahren nicht zu einem akzeptablen Preis/Leistungsverhältnis geführt hat. Unwirtschaftlich ist ein Ergebnis nur, wenn nach objektiven Maßstäben, nicht dagegen wenn es nach der subjektiven Einschätzung des Konzessionsgebers kostenungünstig ist. Liegt wenigstens ein Angebot unterhalb der Kostenschätzung des Konzessionsgebers, kann es nicht um ein unwirtschaftliches Ergebnis gehen. Schließlich kann eine Aufhebung eines Vergabeverfahrens nach Abs. 1 auch gerechtfertigt sein, wenn **andere schwerwiegende Gründe für eine Aufhebung** bestehen. Das ist eine Generalklausel, die nach absolut hM nur in ganz besonderen Ausnahmefällen zur Anwendung kommen soll.[2] Das Verfahren muss so mangelhaft sein, dass ein Festhalten des Konzessionsgebers an dem einmal eingeleiteten Verfahren nicht mit Recht und Gesetz zu vereinbaren wäre oder muss so viele einzelne kleinere Fehler haben, dass es in der Gesamtbetrachtung nicht mehr zu retten ist. Können die Angebote trotz der Mängel zB in der Leistungsbeschreibung noch verständig miteinander verglichen werden, kommt eine Aufhebung nach dieser Vorschrift nicht in Betracht.[3]

5 Ein Vergabeverfahren muss nicht immer ganz, es kann auch nur **teilweise aufgehoben** werden, wenn eine nur teilweise Aufhebung der Gesamtsituation angemessener ist. So ist es beispielsweise richtiger, nur den Teil eines Vergabeverfahrens aufzuheben, wenn nur für ein Los keine annehmbaren oder nur unwirtschaftlichen Angebote eingegangen sind.

6 Die Aufhebungsentscheidung ist nicht schon dann wirksam, wenn die behördeninterne Entscheidung gefallen ist. Die **Aufhebung ist erst wirksam, wenn** den noch im Verfahren verbliebenen Bewerbern und Bietern eine entsprechende **Mitteilung zugegangen** ist. Das Vergabeverfahren ist dann beendet, es sei denn der Konzessionsgeber macht seine Entscheidung über die Aufhebung rückgängig und nimmt das ursprüngliche Verfahren wieder auf[4] oder ein Bewerber oder Bieter greift die Aufhebung im Nachprüfungsverfahren an und es kommt im Verlauf des Nachprüfungsverfahrens zur Wiederaufnahme des Verfahrens.

7 Nach Abs. 2 ist der **Konzessionsgeber „grundsätzlich" nicht verpflichtet, den Zuschlag zu erteilen.** Diese Regel gibt die ständige Rechtsprechung des BGH wieder, wonach der öffentliche Auftraggeber nicht gezwungen werden kann und darf, einen der Ausschreibung entsprechenden Auftrag an einen geeigneten Bieter zu erteilen.[5] Auch zur Beseitigung einer Rechtsverletzung durfte schon im früheren Recht nach dieser Rechtsprechung weder von einer Vergabekammer noch von einem Oberlandesgericht eine Maßnahme getroffen werden, die den Auftraggeber zur Auftragsvergabe zwang. Dies gilt jetzt per Verordnung – allerdings nur „grundsätzlich", wobei völlig unklar ist, wann der Kontrahierungszwang denn doch gelten soll. Da die Aufhebung im Nachprüfungsverfahren angegriffen und dann logischerweise auch als rechtswidrig beseitigt werden kann,[6] bleiben dem Konzessionsgeber eigentlich nur drei Möglichkeiten: Entweder er nimmt sein rechtswidrig aufgehobenes Vergabeverfahren, wenn es denn geht, an früherer Stelle wieder auf und führt es rechtmäßig zu Ende oder versucht es mit einer zweiten, diesmal rechtmäßigen Aufhebung oder – drittens – er beendet das Vergabeverfahren rechtswidrig. Denn letzteres darf er unter Berufung auf Abs. 2 offensichtlich auch tun.

8 Der Konzessionsgeber hat nach Abs. 3 allen Bewerbern und Bietern die **Gründe für seine Entscheidung** das Vergabeverfahren aufzuheben **mitzuteilen.** Die Gründe für die Entscheidung müssen nicht umständlich ausgebreitet werden. Eine knappe und präzise Darstellung genügt. Allerdings werden allein Stichworte den Anforderungen nicht entsprechen.[7] Insbesondere ist auch mitzuteile, ob das Verfahren erneut eingeleitet werden soll. Die Gründe für den Verzicht und die eventuelle erneute Einleitung müssen allen Bewerbern und Bietern mitgeteilt werden, nicht nur den Bewerbern und Bietern, die noch am Verfahren beteiligt sind. Dabei ergibt sich eine Schwierigkeit, wenn Bewerber Vergabeunterlagen auf elektronischem Wege erlangt haben und von der Möglichkeit

---
[2] Portz in KKMPP VgV § 63 Rn. 55 ff.
[3] HK-VergabeR/*Ruhland* Rn. 2.
[4] BGH NZBau 2003, 293; OLG Koblenz NZBau 2003, 576.
[5] BGH NZBau 2003, 293.
[6] EuGH ZfBR 2002, 604 = VergabeR 2002, 361; BGH NZBau 2014, 310 Rn. 21.
[7] AA HK-VergabeR/*Ruhland* VgV § 63 Rn. 23.

Gebrauch gemacht haben, sich nicht zu registrieren. Dann können sie dem Konzessionsgeber nicht bekannt sein und er kann ihnen daher auch keine Mitteilung zukommen lassen. In diesem Fall muss es dabei bleiben, dass die Mitteilung auf Antrag des jeweiligen Bewerbers oder Bieters in Textform nach § 126b BGB erfolgt. Die Mitteilung des Konzessionsgebers über die Gründe für den Verzicht auf die Fortführung des Vergabeverfahrens oder für die erneute Einleitung eines Verfahrens ist unverzüglich nach Aufhebung des Verfahrens mitzuteilen, dh ohne schuldhaftes Verzögern nach dem Zugang der Aufhebungserklärung bei den noch im Verfahren verbliebenen Bewerbern und Bietern.

II. Systematische Stellung und Zweck der Norm

Die Vorschrift steht ganz **am Ende des Unterabschnitts 4 über das Auswahlverfahren und den Zuschlag** und gibt damit von seiner Stellung im System der Verordnung **den Hinweis auf seinen vorgeblichen Inhalt an:** Die Regel sollte eigentlich die Möglichkeiten für den Konzessionsgeber festlegen, noch vor Abschluss eines Vertrages wieder aus einem Vergabeverfahren auszusteigen. 9

§ 32 ist identisch mit § 63 VgV und entspricht § 57 SektVO. Alle drei **Vorschriften beruhen nicht auf zwingenden Vorgaben des europäischen Richtlinienrechtes.** Art. 55 Abs. 1 RL 2014/24/EU erwähnt die Aufhebung eines Vergabeverfahrens, enthält jedoch keine weiteren Vorgaben dafür. Die Vorschrift der SektVO entspricht noch am ehesten dem europäischen Recht, lässt der EuGH[8] doch eine Aufhebung oder eine wie auch sonst genannte **Beendigung des Vergabeverfahrens ohne Vertragsabschluss zu, wenn sie nicht willkürlich erfolgt und mit sachlichen Gründen gerechtfertigt** werden kann. 10

Die hier besprochenen Vorschriften **dienen daher nur vordergründig der Beendigung eines Vergabeverfahrens ohne Zuschlag.** Wie Abs. 2 sehr deutlich macht, kann auch dann, wenn keiner der alleinigen vier Gründe zur Beendigung eines Verfahrens vorliegt, der Konzessionsgeber nicht zum Zuschlag gezwungen werden. Das heißt, es muss logischerweise noch andere gangbare Wege zur Beendigung geben, die allerdings nach Abs. 1 nur rechtswidrige Wege sein können. Rechtswidriges Vorgehen in einem Vergabeverfahren, kann aber von jedem Konkurrenten im Nachprüfungsverfahren unter Hinweis auf seine Rechte aus § 97 Abs. 6 GWB unterbunden werden – außer dass er verlangen kann, dass die Vergabekammer den Konzessionsgeber zum Vertragsabschluss verpflichtet. Dies ist ja nach Abs. 2 eben gerade nicht möglich. **Abs. 2 zwingt also den Konzessionsgeber zu einer rechtswidrigen Beendigung des Vergabeverfahrens, wenn es im Einzelfall nicht möglich ist, das Verfahren in einen Zustand zurückzuversetzen, von dem an es wieder rechtmäßig weitergeführt werden kann.** Die vom BGH[9] einmal dargestellte Möglichkeit, im Nachprüfungsverfahren einfach nur festzustellen, das Vergabeverfahren verlaufe rechtswidrig, wird weder der Aufgabe der Vergabekammern und der Gerichte im Nachprüfungsverfahren noch der Vorschrift des § 97 Abs. 6 GWB gerecht. Rechtswidrig ist in diesem Zusammenhang auch eine Aufhebung, für die es nach den Vorstellungen des EuGH durchaus sachliche Gründe gibt, die aber nicht so gravierend sind, dass sie in eine der vier rechtfertigenden Kategorien des Abs. 1 fallen. 11

Abs. 1 und 2 bezwecken daher in Wahrheit etwas anderes. Sie dienen dazu, die Grenze festzulegen zwischen rechtmäßiger Aufhebung, die der Konzessionsgeber ohne weitere negative Konsequenzen vornehmen kann, und rechtswidriger Aufhebung, bei der der Konzessionsgeber in die Schadensersatzpflicht gerät; bei rechtswidriger Aufhebung ist er in der Pflicht, das negative Interesse nach § 181 GWB oder nach cic zu gewähren. Dass der Verordnungsgeber nicht die Kraft gefunden hat, sich mit einer überzeugenden Regelung zur Aufhebung, wie sie es zB mit der Übernahme der Regelung des § 57 SektVO gewesen wäre, von der eigentlich völlig aus der Zeit gefallenen, auf der VOB beruhenden Rechtsprechung des X. Senats des BGH aus dem vorigen Jahrhundert zu verabschieden, ist sehr schade und wird mit ziemlicher Sicherheit zu Unklarheiten, überflüssigen Rechtsstreitigkeiten und hunderten von Kommentaren und Artikeln führen. Das Gegenargument, dass durch eine solche völlige Neuregelung der Schutz der Wettbewerbsteilnehmer reduziert und die Gewährung von Schadensersatz auf sehr viel weniger Fälle beschränkt worden wäre, ist nicht überzeugend. Mit der Gewährung des negativen Interesses in einem Vergabeverfahren ist ohnehin keinem Unternehmen wirklich gedient.[10] Unternehmen wollen Gewinne machen. 12

---

[8] EuGH ZfBR 2002, 604 = VergabeR 2002, 361.
[9] BGH ZfBR 2003, 401 = VergabeR 2003, 313; zum Problem insgesamt *Dieck-Bogatzke* VergabeR 2008, 392 (395 ff.).
[10] BGH NZBau 2003, 168 m. Anm. v. *Marx* VergabeR 2002, 785.

Abschnitt 3. Ausführung der Konzession

§ 33 Vergabe von Unteraufträgen

(1) ¹Der Konzessionsgeber kann Unternehmen in der Konzessionsbekanntmachung oder den Vergabeunterlagen auffordern, bei Angebotsabgabe die Teile der Konzession, die sie im Wege der Unterauftragsvergabe an Dritte zu vergeben beabsichtigen, sowie, falls zumutbar, die vorgesehenen Unterauftragnehmer zu benennen. ²Vor Zuschlagserteilung kann der Konzessionsgeber von den Bietern, deren Angebote in die engere Wahl kommen, verlangen, die Unterauftragnehmer zu benennen und nachzuweisen, dass ihnen die erforderlichen Mittel dieser Unterauftragnehmer zur Verfügung stehen. ³Wenn ein Bewerber oder Bieter die Vergabe eines Teils der Konzession an einen Dritten im Wege der Unterauftragsvergabe beabsichtigt und sich zugleich im Hinblick auf seine Leistungsfähigkeit auf die Kapazitäten dieses Dritten beruft, ist auch § 25 Absatz 3 anzuwenden.

(2) Die Haftung des Hauptauftragnehmers gegenüber dem Konzessionsgeber bleibt von Absatz 1 unberührt.

(3) Der Konzessionsnehmer einer Baukonzession, der im Rahmen dieser Baukonzession Aufträge an Dritte vergibt, deren Gegenstand die Erbringung von Bauleistungen im Sinne des § 103 Absatz 3 des Gesetzes gegen Wettbewerbsbeschränkungen ist, hat in der Regel Teil B der Vergabe- und Vertragsordnung für Bauleistungen, die Allgemeinen Vertragsbedingungen für die Ausführung von Bauleistungen, und Teil C der Vergabe- und Vertragsordnung für Bauleistungen, die Allgemeinen Technischen Vertragsbedingungen für Bauleistungen, zum Vertragsgegenstand zu machen.

(4) ¹Im Falle von Baukonzessionen und in Bezug auf Dienstleistungen, die in der Einrichtung des Konzessionsgebers unter dessen direkter Aufsicht zu erbringen sind, schreibt der Konzessionsgeber dem Konzessionsnehmer in den Vertragsbedingungen vor, dass dieser spätestens bei Beginn der Durchführung der Konzession die Namen, die Kontaktdaten und die gesetzlichen Vertreter der Unterauftragnehmer mitteilt und dass jede im Rahmen der Durchführung der Konzession eintretende Änderung auf der Ebene der Unterauftragnehmer mitzuteilen ist. ²Der Konzessionsgeber kann die Mitteilungspflichten auch als Vertragsbedingungen für die Vergabe von Dienstleistungskonzessionen vorsehen, bei denen die Dienstleistungen nicht in der Einrichtung des Konzessionsgebers unter dessen direkter Aufsicht zu erbringen sind. ³Des Weiteren können die Mitteilungspflichten auch auf Lieferanten, die bei Bau- oder Dienstleistungskonzessionen beteiligt sind, sowie auf weitere Stufen in der Kette der Unterauftragnehmer ausgeweitet werden.

(5) Für Unterauftragnehmer aller Stufen ist § 152 Absatz 4 in Verbindung mit § 128 Absatz 1 des Gesetzes gegen Wettbewerbsbeschränkungen anzuwenden.

(6) ¹Der Konzessionsgeber überprüft vor der Erteilung des Zuschlags, ob Gründe für den Ausschluss von Unterauftragnehmern vorliegen. ²Bei Vorliegen zwingender Ausschlussgründe verlangt der Konzessionsgeber, dass der Unterauftragnehmer ersetzt wird, bei Vorliegen fakultativer Ausschlussgründe kann der Konzessionsgeber verlangen, dass der Unterauftragnehmer ersetzt wird. ³Der Konzessionsgeber kann dem Bewerber oder Bieter dafür eine Frist setzen.

Schrifttum: *Amelung*, Ausgewählte Fragen im Zusammenhang mit der Benennung von Nachunternehmern im Vergabeverfahren, ZfBR 2013, 337; *Amelung*, Das unzulässige Selbstausführungsgebot, NZBau 2017, 139; *Conrad*, Nachunternehmereinsatz und Eignungsleihe: Was ist der Unterschied?, VergabeR 2012, 15; *Conrad*, Die vergaberechtliche Unterscheidung zwischen Nachunternehmereinsatz und Eignungsleihe, VergabeR 2013, 15; *Goldbrunner*, Das neue Recht der Konzessionsvergabe, VergabeR 2016, 365; *Kafedzic*, Vergaberechtlich statthafter Zeitpunkt für die Forderung nach der Benennung von Unterauftragnehmern und „Eignungsverleihern", VergabeR 2018, 498; *Knauff/Badenhausen*, Die neue Richtlinie über die Konzessionsvergabe, NZBau 2014, 395; *Kues*, Lieferanten sind keine Nachunternehmer, IBR 2015, 94.

Übersicht

	Rn.		Rn.
I. Normzweck	1	III. Unterauftragnehmerleistungserklärung, Unterauftragnehmerbenen-	
II. Europarechtlicher Hintergrund	6		

I. Normzweck

Rn.		Rn.
nung, Unterauftragnehmernachweis und Eignungsleihe (Abs. 1) 11	IV. Haftung des Hauptauftragnehmers (Abs. 2)	16
1. Benennung von Unterauftragnehmerkonzessionsteilen und Zumutbarkeit der frühzeitigen Benennung von Unterauftragnehmern bei Angebotsabgabe (Abs. 1 S. 1) .. 12	V. Geltung von VOB/B und VOB/C (Abs. 3)	18
	VI. Mitteilungspflichten des Unterauftragnehmers (Abs. 4)	20
2. Benennung von Unterauftragnehmern und Verfügbarkeitsnachweis vor Zuschlagserteilung (Abs. 1 S. 2) 13	VII. Geltung des § 152 Abs. 4 GWB iVm § 128 Abs. 1 GWB (Abs. 5)	26
3. Zusammenfallen von Unterauftragnehmereinsatz und Eignungsleihe (Abs. 1 S. 3) 14	VIII. Ausschlussgründe und Unterauftragnehmerersetzung (Abs. 6)	32
	IX. Rechtsschutz	44

I. Normzweck

Mit der 2016 neu etablierten KonzVgV legte der Verordnungsgeber eine neue, vierte Ausführungsverordnung[1] zum GWB nur für den Konzessionsbereich vor, die auf der Ermächtigung in § 113 S. 1 und 2 GWB beruht, in § 113 S. 2 GWB dann näher umschriebene Einzelheiten zur Vergabe ua von Konzessionen zu regeln. § 33 ergänzt auf dieser Grundlage die §§ 122 ff. GWB iVm § 152 Abs. 2 GWB und §§ 25 und 26 zur Eignungsprüfung und der Prüfung des Nichtvorliegens von Ausschlussgründen beim Konzessionsnehmer für den Fall der geplanten Unterauftragsvergabe oder damit kombinierten Eignungsleihe, die aber strikt voneinander getrennt betrachtet werden müssen.[2] Hintergrund ist dabei die auch vom EuGH[3] schon sehr frühzeitig anerkannte Freiheit eines Unternehmens, an einem Vergabeverfahren wie auch dem Konzessionsvergabeverfahren auch dann teilnehmen zu können bzw. zu dürfen, wenn es zur Ausführung des zugrunde liegenden Auftrags Dritte oder deren Mittel einsetzen will oder muss. Die Verordnungsbegründung[4] definiert dabei den Fall der sog. Eignungsleihe (§ 33 Abs. 1 S. 3 iVm § 25 Abs. 3) als Konstellation, bei der sich ein Unternehmen (i. e. Konzessionsnehmer) auf Kapazitäten Dritter berufen kann, ohne dass diese zugleich als Nachunternehmer (i. e. Unterauftragnehmer) mit einem Teil der Leistung beauftragt werden. Diese sei von der Unterauftragsvergabe zu unterscheiden, bei der der gesamte Auftrag oder ein Teil des Auftrags auf eine dritte Person übertragen werde, dem Hauptanwendungsfall des § 33. Ähnlich wie öffentliche Auftraggeber aufgrund der **Parallelvorschrift** des **§ 36 VgV** können **auch Konzessionsgeber** iSd § 101 GWB **Unternehmen/Konzessionsnehmer** nach § 33 **auffordern**, diese konzessionsrelevanten **Auftragsteile, die sie an Dritte** zu vergeben beabsichtigen **(Unterauftragsvergabe)**, und – **falls zumutbar** – ergänzend auch noch die vorgesehenen **Unterauftragnehmer selbst**, schon im Angebot[5] zu **benennen**. 1

Auf übergeordneter Gesetzesebene bestimmt **§ 152 Abs. 2 GWB**, dass auch **Konzessionen** (nur) an **geeignete** Unternehmen iSd § 122 GWB vergeben werden. § 154 S. 1 Nr. 2 lit. a GWB legt ferner fest, dass zumindest private Sektorenkonzessionsgeber nach § 101 Abs. 1 Nr. 1 GWB ein Unternehmen unter den Voraussetzungen des § 123 GWB ausschließen können, aber anders als im klassischen Vergaberechtsbereich, vorbehaltlich § 123 Abs. 5 GWB, nicht ausschließen müssen. 2

Die konzessionsrelevanten Regelungen differenzieren dabei zwischen den „qualifizierten" Unterauftragnehmern, deren sich der Konzessionsnehmer im Wege der Eignungsleihe zur Sicherstellung der eigenen Eignung nach § 122 GWB bedient und „einfachen" Unterauftragnehmern, die er für die Erfüllung der Eignungsanforderungen nicht benötigt, auf die er aber Teile der Leistungserbringung verlagern will.[6] Abzugrenzen ist der einfache Unterauftragnehmer von Dritten, die lediglich vom Konzessionsnehmer benötigte Mittel wie Transportmittel, Geräte, Personal oder Baumaterial bereit gestellt erhalten oder reine Hilfsleistungen erbringen.[7] Die Regelungen über die Unterauf- 3

---

[1] Neben den etablierten VgV, SektVO und VSVgV.
[2] Im Falle des § 33 Abs. 1 S. 3 iVm § 25 sind beide Varianten aber auch kombinierbar. Vgl. dazu Conrad VergabeR 2012, 5.
[3] Grundlegend EuGH Urt. v. 14.4.1994 – C-389/92, BeckRS 2004, 76951 sowie EuGH Urt. v. 2.12.1999 – C-176/98, NZBau 2000, 149.
[4] BR-Drs. 87/16, 297.
[5] Zum vergaberechtlich statthaften Zeitpunkt der Forderung nach Benennung der namentlichen Unterauftragnehmer oder Eignungsverleiher, vgl. vertiefend Kafedzic VergabeR 2018, 498 ff.
[6] Dies können auch konzernangehörige Unternehmen sein, die insoweit als Unterauftragnehmer gelten, weil es auf die Art der gesellschaftsrechtlichen Verbindung zum Konzessionsnehmer nicht ankommt; vgl. OLG Düsseldorf Beschl. v. 30.6.2010 – VII-Verg 13/10, BeckRS 2010, 25650.
[7] OLG Düsseldorf Beschl. v. 30.6.2014 – VII-Verg 13/10, BeckRS 2010, 25650 sowie VK Bund Beschl. v. 6.6.2016 – VK 1-30/16, VPR 2017, 1001.

tragsvergabe in § 33 berücksichtigen vor diesem Hintergrund zum einen das Interesse des Konzessionsgebers an Kenntnissen und Details darüber, welche Unternehmen in die Konzessionsausführung eingebunden werden bzw. werden sollen.[8] Entsprechend Erwägungsgrund 72 RL 2014/23/EU muss in der Kette der Unterauftragsvergabe eine gewisse Transparenz gewährleistet sein, damit Auftraggeber über Informationen darüber verfügen, wer an Baustellen tätig ist, auf denen Bauleistungen für sie erbracht werden, oder welche Unternehmen Dienstleistungen in und an Gebäuden, Infrastruktur und Arealen wie Rathäusern, städtischen Schulen, Sporteinrichtungen, Häfen oder Straßen erbringen, für die Auftraggeber zuständig sind oder die unter ihrer Aufsicht stehen. Es sollte insoweit klargestellt werden, dass die Verpflichtung der Bereitstellung der erforderlichen Informationen in jedem Fall beim Konzessionsnehmer liegt. Derselbe **Erwägungsgrund 72** RL 2014/23/EU betont darüber hinaus die Wichtigkeit, die Erfüllung **der geltenden Anforderungen des Unionsrechts,** der **nationalen Rechtsvorschriften** und von **Tarifverträgen** auf dem Gebiet des Umwelt-, Sozial- und Arbeitsrechts und der internationalen umwelt-, sozial- und arbeitsrechtlichen Vorschriften **durch Unterauftragnehmer** mittels geeigneter Maßnahmen der zuständigen Gewerbeaufsichts- oder Umweltschutzbehörden im Rahmen ihrer Zuständigkeiten und Befugnisse **sicherzustellen.** Durch die Einführung von eigenen Prüf- und Ablehnungsrechten des Konzessionsgebers soll in Umsetzung dessen ermöglicht werden, entsprechende vergaberechtlich untersetzte Anforderungen, die der Konzessionsnehmer selbst erfüllen muss, auch auf Unterauftragnehmer zu erstrecken.[9]

4   Einerseits dient § 33 diesen Ansinnen, soll aber **mittelbar auch** noch dem allgemeineren Ziel eines **besseren Zugangs von kleinen und mittleren Unternehmen** (KMU) zu Konzessionsvergaben[10] dienen.[11] Denn die Auslagerung von Leistungsteilen auf Dritte kann es sich bewerbenden oder anbietenden Unternehmen ermöglichen, sich an einer Konzessionsvergabe überhaupt erst zu beteiligen, wenn sie mit eigenen Kräften und Ressourcen dazu gerade ansonsten nicht in der Lage wären.[12] Demgegenüber regelt § 33 weder direkt noch mittelbar, ob der Konzessionsgeber die Untervergabe zulassen muss oder in welchen Fällen er sie einschränken kann.[13] Insbesondere mangelt es der KonzVgV an entsprechenden Regelungen wie sie etwa § 47 Abs. 5 VgV für kritische Aufgaben bei Dienstleistungsaufträgen (Selbstausführungsgebot), Art. 4 Abs. 7 S. 2 und 3 VO (EG) 1370/2007 spezialiter für Personenverkehrsdienste oder § 9 Abs. 3 Nr. 1 VSVgV im verteidigungs- und sicherheitsrelevanten Bereich mit bis zu 30%iger verpflichtender Unterauftragnehmerquote aufweisen. Zudem besteht auch keine Pflicht des Baukonzessionsnehmers seinerseits, bei der Vergabe von Unterauftragnehmerleistungen das Vergaberecht anwenden zu müssen.[14] Eine solche Pflicht hatte ehedem noch § 98 Abs. 6 GWB aF enthalten, wenn auch über eine Erstreckung des persönlichen Anwendungsbereichs des Vergaberechts (nur) auf Baukonzessionäre,[15] während Dienstleistungskonzessionen nach vormaligen Recht sogar ganz von der Geltung des Vergaberechts ausgenommen waren.[16]

---

[8] In dieser Diktion auch *Conrad* in Müller-Wrede/Braun KonzVgV Rn. 3, unter Bezug auf Erwägungsgrund 72 RL 2014/23/EU.
[9] So auch *Conrad* in Müller-Wrede KonzVgV Rn. 3.
[10] Erwägungsgrund 63 RL 2014/23/EU verweist darauf, dass insbes. die Möglichkeit, auch die Leistungen anderer Unternehmen einzubeziehen, für die Teilnahme von KMU entscheidend sein kann und Eignungskriterien einen Wirtschaftsteilnehmer nicht daran hindern sollten, außer unter außergewöhnlichen Umständen, die Leistungen anderer Unternehmen einzubeziehen, unabhängig davon, welche rechtlichen Beziehungen zwischen ihm und diesen Unternehmen bestehen.
[11] So in der Diktion auch *Conrad* in Müller-Wrede KonzVgV Rn. 4, der aber davon ausgeht, die aktuelle Konzessionsvergaberichtlinie enthalte expressis verbis im Gegensatz zum vormaligen Erwägungsgrund 32 RL 2004/18/EG keine Bestimmung mehr zur Förderung des Zugangs von kleinen und mittleren Unternehmen.
[12] So auch *Conrad* in Müller-Wrede KonzVgV Rn. 4.
[13] So zu Recht gegen ein Selbstausführungsgebot oder Selbstausführungsquoten *Conrad* in Müller-Wrede KonzVgV Rn. 24; aA *Plauth* in Müller-Wrede VgV/UVgO § 36 Rn. 23, für die Parallelvorschrift im klassischen Vergabebereich. Für die Sichtweise von *Conrad* spricht dessen von der Rspr. (OLG Rostock Beschl. v. 23.4.2018 – 17 Verg 1/18, VPR 2018, 1017) adaptiertes Argument, wenn der Auftraggeber/Konzessionsgeber schon nicht vorschreiben dürfe, dass der künftige Auftragnehmer/Konzessionsnehmer einen bestimmten Prozentsatz der Arbeiten selbst ausführen müsse, so dürfe er die Selbstausführung selbstverständlich auch nicht für wesentliche Teile vorschreiben. Demgegenüber sieht neuerdings § 26 Abs. 6 UVgO zumindest für den Unterschwellenbereich bei klassischen Dienst- und Lieferleistungen vor, dass der Auftraggeber vorgeben kann, dass alle oder bestimmte Aufgaben bei der Leistungserbringung vom Auftragnehmer oder im Fall einer Bietergemeinschaft von einem Teilnehmer der Bietergemeinschaft ausgeführt werden müssen.
[14] Insbes. § 33 Abs. 3 erwähnt die VOB/A, oder andere rein vergaberechtliche Bestimmungen im Gegensatz zur dort verankerten VOB/B und VOB/C gerade nicht; vgl. dazu die anders lautende Rechtslage in § 9 Abs. 3 Nr. 2 VSVgV iVm §§ 38–41 VSVgV.
[15] Vgl. Ziekow/Völlink/*Püstow* Rn. 6.
[16] Erwägungsgrund 72 RL 2014/23/EU.

II. Europarechtlicher Hintergrund   5–9   § 33 KonzVgV

Zu § 33 vergleichbare Regelungen finden sich in § 36 VgV, ohne den dort nicht erfassten   5
Baubereich, und § 34 SektVO. In § 34 SektVO fehlt aber eine § 33 Abs. 1 S. 3 vergleichbare Regelung zur Kombination mit einer Eignungsleihe sowie wie bei § 36 VgV eine Entsprechung zu § 33 Abs. 3 zur zu vereinbarenden VOB/B und VOB/C. Unterschwellig enthält seit 2017 § 26 UVgO als Nachfolgerin der alten VOL/A, eine ähnliche Regelung mit dem Unterschied, dass eine Prüfung von Ausschlussgründen hinsichtlich der Unterauftragnehmer nach § 26 Abs. 5 UVgO nicht zwingend ist und der Auftraggeber die Selbstausführung des Auftrags vorschreiben oder den Unterauftragnehmereinsatz ganz oder teilweise ausschließen kann (§ 26 Abs. 6 UVgO). Zudem gilt § 26 UVgO gerade nicht für Konzessionsvergaben (vgl. § 1 Abs. 1 UVgO) und ist somit unterschwellig eher eine Parallelbestimmung zum oberschwelligen § 36 VgV.

II. Europarechtlicher Hintergrund

§ 33 dient ausweislich der amtlichen Begründung[17] der **Umsetzung von Art. 42 RL 2014/**   6
23/EU[18] und regelt auch im Lichte des Erwägungsgrunds 72 RL 2014/23/EU die Rechtsverhältnisse in Konzessionsvergaben bei Unteraufträgen. Nach dieser Begründung ist der Wortlaut zudem aber auch – eigentlich systemwidrig – an der Umsetzung des Art. 71 RL 2014/24/EU in § 36 VgV[19] für klassische Auftragsvergaben ausgerichtet,[20] wobei einschränkend zu berücksichtigen ist, dass der Wortlaut der Parallelvorschrift in § 36 VgV gem. § 2 VgV die Unterauftragsvergabe bei der Vergabe von Bauaufträgen – anders als § 33 – gerade nicht regelt. Diese Lücke wird im klassischen Baubereich ansatzweise von der VOB/A EU[21] geschlossen, die in § 6a EU Nr. 3 i VOB/A und § 6d EU VOB/A Regelungen zur Unterauftragsvergabe enthält.[22] Einige Absätze des § 33 sind aber auch nationale Eigenschöpfungen ohne konkrete EU-Vorgaben, während andererseits auch einige EU-Vorgaben nicht in deutsches Recht umgesetzt wurden. Erstgenannte Eigenschöpfungen sind der Abs. 3 zur Einbeziehung von VOB/B und VOB/C sowie die Fristsetzungsmöglichkeit in Abs. 6 S. 3 des § 33.

Auch im Konzessionsvergabebereich sind **Unterauftragnehmer,** die teilweise in anderen   7
Bestimmungen leider auch immer noch Nach- oder Subunternehmer[23] genannt werden, zum einen **von Zulieferern und Lieferanten,** zum anderen von **Fällen der Eignungsleihe nach § 25 abzugrenzen.** Zudem sind nach § 25 Abs. 3 **auch Mischfälle** von Unterauftragsvergaben mit einer Eignungsleihe **möglich.**

In der KonzVgV, aber auch im klassischen Vergaberecht ist die Unterauftragsvergabe ebenso   8
wenig definiert wie der Unterauftragnehmer, der auch in gestreckten Ketten und Unterstufen auftreten kann.

Da aber zumindest die VSVgV im verteidigungs- und sicherheitsrelevanten Vergabebereich   9
in den dortigen **§ 4 Abs. 2 und § 9 Abs. 3 Nr. 1** einen **Unterauftrag** begrifflich dadurch kennzeichnet, dass es sich dabei um einen zwischen einem erfolgreichen Bieter und einem oder mehreren Unternehmen geschlossenen entgeltlichen Vertrag über die Ausführung des betreffenden Auftrags oder von Teilen des Auftrags handelt bzw. ihn **dadurch kennzeichnet,** dass dieser **einen Teil des Auftrags an Dritte weiter vergibt,** erscheint ein **entsprechender Rückgriff** auf die dortige Definition auch im Konzessionsbereich möglich. Zudem stellt auch die **Rechtsprechung** entscheidend darauf ab, dass der Auftragnehmer/Konzessionsnehmer für die Phase der Auftragsausführung **Unterauftragnehmer arbeitsteilig zu einer vollständigen oder teilweisen Übernahme des**

---

[17] Verordnungsbegründung zu § 33, BR-Drs. 87/16, 297.
[18] Bei genauerem Hinsehen dürfte aber auch die Bestimmung des Art. 30 Abs. 3 RL 2014/23/EU mit § 33 Abs. 5 umgesetzt worden sein.
[19] Beachte insoweit auch die Kommentierung zu § 36 VgV (→ VgV § 36 Rn. 2 ff.) und im Hinblick auf § 33 Abs. 3 diejenige zu § 29 Abs. 2 VgV (→ VgV § 29 Rn. 42 ff.), wenn auch zur Vorgabe der VOL/B und nicht – wie hier – der VOB/B.
[20] Beachte aber die Erlaubnisse in § 151 S. 3 GWB, dass Konzessionsgeber vorbehaltlich der KonzVgV – und natürlich auch des § 97 Abs. 1 und 2 GWB – das Vergabeverfahren frei ausgestalten können und dass sie es nach § 12 Abs. 1 S. 2 an den Vorschriften der Vergabeverordnung (VgV) zum Ablauf des Verhandlungsverfahrens mit Teilnahmewettbewerb ausrichten können.
[21] Für unterschwellige Baukonzessionen gelten über § 23 Abs. 2 VOB/A sinngemäß die §§ 1–22 VOB/A.
[22] Kritisch zum nach wie vor bestehenden Kaskadensystem im Baubereich zu Recht *Knauff/Badenhausen* NZBau 2014, 395 und *Fett,* 19. forum vergabe Gespräche 2019, 183–185, der für die komplette Abschaffung einer VOB/A EU plädiert. Dies nicht zuletzt auch deswegen, weil die §§ 1–13 und §§ 21–27 VgV ohnehin auch jetzt schon für den klassischen EU-Baubereich gelten und zB § 20 EU VOB/A dennoch unnötiger Weise auf § 8 VgV zurückverweist und Regelungen wie in § 134 GWB wortgleich in der EU VOB/A (§ 19 EU VOB/A) wiederholt werden.
[23] Vgl. § 20 VS Abs. 1 S. 1 Nr. 8 VOB/A (Nachunternehmen) sowie sogar die Verordnungsbegründung zu § 33, BR-Drs. 87/16, 297 und 298, im Gegensatz zur Wortwahl in Art. 42 RL 2014/24/EU.

Auftrags heranziehen will und wird.[24] Werkvertraglich gewendet sind Unterauftragnehmer im vergaberechtlichen Sinne diejenigen Dritten, die nicht Partei der zu vergebenen Konzession werden, aber aufgrund eines Vertragsverhältnisses mit dem Konzessionsnehmer für diesen Teile der zu vergebenen Konzessionsleistung erbringen.[25]

10   Demgegenüber sind Lieferanten des Bieters, Transportunternehmer, Erbringer reiner Hilfsleistungen und Verleiher von Geräten oder Personal keine Nachunternehmer iSd § 33,[26] was auch die gesonderte und separate Erwähnung von Lieferanten in § 33 Abs. 4 S. 3[27] neben Unterauftragnehmern weiterer Stufen in der Unterauftragnehmerkette verdeutlicht.

III. Unterauftragnehmerleistungserklärung, Unterauftragnehmerbenennung, Unterauftragnehmernachweis und Eignungsleihe (Abs. 1)

11   § 33 Abs. 1 setzt Art. 42 Abs. 2 S. 1 RL 2014/23/EU[28] um und orientiert sich am Wortlaut von § 36 Abs. 1 VgV für klassische Auftragsvergaben.[29] Gemäß § 33 Abs. 1 S. 1 können Konzessionsgeber Unternehmen in der Konzessionsbekanntmachung nach § 19 oder den Vergabeunterlagen dazu auffordern, bei Angebotsabgabe den Auftragsteil, den sie an Dritte zu vergeben gedenken, sowie die vorgesehenen Unterauftragnehmer anzugeben, sofern ihnen Letzteres im Zeitpunkt der Angebotsabgabe bereits zumutbar ist. § 33 Abs. 1 S. 2 trägt dem Umstand Rechnung, dass Konzessionsgeber die in § 33 Abs. 6 geregelte Überprüfung des Nachunternehmers nur dann vornehmen können, wenn ihnen dieser vor Zuschlagserteilung genannt wurde und dem Konzessionsgeber die entsprechenden Nachweise, wie beispielsweise der in § 33 Abs. 1 S. 2 Hs. 2 ebenfalls aufgeführte Verfügungsnachweis des Nachunternehmers gegenüber dem Hauptauftragnehmer, vorliegen. Das Verlangen des Konzessionsgebers ist unter Berücksichtigung der Verhältnismäßigkeit nach § 97 Abs. 1 S. 2 GWB jedoch auf solche Unternehmen beschränkt, die in die engere Auswahlentscheidung kommen.[30]

12   **1. Benennung von Unterauftragnehmerkonzessionsteilen und Zumutbarkeit der frühzeitigen Benennung von Unterauftragnehmern bei Angebotsabgabe (Abs. 1 S. 1).** Konzessionsgeber können nach § 33 Abs. 1 S. 1 Unternehmen **in der Konzessionsbekanntmachung** nach § 19 **oder** den **Vergabeunterlagen** nach § 16 zum einen auffordern, **bei Angebotsabgabe den Auftragsteil,** den sie (ggf.) an Dritte zu vergeben gedenken, anzugeben. Die zusätzliche frühzeitige Angabe auch schon der konkret vorgesehenen Unterauftragnehmer im Angebot, kann der Konzessionsgeber nur fordern, sofern dies dem Konzessionsnehmer zu diesem frühen Zeitpunkt schon zumutbar ist. Dies beurteilt sich unter Berücksichtigung der beteiligten Interessen in jedem Einzelfall gesondert. In die Abwägung eingestellt werden können die Größe der betroffenen Konzessionsmaßnahme und die Überschaubarkeit des voraussichtlichen Bieterkreises, bei dem es bei einem kleineren Vorhaben eher zu einer beschränkten Inanspruchnahme von Unterauftragnehmern kommen wird, während bei Großvorhaben erfahrungsgemäß umfangreich Unterauftragnehmer zum Einsatz kommen sollten.[31] Denkbar ist die Forderung zur frühzeitigen Benennung der Unterauftragnehmer auch für einen klar umrissenen Leistungsbestandteil von herausgehobenem Interesse des Konzessionsgebers.[32] Auf der anderen Seite ist gegen eine Benennung schon bei Angebotsabgabe zugunsten des Konzessionsnehmers einzustellen, dass dieser durch die vorher einzuholenden verbindlichen Zusagen der Unterauf-

---

[24] OLG Düsseldorf Beschl. v. 25.6.2014 – VII-Verg 38/13, BeckRS 2014, 15908.
[25] Vgl. OLG München Beschl. v. 12.10.2012 – Verg 16/12, VergabeR 2013, 108; *Amelung* ZfBR 2013, 337; *Conrad* VergabeR 2012, 15 (18).
[26] Vgl. weitergehend *Kues* IBR 2015, 94.
[27] Vgl. auch Art. 71 Abs. 5 UAbs. 1 RL 2014/24/EU, wonach auch in der klassischen Vergaberichtlinie die Geltung von Art. 71 Abs. 5 UAbs. 1 RL 2014/24/EU (Mitteilungspflichten, analog § 33 Abs. 1) für Lieferanten ausdrücklich ausgeschlossen ist.
[28] Hinsichtlich § 31 Abs. 1 S. 2 Hs. 2 aber auch mittelbar Art. 38 Abs. 2 S. 2 RL 2014/23/EU, auch wenn sich dort die Begrenzung nur auf Bieter, deren Angebote in die engere Wahl gelangt sind, gerade nicht wiederfindet. Ob vor diesem Hintergrund die Begründung des Verordnungsgebers (BR-Drs. 87/16, 298) „Das Verlangen des Konzessionsgebers ist unter Berücksichtigung der Verhältnismäßigkeit jedoch auf Unternehmen beschränkt, die in die engere Auswahlentscheidung kommen" trägt, ist durchaus fraglich. Andererseits bestimmt auch Art. 42 Abs. 3 S. 1 RL 2014/23/EU, dass in den dort benannten Fällen, wenn auch zeitlich erst nach Zuschlagserteilung und spätestens bei Beginn der Durchführung der Konzession dem Konzessionsgeber die Namen, Kontaktdaten und der gesetzlichen Vertreter der Unterauftragnehmer des Konzessionsnehmers, mitzuteilen sind, sofern sie zu diesem Zeitpunkt bekannt sind.
[29] Vgl. BR-Drs. 87/16, 298.
[30] Vgl. BR-Drs. 87/16, 298.
[31] In dieser Diktion der BGH bei einer Baumaßnahme zur Errichtung von Schutz- und Leiteinrichtungen an einer Autobahn, vgl. BGH Urt. v. 3.4.2012 – X ZR 130/10, BeckRS 2012, 11501.
[32] So VK Bund Beschl. v. 19.2.2018 – VK 1-167/17, BeckRS 2018, 10277.

tragnehmer stark belastet wird, obwohl die Auftragsvergabe, insbesondere an ihn als wirtschaftlichstem Bieter nach § 127 GWB, zeitlich noch in weiter Ferne steht. Zudem wird der spätere Konzessionsnehmer seinerseits auch unter den potenziellen Unterauftragnehmern einen wirtschaftlichen Wettbewerb durchführen wollen, der aber umso intensiver sein dürfte, je näher auch die denkbare Unterbeauftragung bevorsteht. Eine wettbewerbliche Vorbindung schon vor der Angebotsabgabe beim Konzessionsgeber dürfte bei den potenziellen Unterauftragnehmern aber noch eher gering ausfallen, sodass sie sich eher den Wettbewerben mit anderen Unterauftragnehmern kurz vor der Zuschlagserteilung an ihren Auftraggeber als Konzessionsnehmer zuwenden werden.

2. Benennung von Unterauftragnehmern und Verfügbarkeitsnachweis vor Zuschlagserteilung (Abs. 1 S. 2). § 33 Abs. 1 S. 2 trägt ausweislich der amtlichen Begründung dem Umstand Rechnung, dass Konzessionsgeber **die in Abs. 6 geregelte Überprüfung eines Unterauftragnehmers nur dann** vornehmen können, wenn ihnen **dieser vor Zuschlagserteilung genannt** wurde und dem Konzessionsgeber die **entsprechenden Hinweise**, wie beispielsweise die **Verpflichtungserklärung** des Unterauftragnehmers gegenüber dem Hauptauftragnehmer, überhaupt **vorliegen**. Andererseits **beschränkt** § 33 Abs. 1 S. 2 im Rahmen der zu beachtenden **Zumutbarkeitsschwelle**[33] die Benennung von Unterauftragnehmern und Verpflichtungserklärungen **auf diejenigen Bieter**/künftige Konzessionsnehmer, deren **Angebote** – wie dargelegt – **in die engere Wahl** kommen[34] bzw. im Rahmen des Wertungsvorgangs gekommen sind. Die Rechtsprechung des BGH und die jetzigen Festlegungen in § 33 Abs. 1 verpflichten den Konzessionsgeber auch vor dem Hintergrund des nunmehr gesetzlich verankerten Verhältnismäßigkeitsgrundsatzes nach § 97 Abs. 1 S. 2 GWB zu einer sachgerechten Einzelfallbetrachtung. Das GWB und auch die KonzVgV definieren an keiner Stelle, was mit dem Begriff der engeren Wahl bei Angeboten gemeint ist. Insoweit ist aber eine Anleihe bei Regelungen der VOB/A denkbar. So bestimmt § 16d EU Abs. 1 Nr. 4 VOB/A 2019, dass nur solche Angebote in die engere Wahl kommen, die unter Berücksichtigung rationellen Baubetriebs und sparsamer Wirtschaftsführung eine einwandfreie Ausführung einschließlich Haftung für Mängelansprüche erwarten lassen. Übertragen auf die KonzVgV ist damit die Forderung zur Benennung von Unterauftragnehmern samt entsprechender Nachweise bei den Unternehmen statthaft, bei denen der Konzessionsgeber unter Anwendung der Zuschlagskriterien nach § 127 GWB iVm § 31 die finale Zuschlagsentscheidung trifft, die somit auch schon die Eignungsprüfung nach § 26 VgV erfolgreich durchlaufen haben.[35] Für diese eher späte Definition der engeren Wahl spricht auch der praktische Effekt, dass bei größtmöglicher Beachtung der Zumutbarkeitsschranke des BGH und des § 33 Abs. 1 S. 1 im Rahmen des § 33 Abs. 1 S. 2 auch Gefährdungen des Geheimwettbewerbs nach § 97 Abs. 1 GWB vermieden werden, die entstehen könnten, wenn künftige Unterauftragnehmer zahlreiche Unterauftragnehmerangebote frühzeitigst an potenzielle Konzessionsnehmer abgeben müssen und diese daraus Rückschlüsse auf Teilangebotsteile ihrer Konkurrenten erlangen könnten.

3. Zusammenfallen von Unterauftragnehmereinsatz und Eignungsleihe (Abs. 1 S. 3). § 33 Abs. 1 S. 3 sieht die zwingende, ergänzende Anwendung von § 25 Abs. 3 vor, wenn der Bewerber oder Bieter die Vergabe eines Teils der Konzession an einen Dritten im Wege der Unterauftragsvergabe beabsichtigt und sich gleichzeitig auch noch im Hinblick auf seine Leistungsfähigkeit auf die Kapazitäten eines Dritten beruft. Dies verdeutlicht, dass die Unterauftragsvergabe **von der Eignungsleihe nach § 25 Abs. 3** zu **unterscheiden** ist, aber auch eine Kombination beider möglich ist. Im letztgenannten Fall können sich **Unternehmen auf die Kapazitäten Dritter berufen, ohne** dass diese – wie in den Fällen des § 33 – zugleich als Nachunternehmer mit einem **Teil der Leistungserbringung beauftragt** werden müssen. Bei der Eignungsleihe nach § 25 wird somit die eigene Eignung eines Konzessionsnehmers als Bieter oder Bewerber durch einen Dritten nachgewiesen, während demgegenüber andererseits der Nachweis der fremden Eignung eines Nachunternehmers in Rede steht.[36]

---

[33] Der BGH (BGH Urt. v. 3.4.2012 – X ZR 130/10, NZBau 2012, 513; BGH Urt. v. 10.6.2008 – X ZR 78/07, NZBau 2008, 592) hatte, wenn auch in der jüngeren Entscheidung nicht mehr allgemein, sondern Einzelfall bezogen, eine Vorlage dieser Informationen und Erklärungen schon mit Angebotsabgabe für alle Bieter als uU zeitlich und vertragsrechtlich unzumutbar angesehen und eine individuelle Interessenabwägung eingefordert. Dies verdeutlicht auch der jetzige Wortlaut in § 33 Abs. 1 S. 1 aE („falls zumutbar") zur Benennung der Unterauftragnehmer schon bei Angebotsabgabe.

[34] So auch VK Bund Beschl. v. 28.9.2017 – VK 1-93/17, VPR 2018, 15 zur Parallelregelung in § 36 VgV im klassischen Vergabebereich.

[35] So auch Conrad in Müller-Wrede KonzVgV Rn. 34, wenn auch noch unter Bezug ua auf § 16d EU Abs. 1 Nr. 3 VOB/A 2016.

[36] Zu dieser Unterscheidung VK Sachsen Beschl. v. 7.6.2016 – 1/SVK/010-16, BeckRS 2016, 14106 unter Bejahung der Nachunternehmerschaft bei einem Unternehmen mit der geforderten DIN ISO 9001-Zertifizierung, das die geforderte Leistung zu 100% erbringen soll.

15 Für die Fallkonstellation, dass ein Bieter sich **neben** einer **Unterauftragsvergabe** im Hinblick auf seine Leistungsfähigkeit **zusätzlich und zugleich auch noch** auf die **Kapazitäten** eines anderen Unternehmens berufen will,[37] sind deshalb die Voraussetzungen der **§§ 33 und 25 Abs. 3**[38] **parallel zu erfüllen** und vom Konzessionsgeber gesondert zu prüfen (§ 33 Abs. 1 S. 3). § 26 Abs. 3 bestimmt dazu verschärfend, dass der Konzessiongeber bei der Einbeziehung der Kapazitäten anderer Unternehmen gem. § 25 Abs. 3 ermessensgebunden sogar den Nachweis verlangen können, dass die zur Erfüllung der Eignungskriterien erforderlichen Mittel während der gesamten Konzessionslaufzeit zur Verfügung stehen werden. In diesem Fall kann der **Konzessionsgeber** zudem hinsichtlich der finanziellen Leistungsfähigkeit **verlangen**, dass die **Unternehmen gemeinschaftlich** für die Vertragsausführung **haften** (§ 25 Abs. 3 S. 2). Hingegen sind die rechtlichen Beziehungen des Hauptauftragnehmers zu anderen Unternehmen, deren Kapazitäten er einbeziehen will, unerheblich (§ 25 Abs. 3 S. 1 aE).[39] Fragwürdig erscheint insbesondere vor dem Hintergrund von § 25 Abs. 1 S. 3 (sog. Eignungsleihe) und im Lichte oben (→ Rn. 11 ff.) genannter Vorgaben in § 33 Abs. 1, ob ein Auftraggeber wie vom OLG Rostock[40] zugestanden, über die Hintertür eines Zuschlagskriteriums nach § 152 Abs. 3 GWB, den Eigenbetrieb von Hubschraubern in der Wirtschaftlichkeitsbewertung punktemäßig höher bewerten darf als einen parallelen unter Einsatz von Nachunternehmen. Sicherlich ist durchaus anzuerkennen, dass das Argument einer dann höheren Ausfallsicherheit bei rettungsdienstlichen Leistungen auf den ersten Blick zumindest fachtechnisch überzeugt, während das zweite vom OLG Rostock heran gezogene Argument, bei Einschaltung eines Unterauftragnehmers würde eine Kumulierung von Insolvenzrisiken einhergehen, die sich potenziell als zusätzliches Ausfallrisiko erweisen könnte, weniger überzeugt. Entscheidend erscheint aber, dass damit die Grenzen zwischen eignungsrelevanter Leistungsfähigkeit und angeblich eigenbetrieblich höherer Wirtschaftlichkeit im Sinne von höherer Ausfallsicherheit verschwimmen. § 152 Abs. 3 S. 3 GWB nennt lediglich qualitative, umweltbezogene oder soziale Belange als mit dem Konzessionsgegenstand in Verbindung stehende Zuschlagskriterien, sodass nach § 152 Abs. 3 S. 1 GWB auf der Grundlage objektiver Kriterien willkürfrei ein wirtschaftlicher Gesamtvorteil für den Konzessionsgeber ermittelt werden kann. Vor diesem Hintergrund erscheint das Abstellen des OLG Rostock auf das Leistungsbestimmungsrecht des Konzessionsgebers und ua lediglich nachvollziehbare Gründe verfehlt, zumal es in einer älteren Entscheidung[41] selbst ein pauschales Selbstausführungsgebot nach dem parallelen § 36 VgV für unzulässig angesehen hat.

IV. Haftung des Hauptauftragnehmers (Abs. 2)

16 Mit § 33 Abs. 2 wird Art. **42 Abs. 2 S. 2** RL 2014/23/EU umgesetzt, in dem klargestellt ist, dass die **Haftung des Hauptauftragnehmers** gegenüber dem Konzessionsgeber von Abs. 1 (uU gemeinschaftliche Haftung mehrerer Unternehmen nach § 25 Abs. 3 S. 2 iVm § 33 Abs. 1 S. 3) **unberührt bleibt.** Der Wortlaut orientiert sich wieder an § 36 VgV, in concreto § 36 Abs. 2 VgV.

17 Der Einsatz von Nachunternehmern **entbindet** den **Hauptauftragnehmer nicht** von seiner **eigenen Haftung** für Mängel, Leistungsstörungen oder sonstige Schäden im Verhältnis zum Konzessionsgeber. Seine Verantwortung – auch für Unterauftragnehmer nach § 278 BGB[42] als seine Erfüllungsgehilfen – bleibt bestehen, da ja der Konzessionsgeber grundsätzlich in keinerlei Vertragsbezie-

---

[37] Dies ist nach neuem Vergabe- und Konzessionsrecht möglich und zulässig. Zu beachten bleibt aber, dass im Falle der Eignungsleihe die verbindliche Zusage eines anderen Unternehmens konkret nachzuweisen ist, zB durch eine verbindliche Verpflichtungserklärung. Eine Verpflichtungserklärung ist die verbindliche Zusage eines anderen Unternehmens, dem Bieter/Konzessionsnehmer die für die Ausführung des Auftrags erforderlichen Mittel uneingeschränkt zur Verfügung zu stellen. Entscheidend ist, dass sich das andere Unternehmen nicht ohne Weiteres von dieser Verpflichtung lösen kann. Reine Absichtserklärungen („memorandum of understanding") oder sog. „gentlemen agreements" reichen dafür nicht aus, vgl. OLG Düsseldorf Beschl. v. 28.3.2018 – Verg 42/17, NZBau 2018, 491 bei einer klassischen Vergabe zum Anbau und Lieferung von Cannabis zu medizinischen Zwecken nach der VgV (§ 47 VgV).
[38] S. dazu die Kommentierung zur Eignungsleihe bei § 25 Abs. 3 (→ 25 Rn. 6).
[39] Selbstverständlich kann ein Unternehmen diese komplizierte Konstruktion auch dadurch vermeiden, dass es sich die erforderliche Eignungsleihe überobligat durch Bildung einer Bietergemeinschaft verschafft, sofern seine Kapazitäten nicht ausreichen, den Auftrag allein erfolgreich zu bewältigen, OLG Celle Beschl. v. 12.4.2016 – 13 Verg 1/16, IBR 2016, 602. Diese haftet dann per se gesamtschuldnerisch nach § 426 BGB, darf aber nach der OLG-Entscheidung nicht verpflichtet werden, vergangenheitsbezogen gemeinsam erarbeitete Referenzen vorzulegen, da dies Biergemeinschaften unzulässig beschränkt.
[40] OLG Rostock Beschl. v. 12.8.2020 – 17 Verg 2/20, NZBau 2021, 132.
[41] OLG Rostock Beschl. v. 23.4.2018 – 17 Verg 1/18, NZBau 2018, 783. Vgl. dazu auch *Amelung* NZBau 2017, 139.
[42] Ebenso *Conrad* in Müller-Wrede KonzVgV Rn. 42.

hung[43] zum eingesetzten Nachunternehmen, sondern nur zum Hauptauftragnehmer, steht.[44] Aus diesem Grund hatte die Rechtsprechung ergänzend und absichernd auch schon bisher zusätzlich zB sog. harte Patronatserklärungen gefordert.[45] Etwas anderes kann lediglich im Falle der Eignungsleihe gelten, da § 25 Abs. 3 S. 2 dort vorsieht, dass der Konzessionsgeber hinsichtlich der finanziellen Leistungsfähigkeit verlangen kann, dass die Unternehmen gemeinschaftlich für die Vertragsdurchführung haften. Über die Verweisung in § 33 Abs. 1 S. 3 für den Fall, dass ein Bewerber oder Bieter sowohl eine teilweise Vergabe der Konzession an einen Unterauftragnehmer beabsichtigt und sich auch noch zugleich im Hinblick auf seine Leistungsfähigkeit auf dessen Kapazitäten im Wege der Eignungsleihe berufen will, ist dann auch eine gemeinsame Haftung gegenüber dem Konzessionsgeber denkbar.

V. Geltung von VOB/B und VOB/C (Abs. 3)

§ 33 Abs. 3 richtet sich ausweislich der amtlichen Begründung an **den bisherigen Regelungen** in **§ 22 EG Abs. 2 Nr. 1 VOB/A iVm § 8 EG Abs. 3 VOB/A 2012**[46] aus, die auch schon die Vorgabe der **VOB, Teile B** (Allgemeine Vertragsbedingungen für die Ausführung von Bauleistungen) **und C** (Allgemeine Technische Vertragsbedingungen für Bauleistungen) für den Unterauftragnehmer einer **Baukonzession vorsahen.**[47] Die Bestimmung richtet sich trotz der irreführenden Stellung im Abschnitt 3 („Ausführung der Konzession")[48] und der Erwähnung nur des Konzessionsnehmers in § 33 Abs. 3 somit in erster Linie an den Konzessionsgeber und betrifft mittelbare Verpflichtungen auch schon im Vergabeverfahren gegenüber Bewerbern, Bietern und Unterauftragnehmern, die sich aber tatsächlich erst in der Auftragsausführung auswirken (sollen). Der Konzessionsgeber hat durch entsprechende vertragliche Gestaltung der Konzession sicher zu stellen, dass die Verpflichtungen nach § 33 Abs. 3 zur VOB/B und VOB/C dem späteren Konzessionsnehmer auferlegt werden. Mit der vertraglichen Beachtung der VOB/B, ist dann auch der Unterauftragnehmer nach § 4 Abs. 8 Nr. 2 VOB/B verpflichtet, bei der seinerseitigen Weitergabe von Bauleistungen wiederum die VOB/B und VOB/C zum Vertragsinhalt machen zu müssen.[49] Denn § 4 Abs. 8 Nr. 2 VOB/B 2016 bestimmt, dass der Auftragnehmer bei der Weitergabe von Bauleistungen an Nachunternehmer[50] die VOB/B und VOB/C zugrunde zu legen hat.

Gegenüber der bisherigen Regelung in § 22 EG Abs. 2 Nr. 1 VOB/A iVm § 8 Abs. 3 VOB/A ist die **ehedem zwingende Vorgabe** der VOB/B und VOB/C als Vertragsbestandteil **nunmehr** – auch für Nachunternehmer – aber **nur noch „in der Regel"**[51] vorzusehen. Dies lässt zu, dass in

---

[43] Beachte aber das theoretische Auftraggeberverlangen nach einer gemeinschaftlichen Haftung nach § 25 Abs. 3 S. 2 während der Vertragsausführung, wenn auch beschränkt auf die finanzielle Leistungsfähigkeit, vgl. *Stoye/Brugger* in Müller-Wrede KonzVgV § 25 Rn. 66, unter Hinweis auf den klaren – beschränkenden – Wortlaut.

[44] Im direkten Verhältnis Unterauftragnehmer zum Konzessionsgeber sind allenfalls deliktische, also außervertragliche, gesetzliche Ansprüche, zB nach § 823 BGB, denkbar.

[45] *Stoye/Brugger* in Müller-Wrede KonzVgV § 25 Rn. 69 unter Hinweis auf OLG München Beschl. v. 17.9.2015 – Verg 3/15, NZBau 2015, 711 = VergabeR 2016, 54 und VK Bund Beschl. v. 13.12.2013 – VK 1-109/13, ZfBR 2014, 520 (Ls.).

[46] Letztlich wird mit § 33 Abs. 3 die vor 2016 geltende Regelung, determiniert durch § 22 Abs. 2 Nr. 1 EG VOB/A iVm § 8 Abs. 3 EG VOB/A, 1:1 in die KonzVgV überführt, denn bis zur Vergaberechtsreform 2016 waren die Vorgaben für Baukonzessionen in § 22 EG VOB/A geregelt, vgl. Beck VergabeR/*Liebschwager* Rn. 12.

[47] Vgl. BR-Drs. 87/16, 298.

[48] Sie gehört zumindest teilweise (§ 33 Abs. 1 und 6) eher in den Abschn. 2 („Vergabeverfahren"), da sie Verpflichtungen oder wahlweise Festlegungen des Auftraggebers im Vergabeverfahren vor dem Vertragsschluss regelt, vgl. ähnlich argumentierend *Conrad* in Müller-Wrede KonzVgV Rn. 1, der aber zu Recht auch hinweist, dass auch schon die Richtlinienvorgabe in Titel III RL 2014/23/EU ausweist: „Vorschriften für die **Durchführung** von Konzessionen".

[49] So auch *Conrad* in Müller-Wrede/Braun KonzVgV Rn. 47.

[50] Sicherlich wäre es zielführend, wenn die Begrifflichkeiten im gesamten Baubereich der VOB, wie der altbackene Begriff des Nachunternehmers, endlich dem Sprachgebrauch der eigentlich umzusetzenden Vergaberichtlinien angepasst würde; vgl. auch Beck VergabeR/*Liebschwager* Rn. 4, der zumindest zur EG VOB/A 2016 noch eine umfassende Regelung wie in der VgV, SektVO und KonzVgV allein schon aus Gründen der Harmonisierung und Vereinheitlichung des Vergaberechts auch in der EG VOB/A wünschenswert gehalten hat. § 6d EU VOB/A enthält mittlerweile aber eine sehr viel umfassendere Regelung, die in § 6d EU Abs. 2 VOB/A im Fall der Eignungsleihe auch die Möglichkeit einer gemeinsamen Haftung für die Auftragsausführung vorsieht.

[51] Wie jetzt auch in § 29 Abs. 2 S. 1 VgV zur Einbeziehung der VOL/B im klassischen Dienstleistungs- und Lieferbereich. Schärfer aber nach wie vor § 8 EU Abs. 1 VOB/A mit der ausnahmslosen Formulierung „ist vorzuschreiben".

begründeten Ausnahmefällen auch darauf verzichtet werden kann. Im Regelfall sind sie aber VOB/B und VOB/C regelmäßig als Bestandteil der Vertragsbedingungen des späteren Konzessionsnehmers gegenüber seinen Unterauftragnehmern zu vereinbaren. Die einheitliche Einbeziehung dieser Regelwerke des Deutschen Vergabe- und Vertragsausschusses sichert zu einen eine rechtliche Harmonisierung. Darüber hinaus soll damit sichergestellt werden, dass auch auf der Ebene der Unterauftragnehmer das ausgewogene Regelwerk der VOB/B und VOB/C (durch-)greift und nicht durch einseitige Änderungen[52] unterlaufen wird. Zu beachten bleibt aber ohnehin, dass § 1 Abs. 2 VOB/B 2016 die VOB/C und VOB/B bei Widersprüchen im Vertrag erst an fünfter und sechster Stelle nach der Leistungsbeschreibung und den Besonderen, Zusätzlichen und zusätzlichen technischen Vertragsbedingungen aufführen. Die grundsätzliche Verpflichtung, die VOB/B und die VOB/C zum Vertragsgegenstand machen zu müssen, fußt auch darauf, dass diese Regelwerke trotz Veröffentlichung im Bundesanzeiger[53] ausdrücklich in den jeweiligen Vertrag, auch mit den jeweiligen Unterauftragnehmern, formell einbezogen werden müssen. Dazu reicht aber eine eindeutige Bezugnahme, zB in den Vorbemerkungen zur Leistungsbeschreibung, aus.

VI. Mitteilungspflichten des Unterauftragnehmers (Abs. 4)

20   § 33 Abs. 4 enthält in Umsetzung von Art. 42 Abs. 3 UAbs. 1 und 2 RL 2014/23/EU verschiedene **Mitteilungspflichten** zu **Kontaktdaten** und zwischenzeitlichen **Änderungen,** die der Konzessionsgeber dem Konzessionsnehmer vertraglich in Bezug auf vorgesehene Nachunternehmer auferlegen muss.

21   Nach § 33 Abs. 4 S. 1 ist der Konzessionsgeber verpflichtet, bei Baukonzessionen und in Bezug auf Dienstleistungen, die in einer seiner Einrichtungen unter dessen direkter Aufsicht zu erbringen sind,[54] **in den Vertragsbedingungen**[55] **vorzuschreiben,** dass der Hauptauftragnehmer ihm spätestens **bei Beginn der Durchführung** der Konzession die **Namen,** die **Kontaktdaten** und die **gesetzlichen Vertreter der Unterauftragnehmer mitteilt.** Selbiges gilt **auch für jede,** im Rahmen der Durchführung der Konzession eintretende, **Änderung auf der Ebene der Unterauftragnehmer.**

22   § 33 Abs. 4 S. 2 **ermächtigt**[56] den **Konzessionsgeber** darüber hinaus, in seinen Vertragsbedingungen entsprechende **Mitteilungspflichten der Nachunternehmer** auch für die Vergabe von Dienstleistungskonzessionen[57] vorzusehen, bei denen die **Dienstleistungen nicht in einer Einrichtung** des Konzessionsgebers unter dessen direkter Aufsicht zu erbringen sind.

23   Damit die **gebotene Transparenz** auch **in** der gesamten **Kette möglicher Nachunternehmer** gewährleistet ist, sieht § 33 Abs. 4 S. 3 zudem die Möglichkeit vor, dass derartige Mitteilungspflichten **auch auf weitere Stufen in der Kette** der Unterauftragnehmer **ausgeweitet** werden können. Schlussendlich ermächtigt § 33 Abs. 4 **S. 3** den Konzessionsgeber sogar, **Lieferanten**[58] **entsprechende Mitteilungspflichten aufzuerlegen,** die bei Bau- oder Dienstleistungskonzessionen beteiligt sind, **obwohl** diese gerade dem **Unterauftragnehmerbegriff nicht unterfallen.**

24   Mit diesen vielfältigen und sehr weitgehenden Ermächtigungen für Konzessionsgeber soll eine weitreichende Transparenz[59] in den zT verschlungenen Unterauftragsverhältnissen und sogar darüber hinaus ermöglicht werden. Zu beachten bleibt andererseits aber auch, dass der Konzessionsgeber diese ermessensgebundenen Befugnisse zur Ausweitung von besonderen Mitteilungspflichten im Rahmen seines pflichtgemäßen Ermessens fehlerfrei auszuüben hat und sich insbesondere jeglicher Willkür zu enthalten hat. Dies gilt insbesondere vor dem begrenzenden Grundsatz der Verhältnismäßigkeit auf Gesetzesebene nach § 97 Abs. 1 S. 2 GWB.[60]

---

[52] Mit dann individueller Inhaltskontrolle nach den §§ 305 ff. BGB, vgl. BGH Urt. v. 10.5.2007 – VII ZR 226/05, NJW-RR 2007, 1317 und § 310 Abs. 1 S. 3 BGB.
[53] Vgl. BAnz. Nr. 155a v. 15.10.2009, geändert BAnz. AT 19.1.2016 B3 und BAnz. AT 1.4.2016 B1.
[54] Wie zB die Errichtung von Infrastruktur für spezielle IT-Anlagen aufgrund des erhöhten Sicherheitsinteresses des Konzessionsgebers; so *Müller* → VgV § 36 Rn. 27 für die fast wortgleiche Bestimmung aber nur für Dienstleistungsaufträge im klassischen Vergabebereich in § 36 Abs. 3 S. 1 VgV.
[55] Vgl. § 16 als Teil der Vergabeunterlagen.
[56] Dies ist deshalb nicht als Ermessensausübung zu verstehen, sondern ist als eine Befugnis mit Entscheidungsspielraum aufzufassen, so zu Recht *Dicks* in KKMPP VgV § 36 Rn. 12, zur Parallelregelung in § 36 Abs. 3 VgV für klassische Auftraggeber.
[57] Ausdrücklich aber nicht auch für Baukonzessionen. Dienstleistungskonzessionen unterlagen iÜ vor dem 18.4.2016 mangels Erfassung in der ehemaligen Vergabe-RL 2004 nicht dem damaligen Vergaberecht.
[58] Vgl. zur Unterscheidung Lieferant-Unterauftragnehmer *Kues* IBR 2015, 94.
[59] Vgl. Erwägungsgrund 72 UAbs. 1 RL 2014/23/EU.
[60] So auch *Müller* → VgV § 36 Rn. 32 zur Parallelregelung in § 36 Abs. 3 S. 3 VgV.

Auch wenn dies vornehmlich den Zeitraum der Konzessionsausführung betrifft, können die 25
geforderten **Mitteilungen auch schon die Prüfungen** in Bezug auf vorgesehene Unterauftragnehmer, gleich welcher Stufe, **erleichtern**. Dies gilt insbesondere für die Konstellation, in denen der Konzessionsgeber, insbesondere wegen der Überprüfungspflichten und -rechte des Abs. 6, die Mitteilungspflichten zumindest gegenüber den Bietern der engeren Wahl[61] **in seinen Vertragsbedingungen auf einen früheren Zeitpunkt vorverlagert.**

VII. Geltung des § 152 Abs. 4 GWB iVm § 128 Abs. 1 GWB (Abs. 5)

Für Unterauftragnehmer, gleich welcher Stufe, sieht **Abs. 5 mittelbar über § 152 Abs. 4** 26
GWB die **Geltung von § 128 Abs. 1 GWB** vor. Danach sind Unternehmen verpflichtet, bei der Ausführung eines öffentlichen Auftrags **alle** für sie geltenden, insbesondere arbeits-, sozial- und umweltrechtlichen, **Verpflichtungen einzuhalten**. Damit sind namentlich insbesondere die Verpflichtungen zur **Zahlung von Steuern, Abgaben** und **Beiträgen** zur Sozialversicherung sowie zur **Einhaltung arbeitsschutzrechtlicher Regelungen** und zur Gewährung der **Mindestarbeitsbedingungen** einschließlich des Mindestentgelts angesprochen.

Der in Bezug genommene § 152 Abs. 4 GWB sieht aber **nur** die **entsprechende Anwendung** 27
der Vorschriften zur Auftragsausführung, ua des gesamten § 128 mit seinen zwei Absätzen vor. Ausweislich der amtlichen Begründung zu § 152 Abs. 4 GWB enthält die Konzessionsrichtlinie 2014/23/EU[62] – angeblich – im Gegensatz zur klassischen Vergaberichtlinie 2014/24/EU keine Regelungen zu den Ausführungsbedingungen.

Dennoch seien nach der amtlichen Begründung in der Sache keine Unterschiede zwischen 28
Ausführungsbestimmungen für öffentliche Dienstleistungs- oder Bauaufträge oder Ausführungsbedingungen für selbige im Rahmen einer Konzessionsvergabe ersichtlich. Somit könnte § 128 Abs. 1 GWB entsprechende Anwendung finden. Zur Begründung wird ergänzend ausgeführt, zumindest in den Erwägungsgründen 64, 65 und 66 RL 2014/23/EU setze die Konzessionsrichtlinie die Möglichkeit von Ausführungsbedingungen für Konzessionen voraus.

Dabei hat der **Gesetzgeber in seiner Begründung** möglicherweise die Regelung **in Art. 30** 29
Abs. 3 RL 2014/23/EU übersehen, der **Art. 18 Abs. 2 RL 2014/24/EU entspricht**, deren Umsetzung gerade § 128 GWB dient. Nach dieser Vorgabe der Richtlinie, die in concreto weitaus verbindlicher ist als reine Erwägungsgründe,[63] treffen die Mitgliedstaaten geeignete Maßnahmen, um sicherzustellen, dass Wirtschaftsteilnehmer bei der Durchführung von Konzessionsverträgen die geltenden umwelt-, sozial- und arbeitsrechtlichen Verpflichtungen einhalten, die durch Rechtsvorschriften der Union, nationale Rechtsvorschriften, Tarifverträge oder die internationalen umwelt-, sozial- und arbeitsrechtlichen Vorschriften in Anhang X RL 2014/23/EU festgelegt sind.

Im **Anhang X RL 2014/23/EU** sind ua die **ILO-Kernarbeitsnormen** 29 (Zwangs- und 30
Pflichtarbeit), 87 (Vereinigungsfreiheit), 98 (ua Recht zu Kollektivverhandlungen), 100 (Gleichheit des **Entgelts**), 105 (Abschaffung der **Zwangsarbeit**), 111 (Diskriminierung in Beschäftigung und Beruf), 138 (Mindestalter) und 182 (schlimmste Formen der **Kinderarbeit**) aufgeführt. Zudem erwähnt der Anhang X RL 2014/23/EU auch noch Abkommen über den Schutz der Ozonschicht, über die grenzüberschreitende Verbringung gefährlicher Abfälle und ihrer Entsorgung, über persistente organische Schadstoffe und bestimmte gefährliche Chemikalien sowie Pflanzenschutz- und Schädlingsbekämpfungsmittel.

Ähnlich wie auch in § 36 VgV iVm § 128 GWB hat der bundesdeutsche **Gesetzgeber** darauf 31
verzichtet, die jeweiligen **Anhänge X** der Richtlinien expressis verbis **in das Vergaberecht aufzunehmen**, da er davon ausgeht, dass diese Verpflichtungen aus den benannten Abkommen schon **vollständig in deutsches Recht in den jeweiligen Fachgesetzen implementiert** sind.[64] Zu beachten bleibt in diesem Zusammenhang, dass weder das GWB noch die KonzVgV Sanktionen für den Fall vorsehen, dass Unterauftragnehmer gegen eine der in § 128 Abs. 1 GWB verankerten Pflichten verstoßen.[65] Der Konzessionsgeber kann aber auf der Grundlage von § 33 Abs. 5 vertragli-

---

[61] Die mit der Benennung von Unterauftragnehmern den Status eines Hauptauftragnehmers erhalten.
[62] Deren Umsetzung die Konzessionsvergabeverordnung nach § 113 S. 2 Nr. 8 GWB dienen soll.
[63] Nach der jüngsten Rechtsprechung des EuGH kann bei der Auslegung einer Richtlinie der verfügende Teil nicht von seiner in den Erwägungsgründen dargelegten Begründung getrennt werden, vgl. EuGH Urt. v. 26.3.2020 – verb. Rs. C-496/18 und 497/18, NZBau 2020, 598.
[64] Vgl. amtliche Anmerkung zu § 128 GWB: „Die in den in Anhang X der RL 2014/24/EU aufgeführten, von allen EU-Mitgliedstaaten ratifizierten internationalen Abkommen (insbes. ILO-Übereinkommen) enthaltenen, unmittelbar an die Vertragsstaaten gerichteten Verpflichtungen wurden vollständig in das deutsche Recht und die Rechtsordnungen der EU-Mitgliedstaaten umgesetzt. Daher ist ein ausdrücklicher Verweis auf diese Abkommen, wie ihn Art. 18 Abs. 2 der Richtlinie 2014/24/EU enthält, entbehrlich.".
[65] So zumindest grds. zu Recht *Conrad* in Müller-Wrede KonzVgV Rn. 61, der ergänzend auf die im jeweiligen Fachrecht vorgesehenen Maßnahmen (auf Grundlage bestehender Straf- und Bußgeldvorschriften) der dafür

che Regelungen vorsehen, die die Einhaltung der in § 128 Abs. 1 GWB genannten Pflichten durch Unterauftragnehmer sicherstellen sollen. In Betracht kommen dazu zB Vertragsstrafen oder außerordentliche Kündigungsrechte.[66]

VIII. Ausschlussgründe und Unterauftragnehmerersetzung (Abs. 6)

32 § 33 Abs. 6 S. 1 konstatiert vor Zuschlagserteilung eine zwingende Überprüfungspflicht für Konzessionsgeber, ob Gründe für den Ausschluss von Unterauftragnehmern bestehen. § 33 Abs. 6 S. 2 ergänzt diese um zwingende und fakultative Ersetzungsverlangen, je nachdem ob es sich um festgestellte zwingende oder fakultative Ausschlussgründe handelt. Für die Ersetzung kann der Konzessionsgeber dem Bewerber oder Bieter nach § 33 Abs. 6 S. 3 eine Frist setzen.

33 Soweit *Conrad*[67] im Rahmen des § 33 Abs. 6 S. 1 fordert, dass der Konzessionsgeber nicht nur den Ausschluss von Unterauftragnehmern nach Maßgabe des § 154 Nr. 2 GBW iVm §§ 123–126 GWB zu prüfen habe, sondern darüber hinaus auch noch die Eignung der Unterauftragnehmer, überzeugt diese Sichtweise angesichts von Wortlaut, Richtlinienvorgabe und Intention des Richtliniengebers nicht. *Conrad*[68] räumt zum einen selbst ein, dass Art. 42 Abs. 4 lit. b RL 2014/23/EU lediglich auf die in Art. 38 Abs. 4–10 RL 2014/23/EU genannten Gründe für den Ausschluss von Wirtschaftsteilnehmern verweist, sodass sich die Prüfung darauf beschränkt, ob Unterauftragnehmer nach Maßgabe von § 154 Nr. 2 GWB iVm §§ 123–126 GWB ausgeschlossen werden müssen – oder können – und die Prüfung ihrer Eignung keine Voraussetzung für ihre Einbindung ist und letztlich ungeprüft bleiben kann. In Art. 38 RL 2014/23/EU beschäftigt sich aber nur der gerade nicht in Bezug genommene Abs. 1 mit Prüfungen der beruflichen und fachlichen Befähigung sowie der finanziellen und wirtschaftlichen Leistungsfähigkeit der Bewerber. Der ebenfalls nicht in Bezug genommene Art. 38 Abs. 2 S. 1 RL 2014/23/EU ergänzt dies für den Fall der Einbeziehung von Leistungen anderer Unternehmen nur um einen Verfügbarkeitsnachweis sowie hinsichtlich der finanziellen Leistungsfähigkeit in Art. 38 Abs. 2 S. 3 RL 2014/23/EU um die ermessengebundene („kann vorschreiben") Möglichkeit, dass der Auftraggeber vorschreiben kann, dass der Wirtschaftsteilnehmer und diese Unternehmen gemeinsam für die Vertragsdurchführung haften.[69]

34 Hintergrund ist die Tatsache, dass selbstverständlich auch derartige Ausschlussgründe bei einem vorgesehenen Nachunternehmer eignungsschädlich für den Hauptauftragnehmer sein können und auf sein Angebot ggf. negativ durchschlagen.[70] **Vor der Vergaberechtsnovelle 2016** hätte dies **grundsätzlich zum Ausschluss des Hauptauftragnehmers** geführt, da ihm weder der Wechsel des Nachunternehmers noch eine denkbare Eigenerbringung der ehedem vom Nachunternehmer zu erbringenden Leistung gestattet war.[71]

35 Mit dieser sehr restriktiven **Ausschlussrelevanz** hat das neue Vergaberecht sowohl im klassischen Vergabebereich als auch im Konzessionsbereich auf der Grundlage der neuen Vergaberichtlinien **gebrochen und mehr Flexibilität** zugestanden.

36 So regelt § 33 Abs. 6 S. 2 nunmehr, dass der Konzessionsgeber bei festgestellten, **zwingenden Ausschlussgründen** beim Nachunternehmer **verlangen muss**, dass der **untaugliche Nachunternehmer vom Hauptauftragnehmer ersetzt** wird.

---

zuständigen Behörden verweist. So im Grundsatz auch Erwägungsgrund 72 S. 1 RL 2014/23/EU, wonach die Einhaltung durch Unterauftragnehmer mittels geeigneter Maßnahmen der zuständigen nationalen Behörden, wie etwa Gewerbeaufsichts- oder Umweltschutzbehörden im Rahmen ihrer Zuständigkeiten und Befugnisse sicherzustellen ist. In Betracht kommen aber auch besondere Ausschlussgründe für künftige Vergabeverfahren wie § 124 Abs. 1 Nr. 7 GWB und durchaus auch vergaberechtliche Sanktionen im laufenden Vergabeverfahren nach § 123 Abs. 4 S. 1 Nr. 1 und Nr. 2 GWB (bzgl. Nichtzahlung von Steuern, Abgaben oder Beiträgen zur Sozialversicherung), die über § 154 Nr. 2 lit. a GWB, wenn auch hier nur als fakultativer Ausschlussgrund im Sinne von § 33 Abs. 6 S. 2, gegen den Unterauftragnehmer, zur Verfügung stehen. Aus europarechtlicher Sicht kritisch zu § 128 Abs. 1 GWB auch schon im direkten Verhältnis zum Bieter Byok/Jaeger/*Fett* GWB § 128 Rn. 2, 6, 10 und 11, der bei § 128 Abs. 1 GWB in der Rn. 2 von einem „Daumenschraubenabsatz" spricht (Byok/Jaeger/*Fett* GWB § 128 Rn. 2). Kritisch und ablehnend jüngst auch EuGH Urt. v. 8.7.2021 – C-295/20, VPRRS 2021, 0181.

[66] Vgl. *Wiedemann* in RKPP GWB § 128 Rn. 18 unter Hinweis auf EuGH Urt. v. 19.12.2018 – C-375/17, ZfBR 2019, 706, zu einem vertraglichen Widerrufsrecht bei hinreichenden Verdachtsmomenten für ein illegales oder heimliches Glücksspiel bei der Vergabe einer Lotteriekonzession.
[67] *Conrad* in Müller-Wrede KonzVgV Rn. 65.
[68] *Conrad* in Müller-Wrede KonzVgV Rn. 64.
[69] Umgesetzt in § 25 Abs. 3 S. 2, auf den § 33 Abs. 1 S. S. 3 für den Fall der Eignungsleihe verweist.
[70] So grds. auch EuGH Urt. v. 31.1.2020 – C-395/18, NZBau 2020, 308, insbes. aber auch den Verhältnismäßigkeitsgrundsatz (§ 97 Abs. 1 S. 2 GWB) hervorhebend.
[71] Vgl. VK Hessen Beschl. v. 13.1.2016 – 69d-VK-45/2015, IBRRS 2016, 2372.

VIII. Ausschlussgründe und Unterauftragnehmerersetzung (Abs. 6)

Liegen hingegen nur fakultative Ausschlussgründe vor, kann der Konzessionsgeber Selbiges **37** verlangen, muss dies aber nicht.

Bei der Frage der Notwendigkeit der Ersetzung des Unterauftragnehmers bei lediglich fakultati- **38** ven Ausschlussgründen hat der Konzessionsgeber einen **Beurteilungsspielraum, ob** prognostisch das betroffene Unterauftragnehmen trotz Vorliegens eines derartigen, „geringwertigen", Ausschlussgrundes **insgesamt als noch fähig** angesehen wird, den mit der Konzession verbundenen Auftrag **ordnungsgemäß auszuführen.** Die Prüfung unterscheidet sich somit nicht von der vergleichbaren Prüfung bei einem Bieter, der derartige Ausschlussgründe in seiner Person verwirklicht, ohne vorgesehene Unterauftragnehmer. Der einzige Unterschied besteht aber darin, dass bei einer negativen Prognoseentscheidung der Bieter selbst nicht ersetzt werden kann, sondern dann im Lichte von § 154 Nr. 2 lit. a GWB zumindest bei privaten Sektorenauftraggeber selbst ausgeschlossen werden kann, aber nicht muss.

Demgegenüber kommt bei Mängeln (nur) in der Person eines Unterauftragnehmers **neben** dem **39 Ausschluss des Bieters als Hauptauftragnehmer**[72] zum einen eine **Ersetzungsmöglichkeit** in Betracht. Führt die Prognoseentscheidung sogar zu dem Ergebnis, dass eine Ausschlussentscheidung zulasten des Unterauftragnehmens unverhältnismäßig wäre und dessen Eignung dennoch bejaht werden kann, kann der Konzessionsgeber **zum Zweiten auch auf jedwede nach außen zielende Aktion verzichten** und den **Hauptauftragnehmer** ggf. auch mit dem in Rede stehenden Unterauftragnehmer **im Wettbewerb belassen** und ggf. sogar beauftragen.

Damit insbesondere der Ersetzungsvorgang das Vergabeverfahren nicht unnötig verzögert, sieht **40** § 33 Abs. 6 S. 3 vor, dass der Konzessionsgeber dem Bewerber oder Bieter eine **Frist setzen kann.** Der Normgeber hat dazu **keinerlei zeitliche Vorgaben** gemacht.[73] Zumindest wird man aus Bietersicht **einfordern müssen, dass die gesetzte Frist angemessen** zu sein hat,[74] um **zeitnah einen neuen Unterauftragnehmer** zu finden und zu binden und **entsprechende Verpflichtungserklärungen vorlegen zu können.** Insoweit erscheint wiederum eine Anleihe bei der neuen Unterschwellenvergabeordnung im Unterschwellenwertbereich denkbar. So bestimmt § 26 Abs. 5 S. 4 UVgO in der dortigen Bestimmung zu Unteraufträgen, dass die auch dort setzbare Frist zur Ersetzung des Unterauftragnehmers so zu bemessen ist, „dass dem Auftraggeber durch die Verzögerung keine Nachteile entstehen". Dies spricht mit dem dortigen Fokus auf der Interessenslage beim Auftraggeber/Konzessionsgeber eher für eine sehr kurze Frist von wenigen Tagen. Andererseits bestimmt der dortige § 26 Abs. 5 S. 5 UVgO, dass das Angebot ausgeschlossen wird, wenn dem Bewerber oder Bieter ein Wechsel des Unterauftragnehmers innerhalb dieser Frist nicht möglich ist, was wiederum ob der dort harschen Folgen für eine längere Frist spricht. Übertragen auf den Konzessionsbereich dürfte hier eine Frist von wenigen Tagen zur Ersetzung angemessen sein, zumal die KonzVgV gerade keine zwingende Ausschlussbestimmung wie die UVgO enthält.

Wechselt der Bieter den bemängelten Unterauftragnehmer innerhalb dieser angemessenen Frist **41** aus, muss die **Prüfung** im Hinblick auf den **neuen Unterauftragnehmer erstmalig** durchgeführt werden. Liegen in dessen Person keine Ausschlussgründe vor, kann die Eignung des Hauptauftragnehmers/Bieters nunmehr uneingeschränkt bejaht werden. Sollten sich auch beim neu benannten Unterauftragnehmer wiederum **Ausschlussgründe** erweisen, ist ggf. zu **differenzieren.** Bei **zwingenden Ausschlussgründen beim neuen Unterauftragnehmer** sind **zwei Handlungsweisen** denkbar. Erstens entsprechend dem Wortlaut von § 33 Abs. 6 S. 2 Alt. 1 könnte der Konzessionsgeber **fristgebunden eine nochmalige Ersetzung des neuen,** ebenfalls nicht akzeptablen, **Unterauftragnehmers verlangen,** was das Verfahren noch weiter verzögern würde, oder er könnte **zweitens die Eignungsprüfung auf der Grundlage des neuen Unterauftrag**nehmers **abschließend vornehmen und den Ausschluss des Bieters** vorbehaltlich § 154 Nr. 2 lit. a GWB nach zweimaligem Ausfall des Unterauftragnehmens verfügen.

Die **besseren Argumente** sprechen für die **zweite Variante,** auch wenn beide Varianten **42** vom Wortlaut der Norm umfasst sein dürften. Denn eine **Fristsetzungsbefugnis** zugunsten des Konzessionsgebers soll dem künftigen Konzessionsnehmer auch vor Augen führen, dass seine **Eignung** auf der Grundlage des bisher benannten Unterauftragnehmers **mit Ausschlussrelevanz**

---

[72] Grds. ist eine Missachtung von Arbeitsbedingungen selbst durch einen Nach-Nachunternehmer dem Hauptauftragnehmer/Bieter als Verfehlung zuzurechnen, LG Bremen Urt. v. 4.5.2016 – 1 O 610/14, BeckRS 2016, 111292. Dabei sind aber auch die neuerlichen Einschränkungen in § 124 GWB (Verhältnismäßigkeitsgrundsatz) und § 125 GWB (Selbstreinigung des Nachunternehmers) zugunsten eines Bieters neben § 154 Nr. 2 lit. a GWB zu beachten.
[73] In der zugrunde liegenden Richtlinienbestimmung des Art 42 Abs. 4 lit. b RL 2014/23/EU findet sich sogar die Fristsetzungsmöglichkeit überhaupt nicht wieder. Diese ist somit eine rein nationale Eigenheit.
[74] So auch Conrad in Müller-Wrede KonzVgV Rn. 71, unter Hinweis auf den Verhältnismäßigkeitsgrundsatz des § 97 Abs. 1 S. 2 GWB.

gefährdet ist und er nunmehr die erste und letzte Chance erhält, dies durch Neubenennung eines tauglichen Unterauftragnehmers ins Positive zu wenden. **Gelingt ihm dies auch beim zweiten Mal nicht,** wird man auf der Grundlage des **Beschleunigungsgebotes** auch in Konzessionsvergabeverfahren und auf der Grundlage insbesondere von **§ 13 Abs. 1 Nr. 2 einen Ausschluss als konsequente Entscheidung** des Konzessionsgebers akzeptieren müssen.[75] Dafür **spricht** insbesondere die **Erwähnung von § 125 GWB in § 13 Abs. 1 Nr. 2**.[76]

43 Denn der Fall des § 125 GWB stellt ja die spätere **Selbstreinigung** mit einer positiven Zukunftsprognose dar, die den Nichtausschluss trotz eigentlich vorliegender Ausschlussgründe ermöglicht. Bleibt die Eignungsprognose aber aufgrund eines nach wie vor inakzeptablen zweiten Unterauftragnehmers weiterhin negativ, sind weitere Heilungsversuche eines Bieters bis ins Unendliche ausgeschlossen. Deshalb wird man die **Fallkonstellationen eines Nichtwechselns innerhalb der gesetzten Frist mit derjenigen eines untauglichen Wechsels in der Person des Unterauftragnehmers innerhalb der gesetzten Frist gleichsetzen können und müssen.** Für den Fall der völligen Nichterfüllung der Ersetzung innerhalb der gesetzten Frist nach § 33 Abs. 6 S. 3, sollte die Wertung des künftigen Konzessionsnehmers in jedem Fall aber ohne Berücksichtigung des eigentlich zu ersetzenden Unterauftragnehmers durch den Konzessionsgeber erfolgen.[77]

IX. Rechtsschutz

44 Da § 33 bei richtiger Sichtweise in den **Abs. 1 und 6**[78] auch Pflichten des Konzessionsgebers im laufenden Vergabeverfahren und keine Bestimmungen nur zur Ausführung von Konzessionen enthält,[79] unterliegen diese Bestimmungen in § 33 über das Vergabeverfahren zur Vergabe einer Konzession der **Bestimmung in § 97 Abs. 6 GWB,** wonach Unternehmen einen **Anspruch** darauf, haben, dass die Bestimmungen über das Vergabeverfahren – hier von Konzessionsgebern[80] – eingehalten werden. In Betracht kommen sanktionswürdige Maßgaben des Konzessionsgebers zur Einbindung von Unterauftragnehmern, die nicht im Einklang mit den Vorgaben aus § 33 stehen[81] oder eine nicht an § 33 Abs. 6 ausgerichtete Prüfung von Ausschlussgründen bei den vorgesehenen Nachauftragnehmern.[82]

---

[75] Gegen eine Zuschlagserteilung bei letztlich untauglichen Unterauftragnehmern auch *Conrad* in Müller-Wrede KonzVgV Rn. 73.

[76] Vgl. auch die schon erwähnte Bestimmung im Unterschwellenbereich in § 26 Abs. 5 S. 5 UVgO, die bei mangelnder Ersetzung des Unterauftragnehmers innerhalb der gesetzten Frist einen Angebotsausschluss vorsieht.

[77] So zu Recht Ziekow/Völlink/*Püstow* Rn. 26, für die Parallelregelung in § 36 Abs. 5 VgV im klassischen Vergabebereich.

[78] So zu Recht auch Ziekow/Völlink/*Püstow* Rn. 2.

[79] → Rn. 16.

[80] Vgl. hierzu auch § 155 GWB, wonach die Vergabe öffentlicher Aufträge und Konzessionen der Nachprüfung durch die Vergabekammern unterliegt.

[81] Wie zB unzumutbare Vorgaben an die Benennung von Unterauftragnehmern insbes. in zeitlicher Hinsicht oder keine ordnungsgemäße Prüfung der Unterauftragnehmer nach § 33 Abs. 6. Soweit Beck VergabeR/*Liebschlager* Rn. 28 Fn. 16 nur und einzig § 33 Abs. 5 für bieterschützend hält und in der Kommentierung zu § 36 VgV (zu § 36 Abs. 5 VgV) verweist, dürfte es sich um einen Bezugsfehler handeln und in Wahrheit § 33 Abs. 6 gemeint sein, der § 36 Abs. 5 VgV nahezu wörtlich entspricht und – wie dargelegt (→ Rn. 44) – auch neben § 33 Abs. 1 bieterschützend ist.

[82] So auch Ziekow/Völlink/*Püstow* Rn. 3: Bieter haben einen Anspruch auf ermessensfehlerfreies Verlangen der Benennung von Unterauftragnehmerleistungen und der Unterauftragnehmer und auf Schutz vor unzuverlässigen Konkurrenzunternehmen.

Abschnitt 4. Übergangs- und Schlussbestimmungen

§ 34 Übergangsbestimmung für die elektronische Kommunikation und elektronische Übermittlung von Teilnahmeanträgen und Angeboten

¹Abweichend von § 28 Absatz 1 kann der Konzessionsgeber bis zum 18. Oktober 2018 die Übermittlung der Teilnahmeanträge und Angebote auch auf dem Postweg, einem anderen geeigneten Weg, Fax oder durch die Kombination dieser Mittel verlangen. ²Dasselbe gilt für die sonstige Kommunikation im Sinne des § 7 Absatz 1, soweit sie nicht die Übermittlung von Bekanntmachungen gemäß § 23 und die Bereitstellung der Vergabeunterlagen gemäß § 17 betrifft.

§ 34 ist heute gegenstandslos geworden, da die Möglichkeit zur Verlängerung des Übergangszeitraums seit dem 18.10.2018 entfallen ist. § 34 diente der **Schaffung der Möglichkeit eines Übergangszeitraums,** in dem der Konzessionsgeber elektronische Mittel im Vergabeverfahren – abweichend von § 28 Abs. 1 – noch nicht umfassend zwingend nutzen bzw. zur Anwendung vorschreiben muss. Dieser Aufschub galt *nicht* für die Übermittlung der elektronischen Bekanntmachung gem. § 23 und die Bereitstellung der Vergabeunterlagen gem. § 17, die beide bereits ohne Übergangsfrist zwingend elektronisch zu bewirken sind. 1

§ 35 Elektronische Kommunikation durch Auslandsdienststellen

Auslandsdienststellen sind bei der Vergabe von Konzessionen nicht verpflichtet, elektronische Mittel nach den §§ 7 bis 11 und 28 dieser Verordnung anzuwenden.

I. Normzweck

Die Vorschrift schafft eine **Ausnahme** von der nach der KonzVgV grundsätzlich angeordneten Pflicht zur elektronischen Durchführung des Vergabeverfahrens **für Vergaben von Auslandsdienststellen** im Hinblick auf die §§ 7–11 und § 28. Diese Ausnahme trägt dem Umstand Rechnung, dass sich die Möglichkeiten zur elektronischen Kommunikation von Auslandsdienststellen weltweit je nach Dienstort technisch stark unterscheiden können, weil teilweise nur Satelliten-Verbindungen möglich sind.[1] Soweit nur eine Satellitenverbindung möglich ist, sind eine durchgängige, störungsfeie Kommunikation und ein zuverlässiges e-Vergabe-Verfahren nicht immer gewährleistet. Daher sollen Auslandsdienststellen bei der Konzessionsvergabe nach dem Willen des deutschen Verordnungsgebers nicht zur Nutzung elektronischer Mittel nach §§ 7–11 und § 28 verpflichtet sein. 1

II. Europarechtlicher Hintergrund

Der deutsche Verordnungsgeber stützt die Ausnahmevorschrift des § 35 auf die **EU-Regelung des Art. 29 Abs. 1 UAbs. 1 RL 2014/23/EU,** nach der die Mitgliedstaaten bei der Konzessionsvergabe ein Wahlrecht hinsichtlich der zu verwendenden Kommunikationsmittel haben. 2

Insoweit stellt sich die Frage, ob die *allgemeine* Regelung des Art. 29 Abs. 1 UAbs. 1 RL 2014/23/EU als europarechtliche Grundlage für eine *Ausnahmevorschrift* herangezogen werden kann, wenn der deutsche Gesetzgeber bei der Umsetzung gerade nicht der allgemeinen Regelung folgt, sondern sich für die Nutzung der abweichenden Option des Art. 29 Abs. 1 UAbs. 2 RL 2014/23/EU entschieden hat und dementsprechend grundsätzlich die zwingende Verwendung elektronischer Kommunikationsmittel für die Konzessionsvergabe vorschreibt. Dagegen könnte sprechen, dass der reine Wortlaut der in Deutschland gewählten Option des Art. 29 Abs. 1 UAbs. 2 RL 2014/23/EU zur zwingenden Nutzung elektronischer Mittel keine Ausnahmen von der zwingenden e-Vergabe vorsieht. Allerdings schließt der Wortlaut des Art. 29 Abs. 1 UAbs. 2 RL 2014/23/EU nicht ausdrücklich aus, dass eine über Art. 29 Abs. 1 UAbs. 1 RL 2014/23/EU hinauszugehende, zwingende Vorgabe der e-Vergabe durch bestimmte Ausnahmen begrenzt sein kann. 3

Sinn und Zweck des Art. 29 Abs. 1 RL 2014/23/EU gehen dahin, Konzessionsgeber einerseits dauerhaft nicht zur elektronischen Kommunikation zu zwingen, andererseits jedoch durch die Option eine darüber hinausgehende Nutzung der e-Vergabe zu ermöglichen. Das spricht dafür, dass die Option des Art. 29 Abs. 1 UAbs. 2 RL 2014/23/EU auch so verstanden werden kann, dass der Anwendungsbereich der danach geltenden zwingenden Nutzung der e-Vergabe durch bestimmte, sachlich berechtigte Ausnahmen begrenzt sein kann. Eine derartige Begrenzung der Nutzung der 4

---
[1] Vgl. KonzVgV-Begründung zu § 35, BR-Drs. 87/16, 299.

Option des Art. 29 Abs. 1 UAbs. 2 RL 2014/23/EU kommt allerdings nur in Betracht, wenn sie in der nationalen Gesetzgebung für alle klar erkennbar geregelt ist, was bei § 35 der Fall ist.

III. Einzelerläuterungen

5 **1. Geltungsbereich der Ausnahmeregelung.** Die Ausnahmeregelung des § 35 gilt für **Auslandsdienststellen** deutscher Einrichtungen, die in den Anwendungsbereich der Regelungen zur KonzVgV fallen. Dazu zählen beispielsweise die Auslandsvertretungen der Bundesrepublik Deutschland im Zuständigkeitsbereich des Auswärtigen Amtes oder außerhalb Deutschlands stationierte Einheiten der Bundeswehr.[2]

6 **2. Für Auslandsdienststellen keine zwingende Verwendung elektronischer Mittel nach §§ 7–11 und § 28.** § 35 sieht für Auslandsdienststellen eine Ausnahme von der Pflicht zur elektronischen Kommunikation nach §§ 7–11 und § 28 bei Konzessionsvergabeverfahren vor. Vielmehr können Auslandsdienststellen insoweit sämtliche der in Art. 29 Abs. 1 UAbs. 1 RL 2014/23/EU genannten Kommunikationsmittel nutzen, wie zum Beispiel eine Übermittlung per Post oder per Fax; zulässig ist auch mündliche Mitteilung, sofern der Inhalt der mündlichen Mitteilung auf einem dauerhaften Datenträger hinreichend dokumentiert wird.[3]

7 **3. Für Auslandsdienststellen verbleibende Pflichten zur elektronischen Kommunikation.** Die Ausnahmeregelung des § 35 gilt nur hinsichtlich elektronischer Mittel gem. §§ 7–11 und § 28. Dagegen besteht auch für Auslandsdienststellen bei der Konzessionsvergabe eine Pflicht zur elektronischen Veröffentlichung von Bekanntmachungen gem. §§ 19–23 sowie eine Pflicht zur elektronischen Zurverfügungstellung der Vergabeunterlagen nach § 17.[4]

§ 36 Fristberechnung

Die Berechnung der in dieser Verordnung geregelten Fristen bestimmt sich nach der Verordnung (EWG, Euratom Nr. 1182/71 des Rates vom 3. Juni 1971 zur Festlegung der Regeln für die Fristen, Daten und Termine (ABl. L 124 vom 8.6.1971, S. 1).

I. Normzweck

1 § 36 dient der **Klarstellung**, dass bei der Konzessionsvergabe die **Berechnung von Fristen nach der VO EWG Nr. 1182/71** des Rates vom 3.6.1971 zur Festlegung der Regeln für die Fristen, Daten und Termine[1] zu erfolgen hat.

II. Europarechtlicher Hintergrund

2 Die VO EWG Nr. 1182/71 zur Festlegung der Regeln für die Fristen, Daten und Termine ist bereits seit 1971 in Kraft. Sie ist vom Gemeinschaftsgesetzgeber vor dem Hintergrund geschaffen worden, dass zahlreiche Rechtsakte des Rates und der Kommission Fristen, Daten oder Termine festsetzen und zB den Begriff des Arbeitstags oder des Feiertags verwenden. Daher hielt der europäische Gesetzgeber es für notwendig, insoweit zwecks einheitlicher Anwendung des Gemeinschaftsrechts einheitliche allgemeine Regeln festzulegen.[2]

III. Einzelerläuterungen

3 Nach § 36 sind bei der Konzessionsvergabe hinsichtlich der Berechnung von Fristen die Regelung der VO EWG Nr. 1182/71 zu berücksichtigen. Die VO enthält Bestimmungen zu Fristen und dabei ua zur Berücksichtigung von Feiertagen, Sonntagen und Sonnabenden; ferner umfasst sie Bestimmungen zu Daten und Terminen.[3] Sie ist in allen ihren Teilen verbindlich und gilt unmittelbar in jedem Mitgliedstaat.[4]

---

[2] Vgl. KonzVgV-Begründung zu § 35, BR-Drs. 87/16, 299.
[3] Vgl. KonzVgV-Begründung zu § 35, BR-Drs. 87/16, 299.
[4] Vgl. KonzVgV-Begründung zu § 35, BR-Drs. 87/16, 299.
[1] ABl. 1971 L 124, 1.
[2] Vgl. Präambel und Art. 1 VO EWG Nr. 1182/71.
[3] Vgl. Art. 2–5 VO EWG Nr. 1182/71.
[4] Vgl. Art. 6 S. 2 VO EWG Nr. 1182/71.

IV. SektVO – Sektorenverordnung

Verordnung über die Vergabe von öffentlichen Aufträgen im Bereich des Verkehrs, der Trinkwasserversorgung und der Energieversorgung

Vom 12. April 2016 (BGBl. 2016 I 624, 657),
Zuletzt geändert durch Art. 3 G zur Umsetzung der RL (EU) 2019/1161 vom 20. Juni 2019 zur Änd. der RL 2009/33/EG über die Förderung sauberer und energieeffizienter Straßenfahrzeuge sowie zur Änd. vergaberechtlicher Vorschriften vom 9.6.2021 (BGBl. 2021 I 1691)

Vorbemerkung

Schrifttum: *Debus*, SektVO – ein Grund zum Feiern für die Kommunen ?, IR 2010,307; *v. Franckenstein*, Mischkonzerne im Sektorenbereich und ihr Wareneinkauf, NZBau 2000, 270; *Lau*, Daseinsvorsorge und Vergaberecht in Wettbewerb, Transparenz, Gleichbehandlung, 2013; *Marx*, Vergaberecht für Versorgungsbetriebe, in Theobald/Kühling, Energierecht, 99. EL September 2018, 1–226; *Matthey*, Das Recht der Auftragsvergabe in den Sektoren, 2001; *Michaels*, Neues einheitliches Vergaberegime für Sektorenauftraggeber, IR 2009, 180; *Michaels*, Die Bedeutung der Vergaberechtsreform 2016 für kommunale Versorgungsunternehmen, IR 2016, 77 und 100; *Opitz*, Die neue Sektorenverordnung, VergabeR 2009, 689; *Opitz*, Was bringt die neue Sektorenvergaberichtlinie ?, VergabeR 2014, 369; *Prieß/Stein*, Die neue EU-Sektorenrichtlinie, NZBau 2014, 323.

Das Sektorenrecht ist im **europäischen Recht** dadurch entstanden, dass man sich in den 70er Jahren des vergangenen Jahrhunderts nicht auf eine gemeinsame Regelung einigen konnte, die den Binnenmarkt zumindest teilweise auch für öffentliche Versorgungsunternehmen hergestellt hätte. Um überhaupt bei der Koordinierung der Regeln für die öffentliche Auftragsvergabe voranzukommen, schloss man diese Sektoren erst einmal daher aus. Sektorenrecht ist daher das **Recht der ausgeschlossenen Sektoren.** Das waren **bis in die 90er Jahre** des vergangenen Jahrhunderts die **Telekommunikation,** die **Trinkwasserversorgung,** die **Energieversorgung** und der **Verkehr.**[1] Erst zu Beginn der 90er Jahre gelang es, diese Sektortätigkeiten bestimmten Regeln zu unterwerfen, die von Transparenz und Wettbewerb bestimmt waren. Mit der Sektoren-RL 2004 (= RL 2004/17/EG) schied die bis dahin allgemein und EG-weit dem Wettbewerb überantwortete Telekommunikation aus den vergaberechtlich regulierten Sektoren aus. Stattdessen wurden die **Postdienste** aufgenommen, was allerdings für Deutschland um diese Zeit keine Rolle mehr spielte, weil die Deutsche Post mit ihren Diensten als privates Unternehmen dem Wettbewerb überlassen worden war. 1

Im **deutschen Recht** wurde das nun geltende europäische Recht aufgeteilt in Vorschriften einerseits für die **staatsnahen Sektorenauftraggeber,** die heute in § 100 Abs. 1 Nr. 1 GWB beschrieben sind und denen die in Deutschland tradierten Verfahrensbestimmungen der öffentlichen Auftragsvergabe auferlegt, keinesfalls aber größere Freiheiten zugestanden wurden. Andererseits galt ein Sonderrecht für **staatsferne Sektorenauftraggeber.** Sie finden sich heute in § 100 Abs. 1 Nr. 2 GWB. Für sie sollte ein eher an wirtschaftlichen Erfordernissen orientiertes Recht gelten, so wie es auch in der Sektorenrichtlinie der EG festgeschrieben war. In Deutschland wurde dies formal so geregelt, dass das Recht für die staatsnahen Auftraggeber in einem Abschnitt 3 von VOL/A und VOB/A niedergeschrieben und das Recht für die staatsfernen Sektorenauftraggeber in einen neuen Abschnitt 4 der beiden Verdingungsordnungen untergebracht wurde. 2

Nach der revolutionären Änderung des deutschen Vergaberechtes durch das **Vergaberechtsänderungsgesetz von 1998** und der darauf folgenden Neufassung der VgV gelang es nicht mehr, die klare Aufteilung eines Sektorenrechts für staatsnahe und staatsferne Sektorenauftraggeber aufrechtzuerhalten. In der VgV von 2001 erhielten auch die staatsnahen Sektorenauftraggeber der Energieversorgung und die Flughäfen das Recht, sich der vierten Abschnitte von VOL/A und VOB/A zu bedienen. Damit war das Chaos tatsächlich angerichtet und das Vergaberecht so komplex geworden, dass zumindest erste Vereinfachungsschritte erforderlich, zumal sich herausstellte, dass die Sektorenrichtlinie für Aufträge über freiberufliche Leistungen nicht ausreichend umgesetzt war. 3

Auf der Basis des Gesetzes zur Modernisierung des Vergaberechtes (VergRModG) vom 20.4.2009[2] wurde daher das gesamte Sektorenvergaberecht umgestaltet und mit der **Sektorenverordnung (SektVO) vom 23.9.2009**[3] neu gefasst. Die Auftragsvergabe bestimmte sich danach nur noch nach den Regeln des 4. Teils des GWB und der SektVO. Weder VOL/A noch VOB/A spielten im Sektorenbereich danach noch eine Rolle. 4

---

[1] Eschenbruch/Opitz/Röwekamp/*Opitz* SektVO Einl. Rn. 8, 9 und 18 ff.
[2] BGBl. 2009 I 790.
[3] BGBl. 2009 I 3110.

Abschnitt 1. Allgemeine Bestimmungen und Kommunikation

Unterabschnitt 1. Allgemeine Bestimmungen

§ 1 Anwendungsbereich

(1) Diese Verordnung trifft nähere Bestimmungen über das einzuhaltende Verfahren bei der dem Teil 4 des Gesetzes gegen Wettbewerbsbeschränkungen unterliegenden Vergabe von Aufträgen und die Ausrichtung von Wettbewerben zum Zwecke von Tätigkeiten auf dem Gebiet der Trinkwasser- oder Energieversorgung oder des Verkehrs (Sektorentätigkeiten) durch Sektorenauftraggeber.

(2) Diese Verordnung ist nicht anzuwenden auf die Vergabe von verteidigungs- oder sicherheitsspezifischen öffentlichen Aufträgen.

(3) Für die Beschaffung im Wege von Konzessionen im Sinne des § 105 des Gesetzes gegen Wettbewerbsbeschränkungen gilt die Verordnung über die Vergabe von Konzessionen.

Schrifttum: *Eschenbruch* in Eschenbruch/Opitz/Röwekamp § 1; *Marx*, Vergaberecht für Versorgungsbetriebe, in Theobald/Kühling, Energierecht, 99. EL September 2018, 1–226; *Seidel* in Beck VergabeR (Burgi/Dreher) § 1; *Schröder*, Rechtlich privilegierte Sektorenauftraggeber nach § 98 Nr. 4 GWB, NZBau 2012, 541; *Sitsen*, Die Sektorenauftraggebereigenschaft privater Eisenbahnverkehrsunternehmen nach der Vergaberechtsreform 2016, VergabeR 2016, 553; *Tugendreich/Heller*, Freistellung vom Vergaberecht für den Strom- und Gaseinzelhandel, NZBau 2017, 387.

I. Regelungsgehalt und Überblick

1 § 1 bestimmt den Gegenstand und den **Anwendungsbereich der SektVO** mit einem kompliziert formulierten, aber in der Sache letztlich einfachen Verweis auf den 4. Teil des Gesetzes gegen Wettbeschränkungen: Die Regelungen der VO enthalten die näheren Bestimmungen über das einzuhaltende Verfahren bei der dem Teil 4 des GWB unterliegenden Vergabe von Aufträgen und der Ausrichtung von Wettbewerben zum Zwecke von Tätigkeiten auf dem Gebiet der Trinkwasser- oder Energieversorgung oder des Verkehrs (Sektorentätigkeiten) durch Sektorenauftraggeber.

2 **Sektorentätigkeiten sind nach § 102 GWB**
- **die Trinkwasserversorgung,** dh die Bereitstellung und das Betreiben fester Netze zur Versorgung der Allgemeinheit im Zusammenhang mit der Gewinnung, dem Transport und der Verteilung von Trinkwasser sowie die Versorgung dieser Netze mit Trinkwasser,
- **die Energieversorgung,** dh die Bereitstellung und das Betreiben fester Netze zur Versorgung der Allgemeinheit im Zusammenhang mit der Erzeugung, dem Transport oder der Verteilung von Strom, Gas und Wärme sowie der Versorgung dieser Netze mit Strom, Gas oder Wärme;
- **Verkehr,** dh die Bereitstellung und der Betrieb von Flughäfen zum Zwecke der Versorgung der Beförderungsunternehmen im Flugverkehr, von Häfen oder anderen Verkehrseinrichtungen zum Zwecke der Versorgung von Beförderungsunternehmen im See- und Binnenschiffsverkehr, von Netzen zur Versorgung der Allgemeinheit mit Verkehrsleistungen per Eisenbahn, automatischen Systemen, Straßenbahn, Trolleybus, Bus oder Seilbahn;
- **Exploration und Förderung von Öl, Gas und Kohle.**

3 **Sektorenauftraggeber** sind nach **§ 100 GWB** (1.) entweder öffentliche Auftraggeber, die eine Sektorentätigkeit ausüben, oder (2.) Unternehmen, die selbst keine öffentlichen Auftraggeber sind, aber von solchen beherrscht werden, oder (3.) Unternehmen, die ohne öffentliche Auftraggeber zu sein, eine Sektorentätigkeit auf der Grundlage von besonderen oder ausschließlichen Rechten ausüben, die von einer zuständigen Behörde gewährt wurden.

4 Ein Auftrag fällt unter die besonderen Vergaberegeln für Versorgungsunternehmen, wenn er einer Tätigkeit dient, die das Versorgungsunternehmen als Sektorenauftraggeber qualifiziert. Denn die SektVO trifft „nähere Bestimmungen" nur über das einzuhaltende Verfahren bei der **Vergabe von Aufträgen zum Zwecke einer Sektorentätigkeit.** Dies ist Ausdruck des Prinzips, dass nur die Beschaffungen dem Sektorenrecht unterworfen sind, die auch die entsprechende **inhaltliche Konnexität**[1] mit der Sektorentätigkeit aufweisen. Eine **vergaberechtliche Bindung** gilt für einen Versorger **nur bei Konnexität des jeweiligen Auftrags mit der Versorgungstätigkeit.** Dient die beabsichtigte Baumaßnahme, der Einkauf der Waren oder die Dienstleistung nicht der Sektoren-

---

[1] Theobald/Kühling/*Marx*, Energierecht, 99. EL September 2018, Vergaberecht für Versorgungsbetriebe Rn. 87.

tätigkeit, sondern einem anderen Zweck, baut beispielsweise ein Energieversorgungsunternehmen ein Krankenhaus oder Sportzentrum, hängt die Pflicht zur Anwendung von Vergaberegeln vom Status des Sektorenauftraggebers ab: Das Versorgungsunternehmen braucht keine Vergabevorschriften einhalten, wenn es ein Unternehmen ist, das Auftraggeber allein nach § 100 Abs. 1 Nr. 2 GWB ist und daher nur an Auftragsregeln gebunden ist, wenn es Aufträge zugunsten der Sektorentätigkeit vergibt. Dagegen gelten die – strengeren – allgemeinen Regeln für Auftraggeber nach § 100 Abs. 1 Nr. 1 GWB, wenn die Sektorentätigkeit von einem Unternehmen wahrgenommen wird, das zugleich auch öffentlicher Auftraggeber nach § 99 Nr. 1, 2 oder 3 GWB ist.

Selbstverständlich sind von der SektVO Aufträge und Wettbewerbe nicht erfasst, die den sektorenbezogenen **Schwellenwert** nach § 106 GWB nicht erreichen. § 106 GWB enthält wie zuvor schon die VgV für alle Auftragsarten eine dynamische Verweisung auf die jeweils geltenden europarechtlich festgesetzten Schwellenwerte.[2] Für Liefer- und Dienstleistungsaufträge im Sektorenbereich beträgt der Schwellenwert derzeit 428.000 EUR; für Bauaufträge gilt die allgemeine Grenze von 5.350.000 EUR. Basis für diese Regelung ist Art. 15 Sektoren-RL. 5

Die **Abs. 2 und 3 des § 1** regeln ausdrücklich, dass sich die SektVO **nicht auf verteidigungs- und sicherheitsspezifische öffentliche Aufträge** und **nicht auf die Vergabe von Konzessionen bezieht.** Für beide Fälle gelten eigenständige Verordnungen. 6

Ermächtigungsgrundlage für die SektVO ist § 113 GWB. 7

II. Systematische Stellung und Zweck der Norm

§ 1 steht im Abschnitt 1 an der Spitze der Regelungen der gesamten Verordnung. Sie gibt den Gegenstand und den Anwendungsbereich der Verordnung an. Sein **Zweck** ist es also, auf diese Weise **die gesamte Regelungsgegenstände der SektVO zu umreißen**. 8

Die **Bestimmungen der SektVO ergänzen** das in Teil 4 Kapitel 1 Abschnitt 3 Unterabschnitt 1 in den §§ 136–143 GWB geregelte Verfahren **um „nähere Bestimmungen über das einzuhaltende Verfahren".** Die Regeln sind unterteilt in 5 Abschnitte, von denen Abschnitt 1 in zwei Unterabschnitte aufgeteilt ist und sich zu den allgemeinen Bestimmungen und der Kommunikation verhält, während der zentrale Abschnitt 2 über das „Vergabeverfahren" sich in 6 Unterabschnitte (Verfahrensarten und Fristen; Besondere Methoden und Instrumente im Vergabeverfahren; Vorbereitung des Vergabeverfahrens; Veröffentlichung und Transparenz; Anforderung an die Unternehmen; Prüfung und Wertung der Angebote) aufteilt. 9

§ 2 Schätzung des Auftragswerts

(1) ¹Bei der Schätzung des Auftragswerts ist vom voraussichtlichen Gesamtwert der vorgesehenen Leistung ohne Umsatzsteuer auszugehen. ²Zudem sind etwaige Optionen oder Vertragsverlängerungen zu berücksichtigen. ³Sieht der Auftraggeber Prämien oder Zahlungen an den Bewerber oder Bieter vor, sind auch diese zu berücksichtigen.

(2) ¹Die Wahl der Methode zur Berechnung des geschätzten Auftragswerts darf nicht in der Absicht erfolgen, die Anwendung der Bestimmungen des Teils 4 des Gesetzes gegen Wettbewerbsbeschränkungen oder dieser Verordnung zu umgehen. ²Eine Auftragsvergabe darf nicht so unterteilt werden, dass sie nicht in den Anwendungsbereich der Bestimmungen des Teils 4 des Gesetzes gegen Wettbewerbsbeschränkungen oder dieser Verordnung fällt, es sei denn, es liegen objektive Gründe dafür vor, etwa wenn eine eigenständige Organisationseinheit selbständig für ihre Auftragsvergabe oder bestimmte Kategorien der Auftragsvergabe zuständig ist.

(3) Maßgeblicher Zeitpunkt für die Schätzung des Auftragswerts ist der Tag, an dem die Auftragsbekanntmachung abgesendet wird oder das Vergabeverfahren auf sonstige Weise eingeleitet wird.

(4) Der Wert einer Rahmenvereinbarung oder eines dynamischen Beschaffungssystems wird auf der Grundlage des geschätzten Gesamtwertes aller Einzelaufträge berechnet, die während der gesamten Laufzeit einer Rahmenvereinbarung oder eines dynamischen Beschaffungssystems geplant sind.

(5) Der zu berücksichtigende Wert im Falle einer Innovationspartnerschaft entspricht dem geschätzten Gesamtwert der Forschungs- und Entwicklungstätigkeiten, die während

---

[2] Theobald/Kühling/*Marx*, Energierecht, 99. EL September 2018, Vergaberecht für Versorgungsbetriebe Rn. 141.

sämtlicher Phasen der geplanten Partnerschaft stattfinden sollen, sowie der Bau-, Liefer- oder Dienstleistungen, die zu entwickeln und am Ende der geplanten Partnerschaft zu beschaffen sind.

(6) ¹Bei der Schätzung des Auftragswerts von Bauleistungen ist neben dem Auftragswert der Bauaufträge der geschätzte Gesamtwert aller Liefer- und Dienstleistungen zu berücksichtigen, die für die Ausführung der Bauleistungen erforderlich sind und vom Auftraggeber zur Verfügung gestellt werden. ²Die Möglichkeit des Auftraggebers, Aufträge für die Planung und die Ausführung von Bauleistungen entweder getrennt oder gemeinsam zu vergeben, bleibt unberührt.

(7) ¹Kann das beabsichtigte Bauvorhaben oder die vorgesehene Erbringung einer Dienstleistung zu einem Auftrag führen, der in mehreren Losen vergeben wird, ist der geschätzte Gesamtwert aller Lose zugrunde zu legen. ²Bei Planungsleistungen gilt dies nur für Lose über gleichartige Leistungen. ³Erreicht oder überschreitet der geschätzte Gesamtwert den maßgeblichen Schwellenwert, gilt diese Verordnung für die Vergabe jedes Loses.

(8) Kann ein Vorhaben zum Zweck des Erwerbs gleichartiger Lieferungen zu einem Auftrag führen, der in mehreren Losen vergeben wird, ist der geschätzte Gesamtwert aller Lose zugrunde zu legen.

(9) Der Auftraggeber kann bei der Vergabe einzelner Lose von Absatz 7 Satz 3 sowie Absatz 8 abweichen, wenn der geschätzte Nettowert des betreffenden Loses bei Liefer- und Dienstleistungsaufträgen unter 80 000 Euro und bei Bauleistungen unter 1 Million Euro liegt und die Summe der Nettowerte dieser Lose 20 Prozent des Gesamtwertes aller Lose nicht übersteigt.

(10) Bei regelmäßig wiederkehrenden Aufträgen oder Daueraufträgen über Liefer- oder Dienstleistungen sowie bei Liefer- oder Dienstleistungsaufträgen, die innerhalb eines bestimmten Zeitraums verlängert werden sollen, ist der Auftragswert zu schätzen
1. auf der Grundlage des tatsächlichen Gesamtwertes entsprechender aufeinanderfolgender Aufträge aus dem vorangegangenen Haushaltsjahr oder Geschäftsjahr; dabei sind voraussichtliche Änderungen bei Mengen oder Kosten möglichst zu berücksichtigen, die während der zwölf Monate zu erwarten sind, die auf den ursprünglichen Auftrag folgen; oder
2. auf der Grundlage des geschätzten Gesamtwertes aufeinanderfolgender Aufträge, die während der auf die erste Lieferung folgenden zwölf Monate oder während des auf die erste Lieferung folgenden Haushaltsjahres oder Geschäftsjahres, wenn dieses länger als zwölf Monate ist, vergeben werden.

(11) Bei Aufträgen über Liefer- oder Dienstleistungen, für die kein Gesamtpreis angegeben wird, ist Berechnungsgrundlage für den geschätzten Auftragswert
1. bei zeitlich begrenzten Aufträgen mit einer Laufzeit von bis zu 48 Monaten der Gesamtwert für die Laufzeit dieser Aufträge und
2. bei Aufträgen mit unbestimmter Laufzeit oder mit einer Laufzeit von mehr als 48 Monaten der 48-fache Monatswert.

(12) ¹Bei einem Planungswettbewerb nach § 60, der zu einem Dienstleistungsauftrag führen soll, ist der Wert des Dienstleistungsauftrags zu schätzen zuzüglich etwaiger Preisgelder und Zahlungen an Teilnehmer. ²Bei allen übrigen Planungswettbewerben entspricht der Auftragswert der Summe der Preisgelder und Zahlungen an die Teilnehmer einschließlich des Wertes des Dienstleistungsauftrags, der vergeben werden könnte, soweit der Auftraggeber diese Vergabe in der Wettbewerbsbekanntmachung des Planungswettbewerbs nicht ausschließt.

Schrifttum: *Höß*, Das 20%-Kontingent des Auftraggebers, VergabeR 2002, 19 *Matuschak*, Auftragswertermittlung bei Architekten- und Ingenieurleistungen nach neuem Vergaberecht, NZBau 2016, 613; *Portz*, Addition verschiedener Planungsleistungen zur Wertermittlung, NZBau 2017, 408.

I. Regelungsgehalt und Überblick

1 **1. Grundlagen.** Die Vergaberegeln des GWB und der SektVO sind nach § 106 GWB nur auf Aufträge anzuwenden, die gewisse **Schwellenwerte** erreichen oder überschreiten. Der jeweilige Schwellenwert für öffentliche Aufträge, Rahmenvereinbarungen und Wettbewerbe, die von öffentli-

chen Auftraggebern vergeben werden, ergibt sich gem. § 106 GWB direkt aus Art. 15 Sektoren-RL in der jeweils geltenden Fassung. Mit der DELEGIERTEN VERORDNUNG (EU) 2015/2170 hat die DIE KOMMISSION der EUROPÄISCHEN UNION am 24.11.2015 die Sektoren-RL des Europäischen Parlaments und des Rates im Hinblick auf die Schwellenwerte für Auftragsvergabeverfahren geändert. Sie betragen seit Anfang 2019 bei öffentlichen **Bauaufträgen 5.350.000 EUR, bei öffentlichen Liefer- und Dienstleistungsaufträgen 428.000 EUR.**

Die Vergaberegeln des GWB und der SektVO sind sowohl bei Liefer- und Dienstleistungsaufträgen als auch bei Bauaufträgen, Rahmenvereinbarungen und Planungswettbewerben nur anzuwenden, wenn der **geschätzte Gesamtauftragswert der Aufträge** mindestens dem in der Richtlinie in der jeweils geltenden Fassung genannten Schwellenwert ohne Umsatzsteuer entspricht. Der Schwellenwert ist keine absolute und objektiv messbare Größe, sondern ein **Prognosewert:**[1] Schätzt der Auftraggeber in einer nüchternen und seriösen Prognose[2] auf Grund objektiver Anhaltspunkte das **Gesamtvertragsvolumen** des von ihm beabsichtigten konkreten Auftrags **ohne Umsatzsteuer** so ein, dass er den für ihn geltenden Schwellenwert erreicht oder übersteigt, zwingt ihn das GWB-Vergaberecht und die SektVO zur Anwendung ihrer Vorschriften. Wird der Wert nicht erreicht, gilt nationales Bundes- bzw. Landesrecht.

2. Folgen einer Fehlschätzung. In allen hier geregelten Fällen hat die Prognose des Auftraggebers die zentrale Funktion für die Rechtsanwendung. Die **Schätzung** muss lediglich erkennen lassen, dass sich der Auftraggeber **mit Sorgfalt ernsthaft** um eine **objektive Prognose** bemüht und alle **wesentlichen Erkenntnisquellen dazu herangezogen** hat.[3] Es bleibt im einen wie im anderen Fall dabei, dass die Regeln angewendet wurden oder dass auf ihre Anwendung verzichtet wurde. **Stellt sich nach Einleitung des Vergabeverfahrens heraus,** dass der Schwellenwert **unterschritten** wird, indem beispielsweise nur Angebote eingehen, die unter dem Schwellenwert liegen **oder** zeigt sich bei Eingang der Angebote, dass der Wert trotz der Annahme des Auftraggebers, er könne ohne die Anwendung vergaberechtlicher Regeln auskommen, **tatsächlich über dem Schwellenwert liegt,** ändert dies nichts mehr an der zuvor vorgenommenen rechtlichen Einordnung. **Einer Korrektur des einmal eingeleiteten Vergabeverfahrens bedarf es nicht, sofern nur der Auftragswert nach § 3 VgV fehlerfrei prognostiziert wurde.**[4] Realisiert sich im umgekehrten Fall die sorgfältig und ernsthaft nach den Regeln angestellte Prognose nicht und stellt sich heraus, dass der Gesamtauftragswert entgegen der Prognose unter dem Schwellenwert liegt, ist weiter nach GWB-Vergaberecht zu verfahren. **Die Pflicht zur Anwendung** des wettbewerbsrechtlichen Vergaberechtes **entfällt erst, wenn eine Neubewertung vorgenommen** werden darf und weitere Aufträge dann auf dieser Basis als Unterschwellenaufträge vergeben werden können. Im Nachprüfungsverfahren ist das Erreichen bzw. die Überschreitung des Auftragswertes von Amts wegen zu prüfen.[5]

3. Umgehungsverbot (Abs. 2). Die wesentlichsten Aspekte der Berechnungsvorschrift sind, dass von der Gesamtvergütung des bevorstehenden Auftrags auszugehen ist. Es ist der Gesamtpreis und die Summe aller anfallenden Kosten heranzuziehen. Hauptziel der Regelung ist zu verhindern, dass **(Abs. 2) Auftragswerte gezielt zu niedrig geschätzt oder Verträge zu dem Zweck aufgeteilt werden, sie den Bestimmungen des GWB-Vergaberechtes zu entziehen.** Das heißt, dass § 2 Abs. 2 zwei Fälle von verbotenen Manipulationen[6] im Auge hat: die missbräuchliche Aufteilung des Gesamtauftragswertes so, dass die einzelnen Auftragswerte unter die Schwellen fallen und die missbräuchliche Manipulation des Wertes insgesamt. Bei seiner Schätzung darf der Auftraggeber sich nicht von Wunschdenken leiten lassen und darf erst recht keine künstliche Stückelung von Aufträgen mit dem Ziel vornehmen, den einzelnen Auftrag unter die Schwelle zu drücken.

Das heißt jedoch nicht, dass eine bewusste Aufteilung mit seriöser Begründung unmöglich wäre. Die Freiheit des Auftraggebers bei der Beschaffung bezieht sich nicht nur auf den Gegenstand des Beschaffungsvertrages, sondern auch auf Art und Weise, Form und Zeitpunkt der Beschaffung. Eine Aufteilung der Beschaffungsaktivitäten eines Auftraggebers in einzelne unabhängige Aufträge, bei denen es dann zunächst einmal nicht darauf ankommt, ob sie im Oberschwellenbereich liegen oder unter der Schwelle bleiben, ist aus vielfachen Gründen denkbar. Nicht jedes

---

[1] Franke/Kemper/Zanner/Grünhagen/Mertens/*Franke/Grünhagen* Rn. 27; Eschenbruch/Opitz/Röwekamp/*Finke* Rn. 7.
[2] HK-VergabeR/*Alexander* VgV § 3 Rn. 4.
[3] BGH NJW 1998, 3640 = ZVgR 1998, 565.
[4] OLG Bremen ZfBR 2009, 696 ff.; OLG Düsseldorf Beschl. v. 22.7.2010 – Verg 34/10, BeckRS 2010, 27679; Ziekow/Völlink/*Greb* VgV § 3 Rn. 17; Eschenbruch/Opitz/Röwekamp/*Finke* Rn. 7.
[5] OLG Rostock VergabeR 2007, 394.
[6] HK-VergabeR/*Alexander* VgV § 3 Rn. 25 ff.

Projekt, das durch verschiedene Aufträge realisiert wird, die inhaltlich oder räumlich oder zeitlich miteinander zusammenhängen, **muss auch einheitlich durch einen Auftrag vergeben werden.** Eine Aufteilung in unterschiedliche Aufträge wird beispielsweise zum Zwecke der Mittelstandsförderung im § 99 Abs. 3 GWB gerade verlangt oder ist aus haushaltsrechtlichen oder aus technischen Gründen erforderlich. Mit Abs. 2 S. 2 legt der Verordnungsgeber deshalb ausdrücklich fest, dass es **objektive Gründe dafür geben kann, eine Auftragsvergabe zu unterteilen.** Kann der Auftraggeber einen **sachlichen Grund** dafür vorbringen, dass er nicht in einem Zug beschafft, sondern in einzelnen Teilen, fällt er mit seinem Beschaffungsverhalten nicht unter das Umgehungsverbot. Ein objektiver Grund kann auch dann vorliegen, wenn der Auftraggeber selbstständigen Einheiten seiner Einrichtung mit einem eigenen Budget zur Mittelbeschaffung ausgestattet und das Recht zur Beschaffung eingeräumt hat. Konstellationen dieser Art können objektive Gründe darstellen, um Aufträge über dieselbe Leistung unabhängig voneinander zu vergeben.[7] Dem Auftraggeber steht ein weiter Ermessensspielraum in der Frage zu, wie er seine Beschaffungsvorhaben umsetzt.[8] Will beispielsweise ein Versorgungsunternehmen eine größere Fläche überplanen und erschließen, kann es die Planung von der Erschließung trennen, kann es auch die Planung in verschiedenen Abschnitten vornehmen, weil zB noch nicht klar ist, wie die Verkehrssituation geregelt werden soll. Es kann auch verschiedene sachliche Gründe dafür geben, die Erschließung in unterschiedlichen Tranchen vorzunehmen oder vornehmen zu lassen. Allerdings kann umgekehrt auch der regelmäßige Abschluss befristeter Verträge mit unüblich kurzen Vertragslaufzeiten auf einen Verstoß gegen das Umgehungsverbot hindeuten.

6   Der Auftraggeber handelt allerdings nicht schon dann vergaberechtswidrig und wider das Verbot des Abs. 2, wenn er aus unsachlichen Gründen den Gesamtwert des zu vergebenden Auftrags objektiv falsch festlegt. Er muss darüber hinaus **in Missbrauchsabsicht**, also vorsätzlich handeln. Die objektiv falsche Unterbewertung oder unzulässige Aufteilung des beabsichtigten Auftrags muss das maßgebliche und leitende Motiv des Auftraggebers sein.[9]

7   **4. Maßgeblicher Zeitpunkt (Abs. 3).** Maßgeblicher Zeitpunkt für die Schätzung des (Gesamt-)Auftragswertes ist nach der ausdrücklichen Regel des Abs. 3 der Tag, an dem die Auftragsbekanntmachung abgesendet wird. Das ist eine so präzise Festlegung, dass es eigentlich kein anderes Datum mehr geben kann, auf das sich die Schätzung beziehen sollte. Dadurch wird sichergestellt, dass die Schätzung von wettbewerbswidrigen Einflüssen freigehalten wird und nach objektiven Kriterien erfolgt.[10] Um aber auf jeden Fall alles rund herum abzusichern, bestimmt Abs. 3 zusätzlich, dass der Tag bestimmend sein soll, zu dem das Vergabeverfahren „auf sonstige Weise" eingeleitet wird. Diese Regel erklärt sich nur aus dem penetranten Misstrauen der EU-Behörden den öffentlichen Auftraggebern gegenüber. Denn ein Auftraggeber, der eine Prognose über den Auftragswert zur Bestimmung des Schwellenwertes machen will, wird selbstverständlich das Vergabeverfahren nur so einleiten, wie es im Richtlinienrecht und im GWB vorgesehen ist: durch Bekanntmachung und wird glücklich sein, nicht nach etwas anderem suchen zu müssen, als dem klaren Datum, das sich daraus für die Schwellenwertprognose ergibt. In keinem Fall kann die Schätzung erst erfolgen, wenn bereits Angebote vorliegen.[11]

8   Vielfach wird davon ausgegangen, dass es bei der „Einleitung" des Vergabeverfahrens nicht um den förmlichen Beginn des Vergabeverfahrens, sondern um eine Art **„materiellen Beginn"** handele.[12] Zu einem solchen materiellen Beginn fordert jedoch keine gesetzliche Regel an irgendeiner Stelle auf. Den Beginn des Vergabeverfahrens auf einen bestimmten Tag und einen bestimmten Akt festzulegen, ist eine besondere Förmlichkeit, an die sowohl der Auftraggeber als auch jede Kontrollbehörde sich zu halten hat. Wollte man vom Gegenteil ausgehen, würde man den Auftraggebern ihre Aufgaben allzu sehr erschweren, Unsicherheit verbreiten und eine klare Trennung von Vergabeverfahren einerseits und der Beschaffungsvorbereitung und der Information über die Angebote des Marktes andererseits geradezu unmöglich machen.

II. Systematische Stellung und Zweck der Norm

9   § 2 steht im Abschnitt 1 Unterabschnitt 1 über die allgemeinen Bestimmungen an zweiter Stelle direkt nach der Definition des Anwendungsbereiches in § 1. In der Sache gehört die Vorschrift zu

---

[7] Begr. zum Entwurf der VgV v. 20.1.2016, (Kabinettfassung) zu § 2 Abs. 2.
[8] OLG Düsseldorf IBR 2003, 567; OLG Düsseldorf Urt. v. 30.7.2003 – Verg 5/03, IBRRS 2003, 2311.
[9] HK-VergabeR/*Alexander* VgV § 3 Rn. 29, 30; Eschenbruch/Opitz/Röwekamp/*Finke* Rn. 12; Greb/Müller/*Greb* Rn. 13 ff.
[10] OLG Düsseldorf VergabeR 2002, 665.
[11] OLG Düsseldorf NZBau 2002, 697 f.; OLG Koblenz WuW/E Verg 470 (472).
[12] HK-VergabeR/*Alexander* VgV § 3 Rn. 20, 21 unter Berufung auf OLG Celle ZfBR 2007, 704 f. und OLG Düsseldorf NZBau 2001, 696 (698 f.); Byok/Jaeger/*Kühnen* VgV § 3 Rn. 3; Beck VergabeR/*Masing*, 2. Aufl. 2013, VgV § 3 Rn. 18.

den Regeln über den Anwendungsbereich, da sie bestimmt, wie der Vertragswert im Detail zu schätzen ist. Der Berechnung des geschätzten Vertragswertes, dh der **Vorname der Prognose** hat für die Anwendung des Vergaberechtes **eine zentrale Funktion,** weil Art. 15 Sektoren-RL für den Anwendungsbereich der Richtlinie ebenso wie § 106 Abs. 2 Nr. 2 GWB voraussetzt, dass der geschätzte Vertragswert den maßgeblichen Schwellenwert erreicht oder überschreitet. Nur wenn der Auftraggeber in einer nüchternen und objektiven Prognose zu dem Ergebnis kommt, dass der Wert des zu vergebenden Auftrags voraussichtlich den anzulegenden Schwellenwert erreicht oder überschreitet, gilt Vergaberecht. Allein der vom Auftraggeber fehlerfrei geschätzte Wert ist maßgeblich.[13] Wie die Prognose zu erstellen ist, **wird in § 2 für alle ihr unterworfenen Aufträge geregelt.** Parallelvorschriften gibt es in § 3 VgV, § 3 VSVgV und in § 2 KonzVgV über die Berechnung des Auftragswertes für die unter die jeweilige Verordnung fallenden Aufträge bzw. Konzessionen.

§ 2 dient der Umsetzung von Art. 16 Sektoren-RL. Da die Vorschrift des **§ 2 mit § 3 VgV identisch** ist, kann zu den Einzelheiten im Übrigen auf die dortige Kommentierung verwiesen werden (→ VgV § 3 Rn. 1 ff.). 10

§ 3 Antragsverfahren für Tätigkeiten, die unmittelbar dem Wettbewerb ausgesetzt sind

(1) ¹Auftraggeber können bei der Europäischen Kommission beantragen festzustellen, dass die Vorschriften des Teils 4 des Gesetzes gegen Wettbewerbsbeschränkungen sowie der Sektorenverordnung auf die Auftragsvergabe oder Ausrichtung von Wettbewerben für die Ausübung dieser Tätigkeit keine Anwendung finden. ²Dem Antrag ist eine Stellungnahme des Bundeskartellamtes beizufügen. ³Dem Antrag sind alle sachdienlichen Informationen beizufügen, insbesondere Gesetze, Verordnungen, Verwaltungsvorschriften oder Vereinbarungen, die darlegen, dass die betreffende Tätigkeit unmittelbar dem Wettbewerb auf Märkten ausgesetzt ist, die keiner Zugangsbeschränkung unterliegen. ⁴Eine Kopie des Antrags ist dem Bundesministerium für Wirtschaft und Energie zu übermitteln.

(2) ¹Der Antrag des Auftraggebers an das Bundeskartellamt auf Stellungnahme muss die in § 39 Absatz 3 Satz 2 Nummer 1 bis 4 des Gesetzes gegen Wettbewerbsbeschränkungen bezeichneten Angaben enthalten. ²§ 39 Absatz 3 Satz 4 und 5 des Gesetzes gegen Wettbewerbsbeschränkungen gilt entsprechend. ³Der Antrag nach Absatz 1 kann auch von einem Verband der Auftraggeber gestellt werden. ⁴In diesem Fall gelten für die Verbände die Regelungen für Auftraggeber.

(3) ¹Das Bundeskartellamt soll die Stellungnahme innerhalb von vier Monaten nach Antragseingang abgeben. ²Für die Erarbeitung der beantragten Stellungnahme hat das Bundeskartellamt die Ermittlungsbefugnisse nach den §§ 57 bis 59 des Gesetzes gegen Wettbewerbsbeschränkungen. ³Das Bundeskartellamt holt eine Stellungnahme der Bundesnetzagentur ein. ⁴§ 50c Absatz 1 des Gesetzes gegen Wettbewerbsbeschränkungen gilt entsprechend.

(4) Die Stellungnahme des Bundeskartellamtes besitzt keine Bindungswirkung für seine Entscheidungen nach den Teilen 1 bis 3 des Gesetzes gegen Wettbewerbsbeschränkungen.

(5) ¹Einen Antrag nach Absatz 1 kann auch das Bundesministerium für Wirtschaft und Energie stellen. ²In diesem Fall teilt es der Europäischen Kommission sachdienliche Informationen nach Absatz 1 Satz 3 mit. ³Es holt zur wettbewerblichen Beurteilung eine Stellungnahme des Bundeskartellamtes ein, die ebenfalls der Kommission der Europäischen Union übermittelt wird. ⁴Dies gilt auch für den Fall, dass die Europäische Kommission auf eigene Veranlassung für eine der Sektorentätigkeiten in Deutschland ein solches Verfahren einleitet.

(6) Die Feststellung, dass die betreffende Tätigkeit unmittelbar dem Wettbewerb auf Märkten ausgesetzt ist, die keiner Zugangsbeschränkung unterliegen, gilt als getroffen, wenn die Europäische Kommission dies bestätigt hat oder wenn sie innerhalb der Frist nach Artikel 35 in Verbindung mit Anhang IV der Richtlinie 2014/25/EU des Europäischen Parlaments und des Rates vom 26. Februar 2014 über die Vergabe von Aufträgen durch Auftraggeber im Bereich der Wasser-, Energie- und Verkehrsversorgung sowie der Postdienste und zur Aufhebung der Richtlinie 2004/17/EG (ABl. L 94 vom 28.3.2014, S. 243)

---

[13] HK-VergabeR/*Alexander* VgV § 3 Rn. 5; Greb/Müller/*Greb* Rn. 13; Eschenbruch/Opitz/Röwekamp/ *Finke* Rn. 7.

keine Feststellung getroffen hat und das **Bundesministerium für Wirtschaft und Energie die Feststellung oder den Ablauf der Frist im Bundesanzeiger bekanntgemacht hat.**

(7) Die Absätze 1 bis 6 gelten für Auftraggeber im Sinne des § 143 des Gesetzes gegen Wettbewerbsbeschränkungen entsprechend.

I. Regelungsgehalt und Überblick

1 § 3 stellt das **Antragsverfahren** dar, an dessen Ende möglicherweise eine Freistellung von der Anwendungspflicht für die Vergaberegeln steht. Es ist in der Eingangsformulierung des Abs. 1 ein wenig unglücklich formuliert. Natürlich kann die EU-Kommission nicht feststellen, dass der 4. Teil des Gesetzes gegen Wettbewerbsbeschränkungen auf bestimmte Sachverhalte nicht anwendbar ist. Sie kann allenfalls – und das ist hier gemeint – auf der Basis der Sektoren-RL feststellen, dass auf einem Sektor unmittelbarer Wettbewerb herrscht und dass daher die Voraussetzungen des § 140 Abs. 1 GWB vorliegen. Um zu dieser Feststellung zu kommen, legt § 3 ein bestimmtes Verfahren fest, das mit Anträgen entweder des Bundesministeriums für Wirtschaft und Energie (Abs. 5) oder eines Auftraggebers (Abs. 1) oder eines Verbandes von Auftraggebern im Sektorenbereich (Abs. 2 S. 3) beginnt. Die Freistellungsmöglichkeit gilt für alle Sektorenauftraggeber, also auch für Auftraggeber, die nach dem Bundesberggesetz berechtigt sind, Erdöl, Gas, Kohle oder andere feste Brennstoffe aufzusuchen oder zu gewinnen (§ 143 Abs. 2 S. 2 GWB).

2 Dem Antrag sind **alle sachdienlichen Unterlagen über den freien Marktzugang und über den bestehenden unmittelbaren Wettbewerb sowie eine Stellungnahme des Bundeskartellamtes beizufügen,** die den Antrag befürwortet. Wenn ein Auftraggeber oder ein Verband den Antrag bei der EU-Kommission direkt stellt, ist dem Bundesministerium für Wirtschaft und Energie eine Kopie des Antrags zu übermitteln (Abs. 1 S. 3).

3 Der **Antrag des Auftraggebers oder eines Verbandes** an das Bundeskartellamt muss mindestens die folgenden **Angaben** enthalten: Firma oder sonstige Bezeichnung und Ort der Niederlassung oder Sitz des Geschäftsbetriebes, Art des Geschäftsbetriebes, Umsatz in Inland, EU und weltweit sowie Marktanteile. Zur Erarbeitung seiner Stellungnahme hat das **Bundeskartellamt die Ermittlungsbefugnisse** nach den §§ 57–59, wonach die erforderlichen Ermittlungen geführt und alle notwendigen Beweise erhoben werden können, Gegenstände beschlagnahmt werden dürfen und von anderen Unternehmen und Verbänden Auskünfte verlangt werden können. Außerdem ist eine Stellungnahme der Bundesnetzagentur einzuholen. **Die Stellungnahme soll innerhalb von vier Monaten nach Antragseingang abgegeben werden.** Obwohl dies bei genauem Hinsehen nicht erforderlich gewesen wäre, wird in Abs. 4 ausdrücklich festgestellt, dass die Stellungnahme **kein Präjudiz** für eine Entscheidung nach den Teilen 1–3 des GWB haben soll.

4 **Interessanterweise** findet sich im § 3, der sich laut Überschrift mit dem Antragsverfahren für Tätigkeiten, die unmittelbar dem Wettbewerb ausgesetzt sind, befasst, auch eine Formulierung, die die Möglichkeit nahe legt, dass auch die **EU-Kommission von sich aus** und ohne Antrag ein Verfahren zur Freistellung von Sektorenauftraggebern in Gang setzt. Nach **Abs. 5 S. 2** hat in einem solchen Fall das Bundesministerium für Wirtschaft und Energie alle maßgeblichen Informationen zu übermitteln und eine Stellungnahme des Bundeskartellamtes einzuholen, die ebenfalls der Kommission der Europäischen Union zu übersenden ist.

5 **Die Feststellung,** dass die betreffende Tätigkeit unmittelbar dem Wettbewerb auf Märkten ausgesetzt ist, die keiner Zugangsbeschränkung unterliegen, **gilt als getroffen,** wenn **die Europäische Kommission dies bestätigt hat oder wenn sie innerhalb von 130 Tagen keine Entscheidung getroffen hat,** obwohl ihr die erforderlichen Unterlagen vorgelegen haben.

II. Systematische Stellung und Zweck der Norm

6 § 3 steht im Abschnitt 1 Unterabschnitt 1 am Anfang und zählt in der Sache noch zu den allgemeinen Bestimmungen über die genaue Definition des Anwendungsbereiches der SektVO in §§ 1 und 2. Er regelt daher einen **vom Verordnungsgeber** als besonders **wichtig angesehenen Aspekt** der Auftragsvergabe.

7 Der **Zweck der Norm** besteht in der Umsetzung von Art. 35 Abs. 1 Sektoren-RL, mit der das Verfahren zur Beantragung der in Art. 34 Sektoren-RL geregelten Ausnahme für Tätigkeiten beschrieben wird, die unmittelbar dem Wettbewerb ausgesetzt sind. Die Ausnahme selbst findet sich in § 140 GWB.

§ 4 Gelegentliche gemeinsame Auftragsvergabe

(1) ¹Mehrere Auftraggeber können vereinbaren, bestimmte Aufträge gemeinsam zu vergeben. ²Dies gilt auch für die Auftragsvergabe gemeinsam mit Auftraggebern aus anderen

Mitgliedstaaten der Europäischen Union. [3]Die Möglichkeiten zur Nutzung von zentralen Beschaffungsstellen bleiben unberührt.

(2) [1]Soweit das Vergabeverfahren im Namen und im Auftrag aller Auftraggeber insgesamt gemeinsam durchgeführt wird, sind diese für die Einhaltung der Bestimmungen über das Vergabeverfahren gemeinsam verantwortlich. [2]Das gilt auch, wenn ein Auftraggeber das Verfahren in seinem Namen und im Auftrag der anderen Auftraggeber allein ausführt. [3]Bei nur teilweise gemeinsamer Durchführung sind die Auftraggeber nur für jene Teile gemeinsam verantwortlich, die gemeinsam durchgeführt wurden. [4]Wird ein Auftrag durch Auftraggeber aus verschiedenen Mitgliedstaaten der Europäischen Union gemeinsam vergeben, legen diese die Zuständigkeiten und die anwendbaren Bestimmungen des nationalen Rechts durch Vereinbarung fest und geben das in den Vergabeunterlagen an.

Schrifttum: *Baudis,* Zur gemeinsamen Beschaffung öffentlicher Auftraggeber nach Maßgabe der RL 2014/24/EU und deren Umsetzung sowie deren Grenzen, VergabeR 2016, 425; *Klinkermüller,* Die grenzüberschreitende gemeinsame Vergabe öffentlicher Aufträge, 2014; *Opitz,* Die internationale Dimension des Vergaberechtes, FS Fridhelm Marx, 2013, 505.

I. Regelungsgehalt und Überblick

Da die im neuen Richtlinienrecht und im GWB vorgenommene Stärkung der zentralen Beschaffungstätigkeit **nicht die Praxis einer gelegentlichen gemeinsamen Beschaffung behindern** soll,[1] sieht Abs. 1 ausdrücklich eine ad-hoc-Zusammenarbeit von mehreren Sektorenauftraggebern vor. Sie können (wie andere öffentliche Auftraggeber auch) vereinbaren, bestimmte Aufträge punktuell gemeinsam zu vergeben ohne eine zentrale Beschaffungsstelle zu bemühen oder gar zu gründen. Erforderlich ist zu diesem Zweck nicht mehr als eine Vereinbarung der Auftraggeber untereinander.[2] Obwohl dies sicher in seltenen Fällen vorkommen dürfte, wird auch ausdrücklich hervorgehoben, dass die gelegentliche Beschaffung gemeinsam mit Auftraggebern aus anderen Mitgliedstaaten ebenfalls möglich ist. In diesem Fall müssen sich die Auftraggeber darauf verständigen, nach welchem (nationalen) Vergaberecht verfahren werden soll. Bei der Beschaffung über eine zentrale Vergabestelle gelten von vorneherein die nationalen Bestimmungen des Mitgliedstaates, in dem die zentrale Beschaffungsstelle ihren Sitz hat.[3] 1

Die gelegentliche gemeinsame Beschaffung kann ebenso wie die Verwendung zentraler Beschaffungsstellen **kartellrechtliche Fragen** aufwerfen.[4] Durch die Zusammenführung und Zentralisierung von Beschaffungen der öffentlichen Auftraggeber oder der Sektorenauftraggeber können Einkaufskartelle entstehen. Nicht zuletzt deshalb ist in § 156 Abs. 3 GWB festgehalten, dass die Zuständigkeit der ordentlichen Gerichte für die Geltendmachung von Schadensersatzansprüchen und die Befugnisse der Kartellbehörden unberührt bleiben. 2

Ein Vergabeverfahren kann entweder im Namen und im Auftrag aller beteiligten Auftraggeber gemeinsam durchgeführt werden oder aber es kann von einem der beteiligten Auftraggeber allein und im Auftrag auch der anderen Auftraggeber geführt werden. In beiden Fällen bleibt die **Verantwortung für die Einhaltung der Bestimmungen** über das Vergabeverfahren bei allen Auftraggebern gemeinsam. Wenn nur einzelne Teile gemeinsam durchgeführt werden, gilt diese gemeinsame Verantwortung für die Einhaltung der vergaberechtlichen Bestimmungen nur für den gemeinsamen Teil, für die vom einzelnen Auftraggeber selbstständig durchgeführten Teil des Vergabeverfahrens ist der selbstständig agierende Sektorenauftraggeber allein verantwortlich. In diesem letzteren Fall ist beispielsweise im Falle eines Nachprüfungsverfahrens nur er der Antragsgegner. 3

Wird ein Auftrag durch Auftraggeber aus **verschiedenen Mitgliedstaaten** gemeinsam vergeben, legen diese nach Abs. 2 S. 3 die Zuständigkeiten und die **anwendbaren Bestimmungen** des nationalen Rechts **durch Vereinbarung** fest und geben das in den **Vergabeunterlagen** an. 4

II. Systematische Stellung und Zweck der Norm

§ 4 steht im Abschnitt 1 Unterabschnitt 1 am Anfang unter den allgemeinen Bestimmungen nach der Definition des Anwendungsbereiches der SektVO in §§ 1, 2 und 3. Er dient der Effektivität 5

---

[1] Begr. zum Entwurf der VgV v. 20.1.2016, BT-Drs. 18/7318, 149 (Kabinettfassung), zu § 4.
[2] Begr. zum Entwurf der VgV v. 20.1.2016, BT-Drs. 18/7318, 149 (Kabinettfassung), zu § 4 Abs. 1.
[3] Begr. zum Entwurf der VgV v. 20.1.2016, BT-Drs. 18/7318, 149 (Kabinettfassung), zu § 4 Abs. 1 aE.
[4] *Fandrey* in KKMPP VgV § 4 Rn. 2; RKPP/*Röwekamp* GWB § 98 Rn. 57 ff.; Eschenbruch/Opitz/Röwekamp/*Opitz* Rn. 2.

der Beschaffung[5] und regelt einen **vom Verordnungsgeber** als **wichtig angesehenen Aspekt** der Auftragsvergabe.

6 Der **Zweck der Norm** besteht in der Umsetzung von Art. 56 und Art. 57 Sektoren-RL. Abs. 2 dient der Umsetzung von Art. 56 Abs. 2 Sektoren-RL in deutsches Recht.

§ 5 Wahrung der Vertraulichkeit

(1) [1]**Sofern in dieser Verordnung oder anderen Rechtsvorschriften nichts anderes bestimmt ist, darf der Auftraggeber keine von den Unternehmen übermittelten und von diesen als vertraulich gekennzeichneten Informationen weitergeben.** [2]Dazu gehören insbesondere Betriebs- und Geschäftsgeheimnisse und die vertraulichen Aspekte der Angebote einschließlich ihrer Anlagen.

(2) [1]Bei der gesamten Kommunikation sowie beim Austausch und bei der Speicherung von Informationen muss der Auftraggeber die Integrität der Daten und die Vertraulichkeit der Interessensbekundungen, Interessensbestätigungen, Teilnahmeanträge und Angebote einschließlich ihrer Anlagen gewährleisten. [2]Die Interessensbekundungen, Interessensbestätigungen, Teilnahmeanträge und Angebote einschließlich ihrer Anlagen sowie die Dokumentation über Öffnung und Wertung der Teilnahmeanträge und Angebote sind auch nach Abschluss des Vergabeverfahrens vertraulich zu behandeln.

(3) [1]Der Auftraggeber kann Unternehmen Anforderungen vorschreiben, die auf den Schutz der Vertraulichkeit der Informationen im Rahmen des Vergabeverfahrens abzielen, einschließlich der Informationen, die in Verbindung mit der Verwendung eines Qualifizierungssystems zur Verfügung gestellt werden. [2]Hierzu gehört insbesondere die Abgabe einer Verschwiegenheitserklärung.

Schrifttum: *Glahs,* Akteneinsichts- und Informationsfreiheitsansprüche im Vergabe- und Nachprüfungsverfahren, NZBau 2014, 75; *Stahlmann* in Eschenbruch/Opitz/Röwekamp § 5; *Krohn* in Beck VergabeR (Burgi/Dreher) § 5; *Schubert* in Willenbruch/Wieddekind § 5.

I. Regelungsgehalt und Überblick

1 Im Unionsrecht gibt es kein allgemeines Vertraulichkeitsgebot.[1] Es bestehen lediglich einzelne Regelungen, die auf bestimmten Gebieten Vertraulichkeit vorschreiben. Die § 5 VgV, § 5 und § 4 KonzVgV sind solche Regelungen, die für die Vergabe von Aufträgen **generell die Einhaltung des Grundsatzes der Vertraulichkeit** vorschreiben. Sie nehmen allerdings lediglich den jeweiligen Auftrag- bzw. Konzessionsgeber in die Pflicht.

2 Die einzelnen Pflichten sind allerdings nur schwer zu bestimmen und auseinander zu halten. Abs. 1 S. 1 bestimmt zunächst, dass **alle von den Unternehmen übermittelten Informationen** vertraulich zu behandeln sind, wenn sie von den Unternehmen als vertraulich gekennzeichnet sind. Das würde eigentlich bedeuten, dass die nicht als vertraulich gekennzeichneten Informationen weitergegeben werden können. Doch das genau schließt der folgende Abs. 1 S. 2 aus. Dort wird geregelt, dass „insbesondere" Betriebs- und Geschäftsgeheimnisse und die „vertraulichen Aspekte" der Angebote einschließlich ihrer Anlagen ebenfalls unter das Weitergabeverbot fallen. Betriebs- und Geschäftsgeheimnisse sind alle auf ein Unternehmen bezogene Tatsachen, die nicht offenkundig sind, sondern nur einem begrenzten Personenkreis bekannt sind und nach dem offenbaren Willen des Unternehmers geheim gehalten werden sollen.[2] Nicht vertraulich sind Aspekte von Angeboten ganz sicher dann, wenn sie allgemein zugänglich sind.[3] Voraussichtlich sind auch solche Aspekte nicht vertraulich, deren Weitergabe im Verhandlungsprozess über die Vergabe des Auftrags erforderlich ist – insbesondere um Diskriminierungen zu vermeiden. In diesem Fall dürfte allerdings der Auftraggeber darlegungs- und beweispflichtig für die Notwendigkeit der Weitergabe sein.

3 Im **Abs. 2 legt der Verordnungsgeber ein weiteres Mal fest,** dass Interessensbekundungen, Interessensbestätigungen, Teilnahmeanträge und Angebote einschließlich ihrer Anlagen sowie die Dokumentation über die Öffnung und Wertung der Teilnahmeanträge und Angebote – auch nach Abschluss des Vergabeverfahrens – **vertraulich zu behandeln** sind. Die Integrität der Daten ist zu gewährleisten, wobei Integrität die Korrektheit und Unversehrtheit der Daten bedeutet.[4] Außerdem

---

5 Ziekow/Völlink/*Siegel* Rn. 1.
1 HK-VergabeR/*Schellenberg* VSVgV § 6 Rn. 1 ff.
2 BGH NJW 2009, 1420; *Röwekamp* in KKMPP VgV § 5 Rn. 3.
3 HK-VergabeR/*Schellenberg* VSVgV § 6 Rn. 5.
4 *Röwekamp* in KKMPP VgV § 5 Rn. 8.

soll die gesamte Kommunikation des Auftraggebers mit den Unternehmen vertraulich gehandhabt werden. Wenn es erforderlich erscheint, dass der Auftraggeber trotz grundsätzlichem Weitergabeverbot im Lauf des Vergabeprozesses den Unternehmen vertrauliche Unterlagen zur Verfügung stellt, um Transparenz und Nichtdiskriminierung unter den beteiligten Unternehmen sicherzustellen, kann er sich auf Abs. 3 berufen. Danach kann der Auftraggeber von den Unternehmen Vorkehrungen verlangen, die der Durchsetzung des Vertraulichkeitsgrundsatzes dienen. Das kann insbesondere auch eine Verschwiegenheitserklärung sein.

Sieht die KonzVgV oder sehen **Informationsfreiheitsgesetze** des Bundes und der Länder vor, dass bestimmte Informationen nicht vertraulich behandelt werden müssen, **gehen** diese Regeln **vor.** Der Grundsatz des § 5 muss insoweit zurückstehen. Das ergibt sich ausdrücklich aus der Eingangsformulierung des Abs. 1. 4

II. Systematische Stellung und Zweck der Norm

§ 5 steht im Abschnitt 1 Unterabschnitt 1 ganz am Anfang unter den allgemeinen Bestimmungen nach der Definition des Anwendungsbereiches der SektVO in §§ 1 und 2 und nach der Regel über die gelegentliche gemeinsame Auftragsvergabe. Er regelt daher einen **vom Verordnungsgeber** als besonders **wichtig angesehenen Aspekt** der Auftragsvergabe. 5

Der **Zweck der Norm** besteht in der Umsetzung von Art. 39 Abs. 1 Sektoren-RL. Unionsrechtliche Sanktionen gibt es bei Verstößen gegen die Regel nicht – es sei denn der Verstoß ist so gravierend, dass das gesamte Vergabeverfahren aufgehoben werden muss. Abs. 3 dient der Umsetzung von Art. 39 Abs. 2 Sektoren-RL in deutsches Recht. 6

§ 6 Vermeidung von Interessenkonflikten

(1) Organmitglieder oder Mitarbeiter des öffentlichen Auftraggebers oder eines im Namen des öffentlichen Auftraggebers handelnden Beschaffungsdienstleisters, bei denen ein Interessenkonflikt besteht, dürfen in einem Vergabeverfahren nicht mitwirken.

(2) Ein Interessenkonflikt besteht für Personen, die an der Durchführung des Vergabeverfahrens beteiligt sind oder Einfluss auf den Ausgang eines Vergabeverfahrens nehmen können und die ein direktes oder indirektes finanzielles, wirtschaftliches oder persönliches Interesse haben, das ihre Unparteilichkeit und Unabhängigkeit im Rahmen des Vergabeverfahrens beeinträchtigen könnte.

(3) Es wird vermutet, dass ein Interessenkonflikt besteht, wenn die in Absatz 1 genannten Personen
1. Bewerber oder Bieter sind,
2. einen Bewerber oder Bieter beraten oder sonst unterstützen oder als gesetzliche Vertreter oder nur in dem Vergabeverfahren vertreten,
3. beschäftigt oder tätig sind
    a) bei einem Bewerber oder Bieter gegen Entgelt oder bei ihm als Mitglied des Vorstandes, Aufsichtsrates oder gleichartigen Organs oder
    b) für ein in das Vergabeverfahren eingeschaltetes Unternehmen, wenn dieses Unternehmen zugleich geschäftliche Beziehungen zum öffentlichen Auftraggeber und zum Bewerber oder Bieter hat.

(4) ¹Die Vermutung des Absatzes 3 gilt auch für Personen, deren Angehörige die Voraussetzungen nach Absatz 3 Nummer 1 bis 3 erfüllen. ²Angehörige sind der Verlobte, der Ehegatte, Lebenspartner, Verwandte und Verschwägerte gerader Linie, Geschwister, Kinder der Geschwister, Ehegatten und Lebenspartner der Geschwister und Geschwister der Ehegatten und Lebenspartner, Geschwister der Eltern sowie Pflegeeltern und Pflegekinder.

Schrifttum: *Bestermann/Petersen,* Der Konzern im Vergabeverfahren – Die Doppelbeteiligung auf Bewerber/Bieterseite und aufseiten der Vergabestelle sowie die Möglichkeiten von „Chinese Walls", VergabeR 2006, 740; *Fritz,* Dritte als Unterstützung des Auftraggebers, ZfBR 2016, 262; *Greb,* Die vergaberechtliche Behandlung von Interessenkonflikten, NZBau 2016, 262; *Greb,* Zwingender Ausschluß ? § 16 VgV und Gesellschaftsorganmitglieder kommunaler Unternehmen, VergabeR 2004, 769; *Kirch,* Mitwirkungsverbote bei Vergabeverfahren, 2004; *Maurer,* Das Mitwirkungsverbot gemäß § 16 VgV, 2003; *Quilisch/Fietz,* Die Voreingenommenheit bei der Vergabe öffentlicher Aufträge, NZBau 2001, 540; *Prieß/v. Rummel,* Der „böse Schein" im Vergabeverfahren, NZBau 2019, 690; *Schröder,* Der Ausschluss voreingenommener Personen im Vergabeverfahren nach § 16 VgV, NVwZ 2004, 168; *Winnes,* Verbietet § 16 die „umgekehrte Befangenheit"?, NZBau 2004, 423.

I. Regelungsgehalt und Überblick

1 § 6 regelt ein **Mitwirkungsverbot für bestimmte Personen** auf der Seite des Auftraggebers bei der Vergabe von Aufträgen und bei der Ausrichtung eines Wettbewerbes. Personen bei Bewerbern oder Bietern in einem Vergabeverfahren sind nur betroffen, soweit sie selbst in einem Vergabeverfahren mitwirken können.[1] Abs. 1 legt den Grundsatz fest: Personen, die auf der Seite des Auftraggebers Einfluss auf die Vergabe eines Auftrags haben, dürfen bei der Vergabe dieses Auftrags nicht mitwirken. In Abs. 2 werden Hinweise auf sachliche Konstellationen gegeben, in denen von einem Interessenkonflikt auszugehen ist. In Abs. 3 und 4 werden die Personen benannt, für die vermutet wird, dass bei ihnen ein Interessenkonflikt besteht – wenn sie an der Durchführung des Vergabeverfahrens beteiligt sind. Die Vermutung kann selbstverständlich widerlegt werden.[2]

2 Das Mitwirkungsverbot besteht für **Organmitglieder und Mitarbeiter** des Auftraggebers sowie für in seinem Namen handelnde „**Beschaffungsdienstleister**". Organmitglied eines Auftraggebers ist ein Mitglied eines jeden Organs einer juristischen Person des öffentlichen oder des privaten Rechtes, sei es eines Willensbildungsorgans, ein Leitungsorgans oder eines Aufsichtsorgans.[3] Betroffen ist daher sowohl der Bürgermeister einer Stadt, der im Aufsichtsrat der sich bewerbenden Stadtwerke sitzt als auch das Ratsmitglied der Kommune, das als Vertreter des Anteilseigners in die Gesellschafterversammlung berufen ist.[4] Mitarbeiter eines Auftraggebers ist jeder, der auf der Basis eines Vertrages oder einer sonstigen Rechtsgrundlage für den Auftraggeber tätig ist.[5] Unerheblich ist dabei Art und Umfang der Tätigkeit oder die Qualifikation als Beamten- oder als Angestelltentätigkeit.[6] Für den Auftraggeber handelnde Beschaffungsdienstleister sind Personen, die selbstständig für den Auftraggeber tätig sind ohne Mitarbeiter des Auftraggebers zu sein.[7] Auch diese Personengruppe ist weit auszulegen. Auch die Mitarbeiter eines Beschaffungsdienstleisters dürfen nicht im Vergabeverfahren mitwirken, wenn Interessenkonflikte bestehen. Erfasst sind daher auch Organmitglieder und Mitarbeiter eines solchen Beschaffungsdienstleisters.

3 Ein Mitwirkungsverbot besteht für die beschriebenen Personen, wenn ein **Interessenkonflikt** besteht. Ein Interessenkonflikt besteht, wenn auf der einen Seite eine Beteiligungsmöglichkeit am Vergabevergabeverfahren existiert und auf der anderen Seite ein finanzielles, wirtschaftliches oder persönliches Interesse besteht, das die Unparteilichkeit und Unabhängigkeit der handelnden Personen im Rahmen des Vergabeverfahrens beeinträchtigen könnte. **Abs. 2, 3 und 4 benennen den – ziemlich weit gezogenen – Personenkreis**, für den ein solcher Interessenkonflikt nahe liegt. Gesetzestechnisch ist dies so gelöst, dass von einem Interessenkonflikt auszugehen ist, es sei denn der Betroffene weist nach, dass trotz des Vorliegens der Voraussetzungen für die Vermutung kein finanzielles, wirtschaftliches oder persönliches Interesse vorliegt oder die Unabhängigkeit bei der Entscheidung nicht beeinträchtigt war. Abs. 3 und 4 bewirken eine **Beweislastumkehr** für die betroffenen Personen, die auf beiden Seiten in Erscheinung treten.[8] Ist eine Person an der Durchführung einer Auftragsvergabe beteiligt und liegen die Voraussetzungen des Abs. 3 und 4 bei dieser Person vor, muss sie **darlegen und beweisen, dass dennoch kein Interessenkonflikt besteht.**

4 Anders als im Verwaltungsverfahrensrecht und im Kommunalverfassungsrecht **reicht** im § 6 KonzVgV der **bloße Anschein** einer Konfliktsituation **nicht aus. Der Interessenkonflikt muss tatsächlich bestehen.** Das Vorliegen der Voraussetzungen für die in Abs. 3 und 4 genannten Vermutungen für die aufgezählten Personengruppen allein genügt daher nicht. Die betroffene Person kann entweder abstrakt und generell eine Beteiligung am Vergabeverfahren ausschließen, indem sie zB den Vertreter das Vergabeverfahren leiten lässt, oder im Einzelfall bestimmen, dass sie nicht mitwirkt. Der Bürgermeister der Stadt, der im Aufsichtsrat der Stadtwerke sitzt, kann entweder den Raum verlassen, wenn der Aufsichtsrat sich mit der Bewerbung um einen Auftrag, den die Stadt zu vergeben hat, befasst oder auf der anderen Seite auf die Mitwirkung in Vergabevergabeverfahren verzichten. Die reine Unterrichtung über den Stand des Verfahrens gilt in der Regel nicht als Mitwirkung. Denn das **Mitwirkungsverbot** bedeutet das **Verbot aktiver entscheidungserheblicher Tätigkeit.**[9] Die Vermutung der Unparteilichkeit und der Unabhängigkeit im Auftragsvergabe-

---

[1] HHKW/*Steinkemper* VgV § 16 Rn. 5, 45.
[2] Byok/Jaeger/*Müller* VgV § 16 Rn. 43 ff.; HHKW/*Steinkemper* VgV § 16 Rn. 37 ff; Beck VergabeR/*Dreher/Hoffmann* § 6 VgV Rn. 5.
[3] HK-VergabeR/*Sturhahn* VgV § 6 Rn. 9; HHKW/*Steinkemper* VgV § 16 Rn. 9.
[4] HHKW/*Steinkemper* VgV § 16 Rn. 9.
[5] Byok/Jaeger/*Müller* VgV § 16 Rn. 22; HK-VergabeR/*Sturhahn* VgV § 6 Rn. 11 f.
[6] *Quilisch/Fietz* NZBau 2001, 540 (542).
[7] HK-VergabeR/*Sturhahn* VgV § 6 Rn. 13.
[8] HHKW/*Steinkemper* VgV § 16 Rn. 39.
[9] HHKW/*Steinkemper* VgV § 16 Rn. 28; *Quilisch/Fietz* NZBau 2001, 540 (543); *Röwekamp* in KKMPP VgV § 6 Rn. 18.

verfahren gilt auch dann als widerlegt, wenn die Person, um die es geht, auf das Vergabeverfahren gar keinen Einfluss haben konnte, weil die Entscheidung auch ohne ihre Mitwirkung so ausgefallen wäre, wie sie ausgefallen ist. Das ist beispielsweise dann der Fall, wenn alle anderen Bieter und Bewerber wegen fehlender Eignung keine Chance auf den Zuschlag gehabt hätten.[10]

Das Mitwirkungsverbot des § 6 hat nicht nur personelle und sachliche Dimensionen, sondern auch eine **zeitliche Dimension:** Beginn und Ende des jeweiligen Mitwirkungsverbotes für eine bestimmte Person ergeben sich nicht aus der Vorschrift, sind jedoch aus dem Gesamtzusammenhang zu ermitteln. In Rechtsprechung und Literatur zu der Parallelvorschrift in der VgV wird dabei zT darauf abgestellt, dass ein Mitwirkungsverbot erst beginnt, wenn der öffentliche Auftraggeber nach der Abgabe der Teilnahmeanträge oder Angebote beurteilen könne, welche Unternehmen sich überhaupt am Vergabeverfahren beteiligen möchten.[11] Mitwirkung ist aber auch die Teilnahme an der Erarbeitung der Vorbereitungsmaßnahmen für ein Vergabeverfahren wie zB der Leistungsbeschreibung.[12] Vom Anwendungsbereich können nur die Tätigkeiten ausgeschlossen werden, die noch vor der Manifestation eines Vergabewillens und vor Beginn des Vergabeverfahrens liegen.[13]

II. Systematische Stellung und Zweck der Norm

§ 6 steht im Abschnitt 1 über die allgemeinen Bestimmungen am Anfang der SektVO und muss als **wichtige grundsätzliche Regulierung** in allen Vergabefällen gesehen werden.

Zweck der Norm ist es, **Betrug, Selbstbedienung und Vetternwirtschaft** im öffentlichen Bereich **zu bekämpfen.** Hat trotz Verbot dennoch eine voreingenommene Person an einem Vergabeverfahren mitgewirkt, wird der geschlossene Vertrag nicht per se unwirksam. Ist der Vertrag noch nicht abgeschlossen, muss der Konzessionsgeber die unter Mitwirkung der voreingenommenen Person getroffenen Entscheidungen neu und nun ohne die voreingenommene Person neu treffen.[14] Im Vergabenachprüfungsverfahren kann der Konzessionsgeber zur Neuentscheidung im laufenden Verfahren oder gar zur Aufhebung des noch laufenden Verfahrens verpflichtet werden.

§ 6 dient der Umsetzung von **Art. 42 Sektoren-RL und greift dabei** wie § 6 VgV **die bisherige Regelung des § 16 VgV auf.** Abs. 1 setzt Art. 42 UAbs. 1 Sektoren-RL in deutsches Recht um. Dort werden die Mitgliedstaaten verpflichtet zur Vermeidung von Wettbewerbsverzerrungen, zur Gewährleistung der Transparenz der Vergabeverfahren und der Nichtdiskriminierung aller Bewerber, von Konzessionsgebern zu verlangen, geeignete **Maßnahmen** zu treffen, **um Betrug, Günstigkeitswirtschaft und Bestechung zu bekämpfen und Interessenkonflikte wirksam zu behindern.** Um diesem Auftrag nachzukommen, bestimmt Abs. 1 nach dem Vorbild des bisherigen § 16 VgV, dass Organmitglieder und Mitarbeiter des Konzessionsgebers oder eines vom Konzessionsgeber beauftragten Dienstleisters, bei denen ein entsprechender Interessenkonflikt besteht, in einem Vergabeverfahren nicht mitwirken dürfen. Allerdings dürfen die Maßnahmen der Auftraggeber nicht über das hinausgehen, was zur Verhinderung oder Behebung eines Interessenkonfliktes unbedingt erforderlich ist,[15] weil sonst die Gefahr besteht, dass Unternehmen vom Vergabeverfahren ausgeschlossen werden, die gar keine Gefahr für den Wettbewerb unter den Bietern darstellen. Abs. 2 setzt Art. 42 UAbs. 2 Sektoren-RL um und stellt in einer nicht abschließenden Beschreibung verschiedene Sachverhaltskonstellationen dar, bei denen nach der Sektoren-RL von einem Interessenkonflikt auszugehen ist. Abs. 3 überführt über die Art. 42 Sektoren-RL hinaus den Regelungsgehalt des bisherigen § 16 Abs. 1 Nr. 1–3 VgV zu den ausgeschlossenen Personen in die SektVO und bewirkt eine Beweislastumkehr zulasten der jeweils genannten Personen. Abs. 4 übernimmt die Regelung des bisherigen § 16 Abs. 2 VgV und weitet den Personenkreis um die Angehörigen der in § 6 Abs. 3 genannten Personen aus.

Die **Nichtbeachtung des § 6** stellt einen **Vergaberechtsverstoß** dar, der von einem Mitbewerber als Verletzung seines Rechtes auf Einhaltung der Vergabevorschriften gerügt und im Rahmen eines Nachprüfungsverfahrens verfolgt werden kann. Das Vergabeverfahren ist fehlerhaft und ab dem Zeitpunkt zu wiederholen, zu dem der Fehler aufgetreten ist. Die Nichtbeachtung des § 6 führt indessen nicht zur Nichtigkeit eines bereits durch Zuschlag abgeschlossenen Auftrags.[16]

---

[10] Byok/Jaeger/*Müller* VgV § 16 Rn. 51; HHKW/*Steinkemper* VgV § 16 Rn. 42.
[11] So zB Byok/Jaeger/*Müller* VgV § 16 Rn. 29 mit Rechtsprechungsnachweisen; aA HHKW/*Steinkemper* VgV § 16 Rn. 33 f.
[12] S. dazu auch § 7 und die dort geregelte Projektantenproblematik (→ § 7 Rn. 1).
[13] HHKW/*Steinkemper* VgV § 16 Rn. 35.
[14] Byok/Jaeger/*Müller* VgV § 16 Rn. 68; HHKW/*Steinkemper* VgV § 16 Rn. 74.
[15] EuGH NVwZ 2005, 551 = VergabeR 2005, 319 (325).
[16] *Röwekamp* in KKMPP VgV § 6 Rn. 36.

§ 7 Mitwirkung an der Vorbereitung des Vergabeverfahrens

(1) Hat ein Unternehmen oder ein mit ihm in Verbindung stehendes Unternehmen den Auftraggeber beraten oder war auf andere Art und Weise an der Vorbereitung des Vergabeverfahrens beteiligt (vorbefasstes Unternehmen), so ergreift der Auftraggeber angemessene Maßnahmen, um sicherzustellen, dass der Wettbewerb durch die Teilnahme dieses Unternehmens nicht verzerrt wird.

(2) Die Maßnahmen nach Absatz 1 umfassen insbesondere die Unterrichtung der anderen am Vergabeverfahren teilnehmenden Unternehmen in Bezug auf die einschlägigen Informationen, die im Zusammenhang mit der Einbeziehung des vorbefassten Unternehmens in der Vorbereitung des Vergabeverfahrens ausgetauscht wurden oder daraus resultieren, und die Festlegung angemessener Fristen für den Eingang der Angebote und Teilnahmeanträge.

(3) Vor einem Ausschluss nach § 124 Absatz 1 Nummer 6 des Gesetzes gegen Wettbewerbsbeschränkungen ist dem vorbefassten Unternehmen die Möglichkeit zu geben, nachzuweisen, dass seine Beteiligung an der Vorbereitung des Vergabeverfahrens den Wettbewerb nicht verzerren kann.

I. Regelungsgehalt und Überblick

1 Die Vorschrift des **Abs. 1 regelt die Pflicht des Auftraggebers** im Falle eines Unternehmens, das ihn im Zusammenhang mit der Vergabe des bevorstehenden Auftrags beraten hat oder auf andere Weise an der Vorbereitung des Vergabeverfahrens beteiligt war, **angemessene Maßnahmen zu ergreifen,** um sicherzustellen, dass der **Wettbewerb nicht verzerrt** wird. Die Regel betrifft die sog. Projektantenproblematik, die zuvor (knapper und präziser) in § 6 EG Abs. 7 VOL/A und in § 4 Abs. 5 VOF geregelt war. Heute finden sich die Regeln dazu außer in § 7, in § 7 VgV und in § 6 EU Abs. 3 Nr. 4 VOB/A.

2 Die in Rede stehende Problematik ergibt sich dadurch, dass ein **im Vorfeld der Auftragsvergabe agierendes Unternehmen** oder ein mit diesem so verbundenes Unternehmen, dass von einer Weitergabe von Informationen ausgegangen werden muss, einen Wettbewerbsvorteil haben kann, wenn es sich am eigentlichen Vergabeverfahren ebenfalls beteiligen will. Um diese Wettbewerbsverzerrung auszuschließen, muss der Auftraggeber geeignete Maßnahmen ergreifen.

3 **Nicht in allen Fällen** einer Vorbefassung darf von einem **Wettbewerbsvorteil** ausgegangen werden. Eine zu Beginn eines Vergabeverfahrens ausgeübte Beratung oder gewährte Unterstützung kann zwar zu Kenntnissen und Know-how bei dem betroffenen Unternehmen geführt haben, muss aber keinen Wettbewerbsvorteil iSd § 7 beinhalten. Denn die Vorbefassung muss sich gerade auf den Auftrag beziehen, um den sich der betreffende Bieter oder Bewerber anschließend selbst bemüht. Dass ein Unternehmen auf Grund früherer oder regelmäßiger Tätigkeit einen Wissensvorsprung erarbeitet hat, stellt für sich allein auch keinen Fall des Abs. 1 dar. Schließlich ist es auch nicht möglich, ein vorbefasstes Unternehmen vorsorglich aus dem Wettbewerb um einen Auftrag auszuschließen, um ganz sicher zu gehen. Nach der Fabricom-Entscheidung des EuGH[1] aus dem Jahre 2005 ist der vorsorgliche Ausschluss eines vorbefassten Unternehmens nicht zulässig, weil auf diese Weise die Gefahr besteht, dass der Wettbewerb um einen Auftrag in unzulässiger Weise verengt wird.

4 Der **Auftraggeber kann** beispielsweise – ohne dass dies in der Vorschrift ausdrücklich erwähnt ist – die Anforderungen an das Angebot und die Kriterien zur Ermittlung des wirtschaftlichsten Angebots so gestalten, dass der vorbefasste Projektant aus einem Wissensvorsprung keinen Vorteil ziehen kann. Er kann mit Beratern im Vorfeld Vertragsstrafen vereinbaren für den Fall, dass der Projektant keine Informationen an Dritte weitergibt. In **Abs. 2** sind sodann zwei weitere Methoden zum Ausgleich von wettbewerbswidrigen Informationsvorsprüngen ausdrücklich genannt: Der Auftraggeber kann insbesondere Projektinformationen, die der Projektant auf Grund seiner Vorbefassung erhalten hat, vollständig allen anderen Bietern und Bewerbern zur Verfügung zu stellen. Er kann aber auch Bietern und Bewerbern erheblich mehr Zeit zur Verfügung stellen, damit ihnen kein zeitlicher Nachteil entsteht.

5 Nach **§ 124 Abs. 1 Nr. 6 GWB** kann der Auftraggeber unter Berücksichtigung des Grundsatzes der Verhältnismäßigkeit zu jedem Zeitpunkt ein Unternehmen vom Vergabeverfahren ausschließen, wenn eine Wettbewerbsverzerrung daraus resultiert, dass das Unternehmen bereits in die Vorbereitung des Vergabeverfahrens einbezogen war und diese Wettbewerbsverzerrung nicht durch andere, weniger einschneidende Maßnahmen beseitigt werden kann. Das heißt, dass über jedem Projektanten

---

[1] EuGH NVwZ 2005, 551 = VergabeR 2005, 319 ff.

I. Regelungsgehalt und Überblick

das Damoklesschwert des Ausschlusses schwebt. Bei allen Vergabeverfahren, bei denen ein Projektant sich als Bieter oder Bewerber am Hauptverfahren beteiligt, besteht daher ein erhebliches Risiko.[2] Um diese Risiko einzugrenzen, bestimmt Abs. 3 ausdrücklich, dass der Auftraggeber – über die Maßnahmen nach Abs. 1 und 2 hinaus – **dem vorbefassten Unternehmen die Möglichkeit** geben muss, nachzuweisen, dass seine Beteiligung an der Vorbereitung des Vergabeverfahrens den Wettbewerb um den Auftrag „nicht verzerren kann".[3]

II. Systematische Stellung und Zweck der Norm

§ 7 ist die vorletzte Vorschrift der Allgemeinen Bestimmungen des Unterabschnitts 1 im 1. Abschnitt der über „Allgemeine Bestimmungen und Kommunikation" KonzVgV.

Zweck der Norm ist es, den allgemeinen Prinzipien **Wettbewerb, Transparenz und Nichtdiskriminierung** Rechnung zu tragen. Die Vorschrift **dient der Umsetzung von Art. 59 Sektoren-RL.** Dabei setzt Abs. 1 Art. 59 UAbs. 1 Sektoren-RL in deutsches Recht um. Abs. 2 setzt Art. 59 UAbs. 2 Sektoren-RL um und nennt exemplarisch Maßnahmen, die der Auftraggeber ergreifen kann, um sicherzustellen, dass der Wettbewerb nicht verzerrt wird. Abs. 3 regelt auf der Basis von Art. 59 UAbs. 4 Sektoren-RL die Möglichkeit für den vorbefassten Bieter oder Bewerber, nachzuweisen, dass seine Beteiligung an der Vorbereitung des Vergabeverfahrens den Wettbewerb nicht verzerren kann.

§ 8 Dokumentation

(1) ¹Der Auftraggeber ist verpflichtet, den Fortgang des Vergabeverfahrens jeweils zeitnah zu dokumentieren. ²Hierzu stellt er sicher, dass er über eine ausreichende Dokumentation verfügt, um Entscheidungen in allen Phasen des Vergabeverfahrens, insbesondere zu den Verhandlungs- oder Dialogphasen, der Auswahl der Teilnehmer sowie der Zuschlagsentscheidung, nachvollziehbar zu begründen.

(2) ¹Der Auftraggeber bewahrt die sachdienlichen Unterlagen zu jedem Auftrag auf. ²Die Unterlagen müssen so ausführlich sein, dass zu einem späteren Zeitpunkt mindestens folgende Entscheidungen nachvollzogen und gerechtfertigt werden können:
1. Qualifizierung und Auswahl der Teilnehmer sowie Zuschlagserteilung,
2. Rückgriff auf Verhandlungsverfahren ohne vorherigen Teilnahmewettbewerb,
3. Nichtanwendung dieser Verordnung aufgrund der Ausnahmen nach Teil 4 des Gesetzes gegen Wettbewerbsbeschränkungen und
4. Gründe, aus denen andere als elektronische Kommunikationsmittel für die elektronische Einreichung von Angeboten verwendet wurden.

(3) ¹Die Dokumentation ist bis zum Ende der Vertragslaufzeit oder Rahmenvereinbarung aufzubewahren, mindestens jedoch für drei Jahre ab dem Tag des Zuschlags. ²Gleiches gilt für Kopien aller abgeschlossenen Verträge, die mindestens den folgenden Auftragswert haben:
1. 1 Million Euro im Falle von Liefer- oder Dienstleistungsaufträgen,
2. 10 Millionen Euro im Falle von Bauaufträgen.

(4) Die Dokumentation oder deren Hauptelemente ist der Europäischen Kommission sowie den zuständigen Aufsichts- oder Prüfbehörden auf deren Anforderung hin zu übermitteln.

Schrifttum: *Brackmann,* Nachhaltige Beschaffung in der Vergabepraxis, VergabeR 2014, 310; *Braun/Zwetkow,* Beschaffungsfreiheit versus Technologieneutralität bei Breibandausschreibungen, VergabeR 2015,521; *Burgi/Hinnerk,* Die Modernisierung des Vergaberechts als Daueraufgabe, DÖV 2009, 829; *Höfler,* Transparenz bei der Vergabe öffentlicher Aufträge, NZBau 2010, 73; *Willenbruch,* Transparenzgebot: Erfordernisse an die Dokumentation des Vergabeverfahrens, VergabeR 2005, 544.

I. Regelungsgehalt und Überblick

Die Vorschriften des § 8 regeln die Pflicht des Auftraggebers das Vergabeverfahren genau zu dokumentieren, um nachweisen zu können, dass das Vergabeverfahren ordnungsgemäß durchge-

---

[2] *Röwekamp* in KKMPP VgV § 7 Rn. 9.
[3] Ob diese Formulierung europarechtsfest ist, ist nicht ganz sicher. Der EuGH hat in seiner Fabricom-Entscheidung v. 3.3.2005, NVwZ 2005, 551 = VergabeR 2005, 324 f. davon gesprochen, es müsse nachgewiesen werden, dass die Tätigkeit des Projektanten nicht zu einer Wettbewerbsverzerrung geführt hat. Das ist ein weniger strenger Maßstab als er jetzt so in der Verordnung steht.

führt wurde. Aus den Ausführungen und den Unterlagen muss sich nachvollziehen lassen, welche Gründe zu den Abwägungen und Wertungsentscheidungen geführt haben.[1] Im Unterschied zu den sehr ausführlich und präzise ausgestalteten Parallelregeln in der VgV und in der VOB/A beschränkt sich § 8 auf das Wesentliche: Es geht darum, dass die Entscheidungen über die Auswahl der Unternehmen und die Auftragsvergabe, die Wahl des Verhandlungsverfahrens ohne vorherige Bekanntmachung und die Nichtanwendung der Vergabevorschriften nachvollziehbar gerechtfertigt wird.

2 Die Dokumentation ist zwar nicht ausdrücklich von Beginn an, aber doch „zeitnah" fortlaufend zu führen und soll **Auskunft über den Ablauf des gesamten Verfahrens** geben, soweit dies für die **Begründung der Entscheidungen** im Vergabeverfahren erforderlich ist. Nach Abs. 1 S. 2 müssen die Entscheidungen in allen Phasen des Vergabeverfahrens nachvollziehbar sein. Diese Phasen reichen von der internen Beratung über die Kommunikation mit den Unternehmen bis hin zur Begründung für die Auswahl der Unternehmen und den Zuschlag.

3 Die Dokumentation hat **„zeitnah"** zu erfolgen, dh die Dokumentation hat im direkten **zeitlichen Zusammenhang** mit den Aktivitäten und Entscheidungen des Auftraggebers zu erfolgen. Jedenfalls ist es vergaberechtswidrig, die Dokumentation erst in so großem zeitlichen Abstand zu Aktivitäten und Entscheidungen im Vergabeverfahren zu erstellen, dass eine nicht mit den tatsächlichen Abläufen und Gründen übereinstimmende Darstellung entsteht, sondern eine eher ergebnisorientierte Aufzeichnung zustande kommt.[2]

4 Nach **Abs. 2** bewahrt der Auftraggeber die **sachdienlichen Unterlagen** zu jedem Auftrag auf. Sie müssen so ausführlich sein, dass zu einem späteren Zeitpunkt mindestens die Entscheidungen über die Qualifizierung und die Auswahl der Teilnehmer und die Zuschlagserteilung nachvollzogen werden kann.[3] Sie müssen Auskunft geben über die Gründe für den Rückgriff auf das Verhandlungsverfahren ohne Teilnahmewettbewerb und die Nichtanwendung der SektVO unter Inanspruchnahme der Ausnahmeregeln des GWB. Schließlich müssen sie die Gründe darlegen, aus denen andere als elektronische Kommunikationsmittel für die Einreichung von Angeboten verwendet wurden.

5 Die **Dokumentation muss bis zum Ende der Vertragslaufzeit eines Auftrags** oder bis zum Ende einer Rahmenvereinbarung aufbewahrt werden, mindestens jedoch drei Jahre ab dem Tag des Zuschlags. Gleiches schreibt Abs. 3 für Kopien aller abgeschlossenen Verträge vor, wenn sie im Falle von Liefer- und Dienstleistungsaufträgen 1 Million EUR im Falle von Bauaufträgen 10 Millionen EUR betragen. Die Dokumentation oder deren Hauptelemente sind auf Anforderung der Europäischen Kommission sowie den nationalen Prüfbehörden zu übermitteln.

II. Systematische Stellung und Zweck der Norm

6 **§ 8 ist die letzte Vorschrift der Allgemeinen Bestimmungen** des Unterabschnitts 1 im 1. Abschnitt der KonzVgV über „Allgemeine Bestimmungen und Kommunikation".

7 **Zweck der Norm** ist es, den allgemeinen Prinzipien **Transparenz und Nichtdiskriminierung** Rechnung zu tragen. Sie dient auch einem **effektiven Rechtsschutz**.[4] Bieter und Bewerber sollen spätestens in einem Nachprüfungsverfahren die Möglichkeit haben, nachzuvollziehen, wie das Verfahren abgelaufen ist und aus welchen Gründen wann vollzogen worden sind. Ein Vergabeverfahren eines Sektorenauftraggebers ohne Dokumentation ist mit einem entscheidenden Mangel behaftet.[5] Es kann im Nachprüfungsverfahren angegriffen werden. Es muss in aller Regel – soweit es noch nicht durch Zuschlag beendet ist – ab dem Zeitpunkt, zu dem die Dokumentation mangelhaft ist, im Extremfall also sogar von Anfang an neu aufgerollt werden.[6] Ob Dokumentationsmängel durch nachträgliche Vermerke oder Schriftsätze im Nachprüfungsverfahren oder gar durch mündlichen Sachvortrag behoben werden[7] können, ist umstritten. Der Text der SektVO gibt ebenso wenig wie parallele Vorschriften in VgV oder KonzVgV einen Anhaltspunkt für die Möglichkeit einer nachträglichen Korrektur. Keinesfalls führt allerdings ein schlecht oder nicht dokumentiertes Vergabeverfahren zu einem nichtigen Auftrag, wogegen ein gut dokumentiertes Verfahren für den Auftraggeber im Nachprüfungsverfahren von erheblichem Vorteil ist, weil er ohne Schwierigkeit und offen darlegen kann, wie das Verfahren abgelaufen ist.

---

[1] *Leinemann* in Leinemann Vergabe öff. Aufträge Rn. 1619; Eschenbruch/Opitz/Röwekamp/*Wichmann* Rn. 7.
[2] *Zeise* in KMPP VOL/A § 24 EG Rn. 14; *Zeise* in KKMPP VgV § 8 Rn. 12.
[3] *Zeise* in KKMPP VgV § 8 Rn. 16 ff.
[4] HK-VergabeR/*Mentzinis* VOB/A § 20 Rn. 1.
[5] Greb/Müller/*Müller* Rn. 1, 11.
[6] HK-VergabeR/*Mentzinis* VOB/A § 20 Rn. 9.
[7] Nein: OLG Düsseldorf VergabeR 2003, 87; HK-VergabeR/*Mentzinis* VOB/A § 20 Rn. 9; ja: BGH NZBau 2011, 175; *Zeise* in KMPP VOB/A § 20 EG Rn. 17, 18 hält die Verweigerung der Nachbesserung für „unnötige Förmelei".

Die Vorschrift **dient der Umsetzung von Art. 100 Sektoren-RL.** Abs. 1 setzt Art. 100 Abs. 1 S. 1 und Abs. 2 S. 1 **Sektoren-RL** in deutsches Recht um. In der Richtlinienvorschrift wird der Auftraggeber verpflichtet, die maßgeblichen Aspekte eines Vergabeverfahrens von Beginn an fortlaufend zu dokumentieren. Abs. 2 setzt Art. 100 Abs. 1 S. 2 Sektoren-RL um und regelt die Mindestinhalte der Dokumentation. Abs. 3 regelt auf der Basis von Art. 100 Abs. 2 S. 3 Sektoren-RL die Dauer der Aufbewahrungszeit. 8

Abweichend von der RL 2014/24/EU die öffentliche Auftragsvergabe enthält die Sektoren-RL **keine Pflicht zur Erstellung eines Vergabevermerkes,** sondern sieht nur vor, dass der Auftraggeber das Verfahren mit den von ihm für angemessen gehaltenen Mitteln so dokumentiert, dass die Entscheidungen in allen Phasen nachvollziehbar und begründbar sind. 9

Unterabschnitt 2. Kommunikation

§ 9 Grundsätze der Kommunikation

(1) Für das Senden, Empfangen, Weiterleiten und Speichern von Daten in einem Vergabeverfahren verwenden Auftraggeber und Unternehmen grundsätzlich Geräte und Programme für die elektronische Datenübermittlung (elektronische Mittel).

(2) Die Kommunikation in einem Vergabeverfahren kann mündlich erfolgen, wenn sie nicht die Vergabeunterlagen, die Teilnahmeanträge, die Interessensbestätigungen oder die Angebote betrifft und wenn sie ausreichend und in geeigneter Weise dokumentiert wird.

(3) In einem Verhandlungsverfahren ohne Teilnahmewettbewerb nach § 13 Absatz 2 Nummer 4 darf die Kommunikation im Vergabeverfahren auch mit anderen als elektronischen Mitteln erfolgen.

(4) ¹Der Auftraggeber kann von jedem Unternehmen die Angabe einer eindeutigen Unternehmensbezeichnung sowie einer elektronischen Adresse verlangen (Registrierung). ²Für den Zugang zur Auftragsbekanntmachung und zu den Vergabeunterlagen darf der Auftraggeber keine Registrierung verlangen; eine freiwillige Registrierung ist zulässig.

§ 10 Anforderungen an die verwendeten elektronischen Mittel

(1) ¹Der Auftraggeber legt das erforderliche Sicherheitsniveau für die elektronischen Mittel fest. ²Elektronische Mittel, die vom Auftraggeber für den Empfang von Angeboten, Teilnahmeanträgen und Interessensbestätigungen sowie von Plänen und Entwürfen für Planungswettbewerbe verwendet werden, müssen gewährleisten, dass
1. die Uhrzeit und der Tag des Datenempfanges genau zu bestimmen sind,
2. kein vorfristiger Zugriff auf die empfangenen Daten möglich ist,
3. der Termin für den erstmaligen Zugriff auf die empfangenen Daten nur von den Berechtigten festgelegt oder geändert werden kann,
4. nur die Berechtigten Zugriff auf die empfangenen Daten oder auf einen Teil derselben haben,
5. nur die Berechtigten nach dem festgesetzten Zeitpunkt Dritten Zugriff auf die empfangenen Daten oder auf einen Teil derselben einräumen dürfen,
6. empfangene Daten nicht an Unberechtigte übermittelt werden und
7. Verstöße oder versuchte Verstöße gegen die Anforderungen gemäß den Nummern 1 bis 6 eindeutig festgestellt werden können.

(2) ¹Die elektronischen Mittel, die vom Auftraggeber für den Empfang von Angeboten, Teilnahmeanträgen und Interessensbestätigungen sowie von Plänen und Entwürfen für Planungswettbewerbe genutzt werden, müssen über eine einheitliche Datenaustauschschnittstelle verfügen. ²Es sind die jeweils geltenden Interoperabilitäts- und Sicherheitsstandards der Informationstechnik gemäß § 3 Absatz 1 des Vertrags über die Errichtung des IT-Planungsrats und über die Grundlagen der Zusammenarbeit beim Einsatz der Informationstechnologie in den Verwaltungen von Bund und Ländern vom 1. April 2010 zu verwenden.

§ 11 Anforderungen an den Einsatz elektronischer Mittel im Vergabeverfahren

(1) ¹Elektronische Mittel und deren technische Merkmale müssen allgemein verfügbar, nichtdiskriminierend und mit allgemein verbreiteten Geräten und Programmen der Infor-

mations- und Kommunikationstechnologie kompatibel sein. ²Sie dürfen den Zugang von Unternehmen zum Vergabeverfahren nicht einschränken. ³Der Auftraggeber gewährleistet die barrierefreie Ausgestaltung der elektronischen Mittel nach den §§ 4 und 12 des Behindertengleichstellungsgesetzes vom 27. April 2002 (BGBl. I S. 1467, 1468) in der jeweils geltenden Fassung.

(2) Der Auftraggeber verwendet für das Senden, Empfangen, Weiterleiten und Speichern von Daten in einem Vergabeverfahren ausschließlich solche elektronischen Mittel, die die Unversehrtheit, die Vertraulichkeit und die Echtheit der Daten gewährleisten.

(3) Der Auftraggeber muss den Unternehmen alle notwendigen Informationen zur Verfügung stellen über
1. die in einem Vergabeverfahren verwendeten elektronischen Mittel,
2. die technischen Parameter zur Einreichung von Teilnahmeanträgen, Angeboten und Interessensbestätigungen mithilfe elektronischer Mittel und
3. verwendete Verschlüsselungs- und Zeiterfassungsverfahren.

§ 12 Einsatz alternativer elektronischer Mittel bei der Kommunikation

(1) Der Auftraggeber kann im Vergabeverfahren die Verwendung elektronischer Mittel, die nicht allgemein verfügbar sind (alternative elektronische Mittel), verlangen, wenn er
1. Unternehmen während des gesamten Vergabeverfahrens unter einer Internetadresse einen unentgeltlichen, uneingeschränkten, vollständigen und direkten Zugang zu diesen alternativen elektronischen Mitteln gewährt und
2. diese alternativen elektronischen Mittel selbst verwendet.

(2) ¹Der Auftraggeber kann im Rahmen der Vergabe von Bauleistungen und für Planungswettbewerbe die Nutzung elektronischer Mittel für die Bauwerksdatenmodellierung verlangen. ²Sofern die verlangten elektronischen Mittel für die Bauwerksdatenmodellierung nicht allgemein verfügbar sind, bietet der Auftraggeber einen alternativen Zugang zu ihnen gemäß Absatz 1 an.

1   Die Vorschriften §§ 9–12 setzen den Art. 40 Sektoren-RL in deutsches Recht um. Sie sind im deutschen Recht identisch mit den Vorschriften der **§§ 9–12 VgV**. Auch die §§ 7–10 KonzVgV enthalten entsprechende Regelungen. **Auf die dortige Kommentierung wird verwiesen.**

Abschnitt 2. Vergabeverfahren

Unterabschnitt 1. Verfahrensarten, Fristen

§ 13 Wahl der Verfahrensart

(1) ¹Dem Auftraggeber stehen zur Vergabe von Aufträgen das offene Verfahren, das nicht offene Verfahren und das Verhandlungsverfahren mit Teilnahmewettbewerb sowie der wettbewerbliche Dialog nach seiner Wahl zur Verfügung. ²Die Innovationspartnerschaft steht nach Maßgabe dieser Verordnung zur Verfügung.

(2) Der Auftraggeber kann Aufträge im Verhandlungsverfahren ohne Teilnahmewettbewerb vergeben,
1. wenn im Rahmen eines Verhandlungsverfahrens mit Teilnahmewettbewerb keine oder keine geeigneten Angebote oder keine geeigneten Teilnahmeanträge abgegeben worden sind, sofern die ursprünglichen Bedingungen des Auftrags nicht grundlegend geändert werden; ein Angebot gilt als ungeeignet, wenn es ohne Abänderung den in der Auftragsbekanntmachung oder den Vergabeunterlagen genannten Bedürfnissen und Anforderungen des Auftraggebers offensichtlich nicht entsprechen kann; ein Teilnahmeantrag gilt als ungeeignet, wenn das Unternehmen aufgrund des § 142 Nummer 2 des Gesetzes gegen Wettbewerbsbeschränkungen auszuschließen ist oder ausgeschlossen werden kann, oder wenn es die objektiven Kriterien bezüglich der Eignung nicht erfüllt;

2. wenn zum Zeitpunkt der Aufforderung zur Abgabe von Angeboten ein Auftrag rein den Zwecken von Forschung, Experimenten, Studien oder der Entwicklung dient und nicht den Zwecken einer Gewinnerzielungsabsicht oder Abdeckung von Forschungs- und Entwicklungskosten und sofern der Zuschlag dem Zuschlag für Folgeaufträge nicht abträglich ist, die insbesondere diesen Zwecken dienen;
3. wenn der Auftrag nur von einem bestimmten Unternehmen erbracht oder bereitgestellt werden kann,
   a) weil ein einzigartiges Kunstwerk oder eine einzigartige künstlerische Leistung erschaffen oder erworben werden soll,
   b) weil aus technischen Gründen kein Wettbewerb vorhanden ist oder
   c) wegen des Schutzes von ausschließlichen Rechten, einschließlich der Rechte des geistigen Eigentums;
4. wenn äußerst dringliche, zwingende Gründe im Zusammenhang mit Ereignissen, die der betreffende Auftraggeber nicht voraussehen konnte, es nicht zulassen, die Mindestfristen einzuhalten, die für das offene und das nicht offene Verfahren sowie für das Verhandlungsverfahren mit Teilnahmewettbewerb vorgeschrieben sind; die Umstände zur Begründung der äußersten Dringlichkeit dürfen dem Auftraggeber nicht zuzurechnen sein;
5. wenn zusätzliche Lieferleistungen des ursprünglichen Auftragnehmers beschafft werden sollen, die entweder zur teilweisen Erneuerung oder Erweiterung bereits erbrachter Leistungen bestimmt sind, und ein Wechsel des Unternehmens dazu führen würde, dass der Auftraggeber eine Leistung mit unterschiedlichen technischen Merkmalen kaufen müsste und dies eine technische Unvereinbarkeit oder unverhältnismäßige technische Schwierigkeiten bei Gebrauch und Wartung mit sich bringen würde;
6. wenn eine Bau- oder Dienstleistung beschafft werden soll, die in der Wiederholung gleichartiger Leistungen besteht, die durch denselben Auftraggeber an das Unternehmen vergeben werden, das den ersten Auftrag erhalten hat, sofern sie einem Grundprojekt entsprechen und dieses Projekt Gegenstand des ersten Auftrags war, das im Rahmen eines Vergabeverfahrens mit Ausnahme eines Verhandlungsverfahrens ohne Teilnahmewettbewerb vergeben wurde; die Möglichkeit der Anwendung des Verhandlungsverfahrens muss bereits in der Auftragsbekanntmachung des ersten Vorhabens angegeben werden; darüber hinaus sind im Grundprojekt bereits der Umfang möglicher Bau- oder Dienstleistungen sowie die Bedingungen, unter denen sie vergeben werden, anzugeben; der für die nachfolgenden Bau- oder Dienstleistungen in Aussicht genommene Gesamtauftragswert wird vom Auftraggeber bei der Berechnung des Auftragswerts berücksichtigt;
7. wenn es sich um eine auf einer Warenbörse notierte und gekaufte Lieferleistung handelt;
8. bei Gelegenheitsbeschaffungen, bei denen es möglich ist, Lieferungen zu beschaffen, indem eine besonders vorteilhafte Gelegenheit genutzt wird, die nur kurzfristig besteht und bei der ein Preis erheblich unter den üblichen Marktpreisen liegt;
9. wenn Liefer- oder Dienstleistungen zu besonders günstigen Bedingungen bei Lieferanten, die ihre Geschäftstätigkeit endgültig einstellen, oder bei Insolvenzverwaltern im Rahmen eines Insolvenzverfahrens oder eines in den Vorschriften eines anderen Mitgliedstaats der Europäischen Union vorgesehenen gleichartigen Verfahrens erworben werden; oder
10. wenn im Anschluss an einen Planungswettbewerb im Sinne des § 60 ein Dienstleistungsauftrag nach den Bedingungen dieses Wettbewerbs an den Gewinner oder an einen der Preisträger vergeben werden muss; im letzteren Fall müssen alle Preisträger des Wettbewerbs zur Teilnahme an den Verhandlungen aufgefordert werden.

(3) Die in Absatz 2 Nummer 3 Buchstabe b und c genannten Voraussetzungen für die Anwendung des Verhandlungsverfahrens ohne Teilnahmewettbewerb gelten nur dann, wenn es keine vernünftige Alternative oder Ersatzlösung gibt und der mangelnde Wettbewerb nicht das Ergebnis einer künstlichen Einschränkung der Auftragsvergabeparameter ist.

I. Regelungsgehalt und Überblick

In Abs. 1 wird der schon in § 141 GWB[1] fixierte Grundsatz, dass Sektorenauftraggeber unter dem offenen Verfahren und dem nicht offenen Verfahren mit Teilnahmewettbewerb sowie dem

---

[1] → GWB § 141 Rn. 1 ff.

Verhandlungsverfahren mit Teilnahmewettbewerb und dem wettbewerblichen Dialog **frei wählen können,** noch einmal wiederholt. Diese Wahlfreiheit gilt für alle Sektorenauftraggeber, erstreckt sich allerdings nur auf die Verfahrensarten mit vorheriger Bekanntmachung. Der Auftraggeber kann „frei" wählen, unterliegt also nicht einer Pflicht zu einer Angemessenheitsprüfung oder irgendwelchen anderen Regeln.[2] Weder in Gesetz noch in SektVO gibt es Ansatzpunkte für ein Hierarchieverhältnis unter den für die Sektorenauftraggeber zur freien Verfügung gestellten Verfahrensarten. Die Innovationspartnerschaft steht unter den in § 18 genannten Bedingungen zur Verfügung, wenn Zweck des Auftrags die Entwicklung einer innovativen Leistung, die auf dem Markt noch nicht verfügbar ist.

2 Gemäß **Abs. 2** steht Sektorenauftraggebern das **Verhandlungsverfahren ohne Teilnahmewettbewerb** nur zur Verfügung, soweit dies auf Grund der zehn einzeln aufgezählten Sondervoraussetzungen gestattet ist. Abs. 2 enthält einen langen Katalog von Ausnahmefällen, in denen auf den Teilnahmewettbewerb verzichtet werden darf. Er entspricht weitestgehend dem entsprechenden Katalog in § 14 Abs. 4 VgV und enthält im Wesentlichen Fälle der Dringlichkeit, Fälle, in denen im vorangegangenen Teilnahmewettbewerb keine Anträge abgegeben wurden, günstige Gelegenheitskäufe, Fälle, in denen nur ein einziges Gut zum Erwerb in Frage kommt, Beschaffungen aus Insolvenzen an Börsen uÄ. **Die Innovationspartnerschaft** ist nur zulässig bei Vorliegen der Voraussetzungen des § 18 Abs. 1 S. 1 und 2. In **Abs. 3** werden zwei einzelne Tatbestände aus dem Katalog des Abs. 2 noch einmal schärfer und enger gefasst.

3 Auf die Kommentierung zu § 14 VgV wird verwiesen (→ VgV § 14 Rn. 1 ff.).

II. Systematische Stellung und Zweck der Norm

4 § 13 steht im Abschnitt 2 (Vergabeverfahren) Unterabschnitt 1 (Verfahrensarten) ganz am Anfang und zählt in der Sache zu den zentralen Bestimmungen über das Vergabeverfahren im Sektorenbereich. Er regelt einen **vom Verordnungsgeber** als besonders **wichtig angesehenen Aspekt** der Auftragsvergabe.

5 Der **Zweck der Norm** ist die Festlegung der Verfahrensarten für Sektorenauftraggeber wie sie auch bereits in § 141 GWB bestimmt ist. Abs. 1 setzt Art. 44 Abs. 1–3 Sektoren-RL in deutsches Recht um. Abs. 2 und 3 benennen in Umsetzung des Art. 50 Sektoren-RL die Voraussetzungen für die Durchführung von Verhandlungsverfahren, bei denen der Auftraggeber von einem Teilnahmewettbewerb absehen kann.

§ 14 Offenes Verfahren; Fristen

(1) In einem offenen Verfahren kann jedes interessierte Unternehmen ein Angebot abgeben.

(2) Die Frist für den Eingang der Angebote (Angebotsfrist) beträgt mindestens 35 Tage, gerechnet ab dem Tag nach der Absendung der Auftragsbekanntmachung.

(3) Für den Fall, dass eine hinreichend begründete Dringlichkeit die Einhaltung der Frist gemäß Absatz 2 unmöglich macht, kann der Auftraggeber eine Frist festlegen, die 15 Tage, gerechnet ab dem Tag nach der Absendung der Auftragsbekanntmachung, nicht unterschreiten darf.

(4) Der Auftraggeber kann die Frist gemäß Absatz 2 um fünf Tage verkürzen, wenn er die elektronische Übermittlung der Angebote akzeptiert.

§ 15 Nicht offenes Verfahren und Verhandlungsverfahren mit vorherigem Teilnahmewettbewerb; Fristen

(1) In einem nicht offenen Verfahren sowie einem Verhandlungsverfahren mit vorherigem Teilnahmewettbewerb kann jedes interessierte Unternehmen einen Teilnahmeantrag abgeben.

(2) [1]Die Frist für den Eingang der Teilnahmeanträge (Teilnahmefrist) beträgt mindestens 30 Tage, gerechnet ab dem Tag nach der Absendung der Auftragsbekanntmachung oder der Aufforderung zur Interessensbekundung. [2]Sie darf auf keinen Fall weniger als 15 Tage betragen.

---

[2] Eschenbruch/Opitz/Röwekamp/*Wichmann* Rn. 1.

(3) ¹Die Angebotsfrist kann im gegenseitigen Einvernehmen zwischen dem Auftraggeber und ausgewählten Bewerbern festgelegt werden. ²Allen ausgewählten Bewerbern muss dieselbe Angebotsfrist eingeräumt werden. ³Unterbleibt eine einvernehmliche Fristfestlegung, beträgt die Angebotsfrist mindestens zehn Tage, gerechnet ab dem Tag nach der Versendung der Aufforderung zur Angebotsabgabe.

(4) Der Auftraggeber kann im Verhandlungsverfahren den Auftrag auf der Grundlage der Erstangebote vergeben, ohne in Verhandlungen einzutreten, wenn er sich diese Möglichkeit in der Auftragsbekanntmachung oder in der Aufforderung zur Interessensbestätigung vorbehalten hat.

§ 16 Fristsetzung; Pflicht zur Fristverlängerung

(1) Bei der Festlegung der Fristen für den Eingang der Angebote und der Teilnahmeanträge berücksichtigt der Auftraggeber die Komplexität der Leistung und die Zeit, die für die Ausarbeitung der Angebote erforderlich ist.

(2) Können die Angebote nur nach einer Ortsbesichtigung oder Einsichtnahme in Anlagen zu den Vergabeunterlagen beim Auftraggeber erstellt werden, so ist die Mindestangebotsfrist erforderlichenfalls so zu bemessen, dass die Bewerber im Besitz aller Informationen sind, die sie für die Angebotserstellung benötigen.

(3) ¹Die Angebotsfristen sind zu verlängern,
1. wenn zusätzliche Informationen trotz rechtzeitiger Anforderung durch ein Unternehmen nicht spätestens sechs Tage vor Ablauf der Angebotsfrist zur Verfügung gestellt werden; in Fällen hinreichend begründeter Dringlichkeit nach § 14 Absatz 3 beträgt dieser Zeitraum vier Tage, oder
2. wenn der Auftraggeber wesentliche Änderungen an den Vergabeunterlagen vornimmt.
²Die Fristverlängerung muss in einem angemessenen Verhältnis zur Bedeutung der Information oder Änderung stehen und gewährleisten, dass alle Unternehmen Kenntnis von den Informationen oder Änderungen nehmen können. ³Dies gilt nicht, wenn die Information oder Änderung nicht rechtzeitig angefordert wurde oder ihre Bedeutung für die Erstellung des Angebots unerheblich ist.

Übersicht

	Rn.		Rn.
I. Regelungsgehalt und Überblick	1	II. Systematische Stellung und Zweck der Norm	13

I. Regelungsgehalt und Überblick

Die **§§ 14 und 15 enthalten in ihren jeweiligen beiden ersten Absätzen** die Wiederholung einer **Definition der drei Vergabeverfahren,** aus denen der Sektorenauftraggeber frei wählen darf. Es gibt nur einen Unterschied: Die § 14 Abs. 1 und § 15 Abs. 1 stellen das offene Verfahren, das nicht offene Verfahren und das Verhandlungsverfahren aus der Sicht des interessierten Unternehmens dar. In § 14 Abs. 1 wird festgehalten, dass in einem offenen Verfahren jedes Unternehmen ein Angebot abgeben kann. § 15 sagt, dass in einem nicht offenen Verfahren und in einem Verhandlungsverfahren mit vorherigem Teilnahmewettbewerb jedes interessierte Unternehmen einen Teilnahmeantrag abgeben kann. 1

Aus **§ 15 Abs. 4** ergibt sich im **Rückschluss,** dass im Verhandlungsverfahren mit Teilnahmewettbewerb nicht nur ein Teilnahmeantrag abgegeben werden kann, sondern dass auch **ein Angebot** abgegeben werden und – ohne dass Verhandlungen stattfinden – angenommen werden kann, wenn der Auftraggeber sich diese Möglichkeit in der Auftragsbekanntmachung oder in der Aufforderung zur Interessensbestätigung vorbehalten hat. Voraussetzung ist in diesem besonderen Fall ganz sicher, dass das Angebot annahmefähig ist. Das ist sie in der Regel nur dann, wenn die Leistungsbeschreibung klar genug war, um ein präzises Angebot abzugeben, ohne dass Diskriminierung stattfindet. 2

Die **übrigen Regeln der §§ 14, 15 und 16** beschäftigen sich mit dem vom Auftraggeber bei den drei zur freien Wahl stehenden Verfahren geltenden **Fristenregime. Anders als noch in der SektVO von 2009** werden die Fristen nicht an zentraler Stelle geregelt, sondern jeweils bei den Regeln über die Verfahren. Der Ruf dieser Regeln über die bei der Vergabe öffentlicher Aufträge einzuhaltenden Fristen leidet sehr darunter, dass weder die Vorteile für die Auftraggeber noch die 3

4 Im Vergabeverfahren hat der **Auftraggeber zwei verschiedene Arten von Fristen** einzuräumen: Die **Angebotsfrist** gibt den Zeitpunkt an, bis zu dem ein Angebot in einem bestimmten Vergabeverfahren vorgelegt werden kann und nach dessen Verstreichen ein Angebot ausgeschlossen werden muss. Angebote, die erst nach Ablauf der Angebotsfrist vorliegen, können grundsätzlich nicht mehr berücksichtigt werden.[1] Umgekehrt kann ein Bieter sein Angebot bis zum Ablauf der Angebotsfrist ändern oder sogar ganz zurücknehmen. Die **Bewerbungsfrist** hat dieselbe Funktion; sie ist nur nicht auf ein Angebot bezogen, sondern auf einen Teilnahmeantrag. Für beide Fristen gibt es **vergabeverfahrensabhängige Mindestfristen** – Grenzen, innerhalb derer sich der Auftraggeber zu bewegen hat, wenn er Fristen und Termine bestimmt, und gesetzliche Fristen, die gelten, wenn der Auftraggeber, der ansonsten im Prinzip Herr der Fristen ist, keine Bestimmung trifft. Die Angebotsfrist beträgt beim offenen Verfahren nach § 14 Abs. 2 mindestens 35 Tage, die Teilnahmefrist (Bewerbungsfrist) beträgt nach § 15 Abs. 2 beim nicht offenen und beim Verhandlungsverfahren mit Teilnahmewettbewerb mindestens 30 Tage. Die Angebotsfrist kann in diesen beiden Verfahren im Einvernehmen zwischen Auftraggeber und den ausgewählten Bewerbern festgesetzt werden; geschieht dies nicht, beträgt die Angebotsfrist nach § 15 Abs. 3 S. 2 10 Tage.[2] Beim Verhandlungsverfahren ohne Teilnahmewettbewerb gibt es verständlicherweise keine Frist.

5 **Wichtigstes Prinzip** des vergaberechtsspezifischen Fristenregimes findet sich in § 16 Abs. 1: Der Auftraggeber hat den Bewerbern und den Bietern für die Ausarbeitung von Teilnahmeanträgen und die Einreichung der Teilnahmeanträge sowie für die Erstellung und den Eingang der Angebote **angemessene Zeiträume** zuzugestehen. Das bedeutet, dass sich der Auftraggeber nicht blind auf die Festlegung der Mindestfristen kaprizieren kann. Er muss gem. § 16 Abs. 1 eine Verlängerung in Betracht ziehen, wenn die Komplexität der Leistung mehr Zeit erfordert, um Teilnahmeanträge und Angebote zu erstellen. Ein Beispiel dafür findet sich in § 16 Abs. 2: Dort wird die Berücksichtigung einer Ortsbesichtigung oder einer Einsichtnahme in Anlagen zu den Vergabeunterlagen als zwingender Grund zur besonderen Beachtung bei der Fristenbemessung festgelegt. Von einmal gewährten verlängerten Fristen kann der Auftraggeber dann während desselben Verfahrens nicht mehr abweichen.

6 Nach **§ 16 Abs. 3 sind die** eine einmal festgelegten **Angebotsfristen allerdings zu verlängern**, wenn die Vergabeunterlagen oder die zusätzlichen Unterlagen und Auskünfte trotz rechtzeitiger Anforderung nicht innerhalb von 6 Tagen vor Ablauf der Angebotsfrist beigebracht werden oder der Auftraggeber wesentliche Änderungen an den Vergabeunterlagen vornimmt. Die Fristverlängerung muss in angemessenem Verhältnis zur Bedeutung der Information oder Änderung stehen und es muss sicher sein, dass alle Unternehmen Kenntnis von den Informationen oder Änderungen nehmen können (§ 16 Abs. 3 S. 2).

7 Die gesetzlich festgelegte **Angebotsfrist im offenen Verfahren kann verkürzt werden**, wenn der Auftraggeber bei seiner Beschaffung Elektronik einsetzt. Der europäische Richtliniengesetzgeber glaubt **mit dem Einsatz der EDV** im Beschaffungswesen den Binnenmarkt auf spezifische Weise fördern zu können. Er will die EDV einsetzenden Auftraggeber mit einer spürbaren Verkürzung der gemeinhin als unproduktiv und als zu lang empfundenen gesetzlichen Frist belohnen. Die Angebotsfrist kann außerdem verkürzt werden, wenn eine hinreichend begründete Dringlichkeit die Einhaltung der Frist unmöglich macht. Die Dringlichkeit darf allerdings nicht vom Auftraggeber selbst verursacht worden sein.

8 Die **Fristverkürzung gilt nach den §§ 14, 15 und 16 nicht für Teilnahmeanträge.** Das **verwundert** ein wenig. Denn sowohl der Einsatz von Elektronik als auch Dringlichkeit könnten hier dieselben Wirkungen entfalten wie bei der Angebotsabgabe. Es verwundert umso mehr, als auch § 15 von einer absoluten Untergrenze von 15 Tagen für die Frist von Teilnahmeanträge spricht, die ja gar nicht erreicht werden kann, wenn es keine Gründe gibt, die es erlauben, die 30-Tage-Frist aus § 15 Abs. 2 zu unterschreiten. **Vernünftigerweise** wird man hier davon ausgehen müssen, dass die ganze Sache nur Sinn macht, wenn auch im Falle der Teilnahmeanträge die Regeln des § 14 Abs. 2 und 3 sinngemäß anzuwenden sind.[3]

---

[1] *Leinemann* in Leinemann Vergabe öff. Aufträge Rn. 1656.
[2] Gerechnet ab dem Tag nach der Versendung der Aufforderung zur Angebotsabgabe.
[3] *Leinemann* in Leinemann Vergabe öff. Aufträge Rn. 1659 will nicht so weit gehen, sondern stellt nur fest, wann eine Verkürzung der Frist für Teilnahmeanträge möglich sei, lasse § 15 offen.

Damit bei der Kumulation von Verkürzungsmöglichkeiten nicht die Realität und der Zeitbedarf für die Erstellung der Anträge und Angebote unter den Tisch fällt und die Angemessenheit aus dem Blick verschwindet, legt der Verordnungsgeber in §§ 14 und 15 Abs. 2 sowie in § 15 Abs. 3 **absolute Mindestfristen** fest, die auch durch Sondertatbestände nicht unterschritten werden dürfen: **15 Kalendertage** für Angebote im offenen Verfahren und für Teilnahmeanträge im nicht offenen Verfahren und im Verhandlungsverfahren. Die **10 Kalendertage** des § 15 Abs. 3 S. 2 für Angebote nach einem Teilnahmewettbewerb sind keine echte absolute Untergrenze, sondern nur die gesetzliche Regel im Falle des Fehlens einer einvernehmlichen Festlegung. 9

Schematische Übersicht über die Fristen: 10

Art der Frist	Offenes Verfahren	Nicht offenes Verfahren	Verhandlungsverfahren	Geregelt in
Bewerbung		30[4]	30	§ 15 Abs. 2
Angebot	35	Einvernehmen, mindestens aber 10 Tage	Einvernehmen, mindestens aber 10 Tage	§ 15 Abs. 3
Verkürzte Frist bei EDV-einsatz Bekanntmachung – Angebot – Bewerbung	30	– –		§ 14 Abs. 4
Absolute Mindestfrist – Angebot – Bewerbung	15	10 15	10 15	§§ 14 und 15 Abs. 2 sowie § 15 Abs. 3

Nichts mit dem speziellen vergaberechtlichen Fristenregime der §§ 14, 15 und 16 haben die Fristen der §§ 134 und 135 GWB sowie die Rechtsschutzfristen der §§ 160 ff. GWB **zu tun**. Das sind qualitativ andere Regeln, die auch nicht mit Verfahrensfristen verwechselt werden dürfen. 11

Wichtig zu wissen ist allerdings auch noch: Die **Einkaufsregeln für Versorgungsunternehmen** kennen keine spezielle Zuschlagsfrist und keine spezielle Bindefrist. Es gelten die allgemeinen Regeln des Vertragsrechtes, wonach ein Bieter im Rahmen des üblichen solange an sein Angebot gebunden ist, bis der Auftraggeber seine Entscheidung vernünftigerweise getroffen haben kann. 12

II. Systematische Stellung und Zweck der Norm

Die **§§ 14, 15 und 16** stehen im Abschnitt 2 Unterabschnitt 1 über die Verfahrensarten. Sie regeln daher einen **vom Verordnungsgeber** als **wichtig angesehenen Aspekt** der Auftragsvergabe. 13

Der **Zweck der Norm** besteht in der Umsetzung von Art. 45, 46 und 47 Sektoren-RL. § 16 setzt insbesondere auch den Art. 66 Sektoren-RL in deutsches Recht um. 14

§ 17 Wettbewerblicher Dialog

(1) ¹In der Auftragsbekanntmachung oder den Vergabeunterlagen zur Durchführung eines wettbewerblichen Dialogs beschreibt der Auftraggeber seine Bedürfnisse und Anforderungen an die zu beschaffende Leistung. ²Gleichzeitig nennt und erläutert er die hierbei zugrunde gelegten Zuschlagskriterien und legt einen vorläufigen Zeitrahmen für den Dialog fest.

(2) ¹Der Auftraggeber fordert eine unbeschränkte Anzahl von Unternehmen im Rahmen eines Teilnahmewettbewerbs öffentlich zur Abgabe von Teilnahmeanträgen auf. ²Jedes interessierte Unternehmen kann einen Teilnahmeantrag abgeben. ³Mit dem Teilnahmeantrag übermitteln die Unternehmen die vom Auftraggeber geforderten Informationen für die Prüfung ihrer Eignung.

(3) ¹Die Frist für den Eingang der Teilnahmeanträge beträgt mindestens 30 Tage, gerechnet ab dem Tag nach der Absendung der Auftragsbekanntmachung. ²Sie darf auf keinen Fall weniger als 15 Tage betragen.

---

[4] § 15 Abs. 2: gerechnet ab dem Tage nach der Absendung der Auftragsbekanntmachung oder der Aufforderung zur Interessensbekundung.

(4) ¹Nur diejenigen Unternehmen, die vom Auftraggeber nach Prüfung der übermittelten Informationen dazu aufgefordert werden, können am Dialog teilnehmen. ²Der Auftraggeber kann die Zahl geeigneter Bewerber, die zur Teilnahme am Dialog aufgefordert werden, gemäß § 45 Absatz 3 begrenzen.

(5) ¹Der Auftraggeber eröffnet mit den ausgewählten Unternehmen einen Dialog, in dem er ermittelt und festlegt, wie seine Bedürfnisse und Anforderungen am besten erfüllt werden können. ²Dabei kann er mit den ausgewählten Unternehmen alle Aspekte des Auftrags erörtern. ³Er sorgt dafür, dass alle Unternehmen bei dem Dialog gleichbehandelt werden, gibt Lösungsvorschläge oder vertrauliche Informationen eines Unternehmens nicht ohne dessen Zustimmung an die anderen Unternehmen weiter und verwendet diese nur im Rahmen des jeweiligen Vergabeverfahrens. ⁴Eine solche Zustimmung darf nicht allgemein, sondern nur in Bezug auf die beabsichtigte Mitteilung bestimmter Informationen erteilt werden.

(6) ¹Der Auftraggeber kann vorsehen, dass der Dialog in verschiedenen aufeinanderfolgenden Phasen geführt wird, sofern der Auftraggeber darauf in der Auftragsbekanntmachung oder in den Vergabeunterlagen hingewiesen hat. ²In jeder Dialogphase kann die Zahl der zu erörternden Lösungen anhand der vorgegebenen Zuschlagskriterien verringert werden. ³Der Auftraggeber hat die Unternehmen zu informieren, wenn deren Lösungen nicht für die folgende Dialogphase vorgesehen sind. ⁴In der Schlussphase müssen noch so viele Lösungen vorliegen, dass ein echter Wettbewerb gewährleistet ist, sofern ursprünglich eine ausreichende Anzahl von Lösungen oder geeigneten Bietern vorhanden war.

(7) ¹Der Auftraggeber schließt den Dialog ab, wenn er die Lösungen ermittelt hat, mit denen die Bedürfnisse und Anforderungen an die zu beschaffende Leistung befriedigt werden können. ²Die im Verfahren verbliebenen Teilnehmer sind hierüber zu informieren.

(8) ¹Nach Abschluss des Dialogs fordert der Auftraggeber die Unternehmen auf, auf der Grundlage der eingereichten und in der Dialogphase näher ausgeführten Lösungen ihr endgültiges Angebot vorzulegen. ²Die Angebote müssen alle Einzelheiten enthalten, die zur Ausführung des Projekts erforderlich sind. ³Der Auftraggeber kann Klarstellungen und Ergänzungen zu diesen Angeboten verlangen. ⁴Diese Klarstellungen oder Ergänzungen dürfen nicht dazu führen, dass wesentliche Bestandteile des Angebots oder des öffentlichen Auftrags einschließlich der in der Auftragsbekanntmachung oder in den Vergabeunterlagen festgelegten Bedürfnisse und Anforderungen grundlegend geändert werden, wenn dadurch der Wettbewerb verzerrt wird oder andere am Verfahren beteiligte Unternehmen diskriminiert werden.

(9) ¹Der Auftraggeber hat die Angebote anhand der in der Auftragsbekanntmachung oder in den Vergabeunterlagen festgelegten Zuschlagskriterien zu bewerten. ²Der Auftraggeber kann mit dem Unternehmen, dessen Angebot als das wirtschaftlichste ermittelt wurde, mit dem Ziel Verhandlungen führen, im Angebot enthaltene finanzielle Zusagen oder andere Bedingungen zu bestätigen, die in den Auftragsbedingungen abschließend festgelegt werden. ³Dies darf nicht dazu führen, dass wesentliche Bestandteile des Angebots oder des öffentlichen Auftrags einschließlich der in der Auftragsbekanntmachung oder den Vergabeunterlagen festgelegten Bedürfnisse und Anforderungen grundlegend geändert werden, der Wettbewerb verzerrt wird oder andere am Verfahren beteiligte Unternehmen diskriminiert werden.

(10) Der Auftraggeber kann Prämien oder Zahlungen an die Teilnehmer am Dialog vorsehen.

Schrifttum: *Prieß/Stein,* Die neue EU-Sektorenrichtlinie, NZBau 2014, 323.

I. Überblick und Entstehungsgeschichte

1 § 17 regelt den Ablauf des wettbewerblichen Dialogs für den Sektorenbereich. Der wettbewerbliche Dialog ist nach § 119 Abs. 6 S. 1 GWB ein Verfahren zur Vergabe öffentlicher Aufträge mit dem Ziel der **Ermittlung und Festlegung der Mittel,** mit denen die Bedürfnisse des öffentlichen Auftraggebers am besten erfüllt werden können.¹ Der Ablauf dieses Verfahrens ist für Sektorenauftraggeber in § 17 nahezu identisch geregelt wie die Durchführung des wettbewerblichen Dialogs

---

¹ Allgemein zum wettbewerblichen Dialog → GWB § 119 Rn. 78 ff.

für öffentliche Auftraggeber außerhalb des Sektorenbereichs nach § 18 VgV. Hinsichtlich der Einzelheiten des Verfahrensablaufs sei daher auf die Kommentierung zu § 18 VgV verwiesen (→ VgV § 18 Rn. 1 ff.).

§ 17 wurde im Rahmen der Vergaberechtsreform 2016 neu eingeführt und dient der **Umsetzung von Art. 48 Sektoren-RL** in nationales Recht. Bis zum Inkrafttreten dieser Vorschrift stand der wettbewerbliche Dialog Sektorenauftraggebern nicht zur Verfügung (§ 101 Abs. 4 GWB aF, § 6a VgV aF). Diese hatten jedoch die Möglichkeit, stattdessen ein Verhandlungsverfahren zu wählen und dieses so auszugestalten, dass es der Struktur des wettbewerblichen Dialogs entspricht. Die Kommission begründete die Einführung des wettbewerblichen Dialogs im Sektorenbereich mit den positiven Erfahrungen, die mit dieser Verfahrensart im „klassischen" Bereich gemacht worden seien. Der wettbewerbliche Dialog habe sich insbesondere in Fällen als nützlich erwiesen, in denen die Auftraggeber nicht in der Lage sind, die Mittel zur Befriedigung ihres Bedarfs zu definieren oder zu beurteilen, was der Markt an technischen, finanziellen oder rechtlichen Lösungen zu bieten hat.[2] Diese Einschätzung ist auf Deutschland allerdings nur bedingt übertragbar, weil sich der wettbewerbliche Dialog hier nur geringer Beliebtheit erfreut und das Verhandlungsverfahren deutlich häufiger gewählt wird. Angesichts der in Bezug auf die Verfahrensart bestehenden Wahlfreiheit der Sektorenauftraggeber (§ 13 Abs. 1) erscheint es zumindest zweifelhaft, ob diese den wettbewerblichen Dialog (in geeigneten Fällen) zukünftig gegenüber dem Verhandlungsverfahren bevorzugen.[3]

Sektorenauftraggeber sind bei der **Wahl der Verfahrensart** gem. § 13 Abs. 1 frei (→ § 13 Rn. 1) und dürfen sich daher stets auch für einen wettbewerblichen Dialog entscheiden. Anders als im „klassischen" Bereich (vgl. § 14 Abs. 3 VgV) bestehen insoweit **keine besonderen Anwendungsvoraussetzungen.** Sofern ein wettbewerblicher Dialog durchgeführt werden soll, sind die sich aus § 17 ergebenden Anforderungen zu beachten. Diese betreffen zwar in erster Linie die Durchführung des Vergabeverfahrens, woraus sich aber auch indirekte Anforderungen an den Beschaffungsgegenstand ergeben, die bei der Wahl der Verfahrensart zu berücksichtigen sind. So ist der wettbewerbliche Dialog insbesondere darauf ausgerichtet, dass der Auftragsgegenstand erst im Laufe des Vergabeverfahrens auf der Grundlage der von den beteiligten Unternehmen eingereichten Lösungsvorschläge und der im Rahmen der Dialogphase geführten Erörterungen und Verhandlungen konkretisiert wird (Abs. 5–7). Die Durchführung eines wettbewerblichen Dialogs setzt damit voraus, dass der Beschaffungsgegenstand zum Beginn des Vergabeverfahrens noch nicht in allen Einzelheiten feststeht und **Raum für Lösungsvorschläge und Verhandlungen** mit den Bietern besteht. Sofern das nicht der Fall ist, können die Verfahrensanforderungen des § 17 nicht eingehalten werden, sodass ein wettbewerblicher Dialog gar nicht durchgeführt werden kann und die Wahl dieser Verfahrensart fehlerhaft wäre. Das gilt insbesondere bei der Beschaffung von Standardleistungen oder Standardlieferungen, die auf dem Markt ohne Weiteres verfügbar sind.[4] Ein wettbewerblicher Dialog kommt dagegen insbesondere in Betracht, wenn es um die Beschaffung innovativer Produkte oder die Umsetzung großer (Verkehrs-)Infrastrukturprojekte oder anderer Projekte mit komplexen (Finanzierungs-)Strukturen geht.[5]

II. Durchführung des wettbewerblichen Dialogs

Der wettbewerbliche Dialog beginnt – wie grundsätzlich jedes Verfahren im Anwendungsbereich des GWB-Vergaberechts – mit einer europaweiten **Bekanntmachung** (§ 17 Abs. 1, § 35). Anschließend findet ein **Teilnahmewettbewerb** statt, in dem die Eignung der Bewerber geprüft und die zur Abgabe von Lösungsvorschlägen aufzufordernden Unternehmen ausgewählt werden (§ 17 Abs. 2–4, §§ 45 ff.). Mit den ausgewählten Unternehmen eröffnet der Auftraggeber anschließend den eigentlichen **Dialog,** in dem alle Aspekte des zu vergebenden Auftrags erörtert und verhandelt werden dürfen (Abs. 5). Der Dialog kann in mehreren Phasen durchgeführt werden, wobei die Zahl der beteiligten Unternehmen auf der Grundlage einer Wertung der eingereichten **Lösungsvorschläge** kontinuierlich verringert werden darf (Abs. 6). Es müssen allerdings auch in der Schlussphase des Dialogs noch so viele Unternehmen beteiligt sein, dass der Wettbewerb gewährleistet ist. Der Dialog wird **beendet,** wenn der Auftraggeber die Lösung(en) ermittelt hat, mit der bzw. denen die Bedürfnisse und Anforderungen an die zu beschaffende Leistung befriedigt werden kann (Abs. 7). Anschließend werden die verbleibenden Unternehmen zur Einreichung endgültiger **Angebote** aufgefordert (Abs. 8). Die Angebote werden geprüft (§§ 51 ff.) und anhand der vorab bekannt gemachten Zuschlagskriterien bewertet. Auf das danach wirtschaftlichste Angebot wird der

---
[2] Erwägungsgrund 60 Sektoren-RL.
[3] Ähnlich bereits *Prieß/Stein* NzBau 2014, 323 (326).
[4] Vgl. Erwägungsgrund 43 RL 2014/24/EU, diese betreffen zwar den „klassischen" Bereich, sind auf den Sektorenbereich aber insoweit übertragbar.
[5] Vgl. Erwägungsgrund 60 Sektoren-RL.

Zuschlag erteilt (§ 52). Vor der Zuschlagserteilung müssen die nicht berücksichtigten Bieter gem. § 134 GWB über den Namen des erfolgreichen Bieters, den frühesten Zeitpunkt des Vertragsschlusses und die Gründe für die Nichtberücksichtigung ihrer Angebote bzw. Lösungsvorschläge informiert werden. Der Auftraggeber kann den Teilnehmern des Dialogs zudem Prämien oder Zahlungen gewähren (Abs. 10), mit denen die Bereitschaft zur Teilnahme am Dialog und der Erarbeitung (zeit- und kostenintensiver) Lösungsvorschläge und Angebote erhöht werden soll.

5   Die Anforderungen an die Durchführung eines wettbewerblichen Dialogs nach § 17 entsprechen bis auf eine Ausnahme den **Anforderungen des § 18 VgV**, weshalb wegen der weiteren Einzelheiten auf die Kommentierung zu § 18 VgV verwiesen wird (→ VgV § 18 Rn. 1 ff.). Die Ausnahme betrifft die **Frist für den Eingang der Teilnahmeanträge**. Diese beträgt nach § 17 Abs. 3 S. 1 und § 18 Abs. 3 VgV zwar gleichlautend „mindestens 30 Tage, gerechnet ab dem Tag nach der Absendung der Auftragsbekanntmachung". Abs. 3 enthält aber – im Gegensatz zu § 18 Abs. 3 VgV – noch einen zweiten Satz, wonach die Frist „auf keinen Fall weniger als 15 Tage betragen" darf. Diese – auch in den Vergaberichtlinien[6] bestehende Diskrepanz – bedeutet, dass die 30-Tagesfrist für die Einreichung von Teilnahmeanträgen im Sektorenbereich in begründeten Fällen unterschritten werden darf. Bei den Fristsetzungen sind darüber hinaus die sich aus § 16 ergebenden Anforderungen zu beachten. Danach muss unter Berücksichtigung der Komplexität der Leistung und der Zeit, die für die Ausarbeitung des Teilnahmewettbewerbs erforderlich ist, eine angemessene Frist bestimmt werden, die es interessierten Unternehmen (auch aus anderen Mitgliedstaaten) ermöglicht, eine den Anforderungen entsprechenden Teilnahmeantrag einzureichen. Welche Frist insoweit als angemessen anzusehen ist, ist anhand des konkreten Auftrags und der jeweils geforderten Eignungsnachweise im Einzelfall zu beurteilen. Eine Teilnahmefrist von weniger als 30 Tagen dürfte jedoch nur in einfach gelagerten Ausnahmefällen in Betracht kommen.

§ 18 Innovationspartnerschaft

(1) ¹Der Auftraggeber kann für die Vergabe eines Auftrags eine Innovationspartnerschaft mit dem Ziel der Entwicklung einer innovativen Leistung und deren anschließenden Erwerb eingehen. ²Der Beschaffungsbedarf, der der Innovationspartnerschaft zugrunde liegt, darf nicht durch auf dem Markt bereits verfügbare Leistungen befriedigt werden können. ³Der Auftraggeber beschreibt in der Auftragsbekanntmachung, der Bekanntmachung über das Bestehen eines Qualifizierungssystems oder den Vergabeunterlagen die Nachfrage nach der innovativen Leistung. ⁴Dabei ist anzugeben, welche Elemente dieser Beschreibung Mindestanforderungen darstellen. ⁵Es sind Eignungskriterien vorzugeben, die die Fähigkeiten der Unternehmen auf dem Gebiet der Forschung und Entwicklung sowie die Ausarbeitung und Umsetzung innovativer Lösungen betreffen. ⁶Die bereitgestellten Informationen müssen so genau sein, dass die Unternehmen Art und Umfang der geforderten Lösung erkennen und entscheiden können, ob sie eine Teilnahme an dem Verfahren beantragen.

(2) ¹Der Auftraggeber fordert eine unbeschränkte Anzahl von Unternehmen im Rahmen eines Teilnahmewettbewerbs öffentlich zur Abgabe von Teilnahmeanträgen auf. ²Jedes interessierte Unternehmen kann einen Teilnahmeantrag abgeben. ³Mit dem Teilnahmeantrag übermitteln die Unternehmen die vom Auftraggeber geforderten Informationen für die Prüfung ihrer Eignung.

(3) ¹Die Frist für den Eingang der Teilnahmeanträge beträgt mindestens 30 Tage, gerechnet ab dem Tag nach der Absendung der Bekanntmachung nach Absatz 1. ²Sie darf auf keinen Fall weniger als 15 Tage betragen.

(4) ¹Nur diejenigen Unternehmen, die vom Auftraggeber infolge einer Bewertung der übermittelten Informationen dazu aufgefordert werden, können ein Angebot in Form von Forschungs- und Innovationsprojekten einreichen. ²Der Auftraggeber kann die Zahl geeigneter Bewerber, die zur Angebotsabgabe aufgefordert werden, gemäß § 45 Absatz 3 begrenzen.

(5) ¹Der Auftraggeber verhandelt mit den Bietern über die von ihnen eingereichten Erstangebote und alle Folgeangebote, mit Ausnahme der endgültigen Angebote, mit dem Ziel, die Angebote inhaltlich zu verbessern. ²Dabei darf über den gesamten Auftragsinhalt verhandelt werden mit Ausnahme der vom Auftraggeber in den Vergabeunterlagen festgelegten Mindestanforderungen und Zuschlagskriterien. ³Sofern der Auftraggeber in der Auftragsbekanntmachung oder in den Vergabeunterlagen darauf hingewiesen hat, kann er die Verhandlungen in verschiedenen aufeinanderfolgenden Phasen abwickeln, um so die Zahl der

---

[6] Vgl. Art. 48 Abs. 1 Sektoren-RL und Art. 30 Abs. 1 RL 2014/24/EU.

Angebote, über die verhandelt wird, anhand der vorgegebenen Zuschlagskriterien zu verringern.

(6) ¹Der Auftraggeber trägt dafür Sorge, dass alle Bieter bei den Verhandlungen gleichbehandelt werden. ²Insbesondere enthält er sich jeder diskriminierenden Weitergabe von Informationen, durch die bestimmte Bieter gegenüber anderen begünstigt werden könnten. ³Er unterrichtet alle Bieter, deren Angebote gemäß Absatz 5 nicht ausgeschieden wurden, in Textform nach § 126b des Bürgerlichen Gesetzbuchs über etwaige Änderungen der Anforderungen und sonstigen Informationen in den Vergabeunterlagen, die nicht die Festlegung der Mindestanforderungen betreffen. ⁴Im Anschluss an solche Änderungen gewährt der Auftraggeber den Bietern ausreichend Zeit, um ihre Angebote zu ändern und gegebenenfalls überarbeitete Angebote einzureichen. ⁵Der Auftraggeber darf vertrauliche Informationen eines an den Verhandlungen teilnehmenden Bieters nicht ohne dessen Zustimmung an die anderen Teilnehmer weitergeben. ⁶Eine solche Zustimmung darf nicht allgemein, sondern nur in Bezug auf die beabsichtigte Mitteilung bestimmter Informationen erteilt werden. ⁷Der Auftraggeber muss in den Vergabeunterlagen die zum Schutz des geistigen Eigentums geltenden Vorkehrungen festlegen.

(7) ¹Die Innovationspartnerschaft wird durch Zuschlag auf Angebote eines oder mehrerer Bieter eingegangen. ²Eine Erteilung des Zuschlags allein auf der Grundlage des niedrigsten Preises oder der niedrigsten Kosten ist ausgeschlossen. ³Der Auftraggeber kann eine Innovationspartnerschaft mit einem Partner oder mit mehreren Partnern, die getrennte Forschungs- und Entwicklungstätigkeiten durchführen, eingehen.

(8) ¹Die Innovationspartnerschaft wird entsprechend dem Forschungs- und Innovationsprozess in zwei aufeinanderfolgenden Phasen strukturiert:
1. einer Forschungs- und Entwicklungsphase, die die Herstellung von Prototypen oder die Entwicklung der Dienstleistung umfasst, und
2. einer Leistungsphase, in der die aus der Partnerschaft hervorgegangene Leistung erbracht wird.

²Die Phasen sind durch die Festlegung von Zwischenzielen zu untergliedern, bei deren Erreichen die Zahlung der Vergütung in angemessenen Teilbeträgen vereinbart wird. ³Der Auftraggeber stellt sicher, dass die Struktur der Partnerschaft und insbesondere die Dauer und der Wert der einzelnen Phasen den Innovationsgrad der vorgeschlagenen Lösung und der Abfolge der Forschungs- und Innovationstätigkeiten widerspiegeln. ⁴Der geschätzte Wert der Liefer- oder Dienstleistung darf in Bezug auf die für ihre Entwicklung erforderlichen Investitionen nicht unverhältnismäßig sein.

(9) Auf der Grundlage der Zwischenziele kann der Auftraggeber am Ende jedes Entwicklungsabschnittes entscheiden, ob er die Innovationspartnerschaft beendet oder, im Fall einer Innovationspartnerschaft mit mehreren Partnern, die Zahl der Partner durch die Kündigung einzelner Verträge reduziert, sofern der Auftraggeber in der Bekanntmachung oder in den Vergabeunterlagen darauf hingewiesen hat, dass diese Möglichkeiten bestehen und unter welchen Umständen davon Gebrauch gemacht werden kann.

(10) Nach Abschluss der Forschungs- und Entwicklungsphase ist der Auftraggeber zum anschließenden Erwerb der innovativen Liefer- oder Dienstleistung nur dann verpflichtet, wenn das bei Eingehung der Innovationspartnerschaft festgelegte Leistungsniveau und die Kostenobergrenze eingehalten werden.

Zur Kommentierung wird auf § 19 VgV verwiesen (→ VgV § 19 Rn. 1 ff.). § 18 ist wortgleich mit folgenden Unterschieden: Die Innovationspartnerschaft bezieht sich nicht nur auf Liefer- und Dienstleistungen, sondern generell auf Leistungen und umfasst damit auch Bauleistungen, die nicht Gegenstand der VgV, sondern der VOB/A sind. Im Übrigen beschränken sich die Änderungen auf Begrifflichkeiten (Auftraggeber statt öffentlicher Auftraggeber und Bekanntmachung statt Auftragsbekanntmachung) und die Abweichungen der SektVO zur VgV (Bestehen eines Qualifizierungssystems, § 18 Abs. 1 S. 3 und Möglichkeit der Fristverkürzung für Teilnahmeanträge, § 18 Abs. 3 S. 2). 1

Unterabschnitt 2. Besondere Methoden und Instrumente im Vergabeverfahren

§ 19 Rahmenvereinbarungen

(1) ¹Der Abschluss einer Rahmenvereinbarung erfolgt im Wege einer nach dieser Verordnung geltenden Verfahrensart. ²Das in Aussicht genommene Auftragsvolumen ist so genau

wie möglich zu ermitteln und bekanntzugeben, braucht aber nicht abschließend festgelegt zu werden. ³Eine Rahmenvereinbarung darf nicht missbräuchlich oder in einer Art angewendet werden, die den Wettbewerb behindert, einschränkt oder verfälscht.

(2) ¹Auf einer Rahmenvereinbarung beruhende Einzelaufträge werden nach vom Auftraggeber festzulegenden objektiven und nichtdiskriminierenden Regeln und Kriterien vergeben. ²Dazu kann auch die Durchführung eines erneuten Wettbewerbs zwischen denjenigen Unternehmen, die zum Zeitpunkt des Abschlusses Vertragspartei der Rahmenvereinbarung sind, gehören. ³Die Regeln und Kriterien sind in den Vergabeunterlagen oder der Bekanntmachung für die Rahmenvereinbarung festzulegen.

(3) Mit Ausnahme angemessen begründeter Sonderfälle, in denen dies insbesondere aufgrund des Gegenstands der Rahmenvereinbarung gerechtfertigt werden kann, beträgt die Laufzeit einer Rahmenvereinbarung maximal acht Jahre.

Schrifttum: *Biemann* in Beck VergabeR (Burgi/Dreher) § 19; *Dietrich* in Greb/Müller § 19; *Gröning*, Das Konzept der neuen Koordinierungsrichtlinie für die Beschaffung durch Rahmenvereinbarungen, VergabeR 2005, 156; *Haak/Degen*, Rahmenvereinbarungen nach neuem Vergaberecht, VergabeR 2005, 164; *Haak/Koch* in Willenbruch/Wieddekind § 19; *Knauff*, Neues europäisches Vergabeverfahrensrecht: Rahmenvereinbarungen, VergabeR 2006, 24; *Machwirth*, Rahmenvereinbarungen nach der neuen VOL/A, VergabeR 2007, 385; *Marx*, Vergaberecht für Versorgungsbetriebe, in Theobald/Kühling, Energierecht, 99. EL September 2018, 1–226; *Rosenkötter/Seidler*, Praxisprobleme bei Rahmenvereinbarungen, NZBau 2007, 685; *Schrotz* in HK-VergabeR (Pünder/Schellenberg) § 19; *Wrede* in Eschenbruch/Opitz/Röwekamp § 19.

Übersicht

	Rn.		Rn.
I. Regelungsgehalt und Überblick	1	4. Vergabe einer Rahmenvereinbarung	9
1. Entstehungsgeschichte	1	5. Vergabe der Einzelaufträge	10
2. Grundlagen	3	6. Geltungsdauer der Rahmenvereinbarung	13
3. Arten von Rahmenvereinbarungen	8	II. Systematische Stellung und Zweck der Norm	14

I. Regelungsgehalt und Überblick

1 **1. Entstehungsgeschichte.** Die Rahmenvereinbarung ist eine spezielle **(Vor-)Form des öffentlichen Auftrags,** auf deren Abschluss spätestens seit Inkrafttreten der Vergabe-RL 2004 (= RL 2004/18/EG)[1] die klassischen Auftraggeber die Regeln über die öffentliche Auftragsvergabe mit bestimmten Modifikationen anzuwenden hatten.[2] Im Bereich der **Sektoren-RL** ist das Instrument der **Rahmenvereinbarung**[3] schon älter. Die Sektoren-RL 2004 **definierte** sie seit jeher als Vereinbarung zwischen einem oder mehreren Auftraggebern mit einem oder mehreren Unternehmen, die zum Ziel hat, die Bedingungen für die Einzelaufträge festzulegen, insbesondere im Hinblick auf den Preis und die in Aussicht genommene Menge.

2 Für eine solche Vereinbarung und für die auf der Basis einer solchen Vereinbarung geschlossenen Einzelverträge sah Art. 14 Sektoren-RL 2004 und demzufolge § 9 Abs. 1 Möglichkeiten der vereinfachten Vergabe vor: Die **Auftraggeber konnten** die Rahmenvereinbarung wie einen Auftrag behandeln und **wie einen Auftrag vergeben.** War dies geschehen und die Rahmenvereinbarung etwa nach Ablauf eines der Verfahren des § 6 Abs. 1 mit Bekanntmachung abgeschlossen worden, konnte der Auftraggeber die darauf beruhenden Einzelverträge mit den Partnern der Rahmenvereinbarung und zu den Bedingungen der Rahmenvereinbarung in einem Verfahren ohne weitere Bekanntmachung und ohne weiteren Teilnahmewettbewerb abschließen. **Hatte der Sektorenauftraggeber** die Rahmenvereinbarung **nicht als öffentlichen Auftrag behandelt,** musste er nach § 9 Abs. 2 der Vergabe jedes Einzelauftrags eine öffentliche Bekanntmachung vorausgehen lassen.

3 **2. Grundlagen.** Mit dem Vergaberechtsmodernisierungsgesetz 2016 wurde die Rahmenvereinbarung nun im Gesetz, und zwar in § 103 Abs. 5 GWB als spezielle (Vor-)Form des öffentlichen Auftrags, definiert und ihr Einsatz für die verschiedenen öffentlichen Auftraggeber an unterschiedli-

---
[1] Vgl. Art. 1 Abs. 5 Vergabe-RL 2004.
[2] Ausf. *Knauff* VergabeR 2006, 24 ff.
[3] Zur Rahmenvereinbarung auch *Gröning* VergabeR 2005, 685 ff. und *Haak/Degen* VergabeR 2005, 164 ff sowie die oben aufgeführte weitere Literatur.

cher Stelle unterschiedlich reguliert: § 21 VgV regelt den Einsatz der Rahmenvereinbarung für klassische öffentliche Auftraggeber, § 19 regelt den Einsatz der Rahmenvereinbarung für Sektorenauftraggeber auf etwas einfachere Weise als § 21 VgV.

Nach § 103 Abs. 5 S. 1 GWB sind Rahmenvereinbarungen Vereinbarungen zwischen einem 4 oder mehreren öffentlichen Auftraggebern oder Sektorenauftraggebern und einem oder mehreren Unternehmen, die dazu dienen, die Bedingungen für die öffentlichen Aufträge, die während eines bestimmten Zeitraumes vergeben werden sollen, festzulegen, insbesondere in Bezug auf den Preis. Es handelt sich also nicht um eine Art des Vergabeverfahrens, sondern um eine Sonderform des Vertrages. Das wird aus dem folgenden S. 2 in § 103 Abs. 5 GWB ganz klar, der sagt, dass die Vergabe von Rahmenvereinbarungen, soweit nichts anderes bestimmt ist, denselben Vorschriften unterliegt wie die Vergabe entsprechender Aufträge. Eines solchen Satzes bedürfte es nicht, wenn die Rahmenvereinbarung als öffentlicher Auftrag anzusehen wäre; er ist lediglich systematisch an falscher Stelle untergebracht. Denn im Gesetz sind in § 103 GWB ansonsten allein Legaldefinitionen für verschiedene Formen öffentlicher Aufträge und auftragsähnlicher Instrumente enthalten, nicht aber Regeln, wie diese Aufträge und Instrumente zu vergeben sind. Die Vergabe der Aufträge, Rahmenvereinbarungen und Wettbewerbe findet sich an anderer Stelle. Die Vergabe der Rahmenvereinbarung im Sektorenbereich ist in § 19 geregelt.

Zweck einer solchen Rahmenvereinbarung ist die Flexibilisierung und Vereinfachung des Ein- 5 kaufsverhaltens von öffentlichen Auftraggebern und Sektorenauftraggebern. Rahmenvereinbarungen gestatten einen ungeplanten Bedarf, bei dem weder Zeit noch Ort noch Umfang genau feststehen, effizient zu bedienen. So kann es beispielsweise von großem Vorteil sein, Rahmenvereinbarungen mit einem oder mehreren Rechtsanwälten zur Beratung in Rechtsfragen abzuschließen, obwohl noch nicht klar ist, ob und wann eine Beratung des öffentlichen Auftraggebers erforderlich wird. Gleiches gilt für die Beschaffung von Leistungen, deren Finanzierung noch nicht gesichert ist. Rahmenvereinbarungen gestatten außerdem eine Beschaffung von Standardgütern, die zwar vorhersehbar ist, aber über einen längeren Zeitraum anfällt und daher im Umfang noch nicht genau feststeht. In diesen Fällen kann insbesondere die ständige Wiederholung von Vergabeverfahren vermieden und können Transaktionskosten auf Auftraggeber- wie auf Auftragnehmerseite reduziert werden.[4] Allerdings müssen – laut Begründung der Verordnung zur Modernisierung des Vergaberechts vom 20.1.2016 zu § 19[5] – wesentliche Vertragsbestandteile einer Rahmenvereinbarung der in Aussicht genommene Preis und das in Aussicht genommene Vertragsvolumen beinhalten, was jedoch nicht bedeuten soll, dass die Rahmenvereinbarung hierzu konkrete vertragliche Pflichten enthält.

Die konkreten Leistungspflichten und die öffentlichen Aufträge sollen erst entstehen, wenn 6 auf der Basis der Rahmenvereinbarung Einzelaufträge vergeben werden. Das bedeutet, dass die Rahmenvereinbarung zwar als Vertrag zu qualifizieren ist, aber noch nicht als öffentlicher Auftrag iSd § 103 Abs. 1 GWB.

Diese rechtliche Qualifizierung der Rahmenvereinbarung hat erhebliche Bedeutung für den 7 Rechtsschutz im Verfahren zur Vergabe einer Rahmenvereinbarung und bei der Vergabe der Einzelaufträge auf der Basis einer Rahmenvereinbarung: Dass die Rahmenvereinbarung gem. § 103 Abs. 5 S. 2 GWB nach denselben Vorschriften wie für die Vergabe von öffentlichen Aufträgen zu vergeben ist, heißt, dass Rechtsschutz im Verfahren für die Vergabe von Rahmenvereinbarungen im Nachprüfungsverfahren gegeben ist. Rechtsschutz im nachfolgenden Verfahren zur Vergabe der Einzelaufträge auf der Basis der Rahmenvereinbarung ist ebenfalls im Nachprüfungsverfahren gegeben – allerdings nur, wenn die Einzelaufträge die Schwellenwerte überschreiten.[6] Tun sie dies nicht, gibt es wie bei Unterschwellenaufträgen nur die Möglichkeit, normale zivilprozessrechtliche Wege zu beschreiten.[7]

3. Arten von Rahmenvereinbarungen. In der **Praxis kommen Rahmenvereinbarungen** 8 **in unterschiedlichster Form** vor: Es gibt Rahmenvereinbarungen, die gerade vieles von dem nicht darstellen, was eigentlich den Sinn und Zweck einer Rahmenvereinbarung ausmacht. Sie werden als **„vollständige Rahmenvereinbarungen"** bezeichnet, weil nicht ein Qualifikationsmerkmal wie zB der Zeitpunkt des Abrufs die rahmenvereinbarungstypische Unsicherheit aufweist, im

---

[4] Eschenbruch/Opitz/Röwekamp/*Wrede* Rn. 2.
[5] Begr. zur VergRModVO v. 20.1.2016, BT-Drs. 18/7318, 70f., zu § 19.
[6] Eschenbruch/Opitz/Röwekamp/*Wrede* Rn. 35; aA allerdings für § 9 aF *Machwirth* VergabeR 2007, 385 (393).
[7] AA *Müller-Wrede* in Müller-Wrede SektVO § 9 aF Rn. 70, der davon ausgeht, dass jede Rechtswidrigkeit beim Erlass der Rahmenvereinbarung die späteren Einzelaufträge „infiziert", sodass auch diese der Nachprüfung unterzogen werden können. Aber dann ist immer noch nicht das Problem gelöst, was denn gilt, wenn der Fehler nicht in der Vergabe der Rahmenvereinbarung liegt, sondern einzig und allein im Vollzug der Rahmenvereinbarung.

Übrigen aber alle Bedingungen für die Einzelaufträge bereits festgelegt werden. Daneben gibt es **unvollständige Rahmenvereinbarungen,** die die Bedingungen der einzelnen öffentlichen Aufträge wie Preis, Menge und Qualitäten noch nicht festgelegt haben. Sie sind die typischen, oft auch als „echte" Rahmenvereinbarungen bezeichnete Vereinbarungen. Schließlich unterscheidet man zwischen **Rahmenvereinbarungen mit einem Unternehmen** und **Rahmenvereinbarungen mit mehreren Unternehmen,** bei denen dann noch eine Regelung darüber erforderlich ist, auf welche Weise und mit wem der Einzelauftrag zustande kommt.[8] Die SektVO regelt nicht, wie viele Unternehmen an einer Rahmenvereinbarung mindestens zu beteiligen sind. Gleiches gilt für eine Höchstzahl bei Rahmenvereinbarungen mit mehreren Unternehmen. Rahmenvereinbarungen bilden im Übrigen **ein geschlossenes System, bei dem Einzelverträge nur zwischen den von Anfang an beteiligten Auftraggebern und den von Beginn an beteiligten Unternehmen** geschlossen werden können.[9]

9 **4. Vergabe einer Rahmenvereinbarung. Abs. 1 regelt die Vergabe einer Rahmenvereinbarung** im Anschluss an die Vorschrift, die sich bereits in § 103 Abs. 5 S. 2 GWB findet: Danach erfolgt der Abschluss einer Rahmenvereinbarung **im Wege einer nach der SektVO geltenden Verfahrensart.** Sie kann also vergeben werden im Wege eines offenen oder eines nicht offenen Verfahrens, im Wege eines Verhandlungsverfahrens, eines wettbewerblichen Dialoges oder gar im Wege einer Innovationspartnerschaft. Dabei sind selbstverständlich jeweils die Voraussetzungen zu erfüllen, die die jeweilige Verfahrensart verlangt. Der Abs. 1 S. 2 macht dann klar, worum es bei der Rahmenvereinbarung überhaupt geht: Er stellt am Beispiel des Auftragsvolumens fest, dass der oder die Auftraggeber eine gewisse Flexibilität entwickeln können und nicht in dem strengen Maße an eine Leistungsbeschreibung gebunden sind, wie dies die übliche Auftragsvergabe verlangt. Das in Aussicht genommene und bekannt zu machende Auftragsvolumen ist nicht genau festzulegen, sondern nur so genau wie möglich zu ermitteln. Es braucht schon gar nicht abschließend festgelegt zu werden. Gleiches gilt übrigens für den in § 19 gar nicht erwähnten Preis, der noch in § 103 Abs. 5 S. 1 GWB eine wesentliche Rolle im Text zu spielen scheint. Dabei reicht es aus, wenn die Berechnungsgrundlage offengelegt oder eine Preisgleitklausel vereinbart wird.[10] Um die sich aus dem Charakter der Rahmenvereinbarung ergebenden Unsicherheit und Offenheit bestehenden Gefahren von vornherein wieder einzufangen, verlangt Abs. 1 S. 3 die Selbstverständlichkeit, dass die Rahmenvereinbarung nicht missbräuchlich oder in einer Art angewendet werden darf, die den Wettbewerb behindert, einschränkt oder verfälscht. Was dies im Einzelnen bedeutet, lässt sich weder aus der Richtlinie noch aus dem Gesetz oder der Verordnung entnehmen. Man wird abwarten müssen, in welchen Fällen die Rechtsprechung sich gezwungen sieht darauf zurückzugreifen.

10 **5. Vergabe der Einzelaufträge. Abs. 2** regelt die **Vergabe der Einzelaufträge,** ohne allerdings ein genaues Verfahren vorzugeben. Dabei ist zwischen vollständigen Mehrfach-Rahmenvereinbarungen und unvollständigen Mehrfach-Rahmenvereinbarungen genau zu unterscheiden.[11]

11 Bei der **unvollständigen Mehrfach-Rahmenvereinbarung,** bei der ja gerade wesentliche Vertragsbestandteile offen geblieben sind, müssen alle an der Vereinbarung beteiligten Unternehmen zu einer Angebotsabgabe aufgefordert werden, um die in der Rahmenvereinbarung noch fehlenden Bedingungen festzulegen. Nur durch einen solchen weiteren Wettbewerb unter den beteiligten Unternehmen **(Mini-Wettbewerb)** kann eine verbotene Diskriminierung ausgeschlossen werden. Die Regeln für den Miniwettbewerb sind in die ursprüngliche Vergabebekanntmachung ebenso aufzunehmen wie die Zuschlagskriterien. Bei der Festlegung der Regeln, insbesondere der Fristen für den Miniwettbewerb ist der Auftraggeber relativ frei.

12 Bei der **unvollständigen Rahmenvereinbarung** bedarf es eines weiteren Wettbewerbes und weiterer Verhandlungen selbstverständlich nicht, weil alle Bedingungen bereits festliegen. Allerdings müssen ja auch hier die Einzelaufträge nach vom Auftraggeber festzulegenden objektiven und nichtdiskriminierenden Regeln und Kriterien vergeben werden. Das heißt, dass der Auftraggeber **schon in der Rahmenvereinbarung einen Mechanismus für die Auswahl der Einzelaufträge festlegen muss.** Dabei soll es nach **einem Teil der Literatur**[12] nicht erlaubt sein, die Einzelaufträge auf die verschiedenen beteiligten Unternehmen nach dem Rotationsprinzip oder – über die Zeit

---

[8] *Leinemann* in Leinemann Vergabe öff. Aufträge Rn. 452 ff.; *Müller-Wrede* in Müller-Wrede SektVO § 9 aF Rn. 17; zu § 9 aF *Machwirth* VergabeR 2007, 385 (388); *Gröning* VergabeR 2005, 156 (158).
[9] Eschenbruch/Opitz/Röwekamp/*Wrede* Rn. 22 ff.
[10] *Leinemann* in Leinemann Vergabe öff. Aufträge Rn. 455 unter Berufung auf VK Bund Beschl. v. 20.5.2003 – Vk 1 35/03, BeckRS 2010, 29919.
[11] Eschenbruch/Opitz/Röwekamp/*Wrede* Rn. 10, 11.
[12] So zur alten Regelung der Rahmenvereinbarung in § 9 aF: *Müller-Wrede* in Müller-Wrede SektVO § 9 aF Rn. 69; Eschenbruch/Opitz/*Opitz/Hackstein*, 1. Aufl. 2012, § 9 Rn. 34.

hinweg – gleichmäßig zu verteilen. Allerdings gibt es für eine solche Annahme nach der Regel des Abs. 2 keinen Grund. Denn es ist nicht einzusehen, warum eine gleichmäßige Verteilung des Gesamtvolumens einer Rahmenvereinbarung oder eine Verteilung nach dem Rotationsprinzip eine Diskriminierung eines beteiligten Unternehmens darstellen oder ein nicht objektives Verfahren sein soll.

6. Geltungsdauer der Rahmenvereinbarung. Abs. 3 legt fest, dass eine Rahmenvereinbarung **prinzipiell nur zeitlich begrenzt** zu vergeben ist. Für den Bereich der Auftragsvergabe von Versorgungsunternehmen sind dies **acht Jahre.** Danach soll der mit einer Rahmenvereinbarung abgedeckte Bedarf wieder an den Markt gebracht werden. Ausnahmen von dieser achtjährigen Begrenzung sind für angemessen begründete Fälle zugelassen. Welche dies sind, steht naturgemäß nicht fest. Allerdings kann man sich durchaus vorstellen, dass ein solcher Fall – wie bei der Konzessionsvergabe – angemessen begründet werden kann, wenn für die Abarbeitung einer Rahmenvereinbarung Investitionen getätigt werden müssen, die einen längeren als achtjährigen Abschreibungszeitraum haben. 13

II. Systematische Stellung und Zweck der Norm

§ 19 steht im Abschnitt 2, der das Vergabeverfahren für öffentliche Aufträge behandelt, an der Spitze des Unterabschnitts 2 über besondere Methoden und Instrumente im Vergabeverfahren. Sein **Zweck** ist es ebenso wie der Zweck der elektronischen Beschaffungssysteme und Auktionen, den Auftraggebern besondere Verfahren zur effizienten Beschaffung zur Verfügung zu stellen, ohne die Prinzipien des § 97 GWB in Frage zu stellen. 14

§ 19 dient der Umsetzung des Art. 51 Sektoren-RL in das deutsche Recht. 15

§ 20 Grundsätze für den Betrieb dynamischer Beschaffungssysteme

(1) Der Auftraggeber kann für die Beschaffung marktüblicher Leistungen ein dynamisches Beschaffungssystem nutzen.

(2) Bei der Auftragsvergabe über ein dynamisches Beschaffungssystem befolgt der Auftraggeber die Vorschriften für das nicht offene Verfahren.

(3) ¹Ein dynamisches Beschaffungssystem wird mithilfe elektronischer Mittel eingerichtet und betrieben. ²Die §§ 11 und 12 finden Anwendung.

(4) ¹Ein dynamisches Beschaffungssystem steht im gesamten Zeitraum seiner Einrichtung allen Bietern offen, die die im jeweiligen Vergabeverfahren festgelegten Eignungskriterien erfüllen. ²Die Zahl der zum dynamischen Beschaffungssystem zugelassenen Bewerber darf nicht begrenzt werden.

(5) Der Zugang zu einem dynamischen Beschaffungssystem ist für alle Unternehmen kostenlos.

§ 21 Betrieb eines dynamischen Beschaffungssystems

(1) Der Auftraggeber gibt in der Auftragsbekanntmachung an, dass er ein dynamisches Beschaffungssystem nutzt und für welchen Zeitraum es betrieben wird.

(2) Auftraggeber informieren die Europäische Kommission wie folgt über eine Änderung der Gültigkeitsdauer:
1. Wird die Gültigkeitsdauer ohne Einstellung des dynamischen Beschaffungssystems geändert, ist das in Anhang V der Durchführungsverordnung (EU) 2015/1986 der Kommission vom 11. November 2015 zur Einführung von Standardformularen für die Veröffentlichung von Vergabebekanntmachungen für öffentliche Aufträge und zur Aufhebung der Durchführungsverordnung (EU) Nr. 842/2011 (ABl. L 296 vom 12.11.2015, S. 1) in der jeweils geltenden Fassung enthaltene Muster zu verwenden.
2. Wird das dynamische Beschaffungssystem eingestellt, ist das in Anhang VI der Durchführungsverordnung (EU) 2015/1986 enthaltene Muster zu verwenden.

(3) In den Vergabeunterlagen sind mindestens die Art und die geschätzte Menge der zu beschaffenden Leistung sowie alle erforderlichen Daten des dynamischen Beschaffungssystems anzugeben.

(4) ¹In den Vergabeunterlagen ist anzugeben, ob ein dynamisches Beschaffungssystem in Kategorien von Leistungen untergliedert wurde. ²Gegebenenfalls sind die objektiven Merkmale jeder Kategorie anzugeben.

(5) Hat ein Auftraggeber ein dynamisches Beschaffungssystem in Kategorien von Leistungen untergliedert, legt er für jede Kategorie die Eignungskriterien gesondert fest.

(6) ¹Die zugelassenen Bewerber sind für jede einzelne, über ein dynamisches Beschaffungssystem stattfindende Auftragsvergabe gesondert zur Angebotsabgabe aufzufordern. ²Wurde ein dynamisches Beschaffungssystem in Kategorien von Leistungen untergliedert, werden jeweils alle für die einem konkreten Auftrag entsprechende Kategorie zugelassenen Bewerber aufgefordert, ein Angebot zu unterbreiten.

§ 22 Fristen beim Betrieb eines dynamischen Beschaffungssystems

(1) Abweichend von § 15 gelten bei der Nutzung eines dynamischen Beschaffungssystems die Bestimmungen der Absätze 2 bis 5.

(2) ¹Die Frist für den Eingang der Teilnahmeanträge beträgt mindestens 30 Tage, gerechnet ab dem Tag nach der Absendung der Auftragsbekanntmachung oder im Falle einer regelmäßigen nicht verbindlichen Bekanntmachung nach § 36 Absatz 4 nach der Absendung der Aufforderung zur Interessensbestätigung. ²Sobald die Aufforderung zur Angebotsabgabe für die erste einzelne Auftragsvergabe im Rahmen eines dynamischen Beschaffungssystems abgesandt worden ist, gelten keine weiteren Fristen für den Eingang der Teilnahmeanträge.

(3) ¹Der Auftraggeber bewertet den Antrag eines Unternehmens auf Teilnahme an einem dynamischen Beschaffungssystem unter Zugrundelegung objektiver Kriterien innerhalb von zehn Arbeitstagen nach dessen Eingang. ²In begründeten Einzelfällen, insbesondere wenn Unterlagen geprüft werden müssen oder um auf sonstige Art und Weise zu überprüfen, ob die Eignungskriterien erfüllt sind, kann die Frist auf 15 Arbeitstage verlängert werden. ³Wurde die Aufforderung zur Angebotsabgabe für die erste einzelne Auftragsvergabe im Rahmen eines dynamischen Beschaffungssystems noch nicht versandt, kann der Auftraggeber die Frist verlängern, sofern während der verlängerten Frist keine Aufforderung zur Angebotsabgabe versandt wird. ⁴Die Fristverlängerung ist in den Vergabeunterlagen anzugeben. ⁵Jedes Unternehmen wird unverzüglich darüber informiert, ob es zur Teilnahme an einem dynamischen Beschaffungssystem zugelassen wurde oder nicht.

(4) ¹Die Frist für den Eingang der Angebote beträgt mindestens zehn Tage, gerechnet ab dem Tag nach der Absendung der Aufforderung zur Angebotsabgabe. ²§ 15 Absatz 3 findet Anwendung.

§ 23 Grundsätze für die Durchführung elektronischer Auktionen

(1) ¹Der Auftraggeber kann im Rahmen eines offenen, eines nicht offenen oder eines Verhandlungsverfahrens vor der Zuschlagserteilung eine elektronische Auktion durchführen, sofern der Inhalt der Vergabeunterlagen hinreichend präzise beschrieben und die Leistung mithilfe automatischer Bewertungsmethoden eingestuft werden kann. ²Geistig-schöpferische Leistungen können nicht Gegenstand elektronischer Auktionen sein. ³Der elektronischen Auktion hat eine vollständige erste Bewertung aller Angebote anhand der Zuschlagskriterien und der jeweils dafür festgelegten Gewichtung vorauszugehen. ⁴Die Sätze 1 und 2 gelten entsprechend bei einem erneuten Vergabeverfahren zwischen den Parteien einer Rahmenvereinbarung nach § 19 und bei einem erneuten Vergabeverfahren während der Laufzeit eines dynamischen Beschaffungssystems nach § 20. ⁵Eine elektronische Auktion kann mehrere, aufeinanderfolgende Phasen umfassen.

(2) ¹Im Rahmen der elektronischen Auktion werden die Angebote mittels festgelegter Methoden elektronisch bewertet und automatisch in eine Rangfolge gebracht. ²Die sich schrittweise wiederholende, elektronische Bewertung der Angebote beruht auf
1. neuen, nach unten korrigierten Preisen, wenn der Zuschlag allein aufgrund des Preises erfolgt, oder
2. neuen, nach unten korrigierten Preisen oder neuen, auf bestimmte Angebotskomponenten abstellenden Werten, wenn das Angebot mit dem besten Preis-Leistungs-Ver-

hältnis oder, bei Verwendung eines Kosten-Wirksamkeits-Ansatzes, mit den niedrigsten Kosten den Zuschlag erhält.

(3) ¹Die Bewertungsmethoden werden mittels einer mathematischen Formel definiert und in der Aufforderung zur Teilnahme an der elektronischen Auktion bekanntgemacht. ²Wird der Zuschlag nicht allein aufgrund des Preises erteilt, muss aus der mathematischen Formel auch die Gewichtung aller Angebotskomponenten nach Absatz 2 Satz 2 Nummer 2 hervorgehen. ³Sind Nebenangebote zugelassen, ist für diese ebenfalls eine mathematische Formel bekanntzumachen.

(4) Angebotskomponenten nach Absatz 2 Satz 2 Nummer 2 müssen numerisch oder prozentual beschrieben werden.

§ 24 Durchführung elektronischer Auktionen

(1) Der Auftraggeber kündigt in der Auftragsbekanntmachung oder in der Aufforderung zur Interessensbestätigung an, dass er eine elektronische Auktion durchführt.

(2) Die Vergabeunterlagen müssen mindestens folgende Angaben enthalten:
1. alle Angebotskomponenten, deren Werte Grundlage der automatischen Neureihung der Angebote sein werden,
2. gegebenenfalls die Obergrenzen der Werte nach Nummer 1, wie sie sich aus den technischen Spezifikationen ergeben,
3. eine Auflistung aller Daten, die den Bietern während der elektronischen Auktion zur Verfügung gestellt werden,
4. den Termin, an dem die Daten nach Nummer 3 den Bietern zur Verfügung gestellt werden,
5. alle für den Ablauf der elektronischen Auktion relevanten Daten und
6. die Bedingungen, unter denen die Bieter während der elektronischen Auktion Gebote abgeben können, insbesondere die Mindestabstände zwischen den der automatischen Neureihung der Angebote zugrunde liegenden Preisen oder Werten.

(3) ¹Der Auftraggeber fordert alle Bieter, die zulässige Angebote unterbreitet haben, gleichzeitig zur Teilnahme an der elektronischen Auktion auf. ²Ab dem genannten Zeitpunkt ist die Internetverbindung gemäß den in der Aufforderung zur Teilnahme an der elektronischen Auktion genannten Anweisungen zu nutzen. ³Der Aufforderung zur Teilnahme an der elektronischen Auktion ist jeweils das Ergebnis der vollständigen Bewertung des betreffenden Angebots nach § 23 Absatz 1 Satz 3 beizufügen.

(4) Eine elektronische Auktion darf frühestens zwei Arbeitstage nach der Versendung der Aufforderung zur Teilnahme gemäß Absatz 3 beginnen.

(5) ¹Der Auftraggeber teilt allen Bietern im Laufe einer jeden Phase der elektronischen Auktion unverzüglich zumindest den jeweiligen Rang ihres Angebotes innerhalb der Reihenfolge aller Angebote mit. ²Er kann den Bietern weitere Daten nach Absatz 2 Nummer 3 zur Verfügung stellen. ³Die Identität der Bieter darf in keiner Phase einer elektronischen Auktion offengelegt werden.

(6) Der Zeitpunkt des Beginns und des Abschlusses einer jeden Phase ist in der Aufforderung zur Teilnahme an einer elektronischen Auktion ebenso anzugeben wie gegebenenfalls die Zeit, die jeweils nach Eingang der letzten neuen Preise oder Werte nach § 23 Absatz 2 Satz 2 Nummer 1 und 2 vergangen sein muss, bevor eine Phase einer elektronischen Auktion abgeschlossen wird.

(7) Eine elektronische Auktion wird abgeschlossen, wenn
1. der vorher festgelegte und in der Aufforderung zur Teilnahme an einer elektronischen Auktion bekanntgemachte Zeitpunkt erreicht ist,
2. von den Bietern keine neuen Preise oder Werte nach § 23 Absatz 2 Satz 2 Nummer 1 und 2 mitgeteilt werden, die die Anforderungen an Mindestabstände nach Absatz 2 Nummer 6 erfüllen, und die vor Beginn einer elektronischen Auktion bekanntgemachte Zeit, die zwischen dem Eingang der letzten neuen Preise oder Werte und dem Abschluss der elektronischen Auktion vergangen sein muss, abgelaufen ist, oder
3. die letzte Phase einer elektronischen Auktion abgeschlossen ist.

(8) Der Zuschlag wird nach Abschluss einer elektronischen Auktion entsprechend ihrem Ergebnis mitgeteilt.

§ 25 Elektronische Kataloge

(1) ¹Der Auftraggeber kann festlegen, dass Angebote in Form eines elektronischen Kataloges einzureichen sind oder einen elektronischen Katalog beinhalten müssen. ²Angeboten, die in Form eines elektronischen Kataloges eingereicht werden, können weitere Unterlagen beigefügt werden.

(2) Akzeptiert der Auftraggeber Angebote in Form eines elektronischen Kataloges oder schreibt er vor, dass Angebote in Form eines elektronischen Kataloges einzureichen sind, so weist er in der Auftragsbekanntmachung oder, sofern eine regelmäßige nichtverbindliche Bekanntmachung als Auftragsbekanntmachung dient, in der Aufforderung zur Interessensbestätigung darauf hin.

(3) Schließt der Auftraggeber mit einem oder mehreren Unternehmen eine Rahmenvereinbarung im Anschluss an die Einreichung der Angebote in Form eines elektronischen Kataloges, kann er vorschreiben, dass ein erneutes Vergabeverfahren für Einzelaufträge auf der Grundlage aktualisierter elektronischer Kataloge erfolgt, indem er:
1. die Bieter auffordert, ihre elektronischen Kataloge an die Anforderungen des zu vergebenden Einzelauftrages anzupassen und erneut einzureichen, oder
2. die Bieter informiert, dass er den bereits eingereichten elektronischen Katalogen zu einem bestimmten Zeitpunkt die Daten entnimmt, die erforderlich sind, um Angebote zu erstellen, die den Anforderungen des zu vergebenden Einzelauftrages entsprechen; dieses Verfahren ist in der Auftragsbekanntmachung oder den Vergabeunterlagen für den Abschluss einer Rahmenvereinbarung anzukündigen; der Bieter kann diese Methode der Datenerhebung ablehnen.

(4) Vor der Erteilung des Zuschlags sind dem jeweiligen Bieter die gesammelten Daten vorzulegen, sodass dieser die Möglichkeit zum Einspruch oder zur Bestätigung, dass das Angebot keine materiellen Fehler enthält, hat.

1 Die Vorschriften der §§ 20–25 setzen die Art. 52 und 53 Sektoren-RL in deutsches Recht um. Sie sind, abgesehen davon, dass der § 24 Abs. 5 VgV keine Entsprechung in der SektVO hat, im deutschen Recht **identisch mit den Vorschriften der §§ 20–27 VgV.**
2 Auf die dortige Kommentierung wird verwiesen.

Unterabschnitt 3. Vorbereitung des Vergabeverfahrens

§ 26 Markterkundung

(1) Vor der Einleitung eines Vergabeverfahrens darf der Auftraggeber eine Markterkundung zur Vorbereitung der Auftragsvergabe und zur Unterrichtung der Marktteilnehmer über seine Auftragsvergabepläne und -anforderungen durchführen.

(2) Die Durchführung von Vergabeverfahren lediglich zur Markterkundung und zum Zwecke der Kosten- oder Preisermittlung ist unzulässig.

I. Normzweck

1 Zu beschaffende Leistungen im Sektorenbereich sind regelmäßig individuell und sehr komplexer Natur. Nicht immer kann der öffentliche Auftraggeber daher bei der Deckung seines Bedarfs auf Erfahrungswerte zurückgreifen. In solchen Fällen ist es im Vorfeld einer konkreten Ausschreibung hilfreich, sich als Auftraggeber einen Marktüberblick zu verschaffen. Hierbei wendet sich der Auftraggeber üblicherweise im Wege einer Informationssammlung an Marktteilnehmer, um zu erfahren, welche Leistungen und Technologien zu welchen Konditionen der Markt bereit hält.

2 Auf diese Weise verschafft sich der Auftraggeber Informationen sowohl über Marktinhalte als auch das Marktniveau. Die verschafften Informationen dienen zum einen dazu, festzustellen, welche finanziellen Auswirkungen eine Beschaffung hat, sodass er in der Lage ist, eine solide Auftragswertschätzung vorzunehmen. Zum anderen ist die Markterkundung hilfreich, um den Bedarf bzw. die zu beschaffende Leistung angemessen beschreiben zu können.

II. Europarechtlicher Hintergrund

Erstmals regeln die europäischen Vergaberichtlinien für den Auftraggeber die Möglichkeit einer Markterkundung vor Einleitung eines Vergabeverfahrens.[1] Danach können Auftraggeber zur Vorbereitung einer Vergabe oder zur Unterrichtung der Unternehmen vor Einleitung eines Vergabeverfahrens eine Markterkundung durchführen. 3

Die Regelung erlaubt das Einholen von Rat von unabhängigen Sachverständigen, Behörden oder Marktteilnehmern. Allerdings darf sich das weder wettbewerbsverzerrend auswirken noch darf es zu einem Verstoß gegen die Grundsätze der Nichtdiskriminierung und Transparenz führen. 4

III. Kommentierung

Die Vorschrift ist identisch mit § 28 VgV. Auf die dortige Kommentierung kann deshalb verwiesen werden (→ VgV § 28 Rn. 5 ff.). 5

§ 27 Aufteilung nach Losen

(1) ¹Unbeschadet des § 97 Absatz 4 des Gesetzes gegen Wettbewerbsbeschränkungen kann der Auftraggeber festlegen, ob die Angebote nur für ein Los, für mehrere oder für alle Lose eingereicht werden dürfen. ²Er kann, auch wenn Angebote für mehrere oder alle Lose eingereicht werden dürfen, die Zahl der Lose auf eine Höchstzahl beschränken, für die ein einzelner Bieter den Zuschlag erhalten kann.

(2) ¹Der Auftraggeber gibt die Vorgaben nach Absatz 1 in der Auftragsbekanntmachung, der Aufforderung zur Interessensbestätigung oder im Falle einer Bekanntmachung über das Bestehen eines Qualifizierungssystems in der Aufforderung zu Verhandlungen oder zur Angebotsabgabe bekannt. ²Er gibt die objektiven und nichtdiskriminierenden Kriterien an, die er bei der Vergabe von Losen anzuwenden beabsichtigt, wenn die Anwendung der Zuschlagskriterien dazu führen würde, dass ein einzelner Bieter den Zuschlag für eine größere Zahl von Losen als die Höchstzahl erhält.

(3) In Fällen, in denen ein einziger Bieter den Zuschlag für mehr als ein Los erhalten kann, kann der Auftraggeber Aufträge über mehrere oder alle Lose vergeben, wenn er in der Auftragsbekanntmachung oder in der Aufforderung zur Interessensbestätigung angegeben hat, dass er sich diese Möglichkeit vorbehält und die Lose oder Losgruppen angibt, die kombiniert werden können.

Übersicht

	Rn.		Rn.
I. Normzweck	1	III. Kommentierung	9
II. Europarechtlicher Hintergrund	3		

I. Normzweck

§ 27 regelt unabhängig von der mittelstandsfördernden Vorschrift des § 97 Abs. 4 GWB die Ausgestaltung der Aufteilung von zu vergebenden Leistungen in Losen. Der Auftraggeber hat unterschiedliche Möglichkeiten, die Losvergabe zu steuern und damit die Mittelstandsförderung auftragsindividuell zu gestalten. Die konkrete Gestaltung ist zu dokumentieren. 1

Auf diese Weise werden einerseits eine Anpassung der Auftragsvergabe an die Bedürfnisse kleiner und mittlerer Unternehmen ermöglicht und andererseits wirtschaftliche Erfordernisse auf Seiten des öffentlichen Auftraggebers berücksichtigt. Aus Wettbewerbsgründen und Gründen der Versorgungssicherheit darf der Auftraggeber die Zahl der Lose, für die ein Bewerber ein Angebot abgeben darf, begrenzen (Angebotslimitierung). In gleicher Weise darf er die Anzahl der Lose, für die ein Bieter den Zuschlag erhalten darf, begrenzen (Zuschlagslimitierung).[1] 2

II. Europarechtlicher Hintergrund

Erstmalig regeln die europäischen Vergaberichtlinien die Losvergabe als Möglichkeit einer Mittelstandsförderung.[2] Bislang fand die Mittelstandsförderung ausschließlich Erwähnung in den Erwä- 3

---

[1] S. Art. 58 RL 2014/25/EU.
[1] Vgl. Erwägungsgrund 88 UAbs. 1 RL 2014/25/EU.
[2] S. Art. 65 RL 2014/25/EU sowie Erwägungsgrund 87 UAbs. 3 RL 2014/25/EU.

gungsgründen. Als Instrument wurde die Unterauftragsvergabe, nicht aber die Aufteilung eines Auftrages in Lose, genannt.[3]

4 Außerhalb der Richtlinien hatte die Europäische Kommission allerdings im Jahr 2008 einen Leitfaden zum besseren Zugang kleiner und mittlerer Unternehmen zu öffentlichen Aufträgen herausgegeben.[4] Ob und wie öffentliche Aufträge in Lose aufgeteilt werden sollten, blieb und bleibt den Mitgliedstaaten überlassen.[5]

5 Die Bestimmung von Umfang und Gegenstand der einzelnen Lose obliegt dem Auftraggeber. Er ist in seiner diesbezüglichen Entscheidung frei.[6]

6 Auftraggeber können die Angebote eines Bieters auf eine bestimmte Anzahl von Losen begrenzen. Sie können ebenfalls die Anzahl der Lose eines Bieters, auf die der Zuschlag erteilt werden darf, begrenzen. In diesem Fall legt der Auftraggeber objektive und nichtdiskriminierende Kriterien fest, nach denen die Lose vergeben werden, wenn ein Bieter bei einer größeren Anzahl als der Zuschlag möglich ist, das wirtschaftlichste Angebot abgegeben hat.

7 Die Mitgliedstaaten dürfen festlegen, ob in den Fällen, in denen ein Bieter den Zuschlag für mehr als ein Los erhalten kann, dass die Auftraggeber Aufträge über mehrere oder alle Lose vergeben können. Für diesen Fall ist in den nationalen Vorschriften eine entsprechende Bekanntmachungspflicht zu regeln, dass sich die Auftraggeber diese Möglichkeit vorbehalten. Auch müssen die Auftraggeber angeben, welche Lose oder Losgruppen zusammen vergeben werden können.[7]

8 Die Mitgliedstaaten können die Vergabe von öffentlichen Aufträgen in Losen vorschreiben. Die Bedingungen hierzu legen sie in ihren nationalen Rechtsvorschriften unter Beachtung des Unionsrechts fest.[8]

III. Kommentierung

9 Die Vorschrift ist bis auf vergaberegimespezifische Unterschiede bei den Bekanntmachungspflichten nahezu identisch mit § 30 VgV. Deshalb kann auf die dortigen Erläuterungen verwiesen werden (→ VgV § 30 Rn. 7 ff.).

10 Die Unterschiede bezüglich der Bekanntmachungspflichten des Auftraggebers werden im Folgenden beschrieben:

11 Die Angabe der Anwendung der Loslimitierung (Angebots- und Zuschlagslimitierung) erfolgt entweder in der Auftragsbekanntmachung, der Aufforderung zur Interessensbestätigung oder im Falle einer Bekanntmachung über das Bestehen eines Qualifizierungssystems in der Aufforderung zu Verhandlungen oder zur Angebotsabgabe.[9]

12 Ebenfalls hier gibt der Auftraggeber die objektiven und nichtdiskriminierenden Kriterien an, die er bei der Vergabe von Losen anwenden will, wenn die Wertung der Lose anhand der festgelegten Zuschlagskriterien dazu führen würde, dass ein einzelner Bieter den Zuschlag für eine größere Zahl von Losen als die Höchstzahl erhalten würde.[10]

§ 28 Leistungsbeschreibung

(1) Der Auftraggeber fasst die Leistungsbeschreibung (§ 121 des Gesetzes gegen Wettbewerbsbeschränkungen) in einer Weise, dass sie allen Unternehmen den gleichen Zugang zum Vergabeverfahren gewährt und die Öffnung des nationalen Beschaffungsmarktes für den Wettbewerb nicht in ungerechtfertigter Weise behindert.

(2) ¹In der Leistungsbeschreibung sind die Merkmale des Auftragsgegenstandes zu beschreiben:
1. in Form von Leistungs- oder Funktionsanforderungen oder einer Beschreibung der zu lösenden Aufgabe, die so genau wie möglich zu fassen sind, dass sie ein klares Bild

---

[3] S. Erwägungsgrund 43 RL 2004/17/EG, der als entsprechendes Instrument auf die Unterauftragsvergabe hinweist.
[4] Europäischer Leitfaden für bewährte Verfahren (Code of Best Practice) zur Erleichterung des Zugangs kleiner und mittlerer Unternehmen (KMU) zu öffentlichen Aufträgen der EU-Kommission v. 25.6.2008, SEC (2008) 2193.
[5] S. Erwägungsgrund 87 UAbs. 2 RL 2014/25/EU.
[6] S. Art. 65 Abs. 1 RL 2014/25/EU.
[7] S. Art. 65 Abs. 3 RL 2014/25/EU.
[8] S. Art. 65 Abs. 4 RL 2014/25/EU.
[9] Die Auftragsbekanntmachung ist in § 35, die Aufforderung zur Interessensbestätigung in § 36 Abs. 5 und die Bekanntmachung über das Bestehen eines Qualifizierungssystems in § 37 geregelt.
[10] S. § 27 Abs. 2 S. 2.

vom Auftragsgegenstand vermitteln und hinreichend vergleichbare Angebote erwarten lassen, die dem Auftraggeber die Erteilung des Zuschlags ermöglichen,
2. unter Bezugnahme auf die in Anlage 1 definierten technischen Anforderungen in der Rangfolge:
   a) nationale Normen, mit denen europäische Normen umgesetzt werden,
   b) Europäische Technische Bewertungen,
   c) gemeinsame technische Spezifikationen,
   d) internationale Normen und andere technische Bezugssysteme, die von den europäischen Normungsgremien erarbeitet wurden oder,
   e) falls solche Normen und Spezifikationen fehlen, nationale Normen, nationale technische Zulassungen oder nationale technische Spezifikationen für die Planung, Berechnung und Ausführung von Bauwerken und den Einsatz von Produkten oder
3. als Kombination der Nummern 1 und 2
   a) in Form von Leistungs- oder Funktionsanforderungen unter Bezugnahme auf die technischen Anforderungen gemäß Nummer 2 als Mittel zur Vermutung der Konformität mit diesen Leistungs- und Funktionsanforderungen oder
   b) mit Bezugnahme auf die technischen Anforderungen gemäß Nummer 2 hinsichtlich bestimmter Merkmale und mit Bezugnahme auf die Leistungs- und Funktionsanforderungen gemäß Nummer 1 hinsichtlich anderer Merkmale.
²Jede Bezugnahme auf eine Anforderung nach Satz 1 Nummer 2 Buchstabe a bis e ist mit dem Zusatz „oder gleichwertig" zu versehen.

(3) ¹Die Merkmale können auch Aspekte der Qualität und der Innovation sowie soziale und umweltbezogene Aspekte betreffen. ²Sie können sich auch auf den Prozess oder die Methode zur Herstellung oder Erbringung der Leistung oder auf ein anderes Stadium im Lebenszyklus des Auftragsgegenstandes einschließlich der Produktions- und Lieferkette beziehen, auch wenn derartige Faktoren keine materiellen Bestandteile der Leistung sind, sofern diese Merkmale in Verbindung mit dem Auftragsgegenstand stehen und zu dessen Wert und Beschaffungszielen verhältnismäßig sind.

(4) In der Leistungsbeschreibung kann ferner festgelegt werden, ob Rechte des geistigen Eigentums übertragen oder dem Auftraggeber daran Nutzungsrechte eingeräumt werden müssen.

(5) Werden verpflichtende Zugänglichkeitserfordernisse im Sinne des § 121 Absatz 2 des Gesetzes gegen Wettbewerbsbeschränkungen mit einem Rechtsakt der Europäischen Union erlassen, so muss die Leistungsbeschreibung, soweit die Kriterien der Zugänglichkeit für Menschen mit Behinderungen oder der Konzeption für alle Nutzer betroffen sind, darauf Bezug nehmen.

(6) ¹In der Leistungsbeschreibung darf nicht auf eine bestimmte Produktion oder Herkunft oder ein besonderes Verfahren oder auf gewerbliche Schutzrechte, Typen oder einen bestimmten Ursprung verwiesen werden, wenn dadurch bestimmte Unternehmen oder bestimmte Produkte begünstigt oder ausgeschlossen werden, es sei denn, dieser Verweis ist durch den Auftragsgegenstand gerechtfertigt. ²Solche Verweise sind ausnahmsweise zulässig, wenn der Auftragsgegenstand anderenfalls nicht hinreichend genau und allgemein verständlich beschrieben werden kann; die Verweise sind mit dem Zusatz „oder gleichwertig" zu versehen.

§ 28 setzt Art. 60 Abs. 2–4 Sektoren-RL um. Die Vorschrift ist wortgleich mit § 31 VgV. Auf die dortige Kommentierung kann daher verwiesen werden (→ VgV § 31 Rn. 1 ff.). Auch die Rechtsprechung und Literatur zu § 31 VgV kann als Hilfe zur Interpretation von § 28 genutzt werden, da keine sektorenspezifischen Besonderheiten ersichtlich sind, mit Ausnahme des Umstands, dass § 28 – anders als § 31 VgV – nicht nur für Dienst- und Lieferleistungen, sondern auch für Bauaufträge von Sektorenauftraggebern gilt.[1] Im Übrigen werden an Sektorenauftraggeber bei der Formulierung der Leistungsbeschreibung weder geringere noch strengere Anforderungen gestellt.[2] Das trifft auch insoweit zu, als über die Verweisung in § 142 GWB die Vorschrift des § 121 GWB für Sektorenauftraggeber uneingeschränkt anzuwenden ist.[3]

---
[1] BeckOK VergabeR/*von Rummel*, 18. Ed. 31.5.2020, Rn. 2.
[2] Beck VergabeR/*Lampert* Rn. 4.
[3] Vgl. auch Eschenbruch/Opitz/Röwekamp/*Wolters* Rn. 1.

§ 29 Technische Anforderungen

(1) Verweist der Auftraggeber in der Leistungsbeschreibung auf technische Anforderungen nach § 28 Absatz 2 Satz 1 Nummer 2, so darf er ein Angebot nicht mit der Begründung ablehnen, dass die angebotenen Liefer- und Dienstleistungen nicht den von ihm herangezogenen technischen Anforderungen der Leistungsbeschreibung entsprechen, wenn das Unternehmen in seinem Angebot dem Auftraggeber mit geeigneten Mitteln nachweist, dass die vom Unternehmen vorgeschlagenen Lösungen diesen technischen Anforderungen gleichermaßen entsprechen.

(2) ¹Legt der Auftraggeber die technischen Anforderungen in Form von Leistungs- oder Funktionsanforderungen fest, so darf der Auftraggeber ein Angebot nicht ablehnen, das Folgendem entspricht:
1. einer nationalen Norm, mit der eine europäische Norm umgesetzt wird,
2. einer Europäischen Technischen Bewertung,
3. einer gemeinsamen technischen Spezifikation,
4. einer internationalen Norm oder
5. einem technischen Bezugssystem, das von den europäischen Normungsgremien erarbeitet wurde, wenn diese technischen Anforderungen die von ihm geforderten Leistungs- und Funktionsanforderungen betreffen.

²Das Unternehmen muss in seinem Angebot belegen, dass die jeweilige der Norm entsprechende Liefer- oder Dienstleistung den Leistungs- oder Funktionsanforderungen des Auftraggebers entspricht. ³Belege können insbesondere eine technische Beschreibung des Herstellers oder ein Prüfbericht einer anerkannten Stelle sein.

I. Normtext

1 § 29 setzt Art. 60 Abs. 5 und 6 Sektoren-RL um. Er enthält an zwei Stellen redaktionelle Fehler. In Abs. 1 wurde vergessen, die Bauleistungen zu integrieren bzw. lediglich auf „Leistungen" abzustellen.[1] Wie der Vergleich mit dem Text der Richtlinie, aber auch zu § 32 Abs. 2 VgV offenbart, handelt es sich ferner auch bei der Formulierung in Abs. 2 Nr. 5 um einen offensichtlichen Redaktionsfehler: Der Nachsatz „wenn diese technischen Anforderungen die von ihm geforderten Leistungs- und Funktionsanforderungen betreffen" ist nicht als Bestandteil der Nr. 5 anzusehen. Er betrifft vielmehr sämtliche Nr. 1–5 und müsste daher abgesetzt entweder unter diesen als Abschluss von Abs. 2 S. 1 oder – wie bei § 32 Abs. 2 VgV – davor stehen.

II. Erläuterung

2 Von der in beiden Fällen auf unterschiedliche Weise verunglückten Formulierung des jeweiligen Normtextes abgesehen entspricht § 29 inhaltlich vollständig § 32 VgV – so sind die jeweils umgesetzten Richtlinientexte wortgleich. Sektorenspezifische Besonderheiten gibt es keine. Auf die Kommentierung zu § 32 VgV kann daher verwiesen werden (→ VgV § 32 Rn. 1 ff.).

§ 30 Bekanntmachung technischer Anforderungen

(1) Der Auftraggeber stellt den interessierten Unternehmen auf deren Anfrage die technischen Anforderungen zur Verfügung, auf die er sich in seinen Aufträgen regelmäßig bezieht oder die er anzuwenden beabsichtigt.

(2) Diese technischen Anforderungen sind elektronisch uneingeschränkt, vollständig, unentgeltlich und unmittelbar zugänglich zu machen.

(3) ¹Können die technischen Anforderungen nicht gemäß Absatz 2 elektronisch zugänglich gemacht werden, so wählt der Auftraggeber einen anderen Weg, um die technischen Anforderungen zugänglich zu machen. ²Dies gilt auch für den Fall, dass der Auftraggeber Anforderungen an die Vertraulichkeit von durch ihn den Bewerbern oder Bietern zur Verfügung gestellten Unterlagen oder Dokumenten nach § 41 Absatz 4 stellt.

I. Bedeutung der Norm

1 § 30 stellt im System der §§ 28–32 gegenüber den Parallelvorschriften in der VgV (§§ 31–34 VgV) eine Besonderheit dar. Weder in der VgV noch in der RL 2014/24/EU finden sich entsprechende Regelungen.

---

[1] Beck VergabeR/*Lampert* Rn. 2.

II. Entstehungsgeschichte

Gemäß § 7 Abs. 2 S. 2 SektVO 2009 waren Sektorenauftraggeber verpflichtet, interessierten Unternehmen regelmäßig verwendete technische Anforderungen zu „benennen". Allerdings bestand keine Verpflichtung, diese Anforderungen auch zugänglich zu machen. Diese Pflicht wurde mit § 30 erstmalig aufgestellt. 2

§ 30 setzt Art. 63 Sektoren-RL um. Hintergrund ist der Umstand, dass Sektorenauftraggeber im Zweifel häufiger als die klassischen Auftraggeber stark technisierte Leistungen mit häufig ähnlichen Anforderungen ausschreiben.[1] In diesem Zuge verwenden Sektorenauftraggeber oft „betriebsübliche" Normwerke, wodurch „bekannte und bewährte" Auftragnehmer bevorzugt werden, da sie sich darin besser auskennen als die Konkurrenz.[2] 3

III. Einzelerläuterung

1. Regelmäßig verwendete technischer Anforderungen (Abs. 1). Die Vorschrift betrifft technische Anforderungen. Gemeint sind alle betriebseigenen technischen Spezifikationen des Auftraggebers, und zwar neben ISO, DIN oder VDI Normen insbesondere die „auftraggeberinternen" Produkt-, Prüf-, Verfahrens- oder Bezeichnungsstandards (sog. „Werknormen").[3] Weitere Voraussetzung nach Abs. 1 ist, dass sich der Auftraggeber auf diese Normen entweder regelmäßig bezieht oder ihre regelmäßige Verwendung für die Zukunft beabsichtigt (Abs. 1 aE).[4] Letzteres kann zB im Rahmen einer Bekanntmachung nach § 36 der Fall sein.[5] Unter „regelmäßig" ist nach allgemeinem Sprachverständnis die wiederkehrende bzw. einem bestimmten Muster folgende Verwendung zu verstehen.[6] 4

Die Pflicht, technische Anforderungen zur Verfügung zu stellen, besteht nicht generell, sondern nur auf Anfrage jedenfalls eines interessierten Unternehmens. Sie ist allerdings losgelöst von der Durchführung eines konkreten Vergabeverfahrens.[7] Die Anfrage bedarf keiner besonderen Form.[8] 5

2. Elektronische Zugänglichmachung (Abs. 2). Gemäß Abs. 2 hat der Sektorenauftraggeber die technischen Anforderungen iSd Abs. 1 elektronisch uneingeschränkt, vollständig, unentgeltlich und unmittelbar zugänglich zu machen. Dies entspricht der Pflicht gem. § 41 Abs. 1, auch die Vergabeunterlagen unentgeltlich, uneingeschränkt, vollständig, und direkt elektronisch zur Verfügung zu stellen. Sind daher die Anforderungen schon in einer Leistungsbeschreibung enthalten, genügt es, das anfragende Unternehmen darauf zu verweisen.[9] Im Übrigen genügt es, eine Internet-Adresse anzugeben, unter der die Normen elektronisch, uneingeschränkt, unentgeltlich und unmittelbar abrufbar sind.[10] In Bezug auf urheberrechtlich geschützte Normwerke wie etwa DIN-Normen, die nur gegen Entgelt erhältlich sind, ist der Auftraggeber nicht verpflichtet, sie kostenlos zur Verfügung zu stellen. Nach Sinn und Zweck der Norm, die nicht auf eine Einsparung für das anfragende Unternehmen, sondern auf ex-ante-Transparenz abstellt, muss ein Hinweis auf die Bezugsmöglichkeit gegen Entgelt genügen.[11] 6

3. Alternativen zur elektronische Zugänglichmachung. In Parallele zu den übrigen im Zuge des VergRModG im Jahr 2016 eingeführten Regelungen zur elektronischen Kommunikation bestimmt Abs. 3, wie zu verfahren ist, wenn die elektronische Zugänglichmachung ausnahmsweise nicht möglich ist. Zu denken ist dabei insbesondere an die in § 41 Abs. 3 S. 1 Nr. 1-3 bzw. in § 43 Abs. 2, § 44 Abs. 2 genannten Fälle.[12] Des Weiteren kann der Auftraggeber gem. Abs. 3 S. 2 eine alternative Form des Zurverfügungstellens wählen, wenn er gem. § 41 Abs. 4 besondere Anforderungen an die Vertraulichkeit stellt. 7

Wie zu verfahren ist, muss der Auftraggeber im Einzelfall festlegen. Im Zweifel wird ein Ausdruck zu erstellen und zu übermitteln sein.[13] 8

---

[1] Eschenbruch/Opitz/Röwekamp/*Stalman* Rn. 1.
[2] Beck VergabeR/*Lampert* Rn. 3.
[3] Beck VergabeR/*Lampert* Rn. 7.
[4] Auch wenn der Wortlaut die „regelmäßige" Verwendung nicht auf die zukünftig angewendeten Normen bezieht, wäre es widersinnig, diese Voraussetzung nicht auch auf diese Spezifikationen zu beziehen; so auch Eschenbruch/Opitz/Röwekamp/*Stalman* Rn. 8.
[5] Beck VergabeR/*Lampert* Rn. 7.
[6] Eschenbruch/Opitz/Röwekamp/*Stalman* Rn. 7.
[7] Ziekow/Völlink/*Trutzel* Rn. 4.
[8] Beck VergabeR/*Lampert* Rn. 8.
[9] Beck VergabeR/*Lampert* Rn. 8.
[10] Beck VergabeR/*Lampert* Rn. 9.
[11] Eschenbruch/Opitz/Röwekamp/*Stalman* Rn. 9.
[12] Eschenbruch/Opitz/Röwekamp/*Stalman* Rn. 11.
[13] Beck VergabeR/*Lampert* Rn. 10.

§ 31 Nachweisführung durch Bescheinigungen von Konformitätsbewertungsstellen

(1) ¹Als Beleg dafür, dass eine Leistung bestimmten, in der Leistungsbeschreibung geforderten Merkmalen entspricht, kann der Auftraggeber die Vorlage von Bescheinigungen, insbesondere Testberichten oder Zertifizierungen, einer Konformitätsbewertungsstelle verlangen. ²Wird die Vorlage einer Bescheinigung einer bestimmten Konformitätsbewertungsstelle verlangt, hat der Auftraggeber auch Bescheinigungen gleichwertiger anderer Konformitätsbewertungsstellen zu akzeptieren.

(2) ¹Der Auftraggeber akzeptiert auch andere als die in Absatz 1 genannten geeigneten Unterlagen, insbesondere ein technisches Dossier des Herstellers, wenn das Unternehmen keinen Zugang zu den in Absatz 1 genannten Bescheinigungen oder keine Möglichkeit hatte, diese innerhalb der einschlägigen Fristen einzuholen, sofern das Unternehmen den fehlenden Zugang nicht zu vertreten hat. ²In den Fällen des Satzes 1 hat das Unternehmen durch die vorgelegten Unterlagen zu belegen, dass die von ihm zu erbringende Leistung die angegebenen Anforderungen erfüllt.

(3) Eine Konformitätsbewertungsstelle ist eine Stelle, die gemäß der Verordnung (EG) Nr. 765/2008 des Europäischen Parlaments und des Rates vom 9. Juli 2008 über die Vorschriften für die Akkreditierung und Marktüberwachung im Zusammenhang mit der Vermarktung von Produkten und zur Aufhebung der Verordnung (EWG) Nr. 339/93 des Rates (ABl. L 218 vom 13.8.2008, S. 30) akkreditiert ist und Konformitätsbewertungstätigkeiten durchführt.

1 § 31 setzt Art. 62 Sektoren-RL um. Die Vorschrift ist bis auf die systembedingt nicht enthaltene Beschränkung auf Liefer- und Dienstleistungen wortgleich mit § 33 VgV. Auf die dortige Kommentierung kann daher verwiesen werden (→ VgV § 33 Rn. 1 ff.). Sektorenspezifische Besonderheiten bestehen nicht.¹

§ 32 Nachweisführung durch Gütezeichen

(1) Als Beleg dafür, dass eine Leistung bestimmten, in der Leistungsbeschreibung geforderten Merkmalen entspricht, kann der Auftraggeber die Vorlage von Gütezeichen nach Maßgabe der Absätze 2 bis 5 verlangen.

(2) Das Gütezeichen muss allen folgenden Bedingungen genügen:
1. Alle Anforderungen des Gütezeichens sind für die Bestimmung der Merkmale der Leistung geeignet und stehen mit dem Auftragsgegenstand nach § 28 Absatz 3 in Verbindung.
2. Die Anforderungen des Gütezeichens beruhen auf objektiv nachprüfbaren und nichtdiskriminierenden Kriterien.
3. Das Gütezeichen wurde im Rahmen eines offenen und transparenten Verfahrens entwickelt, an dem alle interessierten Kreise teilnehmen können.
4. Alle betroffenen Unternehmen müssen Zugang zum Gütezeichen haben.
5. Die Anforderungen wurden von einem Dritten festgelegt, auf den das Unternehmen, das das Gütezeichen erwirbt, keinen maßgeblichen Einfluss ausüben konnte.

(3) Für den Fall, dass die Leistung nicht allen Anforderungen des Gütezeichens entsprechen muss, hat der Auftraggeber die betreffenden Anforderungen anzugeben.

(4) Der Auftraggeber muss andere Gütezeichen akzeptieren, die gleichwertige Anforderungen an die Leistung stellen.

(5) Hatte ein Unternehmen aus Gründen, die ihm nicht zugerechnet werden können, nachweislich keine Möglichkeit, das vom Auftraggeber angegebene oder ein gleichwertiges Gütezeichen innerhalb einer einschlägigen Frist zu erlangen, so muss der Auftraggeber andere geeignete Belege akzeptieren, sofern das Unternehmen nachweist, dass die von ihm zu erbringende Leistung die Anforderungen des geforderten Gütezeichens oder die vom Auftraggeber angegebenen spezifischen Anforderungen erfüllt.

1 § 32 setzt Art. 61 Sektoren-RL um. Die Vorschrift ist bis auf die systembedingt nicht enthaltene Beschränkung auf Liefer- und Dienstleistungen und die nicht erklärliche Abweichung in der Formu-

---
¹ Beck VergabeR/*Lampert* Rn. 1.

lierung von Abs. 2 Nr. 4 wortgleich mit § 34 VgV. Auf die dortige Kommentierung kann daher verwiesen werden (→ VgV § 34 Rn. 1 ff.). Sektorenspezifische Besonderheiten sind nicht ersichtlich.[1]

§ 33 Nebenangebote

(1) [1]Der Auftraggeber kann Nebenangebote zulassen oder vorschreiben. [2]Dabei legt er Mindestanforderungen, denen die Nebenangebote genügen müssen, fest.

(2) [1]Die entsprechenden Angaben machen die Auftraggeber in der Bekanntmachung oder den Vergabeunterlagen. [2]Fehlt eine entsprechende Angabe, sind keine Nebenangebote zugelassen. [3]Es ist auch anzugeben, ob ein Nebenangebot unabhängig oder nur in Verbindung mit einem Hauptangebot eingereicht werden darf. [4]Fehlt eine solche Angabe, sind Nebenangebote auch ohne ein Hauptangebot zugelassen.

(3) [1]Die Zuschlagskriterien sind gemäß § 127 Absatz 4 des Gesetzes gegen Wettbewerbsbeschränkungen so festzulegen, dass sie sowohl auf Hauptangebote als auch auf Nebenangebote anwendbar sind. [2]Nebenangebote können auch zugelassen oder vorgeschrieben werden, wenn der Preis oder die Kosten das alleinige Zuschlagskriterium sind.

(4) [1]Der Auftraggeber berücksichtigt nur Nebenangebote, die die Mindestanforderungen erfüllen. [2]Bei den Verfahren zur Vergabe von Liefer- oder Dienstleistungsaufträgen dürfen Auftraggeber, die Nebenangebote zugelassen oder vorgeschrieben haben, ein Nebenangebot nicht allein deshalb zurückweisen, weil es, wenn darauf der Zuschlag erteilt werden sollte, entweder zu einem Dienstleistungsauftrag anstatt zu einem Lieferauftrag oder zu einem Lieferauftrag anstatt zu einem Dienstleistungsauftrag führen würde.

I. Normzweck

Durch die Zulassung von Nebenangeboten soll eine Vielzahl von Lösungsmöglichkeiten – die RL 2014/25/EU spricht wie ihre Vorgängerin von „Varianten" – Eingang in das Vergabeverfahren finden können. Zweck des Ganzen ist neben dem Erhalt wirtschaftlicher Alternativen die Förderung innovativer Ideen. 1

Kann der Auftraggeber davon ausgehen, dass es für seine zu beschaffende Leistung unterschiedliche bzw. alternative Lösungen gibt, tut er gut daran, Nebenangebote zuzulassen. Er erschließt damit unternehmerisches Potenzial für seine Bedarfsdeckung und erhält Lösungen, die er selbst nicht hätte ausarbeiten können.[1] 2

II. Europarechtlicher Hintergrund

Der Auftraggeber kann Varianten nicht nur zulassen, sondern auch verlangen.[2] Er muss in der Bekanntmachung des öffentlichen Auftrags darauf hinweisen, ob er Varianten zulässt oder verlangt. Unterlässt er den Hinweis, sind Varianten unzulässig. 3

Der Auftraggeber muss für Varianten Mindestanforderungen festlegen und diese bekannt machen. Die für den Zuschlag festgelegten Kriterien müssen sowohl auf die die Mindestanforderungen erfüllenden Varianten als auch auf die Hauptangebote anwendbar sein. Varianten, die die Mindestanforderungen nicht erfüllen, können nicht berücksichtigt werden. 4

Will der Auftraggeber Varianten ohne die gleichzeitige Abgabe eines Hauptangebotes zulassen, muss er dies ebenfalls bekannt machen. 5

Eine zugelassene oder vorgeschriebene Variante darf nicht allein deshalb zurückgewiesen werden, weil sie im Falle ihres Zuschlages entweder zu einem Dienstleistungsauftrag anstatt zu einem Lieferauftrag oder umgekehrt werden würde.[3] 6

Die noch in der RL 2004/17/EG enthaltene Regelung, aus der geschlossen werden kann, dass Nebenangebote nur bei Aufträgen zulässig sind, die nach dem Kriterium des wirtschaftlich günstigsten Angebots vergeben werden,[4] findet sich in der neuen Richtlinie nicht mehr. 7

---

[1] Beck VergabeR/*Lampert* Rn. 1.
[1] BGH Beschl. v. 7.1.2014 – X ZB 15/13, NZBau 2014, 185.
[2] Art. 64 Abs. 1 UAbs. 1 RL 2014/25/EU.
[3] Art. 64 Abs. 2 RL 2014/25/EU.
[4] Art. 36 Abs. 1 RL 2004/17/EG.

III. Kommentierung

8   Die Regelung ist im Wesentlichen inhaltsgleich mit der Vorschrift des § 35 VgV, sodass vollumfänglich auf die dortige Kommentierung verwiesen werden kann (→ VgV § 35 Rn. 8 ff.).

§ 34 Unteraufträge

(1) ¹Der Auftraggeber kann Unternehmen in der Auftragsbekanntmachung oder den Vergabeunterlagen auffordern, bei Angebotsabgabe die Teile des Auftrags, die sie im Wege der Unterauftragsvergabe an Dritte zu vergeben beabsichtigen, sowie, falls zumutbar, die vorgesehenen Unterauftragnehmer zu benennen. ²Vor Zuschlagserteilung kann der Auftraggeber von den Bietern, deren Angebote in die engere Wahl kommen, verlangen, die Unterauftragnehmer zu benennen und nachzuweisen, dass ihnen die erforderlichen Mittel dieser Unterauftragnehmer zur Verfügung stehen.

(2) Die Haftung des Hauptauftragnehmers gegenüber dem Auftraggeber bleibt von Absatz 1 unberührt.

(3) ¹Bei der Vergabe von Bau- oder Dienstleistungsaufträgen, die in einer Einrichtung des Auftraggebers unter dessen direkter Aufsicht zu erbringen sind, schreibt der Auftraggeber in den Vertragsbedingungen vor, dass der Auftragnehmer spätestens bei Beginn der Auftragsausführung die Namen, die Kontaktdaten und die gesetzlichen Vertreter seiner Unterauftragnehmer mitteilt und dass jede im Rahmen der Auftragsausführung eintretende Änderung auf der Ebene der Unterauftragnehmer mitzuteilen ist. ²Der Auftraggeber kann die Mitteilungspflichten nach Satz 1 auch als Vertragsbedingungen bei der Vergabe anderer Dienstleistungsaufträge oder bei der Vergabe von Lieferaufträgen vorsehen. ³Des Weiteren können die Mitteilungspflichten auch auf Lieferanten, die an Dienstleistungsaufträgen beteiligt sind, sowie auf weitere Stufen in der Kette der Unterauftragnehmer ausgeweitet werden.

(4) Für Unterauftragnehmer aller Stufen gilt § 128 Absatz 1 des Gesetzes gegen Wettbewerbsbeschränkungen.

(5) ¹Der öffentliche Auftraggeber im Sinne des § 100 Absatz 1 Nummer 1 des Gesetzes gegen Wettbewerbsbeschränkungen überprüft vor der Erteilung des Zuschlags, ob Gründe für den Ausschluss des Unterauftragnehmers vorliegen. ²Bei Vorliegen zwingender Ausschlussgründe verlangt der öffentliche Auftraggeber die Ersetzung des Unterauftragnehmers. ³Bei Vorliegen fakultativer Ausschlussgründe kann der öffentliche Auftraggeber verlangen, dass dieser ersetzt wird. ⁴Der öffentliche Auftraggeber kann dem Bewerber oder Bieter dafür eine Frist setzen.

I. Normzweck

1   Die Vorschrift des § 34 setzt die Möglichkeit der Unterauftragsvergabe als vergaberechtlich zulässig voraus. Gleiches gilt für die europäische Vergaberichtlinie 2014/25/EU.[1]

2   Anbieter sind nicht immer in der Lage, die geforderte Leistung vollständig mit Bordmitteln zu erbringen. Um fehlende Ressourcen auszugleichen, ist die Unterauftragsvergabe sinnvoll und notwendig, um überhaupt ein Angebot abgeben zu können.[2] Auch wirtschaftliche Gründe, eigene Kosten im Betrieb zu reduzieren, können dazu führen, Teile der Leistung von einem Unterauftragnehmer ausführen zu lassen.

3   Der Erwägungsgrund 43 RL 2004/17/EG[3] hob die mittelstandsfördernde Wirkung der Vergabe von Unteraufträgen hervor. Durch Bestimmungen über die Unterauftragsvergabe soll nämlich der Zugang kleiner und mittlerer Unternehmen zu öffentlichen Aufträgen verbessert werden. Für die Unterauftragnehmerkandidaten bildet die Mitwirkung oft die einzige Chance, an einem öffentlichen Auftrag beteiligt zu werden.[4]

II. Europarechtlicher Hintergrund

4   In Bezug auf die Vergabe von Unteraufträgen setzt die RL 2014/25/EU einzuhaltende Standards. Unterauftragnehmer sollen wie Hauptauftragnehmer die Anforderungen europäischer und

---

[1] Nähere Erläuterungen zur Statthaftigkeit der Nachunternehmerschaft *Burgi* NZBau 2010, 593 (596).
[2] Vgl. *Gabriel* in Gabriel/Krohn/Neun VergabeR-HdB § 16 Rn. 1.
[3] ABl. 2004 L 134, 1.
[4] Vgl. *Burgi* NZBau 2010, 593.

I. Bedeutung der Norm

nationaler rechtlicher Vorgaben einschließlich geltender Tarifverträge auf dem Gebiet des Umwelt-, Sozial- und Arbeitsrechts einhalten müssen.[5] Darüber hinaus sind Transparenzpflichten ua in Bezug auf eingesetztes Personal zu erfüllen, für deren Einhaltung der Hauptauftragnehmer verantwortlich sein soll.

Entsprechend wird der öffentliche Auftraggeber teils zu bestimmten Vorgaben gegenüber dem Hauptauftragnehmer verpflichtet und teils mit verschiedenen Möglichkeiten ausgestattet, erforderliche Informationen zur Unterauftragsvergabe vom künftigen Hauptauftragnehmer einzufordern. Die RL 2014/25/EU sieht vor, dass öffentliche Auftraggeber den Bieter auffordern können, den Teil des Auftrages, den er unterzuvergeben gedenkt, sowie ggf. die Unterauftragnehmer, anzugeben. 5

Spätestens zu Beginn der Auftragsausführung sind bei Bauaufträgen sowie in Bezug auf Dienstleistungsaufträge, die in einer Einrichtung des öffentlichen Auftraggebers auszuführen sind, Name und Kontaktdaten von Unterauftragnehmern zu nennen. Änderungen während der Auftragsausführung sind dem öffentlichen Auftraggeber mitzuteilen. Diese Vorgabe kann von den Mitgliedstaaten im Rahmen der Umsetzung auf Lieferaufträge und andere Dienstleistungsaufträge erweitert werden. 6

Die Mitgliedstaaten können die öffentlichen Auftraggeber anweisen, das Vorliegen von Ausschlussgründen beim Unterauftragnehmer zu prüfen. Liegen zwingende Ausschlussgründe vor, so verlangt der öffentliche Auftraggeber Hauptauftragnehmer den Unterauftragnehmer auszutauschen. Liegen fakultative Ausschlussgründe vor, entscheidet der öffentliche Auftraggeber nach Rahmen seines Ermessens, ob er vom Hauptauftragnehmer fordert, den Unterauftragnehmer auszutauschen. 7

Die Richtlinie lässt es zu, dass die Mitgliedstaaten Regelungen zu Direktzahlungen des öffentlichen Auftraggebers an den Unterauftragnehmer vorsehen. 8

III. Kommentierung

Die Vorschrift ist im Wesentlichen identisch mit der Regelung des § 36 VgV. Daher kann auf die dortigen Erläuterungen verwiesen werden (→ VgV § 36 Rn. 11 ff.). 9

Unterabschnitt 4. Veröffentlichung, Transparenz

§ 35 Auftragsbekanntmachungen, Beschafferprofil

(1) ¹Der Auftraggeber teilt seine Absicht, einen Auftrag zu vergeben oder eine Rahmenvereinbarung abzuschließen, in einer Auftragsbekanntmachung mit. ²§ 13 Absatz 2, § 36 Absatz 4 und § 37 bleiben unberührt.

(2) Die Auftragsbekanntmachung wird nach dem im Anhang V der Durchführungsverordnung (EU) 2015/1986 enthaltenen Muster erstellt.

(3) Der Auftraggeber benennt in der Auftragsbekanntmachung die Vergabekammer, an die sich die Unternehmen zur Nachprüfung geltend gemachter Vergabeverstöße wenden können.

(4) ¹Der Auftraggeber kann im Internet zusätzlich ein Beschafferprofil einrichten. ²Dieses kann regelmäßige nicht verbindliche Bekanntmachungen, Angaben über laufende oder aufgehobene Vergabeverfahren, über vergebene Aufträge sowie alle sonstigen Informationen von allgemeinem Interesse wie Kontaktstelle, Telefon- und Faxnummer, Anschrift und E-Mail-Adresse des Auftraggebers enthalten.

I. Bedeutung der Norm

§ 35 beinhaltet den für die Verfahrenstransparenz und die Chancengleichheit der Bieter überagend wichtigen Grundsatz der **Bekanntmachungspflicht** für alle dem Anwendungsbereich der SektVO unterfallenden Vergaben. Er regelt darüber hinaus die Formalien und die Mindestinhalte einer „klassischen" **Auftragsbekanntmachung** sowie die Zulässigkeit der Einrichtung eines sog. **Beschafferprofils** als zusätzliche Informationsquelle der (potenziellen) Bieter. Im Wesentlichen enthält § 35 diejenigen Regelungen, welche früher in § 14 Abs. 1 und § 12 Abs. 3 SektVO 2009 enthalten waren. Die in § 12 Abs. 6 SektVO 2009 niedergelegte ausdrückliche Zulassung der europaweiten Veröffentlichung von nicht dem europäischen Vergaberecht unterliegenden Vergabeverfahren ist dagegen jetzt in § 40 Abs. 4 geregelt. § 35 entspricht inhaltlich § 37 VgV, sodass auf die Kommentierung zu dieser Vorschrift ergänzend verwiesen werden kann (→ VgV § 37 Rn. 1 ff.). 1

---

[5] S. Erwägungsgrund 110 UAbs. 1 RL 2014/25/EU.

II. Bekanntmachungspflicht (Abs. 1)

2   **1. Normzweck.** Abs. 1 dient der Umsetzung von Art. 69, 50, 67 Abs. 2 Sektoren-RL sowie Art. 68 Sektoren-RL und stellt im Kern eine Ausgestaltung des **Transparenzgebotes** dar. Vor Beginn eines Vergabeverfahrens bzw. Abschluss eines Beschaffungsvertrages muss die Absicht, einen Auftrag vergeben zu wollen, auch im Sektorenbereich europaweit bekannt gemacht werden. Dies soll zum einen gewährleisten, dass am Auftragserhalt interessierte Unternehmen von der beabsichtigten Vergabe überhaupt erfahren, also ein echter Wettbewerb ermöglicht wird. Zum anderen soll die Bekanntmachungspflicht sicherstellen, dass öffentliche Auftraggeber auch im Anwendungsbereich der vergleichsweise flexiblen Vorgaben der SektVO alle wesentlichen Verfahrensschritte transparent gestalten. Ein **Verstoß gegen die Bekanntmachungspflichten** führt unter den Voraussetzungen des § 135 Abs. 1 Nr. 2 GWB zur Nichtigkeit eines dennoch geschlossenen Vertrages (→ GWB § 135 Rn. 30 f.). Ausnahmen vom Bekanntmachungsgrundsatz bilden lediglich Verhandlungsverfahren ohne Teilnahmewettbewerb nach § 13 Abs. 2.

3   **2. Arten der Bekanntmachung.** Abs. 1 S. 1 benennt als Mittel zur Erfüllung der Bekanntmachungspflichten zunächst vorrangig die Veröffentlichung einer sog. **Auftragsbekanntmachung**. Abs. 1 S. 2 stellt sodann allerdings klar, dass die Vorschriften der § 36 Abs. 4 und § 37 unberührt bleiben. Das heißt, dass dem Auftraggeber grundsätzlich gleichrangig neben der „regulären" Auftragsbekanntmachung auch die Möglichkeiten einer **regelmäßigen nicht verbindlichen Bekanntmachung** gem. § 36 und einer **Bekanntmachung über das Bestehen eines Qualifizierungssystems** gem. § 37 zur Verfügung stehen. Eine regelmäßige nicht verbindliche Bekanntmachung ist allerdings nur für die Einleitung eines nicht offenen Verfahrens und eines Verhandlungsverfahrens zugelassen. Wählt der Auftraggeber eine andere Verfahrensart, so bleiben ihm also nur noch zwei Varianten für die Einleitung des Verfahrens mittels Bekanntmachung: Die Auftragsbekanntmachung und die Bekanntmachung über das Bestehen eines Qualifizierungssystems. Da die Bekanntmachung über das Bestehen eines Qualifizierungssystems nur Aufträge mit vorgeschaltetem Teilnahmewettbewerb umfasst (→ § 37 Rn. 3), bleibt für ein offenes Verfahren sogar nur die Auftragsbekanntmachung, um die Bekanntmachungspflichten des Auftraggebers zu erfüllen.

III. Muster für Auftragsbekanntmachungen (Abs. 2)

4   Abs. 2 basiert auf Art. 69 und 71 Abs. 1 Sektoren-RL und verweist auf das für die Auftragsbekanntmachung im Anwendungsbereich der SektVO zwingend anzuwendende **Standardformular** nach dem Muster gemäß Anhang V DurchführungsVO 2015/1986. Die Auftragsbekanntmachung muss die Informationen nach Anhang XI Sektoren-RL enthalten.

5   Zu beachten sind in diesem Zusammenhang die **unterschiedlichen Regelungsgegenstände** der Sektoren-RL einerseits und der die Standardformulare regelnden DurchführungsVO 2015/1986 andererseits. Während die Sektoren-RL in den Anhängen die inhaltlichen Anforderungen an eine Bekanntmachung regelt, wird mit den Standardformularen nach DurchführungsVO 2015/1986 die Form (dh die Art der Darstellung) der Bekanntmachung festgelegt.[1]

IV. Benennung der Vergabekammer (Abs. 3)

6   **1. Normzweck.** Abs. 3 schreibt in Umsetzung von Anhang XI Sektoren-RL vor, dass die Auftraggeber in der Auftragsbekanntmachung die zuständige Vergabekammer als Nachprüfungsbehörde benennen müssen. Damit soll Bietern der Zugang zur Überprüfung einer Vergabeentscheidung durch Einleitung eines Vergabenachprüfungsverfahrens vor den Vergabekammern erleichtert werden. Abs. 3 dient damit letztlich der **Gewährung effektiven Rechtsschutzes**. Unter Umständen können auch mehrere Nachprüfungsbehörden zuständig sein; dann sind alle zuständigen Nachprüfungsbehörden zu nennen.[2] Zur Zuständigkeit der Vergabekammern → GWB § 156 Rn. 4 ff.

7   **2. Folgen einer unterbliebenen oder fehlerhaften Mitteilung.** Die Folgen einer unterbliebenen oder fehlerhaften Mitteilung nach Abs. 3 sind weder auf EU-Ebene noch auf nationaler Ebene geregelt. Klar ist jedoch, dass eine falsche Angabe in der Bekanntmachung nicht die Zuständigkeit einer an sich unzuständigen Vergabekammer begründen kann. Auch eine Verweisung eines bei der unzuständigen Vergabekammer eingereichten Nachprüfungsantrages an die zuständige Vergabekammer gem. § 17a Abs. 2 S. 1 GVG kommt nicht in Betracht.[3] Allerdings ist davon auszugehen, dass

---

[1] *Schulz* in Gabriel/Krohn/Neun VergabeR-HdB § 53 Rn. 5.
[2] Amtl. Begr. zu § 35 Abs. 3, BT-Drs. 18/7318, 230.
[3] BGH Beschl. v. 10.12.2019 – XIII ZB 119/19, BeckRS 2019, 37436; OLG Düsseldorf Beschl. v. 11.3.2002 – Verg 43/01, BeckRS 2002, 05216; anders noch VK Münster Beschl. v. 9.8.2001 – VK 19/01.

in Fällen einer unterbliebenen oder fehlerhaften Mitteilung der zuständigen Vergabekammer die Frist des § 160 Abs. 3 S. 1 Nr. 4 GWB nicht zu laufen beginnen kann. Denn bei dieser handelt es sich nach ständiger Rechtsprechung um eine echte **Rechtsmittelfrist**, deren Ingangsetzung eine ordnungsgemäße **Rechtsmittelbelehrung** voraussetzt.[4]

V. Beschafferprofil (Abs. 4)

Abs. 4 ist an Art. 67 Abs. 1 S. 3 Sektoren-RL angelehnt. Auftraggeber haben danach die Möglichkeit, ein Beschafferprofil im Internet einzurichten, in dem eine regelmäßige nicht verbindliche Bekanntmachung nach § 36 oder andere für die Auftragsvergabe relevante Informationen, beispielsweise die Kontaktdaten des Auftraggebers, veröffentlicht werden können.

Die Einrichtung eines Beschafferprofils schränkt die **Pflichten des Auftraggebers zur Bekanntmachung** nicht ein. Das Beschafferprofil dient vielmehr lediglich der (zusätzlichen) Außendarstellung des Auftraggebers und ggf. der erleichterten Kommunikation zwischen dem Auftraggeber und (potenziellen) Bietern. Zwar kann der Auftraggeber ein Beschafferprofil auch dazu nutzen, eine **regelmäßige nicht verbindliche Bekanntmachung** zu veröffentlichen (→ § 36 Rn. 3). Nutzt der Auftraggeber sein Beschafferprofil zu diesem Zweck, so muss er jedoch hierüber dem Amt für Veröffentlichungen der EU eine Mitteilung zukommen lassen. Die Mitteilung ist nach dem Muster gemäß Anhang VIII DurchführungsVO 2015/1986 zu übermitteln (→ § 36 Rn. 3).

In einem Beschafferprofil können nicht nur Informationen zu laufenden Vergabeverfahren, sondern auch über aufgehobene Verfahren und vergebene Aufträge aufgenommen werden. Darüber hinaus können in dem Beschafferprofil auch Angaben zu zukünftig geplanten Beschaffungen hinterlegt sein. Durch einen derartigen Hinweis auf zukünftige Beschaffungen wird ein förmliches Vergabeverfahren indes noch nicht in Gang gesetzt.

§ 36 Regelmäßige nicht verbindliche Bekanntmachung

(1) Der Auftraggeber kann die Absicht einer geplanten Auftragsvergabe mittels Veröffentlichung einer regelmäßigen nicht verbindlichen Bekanntmachung nach dem in Anhang IV der Durchführungsverordnung (EU) 2015/1986 enthaltenen Muster bekanntgeben.

(2) ¹Die regelmäßige nicht verbindliche Bekanntmachung kann durch das Amt für Veröffentlichungen der Europäischen Union oder im Beschafferprofil veröffentlicht werden. ²Erfolgt die Veröffentlichung im Beschafferprofil, übermittelt der Auftraggeber die Mitteilung dieser Veröffentlichung dem Amt für Veröffentlichungen der Europäischen Union nach dem Muster gemäß Anhang VIII der Durchführungsverordnung (EU) 2015/1986.

(3) Hat der Auftraggeber eine regelmäßige nicht verbindliche Bekanntmachung nach Absatz 1 veröffentlicht, kann die Mindestfrist für den Eingang von Angeboten im offenen Verfahren auf 15 Tage verkürzt werden, sofern
1. die regelmäßige nicht verbindliche Bekanntmachung alle nach Anhang IV der Durchführungsverordnung (EU) 2015/1986 geforderten Informationen enthält, soweit diese zum Zeitpunkt der Veröffentlichung der regelmäßigen nicht verbindlichen Bekanntmachung vorlagen, und
2. die regelmäßige nicht verbindliche Bekanntmachung wenigstens 35 Tage und nicht mehr als zwölf Monate vor dem Tag der Absendung der Auftragsbekanntmachung zur Veröffentlichung an das Amt für Veröffentlichungen der Europäischen Union übermittelt wurde.

(4) ¹Der Auftraggeber kann im nicht offenen Verfahren und im Verhandlungsverfahren auf eine Auftragsbekanntmachung nach § 35 verzichten, sofern die regelmäßige nicht verbindliche Bekanntmachung
1. die Liefer- oder Dienstleistungen benennt, die Gegenstand des zu vergebenden Auftrages sein werden,
2. den Hinweis enthält, dass dieser Auftrag im nicht offenen Verfahren oder Verhandlungsverfahren ohne gesonderte Auftragsbekanntmachung vergeben wird,
3. die interessierten Unternehmen auffordert, ihr Interesse mitzuteilen (Interessensbekundung),
4. alle nach Anhang IV der Durchführungsverordnung (EU) 2015/1986 geforderten Informationen enthält und

---

[4] Vgl. nur OLG Düsseldorf Beschl. v. 7.3.2012 – Verg 91/11, IBRRS 2012, 2201; OLG Celle Beschl. v. 4.3.2010 – 13 Verg 1/10, BeckRS 2010, 06001 sowie Ziekow/Völlink/*Dicks* GWB § 160 Rn. 57.

5. wenigstens 35 Tage und nicht mehr als zwölf Monate vor dem Zeitpunkt der Absendung der Aufforderung zur Interessensbestätigung veröffentlicht wird.
²Ungeachtet der Verpflichtung zur Veröffentlichung der Bekanntmachung können solche regelmäßigen nicht verbindlichen Bekanntmachungen zusätzlich in einem Beschafferprofil veröffentlicht werden.

(5) ¹Der Auftraggeber fordert alle Unternehmen, die auf die Veröffentlichung einer regelmäßigen nicht verbindlichen Bekanntmachung nach Absatz 4 eine Interessensbekundung übermittelt haben, zur Bestätigung ihres Interesses an einer weiteren Teilnahme auf (Aufforderung zur Interessensbestätigung). ²Mit der Aufforderung zur Interessensbestätigung wird der Teilnahmewettbewerb eingeleitet. ³Die Frist für den Eingang der Interessensbestätigung beträgt 30 Tage, gerechnet ab dem Tag nach der Absendung der Aufforderung zur Interessensbestätigung.

(6) Der von der regelmäßigen nicht verbindlichen Bekanntmachung abgedeckte Zeitraum beträgt höchstens zwölf Monate ab dem Tag der Übermittlung der regelmäßigen nicht verbindlichen Bekanntmachung an das Amt für Veröffentlichungen der Europäischen Union.

Übersicht

	Rn.		Rn.
I. Bedeutung der Norm	1	2. Mindestinhalte	7
II. Veröffentlichung (Abs. 1 und 2)	3	3. Freiwillige zusätzliche Auftragsbekanntmachung	10
III. Fristverkürzung im offenen Verfahren (Abs. 3)	4	V. Aufforderung zur Interessensbestätigung (Abs. 5)	11
IV. Ersetzung der Auftragsbekanntmachung (Abs. 4)	5		
1. Allgemeines	5	VI. Abgedeckter Zeitraum (Abs. 6)	13

I. Bedeutung der Norm

1 Die regelmäßige nicht verbindliche Bekanntmachung ist die vom Sektorenauftraggeber in regelmäßigen Abständen vorgenommene Veröffentlichung über die wesentlichen Merkmale der in der Planung befindlichen und voraussichtlich innerhalb der nächsten bis zu zwölf Monate (vgl. Abs. 6) zu vergebenden Aufträge oberhalb der EU-Schwellenwerte. Die regelmäßige nicht verbindliche Bekanntmachung erfüllt im Wesentlichen die gleiche Funktion wie eine Vorinformation nach § 38 VgV (→ VgV § 38 Rn. 1 f.). Sie dient der frühzeitigen Information des Marktes über eine beabsichtigte Auftragsvergabe. Zudem ermöglicht sie die **Verkürzung der Angebotsfrist** im offenen Verfahren. Unter bestimmten Umständen kann sie das Vergabeverfahren auch in Gang setzen (→ Rn. 5 ff.). § 36 entspricht Art. 67 Sektoren-RL.

2 Für den Auftraggeber besteht keine Pflicht zur Veröffentlichung einer regelmäßigen nicht verbindlichen Bekanntmachung. Ebenso wenig ist er nach der erfolgten Veröffentlichung einer regelmäßigen nicht verbindlichen Bekanntmachung verpflichtet, die in Aussicht gestellten Vergabeverfahren tatsächlich durchzuführen bzw. die angekündigte Beschaffung tatsächlich zu realisieren.¹ Auch kann der Auftraggeber im Falle einer anschließenden Realisierung des Beschaffungsvorhabens grundsätzlich von den zuvor gemachten Angaben doch noch abweichen. Eine Ausnahme von diesem Grundsatz gilt nur in den in § 36 Abs. 4 und 5 genannten Fällen (→ Rn. 7).²

II. Veröffentlichung (Abs. 1 und 2)

3 Nach Abs. 1 und 2 wird die regelmäßige nicht verbindliche Bekanntmachung entweder eigenständig unter Verwendung des Musters gemäß Anhang IV DurchführungsVO 2015/1986 oder im Rahmen eines bestehenden Beschafferprofils veröffentlicht. In letzterem Fall muss das Amt für Veröffentlichung der EU jedoch zuvor elektronisch über die Bekanntmachung informiert werden. Dabei ist das Muster gemäß Anhang VIII DurchführungsVO 2015/1986 zu nutzen. Die regelmäßige nicht verbindliche Bekanntmachung darf erst dann im **Beschafferprofil** veröffentlicht werden, wenn die Mitteilung über ihre Veröffentlichung an das Amt für Veröffentlichungen der EU abgesen-

---
¹ Ebenso Greb/Müller/*Fülling* Rn. 7 und *Schulz* in Gabriel/Krohn/Neun VergabeR-HdB § 53 Rn. 13.
² Zur Parallelvorschrift des § 38 Abs. 4 VgV vgl. insoweit VK Berlin Beschl. v. 31.3.2020 – VK-B 1-08/20, BeckRS 2020, 13264.

det wurde. Nach der Absendung an das Amt für Veröffentlichungen der EU steht es dem Auftraggeber sodann außerdem frei, die geplante Auftragsvergabe zusätzlich auch auf anderem Wege – beispielsweise in einem **Landesvergabeportal,** auf **www.bund.de,** in Fachjournalen oder in einer Tageszeitung – zu veröffentlichen.[3] Der Inhalt einer anderweitigen Bekanntmachung darf jedoch nicht über die Angaben der europaweiten Bekanntmachung hinausgehen.[4]

III. Fristverkürzung im offenen Verfahren (Abs. 3)

Im offenen Verfahren kann die regelmäßige nicht verbindliche Bekanntmachung genutzt werden, um die **Mindestfrist** für den Eingang von Angeboten von regelmäßig 35 Kalendertagen (bzw. 30 Kalendertagen bei Zulassung elektronischer Angebote, vgl. § 14 Abs. 4) auf 15 Kalendertage zu verkürzen. Eine entsprechende Fristverkürzung ist allerdings nur zulässig, wenn die regelmäßige nicht verbindliche Bekanntmachung alle nach Anhang IV DurchführungsVO 2015/1986 geforderten Informationen enthält, soweit diese zum Zeitpunkt der Veröffentlichung bereits vorlagen, und zwischen der Übermittlung der regelmäßigen nicht verbindlichen Bekanntmachung und der anschließenden Auftragsbekanntmachung mindestens 35 Kalendertage und maximal zwölf Monate gelegen haben. Auch die zulässigerweise verkürzte Frist muss sich außerdem gem. § 16 Abs. 1, 2 als angemessen erweisen.[5] Eine vergleichbare Regelung für Verfahren außerhalb des Anwendungsbereichs der SektVO enthält auch § 38 Abs. 3 VgV. Anders als im Bereich der SektVO bezieht § 38 Abs. 3 VgV allerdings nicht nur das offene Verfahren, sondern auch das nicht offene und das Verhandlungsverfahren in seinen Anwendungsbereich mit ein (→ VgV § 38 Rn. 9).

IV. Ersetzung der Auftragsbekanntmachung (Abs. 4)

1. Allgemeines. Im nicht offenen Verfahren und im Verhandlungsverfahren (nicht dagegen im offenen Verfahren) kann der Auftraggeber die regelmäßige nicht verbindliche Bekanntmachung auch in einer Art und Weise nutzen, die es ihm erlaubt, auf die anschließende Auftragsbekanntmachung nach § 35 gänzlich zu verzichten. Die Veröffentlichung der regelmäßigen nicht verbindlichen Bekanntmachung ersetzt in diesem Fall die Auftragsbekanntmachung und dient ihrerseits unmittelbar der Einleitung des Vergabeverfahrens. Unternehmen, die an dem Vergabeverfahren teilnehmen wollen, müssen bereits zu diesem frühen Zeitpunkt aktiv werden und gegenüber dem Auftraggeber ausdrücklich ihr Interesse an dem Auftrag mitteilen **(Interessensbekundung).** Nur Unternehmen, die ihr Interesse rechtzeitig mitgeteilt haben, haben einen Anspruch darauf, am weiteren Vergabeverfahren beteiligt zu werden (→ § 42 Rn. 13).

Will der Auftraggeber von der Möglichkeit der Verfahrenseinleitung durch eine regelmäßige nicht verbindliche Bekanntmachung Gebrauch machen, so muss diese Bekanntmachung zwingend durch das Amt für Veröffentlichungen der EU veröffentlicht werden; eine Veröffentlichung im Beschafferprofil des Auftraggebers darf lediglich zusätzlich erfolgen. Auch wenn diese Anforderung aus dem Wortlaut des Abs. 4 S. 2 nicht mit letzter Eindeutigkeit hervorgeht, muss die Vorschrift vor dem Hintergrund der entsprechenden Vorgaben in Art. 67 Abs. 2 S. 2 Sektoren-RL in diesem Sinne richtlinienkonform ausgelegt und angewendet werden.

2. Mindestinhalte. Außerdem muss die regelmäßige nicht verbindliche Bekanntmachung bestimmte **Mindestinhalte** aufweisen, um eine Auftragsbekanntmachung ersetzen zu können. Die Mindestinhalte werden in Abs. 4 S. 1 Nr. 1–4 aufgezählt; sie entsprechen weitgehend den Mindestinhalten einer Vorinformation als Aufruf zum Wettbewerb iSd § 38 Abs. 4 VgV (→ VgV § 38 Rn. 15 ff.). Insbesondere ist in der regelmäßigen nicht verbindlichen Bekanntmachung explizit darauf hinzuweisen, dass der Auftrag ohne gesonderte Auftragsbekanntmachung vergeben wird (Abs. 4 Nr. 2); außerdem müssen alle interessierten Unternehmen ausdrücklich aufgefordert werden, ihr Interesse mitzuteilen (Abs. 4 Nr. 3). Des Weiteren müssen alle im einschlägigen **Musterformular** nach Anhang IV DurchführungsVO 2015/1986 geforderten Informationen in der regelmäßigen nicht verbindlichen Bekanntmachung enthalten sein. Eine mit Abs. 3 Nr. 1 (→ Rn. 4) vergleichbare Einschränkung der Informationspflicht dahingehend, dass nur solche Informationen anzugeben sind, die im Veröffentlichungszeitpunkt bereits vorliegen, kennt Abs. 4 nicht. Damit wird der Tatsache Rechnung getragen, dass der regelmäßigen nicht verbindlichen Bekanntmachung nach Abs. 4 eine Auftragsbekanntmachung in der Regel nicht mehr nachfolgt; sie muss daher bereits für sich gesehen alle Informationen enthalten, die für ein Unternehmen wichtig sind, um über das Bestehen oder Nichtbestehen eines Interesses an der Teilnahme entscheiden zu können.

---

[3] Vgl. auch Greb/Müller/*Fülling* Rn. 8.
[4] *Schulz* in Gabriel/Krohn/Neun VergabeR-HdB § 53 Rn. 4; *Rechten* in KKMPP VgV § 37 Rn. 121.
[5] Zur Parallelvorschrift des § 38 Abs. 3 VgV s. OLG Düsseldorf Beschl. v. 28.3.2018 – VII-Verg 40/17, BeckRS 2018, 10390; Ziekow/Völlink/*Völlink* VgV § 38 Rn. 10.

8 Zweifelhaft erscheint, wie insoweit mit den Fußnotenzusätzen im Musterformular nach Anhang IV DurchführungsVO 2015/1986 umzugehen ist, wonach bestimmte Angaben in der regelmäßigen nicht verbindlichen Bekanntmachung nur mitzuteilen sind, „falls diese Information bekannt ist" (Fn. 4) bzw. „soweit Information bereits bekannt" (Fn. 6) oder wonach eine Information „hier oder in der Aufforderung zur Interessensbestätigung" anzugeben ist (Fn. 12). In diesem Zusammenhang ist es wichtig zu erkennen, dass Anhang IV DurchführungsVO 2015/1986 lediglich die Form, nicht aber den Inhalt der Bekanntmachung festlegt. Die Inhaltsanforderungen ergeben sich stattdessen aus Anhang VI Teil A Abschn. I und II Sektoren-RL, auf den Art. 67 Abs. 2 Sektoren-RL verweist. In Anhang VI Teil A Abschn. II Sektoren-RL gibt es jedoch deutlich geringere Spielräume für die **Zurückhaltung von Informationen** bis zum Zeitpunkt der Aufforderung zur Interessensbestätigung als im entsprechenden Standardformular Nr. 4. Insbesondere sind danach in der regelmäßig nicht verbindlichen Bekanntmachung, wenn sie als Aufruf zum Wettbewerb dient, bereits zwingend die wirtschaftlichen und technischen Anforderungen an den Lieferanten anzugeben (Nr. 16), ebenso Angaben zu Optionen (Nr. 10) und zur Dauer des Auftrags (Nr. 12). Da die (materiellen) Regelungen der Sektoren-RL den Vorgaben der zu ihrer (formellen) Umsetzung ergangenen Durchführungs-VO vorgehen, ist folglich davon auszugehen, dass die Fußnoten vom Auftraggeber grundsätzlich nicht angewendet werden dürfen, wenn und soweit sie Anhang VI Teil A Abschn. I und/oder II Sektoren-RL widersprechen.

9 Eine Ausnahme dürfte insoweit allerdings hinsichtlich der in Anhang VI Teil A Abschn. II Nr. 7 Sektoren-RL genannten Pflicht zur Angabe einer E-Mail- oder Internet-Adresse, über die die Auftragsunterlagen mit den Spezifikationen unentgeltlich, uneingeschränkt, vollständig und unmittelbar abgerufen werden können, vorliegen. Denn Art. 73 Abs. 1 UAbs. 1 Sektoren-RL gestattet es den Auftraggebern ausdrücklich, dass sie erst ab dem Tag der Absendung der Aufforderung zur Interessenbestätigung unentgeltlich einen uneingeschränkten und vollständigen elektronischen Zugang zu den Auftragsunterlagen anbieten. Erst die **Aufforderung zur Interessensbestätigung** muss dann die Internet-Adresse, über die diese Auftragsunterlagen abrufbar sind, enthalten. Insoweit liegt hier offenbar ein Übertragungsfehler in Anhang VI Teil A Sektoren-RL vor.[6] Dies deckt sich mit der Erläuterung in Fn. 12 zu Nr. I 3 des Standardformulars Nr. 4, nach der dem Auftraggeber ein Wahlrecht eingeräumt wird, ob er die Angabe in der regelmäßigen nicht verbindlichen Bekanntmachung oder in der Aufforderung zur Interessensbestätigung macht. Im Ergebnis bedeutet dies zugleich, dass für den Fall, dass der Auftraggeber eine regelmäßige nicht verbindliche Bekanntmachung gem. Abs. 4 zur Einleitung des Vergabeverfahrens nutzt, der Link zu den Vergabeunterlagen zu keinem Zeitpunkt im EU-Amtsblatt oder im Beschafferprofil bekannt zu machen ist; es genügt vielmehr die Bekanntmachung gegenüber denjenigen Unternehmen, die ihr Interesse an der Teilnahme am Vergabeverfahren bekundet haben (→ § 41 Rn. 5 und → § 42 Rn. 14).[7]

10 **3. Freiwillige zusätzliche Auftragsbekanntmachung.** Nach dem Wortlaut der Vorschrift nicht eindeutig zu beantworten ist die Frage, ob es einem Auftraggeber freisteht, erst nachträglich unter Berücksichtigung der Anzahl und Qualität der bei ihm eingegangenen Interessensbekundungen zu entscheiden, ob er auf die regelmäßige nicht verbindliche Bekanntmachung nach Abs. 4 noch eine reguläre Auftragsbekanntmachung folgen lassen möchte oder nicht. Gegen eine solche Möglichkeit könnte eingewendet werden, dass nach dem Wortlaut von Abs. 5 der Teilnahmewettbewerb in Fällen des Abs. 4 dadurch beginnt, dass alle Unternehmen, die auf die Veröffentlichung einer regelmäßigen nicht verbindlichen Bekanntmachung nach Abs. 4 eine Interessensbekundung übermittelt haben, zur Interessensbestätigung aufgefordert werden (→ Rn. 11). Andere ggf. zu beteiligende Unternehmen werden insoweit nicht erwähnt. Auch scheint es nicht von vornherein ausgeschlossen, der Ankündigung des Auftraggebers, ein Verfahren ohne gesonderte Auftragsbekanntmachung durchführen zu wollen, **drittschützende Wirkung** zugunsten derjenigen Unternehmen, die – anders als möglicherweise ihre Konkurrenten – rechtzeitig ihr Interesse bekundet haben, zuzusprechen. Überzeugender erscheint es aber dennoch anzunehmen, dass der Auftraggeber sich auch noch für eine auf die regelmäßige nicht verbindliche Bekanntmachung nachfolgende Auftragsbekanntmachung entscheiden kann. Dafür streitet bereits die Formulierung in Abs. 4 S. 1, wonach der Auftraggeber unter den nachfolgend aufgeführten Voraussetzungen auf eine Auftragsbekanntmachung verzichten *kann*. Im Übrigen ist der Vorschrift wohl auch eher der Charakter einer den Auftraggeber begünstigenden Norm zuzusprechen, die es ihm ausnahmsweise ermöglicht, das

---

[6] In diesem Sinne zur Parallelvorschrift in der RL 2014/24/EU auch Ziekow/Völlink/*Wichmann* VgV § 41 Rn. 31.

[7] Ebenso BeckOK VergabeR/*Schneevogl* VgV § 38 Rn. 14 und Ziekow/Völlink/*Völlink* VgV § 38 Rn. 18; aA dagegen wohl Beck VergabeR/*Krohn* VgV § 38 Rn. 51, der von einer überschießenden Umsetzung der Richtlinienvorgaben im deutschen Recht ausgeht und daher die vollständige Ausfüllung des Standardformulars in allen Punkten als notwendig erachtet.

Verfahren trotz der damit ggf. einhergehenden **wettbewerbsbeschränkenden Wirkung** bereits zu einem sehr frühen Zeitpunkt in Gang zu setzen.[8] Entscheidet sich der Auftraggeber, der regelmäßigen nicht verbindlichen Bekanntmachung mangels ausreichender **Resonanz des Marktes** doch noch eine reguläre Auftragsbekanntmachung nachfolgen zu lassen, so kann dies im Interesse eines transparenten und möglichst breiten Wettbewerbs nicht zu beanstanden sein.

V. Aufforderung zur Interessensbestätigung (Abs. 5)

Verzichtet der Auftraggeber unter den Voraussetzungen des Abs. 4 nach einer regelmäßigen nicht verbindlichen Bekanntmachung auf eine Auftragsbekanntmachung, so fordert er frühestens 35 Tage und nicht später als zwölf Monate nach der Veröffentlichung der regelmäßigen nicht verbindlichen Bekanntmachung diejenigen Unternehmen, die ihre Interessensbekundung übermittelt haben, zur Bestätigung ihres Interesses auf (eine weitere Teilnahme am Vergabeverfahren auf (Aufforderung zur Interessensbestätigung). Die **Mindestinhalte** der Aufforderung zur Interessensbestätigung ergeben sich aus § 42 Abs. 3. Insbesondere gehört hierzu die Mitteilung der Internet-Adresse, unter der die Vergabeunterlagen abgerufen werden können bzw., falls kein elektronischer Zugang zu den Vergabeunterlagen bereitgestellt werden kann, Anschrift und Schlusstermin für die Anforderung der Vergabeunterlagen. Aufgrund der Vorgaben in Abschnitt 1 Unterabschnitt 2 SektVO betreffend die Kommunikation im Vergabeverfahren ist die Aufforderung zur Interessensbestätigung grundsätzlich mithilfe elektronischer Mittel zu versenden. 11

Mit der Aufforderung zur Interessensbestätigung wird der **Teilnahmewettbewerb** eingeleitet. Das heißt, dass die Unternehmen, die ihr Interesse bekundet haben, nunmehr aufgefordert sind, alle für die Auswahl geeigneter Unternehmen im Teilnahmewettbewerb notwendigen Unterlagen beim Auftraggeber einzureichen. Die Übermittlung der Interessensbestätigung hat wiederum mithilfe elektronischer Mittel zu erfolgen. Die **Frist** für den Eingang der Interessensbestätigung beträgt dabei gem. Abs. 5 S. 3 30 Tage, gerechnet ab dem Tag der Absendung der Aufforderung zur Interessensbestätigung. Vor dem Hintergrund der hohen Bedeutung der für den Eingang der Interessensbestätigung geltenden Frist ist dazu zu raten, den interessierten Unternehmen das Fristende unter genauer Bezeichnung des Kalendertages mit der Aufforderung zur Interessensbestätigung mitzuteilen, auch wenn diese Mitteilung nicht zu den in § 42 Abs. 3 aufgeführten Mindestinhalten des Aufforderungsschreibens gehört (→ § 42 Rn. 15). 12

VI. Abgedeckter Zeitraum (Abs. 6)

Abs. 6 dient der Umsetzung von Art. 67 Abs. 2 UAbs. 3 Sektoren-RL. Danach darf der von der regelmäßigen nicht verbindlichen Bekanntmachung abgedeckte Zeitraum nicht länger als zwölf Monate betragen. Der Zwölf-Monats-Zeitraum beginnt mit dem Tag der Übermittlung der regelmäßigen nicht verbindlichen Bekanntmachung an das Amt für Veröffentlichungen der EU. Die Benennung eines solchen Zeitraums wurde erforderlich, weil die Veröffentlichung der regelmäßigen nicht verbindlichen Bekanntmachung abweichend zu früheren Regelungen nicht mehr an den Beginn des Haushaltsjahres geknüpft ist. 13

§ 37 Bekanntmachung über das Bestehen eines Qualifizierungssystems

(1) Der Auftraggeber kann die Absicht einer Auftragsvergabe mittels der Bekanntmachung über das Bestehen eines Qualifizierungssystems bekanntmachen.

(2) [1]**Die Bekanntmachung über das Bestehen eines Qualifizierungssystems wird nach dem in Anhang VII der Durchführungsverordnung (EU) 2015/1986 enthaltenen Muster erstellt.** [2]**Der Auftraggeber gibt in der Bekanntmachung den Zweck und die Gültigkeitsdauer des Systems an.**

(3) [1]**Änderungen der Gültigkeitsdauer, ohne das System zu ändern, werden nach dem in Anhang XI der Durchführungsverordnung (EU) 2015/1986 enthaltenen Muster erstellt.** [2]**Bei Beendigung des Systems wird das in Anhang VI der Durchführungsverordnung (EU) 2015/1986 enthaltene Muster für Vergabebekanntmachungen nach § 38 verwendet.**

I. Bedeutung der Norm

Die Einleitung eines Vergabeverfahrens mittels Bekanntmachung über das Bestehen eines Qualifizierungssystems ist eine Besonderheit des Sektorenvergaberechts. Das Qualifizierungssys- 1

---
[8] Greb/Müller/*Fülling* Rn. 7.

tem hat ausweislich der Verordnungsbegründung den Zweck, den Auftraggebern eine vorgezogene, verfahrensunabhängige **Eignungsprüfung** zu ermöglichen.[1] Durch das Verfahren soll insbesondere dem Umstand Rechnung getragen werden, dass gerade im Sektorenbereich oftmals sehr spezielle Anforderungen an wiederholt zu beschaffende, technisch hochentwickelte und komplizierte Anlagen und Ausrüstungen gestellt werden und daher von vornherein nur ein bestimmter Kreis von Unternehmen als Auftragnehmer in Betracht kommt.[2] Qualifizierungssysteme ermöglichen daran anknüpfend dem Auftraggeber, unabhängig von einem konkreten Vergabeverfahren in einem vorgezogenen Verfahren abstrakt festzustellen, welche Unternehmen generell geeignet sind, die Anforderungen an bestimmte, sich in der Zukunft wiederholende Auftragsvergaben des betreffenden Auftraggebers zu erfüllen. Diese Vorgehensweise hat für den Auftraggeber den Vorteil, dass er in den einzelnen Vergabeverfahren keine Eignungsprüfung mehr durchführen muss, ein Umstand, der zu nicht unerheblichen Einsparungen an personellem und zeitlichem Aufwand führen kann.

2   § 37 regelt vor diesem Hintergrund die grundsätzliche Möglichkeit und die Anforderungen an die **Veröffentlichung einer Beschaffungsabsicht** mithilfe der Bekanntmachung über das Bestehen eines Qualifizierungssystems. § 37 dient damit der Umsetzung von Art. 44 Abs. 4 lit. b und Art. 68 Sektoren-RL. Die Vorgaben für das Qualifizierungssystem selbst finden sich dagegen in § 48. Damit folgt der deutsche Verordnungsgeber der Systematik der Sektoren-RL, die die Vorgaben an das Qualifizierungssystem ebenfalls unabhängig von deren Bekanntmachung in Art. 77 Sektoren-RL regelt.

II. Veröffentlichung (Abs. 1 und 2)

3   Abs. 1 ermöglicht den Auftraggebern, die Absicht einer Auftragsvergabe mittels **Bekanntmachung über das Bestehen eines Qualifizierungssystems** zu veröffentlichen. Interessierte Unternehmen müssen in diesem Fall beim Auftraggeber einen Antrag auf Anerkennung ihrer Qualifikation gemäß den Anforderungen des Qualifizierungssystems stellen. Der Auftrag wird im Anschluss ohne weitere Auftragsbekanntmachung vergeben. Da das Qualifizierungssystem die Funktion eines Teilnahmewettbewerbs erfüllt, ist sein Anwendungsbereich nach § 48 Abs. 9, soweit eine reguläre Bekanntmachung ersetzt werden soll, auf das **nicht offene Verfahren** und das **Verhandlungsverfahren** beschränkt (→ § 48 Rn. 21). Dies entspricht der Regelung in Art. 77 Abs. 5 Sektoren-RL. Die Bekanntmachung über das Bestehen eines Qualifizierungssystems kann also nicht genutzt werden, wenn die Auftragsvergabe in einem **offenen Verfahren** beabsichtigt ist.[3]

4   Für die Bekanntmachung einer Beschaffungsabsicht mittels Bekanntgabe über das Bestehen eines Qualifizierungssystems ist das Muster gemäß Anhang VII DurchführungsVO 2015/1986 zu verwenden. Die inhaltlichen **Mindestanforderungen an die Bekanntmachung** ergeben sich insoweit aus Abs. 2 S. 2. Danach muss der Auftraggeber in der Bekanntmachung Angaben zum Zweck und zur Gültigkeitsdauer des Systems treffen. Das weitere **Verfahren der Qualifizierung** richtet sich sodann nach § 48, welcher insbesondere Fristen für die Entscheidung über die Qualifizierung eines Unternehmens vorsieht.

5   Nach dem insoweit eindeutigen Wortlaut von § 48 Abs. 9 ist es einem Auftraggeber im Falle der Bekanntgabe eines Beschaffungsvorhabens mittels der Bekanntgabe über das Bestehen eines Qualifizierungssystems nicht gestattet, zusätzlich zur gewählten Form der Bekanntmachung auch noch eine **reguläre Auftragsbekanntmachung** im EU-Amtsblatt zu veröffentlichen und damit den Kreis der potenziellen Bieter nachträglich zu erweitern. Ebenso ist es ihm verwehrt, nicht qualifizierte Unternehmen zur Angebotsabgabe aufzufordern oder einen (erneuten) Teilnahmewettbewerb durchzuführen. Die Bieter sind vielmehr ausschließlich aus dem Kreis der qualifizierten Unternehmen auszuwählen.[4]

III. Änderungen und Beendigung des Systems (Abs. 3)

6   Abs. 3 dient der Umsetzung von Art. 68 Abs. 2 S. 2 lit. a und b Sektoren-RL. Danach müssen Änderungen der Gültigkeitsdauer des Systems unter Verwendung des Formulars für Änderungsbekanntmachungen gemäß Anhang XI DurchführungsVO 2015/1986 veröffentlicht werden. Bei Beendigung des Systems ist eine Vergabebekanntmachung gem. § 38 zu veröffentlichen.

---

[1] Amtl. Begr. zu § 37, BT-Drs. 18/7318, 232.
[2] HK-VergabeR/*Tomerius* § 48 Rn. 6.
[3] AA wohl noch Ziekow/Völlink/*Völlink*, 2. Aufl. 2013, § 14 Rn. 5 und Ziekow/Völlink/*Hänsel*, 2. Aufl. 2013, § 24 Rn. 20, jetzt aber ebenso Ziekow/Völllink/*Völlink* Rn. 3.
[4] Ebenso HK-VergabeR/*Franzius* Rn. 6; *von Wietersheim* in Müller-Wrede SektVO Rn. 4 entgegen der Vorauflage (*Gnittke/Hattig* in Müller-Wrede SektVO, 10. Aufl. 2010, § 14 Rn. 11).

§ 38 Vergabebekanntmachungen; Bekanntmachung über Auftragsänderungen

(1) Der Auftraggeber übermittelt spätestens 30 Tage nach Zuschlagserteilung oder nach dem Abschluss einer Rahmenvereinbarung eine Vergabebekanntmachung mit den Ergebnissen des Vergabeverfahrens an das Amt für Veröffentlichungen der Europäischen Union.

(2) Die Vergabebekanntmachung wird nach dem in Anhang VI der Durchführungsverordnung (EU) 2015/1986 enthaltenen Muster erstellt.

(3) Ist das Vergabeverfahren durch eine regelmäßige nicht verbindliche Bekanntmachung in Gang gesetzt worden und hat der Auftraggeber beschlossen, keine weitere Auftragsvergabe während des Zeitraums vorzunehmen, der von der regelmäßigen nicht verbindlichen Bekanntmachung abgedeckt ist, muss die Vergabebekanntmachung einen entsprechenden Hinweis enthalten.

(4) [1]Die Vergabebekanntmachung umfasst die abgeschlossenen Rahmenvereinbarungen, aber nicht die auf ihrer Grundlage vergebenen Einzelaufträge. [2]Bei Aufträgen, die im Rahmen eines dynamischen Beschaffungssystems vergeben werden, umfasst die Vergabebekanntmachung eine vierteljährliche Zusammenstellung der Einzelaufträge, die Zusammenstellung muss spätestens 30 Tage nach Quartalsende versandt werden.

(5) Auftragsänderungen gemäß § 132 Absatz 2 Nummer 2 und 3 des Gesetzes gegen Wettbewerbsbeschränkungen sind gemäß § 132 Absatz 5 des Gesetzes gegen Wettbewerbsbeschränkungen unter Verwendung des Musters gemäß Anhang XVII der Durchführungsverordnung (EU) 2015/1986 bekanntzumachen.

(6) Der Auftraggeber ist nicht verpflichtet, einzelne Angaben zu veröffentlichen, wenn deren Veröffentlichung
1. den Gesetzesvollzug behindern,
2. dem öffentlichen Interesse zuwiderlaufen,
3. den berechtigten geschäftlichen Interessen eines Unternehmens schaden oder
4. den lauteren Wettbewerb zwischen Unternehmen beeinträchtigen
würde.

(7) Bei vergebenen Dienstleistungsaufträgen auf dem Gebiet der Forschung und Entwicklung (F&E-Dienstleistungen) können die Angaben zur Art und Menge der Dienstleistung auf Folgendes beschränkt werden:
1. auf die Angabe „F&E-Dienstleistungen", sofern der Auftrag im Zuge eines Verhandlungsverfahrens ohne vorherigen Teilnahmewettbewerb vergeben wurde,
2. auf Angaben in der Auftragsbekanntmachung, die mindestens ebenso detailliert sind wie in der Auftragsbekanntmachung.

Übersicht

	Rn.		Rn.
I. Bedeutung der Norm	1	3. Dynamische elektronische Beschaffungssysteme	8
II. Pflicht zur Vergabebekanntmachung (Abs. 1 und 2)	3	IV. Bekanntmachung von Auftragsänderungen (Abs. 5)	10
III. Pflichtinhalte in besonderen Fällen (Abs. 3 und 4)	5	V. Ausnahmen von der Veröffentlichungspflicht (Abs. 6)	11
1. Regelmäßige nicht verbindliche Bekanntmachungen	6	VI. Privilegierung für F&E-Dienstleistungen (Abs. 7)	14
2. Rahmenvereinbarungen	7		

I. Bedeutung der Norm

§ 38 dient der Umsetzung von Art. 70 Sektoren-RL. Auftraggeber sind danach verpflichtet, mittels einer sog. **Vergabebekanntmachung** über vergebene Aufträge und deren Ergebnisse zu informieren. Auch über Änderungen von Aufträgen muss informiert werden. Die Vorschriften sollen die **Transparenz** des Marktes und des Vorgehens der Auftraggeber sichern. 1

§ 38 regelt nur den Umfang und die Ausnahmen der Mitteilungspflicht über vergebene Aufträge. Die Art und Weise der Veröffentlichung ist dagegen in § 40 geregelt. Für soziale und andere beson- 2 dere Dienstleistungen findet sich eine entsprechende Regelung zur Veröffentlichung einer Vergabebekanntmachung in § 39 Abs. 3.

II. Pflicht zur Vergabebekanntmachung (Abs. 1 und 2)

3   Abs. 1 enthält die Verpflichtung des Auftraggebers, nach erfolgter Auftragsvergabe bzw. nach erfolgtem Abschluss einer Rahmenvereinbarung die Ergebnisse des Vergabeverfahrens im Wege einer Vergabebekanntmachung zu veröffentlichen. Abs. 1 unterscheidet bei der Festlegung des Umfangs der Bekanntmachungspflichten weder hinsichtlich der Art des betreffenden Auftrages (Dienstleistungs-, Bau- oder Liefervertrag) noch hinsichtlich der Art des Vergabeverfahrens und ist daher inhaltlich umfassend zu verstehen.

4   Die Vergabebekanntmachung muss unter Verwendung des in Anhang VI Durchführungs-VO 2015/1986 vorgegebenen **Musterformulars** erstellt und unter Verwendung elektronischer Mittel innerhalb einer Frist von 30 Kalendertagen nach Zuschlagserteilung bzw. nach dem Abschluss der Rahmenvereinbarung an das Amt für Veröffentlichungen der EU übermittelt werden. Die **Übermittlungsfrist** ist durch Inkrafttreten der Vergaberechtsnovelle 2016 deutlich verkürzt worden; nach der SektVO 2009 betrug die Übermittlungsfrist noch zwei Monate. Kommt der Auftraggeber seiner Pflicht zur Übermittlung einer Vergabebekanntmachung nicht oder nicht rechtzeitig nach, kann dies allerdings Ansprüche Dritter nicht begründen. Die Bekanntmachungspflicht nach § 38 entfaltet keinen **Drittschutz;** sie dient vielmehr allein dem öffentlichen Interesse an der Funktionsfähigkeit öffentlicher Beschaffungsmärkte.[1]

III. Pflichtinhalte in besonderen Fällen (Abs. 3 und 4)

5   Abs. 3 und 4 enthalten für bestimmte Konstellationen bei der Vergabebekanntmachung zu beachtende Besonderheiten. Dies betrifft einmal Vergabeverfahren, die durch regelmäßige nicht verbindliche Bekanntmachungen in Gang gesetzt wurden (Abs. 3) und zum zweiten Vergaben von Rahmenvereinbarungen (Abs. 4 S. 1) bzw. mittels eines dynamischen elektronischen Verfahrens vergebene Aufträge (Abs. 4 S. 2).

6   **1. Regelmäßige nicht verbindliche Bekanntmachungen.** Die Regelung in Abs. 3 knüpft an § 36 Abs. 6 an, wonach regelmäßige nicht verbindliche Bekanntmachungen einen Zeitraum von bis zu zwölf Monaten abdecken können. Hat der Auftraggeber eine derartige Bekanntmachung im Einklang mit § 36 Abs. 4 gewählt, um ein Vergabeverfahren unmittelbar in Gang zu setzen (→ § 36 Rn. 5), so muss die auf die Auftragsvergabe folgende Vergabebekanntmachung einen entsprechenden Hinweis enthalten, wenn der Auftraggeber während des Zeitraums, der von der regelmäßigen nicht verbindlichen Bekanntmachung abgedeckt ist, keine weitere Vergabe vornehmen wird. Durch diese Regelung wird Art. 70 Abs. 2 UAbs. 1 Sektoren-RL umgesetzt. Sie ist Ausfluss des Transparenzgrundsatzes und soll die Planungssicherheit der am Auftragserhalt interessierten Unternehmen erhöhen.[2]

7   **2. Rahmenvereinbarungen.** Abs. 4 S. 1 dient der Umsetzung von Art. 70 Abs. 2 UAbs. 2 Sektoren-RL und entspricht inhaltlich § 15 Abs. 2 Nr. 1 SektVO 2009. Nach Abs. 4 S. 1 umfasst die Vergabebekanntmachung bei Rahmenvereinbarungen iSd § 19 lediglich den Abschluss der Rahmenvereinbarung selbst, nicht aber auch der **Einzelaufträge,** die aufgrund der Rahmenvereinbarung vergeben wurden. Dies korreliert mit der Tatsache, dass – wie auch aus § 19 Abs. 2 deutlich wird – lediglich die Rahmenvereinbarung Gegenstand eines förmlichen Vergabeverfahrens ist, während die Einzelaufträge später an den bzw. die Vertragspartner der Rahmenvereinbarung ohne Weiteres förmliches Vergabeverfahren (wenn auch möglicherweise in einem anderweitigen wettbewerblichen Verfahren) vergeben werden (→ § 19 Rn. 10 ff.). Von der den Mitgliedstaaten in Art. 70 Abs. 2 UAbs. 2 S. 2 Sektoren-RL eingeräumten Möglichkeit vorzusehen, dass die Auftraggeber Vergabebekanntmachungen mit den Ergebnissen der auf Grundlage einer Rahmenvereinbarung vergebenen Einzelaufträge dennoch zumindest vierteljährlich gebündelt veröffentlichen müssen,[3] hat der deutsche Gesetzgeber keinen Gebrauch gemacht.

8   **3. Dynamische elektronische Beschaffungssysteme.** Abs. 4 S. 2 dient der Umsetzung von Art. 70 Abs. 2 UAbs. 3 Sektoren-RL. Auftraggeber müssen danach bei Aufträgen, die im Rahmen

---

[1] Eschenbruch/Opitz/Röwekamp/*Finke* Rn. 5; *Knauff* in Müller-Wrede SektVO Rn. 37.
[2] Amtl. Begr. zu § 38 Abs. 3, BT-Drs. 18/7318, 232.
[3] Klarer als der deutsche Wortlaut der Richtlinienvorschrift („Die Mitgliedstaaten können vorsehen, dass die Auftraggeber Vergabebekanntmachungen mit den Ergebnissen des Vergabeverfahrens vierteljährlich auf der Grundlage der Rahmenvereinbarung gebündelt veröffentlichen") ist insoweit der englische Richtlinientext: „Member States may provide that contracting entities shall group notices of the results of the procurement procedure for contracts based on the framework agreement on a quarterly basis".

eines dynamischen elektronischen Beschaffungssystems iSd §§ 20, 21 vergeben werden, die auf Grundlage des Beschaffungssystems geschlossenen Aufträge in einer quartalsweisen Zusammenstellung gebündelt bekannt machen. Die Zusammenstellung ist spätestens 30 Tage nach Quartalsende an das Amt für Veröffentlichungen der EU zu übersenden.

Anders als Einzelaufträge auf der Basis von Rahmenvereinbarungen sind also **Einzelaufträge** auf Grundlage eines dynamischen elektronischen Beschaffungssystems jeweils bekannt zu machen. Abs. 4 S. 2 befreit nicht von der generellen Pflicht zur Bekanntmachung, sondern bietet allein eine Erleichterung in zeitlicher Hinsicht.[4] Durch die Möglichkeit der **Sammelbekanntmachung** wird der Aufwand eines Auftraggebers, der Aufträge mittels eines dynamischen elektronischen Beschaffungssystems vergibt, minimiert. Inhaltlich müssen jedoch auch hier die Anforderungen an die Bekanntmachung von vergebenen Aufträgen in jedem Einzelfall erfüllt werden.

IV. Bekanntmachung von Auftragsänderungen (Abs. 5)

Abs. 5 setzt inhaltlich die Regelung in Art. 89 Abs. 1 UAbs. 2 Sektoren-RL um und knüpft an die in § 132 Abs. 5 GWB vorgesehene Pflicht von Auftraggebern, Auftragsänderungen während der Vertragslaufzeit nach § 132 Abs. 2 Nr. 2 und 3 GWB im EU-Amtsblatt bekannt zu machen, an. Abs. 5 wiederholt diese Verpflichtung und benennt das insoweit zu verwendende **Musterformular**, welches in Anhang XVII DurchführungsVO 2015/1986 enthalten ist.

V. Ausnahmen von der Veröffentlichungspflicht (Abs. 6)

Der Anwendungsbereich von Abs. 6 bezieht sich sowohl auf Vergabebekanntmachungen als auch auf Bekanntmachungen von Auftragsänderungen und regelt insoweit bestimmte Ausnahmen von der Veröffentlichungspflicht. Allerdings suspendiert Abs. 6 in keinem Fall die Veröffentlichungspflichten eines Auftraggebers insgesamt; eine Möglichkeit für Auftraggeber, in bestimmten Fällen gänzlich von einer Vergabebekanntmachung oder einer Bekanntmachung von Auftragsänderungen abzusehen, kennt die SektVO nicht. Die Vorschrift statuiert jedoch die Möglichkeit des Auftraggebers, unter bestimmten Voraussetzungen einzelne nach den Bekanntmachungsformularen grundsätzlich mitzuteilende Informationen zurückzuhalten. Folgende Gründe kommen hierfür in Betracht:
a) Die Veröffentlichung würde den Gesetzesvollzug behindern;
b) die Veröffentlichung würde den öffentlichen Interessen zuwiderlaufen;
c) im Falle einer Veröffentlichung würden die berechtigten geschäftlichen Interessen eines Unternehmens geschädigt;
d) der lautere Wettbewerb würde beeinträchtigt.

Die Ausnahmetatbestände sind wegen der Einschränkung des **Transparenzgrundsatzes** grundsätzlich eng auszulegen. Zu den Ausnahmetatbeständen im Einzelnen wird auf die Kommentierung zu § 39 Abs. 6 VgV verwiesen (→ VgV § 39 Rn. 14 ff.).

Abs. 6 ist dem Wortlaut nach so formuliert, dass es den Auftraggebern freisteht („*sind nicht verpflichtet*"), ob sie bei Vorliegen eines der Ausnahmetatbestände aus Abs. 6 die jeweiligen Angaben in Bekanntmachungen unterlassen. Die Veröffentlichung oder Nichtveröffentlichung steht jedoch in den genannten Fällen nicht im freien Belieben des Auftraggebers. Vielmehr gelten die Grundsätze der allgemeinen **Ermessenslehre**. Im Einzelfall kann also durchaus die Pflicht des Auftraggebers bestehen, auf eine Veröffentlichung bestimmter Informationen zu verzichten.

VI. Privilegierung für F&E-Dienstleistungen (Abs. 7)

Für Dienstleistungen aus dem Bereich Forschung und Entwicklung (F&E) enthält Abs. 7 bestimmte Privilegierungen hinsichtlich des Umfangs der bekannt zu machenden Angaben zu Art und Menge der vergebenen Dienstleistungen. Mit den vorgesehenen Einschränkungen der Bekanntmachungspflichten soll den besonderen **Geheimhaltungsinteressen** in diesem Bereich angemessen Rechnung getragen werden.

Nach Abs. 7 Nr. 1 kann sich die Vergabebekanntmachung für den Fall, dass eine F&E-Dienstleistung im Verhandlungsverfahren ohne Teilnahmewettbewerb – also auch ohne verfahrenseinleitende Auftragsbekanntmachung – vergeben wurde, hinsichtlich Art und Menge auf die Angabe „F&E-Dienstleistungen" beschränken. Abs. 7 Nr. 2 betrifft demgegenüber alle anderen Verfahrensarten außer dem Verhandlungsverfahren ohne Teilnahmewettbewerb. Hier soll es jeweils ausreichen, wenn der Auftraggeber in der Vergabebekanntmachung seine Angaben zu Art und Menge der Dienstleistung aus der ursprünglichen verfahrenseinleitenden Auftragsbekanntmachung wiederholt. Eine weitergehende Bekanntmachung dazu, welche Dienstleistung im Ergebnis tatsächlich eingekauft wurde, ist dagegen entbehrlich.

---

[4] Vgl. Eschenbruch/Opitz/Röwekamp/*Finke* Rn. 12.

§ 39 Bekanntmachungen über Vergabe sozialer/anderer besonderer Dienstleistungen

(1) ¹Der Auftraggeber teilt seine Absicht, einen Auftrag zur Erbringung sozialer oder anderer besonderer Dienstleistungen im Sinne von § 130 Absatz 1 des Gesetzes gegen Wettbewerbsbeschränkungen zu vergeben, mittels
1. einer Auftragsbekanntmachung gemäß § 35,
2. einer regelmäßigen nicht verbindlichen Bekanntmachung gemäß § 36 Absatz 4 oder
3. einer Bekanntmachung über das Bestehen eines Qualifizierungssystems gemäß § 37

mit. ²Dies gilt nicht, wenn ein Verhandlungsverfahren ohne vorherigen Teilnahmewettbewerb nach § 13 Absatz 2 zulässig wäre; § 13 Absatz 2 bleibt unberührt.

(2) Die Bekanntmachungen nach Absatz 1 werden nach dem Muster gemäß Anhang XIX der Durchführungsverordnung (EU) 2015/1986 erstellt.

(3) ¹Der Auftraggeber, der einen Auftrag zur Erbringung von sozialen und anderen besonderen Dienstleistungen vergeben hat, teilt die Ergebnisse des Vergabeverfahrens unter Verwendung des in Anhang XIX der Durchführungsverordnung (EU) 2015/1986 enthaltenen Musters mit. ²Er kann die Vergabebekanntmachungen quartalsweise bündeln. ³In diesem Fall versendet er die Zusammenstellung spätestens 30 Tage nach Quartalsende.

I. Bedeutung der Norm

1 § 39 regelt auf Grundlage von Art. 92 Sektoren-RL die Besonderheiten bei Ex-ante- und Ex-post-Bekanntmachungen über die Vergabe sog. **sozialer und anderer besonderer Dienstleistungen,** wie sie durch die Sektoren-RL – und ebenso die RL 2014/24/EU – als neue Kategorie von Dienstleistungen eingeführt worden sind (→ GWB § 130 Rn. 1). Welche Dienstleistungen von dem Sonderregime im Einzelnen erfasst sind, ergibt sich aus Anhang XVII Sektoren-RL. Danach fallen hierunter ua Dienstleistungen im Gesundheits- und Sozialwesen, das Gaststätten- und Beherbergungsgewerbe, Dienstleistungen im juristischen Bereich, Dienstleistungen von Sicherheitsdiensten sowie Postdienste, soweit diese unter die im Anhang genannten CPV-Nummern fallen.

2 Vor Inkrafttreten der SektVO 2016 wurde gem. § 4 SektVO 2009 zwischen Dienstleistungen iSd Anhangs 1 Teil A **(vorrangige Dienstleistungen)** und solchen iSd Anhangs 1 Teil B **(nachrangige Dienstleistungen)** unterschieden. Auf letztere waren nur die Bestimmungen über technische Anforderungen und über die Bekanntmachung vergebener Aufträge anzuwenden. Die Unterscheidung zwischen diesen Dienstleistungskategorien ist mit der Neuregelung 2016 weggefallen und durch das Sonderregime für soziale und andere besondere Dienstleistungen ersetzt worden. Dies hat insbesondere zur Folge, dass seither für alle Dienstleistungsaufträge im Sektorenbereich grundsätzlich eine **Auftragsbekanntmachung** zu erstellen ist (→ Rn. 3). Dies erhöht die Transparenz der Vergabe solcher Leistungen und sichert die Gleichbehandlung der (potenziellen) Bieter auch in diesem Bereich.

II. Auftragsbekanntmachung (Abs. 1 und 2)

3 Abs. 1 bestimmt, dass auch beabsichtigte Aufträge über soziale und andere besondere Dienstleistungen gem. § 35, § 36 Abs. 4 oder § 37 bekannt zu machen sind. Eine vorherige Bekanntmachung ist nur dann nicht erforderlich, wenn gem. § 13 Abs. 2 ein Verhandlungsverfahren ohne Teilnahmewettbewerb zulässig ist. In Abs. 2 wird klargestellt, dass für die Bekanntmachung beabsichtigter Aufträge über soziale und andere besondere Dienstleistungen jedoch nicht die in den §§ 35, 36 und 37 in Bezug genommenen „normalen" Bekanntmachungsformulare, sondern das **Bekanntmachungsformular** gemäß dem Muster in Anhang XIX DurchführungsVO 2015/1986 zu verwenden ist.

III. Vergabebekanntmachung (Abs. 3)

4 Mit Abs. 3 wird für die Bekanntmachung vergebener Aufträgen über soziale und andere besondere Dienstleistungen eine Erleichterung eingeführt. Der Auftraggeber kann danach die Vergabebekanntmachungen **quartalsweise** bündeln und bis zu 30 Tage nach Quartalsende an das Amt für Bekanntmachungen der EU versenden. Damit wurde eine in Art. 93 Abs. 2 Sektoren-RL eingeräumte Verfahrenserleichterung in nationales Recht überführt.

§ 40 Veröffentlichung von Bekanntmachungen

(1) ¹Auftragsbekanntmachungen, regelmäßige nicht verbindliche Bekanntmachungen nach § 36 Absatz 4, Bekanntmachungen über das Bestehen von Qualifikationssystemen und Vergabebekanntmachungen (Bekanntmachungen) sind dem Amt für Veröffentlichungen der Europäischen Union mit elektronischen Mitteln zu übermitteln. ²Der Auftraggeber muss den Tag der Absendung nachweisen können.

(2) ¹Bekanntmachungen werden durch das Amt für Veröffentlichungen der Europäischen Union veröffentlicht. ²Als Nachweis der Veröffentlichung dient die Bestätigung der Veröffentlichung der übermittelten Informationen, die der Auftraggeber vom Amt für Veröffentlichungen der Europäischen Union erhält.

(3) ¹Bekanntmachungen auf nationaler Ebene dürfen nach der Veröffentlichung durch das Amt für Veröffentlichungen der Europäischen Union oder 48 Stunden nach der Bestätigung über den Eingang der Bekanntmachung durch das Amt für Veröffentlichungen der Europäischen Union veröffentlicht werden. ²Die Veröffentlichung darf nur Angaben enthalten, die in den an das Amt für Veröffentlichungen der Europäischen Union übermittelten Bekanntmachungen enthalten sind oder in einem Beschafferprofil veröffentlicht wurden. ³In der nationalen Bekanntmachung ist der Tag der Übermittlung an das Amt für Veröffentlichungen der Europäischen Union oder der Tag der Veröffentlichung im Beschafferprofil anzugeben.

(4) Der Auftraggeber kann auch Bekanntmachungen über Bau-, Liefer- oder Dienstleistungsaufträge, die nicht der Bekanntmachungspflicht unterliegen, an das Amt für Veröffentlichungen der Europäischen Union übermitteln.

I. Bedeutung der Norm

§ 40 dient der Umsetzung der Art. 71 und 72 Sektoren-RL, welche die Modalitäten der Veröffentlichung der Bekanntmachungen regeln. § 40 enthält insoweit insbesondere Vorgaben betreffend die Übermittlung der Bekanntmachungen an und die Veröffentlichung der Bekanntmachung durch das Amt für Veröffentlichungen der Europäischen Union (Abs. 1 und 2). Abs. 3 enthält zudem Regelungen zu den Wirkungen einer Übermittlung bzw. einer Veröffentlichung von Bekanntmachungen an bzw. durch das Amt für Veröffentlichungen der Europäischen Union für den weiteren Verfahrenslauf (Abs. 3). Abs. 4 schließlich regelt die Zulässigkeit der Übermittlung auch von nicht der Bekanntmachungspflicht unterliegenden Aufträgen zur Veröffentlichung durch das Amt für Veröffentlichungen der EU.

§ 40 entspricht inhaltlich weitgehend § 40 VgV, sodass auf die Kommentierung dieser Vorschrift ergänzend verwiesen werden kann (→ VgV § 40 Rn. 1 ff.). Allerdings bestehen zwischen beiden Vorschriften einige begriffliche Unterschiede. So wird in § 40 anstelle des Begriffs „öffentliche Auftraggeber" der weitere, auch Sektorenauftraggeber einschließende Begriff „Auftraggeber" verwendet (zur Unterscheidung der Begriffe → GWB § 98 Rn. 3). Außerdem ersetzt der Begriff „regelmäßige nicht verbindliche Bekanntmachung" gem. § 36 den in § 40 VgV verwendeten Begriff der „Vorinformation" gem. § 38 VgV. Schließlich bezieht § 40 überdies auch Bekanntmachungen über das Bestehen von Qualifikationssystemen in seinen Anwendungsbereich ein, die dem Regelungsregime der VgV generell fremd sind (→ § 37 Rn. 1).

II. Übermittlung von Bekanntmachungen (Abs. 1)

Abs. 1 umfasst alle Arten von verfahrenseinleitenden Bekanntmachungen (also nach §§ 35, 36 Abs. 4 und 37) und darüber hinaus auch die nach erfolgter Auftragsvergabe zu veröffentlichenden Vergabebekanntmachungen gem. § 38 Abs. 1–4 und § 39. Alle vorgenannten Bekanntmachungen sind gem. Abs. 1 dem **Amt für Veröffentlichungen der EU** zu übersenden. Dabei ist die **elektronische Übermittlung** zwingend vorgegeben. Dies soll zu mehr Transparenz und Zeitersparnis führen.¹ Die für die elektronische Übermittlung der Bekanntmachungen benötigten **Muster und Modalitäten** werden durch die EU-Kommission festgelegt; sie sind aktuell in DurchführungsVO 2015/1986 geregelt. Die derzeit gültige DurchführungsVO 2015/1986 wird allerdings mit Wirkung zum 25.10.2023 aufgehoben und durch die DurchführungsVO 2019/1780² ersetzt.

---
¹ Vgl. Erwägungsgrund 89 Sektoren-RL.
² Durchführungsverordnung (EU) 2019/1780 der EU-Kommission v. 23.9.2019 zur Einführung von Standardformularen für die Veröffentlichung von Bekanntmachungen für öffentliche Aufträge und zur Aufhebung der Durchführungsverordnung (EU) 2015/1986 („elektronische Formulare – eForms"), ABl. 2019 L 272, 7.

4 Gemäß Abs. 1 S. 2 muss der Auftraggeber den **Tag der Absendung der Bekanntmachung** nachweisen können. Daher müssen die verwendeten elektronischen Mittel über eine Funktion verfügen, die es dem Auftraggeber erlaubt, das Datum der Übersendung eines Bekanntmachungsformulars an das Amt für Veröffentlichungen der Europäischen Union zu ermitteln und zu speichern.[3] Die Pflicht, den Zeitpunkt des Versands nachweisen zu können, resultiert vor allem daraus, dass an diesen Zeitpunkt wichtige Fristen gekoppelt sind. Insbesondere beginnt bereits mit der Übersendung einer Auftragsbekanntmachung iSd § 35, einer regelmäßigen nicht verbindlichen Bekanntmachung iSd § 36 Abs. 4 oder einer Bekanntmachung über das Bestehen eines Qualifizierungssystems iSd § 37 (und nicht erst mit deren Veröffentlichung) die Angebots- bzw. Bewerbungsfrist des betreffenden Vergabeverfahrens oder – im Falle des § 36 Abs. 4 – die Frist zur Interessensbekundung zu laufen. Erfolgt die Übermittlung einer Bekanntmachung unmittelbar über die Internetseite http://simap.europa.eu/enotices, so wird das Datum der Absendung der Bekanntmachung automatisch dem Bekanntmachungsformular hinzugefügt und dem Versender außerdem per E-Mail bestätigt. Das gleiche gilt regelmäßig im Falle der Übersendung über eine Schnittstelle in den Vergabeplattformen bzw. -portalen.

III. Veröffentlichung im EU-Amtsblatt (Abs. 2)

5 **1. Zeitpunkt und Form der Veröffentlichung (Abs. 2 S. 1).** Nach Abs. 2 S. 1 werden Bekanntmachungen durch das Amt für Veröffentlichungen der EU veröffentlicht. Dies geschieht in der oder den Originalsprache(n), deren Wortlaut gem. Art. 71 Abs. 3 S. 2 Sektoren-RL allein verbindlich ist bzw. sind. Eine Zusammenfassung der wichtigsten Bestandteile einer jeden Bekanntmachung wird jedoch auch in den anderen Amtssprachen der Organe der Union veröffentlicht. Fehler, die einem Dienstleister bei der Veröffentlichung oder bei der Übertragung der verbindlichen Bekanntmachung bei **TED (Tenders Electronic Daily)** in ein kommerzielles Vergabeportal unterlaufen, gehen zulasten des Bieters, der sich bei der Angebotsabgabe auf die nicht verbindliche Version der Bekanntmachung stützt.[4]

6 Gemäß Art. 71 Abs. 2 Sektoren-RL erfolgt die Veröffentlichung einer Bekanntmachung im EU-Amtsblatt spätestens fünf Tage nach ihrer Übermittlung. Die Kosten für die Veröffentlichung der Bekanntmachungen gehen zulasten der Union. Die Bekanntmachungen werden auf dem kostenfrei zu nutzenden Internetportal TED veröffentlicht, welches die Online-Version des Supplements zum Amtsblatt der EU für das europäische öffentliche Auftragswesen darstellt und unter der Internetadresse http://www.ted.europa.eu abrufbar ist. Ausschließlich das in elektronischer Form veröffentlichte Amtsblatt entfaltet Rechtswirkung. Die gedruckte Ausgabe des Amtsblatts entfaltet dagegen Rechtswirkung nur ausnahmsweise in solchen Fällen, in denen die **elektronische Ausgabe des Amtsblatts** aufgrund unvorhersehbarer außergewöhnlicher **Störungen des Informationssystems** nicht veröffentlicht werden kann.[5]

7 **2. Nachweis der Veröffentlichung.** Abs. 2 S. 2 setzt Art. 71 Abs. 5 UAbs. 2 Sektoren-RL um. Danach stellt das Amt für Veröffentlichungen der EU dem Auftraggeber eine **Bestätigung über den Erhalt der Bekanntmachung** und die Veröffentlichung der übermittelten Informationen aus, in denen das Datum dieser Veröffentlichung angegeben ist. Diese Bestätigung dient als Nachweis der Veröffentlichung. Die Bestätigung über die Veröffentlichung wird dem Auftraggeber automatisch übermittelt; eine Antragstellung ist nicht erforderlich.

IV. Bekanntmachungen auf nationaler Ebene (Abs. 3)

8 Abs. 3 basiert auf Art. 72 Abs. 1 Sektoren-RL. Veröffentlichungen auf nationaler Ebene dürfen danach grundsätzlich nicht vor der Veröffentlichung durch das Amt für Veröffentlichungen der EU erfolgen, es sei denn, zwischen der Bestätigung über den Erhalt der Bekanntmachung und der Bestätigung über die Veröffentlichung durch diese Behörde liegen mehr als 48 Stunden. Dadurch soll eine **zeitliche Bevorteilung** nationaler Bieter gegenüber Bietern aus anderen EU-Mitgliedstaaten verhindert werden.

9 Nach Abs. 3 S. 2 dürfen die Veröffentlichungen auf nationaler Ebene nur diejenigen Angaben enthalten, die auch in den an das Amt für Veröffentlichungen der EU übermittelten Bekanntmachungen enthalten sind oder im Falle einer regelmäßigen nicht verbindlichen Bekanntmachung in einem **Beschafferprofil** veröffentlicht wurden. S. 3 bestimmt darüber hinaus, dass in der nationalen

---

[3] Vgl. Amtl. Begr. zu § 40 Abs. 1, BT-Drs. 18/7318, 234.
[4] Zu den daraus resultierenden Folgen (einschließlich möglicher Schadensersatzansprüche des Bieters gegen den Dienstleister) vgl. Greb/Müller/*Greb* Rn. 10.
[5] Vgl. Art. 1 und 3 VO (EU) 216/2013.

Bekanntmachung der Tag der Übermittlung an das Amt für Veröffentlichungen der Europäischen Union oder der Tag der Veröffentlichung im Beschafferprofil zu nennen sind. Nach Auffassung der VK Bund handelt es sich hierbei aber um eine reine Ordnungsvorschrift, die keinen Bieterschutz entfaltet.[6]

V. Freiwillige Übermittlung von Bekanntmachungen (Abs. 4)

Abs. 4 basiert auf der Bestimmung in Art. 71 Abs. 5 Sektoren-RL, wonach der Auftraggeber eine europaweite Bekanntmachung auch dann wählen kann, wenn die Auftragsvergabe nicht der Sektoren-RL unterfällt. Das betrifft sowohl öffentliche Aufträge, die unterhalb der EU-Schwellenwerte liegen, als auch solche, die einen vergaberechtlichen Ausnahmetatbestand erfüllen (zB nach §§ 137–139 GWB) und deshalb vom Vergaberecht befreit sind. In solchen Fällen kann die freiwillige EU-weite Bekanntmachung dazu genutzt werden, den Bieterkreis zu erweitern und damit zu mehr Wettbewerb beizutragen. Durch die Inanspruchnahme dieser Möglichkeit wird keine Zuständigkeit der Vergabenachprüfungsinstanzen begründet.[7] Der Auftraggeber sollte jedoch auf die Freiwilligkeit der europaweiten Bekanntmachung und die von ihm zur Anwendung gebrachten Vergabevorschriften im Einzelnen deutlich hinweisen, um sich vor Irrtümern der Bieter über den einschlägigen Rechtsrahmen und damit ggf. verbundene Schadensersatzansprüche wegen Verschuldens bei Vertragsschluss nach § 311 Abs. 2 BGB iVm § 241 Abs. 1 BGB zu schützen.[8]

10

§ 41 Bereitstellung der Vergabeunterlagen

(1) Der Auftraggeber gibt in der Auftragsbekanntmachung oder der Aufforderung zur Interessensbestätigung eine elektronische Adresse an, unter der die Vergabeunterlagen unentgeltlich, uneingeschränkt, vollständig und direkt abgerufen werden können.

(2) ¹Im Falle einer Bekanntmachung über das Bestehen eines Qualifizierungssystems nach § 37 ist dieser Zugang unverzüglich, spätestens zum Zeitpunkt der Absendung der Aufforderung zur Angebotsabgabe oder zu Verhandlungen anzubieten. ²Der Text der Bekanntmachung oder dieser Aufforderung muss die Internetadresse, über die diese Vergabeunterlagen abrufbar sind, enthalten.

(3) ¹Der Auftraggeber kann die Vergabeunterlagen auf einem anderen geeigneten Weg zur Verfügung stellen oder übermitteln, wenn die erforderlichen elektronischen Mittel zum Abruf der Unterlagen
1. aufgrund der besonderen Art der Auftragsvergabe nicht mit allgemein verfügbaren oder verbreiteten Geräten und Programmen der Informations- und Kommunikationstechnologie kompatibel sind,
2. Dateiformate zur Beschreibung der Angebote verwenden, die nicht mit allgemein verfügbaren oder verbreiteten Programmen verarbeitet werden können oder die durch andere als kostenlose und allgemein verfügbare Lizenzen geschützt sind, oder
3. die Verwendung von Bürogeräten voraussetzen, die Auftraggebern nicht allgemein zur Verfügung stehen.

²Die Angebotsfrist wird in diesen Fällen um fünf Tage verlängert, sofern nicht ein Fall hinreichend begründeter Dringlichkeit gemäß § 14 Absatz 3 vorliegt oder die Frist gemäß § 15 Absatz 3 im gegenseitigen Einvernehmen festgelegt wurde.

(4) ¹Der Auftraggeber gibt in der Auftragsbekanntmachung oder der Aufforderung zur Interessensbestätigung oder, sofern eine Bekanntmachung über das Bestehen eines Qualifizierungssystems erfolgt, in den Vergabeunterlagen an, welche Maßnahmen er zum Schutz der Vertraulichkeit von Informationen anwendet und wie auf die Vergabeunterlagen zugegriffen werden kann. ²Die Angebotsfrist wird in diesen Fällen um fünf Tage verlängert, es sei denn, die Maßnahme zum Schutz der Vertraulichkeit besteht ausschließlich in der Abgabe einer Verschwiegenheitserklärung, es liegt ein Fall hinreichend begründeter Dringlichkeit gemäß § 14 Absatz 3 vor oder die Frist wurde gemäß § 15 Absatz 3 im gegenseitigen Einvernehmen festgelegt.

---

[6] VK Bund Beschl. v. 19.10.2018 – VK 1-93/18, BeckRS 2018, 28715.
[7] Vgl. nur OLG Schleswig Beschl. v. 28.1.2021 – 54 Verg 6/20, BeckRS 2021, 1212; OLG Frankfurt a. M. Beschl. v. 8.5.2012 – 11 Verg 2/12, BeckRS 2012, 10701; OLG Düsseldorf Beschl. v. 31.3.2004 – VII-Verg 74/03, BeckRS 2004, 18443; VK Baden-Württemberg Beschl. v. 6.8.2003 – 1 VK 31/03, IBRRS 2003, 3107 und VK Hessen Beschl. v. 8.2.2012 – 69d VK-02/2012, IBRRS 2012, 0812.
[8] Vgl. *Dietlein/Fandrey* in Gabriel/Krohn/Neun VergabeR-HdB § 8 Rn. 22.

Übersicht

		Rn.			Rn.
I.	Bedeutung der Norm	1	V.	Schutz der Vertraulichkeit (Abs. 4)	9
II.	Elektronische Bereitstellung der Vergabeunterlagen	3	1.	Normzweck	9
III.	Besonderheiten bei der Bekanntmachung eines Qualifizierungssystems (Abs. 2)	6	2.	„Vertraulichkeit" von Unterlagen	10
			3.	Maßnahmen zur Gewährleistung der Vertraulichkeit	11
IV.	Ausnahmen von der elektronischen Bereitstellung der Vergabeunterlagen (Abs. 3)	7	4.	Pflicht zur Fristverlängerung	13

I. Bedeutung der Norm

1 § 41 setzt Art. 73 Sektoren-RL um und regelt die Bereitstellung der Vergabeunterlagen, insbesondere in elektronischer Form. Die Vorschrift bezweckt einerseits die zeitliche Beschleunigung von Vergabeverfahren; gleichzeitig dient sie aber auch der Gleichbehandlung von Bewerbern/Bietern und der Einhaltung von **Transparenz** und **Geheimwettbewerb**.

2 § 41 entspricht, abgesehen von Abs. 2, inhaltlich weitgehend § 41 VgV, sodass auf die Kommentierung dieser Vorschrift ergänzend verwiesen werden kann (→ VgV § 41 Rn. 1 ff.). Allerdings bestehen zwischen beiden Vorschriften einige begriffliche Unterschiede. So wird in § 41 anstelle des Begriffs „öffentliche Auftraggeber" der weitere, auch Sektorenauftraggeber einschließende Begriff „Auftraggeber" verwendet (zur Unterscheidung der Begriffe → GWB § 98 Rn. 3). Außerdem ersetzt der Begriff „regelmäßige nicht verbindliche Bekanntmachung" gem. § 36 den in § 40 VgV verwendeten Begriff der „Vorinformation" gem. § 38 VgV. Schließlich bezieht § 41 überdies auch Bekanntmachungen über das Bestehen von Qualifikationssystemen in seinen Anwendungsbereich ein, die dem Regelungsregime der VgV generell fremd sind (→ § 37 Rn. 1).

II. Elektronische Bereitstellung der Vergabeunterlagen

3 Ausgehend vom Wortlaut verpflichtet § 41 den Auftraggeber zunächst nur, bereits in der Auftragsbekanntmachung oder – im Falle der Einleitung des Verfahrens durch eine regelmäßige nicht verbindliche Bekanntmachung iSd § 36 Abs. 4 – in der Aufforderung zur Interessensbestätigung eine elektronische Adresse anzugeben, unter der die interessierten Unternehmen die Vergabeunterlagen **unentgeltlich, uneingeschränkt, vollständig** und **direkt** (→ VgV § 41 Rn. 13 ff.) abrufen können. Als elektronische Adresse iSd Vorschrift sind dabei nach zutreffender Auffassung nur URL-Adressen, nicht aber auch E-Mail-Adressen zulässig.[1] Mit der Pflicht zur Angabe einer entsprechenden elektronischen Adresse geht jedoch über den ausdrücklichen Wortlaut des § 41 hinaus auch die Pflicht einher, die Vergabeunterlagen tatsächlich bereits mit dem Zeitpunkt der Veröffentlichung der Auftragsbekanntmachung bzw. des Versands der Aufforderung zur Interessensbestätigung allen interessierten Unternehmen über die mitgeteilte elektronische Adresse zur Verfügung zu stellen. Dies folgt nicht zuletzt aus Art. 73 Sektoren-RL, dessen Umsetzung § 41 dienen soll, und der folgenden Wortlaut hat: „Die Auftraggeber bieten ab dem Tag der Veröffentlichung der Bekanntmachung gemäß Artikel 71 oder dem Tag der Absendung der Aufforderung zur Interessensbestätigung unentgeltlich einen uneingeschränkten und vollständigen elektronischen Zugang zu den Auftragsunterlagen an".

4 Die Pflicht zur unentgeltlichen, uneingeschränkten, vollständigen und direkten Bereitstellung der Vergabeunterlagen bereits mit der Auftragsbekanntmachung bzw. der Aufforderung zur Interessensbestätigung gilt namentlich auch dann, wenn der Auftraggeber ein **zweistufiges Verfahren mit vorgeschaltetem Teilnahmewettbewerb** wählt.[2] Auch in solchen Fällen müssen die Vergabeunterlagen grundsätzlich bereits mit dem Beginn des Teilnahmewettbewerbs vollständig zur Verfügung gestellt werden; dies schließt insbesondere auch die erst für das nachgelagerte Angebotsverfahren maßgeblichen Bestandteile der Vergabeunterlagen, wie die Leistungsbeschreibung und die Zuschlagskriterien, ein.[3] Nach dem OLG Düsseldorf gilt insoweit allerdings – jedenfalls für die Rechtslage nach der VgV – eine Einschränkung dergestalt, dass die für das Angebotsverfahren geltenden Vergabeunterlagen zum Beginn des Teilnahmewettbewerbs nur bereit gestellt werden müssen, wenn und soweit die betreffenden Unterlagen von den Wirtschaftsteilnehmern benötigt werden, um eine

---

[1] Ausf. hierzu Greb/Müller/*Honekamp* Rn. 14 f.
[2] Ebenso – wenn auch inhaltlich krit. – Greb/Müller/*Honekamp* Rn. 24 ff.
[3] Vgl. OLG München Beschl. v. 13.3.2017 – Verg 15/16, BeckRS 2017, 105111 Rn. 47.

Entscheidung über die Teilnahme am Vergabeverfahren treffen zu können.[4] Diese Rechtsprechung, die zweifellos für die Praxis erstrebenswerte Erleichterungen zur Folge hätte, ist allerdings in der Literatur zurecht als nicht mit dem Wortlaut der maßgeblichen Bestimmungen des EU- und nationalen Rechts in Einklang stehend kritisiert worden.[5] Noch dazu lässt sich die Argumentation des OLG Düsseldorf auf die Rechtslage nach der SektVO nicht ohne Weiteres übertragen.[6] Auftraggebern ist daher – jedenfalls außerhalb des Zuständigkeitsbereichs des OLG Düsseldorf – anzuraten, an der Veröffentlichung sämtlicher Auftragsunterlagen bereits zum Zeitpunkt der Bekanntmachung der Vergabe im EU-Amtsblatt festzuhalten.

Besonderheiten ergeben sich jedoch für den Fall der Einleitung eines zweistufigen Verfahrens 5 mittels einer **Bekanntmachung eines Qualifizierungssystems** (→ Rn. 6) und bei der Einleitung des Vergabeverfahrens durch eine **regelmäßige nicht verbindliche Bekanntmachung** im Einklang mit § 36 Abs. 4 (→ § 36 Rn. 9). Hier reicht es aus, wenn die elektronische Adresse, unter der die Vergabeunterlagen verfügbar sind, nicht bereits in der verfahrenseinleitenden Bekanntmachung selbst, sondern erst in den Vergabeunterlagen bzw. der Aufforderung zur Interessensbestätigung mitgeteilt wird. Die Bekanntmachung gem. § 36 Abs. 4 bzw. gem. § 37 bietet daher Vorteile gerade auch für solche Verfahren, in denen der Auftraggeber die Vergabeunterlagen möglichst nicht einem unbeschränkten Kreis Interessierter zugänglich machen will (zum Schutz der Vertraulichkeit der Vergabeunterlagen auch → Rn. 9 ff.).

III. Besonderheiten bei der Bekanntmachung eines Qualifizierungssystems (Abs. 2)

Abs. 2 regelt den Zeitpunkt und den Inhalt der Mitteilung über die Verfügbarkeit der Vergabeunterlagen im Falle einer Bekanntmachung über das Bestehen eines Qualifizierungssystems iSd § 37. Da eine solche Bekanntmachung regelmäßig nicht nur eine konkrete Beschaffung, sondern mehrere gleichartige, ggf. auch nur potenzielle Beschaffungen des Auftraggebers innerhalb eines bestimmten Zeitraums betrifft (→ § 37 Rn. 1), können und müssen die Vergabeunterlagen der einzelnen Beschaffungen naturgemäß noch nicht unmittelbar zum Zeitpunkt der Bekanntmachung des Qualifizierungssystems bereitgestellt werden. Stattdessen ist der Zugang zu den Vergabeunterlagen iSd Abs. 1 den interessierten Unternehmen in diesem Fall unverzüglich – dh „ohne schuldhaftes Zögern"[7] –, spätestens aber zum Zeitpunkt der Absendung der Aufforderung zur Angebotsabgabe oder zu Verhandlungen zur Verfügung zu stellen. Die Verwendung von Qualifizierungssystemen ist damit grundsätzlich ein geeignetes Instrument, um zum einen den **Kreis der Zugangsberechtigten zu den Vergabeunterlagen** zu begrenzen (nämlich auf die qualifizierten Unternehmen) und zum anderen den Zeitpunkt der Zurverfügungstellung der Vergabeunterlagen weiter als sonst nach hinten zu verschieben. Sind die Vergabeunterlagen einmal fertig gestellt, so darf die Zurverfügungstellung an die qualifizierten Unternehmen jedoch nicht willkürlich weiter hinausgeschoben werden. Auch im Verhandlungsverfahren ist außerdem der Zeitpunkt der Aufforderung zur Angebotsabgabe tatsächlich der spätestmögliche Zeitpunkt für die Mitteilung des Zugangs zu den vollständigen Vergabeunterlagen. Die in Abs. 2 S. 1 genannte Alternative der Mitteilung spätestens mit der Aufforderung zu Verhandlungen dürfte demgegenüber nur für das Verfahren der Innovationspartnerschaft in Betracht kommen, bei der Verhandlungen stattfinden können, noch bevor die Bieter überhaupt ein erstes (indikatives) Angebot abgegeben haben.

IV. Ausnahmen von der elektronischen Bereitstellung der Vergabeunterlagen (Abs. 3)

Abs. 3 S. 1 legt fest, in welchen Ausnahmefällen der Auftraggeber die Vergabeunterlagen aus 7 anderen als mit der Vertraulichkeit der Angebote zusammenhängenden Gründen auf nicht elektronischem Weg zur Verfügung stellen oder übermitteln darf. Die einzelnen Ausnahmetatbestände des Abs. 3 S. 1 Nr. 1–3 entsprechen inhaltlich § 41 Abs. 2 S. 1 VgV. Insoweit wird daher auf die Kommentierung zu dieser Vorschrift verwiesen (→ VgV § 41 Rn. 21 ff.).

Abs. 3 S. 2 sieht vor, dass die Angebotsfrist für den Fall, dass die Vergabeunterlagen nicht auf 8 elektronischem Wege zur Verfügung gestellt oder übermittelt werden, um fünf Tage zu verlängern ist. Damit sollen die mit der Zurverfügungstellung/Übermittlung der Unterlagen mit anderen als elektronischen Mitteln einhergehenden Zeitverzögerungen ausgeglichen werden. Ausnahmen von der **Fristverlängerungspflicht** bestehen allerdings – insoweit wiederum in Übereinstimmung mit § 41 Abs. 2 S. 2 VgV (→ VgV § 41 Rn. 20) – in Fällen begründeter Dringlichkeit gem. § 14

---

[4] OLG Düsseldorf Beschl. v. 17.10.2018 – Verg 26/18, BeckRS 2018, 29322.
[5] Vgl. *Wichmann* VergabeR 2019, 180 (187 ff.).
[6] Dennoch genauso auch für die Rechtslage nach der SektVO VK Bund Beschl. v. 4.9.2019 – VK 2-64/19, BeckRS 2019, 25570.
[7] Die Sektoren-RL spricht in Art. 73 Abs. 1 UAbs. 2 Sektoren-RL von „so schnell wie möglich".

Abs. 3. Über die Parallelvorschrift der VgV hinaus entfällt im Bereich der SektVO außerdem die Verlängerungspflicht auch dann, wenn die Angebotsfrist gem. § 15 Abs. 3 im Einvernehmen mit den Bietern festgelegt wurde.

V. Schutz der Vertraulichkeit (Abs. 4)

9 **1. Normzweck.** Abs. 4 dient der Umsetzung von Art. 73 Abs. 1 UAbs. 3 Sektoren-RL. Dieser sieht vor, dass es Auftraggebern, die von der Möglichkeit Gebrauch machen wollen, im Einklang mit Art. 39 Abs. 2 Sektoren-RL Anforderungen zur Sicherstellung der Vertraulichkeit von Vergabeunterlagen aufzustellen, gestattet ist, von dem Angebot eines unentgeltlichen, uneingeschränkten und vollständigen direkten elektronischen Zugangs zu bestimmten Auftragsunterlagen abzusehen. Die Auftraggeber geben dann stattdessen in der Bekanntmachung bzw. der Aufforderung zur Interessensbestätigung oder – sofern der Aufruf zum Wettbewerb durch eine Bekanntmachung über das Bestehen eines Qualifizierungssystems erfolgt – in den Auftragsunterlagen an, welche **Maßnahmen zum Schutz der Vertraulichkeit** der Informationen sie fordern und wie auf die betreffenden Dokumente zugegriffen werden kann.

10 **2. „Vertraulichkeit" von Unterlagen.** Bei der Frage, welche Teile der Vergabeunterlagen als vertraulich anzusehen sind, kommt dem Auftraggeber ein Beurteilungsspielraum zu, der durch die Vergabenachprüfungsinstanzen nur eingeschränkt überprüft werden kann. In Betracht kommen hier in erster Linie solche Unterlagen, deren **Geheimhaltung im öffentlichen Interesse** geboten ist (etwa die Geheimhaltung von Bau- und Lageplänen zur Verhinderung von Terrorgefahren). In Anlehnung an die vergaberechtliche Rechtsprechung betreffend den **Schutz von Betriebs- und Geschäftsgeheimnissen** des Auftraggebers bei der Geltendmachung von Akteneinsichtsrechten im Vergabenachprüfungsverfahren dürften jedoch darüber hinaus auch solche Unterlagen in Betracht kommen, die nach dem erkennbaren Willen des Auftraggebers geheim gehalten werden sollen, die ferner nur einem begrenzten Personenkreis bekannt und damit nicht offenkundig sind und hinsichtlich derer der Auftraggeber als Geheimnisträger deshalb ein sachlich berechtigtes Geheimhaltungsinteresse hat, weil deren Aufdeckung der Tatsachen geeignet wäre, dem Auftraggeber wirtschaftlichen Schaden zuzufügen.[8] Ähnlich definiert auch das **Gesetz zum Schutz von Geschäftsgeheimnissen,** das im April 2019 in Kraft getreten ist, den Begriff des Geschäftsgeheimnisses; auch daran wird man sich orientieren können.

11 **3. Maßnahmen zur Gewährleistung der Vertraulichkeit.** Stuft der Auftraggeber alle oder einzelne Vergabeunterlagen als vertraulich ein, obliegt es damit dem Auftraggeber, die **Zugriffsmöglichkeiten** festzulegen, mit denen sein Schutzbedürfnis erreicht wird. Denkbar ist zum Beispiel, dass Teile der Vergabeunterlagen nur denjenigen interessierten Unternehmen zur Verfügung gestellt werden, die sich im Rahmen eines Teilnahmewettbewerbs als für die Auftragsdurchführung grundsätzlich geeignet erwiesen haben[9] oder die im Einklang mit § 5 Abs. 3 eine **Verschwiegenheitserklärung** abgegeben haben.[10]

12 Ausweislich der amtlichen Begründung zu Abs. 4 sollen von der Vorschrift allerdings vor allem auch die Fälle erfasst sein, in denen zwar bei Verwendung allgemein verfügbarer elektronischer Mittel das erforderliche Datenschutzniveau nicht sichergestellt wäre, in denen jedoch die kombinierte Verwendung elektronischer, alternativer elektronischer und/oder anderer als elektronischer Mittel dieses sichern kann. Bei besonders sensiblen Daten soll Auftraggebern daher die Verwendung spezieller, sicherer elektronischer Kommunikationskanäle oder – im Ausnahmefall – gar die Verwendung anderer als elektronischer Mittel zur Zugänglichmachung der betreffenden Teile der Vergabeunterlagen gestattet sein.[11] Allerdings wird auch in solchen Fällen die Vertraulichkeit der Unterlagen wohl nur dann hinreichend gewährleistet sein, wenn der Zugang zu den sicheren Kommunikationskanälen bzw. zu den mit anderen als elektronischen Mitteln bereitgestellten Vergabeunterlagen nicht einschränkungslos jedem interessierten Unternehmen bzw. jeder interessierten sonstigen Einheit oder Person zur Verfügung gestellt werden muss. Es kann also auch in solchen Fällen nur um eine Kombination aus Änderung der **Kommunikationswege** einerseits und Festlegung von einschränkenden Merkmalen für die **Zugangsberechtigten** andererseits gehen. Andernfalls liefe die Vorschrift letztlich ins Leere.

13 **4. Pflicht zur Fristverlängerung.** Wenn der Auftraggeber aus Gründen des Vertraulichkeitsschutzes die Vergabeunterlagen oder Teile hiervon unentgeltlich, uneingeschränkt, vollständig

---

[8] Vgl. OLG Düsseldorf Beschl. v. 28.12.2007 – Verg 40/07, BeckRS 2008, 00742.
[9] So auch *Röwekamp* in KKMPP VgV § 5 Rn. 11.
[10] Ebenso Greb/Müller/*Dietlein* § 5 Rn. 18.
[11] Amtl. Begr. zu § 41 Abs. 4, BT-Drs. 18/7318, 236.

und direkt über eine Internet-Adresse zum Download zur Verfügung stellt, so ist nach Abs. 4 S. 2 die Angebotsfrist regelmäßig um fünf Tage zu verlängern. Ausnahmen von der Pflicht zur Fristverlängerung gelten jedoch (wie in den Ausnahmefällen des Abs. 3, → Rn. 8) in Fällen hinreichend begründeter Dringlichkeit iSd § 14 Abs. 3 und wenn die Angebotsfrist gem. § 15 Abs. 3 im gegenseitigen Einvernehmen festgelegt wurde. Eine Ausnahme von der Verlängerungspflicht gilt überdies auch dann, wenn dem Schutzbedürfnis des Auftraggebers allein durch die Abgabe einer **Verschwiegenheitserklärung** der interessierten Unternehmen genügt wird. Nach der amtlichen Begründung wäre eine Pflicht zur Fristverlängerung in diesem Fall überzogen, da die Abgabe einer solchen Erklärung für die interessierten Unternehmen nur mit sehr geringem Mehraufwand verbunden sei.[12] Allerdings kann diese Begründung nur dann Geltung beanspruchen, wenn die Abgabe einer Verschwiegenheitserklärung unmittelbar über die Internetseite erfolgen kann, auf der die Vergabeunterlagen hinterlegt sind – zB durch das Setzen eines Häkchens an der entsprechenden Stelle – und wenn sodann keine weiteren Zwischenschritte notwendig sind, um an die Vergabeunterlagen zu gelangen. Muss eine Verschwiegenheitserklärung dagegen zB in Textform an den Auftraggeber gesandt werden, welcher diese Erklärung sodann zunächst prüft und anschließend – abhängig von dem Ergebnis der Prüfung – über die Freischaltung oder anderweitige Zugänglichmachung der Vergabeunterlagen entscheidet, so wird eine Fristverlängerung regelmäßig angezeigt sein, um den Interessen der Bieter hinreichend Rechnung zu tragen.

§ 42 Aufforderung zur Interessensbestätigung, zur Angebotsabgabe, zur Verhandlung oder zur Teilnahme am Dialog

(1) Ist ein Teilnahmewettbewerb durchgeführt worden, wählt der Auftraggeber Bewerber aus, die er auffordert, in einem nicht offenen Verfahren ein Angebot oder in einem Verhandlungsverfahren ein Erstangebot einzureichen und darüber zu verhandeln, am wettbewerblichen Dialog teilzunehmen oder an Verhandlungen im Rahmen einer Innovationspartnerschaft teilzunehmen.

(2) ¹Die Aufforderung nach Absatz 1 enthält mindestens:
1. einen Hinweis auf die veröffentlichte Auftragsbekanntmachung,
2. den Tag, bis zu dem ein Angebot eingehen muss, die Anschrift der Stelle, bei der es einzureichen ist, die Art der Einreichung sowie die Sprache, in der es abzufassen ist,
3. beim wettbewerblichen Dialog den Termin und den Ort des Beginns der Dialogphase sowie die verwendete Sprache,
4. die Bezeichnung der gegebenenfalls beizufügenden Unterlagen, sofern nicht bereits in der Auftragsbekanntmachung enthalten,
5. die Gewichtung der Zuschlagskriterien oder gegebenenfalls die Kriterien in der absteigenden Rangfolge ihrer Bedeutung, sofern nicht bereits in der Auftragsbekanntmachung oder der Aufforderung zur Interessensbestätigung enthalten.

²Bei öffentlichen Aufträgen, die in einem wettbewerblichen Dialog oder im Rahmen einer Innovationspartnerschaft vergeben werden, sind die in Satz 1 Nummer 2 genannten Angaben nicht in der Aufforderung zur Teilnahme am Dialog oder an den Verhandlungen aufzuführen, sondern zu einem späteren Zeitpunkt in der Aufforderung zur Angebotsabgabe.

(3) ¹Im Falle einer regelmäßigen nicht verbindlichen Bekanntmachung nach § 36 Absatz 4 fordert der Auftraggeber gleichzeitig alle Unternehmen, die eine Interessensbekundung übermittelt haben, nach § 36 Absatz 5 auf, ihr Interesse zu bestätigen. ²Diese Aufforderung umfasst zumindest folgende Angaben:
1. Umfang des Auftrags, einschließlich aller Optionen auf zusätzliche Aufträge, und, sofern möglich, eine Einschätzung der Frist für die Ausübung dieser Optionen; bei wiederkehrenden Aufträgen Art und Umfang und, sofern möglich, das voraussichtliche Datum der Veröffentlichung zukünftiger Auftragsbekanntmachungen für die Liefer- oder Dienstleistungen, die Gegenstand des Auftrags sein sollen,
2. Art des Verfahrens,
3. gegebenenfalls Zeitpunkt, an dem die Lieferleistung erbracht oder die Dienstleistung beginnen oder abgeschlossen sein soll,
4. Internetadresse, über die die Vergabeunterlagen unentgeltlich, uneingeschränkt und vollständig direkt verfügbar sind,

---
[12] Amtl. Begr. zu § 41 Abs. 4, BT-Drs. 18/7318, 236.

5. falls kein elektronischer Zugang zu den Vergabeunterlagen bereitgestellt werden kann, Anschrift und Schlusstermin für die Anforderung der Vergabeunterlagen sowie die Sprache, in der diese abgefasst sind,
6. Anschrift des öffentlichen Auftraggebers, der den Zuschlag erteilt,
7. alle wirtschaftlichen und technischen Anforderungen, finanziellen Sicherheiten und Angaben, die von den Unternehmen verlangt werden,
8. Art des Auftrags, der Gegenstand des Vergabeverfahrens ist, und
9. die Zuschlagskriterien sowie deren Gewichtung oder gegebenenfalls die Kriterien in der Rangfolge ihrer Bedeutung, wenn diese Angaben nicht in der regelmäßigen nicht verbindlichen Bekanntmachung oder den Vergabeunterlagen enthalten sind.

Übersicht

	Rn.		Rn.
I. Bedeutung der Norm	1	b) Formale Anforderungen an die Angebote (Nr. 2)	5
II. Aufforderung der Teilnehmer am Vergabeverfahren (Abs. 1)	2	c) Einzelheiten der Dialogphase (Nr. 3)	6
III. Mindestinhalte der Aufforderung der Teilnehmer am Vergabeverfahren (Abs. 2)	3	d) Bezeichnung der ggf. beizufügenden Unterlagen (Nr. 4)	7
		e) Gewichtung der Zuschlagskriterien (Nr. 5)	8
1. Normzweck	3	IV. Mindestinhalte der Aufforderung zur Interessensbestätigung (Abs. 3)	13
2. Mindestinhalte	4	1. Allgemeines	13
a) Hinweis auf die Auftragsbekanntmachung (Nr. 1)	4	2. Mindestinhalte	14

I. Bedeutung der Norm

1 § 42 definiert in den Abs. 1 und 2 für die verschiedenen, mit einem Teilnahmewettbewerb versehenen Verfahrensarten der SektVO die Mindestanforderungen des Auftraggebers an die Aufforderung zur Angebotsabgabe (im nicht offenen und im Verhandlungsverfahren) bzw. zur Teilnahme am Dialog (im wettbewerblichen Dialogverfahren) oder an Verhandlungen (im Rahmen einer Innovationspartnerschaft). Abs. 3 enthält demgegenüber die Mindestanforderungen an die Aufforderung zur Interessensbestätigung in Fällen, in denen der Auftraggeber im Einklang mit § 36 Abs. 4 das Vergabeverfahren durch eine regelmäßige nicht verbindliche Bekanntmachung als Aufruf zum Wettbewerb eingeleitet hat (→ § 36 Rn. 5 ff.). § 42 dient der Umsetzung von Art. 74 Sektoren-RL und Anhang XIII Sektoren-RL. Durch die vorgesehenen Mindestanforderungen sollen jeweils die Gleichbehandlung der Bieter und die Transparenz des Verfahrens sichergestellt werden. § 42 entspricht inhaltlich § 52 VgV, weshalb ergänzend auch auf die Kommentierung zu dieser Vorschrift verwiesen werden kann (→ VgV § 52 Rn. 1 ff.).

II. Aufforderung der Teilnehmer am Vergabeverfahren (Abs. 1)

2 Im nicht offenen Verfahren, im Verhandlungsverfahren sowie im wettbewerblichen Dialog und in der Innovationspartnerschaft folgt die Aufforderung zur Angebotsabgabe oder zur Teilnahme am Dialog bzw. zu Verhandlungen im Anschluss an den Teilnahmewettbewerb. Der Auftraggeber fordert daher nur diejenigen Unternehmen zur weiteren Teilnahme am Vergabeverfahren auf, die er im **Teilnahmewettbewerb** anhand der bekannt gemachten Eignungskriterien ausgewählt hat. Eine Begrenzung der Zahl der Teilnehmer am weiteren Vergabeverfahren ist unter den in § 45 Abs. 3 genannten Voraussetzungen (→ § 45 Rn. 8 ff.) zulässig. Zum weiteren Verfahren können ausschließlich Bewerber aufgefordert werden, die bereits am vorangegangenen Teilnahmewettbewerb teilgenommen haben.

III. Mindestinhalte der Aufforderung der Teilnehmer am Vergabeverfahren (Abs. 2)

3 **1. Normzweck.** Abs. 2 regelt die sich aus Anhang XIII Sektoren-RL ergebenden Mindestinhalte der Aufforderung zur Angebotsabgabe, zu Verhandlungen oder zur Teilnahme am Dialog. Die Festlegung solcher Mindestinhalte der jeweiligen Aufforderungen stellt sicher, dass alle Unternehmen in gleicher Weise und damit nichtdiskriminierend über den weiteren Verfahrensablauf informiert werden. Der Mindestinhalt ist grundsätzlich auch dann einzuhalten, wenn die Angaben oder Teile davon bereits in der veröffentlichten Auftragsbekanntmachung oder den sonstigen Vergabeunterla-

III. Mindestinhalte der Aufforderung der Teilnehmer am Vergabeverfahren (Abs. 2) 4–9 § 42 SektVO

gen – wie beispielsweise gesonderten Bewerbungsbedingungen – enthalten waren. Etwas anderes gilt nur für die Mindestinhalte gem. Abs. 2 Nr. 4 und Nr. 5 (→ Rn. 7 ff.). Darüber hinaus steht es Auftraggebern natürlich frei, weitere Inhalte in die Aufforderungsschreiben zu übernehmen.[1]

2. Mindestinhalte. a) Hinweis auf die Auftragsbekanntmachung (Nr. 1). Abs. 2 S. 1 Nr. 1 fordert einen Hinweis auf die veröffentlichte Auftragsbekanntmachung. Insoweit reicht die Benennung des Aktenzeichens, unter dem die Ausschreibung im elektronischen EU-Amtsblatt veröffentlicht worden ist.[2]   4

b) Formale Anforderungen an die Angebote (Nr. 2). Die Mindestinhalte gem. Abs. 2 S. 1 Nr. 2 beziehen sich auf die Formalien der Einreichung von Angeboten (Frist, Anschrift, Art der Einreichung und Sprache). Hier ist zu beachten, dass diese Mindestinhalte naturgemäß nicht in die Aufforderung zur Teilnahme am Dialog im Rahmen eines wettbewerblichen Dialogs iSd § 17 bzw. zur Teilnahme an Verhandlungen im Rahmen einer Innovationspartnerschaft iSd § 18 aufgenommen werden können und müssen, da dort jeweils zunächst gar keine Angebote einzureichen sind. Dies wird in § 2 Abs. 2 S. 2 auch noch einmal explizit klargestellt. Beim wettbewerblichen Dialog ist dafür die Anforderung des Abs. 2 S. 1 Nr. 3 zu beachten, die nur in dieser Verfahrensart gilt (→ Rn. 6).   5

c) Einzelheiten der Dialogphase (Nr. 3). Nach Nr. 3 muss die Aufforderung nach Abs. 1 beim wettbewerblichen Dialog den Termin und den Ort des Beginns der Dialogphase sowie die verwendete Sprache benennen. Eine vergleichbare Vorschrift, die die Benennung von Termin, Ort und Sprache der Verhandlungen im Rahmen einer Innovationspartnerschaft fordert, enthält die SektVO nicht.   6

d) Bezeichnung der ggf. beizufügenden Unterlagen (Nr. 4). Die in Abs. 2 S. 1 Nr. 4 geforderten Angaben zu den ggf. beizufügenden Unterlagen müssen im Aufforderungsschreiben nur dann enthalten sein, wenn sie nicht bereits in der Auftragsbekanntmachung enthalten waren. In der Praxis wird es sich freilich dennoch regelmäßig anbieten, auch in dem Aufforderungsschreiben bereits enthaltene Angaben im Aufforderungsschreiben noch einmal zu wiederholen und ggf. inhaltlich zu präzisieren. Allerdings ist sorgsam darauf zu achten, dass die Anforderungen der Auftragsbekanntmachung in solchen Fällen nicht durch das Aufforderungsschreiben inhaltlich erweitert oder abgeändert werden. Eine solche nachträgliche Abänderung ist aus Gründen der Transparenz und Gleichbehandlung unzulässig. Unterlagen, die nicht in der Auftragsbekanntmachung, sondern erst im Aufforderungsschreiben genannt werden, gelten als nicht gefordert.[3] Widersprüche zwischen Auftragsbekanntmachung und Vergabeunterlagen gehen zulasten des Auftraggebers.[4]   7

e) Gewichtung der Zuschlagskriterien (Nr. 5). aa) Allgemeines. Auch die in Abs. 2 S. 1 Nr. 5 genannten Mindestinhalte betreffend die Gewichtung der gewählten Zuschlagskriterien sind nur dann einschlägig, wenn sie nicht bereits in der Auftragsbekanntmachung bzw. – wenn das Verfahren durch eine regelmäßige nicht verbindliche Bekanntmachung iSd § 36 Abs. 4 eingeleitet wurde – im Einklang mit Abs. 3 S. 2 Nr. 9 in der Aufforderung zur Interessensbestätigung enthalten waren. Dies entspricht den Vorgaben in § 52 Abs. 3 (→ § 52 Rn. 17).   8

bb) Mitteilungspflichten im Hinblick auf die Zuschlagskriterien. Abs. 2 S. 1 Nr. 5 fordert dem Wortlaut nach zunächst lediglich die Bekanntgabe der **Gewichtung** der Zuschlagskriterien bzw. deren Bedeutung in absteigender Reihenfolge. Auch die genaue Bezeichnung der Zuschlagskriterien und der zu ihrer Präzisierung ggf. gewählten **Unterkriterien** sowie deren Binnengewichtung gehören jedoch zu dieser Kategorie.[5] Denn die genaue Kenntnis der Zuschlagskriterien und der damit verbundenen Erwartungen des Auftraggebers ist eine wesentliche Voraussetzung zur Einhaltung des Transparenzgebotes sowie der Gleichbehandlung der Unternehmen.[6] Die Zuschlagskriterien müssen daher so festgelegt und bestimmt sein, dass die Möglichkeit eines wirksamen Wettbewerbs gewährleistet wird, der Zuschlag nicht willkürlich erteilt werden kann und eine wirksame Überprüfung möglich ist, ob und inwieweit die Angebote die Zuschlagskriterien erfüllen (vgl. § 127 Abs. 4 GWB).   9

---

[1] Vgl. Ziekow/Völlink/*Völlink* VgV § 52 Rn. 5.
[2] Ziekow/Völlink/*Völlink* VgV § 52 Rn. 6.
[3] OLG Düsseldorf Beschl. v. 25.11.2002 – Verg 56/02, BeckRS 2004, 12170; VK Düsseldorf Beschl. v. 21.1.2009 – VK 43/2008-L, IBRRS 2009, 1091.
[4] OLG München Beschl. v. 21.4.2017 – Verg 2/17, BeckRS 2017, 107792; OLG Düsseldorf Beschl. v. 23.5.2012 – Verg 4/12, BeckRS 2012, 18207.
[5] OLG Celle Beschl. v. 2.2.2021 – 13 Verg 8/20, BeckRS 2021, 1036; OLG Düsseldorf Beschl. v. 22.12.2010 – VII-Verg 40/10, BeckRS 2011, 01658.
[6] Vgl. nur OLG Frankfurt a. M. Beschl. v. 23.6.2016 – 11 Verg 4/16, BeckRS 2016, 108409 und OLG Düsseldorf Beschl. v. 8.3.2017 – VII-Verg 39/16, BeckRS 2017, 106852.

10 Demgegenüber besteht nach der aktuellen EuGH-Rechtsprechung vom Ausgangspunkt her keine Pflicht des Auftraggebers, den potenziellen Bietern durch Veröffentlichung in der Auftragsbekanntmachung oder den Vergabeunterlagen auch die **Bewertungsmethode** zur Kenntnis zu bringen, anhand derer er eine konkrete Bewertung der Angebote hinsichtlich der festgelegten Zuschlagskriterien und ihrer Gewichtung vornimmt und eine Rangfolge für sie erstellt.[7] Allerdings dürfe, so der EuGH, der Auftraggeber die Bewertungsmethode regelmäßig nicht erst nach Angebotsöffnung festlegen und dürfe die Bewertungsmethode außerdem nicht zu einer Veränderung der bekannt gegebenen Gewichtungen führen und/oder Angaben enthalten, die, wenn sie vorab bekannt gegeben worden wären, die Inhalte der Angebote hätten beeinflussen können.[8] Da Notenskalen und Bewertungsregeln herkömmlicher Weise jedoch ganz erhebliche Auswirkungen auf den Inhalt der Angebote haben bzw. haben können,[9] wird das Regel-Ausnahme-Verhältnis betreffend die Bekanntgabe der Bewertungsmethode durch die vom EuGH aufgestellten einschränkenden Bedingungen für die Zurückhaltung von Bewertungsregeln letztlich wieder umgekehrt. In der Regel wird auf eine Bekanntmachung der Notenskalen und Bewertungsregeln spätestens mit dem Aufforderungsschreiben gem. § 42 Abs. 1 bzw. Abs. 3 nicht verzichtet werden können.[10]

11 Viel diskutiert worden ist in der jüngeren Vergangenheit schließlich über eine mögliche zusätzliche Pflicht der Auftraggeber, den Bietern neben den Zuschlagskriterien, deren Gewichtung und den jeweils angewendeten Bewertungsregeln ebenfalls noch alle Parameter mitzuteilen, die für die genaue Einordnung der Angebote innerhalb der vorhandenen Punkteskala von Relevanz sein sollen. Insbesondere das OLG Düsseldorf hatte die Forderung aufgestellt, dass es einem Bieter möglich sein müsse, anhand der in der Auftragsbekanntmachung oder im Aufforderungsschreiben mitgeteilten Informationen vorab sicher bestimmen zu können, wie viele Punkte er mit seinem Angebot in den einzelnen Zuschlagskriterien erzielen werde (sog. **„Schulnotenrechtsprechung"**).[11] Diese Rechtsprechung hat das OLG Düsseldorf jedoch zwischenzeitlich mit Blick auf die neuere EuGH-Rechtsprechung wieder aufgegeben.[12] Auch der BGH hat 2017 in einer Entscheidung auf Vorlage des OLG Dresden explizit festgestellt, dass es einer transparenten und wettbewerbskonformen Auftragsvergabe nicht entgegenstehe, wenn die Angebote der Bieter im Rahmen der Angebotswertung benotet würden und einen der jeweiligen Note zugeordneten Punktwert erhielten, ohne dass die Vergabeunterlagen weitere konkretisierende Angaben dazu enthielten, wovon die jeweils zu erreichende Punktzahl im Einzelnen abhängen solle. Allerdings müsse die Erwartungshaltung des Auftraggebers betreffend die einzelnen Kriterien klar aus den Anforderungen der Leistungsbeschreibung hervorgehen.[13]

12 **cc) Angabe der Zuschlagskriterien in absteigender Rangfolge.** Abs. 2 Nr. 5 sieht neben der Angabe einer Gewichtung der Zuschlagskriterien auch die Alternative der Angabe der Kriterien in einer absteigenden Rangfolge vor. Aus § 52 Abs. 2 S. 3 ergibt sich jedoch, dass die beiden Alternativen nicht gleichberechtigt nebeneinander stehen. Eine Angabe der Zuschlagskriterien in absteigender Rangfolge kommt danach vielmehr nur in Betracht, wenn die Gewichtung aus objektiven Gründen nicht möglich ist (→ § 52 Rn. 10). Dies kann zB bei einem wettbewerblichen Dialog der Fall sein, bei dem im Zeitpunkt der Aufforderung zur Teilnahme zum Dialog der genaue Auftragsgegenstand noch gar nicht feststeht und daher auch eine am Auftragsgegenstand ausgerichtete, sinnvolle Gewichtung der Zuschlagskriterien noch nicht möglich ist. Ähnliches gilt für das Verfahren der Innovationspartnerschaft im Zeitpunkt der Aufforderung zu Verhandlungen. Im Regelfall wird demgegenüber eine Gewichtung der Zuschlagskriterien – ggf. mittels einer Spanne (→ § 52 Rn. 17) – erforderlich sein.

IV. Mindestinhalte der Aufforderung zur Interessensbestätigung (Abs. 3)

13 **1. Allgemeines.** Abs. 3 dient der Umsetzung von Art. 74 Abs. 1 UAbs. 2 Sektoren-RL. S. 1 der Vorschrift bestimmt, dass der Auftraggeber im Falle einer regelmäßigen nicht verbindlichen Bekanntmachung als Aufruf zum Wettbewerb nach § 36 Abs. 4 gleichzeitig alle Unternehmen, die

---

[7] EuGH Urt. v. 14.7.2016 – C-6/15, IBRRS 2016, 2031 – Dimarso.
[8] EuGH Urt. v. 14.7.2016 – C-6/15, IBRRS 2016, 2031 – Dimarso.
[9] Näher hierzu Ferber Vergabe Navigator, Heft 6/2016, 10 ff.
[10] Gegen eine Pflicht zur Mitteilung von Preisumrechnungsformeln allerdings zuletzt noch OLG Rostock Beschl. v. 3.2.2021 – 17 Verg 6/20, BeckRS 2021, 2267 mwN.
[11] OLG Düsseldorf Beschl. v. 16.12.2015 – Verg 25/15, BeckRS 2016, 02641; OLG Düsseldorf Beschl. v. 15.6.2016 – Verg 49/15, BeckRS 2016, 12814.
[12] OLG Düsseldorf Beschl. v. 8.3.2017 – VII-Verg 39/16, IBRRS 2017, 1247.
[13] BGH Urt. v. 4.4.2017 – X ZB 3/17, IBRRS 2017, 1623; vgl. auch OLG Düsseldorf Beschl. v. 17.1.2018 – VII-Verg 39/17, BeckRS 2018, 680.

eine Interessensbekundung übermittelt haben, zur Bestätigung ihres Interesses auffordert. Damit wird letztlich der Regelungsinhalt von § 36 Abs. 5 S. 1 lediglich wiederholt (→ § 36 Rn. 11); allein die Anforderung der „Gleichzeitigkeit" des Versands der Aufforderung zur Interessensbestätigung geht über den Regelungsgehalt in Abs. 5 S. 1 hinaus. S. 2 der Vorschrift regelt demgegenüber in Anlehnung an Anhang XIII Nr. 2 Sektoren-RL, welche Angaben die Aufforderung der Interessensbestätigung mindestens enthalten muss.

2. Mindestinhalte. Da bei einer regelmäßigen nicht verbindlichen Bekanntmachung in aller Regel noch nicht sämtliche Informationen enthalten sind, die ein Unternehmen benötigt, um abschließend entscheiden zu können, ob es sich um einen konkreten Auftrag auf Grundlage dieser Bekanntmachung bewerben will oder nicht, müssen sich diese Informationen zwingend aus dem an die Unternehmen, die auf die regelmäßige nicht verbindliche Bekanntmachung hin ihr Interesse bekundet haben, gerichteten Aufforderungsschreiben zur Interessensbestätigung ergeben. Die insoweit erforderlichen Mindestangaben sind im Einzelnen in Abs. 3 Nr. 1–9 aufgeführt. Hierzu gehört vor allen Dingen auch die Mitteilung der **elektronischen Adresse**, unter der die Vergabeunterlagen **unentgeltlich, uneingeschränkt, vollständig und direkt** zum Abruf zur Verfügung stehen (→ § 36 Rn. 9 und → Rn. 11 sowie → § 41 Rn. 5). Fehlen einzelne der Mindestinhalte, so kann ein Bieter hiergegen mit Erfolg im Wege einer Rüge bzw. eines anschließenden Vergabenachprüfungsverfahrens vorgehen. 14

Auch wenn dies in Abs. 3 Nr. 1–9 nicht ausdrücklich als Mindestinhalt genannt wird, sollte den Unternehmen, die ihr Interesse bekundet haben, außerdem aus Gründen der Transparenz und Gleichbehandlung auch der Termin für den spätesten Eingang der Interessensbestätigungen mitgeteilt werden. Die **Frist für den Eingang der Interessensbestätigung** beträgt zwar stets einheitlich 30 Tage, gerechnet ab dem Tag der Absendung der Aufforderung zur Interessensbestätigung (vgl. § 36 Abs. 5 S. 3). Vor dem Hintergrund der hohen Bedeutung der für den Eingang der Interessensbestätigung gesetzten Frist erscheint es aber dennoch angezeigt, das Fristende ausdrücklich als Kalendertag bezeichnet den interessierten Unternehmen zur Kenntnis zu geben. 15

§ 43 Form und Übermittlung der Angebote, Teilnahmeanträge, Interessensbekundungen und Interessensbestätigungen

(1) Die Unternehmen übermitteln ihre Angebote, Teilnahmeanträge, Interessensbekundungen und Interessensbestätigungen in Textform nach § 126b des Bürgerlichen Gesetzbuchs mithilfe elektronischer Mittel.

(2) ¹Der Auftraggeber ist nicht verpflichtet, die Einreichung von Angeboten, Teilnahmeanträgen, Interessensbekundungen und Interessensbestätigungen mithilfe elektronischer Mittel zu verlangen, wenn auf die zur Einreichung erforderlichen elektronischen Mittel einer der in § 41 Absatz 3 genannten Gründe zutrifft oder wenn zugleich physische oder maßstabsgetreue Modelle einzureichen sind, die nicht elektronisch übermittelt werden können. ²In diesen Fällen erfolgt die Kommunikation auf dem Postweg oder auf einem anderen geeigneten Weg oder in Kombination von postalischem oder einem anderen geeigneten Weg und unter Verwendung elektronischer Mittel.

(3) Der Auftraggeber gibt im Vergabevermerk die Gründe an, warum die Angebote mithilfe anderer als elektronischer Mittel eingereicht werden können.

I. Bedeutung der Norm

§ 43 setzt Art. 40 Sektoren-RL um. Als Ausformung des in § 97 Abs. 5 GWB und § 9 enthaltenen Grundsatzes der **elektronischen Kommunikation** im Vergabeverfahren enthält § 43 in diesem Zusammenhang einerseits die Pflicht des Auftraggebers, die Einreichung von Angeboten, Teilnahmeanträgen, Interessensbekundungen und Interessensbestätigungen mithilfe elektronischer Mittel zu verlangen. Andererseits enthält die Vorschrift umgekehrt die Pflicht der am Verfahren beteiligten Unternehmen, Angebote, Teilnahmeanträge, Interessensbekundungen und Interessensbestätigungen mithilfe elektronischer Mittel zu übermitteln. Nur unter den Voraussetzungen des § 41 Abs. 3 – also in Fällen, in denen eine elektronische Kommunikation aus bestimmten technischen Gründen nicht oder jedenfalls nicht mit verhältnismäßigem Aufwand möglich ist – kann von der elektronischen Übermittlung ausnahmsweise abgesehen werden. Im Vergleich zur Rechtslage nach der SektVO 2009, welche es in das Ermessen des Auftraggebers stellte zu entscheiden, auf welchem Wege Angebote, Teilnahmeanträge und andere Unterlagen an den Auftraggeber zu übermitteln sein sollten (§ 5 SektVO 2009), legt § 43 nunmehr eine strenge und obligatorische Reihenfolge der zulässigen 1

Kommunikationswege fest und trägt damit dem Systemwechsel zur **e-Vergabe** Rechnung. § 43 entspricht fast wortgleich § 53 VgV, weshalb auf die Kommentierung zu dieser Vorschrift ergänzend verwiesen werden kann (→ VgV § 53 Rn. 1 ff.).

2 Für die in § 43 vorgesehenen Pflichten der Auftraggeber und Teilnehmer an einem Vergabeverfahren galten in Übereinstimmung mit Art. 106 Abs. 2 Sektoren-RL **Übergangsfristen**, die allerdings zwischenzeitlich abgelaufen sind. § 43 findet gem. § 64 für zentrale Beschaffungsstellen seit dem 18.4.2017 und im Übrigen seit dem 18.10.2018 Anwendung. Bis zu diesem Zeitpunkt konnten Auftraggeber dagegen auch noch die Übermittlung auf dem Postweg als zwingend oder optional vorsehen.

II. Übermittlung in Textform mithilfe elektronischer Mittel (Abs. 1)

3 Abs. 1 schreibt für die Übermittlung von Angeboten, Teilnahmeanträgen, Interessensbekundungen und Interessensbestätigungen die **Textform** nach § 126b BGB vor. Der Textform iSd § 126b BGB genügt jede lesbare Erklärung, in der die Person des Erklärenden genannt ist und die auf einem dauerhaften Datenträger abgegeben wird. Von der Schriftform des § 126 BGB unterscheidet sich die Textform damit vor allem dadurch, dass sie unterschriftslos ist.[1] Es genügt die einfache Benennung des Erklärenden, zum Beispiel durch eine faksimilierte Unterschrift, aber etwa auch im Kopf oder im Inhalt der Erklärung.[2] Auch eine **elektronische Signatur** ist nicht erforderlich, kann aber unter den in § 44 Abs. 1 genannten Gründen verlangt werden (→ § 44 Rn. 4 ff.).

4 Die Erklärung muss, um der Textform iSd § 126b BGB zu genügen, außerdem eindeutig abgeschlossen sein – etwa durch die (eingescannte) Unterschrift, das Faksimile oder auch eine Datumsangabe oder eine Grußformel am Ende der Erklärung[3] – und sie muss auf einem dauerhaften Datenträger abgegeben werden. Allerding schränkt § 43 Abs. 1 die Wahl des Datenträgers dergestalt ein, dass die Unterlagen grundsätzlich mithilfe elektronischer Mittel zu übertragen sind. Nur unter den weiteren Voraussetzungen des Abs. 2 kommt ausnahmsweise auch die Übertragung mithilfe anderer als elektronischer Mittel in Betracht. Schriftliche Angebote in Papierform, die Übersendung einer CD-ROM oder eines USB-Sticks oder auch das in der Praxis noch immer anzutreffende **Mantelbogenverfahren** – bei dem die Vergabeunterlagen zunächst mithilfe elektronischer Mittel an den Auftraggeber übermittelt werden und sodann der mit einem generierten Zahlencode versehene sog. „Mantelbogen" mit einer Originalunterschrift auf dem Postweg versendet wird – sind folglich, auch wenn sie der Textform iSd § 126b BGB zweifellos genügen, nur unter den in § 43 Abs. 2 (→ Rn. 8) und § 44 Abs. 2 (→ § 44 Rn. 16 ff.) genannten Voraussetzungen zulässig.

5 Bei der Wahl der zulässigen elektronischen Übertragungswege sind außerdem die weiteren Anforderungen an die elektronischen Mittel gem. §§ 9–12, insbesondere die Vorgaben zur Wahrung der Unversehrtheit, Vertraulichkeit und Echtheit der Daten sowie zum Sicherheitsniveau beim Empfang von Angeboten, Teilnahmeanträgen und Interessensbestätigungen, zu berücksichtigen. Die einfache Übermittlung per **E-Mail** oder **Computerfax** genügt diesen Anforderungen nicht; sie kommt damit wohl allenfalls für die allgemeine Kommunikation in einem Vergabeverfahren (zB zum Stellen von Fragen zum Verfahren) und für die Übermittlung von Interessensbekundungen in Betracht. Für die Übermittlung der Angebote, Teilnahmeanträge und Interessensbestätigungen wird dagegen die Nutzung eines **e-Vergabe-Portals** regelmäßig als zwingend vorgegeben werden müssen.

6 Mit der Textform hat sich der Gesetzgeber für die Zulassung der mit den geringsten Anforderungen verbundenen Form der elektronischen Übermittlung von Angeboten, Teilnahmeanträgen, Interessensbekundungen und Interessensbestätigungen als Regelfall entschieden. Probleme können allerdings dann entstehen, wenn das nationale Recht **besondere gesetzliche Formerfordernisse** für bestimmte Erklärungen vorschreibt (zB die Schriftform bei bestimmten Gewerbemietraumverträgen, wie sie etwa Teil einer ÖPP-Vereinbarung sein können, oder die Beurkundungspflicht im Zusammenhang mit Grundstücksgeschäften oder Gesellschaftsangelegenheiten). Durch die bloße Übermittlung eines Angebotes in Textform und die hierauf ergehende Zuschlagserteilung kann ein Vertrag in diesen Fällen nicht wirksam zustande kommen. Um diesem Problem zu begegnen, kann der Auftraggeber entweder vorsehen, dass auf Grundlage der in Textform übermittelten Angebote später ein **schriftlicher, ggf. zu beurkundender Vertrag** zwischen dem Auftraggeber und dem Bestbieter geschlossen wird; erst mit dessen Unterzeichnung/Beurkundung ist der Zuschlag dann wirksam erteilt und kann der Vertrag nicht mehr von Dritten vor der Vergabekammer angegriffen werden. Alternativ besteht unter den Voraussetzungen des § 44 Abs. 2[4] für Verträge mit Schriftformerforder-

---

[1] Palandt/*Ellenberger* BGB § 126b Rn. 1.
[2] Palandt/*Ellenberger* BGB § 126b Rn. 4.
[3] Palandt/*Ellenberger* BGB § 126b Rn. 5.
[4] Demgegenüber meint *Honekamp*, das Vorliegen der Voraussetzungen des § 44 Abs. 2 sei in diesen Fällen nicht notwendig, vgl. Greb/Müller/*Honekamp* Rn. 12.

nis die Möglichkeit, ausnahmsweise von der Vorgabe der Übermittlung des Angebotes auf elektronischem Wege abzusehen oder aber eine **qualifizierte elektronische Signatur** des Angebotes iSd § 126a BGB zu fordern, welche im elektronischen Rechtsverkehr die gesetzlich vorgeschriebene Schriftform ersetzt.[5] Zu beachten ist bei der letztgenannten Alternative aber, dass Verträge, für welche gesetzlich die Schriftform vorgesehen ist, nicht schon dadurch zustande kommen, dass jede Partei die eigene Angebots- bzw. Annahmeerklärung unterschreibt bzw. qualifiziert elektronisch signiert;[6] vielmehr muss die Unterschrift bzw. Signatur jeder Partei gem. § 126 Abs. 2 BGB bzw. § 126a Abs. 2 BGB den vollständigen Vertragstext umfassen. Der Auftraggeber muss folglich, um den Vertrag wirksam zustande zu bringen, von den Bietern die qualifizierte elektronische Signatur des Vertragstextes und des Preisblattes schon mit dem Angebot verlangen und muss mit dem Zuschlag eine entsprechend qualifiziert signierte oder unterschriebene Fassung des Vertragstextes einschließlich des Preisblattes an den Bieter zurücksenden.[7]

Die Angebote, Teilnahmeanträge, Interessensbekundungen und Interessensbestätigungen müssen dem Auftraggeber gem. Abs. 1 „**übermittelt**" werden. Dies bedeutet, dass sie dem Auftraggeber in einer zur dauerhaften Wiedergabe geeigneten Weise zugehen müssen. Das Risiko des fehlerhaften oder verspäteten Zugangs trägt dabei grundsätzlich der Übermittelnde, also der Bieter bzw. Bewerber bzw. das interessierte Unternehmen.[8] Wenn es für das Unternehmen aber wegen Umständen, die ausschließlich im Einflussbereich des Auftraggebers liegen, unmöglich war, ein Angebot, einen Teilnahmeantrag, eine Interessensbekundung oder eine Interessensbestätigung rechtzeitig einzureichen, so kann dies nicht zum Nachteil eines Unternehmens gereichen. Ist zB die vom Auftraggeber vorgegebene eVergabe-Plattform vorübergehend nicht erreichbar, dann muss der Auftraggeber die Ausfallzeit durch eine Verlängerung der geltenden Fristen kompensieren[9] bzw. muss er auch ein unmittelbar nach Wegfall der technischen Schwierigkeiten eingehendes Dokument noch als rechtzeitig eingegangen behandeln.[10] Der Auftraggeber darf allerdings auch dann keine Angebote akzeptieren, die zB statt über die Vergabeplattform unverschlüsselt per E-Mail eingereicht werden.[11]

III. Ausnahmen von der Übermittlung mithilfe elektronischer Mittel (Abs. 2 und 3)

Von der Verpflichtung der am Vergabeverfahren beteiligten Unternehmen zur Übermittlung der Angebote, Teilnahmeanträge, Interessensbekundungen und Interessensbestätigungen unter Verwendung elektronischer Mittel kann der Auftraggeber gem. Abs. 2 absehen,
– wenn auf die zur Einreichung erforderlichen elektronischen Mittel einer der in § 41 Abs. 3 genannten Gründe (→ § 41 Rn. 7) zutrifft oder
– wenn – etwa zum Zwecke einer Bemusterung oder im Rahmen eines Planungswettbewerbs – zugleich physische oder maßstabsgetreue Modelle einzureichen sind, die nicht elektronisch übermittelt werden können.

Darüber hinaus gestattet § 44 Abs. 2 eine Angebotseinreichung mit anderen als elektronischen Mitteln, wenn die Angebote besonders schutzwürdige Daten enthalten, die bei Verwendung allgemein verfügbarer oder alternativer elektronischer Mittel nicht angemessen geschützt werden können, oder wenn die Sicherheit der elektronischen Mittel nicht gewährleistet werden kann (→ § 44 Rn. 16).

Die Gründe für die Zulassung anderer als elektronischer Mittel bei der Einreichung von Angeboten sind gem. Abs. 3 im **Vergabevermerk** zu dokumentieren. Eine entsprechende Regelung findet sich auch in § 8 Abs. 2 Nr. 4. Sowohl § 43 Abs. 3 als auch § 8 Abs. 2 Nr. 4 stellen ausdrücklich nur auf Ausnahmen von der Pflicht zur elektronischen Kommunikation im Zusammenhang mit der Angebotseinreichung ab. Eine entsprechende Dokumentation auch hinsichtlich etwaiger Gründe für die Zulassung anderer als elektronischer Mittel für die Einreichung von Teilnahmeanträgen, Interessensbekundungen und -bestätigungen ist aber empfehlenswert.

§ 44 Erhöhte Sicherheitsanforderungen bei der Übermittlung der Angebote, Teilnahmeanträge, Interessensbekundungen und Interessensbestätigungen

(1) ¹Der Auftraggeber prüft im Einzelfall, ob zu übermittelnde Daten erhöhte Anforderungen an die Sicherheit stellen. ²Soweit es erforderlich ist, kann der Auftraggeber verlan-

---

[5] Zu den Voraussetzungen der qualifizierten Signatur vgl. ausf. MüKoBGB/*Einsele* BGB § 126a Rn. 11 ff.
[6] Amtl. Begr. zu § 126a BGB, BT-Drs. 14/4987, 17.
[7] Vgl. zum Ganzen auch MüKoBGB/*Einsele* BGB § 126a Rn. 26 mwN.
[8] *Müller* in KKMPP VgV § 11 Rn. 18; s. auch OLG Düsseldorf Beschl. v. 12.6.2019 – Verg 8/19, BeckRS 2019, 39059 sowie VK Südbayern Beschl. v. 14.10.2019 – Z3-3-3194-1-15-05/19, BeckRS 2019, 28230.
[9] *Müller* in KKMPP VgV § 11 Rn. 18; ebenso auch Greb/Müller/*Honekamp* Rn. 26.
[10] VK Baden-Württemberg Beschl. v. 30.12.2016 – 1 VK 51/16, IBRRS 2017, 0687.
[11] OLG Karlsruhe Beschl. v. 17.3.2017 – 15 Verg 2/17, BeckRS 2017, 111933.

gen, dass Interessensbekundungen, Interessensbestätigungen, Teilnahmeanträge und Angebote zu versehen sind mit
1. einer fortgeschrittenen elektronischen Signatur,
2. einer qualifizierten elektronischen Signatur,
3. einem fortgeschrittenen elektronischen Siegel oder
4. einem qualifizierten elektronischen Siegel.

(2) ¹Der Auftraggeber kann festlegen, dass Angebote mithilfe anderer als elektronischer Mittel einzureichen sind, wenn sie besonders schutzwürdige Daten enthalten, die bei Verwendung allgemein verfügbarer oder alternativer elektronischer Mittel nicht angemessen geschützt werden können, oder wenn die Sicherheit der elektronischen Mittel nicht gewährleistet werden kann. ²Der Auftraggeber dokumentiert die Gründe, warum er die Einreichung der Angebote mithilfe anderer als elektronischer Mittel für erforderlich hält.

Übersicht

		Rn.			Rn.
I.	Bedeutung der Norm	1	4.	Elektronische Siegel	13
II.	Verwendung elektronischer Signaturen und Siegel (Abs. 1)	2	5.	Erforderlichkeit	14
1.	Allgemeines	2	6.	Pflicht zur Akzeptanz von Signaturen und Siegeln aus anderen Mitgliedstaaten	15
2.	Erhöhte Sicherheitsanforderungen	4	III.	Einreichung von Angeboten mithilfe anderer als elektronischer Mittel (Abs. 2)	16
3.	Elektronische Signaturen	7			

I. Bedeutung der Norm

1 § 44 bestimmt die Voraussetzungen, unter denen der Auftraggeber bei der Einreichung von Angeboten, Teilnahmeanträgen, Interessensbekundungen und Interessensbestätigungen aufgrund von im Einzelfall erhöhten Sicherheitsanforderungen die Verwendung elektronischer Signaturen oder bei der Einreichung von Angeboten andere als elektronische Mittel vorschreiben kann. Er dient der Umsetzung von Art. 40 Abs. 1 UAbs. 4 und Abs. 6 Sektoren-RL. § 44 entspricht fast wortgleich § 53 Abs. 3 und 4 VgV, sodass auf die Kommentierung zu diesen Vorschriften ergänzend verwiesen werden kann (→ VgV § 53 Rn. 9 ff.).

II. Verwendung elektronischer Signaturen und Siegel (Abs. 1)

2 **1. Allgemeines.** Abs. 1 regelt, in welchen Fällen der Auftraggeber von Unternehmen verlangen kann, Interessensbekundungen, Interessensbestätigungen, Teilnahmeanträge und Angebote unter Verwendung einer elektronischen Signatur oder eines elektronischen Siegels einzureichen. Dabei wird die elektronische Übermittlung dieser Dokumente vorausgesetzt. Gegenstand der Regelung in Abs. 1 ist lediglich die Möglichkeit des Auftraggebers, über die in der SektVO für Erklärungen der Beteiligten eines Vergabeverfahrens als Regel vorgesehene Textform hinaus im Einzelfall strengere Formanforderungen zu stellen.

3 § 5 Abs. 1 S. 2 SektVO 2009 erlaubte dem Auftraggeber noch, die Form von Teilnahmeanträgen und Angeboten nach seinem freien Ermessen festzulegen; im Fall der elektronischen Übermittlung von Teilnahmeanträgen und Angeboten war zudem zwingend eine elektronische Signatur zu verwenden. Demgegenüber ist nunmehr die elektronische Übermittlung in Textform (→ § 43 Rn. 3 ff.) der gesetzliche Standard. Sowohl die Forderung nach einer elektronischen Signatur als auch die Festlegung einer Einreichung von Angeboten mit anderen als elektronischen Mitteln bedürfen jeweils einer gesonderten Rechtfertigung.

4 **2. Erhöhte Sicherheitsanforderungen.** Voraussetzung für die Möglichkeit des Auftraggebers, eine elektronische Signatur oder ein elektronisches Siegel für die Interessensbekundungen, Interessensbestätigungen, Teilnahmeanträge und Angebote zu verlangen, ist das Vorliegen erhöhter Sicherheitsanforderungen. Es wird daher vom Auftraggeber verlangt, im Vorfeld das **Sicherheitsniveau** der mit den genannten Erklärungen übermittelten Daten festzulegen.[1]

5 Zu der Frage, wann genau „erhöhte Anforderungen" an die Sicherheit der übermittelten Daten zu stellen sind, enthält die SektVO keine Hinweise. Auch die Parallelvorschrift in § 53 VgV gibt dazu nichts her. Nach Erwägungsgrund 68 Sektoren-RL sowie der hierzu fast wortgleichen amtlichen

---

[1] Amtl. Begr. zu § 44 Abs. 1, BT-Drs. 18/7318, 238.

II. Verwendung elektronischer Signaturen und Siegel (Abs. 1)

Begründung zu § 44 geht es jedoch im Wesentlichen um eine Abwägung der Möglichkeit zur sicheren und zutreffenden **Authentifizierung** der Datenquelle sowie der **Integrität** der übermittelten Daten einerseits und den von unberechtigten Datenquellen oder fehlerhafter Daten ausgehenden Gefahren andererseits.[2] Je größer die Gefahren sind, die von unberechtigten Datenquellen oder fehlerhaften Daten ausgehen können, umso eher darf der Auftraggeber Anforderungen stellen, die eine sichere und zutreffende Authentifizierung der Datenquelle sowie die Integrität der Daten gewährleisten.

Anders als möglicherweise noch bei einer bloßen Interessensbekundung iSd § 36 Abs. 5 wird der Auftraggeber jedoch jedenfalls bei der Einreichung von Interessensbestätigungen, Teilnahmeanträgen und Angeboten regelmäßig ein erhebliches Interesse daran haben, dass die von den Bewerbern bzw. Bietern übermittelten Daten sicher einer Person zuzuordnen sind und dass nachträgliche Veränderungen dieser Daten zweifelsfrei erkannt werden können. Davon gehen offenkundig übereinstimmend auch der EU-Gesetzgeber und der deutsche Gesetzgeber aus, wenn in Erwägungsgrund 68 Sektoren-RL und der amtlichen Begründung zu § 44[3] die Rede davon ist, dass beispielsweise das Sicherheitsniveau, dem eine E-Mail genügen muss, die ein Unternehmen an einen Auftraggeber sendet, um sich nach der genauen Anschrift des Auftraggebers zu erkundigen, deutlich niedriger einzuschätzen sein wird als das Sicherheitsniveau, dem das von einem Unternehmen eingereichte verbindliche Angebot genügen muss. Es lässt sich aus dieser Passage des Erwägungsgrundes 68 Sektoren-RL bzw. der amtlichen Begründung zwar nicht ableiten, dass bei der Abgabe von Angeboten – oder auch anderen fristgebundenen und Rechtswirkungen entfaltenden Erklärungen in einem Vergabeverfahren – stets und ohne Ausnahme **erhöhte Sicherheitsanforderungen** bestehen. Regelmäßig wird sich dies aber zumindest beurteilungsfehlerfrei begründen lassen. Nur dann, wenn im Einzelfall mit hinreichender Sicherheit ausgeschlossen werden kann, dass unberechtigte Datenquellen ein Interesse daran haben könnten, Daten an den öffentlichen Auftraggeber zu übermitteln, und wenn ebenso sicher ausgeschlossen werden kann, dass fehlerhafte Daten zu besorgen sind, kann trotz eines grundsätzlich erhöhten Sicherheitserfordernisses bei der Übermittlung fristgebundener und Rechtswirkungen auslösender Erklärungen im Vergabeverfahren das Merkmal „erhöhte Anforderungen an die Sicherheit" iSd Abs. 1 nicht mehr beurteilungsfehlerfrei bejaht werden.[4] Umgekehrt dürften erhöhte Sicherheitsanforderungen jedenfalls dann stets beurteilungsfehlerfrei bejaht werden können, wenn Verträge ausnahmsweise einem **gesetzlichen Schriftformerfordernis** unterliegen. Denn in solchen Fällen bietet die Übermittlung eines Angebotes in Textform von vornherein nicht die ausreichende Sicherheit für den Auftraggeber, die Beschaffung durch einfache Zuschlagserteilung realisieren zu können. In diesen Fällen kann dem Interesse des Auftraggebers an einem rechtssicheren Abschluss des Vergabeverfahrens nur durch die Forderung nach einer qualifizierten elektronischen Signatur des Angebotes – bzw. jedenfalls von Teilen des Angebotes – Rechnung getragen werden (im Einzelnen → § 43 Rn. 6).

3. Elektronische Signaturen. Das Vorsehen einer **elektronischen Signatur** führt zunächst lediglich dazu, dass die von dem Bieter zur Verfügung gestellten Daten mit einer weiteren elektronischen Information versehen oder logisch mit ihnen verknüpft werden, sodass eine Authentifikation ermöglicht wird. Unter diese sehr weite Definition fallen grundsätzlich auch die am Ende einer E-Mail üblichen Versender-Angaben oder eine Fax-Kennung, die jedoch jeweils jederzeit manipulierbar sind und keine Sicherheit über die tatsächliche Identität des Versenders geben können.

Bei einer **fortgeschrittenen elektronischen Signatur** ist eine derartige Manipulation dagegen nicht möglich. Denn eine fortgeschrittene elektronische Signatur ist einem bestimmten, identifizierbaren Unterzeichner eindeutig zugeordnet. Die genauen Anforderungen an eine fortgeschrittene elektronische Signatur ergeben sich aus Art. 26 VO (EU) 910/2014 (eIDAS-VO), die seit dem 1.7.2016 in Deutschland anzuwenden ist.[5] Die fortgeschrittene Signatur muss demnach alle folgenden Anforderungen erfüllen:
a) sie ist eindeutig dem Unterzeichner zugeordnet;
b) sie ermöglicht die Identifizierung des Unterzeichners;

---

[2] Amtl. Begr. zu § 44 Abs. 1, BT-Drs. 18/7318, 238.
[3] Amtl. Begr. zu § 44, BT-Drs. 18/7318, 239.
[4] Ähnlich für § 53 Abs. 3 VgV auch *Verfürth* in KKMPP VgV § 53 Rn. 29 und in dieselbe Richtung wohl auch Eschenbruch/Opitz/Röwekamp/*Stalmann* Rn. 5. Strenger dagegen *Honekamp,* der eine enge Auslegung der Vorschrift für angezeigt hält, um einerseits dem Ausnahmecharakter der Vorgabe Rechnung zu tragen und andererseits die „technischen Hürden" für die Teilnehmer eines Vergabeverfahrens nicht zu hoch zu setzen, vgl. Greb/Müller/*Honekamp* Rn. 10.
[5] Zum Verhältnis zwischen eIDAS-VO und dem erst zum 29.7.2017 außer Kraft getretenen SigG bzw. der SigV vgl. ausf. *Roßnagel* MMR 2015, 359. Seit dem 29.7.2017 gilt an Stelle von SigG und SigV das Vertrauensdienstegesetz (VDG).

c) sie wird unter Verwendung elektronischer Signaturerstellungsdaten erstellt, die der Unterzeichner mit einem hohen Maß an Vertrauen unter seiner alleinigen Kontrolle verwenden kann;
d) sie ist so mit den auf diese Weise unterzeichneten Daten verbunden, dass eine nachträgliche Veränderung der Daten erkannt werden kann.

9 Um diesen Vorgaben zu genügen, nutzt die fortgeschrittene elektronische Signatur ein sogenanntes **kryptografisches Übermittlungsverfahren** unter Verwendung eines Signaturschlüsselpaares. Der Absender chiffriert seine Nachricht mit seinem (meist geheimen) Schlüssel und schickt sie an den Empfänger, der sie dann mit seinem (meist öffentlichen) Schlüssel entschlüsseln und feststellen kann, dass diese Nachricht nur vom Absender stammen kann. Auf die wahre Identität des Absenders lässt sich bei diesem Verfahren aber natürlich dennoch nur bedingt schließen, da der Berechtigte seinen Schlüssel jederzeit an Dritte weiterreichen kann und damit auch mehrere Personen gleichzeitig denselben Schlüssel in Verwendung haben können. Außerdem sind Manipulationen bei der Zuordnung und Verwendung des Schlüssels nicht mit letzter Sicherheit ausgeschlossen.

10 Um diese Lücken in der Beweisfunktion der fortgeschrittenen elektronischen Signatur zu füllen, wird bei der **qualifizierten elektronischen Signatur** der Zusammenhang zwischen dem zur Ver- bzw. Entschlüsselung genutzten Schlüssel und einer bestimmten Person – seines Inhabers – durch ein gültiges, den Anforderungen des Anhangs I eIDAS-VO entsprechendes, sog. **„qualifiziertes Zertifikat"** hergestellt (vgl. Art. 28 eIDAS-VO). Das qualifizierte Zertifikat kann auf Verlangen des Antragstellers folgende Attribute enthalten:
1. Angaben über die Vertretungsmacht des Antragstellers;
2. amts- und berufsbezogene oder sonstige Angaben zur Person des Antragstellers und
3. weitere personenbezogene Angaben.

11 Es darf nur durch einen zertifizierten Vertrauensdiensteanbieter erteilt werden, der seinen Betrieb bei der zuständigen Stelle (in Deutschland: der Bundesnetzagentur – BNetzA) angezeigt hat oder bei dieser akkreditiert ist. Damit wird das Zertifikat wie eine Art „vertrauenswürdiges Namensschild", das an dem Schlüssel angebracht ist, angesehen. Der zur Verschlüsselung genutzte geheime Signaturschlüssel darf überdies ausschließlich in einer „sicheren Signaturerstellungseinheit" (in Deutschland: einer **Signaturkarte**) gespeichert und angewendet werden, deren Übereinstimmung mit den Vorgaben des Anhangs II eIDAS-VO durch die zuständige Stelle geprüft und bestätigt worden sein muss (vgl. Art. 29 und 30 eIDAS-VO). Insbesondere müssen die Hardware- und Softwareeinheiten der Signaturerstellungseinheit Fälschungen der Signaturen und Verfälschungen signierter Daten zuverlässig erkennbar machen und überdies gegen die unberechtigte Nutzung von Signaturschlüsseln schützen. Letzteres wird in Deutschland dadurch sichergestellt, dass der Signaturschlüssel erst nach Identifikation des Inhabers durch Besitz der Signaturkarte und Wissen um die zur Anwendung benötigte PIN oder durch Besitz der Signaturkarte und ein oder mehrere biometrische Merkmale angewendet werden können darf. Die qualifizierte elektronische Signatur wird im Rechtsverkehr als elektronische Entsprechung zur eigenhändigen Unterschrift anerkannt (vgl. § 126a BGB). Rein faktisch besteht allerdings auch bei der elektronischen Signatur – jedenfalls wenn nicht durch die Signaturerstellungseinheit mindestens ein biometrisches Merkmal abgefragt wird – naturgemäß keine absolute Sicherheit, dass der ausgewiesene Schlüsselinhaber auch wirklich körperlich die Signatur geleistet hat, da er die Möglichkeit hat, seine Signaturkarte und seine dazugehörige PIN an Dritte weiterzureichen.

12 Es ist außerdem darauf hinzuweisen, dass weder die fortgeschrittene noch die qualifizierte elektronische Signatur den unberechtigten Zugriff auf die signierten Daten verhindern. Die **Verschlüsselung** von Dokumenten für den vertraulichen elektronischen Datenaustausch ist kein Bestandteil von elektronischen Signaturen. Geschützt wird vielmehr allein die Authentizität und die Integrität der übersandten Daten.

13 **4. Elektronische Siegel.** Neben der Möglichkeit einer Verwendung elektronischer Signaturen sieht Abs. 2 in seiner durch Art. 9 Nr. 3 eIDAS-Durchführungsgesetz (BGBl. 2017 I 2745) neu gefassten Fassung nun auch die Möglichkeit einer Verwendung fortgeschrittener oder qualifizierter elektronischer Siegel vor. Elektronische Siegel sind – wie elektronische Signaturen – Daten in elektronischer Form, die anderen Daten in elektronischer Form beigefügt oder logisch mit ihnen verbunden werden, um deren Ursprung und Unversehrtheit sicherzustellen. Elektronische Siegel dienen jedoch – anders als Signaturen, die einer natürlichen Person zugeordnet sind – als Nachweis dafür, dass ein elektronisches Dokument von einer bestimmten juristischen Person ausgestellt wurde. Entsprechend können in ein qualifiziertes Siegel auch die Vertretungsverhältnisse innerhalb der antragstellenden juristischen Person als Attribut hinzugefügt werden, sofern diese Vertretungsverhältnisse dem qualifizierten Vertrauensdiensteanbieter nachgewiesen werden (vgl. § 12 Abs. 3 VDG). Die Verwendung eines elektronischen Siegels ersetzt – anders als die Verwendung einer qualifizierten elektronischen Signatur – nicht eine gesetzlich vorgeschriebene Schriftform (§ 126a BGB).

5. Erforderlichkeit. Besteht ein erhöhtes Sicherheitsbedürfnis des Auftraggebers, so kann der 14
Auftraggeber die Verwendung einer fortgeschrittenen oder einer qualifizierten elektronischen Signatur bzw. eines fortgeschrittenen oder qualifizierten Siegels verlangen, „soweit es erforderlich ist". Ob mit der Einschränkung „soweit es erforderlich ist" eine generelle Einschränkung für die Forderung nach einer speziellen elektronischen Signatur bzw. eines fortgeschrittenen oder qualifizierten Siegels verbunden ist – namentlich weil dem erhöhten Sicherheitsbedürfnis auch durch andere technische Mittel, konkret die Registrierung in einem Vergabeportal, Rechnung getragen werden kann[6] – oder ob hier allein eine Abstufung zwischen den beiden in § 44 Abs. 1 genannten Arten elektronischer Signaturen und Siegel – fortgeschrittene Signatur bzw. fortgeschrittenes Siegel als „milderes Mittel", qualifizierte Signatur bzw. qualifizierte Siegel als höchste Formanforderung – gemeint ist, lässt sich weder aus dem Wortlaut des § 44 Abs. 1, noch aus dem Wortlaut der Sektoren-RL zweifelsfrei ableiten. Auch die Erwägungsgründe der Sektoren-RL und die amtliche Begründung zu Abs. 1 sind insoweit unergiebig. Letztlich dürfte diese Frage aber für die Praxis deshalb keine Rolle spielen, weil eine Registrierung mit einer eindeutigen Unternehmensbezeichnung und einer elektronischen Adresse bereits nach § 9 Abs. 3 S. 1 zur Voraussetzung für die Teilnahme am Vergabeverfahren gemacht werden kann. Abs. 1 erhält daher für den Auftraggeber von vornherein nur dann eine eigenständige Relevanz, wenn er beabsichtigt, zur Sicherstellung der Authentifizierung und der Datenintegrität über die Registrierungspflicht hinausgehend Vorgaben für die von den Teilnehmern am Vergabeverfahren zu verwendenden elektronischen Mittel festzuschreiben. Dann aber geht es letztlich nur noch um die Entscheidung zwischen der Vorgabe einer fortgeschrittenen oder aber einer qualifizierten elektronischen Signatur bzw. eines fortgeschrittenen oder aber eines qualifizierten Siegels im oben dargelegten Sinne.

6. Pflicht zur Akzeptanz von Signaturen und Siegeln aus anderen Mitgliedstaaten. 15
Schreiben die Auftraggeber vor, dass Interessensbekundungen, Interessensbestätigungen, Teilnahmeanträge oder Angebote elektronisch zu signieren bzw. mit einem elektronischen Siegel zu versehen sind, so müssen sie die technischen Rahmenbedingungen so gestalten, dass gültige fortgeschrittene elektronische Signaturen und Siegel und gültige qualifizierte Zertifikate, die von den jeweils zuständigen öffentlichen oder privaten Stellen aus anderen Mitgliedstaaten der EU ausgestellt wurden, akzeptiert werden. Eine Diskriminierung von Unternehmen aus anderen EU-Mitgliedstaaten aufgrund der Verwendung anderer als deutscher elektronischer Signaturen und Siegel und qualifizierter Zertifikate ist nicht zulässig.

III. Einreichung von Angeboten mithilfe anderer als elektronischer Mittel (Abs. 2)

Abs. 2 erlaubt dem Auftraggeber über die Vorschrift des § 43 Abs. 2 hinaus für zwei weitere 16
Fälle festzulegen, dass Angebote ausnahmsweise mithilfe anderer als elektronischer Mittel einzureichen sind. Die erste Variante umfasst dabei Konstellationen, in denen Angebote besonders schutzwürdige Daten enthalten, die bei Verwendung allgemein verfügbarer oder alternativer elektronischer Mittel (einschließlich zB einer Verschlüsselungssoftware und eines Sicherheitsservers) nicht angemessen geschützt werden können. Dies dürfte allerdings nur in Ausnahmefällen zu bejahen sein, zB dann, wenn die Angebote derart hoch sensible technische und/oder innovative Daten enthalten, dass Versuche der professionellen **Industriespionage** nicht ausgeschlossen werden können. Die zweite Alternative betrifft Fälle, in denen die Sicherheit der elektronischen Mittel nicht gewährleistet werden kann, etwa weil der Auftraggeber Opfer eines **Hackerangriffs** geworden ist oder eine **Schadsoftware** die elektronischen Empfangsmittel des Auftraggebers befallen hat und damit die Datenintegrität zum Zeitpunkt der Angebotsabgabe nicht sichergestellt ist.

Abs. 2 betrifft allein die Einreichung von Angeboten, nicht dagegen die Einreichung von Teil- 17
nahmeanträgen, Interessensbekundungen oder Interessensbestätigungen. Auf diese ist die Vorschrift, da sie als Ausnahmevorschrift grundsätzlich eng auszulegen ist, nicht analog anwendbar. Es fehlt insoweit auch an einer planwidrigen Regelungslücke.[7]

Entscheidet sich der Auftraggeber aus einem der in Abs. 2 genannten Gründe festzulegen, dass 18
Angebote mithilfe anderer als elektronischer Mittel einzureichen sind, so erfolgt die Einreichung der Angebote stattdessen wahlweise auf dem **Postweg** (bzw. per Boten) oder auf einem anderen geeigneten Weg oder in einer Kombination von postalischem und anderem geeigneten Weg und Verwendung elektronischer Mittel. Der Auftraggeber hat die Gründe, warum er die Einreichung der Angebote mithilfe anderer als elektronischer Mittel für erforderlich hält, im **Vergabevermerk** zu dokumentieren.

---

[6] So wohl Greb/Müller/*Honekamp* Rn. 13 f.
[7] Ebenso für die Parallelvorschrift § 53 Abs. 4 VgV *Verfürth* in KKMPP VgV § 53 Rn. 43.

Unterabschnitt 5. Anforderungen an die Unternehmen

§ 45 Grundsätze

(1) Bei der Auswahl der Teilnehmer an Vergabeverfahren beachtet der Auftraggeber die in den Absätzen 2 und 3 genannten Grundsätze.

(2) Bei einem nicht offenen Verfahren, Verhandlungsverfahren, wettbewerblichen Dialog oder einer Innovationspartnerschaft darf der Auftraggeber bezüglich seiner Auswahlentscheidung Unternehmen keine administrativen, technischen oder finanziellen Anforderungen stellen, die er anderen Unternehmen nicht stellt, sowie bei der Aktualisierung von Kriterien keine Nachweise fordern, die sich mit bereits vorhandenen Nachweisen decken.

(3) ¹In Fällen, in denen der Auftraggeber ein angemessenes Gleichgewicht zwischen bestimmten Merkmalen des Vergabeverfahrens und den notwendigen Ressourcen für dessen Durchführung sicherstellen muss, kann er bei nicht offenen Verfahren, Verhandlungsverfahren, wettbewerblichen Dialogen oder Innovationspartnerschaften objektive Kriterien festlegen, die es ermöglichen, die Zahl der Bewerber, die zur Angebotsabgabe oder zur Aufnahme von Verhandlungen aufgefordert werden, zu begrenzen. ²Die Zahl der ausgewählten Bewerber muss jedoch der Notwendigkeit Rechnung tragen, dass ein angemessener Wettbewerb gewährleistet sein muss.

Übersicht

	Rn.		Rn.
I. Allgemeines	1	1. Beachtung bestimmter Grundsätze bei der Auswahl der Bewerber (Abs. 1)	3
1. Überblick, systematischer Ort und Regelungsgehalt	1	2. Vorgaben zur Auswahl von Bewerbern (Abs. 2)	4
2. Zweck und Historie der Vorschrift	2		
II. Die Regelungen des § 45 im Einzelnen	3	3. Begrenzung der Zahl der Bewerber (Abs. 3)	8

I. Allgemeines

1. Überblick, systematischer Ort und Regelungsgehalt. § 45 legt Grundsätze fest, die Sektorenauftraggeber bei der Auswahl von Unternehmen zu beachten haben. Die Vorschrift setzt die Vorgaben der Art. 76, 78 und 39 RL 2014/25/EU (Sektoren-RL) um.[1] Abs. 2 bestimmt, dass der Sektorenauftraggeber bezüglich seiner Auswahlentscheidung an Unternehmen keine administrativen, technischen oder finanziellen Anforderungen stellen darf, die er anderen Unternehmen nicht stellt. Zudem darf er im Falle einer Aktualisierung von Kriterien im laufenden Vergabeverfahren keine Nachweise fordern, die sich mit bereits bei ihm vorhandenen Nachweisen decken. Die Anforderungen sind zudem zur Wahrung des Gleichbehandlungsgrundsatzes und des Transparenzprinzips allen Unternehmen gegenüber zu stellen und nicht nur einzelnen. Abs. 3 regelt in Umsetzung des Art. 78 Abs. 2 Sektoren-RL die Möglichkeit des Auftraggebers in Verfahren mit vorherigem Teilnahmewettbewerb zur Reduzierung des geeigneten Bewerberkreises, der zur Angebotsabgabe aufgefordert werden soll.

2. Zweck und Historie der Vorschrift. Die Vorschrift ist in **Abschnitt 2 Vergabeverfahren Unterabschnitt 5 Anforderungen an die Unternehmen** eingeordnet. Die SektVO aF hatte eine Abs. 2 entsprechende Regelung; diese bezog sich aber lediglich auf sog. Prüfungssysteme (§ 24 Abs. 11 aF), nunmehr durch § 48 als Qualifizierungssysteme bezeichnet. Abs. 3 gleicht im Wesentlichen § 20 Abs. 2 aF. Die Vorschrift ist lediglich um die um die nunmehr neu zulässigen Verfahrensarten – wettbewerblicher Dialog und Innovationspartnerschaft – ergänzt.

II. Die Regelungen des § 45 im Einzelnen

1. Beachtung bestimmter Grundsätze bei der Auswahl der Bewerber (Abs. 1). Abs. 1 bestimmt, dass der Auftraggeber bei der Auswahl der Bewerber für das Vergabeverfahren die in Abs. 2 und 3 geregelten Grundsätze zu beachten hat. Abs. 1 selbst enthält darüber hinaus keine spezifischen Vorgaben.

---

[1] Zum Ganzen BT-Drs. 18/7318, 268.

2. Vorgaben zur Auswahl von Bewerbern (Abs. 2).

Abs. 2 ordnet die Gleichbehandlung von Bewerbern/Bietern an. Es handelt sich um eine spezifische Ausprägung des in § 97 Abs. 2 GWB geregelten und *per se* auch für Sektorenauftraggeber geltenden Gleichbehandlungsgebotes. Eine ähnliche Vorgabe enthielt § 24 Abs. 11 Nr. 1 und 2 aF. Abs. 11 enthielt in Nr. 1 ein Gleichbehandlungsgebot und in Nr. 2 das Verbot, überflüssige Nachweise einzufordern. Grundlage hierfür war Art. 52 Abs. 1 RL 2004/17/EG (Sektoren-RL 2004), der gem. § 53 Abs. 8 Sektoren-RL 2004 auch für Prüfungssysteme galt.

Bei einem nicht offenen Verfahren, Verhandlungsverfahren, wettbewerblichen Dialog oder einer Innovationspartnerschaft darf der Auftraggeber gem. Abs. 2 S. 1 bezüglich seiner Auswahlentscheidung Unternehmen keine administrativen, technischen oder finanziellen Anforderungen stellen, die er anderen Unternehmen nicht stellt. Die Vorgabe versteht sich aus § 97 Abs. 2 GWB von selbst. Bedeutung hat dies vor allem für das Verhandlungsverfahren und hier insbesondere für die Verhandlungen mit den Unternehmen. Der Grundsatz der Gleichbehandlung der Bieter, der die Entwicklung eines gesunden und effektiven Wettbewerbs zwischen den sich um einen öffentlichen Auftrag bewerbenden Unternehmen fördern soll, gebietet, dass die **Bieter bei der Abfassung ihrer Angebote die gleichen Chancen haben, was voraussetzt, dass die Angebote aller Bieter den gleichen Bedingungen unterworfen** sind.[2] Diese Grundsätze gelten zweifelsohne auch im Zusammenhang mit Anforderungen, die an die Eignung eines Bieters gestellt werden.

Abs. 2 S. 2 bestimmt, dass der Auftraggeber bei der Aktualisierung von Kriterien keine Nachweise fordern darf, die sich mit bereits vorhandenen Nachweisen decken. Abs. 2 Alt. 2 soll vermeiden, dass Eignungsnachweise doppelt geführt werden. Die Vorschrift soll damit zur Vereinfachung und Beschleunigung der Vergabeverfahren beitragen.

An Fachkunde und Leistungsfähigkeit des Auftragnehmers sind grundsätzlich durchschnittliche Anforderungen zu stellen. In Ausnahmefällen ist es jedoch zulässig, für den Fall, dass eine Leistung unter erschwerten Bedingungen zu erbringen ist, hinsichtlich bestimmter Eignungsmerkmale bei der Vergabeentscheidung **erhöhte oder überdurchschnittlich hohe, über das normale Maß hinausgehende Anforderungen** zu stellen.[3] In diesem Fall muss die Vergabestelle jedoch entsprechende Nachweise fordern, konkret angeben, an welche Eignungsmerkmale sie über das Normalmaß hinausgehende Anforderungen stellt und aus welchen Gründen sie das für erforderlich hält. Die Vergabestelle hat die Bieter so zu informieren, dass es einem verständigen Bieter möglich ist, zu erkennen, worauf sich die Eignungsprüfung in besonderer Weise erstrecken wird und wie, dh durch Vorlage welcher Nachweise, er den Anforderungen entsprechen kann. Gründe für erhöhte Anforderungen können beispielsweise besondere topographische oder bauliche Verhältnisse sein. Der an die Eignungsprüfung anzulegende gesteigerte Maßstab ist von der Vergabestelle willkürfrei zu bestimmen. Zwar ist mit der Formulierung überdurchschnittlich hoher Anforderungen an bestimmte Eignungskriterien eine gewisse Verengung des Wettbewerbs verbunden. Diese kann zur Folge haben, dass neu auf dem Markt auftretende Unternehmen kaum Aussichten besitzen, sich um den Auftrag erfolgreich zu bewerben. Das ist jedoch zulässig, sofern die erhöhten Anforderungen auf einer im Ergebnis vertretbaren Abwägung sachlich vernünftiger und gerechtfertigter Gründe beruhen, die in der Eigenart der ausgeschriebenen Leistung begründet sind. Die Vergabenachprüfungsinstanzen dürfen das dem öffentlichen Auftraggeber bei der Festlegung und Gewichtung der für maßgebend erachteten Eignungsmerkmale zustehende Ermessen lediglich in beschränktem Umfang kontrollieren. Auch in Hinsicht auf die Festlegung von Eignungsanforderungen, die über das normale Maß hinausgehen, findet nur eine Prüfung auf Ermessensfehler hin statt.

3. Begrenzung der Zahl der Bewerber (Abs. 3).

Der öffentliche Auftraggeber kann nach § 43 Abs. 3 in Fällen, in denen er ein angemessenes Gleichgewicht zwischen bestimmten Merkmalen des Vergabeverfahrens und den notwendigen Ressourcen für dessen Durchführung sicherstellen muss, bei nicht offenen Verfahren, Verhandlungsverfahren, wettbewerblichen Dialogen oder Innovationspartnerschaften objektive Kriterien festlegen, die es ermöglichen, die Zahl der Bewerber, die zur Angebotsabgabe oder zur Aufnahme von Verhandlungen aufgefordert werden, zu begrenzen. Die Zahl der ausgewählten Bewerber muss jedoch der Notwendigkeit Rechnung tragen, dass auf der Grundlage der zugelassenen Zahl von Bietern ein **angemessener Wettbewerb** gewährleistet ist. Diese Regelung ist praktisch von Bedeutung, wenn der Auftraggeber mit sehr vielen Teilnahmeanträgen rechnet, weil die zu vergebende Leistung grundsätzlich von vielen Unternehmen erbracht werden kann. Die Vorschrift dient der Zeit- und Kostenersparnis hinsichtlich der Prüfung von Angeboten und soll zudem dazu beitragen, die Vergabeverfahren zu beschleunigen.

---

[2] EuG Urt. v. 19.3.2010 – T 50/05, BeckRS 2010, 90345; VK Brandenburg Beschl. v. 19.12.2013 – VK 23/13, NZI 2014, 932.
[3] Zum Nachfolgenden ausf. OLG Düsseldorf Beschl. v. 5.10.2005 – Verg 55/05, BeckRS 2005, 14414.

9 Sektorenauftraggeber können damit im nicht offenen Verfahren, im Verhandlungsverfahren sowie im wettbewerblichen Dialogen oder Innovationspartnerschaften die Zahl der Bewerber so weit verringern, dass nach ihrer Einschätzung ein **angemessenes Verhältnis** zwischen den Besonderheiten des Vergabeverfahrens und dem zu seiner Durchführung erforderlichen Aufwand sichergestellt ist, wenn dies erforderlich ist. Es müssen jedoch so viele Bewerber im Verfahren verbleiben, dass ein ausreichender Wettbewerb gewährleistet ist. Die Vorschrift bindet die Reduzierung der Teilnehmerzahl an bestimmte Voraussetzungen, räumt jedoch dem Auftraggeber großen Handlungsspielraum dabei ein. Die Frage, ob das Verhältnis angemessen ist, steht im Ermessen des Auftraggebers und ist nur auf Ermessensfehler hin überprüfbar. Maßgeblich dafür, ob die Reduzierung erforderlich ist, sind die Umstände des Einzelfalls, dh der Auftragsgegenstand und die zu erwartende Anbieterzahl. Diese Vorgehensweise ist zu unterscheiden von der sukzessiven Reduzierung der Bewerber/Bieter im Zuge eines Verhandlungsverfahrens mit mehreren Angebotsphasen.[4] Der Sektorenauftraggeber wird in der Regel mindestens drei Bewerber im Verfahren belassen müssen, um einen angemessenen Wettbewerb zu gewährleisten. Orientierung geben insofern die Vorgaben des § 51 Abs. 2 S. 1 VgV, wonach die vom öffentlichen Auftraggeber vorgesehene Mindestzahl der einzuladenden Bewerber nicht niedriger als drei sein, beim nicht offenen Verfahren nicht niedriger als fünf sein darf.[5]

10 Die für geeignet befundenen Bewerber bzw. Bieter haben keinen Anspruch darauf, auch zur Abgabe von Angeboten aufgefordert zu werden, wenn der Sektorenauftraggeber die Begrenzung der Zahl der Bieter für sinnvoll hält.[6] Voraussetzung ist jedoch, dass der Auftraggeber ein angemessenes Gleichgewicht zwischen bestimmten Merkmalen des Vergabeverfahrens und den notwendigen Ressourcen für dessen Durchführung sicherstellen muss. Der Auftraggeber muss auf der Grundlage der Umstände der konkreten Beschaffung beurteilen und entscheiden, ob diese Voraussetzungen vorliegen. „Notwendige Ressourcen" im Sinne der Vorschrift können beispielsweise in Abhängigkeit von dem Beschaffungsgegenstand und dem durchzuführenden Vergabeverfahren der erforderliche Personal-, Zeit- und Materialaufwand sein.[7] Der Sektorenauftraggeber muss bei seiner Entscheidung und Vorgehensweise stets den in § 97 Abs. 1 GWB verankerten **Grundsatz der Verhältnismäßigkeit** beachten. Dies folgt insbesondere aus dem Wortlaut des § 45 Abs. 2 VgV („angemessen").

11 Der Sektorenauftraggeber verfügt bei seiner Entscheidung über einen **Beurteilungsspielraum**. Dieser ist von den Vergabenachprüfungsinstanzen nur sehr eingeschränkt überprüfbar. Die Grenzen des dem öffentlichen Auftraggebers zukommenden Beurteilungsspielraums sind überschritten, wenn die von der Vergabestelle getroffenen Sachverhaltsermittlungen und -feststellungen oder die Anwendung vergaberechtlicher Rechtsbegriffe auf willkürlichen und sachwidrigen Erwägungen beruhen.[8] Für die Überprüfung der Eignungsprüfung ist auf den Zeitpunkt der Entscheidung durch den öffentlichen Auftraggeber abzustellen.[9] Dieser selbst hat seiner Ermessensentscheidung ausschließlich die zu dem Zeitpunkt seiner Ermessensausübung getroffenen bzw. ihm möglichen Feststellungen zugrunde zu legen. Entscheidend ist letztlich, dass die subjektive Bewertung des Auftraggebers **vertretbar und nicht völlig haltlos** ist.[10] Die Vergabestelle darf bei der Eignungsprüfung nicht Umstände berücksichtigen, die sich außerhalb des Bereichs gesicherter Erkenntnisse bewegen. Negative Informationen, die lediglich auf Gerüchten beruhen, darf sie deshalb nicht berücksichtigen.[11] Die Vergabestelle darf jedoch Informationen aus seriösen Quellen verwerten, die eine gewisse Erhärtung ihres Verdachts begründen.[12] Insbesondere auch insoweit hat der öffentliche Auftraggeber einen weiten Beurteilungsspielraum, der nur eingeschränkter Nachprüfbarkeit durch die Vergabenachprüfungsorgane unterliegt.

12 An Fachkunde und Leistungsfähigkeit des Auftragnehmers sind grundsätzlich durchschnittliche Anforderungen zu stellen. In Ausnahmefällen ist es jedoch zulässig, für den Fall, dass eine Leistung unter erschwerten Bedingungen zu erbringen ist, hinsichtlich bestimmter Eignungsmerkmale bei der Vergabeentscheidung **erhöhte oder überdurchschnittlich hohe, über das normale Maß hinausgehende Anforderungen** zu stellen.[13] In diesem Fall muss die Vergabestelle jedoch entsprechende Nachweise fordern, konkret angeben, an welche Eignungsmerkmale sie über das Normalmaß hinausge-

---

[4] Greb/Müller/*Honekamp/Weyand* Rn. 15.
[5] Greb/Müller/*Weyand* Rn. 20.
[6] Greb/Müller/*Weyand* Rn. 16.
[7] Greb/Müller/*Weyand* Rn. 17.
[8] OLG Frankfurt a. M. Beschl. v. 30.3.2004 – 11 Verg 4/04, IBRRS 2004, 1385.
[9] OLG Frankfurt a. M. Beschl. v. 30.3.2004 – 11 Verg 4/04, IBRRS 2004, 1385.
[10] OLG Frankfurt a. M. Beschl. v. 30.3.2004 – 11 Verg 4/04, 5/04, IBRRS 2004, 1385; VK Schleswig-Holstein Beschl. v. 28.3.2007 – VK-SH 4/07, BeckRS 2007, 06707; VK Sachsen Beschl. v. 3.11.2005 – 1/SVK/125-05, BeckRS 2006, 09227.
[11] OLG Frankfurt a. M. Beschl. v. 30.3.2004 – 11 Verg 4/04, IBRRS 2004, 1385.
[12] OLG Frankfurt a. M. Beschl. v. 30.3.2004 – 11 Verg 4/04, IBRRS 2004, 1385.
[13] Dazu ausf. OLG Düsseldorf Beschl. v. 5.10.2005 – Verg 55/05, BeckRS 2005, 14414.

hende Anforderungen stellt und aus welchen Gründen sie das für erforderlich hält. Die Vergabestelle hat die Bieter so zu informieren, dass es einem verständigen Bieter möglich ist, zu erkennen, worauf sich die Eignungsprüfung in besonderer Weise erstrecken wird und wie, dh durch Vorlage welcher Nachweise, er den Anforderungen entsprechen kann. Gründe für erhöhte Anforderungen können beispielsweise besondere topographische oder bauliche Verhältnisse sein. Der an die Eignungsprüfung anzulegende gesteigerte Maßstab ist von der Vergabestelle willkürfrei zu bestimmen. Zwar ist mit der Formulierung überdurchschnittlich hoher Anforderungen an bestimmte Eignungskriterien eine gewisse Verengung des Wettbewerbs verbunden. Diese kann zur Folge haben, dass neu auf dem betreffenden Markt auftretende Unternehmen kaum Aussichten besitzen, sich um den Auftrag erfolgreich zu bewerben. Das ist jedoch zulässig, sofern die erhöhten Anforderungen auf einer im Ergebnis vertretbaren Abwägung sachlich vernünftiger und gerechtfertigter Gründe beruhen, die in der Eigenart der ausgeschriebenen Leistung begründet sind. Die Vergabenachprüfungsinstanzen dürfen das dem öffentlichen Auftraggeber bei der Festlegung und Gewichtung der für maßgebend erachteten Eignungsmerkmale zustehende Ermessen lediglich in beschränktem Umfang kontrollieren. Auch in Hinsicht auf die Festlegung von Eignungsanforderungen, die über das normale Maß hinausgehen, findet nur eine Prüfung auf Ermessensfehler hin statt. Ein in der Praxis probates Mittel zur Reduzierung der Teilnehmerzahl ist die Bewertung der geforderten bzw. vorgelegten Referenzen.

Die Auswahl der Teilnehmer kann auch über die **Vorgabe von Mindestanforderungen** 13 erfolgen. Die Überprüfung von Mindestanforderungen beschränkt sich darauf, ob die vergaberechtlichen Grenzen der Bestimmungsfreiheit eingehalten wurden.[14] Dies ist der Fall, wenn die Bestimmung durch den Auftragsgegenstand sachlich gerechtfertigt ist, vom Auftraggeber tatsächlich vorhandene und nachvollziehbare Gründe auftragsbezogener Art angegeben wurden und die Bestimmung andere Wirtschaftsteilnehmer nicht diskriminiert. Hält sich die Mindestanforderung an diese Anforderung, kommt es nicht darauf an, ob auf dem Markt neuere, zukunftsfähigere, sichere oder üblichere Lösungen für die zu beschaffende Leistung vorhanden sind.

Eine Reduzierung der Bewerberzahl durch Losentscheid ist nur zulässig, wenn der öffentliche 14 Auftraggeber unter den eingegangenen Bewerbungen eine rein objektive Auswahl nach qualitativen Kriterien unter gleich qualifizierten Bewerbern nicht mehr nachvollziehbar durchführen kann.[15] Bei einem Losverfahren handelt es sich um kein objektives, auftragsbezogenes Kriterium. Vielmehr handelt es sich um eine Auswahl der Bewerber nach dem Zufallsprinzip.

§ 46 Objektive und nichtdiskriminierende Kriterien
(1) Der Auftraggeber wählt die Unternehmen anhand objektiver Kriterien aus, die allen interessierten Unternehmen zugänglich sein müssen.

(2) ¹Die objektiven und nichtdiskriminierenden Kriterien für die Auswahl der Unternehmen, die eine Qualifizierung im Rahmen eines Qualifizierungssystems beantragen, sowie für die Auswahl der Bewerber und Bieter im offenen Verfahren, nicht offenen Verfahren, Verhandlungsverfahren, wettbewerblichen Dialog oder in einer Innovationspartnerschaft können nach § 142 Nummer 2 des Gesetzes gegen Wettbewerbsbeschränkungen die Anwendung des § 123 des Gesetzes gegen Wettbewerbsbeschränkungen beinhalten. ²Handelt es sich um einen Auftraggeber nach § 100 Absatz 1 Nummer 1 des Gesetzes gegen Wettbewerbsbeschränkungen, beinhalten diese Kriterien nach § 142 Nummer 2 des Gesetzes gegen Wettbewerbsbeschränkungen die Anwendung des § 123 des Gesetzes gegen Wettbewerbsbeschränkungen.

Schrifttum: *Gröning*, Spielräume für die Auftraggeber bei der Wertung von Angeboten, NZBau 2003, 86; *Hölzl/Friton*, Entweder – Oder: Eignungs- sind keine Zuschlagskriterien, NZBau 2008, 307; *Prieß/Hölzl*, Kein Wunder: Architektenwettbewerb „Berliner Schloss" vergaberechtskonform, NZBau 2010, 354.

Übersicht

	Rn.			Rn.
I. Regelungsgehalt und Überblick	1	1.	Auswahl der Unternehmen anhand objektiver Kriterien (Abs. 1)	12
II. Systematische Stellung und Zweck der Norm	4	2.	Vorgabe von Kriterien des GWB und der VgV (Abs. 2)	20

---

[14] OLG Frankfurt a. M. Beschl. v. 1.9.2016 – 11 Verg 6/16, NZBau 2016, 787.
[15] VK Baden-Württemberg Beschl. v. 22.7.2019 – 1 VK 34/19, IBRRS 2020, 0655.

I. Regelungsgehalt und Überblick

1 Abs. 1 gibt zusammen mit § 45 die **Grundlagen für die Eignungsprüfung im Sektorenbereich** vor. Abs. 1 bestimmt, dass die **Eignungsprüfung auf der Grundlage objektiver Kriterien** durchzuführen ist, die allen am Vergabeverfahren teilnehmenden Unternehmen im Voraus bekannt zu geben sind. Die Vorschrift enthält Vorgaben zum **Maßstab und zur Durchführung** der Eignungsprüfung von Unternehmen im Sektorenbereich. Die Vorgaben gelten für alle im Sektorenbereich zulässigen Vergabeverfahren, dh für die Durchführung der Auswahl von Unternehmen im Rahmen eines Teilnahmewettbewerbs beim nicht offenen Verfahren und beim Verhandlungsverfahren, beim wettbewerblichen Dialog und der Innovationspartnerschaft.[1] Abs. 2 regelt – etwas verklausuliert – die Anwendungsmöglichkeit und ggf. -pflicht für Ausschlussgründe nach § 123 GWB.

2 § 46 setzt Art. 78 Abs. 1 Sektoren-RL und Art. 80 Abs. 1 UAbs. 1 und UAbs. 2 Sektoren-RL um. Die Vorgaben des Abs. 1 waren bislang in § 20 Abs. 1 aF geregelt. Dieser entsprach *cum grano salis* Art. 54 Abs. 1 und 2 Sektoren-RL 2004. Abs. 2 hat keine direkte Entsprechung in der SektVO aF. Sektorenauftraggeber durften jedoch nach § 21 Abs. 1 aF entscheiden, ob sie Ausschlusskriterien nach § 21 Abs. 1 aF vorgeben.[2]

3 Im Gegensatz zur klassischen Auftragsvergabe haben die Auftraggeber im Sektorenbereich **größere Spielräume** bei der Festlegung von Auswahlkriterien für Unternehmen an einem Vergabeverfahren.[3] Diese Intention des Gesetzgebers ist bei der Auslegung von Vorschriften der SektVO stets zu berücksichtigen. Abs. 1 räumt dem Sektorenauftraggeber entsprechend einen weit größeren Handlungsspielraum ein, als dieser klassischen öffentlichen Auftraggebern zukommt.[4] So muss es sich nach Abs. 1 gegenüber § 122 Abs. 1 GWB bei der Auswahl von Unternehmen lediglich um objektive Kriterien handeln, die allen interessierten Unternehmen zugänglich sein müssen. Der Gesetzgeber hat den Begriff „objektive Kriterien" aus der Sektoren-RL entnommen und will damit sicherstellen, dass es sich um diskriminierungsfreie Kriterien handelt. Die Sektorenauftraggeber nach dem europäischen und deutschen Vergaberecht gegenüber klassischen öffentlichen Auftraggebern eingeräumten Spielräume darf nicht durch eine analoge Anwendung der Vorgaben für diese eingeschränkt oder gar zunichte gemacht werden.

II. Systematische Stellung und Zweck der Norm

4 § 46 ist Teil des Abschnitts 2 Vergabeverfahren der SektVO und enthält **Anforderungen an Unternehmen in Bezug auf ihre Eignung.** Diese gelten für **alle nach der SektVO zulässigen Verfahrensarten,** dh, für das offene Verfahren, das nicht offene Verfahren, das Verhandlungsverfahren, den wettbewerblichen Dialog und die Innovationspartnerschaft. Sektorenauftraggeber dürfen gem. § 13 Abs. 1 S. 1 VgV zwischen den zulässigen Verfahrensarten bis auf die Innovationspartnerschaft frei wählen. Die Innovationspartnerschaft steht gem. § 13 Abs. 1 S. 2 VgV nach Maßgabe des § 18 VgV zur Verfügung.

5 Die Prüfung der **Eignung ist Teil der vierstufigen Angebotswertung.** Die Wertung von Angeboten in Vergabeverfahren im Anwendungsbereich der Sektoren-RL wie auch der RL 2014/24/EU ist systematisch in vier voneinander unabhängigen sachlich bedingten Prüfungsstufen vorzunehmen.[5] Eine ausdrückliche Vorgabe zur Durchführung einer vierstufigen Angebotswertung gibt es im Anwendungsbereich der Sektoren-RL und damit auch der SektVO nicht. Jedoch folgt diese indirekt aus den Vorschriften zur Vollständigkeit der Angebote (§ 19 Abs. 3), zur Eignung (§§ 45, 46), zu ungewöhnlich niedrigen Angeboten (§ 54) und zu Zuschlagskriterien (§§ 51 und 52). Darüber hinaus ist die Durchführung einer vierstufigen Eignungsprüfung auch im Sektorenbereich zweckmäßig.

6 Auf der **ersten Wertungsstufe** werden Angebote aufgrund formaler Mängel ausgeschlossen, ohne dass zugleich eine inhaltliche Prüfung vorgenommen wird. Auf der **zweiten Wertungsstufe** erfolgt die Prüfung der Eignung der noch im Verfahren befindlichen Bieter (§ 122 Abs. 1 GWB). Im Zuge der Eignungsprüfung werden diejenigen Unternehmen ermittelt, die auf der Grundlage ihrer Zuverlässigkeit, Leistungsfähigkeit und Fachkunde zur Erbringung der konkret nachgefragten Leistung in Betracht kommen.[6] Die Frage der Zuverlässigkeit ist nunmehr allerdings kein Gesichtspunkt der Eignungsprüfung im engeren Sinne, sondern wird über die in

---

[1] Greb/Müller/*Weyand* Rn. 1.
[2] Greb/Müller/*Weyand* Rn. 3.
[3] BT-Drs. 87/16, 265.
[4] BT-Drs. 87/16, 265.
[5] BGHZ 139, 273 (276) = NJW 1998, 3644.
[6] BGH Urt. v. 15.4.2008 – X ZR 129/06, NZBau 2008, 505 = VergabeR 2008, 641 (642).

II. Systematische Stellung und Zweck der Norm　　　　　　　　　　　　7–9　§ 46 SektVO

§§ 123 und 124 GWB geregelten Ausschlussgründe geprüft. Die Eignung dient nicht der Ermittlung qualitativer Unterschiede zwischen den einzelnen Bewerbern.[7] Die Angebote werden zunächst auf zwingende Ausschlussgründe, dann auf fakultative hin geprüft. Auf der **dritten Wertungsstufe** prüft die Vergabestelle für den konkreten Fall die Angemessenheit der Preise und das Preis-Leistungsverhältnis (§ 54 VgV). Sie prüft, ob der angebotene Preis in offenbarem Missverhältnis zu der angebotenen Leistung steht, dh, ob der Preis zu hoch oder zu niedrig ist. Mit dem Preis ist der Gesamtpreis gemeint. Die Prüfung auf der dritten Stufe soll ausschließen, dass der Auftraggeber einem Unterangebot den Zuschlag erteilt und sich damit dem Risiko aussetzt, dass der Auftragnehmer während der Ausführung in wirtschaftliche Schwierigkeiten gerät. Der Auftraggeber läuft ansonsten Gefahr, dass der Auftragnehmer den Auftrag nicht oder nicht ordnungsgemäß, insbesondere nicht mängelfrei, zu Ende führen kann. Die auf der Grundlage der ersten drei Wertungsstufen erfolgreichen Angebote gelangen in die **vierte Wertungsstufe.** In dieser wird auf der Grundlage der vorgegebenen Zuschlagskriterien das „wirtschaftlichste Angebot" ermittelt (§ 52 Abs. 1 VgV).

Bei der **Eignung** und der **Wirtschaftlichkeitsprüfung** handelt es sich auch auf der Grundlage 7 der Sektoren-RL und SektVO um **zwei verschiedene Vorgänge,** die unterschiedlichen Regeln unterliegen.[8] Die getrennte und unabhängige Prüfung von Eignung (§§ 45, 46 VgV) und Wirtschaftlichkeit (§ 52 Abs. 1 VgV und § 54 VgV) ergibt sich aus der Natur der Sache.[9] Die Eignungsprüfung ist eine **unternehmens- bzw. bieterbezogene Untersuchung,** auf deren Grundlage prognostiziert werden soll, ob ein Unternehmen nach seiner personellen, sachlichen und finanziellen Ausstattung zur Ausführung des Auftrags in der Lage sein wird. Die Wirtschaftlichkeitsprüfung bezieht sich dagegen nicht auf die konkurrierenden Unternehmen, sondern auf ihre Angebote und damit auf die Leistung.[10] Durch Kriterien wie den Preis, die Ausführungsfrist, Betriebs- und Folgekosten, die Gestaltung, Rentabilität oder den technischem Wert, werden die Eigenschaften der angebotenen Leistung bewertet, nicht aber Eigenschaften des Bieters/Unternehmers. **Eignungskriterien sind** vor diesem Hintergrund streng **von den Auftrags- oder Zuschlagskriterien** des § 127 GWB **zu unterscheiden** und dürfen nicht miteinander vermischt werden.[11]

Die Vergabestelle besitzt hinsichtlich der Entscheidung, ob ein Angebot bei der Vergabe 8 aufgrund fehlender Eignung nicht zu berücksichtigen ist, einen **nur eingeschränkt überprüfbaren Beurteilungsspielraum.**[12] Grund dafür ist, dass die Feststellung, ob ein Bieter nicht die erforderliche Fachkunde, Leistungsfähigkeit und Zuverlässigkeit besitzt, um einen Auftrag zufriedenstellend auszuführen, **Ergebnis einer fachlich-tatsächlichen Prognose** ist.[13] Diese beruht zum einen – ähnlich einer Bewertungsentscheidung in Prüfungsverfahren – auf einer Vielzahl von Detailerwägungen, für die die Verwaltungsbehörde in aller Regel fachlich besser geeignet und erfahrener ist als die Nachprüfungsinstanz. Zum anderen geht im Geschäftsverkehr jeder Auftragserteilung die subjektive Einschätzung des Auftraggebers voraus, Vertrauen in die künftige gute Zusammenarbeit mit dem ausgewählten Auftragnehmer haben zu können. Es ist nicht das Regelungsanliegen des § 20, dieses allgemein sinnvolle Auswahlkriterium im Falle öffentlicher Auftragsvergaben auszuschließen.[14]

Der Auftraggeber hat im Hinblick auf die Prüftiefe bei der Verifizierung und Kontrolle von 9 Eigenerklärungen eine Einschätzungsprärogative.[15] Zwar dürfen Eignungsentscheidungen nur auf der Grundlage gesicherter Erkenntnisse ergehen,[16] jedoch darf die Vergabestelle grundsätzlich davon

---

[7] BGH Urt. v. 15.4.2008 – X ZR 129/06, NZBau 2008, 505; VK Bund Beschl. v. 12.5.2009 – VK 3-109/09, VPRRS 2009, 0455; VK Düsseldorf Beschl. v. 21.1.2009 – VK-43/2008-L, IBRRS 2009, 1091.
[8] Für den Anwendungsbereich der Vergabe-RL 2004 EuGH, Slg. 2008, I-251 Rn. 26 – Lianakis u.a., Anm. dazu von *Hölzl/Friton* NZBau 2008, 307; OLG Düsseldorf Beschl. v. 2.5.2008 – VII-Verg 26/08.
[9] BGH VergabeR 2008, 641 (642).
[10] *Gröning* NZBau 2003, 86 (90).
[11] Für den Anwendungsbereich der Vergabe-RL 2004 EuGH, Slg. 2008, I-251 Rn. 26 = NZBau 2008, 262 – Lianakis u.a., Anm. dazu von *Hölzl/Friton* NZBau 2008, 307; OLG Düsseldorf Beschl. v. 2.5.2008 – VII-Verg 26/08.
[12] KG Beschl. v. 27.11.2008 – 2 Verg 4/08, BeckRS 2009, 00113, unter Verweis auf OLG Schleswig, OLGR 2008, 493 (496); OLG Rostock, OLGR 2007, 24; OLG Frankfurt a. M. OLGR 2005, 67 (70); OLG Braunschweig, OLGR 2004, 442 (444); OLG Saarbrücken, OLGR 2003, 342 (343); OLG Hamburg, NVwZ 2000, 714 (715).
[13] KG Beschl. v. 27.11.2008 – 2 Verg 4/08, BeckRS 2009, 00113.
[14] KG Beschl. v. 27.11.2008 – 2 Verg 4/08, BeckRS 2009, 00113.
[15] OLG Düsseldorf, NZBau 2010, 393 (398) – Berliner Schloss mAnm *Prieß/Hölzl* NZBau 2010, 354 ff.
[16] BGH NJW 2000, 661 (661); OLG Düsseldorf Beschl. v. 4.2.2009 – VII Verg 65/08, BeckRS 2009, 29063; OLG Düsseldorf NJOZ 2008, 1439; ZfBR 2008, 79.

ausgehen, dass die Angaben in den Eigenerklärungen zutreffend sind. Anders ist das nur dann, wenn bestimmte Umstände Zweifel an den Angaben hervorrufen.

10 Die Vergabenachprüfungsinstanzen dürfen die Entscheidung des Auftraggebers zur Eignung eines Unternehmens nur daraufhin prüfen, ob die **rechtlichen Grenzen des Beurteilungsspielraumes eingehalten worden** sind.[17] Danach ist eine **Überschreitung des Beurteilungsspielraumes anzunehmen,** wenn das vorgeschriebene Verfahren nicht eingehalten wird, wenn nicht von einem zutreffenden und vollständig ermittelten Sachverhalt ausgegangen wird, wenn sachwidrige Erwägungen in die Wertung einbezogen werden oder wenn der einzuhaltende Beurteilungsmaßstab nicht zutreffend angewendet wird.[18]

11 Die in vier sachlich getrennten Stufen vorzunehmende Angebotswertung schließt nicht aus, dass zunächst übersehene oder erst später bekannt gewordene Mängel bei der Angebotsprüfung nachträglich berücksichtigt werden dürfen und der Sektorenauftraggeber zu diesem Zweck erneut in die Eignungsprüfung eintritt.[19] Das gilt grundsätzlich für alle zulässigen Arten von Vergabeverfahren, insbesondere auch für das offene Vergabeverfahren.[20] Die **Eignungsprüfung ist kein einmaliger, von der Vergabestelle nicht erneut überprüfbarer Vorgang.** Werden neue Tatsachen bekannt oder führen neue Erkenntnisse zu Zweifeln an der Eignung eines Bieters, ist eine neue Überprüfung vergaberechtlich nicht nur zulässig, sondern vielmehr geboten.[21] Der Sektorenauftraggeber darf dabei seine Beurteilung im Nachhinein in jede Richtung korrigieren, wenn die neu bekannt werdenden Tatsachen diese neue Entscheidung rechtfertigen.[22] Nimmt ein Sektorenauftraggeber neue Erkenntnisse zum Anlass, die bereits angenommene Eignung eines Bieters nochmals zu überprüfen, bedeutet das nicht, dass die zunächst vorgenommene Eignungsprüfung vergaberechtswidrig unvollständig gewesen wäre.[23] Selbst wenn dies gegen Vergaberecht verstoßen würde, was aber nicht der Fall ist, wäre dieser – unterstellte – Vergaberechtsfehler durch die erneute vollständige Angebotswertung behoben. Der Wiedereintritt in die Eignungsprüfung und ggf. die Änderung des Ergebnisses ist ohne neue Anhaltspunkte grundsätzlich nicht zulässig, der Sektorenauftraggeber ist an sein Ergebnis gebunden (sog. Selbstbindungsgrundsatz der Verwaltung). Jedenfalls wird diese Maßgabe für öffentlich beherrschte Sektorenauftraggeber gelten.

12 **1. Auswahl der Unternehmen anhand objektiver Kriterien (Abs. 1).** Abs. 1 gibt den bei der Eignungsprüfung einzuhaltenden **Maßstab** vor. Danach ist die Eignungsprüfung anhand von **objektiven Kriterien** durchzuführen. Diese müssen allen interessierten Unternehmen **zugänglich** gemacht werden. Abs. 1 legt den Grundsatz fest, dass die Kriterien objektiv, also nichtdiskriminierend und allen zugänglich, also einerseits transparent andererseits hindernisfrei, abrufbar sein müssen.[24] Weitere oder konkretere Maßgaben enthält die SektVO zu den Voraussetzungen der Eignung und ihrer Prüfung nicht. Die Maßgaben des § 122 GWB gelten weder direkt noch analog. Das bedeutet einerseits, dass die SektVO insgesamt **wesentlich weniger strengere Vorgaben** als die VOB/A EU und die VgV macht. Andererseits steht es den Sektorenauftraggebern frei, auf die strengeren und genaueren Vorgaben des § 127 GWB,[25] der VOB/A EU und der VgV zurückzugreifen. Diese sind allerdings auf der Grundlage der Maßgaben des § 127 GWB auch die Grenze.[26] Greift er auf die Vorgaben des § 122 GWB zurück, muss er dies den Bietern auch transparent machen. Eine Vorgabe, die der Sektorenauftraggeber nicht oder missverständlich vorgibt, darf er nicht fordern und auch einen Ausschluss nicht darauf stützen.

13 Die Vorgabe „objektiver" Kriterien impliziert, dass es sich um Vorgaben handeln muss, die den **Grundsätzen des § 127 GWB** entsprechen. Das bedeutet, dass es sich um **sachliche und produktneutrale Kriterien** bzw. diskriminierungsfreie Kriterien handeln muss. Der Sektorenauf-

---

[17] KG Beschl. v. 27.11.2008 – 2 Verg 4/08, BeckRS 2009, 00113.
[18] KG Beschl. v. 27.11.2008 – 2 Verg 4/08, BeckRS 2009, 00113.
[19] BGH VergabeR 2008, 641 (643); OLG Brandenburg NZBau 2008, 277 (279).
[20] OLG Brandenburg NZBau 2008, 277 (279).
[21] OLG Brandenburg NZBau 2008, 277 (279).
[22] OLG Brandenburg NZBau 2008, 277 (279); OLG Düsseldorf NZBau 2005, 597; OLG Düsseldorf Beschl. v. 18.7.2001 – Verg 16/01, BeckRS 2001, 17504; OLG Düsseldorf Beschl. v. 9.4.2003 – Verg 66/02, IBRRS 2003, 1682; OLG Düsseldorf Beschl. v. 5.5.2004 – Verg 10/04, BeckRS 2004, 05485; OLG Düsseldorf ZfBR 2004, 298 mwN; OLG Düsseldorf Beschl. v. 28.5.2003 – Verg 16/03, BeckRS 2005, 03571; VK Hessen Beschl. v. 9.2.2004 – 69 d-VK-79/2003, 69 d-VK-80/2003; BayObLG NZBau 2004, 294; BayObLG VergabeR 2002, 644 (648); OLG Düsseldorf VergabeR 2003, 586 (587); OLG Dresden ZfBR 2003, 810.
[23] OLG Brandenburg NZBau 2008, 277 (279).
[24] BT-Drs. 87/16, 265.
[25] BR-Drs. 522/09, 50.
[26] Opitz VergabeR 2009, 689 (696).

II. Systematische Stellung und Zweck der Norm 14–19 § 46 SektVO

traggeber darf deshalb keine Kriterien verwenden, die unmittelbar oder mittelbar ihm bekannte oder einheimische Unternehmen bevorzugen.[27] Es muss sich zudem um sachliche Kriterien handeln, die mit dem Gegenstand des Auftrags im Zusammenhang stehen und angemessen sind.[28] Es können auch Mindestanforderungen aufgestellt werden, die zu erfüllen sind.[29]

Greift der Sektorenauftraggeber auf die Eignungsanforderungen des § 122 GWB zurück, muss er beachten, dass nach öffentliche Aufträge gem. § 122 Abs. 1 GWB nur an solche Unternehmen vergeben werden dürfen, die fachkundig und leistungsfähig sind. Die Zuverlässigkeit ist kein Teil der Eignungsprüfung mehr, sondern wird über die §§ 123 und 124 GWB geprüft. Die Vorgabe der Gesetzestreue ist grundsätzlich weggefallen und ist als Merkmal lediglich noch bei § 128 GWB Auftragsausführung relevant. 14

Die Vorgabe „allen zugänglich" bedeutet nach der Intention des Gesetzgebers, dass die Kriterien transparent und hindernisfrei abrufbar sein müssen.[30] Die Kriterien sind deshalb in der Bekanntmachung anzugeben.[31] Interessierte Unternehmen müssen sich vor Beginn des Vergabeverfahrens über die für die Erfüllung der Eignungsanforderung maßgeblichen Kriterien informieren können. Ist dies nicht der Fall, dürfen sie nicht in die Eignungsprüfung einbezogen werden. „Interessierte Unternehmen" sind solche Unternehmen, die von ihrem Unternehmensgegenstand her Leistungen erbringen, die der Sektorenauftraggeber im Zuge eines bestimmten Vergabeverfahrens beschaffen will. 15

Die SektVO gibt nicht vor, welche **Eignungsnachweise** Sektorenauftraggeber verlangen dürfen. Das bedeutet, dass sie grundsätzlich frei darin sind. Die Grenze für die Forderung von Eignungsnachweisen ist deshalb deren sachliche Berechtigung für die zu erbringende Leistung. Zur Erleichterung der Beibringung und aus Kostengründen kann der Auftraggeber anstelle der zu erbringenden Dritterklärungen auch unterschriebene schriftliche Eigenerklärungen erlauben. Die **Nichtvorlage** von Eignungsnachweisen **oder die Vorlage von ungenügenden Eignungsnachweisen** kann zum Ausschluss führen. Der Auftraggeber kann allerdings gem. § 51 auf der Grundlage der Setzung einer Frist eine Nachreichung erlauben. Die SektVO gibt nicht konkret vor, dass Unternehmen, die die geforderten Eignungsnachweise nicht abgeben, ausgeschlossen werden müssen. Jedoch ergibt sich auf der Grundlage der nach § 97 Abs. 1 und 2 GWB sicherzustellenden Gleichbehandlung und Nichtdiskriminierung, dass Angebote solcher Unternehmen nicht gewertet werden dürfen. **Erlässt der Sektorenauftraggeber** allerdings gleichmäßig allen Unternehmen die **Vorlage bestimmter Nachweise oder Erfüllung bestimmter Kriterien,** ist dies unter Umständen anders zu beurteilen. Zu fragen ist in diesem Fall nach der Rechtsprechung des EuGH, ob sich andere oder weitere Unternehmen an dem Vergabeverfahren beteiligt hätten, wenn die betreffenden Vorgaben von Anfang an anders gewesen wären. 16

Die vorgegebenen Eignungskriterien müssen grundsätzlich in einem angemessenen Verhältnis zum Auftrag stehen und sind am **Grundsatz der Verhältnismäßigkeit** zu messen. Der nunmehr in § 97 Abs. 1 GWB verankerte Grundsatz der Verhältnismäßigkeit gilt auch für Sektorenauftraggeber. Auch wenn die SektVO keine konkrete Maßgaben iSd § 122 Abs. GWB enthält, ist ein **Sachbezug** der Eignungskriterien erforderlich. Bei der Festlegung der Eignungsanforderungen muss der Auftraggeber stets beachten, dass die von ihm dafür verlangten Nachweise zumutbar sind.[32] 17

An Vorgaben im Sinne von Fachkunde und Leistungsfähigkeit des Auftragnehmers sind grundsätzlich **durchschnittliche Anforderungen** zu stellen. In Ausnahmefällen ist es jedoch zulässig, für den Fall, dass eine Leistung unter erschwerten Bedingungen zu erbringen ist, hinsichtlich bestimmter Eignungsmerkmale bei der Vergabeentscheidung **erhöhte oder überdurchschnittlich hohe, über das normale Maß hinausgehende Anforderungen** zu stellen.[33] In diesem Fall muss die Vergabestelle jedoch entsprechende Nachweise fordern, konkret angeben, bei welchen Eignungsmerkmale sie über das Normalmaß hinausgehende Anforderungen stellt und aus welchen Gründen sie das für erforderlich hält. Die Vergabestelle hat die Bieter so zu informieren, dass es einem verständigen Bieter möglich ist, zu erkennen, worauf sich die Eignungsprüfung in besonderer Weise erstrecken wird und wie, dh durch Vorlage welcher Nachweise, er den Anforderungen entsprechen kann. 18

Der Auftraggeber darf von den für die Eignung bzw. deren Nachweise bekannt gemachten Vorgaben im weiteren Verlauf des Vergabeverfahrens weder abweichen, noch darf er diese ändern.[34] 19

---

[27] Greb/Müller/*Weyand* Rn. 11.
[28] BR-Drs. 522/09, 50.
[29] BR-Drs. 522/09, 50.
[30] BT-Drs. 87/16, 265.
[31] BR-Drs. 522/09, 50.
[32] Vgl. BGH NZBau 2008, 592 (593) und Anm. dazu von *Stoye* IBR 2008, 588; OLG Düsseldorf NZBau 2007, 600 (604); vgl. VK Lüneburg Beschl. v. 8.5.2006 – VgK-07/2006, IBRRS 2006, 1679.
[33] Zum Nachfolgenden ausf. OLG Düsseldorf Beschl. v. 5.10.2005 – Verg 55/05, BeckRS 2005, 14414.
[34] OLG Düsseldorf Beschl. v. 9.7.2003 – Verg 26/03, BeckRS 2006, 01806; OLG Düsseldorf Beschl. v. 25.11.2002 – Verg 56/02; OLG Düsseldorf Beschl. v. 1.2.2006 – VII-Verg 83/05, BeckRS 2004, 12170; OLG Düsseldorf Beschl. v. 18.10.2006 – VII-Verg 35/06.

Der öffentliche Auftraggeber muss auf der Grundlage des Transparenz- und Gleichbehandlungsgebots den Bewerbern bzw. Bietern alle für die Vergabe des Auftrags maßgeblichen Umstände so bekannt machen, dass diese bei Anwendung der üblichen Sorgfalt deren genaue Bedeutung verstehen und in gleicher Weise auslegen können; zugleich muss der öffentliche Auftraggeber auf dieser Basis prüfen können, ob die Teilnahmeanträge bzw. Angebote diese Anforderungen erfüllen. Der öffentliche Auftraggeber darf die Eignungsanforderungen und sonstigen Ausschreibungsbedingungen im Laufe des Vergabeverfahrens jederzeit ändern, wenn dies in einem transparenten und diskriminierungsfreien Verfahren geschieht. Das bedeutet, dass alle Bewerber bzw. Bieter davon Kenntnis nehmen können. Die Änderung darf allerdings nicht auf Gründen beruhen, die andere Bewerber/Bieter diskriminieren.

20   **2. Vorgabe von Kriterien des GWB und der VgV (Abs. 2).** Abs. 2 regelt die Möglichkeit für Sektorenauftraggeber, ggf. Ausschlussgründe nach § 123 GWB festzulegen und vorzugeben. Für den Fall, dass es sich um einen Sektorenauftraggeber gem. § 100 Abs. 1 Nr. 1 GWB handelt, kann sich eine Verpflichtung zur Anwendung der Ausschlussgründe des § 123 GWB ergeben.[35] Abs. 2 räumt es privaten Sektorenauftraggebern iSv § 100 Abs. 1 Nr. 2 GWB über § 142 Nr. 2 GWB ein, Unternehmen nach § 123 GWB ausschließen können, aber nicht ausschließen zu müssen. Die Regelungen des zwingenden Ausschlusses gem. § 123 GWB sind für „private" Sektorenauftraggeber nicht obligatorisch, sondern fakultativ ausgestaltet, dies folgt aus Art. 80 Sektoren-RL.[36] Daher ist die Einschränkung in § 100 Abs. 1 Nr. 1 GWB erforderlich. Sektorenauftraggeber sollten zur Sicherstellung, dass sich nur „zuverlässige" Unternehmen erfolgreich am Vergabeverfahren beteiligen können, allerdings von sich aus die in den §§ 123 und 124 GWB geregelten Ausschlussgründe vorgeben.

§ 47 Eignungsleihe

(1) ¹Ein Bewerber oder Bieter kann für einen bestimmten Auftrag im Hinblick auf die erforderliche wirtschaftliche und finanzielle sowie die technische und berufliche Leistungsfähigkeit die Kapazitäten anderer Unternehmen in Anspruch nehmen, wenn er nachweist, dass ihm die für den Auftrag erforderlichen Mittel tatsächlich zur Verfügung stehen werden, indem er beispielsweise eine entsprechende Verpflichtungserklärung dieser Unternehmen vorlegt. ²Diese Möglichkeit besteht unabhängig von der Rechtsnatur der zwischen dem Bewerber oder Bieter und den anderen Unternehmen bestehenden Verbindungen. ³Ein Bewerber oder Bieter kann jedoch im Hinblick auf Nachweise für die erforderliche berufliche Leistungsfähigkeit wie Ausbildungs- und Befähigungsnachweise oder die einschlägige berufliche Erfahrung die Kapazitäten anderer Unternehmen nur dann in Anspruch nehmen, wenn diese die Leistung erbringen, für die diese Kapazitäten benötigt werden.

(2) ¹Der Auftraggeber überprüft im Rahmen der Eignungsprüfung, ob die Unternehmen, deren Kapazitäten der Bewerber oder Bieter für die Erfüllung bestimmter Eignungskriterien in Anspruch nehmen will, die entsprechenden Kriterien erfüllen, und ob Ausschlussgründe vorliegen, sofern er solche festgelegt hat. ²Hat der Auftraggeber auf zwingende Ausschlussgründe nach § 123 des Gesetzes gegen Wettbewerbsbeschränkungen Bezug genommen, schreibt er vor, dass der Bewerber oder Bieter ein Unternehmen, das das entsprechende Eignungskriterium nicht erfüllt oder bei dem zwingende Ausschlussgründe nach § 123 des Gesetzes gegen Wettbewerbsbeschränkungen vorliegen, ersetzen muss. ³Hat der Auftraggeber auf fakultative Ausschlussgründe nach § 124 des Gesetzes gegen Wettbewerbsbeschränkungen Bezug genommen, kann er vorschreiben, dass der Bewerber oder Bieter auch ein Unternehmen, bei dem fakultative Ausschlussgründe nach § 124 des Gesetzes gegen Wettbewerbsbeschränkungen vorliegen, ersetzen muss. ⁴Der Auftraggeber kann dem Bewerber oder Bieter dafür eine Frist setzen.

(3) Nimmt ein Bewerber oder Bieter die Kapazitäten eines anderen Unternehmens im Hinblick auf die erforderliche wirtschaftliche und finanzielle Leistungsfähigkeit in Anspruch, so kann der Auftraggeber eine gemeinsame Haftung des Bewerbers oder Bieters und des anderen Unternehmens für die Auftragsausführung entsprechend dem Umfang der Eignungsleihe verlangen.

(4) Die Absätze 1 bis 3 gelten auch für Bewerber- oder Bietergemeinschaften.

---

[35] BT-Drs. 87/16, 265.
[36] RegE zum VergRModG, BT-Drs. 18/6281, 125.

(5) Der Auftraggeber kann vorschreiben, dass bestimmte kritische Aufgaben bei Bauaufträgen, Dienstleistungsaufträgen oder kritische Verlege- oder Installationsarbeiten im Zusammenhang mit einem Lieferauftrag direkt vom Bieter selbst oder im Fall einer Bietergemeinschaft von einem Teilnehmer der Bietergemeinschaft ausgeführt werden müssen.

Schrifttum: *Clodius*, Das neue Vergaberecht: Die Regelung zum Selbstausführungsgebot in § 47 Abs. 5 VgV, VergabeR 2019, 348; *Otting*, Eignungs- und Zuschlagskriterien im neuen Vergaberecht, VergabeR 2016, 316; *Schaller*, Die Umsetzung der EU-Richtlinien 2014 – Die neue Vergabeverordnung für die Vergabe öffentlicher Aufträge, Teil 2, ZfBR-Beilage 2016, 34.

Übersicht

	Rn.			Rn.
I. Allgemeines	1	2.	Überprüfung der Eignung der in Bezug genommenen Unternehmen (Abs. 2)	12
1. Überblick, systematischer Ort und Regelungsgehalt	1			
2. Anforderungen an die Unternehmen	7	3.	Vorgabe gemeinsamer Haftung (Abs. 3)	15
II. Die Regelungen des § 47 VgV im Einzelnen	9	4.	Geltung der Abs. 1–3 auch für Bewerber- und Bietergemeinschaften (Abs. 4)	16
1. Inanspruchnahme der Kapazitäten anderer Unternehmen und Verpflichtungserklärung (Abs. 1)	9	5.	Verpflichtung zur Selbstbringung kritischer Aufgaben (Abs. 5)	17

I. Allgemeines

1. Überblick, systematischer Ort und Regelungsgehalt. Der Gesetzgeber hat in § 47 die 1 sog. **Eignungsleihe** geregelt. § 47 entspricht weitgehend dem § 47 VgV und knüpft inhaltlich an § 122 GWB sowie an § 45 VgV (Wirtschaftliche und finanzielle Leistungsfähigkeit) und § 46 VgV (Technische und berufliche Leistungsfähigkeit) an. Öffentliche Aufträge dürfen gem. § 122 Abs. 1 GWB nur an geeignete Unternehmen vergeben werden. Ob Unternehmen geeignet sind, bestimmt sich nach den vom öffentlichen Auftraggeber festgelegten Eignungskriterien, wie sie in der Auftragsbekanntmachung bekannt gegeben worden sind (§ 122 Abs. 2, Abs. 4 S. 2 GWB). Unternehmen, die nach den aufgestellten Eignungskriterien nicht geeignet sind, müssen vom weiteren Vergabeverfahren ausgeschlossen werden bzw. dürfen im Falle eines Verhandlungsverfahrens nicht zur Abgabe eines Angebots aufgefordert werden (§ 42 Abs. 1, 2 S. 1 VgV).

§ 122 Abs. 1 GWB benennt für alle Arten von öffentlichen Auftraggebern die **zulässigen** 2 **Eignungskategorien** und bestimmt, dass ein Unternehmen im Sinne der Vorgaben des § 122 Abs. 1 GWB nur dann geeignet ist, wenn es die durch den öffentlichen Auftraggeber im Einzelnen zur ordnungsgemäßen Ausführung des öffentlichen Auftrags festgelegten Eignungskriterien erfüllt. Der öffentliche Auftraggeber kann als Eignungskriterien gem. § 122 Abs. 1 Nr. 2 und 3 GWB insbesondere Vorgaben zur **wirtschaftlichen und finanziellen Leistungsfähigkeit** sowie zur **technischen und beruflichen Leistungsfähigkeit** machen. Der Gesetzgeber greift dies in § 47 Abs. 1 auf und erlaubt, dass der Auftragnehmer sich in Bezug auf diese Eignungsanforderungen auch auf andere Unternehmen (**Drittunternehmen**) berufen kann, um die entsprechenden Vorgaben zu erfüllen. Das bedeutet, der Auftragnehmer kann beispielsweise auch für die geforderten Referenzen auf Drittunternehmen zurückgreifen.[1] Formal handelt es sich bei § 47 um eine neue Vorschrift. Die Eignungsleihe war jedoch bereits vor dem 18.4.2016 zulässig, beispielsweise auf der Grundlage von § 7 EG Abs. 9 VOL/A, sodass § 47 in der Sache im Wesentlichen keine neue Regelung ist. Bereits nach § 7 EG Abs. 9 VOL/A konnte sich ein Unternehmen zum Nachweis der Leistungsfähigkeit und Fachkunde der Fähigkeiten Drittunternehmen bedienen, ungeachtet des rechtlichen Charakters der zwischen ihm und dem Unternehmen bestehenden Verbindungen.

§ 47 setzt Art. 79 Sektoren-RL um, § 7 EG Abs. 9 VOL/A beruhte auf Art. 48 Abs. 3 RL 3 2004/18/EG (Vergabe-RL 2004). Der europäische und deutsche Gesetzgeber haben wichtige Teile der zur Eignungsleihe bislang ergangenen **Rechtsprechung** aufgenommen und die Eignungsleihe auf dieser Grundlage nunmehr umfassender und auch detaillierter geregelt. Gleichwohl ist für zahlreiche Fragen nach wie vor die Einbeziehung der inzwischen reichhaltig vorliegenden Kasuistik zu

---

[1] VK Bund Beschl. v. 9.1.2017 – VK 1-106/16, IBRRS 2017, 0915.

berücksichtigen. Das Instrument der Eignungsleihe ist bereits vor längerer Zeit vom EuGH[2] entwickelt und von den deutschen Nachprüfungsinstanzen übernommen worden.[3] Die Eignungsleihe eröffnet Unternehmen die Möglichkeit, sich auf öffentliche Aufträge zu bewerben, für die sie selbst nicht sämtliche erforderlichen Fähigkeiten und Kapazitäten haben. Das gilt jedoch nur für wirtschaftliche und finanzielle sowie die technische und berufliche Leistungsfähigkeit anderer Unternehmen. Hingegen war die Berufung auf die Zuverlässigkeit eines Drittunternehmens nie zulässig. Gleiches gilt jetzt in Bezug auf die in den §§ 123 und 124 GWB geregelten Ausschlussgründe. Jeder Auftragnehmer muss dazu selbst eine Erklärung abgeben und darf nach den Vorgaben der §§ 123 und 124 GWB nicht auszuschließen sein.[4]

4   Die Eignungsleihe ist von der Beauftragung eines **Nach- bzw. Subunternehmers** iSv § 34 zu unterscheiden.[5] Der enge Zusammenhang zwischen der Eignungsleihe mit den vergaberechtlichen Bestimmungen zum Nachunternehmereinsatz führt dazu, dass die Eignungsleihe oftmals mit dem Einsatz von Nachunternehmern gleichgesetzt wird und die entsprechenden Regelungen zur Eignungsleihe als Nachweiserfordernis für den Einsatz von Nachunternehmern übertragen werden.[6] Bei der Beauftragung eines Nach- bzw. Subunternehmers überträgt der Auftragnehmer einen Teil der zu erbringenden Leistungen auf ein anderes oder mehrere andere Unternehmen. Bei Nach- oder Subunternehmern handelt es sich um rechtlich selbstständige Unternehmen, die der Auftragnehmer zur Erbringung der Leistungen einsetzt. Die Vergabe von Unteraufträgen eröffnet Chancen, wirft aber auch Schwierigkeiten auf. Das gilt beispielsweise in Bezug auf die **Doppelbeteiligung** an Ausschreibungen. Die **parallele Beteiligung als Einzelbieter und Nachunternehmer** ist grundsätzlich zulässig. Eine Vermutung dahingehend, dass in dieser Konstellation *per se* wettbewerbswidriges Verhalten vorliegt, besteht nicht. Voraussetzung dafür, dass ein Angebot ausgeschlossen werden muss, ist, dass ein Verstoß gegen den Grundsatz des Geheimwettbewerbs durch Kenntnis (von großen Teilen) beider Angebote vorliegt, die maßgeblichen Rückschlüsse auf das Gesamtangebot erlauben. Diese Voraussetzungen liegen jedoch nicht schon dann vor, wenn ein Bieter ein eigenes Angebot abgibt und zudem als Nachunternehmer eines anderen Bieters vorgesehen ist.[7] Es müssen vielmehr weitere Tatsachen hinzutreten, die nach Art und Umfang des Nachunternehmereinsatzes sowie mit Rücksicht auf die Begleitumstände eine Kenntnis von dem zu derselben Ausschreibung abgegebenen Konkurrenzangebot annehmen lassen.

5   Zulässig ist es darüber hinaus auch, sich auf die Kapazitäten eines anderen Unternehmens zu berufen und ihm zugleich einen Teil der zu erbringenden Leistungen zu übertragen. Das bedeutet, ein bestimmtes Drittunternehmen kann Nachunternehmer und Eignungsleiher, dh sog. **eignungsrelevanter Nachunternehmer** sein. Im Gegensatz dazu handelt es sich bei einem Unternehmen, das nur Nachunternehmerleistungen erbringt, um einen sog. **einfachen Nachunternehmer.** Vom einfachen einerseits und eignungsrelevanten Nachunternehmer andererseits ist der bloße **Lieferant** bzw. Zulieferer zu unterscheiden. Der Lieferant oder Zulieferer erbringt lediglich einen sehr geringen Teil der Leistungen und/oder ganz untergeordnete Tätigkeiten, Hilfsleistungen. **Teilleistungen und/oder Zuarbeiten,** die sich auf **reine Hilfsfunktionen beschränken,** wie beispielsweise Speditionsleistungen, Gerätemiete, Baustoff- und Bauteillieferanten, sind keine **Nachunternehmerleistungen.**[8] Zu beachten ist allerdings, dass das **OLG Düsseldorf** in einer jüngeren Entscheidung festgestellt hat, dass Lieferanten des Auftragnehmers zwar keine Nachunternehmer sind, jedoch den Vorschriften über die sog. Eignungsleihe unterfallen können, weil der Begriff der Eignungsleihe weiter ist als jener des Unterauftrags.[9] Vergaberechtlich gibt es damit auch die Kategorie **eignungsrelevanter Lieferant.**

---

[2] Grundlegend EuGH Urt. v. 12.1.1999 – C-176/08 – Holst Italia und EuGH Urt. v. 18.3.2004 – C-314/01, BeckRS 2004, 76274 – Siemens AG.
[3] Beispielsweise OLG München Beschl. v. 9.8.2012 – Verg 10/12, BeckRS 2012, 20301; VK Bund Beschl. v. 10.9.2014 – VK 1-66/14, ZfBR 2015, 312.
[4] VK Bund Beschl. v. 9.1.2017 – VK 1-106/16, IBRRS 2017, 0915.
[5] Beispielsweise OLG Düsseldorf Beschl. v. 30.6.2010 – VII Verg 13/10, NZBau 2011, 54; VK Sachsen Beschl. v. 7.6.2016 – 1/SVK/010-16, BeckRS 2016, 14106.
[6] OLG München Beschl. v. 22.1.2009 – Verg 26/08, BeckRS 2009, 04246 und OLG München Beschl. v. 15.3.2012 – Verg 2/12, BeckRS 2012, 06248.
[7] KG Urt. v. 13.3.2008 – 2 Verg 18/07, NZBau 2008, 466 – Havelunterquerung; OLG Düsseldorf Beschl. v. 9.4.2008 – VII Verg 2/08, VergabeR 2008, 865; OLG Düsseldorf Beschl. v. 28.6.2006 – VII Verg 18/06; OLG Jena Beschl. v. 29.8.2008 – 9 Verg 5/08.
[8] OLG Saarbrücken Beschl. v. 2.4.2013 – 1 Verg 1/13, BeckRS 2013, 09837; OLG München Beschl. v. 12.10.2012 – Verg 16/12, BeckRS 2012, 21236; OLG München Beschl. v. 10.9.2009 – Verg 10/09, BeckRS 2009, 27004; OLG Dresden Beschl. v. 25.4.2006 – 20 U 467/06, NJW-Spezial 2006, 457; OLG Naumburg Beschl. v. 4.9.2008 – 1 Verg 4/08, BeckRS 2008, 23015; VK Baden-Württemberg Beschl. v. 23.7.2014 – 1 VK 28/14, IBR 20015, 94.
[9] OLG Düsseldorf Beschl. v. 25.6.2014 – VII-Verg 38/13, BeckRS 2014, 15908.

Für die Unterscheidung zwischen Nachunternehmer und Lieferant/Zulieferer ist die bislang 6
ergangene **Rechtsprechung** zu berücksichtigen. Bei einem Unternehmen, das nur Nachunternehmerleistungen erbringt, handelt es sich um einen sog. **einfachen Nachunternehmer.** Vom einfachen einerseits und eignungsrelevanten Nachunternehmer andererseits ist der bloße **Lieferant** bzw. **Zulieferer** zu unterscheiden. Der Lieferant oder Zulieferer erbringt lediglich einen sehr geringen Teil der Leistungen und/oder ganz untergeordnete Tätigkeiten oder Hilfsleistungen. **Teilleistungen und/oder Zuarbeiten,** die sich auf **reine Hilfsfunktionen beschränken,** wie beispielsweise Speditionsleistungen, Gerätemiete, Baustoff- und Bauteillieferanten, sind keine **Nachunternehmerleistungen.**[10] Unterauftragnehmer hingegen ist ein Unternehmen, das durch Übernahme bestimmter Teile des Auftrags, einen Teil der in der Leistungsbeschreibung oder im Leistungsverzeichnis festgelegten Leistungen selbständig ausführt.[11] Ein Unternehmen, das für einen Bieter komplexe, individuell nach den Vergaben der Leistungsbeschreibung gefertigte Bauteile herstellt, deren Lieferung eine der Hauptleistungspflichten des zu vergebenden Auftrags darstellt, ist kein bloßer Lieferant, sondern Unterauftragnehmer. Dritte Unternehmen werden nicht bereits dadurch zu Unterauftragnehmern, dass sie dem Bieter Mittel (Personal- oder Sachmittel) für die Auftragsausführung zur Verfügung stellen.[12] Der Nachunternehmer muss unmittelbar im vertraglichen Pflichtenkreis des Auftragnehmers, in dessen Auftrag und für dessen Rechnung dergestalt tätig werden, dass er an Stelle des Auftragnehmers dessen Leistung oder einen Teil davon erbringt. Diese **Voraussetzungen sind bei den Unternehmen, die den Auftragnehmer zB mit Spezialpapier und sonstigen Materialien beliefern, nicht erfüllt.** Die Lieferung der Vorprodukte ist nicht Gegenstand des ausgeschriebenen Auftrags; sie erfolgt nicht an den Auftraggeber, sondern an den Auftragnehmer. Dessen Verpflichtungen gegenüber dem Auftraggeber werden durch die Lieferung nicht – auch nicht teilweise – erfüllt; die Lieferung der Vorprodukte setzt den Auftragnehmer vielmehr lediglich in den Stand, selbst seinen Verpflichtungen zur Lieferung des Endproduktes zu genügen. Von einem selbstständigen Tätigwerden des Vorlieferanten im Pflichtenkreis des Auftragnehmers kann daher keine Rede sein.[13] Gemeinsam ist allen Arten von Nachunternehmern und einem Lieferanten, dass sie selbst **keine vertragliche Beziehung zum öffentlichen Auftraggeber** haben. Das bedeutet, eine vertragliche Beziehung zum öffentlichen Auftraggeber hat ausschließlich der Auftragnehmer. Er allein ist deshalb gegenüber dem Auftraggeber rechtlich für die ordnungsgemäße Erbringung der Leistung und Einhaltung aller Nebenleistungspflichten verantwortlich.

2. Anforderungen an die Unternehmen. Die Vorschrift ist in **Abschnitt 2 Unterab- 7
schnitt 5 Anforderungen an die Unternehmen** eingeordnet. Auch bislang waren die konkreten Vorgaben zur wirtschaftlichen und finanziellen Leistungen sowie zur technischen und beruflichen Leistungsfähigkeit in den Vergabe- und Vertragsordnungen geregelt. Entsprechend muss der öffentliche Auftraggeber im Hinblick auf die zulässigen Vorgaben zur wirtschaftlichen und finanziellen Leistungsfähigkeit sowie zur technischen und beruflichen Leistungsfähigkeit die Vorschriften in der VgV, VOB/A EU, SektVO, VSVgV und KonzVgV beachten. § 47 ist im Zusammenhang mit den §§ 44, 45 und 46 VgV zu verstehen. Die §§ 44–46 VgV bestimmen den Rahmen und die Obergrenze der zulässigen Eignungskriterien, jedoch keinen Mindestumfang.[14] Der öffentliche Auftraggeber kann je nach Art und Umfang der zu beschaffenden Leistung die im Einzelfall erforderlichen Eignungskriterien festlegen, wobei er gleichzeitig zu berücksichtigen hat, dass unnötig hohe Anforderungen eine Teilnahme potentieller Bewerber oder Bieter am Vergabeverfahren verhindern könnten.[15] Dem öffentlichen Auftraggeber ist es wie bei den anderen beiden Eignungskategorien auch im Hinblick auf die wirtschaftliche und finanzielle Leistungsfähigkeit freigestellt, ob er überhaupt bestimmte Eignungskriterien festlegt und, wenn ja, welches Anforderungsniveau er dabei für erforderlich hält.[16]

Abs. 1 S. 1 bestimmt, dass ein Bewerber oder Bieter im Hinblick auf die für die Erbringung 8
des Auftrags erforderliche wirtschaftliche und finanzielle sowie die technische und berufliche Leistungsfähigkeit die Kapazitäten anderer Unternehmen in Anspruch nehmen kann. Voraussetzung

---

[10] OLG Saarbrücken ZfBR 2013, 608; OLG München Beschl. v. 12.10.2012 – Verg 16/12, BeckRS 2012, 21236; OLG München Beschl. v. 10.9.2009 – Verg 10/09, BeckRS 2009, 27004; OLG Dresden Beschl. v. 25.4.2006 – 20 U 467/06, BeckRS 2006, 06732; OLG Naumburg Beschl. v. 4.9.2008 – 1 Verg 4/08, BeckRS 2008, 23015; VK Baden-Württemberg Beschl. v. 23.7.2014 – 1 VK 28/14, BeckRS 2014, 21199.
[11] VK Südbayern Beschl. v. 5.6.2019 – Z3-3-3194-1-06-02/19, IBRRS 2019, 2149; 1. VK Bund Beschl. v. 30.9.2010 – VK 2-80/10.
[12] OLG Düsseldorf Beschl. v. 25.6.2014 – VII-Verg 38/13, BeckRS 2014, 15908.
[13] 1. VK Bund Beschl. v. 30.9.2010 – VK 2-80/10.
[14] Gesetzesbegründung zu § 45 VgV, BT-Drs. 18/7318, 183, abrufbar über forum vergabe e.V.
[15] Gesetzesbegründung zu § 45 VgV, BT-Drs. 18/7318, 183, abrufbar über forum vergabe e.V.
[16] Gesetzesbegründung zu § 45 VgV, BT-Drs. 18/7318, 183, abrufbar über forum vergabe e.V.

dafür ist nach Abs. 1 S. 1, dass der betreffende Bewerber oder Bieter dem öffentlichen Auftraggeber nachweist, dass ihm **die für den Auftrag erforderlichen Mittel tatsächlich zur Verfügung stehen** werden. Den Nachweis kann er beispielsweise dadurch führen, dass er eine entsprechende **Verpflichtungserklärung** dieser Unternehmen vorlegt. Diese Möglichkeit besteht nach Abs. 1 S. 2 unabhängig von der Rechtsnatur der zwischen dem Bewerber oder Bieter und den anderen Unternehmen bestehenden Verbindungen. (1) Ein Bewerber oder Bieter kann jedoch gem. § 47 Abs. 1 S. 3 VgV im Hinblick auf Nachweise für die erforderliche berufliche Leistungsfähigkeit, wie Ausbildungs- und Befähigungsnachweise nach § 46 Abs. 3 Nr. 6 VgV oder die einschlägige berufliche Erfahrung, die Kapazitäten anderer Unternehmen nur dann in Anspruch nehmen, wenn diese die Leistung erbringen, für die diese Kapazitäten benötigt werden. (2) Der öffentliche Auftraggeber überprüft im Rahmen der Eignungsprüfung, ob die Unternehmen, deren Kapazitäten der Bewerber oder Bieter für die Erfüllung bestimmter Eignungskriterien in Anspruch nehmen will, die entsprechenden Eignungskriterien erfüllen und ob Ausschlussgründe vorliegen. Legt der Bewerber oder Bieter eine Einheitliche Europäische Eigenerklärung nach § 50 vor, so muss diese auch die Angaben enthalten, die für die Überprüfung nach S. 1 erforderlich sind. Der öffentliche Auftraggeber schreibt vor, dass der Bewerber oder Bieter ein Unternehmen, das das entsprechende Eignungskriterium nicht erfüllt oder bei dem zwingende Ausschlussgründe nach § 123 GWB vorliegen, ersetzen muss. Er kann vorschreiben, dass der Bewerber oder Bieter auch ein Unternehmen, bei dem fakultative Ausschlussgründe nach § 124 GWB vorliegen, ersetzen muss. Der öffentliche Auftraggeber kann dem Bewerber oder Bieter dafür eine Frist setzen. (3) Nimmt ein Bewerber oder Bieter die Kapazitäten eines anderen Unternehmens im Hinblick auf die erforderliche wirtschaftliche und finanzielle Leistungsfähigkeit in Anspruch, so kann der öffentliche Auftraggeber eine gemeinsame Haftung des Bewerbers oder Bieters und des anderen Unternehmens für die Auftragsausführung entsprechend dem Umfang der Eignungsleihe verlangen. (4) Die Abs. 1–3 gelten auch für Bewerber- oder Bietergemeinschaften. (5) Der öffentliche Auftraggeber kann vorschreiben, dass bestimmte kritische Aufgaben bei Dienstleistungsaufträgen oder kritische Verlege- oder Installationsarbeiten im Zusammenhang mit einem Lieferauftrag direkt vom Bieter selbst oder im Fall einer Bietergemeinschaft von einem Teilnehmer der Bietergemeinschaft ausgeführt werden müssen.

II. Die Regelungen des § 47 VgV im Einzelnen

1. Inanspruchnahme der Kapazitäten anderer Unternehmen und Verpflichtungserklärung (Abs. 1). § 47 VgV ermöglicht, dass ein Bewerber oder Bieter im Hinblick auf die erforderliche wirtschaftliche und finanzielle sowie die technische und berufliche Leistungsfähigkeit für einen bestimmten öffentlichen Auftrag die Kapazitäten von Drittunternehmen in Anspruch nehmen kann. Voraussetzung dafür ist, dass er dem öffentlichen Auftraggeber nachweist, dass ihm die für den Auftrag erforderlichen Mittel tatsächlich zur Verfügung stehen werden. Den Nachweis kann der Bewerber oder Bieter beispielsweise dadurch führen, dass er eine entsprechende **Verpflichtungserklärung** der in Bezug genommenen Unternehmen vorlegt. Diese Möglichkeit besteht unabhängig von der Rechtsnatur der zwischen dem Bewerber oder Bieter und den anderen Unternehmen bestehenden Verbindungen. Das bedeutet jedoch, dass der Bewerber oder Bieter beispielsweise auch bei der Einbeziehung eines Tochterunternehmens oder eines konzernverbundenen Schwesterunternehmens eine rechtsverbindliche Verpflichtungserklärung vorlegen muss.[17] Denn grundsätzlich sind auch die Referenzen von Konzerngesellschaften oder zum Konzern gehöriger Einheiten als Referenzen Dritter anzusehen, und zwar unabhängig von der Intensität der konzernrechtlichen Verflechtung.[18] Die Anforderungen an eine tragfähige Verpflichtungserklärung sind hoch. Insbesondere muss das verpflichtete Unternehmen die Erklärung, die in der Erklärung genannten Kapazitäten zur Verfügung zu stellen, bedingungslos abgeben. Der Bewerber oder Bieter muss einen entsprechenden **eigenen und jederzeitigen „Zugriff"** auf die zugesagten Kapazitäten haben.[19] Eine schlichte sog. Verpflichtungserklärung dahingehend, dass ein Nachunternehmer sich zur Durchführung der konkret benannten Nachunternehmerleistungen verpflichtet, reicht insoweit nicht aus, weil diese lediglich Gewähr dafür bietet, dass der Nachunternehmer (gegen Bezahlung durch den Hauptauftragnehmer) die geschuldete Leistung erbringen wird. Für einen Beleg der finanziellen und wirtschaftlichen Leistungsfähigkeit des Hauptauftragnehmers muss hingegen dargelegt sein, dass auf Umsätze anderer Unternehmen in der erforderlichen Größenordnung zurückgegriffen werden kann.[20] Es reicht also für die Eignungsprüfung nicht aus, wenn ein Auftragnehmer sich eines Nachunternehmers bedient

---

[17] OLG München Beschl. v. 29.11.2007 – Verg 13/07; VK Südbayern Beschl. v. 5.12.2013 – Z3-3-3194-1.38-10/13.
[18] OLG Düsseldorf Beschl. v. 17.4.2019 – VII-Verg 36/18, NZBau 2019, 737 ff.
[19] 1. VK Bund Beschl. v. 13.12.2013 – VK 1-109/13, ZfBR 204, 619 (Ls.).
[20] 1. VK Bund Beschl. v. 13.12.2013 – VK 1-109/13, ZfBR 204, 619 (Ls.).

und dieser über entsprechende Umsätze verfügt. Würde man dagegen der anderen Auffassung folgen, würde dies bedeuten, dass sich jedes noch so kleine Unternehmen auf einen Großauftrag mit entsprechenden Mindestanforderungen hinsichtlich der erzielten Umsätze bewerben könnte, wenn es einen – auch zu vernachlässigenden – Teil der Leistung durch einen Nachunternehmer mit entsprechend hohen Umsatzzahlen erbringen ließe.[21]

Bereits nach Art. 47 Abs. 2 Vergabe-RL 2004 und Art. 48 Abs. 3 Vergabe-RL 2004 hatte jeder **10** Bieter das Recht, sich auf die Kapazitäten anderer Unternehmen zu stützen, ungeachtet des rechtlichen Charakters der zwischen ihm und diesen Unternehmen bestehenden Verbindungen. Der Bieter muss dafür nachweisen, dass ihm die Mittel, auf die er sich beruft, zu den betreffenden Zeitpunkten tatsächlich ohne Weiteres zur Verfügung stehen. Der öffentliche Auftraggeber darf für den Nachweis jedoch bestimmte Beweismittel nicht von vornherein ausschließen. Der Bieter hat vielmehr die freie Wahl sowohl hinsichtlich des rechtlichen Charakters der Verbindung, die er zu dem anderen Unternehmen herzustellen gedenkt, als auch hinsichtlich der Art und Weise des Nachweises des Bestehens dieser Verbindung.[22] Die Zusage des Drittunternehmens im Wege einer Verpflichtungserklärung, dem Bieter ggf. die erforderlichen Mittel zur Verfügung zu stellen, ist nur ein Beispiel für einen zulässigen bzw. brauchbaren Nachweis dafür, dass der Bieter über diese Mittel verfügen können wird. Es ist jedoch nicht ausgeschlossen, dass der Bieter den Nachweis auf andere Weise erbringen kann. Eine Vorgabe, die die zulässigen Möglichkeiten des Nachweises von vornherein einschränkt, verstößt gegen Unionsrecht.[23] Hat das Bieterunternehmen ein anderes Unternehmen übernommen oder wurde es mit diesem Unternehmen verschmolzen, so können dessen Referenzen als eigene Referenzen erst dann verwendet werden, wenn die Verschmelzung oder Fusion mit dem Unternehmen abgeschlossen ist und die für die Referenz maßgeblichen Erfahrungen und Ressourcen tatsächlich auf das Bieterunternehmen übergegangen sind.[24]

Ein Bewerber oder Bieter kann jedoch im Hinblick auf Nachweise für die erforderliche berufliche **11** Leistungsfähigkeit wie Ausbildungs- und Befähigungsnachweise oder die einschlägige berufliche Erfahrung die Kapazitäten anderer Unternehmen nur dann in Anspruch nehmen, wenn diese die Leistung erbringen, für die diese Kapazitäten benötigt werden. Der Gesetzgeber geht damit davon aus, dass dem Auftragnehmer selbst in diesen Fällen das hinreichende Know-how fehlt und die Leistung ordnungsgemäß nur von dem Unternehmen erbracht werden kann, das die Fähigkeiten tatsächlich besitzt.

2. Überprüfung der Eignung der in Bezug genommenen Unternehmen (Abs. 2). **12**

Abs. 2 bestimmt nun ausdrücklich, dass der öffentliche Auftraggeber im Rahmen der Eignungsprüfung prüfen muss, ob die Unternehmen, deren Kapazitäten der Bewerber oder Bieter für die Erfüllung bestimmter Eignungskriterien in Anspruch nehmen will, die entsprechenden Eignungskriterien erfüllen und ob Ausschlussgründe vorliegen. Die Pflicht zur Überprüfung der Drittunternehmen bestand allerdings bereits nach dem bis zum 18.4.2016 geltenden Vergaberecht.[25] So war der öffentliche Auftraggeber nach § 16 Abs. 2 Nr. 1 VOB/A zur Prüfung auch der Eignung von Nachunternehmern verpflichtet. Und unabhängig davon verstand es sich nach der bisherigen Rechtsprechung „von selbst", dass der Nachunternehmer für die von ihm zu übernehmenden Teile der Leistung in fachlicher, persönlicher und wirtschaftlicher Hinsicht denselben Eignungsanforderungen genügen muss wie der Auftragnehmer für seinen Leistungsteil.[26] Entsprechend ist der Auftraggeber nicht auf die Eignungsprüfung der sog. Nachunternehmer der ersten Reihe beschränkt, sondern muss auch die Eignung der Nachunternehmer der zweiten Stufe prüfen.[27] Auf die Zuverlässigkeit und Leistungsfähigkeit der anderen Nachunternehmer (der ersten und zweiten Stufe) kommt es im Rahmen der (materiellen) Eignungsprüfung entscheidend an, denn diese führen die Leistung tatsächlich aus.

Legt der Bewerber oder Bieter eine Einheitliche Europäische Eigenerklärung (EEE) nach § 50 **13** VgV vor, so muss diese auch die Angaben enthalten, die für die Überprüfung nach § 47 Abs. 2 S. 1 erforderlich sind. Der öffentliche Auftraggeber muss auf der Grundlage der vorgelegten EEE im

---

[21] 1. VK Bund Beschl. v. 13.12.2013 – VK 1-109/13, ZfBR 204, 619 (Ls.).
[22] EuGH Urt. v. 14.1.2016 – C-234/14, BeckRS 2016, 80094.
[23] EuGH Urt. v. 14.1.2016 – C-234/14, BeckRS 2016, 80094.
[24] OLG Düsseldorf Beschl. v. 17.4.2019 – VII-Verg 36/18, NZBau 2019, 737 ff.
[25] OLG Schleswig-Holstein Beschl. v. 30.5.2012 – 1 Verg 2/12, IBR 2012, 529; OLG Düsseldorf Beschl. v. 16.11.2011 – VII Verg 60/11, ZfBR 2012, 179; VK Arnsberg Beschl. v. 25.11.2013 – VK 16/13, VPR 2014, 131; 1. VK Bund Beschl. v. 13.12.2013 – VK 1 109/13, ZfBR 2014, 619; VK Schleswig-Holstein Beschl. v. 14.3.2012 – VK-SH-03/12.
[26] OLG Düsseldorf Beschl. v. 16.11.2011 – VII Verg 60/11, ZfBR 2012, 179; VK Arnsberg Beschl. v. 25.11.2013 – VK 16/13, VPR 2014, 131; 1. VK Bund Beschl. v. 13.12.2013 – VK 1-109/13, ZfBR 2014, 619; VK Schleswig-Holstein Beschl. v. 14.3.2012 – VK-SH-03/12.
[27] OLG Düsseldorf Beschl. v. 28.4.2008 – VII Verg 1/08, BeckRS 2008, 15517.

Rahmen der Eignungsprüfung damit auch prüfen können, ob die Unternehmen, deren Kapazitäten der Bewerber oder Bieter für die Erfüllung bestimmter Eignungskriterien in Anspruch nehmen will, die entsprechenden Eignungskriterien erfüllen und ob Ausschlussgründe vorliegen.

14 Wenn der öffentliche Auftraggeber auf Ausschlussgründe nach § 123 GWB Bezug genommen hat, schreibt er gem. § 47 Abs. 2 S. 2 vor, dass der Bewerber oder Bieter ein Unternehmen, das das entsprechende Eignungskriterium nicht erfüllt (beispielsweise selbst nicht ausreichend finanziell leistungsfähig ist) oder bei dem zwingende Ausschlussgründe nach § 123 GWB vorliegen, **ersetzen** muss. Er kann ferner vorschreiben, dass der Bewerber oder Bieter auch ein Unternehmen, bei dem fakultative Ausschlussgründe nach § 124 GWB vorliegen, ersetzen muss. Der öffentliche Auftraggeber kann dem Bewerber oder Bieter für die Ersetzung eine Frist setzen. Diese muss angemessen sein und wird sich danach richten müssen, ob es sich um eine einfache oder schwierige Aufgabe handelt, für die nur wenige Unternehmen in Betracht kommen. Die Rechtsprechung wird entscheiden müssen, wie dieser Konflikt mit dem Gleichbehandlungsgebot auszugleichen ist.

15 **3. Vorgabe gemeinsamer Haftung (Abs. 3).** Abs. 3 bestimmt, dass der öffentliche Auftraggeber eine gemeinsame Haftung des Bewerbers oder Bieters und des anderen Unternehmens für die Auftragsausführung entsprechend dem Umfang der Eignungsleihe verlangen, wenn der Bewerber oder Bieter die Kapazitäten eines anderen Unternehmens im Hinblick auf die erforderliche wirtschaftliche und finanzielle Leistungsfähigkeit in Anspruch nimmt. Es handelt sich um eine formal und inhaltlich neue Regelung. Bei Abs. 3 ist unklar, was genau unter einer „*gemeinsamen Haftung*" vergabe- bzw. zivilrechtlich zu verstehen ist bzw. was der öffentliche Auftraggeber von dem Bieter und anderen Unternehmen verlangen darf. Der öffentliche Auftraggeber muss ggf. die Vorgabe in den Vergabeunterlagen konkretisieren. Bewerber oder Bieter sollten eine nicht hinreichend genaue Vorgabe stets im Wege des Fragen- und Antwortprozesses klären lassen und andernfalls rügen.

16 **4. Geltung der Abs. 1–3 auch für Bewerber- und Bietergemeinschaften (Abs. 4).** Abs. 4 stellt klar, dass die Abs. 1–3 auch für Bewerber- oder Bietergemeinschaften gelten. Das bedeutet, dass sich Bewerber- und Bietergemeinschaften unter den Voraussetzungen der Abs. 1–3 auf die Kapazitäten von Drittunternehmen berufen können. Es ist stets auf der Grundlage der Vorgaben der Teilnahmebedingungen bzw. Vergabeunterlagen darauf zu achten, ob alle Unternehmen der Bietergemeinschaft die entsprechenden Erklärungen und Nachweise vorlegen müssen.

17 **5. Verpflichtung zur Selbsterbringung kritischer Aufgaben (Abs. 5).** Abs. 5 bestimmt, dass der öffentliche Auftraggeber vorschreiben kann, dass **bestimmte kritische Aufgaben** bei Dienstleistungsaufträgen oder kritische Verlege- oder Installationsarbeiten im Zusammenhang mit einem Lieferauftrag direkt vom Bieter selbst oder im Fall einer Bietergemeinschaft von einem Teilnehmer der Bietergemeinschaft ausgeführt werden müssen. Die Vorschrift betrifft damit nicht die Eignungsleihe, sondern die Erbringung von Leistungen durch **Nachunternehmer**.

18 Nach der Rechtsprechung des EuGH zur Zulässigkeit der **Eignungsleihe** kann es im Einzelfall „besondere Umstände" geben, die dazu führen, dass das Recht, sich für einen bestimmten Auftrag auf die Kapazitäten anderer Unternehmen zu stützen, eingeschränkt werden kann.[28] Das kann ua der Fall sein, wenn sich die **Kapazitäten,** über die ein Drittunternehmen verfügt und die für die Ausführung des Auftrags erforderlich sind, auf den Bewerber oder Bieter **nicht übertragen** lassen, sodass dieser sich nur dann auf die genannten Kapazitäten berufen kann, wenn sich das betreffende Drittunternehmen unmittelbar und persönlich an der Ausführung des Auftrags beteiligt.[29] Beispielsweise reicht im Ernstfall die Beratung durch ein 230 km entfernt sitzendes Unternehmen nicht aus, um Erfahrungsdefizite des Auftragnehmers auszugleichen, wenn in einer bestimmten Wetterlage vor Ort entschieden werden muss, ob und gegebenenfalls was zu tun ist, um einer Straßenglätte vorzubeugen.[30] Zu beachten ist der Hinweis des EuGH, dass der Auftraggeber die Anforderungen an die Eignungsleihe präzisieren darf.

19 Entsprechend hat der Gesetzgeber nunmehr geregelt, dass nicht nur die Eignungsleihe beschränkt werden darf, sondern auch die **Übertragung von Leistungen auf einen Nachunternehmer.** Allerdings ist weiterhin die Beschränkung der Einbeziehung von Drittunternehmen grundsätzlich nicht zulässig, sodass die Erbringung der Leistungen auch auf einen Generalunternehmer zulässig ist. Der Gesetzgeber hat weder in der Vorschrift selbst noch in den Gesetzgebungsmaterialien bestimmt, was unter einer „kritischen Aufgabe" bei Dienstleistungsaufträgen oder Verlege- oder Installationsarbeiten zu verstehen ist. Entsprechend der Rechtsprechung zu Ausnahmetatbeständen wird der Begriff eng auszulegen und an das Vorliegen der Voraussetzungen hohe Anforderungen zu

---

[28] EuGH Urt. v. 7.4.2016 – C-324/13.
[29] S. dazu auch VK Sachsen Beschl. v. 7.6.2016 – 1/SVK/010–16, BeckRS 2016, 14106.
[30] Beispiel nach *Summa* VPR 2016, 99 Anm. zu EuGH Urt. v. 7.4.2016 – C-324/13.

stellen sein. Auch der in § 97 Abs. 1 GWB geregelte Grundsatz der Verhältnismäßigkeit ist zu berücksichtigen. Entsprechend muss der öffentliche Auftraggeber die Gründe, die nach seiner Beurteilung für das Vorliegen einer kritischen Aufgabe gegeben sind, sorgfältig dokumentieren. Der Gesetzgeber hat weder definiert, was unter „kritische Aufgaben" zu verstehen ist, noch hat er in der Gesetzesbegründung dazu Hinweise gegeben. Der EuGH hat bislang lediglich festgestellt, dass „kritische Aufgaben" denkbar sind, sich aber weiter nicht geäußert.[31] „Kritisch" in diesem Sinne sind Leistungen, die entweder besonders fehleranfällig oder für den Leistungserfolg von besonderer Bedeutung sind.[32] Kritische Aufgaben sind jedenfalls solche, die für den öffentlichen Auftraggeber systemrelevant sind, beispielsweise IT-Dienstleistungen, die sicherstellen sollen, dass die gesetzlichen Vorgaben des Meldewesens gegenüber der BaFin eingehalten werden können. Mit bestimmten kritischen Aufgaben können nur Teilleistungen eines Vertrags gemeint sein, nicht jedoch der gesamte Vertrag.[33]

§ 48 Qualifizierungssysteme

(1) ¹Der Auftraggeber kann zur Eignungsfeststellung ein Qualifizierungssystem für Unternehmen einrichten und betreiben. ²Unternehmen müssen jederzeit die Zulassung zum Qualifizierungssystem beantragen können. ³Das Qualifizierungssystem kann verschiedene Qualifizierungsstufen umfassen.

(2) ¹Der Auftraggeber legt für den Ausschluss und die Eignung von Unternehmen objektive Kriterien fest. ²Enthalten diese Kriterien technische Anforderungen, so gelten die §§ 28 und 29.

(3) Für die Funktionsweise des Qualifizierungssystems, wie etwa die Aufnahme in das System, die Aktualisierung der Kriterien und dessen Dauer, legt der Auftraggeber objektive Vorschriften fest.

(4) ¹Die nach den Absätzen 2 und 3 festgelegten Kriterien und Vorschriften werden den Unternehmen auf Antrag zur Verfügung gestellt. ²Aktualisierungen sind diesen Unternehmen mitzuteilen. ³Entspricht nach Ansicht des Auftraggebers das Qualifizierungssystem bestimmter anderer Auftraggeber, Stellen oder Einrichtungen seinen Anforderungen, so teilt er den Unternehmen deren Namen und Adressen mit.

(5) Enthalten die Kriterien gemäß Absatz 2 Anforderungen an die wirtschaftliche und finanzielle Leistungsfähigkeit oder die fachliche und berufliche Befähigung des Unternehmens, kann das Unternehmen auch die Kapazitäten eines anderen Unternehmens in Anspruch nehmen, unabhängig von dem Rechtsverhältnis, in dem es zu ihm steht.

(6) Bezüglich der Kriterien Ausbildungsnachweise und Bescheinigungen über die berufliche Befähigung des Unternehmens, einschließlich der einschlägigen beruflichen Erfahrung, können Unternehmen nur die Kapazitäten anderer Unternehmen in Anspruch nehmen, wenn diese auch die Leistung erbringen, für die die Kapazitäten benötigt werden.

(7) Beabsichtigt ein Unternehmen die Kapazitäten eines anderen Unternehmens in Anspruch zu nehmen, weist es dem Auftraggeber beispielsweise durch eine entsprechende Verpflichtungserklärung des anderen Unternehmens nach, dass es während der gesamten Gültigkeitsdauer des Qualifizierungssystems auf dessen Kapazitäten zurückgreifen kann.

(8) ¹Der Auftraggeber führt ein Verzeichnis der geprüften Unternehmen. ²Dieses kann nach Auftragsarten, für die Prüfung Gültigkeit hat, aufgegliedert werden.

(9) Ist eine Bekanntmachung über das Bestehen eines Qualifizierungssystems gemäß § 37 erfolgt, werden die Aufträge im Wege eines nicht offenen Verfahrens oder eines Verhandlungsverfahrens unter den gemäß diesem System qualifizierten und im Verzeichnis nach Absatz 8 geführten Bewerber vergeben.

(10) ¹Der Auftraggeber kann im Zusammenhang mit Anträgen auf Qualifizierung, der Aktualisierung oder der Aufrechterhaltung einer bereits bestehenden Qualifizierung für das System Gebühren erheben. ²Die Gebühr muss im Verhältnis zu den angefallenen Kosten stehen.

---

[31] EuGH NZBau 2016, 373– Partner Apelski Dariusz; dazu Hattig/Oest NZBau 2020, 494.
[32] VK Thüringen Beschl. v. 19.12.2019 – 250-4003-15326/2019-E-010-G, IBRRS 2019, 0344; dazu auch Clodius VergabeR 2019, 348.
[33] VK Thüringen Beschl. v. 19.12.2019 – 250-4003-15326/2019-E-010-G, IBRRS 2019, 0344.

(11) ¹Der Auftraggeber teilt seine Entscheidung hinsichtlich der Qualifizierung den Unternehmen innerhalb von sechs Monaten nach Eingang der Beantragung zur Aufnahme in das Qualifizierungssystem mit. ²Kann eine Entscheidung nicht innerhalb von vier Monaten getroffen werden, so teilt der Auftraggeber innerhalb von zwei Monaten nach Eingang des Antrags dies sowie den voraussichtlichen Entscheidungszeitpunkt dem Unternehmen mit.

(12) ¹Eine Ablehnung ist dem Unternehmen innerhalb von 15 Tagen nach der Entscheidung unter Angabe der Gründe mitzuteilen. ²Dabei darf sich eine Ablehnung nur auf die gemäß Absatz 2 festgelegten objektiven Kriterien beziehen. ³Dasselbe gilt für die Beendigung einer Qualifizierung. ⁴Die beabsichtigte Beendigung ist dem Unternehmen 15 Tage vor dem vorgesehenen Ausschluss unter Angabe der Gründe mitzuteilen.

Schrifttum: *Braun/Peters*, Präqualifikation und Prüfungssysteme, VergabeR 2010, 433; *Opitz*, Die neue Sektorenverordnung, VergabeR 2009, 689.

Übersicht

	Rn.			Rn.
I.	Regelungsgehalt und Überblick	1	5. Nachweis der Leistungsfähigkeit durch Kapazitäten eines Drittunternehmens (Abs. 5, 6 und 7)	17
II.	Systematische Stellung und Zweck der Norm	4	6. Verzeichnis qualifizierter Unternehmen (Abs. 8)	20
1.	Einrichtung von Prüfungssystemen (Abs. 1)	6	7. Bekanntmachung des Qualifizierungssystems (Abs. 9)	21
2.	Festlegung objektiver Qualifizierungskriterien (Abs. 2)	10	8. Kosten des Prüfungssystems (Abs. 10)	22
3.	Festlegung objektiver Kriterien für die Funktionsweise des Qualifizierungssystems (Abs. 3)	13	9. Benachrichtigung über die Entscheidung über die Aufnahme in das Prüfungssystem (Abs. 11)	23
4.	Zurverfügungstellung objektiver Kriterien auf Antrag und Aktualisierungen (Abs. 4)	15	10. Ablehnung der Qualifizierung (Abs. 12)	25
			11. Rechtsschutz	26

I. Regelungsgehalt und Überblick

1   Sektorenauftraggeber haben die Möglichkeit zu entscheiden, ob sie im Rahmen der Auftragsvergabe auf ein Qualifizierungssystem zurückgreifen wollen. § 48 enthält Bestimmungen zu **Qualifizierungssystemen,** die ein Sektorenauftraggeber zur Feststellung der Eignung interessierter Unternehmen **einrichten und betreiben** kann. Qualifizierungssysteme dienen der Vereinfachung und Beschleunigung des Nachweises der Eignung.[1] Es steht im **Ermessen** des einzelnen Sektorenauftraggebers, ob er zur Feststellung der Eignung ein **Qualifizierungssystem** einsetzt. § 24 aF sprach begrifflich von „Prüfungssystem", ein Unterschied ist mit der begrifflichen Änderung jedoch nicht beabsichtigt und auch nicht verbunden.[2] Das Qualifizierungssystem hat zum einen den Zweck einer vorgezogenen Eignungsprüfung und zum anderen dient es der Bekanntmachung von zu vergebenden Aufträgen.[3] Die entsprechende Qualifikationsurkunde belegt allerdings nur die **Eignung bezogen auf die präqualifizierten Leistungsbereiche.**[4] Qualifizierte, dh geprüfte Unternehmen sind in ein **Verzeichnis** aufzunehmen. Die Qualifizierung kann bei Wegfall der Voraussetzungen bei dem betreffenden Unternehmen beendet werden, Abs. 12. Sektorenauftraggeber können nach Abs. 4 S. 2 auch das **Qualifizierungssystem anderer Auftraggeber, Stellen oder Einrichtungen** heranziehen; in diesem Fall teilt er den Unternehmen deren Namen und Adressen mit.

2   § 48 entspricht weitgehend § 24 aF. Die Vorschrift setzt im Wesentlichen die Art. 75, 77 und 79 Sektoren-RL, der die europarechtlichen Vorgaben zur Errichtung von Qualifizierungssystemen enthält, inhaltlich nahezu identisch um; § 24 aF Prüfungssysteme beruhte auf Art. 53 Sektoren-RL 2004. Vorgaben für § 24 enthielten darüber hinaus Art. 49 Abs. 3–5 Sektoren-RL 2004, Art. 51 Abs. 2 Sektoren-RL 2004 und Art. 52 Sektoren-RL 2004. § 24 aF basierte zudem auf § 97 Abs. 4a

---

[1] *Weyand* ibrOK VergabeR GWB § 97a Rn. 836.
[2] Greb/Müller/*Weyand* Rn. 3.
[3] Gesetzesbegründung zu § 48, Drs. 87/16, 266.
[4] VK Bund Beschl. v. 30.11.2009 – VK 2-195/09.

GWB, der den Nachweis der Eignung von Unternehmen durch Einrichtung eigener bzw. Zulassung zu anderen **Präqualifikationssystemen** gestattete. Die Regelung des § 97 Abs. 4a GWB galt außerhalb des Sektorenbereichs im Unterschied zu § 24 nur für amtliche Verzeichnisse. Der Begriff „Prüfungssysteme" entstammte Art. 53 Sektoren-RL 2004. **Vergleichbare Regelungen** waren **bislang** unter dem Begriff der Präqualifikation in Abschnitt 3, § 8b Nr. 9–13 VOB/A 2006, in Abschnitt 4, § 5 Nr. 9–13 VOB/A-SKR 2006, in Abschnitt 3, § 7b Nr. 6–12 VOL/A 2006 sowie in Abschnitt 4, § 5 Nr. 6–12 VOL/A-SKR 2006 normiert. Inhaltlich bestand zwischen beiden Begriffen keine Diskrepanz.

Abs. 1 räumt dem Auftraggeber das **Recht** ein, ein **Prüfungssystem nach objektiven, vorher festzulegenden Kriterien einzurichten** und auf der Grundlage verschiedener Qualifizierungsstufen zu verwalten. Zudem ist der Sektorenauftraggeber verpflichtet, den Unternehmen **jederzeit eine Prüfung** zu ermöglichen und gewährt damit dem Unternehmen einen **Anspruch**[5] auf jederzeitige Bewerbung um Aufnahme in das Prüfungssystem. Abs. 2 bestimmt, dass der Sektorenauftraggeber für den Ausschluss und die Eignung von Unternehmen objektive Kriterien festlegt. Für die Funktionsweise des Qualifizierungssystems, wie etwa die Aufnahme in das System, die Aktualisierung der Kriterien und dessen Dauer, legt der Auftraggeber gem. Abs. 3 objektive Vorschriften fest. Abs. 4 normiert **Mitteilungspflichten** des Auftraggebers gegenüber dem Unternehmen; nach Abs. 4 muss der Sektorenauftraggeber die nach den Abs. 2 und 3 festgelegten Kriterien und Vorschriften den Unternehmen auf Antrag zur Verfügung stellen; Aktualisierungen sind ggf. diesen Unternehmen unaufgefordert mitzuteilen. Abs. 5 regelt die **Eignungsleihe**, wonach Unternehmen den Nachweis ihrer eigenen Leistungsfähigkeit auch durch den **Nachweis der Leistungsfähigkeit anderer Unternehmen** erbringen können, wenn das Unternehmen über deren Mittel verfügen kann. Gemäß Abs. 6 können Unternehmen nur die Kapazitäten anderer Unternehmen für die Kriterien Ausbildungsnachweise und Bescheinigungen über die berufliche Befähigung des Unternehmens einschließlich der einschlägigen beruflichen Erfahrung in Anspruch nehmen, wenn diese auch die Leistung erbringen, für die die Kapazitäten benötigt werden. Gemäß Abs. 7 muss ein Unternehmen, das im Wege der Eignungsleihe die Kapazitäten eines anderen Unternehmens in Anspruch zu nehmen will, dem Auftraggeber beispielsweise durch eine entsprechende **Verpflichtungserklärung** des anderen Unternehmens nachweisen, dass es während der gesamten Gültigkeitsdauer des Qualifizierungssystems auf dessen Kapazitäten zurückgreifen kann. Abs. 8 beinhaltet die Pflicht des Auftraggebers, ein **Verzeichnis** der geprüften Unternehmen zu führen. Gemäß Abs. 9 werden die Aufträge im Wege eines nicht offenen Verfahrens oder eines Verhandlungsverfahrens unter den gemäß diesem System qualifizierten und im Verzeichnis nach Abs. 8 geführten Bewerber vergeben, wenn eine Bekanntmachung über das Bestehen eines Qualifizierungssystems gem. § 37 erfolgt. Nach Abs. 10 kann der Sektorenauftraggeber im Zusammenhang mit Anträgen auf Qualifizierung, der Aktualisierung oder der Aufrechterhaltung einer bereits bestehenden Qualifizierung **Gebühren** erheben, die jedoch im Verhältnis zu den angefallenen Kosten stehen müssen. Abs. 11 bestimmt eine **Höchstfrist von sechs Monaten** für die Mitteilung der Prüfungsentscheidung an das Unternehmen. Abs. 12 ordnet an, dass die Ablehnung und die Beendigung der Qualifizierung dem Unternehmen innerhalb von 15 Tagen nach der Entscheidung unter Angabe der Gründe mitzuteilen sind; eine Ablehnung nur auf die gem. Abs. 2 festgelegten objektiven Kriterien beziehen.

II. Systematische Stellung und Zweck der Norm

Die **Präqualifizierung** ist eine **der Auftragsvergabe vorgelagerte, auftragsunabhängige Prüfung der Eignungsnachweise** auf der Basis der in den §§ 45 ff. enthaltenen Anforderungen und ggf. zusätzlicher Kriterien. § 48 bezweckt die **Beschleunigung des Vergabeverfahrens** iSd § 167 GWB (§ 113 GWB aF) durch eine abstrakte **Auswahl unter den Unternehmen bereits im Vorfeld** der Vergabe eines konkreten Auftrags. Zweck eines Präqualifikationssystems ist es, unabhängig von einem konkreten Vergabeverfahren die generelle Eignung eines Unternehmens für eine bestimmte Art von Aufträgen aufgrund standardisierter Kriterien zu prüfen.[6] Die klaren Marktstrukturen im Sektorenbereich ermöglichen es in der Regel, schon im Vorfeld von Vergaben zu erkennen, welche Unternehmen für einen Auftrag in Frage kommen. Bei der konkreten Auftragsvergabe erspart ein Rückgriff auf bereits qualifizierte Unternehmen Zeit und Geld. Das Qualifizierungsverfahren dient der Intention des Gesetzgebers nach der **Entbürokratisierung und Vereinfachung des Vergabeverfahrens** und soll dem Bieter die zeit- und kostenaufwändige Mühe ersparen, für jede neue Ausschreibung, um die er sich bewirbt, erneut die geforderten Eignungsunterlagen zusammenzustellen. Unternehmen weisen ihre Eignung periodisch etwa gegenüber einem bestimmten

---

[5] Greb/Müller/*Weyand* Rn. 15.
[6] VK Bund Beschl. v. 27.1.2015 – VK 2-123/14, IBRRS 2015, 0558.

Auftraggeber, einer Agentur oder einer Behörde nach und „präqualifizieren" sich dadurch für bestimmte Leistungen, Produkt- oder Gewerbekategorien. Auftraggeber können dann im einzelnen Vergabeverfahren bei präqualifizierten Unternehmen weitgehend auf eine eigene Prüfung von Eignungsnachweisen verzichten.[7] Das soll zu einer Reduzierung des bürokratischen und häufig fehlerträchtigen Aufwandes hinsichtlich der Nachweisführung zur Eignung führen. Die Präqualifikation wird zu einem gewissen **Stichtag** erteilt und jährlich aktualisiert. Auf der Grundlage einer Bekanntmachung über ein bestehendes Qualifizierungssystem können grundsätzlich alle Vergabeverfahren – mit Ausnahme des offenen Verfahrens – in Gang gesetzt werden.[8] Etwas anderes gilt für den Fall, dass der Auftraggeber gesonderte, auftragsbezogene Eignungsnachweise fordert, die nicht in dem Qualifizierungssystem hinterlegt sind.[9] Hier ist und bleibt es Sache des Bieters darauf zu achten, dass er diese zusätzlichen Nachweise fristgerecht und anforderungsgemäß erbringt, weil das Angebot anderenfalls vom Ausschluss bedroht ist.

5 Unternehmen müssen sich auch auf den Auftraggeber als Betreiber des Qualifizierungssystems verlassen können und können für den Fall, dass sich wegen dessen unterlassener Aktualisierung Lücken in Bezug auf bestimmte Nachweise ergeben, nicht mangels vorgelegter Eignungsnachweise ausgeschlossen werden.[10] Die VK Sachsen hat zutreffend entschieden, dass das System der Präqualifikation *ad absurdum* geführt würde, wenn Nachweislücken, die sich lediglich aufgrund der noch nicht erfolgten jährlichen Aktualisierungen ergeben, zulasten eines Bieters gingen. Bieter wären andernfalls vor jeder neuen Ausschreibung gezwungen, zu prüfen, ob die von ihnen in dem „Präqualifikationssystem" hinterlegten Dokumente noch den aktuellen Anforderungen entsprechen. Das bedeutet, gibt der Auftraggeber an, dass die allgemeinen Eignungsanforderungen durch Verweis auf die Präqualifikation ersetzt werden können, muss eine aktuelle und gültige Präqualifikation vollumfänglich dem Anforderungsniveau entsprechen können.[11]

6 **1. Einrichtung von Prüfungssystemen (Abs. 1).** Der Auftraggeber kann nach Abs. 1 S. 1 zur Eignungsfeststellung ein Qualifizierungssystem für Unternehmen einrichten und betreiben, muss es aber nicht. Abs. 1 stellt die Einrichtung von Qualifizierungssystemen in das **Ermessen** des Auftraggebers („kann"). Unternehmen müssen gem. Abs. 1 S. 2 **jederzeit die Zulassung zum Qualifizierungssystem beantragen können.** Auch wenn er ein Qualifizierungssystem eingerichtet hat, kann er gleichwohl aus Anlass einer konkreten Vergabe eine andere Verfahrensart wählen und ggf. einen Teilnahmewettbewerb voranstellen.[12] Abs. 1 dient der Umsetzung von Art. 77 Abs. 1 Sektoren-RL und legt fest, dass ein Qualifizierungssystem jederzeit zur Zulassung für Unternehmen offen sein muss.

7 Abs. 1 S. 2 räumt den Unternehmen den **Anspruch** ein, **jederzeit eine Prüfung verlangen zu können.** Der Auftraggeber darf die Anzahl der aufzunehmenden Unternehmen nicht begrenzen. Aufzunehmen sind jedoch nur solche Unternehmen in das Qualifizierungssystem, die nicht zwingend nach §§ 123 und 124 GWB iVm § 21 SchwarzArbG auszuschließen sind, hat der Sektorenauftraggeber diese Vorschriften in Bezug genommen. **„Jederzeit"** bedeutet, dass Anträge zur Prüfung und deren Umsetzung nicht nur zu bestimmten Terminen oder bei Einrichtung des Systems zugelassen werden dürfen. Das Prüfungssystem muss vielmehr während seiner gesamten Dauer für interessierte Unternehmen offen sein. Eine Ausschlussfrist ist daher unzulässig. Der Auftraggeber muss auch die technischen Voraussetzungen für eine Prüfung, wie formale Möglichkeiten und ausreichende Kapazitäten, gewährleisten. Ein Anspruch auf sofortige Zulassung besteht allerdings nicht. Die Fristen für Prüfung und Mitteilung der Prüfungsentscheidung und ggf. Beendigung des Qualifizierungssystems bestimmen sich nach Abs. 12.

8 § 48 enthält keine explizite Regelung der Frage, ob und wann ein abgelehntes Unternehmen **erneut Antrag** stellen darf. Haben sich bei einem Unternehmen die Umstände, die der Ablehnung des Antrags zugrunde liegen, entscheidend verändert, kann es ohne Sperrfrist einen neuen Antrag stellen und der Auftraggeber muss diesen zulassen. Der Auftraggeber kann allerdings verlangen, dass das betreffende Unternehmen den Nachweis über das Vorliegen neuer Umstände erbringt. Die Regelung, dass ein Antrag jederzeit gestellt werden kann, ist nach Sinn und Zweck der Vorschrift so zu verstehen, dass dies ohne eine relevante Änderung der Tatsachen nicht möglich sein muss, weil andernfalls nur unnötig Kapazitäten des Auftraggebers für die Überprüfung anderer Zulassungsanträge gebunden wären und unnötig Kosten entstünden. Vor diesem Hintergrund muss grundsätz-

---

[7] VK Sachsen Beschl. v. 11.5.2010 – 1/SVK/011-10, IBRRS 2010, 2366.
[8] BT-Drs. 87/16, 256; Greb/Müller/*Weyand* Rn. 1.
[9] VK Sachsen Beschl. v. 11.5.2010 – 1/SVK/011-10, IBRRS 2010, 2366 (Ls. 3).
[10] VK Sachsen Beschl. v. 11.5.2010 – 1/SVK/011-10, IBRRS 2010, 2366.
[11] VK Sachsen Beschl. v. 11.5.2010 – 1/SVK/011-10, IBRRS 2010, 2366.
[12] *Braun/Peters* VergabeR 2010, 433 (435).

lich die Vorgabe einer angemessenen Sperrfrist zulässig sein.[13] Der Auftraggeber kann auch in Fällen von der jederzeitigen Zulassung zum Qualifizierungssystem absehen, wenn ein entsprechender Antrag kurz vor dem Ende des Qualifizierungssystems gestellt wird und auf den Auftraggeber unverhältnismäßige Kosten für die Prüfung zukämen.[14]

Das Qualifizierungssystem kann nach Abs. 1 S. 3 **verschiedene Qualifizierungsstufen** umfassen, die beispielsweise gesteigerte Anforderungen an die Unternehmen stellen. Vorausgehend war dies in § 24 Abs. 3 aF geregelt und begrifflich von Prüfungsstufen die Rede. Der Auftraggeber kann das Qualifizierungssystem in mehrere, verschiedene **Qualifizierungsstufen** einteilen. In den Stufen können Stufe für Stufe zB immer speziellere Anforderungen abgeprüft werden. Möglich und üblich ist auch eine inhaltliche Einteilung nach wirtschaftlicher und technischer Leistungsfähigkeit der antragstellenden Unternehmen. Der Vorteil von Qualifizierungsstufen liegt in der Vereinfachung, indem das zu prüfende Material auf das für die jeweilige Stufe relevante Maß beschränkt wird und nicht gleich sämtliche Dokumente zusammengetragen werden müssen. Es beschleunigte zudem die Entscheidung und erspart unnötigen Aufwand, wenn die Prüfung bereits auf einer niedrigen Stufe zu einer Ablehnung des Antrags führt. Ein interessiertes Unternehmen sollte die Materialien für die weitere Prüfung bereits während der Prüfung der vorherigen Stufe vorbereiten, damit das Prüfungsverfahren fließend auf die nächste Prüfungsstufe übergehen kann und Verzögerungen vermieden werden. Die Prüffrist nach § 48 Abs. 12 S. 3 aF gilt nicht für jede einzelne Prüfungsstufe, sondern für die gesamte Prüfung.

2. Festlegung objektiver Qualifizierungskriterien (Abs. 2). Der Auftraggeber legt gem. Abs. 2 für den **Ausschluss und die Eignung** von Unternehmen objektive Kriterien fest. Enthalten die vom Auftraggeber festgelegten objektiven Kriterien technische Anforderungen, so gelten die § 28 (Leistungsbeschreibung) und § 29 (Technische Anforderungen). Abs. 2 setzt Art. 77 Abs. 2 Sektoren-RL um. Entscheidet sich der Auftraggeber für die Einrichtung eines Prüfungssystems, muss er gem. Abs. 2 S. 2 der Vorschrift **objektive Kriterien** für das Verfahren festlegen und sich – auch auf der Basis des Grundsatzes der Selbstbindung – daran halten. Die in § 24 Abs. 1 S. 2 aF statuierte Vorgabe, der Auftraggeber müsse auch „Regeln" festlegen, ist weggefallen. Die Regeln sollten der Prüfung in formaler Hinsicht dienen. „Kriterien" meinen den inhaltlichen Aspekt der Prüfung. Gleichwohl muss der Auftraggeber auch objektive **Qualifizierungsregeln** festlegen, auf deren Grundlage der Qualifizierungsprozess durchgeführt wird, soweit § 48 selbst dazu keine Vorgaben enthält.[15]

Die objektiven Regeln und Kriterien müssen sich an den Vorgaben zur Eignung des § 122 Abs. 1 GWB orientieren. Die objektiven Kriterien müssen sachbezogen und angemessen sein. Der Regelung in Abs. 1 S. 2 entspricht § 45 Abs. 1 und § 46 Abs. 1, wo es um die Eignung und Auswahl von Unternehmen geht. Zudem müssen die objektiven Regeln und Kriterien den Unternehmen **zugänglich** sein. Näheres dazu regeln sowohl Abs. 3 als auch Abs. 4. Nach Abs. 4 sind die Prüfungsregeln und Kriterien den Unternehmen **auf deren Antrag** hin zur Verfügung zu stellen. Änderungen und Ergänzungen sind ohne Antrag mitzuteilen. Der Auftraggeber muss bereits in der Bekanntmachung zur Einrichtung eines Qualifizierungssystems angeben, wie die Prüfungsregeln und -kriterien anzufordern sind. Ausreichend erscheint daher jede Zugänglichkeit, die im allgemeinen Geschäftsverkehr angemessen erscheint, zB durch Zugänglichkeit via Internet, Übersendung in übermittelter Form. Jedenfalls ist eine Übermittlung in körperlicher Form als gedrucktes Erzeugnis nicht erforderlich.

Abs. 2 enthält wie § 24 Abs. 4 aF keine **Ausschlusskriterien**. § 24 Abs. 4 aF verwies dafür auf § 21 aF. Bezüglich etwaiger Ausschlussgründe gelten jetzt die allgemeinen Vorgaben gem. §§ 123, 124 GWB mit der Maßgabe des § 142 Nr. 2 GWB.[16]

3. Festlegung objektiver Kriterien für die Funktionsweise des Qualifizierungssystems (Abs. 3). Der Auftraggeber muss gem. Abs. 3 für die Dauer des Qualifizierungssystems zu dessen Funktion (zum Beispiel Aufnahmeverfahren, Aktualisierung der Kriterien, Kommunikationsprozess, Ausschluss) objektive Vorschriften festlegen.[17] Die Erforderlichkeit zur Aktualisierung folgt daraus, dass Qualifizierungssysteme regelmäßig auf mehrere Jahre angelegt sind und – insbesondere aus technischen und rechtlichen Gründen – innerhalb des jeweiligen Zeitraums Anpassungen der Qualifizierungskriterien und -vorschriften notwendig werden.[18] Die Aktualisierung kann auch in einer Erhöhung oder Absenkung der Qualifizierungsanforderungen bestehen.

---

[13] So auch Greb/Müller/*Weyand* Rn. 9.
[14] So auch Greb/Müller/*Weyand* Rn. 8.
[15] So auch Greb/Müller/*Weyand* Rn. 10.
[16] Greb/Müller/*Weyand* Rn. 3.
[17] Gesetzesbegründung zu § 48, Drs. 87/16, 267.
[18] Greb/Müller/*Weyand* Rn. 17.

14 Die Annahme einer Unabänderlichkeit der vorgegebenen Prüfungsregeln und -kriterien ist absurd. Die nachträgliche Änderung von Prüfungssystemen hinsichtlich der Prüfungsregeln und -kriterien muss zulässig sein. Davon geht nicht nur die Verordnung, sondern auch die Richtlinie schon in ihrem Wortlaut aus. Der Auftraggeber könnte stattdessen auch einfach das Prüfungssystem beenden und ein neues mit anderen Anforderungen einrichten. Außerdem hat die Einrichtung eines solchen Prüfungssystems keinen vertraglichen Charakter, begründet keinen Anspruch des Unternehmens, was wiederum für eine **einseitige Änderbarkeit** durch den Auftraggeber spricht.

15 **4. Zurverfügungstellung objektiver Kriterien auf Antrag und Aktualisierungen (Abs. 4).** Abs. 4 betrifft die **Mitteilung von Prüfungsregeln und -kriterien** gegenüber dem Unternehmen. Der Auftraggeber muss gem. Abs. 4 die nach den Abs. 2 und 3 festgelegten Kriterien und Vorschriften den Unternehmen auf Antrag zur Verfügung stellen. Aktualisierungen sind den Unternehmen durch den Auftraggeber von sich aus mitzuteilen. Entspricht nach Ansicht des Auftraggebers das Qualifizierungssystem bestimmter anderer Auftraggeber, Stellen oder Einrichtungen seinen Anforderungen, so teilt er den Unternehmen deren Namen und Adressen mit. Abs. 4 S. 1 ergänzt insofern die allgemeine Anforderung in Abs. 1 S. 2 um das Antragserfordernis. Es sind keine besonders strengen Anforderungen an die Form des Antrags bzw. auch an die Art und Weise der Mitteilung zu stellen. Nicht einmal Schriftform ist unbedingt notwendig. Der Auftraggeber kann aber nach Abs. 8 S. 2 eine gewisse Form bestimmen. Bei Veränderungen der Regeln und Kriterien muss der Auftraggeber unaufgefordert alle Unternehmen, die einen Antrag nach Abs. 4 S. 1 gestellt haben, davon in Kenntnis setzen. Dazu empfiehlt sich eine Dokumentation über alle antragstellenden Unternehmen.

16 Abs. 4 S. 3 normiert die Pflicht, dem **anderen Auftraggeber** oder anderen Stellen mitzuteilen, wenn sich der Auftraggeber eines **fremden Prüfungssystems** bedient. Der Verweis allein muss denklogisch bereits die Aussage enthalten, dass das andere Prüfungssystem vom mitteilenden Auftraggeber als gleichwertig anerkannt und wie eine eigene Qualifikation behandelt wird. Trotz des Verweises auf einen anderen Betreiber ist der Sektorenauftraggeber nicht von der Verpflichtung entbunden, die Einhaltung der vergaberechtlichen Bestimmungen zu kontrollieren und ggf. durchzusetzen.[19] Eine Beschränkung auf die in Abs. 13 angeführten Verzeichnisse besteht nicht.

17 **5. Nachweis der Leistungsfähigkeit durch Kapazitäten eines Drittunternehmens (Abs. 5, 6 und 7).** Abs. 5 setzt Art. 79 Abs. 1 S. 1 Sektoren-RL um und erlaubt dem Auftragnehmer die Berufung auf Kapazitäten eines anderen Unternehmens in Bezug auf die wirtschaftliche oder finanzielle Leistungsfähigkeit oder die fachliche oder berufliche Befähigung.[20] Auch auf der Grundlage eine Qualifizierungssystems ist damit **Eignungsleihe** zulässig. Ein Unternehmen kann sich gem. Abs. 5 auf die Leistungsfähigkeit anderer Unternehmens berufen, wenn die Prüfkriterien und -regeln Anforderungen an die wirtschaftliche, technische oder berufliche Leistungsfähigkeit des Unternehmens stellen.[21] In einem solchen Fall muss das Unternehmen dem Auftragnehmer nachweisen, dass es während der gesamten Gültigkeit des Prüfungssystems über diese Mittel verfügt. Beruft sich ein Unternehmen auf die Leistungsfähigkeit anderer Unternehmen, muss es sich bei seiner Antragstellung auf einen bestimmten Partner für die Auftragserfüllung festlegen. Beabsichtigt ein Unternehmen zur Erfüllung der Anforderungen des Qualifizierungssystems die Kapazitäten eines anderen Unternehmens in Anspruch zu nehmen, weist es dem Auftraggeber beispielsweise gem. Abs. 7 im Wege einer entsprechenden Verpflichtungserklärung des anderen Unternehmens nach, dass es **während der gesamten Gültigkeitsdauer** des Qualifizierungssystems auf dessen Kapazitäten zurückgreifen kann. Der Nachweis, dass die Kapazitäten eines Dritten auch tatsächlich während der Leistungserbringung zur Verfügung stehen, kann durch die Vorlage einer Verpflichtungserklärung erfolgen.[22] Der Ausschluss eines Unternehmens aus dem Grund, dass es nicht eigene Mittel einsetzt, sondern sich der **Leistungsfähigkeit eines anderen Unternehmens** bedienen möchte, ist damit nicht zulässig.[23] Dies gilt für alle Anforderungen an die wirtschaftliche, technische oder berufliche Leistungsfähigkeit. Vergleichbar ist die Vorschrift mit § 47 VgV und § 47, der für das Vergabeverfahren eine identische Regelung enthält. Bezüglich der Kriterien Ausbildungsnachweise und Bescheinigungen über die berufliche Befähigung des Unternehmens einschließlich der einschlägigen beruflichen Erfahrung können Unternehmen gem. Abs. 6 nur dann die Kapazitäten anderer Unternehmen in Anspruch nehmen, wenn diese auch die Leistung erbringen, für die die Kapazitäten benötigt werden. Wie nach § 47 Abs. 1 S. 3 VgV gilt auch hier: Im Hinblick auf den Nachweis der beruflichen

---

[19] *Braun/Peters* VergabeR 2010, 433 (437).
[20] Gesetzesbegründung zu § 48, Drs. 87/16, 267.
[21] VK Bund Beschl. v. 27.1.2015 – VK 2-123/14, IBRRS 2015, 0558.
[22] Gesetzesbegründung zu § 48, Drs. 87/16, 267.
[23] Vgl. auch EuGH Urt. v. 14.4.1994 – C-389/92, BeckRS 2004, 76951.

Befähigung ist die Eignungsleihe nur zulässig, wenn das andere Unternehmen die Leistung auch ausführt, für die die Kapazitäten benötigt werden.

In welchem **konkreten Rechtsverhältnis** beide Unternehmen zueinander stehen, ist ohne 18 Bedeutung. Zu erbringen ist lediglich der Nachweis, dass das Unternehmen über die gesamte Dauer des Prüfungssystems über die Mittel des anderen Unternehmens verfügen kann. Das kann zB durch Abgabe einer Verpflichtungserklärung erfolgen. Maßgeblich ist, dass es eine konkrete Verpflichtungserklärung gibt, die rechtlich verbindlich ist. Bloße Absichtserklärungen reichen nicht aus. Problematisch ist, dass im frühen Stadium eine Verpflichtung des anderen Unternehmens noch nicht sehr konkret ausfallen wird. Das ist bei der Prüfung zu berücksichtigen. Ausreichend sind aber wohl Vorverträge, Rahmenverträge und andere bindende und rechtlich durchsetzbare Verhältnisse, auch wenn sie noch ausfüllungsbedürftig sind. Der Auftraggeber sollte auch bedenken, ob sich die Einrichtung eines Prüfungssystems überhaupt anbietet, wenn gerade solche Leistungen erbracht werden sollen, die Unternehmen typischerweise nicht selbst, sondern unter Einschaltung weiterer Unternehmen anbieten.

Für den Fall, dass das Unternehmen im Verlauf der Dauer des Qualifizierungssystems ganz 19 oder teilweise die Kapazitäten eines anderen Unternehmens in Anspruch nehmen will, muss der Auftraggeber (erneut) in die Prüfung der Eignung eintreten und das Unternehmen die erforderlichen Erklärungen und Nachweise abgeben. Das Unternehmen muss eine entsprechend Verpflichtungserklärung abgeben. Entsprechend den Vorgaben des Qualifizierungssystems kann das Unternehmen auch verpflichtet sein, dem Auftraggeber die Änderung seiner Eignung oder die Berufung auf die Kapazitäten eines anderen Partners anzuzeigen. Tauscht das Unternehmen nachträglich, das heißt während eines laufenden Prüfungssystems, das Partnerunternehmen aus, ist seine Präqualifikation erneut zu prüfen.[24] Der Auftraggeber darf für den Fall einer erneuten Prüfung, ob die Anforderungen erfüllt sind, in seinen Qualifizierungsvorschriften eine Kostenregelung vorsehen.[25]

6. Verzeichnis qualifizierter Unternehmen (Abs. 8). Nach Abs. 8 führt der Auftraggeber 20 ein **Verzeichnis** über die qualifizierten Unternehmen. Die Regelung ist inhaltsgleich mit Art. 77 Abs. 5 Sektoren-RL. Dort wird geregelt, dass die geprüften Unternehmen vom Auftraggeber in einem Verzeichnis zu führen sind. Die Vorschrift ist rein deklaratorisch, weil ein Verzeichnis mit den qualifizierten Unternehmen gerade Zweck der Einrichtung eines Prüfungssystems ist. Eine Aufteilung des Verzeichnisses kann nach Auftragsarten erfolgen. Unternehmen haben keinen Anspruch auf Einsichtnahme des Verzeichnisses.[26]

7. Bekanntmachung des Qualifizierungssystems (Abs. 9). Die Bekanntmachung von 21 Qualifizierungssystemen bzw. Prüfungssystemen war bislang in § 24 Abs. 8 aF geregelt. Nunmehr regelt § 37 die Bekanntmachung von Qualifizierungssystemen und deren Änderung. Der Auftraggeber kann gem. § 37 Abs. 1 die Absicht einer Auftragsvergabe mittels der Bekanntmachung über das Bestehen eines Qualifizierungssystems bekannt machen. § 37 Abs. 1 dient der Umsetzung von Art. 68 Abs. 1 Sektoren-RL und Art. 44 Abs. 4 lit. b Sektoren-RL. Danach können Vergabeverfahren mit Ausnahme offener Verfahren grundsätzlich durch eine Bekanntmachung über bestehende Qualifizierungssysteme in Gang gesetzt werden. Die Bekanntmachung über das Bestehen eines Qualifizierungssystems wird gem. § 37 Abs. 2 nach dem in Anhang VII Durchführungsverordnung (EU) 2015/1986 enthaltenen Muster erstellt. Der Auftraggeber gibt in der Bekanntmachung den Zweck und die Gültigkeitsdauer des Systems an. Änderungen der Gültigkeitsdauer, ohne das System zu ändern, werden gem. § 37 Abs. 3 nach dem in Anhang XI Durchführungsverordnung (EU) 2015/1986 enthaltenen Muster erstellt. Bei Beendigung des Systems wird das in Anhang VI Durchführungsverordnung (EU) 2015/1986 enthaltene Muster für Vergabebekanntmachungen nach § 38 verwendet. § 37 Abs. 3 dient der Umsetzung von Art. 68 Abs. 2 S. 2 lit. a und b Sektoren-RL. Wird die Gültigkeitsdauer des Systems ohne Änderung des Systems geändert, ist das Standardformular nach § 37 Abs. 2 zu verwenden. Wird das System beendet, ist eine Vergabebekanntmachung nach § 38 zu verwenden. Für den Fall, dass der Auftraggeber eine Bekanntmachung über das Bestehen eines Qualifizierungssystems gem. § 37 veröffentlicht hat, werden die Aufträge im Wege eines nicht offenen Verfahrens oder eines Verhandlungsverfahrens unter den gemäß diesem System qualifizierten und im Verzeichnis nach § 48 Abs. 8 geführten Bewerber vergeben.

8. Kosten des Prüfungssystems (Abs. 10). Der Verordnungsgeber hat nunmehr gem. 22 Abs. 10 geregelt, dass der Auftraggeber für den Betrieb des Qualifizierungssystems Gebühren festlegen darf und wer die **Kosten** für die Einrichtung und den Unterhalt von Prüfungssystemen tragen

---

[24] VK Bund Beschl. v. 27.1.2015 – VK 2-123/14, IBRRS 2015, 0558.
[25] Greb/Müller/*Weyand* Rn. 22.
[26] Beck VergabeR/*Hüttinger*, 2. Aufl. 2013, § 24 Rn. 45.

muss. Danach kann der Auftraggeber im Zusammenhang mit Anträgen auf Qualifizierung, der Aktualisierung oder der Aufrechterhaltung einer bereits bestehenden Qualifizierung für das System Gebühren erheben. Die Gebühr muss im Verhältnis zu den angefallenen Kosten stehen.[27] Vergleichbare Systeme, zB Präqualifikation von Bauunternehmen, finanzieren sich aus Gebühren der teilnehmenden Unternehmen. Die Frage der Kostentragung für ein Qualifizierungssystem iSd § 48 muss auf der Grundlage einer **Interessenabwägung** erfolgen. Dass die Eignungsfeststellung auch anders erfolgen kann und Prüfungssysteme oberhalb der EU-Schwellenwerte ohnehin nur die Ausnahme bilden, lässt auf ein geringes Interesse seitens des Auftraggebers schließen. Es überwiegt eher das Interesse der Unternehmen, in den Zirkel der qualifizierten Unternehmen zu gelangen und sich den hohen Aufwand wiederholter Bewerbungen zu ersparen. Das spricht letztlich für eine Kostentragung durch die Unternehmen. Zuzulassen sei eine Kostentragung durch die Unternehmen vor dem Hintergrund wettbewerblicher Überlegungen dann, wenn sie den Wettbewerb unter den Unternehmen nicht beeinträchtigen könne.[28]

23   **9. Benachrichtigung über die Entscheidung über die Aufnahme in das Prüfungssystem (Abs. 11).** Die individuellen Eignungsprüfungen im Rahmen der nachfolgenden Vergabeverfahren entfallen, wenn auf den entsprechenden Antrag eines Unternehmens auf Aufnahme in ein Präqualifikationssystem festgestellt wird, dass das antragstellende Unternehmen sämtliche Anforderungen erfüllt. Im umgekehrten Fall, wenn also der Antrag auf Aufnahme in ein Präqualifikationssystem abgelehnt wird, hat der Auftraggeber nach Abs. 12 das antragstellende Unternehmen unverzüglich, spätestens innerhalb von 15 Kalendertagen, über die Ablehnung unter Angabe von Gründen zu informieren. Der Auftraggeber teilt gem. Abs. 11 seine Entscheidung hinsichtlich der Qualifizierung den Unternehmen innerhalb von sechs Monaten nach Eingang der Beantragung zur Aufnahme in das Qualifizierungssystem mit. Kann eine Entscheidung nicht innerhalb von vier Monaten getroffen werden, so teilt der Auftraggeber innerhalb von zwei Monaten nach Eingang des Antrags dies sowie den voraussichtlichen Entscheidungszeitpunkt dem Unternehmen mit. Abs. 11 bestimmt damit die **Frist,** innerhalb derer der Auftraggeber eine Entscheidung herbeizuführen hat, sowie besondere Anforderungen bei Ablehnung des Antrags. Die Fristen in Abs. 11 S. 1 von sechs Monaten seit Zugang der Antragstellung und in Abs. 11 S. 2 von vier Monaten seit Zugang der Antragstellung basieren auf Art. 75 Abs. 4 und Abs. 5 Sektoren-RL. Er regelt die Mitteilungspflichten des Auftraggebers gegenüber den Unternehmen, die eine Aufnahme in das Qualifizierungssystem beantragt haben. Die Vorgabe von bestimmten Fristen bezweckt die Sicherstellung einer zügigen Prüfung durch den Auftraggeber. Gemäß Abs. 11 S. 1 muss spätestens nach sechs Monaten eine Entscheidung herbeigeführt und dem antragstellenden Unternehmen mitgeteilt werden. Die 6-Monats-Frist ist auf der Grundlage der alten Regelung zum Teil nicht als verbindlich angesehen worden. Es wurde argumentiert, die Norm diene dem Feststellungsinteresse des Unternehmens. Da der Auftraggeber auf die Zusammenarbeit der Unternehmen angewiesen sei und eine lückenlose Bewerbung die Ausnahme bilde, würde ein starres Festhalten an der Höchstfrist nur zulasten des Unternehmens gehen. Unvollständige Bewerbungen führten bei Ablauf der Höchstfrist letztlich immer zu ablehnenden Entscheidungen. Stattdessen entspreche die Möglichkeit, Unterlagen auch nach sechs Monaten nachzureichen, eher dem Interesse des Unternehmens und dem Schutzzweck der Norm. Die Frist beginne erst dann, wenn ein vollständiger, prüffähiger Antrag vorliege.

24   Die **Regelprüfungsfrist** nach Abs. 11 S. 2 beträgt vier Monate. Sollte eine Entscheidung innerhalb dieser Regelprüfungsfrist nicht wahrscheinlich sein, so hat der Auftraggeber dies schon innerhalb der ersten zwei Monate seit Antragstellung dem Unternehmen mitzuteilen und auch zu berichten, wann eine Entscheidung erwartet werden darf. Der Auftraggeber hat vorausschauend zu prüfen.

25   **10. Ablehnung der Qualifizierung (Abs. 12).** Der Auftraggeber muss dem Unternehmen die Ablehnung einer Qualifizierung innerhalb von 15 Tagen nach der Entscheidung unter Angabe der Gründe mitteilen. Die Ablehnung darf nur auf die gem. Abs. 2 festgelegten bzw. aktualisierten objektiven Kriterien gestützt werden. Dasselbe gilt für die Beendigung einer Qualifizierung. Die beabsichtigte Beendigung ist dem Unternehmen 15 Tage vor dem vorgesehenen Ausschluss unter Angabe der Gründe mitzuteilen. Fällt die Entscheidung **ablehnend** aus, muss diese unverzüglich mitgeteilt werden, spätestens jedoch nach 15 Tagen seit der auftraggeberinternen Entscheidung. Darin sind auch die Gründe anzuführen. Abs. 12 S. 2 bestimmt, dass die Ablehnung nur auf Gründen beruhen darf, die in den Prüfungskriterien enthalten sind. Hierunter fällt auch die Ablehnung unvollständiger Anträge. Eine Befristung der Qualifikation ist möglich. Eine Sanktion für die Überschreitung der Fristen ist jedoch nicht vorgesehen. Die Vorabinformation gem. Abs. 12 S. 4 soll es

---

[27] BT-Drs. 87/16, 267.
[28] Greb/Müller/*Weyand* Rn. 39 ff.

dem betreffenden Unternehmen ermöglichen, auf die vom Auftraggeber mitgeteilten Gründe für eine Beendigung der Qualifizierung einzugehen und sie ggf. zu widerlegen.[29]

11. Rechtsschutz. Die Frage, ob gegen Entscheidungen der Auftraggeber im Rahmen von Prüfungssystemen **Rechtsschutz** zulässig ist, war lange Zeit von den Nachprüfungsinstanzen bislang nicht entschieden worden und in der Literatur streitig. Die Frage wurde nach einer Auffassung in der Literatur verneint unter Verweis auf das GWB und europarechtlichen Regelungen. Danach sei Rechtsschutz nur gegen Entscheidungen im Rahmen eines Vergabeverfahrens möglich. Ein Prüfungssystem sei nicht Teil eines Vergabeverfahrens für einen konkreten Auftrag. Die Gegenauffassung legte den Begriff „Bestimmungen über das Vergabeverfahren" iSv § 97 Abs. 7 GWB aF weit aus[30] und verstand Prüfungssysteme iSd § 24 auf dieser Grundlage zutreffend als Teil des Vergabeverfahrens, sodass ein vollumfänglicher Rechtsschutz nach §§ 102 ff. GWB aF bestand. Die Nichtgewährung von Rechtsschutz in Bezug auf Entscheidungen von Auftraggebern widerspricht den Vorgaben der Rechtsmittelrichtlinie, wonach gegen jede Entscheidung öffentlicher Auftraggeber **effektiver Rechtsschutz** möglich sein muss. Auch der Gesetzgeber geht davon aus, dass Prüfungssysteme Teil des Vergabeverfahrens sind. Das ergibt sich aus dem Muster zur Bekanntmachung von Prüfungssystemen in Anlage XIV Sektoren-RL 2004, das in Nr. 8 Angaben zu dem für Rechtsschutz zuständigen Organ verlangt. 26

Nunmehr steht fest, dass auch in Bezug auf die Aufnahme eines Unternehmens in ein Qualifizierungssystem oder die Beendigung der Qualifizierung oder in Hinsicht auf bestimmte Vorgehensweisen beim Betrieb eines Qualifizierungssystems, die sich auf die teilnehmenden Unternehmen auswirken, Rechtsschutz in Form eines Nachprüfungsverfahrens statthaft ist. Die VK Bund hat festgestellt, dass die Präqualifikation selbst zwar kein Vergabeverfahren, sondern eine **vorweggenommene Eignungsprüfung** ist.[31] Dies ändere aber nichts daran, dass insbesondere die Ablehnung eines Antrags auf Aufnahme in ein Präqualifikationssystem zum Gegenstand eines Nachprüfungsverfahrens gemacht werden könne.[32] 27

Bei der Ablehnung eines Antrags auf Aufnahme in ein Präqualifikationssystem sei die Anwendbarkeit des 4. Teils des GWB auch dann zu bejahen, wenn nicht festgestellt werden könne, ob der maßgebliche Schwellenwert erreicht ist.[33] Da die Präqualifikation selbst kein Vergabeverfahren sei, gebe es auch keinen Auftragswert iSd § 100 Abs. 1 GWB aF bzw. § 2 aF. Es könne auch nicht ersatzweise auf den Wert des von einem antragstellenden Unternehmen benannten Referenzprojektes abgestellt werden, zumal es sich bei diesen typischerweise um bereits abgeschlossene Arbeiten handelt. Zur Gewährleistung eines effektiven Rechtsschutzes sei es daher geboten, bei der Ablehnung eines Antrags auf Aufnahme in ein Präqualifikationssystem die Anwendbarkeit des 4. Teils des GWB auch dann zu bejahen, wenn nicht festgestellt werden kann, ob der maßgebliche Schwellenwert erreicht ist. Dies sei sachgerecht, weil die Aufnahme in ein Prüfungssystem nach § 24 aF von dem Auftraggeber zur Voraussetzung für eine Beteiligung an einer Ausschreibung gemacht werden kann, welche die Schwellenwerte überschreitet; für Aufträge unterhalb der Schwellenwerte findet die SektVO insgesamt keine Anwendung. 28

Ein Unternehmen, kann durch einen Nachprüfungsantrag grundsätzlich sämtliche Entscheidungen und Vorgaben eines Auftraggebers im Rahmen eines Qualifizierungssystems angreifen. Es kann insbesondere überprüfen lassen, ob der Auftraggeber sich zu recht weigern durfte, einen Qualifizierungsantrag entgegenzunehmen, die Ablehnung eines Qualifizierungsantrags und/oder die Beendigung einer Qualifizierung rechtmäßig war oder ggf. andere Entscheidungen im Vorfeld, zB unzumutbare oder diskriminierende Anforderungen an die Eignung.[34] 29

§ 49 Beleg der Einhaltung von Normen der Qualitätssicherung und des Umweltmanagements

(1) ¹Verlangt der Auftraggeber als Beleg dafür, dass Bewerber oder Bieter bestimmte Normen der Qualitätssicherung erfüllen, die Vorlage von Bescheinigungen unabhängiger Stellen, so bezieht er sich auf Qualitätssicherungssysteme, die
1. den einschlägigen europäischen Normen genügen und
2. von akkreditierten Stellen zertifiziert sind.

---

29 Greb/Müller/*Weyand* Rn. 28.
30 Greb/Müller/*Weyand* Rn. 36–38.
31 VK Bund Beschl. v. 27.1.2015 – VK 2-123/14, IBRRS 2015, 0558.
32 VK Bund Beschl. v. 27.1.2015 – VK 2-123/14, IBRRS 2015, 0558.
33 VK Bund Beschl. v. 27.1.2015 – VK 2-123/14, IBRRS 2015, 0558.
34 Zum Ganzen auch Greb/Müller/*Weyand* Rn. 31 f.

²Der Auftraggeber erkennt auch gleichwertige Bescheinigungen von akkreditierten Stellen aus anderen Staaten an. ³Konnte ein Bewerber oder Bieter aus Gründen, die er nicht zu vertreten hat, die betreffenden Bescheinigungen nicht innerhalb einer angemessenen Frist einholen, so muss der Auftraggeber auch andere Unterlagen über gleichwertige Qualitätssicherungssysteme anerkennen, sofern der Bewerber oder Bieter nachweist, dass die vorgeschlagenen Qualitätssicherungsmaßnahmen den geforderten Qualitätssicherungsnormen entsprechen.

(2) ¹Verlangt der Auftraggeber als Beleg dafür, dass Bewerber oder Bieter bestimmte Systeme oder Normen des Umweltmanagements erfüllen, die Vorlage von Bescheinigungen unabhängiger Stellen, so bezieht er sich
1. entweder auf das Gemeinschaftssystem für das Umweltmanagement und die Umweltbetriebsprüfung EMAS der Europäischen Union oder
2. auf andere nach Artikel 45 der Verordnung (EG) Nr. 1221/2009 des Europäischen Parlaments und des Rates vom 25. November 2009 über die freiwillige Teilnahme von Organisationen an einem Gemeinschaftssystem für Umweltmanagement und Umweltbetriebsprüfung und zur Aufhebung der Verordnung (EG) Nr. 761/2001, sowie der Beschlüsse der Kommission 2001/681/EG und 2006/193/EG (ABl. L 342 vom 22.12.2009, S. 1) anerkannte Umweltmanagementsysteme oder
3. auf andere Normen für das Umweltmanagement, die auf den einschlägigen europäischen oder internationalen Normen beruhen und von akkreditierten Stellen zertifiziert sind.
²Der Auftraggeber erkennt auch gleichwertige Bescheinigungen von Stellen in anderen Staaten an. ³Hatte ein Bewerber oder Bieter aus Gründen, die ihm nicht zugerechnet werden können, nachweislich keinen Zugang zu den betreffenden Bescheinigungen oder aus Gründen, die es nicht zu vertreten hat, keine Möglichkeit, diese innerhalb der einschlägigen Fristen zu erlangen, so muss der Auftraggeber auch andere Unterlagen über gleichwertige Umweltmanagementmaßnahmen anerkennen, sofern der Bewerber oder Bieter nachweist, dass diese Maßnahmen mit denen, die nach dem geltenden System oder den geltenden Normen für das Umweltmanagement erforderlich sind, gleichwertig sind.

I. Regelungsgehalt und Überblick

1 § 49 setzt die Bestimmungen des Art. 81 Sektoren-RL zu Normen für **Qualitätssicherung** und **Umweltmanagement** um. Die Regelung ist im Wortlaut mit § 49 VgV identisch. Auf die dortige Kommentierung wird verwiesen.

II. Systematische Stellung und Zweck der Norm

2 Die Regelung des § 49 ist Teil des **Unterabschnitts 5 Anforderungen an die Unternehmen** im Abschnitt 2 über die Verfahrensregelungen der SektVO. Die in dem Kapitel geregelten Belege für die Einhaltung von Qualitätssicherungsnormen und Umweltmanagementregelungen dienen dem Nachweis der Eignung, insbesondere der **technischen Leistungsfähigkeit**.

3 Abs. 1 regelt die Vorlage von Bescheinigungen zur Erfüllung von Normen der **Qualitätssicherung**. Darunter sind – wie in der VgV – auch Normen zu verstehen, die Zugang von Menschen mit Behinderungen zu den zu beschaffenden Leistungen sicherstellen.¹ Ein Beispiel für Normen der Qualitätssicherung ist die Normenreihe DIN EN ISO 9000 ff. Es existiert darüber hinaus eine Vielzahl von weiteren branchenspezifischen Normen zum Qualitätsmanagement, die für spezielle Leistungen in Betracht kommen.

4 Die Zulässigkeit der Forderung von Belegen für **Umweltmanagementmaßnahmen** ist in Abs. 2 geregelt. Ein Beispiel für eine solche Norm des Umweltmanagements ist die Umweltmanagementsystemnorm DIN EN ISO 14001, die Anforderungen an ein Umweltmanagementsystem zum Inhalt hat.²

5 Alternativ zu Umweltmanagement-Registrierungssystemen soll nach dem Willen des EU-Richtliniengebers eine **Beschreibung der von dem Wirtschaftsteilnehmer durchgeführten Maßnahmen** zur Gewährleistung desselben Umweltschutzniveaus als Nachweis akzeptiert werden, wenn der betreffende Wirtschaftsteilnehmer keinen Zugang zu derartigen Umweltmanagement-Registrierungssystemen oder keine Möglichkeit hat, sich fristgerecht registrieren zu lassen.³ Der

---

1 Art. 81 Abs. 1 S. Sektoren-RL.
2 Weitere Hinweise zur ISO 14001 – Umweltmanagementsystemnorm auf den Seiten des Umweltbundesamtes unter www.umweltbundesamt.de (zuletzt aufgerufen am: 19.4.2017).
3 Erwägungsgrund 93 Sektoren-RL.

nationale Gesetzgeber hat dies berücksichtigt, indem er – im Einklang mit Art. 81 Abs. 2 UAbs. 2 Sektoren-RL – nach Maßgabe des § 49 Abs. 2 S. 2 **„andere Unterlagen"** unter den dort genannten Umständen zulässt. Zur Gleichwertigkeit der Bescheinigung wird auf → § 49 VgV Rn. 7 verwiesen. Die Nachweispflicht der Tatbestandsvoraussetzungen sowie der Gleichwertigkeit dieser Maßnahmen zu den betreffenden Bescheinigungen der akkreditierten Stellen trägt der Bewerber oder Bieter.

§ 50 Rechtsform von Unternehmen und Bietergemeinschaften

(1) ¹**Bewerber oder Bieter, die gemäß den Rechtsvorschriften des Staates, in dem sie niedergelassen sind, zur Erbringung der betreffenden Leistung berechtigt sind, dürfen nicht allein deshalb zurückgewiesen werden, weil sie gemäß den deutschen Rechtsvorschriften eine natürliche oder juristische Person sein müssten.** ²**Juristische Personen können jedoch bei Dienstleistungsaufträgen sowie bei Lieferaufträgen, die zusätzlich Dienstleistungen umfassen, verpflichtet werden, in ihrem Antrag auf Teilnahme oder in ihrem Angebot die Namen und die berufliche Befähigung der Personen anzugeben, die für die Erbringung der Leistung als verantwortlich vorgesehen sind.**

(2) ¹**Bewerber- und Bietergemeinschaften sind wie Einzelbewerber und -bieter zu behandeln.** ²**Der Auftraggeber darf nicht verlangen, dass Gruppen von Unternehmen eine bestimmte Rechtsform haben müssen, um einen Antrag auf Teilnahme zu stellen oder ein Angebot abzugeben.** ³**Sofern erforderlich kann der Auftraggeber in den Vergabeunterlagen Bedingungen festlegen, wie Gruppen von Unternehmen die Eignungskriterien zu erfüllen und den Auftrag auszuführen haben; solche Bedingungen müssen durch sachliche Gründe gerechtfertigt und angemessen sein.**

(3) Unbeschadet des Absatzes 2 kann der Auftraggeber verlangen, dass eine Bietergemeinschaft nach Zuschlagserteilung eine bestimmte Rechtsform annimmt, soweit dies für die ordnungsgemäße Durchführung des Auftrags erforderlich ist.

Schrifttum: *Gabriel,* Neues zum Ausschluss von Bietern und Bietergemeinschaften wegen Mehrfachbeteiligungen: Einzelfallprüfung statt Automatismus, NZBau 2010, 225; *Gabriel/Benecke/Geldsetzer,* Die Bietergemeinschaft, 2007; *Hausmann/Queisner,* Die Zulässigkeit von Bietergemeinschaften im Vergabeverfahren, NZBau 2015, 402; *Hölzl,* „Assitur": Die Wahrheit ist konkret!, NZBau 2009, 751; *Marx,* Vergaberecht für Versorgungsbetriebe, 2010; *Otting,* Eignungs- und Zuschlagskriterien im neuen Vergaberecht, VergabeR 2016, 316; *Prieß/Sachs,* Irrungen, Wirrungen: Der vermeintliche Bieterwechsel – Warum entgegen OLG Düsseldorf (NZBau 2007, 254) im Falle einer Gesamtrechtsnachfolge die Bieteridentität regelmäßig fortbesteht, NZBau 2007, 763; *Schaller,* Die Umsetzung der EU-Richtlinien 2014 – Die neue Vergabeverordnung für die Vergabe öffentlicher Aufträge, Teil 2, ZfBR-Beilage 2016, 34.

Übersicht

	Rn.		Rn.
I. Allgemeines	1	a) Überblick	7
1. Überblick, systematischer Ort und Regelungsgehalt	1	b) Sinn und Zweck von Bietergemeinschaften	8
2. Anforderungen an die Unternehmen	3	c) Rechtsform von Bewerber-/Bietergemeinschaften	9
II. Die Regelungen des § 50 im Einzelnen	5	d) Zur Frage der Zulässigkeit von Bewerber-/Bietergemeinschaften	10
1. Keine Zurückweisung von Bewerbern oder Bietern wegen der Rechtsform (Abs. 1)	5	e) Änderung der Zusammensetzung einer Bewerber-/Bietergemeinschaft	14
		f) Mehrfachbeteiligung	20
		g) Geheimwettbewerb	23
2. Bewerber- und Bietergemeinschaften wie Bewerber und Bieter zu behandeln (Abs. 2)	7	3. Vorgabe einer bestimmten Rechtsform zulässig, wenn für Auftrag erforderlich (Abs. 3)	24

I. Allgemeines

1. Überblick, systematischer Ort und Regelungsgehalt. § 50 enthält seitens des öffentlichen Auftraggebers zu beachtende Vorgaben zur Rechtsform von Bewerbern, Bietern sowie Bewerber- und Bietergemeinschaften, zur rechtlichen Behandlung von Bewerber- und Bietergemeinschaf- 1 ten im Vergabeverfahren und zur Möglichkeit, vom Bewerber oder Bieter Auskunft zum Namen und zur beruflichen Befähigung von Personen zu verlangen, die für die Durchführung des Auftrags verantwortlich sind. Bei § 50 handelt es sich um eine formal, nicht aber inhaltlich neue Vorschrift. § 50 setzt Art. 37 RL 2014/25/EU (Sektoren-RL) um. Wesentliche Vorgaben des § 50 waren bislang durch § 6 Abs. 1 VOL/A und § 6 EG Abs. 1 und 2 VOL/A und § 7 EG Abs. 3 lit. g VOL/A und § 5 VOF geregelt. Ähnliche Vorgaben enthielt auch § 22 aF.

2   Abs. 1 S. 1 bestimmt **im Überblick**, dass Bewerber oder Bieter, die gemäß den Rechtsvorschriften des Staates, in dem sie niedergelassen sind, zur Erbringung der betreffenden Leistung berechtigt sind, nicht allein deshalb zurückgewiesen werden dürfen, weil sie gemäß den deutschen Rechtsvorschriften eine natürliche oder juristische Person sein müssten. Juristische Personen können jedoch nach Abs. 1 S. 1 bei Dienstleistungsaufträgen sowie bei Lieferaufträgen, die zusätzlich Dienstleistungen umfassen, verpflichtet werden, in ihrem Antrag auf Teilnahme oder in ihrem Angebot die Namen und die berufliche Befähigung der Personen anzugeben, die für die Erbringung der Leistung als verantwortlich vorgesehen sind. Abs. 2 S. 1 ordnet an, dass Bewerber- und Bietergemeinschaften wie Einzelbewerber und -bieter zu behandeln sind. Der öffentliche Auftraggeber darf Abs. 2 S. 2 nicht verlangen, dass Gruppen von Unternehmen eine bestimmte Rechtsform haben müssen, um einen Antrag auf Teilnahme zu stellen oder ein Angebot abzugeben. Sofern es erforderlich ist, kann der öffentliche Auftraggeber nach Abs. 1 S. 3 in den Vergabeunterlagen Bedingungen festlegen, wie Gruppen von Unternehmen die Eignungskriterien zu erfüllen und den Auftrag auszuführen haben; solche Bedingungen müssen durch sachliche Gründe gerechtfertigt und angemessen sein. Unbeschadet des Abs. 2 kann der öffentliche Auftraggeber nach Abs. 3 verlangen, dass eine Bietergemeinschaft nach Zuschlagserteilung eine bestimmte Rechtsform annimmt, soweit dies für die ordnungsgemäße Durchführung des Auftrags erforderlich ist. Die in § 50 enthaltenen Vorgaben waren bislang im Wesentlichen in § 6 Abs. 1 VOL/A und § 6 EG Abs. 1 und 2 VOL/A geregelt.

3   **2. Anforderungen an die Unternehmen.** Die Vorschrift ist in **Abschnitt 2 Unterabschnitt 5 Anforderungen an die Unternehmen** eingeordnet. Bislang waren die in § 50 enthaltenen Vorgaben in den Vergabe- und Vertragsordnungen geregelt. Entsprechende Vorgaben sind in § 6 EU Abs. 2 Nr. 2 VOB/A, § 43 VgV, § 21 Abs. 4 und 5 VSVgV und § 24 KonzVgV geregelt. Die Bildung von Bietergemeinschaften und deren Gleichbehandlung mit Einzelbewerbern ist bislang in allen Vergabe- und Vertragsordnungen ausdrücklich vorgesehen gewesen (§ 6 Abs. 1 Nr. 2 VOB/A, § 6 EG Abs. 1 Nr. 2 VOB/A; § 6 Abs. 1 S. 1 VOL/A, § 6 EG Abs. 2 VOL/A; § 4 Abs. 4 VOF; § 22 S. 1, § 21 Abs. 5 VSVgV) wobei in den Vergabeordnungen keine weitergehenden Voraussetzungen für die Zulässigkeit von Bietergemeinschaften definiert werden. Bereits Art. 4 Abs. 2 RL 2004/18/EG (Vergabe-RL 2004) bestimmte insoweit, dass „Angebote oder Anträge auf Teilnahme auch von Gruppen von Wirtschaftsteilnehmern eingereicht werden können"[1] und gab damit im Grundsatz eine Gleichbehandlung vor.

4   Die Vorschrift enthält keinerlei Regelungen für die bei der Beteiligung von Bietergemeinschaften an Vergabeverfahren auftretenden rechtlichen Schwierigkeiten. Das betrifft beispielsweise die Frage der Mehrfachbeteiligung von Unternehmen oder wie zu verfahren ist, wenn sich die Zusammensetzung der Bietergemeinschaft während des Vergabeverfahrens ändert oder eine solche erstmals gebildet wird. Die Bewerkstelligung dieser Probleme überlässt der Gesetzgeber nach wie vor der Rechtsprechung.

II. Die Regelungen des § 50 im Einzelnen

5   **1. Keine Zurückweisung von Bewerbern oder Bietern wegen der Rechtsform (Abs. 1).** Abs. 1 S. 1 bestimmt, dass Bewerber oder Bieter, die gemäß den Rechtsvorschriften des Staates, in dem sie **niedergelassen** sind, zur Erbringung der betreffenden Leistung berechtigt sind, nicht allein deshalb zurückgewiesen werden dürfen, weil sie gemäß den deutschen Rechtsvorschriften eine natürliche oder juristische Person sein müssten. Abs. 1 S. ist Ausdruck des in § 97 Abs. 2 GWB verankerten unionsrechtlichen Diskriminierungsverbots. Auf der Grundlage des Wortlauts von Abs. 1 S. 1 in Form von **„Rechtsvorschriften des Staates"** können sich sowohl Unternehmen aus den **EU-Mitgliedstaaten** als auch aus **Drittstaaten** auf das **Diskriminierungsverbot** hinsichtlich der Vorgabe einer bestimmten Rechtsform berufen. Abs. 1 S. 1 weicht unter diesem Aspekt vom Wortlaut des Art. 37 Abs. 1 Sektoren-RL ab, da dieser nur auf „Rechtsvorschriften des Mitgliedstaats" Bezug nimmt. § 50 Abs. 1 S. 1 knüpft an die Rechtsvorschriften des „Staates" an, in dem der Bewerber oder Bieter „niedergelassen" ist. Eine § 50 Abs. 1 VgV entsprechende Regelung enthielten bislang § 6 Abs. 1 VOL/A und § 6 EG Abs. 1 und 2 VOL/A.

---

[1] 1. VK Sachsen Beschl. v. 23.5.2014 – 1/SVK/011/-11.

Der öffentliche Auftraggeber darf gem. Abs. 1 S. 2 juristische Personen in Hinblick auf die 6
Erbringung von Dienstleistungsaufträgen und bei Lieferaufträgen, die zusätzlich Dienstleistungen umfassen, verpflichten, in ihrem Antrag auf Teilnahme oder in ihrem Angebot die **Namen und die berufliche Befähigung der Personen** anzugeben, die für die Erbringung der Leistung als verantwortlich vorgesehen sind. Eine Abs. 1 entsprechende Regelung enthielten bislang § 7 EG Abs. 3 lit. g VOL/A und § 5 VOF. Die Anforderungen an die Mitteilung der beruflichen Befähigung sind an dem unionsrechtlichen Diskriminierungsverbot und der RL 2013/55/EU zur Anerkennung von beruflichen Qualifikationen zu messen. Daraus folgt, dass entscheidend die Qualifikation und Erfahrung der verantwortlichen Personen ist.[2] Es handelt sich um eine für die Praxis wichtige Vorgabe.

2. Bewerber- und Bietergemeinschaften wie Bewerber und Bieter zu behandeln 7
(Abs. 2). a) Überblick. Abs. 2 S. 1 ordnet an, dass Bewerber- und Bietergemeinschaften wie Einzelbewerber und -bieter zu behandeln sind. S. 1 setzt Bieter- und Bewerbergemeinschaften den Einzelbewerbern und -bietern gleich. Gleichsetzung bedeutet, dass an Bieter- und Bewerbergemeinschaften grundsätzlich keine anderen Anforderungen als an Einzelbewerber bzw. -bieter gestellt werden dürfen, solange kein **sachlicher Grund** dafür besteht. S. 1 konkretisiert damit das Gleichhandlungsgebot aus § 97 Abs. 2 GWB für die Teilnahme von Unternehmensgemeinschaften an Vergabeverfahren. Der öffentliche Auftraggeber darf Abs. 2 S. 2 nicht verlangen, dass Gruppen von Unternehmen eine bestimmte Rechtsform haben müssen, um einen Antrag auf Teilnahme zu stellen oder ein Angebot abzugeben. Sofern es erforderlich ist, kann der öffentliche Auftraggeber nach Abs. 1 S. 3 in den Vergabeunterlagen Bedingungen festlegen, wie Gruppen von Unternehmen die Eignungskriterien zu erfüllen und den Auftrag auszuführen haben; solche Bedingungen müssen allerdings durch sachliche Gründe gerechtfertigt sein und sie müssen zudem auf der Grundlage des in § 97 Abs. 1 GWB geregelten Grundsatzes der Verhältnismäßigkeit auch angemessen sein.

b) Sinn und Zweck von Bietergemeinschaften. Der Zusammenschluss mehrerer Unter- 8
nehmen zu einer Bewerber- bzw. Bietergemeinschaft dient dazu, die **Leistungsfähigkeit zu erhöhen**, und auf dieser Grundlage ein gemeinsames Angebot abzugeben sowie im Auftragsfall den Vertrag gemeinsam auszuführen.[3] Die Zulässigkeit der Bildung einer Bietergemeinschaft hängt vor dem Hintergrund der Gewährleistung eines fairen Wettbewerbs von dem konkreten Verfahrensstadium ab. Die Vorschrift bezieht sich ausweislich ihres Wortlauts auf Bewerber- und Bietergemeinschaften. Die Bezeichnung als „Bewerber" und „Bieter" folgt aus dem **Status einer Gemeinschaft aus mehreren Unternehmen** in den verschiedenen Stadien eines Vergabeverfahrens. Bei einer Bewerbergemeinschaft handelt es sich um einen **Zusammenschluss von mindestens zwei Unternehmen** bis zum Abschluss eines Teilnahmewettbewerbs.[4] Eine Bewerbergemeinschaft wird mit dem erfolgreichen Abschluss des Teilnahmewettbewerbs und dem Beginn der Phase der Angebotsabgabe zu einer Bietergemeinschaft,[5] dh zu einer Gemeinschaft, die für das betreffende Vergabeverfahren *ein* Angebot mit rechtlicher Wirkung für beide Unternehmen abgibt bzw bietet. Die Abgrenzung zwischen beiden Gemeinschaften kann im Rahmen eines Verhandlungsverfahrens mitunter schwierig sein, allerdings werden diese ohnehin von der SektVO gleich behandelt, sodass eine Differenzierung hier nicht erforderlich ist.

c) Rechtsform von Bewerber-/Bietergemeinschaften. Bewerber- und Bietergemein- 9
schaften handeln regelmäßig in der Rechtsform einer **Gesellschaft bürgerlichen Rechts** (GbR) gem. §§ 705 ff. BGB.[6] Durch ihre Handlungen gegenüber dem Auftraggeber ist die Bewerber-/Bietergemeinschaft als (Außen-)GbR sowohl rechts-,[7] als auch gem. § 47 Abs. 2 GBO nF, grundbuchfähig. Die Zusammenschlüsse können aber auch andere Rechtsformen haben. Eine Bietergemeinschaft bzw. sonstige gemeinschaftliche Bewerbung liegt nur dann vor, wenn sie nach außen, dh für den Auftraggeber erkennbar ist.[8]

d) Zur Frage der Zulässigkeit von Bewerber-/Bietergemeinschaften. Eine Vereinba- 10
rung über die **Bildung einer Bietergemeinschaft ist nur ausnahmsweise unzulässig,** wenn sie eine **wettbewerbsbeschränkende Abrede iSv § 1 GWB darstellt.** Gemäß § 1 GWB ist

---

[2] BR-Drs. 522/09, 51.
[3] KG Beschl. v. 7.5.2007 – 23 U 31/06, BeckRS 2007, 12060.
[4] BayObLG Beschl. v. 4.2.2003 – Verg 31/02, BeckRS 2003, 02434 = NZBau 2003, 584; OLG Koblenz Beschl. v. 5.9.2002 – 1 Verg 2/02, IBRRS 2002, 2089.
[5] OLG Koblenz Beschl. v. 5.9.2002 – 1 Verg 2/02, IBRRS 2002, 2089.
[6] KG Beschl. v. 7.5.2007 – 23 U 31/06, BeckRS 2007, 12060.
[7] Vgl. BGH Urt. v. 29.1.2001 – II ZR 331/00, BGHZ 146, 341 = NJW 2001, 1056.
[8] Greb/Müller/*Weyand* Rn. 22.

eine Vereinbarung zwischen konkurrierenden Unternehmen einer Branche verboten, wenn sie geeignet ist, die Marktverhältnisse durch Beschränkung des Wettbewerbs spürbar einzuschränken.[9] Das **Erfordernis der Spürbarkeit** setzt Außenwirkungen voraus, die in einer fühlbaren, praktisch ins Gewicht fallenden Weise zu einer Veränderung der Marktverhältnisse führen können. Dabei ist für die Beurteilung von Bietergemeinschaften unter dem Gesichtspunkt der Spürbarkeit **wesentlich auch auf die Zahl der insgesamt abgegebenen Angebote abzustellen**.[10] Die **Verabredung einer Bietergemeinschaft in Bezug auf eine Auftragsvergabe** (und die damit in der Regel kombinierte Eingehung einer Arbeitsgemeinschaft für den Fall eines Zuschlags) **schließt im Allgemeinen die gegenseitige Verpflichtung ein, von eigenen Angeboten abzusehen und mit anderen Unternehmen nicht zusammenzuarbeiten, was grundsätzlich den Tatbestand einer Wettbewerbsbeschränkung iSd § 1 GWB** bzw. von Art. 101 Abs. 1 AEUV **erfüllt**.[11]

11   Die Gründung einer **Bietergemeinschaft von gleichartigen Unternehmen** wird für zulässig gehalten, sofern – **objektiv** – die beteiligten Unternehmen ein jedes für sich zu einer Teilnahme an der Ausschreibung mit einem eigenständigen Angebot aufgrund ihrer betrieblichen oder geschäftlichen Verhältnisse (zB mit Blick auf Kapazitäten, technische Einrichtungen und/oder fachliche Kenntnisse) **nicht leistungsfähig** sind, und erst der Zusammenschluss zu einer Bietergemeinschaft sie in die Lage versetzt, sich daran zu beteiligen.[12] In einem solchen Fall wird durch die Zusammenarbeit der Wettbewerb nicht beschränkt, sondern aufgrund des gemeinsamen Angebots gestärkt.[13] **Subjektiv** ist außerdem darauf abzustellen, ob die Zusammenarbeit eine im Rahmen wirtschaftlich zweckmäßigen und kaufmännisch vernünftigen Handelns liegende Unternehmensentscheidung darstellt.[14] Dabei ist den beteiligten Unternehmen eine **Einschätzungsprärogative** zuzuerkennen, deren Ausübung im Prozess nicht uneingeschränkt, sondern – wie im Falle eines **Beurteilungsspielraums** – lediglich auf die Einhaltung ihrer Grenzen, kurz zusammengefasst: auf Vertretbarkeit, zu kontrollieren ist.[15] Während Bietergemeinschaften zwischen Unternehmen unterschiedlicher Branchen kartellrechtlich eher unbedenklich sind, weil die Unternehmen zueinander regelmäßig in keinem aktuellen oder potenziellen Wettbewerbsverhältnis stehen, ist die Zulassung von **Bietergemeinschaften unter branchenangehörigen Unternehmen problematisch**.[16] Zwischen den Unternehmen besteht oftmals ein aktueller, mindestens aber ein potenzieller Wettbewerb, der durch die Abrede einer Bietergemeinschaft in der Regel eingeschränkt wird. Gleichwohl erachtet die Rechtsprechung Bietergemeinschaften zwischen branchenangehörigen Unternehmen für wettbewerbsunschädlich, sofern die beteiligten Unternehmen ein jedes für sich zu einer Teilnahme an der Ausschreibung mit einem eigenen (und selbstverständlich auch aussichtsreichen) Angebot aufgrund ihrer betrieblichen oder geschäftlichen Verhältnisse (zB mit Blick auf Kapazitäten, technische Einrichtungen und/oder fachliche Kenntnisse) nicht leistungsfähig sind, und erst der Zusammenschluss zu einer Bietergemeinschaft sie in die Lage versetzt, sich daran (mit Erfolgsaussicht) zu beteiligen, wobei die Zusammenarbeit als eine im Rahmen wirtschaftlich zweckmäßigen und kaufmännisch vernünftigen Handelns liegende Unternehmensentscheidung zu erscheinen hat.[17] Wie § 2 GWB und Art. 101 Abs. 3 AEUV zeigen, führt indes allein die Tatsache, dass sich zwei potenzielle Wettbewerber aufgrund ihrer Abrede keine Konkurrenz machen, nicht bereits stets dazu, dass deren entsprechende Abrede wettbewerbswidrig ist.[18] Zu berücksichtigen sind vielmehr ebenfalls die Auswirkun-

---

[9] KG Beschl. v. 24.10.2013 – Verg 11/13, BeckRS 2013, 19525 = NZBau 2013, 792; KG Beschl. v. 21.12.2009 – 2 Verg 11/09, BeckRS 2010, 03552; OLG Brandenburg Beschl. v. 16.2.2012 – Verg W 1/12, BeckRS 2012, 05195 = IBR 2012, 290; OLG Düsseldorf Beschl. v. 17.12.2014 – VII-Verg 22/14, BeckRS 2015, 00626 = NZBau 2015, 176.

[10] OLG Brandenburg Beschl. v. 16.2.2012 – Verg W 1/12, BeckRS 2012, 05195 = IBR 2012, 290; *Weyand* ibrOK VergabeR Ziffer 6.5.5.13 Rn. 111/1 ff.

[11] KG Beschl. v. 24.10.2013 – Verg 11/13, BeckRS 2013, 19525 = NZBau 2013, 792; OLG Düsseldorf Beschl. v. 17.2.2014 – VII-Verg 2/14, NZBau 2015, 176.

[12] VK Münster Beschl. v. 22.3.2013 – VK 3/13, VPR 2013, 96; VK Baden-Württemberg Beschl. v. 4.6.2014 – 1 VK 15/14, IBR 2014, 686.

[13] VK Münster Beschl. v. 22.3.2013 – VK 3/13, VPR 2013, 96; VK Baden-Württemberg Beschl. v. 4.6.2014 – 1 VK 15/14, IBR 2014, 686.

[14] VK Münster Beschl. v. 22.3.2013 – VK 3/13, VPR 2013, 96; VK Baden-Württemberg Beschl. v. 4.6.2014 – 1 VK 15/14, IBR 2014, 686.

[15] VK Münster Beschl. v. 22.3.2013 – VK 3/13, VPR 2013, 96; VK Baden-Württemberg Beschl. v. 4.6.2014 – 1 VK 15/14, IBR 2014, 686.

[16] OLG Düsseldorf Beschl. v. 17.2.2014 – VII-Verg 2/14, NZBau 2015, 176.

[17] OLG Düsseldorf Beschl. v. 17.2.2014 – VII-Verg 2/14, NZBau 2015, 176.

[18] 1. VK Bund Beschl. v. 16.1.2014 – VK 1-119/13, IBRRS 2014, 1506; 1. VK Bund Beschl. v. 16.1.2014 – VK 1-117/13, IBRRS 2014, 1508 = ZfBR 2014, 706.

gen der Abrede auf den Markt und die dort herrschenden Wettbewerbsverhältnisse sowie auf die Verbraucher. Diese gesetzgeberische Wertung der §§ 1, 2 GWB ist auch bei der Auslegung des Wettbewerbsgedankens iSd § 97 Abs. 1 GWB, also auch in Vergabeverfahren zu beachten. Zu berücksichtigen ist daher ebenfalls, ob die betreffende Abrede im Ergebnis wettbewerbsfördernd ist, wenn nämlich erst der Zusammenschluss zu einer Bietergemeinschaft die beteiligten Unternehmen in die Lage versetzt, sich mit einem erfolgsversprechenden Angebot an der Ausschreibung zu beteiligen, die Zusammenarbeit mithin wirtschaftlich zweckmäßig sowie kaufmännisch vernünftig erscheint.[19]

Die Bildung einer Bietergemeinschaft und die Abgabe eines gemeinsamen Angebots kann gegen § 1 GWB verstoßen, wenn sie eine **Verhinderung, Einschränkung oder Verfälschung des Wettbewerbs** bezweckt oder bewirkt.[20] Die als Bieter auftretende Bietergemeinschaft muss daher darlegen, dass ihre Bildung und Angebotsabgabe nicht gegen § 1 GWB verstößt. Diese Darlegung muss jedoch nicht schon mit der Abgabe des Angebots erfolgen, weil gem. § 1 GWB auch nicht vermutet wird, dass eine Bietergemeinschaft eine Verhinderung, Einschränkung oder Verfälschung des Wettbewerbs bezweckt oder bewirkt, sondern sie muss erst auf eine entsprechende gesonderte Aufforderung des Auftraggebers zur Erläuterung der Gründe für die Bildung der Bietergemeinschaft erfolgen. Eine solche Aufforderung durch den Auftraggeber muss erfolgen, wenn es zureichende Anhaltspunkte dafür gibt, dass es sich bei dem Bieter um eine unzulässige Bietergemeinschaft handelt, beispielsweise wenn die beteiligten Unternehmen gleichartige, in derselben Branche tätige Wettbewerber sind und nichts dafür spricht, dass sie mangels Leistungsfähigkeit objektiv nicht in der Lage gewesen wären, unabhängig voneinander ein Angebot zu machen, sodass die Entscheidung zur Zusammenarbeit auf einer wirtschaftlich zweckmäßig und kaufmännisch vernünftigen Unternehmensentscheidung beruht.[21] Deckt beispielsweise das Portfolio eines Unternehmens mehr als 99% der nachgefragten Sortimentsbreite (Preisvergleichsgruppen) ab, kann sich das Unternehmen bei diesem Befund an Ausschreibungen von bestimmten Arzneimitteln nicht zulässig in der Rechtsform einer Bietergemeinschaft beteiligen. Ihre Beteiligung an einer Bietergemeinschaft dient lediglich dem Zweck, durch Abdecken eines möglichst breiten Arzneimittel-Sortiments der Bietergemeinschaft auf einen Zuschlag zu steigern. Darin liegt genauso wenig ein kartellrechtlich anerkennenswerter Grund wie in dem Motiv, mit Hilfe einer Bietergemeinschaft Synergiepotenziale oder -effekte zu realisieren.[22] Der öffentliche Auftraggeber ist bereits im Ansatz nicht dispositionsbefugt, in einem Vergabeverfahren allgemeine Regeln darüber aufzustellen, ob und unter welchen Voraussetzungen Bietergemeinschaften von Bietern verabredet werden dürfen oder nicht. Der öffentliche Auftraggeber ist auch nicht berechtigt, verbindliche Regeln darüber aufzustellen, unter welchen Tatbestandsvoraussetzungen und wann die Eingehung einer Bietergemeinschaft als ein Kartellrechtsverstoß anzusehen ist oder nicht. Über die Zulässigkeit oder Unzulässigkeit von Bietergemeinschaften sowie von Wettbewerbseinschränkungen hat das Gesetz entschieden und haben durch eine Anwendung auf den Einzelfall die Kartellgerichte zu befinden (§§ 87, 91, 94 GWB), unter anderem allerdings auch die Vergabenachprüfungsinstanzen, sofern dies im Rahmen einer vergaberechtlichen Anknüpfungsnorm, beispielsweise § 97 Abs. 1 GWB Wettbewerbsprinzip, inzident entscheidungserheblich ist.[23] Auch ist es weder von den Vergabestellen noch von den Nachprüfungsinstanzen im Rahmen eines beschleunigten Vergabenachprüfungsverfahrens zu bewerkstelligen, eine fundierte, sich nicht nur auf die „Abarbeitung von Obersätzen" beschränkende kartellrechtliche Prüfung von Bietergemeinschaft vorzunehmen. Dies sollte den eigens hierfür eingerichteten Kartellbehörden überlassen bleiben, jedenfalls so lange die Bieter- bzw. Arbeitsgemeinschaft auf die einzelne streitgegenständliche Ausschreibung beschränkt bleibt und eine längerfristige, projektübergreifende Arbeitsgemeinschaft nicht in Rede steht.[24]

Der in öffentlichen Ausschreibungen bestehende **Geheimwettbewerb** trägt dafür Sorge, dass durch den Zusammenschluss von Bietergemeinschaften jedenfalls dann keine durch den Wettbewerb nicht mehr kontrollierbaren Verhaltensspielräume entstehen können, wenn jede Bietergemeinschaft damit rechnen muss, durch andere Einzelbieter oder Bietergemeinschaften „überboten" zu werden, sodass jede Teilnahme an einer öffentlichen Ausschreibung nur dann erfolgreich sein kann, wenn

---

[19] 1. VK Bund Beschl. v. 16.1.2014 – VK 1-119/13, IBRRS 2014, 1506; 1. VK Bund Beschl. v. 16.1.2014 – VK 1-117/13, IBRRS 2014, 1508 = ZfBR 2014, 706.
[20] OLG Düsseldorf Beschl. v. 28.1.2015 – VII-Verg 31/14, BeckRS 2015, 09750 = NZBau 2015, 503; OLG Düsseldorf Beschl. v. 17.12.2014 – VII-Verg 22/14, BeckRS 2015, 00626 = NZBau 2015, 176.
[21] OLG Düsseldorf Beschl. v. 28.1.2015 – VII-Verg 31/14, BeckRS 2015, 09750 = NZBau 2015, 503; OLG Düsseldorf Beschl. v. 17.12.2014 – VII-Verg 22/14, BeckRS 2015, 00626 = NZBau 2015, 176.
[22] OLG Düsseldorf Beschl. v. 17.12.2014 – VII-Verg 22/14, BeckRS 2015, 00626 = NZBau 2015, 176.
[23] OLG Düsseldorf Beschl. v. 17.12.2014 – VII-Verg 22/14, BeckRS 2015, 00626 = NZBau 2015, 176.
[24] 1. VK Sachsen Beschl. v. 23.5.2014 – 1/SVK/011/-14.

das Angebot im Sinne der Zuschlagskriterien optimiert wurde. Dies wäre zum Beispiel dann nicht der Fall, wenn sich alle oder alle wesentlichen Wettbewerber zu einer Bietergemeinschaft zusammenschließen, sodass faktisch konkurrenzfähige Angebote ausgeschlossen oder zumindest unwahrscheinlich wären.[25] Eine **Konzernzugehörigkeit bzw. gesellschaftsrechtliche Verbundenheit eines Bieters bzw. einer Bietergemeinschaft mit dem Auftraggeber impliziert noch nicht zwangsläufig wettbewerbsbeschränkende Verhaltensweisen;** dies insbesondere dann nicht, wenn nur ein Mitglied der Bietergemeinschaft mit dem Auftraggeber verbunden ist, während das andere Mitglied kein Konzernunternehmen des Auftraggebers ist.[26] Die Beteiligung von mit dem Auftraggeber verbundenen Unternehmen an einem Vergabeverfahren und auch deren Bezuschlagung ist **grundsätzlich zulässig; dies ergibt sich schon aus der Rechtsprechung des EuGH zur Inhouse-Vergabe.** Danach ist ein Auftraggeber nicht berechtigt, ohne Ausschreibung einen öffentlichen Auftrag an ein rechtlich von ihm zu unterscheidendes Unternehmen zu erteilen, an dem er mehrheitlich beteiligt ist. Das Verbot der „internen Vergabe" (ohne Anwendung des Vergaberechts) kann nicht zur Folge haben, dass der Auftraggeber nunmehr gar nicht das verbundene Unternehmen bezuschlagen darf, sondern einem externen Bieter den Auftrag erteilen muss. Folge ist lediglich die Zuschlagserteilung in einem ordnungsgemäßen Vergabeverfahren.[27] Verschleiern Unternehmen, dass sie sich einerseits als Bietergemeinschaft und andererseits auch als Einzelbieter beteiligen, droht der Ausschluss.[28]

14 **e) Änderung der Zusammensetzung einer Bewerber-/Bietergemeinschaft.** Die Teilnahme von **Bewerber- bzw. Bietergemeinschaften** an Vergabeverfahren wirft in der Vergabepraxis nicht selten die Frage auf, ob die **Veränderung der Zusammensetzung einer Bewerber- bzw. Bietergemeinschaft** im Verlauf des Vergabeverfahrens durch Eintritt, Ausscheiden oder Auswechslung eines Mitglieds zulässig ist. Die Frage ist bislang von der Rechtsprechung und Literatur nicht abschließend geklärt.[29] Lediglich für den Fall, dass es nach Erteilung des Zuschlags bzw. des Vertragsschlusses zu Änderungen in Bezug auf den Vertragspartner kommt, enthält § 132 GWB jetzt Regelungen. Diese beruhen weitgehend auf der Rechtsprechung des EuGH in Sachen Pressetext und Wall.[30] Grund dafür ist, dass im Zeitraum zwischen Angebotsabgabe und Zuschlagserteilung Änderungen des Angebots in sachlicher wie auch in personeller Hinsicht grundsätzlich nicht zulässig sind. Das **Verbot einer Änderung des Angebots erstreckt sich auch auf die Zusammensetzung einer Bietergemeinschaft.**[31] Bietergemeinschaften dürfen grundsätzlich nur bis zum Einreichen des (letzten) Angebots gebildet werden. Gleiches gilt für Veränderungen in der Zusammensetzung der Bietergemeinschaft, dh das Hinzutreten, der Wegfall von Mitgliedern oder die Veräußerung eines Betriebsteils in der Zeit nach Abgabe des Angebots bis zur Zuschlagserteilung.

15 Die Abgabe des (letzten) Angebots ist dafür die entscheidende Zäsur. In der Zeit zwischen der Abgabe des (letzten) Angebots und der Erteilung des Zuschlags sind Änderungen, dh Auswechslungen, grundsätzlich nicht mehr zugelassen, weil sie als unzulässige Änderung des Angebots zu bewerten sind.

16 Grundsätzlich ist davon auszugehen, dass die Gemeinschaft als Gesellschaft bürgerlichen Rechts auch bei einer Veränderung der Zusammensetzung ihrer Mitglieder identitätswahrend weiterbesteht und damit die Veränderung vergaberechtlich unproblematisch ist. Ob das der Fall ist, muss auf der Grundlage der Umstände des Einzelfalls bewertet werden. Kommt es zu einem Wechsel der Zusammensetzung, kann der Auftraggeber jedoch unter Umständen gehalten sein, die Eignung einer Bietergemeinschaft erneut zu überprüfen. Ein Wiedereintritt in die Eignungsprüfung ist jederzeit zulässig und abgesehen davon bei Anhaltspunkten in Hinblick auf eignungsrelevante Änderungen für den Auftraggeber verpflichtend. Das Angebot einer Bietergemeinschaft ist nach der Rechtsprechung jedoch zwingend von der Wertung auszuschließen, wenn es **nach Angebotsabgabe** zu einem **Wechsel der Identität des Bieters** kommt und damit das Angebot nachträglich unzulässig geändert wird.[32] Vergaberechtlich führt die Beendigung der Bietergemeinschaft und die Übernahme des abgegebenen Angebots durch den verbliebenen Teil der Bietergemeinschaft oder einen Dritten zu

---

[25] 1. VK Bund Beschl. v. 16.1.2014 – VK-119/13, IBRRS 2014, 1506; *Weyand* ibrOK VergabeR Ziffer 6.5.5.13 Rn. 114/1,1 ff.
[26] 1. VK Bund Beschl. v. 20.8.2008 – VK 1-108/08, IBR 2009, 48.
[27] 1. VK Bund Beschl. v. 20.8.2008 – VK 1-108/08, IBR 2009, 48.
[28] Greb/Müller/*Weyand* Rn. 22.
[29] Vgl. die Rechtsprechungsnachweise bei *Weyand*, ibrOK VergabeR, VOB/A § 8 Rn. 3834 ff.
[30] EuGH Urt. v. 19.6.2008 – C-454/06, BeckEuRS 2008, 466834 = IBRRS 2008, 1720 – Pressetext.
[31] OLG Düsseldorf Beschl. v. 24.5.2005 – VII-Verg 28/05, NZBau 2005, 710.
[32] OLG Düsseldorf Beschl. v. 24.5.2005 – VII-Verg 28/05, NZBau 2005, 710, für den Fall, dass sich durch das Ausscheiden eines von zwei Gesellschaftern einer Bietergemeinschaft die Identität des Bieters ändert, weil dadurch die Gesellschaft endete und aus der Bietergemeinschaft ein Einzelbieter wurde.

einem Wechsel der Person und damit der Identität des Bieters, die Bestandteil des Angebots ist.[33] Inhalt des Angebots ist nicht nur die Beschaffenheit der versprochenen Leistungen, sondern auch die Person des Leistenden (oder deren Mehrheit). In dem Zeitraum zwischen Angebotsabgabe und Zuschlagserteilung sind einseitige Angebotsänderungen in sachlicher wie auch in personeller Hinsicht grundsätzlich nicht statthaft. Das Verbot einer (nachträglichen) Änderung des Angebots erstreckt sich auch auf die Zusammensetzung einer Bietergemeinschaft.[34]

Die Zulässigkeit der **Bildung einer nachträglichen Bietergemeinschaft,** dh nach Abgabe des Angebots, ist davon abhängig, ob die Grundsätze eines wettbewerbsmäßigen und nicht diskriminierenden Vergabeverfahrens durch den Zusammenschluss verletzt werden. Die Bildung einer Bietergemeinschaft ist nur dann zulässig, wenn der betreffende Bieter, der sich nachträglich mit einem weiteren Unternehmen zu einer Arbeitsgemeinschaft zusammenschließt, auch ohne den Zusammenschluss den Auftrag erhalten hätte.[35] Das ist aber nur dann möglich, wenn der Zusammenschluss mit einem Unternehmen erfolgt, das am Vergabeverfahren teilgenommen hat. Ein Zusammenschluss mit einem außenstehenden Unternehmen widerspricht den Grundsätzen einer wettbewerbsmäßigen Vergabe. Ein Dritter käme in diesem Fall ohne eine Teilnahme an einem wettbewerblichen Vergabeverfahren an einen öffentlichen Auftrag. Die Zulassung von nachträglichen Bietergemeinschaften ist deshalb **restriktiv zu handhaben,** weil sie den Wettbewerb zwischen den Bietern um einen öffentlichen Auftrag beschränkt. Die Genehmigung einer nachträglichen Bietergemeinschaft sollte jedoch nicht generell unzulässig sein, sondern im Ermessen des Auftraggebers stehen und von dessen Einverständnis abhängig sein.[36] Zudem sollte das betreffende Unternehmen auf der Grundlage der Verdingungsunterlagen einer Eignungsprüfung unterzogen werden.

Der Austausch einer Vertragspartei stellt grundsätzlich eine besonders tiefgreifende Angebotsänderung dar, weil ein Kernelement des anzubahnenden Vertragsverhältnisses – Parteien, Leistung, Gegenleistung – verändert wird.[37] Der Grundsatz der Unveränderlichkeit des Angebots gilt nämlich nicht allein für das Angebot selbst, sondern auch für die Person des Bieters. Auch eine Veränderung in der Person des Bieters nach Eröffnung der Angebote führt grundsätzlich zu einem zwingenden Ausschluss des Angebots.[38] Grund dafür ist das auf dem vergaberechtlichen Transparenzgrundsatz beruhende sog. Nachverhandlungsverbot (bislang § 18 EG Abs. 2 VOL/A). Die Rechtsprechung geht davon aus, dass sich der Inhalt des Angebots nicht von der Person des Bieters trennen lässt und folgert daraus, dass die **Bieteridentität** nach Angebotsabgabe grundsätzlich nicht mehr verändert werden darf. Das gilt auch für den Teilnahmeantrag. Vom Nachverhandlungsverbot sind namentlich die wesentlichen Elemente des Angebots – die künftigen Vertragsparteien, der Vertragsgegenstand und der Preis (bei Dauerschuldverhältnissen in der Regel auch die Vertragsdauer) – umfasst.[39] Diese Grundsätze gelten aber unter bestimmten Voraussetzungen nicht für das Verhandlungsverfahren. Hierzu hat das **OLG Düsseldorf** in seinem Grundsatzbeschluss vom 3.8.2011 festgestellt, dass das Verhandlungsverfahren dadurch charakterisiert ist, dass der Leistungsgegenstand nicht bereits in der Ausschreibung in allen Einzelheiten festgeschrieben ist und deshalb Angebote abgeändert werden dürfen, nachdem sie abgegeben worden sind. Auftraggeber und potenzieller Auftragnehmer können – bei Wahrung der Identität des Beschaffungsvorhabens – über den Auftragsinhalt und die Auftragsbedingungen solange verhandeln, bis klar ist, wie die Leistung konkret beschaffen sein muss und zu welchen Konditionen der Auftragnehmer leistet. Der Vergabesenat schloss auf der Grundlage von Art. 30 Abs. 2 Vergabe-RL 2004 und § 101 Abs. 5 GWB aF, wonach der Auftraggeber mit den Bietern über die von diesen unterbreiteten Angebote verhandelt, dass das Verhandlungsverfahren in der Regel zweistufig angelegt sei und sich nach der Sichtung und Wertung der indikativen Eingangsangebote (erste Stufe) zumindest eine Verhandlungsrunde (zweite Stufe) anschließt, die die Möglichkeit von Verhandlungen über inhaltliche Änderungen des ursprünglichen Angebots eröffnet. Anders als in Vergabeverfahren, in denen mangels zulässiger Verhandlungen über den Angebotsinhalt ein Bieterwechsel nach Angebotsabgabe zu Rechtsunsicherheit und Intransparenz führt, weil Wirk-

---

[33] OLG Düsseldorf Beschl. v. 24.5.2005 – VII-Verg 28/05, NZBau 2005, 710.
[34] OLG Düsseldorf Beschl. v. 24.5.2005 – VII-Verg 28/05, NZBau 2005, 710.
[35] *Weyand* ibrOK VergabeR VOB/A § 8 Rn. 3837 ff.
[36] VK Südbayern Beschl. v. 17.7.2001 – 23-06/01; aA VK Bund Beschl. v. 22.2.2008 – VK 1-4/08, ZfBR 2008, 412.
[37] OLG Düsseldorf Beschl. v. 3.8.2011 – VII-Verg 16/11; OLG Düsseldorf Beschl. v. 6.10.2005 – VII-Verg 56/05, BeckRS 2005, 14415; OLG Düsseldorf Beschl. v. 16.11.2005 – VII-Verg 56/05, IBR 2006, 1183; OLG Hamburg Beschl. v. 31.3.2014 – 1 Verg 4/13, BeckRS 2014, 08733 = NZBau 2014, 659; *Weyand* ibrOK VergabeR VOL/A § 16 Rn. 587.
[38] OLG Hamburg Beschl. v. 31.3.2014 – 1 Verg 4/13, BeckRS 2014, 08733 = NZBau 2014, 659, in Bezug auf einen identitätsändernden Bieterwechsel innerhalb einer Bietergemeinschaft in Form einer GbR in einem offenen Verfahren; VG Köln Urt. v. 21.11.2013 – 16 K 6287/11, ZfBR 2014, 170.
[39] OLG Düsseldorf Beschl. v. 3.8.2011 – VII Verg 16/11.

samwerden und Zeitpunkt des Bieterwechsels nicht offenbar werden, besteht mangels Nachverhandlungsverbot im Verhandlungsverfahren grundsätzlich die Gelegenheit, Änderungen in der Person des Bieters, die noch während der Verhandlungsphase eintreten, transparent vorzunehmen.[40]

19 Die Beteiligung von Unternehmen in Form einer Bietergemeinschaft an Vergabeverfahren ist auch dann problematisch, wenn während des Vergabeverfahrens ein Mitglied ausscheidet oder einen Teilbetrieb an einen Dritten veräußert. Bewertungsmaßstab für die Frage, ob bei einer Rechtsnachfolge ein Ausschlussgrund vorliegt, sind allein die allgemeinen vergaberechtlichen Prinzipien des Wettbewerbs, der Gleichbehandlung und der Transparenz.[41] Bleibt das Unternehmen selbst Mitglied der Bietergemeinschaft und tritt der Erwerber des Teilbetriebs nicht in die Bietergemeinschaft ein, bleibt die **rechtliche Identität der Bietergemeinschaft** erhalten, sodass der weiteren Teilnahme an dem Vergabeverfahren nichts entgegensteht.[42] Auch die **Verschmelzung** eines Bieterunternehmens kraft Eintragung dieses Vorgangs in das Handelsregister in der **Phase zwischen Ablauf der Angebotsabgabefrist und Zuschlag** führt nicht zu einer Auswechslung des Bieterunternehmens.[43] Dieser Vorgang ist mit der Gesamtrechtsnachfolge zu vergleichen, bei der sich *idealiter* die gesamte Rechts- und Pflichtenstellung des übertragenden Rechtsträgers im übernehmenden Rechtsträger fortsetzt. Bis auf Ausnahmefälle geht grundsätzlich das ganze Vermögen des übertragenden Rechtsträgers einschließlich der Verbindlichkeiten auf den übernehmenden Rechtsträger über. Das bedeutet, auch das Unternehmen als solches und auch sein Know-how bleibt bestehen.[44] Das gilt auch für die konzerninterne Verschmelzung oder Anwachsung. Eine solche Unternehmensumstrukturierung bringt keine Veränderung des Unternehmens mit sich. Im Rechtssinn handelt es sich deshalb nicht um eine inhaltliche Änderung des Angebots, die zum Ausschluss von der Wertung führt.[45] Für den **Nachweis der Verfügbarkeit im Rahmen der Eignungsprüfung bei Rechtsnachfolge,** zB eines für die Auftragsdurchführung notwendigen Betriebsteils, reicht es aus, dass der Rechtsnachfolger erklärt, dem Mitglied der Bietergemeinschaft die von ihm übernommenen sachlichen Gerätschaften und personellen Ressourcen für das konkrete ausgeschriebene Bauvorhaben zur Verfügung zu stellen. In einer solchen Situation darf es einem Bieter ebenso wenig durch erhöhte Anforderungen unangemessen erschwert werden, den Nachweis seiner Leistungsfähigkeit und den Nachweis der (Wieder-)Verfügbarkeit von Mitteln (Gerät und Personal) zu führen, wie es einem Bieter generell untersagt werden kann, das Unternehmen oder Teile davon während eines Vergabeverfahrens zu veräußern.[46] Hat das Bieterunternehmen ein anderes Unternehmen übernommen oder wurde es mit diesem Unternehmen verschmolzen, so können dessen Referenzen als eigene Referenzen erst dann verwendet werden, wenn die Verschmelzung oder Fusion mit dem Unternehmen abgeschlossen ist und die für die Referenz maßgeblichen Erfahrungen und Ressourcen tatsächlich auf das Bieterunternehmen übergegangen sind.[47] Der EuGH hat in Bezug auf eine **Verschmelzung** in einem nicht offenen Verfahren entschieden, dass auch ein Unternehmen, das **zwischen dem Teilnahmewettbewerb und der Angebotsabgabephase eine Verschmelzungsvereinbarung** abschließt, die nach der Abgabephase umgesetzt wird, vergaberechtskonform ein Angebot abgeben kann.[48] Dem Fall lag zugrunde, dass zwei Unternehmen, die sich am Teilnahmewettbewerb erfolgreich beteiligt hatten, zwischen der Bewerbungs- und der Angebotsphase eine bindende Rahmenvereinbarung schlossen, nach der das eine Unternehmen das andere Unternehmen im Wege einer Verschmelzung entsprechend § 54 UmwG vollständig aufnehmen sollte. Die Verschmelzung der beiden Unternehmen war zum Zeitpunkt der Angebotsabgabe bereits eingeleitet worden, die gesellschaftsrechtliche Struktur der für den Zuschlag vorgesehenen Unternehmen war zu diesem Zeitpunkt jedoch noch unverändert. Die Verschmelzung wurde erst kurz vor Abschluss des Vergabeverfahrens vollzogen. Die Entscheidung dürfte auf das Verhandlungsverfahren übertragbar sein.[49]

20 **f) Mehrfachbeteiligung.** Unternehmen, die als Mitglied einer Bewerber- bzw. Bietergemeinschaft an Vergabeverfahren teilnehmen, bewerben sich häufig zusätzlich als Einzelunternehmen, um

---

[40] OLG Düsseldorf Beschl. v. 3.8.2011 – Verg 16/11, ZfBR 2012, 72 (76).
[41] *Prieß/Sachs* NZBau 2007, 763 (764) unter Verweis auf OLG Düsseldorf Beschl. v. 18.10.2006 – VII-Verg 30/06, NZBau 2007, 254.
[42] OLG Düsseldorf Beschl. v. 18.10.2006 – VII-Verg 30/06, NZBau 2007, 254 ff.; OLG Düsseldorf Beschl. v. 26.1.2005 – VII-Verg 45/04, BeckRS 9998, 26420 = NZBau 2005, 354.
[43] Anders OLG Düsseldorf Beschl. v. 18.10.2006 – VII-Verg 30/06, NZBau 2007, 254 ff.
[44] *Prieß/Sachs* NZBau 2007, 763 (765).
[45] OLG Düsseldorf Beschl. v. 18.10.2006 – VII-Verg 30/06, NZBau 2007, 254; OLG Düsseldorf Beschl. v. 25.5.2005 – VII-Verg 8/05; OLG Düsseldorf Beschl. v. 11.10.2006 – VII-Verg 34/06.
[46] OLG Düsseldorf Beschl. v. 26.1.2005 – Verg 45/04, ZfBR 2005, 410.
[47] OLG Düsseldorf, Beschl. v. 17.4.2019 – VII-Verg 36/18, NZBau 2019, 737 ff.
[48] EuGH Urt. v. 11.7.2019 – C-697/17, IBRRS 2019, 2536, VergabeR 2020, 35 ff.
[49] So auch *Schwabe* VergabeR 2020, 35 (42).

II. Die Regelungen des § 50 im Einzelnen

die Chancen auf Erhalt des Auftrags zu erhöhen. Die **Mehrfachbeteiligung** von Unternehmen hat grundsätzlich zur Konsequenz, dass das betreffende Unternehmen nicht nur Kenntnis von dem eigenen Angebot und dessen Inhalt, sondern mehr oder weniger auch von einem weiteren Angebot besitzt. Je vertiefter bzw. umfangreicher diese Kenntnisse sind, desto eher ist die Verletzung des vergaberechtlich zu gewährleistenden geheimen Wettbewerbs zwischen den am Verfahren teilnehmenden Bietern möglich. Das wirft die Frage auf, ob und unter welchen Voraussetzungen eines dieser Unternehmen oder auch beide von dem Vergabeverfahren auszuschließen sind. Die Mehrfachbeteiligung von Unternehmen als Einzelbieter und als Mitglied einer Bietergemeinschaft ist auf der Grundlage des deutschen Vergaberechts bislang als wettbewerbsbeschränkende Verhaltensweise beurteilt worden und hat in den meisten Fällen zum Ausschluss der Angebote aller betroffenen Bieter, dh der Bietergemeinschaft und des Einzelbieters geführt.[50] Der automatische Ausschluss des Angebots ohne vorausgehende Prüfung der Umstände des Einzelfalls ist auf der Grundlage der Rechtsprechung des EuGH als unverhältnismäßig anzusehen.[51] Die Vergabestelle muss die **tatsächlichen Umstände des Einzelfalls** auf einen konkreten Verstoß gegen den Wettbewerbsgrundsatz prüfen. Ferner muss sie dem betroffenen Bewerber bzw. Bieter die Möglichkeit zur Stellungnahme geben.[52] Der Ausschluss darf auf der Grundlage des Grundsatzes der Verhältnismäßigkeit erst erfolgen, wenn es den betroffenen Bietern nach Einräumung einer Stellungnahmemöglichkeit nicht gelingt, den Anschein einer Verletzung des Geheimwettbewerbs infolge wechselseitiger Angebotskenntnis auszuräumen.[53] Andernfalls käme es zu einer unverhältnismäßigen Verringerung der Zahl der beteiligten Bewerber bzw. Bieter und damit einer Einschränkung des Wettbewerbsgrundsatzes. Bieter sollten auch nach der jüngsten Entscheidung des EuGH – Rechtssache Serratoni – in ihrem Angebot auf den Umstand der Mehrfachbeteiligung und die in dieser Hinsicht zum Ausschluss wettbewerbswidriger Verhaltensweisen getroffenen Vorkehrungen hinweisen.

Die Frage der **Mehrfachbeteiligung** wird in der Vergaberechtspraxis insbesondere auch **im Fall verbundener Unternehmen** aufgeworfen. Die Gefahr der Beeinträchtigung des Wettbewerbs ist in diesem Fall grundsätzlich noch größer als im Fall der gewöhnlichen Mehrfachbeteiligung. Bislang sind Unternehmen auch in diesem Fall regelmäßig automatisch von dem Vergabeverfahren ausgeschlossen worden. Der EuGH hat in der Rechtsache Assitur entschieden, dass der zwingende Ausschluss eines Unternehmens auch in dieser Konstellation allein wegen der potenziellen Gefahr einer Beeinträchtigung des Wettbewerbs nicht verhältnismäßig ist.[54] Vielmehr muss die Vergabestelle auf Basis der konkreten Umstände des Einzelfalls prüfen, ob die im Rahmen einer Ausschreibung abgegebenen Angebote durch die gesellschaftsrechtliche Verbundenheit inhaltlich beeinflusst worden sind bzw. ob belastbare Anhaltspunkte für ein wettbewerbswidriges Verhalten vorliegen. Dieser Ansatz gilt für alle Konstellationen paralleler Beteiligungen von verbundenen Unternehmen.[55] Könnten konzernverbundene Unternehmen nicht an Vergabeverfahren teilnehmen, würde dies außer Acht lassen, dass sich in der Regel auch konzernverbundene Unternehmen wirtschaftlich eigenständig bewegen und sogar in einem gewissen internen Konkurrenzkampf miteinander stehen; ferner käme es indirekt zu einem vom Vergaberecht nicht beabsichtigten pauschalen Schutz anderer Unternehmen vor Konkurrenz.[56]

Die **Mehrfachbeteiligung** kann auch dadurch vorliegen, dass ein Unternehmen sich als Bieter bzw. **Mitglied einer Bietergemeinschaft und als Nachunternehmer** beteiligt. Der bloße Umstand, dass ein Bieter ein eigenes Angebot abgibt und daneben von jemand anderem als Nachunternehmer eingesetzt werden soll, genügt nicht, die für einen Angebotsausschluss erforderliche Kenntnis beider Angebote und damit einen Verstoß gegen den Geheimwettbewerb festzustellen. Dazu müssen weitere Tatsachen hinzukommen, die nach Art und Umfang des Nachunternehmereinsatzes sowie mit Rücksicht auf die Begleitumstände die Kenntnis von dem zu derselben Ausschreibung abgegebenen Konkurrenzangebot annehmen lassen.[57] Bieter und Nachunternehmer, die ihrer-

---

[50] OLG Naumburg Beschl. v. 30.7.2004 – 1 Verg 10/04, BeckRS 2004, 11908; OLG Düsseldorf Beschl. v. 16.9.2003 – Verg 52/03, BeckRS 2004, 02041; *Gabriel* NZBau 2010, 225 (226).
[51] EuGH Urt. v. 23.12.2009 – C-376/08, BeckRS 2009, 71427 Rn. 37 f. = NZBau 2010, 261 – Serratoni mAnm *Gabriel* NZBau 2010, 225.
[52] EuGH Urt. v. 23.12.2009 – C-376/08, BeckRS 2009, 71427 = NZBau 2010, 261 – Serratoni mAnm *Gabriel* NZBau 2010, 225.
[53] *Gabriel* NZBau 2010, 225 (226).
[54] EuGH Urt. v. 19.5.2009 – C-538/07, BeckRS 2009, 70 535 – Assitur mAnm *Hölzl* NZBau 2009, 751.
[55] Zu den einzelnen Konstellationen *Hölzl* NZBau 2009, 751 ff.
[56] VK Lüneburg Beschl. v. 5.3.2008 – VgK-03/2008, IBR 2008, 1285; VK Mecklenburg-Vorpommern Beschl. v. 7.1.2008 – 2 VK 5/07; VK Bund Beschl. v. 4.7.2006 – VK 3-60/06; VK Düsseldorf Beschl. v. 21.11.2003 – VK-33/2003 – L.
[57] KG Beschl. v. 13.3.2008 – 2 Verg 18/07, NZBau 2008, 466; OLG Düsseldorf Beschl. v. 9.4.2008 – VII-Verg 2/08, BeckRS 2008, 07456 = VergabeR 2008, 865; OLG Jena Beschl. v. 29.8.2008 – 9 Verg 5/08.

seits als Bieter auftreten, können dann nicht ausgeschlossen werden, wenn beiden Bietern – dem jeweils anderen Bieter in ihrer Ausgestaltung unbekannt bleibende – nennenswerte Gestaltungsfreiräume bei der Kalkulation des jeweils eigenen Angebots verbleiben.[58]

23 **g) Geheimwettbewerb.** Die Gewährleistung eines Geheimwettbewerbs zwingt zum Ausschluss von Angeboten von Bietern, die nach den Umständen eine **verdeckte Bietergemeinschaft** eingegangen sind.[59] Grundsätzlich sind alle Entscheidungen während der Angebotsvorbereitung bis zur Abgabe einschließlich der Verhandlung und alle **Entscheidungen** in Bezug auf das Angebot von den Mitgliedern der Bietergemeinschaft **einstimmig zu treffen.**[60] Damit soll sichergestellt werden, dass kein Gesellschafter im Rahmen seiner gesamtschuldnerischen Haftung in eine Angebotsbindung hineingerät, mit der er sich nicht identifizieren kann. Auftraggeber dürfen von Bietergemeinschaften grundsätzlich eine gesamtschuldnerische Haftung verlangen.[61]

24 **3. Vorgabe einer bestimmten Rechtsform zulässig, wenn für Auftrag erforderlich (Abs. 3).** Der öffentliche Auftraggeber kann nach Abs. 3 unbeschadet des Abs. 2 verlangen, dass eine Bietergemeinschaft nach Zuschlagserteilung eine bestimmte Rechtsform annimmt, soweit dies für die ordnungsgemäße Durchführung des Auftrags erforderlich ist. Eine entsprechende Vorgabe enthielten bislang beispielsweise § 6 Abs. 1 VOL/A und § 6 EG Abs. 1 und 2 VOL/A sowie **§ 6 EG Abs. 6 VOB/A.** Auch von Bietergemeinschaften kann nach der Rechtsprechung **nicht verlangt werden, dass sie zwecks Einreichung des Angebots eine bestimmte** Rechtsform **annehmen**; dies kann jedoch verlangt werden, wenn ihnen der Auftrag erteilt werden ist. Diese Regelung ist **Ausdruck eines gerechten Ausgleichs zwischen den Interessen von Bietergemeinschaften und den Belangen der öffentlichen Auftraggeber.** Ersteren würde es die Teilnahme am Wettbewerb über Gebühr erschweren, müssten sie stets schon für die Abgabe von Angeboten eine andere Rechtsform annehmen, als die, in der sie typischerweise auftreten, also als GbR, ggf. OHG. Letzteren kann es nicht verwehrt sein, auf die Annahme einer bestimmten Rechtsform zu bestehen, sofern dies für die ordnungsgemäße Durchführung des Auftrags notwendig ist.[62]

25 Für den Fall, dass der Auftrag an mehrere Unternehmen gemeinsam vergeben werden soll, bestimmt S. 2, dass der Auftraggeber verlangen kann, dass diese Unternehmen eine **bestimmte Rechtsform** annehmen, sofern dies für die ordnungsgemäße Durchführung des Auftrags erforderlich ist. Das gilt jedoch nur für die **Phase der Leistungserbringung** und nicht bereits für die Teilnahme am Vergabeverfahren.[63] Die Regelung des S. 2 ist Ausdruck eines gerechten Ausgleichs zwischen den Interessen von Bietergemeinschaften und den Belangen der öffentlichen Auftraggeber. Zwar erschwert es Bietergemeinschaften die Teilnahme am Wettbewerb erheblich, wenn sie eine andere Rechtsform annehmen müssen, als die, in der sie typischerweise auftreten, also als GbR, ggf. OHG. Auftraggebern ist es jedoch nicht zu verwehren, auf die Annahme einer bestimmten Rechtsform zu bestehen, sofern dies für die ordnungsgemäße Durchführung des Auftrags notwendig ist.[64] Die Zulassung dieser Anforderung bereits für die Teilnahme am Vergabeverfahren, beispielsweise die Teilnahme in Form einer Projektgesellschaft, würde aufgrund der dafür notwendigen Vorarbeiten, zu hohe Kosten verursachen.

26 Zudem darf von Bietergemeinschaften verlangt werden, dass sie gesamtschuldnerisch haften. Zur **Zulässigkeit der Forderung nach einer gesamtschuldnerischen Haftung** genügt es, darauf hinzuweisen, dass die **geforderte Erklärung die Bieter nicht unzumutbar belastet, dass dem Auftraggeber die Entscheidung darüber obliegt,** ob und gegebenenfalls welche Vorgaben er hinsichtlich einer Haftung des Auftragnehmers machen will, und dass eine **gesamtschuldnerische Haftung** zB in Schadensfällen zweckmäßig sein kann.[65]

27 Der **Auftraggeber kann von einer Bietergemeinschaft verlangen, dass sie auflistet, welcher Leistungsteil von welchem Mitglied der Bietergemeinschaft ausgeführt** wird. Eine Antwort, aus der sich eine entsprechende inhaltliche Aufteilung der Gesamtleistung ergäbe, **kann eine Bietergemeinschaft allerdings nur dann erteilen, wenn bei ihr intern eine solche**

---

[58] OLG Düsseldorf Beschl. v. 9.4.2008 – VII-Verg 2/08, BeckRS 2008, 07456 = VergabeR 2008, 865.
[59] VK Schleswig-Holstein Beschl. v. 17.9.2008 – VK-SH 10/08, BeckRS 2008, 21735; VK Rheinland-Pfalz Beschl. v. 14.6.2005 – VK 16/05, IBRRS 2005, 2272.
[60] KG Beschl. v. 7.5.2007 – 23 U 31/06.
[61] OLG Düsseldorf Beschl. v. 29.3.2006 – VII-Verg 77/05.
[62] EuGH Urt. v. 18.12.2007 – C-220/06, BeckRS 2007, 71075 = NZBau 2008, 189; KG Beschl. v. 13.8.2002 – KartVerg 8/02.
[63] KG Beschl. v. 4.7.2002 – KartVerg 8/02, IBRRS 2003, 0950.
[64] KG Beschl. v. 13.8.2002 – KartVerg 8/02, BeckRS 2008, 12182.
[65] OLG Düsseldorf Beschl. v. 29.3.2006 – VII Verg 77/05; VK Niedersachsen Beschl. v. 17.3.2011 – VgK-65/2010, IBRRS 2011, 1784.

Aufteilung auch beabsichtigt ist.[66] Dies mag erfahrungsgemäß der Regelfall sein; ein notwendiges und einer Bietergemeinschaft wesensmäßiges Strukturmerkmal, ohne das eine vergaberechtlich statthafte Bietergemeinschaft nicht gebildet werden könnte, ist darin aber nicht zu sehen. Eine **zulässige Bietergemeinschaft liegt nicht nur dann vor, wenn ihre Mitglieder voneinander abgrenzbare, aber aufeinander bezogene Teilleistungen einer ausgeschriebenen Gesamtleistung erbringen, sondern auch dann, wenn zwei Unternehmen – bei identischem Leistungsspektrum** – nicht jedes für sich, etwa aus Kapazitätsgründen, wohl aber gemeinsam Interesse an dem zu vergebenden Auftrag haben und ungeachtet ihrer unternehmensrechtlichen Trennung **bei der Erfüllung des Vertrags als operative geschäftliche Einheit handeln wollen und können.**

Unterabschnitt 6. Prüfung und Wertung der Angebote

§ 51 Prüfung und Wertung der Angebote; Nachforderung von Unterlagen

(1) Die Angebote werden geprüft und gewertet, bevor der Zuschlag erteilt wird.

(2) ¹Der Auftraggeber kann den Bewerber oder Bieter unter Einhaltung der Grundsätze der Transparenz und der Gleichbehandlung auffordern, fehlende, unvollständige oder fehlerhafte unternehmensbezogene Unterlagen, insbesondere Eigenerklärungen, Angaben, Bescheinigungen oder sonstige Nachweise, nachzureichen, zu vervollständigen oder zu korrigieren, oder fehlende oder unvollständige leistungsbezogene Unterlagen nachzureichen oder zu vervollständigen. ²Der Auftraggeber ist berechtigt, in der Auftragsbekanntmachung oder den Vergabeunterlagen festzulegen, dass er keine Unterlagen nachfordern wird.

(3) ¹Die Nachforderung von leistungsbezogenen Unterlagen, die die Wirtschaftlichkeitsbewertung der Angebote anhand der Zuschlagskriterien betreffen, ist ausgeschlossen. ²Dies gilt nicht für Preisangaben, wenn es sich um unwesentliche Einzelpositionen handelt, deren Einzelpreise den Gesamtpreis nicht verändern oder die Wertungsreihenfolge und den Wettbewerb beeinträchtigen.

(4) Die Unterlagen sind vom Bewerber oder Bieter nach Aufforderung durch den Auftraggeber innerhalb einer von diesem festzulegenden angemessenen, nach dem Kalender bestimmten Frist vorzulegen.

(5) Die Entscheidung zur und das Ergebnis der Nachforderung sind zu dokumentieren.

Schrifttum: *Dittmann,* Nachfordern, nachfragen, nachbessern, Was geht/was geht nicht?, VergabeR 2a 2019, 307; *Dittmann,* Nur keine Langeweile: Neues zum Nachfordern fehlender Unterlagen, VergabeR 2017, 285; *Freise,* Berücksichtigung von Eignungsmerkmalen bei der Ermittlung des wirtschaftlichsten Angebots, NZBau 2009, 225; *Mantler,* Zur (zweifelhaften) Europarechtskonformität der Nachforderungsregelungen in VOB/A, VOL/A, VOF und SektVO, VergabeR 2013, 166; *Noch,* Die Grenzen der Nachforderung, Vergabe Navigator 2013, 35; *Opitz,* Die neue Sektorenverordnung, VergabeR 2009, 689; *Tetzlaff,* Nachfordern von Erklärungen und Nachweisen – Ein Sommermärchen?, VR 2013, 41; *Völlink,* Die Nachforderung von Nachweisen und Erklärungen – eine Zwischenbilanz fünf Jahre nach ihrer Einführung, VergabeR 2015, 355; *Völlink/Huber,* Die Nachforderung fehlender Erklärungen oder Nachweise im Lichte der aktuellen Rechtsprechung, Festschrift Marx, 2013, 791; *Weihrauch,* Unvollständige Angebote, VergabeR – Sonderheft 2007, 430; *Wirner,* Die Eignung von Bietern und Bewerbern bei der Vergabe öffentlicher Bauaufträge, ZfBR 2003, 545; *Zenvell,* Die Nachbesserung einzureichender Unterlagen im Vergabeverfahren, NZBau 2017, 18; s. auch das Schrifttum zu § 122 GWB und § 127 GWB.

Übersicht

	Rn.			Rn.
I. Überblick und Normzweck	1	2.	Formale Prüfung	15
II. Allgemeine vergaberechtliche Vorgaben	3	3.	Eignungsprüfung	24
		4.	Ungewöhnlich niedrige Angebote	28
III. Die Wertungsstufen der Angebotsprüfung (Abs. 1)	12	5.	Wirtschaftlichkeitsprüfung	32
1. Allgemeines	12	IV.	Nachforderung von Unterlagen (Abs. 2)	33

---
[66] OLG Dresden Beschl. v. 16.3.2010 – WVerg 2/10, BeckRS 2010, 07154.

SektVO § 51 1–3 Prüfung und Wertung der Angebote; Nachforderung von Unterlagen

	Rn.		Rn.
1. Gegenstand der Nachforderung	33	1. Einfluss auf Wirtschaftlichkeitsbewertung (S. 1)	46
2. Nachforderung	36	2. Preisangaben (S. 2)	52
3. Rechtsfolge: Ermessen	40	**VI. Nachreichungsfrist/Ausschluss (Abs. 4)**	55
V. Ausschluss der Nachforderung (Abs. 3)	46	**VII. Dokumentation (Abs. 5)**	58

I. Überblick und Normzweck

1 § 51 regelt die Prüfung und Wertung der Angebote sowie die Nachforderung von Unterlagen und bildet dementsprechend eine zentrale Vorschrift im Rahmen der SektVO.[1] Die Norm wurde vom nationalen Verordnungsgeber 2016, im Zuge der Umsetzung der **europäischen Vergaberichtlinie** für Sektorenauftraggeber (Sektoren-RL[2]), in die SektVO implementiert. Auf Basis von Art. 76 Abs. 5 Sektoren-RL bestimmt § 51 Abs. 1, dass der Auftraggeber die Angebote prüfen und werten muss, bevor der Zuschlag erteilt wird. § 51 Abs. 2–4 thematisieren die Nachforderung von Unterlagen und dienen damit der Umsetzung von Art. 76 Abs. 4 Sektoren-RL. Die Sektoren-RL stellt es insoweit ins Ermessen der Mitgliedstaaten, eine entsprechende Nachforderungsmöglichkeit im nationalen Recht vorzusehen. Der Verordnungsgeber hat von dieser Option Gebrauch gemacht. Darüber hinaus gestattet die SektVO nunmehr auch die Nachforderung resp. Korrektur fehlerhafter (bereits eingereichter) unternehmensbezogener Unterlagen, insoweit die Grundsätze der Transparenz und Gleichbehandlung nicht verletzt werden.

2 Im Rahmen der Durchführung eines Vergabeverfahrens nach den Vorgaben der SektVO thematisiert § 51 damit die erste (formale Prüfung) sowie die zweite (Eignungsprüfung) **Wertungsstufe**. In Verbindung mit einer ggf. erforderlichen Prüfung ungewöhnlich niedriger Angebote gem. § 54 (dritte Wertungsstufe) sowie der detaillierten Wirtschaftlichkeitsprüfung nach den §§ 52 und 53 (vierte Wertungsstufe), ergeben sich dementsprechend auch für Auftragsvergaben im Sektorenbereich vier Wertungsstufen. Durch diese Trennung von formaler Prüfung und anschließender Angebotswertung in abgeschlossenen Wertungsstufen wird die Transparenz des Vergabeverfahrens erhöht. Gleichzeitig soll durch die Möglichkeit einer Nachforderung von Unterlagen in klar umrissenen Konstellationen ein Angebotsausschluss aufgrund rein formaler Mängel – im Sinne des Wettbewerbsgrundsatzes – vermieden werden.

II. Allgemeine vergaberechtliche Vorgaben

3 Auch im Anwendungsbereich des § 51 sind die übergeordneten vergaberechtlichen Grundsätze der **Transparenz, Gleichbehandlung, Verhältnismäßigkeit** sowie des **Wettbewerbsprinzips**[3] zu beachten. Auf dieser Grundlage ist der Auftraggeber beispielsweise an die in der Bekanntmachung oder einem Nachforderungsschreiben getroffenen Vorgaben gebunden, weshalb er nachträglich grundsätzlich nicht auf bekanntgemachte bzw. geforderte Erklärungen und Nachweise verzichten kann.[4] Gleichsam gelten die Vorgaben des § 51 auch im Hinblick auf die Angebotswertung sowie eine etwaige Nachforderung von Unterlagen im Falle von Nebenangeboten[5] und sog. zweiten Hauptangeboten.[6]

---

[1] Der Beitrag des Autors gibt seine persönliche Meinung wieder und repräsentiert nicht notwendiger Weise die Auffassungen seines Arbeitgebers.
[2] RL 2014/25/EU des Europäischen Parlaments und des Rates v. 26.2.2014 über die Vergabe von Aufträgen durch Auftraggeber im Bereich der Wasser-, Energie- und Verkehrsversorgung sowie der Postdienste und zur Aufhebung der RL 2004/17/EG, ABl. 2014 L 94, 243.
[3] S. § 97 Abs. 1 und 2 GWB; vgl. auch KG Beschl. v. 20.4.2011 – Verg 2/11, BeckRS 2011, 22535, welches die vergaberechtlichen Grundsätze direkt in Bezug nimmt.
[4] VK Bund Beschl. v. 2.3.2018 – VK 1-9/18 Rn. 25, BeckRS 2018, 11198.
[5] Vgl. bspw. OLG Schleswig Beschl. v. 22.1.2019 – 54 Verg 3/18, BeckRS 2019, 590, wonach auch im Falle einer reinen Preiswertung Voraussetzung für die Zulassung und Wertung von Nebenangeboten die Festsetzung von ausreichend detaillierten, transparenten und widerspruchsfreien Mindestanforderungen ist (§ 33 Abs. 1 S. 2); vgl. auch VK Südbayern Beschl. v. 17.3.2020 – Z3-3-3194-1-47-11/19, IBR 2020, 420.
[6] Ein zweites Hauptangebot kommt beibspw. dann in Betracht, wenn der Auftraggeber ein Leitfabrikat vorgibt und gleichwertige Produkte zulässt. Die Bieter haben daraufhin die Möglichkeit, mehrere Hauptangebote abzugeben, die sich in den angebotenen Produkten (Leitfabrikat bzw. gleichwertiges Produkt) unterscheiden. Die überwiegende Anzahl der Positionen des Leistungsverzeichnisses bleibt jedoch identisch. Grundlegend hierzu OLG Düsseldorf Beschl. v. 9.3.2011 – Verg 52/10, BeckRS 2011, 8605.

Daneben muss der Auftraggeber alle **wesentlichen Entscheidungen,** also insbesondere solche, 4
die der Vergabestelle einen gewissen Ermessensspielraum eröffnen, selbst treffen.[7] Dies betrifft auch
die Wertungsentscheidung und ist aufgrund einer immer stärker werdenden Einbeziehung externer
Dienstleister zur Abwicklung komplexer Auftragsvergaben äußerst praxisrelevant. Konkret sollen
wesentliche Entscheidungen in einem Vergabeverfahren, als ureigene Verantwortung des Auftraggebers, nicht delegiert werden. Dementsprechend dürfen externe Berater derartige Entscheidungen
lediglich vorbereiten. Auf dieser Basis muss der Auftraggeber dann eine eigenständige (Ermessens-)Entscheidung treffen. Dies hat zur Folge, dass er den Vorschlag des Beraters nicht einfach
nur billigen bzw. „abnicken" darf, sondern ihn vielmehr – vor Entscheidungsfindung – inhaltlich
vollumfänglich durchdrungen haben muss.

Die VK Südbayern[8] folgerte mit Blick auf diesen Grundsatz, dass die Öffnung der Angebote 5
von mindestens zwei Vertretern des Auftraggebers durchzuführen ist (**„Vier-Augen-Prinzip"**),
wobei eine Angebotseröffnung ausschließlich durch Mitarbeiter eines externen Dienstleisters (die
nicht direkt beim Auftraggeber angestellt sind) unzulässig sei. Auch wenn diese Entscheidung unmittelbar unter dem Geltungsbereich der VgV (konkret § 55 Abs. 2 VgV) ergangen ist, dürften diese
Vorgaben auf die SektVO übertragbar sein, weshalb demnach beispielsweise auch eine Angebotseröffnung ausschließlich durch externe Rechtsanwälte unzulässig ist. Selbst wenn dieser Beschluss hinsichtlich der Definition des Begriffes „Vertreter" (lediglich Angestellte des Auftraggebers) zumindest
diskutabel ist, ist er in Rechtskraft erwachsen und sollte daher insbesondere (Sektoren-)Auftraggebern
im Zuständigkeitsbereich der VK Südbayern bekannt sein.

Sowohl im Hinblick auf externe Berater, als auch bezüglich seiner eigenen Angestellten hat der 6
Auftraggeber sicherzustellen, dass an der Teilnahmeantrags-/Angebotsprüfung sowie der Angebotswertung keine Personen mitwirken, die in einem spezifischen Näheverhältnis zum Bewerber/Bieter
stehen und sich daher einem **Interessenkonflikt** ausgesetzt sehen. Hinsichtlich der Details wird auf
die Kommentierung zu § 6 (→ § 6 Rn. 1 ff.) verwiesen.

Umstritten ist auch die Frage, ob **mündliche Bieteraussagen** (beispielsweise eine Bieterprä- 7
sentation während der Verhandlungen) im Vergabeverfahren bewertet resp. Zuschlagskriterien in
diese Richtung ausgestaltet werden dürfen. Einzelne Nachprüfungsinstanzen erachten dies mit Blick
auf die Vorgabe, dass Angebote in Textform mithilfe elektronischer Mittel (§ 43 Abs. 1) einzureichen
sind (was sämtliche wertungsrelevanten Bieterangaben umfasse) und die nur ausnahmsweise zulässige
mündliche Kommunikation im Vergabeverfahren (§ 9 Abs. 2), als unzulässig.[9] Insbesondere im
Anwendungsbereich der SektVO, in deren Rahmen immer die Möglichkeit besteht, Verhandlungen
zu führen und dem Auftraggeber folglich ein größerer verfahrensrechtlicher Gestaltungsspielraum
zusteht, wobei die Grenze unzulässiger Verhandlungsinhalte erst im Falle einer Änderung der sog.
„Identität des Beschaffungsgegenstandes" erreicht ist, sollte es aber möglich sein, ergänzende mündliche Aussagen eines Bieters während der Verhandlung – beispielsweise zu einem eingereichten Konzept – vergleichend zu bewerten. Dies ermöglicht dem Auftraggeber zudem eine valide Prognose
der zu erwartenden Leistungsqualität des Bieters, indem er auf Basis der spezifischen Verhandlungssituation auch die Adaptionsfähigkeit des Bieters berücksichtigen kann. Gegenüber einer ausschließlichen Bewertung vorab vom Bieter erstellter und ggf. aus anderen Projekten undifferenziert übernommener Konzepte ist dies zur „Abrundung" des Wertungsergebnisses durchaus sinnvoll. Eine
willkürliche Auswahlentscheidung des Auftraggebers bleibt aber selbstverständlich unzulässig, was
beispielsweise über einheitliche Fragenlisten an alle Bieter und eine detaillierte Dokumentation der
entsprechenden Antworten sicherzustellen ist. Insoweit darüber hinaus auch die vergaberechtlichen
Grundsätze der Gleichbehandlung, Transparenz und Geheimhaltung gewahrt werden, dürfte eine
derart weite Auslegung der vorgenannten Bestimmungen der SektVO nicht angezeigt und eine
Wertung mündlicher Bieteraussagen in der Folge zulässig sein.[10]

Ebenfalls äußerst praxisrelevant ist die Problematik der **Mehrfachbeteiligung** eines Bewerbers/ 8
Bieters in verschiedenen Konstellationen bzw. mit verschiedenen Angeboten in ein und demselben
Vergabeverfahren. Oftmals kommt es beispielsweise zu einer gleichzeitigen Beteiligung als Einzelbieter sowie als Subunternehmer eines anderen Einzelbieters; aber auch eine parallele Beteiligung als
Einzelbieter und als Mitglied einer **Bietergemeinschaft** ist in größeren Ausschreibungen nicht
selten anzutreffen. Ein Ausschluss der betroffenen Angebote aufgrund eines Verstoßes gegen den
Geheimwettbewerb, konkret der Kenntnis wettbewerbsrelevanter Inhalte (insbesondere der Preise)

---

[7] OLG Schleswig Beschl. v. 19.8.2016 – 54 Verg 7/16, 8/16, BeckRS 2016, 19262.
[8] VK Südbayern Beschl. v. 2.1.2018 – Z3-3-3194-1-47-08/17, BeckRS 2018, 382.
[9] Vgl. VK Südbayern Beschl. v. 2.4.2019 – Z3-3-3194-1-43-11/18, BeckRS 2019, 7485; vgl. auch VK Rheinland Beschl. v. 19.11.2019 – VK 40/19 – L, IBRRS 2019, 4119.
[10] Vgl. auch VK Bund Beschl. v. 22.11.2019 – VK 1 – 83/19, IBRRS 2019, 3984; VK Mecklenburg-Vorpommern Beschl. v. 20.12.2017 – 1 VK 5/17, BeckRS 2017, 153283.

mehrerer Angebote, ist zumindest dann regelmäßig angezeigt (eine entsprechende Kenntnis wird vermutet), wenn sich der Bieter gleichzeitig als Einzelbieter sowie als Mitglied einer oder mehrerer Bietergemeinschaften am Vergabeverfahren beteiligt und es ihm nicht gelingt, den „Anschein" eines Wettbewerbsverstoßes plausibel zu widerlegen.[11] Diesbezüglich sollte bereits eine Vorgabe in die Vergabeunterlagen aufgenommen werden, wonach die Mehrfachbeteiligung eines Bieters/Bewerbers von einer Vorabinformation des Auftraggebers abhängig ist, der seine Einwilligung nur dann erteilt, wenn den Grundsätzen des Geheimwettbewerbs (seitens des Bieters) nachweislich mit geeigneten Mitteln Rechnung getragen wird. Betroffene Bieter versuchen dann regelmäßig zu belegen, dass verschiedene Abteilungen innerhalb ihres Unternehmens die einzelnen Angebote bearbeiten und diese Abteilungen durch sogenannte „Chinese-Walls" getrennt sind.

9   Demgegenüber müssen im Falle einer Beteiligung als Einzelbieter sowie als **Subunternehmer** eines anderen Einzelbieters weitere Umstände, beispielsweise ein (teilweise) übereinstimmender Angebotsinhalt, festgestellt werden, die eine Beeinträchtigung des Geheimwettbewerbs indizieren und einen Angebotsausschluss rechtfertigen.[12] Ein Subunternehmer hat regelmäßig nur Kenntnis der Preise seiner spezifischen Leistungen, nicht aber der eigentlichen (Gesamt-)Kalkulation des jeweiligen Bieters im Vergabeverfahren. Gleiches gilt auch im Falle der Beteiligung eines spezialisierten Subunternehmers bei mehreren Bietern des Vergabeverfahrens.[13]

10 In der Konstellation einer gleichzeitigen Beteiligung eigenständiger Entitäten eines **Konzerns** ist ebenfalls verstärkt auf einen (teilweise) übereinstimmenden Angebotsinhalt zu achten. Aber auch in diesem Fall ist den Bietern vor einem etwaigen Ausschluss zumindest Gelegenheit zur Stellungnahme zu geben, um nachzuweisen, dass sich das „Näheverhältnis" nicht auf die Angebotslegung im Vergabeverfahren ausgewirkt hat.[14] Die Beweislast zur Widerlegung eines etwaigen Wettbewerbsverstoßes, konkret das Aufzeigen und nachweisen derjenigen Umstände und Vorkehrungen, die die Unabhängigkeit und Vertraulichkeit der Angebotserstellung gewährleisten, obliegt auch im Falle der Angebotslegung durch konzernverbundene Unternehmen den betreffenden Unternehmen.[15]

11 Den Grundsätzen zur Wahrung des Geheimwettbewerbs im Falle einer Mehrfachbeteiligung hat der Auftraggeber selbstverständlich auch in **weiteren Vergabeverfahren** Rechnung zu tragen. So ist in einem Verhandlungsverfahren beispielsweise darauf zu achten, dass ein (spezialisierter) Subunternehmer, der mit mehreren Bietern dieser Ausschreibung arbeitet, nur bei den Teilen der Verhandlung zugegen ist, die seine Leistungen betreffen. Im Übrigen hat er die Verhandlungen zu verlassen. Um den Geheimwettbewerb zuverlässig zu gewährleisten, darf ein solcher Subunternehmer keinesfalls den kompletten Preisverhandlungen verschiedener Bieter beiwohnen.

III. Die Wertungsstufen der Angebotsprüfung (Abs. 1)

12 **1. Allgemeines.** Abs. 1 enthält keine näheren Einzelheiten zum **Inhalt der Prüfung** und Wertung der Angebote. Es ergibt sich daraus lediglich, dass die Angebote zunächst zu prüfen und anschließend zu werten sind. Umfasst sind dementsprechend die formale sowie die rechnerische, technische und wirtschaftliche Prüfung der Angebote. Auch Art. 76 Abs. 5 Sektoren-RL, in dessen Licht § 51 Abs. 1 auszulegen ist, sieht lediglich vor, dass die Angebote und Varianten[16] der Bieter nach den für Angebote und die Vergabe von Aufträgen geltenden „Vorschriften und Anforderungen" unter Berücksichtigung der in Art. 82–84 Sektoren-RL festgelegten Kriterien (Zuschlagskriterien, Lebenszykluskosten und ungewöhnlich niedrige Angebote) zu werten sind. Dies unterscheidet § 51 von den detaillierteren Parallelvorschriften des § 57 VgV bzw. der §§ 16 EU, 16c EU, 16d EU VOB/A sowie § 31 VSVgV.

13 Auf Basis dieser rudimentären Vorgaben müssen die Auftraggeber – unter Beachtung der allgemeinen vergaberechtlichen Grundsätze[17] – für den Einzelfall zulässige Verfahrensanforderungen entwickeln.[18] Zur „**Orientierung**" bieten sich diesbezüglich insbesondere die vorgenannten Regelun-

---

[11] Vgl. OLG Düsseldorf Beschl. v. 16.9.2003 – VII-Verg 52/03, BeckRS 2004, 02041.
[12] OLG Düsseldorf Beschl. v. 9.4.2008 – VII-Verg 2/08, BeckRS 2008, 7456.
[13] KG Beschl. v. 13.3.2008 – 2 Verg 18/07, BeckRS 2008, 5874.
[14] EuGH Urt. v. 19.5.2009 – C-538/07, Slg. I 2009, 4236 Rn. 33 = ECLI:EU:C:2009:317 = BeckRS 2009, 70535 – Assitur Srl.
[15] OLG Düsseldorf Beschl. v. 13.4.2011 – VII-Verg 4/11, BeckRS 2011, 8803.
[16] Im europäischen Kontext das Synonym für den Begriff Nebenangebote.
[17] Vgl. BGH Urt. v. 10.9.2009 – VII ZR 255/08 Rn. 19, BeckRS 2009, 26577; s. auch bereits OLG München Beschl. v. 20.4.2005 – Verg 8/05 Rn. 17, BeckRS 2005, 08230, wonach die allgemeinen vergaberechtlichen Grundsätze aufgrund der dünnen Regelungsdichte im Sektorenbereich besondere Bedeutung erlangen; *Müller-Wrede* VergabeR 2010, 754 (755) mwN.
[18] Vgl. zu den Anforderungen des europäischen Primärrechts an die Vergabe öffentlicher Aufträge *Kruse* VR 2015, 51 ff.

gen von VgV[19] und VOB/A-EU – sowie die hierzu ergangene Rechtsprechung – an (auch wenn Sektorenauftraggeber zu deren Anwendung nicht direkt verpflichtet sind und für sie im Einzelfall ein geringfügig größerer verfahrensrechtlicher Gestaltungsspielraum bestehen dürfte). In der Praxis ist nämlich zu beobachten, dass es insbesondere kleineren Auftraggebern schwerfällt, zulässige Verfahrensvorgaben aus den allgemeinen vergaberechtlichen Grundsätzen (zumindest ohne juristische Unterstützung) zu entwickeln.[20] Dogmatisch könnte man diese Orientierungsmöglichkeit daraus herleiten, dass auch die entsprechenden Vorgaben von VgV und VOB/A-EU aus den allgemeinen vergaberechtlichen Grundsätzen gem. § 97 GWB abgeleitet wurden, die gleichermaßen für die SektVO Geltung beanspruchen. Die Orientierungsmöglichkeit besteht aber selbstverständlich nur hinsichtlich der Verfahrensregelungen, bei denen die SektVO Lücken aufweist.

So dient letztlich auch im Rahmen der SektVO die Angebotsprüfung der Feststellung, ob das spezifische Angebot die formellen Anforderungen des Auftraggebers erfüllt. Die Angebotswertung dient hingegen dem Zweck, die Angebote untereinander zu vergleichen und auf Basis der vorab festgelegten und bekanntgemachten Zuschlagskriterien das wirtschaftlichste Angebot zu ermitteln. Der Auftraggeber verfügt diesbezüglich über einen gewissen **Gestaltungsspielraum,** wie er beide Vorgänge im konkreten Vergabeverfahren zweckmäßig und effizient ausgestaltet. Wird beispielsweise vom – im Sektorenbereich gem. § 13 Abs. 1 S. 1 nicht gesondert zu begründenden – Verhandlungsverfahren ausnahmsweise abgewichen und ein offenes Verfahren für Standardartikel durchgeführt, in dem darüber hinaus der Preis das einzige Zuschlagskriterium bildet, wäre es unzweckmäßig, bei den Angeboten, die auf den ersten Blick keine validen Zuschlagschancen haben, in eine detaillierte Eignungsprüfung einzusteigen. Zur Flexibilisierung des Vergabeverfahrens ist es in dieser Konstellation daher möglich, die Angebotswertung ausnahmsweise vor die Eignungsprüfung zu ziehen (§ 42 Abs. 3 VgV, → VgV § 42 Rn. 15 f.). Aus Transparenzgründen bleibt der Auftraggeber aber natürlich an die von ihm in der Bekanntmachung und/oder den Vergabeunterlagen selbst aufgestellten Verfahrensregeln gebunden („Selbstbindung"). Die im Folgenden dargestellte Prüfungsreihenfolge ist dementsprechend zweckmäßig, was die Verordnungsbegründung auch bekräftigt,[21] aber keineswegs zwingend. 14

2. Formale Prüfung. In **formaler Hinsicht** sind die Angebote auf der ersten Wertungsstufe insbesondere auf ihre Vollständigkeit und fachliche Richtigkeit zu prüfen. Anders als § 57 VgV enthält die SektVO selbst keinen Katalog von Ausschlussgründen für formell oder inhaltlich fehlerhafte Angebote. Solche Ausschlussgründe ergeben sich aber – wie bereits dargelegt – aus den vergaberechtlichen Grundsätzen, insbesondere dem Gleichbehandlungsgrundsatz. Denn derjenige Bieter, der die geforderten Unterlagen vollständig und korrekt innerhalb der Angebotsfrist übermittelt, wird gegenüber einem Bieter, der die geforderten Unterlagen nicht innerhalb dieser Frist vorlegt, benachteiligt. Maßgeblich sind auch diesbezüglich die Festlegungen des Auftraggebers in der Bekanntmachung oder in den Vergabeunterlagen. Hält ein Angebot die dort fixierten Mindestbedingungen nicht ein, ist das Angebot bereits deshalb zwingend auszuschließen. Das Gleiche gilt, wenn die nach § 43 erforderliche Form (insbesondere die Übermittlung der Angebote und Teilnahmeanträge in Textform mithilfe elektronischer Mittel, also über eine e-Vergabe-Plattform) nicht eingehalten wurde. Generell hat der Auftraggeber im Rahmen der formalen Angebotsprüfung zu beachten, dass etwaige Zweifel hinsichtlich der Vollständigkeit sowie der fachlichen Richtigkeit der Angebote zu seinen Lasten gehen, ihm also die entsprechende Beweislast obliegt. Lassen sich letzte Zweifel nicht ausräumen, sollte der Auftraggeber mit einem Ausschluss daher vorsichtshalber warten und das Angebot zurückstellen.[22] 15

Maßgeblich für den fristgerechten Eingang der Angebote ist der vom Auftraggeber gem. § 16 Abs. 1 benannte Termin. Verspätete Angebote sind grundsätzlich vom Wettbewerb auszuschließen. Ist lediglich ein Datum – aber keine genaue Zeitangabe – benannt, endet die Angebotseinreichungsfrist um 24 Uhr des entsprechenden Tages.[23] Eine Verspätung des Angebots ist regelmäßig dem Bieter zuzurechnen, insoweit nicht ausnahmsweise der Auftraggeber verantwortlich ist. Dies gilt beispielsweise auch dann, wenn der Bieter das Angebot kurz vor Fristablauf auf einer allgemeinen Poststelle der Vergabestelle einreicht und dieser nicht mehr zuzumuten ist, das Angebot unter Ergreifung „überobligatorischer" Maßnahmen noch rechtzeitig zum Submissionstermin der Vergabestelle 16

---

[19] Für eine entsprechende Anwendung der Ausschlussgründe des § 57 VgV im Sektorenbereich bspw. VK Rheinland Beschl. v. 9.4.2020 – VK 59/19, IBRRS 2020, 2439.
[20] Vgl. *Kruse*, Die Vergabe von Konzessionen, 2017, 75 ff. im Hinblick auf Konzessionsgeber.
[21] Verordnungsbegründung zu § 51 Abs. 1, BR-Drs. 87/16, 268.
[22] VK Nordbayern Beschl. v. 28.10.2009 – 21.VK 31-94-47/09, BeckRS 2011, 01132 hinsichtlich einer Mischkalkulation.
[23] Vgl. VK Schleswig-Holstein Beschl. v. 26.10.2004 – VK-SH 26/04 Rn. 46, BeckRS 2004, 10250.

zu übergeben.²⁴ Die vorgenannten Grundsätze sind nunmehr auch auf die **e-Vergabe**²⁵ übertragbar. Naturgemäß jedoch in leicht abgewandelter Form – regelmäßig nämlich mit dem Fokus auf Problemen in Zusammenhang mit einer reibungslosen Funktionsweise der Software der einschlägigen Vergabeplattformen. Die maßgeblichen Entscheidungen der Nachprüfungsinstanzen zeigen dabei generell, dass viele technische Störungen und damit verbundene Verzögerungen dem Bieter zugerechnet werden und dieser schnellstmöglich versuchen sollte, eine Verlängerung der Angebotsfrist beim Auftraggeber zu erwirken. Konkret trifft den Bieter auch in diesem Rahmen üblicherweise das Übermittlungsrisiko, dh Fehler bei Verwendung von IT-Anwendungen gehen grundsätzlich zu seinen Lasten, da diese seiner Sphäre zuzuordnen sind.²⁶ Diesbezüglich ist in der Praxis immer wieder zu beobachten, dass Bieter versuchen, (umfangreiche) Angebotsunterlagen kurz vor Ende der Angebotsfrist auf der Vergabeplattform hochzuladen. Hiervon ist aus vorgenannten Gründen dringend abzuraten. Selbst wenn es beispielsweise im Zuge einen Uploads kurz vor Ende der Angebotsfrist zu einem unerwarteten Softwareupdate (des auf dem Rechner des Bieters installierten e-Vergabe-Tools) kommt, welches zu einer geringfügigen zeitlichen Überschreitung der Angebotsfrist führt, fällt dies in die Sphäre des Bieters und hat einen zwingenden Ausschluss zur Folge.²⁷

17 Was die **Vollständigkeit** der Angebote bzw. die Einhaltung der Mindestanforderungen des Auftraggebers angeht, ist zu beachten, dass, auch im Falle eines im Sektorenbereich regelmäßig Anwendung findenden Verhandlungsverfahrens, spätere Verhandlungen nur auf Basis eines zunächst ordnungsgemäß eingereichten Erstangebots durchgeführt werden dürfen.²⁸ Das heißt konkret, auch bei einer möglichen Anpassung des Beschaffungsgegenstandes über mehrere Verhandlungsrunden sind die Bieter nicht von der Verpflichtung entbunden, vollständige und den Anforderungen des Auftraggebers entsprechende Erstangebote einzureichen. Existieren nach der Vollständigkeitsprüfung Unklarheiten, ob das spezifische (Erst-)Angebot die Mindestanforderungen des Auftraggebers erfüllt, ist dieser zunächst gehalten, die Unklarheiten im Wege der Auslegung zu beseitigen.²⁹ Führt die Auslegung des Angebotsinhalts nicht bereits zu einem eindeutigen Ergebnis, ist regelmäßig Aufklärung vom Bieter zu verlangen.³⁰ Steht nach deren Ergebnis die Unvollständigkeit des Angebots fest, ist weiter zu prüfen, ob ausnahmsweise eine Nachforderung der entsprechenden Unterlagen gem. Abs. 2 f. in Betracht kommt.

18 In diesem Zusammenhang dürfte auch eine Rechtsprechung,³¹ wonach unklare bzw. fehlerhafte und deshalb unbrauchbare Unterlagen fehlenden Dokumenten gleichgesetzt werden, da es nicht die Aufgabe des (Sektoren-)Auftraggebers ist, anhand von Prospekten und Datenblättern einzelne Positionen des Angebots zu ergänzen, um festzustellen, was der Bieter eventuell angeboten haben könnte, vor dem Hintergrund einer neueren Entscheidung des BGH,³² kritisch zu hinterfragen sein. Mit vorbenanntem Urteil läutete der BGH einen Paradigmenwechsel ein. Im konkreten Fall hatte ein Bieter seinem Angebot die eigenen AGB beigefügt, was bislang zwingend zu einem Ausschluss vom Vergabeverfahren führte. Insbesondere mit Blick auf den Wettbewerbsgrundsatz möchte der BGH einen Ausschluss von Angeboten aus rein formalen Gründen nunmehr aber vermeiden. Eindeutige – an sich vermeidbare – formale Mängel der Angebote, die ggf. auf einem **Missverständnis** des Bieters beruhen, sind demnach ebenfalls aufzuklären und das Angebot in der Folge auf die Vorgaben der Vergabeunterlagen zurückzuführen. Aufgrund der potentiellen Reichweite dieses Urteils ist dem Auftraggeber anzuraten, den Angebotsausschluss zukünftig als „Ultima Ratio" zu betrachten und Abweichungen der Bieter von den Vergabeunterlagen, die noch als „Missverständnis" interpretiert werden können, aus Gründen der Rechtssicherheit – vor einem etwaigen Ausschluss – aufzuklären und dies entsprechend zu dokumentieren. Die Sichtweise des BGH dürfte im Übrigen auch mit der maßgeblichen Rechtsprechung des EuGH in Einklang zu bringen sein, wonach Unternehmen ihre Angebote in einzelnen Punkten berichtigen oder ergänzen können (insbesondere wegen einer offensichtlich gebotenen bloßen Klarstellung oder zur Behebung offensichtlicher sachlicher Fehler), aber eben kein „neues" Angebot einreichen dürfen.³³

---

[24] Vgl. VK Baden-Württemberg Beschl. v. 7.8.2009 – 1 VK 35/09, IBRRS 2010, 0085.
[25] Das heißt der vollständigen elektronischen Durchführung des Vergabeverfahrens, inkl. der elektronischen Einreichung von Angeboten, über eine Vergabeplattform.
[26] VK Südbayern Beschl. v. 14.10.2019 – Z3-3-3194-1-15-05/19 Rn. 79, BeckRS 2019, 28230.
[27] VK Bund Beschl. v. 29.5.2020 – VK 2-19/20, IBRRS 2020, 2070.
[28] Vgl. OLG Düsseldorf Beschl. v. 29.6.2017 – VII-Verg 7/17 Rn. 25, BeckRS 2017, 118267.
[29] OLG Düsseldorf Beschl. v. 2.8.2017 – VII Verg 17/17 Rn. 26, BeckRS 2017, 135706.
[30] OLG Düsseldorf Beschl. v. 21.10.2015 – VII Verg 35/15 Rn. 26, BeckRS 2015, 18388.
[31] OLG Frankfurt a. M. Beschl. v. 26.5.2009 – 11 Verg 2/09, BeckRS 2009, 20158.
[32] BGH Urt. v. 18.6.2019 – X ZR 86/17, BeckRS 2019, 18911; s. auch KG Beschl. v. 4.5.2020 – Verg 2/20, IBRRS 2020, 3055.
[33] EuGH Urt. v. 7.4.2016 – C-324/14, ECLI:EU:C:2016:214 = BeckRS 2016, 80574 – Partner Apelski Dariusz.

III. Die Wertungsstufen der Angebotsprüfung (Abs. 1)   19–24   § 51 SektVO

Gerade in größeren und komplexen Vergabeverfahren, in denen die Bieter regelmäßig eine sehr 19
große Anzahl von Dokumenten mit dem Angebot und/oder den einzelnen Angebotsüberarbeitungen einreichen müssen, was die Wahrscheinlichkeit von Unklarheiten und Fehlern unweigerlich erhöht, ist diese wettbewerbsfreundliche Rechtsprechung in der **Praxis** durchaus hilfreich. Oftmals ist der Wettbewerb in diesen Vergabeverfahren ohnehin auf wenige – spezialisierte – Konzerne beschränkt, weshalb beispielsweise auch der Ratschlag, von einer möglichen Nachforderung, aus Gründen der Rechtssicherheit, ganz abzusehen,[34] kaum praktikabel sein dürfte. Zur Vermeidung einer Diskriminierung der Bieter, die ein vollständiges Angebot eingereicht haben, sowie aus Gründen der Verfahrenstransparenz, muss eine derartige „Aufklärung" aber auf die vorgenannten Konstellationen, in denen der spezifische Fehler des Bieters auf einem möglichen Missverständnis beruht, beschränkt bleiben.

Auch wenn die Sektorenverordnung keine Verpflichtung vorsieht, dass sämtliche geforderten 20
Dokumente und Nachweise in einer abschließenden **„Checklist"** zusammenzustellen sind, ist dies dem Auftraggeber – insbesondere in komplexen Vergabeverfahren mit einer Vielzahl von Unterlagen – unbedingt zu empfehlen. Dies dürfte zunächst die Chancen, ein vollständiges Angebot zu erhalten, signifikant erhöhen. Voraussetzung für einen Ausschluss wegen fehlender, unvollständiger oder fehlerhafter Unterlagen ist daneben aber auch, dass den Ausschreibungsunterlagen eindeutig zu entnehmen ist, welche Unterlagen vom Bewerber/Bieter vorzulegen sind. Unklarheiten gehen diesbezüglich zulasten des Auftraggebers.[35]

Aufgrund der nunmehr verpflichtenden e-Vergabe stellt sich in spezifischen Konstellationen die 21
Frage, nach einem Angebotsausschluss im Falle der **Angebotsabgabe via** einfacher **E-Mail**. Da es sich bei einer E-Mail zunächst nicht um ein elektronisches Mittel iSd § 43 handelt, weil einige der Anforderungen an entsprechende elektronische Mittel gem. § 10 (beispielsweise die Gewährleistung, dass kein vorfristiger Zugriff auf die empfangenen Daten möglich ist) von einer E-Mail grundsätzlich nicht erfüllt werden, ist ein entsprechendes Angebot nicht in die Wertung einzubeziehen und vom Wettbewerb auszuschließen.

Praxisrelevanter ist aber die Konstellation, in der ein Angebot zunächst versehentlich via E- 22
Mail eingereicht wird, die Vergabestelle den Bieter auf die Unzulässigkeit sowie die Nichtberücksichtigung dieses Angebots hinweist und der betreffende Bieter sein Angebot im Anschluss ordnungsgemäß **über die Vergabeplattform** einreicht bzw. **nachreicht.** Aufgrund der geforderten Vertraulichkeit des Angebots im Zeitpunkt der Angebotsabgabe bzw. der möglichen Verletzung des Geheimwettbewerbs, tendierte die Rechtsprechung diesbezüglich zu einer „Infizierung" des zweiten Angebots (welches ordnungsgemäß über die Vergabeplattform eingereicht wurde) durch das Erstangebot via E-Mail.[36] Die Folge war ein zwingender Ausschluss auch des ordnungsgemäß eingereichten „Zweitangebots". Da die Übermittlung über das Kommunikationsportal der spezifischen Plattformbetreiber regelmäßig ebenfalls unverschlüsselt erfolgt, dürfte diese Rechtsfolge im Übrigen im Falle einer Übermittlung des Angebots über derartige Kommunikationsportale („Nachrichtenfunktion" der Kommunikationsplattform) gelten.

Mit Blick auf den ebenfalls in § 97 Abs. 1 GWB verankerten Verhältnismäßigkeitsgrundsatz 23
urteilten andere Vergabesenate[37] in der Folgezeit aber weniger restriktiv und schlossen eine „Infizierung" des formwirksam eingereichten (zweiten) Angebots, durch das formwidrig eingereichte Erstangebot aus. Insoweit der Auftraggeber das Erstangebot tatsächlich unberücksichtigt lässt und der Bieter ein formell wirksames Angebot nachreicht, rechtfertige die bloß abstrakte Gefahr der Verletzung des Geheimwettbewerbs durch einen vorfristigen Zugriff grundsätzlich keinen Angebotsausschluss. Auch vor dem Hintergrund der bereits dargestellten (neueren) höchstrichterlichen Rechtsprechung[38] (→ Rn. 18), die ähnlich gelagerte Fallkonstellationen iSd des Wettbewerbsprinzips entschieden hat, sprechen in der vorgenannten Konstellation wohl die besseren Argumente gegen einen Angebotsausschluss. Dies sollte zumindest dann gelten, wenn keine konkreten Anhaltspunkte ersichtlich sind, die über eine lediglich abstrakte Gefährdung des Geheimwettbewerbs hinausgehen (keine Kenntnisnahme vom Erstangebot durch Auftraggeber oder gar andere Bieter).

3. Eignungsprüfung. Im Anschluss an die formale Angebotsprüfung prüft der Auftraggeber 24
die Eignung der Bieter anhand der von ihm aufgestellten Kriterien. Dies gilt zumindest dann, wenn der Auftraggeber ausnahmsweise ein offenes Verfahren durchführt. Im Falle des regelmäßig angewendeten Verhandlungsverfahrens mit vorherigem Teilnahmewettbewerb sowie im nicht offe-

---

[34] So *Horn* in Müller-Wrede SektVO Rn. 75.
[35] VK Bund Beschl. v. 21.9.2009 – VK 2–126/09, IBRRS 2010, 0070.
[36] Vgl. OLG Karlsruhe Beschl. v. 17.3.2017 – 15 Verg 2/17, IBRRS 2017, 1781.
[37] OLG Frankfurt a. M. Beschl. v. 18.2.2020 – 11 Verg 7/19, BeckRS 2020, 7503.
[38] BGH Urt. v. 18.6.2019 – X ZR 86/17, BeckRS 2019, 18911.

nen Verfahren, dem wettbewerblichen Dialog, der Innovationspartnerschaft oder im Ausnahmefall eines Verhandlungsverfahrens ohne vorherige Bekanntmachung fordert der Auftraggeber nur solche Bewerber zur Angebotseinreichung auf, die er vorab für geeignet befunden hat. Mit Ausnahme des Verhandlungsverfahrens ohne Teilnahmewettbewerb findet diese Eignungsprüfung bzw. Selektierung im Rahmen des Teilnahmewettbewerbs (vgl. § 45) statt. Geprüft wird im Teilnahmewettbewerb (bzw. im offenen Verfahren mit den Angebotsunterlagen) auf Basis verhältnismäßiger Vorgaben des Auftraggebers, ob die Bieter die für den konkreten Auftrag erforderliche **Fachkunde und Leistungsfähigkeit**, wie sich aus § 122 Abs. 1 GWB ergibt (→ GWB § 122 Rn. 44 ff.), aufweisen. Konkret wird die wirtschaftliche und finanzielle Leistungsfähigkeit (zB anhand von Mindestumsätzen) sowie technische und berufliche Leistungsfähigkeit (zB anhand von Referenzen vergleichbarer Aufträge) geprüft. Darüber hinaus wird auch die Befähigung und Erlaubnis zur Berufsausübung (zB anhand verschiedener Registereintragungen) bzw. die Frage, ob die Bewerber/Bieter ggf. obligatorische Ausschlussgründe gem. § 123 GWB (zB strafrechtliche Verurteilungen) und/oder fakultative Ausschlussgründe gem. § 124 GWB (zB Wettbewerbsverzerrungen durch Teilnahme des spezifischen Bieters am Vergabeverfahren) erfüllen, evaluiert. Angebote der Bieter, die die aufgestellten Eignungsanforderungen nicht erfüllen, werden ausgeschlossen. Abseits des offenen Verfahrens werden Bewerber, die die Eignungsanforderungen im Teilnahmewettbewerb nicht erfüllen, nicht zur Angebotseinreichung eingeladen. Zu beachten ist in diesem Zusammenhang der Ausnahmetatbestand des § 142 Nr. 2 GWB, wonach privatrechtlich organisierte (Sektoren-)Auftraggeber im Unternehmen, das einen obligatorischen Ausschlussgrund nach § 123 GWB erfüllt, ausschließen können, aber nicht ausschließen müssen.[39]

25 Im Rahmen der Aufforderung der geeigneten Bewerber zur Angebotseinreichung findet der **Grad der Eignung** der einzelnen Bewerber (mit anderen Worten, eine Differenzierung nach einer etwaigen „Übererfüllung" der Eignungskriterien durch einzelne Bewerber) grundsätzlich keine Beachtung. Insbesondere dann, wenn der Auftraggeber einen großen Wettbewerb erwartet, ist es aber möglich, ein „Mehr an Eignung" einzelner Bewerber dahingehend zu berücksichtigen, dass nur diese (am „besten" geeigneten Bewerber) zur Angebotseinreichung aufgefordert werden. Dafür können beispielsweise (einzelne) geforderte Referenzen und/oder Mindestumsätze nach einem Schulnotensystem objektiv bewertet werden (vgl. § 45 Abs. 3), wobei den Bewerbern sämtliche Informationen diesbezüglich transparent in der Bekanntmachung zur Kenntnis zu bringen sind.[40] Hierzu gehört auch eine Angabe, wie viele „Bestbewerber" der Auftraggeber zur Angebotseinreichung aufrufen möchte. Vorteil dieser Vorgehensweise ist, dass der Auftraggeber seinen Aufwand zur Prüfung der Angebote reduzieren kann. Andernfalls wäre eine Reduzierung der Bieter – die bereits ein Angebot eingereicht haben – beispielsweise in einem Verhandlungsverfahren nur möglich, wenn nach Einreichung der Erstangebote bzw. zwischen den Verhandlungsrunden eine Prüfung und Wertung der eingereichten Angebote anhand der bekanntgemachten Zuschlagskriterien erfolgt, was wiederum zu einer Zurückstellung bzw. einem Ausschluss der schlechtesten Bieter führen kann. Nachteil ist, dass der Auftraggeber sich auf diese Weise der Möglichkeit beraubt, von einzelnen Angeboten „überrascht" zu werden und der Wettbewerb entsprechend eingeschränkt wird, weshalb diese Option aus strategischen Gründen nur für Verfahren angewendet werden sollte, in denen der Angebotsprüfungsaufwand vom Auftraggeber als unverhältnismäßig angesehen wird (weil beispielsweise ein besonders großer Wettbewerb zu erwarten ist).

26 Daneben sind die Eignungskriterien und deren Prüfung in sämtlichen Verfahrensarten grundsätzlich von den **Zuschlagskriterien** und der Wertung der Angebote zu trennen.[41] Diese Trennung ergibt sich bereits aus dem Wortlaut des § 51. Zwar ist die Unterscheidung durch die Rechtsprechung des EuGH[42] sowie den Gesetzgeber (§ 52 Abs. 2 Nr. 2) aufgeweicht, aber nicht insgesamt aufgegeben worden (→ § 52 Rn. 6). Das heißt konkret, dass ein Eignungskriterium, das schwerpunktmäßig einen Bezug zur Person des Bewerbers aufweist, grundsätzlich nicht mit einem Zuschlagskriterium, das sich auf die angebotene Leistung bezieht und eine vergleichende Ermittlung des wirtschaftlichsten Angebots ermöglicht, vermischt werden und dementsprechend auch nicht in die Wirtschaftlichkeitsbetrachtung der Angebote einbezogen werden darf.

27 Generell hat der Auftraggeber einen **Beurteilungs-/Prognosespielraum** hinsichtlich der Eignung der Bewerber/Bieter. Dieser Beurteilungsspielraum ist durch Nachprüfungsinstanzen nur eingeschränkt überprüfbar, wobei diesbezüglich insbesondere von Bedeutung ist, ob der Auftraggeber den Sachverhalt zutreffend und vollständig ermittelt hat und ob seine Entscheidung ggf. durch

---

[39] Wobei sich im Rahmen der dann zu treffenden Ermessensentscheidung des (privaten) Sektorenauftraggebers natürlich die Frage stellt, ob man mit einem derartigen Unternehmen „zusammenarbeiten möchte".
[40] S. hierzu VK Nordbayern Beschl. v. 1.10.2020 – RMF-SG21-3194-5-36, IBRRS 2020, 3417.
[41] *Freise* NZBau 2009, 225 (228); *Hölzl/Friton* NZBau 2008, 307.
[42] EuGH Urt. v. 26.3.2015 – C-601/13, ECLI:EU:C:2015:204 = BeckRS 2015, 80427 – Ambisig.

sachfremde Erwägungen bestimmt worden ist.⁴³ Teilnahmeanträge bzw. Angebote von nicht als geeignet angesehenen Bewerbern/Bietern werden abgelehnt (§ 56). Bei unveränderter Sachlage ist der Auftraggeber grundsätzlich an seine Entscheidung gebunden.⁴⁴ Demgegenüber ist ein Wiedereintritt in die Eignungsprüfung angezeigt, wenn neue Umstände bzw. ein neuer – im Rahmen der ursprünglichen Eignungsprüfung – nicht bekannter Ausschlussgrund erkannt werden.⁴⁵ Hinsichtlich der weiteren Details der Eignungsprüfung wird auf §§ 45 f. verwiesen.

4. Ungewöhnlich niedrige Angebote. Die rechnerische Prüfung auf ungewöhnlich niedrige 28 Angebote ist in § 54 geregelt (→ § 54 Rn. 5 ff.). Eine Überprüfung der Auskömmlichkeit von besonders niedrigen Angebotspreisen hat der Auftraggeber dann durchzuführen, wenn die Preise der konkurrierenden Angebote soweit über dem günstigsten Angebot liegen, dass der Eindruck eines unangemessen niedrigen Angebotspreises entsteht.⁴⁶ Die sog. **Aufgreifschwelle,** ab der eine entsprechende Überprüfung durch den Auftraggeber vorzunehmen ist, bewegt sich dabei ungefähr in einem Rahmen von 15–20% Preisdifferenz zwischen dem niedrigsten und dem zweitplatzierten Angebotspreis (aufgrund der Einzelfallabhängigkeit der Prüfung existiert kein genauer Schwellenwert). Valide Anhaltspunkte/Indikatoren können daneben auch eine erhebliche Unterschreitung der qualifizierten Kostenschätzung des Auftraggebers sowie ein Vergleich zu anderen (ähnlichen) Ausschreibungen und damit verbundenen Erfahrungswerten resp. eine signifikante Unterschreitung der dortigen Preise sein.

Insoweit eine **Aufklärung** dieses „ungewöhnlich niedrigen" Preises durch den Auftraggeber 29 in der Folge ergibt, dass der Verzicht auf eine Kostendeckung vom Bieter beabsichtigt war, beispielsweise um sich Marktzutritt zu verschaffen (bzw. sich „einzukaufen"), einen bislang ausgeführten Auftrag weiter durchführen zu können oder schlicht aus Gründen der Kapazitätsauslastung, ist dieses Vorgehen/diese Strategie vergaberechtlich gerechtfertigt.⁴⁷ Anders verhält es sich beispielsweise, wenn der Auftraggeber eine Marktverdrängungsabsicht – also die Abgabe des Angebots in der zielgerichteten Absicht, einen Mitbewerber vom Markt zu drängen – beim Bieter feststellt. Die Gründe für ein etwaiges Unterkostenangebot bzw. einen Beleg für die Auskömmlichkeit der Preise und die Nichtgefährdung der Vertragsdurchführung (bzw. etwaiger Gewährleistungsansprüche des Auftraggebers) hat der Bieter auf Anforderung anzugeben und zu belegen. Verweigert er sich dieser Aufklärung, indem er eine zumutbare Frist des Auftraggebers nicht einhält oder lediglich eine inhaltsleere Erklärung abgibt, ist dies im Rahmen der Ermessensentscheidung über den Ausschluss des Angebots zu berücksichtigen.⁴⁸

Demgegenüber dürfte der Umgang mit **ungewöhnlich hohen Angeboten** nur dann relevant 30 werden, wenn lediglich ein Angebot abgegeben wurde bzw. im Wettbewerb verblieben ist (andernfalls käme das ungewöhnlich hohe Angebot für die Zuschlagserteilung schlicht nicht in Betracht). Auch in dieser Konstellation kann der Auftraggeber Aufklärung verlangen. Im Hinblick auf die Aufgreifschwelle sowie weitere Indikatoren für ungewöhnlich hohe Preise kann spiegelbildlich auf die Vorgaben zu ungewöhnlich niedrigen Angeboten (→ Rn. 29) zurückgegriffen werden.⁴⁹ Erfolgt keine zufriedenstellende Aufklärung des Bieters, kann das Angebot ausgeschlossen werden.⁵⁰ Liegt das Angebot also signifikant über einer validen Kostenschätzung des Auftraggebers (die bereits vor Bekanntmachung des Auftrags sorgfältig aufgestellt und bestenfalls durch externe Expertise bestätigt wurde), dürfte ein Ausschluss des spezifischen Angebots bzw. eine Aufhebung der gesamten Ausschreibung nicht „willkürlich" im Sinne der Rechtsprechung zu § 57 sein, weshalb der Auftraggeber keine Schadensersatzansprüche des Bieters (auf das positive bzw. negative Interesse) zu befürchten hat. Hinsichtlich der Details wird auf die Kommentierung zu § 57 (→ § 57 Rn. 1 ff.) verwiesen.

Prozessual ist zu beachten, dass die Vorgaben zur Prüfung von ungewöhnlich niedrigen Ange- 31 boten bieterschützenden Charakter haben, weshalb Bieter sich auf eine nicht ordnungsgemäße Aufklärung entsprechender Angebote durch den Auftraggeber in einem Nachprüfungsverfahren berufen können.⁵¹

---

⁴³ Vgl. VK Lüneburg Beschl. v. 24.5.2004 – 203-VgK-14/2004, IBRRS 2004, 2316.
⁴⁴ Vgl. OLG Frankfurt a. M. Beschl. v. 24.2.2009 – 11 Verg 19/08, BeckRS 2009, 7443, im Hinblick auf in der Vergangenheit gemachte schlechte Erfahrungen und Beanstandungen, die zur nachträglichen Aberkennung der Eignung des Bieters führten.
⁴⁵ OLG Düsseldorf Beschl. v. 14.7.2003 – VII-Verg 11/03, BeckRS 2003, 17901.
⁴⁶ Vgl. OLG Düsseldorf Beschl. v. 25.4.2012 – Verg 61/11, BeckRS 2012, 12846.
⁴⁷ VK Münster Beschl. v. 4.8.2010 – VK 5/10, IBRRS 2013, 2809.
⁴⁸ BGH Beschl. v. 31.1.2017 – X ZB 10/16, BGHZ 214, 11 = BeckRS 2017, 102839.
⁴⁹ OLG München Beschl. v. 2.6.2006 – Verg 12/06, BeckRS 2006, 11579.
⁵⁰ OLG Frankfurt a. M. Beschl. v. 28.6.2005 – 11 Verg 21/04 Rn. 51, BeckRS 2005, 32165 für den Fall eines Angebots, das die valide Kostenschätzung des Auftraggebers um 23% übersteigt.
⁵¹ BGH Beschl. v. 31.1.2017 – X ZB 10/16 Rn. 23, BGHZ 214, 11 = BeckRS 2017, 102839.

32 **5. Wirtschaftlichkeitsprüfung.** Die Prüfung der Wirtschaftlichkeit der Angebote erfolgt anhand der den Bietern bekannt gegebenen Zuschlagskriterien, an die der Auftraggeber gebunden ist. Den Zuschlag erhält das wirtschaftlichste Angebot mit dem **besten Preis-Leistungs-Verhältnis.** Die Zuschlagserteilung erfolgt durch Mitteilung gegenüber dem Bieter, der das wirtschaftlichste Angebot abgegeben hat. Mit der Zuschlagserteilung wird das Angebot des Bieters angenommen und es kommt ein Vertrag zwischen dem Auftraggeber und dem Bieter zustande. Hinsichtlich der Details wird auf die Kommentierung zu § 52 verwiesen (→ § 52 Rn. 1 ff.).

IV. Nachforderung von Unterlagen (Abs. 2)

33 **1. Gegenstand der Nachforderung.** Abs. 2 regelt – im Zusammenspiel mit den Abs. 3–5 – die Nachforderung von Unterlagen. Die Möglichkeit für Auftraggeber, von Bewerbern/Bietern Informationen oder Unterlagen unter Einhaltung der Grundsätze der Transparenz und Gleichbehandlung nachzufordern, ist in Art. 76 Abs. 4 Sektoren-RL vorgesehen, den § 51 umsetzt. Der Anwendungsbereich erstreckt sich auf alle in § 13 gelisteten Verfahrensarten, da § 51 ausdrücklich von „Bewerbern oder Bietern" spricht. Statt des früheren Begriffs der „Erklärungen und Nachweise" wird der Begriff **„Unterlagen"** verwendet. Eine inhaltliche Änderung ist damit nicht verbunden;[52] auch der Begriff der „Erklärungen und Nachweise" war bereits weit zu verstehen.[53] Erfasst sind sämtliche Erklärungen und Nachweise, die den technischen Inhalt sowie die wirtschaftlichen und rechtlichen Bedingungen des Teilnahmeantrags/Angebots betreffen.[54]

34 § 51 unterscheidet zwischen unternehmensbezogenen und leistungsbezogenen Unterlagen. **Unternehmensbezogene** Unterlagen dienen dem Nachweis der wirtschaftlichen und finanziellen sowie technischen und beruflichen Leistungsfähigkeit des Bewerbers. Es handelt sich mithin um Eignungsnachweise, die sich auf die Person des Bewerbers beziehen. Abs. 2 S. 1 nennt als unternehmensbezogene Unterlagen „Eigenerklärungen, Angaben, Bescheinigungen oder sonstige Nachweise". Die Aufzählung ist nicht abschließend („insbesondere").

35 **Leistungsbezogene** Unterlagen sind nicht definiert. Nach der Gesetzesbegründung sind dies beispielsweise solche Unterlagen, die für die Erfüllung der Kriterien der Leistungsbeschreibung vorzulegen sind.[55] Sie beziehen sich – wie beispielsweise Preise, Fabrikats- oder Herstellungsangaben – auf das Angebot selbst (und nicht auf die Person des Bewerbers). Insbesondere bei Großprojekten, bei denen neben dem Preis beispielsweise, die „Total Cost of Ownership" (TCO, also für die preisliche Wertung relevante Angaben, wie Wartungskosten und Verbräuche), Projektmanagement- und Projekt Execution- sowie Safety-Aspekte und insbesondere die Technik mittels zahlreicher Konzepte und anderer Dokumente/Angaben bewertet werden, handelt es sich dabei um eine sehr große Anzahl von Dokumenten, die in den allermeisten Fällen auch Wertungsrelevanz aufweisen.

36 **2. Nachforderung.** Eine „Nachforderung" von Unterlagen **setzt voraus,** dass diese ursprünglich wirksam gefordert wurden. Damit stellt das erstmalige Anfordern von Unterlagen selbst dann keine Nachforderung iSd Abs. 2 dar, wenn sich der Auftraggeber in der Auftragsbekanntmachung oder den Vergabeunterlagen die spätere Anforderung von Unterlagen vorbehalten hat.[56] Derartige fehlende Erklärungen (die nicht bereits mit dem Angebot vorzulegen waren) dürfen allerdings nicht noch einmal nachgefordert werden; erlaubt bzw. geboten ist hingegen eine weitere Aufklärung des Angebots vor einem Ausschluss.[57] Eine Nachforderung scheidet zudem von vornherein aus, wenn das Angebot nach § 46 aufgrund der vom Auftraggeber festgelegten, objektiven Kriterien zwingend auszuschließen ist. Ebenso scheidet die Nachforderung von Unterlagen aus, wenn bereits kein Angebot vorhanden ist, weil zentrale Angebotsbestandteile fehlen.[58]

37 **Unternehmensbezogene Unterlagen** (→ Rn. 34), die fehlen oder unvollständig sind, können gem. Abs. 2 nachgereicht bzw. vervollständigt werden. Fehlerhafte unternehmensbezogene Unterlagen dürfen zudem im Einklang mit Art. 76 Abs. 4 Sektoren-RL **korrigiert** werden. Diese Möglichkeit einer Korrektur von Unterlagen ist neu und wurde – aufgrund der immanenten Gefahr einer nachträglichen Manipulation der Angebote – folgerichtig auf unternehmensbezogene Unterlagen beschränkt. Mit Blick auf den Wettbewerbsgrundsatz ist diese Neuerung zu begrüßen; eine

---

[52] Vgl. auch Greb/Müller/*Honekamp/Weyand* Rn. 22.
[53] Eschenbruch/Opitz/*Finke,* 1. Aufl. 2012, § 19 Rn. 22; Ziekow/Völlink/*Völlink,* 2. Aufl. 2013, § 19 Rn. 8.
[54] Ziekow/Völlink/*Völlink,* 2. Aufl. 2013, § 19 Rn. 8.
[55] Begr. RegE, BT-Drs. 18/7318, 213.
[56] Begr. RegE, BT-Drs. 18/7318, 213.
[57] Vgl. VK Bund Beschl. v. 25.5.2020 – VK 1-24/20, IBRRS 2020, 2557; VK Bund Beschl. v. 27.8.2018 – VK 1-75/18, IBRRS 2018, 3281.
[58] Vgl. OLG Dresden Beschl. v. 21.2.2012 – Verg 1/12, BeckRS 2012, 09270; HK-VergabeR/*Franzius,* 2. Aufl. 2015, § 19 Rn. 11; *Völlink* VergabeR 2015, 355 (359).

IV. Nachforderung von Unterlagen (Abs. 2)

Verfälschung des Wertungsergebnisses steht grundsätzlich auch nicht zu befürchten, wenn beispielsweise einzelne/versehentlich fehlerhafte Angaben zu Referenzen korrigiert werden.[59] Dass die Bewerber damit faktisch eine erweiterte Möglichkeit erhalten, sich von einem zwischenzeitlich „unliebsamen" Vergabeverfahren zu trennen, indem sie auf eine entsprechende Nachforderung des Auftraggebers nicht reagieren und sich ausschließen lassen,[60] hat praktisch nur geringe Relevanz und sollte daher keine gegenteilige Sichtweise rechtfertigen.

Keine ausdrückliche Regelung trifft § 51 dazu, ob unternehmensbezogene Unterlagen auch dann nachgereicht, vervollständigt oder korrigiert werden dürfen, wenn dies **inhaltlich-materielle Auswirkungen** auf das Angebot haben kann. Konkret geht es um die Frage, ob auch dann von fehlerhaften Unterlagen gesprochen werden darf, wenn die eingereichten Unterlagen nicht ausreichen, um den vom Auftraggeber festgelegten Mindeststandard an die Eignung zu erfüllen (kein „Versehen" des Bewerbers). Die Unterlagen sind dann vorhanden und belegen unzweideutig, dass der spezifische Bewerber die geforderten Mindestanforderungen nicht erfüllt (beispielsweise weil die eingereichten Referenzen nicht – wie gewünscht – mit den ausschreibungsgegenständlichen Leistungen vergleichbar sind). Die Möglichkeit, entsprechende Unterlagen nachzureichen, zu vervollständigen oder zu korrigieren, dürfte sich zumindest nicht aufgrund eines schlichten Umkehrschlusses aus Abs. 3 S. 1, der die Nachforderung von leistungsbezogenen Unterlagen ausschließt, wenn sich das Nachfordern auf die Wirtschaftlichkeit des Angebots auswirkt, ergeben. Das Verbot einer inhaltlich-materiellen Korrektur von Angeboten leitet sich nämlich bereits aus den vergaberechtlichen Grundsätzen, insbesondere aus dem Gebot der Gleichbehandlung und dem Wettbewerbsprinzip in Form des Missbrauchsverbots, ab. Ginge die Nachforderungsoption derart weit, dass auch ein Schriftstück, welches genau den Inhalt hat, den es nach dem Willen des Verfassers haben sollte und welches darüber hinaus keine Mängel aufweist, nachgefordert werden könnte, würde das die Möglichkeit der Manipulation von Angeboten eröffnen. Anders ausgedrückt, § 51 Abs. 2 S. 1 ermöglicht nicht die „Anreicherung" eines formgerechten, lesbaren und vollständigen Eignungsnachweises, dessen Inhalt schlicht nicht ausreicht, um das zu beweisen, was bewiesen werden soll.[61] Da die Grenze zwischen formaler und inhaltlich-materieller Korrektur jedoch „fließend" ist,[62] ist § 51 diesbezüglich eng auszulegen, um Manipulationen auszuschließen.[63] Ein Bewerber darf sich nicht von vornherein darauf verlassen, dass er zB gänzlich unausgefüllte Formulare einreichen kann, selbst wenn der Auftraggeber in der Bekanntmachung oder den Vergabeunterlagen die Vervollständigung von Unterlagen allgemein und ohne weitere Differenzierung zugelassen hat. Denn Zweck der Regelung ist die Vermeidung des Ausschlusses von Angeboten wegen rein formaler Mängel, die auf ein Versehen des Bewerbers zurückgehen; es sollen lediglich Unklarheiten beseitigt werden. Grundsätzlich muss der Auftraggeber dem Bewerber den Missbrauch auch nachweisen. Im Falle eines vollständig unausgefüllten Formulars besteht aber ein Anscheinsbeweis, dass die Grenze zu einem Missbrauch überschritten ist, sodass insofern bereits ein Ausschluss gerechtfertigt wäre, es sei denn, der Bewerber kann seinerseits nachweisen, dass kein Missbrauch vorliegt. Ist dies dem Bewerber nicht möglich, sprechen letztlich wohl die besseren Argumente dafür, eine Nachforderung von Referenzen bzw. weiteren Unterlagen nicht zuzulassen, da keine Korrektur iSd § 51 Abs. 2 S. 1 erfolgen würde, sondern schlicht neue (inhaltlich nachgebesserte) Unterlagen eingereicht würden.[64] Das Argument, dass in der Folge selbst ein Bewerber, der überhaupt keinen Nachweis vorgelegt hat, im Vorteil ist, da in diesem Falle eine Nachforderung fehlender Unterlagen möglich ist, muss demgegenüber zurückstehen. Ergänzend kann diesbezüglich auch auf die Rechtsprechung des EuGH verwiesen werden, wonach „Klarstellungen" vorgenommen bzw. „offensichtliche sachliche Fehler" behoben werden können, aber eben „kein neues Angebot" vorgelegt werden darf, welches inhaltlich nachgebessert wurde.[65]

---

[59] In diesem Zusammenhang kann auch auf die neue – ebenfalls eher auf den Wettbewerbsaspekt konzentrierte – Rspr. des BGH zum Erfordernis der Angebotsaufklärung (vor einem etwaigen Ausschluss) verwiesen werden, BGH Beschl. v. 18.6.2019 – X ZR 86/17, BeckRS 2019, 18911 (→ Rn. 18); s. auch VK Berlin Beschl. v. 6.1.2020 – VK B 1-39/19, IBRRS 2020, 1736, im Hinblick auf marginale Abweichungen des Angebots aufgrund offenkundiger Rechen- oder Schreibfehler, die der Auftraggeber ggf. sogar ohne Aufklärung selbst korrigieren kann.

[60] Vgl. Beck VergabeR/*Haak/Hogeweg* Rn. 10.

[61] OLG Koblenz Beschl. v. 11.9.2018 – Verg 3/18 Rn. 8, BeckRS 2018, 22486.

[62] VK Münster Beschl. v. 17.1.2013 – VK 22/12 Rn. 71, BeckRS 2013, 02132.

[63] Vgl. zu Manipulation auch *Röwekamp/Fandrey* NZBau 2011, 463 (466).

[64] S. OLG Koblenz Beschl. v. 11.9.2018 – Verg 3/18 Rn. 9, BeckRS 2018, 22486; vgl. auch – mit detaillierter Begründung – OLG Düsseldorf Beschl. v. 28.3.2018 – VII-Verg 42/17, BeckRS 2018, 9332.

[65] EuGH Urt. v. 7.4.2016 – C-324/14, ECLI:EU:C:2016:214 = BeckRS 2016, 80574 – Partner Apelski Dariusz; vgl. auch Gesetzesbegründung zu § 56 Abs. 2 VgV (Abs. 3 letzter Satz), wonach der nationale Gesetzgeber selbst davon ausging, dass Art. 56 Abs. 3 RL 2014/24/EU eine Möglichkeit vorsehe, fehlerhafte unternehmensbezogene Unterlagen korrigieren zu lassen (BT-Drs. 87/16 v. 29.2.2016).

39 Zu beachten ist zudem, dass ausnahmsweise auch unternehmensbezogene Unterlagen die **Wirtschaftlichkeitswertung** betreffen können (→ Rn. 26). Dies kann immer dann relevant sein, wenn Eignungskriterien eine besondere Bedeutung im Rahmen der Auftragsausführung aufweisen (→ § 52 Abs. 2 S. 2 Nr. 2). In der Folge sind diese Unterlagen ebenfalls von der Nachforderungsmöglichkeit ausgeschlossen.[66]

40 **3. Rechtsfolge: Ermessen.** Grundsätzlich hat der Auftraggeber hinsichtlich der Nachforderung von Unterlagen ein Ermessen, das jedoch durch die Grundsätze der Transparenz und Gleichbehandlung eingeschränkt ist. Eine Pflicht zum Nachfordern von Unterlagen gibt es im Anwendungsbereich der SektVO nicht. Sieht der Auftraggeber in der Bekanntmachung und den Vergabeunterlagen von der Nachforderungsmöglichkeit ab, ist ihm das nach dem Wortlaut des § 51 nicht verwehrt. Er muss sich dann lediglich in den Grenzen seines Ermessens bewegen. Die Ausübung des Ermessens kann nur auf **Ermessensfehler** (Ermessensausfall, Ermessensfehlgebrauch und Ermessensüberschreitung) hin überprüft werden.[67] Entscheidend ist, dass der Sachverhalt zutreffend und vollständig ermittelt wird, dass auf dieser Grundlage ein Entscheidungs- und Abwägungsprozess stattfindet (sonst Ermessensnichtgebrauch), welcher auch in der Vergabeakte zu dokumentieren ist, dass der Auftraggeber sämtliche Bewerber und Bieter gleich behandelt und die Entscheidung nicht durch andere sachfremde Erwägungen beeinträchtigt wird.[68]

41 § 51 Abs. 2 S. 2 sieht ausdrücklich die Möglichkeit vor, dass der Auftraggeber in der Bekanntmachung oder den Vergabeunterlagen die **Nachforderung** von Unterlagen **ausschließen** kann. Eine solche pauschale Vorwegnahme des Ermessens, die im Hinblick auf § 16 Abs. 2 S. 1 VOL/A aF für unzulässig[69] oder in Bezug auf § 19 Abs. 3 aF als zweifelhaft[70] erachtet wurde, steht nunmehr im Einklang mit der Sektoren-RL, da die Mitgliedstaaten nicht verpflichtet sind, die Möglichkeit der Nachforderung von Unterlagen vorzusehen. Einer entsprechenden Vorgabe des Auftraggebers sollte allerdings eine sorgfältige Abwägung im Hinblick auf deren Praxistauglichkeit vorausgehen. Insbesondere bei größeren Vergabeverfahren dürfte eine Nachforderung von Dokumenten, zumindest bei einzelnen Bewerbern/Bietern, vielfach unumgänglich sein.

42 Gleichzeitig ist der Auftraggeber rechtlich nicht verpflichtet, die Nachforderung von Unterlagen in der Bekanntmachung oder den Vergabeunterlagen ausdrücklich auszuschließen. Auch wenn der Auftraggeber die Nachforderung nicht explizit ausgeschlossen hat, ist er nicht daran gehindert, sämtliche unvollständigen Angebote auszuschließen, solange er dabei alle Bewerber und Bieter gleich behandelt. Die Bewerber und Bieter dürfen sich also nicht darauf verlassen, dass ihnen eine **Nachreichungsmöglichkeit** eingeräumt wird.

43 Lässt der Auftraggeber das Nachreichen, die Vervollständigung und Korrektur von Unterlagen zu, muss er diese Möglichkeit **grundsätzlich allen Bewerbern bzw. Bietern gleichermaßen** einräumen. Die Ausnahme ist eine mögliche Beschränkung der Nachforderung auf diejenigen Bewerber oder Bieter, deren Teilnahmeanträge oder Angebote in die engere Wahl kommen.[71] Daneben kann der Auftraggeber in der Bekanntmachung oder den Vergabeunterlagen auch ein nur teilweises Nachfordern von Unterlagen vorsehen. Um welche Unterlagen es sich handelt, muss sich aus Transparenzgesichtspunkten eindeutig und klar aus der Vergabebekanntmachung oder den Vergabeunterlagen ergeben. Lässt der Auftraggeber nur allgemein das Nachreichen, die Vervollständigung und die Korrektur von Unterlagen zu, muss sich das auf sämtliche Unterlagen erstrecken. Aus Transparenzgründen bleibt der Auftraggeber grundsätzlich auch an die in der Bekanntmachung und seinem Nachforderungsschreiben vorgegebenen Bedingungen gebunden.[72]

44 Eine etwaige Nachforderung ist zudem nicht unmittelbar auf den **Zeitpunkt** nach Einreichung des Teilnahmeantrags bzw. des Angebots beschränkt. Insbesondere im Falle von zunächst unentdeckt gebliebenen Mängeln, spricht vielmehr – unter Einhaltung von Gleichbehandlungs- und Transparenzgebot – nichts gegen eine spätere Nachforderung.

45 **Prozessual** hat der Bewerber/Bieter zu beachten, dass er für eine Überprüfung der Nachprüfungsinstanzen einer – aus seiner Sicht – ermessensfehlerhaften Entscheidung des Auftraggebers, von einer möglichen Nachforderung gem. Abs. 2 S. 1 abzusehen, regelmäßig auch schlüssig vortragen muss, dass er zu einer Nachlieferung der fehlenden Unterlage in der Lage gewesen wäre (Darlegung eines Schadens iSd § 160 Abs. 2 S. 2 GWB).[73]

---

[66] Vgl. VK Westfalen Beschl. v. 23.1.2018 – VK1-29/17, IBRRS 2018, 0904.
[67] OLG Düsseldorf Beschl. v. 9.5.2011 – VII-Verg 40/11, BeckRS 2011.
[68] Vgl. VK Niedersachsen Beschl. v. 24.5.2005 – 203-VgK-14/2004, IBRRS 2004, 2316.
[69] VK Bund Beschl. v. 5.3.2015 – VK 2-13/15, IBRRS 2015, 782; aA VK Münster Beschl. v. 17.1.2013 – VK 22/12 Rn. 56, BeckRS 2013, 02132.
[70] OLG Düsseldorf Beschl. v. 7.8.2013 – VII Verg 15/13, BeckRS 2014, 14201.
[71] BR-Drs. 87/16, 268.
[72] VK Bund Beschl. v. 27.8.2018 – VK 1-75/18, IBRRS 2018, 3281.
[73] OLG Koblenz Beschl. v. 11.9.2018 – Verg 3/18 Rn. 5, BeckRS 2018, 22486.

V. Ausschluss der Nachforderung (Abs. 3)

1. Einfluss auf Wirtschaftlichkeitsbewertung (S. 1). Abs. 3 spezifiziert die Nachforderung von leistungsbezogenen Unterlagen (→ Rn. 35). Auch die Nachforderung dieser Unterlagen darf nicht darauf hinauslaufen, dass die Bieter ein neues Angebot einreichen.[74] Sonstige fehlende oder unvollständige leistungsbezogene Unterlagen dürfen gem. Abs. 3 S. 1 dementsprechend nur nachgereicht oder vervollständigt werden, wenn sie nicht die Wirtschaftlichkeitsbewertung der Angebote **anhand der Zuschlagskriterien betreffen.** Der Auftraggeber muss sich also im Einzelfall fragen, ob die fehlende(n) Angabe(n)/Ausführung(en) im Angebot des Bieters beispielsweise der Beantwortung der Frage dient/dienen, ob seine Leistung die Vorgaben der Leistungsbeschreibung erfüllt, oder ob das gewünschte Konzept eine vergleichende Bewertung sämtlicher Angebote auf Basis eines Zuschlagskriteriums ermöglichen soll. Im letztgenannten Fall würde eine Nachreichung/Vervollständigung des Konzepts ausscheiden und der Bieter wäre zwingend auszuschließen. Je nach Ausgestaltung der Vergabeunterlagen sind diese Vorgaben auch im Verhandlungsverfahren mit vorherigem Teilnahmewettbewerb, welches regelmäßig im Sektorenbereich angewendet wird, zu beachten (→ Rn. 48 ff.).[75]

Wie bereits ausgeführt (→ Rn. 35), hat dies insbesondere bei Großprojekten, bei denen eine Vielzahl von Konzepten in die Wertung eingeht, regelmäßig zur Folge, dass fehlende Dokumente – die aufgrund der Komplexität und des Umfangs der Vergabeunterlagen entsprechender Ausschreibungen keine Seltenheit sind – nicht nachgefordert werden können und der jeweilige Bieter auszuschließen ist. So werden neben dem Preis beispielsweise oftmals die „Total Cost of Ownership" (TCO, also für die preisliche Wertung relevante Angaben, wie Wartungskosten und Verbräuche), Projektmanagement- und Projekt Execution- sowie Safety-Aspekte und insbesondere die Technik, mittels zahlreicher Konzepte und anderer Dokumente, bewertet. Dabei handelt es sich letztlich um eine sehr **große Anzahl an Dokumenten,** die in den allermeisten Fällen eine **Wertungsrelevanz** aufweisen und eine Nachforderung dementsprechend ausschließen. Dies kann den Wettbewerb zum Teil empfindlich einschränken.

Daher stellt sich mit Blick auf den Wettbewerbs- sowie Verhältnismäßigkeitsgrundsatz die Frage, ob ein zwingender Ausschluss auch in einem Verhandlungsverfahren mit mehreren Verhandlungsrunden erforderlich ist, wenn der Bieter ein unvollständiges **Erst- und/oder überarbeitetes Angebot** – allerdings noch kein finales Angebot bzw. sog. „Best and Final Offer – BAFO" – einreicht. Nach Auffassung der Rechtsprechung sowie des Schrifttums ist eine Nachforderung wertungsrelevanter leistungsbezogener Unterlagen im Verhandlungsverfahren zumindest dann möglich, wenn die Bieter lediglich indikative Erstangebote (resp. indikative überarbeitete Angebote) einreichen und eine Nachforderung in den Vergabeunterlagen nicht ausdrücklich ausgeschlossen ist bzw. der Auftraggeber keine entsprechenden Mindestanforderungen festgelegt hat.[76] Nach Sinn und Zweck sowie der Besonderheit des Verhandlungsverfahrens (im Gegensatz zu offenem und nicht offenem Verfahren) steht der Angebotsinhalt eben nicht von vornherein fest, sondern kann im Rahmen von Verhandlungsrunden mit den Bietern fortentwickelt, konkretisiert und verbessert werden.[77] Maßgeblich für die Frage, ob Angebotsmängel unter Umständen in nachfolgenden Angebotsrunden beseitigt werden können, sind dementsprechend die vom Auftraggeber für das Verhandlungsverfahren aufgestellten Verfahrensbedingungen.[78] Ist dem Wettbewerb tatsächlich bekannt, dass die ersten Angebote (oder Teile davon) lediglich eine unverbindliche Verhandlungsgrundlage darstellen, auf deren Basis (erste) Gespräche stattfinden sollen, das die Verständnis der Bieter für die Anforderungen und Wünsche des Auftraggebers schärfen sollen, ist diese Argumentation vor dem Hintergrund des Transparenz- und Gleichbehandlungsgebots zulässig sowie mit Blick auf den Wettbewerbsgrundsatz geboten. Die vorgenannte Rechtsprechung findet aber ihre Grenzen, wenn der Auftraggeber eindeutig und unmissverständlich Mindestanforderungen an die Angebote aufstellt. Diese Anforderungen sind dann auch im Falle von indikativen Angeboten zwingend zu beachten und ein Angebot, was diese konkreten Anforderungen nicht erfüllt, ist auszuschließen.[79]

---

[74] EuGH Urt. v. 29.3.2012 – C-599/10 Rn. 40, ECLI:EU:C:2012:191 = BeckRS 2012, 80681 – SAG ELV Slovensko; EuGH Urt. v. 10.10.2013 – C-336/12 Rn. 36, ECLI:EU:C:2013:647 = BeckRS 2013, 81942 – Manova A/S.
[75] Vgl. BGH Urt. v. 1.8.2006 – X ZR 115/04 Rn. 14, BeckRS 2006, 12112.
[76] Vgl. OLG Düsseldorf Beschl. v. 29.6.2017 – VII-Verg 7/17 Rn. 25, BeckRS 2017, 118267; OLG Schleswig Beschl. v. 19.8.2016 – 54 Verg 7/16 Rn. 28, BeckRS 2016, 19262; Eschenbruch/Opitz/Röwekamp/ *Röwekamp* Rn. 41 mwN.
[77] OLG Düsseldorf Beschl. v. 29.6.2017 – VII-Verg 7/17 Rn. 25, BeckRS 2017, 118267.
[78] OLG Düsseldorf Beschl. v. 25.4.2012 – VII-Verg 9/12, BeckRS 2012, 16053.
[79] OLG Düsseldorf Beschl. v. 3.3.2010 – VII-Verg 46/09, BeckRS 2016, 19890.

49 In der Praxis ist es gleichwohl durchaus nicht unüblich, dass Auftraggeber auch in einem Verhandlungsverfahren **verbindliche Erstangebote** einfordern, um sich hinsichtlich einer etwaigen Bezuschlagung der Erstangebote (ohne Eintritt in Verhandlungen) flexibel aufzustellen (→ § 15 Abs. 4), um sich die Option einer Abschichtung der wirtschaftlich schwächsten Erstangebote wirksam vorzubehalten (Aufnahme von Verhandlungen zB lediglich mit den drei bestplatzierten Bietern) oder schlicht, um eine valide Verhandlungsbasis bzw. eine gewisse Qualität der Erstangebote sicherzustellen. In sämtlichen vorgenannten Konstellationen dürfte es mit Blick auf den Gleichbehandlungsgrundsatz bzw. einer entsprechenden Manipulationsgefahr in der Folge nicht möglich sein, leistungsbezogene/wertungsrelevante Unterlagen nachzufordern. Die Interessenlage ist insoweit mit der im Falle der Abgabe eines finalen Angebots identisch. Die Bieter müssen damit rechnen, dass ihr Erst- bzw. überarbeitetes Angebot bezuschlagt oder zumindest vollumfänglich bewertet und abgeschichtet/zurückgestellt wird. Spiegelbildlich geht auch der Auftraggeber davon aus, dass die Angebote nicht unbedingt im Rahmen weiterer Verhandlungsrunden mit den Bietern fortzuentwickeln, zu konkretisieren oder zu verbessern sind (→ Rn. 48). Durch die Forderung verbindlicher Angebote wird dem Wettbewerb mithin signalisiert, dass ein etwaiger Vorbehalt, dass mögliche Angebotsmängel in nachfolgenden Angebotsrunden beseitigt werden, gerade nicht angezeigt ist. Eine etwaige „großzügigere" Auslegung des § 51 Abs. 3 dürfte damit ausscheiden. Gleichsam sollte eine Nachforderung aufgrund des Transparenz- und Gleichbehandlungsgrundsatzes auch dann ausgeschlossen sein, wenn das Erst- bzw. überarbeitete Angebot tatsächlich nicht bezuschlagt oder abgeschichtet/zurückgestellt wird; der Auftraggeber also nicht von seinen Vorbehalten Gebrauch macht. Andernfalls könnte ein Bieter mit einem an sich auszuschließenden Angebot zB derart bevorzugt werden, dass der Auftraggeber auf eine mögliche Erstbezuschlagung bzw. Abschichtung/Zurückstellung nach Angebotseröffnung bewusst verzichtet, um eine Nachforderung zu ermöglichen und diesen Bieter im Wettbewerb zu belassen. Im Ergebnis dürfte damit zumindest in den vorgenannten Konstellationen ein eindeutiger Vorbehalt in Vergabeunterlagen, dass sämtliche fehlende Unterlagen nachgefordert werden können, aufgrund einer Unvereinbarkeit[80] mit dem Transparenz- und Gleichbehandlungsgrundsatz/Abs. 3 S. 1 bzw. einer entsprechenden Manipulationsgefahr, unzulässig sein.[81] Als Kompromiss bliebe dem Auftraggeber hingegen die Option, die Vergabeunterlagen in der Weise zu gestalten, dass die erste Verhandlungsrunde auf Basis von indikativen Angeboten durchgeführt wird und im Anschluss verbindliche, überarbeitete Zweitangebote eingefordert werden, um sich auf diese Weise hinsichtlich der oben genannten Optionen im Rahmen der zweiten Verhandlungsrunde flexibel aufzustellen.[82]

50 Eine Nachforderung wertungsrelevanter, leistungsbezogener Unterlagen gem. Abs. 3 S. 1 ist daher letztlich wohl auch in einem Verhandlungsverfahren mit mehreren Verhandlungsrunden nur dann möglich, wenn transparent für alle Bieter ersichtlich ist, dass die jeweiligen (unvollständigen) Angebote nur als Basis einer weiteren Verhandlungsrunde dienen und der Auftraggeber für diese Angebote keine gegenteiligen – eindeutigen und unmissverständlichen – Mindestanforderungen aufgestellt hat (→ Rn. 48)[83] Entsprechende **Mindestanforderungen** könnten im Übrigen auch **nach einer Verhandlungsrunde** aufgestellt werden, insoweit der Auftraggeber sich bereits in den Vergabeunterlagen diese Möglichkeit, Mindestanforderungen erst zu einem späteren Zeitpunkt festzulegen, vorbehält, und die Grundsätze des Wettbewerbs, der Gleichbehandlung und der Transparenz auch darüber hinaus eingehalten werden.[84] In der Praxis kann eine nachträgliche Einführung von Mindestbedingung hilfreich sein, um den Wettbewerb nicht von vornherein irreparabel einzuschränken[85] und um nach einer (ersten) Verhandlungsrunde – auf Basis einer validen Faktenlage – zu entscheiden, ob nachträgliche Mindestanforderungen tatsächlich erforderlich sind.

---

[80] S. auch OLG Düsseldorf Beschl. v. 29.6.2017 – Verg 7/17 Rn. 25, BeckRS 2017, 118267, das hinsichtlich eines etwaigen Ausschlusses auf die Maßgeblichkeit der vom Auftraggeber für das Verhandlungsverfahren aufgestellten Bedingungen abstellt, soweit ihnen Vergaberecht nicht entgegensteht.

[81] AA wohl Eschenbruch/Opitz/Röwekamp/*Röwekamp* Rn. 41, der eine Nachforderung im Verhandlungsverfahren bei „vielfach nur indikative(n) Erst- und Zwischenangebote(n)" generell zulässt, was eben auch verbindliche Erst- und/oder überarbeitete Angebote nicht ausschließt.

[82] Insoweit die ursprünglichen Vergabeunterlagen bereits einen entsprechenden Vorbehalt enthalten, dürfte daneben auch die Möglichkeit einer späteren Anpassung der Unterlagen in der Weise bestehen, dass der Auftraggeber sich erst anhand der gewonnenen Erkenntnisse der ersten Verhandlungsrunde entscheidet, ob er verbindliche Zweitangebote einfordert (oder eine weitere unverbindliche Verhandlungsrunde durchführt); zur Einführung von Mindestanforderungen während des Verhandlungsverfahrens siehe OLG Düsseldorf Beschl. v. 28.3.2018 – Verg 54/17, BeckRS 2018, 10532; → Rn. 50.

[83] OLG Düsseldorf Beschl. v. 29.6.2017 – Verg 7/17 Rn. 25, BeckRS 2017, 118267.

[84] OLG Düsseldorf Beschl. v. 28.3.2018 – Verg 54/17, BeckRS 2018, 10532.

[85] Im Falle eines nachträglichen Absehens von einer bekanntgemachten Mindestanforderung dürfte es sich in vielen Fällen um eine „wesentliche Verfahrensänderung" handeln, da sich ggf. ein anderer Bieterkreis in der Ausschreibung beteiligt hätte. In der Folge sollte eine entsprechende Anpassung der Vergabeunterlagen regelmäßig als vergaberechtlich zu unsicher ausscheiden.

Darüber hinaus ist eine **Korrektur** von leistungsbezogenen Unterlagen generell ausgeschlossen. 51
Das ergibt sich im Umkehrschluss aus der Regelung zur Nachforderung von unternehmensbezogenen Unterlagen. Das heißt konkret, fehlerhafte leistungsbezogene Unterlagen, zB eingereichte Konzepte, welche von zwingenden inhaltlichen Anforderungen der Vergabeunterlagen abweichen, können – aufgrund einer damit einhergehenden Manipulationsgefahr – nicht korrigiert werden.

2. Preisangaben (S. 2). Preisangaben können gem. Abs. 3 S. 2 nur dann nachgefordert werden, 52
wenn es sich um **unwesentliche Einzelpositionen** handelt, deren Einzelpreise weder den Gesamtpreis verändern, noch die Wertungsreihenfolge oder den Wettbewerb beeinträchtigen, was im Einzelfall zu prüfen ist. Hierbei handelt es sich gewissermaßen um eine Art Bagatellgrenze, unterhalb derer ausnahmsweise auch Preise nachgefordert werden können („Rückausnahme"). Grundsätzlich wird man daher, zumindest dann, wenn die fehlenden Einzelpreise mehr als 10% des angebotenen Gesamtpreises ausmachen, keine „Unwesentlichkeit" mehr annehmen können.[86] Nach Alt. 1 der Rückausnahme ist eine unwesentliche Einzelposition gegeben, wenn der Gesamtpreis die entsprechende Position enthält. Konkret muss sich der fehlende Einzelpreis also aus einer Subtraktion von Gesamtpreis und sämtlichen vorhandenen Einzelpreisen ermitteln lassen. Insoweit durch die fehlende Preisangabe der Gesamtpreis nicht beeinträchtigt, sondern lediglich dessen Zusammensetzung spezifiziert wird, ist eine Nachforderung dieses Einzelpreises mithin möglich. Daneben ist es gem. Alt. 2 der Rückausnahme zulässig, Preise nachzufordern, die nicht wertungsrelevant sind bzw. die Wettbewerbsstellung des betreffenden Bieters nicht beeinflussen. Würden daher für eine solche Preisposition die Preise des günstigsten sowie des teuersten Bieters eingesetzt und sich die Wertungsreihenfolge daraufhin nicht verändern, ist eine Nachforderung zulässig.[87]

In der Praxis ist zum Teil das Problem zu beobachten, dass die Bieter gewünschte – aus ihrer 53
Sicht wettbewerblich sensible – Preise, die im Preisblatt ausdrücklich vom Auftraggeber abgefragt worden, nicht benennen (wollen). Das ist unzulässig; mit Blick auf den Gleichbehandlungs- und Transparenzgrundsatz sind alle vorgesehenen Preise wie gefordert und mit dem konkreten Betrag, der für die spezifischen Leistungen kalkuliert wurde, anzugeben.[88] Das heißt auch, dass Angebote, in denen die Preise einzelner Leistungspositionen auf andere Leistungspositionen umgelegt werden, grundsätzlich als sog. **Mischkalkulationen** von der Wertung auszuschließen sind.[89] Für einen Ausschluss des betreffenden Angebots genügt es diesbezüglich, dass sich im Rahmen einer vom Auftraggeber durchgeführten (Preis-)Aufklärung herausstellt, dass der Bieter den tatsächlich beanspruchten Preis einer Position nicht angegeben hat (die Rechtsprechung stellt insoweit auf eine „fehlende" Position ab).[90] Die Beweislast für eine Mischkalkulation obliegt dem Auftraggeber, weshalb ein bloßer Verdacht nicht für einen Ausschluss genügt.[91] Existieren konkrete Anhaltspunkte dafür, dass das Angebot die geforderten Einzelpreise nicht ordnungsgemäß abbildet, obliegt dem Bieter aber eine Mitwirkungspflicht an der Aufklärung des Auftraggebers, deren Unterlassen ebenfalls einen Ausschluss nach sich ziehen kann (→ Rn. 29 zur Mitwirkungspflicht des Bieters im Rahmen der Aufklärung ungewöhnlich niedriger Angebote).

Demgegenüber ist eine **Preisangabe von 0,00 EUR** für eine Leistungsposition zulässig, inso- 54
weit es sich diesbezüglich um denjenigen Preis handelt, der tatsächlich für die betreffende Leistung beansprucht wird bzw. tatsächlich für die betreffende Position kalkuliert wurde. Mit Blick auf die unternehmerische Freiheit des Bieters ist dieser nicht verpflichtet, jede Kostenposition seiner Kalkulation in eine Preisposition umzusetzen.[92]

VI. Nachreichungsfrist/Ausschluss (Abs. 4)

Gemäß Abs. 4 muss die durch den Auftraggeber gesetzte Nachreichungsfrist, die nach dem Kalen- 55
der zu bestimmen ist, **„angemessen"** sein. Welche Frist „angemessen" ist, kann nicht pauschal beurteilt werden; dies hängt von der Art der Unterlagen ab. Eine Sechstagesfrist (unter Angabe von Ablaufdatum und Uhrzeit) ist in der Praxis zumindest nicht unüblich.[93] In Abhängigkeit von der

---

[86] S. aber auch OLG Brandenburg Beschl. v. 1.11.2011 – Verg W 12/11, BeckRS 2011, 25289, das eine Preisposition, die quantitativ mehr als 6% der geforderten Anzahl der Preisangaben ausmacht, bereits als wesentlich ansieht.
[87] Vgl. OLG Brandenburg Beschl. v. 1.11.2011 – Verg W 12/11, BeckRS 2011; VK Westfalen Beschl. v. 29.7.2016 – VK 2–25/16, IBRRS 2016, 2940.
[88] S. bspw. BGH Beschl. v. 18.5.2004 – X ZB 7/04, BGHZ 159, 186 = BeckRS 2004, 6261.
[89] BGH Urt. v. 19.6.2018 – X ZR 100/16, BGHZ 219, 108 = BeckRS 2018, 23606.
[90] OLG Düsseldorf Beschl. v. 21.12.2016 – VII-Verg 5/15, BeckRS 2016, 125655.
[91] VK Nordbayern Beschl. v. 28.10.2009 – 21.VK-3194-47/09, BeckRS 2011, 01132.
[92] OLG Naumburg Beschl. v. 29.1.2009 – 1 Verg 10/08, BeckRS 2009, 6521.
[93] Vgl. auch die entsprechende Regelung der Parallelvorschrift § 16a EU VOB/A, die eine Nachreichungsfrist, die sechs Kalendertage nicht überschreiten soll, vorsieht. Eine entsprechende Frist wird man in der Folge auch im Sektorenbereich regelmäßig als „angemessen" ansehen können.

nachzureichenden Unterlage kann der Zeitaufwand aber natürlich unterschiedlich ausfallen, je nachdem ob der Bewerber/Bieter die Unterlagen selbst erstellen bzw. ausfüllen kann oder ob er diese von einem Dritten beschaffen muss. Ob die festgelegte Frist einzelfallbezogen „angemessen" ist, ist durch die Nachprüfungsinstanzen in vollem Umfang überprüfbar. Im Zweifel (beispielsweise, wenn Dokumente vom Bewerber/Bieter bei Behörden beantragt werden müssen) sollte die Frist daher großzügiger bemessen werden. Zu beachten ist auf der anderen Seite aber auch, dass die Bewerber/Bieter bereits genügend Zeit hatten, sämtliche Unterlagen für ihren Teilnahmeantrag/Angebot zusammenzustellen und regelmäßig nur noch wenige Unterlagen – bzw. Teile davon – nachgefordert werden.

56 Aus Gründen der Gleichbehandlung und Transparenz ist außerdem zu beachten, dass eine allen Bewerbern/Bietern gesetzte Frist nicht lediglich gegenüber einem Bewerber/Bieter verlängert werden kann.[94] Eine Verlängerung der Nachfrist dürfte daher allenfalls in Betracht kommen, wenn die ursprünglich gesetzte Frist unangemessen kurz war, dies von einem Bewerber/Bieter gerügt wurde und die Fristverlängerung einzelne Bewerber/Bieter nicht diskriminiert.[95] Lässt ein Bewerber oder Bieter die **Frist** (bzw. ausnahmsweise Nachfrist) zur Nachreichung der Unterlagen ungenutzt **verstreichen,** ist er auszuschließen, da er ansonsten gegenüber den anderen Bewerbern/Bietern bevorzugt würde.[96] Auftraggebern ist zu empfehlen, Bewerber/Bieter diesbezüglich zu sensibilisieren und den Umgang mit formalwidrigen Angeboten in der Bekanntmachung oder den Vergabeunterlagen entsprechend transparent zu machen.

57 **Voraussetzung** für einen etwaigen **Ausschluss** wegen fehlender, unvollständiger oder fehlerhafter Unterlagen ist, dass den Ausschreibungsunterlagen eindeutig zu entnehmen ist, welche Unterlagen von dem Bewerber/Bieter mit dem Teilnahmeantrag/Angebot vorzulegen sind. Unklarheiten gehen insoweit zulasten des Auftraggebers.[97] Darüber hinaus muss die Forderung der spezifischen Unterlagen mit dem Auftragsgegenstand in Zusammenhang stehen, verhältnismäßig und für die Bewerber/Bieter insgesamt zumutbar sein.[98] Klassisches und praxisrelevantes Beispiel zur Frage der Unzumutbarkeit entsprechender Forderungen des Auftraggebers ist die namentliche Benennung der im Auftragsfall vorgesehenen Subunternehmer nebst Verpflichtungserklärung bereits im ersten Angebot.[99] Um eine unverhältnismäßige Belastung der Bieter auszuschließen, sind zu diesem Zeitpunkt regelmäßig nur Angaben zu Art und Umfang des beabsichtigten Subunternehmereinsatzes sowie den avisierten Subunternehmern zu übermitteln. Eine Konkretisierung (kurz) vor Zuschlagserteilung ist gem. § 34 Abs. 1 S. 2 allerdings möglich.

VII. Dokumentation (Abs. 5)

58 Der Auftraggeber ist insbesondere im Anwendungsbereich des § 51 verpflichtet, den Fortgang des Vergabeverfahrens zeitnah zu dokumentieren. Konkret sind die Entscheidung zur Nachforderung und das Ergebnis der Nachforderung nach Abs. 5 aktenkundig zu machen, dh schriftlich in der Vergabeakte **niederzulegen und** nachvollziehbar zu **begründen.**

59 Darüber hinaus sind aber selbstverständlich auch die Auswahl der Teilnehmer, der eigentliche Wertungsvorgang oder die Zuschlagsentscheidung, mithin insbesondere die Entscheidungen, bei denen dem Auftraggeber ein gewisser **Ermessensspielraum** zusteht, nachvollziehbar zu begründen. Aus der Dokumentation muss für einen Dritten eindeutig hervorgehen, dass der Auftraggeber die Grenzen seines Ermessensspielraums nicht überschritten hat. Hinsichtlich der Details wird auf die Kommentierung zu § 8 (→ § 8 Rn. 1 ff.) verwiesen.

§ 52 Zuschlag und Zuschlagskriterien

(1) Der Zuschlag wird nach Maßgabe des § 127 des Gesetzes gegen Wettbewerbsbeschränkungen auf das wirtschaftlichste Angebot erteilt.

(2) [1]**Die Ermittlung des wirtschaftlichsten Angebots erfolgt auf der Grundlage des besten Preis-Leistungs-Verhältnisses.** [2]**Neben dem Preis oder den Kosten können auch qualitative, umweltbezogene oder soziale Zuschlagskriterien berücksichtigt werden, insbesondere:**
1. die Qualität, einschließlich des technischen Werts, Ästhetik, Zweckmäßigkeit, Zugänglichkeit der Leistung insbesondere für Menschen mit Behinderungen, ihrer Überein-

---

[94] VK Sachsen Beschl. v. 17.11.2011 – 1-SVK/42/11, BeckRS 2012, 1221.
[95] VK Sachsen Beschl. v. 17.11.2011 – 1-SVK/42/11, BeckRS 2012, 1221.
[96] OLG Düsseldorf Beschl. v. 7.8.2013 – VII-Verg 15/13, BeckRS 2014, 14201.
[97] VK Bund Beschl. v. 21.9.2009 – VK 2-126/09, IBRRS 2010, 0070.
[98] Vgl. BGH Urt. v. 18.9.2007 – X ZR 89/04 Rn. 9, BeckRS 2007, 19244.
[99] Vgl. BGH Urt. v. 10.6.2008 – X ZR 78/07 Rn. 14, BeckRS 2008, 15904.

stimmung mit Anforderungen des „Designs für Alle", soziale, umweltbezogene und innovative Eigenschaften sowie Vertriebs- und Handelsbedingungen,
2. die Organisation, Qualifikation und Erfahrung des mit der Ausführung des Auftrags betrauten Personals, wenn die Qualität des eingesetzten Personals erheblichen Einfluss auf das Niveau der Auftragsausführung haben kann, oder
3. die Verfügbarkeit von Kundendienst und technischer Hilfe sowie Lieferbedingungen wie Liefertermin, Lieferverfahren sowie Liefer- oder Ausführungsfristen.
³Der Auftraggeber kann auch Festpreise oder Festkosten vorgeben, sodass das wirtschaftlichste Angebot ausschließlich nach qualitativen, umweltbezogenen oder sozialen Zuschlagskriterien nach Satz 1 bestimmt wird.

(3) ¹Der Auftraggeber gibt in der Auftragsbekanntmachung oder den Vergabeunterlagen an, wie er die einzelnen Zuschlagskriterien gewichtet, um das wirtschaftlichste Angebot zu ermitteln. ²Diese Gewichtung kann auch mittels einer Spanne angegeben werden, deren Bandbreite angemessen sein muss. ³Ist die Gewichtung aus objektiven Gründen nicht möglich, so gibt der Auftraggeber die Zuschlagskriterien in absteigender Rangfolge an.

(4) Für den Beleg, ob und inwieweit die angebotene Leistung den geforderten Zuschlagskriterien entspricht, gelten die §§ 31 und 32 entsprechend.

(5) Für den Beleg, dass die angebotene Leistung den geforderten Ausführungsbedingungen gemäß § 128 Absatz 2 des Gesetzes gegen Wettbewerbsbeschränkungen entspricht, gelten die §§ 31 und 32 entsprechend.

Schrifttum: *Brackmann*, Nachhaltige Beschaffung in der Vergabepraxis, VergabeR 2014, 310; *Brackmann/Berger*, Die Bewertung des Angebotspreises, VergabeR 2015 Sonderheft 2a, 313; *Burgi*, Ökologische und soziale Beschaffung im künftigen Vergaberecht: Kompetenzen, Inhalte, Verhältnismäßigkeit, NZBau 2015, 597; *Braun/Kappenmann*, Die Bestimmung des wirtschaftlichsten Bieters nach den Zuschlagskriterien der Richtlinie 2004/18/EG, NZBau 2006, 544; *Diemon-Wies/Graiche*, Vergabefremde Aspekte – Handhabung bei der Ausschreibung gemäß § 97 IV GWB, NZBau 2009, 409; *Gaus*, Ökologische Kriterien in der Vergabeentscheidung, NZBau 2013, 401; *Höfer/Nolte*, Das neue EU-Vergaberecht und die Erbringung sozialer Leistungen, NZS 2015; 441; *Jasper/Marx*, „Buy Green – Buy Social", Paradigmenwechsel im Vergaberecht, FS Marx, 2013, 329; *Kiiever/Kodym*, Die Ermittlung der Preis-Leistungs-Verhältnisses von Angeboten – Plädoyer für ein Divisionsverfahren mit Anpassung an die Gewichtung der Zuschlagskriterien, NZBau 2015, 59; *Kulartz/Scholz*, Zuschlagskriterien – Grenzen bei der Gewichtung, VergabeR 2014, 109; *Latzel*, Soziale Aspekte bei der Vergabe öffentlicher Aufträge nach der Richtlinie 2014/24/EU, NZBau 2014, 673; *Müller/Wrede*, Nachhaltige Beschaffung, VergabeR 2012, 416; *Opitz*, Was bringt die neue Sektorenvergaberichtlinie?, VergabeR 2014, 369; *Otting*, Eignungs- und Zuschlagskriterien im neuen Vergaberecht, VergabeR 2016, 316; *Pauka*, Ein bisschen „Mehr an Eignung" – Personenbezogene Zuschlagskriterien nach der 7. ÄVOVgV, NZBau 2015, 18; *Petersen*, Vergaberechtliche Zulässigkeit personenbezogener Zuschlagskriterien, VergabeR 2015, 8; *Rosenkötter*, Die Qualifikation als Zuschlagskriterium, NZBau 2015, 609; *Schäfer*, Green Public Procurement im Rahmen der EU-Umwelt- und Nachhaltigkeitspolitik, FS Marx, 2013, 657; *Summa*, Die Entscheidung über die Auftragsvergabe – Ein Ausblick auf das künftige Unionsrecht, NZBau 2012, 729; *Ziekow*, Soziale Aspekte bei der Vergabe – Von der „Vergabefremdheit" zur europäischen Regelung, DÖV 2015, 897; s. auch Schrifttum zu § 127 GWB.

Übersicht

	Rn.			Rn.
I. Normzweck und Überblick	1	II.	Wirtschaftlichkeitsprüfung und Zuschlagsentscheidung	4

I. Normzweck und Überblick

§ 52 enthält zentrale Vorgaben für die Bestimmung und Bekanntgabe der Kriterien, anhand derer die eingegangenen Angebote nach abgeschlossener formaler Prüfung (§ 51) durch den Auftraggeber **gewertet** werden. Die Zuschlagsentscheidung stellt eines der zentralen Elemente des Vergabeverfahrens dar.¹ § 52 setzt Art. 82 Sektoren-RL um und konkretisiert im Anwendungsbereich der SektVO den § 127 GWB. § 52 ist wortgleich zu § 57 VgV, sodass auf die entsprechende Kommentierung ergänzend verwiesen wird (→ VgV § 57 Rn. 1 ff.). 1

Die Regelung wurde im Zuge der Vergaberechtsmodernisierung 2016 im Vergleich zur Vorgängervorschrift des § 29 aF erheblich erweitert und kodifiziert teilweise Entscheidungen des EuGH. 2

---
¹ Verordnungsbegründung, BR-Drs. 87/16, 211.

Die Regelung dient der **Transparenz** der Wirtschaftlichkeitsprüfung und der Sicherstellung der **Gleichbehandlung** der Bieter.[2] Aufgrund der immensen praktischen Bedeutung der Gestaltung und Anwendung der Zuschlagskriterien durch den Auftraggeber verdient die Vorschrift besondere Beachtung.

3   Der Zuschlag wird auf das **wirtschaftlichste Angebot** erteilt, wie auch in § 127 Abs. 1 S. 1 GWB vorgesehen. Bewusst hat sich der Verordnungsgeber für das Kriterium des „wirtschaftlichsten Angebotes" entschieden und nicht allein für den Preis oder die Kosten. Damit sollen unerwünschte ökonomische Nebeneffekte vermieden werden und es wird zum einen die deutsche Vergabetradition fortgeführt, als Zuschlagskriterium die Wirtschaftlichkeit des Angebots zugrunde zu legen.[3] Zum anderen können neben qualitativen nach der Vergaberechtmodernisierung 2016 ausdrücklich auch soziale und ökologische Kriterien Berücksichtigung finden.

II. Wirtschaftlichkeitsprüfung und Zuschlagsentscheidung

4   Der Zuschlag wird auf das wirtschaftlichste Angebot erteilt. Abs. 2 stellt im Einklang mit § 127 GWB und Art. 82 Abs. 2 Sektoren-RL klar, dass das wirtschaftlichste Angebot dasjenige ist, bei dem Preis und Leistung im besten Verhältnis zueinander stehen.[4] § 52 nennt beispielhaft verschiedene qualitative, umweltbezogene und soziale Zuschlagskriterien. Der genannte Katalog an Zuschlagskriterien ist **nicht abschließend**. Hinsichtlich der Festlegung der Wertungskriterien kommt dem Sektorenauftraggeber ein weiter **Beurteilungs- und Ermessensspielraum** zu. Bei der Festlegung der Zuschlagskriterien müssen aber der Gleichbehandlungsgrundsatz und das Wettbewerbsprinzip (§ 127 Abs. 4 GWB) gewahrt werden, und die Kriterien müssen zur Wahrung des Transparenzgrundsatzes einschließlich der Gewichtung entweder in der Auftragsbekanntmachung oder in den Vergabeunterlagen aufgeführt sein (§ 127 Abs. 5 GWB).[5] Der Spielraum des Auftraggebers ist überschritten, wenn qualitativen Wertungskriterien einzeln oder in ihrer Gesamtheit ein Gewicht zugemessen wird, welches sachlich nicht zu rechtfertigen ist und deshalb die Annahme nahelegt, dass die Kriterien so ausgestaltet wurden, dass nur ein oder einzelne Unternehmen realistische Aussichten auf den Zuschlag haben, während andere Anbieter trotz Vergabe im offenen Verfahren (§ 119 Abs. 3 GWB) und objektiv gegebener Eignung (§ 122 GWB) von vornherein chancenlos wären.[6]

5   Der Beurteilungs- und Ermessensspielraum des Auftraggebers bei der Bestimmung der Zuschlagskriterien wird dadurch eingeschränkt, dass es sich um **auftragsbezogene Umstände** handeln muss, die sich auf die Qualität der Auftragsausführungen auswirken können.[7] Zwar sieht § 52, anders als § 29 Abs. 2 aF, nicht mehr selbst ausdrücklich vor, dass die Zuschlagskriterien im Zusammenhang mit dem Auftragsgegenstand stehen müssen. Das ergibt sich indes aus § 127 Abs. 3 GWB, auf den § 52 Abs. 1 verweist. Art. 127 Abs. 3 GWB sieht vor, dass die vom Auftraggeber als Zuschlagskriterium für die Ermittlung des wirtschaftlich günstigsten Angebots festgelegten Kriterien mit dem Gegenstand der Leistung **sachlich zusammenhängen** müssen (→ GWB § 127 Rn. 8). Auch Art. 82 Abs. 2 Sektoren-RL sieht vor, dass qualitative, umweltbezogene und/oder soziale Aspekte bei der Bewertung des wirtschaftlich günstigen Angebots mit dem Auftragsgegenstand des betreffenden Auftrags in Verbindung stehen müssen. Dies ist überzeugend, denn ein nicht leistungs- oder produktbezogenes Kriterium kann zu einer ungerechtfertigten Diskriminierung von Bietern führen, deren Angebot die mit dem Gegenstand des Auftrags zusammenhängenden Voraussetzungen möglicherweise uneingeschränkt erfüllt. Zu beachten ist allerdings, dass gem. § 127 Abs. 3 GWB ein Auftragsbezug aber bereits dann anzunehmen ist, wenn sich das Kriterium auf ein beliebiges Stadium im Lebenszyklus der Leistung bezieht. Dies können beispielsweise Prozesse der Herstellung (auch der Rohstoffgewinnung), die Bereitstellung oder Entsorgung der Leistung, aber zB auch den Handel oder die Herkunft eines Produktes der Leistung betreffen. Kriterien und Bedingungen bezüglich der allgemeinen Unternehmenspolitik bleiben allerdings ausgeschlossen, da sie sich nicht den konkreten Herstellungsprozess oder die konkrete Bereitstellung der beauftragten Bau-, Liefer- oder Dienstleistung beziehen.

6   Zu beachten hat der Auftraggeber weiterhin die **Abgrenzung zu Eignungskriterien,** welche die SektVO 2016 in § 46 inzwischen als Auswahlkriterien bezeichnet. Während Zuschlagskriterien der Ermittlung der Wirtschaftlichkeit des Angebots dienen, beschreiben Eignungskriterien generelle

---

[2] EuGH Urt. v. 24.1.2008 – C 532/06, NZBau 2008, 262 (264) mwN.
[3] Dreher/Stockmann/*Dreher* GWB § 97 Rn. 208 f.
[4] Dazu Brackmann/*Berger* VergabeR 2015, Sonderheft 2a, 313; *Kiiever/Kodym* NZBau 2016, 59.
[5] EuGH Urt. v. 24.11.2005 – C-331/04, NZBau 2006, 194 – ATI EAC.
[6] BGH Beschl. v. 4.4.2017 – X ZB 3/17 Rn. 38.
[7] Vgl. OLG Düsseldorf Beschl. v. 7.3.2012 – VII-Verg 82/11, IBRRS 2012, 1062; OLG Celle Beschl. v. 13.12.2011 – 13 Verg 9/11, ZfBR 2012, 394; BR Beschl. v. 30.3.2012, BR-Drs. 15/12, 2, 13 f.

Fähigkeiten und Fertigkeiten des Unternehmens zwecks Feststellung, ob diese im allgemeinen für die Auftragserteilung in Frage kommen.[8] Unzulässig sind nach der Rechtsprechung daher Zuschlagskriterien wie Referenzen des Unternehmens,[9] personelle oder sachliche Ausstattung des Unternehmens[10] oder deren Umsatz.[11] Ob ein Kriterium als Eignungs- oder Zuschlagskriterium einzuordnen ist, ist nach dem Schwerpunkt zu bestimmen.[12] Auch nach Einführung des Abs. 2 Nr. 2, der die Organisation, die Qualifikation und die Erfahrung des konkret mit der Auftragsführung betrauten Personals unter bestimmten Voraussetzungen als Zuschlagskriterium zulässt, ist aus systematischen Gründen weiterhin davon auszugehen, dass außerhalb dieser Bestimmung unternehmensbezogene Elemente gerade nicht zulässige Messgröße für die Bewertung der Wirtschaftlichkeit eines Angebotes sind. Erfahrung und in der Vergangenheit erzielte Erfolge eines Bieters sind gerade nicht generell als Zuschlagskriterien genannt. Die Unterscheidung ist zudem weiterhin sinnvoll.[13] Je mehr qualitätsbezogene Kriterien – noch dazu ohne konkreten Bezug zum Auftrag – bei der Wertung eine Rolle spielen, desto schwieriger wird die Vergleichbarkeit der Angebote.[14]

Der **Preis** oder die **Kosten** sind nur als zwei von mehreren Zuschlagskriterien genannt. Sind die Kosten Zuschlagskriterium, kann der Zuschlag aufgrund eines Kostenwirksamkeits-Ansatzes wie der Lebenszykluskosten (§ 53) erfolgen. Der Auftraggeber kann den Preis oder die Kosten als alleiniges Zuschlagskriterium vorsehen.[15] Da Abs. 2 Hs. 1 vorsieht, dass das wirtschaftlich günstigste Angebot auch anhand einer Bewertung auf der Grundlage des Preises erfolgen kann, ist klargestellt, dass der Zuschlag auch allein auf das preislich günstigste Angebot erteilt werden darf. Das Abstellen auf den Preis oder die Kosten als alleiniges Zuschlagskriterium erscheint insbesondere dann sinnvoll, wenn die Leistungsbeschreibung derart enge Vorgaben macht, dass bei Art und Qualität der angebotenen Lösungen keine erheblichen Unterschiede zu erwarten sind. Ist umgekehrt zu erwarten, dass sich die Angebote qualitativ unterscheiden oder über die Leistungsbeschreibung hinaus für den Auftraggeber vorteilhafte Eigenschaften bieten werden, erscheint ein alleiniges Abstellen auf den Preis wenig sinnvoll. Dem entspricht auch das grundsätzliche Verbot, den Preis als alleiniges Zuschlagskriterium zu verwenden, wenn Nebenangebote zugelassen sind.[16] Nach Auffassung des BGH sollten qualitative Zuschlagskriterien grundsätzlich umso größeres Gewicht haben, desto weniger es sich bei dem nachgefragten Wirtschaftsgut um eine marktübliche, standardisierte Leistung handele.[17] Der vergaberechtliche Grundsatz der Transparenz gebietet es, dass nicht ohne Weiteres auf den Preis als alleiniges Zuschlagskriterium zurückgegriffen werden darf, wenn der Auftraggeber das Zuschlagskriterium der Wirtschaftlichkeit wählt.[18]

Eine gesetzliche Vorgabe, dass der Preis ein bestimmtes **Mindestgewicht** haben muss, gibt es nicht. Der Preis ist aber angemessen zu berücksichtigen[19] bzw. nicht marginalisiert werden.[20] In der älteren Rechtsprechung wird vertreten, dass ein Wertungsanteil des Preises von 30% regelmäßig nicht unterschritten werden sollte,[21] die neuere Rechtsprechung scheint eher von 50% auszugehen.[22] Gute Gründe sprechen jedoch dafür, dass eine andere Bewertung gerechtfertigt ist, weil Abs. 2 Nr. 3 S. 2 inzwischen ermöglicht, „**Festpreise** oder Festkosten" vorzugeben. Die Regelung soll zum Einsatz kommen, zB wenn der Auftraggeber nur ein bestimmtes Budget zur Verfügung hat[23] oder zwingendes Preisrecht ohnehin den Preis vorgibt.[24] Wenn in diesen Fällen das Preis-Leistungs-Verhältnis nur über die Leistung bestimmt wird, muss es nach der hier vertretenen Auffassung erst Recht möglich sein, den Preis mit einer Gewichtung von weniger als 50% einfließen zu lassen.

---

[8] Vgl. grundlegend EuGH Urt. v. 23.1.2008 – C-532/06, NZBau 2008, 262 – Lianakis.
[9] VK Südbayern Beschl. v. 2.1.2018 – Z3-3-3194-1-47/08/17.
[10] OLG Düsseldorf Beschl. v. 28.4.2008 – Verg 1/08.
[11] VK Niedersachen Beschl. v. 9.10.2015 – VgK – 39/2015.
[12] EuGH Urt. v. 12.11.2009 – C-199/07, NZBau 2010, 120 – Kommission/Griechenland.
[13] Vgl. auch *Summa* NZBau 2012, 729 (736); *Schäfer* FS Marx, 2013, 657 (663).
[14] Vgl. auch *Freise* NZBau 2009, 225 (227 f.).
[15] OLG Düsseldorf Beschl. v. 9.12.2009 – Verg 37/09, BeckRS 2010, 05178; OLG Naumburg Beschl. v. 5.12.2008 – 1 Verg 9/08, BeckRS 2009, 02589; BayObLG Beschl. v. 9.9.2004 – Verg 18/04, VergabeR 2005, 126 (127); Greb/Müller/*Honekamp* Rn. 23.
[16] BGH Beschl. v. 7.1.2014 – X ZB 15/13.
[17] BGH Beschl. v. 4.4.2017 – X ZB 3/17 Rn. 35.
[18] OLG Düsseldorf Beschl. v. 28.1.2015 – VII-Verg 31/14, BeckRS 2015, 09750; aA Greb/Müller/*Honekamp* Rn. 24.
[19] OLG Düsseldorf Beschl. v. 25.5.2005 – Verg 8/05, VPRRS 2013, 291.
[20] OLG Düsseldorf Beschl. v. 21.5.2012 – VII-Verg 3/12.
[21] OLG Dresden Beschl. v. 5.1.2001 – WVerg 11/00, NZBau 2001, 459.
[22] OLG Düsseldorf Beschl. v. 21.5.2012 – VII-Verg 3/12.
[23] Vgl. *Otting* VergabeR 2016, 316 (326).
[24] Verordnungsbegründung, BR-Drs. 87/16, 213.

9 Fordert der Auftraggeber Preisangaben bei vergaberechtlich nicht zu beanstandenden **Bedarfspositionen**, so sind diese bei der Angebotswertung zu berücksichtigen.[25] Es ist jedoch zulässig, die Bedarfspositionen nur mit einem den Bietern bekanntzugebenden Faktor, der die Wahrscheinlichkeit ihrer Verwendung widerspiegelt, in die Preisberechnung einzustellen. Bei der – ohnehin nur in Ausnahmefällen zulässigen – Verwendung von **Alternativpositionen** ist bei der Preisbewertung nur die Alternativposition einzustellen, welche tatsächlich zur Ausführung kommt.[26]

10 In Bezug auf die **Preisbewertungsmethode** verfügt der Auftraggeber über einen Beurteilungsspielraum. Diese kann vergaberechtlich nur beanstandet werden, wenn sich ihre Heranziehung im Einzelfall aufgrund besonderer Umstände als mit dem gesetzlichen Leitbild des Vergabewettbewerbs unvereinbar erweise.[27] Die vom Auftraggeber gewählte Methode für die Umrechnung des Preises in Wertungspunkte darf keine Veränderung der Zuschlagskriterien oder ihrer Gewichtung bewirken.[28]

11 Abs. 2 Nr. 1 nennt in Umsetzung von Art. 82 Abs. 2 S. 2 lit. a Sektoren-RL als mögliches Kriterium die **Qualität** der Leistung. Das Zuschlagskriterium Qualität ist als Oberbegriff zu verstehen, der für sich genommen zu unbestimmt ist[29] und daher der näheren Definition des Auftraggebers bedarf. Qualitative Zuschlagskriterien sind solche, die den Wert der Leistung beschreiben.[30] Als Beispiele für das Zuschlagskriterium Qualität nennt Abs. 2 Nr. 1 den technischen Wert, die Ästhetik, die Zweckmäßigkeit, die Zugänglichkeit der Leistung insbesondere für Menschen mit Behinderungen, ihre Übereinstimmung mit Anforderungen des „Designs für Alle" sowie Vertriebs- und Handelsbedingungen. Die Auflistung ist nicht abschließend. Ausdruck der Qualität können auch die Vertragsbedingungen sein, falls diese vom Auftraggeber zur Disposition gestellt wurden.[31] Die Qualität kann auch die Prozessqualität umfassen. So kann etwa bei Großprojekten der Bauherr als qualitatives Kriterium neben dem planerischen und technischen Wert oder den Betriebs- und Folgekosten auch die Qualität der Auftragsdurchführung, zB des Risikomanagements im Rahmen des Zuschlags berücksichtigen.[32]

12 Abs. 2 Nr. 1 zählt als Beispiele für das Zuschlagskriterium Qualität auch **umweltbezogene** oder **soziale** Zuschlagskriterien auf. Voraussetzung ist allerdings auch hier, dass der notwendige Bezug zum Auftragsgegenstand gegeben ist (Erwägungsgrund 103 Sektoren-RL). Damit kann somit ein zu beschaffendes Produkt, das aus fairem Handel (zB durch die Beachtung internationaler Standards, wie etwa die ILO-Kernarbeitsnormen entlang der Produktions- und Lieferkette) stammt, im Rahmen der Zuschlagswertung eine höhere Punktezahl erhalten als ein konventionell gehandeltes Produkt.[33] Der erste Absatz des Erwägungsgrunds 102 Sektoren-RL nennt als Beispiel, dass zur Herstellung der zu beschaffenden Waren keine giftigen Chemikalien verwendet werden dürfen, oder dass die auszuführenden Dienstleistungen unter Einsatz energieeffizienter Maschinen erbracht werden. Andere Beispiele sind die Förderung der Gleichstellung von Frauen und Männern am Arbeitsplatz oder die verstärkte Beteiligung der Frauen am Arbeitsleben (Erwägungsgrund 104 Sektoren-RL). Hinweise können sich auch aus internationalen Übereinkommen im Sozial- und Umweltrecht ergeben (Art. 18 Abs. 2 RL 2014/24/EU iVm Anhang X RL 2014/24/EU).[34]

13 Im Hinblick auf die von der Sektoren-RL verwendeten Begriffe der „**Zugänglichkeit**" sowie des „**Designs für Alle**" wird in Abs. 2 Nr. 1 klargestellt, dass die Barrierefreiheit der Leistung für Menschen mit Behinderungen berücksichtigt werden kann. Damit wird die Terminologie des Art. 9 Abs. 1 UN-Behindertenrechtskonvention[35] aufgegriffen. Die Anforderungen des „Designs für Alle" erfassen über den Begriff der „Zugänglichkeit für Menschen mit Behinderungen" hinaus auch die Nutzbarkeit und Erlebbarkeit für möglichst alle Menschen – also die Gestaltung von Bauten, Produkten und Dienstleistungen derart, dass sie die Bandbreite menschlicher Fähigkeiten, Fertigkeiten, Bedürfnisse und Vorlieben berücksichtigen, ohne Nutzer durch Speziallösungen zu stigmatisieren.[36] Das Kriterium des „Designs für Alle" schließt also die „Zugänglichkeit für Menschen mit Behinderungen" ein, sodass auch bei diesem Zuschlagskriterium die Vorgaben zur Sicherstellung der Barrie-

---

[25] BGH Urt. v. 6.2.2002 – V ZR 185/99, VergabeR 2002, 369, 372; OLG Düsseldorf Beschl. v. 10.2.2010 – VII-Verg 36/09 Rn. 28.
[26] VK Bund Beschl. v. 21.10.2018 – VK 2 – 88/18.
[27] BGH Beschl. v. 4.4.2017 – X ZB 3/17 Rn. 33 zur sog. einfachen linearen Methode.
[28] EuGH Urt. v. 14.7.2016 – Rs. C-6/15.
[29] VK Brandenburg Beschl. v. 15.2.2006 – 2 VK 82/05; Eschenbruch/Opitz/Röwekamp/*Röwekamp* Rn. 45.
[30] VK Südbayern Beschl. v. 21.4.2004 – 24-04/04; *Müller-Wrede* in Müller-Wrede SektVO Rn. 129.
[31] Näher Eschenbruch/Opitz/Röwekamp/*Röwekamp* Rn. 65.
[32] Begr. RegE BT-Drs. 18/7318, 273.
[33] Begr. RegE BT-Drs. 18/7318, 273; vgl. auch EuGH Urt. v. 10.5.2012 – C-368/10, NZBau 2012, 445 Rn. 90 – EKO und Max Havelaar.
[34] Vgl. *Ziekow* DÖV 2015, 898 (890 f.).
[35] Zustimmungsgesetz v. 21.12.2008, BGBl. 2008 II 1419.
[36] Begr. RegE BT-Drs. 18/7318, 273.

refreiheit zu beachten sind. Offen bleibt allerdings zum einen, wie zB Frauenförderung oder Verzicht auf Kinderarbeit transparent gewertet werden können, zum anderen, wie der konkrete Auftragsbezug hergestellt werden kann. Denn es wäre unzulässig von den Bietern, eine bestimmte soziale oder ökologische Unternehmenspolitik zu verlangen.[37]

Mögliches Zuschlagskriterium sind auch **innovative** Aspekte. Über die Möglichkeiten hinaus, **14** die sich etwa aus dem Verfahren der Innovationspartnerschaft[38] (§ 18) ergeben, kommt damit der Innovation auch auf Zuschlagsebene eine wichtige Rolle zu.

Abs. 2 Nr. 2 setzt Art. 82 Abs. 2 S. 2 lit. b Sektoren-RL um. Auftraggeber sollen ausweislich **15** des Erwägungsgrund 99 Sektoren-RL insbesondere bei der Vergabe von Aufträgen für geistig-schöpferische Dienstleistungen (ausnahmsweise) die Qualität des mit der Ausführung des konkreten Auftrages betrauten **Personals** der Zuschlagsentscheidung zugrunde legen können. Voraussetzung ist, dass die bezeichneten Eigenschaften des Personals einen Einfluss auf die Qualität der Auftragsausführung – mithin auf den wirtschaftlichen Wert der Leistung – haben kann. Durch Abs. 2 Nr. 2 wurde die strikte Unterscheidung zwischen Eignungs- und Zuschlagskriterien[39] aufgelockert.[40] Dass auch personen- bzw. bieterbezogene Elemente bei der Bewertung der Angebote ausdrücklich berücksichtigt werden können, ist im Bereich der SektVO neu. Die Neuerung stellt aber keine grundsätzliche Abkehr von dem Grundsatz „kein mehr an Eignung" dar.[41] Sie ist beschränkt auf die Beurteilung des eingesetzten Personals im Hinblick auf die Ausführung der ausgeschriebenen Leistung, dh das Personal, das konkret den Auftrag auszuführen hat.[42] Vertraglich ist vorzusehen, dass das angebotene und bewertete Personal auch im Vertragsvollzug eingesetzt wird.[43] Anwendungsgebiet können persönliche Dienstleistungen wie geistig-schöpferische Leistungen, Beratungs-, Fortbildungs-, Architekten- oder Planungsdienstleistungen sein. Dabei geht es nicht um das Personal und die Erfahrung der Bieter im Allgemeinen, sondern um das Personal und die Erfahrung der Personen, die ein bestimmtes Team bilden, das konkret den Auftrag auszuführen hat. Um deutlich zu machen, in welcher Art und Weise die Qualität der konkret geforderten Leistung optimal sichergestellt werden soll,[44] kann etwa mittels Konzept eine Verknüpfung der zu bewertenden personenbezogenen Kriterien zur Erbringung der konkreten Dienstleistungen und dem dabei einzusetzenden Personal hergestellt werden.

Abs. 2 Nr. 3 setzt Art. 82 Abs. 2 S. 2 lit. c Sektoren-RL um. Weitere zulässige Zuschlagskriterien **16** sind demnach die Verfügbarkeit von **Kundendienst** und **technischer Hilfe** sowie die **Lieferbedingungen,** zB Liefertermin, Lieferverfahren und Liefer- oder Ausführungsfristen. Zu den Lieferbedingungen im weiteren Sinne kann auch der der Leistung zugrunde gelegte **Vertrag** gesehen werden, möchte man diesen nicht bereits bei den qualitativen Zuschlagskriterien abgebildet sehen.

Abs. 3 sieht in Umsetzung von Art. 82 Abs. 5 Sektoren-RL vor, dass die Auftraggeber die **17** Zuschlagskriterien in der Bekanntmachung oder den Vergabeunterlagen einschließlich deren **Gewichtung** angeben. Ebenso wie die Zuschlagskriterien sind auch Unterkriterien einschließlich deren Gewichtung in der Bekanntmachung oder in Vergabeunterlagen anzugeben. Der Auftraggeber hat sich bei der Angebotswertung an die bekannt gegebene Gewichtung zu halten.[45] § 52 konkretisiert für den Bereich der Sektorenauftragsvergabe § 127 Abs. 5 GWB (→ GWB § 127 Rn. 15). Die Zuschlagskriterien sind dabei so unmissverständlich zu formulieren, dass ein fachkundiger Bieter keine Verständnisschwierigkeiten hat. Die Gewichtung kann mit einer angemessenen **Spanne** erfolgen. Unter der Angabe einer Spanne wird im Allgemeinen eine prozentuale Angabe verstanden. Das ist allerdings nicht zwingend. Von der Angabe der Gewichtung kann der Auftraggeber nur dann absehen, wenn dafür sachliche Gründe vorliegen. Diese müssen nachvollziehbar und vernünftig sein. Dies ist nach der hier vertretenen Auffassung der Fall, wenn aufgrund der Eigenart der ausgeschriebenen Leistung (zB funktionale Ausschreibung, neue Technologien) noch kaum absehbar ist, in welchem Maße die Angebotspreise differieren werden und sehr günstige Angebote dazu führen könnten, dass zahlreiche anderen Angebote aufgrund der gewählten Preisbewertungsmethode mit 0 Punkten zu bewerten wären. Ist die Gewichtung aus objektiven Gründen schließlich gar nicht möglich, so gibt der Auftraggeber gem. Abs. 3 S. 3 die Zuschlagskriterien in absteigender Rangfolge an. Da

---

[37] *Jasper/Marx* FS Marx, 2013, 329 (333).
[38] *Badenhausen-Fähnle* VergabeR 2015, 743.
[39] → Rn. 6.
[40] Vgl. auch EuGH Urt. V. 26.3.2015 – C-601/13, NZBau 2015, 312 – Ambisig.
[41] *Müller* in Hettich/Soudry, Das neue Vergaberecht, 2014, 105, 150; aA offenbar *Neun/Otting* EuZW 2014, 446 (451).
[42] *Petersen* VergabR 2015, 8 (21).
[43] Vgl. Erwägungsgrund 99 Sektoren-RL.
[44] VK Bund Beschl. v. 16.6.2014 – VK 1-38/14, IBRRS 2014, 2565.
[45] EuGH Urt. v. 12.12.2002 – C-470/99 NZBau 2003, 162 – Universale Bau.

es sich jeweils um Ausnahmen handelt, muss die Begründung für diese Ausnahmen hinreichend **dokumentiert** werden.

18 Der Auftraggeber verpflichtet, die bekannt gegebenen Zuschlagskriterien, Unterkriterien und Gewichtungen zu beachten. Allerdings ist der Auftraggeber berechtigt, im Verlauf eines Verhandlungsverfahrens die Zuschlagskriterien, Unterkriterien und Gewichtungen zur Korrektur von Vergaberechtsverstößen oder aus Gründen der Zweckmäßigkeit zu **ändern,** sofern dies in einem transparenten Verfahren und diskriminierungsfrei geschieht.[46] Dies ist im Verhandlungsverfahren auch dann noch möglich, wenn die Bieter bereits Angebote abgegeben haben.[47] Selbstverständlich hat der Auftraggeber in diesen Fällen den Bietern die Änderungen bekanntzugeben und ihnen die Möglichkeit einzuräumen, ihre Angebote zu überarbeiten. Demgegenüber ist eine Änderung der Zuschlagskriterien, Unterkriterien und Gewichtungen nach Angebotsabgabe beim offenen Verfahren oder bei allen Verfahren, ohne dass dies den Bietern mitgeteilt wird unzulässig.[48] Freilich sollte der Auftraggeber in der Praxis bei der Änderung Zuschlagskriterien, Unterkriterien und Gewichtungen Zurückhaltung walten lassen, um den Eindruck zu vermeiden, die Änderung erfolge, um bestimmte Bieter zu fördern.

19 Neben der Festlegung und Bekanntgabe der Zuschlagskriterien und deren Gewichtung, hat der Auftraggeber für jedes Zuschlagskriterium bzw. Unterkriterium zugleich intern eine **Wertungsmethode festzulegen.** Diese beschreibt, wie die Angebotsinhalt in Bewertungspunkte übersetzt wird. Lange Zeit war in der Rechtsprechung und Literatur umstritten, ob die Wertungsmethode auch den Bietern bekanntzugeben ist. Da sich eine solche Verpflichtung nicht ausdrücklich aus § 52 oder einer sonstigen Vorschrift ausdrücklich ergab, ließe sich eine solche Verpflichtung allenfalls aus dem allgemeinen Transparenz- und Gleichbehandlungsgrundsatz ableiten.[49] In der Grundsatzentscheidung Dimarso hat der EuGH entschieden, dass der Auftraggeber nicht verpflichtet sei, den potenziellen Bietern in der Auftragsbekanntmachung oder in den entsprechenden Verdingungsunterlagen die Bewertungsmethode, die er zur konkreten Bewertung und Einstufung der Angebote anwenden wird, zur Kenntnis zu bringen. Aus praktischer Sicht spricht allerdings viel dafür, die festgelegte Bewertungsmethode den Bietern auch mitzuteilen. Dies fördert die Qualität der Angebote und steigert aufgrund der Präklusionsvorschrift des § 160 GWB im Übrigen auch die Rechtssicherheit für den Auftraggeber.

20 Die Frage, ob und unter welchen Voraussetzungen ein sog. **Schulnotensystem als Wertungsmethode** verwendet werden darf, war jahrelang umstritten. Hier vertrat insbesondere das OLG Düsseldorf eine restriktive Auffassung und verlangte, dass der Auftraggeber selbst konkretisierende Angaben vorsehe, damit der Bieter erkennen könne, auf was es dem Auftraggeber ankomme.[50] Dem hat der BGH in einer Grundsatzentscheidung eine Absage erteilt und die Verwendung eines Schulnotensystems als Bewertungsmethode auch ohne konkretisierende Angaben des Auftraggebers für zulässig erklärt. Es stehe einer transparenten und wettbewerbskonformen Auftragsvergabe nicht entgegen, dass die von den Bietern vorgelegten Konzepte im Rahmen der Angebotswertung benotet würden und einen der jeweiligen Note zugeordneten Punktwert erhalten, ohne dass die Vergabeunterlagen weitere konkretisierende Angaben dazu enthielten, wovon die jeweils zu erreichende Punktzahl für das Konzept konkret abhängen solle.[51]

21 Von der festgelegten Wertungsmethode darf der Auftraggeber **nicht abweichen.** Wird in den Vergabeunterlagen den Bietern etwa mitgeteilt, dass die Bewertung der Zuschlagskriterien auf einer Notenskala von 0 – 5 „vollen" Punkten erfolgt, darf nicht bei den einzelnen Kriterien der Durchschnitt aus den addierten Einzelbewertungen der Bewerter der Bewertungskommission gebildet werden mit der Folge, dass es bei mehreren Kriterien zu einer Bepunktung mit Zwischenwerten kommt.[52]

22 Abs. 4 und 5 sehen eine **Erleichterung** für Auftragnehmer vor, indem diese von den Unternehmen für den Nachweis, dass eine angebotene Leistung den Zuschlagskriterien und den Ausführungsbedingungen iSd § 128 Abs. 2 GWB entspricht, Bescheinigungen von Konformitätsbewertungsstellen (§ 31) oder die Vorlage von Gütezeichen (§ 32) verlangen.[53]

---

[46] OLG Düsseldorf Beschl. v. 14.9.2016 – VII-Verg 7/16 Rn. 40; OLG Düsseldorf Beschl. v. 21.10.2015, VII-Verg 28/14 Rn. 108.
[47] So auch Eschenbruch/Opitz/Röwekamp/*Röwekamp* Rn. 35.
[48] Vgl. EuGH Urt. v. 18.11.2010 – C-226/09, NZBau 2011, 50 – Kommission/Irland.
[49] *Müller-Wrede* in Müller-Wrede SektVO Rn. 222.
[50] OLG Düsseldorf Beschl. v. 21.10.2015 – Verg 28/14; Beschl. v. 16.12.2015 – Verg 25/15; Beschl. v. 15.6.2016 – Verg 49/15.
[51] BGH Beschl. v. 4.4.2017 – X ZB 3/17 Rn. 39 ff.
[52] VK Brandenburg Beschl. v. 3.6.2019 – VK 4/19 Rn. 66; VK Niedersachsen Beschl. v. 11.8.2020 – VgK-16/2020 Rn. 77.
[53] Vgl. auch EuGH Urt. v. 10.5.2012 – C-368/10, NZBau 2012, 445 – EKO und Max Havelaar.

Hinsichtlich der **Information der Bieter** über die Zuschlagsentscheidung findet § 134 GWB 23
Anwendung (→ GWB § 134 Rn. 33 ff.). § 52 ist **bieterschützend**.

§ 53 Berechnung von Lebenszykluskosten

(1) Der Auftraggeber kann vorgeben, dass das Zuschlagskriterium „Kosten" auf der Grundlage der Lebenszykluskosten der Leistung berechnet wird.

(2) ¹Der Auftraggeber gibt die Methode zur Berechnung der Lebenszykluskosten und die zur Berechnung vom Unternehmen zu übermittelnden Informationen in der Auftragsbekanntmachung oder den Vergabeunterlagen an. ²Die Berechnungsmethode kann umfassen
1. die Anschaffungskosten,
2. die Nutzungskosten, insbesondere den Verbrauch von Energie und anderen Ressourcen,
3. die Wartungskosten,
4. Kosten am Ende der Nutzungsdauer, insbesondere die Abholungs-, Entsorgungs- oder Recyclingkosten, oder
5. Kosten, die durch die externen Effekte der Umweltbelastung entstehen, die mit der Leistung während ihres Lebenszyklus in Verbindung stehen, sofern ihr Geldwert nach Absatz 3 bestimmt und geprüft werden kann; solche Kosten können Kosten der Emission von Treibhausgasen und anderen Schadstoffen sowie sonstige Kosten für die Eindämmung des Klimawandels umfassen.

(3) Die Methode zur Berechnung der Kosten, die durch die externen Effekte der Umweltbelastung entstehen, muss folgende Bedingungen erfüllen:
1. Sie beruht auf objektiv nachprüfbaren und nichtdiskriminierenden Kriterien; ist die Methode nicht für die wiederholte oder dauerhafte Anwendung entwickelt worden, darf sie bestimmte Unternehmen weder bevorzugen noch benachteiligen,
2. sie ist für alle interessierten Beteiligten zugänglich, und
3. die zur Berechnung erforderlichen Informationen lassen sich von Unternehmen, die ihrer Sorgfaltspflicht im üblichen Maße nachkommen, einschließlich Unternehmen aus Drittstaaten, die dem Übereinkommen über das öffentliche Beschaffungswesen von 1994 (Abl. C 256 vom 3.9.1996, S. 1), geändert durch das Protokoll zur Änderung des Übereinkommens über das öffentliche Beschaffungswesen (Abl. L 68 vom 7.3.2014, S. 2) oder anderen, für die Europäische Union bindenden internationalen Übereinkommen beigetreten sind, mit angemessenem Aufwand bereitstellen.

(4) Sofern eine Methode zur Berechnung der Lebenszykluskosten durch einen Rechtsakt der Europäischen Union verbindlich vorgeschrieben worden ist, hat der Auftraggeber diese Methode vorzugeben.

Schrifttum: *Funk/Tomerius*, Aktuelle Ansatzpunkte umwelt- und klimaschützender Beschaffung in Kommunen – Überblick und Wege im Dschungel des Vergaberechts (Teil 2), KommJur 2016, 47; *Gaus*, Ökologische Kriterien bei der Vergabeentscheidung, NZ Bau 2013, 401; *Schröder*, „Grüne" Zuschlagskriterien – die Lebenszyklusberechnung anhand von Energieeffizienz- und Schadstoffkriterien am Beispiel der Beschaffung von Straßenfahrzeugen, NZBau 2014, 467; *Zeiss*, Energieeffizienz in der Beschaffungspraxis, NZBau 2012, 201; *Zeiss*, Weniger Energieverbrauch! – Beschaffung energieeffizienter Geräte und Ausrüstung, NZBau 2011, 658.

Übersicht

	Rn.		Rn.
I. Normzweck und Überblick	1	II. Lebenszykluskosten als Zuschlagskriterium	3

I. Normzweck und Überblick

§ 53 ergänzt § 52 Abs. 2 S. 2, wonach bei der Ermittlung des wirtschaftlichsten Angebotes 1
anstatt des Preises auch Kosten berücksichtigt werden können. § 53 setzt Art. 83 Sektoren-RL nahezu wortgleich um.[1] Art. 83 Sektoren-RL macht erstmals unabhängig vom konkreten Beschaf-

---

[1] BT-Drs. 18/7318, 245.

fungsgegenstand Vorgaben zur Lebenszykluskostenberechnung. Ein Auftraggeber kann danach bei der Ermittlung der Kosten eines Angebotes sämtliche über den gesamten Lebenszyklus von Bauleistungen, Lieferungen oder Dienstleistungen anfallenden Kosten als Zuschlagskriterium berücksichtigen. Spezielle Regeln zur Beschaffung energieverbrauchsrelevanter Leistungen und von Straßenfahrzeugen enthält die SektVO in §§ 58 und 59. Der Lebenszyklus-Kostenansatz ist ein Unterfall des **Kosten-Wirksamkeitsansatzes** (Erwägungsgrund 97 Sektoren-RL). Vereinzelt verpflichten Vergabegesetze der Länder öffentliche Auftraggeber, Lebenszykluskosten zu berücksichtigen.[2] Bereits § 4 Abs. 7–10 VgV aF iVm § 19 EG Abs. 9 VOL/A sowie § 7 Abs. 5 und 6, § 29 Abs. 2 aF enthielten spezifische Regelungen zur Lebenszyklusberechnung in Umsetzung der RL 2009/33/EG über die Förderung sauberer und energieeffizienter Straßenfahrzeuge.[3] Wortgleiche Parallelregelungen finden sich in § 59 VgV und § 43 Abs. 4 UVgO. Demgegenüber enthalten die VSVgV, KonzVgV und die VOB/A keine entsprechenden Regelungen.

2 Mit der Einbeziehung und Aufwertung[4] umweltbezogener Kostenfaktoren soll das **Ziel** eines intelligenten, nachhaltigen und integrativen Wachstums bei der öffentlichen Auftragsvergabe gefördert werden (Erwägungsgrund 101 Sektoren-RL). Zweck ist es, die Entwicklung und Anwendung europäischer Konzepte für die Lebenszykluskostenberechnung zu fördern. Die Ermittlung der Lebenszykluskosten dient wiederum der genaueren wertenden Erfassung aller Betriebs- und Folgekosten bis hin zur Entsorgung, insbesondere der Energiekosten.[5] Letztlich führt eine Berücksichtigung der Lebenszykluskosten zu einer Steigerung der Wirtschaftlichkeit.[6] Gerade bei Produkten mit einem hohen Instandhaltungs- oder Serviceaufwand ist die Berücksichtigung von Lebenszykluskosten betriebswirtschaftlich sinnvoll.

II. Lebenszykluskosten als Zuschlagskriterium

3 Gemäß § 53 Abs. 1 kann der Auftraggeber vorgeben, dass das Zuschlagskriterium „Kosten" auf der Grundlage der Lebenszykluskosten der Leistung berechnet wird. Auch wenn es aus Gründen der Nachhaltigkeit und/oder Wirtschaftlichkeit nahe liegt, Lebenszykluskosten stets bei der Angebotsbewertung zu berücksichtigen,[7] steht es nach dem klaren Wortlaut der Vorschrift im **Ermessen** des Auftraggebers, statt dem Zuschlagskriterium „Preis" das Zuschlagskriterium „Kosten" zu verwenden.[8] Dabei ist richtigerweise unerheblich, wie das betreffende Haupt- oder Unterkriterium in den Vergabeunterlagen genannt wird. Erforderlich aber auch ausreichend ist, dass ein durchschnittlicher Bieter erkennen kann, dass und wie bestimmte Kostenelemente des Lebenszyklus bewertet werden. Nach der hier vertretenen Auffassung kann der Auftraggeber daher neben dem Preis (im Sinne der unmittelbaren Anschaffungskosten) auch ausgewählte Kostenelemente des Lebenszyklus zusätzlich bewerten, solange diese vom Anschaffungspreis unterscheidbar sind. Da die exemplarische Aufzählung der Kostenelemente in § 53 Abs. 2 S. 2 die Anschaffungskosten nennt, kann es keinen Unterschied machen, ob die Anschaffungskosten als eigenes Kriterium „Preis" gesondert oder gemeinsam mit anderen Kostenelementen bewertet werden.[9]

4 Gemäß § 127 Abs. 3 S. 2 GWB ist die erforderliche Verbindung von Zuschlagskriterium und Auftragsgegenstand auch dann anzunehmen, wenn sich ein Zuschlagskriterium auf Prozesse im Zusammenhang mit der Herstellung, Bereitstellung oder Entsorgung der Leistung, auf den Handel mit der Leistung oder auf ein anderes Stadium im Lebenszyklus der Leistung bezieht, auch wenn sich diese Faktoren nicht auf die materiellen Eigenschaften des Auftragsgegenstandes auswirken. Eine **Legaldefinition** „Lebenszyklus" findet sich in Art. 2 Nr. 16 Sektoren-RL. Danach umfasst der „Lebenszyklus" alle aufeinanderfolgenden und/oder miteinander verbundenen Stadien, einschließlich der durchzuführenden Forschung und Entwicklung, der Herstellung, des Handels und der damit verbundenen Bedingungen, des Transports, der Nutzung und Wartung, während der Lebensdauer einer Ware oder eines Bauwerks oder während der Erbringung einer Dienstleistung, angefangen von der Rohmaterialbeschaffung oder Erzeugung von Ressourcen bis hin zu Entsorgung, Aufräumarbeiten und Beendigung der Dienstleistung oder Nutzung.

---

[2] ZB § 7 Abs. 1 S. 4 Berliner Ausschreibungs- und Vergabegesetz (BerlAVG) v. 22.4.2020.
[3] RL 2009/33/EG des EP und des Rates v. 23.4.2009 über die Förderung sauberer und energieeffizienter Straßenfahrzeuge, ABl. 2009 L 120, 5.
[4] *Mutschler-Siebert/Kern* in Gabriel/Krohn/Neun VergabeR-HdB § 30 Rn. 56.
[5] *Gaus* NZBau 2013, 401 (405).
[6] Vgl. VK Bund Beschl. v. 29.5.2020 – VK 2-19/20 Rn. 65.
[7] In diese Richtung jüngst VK Bund Beschl. v. 29.5.2020 – VK 2-19/20 Rn. 65, wonach es richtig, wenn nicht gar notwendig erscheine, Wartungskosten in die preisliche Wertung einzubeziehen.
[8] So iErg auch EuGH Urt. v. 20.9.2018 – C-546/16 Rn. 4 („je nach Wahl"); VK Bund Beschl. v. 16.11.2016 – VK 1-94/16 Rn. 51 („steht es dem öffentlichen Auftraggeber […] frei").
[9] AA offenbar Greb/Müller/*Honekamp* Rn. 10; *Eßig* in Müller-Wrede SektVO Rn. 13.

I. Normzweck und Überblick

Entscheidet sich der Auftraggeber im Rahmen seines Ermessens, Lebenszykluskosten bei seiner Vergabeentscheidung berücksichtigen, so muss er dies gem. § 52 Abs. 2 S. 1 als formale Anforderung zur Wahrung der Transparenz des Vergabeverfahrens bereits in der Auftragsbekanntmachung bzw. in den Vergabeunterlagen **kenntlich machen**. Dazu hat der Auftraggeber – wie auch sonst bei Zuschlagskriterien erforderlich – die von ihm gewählte Berechnungsmethode anzugeben. Die Berechnungsmethode muss sich dabei auf bestimmte Kostenelemente beziehen. Entsprechend hat der Auftraggeber zu regeln, welche Informationen, die Unternehmen ihm zur Berechnung zu übermitteln haben. Der Auftraggeber darf die für die Kostenberechnung erforderlichen Informationen nicht selbst ermitteln oder schätzen. Für den Fall, dass ein Bieter in einem bindenden Angebot einen Teil oder sämtliche Informationen nicht übermittelt, die erforderlich sind zur Berechnung der Lebenszykluskosten, gilt § 51 Abs. 3. Wie bei übrigen Zuschlagskriterien auch, hat der Auftraggeber die Gewichtung des Zuschlagskriteriums Kosten anzugeben.[10]

§ 53 Abs. 2 S. 2, der Art. 83 Abs. 1 lit. a und b Sektoren-RL umsetzt, zählt verschiedene berücksichtigungsfähige **Kostenelemente** auf. Wie sich aus dem Wortlaut von Wortlaut und Sektoren-RL ergibt, ist die Aufzählung grundsätzlich nicht abschließend. Dem Auftraggeber steht es nach dem Wortlaut der Sektoren-RL, der sich so nicht in der SektVO findet, grundsätzlich frei, welche Kostenelemente er berücksichtigt. Nach der hier vertretenen Auffassung ist er aber grundsätzlich verpflichtet, die Anschaffungskosten zu berücksichtigen. Die Auffassung, dass der Auftraggeber völlig frei sei, welche Kostenelemente er berücksichtigte[11] und daher theoretisch erlaubt, Anschaffungskosten unberücksichtigt zu lassen, wird regelmäßig das Wirtschaftlichkeitsgebot verletzen. Etwas anderes wird allenfalls dann gelten können, wenn die Anschaffungskosten nur eine unerhebliche Rolle spielen. Auch wenn sich dies nicht im Wortlaut von Verordnung und Sektoren-RL wiederfindet, wird nach allgemeiner Auffassung und der Verordnungsbegründung bei den Kostenelementen zwischen internen und externen Kosten unterschieden.

Aus der Sektoren-RL kann eine Definition für **interne Kosten** abgeleitet werden. Interne Kosten sind ausweislich Art. 83 Abs. 1 lit. a Sektoren-RL Kosten, die während des Lebenszyklusses „vom AG oder anderen Nutzern getragen werden". Beispiele für interne Kosten sind in Abs. 2 S. 2 Nr. 1–4 geregelt. Dazu zählen Kosten für Anschaffung (einschließlich der Kosten für durchzuführende Forschung, Entwicklung, Produktion und Transport), Nutzung (einschließlich des Energie- und Ressourcenverbrauchs), Wartung sowie Kosten am Ende der Nutzungsdauer wie Kosten für Abriss und Entsorgung oder für Abholung und Recycling aufgeführt. Aus Wortlaut und Verordnungsbegründung[12] ergibt sich, dass die Aufzählung der Kostenelemente in Abs. 2 **nicht abschließend** ist. So sind etwa Kosten, die dem Auftraggeber für Bedienpersonal entstehen, berücksichtigungsfähig.[13] Nach der hier vertretenen Auffassung können als weitere Beispiele für interne Kosten etwa die unterschiedliche Verlustleistung der angebotenen Produkte oder Reisekosten des Auftraggebers für eine erforderliche Prüfung der Leistung am Ort des Auftragnehmers berücksichtigt werden. Erforderlich ist allerdings, dass diese Kosten jeweils hinreichend quantifizierbar sind.

Nähere Vorgaben zur Festlegung der **Berechnungsmethode** für interne Kosten sieht § 53 nicht vor. Dafür besteht – anders als bei den externen Effekten der Umweltbelastung – jedoch auch kein Bedürfnis. Es gelten die allgemeinen Grenzen zur Bestimmungsfreiheit von Zuschlagskriterien. Dem Auftraggeber steht ein nur begrenzt überprüfbarer **Beurteilungsspielraum** zu, über welche Dauer und mit welchem Gewicht er interne Kosten bei der Angebotsbewertung einfließen lässt. In jedem Fall sachgerecht ist es, wenn sich der Auftraggeber an übliche betriebswirtschaftliche Berechnungsmethoden handelt. Hierbei kommen etwa kalkulatorische und parametrische Methoden oder auch eine Expertenschätzung in Betracht.[14] Allerdings bleibt zu beachten, dass die relevanten Informationen stets vom Bieter selbst kommen müssen.[15]

Ebenso umfassen die Lebenszykluskosten gem. Abs. 2 S. 2 Nr. 5 auch **externe** Kosten, die externen Umwelteffekten zugeschrieben werden. Externe Kosten sind also solche, die nicht beim Auftraggeber, sondern die regelmäßig der Allgemeinheit entstehen.[16] Voraussetzung für deren Berücksichtigungsfähigkeit ist, dass sie mit der ausgeschriebenen Ware oder Leistung während ihres Lebenszyklus in Verbindung stehen und sich ihr Geldwert bestimmen und prüfen lässt. Beispiele für solche externen Kosten sind die Kosten der Emission von Treibhausgasen oder

---

[10] *Gaus* NZBau 2013, 401 (407).
[11] Eschenbruch/Opitz/Röwekamp/*Wolters* Rn. 7; *Eßig* in Müller-Wrede SektVO Rn. 21.
[12] S. BT-Drs. 18/7318, 271, („exemplarisch").
[13] *Eßig* in Müller-Wrede SektVO Rn. 47.
[14] Näher *Eßig* in Müller-Wrede SektVO Rn. 20 ff.
[15] → Rn. 5.
[16] *Funk/Tomerius* KommJur 2016, 47 (49).

anderen Schadstoffen sowie sonstige Kosten für die Eindämmung des Klimawandels. Aus den Erwägungsgründen zur Sektoren-RL ergibt sich, dass die Auftraggeber bei der Ausgestaltung der Lebenszykluskosten einen großen Spielraum haben. Dies zeigt Erwägungsgrund 101 Abs. 2 Sektoren-RL, der als Beispiel für externe Kosten solche durch die Gewinnung der im Produkt verwendeten Rohstoffe oder das Produkt selbst oder dessen Herstellung hervorgerufene Umweltverschmutzung nennt.

10   Unklar ist, ob der Auftraggeber berechtigt, ist, auch **externe Kosten, die nicht externen Umwelteffekten zugeschrieben** werden, als Kostenelement zu verwenden.[17] Der Wortlaut von § 52 Abs. 2 S. 2 scheint dafür zu sprechen, da § 52 Abs. 2 S. 2 Nr. 5 die externen Effekte der Umweltbelastung offenbar nur als ein Beispiel unter weiteren aufzuzählen scheint. Richtigerweise ist der Auftraggeber nicht berechtigt, externe Kosten, die nicht Umwelteffekten zugeschrieben werden, als Kostenelement zu verwenden. Der Wortlaut der Sektoren-RL sieht Kosten, die externen Umwelteffekten zugeschrieben werden, nicht als Regelbeispiel. Auch die Systematik von SektVO und Sektoren-RL scheinen insoweit von einer abschließenden Regelung auszugehen, weil sich die näheren Vorgaben für die Berechnungsmethode in § 53 Abs. 3[18] bzw. Art. 83 Abs. 2 Sektoren-RL nur auf externe Umwelteffekte beziehen. Schließlich ist zu beachten, dass der Wirtschaftlichkeitsgrundsatz dafür streitet, nur Kosten, die dem Beschaffungsgegenstand konkret zugeordnet werden können, berücksichtigt werden. Möchte der Auftraggeber bei der Beschaffung auf sonstige externe Effekte verringern, sollte er dies daher in der Leistungsbeschreibung vornehmen.

11   Anders als bei internen Kosten trifft die SektVO nähere Vorgaben an die **Berechnungsmethode für externe Kosten der Umweltbelastung.** Denn insbesondere die Ermittlung der Kosten für externe Faktoren wird den Bietern in der Praxis kaum möglich sein.[19] Daher sieht Erwägungsgrund 101 Abs. 2 Sektoren-RL vor, dass auf Unionsebene **gemeinsame Methoden** für die Berechnung der Lebenszykluskosten für bestimmte Kategorien von Lieferungen oder Dienstleistungen entwickelt werden sollen. Solche gemeinsamen Methoden sollen dann verpflichtend für alle Auftraggeber Anwendung finden (Abs. 4). Daher enthält Abs. 3 Nr. 3 die weitere Voraussetzung, dass sich die zur Berechnung erforderlichen Informationen von Unternehmen mit angemessenem Aufwand bereitstellen lassen. Auch zum Zeitpunkt des Redaktionsschlusses dieses Kommentars fehlt es jedoch an einer entsprechenden Festlegung von Methoden zur Berechnung der Lebenszykluskosten auf Ebene der EU; der entsprechende Anhang XV der Sektoren-RL ist bis auf den Verweis auf die bisherige RL 2009/33/EG leer. Die Vorgaben dieser Richtlinie sind bislang in § 59 umgesetzt. In Umsetzung der Richtlinie (EU) 2019/1161 vom 20.6.2019 zur Änderung der Richtlinie 2009/33/EG über die Förderung sauberer und energieeffizienter Straßenfahrzeuge sowie zur Änderung vergaberechtlicher Vorschriften soll § 59 aufgehoben und die geänderte Richtlinie 2009/33/EG im Gesetz über die Beschaffung sauberer Straßenfahrzeuge umgesetzt werden (BR-Drs. 66/21 v. 22.2.2021).

12   § 53 Abs. 3 trifft nähere Regelungen zur Berechnungsmethode für Kosten, die durch die externen Effekte der Umweltbelastung entstehen. Die Methode zur Berechnung der Kosten muss gem. Abs. 3 Nr. 1 auf objektiv nachprüfbaren und nicht-diskriminierenden Kriterien beruhen. Weder darf sie bestimmte Unternehmen bevorzugen noch benachteiligen und sie muss für alle interessierten Beteiligten zugänglich sein. Insoweit hat § 53 allerdings nur eine klarstellende Funktion, da sich dies regelmäßig bereits aus den allgemeinen vergaberechtlichen Grundsätzen der Gleichbehandlung, der Nichtdiskriminierung, der Transparenz, dem Wettbewerb und der Verhältnismäßigkeit ergibt. Die so ermittelten Kosten sind angemessen, nicht notwendigerweise vollständig zu berücksichtigen.[20] Beabsichtigt der Auftraggeber, externe Effekte der Umweltbelastung zu berücksichtigen, erscheint es sinnvoll und sachgerecht, die Methodenkonvention zur Ermittlung von Umweltkosten des Umweltbundesamtes zu berücksichtigen.[21]

13   In Bezug auf den **Rechtsschutz** ergeben sich bei der Bewertung von Kosten bei der Angebotsbewertung keine Unterschiede zu den allgemeinen Grundsätzen. Bieter haben daher einen Anspruch darauf, dass die dargestellten inhaltlichen Anforderungen an die Gestaltung von Lebenszykluskosten als Zuschlagskriterium eingehalten werden. Weiter haben sie Anspruch darauf, dass der Auftraggeber das aufgestellte Kostenkriterium auch wie bekannt gemacht anwendet.

---

[17] In diese Richtung offenbar *Eßig* in Müller-Wrede SektVO Rn. 59.
[18] → Rn. 10.
[19] Krit. etwa *Gröning* VergabeR 2014, 339 (346); s. auch *Funk/Tomerius* KommJur 2016, 47 (49).
[20] Eschenbruch/Opitz/Röwekamp/*Wolters* Rn. 18.
[21] Umweltbundesamt, Methodenkonvention 3.0 zur Ermittlung von Umweltkosten, November 2018, zum Download unter https://www.umweltbundesamt.de/sites/default/files/medien/1410/publikationen/2018-11-12_methodenkonvention-3-0_methodische-grundlagen.pdf (zuletzt abgerufen am 11.8.2021).

§ 54 Ungewöhnlich niedrige Angebote

(1) Erscheinen der Preis oder die Kosten eines Angebots im Verhältnis zu der zu erbringenden Leistung ungewöhnlich niedrig, verlangt der Auftraggeber vom Bieter Aufklärung.

(2) ¹Der Auftraggeber prüft die Zusammensetzung des Angebots und berücksichtigt die übermittelten Unterlagen. ²Die Prüfung kann insbesondere betreffen:
1. die Wirtschaftlichkeit des Fertigungsverfahrens einer Lieferleistung oder der Erbringung der Dienstleistung,
2. die gewählten technischen Lösungen oder die außergewöhnlich günstigen Bedingungen, über die das Unternehmen bei der Lieferung der Waren oder bei der Erbringung der Dienstleistung verfügt,
3. die Besonderheiten der angebotenen Liefer- oder Dienstleistung,
4. die Einhaltung der Verpflichtungen nach § 128 Absatz 1 des Gesetzes gegen Wettbewerbsbeschränkungen, insbesondere der für das Unternehmen geltenden umwelt-, sozial- und arbeitsrechtlichen Vorschriften, oder
5. die etwaige Gewährung einer staatlichen Beihilfe an das Unternehmen.

(3) ¹Kann der Auftraggeber nach der Prüfung gemäß den Absätzen 1 und 2 die geringe Höhe des angebotenen Preises oder der angebotenen Kosten nicht zufriedenstellend aufklären, darf er den Zuschlag auf dieses Angebot ablehnen. ²Er lehnt das Angebot ab, wenn er festgestellt hat, dass der Preis oder die Kosten des Angebots ungewöhnlich niedrig sind, weil Verpflichtungen nach Absatz 2 Satz 2 Nummer 4 nicht eingehalten werden.

(4) ¹Stellt der Auftraggeber fest, dass ein Angebot ungewöhnlich niedrig ist, weil der Bieter eine staatliche Beihilfe erhalten hat, so lehnt der Auftraggeber das Angebot ab, wenn der Bieter nicht fristgemäß nachweisen kann, dass die staatliche Beihilfe rechtmäßig gewährt wurde. ²Der Auftraggeber teilt die Ablehnung der Europäischen Kommission mit.

Übersicht

	Rn.		Rn.
I. Normzweck und Überblick	1	II. Die Behandlung von Niedrigpreisangeboten	5

I. Normzweck und Überblick

§ 54 regelt die in der Praxis äußerst relevante – aber vielfach übersehene – Behandlung ungewöhnlich niedriger Angebote durch den Auftraggeber. § 54 Abs. 1 und 2 treffen dabei Regelungen zur Durchführung der in diesem Fall zunächst gebotenen Aufklärung. § 54 Abs. 3 und 4 treffen Regelungen zu den Rechtsfolgen. Zur Behandlung unangemessen hoher Angebote trifft die SektVO – im Gegensatz vor VOB/A – demgegenüber keine Regelung.[1] Die Prüfung des Preises erfolgt bei einstufigen Verfahren auf der dritten **Wertungsstufe**, bei den für Sektorenauftraggebern besonders relevanten zweistufigen Verfahren auf der zweiten Wertungsstufe, also nach Abschluss der formalen Angebotsprüfung. Die Regelung setzt Art. 84 Sektoren-RL um.[2] Vom Regelungsgehalt ist § 54 im Wesentlichen identisch mit § 27 aF. Eine wortgleiche Regelung findet sich in § 60 VgV und § 33 VSVgV, sodass ergänzend auch auf die Kommentierung dort verwiesen wird (→ VgV § 60 Rn. 1 ff. und → VSVgV § 33 Rn. 1 ff.).

Bei der Frage nach Sinn und Zweck von § 54 ist zwischen den in Frage kommenden Parteien (Auftraggeber, Bieter, Konkurrenten) und den unterschiedlichen Absätzen der Vorschrift zu differenzieren. Sinn und Zweck von § 54 Abs. 1, 2 ist – wie der gesamte § 54 – in erster Linie der **Schutz des Auftraggebers** vor zu niedrigen Angeboten, bei denen die ordentliche Ausführung der zu vergebenden Bau-, Dienst- oder Lieferleistung gefährdet ist.[3]

Darüber hinaus wird jedenfalls durch die Verpflichtung zur Preisprüfung in § 54 Abs. 1, 2 auch derjenige **Bieter geschützt**, dessen Angebot von einem Ausschluss bedroht ist.[4] Erscheint bei einem Bieter der Preis oder die Kosten im Verhältnis zu der zu erbringenden Leistung als ungewöhnlich niedrig, so hat dieser Bieter einen Anspruch auf Aufklärung.[5] Ein Ausschluss des Angebotes ohne

---
1 S. zur Behandlung unangemessen hoher Angebote Eschenbruch/Opitz/Röwekamp/*Steck* Rn. 42 f.
2 Verordnungsbegründung, BR-Drs. 87/16, 272.
3 Vgl. OLG Frankfurt a. M. Beschl. v. 30.3.2004 – 11 Verg 4/04.
4 Eschenbruch/Opitz/Röwekamp/*Steck* Rn. 2; Greb/Müller/*Weyand* Rn. 32.
5 VK Nordbayern Beschl. v. 11.7.2018 – RMF-SG21-3194-03-15.

vorherige Aufklärung ist vergaberechtswidrig. Umgekehrt hat ein Bieter mit einem solchen Angebot keinen Anspruch auf Schutz vor einem Zuschlag an sich vor oder nach Durchführung einer Preisprüfung.[6]

4   Lange Zeit umstritten war, ob die Vorschriften zur Preisprüfung auch die **Wettbewerber** vor ungewöhnlich niedrigen Angeboten von Konkurrenten schützen. Nach der lange überwiegenden Auffassung[7] sollte die Regelung zu ungewöhnlich niedrigen Preisen nur dann bieterschützende Wirkung haben, wenn der Auftraggeber verpflichtet sei, wettbewerbsbeschränkende und unlautere Verhaltensweisen zu beschränken. Das sollte der Fall sein, wenn der unangemessene Preis zielgerichtet zur Verdrängung von Wettbewerbern eingesetzt würde, sowie bei Unterkostenangeboten, bei deren Ausführung der Bieter voraussichtlich in solch große wirtschaftliche Schwierigkeiten gerate, dass er die Auftragsdurchführung abbrechen muss und andere Bieter nicht mehr in der Lage sind, den Auftrag weiter auszuführen. Aufgrund der hohen Anforderungen war der Rechtsschutz von Wettbewerbern gegen Unterkostenangebote lange Zeit beschränkt. Diese Rechtsprechung ist inzwischen überholt. Nach der **aktuellen Rechtsprechung** haben auch Mitbewerber ohne nähere Anforderungen einen Anspruch darauf, dass ein Auftraggeber die gem. § 54 Abs. 1, 2 erforderliche Preisprüfung durchführt, wenn der Preis oder die Kosten ungewöhnlich niedrig erscheinen.[8] Die Entscheidung war überfällig und überzeugt. Für eine Differenzierung danach, ob es für den Auftraggeber geboten ist, ein Niedrigpreisangebot wegen wettbewerbsbeschränkender oder unlauterer Verhaltensweisen auszuschließen, gibt es im Wortlaut des § 54 keinerlei Anhaltspunkt. Weiterhin spricht für die drittschützende Wirkung des § 54 auch das Wettbewerbsprinzip, dessen Einhaltung durch den Schutz der Wettbewerber gefördert wird. Allgemein sind dem Vergaberecht Regelungen, die allein den Auftraggeber schützen sollen, inzwischen fremd.

II. Die Behandlung von Niedrigpreisangeboten

5   § 54 Abs. 1 erfordert, dass der Auftraggeber vom Bieter **Aufklärung** zu verlangen hat, wenn der Preis oder die Kosten eines Angebotes im Verhältnis zu der zu erbringenden Leistung ungewöhnlich niedrig erscheinen. Es handelt sich um eine Aufklärungspflicht. Liegen die Voraussetzungen vor, hat der Auftraggeber kein Ermessen, eine Aufklärung nicht durchzuführen. Die Regelung trägt damit dem Anspruch des Bieters auf rechtliches Gehör Rechnung. Erforderlich ist, dass der Auftraggeber Anhaltspunkte für einen ungewöhnlich niedrigen Preis oder ungewöhnlich niedrige Kosten hat. Dabei kommt auf den **Gesamtpreis**[9] und nicht auf die Preise einzelner Positionen im Leistungsverzeichnis oder Preisblatt an. Zwar heißt es in der deutschen Fassung des Art. 84 Abs. 1 Sektoren-RL „die im Angebot vorgeschlagenen Preise oder Kosten" anstatt „Preis oder Kosten". Allerdings ergibt sich aus anderen Sprachfassungen (the price or costs proposed in the tender, le prix or les coûts proposés dans leurs offres) der Sektoren-RL, dass die Bezugsgröße der Gesamtpreis ist. Es entspricht auch Sinn und Zweck und der Kalkulationsfreiheit der Bieter, dass auf den Gesamtpreis abzustellen ist.

6   Ungewöhnlich niedrig ist ein Angebot dann, wenn der veranschlagte Preis von den Erfahrungswerten üblicher Preisbildung derart eklatant abweicht, dass die Unangemessenheit sofort ins Auge fällt.[10] Dem Auftraggeber kommt grundsätzlich ein **Beurteilungsspielraum** zu.[11] Der Auftraggeber kann grundsätzlich selbst Maßstäbe definieren, wann er von einem Missverhältnis von Leistung und Preis ausgeht. Der Maßstab kann grundsätzlich nur darauf überprüft werden, ob der Auftraggeber eine sachlich vertretbare Entscheidung getroffen hat.[12] Der amtlichen Begründung zu § 54 können keine näheren Hinweise entnommen werden, wann der Preis oder die Kosten eines Angebotes im Verhältnis zu der zu erbringenden Leistung ungewöhnlich niedrig erscheinen. Der Vorschlag der Kommission, Aufgreifkriterien für die Prüfung ungewöhnlich niedriger Angebote festzuschreiben,[13]

---

[6] So auch Eschenbruch/Opitz/Röwekamp/*Steck* Rn. 6.
[7] Vgl. OLG Düsseldorf Beschl. v. 4.9.2002 – Verg 37/02; OLG Koblenz Beschl. v. 15.10.2009 – 1 Verg 9/09; OLG Düsseldorf Beschl. v. 9.5.2011 – Verg 45/11, BeckRS 2011, 18630; KG Beschl. v. 23.6.2011 – 2 Verg 7/10, BeckRS 2012, 15851.
[8] BGH Beschl. v. 31.1.2018 – X ZB 10/16, NZBau 2017, 230; OLG Hamburg Beschl. v. 6.9.2019 – 1 Verg 3/19, VergabeR 2020, 220 ff.
[9] OLG München Beschl. v. 25.9.2014 – Verg 10/14.
[10] OLG Koblenz Beschl. v. 28.10.2009 – 1 Verg 8/09, NZBau 2009, 671; OLG Karlsruhe Beschl. v. 16.6.2010 – 15 Verg 4/10, BeckRS 2010, 15754.
[11] VK Nordbayern Beschl. v. 14.3.2019 – RMF-SG21-3194-4-5; OLG Brandenburg Beschl. v. 22.3.2011 – Verg W 18/10; OLG Düsseldorf Beschl. v. 30.4.2014 – Verg 41/13.
[12] Vgl. OLG Düsseldorf Beschl. v. 30.4.2014 – VII-Verg 41/13.
[13] Kom., Vorschlag für eine Richtlinie über die Vergabe von Aufträgen durch Auftraggeber im Bereich der Wasser-, Energie- und Verkehrsversorgung sowie der Postdienste; KOM(2011) 895 endgültig, Art. 79 Abs. 1.

konnte sich nicht unmittelbar durchsetzen. Die Kommission hatte in ihrem Vorschlag vorgesehen, dass der Preis bzw. die berechneten Kosten ungewöhnlich niedrig sind, wenn sie mehr als 50% unter dem Durchschnittspreis oder den Durchschnittskosten der übrigen Angebote und mehr als 20% unter dem Preis oder den Kosten des zweitniedrigsten Angebots liegen.

In der Praxis haben sich zwischenzeitlich allerdings Grundsätze zu **Aufgreifschwellen** durchgesetzt. Sind diese erreicht, hat der Auftraggeber eine Aufklärung vorzunehmen. Grundsätzlich ist bei einer Abweichung von 20% gegenüber dem nächsthöheren Angebot von einem Missverhältnis auszugehen und eine Überprüfung des Angebots verpflichtend.[14] Ein Preisabstand zwischen dem günstigsten Bieter und dem Zweitplatzierten von 10% begründet demgegenüber regelmäßig keinen Anlass für eine Aufklärung.[15] Ausnahmen sind jedoch bei außergewöhnlichen Umständen denkbar. Wurden die in Rede stehenden Leistungen funktional ausgeschrieben, können auch erhebliche Abweichungen gerechtfertigt sein.[16]

Ungewöhnlich niedrig ist der Preis auch dann, wenn eine unangemessen hohe Abweichung von der **Kostenschätzung des Auftraggebers** vorliegt. An die eigene Kostenschätzung sind aber hohe Anforderungen zu stellen, sie muss mindestens in sich schlüssig und nachvollziehbar sein.[17] Im Allgemeinen wird man auch bei der Kostenschätzung des Auftraggebers als Bezugspunkt die gleichen Aufgreifschwellen anlegen. Es gelten jedoch nach der hier vertretenen Auffassung folgende Modifikationen: Für den Fall, dass das günstigste Angebot mindestens 20% unter der Kostenschätzung des Auftraggebers liegt, ist eine Aufklärung nicht geboten, wenn weitere Angebote existieren, die zwischen dem günstigsten Angebot und der Kostenschätzung liegen. Denn in diesem Fall ist lediglich davon auszugehen, dass die Kostenschätzung des Auftraggebers zu hoch war. Wird demgegenüber die belastbare Kostenschätzung erreicht und liegt das zweitgünstigste Angebot mehr als 20% höher, ist grundsätzlich keine Aufklärung erforderlich.[18] Denn in diesem Fall ist davon auszugehen, dass Preis und Leistung in angemessenen Verhältnis stehen und andere Bieter aus verschiedenen Motiven höhere Preise abgegeben haben.

Der **Umfang und der Inhalt der Aufklärung** erstrecken sich auf alle inhaltlichen Aspekte des Angebots, die eine Auswirkung auf den Preis haben. Sie ist nicht begrenzt auf rechnerische Unklarheiten. Dem Auftraggeber kommt hinsichtlich der Aufklärung des Angebotspreises einen Beurteilungsspielraum zu. Nach Abs. 2 S. 2 kann die Prüfung insbesondere betreffen:
– die Wirtschaftlichkeit des Fertigungsverfahrens einer Lieferleistung oder der Erbringung der Dienstleistung (Nr. 1);
– die gewählten technischen Lösungen oder die außergewöhnlich günstigen Bedingungen, über die das Unternehmen bei der Lieferung der Waren oder bei der Erbringung der Dienstleistung verfügt (Nr. 2);
– die Besonderheiten der angebotenen Liefer- oder Dienstleistung (Nr. 3);
– die Einhaltung der Verpflichtungen nach § 128 Abs. 1 GWB, insbesondere der für das Unternehmen geltenden umwelt-, sozial- und arbeitsrechtlichen Vorschriften (Nr. 4), oder
– die etwaige Gewährung einer staatlichen Beihilfe an das Unternehmen (Nr. 5).

Die Aufzählung ist nicht abschließend. Sachgerecht kann die Anforderung der Urkalkulation sein,[19] sollte sie nicht bereits ohnehin Bestandteil der Angebotsunterlagen sein. Sie kann sich – anders als bei dem Angebotsvergleich – auch auf einzelne Positionen des Leistungsverzeichnisses oder Preisblattes beziehen. Bei einer funktional beschriebenen LV-Position gehört auch die Prüfung des vom Bieter für die Position zugrunde gelegten Mengengerüsts zur Preisprüfung.[20]

Die **Form** der Aufklärung ist nicht vorgegeben, sollte aber aufgrund von § 9 im Grundsatz elektronisch durchgeführt werden. Erfolgt die Aufklärung im Rahmen eines Verhandlungstermins, ist auch eine Aufklärung in mündlicher Form nicht ausgeschlossen. In diesem Fall ist die Aufklärung jedoch besonders sorgfältig zu **dokumentieren**.

Den Bieter trifft eine Mitwirkungsobliegenheit. Kann der Bieter keine Aufklärung leisten, geht das zu seinen Lasten. Ihn trifft insofern die **Darlegungs- und Beweislast** dafür, dass er trotz des

---

[14] OLG Celle Beschl. v. 17.11.2011 – 13 Verg 6/11, BeckRS 2011, 26616; OLG Düsseldorf Beschl. v. 23.1.2008 – Verg 36/07, BeckRS 2008, 13109; VK Lüneburg Beschl. v. 4.12.2015 – VgK-44/2015, BeckRS 2016, 02819.
[15] OLG Düsseldorf Beschl. v. 30.4.2014 – Verg 41/13; anders noch die frühere Rechtsprechung zB VK Düsseldorf Beschl. v. 24.11.2009 – VK-26/2009-L, VPRRS 2013, 0723.
[16] Eschenbruch/Opitz/Röwekamp/*Steck* Rn. 15.
[17] OLG Frankfurt a. M. Beschl. v. 28.6.2005 – 11 Verg 21/04, VergabeR 2006, 131; VK Mecklenburg-Vorpommern Beschl. v. 17.11.2014 – 2 VK 16/14, IBRRS 2015, 0642.
[18] AA offenbar *Horn* in SektVO Müller-Wrede Rn. 18, der von einem Vorrang der Vergleichsangebote ausgeht.
[19] Vgl. OLG Hamburg Beschl. v. 6.9.2019 – 1 Verg 3/19; VergabeR 2020, 220; VK Bund Beschl. v. 22.11.2017 – VK 1-129/17, ZfBR 2018, 300.
[20] OLG Hamburg Beschl. v. 6.9.2019 – 1 Verg 3/19; VergabeR 2020, 220.

angegebenen günstigen Preises bzw. niedrigen Kosten die Leistung in der geforderten Qualität über die Vertragslaufzeit erbringen kann. Den Auftraggeber trifft eine **Plicht, die erhaltenen Informationen zu prüfen.**[21] Kann der Bieter zufriedenstellen darstellen, dass kein Unterkostenangebot vorliegt, ist sein Angebot zwingend in der Wertung zu lassen.[22] Ob dem Auftraggeber bei der Entscheidung der Frage, ob ein Angebot ungewöhnlich niedrig ist und ein Missverhältnis zwischen Preis und Leistung vorliegt, ein Beurteilungsspielraum hat, ist nicht eindeutig geklärt. Teilweise wird diese verneint,[23] teilweise wird vertreten, dass die Vergabekammer lediglich prüfen könne, ob die Aufklärung der Preise durch die Vergabestelle nachvollziehbar und sachgerecht erfolgt ist.[24] Letztere Ansicht überzeugt. Denn anderenfalls würde die Vergabekammer die Kalkulation des Bieters überprüfen, was ihr jedoch allgemein nicht zukommt.

13   Hinsichtlich des **Zeitpunkts der Aufklärung** hat der Auftraggeber abhängig vom gewählten Verfahren einen Spielraum. Bei dem im Sektorenbereich stets zulässigen und auch in der Praxis üblichen Verhandlungsverfahren steht es dem Auftraggeber offen, die Aufklärung erst nach Vorliegen der finalen Angebote oder zu einem früheren Zeitpunkt, etwa während des Verhandlungstermins oder bereits kurz nach Vorliegen der Erstangebote durchzuführen. Für eine frühe Aufklärung spricht dabei, dass erhebliche Preisunterschiede zwischen den Angeboten auch ein Indiz für unklare Vergabeunterlagen darstellen können und der Auftraggeber in diesem Fall mit wenig Zeitverlust die Vergabeunterlagen präzisieren kann. Umgekehrt spricht für eine Aufklärung erst nach Vorliegen der finalen Angebote der Umstand, dass oftmals erst zu diesem Zeitpunkt belastbare, marktgängige Angebote vorliegen und Bieter weitere Informationen, die sie während den Verhandlungen erhalten haben, zur Angebotskalkulation verwenden könnten.

14   Steht nach der Aufklärung fest, dass ein Unterkostenangebot vorliegt oder kann der Bieter nicht zur Zufriedenheit des Auftraggebers nachweisen, dass sein angebotener Preis oder die angebotenen Kosten seriös kalkuliert sind, steht es grundsätzlich **Ermessen** des Auftraggebers, das ungewöhnlich niedrige Angebot **auszuschließen.** Dies ergibt sich bereits aus dem klaren Wortlaut des § 54 Abs. 3 S. 1 und einem Umkehrschluss aus § 54 Abs. 3 S. 2 und Abs. 3, die jeweils eine gebundene Entscheidung vorsehen. Die Nachprüfungsinstanzen scheinen allerdings der Auffassung zuzuneigen, dass der Auftraggeber zur Sachgerechtigkeit der Ermessensentscheidung, einen Bieter mit einem Unterkostenangebot in der Wertung zu lassen, verpflichtet ist, zu prüfen, ob der Bieter den Auftrag zum angebotenen Preis voraussichtlich ordnungsgemäß ausführen kann.[25] Richtig ist, dass jedenfalls verbleibende Zweifel des Auftraggebers an der ordnungsgemäßen Leistungserbringung die Ermessensentscheidung zu einem Ausschluss rechtfertigen. Die Berücksichtigung betriebswirtschaftlicher Überlegungen des Bieters, als Newcomer in einen Markt eintreten zu wollen oder personelle und/ oder technische Kapazitäten auszulasten, sind sachgerecht,[26] einen Bieter mit einem Unterpreisangebot in der Wertung zu lassen. Dem Wortlaut nach sind Angebote, deren Preise oder Kosten wegen Nichteinhaltung der Verpflichtungen nach § 128 Abs. 1 GWB, insbesondere von umweltrechtlichen Verpflichtungen oder von Vorschriften über Arbeitsschutz und Arbeitsbedingungen (ua des Mindestlohngesetzes) ungewöhnlich niedrig sind, zwingend auszuschließen. Damit trägt die Vorschrift Erwägungsgrund 108 Sektoren-RL sowie Art. 36 Abs. 2 Sektoren-RL (ggf. iVm Art. 88 Abs. 1 Sektoren-RL) Rechnung. Die Rechtsprechung zu bisherigen Rechtslage zur Ausschlusspflicht für den – in der Regel kaum nachzuweisenden Fällen – dass das Unterkostenangebot in zielgerichteter Absicht einer Marktverdrängung abgegeben wurde[27] oder den Bieter in erhebliche wirtschaftliche Schwierigkeiten von existenzbedrohendem Ausmaß bringt[28] dürfte weitergelten.

15   Abs. 4 enthält eine **Sonderregelung** für den Fall, dass der ungewöhnlich niedrig erscheinende Preis auf der Gewährung einer staatlichen Beihilfe beruht. In dem Fall muss die Rechtmäßigkeit der Beihilfe vom Unternehmen nachgewiesen werden.[29] Bevor der Auftraggeber ein Angebot deswegen ablehnt, weil dessen Preis oder die Kosten wegen der Gewährung einer staatlichen Beihilfe ungewöhnlich niedrig sind, hat er das Unternehmen unter Festsetzung einer angemessen Frist aufzufor-

---

[21] Vgl. VK Bund Beschl. v. 22.11.2017 – VK 1-129/17, ZfBR 2018, 300.
[22] Vgl. VK Nordbayern Beschl. v. 14.3.2019 – RMF-SG 21-3194-4-5.
[23] OLG Düsseldorf Beschl. v. 30.4.2014 – VII-Verg 41/13, BeckRS 2014, 09478.
[24] VK Nordbayern Beschl. v. 14.3.2019 – RMF-SG 21-3194-4-5.
[25] Vgl. OLG Düsseldorf Beschl. v. 30.4.2014 – VII-Verg 41/13, BeckRS 2014, 09478; OLG Düsseldorf Beschl. v. 8.6.2016 – VII-Verg 57/15, BeckRS 2016, 18627 Rn. 14; VK Bund Beschl. v. 9.12.2015 – VK 2-107/ 15, ZfBR 2016, 402 = BeckRS 2016, 09214; VK Bund Beschl. v. 22.11.2017 – VK 1-129/17, ZfBR 2018, 300.
[26] VK Bund Beschl. vo.22.11.2017 – VK 1-129/17, ZfBR 2018, 300.
[27] Vgl. OLG Düsseldorf Beschl. v. 25.2.2009 – VII-Verg 6/09, IBR 2010, 50.
[28] Vgl. BGH Beschl. v. 7.7.1998 – ZR 17/97, NJW 1998, 3192.
[29] Greb/Müller/*Weyand* Rn. 31 mwN.

dern, nachzuweisen, dass die staatliche Beihilfe rechtmäßig gewährt wurde. Wird der Nachweis nicht fristgerecht erbracht, so lehnt der Auftraggeber das Angebot ab und teilt der Europäischen Kommission die Ablehnung mit.

§ 55 Angebote, die Erzeugnisse aus Drittländern umfassen

(1) ¹Der Auftraggeber eines Lieferauftrags kann Angebote zurückweisen, bei denen der Warenanteil zu mehr als 50 Prozent des Gesamtwertes aus Ländern stammt, die nicht Vertragsparteien des Abkommens über den Europäischen Wirtschaftsraum sind und mit denen auch keine sonstigen Vereinbarungen über gegenseitigen Marktzugang bestehen. ²Das Bundesministerium für Wirtschaft und Energie gibt im Bundesanzeiger bekannt, mit welchen Ländern und auf welchen Gebieten solche Vereinbarungen bestehen.

(2) ¹Sind zwei oder mehrere Angebote nach den Zuschlagskriterien gleichwertig, so ist dasjenige Angebot zu bevorzugen, das nicht nach Absatz 1 zurückgewiesen werden kann. ²Die Preise sind als gleichwertig anzusehen, wenn sie nicht um mehr als 3 Prozent voneinander abweichen. ³Satz 1 ist nicht anzuwenden, wenn die Bevorzugung zum Erwerb von Ausrüstungen führen würde, die andere technische Merkmale als die vom Auftraggeber bereits genutzten Ausrüstungen aufweisen und dadurch bei Betrieb und Wartung zu Inkompatibilität oder technischen Schwierigkeiten oder zu unverhältnismäßigen Kosten führen würde.

(3) Software, die in der Ausstattung für Telekommunikationsnetze verwendet wird, gilt als Ware im Sinne des Absatzes 1.

Schrifttum: *Europäische Kommission,* Mitteilung v. 24.7.2019, Leitlinien zur Teilnahme von Bietern und Waren aus Drittländern am EU-Beschaffungsmarkt, C(2019) 5494 final; *Krenzler/Herrmann/Niestedt,* EU-Außenwirtschafts- und Zollrecht, 17. Aufl. 2021; *Schäfer,* Der EU-Verordnungsvorschlag zum Marktzugang aus Drittstaaten zu EU-Beschaffungsmärkten, VergabeR 2014, 266; *Zillmann,* Waren und Dienstleistungen aus Drittstaaten im Vergabeverfahren, NZBau 2003, 48.

Übersicht

	Rn.		Rn.
I. Überblick und Normzweck	1	III. Begünstigung von Angeboten (Abs. 2)	9
II. Zurückweisung von Angeboten (Abs. 1 und 3)	3	IV. Rechtsschutz	12

I. Überblick und Normzweck

§ 55,[1] der Art. 85 Sektoren-RL[2] umsetzt, enthält Vorgaben für Angebote über Lieferaufträge, bei denen mehr als 50% des Warenanteils aus Ländern stammen, die nicht Vertragspartei des Abkommens über den EWR sind und mit denen auch sonst keine Vereinbarungen über den gegenseitigen Marktzugang bestehen. Danach kann der Auftraggeber solche Angebote unter bestimmten Voraussetzungen zurückweisen. Die Richtlinien 2014/24/EU (für öffentliche Auftraggeber) und 2014/23/EU (für Konzessionsgeber) enthalten keine vergleichbaren Vorgaben, weshalb auch der nationale Verordnungsgeber keine entsprechenden Vorschriften in VgV und KonzVgV umgesetzt hat. Mithin findet sich diese **Sonderbestimmung,** einer ausdrücklich gestatteten Diskriminierung, ausschließlich im Rahmen der SektVO. Gegenüber dem Wortlaut der Vorgängervorschrift § 22 aF hat sich keine Veränderung ergeben. In ihrem spezifischen Anwendungsbereich schränkt die Norm auch den in Deutschland seit 1960 geltenden sog. „Drei-Minister-Erlass",[3] der aus konjunkturpolitischen Gründen grundsätzlich eine einseitige Öffnung bzw. weltweite Liberalisierung des innerdeutschen Beschaffungsmarktes – unabhängig von etwaigen Vereinbarungen über den gegenseitigen Marktzugang mit Drittstaaten – vorsieht, ein. Eine Gegenauffassung, wonach § 55 lediglich eine Spezialrege-

---

[1] Der Beitrag des Autors gibt seine persönliche Meinung wieder und repräsentiert nicht notwendiger Weise die Auffassungen seines Arbeitgebers.
[2] RL 2014/25/EU des Europäischen Parlaments und des Rates v. 26.2.2014 über die Vergabe von Aufträgen durch Auftraggeber im Bereich der Wasser-, Energie- und Verkehrsversorgung sowie der Postdienste und zur Aufhebung der RL 2004/17/EG, ABl. 2014 L 94, 243.
[3] Vgl. Gemeinsames Rundschreiben des Bundesministers für wirtschaftlichen Besitz des Bundes, des Bundesministeriums für Wirtschaft und des Auswärtigen Amtes v. 29.4.1960, BWBl. 1960, 269.

lung im Sektorenbereich bildet, die europäischen Vergaberichtlinien aber einer Schlechterstellung von Bietern aus Drittstaaten (ohne Vereinbarungen über den gegenseitigen Marktzugang) generell nicht entgegenstehen, kann sich zumindest auf keinen ausdrücklichen (und damit § 55 vergleichbaren) Erlaubnistatbestand[4] für entsprechende Ungleichbehandlungen stützen. Gleichwohl argumentiert die Kommission[5] durchaus in diese Richtung. Folgt man dieser Auffassung, könnten Auftraggeber die detaillierten Vorgaben des § 55 durch einen schlichten Ausschluss von Bietern aus solchen Drittstaaten „aushebeln". Trotzdem interpretieren auch andere Mitgliedstaaten die Vorgaben der Vergaberichtlinien auf diese Weise. Neben den aufgezeigten systematischen Erwägungen dürfte die striktere nationale Sichtweise in Teilen aber auch historisch bedingt und auf den vorgenannten „Drei-Minister-Erlass" sowie die damit verbundene Liberalisierung des nationalen Beschaffungsmarktes zurückzuführen sein.

2   Die Norm **bezweckt** die Erschwerung des Zugangs von Waren aus Drittländern, die ihre Märkte nicht gegenüber Waren aus den EU-Mitgliedstaaten öffnen. Gleichzeitig ermöglicht § 55 die Bevorzugung von Angeboten, die aus solchen Ländern stammen, die Vertragsparteien des EWR-Abkommens sind oder mit denen Vereinbarungen über den gegenseitigen Marktzugang bestehen.[6] Art. 86 Sektoren-RL sieht hinsichtlich des zugrundeliegenden Gegenseitigkeitsprinzips Informationsvorgaben der Mitgliedstaaten gegenüber der Kommission, zu allgemeinen Schwierigkeiten rechtlicher oder faktischer Art, vor, auf die die Unternehmen bei der Bewerbung um Dienstleistungsaufträge in Drittländern stoßen. Die Norm fungiert mithin gewissermaßen als „Druckmittel" für den Abschluss von Handelsübereinkommen mit diesen Drittstaaten.

II. Zurückweisung von Angeboten (Abs. 1 und 3)

3   § 55 gilt seinem Wortlaut nach nur für **Lieferaufträge,** nicht dagegen für Bau- und Dienstleistungsaufträge. Im Falle von gemischten Verträgen findet die Norm lediglich dann Anwendung, wenn die Lieferleistung überwiegt bzw. den Schwerpunkt des Auftrags bildet (zur Abgrenzung → GWB § 110 Rn. 12 ff.).

4   Weitere Anwendungsvoraussetzung der Norm ist, dass es sich bei dem maßgeblichen **Drittland** nicht um eine Vertragspartei des EWR-Abkommens[7] handelt oder sonst Vereinbarungen über gegenseitigen Marktzugang bestehen. Neben den Mitgliedstaaten der EU[8] sind derzeit Norwegen, Island und Lichtenstein Vertragsparteien des EWR-Abkommens. Das wichtigste Abkommen über den gegenseitigen Marktzugang ist das plurilaterale GPA. Diesbezüglich stellt Erwägungsgrund 27 Sektoren-RL ausdrücklich klar, dass die Sektoren-RL auf Wirtschaftsteilnehmer aus Drittländern Anwendung findet, die dieses Abkommen unterzeichnet haben und deren Diskriminierung (beispielsweise durch eine Zurückweisung von Angeboten) mithin unzulässig ist (Art. III GPA – Inländerbehandlung und Nichtdiskriminierung). Vereinbarungen über den gegenseitigen Marktzugang finden sich zudem mit der Schweiz,[9] Japan,[10] Chile,[11] Mexiko[12] sowie in anderen Freihandelsabkommen, zB Abschnitt 21 des Freihandelsabkommens zwischen der EU und Kanada (Comprehensive Economic and Trade Agreement, CETA),[13] das am 21.9.2017 vorläufig in Kraft[14] getreten ist. Die Vereinbarun-

---

[4] VK Bund Beschl. v. 1.12.2020 – VK 1-90/20, IBRRS 2021, 0031.
[5] Europäische Kommission Mitteilung v. 24.7.2019, C(2019) 5494 final; s. zB dort S. 6: *„Über diese Verpflichtung hinaus (Anm.: gemeint ist die Verpflichtung zur Gleichbehandlung von Bietern aus Drittstaaten mit Handelsübereinkommen) wird Wirtschaftsteilnehmern aus Drittländern, die keine Vereinbarung über die Öffnung des EU-Beschaffungsmarkts geschlossen haben oder deren Waren, Dienstleistungen und Bauleistungen nicht unter eine solche Vereinbarung fallen, kein Zugang zu Vergabeverfahren in der EU zugestanden und sie dürfen ausgeschlossen werden."* sowie – in Zusammenhang mit dieser Sichtweise – konkret bezugnehmend auf den Sektorenbereich dort S. 9: *„Darüber hinaus ist darin (Anm.: gemeint ist die Sektoren-RL) eine spezielle Regelung für Angebote vorgesehen, die aus Drittländern stammende Erzeugnisse umfassen".*
[6] Begr. RegE zu § 28 aF, BR-Drs. 522/09, 54.
[7] EWR-Abkommen v. 2.5.1992, in der Fassung des Anpassungsprotokolls v. 17.3.1993.
[8] Das Übereinkommen über die Beteiligung der Republik Kroatien am europäischen Wirtschaftsraum, ABl. 2014 L 170, 5 wird vorläufig angewandt und tritt förmlich in Kraft, sobald die Ratifizierung durch alle Mitgliedstaaten abgeschlossen ist, ABl. 2014 L 170, 1.
[9] Abkommen zwischen der Schweizerischen Eidgenossenschaft und der Europäischen Gemeinschaft über bestimmte Aspekte des öffentlichen Beschaffungswesens v. 21.6.1999.
[10] Freihandelsabkommen zwischen der EU und Japan (Free Trade Agreement with Japan for an Economic Partnership Agreement on 8 December 2017), das am 1.2.2019 in Kraft getreten ist.
[11] ABl. 2002 L 352, 3.
[12] ABl. 2000 L 276, 45.
[13] http://ec.europa.eu/trade/policy/infocus/ceta/index_de.html (zuletzt abgerufen am 1.8.2021).
[14] Es gilt damit nur für diejenigen Bereiche, die unstreitig in der Zuständigkeit der EU liegen. Eine Ratifizierung von den Parlamenten aller 27 EU-Mitgliedstaaten steht noch aus.

II. Zurückweisung von Angeboten (Abs. 1 und 3) 5, 6 § 55 SektVO

gen über den gegenseitigen Marktzugang sind durch Mitteilung des BMWi im Bundesanzeiger veröffentlicht. Die letzte Bekanntmachung stammt vom 8.4.2003 und ist dementsprechend nicht mehr vollumfänglich auf dem aktuellsten Stand.[15] Da vorgenannter Mitteilung zudem lediglich deklaratorischer Charakter zukommt, sollte der Auftraggeber die Webseiten des BMWi[16] sowie der Europäischen Kommission[17] konsultieren, wenn er Angebote aus Drittländern zurückweisen will. Darüber hinaus existiert eine aktuelle Mitteilung der Kommission,[18] die Leitlinien zur Teilnahme von Bietern und Waren aus Drittländern am EU-Beschaffungsmarkt thematisiert, sowie ein Bericht der Kommission aus 2009, der den Stand der Verhandlungen entsprechender Vereinbarungen darstellt.[19] Zu beachten ist außerdem, dass eine genaue Prüfung des spezifischen Anwendungsbereichs der jeweiligen Abkommen durch den Auftraggeber unerlässlich ist. Das heißt konkret, neben dem Ursprungsstaat der betreffenden Lieferleistung/des Beschaffungsgegenstandes ist zusätzlich zu klären, ob dieser vom in Rede stehenden Abkommen adressiert wird.

Waren sind Erzeugnisse, die einen Geldwert haben und deshalb Gegenstand von Handelsgeschäften sein können.[20] Der **Warenanteil** stammt zu mehr als 50% des Gesamtwertes aus dem Drittland, wenn die Ware, die nicht Gegenstand eines Abkommens über einen Marktzugang ist, dort zu mehr als 50% des Gesamtwertes ihren Ursprung hat. Abzustellen ist mithin ausschließlich auf die Herkunft der Ware; ob diese von einem Bieter mit Firmensitz in der EU oder einem anderen Staat mit gegenseitigem Marktzugang angeboten wird, ist hingegen irrelevant. Voraussetzung für die Zurückweisung von Angeboten gem. Abs. 1 ist damit aber auch, dass der Auftraggeber im Vergabeverfahren die Möglichkeit hat, vom Bieter eine konkrete Aussage zur Herkunft der Waren, die sein Angebot umfassen, zu verlangen.[21] Dass Software, die in der Ausstattung für Telekommunikationsnetze verwendet wird, als Ware gilt, ordnet Abs. 3 an. Eine genaue Bestimmung des Dienstleistungsanteils vor der Ausschreibung einer derartigen Software, um den Schwerpunkt des Beschaffungsgegenstandes zu ermitteln, ist damit erlässlich. Zur Bestimmung des Anteils sind die Regeln des Zollkodex der Europäischen Union[22] zum Ursprung der Waren (Art. 59 ff. Unionszollkodex) und zum Zollwert der Waren (Art. 69 ff. Unionszollkodex) anzuwenden.

5

Als Rechtsfolge sieht Abs. 1 ein **Ermessen** des Auftraggebers dahingehend vor, ob er das Angebot zurückweist oder nicht. Grundsätzlich ist eine derartige Ermessensentscheidung durch die Nachprüfungsinstanzen nur eingeschränkt überprüfbar. Der Auftraggeber muss sich in den Grenzen seines Ermessens bewegen; dh seine Ermessensausübung kann nur auf Ermessensfehler (Ermessensausfall, Ermessensfehlgebrauch und Ermessensüberschreitung) hin überprüft werden. Entscheidend ist, dass der Sachverhalt zutreffend und vollständig ermittelt wird, dass auf dieser Grundlage ein Entscheidungs- und Abwägungsprozess stattfindet (sonst Ermessensnichtgebrauch), welcher auch in der Vergabeakte zu dokumentieren ist, dass der Auftraggeber sämtliche Bewerber und Bieter gleich behandelt und die Entscheidung nicht durch andere sachfremde Erwägungen beeinträchtigt wird bzw. gegen allgemein gültige Bewertungsmaßstäbe verstößt.[23] Diesbezüglich stellt sich allerdings die Frage, inwieweit die Ermessenentscheidung des Auftraggebers in der speziellen Konstellation des Abs. 1 überhaupt justiziabel ist resp. die vorgenannten Grundsätze auf Abs. 1 übertragbar sind. Mit Blick auf den Zweck des § 55 (→ Rn. 2) könnten sogar handelspolitische Überlegungen in den Abwägungsprozess einbezogen werden. Daneben könnte der in § 97 Abs. 1 S 1 GWB (→ GWB § 97 Rn. 6 ff.) verankerte Wettbewerbsgrundsatz, wenn beispielsweise in einem Verhandlungsverfahren mit mehreren Verhandlungsrunden nach der Angebotszurückweisung lediglich ein Bieter verbleibt, zu berücksichtigen sein; Gleiches gilt für den Gleichbehandlungsgrundsatz in dem Fall, dass ein zweites Angebot, welches ebenfalls die Voraussetzungen des Abs. 1 erfüllt, nicht ausgeschlossen wird.[24] Letztlich ist aber eine an „Kann-Bestimmungen" im Verwaltungsrecht angelehnte Überprüfbarkeit der Angebotszurückweisung für diese, ausschließlich handelspolitischen Gesichtspunkten

6

---

[15] BAnz. 2003 Nr. 77, 8529, IB3–26 50 00/9. Zuletzt BAnz. Nr. 77, 8529 v. 24.4.2003; s. auch NZBau 2003, 491.
[16] https://www.bmwi.de/Navigation/DE/Service/Investitionsabkommen/investitionsabkommen.html (zuletzt abgerufen am 1.8.2021).
[17] http://ec.europa.eu/germany/handelspolitik_der_eu.de (zuletzt abgerufen am 1.8.2021).
[18] Kom. Mitt. v. 24.7.2019, C(2019) 5494 final.
[19] KOM(2009) 592 endgültig v. 28.10.2009.
[20] EuGH Urt. v. 10.12.1968 – 7/68, Slg. 1968, 633 (642) = ECLI:EU:C:1968:51 = BeckRS 2004, 73554 – Kunstschätze I.
[21] Dies kann bspw. über eine entsprechende Eigenerklärung im Vergabeverfahren erfolgen.
[22] VO (EU) Nr. 952/2013 des EP und des Rates v. 9.10.2013 zur Festlegung des Zollkodex der Union, ABl. 2013 L 269, 1.
[23] Vgl. VK Brandenburg Beschl. v. 21.1.2020 – VK 18/19 Rn. 74, BeckRS 2020, 10997 sowie VK Niedersachsen Beschl. v. 24.5.2005 – 203-VgK-14/2004, IBRRS 2004, 2316.
[24] Vgl. VK Brandenburg Beschl. v. 21.1.2020 – VK 18/19 Rn. 76, BeckRS 2020, 10997.

dienende Norm, nicht angezeigt.[25] Im Falle eines 50% übersteigenden Drittlandanteils der angebotenen Ware hat der Verordnungsgeber es nämlich allein dem Auftraggeber überlassen, ob er das entsprechende Angebot zurückweist. Diesem bleibt es daher gem. Abs. 1 grundsätzlich unbenommen, seinen wirtschaftlichen Interessen im Einzelfall den Vorzug einzuräumen. Drittschützende Aspekte, die in diesem Zusammenhang vom Auftraggeber in die ermessensleitenden Erwägungen einzustellen wären, lassen sich Abs. 1 nicht entnehmen.[26] Im Ergebnis kann die Entscheidung daher lediglich auf Willkürfreiheit geprüft resp. einer Rechtmäßigkeits-, aber eben keiner Zweckmäßigkeitskontrolle, unterzogen werden.[27] Nur im Rahmen dieser Kontrolldichte kann ein betroffener Bieter die Zurückweisung erfolgreich anfechten.[28]

7   Diskutabel ist in diesem Zusammenhang auch der **Zeitpunkt** der jeweiligen **Angebotszurückweisung**. Insoweit der Auftraggeber beispielsweise in einem – regelmäßig im Sektorenbereich Anwendung findenden – Verhandlungsverfahren den Warenanteil der Angebote aus Drittstaaten abfragt, dann aber zurückweisungsfähige Erstangebote nicht ausschließt, sondern in Verhandlungen mit sämtlichen Bietern einsteigt, könnte eine spätere Zurückweisung der Angebote gem. Abs. 1 unzulässig sein. Was den reinen Wortlaut angeht, ist Abs. 1 diesbezüglich jedoch keinerlei Einschränkung zu entnehmen. Lediglich gem. Abs. 2 hat eine Zurückweisung am Ende des Vergabeverfahrens in bestimmten Situationen zwingend zu erfolgen. Hinzu kommt der Fakt, dass eine wirtschaftlich sinnvolle und verantwortungsbewusste Entscheidung, ob eine Zurückweisung erfolgen soll, oftmals erst mit Eingang der finalen Angebote getroffen werden kann und auch der Bieter regelmäßig noch die Möglichkeit hat, die spezifischen Warenanteile seines Angebotes (über mehrere Verhandlungsrunden) abzuändern.[29] Mangels Stütze im Wortlaut der Norm kann aus diesen Zweckmäßigkeitserwägungen allerdings wohl auch keine Verpflichtung des Auftraggebers dahingehend abgeleitet werden, mit einer Zurückweisung bis zur Abgabe der finalen Angebote zuzuwarten. Im Ergebnis dürfte das Zurückweisungsrecht gem. Abs. 1 daher keiner zeitlichen Restriktion unterliegen und der Auftraggeber entsprechend flexibel agieren können.[30] Selbst eine Ausübung des Zurückweisungsrechts im laufenden Nachprüfungsverfahren wäre möglich.[31]

8   Zumindest aber könnte im Falle einer späteren Zurückweisung ein entsprechender **Vorbehalt** des Auftraggebers angezeigt sein, womit dieser in den Vergabeunterlagen transparent auf die Norm und den Regelungsgehalt sowie eine mögliche Anwendung des § 55 hinweist, um beim Bewerber/Bieter keinen Vertrauenstatbestand zu schaffen, dass auf eine Zurückweisung verzichtet wird resp. um einer etwaigen Verwirkung einer späteren Zurückweisung gem. § 242 BGB entgegenzuwirken. Konkret könnte dieser Vorbehalt in einem Verhandlungsverfahren (mit mehreren) Verhandlungsrunden noch dahingehend präzisiert werden, dass eine Zurückweisung ggf. auch erst zum Zeitpunkt der Einreichung des sog. „Best and Final Offer – BAFO" erfolgt, wenn beispielsweise feststeht, dass mehrere wirtschaftliche/bezuschlagbare Angebote im Wettbewerb verblieben sind. Hierfür spricht, dass interessierte Bewerber dann im Sinne des Transparenzgrundsatzes absehen können, dass die Investition in die Teilnahme am Vergabeverfahren möglicherweise sinnlos ist, da ihr Angebot aus handelspolitischen Gesichtspunkten zurückgewiesen werden kann. In der Folge hätten sie die Option, eine eigenständige Risiken-/Nutzenanalyse zu Teilnahme und Angebotserstellung zu treffen. Andererseits handelt es sich bei der Zurückweisungsmöglichkeit nach Abs. 1 um geltendes Verordnungsrecht, dessen Anwendung sich der Auftraggeber nicht ausdrücklich vorbehalten muss. Auch wenn der vorgenannte Aspekt letztlich wohl überzeugend ist, hat sich die Rechtsprechung[32] zur Notwendigkeit eines derartigen Vorbehalts bislang nicht eindeutig positioniert, weshalb dem Auftraggeber dessen Aufnahme in die Vergabeunterlagen, um Risiken zu minimieren und sich möglichst flexibel aufzustellen, anzuraten ist. Unter vorgenanntem Gesichtspunkt dürfte sich ein entsprechender Hinweis im Übrigen auch bereits im Rahmen der Zulassung der Bewerber zu einem Qualifizierungssystem gem. § 48 anbieten. Dieses im Sektorenbereich durchaus übliche Instrument dient zwar lediglich der Eignungsfeststellung; insoweit der Auftraggeber allerdings plant, später angebotene Waren bzw. eingehende Angebote mit überwiegendem Drittlandsanteil nicht zu berücksichtigen, könnten durch einen Hinweis Ressourcen auf beiden Seiten geschont werden.

---

25 OLG Brandenburg Beschl. v. 2.6.2020 – 19 Verg 1/20 Rn. 101, BeckRS 2020, 10996; vgl. auch VK Brandenburg Beschl. v. 21.1.2020 – VK 18/19 Rn. 71, BeckRS 2020, 10997.
26 OLG Brandenburg Beschl. v. 2.6.2020 – 19 Verg 1/20 Rn. 101, BeckRS 2020, 10996.
27 OLG Brandenburg Beschl. v. 2.6.2020 – 19 Verg 1/20 Rn. 104 ff. mwN, BeckRS 2020, 10996.
28 Vgl. VK Brandenburg Beschl. v. 21.1.2020 – VK 18/19 Rn. 74, BeckRS 2020, 10997.
29 OLG Brandenburg Beschl. v. 2.6.2020 – 19 Verg 1/20 Rn. 86 f., BeckRS 2020, 10996.
30 OLG Brandenburg Beschl. v. 2.6.2020 – 19 Verg 1/20 Rn. 108, BeckRS 2020, 10996.
31 VK Brandenburg Beschl. v. 21.1.2020 – VK 18/19 Rn. 80, BeckRS 2020, 10997.
32 OLG Brandenburg Beschl. v. 2.6.2020 – 19 Verg 1/20 Rn. 97, BeckRS 2020, 10996; siehe auch VK Brandenburg Beschl. v. 21.1.2020 – VK 18/19 Rn. 81 f., BeckRS 2020, 10997.

III. Begünstigung von Angeboten (Abs. 2)

Im Gegensatz zur fakultativen Bestimmung des Abs. 1 sieht Abs. 2 S. 1 vor, dass im Falle einer Gleichwertigkeit von zwei oder mehreren Angeboten nach Prüfung anhand der Zuschlagskriterien dasjenige Angebot **zwingend** zu bevorzugen ist, welches nicht nach Abs. 1 zurückgewiesen werden kann. **9**

Die **Preise** werden in diesem Zusammenhang als gleichwertig angesehen, wenn sie um nicht mehr als 3% voneinander abweichen (Abs. 2 S. 2). Das heißt konkret, die vorgenannte „Gleichwertigkeitsfiktion" wird durch Abs. 2 S. 2 wohl lediglich in Bezug auf den reinen Preisvergleich (im dreiprozentigen Toleranzband) statuiert. Diese Bestimmung dürfte die Flexibilität der Auftraggeber in der Praxis daher, insbesondere bei größeren und komplexen Vergabeverfahren, bei denen neben dem Preis beispielsweise Projektmanagement- und Projekt Execution- sowie Safety-Aspekte und insbesondere die Technik als (weitere) Zuschlagskriterien bewertet werden, kaum einschränken.[33] Im Schrifttum wird hiergegen allerdings zum Teil eingewandt, dass Abs. 2 S. 2 eine Gleichwertigkeit der „Preise", aber nicht der „Angebote" statuiert, was dafür spräche, dass die Regelung auch bei einer nur anteiligen Wertung des Preises (neben anderen Zuschlagskriterien) Geltung beanspruche.[34] **10**

Abs. 2 S. 3 sieht eine **Ausnahme** für den Fall vor, dass eine Bevorzugung nach Abs. 2 zum Erwerb von Ausrüstung führen würde, die andere technische Merkmale, als die vom Auftraggeber bereits genutzte Ausrüstung aufweist und deshalb bei Betrieb und Wartung zu Inkompatibilität oder technischen Schwierigkeiten oder zu unverhältnismäßigen Kosten führen würde. Der praktische Anwendungsbereich dieser Ausnahmeregelung dürfte mithin auf Konstellationen begrenzt sein, in denen dem Auftraggeber bereits Defizite im Rahmen der Erstellung seiner Leistungsbeschreibung anzulasten sind, da diese Nachteile andernfalls nicht eintreten sollten.[35] **11**

IV. Rechtsschutz

§ 55 ist insofern **bieterschützend**, als ein Bieter, dessen Angebot zurückgewiesen wird, ohne dass die Tatbestandsvoraussetzungen des Abs. 1 erfüllt sind, sich gegen den Ausschluss auf dem Vergaberechtsweg zur Wehr setzen kann.[36] Gleiches gilt aber auch in der Konstellation, dass die Voraussetzungen des Abs. 2 gegeben sind und der Auftraggeber gleichwohl versucht, das zurückweisbare Angebot zu bevorzugen.[37] Etwaige Anhaltspunkte, dass der Verordnungsgeber einer derart spezifischen Wertungsvorgabe – im direkten Verhältnis zwischen Auftraggeber und Bieter – in der letztgenannten Konstellation ausnahmsweise keinen bieterschützenden Gehalt nach § 97 Abs. 6 GWB beimessen wollte, sind nicht ersichtlich.[38] Demzufolge ist von einem weiten Schutzumfang dieser Vergaberegeln, verbunden mit einer größtmöglichen Kontrolle des Auftraggebers, auszugehen (→ GWB § 97 Rn. 397 ff.).[39] Der Vergaberechtsweg ist darüber hinaus unabhängig von der Frage eröffnet, ob der betreffende Bieter seinen Firmensitz innerhalb der EU hat.[40] Praktisch wird die Kenntnis der angebotsspezifischen Voraussetzungen des Abs. 2 dem Bieter in einem Geheimwettbewerb jedoch fehlen. Darüber hinaus sind pauschal behauptete Vergaberechtsverletzungen resp. eine ins „Blaue hinein" gestellte Rüge unzulässig und letztlich unbeachtlich.[41] Das erforderliche Maß der Substantiierung der Rüge dürfte allerdings – insbesondere aufgrund des sehr begrenzten Einblicks des Bieters in die maßgeblichen Tatsachen – zumindest dann erreicht sein, wenn der Bieter sich diesbezüglich auf konkretisierte Vermutungen stützen kann.[42] **12**

---

[33] OLG Brandenburg Beschl. v. 2.6.2020 – 19 Verg 1/20 Rn. 100 mwN, BeckRS 2020, 10996.
[34] S. v. *Wietersheim* in Müller-Wrede SektVO Rn. 15.
[35] Beck VergabeR/*Langenbach* Rn. 11.
[36] Beck VergabeR/*Langenbach* Rn. 14; HK-VergabeR/*Sturhahn* Rn. 6; v. *Wietersheim* in Müller-Wrede SektVO Rn. 17; *Zillmann* NZBau 2003, 480 (482).
[37] Beck VergabeR/*Langenbach* Rn. 14; HK-VergabeR/*Sturhahn* Rn. 6; v. *Wietersheim* in Müller-Wrede SektVO Rn. 17; aA Ziekow/Völlink/*Debus* Rn. 13 für die Fälle einer ermessensfehlerhaften Nichtzurückweisung gem. Abs. 1 sowie der Nichteinräumung eines Wertungsvorrangs, trotz Vorliegens der entsprechenden Voraussetzungen nach Abs. 2, mit Verweis auf die primär handelspolitische Zielsetzung der Drittstaatsklausel.
[38] S. auch HK-VergabeR/*Sturhahn* Rn. 6.
[39] AA Ziekow/Völlink/*Debus* Rn. 13.
[40] VK Brandenburg Beschl. v. 21.1.2020 – VK 18/19 Rn. 62, BeckRS 2020, 10997.
[41] Vgl. VK Lüneburg Beschl. v. 11.9.2020 – VgK-34/20 Rn. 3 mwN, BeckRS 2020, 27164.
[42] Vgl. VK Lüneburg Beschl. v. 11.9.2020 – VgK-34/20 Rn. 4 mwN, BeckRS 2020, 27164, wonach der Bieter „im Vergabenachprüfungsverfahren behaupten [darf], was er auf der Grundlage seines – oft nur eingeschränkten – Informationsstands redlicherweise für wahrscheinlich oder möglich halten darf, etwa wenn es um Vergabeverstöße geht, die sich ausschließlich in der Sphäre der Vergabestelle abspielen oder das Angebot eines Mitbewerbers betreffen".

§ 56 Unterrichtung der Bewerber oder Bieter

(1) ¹Unbeschadet des § 134 des Gesetzes gegen Wettbewerbsbeschränkungen teilt der Auftraggeber jedem Bewerber und jedem Bieter unverzüglich seine Entscheidungen über den Abschluss einer Rahmenvereinbarung, die Zuschlagserteilung oder die Zulassung zur Teilnahme an einem dynamischen Beschaffungssystem mit. ²Gleiches gilt für die Entscheidung, ein Vergabeverfahren aufzuheben oder erneut einzuleiten, einschließlich der Gründe dafür, sofern eine Bekanntmachung veröffentlicht wurde.

(2) Der Auftraggeber unterrichtet auf Verlangen des Bewerbers oder Bieters unverzüglich, spätestens innerhalb von 15 Tagen nach Eingang des Antrags in Textform
1. jeden nicht erfolgreichen Bewerber über die Gründe für die Ablehnung seines Teilnahmeantrags,
2. jeden nicht erfolgreichen Bieter über die Gründe für die Ablehnung seines Angebots,
3. jeden Bieter über die Merkmale und Vorteile des erfolgreichen Angebots sowie den Namen des erfolgreichen Bieters und
4. jeden Bieter über den Verlauf und die Fortschritte der Verhandlungen und des wettbewerblichen Dialogs mit den Bietern.

(3) § 38 Absatz 6 gilt entsprechend.

Übersicht

	Rn.		Rn.
I. Normzweck und Überblick	1	II. Unterrichtungspflichten des Auftraggebers	2

I. Normzweck und Überblick

1 § 56 regelt besondere **Informationspflichten** des Auftraggebers. Die Vorschrift konkretisiert das Transparenzgebot und tritt neben andere Informationspflichten wie § 134 GWB, § 17 Abs. 6 S. 3, § 22 Abs. 3 S. 5, § 57 S. 2, ergänzt diese teilweise, hat aber auch vielfach überschneidenden Charakter. Die Vorschrift setzt Art. 75 Sektoren-RL um.[1] Während Abs. 1 einfache Unterrichtungspflichten des Auftraggebers von Amts wegen über das „ob" einer Entscheidung vorsieht, regelt Abs. 2 weitergehende Unterrichtungspflichten nach Verlangen eines am Vergabeverfahren beteiligten Unternehmens. Sofern sich dies nicht ausdrücklich anders aus dem Wortlaut der jeweiligen Regelungen ergibt, gelten die Unterrichtungspflichten für alle Verfahrensarten.

II. Unterrichtungspflichten des Auftraggebers

2 Gemäß § 56 Abs. 1 ist **jeder Bewerber und jeder Bieter** über die Entscheidung über den Abschluss einer Rahmenvereinbarung, eine Zuschlagserteilung, die Zulassung zur Teilnahme an einem dynamischen Beschaffungssystem sowie über die Aufhebung oder erneute Einleitung eines Vergabeverfahrens, wenn eine Bekanntmachung veröffentlicht wurde, zu informieren. Nicht eindeutig ist, ob die Informationspflicht bei zweistufigen Verfahrensarten auch für Unternehmen gilt, die zum Zeitpunkt der Abgabe der letzten Angebote nicht mehr am Vergabeverfahren beteiligt waren, weil sie nicht bei Teilnahmewettbewerb erfolgreich waren, ihr Angebot zwischenzeitlich ausgeschlossen wurde oder der Bieter aus sonstigen Gründen aus dem Vergabeverfahren ausgeschieden ist. Teilweise wird dies abgelehnt, weil in diesen Fällen von einem Nichtvorliegen des Angebotes auszugehen sei.[2] Richtigerweise ist hier ein weites Verständnis zu wählen.[3] Dafür spricht bereits der Wortlaut („jeder") und die Tatsache, dass auch Bewerber über den Ausgang des Vergabeverfahrens zu informieren sind. Auch Unternehmen, die keinerlei Aussicht mehr haben, einen Zuschlag zu erhalten, haben aufgrund der in das Vergabeverfahren investierten Ressourcen durchaus ein billigenswertes Interesse auf Information über die Beendigung des Verfahrens. Allerdings ist zu beachten, dass der Auftraggeber mit der *ex-post* erfolgenden Vergabebekanntmachung (vgl. § 38) seinen Verpflichtungen aus § 56 Abs. 1 – wenn auch meist nicht mehr unverzüglich – nachkommt. Soweit ein Vergabeverfahren aufgehoben wird, haben zwischenzeitlich ausgeschiedene Unternehmen gem. § 57 S. 2 ohnehin einen Anspruch auf Information. Insofern gibt es für § 56 Abs. 1 S. 2 keinen praktischen Anwendungsbereich.

---

[1] Verordnungsbegründung, BR-Drs. 87/16, 274.
[2] Beck VergabeR/*Mehlitz* VgV § 62 Rn. 32.
[3] Für eine weite Auslegung offenbar *Schnieders* in Müller-Wrede SektVO Rn. 21 f.

I. Normzweck und Überblick 3–8 § 56 SektVO

Der öffentliche Auftraggeber ist gem. § 56 Abs. 1 verpflichtet, seine **Entscheidung** über den 3 Abschluss einer Rahmenvereinbarung, die Zuschlagserteilung oder die Zulassung zur Teilnahme an einem dynamischen Beschaffungssystem mitzuteilen. Aus dem Wortlaut und dem systematischen Vergleich zu Abs. 2 folgt, dass es dabei nur um das **„ob"** der Entscheidung geht.[4]

Während die jeweiligen Verfahrenshandlungen als solche in § 56 Abs. 1 hinreichend bestimmt 4 sind, ist jedoch unklar, ob mit „Entscheidung" die jeweilige Verfahrenshandlung gemeint ist im Sinne einer rechtswirksamen Handlung des Auftraggebers oder bereits der vorgelagerte, **interne Willensentschluss** des Auftraggebers.[5] Die Verordnungsbegründung und die Sektoren-RL gegeben dazu keinen Hinweis. Für ein Abstellen auf den vorgelagerten Willensentschluss spricht der Wortlaut („Entscheidung über") und das berechtigte Interesse von Unternehmen, von verfahrensbeendigende Entscheidungen des Auftraggebers unverzüglich zu erfahren. Umgekehrt wurde nicht ein zu § 134 GWB, also auf die Zukunft bezogener Wortlaut verwendet und die systematische Stellung mit Abs. 2, der auf eine getroffene Entscheidung abstellt, spricht ebenfalls für eine Auslegung dahingehend, dass nicht bereits der interne Willensentschluss, sondern erst die Umsetzung zu kommunizieren ist.[6] Zudem ist zu beachten, dass herrschend vertreten wird,[7] dass § 56 Abs. 1 eine *ex*-post Unterrichtung darstellt und insoweit keinen Rechtsschutz vermittelt. Dem widerspräche es, wenn Unternehmen durch § 56 vorgewarnt werden sollen. Letztlich kann die Frage in der Praxis meist offen bleiben. Versendet der Auftraggeber die Mitteilung nach § 134 GWB oder – im Falle der Aufhebung – § 57 S. 2, erfüllt er damit zugleich seine Verpflichtung aus § 56 Abs. 1.[8] Der Ausgang der Streitfrage reduziert sich dann letztlich darauf, ob der Auftraggeber auch unverzüglich gehandelt hat, oder nicht.

Erfolgt die Unterrichtung über die Entscheidung des Auftraggebers in Bezug auf ein abgeschlos- 5 senes oder aufgehobenes Vergabeverfahren, ist der Auftraggeber an keine **Form** gebunden. Erfolgt die Unterrichtung über die Entscheidung über einen bevorstehenden Zuschlag oder eine bevorstehende Aufhebung, gilt gem. § 9 die elektronische Form. Geht es um die Teilnahme an einem dynamischen Beschaffungssystem oder die erneute Einleitung eines Vergabeverfahrens, nachdem dieses aufgehoben wurde, ist ebenfalls mit elektronischen Kommunikationsmitteln zu unterrichten (§§ 9 ff. bzw. § 20 Abs. 3 S. 1).

Die Unterrichtung hat jeweils **unverzüglich** nach der Entscheidung zu erfolgen. Auch wenn 6 die deutsche Umsetzung damit vom Wortlaut der Art. 75 Sektoren-RL, wonach „so bald wie möglich" eine Unterrichtung vorzunehmen ist, abweicht, ist von einer ausreichenden Umsetzung auszugehen. Unverzüglich ist mit Blick auf die Legaldefinition des § 121 BGB („ohne schuldhaftes Zögern"), nach den Umständen des Einzelfalls auszulegen. Dabei sind die berechtigten Interessen von Bietern bzw. Bewerbern mit denjenigen des Auftraggebers abzuwägen.[9]

Abs. 2 regelt weitere Informationspflichten des Auftraggebers **auf Verlangen** des Bieters oder 7 Bewerbers. Damit wird Art. 75 Abs. 2 lit. a–d Sektoren-RL umgesetzt. Abs. 2 vermittelt erfolglosen Bewerbern einen Informationsanspruch, indem diesen gem. Abs. 2 Nr. 1 die Gründe für die Ablehnung ihres Teilnehmerantrags auf ihren Antrag hin mitzuteilen sind. Im Umkehrschluss kann gefolgert werden, dass ohne entsprechendes Verlangen ein Ausschluss der Bewerbung nicht näher begründet werden muss. Im Rahmen des Abs. 2 Nr. 2 sind ebenso den erfolglosen Bietern die Gründe für die Erfolglosigkeit ihres Angebotes zu nennen. Zu beachten ist, dass der Verordnungsgeber die in der Richtlinie vorgesehenen Einschränkungen auf „betroffene" Bewerber bzw. Bieter, „der ein ordnungsgemäßes Angebot abgegeben hat", zulässigerweise nicht umgesetzt hat.[10] Stattdessen hat „jeder" Bewerber bzw. Bieter die entsprechenden Unterrichtungsansprüche. Für den Antrag ist als **Form** ausdrücklich die Textform vorgesehen. Die Unterrichtung hat wegen § 9 in elektronischer Form zu ergehen.

In Beantwortung des Auskunftsverlangens sind durch den Auftraggeber diejenigen **Gründe** nach- 8 vollziehbarerweise anzugeben, die sich aus der Wertung bzw. Entscheidung gem. §§ 51, 52 und 54 (formale Angebotsmängel, fehlende Eignung, Unauskömmlichkeit des Preises oder der Kosten, Wirtschaftlichkeit) im Einzelnen ergeben haben. Durch die Begründung müssen der Bewerber bzw. Bieter

---

[4] Vgl. Beck VergabeR/*Mehlitz* VgV § 62 Rn. 20.
[5] So *Schnieders* in Müller-Wrede SektVO Rn. 29; möglicherweise auch OLG München Beschl. v. 21.9.2018 – Verg 4/18, wonach die Parallelvorschrift des § 62 VgV in Zusammenhang mit der Bieterinformation vor Zuschlag im Tatbestand genannt wird.
[6] Beck VergabeR/*Mehlitz* VgV § 62 Rn. 43 ff.
[7] Greb/Müller/*Müller* Rn. 7; Eschenbruch/Opitz/Röwekamp/*Wichmann* Rn. 1; vgl. a. VK Thüringen Beschl. v. 4.1.2019 – 250-4002-8706/2018-E-027-EF zur Parallelvorschrift § 19 EU Abs. 1 VOB/A, die keinen Primärrechtsschutz vermittele.
[8] Vgl. dazu den Tatbestand bei OLG München Beschl. v. 21.9.2018 – Verg 4/18, in welchen für das Bieterinformationsschreiben statt § 134 GWB die Vorschrift des § 62 VgV als Informationsschreiben zitiert wird.
[9] Näher *Schnieders* in Müller-Wrede SektVO Rn. 25.
[10] Näher *Schnieders* in Müller-Wrede SektVO Rn. 46 f.

in die Lage versetzt werden, zu erkennen, warum seine Bewerbung bzw. sein Angebot nicht zum Zuge gekommen ist. Dazu müssen die wesentlichen, für die Wertung ausschlaggebenden Nachteile dargelegt werden.[11] Es muss aber nicht die gesamte Bewertungsmatrix oder die Bieterreihenfolge offengelegt werden. Insoweit kann auf § 134 GWB und die dazu (bzw. zu § 101a Abs. 1 GWB aF) ergangene Rechtsprechung und Kommentierung verwiesen werden (→ GWB § 134 Rn. 33 ff.). Selbstverständlich steht es dem Auftraggeber frei, dem Unternehmen unter Wahrung der Verpflichtungen der Vertraulichkeit (§ 5) weitergehende Informationen mitzuteilen, um zB das Risiko eines Nachprüfungsantrags zwecks Erlangung der Akteneinsicht zu verringern oder den Bieter in die Lage zu versetzten, bei späteren Ausschreibungen ein wirtschaftlicheres Angebot abzugeben.

9 Abweichend von § 134 GWB sieht § 56 Abs. 2 Nr. 3 auch vor, dass auf Verlangen jedes Bieters nicht nur über die Gründe für die Ablehnung des Angebots sowie den Namen des erfolgreichen Bieters, sondern auch über die **Merkmale und Vorteile** des erfolgreichen Angebots zu informieren ist. Insoweit geht § 56 über § 134 GWB hinaus (→ GWB § 134 Rn. 41). Der Begriff „Merkmale und Vorteile" fand sich bereits vorher in § 19 VOB/A aF und § 22 EG VOL/A aF. Maßstab für die Merkmale und Vorteile des erfolgreichen Angebots sind die bekannt gegebenen Zuschlagskriterien. Es ist mitzuteilen, welche ausschlaggebenden positiven Merkmale das erfolgreiche Angebot aufweist.[12] Der nicht erfolgreiche Bieter soll überprüfen können, ob der Vergleich mit den anderen Angeboten ordnungsgemäß vorgenommen wurde. Allerdings hat der Auftraggeber gleichzeitig die Vertraulichkeit des wirtschaftlichsten Angebotes zu beachten (§ 5). Regelmäßig wird hier eine knappe Begründung genügen, die auch in standardisierter Form erfolgen kann.[13] Ein bloßer Hinweis auf die Wirtschaftlichkeit des erfolgreichen Angebotes ist in keinem Fall ausreichend.

10 Abs. 2 Nr. 4 setzt Art. 75 Abs. 2 lit. d Sektoren-RL um und regelt die Information der Bieter auf deren Verlangen über den Verlauf und die Fortschritte der Verhandlungen im **Verhandlungsverfahren** und des **wettbewerblichen Dialogs**. Systematisch wäre diese Regelung deutlich besser bei den §§ 13 ff. aufgehoben. Zudem erscheint die Regelung mit einem Antragserfordernis rechtspolitisch verfehlt, legt sie doch den Umkehrschluss nahe, dass der Auftraggeber ohne Informationsverlangen der Bieter weitestgehend intransparent den Verfahrensablauf gestalten könnte.

11 Die Unterrichtung auf Verlangen hat ebenfalls **unverzüglich**, also ohne schuldhaftes Zögern zu erfolgen. Insoweit gelten die Ausführungen in → Rn. 6 entsprechend. Abweichend zu Abs. 1 wird in Abs. 2 jedoch eine **Spätestfrist** von 15 Tagen vorgesehen. Diese beginnt am ersten Tag nach Antragseingang (§ 187 Abs. 1 BGB) und endet entsprechend § 188 Abs. 1 BGB mit Ablauf des 15. Kalendertages. Von einer „Unterrichtung" kann nur dann ausgegangen werden, wenn das antragstellende Unternehmen bzw. der antragstellende Bewerber oder Bieter die Information erhält, sodass für die Fristwahrung die Absendung innerhalb der Frist von 15 Kalendertagen nicht ausreichend ist, sondern es auf den Zugang beim antragstellenden Unternehmen ankommt.[14]

12 § 56 sieht lediglich eine **Unterrichtung**, nicht jedoch eine Wartepflicht des Auftraggebers bis zur Zuschlagserteilung vor. Diese gilt also mithin nur im Anwendungsbereich des § 134 GWB. Insoweit ist die Vorschrift zwar bieterschützend,[15] aber sie dient nicht der Gewährleistung effektiven Primärrechtsschutzes vor Zuschlagserteilung.[16] Da gem. § 168 Abs. 2 S. 1 GWB ein wirksam erteilter Zuschlag GWB nicht aufgehoben werden kann, ist Primärrechtsschutz nach Zuschlagserteilung nicht mehr zu erlangen. Eine Verletzung der Unterrichtungspflichten des § 56 VgV kann also nur dann im Wege des Nachprüfungsverfahrens geltend gemacht werden, wenn der Zuschlag noch nicht erteilt wurde.[17]

13 Nach Abs. 3 gilt § 38 Abs. 6 (→ § 38 Rn. 14 ff.) entsprechend, sodass bestimmte Angaben von den Unterrichtungspflichten des Auftraggebers ausgenommen sind. Abs. 3 nennt iVm § 38 Abs. 6 als Grenzen der Informationspflicht die Behinderung des Gesetzesvollzugs, öffentlichen Interessen, den Schaden für berechtigte Geschäftsinteressen von Unternehmen oder die Beeinträchtigung des lauteren Wettbewerbs. Die Grenzen waren so bereits in Art. 49 Abs. 2 letzter Unterabsatz Sektoren-RL 2004 (= RL 2004/17/EG) genannt (Behinderung des Gesetzesvollzugs oder sonstiges Zuwiderlaufen öffentlicher Interessen, Schädigung berechtigter geschäftlicher Interessen; Beeinträchtigung der Lauterkeit des Wettbewerbs). **Geschäftsinteressen** umfassen das Geschäftsgeheimnis und alle anderen betriebsbezogenen Interessen des Unternehmens. Unter dem Geschäftsgeheimnis sind Tatsachen zu verstehen,

---

[11] Greb/Müller/*Müller* Rn. 13.
[12] Ziekow/Völlink/*Völlink* VOB/A § 19 Rn. 12; *Schnieders* in Müller-Wrede SektVO Rn. 70 mwN.
[13] Ziekow/Völlink/*Völlink* VOB/A § 19 Rn. 12.
[14] Ziekow/Völlink/*Völlink* VOB/A § 19 Rn. 13; Beck VOB/A/*Jasper/Soudry* VOB/A § 19 Rn. 19; aA Kapellmann/Messerschmidt/*Stickler* VOB/A § 19 Rn. 21.
[15] So auch Beck VOB/A/*Jasper/Seidel* § 31 Rn. 17.
[16] So VK Thüringen Beschl. v. 4.1.2019 – 250-4002-8706/2018-E-027-EF zur Parallelvorschrift § 19 EU Abs. 1 VOB/A.
[17] Beck VergabeR/*Mehlitz* VgV § 62 Rn. 85; *Conrad* in Gabriel/Krohn/Neun VergabeR-HdB § 34 Rn. 48.

die nach dem erkennbaren Willen des Trägers geheim gehalten werden sollen, die ferner einem begrenzten Personenkreis bekannt und damit nicht offenkundig sind und hinsichtlich derer der Geheimnisträger deshalb ein sachlich berechtigtes Geheimmeldungsinteresse hat, weil eine Aufdeckung der Tatsachen geeignet wäre, ihm wirtschaftlichen Schaden zuzufügen.[18] Als berechtigte geschäftliche Interessen können gem. Art. 35 Abs. 3 Vergabe-RL Verteidigung und Sicherheit (= RL 2009/81/EG) solche öffentlicher oder privater Unternehmen eingebracht werden. Beeinträchtigt sind die Geschäftsinteressen, wenn Informationen aus den Angeboten von Wettbewerbern offengelegt werden, insbesondere hinsichtlich eigener, kreativer Lösungen. Der Wettbewerb ist beeinträchtigt, wenn sich die Information negativ auf den Wettbewerb auswirkt, weil die Information einem Bieter in einem künftigen Verfahren einen Wettbewerbsvorsprung verschaffen würde. Der Wortlaut ist insoweit weit gefasst. Eine Spürbarkeits- oder Wesentlichkeitsgrenze enthält § 56 nicht. Teilweise wird eine Schädigungsabsicht des Auftraggebers gefordert[19] oder dass der Auftraggeber gezielt die Interessen der Teilnehmer beeinträchtigt.[20] Zur Begründung für ein Verschuldenserfordernis wird angeführt, dass es sich um eine allgemeine Haftungsregel handele, eine Haftung aber ein Verschulden voraussetze. Allerdings enthält der Wortlaut von § 38 Abs. 6 keinen Hinweis auf ein subjektives Element.

§ 57 Aufhebung und Einstellung des Verfahrens

¹Ein Vergabeverfahren kann ganz oder bei Losvergabe für einzelne Lose aufgehoben werden oder im Fall eines Verhandlungsverfahrens eingestellt werden. ²In diesen Fällen hat der Auftraggeber den am Vergabeverfahren beteiligten Unternehmen unverzüglich die Aufhebung oder Einstellung des Verfahrens und die Gründe hierfür sowie seine etwaige Absicht, ein neues Vergabeverfahren durchzuführen, in Textform mitzuteilen.

Schrifttum: *Barbulla,* Aufhebung der Ausschreibung und Vergabenachprüfungsverfahren, ZfBR 2009, 134; *Bitterich,* Einschränkung der Abschlussfreiheit öffentlicher Auftraggeber nach Einleitung eines Vergabeverfahrens, NZBau 2006, 757; *Conrad,* Der Rechtsschutz gegen die Aufhebung eines Vergabeverfahrens bei Fortfall des Vergabewillens, NZBau 2007, 287; *Dieck-Bogatzke,* Probleme der Aufhebung der Ausschreibung – Ein Überblick über die aktuelle Rechtsprechung des OLG Düsseldorf, VergabeR 2008, 392; *Herrmann,* Zurückversetzung von Vergabeverfahren, VergabeR 2018, 196; *Jürschik,* „Aufhebung der Aufhebung" und Kontrahierungszwang bei der öffentlichen Auftragsvergabe, VergabeR 2013; 663; *Kaelble,* Anspruch auf Zuschlag und Kontrahierungszwang im Vergabeverfahren, ZfBR 2003, 657; *Kirch/Mieruszewski,* Verfahrensbeendigung durch Aufhebung, Vergabe News 2015, 110; *Opitz,* Was bringt die neue Sektorenvergaberichtlinie?, VergabeR 2014, 369; *Popescu,* Vergaberechtliche Schadensersatzhaftung für defizitäre Aufhebungen öffentlicher Ausschreibungen, ZfBR 2013, 648; *Summa,* Die Aufhebung des Vergabeverfahrens im neuen Vergaberecht, VPR 2016, 3.

Übersicht

		Rn.			Rn.
I.	Überblick und Normzweck	1	5.	Konsequenzen einer rechtswidrigen Aufhebung	18
II.	Aufhebung des Vergabeverfahrens (S. 1)	4	III.	Teilaufhebung	19
1.	Anwendungsbereich	4	IV.	Mitteilungspflicht (S. 2)	21
2.	Voraussetzungen der Aufhebung	6	V.	Rechtsschutz	27
3.	Schwerwiegende/sachliche Gründe	9	1.	Primärrechtsschutz – Aufhebung der Aufhebung?	27
4.	Ermessensausübung	16	2.	Sekundärrechtsschutz	32

I. Überblick und Normzweck

§ 57 S. 1 regelt die Einstellung des Vergabeverfahrens im Falle der Durchführung eines Verhandlungsverfahrens sowie für die sonstigen Verfahrensarten durch Aufhebung.[1] Darüber hinaus enthält § 57   1

---

[18] BGHSt 41, 140 = NStZ 1995, 551; OLG Düsseldorf Beschl. v. 28.12.2007 – VII-Verg 40/07 VergabeR 2008, 281 (285).
[19] *Opitz* VergabeR 2009, 689 (700).
[20] So noch Eschenbruch/Opitz/*Wickmann,* 1. Aufl. 2012, § 31 Rn. 11; in der Neuauflage findet sich die entsprechende Ergänzung nicht mehr.
[1] Der Beitrag des Autors gibt seine persönliche Meinung wieder und repräsentiert nicht notwendiger Weise die Auffassungen seines Arbeitgebers.

S. 2 eine Informationspflicht des Auftraggebers über die Einstellung oder Aufhebung des Verfahrens. Diese Vorgaben setzen Art. 75 Abs. 1 Sektoren-RL[2] um, der in diesem Zusammenhang von einem „Verzicht" auf die Vergabe eines Auftrags spricht. Die englische sowie französische Version der Sektoren-RL kennen den Begriff Verzicht hingegen nicht, sondern rekurrieren lediglich auf die „Gründe", keinen Auftrag zu vergeben". Terminologisch dürfte es sich daher anbieten, beim Oberbegriff **„Beendigung"** zu verbleiben, der einerseits die Einstellung sowie die Aufhebung des Vergabeverfahrens, andererseits aber auch die Zuschlagserteilung, die ein Vergabeverfahren ebenfalls beendet, beschreibt.

2 Darüber hinaus enthalten weder Art. 75 Abs. 1 Sektoren-RL noch § 57 S. 1 eine konkrete Auflistung von **Gründen,** die die Beendigung eines Vergabeverfahrens im Sektorenbereich rechtfertigen. Dies unterscheidet § 57 S. 1 von vergleichbaren Regelungen zur Verfahrensbeendigung im nationalen Vergaberecht, wie § 63 VgV, § 17 EU VOB/A, § 32 KonzVgV sowie § 48 UVgO. Demgegenüber geht § 57 S. 2 über die Vorgaben des Art. 75 Abs. 1 Sektoren-RL hinaus, indem eine Mitteilungspflicht des Auftraggebers auch für das Verhandlungsverfahren ohne vorherigen Teilnahmewettbewerb (für das keine Auftragsbekanntmachung veröffentlicht wird) statuiert wird, weil die Bieter in dieser Verfahrensart gleichermaßen schutzbedürftig sind, was die Gründe der Aufhebung betrifft.[3]

3 § 57 dient damit insgesamt der **Transparenz** des Vergabeverfahrens sowie dem Schutz der Bieter vor nutzlosen Aufwendungen und Diskriminierung. Um Manipulationen des Auftraggebers effektiv zu verhindern, räumt die Norm den Bewerbern/Bietern eine entsprechende Überprüfungsmöglichkeit vor den Nachprüfungsinstanzen ein.

II. Aufhebung des Vergabeverfahrens (S. 1)

4 **1. Anwendungsbereich.** § 57 spricht allgemein von „Vergabeverfahren" und bezieht sich damit neben dem Verhandlungsverfahren auf das offene Verfahren, das nicht offene Verfahren, den wettbewerblichen Dialog sowie die Innovationspartnerschaft. Die Norm beansprucht mithin für **alle** im Sektorenbereich zur Verfügung stehenden **Verfahrensarten**[4] Geltung (§ 13 Abs. 1). Im Übrigen werden beispielsweise auch Rahmenvereinbarungen gem. § 19 in einem der vorgenannten Verfahren vergeben, was den umfassenden Geltungsanspruch dieser Regelung untermauert. Anders als § 56 Abs. 1 S. 2 stellt § 57 nicht darauf ab, ob eine Bekanntmachung des Vergabeverfahrens erfolgte, weshalb sich die Anwendungsbereiche beider Normen lediglich in Teilen überschneiden.

5 Der **zeitliche** Anwendungsbereich der Regelung reicht von der Bekanntmachung des Auftrags, wobei in einem Verhandlungsverfahren ohne Teilnahmewettbewerb (und ohne öffentliche Bekanntmachung) auf die Aufforderung zur Angebotsabgabe abzustellen ist, bis zur Zuschlagserteilung. Konkret hat der Auftraggeber ein laufendes Vergabeverfahren einzustellen bzw. aufzuheben, wenn er erkennt, dass eine Zuschlagserteilung nicht mehr in Betracht kommt. Die Alternative, die Bieter im Unklaren zu lassen resp. schlicht untätig zu bleiben, wäre intransparent und würde zudem gegen die Informationspflicht des § 57 S. 2 verstoßen.[5]

6 **2. Voraussetzungen der Aufhebung.** § 57 S. 1 ermächtigt den Auftraggeber, ein Vergabeverfahren jederzeit aufzuheben bzw. einzustellen; wie auch Art. 75 Abs. 1 Sektoren-RL selbst, enthält die Norm keine Listung möglicher Aufhebungsgründe. Gleichwohl sind die aus dem Vergabeprimärrecht[6] sowie der Sektoren-RL folgenden allgemeinen Vergabegrundsätze zu beachten.[7] Im Falle der Aufhebung eines Vergabeverfahrens sind hinsichtlich der allgemeinen Vergabegrundsätze insbesondere der Transparenzgrundsatz, das Gleichbehandlungsgebot sowie der Verhältnismäßigkeitsgrundsatz von Relevanz (§ 97 Abs. 1 GWB, → GWB § 97 Rn. 4 ff.).[8] Hieraus leiten die Nachprüfungsinstanzen ein **allgemeines Willkürverbot,** dh konkret, das Erfordernis eines sachlichen Grundes zur Einstellung bzw. Aufhebung einer Ausschreibung, den der Auftraggeber vorzuweisen hat, ab.[9]

---

[2] RL 2014/25/EU des Europäischen Parlaments und des Rates v. 26.2.2014 über die Vergabe von Aufträgen durch Auftraggeber im Bereich der Wasser-, Energie- und Verkehrsversorgung sowie der Postdienste und zur Aufhebung der RL 2004/17/EG, ABl. 2014 L 94, 243.
[3] BT-Drs. 18/7318, 247.
[4] Hierzu im Detail *Kruse/Hirsch/Kaelble* in Müller-Wrede SektVO § 13 Rn. 10 ff.
[5] S. detailliert *Lischka* in Müller-Wrede SektVO Rn. 5; zur Unzulässigkeit eines passiven Verhaltens des Auftraggebers resp. einem „Auslaufenlassen" des Vergabeverfahrens *Kaelble* ZfBR 2003, 657 (663) mwN.
[6] Vgl. zu den Anforderungen des europäischen Primärrechts an die Vergabe öffentlicher Aufträge *Kruse* VR 2015, 51 ff.
[7] BT-Drs. 18/7318, 247; vgl. hierzu EuGH Urt. v. 18.6.2002 – C-92/00, ECLI:EU:C:2002:379 = BeckRS 9998, 155871 – Hospital Ingenieure.
[8] S. auch Erwägungsgrund 2 Sektoren-RL hinsichtlich der genannten Grundsätze.
[9] VK Thüringen Beschl. v. 16.5.2019 – 250-4003-10824/2019-E-S-002-SÖM, IBRRS 2019, 1897; VK Bund Beschl. v. 14.3.2017 – VK 1-15/17, IBRRS 2017, 1382; VK Brandenburg Beschl. v. 14.12.2007 – VK 50/07, BeckRS 2008, 3348.

Möglichen **weitergehenden Anforderungen** an die Beendigung eines Vergabeverfahrens, 7 beispielsweise eine Einschränkung auf Fälle, in denen kein wertbares Angebot eingegangen ist resp. andere schwerwiegende Gründe existieren, die nicht aus dem Verantwortungsbereich des Auftraggebers stammen, hat sich die Kommission entgegengestellt.[10] Die Möglichkeiten, von der Auftragsvergabe abzusehen, dürften aus Sicht der Kommission nicht auf drastische, nicht angemessene Weise beschnitten werden; vielmehr sollten die Gründe zur vorzeitigen Beendigung einer Ausschreibung gerade nicht erschöpfend aufgelistet werden, um dem Auftraggeber die Möglichkeit zu belassen, auf unterschiedliche Situationen im Laufe eines Vergabeverfahrens angemessen zu reagieren.[11] Dieser Sichtweise folgend, sieht – neben der Sektoren-RL – beispielsweise auch die RL 2014/24/EU keine detaillierte Listung spezifischer Aufhebungsgründe vor. Im Gegensatz zum Sektorenbereich hat dies den nationalen Verordnungsgeber nicht daran gehindert, schwerwiegende Aufhebungsgründe beispielsweise in § 63 VgV zu implementieren.[12] Auch wenn die Einleitung der Verordnungsbegründung[13] zu § 63 VgV mit der zu § 57 nahezu identisch ist, dürfte dies wohl letztlich dafür sprechen, dass der nationale Verordnungsgeber – der Sichtweise der Kommission folgend – zumindest dem Sektorenauftraggeber einen größeren verfahrensrechtlichen Gestaltungsspielraum einräumen wollte. Im Einklang mit der maßgeblichen Rechtsprechung des EuGH[14] ist das Aufhebungsermessen daher im Sektorenbereich letztlich nicht auf schwerwiegende Gründe und Ausnahmefälle beschränkt, vielmehr bleibt es aufgrund des Willkürverbotes lediglich beim Erfordernis eines sachlichen Grundes zur Beendigung der Ausschreibung. Konkret hatte der EuGH in Bezugnahme auf eine § 57 vergleichbare Regelung in der RL 93/36/EWG bereits 2003 entschieden, dass der Auftraggeber für die Rechtmäßigkeit einer Aufhebung nicht bestimmte Ausnahmetatbestände oder schwerwiegende Gründe anführen muss, sondern die generelle Beachtung des Grundsatzes der Gleichbehandlung sowie Transparenz ausreiche. Der Auftraggeber ist demnach in der Begründung einer Aufhebung frei, solange die allgemeinen Grundsätze des Vergaberechts beachtet werden und den Informationspflichten nach § 57 S. 2 Genüge getan wird.[15]

Der weite Spielraum des Auftraggebers im Rahmen der Begründung einer Einstellung bzw. 8 Aufhebung des Vergabeverfahrens wird durch das Erfordernis eines sachlichen (Aufhebungs-)Grundes begrenzt. Auf Basis der rudimentären Vorgaben des § 57 S. 1 muss der Auftraggeber – unter Beachtung der Vorgaben des Primärrechts resp. den aus der Sektoren-RL folgenden vergaberechtlichen Grundsätzen[16] – für den Einzelfall zulässige Anforderungen an die Beendigung des Vergabeverfahrens entwickeln.[17] Zur **„Orientierung"** bieten sich aus Gründen der Rechtssicherheit die detaillierteren Regelungen des § 63 VgV, § 17 EU VOB/A, § 32 KonzVgV und § 48 UVgO (sowie der hierzu ergangenen Rechtsprechung) an, selbst wenn der Sektorenauftraggeber zu ihrer Beachtung nicht verpflichtet ist und ihm im Einzelfall ein geringfügig größerer verfahrensrechtlicher Gestaltungsspielraum zustehen dürfte. Generell ist in der Praxis nämlich zu beobachten, dass es insbesondere kleineren Vergabestellen schwerfällt, zulässige Verfahrensanforderungen (ohne juristische Unterstützung) aus den allgemeinen vergaberechtlichen Grundsätzen abzuleiten.[18] Dogmatisch könnte man diese Orientierungsmöglichkeit damit begründen, dass die detaillierten Begründungsanforderungen an die Beendigung eines Vergabeverfahrens, die durch die vorgenannten Normen statuiert werden, aus den allgemeinen vergaberechtlichen Grundsätzen abgeleitet werden, die gleichermaßen für den Sektorenbereich Geltung beanspruchen und die in der Folge auch zur Konkretisierung lückenhafter Verfahrensvorgaben der SektVO herangezogen werden können.

3. Schwerwiegende/sachliche Gründe. Unstreitig dürfte eine Einstellung oder Aufhebung 9 eines Vergabeverfahrens möglich sein, wenn schwerwiegende bzw. zumindest sachliche Gründe, beispielsweise nach § 63 VgV bzw. nach denen bereits nach der Rechtsprechung zu § 20 EG VOL/

---

[10] KOM(2002) 236 endgültig, 51 f.; s. ausf. *Lischka* in Müller-Wrede SektVO Rn. 2.
[11] KOM(2002) 236 endgültig, 51 f.
[12] BT-Drs. 18/7318, 198 f.
[13] BT-Drs. 18/7318, 247.
[14] EuGH Urt. v. 11.12.2014 – C-440/13, ECLI:EU:C:2014:2435 = BeckRS 2014, 82598 – Croce Amica One Italia.
[15] EuGH Beschl. v. 16.10.2003 – C-244/02 Rn. 29, ECLI:EU:C:2003:560 = BeckRS 2004, 75389 – Kauppatalo Hansel.
[16] Vgl. BGH Beschl. v. 10.9.2009 – VII ZR 255/08, BeckRS 2009, 26577; s. auch OLG München Beschl. v. 20.4.2005 – Verg 8/05, BeckRS 2005, 08230, wonach die allgemeinen vergaberechtlichen Grundsätze aufgrund der dünnen Regelungsdichte im Sektorenbereich besondere Bedeutung erlangen; *Müller-Wrede* VergabeR 2010, 754 (755) mwN.
[17] Vgl. zu den Anforderungen des europäischen Primärrechts an die Vergabe öffentlicher Aufträge *Kruse* VR 2015, 51 ff.
[18] *Kruse*, Die Vergabe von Konzessionen, 2017, 75 ff.

A, § 17 EG VOB/A bzw. den entsprechenden Vorgängervorschriften eine Aufhebung möglich war, gegeben sind.[19] Ein derartiger Grund ist gem. § 63 Abs. 1 S. 1 Nr. 1 VgV anzunehmen, wenn keines der eingegangenen Angebote, den **Ausschreibungsbedingungen** entspricht bzw. die Vorgaben des Auftraggebers erfüllt.[20]

10 Ein schwerwiegender Grund ist gleichsam gegeben, wenn das Vergabeverfahren **kein wirtschaftlich akzeptables Ergebnis** erzielt hat.[21] Die Anwendung dieses Aufhebungsgrundes, der beispielsweise auch im Rahmen von § 63 Abs. 1 S. 1 Nr. 3 VgV kodifiziert wurde, kommt immer dann in Betracht, wenn die verbliebenen/wertungsfähigen Angebote ein unangemessenes Preis-Leistungs-Verhältnis aufweisen. Ob dies der Fall ist, bemisst sich regelmäßig nach einer vor Beginn des Verfahrens durchgeführten Kostenschätzung des Auftraggebers. Für eine belastbare Kostenschätzung hat dieser oder ein ggf. beauftragter Fachmann Methoden zu wählen, die ein wirklichkeitsnahes Schätzungsergebnis ernsthaft erwarten lassen.[22] Dabei können beispielsweise auch Erfahrungswerte vergleichbarer/früherer Ausschreibungen in die Schätzung einfließen. Eine Unwirtschaftlichkeit ist in der Folge aber nicht bereits dann gegeben, wenn auch das preislich günstigste Angebot den ordnungsgemäß geschätzten Auftragswert erreicht. Aufgrund des Prognosecharakters, der einer Auftragswertschätzung auch bei belastbarer, fachlich qualifizierter Vornahme innewohnt, fordert die Rechtsprechung durchgängig, dass der Auftraggeber einen Aufschlag auf den sich nach der Kostenschätzung ergebenden Betrag vornehmen muss. Dieser variiert in den hierzu ergangenen Entscheidungen (die regelmäßig nicht den Sektorenbereich betreffen), jeweils mit Blick auf die Validität der Auftragswertschätzung, in einem Toleranzband von 10–50%.[23] Auch wenn dem Sektorenauftraggeber diesbezüglich sicherlich ein größerer Ermessensspielraum im Einzelfall zustehen sollte (→ Rn. 6),[24] dürfte eine rechtmäßige Aufhebung, bei einer Überschreitung der Auftragswertschätzung von weniger als 10% allenfalls dann – hinreichend rechtssicher – vorgenommen werden können, wenn die Berechnung sehr detailliert erfolgte (sowie bestenfalls durch externe Expertise bestätigt wurde) und dem Auftraggeber zugleich keine darüber hinausgehenden Haushaltsmittel zur Verfügung stehen.[25] Regelmäßig erachtet die vergaberechtliche Rechtsprechung die Überschreitung der Kostenschätzung von weniger als 10% nämlich nicht als tauglichen Grund einer rechtmäßigen Aufhebung wegen Unwirtschaftlichkeit.[26] Abwägungsrelevant ist in diesem Zusammenhang ebenfalls die Frage, ob sich die Wirtschaftlichkeit der Angebote im konkreten Vergabeverfahren allein nach dem Preis bemisst resp. welchen Stellenwert der Auftraggeber dem Preis – neben anderen/qualitativen Zuschlagskriterien – zugemessen hat.

11 Ob ein sachlicher Grund zur rechtmäßigen Verfahrensaufhebung auch dann anzunehmen ist, wenn lediglich **ein wertungsfähiges Angebot** eingegangen ist, wird unterschiedlich beurteilt. Bezugnehmend auf den daraus resultierenden (sehr) eingeschränkten Wettbewerb, verbunden mit einer verminderten Vergleichsmöglichkeit des Auftraggebers, wurde dies vom EuGH in einem älteren Urteil bejaht.[27] Die nationale Rechtsprechung ist diesbezüglich strikter,[28] was im Einzelfall auch durchaus angemessen erscheint. Insbesondere in größeren und komplexen Vergabeverfahren ist es in der Praxis nicht unüblich, dass im avisierten Ausführungszeitraum lediglich ein Bieter leistungsbereit ist. Auch dieser Bieter, der sämtliche Leistungsvorgaben des Auftraggebers erfüllt, hat dann regelmäßig ein Anrecht, dass das Vergabeverfahren zumindest mit ihm fortgesetzt wird. Dass der Auftraggeber in der Folge umso mehr darauf zu achten hat, dass den Anforderungen des Geheimwettbewerbs genüge getan wird und in möglichen Verhandlungsgesprächen Äußerungen, die auch nur mittelbar Wettbewerb vermuten lassen, vermieden werden, ist selbstredend. Aufgrund des geringfügig größeren Aufhebungsermessens im Sektorenbereich (→ Rn. 6), kann Gegenteiliges nur dann in Betracht kommen, wenn der Auftraggeber im Einzelfall belegen kann, dass er beispielsweise im Rahmen einer funktionalen Ausschreibung über mehrere Verhandlungsrunden die Fachkunde mehrerer Bieter abschöpfen wollte[29] oder eine Rahmenvereinbarung im „Mehr-

---

[19] VK Thüringen Beschl. v. 16.5.2019 – 250-4003-10824/2019-E-S-002-SÖM, IBRRS 2019, 1897; VK Sachsen Beschl. v. 5.6.2012 – 1/SVK/012-12, BeckRS 2013, 08594.
[20] BGH Beschl. v. 26.9.2006 – X ZB 14/06, BGHZ 169, 131 = BeckRS 2006, 12317.
[21] Vgl. BGH Urt. v. 5.11.2002 – X ZR 232/00, BeckRS 2002, 9532.
[22] BGH Beschl. v. 20.11.2012 – X ZR 108/10, BeckRS 2012, 25606; VK Rheinland Beschl. v. 15.5.2019 – VK 8/19, BeckRS 2019, 16505; VK Bund Beschl. v. 15.6.2018 – VK1-47/18, IBRRS 2018, 2161.
[23] Vgl. Beck VergabeR/*Mehlitz* VgV § 63 Rn. 42 mwN.
[24] Vgl. hierzu auch BGH Beschl. v. 8.2.2011 – X ZB 4/10, BeckRS 2011, 3845.
[25] Vgl. OLG Düsseldorf Beschl. v. 8.6.2011 – Verg 55/10, BeckRS 2011, 18450.
[26] Vgl. VK Bund Beschl. v. 6.9.2010 – VK-2 74/10, VPRRS 2010, 0472 für den Fall einer Überschreitung von 5,29%.
[27] EuGH Urt. v. 16.9.1999 – C-27/98, ECLI:EU:C:1999:420 = BeckRS 9998, 155691.
[28] OLG Frankfurt a. M. Beschl. v. 5.8.2003 – 11 Verg 1/02, BeckRS 9998, 26371.
[29] Eschenbruch/Opitz/Röwekamp/*Wichmann* Rn. 25.

II. Aufhebung des Vergabeverfahrens (S. 1) 12, 13 § 57 SektVO

Partner-Modell" ausgeschrieben und vergeben werden sollte, um aus Gründen der Versorgungssicherheit etwaige Lieferengpässe eines einzelnen Lieferanten abzufedern. Entsprechende Erwägungen sollte der Auftraggeber zudem bereits vor Bekanntmachung der Ausschreibung sorgfältig dokumentieren.

Andere schwerwiegende Gründe zur Verfahrensaufhebung iSd § 63 Abs. 1 S. 1 Nr. 4 VgV kommen darüber hinaus in Betracht, wenn der geplante und bekanntgemachte Auftrag nicht mehr erfüllt werden kann, beispielsweise weil technische Vorgaben nicht mehr aktuell sind oder sich rechtliche Anforderungen geändert haben. Praxisrelevant ist in diesem Zusammenhang, ob der Auftraggeber eine Ausschreibung in vergleichbaren Situationen rechtmäßig beenden kann, selbst wenn ihm die entsprechenden **Gründe zurechenbar** sind resp. er diese **zu vertreten** hat. Im Anwendungsbereich des § 63 VgV ist das nicht der Fall. Konkret stellt sich die Frage, ob eine Beendigung des Verfahrens zwar möglich ist, der Auftraggeber sich aber im Anschluss ggf. Schadensersatzansprüchen der Bieter ausgesetzt sehen könnte (→ Rn. 32 ff.).[30] In einer älteren Entscheidung hatte der EuGH hierzu ausgeführt, dass der Auftraggeber eine Ausschreibung abbrechen kann, wenn er im Rahmen der Angebotswertung feststellt, dass er aufgrund von Fehlern – die ihm selbst unterlaufen sind – daran gehindert ist, das wirtschaftlichste Angebot zu bezuschlagen, sofern er bei seiner Entscheidung die Grundregeln des gemeinschaftlichen Vergaberechts (wie den Grundsatz der Gleichbehandlung) beachtet.[31] Gleichwohl hat der EuGH hiermit vordergründig lediglich klargestellt, dass ein Auftraggeber selbst in einer derartigen selbstverschuldeten Situation nicht verpflichtet ist, das Vergabeverfahren mit einem Zuschlag zu beenden. Dass die Bieter in der Folge ggf. Schadensersatzansprüche gegenüber dem Auftraggeber geltend machen können, wurde zumindest nicht ausdrücklich ausgeschlossen.[32] Selbst wenn dem Auftraggeber im Sektorenbereich unstreitig ein größeres Aufhebungsermessen zusteht, dürfte ein entsprechendes Risiko auch durchaus gegeben sein. Gestattet man einem Sektorenauftraggeber in dieser Situation eine folgenlose Aufhebung, bewegt man sich nahe der Grenze zur Willkür. Die Bieter sollten sich in einem Vergabeverfahren darauf verlassen können, dass ein Auftraggeber dieses nicht ohne jedwede Repressalie aufheben kann, wenn er die angeführten Gründe bereits bei Bekanntmachung vorhersehen konnte oder ihm diese auf andere Weise zurechenbar sind/er diese zu vertreten hat. Ausnahmen hiervon sollten selbst im Sektorenbereich nur in wirklichen Ausnahmefällen in Betracht kommen, beispielsweise wenn sich technische Standards, Normen und Regelwerke nach Bekanntmachung geändert haben und der Auftraggeber selbst Mitglied innerhalb der entsprechenden Normsetzungsinstitution (wie DIN oder ISO) war, er die abändernde Entscheidung des Gremiums aber aus übergeordneten Gründen mitgetragen hat (und damit gewissermaßen ein Mitverschulden des Auftraggebers begründet wird) oder insoweit die angeführten Aufhebungsgründe auch für die Bieter von Anfang an ersichtlich waren. Im Übrigen erscheint eine wirksame, aber ggf. Schadensersatzansprüche der Bieter begründende Aufhebung sachgerecht. Abwägungsrelevant dürfte diesbezüglich auch sein, ob sich der Auftraggeber bereits einzelne „Begründungsansätze" hinsichtlich der kritischen Aufhebungsgründe transparent in der Bekanntmachung und/oder den Vergabeunterlagen vorbehalten hat. Im Falle einer zu exzessiven Nutzung dieser Vorbehalte könnte aber auch die Vergabereife des Vorhabens kritisch zu hinterfragen sein. Mit Blick auf die weite Formulierung des § 57 S. 1 ist das Schrifttum hinsichtlich dieser Fragen der Zurechenbarkeit sowie des Vertretenmüssens in Teilen weniger restriktiv und verlangt lediglich, dass im Rahmen der Ermessensausübung des Auftraggebers höhere Anforderungen an die mit der Aufhebung verbundenen Zwecke zu stellen sind.[33]

Im Übrigen können auch bereits **Zweckmäßigkeitserwägungen** (zB allgemeine Veränderungen der wirtschaftlichen Rahmenbedingungen bzw. der tatsächlichen/politischen[34] Umstände) zur Aufhebung einer Ausschreibung genügen.[35] § 63 Abs. 1 S. 1 Nr. 2 VgV spricht in diesem Zusammenhang von einer wesentlichen Änderung der Grundlagen des Vergabeverfahrens. Auch die Corona-Pandemie und der im Frühjahr 2020 verhängte Lockdown wurden durch die Nachprüfungsinstanzen als eine derartige nicht vorhersehbare/wesentliche Änderung der Rahmenbedingungen des Vergabeverfahrens angesehen.[36] Bei diesem Begründungsansatz könnte sich im Einzelfall aber

---

[30] Vgl. zur Thematik einer wirksamen, aber ggf. Schadensersatzansprüche der Bieter auslösenden Aufhebung auch OLG Frankfurt a. M. Urt. v. 21.3.2017 – 11 U 10/17, BeckRS 2017, 112537 für den Unterschwellenbereich.
[31] EuGH Beschl. v. 16.10.2003 – C-244/02 Rn. 36, ECLI:EU:C:2003:560 = BeckRS 2004, 75389.
[32] S. auch *Wirner* IBR 2004, 380.
[33] So *Lischka* in Müller-Wrede SektVO Rn. 13; Eschenbruch/Opitz/Röwekamp/*Wichmann* Rn. 18; s. aber auch Greb/Müller/*Dietrich* Rn. 12.
[34] VK Thüringen Beschl. v. 16.5.2019 – 250-4003-10824/2019-E-S-002-SÖM, IBRRS 2019, 1897.
[35] EuGH Urt. v. 11.12.2014 – C-440/13, ECLI:EU:C:2014:2435 = BeckRS 2014, 82598 – Croce Amica One Italia.
[36] VK Bund Beschl. v. 6.5.2020 – VK 1-32/20, ZfBR 2020, 703.

ebenfalls die Anschlussfrage stellen, ob sich der Auftraggeber ggf. Schadensersatzansprüchen der Bieter ausgesetzt sieht, wenn er die entsprechenden Gründe bei Bekanntmachung vorhersehen konnte oder er diese zu vertreten hatte. Eine derartige, wirksame – aber eben nicht rechtmäßige – Aufhebung ist dabei auch mit Blick auf die Corona-Pandemie nicht ausgeschlossen, insoweit betroffene bzw. „gefahrgeneigte" Vergabeverfahren in Kenntnis des Ausmaßes der Auswirkungen der Pandemie neu eingeleitet (und dann aufgehoben) werden. Darüber hinaus wurde eine überlange Dauer des Beschwerdeverfahrens von den Nachprüfungsinstanzen als zulässiger Aufhebungsgrund eingeordnet.[37] Im Übrigen wird hinsichtlich der Aufhebungsgründe des § 63 Abs. 1 VgV im Detail auf die dortige Kommentierung verwiesen (→ VgV § 63 Rn. 10 ff.).

14 Hebt der Auftraggeber ein Vergabeverfahren hingegen nur zum Schein auf, beispielsweise um nicht dem Bestbieter den Zuschlag erteilen zu müssen und um den Auftrag im Anschluss mittels einer Direktvergabe einem anderen Unternehmen zu erteilen, ist bereits kein hinreichender Aufhebungsgrund gegeben. In dieser Ausnahmekonstellation wäre also die Aufhebung an sich unwirksam (sog. **„Scheinaufhebung"**). Praxisrelevant dürfte daneben auch der Fall sein, in dem die Gremien des Auftraggebers eine Vergabe unter den spezifischen Konditionen nicht (mehr) billigen. Dies sollte aber regelmäßig allein der Sphäre des Auftraggebers zuzurechnen sein und damit eine rechtmäßige Aufhebung ebenfalls nicht begründen können. Das heißt konkret, im Gegensatz zur Scheinaufhebung wäre eine entsprechende Aufhebung zwar wirksam, der Auftraggeber dürfte sich aber in der Folge Schadensersatzansprüchen der Bieter ausgesetzt sehen.

15 Die Nachprüfungsinstanzen haben trotz dieses weiten Spielraums des Auftraggebers die Möglichkeit, dessen Aufhebungsentscheidung auf ihre Rechtmäßigkeit hin, dh auf Ermessensfehler, zu überprüfen.[38] Prozessual ist zu beachten, dass die **Darlegungs- und Beweislast,** ob ein schwerwiegender bzw. sachlicher Grund, der eine Beendigung des Vergabeverfahrens rechtfertigt, vorhanden ist, beim Auftraggeber liegt.[39] Insoweit sich dieser im Hinblick auf die tatsächlichen sowie rechtlichen Fakten sachverständiger/rechtlicher (externer) Unterstützung bedient, muss er deren Ergebnisse inhaltlich durchdrungen haben, um eine eigenständige Aufhebungsentscheidung zu treffen (→ § 51 Rn. 4). Derartige Ermessensentscheidungen dürfen als ureigene Verantwortung des Auftraggebers nicht lediglich ungesehen von diesem „abgenickt" werden.[40]

16 **4. Ermessensausübung.** Da § 57 ein Ermessen[41] des Auftraggebers vorsieht, sind dessen Aufhebungsentscheidungen seitens der Nachprüfungsinstanzen lediglich im Rahmen der **allgemeinen Ermessensgrenzen,** dh im Hinblick auf einen Ermessensfehlgebrauch, einen Ermessensnichtgebrauch oder eine Ermessensüberschreitung, überprüfbar.[42] Die allgemeinen Grenzen ergeben sich aus dem Unionsrecht, und zwar dem Gleichbehandlungsgrundsatz, dem Transparenzgrundsatz sowie dem Verhältnismäßigkeitsgrundsatz. Neben dem daraus abgeleiteten Willkürverbot,[43] wonach der Auftraggeber die Einstellung oder Aufhebung des Verfahrens nicht ohne sachlichen Grund vornehmen darf, ist daneben, im Hinblick auf den Verhältnismäßigkeitsgrundsatz zu fragen, ob ggf. ein milderes Mittel[44] zur Aufhebung in Betracht kommt. Das heißt konkret, der Auftraggeber hat etwaige Alternativen, wie beispielsweise die Teilaufhebung eines einzelnen Loses der Ausschreibung oder eine Zurückversetzung des Verfahrens (verbunden mit einer Fehlerkorrektur), zu prüfen.

17 Das Ermessen des Auftraggebers kann im Einzelfall auf Null reduziert sein, sodass nur eine Verfahrensaufhebung ermessensfehlerfrei ist.[45] Dies dürfte insbesondere dann Geltung beanspruchen, wenn das Vergabeverfahren ansonsten nicht mehr rechtmäßig durchgeführt werden kann. Zu beachten ist außerdem, dass der Auftraggeber die maßgeblichen Gründe für seine Aufhebungsentscheidung im Vergabevermerk sorgfältig zu **dokumentieren** hat; gleichwohl kann er Ermessenserwägungen aber auch noch im Nachprüfungsverfahren nachschieben und vertiefen.[46]

18 **5. Konsequenzen einer rechtswidrigen Aufhebung.** Auch im Sektorenbereich kann eine Aufhebung der Ausschreibung nur in seltenen Ausnahmekonstellationen durch die vergaberechtli-

---

[37] OLG Düsseldorf Beschl. v. 16.10.2013 – Verg 16/13, BeckRS 2016, 15868.
[38] EuGH Urt. v. 11.12.2014 – C-440/13 Rn. 34, ECLI:EU:C:2014:2435 = BeckRS 2014, 82598 – Croce Amica One Italia.
[39] KG Beschl. v. 17.10.2013 – Verg 9/13, BeckRS 2014, 4712; VK Bund Beschl. v. 15.6.2018 – VK 1-47/18, IBRRS 2018, 2161.
[40] S. hierzu OLG Schleswig Beschl. v. 19.8.2016 – 54 Verg 7/16 und 54 Verg 8/16, BeckRS 2016, 19262.
[41] S. hierzu auch VK Bund Beschl. v. 14.3.2017 – VK 1-15/17, IBRRS 2017, 1382.
[42] BeckOK VwVfG/*Aschke* VwVfG § 40 Rn. 78 ff.
[43] S. diesbezüglich zur Grenze der fehlerfreien Ermessensausübung VK Thüringen Beschl. v. 16.5.2019 – 250-4003-10824/2019-E-S-002-SÖM, IBRRS 2019, 1897.
[44] S. hierzu OLG Karlsruhe Beschl. v. 27.9.2013 – 15 Verg 3/13 mwN, BeckRS 2013, 19159.
[45] Vgl. KG Beschl. v. 21.12.2009 – 2 Verg 11/09, BeckRS 2010, 03752.
[46] VK Bund Beschl. v. 6.5.2020 – VK 1-32/20, ZfBR 2020, 703.

chen Nachprüfungsinstanzen aufgehoben werden (→ Rn. 27 ff.). Selbst nach Bekanntmachung einer europaweiten Ausschreibung existiert nämlich grundsätzlich kein Kontrahierungszwang für den Auftraggeber. Dieser ist also nicht verpflichtet, das eingeleitete Verfahren durch Zuschlag zu beenden.[47] In der Praxis kann aber durchaus die Konstellation eintreten, dass der Auftraggeber zwar einen sachlichen Begründungsansatz für die Aufhebung vorbringen kann, die maßgeblichen Gründe ihm aber zugerechnet werden können oder er diese zu vertreten hat (→ Rn. 12). Auch in diesem Fall wäre die **Aufhebung** zwar **regelmäßig wirksam,** aber rechtswidrig. Das heißt konkret, die Vergabekammern und Vergabesenate können grundsätzlich keine Fortführung des Vergabeverfahrens oder gar eine Zuschlagserteilung an einen bestimmten Bieter anordnen, der Auftraggeber kann sich nach Beendigung des Nachprüfungsverfahrens aber durchaus Schadensersatzansprüchen der Bieter ausgesetzt sehen.[48] Diese wären von den Bietern dann erforderlichenfalls vor den ordentlichen Gerichten einzuklagen und dürften regelmäßig auf das negative Interesse (Kosten für die Vorbereitung der Angebote und die Teilnahme am Vergabeverfahren) begrenzt sein. Sie können in Ausnahmefällen aber auch das positive Interesse (entgangenen Gewinn des Bieters) umfassen (→ Rn. 33).

III. Teilaufhebung

§ 57 gestattet neben der Einstellung bzw. Aufhebung des gesamten Vergabeverfahrens ausdrück- **19** lich eine Teilaufhebung. Voraussetzung ist, dass die Vergabe in Losen erfolgte.[49] In diesem Fall wird vielfach die Teilaufhebung auch, gegenüber der Aufhebung des gesamten Verfahrens, das **mildere Mittel** darstellen und damit dem **Verhältnismäßigkeitsgrundsatz** entsprechen. Gleichwohl verbleibt auch für eine Ausschreibung über mehrere Lose die Option, das gesamte Verfahren (über sämtliche Lose) aufzuheben, insoweit sich dies im Rahmen einer Gesamtabwägung begründen lässt. Die entsprechenden Ermessenserwägungen – insbesondere mit Blick auf den Verhältnismäßigkeitsgrundsatz – hat der Auftraggeber dann umfassend zu dokumentieren, um mögliche Risiken im Falle eines Nachprüfungsverfahrens größtmöglich zu mitigieren. Abwägungsrelevant wären diesbezüglich beispielsweise die Fragen, ob sich der spezifische Aufhebungsgrund auf sämtliche Lose erstreckt, ob ein einzelnes Los bzw. einzelne Lose noch sinnvoll im Wettbewerb vergeben werden können resp. welche weiteren wirtschaftlichen Folgen aus einer Gesamt- oder Teilaufhebung für den Auftraggeber resultieren.[50] Um etwaige Schadensersatzrisiken zu minimieren, sollte zudem auch im Falle einer Gesamtvergabe eine Zurückversetzung des Vergabeverfahrens, verbunden mit einer Fehlerkorrektur, als milderes Mittel vor einer Aufhebung geprüft werden. Die Zurückversetzung ist damit in ihrem Wesen einer Teilaufhebung des Verfahrens vergleichbar.[51]

Insbesondere in dem Fall, dass der Auftraggeber – wie regelmäßig im Sektorenbereich – ein **20 Verhandlungsverfahren** mit vorherigem Teilnahmewettbewerb durchführt, dürften, aufgrund der größeren verfahrensrechtlichen Flexibilität,[52] oftmals mildere Mittel im Vergleich zur Einstellung der Ausschreibung in Betracht kommen und zu prüfen sein. Denn im Verhandlungsverfahren bilden neben den Mindestanforderungen und Zuschlagskriterien lediglich die in der Auftragsbekanntmachung und den Vergabeunterlagen genannten Beschaffungsziele die äußere Grenze des potentiellen Verhandlungsspielraums. Konkret dürfen die Verhandlungen nicht dazu führen, dass andere Leistungen beschafft werden, als die zunächst angegebenen.[53] Ob diese sog. Identität des Beschaffungsgegenstandes gewahrt bleibt, ist eine Frage des Einzelfalls. Hierzu wird im Wege eines Vergleichs mit den sachlichen, wirtschaftlichen und rechtlichen Umständen aus der Auftragsbekanntmachung skizzierten Leistungsgegenstandes ermittelt, ob ein sog. „Aliud" beauftragt werden soll. Ausgeschlossen sind daher lediglich Modifikationen, durch die der Wesenskern der Ausschrei-

---

[47] EuGH Urt. v. 18.6.2002 – C-92/00, ECLI:EU:C:2002:379 = BeckRS 9998, 155871 – Hospital Ingenieure; BGH Urt. v. 16.12.2003 – X ZR 282/02, BeckRS 2004, 2894; OLG München Beschl. v. 31.10.2012 – Verg 19/12, BeckRS 2012, 22638.
[48] Vgl. zur Thematik einer wirksamen, aber ggf. Schadensersatzansprüche der Bieter auslösenden Aufhebung auch OLG Frankfurt a. M. Urt. v. 21.3.2017 – 11 U 10/17, BeckRS 2017, 112537 für den Unterschwellenbereich; s. hierzu auch *Irl* IBR 2017, 450.
[49] S. hierzu bspw. VK Thüringen Beschl. v. 16.5.2019 – 250-4003-10824/2019-E-S-002-SÖM, IBRRS 2019, 1897.
[50] Vgl. KG Beschl. v. 12.9.2005 – 2 Verg 14/05 (noch zur VOL/A), wonach der Auftraggeber im Rahmen seiner Ermessensausübung die wirtschaftlichen Folgen einer Aufhebung des gesamten Vergabeverfahrens und einer Teilaufhebung zu ermitteln und gegeneinander abzuwägen hat.
[51] OLG Frankfurt a. M. Urt. v. 21.3.2017 – 11 U 10/17 Rn. 24, BeckRS 2017, 112537.
[52] Ausf. hierzu *Kruse/Hirsch/Kaelble* in Müller-Wrede SektVO § 15 Rn. 61 ff.
[53] Vgl. OLG Düsseldorf Beschl. v. 3.8.2011 – VII-Verg 16/11, BeckRS 2011, 22545; OLG Dresden Beschl. v. 11.4.2005 – W Verg 5/05, BeckRS 2005, 11821; OLG Naumburg Beschl. v. 1.9.2004 – 1 Verg 11/04, BeckRS 2004, 10166; OLG Celle Beschl. v. 16.1.2002 – 13 Verg 1/02, BeckRS 2004, 10166.

bung geändert wird, die also eine Auswechslung des Leistungsgegenstandes nach sich ziehen.[54] Letzteres würde solche Unternehmen benachteiligen, die aufgrund der ursprünglichen Beschreibung der ausgeschriebenen Leistung von einer eigenen Bewerbung abgesehen haben.[55] Praktisch bietet sich diesbezüglich auch eine Prüfung der Grundsätze einer wesentlichen Änderung des Beschaffungsgegenstandes gem. § 132 GWB (→ GWB § 132), die zumindest analog herangezogen werden können, sowie die allgemeine Kontrollfrage an, ob sich der gleiche Bieterkreis am Verhandlungsverfahren beteiligt hätte, wenn man den während des Verhandlungsverfahrens abgeänderten Beschaffungsgegenstand bereits von Anfang an auf diese Weise bekanntgemacht hätte. In diesem Rahmen hat der Auftraggeber die Möglichkeit, etwaige Fehler während des Verfahrens zu beheben, ohne die Ausschreibung einzustellen. Dies kann beispielsweise über eine Rückversetzung, verbunden mit einer Fehlerkorrektur, oder im Verhandlungswege resp. einer Überarbeitung der Vergabeunterlagen (durch den Auftraggeber) zwischen mehreren Verhandlungsrunden, erfolgen.[56] Im Übrigen dürfte in den vorgenannten Grenzen auch eine Teileinstellung des Verhandlungsverfahrens als milderes Mittel in Betracht kommen, selbst wenn § 57 S. 1 lediglich auf den Begriff „Teilaufhebung" rekurriert.[57]

IV. Mitteilungspflicht (S. 2)

21   Die am Vergabeverfahren beteiligten Unternehmen müssen von der Entscheidung des Auftraggebers hinsichtlich der Einstellung oder Aufhebung sowie den Gründen der Beendigung und einer etwaigen Absicht, ein erneutes Vergabeverfahren durchzuführen, informiert werden. Während Art. 75 Abs. 1 Sektoren-RL nur solche Aufträge betrifft, für die eine Bekanntmachung erfolgt ist, gilt die Mitteilungspflicht des § 57 S. 2 **auch für Verhandlungsverfahren ohne Bekanntmachung.** Bieter in einem solchen Verfahren hat der Verordnungsgeber als gleichermaßen schutzbedürftig angesehen.[58]

22   Die am Vergabeverfahren beteiligten Unternehmen sind **„unverzüglich"**, dh ohne schuldhaftes Zögern (§ 121 BGB), zu informieren, nachdem der Auftraggeber seine Entscheidung zur Verfahrensbeendigung getroffen hat. Insbesondere mit Blick auf bestehende Schutzpflichten im Rahmen vorvertraglicher Schuldverhältnisse soll auf diesem Weg weiterer Schaden der Bieter, durch fortlaufende Investitionen in deren Verfahrensbeteiligung, vermieden werden. Dabei ist dem Auftraggeber jedoch eine angemessene Prüfungs- und Überlegungsfrist einzuräumen. Erwägungsgrund 49 Sektoren-RL 2004 (= RL 2004/17/EG) sah diesbezüglich noch vor, dass die Unterrichtung möglichst rasch und generell innerhalb von 15 Tagen nach der entsprechenden Entscheidung erfolgen sollte. Nachdem die Entscheidung zur Beendigung aber bereits getroffen und damit insbesondere mögliche Gremienbeschlüsse beim Auftraggeber bereits eingeholt wurden, erscheint diese Frist sehr auskömmlich. Im Rahmen der Sektoren-RL findet sich auch keine gegenüber der Vorgängerrichtlinie vergleichbare Fristvorgabe. In diesem Zusammenhang hat die nationale Rechtsprechung ein Benachrichtigungsschreiben, das eine Woche nach der Aufhebungsentscheidung bei den Bietern eingegangen ist, noch als „unverzüglich" angesehen.[59] Aus Gründen der Rechtssicherheit dürfte sich auch unter § 57 S. 2 eine Orientierung an dieser Frist empfehlen.

23   Im Gegensatz zu § 63 Abs. 2 S. 1 VgV, der Bewerber und Bieter adressiert, hat die Mitteilung nach § 57 S. 2 an die **„beteiligten Unternehmen"** zu erfolgen. Im Sektorenbereich dürften hiernach ausschließlich die zum konkreten Zeitpunkt der Beendigung des Verfahrens (noch) beteiligten Unternehmen adressiert und dementsprechend zu informieren sein. Bieter, die bereits ausgeschlossen wurden, oder Bewerber, die im Verhandlungsverfahren ggf. erst gar nicht zur Angebotseinreichung aufgefordert wurden, sind folglich nicht zwingend zu informieren. Zumindest unter der Prämisse, dass der Auftraggeber seine Vergabeabsicht noch nicht endgültig aufgegeben hat und er seine Mitteilung mithin um Pläne, ein neues Vergabeverfahren einzuleiten, ergänzt, sollte sich eine Information der bereits ausgeschlossenen Bewerber/Bieter – aus Wettbewerbsgesichtspunkten – allerdings anbieten. Gleiches dürfte im Übrigen auch in der Konstellation gelten, in der der Auftraggeber erst nach Absetzung der Mitteilung gem. § 57 S. 2 die Entscheidung trifft, ein neues, wirtschaftlich gegenüber dem beendeten vergleichbares, Vergabeverfahren einzuleiten, zumindest insofern diese neue Aus-

---

[54] Vgl. OLG Düsseldorf Beschl. v. 3.8.2011 – VII-Verg 16/11, BeckRS 2011, 22545; OLG Brandenburg Beschl. v. 22.5.2007 – Verg W 13/06, BeckRS 2008, 1089; OLG Dresden Beschl. v. 11.4.2005 – W Verg 5/05, BeckRS 2005, 11821; *Hölzl* NZBau 2013, 558 (559).
[55] Vgl. VK Südbayern Beschl. v. 3.1.2018 – Z3-3-3194-1-46-08/17, BeckRS 2018, 380.
[56] S. auch Eschenbruch/Opitz/Röwekamp/*Wichmann* Rn. 20.
[57] S. auch *Lischka* in Müller-Wrede SektVO Rn. 25.
[58] BT-Drs. 18/7318, 247.
[59] Vgl. OLG Frankfurt a. M. Beschl. v. 28.6.2005 – 11 Verg 21/04 Rn. 58, BeckRS 2005, 32165.

schreibung nicht ohnehin europaweit über das Bekanntmachungsportal TED (Tenders Electronic Daily) veröffentlicht wird.[60]

Die Mitteilung kann in Textform erfolgen. Das heißt konkret, der Auftraggeber muss gem. 24 § 126b BGB eine lesbare Information, die die Person des Erklärenden nennt, auf einem dauerhaften Datenträger übermitteln. Eine Mitteilung per Telefax oder **E-Mail** ist dementsprechend **ausreichend**. Allerdings wird damit der Zugang beim Empfänger nicht nachgewiesen. Der Auftraggeber sollte sich daher zu Beweiszwecken den Empfang der Mitteilung über die Einstellung bzw. Aufhebung bestätigen lassen.

Zudem ist eine **rein formelhafte Unterrichtung** der Teilnehmer über die Aufhebung der 25 Ausschreibung unzulässig. Der Auftraggeber hat den Teilnehmern vielmehr im Einzelfall die tatsächlichen resp. tragenden Gründe für die ausnahmsweise vorgenommene Beendigung des Vergabeverfahrens bekanntzugeben.[61] Die Bewerber/Bieter müssen auf diesem Wege in die Lage versetzt werden, die Rechtmäßigkeit der Beendigung der Ausschreibung eigenständig zu prüfen, um eine etwaige Verletzung in ihren Rechten in zulässiger Weise rügen zu können.[62] Sofern der Auftraggeber mehr als einen Grund für die Einstellung bzw. Aufhebung des Vergabeverfahrens hat, muss er nach dem Wortlaut des § 57 S. 2 sämtliche Gründe („die Gründe") angeben.

Letztlich hat der Auftraggeber auch die Möglichkeit, von einer Einstellung oder Aufhebung des 26 Vergabeverfahrens Abstand zu nehmen und dieses **fortzuführen**.[63] Eine „Aufhebung der Aufhebung" kommt beispielsweise dann in Betracht, wenn der Auftraggeber auf Grundlage der Rüge eines Bewerbers/Bieters feststellt, dass die Beendigung unverhältnismäßig und mithin unzulässig war. Aus Gründen der Gleichbehandlung und Transparenz sind in dieser Situation sämtliche Teilnehmer, die gem. § 57 S. 2 informiert wurden, erneut hinsichtlich der Fortführung des Verfahrens zu benachrichtigen.

V. Rechtsschutz

1. Primärrechtsschutz – Aufhebung der Aufhebung? § 57 hat **bieterschützenden** Cha- 27 rakter, die Norm dient dem Schutz der Bewerber/Bieter vor nutzlosen Aufwendungen durch die Teilnahme am Vergabeverfahren.[64] Die Verfahrensbeteiligten können vor den Vergabekammern und Vergabesenaten die Aufhebung überprüfen lassen.[65] Der Nachprüfungsantrag richtet sich konkret gegen die Aufhebung und zielt auf die Fortsetzung des Vergabeverfahrens ab.[66] Der Antragsteller hat darzulegen, dass er eine Chance auf Zuschlagserteilung gehabt hätte, wenn das Verfahren nicht aufgehoben worden wäre.

Auch im Sektorenbereich kommt eine Aufhebung der Aufhebung durch die Nachprüfungsins- 28 tanzen in der Praxis allerdings nur ausnahmsweise in Betracht. Hierfür muss die **Rechtswidrigkeit der Aufhebung** festgestellt werden, dh, diese kann nicht durch einen zureichenden sachlichen Grund gerechtfertigt werden, und die **Vergabeabsicht des Auftraggebers** muss fortbestehen.[67] Für den Auftraggeber existiert nämlich grundsätzlich kein Kontrahierungszwang; vielmehr beschränkt der Grundsatz der Vertragsfreiheit die Anordnungsbefugnis der Nachprüfungsinstanzen, insoweit der Auftraggeber von seiner Beschaffungsabsicht endgültig Abstand genommen hat.[68] Die Bieter haben lediglich einen Anspruch darauf, dass der Auftraggeber die Bestimmungen über das Vergabeverfahren einhält (→ GWB § 97 Abs. 7), nicht jedoch, dass der Auftrag erteilt resp. das Vergabeverfahren mit Zuschlagserteilung abgeschlossen wird.[69]

Die Vergabeabsicht des Auftraggebers besteht fort, wenn dieser eine Vergabe zeitnah nach 29 Aufhebung erneut einleitet,[70] wobei der Auftrag in **wirtschaftlicher Hinsicht** im Wesentlichen

---

[60] S. auch Eschenbruch/Opitz/Röwekamp/*Wichmann* Rn. 35.
[61] Vgl. OLG Frankfurt a. M. Beschl. v. 28.6.2005 – 11 Verg 21/04 Rn. 59, BeckRS 2005, 32165.
[62] Vgl. OLG Koblenz Beschl. v. 10.4.2003 – 1 Verg 1/03, BeckRS 9998, 26345.
[63] S. auch BGH Beschl. v. 18.2.2003 – X ZB 43/02, BeckRS 2003, 2527, wonach in Ausnahmefällen auch eine entsprechende Anordnung des Auftraggebers durch die Nachprüfungsinstanzen, das Vergabeverfahren fortzuführen, in Betracht kommt.
[64] BGH Beschl. v. 18.2.2003 – X ZB 43/02, BeckRS 2003, 2527.
[65] BGH Beschl. v. 18.2.2003 – X ZB 43/02, BeckRS 2003, 2527; s. dazu allg. *Prieß/Niestedt* Rechtsschutz-HdB 54 ff.
[66] BGH Beschl. v. 18.2.2003 – X ZB 43/02, BeckRS 2003, 2527; OLG Karlsruhe Beschl. v. 27.9.2013 – 15 Verg 3/13, BeckRS 2013, 19159.
[67] BGH Beschl. v. 18.2.2003 – X ZB 43/02, BeckRS 2003, 2527.
[68] Vgl. EuGH Urt. v. 18.6.2002 – C-92/00, ECLI:EU:C:2002:379 = BeckRS 9998, 155871 – Hospital Ingenieure; BGH Urt. v. 16.12.2003 – X ZR 282/02, BeckRS 2004, 2894; OLG München Beschl. v. 31.10.2012 – Verg 19/12, BeckRS 2012, 22638.
[69] BGH Beschl. v. 20.3.2014 – X ZB 18/13 Rn. 20, BeckRS 2014, 7310.
[70] Dies ist nicht der Fall, wenn der Auftraggeber die in Rede stehenden Leistungen selbstständig, im Rahmen einer sogenannten In-House-Vergabe erbringt, s. hierzu OLG Brandenburg Beschl. v. 1.4.2003 – Verg W 14/02, IBRRS 2003, 1279.

noch dem **ursprünglichen Auftrag** entsprechen bzw. diesem **gleichzusetzen** sein muss.[71] Wann im Hinblick auf diese wirtschaftliche Vergleichbarkeit eine erhebliche Auftragsänderung anzunehmen ist, ist eine Einzelfallentscheidung, die von der Rechtsprechung beispielsweise im Falle einer Versorgung eines Krankenhauses mit Elektroenergie statt der ursprünglich ausgeschriebenen Versorgung mittels Wärme und Strom aus einem Blockheizkraftwerk,[72] im Falle einer Änderung der Leistungsbeschreibung, die ca. 3–5 % der Auftragssumme ausmachte, wobei es sich diesbezüglich um eine „Ausnahmeentscheidung" gehandelt haben dürfte,[73] oder bei Änderung der Leistungsbeschreibung einschließlich einer Anpassung der technischen Beschaffenheit eines Gebäudes sowie des äußeren Erscheinungsbilds,[74] angenommen wurde. Generell betont die Rechtsprechung, dass eine wirtschaftliche Betrachtungsweise resp. eine wirtschaftlich erhebliche Änderung maßgeblich ist, weshalb eine Anpassung lediglich einzelner technischer Spezifikationen in der Leistungsbeschreibung, ebenso wie eine rein zeitliche Verschiebung des Auftragsbeginns – ohne inhaltliche Änderung – regelmäßig nicht ausreichend sind.[75]

30 Die Vergabeabsicht des Auftraggebers besteht außerdem fort, wenn dieser die Aufhebung des Verfahrens in anderer, rechtlich zu missbilligender Weise dazu nutzt, den Auftrag beispielsweise nicht an den Bestbieter des ursprünglichen Vergabeverfahrens, sondern im Rahmen einer Direktvergabe an den (aus seiner Sicht) favorisierten Bieter dieses Verfahrens, zu vergeben (sog. **„Scheinaufhebung"**).[76] Eine derartige Scheinaufhebung stellt in der Folge keinen zureichenden sachlichen Grund dar, sodass es bereits an der Wirksamkeit der Aufhebung fehlt.[77] Geht der Auftraggeber selbst rechtsfehlerhaft davon aus, zur Aufhebung verpflichtet gewesen zu sein, kann dies im Übrigen ebenfalls eine fortbestehende Vergabeabsicht indizieren.[78]

31 Im Ergebnis sind angesichts der weiten Formulierung des § 57 S. 1 sowie der Vertragsautonomie des Auftraggebers die Erfolgsaussichten eines Nachprüfungsverfahrens zur Aufhebung der Aufhebung regelmäßig begrenzt.[79] Hinzu kommt, dass die Nachprüfungsinstanzen selbst in dem Fall, dass die Rechtswidrigkeit der Aufhebung eindeutig festgestellt wurde, lediglich eine Neubescheidung anordnen können, da eine Aufhebung im Ermessen des Auftraggebers steht. In der Praxis hat daher auch der Sekundärrechtsschutz der Bieter höhere Relevanz. Im Übrigen kommt ein **auf die Aufhebung** eines Vergabeverfahrens gerichteter Antrag eines Bewerbers oder Bieters nur in Betracht, wenn das Ermessen des Auftraggebers auf Null reduziert ist, dieser also zur Aufhebung verpflichtet/die Aufhebung die einzige ermessensfehlerfreie Entscheidung darstellt.[80]

32 **2. Sekundärrechtsschutz.** Ist dem Bieter aufgrund eines Verstoßes gegen die bieterschützende Vorschrift des § 57 S. 1 ein nachweisbarer Schaden entstanden, hat dieser einen Anspruch auf Ersatz des Vertrauensschadens (sog. **negatives Interesse**) gegen den Auftraggeber gem. § 181 GWB (→ GWB § 181 Rn. 69 ff.), insoweit er ohne diesen Verstoß nach der Wertung der Angebote eine echte Chance gehabt hätte, den Zuschlag zu erhalten. Die Norm erfordert kein gesondertes Verschulden des Auftraggebers. Der Schaden liegt in den Kosten für die Vorbereitung des Angebotes bzw. der Teilnahme am Vergabeverfahren. Bedenkt man diesbezüglich, dass insbesondere in größeren und komplexen (funktionalen) Ausschreibungen, die Angebote zumeist sehr aufwendig in abteilungsübergreifenden Teams erstellt werden, dass die Bieter in dieser Phase vielfach aufwendige Gespräche mit verschiedensten Subunternehmern führen, dass weitere (externe) Kosten der Bieter – beispielsweise für juristische Beratung – zu Buche stehen und dass die Bieter ggf. aus allen Teilen der Welt zu mehreren Verhandlungsrunden anreisen, kann auch das negative Interesse/der „Vertrauensschaden" schnell eine signifikante Höhe erreichen. Beispielsweise Personalkosten wären allerdings nur dann ersatzfähig, wenn der Bieter darlegen kann, dass er wegen der Teilnahme am Vergabeverfahren keine anderen Erwerbsmöglichkeiten wahrnehmen konnte.[81]

33 Darüber hinaus kommt ein Schadensersatzanspruch des Bieters unter Berufung auf eine vorvertragliche Pflichtverletzung des Auftraggebers (culpa in contrahendo) in Betracht. Dieser Anspruch

---

[71] Vgl. BGH Urt. v. 20.11.2012 – X ZR 108/10 Rn. 16 mwN, BeckRS 2012, 25606; BGH Urt. v. 16.12.2003 – X ZR 282/02, BeckRS 2004, 2894.
[72] BGH Urt. v. 16.12.2003 – X ZR 282/02, BeckRS 2004, 2894.
[73] OLG Köln Urt. v. 23.7.2014 – 11 U 104/13, BeckRS 2014, 21863.
[74] BGH Urt. v. 5.11.2002 – X ZR 232/00, BeckRS 2002, 9532.
[75] Vgl. auch bereits BGH Urt. v. 8.9.1998 – X ZR 99/96, BeckRS 1998, 30023562.
[76] Vgl. BGH Beschl. v. 20.3.2014 – X ZB 18/13 Rn. 21, BeckRS 2014, 7310.
[77] Vgl. OLG Düsseldorf Beschl. v. 8.7.2009 – VII Verg 13/09, BeckRS 2010, 14437.
[78] BGH Beschl. v. 18.2.2003 – X ZB 43/02, BeckRS 2003, 2527.
[79] BayObLG Beschl. v. 5.11.2002 – Verg 22/02, BeckRS 2002, 9265.
[80] OLG Celle Beschl. v. 17.7.2009 – 13 Verg 3/09, BeckRS 2009, 23025; VK Niedersachsen Beschl. v. 20.4.2017 – VgK-04/2017, BeckRS 2017, 110482.
[81] Vgl. OLG Naumburg Beschl. v. 27.11.2014 – 2 U 152/13 Rn. 39, BeckRS 2015, 3598.

gem. § 311 Abs. 2 BGB, § 241 Abs. 2 BGB, § 280 Abs. 1 S. 1 BGB ist auf Ersatz des Erfüllungsschadens einschließlich des entgangenen Gewinns iSd § 252 BGB (sog. **positives Interesse**) gerichtet. Abgedeckt ist demnach das gesamte Interesse des Bieters an einer ordnungsgemäßen Erfüllung des zu vergebenden Auftrags. Vom Gewinn, den der Bieter mit dem Auftrag voraussichtlich erzielt hätte, sind allerdings ersparte Aufwendungen, beispielsweise für Personal, Material, Betriebsstoffe sowie kalkulatorische Kosten wegen nicht entstandener auftragsbezogener Wagnisse, abzuziehen.[82] Im Gegensatz zu § 181 GWB erfordert diese Anspruchsgrundlage ein Verschulden des Auftraggebers. Darüber hinaus kommt ein Anspruch auf entgangenen Gewinn nur in Betracht, wenn der konkrete Auftrag tatsächlich an ein anderes Unternehmen vergeben wurde und der Bieter darlegen und erforderlichenfalls nachweisen kann, dass ihm der Zuschlag hätte erteilt werden müssen.[83] Mit Blick auf bestehende Spielräume der Auftraggeber im Rahmen der Angebotswertung, dürfte dies – realistischerweise – nur möglich sein, wenn sehr wenige oder lediglich der anspruchsstellende Bieter sich am betreffenden Vergabeverfahren beteiligt haben. Hinzu kommt, dass der neu vergebene Auftrag (an ein anderes Unternehmen) in wirtschaftlicher Hinsicht im Wesentlichen noch dem ursprünglichen Auftrag entsprechen bzw. diesem gleichzusetzen sein muss. Bei erheblicher Auftragsänderung wäre ein Anspruch auf entgangenen Gewinn ausgeschlossen (→ Rn. 29). Nach anderer Auffassung im Schrifttum ist auch im Falle einer Neuvergabe an einen Dritten grundsätzlich kein positives Interesse zu gewähren, weil es am Rechtswidrigkeitszusammenhang zwischen dem Vergaberechtsverstoß und dem Schaden fehle.[84] Hätte der Auftraggeber das Verfahren jedoch nicht aufgehoben, hätte der erstplatzierte Bieter bei ordnungsgemäßem Verlauf den Zuschlag erhalten müssen. Im Übrigen beschränkt sich auch der Anspruch auf Schadensersatz für vorvertragliches Verschulden nach § 311 Abs. 2 BGB, § 241 Abs. 2 BGB, § 280 Abs. 1 S. 1 BGB auf das negative Interesse.

Sekundärrechtsschutz, dh sämtliche (möglichen) Schadensersatzansprüche müssen vom Bieter 34 vor den **ordentlichen Gerichten** geltend gemacht werden. Der Vergaberechtsweg (Vergabekammern und Vergabesenate) ist dementsprechend nicht eröffnet. Im Rahmen eines Nachprüfungsverfahrens auf Aufhebung der Aufhebung hat der Bieter jedoch die Möglichkeit, hinsichtlich eines etwaigen Schadensersatzanspruches gem. § 178 Abs. 1 S. 3 GWB eine Rechtsverletzung feststellen zu lassen, an die das ordentliche Gericht (im Falle einer späteren Klage auf Schadensersatz) gem. § 179 Abs. 1 S. 1 GWB gebunden wäre. Stellt sich im Laufe des Nachprüfungsverfahrens heraus, dass der Auftraggeber seine Beschaffungsabsicht nicht weiter verfolgt, kann der Antragsteller seinen Antrag auf einen Fortsetzungsfeststellungsantrag analog § 168 Abs. 2 S. 2 GWB umstellen.

Abschnitt 3. Besondere Vorschriften für die Beschaffung energieverbrauchsrelevanter Leistungen

§ 58 Beschaffung energieverbrauchsrelevanter Leistungen

(1) ¹Mit der Leistungsbeschreibung sind im Rahmen der technischen Spezifikationen von den Bietern Angaben zum Energieverbrauch von technischen Geräten und Ausrüstungen zu fordern. ²Bei Bauleistungen sind diese Angaben dann zu fordern, wenn die Lieferung von technischen Geräten und Ausrüstungen Bestandteil dieser Bauleistungen sind. ³Dabei ist in geeigneten Fällen eine Analyse minimierter Lebenszykluskosten oder eine vergleichbare Methode zur Gewährleistung der Wirtschaftlichkeit vom Bieter zu fordern.

(2) Bei technischen Geräten und Ausrüstungen kann deren Energieverbrauch bei der Entscheidung über den Zuschlag berücksichtigt werden, bei Bauleistungen jedoch nur dann, wenn die Lieferung der technischen Geräte oder Ausrüstungen ein wesentlicher Bestandteil der Bauleistung ist.

Schrifttum: *Herrmann*, Rechtsgutachten umweltfreundliche öffentliche Beschaffung (im Auftrag des Umweltbundesamts), Aktualisierung Februar 2019, Texte 30/2019 Ressortforschungsplan des Bundesministeriums für Umwelt, Naturschutz und nukleare Sicherheit; *Scheel*, Energieeffiziente Vergabeverordnung: Probleme in Schlaglichtern, IBR 2011, 1265; *Zeiss*, Energieeffizienz in der Beschaffungspraxis, NZBau 2012, 201; *Zeiss*, Weniger Energieverbrauch! – Beschaffung energieeffizienter Geräte und Ausrüstung, NZBau 2011, 658.

---

[82] Vgl. *Portz* in KKMPP VgV § 63 Rn. 117 mwN.
[83] Vgl. BGH Urt. v. 20.12.2012 – X ZR 108/10 Rn. 16, BeckRS 2012, 25606; BGH Urt. v. 26.1.2010 – X ZR 86/08 Rn. 17, BeckRS 2010, 6879.
[84] *Popescu* ZfBR 2013, 648 (652).

Übersicht

		Rn.			Rn.
I.	Bedeutung der Norm/Allgemeines	1	2.	Liefer-, Dienst- und Bauleistungen erfasst	8
II.	Entstehungsgeschichte	3	3.	Abzufordernde Angaben	14
III.	Abfordern von Bieterangaben zum Energieverbrauch (Abs. 1 S. 1 und 2)	4	IV.	Analyse minimierter Lebenszykluskosten (Abs. 1 S. 3)	15
1.	Geltungsbereich: Energieverbrauchsrelevante Gegenstände	4	V.	Energieverbrauch in der Wertung (Abs. 2)	16

I. Bedeutung der Norm/Allgemeines

1 § 58 ist die erste und infolge der **Gesetzesänderungen durch Art. 3 des Gesetzes zur Umsetzung der Richtlinie (EU) 2019/1161**[1] **vom 20.6.2019 zur Änderung der Richtlinie 2009/33/EG über die Förderung sauberer und energieeffizienter Straßenfahrzeuge sowie zur Änderung vergaberechtlicher Vorschriften**[2] einzige Vorschrift des dritten Abschnitts der SektVO, der (nunmehr) den Titel „Besondere Vorschriften für die Beschaffung energieverbrauchsrelevanter Leistungen" trägt; die vorgenannte Gesetzesänderung ist gem. Art. 4 des vorgenannten Gesetzes am **2.8.2021 in Kraft** getreten. § 58 verpflichtet Sektorenauftraggeber, bei der **Beschaffung energieverbrauchsrelevanter Leistungen** den Energieverbrauch „technischer Geräte und Ausrüstungen" abzufragen (Abs. 1), und erlaubt die Berücksichtigung des Energieverbrauchs in der Wertung (Abs. 2). § 58 Abs. 1 überführt den Regelungsgehalt des § 7 Abs. 4 aF in die neue SektVO und dient der Umsetzung von Art. 6 Abs. 1 Energieeffizienz-RL;[3] Abs. 2 entspricht der Regelung in § 29 Abs. 2 S. 2 aF. Insgesamt soll § 58 auch Sektorenauftraggeber dazu animieren, möglichst energieeffiziente Leistungen zu beschaffen.[4] Im Zusammenhang mit § 58 ist darauf hinzuweisen, dass für bestimmte Beschaffungsgegenstände das **Gesetz über die Beschaffung sauberer Straßenfahrzeuge (Saubere-Fahrzeuge-Beschaffungs-Gesetz** – SaubFahrzeugBeschG; abgedruckter Volltext im Anhang § 68 VgV), das durch Art. 1 des Gesetzes zur Umsetzung der Richtlinie (EU) 2019/1161 vom 20.6.2019 zur Änderung der Richtlinie 2009/33/EG über die Förderung sauberer und energieeffizienter Straßenfahrzeuge sowie zur Änderung vergaberechtlicher Vorschriften eingeführt worden ist, relevante Vorgaben enthält. Nach § 1 SaubFahrzeugBeschG regelt das Gesetz Mindestziele und deren Sicherstellung bei der Beschaffung bestimmter Straßenfahrzeuge und Dienstleistungen, für die diese Straßenfahrzeuge eingesetzt werden, durch öffentliche Auftraggeber und Sektorenauftraggeber (§ 1 Abs. 1 SaubFahrzeugBeschG) und sind, soweit in diesem Gesetz oder aufgrund dieses Gesetzes nichts anderes geregelt ist, die allgemeinen vergaberechtlichen Vorschriften anzuwenden (§ 1 Abs. 2 SaubFahrzeugBeschG). Der sachliche Anwendungsbereich des Gesetzes ist in § 3 SaubFahrzeugBeschG geregelt. Nach § 10 SaubFahrzeugBeschG gilt dieses Gesetz für Beschaffungen iSd § 3 SaubFahrzeugBeschG, deren Auftragsbekanntmachung nach dem 2.8.2021 veröffentlicht wird oder bei denen nach dem 2.8.2021 zur Abgabe eines Angebotes aufgefordert wird. Zur Rechtslage von Vergabeverfahren, für die das SaubFahrzeugBeschG gem. § 10 SaubFahrzeugBeschG nicht gilt → 2. Aufl 2018, Rn. 1.

2 § 58 unterscheidet sich erheblich von seinen **Schwesternvorschriften** in § 67 VgV (§ 4 Abs. 4 ff. VgV aF) **und § 8c EU VOB/A** (§ 6 Abs. 2 ff. VgV aF). Denn diese enthalten strengere und umfangreichere Vorgaben für die Beschaffung von energieverbrauchsrelevanten Leistungen. Hinsichtlich der verwendeten Begriffe gibt es jedoch viele Übereinstimmungen. Sektorenauftraggeber dürfen – unter Einhaltung der sonstigen relevanten vergaberechtlichen Anforderungen – über die zwingend einzuhaltenden Vorgaben des § 58 hinaus gehen, müssen dies aber nicht.[5]

II. Entstehungsgeschichte

3 Die ersten energiebezogenen Anforderungen für die Beschaffung energieverbrauchsrelevanter Leistungen durch Sektorenauftraggeber sind durch die **Verordnung zur Neuregelung der für die Vergabe von Aufträgen im Bereich des Verkehrs, der Trinkwasserversorgung und der Energieversorgung anzuwendenden Regeln (Sektorenverordnung)** vom 23.9.2009 eingeführt

---

[1] ABl. 2019 L 188, 116.
[2] Gesetz v. 9.6.2021, BGBl. 2021 I 1691.
[3] SektVO-Begründung BT-Drs. 18/7318, 247.
[4] Ähnlich für öffentliche Einrichtungen auf regionaler und lokaler Ebene Art. 6 Abs. 3 Energieeffizienz-RL.
[5] Beck VergabeR/*Knauff* Rn. 9.

worden.[6] Sie befanden sich zum einen in § 7 Abs. 4 aF, dessen S. 1 vom Wortlaut des heutigen § 58 Abs. 1 S. 1 VgV deutlich abwich, und zum anderen in § 29 Abs. 2 S. 2 aF. Beide Regelungen dienten der Umsetzung der (Endenergieeffizienz und Energiedienstleistungs-)RL 2006/32/EG sowie deren Anhang VI lit. c und d RL 2006/32/EG, wonach der öffentlichen Hand bei der Steigerung der Energieeffizienz eine Vorbildfunktion zukommt.[7] Der Wortlaut des damaligen § 7 Abs. 4 RL 2006/32/EG ist anschließend durch die **Anpassungsverordnung zur VgV und SektVO**[8] vom 7.6.2010 geändert worden, deren Fassung dem heutigen § 58 Abs. 1 S. 1 VgV weitgehend entsprach. Mit der **Verordnung zur Modernisierung des Vergaberechts (VergRModVO)**[9] vom 12.4.2016 ersetzte der Verordnungsgeber den Begriff „technische Anforderungen" durch „technische Spezifikationen" und lagerte die Regelungen des § 7 Abs. 4 aF und § 29 Abs. 2 S. 2 aF in den § 58 aus, der Teil des neu gefassten Abschnitts 3 der SektVO geworden ist.

III. Abfordern von Bieterangaben zum Energieverbrauch (Abs. 1 S. 1 und 2)

1. Geltungsbereich: Energieverbrauchsrelevante Gegenstände. Nach § 58 Abs. 1 S. 1 sind von den Bietern Angaben zum Energieverbrauch von **technischen Geräten und Ausrüstungen** zu fordern. Das gilt nach § 58 Abs. 1 S. 2 bei Bauleistungen nur, wenn die Lieferung von technischen Geräten und Ausrüstungen Bestandteil der Bauleistungen sind. Nach dem vorgenannten Wortlaut besteht die Pflicht des Sektorenauftraggebers zur Abforderung von Angaben zum Energieverbrauch nur für „technische Geräte" und „technische Ausrüstungen", nicht jedoch für „energieverbrauchsrelevante Waren" wie nach **§ 67 Abs. 1 VgV** oder **§ 8c EU VOB/A**. Dies deutet darauf hin, dass der **Anwendungsbereich** des § 58 Abs. 1 im Vergleich zu § 67 Abs. 1 VgV bzw. § 8c EU VOB/A enger ist.

Soweit ersichtlich wird diese Frage in der Literatur kaum detailliert behandelt.[10] Nach einer Auffassung kann zum Verständnis des Begriffs „technische Geräte und Ausrüstungen" der SektVO auf die Definition des **„energieverbrauchsrelevanten Produkts"** (→ VgV § 67 Rn. 7) in Art. 2 lit. a RL 2010/30/EG[11] zurückgegriffen werden.[12] Damit wären nicht nur Gegenstände erfasst, die selbst Energie verbrauchen, sondern auch solche ohne eigenen Energieverbrauch, die Einfluss auf den Energieverbrauch anderer Gegenstände haben (→ VgV § 67 Rn. 8). Ein solches weites Verständnis dürfte allerdings über den gebräuchlichen Wortsinn für „technisches Gerät" und „technische Ausrüstung" hinausgehen. Denn dieser beinhaltet wohl, dass das betrachtete Gerät bzw. die Ausrüstung Energie verbraucht.[13] Gleiches könnte daraus gefolgert werden, dass Sektorenauftraggeber nach § 68 Abs. 1 S. 1 Angaben „zum Energieverbrauch" der technischen Geräte und Ausrüstungen zu fordern haben.[14] **Gegen ein weites Verständnis** des Begriffs „technische Geräte und Ausrüstungen" spricht auch, dass der Sektorenverordnungsgeber trotz der genannten Wortlautunterschiede zwischen der SektVO und der VgV im Zuge der Vergaberechtsmodernisierungsverordnung keine Angleichung im Wortlaut vorgenommen hat.[15]

Demgegenüber gibt es aber **gute Gründe für ein weites Verständnis** des Abs. 1, die dafür sprechen, dass die Vorschrift auf alle energieverbrauchsrelevanten Gegenstände Anwendung findet, also auch auf solche ohne eigenen Energieverbrauch. Zunächst wird im Titel sowohl des dritten Abschnitts der SektVO als auch des § 58 – genauso wie in der VgV – von der Beschaffung „energieverbrauchsrelevanter" Leistungen gesprochen. In Übereinstimmung damit heißt es in der Begrün-

---

[6] BGBl. 2009 I 3110; ausf. zur Entwicklung von Umweltkriterien im Vergaberecht: *Herrmann*, Rechtsgutachten umweltfreundliche öffentliche Beschaffung (im Auftrag des Umweltbundesamts), Aktualisierung Februar 2019, Texte 30/2019 Ressortforschungsplan des Bundesministeriums für Umwelt, Naturschutz und nukleare Sicherheit, 18 ff.
[7] Entwurf einer Begründung zur SektVO, BMWi IB3 – 26.5.2014, Stand: 6.4.2009, 11 und 21.
[8] BGBl. 2010 I 724.
[9] BGBl. 2016 I 624.
[10] S. aber Beck VergabeR/*Knauff* Rn. 11; vgl. auch Ziekow/Völlink/*Siegel* Rn. 3.
[11] Die Definition befindet sich nach Aufhebung der RL 2010/30/EG durch die VO (EU) 2017/1369 nunmehr in Art. 2 Nr. 1 VO (EU) 2017/1369.
[12] Beck VergabeR/*Hertwig/Slawinski*, 2. Aufl. 2013, SektVO § 7 Rn. 23.
[13] Allerdings wird nach den Erläuterungen im Duden unter „Technik" auch die Gesamtheit der Maßnahmen, Einrichtungen und Verfahren, die dazu dienen, die Erkenntnisse der Naturwissenschaften für den Menschen praktisch nutzbar zu machen, verstanden, womit alle menschengemachten Gegenstände erfasst wären.
[14] Nach → 1. Aufl. 2011, § 7 Rn. 9, geht es bei § 7 Abs. 4 aF um den Energieverbrauch der zu erwerbenden Gegenstände.
[15] Darauf wohl entscheidend abstellend Beck VergabeR/*Knauff* Rn. 11; gegen ein weites Verständnis von Abs. 1 S. 1 auch: *Schulz* in Gabriel/Krohn/Neun VergabeR-HdB § 54 Rn. 17 und *Schulz* in Gabriel/Krohn/Neun VergabeR-HdB § 52 Rn. 18, HK-VergabeR/*Winnes* Rn. 2 und 5 f; jurisPK-VergabeR/*Zeiss* Rn. 13 ff.

dung zur Vergaberechtsmodernisierungs-VO, dass § 58 Sonderregelungen zur Energieeffizienz enthält, die „bei der Beschaffung energieverbrauchsrelevanter Leistungen, Waren, Geräte oder Ausrüstungen zwingend zu beachten sind".[16] Danach erfasst die Vorschrift also energieverbrauchsrelevante Gegenstände. Ferner spricht auch der mit den Energieeffizienzvorgaben in § 58 Abs. 1 VgV verbundene Aspekt, wonach der öffentlichen Hand bei der Steigerung der Energieeffizienz eine Vorbildfunktion zukommt (→ Rn. 3), für einen weiten Anwendungsbereich der Regelung. Schließlich kommt hinzu, dass der Wortlaut des Abs. 1 S. 1 und 2, wonach „der Energieverbrauch" der technischen Geräte und Ausrüstungen und nicht deren „Energieverbrauchsrelevanz" abgefragt werden muss, kein entscheidendes Gegenargument darstellt. Denn diese Ungenauigkeit im Wortlaut betrifft auch § 67 Abs. 3 VgV (→ VgV § 67 Rn. 42). Im Rahmen dieser Vorschrift ist jedoch anerkannt, dass energieverbrauchsrelevante Gegenstände ohne eigenen Energieverbrauch den Energieeffizienzvorgaben unterfallen (zB Fenster, Dämmstoffe, Reifen, → VgV § 67 Rn. 11).

7   Angesichts der vorstehenden Ausführungen und insbesondere des Willens des Verordnungsgebers und des von ihm verfolgten Ziels **spricht** nach hier vertretener Auffassung **mehr für ein weites Verständnis** des Abs. 1.[17] Jedenfalls ist es rechtssicherer davon auszugehen, dass Sektorenauftraggeber zur Abforderung von Angaben zur Energieverbrauchsrelevanz von Gegenständen (→ § 67 Rn. 6 ff.) verpflichtet sind. Das gilt ausnahmsweise dann nicht, wenn der betroffene energieverbrauchsrelevante Gegenstand aufgrund der vom Sektorenauftraggeber beabsichtigten Benutzung keinen Einfluss auf den Energieverbrauch haben wird. Dann entfallen auch die Pflichten in § 58 (zB beim Kauf von Fenstern für ein unbeheiztes Lagergebäude).[18]

8   **2. Liefer-, Dienst- und Bauleistungen erfasst.** Nach Abs. 1 S. 1 sind mit der Leistungsbeschreibung im Rahmen der technischen Spezifikationen von den Bietern Energieverbrauchsangaben zu fordern. Der **Wortlaut** der Vorschrift enthält keine Eingrenzung auf bestimmte Vertragsarten und könnte daher für **Liefer-, Dienst- und Bauleistungen** gleichermaßen gelten. Die Verpflichtung des Sektorenauftraggebers zur Abfrage von Energieverbrauchsangaben erscheint unproblematisch, wenn der Bieter bestimmte energieverbrauchsrelevante Gegenstände nach dem zu vergebenden Vertrag zu liefern hat oder diese wesentliche Bestandteile einer zu vergebenden Bauleistung iSv Abs. 1 S. 2 sind. Bei Dienstleistungen ist hingegen unklar, zu welchen Gegenständen der Sektorenauftraggeber Angaben vom Bieter verlangen soll.

9   Es ist daher **fraglich,** ob die Pflicht zur Abforderung von Energieverbrauchsangaben bei der Vergabe von **Dienstleistungen** überhaupt greift und wenn ja, ob sie nur für energieverbrauchsrelevante Gegenstände gilt, die zB wesentliche Voraussetzung zur Ausführung der Dienstleistungen sind.[19] Gegen die Geltung bei der Vergabe von Dienstleistung spricht zunächst, dass Abs. 1 anders als **dessen Schwestervorschrift** in **§ 67 Abs. 1 VgV** die Einbeziehung von Dienstleistungen nicht **ausdrücklich** vorsieht. Demgegenüber gibt es aber mit Abs. 1 S. 2 eine zu § 8c EU Abs. 1 VOB/A ähnliche Regelung, aus der explizit folgt, dass Bauleistungen erfasst sind. Zudem lässt sich aus dem in Abs. 1 S. 2 enthaltenen Begriff „Lieferung" ableiten, dass Abs. 1 S. 1 möglicherweise nur für Lieferleistungen gilt. Gegen die Einbeziehung von Dienstleistungen scheint auch die Historie zu sprechen: Die ersten energierelevanten Vorgaben der SektVO in Umsetzung der RL 2006/32/EG galten wohl nur für Kauf, Miete oder ähnliche („Lieferungs-")Beschaffungsarten.[20]

10 Neben dem offenen Wortlaut des Abs. 1 S. 1 sprechen aber gute und insgesamt die **besseren Gründe** dafür, dass auch **Dienstleistungen erfasst** werden.[21] So zunächst das Ziel möglichst energieeffizienter Beschaffungen und die diesbezügliche Vorbildfunktion des öffentlichen Sektors (→ Rn. 6), was einen weiten Anwendungsbereich verlangt. Zudem gelten die Energieeffizienzanforderungen des mit § 58 VgV umgesetzten Art. 6 Abs. 1 RL Energieeffizienz-RL für Produkte

---

[16] SektVO-Begründung BT-Drs. 18/7318, 247.
[17] AA jurisPK-VergabeR/*Zeiss* Rn. 15.
[18] Zeiss NZBau 2012, 201 (202); HK-VergabeR/*Winnes* Rn. 4.
[19] Gegen die Geltung von Abs. 1 S. 1 für Dienstleistungen: *Herrmann,* Rechtsgutachten umweltfreundliche öffentliche Beschaffung (im Auftrag des Umweltbundesamts), Aktualisierung Februar 2019, Texte 30/2019 Ressortforschungsplan des Bundesministeriums für Umwelt, Naturschutz und nukleare Sicherheit, 37; Beck VergabeR/*Knauff* Rn. 12.
[20] S. die Liste der Energieeffizienzmaßnahmen in Anhang VI RL 2006/32/EG; vgl. auch → 1. Aufl. 2011, → § 7 Rn. 9, wonach sich § 7 Abs. 4 aF nur auf den Erwerb von Gegenständen bezieht; auch *Zeiss* NZBau 2011, 458 (459), sieht nur Lieferleistungen erfasst; demgegenüber s. aber Entwurf einer Begründung zur SektVO, BMWi IB3 – 26.5.2014, Stand: 6.4.2009, 21, wonach der Energieverbrauch auch bei Dienstleistungen gewertet werden kann.
[21] Ebenso HK-VergabeR/*Winnes* Rn. 6; aA jurisPK-VergabeR/*Zeiss* Rn. 24.

und Dienstleistungen.²² Dementsprechend werden nach der Schwesternvorschrift in § 67 Abs. 1 VgV Dienstleistungen erfasst. Schließlich war es der Wille des Verordnungsgebers, auch Dienstleistungen zu erfassen. So heißt es in der Begründung zu § 58, dass die Vorschrift Sonderregelungen zur Energieeffizienz enthält, die bei der Beschaffung von energieverbrauchsrelevanten Leistungen, Waren, Geräten und Ausrüstungen zwingend zu beachten sind.²³ Noch klarer heißt es in der Begründung zu § 59, dass die in § 59 enthaltenen Regelungen den Regelungen zur Beschaffung energieverbrauchsrelevanter Liefer- oder Dienstleistungen in § 58 vorgehen.²⁴

Da somit Abs. 1 S. 1 auf Vergaben von Dienstleistungsaufträgen Anwendung findet bzw. es jedenfalls rechtssicherer ist, davon auszugehen, müssen Sektorenauftraggeber auch bei diesen **Energieverbrauchsangaben** vom Bieter abfragen. Fraglich ist, ob die Verpflichtung für alle bei der Dienstleistung eingesetzten energieverbrauchsrelevanten Gegenstände gelten soll oder zB nur für wesentliche iSd § 67 Abs. 1 VgV. Gesichtspunkte der Zumutbarkeit und Praktikabilität sprechen zunächst für eine Eingrenzung der Abforderungspflicht, die ansonsten im Einzelfall „uferlos" sein könnte. Gleiches wird angesichts des nach § 97 Abs. 1 S. 2 GWB bei der Vergabe zu beachtenden Grundsatzes der Verhältnismäßigkeit gelten. Zudem ist nicht ersichtlich, warum für Sektorenauftraggeber bei der Vergabe von Dienstleistungen strengere Maßstäbe gelten sollten als für öffentliche Auftraggeber iSv § 99 GWB. Das gilt umso mehr, als die Vergaberegeln im Sektorenbereich grundsätzlich weniger streng sind als nach den allgemeinen vergaberechtlichen Regeln. Vor diesem Hintergrund ist davon auszugehen, dass der Anwendungsbereich des Abs. 1 S. 1 in Bezug auf Dienstleistungen nicht weiter ist, als nach § 67 Abs. 1 iVm Abs. 3 VgV (→ § 67 Rn. 13 ff.). Da gem. Abs. 1 S. 1 „im Rahmen der technischen Spezifikationen" Energieverbrauchsangaben zu fordern sind, dürften Sektorenauftraggeber nur insoweit zur Abfrage verpflichtet sein, wie in der Leistungsbeschreibung bzw. den Vergabeunterlagen energieverbrauchsrelevante Gegenständen und deren Eigenschaften angesprochen oder vorgegeben werden.²⁵

Für **Bauleistungen** gilt die Verpflichtung zur Abforderungen von Energieverbrauchsangaben nach Abs. 1 S. 2 dann, wenn die Lieferung von technischen Geräten und Ausrüstungen „**Bestandteil**" dieser Bauleistungen sind. Ähnlich aber um „wesentlich" ergänzt heißt es in Abs. 2, dass der Energieverbrauch von technischen Geräten oder Ausrüstungen bei der Entscheidung über den Zuschlag bei Bauleistungen nur dann berücksichtigt werden kann, wenn die Lieferung der technischen Geräte oder Ausrüstungen ein „wesentlicher Bestandteil" der Bauleistung ist. Abs. 1 und 2 sind in der Gesamtschau nur sinnvoll, wenn die Voraussetzung „Bestandteil" bzw. „wesentlicher Bestandteil" gleichbedeutend ist. Dementsprechend gilt nach wohl herrschender Meinung in der Literatur für beide Absätze die Voraussetzung, dass die Lieferung von Geräten oder Ausrüstung ein „wesentlicher Bestandteil" der Bauleistung sein muss.²⁶ Was darunter zu verstehen ist, ergibt sich aus § 94 Abs. 2 BGB. Danach gehören zu den wesentlichen Bestandteilen eines Gebäudes alle zur Herstellung des Gebäudes eingefügten Sachen. Dass diese Interpretation des § 58 zutreffend ist, zeigt ein Vergleich zwischen einer Bau- und einer Lieferleistung, die beide einen merkmalsgleichen Gegenstand umfassen: Alle in ein Gebäude vom Bauherrn eingefügten energieverbrauchsrelevanten Gegenstände hat dieser faktisch „geliefert" und sie würden, handelte es sich um eine von der Bauleistung getrennte Lieferung, den Anwendungsbereich von Abs. 1 und 2 eröffnen.

Aus der vorstehenden Auslegung von „**Bestandteil dieser Bauleistung**" folgt, dass Sektorenauftraggeber verpflichtet sind, den Energieverbrauch von **beispielsweise** Klimaanlagen und Fahrstühlen abzufragen,²⁷ genauso aber den Energieverbrauchseinfluss (→ Rn. 14) von Fenstern oder Dämmstoffen auf das Bauwerk.²⁸ Demgegenüber besteht für solche energieverbrauchsrelevanten Gegenstände keine Pflicht zur Abforderung von Energieverbrauchsangaben, die lediglich zur Bauausführung eingesetzt werden wie zB Kräne, Bagger, Baumaschinen etc²⁹ oder die nur zu einem vorübergehenden Zweck in ein Gebäude eingefügt werden iSv § 95 Abs. 2 BGB. Enthält der zu

---

22 Die Anforderungen des Art. 6 Abs. 1 RL Energieeffizienz-RL gelten allerdings nur für die Zentralregierungen der Mitgliedstaaten.
23 SektVO-Begründung BT-Drs. 18/7318, 247.
24 Begründung zum Kabinettsentwurf der VergRModVO v. 20.1.2016, 277.
25 Ähnlich Ziekow/Völlink/*Siegel* Rn. 3.
26 *Zeiss* NZBau 2011, 458 (459); Beck VergabeR/*Hertwig/Slawinski*, 2. Aufl. 2013, § 7 Rn. 22; Ziekow/Völlink/*Bernhardt*, 2. Aufl. 2013, § 7 Rn. 5; HK-VergabeR/*Winnes* Rn. 6; wohl aA HHKW/*Jäger* § 29 Rn. 18; aA Eschenbruch/Opitz/Röwekamp/*Wolters* Rn. 11.
27 *Zeiss* NZBau 2011, 458 (459).
28 *Zeiss* NZBau 2012, 201 (202).
29 Kapellmann/Messerschmidt/*Schneider*, 5. Aufl. 2015, VgV § 6 Rn. 6; Ziekow/Völlink/*Bernhardt*, 2. Aufl. 2013, § 7 Rn. 5; *Scheel* IBR 2011, 1265 Rn. 15.; HK-VergabeR/*Winnes* Rn. 9.

vergebende Vertrag neben Bauleistungen auch Lieferleistungen (zu „gemischten" Aufträgen § 110 Abs. 1 GWB, → GWB § 110 Rn. 4 ff.), so gilt für den Lieferleistungsanteil Abs. 1 S. 1, für den Bauleistungsanteil Abs. 1 S. 2.[30]

14 **3. Abzufordernde Angaben.** Was der Sektorenauftraggeber nach Abs. 1 S. 1 und 2 vom Bieter abzufordern hat, ist **abhängig von** der **Beschaffenheit des energieverbrauchsrelevanten Gegenstandes.** Verbraucht der energieverbrauchsrelevante Gegenstand selbst Energie, so hat der Sektorenauftraggeber vom Bieter hierzu Verbrauchsangaben zu fordern. Hat der Gegenstand Einfluss auf den Energieverbrauch anderer Gegenstände bzw. Gebäude, so hat der Sektorenauftraggeber den Bieter zur Vorlage diesbezüglich relevanter Informationen zu verpflichten. Im Einzelfall können auch beide Fälle in Kombination vorkommen. Wird der energieverbrauchsrelevante Gegenstand in unterschiedlichen Betriebsstufen mit unterschiedlichem Energieverbrauch bzw. unterschiedlich starkem Einfluss auf den Energieverbrauch genutzt, so muss der Auftraggeber den Energieverbrauch bzw. den Einfluss auf den Energieverbrauch entsprechend differenziert abfragen (→ Rn. 15). Zur Ausnahme von der Abforderungspflicht → Rn. 7.

IV. Analyse minimierter Lebenszykluskosten (Abs. 1 S. 3)

15 Nach Abs. 1 S. 3 ist in geeigneten Fällen eine Analyse minimierter Lebenszykluskosten oder eine vergleichbare Methode zur Gewährleistung der Wirtschaftlichkeit vom Bieter zu fordern. Der **Wortlaut** dieser Vorschrift ist insbesondere aufgrund der Verwendung des Begriffs „Lebenszykluskosten" als **misslungen** zu bezeichnen.[31] Unabhängig davon dürfte die Vorschrift wegen § 53 und der darin enthaltenen Vorgaben bei Lebenszykluskostenbetrachtungen in der Wertung überflüssig sein. Abs. 1 S. 3 kommt **allenfalls** eine **Hinweisfunktion** zu: Sektorenauftraggeber sollten vor Ausarbeitung der Vergabeunterlagen und insbesondere der Wertungsvorgaben prüfen, ob der betrachtete Gegenstand bei der vorgesehenen Nutzung verschiedene Betriebszustände mit unterschiedlich hohem Energieverbrauch bzw. Energieverbrauchseinfluss hat. Dann ist dies bei der Abfrage des Energieverbrauchs bzw. des Energieverbrauchseinflusses entsprechend zu berücksichtigen (→ Rn. 14) und kann auch in die Wertung (→ Rn. 16) einfließen. Detaillierte Ausführungen zum Begriff „Analyse minimierter Lebenszykluskosten" enthält → VgV § 67 Rn. 46 ff.

V. Energieverbrauch in der Wertung (Abs. 2)

16 Nach Abs. 2 kann bei technischen Geräten und Ausrüstungen deren Energieverbrauch bei der Entscheidung über den Zuschlag berücksichtigt werden, bei Bauleistungen jedoch nur dann, wenn die Lieferung der technischen Geräte oder Ausrüstungen ein wesentlicher Bestandteil der Bauleistung ist. Die Vorschrift stellt die Berücksichtigung von Energieverbrauchsangaben bzw. von Angaben zum Energieverbrauchseinfluss (→ Rn. 14) energieverbrauchsrelevanter Gegenstände (→ Rn. 4 ff.) in das **Ermessen des Sektorenauftraggebers.** Dieses Ermessen ist **fehlerfrei auszuüben.** Das heißt der Sektorenauftraggeber muss sich insbesondere seines Ermessens bewusst sein, den zutreffenden Sachverhalt zugrunde legen und darf sich ua nicht von unsachlichen Erwägungen leiten lassen.[32] Nicht unsachlich, sondern aus Gründen der Verhältnismäßigkeit gerechtfertigt wäre es etwa, nur den Energieverbrauch von Gegenständen zu berücksichtigen, die einen erheblichen Anteil am Gesamtauftragswert ausmachen.[33] Die Gründe für die getroffene Entscheidung hat der Sektorenauftraggeber ordnungsgemäß zu dokumentieren. Abzulehnen ist eine Auffassung in der Literatur, wonach Abs. 2 richtlinienkonform dahingehend auszulegen ist, dass es sich um eine „Muss"-Vorschrift handelt.[34] Denn § 58 dient der Umsetzung von Art. 6 Abs. 1 Energieeffizienz-RL,[35] wonach zwingend nur „Zentralregierungen" Produkte mit hoher Energieeffizienz beschaffen. Nach Art. 2 Nr. 9 Energieeffizienz-RL bezeichnet der Ausdruck „Zentralregierung" alle Verwaltungseinheiten, deren Zuständigkeit sich auf das gesamte Hoheitsgebiet eines Mitgliedsstaats erstreckt. Sektorenauftragnehmer sind schon keine Verwaltungseinheiten, sodass Art. 6 Abs. 1 Energieeffizienz-RL für sie nicht gilt.

---

[30] Ebenso wohl Beck VergabeR/*Knauff* Rn. 16.
[31] Ebenfalls kritisch: Eschenbruch/Opitz/Röwekamp/*Wolters* Rn. 13.
[32] Vgl. KLPP/*Prieß* VO (EG) 1370/2007 Art. 5 Rn. 270.
[33] Vgl. hierzu auch jurisPK-VergabeR/*Zeiss* Rn. 42, der in Bezug auf Bauleistungen unter Hinweis auf eine Regelung in der RVO TVgG NRW aF vorschlägt, Verbrauchsangaben nur zu fordern, wenn die betroffenen Leistungen einen 20%igen Anteil am Gesamtwert ausmachen.
[34] So jurisPK-VergabeR/*Zeiss* Rn. 37, unter Hinweis auf die EU-Energieeffizienz RL 2006/32 EG; ebenso wie hier: Beck VergabeR/*Knauff* Rn. 21.
[35] Nach Art. 27 Abs. 1 RL Energieeffizienz-RL gilt die RL 2006/32/EG nicht mehr.

[aufgehoben; bis 1.8.2021: Beschaffung von Straßenfahrzeugen] § 59 SektVO

Der **Sinn und Zweck** der Regelung, dass bei Bauleistungen der Energieverbrauch/-seinfluss 17 nur solcher Gegenstände berücksichtigt werden darf, die **wesentliche Bestandteile der Bauleistung** (→ Rn. 12, 13) sind, besteht nach einer Auffassung in der Literatur darin, dass der Sektorenauftraggeber keine Anforderungen an die der Disposition des späteren Auftragnehmers unterstehenden Arbeitsgeräte stellen soll.[36] Unabhängig davon dürften auch Praktikabilitätsgründe für diese Einschränkung bei Bauleistungen sprechen, weil ansonsten die Erstellung von Wertungsvorgaben und die Wertung selbst sehr aufwändig sein könnten. Folge dessen ist allerdings, dass es Unterschiede im Umfang der erfassten Gegenstände bei Dienstleistungen und Bauleistungen geben kann, denn bei Dienstleistungen können bestimmte Arbeitsgeräte typischerweise wesentliche Voraussetzung zu ihrer Durchführung sein.

Zur Berücksichtigung des Energieverbrauchs/-einflusses eines Gegenstandes in der Wertung 18 wird entsprechend auf die Ausführungen unter → VgV § 67 Rn. 52 ff. verwiesen. Allerdings ist zu beachten, dass § 67 Abs. 5 VgV die „angemessene" Berücksichtigung der Energieeffizienz als Zuschlagskriterium verlangt, was für § 58 nicht gilt, also hier mehr Handlungsfreiheit besteht.

Auch wenn § 58 keine Regelung enthält, die § 67 Abs. 3 VgV entspricht, so hat der Sektoren- 19 auftraggeber dennoch das Recht, von den Bietern übermittelte Informationen zum Energieverbrauch/Energieverbrauchseinfluss zu überprüfen und hierzu ergänzende Erläuterungen von den Bietern zu fordern.[37] Allerdings werden dadurch die Rechte des Sektorenauftraggebers zur Aufklärung bzw. zur Nachforderung nicht erweitert (die Ausführungen unter → VgV § 67 Rn. 51 gelten entsprechend).[38]

§ 59[1] *[aufgehoben]*

Anlage 2[2]
[aufgehoben]

Anlage 3[3]
[aufgehoben]

Fassung bis 1.8.2021:

§ 59 *Beschaffung von Straßenfahrzeugen*

(1) [1]Der Auftraggeber muss bei der Beschaffung von Straßenfahrzeugen Energieverbrauch und Umweltauswirkungen berücksichtigen. [2]Zumindest müssen folgende Faktoren, jeweils bezogen auf die Gesamtkilometerleistung des Straßenfahrzeugs im Sinne der Tabelle 3 der Anlage 2, berücksichtigt werden:
1. *Energieverbrauch,*
2. *Kohlendioxid-Emissionen,*
3. *Emissionen von Stickoxiden,*
4. *Emissionen von Nichtmethan-Kohlenwasserstoffen und*
5. *partikelförmige Abgasbestandteile.*

(2) [1]Der Auftraggeber erfüllt die Verpflichtung, indem er
1. *Vorgaben zu Energieverbrauch und Umweltauswirkungen in der Leistungsbeschreibung oder in den technischen Spezifikationen macht oder*
2. *den Energieverbrauch und die Umweltauswirkungen von Straßenfahrzeugen als Zuschlagskriterien berücksichtigt.*

[2]Sollen der Energieverbrauch und die Umweltauswirkungen von Straßenfahrzeugen finanziell bewertet werden, ist die in Anlage 3 definierte Methode anzuwenden. [3]Soweit die Angaben in Anlage 2 dem Auftraggeber einen Spielraum bei der Beurteilung des Energiegehaltes oder der Emissionskosten einräumen, nutzt er diesen Spielraum entsprechend den lokalen Bedingungen am Einsatzort des Fahrzeugs.

---

[36] V. Wietersheim in Müller-Wrede SektVO § 29 Rn. 49.
[37] Ebenso Beck VergabeR/*Knauff* Rn. 18; aA HK-VergabeR/*Winnes* Rn. 7, wonach aber wohl § 67 Abs. 4 VgV weiter ausgelegt wird als nach hier vertretener Auffassung.
[38] Wohl ebenso jurisPK-VergabeR/*Zeiss* Rn. 32.
[1] § 59 aufgeh. mWv 2.8.2021 durch G v. 9.6.2021 (BGBl. I S. 1691).
[2] Anl. 2 aufgeh. mWv 2.8.2021 durch G v. 9.6.2021 (BGBl. I S. 1691).
[3] Anl. 3 aufgeh. mWv 2.8.2021 durch G v. 9.6.2021 (BGBl. I S. 1691).

SektVO § 59 [aufgehoben; bis 1.8.2021: Beschaffung von Straßenfahrzeugen]

Anlage 2 (zu § 59)

Daten zur Berechnung der über die Lebensdauer von Straßenfahrzeugen anfallenden externen Kosten

Tabelle 1 – Energiegehalt von Kraftstoffen

Kraftstoff	Energiegehalt in Megajoule (MJ)/Liter bzw. Megajoule (MJ)/Normkubikmeter (Nm^3)
Dieselkraftstoff	36 MJ/Liter
Ottokraftstoff	32 MJ/Liter
Erdgas	33–38 MJ/Liter
Flüssiggas (LPG)	24 MJ/Liter
Ethanol	21 MJ/Liter
Biodiesel	33 MJ/Liter
Emulsionskraftstoff	32 MJ/Liter
Wasserstoff	11 MJ/Liter

Tabelle 2 – Emissionskosten im Straßenverkehr (Preise von 2007)

Kohlendioxid (CO_2)	Stickoxide (NO_x)	Nichtmethan-Kohlenwasserstoffe	Partikelförmige Abgasbestandteile
0,03-0,04 €/kg	0,0044 €/g	0,001 €/g	0,087 €/g

Tabelle 3 – Gesamtkilometerleistung von Straßenfahrzeugen

Fahrzeugklasse (Kategorien M und N gemäß der Richtlinie 2007/46/EG)	Gesamtkilometerleistung
Personenkraftwagen (M_1)	200.000 km
Leichte Nutzfahrzeuge (N_1)	250.000 km
Schwere Nutzfahrzeuge (N_2, N_3)	1.000.000 km
Busse (M_2, M_3)	

Anlage 3 (zu § 59 Absatz 2)

Methode zur Berechnung der über die Lebensdauer von Straßenfahrzeugen anfallenden Betriebskosten

1. Für die Zwecke von § 59 werden die über die Lebensdauer eines Straßenfahrzeugs durch dessen Betrieb verursachten Energieverbrauchs- und Emissionskosten (Betriebskosten) nach der im Folgenden beschriebenen Methode finanziell bewertet und berechnet:
   a) Die Energieverbrauchskosten, die für den Betrieb eines Straßenfahrzeugs über dessen Lebensdauer anfallen, werden wie folgt berechnet:
      aa) Der Kraftstoffverbrauch je Kilometer eines Straßenfahrzeugs gemäß Nummer 2 wird in Energieverbrauch je Kilometer (Megajoule/Kilometer, MJ/km) gerechnet. Soweit der Kraftstoffverbrauch in anderen Einheiten angegeben ist, wird er nach den Umrechnungsfaktoren in Tabelle 1 der Anlage 2 in MJ/km umgerechnet.
      bb) Je Energieeinheit muss im Rahmen der Angebotswertung ein finanzieller Wert festgesetzt werden (€/MJ). Dieser finanzielle Wert wird nach einem Vergleich der Kosten je Energieeinheit von Ottokraftstoff oder Dieselkraftstoff vor Steuern bestimmt. Der jeweils günstigere Kraftstoff bestimmt den in der Angebotswertung zu berücksichtigenden finanziellen Wert je Energieeinheit (€/MJ).
      cc) Zur Berechnung der Energieverbrauchskosten, die für den Betrieb eines Straßenfahrzeugs über dessen Lebensdauer anfallen, werden die Gesamtkilometerleistung gemäß Nummer 3 (gegebenenfalls unter Berücksichtigung der bereits erbrachten Kilometerleistung), der Energieverbrauch je Kilometer (MJ/km) gemäß Doppelbuchstabe aa und die Kosten in Euro je Energieeinheit (€/MJ) gemäß Doppelbuchstabe bb miteinander multipliziert.
   b) Zur Berechnung der Kohlendioxid-Emissionen, die für den Betrieb eines Straßenfahrzeugs über dessen Lebensdauer anfallen, werden die Gesamtkilometerleistung gemäß Nummer 3 (gegebe-

nenfalls unter Berücksichtigung der bereits erbrachten Kilometerleistung), die Kohlendioxid-Emissionen in Kilogramm je Kilometer (kg/km) gemäß Nummer 2 und die Emissionskosten je Kilogramm (€/kg) gemäß Tabelle 2 der Anlage 2 miteinander multipliziert.

c) Zur Berechnung der in Tabelle 2 der Anlage 2 aufgeführten Kosten für Schadstoffemissionen, die für den Betrieb eines Straßenfahrzeugs über dessen Lebensdauer anfallen, werden die Kosten für Emissionen von Stickoxiden, Nichtmethan-Kohlenwasserstoffen und partikelförmigen Abgasbestandteilen addiert. Zur Berechnung der über die Lebensdauer anfallenden Kosten für jeden einzelnen Schadstoff werden die Gesamtkilometerleistung gemäß Nummer 3 (gegebenenfalls unter Berücksichtigung der bereits erbrachten Kilometerleistung), die Emissionen in Gramm je Kilometer (g/km) gemäß Nummer 2 und die jeweiligen Kosten je Gramm (€/g) miteinander multipliziert.

d) Auftraggeber dürfen bei der Berechnung der Emissionskosten nach den Buchstaben b und c höhere Werte zugrunde legen als diejenigen, die in Tabelle 2 der Anlage 2 angegeben sind, sofern die Werte in Tabelle 2 der Anlage 2 um nicht mehr als das Doppelte überschritten werden.

2. Die Werte für den Kraftstoffverbrauch je Kilometer sowie für Kohlendioxid-Emissionen und Schadstoffemissionen je Kilometer basieren auf den genormten gemeinschaftlichen Testverfahren der Gemeinschaftsvorschriften über die Typgenehmigung. Für Straßenfahrzeuge, für die keine genormten gemeinschaftlichen Testverfahren bestehen, werden zur Gewährleistung der Vergleichbarkeit verschiedener Angebote allgemein anerkannte Testverfahren, die Ergebnisse von Prüfungen, die für den Auftraggeber durchgeführt wurden, oder die Angaben des Herstellers herangezogen.

3. Die Gesamtkilometerleistung eines Fahrzeugs ist der Tabelle 3 der Anlage 2 zu entnehmen.

Schrifttum: *Herrmann*, Rechtsgutachten umweltfreundliche öffentliche Beschaffung (im Auftrag des Umweltbundesamts), Aktualisierung Februar 2019, Texte 30/2019 Ressortforschungsplan des Bundesministeriums für Umwelt, Naturschutz und nukleare Sicherheit.

I. Bedeutung der Norm

§ 59, der zum 2.8.2021 aufgehoben worden ist (→ Rn. 3), kann für Vergabeverfahren bedeutsam sein, die vor dem 2.8.2021 eingeleitet worden sind.[4] Die nachfolgende Kommentierung ist ausschließlich für die vorgenannten Fälle gedacht, wobei § 59 im Rahmen der Kommentierung – trotz der erfolgten Aufhebung – ohne den Zusatz „aF" (für alte Fassung) aufgeführt wird.

§ 59, deren Vorgängervorschriften § 7 Abs. 5 und 6 aF, § 29 Abs. 2 S. 3–5 aF sind, verpflichtet Sektorenauftraggeber zur **Beschaffung umweltverträglicher Straßenfahrzeuge.** Dazu sind entweder Mindestanforderungen an den Energieverbrauch und die Umweltauswirkungen der Fahrzeuge zu stellen oder diese Aspekte als Zuschlagskriterien zu berücksichtigen. Die Vorschrift ist **lex specialis gegenüber § 58,** geht diesem also vor,[5] dh bei der Beschaffung von Straßenfahrzeugen ist allein § 59 anzuwenden, während bei der Beschaffung von zB Transportdiensten, die unter Nutzung von Straßenfahrzeugen zu erbringen sind, § 58 gilt. § 59 dient der Umsetzung von Vorgaben der RL 2009/33/EG, die durch die RL (EU) 2019/1161[6] erheblich neu gefasst und in ihrem Anwendungsbereich ausgeweitet[7] worden ist. Die Abs. 1 und 2 des § 59 sind inhaltsgleich zu § 68 Abs. 1–3 VgV. Die Verpflichtung zur Beschaffung umweltfreundlicher Straßenfahrzeuge durchbricht den vergaberechtlichen Grundsatz der Beschaffungsautonomie bzw. das Leistungsbestimmungsrecht[8] des öffentlichen Auftraggebers.

Der erste Absatz von § 59 legt fest, dass und welche umweltrelevanten Aspekte Sektorenauftraggeber bei der Beschaffung von Straßenfahrzeugen zu berücksichtigen haben. Er dient der Umsetzung von Art. 1 und 5 RL 2009/33/EG. Abs. 2 legt fest, wie die Aspekte des ersten Absatzes im Vergabeverfahren einzubeziehen sind, und bestimmt die Methode, die einer etwaigen finanziellen Bewertung des Energieverbrauchs und der Umweltauswirkungen im Rahmen der Wertung zugrunde zu legen ist.

---

[4] Beachte aber § 10 SaubFahrzeugBeschG „*Dieses Gesetz gilt für Beschaffungen im Sinne des § 3, deren Auftragsbekanntmachung nach dem 2. August 2021 veröffentlicht wird oder bei denen nach dem 2. August 2021 zur Abgabe eines Angebotes aufgefordert wird*"; abgedruckter Volltext des SaubFahrzeugBeschG im Anhang § 68 VgV.
[5] VO-Begr. BT-Drs. 18/7318, 247.
[6] S. ABl. 2019 L 188, 116.
[7] S. Erwägungsgrund 12 RL (EU) 2019/1161, wonach durch die Ausweitung des Anwendungsbereichs der RL 2009/33/EG auch Leasing, Miete und Ratenkauf von Fahrzeugen sowie Aufträge für bestimmte Arten von Dienstleistungen erfasst werden.
[8] Hierzu s. OLG Düsseldorf Beschl. v. 17.2.2010 – Verg 42/09, BeckRS 2010, 06143; OLG Karlsruhe Beschl. v. 15.11.2013 – 15 Verg 5/13, NZBau 2014, 378.

II. Entstehungsgeschichte

3 Die ersten energie- und umweltbezogenen Anforderungen für die Beschaffung von Straßenfahrzeugen durch Sektorenauftraggeber sind durch die **Verordnung zur Änderung der Vergabeverordnung und der Sektorenverordnung** vom 9.5.2011 eingeführt worden.[9] Sie befanden sich in § 7 Abs. 5 und 6 aF, § 29 Abs. 2 S. 3–5 aF, die inhaltlich dem heutigen § 59 entsprachen. Durch das **Gesetz zur Änderung des Vergaberechts für die Bereiche Verteidigung und Sicherheit**[10] vom 7.12.2011 sind lediglich geringe Anpassungen an den Wortlaut vorgenommen worden. Mit der **Verordnung zur Modernisierung des Vergaberechts (VergRModVO)**[11] vom 12.4.2016 lagerte der Verordnungsgeber die Regelungen der § 7 Abs. 5 und 6 aF, § 29 Abs. 2 S. 3–5 aF in den § 59 als Teil des neu gefassten Abschnitts 3 der SektVO aus und straffte deren Wortlaut.

3a § 59 ist durch Art. 3 des Gesetzes zur Umsetzung der Richtlinie (EU) 2019/1161 vom 20.6.2019 zur Änderung der Richtlinie 2009/33/EG über die Förderung sauberer und energieeffizienter Straßenfahrzeuge sowie zur Änderung vergaberechtlicher Vorschriften[12] **aufgehoben worden**. Die **Aufhebung** ist gemäß Art. 4 des vorgenannten Gesetzes **am 2.8.2021 in Kraft getreten**.

III. Berücksichtigung des Energieverbrauchs und von Umweltauswirkungen bei Straßenfahrzeugbeschaffungen

4 Abs. 1 ist inhaltsgleich mit § 68 Abs. 1 VgV. Es wird auf die dortige Kommentierung verwiesen (→ VgV § 68 Rn. 5–11).

5 Abs. 2 S. 1 ist inhaltsgleich mit § 68 Abs. 2 VgV. Es wird auf die dortige Kommentierung verwiesen (→ VgV § 68 Rn. 12–14).

6 Abs. 2 S. 2–3 sind inhaltsgleich mit § 68 Abs. 3 VgV. Es wird auf die dortige Kommentierung verwiesen (→ VgV § 68 Rn. 15–27).

7 Anders als öffentliche Auftraggeber (vgl. § 68 Abs. 4 VgV) haben Sektorenauftraggeber die Verpflichtungen der Abs. 1 und 2 des § 59 ausnahmslos anzuwenden (→ VgV § 68 Rn. 34).

8 Die Bestimmungen in § 59 sind **bieterschützend**,[13] sodass betroffene Unternehmen einen Anspruch auf deren Einhaltung haben, § 97 Abs. 6 GWB, den sie vor der Vergabekammer und dem Beschwerdegericht geltend machen können, § 156 Abs. 2 GWB. Der bieterschützende Charakter der Regelungen ergibt sich aus dem ihnen unter anderem zugrunde liegenden Zweck, den Markt für saubere und energieeffiziente Straßenfahrzeuge zu beleben und die Markteinführung solcher Fahrzeuge zu fördern.[14] Daraus geht hervor, dass Hersteller besonders umweltfreundlicher Fahrzeuge begünstigt werden sollen.

Abschnitt 4. Planungswettbewerbe

§ 60 Anwendungsbereich

(1) Wettbewerbe nach § 103 Absatz 6 des Gesetzes gegen Wettbewerbsbeschränkungen werden insbesondere auf den Gebieten der Raumplanung, des Städtebaus und des Bauwesens oder der Datenverarbeitung durchgeführt (Planungswettbewerbe).

(2) Bei der Durchführung eines Planungswettbewerbs wendet der Auftraggeber die §§ 5, 6, 50 und die Vorschriften dieses Abschnitts an.

1 Die Bestimmungen des Abschnitt 4 setzen die Art. 95–98 Sektoren-RL um, die ihrerseits den Vorgaben an die Ausrichtung von Wettbewerben nach Art. 78–82 RL 2014/24/EU entsprechen, die durch die Bestimmungen des Abschnitt 5 der VgV in deutsches Recht umgesetzt wurden. Es

---

[9] BGBl. 2011 I 800; ausf. zur Entwicklung von Umweltkriterien im Vergaberecht: *Herrmann*, Rechtsgutachten umweltfreundliche öffentliche Beschaffung (im Auftrag des Umweltbundesamts), Aktualisierung Februar 2019, Texte 30/2019 Ressortforschungsplan des Bundesministeriums für Umwelt, Naturschutz und nukleare Sicherheit, 18 ff.
[10] BGBl. 2011 I 2570.
[11] BGBl. 2016 I 624.
[12] Gesetz v. 9.6.2021, BGBl. 2021 I 1691.
[13] Ebenso zu § 4 Abs. 7–10 VgV aF Ziekow/Völlink/*Greb* VgV § 4 Rn. 36; aA zu § 68 VgV *Fandrey* in KKMPP VgV § 68 Rn. 4, jedoch ohne nähere Begründung.
[14] Begründung zur Änderungsverordnung der VgV und SektVO, BR-Drs. 70/11, 17; vgl. auch Art. 1 RL 2009/33/EG.

kann daher auf die diesbezügliche Kommentierung verwiesen werden. Hinsichtlich § 60 wird auf die Kommentierung zum dementsprechenden § 69 VgV verwiesen (→ VgV § 69 Rn. 1).

Die Aufzählung der nach **Abs. 2** anzuwendenden Vorschriften ist ebenso wenig wie bei § 69 Abs. 2 abschließend. Auch insofern sind nicht zuletzt aufgrund unionsrechtlicher Vorgaben weitere Bestimmungen auf die Durchführung von Planungswettbewerben anzuwenden. Art. 96 Abs. 1 Sektoren-RL entspricht Art. 80 Abs. 1 RL 2014/24/EU. Gleiches gilt für die jeweils in Bezug genommenen allgemeinen Grundsätze und deren Umsetzung in der VgV. Es kann demnach auf die Kommentierung zu § 69 Abs. 2 verwiesen werden (→ VgV § 69 Rn. 14).

2

§ 61 Veröffentlichung, Transparenz

(1) ¹Der Auftraggeber teilt seine Absicht, einen Planungswettbewerb auszurichten, in einer Wettbewerbsbekanntmachung mit. ²Die Wettbewerbsbekanntmachung wird nach dem in Anhang IX der Durchführungsverordnung (EU) 2015/1986 enthaltenen Muster erstellt.

(2) Beabsichtigt der Auftraggeber im Anschluss an einen Planungswettbewerb einen Dienstleistungsauftrag im Verhandlungsverfahren ohne Teilnahmewettbewerb zu vergeben, hat der Auftraggeber die Eignungskriterien und die zum Nachweis der Eignung erforderlichen Unterlagen hierfür bereits in der Wettbewerbsbekanntmachung anzugeben.

(3) ¹Die Ergebnisse des Planungswettbewerbs sind bekanntzumachen und innerhalb von 30 Tagen an das Amt für Veröffentlichungen der Europäischen Union zu übermitteln. ²Die Bekanntmachung wird nach dem Muster gemäß Anhang X der Durchführungsverordnung (EU) 2015/1986 erstellt.

(4) § 38 Absatz 6 gilt entsprechend.

Die Vorschrift setzt Art. 96 Sektoren-RL um. § 61 entspricht nahezu wortlautidentisch § 70 VgV. Es fehlt allerdings ein gem. § 70 Abs. 1 S. 3 VgV (→ VgV § 70 Rn. 7) entsprechender Verweis auf die Vorschriften über die Veröffentlichung von Bekanntmachungen nach § 40. Hierbei handelt es sich offenbar um ein redaktionelles Versehen, denn nach der Verordnungsbegründung soll die Bekanntmachung entsprechend § 40 erfolgen.¹ Ungeachtet dessen würde die Anwendung des § 40 auch aus einer richtlinienkonformen Auslegung folgen. Denn gem. Art. 96 Abs. 3 Sektoren-RL gelten die Bestimmungen über die Veröffentlichung von Bekanntmachungen nach Art. 71 Abs. 2–6 Sektoren-RL, die durch § 40 in deutsches Recht umgesetzt werden, auch für Bekanntmachungen im Zusammenhang mit Wettbewerben. Im Ergebnis kann daher auf die Kommentierung zu § 70 VgV verwiesen werden (→ VgV § 70 Rn. 1).

1

§ 62 Ausrichtung

(1) Die an einem Planungswettbewerb Interessierten sind vor Wettbewerbsbeginn über die geltenden Durchführungsregeln zu informieren.

(2) Die Zulassung von Teilnehmern an einem Planungswettbewerb darf nicht beschränkt werden
1. unter Bezugnahme auf das Gebiet eines Mitgliedsstaats der Europäischen Union oder einen Teil davon oder
2. auf nur natürliche oder nur juristische Personen.

(3) ¹Bei einem Planungswettbewerb mit beschränkter Teilnehmerzahl hat der Auftraggeber eindeutige und nichtdiskriminierende Auswahlkriterien festzulegen. ²Die Zahl der Bewerber, die zur Teilnahme aufgefordert werden, muss ausreichen, um einen echten Wettbewerb zu gewährleisten.

Die Vorschrift setzt Art. 97 Sektoren-RL um. Sie entspricht im Wesentlichen § 71 VgV (in § 73 Abs. 1 S. 3 VgV ist nicht vom „echten" Wettbewerb die Rede), sodass auf die diesbezügliche Kommentierung verwiesen wird (→ VgV § 71 Rn. 1).

1

§ 63 Preisgericht

(1) ¹Das Preisgericht darf nur aus Preisrichtern bestehen, die von den Teilnehmern des Planungswettbewerbs unabhängig sind. ²Wird von den Wettbewerbsteilnehmern eine

---

¹ Vgl. Begr. VergRModVO, BT-Drs. 18/7318, 248.

bestimmte berufliche Qualifikation verlangt, muss mindestens ein Drittel der Preisrichter über dieselbe oder eine gleichwertige Qualifikation verfügen.

(2) ¹Das Preisgericht ist in seinen Entscheidungen und Stellungnahmen unabhängig. ²Es trifft seine Entscheidungen nur aufgrund von Kriterien, die in der Wettbewerbsbekanntmachung genannt sind. ³Die Wettbewerbsarbeiten sind ihm anonym vorzulegen. ⁴Die Anonymität ist bis zu den Stellungnahmen oder Entscheidungen des Preisgerichts zu wahren.

(3) ¹Das Preisgericht erstellt einen Bericht über die Rangfolge der von ihm ausgewählten Wettbewerbsarbeiten, indem es auf die einzelnen Projekte eingeht und seine Bemerkungen sowie noch zu klärende Fragen aufführt. ²Dieser Bericht ist von den Preisrichtern zu unterzeichnen.

(4) ¹Die Teilnehmer können zur Klärung bestimmter Aspekte der Wettbewerbsarbeiten aufgefordert werden, Fragen zu beantworten, die das Preisgericht in seinem Protokoll festzuhalten hat. ²Der Dialog zwischen Preisrichtern und Teilnehmern ist zu dokumentieren.

1   Die Vorschrift setzt Art. 98 Sektoren-RL um. Sie entspricht § 72 VgV, sodass auf die diesbezügliche Kommentierung verwiesen wird (→ VgV § 72 Rn. 1).

Abschnitt 5. Übergangs- und Schlussbestimmungen

§ 64 Übergangsbestimmungen

¹Zentrale Beschaffungsstellen im Sinne von § 120 Absatz 4 Satz 1 des Gesetzes gegen Wettbewerbsbeschränkungen können bis zum 18. April 2017, andere Auftraggeber bis zum 18. Oktober 2018, abweichend von § 43 Absatz 1 die Übermittlung der Angebote, Teilnahmeanträge und Interessensbestätigungen auch auf dem Postweg, anderem geeigneten Weg, Fax oder durch die Kombination dieser Mittel verlangen. ²Dasselbe gilt für die sonstige Kommunikation im Sinne des § 9 Absatz 1, soweit sie nicht die Übermittlung von Bekanntmachungen und die Bereitstellung der Vergabeunterlagen betrifft.

I. Normzweck

1   Ein wesentliches Ziel der Vergaberechtsreform 2016 war die Digitalisierung des Vergabeverfahrens. Mit § 97 Abs. 5 GWB wurde hierzu der Grundsatz der elektronischen Kommunikation auf gesetzlicher Ebene verankert. In der SektVO wird dieser Grundsatz durch die §§ 9 ff., 40, 41 und 43 präzisiert. Danach ist die gesamte Kommunikation im Vergabeverfahren grundsätzlich elektronisch abzuwickeln. Der Verordnungsgeber ging dabei davon aus, dass die Umstellung auf die elektronische Vergabe insbesondere für kommunale Vergabestellen und kleine und mittlere Unternehmen einen nicht unerheblichen Aufwand bedeutet. Daher sollte den betroffenen Vergabestellen ausreichend Zeit für technische Anpassungen eingeräumt werden.¹ Die Vorschrift des § 64 greift hierzu die in Art. 106 Abs. 2 der RL 2014/25/EU vorgesehene Möglichkeit auf und ermöglicht öffentlichen Auftraggebern, für eine Übergangszeit weiter die papiergestützte Kommunikation zuzulassen. Infolge des Ablaufs der Übergangszeit kommt der Regelung keine praktische Relevanz mehr zu.

II. Regelungsgehalt

2   Hinsichtlich des Regelungsgehalts der Vorschrift wird vollumfänglich auf die Kommentierung zu § 81 VgV verwiesen (→ VgV § 81 Rn. 1 ff.).

§ 65 Fristenberechnung

Die Berechnung der in dieser Verordnung geregelten Fristen bestimmt sich nach der Verordnung (EWG, Euratom) Nr. 1182/71 des Rates vom 3. Juni 1971 zur Festlegung der Regeln für die Fristen, Daten und Termine (ABl. L 124 vom 8.6.1971, S. 1).

---

¹ Vgl. Eckpunkte zur Reform des Vergaberechts v. 7.1.2015.

Anlage 1 (zu § 28 Absatz 2) SektVO

I. Normzweck

Das Vergaberecht oberhalb der Schwellenwerte beruht auf den EU-Vergaberichtlinien. Für alle Rechtsakte der europäischen Union gilt im Hinblick auf die Berechnung aller Fristen die VO (EWG, Euratom) Nr. 1182/71 des Rates vom 3.6.1971 zur Festlegung der Regeln für die Fristen, Daten und Termine. Hierauf wird auch in Erwägungsgrund 112 RL 2014/25/EU hingewiesen. § 65 stellt aus Gründen des Rechtsklarheit auch im nationalen Recht deklaratorisch fest, dass die VO (EWG) Nr. 1182/71 auch im Rahmen der die RL 2014/25/EU umsetzenden Regelungen der SektVO anzuwenden ist.

II. Regelungsgehalt

Hinsichtlich des Regelungsgehalts der Vorschrift wird vollumfänglich auf die Kommentierung zu § 82 VgV verwiesen (→ VgV § 82 Rn. 1 ff.).

Anlage 1 (zu § 28 Absatz 2)

Technische Anforderungen, Begriffsbestimmungen
1. „Technische Spezifikation" bei Liefer- oder Dienstleistungen hat eine der folgenden Bedeutungen:
eine Spezifikation, die in einem Schriftstück enthalten ist, das Merkmale für ein Produkt oder eine Dienstleistung vorschreibt, wie Qualitätsstufen, Umwelt- und Klimaleistungsstufen, „Design für Alle" (einschließlich des Zugangs von Menschen mit Behinderungen) und Konformitätsbewertung, Leistung, Vorgaben für Gebrauchstauglichkeit, Sicherheit oder Abmessungen des Produkts, einschließlich der Vorschriften über Verkaufsbezeichnung, Terminologie, Symbole, Prüfungen und Prüfverfahren, Verpackung, Kennzeichnung und Beschriftung, Gebrauchsanleitungen, Produktionsprozesse und -methoden in jeder Phase des Lebenszyklus der Liefer- oder Dienstleistung sowie über Konformitätsbewertungsverfahren;
2. „Norm" bezeichnet eine technische Spezifikation, die von einer anerkannten Normungsorganisation zur wiederholten oder ständigen Anwendung angenommen wurde, deren Einhaltung nicht zwingend ist und die unter eine der nachstehenden Kategorien fällt:
   a) internationale Norm: Norm, die von einer internationalen Normungsorganisation angenommen wurde und der Öffentlichkeit zugänglich ist;
   b) europäische Norm: Norm, die von einer europäischen Normungsorganisation angenommen wurde und der Öffentlichkeit zugänglich ist;
   c) nationale Norm: Norm, die von einer nationalen Normungsorganisation angenommen wurde und der Öffentlichkeit zugänglich ist;
3. „Europäische Technische Bewertung" bezeichnet eine dokumentierte Bewertung der Leistung eines Bauprodukts in Bezug auf seine wesentlichen Merkmale im Einklang mit dem betreffenden Europäischen Bewertungsdokument gemäß der Begriffsbestimmung in Artikel 2 Nummer 12 der Verordnung (EU) Nr. 305/2011 des Europäischen Parlaments und des Rates vom 9. März 2011 zur Festlegung harmonisierter Bedingungen für die Vermarktung von Bauprodukten und zur Aufhebung der Richtlinie 89/106/EWG des Rates (ABl. L 88 vom 4.4.2011, S. 5);
4. „gemeinsame technische Spezifikationen" sind technische Spezifikationen im Bereich der Informations- und Kommunikationstechnologie, die gemäß den Artikeln 13 und 14 der Verordnung (EU) Nr. 1025/2012 des Europäischen Parlaments und des Rates vom 25. Oktober 2012 zur europäischen Normung, zur Änderung der Richtlinien 89/686/EWG und 93/15/EWG des Rates sowie der Richtlinien 94/9/EG, 94/25/EG, 95/16/EG, 97/23/EG, 98/34/EG, 2004/22/EG, 2007/23/EG, 2009/23/EG und 2009/105/EG des Europäischen Parlaments und des Rates und zur Aufhebung des Beschlusses 87/95/EWG des Rates und des Beschlusses Nr. 1673/2006/EG des Europäischen Parlaments und des Rates (ABl. L 316 vom 14.11.2012, S. 12) festgelegt wurden;
5. „technische Bezugsgröße" bezeichnet jeden Bezugsrahmen, der keine europäische Norm ist und von den europäischen Normungsorganisationen nach den an die Bedürfnisse des Markts angepassten Verfahren erarbeitet wurde.

Sachverzeichnis

Bearbeitet von Sophia Steffensen, LL.M. (Amsterdam)

Die Gesetze und Paragraphen sind fett gedruckt, die entsprechenden Randnummern mager.
Die fett gedruckten Fundstellenhinweise entsprechen grundsätzlich den jeweiligen Kolumnentiteln
in der Kommentierung.

A

Abfallbereich GWB 103 172; **GWB 156** 30
Abgrenzung
- Bauaufträge nach dem Hauptgegenstand **GWB 110** 9 ff.
- typengemischte Vergabe **GWB 110** 4 ff.
- Vergabe gemischter Aufträge und Konzessionen **GWB 111** 1 ff. s. auch Vergabe gemischter Aufträge und Konzessionen

Ablauf des Vergabeverfahrens VergabeR Einl. 229 ff.
Abler-Urteil GWB 131 36
Abwasserreinigungsanlage GWB 105 52
Adolf Truley-Entscheidung GWB 99 70
Akteneinsicht im Beschwerdeverfahren GWB 174 12; **GWB 175** 7 ff.
- Ablehnung **GWB 175** 8 ff.
- Anwendung der §§ 165, 167 Abs. 2 S. 1 **GWB 175** 7 ff.
- Informationszugangsgesetze **GWB 175** 12
- Mitwirkungsobliegenheiten **GWB 175** 13 ff.
- Umfang **GWB 175** 9 ff.

Akteneinsicht im Nachprüfungsverfahren GWB 165 1 ff.
- Berechtigte **GWB 165** 23
- Beschränkung aus wichtigen Gründen **GWB 165** 24 ff.
- Bezug zum veröffentlichten Gegenstand **GWB 165** 14
- Bezug zum Vergabewettbewerb **GWB 165** 14
- einsehbare Akten **GWB 165** 10 ff.
- Gegenstand **GWB 165** 5, 10, 18 ff.
- Geheimnisträger bei Angebotsunterlagen **GWB 165** 47
- In-camera-Verfahren **GWB 165** 67 ff.
- Kennzeichnungspflicht **GWB 165** 48 f.
- Konflikte **GWB 165** 6
- Kostenschätzung **GWB 165** 15
- mutwillige Verweigerung **GWB 165** 66
- negative Entscheidung **GWB 165** 67 ff.
- rechtlicher Rahmen **GWB 165** 8 f.
- Regelung im Vorfeld **GWB 165** 6
- schutzwürdige Inhalte und Informationen **GWB 165** 24 ff. s. auch Schutzwürdige Inhalte und Informationen
- Sicherstellung der Vertraulichkeit **GWB 164** 7
- Umfang **GWB 165** 18 ff.
- Verfahren zur Entscheidung über Akteneinsicht **GWB 165** 50 ff. s. auch Verfahren zur Entscheidung über Akteneinsicht
- Vorauswahl **GWB 165** 17

Aktivlegitimation
- Inländerdiskriminierung **VergabeR Einl.** 158
- Primärvergaberecht **VergabeR Einl.** 156 ff.

Alcatel-Rechtssache GWB 134 2
Allgemeine Ausnahmen GWB 107 1 ff.
- Arbeitsverträge **GWB 107** 10 ff.

- Ausnahmen bei öffentlich-öffentlicher Zusammenarbeit **GWB 108** 1 ff. s. auch Ausnahmen bei öffentlich-öffentlicher Zusammenarbeit
- bestimmte gemeinnützige Notfalldienste **GWB 107** 17 f.
- Dual-use-Güter **GWB 107** 40 ff.
- Eigenerledigung **GWB 108** 2
- Erwerb, Miete oder Pacht sowie Rechte an Grundstücken **GWB 107** 3 ff.
- Honorarkräfte **GWB 107** 15
- internationale Verfahrensregeln **GWB 109** 1 ff. s. auch Vergabe auf Grundlage internationaler Verfahrensregeln
- öffentlich-rechtliche Dienstverhältnisse **GWB 107** 13
- Rekommunalisierung **GWB 108** 91 ff.
- Schiedsgerichts- und Schlichtungsdienste **GWB 107** 2
- Schutz wesentlicher Sicherheitsinteressen **GWB 107** 29 ff.
- vertikale In-House-Vergabe **GWB 108** 15 ff. s. auch vertikale In-House-Vergabe

Allgemeiner Gleichbehandlungsgrundsatz VergabeR Einl. 23 ff., 121 ff., 130
Alternative elektronische Mittel KonzVgV 10 4
- Begriff **KonzVgV 10** 4

Altmark-Trans-Entscheidung VergabeR Einl. 106, 140
Amtsblatt der EU VergabeR Einl. 69
Änderung von Konzessionen während Vertragslaufzeit GWB 154 28 ff.
- 50-Prozent-Obergrenze **GWB 154** 32
- Anwendung im Sektorenbereich **GWB 154** 34 f.
- De-minimis-Regelung **GWB 154** 32
- Höchstgrenze, Wertänderungen **GWB 154** 35
- Regelbeispiele **GWB 154** 30
- Überprüfungsklauseln oder Optionen **GWB 154** 31
- Verweis auf § 132 **GWB 154** 28
- wesentliche Änderungen **GWB 154** 29
- zusätzliche Liefer-, Bau- oder Dienstleistungen **GWB 154** 31

Anforderungen an elektronische Mittel
- Konzessionsvergabeverfahren **KonzVgV 8** 1 ff.; **KonzVgV 9** 1 ff.

Anforderungen an Vergabeunterlagen VgV 53 24 ff.
- Angabe gewerblicher Schutzrechte **VgV 53** 29 ff.
- Benennung der Mitglieder von Bewerber- und Bietergemeinschaften **VgV 53** 32
- Unzulässigkeit von Änderungen **VgV 53** 25 ff.
- Vollständigkeit **VgV 53** 25 ff.

Angebot
- Aufbewahrung ungeöffnetes **VgV 54** 1 ff.
- Aufforderung zur Angebotsabgabe **VergabeR Einl.** 291 ff. s. auch Aufforderung zur Angebotsabgabe

Sachverzeichnis

fette Zahl = Gesetz und Paragraf

- Aufklärungspflicht **VgV 60** 7 ff.
- Aufklärungsumfang **VgV 60** 7 ff.
- Ausschluss **VgV 57** 1 ff. *s. auch Ausschluss von Teilnahmeanträgen, Angeboten*
- besonders niedriges **VergabeR Einl.** 81
- direkt übermitteltes **VgV 54** 6 ff.
- elektronischer Eingangsvermerk **VgV 54** 4
- Kenntnisnahme nach Ablauf der Einreichungsfrist **VgV 55** 4 ff.
- nachträgliche Änderungen **VergabeR Einl.** 295
- Öffnung **VgV 55** 1 ff., 9 ff.
- Öffnungstermin **VgV 55** 13 ff.
- Postweg **VgV 54** 6 ff.
- Prüfung **VgV 56** 1 ff., 6 ff. *s. auch Prüfung der Interessensbestätigungen, Teilnahmeanträge und Angebote*
- Teilnahmeanträge **VgV 54** 6 ff.
- Telefax **VgV 54** 10 ff.
- Übermittlung **VergabeR Einl.** 293 ff.; **VgV 53** 1 ff. *s. auch Übermittlung des Angebots*
- ungewöhnlich niedrige Angebote **VgV 60** 1 ff. *s. auch ungewöhnlich niedrige Angebote*

Angebotsabgaberecht
- nicht offenes Verfahren **VgV 16** 21 f.
- Verhandlungsverfahren **VgV 17** 46 ff.

Angebotsbegünstigung SektVO 55 9 ff.

Angebotsfrist
- Betrieb dynamischer Beschaffungssysteme **VgV 24** 10

Angebotslimitierung
- Losvergabe **VgV 30** 10 f.

Angebotsöffnung VergabeR Einl. 293 ff.
- nachträgliche Änderungen **VergabeR Einl.** 295

Angebotsphase VgV 18 21 ff.
- Angebotsprüfung **VgV 18** 23
- Angebotswertung **VgV 18** 24
- Aufforderung zur Einreichung endgültiger Angebote **VgV 18** 21
- Ausschlussgründe **VgV 18** 23
- endgültigen Angebote **VgV 18** 22
- Klarstellungen und Ergänzungen **VgV 18** 22
- Zuschlag **VgV 18** 25

Angebotsprüfung
- Dokumentation **SektVO 51** 58 f.
- Eignungsprüfung **SektVO 51** 24
- e-Vergabe **SektVO 51** 16
- Mehrfachbeteiligung **SektVO 51** 8
- Nachforderung von Unterlagen, Ausschluss **SektVO 51** 46 ff.
- Sektorenvergaberecht **SektVO 51** 1 ff.
- Subunternehmer **SektVO 51** 9

Angebotswertung VergabeR Einl. 276 ff., 299 f.
- Abgrenzung **VgV 42** 10 ff.
- Ausnahmen von der Regelprüfungsreihenfolge **VgV 42** 15 ff.
- Dokumentation **SektVO 51** 58 f.
- Eignungsprüfung **GWB 122** 15 ff. *s. auch Eignungsprüfung*
- einzuhaltende Prüfungsreihenfolge **VgV 42** 10 ff.
- e-Vergabe **SektVO 51** 16
- Konzessionsvergabeverfahren **GWB 152** 94 ff.
- Mehrfachbeteiligung **SektVO 51** 8
- Sektorenvergaberecht **SektVO 51** 1 ff.
- Subunternehmer **SektVO 51** 9
- vereinfachter Wertungsvorgang **GWB 122** 18 f.
- Wertungsstufen **GWB 122** 16 ff.

Angebotszurückweisung SektVO 55 3 ff.
- Zeitpunkt **SektVO 55** 7

Anhörungsrüge GWB 175 27

An-Institute GWB 99 132

Anordnungen der Vergabekammer GWB 176 12
- Vollzugshindernis bei sofortiger Beschwerde **GWB 173** 6 *s. auch Aufschiebende Wirkung der sofortigen Beschwerde*

Anschlussbeschwerde
- einfache Beiladung **GWB 171** 14
- Frist **GWB 171** 15
- notwendige Beiladung **GWB 171** 14
- Statthaftigkeit **GWB 171** 9 ff.

Anschreiben
- Vergabeunterlagen **VgV 29** 10 ff.

Anspruch auf Einhaltung des Vergabeverfahrens GWB 97 382 ff.
- Anspruchsgegner **GWB 97** 405
- Anspruchsinhaber **GWB 97** 388 ff.
- Begrenzung der Adressaten **GWB 97** 391
- Bestimmungen über Vergabeverfahren **GWB 97** 404 *s. auch Bestimmungen über Vergabeverfahren*
- Bewerber- und Bietergemeinschaften **GWB 97** 392
- Einschränkungen **GWB 97** 390 ff.
- Entstehungsgeschichte **GWB 97** 385 ff.
- Inhalt **GWB 97** 395 f.
- Konzerne **GWB 97** 392
- Rechtsnatur **GWB 97** 382 ff.
- Umfang **GWB 97** 397 ff.
- Vergabenachprüfungsverfahren **GWB 97** 382 ff. *s. auch Vergabenachprüfungsverfahren*

Antidiskriminierung
- Landesvergabegesetze **GWB 97** 214

Antrag auf Vorabentscheidung im Beschwerdeverfahren GWB 176 14 ff.
- Antragsberechtigte **GWB 176** 15 ff.
- Antragsfrist **GWB 176** 19
- Anwaltszwang **GWB 176** 17
- Begründung **GWB 176** 21
- beigeladene Bieter **GWB 176** 16
- Beschwer **GWB 176** 22
- Entscheidungsfrist **GWB 176** 23
- Glaubhaftmachung **GWB 176** 18
- Rechtsschutzinteresse **GWB 176** 20

Antrag im Beschwerdeverfahren
- Bindung an Anträge **GWB 178** 8 ff.
- Feststellung einer Rechtsverletzung **GWB 178** 22 ff. *s. auch Beschwerdeverfahren zur Feststellung einer Rechtsverletzung*

Antragsbefugnis im Nachprüfungsverfahren GWB 160 10 ff.
- Ablehnung der Bindefristverlängerung **GWB 160** 21a
- Angebot auf vergaberechtswidriger Anforderungen **GWB 160** 40
- Antragserfordernis **GWB 160** 8 ff.
- Antragsziel nach Ausschluss **GWB 160** 47
- Aufhebung des Vergabeverfahrens **GWB 160** 48
- Beanstandung einer De-facto-Vergabe **GWB 160** 20
- Beanstandung nur nationaler Ausschreibung **GWB 160** 41 f.
- Bietergemeinschaft **GWB 160** 30
- Chancenbeeinträchtigung **GWB 160** 35 ff.
- De-facto-Vergabe **GWB 160** 7, 49

magere Zahl = Randnummer

Sachverzeichnis

- drohender Schaden **GWB 160** 34
- fehlerhafte Dokumentation **GWB 160** 46
- Geltendmachung eigener Rechtsverletzung **GWB 160** 26 ff.
- Interesse am Auftrag **GWB 160** 15
- Kontinuität des Interesses am Auftrag **GWB 160** 21 ff.
- materieller Vergabeverfahrensbegriff **GWB 160** 12
- Mitglied einer Bietergemeinschaft **GWB 160** 24
- mittelbares Interesse am Auftrag **GWB 160** 23 f.
- Nachunternehmer **GWB 160** 29
- nicht geltend gemachte Ausschlussgründe **GWB 160** 39
- Platzierungsprobleme **GWB 160** 45
- Rechtsverstoß **GWB 160** 31 ff.
- rechtswidriger Wiederaufnahme des Vergabeverfahrens **GWB 160** 25 f.
- rechtswidriges Verhandlungsverfahren **GWB 160** 43
- Relevanz der Rüge der Auftraggeberentscheidung **GWB 160** 37
- Rücknahme der Rücknahme **GWB 160** 8
- Unterlassen eines Angebots **GWB 160** 44
- Voraussetzungen **GWB 160** 14 ff.
- Zulieferer **GWB 160** 29

Antragsbegründung
- Nachprüfungsantrag **GWB 161** 7 ff. *s. auch Nachprüfungsantrag*

Antragserfordernis im Nachprüfungsverfahren GWB 160 1 ff., 8 ff.
- Erweiterbarkeit **GWB 160** 8
- Rücknehmbarkeit **GWB 160** 8
- Rügeobliegenheit **GWB 160** 3

Antragsfrist im Nachprüfungsverfahren GWB 160 87 ff.
- Beginn und Ende **GWB 160** 92
- Beweislast **GWB 160** 94
- Mitteilung der Nichtabhilfe **GWB 160** 91
- Rechtsbehelfsbelehrung **GWB 160** 89
- Zugang **GWB 160** 92

Antragsverfahren für wettbewerbliche Tätigkeiten
- Sektorenvergaberecht **SektVO 3** 1 ff.

Anwaltszwang GWB 173 29 ff.; **GWB 175** 2 f.

Anwendungsbereich
- allgemeine Ausnahmen **GWB 107** 1 ff. *s. auch Allgemeine Ausnahmen*
- Ausnahmen bei öffentlich-öffentlicher Zusammenarbeit **GWB 108** 1 ff.
- GWB-Vergaberecht **GWB 185** 1; **VergabeR Einl.** 237 ff.
- Schwellenwerte **GWB 106** 1 ff. *s. auch Schwellenwerte*

Äquivalenzgrundsatz VergabeR Einl. 206

Arbeitnehmerentsenderichtlinie 96/71/EG GWB 97 182
- strategische Ausführungsbedingung **GWB 97** 186, 191 ff.

Arbeitnehmerrechte GWB 131 27 ff.

Arbeitstage VgV 82 8

Arbeitsverträge GWB 107 10 ff.

Architekten- und Ingenieurleistungen
- Anwendungsbereich **VgV 73** 7 ff.
- Begriff **VgV 73** 7
- Grundsätze **VgV 73** 1 ff.
- nicht beschreibbar **VgV 73** 11 ff.

- Planungswettbewerbe **VgV 78** 1 ff. *s. auch Planungswettbewerbe für Architekten- und Ingenieurleistungen*
- Unabhängigkeit von Ausführungs- und Lieferinteressen **VgV 73** 16 ff.

Art. 106 Abs. 2 AEUV
- Ausnahme vom Vergaberegime **VergabeR Einl.** 106 ff.
- In-House-Vergabe **VergabeR Einl.** 107
- Rechtfertigungsgrund **VergabeR Einl.** 106 ff.

Arzneimittelrabattverträge GWB 103 98 ff.
- Entgeltlichkeit **GWB 103** 101
- Gegenstand **GWB 103** 98 ff.

Ärztekammer Westfalen-Lippe-Entscheidung GWB 99 115

Ärztekammern GWB 99 116

Aspekte
- der Innovation als strategisches Ziel **GWB 97** 96, 131 f.
- der Qualität als strategisches Ziel **GWB 97** 97 f.

Audiovisuelle Mediendienste GWB 116 13 ff.

Aufforderung
- Sektorenvergaberecht **SektVO 36** 11 f.
- Teilnahme am Vergabeverfahren im Sektorenvergaberecht **SektVO 42** 1 ff.
- Teilnahme am wettbewerblichen Dialog **VgV 52** 6 ff.
- Teilnahme an einer Innovationspartnerschaft **VgV 52** 6 ff.

Aufforderung zur Angebotsabgabe VergabeR Einl. 291 ff.
- notwendiger Inhalt **VgV 52** 6 ff.
- Verhandlungsverfahren ohne Teilnahmewettbewerb **VgV 17** 56 ff.

Aufforderung zur Bestätigung der Interessensbekundung VgV 52 18 ff.
- Anschrift des öffentlichen Auftraggebers **VgV 52** 30
- Art des Auftrags **VgV 52** 32
- Eignungsnachweise **VgV 52** 31
- Internetadresse zum Abruf der Vergabeunterlagen **VgV 52** 27 f.
- Leistungszeitraum **VgV 52** 25 f.
- Umfang des Auftrags **VgV 52** 22 f.
- Verfahrensart **VgV 52** 24
- Verfügbarkeit der Vergabeunterlagen **VgV 52** 29
- Zuschlagskriterien und deren Gewichtung **VgV 52** 33

Aufforderung zur Erläuterung von Nachweisen
- nicht offenes Verfahren **VgV 16** 67 ff.
- offenes Verfahren **VgV 15** 49 ff.

Aufforderung zur Teilnahme am wettbewerblichen Dialog
- notwendiger Inhalt **VgV 52** 6 ff.

Aufforderung zur Teilnahme an Innovationspartnerschaft
- notwendiger Inhalt **VgV 52** 6 ff.

Aufforderung zur Verhandlung VgV 80 1 ff.
- Forderung der im Wettbewerb bekanntgemachten Eignungsnachweise **VgV 80** 4 f.
- Rechtsschutz **VgV 80** 9 f.

Aufgabenbeschreibung GWB 121 39

Aufgabendelegation GWB 99 165

Aufhebung der Aufhebung GWB 173 17 f.

Aufhebung der Ausschreibung
- COVID 19-Pandemie **SektVO 57** 13
- Ermessen **SektVO 57** 16

2181

Sachverzeichnis

fette Zahl = Gesetz und Paragraf

- Mitteilungspflicht **SektVO 57** 21 ff.
- Rechtsschutz **SektVO 57** 27 ff.
- rechtswidrige **SektVO 57** 18
- Scheinaufhebung **SektVO 57** 14
- schwerwiegende/sachliche Gründe **SektVO 57** 9 ff.
- Sektorenvergaberecht **SektVO 57** 1 ff.
- Teilaufhebung **SektVO 57** 19 ff.
- Voraussetzungen **SektVO 57** 6 ff.

Aufhebung von Vergabeverfahren VgV 63 1 ff.
- Aufhebungsgründe **VgV 63** 10 ff.
- Ermessen **VgV 63** 25 ff.
- Konzessionsvergabeverfahren **KonzVgV 32** 1 ff.
- Mitteilungspflicht **VgV 63** 29 f.
- vollständige oder teilweise Aufhebung **VgV 63** 25 ff.

Aufhebungsgründe
- andere schwerwiegende Gründe **VgV 63** 22 ff.
- Angebot, dass nicht Bedingungen entspricht **VgV 63** 10 ff.
- kein wirtschaftliches Ergebnis **VgV 63** 20 f.
- wesentliche Änderung der Verfahrensgrundlage **VgV 63** 15 ff.

Aufklärungspflicht VgV 60 7 ff.

Aufklärungsrechte
- nicht offenes Verfahren **VgV 16** 48 ff.
- offenes Verfahren **VgV 15** 29 ff.

Aufklärungsumfang VgV 60 7 ff.

Aufschiebende Wirkung der sofortigen Beschwerde GWB 173 1 ff.
- Beginn **GWB 173** 7 f.
- Ende **GWB 173** 9
- gerichtliches Verfahren bei Verlängerungsanträgen **GWB 173** 41 ff. *s. auch Gerichtliches Verfahren bei Verlängerungsanträgen*
- Schutz des Zuschlagsverbots **GWB 173** 66 ff.
- Teilnahmewettbewerb **GWB 173** 5
- unselbständige Anschlussbeschwerde **GWB 173** 68
- unterbliebene Information über Nachprüfungsantrag **GWB 173** 37 ff.
- Verlängerung **GWB 173** 11 ff. *s. auch Verlängerung aufschiebende Wirkung der sofortigen Beschwerde*
- Vollstreckungsentscheidungen der Vergabekammer **GWB 173** 10
- Wiedereinsetzung in den vorigen Stand **GWB 173** 7 f.

Aufschub-Option
- Konzessionsvergabeverfahren **KonzVgV 34** 5 ff.

Aufsichtsbehörden
- Tätigkeit **GWB 155** 38 ff.
- Verhältnis zu Vergabekammern **GWB 155** 41 ff.

Aufträge ohne Gesamtpreis
- Schätzung des Auftragswerts **VgV 3** 35

Auftraggeber
- Begriff **GWB 98** 1 ff.
- gemeinschaftsrechtliche Entwicklung **GWB 98** 1 ff.
- historische Entwicklung **GWB 98** 12
- nationale Entwicklung **GWB 98** 3 ff.
- öffentlicher **GWB 99** 1 ff. *s. auch Öffentlicher Auftraggeber*
- Pflicht zur Unterrichtung der Bewerber und Bieter **VgV 62** 1 ff.
- Sektorenauftraggeber **GWB 100** 1 ff. *s. auch Sektorenvergaberecht*
- Vergabestelle **GWB 98** 9 ff.

- Wechsel nach Zuschlag **GWB 132** 23

Auftragnehmerwechsel
- aufgrund Option **GWB 132** 48 ff.
- aufgrund Überprüfungsklausel **GWB 132** 48 ff.
- nach Zuschlag **GWB 132** 18
- ohne neues Vergabeverfahren **GWB 132** 47 ff. *s. auch Auftragnehmerwechsel*
- Übernahme von Pflichten **GWB 132** 56
- Unternehmensumstrukturierung **GWB 132** 50 ff.
- Veräußerung von Geschäftsanteilen **GWB 132** 53

Auftragsänderung nach Zuschlag GWB 103 74 ff.; **GWB 132** 1 ff.
- Änderung der Abrechnungsweise **GWB 132** 22
- Änderung ursprünglicher Bedingungen **GWB 132** 7 ff.
- Änderung wirtschaftlichen Gleichgewichts **GWB 132** 11 f.
- Anordnungsrechte des Auftraggebers **GWB 132** 29
- Anpassung gem. § 313 BGB **GWB 132** 30
- Anwendungsbereich **GWB 132** 3
- auf Grund unvorhersehbarer Umstände **GWB 132** 42 ff.
- Auftraggeberwechsel **GWB 132** 23
- Auftragnehmerwechsel **GWB 132** 17
- Ausnahmen von Neuvergabe **GWB 132** 24 ff.
- Auswechslung des Auftragsgegenstands **GWB 132** 21
- COVID 19-Pandemie **GWB 132** 42
- De-minimis-Regelung **GWB 132** 57 ff.
- Erforderlichkeit neuen Verfahrens **GWB 132** 4 ff.
- erhebliche Ausweitung **GWB 132** 16
- Ersetzung des Nachunternehmers **GWB 132** 18 f.
- Erweiterung **GWB 132** 32
- Erweiterung des Umfangs **GWB 132** 13 ff.
- externe Umstände **GWB 132** 42
- Gesamtcharakter des Auftrags **GWB 132** 31, 44
- Indexierungsklausel **GWB 132** 39, 59 f.
- Kündigungsrecht **GWB 133** 8
- Laufzeitverlängerung **GWB 132** 14
- Notwendigkeit zusätzlicher Leistungen **GWB 132** 32 ff.
- pauschale Obergrenze **GWB 132** 38
- Preisanpassungsklausel **GWB 132** 12
- Preiserhöhung **GWB 132** 12
- Rechtsschutz **GWB 132** 63 ff.
- Reduzierung des Leistungsumfangs **GWB 132** 10
- Regelbeispiele wesentlicher Änderungen **GWB 132** 5 ff.
- Teilersatz **GWB 132** 32
- Überprüfungsklausel **GWB 132** 25 ff.
- (Un)Möglichkeit anderweitiger Beschaffung **GWB 132** 35
- Vertragsverlängerungsoption **GWB 132** 25 ff.
- weitere wesentliche Auftragsänderungen **GWB 132** 20 ff.
- wesentliche Änderung **GWB 132** 4 ff.

Auftragsänderungen GWB 130 10 ff.

Auftragsausführung GWB 128 1 ff.
- Ausführungsbedingungen **GWB 128** 20 ff. *s. auch Ausführungsbedingungen*
- Einhaltung rechtlicher Verpflichtungen **GWB 128** 6 ff.
- ILO-Kernarbeitsnormen **GWB 128** 10
- internationale Abkommen **GWB 128** 10 f.
- Ort für Bestimmung der Rechtspflichten **GWB 128** 15 f.

magere Zahl = Randnummer

– Tariftreueregelungen **GWB 128** 12 ff.
– Verstoß gegen rechtliche Verpflichtungen **GWB 128** 17 ff.
Auftragsausführung bei Konzessionen GWB 152 116 ff.
– Ausführungsbedingungen **GWB 152** 121 ff. *s. auch Ausführungsbedingungen bei Konzessionen*
– Beachtung rechtlicher Verpflichtungen **GWB 152** 117 f.
– Kündigungsrechte **GWB 154** 37 ff.
– soziale und innovative Kriterien **GWB 152** 120
– Tariftreueregelungen **GWB 152** 136 ff.
– Vertragsunwirksamkeit **GWB 154** 46 f.
Auftragsbekanntmachung GWB 119 26; **SektVO 39** 3; **VergabeR Einl.** 283 ff.; **VgV 18** 6; **VgV 37** 1 ff.
– Angaben zu Teilnahmebedingungen **VgV 37** 29 ff.
– Angaben zu Varianten oder Alternativangeboten **VgV 37** 25
– Angaben zu Zuschlagskriterien **VgV 37** 21
– Angaben zum Auftraggeber **VgV 37** 10 ff.
– Angaben zum Auftragsgegenstand **VgV 37** 16 ff.
– Angaben zur Limitierung der Bewerberzahl **VgV 37** 24
– Angaben zur Vertragslaufzeit **VgV 37** 23
– Benennung der Vergabekammer **VgV 37** 54
– Beschaffungsübereinkommen **VgV 37** 41
– CPV-Code **VgV 37** 17
– dynamische Beschaffungssysteme **VgV 37** 37
– Einrichtung eines Beschafferprofils **VgV 37** 55 f.
– elektronische Auktion **VgV 37** 40
– elektronische Kataloge **VgV 37** 27 f.
– Form **VergabeR Einl.** 285 ff.
– frühere Bekanntmachung des selben Auftrags **VgV 37** 42
– Informationen zur einschlägigen Verfahrensart **VgV 37** 34 ff.
– Inhalt **VergabeR Einl.** 285 ff.
– Mehr an Eignung **GWB 119** 33
– Muster zur Auftragsbekanntmachung **VgV 37** 8 ff.
– nähere Beschreibung des Auftrags **VgV 37** 20
– NUTS-Code **VgV 37** 10
– Rahmenvereinbarungen **VgV 37** 36
– rechtliche, wirtschaftliche, finanzielle und technische Anlagen **VgV 37** 29 ff.
– Rechtsbehelfsfristen **VgV 37** 52
– Sektorenvergaberecht **SektVO 35** 1 ff. *s. auch Bekanntmachung im Sektorenvergaberecht*
– Sonderformen **VergabeR Einl.** 287
– Sprachen **VgV 37** 45
– VOC-Code **VgV 37** 17
– weitere Angaben **VgV 37** 48 ff.
Auftragsgegenstand GWB 121 8 ff.
Auftragskündigung in besonderen Fällen
– Beschränkung des Vergütungsanspruchs **GWB 133** 14 f.
– Frist **GWB 133** 6
– Kündigungsgründe **GWB 133** 8 ff.
– Rechtsschutz **GWB 133** 17 f.
– Schadensersatzansprüche **GWB 133** 16
– wegen Verstoßes gegen AEUV **GWB 133** 10 ff.
– wegen wesentlicher Auftragsänderung **GWB 133** 8
– wegen zwingender Ausschlussgründe **GWB 133** 9
– Zeitraum **GWB 133** 1 ff.

Auftragsvergabe
– durch öffentliche Auftraggeber aus verschiedenen Mitgliedsstaaten **VgV 4** 7 ff.
Aufwandsentschädigung
– wettbewerblicher Dialog **GWB 119** 100 ff.
Aufwendungen
– Nachprüfungsverfahren **GWB 182** 15
Ausführung von Konzessionen
– § 152 Abs. 4 GWB iVm § 128 Abs. 1 GWB **KonzVgV 33** 26 ff.
– Eignungsleihe **KonzVgV 33** 11 ff.
– Haftung des Hauptauftragnehmers **KonzVgV 33** 16 f.
– kleine und mittlere Unternehmen **KonzVgV 33** 4
– Mitteilungspflichten des Unterauftragnehmers **KonzVgV 33** 20 ff.
– Unteraufträge **KonzVgV 33** 1 ff.
– Unterauftragnehmerbenennung **KonzVgV 33** 11 ff.
– Unterauftragnehmerleistungserklärung **KonzVgV 33** 11 ff.
– Unterauftragnehmernachweis **KonzVgV 33** 11 ff.
– Verfügbarkeitsnachweis **KonzVgV 33** 13 ff.
– VOB/B **KonzVgV 33** 18
– VOB/C **KonzVgV 33** 18
Ausführungsbedingungen GWB 128 20 ff.; **VgV 61** 1 ff.
– besondere bei Konzessionen **GWB 152** 126 ff.
– Inhalt **GWB 128** 26
– Konzessionen **GWB 152** 121 ff.
– Nachweis über die Entsprechung **GWB 128** 27
– Rechtsfolge bei Verletzung **GWB 128** 28 f.
– strategische **GWB 97** 170 ff. *s. auch strategische Ausführungsbedingungen*
– Transparenz **GWB 128** 25
– Verbindung zum Auftragsgegenstand **GWB 128** 23 f.
– zwingende Ausführungsbedingungen **GWB 129** 1 ff. *s. auch Zwingende Ausführungsbedingungen*
Ausführungsbedingungen bei Konzessionen
– besondere Ausführungsbedingungen **GWB 152** 126 ff.
– individuelle Ausführungsbedingungen **GWB 152** 122
– Innovation **GWB 152** 146
– KonzVgV **GWB 152** 130
– strategische und innovative Beschaffung **GWB 152** 131 ff.
– strategische Vertragspflichten **GWB 152** 134 ff.
– Umweltschutz **GWB 152** 144 f.
– vergabespezifische Mindestlohnvorgaben **GWB 152** 141 ff.
– Verweis auf Auftragsvergabe **GWB 152** 124 ff.
– zwingende Ausführungsbedingungen **GWB 152** 129 f.
Auskunftsverlangen der Bundesregierung
– im Rahmen des Korrekturmechanismus **GWB 183** 3 *s. auch Korrekturmechanismus*
Auslandsbezug GWB 99 166 f.
Auslandsdienststellen
– elektronische Kommunikation **KonzVgV 35** 1
Auslegung
– richtlinienkonforme **VergabeR Einl.** 209 ff.
Auslegung von Vergaberechtsrichtlinien VergabeR Einl. 209 ff.
– funktionelle Betrachtungsweise **VergabeR Einl.** 209 ff.

2183

Sachverzeichnis

fette Zahl = Gesetz und Paragraf

- Grundsätze **VergabeR Einl.** 209 ff.
- richtlinienkonforme **VergabeR Einl.** 209 ff. *s. auch Richtlinienkonforme Auslegung*

Auslobungsverfahren GWB 103 202
- Schätzung des Auftragswerts **VgV 3** 36 f.

Ausnahmen bei öffentlich-öffentlicher Zusammenarbeit GWB 108 1 ff.
- echte Eigenerledigung **GWB 108** 2
- funktionale Betrachtungsweise **GWB 108** 2
- horizontale Zusammenarbeit **GWB 108** 65 ff. *s. auch Horizontale Zusammenarbeit*
- In-House-Vergabe **GWB 108** 1 ff. *s. auch Vertikale In-House-Vergabe*
- Konflikt zum Beihilfenrecht **GWB 108** 11
- Privileg für öffentliche Konzernorganisationen **GWB 108** 12 f.
- Schwestern-In-House-Vergabe **GWB 108** 53
- umgekehrte In-House-Vergabe **GWB 108** 52 f.
- Verhältnis zu sonstigen Ausnahmen **GWB 108** 14
- vertikale In-House-Vergabe **GWB 108** 15 ff. *s. auch Vertikale In-House-Vergabe*
- Wegfall der Voraussetzungen **GWB 108** 89 f.
- Wesentlichkeit **GWB 108** 79 ff.

Ausnahmen für öffentliche Auftraggeber
- audiovisuelle Mediendienste **GWB 116** 13 ff.
- Aufträge an andere öffentliche Auftraggeber **GWB 116** 20 ff.
- bei anderen Vergabeverfahren **GWB 117** 15 ff.
- bei Verteidigungs- oder Sicherheitsaspekten **GWB 117** 1 ff.
- besondere Rechtsdienstleistungen **GWB 116** 4 ff.
- finanzielle Dienstleistungen **GWB 116** 16 f.
- Forschungs- und Entwicklungsleistungen **GWB 116** 8 f.
- geheime Auftragsausführung **GWB 117** 13 ff.
- Hörfunk **GWB 116** 13 ff.
- Kommunikationsleistungen **GWB 116** 24
- Kredite und Darlehen **GWB 116** 18 f.
- Schutz wesentlicher Sicherheitsinteressen **GWB 117** 6 f.
- Systematik **GWB 116** 25 ff.
- Vergaberegeln internationaler Organisationen **GWB 117** 19 ff.

Ausnahmen für Sektorenauftraggeber GWB 137 1 ff.
- Ausnahmetatbestände **GWB 137** 7 ff.
- Beschaffung von Wasser **GWB 137** 9
- Brennstoffe zur Energieerzeugung **GWB 137** 9
- Energie **GWB 137** 9
- Sektorenaufträge außerhalb der EU **GWB 137** 13 f.
- Systematik und Zweck **GWB 137** 15 ff.
- Umfang **GWB 137** 7
- unmittelbar dem Wettbewerb ausgesetzte Tätigkeiten **GWB 140** 3
- Vergabe an verbundene Unternehmen **GWB 139** 1 ff. *s. auch Ausnahmen für Vergabe an verbundene Unternehmen*
- Verträge bestimmter Sektorenauftraggeber **GWB 137** 11 f.
- Weiterveräußerung oder Vermietung an Dritte **GWB 137** 10

Ausnahmen für unmittelbar dem Wettbewerb ausgesetzte Tätigkeiten GWB 140 1 ff.
- Systematik und Zweck **GWB 140** 7 f.
- Überblick **GWB 140** 1 ff.

Ausnahmen für Vergabe an verbundene Unternehmen
- Überblick **GWB 139** 1 ff.

Ausnahmen für Vergabe von Konzessionen GWB 149 1 ff.
- Audiovisuelle Mediendienste, Hörfunkmediendienste **GWB 149** 20 ff.
- Ausnahmen im Bereich Verteidigung und Sicherheit **GWB 150** 1 ff. *s. auch Ausnahmen im Bereich Verteidigung und Sicherheit*
- Dienstleistungskonzessionen aufgrund ausschließlichen Rechts **GWB 149** 38 ff., 43 ff.
- Europäische Finanzstabilisierungsfazilität **GWB 149** 34 ff.
- finanzielle Dienstleistungen **GWB 149** 27 f.
- Forschungs- und Entwicklungsdienstleistungen **GWB 149** 13 ff.
- Glücksspielstaatsvertrag **GWB 149** 56
- Konzessionen der Zentralbanken **GWB 149** 33
- Kredite und Darlehen **GWB 149** 37
- Lotteriedienstleistungen **GWB 149** 55 ff.
- öffentliche Personenverkehrsdienste **GWB 149** 66 ff.
- Rechtsdienstleistungen **GWB 149** 6 ff.
- Sektorentätigkeiten außerhalb der EU **GWB 149** 61 ff.
- Telekommunikationsdienstleistungen **GWB 149** 45 ff.
- unionsrechtliche Vorgaben **GWB 149** 2 ff.
- Verkehrsdienste **GWB 149** 64 ff.
- Wasser **GWB 149** 50 ff.
- Wertpapiere und Finanzinstrumente **GWB 149** 29 ff.
- Zusammenhangsgeschäfte **GWB 149** 32

Ausnahmen für verteidigungs- oder sicherheitsspezifische Aufträge GWB 145 1 ff.; **GWB 150** 1 ff.
- andere Ausnahmevorschriften **GWB 150** 73
- Ausschluss **GWB 150** 74
- Bau- und Dienstleistungen für militärische Zwecke **GWB 150** 67 f.
- besondere internationale Verfahrensregelungen **GWB 150** 75 ff.
- besondere Verfahrensregelungen **GWB 145** 18 ff.
- Dual-use-Güter **GWB 150** 41
- Entwicklung eines neuen Produkts **GWB 150** 53 ff.
- Erteilung von Auskünften **GWB 150** 42
- Finanzdienstleistungen **GWB 145** 14 f.
- Forschungs- und Entwicklungsdienstleistungen **GWB 145** 16 f.
- Forschungs- und Entwicklungskooperationen **GWB 150** 45 ff.
- internationale Organisation **GWB 150** 81 ff.
- Kooperationsprogramme zwischen EU-Mitgliedstaaten **GWB 150** 47 ff.
- Militärausrüstung **GWB 150** 59 ff.
- nachrichtendienstliche Tätigkeit **GWB 145** 2
- Schutz wesentlicher Sicherheitsinteressen **GWB 150** 30 ff.
- sensible Ausrüstung **GWB 150** 64 ff.
- Überblick **GWB 145** 1 ff.
- ungeschriebene Ausnahmen **GWB 147** 1 ff.
- unionsrechtliche Vorgaben **GWB 150** 9 ff.
- Vergabe an andere Regierung oder Staat **GWB 145** 11 ff.

magere Zahl = Randnummer

Sachverzeichnis

- Vergabe an eine andere Regierung **GWB 150** 59 ff.
- Vergabe außerhalb der EU **GWB 145** 9 f.
- Vergabe im Rahmen eines Kooperationsprogramms **GWB 145** 5 ff.
- Vergabe in einem Drittstaat **GWB 150** 69 ff.

Ausnahmen vom primärrechtlichen Vergaberegime
- Art. 106 Abs. 2 AEUV **VergabeR Einl.** 106 ff.
- In-House-Vergabe **VergabeR Einl.** 57
- militärische Güter **VergabeR Einl.** 53
- öffentliche Gewalt **VergabeR Einl.** 51
- Rechtfertigungsgründe **VergabeR Einl.** 96 ff. *s. auch Rechtfertigungsgründe*
- Rettungsdienstvergabe **VergabeR Einl.** 56
- Rettungsfahrten **VergabeR Einl.** 51
- Richtlinie 2014/24/EU **VergabeR Einl.** 104
- Verkehrsdienstleistungen **VergabeR Einl.** 55
- zulässige Monopole **VergabeR Einl.** 52

Ausschließlichkeit des Rechtsweges GWB 156 9 ff.

Ausschluss vom Vergabeverfahren
- Ermessen **GWB 126** 11
- fakultative Ausschlussgründe **GWB 124** 1 ff. *s. auch Fakultative Ausschlussgründe*
- Selbstreinigung **GWB 125** 1 ff. *s. auch Selbstreinigung*
- zulässiger Zeitraum **GWB 126** 1 ff.
- zwingender Ausschluss **GWB 123** 1 ff. *s. auch Zwingender Ausschluss*

Ausschluss von Interessensbekundungen, Interessensbestätigungen VgV 57 1 ff.
- analoge Anwendung auf Interessensbekundungen, Interessensbestätigungen **VgV 57** 35 f.
- Änderungen des Bieters **VgV 57** 19 ff.
- Änderungen oder Ergänzungen der Vergabeunterlagen **VgV 57** 22 ff.
- Ausschlussgründe **VgV 57** 5
- Fehlen nachgeforderter Unterlagen **VgV 57** 18 ff.
- fehlende Preisangaben **VgV 57** 28 f.
- nicht zugelassene Nebenangebote **VgV 57** 31 f.
- Nichterfüllung der Eignungskriterien **VgV 57** 6 f.
- Verstoß bei Form oder Übermittlung **VgV 57** 8 ff.

Ausschluss von Teilnahmeanträgen, Angeboten VgV 57 1 ff.
- analoge Anwendung auf Interessensbekundungen, Interessensbestätigungen **VgV 57** 35 f.
- Änderungen des Bieters **VgV 57** 19 ff.
- Änderungen oder Ergänzungen der Vergabeunterlagen **VgV 57** 22 ff.
- Ausschlussgründe **VgV 57** 5
- Fehlen nachgeforderter Unterlagen **VgV 57** 18 ff.
- fehlende Preisangaben **VgV 57** 28 f.
- nicht zugelassene Nebenangebote **VgV 57** 31 f.
- Nichterfüllung der Eignungskriterien **VgV 57** 6 f.
- Verstoß bei Form oder Übermittlung **VgV 57** 8 ff.

Ausschlussgründe
- Beleg **VgV 48** 10 ff. *s. auch Beleg für Ausschlussgründe*
- fakultative **GWB 97** 138 ff.
- gegen Unterauftraggeber **GWB 97** 141
- im Konzessionsvergabeverfahren **KonzVgV 33** 32 ff.
- mit strategischer Zielsetzung **GWB 97** 135 ff.
- Vergabeverfahren **VgV 48** 1 ff.
- zwingende **GWB 97** 135 ff.

Ausschreibung
- Doppelausschreibungen **VergabeR Einl.** 248
- Parallelausschreibungen **VergabeR Einl.** 248
- zu vergabefremden Zwecken **VergabeR Einl.** 247

Ausschreibungspflicht
- De-Facto-Vergabe **GWB 135** 32 ff.

Ausschreibungsreife
- GWB-Vergaberecht **VergabeR Einl.** 246 ff.

Aussetzung des Vergabeverfahrens GWB 169 1 ff.
- Beschleunigungsgebot **GWB 169** 6
- Geheimhaltungsausnahme **GWB 169** 6 *s. auch Zuschlagsverbot*
- Sicherheitsausnahme **GWB 169** 6
- weitere vorläufige Maßnahmen **GWB 169** 35 ff. *s. auch Vorläufige Maßnahmen im Nachprüfungsverfahren*

Auswahl
- der richtigen Vergabeverfahrensart **VergabeR Einl.** 251 ff.

Auswahlkriterien
- Auftragsbekanntmachung **VergabeR Einl.** 286
- Begrenzung der Bewerberzahl **VgV 51** 1 ff. *s. auch Begrenzung der Bewerberzahl*
- Begrenzung der Teilnehmerkreises **VgV 51** 9 f.

Autalhalle Niederhausen-Entscheidung VgV 3 14

Autobahnraststätte GWB 103 123

B

Bagatellgrenzen
- Schätzung des Auftragswerts **VgV 3** 31 ff.

Bankerklärungen VgV 45 13

Barrierefreiheit GWB 121 44 f.
- Kommunikation im Konzessionsvergabeverfahren **KonzVgV 9** 13 ff.
- Leistungsbeschreibung **VgV 31** 42 ff.

Basisdienste für die elektronische Auftragsvergabe VgV 13 1

Basisdienste für die elektronische Konzessionsvergabe KonzVgV 11 1 ff.

Bauauftrag GWB 103 96 f., 112 ff.
- Bauleistung **GWB 103** 115 ff.
- Begriff **GWB 103** 112 ff.; **VgV 2** 12
- Dienstleistungsauftrag **GWB 103** 167 ff.
- öffentliche **VergabeR Einl.** 1 ff.

Baukonzessionen GWB 105 29; **VgV 2** 13

Baukostenobergrenze VgV 76 31

Baukostenvereinbarung VgV 76 30

Bauleistung GWB 103 115 ff., 129
- Ausführung **GWB 103** 119 f.
- Ausführung durch Dritte **GWB 103** 141 ff.
- Autobahnraststätte **GWB 103** 123
- Bauwerke **GWB 103** 132 ff. *s. auch Bauwerke*
- Begriff **GWB 103** 115
- Beschaffung energieverbrauchsrelevanter Leistungen **SektVO 58** 8 ff.
- besondere Fallgestaltung nach § 171 f. BauGB **GWB 103** 161 ff.
- Brandmeldeanlagen **GWB 103** 125
- Breitbandinfrastrukturnetz **GWB 103** 124
- eingekapselte Beschaffung **GWB 103** 158 ff.
- Einzelfälle **GWB 103** 122 ff.
- Photovoltaikanlage **GWB 103** 128
- Planung und Ausführung **GWB 103** 119 ff.
- unmittelbar wirtschaftlich zugutekommende **GWB 103** 147 ff.

2185

Sachverzeichnis

fette Zahl = Gesetz und Paragraf

- Verzeichnis der Tätigkeiten **GWB 103** 115
Bauvergabe GWB 127 16
Bauwerke GWB 103 132 ff.
- Ausführung durch Dritte **GWB 103** 141 ff.
- Begriff **GWB 103** 133
- Bestellbauten **GWB 103** 141 ff.
- entscheidender Einfluss **GWB 103** 143 f.
- wirtschaftliche und technische Funktion **GWB 103** 135 ff.
Bauwerksdatenmodellierung VgV 12 9 ff.
Beentjes-Entscheidung GWB 98 12; **GWB 128** 5a
Befähigung und Erlaubnis zur Berufsausübung VgV 44 1 ff.
- Form des Nachweises **VgV 44** 10 ff.
- Herkunftslandprinzip **VgV 44** 9
- Nachweis über bestimmte Berechtigung zur Mitgliedschaft **VgV 44** 13 f.
- Nachweis über die Eintragung im Berufsregister **VgV 44** 8 ff.
Begrenzung der Bewerberzahl VgV 51 1 ff. *s. auch Begrenzung der Bewerberzahl*
- Festlegung und Bekanntgabe der Auswahlkriterien **VgV 51** 11 ff.
- Gewährleistung von Wettbewerb **VgV 51** 19
- Höchstzahl **VgV 51** 11 ff.
- Mindestzahl **VgV 51** 11 ff., 18, 20 ff.
- Unterschreiten der Mindestzahl **VgV 51** 24 f.
- Zulassung von Nichtbewerbern und ungeeigneten Bewerbern **VgV 51** 26 ff.
Begriff
- alternative elektronische Mittel **KonzVgV 10** 4
- Architekten- und Ingenieurleistungen **VgV 73** 7
- Auftraggeber **GWB 98** 1 ff.
- Aufwendungen **GWB 182** 15
- Bauaufträge **GWB 103** 112 ff.; **VgV 2** 12
- Bauleistung **GWB 103** 115
- Bauwerke **GWB 103** 133
- Betrauung **GWB 105** 74 ff.
- Dienstleistungsaufträge **GWB 103** 164 ff.
- dynamische Beschaffungssysteme **GWB 120** 8; **VgV 22** 4 ff.
- Einspeisung **GWB 102** 84
- elektronische Auktionen **GWB 120** 9 ff.
- elektronische Kataloge **GWB 120** 12 ff.
- elektronische Kommunikation **KonzVgV 7** 19 f.
- elektronische Mittel **KonzVgV 7** 19 f.; **VgV 9** 13
- elektronische Signaturen **GWB 97** 364
- Energieversorgung **SektVO 1** 2
- Entgeltlichkeit **GWB 103** 48
- Exploration und Förderung von Öl, Gas und Kohle **SektVO 1** 2
- Fachlose **GWB 97** 245 ff.
- Geheimnis **GWB 165** 25 ff.
- Innovation **GWB 152** 40 ff.
- Konformitätsbewertungsstelle **VgV 33** 9 f.
- Konzessionen **GWB 105** 31 ff.; **GWB 152** 16 ff.
- Konzessionsvergabe **GWB 148** 4
- Lebenszyklus **GWB 152** 31
- Lebenszykluskosten **SektVO 53** 4; **VgV 59** 5
- Lotterie **GWB 149** 58
- mittelständische Unternehmen **GWB 97** 231 ff.
- Nebenangebote **VgV 35** 8 f.
- öffentlicher Auftraggeber **GWB 99** 1
- Planungswettbewerbe **VgV 69** 2
- Projektantenproblematik **VgV 7** 8 f.

- Rahmenvereinbarungen **GWB 103** 185 f.; **SektVO 19** 1
- schwerwiegender Grund **VgV 63** 23
- Sicherheitsvergaben **GWB 104** 5
- soziale und andere besondere Dienstleistungen **GWB 153** 13
- Teillose **GWB 97** 245 ff.
- Trinkwasserversorgung **SektVO 1** 2
- ungewöhnlich niedrige Angebote **VgV 60** 2 ff.
- Unteraufträge **VgV 36** 11 ff.
- Unternehmen **GWB 103** 13 ff.
- verbundene Unternehmen **GWB 139** 5 ff.
- Vergabeunterlagen **KonzVgV 18** 1
- Vergütung **VgV 77** 27
- Verkehr **SektVO 1** 2
- Verteidigung und Sicherheit **GWB 150** 23 ff.
- Verteidigungsvergaben **GWB 104** 5
- wesentliche Sicherheitsinteressen **GWB 117** 6 f.
- Wettbewerb **GWB 97** 8; **GWB 103** 202 ff.
- zentrale Beschaffungsstelle **GWB 120** 17 ff.
Begründung der sofortigen Beschwerde GWB 172 29 ff.
- Beweismittel **GWB 172** 33 ff.
- Erklärung des Anfechtungsumfangs **GWB 172** 31 f.
- Inhalt **GWB 172** 29 ff.
- Nachschieben von Gründen **GWB 172** 36
- Tatsachen **GWB 172** 33 ff.
Begünstigungsausschluss VergabeR Einl. 140 ff.
Behördenprivileg GWB 175 4
Beihilfen
- öffentlicher Auftrag **GWB 103** 28 f.
- ungewöhnlich niedrige Angebote **VgV 60** 18 f.
- vergabefremde Kriterien **VergabeR Einl.** 135 ff.
Beiladung
- einfache **GWB 171** 14
- notwendige **GWB 171** 14
Beiladung im Beschwerdeverfahren GWB 174 7 ff. *s. auch Beteiligte am Beschwerdeverfahren*
Beiladung im Nachprüfungsverfahren GWB 162 1 ff.
- Antrag **GWB 162** 6
- Berührung von „Interessen" **GWB 162** 3
- Bindungswirkung **GWB 162** 11
- einfache Beiladung **GWB 162** 6
- Entscheidung **GWB 162** 6
- Gewährung rechtlichen Gehörs **GWB 162** 7
- notwendige Beiladung **GWB 162** 6
- Rechtsfolgen der Beiladung **GWB 162** 9 ff.
- „schwerwiegende" Interessenberührung **GWB 162** 4 f.
- Unanfechtbarkeit **GWB 162** 8
- Unternehmenseigenschaft **GWB 162** 1
- Unzulässigkeit **GWB 162** 10
- Voraussetzungen **GWB 162** 1 ff.
- Zeitpunkt der Beiladung **GWB 162** 8
Bekanntgabe der Zuschlagskriterien GWB 127 83 ff.
- Abweichende Angaben von Vergabeunterlagen **GWB 127** 100 f.
- ausreichende Differenzierung **GWB 127** 94
- Gewichtungsregeln **GWB 127** 87 ff., 91 ff.
- Inhalt und Umfang **GWB 127** 83 ff.
- nachträgliche Änderung von Kriterien **GWB 127** 102 ff.
- Schulnotensystem **GWB 127** 85

magere Zahl = Randnummer

Sachverzeichnis

- Transparenz und Gleichbehandlung **GWB 127** 83 ff.
- Unterkriterien **GWB 127** 87 ff.
- unzureichende Bekanntgabe **GWB 127** 97 ff.

Bekanntmachungen VgV 40 1 ff.
- Änderung der Rahmenbedingungen **GWB 97** 27
- Anwendungsbereich **VgV 40** 8 f.
- Auftragsbekanntmachung **VgV 37** 1 ff. *s. auch Auftragsbekanntmachung*
- Folgen von Rechtsverstößen **VgV 40** 20 f.
- freiwillige **VgV 40** 18 f.
- Konzessionsvergabe **KonzVgV 23** 1 ff.
- nachgelagerte Veröffentlichungen **VgV 40** 14 ff.
- Nachweis der Veröffentlichung **VgV 40** 13
- Präqualifizierungssysteme **GWB 122** 81
- Qualifizierungssystem **SektVO 37** 1 ff.; **VergabeR Einl.** 287
- regelmäßige nicht verbindliche Bekanntmachung **SektVO 36** 1 ff. *s. auch Regelmäßige nicht verbindliche Bekanntmachung*
- Regeln **GWB 97** 25 f.
- Sektorenvergaberecht **SektVO 35** 1 ff. *s. auch Bekanntmachung im Sektorenvergaberecht*
- Selbstbindung **GWB 97** 27
- Tenders Electronic Daily (TED) **GWB 97** 25
- Übermittlung mit elektronischen Mitteln **VgV 40** 10 ff.
- Vergabebekanntmachung **VgV 39** 1 ff. *s. auch Vergabebekanntmachung*
- Vorinformation **VgV 38** 1 ff. *s. auch Vorinformation*

Bekanntmachungen im Sektorenvergaberecht SektVO 35 1 ff.
- Änderung und Beendigung des Systems **SektVO 37** 6
- Arten der Bekanntmachung **SektVO 35** 3
- auf nationaler Ebene **SektVO 40** 8 f.
- Auftragsänderungen **SektVO 38** 10
- Ausnahmen von der Veröffentlichungspflicht **SektVO 38** 11 f.
- Bekanntmachungspflichten **SektVO 35** 1 ff.
- Benennung der Vergabekammer **SektVO 35** 6 ff.
- freiwillige Übermittlung **SektVO 40** 10
- Muster **SektVO 35** 4 f.
- Nachweis der Veröffentlichung **SektVO 40** 7
- Qualifizierungssystem **SektVO 37** 1 ff.
- regelmäßige nicht verbindliche Bekanntmachung **SektVO 36** 1 ff. *s. auch Regelmäßige nicht verbindliche Bekanntmachung*
- Übermittlung **SektVO 40** 3 ff.
- Vergabe sozialer und anderer besonderer Dienstleistungen **SektVO 39** 1 ff.
- Vergabebekanntmachungen **SektVO 38** 1 ff. *s. auch Vergabebekanntmachung im Sektorenvergaberecht*
- Veröffentlichung **SektVO 40** 1 ff.
- Veröffentlichung einer Beschaffungsabsicht **SektVO 37** 3 f.
- Veröffentlichung im EU-Amtsblatt **SektVO 40** 5 ff.

Bekanntmachungsmuster VgV 66 12 f.
Belege
- Ausschlussgründe **VgV 48** 10 ff.
- Qualitätssicherung und des Umweltmanagements **VgV 49** 1 ff.

Belege für technische und berufliche Leistungsfähigkeit VgV 46 10 ff.
- Angabe technischer Fachkräfte und Stellen **VgV 46** 20
- Ausstattung, Geräte und technische Ausrüstung **VgV 46** 27
- Beschäftigtenzahl **VgV 46** 26
- Bescheinigungen über Erlaubnis zur Berufsausübung **VgV 46** 24
- Beschreibung von technischer Ausrüstung, Qualitätssicherung, Untersuchungs- und Forschungsmöglichkeiten **VgV 46** 21
- Führungskräfte **VgV 46** 26
- Kontrolle durch Auftraggeber **VgV 46** 23
- Lieferkettenmanagement- und Überwachungssystem **VgV 46** 22
- Muster und Bescheinigungen bei Lieferleistungen **VgV 46** 29
- Referenzen **VgV 46** 13 ff. *s. auch Referenzen*
- Referenzen über noch nicht vollständig erbrachte Leistungen **VgV 46** 17
- Referenzen über vergleichbare Leistungen **VgV 46** 16
- Studiennachweise **VgV 46** 24
- Umweltmanagementmaßnahmen **VgV 46** 25
- Unteraufträge **VgV 46** 28

Belege über wirtschaftliche und finanzielle Leistungsfähigkeit VgV 45 12 ff.
- alternative Unterlagen **VgV 45** 21 ff.
- Bankerklärungen **VgV 45** 13
- Berufs- oder Betriebshaftpflichtversicherung **VgV 45** 14
- Erklärung zu Umsätzen **VgV 45** 18 ff.
- Jahresabschlüsse oder Auszüge von Jahresabschlüssen **VgV 45** 15 ff.

Beleihung GWB 103 85
Bereitstellung der Vergabeunterlagen VgV 41 1 ff.
- abrufbare Vergabeunterlagen **VgV 41** 10 f.
- Angabe einer elektronischen Adresse **VgV 41** 7 ff.
- Anwendungsbereich **VgV 41** 6
- Ausnahmen **VgV 41** 19 f.
- Ausnahmen aus Gründen der Vertraulichkeit **VgV 41** 25
- Ausnahmen aus technischen Gründen **VgV 41** 21 ff.
- direkt **VgV 41** 17 f.
- Folgen von Rechtsverstößen **VgV 41** 26
- uneingeschränkt **VgV 41** 14
- unentgeltlich **VgV 41** 13
- vollständig **VgV 41** 15 f.
- Vorgaben an **VgV 41** 12 ff.

Berichtspflicht
- gegenüber der Europäischen Kommission **VgV 14** 144 ff.

Berufliche Leistungsfähigkeit *s. Technische und berufliche Leistungsfähigkeit*
Berufsregister VgV 44 8 ff.
Berufungsverfahren GWB 182 20
Beschafferprofil
- Sektorenvergaberecht **SektVO 35** 8 ff.

Beschaffung
- Begriff im Konzessionsvergaberecht **GWB 105** 64 ff.
- elektronische **VergabeR Einl.** 260 ff. *s. auch Elektronische Beschaffung*
- Rechtsform **GWB 103** 95

Beschaffung energieverbrauchsrelevanter Leistungen SektVO 58 1 ff.
- abzufordernde Angaben **SektVO 58** 14

2187

Sachverzeichnis

fette Zahl = Gesetz und Paragraf

- Analyse minimierter Lebenszykluskosten **SektVO 58** 15
- Bieterangaben zur Energieverbrauchsrelevanz **SektVO 58** 4 ff.
- Energieverbrauch in der Wertung **SektVO 58** 16
- energieverbrauchsrelevante Gegenstände **SektVO 58** 4 ff.
- Liefer-, Dienst- und Bauleistungen **SektVO 58** 8 ff.

Beschaffung von Straßenfahrzeugen SektVO 59 1; **VgV 68** 1 ff.
- Anwendungsbereich **VgV 68** 5 ff.
- Ausnahmeregelung **VgV 68** 28 ff.
- Berücksichtigung des Energieverbrauchs **SektVO 59** 4 ff.
- bieterschützende Bestimmungen **VgV 68** 35
- Einsatzfahrzeuge **VgV 68** 30 ff.
- Emissionen **VgV 68** 18 ff.
- Energieverbrauch **VgV 68** 5 ff.
- finanzielle Bewertung von Energieverbrauch und Umweltauswirkungen **VgV 68** 15 ff.
- Grundsatz **VgV 68** 5 ff.
- Methode der finanziellen Bewertung **VgV 68** 16 ff.
- Spielräume des Auftraggebers bei finanzieller Bewertung **VgV 68** 25 ff.
- umweltrelevante Faktoren **VgV 68** 10 f.
- Umweltverträglichkeit **SektVO 59** 1a
- zwingende Einbeziehung von Umweltfaktoren **VgV 68** 12 ff.

Beschaffungsautonomie VergabeR Einl. 111 ff.
- gleichheitsrechtliche Kontrolle der Bedarfsbestimmung **VergabeR Einl.** 115 ff.
- Make or buy-Entscheidung **VergabeR Einl.** 111
- Rechtsprechung des EuGH **VergabeR Einl.** 113 ff.

Beschaffungsbedarf VergabeR Einl. 246 ff.
Beschaffungsdienstleister KonzVgV 5 2
- Sektorenvergaberecht **SektVO 6** 2

Beschaffungsstellen
- Übergangs- und Schlussbestimmungen **VgV 81** 3 ff.

Bescheinigung von Konformitätsbewertungsstellen VgV 33 1 ff.
- Konformitätsbewertungsstelle **VgV 33** 9 f.
- Nachweisführung durch andere Unterlagen **VgV 33** 6 ff.

Beschleunigungsgrundsatz GWB 157 23; **GWB 167** 1 ff.
- Entscheidungsfrist **GWB 167** 2 ff. *s. auch Entscheidungsfrist im Nachprüfungsverfahren*
- gerichtlicher Vergaberechtsschutz **GWB Vor 171 ff.** 9 ff.
- Mitwirkungspflicht der Beteiligten **GWB 167** 16 ff.
- sofortige Beschwerde **GWB 171** 1

Beschwerdeantrag
- Schadensersatz bei Rechtsmissbrauch **GWB 180** 1 ff. *s. auch Schadensersatz bei Rechtsmissbrauch*

Beschwerdeentscheidung GWB 175 39 ff.
- Anhörungsrüge **GWB 175** 41
- Aufhebung zu neuer Entscheidung **GWB 178** 18 ff.
- aufschiebende Wirkung **GWB 173** 1 ff. *s. auch Aufschiebende Wirkung der sofortigen Beschwerde*

- Beendigungsfiktion im Beschwerdeverfahren **GWB 177** 20
- begründetes Rechtsmittel **GWB 178** 11 ff.
- Beschwerde gegen Entscheidung nach § 168 Abs. 2 GWB **GWB 178** 43
- Beschwerderücknahme **GWB 175** 44
- Ende des Vergabeverfahrens nach Entscheidung **GWB 177** 1 ff.
- Entscheidung bei Beschwerden nach § 171 Abs. 2 GWB **GWB 178** 21
- Entscheidung in der Sache selbst **GWB 178** 12 ff.
- Entscheidung nach § 178 S. 3 **GWB 178** 22 ff. *s. auch Beschwerdeverfahren zur Feststellung einer Rechtsverletzung*
- Erledigung des Nachprüfungsverfahrens **GWB 177** 18 f.
- Feststellung einer Rechtsverletzung **GWB 178** 22 ff. *s. auch Beschwerdeverfahren zur Feststellung einer Rechtsverletzung*
- Form, Gegenstand und Inhalt **GWB 178** 47 ff.
- freie Beweiswürdigung **GWB 178** 50
- Hauptsachenentscheidungen **GWB 178** 4 ff.
- Information über Umsetzung **GWB 177** 14
- Inhalt **GWB 178** 52
- Kosten **GWB 175** 42 ff.
- Kosten- und Gebührenbeschwerden **GWB 178** 44 f.
- Kostengrundentscheidung **GWB 178** 53 ff. *s. auch Kostengrundentscheidung*
- Kostentragung bei Beigeladenen **GWB 178** 55
- neues Vergabeverfahren **GWB 177** 16
- rechtliches Gehör **GWB 178** 51
- Rechtsfolgen **GWB 177** 16 ff.
- Rechtsmittel **GWB 175** 40
- Spruchreife **GWB 178** 18
- Streit um Akteneinsicht **GWB 178** 46
- Streitwert **GWB 175** 42 ff.
- Überblick **GWB 178** 1 ff.
- Umsetzungsschritte **GWB 177** 13
- Unterliegen des Auftraggebers **GWB 177** 5 f.
- Verlängerung der Zehn-Tages-Frist **GWB 177** 15
- Verteilung der Kostenlast **GWB 178** 53 ff. *s. auch Kostengrundentscheidung*
- Vollstreckung **GWB 175** 46
- Vorlage an den BGH **GWB 179** 14 ff. *s. auch Vorlage an den BGH*
- Zehn-Tages-Frist **GWB 177** 7 ff.

Beschwerdeverfahren GWB 175 1 ff.
- Akteneinsicht **GWB 175** 7 ff. *s. auch Akteneinsicht im Beschwerdeverfahren*
- Anfall des Nachprüfungsverfahrens **GWB 178** 5 ff.
- Anhörungsrüge **GWB 175** 27
- Anschlussbeschwerde **GWB 171** 9 ff. *s. auch Anschlussbeschwerde*
- Anwaltszwang **GWB 175** 2 f.
- Anwendung der §§ 165, 167 Abs. 2 S. 1 **GWB 175** 7 ff.
- Anwendung von Vorschriften zum kartellrechtlichen Beschwerdeverfahren **GWB 175** 17 ff.
- aufschiebende Wirkung **GWB 173** 1 ff. *s. auch Aufschiebende Wirkung der sofortigen Beschwerde*
- Ausnahme vom Anwaltszwang **GWB 172** 38
- Begründung **GWB 172** 27 f.
- Begründung der Beschwerdeentscheidung **GWB 175** 24

magere Zahl = Randnummer

Sachverzeichnis

- Begründung der Beschwerdeschrift **GWB 172** 29 ff. *s. auch Begründung der sofortigen Beschwerde*
- Behördenprivileg **GWB 175** 4
- Beiladung der Vergabekamme **GWB 174** 2 ff.
- Beiladung im Beschwerdeverfahren **GWB 174** 7 ff. *s. auch Beteiligte am Beschwerdeverfahren*
- Benachrichtigungspflicht **GWB 172** 39 f.
- beschleunigtes Hauptsacheverfahren **GWB 176** 1 ff. *s. auch Vorabentscheidung im Beschwerdeverfahren*
- Beschwerde gegen Entscheidung nach § 168 Abs. 2 GWB **GWB 178** 43
- Beschwerdebefugnis **GWB 171** 8
- Beschwerdeentscheidung **GWB 178** 1 ff.
- Beweiserhebung **GWB 175** 38
- Bindung an Anträge **GWB 178** 8 ff.
- Einheit des Beschwerdeverfahrens bei Vorlage **GWB 179** 26
- Einordnung **GWB 178** 48 f.
- Einzelfragen **GWB 175** 5
- Entscheidung des Beschwerdegerichts **GWB 171** 45; **GWB 175** 39 ff. *s. auch Beschwerdeentscheidung*
- Entscheidung über Verteilung der Kostenlast **GWB 178** 53 ff. *s. auch Kostengrundentscheidung*
- Entscheidungsgrundlage **GWB 175** 22 f.
- Entsprechende Anwendung der VwGO **GWB 175** 30
- Feststellung einer Rechtsverletzung **GWB 178** 22 ff. *s. auch Beschwerdeverfahren zur Feststellung einer Rechtsverletzung*
- Form der Einlegung **GWB 172** 25 ff.
- freie Beweiswürdigung **GWB 178** 50
- Fristen **GWB 172** 1 ff. *s. auch Fristen im Beschwerdeverfahren*
- Gestattung des vorzeitigen Zuschlags **GWB 173** 69
- Hauptsachenentscheidungen **GWB 178** 4 ff.
- Hinweispflicht **GWB 175** 23
- Hinweispflichten des Beschwerdegerichts **GWB 175** 34
- Informationszugangsgesetze **GWB 175** 12
- Konzentration **GWB 171** 48
- Kosten **GWB 182** 20 ff. *s. auch Beschwerdeverfahrenskosten*
- Mitwirkungsobliegenheiten **GWB 175** 13 ff.
- mündliche Verhandlung **GWB 175** 17 ff.
- Nachschieben neuen Streitstoffs **GWB 178** 6 ff.
- Offizialcharakter **GWB 175** 37
- Prozesshandlungsvoraussetzung **GWB 175** 2 f.
- Prüfung der Beschwerde **GWB 175** 29
- Prüfungskompetenz **GWB 178** 4 ff.
- Prüfungsprogramm **GWB 175** 32 ff.
- rechtliches Gehör **GWB 178** 51
- Rechtsweg(-verweisung) **GWB 175** 31
- sofortige Beschwerde **GWB 171** 1
- Streit mit Akteneinsicht **GWB 178** 46
- Streitverkündung an Beteiligte **GWB 175** 33
- Streitwert **GWB 175** 42 ff.
- Untersuchungsgrundsatz **GWB 175** 20 f.
- Unterzeichnung der Beschwerdeschrift **GWB 172** 37
- Verfahrensbeteiligte **GWB 174** 1 ff. *s. auch Beteiligte am Beschwerdeverfahren*
- Verfahrenskosten **GWB 173** 71
- Verfahrensvorschriften **GWB 175** 6 ff.
- Verweisungen auf allgemeines Prozessrecht **GWB 175** 28 ff.
- Verzicht mündlicher Verhandlung **GWB 175** 35
- Vollstreckung **GWB 175** 46
- Vorabentscheidung über den Zuschlag **GWB 176** 1 ff. *s. auch Vorabentscheidung im Beschwerdeverfahren*
- vorbeugender Rechtsschutz **GWB 178** 39 f.
- Vorlage an den BGH **GWB 179** 14 ff. *s. auch Vorlage an den BGH*
- weitere Verfahrensvorschriften **GWB 175** 35 ff.
- Zuständigkeit **GWB 171** 46 f.

Beschwerdeverfahren zur Feststellung einer Rechtsverletzung GWB 178 22 ff.; **GWB 179** 9
- Antragsbefugnis **GWB 178** 23 ff.
- Antragsgegner **GWB 178** 25 f.
- Antragsteller **GWB 178** 24
- Anwendungsvoraussetzungen **GWB 178** 30 ff.
- Beigeladene **GWB 178** 27 ff.
- Beteiligte **GWB 178** 33 ff.
- Erledigung des Primäranspruchs **GWB 178** 30 ff.
- Erledigung zwischen Instanzen **GWB 178** 41
- Feststellungsinteresse **GWB 178** 38 ff.
- Gegenstand der Entscheidung **GWB 178** 42
- negativen Feststellung **GWB 178** 25 f.
- ohne Erledigung des Nachprüfungsantrags **GWB 178** 31
- Prozesshandlungen Beteiligter **GWB 178** 33 ff.
- Sinn und Zweck **GWB 178** 22
- Strengbeweisverfahren **GWB 178** 42
- vorbeugender Rechtsschutz **GWB 178** 39 f.
- Zwischenfeststellungsantrag **GWB 178** 31

Beschwerdeverfahrenskosten GWB 182 20
- Beigeladene **GWB 182** 21 ff.

Besondere oder ausschließliche Rechte GWB 100 21 ff.
- Ausnahmeregelung **GWB 100** 25 ff.
- Energiesektor **GWB 100** 30 ff.
- Genehmigungen **GWB 100** 31
- Gewährung durch Behörde **GWB 100** 29
- Grundversorgerstatus **GWB 100** 34
- Legaldefinition **GWB 100** 22 ff.
- Sektorentätigkeiten **GWB 101** 27 ff.
- Trinkwassersektor **GWB 100** 35 f.
- Verkehrssektor **GWB 100** 37
- Wegenutzungsrechte **GWB 100** 32 f.

Besondere Rechtsdienstleistungen
- Ausnahmen für öffentliche Auftraggeber **GWB 116** 4 ff.

Best and Final Offer SektVO 51 48; **SektVO 55** 8
Bestellbauten GWB 103 141 ff.
Beteiligte am Beschwerdeverfahren GWB 174 1 ff.
- Akteneinsicht **GWB 174** 12
- Aufhebung bisheriger Beiladungen **GWB 174** 7 ff.
- Beiladung der Vergabekamme **GWB 174** 2 ff.
- Beschwerdeeinlegung **GWB 174** 13
- Bindungswirkung **GWB 174** 14
- gleiche Rechte **GWB 174** 11 ff.
- neue Beiladung **GWB 174** 7 ff.

Beteiligte am Nachprüfungsverfahren
- Mitwirkungspflicht der Beteiligten **GWB 167** 16 ff.

Beteiligte im Nachprüfungsverfahren GWB 162 9 ff.
- Mitwirkungs- und Förderungspflichten **GWB 163** 6 f.

Beteiligung Privater
- horizontale Zusammenarbeit **GWB 108** 75 f.

2189

Sachverzeichnis

fette Zahl = Gesetz und Paragraf

Betrauung GWB 105 72 ff.
– Begriff **GWB 105** 74 ff.
– Übertragung des Betriebsrisikos **GWB 105** 83 ff. *s. auch Betriebsrisiko*

Betrieb dynamischer Beschaffungssysteme VgV 23 1 ff.
– Anforderungen an Eignungskriterien **VgV 23** 12
– Angebotsfrist **VgV 24** 10
– Aufforderung zur Angebotsabgabe **VgV 23** 13 f.
– Bekanntmachungspflichten gegenüber der Europäischen Kommission **VgV 23** 7
– Beschaffung marktüblicher Leistungen **VgV 22** 8
– erneute Eignungsprüfung **VgV 24** 11 f.
– Frist für Prüfung von Teilnahmeanträgen **VgV 24** 5 ff.
– Fristen **VgV 24** 1 ff.
– Grundsätze für Betrieb **VgV 22** 1 ff. *s. auch Grundsätze für den Betrieb dynamischer Beschaffungssysteme*
– kostenloser Zugang **VgV 22** 36
– Mindestangaben in den Vergabeunterlagen **VgV 23** 8
– öffentliche Bekanntmachungspflichten **VgV 23** 4 ff.
– Teilnahmefrist **VgV 24** 3 f.
– Transparenzgrundsatz **VgV 22** 35
– Untergliederung von Leistungen **VgV 23** 9 ff.
– Verwendung elektronischer Mittel **VgV 22** 7
– zeitliche Befristung **VgV 22** 5 f.

Betriebsgeheimnisse
– BGH zu Geheimnisschutz, rechtliches Gehör **GWB 165** 70
– Nachprüfungsverfahren **GWB 165** 41 ff.
– Schutz vertraulicher Informationen **VgV 5** 1 ff.

Betriebskosten GWB 127 46
– Risiko bei Konzession **GWB 105** 83 ff.

Betriebsübergang bei Eisenbahnverkehrsdiensten GWB 131 32 ff.
– Änderung des Bedarfs **GWB 131** 82 f.
– Annahmefrist **GWB 131** 90
– Anordnungsermessen **GWB 131** 60
– Anordnungspflicht **GWB 131** 56 ff.
– atypische Fälle **GWB 131** 57
– Ausnahmen **GWB 131** 58 f.
– Auswahlverfahren **GWB 131** 84 ff.
– betriebliche Altersvorsorge **GWB 131** 105 f.
– Betriebskonzept des Erwerbers **GWB 131** 80 f.
– Betriebsübergangsanordnung **GWB 131** 48 ff.
– echter Betriebsübergang **GWB 131** 41 ff.
– einbezogene Arbeitnehmer **GWB 131** 72 ff.
– Eingruppierung **GWB 131** 135 f.
– Einsatz im ausgeschriebenen Verkehr **GWB 131** 75 ff.
– Ermessen des Aufgabenträgers **GWB 131** 60
– Ermessen des Erwerbers **GWB 131** 44
– Haftung für fehlende Angaben **GWB 131** 71
– Information des Arbeitnehmers **GWB 131** 112 ff.
– Kompromisscharakter **GWB 131** 50 f.
– Kontroll- und Sanktionsmöglichkeiten **GWB 131** 94
– Leiharbeitnehmer **GWB 131** 135 f.
– Mitteilungspflicht des Altbetreibers **GWB 131** 70
– Nachhaftung des Altbetreibers **GWB 131** 107
– originärer Betriebsübergang **GWB 131** 32 ff.
– Personalüberhang beim neuen Betreiber **GWB 131** 81
– privatrechtliche Übernahme **GWB 131** 63 ff.

– Rechtsschutz **GWB 131** 144
– Rechtsschutzmöglichkeiten der Beschäftigten **GWB 131** 118 ff.
– Rechtsschutzmöglichkeiten des Bieters **GWB 131** 115
– Schicksal des Altvertrags **GWB 131** 92
– Subunternehmer **GWB 131** 135 f.
– Tariftreueverlangen bei Diensten im ÖPNV **GWB 131** 125 ff.
– Teilausschreibungen **GWB 131** 84 ff.
– Übergang der Arbeitsbedingungen **GWB 131** 88 ff., 100 ff., 108 ff.
– übergehende Arbeitsverhältnisse **GWB 131** 66 ff.
– Übernahme zu geänderten Arbeitsbedingungen **GWB 131** 95 ff.
– Verfahren bei Erlass eines Verwaltungsakts **GWB 131** 99
– Verfassungskonformität **GWB 131** 43
– vollständige Übernahmeverweigerung **GWB 131** 93
– Widerspruchsrecht **GWB 131** 113 f.
– Zeitpunkt des Übergangs **GWB 131** 91
– Zugang zum Wettbewerbsnetz **GWB 131** 36

Betriebsübergangsanordnung GWB 131 48 ff.

Betrug
– Sektorenvergaberecht **SektVO 6** 7

Beweislast
– Niedrigpreisangebote **SektVO 54** 12

Beweislastumkehr
– Sektorenvergaberecht **SektVO 6** 3

Bewerber
– Änderung der Zusammensetzung **VgV 43** 14 ff.
– Auswahl nach Abschluss des Teilnahmewettbewerb **VgV 52** 1 ff.
– Befähigung und Erlaubnis zur Berufsausübung **VgV 44** 1 ff. *s. auch Befähigung und Erlaubnis zur Berufsausübung*
– Begrenzung der Bewerberzahl **VgV 51** 1 ff.
– Gleichsetzung von Bewerber- und Bietergemeinschaften mit Bewerber und Bieter **VgV 43** 7 ff.
– Informationsberechtigung **GWB 134** 26 ff.
– Rechtsformen **VgV 43** 1 ff. *s. auch Rechtsformen*
– Unterrichtung **VgV 62** 1 ff.
– Zulässigkeit von Bewerber-/Bietergemeinschaften **VgV 43** 10 ff.

Bewerber- und Bietergemeinschaften
– Änderung der Zusammensetzung **VgV 43** 14 ff.
– Aufschlüsselung der Leistungsteile **VgV 43** 26
– Bieteridentität **VgV 43** 17 f.
– Bildung einer nachträglichen Bietergemeinschaft **VgV 43** 16
– Eignungsleihe **VgV 47** 16
– Geheimwettbewerb **VgV 43** 22
– gesamtschuldnerische Haftung **VgV 43** 25
– Gleichsetzung von Bewerber- und Bietergemeinschaften mit Bewerber und Bieter **VgV 43** 7 ff.
– Rechtsformen **VgV 43** 1 ff.
– Sinn und Zweck **VgV 43** 8
– Zulässigkeit von Bewerber-/Bietergemeinschaften **VgV 43** 10 ff.
– Zulassung **VergabeR Einl.** 273 f.

Bewerberauswahl im Sektorenvergaberecht
– Änderung der Zusammensetzung einer Bewerber-/Bietergemeinschaft **SektVO 50** 14 ff.
– Anforderungen an die Unternehmen **SektVO 47** 7 ff. *s. auch Bewerberauswahl im Sektorenvergaberecht*

2190

magere Zahl = Randnummer

Sachverzeichnis

- Beurteilungsspielraum **SektVO 45** 11 ff.
- Eignungsleihe **SektVO 47** 1 ff.
- Eignungsnachweise **SektVO 46** 16 ff.
- Geheimwettbewerb **SektVO 50** 13, 23
- Gesamtschuld **SektVO 50** 26
- Gleichbehandlung von Bewerber- und Bietergemeinschaften und Bewerber und Bieter **SektVO 50** 7 ff.
- Grundsätze **SektVO 45** 1 ff.
- Inanspruchnahme der Kapazitäten anderer Unternehmen **SektVO 47** 9 ff.
- keine Zurückweisung wegen Rechtsform **SektVO 50** 5 f.
- Mehrfachbeteiligung **SektVO 50** 20 ff.
- nachträgliche Bietergemeinschaft **SektVO 50** 17 ff.
- Nachweis der Leistungsfähigkeit durch Kapazitäten eines Drittunternehmens **SektVO 48** 17 ff.
- nichtdiskriminierende Kriterien **SektVO 46** 1 ff.
- Objekte **SektVO 46** 1 ff.
- objektive Kriterien **SektVO 46** 12 ff.
- Phasen der Leistungserbringung **SektVO 50** 25
- Qualifikationssysteme zur Eignungsfeststellung **SektVO 48** 1 ff. *s. auch Qualifizierungssysteme im Sektorenvergaberecht*
- Qualitätssicherung **SektVO 49** 1 ff.
- Rechtsformen **SektVO 50** 24 ff.
- Rechtsformen von Bietergemeinschaften **SektVO 50** 1 ff.
- Rechtsformen von Unternehmen **SektVO 50** 1 ff.
- Überprüfung der Eignung **SektVO 47** 12 ff.
- Umweltmanagementmaßnahmen **SektVO 49** 1 ff.
- Verpflichtung zur Selbsterbringung kritischer Aufgaben **SektVO 47** 17 ff.
- Verpflichtungserklärung **SektVO 47** 9 ff.
- Vorgabe gemeinsamer Haftung **SektVO 47** 15 f.
- Vorgabe von Kriterien des GWB und der VgV **SektVO 46** 20
- Vorgaben **SektVO 45** 4 ff.
- Wechsel der Identität des Bieters **SektVO 50** 16
- Zulässigkeit von Bewerber-/Bietergemeinschaften **SektVO 50** 10 ff.

Bewerbergemeinschaften GWB 123 8

Bewerbungsbedingungen
- Vergabeunterlagen **VgV 29** 13 ff.

Bezuschlagung ohne Verhandlungen VgV 17 85 ff.

BGB-Gesellschaften
- Konzessionsvergabeverfahren **KonzVgV 24** 4

BID-Initiative GWB 103 163

Bieter
- Befähigung und Erlaubnis zur Berufsausübung **VgV 44** 1 ff. *s. auch Befähigung und Erlaubnis zur Berufsausübung*
- Informationsberechtigung **GWB 134** 21 ff.
- Unterrichtung **VgV 62** 1 ff.

Bietereignung VergabeR Einl. 120 ff.
- allgemeiner Gleichbehandlungsgrundsatz **VergabeR Einl.** 121 ff.
- Diskriminierung **VergabeR Einl.** 120 ff.
- vergabefremde Kriterien **VergabeR Einl.** 124 ff.

Bietergemeinschaften GWB 123 8
- Antragsbefugnis im Nachprüfungsverfahren **GWB 160** 24, 30
- nachträgliche **SektVO 50** 17 ff.
- Rügeerklärung **GWB 160** 62
- verdeckte **VgV 43** 22

Bieterschutz
- dynamische Beschaffungssysteme **VgV 22** 37 f.
- Schadensersatz bei Verstoß **GWB 181** 8

Bildungseinrichtungen GWB 99 130 ff.

Bindefrist VgV 20 24 ff.
- Zuschlag nach Ablauf der Bindefrist **VgV 20** 28

Bindungswirkung
- Beiladung im Nachprüfungsverfahren **GWB 162** 11
- Entscheidungen der Vergabekammer **GWB 179** 1 ff. *s. auch Bindungswirkung der Nachprüfungsentscheidung*
- Entscheidungen des Vergabesenats **GWB 179** 2 ff. *s. auch Bindungswirkung der Beschwerdeentscheidung*

Bindungswirkung der Beschwerdeentscheidung GWB 179 25
- einzelne Verstöße als Anknüpfungspunkt **GWB 179** 3 ff.
- Feststellungsentscheidung **GWB 179** 9
- Hauptsachenentscheidung **GWB 179** 9
- in personeller Hinsicht **GWB 179** 7 f.
- Präklusion des Auftraggebers **GWB 179** 12
- (Sach-)Entscheidung **GWB 179** 10
- Sonderfälle **GWB 179** 11
- verfassungsrechtliche Bedenken **GWB 179** 13

Bindungswirkung der Nachprüfungsentscheidung
- einzelne Verstöße als Anknüpfungspunkt **GWB 179** 3 ff.
- Feststellungsentscheidung **GWB 179** 9
- Hauptsachenentscheidung **GWB 179** 9
- in personeller Hinsicht **GWB 179** 7 f.
- Präklusion des Auftraggebers **GWB 179** 12
- (Sach-)Entscheidung **GWB 179** 10
- Sonderfälle **GWB 179** 11
- verfassungsrechtliche Bedenken **GWB 179** 13

Binnenmarkt VergabeR Einl. 11 ff.

Binnenmarktbezug
- Auslegungsfragen **VergabeR Einl.** 49
- Bagatellklausel **VergabeR Einl.** 48
- Dienstleistungskonzessionen **VergabeR Einl.** 41, 45
- Feststellung im Einzelfall **VergabeR Einl.** 44 ff. *s. auch Binnenmarktbezug bei Unterschwellenvergabe*
- Unterschwellenvergabe **VergabeR Einl.** 42 f.
- Würdigung verschiedener Umstände **VergabeR Einl.** 44

Bio-Lebensmittel GWB 97 122
Bodenabfertigungsdienste GWB 102 79
Börsenwaren VgV 14 127 ff.
Brandmeldeanlagen GWB 103 125
Breitbandinfrastrukturnetz GWB 103 124
Breitbandkabelinfrastruktur GWB 110 16
Brennstoffe zur Energieerzeugung GWB 137 9
Building Information Modeling VgV 12 9
Bundesauftragsverwaltung GWB 99 103
Bundesautobahnen GWB 159 41
Bundesdruckerei-Urteil GWB 97 190; **GWB 152** 140
business improvement districts GWB 103 161 ff.

C

Cassis-de-Dijon-Rechtsprechung GWB 108 9
Chile SektVO 55 4
Cloud Computing GWB 97 367 ff.

2191

Sachverzeichnis

fette Zahl = Gesetz und Paragraf

Common Procurement Vocabulary GWB 97 25
Compliance Management System GWB 125 29
Computerfax GWB 172 26
Computerprogramme
– Lieferaufträge **GWB 103** 92
Concordia Bus Finland-Urteil GWB 97 86; **GWB 152** 99
Contracting
– anzuwendende Verfahrensvorschriften **GWB 102** 35 ff.
– Ausnahmen von der Ausschreibungspflicht **GWB 102** 31 ff.
– Contracting als öffentlicher Auftrag oder Dienstleistungskonzession **GWB 102** 27 ff.
– Contracting out **GWB 103** 72 f.
– Verträge **GWB 102** 24 ff.
Contracting out GWB 103 72 f.
Corona-Pandemie s. *COVID 19-Pandemie*
Coronatest GWB 135 33; **VgV 16** 20
COVID 19-Pandemie GWB 132 42; **SektVO 57** 13; **VergabeR Einl.** 97; **VgV 1** 7; **VgV 14** 97, 101, 103; **VgV 15** 20, 26; **VgV 16** 20; **VgV 17** 7, 57, 71; **VgV 63** 17
CPV-Code VgV 37 17
culpa in contrahendo s. *Schadensersatz wegen Verletzung vorvertraglicher Rücksichtnahmepflichten*
Cybersicherheit
– elektronische Vergabe **GWB 97** 373 ff. *s. auch Recht der Cybersicherheit*

D

Darlegungslast
– Niedrigpreisangebote **SektVO 54** 12
Darlehen GWB 116 18 f.
Daseinsvorsorge GWB 152 57; **GWB 169** 32
– Zuschlag im Konzessionsvergabeverfahren **GWB 152** 111
Datenschnittstelle KonzVgV 8 13 ff.; **VgV 10** 21 ff.
Datensicherheit
– elektronische Vergabe **GWB 97** 327
Datenübermittlung bei Aufträgen oberhalb der Schwellenwerte
– durch Sektorenauftraggeber **VgV Anlage 3**
– durch Sektorenauftraggeber bei sozialen und anderen besonderen Dienstleistungen **VgV Anlage 4**
– Erläuterung zu den Nachhaltigkeitskriterien **VgV Anlage 9**
– nach Auftragsvergabe über soziale und andere besondere Dienstleistungen **VgV Anlage 2**
– nach Konzessionsvergabe **VgV Anlage 5**
– nach Konzessionsvergabe über soziale und andere besondere Dienstleistungen **VgV Anlage 6**
– nach Vergabe verteidigungs- oder sicherheitsspezifischen öffentlichen Auftrags **VgV Anlage 7**
– nach Zuschlagserteilung **VgV Anlage 1**
– öffentlicher Auftrag durch einen öffentlichen Auftraggeber unterhalb des EU-Schwellenwerts **VgV Anlage 8**
De-facto-Vergabe GWB 135 30 ff.
– Antragsbefugnis im Nachprüfungsverfahren **GWB 160** 49
– Ausnahmen **GWB 135** 83 ff.
– EU-Bekanntmachung **GWB 135** 30
– Fristen für Nachprüfungsverfahren **GWB 135** 60 ff.

– gestattete Vergabe **GWB 135** 32 ff.
– Rechtsschutz **GWB 135** 44 ff., 117
– Rügeobliegenheit **GWB 160** 95 f.
– Rügeverpflichtung **GWB 135** 54 ff.
– schwebende Unwirksamkeit **GWB 135** 40
De-minimis-Regelung
– Auftragsänderung nach Zuschlag **GWB 132** 57 ff.
Demokratieprinzip GWB 103 78
Design für Alle GWB 97 127; **GWB 121** 42 ff.; **SektVO 52** 13
– Leistungsbeschreibung **VgV 31** 45 f.
– soziales Zuschlagskriterium **GWB 97** 165
Deutsche Bahn GWB 99 104
Deutsche Bundesbank GWB 116 16
Deutsche Post AG GWB Anh. § 102 5 ff.
Deutsche Rentenversicherung GWB 99 113
Deutsche Telekom AG GWB 99 107
Deutsches e-Government-Recht GWB 97 367 ff.
Dialogphase VgV 18 13 ff.
– Abschluss **VgV 18** 20 *s. auch Dialogphase*
– Anpassungen der Vergabeunterlagen **VgV 18** 18
– Aufforderung zur Teilnahme am Dialog **VgV 18** 14
– Geheimnisschutz **VgV 18** 16
– Lösungsvorschläge **VgV 18** 15
– mehrere Phasen **VgV 18** 19
– Mindestanforderungen **VgV 18** 16
– Schlussphase **VgV 18** 19 f.
– Zuschlagskriterien **VgV 18** 16
Dienstleistungen
– Beschaffung energieverbrauchsrelevanter Leistungen **SektVO 58** 8 ff.
– soziale und andere **GWB 130** 3 ff.
Dienstleistungen für das Geheimwesen GWB 153 18
Dienstleistungen im Gaststätten und Beherbergungsgewerbe GWB 153 17
Dienstleistungen von allgemeinem wirtschaftlichen Interesse
– Primärvergaberecht **VergabeR Einl.** 8
Dienstleistungsaufträge GWB 103 164 ff.
– Abfallbereich **GWB 103** 172
– Bauauftrag **GWB 103** 167 ff.
– Begriff **GWB 103** 164 ff.
– Dienstleistungskonzession **GWB 103** 170 ff.
– Lieferauftrag **GWB 103** 169
– öffentlich-rechtliche **GWB 103** 172 ff.
– Rettungsdienstleistungen **GWB 103** 173 f.
– Sponsoring **GWB 103** 176 f.
– Vergaberechtsmodernisierungsgesetz **GWB 103** 165 f.
Dienstleistungsfreiheit GWB 97 187; **GWB 151** 11
Dienstleistungskonzessionen GWB 103 170 ff.; **VergabeR Einl.** 22, 41
– aufgrund ausschließlichen Rechts **GWB 149** 38 ff., 43 ff.
– Binnenmarktbezug **VergabeR Einl.** 45
Dienstleistungs-RL 1992 VergabeR Einl. 185
Dienstpistolen VergabeR Einl. 53
Differenzhypothese GWB 181 74
Direktvergabe
– Eisenbahnverkehrsdienste **GWB 131** 11 ff.
Diskriminierung
– Bietereignung **VergabeR Einl.** 120 ff.

2192

magere Zahl = Randnummer

Sachverzeichnis

Diskriminierungsverbot VergabeR Einl. 21 f.; **VgV 49** 3
– vergabefremde Kriterien **VergabeR Einl.** 126 ff.
Divergenzvorlage GWB 179 15 ff. *s. auch Vorlage an den BGH*
Dokumentation
– Angebotsprüfung **SektVO 51** 58 f.
– Angebotswertung **SektVO 51** 58 f.
– elektronische Auktionen **VgV 25** 34
– elektronische Kataloge **VgV 27** 29
– Konzessionsvergabe **KonzVgV 6** 1 ff.
– Konzessionsvergabeverfahren **KonzVgV 9** 30
– Niedrigpreisangebote **SektVO 54** 11
– Preisgericht im Planungswettbewerb **VgV 79** 24 f.
– Prüfung der Interessensbestätigungen, Teilnahmeanträge und Angebote **VgV 56** 22
– Sektorenvergaberecht **SektVO 8** 1 ff.
– Vergabe energieverbrauchsrelevanter Leistungen **VgV 67** 37 f.
– Vergabeverfahren **VergabeR Einl.** 309 ff. *s. auch Dokumentation des Vergabeverfahrens*
– Zuschlagsentscheidung **VgV 58** 23
Dokumentation im Vergabeverfahren VgV 8 1 ff., 9 ff.
– Anwendungsbereich **VgV 8** 5 ff.
– Aufbewahrungspflicht **VgV 8** 4142 ff.
– Ausnahme **VgV 8** 37 ff.
– Berichtspflicht **VgV 8** 46 f.
– Dokumentierbarkeit wesentlicher Verfahrensschritte **VgV 11** 31
– Folgen von Rechtsverstößen **VgV 8** 48 ff.
– Inhalt **VgV 8** 22 ff.
– Mindestangaben **VergabeR Einl.** 310
– Textform **VergabeR Einl.** 311
– unzureichende **VergabeR Einl.** 312
– Vergabevermerk **VergabeR Einl.** 310 f.; **VgV 8** 19 ff.
Dokumentationspflicht GWB 97 28 f.
– Geheimhaltungsinteressen **GWB 97** 29
Doppelmandatierung GWB 97 75
– Gleichbehandlungsgrundsatz **GWB 97** 75
Doppelverwertungsverbot
– Vergabe von Architekten- und Ingenieurleistungen **VgV 76** 12
Dringlichkeit
– Rechtfertigungsgrund **VergabeR Einl.** 97 ff.
Drittländer
– Angebote **SektVO 55** 1 ff.
– Angebotsbegünstigung **SektVO 55** 9 ff.
– Erzeugnisse **SektVO 55** 1 ff.
– Rechtsschutz **SektVO 55** 12
– Vergabeverfahren im Sektorenvergaberecht **SektVO 55** 1 ff.
Drittlandklausel GWB 97 80
Dual-use-Güter GWB 107 40 ff.
– Ausnahmen für Vergabe von Konzessionen **GWB 150** 41
– Militärausrüstung **GWB 150** 61 ff.
Durchführungsvertrag GWB 103 37
Durchsetzung der Vergaberechtsrichtlinien VergabeR Einl. 209 ff.
– Grundsätze der Auslegung **VergabeR Einl.** 209 ff. *s. auch Auslegung von Vergaberechtsrichtlinien*
– unmittelbare Wirkung **VergabeR Einl.** 222
Dynamische Beschaffungssysteme GWB 97 337 ff.
– Anwendung der Vorschriften des nicht offenen Verfahrens **VgV 22** 11 ff.

– Bearbeitungsgebühren **VgV 22** 36
– Begriff **VgV 22** 4 ff.
– Beschaffung marktüblicher Leistungen **VgV 22** 8
– Betrieb **VgV 23** 1 ff. *s. auch Betrieb dynamischer Beschaffungssysteme*
– Betrieb durch zentrale Beschaffungsstelle **VgV 22** 34
– Bieterschutz **VgV 22** 37 f.
– Definition und Funktion **GWB 120** 8
– elektronische Auktion **VgV 25** 22 ff.
– elektronische Kataloge **VgV 27** 23 ff.
– Grundsätze für Betrieb **VgV 22** 1 ff.
– kostenloser Zugang **VgV 22** 36
– Offenheit auf Auftraggeberseite **VgV 22** 31 ff.
– Offenheit auf Bieterseite **VgV 22** 28 ff.
– Schätzung des Auftragswerts bei elektronischen **VgV 3** 22
– Sektorenvergaberecht **SektVO 20**
– Transparenzgrundsatz **VgV 22** 35
– Vergleich im nicht offenen Verfahren **VgV 22** 16 ff.
– Vergleich mit Rahmenvereinbarungen **VgV 22** 16 ff.
– Verwendung elektronischer Mittel **VgV 22** 7, 24 f.
– Vorschriften für das nicht offene Verfahren **VgV 22** 21 ff.
– zeitliche Befristung **VgV 22** 5 f.
Dynamischer Beschaffungssysteme im Sektorenvergaberecht SektVO 20
– Betrieb **SektVO 21**
– Fristen **SektVO 22**
– Grundsätze **SektVO 20**
– Vergabebekanntmachung **SektVO 38** 8 f.

E

e-Certis GWB 97 334
Effektiver Rechtsschutz
– beschleunigte Auftragsvergabe **GWB Vor 171** ff. 14 ff.
Effektivitätsgrundsatz VergabeR Einl. 166 ff., 206
– Rechtsschutz **VergabeR Einl.** 180 ff.
effet utile GWB 97 384; **VergabeR Einl.** 158
Effizienzeinrede
– bisherige Rechtsprechung des EuGH **VergabeR Einl.** 101 ff.
– Rechtfertigungsgrund **VergabeR Einl.** 100 ff.
EG-Auftragsvergabe-KoordinierungsRL VergabeR Einl. 185
EG-Bauaufträge-KoordinierungsRL VergabeR Einl. 185
EG-Lieferkoordinierungs-Richtlinie VergabeR Einl. 185
EG-Sektorenüberwachungs-Richtlinie VergabeR Einl. 192
EG-Signaturrichtlinie 1999 GWB 97 362 ff. *s. auch Elektronische Signaturen*
EG-Überwachungsrichtlinie VergabeR Einl. 192
eIDAS-VO GWB 97 363 ff. *s. auch Elektronische Signaturen*
Eigenerklärungen
– Einheitliche Europäische Eigenerklärung **VgV 48** 8 f. *s. auch Einheitliche Europäische Eigenerklärung*
– Vorrang **VgV 48** 5 f.
Eigenerledigung GWB 108 2
Eignung GWB 122 1 ff.
– Architekten- und Ingenieurleistungen **VgV 75** 1 ff.
– Berufsqualifikation für Architektenberufe **VgV 75** 16 f.

2193

Sachverzeichnis

fette Zahl = Gesetz und Paragraf

- Berufsqualifikation für Ingenieurberufe **VgV 75** 18 ff.
- Eignungskategorien s. *Eignungskategorien*
- Eignungsleihe **VgV 47** 1 ff. s. auch *Eignungsleihe*
- Eignungsnachweis **GWB 122** 30 ff.
- Eignungsprüfung **GWB 122** 14 s. auch *Eignungskriterien, 14 ff.*, s. auch *Eignungsprüfung*
- Einreichungszeitpunkt **GWB 122** 30 ff.
- maßgeblicher Zeitpunkt **GWB 122** 26 ff.
- Nachweise **VgV 48** 1 ff. s. auch *Eignungsnachweise*
- Präqualifikations-Verfahren **VgV 48** 16 ff.
- Präqualifizierungssysteme **GWB 122** 64 ff. s. auch *Präqualifizierungssysteme*
- unionsrechtliche Vorgaben **GWB 122** 11 ff.

Eignungskategorien
- Befähigung und Erlaubnis zur Berufsausübung **VgV 44** 1 ff. s. auch *Befähigung und Erlaubnis zur Berufsausübung*
- Eignungsleihe **VgV 47** 1 ff. s. auch *Eignungsleihe*
- technische und berufliche Leistungsfähigkeit **VgV 46** 1 ff. s. auch *Technische und berufliche Leistungsfähigkeit*
- wirtschaftliche und finanzielle Leistungsfähigkeit **VgV 45** 1 ff. s. auch *Wirtschaftliche und finanzielle Leistungsfähigkeit*

Eignungskriterien GWB 122 14; **VergabeR Einl.** 276 ff.
- Abgrenzung zu Eignungsnachweisen **VgV 48** 2 ff.
- Änderung im laufenden Verfahren **GWB 122** 25
- Eignungskategorien s. *Eignungskategorien*
- Eignungsprüfung **GWB 97** 133 ff.
- Erlaubnis zur Berufsausübung **GWB 122** 46 f.
- Kategorien **GWB 122** 43 ff.
- Konzessionsvergabeverfahren **GWB 152** 59 ff.
- Leistungsfähigkeit **GWB 122** 48 ff. s. auch *Leistungsfähigkeit*
- Newcomer **GWB 122** 40 ff.
- Präqualifizierungssysteme **GWB 122** 74 ff.
- soziale Eignungskriterien als strategisches Ziel **GWB 97** 150 f.
- strategische **GWB 97** 142 ff. s. auch *Strategische Eignungskriterien*
- umweltbezogene **GWB 97** 146 ff. s. auch *Umweltbezogene Eignungskriterien*
- Vermischungsverbot mit Zuschlagskriterien **GWB 122** 37 ff.
- Vorrang von Eigenerklärungen **VgV 48** 5 f.
- zulässige Kategorien **GWB 122** 45 ff.
- zulässige Kriterien im Konzessionsvergabeverfahren **GWB 152** 59

Eignungsleihe GWB 152 55; **KonzVgV 33** 11 ff.; **VgV 47** 1 ff.
- Bewerber- und Bietergemeinschaften **VgV 47** 16
- Bewerberauswahl im Sektorenvergaberecht **SektVO 47** 1 ff.
- Eignungsprüfung der in Bezug genommenen Unternehmen **VgV 47** 12 ff.
- gemeinsame Haftung **VgV 47** 15
- Inanspruchnahme der Kapazitäten anderer Unternehmen **VgV 47** 9 ff.
- jederzeitiger Zugriff **VgV 47** 9
- Konzessionsvergabeverfahren **KonzVgV 25** 1 ff.
- Selbstbringung kritischer Aufgaben **VgV 47** 17 ff.
- Unteraufträge **VgV 36** 19 ff.
- Unterauftragnehmer **KonzVgV 33** 14 ff.
- Verpflichtungserklärung **VgV 47** 9 ff.

Eignungsnachweise
- Abgrenzung zu Eignungskriterien **VgV 48** 2 ff.
- Aufforderung zur Bestätigung der Interessensbekundung **VgV 52** 31
- Beleg der Einhaltung von Normen der Qualitätssicherung und des Umweltmanagements **VgV 49** 1 ff.
- Beleg für Ausschlussgründe **VgV 48** 10 ff.
- Bewerberauswahl im Sektorenvergaberecht **SektVO 46** 16 ff.
- Eignungskategorien s. *Eigenerklärungen*
- Einheitliche Europäische Eigenerklärung **VgV 48** 8 f.
- Einsatz von Nachunternehmern **VergabeR Einl.** 272
- Erläuterung von Unterlagen **VgV 48** 13 f.
- nicht offenes Verfahren **GWB 122** 32 ff.
- offenes Verfahren **GWB 122** 31
- Präqualifikations-Verfahren **VgV 48** 16 ff.
- Unteraufträge **VgV 36** 19 ff.
- Vergabeverfahren **VgV 48** 1 ff.
- Verhandlungsverfahren **GWB 122** 32 ff.
- Vorrang von Eigenerklärungen **VgV 48** 5 f.

Eignungsprüfung VgV 42 1 ff.
- Abgrenzung zu anderen Wertungsstufen **VgV 42** 10 ff.
- Angebotsprüfung **SektVO 51** 24
- Angebotswertung **GWB 122** 15 ff. s. auch *Angebotswertung*
- Ausnahmen von der Regelprüfungsreihenfolge **VgV 42** 15 ff.
- Ausschlussgründe **VgV 42** 7
- Charakter der Untersuchung **VgV 42** 13
- Eignungskriterien **GWB 97** 133 ff.; **GWB 122** 14 s. auch *Eignungskriterien*
- Eignungsleihe bei in Bezug genommenen Unternehmen **VgV 47** 12 ff.
- einzuhaltende Prüfungsreihenfolge **VgV 42** 10 ff.
- erneute Prüfung **GWB 122** 21 f.
- fehlende Nachweise **GWB 124** 41 f.
- Konzessionsvergabeverfahren **GWB 152** 50 ff., 77 ff.
- strategisches Ziel **GWB 97** 133 ff.
- Teilnahmewettbewerb **VergabeR Einl.** 288
- Überprüfung **GWB 122** 23 f.
- wettbewerblichen Dialog **VgV 18** 11 f.
- Wiedereintritt **GWB 122** 21 f.

Eilrechtsschutz GWB 169 35
Eilverfahren GWB Vor 171 ff. 11 f.
Einfache Wegenutzungsverträge GWB 102 42 f.
Eingekapselte Beschaffung GWB 103 108, 158 ff.
Einheitliche Europäische Eigenerklärung GWB 97 332; **VergabeR Einl.** 287; **VgV 48** 8 f.; **VgV 50** 1 ff.
- Drittbescheinigungen bei sozialen und besonderen Dienstleistungen **VgV 50** 25
- Drittbescheinigungen im dynamischen Beschaffungsverfahren **VgV 50** 24
- Einreden der Bieter und Bewerber **VgV 50** 26 ff.
- EU-Standardformular **VgV 50** 8 ff.
- früher verwendete **VgV 50** 5
- Globalerklärung **VgV 50** 11
- Rechtsschutz **VgV 50** 30
- Standardformular bei Eignungsleihe und Bewerbergemeinschaften **VgV 50** 12 ff.
- Vereinfachung des Verfahrens **VgV 50** 6
- Vorlage der Drittbescheinigungen **VgV 50** 15 ff.

magere Zahl = Randnummer

Sachverzeichnis

Einheitlichkeit vergabebezogener Entscheidungen GWB 179 1 ff.
Einrichtungen des öffentlichen Rechts GWB 99 23
Einsatz von Nachunternehmern VergabeR Einl. 272
– Nachweis der Eignung **VergabeR Einl.** 272
Einspeisung GWB 102 84
e-Invoicing GWB 97 353
Einzelaufträge
– Rahmenvereinbarungen **VgV 21** 48
– Sektorenvergaberecht **SektVO 19** 10 ff.
Eisenbahnverkehr
– Konzessionsvergabe bei Personenverkehrsleistungen **GWB 154** 23 ff.
Eisenbahnverkehrsdienstleistungen GWB 149 70
Elektrizitätsversorgung GWB 101 58; **GWB 102** 19 ff.
Elektronische Angebote
– Empfangsvoraussetzungen **KonzVgV 8** 10 ff.
Elektronische Auktionen VergabeR Einl. 262 s. auch Elektronische Beschaffung
– Auftragsbekanntmachung **VgV 37** 40
– Definition und Funktion **GWB 120** 9 ff.
– Durchführung **SektVO 24**
– eigenständige Verfahrensart **VgV 25** 16
– Rahmenvereinbarungen **VgV 25** 22 ff.
– Sektorenvergaberecht **SektVO 23**
– umgekehrte **GWB 97** 340
– Verfahren s. Verfahren bei elektronischen Auktionen
– Verfahrensgrundsätze **VgV 25** 14 ff.
– Zulässigkeit **VgV 25** 1 ff., 16 ff. s. auch Zulässigkeit elektronischer Auktionen
Elektronische Beschaffung VergabeR Einl. 260 ff.
– dynamisches elektronisches Verfahren **VergabeR Einl.** 261
– elektronische Auktion **VergabeR Einl.** 262
– elektronischer Katalog **VergabeR Einl.** 263
Elektronische Identifizierungsdienste GWB 97 363
Elektronische Kataloge VergabeR Einl. 263; **VgV 27** 1 ff. s. auch Elektronische Beschaffung
– Ablehnungsrecht des Bieters **VgV 27** 20
– Auftragsbekanntmachung **VgV 37** 27 f.
– besondere Anforderungen an Einsatz elektronischer Mittel **VgV 27** 27
– Definition und Funktion **GWB 120** 12 ff.
– Dokumentation **VgV 27** 29
– elektronische Beschaffung **VergabeR Einl.** 263
– Grundformen **VgV 27** 11
– Informationspflichten zu technischen Einzelheiten **VgV 27** 13
– Integrität von Daten **VgV 27** 25
– keine eigenständige Verfahrensart **VgV 27** 9
– Notwendigkeit einer Ankündigung **VgV 27** 12
– Schutz der Vertraulichkeit **VgV 27** 27
– Sektorenvergaberecht **SektVO 25** 1 f.
– Zulässigkeit **VgV 27** 11 ff. s. auch Zulässigkeit elektronischer Kataloge
Elektronische Kommunikation
– Auslandsdienststellen **KonzVgV 35** 1
– Begriff **KonzVgV 7** 19 f.
– des Angebots **VergabeR Einl.** 293 f.
– Konzessionsvergabeverfahren **KonzVgV 7** 19 f.
– Publizität **VergabeR Einl.** 70

– technische Anforderungen im Sektorenvergaberecht **SektVO 30** 5 f.
– Verkürzung der Angebotsfrist **VgV 17** 77 ff.
Elektronische Mittel
– allgemeine Verwaltungsvorschriften **VgV 13** 1 ff.
– alternative **KonzVgV 10** 1 ff.; **VgV 12** 1 ff.
– Anforderungen **KonzVgV 9** 1 ff.; **VgV 10** 1 ff.
– Anforderungen an den Einsatz **VgV 11** 1 ff.
– Anforderungen an die Mittel zum Empfang elektronischer Angebote **VgV 10** 9, 18 ff.
– Anforderungen technische Merkmale **VgV 11** 8 ff.
– Ausnahmen bei Wahl der Mittel **VgV 9** 5 ff.
– Bauwerksdatenmodellierung **VgV 12** 9 ff.
– Begriff **KonzVgV 7** 19 f.; **VgV 9** 13
– besondere Anforderungen betreffend Vertraulichkeitsschutz **VgV 11** 28 ff.
– Dokumentierbarkeit wesentlicher Verfahrensschritte **VgV 11** 31
– Einsatz alternativer elektronischer Mittel **VgV 12** 1 ff.
– elektronische Auktionen **VgV 25** 33
– elektronische Kataloge **VgV 27** 27
– Ermächtigung der Bundesregierung **VgV 13** 6 ff.
– Festlegung des Sicherheitsniveaus **VgV 10** 3 ff. s. auch Sicherheitsniveau elektronischer Mittel
– Gebote bezüglich Integrität und Vertraulichkeit **VgV 11** 24 ff.
– Gewährleistung der Unversehrtheit, Vertraulichkeit und „Echtheit" der Daten **VgV 11** 18 ff.
– Kommunikation im Sektorenvergaberecht **SektVO 10**; **SektVO 11**; **SektVO 12** 1
– Sicherheitsniveau **KonzVgV 8** 6
– Verwendung in Konzessionsvergabeverfahren **KonzVgV 7** 12 ff.
– Verwendung nicht allgemein verfügbarer **VgV 12** 6 ff.
– Zulässigkeit mündlicher Kommunikation **VgV 9** 6 ff.
– zur Übermittlung von Bekanntmachungen **VgV 40** 10 ff.
– Zurverfügungstellung aller notwendigen Informationen **VgV 11** 22 f.
– Zwang zur Verwendung **VgV 9** 4 ff., 14 f.
Elektronische Rechnung
– Richtlinie zur elektronischen Rechnungsstellung **GWB 97** 352 f. s. auch Richtlinie zur elektronischen Rechnungsstellung
Elektronische Siegel SektVO 44 13
Elektronische Signaturen GWB 97 315
– EG-Signaturrichtlinie von 1999 **GWB 97** 362 ff.
– eIDAS-VO **GWB 97** 363 ff.
– elektronische Vergabe **GWB 97** 362 ff.
– Sektorenvergaberecht **SektVO 44** 1 ff. s. auch Elektronische Signaturen im Sektorenvergaberecht
– Terminologie **GWB 97** 364
Elektronische Signaturen im Sektorenvergaberecht SektVO 44 1 ff.
– Arten **SektVO 44** 7 ff.
– Authentifizierung **SektVO 44** 5
– elektronische Siegel **SektVO 44** 13
– erhöhte Sicherheitsanforderungen **SektVO 44** 4 ff.
– kryptografisches Übermittlungsverfahren **SektVO 44** 9
– Pflicht zur Akzeptanz von Signaturen aus anderen Mitgliedstaaten **SektVO 44** 15
– qualifizierte **SektVO 44** 10

2195

Sachverzeichnis

fette Zahl = Gesetz und Paragraf

- Schriftformerfordernis **SektVO 44** 6
- **Elektronische Vergabe GWB 97** 294 ff.; **GWB 151** 26
  - Ausnahme-Fallgruppen **GWB 97** 324 f.
  - Ausnahmen **GWB 97** 379 f.
  - Cloud Computing **GWB 97** 367 ff.
  - Cybersicherheit **GWB 97** 373 ff.
  - delegierter Rechtsakte **GWB 97** 335
  - deutsches e-Government-Recht **GWB 97** 367 ff.
  - Deutschland **GWB 97** 311
  - dynamische Beschaffungssysteme **GWB 97** 337 ff.
  - e-Certis **GWB 97** 334
  - Einheitliche Europäische Eigenerklärung **GWB 97** 332
  - elektronische Kataloge **GWB 97** 341
  - elektronische Signaturen **GWB 97** 315, 362 ff.
  - EU-Rechtsrahmen **GWB 97** 304 ff.
  - Fortgeltung allgemeiner Grundsätze **GWB 97** 327 ff.
  - Government Procurement Agreement der WTO **GWB 97** 300 ff.
  - Interoperabilitätsinitiative **GWB 97** 316 ff. *s. auch Interoperabilitätsinitiativen*
  - IT-Sicherheitsgesetz **GWB 97** 373 ff.
  - Konzessionsrichtlinie **GWB 97** 343 ff. *s. auch Konzessionsrichtlinie*
  - Nachweise der Bieter **GWB 97** 331 ff.
  - Niveau der Datensicherheit **GWB 97** 327
  - Pflicht zur Unterlagenbereitstellung **GWB 97** 328
  - Recht der Cybersicherheit **GWB 97** 373 ff. *s. auch Recht der Cybersicherheit*
  - Rechtsschutz **GWB 97** 342
  - rechtstatsächliche Situation **GWB 97** 312 ff.
  - Richtlinie zur elektronischen Rechnungsstellung **GWB 97** 351 ff. *s. auch Richtlinie zur elektronischen Rechnungsstellung*
  - Richtlinien für öffentliche Aufträge **GWB 97** 321 ff.
  - RL 2004/18/EG und 2004/17/EG **GWB 97** 304 ff.
  - Sonderformen **GWB 97** 336
  - Überblick über EU-Regelungen **GWB 97** 298 ff.
  - umgekehrte elektronische Auktionen **GWB 97** 340
  - UNCITRAL-Modellgesetz **GWB 97** 303
  - Verordnung zur Bestimmung kritischer Infrastrukturen **GWB 97** 375
  - Virtual Company Dossier **GWB 97** 333
  - Zugangsbeschaffungspflicht (elektronischer Zugang) **GWB 97** 328
  - zwingende Anwendung **GWB 97** 321 ff., 377 f.
- **Elektronische Vertrauensdienste GWB 97** 363
- **Elektronischer Eingangsvermerk VgV 54** 4
- **Elektronisches Verfahren** *s. Elektronische Beschaffung*
- **EMAS-Umweltstandards GWB 97** 148 *s. auch Umweltbetriebsprüfung*
  - strategische Ausführungsbedingung **GWB 97** 175
- **Emissionen VgV 68** 18 ff.
- **Energie GWB 137** 9
- **Energieeffizienz VgV 67** 6 ff.
  - Mindestanforderungen **VgV 67** 18 ff.
- **Energieverbrauch VgV 67** 42 ff.
  - Beschaffung von Straßenfahrzeugen **SektVO 59** 4 ff.; **VgV 68** 5 ff.
- **Energieverbrauchsrelevante Gegenstände SektVO 58** 4 ff.

- **Energieverbrauchsrelevante Leistungen**
  - Beschaffung **SektVO 58** 1 ff. *s. auch Beschaffung energieverbrauchsrelevanter Leistungen*
  - strategisches Ziel **GWB 97** 126
- **Energieversorgung GWB 99** 155; **SektVO Vor 1**
  - Begriff **SektVO 1** 2
- **Energiewirtschaftliche Wegenutzungsverträge**
  - Ausschlusstatbestand **GWB 105** 106 ff.
  - Beschaffungsvorgang **GWB 105** 108
  - Erfüllungsverantwortung **GWB 105** 104
  - Fernwärmekonzessionen **GWB 105** 113
  - Gewährleistungsverantwortung **GWB 105** 104
  - Konzessionsvergaberecht **GWB 105** 95 ff.
  - Rechtsschutz **GWB 105** 114
  - Tatbestandsvoraussetzungen **GWB 105** 99 ff.
- **Entgeltlichkeit GWB 103** 41 f.
  - Begriff **GWB 103** 48
- **Entscheidung des Beschwerdegerichts**
  - gerichtliches Verfahren bei Verlängerungsanträgen **GWB 173** 63 ff.
  - sofortige Beschwerde **GWB 175** 39 ff.
  - Verlängerung der aufschiebenden Wirkung der sofortigen Beschwerde **GWB 173** 63 ff.
- **Entscheidung im Vergabeverfahren**
  - Suspensiveffekt bei sofortiger Beschwerde **GWB 173** 1 ff. *s. auch Aufschiebende Wirkung der sofortigen Beschwerde*
- **Entscheidungen der Vergabekammern**
  - Bindungswirkung **GWB 179** 1 ff. *s. auch Bindungswirkung der Nachprüfungsentscheidung*
  - Vorlage an den BGH **GWB 179** 14 ff. *s. auch Vorlage an den BGH*
- **Entscheidungen des Vergabesenats**
  - Bindungswirkung **GWB 179** 2 ff. *s. auch Bindungswirkung der Beschwerdeentscheidung*
- **Entscheidungsfrist im Nachprüfungsverfahren GWB 167** 2 ff.
  - Ablehnungsfiktion **GWB 167** 12
  - Fristanfang und -ende **GWB 167** 3
  - Fristverlängerung **GWB 167** 10 ff.
- **Entsorgungs- und Reinigungsunternehmen GWB 99** 154
- **Entwicklung des Vergaberechts**
  - allgemeiner Gleichbehandlungsgrundsatz **VergabeR Einl.** 23 ff.
  - Begriff der Vergabe **VergabeR Einl.** 19 ff.
  - Deutschland **VergabeR Einl.** 229 ff.
  - grundfreiheitliche Diskriminierungsverbote **VergabeR Einl.** 21 f.
  - prätorische Entwicklung durch EuGH **VergabeR Einl.** 19 ff.
  - Rechtsquellen **VergabeR Einl.** 19 ff. *s. auch Primärvergaberechtliche Grundsätze*
  - sonstige primärrechtliche Rechtsquellen **VergabeR Einl.** 30 ff.
- **Entwicklungsleistungen**
  - Ausnahmen für öffentliche Auftraggeber **GWB 116** 8 ff.
- **Equal-Pay-Gebot GWB 97** 211; **GWB 151** 13
- **Ergänzende Verfahrensregeln VgV 65** 1 ff.
  - Architekten- und Ingenieurleistungen **VgV 73** 1 f.
  - soziale und andere besondere Dienstleistungen **VgV 65** 7 ff.
- **Erholungs- und Freizeiteinrichtungen GWB 99** 93

magere Zahl = Randnummer

Sachverzeichnis

Erlaubnis zur Berufsausübung s. *Befähigung und Erlaubnis zur Berufsausübung*
Ermessen
– Aufhebung der Ausschreibung **SektVO 57** 16
– Aufhebung von Vergabeverfahren **VgV 63** 25 ff.
– Preisgericht **VgV 72** 24 ff.
Ermittlung des wirtschaftlichsten Angebots VgV 58 3 ff.
– Innovation **VgV 58** 17
– Leistung **VgV 58** 6
– Preis und Kosten **VgV 58** 5
– Qualität **VgV 58** 11
– Soziales **VgV 58** 16
– Umweltaspekte **VgV 58** 15
Ermittlungsmethode VgV 58 21 ff.
Erneuerbare Energiequellen GWB 97 122
Erneute Prüfung GWB 122 21 f.
Ersatz des Vertrauensschadens GWB 181 1 ff.
– Anspruchsberechtigte **GWB 181** 10 ff.
– aus § 181 S. 2 GWB iVm § 241 Abs. 2, § 280 BGB **GWB 181** 19 ff.
– bei fehlerhafter Leistungsbeschreibung **GWB 181** 13 ff.
– echten Chance auf den Zuschlag **GWB 181** 9 ff.
– Regelungshintergrund und -gegenstand **GWB 181** 4 ff.
– Tatbestandsmerkmale **GWB 181** 8 ff.
– Verschulden **GWB 181** 18
– Verstoß gegen bieterschützende Vorschriften **GWB 181** 8
– weiterreichende Schadensersatzansprüche **GWB 181** 19 ff.
Erschließungsvertrag GWB 103 36
Erstangebote GWB 119 54
e-SENS GWB 97 317
EU-Amtsblatt SektVO 40 5 ff.
EU-Beihilfenrecht VergabeR Einl. 3
EU-Bekanntmachung
– De-Facto-Vergabe **GWB 135** 30
– gestatte Vergabe ohne Bekanntmachung **GWB 135** 32 ff.
EU-Kartellrecht VergabeR Einl. 33
EU-Rechtsmittelrichtlinie
– Rügeobliegenheit **GWB 160** 75 ff.
EU-Richtlinie zur Netz- und Informationssicherheit GWB 97 376
Europäische Cloud-Partnerschaft GWB 97 370 ff.
s. auch *Cloud Computing*
Europäische Eigenerklärung VgV 65 15
Europäische Finanzstabilisierungsfazilität GWB 149 34 ff.
EU-Schwellenwerte
– Schätzung des Auftragswerts **VgV 3** 1 ff.
EU-Standardformular VgV 50 5, 8 ff.
e-Vergabe SektVO 51 16; **VergabeR Einl.** 70 s. *Elektronische Vergabe*
e-Vergabe-Portal SektVO 43 5
Exploration und Förderung von Öl, Gas und Kohle
– Begriff **SektVO 1** 2

F

Fabricom SA-Urteil VergabeR Einl. 80
Faccini Dori-Urteil VergabeR Einl. 220

Fachlose GWB 97 244 ff.
– Begriff **GWB 97** 245 ff.
Fahrbahnerneuerung I-Entscheidung GWB 181 89 ff.
Fahrscheindrucker-Entscheidung GWB 171 41
Fair Trade GWB 97 210
Fairer Handel
– soziales Zuschlagskriterium **GWB 97** 167
Fakultative Ausschlussgründe GWB 124 1 ff.
– Ermessensausübung **GWB 124** 8 f.
– fehlende Nachweise **GWB 124** 41 f.
– Insolvenz **GWB 124** 17 f.
– Interessenkonflikt **GWB 124** 32 ff.
– Konzessionsvergabeverfahren **GWB 154** 13 ff.
– maßgeblicher Zeitpunkt **GWB 124** 10
– Projektantenproblematik **GWB 124** 36 f.
– Projektantenstellung **GWB 124** 36 f.
– Rechtsschutz **GWB 124** 46 f.
– Schlechtleistung **GWB 124** 38 ff.
– schwere Verfehlungen **GWB 124** 22 ff.
– spezialgesetzliche Vorschriften **GWB 124** 44 f.
– Täuschung **GWB 124** 29 f.
– unerlaubte Beeinflussung **GWB 124** 43
– Verstoß gegen Verpflichtungen **GWB 124** 12 ff.
– wettbewerbsbeschränkende Vereinbarung **GWB 124** 26 ff.
– zulässiger Zeitraum **GWB 126** 8 f.
Falck-Rechtsprechung GWB 107 25
Fernwärmekonzessionen GWB 105 113
Fertigstellungsfristen GWB 97 49 f.
Festpreise VgV 58 17
Feststellungsantrag im Nachprüfungsverfahren GWB 168 53 ff.
– Antragsberechtigte **GWB 168** 64
– Erledigung **GWB 168** 57 ff.
– Erledigungsbeschluss **GWB 168** 57 ff.
– Feststellungsinteresse **GWB 168** 65 ff.
Feststellungsinteresse im Nachprüfungsverfahren GWB 168 65 ff.
Finanzdienstleistungen GWB 145 14 f.
– Ausnahmen für öffentliche Auftraggeber **GWB 116** 16 f.
– Konzessionsvergabe **GWB 149** 27 f.
Finanzielle Leistungsfähigkeit s. *Wirtschaftliche und finanzielle Leistungsfähigkeit*
Finanzierung
– Sicherstellung **VergabeR Einl.** 249
Finanztransfers
– horizontale Zusammenarbeit **GWB 108** 74
Flüchtlingsunterkunft-Urteil GWB 181 89 ff.
Flughafenbetreibergesellschaften GWB 99 146
Form
– Niedrigpreisangebote **SektVO 54** 11
Forschungs- und Entwicklungskooperationen
– Entwicklung eines neuen Produkts **GWB 150** 53 ff.
– im Bereich Verteidigung und Sicherheit **GWB 150** 45 ff.
– zwischen EU-Mitgliedstaaten **GWB 150** 47 ff.
Forschungs- und Entwicklungsleistungen GWB 145 16 f.
– Ausnahmen im Bereich Verteidigung und Sicherheit **GWB 150** 50 ff.
– im Bereich Verteidigung und Sicherheit **GWB 150** 50 ff.
– Konzessionsvergabe **GWB 149** 13 ff.

2197

Sachverzeichnis

fette Zahl = Gesetz und Paragraf

- Leistungsbeschreibung bei Konzessionsvergabe **GWB 152** 42 ff.
Forschungsleistungen
- Ausnahmen für öffentliche Auftraggeber **GWB 116** 8 ff.
Fossile Brennstoffe GWB 102 80 ff.
Frauenförderung
- Landesvergabegesetze **GWB 97** 214
Fremdtätigkeit
- horizontale Zusammenarbeit **GWB 108** 75 f.
Fristberechnung
- Konzessionsvergabe **KonzVgV 36** 1
Fristen VergabeR Einl. 79
- Anschlussbeschwerdefrist **GWB 171** 15
- Antrag auf Vorabentscheidung im Beschwerdeverfahren **GWB 176** 19, 23
- Antragsfrist im Nachprüfungsverfahren *s. Antragsfrist im Nachprüfungsverfahren*
- Auftragskündigung in besonderen Fällen **GWB 133** 6
- Berechnung im Sektorenvergaberecht **SektVO 65** 1 f.
- Betrieb dynamischer Beschaffungssysteme **VgV 24** 1 ff., 5 ff.
- Betriebsübergang Eisenbahnverkehrsdiensten **GWB 131** 90
- dynamische Beschaffungssysteme im Sektorenvergaberecht **SektVO 22**
- Entscheidungsfrist im Nachprüfungsverfahren *s. Entscheidungsfrist im Nachprüfungsverfahren*
- Fertigstellungsfristen **GWB 97** 49 f.
- Kommunikation im Sektorenvergaberecht **SektVO 56** 6 ff.
- Mindestangebotsfrist *s. Mindestangebotsfrist*
- Mindestteilnahmefrist *s. Mindestteilnahmefrist*
- Nachprüfung von De-facto-Vergabe **GWB 135** 60 ff.
- Nachprüfungsantrag **GWB 161** 5
- Nachreichungsfrist **SektVO 51** 55 ff.
- nicht offenes Verfahren **VgV 16** 10 ff., 30 ff., 43 ff.
- offenes Verfahren **VgV 15** 12 ff., 24 ff.
- Rügefrist *s. Rügefrist*
- Terminänderungen **GWB 97** 52
- Verfahren bei Innovationspartnerschaft **VgV 19** 5
- Verfahrensfristen **VergabeR Einl.** 264 ff.
- Vergabe sozialer und anderer besonderer Dienstleistungen **VgV 65** 13 f.
- Verhandlungsverfahren **VgV 17** 36 ff., 57 ff., 60 ff., 69 ff., 74 ff., 77 ff., 97
- Verlängerung der aufschiebenden Wirkung der sofortigen Beschwerde **GWB 173** 23 f., 29 ff.
- Vollstreckung der Nachprüfungsentscheidung **GWB 168** 85
- Vorabentscheidung im Beschwerdeverfahren **GWB 176** 23
- wettbewerblicher Dialog im Sektorenvergaberecht **SektVO 17** 5
- Zehn-Tages-Frist bei Beschwerdeentscheidung **GWB 177** 7 ff.
- Zuschlagskriterien **GWB 127** 49
- Zwischenfristen **GWB 97** 51
Fristen im Beschwerdeverfahren
- bei nicht beigeladenen Unternehmen **GWB 172** 10 ff.
- fehlerhafte Rechtsmittelbegründung **GWB 172** 6

- Fiktion der ablehnenden Entscheidung **GWB 172** 14 ff.
- fristauslösende Ereignisse **GWB 172** 3 ff.
- Fristenberechnung **GWB 172** 20
- fünf-Wochen-Frist **GWB 172** 18 f.
- Notfrist zur Einlegung **GWB 172** 2
- Sofortige Beschwerde **GWB 172** 16 ff.
- Telekopie **GWB 172** 5
- uneigentliche Frist **GWB 172** 19
- Untätigkeitsbeschwerde **GWB 172** 24
- Verlängerung **GWB 172** 20 f.
- Verlängerung nach Fristablauf **GWB 172** 22
Fristen im Konzessionsvergabeverfahren KonzVgV 27 1 ff.
- Angebotsfrist **KonzVgV 27** 1
- Angemessenheit **KonzVgV 27** 5
- Bewerbungsfrist **KonzVgV 27** 1
- Fristen für Vergabeunterlagen **KonzVgV 27** 2
- Fristen zusätzliche Unterlagen und Auskünfte **KonzVgV 27** 2
- Fristverlängerung **KonzVgV 27** 6
- Prinzip des vergaberechtsspezifischen Fristenregimes **KonzVgV 27** 3 f.
Fristen im Sektorenvergaberecht SektVO 16 3 ff.
- Abgrenzung **SektVO 16** 11
- Fristen **SektVO 16** 10
- Fristverkürzung **SektVO 16** 7 ff.
- Mindestfristen **SektVO 16** 4 f.
- spezielle Zuschlagsfrist und Bindefristen **SektVO 16** 12
- Systematik **SektVO 16** 13 f.
Fristen im Vergabeverfahren VgV 20 1 ff.
- angemessenes Verhältnis zur Bedeutung der Änderung **VgV 20** 23
- Bindefrist **VgV 20** 24 ff.
- Einsichtnahme in Anlagen zu den Vergabeunterlagen **VgV 20** 14 ff.
- erforderliche Ortsbesichtigung **VgV 20** 14 ff.
- Grundsatz angemessener Bemessung **VgV 20** 7 ff.
- Mindestangebotsfrist **VgV 15** 12 ff.; **VgV 16** 10 ff., 30 ff.
- Mindestteilnahmefrist im nicht offenen Verfahren **VgV 16** 10 ff.
- Pflicht zur Verlängerung **VgV 20** 19 ff.
- Teilnahmefrist bei Verhandlungsverfahren **VgV 17** 36 ff.
Fristenberechnung
- Vergabeverordnung **VgV 82** 1 ff.
Frustrationsverbot VergabeR Einl. 225
Funktionale Leistungsbeschreibung
- Rahmenvereinbarungen iwS **VgV 21** 4

G

Gas
- Lieferaufträge **GWB 103** 90 f.
Gas und Wärme GWB 102 59 ff.
- Betreiben, Bereitstellen und Versorgen fester Netze **GWB 102** 60
- Erzeugung für den Eigenbedarf **GWB 102** 61 f.
Gasversorgung GWB 101 58
Gebietskörperschaften GWB 99 14 ff.; **GWB 101** 9 ff.; **VergabeR Einl.** 59
Gebot der eindeutigen und erschöpfenden Leistungsbeschreibung GWB 97 24
Gebot der Gleichbehandlung VergabeR Einl. 29

magere Zahl = Randnummer

Sachverzeichnis

Gebot der Produktneutralität
- Ausnahmen **VgV 31** 62
- Leistungsbeschreibung **VgV 31** 48 ff.
- Leistungsbestimmungsrecht **VgV 31** 48 ff. *s. auch Leistungsbestimmungsrecht*
- unechten Produktorientierung **VgV 31** 67 ff.

Gebot der Rechtssicherheit VergabeR Einl. 108

Gebot formeller Rechtsgleichheit VergabeR Einl. 27

Gebot materieller Rechtsgleichheit VergabeR Einl. 28

Gebot richtlinienkonformer Auslegung
- sachliche Reichweite **VergabeR Einl.** 213 *s. auch Richtlinienkonforme Auslegung*

Geheimerklärung
- Verteidigung und Sicherheit **GWB 150** 43

Geheimhaltungsinteressen
- bei Akteneinsicht **GWB 165** 48 ff. *s. auch Verfahren zur Entscheidung über Akteneinsicht*
- Vergabebekanntmachung **VgV 39** 14 ff.

Geheimhaltungspflicht der Vergabekammer GWB 164 8 f.
- In-Camera-Verfahren **GWB 164** 9

Geheimnisse
- unternehmensbezogene **GWB 165** 42

Geheimwettbewerb GWB 97 12; **SektVO 50** 23
- Bewerberauswahl im Sektorenvergaberecht **SektVO 50** 13
- verdeckte Bietergemeinschaften **VgV 43** 22

Gelegenheit zur Stellungnahme
- Nachprüfungsverfahren **GWB 166** 6 *s. auch Mündliche Verhandlung im Nachprüfungsverfahren*

Gelegentliche gemeinsame Auftragsvergabe SektVO 4 1 ff.; **VgV 4** 1 ff.
- allgemeine Verwaltungsvorschrift **VgV 4** 25 ff.
- gelegentliche gemeinsame Auftragsvergabe **VgV 4** 6
- Inhalt der Regelung **VgV 4** 12 ff.
- Ort der Regelung **VgV 4** 11
- Rechtsschutz **VgV 4** 27 ff.
- Zuordnung der Verantwortlichkeiten **VgV 4** 18 ff.

Gemeinsame Auftragsvergabe
- gelegentliche **VgV 4** 1 ff. *s. auch Gelegentliche gemeinsame Auftragsvergabe*

Gemeinsame Nachprüfungsbehörden von Ländern GWB 158 23

Gerichtlicher Vergaberechtsschutz im GWB GWB Vor 171 ff. 9 ff.
- effektiver Rechtsschutz **GWB Vor 171 ff.** 14 ff.
- Eilverfahren **GWB Vor 171 ff.** 11 f.
- erstinstanzlicher Rechtsschutz **GWB Vor 171 ff.** 10
- Hauptsacheverfahren **GWB Vor 171 ff.** 11 f.
- Struktur des Beschwerdeverfahrens **GWB Vor 171 ff.** 13 ff.
- vor dem Oberlandesgerichten **GWB Vor 171 ff.** 13

Gerichtliches Verfahren bei Verlängerungsanträgen GWB 173 41 ff.
- Ablauf der Zwei-Wochen-Frist **GWB 173** 42 f.
- Allgemeininteresse **GWB 173** 57
- effektiver Primärrechtsschutz **GWB 173** 47 f.
- Entscheidung des Beschwerdegerichts **GWB 173** 63 ff.
- Entscheidung durch Beschluss **GWB 173** 41
- Entscheidungsmaßstab **GWB 173** 45 ff.
- Erfolgsprognose **GWB 173** 50 ff.
- Hängebeschluss **GWB 173** 64

- Maßstab für die Erfolgsprognose **GWB 173** 53
- Prognose der Auftragschancen **GWB 173** 56
- Verfahrensgrundsätze **GWB 173** 44
- Verfahrenskosten **GWB 173** 71
- Verteidigungs- und Sicherheitsinteressen **GWB 173** 58 ff.
- Vorrang der Erfolgsprognose **GWB 173** 54 ff.

Gesamtschuld
- Bewerberauswahl im Sektorenvergaberecht **SektVO 50** 26
- Selbstreinigung **GWB 125** 18a

Gesamtschuldnerische Haftung VgV 43 25

Gesamtvergütung
- Schätzung des Auftragswerts **VgV 3** 4 ff.

Geschäftsgeheimnisse
- Schutz vertraulicher Informationen **VgV 5** 1 ff.

Gesellschaftsgründung GWB 103 107 f.

Gesetz zur Modernisierung des Vergaberechts VergabeR Einl. 235

Gesetzliche Krankenkasse GWB 99 110 ff.

Gestattung der Zuschlagserteilung GWB 169 17 ff.
- Antragsvoraussetzungen **GWB 169** 17 ff.
- Daseinsvorsorge **GWB 169** 32
- Eilrechtsschutz **GWB 169** 35
- gerichtliches Verfahren bei Verlängerungsanträgen **GWB 173** 69
- Grundvoraussetzung **GWB 169** 18
- Interessenabwägung **GWB 169** 25 ff.
- Wiederherstellung des Zuschlagsverbots **GWB 169** 33 f.
- Zeitersparnis **GWB 169** 27

Gewinn
- entgangener **GWB 181** 20

Gleichbehandlung GWB 151 15
- bei Bekanntgabe der Zuschlagskriterien **GWB 127** 83 ff.
- Bieter im Verhandlungsverfahren **VgV 17** 92 ff.

Gleichbehandlungsgrundsatz GWB 97 54 ff.; **VgV 78** 24
- allgemeiner **VergabeR Einl.** 23 ff.
- Anforderungen an die Landessprache **GWB 97** 66
- Anwendungsbereich **GWB 97** 65 ff.
- Bedeutung **GWB 97** 60 ff.
- Beschränkung **GWB 97** 80
- Bieter als früherer Auftragnehmer **GWB 97** 72
- Bieter als Projektant **GWB 97** 73 f.
- Bieter mit Wissensvorsprung **GWB 97** 70
- Doppelmandatierung **GWB 97** 75
- Drittlandklausel **GWB 97** 80
- Einbeziehung von Nebenangeboten **GWB 97** 77
- Einzelausformungen **GWB 97** 65 ff.
- Entstehungsgeschichte **GWB 97** 55 f.
- Gleichbehandlungsgrundsatz **GWB 127** 5
- hersteller- oder markenbezogene Voraussetzungen **GWB 97** 76
- Neutralität **GWB 97** 69
- Verhältnis zu anderen Grundsätzen **GWB 97** 57 ff.
- Verstöße **GWB 97** 70 ff., 79
- Wertungsausschluss **GWB 97** 78

Gleichwertigkeitsnachweis GWB 152 33

Glücksspielstaatsvertrag
- Konzessionsvergabe **GWB 149** 56

Government Procurement Agreement der WTO GWB 97 300 ff.

Green Public Procurement GWB 97 81

Großmärkte GWB 99 143

2199

Sachverzeichnis

fette Zahl = Gesetz und Paragraf

Grundfreiheiten
- Drittwirkung **VergabeR Einl.** 61
- Primärvergaberecht **VergabeR Einl.** 6, 12 ff., 21 f.

Grundsatz der Verwaltungsautonomie
- Konzessionsvergabeverfahren **GWB 152** 17

Grundsatz der Wirtschaftlichkeit GWB 97 33 ff.
- Bestimmtheit **GWB 97** 35
- Haushaltsrecht **GWB 97** 36

Grundsatz des Wettbewerbs s. *Wettbewerb*

Grundsatz rechtskonformer Auftragsausführung
- strategisches Ziel **GWB 97** 112 ff.

Grundsätze
- Äquivalenz und Effektivität **VergabeR Einl.** 206
- für Auslegung von Vergaberechtsrichtlinien **VergabeR Einl.** 209 ff. s. *auch Auslegung von Vergaberechtsrichtlinien*
- Konzessionsvergabeverfahren **GWB 151** 15 ff.
- Sekundärvergaberecht **VergabeR Einl.** 198

Grundsätze des deutschen Vergaberechts GWB 97 1 ff.
- Entstehungsgeschichte **GWB 97** 3
- Gleichbehandlungsgrundsatz **GWB 97** 54 ff. s. *auch Gleichbehandlungsgrundsatz*
- Grundsatz der Verhältnismäßigkeit **GWB 97** 38 ff.
- Grundsatz der Wirtschaftlichkeit **GWB 97** 33 ff. s. *auch Grundsatz der Wirtschaftlichkeit*
- Transparenz **GWB 97** 17 ff. s. *auch Transparenz*
- Verhältnis zueinander **GWB 97** 4 f.
- Wettbewerb **GWB 97** 6 ff. s. *auch Wettbewerb*

Grundsätze des Primärvergaberechts
- allgemeiner Gleichbehandlungsgrundsatz **VergabeR Einl.** 23 ff.
- EU-Beihilfenrecht **VergabeR Einl.** 32
- EU-Kartellrecht **VergabeR Einl.** 33
- Gebot der Gleichbehandlung **VergabeR Einl.** 29
- grundfreiheitliche Diskriminierungsverbote **VergabeR Einl.** 21 f.
- Unionsgrundrechte **VergabeR Einl.** 31

Guidelines for Social Life Cycle Assessment of Products
- gemeinsame Berechnungsmethoden **VgV 59** 12

Güney-Görres-Urteil GWB 131 36

Gütezeichen GWB 97 125; **VgV 34** 1 ff.
- Akzeptanz gleichwertiger **VgV 34** 15
- Anwendungsbereich **GWB 185** 1
- Leistungsbeschreibung **GWB 97** 125
- Nachweisführung durch andere Belege **VgV 34** 16 ff.
- Teilverzicht auf Anforderungen **VgV 34** 14
- Übergangsbestimmungen **GWB 186** 1 f.
- Vergabeverfahren **SektVO 32** 1
- Verlangen nach Vorlage **VgV 34** 5 ff.

GWB-Vergaberecht VergabeR Einl. 237 ff.
- Ausschreibungsreife **VergabeR Einl.** 246 ff.
- Beschaffungsbedarf **VergabeR Einl.** 246 ff.
- personeller Anwendungsbereich **VergabeR Einl.** 238
- räumlicher Anwendungsbereich **VergabeR Einl.** 242
- sachlicher Anwendungsbereich **VergabeR Einl.** 239 ff.

H

Häfen und Flughäfen GWB 102 72 ff.
Handelspartnerverträge GWB 103 106

Hängebeschluss GWB 173 43, 64
Hauptsachenentscheidungen GWB 178 4 ff.
Hauptsacheverfahren GWB Vor 171 ff. 11 f.
Haushaltsgrundsätzegesetz GWB 98 16
Haushaltsrecht GWB 97 36
Haushaltsrechtliche Lösung VergabeR Einl. 229
Helmut Müller-Entscheidung GWB 103 121, 147; **GWB 105** 68
Herkunftslandprinzip VgV 44 9
Herstellerbezogene Voraussetzungen
- als Gleichbehandlungsproblem **GWB 97** 76

Hilfsmittelverträge GWB 103 98 ff., 102
HOAI
- anrechenbare Kosten **VgV 76** 29
- Anwendungsbereich **VgV 76** 25 ff.
- Auftragswertschätzung **VgV 76** 44
- gesetzliche Gebühren- oder Honorarordnungen **VgV 76** 18
- Grundlagen des Honorars **VgV 76** 28
- Honorarminderungen **VgV 76** 39
- Honorarsätze **VgV 76** 35 f.
- Honorarzonen **VgV 76** 33
- Kalkulationsregeln **VgV 76** 27 ff.
- Leistungsbilder **VgV 76** 32
- Nebenkosten **VgV 76** 42
- Nichtberücksichtigung unaufgeforderter Lösungsvorschläge **VgV 76** 49
- Rechtsschutz **VgV 76** 50 ff.
- Umbau- oder Modernisierungszuschlag **VgV 76** 38
- Vergütung der Lösungsvorschläge **VgV 77** 48 f.
- Vergütungsrahmen **VgV 76** 19 ff.
- Verlangen von Lösungsvorschlägen **VgV 76** 46 ff.
- zulässige Unterschreitung der Mindestsätze **VgV 76** 35

Hochschulgebäude GWB 99 94
Honorarkräfte GWB 107 15
Hörfunk GWB 116 13 ff.
Horizontale Zusammenarbeit GWB 108 65 ff.
- ausschließlich öffentliche Auftraggeber **GWB 108** 68
- Beteiligung Privater **GWB 108** 77 f.
- Finanztransfers **GWB 108** 74
- Fremdtätigkeit **GWB 108** 75 f.
- Kooperative Zweckverfolgung **GWB 108** 69 ff.
- öffentliches Interesse **GWB 108** 73 ff.

I

II-B-Dienstleistungen VergabeR Einl. 46
ILO-Kernarbeitsnormen GWB 128 10; **KonzVgV 33** 30
- soziale Aspekte **GWB 97** 128
- zwingende Ausführungsbedingungen **GWB 129** 8 ff.

Im Allgemeininteresse liegende Aufgaben nichtgewerblicher Art GWB 99 34 ff.
- Begriff **GWB 99** 35 ff.
- Merkmal der nichtgewerblichen Art **GWB 99** 42 ff.

Immobilien GWB 103 89
In-Camera-Verfahren GWB 164 9
Indexierungsklausel GWB 132 39
Industriespionage SektVO 44 16
Infizierungstheorie GWB 99 55

Sachverzeichnis

Informationen
- vertrauliche **GWB 164** 4

Informationsfreiheitsgesetz SektVO 5 4

Informationsfrist
- Sektorenvergaberecht **SektVO 56** 6 ff.

Informationspflicht
- Auftraggeber **GWB 134** 15 ff. *s. auch Informationspflicht des Auftraggebers*
- Bieter **VgV 62** 13
- Einschränkung **VgV 62** 15
- Informationsberechtigung des Bieters **GWB 134** 21 ff.
- Konzessionsgeber **GWB 134** 17
- Nachprüfung **VgV 62** 16 f.
- nicht erfolgreicher Bewerber **VgV 62** 12
- Pflicht zur Unterrichtung der Bewerber und Bieter **VgV 62** 1 ff.
- Sektorenvergaberecht **SektVO 56** 2 ff.
- unverzügliche Mitteilung **VgV 62** 6 ff.
- unverzügliche Mitteilung auf Verlangen **VgV 62** 10 ff.
- Vergabekammer bei öffentlich unzulässigem Nachprüfungsantrag **GWB 173** 37 ff.

Informationspflicht des Auftraggebers GWB 134 1 ff., 15 ff.
- Absendung der Vorinformation **GWB 134** 63 ff.
- Ausnahme bei Behinderung des Gesetzesvollzugs **GWB 134** 83 ff.
- Ausnahme wegen geschäftlicher Interessen **GWB 134** 87 ff.
- Ausnahme wegen öffentlichem Interesse **GWB 134** 87
- Ausnahme wegen Wettbewerbsbeeinträchtigung **GWB 134** 95 f.
- Ausnahmen **GWB 134** 68 ff.
- Bewerber **GWB 134** 26
- Bieter **GWB 134** 21 ff.
- Darstellungstiefe **GWB 134** 37 ff.
- De-Facto-Vergabe **GWB 135** 30 ff.
- Einschränkung des Inhalts **GWB 134** 73 ff.
- Fälle für Zurückhaltung **GWB 134** 79 ff.
- Form **GWB 134** 53 ff.
- Fristen bei Verstoß **GWB 135** 60 ff.
- fristgebundenes Verbot des Vertragsschlusses **GWB 134** 58 ff.
- Fristverkürzungsmöglichkeiten **GWB 134** 62
- gestatte Vergabe ohne Bekanntmachung **GWB 135** 32 ff.
- Informationsberechtigte **GWB 134** 21 ff.
- Interessenabwägung **GWB 134** 81 ff.
- Nachprüfungsantrag **GWB 134** 67
- Nachprüfungsverfahren bei Verstoß **GWB 135** 44 ff.
- notwendiger Inhalt **GWB 134** 33 ff.
- Rechtsschutz **GWB 134** 97
- Rechtsschutzbedürfnis bei Verstoß **GWB 135** 12 f.
- Rügepflicht **GWB 135** 54 ff.
- Rügeverpflichtung bei Verstoß **GWB 135** 54 ff.
- Schädigung berechtigter geschäftlicher Interessen **GWB 134** 88 ff.
- Textform **GWB 134** 53 ff.; **GWB 135** 23
- verteidigungs- oder sicherheitsspezifischer Auftrag **GWB 134** 73
- Vorinformation **GWB 134** 55 ff. *s. auch Vorinformation*
- Wartepflicht des Auftraggebers **GWB 134** 55 ff.

- weitergehende Ansprüche **GWB 134** 41 ff.
- Zeitpunkt **GWB 134** 47
- Zugang der Vorinformation **GWB 134** 63 ff.
- Zulässige Verlängerung **GWB 135** 18
- Zurückweisung **GWB 134** 39

Informationspflichten GWB 124 12 ff.

Informationszugangsgesetze GWB 175 12

Ingenieursleistungen *s. Architekten- und Ingenieursleistungen*

In-House-Geschäfte
- Sektorenvergaberecht **GWB 100** 14

In-House-Vergabe VergabeR Einl. 57
- Abgrenzung zu Vergaben zwischen verbundenen Unternehmen **GWB 139** 1 ff.
- Art. 106 Abs. 2 AEUV **VergabeR Einl.** 107
- durch Sektorenauftraggeber **GWB 108** 82
- Konzessionen **GWB 108** 83
- Konzessionen im Eisenbahnverkehr **GWB 154** 25 f.
- Konzessionsvergaberecht **GWB 105** 11
- Schwestern-In-House-Vergabe **GWB 108** 53 ff., 53
- umgekehrte In-House-Vergabe **GWB 108** 51 f.
- vertikale In-House-Vergabe **GWB 108** 15 ff., 54 ff.; **GWB 131** 11
- vertikale Schwestern-In-House-Direktvergabe **GWB 108** 63 ff.

Inländerdiskriminierung VergabeR Einl. 25, 158

Innovation VgV 58 17

Innovationsaspekte GWB 97 96

Innovationspartnerschaft GWB 119 102 ff.;
SektVO 13 2; **VergabeR Einl.** 259; **VgV 19** 1 ff.
- Anwendungsbereich **GWB 119** 107; **VgV 19** 2 f.
- Schätzung des Auftragswerts **VgV 3** 24
- Sektorenvergaberecht **SektVO 18** 1
- Verfahren **VgV 19** 4 ff.
- Verfahrensablauf **GWB 119** 113
- Vergabeunterlagen **VgV 29** 38 ff.
- Vertragsdurchführung **GWB 119** 114

Innovative Zuschlagskriterien
- strategisches Ziel **GWB 97** 158 ff.

Insolvenz GWB 124 17 f.

Integrität von Daten
- elektronische Auktionen **VgV 25** 29 ff.

Interessenbekundigungen
- Ausschluss **VgV 57** 35 f.

Interessenbestätigungen
- Ausschluss **VgV 57** 35 f.

Interessenkonflikte GWB 124 32 ff.; **SektVO 6** 1 ff.; **VgV 6** 21 ff.
- Vermeidung **VgV 6** 1 ff. *s. auch Vermeidung von Interessenkonflikten*
- Vermutung eines Interessenkonflikts **VgV 6** 29 ff.

Interessensbekundungen
- Aufbewahrung ungeöffneter **VgV 54** 1 ff.
- Ausschluss **VgV 57** 1 ff. *s. auch Ausschluss von Interessensbekundungen, Interessensbestätigungen*
- Übermittlung **VgV 53** 1 ff. *s. auch Übermittlung von Interessensbestätigungen und Interessensbekundungen*

Interessensbekundungsverfahren VergabeR Einl. 95

Interessensbestätigungen
- Aufbewahrung ungeöffneter **VgV 54** 1 ff.
- Ausschluss **VgV 57** 1 ff. *s. auch Ausschluss von Interessensbekundungen, Interessensbestätigungen*

Sachverzeichnis

fette Zahl = Gesetz und Paragraf

- Kenntnisnahme nach Ablauf der Einreichungsfrist **VgV 55** 4 ff.
- Öffnung **VgV 55** 1 ff.
- Prüfung **VgV 56** 1 ff., 6 ff. *s. auch Prüfung der Interessensbestätigungen, Teilnahmeanträge und Angebote*
- Übermittlung **VgV 53** 1 ff. *s. auch Übermittlung von Interessensbestätigungen und Interessensbekundungen*

Intergouvernementale Konzessionsvergabe GWB 150 55 ff.

Internationale Organisationen GWB 117 19 ff.; **GWB 150** 81 ff.

Interoperabilitätsinitiativen GWB 97 316 ff.
- e-SENS **GWB 97** 317
- Xvergabe **GWB 97** 318 ff.

Island SektVO 55 4

IT-Sicherheitsgesetz
- elektronische Vergabe **GWB 97** 373 ff.

IT-Standards VgV 10 21 ff.

J

Japan SektVO 55 4

K

Kammern GWB 99 114 ff.
Kanada SektVO 55 4
Kartellbehörden
- Zuständigkeit **GWB 156** 38 ff.

Kartellrechtliche Lösung VergabeR Einl. 231 ff.
Kartellvergaberecht
- Vergabekammern **GWB 155** 25 ff.

Kaskadenprinzip VgV 2 1
Kaskadensystem VergabeR Einl. 233
Kinderarbeit KonzVgV 33 30
Kleine und mittlere Unternehmen KonzVgV 33 4
Kleinstunternehmen GWB 97 236
Kohlendioxidemissionen VgV 68 18 ff.
Kollegialitätsrichtlinie GWB 181 47
Kommunale Spitzenverbände GWB 99 80
Kommunale Versorgungsunternehmen GWB 99 151 ff.
Kommunale Zusammenarbeit GWB 103 67 ff.
Kommunalisierung *s. Rekommunalisierung*
Kommunen
- wirtschaftliche Tätigkeit **GWB 103** 20 ff.

Kommunikation im Konzessionsvergabeverfahren KonzVgV 7 1 ff.
- Anforderungen an den Einsatz elektronischer Mittel **KonzVgV 9** 1 ff., 8 ff.
- Anforderungen an elektronische Mittel **KonzVgV 8** 1 ff.
- Anforderungen an Mittel zum Empfang elektronischer Angebote **KonzVgV 8** 10 ff.
- Aufschub-Optionen **KonzVgV 7** 3; **KonzVgV 34** 5 ff.
- Ausnahmen von Verwendung elektronischer Mittel **KonzVgV 7** 13 ff.
- Barrierefreiheit der elektronischen Mittel **KonzVgV 9** 13 ff.
- besondere Anforderungen betreffend den Schutz der Vertraulichkeit **KonzVgV 9** 27 ff.
- Dokumentation **KonzVgV 9** 30
- einheitliche Datenaustauschschnittstelle und IT-Standards **KonzVgV 8** 13 ff.
- Einsatz alternativer elektronischer Mittel **KonzVgV 10** 1 ff.
- elektronische Kommunikation **KonzVgV 7** 19 f.
- elektronische Kommunikation durch Auslandsdienststellen **KonzVgV 35** 1
- elektronische Mittel bei Angeboten und Teilnahmeanträgen **KonzVgV 8** 7 ff.
- ergänzend geltende Vorschriften **KonzVgV 9** 23 ff.
- europarechtlicher Hintergrund **KonzVgV 7** 7 ff.
- Form und Übermittlung von Angeboten **KonzVgV 28** 1 ff.
- Form und Übermittlung von Teilnahmeanträgen **KonzVgV 28** 1 ff.
- Integrität der Daten und Vertraulichkeit der Angebote und Teilnahmeanträge **KonzVgV 9** 24 ff.
- mündliche Kommunikation **KonzVgV 7** 14 ff.
- Sicherheitsniveaus für elektronische Mittel **KonzVgV 8** 6
- Überblick **KonzVgV 7** 1 ff.
- Übergangsvorschriften **KonzVgV 34** 1 ff.
- Unternehmensbezeichnung **KonzVgV 7** 23
- Unternehmensregistrierung **KonzVgV 7** 24
- Unterrichtung der Bewerber und Bieter **KonzVgV 30** 1 ff. *s. auch Unterrichtung der Bewerber und Bieter im Konzessionsvergabeverfahren*
- Unversehrtheit, Vertraulichkeit und „Echtheit" der Daten **KonzVgV 9** 17 f.
- Verbot der Einschränkung des Zugangs zum Verfahren **KonzVgV 9** 12
- Verhältnismäßigkeitsgebot bezüglich Datensicherheit **KonzVgV 8** 9 ff.
- Wahlrecht **KonzVgV 34** 6
- wesentliche Inhalte **KonzVgV 7** 4
- zeitliche befristete Ausnahmen **KonzVgV 7** 17 f.
- Zurverfügungstellung notwendiger Informationen **KonzVgV 9** 21 f.
- zusätzliche Auskünfte zu Vergabeunterlagen **KonzVgV 18** 5
- Zuschlagskriterien **KonzVgV 31** 1 ff.
- zwingende Nutzung elektronischer Mittel **KonzVgV 7** 2, 12 ff.
- zwingende Nutzung elektronischer Mittel innerhalb des Verfahrens **KonzVgV 7** 21 f.

Kommunikation im Sektorenvergaberecht SektVO 9; **SektVO 43** 1 ff.
- Aufforderung der Teilnahme **SektVO 42** 2
- Aufforderung der Teilnahme, Mindestinhalte **SektVO 42** 3
- Aufforderung zur Angebotsabgabe **SektVO 42** 6
- Aufforderung zur Interessensbestätigung **SektVO 42** 13 ff.
- Aufforderung zur Teilnahme am Dialog **SektVO 42** 7
- Aufforderung zur Teilnehmer am Vergabeverfahren **SektVO 42** 1 ff.
- Auftragsbekanntmachungen **SektVO 35** 1 ff. *s. auch Bekanntmachung im Sektorenvergaberecht*
- Ausnahmen von der Übermittlung mithilfe elektronischer Mittel **SektVO 43** 8 f.
- Bekanntmachung des Qualifizierungssystems **SektVO 48** 21
- Benachrichtigung über Aufnahme ins Prüfungssystem **SektVO 48** 23 f.
- Einreichung von Angeboten mithilfe anderer als elektronischer Mittel **SektVO 44** 16 ff.

2202

magere Zahl = Randnummer **Sachverzeichnis**

- elektronische Mittel **SektVO 10**; **SektVO 11**; **SektVO 12** 1
- eVergabe-Portal **SektVO 43** 5
- Grenzen der Informationspflicht **SektVO 56** 9
- Informationsfrist **SektVO 56** 6 ff.
- mithilfe elektronischer Mittel **SektVO 42** 3
- Mitteilung von Prüfungsregeln und -kriterien **SektVO 48** 15 f.
- regelmäßige nicht verbindliche Bekanntmachung **SektVO 36** 1 ff. s. auch Regelmäßige nicht verbindliche Bekanntmachung
- Übermittlungen in Textform **SektVO 42** 3
- Unterrichtung der Bewerber oder Bieter **SektVO 56** 1 ff.
- Unterrichtungspflicht **SektVO 56** 2 ff.
- Vergabebekanntmachungen **SektVO 38** 1 ff. s. auch Vergabebekanntmachung im Sektorenvergaberecht
- Vergabevermerk **SektVO 43** 10

Kommunikation im Vergabeverfahren VgV 9 1 ff.
- Anforderungen an den Einsatz elektronischer Mittel **VgV 11** 1 ff.
- Angabe einer eindeutigen Unternehmensbezeichnung **VgV 9** 16
- Ausnahmen bei Wahl der Mittel **VgV 9** 5 ff.
- Begriff elektronischer Kommunikation **VgV 9** 12 f.
- Datenaustauschschnittstelle **VgV 10** 21 ff.
- Einsatz alternativer elektronischer Mittel **VgV 12** 1 ff.
- elektronische Mittel **VgV 9** 13
- Gewährleistung der Unversehrtheit, Vertraulichkeit und „Echtheit" der Daten **VgV 11** 18 ff.
- IT-Standards **VgV 10** 21 ff.
- Registrierung von Unternehmen **VgV 9** 17 f.
- Verwendung elektronischer Mittel **VgV 9** 4 ff. s. auch Elektronische Mittel
- Vorgaben für eine einheitliche Datenaustauschschnittstelle **VgV 10** 21 ff.
- Zulässigkeit mündlicher Kommunikation **VgV 9** 6 ff.
- Zwang zur Verwendung elektronischer Mittel **VgV 9** 14 f.

Kommunikationsleistungen
- Ausnahmen für öffentliche Auftraggeber **GWB 116** 24

Konformitätsbewertungsstelle VgV 33 9 f.
- Begriff **VgV 33** 9 f.

Konjunkturförderung VergabeR Einl. 99 f.
- Rechtfertigungsgrund **VergabeR Einl.** 99 f.

Konkurrentenschädigung
- rechtsmissbräuchliche **GWB 180** 15 ff.

Kontrollvermutung
- bei In-House-Vergabe **GWB 108** 28 f.

Konzentration GWB 171 48

Konzerne GWB 97 392

Konzernprivileg GWB 139 3

Konzessionen
- Anschubfinanzierung **GWB 105** 61
- Ausführung **KonzVgV 33** 1 ff. s. auch Ausführung vom Konzessionen
- Begriff **GWB 105** 31 ff.
- Beschaffung **GWB 105** 64 ff.
- Einräumung eines Nutzungsrechtes als Entgelt **GWB 105** 56 ff.
- energiewirtschaftliche Wegenutzungsverträge **GWB 105** 95 ff.
- entgeltlicher Vertrag **GWB 105** 32
- Erbringung und Verwaltung von Dienstleistungen **GWB 105** 53 ff.
- Erbringung von Bauleistungen **GWB 105** 46 ff.
- Laufzeit **GWB 105** 89 ff.; **KonzVgV 3** 1 ff. s. auch Laufzeit von Konzessionen
- Mittelstandsschutz **GWB 97** 238 ff.
- Schriftlichkeit **GWB 105** 37 f.
- Tatbestandsvoraussetzungen **GWB 105** 31 ff.
- Übertragung des Betriebsrisikos **GWB 105** 83 ff. s. auch Betriebsrisiko
- Vergabe gemischter Aufträge und Konzessionen **GWB 111** 31
- vertikale In-House-Vergabe **GWB 108** 85
- Vertragsgegenstand **GWB 105** 43 ff.
- Vertragsparteien **GWB 105** 39 ff.
- Zuzahlung **GWB 105** 59 ff.

Konzessionen im gewerblichen Sinne GWB 105 20

Konzessionsbekanntmachung GWB 152 62

Konzessionsgeber GWB 101 1 ff.; **GWB 105** 39
- besondere oder ausschließliche Rechte **GWB 101** 27 ff. s. auch Besondere oder ausschließliche Rechte
- besondere Staatsnähe **GWB 101** 18 ff.
- Einrichtungen des öffentlichen Rechts **GWB 101** 11 ff.
- Elektrizitätsversorgung **GWB 101** 58
- funktionaler Auftraggeberbegriff **GWB 101** 48
- Gasversorgung **GWB 101** 58
- Gebietskörperschaften **GWB 101** 9 ff.
- institutioneller Auftraggeberbegriff **GWB 101** 47
- öffentliche Auftraggeber **GWB 101** 6 f., 46 ff.
- öffentliche Auftraggeber mit Sektorentätigkeit **GWB 101** 52 ff.
- Personen des privaten Rechts mit Sektorentätigkeit **GWB 101** 54 ff.
- Sektorentätigkeiten **GWB 101** 32 ff.
- sonstige Auftraggeber **GWB 101** 23 ff.
- Überblick **GWB 101** 43 ff.
- Verbände **GWB 101** 22

Konzessionsgegenstand
- Definition **GWB 152** 16 ff.

Konzessionsmodell GWB 103 175

Konzessionsnehmer GWB 105 40 ff.
- bestimmten Konzessionsnehmern vorbehaltene Konzessionen **GWB 154** 5 ff.

Konzessionsrichtlinie
- Anwendung **GWB 97** 343 ff.
- Option zur zwingenden Einführung **GWB 97** 346 ff.
- Prinzipien **GWB 97** 349
- Rechtsschutz **GWB 97** 350

Konzessionsvergabe GWB 105 1 ff.; **VergabeR Einl.** 185 ff.
- Änderung von Konzessionen während Vertragslaufzeit **GWB 154** 28 ff. s. auch Änderung von Konzessionen während Vertragslaufzeit
- Anwendungsbereich **KonzVgV 1** 1 ff.
- Auftragsausführung und Ausführungsbedingungen **GWB 152** 116 ff. s. auch Auftragsausführung bei Konzessionen
- Ausnahmen **GWB 149** 1 ff. s. auch Ausnahmen für Vergabe von Konzessionen
- Baukonzession **GWB 105** 29

2203

Sachverzeichnis

fette Zahl = Gesetz und Paragraf

- Begriff **GWB 148** 4
- Bekanntmachungen **KonzVgV 23** 1 ff.
- Beschaffung **GWB 105** 64 ff.
- Beschaffungsdienstleister **KonzVgV 5** 2
- besondere oder ausschließliche Rechte **GWB 101** 27 ff. s. auch besondere oder ausschließliche Rechte
- bestimmten Konzessionsnehmern vorbehaltene Konzessionen **GWB 154** 5 ff.
- Betrauung **GWB 105** 72 ff.
- Dienstleistungen für das Geheimwesen **GWB 153** 18
- Dienstleistungen im Gaststätten und Beherbergungsgewerbe **GWB 153** 17
- Dokumentation **KonzVgV 6** 1 ff.
- energiewirtschaftliche Wegenutzungsverträge **GWB 105** 95 ff.
- Entsprechend anwendbare Vorschriften **GWB 154** 5 ff.
- Entstehungsgeschichte **GWB 105** 23 ff.
- Europäische Finanzstabilisierungsfazilität **GWB 149** 34 ff.
- fakultative Ausschlussgründe **GWB 154** 13 ff.
- Fristberechnung **KonzVgV 36** 1
- Gegenstand **KonzVgV 1** 1 ff.
- Gestaltungsfreiheit **GWB 152** 8
- Gesundheits- und Sozialwesens **GWB 153** 13
- Grundsätze des Primärvergaberechts **GWB 105** 6 ff.
- In-House-Vergabe **GWB 105** 11
- intergouvernementale **GWB 150** 55 ff.
- Konzession **GWB 105** 31 ff. s. auch Konzession
- Konzessionen im gewerblichen Sinne **GWB 105** 20
- Konzessionsgeber **GWB 105** 39
- Konzessionsgegenstand **GWB 152** 16 ff.
- Konzessionsnehmer **GWB 105** 40 ff. s. auch Konzessionsnehmer
- Konzessionsvergabe **GWB 154** 9 ff.
- Kündigungsrechte **GWB 154** 37 ff.
- Laufzeit **GWB 105** 89 ff.; **KonzVgV 3** 1 ff.
- Lebenszyklus **GWB 152** 6
- Leistungsbeschreibung **GWB 152** 20 ff. s. auch Leistungsbeschreibung bei Konzessionsvergabe
- Mindestlöhne **GWB 151** 11 ff.
- Mitwirkungsverbot **KonzVgV 5** 1
- persönlicher Anwendungsbereich **GWB 101** 6 ff. s. auch Konzessionsgeber
- Rechtfertigung **GWB 105** 9 f.
- Rettungsdienstleistungen **GWB 153** 13
- sachlicher Anwendungsbereich **GWB 105** 1 ff.
- Schätzung des Vertragswerts **KonzVgV 3** 1 ff. s. auch Schätzung des Vertragswerts
- Sektorentätigkeiten im unmittelbarem Wettbewerb **GWB 154** 53 f.
- Sondervergaberegime **GWB 153** 9
- soziale Dienstleistungen **GWB 153** 13
- soziale und andere besondere Dienstleistungen **GWB 153** 1 ff.
- Systeme der sozialen Sicherheit **GWB 153** 7 ff.
- Übertragung des Betriebsrisikos **GWB 105** 83 ff.
- unionsrechtliche Vorgaben **GWB 101** 4 ff.; **GWB 105** 4 ff.
- Vergabe durch oder an Gemeinschaftsunternehmen **GWB 154** 51 ff.
- Vergabeverfahren **GWB 148** 1 ff.; **GWB 151** 1 ff.
- Vergabevermerk **KonzVgV 6** 1 ff.
- Vermeidung von Interessenkonflikten **KonzVgV 5** 1 ff.
- Vertragsunwirksamkeit **GWB 154** 46 f.
- Vertraulichkeit **KonzVgV 4** 1 ff.
- Verwaltungsdienstleistungen **GWB 153** 14
- Zuschlagskriterien **GWB 152** 7

Konzessionsvergabe bei Personenverkehrsleistungen
- Eisenbahnverkehr **GWB 154** 23 ff.
- In-House-Vergabe **GWB 154** 25 f.
- Personalübergang bei Betreiberwechsel **GWB 154** 27

Konzessionsvergabeverfahren
- allgemeine Grundsätze **KonzVgV 12** 1 ff.
- allgemeine Verwaltungsvorschriften **KonzVgV 11** 1 ff.
- Änderung von Konzessionen während Vertragslaufzeit **GWB 154** 28 ff. s. auch Änderung von Konzessionen während Vertragslaufzeit
- Anforderungen **GWB 152** 1 ff.
- Anforderungen an Auswahl geeigneter Unternehmen **KonzVgV 25** 1 ff.
- Aufbewahrung ungeöffneter Teilnahmeanträge und Angebote **KonzVgV 29** 13
- Aufhebung von Vergabeverfahren **KonzVgV 32** 1 ff.
- Aufschub-Optionen **KonzVgV 7** 3
- Ausschluss nicht vertrauenswürdiger Unternehmen **GWB 154** 15 f.
- Ausschluss von Bietern **GWB 154** 8 ff.
- Ausschlussgründe und Nachunternehmerersetzung **KonzVgV 33** 32 ff.
- Basisdienste für die elektronische Konzessionsvergabe **KonzVgV 11** 1 ff.
- Befähigung und Erlaubnis zur Berufsausübung **GWB 152** 65 ff.
- Bekanntmachung bei sozialen und anderen besonderen Dienstleistungen **KonzVgV 23** 6
- Beleg für die Eignung **KonzVgV 26** 1 ff.
- Bereitstellung der Vergabeunterlagen **KonzVgV 18** 3 f.
- Beschaffungsdienstleister **KonzVgV 5** 2
- besondere Verfahrensvorgaben **GWB 151** 25
- bestimmten Konzessionsnehmern vorbehaltene Konzessionen **GWB 154** 5 ff.
- Beurteilungsspielraum bei Eignung **GWB 152** 54
- Beweissicherung **KonzVgV 29** 13
- BGB-Gesellschaften **KonzVgV 24** 4
- Daseinsvorsorge **GWB 152** 57
- diskriminierender Charakter von Eignungskriterien **KonzVgV 25** 4 ff.
- Dokumentation **KonzVgV 6** 1 ff.; **KonzVgV 9** 30
- Eignungsleihe **KonzVgV 25** 6
- Eignungsprüfung **GWB 152** 50 ff., 77 ff.
- Einsatz alternativer elektronischer Mittel **KonzVgV 10** 1 ff.
- elektronische Vergabe **GWB 151** 26
- Entsprechend anwendbare Vorschriften **GWB 154** 5 ff.
- Ex-ante-Konzessionsbekanntmachung **GWB 151** 18
- Ex-post-Zuschlagsbekanntmachung **GWB 151** 19
- Feststellung des ordnungsgemäßen Verschlusses eingegangener Anträge **KonzVgV 29** 12

magere Zahl = Randnummer

Sachverzeichnis

- Form und Modalität der Veröffentlichung **KonzVgV 23** 1 ff.
- Form und Übermittlung von Angeboten **KonzVgV 28** 1 ff.
- Form und Übermittlung von Teilnahmeanträgen **KonzVgV 28** 1 ff.
- Form von Bekanntmachungen **KonzVgV 23** 5
- freie Gestaltung **GWB 151** 21 ff.
- Fristen **KonzVgV 27** 1 ff. *s. auch Fristen im Konzessionsvergabeverfahren*
- Gestaltungsfreiheit **GWB 152** 8
- Gleichbehandlung **GWB 151** 15
- Grenzen der Vertraulichkeit **KonzVgV 29** 15
- Informations- und Wartepflichten **GWB 154** 41 ff.
- innovative Aspekte **GWB 152** 84
- insolventes Unternehmen **GWB 152** 71 ff.
- Kommunikation **KonzVgV 7** 1 ff. *s. auch Kommunikation im Konzessionsvergabeverfahren*
- Konzernprivileg **GWB 154** 49
- Konzessionsbekanntmachung **GWB 152** 62
- Konzessionsgegenstand **GWB 152** 16 ff.
- Kündigungsrechte **GWB 154** 37 ff.
- Lebenszyklus **GWB 152** 6
- Leistungsbeschreibung **GWB 152** 20 ff.; **KonzVgV 15** 1 ff. *s. auch Leistungsbeschreibung bei Konzessionsvergabe*
- Mindestanforderungen **GWB 152** 11
- Mindestlöhne **GWB 151** 11 ff.
- Mitwirkungsverbot **KonzVgV 5** 1
- negative Ausschlussgründe **GWB 152** 58
- Nichtvorliegen von Ausschlussgründen **KonzVgV 26** 1 ff.
- Personenverkehrsleistungen **GWB 154** 22 ff. *s. auch Konzessionsvergabe bei Personenverkehrsleistungen*
- Primärvergaberecht **GWB 151** 9 ff.
- Prüfungsreihenfolge **GWB 152** 2 ff.
- Qualität **GWB 152** 83
- Rechtsform von Unternehmen und Bietergemeinschaften **KonzVgV 24** 1 ff.
- Rechtsschutz **KonzVgV 33** 44
- Rügeobliegenheiten **GWB 154** 44
- Sektorentätigkeiten im unmittelbarem Wettbewerb **GWB 154** 53 f.
- Selbstreinigung **GWB 154** 17 ff.
- soziale Aspekte **GWB 152** 46 ff., 85
- soziale und andere besondere Dienstleistungen **GWB 153** 22 ff.
- strategische und innovative Beschaffung **GWB 152** 36 ff., 81 ff.
- strategische Vergaben **GWB 151** 10 ff.
- technische und berufliche Leistungsfähigkeit **GWB 152** 73
- Transparenzgrundsatz **GWB 151** 16 ff.
- Überblick **GWB 151** 1 ff.
- Übergangsvorschriften **KonzVgV 34** 1 ff.
- Umgang mit ungeöffneten Teilnahmeanträgen und Angeboten **KonzVgV 29** 1 ff.
- Umgehungsverbot **KonzVgV 14** 1 ff.
- umweltbezogene Aspekte **GWB 152** 49, 86 ff.
- unionsrechtliche Vorgaben **GWB 152** 10 ff.
- Unterrichtung der Bewerber und Bieter **KonzVgV 30** 1 ff. *s. auch Unterrichtung der Bewerber und Bieter im Konzessionsvergabeverfahren*
- Verfahrensarten **GWB 151** 23 f.
- Verfahrenserleichterungen für bestimmte Dienstleistungen **GWB 153** 23 ff.
- Verfahrensgarantien **GWB 152** 10; **KonzVgV 13** 1 ff.
- Vergabe an verbundene Unternehmen im Sektorenbereich **GWB 154** 48 ff.
- Vergabe durch oder an Gemeinschaftsunternehmen **GWB 154** 51 ff.
- Vergabebekanntmachung **GWB 152** 23 4
- Vergabegrundsätze **GWB 151** 15 ff.
- Vergabeunterlagen **KonzVgV 18** 1 f.
- Vergabevermerk **KonzVgV 6** 1 ff.
- Verhältnismäßigkeit **GWB 152** 63
- Verhandlungsverfahren ohne Teilnahmewettbewerb **GWB 154** 45
- Vermeidung von Interessenkonflikten **KonzVgV 5** 1 ff.
- Vertragsunwirksamkeit **GWB 154** 46 f.
- Vertraulichkeit **KonzVgV 4** 1 ff.
- Verweis auf § 122 GWB **GWB 152** 51 ff.
- Verzicht auf Bekanntmachung **KonzVgV 23** 3
- Vorrang des Wettbewerbs **GWB 152** 5
- wesentliche Inhalte **KonzVgV 7** 4
- Windhundverfahren **KonzVgV 13** 4
- Wirtschaftliche und finanzielle Leistungsfähigkeit **GWB 152** 68 ff.
- Xvergabe **KonzVgV 11** 3
- zulässige Eignungskriterien **GWB 152** 59
- zulässiger Zeitraum für Ausschlüsse **GWB 154** 21 ff.
- zusätzliche Auskünfte zu Vergabeunterlagen **KonzVgV 18** 5
- Zuschlag **GWB 152** 88 ff. *s. auch Zuschlag im Konzessionsvergabeverfahren*
- Zuschlagskriterien **GWB 152** 7, 14
- zwingende Nutzung elektronischer Mittel **KonzVgV 7** 2

Konzessionsvergabeverordnung
- allgemeine Bestimmungen **KonzVgV Vor 1** 1 ff.
- Anwendungsbereich **KonzVgV 1** 1 ff.
- Ausnahmen **KonzVgV 1** 3
- bis Anfang 2016 geltendes Recht **KonzVgV Vor 1** 1 f.
- Ermächtigungsgrundlage **KonzVgV 1** 4
- Fristberechnung **KonzVgV 36** 1 ff.
- Gegenstand **KonzVgV 1** 1 ff.
- Kommunikation **KonzVgV Vor 1** 1 ff.
- objektive Anwendungsfeld **KonzVgV Vor 1** 4 ff.
- Richtlinienrecht der EU **KonzVgV Vor 1** 3
- Schwellenwert **KonzVgV 1** 4
- subjektives Anwendungsfeld **KonzVgV Vor 1** 4 f.
- Umsetzung in deutsches Recht **KonzVgV Vor 1** 11 ff.
- Vergaberegeln **KonzVgV Vor 1** 9 f.

Kooperationsprogramm GWB 145 5 ff.
Korhonen-Entscheidung GWB 99 144
Korrekturmechanismus GWB 183 1 ff.
- Anspruch einzelner Unternehmen **GWB 183** 4

Kosten
- Planungswettbewerbe **VgV 77** 1 ff.

Kostenentscheidung GWB 168 74
Kostenfestsetzungsbeschluss GWB 171 18
Kostengrundentscheidung GWB 178 53 ff.
- Entscheidungsparameter **GWB 178** 54
- Kosten der Eilverfahren **GWB 178** 56 ff.
- Kostentragung bei Beigeladenen **GWB 178** 55
- Rechtsgrundlage **GWB 178** 53

Krankenhäuser GWB 99 92, 128

Sachverzeichnis

fette Zahl = Gesetz und Paragraf

Kredite
- Ausnahmen für öffentliche Auftraggeber **GWB 116** 18 f.

Kredite und Darlehen
- Konzessionsvergabe **GWB 149** 37

Kronzeugenprogramm
- Selbstreinigung **GWB 125** 25a

Kryptografisches Übermittlungsverfahren SektVO 44 9

Kundendienste GWB 127 48; **SektVO 52** 16

Kündigung
- öffentliche Aufträge in besonderen Fällen **GWB 133** 1 ff. *s. auch Auftragskündigung in besonderen Fällen*

L

Lagerverträge GWB 103 104
Landesbanken GWB 99 134 ff.
Landesentwicklungsgesellschaften GWB 99 144 f.
Landesvergabegesetze GWB 97 199 ff.; **GWB 131** 28
- vergabespezifischer Mindestlohn **GWB 97** 206 ff.

Langzeitarbeitslose GWB 97 213

Laufzeit
- Konzessionsvergabe **KonzVgV 3** 1 ff.

Lebenszykluskosten
- Begriff **SektVO 53** 4; **VgV 59** 5
- Berechnung **VgV 59** 1 ff.
- Berechnungsmethode **SektVO 53** 8
- Beschaffung energieverbrauchsrelevanter Leistungen **SektVO 58** 15
- EU **VgV 59** 11 ff.
- Sektorenvergaberecht **SektVO 53** 1 ff.
- Vergabe energieverbrauchsrelevanter Leistungen **VgV 67** 46 ff.
- Zuschlagsentscheidung **VgV 59** 4 ff.

Leistungen des öffentlichen Auftraggebers
- Schätzung des Auftragswerts **VgV 3** 25 f.

Leistungs- oder Funktionsanforderungen GWB 121 37 ff.
- energieverbrauchsrelevante Liefer- und Dienstleistungen **GWB 97** 126

Leistungsbeschreibung GWB 121 1 ff.; **GWB 152** 20 ff. *s. auch Leistungsbeschreibung bei Konzessionsvergabe*; **VgV 31** 1 ff.
- Alternativ- oder Wahlposition **GWB 121** 28 f.
- Aufgabenbeschreibung **GWB 121** 39
- Auftragsgegenstand **GWB 121** 8 ff. *s. auch Auftragsgegenstand*
- Barrierefreiheit **GWB 121** 44 f.; **VgV 31** 42 ff.
- Bedarfs- oder Eventualposition **GWB 121** 25 ff.
- Bescheinigung von Konformitätsbewertungsstellen **VgV 33** 1 ff. *s. auch Bescheinigung von Konformitätsbewertungsstellen*
- Design für alle **GWB 121** 42 ff.; **VgV 31** 45 ff.
- Eindeutigkeit **GWB 121** 13 ff.
- Ersatz des Vertrauensschadens bei Fehlerhaftigkeit **GWB 181** 13 ff.
- erschöpfende Beschreibung **GWB 121** 16
- Festlegung des Auftragsgegenstands **GWB 97** 118 ff.
- funktionale **GWB 121** 37; **VergabeR Einl.** 269
- Funktionsanforderungen **GWB 121** 37
- Gebot der Produktneutralität **VgV 31** 48 ff. *s. auch Gebot der Produktneutralität*

- Grundlagen der Erstellung **VgV 31** 8 ff.
- Gütezeichen **GWB 97** 125
- Kombination funktionaler und technischer Anforderungen **VgV 31** 29 ff.
- konstruktive **VergabeR Einl.** 269
- Konzessionsvergabeverfahren **KonzVgV 15** 1 ff.
- Leistungs- und Funktionsanforderungen **VgV 31** 14 ff.
- Leistungsanforderung **GWB 121** 38
- Leistungsbestimmungsrecht **GWB 121** 11 f.; **VgV 31** 49 ff. *s. auch Leistungsbestimmungsrecht*
- Leistungsdefinition **GWB 97** 119 ff.
- materiell und formell **GWB 121** 5 ff.
- Merkmale des Leistungsgegenstands **VgV 31** 12 ff.
- Nachweisführung durch Gütezeichen **VgV 34** 1 ff. *s. auch Gütezeichen*
- Rahmenvereinbarung **GWB 121** 21 ff.
- Rahmenvertrag **GWB 121** 21 ff.
- Richtigkeitsvermutung **GWB 121** 33 f.
- Sektorenvergaberecht **SektVO 28** 1
- soziale und umweltbezogene Aspekte **VgV 31** 34 ff.
- strategisches Ziel **GWB 97** 118 ff.
- technische Anforderungen **VgV 31** 19 ff.; **VgV 32** 1 ff. *s. auch Technische Anforderungen*
- technische Spezifikationen **GWB 97** 119 ff.
- technischer Normen **GWB 97** 123
- Übertragung von bzw. Nutzungsrechte an geistigem Eigentum **VgV 31** 41 ff.
- Umstände und Bedingungen der Leistung **GWB 121** 40 f.
- Unmöglichkeit **VgV 14** 38 f.
- Vergabeunterlagen **GWB 121** 51
- Vergleichbarkeit **GWB 121** 31
- Vertragsarten **GWB 121** 18 ff.
- Vollständigkeitsvermutung **GWB 121** 33 f.
- Werkverträge **GWB 121** 20
- wesentliche Inhalte **GWB 121** 5 ff.

Leistungsbeschreibung bei Konzessionsvergabe KonzVgV 15 1 ff.
- eindeutig und erschöpfend **KonzVgV 15** 1 f.
- Forschungs- und Entwicklungsdienstleistungen **GWB 152** 42 ff.
- Funktions- oder Leistungsanforderungen **GWB 152** 27 ff.
- Innovationsbegriff **GWB 152** 40 f.
- Konkretisierung der in KonzVgV **GWB 152** 30 ff.
- Lebenszyklus **GWB 152** 31
- Leistungsbeschreibung **GWB 152** 20 ff.
- Mindestanforderungen **GWB 152** 24
- Pflicht zum Verzicht auf bestimmte Verfahren, Erzeugnisse oder Dienstleistungen **KonzVgV 15** 4 f.
- Qualität **GWB 152** 38 f.
- soziale Aspekte **GWB 152** 46 ff.
- soziale und umweltbezogene Aspekte **KonzVgV 15** 3
- strategische und innovative Beschaffung **GWB 152** 36 ff.
- technische Anforderungen **GWB 152** 32 ff.
- Teilnahmebedingungen **GWB 152** 24
- Überblick **KonzVgV 15** 1 ff.
- umweltbezogene Aspekte **GWB 152** 49
- Verständlichkeit für alle **KonzVgV 15** 2
- Verweis auf § 121 GWB **GWB 152** 25 ff.

magere Zahl = Randnummer

Sachverzeichnis

Leistungsbestimmungsrecht GWB 121 11 f.
– Bestimmungsfreiheit **VgV 31** 51
– Gebot der Produktneutralität **VgV 31** 58 ff. s. auch *Gebot der Produktneutralität*
– Grenzen **VgV 31** 52 ff.
– Leistungsbeschreibung **VgV 31** 49 ff.
– Unteraufträge **VgV 36** 15 ff.
Leistungsdefinition GWB 97 119 ff.
Leistungserbringung
– außerhalb deutschen Staatsgebietes **VergabeR Einl.** 242
Leistungsfähigkeit GWB 122 48 ff.
– berufliche **GWB 122** 59 ff.
– finanzielle **GWB 122** 55 ff.
– rechtliche **GWB 122** 49 f.
– sprachliche **GWB 122** 51 f.
– technische **GWB 122** 59 ff.
– Unbedenklichkeitsbescheinigung **GWB 122** 57 f.
– wirtschaftliche **GWB 122** 55 ff.
Leistungswettbewerb
– Vergabe von Architekten- und Ingenieurleistungen **VgV 76** 8 ff.
Lichtenstein SektVO 55 4
Lieferaufträge GWB 99 98; **GWB 103** 88 ff., 96 f., 169
– Abgrenzung von Bau- und Lieferauftrag **GWB 103** 96 f.
– Arzneimittelrabattverträge **GWB 103** 98 ff. s. auch *Arzneimittelrabattverträge*
– Computerprogramme **GWB 103** 92
– Gesellschaftsgründung **GWB 103** 107 f.
– Handelspartnerverträge **GWB 103** 106
– Hilfsmittelverträge **GWB 103** 98 ff., 102
– Immobilien **GWB 103** 89
– Lagerverträge **GWB 103** 104
– Nebenleistungen **GWB 103** 110 f.
– Rechtsform **GWB 103** 95
– Strom **GWB 103** 90 f.
– Veräußerung von Geschäftsanteilen **GWB 103** 107 f.
– Vertragsgestaltungen **GWB 103** 98 ff.
– Waren mit Preisbindung **GWB 103** 105
– zur Beschaffung von Waren **GWB 103** 88 ff.
Lieferleistungen
– Beschaffung energieverbrauchsrelevanter Leistungen **SektVO 58** 8 ff.
Liikenne-Rechtsprechung GWB 131 37
Losaufteilung GWB 97 244 ff.
– Anzahl **GWB 97** 247 f.
– Ausnahmen **GWB 97** 251 ff.
– Größe **GWB 97** 247 f.
– Nachholbarkeit **GWB 97** 255
Loslimitierung s. *Zuschlagslimitierung*
Lösungsvorschläge VgV 77 12 ff.
– Anrechnung der Vergütung auf Honoraransprüche **VgV 77** 40
– Anspruch auf Vergütung **VgV 77** 32 f.
– Anspruchsberechtigte **VgV 77** 39
– Festsetzung der Vergütung **VgV 77** 34 f.
– Festsetzung einer angemessenen Vergütung **VgV 77** 24 f.
– Frist, Inhalt und Form **VgV 77** 36 ff.
– Höhe der Vergütung **VgV 77** 28 f.
– Rechtsschutz bezüglicher angemessener Vergütung **VgV 77** 41 f.
– Urheberrechtsschutz **VgV 77** 50 ff.

– Vergütung nach der HOAI **VgV 77** 48 f.
– Vergütungsbegriff **VgV 77** 27
– Vergütungspflicht für nicht berücksichtigte Teillösungen **VgV 80** 5 ff.
– Verlangen des Auftraggebers **VgV 77** 19 ff.
Losvergabe VergabeR Einl. 266; **VgV 30** 1 ff.
– Angebotslimitierung **VgV 30** 10 f.
– Geltung der Regelung **VgV 30** 7 ff.
– Kombination **VgV 30** 15 ff.
– Rechtsschutz **VgV 30** 21 ff.
– Schätzung des Auftragswerts **VgV 3** 27 ff.
– Schätzung des Vertragswerts **KonzVgV 2** 11
– Sektorenvergaberecht **SektVO 27** 1 ff.
– Vergabe von Architekten- und Ingenieurleistungen **VgV 75** 40 ff.
– Wahlmöglichkeit **VgV 30** 14
– Zuschlagslimitierung **VgV 30** 12 f.
Lotterie
– Begriff **GWB 149** 58
Lotteriedienstleistungen
– Konzessionsvergabe **GWB 149** 55 ff.
Lotteriegesellschaften GWB 99 147 f.
Luftverkehrsdienste GWB 149 64 ff.

M

Mailänder Messe-Entscheidung GWB 99 141
Make or buy-Entscheidung VergabeR Einl. 111
Maler- und Glasgewerbe GWB 103 137
Markenbezogene Voraussetzungen
– als Gleichbehandlungsproblem **GWB 97** 76
market economy operator principle VergabeR Einl. 136 ff.
Markterkundung
– durch Vergabeverfahren **VergabeR Einl.** 247
– Rechtsschutz **VgV 28** 19 ff.
– Sektorenvergaberecht **SektVO 26** 1 ff.
– Verbot zur Preis- oder Kostenermittlung **VgV 28** 14 f.
– Verpflichtung **VgV 28** 16 ff.
– Zeitpunkt **VgV 28** 8 f.
– zulässiger Inhalt **VgV 28** 10 ff.
– Zweck **VgV 28** 5 ff.
Max-Havelaar-Entscheidung VgV 34 2
Maximalprinzip GWB 127 11
Mehr an Eignung GWB 119 33
Mehrfachbeteiligung SektVO 51 8; **VgV 43** 19 ff.
– Mitglied einer Bietergemeinschaft und Nachunternehmer **VgV 43** 19 f.
– Sektorenvergaberecht **SektVO 50** 20 ff.
– verbundener Unternehmen **VgV 43** 20
Messegesellschaften GWB 99 140 ff.
Mexiko SektVO 55 4
Militärausrüstung GWB 104 18 ff.
Militärische Güter VergabeR Einl. 53
Mindestanforderungen
– Nebenangebote **VgV 35** 13 ff.
Mindestangaben
– Dokumentation des Vergabeverfahrens **VergabeR Einl.** 310
Mindestangebotsfrist
– nicht offenes Verfahren **VgV 16** 30 ff.
– offenes Verfahren **VgV 15** 12 ff.
– Verhandlungsverfahren **VgV 17** 57 ff.
Mindestarbeitsbedingungengesetz GWB 97 203

2207

Sachverzeichnis

fette Zahl = Gesetz und Paragraf

Mindestlohn GWB 151 11 ff.
- vergabespezifischer **VergabeR Einl.** 131
Mindestlohnvorgaben GWB 97 181 ff.
- Arbeitnehmerentsenderichtlinie 96/71/EG **GWB 97** 191 ff.
- bundesgesetzliche **GWB 97** 204
- Konzessionsvergabeverfahren **GWB 151** 10 ff.
- Landesvergabegesetze **GWB 97** 202 ff.
- Rüffert-Urteil **GWB 97** 185
- vergabespezifische **GWB 97** 190 s. auch Vergabespezifischer Mindestlohn
- Verkehrssektor **GWB 97** 198
Mindestteilnahmefrist
- im nicht offenen Verfahren **VgV 16** 10 ff.
Minimalprinzip GWB 127 11
Mischgebote GWB 97 78
Mischkalkulation SektVO 51 53
- offenes Verfahren **VgV 15** 42
Mitteilungspflichten
- Aufhebung der Ausschreibung **SektVO 57** 21 ff.
- Aufhebung von Vergabeverfahren **VgV 63** 29 f.
- Ausführung vom Konzessionen **KonzVgV 33** 20 ff.
- Unterauftragnehmer **KonzVgV 33** 20 ff.
Mittelständische Interessen GWB 97 229 ff. s. auch Mittelstandsschutz
Mittelständische Unternehmen
- Begriff **GWB 97** 231 ff.
Mittelstandsschutz GWB 97 217 ff.
- Entstehungsgeschichte **GWB 97** 223 ff.
- Losaufteilung **GWB 97** 244 ff. s. auch Losaufteilung
- Loslimitierung **GWB 97** 249 ff.
- mittelständische Interessen **GWB 97** 229 ff.
- mittelständisches Unternehmen **GWB 97** 231 ff.
- Publizität **GWB 97** 250
- subjektive Rechte **GWB 97** 292 f.
- technische Gründe **GWB 97** 266 ff.
- Vereinbarkeit mit dem EU-Recht **GWB 97** 226 ff.
- Vergabe öffentlicher Aufträge **GWB 97** 238 ff.
- Vergabe von Konzessionen **GWB 97** 238 ff.
- vornehmliche Berücksichtigung **GWB 97** 240 ff.
Mitverschulden GWB 181 53 f.
Mitwirkungspflichten GWB 167 16
Mitwirkungsverbot
- Konzessionsvergabe **KonzVgV 5** 1
- Sektorenvergaberecht **SektVO 6** 1 ff.
- Vermeidung von Interessenkonflikten **VgV 6** 12 ff.
Modernisierung des Vergaberechts VergabeR Einl. 235
Monitoring GWB 114 1 ff.
Müller-Rechtsprechung VergabeR Einl. 8
Mündliche Verhandlung im Nachprüfungsverfahren GWB 166 1 ff.
- Anspruch auf rechtliches Gehör **GWB 166** 2
- Entscheidung nach Aktenlage **GWB 166** 10 ff.
- Gelegenheit zur Stellungnahme **GWB 166** 6
- rechtliches Gehör **GWB 166** 7
- Zustimmung der Beteiligten **GWB 166** 13 f.
Muster zur Auftragsbekanntmachung VgV 37 8 ff.

N

Nachforderung von Unterlagen
- Ausschluss **SektVO 51** 46 ff.
- Dokumentation **VgV 56** 39 f.
- leistungsbezogene Unterlagen **VgV 56** 36 f.
- Nachreichungsfrist **SektVO 51** 55 ff.
- nicht offenes Verfahren **VgV 16** 48 ff.
- offenes Verfahren **VgV 15** 43 ff.
- Sektorenvergaberecht **SektVO 51** 33 ff.
- unternehmensbezogene Unterlagen **SektVO 51** 37; **VgV 56** 32 ff.
- Verfahren **VgV 56** 38
- Zulässigkeit **VgV 56** 23 ff.
Nachprüfbarkeit VergabeR Einl. 71 ff.
- Entscheidungsgrundlagen **VergabeR Einl.** 73 ff.
- Gesamtbild der Transparenz **VergabeR Einl.** 76 f.
- Unparteilichkeit **VergabeR Einl.** 72
- Vergabeverfahrens **VergabeR Einl.** 71 ff.
- Zeitpunkt der Festlegung der Entscheidungskriterien **VergabeR Einl.** 74 ff.
Nachprüfung
- Informationspflicht **VgV 62** 16 f.
Nachprüfungsantrag GWB 161 1 ff.
- Antrag auf Feststellung der Rechtswidrigkeit **GWB 168** 53 ff. s. auch Feststellungsantrag im Nachprüfungsverfahren
- Antragsbegründung **GWB 161** 7 ff.
- Antragsfrist **GWB 161** 5
- Aussetzung des Vergabeverfahrens **GWB 169** 7 ff. s. auch Aussetzung des Vergabeverfahrens
- Benennung von Beteiligten **GWB 161** 14
- Beschreibung behaupteter Rechtsverletzung **GWB 161** 11
- bestimmtes Begehren **GWB 161** 5
- Bezeichnung des Antragsgegners **GWB 161** 10
- Bezeichnung von Beweismitteln **GWB 161** 12
- Darlegung der Rüge **GWB 161** 13
- deutsche Sprache **GWB 161** 3
- Devolutiveffekt **GWB 168** 22
- Empfangsbevollmächtigter **GWB 161** 6
- Erledigung **GWB 168** 53 ff., 57 ff.
- Erledigung durch Zuschlagserteilung **GWB 168** 37 ff.
- Erledigung in sonstiger Weise **GWB 168** 60 ff.
- Form **GWB 161** 1 ff.
- Informationspflicht bei offensichtlicher Unzulässigkeit **GWB 173** 37 ff.
- Inhalt **GWB 161** 1 ff.
- Inhalt der Antragsbegründung **GWB 161** 10 ff.
- Kosten bei Erledigung **GWB 182** 10
- Kosten bei Rücknahme **GWB 182** 10
- Kostenerstattung bei Antragsrücknahme **GWB 182** 17 f.
- per E-Mail **GWB 161** 2
- Rechtsschutz bei unterbliebener Information über Nachprüfungsantrag **GWB 173** 37 ff.
- Rücknahme **GWB 168** 73
- Schadensersatz bei Rechtsmissbrauch **GWB 180** 1 ff. s. auch Schadensersatz bei Rechtsmissbrauch
- Schriftform **GWB 161** 2, 9
- Unbegründetheit **GWB 166** 25 f.
- unverzügliche Einreichung **GWB 161** 7
- Vergabeakten **GWB 163** 18
- Verwerfungsbefugnis der Vergabekammer **GWB 161** 15
- zur Niederschrift **GWB 161** 3
- Zurückweisung **GWB 163** 16
- zuständige Vergabekammer **GWB 161** 4
Nachprüfungsentscheidung GWB 168 1 ff., 6 ff.
- Anordnung der Rückabwicklung **GWB 168** 26

magere Zahl = Randnummer

Sachverzeichnis

- Antragsbefugnis **GWB 166** 21
- Aufhebung der Aufhebung **GWB 168** 41 ff.
- Aufhebung der Ausschreibung **GWB 168** 29
- Aufhebung eines erteilten Zuschlags **GWB 168** 35 ff.
- Befugnisse und Prüfungsmaßstab **GWB 168** 6 ff.
- Begründung **GWB 168** 71
- durch Verwaltungsakt **GWB 168** 70 ff.
- Entscheidung in Abwesenheit **GWB 166** 12 ff.
- Entscheidung nach Aktenlage **GWB 166** 10 ff.
- Entscheidungsfrist **GWB 167** 2 ff. *s. auch Entscheidungsfrist im Nachprüfungsverfahren*
- Erledigungsbeschluss **GWB 168** 57 ff.
- Feststellung der Rechtswidrigkeit **GWB 168** 35 ff.
- Feststellungsentscheidung **GWB 168** 68 f.
- formelle Anforderungen **GWB 168** 70 ff.
- Fristverlängerung **GWB 167** 10 ff.
- Kostenentscheidung **GWB 168** 74
- nach Aktenlage **GWB 166** 10 ff.
- Präklusion **GWB 168** 16 ff.
- Prüfung der Zulässigkeit **GWB 168** 10
- Rechtsmittelbelehrung **GWB 168** 72
- Richtervorlage **GWB 168** 30
- Sachzusammenhang **GWB 168** 8
- Unabhängigkeit von gestellten Anträgen **GWB 168** 34
- Unanfechtbarkeit **GWB 168** 73
- Unbegründetheit **GWB 166** 18 ff.
- Untersagung der Zuschlagserteilung **GWB 168** 24 ff.
- Verhandlung in Abwesenheit **GWB 166** 25 f.
- Verweisungsbeschluss **GWB 168** 31
- Vollstreckung der Entscheidung **GWB 168** 77 ff. *s. auch Vollstreckung der Nachprüfungsentscheidung*
- Vollzugshindernis bei sofortiger Beschwerde **GWB 173** 1 ff.
- Vorabentscheidungsverfahren **GWB 168** 33
- vorlageberechtigt an den EuGH **GWB 168** 32
- vorläufige Maßnahmen **GWB 169** 35 ff. *s. auch Vorläufige Maßnahmen im Nachprüfungsverfahren*
- Vorliegen einer Rechtsverletzung **GWB 168** 11 ff.
- Wiedereröffnung der mündlichen Verhandlung **GWB 166** 27
- zu treffende geeignete Maßnahme **GWB 168** 21 ff.
- Zurückversetzung des Verfahrens **GWB 168** 15

Nachprüfungsverfahren GWB 97 382 ff.; **GWB 155** 1 ff.

- Ablehnungsfiktion **GWB 167** 12
- Akteneinsicht *s. Akteneinsicht im Nachprüfungsverfahren*
- Alleinentscheidungsrecht **GWB 157** 42 ff.
- Antrag auf Feststellung der Rechtswidrigkeit **GWB 168** 53 ff. *s. auch Feststellungsantrag im Nachprüfungsverfahren*
- Antragsbefugnis *s. Antragsbefugnis im Nachprüfungsverfahren*
- Antragserfordernis *s. Antragserfordernis im Nachprüfungsverfahren*
- Antragsfrist *s. Antragsfrist im Nachprüfungsverfahren*
- Aufbewahrung vertraulicher Unterlagen **GWB 164** 1 ff.
- Ausschließlichkeit des Rechtsweges **GWB 156** 9 ff.
- Ausschluss abweichenden Landesrechts **GWB 170** 1 ff.
- Ausschlussfrist **GWB 135** 22

- Behandlung von Geheimhaltungsinteressen **GWB 165** 48 ff. *s. auch Verfahren zur Entscheidung über Akteneinsicht*
- Beiladung **GWB 162** 1 ff. *s. auch Beiladung im Nachprüfungsverfahren*
- Berufungsverfahren **GWB 182** 20
- Beschleunigungsgrundsatz **GWB 167** 1 ff. *s. auch Beschleunigungsgrundsatz*
- besonders schwerwiegende Vergabeverstöße **GWB 168** 14
- Bezüge zum Kartellverwaltungsverfahren **GWB 171** 4 f.
- BGH zu Geheimnisschutz, rechtliches Gehör **GWB 165** 70
- Devolutiveffekt **GWB 168** 22
- Entscheidungsfrist **GWB 167** 2 ff. *s. auch Entscheidungsfrist im Nachprüfungsverfahren*
- Erledigung **GWB 168** 53 ff., 57 ff.
- Erledigung in sonstiger Weise **GWB 168** 60 ff.
- Erledigung nach Beschwerdeentscheidung **GWB 177** 18 f.
- Erledigung zwischen Instanzen **GWB 178** 41
- Erledigungsantrag **GWB 168** 57 ff.
- Ermittlung von Amtswegen **GWB 168** 12 f.
- Ermittlungsbefugnisse und Beweiserhebung **GWB 163** 11 f.
- Erstprüfung des Nachprüfungsantrags **GWB 163** 14 f.
- Feststellungsinteresse **GWB 168** 65 ff.
- Fortsetzung nach der Erstprüfung **GWB 163** 17 ff.
- Fristen bei Verstoß gegen Informationspflicht **GWB 135** 60 ff.
- Fristverlängerung **GWB 167** 10 ff.
- Funktion **GWB 97** 384
- Gegenstand **GWB 165** 18 ff.
- Korrekturmechanismus der Kommission **GWB 183** 1 ff. *s. auch Korrekturmechanismus*
- Kostenpflichtigkeit **GWB 182** 2 ff.
- Kostenvorschusses **GWB 163** 17
- materieller Vergabeverfahrensbegriff **GWB 160** 12
- mündliche Verhandlung **GWB 166** 1 ff. *s. auch Mündliche Verhandlung im Nachprüfungsverfahren*
- Nachprüfungsantrag **GWB 161** 1 ff. *s. auch Nachprüfungsantrag*
- Präklusion **GWB 168** 16 ff.
- Prüfungsbefugnis **GWB 163** 8 ff.
- Prüfungsmaßstab **GWB 168** 6 ff.
- Rechtsnatur **GWB 97** 382 ff.
- Richtervorlage **GWB 168** 30
- Rügeobliegenheit *s. Rügeobliegenheit*
- Schadensersatz bei Zuschlagserteilung im laufenden Verfahren **GWB 181** 46 f.
- Schutzschrift **GWB 163** 15 f.
- Unabhängigkeit von gestellten Anträgen **GWB 168** 34
- Unbegründetheit **GWB 166** 18 ff.
- Verfahrensbeteiligte **GWB 162** 9 ff. *s. auch Beteiligte im Nachprüfungsverfahren*
- Verfahrenskosten **GWB 182** 1 ff. *s. auch Verfahrenskosten bei Verfahren vor Vergabekammer*
- Verschlusssachen und andere vertrauliche Informationen **GWB 164** 3 *s. auch Sicherstellung der Vertraulichkeit*
- Verstoß gegen Ausschreibungspflicht **GWB 135** 44 ff.
- Verstoß gegen Informationspflicht **GWB 135** 51 ff.

2209

Sachverzeichnis

fette Zahl = Gesetz und Paragraf

- Verwerfungsbefugnis der Vergabekammern **GWB 161** 15
- Vorabentscheidungsverfahren **GWB 168** 33
- vorlageberechtigt an den EuGH **GWB 168** 32
- vorläufige Maßnahmen **GWB 169** 35 ff. s. auch Vorläufige Maßnahmen im Nachprüfungsverfahren
- Zurückversetzung des Verfahrens **GWB 168** 15
- Zuständigkeit **GWB 159** 1 ff. s. auch Zuständigkeit im Nachprüfungsverfahren

Nachrichtendienstliche Tätigkeiten GWB 145 2

Nachträgliche Bietergemeinschaft SektVO 50 17 ff.

Nachunternehmer
- einfache **SektVO 47** 5

Nachunternehmerersetzung
- im Konzessionsvergabeverfahren **KonzVgV 33** 32 ff.

Nachverhandlungen
- nicht offenes Verfahren **VgV 16** 79 ff.

Nachverhandlungsverbot VergabeR Einl. 298

Nachwachsende Rohstoffe GWB 97 122

Nachweisliste
- Vergabeunterlagen **VgV 29** 8 f.

NATO-Truppenstatus GWB 117 17

Nebenangebote VergabeR Einl. 275
- Art und Weise der Einreichung **VgV 35** 26 f.
- Ausschluss **VgV 35** 28 ff.
- Begriff **VgV 35** 8 f.
- Festlegung von Zuschlagskriterien **VgV 35** 18 ff.
- Gleichbehandlungsgrundsatz **GWB 97** 77
- Mindestanforderungen **VgV 35** 13 ff.
- Preis als alleiniges Zuschlagskriterium **VgV 35** 21 f.
- Rechtsschutz **VgV 35** 32 f.
- Sektorenvergaberecht **SektVO 33** 1 ff.
- Zulässigkeit **VgV 35** 10 ff.

Nebenbeschaffungstätigkeiten GWB 120 23

Nebenleistungen GWB 103 110 f.

Neue Institutionsökonomik GWB 152 4

Neutralitätspflicht VgV 6 1 ff.

Newcomer GWB 122 40 ff.

Nicht offene Planungswettbewerbe VgV 71 18 ff.
- Auswahlentscheidung **VgV 71** 27
- Auswahlkriterien **VgV 71** 18 ff.
- Dokumentation **VgV 71** 29
- Mindestanzahl von Teilnehmern **VgV 71** 23
- vorausgewählte Teilnehmer **VgV 71** 25

Nicht offenes Verfahren GWB 119 23 ff.; **VergabeR Einl.** 254; **VgV 16** 1 ff.
- Ablauf **VgV 16** 5 ff.
- Angebotsabgaberecht **VgV 16** 21 f.
- Angemessenheit des Angebotspreises **VgV 16** 57 ff.
- Aufforderung zur Erläuterung von Nachweisen **VgV 16** 67 ff.
- Aufklärungsrechte **VgV 16** 48 ff.
- Begrenzung des Angebotsabgaberecht **VgV 16** 24 ff.
- Drittschutz **VgV 16** 83
- Eignungsnachweis **GWB 122** 32 ff.
- Festlegung der Angebotsfrist im Einvernehmen mit Bewerbern **VgV 16** 36 ff.
- Mindestangebotsfrist **VgV 16** 30 ff.
- Mindestteilnahmefrist **VgV 16** 10 ff.
- mit Teilnehmerwettbewerb **VergabeR Einl.** 91 ff.
- Nachforderungsmöglichkeiten von Unterlagen **VgV 16** 48 ff.

- Sektorenvergaberecht **SektVO 15**; **SektVO 16** 1 f.
- spezialgesetzliche Nachforschungsmöglichkeiten **VgV 16** 61 ff.
- Unbeschränktheit der Teilnahmeanträge **VgV 16** 9
- unzulässige Nachverhandlungen **VgV 16** 79 ff.
- Vergabeunterlagen **VgV 29** 35 f.
- Verhandlungsverbote **VgV 16** 72 ff.
- Verkürzung der Angebotsfrist bei Dringlichkeit **VgV 16** 43 ff.
- Verkürzung der Mindestangebotsfrist **VgV 16** 33 ff.
- Verkürzung der Teilnahmefrist bei Dringlichkeit **VgV 16** 13 ff.
- Wahlfreiheit **VgV 14** 20
- Wesen **VgV 16** 6 ff.
- zeitliche Grenze für Aufklärungen **VgV 16** 82 f.
- Zulässigkeit anderer Vergabeverfahrensarten **VgV 14** 21 f.

Nicht öffentliche Auftraggeber GWB 97 270

Niedrigpreisangebote SektVO 54 1 ff.
- Aufgreifschwellen **SektVO 54** 7
- Aufklärungsumfang **SektVO 54** 9
- Aufklärungszeitpunkt **SektVO 54** 13
- Beurteilungsspielraum **SektVO 54** 6
- Darlegungs- und Beweislast **SektVO 54** 12
- Dokumentation **SektVO 54** 11
- Form **SektVO 54** 11

Nord-Pas-de-Calais-Rechtssache GWB 97 86

Norwegen SektVO 55 4

No-Spy-Erklärungen GWB 152 127

Notarkammern GWB 99 118

Notfrist GWB 172 2

Notwendigkeit der Hinzuziehung GWB 182 35 ff.

NUTS-Code VgV 37 10

O

Offenes Verfahren GWB 122 31; **GWB 142** 1 ff.; **VergabeR Einl.** 85 f., 253; **VgV 15** 1 ff.
- Ablauf **VgV 15** 3 ff.
- absolute Angebotsmindestfrist **VgV 15** 24 ff.
- Anspruch auf eine Aufklärung **VgV 15** 65
- Aufforderung zur Erläuterung von Nachweisen **VgV 15** 49 ff.
- Aufklärungsrechte **VgV 15** 29 ff.
- COVID 19-Pandemie **VgV 15** 20, 26
- Mindestangebotsfrist **VgV 15** 12 ff.
- Mischkalkulation **VgV 15** 42
- mit Teilnehmerwettbewerb. **VergabeR Einl.** 87
- Nachforderungsmöglichkeiten von Unterlagen **VgV 15** 43 ff.
- öffentliche Aufforderung zur Angebotsabgabe **VgV 15** 7 ff. s. auch Öffentliche Aufforderung zur Angebotsabgabe
- Sektorenvergaberecht **SektVO 14**; **SektVO 16** 1
- Unbeschränktheit der Angebote **VgV 15** 11
- Vergabeunterlagen **VgV 29** 34
- Verhandlungsverbote **VgV 15** 28 ff., 55 ff.
- Verkürzung der Angebotsfrist bei Dringlichkeit **VgV 15** 18 ff.
- Verkürzung der Mindestangebotsfrist **VgV 15** 16 f., 27
- Wahlfreiheit **VgV 14** 20
- Wesen **VgV 15** 3 ff.
- Wirtschaftlichkeitsbewertung **VgV 15** 44

magere Zahl = Randnummer

Sachverzeichnis

- zeitliche Grenze für Aufklärungen **VgV 15** 64
- Zulässigkeit anderer Vergabeverfahrensarten **VgV 14** 21 f.

Öffentliche Aufforderung zur Angebotsabgabe VgV 15 7 ff.

Öffentliche Aufträge, verteidigungs- und sicherheitsspezifische GWB 104 1 ff. *s. auch Verteidigungs- und sicherheitsspezifische öffentliche Aufträge*

Öffentliche Einrichtung
- Gründungszweck **GWB 99** 51

Öffentliche Gewalt VergabeR Einl. 51

Öffentliche Personenverkehrsdienste
- Konzessionsvergabe **GWB 149** 66 ff.

Öffentlicher Auftrag GWB 103 1 ff.
- Bauaufträge **GWB 103** 112 ff.
- Beihilfen **GWB 103** 28 f.
- Beleihung **GWB 103** 85
- bestimmten Auftragnehmern vorbehaltene öffentliche Aufträge **GWB 118** 1 ff.
- contracting out **GWB 103** 72 f.
- kommunale Zusammenarbeit **GWB 103** 67 ff.
- Lieferaufträge **GWB 103** 88 ff.
- Optionen **GWB 103** 80
- Outsourcing **GWB 103** 72 f.
- Rekommunalisierung **GWB 103** 72 f.
- sozialrechtliches Dreiecksverhältnis **GWB 103** 81 f.
- Subunternehmer **GWB 103** 86 f.
- Unteraufträge **GWB 103** 86 f.
- Unwirksamkeit **GWB 135** 1 ff.
- Vertrag **GWB 103** 14 ff. *s. auch Vertrag,* 30 ff. *s. auch Vertrag*
- Vertragspartner **GWB 103** 10 f.
- wirtschaftliche Tätigkeit von Kommunen **GWB 103** 20 ff.

Öffentlicher Auftraggeber GWB 99 1 f.; **GWB 101** 6 f.
- andere juristische Personen des öffentlichen und privaten Rechts **GWB 99** 22 ff.
- Ärztekammern **GWB 99** 116
- Aufgabendelegation **GWB 99** 165
- Aufsicht über die Leitung **GWB 99** 67 f.
- auftragsbezogene Auftraggebereigenschaft **GWB 99** 85 ff.
- Auslandsbezug **GWB 99** 166 f.
- Begriff **GWB 99** 1
- Bildungseinrichtungen **GWB 99** 130 ff.
- Bundesauftragsverwaltung **GWB 99** 103
- Deutsche Bahn **GWB 99** 104
- Deutsche Telekom AG **GWB 99** 107
- Einrichtungen des öffentlichen Rechts **GWB 99** 23
- Energieversorgung **GWB 99** 155
- Entsorgungs- und Reinigungsunternehmen **GWB 99** 154
- Entstehungsgeschichte **GWB 99** 6 ff.
- Finanzierung **GWB 99** 61 ff.
- Flughafenbetreibergesellschaften **GWB 99** 146
- Gebietskörperschaften **GWB 99** 14 ff.
- gesetzliche Krankenkasse **GWB 99** 110 ff.
- Großmärkte **GWB 99** 143
- Gründungszweck **GWB 99** 51
- im Allgemeininteresse liegende Aufgaben nichtgewerblicher Art **GWB 99** 34 ff.
- Informationspflicht **GWB 134** 15 ff.
- juristische Personen der öffentlichen oder privaten Rechts **GWB 99** 28 ff.

- Kammern **GWB 99** 114 ff.
- kommunale Spitzenverbände **GWB 99** 80
- kommunale Versorgungsunternehmen **GWB 99** 151 ff.
- Krankenhäuser **GWB 99** 128
- Landesbanken **GWB 99** 134 ff.
- Landesentwicklungsgesellschaften **GWB 99** 144 f.
- Lotteriegesellschaften **GWB 99** 147 f.
- Messegesellschaften **GWB 99** 140 ff.
- öffentlich-rechtliche Rundfunkanstalten **GWB 99** 108 f.
- Parlamentsfraktionen **GWB 99** 168
- Personalkörperschaften **GWB 99** 18
- personeller Anwendungsbereich **GWB 99** 11 ff.
- politische Parteien **GWB 99** 168
- Post **GWB 99** 105 f.
- Realkörperschaften **GWB 99** 18
- Rechtsanwalts- und Notarkammern **GWB 99** 118
- Religionsgemeinschaften **GWB 99** 18, 121 ff.
- Sozialversicherungsträger **GWB 99** 113
- Sparkassen **GWB 99** 134 ff.
- Sport- und Freizeiteinrichtungen **GWB 99** 149 f.
- Staat **GWB 101** 7 f.
- staatliche Beherrschung **GWB 99** 56 ff.
- Stadtwerke **GWB 99** 151 ff.
- Stiftungen **GWB 99** 126
- Träger der freien Wohlfahrtspflege **GWB 99** 125
- überwiegende Subventionierungen des Vorhabens **GWB 99** 99 ff.
- unionsrechtliche Vorgaben **GWB 99** 4 ff.
- Verbände **GWB 99** 78 ff.
- Verbandskörperschaften **GWB 99** 18
- Versorgungswerke **GWB 99** 114 ff.
- Verwaltungsprivatisierung **GWB 99** 156 ff.
- wettbewerblicher Dialog **GWB 119** 88
- Wirtschaftsförderungsgesellschaften **GWB 99** 144 f.
- Wohnungsbaugesellschaften **GWB 99** 136 ff.

Öffentlich-öffentliche Zusammenarbeit
- Ausnahmen bei Vergabe **GWB 108** 1 ff. *s. auch Ausnahmen bei öffentlich-öffentlicher Zusammenarbeit*
- vertikale In-House-Vergabe **GWB 108** 46

Öffentlich-private-Partnerschaft GWB 103 107

Öffentlich-rechtliche Dienstleistungsaufträge GWB 103 172 ff.

Öffentlich-rechtliche Dienstverhältnisse GWB 107 13

Öffentlich-rechtliche Rundfunkanstalten GWB 99 108 f.

Open-House-Verfahren GWB 103 61

ÖPNV GWB 131 125 ff.

ÖPP-Verfahren GWB 119 92

Optionen GWB 103 80

Ordentliche Gerichte
- Zuständigkeit **GWB 156** 33 ff.

Outsourcing GWB 103 72 f.

Oymanns-Rechtssache GWB 99 112; **GWB 105** 85

P

pacta sunt servanda GWB 154 42

Paket zur Modernisierung des europäischen Vergaberechts VergabeR Einl. 188

Pan-European Public Procurement Online GWB 97 316

2211

Sachverzeichnis

fette Zahl = Gesetz und Paragraf

Parking-Brixen-Entscheidung GWB 105 85; **VergabeR Einl.** 23 f.
Parlamentsfraktionen GWB 99 168
Parlamentsvorbehalt GWB 113 21 ff.
PEPPOL s. *Pan-European Public Procurement Online*
Personalkörperschaften GWB 99 18
Personenverkehrsdienstleistungen GWB 97 110
Personenverkehrsleistungen GWB 131 2
– Konzessionsvergabe **GWB 154** 22 ff. *s. auch Konzessionsvergabe bei Personenverkehrsleistungen*
Photovoltaikanlage GWB 103 128
PIC-Übereinkommen GWB 128 10
Planungswettbewerbe VgV 69 1 ff.
– Anerkennung **VgV 79** 3 ff.
– anzuwendende Vorschriften **VgV 69** 14
– Architekten- und Ingenieurleistungen **VgV 78** 1 ff. *s. auch Planungswettbewerbe für Architekten- und Ingenieurleistungen*
– Aufforderung zur Verhandlung **VgV 80** 1 ff. *s. auch Aufforderung zur Verhandlung*
– Aufwandsentschädigung **VgV 71** 14
– ausgeschlossene Personen **VgV 79** 9 ff.
– Auslobung von Preisen **VgV 79** 3 ff.
– Ausnahmen von Veröffentlichungspflichten **VgV 70** 16
– Ausrichtung **VgV 71** 1 ff.
– Ausschluss der Kostenerstattung **VgV 77** 11
– außerhalb von **VgV 77** 22 f.
– Begriff **VgV 69** 2
– Bekanntgabe von Eignungskriterien, Verhandlungsverfahren ohne Teilnahmewettbewerb **VgV 70** 8 f.
– Bekanntmachung des Wettbewerbs **VgV 70** 4 ff.
– Bekanntmachung des Wettbewerbsergebnisses **VgV 70** 13 ff.
– Beschränkungsverbote **VgV 71** 16 f.
– Beteiligung an der Auslobung **VgV 79** 12 f.
– Bewerbungs- und Angebotsunterlagen **VgV 77** 9 f.
– Bewertungsverfahren **VgV 71** 8
– Durchführung **VgV 79** 1 ff.
– Ideen- und Realisierungswettbewerbe **VgV 69** 3 ff.
– Information über Wettbewerbsbedingungen **VgV 71** 4 f.
– keine Kostenerstattung für Angebots- und Bewerbungsunterlagen **VgV 77** 8 ff.
– Kosten **VgV 77** 1 ff.
– Lösungsvorschläge für die gestellte Planungsaufgabe **VgV 77** 12 ff. *s. auch Lösungsvorschläge*
– nicht offene Wettbewerbe **VgV 71** 18 ff. *s. auch Nicht offene Planungswettbewerbe*
– offene und nicht offene Wettbewerbe **VgV 69** 6 ff.
– Preis **VgV 71** 11
– Preisgericht **VgV 72** 1 ff. *s. auch Preisgericht im Planungswettbewerb*
– Rechtsschutz **VgV 69** 19 ff.; **VgV 78** 23 ff.
– Rechtsschutz bezüglicher angemessener Vergütung **VgV 77** 41 ff.
– Sektorenvergaberecht **SektVO 60** 1 f. *s. auch Planungswettbewerbe im Sektorenvergaberecht*
– Transparenz **VgV 70** 1 ff.
– vergaberechtliche Bedeutung **VgV 69** 12 f.
– Vergütung **VgV 77** 1 ff.
– Vergütung der Lösungsvorschläge nach der HOAI **VgV 77** 48 f.
– Vergütungspflicht für nicht berücksichtigte Teillösungen **VgV 80** 5 ff.

– Verhältnis zum Vergabeverfahren **VgV 78** 15 ff.
– Veröffentlichung **VgV 70** 1 ff.
– Wert der Preise und Anerkennungen **VgV 79** 7 f.
– zivilrechtliche Qualifikation **VgV 69** 9 ff.
Planungswettbewerbe für Architekten- und Ingenieurleistungen VgV 78 1 ff.
– anzuwendende Vorschriften **VgV 78** 20 f.
– Begriff und Anwendungsbereich **VgV 78** 1 ff.
– Durchführungsprüfung **VgV 78** 18 f.
– einheitliche und veröffentlichte Richtlinien **VgV 78** 6 ff., 22
– Richtlinien für Planungswettbewerbe **VgV 78** 13 ff.
Planungswettbewerbe im Sektorenvergaberecht SektVO 60 1 f.
– Anwendungsbereich **SektVO 60** 1 f.
– Ausrichtung **SektVO 62** 1
– Preisgericht **SektVO 63** 1
– Transparenzgebot **SektVO 61** 1
– Veröffentlichungsgebot **SektVO 61** 1
Politische Parteien GWB 99 168
Politisierung der Vergabe *s. Strategische Ziele*
Polizeifahrzeuge VergabeR Einl. 53
Post GWB 99 105 f.
Postsektor GWB Anh. § 102 1 ff.
Postunternehmen GWB Anh. § 102 1 ff.
Postweg VgV 53 13 ff.
PPP-Verfahren GWB 119 92
Präqualifikationsverzeichnis VergabeR Einl. 287
Präqualifizierungssysteme GWB 122 64 ff.
– Anforderungen an Bekanntmachung **GWB 122** 81
– Anforderungen an Eignungskriterien **GWB 122** 74 ff.
– Präqualifikations-Verfahren **GWB 48** 16 ff.
Preisangaben SektVO 51 52
Preisanpassungsklausel
– Auftragsänderung nach Zuschlag **GWB 132** 12
Preiserhöhung
– Auftragsänderung nach Zuschlag **GWB 132** 12
Preisgericht GWB 103 207 ff.
– Auslobungsverfahren **GWB 103** 207 ff.
– Planungswettbewerb **VgV 72** 1 ff. *s. auch Preisgericht im Planungswettbewerb*
– Planungswettbewerbe im Sektorenvergaberecht **SektVO 63** 1
– Unabhängigkeit **GWB 103** 213
– Verfahrensregeln **GWB 103** 214
– Zuschlagsqualität der Entscheidung **GWB 103** 211
Preisgericht im Planungswettbewerb VgV 72 1 ff.
– Anonymisierung der Wettbewerbsarbeiten **VgV 72** 18 ff.
– Bericht **VgV 72** 39 ff.
– Besetzung **VgV 72** 7; **VgV 79** 17
– Bestimmung des Teilnehmerkreises in anschließenden Vergabeverfahren **VgV 72** 54 f., 61
– Beurteilung und Prämierung der Wettbewerbsbeiträge **VgV 72** 22 f.
– Bindung an Wettbewerbsbedingungen **VgV 72** 16 ff.
– Dokumentation und Veröffentlichung **VgV 79** 24 f.
– Entscheidung **VgV 72** 14 ff.; **VgV 79** 19 ff.
– fachliche Qualifikation der Preisrichter **VgV 72** 12 f.

magere Zahl = Randnummer

Sachverzeichnis

– Klärung von Aspekten der Wettbewerbsarbeiten **VgV 72** 45
– Pflichten nach Entscheidung **VgV 79** 24 ff.
– Protokoll **VgV 72** 46
– Rechtsschutz **VgV 79** 29 f.
– Rechtswirkungen **VgV 72** 30 f.
– Rechtswirkungen für spätere Beauftragung **VgV 72** 32 ff.
– Schadenersatz **VgV 72** 57
– Überprüfung und Nachrücken von Teilnehmern **VgV 79** 27 f.
– Unabhängigkeit **VgV 72** 11
– Verbindlichkeit der Entscheidung **VgV 72** 27 f.
– Verfahrensermessen **VgV 72** 24 ff.
– Vergaberechtsschutz gegen Entscheidung **VgV 72** 48 ff.
– Weisungsfreiheit **VgV 72** 14 f.
– Zivilrechtsschutz gegen Entscheidung **VgV 72** 56 ff.
Preisschirmschäden GWB 125 18b
Preiswertung
– Vergabe von Architekten- und Ingenieurleistungen **VgV 76** 15 ff.
pressetext-Urteil GWB 132 49
Primärrechtsschutz VergabeR Einl. 161 ff.
– Defizite des deutschen Rechtsschutzes **VergabeR Einl.** 173 ff.
– gerichtliches Verfahren bei Verlängerungsanträgen **GWB 173** 47 ff.
– Stand bis zum VgRÄG **GWB Vor 171 ff.** 5 ff.
– Vorrang **VergabeR Einl.** 169 ff.
Primärvergaberecht VergabeR Einl. 1 ff.
– allgemeiner Rahmen **VergabeR Einl.** 11 ff.
– Anwendbarkeit s. Reichweite des Primärvergaberechts
– Begriff der Vergabe **VergabeR Einl.** 19 ff.
– Beschaffungsautonomie **VergabeR Einl.** 111 ff.
– Dienstleistungen von allgemeinem wirtschaftlichen Interesse **VergabeR Einl.** 8
– Gebot der Gleichbehandlung **VergabeR Einl.** 29
– Grundfreiheiten **VergabeR Einl.** 6, 12 ff., 21 f.
– prätorische Entwicklung durch EuGH **VergabeR Einl.** 19 ff.
– Publizität **VergabeR Einl.** 64 ff. s. auch Publizität
– Rahmen, Reichweite und Aufgabe **VergabeR Einl.** 6 ff.
– Rechtsquellen **VergabeR Einl.** 30 ff. s. auch Primärvergaberechtliche Grundsätze
– Rechtsschutz **VergabeR Einl.** 150 ff.
– Reichweite **VergabeR Einl.** 38 ff. s. auch Reichweite des Primärvergaberechts
– Rettungsdienstleistungen **VergabeR Einl.** 16
– staatliche Marktteilnahme **VergabeR Einl.** 12 ff.
– subjektive Reichweite **VergabeR Einl.** 58 ff.
– Transparenz **VergabeR Einl.** 62 ff.
– Verfahrensaspekte **VergabeR Einl.** 59 ff. s. auch Verfahrensaspekte
– Vergaberecht light **VergabeR Einl.** 36
– Verhältnisses zwischen Primär- und Sekundärrecht **VergabeR Einl.** 16 f., 35 ff.
– Wasserkonzessionen **VergabeR Einl.** 16
Primärvergaberechtliche Grundsätze s. Grundsätze des Primärvergaberecht
Prinzip der Eigenverantwortung GWB 98 10
Privileg für öffentliche Konzernorganisationen GWB 108 12 f.

Produktionsumstände
– soziale Aspekte **GWB 97** 128
Programm mit geschützten Beschäftigungsverhältnissen GWB 118 9
Projektanten VergabeR Einl. 80
Projektantenproblematik GWB 97 13; **GWB 124** 36 f.; **VgV 7** 8 f.
– Bieter als Projektant **GWB 97** 73 f.
– Vermeidung von Interessenkonflikten **VgV 6** 7
Projektgesellschaft VergabeR Einl. 273
Prozesshandlungsvoraussetzung GWB 175 2 f.
Prüfung der Eignung s. Eignungsprüfung
Prüfung der Interessensbestätigungen, Teilnahmeanträge und Angebote VgV 56 1 ff., 6 ff.
– Dokumentation **VgV 56** 22
– Gegenstand der Prüfung **VgV 56** 1 f.
– rechnerische Richtigkeit **VgV 56** 19 ff.
– Rechtsfolge bei rechnerischer Unrichtigkeit **VgV 56** 19 ff.
– Rechtsfolge bei Unvollständigkeit oder Unrichtigkeit **VgV 56** 13 ff.
– Vollständigkeit und fachliche Richtigkeit **VgV 56** 8 ff.
Prüfung der Wirtschaftlichkeit s. Wirtschaftlichkeitsprüfung
Public-Public-Partnership GWB 108 46
Publikationsorgan VergabeR Einl. 68 ff.
Publizität VergabeR Einl. 64 ff.
– Amtsblatt der EU **VergabeR Einl.** 69
– elektronische Kommunikationsmittel **VergabeR Einl.** 70
– eVergabe **VergabeR Einl.** 70
– Mittelstandsschutz **GWB 97** 250
– Publikationsorgan **VergabeR Einl.** 68 ff.

Q

Qualifizierte Wegenutzungsverträge GWB 102 42 f.
Qualifizierungssysteme
– Bekanntmachung **VergabeR Einl.** 287
Qualifizierungssysteme im Sektorenvergaberecht SektVO 48 1 ff.
– Ablehnung der Qualifizierung **SektVO 48** 25
– Bekanntmachung **SektVO 48** 21
– Benachrichtigung über Aufnahme ins Prüfungssystem **SektVO 48** 23 f.
– Einrichtung von Prüfungssystemen **SektVO 48** 6 ff.
– Festlegung objektiver Qualifizierungskriterien **SektVO 48** 10 f.
– Kosten des Prüfungssystems **SektVO 48** 22
– Mitteilung von Prüfungsregeln und -kriterien **SektVO 48** 15 f.
– Nachweis der Leistungsfähigkeit durch Kapazitäten eines Drittunternehmens **SektVO 48** 17 ff.
– objektive Kriterien für Funktionsweise **SektVO 48** 13 f.
– Qualifizierungsstufen **SektVO 48** 9
– Rechtsschutz **SektVO 48** 26 ff.
– Regelprüfungsfrist **SektVO 48** 24
– Systematik **SektVO 48** 4 ff.
– Verzeichnis qualifizierter Unternehmen **SektVO 48** 20
Qualitative Zuschlagskriterien
– strategisches Ziel **GWB 97** 158 ff.

Sachverzeichnis

fette Zahl = Gesetz und Paragraf

Qualitätsaspekte GWB 97 97 f.
Qualitätssicherung
– Belege **VgV 49** 1 ff.
– Sektorenvergaberecht **SektVO 49** 1 ff.

R

Rabattverträge GWB 155 2
Rahmenvereinbarungen GWB 103 1 ff., 179 ff.; **GWB 121** 21 ff.; **VgV 21** 1 ff.
– Abnahmepflicht des Auftraggebers **VgV 21** 16
– Anwendungsbereich **GWB 103** 183
– Anzahl Vertragspartner **VgV 21** 29
– Aufnahme neuer Bieter in die Rahmenvereinbarung **VgV 21** 24 ff.
– Auftragsvolumen **VgV 21** 7 f.
– Auswahlkriterien **VgV 21** 38
– Begriff **GWB 103** 185 f.; **SektVO 19** 1
– Beitritt **GWB 103** 198
– Berechnungsmethode für Preis **VgV 21** 10
– Einzelaufträge **VgV 21** 48
– elektronische Auktion **VgV 25** 22 ff.
– Kleinstwettbewerb **VgV 21** 34
– Laufzeit **GWB 103** 196
– Leistungsgegenstand **VgV 21** 14 f.
– maximale Laufzeit **VgV 21** 42
– mehrere Rahmenvereinbarungen **VgV 21** 22 f.
– Missbrauchsverbot **VgV 21** 19
– mit mehreren Unternehmen **VgV 21** 29 ff.
– mit nur einem Unternehmen **VgV 21** 27 f.
– Nennung der Kriterien und der Gewichtung **VgV 21** 37
– Preis **VgV 21** 10
– Preis als Zuschlagskriterium **VgV 21** 40 ff.
– Rahmenvereinbarung ieS **VgV 21** 32
– Rahmenvertrag ieS **VgV 21** 30 f.
– Rechtsschutz **GWB 103** 200 f.; **VgV 21** 47 f.
– Schätzung des Auftragswerts **VgV 3** 22
– Sektorenvergaberecht **SektVO 19** 1 ff. *s. auch Rahmenvereinbarungen im Sektorenvergaberecht*
– Typen **GWB 103** 189
– Überblick **VgV 21** 1 ff.
– Verfahren **GWB 103** 191 ff.; **VgV 21** 4 ff.
– Vertragsschluss außerhalb der Rahmenvereinbarung **VgV 21** 21
– Zuschlagskriterien **VgV 21** 37 ff.
Rahmenvereinbarungen im Sektorenvergaberecht SektVO 19 1 ff.
– Arten **SektVO 19** 8 ff.
– Geltungsdauer **SektVO 19** 13
– Grundlagen **SektVO 19** 3 ff.
– Systematik **SektVO 19** 14 f.
– Überblick **SektVO 19** 1 ff.
– Vergabe **SektVO 19** 9
– Vergabe der Einzelaufträge **SektVO 19** 10 ff.
– Vergabebekanntmachung **SektVO 38** 7
Rahmenvertrag GWB 121 21 ff.
Realkörperschaften GWB 99 18
Recht der Cybersicherheit
– elektronische Vergabe **GWB 97** 373 ff.
– VO zur Bestimmung kritischer Infrastrukturen **GWB 97** 375
Rechte des geistigen Eigentums
– Innovationspartnerschaft **VgV 19** 18
Rechtsanwaltskammern GWB 99 118
Rechtsanwaltskosten GWB 182 35 ff.

Rechtsberatung GWB 116 4 ff.
Rechtsberatungskosten GWB 181 77
Rechtsdienstleistungen GWB 149 6 ff.
Rechtsfertigungsgründe VergabeR Einl. 96 ff.
– Art. 106 Abs. 2 AEUV **VergabeR Einl.** 106 ff.
– Dringlichkeit **VergabeR Einl.** 97 ff.
– Effizienz **VergabeR Einl.** 100 ff.
– Konjunkturförderung **VergabeR Einl.** 99 f.
– Verhältnismäßigkeitsprinzip **VergabeR Einl.** 97 ff.
Rechtsfolgen
– Vermeidung von Interessenkonflikten **VgV 6** 32 ff.
Rechtsformen
– Bewerber-/Bietergemeinschaften **VgV 43** 9
– Gleichsetzung von Bewerber- und Bietergemeinschaften mit Bewerber und Bieter **VgV 43** 7 ff.
– keine Zurückweisung von Bewerbern oder Bietern **VgV 43** 5 ff.
– Unternehmen und Bietergemeinschaften im Konzessionsvergabeverfahren **KonzVgV 24** 1 ff.
– Vorgabe bestimmter **VgV 43** 23 ff.
Rechtsmittelrichtlinie GWB 134 26; **VergabeR Einl.** 192 ff., 200
– Korrekturmechanismus **GWB 181** 1 *s. auch Korrekturmechanismus*
– Vorabentscheidung im Beschwerdeverfahren **GWB 176** 3
Rechtsschutz
– Aufforderung zur Verhandlung **VgV 80** 9 f.
– Aufhebung der Ausschreibung **SektVO 57** 27 ff.
– Auftragskündigung in besonderen Fällen **GWB 133** 17 f.
– Betriebsübergang bei Eisenbahnverkehrsdiensten **GWB 131** 115 ff.
– De-facto-Vergabe **GWB 135** 117
– Defizite des deutschen Rechtsschutzes **VergabeR Einl.** 173 ff.
– Drittländer **SektVO 55** 12
– Effektivitätsgrundsatz **VergabeR Einl.** 180 ff.
– Einheitliche Europäische Eigenerklärung **VgV 50** 30
– elektronische Vergabe **GWB 97** 342
– gelegentliche gemeinsame Auftragsvergabe **VgV 4** 27 ff.
– im Primärvergaberecht *s. Rechtsschutz im Primärvergaberecht*
– Informationspflicht des Auftraggebers **GWB 134** 97
– Informationspflichtverstoß **GWB 135** 44 ff.
– Konzessionsrichtlinie **GWB 97** 350
– Konzessionsvergabeverfahren **KonzVgV 33** 44
– Losvergabe **VgV 30** 21 ff.
– Markterkundung **VgV 28** 19 ff.
– Nebenangebote **VgV 35** 32 f.
– Planungswettbewerbe **VgV 69** 19 ff.; **VgV 77** 41 ff.; **VgV 78** 23 ff.
– Preisgericht im Planungswettbewerb **VgV 79** 29 f.
– primärer Rechtsschutz **VergabeR Einl.** 161 ff. *s. auch Primärrechtsschutz*
– Qualifizierungssysteme im Sektorenvergaberecht **SektVO 48** 26 ff.
– Rahmenvereinbarungen **VgV 21** 47 ff.
– Schutz der Vertraulichkeit **VgV 5** 40 f.
– sekundärer **VergabeR Einl.** 160 *s. auch Sekundärrechtsschutz*
– soziale und andere besondere Dienstleistungen **GWB 153** 26

2214

magere Zahl = Randnummer **Sachverzeichnis**

- unterbliebene Information über Nachprüfungsantrag **GWB 173** 37 ff.
- unterhalb der Schwellenwerte **GWB 106** 12 ff.
- Verfahren zur Entscheidung über Akteneinsicht **GWB 165** 65
- Vergabe von Architekten- und Ingenieurleistungen **VgV 75** 44a ff.; **VgV 76** 50 ff.
- Vergabeverfahren **VgV 7** 16
- Verhandlungsverfahren **VgV 14** 150
- Vorabentscheidung im Beschwerdeverfahren **GWB 176** 46
- Vorrang des Primärrechtsschutzes **VergabeR Einl.** 169 ff.

Rechtsschutz bei unterbliebener Information über Nachprüfungsantrag GWB 173 37 ff.
- Beschwerde gegen die Sachentscheidung **GWB 173** 39
- Beschwerde gegen die Untätigkeit **GWB 173** 38
- Verlängerung aufschiebender Wirkung **GWB 173** 40 ff.

Rechtsschutz im Primärvergaberecht VergabeR Einl. 150 ff.
- Aktivlegitimation **VergabeR Einl.** 156 ff.
- Ausgestaltung und Reichweite **VergabeR Einl.** 155
- Defizite des deutschen Rechtsschutzes **VergabeR Einl.** 173 ff.
- Effektivitätsgrundsatz **VergabeR Einl.** 166 ff.
- gerichtlich **VergabeR Einl.** 150 ff.
- inländische Bewerber **VergabeR Einl.** 158
- landesgesetzliche Verankerungen **VergabeR Einl.** 164
- primärer **VergabeR Einl.** 161 s. auch Sekundärrechtsschutz
- primärer Rechtsschutz **VergabeR Einl.** 161 ff. s. auch Primärrechtsschutz
- Rechtslage in Deutschland **VergabeR Einl.** 159
- Rechtsschutzarten **VergabeR Einl.** 154
- Schadensersatz **VergabeR Einl.** 161
- Vorinformationspflichten **VergabeR Einl.** 168

Referenzen VgV 46 13 ff.
- Beschränkung der Anzahl **VgV 46** 18
- noch nicht vollständig erbrachte Leistungen **VgV 46** 17
- Pflicht zur Prüfung **VgV 46** 19
- vergleichbare Leistungen **VgV 46** 16

Regelmäßige nicht verbindliche Bekanntmachung SektVO 36 1 ff.
- abgedeckter Zeitraum **SektVO 36** 13
- Aufforderung zur Interessensbestätigung **SektVO 36** 11 f.
- Bedeutung **SektVO 36** 1 ff.
- drittschützende Wirkung **SektVO 36** 10
- Ersetzung der Auftragsbekanntmachung **SektVO 36** 5
- freiwillige zusätzliche Auftragsbekanntmachung **SektVO 36** 10
- Frist Verkürzung im offenen Verfahren **SektVO 36** 4
- Mindestinhalte **SektVO 36** 7
- Musterformular **SektVO 36** 7
- Vergabebekanntmachung **SektVO 38** 6
- Veröffentlichung **SektVO 36** 3 f.

RegioPost-Urteil GWB 97 94 ff.

Reichweite des Primärvergaberechts VergabeR Einl. 38 ff.
- Binnenmarktbezug **VergabeR Einl.** 40 s. auch Binnenmarktbezug

- Binnenmarktbezug und Dienstleistungskonzessionen **VergabeR Einl.** 41
- Drittwirkung der Grundfreiheiten **VergabeR Einl.** 61
- Gebietskörperschaften **VergabeR Einl.** 59
- In-House-Vergabe **VergabeR Einl.** 57
- militärische Güter **VergabeR Einl.** 53
- öffentliche Gewalt **VergabeR Einl.** 51
- Rechtfertigungsgrund **VergabeR Einl.** 96 ff. s. auch Rechtfertigungsgründe
- Rettungsdienstvergabe **VergabeR Einl.** 56
- Rettungsfahrten **VergabeR Einl.** 51
- sachliche Ausnahmen **VergabeR Einl.** 40 ff.
- sachliche Ausnahmen **VergabeR Einl.** 51 ff.
- subjektive **VergabeR Einl.** 58 ff.
- Unterschwellenvergabe **VergabeR Einl.** 42 f.
- Verkehrsdienstleistungen **VergabeR Einl.** 55
- zulässige Monopole **VergabeR Einl.** 52

Rekommunalisierung GWB 103 72 f.
- allgemeine Ausnahmen **GWB 108** 91 ff.

Religionsgemeinschaften GWB 99 18, 121 ff.

Rettungsdienstleistungen GWB 103 173 f.; **GWB 107** 17 ff.; **VergabeR Einl.** 16, 105
- Konzessionsvergabe **GWB 153** 13

Rettungsdienstleistungen II-Entscheidung GWB 181 23

Rettungsdienstvergabe VergabeR Einl. 56

Rettungsfahrten VergabeR Einl. 51

Richtervorlage GWB 168 30

Richtfunkstationen
- Richtfunkstationen **GWB 103** 129

Richtigkeitsvermutung GWB 121 33 f.

Richtlinie 2014/24/EU
- Ausnahme vom Vergaberegime **VergabeR Einl.** 104

Richtlinie für Planungswettbewerbe VgV 78 13

Richtlinie zur elektronischen Rechnungsstellung GWB 97 351 ff.
- elektronische Rechnung **GWB 97** 352 f.
- nationale Umsetzung **GWB 97** 356 ff.

Richtlinien für öffentliche Aufträge GWB 97 321 ff.

Richtlinien zu den Grundsätzen und zum Verfahren VergabeR Einl. 185 ff.
- aktuelle Richtlinien **VergabeR Einl.** 188 ff.
- Beschränkung des Anwendungsbereichs **VergabeR Einl.** 191
- bisherige Richtlinien **VergabeR Einl.** 185 ff.

Richtlinienkonforme Auslegung GWB 97 390; **VergabeR Einl.** 209 ff.
- Anfangszeitpunkt **VergabeR Einl.** 215
- Auslegungsmethoden **VergabeR Einl.** 213
- Grundlage **VergabeR Einl.** 209 ff.
- personelle Reichweite **VergabeR Einl.** 212
- Reichweite **VergabeR Einl.** 212 ff. s. auch Richtlinienkonforme Auslegung
- Träger der öffentlichen Gewalt **VergabeR Einl.** 212

Rüffert-Urteil GWB 97 185; **GWB 152** 137

Rügeerklärung
- Adressat **GWB 160** 63
- Inhalt **GWB 160** 62a
- Prozessstandschaft **GWB 160** 62b
- Vertreter **GWB 160** 62b
- Zugang **GWB 160** 63

2215

Sachverzeichnis

fette Zahl = Gesetz und Paragraf

Rügefrist GWB 160 59 ff., 84 ff.
- Beginn und Ende **GWB 160** 60 f.
- Beweislast **GWB 160** 86
- sonstigen Verstößen **GWB 160** 85
- Verstößen bezüglich Teilnahmewettbewerb **GWB 160** 84

Rügeobliegenheit GWB 160 3, 50 ff.
- Ausnahme bei De-facto-Vergabe **GWB 160** 95 f.
- Befugnis zur amtswegigen Verfolgung **GWB 160** 72
- Beweislast **GWB 160** 73
- Entbehrlichkeit der Rüge **GWB 160** 67 f.
- Erkennbarkeit des Verstoß **GWB 160** 74 ff.
- Erkennbarkeit im Unterschied zur Kenntnis **GWB 160** 74 ff.
- EU-Rechtsmittelrichtlinie **GWB 160** 75 ff.
- Feststellung der Erkennbarkeit **GWB 160** 81 ff.
- Gegenstand **GWB 160** 55
- individuelle Kenntnis **GWB 160** 58
- Kenntnis vom Verstoß **GWB 160** 52 f.
- Kostenrisiko **GWB 160** 66
- Präklusionswirkung **GWB 160** 69 ff.
- Prüfungsobliegenheit **GWB 160** 56
- Rechtsprechung **GWB 160** 76 ff.
- Rügeerklärung **GWB 160** 62 s. auch Rügeerklärung
- Rügefrist **GWB 160** 59 ff. s. auch Rügefrist
- Sich-Verschließen vor Erkenntnis **GWB 160** 57
- Unterschwellenvergabe **GWB 160** 51
- Verhandlungsverfahren ohne Bekanntmachung **GWB 160** 54
- Voraussetzungen für Kenntniserlangung **GWB 160** 56
- Wartefrist zum Nachprüfungsantrag **GWB 160** 64 ff.
- zeitgleicher Nachprüfungsantrag **GWB 160** 65 f.
- Zurechnung von Rügen Dritter **GWB 160** 67

Rügepflicht GWB 135 54 ff.
- im Nachprüfungsverfahren bei besonders schwerwiegenden Vergabeverstößen **GWB 168** 14
- Wartepflicht des Auftraggebers **GWB 134** 66 f.

S

Sachlicher Anwendungsbereich
- Konzessionsvergabe **GWB 105** 1 ff.

Saubere-Fahrzeuge-Beschaffungs-Gesetz VgV 67 1

Schadensersatz GWB 181 19 ff.
- Auftragskündigung in besonderen Fällen **GWB 133** 16
- bei Rechtsmissbrauch **GWB 180** 1 ff.
- entgangener Gewinn **GWB 181** 20
- Haftungsgrund **GWB 181** 21 ff.
- Preisgericht **VgV 72** 57
- Rücksichtnahmepflicht **GWB 181** 21
- Verletzung vorvertraglicher Rücksichtnahmepflichten **GWB 181** 21 ff.
- weiterreichende Schadensersatzansprüche **GWB 181** 19 ff.

Schadensersatz bei Rechtsmissbrauch GWB 180 1 ff.
- Anspruchsberechtigte **GWB 180** 22
- Anspruchsdurchsetzung **GWB 180** 30
- Anspruchsinhalt **GWB 180** 23 ff.
- Anspruchsverpflichtete **GWB 180** 4 f.
- Aussetzung des Vergabeverfahrens **GWB 180** 14

- Beigeladene **GWB 180** 5
- Ersatz des Vollziehungsschadens **GWB 180** 31
- Kommerzialisierungsabsicht **GWB 180** 19 f.
- Konkurrentenschädigung **GWB 180** 15 ff.
- Missbrauch durch falsche Angaben **GWB 180** 10 ff.
- Regelungstechnik **GWB 180** 3
- unbegründeter Antrag oder unbegründetes Rechtsmittel **GWB 180** 6 ff.
- Verfahrensbehinderung **GWB 180** 15 ff.
- Verhältnis zu unerlaubten Handlungen **GWB 180** 27 ff.
- Verhältnis zu Verletzung vorvertraglicher Rücksichtnahmepflichten **GWB 180** 27 ff.
- Verjährung **GWB 180** 26
- verwerfliche Zweckverfolgung **GWB 180** 15 ff.
- Voraussetzungen **GWB 180** 6 ff.
- weitere Missbrauchsfälle **GWB 180** 21

Schadensersatz wegen Verletzung vorvertraglicher Rücksichtnahmepflichten GWB 181 21 ff.
- Anspruchsberechtigte **GWB 181** 59
- Anspruchsinhalt **GWB 181** 55 ff., 92 ff.
- Aufhebung des Vergabeverfahrens **GWB 181** 79 ff.
- Darlegungs- und Beweislast **GWB 181** 96 ff.
- entgangener Gewinn **GWB 181** 76
- Erstattungsvoraussetzungen **GWB 181** 69 ff., 78
- Flüchtlingsunterkunft-Urteil **GWB 181** 89 ff.
- haftungsbegründende Pflichtverletzungen **GWB 181** 21 ff., 28 ff.
- Mitverschulden **GWB 181** 53 f.
- negatives Interesse **GWB 181** 55 ff., 69 ff.
- positives Interesse **GWB 181** 78 ff.
- Präklusion **GWB 181** 38 ff.
- Primärrechtsschutz **GWB 181** 38 ff.
- rechtmäßiges Alternativverhalten **GWB 181** 65 ff.
- Rechtsberatungskosten **GWB 181** 77
- Rechtsfolge **GWB 181** 55 ff.
- sekundäre Darlegungslast **GWB 181** 99
- Teilnahme mit echter Chance **GWB 181** 64
- unangemessene Entschädigung für die Angebotsbearbeitung **GWB 181** 75
- Verjährung **GWB 181** 103
- Verletzung schuldrechtlicher Hinweispflichten **GWB 181** 35 ff.
- Verletzungshandlung **GWB 181** 27
- Verschulden **GWB 181** 41 ff.
- Verschulden in Vergabeverfahren nach dem 4. Teil des **GWB GWB 181** 48 ff.
- Zusammenhang zwischen Pflichtverletzung und Schaden **GWB 181** 57 ff.
- Zuschlag für Wagnis **GWB 181** 94
- Zuschlagserteilung im laufenden Nachprüfungsverfahren **GWB 181** 46 f.

Schadensvermutung
- Selbstreinigung **GWB 125** 21a

Schadstoffemissionen VgV 68 18 ff.

Schätzung des Auftragswerts VgV 3 1 ff.
- Aufträge ohne Gesamtpreis **VgV 3** 35
- Auslobungsverfahren **VgV 3** 36 f.
- Bagatellklausel **VgV 3** 31 f.
- Dokumentation **VgV 3** 18 ff.
- dynamische elektronische Beschaffungssysteme **VgV 3** 22
- Ermittlung der Schätzgrundlage **VgV 3** 10 ff.
- funktionale Betrachtungsweise **VgV 3** 7
- Gesamtvergütung **VgV 3** 4 ff.

2216

magere Zahl = Randnummer

Sachverzeichnis

- Innovationspartnerschaft **VgV 3** 24
- Leistungen des öffentlichen Auftraggebers **VgV 3** 25 f.
- Losvergabe **VgV 3** 27 ff.
- Planungswettbewerb **VgV 3** 37
- Prognose **VgV 3** 9
- Rahmenvereinbarungen **VgV 3** 22
- Sektorenvergaberecht **SektVO 2** 1 ff.
- Umgehungsverbot **VgV 3** 13 ff.
- Wettbewerbsbekanntmachung **VgV 3** 36
- wiederkehrende Aufträge **VgV 3** 34
- Zeitpunkt der Schätzung **VgV 3** 18 ff.

Schätzung des Auftragswerts im Sektorenvergaberecht SektVO 2 1 ff.
- Folgen einer Fehlschätzung **SektVO 2** 3
- maßgeblicher Zeitpunkt **SektVO 2** 7 f.
- Systematik **SektVO 2** 9 f.
- Umgehungsverbot **SektVO 2** 4 ff.

Schätzung des Vertragswerts KonzVgV 2 1 ff.
- Grundlagen **KonzVgV 2** 1 ff.
- Grundsatz **KonzVgV 2** 6
- Losvergabe **KonzVgV 2** 11
- Systematik **KonzVgV 2** 12 f.
- Überblick **KonzVgV 2** 5
- Umgehungsverbot **KonzVgV 2** 8
- Vertragsverlängerungen **KonzVgV 2** 7
- Zeitpunkt der Schätzung **KonzVgV 2** 9 f.
- zu berücksichtigende Umstände **KonzVgV 2** 7

Scheinaufhebung SektVO 57 14
Schiedsgericht GWB 107 2
Schienenpersonennahverkehr GWB 159 52
Schienenverkehrsdienstleistungen GWB 131 1 ff.
- Anforderungen an Direktvergabe **GWB 131** 11 ff.
- Aufträge mit geringem Volumen **GWB 131** 22 ff.
- freihändige Vergabe **GWB 131** 10 ff.
- Handlungsleitfaden **GWB 131** 30
- Notmaßnahmen **GWB 131** 10 ff., 22 ff.
- Transparenzanforderungen **GWB 131** 25
- Wahl der Verfahrensarten **GWB 131** 3 ff.
- wettbewerbliche Vergabe **GWB 131** 3 ff.
- zulässige Verfahrensarten **GWB 131** 7 ff.

Schriftform GWB 173 23 f.; **SektVO 44** 6
- Nachprüfungsantrag **GWB 161** 9

Schulbücher GWB 103 105
Schulgebäude GWB 99 94
Schulnotensystem SektVO 52 20
Schutz der Vertraulichkeit GWB 164 3 ff.; **VgV 5** 1 ff.
- Akteneinsicht **GWB 164** 7
- Akteneinsicht gegen Geheimhaltungsinteresse **GWB 165** 50 ff. *s. auch Verfahren zur Entscheidung über Akteneinsicht*
- Anforderungen **VgV 5** 36 ff.
- Ausnahme bei Bereitstellung der Vergabeunterlagen **VgV 41** 17
- Ausnahmen **VgV 5** 15 ff.
- Behandlung von Geheimhaltungsinteressen **GWB 165** 48 ff. *s. auch Verfahren zur Entscheidung über Akteneinsicht*
- BGH zu Geheimnisschutz, rechtliches Gehör **GWB 165** 70
- Datenintegrität **VgV 5** 22 ff.
- elektronische Auktionen **VgV 25** 31 ff., 33
- elektronische Kataloge **VgV 27** 37
- geheimhaltungsbedürftige Informationen **VgV 5** 11 ff.
- Geheimhaltungspflicht der Vergabekammer **GWB 164** 8 f.
- Geheimnisbegriff **GWB 165** 25 ff.
- Geheimnisträger bei Angebotsunterlagen **GWB 165** 47
- Informationen im Verhandlungsverfahren **VgV 17** 93 ff.
- Innovationspartnerschaft **VgV 19** 17 ff., 29 f.
- Kennzeichnung **VgV 5** 9 f.
- Kennzeichnungspflicht **GWB 165** 48 f.
- Kommunikation **VgV 5** 24
- nach Abschluss des Verfahrens **VgV 5** 32 ff.
- Rechtsschutz **VgV 5** 40 f.
- Schutz von als vertraulich gekennzeichneter Informationen **VgV 5** 6 ff.
- schutzwürdige Inhalte und Informationen **GWB 165** 24 ff. *s. auch Schutzwürdige Inhalte und Informationen*
- Sekundärrechtsschutz **VgV 5** 42 f.
- Sicherheitsüberprüfung **GWB 164** 5 f.
- SÜG **GWB 164** 6
- Vergabeunterlagen im Sektorenvergaberecht **SektVO 41** 9 ff.
- Verschlusssache **GWB 164** 3
- Verschwiegenheitserklärung **VgV 5** 36
- vertrauliche Informationen **GWB 164** 4; **VgV 5** 8
- Vertraulichkeit **VgV 5** 28 ff.

Schutznormlehre GWB 168 8
Schutzwürdige Inhalte und Informationen GWB 165 24 ff.
- auftraggeberseitige Geheimnisse **GWB 165** 38 f.
- auftragsbezogene Geheimnisse **GWB 165** 43 ff.
- Behandlung von Geheimhaltungsinteressen **GWB 165** 48 ff. *s. auch Verfahren zur Entscheidung über Akteneinsicht*
- Betriebsgeheimnisse **GWB 165** 41 ff.
- BGH zu Geheimnisschutz, rechtliches Gehör **GWB 165** 70
- Einzelheiten der Kalkulation **GWB 165** 44
- Geheimnisbegriff **GWB 165** 25 ff.
- Innovationspartnerschaft **VgV 19** 17 ff., 29 f.
- Kennzeichnungspflicht **GWB 165** 48 f.
- Preise **GWB 165** 43 ff.
- unternehmensbezogene Geheimnisse **GWB 165** 42

Schweiz SektVO 55 4
Schwellenwert 80%-Grenze GWB 108 30 ff.; **GWB 139** 8 ff.
- Aufgabenbetrauung **GWB 108** 34
- Feststellung im Einzelfall **GWB 108** 33 ff.
- konzernweite Betrachtung **GWB 108** 41
- Marktspezifität **GWB 108** 38 ff.
- Marktverhältnisse **GWB 108** 32
- primärrechtliche Grundlagen **GWB 108** 31 f.
- Rechtsprechung **GWB 108** 31 f.
- Tätigkeiten gegenüber Auftraggeber **GWB 108** 35
- Tätigkeiten gegenüber Dritten **GWB 108** 36

Schwellenwerte GWB 106 1 ff.
- Anpassung **GWB 106** 11
- neue europäische Vergaberichtlinien **GWB 106** 5 ff.
- öffentliche Auftraggeber **GWB 106** 6
- Rechtsschutz unterhalb der Schwellenwerte **GWB 106** 12 ff.
- Sektorenauftraggeber **GWB 106** 7
- Sektorenvergaberecht **SektVO 2** 1 ff.

2217

Sachverzeichnis

fette Zahl = Gesetz und Paragraf

Schwestern-In-House-Vergabe GWB 108 53 ff.
Sektorenauftraggeber GWB 97 270
– aufgrund beherrschenden Einflusses **GWB 100** 38 ff.
– Begriff **GWB 100** 15 *s. auch Sektorenvergaberecht*
– besondere oder ausschließliche Rechte **GWB 100** 21 ff. *s. auch Besondere oder ausschließliche Rechte*
– die nach Bundesberggesetz berechtigt sind **GWB 143** 1 ff. *s. auch Sektorenauftraggeber nach BBergG*
– Pflichtverstoß **GWB 97** 288
– privatrechtliche **GWB 100** 19 f.
– staatliche und funktionelle **GWB 100** 17 f.
– Verfahrensart **GWB 143** 3
– Vergabeverfahren **GWB 141** 1 ff.
Sektorenhilfstätigkeiten GWB 102 71
Sektorenkoordinierungsrichtlinie VergabeR Einl. 3
Sektoren-RL 2004 VergabeR Einl. 186
Sektorentätigkeiten GWB 101 1 ff.; **GWB 102** 1 ff.
– Ableiten und Klären von Abwässern **GWB 102** 8 ff.
– außerhalb der EU bei Konzessionsvergabe **GWB 149** 61 ff.
– Begriff der Einspeisung **GWB 102** 84
– Bereitstellen und Betreiben fester Netze **GWB 102** 19 ff.
– Contracting **GWB 102** 23 ff. *s. auch Contracting*
– Einspeisung von Elektrizität **GWB 102** 21
– Elektrizitätsversorgung **GWB 102** 19 ff.
– Erzeugung für den Eigenbedarf **GWB 102** 22
– fossile Brennstoffe **GWB 102** 80 ff.
– Gas und Wärme **GWB 102** 59 ff. *s. auch Gas und Wärme*
– Häfen und Flughäfen **GWB 102** 72 ff. *s. auch Häfen und Flughäfen*
– Privatisierung **GWB 102** 12 ff.
– Trinkwasserversorgung **GWB 102** 4 ff.
– Verkehrsleistungen **GWB 102** 63 ff. *s. auch Verkehrsleistungen*
– Wasserbau-, Bewässerungs- und Entwässerungsvorhaben **GWB 102** 8 ff.
– Wegenutzungsverträge **GWB 102** 41 ff. *s. auch Wegenutzungsverträge*
Sektorenvergaberecht GWB 100 1 ff.
– Angebotsprüfung **SektVO 51** 1 ff.
– Angebotswertung **SektVO 51** 1 ff.
– Antragsverfahren für wettbewerbliche Tätigkeiten **SektVO 3** 1 ff.
– Anwendungsbereich **GWB 100** 5 ff.; **SektVO 1** 1 ff.
– Aufbewahrung sachdienlicher Unterlagen **SektVO 8** 4 f.
– auftragsbezogener Vorrang **GWB 100** 11 f.
– Begriff der Einspeisung **GWB 102** 84
– Bekanntmachung von Auftragsänderungen **SektVO 38** 10
– Bekanntmachungspflichten **SektVO 35** 1 ff. *s. auch Bekanntmachung*
– Beschaffung energieverbrauchsrelevanter Leistungen **SektVO 58** 1 ff.
– Beschaffung von Straßenfahrzeugen **SektVO 59** 1 *s. auch Beschaffung von Straßenfahrzeugen*
– Beschaffungsdienstleister **SektVO 6** 2
– besondere oder ausschließliche Rechte **GWB 100** 21 ff.

– Betrug **SektVO 6** 7
– Beweislastumkehr **SektVO 6** 3
– Bewerberauswahl **SektVO 45** 1 ff.
– Dokumentation **SektVO 8** 1 ff.
– dynamische Beschaffungssysteme **SektVO 20** 1; **SektVO 21** 1
– elektronische Auktionen **SektVO 23**
– Energiesektor **GWB 100** 30 ff.
– Energieversorgung **SektVO Vor** 1
– Entstehungsgeschichte **GWB 100** 15 f.
– Ermächtigungsgrundlage **SektVO 1** 7
– Fristberechnung **SektVO 65** 1 f.
– gelegentliche gemeinsame Auftragsvergabe **SektVO 4** 1 ff.
– gemischte Aufträge **GWB 100** 13
– In-House-Geschäfte **GWB 100** 14
– Innovationspartnerschaft **SektVO 18** 1
– Interessenkonflikte **SektVO 6** 1 ff.
– Kommunikation **SektVO 9** ff. *s. auch Kommunikation im Sektorenvergaberecht*
– Mitwirkung an der Vorbereitung des Vergabeverfahrens **SektVO 7** 1 ff.
– Mitwirkungsverbot **SektVO 6** 1 ff.
– Planungswettbewerbe **SektVO 60** 1 f. *s. auch Planungswettbewerbe im Sektorenvergaberecht*
– Rahmenvereinbarungen **SektVO 19** 1 ff.
– Schwellenwerte **SektVO 2** 1 ff.
– Sektorenauftraggeber unter staatlichem Einfluss **GWB 100** 12
– Sektorentätigkeiten **GWB 101** 1 ff. *s. auch Sektorentätigkeiten*
– sektorspezifischer Zusammenhang **GWB 100** 8 ff.
– Telekommunikation **SektVO Vor** 1
– Trinkwassersektor **GWB 100** 35 f.
– Trinkwasserversorgung **SektVO Vor** 1
– Übergangsbestimmungen **SektVO 64** 1 f.
– Vergabeunterlagen **SektVO 41** 1 ff. *s. auch Vergabeunterlagen im Sektorenvergaberecht*
– Vergabeverfahren *s. Vergabeverfahren im Sektorenvergaberecht*
– Verkehr **SektVO Vor** 1
– Verkehrssektor **GWB 100** 37
– Vertraulichkeit **SektVO 5** 1 ff.
SektVO
– Anwendungsbereich **SektVO 1** 1 ff.
– Energieversorgung **SektVO Vor** 1
– Fristen **SektVO 65** 1 f.
– Systematik **SektVO 1** 8 f.
– Telekommunikation **SektVO Vor** 1
– Trinkwasserversorgung **SektVO Vor** 1
– Übergangsbestimmungen **SektVO 64** 1 f.
– Verkehr **SektVO Vor** 1
– Zweck **SektVO 1** 8 f.
Sekundärvergaberecht VergabeR Einl. 160, 184 ff.
– Entwicklung und Kerngehalte **VergabeR Einl.** 1 ff.
– Ersatz des Vertrauensschadens **GWB 181** 1 ff. *s. auch Ersatz des Vertrauensschadens*
– Rechtsmittelrichtlinien **VergabeR Einl.** 192 ff. *s. auch Rechtsmittelrichtlinien*
– Richtlinien zu den Grundsätzen und zum Verfahren **VergabeR Einl.** 185 ff. *s. auch Richtlinien zu den Grundsätzen und zum Verfahren*
– Schadensersatz *s. Schadensersatz*

magere Zahl = Randnummer   **Sachverzeichnis**

- Schadensersatz bei Rechtsmissbrauch **GWB 180**
  1 ff. *s. auch Schadensersatz bei Rechtsmissbrauch*
- Schadensersatz wegen Verletzung vorvertraglicher Rücksichtnahmepflichten **GWB 181** 21 ff. *s. auch Schadensersatz wegen Verletzung vorvertraglicher Rücksichtnahmepflichten*
- Überblick **VergabeR Einl.** 184 ff.
- Vergaberechtsrichtlinien *s. Vergaberechtsrichtlinien*
- Verhältnisses zwischen Primär- und Sekundärrecht **VergabeR Einl.** 16 f., 35 ff.

Selbstbindung der Verwaltung GWB 122 21
Selbstreinigung GWB 125 1 ff.
- Anwendungsbereich **GWB 125** 3 ff.
- Aufklärung **GWB 125** 22 ff.
- Bewertung der Maßnahmen **GWB 125** 30 ff.
- geeignete Maßnahmen **GWB 125** 26 ff.
- Gesamtschuld **GWB 125** 18 a
- Grundlagen **GWB 125** 10 ff.
- Interessenkollision **GWB 125** 6
- Konzessionsvergabeverfahren **GWB 154** 17 ff.
- Kronzeugenprogramm **GWB 125** 25 a
- künftige Änderungen **GWB 125** 32 a ff.
- maßgeblicher Zeitpunkt **GWB 125** 15 f.
- Rechtsanspruch **GWB 125** 10 ff.
- Schadensvermutung **GWB 125** 21 a
- Voraussetzungen **GWB 125** 17 ff.
- Wiedergutmachung **GWB 125** 18 ff.

Sicherheitsinteressen GWB 150 35 ff.
- besondere Sicherheitsmaßnahmen **GWB 150** 44
- Dual-use-Güter **GWB 150** 41
- Erteilung von Auskünften **GWB 150** 42
- Geheimerklärung **GWB 150** 43
- Wesentlichkeitskriteriums **GWB 150** 40

Sicherheitsniveau elektronischer Mittel
- Festlegung durch Auftraggeber **VgV 10** 10
- spezielle Vorgaben für Angebote und Teilnahmeanträge **VgV 10** 11 f.
- Verhältnismäßigkeitsgebot bezüglich Datensicherheit, Angeboten und Teilnahmeanträgen **VgV 10** 13 ff.

Sicherheitsvergaben
- Begriff **GWB 104** 5

Sofortige Beschwerde GWB Vor 171 ff. 1 ff.; **GWB 171** 1 ff.
- Akteneinsicht **GWB 174** 12
- Anschlussbeschwerde **GWB 171** 9 ff. *s. auch Anschlussbeschwerde*
- aufschiebende Wirkung **GWB 173** 1 ff. *s. auch Aufschiebende Wirkung der sofortigen Beschwerde*
- Begründung **GWB 172** 27 f.
- Beschwer **GWB 171** 25 ff.
- Beschwer des Auftraggebers **GWB 171** 32
- Beschwer des Beigeladenen **GWB 171** 33 f.
- Beschwerde gegen Entscheidung nach § 168 Abs. 2 **GWB 178** 43
- Beschwerdebefugnis **GWB 171** 8
- Beschwerdeeinlegung **GWB 174** 13
- beschwerdefähige Entscheidungen **GWB 171** 16 ff.
- Beschwerdeverfahren **GWB 175** 1 ff. *s. auch Beschwerdeverfahren*
- einheitliches Rechtsmittel **GWB 171** 6 ff.
- Ende des Vergabeverfahrens nach Entscheidung **GWB 177** 1 ff.
- Entscheidung des Beschwerdegerichts **GWB 175** 39 ff. *s. auch Beschwerdeentscheidung*
- fingierte Entscheidung **GWB 171** 35 ff.
- formelle Beschwer **GWB 171** 27 ff.
- Fristen **GWB 172** 1 ff. *s. auch Fristen im Beschwerdeverfahren*
- Fristen im Beschwerdeverfahren **GWB 172** 16 ff.
- Kosten **GWB 182** 20 *s. auch Beschwerdeverfahrenskosten*
- nicht beschwerdefähige Entscheidungen **GWB 171** 20 ff.
- Nichtbeachtung des Entscheidungszeitraums **GWB 171** 36
- Prinzip der Regelung **GWB 171** 35
- Schadensersatz bei Rechtsmissbrauch **GWB 180** 1 ff. *s. auch Schadensersatz bei Rechtsmissbrauch*
- Schutz des Zuschlagsverbots **GWB 173** 66 ff.
- Untätigkeitsbeschwerde **GWB 171** 2
- Unterrichtungspflichten **GWB 184** 1
- Vergabestelle **GWB 173** 3 f.
- verspätete Sachentscheidung **GWB 171** 38 ff.
- Vorabentscheidung über den Zuschlag **GWB 176** 1 ff. *s. auch Vorabentscheidung im Beschwerdeverfahren*
- vorbeugender Rechtsschutz **GWB 178** 39 f.
- vorläufige Maßnahmen im Nachprüfungsverfahren **GWB 169** 39
- Zulässigkeit **GWB 171** 1 ff.
- Zuständigkeit **GWB 171** 1 ff.
- Zwischenentscheidungen **GWB 171** 22 ff.

Sondervergaberegime GWB 153 9
Soziale Aspekte
- Landesvergabegesetze **GWB 97** 208 ff.
- Leistungsbeschreibung **VgV 31** 34 ff.
- Produktionsumstände **GWB 97** 128
- strategisches Ziel **GWB 97** 94
- technische Spezifikationen **GWB 97** 127

Soziale Dienstleistungen GWB 110 30
Soziale und andere besondere Dienstleistungen GWB 130 3 ff.
- Auftragsänderungen **GWB 130** 10 ff.
- Begriff **GWB 153** 13
- Konzessionsvergabe **GWB 153** 1 ff.
- Rechtsschutz **GWB 153** 26
- Rettungsdienstleistungen **GWB 153** 13
- sonstige Dienstleistungen **GWB 153** 21 ff.
- soziale Dienstleistungen **GWB 153** 13
- unionsrechtliche Vorgaben **GWB 153** 5 ff.
- vereinfachtes Vergaberegime **VgV 65** 7 ff.
- Verfahrenserleichterungen **GWB 153** 23 ff.
- Verfahrensvorgaben **GWB 130** 8
- Vergabeverfahren **GWB 130** 1 ff.; **GWB 153** 22
- Zulassung **GWB 153** 12 ff.

Soziale Zuschlagskriterien
- Designs für alle **GWB 97** 165
- fairer Handel **GWB 97** 167
- strategisches Ziel **GWB 97** 164 ff.

Sozialrechtliches Dreiecksverhältnis GWB 103 81 f.
Sozialunternehmen GWB 97 108
Sozialversicherungsträger GWB 99 113
Sparkassen GWB 99 134 ff.
Spekulationsangebote GWB 97 78
Sponsoring GWB 103 176 f.
Sport- und Freizeiteinrichtungen GWB 99 149 f.
Stadt Mödlingen-Rechtssache GWB 99 13
Stadtwerke GWB 99 151 ff.
Statistikpflichten GWB 114 1 ff. *s. auch Vergabestatistik*
- im öffentlichen Auftragswesen **GWB 114** 7 ff.

Sachverzeichnis

fette Zahl = Gesetz und Paragraf

- Oberschwellenbereich **GWB 114** 10
- Unterschwellenbereich **GWB 114** 11 ff.

Stefan Rudigier-Urteil VergabeR Einl. 168
Stiftungen GWB 99 126
Stillhalteerklärung GWB 173 43
Strafbefehle GWB 123 14
Straßenfahrzeuge
- Beschaffung **SektVO 59** 1 *s. auch Beschaffung von Straßenfahrzeugen*

Strategie Europa 2020 GWB 119 104
Strategische Ausführungsbedingungen GWB 97 170 ff.
- Auftragsbezug **GWB 97** 174
- konstitutive Tariftreueverpflichtung **GWB 97** 184 ff.
- Kriterien **GWB 97** 172
- nach Zuschlagserteilung **GWB 97** 171
- RegioPost-Urteil **GWB 97** 194 ff.
- Tariftreuepflicht und Mindestlohnvorgaben **GWB 97** 181 ff.
- Transparenzgebot **GWB 97** 179
- Unternehmenspolitik **GWB 97** 176
- vergabespezifischer Mindestlohn **GWB 97** 190

Strategische Eignungskriterien GWB 97 142 ff.
- auftragsbezogene Vorgaben **GWB 97** 145
- bieterbezogene Vorgaben **GWB 97** 143 f.
- soziale Eignungskriterien **GWB 97** 150 f. *s. auch Soziale Eignungskriterien*
- umweltbezogene Eignungskriterien **GWB 97** 146 ff. *s. auch Umweltbezogene Eignungskriterien*

Strategische und innovative Beschaffung
- Ausführungsbedingungen bei Konzessionen **GWB 152** 131 ff.
- Konzessionsvergabeverfahren **GWB 152** 81 ff.
- Leistungsbeschreibung bei Konzessionsvergabe **GWB 152** 36 ff.
- Zuschlag im Konzessionsvergabeverfahren **GWB 152** 104 ff.

Strategische Ziele GWB 97 81 ff.
- Anwendungsbereich **GWB 97** 92
- Aspekte der Innovation **GWB 97** 96
- Aspekte der Qualität **GWB 97** 97 f.
- Aspekte der Qualität und Innovation **GWB 97** 131 f.
- Ausführungsbedingungen **GWB 97** 170 ff. *s. auch Strategische Ausführungsbedingungen*
- Ausschlussgründe mit strategischer Zielsetzung **GWB 97** 135 ff.
- Eignungsprüfung **GWB 97** 133 ff.
- europarechtliche Entwicklung **GWB 97** 85 ff.
- Grundfreiheiten **GWB 97** 101 ff.
- Grundsatz rechtskonformer Auftragsausführung **GWB 97** 112 ff.
- Gütezeichen **GWB 97** 125
- Landesvergabegesetze **GWB 97** 199 ff.
- Leistungs- oder Funktionsanforderungen **GWB 97** 123
- Leistungsbeschreibung **GWB 97** 118 ff.
- Personenverkehrsdienstleistungen **GWB 97** 110
- Phasen des Vergabeverfahrens **GWB 97** 117
- rechtlicher Rahmen und Rechtsschutz **GWB 97** 99 ff.
- soziale Aspekte **GWB 97** 94
- Sozialunternehmen **GWB 97** 108
- Spezialregelungen **GWB 97** 108 ff.

- strategische Eignungskriterien **GWB 97** 142 ff. *s. auch Strategische Eignungskriterien*
- strategische Zuschlagskriterien **GWB 97** 152 ff. *s. auch Strategische Zuschlagskriterien*
- Transparenz **GWB 97** 106
- Umweltaspekte **GWB 97** 122 ff.
- umweltbezogene Aspekte **GWB 97** 95
- Verhältnismäßigkeitsgrundsatz **GWB 97** 104 ff.
- Wettbewerb **GWB 97** 105

Strategische Zuschlagskriterien GWB 97 152 ff. *s. auch Strategische Zuschlagskriterien*
- Auftragszusammenhang **GWB 97** 155
- Preis-Leistungs-Verhältnis **GWB 97** 152 f.
- qualitative und innovative **GWB 97** 158 ff. *s. auch Qualitative und innovative Zuschlagskriterien*
- soziale **GWB 97** 164 ff. *s. auch Soziale Zuschlagskriterien*
- Transparenz **GWB 97** 157
- umweltbezogene **GWB 97** 162 f.
- Unternehmenspolitik **GWB 97** 156

Streitverkündung GWB 175 33
Strom
- Lieferaufträge **GWB 103** 90 f.

Submissionsmodell GWB 103 173
Subunternehmer GWB 103 86 f.; **SektVO 51** 9
Suspensiveffekt
- sofortige Beschwerde **GWB 173** 2

Systeme der sozialen Sicherheit GWB 153 7 ff.

T

Tarifbestimmungen GWB 131 31
Tariftreueklauseln VergabeR Einl. 131
Tariftreuepflicht
- Arbeitnehmerentsenderichtlinie 96/71/EG **GWB 97** 191 ff.
- Konzessionsvergabeverfahren **GWB 151** 10 ff.
- Landesvergabegesetze **GWB 97** 202 ff.
- Rüffert-Urteil **GWB 97** 185
- strategische Ausführungsbedingung **GWB 97** 181 ff.
- Verkehrssektor **GWB 97** 198

Tariftreuepflicht und Mindestlohnvorgaben
- Arbeitnehmerentsenderichtlinie 96/71/EG **GWB 97** 186
- Ausführungsbedingungen bei Konzessionen **GWB 152** 136 ff.
- strategische Ausführungsbedingung **GWB 97** 184 ff.
- vergabespezifischer Mindestlohn **GWB 97** 190

Tariftreueregelungen GWB 128 12 ff.
Täuschung GWB 124 29 f.
Technische Anforderungen VgV 32 1 ff.
- Sektorenvergaberecht **SektVO 29** 1
- zulässige Abweichung **VgV 32** 5 ff.
- zulässige Berufung auf **VgV 32** 10 ff.

Technische Anforderungen im Sektorenvergaberecht
- Alternativen zur elektronische Zugänglichmachung **SektVO 30** 7 f.
- Bekanntmachung **SektVO 30** 1 ff.
- elektronische Zugänglichmachung **SektVO 30** 6

Technische Gründe GWB 97 266 ff.
Technische Spezifikationen
- soziale Aspekte **GWB 97** 127
- Umweltaspekte **GWB 97** 122

magere Zahl = Randnummer

Sachverzeichnis

Technische und berufliche Leistungsfähigkeit VgV 46 1 ff.
- ausreichende Erfahrungen **VgV 46** 5 ff.
- Belege **VgV 46** 10 ff. *s. auch Belege für technische und berufliche Leistungsfähigkeit*
- personelle und technische Mittel **VgV 46** 5 ff.
- Verneinung bei Interessenkollision **VgV 46** 7 ff.

Teilaufhebung SektVO 57 19 ff.
Teillose GWB 97 244 ff.
- Begriff **GWB 97** 245 ff.

Teilnahmeanträge VgV 54 6 ff.
- Aufbewahrung ungeöffneter **VgV 54** 1 ff.
- Ausschluss **VgV 57** 1 ff. *s. auch Ausschluss von Teilnahmeanträgen, Angeboten*, 35 f.
- Kenntnisnahme nach Ablauf der Einreichungsfrist **VgV 55** 4 ff.
- Öffnung **VgV 55** 1 ff.
- Prüfung **VgV 56** 1 ff., 6 ff. *s. auch Prüfung der Interessensbestätigungen, Teilnahmeanträge und Angebote*
- Übermittlung **VgV 53** 1 ff. *s. auch Übermittlung des Teilnahmeantrags*
- Verhandlungsverfahren **VgV 17** 34 ff.

Teilnahmefrist
- Betrieb dynamischer Beschaffungssysteme **VgV 24** 3 f.

Teilnahmewettbewerb VergabeR Einl. 288 ff.; **VgV 17** 29 ff.
- aufzufordernde Unternehmen **VergabeR Einl.** 289
- Auswahl der Bewerber nach Abschluss **VgV 52** 1 ff.
- Modalitäten **VgV 17** 29 ff.
- Suspensiveffekt bei sofortiger Beschwerde **GWB 173** 5 *s. auch Aufschiebende Wirkung der sofortigen Beschwerde*
- Verhandlungsverfahren **VgV 17** 33
- wettbewerblichen Dialog **VgV 18** 9 ff.

Teleaustria-Urteil GWB 105 28; **VergabeR Einl.** 23
Telefax VgV 54 10 ff.
Telekommunikation SektVO Vor 1
Telekommunikationsdienstleistungen
- Konzessionsvergabe **GWB 149** 45 ff.

Telekommunikationsunternehmen GWB Anh. § 102 1 ff.
Telekopie GWB 172 5
Tenders Electronic Daily (TED) GWB 97 25
Terminänderungen GWB 97 52
Testpreisangebot-Urteil VergabeR Einl. 227
Textform GWB 135 23; **GWB 169** 7; **VergabeR Einl.** 311; **VgV 10** 11
Tiefbauarbeiten GWB 99 91
Träger der freien Wohlfahrtspflege GWB 99 125
Transparenz GWB 97 1 ff., 17 ff.; **GWB 131** 25; **VergabeR Einl.** 62 ff.; **VgV 70** 1 ff.
- Adressaten **GWB 97** 21
- Ausführungsbedingungen **GWB 128** 25
- Beachtlichkeit **GWB 97** 22
- Bedeutung **GWB 97** 17 ff.
- bei Bekanntgabe der Zuschlagskriterien **GWB 127** 83 ff.
- bei strategischen Zielen **GWB 97** 106
- Dokumentationspflicht **GWB 97** 28 f.
- Einzelausformungen **GWB 97** 23 ff.
- Gebot der eindeutigen und erschöpfenden Leistungsbeschreibung **GWB 97** 24

- Gesamtbild der Transparenz **VergabeR Einl.** 76 f.
- Gewichtung der Zuschlagskriterien **GWB 97** 25
- Konzessionsvergabeverfahren **GWB 151** 16 ff.
- Regeln über die Bekanntmachung **GWB 97** 25 f.
- Vergabeverfahren **VgV 66** 1 ff.
- Vergabevermerk **GWB 97** 30
- Verstöße **GWB 97** 32
- Zweck **GWB 97** 18 ff.

Transparenzgebot SektVO 61 1; **VgV 49** 3; **VgV 78** 24 *s. Transparenz*
- Verhandlungsverfahren **VgV 17** 18
Transparenzgrundsatz VgV 37 1
Trinkwasserversorgung GWB 100 35 f.; **GWB 155** 10; **SektVO 58** 3; **SektVO Vor** 1
- Begriff **SektVO 1** 2
Typengemischte Vergabe GWB 110 1 ff.
- Abgrenzung nach dem Hauptgegenstand **GWB 110** 4 ff.
- Abgrenzung von Bauaufträgen **GWB 110** 9 ff.
- Bau- und Dienstleistungen **GWB 110** 13 ff.
- Bau- und Lieferleistungen **GWB 110** 21 ff.
- Bau-, Dienst- und Lieferleistungselemente **GWB 110** 27
- Bauleistungskonzessionen **GWB 110** 4 ff.
- Bedeutung des Auftragswerts **GWB 110** 29
- bei unterschiedlichen Vergaberechtsregime **GWB 112** 1 ff.
- Bestimmung des Hauptgegenstands **GWB 110** 12 ff.
- Bestimmung nach Auftragswert **GWB 110** 30 ff.
- gemischte Aufträge **GWB 110** 4 ff.
- Hauptgegenstand des Auftrags/der Konzession **GWB 110** 7 ff.
- Liefer- und Dienstleistungsaufträge **GWB 110** 28

U

Übergangs- und Schlussbestimmungen VgV 81 1 ff.
- Beschaffungsstellen **VgV 81** 3 ff.
- Fristenberechnung **VgV 81** 1 ff.
- GWB **GWB 186** 1 f.
- Sektorenvergaberecht **SektVO 64** 1 f.
- VgV **SektVO 64** 1 f.
Übergangsvorschriften KonzVgV 34 1 ff.
Übermittlung des Angebots VgV 53 1 ff.
- Anforderungen an Postweg oder direkten Weg **VgV 53** 19 ff.
- auf anderem geeigneten Weg **VgV 53** 13 ff.
- Einreichung in Textform mithilfe elektronischer Mittel **VgV 53** 7 f.
- elektronische Signatur nach dem SigG **VgV 53** 9 ff.
- kombinierte Übermittlungsarten **VgV 53** 23
- Postweg **VgV 53** 13 ff.
- Übermittlungsart **VgV 53** 4 f.
- Vorrang elektronischer Übermittlung **VgV 53** 4 f.
- Zulässigkeit anderer geeigneter Wege **VgV 53** 15 ff.
- Zulässigkeit des Postwegs **VgV 53** 15 ff.
Übermittlung des Teilnahmeantrags VgV 53 1 ff.
- Anforderungen an Postweg oder direkten Weg **VgV 53** 19 ff.
- auf anderem geeigneten Weg **VgV 53** 13 ff.
- Einreichung in Textform mithilfe elektronischer Mittel **VgV 53** 7 f.

Sachverzeichnis

fette Zahl = Gesetz und Paragraf

- elektronische Signatur nach dem SigG **VgV 53** 9 ff.
- kombinierte Übermittlungsarten **VgV 53** 23
- Postweg **VgV 53** 13 ff.
- Übermittlungsart **VgV 53** 4 f.
- Vorrang elektronischer Übermittlung **VgV 53** 4 f.
- Zulässigkeit anderer geeigneter Wege **VgV 53** 15 ff.
- Zulässigkeit des Postwegs **VgV 53** 15 ff.

Übermittlung von Interessensbestätigungen und Interessensbekundungen VgV 53 1 ff.
- Anforderungen an Postweg oder direkten Weg **VgV 53** 19 ff.
- auf anderem geeigneten Weg **VgV 53** 13 ff.
- Einreichung in Textform mithilfe elektronischer Mittel **VgV 53** 7 f.
- elektronische Signatur nach dem SigG **VgV 53** 9 ff.
- kombinierte Übermittlungsarten **VgV 53** 23
- Postweg **VgV 53** 13 ff.
- Übermittlungsart **VgV 53** 4 f.
- Vorrang elektronischer Übermittlung **VgV 53** 4 f.
- Zulässigkeit anderer geeigneter Wege **VgV 53** 15 ff.
- Zulässigkeit des Postwegs **VgV 53** 15 ff.

Übertragung des Betriebsrisikos
- Konzessionsvergaberecht **GWB 105** 83 ff.

Überwachungsrichtlinie GWB 169 7
Umgehungsverbot KonzVgV 14 1 ff.
Umgekehrte In-House-Direktvergabe GWB 108 51 f.
- vertikale In-House-Vergabe **GWB 108** 63 f.

Umsetzung der Vergaberechtsrichtlinien
- Ausgestaltung **VergabeR Einl.** 208
- Grundsätze der Äquivalenz und der Effektivität **VergabeR Einl.** 206
- Verletzung der Umsetzungspflicht s. *Verletzung der Umsetzungspflicht*

Umsetzungspflicht
- Verletzung **VergabeR Einl.** 216 ff. *s. auch Verletzung der Umsetzungspflicht*

Umweltaspekte VgV 58 15
- Ausführungsbedingungen bei Konzessionen **GWB 152** 144 f.
- Landesvergabegesetze **GWB 97** 215
- Leistungs- oder Funktionsanforderungen **GWB 97** 123
- strategisches Ziel **GWB 97** 95, 122

Umweltbetriebsprüfung GWB 97 148
Umweltbezogene Eignungskriterien
- strategisches Ziel **GWB 97** 146 ff.
- Umweltmanagementmaßnahmen **GWB 97** 147 f.

Umweltbezogene Zuschlagskriterien
- strategisches Ziel **GWB 97** 162 f.

Umweltbezogener Aspekte
- Leistungsbeschreibung **VgV 31** 34 ff.

Umweltmanagement
- Belege **VgV 49** 1 ff., 5 ff.

Umweltmanagementmaßnahmen VgV 46 25
- Sektorenvergaberecht **SektVO 49** 1 ff.
- strategisches Ziel **GWB 97** 147 f.

Umweltverträglichkeit
- Beschaffung von Straßenfahrzeugen **SektVO 59** 1a

Unbedenklichkeitsbescheinigung
- Leistungsfähigkeit **GWB 122** 57 f.

UNCITRAL-Modellgesetz GWB 97 303

Ungewöhnlich niedrige Angebote VgV 60 1 ff. *s. Niedrigpreisangebote*
- Begriff **VgV 60** 2 ff.
- Besonderheiten bei staatlichen Beihilfen **VgV 60** 18 f.
- Prüfung **VgV 60** 13 ff.
- Rechtsmäßigkeit **VgV 60** 19

Unionsgrundrechte VergabeR Einl. 31
University of Cambridge-Rechtssache GWB 99 13

Unmittelbare Wirkung von Richtlinien
- Durchsetzung **VergabeR Einl.** 222
- Rechtsgrundlage **VergabeR Einl.** 217
- Reichweite **VergabeR Einl.** 219
- Verletzung der Umsetzungspflicht **VergabeR Einl.** 216 ff.
- Verpflichtungen von Privaten oder Unternehmen **VergabeR Einl.** 220 f.
- Voraussetzungen **VergabeR Einl.** 218

Untätigkeitsbeschwerde GWB 171 2; **GWB 172** 24

Unteraufträge GWB 103 86 f.; **GWB 131** 18; **KonzVgV 33** 1 ff.; **VgV 36** 1 ff. *s. auch Vergabe von Unteraufträgen*; **VgV 46** 24
- Austausch von Unterauftragnehmern **VgV 36** 22 ff.
- Begriff **VgV 36** 11 ff.
- besondere Mitteilungspflichten des Auftragnehmers **VgV 36** 27 ff.
- Eignungsleihe **VgV 36** 19 ff.
- Eignungsnachweise **VgV 36** 19 ff.
- gesetzliche Verpflichtungen der Unterauftragnehmer **VgV 36** 26
- Haftungsverpflichtung des Hauptauftragnehmers **VgV 36** 25
- Informationsverlangen des öffentlichen Auftraggebers **VgV 36** 15 ff.
- Leistungsbestimmungsrecht **VgV 36** 15 ff.
- Sektorenvergaberecht **SektVO 34** 1 ff.

Unterauftragnehmer
- § 152 Abs. 4 GWB iVm § 128 Abs. 1 GWB **KonzVgV 33** 26 ff.
- Ausschlussgründe im Konzessionsvergabeverfahren **KonzVgV 33** 32 ff.
- Austausch **VgV 36** 22 ff.
- Eignungsleihe **KonzVgV 33** 14
- gesetzliche Verpflichtungen der Unterauftragnehmer **VgV 36** 26
- Haftungsverpflichtung des Hauptauftragnehmers **VgV 36** 25
- Mitteilungspflichten bei Ausführung vom Konzessionen **KonzVgV 33** 20 ff.
- Nachunternehmerersetzung im Konzessionsvergabeverfahren **KonzVgV 33** 32 ff.

Unterauftragnehmerbenennung KonzVgV 33 11 ff.

Unterauftragnehmerleistungserklärung KonzVgV 33 11 ff.

Unterauftragnehmernachweis KonzVgV 33 11 ff.

Unterlagen
- unternehmensbezogene **SektVO 51** 37

Unternehmen
- Begriff **GWB 103** 13 ff.
- Rechtsformen **VgV 43** 1 ff. *s. auch Rechtsformen*

Unternehmensbezeichnung KonzVgV 7 23

magere Zahl = Randnummer

Sachverzeichnis

Unternehmensbezogene Unterlagen SektVO 51 37
– Rechtsfolge **SektVO 51** 40
Unternehmensregistrierung KonzVgV 7 24
Unternehmensumstrukturierung GWB 132 50 ff.
Unterrichtung der Bewerber und Bieter VgV 62 1 ff.
– Konzessionsvergabeverfahren **KonzVgV 30** 1 ff.
Unterrichtungspflichten GWB 184 1
Unterschwellenvergabe VergabeR Einl. 42 f.
– Rügeobliegenheit **GWB 160** 51
Unterschwellenvergabeverordnung VergabeR Einl. 70
Untersuchungsgrundsatz
– Beschwerdeverfahren **GWB 175** 20 f.
Untersuchungsgrundsatz im Nachprüfungsverfahren GWB 163 1 ff.
– Aufklärungsmöglichkeiten **GWB 163** 7
– Ermittlungsbefugnisse und Beweiserhebung **GWB 163** 11 f.
– Erstprüfung des Nachprüfungsantrags **GWB 163** 14
– kartellrechtliche Verstöße **GWB 163** 7a
– Prüfpflicht **GWB 163** 10
– Prüfung vom Amts wegen **GWB 163** 10
– Umfang der Amtsermittlung **GWB 163** 4 ff.
– Umfang der Prüfungsbefugnis **GWB 163** 8 ff.
– Vorrang **GWB 163** 7b
– Wechselwirkung **GWB 163** 6
Unwirksamkeit
– eines öffentlichen Auftrags **GWB 135** 1 ff.
– Voraussetzungen **GWB 135** 9 ff.
Urheberrechtsschutz
– Lösungsvorschläge **VgV 77** 50 ff.

V

Veräußerung von Geschäftsanteilen GWB 103 107 f.
Verbände GWB 99 78 ff.; **GWB 101** 22
Verbandskörperschaften GWB 99 18
Verbundene Unternehmen GWB 139 3 ff.
– 80%-Regel **GWB 139** 8 ff.
– Ausnahme **GWB 139** 13 ff.
– Begriff **GWB 139** 5 ff.
Verfahren
– nicht offenes **VergabeR Einl.** 91 ff.
– offenes **VergabeR Einl.** 85 f.
Verfahren bei elektronischen Auktionen VgV 26 1 ff.
– Abschluss der Auktion **VgV 26** 14
– Angaben zur Auktion in Vergabeunterlagen **VgV 26** 4 ff.
– Ankündigung der Auktion **VgV 26** 3
– Aufforderung zur Auktion **VgV 26** 9
– Auktionsablauf **VgV 26** 8 ff.
– Bewertung und Rangfolge in der Auktion **VgV 25** 27 ff.
– Bewertungsmethoden und Beschreibung von Angebotskomponenten **VgV 25** 28 f.
– Dokumentation **VgV 25** 34
– Einsatz elektronischer Mittel **VgV 25** 33
– Integrität der Daten **VgV 25** 29 ff.
– Mitteilung des Rangs **VgV 26** 11
– Mitteilung des Zuschlags **VgV 26** 15
– Phasen der Auktion **VgV 25** 24

– Schutz der Vertraulichkeit **VgV 25** 33
– Verbot zur Nennung der Bieteridentität **VgV 26** 12
– Verfahrensgrundsätze **VgV 25** 14 ff.
– Vertraulichkeit der Angebote **VgV 25** 31 ff.
– Zeitangaben Auktionsphasen **VgV 26** 13
– Zeitpunkt des Beginns **VgV 26** 10
Verfahren bei Innovationspartnerschaft VgV 19 4 ff.
– Abgabe endgültiger Angebote **VgV 19** 16
– Auftragsbekanntmachung **VgV 19** 7
– Ausgestaltung **VgV 19** 12
– Beendigung durch Auftraggeber **VgV 19** 25
– Beschränkung des Bieterkreis **VgV 19** 11
– Differenzierung der Vertragsgestaltung **VgV 19** 22
– Eignungskriterien **VgV 19** 10
– Frist für Eingang der Teilnahmeanträge **VgV 19** 6
– Genauigkeit der Informationen **VgV 19** 8
– Hinweise zum Ablauf **VgV 19** 12
– Inhalt der Verhandlungen **VgV 19** 14
– Leistungsbeschreibung **VgV 19** 13
– Mindestanforderungen **VgV 19** 9
– Pflicht zum Übergang in die Leistungsphase **VgV 19** 27
– Phasen des Vergabeverfahrens **VgV 19** 4 ff.
– Recht zum Übergang in die Leistungsphase **VgV 19** 28
– Rechte des geistigen Eigentums **VgV 19** 18
– Reduzierung der Partnerzahl **VgV 19** 26
– Schutz vertraulicher Informationen **VgV 19** 29 f.
– Teilnahmewettbewerb **VgV 19** 5 ff.
– verbotene Begünstigung **VgV 19** 24
– Verfahrensgestaltung **VgV 19** 15
– Vergütung in angemessenen Teilbeträgen **VgV 19** 23
– Verhandlungsphase **VgV 19** 13
– vertrauliche Informationen **VgV 19** 17 ff.
– Vorinformation **VgV 19** 5
– Zuschlag **VgV 19** 19 ff.
– Zuschlagskriterien **VgV 19** 19 ff.
Verfahren im wettbewerblichen Dialog VgV 18 8 ff.
– Abweichen von festgelegten Kriterien **VgV 18** 7
– Angebotsphase **VgV 18** 21 ff. s. auch Angebotsphase
– Angebotsprüfung **VgV 18** 23
– Angebotswertung **VgV 18** 24
– Auftragsbekanntmachung **VgV 18** 6
– Ausschlussgründen **VgV 18** 23
– Dialogphase **VgV 18** 13 ff. s. auch Dialogphase
– Durchführung **VgV 18** 8 ff.
– Eignungsprüfung **VgV 18** 11 f.
– Kostenerstattung **VgV 18** 26
– Prämien und Zahlungen an die Dialogteilnehmer **VgV 18** 26 f.
– Teilnahmewettbewerb **VgV 18** 9 ff.
– Überblick **VgV 18** 1 ff.
– Vorbereitung und Einleitung **VgV 18** 5 ff.
– Zuschlag **VgV 18** 25
Verfahren zur Entscheidung über Akteneinsicht
– Abwägung **GWB 165** 59 ff.
– andere Aufklärungsmöglichkeiten **GWB 165** 58
– Anhörung der Betroffenen **GWB 165** 52
– Behandlung von Antragsteller und Beigeladenen **GWB 165** 63 f.
– Beweismaß **GWB 165** 53 f.

2223

Sachverzeichnis

fette Zahl = Gesetz und Paragraf

- BGH zu Geheimnisschutz, rechtliches Gehör **GWB 165** 70
- Gewährung gegen Geheimhaltungsinteresse **GWB 165** 50 ff.
- Kennzeichnungspflicht **GWB 165** 48 f.
- positive Entscheidung **GWB 165** 55 f.
- Rechtsmittel **GWB 165** 65
- Rechtsnatur **GWB 165** 51
- Relevanz der Geschäftsgeheimnisse **GWB 165** 57
- Sanktionen **GWB 165** 66
- Umfang der Darlegungen **GWB 165** 53 f.

Verfahrensanforderungen
- Nachprüfbarkeit **VergabeR Einl.** 71 ff. *s. auch Nachprüfbarkeit*

Verfahrensarten
- Architekten- und Ingenieurleistungen **VgV 74** 1 ff.

Verfahrensautonomie VergabeR Einl. 17

Verfahrensbehinderung
- rechtsmissbräuchliche **GWB 180** 15 ff.

Verfahrensförderungspflichten GWB 167 16

Verfahrensgarantien KonzVgV 13 1 ff.
- Konzessionsvergabeverfahren **GWB 152** 10

Verfahrenskosten bei Verfahren vor Vergabekammer GWB 182 1 ff.
- Antragsrücknahme oder anderweitiger Erledigung **GWB 182** 10
- Aufwendungsersatz **GWB 182** 14 ff.
- Begriff der Aufwendungen **GWB 182** 15
- bei Zuschlagsgestattungsverfahren **GWB 182** 48
- Beigeladene **GWB 182** 21 f.
- Billigkeit **GWB 182** 28 ff.
- Erlass **GWB 182** 28 f.
- Gebührenbefreiung **GWB 182** 12 f.
- Gebührenermäßigung **GWB 182** 12 f.
- Gebührensenkung aus Billigkeitsgründen **GWB 182** 5 ff.
- Hinzuziehung von anwaltlichem Rat **GWB 182** 16
- Kostendeckungsprinzip **GWB 182** 4
- Kostenentscheidung nach Billigkeitsgesichtspunkten **GWB 182** 11
- Kostenerstattung an Antragsgegner und Beigeladene **GWB 182** 14
- Kostenerstattung bei Antragsrücknahme **GWB 182** 17 f.
- Kostenfestsetzungsverfahren **GWB 182** 19
- Kostengrundentscheidung **GWB 182** 6 ff.
- Kostenlast **GWB 182** 6 f.
- Kostenlast bei Verschulden **GWB 182** 9
- Kostenquotelung **GWB 182** 28 ff.
- Privilegierung durch gesetzliche Gebührenbefreiung **GWB 182** 33 f.
- Rechtsanwaltskosten **GWB 182** 35 ff., 40 f.
- Streitwert **GWB 182** 47

Verfahrenstypik VergabeR Einl. 82 ff.

Vergabe
- Architekten- und Ingenieurleistungen **VgV 73** 1 ff.
- Aufteilung nach Losen **VgV 30** 1 ff. *s. auch Losvergabe*
- Auftragsbekanntmachung **VgV 37** 1 ff. *s. auch Auftragsbekanntmachung*
- Bauaufträge **VgV 2** 1 ff. *s. auch Vergabe von Bauaufträgen*
- Beginn **GWB 155** 29
- Begriff **VergabeR Einl.** 19 ff.
- Bekanntmachungen **VgV 40** 1 ff.
- Einzelaufträge im Sektorenvergaberecht **SektVO 19** 10 ff.
- Ende **GWB 155** 34
- gemischter Aufträge und Konzessionen **GWB 111** 1 ff. *s. auch Vergabe gemischter Aufträge und Konzessionen*
- Hauptgegenstand des Auftrags/der Konzession **GWB 110** 7 f.
- Losvergabe **VergabeR Einl.** 266
- Markterkundung **VgV 28** 1 ff. *s. auch Markterkundung*
- Nebenangebote **VgV 35** 1 ff. *s. auch Nebenangebote*
- Schätzung des Auftragswerts **VgV 3** 1 ff.
- sozialer und anderer besonderer Dienstleistungen **VgV 64** 1 ff. *s. auch Vergabe sozialer und anderer besonderer Dienstleistungen*
- typengemischte **GWB 110** 1 ff. *s. auch Typengemischte Vergabe*
- Unteraufträge **VgV 36** 1 ff. *s. auch Unteraufträge*
- Vergabebekanntmachung **VgV 39** 1 ff. *s. auch Vergabebekanntmachung*
- von öffentlichen Aufträgen *s. Vergabe von öffentlichen Aufträgen*
- Vorinformation **VgV 38** 1 ff. *s. auch Vorinformation*

Vergabe auf Grundlage internationaler Verfahrensregeln
- als Ausnahme vom Vergaberecht **GWB 109** 1 ff.
- Darlegungs- und Beweislast **GWB 109** 4 f.
- verteidigungs- oder sicherheitsspezifische Vergaben **GWB 109** 8

Vergabe energieverbrauchsrelevanter Leistungen VgV 67 1 ff.
- Angaben zu Lebenszykluskosten **VgV 67** 46 ff.
- Angaben zum Energieverbrauch **VgV 67** 42 ff.
- Ausnahmen und Abweichung **VgV 67** 30 ff.
- Berücksichtigung der Energieeffizienz **VgV 67** 6 ff.
- Bestimmung höchster Leistungsniveaus **VgV 67** 24 ff.
- bieterschützender Charakter **VgV 67** 61 f.
- Dienstleistungen **VgV 67** 13 ff.
- Dokumentation **VgV 67** 37 f.
- Energieeffizienz in der Angebotswertung **VgV 67** 52 ff.
- energieverbrauchsrelevanter Gegenstand **VgV 67** 7 ff.
- Erwartungswertberechnung **VgV 67** 16
- höchste Energieeffizienzklasse **VgV 67** 28 ff.
- höchste Leistungsniveaus **VgV 67** 20 ff.
- Informationsabfrage in den Vergabeunterlagen **VgV 67** 41
- Lieferleistungen **VgV 67** 12
- Mindestanforderungen an Energieeffizienz **VgV 67** 18 ff.
- Prüfung und auf Erläuterung der Bieterangaben **VgV 67** 51
- zwingend zu fordernde Effizienzvorgaben **VgV 67** 39 f.

Vergabe gemischter Aufträge und Konzessionen GWB 111 1 ff.
- Aufträge nach sonstigen Vorschriften **GWB 111** 26
- Ausnahmen bei öffentlich-öffentlicher Zusammenarbeit **GWB 111** 17 f.
- bei unterschiedlichen Vergaberechtsregimen **GWB 112** 1 ff.
- Beurteilungsmaßstab **GWB 111** 5 ff.

magere Zahl = Randnummer

- Gesamtauftrag **GWB 111** 12 f.
- getrennte Auftragsvergabe **GWB 111** 11
- Konzessionen **GWB 111** 31
- Konzessionen mit sonstigen Aufträgen **GWB 111** 24 f.
- objektiv nicht trennbare Aufträge **GWB 111** 27 ff.
- objektiv trennbare Aufträge **GWB 111** 1 ff.
- objektive (Un-)Trennbarkeit **GWB 111** 6 ff.
- Sektorenaufträgen mit sonstigen Aufträgen **GWB 111** 21 ff.
- Sektorentätigkeit im Rahmen von Konzessionen **GWB 112** 12 ff.
- Umgehungsverbot **GWB 111** 30; **GWB 112** 6a
- Unbestimmbarkeit des hauptsächlichen Auftragszweck **GWB 112** 7 ff.
- Vergabe eines Gesamtauftrags **GWB 112** 5
- Vergabe getrennter Aufträge **GWB 112** 4
- verteidigungs- und sicherheitsrelevante Aufträge **GWB 111** 14 ff.
- Wahlrecht **GWB 112** 3

Vergabe öffentlicher Aufträge
- verteidigungs- und sicherheitsspezifische Aufträge **GWB 144** 1 ff.

Vergabe sozialer und anderer besonderer Dienstleistungen VgV 64 1 ff.
- Angebots- und Teilnahmefristen **VgV 65** 13 f.
- Auftragsbekanntmachung **VgV 66** 4 f.
- Bekanntmachung über vergebene Aufträge **VgV 66** 10 f.
- Bekanntmachungsmuster und -veröffentlichung **VgV 66** 12 f.
- dauerhafte Vorinformation **VgV 66** 6 ff.
- Europäische Eigenerklärung **VgV 65** 15
- geltende Bestimmungen **VgV 64** 4 ff.
- Kriterium Erfolg und die Qualität bereits erbrachter Leistungen **VgV 65** 16 ff.
- Laufzeit von Rahmenvereinbarungen **VgV 65** 8 ff.
- Regelverfahrensarten **VgV 65** 7
- Transparenz **VgV 66** 4 ff.
- Unterschwellenbereich **VgV 64** 8
- vereinfachtes Vergaberegime **VgV 65** 7 ff.

Vergabe- und Vertragsausschuss für Bauleistungen VgV 2 2

Vergabe von Architekten- und Ingenieurleistungen VgV 73 1 ff.
- Anforderungen an Eignungsnachweise **VgV 75** 23 f.
- anrechenbare Kosten **VgV 76** 29
- Aufgreifschwelle **VgV 76** 45
- Auftragswertschätzung **VgV 76** 44
- Berücksichtigung des Preises **VgV 76** 18 ff.
- Berufsqualifikation für Architektenberufe **VgV 75** 16 ff.
- Berufsqualifikation für Ingenieurberufe **VgV 75** 18 ff.
- Bewerberauswahl durch Losentscheid **VgV 75** 34 ff.
- Doppelverwertungsverbot **VgV 76** 12
- Eignung **VgV 75** 1 ff.
- gesetzliche Gebühren- oder Honorarordnungen **VgV 76** 18 ff.
- Grundlagen des Honorars **VgV 76** 28 ff.
- HOAI *s. HOAI*
- HOAI Anwendungsbereich **VgV 76** 25 ff.
- HOAI Kalkulationsregeln **VgV 76** 27 ff.
- HOAI Vergütungsrahmen **VgV 76** 19 ff.

Sachverzeichnis

- Honorarminderungen **VgV 76** 39
- Honorarsätze **VgV 76** 35 f.
- Honorarzonen **VgV 76** 33
- Leistungsbilder **VgV 76** 32
- Leistungswettbewerb **VgV 76** 8 ff.
- Nebenkosten **VgV 76** 42
- nicht abschließend beschreibbare Architekten- und Ingenieursdienstleistungen **VgV 74** 5
- Nichtberücksichtigung unaufgeforderter Lösungsvorschläge **VgV 76** 49
- Präsentation von Referenzprojekten **VgV 75** 27 ff.
- Preiswertung **VgV 76** 15 ff.
- Prüfpflicht **VgV 76** 45
- Rechtsschutz **VgV 75** 44a f.; **VgV 76** 50 ff.
- Referenzen **VgV 75** 25 f.
- Umbau- oder Modernisierungszuschlag **VgV 76** 38
- Verfahrensarten **VgV 74** 1 ff.
- Vergleichbarkeit von Referenzprojekten **VgV 75** 32 ff.
- Verhandlungsverfahren mit Teilnahmewettbewerb **VgV 74** 4
- Verlangen von Lösungsvorschlägen **VgV 76** 46 ff.
- wettbewerblicher Dialog **VgV 74** 4
- zulässige Unterschreitung der Mindestsätze **VgV 76** 35 ff.
- Zulassung juristischer Personen **VgV 75** 21 f.
- Zuschlag **VgV 76** 1 ff.

Vergabe von Bauaufträgen VgV 2 1 ff.
- Anwendungsvorrang **VgV 2** 7 ff.
- Baukonzessionen **VgV 2** 13
- Kaskadenprinzip **VgV 2** 1

Vergabe von Eisenbahnverkehrsdiensten GWB 131 1 ff.
- Anforderungen an Direktvergabe **GWB 131** 11 ff.
- Arbeitnehmerrechte **GWB 131** 27 ff.
- Aufträge mit geringem Volumen **GWB 131** 22 ff.
- Ausnahmen **GWB 131** 58 f.
- Ausschreibungsunterlagen **GWB 131** 67 ff.
- Betriebsübergang **GWB 131** 32 ff. *s. auch Betriebsübergang bei Eisenbahnverkehrsdiensten*
- freihändige Vergabe **GWB 131** 10 ff.
- Handlungsleitfaden **GWB 131** 30
- Kompromisscharakter **GWB 131** 50 f.
- korrespondierende Bestimmungen **GWB 131** 27 ff.
- Notmaßnahmen **GWB 131** 10 ff., 22 ff.
- Personenverkehrsleistungen **GWB 131** 2
- privatrechtliche Übernahme **GWB 131** 63 ff.
- Schienenverkehrsdienstleistungen **GWB 131** 1 ff.
- Tarifbestimmungen **GWB 131** 31
- Transparenzanforderungen **GWB 131** 25
- Vergabe von Unteraufträgen **GWB 131** 18 f.
- zulässige Verfahrensarten **GWB 131** 7 ff.

Vergabe von öffentlichen Aufträgen
- Anwendungsbereich **GWB 115** 1 ff.
- Ausnahmen für öffentliche Auftraggeber **GWB 116** 1 ff. *s. auch Ausnahmen für öffentliche Auftraggeber*
- Bereichsausnahmen **GWB 116** 2

Vergabe von Unteraufträgen
- Dritte **GWB 97** 278 ff.
- erfasste Unternehmen **GWB 97** 270 ff.
- Inhalt der Verpflichtung **GWB 97** 286 ff.
- Instrumente der Verpflichtung **GWB 97** 281 ff.
- Pflichtverstoß Auftraggeber **GWB 97** 288
- Pflichtverstoß Auftragnehmer **GWB 97** 290 f.

Sachverzeichnis

fette Zahl = Gesetz und Paragraf

- Rechtsfolgen eines Verstoßes **GWB 97** 287 ff.
- Regelungsadressaten **GWB 97** 269 ff.
- vertragliche Regelungen **GWB 97** 281 ff.

Vergabeakten
- Nachprüfungsverfahren **GWB 163** 18

Vergabebekanntmachung SektVO 39 4; **VergabeR Einl.** 305; **VgV 39** 1 ff.
- Bekanntmachung von Auftragsänderungen **VgV 39** 12 f.
- berechtigte Geheimhaltungsinteressen **VgV 39** 14 ff.
- bieterschützender Charakter **VgV 39** 17 ff.
- dynamischem Beschaffungssystem **VgV 39** 11
- Muster **VgV 39** 6 ff.
- Rahmenvereinbarungen **VgV 39** 10
- Sektorenvergaberecht **SektVO 38** 1 ff. *s. auch Vergabebekanntmachung im Sektorenvergaberecht*

Vergabebekanntmachung im Sektorenvergaberecht SektVO 38 1
- auf nationaler Ebene **SektVO 40** 8 f.
- Auftragsbekanntmachung **SektVO 39** 3
- Ausnahmen von der Veröffentlichungspflicht **SektVO 38** 11 f.
- dynamische elektronische Beschaffungssysteme **SektVO 38** 8 f.
- freiwillige Übermittlung **SektVO 40** 10
- Musterformular **SektVO 38** 4
- Nachweis der Veröffentlichung **SektVO 40** 7
- Pflicht zur Vergabebekanntmachung **SektVO 38** 3 ff.
- Pflichtinhalte **SektVO 38** 5 ff.
- Privilegierung für F&E-Dienstleistungen **SektVO 38** 14 f.
- Rahmenvereinbarungen **SektVO 38** 7
- regelmäßige nicht verbindliche Bekanntmachungen **SektVO 38** 6
- Übermittlung **SektVO 40** 3 ff.
- Übermittlungsfrist **SektVO 40** 4
- Vergabebekanntmachung **SektVO 39** 4
- Veröffentlichung **SektVO 40** 1 ff.
- Veröffentlichung im EU-Amtsblatt **SektVO 40** 5 ff.

Vergabeentscheidung
- Unterrichtung der Bewerber oder Bieter **SektVO 56** 1 ff.

Vergabefremde Kriterien VergabeR Einl. 124 ff.
- allgemeiner Gleichheitssatz **VergabeR Einl.** 130
- Begünstigungsausschluss durch Wettbewerb **VergabeR Einl.** 140
- Beihilfen **VergabeR Einl.** 127
- Diskriminierungsverbot **VergabeR Einl.** 126 ff.
- market economy operator principle **VergabeR Einl.** 136 ff.
- prozedurale Vorgaben **VergabeR Einl.** 148 f.
- Tariftreueklauseln **VergabeR Einl.** 131

Vergabekammern GWB 156 1 ff.
- Alleinentscheidungsrecht **GWB 157** 42 ff.
- Angreifbarkeit der Beschlüsse **GWB 156** 12
- Antrag *s. Antragserfordernis im Nachprüfungsverfahren*
- Aufbewahrung vertraulicher Unterlagen **GWB 164** 1 ff.
- Ausschließlichkeit des Rechtsweges **GWB 156** 9 ff.
- Befangenheit **GWB 157** 15 ff.
- Befugnis zur amtswegigen Verfolgung **GWB 160** 72
- Beiladung **GWB 174** 2 ff.

- Beschleunigungsgrundsatz **GWB 167** 1 ff. *s. auch Beschleunigungsgrundsatz*
- Besetzung **GWB 157** 1 ff., 34 ff.
- der Länder **GWB 158** 19 ff.
- des Bundes **GWB 158** 6 ff.
- Eigenverantwortlichkeit **GWB 157** 26 ff.
- Einrichtung **GWB 155** 13 ff.; **GWB 158** 1 ff.
- Erforderlichkeit weiterer Kammern **GWB 158** 24 ff.
- Ermittlungsbefugnisse und Beweiserhebung **GWB 163** 11 f.
- Geheimhaltungspflicht **GWB 164** 8 f.
- gemeinsame Nachprüfungsbehörden von Ländern **GWB 158** 23
- gerichtsähnliche Stellung **GWB 157** 3
- Gerichtsqualität **GWB 157** 1 f.
- Geschäftsstelle **GWB 157** 63
- gleichzeitig anderer Tätigkeiten der Mitglieder **GWB 158** 27
- institutionelle Existenz **GWB 155** 6
- Kartellvergaberecht **GWB 155** 25 ff.
- Organisation **GWB 158** 1 ff.
- Qualifikation hauptamtlichen Mitglieder **GWB 157** 36
- Rechtscharakter **GWB 155** 16 ff.
- richterliches Haftungsprivileg **GWB 157** 30 ff.
- Trinkwasserversorgung **GWB 155** 10
- Unabhängigkeit **GWB 157** 1 ff., 6 ff.
- Unabhängigkeit der einzelnen Kammermitglieder **GWB 157** 59 ff.
- Unterrichtungspflichten **GWB 184** 1
- Untersuchungsgrundsatz **GWB 163** 1 ff.
- Verfahrenseinleitung **GWB 159** 1 ff.
- Verfahrenskosten **GWB 182** 1 ff. *s. auch Verfahrenskosten vor bei Verfahren vor Vergabekammer*
- Vergaberechtsmodernisierungsgesetz **GWB 155** 8
- Verhältnis zu Aufsichtsbehörden **GWB 155** 42
- Verschlusssachen und andere vertrauliche Informationen **GWB 164** 3 *s. auch Schutz der Vertraulichkeit*
- verspätete Sachentscheidung **GWB 171** 38 ff.
- Verwerfungsbefugnis der Vergabekammern **GWB 161** 15
- Zuständigkeit **GWB 159** 1 ff.
- Zuständigkeitsabgrenzung Bund und Länder **GWB 156** 3 f.

Vergabekoordinierungsrichtlinie VergabeR Einl. 3

Vergabekriterien
- Transparenz **GWB 97** 1 ff.
- Verhältnismäßigkeitsgrundsatz **GWB 97** 1 ff.
- Wettbewerb **GWB 97** 1 ff.
- Wirtschaftlichkeit **GWB 97** 1 ff.

Vergaben unter Berührung nationaler Sicherheitsinteressen GWB 104 6 ff.

Vergaben zwischen verbundenen Unternehmen
- Abgrenzung zur In-House-Vergabe **GWB 139** 1 ff.
- Ausnahme **GWB 139** 4
- Konzernprivileg **GWB 139** 3

Vergaberecht
- dynamisches Beschaffungssystem **SektVO 21**
- Vergaberechtsreform 2016 **VergabeR Einl.** 236

Vergaberecht light
- Primärvergaberecht **VergabeR Einl.** 36

Vergaberechtsmodernisierungsgesetz GWB 103 165 f.; **GWB 155** 8

Vergaberechtsreform 2016 VergabeR Einl. 236

2226

magere Zahl = Randnummer

Sachverzeichnis

Vergaberechtsrichtlinien
- Auslegung **VergabeR Einl.** 209 ff. *s. auch Auslegung von Vergaberechtsrichtlinien*
- Durchsetzung **VergabeR Einl.** 209 ff. *s. auch Durchsetzung der Vergaberechtsrichtlinien*
- Gleichbehandlungsgrundsatz **VergabeR Einl.** 199
- Grundsätze **VergabeR Einl.** 198 *s. auch Grundsätze des Sekundärvergaberechts*
- Umsetzung **VergabeR Einl.** 201 ff. *s. auch Umsetzung der Vergaberechtsrichtlinien*
- Umsetzungspflicht *s. Umsetzungspflicht*
- unmittelbare Wirkung *s. unmittelbare Wirkung von Richtlinien*
- Vorwirkung vor Ablauf der Umsetzungsfrist **VergabeR Einl.** 223 ff. *s. auch Vorwirkung*
- Ziele **VergabeR Einl.** 197 ff.

Vergaberechtsschutz
- Eilrechtsschutz *s. Vorläufige Maßnahmen im Nachprüfungsverfahren*
- Konzessionsvergabeverfahren **GWB 154** 41
- Zuständigkeit der Kartellbehörden **GWB 156** 38 ff.
- Zuständigkeit ordentlicher Gerichte **GWB 156** 33 ff.

Vergaberechtsverstoß
- Kündigungsrecht **GWB 133** 10 ff.
- Verstoß gegen Informationspflicht des Auftraggebers **GWB 135** 12 f.

Vergabereife VgV 29 29
- wettbewerblicher Dialog **VgV 18** 5

Vergabe-RL 2004 VergabeR Einl. 186

Vergabesperre GWB 155 31

Vergabespezifischer Mindestlohn
- Ausführungsbedingungen bei Konzessionen **GWB 152** 141 ff.
- Konzessionsvergabeverfahren **GWB 151** 10 ff.
- Landesvergabegesetze **GWB 97** 206 ff.
- strategische Ausführungsbedingung **GWB 97** 190

Vergabestatistik GWB 114 1 ff.

Vergabestatistikverordnung
- Schätzung des Auftragswerts **VgV 3** 37

Vergabestelle
- Auftraggeber **GWB 98** 9 ff.

Vergabeüberwachungsausschüsse GWB 158 2 ff.

Vergabeunterlagen KonzVgV 18 1 f.; **VgV 29** 1 ff.
- allgemeine technische Vertragsbedingungen **VgV 29** 24
- Anfertigung **VergabeR Einl.** 267 ff.
- Anforderungen an einzureichende Unterlagen **VgV 53** 24 ff. *s. auch Anforderungen an Vergabeunterlagen*
- Anschreiben **VgV 29** 10 ff.
- Bedeutung **VgV 29** 5 ff.
- Begriff **KonzVgV 18** 1
- Bereitstellung **VgV 41** 1 ff. *s. auch Bereitstellung der Vergabeunterlagen*
- besondere Vertragsbedingungen **VgV 29** 20
- Bewerbungsbedingungen **VgV 29** 13 f.
- erforderliche Angaben **VgV 29** 25 ff.
- etwaige ergänzende Vertragsbedingungen **VgV 29** 21 f.
- Inhalt **VergabeR Einl.** 269; **VgV 29** 8 ff.
- Innovationspartnerschaft **VgV 29** 38 ff.
- Leistungsbeschreibung **GWB 121** 51; **VergabeR Einl.** 269; **VgV 31** 1 ff. *s. auch Leistungsbeschreibung*

- Nachweisliste **VgV 29** 8 f.
- nicht offenes Verfahren **VgV 29** 35 f.
- offenes Verfahren **VgV 29** 34
- Sektorenvergaberecht **SektVO 41** 1 ff. *s. auch Vergabeunterlagen im Sektorenvergaberecht*
- Überprüfungsklausel **GWB 132** 25 ff.
- Umfang **VgV 29** 25 ff.
- Unzulässigkeit von Änderungen **VgV 53** 25 ff.
- Vergabereife **VgV 29** 29
- Verhandlungsverfahren **VgV 29** 38 ff.
- Vertragsunterlagen **VgV 29** 16 ff.
- Vertragsverlängerungsoption **GWB 132** 25 ff.
- VOL/B **VgV 29** 42 ff. *s. auch VOL/B*
- vollständige Abrufbarkeit **VgV 29** 30 ff.
- wettbewerblicher Dialog **VgV 29** 38 ff.
- Zeitpunkt der Anfertigung **VergabeR Einl.** 267
- zusätzliche Vertragsbedingungen **VgV 29** 23

Vergabeunterlagen im Sektorenvergaberecht SektVO 41 1 ff.
- Ausnahmen von der elektronischen Bereitstellung **SektVO 41** 7 f.
- Bekanntmachung eines Qualifizierungssystems **SektVO 41** 5
- elektronische Bereitstellung **SektVO 41** 3 ff.
- Fristverlängerung **SektVO 41** 13
- Schutz der Vertraulichkeit **SektVO 41** 9 ff.
- Verschwiegenheitserklärung **SektVO 41** 12

Vergabeverfahren
- Ablauf **VergabeR Einl.** 229 ff.
- Anspruch auf Einhaltung **GWB 97** 382 ff. *s. auch Anspruch auf Einhaltung des Vergabeverfahrens*
- Aufhebung **KonzVgV 32** 1 ff.; **VgV 63** 1 ff. *s. auch Aufhebung von Vergabeverfahren*
- Aufteilung nach Losen **VgV 30** 1 ff. *s. auch Losvergabe*
- Auftragsänderung nach Zuschlag **GWB 132** 1 ff. *s. auch Auftragsänderung nach Zuschlag*
- Auftragsbekanntmachung **VergabeR Einl.** 283 ff.; **VgV 37** 1 ff. *s. auch Auftragsbekanntmachung*
- Ausschluss vom Verfahren *s. Ausschluss vom Vergabeverfahren*
- Ausschlussgründe **VgV 48** 1 ff.
- Aussetzung **GWB 169** 1 ff. *s. auch Aussetzung des Vergabeverfahrens*
- Beendigung **VergabeR Einl.** 302 ff.
- Beendigung durch Aufhebung **VergabeR Einl.** 308
- Beginn des förmlichen Vergabeverfahrens **VgV 37** 6
- Bekanntmachungen **VgV 40** 1 ff.
- besondere Methoden und Instrumente **GWB 120** 1 ff.
- besonders niedrige Angebote **VergabeR Einl.** 81
- Bestimmungen **GWB 97** 404
- De-Facto-Vergabe **GWB 135** 30 ff.
- Dokumentation **VergabeR Einl.** 309 ff.; **VgV 8** 1 ff. *s. auch Dokumentation im Vergabeverfahren*
- Durchführung **VergabeR Einl.** 281 ff.
- dynamisches Beschaffungssystem *s. Dynamische Beschaffungssysteme*
- Eignungskriterien **VergabeR Einl.** 276 ff.
- Eignungsnachweise **VgV 48** 1 ff. *s. auch Eignungsnachweise*
- Einheitliche Europäische Eigenerklärung **VergabeR Einl.** 287

2227

Sachverzeichnis

fette Zahl = Gesetz und Paragraf

- Eisenbahnverkehrsdiensten **GWB 131** 1 ff. *s. auch Vergabe von Eisenbahnverkehrsdiensten*
- elektronische Auktion *s. Elektronische Auktion*
- elektronische Beschaffung **VergabeR Einl.** 260 ff. *s. auch Elektronische Beschaffung*
- elektronischer Katalog *s. Elektronische Kataloge*
- Ende des Vergabeverfahrens nach Beschwerdeverfahren **GWB 177** 1 ff.
- ergänzende Verfahrensregeln **VgV 65** 1 ff. *s. auch Ergänzende Verfahrensregeln*
- Fahrbahnerneuerung I-Entscheidung **GWB 181** 89 ff.
- Fristen **VergabeR Einl.** 79; **VgV 20** 1 ff. *s. auch Fristen im Vergabeverfahren*
- für Sektorenauftraggeber nach BBergG **GWB 143** 1 ff.
- für soziale und andere besondere Dienstleistungen **GWB 130** 1 ff.
- Gewährleistung von gleichen Wettbewerbsbedingungen **VgV 7** 6 f.
- Grundlegendes **VergabeR Einl.** 59 ff.
- Innovationspartnerschaft **VergabeR Einl.** 259 *s. auch Innovationspartnerschaft*
- Interessensbekundungsverfahren **VergabeR Einl.** 95
- Kommunikation **VgV 9** 1 ff. *s. auch Kommunikation im Vergabeverfahren*
- Konzessionen **GWB 148** 1 ff.
- Konzessionsvergabe **GWB 151** 1 ff.
- Markterkundung **VergabeR Einl.** 247; **VgV 28** 1 ff. *s. auch Markterkundung*
- Maßnahmen des öffentlichen Auftraggebers **VgV 7** 10 ff.
- Mehrfachbeteiligung **VgV 43** 19 ff. *s. auch Mehrfachbeteiligung*
- Mitwirkung an der Vorbereitung **VgV 7** 1 ff., 6 f.
- nach GWB **VergabeR Einl.** 237 ff.
- Nachprüfbarkeit **VergabeR Einl.** 71 ff. *s. auch Nachprüfbarkeit*
- Nebenangebote **VgV 35** 1 ff. *s. auch Nebenangebote*
- nicht offenes Verfahren **VergabeR Einl.** 91 ff., 254 *s. auch Nicht offenes Verfahren*
- offenes Verfahren **VergabeR Einl.** 85 f. *s. auch Offenes Verfahren*, 253
- Projektanten **VergabeR Einl.** 80
- Projektantenproblematik **VgV 7** 8 f.
- Rahmenvereinbarungen **VgV 21** 1 ff. *s. auch Rahmenvereinbarungen*
- rechtliche Existenz **VergabeR Einl.** 284
- Rechtsschutz **VgV 7** 16
- Schadensersatzanspruch bei Aufhebung **GWB 181** 79 ff.
- Sektorenauftraggeber **GWB 141** 1 ff.
- Transparenz **VergabeR Einl.** 62 ff.; **VgV 66** 1 ff.
- Übergangs- und Schlussbestimmungen **VgV 81** 1 ff.
- Unteraufträge **VgV 36** 1 ff. *s. auch Unteraufträge*
- Verfahrensanforderungen **VergabeR Einl.** 78 ff. *s. auch Verfahrensanforderungen*
- Verfahrensarten **GWB 119** 1 ff. *s. auch Vergabeverfahrensarten*
- Verfahrensaspekte **VergabeR Einl.** 59 ff. *s. auch Verfahrensaspekte*
- Verfahrensfristen **VergabeR Einl.** 264 ff. *s. auch Verfahrensfristen*
- Verfahrenstypik **VergabeR Einl.** 82 ff.
- Vergabe nach Losen **VergabeR Einl.** 266 *s. auch Vergabe nach Losen*
- Vergabebekanntmachung **VgV 39** 1 ff. *s. auch Vergabebekanntmachung*
- Vergabeunterlagen **VergabeR Einl.** 267 ff. *s. auch Vergabeunterlagen*
- Verhältnis zu Planungswettbewerben **VgV 78** 15 ff.
- Verhandlungslösung **VergabeR Einl.** 92 ff. *s. auch Verhandlungslösung*
- Verhandlungsverfahren **VergabeR Einl.** 255 f.
- Veröffentlichungen **VgV 66** 1 ff.
- verteidigungs- oder sicherheitsspezifische Aufträge **GWB 146** 1 ff.
- Vertragsbedingungen **VergabeR Einl.** 271
- Vertragslaufzeiten **VergabeR Einl.** 271
- Vorbereitung **SektVO 7** 1 ff.
- Vorinformation **VergabeR Einl.** 283 ff.; **VgV 38** 1 ff. *s. auch Vorinformation*
- Wahl der Verfahrensart **VgV 14** 1 ff. *s. auch Vergabeverfahrensarten*
- wettbewerblicher Dialog **VergabeR Einl.** 257 f. *s. auch Wettbewerblicher Dialog*
- zentrale Beschaffungsstelle *s. Zentrale Beschaffungsstelle*
- Zukunft **VergabeR Einl.** 109
- Zuschlag **GWB 127** 1 ff. *s. auch Zuschlag*
- Zuschlagskriterien **VergabeR Einl.** 276 ff.

Vergabeverfahren im Sektorenvergaberecht GWB 141 1 ff.
- Angebote, die Waren aus Drittländern umfassen **SektVO 55** 1 ff.
- Angebotsbegünstigung **SektVO 55** 9 ff.
- Angebotszurückweisung **SektVO 55** 3 ff.
- Anwendung allgemeiner Vorschriften **GWB 142** 4 f.
- Aufforderung zur Angebotsabgabe **SektVO 42** 6
- Aufforderung zur Interessensbestätigung **SektVO 42** 13 ff.
- Aufforderung zur Teilnahme am Dialog **SektVO 42** 7
- Aufforderung zur Teilnehmer am Vergabeverfahren **SektVO 42** 1 ff.
- Aufhebung der Ausschreibung **SektVO 57** 1 ff.
- Aufteilung nach Losen **SektVO 27** 1 ff.
- Auftragsbekanntmachungen **SektVO 35** 1 ff. *s. auch Bekanntmachung im Sektorenvergaberecht*
- Begrenzung der Bewerberzahl **SektVO 45** 8 ff.
- Benennung der Vergabekammer **SektVO 35** 6 f.
- Berechnung von Lebenszykluskosten **SektVO 53** 1 ff., 8
- Beschafferprofil **SektVO 35** 8 ff.
- Best und Final Offer **SektVO 51** 48
- Bewerberauswahl **SektVO 45** 1 ff.
- dynamische Beschaffungssysteme **SektVO 20**
- Einstellung des Vergabeverfahrens **SektVO 57** 1 ff.
- elektronische Auktionen **SektVO 23**
- elektronische Kataloge **SektVO 25** 1 f.
- erhöhte Sicherheitsanforderungen **SektVO 44** 4 ff.
- eVergabe-Portal **SektVO 43** 5
- Fristen **SektVO 16** 3 ff. *s. auch Fristen im Sektorenvergaberecht*
- Geheimwettbewerb **SektVO 50** 23
- Gütezeichen **SektVO 32** 1
- Innovationspartnerschaft **SektVO 13** 2
- Leistungsbeschreibung **SektVO 28** 1
- Markterkundung **SektVO 26** 1 ff.

magere Zahl = Randnummer

Sachverzeichnis

- Mehrfachbeteiligung **SektVO 51** 8
- Nachforderung von Unterlagen **SektVO 51** 33 ff.
- Nachforderung von Unterlagen, Ausschluss **SektVO 51** 46 ff.
- Nachweisführung durch Bescheinigungen von Konformitätsbewertungsstellen **SektVO 31** 1
- Nebenangebote **SektVO 33** 1 ff.
- nicht offenes Verfahren **SektVO 15**; **SektVO 16** 1 f.
- offenes Verfahren **GWB 142** 1 ff.; **SektVO 14**; **SektVO 16** 1
- Preisangaben **SektVO 51** 52
- Prüfung der Wirtschaftlichkeit **SektVO 51** 32
- Prüfung und Wertung der Angebote **SektVO 51** 1 ff.
- Qualifizierungssystem **SektVO 37** 1 ff.
- Qualifizierungssysteme zur Eignungsfeststellung **SektVO 48** 1 ff. s. auch *Qualifizierungssysteme im Sektorenvergaberecht*
- Rahmenvereinbarungen **SektVO 19** 1 ff. s. auch *Rahmenvereinbarungen im Sektorenvergaberecht*
- Rechtsformen **SektVO 50** 24 ff.
- regelmäßige nicht verbindliche Bekanntmachung **SektVO 36** 1 ff. s. auch *Regelmäßige nicht verbindliche Bekanntmachung*
- Scheinaufhebung **SektVO 57** 14
- Schulnotensystem **SektVO 52** 20
- Subunternehmer **SektVO 51** 9
- technische Anforderungen **SektVO 29** 1 s. auch *Technische Anforderungen im Sektorenvergaberecht*
- ungewöhnlich niedrige Angebote **SektVO 54** 1 ff.
- Unteraufträge **SektVO 34** 1 ff.
- unternehmensbezogene Unterlagen **SektVO 51** 37
- Unterrichtung der Bewerber oder Bieter **SektVO 56** 1 ff.
- Vergabebekanntmachungen **SektVO 38** 1 ff. s. auch *Vergabebekanntmachung im Sektorenvergaberecht*
- Vergabeunterlagen **SektVO 41** 1 ff. s. auch *Vergabeunterlagen im Sektorenvergaberecht*
- Verhandlungsverfahren mit vorherigem Teilnahmewettbewerb **SektVO 15**; **SektVO 16** 1 f.
- Verwendung elektronischer Signaturen **SektVO 44** 1 ff. s. auch *Elektronische Signaturen im Sektorenvergaberecht*
- vierstufige Angebotswertung **SektVO 46** 5 ff.
- Wahl der Verfahrensart **SektVO 13** 1 ff.
- Wertungsstufen **SektVO 51** 2, 12 ff.
- wettbewerblicher Dialog **SektVO 17** 1 ff.
- Willkürverbot **SektVO 57** 6
- Wirtschaftlichkeitsprüfung **SektVO 46** 7; **SektVO 52** 1 ff.
- Zuschlagsentscheidung **SektVO 52** 1 ff.

Vergabeverfahren, Beendigung VergabeR Einl. 302 ff.
- Aufhebung **VergabeR Einl.** 308
- Dokumentation **VergabeR Einl.** 309 ff.
- modifizierter Zuschlag **VergabeR Einl.** 305
- Zuschlagserteilung **VergabeR Einl.** 303 ff.

Vergabeverfahrensarten GWB 119 1 ff.; **VgV 14** 1 ff.
- Aufwandsentschädigung **GWB 119** 100 ff.
- Auswahl **VergabeR Einl.** 251 ff.
- nicht offene Verfahren **GWB 119** 23 ff.; **VgV 14** 20
- offene Verfahren **GWB 119** 18 ff.; **VgV 14** 20
- Rangverhältnis **GWB 119** 6 ff.
- Verhandlungsverfahren **GWB 119** 43 ff. s. auch *Verhandlungsverfahren*
- Wahlfreiheit **VgV 14** 20
- wettbewerblicher Dialog **GWB 119** 78 ff. s. auch *Wettbewerblicher Dialog*
- zulässige Verfahrensarten **VgV 14** 9 ff.
- Zulässigkeit anderer Vergabeverfahrensarten **VgV 14** 21 f.

Vergabevermerk VergabeR Einl. 310 f.; **VgV 8** 19 ff.
- Fehlen des Vermerks **GWB 97** 30
- Kommunikation im Sektorenvergaberecht **SektVO 43** 10
- Konzessionsvergabe **KonzVgV 6** 1 ff.
- Textform **VergabeR Einl.** 311

Vergabeverordnung VgV 1 1 ff.
- Abgrenzung bei mehreren Tätigkeiten **VgV 1** 18
- Anwendungsbereich **VgV 1** 8 ff.
- Anwendungsbereich, persönlicher **VgV 1** 10
- Anwendungsbereich, sachlicher **VgV 1** 9
- Anwendungsvorrang **VgV 2** 7 ff.
- COVID 19-Pandemie **VgV 1** 7
- Entstehungsgeschichte **VgV 1** 2 ff.
- Fristenberechnung **VgV 82** 1 ff.
- Rahmenvereinbarungen **VgV 1** 11
- Schätzung des Auftragswerts **VgV 3** 1 ff.
- Übergangs- und Schlussbestimmungen **VgV 81** 1 ff.
- Vergabe von Bauaufträgen s. *Vergabe von Bauaufträgen*

Vergütung
- Planungswettbewerbe **VgV 77** 1 ff.

Vergütungsanspruchs
- Auftragskündigung in besonderen Fällen **GWB 133** 14 f.

Verhältnismäßigkeitsgrundsatz GWB 97 1 ff., 38 ff.; **VergabeR Einl.** 206; **VgV 10** 13 ff.
- Konzessionsvergabeverfahren **GWB 152** 63
- strategisches Ziel **GWB 97** 104
- Vertragsstrafen in Bauverträgen **GWB 97** 43 ff. s. auch *Vertragsstrafen in Bauverträgen*
- vorläufige Maßnahmen im Nachprüfungsverfahren **GWB 169** 43

Verhältnismäßigkeitsprinzip VergabeR Einl. 97 ff.

Verhandlung mit den Bietern VgV 17 80 ff.
- Verhandlungsfahrplan **VgV 17** 81 ff.
- Verhandlungsinhalte **VgV 17** 84
- Verhandlungsverfahren **VgV 17** 80 ff.
- zwischen Bieter und Vergabestelle **VergabeR Einl.** 296 ff.

Verhandlungsfahrplan
- Bezuschlagung von Erstangeboten ohne Verhandlungen **VgV 17** 85 ff.
- Verhandlungsverfahren **VgV 17** 81 ff.

Verhandlungsinhalte
- Verhandlungsverfahren **VgV 17** 84

Verhandlungslösung VergabeR Einl. 92 ff.

Verhandlungsverbote
- nicht offenes Verfahren **VgV 16** 72 ff.
- offenes Verfahren **VgV 15** 28 ff., 55 ff.

Verhandlungsverfahren VergabeR Einl. 255 f.; **VgV 17** 1 ff.
- Ablauf **VgV 17** 13 ff.
- Abschichtungen **VgV 17** 90
- absolute Mindestfrist **VgV 17** 74 ff.

2229

Sachverzeichnis

fette Zahl = Gesetz und Paragraf

- Angebotsabgaberecht **VgV 17** 46 ff.
- Begrenzung des Angebotsabgaberecht **VgV 17** 48 ff.
- Berichtspflicht gegenüber der Europäischen Kommission **VgV 14** 144 ff.
- Bezuschlagung von Erstangeboten ohne Verhandlungen **VgV 17** 85 ff.
- Eignungsinformationen **VgV 17** 34 f.
- Eignungsnachweis **GWB 122** 32 ff.
- einheitliche letzte Angebotsfrist **VgV 17** 97
- Entscheidung über den Zuschlag **VgV 17** 99 ff.
- Erstangebote **GWB 119** 54
- Festlegung der Angebotsfrist im Einvernehmen mit Bewerbern **VgV 17** 60 ff.
- Gewährleistung von Wettbewerb in der Schlussphase **VgV 17** 90 f.
- Gleichbehandlung der Bieter **VgV 17** 92 ff.
- Grenzlinie der Verhandlungen **VgV 17** 19 ff.
- Grundlagen **GWB 119** 43 ff.
- Mindestangebotsfrist **VgV 17** 57 ff.
- mit Bekanntmachung und Teilnahmewettbewerb **GWB 119** 70 ff.
- ohne Bekanntmachung **GWB 135** 33
- ohne Teilnahmewettbewerb **GWB 119** 73 ff.
- Parameter **VgV 17** 1 ff.
- Pflicht paralleler Verhandlungen **VgV 17** 26 f.
- Rechtsschutz **VgV 14** 150
- Rügeobliegenheit **GWB 160** 55
- Suspensierung von Verpflichtungen **VgV 17** 101 f.
- Teilnahmeantrag **VgV 17** 34 f.
- Teilnahmewettbewerb **VgV 17** 34 ff.
- Transparenzgebot **VgV 17** 18
- Unterrichtungspflicht **VgV 17** 97
- Unterrichtungspflicht vor Abschluss der Verhandlungen **VgV 17** 97 ff.
- Unterrichtungspflichten bei Änderungen der Leistungsbeschreibung **VgV 17** 92
- Vergabeunterlagen **VgV 29** 38 ff.
- Verhandlung mit den Bietern **VgV 17** 8 ff. *s. auch Verhandlung mit den Bietern, 80 ff.*
- Verhandlungsinhalte **VgV 17** 84
- Verkürzung der Angebotsfrist bei Dringlichkeit **VgV 17** 69 ff.
- Verkürzung der Angebotsfrist bei Zulassung elektronischer Form **VgV 17** 77 ff.
- Verkürzung der Teilnahmefrist bei Dringlichkeit **VgV 17** 36 ff.
- Zulässigkeit des Verhandlungsverfahrens ohne Teilnahmewettbewerb *s. Zulässigkeit des Verhandlungsverfahrens ohne Teilnahmewettbewerb*

Verhandlungsverfahren mit Teilnahmewettbewerb
- Architekten- und Ingenieurleistungen **VgV 74** 4
- Zulässigkeit **VgV 14** 23 ff., 46 ff. *s. auch Zulässigkeit des Verhandlungsverfahrens ohne Teilnahmewettbewerb*

Verhandlungsverfahren mit vorherigem Teilnahmewettbewerb
- Sektorenvergaberecht **SektVO 15**; **SektVO 16** 1 f.

Verhandlungsverfahren ohne Teilnahmewettbewerb
- Aufforderung zur Angebotsabgabe **VgV 17** 56 f.
- Bezuschlagung ohne Teilnahmewettbewerb **VgV 17** 89
- Konzessionsvergabe **GWB 154** 45

Verjährung GWB 181 103

Verkehr SektVO Vor 1
- Begriff **SektVO 1** 2

Verkehrsdienstleistungen VergabeR Einl. 55

Verkehrsleistungen GWB 102 63 ff.
- Betreiben von Netzen und Erbringen von Dienstleistungen **GWB 102** 67 ff.
- Konzessionsvergabe **GWB 149** 64 ff.
- Versorgung der Allgemeinheit **GWB 102** 70 f.

Verkehrssektor GWB 100 37
- Mindestlohnvorgaben **GWB 97** 198
- Tariftreuepflicht **GWB 97** 198

Verlängerung der aufschiebenden Wirkung der sofortigen Beschwerde GWB 173 11 ff.
- Abänderungsantrag **GWB 173** 36
- Antrag des Beigeladenen **GWB 173** 33
- Antragsfrist **GWB 173** 29 ff.
- Antragsvoraussetzungen **GWB 173** 22 ff.
- Antragsziel **GWB 173** 27
- Anwaltszwang **GWB 173** 29 ff.
- Anwendungsvoraussetzungen des Nachprüfungsverfahrens **GWB 173** 20 f.
- Aufhebung der Aufhebung **GWB 173** 17 f.
- Aufhebung der Ausschreibung **GWB 173** 15 f.
- Beendigung des Vergabeverfahrens **GWB 173** 18
- Entscheidung des Beschwerdegerichts **GWB 173** 63 ff.
- Entscheidung des Vergabesenats **GWB 173** 32
- Erfolgsprognose **GWB 173** 50 ff.
- Frist **GWB 173** 23 f.
- gerichtliches Verfahren bei Verlängerungsanträgen **GWB 173** 41 ff. *s. auch Gerichtliches Verfahren bei Verlängerungsanträgen*
- Kosten **GWB 178** 56 ff.
- nicht beendetes Vergabeverfahren **GWB 173** 25 f.
- Pflicht zur Neubewertung der Angebote **GWB 173** 13 f.
- Rechtsposition der Vergabestelle **GWB 173** 19
- Rechtsschutzbedürfnis **GWB 173** 12 ff.
- Schriftform **GWB 173** 23 f.
- unterbliebene Information über Nachprüfungsantrag **GWB 173** 40 ff.
- unzulässige Anträge **GWB 173** 34 f.
- Verlängerungsantrag **GWB 173** 11

Verletzung der Umsetzungspflicht VergabeR Einl. 216 ff.
- unmittelbare Wirkung als Folge **VergabeR Einl.** 216 ff. *s. auch Unmittelbare Wirkung von Richtlinien*

Verletzungshandlung GWB 181 27

Vermeidung von Interessenkonflikten KonzVgV 5 1 ff.; **VgV 6** 1 ff., 29 ff.
- betroffene Personen **VgV 6** 8 ff.
- Mitwirkungsverbot **VgV 6** 12 ff.
- Projektantenproblematik **VgV 6** 7
- Rechtsfolgen **VgV 6** 32 ff.

Veröffentlichung VgV 70 1 ff.
- Preisgericht im Planungswettbewerb **VgV 79** 24 f.
- Vergabeverfahren **VgV 66** 1 ff.

Veröffentlichungsgebot SektVO 61 1

Verordnung zur Bestimmung kritischer Infrastruktur
- elektronische Vergabe **GWB 97** 375

Verordnungsermächtigung GWB 113 1 ff.
- Einzelerläuterungen **GWB 113** 11 ff.
- im Vergaberecht **GWB 114** 14
- Parlamentsvorbehalt **GWB 113** 21 ff.
- Verfahren **GWB 113** 23 f.

magere Zahl = Randnummer

Sachverzeichnis

- verfassungsrechtliche Vorgaben **GWB 113** 3 ff.
Verschlusssache GWB 164 3
Verschlusssachenauftrag GWB 104 10 f., 24 ff.
Versicherungsmakler GWB 97 75
Versorgungswerke GWB 99 114 ff.
Verteidigung und Sicherheit
- Ausnahmen für öffentliche Auftraggeber **GWB 117** 1 ff.
- Ausnahmen für Vergabe von Konzessionen **GWB 150** 1 ff. *s. auch Ausnahmen im Bereich Verteidigung und Sicherheit*
- Begriff **GWB 150** 23 ff.
- Forschungs- und Entwicklungskooperationen **GWB 150** 45 ff.
Verteidigungs- oder sicherheitsspezifische Vergaben GWB 111 14 ff.; **GWB 146** 1 ff.
- Auftragsteile **GWB 111** 19 f.
- Ausnahmen bei Vergabe **GWB 145** 1 ff.
- Informationspflicht des Auftraggebers **GWB 134** 73
- internationale Verfahrensregeln **GWB 109** 8
Verteidigungs- und Sicherheitsinteressen GWB 173 58 ff.
Verteidigungs- und sicherheitsspezifische öffentliche Aufträge GWB 104 1 ff.; **GWB 144** 1 ff.
- Militärausrüstung **GWB 104** 9, 18 ff.
- Vergaben unter Berührung nationaler Sicherheitsinteressen **GWB 104** 6 ff.
- Verschlusssachenauftrag **GWB 104** 10 f., 24 ff.
Verteidigungsvergaben
- Begriff **GWB 104** 5
Verteidigungsvergaberichtlinie VergabeR Einl. 187, 190
Vertikale In-House-Vergabe
- 80 %-Grenze **GWB 108** 30 ff. *s. auch 80 %-Grenze*
- an Eigen- oder Regiebetriebe **GWB 108** 18 ff.
- an eigenständige juristische Person **GWB 108** 15 ff.
- an eine Personengesellschaft **GWB 108** 17
- Anwendungsvoraussetzung **GWB 108** 15 ff.
- Ausnahme für Beteiligungen **GWB 108** 47 ff.
- Direktheit der Beteiligung **GWB 108** 44
- durch mehrere Auftraggeber **GWB 108** 54 ff.
- Einschaltung einer gemeinsamen Einrichtung **GWB 108** 60
- gemeinsame Kontrolle **GWB 108** 55 ff.
- indirekte private Beteiligung **GWB 108** 43
- Kontrolle bei AG **GWB 108** 26
- Kontrolle bei GmbH **GWB 108** 25
- Kontrolle über Auftragnehmer **GWB 108** 22 ff.
- Kontrollvermutung **GWB 108** 28 f.
- Konzessionen **GWB 108** 85
- Minderheitsbeteiligung **GWB 108** 58
- mittelbare Kontrolle **GWB 108** 27
- private Kapitalbeteiligung **GWB 108** 42, 45, 62
- Public-Public-Partnership **GWB 108** 46
- Schwestern-In-House-Direktvergabe **GWB 108** 63 f.
- Überantwortung der Einzelentscheidungen **GWB 108** 58
- umgekehrte In-House-Direktvergabe **GWB 108** 63 f.
- Weisungskette **GWB 108** 27
- wesentliche Tätigkeit für kontrollierenden Auftraggeber **GWB 108** 61
Vertrag GWB 103 30 ff.
- Änderung **GWB 103** 74 ff.

- Arzneimittelrabattverträge **GWB 103** 98 ff. *s. auch Arzneimittelrabattverträge*
- Bauaufträge **GWB 103** 112 ff.
- Beschaffungscharakter **GWB 103** 50
- contracting out **GWB 103** 72 f.
- Durchführungsvertrag **GWB 103** 37
- Entgeltlichkeit **GWB 103** 41 f.
- Erschließungsvertrag **GWB 103** 36
- Formerfordernis **GWB 103** 33 f.
- funktionaler Vertragsbegriff **GWB 103** 35
- Gesellschaftsgründung **GWB 103** 107 f.
- Handelspartnerverträge **GWB 103** 106
- Hilfsmittelverträge **GWB 103** 98 ff., 102
- innerstaatliche Organisationsakte **GWB 103** 63
- Lagerverträge **GWB 103** 104
- Lieferaufträge **GWB 103** 88 ff.
- Open-House-Verfahren **GWB 103** 61
- Optionen **GWB 103** 80
- Outsourcing **GWB 103** 72 f.
- Rekommunalisierung **GWB 103** 72 f.
- Sponsoringvertrag **GWB 103** 176 f.
- Veräußerung von Geschäftsanteilen **GWB 103** 107 f.
- Vertragsarten **GWB 103** 57 ff.
- Vertragslaufzeiten **GWB 103** 78
- Waren mit Preisbindung **GWB 103** 105
Vertragsbedingungen
- Einsatz von Nachunternehmern **VergabeR Einl.** 272 *s. auch Einsatz von Nachunternehmern*
- Nebenangebote **VergabeR Einl.** 275
- Vergabeverfahren **VergabeR Einl.** 271 *s. auch Vertragslaufzeit*
- Zulassung von Bewerber- und Bietergemeinschaften **VergabeR Einl.** 273 f.
Vertragslaufzeiten GWB 103 78
- Optionen **GWB 103** 80
- Vergabeverfahren **VergabeR Einl.** 271
Vertragspartner GWB 103 10 ff.
Vertragsstrafen in Bauverträgen GWB 97 43 ff.
- bei Zwischenfristen **GWB 97** 51
- Grenzen **GWB 97** 53
- Strafhöhe bei Fertigstellungsfristen **GWB 97** 49 f.
- Terminänderungen **GWB 97** 52
Vertragsunterlagen
- allgemeine technische Vertragsbedingungen **VgV 29** 24
- besondere Vertragsbedingungen **VgV 29** 20
- etwaige ergänzende Vertragsbedingungen **VgV 29** 21 f.
- Vergabeunterlagen **VgV 29** 16 ff.
- zusätzliche Vertragsbedingungen **VgV 29** 23
Vertragsverlängerungen KonzVgV 2 7
Vertrauensschaden
- Ersatz *s. auch Ersatz des Vertrauensschadens*
Vertrauliche Unterlagen
- Aufbewahrung durch Vergabekammern **GWB 164** 1 ff.
Vertraulichkeit KonzVgV 4 1 ff. *s. Schutz der Vertraulichkeit*
- Sektorenvergaberecht **SektVO 5** 1 ff.
Verwaltungsdienstleistungen
- Konzessionsvergabe **GWB 153** 14
Verwaltungsgebäude GWB 99 94
Verwaltungsprivatisierung GWB 99 156 ff.
Verwerfliche Zweckverfolgung
- rechtsmissbräuchliche **GWB 180** 15 ff.

2231

Sachverzeichnis

fette Zahl = Gesetz und Paragraf

Vier-Augen-Prinzip VgV 58 28
Virtual Company Dossier GWB 97 333
VOB/B KonzVgV 33 18
VOB/C KonzVgV 33 18
VOC-Code VgV 37 17
VOL/B VgV 29 42 ff.
– grundsätzliche Vereinbarung **VgV 29** 42 ff.
– keine Einbeziehung bei freiberuflichen, vorab nicht beschreibbaren Leistungen **VgV 29** 45 ff.
Vollständigkeitsvermutung GWB 121 33 f.
Vollstreckung GWB 175 46
Vollstreckung der Nachprüfungsentscheidung GWB 168 77 ff.
– Androhung von Zwangsmitteln **GWB 168** 82
– Antragserfordernis **GWB 168** 77
– Bestandskraft **GWB 168** 81
– Frist **GWB 168** 85
– gegen Hoheitsträger **GWB 168** 78
– Unterlassungen **GWB 168** 79
– Vollstreckungsmittel **GWB 168** 80
– Zwangsmittel **GWB 168** 82 ff.
Vollstreckungsentscheidungen der Vergabekammer
– aufschiebende Wirkung der sofortigen Beschwerde **GWB 173** 10
Vollzugshindernis
– sofortige Beschwerde **GWB 173** 1 ff. *s. auch Aufschiebende Wirkung der sofortigen Beschwerde*
von Colson-Entscheidung VergabeR Einl. 172
Vorabentscheidung im Beschwerdeverfahren GWB 176 1 ff.
– Abwägungsvorgaben **GWB 176** 28
– Anordnungen der Vergabekammer **GWB 176** 12
– Antrag **GWB 176** 14 *s. auch Antrag auf Vorabentscheidung im Beschwerdeverfahren*
– Antragsberechtigte **GWB 176** 15 ff. *s. auch Antrag auf Vorabentscheidung im Beschwerdeverfahren*
– Antragsvoraussetzungen **GWB 176** 6 ff.
– Antragsziel **GWB 176** 8
– Aussetzung des Beschwerdeverfahrens **GWB 176** 26
– Begründung der Entscheidung **GWB 176** 43
– beschleunigtes Hauptsacheverfahren **GWB 176** 1 ff.
– Beschluss **GWB 176** 41 ff.
– besonderes Beschleunigungsinteresse **GWB 176** 30
– Darlegung der Eilbedürftigkeit **GWB 176** 13
– Entscheidungsfrist **GWB 176** 23
– Entscheidungsinhalt **GWB 176** 41 f.
– Entscheidungsprogramm **GWB 176** 27 ff.
– Erfolgsaussichten **GWB 176** 29
– Erfolgsprognose **GWB 176** 32 ff.
– Ermessen **GWB 176** 39
– Interessenabwägung **GWB 176** 36 ff.
– Kosten **GWB 176** 44 f.; **GWB 178** 56 ff.
– maßgeblicher Zeitpunkt **GWB 176** 40
– Rechtsmittel **GWB 176** 46
– Rechtsmittelrichtlinie **GWB 176** 3
– Teilnahmewettbewerb **GWB 176** 9
– Verfahrensgrundsätze **GWB 176** 24 f.
– Verhältnis zu § 173 Abs. 1 S. 3 **GWB 176** 10 f.
– Vollstreckung **GWB 176** 44
– weiteres Vergabeverfahren **GWB 176** 41 f.
Vorabentscheidungsverfahren GWB 168 33
Vorbereitung des Vergabeverfahrens VergabeR Einl. 245 ff.
– GWB-Vergaberecht **VergabeR Einl.** 245 ff.

Vorinformation VergabeR Einl. 283 ff., 299 f.; **VgV 19** 5; **VgV 38** 1 ff.
– Absendung **GWB 134** 63 ff.
– Entbehrlichkeit einer Auftragsbekanntmachung **VgV 38** 13 ff.
– Rügepflicht **GWB 134** 66 f.
– Verkürzung der Mindestfristen **VgV 38** 9 ff.
– Veröffentlichung **VgV 38** 6 ff.
– Verpflichtung zur **VgV 38** 4 f.
– Wartepflicht des Auftraggebers **GWB 134** 55 ff.
– Wirkungszeitraum **VgV 38** 24
– Zugang **GWB 134** 63 ff.
Vorinformationspflichten GWB 97 31; **VergabeR Einl.** 168
Vorlage an den BGH GWB 179 14 ff.
– Entscheidung eines anderen OLG oder des BGH **GWB 179** 15 ff.
– Entscheidungen nach § 173 Abs. 1 S. 3 GWB **GWB 179** 18
– Entscheidungen nach § 176 GWB **GWB 179** 18
– Entscheidungskompetenz **GWB 179** 14
– rechtliche Abweichung **GWB 179** 20
– Rechtsbegriff der Abweichung **GWB 179** 19
– Sachverhalt **GWB 179** 20
– Vorlageverfahren **GWB 179** 21 ff. *s. auch Vorlageverfahren*
– Vorlagevoraussetzungen **GWB 179** 15 ff.
Vorlagepflicht
– Entscheidungen der Vergabekammer **GWB 179** 1 ff.
Vorlageverfahren GWB 179 21 ff.
– beim BGH **GWB 179** 25 ff. *s. auch Vorlage an den BGH*
– Beschluss des vorlegenden Vergabesenats **GWB 179** 23 f.
– Beschränkung der Vorlage **GWB 179** 22
– Bindung an die Vorlage **GWB 179** 25
– Einheit des Beschwerdeverfahrens **GWB 179** 26
– Entscheidungsmodalitäten **GWB 179** 28 f.
– vorlegendes OLG **GWB 179** 21 ff.
Vorläufige Maßnahmen im Nachprüfungsverfahren GWB 169 35 ff.
– Anfechtung der Entscheidung **GWB 169** 44
– Aussetzung des Vergabeverfahrens **GWB 169** 7 ff. *s. auch Aussetzung des Vergabeverfahrens*
– Begründetheit **GWB 169** 41 ff.
– Gestattung Zuschlagserteilung **GWB 169** 17 ff. *s. auch Gestattung Zuschlagserteilung*
– sofortigen Beschwerde **GWB 169** 39
– Verhältnismäßigkeit **GWB 169** 43
– weitere **GWB 169** 35 ff.
– Zuschlagsverbot **GWB 169** 7 ff. *s. auch Zuschlagsverbot*
Vorwirkung VergabeR Einl. 223 ff.
– Ausnahmen **VergabeR Einl.** 225 ff.
– Frustrationsverbots **VergabeR Einl.** 225
– Testpreisangebot-Urteil **VergabeR Einl.** 227
– Umsetzungsmaßnahme vor Fristablauf **VergabeR Einl.** 226 ff.
– zeitliche Abgrenzung **VergabeR Einl.** 224

W

Wachdienstleistungen VergabeR Einl. 53
Wahlrecht
– Kommunikation im Konzessionsvergabeverfahren **KonzVgV 34** 6

magere Zahl = Randnummer

Sachverzeichnis

Waren mit Preisbindung **GWB 103** 105
Wartepflicht des Auftraggebers **GWB 134** 1 ff.
– Absendung der Vorinformation **GWB 134** 63 ff.
– Fristverkürzung **GWB 134** 62
– Nachprüfungsantrag **GWB 134** 67
– Rügepflicht **GWB 134** 66 f.
– Zugang der Vorinformation **GWB 134** 63 ff.
Wasserkonzessionen **GWB 137** 9; **VergabeR Einl.** 16
Wegenutzungsverträge **GWB 102** 41 ff.; **GWB 151** 6
– Anwendbarkeit des Sondervergaberechts für Konzessionen **GWB 102** 55 ff.
– Dienstleistungskonzessionen **GWB 102** 44 ff.
– einfache **GWB 102** 42 f.
– energiewirtschaftliche *s. auch Energiewirtschaftliche Wegenutzungsverträge*
– Gegenstand **GWB 102** 42 f.
– Grundfreiheiten **GWB 102** 54
– In-House-Geschäfte **GWB 102** 58
– qualifizierte **GWB 102** 42 f.
– Rechtslage vor der Vergaberechtsreform **GWB 102** 49 ff.
Weiterreichende Schadensersatzansprüche **GWB 181** 19 ff.
– konkurrierende Anspruchsgrundlagen **GWB 181** 104 ff.
– Verletzung vorvertraglicher Rücksichtnahmepflichten **GWB 181** 21 ff. *s. auch Schadensersatz wegen Verletzung vorvertraglicher Rücksichtnahmepflichten*
Werkstatt für Menschen mit Behinderung **GWB 118** 6
Werktage **VgV 82** 8
Werkverträge
– Leistungsbeschreibung **GWB 121** 20
Wertpapiere und Finanzinstrumente
– Konzessionsvergabe **GWB 149** 29 ff.
Wertungsausschluss von Angeboten
– Gleichbehandlungsgrundsatz **GWB 97** 78
Wertungsstufen
– Sektorenvergaberecht **SektVO 51** 2, 12 ff.
Wertungsvermerk **GWB 127** 56 ff.
Wesentliche Sicherheitsinteressen
– Begriff **GWB 117** 6 f.
Wettbewerb **GWB 97** 1 ff., 6 ff.; **GWB 103** 1 ff., 202 ff.
– Adressat **GWB 97** 9 f.
– Anwendungsbereich **GWB 103** 202 ff.
– Begriff **GWB 97** 8; **GWB 103** 202 ff.
– Einzelausformungen **GWB 97** 10 f.
– Einzelfälle **GWB 103** 211 ff.
– Geheimwettbewerb **GWB 97** 12
– Preisgericht **GWB 103** 207 ff.
– Projektanten-Problematik **GWB 97** 13
– strategisches Ziel **GWB 97** 105
– Verfahren **GWB 103** 206
– Wettbewerbsverstöße **GWB 97** 14
Wettbewerblicher Dialog **GWB 119** 78 ff.
– Angebotsphase **VgV 18** 21 ff. *s. auch Angebotsphase*
– Anwendungsbereich **GWB 119** 82 ff.
– Architekten- und Ingenieurleistungen **VgV 74** 4
– Auftragsbekanntmachung **VgV 18** 6
– Aufwandsentschädigung **GWB 119** 100 f.
– Dialogphase **VgV 18** 13 ff. *s. auch Dialogphase*
– Durchführung **GWB 119** 98 f.
– GWB-Vergaberecht **VergabeR Einl.** 257 f.
– Innovationspartnerschaft **GWB 119** 102 ff. *s. auch Innovationspartnerschaft*
– öffentlicher Auftraggeber **GWB 119** 88
– ÖPP-Verfahren **GWB 119** 92
– persönlicher Anwendungsbereich **GWB 119** 84 ff.
– PPP-Verfahren **GWB 119** 92
– sachlicher Anwendungsbereich **GWB 119** 87 ff.
– Sektorenvergaberecht **SektVO 17** 1 ff.
– Verfahren **VgV 18** 1 ff. *s. auch Verfahren im wettbewerblichen Dialog*
– Vergabereife **VgV 18** 5
– Vergabeunterlagen **VgV 29** 38 ff.
– Vergabevermerk **VgV 18** 5
– Verhältnis zu anderen Verfahrensarten **GWB 119** 95 ff.
– Wahlfreiheit **GWB 119** 89
– Zulässigkeit **VgV 14** 23 ff. *s. auch Zulässigkeit des wettbewerblichen Dialogs*
Wettbewerblicher Dialog im Sektorenvergaberecht **SektVO 17** 1 ff.
– Anforderungen **SektVO 17** 5
– Durchführung **SektVO 17** 4 ff.
– Frist für Teilnahmeanträge **SektVO 17** 5
– Lösungsvorschläge **SektVO 17** 4
– Überblick **SektVO 17** 1 ff.
Wettbewerbsregistergesetz **GWB 125** 32a
Wettbewerbsverstöße
– Überblick **GWB 97** 14 ff.
Wiedereinsetzung in den vorigen Stand **GWB 172** 6
Wiedereintritt **GWB 122** 21 f.
Wiedereröffnung der mündlichen Verhandlung
– Unzulässigkeit **GWB 166** 27
Wiederkehrende Aufträge
– Schätzung des Auftragswerts **VgV 3** 34
Wienstrom-Rechtssache **VergabeR Einl.** 132
Willkürverbot
– Vergabeverfahren im Sektorenvergaberecht **SektVO 57** 6
Windenergie **VergabeR Einl.** 20
Windhundverfahren **KonzVgV 13** 4
Wirtschaftliche und finanzielle Leistungsfähigkeit **VgV 45** 1 ff.
– Aufzählung der zulässigen Anforderungen **VgV 45** 4 ff.
– Konzessionsvergabeverfahren **GWB 152** 68 ff.
– zulässige Anforderungen für Lose **VgV 45** 10 ff.
– zulässige Belege **VgV 45** 12 ff. *s. auch Belege über wirtschaftliche und finanzielle Leistungsfähigkeit*
Wirtschaftlichkeit **GWB 97** 1 ff.
– Grundsatz der **GWB 97** 33 ff. *s. auch Grundsatz der Wirtschaftlichkeit*
Wirtschaftlichkeitsbewertung
– offenes Verfahren **VgV 15** 44
Wirtschaftlichkeitsgebot **VgV 76** 50 *s. Grundsatz der Wirtschaftlichkeit*
Wirtschaftlichkeitsprüfung **GWB 127** 19 ff.; **SektVO 46** 7
– Bewertungsspielraum **GWB 127** 52 ff.
– Durchführung **GWB 127** 52 ff.
– Nachforderung von Unterlagen, Ausschluss **SektVO 51** 46 ff.
– Preis-Leistungs-Verhältnis **GWB 127** 25 ff.
– Sektorenvergaberecht **SektVO 51** 32; **SektVO 52** 1 ff.

2233

Sachverzeichnis

fette Zahl = Gesetz und Paragraf

- Vorschriften zur Preisgestaltung **GWB 127** 62 ff.
- Wertungsvermerk **GWB 127** 56 ff.
- **Wirtschaftsförderungsgesellschaften GWB 99** 144 f.
- **Wohnungsbaugesellschaften GWB 99** 136 ff.

X

Xrechnung GWB 97 359
Xvergabe GWB 97 318 ff.; **VgV 10** 22; **VgV 13** 8
- Konzessionsvergabeverfahren **KonzVgV 11** 5

Z

Zehn-Tages-Frist GWB 177 7 ff.
Zeitlicher Anwendungsbereich
- GWB-Vergaberecht **VergabeR Einl.** 243 f.

Zentralbank
- Konzessionsvergabe **GWB 149** 33

Zentrale Beschaffungsstelle VgV 4 1 ff.
- Definition und Funktion **GWB 120** 17 ff.
- kartellrechtlicher Vorbehalt **GWB 120** 24 ff.
- Nebenbeschaffungstätigkeiten **GWB 120** 23
- Sonderregelungen **GWB 120** 27

Zivilrechtsschutz
- Preisgericht **VgV 72** 56 ff.

Zugänglichkeitskriterien für Menschen mit Behinderung GWB 121 44 f. *s. auch Barrierefreiheit*

Zulässigkeit des Verhandlungsverfahrens mit Teilnahmewettbewerb VgV 14 23 ff.
- Anpassung bereits verfügbarer Lösungen zur Bedürfniserfüllung **VgV 14** 28 f.
- kein ordnungsgemäßes oder annehmbares Angebot im vorrangigen Verfahren **VgV 14** 40 ff.
- Konzeptionelle oder innovative Lösungen **VgV 14** 30 ff.
- Unmöglichkeit genauer Leistungsbeschreibung **VgV 14** 38 f.
- Verhandlungen vor Auftragsvergabe **VgV 14** 35 a ff.

Zulässigkeit des Verhandlungsverfahrens ohne Teilnahmewettbewerb VgV 14 46 ff.
- Alleinstellungsmerkmal eines bestimmten Unternehmens **VgV 14** 73 ff.
- Ausnahmevoraussetzungen **VgV 14** 93 ff.
- äußerste Dringlichkeit **VgV 14** 97 ff.
- besondere Dringlichkeit **VgV 14** 105
- Börsenwaren **VgV 14** 127 ff.
- COVID-19 **VgV 14** 97
- Dienstleistungsauftrag im Anschluss an Planungswettbewerb **VgV 14** 133 ff.
- Erwerb zu besonders günstigen Bedingungen **VgV 14** 130 ff.
- keine geeigneten Angebote im vorherigen Verfahren **VgV 14** 55 ff.
- keine geeigneten Teilnahmeanträge **VgV 14** 55 ff.
- Lieferleistung zu Forschungs-, Versuchs-, Untersuchungs- oder Entwicklungszwecken **VgV 14** 110 ff.
- überhaupt keine Teilnahmeanträge **VgV 14** 62 f.
- ungeeignete Angebote **VgV 14** 64
- Wiederholung gleichartiger Dienstleistungen **VgV 14** 140 ff.
- zusätzliche Lieferleistungen, mit Laufzeitbegrenzung **VgV 14** 115 ff.

Zulässigkeit des wettbewerblichen Dialogs VgV 14 23 ff.
- Anpassung bereits verfügbarer Lösungen zur Bedürfniserfüllung **VgV 14** 28 f.
- kein ordnungsgemäßes oder annehmbares Angebot im vorrangigen Verfahren **VgV 14** 40 ff.
- Unmöglichkeit genauer Leistungsbeschreibung **VgV 14** 38 f.
- Verhandlungen vor Auftragsvergabe **VgV 14** 35 a f.

Zulässigkeit elektronischer Auktionen
- Beschreibbarkeit der Spezifikationen **VgV 25** 18
- Einstufbarkeit der Leistung **VgV 25** 19
- Einzelheiten zur Bewertung der Angebote **VgV 25** 21
- in Kombination mit Rahmenvereinbarung oder dynamischem Beschaffungssystem **VgV 25** 22 ff.
- Nichtanwendbarkeit **VgV 25** 20
- Voraussetzungen **VgV 25** 1 ff.
- zwingende Zulässigkeitsvoraussetzungen **VgV 25** 18 ff.

Zulässigkeit elektronischer Kataloge VgV 27 11 ff.
- Angebote **VgV 27** 11 ff.
- bei Verfahrensarten mit vorgeschriebener elektronischer Kommunikation **VgV 27** 11
- Kombination mit dynamischen Beschaffungssystemen **VgV 27** 23 ff.
- Kombination mit Rahmenvereinbarung **VgV 27** 14 ff.
- neues Angebot aus eingereichten Daten **VgV 27** 16 ff.
- Notwendigkeit einer Ankündigung **VgV 27** 12

Zusammenarbeit
- horizontale **GWB 108** 65 ff.

Zusammenhangsgeschäfte GWB 149 32
Zuschlag GWB 127 5
- allgemein **GWB 127** 1 ff.
- Bauvergabe **GWB 127** 16
- Bezuschlagung von Erstangeboten ohne Verhandlungen **VgV 17** 85 ff.
- duales System **GWB 127** 11
- Gestattung Zuschlagserteilung **GWB 169** 17 ff. *s. auch Gestattung Zuschlagserteilung*
- keine Verpflichtung zur Erteilung **VgV 63** 7 ff. *s. auch Aufhebungsgründe*
- Maximalprinzip **GWB 127** 11
- Minimalprinzip **GWB 127** 11
- Wirtschaftlichkeitsprüfung **GWB 127** 19 ff. *s. auch Wirtschaftlichkeitsprüfung*
- Zuschlagsentscheidung *s. Zuschlagsentscheidung*
- Zuschlagskriterien **GWB 127** 34 ff.
- Zuschlagsverbot **GWB 169** 7 ff. *s. auch Zuschlagsverbot*

Zuschlag für Wagnis
- Schadensersatz wegen Verletzung vorvertraglicher Rücksichtnahmepflichten **GWB 181** 94

Zuschlag im Konzessionsvergabeverfahren
- allgemein **GWB 152** 88 ff.
- Angebotswertung **GWB 152** 94 ff.
- Bekanntmachung von Zuschlagskriterien **GWB 152** 101
- Daseinsvorsorge **GWB 152** 111
- Innovationen **GWB 152** 112
- objektive Kriterien **GWB 152** 97 f.
- Qualität **GWB 152** 110 f.

magere Zahl = Randnummer

Sachverzeichnis

- qualitative, umweltbezogene und soziale Belange **GWB 152** 104 ff.
- soziale Aspekte **GWB 152** 113
- umweltbezogene Aspekte **GWB 152** 115
- Verbindung zum Konzessionsgegenstand **GWB 152** 99
- Wertungsentscheidung **GWB 152** 90
- wirtschaftlicher Gesamtvorteil **GWB 152** 94 ff.
- Zuschlagskriterien **GWB 152** 95 ff.
- Zuschlagskriterien als Ausführungsbedingungen **GWB 152** 92
- Zuschlagsprüfung **GWB 152** 102 ff.

Zuschlagsentscheidung VgV 58 23 ff.
- Dokumentation **VgV 58** 23
- Lebenszykluskosten **SektVO 53** 3 ff.
- Schulnotensystem **SektVO 52** 20
- Vier-Augen-Prinzip **VgV 58** 28
- Zurechnung Dritter **VgV 58** 27 ff.
- zwei Vertreter **VgV 58** 26

Zuschlagserteilung VergabeR Einl. 303 ff.; **VgV 58** 1 ff., 2
- Bindefrist **VergabeR Einl.** 305
- Ermittlung des wirtschaftlichsten Angebots **VgV 58** 3 ff.
- modifizierter Zuschlag **VergabeR Einl.** 305
- personelle Besetzung **VgV 58** 23 ff.
- Sektorenvergaberecht **SektVO 52** 1 ff.

Zuschlagserteilung im laufenden Nachprüfungsverfahren
- Schadensersatz **GWB 181** 46 f.

Zuschlagsgestattungsverfahren
- Kosten **GWB 182** 48

Zuschlagskriterien GWB 127 34 ff.; **VergabeR Einl.** 276 ff.; **VgV 58** 1 ff.
- Angaben zur IT-Infrastruktur **GWB 127** 73
- Ästhetik **GWB 127** 44
- Auftragsbekanntmachung **VergabeR Einl.** 286
- Ausführungsfrist **GWB 127** 49
- Auslegung **GWB 127** 36
- ausreichende Differenzierung **GWB 127** 94
- Beispiele **GWB 127** 42 ff.
- Bekanntgabe **GWB 127** 83 ff. s. auch Bekanntgabe der Zuschlagskriterien
- Betriebskosten **GWB 127** 46
- Dokumentation der Auswahl **GWB 127** 82
- Ermessensspielraum **GWB 127** 79
- Ermittlung des wirtschaftlichsten Angebots **VgV 58** 3 ff.
- Festlegung **GWB 127** 37
- Formulierung **GWB 127** 80
- funktionale Leistungsbeschreibung **GWB 127** 38 ff.
- Gewichtung **GWB 97** 25; **VgV 58** 23 ff. s. auch Gewichtung der Zuschlagskriterien
- Gewichtungsregeln **GWB 127** 87 ff., 91 ff.
- Innovation **VgV 58** 17
- Konzessionsvergabeverfahren **GWB 152** 95 ff.; **KonzVgV 31** 1 ff.
- Kundendienste **GWB 127** 48
- Lebenszyklus der Leistung **GWB 127** 69
- Leistung **VgV 58** 6
- Maßgaben für die Ausgestaltung **GWB 127** 78 ff.
- Nebenangebote **VgV 35** 18 ff.
- nicht kontrollierbare Zuschlagskriterien **GWB 127** 81
- Präsentation von Planung und Team **GWB 127** 72
- Preis **GWB 127** 50 f.
- Preis und Kosten **VgV 58** 5
- Projekteinschätzung/Projektanalyse **GWB 127** 72
- Qualität **GWB 127** 43; **VgV 58** 11
- qualitative und innovative **GWB 97** 158 ff. s. auch Qualitative und innovative Zuschlagskriterien
- Rechtsprechung **GWB 127** 71 ff.
- Rentabilität **GWB 127** 47
- soziale **GWB 97** 164 ff.; **VgV 58** 16 s. auch Soziale Zuschlagskriterien
- strategische s. Strategische Zuschlagskriterien
- Supportkonzept **GWB 127** 74
- Umweltaspekte **VgV 58** 15
- Unterkriterien **GWB 127** 87 ff.
- Verbindung mit Auftragsgegenstand **VergabeR Einl.** 280
- vergabefremde Kriterien **GWB 127** 70
- Vermischungsverbot mit Eignungskriterien **GWB 122** 37 ff.
- Vorgabe von Festpreisen oder Festkosten **VgV 58** 19 ff.
- weitere **GWB 127** 75 ff.
- Wirtschaftlichkeitsprüfung **GWB 127** 52 ff.
- Zeitplan des Projekts **GWB 127** 74
- Zulässigkeit der nachträglichen Änderung **GWB 127** 102 ff.
- Zusammenhang mit dem Auftrag **GWB 127** 67 ff.
- Zuschlagsentscheidung **VgV 58** 23 ff.
- Zweckmäßigkeit **GWB 127** 45

Zuschlagslimitierung GWB 97 249 ff.
- Losvergabe **VgV 30** 12 f.
- Mittelstandsschutz **GWB 97** 249 ff.

Zuschlagsverbot GWB 169 7 ff.
- Ende **GWB 169** 16
- Form **GWB 169** 13 ff.
- Gestattung des Zuschlags **GWB 169** 17 s. auch Gestattung Zuschlagserteilung
- Schutz **GWB 173** 66 ff.
- Schutzschrift **GWB 169** 11
- Textform **GWB 169** 7
- unabhängig von der Kenntnis **GWB 169** 15
- Wiederherstellung **GWB 169** 33 f.
- wirksam erteilter Zuschlag **GWB 169** 9

Zuständigkeit im Nachprüfungsverfahren GWB 159 1 ff.
- Auffangregelung **GWB 159** 47 f.
- Bundesauftragsverwaltung **GWB 159** 39 ff.
- Doppelzuständigkeit **GWB 159** 35 ff.
- länderübergreifende Beschaffung **GWB 159** 51 ff.
- Vergabeverfahren des Bundes **GWB 159** 6 ff.
- Vergabeverfahren von Auftraggeber **GWB 159** 12 ff.
- Zuständigkeit der Bundeskammern **GWB 159** 6 ff.
- Zuständigkeit der Länder **GWB 159** 42 ff.
- Zuständigkeitsprüfung **GWB 159** 55 ff.

Zwangsarbeit KonzVgV 33 30
Zweckverband GWB 103 66
Zwingende Ausführungsbedingungen GWB 129 1 ff.
- aufgrund von Bundes- oder Landesgesetz **GWB 129** 4 f.
- Beispiele **GWB 129** 6 ff.
- ILO-Kernarbeitsnormen **GWB 129** 8 ff.
- Konzessionen **GWB 152** 129 f.
- Rechtsfolge bei Verstoß **GWB 129** 11 f.

Zwingende Ausschlussgründe
- zwingende Ausschlussgründe **GWB 154** 9 ff.

2235

Sachverzeichnis

fette Zahl = Gesetz und Paragraf

Zwingender Ausschluss GWB 123 1 ff.
- Ausnahmen **GWB 123** 27 ff.
- Bewerbergemeinschaften **GWB 123** 8
- Bietergemeinschaften **GWB 123** 8
- Bieterschutz **GWB 123** 31 ff.
- Katalogstraftat **GWB 123** 10
- Kündigungsrecht **GWB 133** 9
- Nichtentrichtung von Sozialabgaben **GWB 123** 24 ff.
- Nichtentrichtung von Steuern **GWB 123** 24 ff.
- Rechtsfolge **GWB 123** 31 ff.
- Strafbefehle **GWB 123** 14
- Straftaten **GWB 123** 7 ff.
- Vorschriften anderer Staaten **GWB 123** 18 f.
- zulässiger Zeitraum **GWB 126** 6 f.
- Zurechenbarkeit von Verhalten **GWB 123** 20 ff.

Zwischenfristen GWB 97 51
Zwischenzeitraum GWB 173 43